JURISPRUDENCE GÉNÉRALE

SUPPLÉMENT AU RÉPERTOIRE

MÉTHODIQUE ET ALPHABÉTIQUE

DE LÉGISLATION,

DE DOCTRINE ET DE JURISPRUDENCE

EN MATIÈRE DE DROIT CIVIL, COMMERCIAL, CRIMINEL, ADMINISTRATIF,
DE DROIT DES GENS ET DE DROIT PUBLIC.

TOME QUATRIÈME

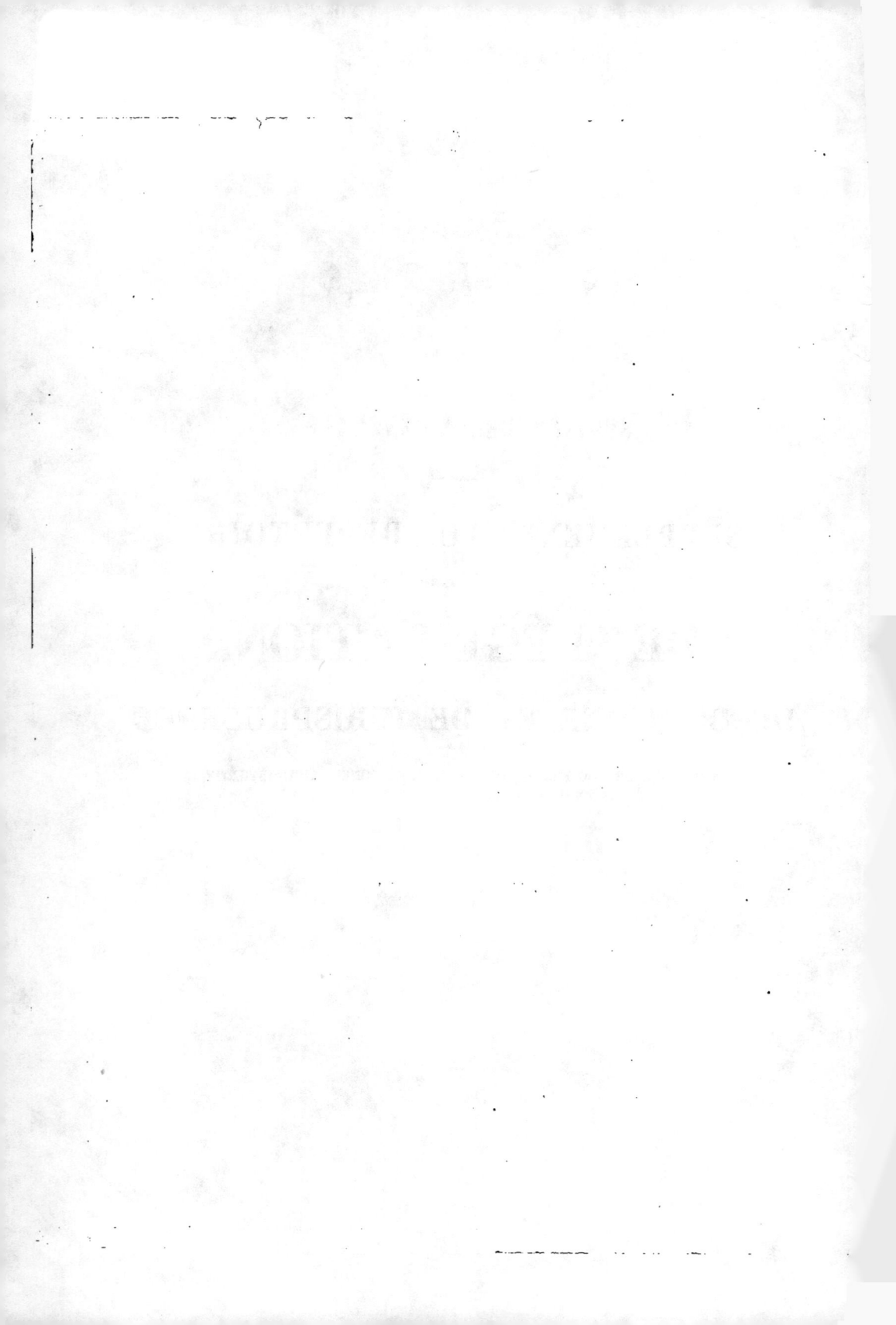

JURISPRUDENCE GÉNÉRALE

SUPPLÉMENT AU RÉPERTOIRE

MÉTHÒDIQUE ET ALPHABÉTIQUE

DE LÉGISLATION

DE DOCTRINE ET DE JURISPRUDENCE

EN MATIÈRE DE DROIT CIVIL, COMMERCIAL, CRIMINEL, ADMINISTRATIF,
DE DROIT DES GENS ET DE DROIT PUBLIC.

De MM. DALLOZ,

Publié sous la direction de MM.

Gaston GRIOLET
Docteur en droit

Charles VERGÉ
Maître des Requêtes au Conseil d'État

Avec le concours de **M. C. KŒHLER**, Docteur en droit

Et la collaboration de plusieurs magistrats et jurisconsultes.

TOME QUATRIÈME

A PARIS

AU BUREAU DE LA JURISPRUDENCE GÉNÉRALE

RUE DE LILLE, N° 19

1889

JURISPRUDENCE GÉNÉRALE

SUPPLÉMENT

AU

RÉPERTOIRE MÉTHODIQUE ET ALPHABÉTIQUE

DE LÉGISLATION, DE DOCTRINE

ET DE JURISPRUDENCE

TIT. 1er. — DISPOSITIONS GÉNÉRALES (*Rép.*, nos 2 à 540).

CHAP. 1er. — Objet et importance du contrat de mariage. — Historique et législation. — Droit comparé (*Rép.* nos 2 à 79.)

1. On ne reviendra pas sur l'exposé historique, suffisamment développé, qui précède le traité du contrat de mariage au *Répertoire*, et l'on se bornera à indiquer ici les principaux travaux qui ont paru sur ce sujet depuis la publication de ce traité.

2. Relativement aux origines et aux principes du régime dotal romain, nous signalerons notamment deux travaux de M. P. Gide, dont l'un seulement se rapporte directement au sujet : son *Etude sur la condition privée de la femme dans le droit ancien et moderne et en particulier sur le sénatus-consulte Velléien*, dont M. A. Esmein a donné récemment une nouvelle édition, et sa dissertation intitulée *Du caractère de la dot en droit romain*, qui a paru dans la *Revue de législation ancienne et moderne*, t. 2, p. 121. On peut consulter aussi l'étude de M. Esmein sur *La manus, la paternité et le divorce dans l'ancien droit romain*, publiée d'abord dans la *Revue générale de droit*, année 1883, puis dans les *Mélanges d'histoire du droit*, du même auteur (t. 1, p. 3 et suiv.), et un article de M. Labbé sur le *Mariage romain et la manus*, dans la *Nouvelle revue historique de droit français et étranger*, année 1887, p. 1 et suiv. Mais c'est surtout dans les traités généraux de droit romain, publiés en France et à l'étranger, qu'il faut étudier l'histoire et le développement progressif du régime matrimonial que nous a légué l'ancienne jurisprudence romaine.

3. Quant aux origines du régime de communauté, elles sont toujours très controversées. L'opinion de MM. Laboulaye, Troplong, Laferrière, exposée au *Rép.* nos 36 et suiv., d'après laquelle la communauté serait sortie des associations du moyen âge ou des institutions féodales, a été combattue par M. Tardif, dans une savante étude sur *Les origines de la communauté de biens entre les époux*, et par M. Guillouard dans l'introduction de son *Traité du contrat de mariage*. Suivant ces auteurs, la communauté remonte aux lois germaniques qui conféraient à la femme le droit de reprendre, à la dissolution du mariage, avec ses biens propres, une partie des biens acquis pendant le mariage, quelquefois la moitié, habituellement le tiers. La preuve que ce droit de la femme n'était pas un simple gain de survie, comme on l'a soutenu, mais qu'il passait aux héritiers, M. Tardif, p. 18, et M. Guillouard, t. 1, no 17, la trouvent dans deux formules de Marculfe, liv. 2, form. 7 et form. 17, éd. Baluze, 1780, p. 408 et p. 415. Nous citerons seulement la seconde, qui est la plus précise. C'est la formule du testament conjonctif de deux époux ; la femme dispose ainsi qu'il suit : « *Rogavi ut, si tu mihi subprestis fueris, omni corpore facultatis mea, quantumcumque ex successione parentum habere videor*, VEL IN TUO SERVITIO PARITER LABORAVIMUS ET QUOD IN TERTIA MEA ACCEPI, *in integrum, absque repetitione heredum meorum, quod tua decrevit voluntas, faciendi liberam potestatem. Et post discessum vestrum, quod non fuerit dispensatum, ad legitimos nostros revertatur heredes.* » La femme lègue ainsi à son mari, pour le cas où il lui survivra, le tiers auquel elle a droit dans les acquêts ; elle a même soin de déclarer que ses héritiers, tant que son mari vivra, n'auront pas le droit de réclamer les biens dont elle dispose. — Une autre preuve de l'existence de la communauté dans l'ancien droit germanique est fournie par les *Gragás* (traduction de Schlegel, sect. 6, *De fœdere conjugali*, tit. 22) : « ... *Bona conjugum e legum præscriptis in communionem deferuntur, ... nec non per tres pluresve hiemes rusticatum egissent... Ita semper ea jure conjugum bonorum communio instituitur, ut maritus bessem, uxor vero trientem habeat* ». Il résulte de ce passage que les époux étaient communs en biens après trois ans de mariage, et que le mari prenait les deux tiers et la femme le tiers de la communauté. — Toutefois, comme le remarque M. Guillouard no 22, si la communauté conjugale a pris naissance dans l'ancien droit germanique, elle n'a acquis son complet développement et n'est arrivée à former le droit commun de la France que sous la double influence des préceptes du christianisme, d'abord, et, en outre, de l'esprit d'association de la société féodale.

4. En ce qui concerne la législation actuelle, nous n'avons à signaler qu'une seule disposition nouvelle ; c'est celle de l'art. 46 de la loi du 2 juill. 1862, concernant l'emploi et le remploi des biens dotaux en rentes sur l'Etat (art. 29 de la loi du 16 sept. 1871, relative au même objet (V. *infra*, no 541 et suiv.). Mais la jurisprudence a eu à se prononcer sur un grand nombre de questions en matière de contrat de mariage, et elle en a résolu quelques-unes d'une façon définitive. — Parmi les auteurs qui ont étudié le même sujet, et dont les ouvrages ont paru ou ont été réédités depuis la publication du *Répertoire*, nous signalerons notamment : Aubry et Rau, *Cours de droit civil français*, 4e éd., t. 5, § 497 à 541 *bis*; Bellot des Minières, *Du régime dotal et de la communauté d'acquêts* ; Colmet de Santerre, continuation du *Cours analytique* de Demante, t. 6 ; Dutruc, *Traité de la séparation de biens judiciaire* ; de Folleville, *Traité du contrat pécuniaire de mariage* ; Guillouard, *Traité du contrat de mariage* ; Jouitou, *Etude sur le système du régime dotal* ; Laurent, *Principes de droit civil français*, t. 21 à 23 ; Marcadé, *Explication théorique et pratique du code civil*, 8e éd., t. 5 et 6, art. 1389 à 1581 ; Michaux, *Traité pratique des contrats de mariage et des actes qui en sont la conséquence* ; Rodière et Pont, *Traité du contrat de mariage et des droits respectifs des époux*, 2e éd. ; Roussilhe, *Traité de la dot* ; Troplong, *Du contrat de mariage*, 2e éd. De nombreuses monographies ont, en outre, été publiées sur diverses questions spéciales rentrant dans la matière du contrat de mariage ; les plus importantes seront citées dans le cours de notre travail.

5. Depuis la publication du *Répertoire*, deux nations en Europe ont modifié leur législation sur le régime des biens entre époux, et toutes deux pour s'écarter de la communauté de biens. — Fidèle aux traditions du droit romain, le nouveau code civil italien, promulgué en 1866, donne la préférence au régime dotal ; mais il laisse aux futurs époux toute liberté pour adopter telles clauses qu'il leur convient. Il édicte des règles pour la séparation de biens et pour la communauté de biens ; toutefois la communauté ne peut être que réduite aux acquêts ; il est formellement interdit de stipuler, soit une communauté générale, soit même une communauté pour les biens immobiliers à venir. Dans le régime dotal, la dot reste la propriété de la femme, sauf les cas spéciaux où elle passe au mari, et le mari n'exerce sur elle que les droits d'administration ; il en touche les revenus, il en est l'usufruitier. — En principe, le fonds dotal est inaliénable, qu'il soit mobilier ou immobilier ; mais cette inaliénabilité reçoit d'autres tempéraments qu'en France. Ainsi, au lieu de n'être permise que dans des cas strictement limités, l'aliénation du fonds dotal est soumise à l'appréciation des tribunaux, qui décident pour chaque cas particulier s'il y a nécessité ou seulement utilité à vendre, échanger ou hypothéquer. D'autre part, les obligations contractées par la femme dotale pendant le mariage ne sont pas nulles : si elles sont contractées pour l'utilité personnelle de la femme, elles s'exécutent sur sa dot, mais seulement après que celle-ci lui a été restituée; et si elle s'est obligée en faveur ou comme caution de son mari, la dot ne répond des engagements, toujours après la restitution, que si la femme s'est pourvue de l'homologation du tribunal (Gide, *De la législation civile dans le nouveau royaume d'Italie*, § 5 ; Huc, *Le code civil italien et le code Napoléon*, p. 258 et suiv. ; Beauregard, *Législation italienne*, p. 331 et suiv.). — L'hypothèque légale de la femme existe aussi en Italie, mais elle offre avec l'hypothèque légale du code civil français des différences essentielles. D'abord, elle doit être inscrite et ne prend rang qu'à sa date d'inscription ; en outre, elle n'est pas générale ; elle ne frappe que les immeubles possédé par le mari au moment du mariage, et, aux termes de l'art. 2120, la prescription est suspendue quant à l'immeuble du mari spécialement hypothéqué à la restitution de la dot, et à l'exécution du contrat de mariage. Pour les sommes dotales provenant de successions ou donations, il n'a à leur occasion des hypothèques successives, ne grevant jamais que les biens présents.

Le contrat de mariage, en Italie, est assujetti aux mêmes formalités qu'en France ; il doit précéder le mariage, être reçu par un notaire, et il est irrévocable pendant le mariage. Contrairement à la loi française, le code italien interdit formellement aux époux et les donations de biens à venir et les donations sous condition potestative de la part du donateur.

On se demande si, pour suppléer au contrat de mariage, ou pour le compléter en cas d'insuffisance, il existe en Italie un régime légal des biens entre époux. Aucun n'est établi par la loi. Toutefois, comme l'art. 1424 décide que tous les biens de la femme qui n'ont pas été constitués en dot sont paraphernaux, ce sont les règles de la paraphernalité qui doivent être appliquées dans ce cas. Le régime ressemble alors beaucoup à celui que nous appelons la séparation de biens, où chaque époux conserve les biens qui sont sa propriété, acquiert pour lui-même et contribue aux charges du mariage dans la proportion de ses ressources.

6. C'est en Angleterre que s'est produite la transformation la plus complète du droit matrimonial, d'abord par l'acte du 9 août 1870 (*Annuaire de législation étrangère*, année 1872, p. 55), puis par la loi du 18 août 1882 (*Annuaire de législation étrangère*, année 1883, p. 331). — D'après l'ancien droit anglais, par le seul fait du mariage et sans qu'il fût permis d'y déroger, le mari absorbait tout, personnalité et biens de sa femme, à ce point que celle-ci ne pouvait ni posséder, ni acquérir, ni contracter, ni ester en justice, ni faire de testament, même avec l'autorisation de son mari ; celui-ci devenait propriétaire de ses biens meubles sans avoir à en rendre compte ; il administrait ses biens immeubles et en jouissait ; seulement il ne pouvait les aliéner. Cette rigueur, qui anéantissait la personnalité civile de la femme, fut d'abord tempérée par l'introduction de *trustees ou fidéicommissaires* qui, au moment du mariage, recevaient de la femme certains biens avec mandat de les administrer pour elle et de la faire profiter de leurs revenus ; ce mandat pouvait s'étendre jusqu'au droit d'aliéner le fidéicommis. — Les cours d'Équité, après avoir sanctionné cette dérogation indirecte à la loi, allèrent plus loin ; elles étendirent la portée du fidéicommis, qui était constitué au moment du mariage, jusque sur les biens meubles qui arrivaient à la femme pendant le mariage par succession ou donation. Mais pour les femmes qui ne possédaient rien en se mariant, l'autorité judiciaire était forcée d'appliquer le vieux droit dans toute son inflexibilité. C'est pour remédier à cet état de choses que fut voté l'acte du 9 août 1870. Il ne changeait rien au principe de l'incapacité de la femme et au droit matrimonial ; il se bornait à introduire des exceptions pour des cas déterminés. Il assurait à la femme la propriété et la libre disposition des gains qu'elle réalisait pendant le mariage, des libéralités, jusqu'à concurrence de 5000 fr., qu'elle pouvait recevoir, et il lui donnait les moyens de se faire payer (art. 1er et 11), tout en lui imposant l'obligation de subvenir aux besoins du ménage (art. 13 et 14).

La loi de 1882 a consommé le progrès tenté en 1870, en érigeant en principe ce qui n'avait été admis qu'à titre d'exception ; et la femme mariée anglaise, après être demeurée dépourvue de toute capacité juridique, a été tellement émancipée qu'en aucun autre pays, sauf en Amérique, elle ne jouit d'une liberté aussi étendue. Tout ce qui appartient à la femme, meubles et immeubles, qu'elle l'ait au moment du mariage ou qu'elle l'acquière depuis, à quelque titre que ce soit, forme et constitue ce que la loi appelle sa *propriété séparée*, qu'elle détient et administre avec le droit illimité d'en disposer « comme si elle n'était pas mariée (art. 1er) ». Comme conséquence, la femme est capable de s'obliger par contrat jusqu'à concurrence de ses biens séparés, d'ester en justice et d'être poursuivie, sans autorisation de son mari et sans qu'il soit nécessaire de lui adjoindre celui-ci comme défendeur. — La femme peut contracter avec son mari, seulement en cas de faillite de ce dernier, elle ne peut prendre part à la répartition de l'actif qu'après que tous les créanciers à titre onéreux ont été remplis de leurs droits (art. 3). Elle acquiert la liberté de tester ; elle peut être exécuteur testamentaire (art. 18).

La loi de 1882 ne s'applique pas à l'Écosse (art. 26) ; la situation de la femme mariée avait été réglée dans ce pays par une loi analogue (*Annuaire de législation étrangère*, année 1882, p. 35).

Cette émancipation de la femme au point de vue civil est encore trop récente pour qu'il soit possible d'en apprécier les conséquences. En théorie, toutefois, il faut bien reconnaître qu'elle présente des dangers. La subordination de la femme au mari, l'autorité conférée à celui-ci sur les biens comme sur la personne de tous les autres membres de la famille, ont toujours été considérées comme des garanties d'union et de bonheur pour tous. Il est remarquable, en outre, que, tout en déliant la femme de l'autorité maritale, la loi anglaise la laisse sans défense contre ses entraînements tant à l'égard du mari qu'à l'égard des tiers. Il y a là un autre danger que toutes les législations jusqu'à nos jours s'étaient plus ou moins appliquées à conjurer.

7. En Suède, une loi du 8 nov. 1872 a modifié la capacité des femmes en matière de contrat de mariage ; son art. 4 dispose ainsi : « La fille qui n'est pas sous l'autorité d'un *giftomann* peut faire elle-même les conventions dont il est parlé dans le chap. 8 du titre des mariages » (*Annuaire de législation étrangère*, année 1873, p. 488). Auparavant, la future qui n'était sa veuve ne paraissait pas au contrat de mariage ; c'étaient ses parents ou son tuteur qui y stipulaient pour elle. Une ordonnance du 17 mars 1882 a étendu l'application de la nouvelle loi aux filles nobles.

CHAP. 2. — Du principe de la liberté des conventions matrimoniales et des stipulations prohibitives (*Rép.* nᵒˢ 80 à 158).

8. — **I.** Liberté des conventions (*Rép.* nᵒˢ 80 à 85). — Le principe de la liberté des conventions matrimoniales implique tout d'abord que les futurs époux peuvent choisir entre les divers régimes que le code civil a organisés, régime de communauté, régime exclusif de communauté, régime de séparation de biens, régime dotal. Ce principe signifie, en second lieu, que les futurs époux ont la faculté de combiner ces divers régimes ; on reconnaît généralement aujourd'hui qu'ils peuvent, tout en adoptant le régime de la communauté, modifier ce régime par des stipulations empruntées au régime dotal, et notamment déclarer inaliénables les propres de la femme (V. *Rép.* nᵒ 180, et *infra*, nᵒˢ 31 et suiv.). — Les futurs époux pourraient même adopter pour leur association conjugale des règles absolument nouvelles, à la seule condition qu'elles ne soient pas contraires aux restrictions générales et spéciales indiquées au *Rép.* nᵒˢ 86 et suiv. et dont nous allons également nous occuper.

9. — **II.** Restrictions à la liberté des conventions. — 1ᵒ *Bonnes mœurs ; Ordre public* (*Rép.* nᵒˢ 86 à 92). — La première restriction apportée par l'art. 1387 c. civ. au principe de la liberté des conventions matrimoniales n'est qu'une application de la règle générale édictée par l'art. 6, aux termes duquel on ne peut déroger par des conventions particulières aux lois qui intéressent l'ordre public et les bonnes mœurs. — A ce point de vue, on a signalé au *Rép.* nᵒ 88 une clause assez usitée dans les contrats de mariage et dont cependant la validité a été mise en doute : il s'agit de la condition de viduité à laquelle sont souvent subordonnées les donations faites par les futurs époux au profit du survivant. D'après quelques auteurs, cette condition devrait être tenue pour nulle dans tous les cas, parce qu'elle apporte une entrave à la liberté de se marier, qui est d'ordre public ; parce qu'elle ne peut être dictée que par le désir de faire survivre la foi conjugale au delà des limites naturelles et raisonnables. Suivant d'autres auteurs, cette clause serait licite si elle était fondée sur un motif légitime, tel que l'intérêt des enfants à naître du mariage, et alors il conviendrait que ce motif fût exprimé dans la donation (Duranton, *Cours de droit français*, t. 8, nᵒ 128 ; Troplong, t. 1, nᵒ 52 ; Rodière et Pont, t. 1, nᵒ 58 ; Laurent, t. 21, nᵒ 118). — La condition dont il s'agit a été examinée d'une manière générale au *Rép.* vᵒ *Dispositions entre-vifs et testamentaires*, nᵒˢ 156 et suiv., et l'on y reviendra *infra*, eod. vᵒ. Nous nous bornerons à constater ici que la jurisprudence et la doctrine inclinent de plus en plus à considérer cette condition comme valable d'une manière absolue, alors surtout qu'elle a été apposée à une libéralité faite dans un contrat de mariage ou par un époux à son conjoint. On doit en effet présumer qu'en pareil cas elle n'a pu être inspirée par l'un ou l'autre des deux motifs suivants : ou l'intérêt des enfants, s'il en existe, et il n'y a pas de motif plus respectable que celui-là ; ou, s'il n'en existe pas, le désir très légitime de conserver les biens de l'époux donateur dans sa famille,

plutôt que de les voir augmenter le patrimoine d'un nouveau conjoint (V. Req. 18 mars 1867, aff. Bernard, D. P. 67. 1. 332; Aubry et Rau, t. 7, § 692, p. 292, note 14; Demolombe, *Donations entre-vifs et testaments*, t. 1, n° 250; Guillouard, t. 1, n° 105). — Décidé aussi, en Belgique, que dans un contrat de mariage, l'un des futurs époux peut valablement disposer au profit de l'autre de l'usufruit de ses biens en stipulant que cet usufruit cessera en cas de second mariage du donataire (Bruxelles, 1er août 1855, aff. Léonard C. Cordier, *Pasicrisie belge*, 1856. 2. 25).

10. Les lois qui règlent l'état et la capacité des personnes intéressent l'ordre public. Il en résulte qu'aucun des époux ne peut, même par contrat de mariage, modifier sa capacité. C'est donc à tort qu'il a été jugé qu'une femme avait pu valablement, dans son contrat de mariage, renoncer à la faculté de se porter caution de son mari ou stipuler qu'elle ne pourrait s'obliger envers les tiers, même avec l'autorisation de son mari ou de justice (V. Paris, 17 nov. 1875, aff. Macquin, D. P. 77. 2. 89; 6 déc. 1877, aff. Deboisse, D. P. 78. 2. 81). On disait, il est vrai, à l'appui de ces décisions, que le code civil, en autorisant le régime dotal, avait par là même permis à la femme de restreindre sa capacité d'aliéner, de disposer et de s'obliger sur ses biens. Mais l'incapacité résultant pour la femme du régime dotal n'est nullement une incapacité personnelle et absolue; elle est limitée aux biens dotaux; et, comme le régime dotal n'a été admis qu'après coup et avec beaucoup de difficultés par les rédacteurs du code, on ne peut pas supposer qu'ils aient entendu autoriser des clauses pouvant frapper la femme d'une incapacité sans limites, d'une véritable interdiction conventionnelle. Aussi la cour de cassation, par deux arrêts postérieurs, a déclaré nulles, comme contraires à l'ordre public, des clauses de cette nature, et les auteurs sont d'accord en cela avec la cour suprême (Civ. cass. 22 déc. 1879, aff. Deboisse, D. P. 80. 1. 112; Req. 13 mai 1885, aff. Martin, D. P. 86. 1. 204; Troplong, t. 1, n° 78; Valette, *Mélanges*, t. 1, p. 513 et suiv.; de Folleville, t. 1, n°s 12 et suiv.; Guillouard, t. 1, n°s 102 et suiv.; Vavasseur, *Revue critique de droit français*, année 1878, p. 289 et suiv.; Challamel, *ibid.*, année 1880, p. 1 et suiv.).

11. On s'est demandé toutefois si la clause par laquelle la femme s'interdit le droit de s'obliger envers les tiers ne devait pas tout au moins valoir comme stipulation de dotalité, si elle ne peut pas être entendue en ce sens que les obligations qui seraient contractées par la femme ne pourraient pas s'exécuter sur les biens apportés par elle en mariage, mais seulement sur ceux qui lui seraient donnés sous la condition qu'ils ne seraient pas dotaux ou sur ceux qui lui seraient échus après la dissolution du mariage. Mais c'est là une question d'interprétation dont la solution dépend des juges du fond et peut varier suivant les espèces. Dans l'une des affaires qui ont été soumises à la cour de cassation, la cour de Paris a refusé d'interpréter en ce sens un contrat de mariage par lequel les futurs époux avaient, en adoptant le régime de la communauté, stipulé que les immeubles de la femme ne seraient aliénables qu'à charge de remploi et que la femme ne pourrait, s'obliger ou vendre sauf en cas d'aliénation de ses propres. S'il est constant, a dit la cour de Paris, que la déclaration de dotalité n'est pas soumise à des termes sacramentels, il est également certain qu'elle ne saurait résulter que d'une clause expresse, qui éclaire les tiers sur l'existence du régime, d'une manière telle qu'ils ne puissent se méprendre sur le sens juridique de la stipulation, et qu'ils en saisissent facilement et sans aucune équivoque le caractère et la portée; cette obligation essentielle s'impose plus rigoureusement encore alors que, le régime adopté par les époux étant la communauté de biens, les modifications qui auraient pour effet de dotaliser tout ou partie des biens de la femme opéreraient une transformation absolue du régime adopté (V. Paris, 19 juin 1884, aff. Martin, D. P. 86. 1. 204).

12. La disposition de l'art. 815 c. civ., suivant laquelle la convention de demeurer dans l'indivision ne peut être obligatoire au delà de cinq ans, est une règle d'ordre public. Mais cette règle reçoit exception en ce qui concerne le contrat de société, et il a été décidé par la cour de cassation que l'exception doit être étendue à la convention qui règle l'association conjugale; que, par conséquent, les futurs époux en adoptant dans leur contrat de mariage le régime de la communauté, peuvent valablement convenir qu'un immeuble acheté avec des deniers propres à chacun des époux restera indivis entre eux, et ne pourra être aliéné que dans les cas où l'aliénation des immeubles dotaux est autorisée par la loi ou qu'à charge de remploi (Req. 30 nov. 1886, aff. Cassaigne de Mary, D. P. 87. 1. 49. V. le rapport de M. le conseiller Ballot-Beaupré, *ibid.*). — Cette solution peut d'ailleurs soulever des objections assez graves (V. les observations de M. Poncet en note sous l'arrêt précité). — En tout cas, il est certain que les futurs époux ne peuvent faire des stipulations qui impliqueraient, pour une époque postérieure à la dissolution du mariage, la persistance d'une indivision contraire à la règle édictée par l'art. 815. Ainsi il a été décidé que la clause d'un contrat de mariage, par laquelle les futurs conjoints, en disposant que le survivant d'entre eux aura l'usufruit de tous les biens de l'autre, conviennent que les héritiers de celui-ci n'auront droit au partage de sa succession qu'au décès du dernier vivant, est sans effet ou tout au moins ne peut être obligatoire que pour une période de cinq années à partir de la dissolution du mariage (Metz, 3 juill. 1855, aff. Guyot, D. P. 56. 2. 204). — Décidé, de même, qu'on ne peut stipuler, dans un contrat de mariage, que la veuve survivante restera durant toute sa vie en possession des biens de son mari, sans qu'aucun des héritiers de celui-ci puisse demander le partage (Bruxelles, 18 mai 1887, aff. Lamot, D. P. 88. 2. 38).

13. — 2° *Puissance maritale* (Rép. n°s 93 à 134). — L'art. 1388 c. civ. interdit aux époux de déroger aux droits résultant de la puissance maritale sur la personne de la femme ou des enfants, *ou qui appartiennent au mari comme chef*. Ces derniers mots, ainsi que nous l'avons montré au Rép. n° 104, doivent être entendus des droits du mari comme chef de la communauté. En conséquence, on ne peut par contrat de mariage retirer au mari, ni même limiter le droit que lui confère l'art. 1421 c. civ. d'administrer *seul* les biens de la communauté (V. Rép. n° 101).

14. On s'est demandé si les époux ne pourraient pas, tout au moins, restreindre entre les mains du mari le droit de disposer des biens communs, lui interdire de les vendre, aliéner ou hypothéquer sans le consentement de la femme. La négative, que nous avons admise au Rép. n° 104, a prévalu dans la doctrine et a été consacrée par un arrêt (Marcadé, t. 5, sur l'art. 1387, n° 6; Rodière et Pont, t. 1, n°s 66 et suiv.; Aubry et Rau, t. 5, § 504, p. 266, note 3; Laurent, t. 21, n° 125; Daniel de Folleville, t. 1, n° 19; Guillouard, t. 1, n° 117; Paris, 7 mai 1855, aff. Teste, D. P. 56. 2. 257).

Il y a lieu de remarquer que, dans l'espèce sur laquelle est intervenu l'arrêt de la cour de Paris que nous venons de citer, les époux avaient fait entrer dans la communauté tous leurs biens présents et à venir; ils avaient en somme adopté le régime de la communauté universelle, en stipulant *que le mari ne pourrait vendre, aliéner ni hypothéquer sans le concours et le consentement de la femme*. Cette clause a été déclarée nulle comme portant atteinte aux droits du mari, chef de la communauté. La cour a même observé avec raison que, par sa généralité, une telle clause avait pour conséquence de rendre le mari personnellement incapable de disposer de ses biens propres, mobiliers et immobiliers. — Il semble toutefois que la femme, qui peut conserver propres les biens qu'elle apporte en mariage, devrait pouvoir, à plus forte raison, les mettre en communauté en se réservant seulement le droit de s'opposer à ce que le mari les aliène. Ce ne serait là, après tout, qu'un ameublissement incomplet, du genre de celui qui a été expressément autorisé par la loi dans les art. 1506 et 1507 c. civ., et comme l'a fort bien dit un auteur, ce ne serait pas porter atteinte aux droits du mari comme chef de la communauté, puisque les biens ainsi ameublis ne seraient pas des biens de communauté dans le sens complet du mot, et que, d'ailleurs, le mari conserverait les droits les plus étendus sur le patrimoine de communauté proprement dit (Guillouard, t. 1, n° 118).

15. La femme pouvant, ainsi que nous l'avons dit au Rép. n° 106, se réserver l'administration de ses biens personnels, rien ne s'oppose à ce qu'il soit stipulé dans le contrat de mariage que les biens de la future épouse seront adminis-

très pendant un certain délai par ses père et mère, et que ceux-ci lui payeront annuellement une certaine somme à titre de loyer ou fermage. Il a été jugé, toutefois, qu'une telle clause constituait un contrat de louage indépendant des conventions matrimoniales, et que, par suite, à défaut d'indication contraire, elle devait être réputée avoir reçu son exécution dès le jour du contrat de mariage, et non pas seulement à partir du jour de la célébration (Nîmes, 7 févr. 1852, aff. Evesque, D. P. 55. 5. 113).

16. La question de savoir si, sous le régime dotal, la femme peut se réserver l'administration des biens dotaux est controversée. Elle a été examinée au *Rép.* n° 110. Aux auteurs qui se sont prononcés pour la négative et que nous avons cités, il faut ajouter Marcadé, t. 5, sur les art. 1387 à 1389, n° 6, et Aubry et Rau, t. 5, § 535, note 16, p. 549. Mais la cour de cassation, comme nous l'avons vu, a reconnu valable une clause par laquelle des époux ayant adopté le régime dotal s'étaient réservé réciproquement le droit d'administrer chacun leurs biens (Req. 1er mars 1837, *Rép. ibid.*). La cour suprême a encore admis, depuis, qu'il pouvait être stipulé que la femme dotale administrerait seule ses biens immeubles ou ses rentes; qu'elle en recevrait les revenus sur ses seules quittances; qu'elle recevrait même, avec l'autorisation de son mari, ses capitaux dotaux sous la condition d'en faire emploi (Req. 31 juill. 1861, aff. Carpentier, D. P. 62. 1. 143; Civ. rej. 13 nov. 1876, aff. Lefebvre de Vatimesnil, D. P. 78. 1. 111).

17. — 3° *Puissance paternelle; Tutelle* (*Rép.* n°s 114 à 119). — Les époux ne pouvant déroger aux droits résultant de la puissance paternelle, on doit décider, comme nous l'avons fait au *Rép.* n° 116, que les conventions par lesquelles ils s'obligeraient à élever leurs enfants dans telle ou telle religion n'auraient aucune valeur légale. La détermination de la religion des enfants est, en effet, un des attributs de la puissance paternelle, que le père seul, d'après l'art. 373 c. civ., exerce pendant le mariage et qui, après la dissolution du mariage, appartient au survivant des époux (V. en ce sens, outre les auteurs cités au *Rép. ibid.*: Demolombe, *Paternité et filiation*, n° 295; Marcadé, t. 5, sur l'art. 1389, n° 3; Aubry et Rau, t. 5, § 504, note 2, p. 266; Colmet de Santerre, t. 6, n° 5 bis II; Laurent, t. 21, n° 120; de Folleville, t. 1, n°s 17 et suiv.; Guillouard, t. 1, n° 113).

Les seuls auteurs qui aient émis une opinion contraire, MM. Rodière et Pont, dans la deuxième édition de leur *Traité du contrat de mariage*, t. 1, n° 63, écartent l'argument tiré de l'art. 373 en disant que, si la mère n'a pas l'exercice de l'autorité paternelle durant le mariage, il n'en résulte pas qu'elle ne puisse prétendre devant la justice que le mari abuse de la sienne et compromet l'avenir moral des enfants. Mais, à supposer que la mère ait ce droit, ce qui est tout au moins contestable (V. *Rép.* v° *Puissance paternelle*, n° 52), c'est comme mère et non en vertu du contrat de mariage qu'elle pourrait en user. Une convention comme celle dont il s'agit ne saurait donc ni diminuer l'autorité du père, si ce n'est d'une manière purement morale, ni rien ajouter au prétendu droit de la mère. Enfin, comme l'observe très bien M. Guillouard, *ibid.*, s'il peut y avoir quelques abus de la part d'hommes indignes de l'autorité paternelle qu'ils exercent, ces abus isolés sont moins redoutables que ne le serait le pouvoir donné au juge dans une pareille matière.

18. Nous avons admis également au *Rép.* n° 117 que les époux ne pourraient renoncer par anticipation, dans leur contrat de mariage, à l'usufruit légal que leur accorde l'art. 384 c. civ. C'est aussi l'avis de presque tous les auteurs (V. outre ceux qui ont été cités au *Rép. ibid.*: Marcadé, t. 5, sur l'art. 1389, n° 6; Demolombe, t. 6, n°s 490 et suiv.; de Folleville, t. 1, n°s 21 et suiv.; Guillouard, t. 1, n° 114). MM. Aubry et Rau, qui avaient soutenu l'opinion contraire dans leurs trois premières éditions, l'ont abandonnée dans la quatrième (t. 5, § 504, note 1, p. 263). Elle n'est plus défendue que par M. Laurent, t. 4, n° 324, et t. 21, n° 121; d'après cet auteur, le droit d'usufruit légal n'étant qu'un droit pécuniaire, une sorte de rémunération attachée à l'exercice de la puissance paternelle, ne serait pas d'ordre public, et par suite les époux pourraient y renoncer. Mais il est impossible de méconnaître que l'usufruit légal, bien qu'ayant un caractère pécuniaire, a été conféré aux parents par des considérations morales, tenant au bon ordre des familles; à ce titre, il est certainement un des attributs de la puissance paternelle, et la loi, non moins que la prudence, ne peut permettre que des époux abdiquent par avance un tel droit, attaché à leur future qualité de père ou de mère et qui n'est pas dans le commerce.

19. — 4° *Dispositions prohibitives* (*Rép.* n°s 120 à 134). — Parmi les dispositions prohibitives auxquelles les futurs époux ne peuvent pas déroger, on a signalé au *Rép.* n°s 131 et 550 et suiv. celle de l'art. 1399. D'après cet article, la communauté commence du jour du mariage; on ne peut pas stipuler qu'elle commencera à une autre époque. Ce qui est dit ici de la communauté doit-il être appliqué à tout autre régime? Les futurs époux ne pourraient-ils pas, par exemple, adopter le régime dotal pour dix ans, et stipuler qu'après ce délai ils seront mariés sous le régime de séparation de biens ou sous le régime exclusif de communauté? La question divise les auteurs. D'après quelques-uns, les conventions matrimoniales ne peuvent être faites à terme; la loi permet bien aux époux d'adopter le régime qu'ils veulent, mais non une série de régimes, qui viendraient se greffer les uns sur les autres; ces complications seraient préjudiciables aux tiers appelés à traiter avec les époux pendant le mariage, et il faudrait un texte formel dans le code pour les autoriser (de Folleville, t. 1, n° 23; Guillouard, t. 1, n° 99). — A notre avis, les auteurs qui raisonnent ainsi font trop bon marché du principe inscrit dans l'art. 1387, en tête du titre du contrat de mariage, et n'est, du reste, que l'expression de cette règle de bon sens que tout ce qui n'est pas défendu est permis. La prohibition de l'art. 1399 n'est relative qu'au régime de communauté, et, comme on l'explique au *Rép.* n°s 551 et suiv., elle a un motif historique; les rédacteurs du code l'ont édictée pour supprimer des usages contraires résultant d'anciennes coutumes, d'après lesquelles la communauté commençait, soit du jour de la bénédiction nuptiale, soit à partir de la consommation du mariage, soit après un délai d'an et jour. Mais cette prohibition, constituant une exception au principe général de l'art. 1387, ne doit pas être étendue. Comme l'ont fort bien fait remarquer MM. Rodière et Pont, t. 1, n° 92, il n'y aurait aucun motif raisonnable pour annuler une clause d'un contrat de mariage qui stipulerait que les biens de la femme seraient dotaux jusqu'à ce qu'elle eût atteint l'âge de trente ans et paraphernaux après, pas plus qu'il n'y aurait de motifs d'annuler une clause qui, pendant un certain temps, déclarerait la dot inaliénable et en permettrait ensuite l'aliénation avec ou sans remploi. La sécurité des tiers ne serait nullement compromise par une telle clause, puisque, en tout état de cause, ceux qui veulent traiter avec les époux doivent, pour leur garantie, prendre connaissance du contrat de mariage. Ajoutons que les clauses de ce genre étaient parfaitement licites sous l'ancien droit, comme on peut le voir par le passage de Pothier cité au *Rép.* n° 558; or si les rédacteurs du code avaient entendu les proscrire, ils l'auraient certainement dit par une disposition plus formelle que celle de l'art. 1399. Ce texte n'ayant interdit le terme que pour le régime de communauté, la prohibition ne doit donc pas être appliquée à d'autres régimes.

20. La question de savoir si l'existence de la communauté peut être subordonnée à une condition suspensive ou résolutoire nous semble plus douteuse, en présence de l'art. 1399; car, comme le dit justement M. de Folleville, t. 1, n° 23 bis, la condition présente tous les inconvénients du terme, avec l'incertitude en plus. C'est pourquoi, au *Rép.* n° 563, nous nous sommes ralliés à l'opinion qui considère comme nulle la stipulation de communauté sous une condition casuelle. Cependant cette opinion est combattue par plusieurs auteurs, sans même excepter ceux qui étendent l'application de l'art. 1399 à tous les régimes, et sur ce point encore c'est le principe de la liberté des conventions qui paraît devoir l'emporter dans la jurisprudence (V. Aubry et Rau, t. 5, § 504, note 9, p. 269; Guillouard, t. 1, n° 98; Colmar, 8 mars 1864, aff. Thérèse Hoff, femme Schuller, D. P. 64. 2. 85; Paris, 9 août 1870, aff. Gariel, D. P. 71. 2. 113).

21. D'après MM. Rodière et Pont, t. 1, n° 91, en admettant que la stipulation d'une condition soit permise en prin-

plutôt que de les voir augmenter le patrimoine d'un nouveau conjoint (V. Req. 18 mars 1867, aff. Bernard, D. P. 67. 1. 332; Aubry et Rau, t. 7, § 692, p. 292, note 14; Demolombe, *Donations entre-vifs et testaments*, t. 1, n° 250; Guillouard, t. 1, n° 105). — Décidé aussi, en Belgique, que dans un contrat de mariage, l'un des futurs époux peut valablement disposer au profit de l'autre de l'usufruit de ses biens en stipulant que cet usufruit cessera en cas de second mariage du donataire (Bruxelles, 1er août 1855, aff. Léonard C. Cordier, *Pasicrisie belge*, 1856. 2. 25).

10. Les lois qui règlent l'état et la capacité des personnes intéressent l'ordre public. Il en résulte qu'aucun des époux ne peut, même par contrat de mariage, modifier sa capacité. C'est donc à tort qu'il a été jugé qu'une femme avait pu valablement, dans son contrat de mariage, renoncer à la faculté de se porter caution de son mari ou stipuler qu'elle ne pourrait s'obliger envers les tiers, même avec l'autorisation de son mari ou de justice (V. Paris, 17 nov. 1875, aff. Macquin, D. P. 77. 2. 89; 6 déc. 1877, aff. Deboisse, D. P. 78. 2. 84). On disait, il est vrai, à l'appui de ces décisions, que le code civil, en autorisant le régime dotal, avait par là même permis à la femme de restreindre sa capacité d'aliéner, de disposer et de s'obliger sur ses biens. Mais l'incapacité résultant pour la femme du régime dotal n'est nullement une incapacité personnelle et absolue ; elle est limitée aux biens dotaux, et, comme le régime dotal n'a été admis qu'après coup et avec beaucoup de difficultés par les rédacteurs du code, on ne peut pas supposer qu'ils aient entendu autoriser des clauses pouvant frapper la femme d'une incapacité sans limites, d'une véritable interdiction conventionnelle. Aussi la cour de cassation, par deux arrêts postérieurs, a déclaré nulles, comme contraires à l'ordre public, des clauses de cette nature, et les auteurs sont d'accord en cela avec la cour suprême (Civ. cass. 22 déc. 1879, aff. Deboisse, D. P. 80. 1. 112 ; Req. 13 mai 1885, aff. Martin, D. P. 86. 1. 204 ; Troplong, t. 1, n° 78; Valette, *Mélanges*, t. 1, p. 513 et suiv. ; de Folleville, t. 1, n°s 12 et suiv. ; Guillouard, t. 1, n°s 102 et suiv. ; Vavasseur, *Revue critique de droit français*, année 1878, p. 289 et suiv. ; Challamel, *ibid.*, année 1880, p. 1 et suiv.).

11. On s'est demandé toutefois si la clause par laquelle la femme s'interdit le droit de s'obliger envers les tiers ne devait pas tout au moins valoir comme stipulation de dotalité, si elle ne peut pas être entendue en ce sens que les obligations qui seraient contractées par la femme ne pourraient pas s'exécuter sur les biens apportés par elle en mariage, mais seulement sur ceux qui lui seraient donnés sous la condition qu'ils ne seraient pas dotaux ou sur ceux qui lui seraient échus après la dissolution du mariage. Mais c'est là une question d'interprétation dont la solution dépend des juges du fond et peut varier suivant les espèces. Dans l'une des affaires qui ont été soumises à la cour de cassation, la cour de Paris a refusé d'interpréter en ce sens un contrat de mariage par lequel les futurs époux avaient, en adoptant le régime de la communauté, stipulé que les immeubles de la femme ne seraient aliénables qu'à charge de remploi et que la femme ne pourrait, en général, s'obliger sauf en cas d'aliénation de ses propres. S'il est constant, a dit la cour de Paris, que la déclaration de dotalité n'est pas soumise à des termes sacramentels, il est également certain qu'elle ne saurait résulter que d'une clause expresse, qui éclaire les tiers sur l'existence du régime, d'une manière telle qu'ils ne puissent se méprendre sur le sens juridique de la stipulation, et qu'ils en saisissent facilement et sans aucune équivoque le caractère et la portée; cette obligation essentielle s'impose plus rigoureusement encore alors que, le régime adopté par les époux étant la communauté de biens, les modifications qui auraient pour effet de dotaliser tout ou partie des biens de la femme opéreraient une transformation absolue du régime adopté (V. Paris, 19 juin 1884, aff. Martin, D. P. 86. 1. 204).

12. La disposition de l'art. 815 c. civ., suivant laquelle la convention de demeurer dans l'indivision ne peut être obligatoire au delà de cinq ans, est une règle d'ordre public. Mais cette règle reçoit exception en ce qui concerne le contrat de société, et il a été décidé par la cour de cassation que l'exception doit être étendue à la convention qui règle l'association conjugale; que, par conséquent, les futurs époux en adoptant dans leur contrat de mariage le régime de la communauté, peuvent valablement convenir qu'un immeuble acheté avec des deniers propres à chacun des époux restera indivis entre eux, et ne pourra être aliéné que dans les cas où l'aliénation des immeubles dotaux est autorisée par la loi ou qu'à charge de remploi (Req. 30 nov. 1886, aff. Cassaigne de Mary, D. P. 87. 1. 49. V. le rapport de M. le conseiller Ballot-Beaupré, *ibid.*). — Cette solution peut d'ailleurs soulever des objections assez graves (V. les observations de M. Poncet en note sous l'arrêt précité). — En tout cas, il est certain que les futurs époux ne peuvent faire des stipulations qui impliqueraient, pour une époque postérieure à la dissolution du mariage, la persistance d'une indivision contraire à la règle édictée par l'art. 815. Ainsi il a été décidé que la clause d'un contrat de mariage, par laquelle les futurs conjoints, en disposant que le survivant d'entre eux aura l'usufruit de tous les biens de l'autre, conviennent que les héritiers de celui-ci n'auront droit au partage de sa succession qu'au décès du dernier vivant, est sans effet ou tout au moins ne peut être obligatoire que pour une période de cinq années à partir de la dissolution du mariage (Metz, 3 juill. 1855, aff. Guyot, D. P. 56. 2. 204). — Décidé, de même, qu'on ne peut stipuler, dans un contrat de mariage, que la veuve survivante restera durant toute sa vie en possession des biens de son mari, sans qu'aucun des héritiers de celui-ci puisse demander le partage (Bruxelles, 18 mai 1887, aff. Lamot, D. P. 88. 2. 38).

13. — 2° *Puissance maritale* (*Rép.* n°s 93 à 134). — L'art. 1388 c. civ. interdit aux époux de déroger aux droits résultant de la puissance maritale ou de la puissance de la femme ou des enfants, *ou qui appartiennent au mari comme chef*. Ces derniers mots, ainsi que nous l'avons montré au *Rép.* n° 104, doivent être entendus des droits du mari comme chef de la communauté. En conséquence, on ne peut par contrat de mariage retirer au mari, ni même limiter le droit que lui confère l'art. 1421 c. civ. d'administrer *seul* les biens de la communauté (V. *Rép.* n° 101).

14. On s'est demandé si les époux ne pourraient pas, tout au moins, restreindre entre les mains du mari le droit de disposer des biens communs, lui interdire de les vendre, aliéner ou hypothéquer sans le consentement de la femme. La négative, que nous avons admise au *Rép.* n° 104, a prévalu dans la doctrine et a été consacrée par un arrêt (Marcadé, t. 5, sur l'art. 1387, n° 6; Rodière et Pont, t. 1, n°s 66 et suiv.; Aubry et Rau, t. 5, § 504, p. 266, note 3; Laurent, t. 21, n° 125; Daniel de Folleville, t. 1, n° 19; Guillouard, t. 1, n° 147; Paris, 7 mai 1855, aff. Teste, D. P. 56. 2. 257).

Il y a lieu de remarquer que, dans l'espèce sur laquelle est intervenu l'arrêt de la cour de Paris que nous venons de citer, les époux avaient fait entrer dans la communauté tous leurs biens présents et à venir ; ils avaient en somme adopté le régime de la communauté universelle, en stipulant *que le mari ne pourrait vendre, aliéner ni hypothéquer sans le concours et le consentement de la femme*. Cette clause a été déclarée nulle comme portant atteinte aux droits du mari, chef de la communauté. La cour a même observé avec raison que, par sa généralité, une telle clause avait pour conséquence de rendre le mari personnellement incapable de disposer de ses biens propres, mobiliers et immobiliers. — Il semble toutefois que la femme, qui peut conserver propres les biens qu'elle apporte en mariage, devrait pouvoir, à plus forte raison, les mettre en communauté en se réservant seulement le droit de s'opposer à ce que le mari les aliène. Ce ne serait là, après tout, qu'un ameublissement incomplet, du genre de celui qui a été expressément autorisé par la loi dans les art. 1506 et 1507 c. civ., et, comme l'a fort bien dit un auteur, ce ne serait pas porter atteinte aux droits du mari comme chef de la communauté, puisque les biens ainsi ameublis ne seraient pas des biens de communauté dans le sens complet du mot, et que, d'ailleurs, le mari conserverait les droits les plus étendus sur le patrimoine de communauté proprement dit (Guillouard, t. 1, n° 118).

15. La femme pouvant, ainsi que nous l'avons dit au *Rép.* n° 106, se réserver l'administration de ses biens personnels, rien ne s'oppose à ce qu'il soit stipulé dans le contrat de mariage que les biens de la future épouse seront adminis-

très pendant un certain délai par ses père et mère, et que ceux-ci lui payeront annuellement une certaine somme à titre de loyer ou fermage. Il a été jugé, toutefois, qu'une telle clause constituait un contrat de louage indépendant des conventions matrimoniales, et que, par suite, à défaut d'indication contraire, elle devait être réputée avoir reçu son exécution dès le jour du contrat de mariage, et non pas seulement à partir du jour de la célébration (Nîmes, 7 févr. 1852, aff. Evesque, D. P. 55. 5. 113).

16. La question de savoir si, sous le régime dotal, la femme peut se réserver l'administration des biens dotaux est controversée. Elle a été examinée au *Rép.* n° 110. Aux auteurs qui se sont prononcés pour la négative et que nous avons cités, il faut ajouter Marcadé, t. 5, sur les art. 1387 à 1389, n° 6, et Aubry et Rau, t. 5, § 535, note 16, p. 549. Mais la cour de cassation, comme nous l'avons vu, a reconnu valable une clause par laquelle des époux ayant adopté le régime dotal s'étaient réservé réciproquement le droit d'administrer chacun leurs biens (Req. 1er mars 1837, *Rép. ibid.*). La cour suprême a encore admis, depuis, qu'il pouvait être stipulé que la femme dotale administrerait seule ses biens immeubles ou ses rentes; qu'elle en recevrait les revenus sur ses seules quittances; qu'elle recevrait même, avec l'autorisation de son mari, ses capitaux dotaux sous la condition d'en faire emploi (Req. 31 juill. 1861, aff. Carpentier, D. P. 62. 1. 143; Civ. rej. 13 nov. 1876, aff. Lefebvre de Vatimesnil, D. P. 78. 1. 111).

17. — 3° *Puissance paternelle; Tutelle* (*Rép.* n°s 114 à 119). — Les époux ne pouvant déroger aux droits résultant de la puissance paternelle, on doit décider, comme nous l'avons fait au *Rép.* n° 116, que les conventions par lesquelles ils s'obligeraient à élever leurs enfants dans telle ou telle religion n'auraient aucune valeur légale; la détermination de la religion des enfants est, en effet, des attributs de la puissance paternelle, que le père seul, d'après l'art. 373 c. civ., exerce pendant le mariage, et qui, après la dissolution du mariage, appartient au survivant des époux (V. en ce sens, outre les auteurs cités au *Rép. ibid.*: Demolombe, *Paternité et filiation*, n° 295; Marcadé, t. 5, sur l'art. 1389, n° 3; Aubry et Rau, t. 5, § 504, note 2, p. 266; Colmet de Santerre, t. 6, n° 5 *bis* II; Laurent, t. 21, n° 120; de Folleville, t. 1, n°s 17 et suiv.; Guillouard, t. 1, n° 113). Les seuls auteurs qui aient émis une opinion contraire, MM. Rodière et Pont, dans la deuxième édition de leur *Traité du contrat de mariage*, t. 1, n° 63, écartent l'argument tiré de l'art. 373 en disant que, si la mère n'a pas l'exercice de l'autorité paternelle durant le mariage, il n'en résulte pas qu'elle ne puisse prétendre devant la justice que le mari abuse de la sienne et compromet l'avenir moral des enfants. Mais, à supposer que la mère ait ce droit, ce qui est tout au moins contestable (V. *Rép.* v° *Puissance paternelle*, n° 52), c'est comme mère et non en vertu du contrat de mariage qu'elle pourrait en user. Une convention comme celle dont il s'agit ne saurait donc ni diminuer l'autorité du père, si ce n'est d'une manière purement morale, ni rien ajouter au prétendu droit de la mère. Enfin, comme l'observe très bien M. Guillouard, *ibid.*, s'il peut y avoir quelques abus de la part d'hommes indignes de l'autorité paternelle qu'ils exercent, ces abus isolés sont moins redoutables que ne le serait le pouvoir donné au juge dans une pareille matière.

18. Nous avons admis également au *Rép.* n° 117 que les époux ne pourraient renoncer par anticipation, dans leur contrat de mariage, à l'usufruit légal que leur accorde l'art. 384 c. civ. C'est aussi l'avis de presque tous les auteurs (V. outre ceux qui ont été cités au *Rép. ibid.* : Marcadé, t. 5, sur l'art. 1389, n° 6; Demolombe, t. 6, n°s 490 et suiv.; de Folleville, t. 1, n° 21 et suiv.; Guillouard, t. 1, n° 114). MM. Aubry et Rau, qui avaient soutenu l'opinion contraire dans leurs trois premières éditions, l'ont abandonnée dans la quatrième (t. 5, § 504, note 1, p. 265). Elle n'est plus défendue que par M. Laurent, t. 4, n° 324, et t. 21, n° 121; d'après cet auteur, le droit d'usufruit légal n'étant qu'un droit pécuniaire, une sorte de rémunération attachée à l'exercice de la puissance paternelle, ne serait pas d'ordre public, et par suite les époux pourraient y renoncer. Mais il est impossible de méconnaître que l'usufruit légal, bien qu'ayant un caractère pécuniaire, a été conféré aux parents par des considérations

morales, tenant au bon ordre des familles; à ce titre, il est certainement un des attributs de la puissance paternelle, et la loi, non moins que la prudence, ne peut permettre que des époux abdiquent par avance un tel droit, attaché à leur future qualité de père ou de mère et qui n'est pas dans le commerce.

19. — 4° *Dispositions prohibitives* (*Rép.* n°s 120 à 134). — Parmi les dispositions prohibitives auxquelles les futurs époux ne peuvent pas déroger, on a signalé au *Rép.* n°s 131 et 550 et suiv. celle de l'art. 1399. D'après cet article, la communauté commence du jour du mariage ; on ne peut pas stipuler qu'elle commencera à une autre époque. Ce qui est dit ici de la communauté doit-il être appliqué à tout autre régime ? Les futurs époux ne pourraient-ils pas, par exemple, adopter le régime dotal pour dix ans, et stipuler qu'après ce délai ils seront mariés sous le régime de séparation de biens ou sous le régime exclusif de communauté ? La question divise les auteurs. D'après quelques-uns, les conventions matrimoniales ne peuvent être faites à terme; la loi permet bien aux époux d'adopter le régime qu'ils veulent, mais non une série de régimes, qui viendraient se greffer les uns sur les autres ; ces complications seraient préjudiciables aux tiers appelés à traiter avec les époux pendant le mariage, et il faudrait un texte formel dans le code pour les autoriser (de Folleville, t. 1, n° 23 ; Guillouard, t. 1, n° 99). — A notre avis, les auteurs qui raisonnent ainsi font trop bon marché du principe inscrit dans l'art. 1387, en tête du titre du contrat de mariage, et qui n'est, du reste, que l'expression de cette règle de bon sens que tout ce qui n'est pas défendu est permis. La prohibition de l'art. 1399 n'est relative qu'au régime de communauté, et, comme on l'explique au *Rép.* n°s 551 et suiv., elle a un motif historique ; les rédacteurs du code l'ont édictée pour supprimer des usages contraires résultant d'anciennes coutumes, d'après lesquelles la communauté commençait, soit du jour de la bénédiction nuptiale, soit à partir de la consommation du mariage, soit après un délai d'an et jour. Mais cette prohibition, constituant une exception au principe général de l'art. 1387, ne doit pas être étendue. Comme l'ont fort bien fait remarquer MM. Rodière et Pont, t. 1, n° 92, il n'y aurait aucun motif raisonnable pour annuler la clause d'un contrat de mariage qui stipulerait que les biens de la femme seraient dotaux jusqu'à ce qu'elle eût atteint l'âge de trente ans et paraphernaux après, pas plus qu'il n'y aurait de motifs d'annuler une clause qui, pendant un certain temps, déclarerait la dot inaliénable et en permettrait ensuite l'aliénation avec ou sans remploi. La sécurité des tiers ne serait nullement compromise par une telle clause, puisque, en tout état de cause, ceux qui veulent traiter avec les époux doivent, pour leur garantie, prendre connaissance du contrat de mariage. Ajoutons que les clauses de ce genre étaient parfaitement licites sous l'ancien droit, comme on peut le voir par le passage de Pothier cité au *Rép.* n° 558 ; or si les rédacteurs du code avaient entendu les proscrire, ils l'auraient certainement dit par une disposition plus formelle que celle de l'art. 1399. Ce texte n'ayant interdit le terme que pour le régime de communauté, la prohibition ne doit donc pas être appliquée à d'autres régimes.

20. La question de savoir si l'existence de la communauté peut être subordonnée à une condition suspensive ou résolutoire nous semble plus douteuse, en présence de l'art. 1399; car, comme le dit justement M. de Folleville, t. 1, n° 23 *bis*, la condition présente tous les inconvénients du terme, avec l'incertitude en plus. C'est pourquoi, au *Rép.* n° 563, nous nous sommes ralliés à l'opinion qui considère comme nulle la stipulation de communauté sous une condition casuelle. Cependant cette opinion est combattue par plusieurs auteurs, sans même excepter ceux qui étendent l'application de l'art. 1399 à tous les régimes, et sur ce point encore c'est le principe de la liberté des conventions qui paraît devoir l'emporter dans la jurisprudence (V. Aubry et Rau, t. 5, § 504, note 9, p. 269; Guillouard, t. 1, n° 98; Colmar, 8 mars 1864, aff. Thérèse Hoff, femme Schuller, D. P. 64. 2. 85; Paris, 9 août 1870, aff. Gariel, D. P. 71. 2. 113).

21. D'après MM. Rodière et Pont, t. 1, n° 91, en admettant que la stipulation d'une condition soit permise en prin-

cipé, on devrait toujours considérer comme nulle la condition qui subordonnerait la communauté à la survenance d'enfants du mariage. Il importe, en effet, disent ces auteurs, qu'aucun des époux n'ait un intérêt actuel à ce qu'il ne naisse point d'enfants; car cet intérêt, s'il existait, pourrait occasionner bien des querelles ou des turpitudes. Cependant la condition dont il s'agit était admise dans notre ancien droit, et rien n'autorise à décider que le code ne la permet pas (V. *Rép.* nᵒˢ 566 et suiv.).

22. On s'accorde à reconnaître que les futurs époux ne pourraient subordonner leurs conventions matrimoniales à une condition dont la réalisation dépendrait de la volonté de l'un ou de l'autre ou même de tous les deux. Les conditions potestatives, en effet, rendent nulles les obligations (c. civ. art. 1174) et elles ne sauraient se concilier avec le principe de l'immutabilité des conventions matrimoniales (c. civ. art. 1395). — Un arrêt avait cru pouvoir considérer comme légale la clause d'un contrat de mariage établissant à la fois une société générale de tous biens, meubles et immeubles, présents et futurs, et une communauté de meubles et d'acquêts, avec la stipulation que la femme ou ses héritiers pourraient répudier lesdites société et communauté et reprendre, francs et quittes de toutes charges, les apports de la femme. Par l'effet de cette clause, empruntée à l'ancienne coutume d'Angoumois, les époux se trouvaient mariés sous le régime de la communauté universelle ou sous celui de la communauté réduite aux acquêts, suivant que la femme, à la dissolution du mariage, optait pour l'un ou pour l'autre (Bordeaux, 27 juill. 1875, aff. Charriaud, D. P. 76. 2. 147). Mais une pareille disposition a été déclarée nulle par la cour de cassation, comme soumettant les conventions matrimoniales à une véritable condition potestative (Civ. cass. 15 mai 1878, aff. Charriaud, D. P. 78. 1. 294. V. aussi: Bordeaux, 1ᵉʳ juill. 1886, aff. Guérin, D. P. 86. 2. 283). Toutefois, comme l'a décidé la cour de Bordeaux dans ce dernier arrêt, la nullité de la clause relative au régime n'entraîne pas celle du contrat de mariage; les autres clauses qui ne sont pas liées intimement à celle qui est nulle, comme, par exemple, une institution contractuelle, restent valables.

23. Si les parties, en stipulant la communauté sous une condition potestative, n'ont pas fait choix d'un autre régime pour le cas de non-réalisation de la condition, il y a lieu de se demander sous quel régime les époux seront mariés en réalité. Nous avons admis au *Rép.* nᵒˢ 568 et suiv., qu'en pareil cas les époux devaient être considérés comme mariés sous le régime exclusif de communauté, par la raison qu'en subordonnant l'existence de la communauté à une condition, ils l'avaient exclue en principe. Cependant la cour de cassation, dans l'arrêt du 15 mai 1878, cité *suprà*, nᵒ 22, alors que le contrat de mariage établissait une communauté universelle ou une communauté réduite aux acquêts, suivant l'option que ferait la femme, a décidé qu'il y avait lieu d'appliquer les règles de la communauté légale.

24. D'après certains auteurs, au moment que les conventions adoptées par les époux se trouvent subordonnées à une condition que la loi n'admet pas, il faut dire qu'ils n'ont pas fait de contrat de mariage; on doit, par conséquent, les tenir pour mariés sous le régime de la communauté légale (Marcadé, t. 5, sur l'art. 1399, nᵒ 4; Guillouard, t. 1, nᵒ 95). D'autres estiment que la condition nulle doit être réputée non écrite, et que le régime adopté doit recevoir son application comme s'il était stipulé sans condition (de Folleville, t. 1, nᵒ 23 bis). A notre avis, il y a là surtout une question d'interprétation d'intention, qui doit être résolue par les juges du fait, dans chaque espèce, suivant les circonstances.

25. — 3ᵒ *Dérogations à l'ordre légal des successions* (*Rép.* nᵒˢ 135 à 151). — L'art. 1389 c. civ., après avoir disposé que les époux ne peuvent faire aucune convention ou renonciation dont l'objet serait de changer l'ordre légal des successions, ajoute : « sans préjudice des donations entre-vifs ou testamentaires qui pourront avoir lieu selon les formes et dans les cas déterminés par le présent code. » Les époux ne peuvent donc pas plus déroger par contrat de mariage aux règles relatives aux donations, sauf les exceptions spécialement prévues par la loi, qu'aux principes qui régissent les successions. Ils ne peuvent, par conséquent, faire des donations à cause de mort (c. civ. art. 893 et 894)

ni des donations au profit de personnes non encore conçues (c. civ. art. 906 et 1081). De là est née la question de savoir si la clause, autrefois usitée dans certaines coutumes, par laquelle les époux, en adoptant le régime de la communauté, stipulaient que les acquêts appartiendraient aux enfants à naître, est encore valable sous le code civil. Cette question est examinée au *Rép.* nᵒ 2586, et nous y reviendrons *infrà*, nᵒ 943.

26. Ce n'est pas déroger à l'ordre légal des successions que stipuler, comme la loi l'a, du reste, permis formellement dans l'art. 1520, que la communauté ne sera pas partagée également à sa dissolution entre les époux ou leurs héritiers ; qu'elle appartiendra tout entière au survivant, soit sans aucune charge, soit à charge par lui de donner une somme fixe aux héritiers du prédécédé. — Un arrêt de la chambre des requêtes, cité au *Rép.* nᵒ 149, et rapporté vᵒ *Dispositions entre-vifs*, nᵒ 1586-6ᵒ, a déclaré valable la clause d'un contrat de mariage par laquelle il était convenu que, si la femme mourait sans enfants, le mari ne devrait aux héritiers collatéraux pour tous leurs droits dans la succession qu'une somme fixe. Il y avait là, en effet, implicitement une institution contractuelle au profit du mari.

27. Dans le même ordre d'idées, la clause d'un contrat de mariage stipulant que, si les deux époux exploitaient en commun un fonds de commerce, le survivant pourrait conserver ce fonds pour l'estimation qui en serait faite par des experts nommés par les parties ou, à leur défaut, par le président du tribunal civil, a été reconnue valable et obligatoire, alors même que la succession de l'époux prédécédé était échue à un mineur. Le fonds de commerce ayant été réservé au profit du survivant, il n'y avait pas lieu de le comprendre dans le partage de la communauté, et les règles suivant lesquelles le partage doit être fait lorsque l'héritier est mineur n'étaient pas applicables (Paris, 9 juill. 1885, aff. Barrande, D. P. 86. 2. 261).

28. — 6ᵒ *Relation aux anciennes coutumes ou aux codes étrangers* (*Rép.* nᵒˢ 152 à 163). — Les anciennes coutumes étant abrogées depuis longtemps, la défense de s'y référer, édictée par l'art. 1390 c. civ., n'a plus guère d'intérêt pratique. Mais il n'en est pas de même de la question de savoir si les futurs époux peuvent se référer, pour leurs conventions matrimoniales, à une législation étrangère. L'affirmative, que nous avons adoptée au *Rép.* nᵒ 158, est admise aujourd'hui par tous les auteurs, sauf, bien entendu, l'hypothèse où les règles de la loi étrangère seraient contraires à des principes considérés en France comme d'ordre public (Rodière et Pont, t. 1, nᵒ 82 ; Aubry et Rau, t. 5, § 504, note 23, p. 273 ; Colmet de Santerre, t. 6, nᵒ 7 bis II ; Laurent, t. 21, nᵒ 441 ; de Folleville, t. 1, nᵒ 27 ; Guillouard, t. 1, nᵒ 131).

CHAP. 3. — **Des principaux régimes que les futurs époux peuvent adopter et de l'interprétation du contrat de mariage** (*Rép.* nᵒˢ 159 à 191).

29. Le législateur laisse aux futurs époux le choix entre les divers régimes qu'il a organisés. Toutefois il a manifesté une préférence pour la communauté légale, puisque c'est le régime qu'il attribue aux époux mariés sans contrat. Tout autre régime, le régime dotal en particulier, ne peut résulter, comme au *Rép.* nᵒ 163, que d'une stipulation qui ne laisse aucun doute sur l'intention de l'adopter. — Ainsi il a été jugé que l'adoption du régime dotal ne résultait pas suffisamment de la clause d'un contrat de mariage dans laquelle il était dit que *le futur époux prenait la future épouse* « avec tout et un chacun ses biens et droits paternels, maternels et autres, présents et à venir quelconques, *comme dotaux* » (Bordeaux, 1ᵉʳ févr. 1865, aff. Bureau, D. P. 65. 2. 200). Les expressions *dot*, *biens dotaux* ne sont pas, en effet, spéciales au régime dotal. — Il a encore été jugé que la soumission au régime dotal ne peut s'induire, ni de la clause que la future épouse *se constitue* tous ses biens présents et à venir, ni du mandat irrévocable donné au futur de gérer et administrer les biens constitués, ni de la clause de remploi des biens immeubles, que le mari est autorisé à vendre, ni de la stipulation par laquelle le mari est tenu d'assurer et reconnaître sur ses biens ce qu'il recevra pour son épouse, ni de celle par laquelle la future épouse donne

pouvoir au futur de vendre et aliéner tous ses biens immeubles, *pour le prix des ventes lui devenir dotal*, ni enfin de l'existence simultanée de toutes les clauses qui viennent d'être indiquées dans le même contrat (Nîmes, 22 juill. 1851, aff. Saussine, D. P. 52. 2. 182).

30. Cependant l'adoption du régime dotal, pas plus que celle de tout autre régime, n'est assujettie à aucuns termes sacramentels; et il a été reconnu, notamment, qu'elle était suffisamment caractérisée par la déclaration, portée au contrat de mariage, que l'immeuble apporté en dot par la femme serait dotal et inaliénable (V. *Rép.* n° 3167. V. aussi *infrà*, n° 1131).

31. La soumission au régime dotal peut aussi n'être que partielle. Il est généralement reconnu aujourd'hui, conformément à l'opinion soutenue au *Rép.* n° 180, que les époux, tout en adoptant le régime de la communauté, peuvent stipuler que les immeubles de la femme, ou même sa dot mobilière, seront inaliénables (Caen, 11 févr. 1850, aff. Lefortier, D. P. 52. 2. 108, et sur pourvoi, Civ. rej. 15 mars 1853, D. P. 53. 1. 81 ; Civ. rej. 7 févr. 1855, aff. Fontaine, D. P. 55. 1. 114 ; Ch. réun. cass. 8 juin 1858, aff. Chemin, D. P. 58. 1. 233; Rodière et Pont, 2e éd., t. 1, n° 86; Aubry et Rau, t. 5, § 504, note 7, p. 268; Laurent, t. 21, n° 127; de Folleville, t. 1, n°s 11 et suiv.; Guillouard, t. 1, n°s 88 et suiv. V. aussi *infrà*, n° 1138).

32. Mais cette stipulation d'inaliénabilité, de même que l'adoption plus complète du régime dotal, doit être faite d'une manière expresse et en des termes suffisamment clairs pour que les tiers ne puissent point être induits en erreur. S'il y a doute, c'est l'interprétation la plus favorable aux tiers, et par conséquent contraire à l'inaliénabilité, qui doit prévaloir. Ainsi il a été jugé qu'une clause aux termes de laquelle la femme avait le droit, en renonçant à la communauté, de reprendre ses apports francs et quittes de toutes dettes, alors même qu'elle se serait personnellement obligée avec le mari, devait s'entendre du recours accordé à la femme commune par l'art. 1494 c. civ., et n'avait pas pour effet de frapper les immeubles de la femme d'inaliénabilité dotale vis-à-vis des tiers; que, par suite, les tiers envers lesquels la femme s'était obligée pouvaient, nonobstant cette clause, poursuivre leur payement sur les biens constituant l'apport de la femme, alors même qu'elle avait renoncé à la communauté, sauf son recours contre la succession de son mari (Bordeaux, 19 févr. 1857, aff. Marcadier, D. P. 58. 2. 68).

33. L'inaliénabilité peut être plus ou moins étendue; et, à ce point de vue encore, c'est dans le sens le plus restreint que les stipulations doivent être interprétées, surtout à l'égard des tiers. Par exemple, s'il a été seulement stipulé que les immeubles de la femme ne seront aliénables qu'à charge de remploi, cette clause ne devra s'entendre que des immeubles présents, et non des biens à venir (Caen, 27 déc. 1850, aff. Dumesnil, D. P. 51. 2. 245; Riom, 19 août 1851, aff. Bouchard, D. P. 52. 2. 269). — Dans une espèce où le contrat de mariage portait que les immeubles présents et à venir de la femme ne pourraient être aliénés sans un remploi en immeubles par elle accepté ou une garantie hypothécaire suffisante pour lui assurer la reprise du prix, garantie que les acquéreurs étaient tenus de conserver par une inscription, on s'est demandé si cette clause était suffisante pour frapper les immeubles de la femme de dotalité, en ce sens qu'ils ne pouvaient pas être saisis par les créanciers envers lesquels la femme s'était obligée. La cour de Caen s'était prononcée pour l'insaisissabilité; mais son arrêt fut cassé, et la cour de Rennes, sur renvoi, ayant adopté la même interprétation, les chambres réunies de la cour de cassation ont encore cassé l'arrêt de cette seconde cour, par la raison que la clause litigieuse avait bien assuré certaines garanties à la femme, pour le cas de vente volontaire, mais qu'il n'en résultait pas nécessairement que, d'une manière absolue et pour les obligations qu'elle pourrait contracter personnellement, ses biens immeubles se trouvaient frappés de l'inaliénabilité dotale; que, dès lors, en dehors du cas prévu formellement par la clause, la femme avait conservé toute sa liberté de femme commune et avait pu valablement s'engager envers les tiers sur ses biens personnels (V. Civ. cass. 6 nov. 1854, aff. Chemin, D. P. 54. 1. 439; Ch. réun. cass. 8 juin 1858,

même affaire, D. P. 58. 1. 233. Ces décisions sont approuvées par M. Laurent, t. 21, n° 128, et par M. Guillouard, t. 1, n° 90, de Folleville, n° 255. V. aussi : Rouen, 4 juill. 1874, aff. Borgnet, D. P. 76. 5. 134).

34. Lorsqu'il s'agit d'interpréter certaines clauses d'un contrat de mariage, il importe, comme nous l'avons dit au *Rép.* n° 184, de rechercher le caractère dominant ou principal des conventions adoptées par les futurs époux. Une remarquable application de cette règle a été faite par la jurisprudence dans une espèce où, les futurs époux ayant adopté le régime dotal, la future, après s'être constituée en dot une somme déterminée, s'était réservé comme libres et *paraphernaux* tous ses autres biens, en stipulant toutefois qui si elle venait à les aliéner, il serait fait par le mari emploi du prix, qui serait *dotal*. Il a été reconnu que cette dernière stipulation, venant à la suite de la déclaration de paraphernalité, n'avait pour but que d'en déterminer les effets à l'égard du mari, et non de déroger à la clause générale sur la nature des biens; qu'on devait voir seulement dans cette stipulation de remploi une précaution prise contre le mari et une garantie au profit de la femme, mais qu'il ne fallait pas en induire que les époux avaient entendu changer la nature des biens de la femme, et qu'il dépendait de celle-ci de les rendre paraphernaux ou dotaux, suivant qu'il lui plairait ou non de les aliéner (Montpellier, 7 avr. 1856, et sur pourvoi, Req. 22 avr. 1857, aff. Tudès, D. P. 57. 1. 207). Ainsi que le déclare, d'ailleurs, la cour de cassation, dans l'arrêt que nous venons de citer, les contrats de mariage dont les clauses sont obscures, sont soumis aux mêmes règles d'interprétation que les autres contrats, et notamment à la règle que toutes les clauses s'interprètent les unes par les autres, en donnant à chacune le sens qui résulte de l'acte entier (c. civ. art. 1161).

35. En ce qui concerne le droit de contrôle de la cour de cassation sur l'interprétation donnée aux conventions matrimoniales par les tribunaux, V. *Cassation*, n° 372; — *Rép.* eod. v°, n°s 1623 et suiv. — En général, comme on l'a vu, la cour de cassation se réserve de contrôler les appréciations des juges du fait, en ce qui concerne la détermination du régime légal sous lequel les parties ont entendu se placer, ainsi que relativement aux conséquences juridiques de ce régime. Mais elle reconnaît aux tribunaux le pouvoir souverain d'interpréter les conventions particulières contenues dans le contrat de mariage, quand ces conventions prêtent au doute, à l'effet d'en préciser l'étendue et les limites. Indépendamment des arrêts cités ou rapportés *ibid.*, il a été jugé qu'il appartient aux tribunaux d'apprécier souverainement : 1° l'étendue d'une clause d'ameublissement (Req. 9 mars 1857, aff. Marion, D. P. 59. 1. 195; 27 janv. 1858, aff. Carrez, D. P. 58. 1. 167); — 2° le sens et l'étendue de la donation réciproque et de l'attribution des acquêts de communauté faite par les époux dans le contrat de mariage (Req. 16 janv. 1867, aff. Delétoile, D. P. 67. 1. 501; Civ. rej. 31 janv. 1872, aff. Gilles, D. P. 73. 1. 70); — 3° Les clauses du contrat de mariage qui ne concernent que le mode d'exécution ou de garantie des conventions matrimoniales, comme, par exemple, une clause de laquelle on prétend faire résulter, au profit de la future, une subrogation dans l'hypothèque légale de sa mère pour la garantie de la dot (Req. 4 juin 1855, aff. Beaune-Baurie, D. P. 55. 1. 389). — Est souveraine également la décision des juges du fond portant que certaines créances, résultant d'opérations faites par le mari antérieurement au mariage, sont restées en dehors de la communauté, et fondée sur ce que, les dettes provenant des mêmes opérations se trouvant exclues de l'actif commun, l'intention des époux n'avait pu être de scinder la situation du mari au sujet de ces opérations, en faisant entrer dans la communauté l'élément actif, pour en exclure l'élément passif (Civ. rej. 5 févr. 1873, aff. M..., D. P. 73. 1. 209).

36. Il est bien entendu que les juges peuvent, pour l'interprétation d'un contrat de mariage, se fonder, non seulement sur les termes du contrat, mais sur toutes les pièces et circonstances de la cause. Il a été jugé, notamment, que les clauses du contrat de mariage d'un mineur passé avec l'assistance du conseil de famille, qui en avait précédemment arrêté les conditions, devaient être interprétées dans

le sens déterminé par la délibération du conseil de famille (Bordeaux, 21 août 1848, aff. de Brézetz, D. P. 49. 2. 40). — Il a été jugé aussi que la clause d'un contrat de mariage, passé sous l'ancien droit, portant qu'en cas de survie, l'épouse « gagnera sur les biens de l'époux *l'intérêt de la moitié de sa dot pour droit d'augment, conformément à la coutume de Gimont* », trouvait son interprétation dans la coutume à laquelle les futurs époux s'étaient référés et qui était autrefois comprise dans le ressort du parlement de Toulouse; cette coutume attribuait à l'épouse, à défaut d'enfant et en cas de survie, un augment égal à la moitié de sa dot, en toute propriété, et il a été décidé que c'était bien la pleine propriété de cet augment de dot, et non pas seulement l'usufruit, que les futurs époux avaient entendu laisser à la femme survivante, en employant les expressions « *l'intérêt* de la moitié de sa dot pour droit d'augment ». Ajoutons que le pourvoi contre cette décision a été rejeté par la raison qu'elle renfermait une interprétation souveraine d'intention qui échappait au controle de la cour de cassation (Agen, 26 janv. 1859, et sur pourvoi, Req. 21 déc. 1859, aff. Duclos, D. P. 60. 1. 177).

CHAP. 4. — Du régime auquel sont soumis les époux qui n'ont pas fait de contrat de mariage (*Rép.* nos 192 à 213).

37. À défaut de contrat de mariage, les époux sont soumis au régime de la communauté légale (c. civ. art. 1393). Les motifs pour lesquels ce régime a été établi de préférence comme régime de droit commun par les rédacteurs du code sont exposés au *Rép.* nos 195 et suiv. Quelques auteurs, comme nous l'avons dit, *ibid.*, n° 197, ont émis cette opinion que le régime de la communauté universelle eût été plus conforme à l'idée de l'union des époux, qui est de l'essence du mariage (V. en ce sens: Aubry et Rau, t. 5, § 498 *in fine*). « En présence de l'accroissement prodigieux de la richesse mobilière, disent ces auteurs, et alors que la fortune de beaucoup de familles consiste uniquement en valeurs de cette nature, le système qui, tout en excluant de la communauté les immeubles des époux, y fait tomber leur mobilier, même futur, conduit souvent à d'injustes inégalités et à des résultats que ni les époux ni leurs familles respectives n'eussent d'avance acceptés, s'ils les avaient prévus. » — Ces critiques sont assurément fondées; mais il faut bien reconnaître aussi que les résultats auxquels conduirait la communauté universelle seraient tout aussi contraires à l'équité, sinon davantage. Il suffirait que les apports des deux conjoints ne fussent pas parfaitement égaux, comme cela arrive presque toujours, pour que l'un fût avantagé au préjudice de l'autre. Les objections de MM. Aubry et Rau seraient donc de nature à faire restreindre la communauté légale aux seuls acquets, bien plutôt qu'à la faire étendre, comme le demandent ces auteurs, à tous les biens des époux.

38. On peut remarquer, d'ailleurs, que les tendances actuelles de la doctrine sont plutôt favorables à la séparation des patrimoines des époux qu'à leur confusion en une masse commune. Si MM. Rodière et Pont, t. 1, n° 343, défendent encore le régime adopté par le code, M. Guillouard, t. 1, n° 78, démontre facilement, par des considérations semblables à celles de MM. Aubry et Rau, que la communauté réduite aux acquets constituerait un régime plus équitable et, à ce titre, mériterait la préférence. Mais d'autres auteurs vont beaucoup plus loin. D'après M. de Folleville, t. 1, n° 31,« chacun des époux devrait, en principe et tant qu'une convention formelle n'est point intervenue en sens contraire, conserver la pleine propriété et la libre administration des biens qui lui appartiennent, sauf à être virtuellement soumis, par le fait même du mariage, à l'obligation de contribuer, dans la mesure des facultés respectives, à l'acquittement des charges du ménage ». Dès lors, ce serait la séparation de biens qui deviendrait logiquement le régime de droit commun.

39. M. Laurent va plus loin encore. Dans son *Avant-projet de revision du code civil*, t. 5, p. 45 et suiv., il supprime même toute inégalité entre époux; chacun d'eux conserve l'administration de ses biens propres, et ils administrent conjointement les biens communs. S'ils ne s'entendent pas, ils vont trouver le juge de paix, qui est chargé de les concilier, et si la conciliation n'a pas lieu, M. Laurent les renvoie au tribunal, qui devient ainsi le grand dépositaire de l'autorité maritale. Nous n'avons pas à réfuter ce système en tant qu'il abolit complètement toute subordination de la femme au mari; il est en cela contraire à toutes les traditions, et nous le croyons plein d'inconvénients et de dangers. — Quant à la séparation des patrimoines des époux, qui deviendrait le régime de droit commun pour tous ceux qui se marieraient sans contrat, nous ne croyons pas non plus qu'elle aurait des effets avantageux. Théoriquement, il n'est pas exact de dire que ce serait le régime le plus conforme à l'union, en effet, n'est pas seulement l'union des personnes; il entraîne aussi nécessairement une certaine union des biens, tout au moins une confusion des objets mobiliers, et la loi est certainement plus logique quand elle consacre cette union des intérêts matériels que si elle n'en tenait aucun compte. De plus, en fait, la séparation absolue des intérêts des époux deviendrait facilement, par les difficultés qu'elle soulèverait entre eux, une cause de discorde. Qui déterminerait la part pour laquelle chacun d'eux devrait contribuer aux charges du ménage? Qui les obligerait l'un et l'autre, et surtout le mari, à y contribuer pour cette part? A qui seraient attribués les bénéfices? Qui supporterait les pertes? Ces questions, qui sont ordinairement résolues par le contrat de mariage, quand la séparation de biens est établie conventionnellement, resteraient, à défaut de contrat, sans solution, car la loi serait impuissante à les résoudre elle-même, à raison de l'innombrable variété des cas. En résumé, comme l'a fort bien dit M. Glasson, *Éléments du droit français*, t. 1, n° 63, « le régime de séparation de biens n'est pas naturel dans le mariage; il est contradictoire que deux individus, partageant le même foyer domestique, aient pour leurs biens des intérêts entièrement distincts et séparés. Le code civil a donc beaucoup mieux fait en établissant, dans le silence des époux, la communauté légale comme régime de droit commun ».

40. Bien que la communauté légale soit, en France, le régime de droit commun, elle n'est aucunement imposée par la loi; elle résulte de la volonté présumée des époux qui se marient sans faire de contrat de mariage. Mais si les époux se marient à l'étranger ou si, se mariant en France, ils sont étrangers, quel sera leur régime matrimonial? On décide généralement, suivant l'opinion émise au *Rép.* n° 200, que le régime doit être fixé d'après le domicile matrimonial, c'est-à-dire d'après le lieu où le mari, lors du mariage, entendait fixer son domicile et où il l'a effectivement fixé (V. en ce sens: Demolombe, *Mariage*, t. 1, n° 87; Rodière et Pont, t. 1, n° 34; Aubry et Rau, t. 5, 504 *bis*, notes 3 et 4, p. 275; Guillouard, t. 1, nos 336 et suiv.). Suivant M. Laurent, t. 1, n° 201, ce serait la une pure question d'intention dont la solution dépendrait des faits et circonstances de la cause; en d'autres termes, du moment que le mariage a eu lieu à l'étranger ou que l'un des époux était étranger, les tribunaux auraient un pouvoir discrétionnaire pour déterminer sous quel régime ils se sont mariés. Soit! mais encore faut-il qu'il existe des raisons de décider dans un sens ou dans l'autre. Or les circonstances de la cause peuvent ne rien révéler sur les intentions des parties, qui peut-être n'ont même pas songé à faire choix d'un régime quelconque. En pareil cas, il était de règle, dans notre ancien droit, que l'on devait attribuer aux époux le régime établi par la loi de leur domicile matrimonial, c'est-à-dire du lieu où ils s'étaient fixés à l'époque du mariage. Rien n'indique que les rédacteurs du code, en établissant pour toute la France un régime de droit commun, comme il en existait un déjà autrefois dans chaque province de France, aient entendu déroger à cette règle. C'est aussi cette même règle que la jurisprudence a généralement suivie jusqu'à ce jour, comme cela résulte des décisions citées dans les numéros suivants. — V. aussi sur les difficultés que soulève cette matière, une dissertation de M. de Boeck, insérée D. P. 88.2.265.

41. Pour le cas de *mariage d'un Français avec une étrangère, en pays étranger*, il a été jugé: 1° que, le choix d'un régime matrimonial dépendant de la volonté des époux et de celle des personnes qui doivent les assister, s'ils sont mineurs, cette volonté doit être appréciée d'après les circonstances qui ont accompagné le mariage, et que, s'il résulte de

ces circonstances qu'ils avaient à cette époque fixé leur domicile matrimonial à l'étranger, il y a lieu d'en conclure qu'ils ont entendu soumettre leurs intérêts civils à la loi étrangère, et non à la loi française (Civ. cass. 11 juill. 1855, aff. Giovanetti, D. P. 56. 1. 9); — 2° Qu'un Français qui était mineur lors de son mariage à l'étranger et qui n'a eu qu'une existence nomade jusqu'au jour où il s'est fixé en France avec sa femme, doit être présumé, en l'absence de contrat de mariage, avoir voulu adopter le régime de la communauté légale (Aix, 18 août 1870, aff. Maunier, D. P. 72. 5. 123); — 3° Que le Français qui se marie hors de France sans contrat de mariage avec une étrangère, adopte tacitement le régime de la communauté tel qu'il est réglé par la loi française, à moins qu'il ne se soit fixé hors de France sans esprit de retour (Alger, 1er mai 1867) (1); — 4° Que, lorsqu'un Français épouse hors de France une étrangère sans contrat de mariage, l'association conjugale est régie par la loi du domicile du mari, à moins que, au moment de la célébration, il n'ait eu l'intention de se fixer à l'étranger sans esprit de retour; que s'il est constaté, par la production de documents authentiques, que la volonté ferme et persévérante de l'époux a été de fixer en France le centre de ses affaires et d'y maintenir son principal établissement, les époux, à défaut de contrat de mariage, sont placés sous le régime de la communauté légale (Bordeaux, 2 juin 1875, aff. Prudentia-Garcia, D.P.76.2.143). — Dans un cas où il était indifférent pour la solution des questions en litige que les époux fussent soumis à la loi étrangère ou à la loi française, un arrêt a décidé qu'ils devaient être présumés avoir opté pour le régime de la communauté légale établi par la loi française, parce qu'ils avaient fait enregistrer leur acte de mariage au consulat de France et parce que, dans le cours du mariage, la femme avait consenti une hypothèque sur ses immeubles personnels (Aix, 8 nov. 1870, aff. Mallet, D. P. 71. 2. 216).

42. De même, *pour le cas de mariage d'un Français avec une Française, en pays étranger*, il a été jugé que la solution de la question de savoir s'ils devaient être considérés comme régis, quant aux effets civils de leur mariage, par la loi étrangère ou par la loi française, dépendait du point de savoir s'ils avaient conservé l'esprit de retour; que l'esprit de retour doit être présumé, et que cette présomption ne peut céder qu'à la preuve la plus irrécusable d'une volonté contraire; qu'à défaut de cette preuve, on devait conclure que lesdits époux avaient eu l'intention de soumettre leur mariage à la loi sous l'empire de laquelle ils étaient nés : dans l'espèce, cette loi était la coutume de Paris (Metz, 9 juin

1852, aff. Désormeaux, D. P. 52. 2. 189). — Aux termes d'un récent arrêt, le régime légal des époux mariés en pays étranger sans contrat, est déterminé par la loi à laquelle les époux ont eu l'intention de se référer. Spécialement pour rechercher si deux Français qui se marient à l'étranger sans contrat ont tacitement adopté la communauté légale, les juges du fait doivent s'attacher aux circonstances de la cause propres à établir l'intention des époux. Parmi les indices propres à révéler cette intention, le domicile matrimonial à lui seul est insuffisant; et tous les faits de la cause, notamment la nature de l'établissement commercial formé par les conjoints, peuvent fournir des éléments de décision (Paris, 7 déc. 1887, aff. Antony, D. P. 88. 2. 265).

43. Dans le cas de *mariage contracté en France par un étranger avec une Française*, il a été jugé : 1° que l'étranger domicilié depuis longtemps en France et qui s'y marie avec une Française sans faire de contrat, est présumé avoir voulu consentir à la communauté légale établie par la loi française, quoique son domicile en France n'ait pas été autorisé par le Gouvernement, cette autorisation n'étant requise pour la jouissance des droits civils réservés aux Français et non pour l'adoption par convention tacite du régime de communauté (Paris, 3 août 1849, aff. Lloyd, D. P. 49. 2. 182); — 2° Que les étrangers, capables de stipuler dans tous les contrats tenant du droit des gens, peuvent, en se mariant en France, accepter tacitement le régime de la communauté établi par la loi, de même qu'ils pourraient le stipuler explicitement dans un acte; que l'établissement du domicile en France a toujours été considéré comme la manifestation la plus positive de leur intention à cet égard; que, sans doute, ce domicile doit avoir une importance qui le distingue d'une simple résidence, mais qu'il n'est pas besoin qu'il ait été autorisé par le Gouvernement dans les termes de l'art. 13 c. civ. (Paris, 15 déc. 1853, aff. Breul, D. P. 55. 2. 192); — 3° Qu'en l'absence de contrat de mariage, l'étranger qui s'est marié en France, sans esprit de retour dans son pays d'origine, est censé avoir adopté le régime de la communauté légale (Bordeaux, 24 mai 1876, aff. Forgo, D. P. 78. 2. 79); — 4° Que l'étranger qui se marie en France avec une Française, sans contrat, est censé se soumettre au régime de la communauté légale, si lors de son mariage il avait en France son établissement principal, son domicile, et s'il est resté jusqu'à sa mort, bien que le Gouvernement ne l'ait pas autorisé à fixer en France son domicile (Aix, 12 mars 1878) (2). — Jugé toutefois que l'étranger qui se marie sans contrat en France

---

(1) (Brouard C. Hamida et autres.) — Le 4 juill. 1863, jugement du tribunal civil d'Oran ainsi conçu : — « Attendu qu'il s'agit d'examiner la question de savoir si les époux Constant Brouard se sont mariés sous le régime dotal; — Attendu que Constant Brouard, né à Orléans, s'est marié à Livourne, dans le duché de Toscane, le 16 août 1825, avec la dame Modeste Bourgoin, et que la veuve Brouard excipe d'un acte dressé, postérieurement à la célébration du mariage, portant la date du 5 sept. 1825 et enregistré à Florence le 9 du même mois, pour prétendre qu'elle s'est mariée le même mois sous le régime dotal; — Attendu qu'on ne saurait voir dans l'acte invoqué la démonstration du régime qui a été adopté par les parties; que cet acte n'est que la reconnaissance faite par Constant Brouard à Louis Bourgoin, son beau-frère, d'une somme de 3000 écus florentins qu'il aurait reçue de lui antérieurement au mariage, et que si le mot *dot* est employé dans le susdit acte, cette expression ne prouve pas davantage que le régime dotal ait été adopté par les parties, le mot dot s'appliquant aussi bien au régime dotal qu'à celui de la communauté; qu'il faudrait que, par une déclaration formelle ou par un acte non équivoque, Constant Brouard eût manifesté, avant la célébration de son mariage, que son intention était de se soumettre à la loi du pays; — Qu'à défaut de cette déclaration ou d'une manifestation quelconque, Constant Brouard a contracté mariage sous l'empire de son statut personnel, et que, dès lors, son mariage ayant été fait sans contrat réglant les intérêts civils de son union, il faut reconnaître que son intention a été de se marier sous le régime de la communauté légale de son pays, et non sous celui en vigueur en Toscane; — Attendu que cette intention ressort, en outre, des faits et circonstances de la cause; ... — Par ces motifs, etc. ». — Appel. — Arrêt.

La cour; — Attendu qu'il est de principe que lorsque deux personnes se marient dans un autre lieu que celui de leur domicile, leur union se trouve régie par la loi à laquelle les époux sont présumés avoir voulu se référer, c'est-à-dire la loi du domi-

cile du mari; d'où la conséquence que le Français qui se marie hors de France, sans contrat de mariage, avec une étrangère, comme dans l'espèce, adopte tacitement le régime de communauté réglé par la loi française, à moins, toutefois, qu'il ne se soit fixé hors de France sans esprit de retour, ce qui est loin d'être démontré, en ce qui concerne Constant Brouard; — Confirme, etc.

Du 1er mai 1867.-C. d'Alger, 1re ch.-MM. Pierrey, 1er pr.-Durand, av. gén.-Chabert-Moreau, Genella et Robe, av.

(2) (Camous C. Ghisla.) — Le 28 mai 1877, jugement ainsi conçu du tribunal civil de Marseille : — « ... Attendu que la dame Salomon, aujourd'hui épouse Camous, était unie en mariage avec Frédéric Ghisla; qu'il n'a été fait aucun contrat réglant les conditions pécuniaires de leur union; qu'elle entend, par suite, réclamer les avantages de la communauté légale de biens d'après les dispositions de la loi française, et non point être régie par la législation des cantons suisses, exclusive de communauté; qu'il suivrait de là que la moitié du capital de 29000 fr., représentant la valeur du fonds de commerce aliéné, lui appartiendrait, ou que l'objet réuni à l'usufruit et devant être sauvegardé se réduirait à l'autre moitié; — Attendu que Ghisla, établi en France après 1862, n'avait conservé aucun domicile en Suisse, son pays d'origine; que c'est en France qu'il s'est marié; qu'avant comme après son mariage, il a eu son domicile à Marseille où il exploitait son unique établissement; que c'est dans la localité du département de l'Ardèche qu'il s'était retiré pendant sa maladie, et que c'est là qu'il est décédé; que, dans de telles circonstances, l'intention a dû être de croire que Frédéric Ghisla avait voulu assurer à sa femme la faveur de la législation du pays dans lequel il s'est définitivement fixé avec elle; — Attendu qu'il a toujours été admis par les anciens auteurs et par une jurisprudence constante que les époux dont l'un est Français et l'autre étranger sont, en l'absence de contrat, régis par la loi du domicile

avec une Française est censé s'en rapporter, pour ses intérêts matrimoniaux, aux lois de son pays s'il n'a pas témoigné d'intention contraire, et cela, quand même cet étranger,
dans son acte de mariage, se serait déclaré domicilié en
France (Aix, 7 févr. 1882) (1).

44. Dans le cas de *mariage contracté en France par deux
étrangers*, il a été jugé : 1° qu'à défaut de stipulations
écrites, les époux sont présumés avoir adopté le régime de
la communauté légale, alors qu'ils étaient établis et domi-

ciliés en France au moment de leur union (Aix, 27 nov.
1854, aff. Raibaldi, D. P. 57. 2. 43); ... Ou lorsqu'il résulte
des circonstances que les époux ont entendu fixer en France
leur domicile matrimonial (Civ. rej. 4 mars 1857, aff. Fraix,
D. P. 57. 1. 102); — 2° Qu'on doit regarder comme marié sous
le régime de la communauté légale l'étranger qui épouse
en France une étrangère devant le consul de son pays, si
lors de la célébration de son mariage il résidait en France
ou dans un pays soumis à la loi française et y avait établi le

---

matrimonial; que sur ce point, l'intention est à considérer avant
la nationalité, sans qu'il soit nécessaire que la fixation du domicile
ait été accompagnée d'une autorisation du gouvernement, ce qui
tient à ce que l'union conjugale est plutôt du droit des gens que
du droit civil proprement dit;... — Par ces motifs; — Le tribunal,...
déclare que ladite dame Eudoxie Salomon, veuve de Frédéric
Ghisla et en secondes noces du sieur Camous,... a eu droit
de s'attribuer la moitié des biens composant la communauté
légale qui avait existé entre sondit mari, et elle, en l'absence
de contrat. » — Appel par les consorts Ghisla. — Arrêt.
La cour; — Adoptant les motifs des premiers juges, confirme.
Du 12 mars 1878.-C. d'Aix, 1re ch.-MM. Rigaud, 1er pr.-Soubrat,
av. gén.-de Séranon et Fernand Bouteille, av.

(1) (Héritiers Gros C. Bec.) — Le 19 août 1880, jugement
ainsi conçu du tribunal civil de Marseille : — « Attendu que,
d'après une jurisprudence qui remonte au temps antérieur au
code civil, lorsque les époux appartiennent à des nationalités
différentes, et qu'ils n'ont pas eu le soin de faire régler par un
contrat leurs conventions matrimoniales, leurs accords présumés
sont régis, quant à ce, par la loi du domicile matrimonial, qui
est déterminé par l'intention qu'avait le mari, au moment de la
célébration du mariage, de fixer l'établissement de la famille
dans tel ou tel lieu, et où il n'a en réalité constitué ; — Attendu
que, lorsqu'un étranger épouse en France une Française qui, par
là même, adopte la nationalité de son mari, il y a complète certitude si l'étranger se pourvoit de l'autorisation du gouvernement
pour établir en France son domicile, car alors l'existence de ce
domicile d'option légale et notoire; qu'il n'en est plus de
même lorsque cette autorisation fait défaut; que dans ce cas la
présomption du maintien de la nationalité doit prévaloir, et
c'est la nationalité du mari qui détermine le domicile matrimonial si l'on ne prouve qu'il avait, lors de la célébration du
mariage, l'intention de transférer son domicile ailleurs que
dans son pays; qu'en résumé, c'est l'intention du mari, quant au
choix du domicile, qui doit être démontrée quand il s'agit de
substituer à sa nationalité existante une réglementation différente, et cette intention doit être prouvée comme existant au
moment même du mariage, non ultérieurement; — Attendu que
le sieur Jean-Joseph Bec, natif de Bousson (Piémont), épousa, à
Marseille, le 15 avr. 1843, la demoiselle Marie-Anne-Adèle Gros,
née à Saillans (Drôme); que cette dernière est décédée à Marseille le 1er avr. 1880, et que ses héritiers légitimes demandent
contre le sieur Bec le partage de la communauté de biens qu'ils
soutiennent avoir existé entre les époux, conformément à la loi
française, qui, d'après eux, aurait régi les époux comme étant la
loi de leur domicile au moment du mariage; — Attendu que,
d'après les principes qui viennent d'être exposés, c'est aux demandeurs qu'incombait la nécessité de démontrer qu'au moment de
la célébration du mariage, le sieur Bec, appartenant à la nationalité italienne, avait néanmoins l'intention arrêtée de fixer son
domicile en France; — Attendu que les demandeurs ne font
point cette preuve; qu'ils se bornent seulement sur ce cas,
depuis 1843, les époux Bec n'ont pas cessé de résider à Marseille,
sur ce que le sieur Bec ayant établi dans un magasin de la rue
Saint-Ferréol un commerce important de pelleterie, y aurait
réalisé une fortune considérable, et que c'est qu'enfin, dans une
correspondance qui eut lieu peu de temps après la mort de sa
femme, il ne paraissait pas très bien fixé sur sa situation vis-à-
vis des héritiers de cette dernière; — Mais que ces faits, bien
postérieurs à l'époque du mariage, ne peuvent offrir que des considérations tout à fait, secondaires par rapport à l'intention du
sieur Bec sur l'établissement d'un domicile fixe au moment de la
célébration du mariage, époque à laquelle il faut absolument se
reporter, car elle détermine à ce moment même le droit à appliquer ; — Attendu qu'au jour du mariage, 15 avr. 1843, le sieur
Jean-Joseph Bec était infiniment loin de la position brillante qu'il
a en dernier lieu occupée ; que c'est en 1864 seulement qu'il s'est
trouvé à la tête du magasin de pelleterie, rue Saint-Ferréol, n° 67,
où il a trouvé la fortune ; que né à Bousson, le 25 oct. 1820, il
avait, le 15 avr. 1844, vingt-deux ans et demi seulement ; que
c'était donc un tout jeune homme ayant la profession de pelletier,
mais simple ouvrier ou apprenti et ne gagnant que les plus
modiques salaires; qu'il prenait ses repas dans une sorte de
cabaret situé à Marseille dans l'étroite rue de Saint-Ferréol-le-
Vieux; que c'est qu'il fit connaissance de la fille Gros, employée aux soins de la cuisine, qu'il épousa, bien qu'elle fût plus

âgée que lui de quatre ans et six mois ; que, dans cette situation,
on ne peut présumer qu'Italien de naissance il eût l'intention
déterminée de se fixer à tout jamais à Marseille où il se trouvait
alors ; qu'il est à croire, au contraire, qu'au début de la vie, il
ne songeait qu'à profiter des chances qui pourraient s'offrir à lui
pour gagner son entretien, et, s'il le pouvait, réaliser des économies ; qu'aussi, peu de temps après son mariage, il se rendait
avec sa femme à la foire de Beaucaire pour tâcher d'y réaliser
quelques profits comme limonadier ; qu'à l'aide de ce gain, il loua
à Marseille une chambre où il faisait quelques travaux de pelleterie en hiver et s'y livrait pendant l'été au blanchissage des
chapeaux de paille ; que, surtout, il était loin de vouloir renoncer à sa nationalité, puisqu'il a toujours gardé son point d'attache
dans son pays natal, et qu'il conserve même encore aujourd'hui
la qualité et les droits dérivant de sa naissance dans une commune italienne ; que M. le consul général d'Italie atteste que,
presque chaque année, il se rendait dans son pays natal, muni
de passeports qui lui étaient délivrés au consulat d'Italie ; qu'il a
acquis dans son pays un immeuble qu'il a même fait meubler
avec luxe ; que le curé de cette paroisse et l'association de
bienfaisance rendent témoignage de la générosité dont il fait
habituellement preuve envers les personnes indigentes habitant
cette localité ; qu'enfin il est même établi par le maire de la commune de Bousson que, depuis 1844, il est inscrit sur les listes électorales administratives de cette commune, et que toujours depuis
lors il y a figuré en qualité de propriétaire et de citoyen italien ;
— Attendu qu'ainsi non seulement les demandeurs ne fournissent
point la preuve qui serait à leur charge, mais que le sieur Bec,
au contraire, prouve qu'Italien au jour de son mariage et résidant simplement à Marseille comme un jeune ouvrier sans idée
déterminée sur son avenir, il a toujours conservé sa nationalité
italienne, n'ayant à Marseille fondé que bien plus tard après son
mariage un négoce important constituant un établissement commercial, qui n'est, du reste, jamais considéré comme fait sans
esprit de retour au pays auquel on appartient ; — Sans s'arrêter
il avoir égard aux fins et conclusions des demandeurs qui en
sont démis et déboutés; — que sur icelles le sieur Bec hors
d'instance et de procès. » — Appel par les héritiers. — Arrêt.
La cour. — Attendu qu'il est constant en fait que Bec est
Italien d'origine ; qu'il n'a jamais été naturalisé Français ; qu'il
s'est marié à Marseille en 1843, sans contrat de mariage, avec
une femme française; qu'il n'a rien fait à ce moment d'où on ne
puisse induire qu'il a voulu changer de nationalité ; que, n'étant
pas Français, il n'a pas été soumis du plein droit à la règle de
l'art. 1393 c. civ., qui veut que les époux qui ne font pas de contrat de mariage soient censés avoir adopté le régime de la communauté légale; qu'étant, au contraire Italien et n'ayant pas
voulu cesser de l'être, la présomption est qu'il n'a pas voulu
davantage renoncer au statut personnel de son pays qui le suivait partout, et qu'ainsi, pour réussir dans leurs prétentions, les
héritiers de la femme Bec sont tenus de prouver que, contrairement à cette présomption, Bec, tout en gardant sa nationalité,
a cependant voulu soumettre ses conventions matrimoniales à
une autre loi que la sienne propre ; — Or, attendu que la seule
preuve fournie par les héritiers de la femme Bec est celle qu'ils
tirent de l'acte de mariage du 15 avr. 1843, dans lequel Bec a
déclaré qu'il était domicilié à Marseille ; — Mais attendu que le
domicile le plus certain et le plus prolongé d'un étranger en
France, mais isolé de tout autre fait, ne serait pas à lui seul une
preuve suffisante de cette intention bizarre de garder sa nationalité et de répudier en même temps la loi de son pays ; qu'il en
est, à plus forte raison ainsi, lorsque l'étranger est un jeune
ouvrier de 23 ans, vivant de son travail dans une chambre garnie, condamné par l'humilité de sa condition à une vie nomade,
et lorsque d'ailleurs l'indication d'un domicile à Marseille peut
s'expliquer pour lui par cette circonstance qu'une résidence de
six mois lui était nécessaire pour que son mariage pût y être
célébré; — Attendu que la preuve exigée des héritiers de la
femme Bec devant se circonscrire au moment même du mariage,
et cette preuve n'étant pas faite, il serait inutile de s'occuper des faits postérieurs ; mais que, dans la cause, l'examen de
ces faits, à l'avantage de confirmer cette opinion ; que, plus
au moment de son mariage qu'à aucune époque de sa vie, Bec
n'a jamais voulu renoncer ni à sa nationalité, ni à son pays ; —
Attendu, en effet, qu'on le voit, quelques mois après son mariage,
faire, dans le village où il est né, l'acquisition de la petite maison
qui a été le berceau de sa famille ; qu'on le voit ensuite meubler

siège de son principal établissement (Alger, 16 févr. 1867)(1).
— Jugé cependant qu'à défaut de contrat de mariage, le régime matrimonial de deux étrangers qui se marient sur le territoire français est déterminé par la loi nationale des époux, et non par la loi française, lorsque les époux ont manifesté, lors de leur union, la volonté de rester régis par leur statut personnel. Spécialement, deux israélites marocains qui contractent mariage en Algérie, *more judaico*, sans adopter expressément un régime matrimonial, sont réputés s'être tacitement référés, non au régime de la communauté israélite du lieu dans lequel le mariage a été célébré, mais au régime établi par la coutume particulière du Maroc qui constitue leur statut personnel ; il en est ainsi, du moins, lorsque ces époux, bien que résidant en Algérie, ont manifesté par une série de faits, se rapportant notamment au mode de célébration de leur mariage, la volonté de demeurer sous l'empire de ladite coutume (Req. 18 mai 1886, aff. Gabay, D. P. 87. 1. 277).

45. Enfin, pour le cas de *mariage contracté à l'étranger par deux étrangers*, nous citerons une décision de la cour de justice de Genève, aux termes de laquelle le régime matrimonial des époux est toujours fixé par la loi du domicile du mari au moment du mariage,s'il n'est pas passé de contrat ; en conséquence, la loi sarde règle les intérêts matrimoniaux d'un sujet sarde, marié sans contrat dans son pays où il était domicilié, bien qu'il eût à ce moment sa résidence à Genève, et que, par la suite, il se soit entièrement établi dans cette ville dont il est devenu citoyen (C. just. Genève, 7 sept. 1885) (2).

46. D'autre part, il résulte également d'un arrêt rendu par une cour française qu'à défaut de contrat de mariage, les époux mariés en pays étranger sont régis par la loi du domicile matrimonial, et que ce domicile est, non au lieu du domicile d'origine ou de la résidence actuelle des époux, ni au lieu de la célébration, mais au lieu où le mari, lors du mariage, avait l'intention de se fixer et où il s'est réellement fixé depuis. Ainsi, bien que le mariage ait été célébré au Pérou, les époux sont régis par la loi française, s'ils ont immédiatement quitté l'Amérique pour venir s'établir en France, si le mari a fait dans ce pays une déclaration de domicile, y a fait transcrire son acte de mariage et n'a jamais, depuis, manifesté l'intention de retourner en Amérique (Pau, 26 juill. 1886, aff. Cohe, D. P. 87. 2. 63).

47. Dans une espèce où il s'agissait d'un enfant né, au régiment, du mariage d'un étranger au service de la France avec une étrangère, lequel enfant n'avait jamais quitté le régiment et n'avait, comme enfant de troupe, jamais eu d'autres domiciles que ceux où le régiment avait successivement tenu garnison, il a été jugé que c'était la loi du lieu où cet enfant était en garnison lors de son mariage, contracté sous l'ancien droit, qui régissait, comme lieu du domicile des époux, les effets civils du mariage (Agen, 7 juin 1854, et sur pourvoi, Req. 21 févr. 1855, aff. Schweistéger, D. P. 55. 1. 75).

48. L'individu né dans un pays étranger qui a été par la suite incorporé à l'Empire français, est devenu Français par le fait de l'annexion de son pays d'origine, bien qu'à cette

---

(1) (Saverio C. Arnoux.) — LA COUR ; — Considérant que l'action d'Arnoux contre les époux Martino Saverio en payement tant des arrérages que du capital de la rente dont il est cessionnaire, est fondée, à l'égard de la dame Saverio, sur l'obligation personnelle qu'elle a contractée en 1844 de servir ladite rente, et à l'égard de Martino Saverio, sur ce que, s'étant marié en France sans contrat, il doit être réputé avoir adopté le régime de la communauté, qui est le régime du droit commun en France, et que, aux termes de ce régime, le mari est tenu des dettes contractées par sa femme avec son consentement ; que le mari soutient que, bien qu'il ait donné son consentement à l'acquisition faite par sa femme et dont la rente en question forme le prix, il ne s'est pas pour cela personnellement engagé au service de cette rente ; qu'il est sujet napolitain, et qu'à ce titre, son mariage doit être régi par la loi napolitaine, qui forme son statut personnel ; que, sous cette loi, le régime dotal étant le régime du droit commun, les principes de la communauté ne sauraient lui être applicables ; — Considérant que rien ne s'oppose, en principe, à ce que l'étranger qui se marie en France sans contrat, même une étrangère, puisse être réputé, d'après les circonstances, avoir contracté sous l'empire de la loi française ; que la loi qui règle le régime des biens dans le mariage n'a point, en effet, le caractère d'un statut personnel, mais bien celui d'un statut réel, qui ne reçoit son application qu'à l'égard des biens situés dans le pays régi par cette loi ; — Et considérant, en fait, que Martino Saverio est venu s'établir à Alger à une époque voisine de la conquête ; qu'il a notoirement fondé à Alger le siège de son industrie et de ses intérêts et n'a pas cessé d'y résider jusqu'à ce jour ; d'où il suit qu'en se mariant sans contrat en Algérie, dans de pareilles conditions, il doit être réputé s'être soumis à la loi française et avoir, en conséquence, adopté le régime de la communauté, qui est le régime du droit commun en France ; que peu importe d'ailleurs que son mariage ait été célébré devant un consul étranger, le privilège d'exterritorialité ne s'étendant pas des agents de cette catégorie et le mariage n'ayant donc pas moins, pour cela, été célébré en France ; qu'au surplus Martino Saverio a lui-même suffisamment témoigné l'intention où il n'a été de soumettre son union au régime de la loi française, en acceptant sans difficulté les notifications à lui personnellement faites par divers transports dont la rente a été l'objet, et surtout en payant lui-même ponctuellement les arrérages de cette rente depuis 1844, époque où sa femme a contracté avec son consentement l'obligation de la servir jusqu'en 1865,

et embellir cette maison, agrandir son patrimoine, retourner à peu près chaque année dans son pays, y entretenir des relations, y exercer ses droits d'électeur, y pratiquer la bienfaisance, y faire en un mot tous les actes de la vie qui témoignent que ce pays a toujours été l'objet de ses préférences ; qu'il n'a jamais renoncé à y retourner, et, par suite, qu'il n'a jamais voulu répudier aucune des lois qui le régissent ; — Adoptant au surplus les motifs des premiers juges ; — Met l'appellation au néant ; — Ordonne que ce dont est appel sortira son plein et entier effet.
Du 7 févr. 1882.-C. d'Aix.-MM. Rigaud, 1er pr.-Grassi, av. gén.-Boissard et Paul Rigaud, av.

(2) (Menu C. consorts Gavairon.) — LA COUR ; — Par testament du 17 janv. 1865, Marie Menu, née Gavairon, a institué pour héritière la demanderesse en l'instance, et a légué l'usufruit à son mari. Les héritiers ont intenté contre celui-ci une instance en liquidation de la communauté qu'ils disent avoir existé entre les époux Menu. Le mari soutient que son mariage a été contracté sous le régime paraphernal, en vigueur en Savoie, son pays d'origine. La première question à résoudre étant donc de déterminer le régime sous lequel les époux Menu s'étaient mariés, et c'est, en effet, la question préalable que les parties ont soumise au tribunal, et qui est aujourd'hui déférée à la cour ; — En fait, le mariage des époux Menu a été célébré le 22 nov. 1853 à Viegy-Foncenex (Haute-Savoie) devant le curé faisant fonction d'officier de l'état civil. L'acte porte que Menu est âgé de vingt et un ans, né à Frangy (Haute-Savoie), et demeurant à Genève, que la future épouse est née à Collonge-Bellerive. Dès l'époque de leur mariage, les conjoints paraissent s'être établis dans cette dernière commune. D'autre part, il résulte : 1° d'une attestation délivrée par le maire de Frangy que Menu a habité cette dernière localité depuis sa naissance jusque vers la fin de 1853 ; 2° d'une déclaration du bureau des étrangers que Menu a été sous permis de séjour à Genève, dès le 1er déc. 1853 jusqu'à l'année 1872, époque à laquelle il a été reçu genevois ; 3° de plusieurs actes civils que, que les époux Menu ont acquis divers immeubles, soit conjointement, soit séparément, chacun pour son compte, et se déclarant mariés sous la loi sarde. Au fond : — Considérant qu'en principe, c'est la loi du domicile qu'a le mari au moment même du mariage qui, à défaut de contrat, fixe d'une manière irrévocable le régime de l'union conjugale ; qu'en fait, Menu est né en Savoie, de parents savoisiens ; qu'il a continuellement habité sa commune d'origine jusqu'à l'âge de vingt et un ans ; qu'il y avait donc son domicile légal jusqu'à cette époque, et qu'il a dû le conserver tant qu'il n'a pas manifesté une intention contraire ; que, depuis son départ de Frangy, à l'âge de vingt et un ans, il n'a demeuré à Genève que deux mois au plus avant son mariage ; qu'il n'y a point formé d'établissement, si ce n'est même postérieurement à son union conjugale qu'il s'est fait inscrire à la police sous simple permis de séjour ; qu'on ne peut voir dans un séjour aussi court et aussi précaire un indice quelconque de la volonté arrêtée d'un changement de domicile ; qu'il résulte ainsi des considérations ci-dessus énoncées qu'au moment de son mariage, Menu était encore, de fait et de droit, domicilié en Savoie ; que, dès lors, c'est la loi sarde qui doit régler les intérêts matrimoniaux des époux ; qu'au surplus, les conjoints eux-mêmes l'ont toujours compris ainsi, puisque, dans les divers actes qu'ils ont

Du 16 févr. 1867.-C. d'Alger.-MM. Brown, pr.-Durand, av. gén.-Bonnard et Huré, av.

époque il résidât à l'étranger. Si donc il y a contracté mariage pendant la réunion de son pays d'origine à la France, il doit être, à défaut de conventions matrimoniales, réputé marié sous le régime de la communauté légale (Civ. rej. 12 juin 1874, aff. Ikelheimer, D. P. 75. 1. 333).

49. Comme nous l'avons montré au *Rép.* n° 210, la loi qui établit la communauté légale à défaut de contrat, a toujours été regardée en France comme un statut personnel, dont l'application doit s'étendre aux biens possédés par des Français à l'étranger. Par réciprocité, les lois ou les conventions matrimoniales des époux étrangers sont applicables aux biens que ceux-ci possèdent en France. Conformément à ce principe, la cour de cassation a jugé que la loi, alors en vigueur en Angleterre, d'après laquelle la femme anglaise qui se mariait sans contrat n'était point commune en biens et ne pouvait rien acquérir avec son mari, avait continué de régir des époux anglais qui étaient venus s'établir en France ; que, par suite, la femme ne pouvait être considérée comme copropriétaire des immeubles acquis par elle en France conjointement avec son mari, et qu'à son décès ses héritiers ne devaient, à raison de ces immeubles, aucun droit de mutation (Civ. rej. 30 janv. 1854, aff. Boyer, D. P. 54. 1. 62). — Certaines lois matrimoniales, cependant, peuvent avoir le caractère de statuts réels. Telle était autrefois, comme nous l'avons dit au *Rép.* n° 210 *in fine*, la loi en vigueur dans le Brabant. L'arrêt de la cour de cassation du 4 mars 1857, cité *suprà*, n° 44, a constaté, de même, que l'art. 1573 du code sarde, qui prohibait entre époux toute stipulation de communauté autre que celle de la communauté réduite aux acquêts, avait pour objet d'assurer la conservation des biens des époux dans leurs familles respectives et devait, par conséquent, être considéré comme un statut réel ; qu'il en était également ainsi de l'art. 1186 du même code, qui défendait aux époux de se faire des libéralités pendant le mariage, si ce n'est par acte de dernière volonté et dans la forme prescrite pour ces actes.

50. On s'est demandé si la règle d'après laquelle les époux qui se marient sans contrat sont soumis à la communauté légale est applicable au mariage contracté par un prodigue ou un faible d'esprit pourvu d'un conseil judiciaire. Plusieurs auteurs se sont prononcés pour la négative, par la raison que l'individu auquel a été donné un conseil judiciaire ne peut pas aliéner sans l'assistance de ce conseil (c. civ. art. 499 et 513), et que, par l'effet de la communauté légale, ses biens mobiliers pourraient se trouver aliénés en tout ou en partie (V. en ce sens : Demolombe, *Minorité, tutelle, etc.*, t. 2, n° 740 ; Bertauld, *Questions pratiques et doctrinales de code Napoléon*, t. 1, n° 620 et suiv., et *Revue critique*, 1865, t. 26, p. 289 et suiv. ; Demante, *Cours analytique de code civil*, t. 2, n° 285 *bis*). — Mais ces auteurs, qui écartent, dans ce cas spécial, l'application de l'art. 1393 ne sont pas d'accord sur le régime qui devrait être attribué au prodigue, à défaut de contrat de mariage. D'après M. Demolombe, ce serait le régime de la séparation de biens. D'après MM. Bertauld et Demante, ce serait celui de la communauté réduite aux acquêts. Contrairement à ces opinions, on décide généralement aujourd'hui que l'individu pourvu d'un conseil, qui se marie sans avoir fait de contrat, est soumis au régime de droit commun. Il serait, en effet, inconséquent de reconnaître à cet individu la faculté de se marier sans l'assistance de son conseil et de lui refuser la capacité nécessaire pour le soumettre à ce régime de droit commun, qui est le résultat légal de tout mariage contracté sans conventions matrimoniales expresses. Si de la communauté doit résulter pour lui une aliénation, ce n'est pas lui qui l'aura voulue, c'est la loi, de même que c'est aussi la loi qui frappe ses biens d'une hypothèque légale au profit de la femme (V. *Rép.* v° *Interdiction-conseil judiciaire*, n° 297 ; Limoges, 27 mai 1867, aff. Bonnange, D. P. 67. 2. 77; Caen, 20 mars 1878, aff. de la Villeurnoy, D. P. 78. 2. 217; Aubry et Rau, t. 5, § 502, note 12, p. 236; Colmet de Santerre,

t. 6, n° 15 *bis* XIV ; de Folleville, t. 1, n°s 110 et suiv. ; Guillouard, t. 1, n° 321).

CHAP. 5. — De la forme du contrat de mariage
(*Rép.* n°s 214 à 273).

51. Le contrat de mariage, aux termes de l'art. 1394 c. civ., doit être passé devant notaires, et, comme nous l'avons dit au *Rép.* n° 252, il est soumis à toutes les formalités des actes notariés. Il doit donc être signé par un second notaire ou par deux témoins, conformément à l'art. 9 de la loi du 25 vent. an 11. — Un arrêt de la cour de cassation a jugé que le contrat de mariage dont la minute ne porte pas la signature de l'un des témoins instrumentaires est nul en la forme, et que cette nullité est irréparable durant le mariage. Mais, d'après le même arrêt, ce contrat devient susceptible de ratification après la dissolution du mariage, attendu que les raisons d'ordre public, telles que le principe de l'immutabilité des conventions matrimoniales, qui s'opposaient à la ratification pendant le mariage, ont alors cessé. En conséquence, s'il s'est écoulé plus de dix ans depuis la dissolution du mariage sans que la nullité du contrat ait été demandée, l'action fondée sur cette nullité se trouve éteinte par la prescription de l'art. 1304 c. civ. (Civ. rej. 26 avr. 1869, aff. Lebec, D. P. 69. 1. 246. Conf. Aubry et Rau, t. 5, § 503, p. 249).—M. Laurent, t. 21, n° 46, a critiqué la doctrine de cet arrêt, en alléguant qu'un contrat de mariage nul en la forme doit être considéré comme inexistant et ne peut, par conséquent, être ratifié (V. aussi Guillouard, n° 198). Mais dire qu'un contrat de mariage est inexistant parce qu'il n'a pas été signé par un des témoins et en conclure que la ratification est impossible, c'est faire une pétition de principes. Le défaut de signature n'est qu'un vice de forme, et si le contrat de mariage est néanmoins exécuté, on ne voit pas pourquoi le vice ne pourrait pas être couvert par l'exécution.

52. Ainsi que nous l'avons dit au *Rép.* n° 258, la présence du notaire en second ou des témoins n'est pas nécessaire au moment de la lecture et de la signature du contrat de mariage, alors même que ce contrat contiendrait des donations en faveur des futurs époux. Il en serait autrement, toutefois, si le contrat contenait en outre des avantages en faveur d'autres personnes ; en pareil cas, la constatation de la présence réelle du second notaire ou des témoins instrumentaires deviendrait obligatoire (Lyon, 30 nov. 1874, aff. Talon-Nique, D. P. 77. 2. 212).

53. Sur la question de savoir si la procuration donnée par l'un des époux ou l'un des tiers donateurs à l'effet de stipuler au contrat de mariage pourrait être sous seing privé, nous nous sommes prononcés au *Rép.* n° 263 dans le sens de l'affirmative. Cette solution, toutefois, pourrait être dangereuse aujourd'hui dans la pratique, étant donné les motifs de deux arrêts de la cour de cassation, où il est dit que la validité d'un mandat est nécessairement subordonnée à l'observation de la forme essentielle de l'acte qu'il a pour objet (Civ. rej. 29 mai 1854, aff. Barjon, D. P. 54. 1. 207; Civ. cass. 9 janv. 1855, aff. Alcat, D. P. 55. 1. 28). D'après la doctrine de ces arrêts, la procuration devrait être spéciale et en forme authentique. Tel est aussi l'avis de MM. Rodière et Pont, t. 1, n° 143 (Comp. *Rép.* v° *Mandat*, n° 150).

54. Il arrivait fréquemment autrefois, dans certaines provinces du midi de la France, que le contrat de mariage était dressé hors de la présence des futurs époux ou de l'un d'eux ; ils y étaient représentés par leurs parents, qui stipulaient en leur nom. Cet usage ayant subsisté depuis la promulgation du code civil, de nombreuses décisions judiciaires, dont quelques-unes ont été confirmées par la cour de cassation, ont dû prononcer la nullité de contrats de mariage passés dans ces conditions (V. outre les arrêts déjà cités au *Rép.* n° 264 : Nîmes, 8 janv. 1850, aff. Descamps, D. P. 50. 2. 188; Grenoble, 7 juin 1851, aff. Tridon, D. P. 53. 2. 122;

<hr>

passés, ils se sont reconnus mariés sous le régime légal existant en Savoie; — Considérant que les faits ou circonstances postérieures au mariage restent sans influence pour déterminer la loi qui a réglé définitivement les conditions de l'union conjugale; — Considérant, quant au fait articulé dans les conclusions subsidiaires des intimés, que la durée de l'habitation de Menu à Genève est déjà déterminée par la pièce produite et non contestée;

qu'il ne renferme, d'ailleurs, rien de caractéristique sur l'intention de Menu relativement à un changement de domicile; — Par ces motifs, réforme le jugement rendu par le tribunal civil le 26 juin 1885; — Et statuant à nouveau, dit et prononce que les époux Menu ont été mariés sous le régime paraphernal en Savoie, en 1853, etc.

Du 7 sept. 1885.-C. just. de Genève.-M. Bard, pr.

Nimes, 6 août 1851, aff. Delon, *ibid.*; Toulouse, 5 mars 1852, aff. N..., *ibid.*; Toulouse, 20 juill. 1852, aff. Barjon, *ibid.*; Trib. Castelsarrazin, 10 janv. 1853, aff. Gignoux, *ibid.*; Toulouse, 19 janv. 1853, aff. Tannebier, D. P. 53. 2. 244 ; Pau, 1er mars 1853, aff. Daguerre, D. P. 53. 2. 122 ; Civ. cass. 11 juill. 1853, aff. Nésa, D. P. 53. 1. 281 ; Montpellier, 9 déc. 1853, aff. Saffon-Malleville, D. P. 55. 2. 112 ; Civ. rej. 29 mai 1854, aff. Barjon, D. P. 54. 1. 207; Civ. cass. 9 janv. 1855, aff. Alcat, D. P. 55. 1. 28 ; Toulouse, 2 juin 1857, aff. Rataboul, D. P. 58. 2. 34 ; Req. 6 avr. 1858, aff. Chanson, D. P. 58. 1. 224; Nimes, 12 nov. 1863) (1).

55. Quelques arrêts avaient vu dans le fait de la célébration du mariage une ratification suffisante des conventions matrimoniales arrêtées hors la présence de la future par ses père et mère, qui s'étaient portés forts pour elle (Toulouse, 15 juin 1844, aff. Aurientis, D. P. 45. 4. 110 ; Montpellier, 3 juill. 1847, aff. Hue, D. P. 47. 2. 144). Mais cette prétendue ratification a été rejetée par toute la jurisprudence postérieure, et notamment par l'arrêt de la chambre civile du 9 janv. 1855, cité *suprà*, n° 54. Il résulte de cette jurisprudence que la nullité du contrat de mariage passé hors la présence de l'un des futurs époux ne peut être couverte que par une ratification expresse et antérieure au mariage. Et cette ratification devrait réunir les conditions exigées par les art. 1396 et 1397 pour les changements et contre-lettres ; elle devrait, notamment, être constatée par un acte passé dans la même forme que le contrat de mariage, en la présence et avec le consentement de toutes les personnes ayant été parties au contrat. En un mot, les mêmes solennités qui sont exigées pour la validité du contrat seraient également nécessaires pour sa ratification avant le mariage (V. en ce sens : Motifs, Grenoble, 7 juin 1851, aff. Tridon, D. P. 53. 2. 122 ; Motifs, Civ. rej. 29 mai 1854, aff. Barjon, D. P. 54. 1. 207. V. aussi Aubry et Rau, t. 5, § 502, note 7, p. 235).

56. D'après l'arrêt de la chambre des requêtes du 6 avr. 1858, cité *suprà*, n° 54, le contrat auquel l'un des époux n'a pas concouru doit être considéré comme inexistant, et la ratification qui interviendrait même après la dissolution du mariage ne serait pas une véritable ratification, attendu que si, à cette époque, il est loisible aux parties de régler leurs intérêts civils comme elles l'entendent, l'acte qu'on prétendrait valider ne pourrait plus prendre naissance (V. en ce sens : Laurent, t. 21, n° 52). Cependant la nullité d'un contrat de mariage résultant de l'absence de l'un des futurs époux, qui n'a été représenté que par un porte-fort, ne peut être invoquée par l'héritier de l'époux prédécédé, qui a fait de ce contrat de mariage la base du partage opéré entre lui et le conjoint survivant (Montpellier, 9 déc. 1853, cité *suprà*, n° 54; Civ. rej. 10 avr. 1860, aff. Teyssère, D. P. 66. 1. 350. Comp. Nimes, 12 nov. 1863, *suprà*, n° 54). A plus forte raison, cette nullité ne pourrait-elle plus être invoquée par l'époux survivant ou les héritiers de l'époux prédécédé, si elle avait été l'objet d'une ratification formelle, dans les termes de l'art. 1338 c. civ., après la dissolution du mariage (Rodière et Pont, t. 1, n° 148; Aubry et Rau, t. 5, § 502, note 10, p. 235. — *Contra* : Laurent, t. 21, n° 51).

57. La question de savoir par qui peut être opposée la nullité du contrat de mariage, passé en l'absence d'un des futurs époux, rentre dans la question plus générale de savoir qui peut se prévaloir des nullités résultant de l'inobservation des formes légales suivant lesquelles le contrat de mariage doit être fait. Cette question est examinée au *Rép.*, n° 265. Ainsi que nous l'avons dit, il s'agit ici de nullités d'ordre public, et par suite elles peuvent être opposées par toute personne y ayant intérêt, sans en excepter même les parties qui ont signé le contrat et leurs héritiers ou ayants cause (Nimes, 8 janv. 1850, aff. Descamps, D. P. 50. 2. 188; Civ. rej. 29 mai 1854, aff. Barjon, D. P. 54. 1. 207).

58. Le contrat de mariage étant nul pour n'avoir pas été signé par l'un des époux ou pour toute autre inobservation des formes prescrites par la loi, sous quel régime les époux seront-ils mariés ? La jurisprudence et la doctrine sont d'accord pour déclarer que le régime des époux est alors la communauté légale. Ils sont censés n'avoir pas de contrat de mariage, et ainsi c'est le régime de droit commun qui leur est applicable. Cette conséquence sera souvent contraire à leurs intentions réelles, mais, elle est la sanction nécessaire de la nullité (Toulouse, 11 juin 1850, aff. Pignères, D. P. 52. 2. 141; Grenoble, 7 juin 1851, aff. Tridon, D. P. 53. 2. 122, et les arrêts cités *suprà*, n° 54; Aubry et Rau, t. 5, § 502, note 4, p. 234; Laurent, t. 21, n° 54).

59. La nullité du contrat de mariage entraîne-t-elle nécessairement la nullité des libéralités qu'il contient ? A notre avis, il faut distinguer. Pour les libéralités qui ne peuvent avoir lieu valablement que par contrat de mariage, telles que les donations de biens à venir, les institutions contractuelles, est il certain qu'elles sont nulles. Si les donations de biens présents seraient également nulles si elles avaient eu lieu en l'absence du futur époux donataire et n'avaient pas été acceptées par lui, sinon dans le même acte, au moins dans un acte postérieur, ou si l'acte n'avait pas été passé en la présence réelle des témoins instrumentaires. Dans ces divers cas, en effet, l'acte ne réunissait ni les conditions essentielles d'un contrat de mariage, ni celles d'une donation entre-vifs, les libéralités qu'il renferme doivent nécessairement tomber. C'est ce qui a été jugé par plusieurs arrêts (Nimes, 8 janv. 1850, aff. Descamps, D. P. 50. 2. 188; Toulouse, 20 juill. 1852, aff. Barjon, D. P. 53. 2. 122; Civ. cass. 11 juill. 1853, aff. Nésa, D. P. 53. 1. 281). —Mais si le contrat de mariage a eu lieu devant notaire, la présence réelle du notaire en second ou des témoins, la donation de biens présents faite au profit de l'un des futurs époux sera certainement valable nonobstant l'absence de l'autre des futurs époux, car l'acte est revêtu de toutes les formalités exigées pour la validité des donations entre-vifs. Et dans le cas même où cette donation aurait eu lieu au profit du futur époux absent, elle pourrait encore valoir, soit au moyen d'une acceptation constatée dans un acte postérieur, soit par l'effet de l'exécution qu'elle recevrait et qui équivaudrait à une acceptation (Toulouse, 5 mars 1852, aff. N..., D. P. 53. 2. 122; Pau, 1er mars 1853, aff. Daguerre, *ibid.*; Nimes, 30 août 1854, aff. Lisside, D. P. 56. 2. 107). Ajoutons enfin que la donation de biens mobiliers faite par un acte qui ne serait valable ni comme contrat de mariage, ni comme donation entre-vifs, pourrait encore être maintenue comme don

---

(1) (Armand et autres C. Bessèdes.) — La cour ; — Attendu que le contrat de fiançailles passé hors la présence de la future est nul, alors même que son père stipulant pour elle s'est porté fort, avec promesse de ratification; que les conventions matrimoniales ainsi adoptées n'ayant pas d'existence légale, les époux demeurent soumis au régime du droit commun;

Attendu qu'on ne saurait considérer comme une ratification du contrat de fiançailles, par exécution volontaire, le fait de la célébration du mariage, ce fait n'emportant pas nécessairement la confirmation de l'acte entaché de nullité; — Attendu que la mention de ce contrat dans l'acte de célébration de mariage ne peut constituer une ratification, puisqu'elle ne répondrait pas aux exigences de l'art. 1338 c. nap.; il faudrait d'ailleurs qu'elle eût été faite de manière que les tiers qui devaient traiter sous la foi d'un contrat de mariage nul, ne pussent être trompés; qu'il y a donc lieu de repousser les motifs qui ont déterminé les premiers juges;

Mais attendu qu'après la dissolution du mariage, le contrat de mariage peut être valablement confirmé ou ratifié par l'exécution volontaire des dispositions qu'il contenait; — Attendu qu'il résulte des circonstances de la cause que David Bessèdes, seul

intéressé à ce que, le contrat dont s'agit étant nul, sa mère fût mariée sous le régime de la communauté, l'a au contraire volontairement exécuté, et a manifesté l'intention de réparer le vice dont il était entaché; que la manifestation de sa volonté à une époque où le vice était connu, résulte des actes versés au procès, et notamment de l'inventaire dressé en 1839, dans lequel on lit à diverses reprises que David Bessèdes s'oppose à ce que les objets mobiliers ou telles ou telles créances soient compris dans l'inventaire, et demande que délivrance lui en soit faite par la raison que ces objets faisaient partie des constitutions dotales d'Elizabeth Gauthier, sa mère; — Que la ratification par exécution volontaire résulte encore du compte de tutelle que rendit en 1849 David Bessèdes à son frère Achille; que, dans ce compte, il attribua à ce dernier le tiers de la succession du père commun, en la composant de toutes les valeurs actives et passives, tandis qu'il n'aurait eu droit qu'au neuvième, si David Bessèdes, au lieu de ratifier le contrat de mariage de sa mère, eût voulu au contraire revendiquer le bénéfice du régime de la communauté; — Confirme, etc.

Du 12 nov. 1863.-C. de Nimes, 1re ch.-MM. Goirand de Labaume, 1er pr.-Blanchard, subst.-Royer et Paradan, av.

manuel si elle avait été suivie d'exécution (Laurent, t. 21, n° 55).

60. Une dernière question se présente. Si les libéralités faites dans le contrat de mariage nul en la forme sont valables ou si elles ont reçu leur exécution, les biens donnés tomberont-ils en communauté, alors même qu'ils devaient, d'après le régime adopté par les époux, rester propres à l'époux donataire? Ici encore, suivant nous, il convient de faire une distinction. Si la libéralité a été faite par le donateur sous la condition expresse que les biens donnés ne tomberaient pas en communauté, condition qui ne pourrait d'ailleurs exister que dans un contrat de mariage où le régime de la communauté aurait été stipulé, il nous semble difficile d'aller contre la volonté aussi formellement déclarée de l'auteur de la donation. Du moment que cette donation est valable, les modalités sous lesquelles elle a été consentie ne peuvent en être séparées. On peut objecter, il est vrai, que tandis que la dot constituée à l'époux donataire lui restera propre, celle apportée directement par l'autre époux, ou même à lui donnée irrégulièrement, va tomber en communauté. C'est là, nous le reconnaissons, un résultat qui dans certains cas sera peu équitable; mais c'est la conséquence de la nullité du contrat de mariage. — Mais suffira-t-il, comme l'ont admis certains arrêts, que le régime adopté par le contrat de mariage ne soit pas la communauté pour qu'on doive en induire que l'intention du donateur a été d'exclure les biens donnés de la communauté légale (V. en ce sens : Toulouse, 5 mars 1852, aff. N..., D. P. 53. 2. 122; Nîmes, 30 août 1854, aff. Lisside, D. P. 56. 2. 107)? Quel que soit le régime stipulé dans le contrat de mariage nul, dès l'instant que ce régime n'était pas la communauté, il nous paraît impossible d'affirmer que le donateur ait entendu exclure l'objet de sa donation d'une communauté dont il n'a même pas prévu l'existence. Quelle qu'ait pu être, d'ailleurs, son intention, en fait il ne l'a pas exprimée, et une telle condition ne saurait se suppléer. En pareil cas, donc, avec la généralité des auteurs et le plus grand nombre des arrêts, nous pensons que les biens donnés, s'ils sont mobiliers, doivent entrer dans la communauté légale (Grenoble, 7 juin 1851, aff. Tridon, D. P. 53. 2. 122; Toulouse, 20 juill. 1852, aff. Barjon, *ibid.;* Pau, 1er mars 1853, aff. Daguerre, *ibid.;* Trib. Castelsarrazin, 10 janv. 1853, aff. Gignoux, *ibid.;* Montpellier, 9 déc. 1853, aff. Saffon-Malleville, D. P. 55. 2. 112; Civ. rej. 29 mai 1854, aff. Barjon, D. P. 54. 1. 207; Civ. cass. 9 janv. 1855, aff. Alcat, D. P. 55. 1. 28; Pont, *Revue critique,* année 1853, t. 3, p. 6 et suiv.; Aubry et Rau, t. 5, § 502, note 6, p. 234; Laurent, t. 21, n° 56).

61. En ce qui concerne la question de savoir par qui doivent être supportés les frais du contrat de mariage, V. *Rép.* n° 1109, et *infra*, n° 373 et suiv. — Il résulte d'un arrêt de la cour de cassation que l'obligation contractée par l'un des futurs époux de supporter seul les frais et honoraires du contrat de mariage a le caractère d'une convention matrimoniale, qui ne peut être établie que conformément à l'art. 1394 c. civ. (Civ. cass. 21 juill. 1852, aff. Riouffe de Thorreng, D. P. 52. 1. 194). D'après ce même arrêt, l'existence d'une telle convention, qui n'a pas été rédigée avant le mariage par acte devant notaire, ne saurait l'établir, pendant le mariage, ni d'un aveu, ni d'une délation de serment : « Attendu, dit la cour de cassation, que l'aveu de la convention fait après le mariage par celui des époux de qui l'autre en exige l'accomplissement ne donne à celui-ci aucun droit, l'aveu n'équivalant pas à l'acte notarié et antérieur au mariage, qui est la condition essentielle et fondamentale de la validité de toutes les stipulations matrimoniales; — Que le refus de prêter le serment que la convention n'a pas eu lieu remplacerait évidemment, de la part de l'époux qu'on prétend engagé, l'aveu que cette convention a existé, et ne saurait avoir plus de valeur que cet aveu ».

CHAP. 6. — De la publicité des contrats de mariage, et des formalités particulières à l'égard des commerçants (*Rép.* n° 274 à 300).

62. La loi du 10 juill. 1850, dont les dispositions sont rapportées au *Rép.* n° 275, ne paraît avoir donné lieu, dans son application, qu'à une seule difficulté. On s'est demandé si la lecture et la délivrance d'un certificat, prescrites par l'art. 1394 c. civ., modifié par cette loi, au notaire qui reçoit un contrat de mariage, doivent être réitérées à la suite d'un acte additionnel ou d'une contre-lettre ayant pour objet de modifier le contrat. La cour de Paris, dans deux arrêts rendus le même jour, s'était prononcée pour l'affirmative, en se fondant sur le texte de l'art. 1394, qui dispose que « toutes conventions matrimoniales seront rédigées, avant le mariage, par acte devant notaire », et qui ordonne ensuite au notaire de remplir les formalités exigées par la nouvelle loi; la cour en concluait que ces formalités étaient applicables à tout acte constatant des conventions matrimoniales, attendu que la loi n'avait fait aucune distinction (Paris, 12 janv. 1856, aff. Chenard-Fréville, et aff. Vincent, D. P. 56. 2. 57). Mais la cour de Caen, ayant été saisie de la même question, a jugé, au contraire, qu'il suffisait que les formalités dont il s'agit eussent été remplies au moment de la rédaction du contrat principal et que le notaire n'était pas tenu de les renouveler dans une contre-lettre ajoutée à ce contrat. — Cette seconde interprétation, déférée à la cour de cassation par le procureur général près la cour de Caen, a été confirmée par un arrêt de la chambre des requêtes (Caen, 2 déc. 1856, et Req. 18 mars 1857, aff. Leroux, D. P. 57. 1. 210).

La chambre des requêtes, pour résoudre la question, a recherché avec raison quel était précisément le but du législateur de 1850. Ce but, ainsi qu'elle l'a constaté, était de faire connaître directement aux tiers sous quel régime les époux sont mariés, puisque la loi n'a pas exigé qu'il fût fait mention du régime dans l'acte de mariage. La loi n'a voulu qu'une chose : c'est, comme l'a dit M. le conseiller Hardoin dans son rapport, « que les tiers puissent savoir, par l'acte de célébration du mariage, s'il y avait un contrat de mariage, quelle en était la date, quel était le notaire qui l'avait reçu. Ces renseignements suffisaient à ceux qui auraient à traiter avec les époux, puisqu'ils pouvaient alors prendre connaissance des stipulations du contrat; et, d'un autre côté, les stipulations du contrat de mariage ne recevraient pas des énonciations des registres de l'état civil une publicité indiscrète et inutile ». Le vœu de la loi est donc pleinement accompli, ainsi que le déclare la cour de cassation, et le public est instruit de tout ce qu'il doit savoir, lorsque, au moment du contrat de mariage, le notaire, après avoir fait aux parties la lecture ordonnée par l'art. 1394, leur délivre le certificat destiné à être remis à l'officier de l'état civil. Il est d'autant moins nécessaire d'exiger du notaire qu'il renouvelle pour la contre-lettre l'accomplissement de cette double formalité, que l'acte modificatif des premières conventions, devant, aux termes de l'art. 1397, être rédigé à la suite de la minute du contrat de mariage et expédié après lui, ne forme point un contrat distinct et séparé, mais une partie intégrante et comme un article du contrat primitif (V. dans le même sens : Nîmes, 4 févr. 1858, aff. Vincens, D.P. 59. 5. 99; de Folleville, t. 1, n° 59; Guillouard, t. 1, n° 202).

63. Aux termes de l'art. 1391 c. civ., modifié par la loi du 10 juill. 1850, « si l'acte de célébration du mariage porte que les époux se sont mariés sans contrat, la femme sera réputée, à l'égard des tiers, capable de contracter dans les termes du droit commun, à moins que dans l'acte qui contiendra son engagement, elle n'ait déclaré avoir fait un contrat de mariage ». Pour l'interprétation de cette disposition, il convient de distinguer plusieurs hypothèses. — Si l'on se place tout d'abord dans le cas que la loi prévoit, celui où l'acte de célébration du mariage porte que les époux n'ont pas fait de contrat de mariage, la loi, en disant que *la femme sera réputée, à l'égard des tiers, capable de contracter dans les termes du droit commun*, ne veut pas dire que la femme sera réputée mariée sous le régime de la communauté légale. La pensée du législateur est beaucoup plus restreinte; un récent auteur, M. de Folleville, l'a traduite très exactement dans les termes suivants, en se reportant aux explications données par M. Valette, dans son rapport à l'Assemblée nationale (D. P. 50. 4. 150, note 1) : « *La femme mariée sous le régime dotal sera alors réputée à l'égard des tiers, nonobstant l'art. 1554 c. civ., capable de contracter et de s'obliger, avec l'autorisation de son mari ou, à son défaut, avec l'autorisation de justice, sans pouvoir jamais invoquer l'inaliénabilité, l'imprescriptibilité ni l'insaisissabilité de ses biens*

dotaux. La loi a voulu ainsi protéger les tiers uniquement contre le péril particulier qu'ils pouvaient courir, en traitant à leur insu avec une femme dotale. C'était, en effet, le seul danger qu'il ne fût pas en leur pouvoir d'éviter, car, en présence de tous les autres régimes, séparation de biens où régime exclusif de communauté, les tiers peuvent se mettre à couvert en exigeant l'intervention de la femme au contrat, tandis que cette précaution est absolument inutile à l'égard de la femme mariée sous le régime dotal, laquelle demeure, toujours et quand même, protégée contre les poursuites des créanciers, et plus généralement des tiers, par l'inaliénabilité, l'imprescriptibilité et l'insaisissabilité de ses biens dotaux » (de Folleville, t. 1, nᵒˢ 85 *bis* et suiv.). La loi entend donc que, dans le cas où l'acte de mariage porte qu'il n'y a pas eu de contrat, la femme, même mariée sous le régime dotal, pourra s'obliger sur ses biens comme si elle était mariée sous le régime de la communauté légale. Mais, sauf sur ce point spécial, les conventions matrimoniales ne subissent aucune atteinte, et la femme conserve le droit d'opposer son contrat de mariage, même aux tiers, sous tous autres rapports, notamment pour ce qui concerne la propriété et la conservation de sa dot. Si l'on suppose, par exemple, que les époux sont mariés sous la communauté réduite aux acquêts, quand même l'acte de mariage porterait qu'ils n'ont pas fait de contrat, la femme n'en aura pas moins le droit d'opposer son contrat de mariage aux tiers à qui le mari aurait cédé les meubles qu'elle se serait réservés propres ou une succession mobilière qui lui serait échue (Aubry et Rau, t. 5, § 503, note 17, p. 251; de Folleville, t. 1, nᵒ 86; Guillouard, t. 1, nᵒ 201).

64. Il est certain que les dispositions de la loi de 1850 ne protègent que d'une manière très incomplète les tiers qui contractent avec les époux, et l'on a soutenu, peut-être avec raison, que les auteurs de cette loi auraient dû garantir ces tiers non seulement contre l'incapacité de la femme dotale, mais contre tout préjudice pouvant résulter de la dissimulation de l'existence du contrat de mariage (V. de Folleville, t. 1, nᵒ 86). — Cette dissimulation peut être le résultat d'une erreur commise, soit par les époux, soit par l'officier de l'état civil. Mais elle peut être aussi intentionnelle de la part des époux. On s'est demandé si, en pareil cas, les tiers auxquels la femme opposerait quelque clause de son contrat de mariage ne pourraient pas, sans invoquer la loi de 1850, qui ne serait pas applicable, opposer à la femme le dol ou le quasi-délit qu'elle aurait commis en déclarant faussement qu'elle n'avait pas fait de contrat; la femme, a-t-on dit, étant responsable des conséquences de ce quasi-délit, ne pourrait plus se prévaloir de son contrat, puisqu'elle devrait réparation du préjudice qu'elle causerait en s'en prévalant. Nous croyons qu'en effet, s'il était justifié que la dissimulation de l'existence du contrat a été concertée entre les époux dans le but de tromper des tiers, la femme pourrait être ainsi repoussée par une sorte d'exception de dol. Mais le cas que nous supposons est très improbable; il arrivera plutôt que la dissimulation sera le fait du mari seul, et alors on ne saurait contester à la femme le droit de réclamer ses apports en vertu de son contrat. Si les tiers sont trompés, ce sera dans une certaine mesure le résultat de leur imprudence, attendu qu'ils auraient pu exiger la signature de la femme.

65. Une autre hypothèse à prévoir est celle où l'acte de mariage est muet sur le point de savoir s'il existe ou non un contrat de mariage. Ce cas ne peut se produire que par suite d'une omission de l'officier de l'état civil, omission que la loi punit d'une amende (c. civ. art. 76). Mais alors, la solution n'est pas douteuse; ce n'est que dans le cas où « l'acte de célébration du mariage *porte que les époux se sont mariés sans contrat* », que la femme doit être réputée capable, nonobstant les clauses contraires de son contrat. S'il n'est pas fait mention de l'existence d'un contrat, les tiers sont suffisamment avertis; ils doivent, avant de traiter, se renseigner auprès des époux, et s'ils traitent quand même, les conventions matrimoniales leur sont opposables.

66. Enfin il peut arriver que l'acte de mariage constate qu'il a été fait un contrat, mais que l'indication du notaire qui l'a reçu ou de la date à laquelle il a été fait soit inexacte. En ce cas encore, nous pensons que la femme conserve le droit de se prévaloir des conventions matrimoniales. L'indication du notaire et de la date n'est pas, en effet, indispensable; la loi ne l'exige pas « autant que possible » (c. civ. art. 76). Cette seule indication, en effet, ne donne pas aux tiers qui traitent avec les époux, le droit de se faire délivrer une expédition du contrat, droit qui n'appartient qu'aux parties (L. 25 vent. an 11, art. 23) (*Rép.* vᵒ *Notaire*, nᵒˢ 324 et suiv.; Valette, *Rapport*, nᵒ 15, D. P. 50. 4. 150). Il suffit que les tiers soient avertis de l'existence d'un contrat; ils peuvent alors refuser de traiter avec les époux tant que ce contrat ne leur est pas produit.

67. Pour le cas où l'acte de mariage porte que les époux se sont mariés sans contrat, la loi déclare que la femme sera réputée capable de s'obliger dans les termes du droit commun, « à moins que dans l'acte qui contiendra son engagement elle n'ait déclaré avoir fait un contrat de mariage ». Cette réserve était presque superflue; il est bien certain que le tiers qui contracte avec les époux ne peut se plaindre qu'on lui oppose des conventions matrimoniales dont l'existence lui a été révélée dans l'acte même auquel il a participé. La femme, comme l'a remarqué M. Valette, *Rapport*, nᵒ 17, a ainsi un moyen d'empêcher que ses droits ne soient compromis, quand même la mention qu'il n'y a pas de contrat est fausse; elle peut toujours révéler l'existence du contrat dans son engagement. — M. Laurent se demande si la mention du contrat dans l'acte de mariage ne pourrait pas être suppléée par des significations postérieures au mariage. Il est certain, comme le dit cet auteur, t. 21, nᵒ 111, que ceux à qui ces significations seraient faites ne pourraient pas se prévaloir de l'erreur commise dans l'acte de célébration; il n'est pas même besoin de significations, il suffit que les tiers connaissent, n'importe par quelle voie, l'existence des conventions matrimoniales pour qu'elles puissent leur être opposées.

68. Au surplus, les conventions matrimoniales, en tant qu'elles transmettent ou modifient des droits réels ou donnent au mari le pouvoir d'administrer les biens de la femme, sont opposables aux tiers (Req. 17 déc. 1873, aff. Cœvet, D. P. 74. 1. 145). Mais il est bien entendu que depuis la loi du 23 mars 1855, les contrats de mariage qui contiennent des conventions translatives ou constitutives de droits réels susceptibles d'hypothèque ne peuvent être opposés aux tiers, quant à ces conventions, qu'à la condition d'être transcrits, au moins partiellement, au bureau des hypothèques de la situation des biens (V. *Rép.* vᵒ *Transcription hypothécaire*, nᵒ 417).

69. Les formalités spéciales requises par l'art. 67 du code de commerce pour la publicité des contrats de mariage passés entre époux dont l'un est commerçant, sont indiquées au *Rép.* nᵒˢ 278 et suiv. — L'obligation imposée au notaire qui a reçu le contrat de mariage d'effectuer la remise prescrite par l'art. 67 c. com. a été interprétée rigoureusement par la jurisprudence. Ainsi il a été jugé que par cela seul que l'un des époux avait la qualité de commerçant au moment du contrat, le notaire est tenu d'en faire le dépôt, alors même qu'avant l'expiration du délai d'un mois imparti au notaire pour ce faire l'époux aurait cessé de faire le commerce (Pau, 27 déc. 1859, aff. L..., D. P. 61. 5. 113). Décidé, de même, que le notaire qui, ayant reçu le contrat de mariage d'un commerçant, n'en a pas effectué le dépôt dans le mois, est passible de l'amende, au cas même où le mariage n'a pu se réaliser, si la cause qui a rendu la célébration impossible n'est survenue qu'après l'expiration du délai (Trib. Anvers, 3 juin 1864, aff. N..., D. P. 65. 3. 39). Mais encore faut-il que le notaire soit réellement en faute. Comme on l'a dit au *Rép.* nᵒ 278, sa responsabilité ne serait pas engagée s'il avait pu sérieusement croire que la profession exercée par son client n'était pas commerciale. Un jugement du tribunal de Villefranche, du 26 août 1881 (1), a

---

contrat; — Attendu que les doutes élevés par la jurisprudence sur la question de savoir si un pharmacien doit être considéré comme un commerçant et l'appréciation laissée à l'arbitrage des notaires par la circulaire du 7 avr. 1811 doivent faire reconnaître

fait application de cette règle à une espèce où il s'agissait du contrat de mariage d'un pharmacien, par le motif que des doutes s'étaient élevés dans la jurisprudence sur le point de savoir si les pharmaciens sont, ou non, des commerçants (V. sur ce dernier point, *suprà*, v° *Acte de commerce*, n°ˢ 99 et suiv.). — Au contraire, la même excuse n'a pas été admise au profit d'un notaire qui avait reçu le contrat de mariage d'un charron, possédant des outils, marchandises, bois et équipages, et qui avait négligé d'en faire le dépôt, conformément à la loi (Arrêt précité du 27 déc. 1859). — Nous persistons d'ailleurs dans l'opinion, émise au *Rép.* n° 282, que si c'était par erreur que la qualification de commerçant avait été donnée dans le contrat à l'une des parties, le notaire ne serait pas répréhensible de n'avoir pas effectué le dépôt. Jugé en ce sens, que le notaire qui a omis de remplir les formalités prescrites par les art. 872 c. proc. civ. et 67 c. com. n'encourt aucune responsabilité de ce chef, bien que le futur époux soit qualifié de commerçant dans le contrat de mariage, s'il est établi que cette qualification n'était pas exacte (Trib. Foix, 10 juin 1862) (1).

70. D'après une décision ministérielle du 19 oct. 1813, citée au *Rép.* n° 299, le délai d'un mois dans lequel le notaire doit effectuer le dépôt, devrait être augmenté d'un jour par cinq myriamètres de distance entre le lieu de la résidence du notaire et celui où doit être fait le dépôt, conformément à l'art. 1033 c. proc. civ. Ce délai serait ainsi un délai franc, et par conséquent si le dernier jour était un jour férié, le dépôt pourrait encore avoir lieu le lendemain. Cependant le contraire a été décidé par plusieurs jugements (Trib. Seine, 9 août 1848, D. P. 77. 3. 7, note 4 ; Trib. Lille, 13 sept. 1856, *ibid.* ; Trib. Yvetot, 14 août 1875, aff. Mᵉ X..., D. P. 77. 3. 7). Il faut reconnaître, en effet, que les termes de la loi ne se prêtent pas à l'extension du délai : l'art. 67 c. com. dit que le contrat de mariage sera transmis par extrait, *dans le mois de sa date*, aux greffes et chambres, etc. Quand la loi emploie une pareille formule, on admet généralement que le délai n'est pas susceptible de prorogation (V. *Rép.* v° *Délai*, n°49).

71. Les peines prononcées par l'art. 68 c. com. contre le notaire qui n'effectue pas le dépôt exigé par l'art. 67 c. com. constituent l'unique sanction des prescriptions de cet article. L'ordonnance de 1673 était plus rigoureuse ; elle prononçait la nullité des conventions matrimoniales des commerçants, en tant qu'elles dérogeaient au régime de communauté, lorsqu'elles n'avaient pas été publiées (Ord. mars 1673, tit. 8, art· 1ᵉʳ). Le code de commerce n'ayant pas reproduit cette pénalité, il a été reconnu à la cour de cassation que le contrat de mariage d'un commerçant reste valable malgré le défaut de publication (Req. 20 avr. 1869, aff. Ferguson, D. P.70. 1. 99). Mais il n'en résulte pas qu'il soit opposable aux tiers, lorsque ceux-ci n'ont pu en avoir connaissance. — Ainsi, il a été jugé que la femme copropriétaire d'un navire de commerce, qui, après avoir contracté mariage à l'étranger, n'a pas fait publier en France, dans les termes de l'art. 69 c. com., les conventions qui soumettaient son union au régime dotal, ne peut se prévaloir de ces conventions pour soustraire ses biens à l'exécution des condamnations que des tiers ont obtenues contre elle (Civ. cass. 27 févr. 1883, aff. Russell, D. P. 84. 1. 29).

72. L'art. 69 c. com., rapporté au *Rép.* n° 300, impose à tout époux *séparé de biens* ou *marié sous le régime dotal*, qui embrasse la profession de commerçant postérieurement à son mariage, l'obligation de faire publier son contrat de mariage, dans le mois du jour où il a ouvert son commerce,

sous peine, en cas de faillite, d'être condamné comme banqueroutier simple. L'inobservation de cette disposition n'entraîne pas non plus la nullité des conventions matrimoniales. Mais la jurisprudence y a vu, de la part de la femme dotale qui devient commerçante, un quasi-délit dont elle doit réparation aux tiers qui ont traité avec elle dans l'ignorance de sa situation ; et, comme il est de principe que la femme répond de ses faits dommageables même sur ses biens dotaux, les tiers sont ainsi autorisés à poursuivre sur ces biens le payement de ce qui leur est dû (Bordeaux, 4 févr. 1858, aff. Joubert, D. P. 58. 2. 123 ; Req. 24 déc. 1860, aff. Neveu, D. P. 61. 1. 373 ; 29 juill. 1869, aff. Delandre, D. P. 71. 1. 237 ; Aubry et Rau, t. 5, § 503, note 15, p. 250 ; Laurent, t. 21, n° 107 ; Guillouard, t. 1, n° 192).

CHAP. 7. — **De l'époque à laquelle doit être fait le contrat de mariage** (*Rép.* n°ˢ 301 à 316).

73. L'art. 1394 c. civ. dispose que les conventions matrimoniales doivent être rédigées avant le mariage, et l'art. 1395 consacre une conséquence de ce principe en ajoutant que les conventions matrimoniales ne peuvent recevoir aucun changement après la célébration du mariage (V. *infrà*, n°ˢ 79 et suiv.). Bien que la nullité des conventions intervenues après le mariage ait été mise en doute par Toullier, *Droit civil français*, t. 12, n°ˢ 24 et suiv., elle est absolument hors de contestation (V. la réfutation de l'opinion de Toullier au *Rép.* n° 322. V. aussi Rodière et Pont, 2ᵉ éd., t. 1, n° 149 ; de Folleville, t. 1, n°ˢ 90 et suiv.). Mais, comme on l'a constaté au *Rép.* n° 306, le contrat de mariage, quoique nul pour avoir été rédigé après la célébration du mariage, peut néanmoins faire preuve de certaines conventions, telles que des ventes ou des donations faites par le même acte. Il pourrait aussi être considéré comme une preuve suffisante des apports de la femme dans le cas où celle-ci aurait intérêt à les faire constater, notamment, pour obtenir la séparation de biens (Riom, 24 août 1846, aff. de Granval, *Rép.* n° 314, et D. P. 47. 4. 110 ; Laurent, t. 21, n° 63).

74. Tout ce qui est dit au *Rép.* n°ˢ 265 et suiv., et *suprà*, n°ˢ 58 et suiv., en ce qui concerne la nullité du contrat de mariage pour vice de forme, est applicable à la nullité résultant de ce que le contrat a été fait postérieurement au mariage. — Cette nullité ne peut être couverte pendant le mariage par aucune confirmation ni expresse, ni tacite. Mais après la dissolution du mariage, la confirmation devient possible, et, par suite, l'action en nullité se prescrit par dix ans (Req. 31 janv. 1833, *Rép.* n° 310 ; Civ. rej. 26 avr. 1869, aff. Lebec, D. P. 69. 1. 246 ; Aubry et Rau, t. 5, § 503 *bis*, note 4, p. 253). D'après M. Laurent, t. 21, n° 60, « ce que l'on appelle alors une confirmation du contrat de mariage est, en réalité, une convention nouvelle que les parties intéressées peuvent faire comme elles l'entendent, puisqu'il ne s'agit que d'intérêts purement privés. Il suit de là qu'il ne peut pas être question de la prescription de dix ans, qui n'est autre chose qu'une confirmation tacite » (V. en ce sens : de Folleville, t. 1, n° 24 ; Guillouard, t. 1, n° 294). Cependant, si la confirmation expresse est devenue possible, on ne voit pas pourquoi la confirmation tacite ne le serait pas également.

75. La preuve du contrat de mariage a été passé postérieurement à la célébration du mariage peut être faite par témoins, ainsi que l'a reconnu un arrêt de la cour de cassation du 18 août 1840, rapporté au *Rép.* n° 312. Cette preuve est admissible sans inscription de faux, alors même que les parties ont été qualifiées de futurs époux et ont déclaré

---

et proclamer la bonne foi du notaire D..., et que cette circonstance suffit seule pour déclarer qu'il n'est point passible des peines encourues pour contravention aux art. 67 et 68 c. com. ; — Par ces motifs, démet le ministère public de son appel et renvoie d'instance le notaire D...
Du 26 août 1881.-Trib. civ. de Villefranche.

(1) (Esquirol.) — Le tribunal ; — Attendu, en fait, qu'en constatant, par acte sous la date du 19 janvier dernier, les conventions civiles du mariage des époux Cassagne, le notaire, conformément à la déclaration à lui faite, a énoncé audit acte que le futur se qualifiait de boulanger ; — Attendu que c'est là une qualification générale énoncée et non constatée par le notaire ; que l'acte par lui reçu ne pouvait pas attribuer au sieur Cassagne une profession que celui-ci n'aurait pas exercée ; —

Attendu que, sans doute, c'est à ses risques et périls que le notaire a admis la qualification dont il s'agit ; mais que si des investigations par lui faites il ne résulte pas la certitude que Cassagne n'exerçait pas la profession que semblait lui indiquer la qualification par lui prise, le notaire n'avait pas à remplir les formalités prescrites par les art. 872 c. proc. civ. et 67 c. com. ; par suite, il ne pourrait encourir l'amende portée par l'art. 68 de ce même code, modifié par l'art. 10 de la loi du 16 juin 1824 ; — Attendu que les documents versés au procès suffisent à établir que non seulement à la date de l'acte dont il s'agit, Cassagne n'exerçait pas la profession qu'auraient pu indiquer les termes de son contrat de mariage, mais qu'il ne l'a jamais exercée ; — Attendu que, dans ces circonstances, il y a lieu de relaxer le sieur Esquirol des fins de la poursuite ; — Par ces motifs, etc.
Du 10 juin 1862.-Trib. de Foix.

stipuler en vue du mariage qu'elles se proposaient de contracter; ces énonciations, en effet, n'ont d'autre valeur que celle qui résulte de la déclaration des parties. S'il s'agissait, au contraire, de prouver que le contrat de mariage, en réalité postérieur au mariage, a été antidaté, l'inscription de faux serait nécessaire, car la date de l'acte authentique est attestée par le notaire (Laurent, t. 21, n° 62).

76. Si des époux se sont mariés sous une législation qui leur permettait de régler leurs conventions matrimoniales après le mariage, ils ont conservé, comme nous l'avons déjà constaté au *Rép.* n° 315, et v° *Lois*, n°⁵ 244 et suiv., la faculté de modifier ces conventions, conformément à cette législation, même depuis la promulgation du code civil. Un arrêt l'a ainsi jugé pour des époux qui s'étaient mariés dans le ressort du parlement de Toulouse; il a été reconnu que ces époux, dont le mariage remontait au 18 pluv. an 9, avaient pu faire un contrat de mariage le 11 mess. an 10, et que la donation mutuelle et irrévocable qu'ils s'étaient faite par ce contrat, sous l'empire de la loi du 17 niv. an 2, était valable (Agen, 15 mars 1850, aff. Fauré, D. P. 50. 5. 91, et D. P. 54. 5. 191).

77. Dans plusieurs pays étrangers, notamment dans ceux qui sont encore régis par le droit romain, la règle que les conventions matrimoniales doivent être faites avant le mariage n'existe pas. De là la question de savoir si cette règle est obligatoire pour les Français qui se marient à l'étranger, si elle est du statut personnel ou du statut réel. D'après une jurisprudence qui paraît établie, cette règle doit être considérée comme faisant partie du statut réel, ainsi que toutes les dispositions relatives à la forme des actes; en conséquence, par application du principe *Locus regit actum*, le contrat de mariage fait par un Français à l'étranger est valable, quoique postérieur au mariage, si la loi étrangère n'exige pas qu'il soit passé avant le mariage (Montpellier, 25 avr. 1844, aff. Casadumont, D. P. 45. 2. 36; Civ. rej. 11 juill. 1855, aff. Giovanetti et Raffi, D. P. 56. 1. 9; Toulouse, 7 mai 1866, aff. Francesca Sala, voyez Potier, D. P. 66. 2. 109; Req. 24 déc. 1867, aff. Potier, D. P. 87. 2. 123, note). Pour nous, nous persistons à penser, comme nous l'avons soutenu au *Rép.* n° 316, que la règle *Locus regit actum* est sans rapport avec la question. Celle-ci nous paraît dépendre de la loi matrimoniale à laquelle les époux se soumettent en se mariant, et cette loi, comme nous l'avons expliqué *suprà*, n° 40, est déterminée par leur domicile matrimonial. Si, tout en se mariant à l'étranger, ils entendent que leur union soit régie par la loi française, cette loi leur est applicable aussi bien en ce qui concerne l'époque à laquelle doivent être faites les conventions matrimoniales qu'en ce qui concerne le régime adopté. Autrement il faudrait dire que ce régime, bien qu'il soit celui de la loi française, pourra subir des changements après la célébration du mariage; que des époux qui ont été réputés mariés sous le régime de la communauté, à défaut de contrat, pourront se soumettre ensuite à un autre régime. La disposition de l'art. 1394 c. civ., comme celle de l'art. 1395, n'est donc pas plus du statut réel que du statut personnel. Il faut reconnaître seulement qu'elle n'est pas applicable au Français qui se marie en pays étranger avec l'intention de fixer son domicile matrimonial à l'étranger. Et l'on doit décider, réciproquement, que les étrangers qui se marient en France ne sont pas nécessairement soumis aux règles édictées par ces articles; qu'ils peuvent s'en tenir, s'ils le préfèrent, à l'application de leur loi nationale (V. en ce sens : Douai, 13 janv. 1887, aff. de Selby, D. P. 87. 1. 121. V. aussi sur ces graves et délicates questions, la dissertation de M. de Bœck, jointe à ce dernier arrêt, *ibid.*).

CHAP. 8. — De l'immutabilité des conventions matrimoniales *(Rép.* n°⁵ 317 à 391).

78. Le principe de l'immutabilité des conventions matrimoniales, édicté par l'art. 1395 c. civ. (V. *Rép.* n° 317), implique qu'il ne peut être dérogé à ces conventions pendant le mariage ni directement, ni indirectement. Ce principe, comme l'a dit un arrêt, n'est pas seulement fondé sur l'intérêt privé des parties; il est d'ordre public, comme étant favorable aux bonnes mœurs, à la paix des familles

et des unions conjugales (Rennes, 1ᵉʳ mars 1849, aff. Geffroi, D. P. 51. 2. 238). La cour de cassation a déclaré également que la prohibition de l'art. 1395 est absolue et d'ordre public (Civ. cass. 28 mars 1866, aff. Bérard de Bonnière, D. P. 66. 1. 396; 4 déc. 1867, aff. Corbineau, D. P. 67. 1. 455). La volonté de la loi, lorsqu'elle a garanti la fixité des conventions matrimoniales, a été, dit un autre arrêt de la même cour, d'assurer la paix intérieure des familles et leurs droits acquis, en fermant toute espérance et toute attente de modifications ultérieures, et en ne permettant pas de livrer aux discussions et à l'incertitude des volontés réciproques les conditions solennellement arrêtées sur la foi desquelles le mariage a été contracté (Civ. rej. 11 janv. 1853, aff. de Chanaleilles, D. P. 53. 1. 17).

79. L'art. 1395 prohibe évidemment tout pacte qui tendrait à modifier dans une mesure quelconque le régime adopté par les époux. Par application de ce principe, un arrêt a déclaré, à bon droit, nulle comme contraire à l'immutabilité des conventions matrimoniales, entre époux mariés sous le régime de la communauté réduite aux acquêts, la convention par laquelle la femme était autorisée à toucher personnellement une somme annuelle sur les revenus d'un immeuble qui devait être acquis en remploi d'un autre immeuble qu'elle consentait à aliéner (Paris, 9 août 1870, aff. Gariel, D. P. 71. 2. 113). Une telle convention, en effet, ne tendait à rien moins qu'à substituer en partie le régime de la séparation de biens à celui de la communauté réduite aux acquêts.

80. Bien que l'art. 1395 parle des *conventions* matrimoniales, le principe de l'immutabilité s'applique sans aucun doute au régime de la communauté légale aussi bien qu'aux conventions constatées par un contrat de mariage. Ce régime constitue, en effet, les conventions matrimoniales que les époux qui se marient sans contrat sont censés adopter. On ne peut pas plus y déroger qu'à tout autre régime. Le code le dit implicitement dans l'art. 1404, et telle est, d'ailleurs, la tradition (V. Pothier, *Introduction au traité de la communauté*, n° 18. Conf. Guillouard, t. 1, n° 224).

81. La prohibition édictée par l'art. 1395 ne semble pas devoir être étendue aux stipulations qui, bien que comprises dans un contrat de mariage, ne seraient pas des conventions matrimoniales proprement dites. Par exemple, s'il a été fait un bail en même temps que le contrat et par le même acte, l'art. 1395 ne s'opposera pas à ce que des changements soient apportés à ce bail, pendant le mariage, d'accord entre les parties. Un arrêt a pourtant jugé, dans une espèce où les immeubles de la future épouse avaient été affermés à ses père et mère dans le contrat de mariage, qu'une remise consentie par les époux sur le prix du bail était nulle comme constituant un changement aux conventions matrimoniales (Nîmes, 7 févr. 1852, aff. Evesque, D. P. 55. 5. 112). Mais il est possible que le bail ait été lié aux autres clauses du contrat, de telle sorte qu'une modification de cette convention particulière eût entraîné un changement dans le régime matrimonial des époux (Comp. Laurent, t. 21, n° 71).

82. Le principe de l'immutabilité des conventions matrimoniales ne s'oppose pas non plus à ce que les époux puissent se faire, pendant le mariage, des donations révocables. Mais, comme on l'a montré au *Rép.* n°⁵ 322 et suiv., toute convention impliquant un avantage en faveur de l'un ou l'autre des époux n'est pas valable par cela seul qu'on pourrait la considérer comme une donation révocable. Si l'on suppose, par exemple, que deux époux mariés sous le régime de la communauté conviennent, en achetant un domaine, qu'il sera propre au survivant, cette convention constitue un avantage au profit de l'époux qui survivra. Mais elle renferme en même temps une dérogation aux principes de la communauté, puisque sous ce régime, les acquêts doivent tomber en communauté et se partager par moitié entre l'époux survivant et les héritiers de l'époux prédécédé. Aussi cette convention a-t-elle été déclarée nulle. A supposer, d'ailleurs, qu'elle pût être considérée comme une libéralité entre époux, elle serait encore frappée de nullité, aux termes de l'art. 1097 c. civ., comme étant une donation mutuelle et réciproque faite par un même acte (Lyon, 24 juill. 1849, aff. Marcel, D. P. 49. 2. 223).

83. On s'est demandé s'il fallait voir une convention

fait application de cette règle à une espèce où il s'agissait du contrat de mariage d'un pharmacien, par le motif que des doutes s'étaient élevés dans la jurisprudence sur le point de savoir si les pharmaciens sont, ou non, des commerçants (V. sur ce dernier point, *suprà*, v° *Acte de commerce*, n°s 99 et suiv.). — Au contraire, la même excuse n'a pas été admise au profit d'un notaire qui avait reçu le contrat de mariage d'un charron, possédant des outils, marchandises, bois et équipages, et qui avait négligé d'en faire le dépôt, conformément à la loi (Arrêt précité du 27 déc. 1859). — Nous persistons d'ailleurs dans l'opinion, émise au *Rép.* n° 282, que si c'était par erreur que la qualification de commerçant avait été donnée dans le contrat à l'une des parties, le notaire ne serait pas répréhensible de n'avoir pas effectué le dépôt. Jugé en ce sens, que le notaire qui a omis de remplir les formalités prescrites par les art. 872 c. civ. et 67 c. com. n' ncourt aucune responsabilité de ce chef, bien que le futur époux soit qualifié de commerçant dans le contrat de mariage, s'il est établi que cette qualification n'était pas exacte (Trib. Foix, 10 juin 1862) (1).

70. D'après une décision ministérielle du 19 oct. 1813, citée au *Rép.* n° 299, le délai d'un mois dans lequel le notaire doit effectuer le dépôt, devrait être augmenté d'un jour par cinq myriamètres de distance entre le lieu de la résidence du notaire et celui où doit être fait le dépôt, conformément à l'art. 1033 c. proc. civ. Ce délai serait ainsi un délai franc, et par conséquent si le dernier jour était un jour férié, le dépôt pourrait encore avoir lieu le lendemain. Cependant le contraire a été décidé par plusieurs jugements (Trib. Seine, 9 août 1848, D. P. 77. 3. 7, note 4 ; Trib. Lille, 13 sept. 1856, *ibid.* ; Trib. Yvetot, 14 août 1875, aff. M° X..., D. P. 77. 3. 7). Il faut reconnaître, en effet, que les termes de la loi ne se prêtent pas à l'extension du délai : l'art. 67 c. com. dit que le contrat de mariage sera transmis par extrait, *dans le mois de sa date*, aux greffes et chambres, etc. Quand la loi emploie une pareille formule, on admet généralement que le délai n'est pas susceptible de prorogation (V. *Rép.* v° *Délai*, n° 49).

71. Les peines prononcées par l'art. 68 c. com. contre le notaire qui n'effectue pas le dépôt exigé par l'art. 67 c. com. constituent l'unique sanction des prescriptions de cet article. L'ordonnance de 1673 était plus rigoureuse ; elle prononçait la nullité des conventions matrimoniales des commerçants, en tant qu'elles dérogeaient au régime de communauté, lorsqu'elles n'avaient pas été publiées (Ord. mars 1673, tit. 8, art° 1er). Le code de commerce n'ayant pas reproduit cette pénalité, il a été reconnu par la cour de cassation que le contrat de mariage d'un commerçant reste valable malgré le défaut de publication (Req. 20 avr. 1869, aff. Ferguson, D. P. 70. 1. 99). Mais il n'en résulte pas qu'il soit opposable aux tiers, lorsque ceux-ci n'ont pu en avoir connaissance. — Ainsi, il a été jugé que la femme copropriétaire d'un navire de commerce, qui, après avoir contracté mariage à l'étranger, n'a pas fait publier en France, dans les termes de l'art. 69 c. com., les conventions qui soumettaient son union au régime dotal, ne peut se prévaloir de ces conventions pour soustraire ses biens à l'exécution des condamnations que des tiers ont obtenues contre elle (Civ. cass. 27 févr. 1883, aff. Russell, D. P. 84. 1. 29).

72. L'art. 69 c. com., rapporté au *Rép.* n° 300, impose à tout époux *séparé de biens* ou *marié sous le régime dotal*, qui embrasse la profession de commerçant postérieurement à son mariage, l'obligation de faire publier son contrat de mariage, dans le mois du jour où il a ouvert son commerce,

sous peine, en cas de faillite, d'être condamné comme banqueroutier simple. L'inobservation de cette disposition n'entraîne pas non plus la nullité des conventions matrimoniales. Mais la jurisprudence y a vu, de la part de la femme dotale qui devient commerçante, un quasi-délit dont elle doit réparation aux tiers qui ont traité avec elle dans l'ignorance de sa situation ; et, comme il est de principe que la femme répond de ses faits dommageables même sur ses biens dotaux, les tiers sont ainsi autorisés à poursuivre sur ces biens le payement de ce qui leur est dû (Bordeaux, 4 févr. 1858, aff. Joubert, D. P. 58. 2. 123 ; Req. 24 déc. 1860, aff. Neveu, D. P. 61. 1. 373 ; 29 juill. 1869, aff. Delandre, D. P. 71. 1. 237 ; Aubry et Rau, t. 5, § 503, note 15, p. 250 ; Laurent, t. 24, n° 107 ; Guillouard, t. 1, n° 192).

CHAP. 7. — **De l'époque à laquelle doit être fait le contrat de mariage** (*Rép.* n°s 301 à 316).

73. L'art. 1394 c. civ. dispose que les conventions matrimoniales doivent être rédigées avant le mariage, et l'art. 1395 consacre une conséquence de ce principe en ajoutant que les conventions matrimoniales ne peuvent recevoir aucun changement après la célébration du mariage. (V. *infrà*, n°s 79 et suiv.). Bien que la nullité des conventions intervenues après le mariage ait été mise en doute par Toullier, *Droit civil français*, t. 12, n°s 24 et suiv., elle est absolument hors de contestation (V. la réfutation de l'opinion de Toullier au *Rép.* n° 322. V. aussi Rodière et Pont, 2e éd., t. 1, n° 149 ; de Folleville, t. 1, n°s 90 et suiv.). Mais, comme on l'a constaté au *Rép.* n° 306, le contrat de mariage, quoique nul pour avoir été rédigé après la célébration du mariage, peut néanmoins faire preuve de certaines conventions, telles que des ventes ou des donations faites par la même acte. Il pourrait aussi être considéré comme une preuve suffisante des apports de la femme dans le cas où celle-ci aurait intérêt à les faire constater, notamment, pour obtenir la séparation de biens (Riom, 24 août 1846, aff. de Granval, Req. n° 314, et D. P. 47. 4. 110 ; Laurent, t. 24, n° 63).

74. Tout ce qui est dit au *Rép.* n° 265 et suiv., et *suprà*, n°s 58 et suiv., en ce qui concerne la nullité du contrat de mariage pour vice de forme, est applicable à la nullité résultant de ce que le contrat a été fait postérieurement au mariage. — Cette nullité ne peut être couverte pendant le mariage par aucune confirmation, ni expresse, ni tacite. Mais après la dissolution du mariage, la confirmation devient possible, et, par suite, l'action se prescrit par dix ans (Req. 31 janv. 1833, *Rép.* n° 310 ; Civ. rej. 26 avr. 1869, aff. Lebec, D. P. 69. 1. 246 ; Aubry et Rau, t. 5, § 503 *bis*, note 4, p. 253). D'après M. Laurent, t. 24, n° 60, « ce que l'on appelle alors une confirmation du contrat de mariage est, en réalité, une convention nouvelle que les parties intéressées peuvent faire comme elles l'entendent, puisqu'il ne s'agit que d'intérêts purement privés. Il suit de là qu'il ne peut pas être question de la prescription de dix ans, qui n'est autre chose qu'une confirmation tacite » (V. ce sens : de Folleville, t. 1, n° 24 ; Guillouard, t. 1, n° 294). Cependant, si la confirmation expresse est devenue possible, on ne voit pas pourquoi la confirmation tacite ne le serait pas également.

75. La preuve que le contrat de mariage a été passé postérieurement à la célébration du mariage peut être faite par témoins, ainsi que l'a reconnu un arrêt de la cour de cassation du 18 août 1840, rapporté au *Rép.* n° 312. Cette preuve est admissible sans inscription de faux, alors même que les parties ont été qualifiées de futurs époux et ont déclaré

---

et proclamer la bonne foi du notaire D..., et que cette circonstance suffit seule pour déclarer qu'il n'est point passible des peines encourues pour contravention aux art. 67 et 68 c. com. ; — Par ces motifs, démet le ministère public de son appel et renvoie d'instance le notaire D...
Du 26 août 1881.-Trib. civ. de Villefranche.

(1) (Esquirol.) — Le tribunal ; — Attendu, en fait, qu'en constatant, par acte sous la date du 19 janvier dernier, les conventions civiles du mariage des époux Cassagne, le notaire, conformément à la déclaration à lui faite, a énoncé audit acte que le futur se qualifiait de boulanger ; — Attendu que c'est là une qualification *générale* énoncée et non constatée par le notaire ; que l'acte par lui reçu ne pouvait pas attribuer au sieur Cassagne une profession que celui-ci n'aurait pas exercée ; —

Attendu que, sans doute, c'est aux risques et périls que le notaire a admis la qualification dont il s'agit ; mais que si des investigations par lui faites n'ont pas résulté que la certitude que Cassagne n'exerçait pas la profession que semblait lui indiquer la qualification par lui prise, le notaire n'aurait pas à remplir les formalités prescrites par les art. 872 c. proc. civ. et 67 c. com. ; par suite, il n'y aurait pas d'encourir l'amende portée par l'art. 68 de ce même code, modifié par l'art. 10 de la loi du 16 juin 1824 ; — Attendu que les documents versés au procès suffisent à établir que non seulement à la date de l'acte dont il s'agit, Cassagne n'exerçait pas la profession qu'auraient pu indiquer les termes du son contrat de mariage, mais qu'il ne l'a jamais exercée ; — Attendu que, dans ces circonstances, il y a lieu de relaxer le sieur Esquirol des fins de la poursuite ; — Par ces motifs, etc.
Du 10 juin 1862.-Trib. de Foix.

stipuler en vue du mariage qu'elles se proposaient de contracter; ces énonciations, en effet, n'ont d'autre valeur que celle qui résulte de la déclaration des parties. S'il s'agissait, au contraire, de prouver que le contrat de mariage, en réalité postérieur au mariage, a été antidaté, l'inscription de faux serait nécessaire, car la date de l'acte authentique est attestée par le notaire (Laurent, t. 21, n° 62).

76. Si des époux se sont mariés sous une législation qui leur permettait de régler leurs conventions matrimoniales après le mariage, ils ont conservé, comme nous l'avons déjà constaté au *Rép.* n° 315, et v° *Lois*, n°s 244 et suiv., la faculté de modifier ces conventions, conformément à cette législation, même depuis la promulgation du code civil. Un arrêt l'a ainsi jugé pour des époux qui s'étaient mariés dans le ressort du parlement de Toulouse; il a été reconnu que ces époux, dont le mariage remontait au 18 pluv. an 9, avaient pu faire un contrat de mariage le 11 mess. an 10, et que la donation mutuelle et irrévocable qu'ils s'étaient faite par ce contrat, sous l'empire de la loi du 17 niv. an 2, était valable (Agen, 15 mars 1850, aff. Fauré, D. P. 50. 5. 91, et D. P. 54. 5. 191).

77. Dans plusieurs pays étrangers, notamment dans ceux qui sont encore régis par le droit romain, la règle que les conventions matrimoniales doivent être faites avant le mariage n'existe pas. De là la question de savoir si cette règle est obligatoire pour les Français qui se marient à l'étranger, si elle est du statut personnel ou du statut réel. D'après une jurisprudence qui paraît établie, cette règle doit être considérée comme faisant partie du statut réel, ainsi que toutes les dispositions relatives à la forme des actes; en conséquence, par application du principe *Locus regit actum*, le contrat de mariage fait par un Français à l'étranger est valable, quoique postérieur au mariage, si la loi étrangère n'exige pas qu'il soit passé avant le mariage (Montpellier, 25 avr. 1844, aff. Casadumont, D. P. 45. 2. 36; Civ. rej. 11 juill. 1855, aff. Giovanetti et Raffi, D. P. 56. 1. 9; Toulouse, 7 mai 1866, aff. Francesca Sala, veuve Potier, D. P. 66. 2. 109; Req. 24 déc. 1867, aff. Potier, D. P. 87. 2. 123, note). Pour nous, nous persistons à penser, comme nous l'avons soutenu au *Rép.* n° 316, que la règle *Locus regit actum* est sans rapport avec la question. Celle-ci nous paraît dépendre de la loi matrimoniale à laquelle les époux se soumettent en se mariant, et cette loi, comme nous l'avons expliqué *supra*, n° 40, est déterminée par leur domicile matrimonial. Si, tout en se mariant à l'étranger, ils entendent que leur union soit régie par la loi française, cette loi leur est applicable aussi bien en ce qui concerne l'époque à laquelle doivent être faites les conventions matrimoniales qu'en ce qui concerne le régime adopté. Autrement il faudrait dire que ce régime, bien qu'il soit celui de la loi française, pourra subir des changements après la célébration du mariage; que des époux qui ont été réputés mariés sous le régime de la communauté, à défaut de contrat, pourront se soumettre ensuite à un autre régime. La disposition de l'art. 1394 c. civ., comme celle de l'art. 1395, n'est donc pas plus du statut réel que du statut personnel. Il faut reconnaître seulement qu'elle n'est pas applicable au Français qui se marie en pays étranger avec l'intention de fixer son domicile matrimonial à l'étranger. Et l'on doit décider, réciproquement, que les étrangers qui se marient en France ne sont pas nécessairement soumis aux règles édictées par ces articles; qu'ils peuvent s'en tenir, s'ils le préfèrent, à l'application de leur loi nationale (V. en ce sens : Douai, 13 janv. 1887, aff. de Selby, D. P. 87. 1. 121. V. aussi sur ces graves et délicates questions, la dissertation de M. de Bœck, jointe à ce dernier arrêt, *ibid.*).

CHAP. 8. — De l'immutabilité des conventions matrimoniales (*Rép.* n°s 317 à 391).

78. Le principe de l'immutabilité des conventions matrimoniales, édicté par l'art. 1395 c. civ. (V. *Rép.* n° 317), implique qu'il ne peut être dérogé à ces conventions pendant le mariage ni directement, ni indirectement. Ce principe, comme l'a dit un arrêt, n'est pas seulement fondé sur l'intérêt privé des parties; il est d'ordre public, comme étant favorable aux bonnes mœurs, à la paix des familles

et des unions conjugales (Rennes, 1er mars 1849, aff. Geffroi, D. P. 51. 2. 238). La cour de cassation a déclaré également que la prohibition de l'art. 1395 est absolue et d'ordre public (Civ. cass. 28 mars 1866, aff. Bérard de Bonnière, D. P. 66. 1. 396; 4 déc. 1867, aff. Corbineau, D. P. 67. 1. 455). La volonté de la loi, lorsqu'elle a garanti la fixité des conventions matrimoniales, a été, dit un autre arrêt de la même cour, d'assurer la paix intérieure des familles et leurs droits acquis, en fermant toute espérance et toute attente de modifications ultérieures, et en ne permettant pas de les livrer aux discussions et à l'incertitude des volontés réciproques les conditions solennellement arrêtées sur la foi desquelles le mariage a été contracté (Civ. rej. 11 janv. 1853, aff. de Chanaleilles, D. P. 53. 1. 17).

79. L'art. 1395 prohibe évidemment tout pacte qui tendrait à modifier dans une mesure quelconque le régime des époux. Par application de ce principe, un arrêt a déclaré, à bon droit, nulle comme contraire à l'immutabilité des conventions matrimoniales, entre époux mariés sous le régime de la communauté réduite aux acquêts, la convention par laquelle la femme était autorisée à toucher personnellement une somme annuelle sur les revenus d'un immeuble qui devait être acquis en remploi d'un autre immeuble qu'elle consentait à aliéner (Paris, 9 août 1870, aff. Gariel, D. P. 71. 2. 113). Une telle convention, en effet, ne tendait à rien moins qu'à substituer en partie le régime de la séparation de biens à celui de la communauté réduite aux acquêts.

80. Bien que l'art. 1395 parle des *conventions* matrimoniales, le principe de l'immutabilité s'applique sans aucun doute au régime de la communauté légale aussi bien qu'aux conventions constatées par un contrat de mariage. Ce régime constitue, en effet, les conventions matrimoniales que les époux qui se marient sans contrat sont censés adopter. On ne peut pas plus y déroger qu'à tout autre régime. Le code le dit implicitement dans l'art. 1404, et telle est, d'ailleurs, la tradition (V. Pothier, *Introduction au traité de la communauté*, n° 18. Conf. Guillouard, t. 1, n° 224).

81. La prohibition édictée par l'art. 1395 ne semble pas devoir être étendue aux stipulations qui, bien que constatées dans un contrat de mariage, ne seraient pas des conventions matrimoniales proprement dites. Par exemple, s'il a été fait un bail en même temps que le contrat et par le même acte, l'art. 1395 ne s'opposera pas à ce que des changements soient apportés à ce bail, pendant le mariage, d'accord entre les parties. Un arrêt a pourtant jugé, dans une espèce où les immeubles de la future épouse avaient été affermés à ses père et mère dans le contrat de mariage, qu'une remise consentie par les époux sur le prix du bail était nulle comme constituant un changement aux conventions matrimoniales (Nîmes, 7 févr. 1852, aff. Evesque, D. P. 55. 5. 112). Mais il est possible que le bail ait été lié aux autres clauses du contrat, de telle sorte qu'une modification de cette convention particulière eût entraîné un changement dans le régime matrimonial des époux (Comp. Laurent, t. 21, n° 71).

82. Le principe de l'immutabilité des conventions matrimoniales ne s'oppose pas non plus à ce que les époux puissent se faire, pendant le mariage, des donations révocables. Mais, comme on l'a montré au *Rép.* n°s 322 et suiv., toute convention impliquant un avantage en faveur de l'un ou l'autre des époux n'est pas valable par cela seul qu'on pourrait la considérer comme une donation révocable. Si l'on suppose, par exemple, que deux époux mariés sous le régime de la communauté conviennent, en achetant un domaine, qu'il sera propre au survivant, cette convention constitue un avantage au profit de l'époux qui survivra. Mais elle renferme en même temps une dérogation aux principes de la communauté légale, puisque sous ce régime, les acquêts doivent tomber en communauté et se partager par moitié entre l'époux survivant et les héritiers de l'époux prédécédé. Aussi cette convention a-t-elle été déclarée nulle. A supposer, d'ailleurs, qu'elle pût être considérée comme une libéralité entre époux, elle serait encore frappée de nullité, aux termes de l'art. 1097 c. civ., comme étant une donation mutuelle et réciproque faite par un même acte (Lyon, 21 juill. 1849, aff. Marcel, D. P. 49. 2. 223).

83. On s'est demandé s'il fallait voir une convention

prohibée par l'art. 1395, dans la stipulation portant que l'immeuble acquis pendant le mariage, à titre d'échange contre un immeuble propre à l'un des époux, entrera dans la communauté, au lieu d'être subrogé, conformément à la disposition de l'art. 1407, à celui qui a été aliéné. Cette question revient à savoir si la règle de l'art. 1407 est simplement déclarative de l'intention des époux, ou si elle a un caractère obligatoire pour eux. On a cité au *Rép.* n° 805 un arrêt de la chambre des requêtes, rendu, il est vrai, en matière fiscale, qui a admis que la femme avait la faculté d'accepter ou de refuser le remploi résultant pour elle de l'art. 1407, en cas d'échange d'un de ses immeubles propres. Sous le régime de communauté, en effet, le remploi n'est pas obligatoire; la femme commune peut aliéner sans remploi ses immeubles, avec l'autorisation du mari; elle pourrait donc aliéner sans remploi l'immeuble reçu en échange d'un propre ; dès lors, on ne voit pas pourquoi elle ne pourrait pas immédiatement, lors de l'échange d'un de ses immeubles, renoncer au bénéfice de l'art. 1407 (V. en ce sens : Troplong, t. 1, n° 639; Aubry et Rau, t. 5, § 503 *bis*, note 23, p. 257; Guillouard, t. 1, n° 231). M. Laurent, cependant, t. 21, n° 87, repousse cette solution. « Quand la femme, dit-il, aliène un propre sans remploi, c'est qu'elle a besoin de ses fonds ou que la communauté en a besoin ; l'opération se fait dans l'intérêt de la famille. Quand la femme renonce à la subrogation, en cas d'échange, l'immeuble devient conquêt; le mari en peut disposer, la femme ne reçoit aucun équivalent, elle n'a qu'une action en reprise lors de la dissolution de la communauté. Il vaut mieux pour la femme avoir un propre que d'avoir une créance. » Mais cette argumentation ne prouve pas que la femme n'ait pas le droit, pendant le mariage, de substituer à un de ses propres une créance contre la communauté; elle peut le faire par voie de vente, il n'y a pas de raison suffisante pour lui défendre de le faire par voie d'échange. — Outre l'arrêt de la chambre des requêtes rapporté au *Rép.* n° 805, on peut encore invoquer en faveur de cette opinion les motifs d'un arrêt de la chambre civile (Civ. rej. 9 août 1870, aff. Reydellet, D. P. 71. 1. 156). Il s'agissait, dans l'espèce, de l'échange d'un immeuble propre fait par les époux pendant le mariage contre un autre immeuble et moyennant une soulte. Dans la liquidation de la communauté, l'immeuble acquis en échange avait été considéré comme propre pour la partie équivalente à la valeur du propre échangé, et comme acquêt pour le surplus. La cour de cassation a déclaré, au point de vue fiscal, que l'immeuble était propre pour le tout, conformément à l'art. 1407, par la raison que, « en lui attribuant un caractère mixte, pour la seule propriété indivise entre eux, l'époux survivant et les héritiers du conjoint prédécédé n'avaient point exercé une faculté que eût été antérieurement réservée par les époux ». Ce motif implique que les époux auraient pu stipuler dans l'échange que l'immeuble serait commun pour partie, par dérogation à l'art. 1407; or s'ils pouvaient partiellement déroger à cet article, ils pouvaient aussi y déroger entièrement (Comp. *Rép.* n° 805).

84. Les époux peuvent-ils, pendant le mariage, contracter entre eux une société de biens, particulière ou universelle? Nous nous sommes prononcés au *Rép.* n° 342 pour la négative. Quoi de plus contraire, en effet, aux conventions matrimoniales, dans le cas, par exemple, où les époux se sont mariés sous le régime de la séparation de biens, que la mise en société de tous leurs biens? Quoi de plus contraire même au régime de la communauté, sous lequel les époux conservent la propriété de leurs immeubles, que l'apport de ces immeubles dans une société, qui ne serait qu'une communauté plus étendue? M. Laurent, t. 21, n° 76, après Duranton, *Cours de droit français*, t. 17, n° 347, soutient pourtant que la société est permise entre époux. « Autre chose, dit-il, est une société régie par le droit commun, autre chose est la communauté légale ou conven-

tionnelle. » Oui, mais la communauté légale ou conventionnelle constitue précisément le régime matrimonial des époux, et comme la société qu'ils formeraient établirait entre eux un tout autre régime, c'est pour cela qu'elle n'est pas permise. M. Laurent demande si la société que les époux contracteraient les empêcherait d'être et de rester séparés de biens. Il nous semble évident qu'elle les en empêcherait, puisque leurs biens feraient partie de l'actif social, qui se réglerait, s'administrerait et se partagerait, comme le dit aussi M. Laurent, d'après les règles tracées au titre de la *Société*, ou, ajouterons-nous, d'après celles établies dans l'acte de société, et non plus par conséquent, d'après le contrat de mariage. M. Laurent est d'ailleurs, en contradiction avec lui-même lorsqu'il dit, dans le même numéro, que « si les époux se soumettent au régime dotal pur et simple, ils ne peuvent pas, pendant le mariage, y ajouter une société d'acquêts; ce serait modifier profondément le régime stipulé par le contrat de mariage ». Une société universelle modifierait-elle donc moins le régime de séparation de biens? (V. en ce sens : Guillouard, t. 1, n° 229).

85. Les donations ou les institutions contractuelles faites dans le contrat de mariage par des tiers aux époux ou par les époux entre eux doivent être assimilées, ainsi qu'on l'a montré au *Rép.* n° 329, aux conventions matrimoniales. Elles ne peuvent donc être révoquées ni modifiées pendant le mariage, et l'époux qui en est le bénéficiaire ne pourrait pas y renoncer purement et simplement, pour le tout ni pour partie. Ce serait, comme on l'a dit, plus que changer une clause du contrat, ce serait la mettre à néant. Il n'y a pas à distinguer si la libéralité a pour objet des biens présents ou des biens à venir; elle fait partie des conventions matrimoniales, et, à ce titre, elle est irrévocable; le donataire lui-même ne peut valablement en abdiquer le bénéfice (Aubry et Rau, t. 5, § 503 *bis*, note 17, p. 256; Laurent, t. 21, n° 78). — Jugé que la disposition de l'art. 1395 c. civ. est applicable aux donations faites par un tiers au futur du mariage comme aux conventions faites par les époux eux-mêmes, soit que ce tiers ait stipulé au contrat, soit même qu'il ait fait en dehors un don manuel aux futurs époux, en considération du mariage; qu'en conséquence, l'acte par lequel le donataire s'engage à restituer tout ou partie d'une telle libéralité est nul, et que la nullité est opposable par les époux eux-mêmes (Limoges, 13 juill. 1878, aff. L..., D. P. 79. 2. 181. V. aussi Bastia, 16 juin 1856, aff. Giustiniani, D. P. 56. 5. 58).

86. Par application de la même règle, il a été décidé : 1° qu'une donation par préciput, faite dans un contrat de mariage, ne peut, par l'effet d'une convention postérieure, et notamment d'un partage d'ascendant, être convertie en un simple don en avancement d'hoirie, même avec le consentement du donataire, une telle transformation étant contraire au principe de l'immutabilité des conventions matrimoniales (Civ. cass. 28 mars 1866, aff. Bérard de Bonnière, D. P. 66. 1. 396); — 2° Que, dans le cas où un ascendant a fait donation aux futurs époux, dans leur contrat de mariage, de l'usufruit d'un immeuble, si plus tard l'ascendant vend la pleine propriété de l'immeuble aux époux, sans tenir compte de l'usufruit qui leur a été déjà donné, cette vente, qui anéantit la donation faite par contrat de mariage, est contraire au principe de l'immutabilité des conventions matrimoniales. Par suite, si l'immeuble vendu est exproprié sur les acquéreurs, et si l'ascendant vendeur s'en rend adjudicataire, il ne peut se prévaloir de la nullité de la première vente quant à l'usufruit, pour réclamer cet usufruit sur l'immeuble rentré en la possession de l'ascendant (Pau, 9 janv. 1877) (1).

87. Toutefois on se demande si le bénéfice d'une donation ou d'une institution contractuelle ne peut pas être transféré par l'époux donataire, avec le consentement du donateur, à une tierce personne, et notamment à un enfant né du mariage.

---

(1) (Laborde-Hourcade.) — Les époux Laborde avaient, au cours de l'année 1849, pris l'engagement par contrat de mariage vis-à-vis des époux Hourcade, leur fille et gendre, de recevoir ceux-ci chez eux et de les entretenir selon leur fortune et leurs besoins. Ils s'engagèrent, en outre, à leur céder en cas de séparation l'usufruit de la moitié des immeubles par eux possédés à

Orthez. Par acte en date du 14 mars 1870, les époux Laborde ont vendu ces mêmes immeubles aux époux Hourcade qui ne payèrent pas le prix. Les époux Laborde les poursuivirent en expropriation forcée, mais quand ils furent déclarés adjudicataires, les époux Hourcade se refusèrent à vider les lieux sous prétexte que l'éventualité du contrat de mariage se trouvait

Cette question a été examinée au *Rép.* n° 330. — Pour soutenir la validité de la renonciation qui est faite par l'époux donataire dans ces conditions, renonciation qui n'est plus purement *abdicative*, mais bien *translative*, on dit : ce n'est pas renoncer à une donation ni modifier une convention que céder à un tiers le droit résultant de cette donation ou de cette convention ; c'est là exercer le droit et non l'abandonner. S'il s'agit d'une donation de biens présents, le raisonnement est juste, car la règle de l'immutabilité des conventions matrimoniales ne va pas jusqu'à empêcher les époux de disposer de leurs biens. Et, même s'il s'agit d'une disposition autre qu'une institution contractuelle, d'une donation de biens n'ayant pas le caractère de *droits successifs*, d'un *gain de survie*, par exemple, la renonciation en faveur d'un enfant ou d'un tiers est encore possible. La cour de cassation a jugé, comme nous l'avons déjà rappelé au *Rép.* n° 335, qu'un époux peut renoncer en faveur de l'un de ses enfants au gain de survie stipulé à son profit dans son contrat de mariage, et cette décision est généralement approuvée par les auteurs (Req. 16 juill. 1849, aff. Leysse, D. P. 49. 1. 304; Aubry et Rau, t. 5, § 503 *bis*, note 24, p. 258; Laurent, t. 21, n° 83; Guillouard, t. 1, n° 235).

88. Mais s'il s'agit d'une institution contractuelle, d'une donation de droits successifs, en pleine propriété, en nue propriété ou en usufruit, en admettant que la renonciation n'implique pas une dérogation aux conventions matrimoniales, elle se heurte à une autre objection : elle constitue une renonciation à une succession future. Aussi, conformément à l'opinion que nous avons soutenue au *Rép.* n° 330, la cour de cassation a décidé que la renonciation faite par l'un des époux, pendant le mariage, à une institution contractuelle de moitié en usufruit, consentie à son profit par son conjoint, dans leur contrat de mariage, était nulle à double titre, et comme dérogation aux conventions matrimoniales, et comme pacte sur succession future, alors même qu'elle avait eu lieu en faveur de l'un des enfants communs et dans le but de rendre efficace sur la quotité disponible du conjoint donateur, épuisée par l'institution, une donation faite à cet enfant (Civ. rej. 11 janv. 1853, aff. de Chanaleilles, D. P. 53. 1. 17). La même décision a été rendue dans un cas où la donation faite à l'enfant commun l'avait été à titre de majorat ; la mère avait contribué à la formation du majorat en y affectant une partie de ses immeubles et en renonçant à son hypothèque légale sur les immeubles donnés par son mari ; elle n'avait pas renoncé expressément à l'institution contractuelle en usufruit consentie à son profit par son mari, mais on prétendait induire cette renonciation de sa participation à la donation. Or, d'après la cour de cassation, une semblable renonciation aurait été nulle en présence des dispositions de la loi, dont les unes interdisent toute renonciation à une succession future et toute stipulation sur les droits qui peuvent advenir dans une telle succession, dont les autres défendent de porter aucune atteinte à l'immutabilité des conventions matrimoniales (Civ. rej. 12 janv. 1853, aff. de Charentais, D. P. 53. 1. 17). — Cette

jurisprudence est contraire à celle d'un précédent arrêt de la cour de cassation du 18 avr. 1812, cité au *Rép.* n° 332, et que nous avions critiqué. A notre avis, cependant, elle s'appuie mieux sur la prohibition de tout pacte sur succession future que sur la règle de l'immutabilité des conventions matrimoniales, car du moment que cette règle ne s'oppose pas, en principe, à ce qu'un époux puisse renoncer à une donation contractuelle en faveur d'un enfant, on ne voit pas pourquoi elle condamnerait davantage la renonciation à une institution contractuelle faite dans les mêmes conditions.

89. On a rapporté au *Rép.* n° 333 un arrêt d'après lequel l'institution d'héritier faite par un époux au profit de son conjoint, dans le contrat de mariage n'empêche pas l'instituant de disposer entre vifs de certains biens. Dans un cas où le contrat de mariage contenait donation au survivant des époux de la totalité du mobilier de communauté, sous réserve de la faculté de disposer d'une somme de 10000 fr., il a été jugé par la cour de cassation que le mari prédécédé avait pu valablement, sans porter atteinte aux conventions matrimoniales, donner entre vifs à l'un de ses successibles une somme de 30000 fr., ce don n'étant pas excessif eu égard à la fortune des époux et ayant été fait avec le concours de la femme (Req. 16 févr. 1852, aff. de Bellamy, D. P. 52. 1. 294).

90. Le contrat de mariage, avons-nous dit au *Rép.* n° 344, ne peut plus être modifié par le testament de l'un des époux que par des conventions nouvelles. On admet cependant que les époux peuvent renoncer, par testament et sous forme de legs, aux donations ou autres avantages que contient le contrat de mariage, et qu'ils y peuvent renoncer soit au profit de tiers, soit en faveur de l'un de l'autre (Aubry et Rau, t. 5, § 503 *bis*, p. 259). Faut-il, comme on l'a dit, appliquer ici la distinction que nous avons faite *suprà*, n° 87, entre les renonciations purement abdicatives et les renonciations translatives ? Les époux ne pourraient, d'après M. Laurent, t. 21, n° 88, même par testament, renoncer d'une manière absolue à un droit matrimonial, mais ils pourraient toujours y renoncer au profit d'un tiers. Cette distinction, qui a sa raison d'être pendant le mariage, ne se comprend plus guère alors que l'époux qui fait son testament dispose pour le temps où le mariage n'existera plus. Pour ce temps-là, toute renonciation à un droit, même à une dot constituée par un tiers, renonciation interdite tant que dure le mariage, sera nécessairement un acte de disposition. La seule restriction que l'on puisse mettre au droit de disposer par testament, c'est qu'un époux ne pourra priver l'autre époux ou ses héritiers des avantages résultant à leur profit des stipulations du contrat, ni, en général, porter atteinte à des droits acquis à des tiers en vertu des conventions matrimoniales. Dans l'espèce de l'arrêt de la chambre des requêtes rapporté au *Rép.* n° 344, l'époux testateur avait porté atteinte aux droits de son conjoint en léguant à ses héritiers collatéraux une part des acquêts, alors que d'après le contrat de mariage il ne devait y avoir une communauté, et par conséquent des acquêts, qu'en cas d'existence d'enfants.

---

réalisée. — Le 7 juill. 1875, jugement du tribunal civil d'Orthez, qui accueille la prétention du sieur et de la dame Hourcade. — Appel par les époux Laborde. — Arrêt.

LA COUR ; — Attendu, sans doute, qu'aux termes de l'art. 617 l'usufruit s'éteint par la consolidation ou la réunion sur la même tête des deux qualités d'usufruitier et de propriétaire ; que si l'effet de cette extinction cesse par l'annulation ou la résolution de l'acte qui a opéré la consolidation, puisque alors la cause même de cette consolidation est effacée rétroactivement, il n'en est plus de même lorsque c'est par un acte postérieur, ne mettant à néant l'acte extinctif en impliquant au contraire le maintien, que la propriété repasse des mains entre lesquelles elle s'était réunie à l'usufruit aux mains qui la détenaient avant cette réunion ; qu'en ce cas, l'usufruit éteint ne peut revivre sans une nouvelle convention ; qu'il suit de là que, contrairement à la doctrine émise sur ce point par les premiers juges, Laborde serait fondé dans sa demande en délaissement si, par l'acte du 14 mars 1870, il s'était légalement soustrait à l'obligation pour lui prise dans le contrat de mariage du 11 janv. 1849; — Mais attendu qu'aux termes de l'art. 1395 c. civ., les conventions matrimoniales ne peuvent recevoir aucun changement après le mariage; que cette prohibition s'applique même aux changements que les époux voudraient faire avec des tiers qui ont été parties au contrat; qu'elle ne va pas, sans doute, sauf le cas de dotalité, jusqu'à interdire aux époux de transformer l'objet de ces conventions,

d'aliéner par exemple les choses qui leur ont été données, de faire en un mot tous les actes qui tendent à utiliser d'une manière quelconque les dispositions de leur contrat de mariage, mais qu'ils ne sauraient contrevenir aux dispositions de l'article précité, renoncer purement et simplement aux donations résultant de ce contrat, pas plus que le donateur ne pourrait, sans violer le même article, leur vendre ce qu'il leur a donné ; que si donc l'usufruit éventuellement donné aux époux Hourcade par leur contrat de mariage, au lieu de leur être gratuitement délivré, leur a été réellement vendu, si ceux-ci, par l'acte du 14 mars 1870, ont acheté une pleine propriété sans tenir aucun compte de l'usufruit, résultant de ce contrat de mariage, cette vente et cet achat n'ont été en réalité que l'anéantissement pur et simple des conventions matrimoniales relatives à cet usufruit et une atteinte à la loi qui prescrit l'immutabilité de ces conventions ; — Attendu que des faits et circonstances de la cause, il résulte que la vente du 14 mars 1870 a été faite sans que la charge d'usufruit grevant l'immeuble vendu ait été prise en considération par les parties, sans qu'aucune déduction de prix ait été faite à raison de cette charge ; — Que, dans ces conditions, la prétention de Laborde est inconciliable avec l'obligation par lui contractée ;

Par ces motifs, confirme.

Du 9 janv. 1877.-C. de Pau.-MM. Daguilhon, 1er pr.-Lespinasse, 1er av. gén.

91. En traitant au *Rép.* n°ˢ 347 et suiv. des conventions que les époux peuvent faire avec des tiers, nous avons constaté *ibid.* n°' 349, que rien ne s'oppose à ce que l'un ou l'autre des époux et en particulier la femme reçoive un supplément de dot. C'est ce qui a été également jugé, depuis, par un arrêt de la cour de Bordeaux du 30 mai 1859 (aff. Chaperon, D. P. 59. 2. 188). Le même arrêt ajoute que les tiers peuvent alors imposer à leurs dons les conditions qu'ils jugent convenables, et ces conditions pourraient même apporter des dérogations au régime adopté par les époux dans leur contrat de mariage : on en trouve des exemples dans l'art. 1401, auquel se réfère l'arrêt précité, et dans l'art. 1405 c. civ. (V. *infrà*, n°ˢ 208 et suiv., 249).—Jugé, toutefois, que la condition que les immeubles légués à une femme mariée sous le régime de la communauté seront inaliénables et que la somme d'argent à elle aussi léguée sera employée en immeubles également inaliénables pendant la durée du mariage, doit être réputée non écrite en ce qu'elle viole le pacte matrimonial (Caen, 18 déc. 1849, aff. Leguet, D. P. 51. 2. 233). — Mais sous le régime dotal, aux termes de l'art. 1543 c. civ., la dot, en tant qu'elle est inaliénable, ne peut être constituée qu'augmentée pendant le mariage (V. *Rép.* n°ˢ 3211 et suiv., et *infrà*, n° 1155).

92. La question de savoir si le mari peut faire remise du capital ou des intérêts de la dot à celui qui l'a constituée, est examinée au *Rép.* n°ˢ 363 et suiv. Conformément à l'opinion que nous avons admise, il a été jugé que le mari ne peut renoncer valablement, soit dans l'intervalle du contrat de mariage à la célébration, soit pendant le mariage, à exiger le capital de la dot constituée à la femme par ses père et mère ou les intérêts de ce capital; que s'il est vrai que le mari est le maître de la dot, *dominus dotis,* c'est dans ce sens qu'il peut l'employer dans l'intérêt du mariage, dans l'intérêt de la prospérité de l'union conjugale, de l'éducation et de l'avenir des enfants; mais il n'a pas le droit de rompre ou modifier par des changements, des contre-lettres, le pacte de famille, déclaré irrévocable par la loi (Rennes, 1ᵉʳ mars 1849, aff. Geffroi, D. P. 51. 2. 238). Cette même solution a été consacrée par un arrêt de la cour de cassation, d'où il résulte que l'engagement pris par les époux de ne point exiger le payement de la dot durant la vie des constituants, alors qu'elle était payable dès le jour du mariage, est nul comme apportant une modification essentielle aux conventions matrimoniales (Civ. cass. 4 déc. 1867, aff. Corbineau, D. P. 67. 1. 455).

93. Toutefois, il a été jugé que la règle de l'immutabilité des conventions matrimoniales ne met pas obstacle à ce que des tiers s'obligent à des dommages-intérêts envers les héritiers de l'un des époux, pour le cas où l'autre époux réclamerait l'exécution de ces conventions, et notamment la délivrance d'un gain de survie. Si même, comme cela s'est produit dans l'espèce sur laquelle cette décision a été rendue, l'époux bénéficiaire du gain de survie devient l'héritier du tiers qui a souscrit une clause pénale au cas où le gain de survie serait exigé, il se trouve lié par cette clause, et s'il vient à réclamer son avantage matrimonial, il sera repoussé par la règle *Quem de evictione tenet actio, eumdem agentem repellit exceptio* (Req.14 avr. 1856, aff.Valette,D. P. 56.1.243).

94. L'art. 1395 prohibe seulement les conventions modificatives du contrat; il ne prohibe pas, comme nous l'avons observé au *Rép.* n° 378, les conventions qui seraient purement *interprétatives.* Il n'empêche pas, à plus forte raison, que les juges aient le droit d'interpréter les clauses du contrat, comme toutes autres conventions, soit que d'après l'ensemble de l'acte, les circonstances qui l'ont précédé ou accompagné et l'exécution dont il a été suivi. Spécialement, quoique la charge de servir une rente n'ait point été exprimée dans une donation faite par contrat de mariage à l'un des époux, le juge peut, sans s'écarter de la règle de l'art. 1395, décider, par appréciation des faits et par interprétation de l'acte pris dans son ensemble, que la commune intention des parties a été que le service de cette rente fût une charge de la donation (Civ. rej. 13 nov. 1854, aff. Estève, D. P. 55. 1. 7).

95. L'art. 1395 ne prohibe pas non plus, ainsi que nous l'avons encore constaté au *Rép.* n° 379, les conventions qui, sans porter atteinte aux clauses essentielles du contrat de mariage, n'ont pour objet que *son exécution,* telles que les conventions relatives au mode de payement de la dot. — C'est en conformité de ce principe qu'il a été jugé : 1° que la clause portant que la dot promise est payable le jour de la célébration, *qui en vaudra quittance,* ne fait point obstacle à ce que le payement de la dot soit postérieurement reconnu entre le constituant et les époux, dans un acte authentique; cette reconnaissance et les arrangements pris pour la réalisation et la sûreté du payement de la dot, en particulier la stipulation d'un délai et la constitution d'une hypothèque ne doivent pas être considérés comme des changements aux conventions matrimoniales (Bordeaux, 29 mars 1851, aff. Perromat, D. P. 52. 2. 111; Req. 22 août 1882, aff. Halphen, D. P. 83. 1. 296); — 2° Que la dation d'un immeuble en payement de la dot stipulée payable en argent constitue, sous le régime de la communauté légale ou conventionnelle, non un changement aux conventions matrimoniales, mais un mode licite d'exécution de ces conventions, spécialement autorisé par l'art. 1406 c. civ. (Req. 4 août 1852, aff. Pachot, D. P. 52. 1. 193; Civ. cass. 8 déc. 1874, aff. Raveneau, D. P. 75. 1. 33); — 3° Que l'imputation sur la dot, constituée par un tiers et stipulée payable dans un certain délai, d'un payement fait avant la célébration du mariage, ne peut être considérée comme une dérogation aux conventions matrimoniales, alors surtout que le débiteur de la dot s'était réservé la faculté de se libérer par anticipation, et que la somme payée a été employée, soit en présents de noce, soit en frais d'établissement du ménage des époux (Req. 22 août 1865, aff. Delrez-Gosselin, D. P. 67. 1. 181); — 4° Que dans le cas où des parents ont constitué à leur fils une pension annuelle par contrat de mariage, la convention par laquelle le père laisse au fils la jouissance d'un immeuble moyennant une rente déterminée, sur laquelle le fils est autorisé à retenir le montant de sa pension, n'a rien de contraire au contrat de mariage (Aix, 19 avr. 1872, aff. de S..., D. P. 73. 2. 239); — 5° Que lorsque des parents ont constitué à leur fille une pension annuelle par contrat de mariage, ils peuvent valablement, du consentement des époux, convertir cette pension en un capital une fois payé (Paris, 11 mars 1879, aff. Vignaux, D. P. 80. 2. 228).

96. De ce que le contrat de mariage est irrévocable, il ne suit nullement, avons-nous dit au *Rép.* n° 361, qu'on doive réputer sincères et vraies toutes les énonciations qu'il contient. Ainsi, lorsqu'un contrat de mariage porte que la célébration devant l'officier de l'état civil vaudra quittance de la dot, cette clause n'équivaut pas à la preuve d'un payement effectif; elle attribue seulement à l'événement du mariage la force d'une présomption libératoire, qui peut céder à la preuve contraire (Req. 22 août 1882, aff. Halphen, D. P. 83. 1. 296; 7 mai 1884, aff. Bonnet, D. P. 84. 1. 285). Il y a lieu, toutefois, de se demander comment pourra se faire cette preuve contraire. Nous pensons, avec M. Laurent, t. 21, n° 86, qu'il faut appliquer ici les principes généraux en matière de preuve. S'il s'agit d'une simulation, les parties contractantes ne seront pas admises à la preuve par témoins, tandis que les tiers pourront prouver la simulation par toute voie de droit. La fraude, qu'il ne faut pas confondre avec la simulation, pourra toujours être établie par témoins et par présomptions, et toute partie intéressée sera admise à en faire la preuve. — Il a été jugé : 1° que les enfants du premier lit, qui allèguent comme simulée et frauduleuse la stipulation d'apport énoncée au contrat de mariage de leur père avec une seconde femme en faveur de celle-ci, peuvent prouver par toutes les voies légales, notamment à l'aide de présomptions graves, précises et concordantes, la simulation dont ils se plaignent (Orléans, 21 févr. 1861, aff. de Moyencourt, D. P. 61. 2. 84); — 2° Que le juge peut, d'après l'art. 1353, même sans commencement de preuve par écrit, annuler les dispositions d'un contrat de mariage, lorsqu'il est pleinement convaincu qu'elles sont fausses, simulées et frauduleuses (Rouen, 23 déc. 1871) (1). — 3° Que le

---

(1) (Lebigre C. Lépingle.) — LA COUR; — Attendu que la femme Lépingle ayant acheté, après la mort de son mari, les droits successifs des deux enfants que celui-ci avait eus d'un premier mariage, a demandé contre sa fille, la dame Lebigre, le partage et la liquidation de la succession de son mari et de la société d'acquêts; que le notaire commis pour cette opération a, dans la

refus par le père donateur de répondre à l'interrogatoire sur faits et articles ayant pour objet de lui faire déclarer à quel moment, devant quels témoins, avec quelles ressources et en quelles valeurs il a effectué le payement d'une somme donnée par contrat de mariage avec la stipulation que la célébration du mariage en vaudra quittance, peut être considéré comme un commencement de preuve par écrit qui autorise le juge à se fonder sur des présomptions graves, précises et concordantes pour reconnaître que la somme n'a pas été payée (Rouen, 13 mai 1868) (1).

Toutefois, il a été décidé que la foi due aux énonciations d'un contrat de mariage constatant l'apport de la future ne peut être détruite par la déclaration d'un témoin ou par de simples présomptions; que cette foi subsiste jusqu'à ce qu'il soit produit des preuves écrites démontrant jusqu'à l'évidence que les énonciations de ce contrat sont mensongères (Paris, 24 févr. 1865, aff. Aubert, D. P. 65. 2. 140). — Cette dernière décision paraît difficile à justi-

fier, en tant qu'elle imposerait même aux tiers l'obligation de fournir une preuve écrite de la simulation.

97. Les conventions dérogatoires au contrat de mariage ne sont pas susceptibles d'être ratifiées pendant le mariage, mais la nullité peut en être couverte par une confirmation postérieure au mariage (V. *Rép.* n° 387; Bastia, 16 janv. 1856, aff. Giustiniani, D. P. 56. 2. 58. — V. en sens contraire : Laurent, t. 21, n° 68). — Cette nullité est, du reste, opposable par toute partie intéressée et par les époux eux-mêmes. Il a été décidé, notamment, qu'une femme avait pu se prévaloir de la nullité d'une convention portant diminution du gain de survie stipulé à son profit dans le contrat de mariage, à l'encontre des tiers acquéreurs des immeubles grevés de l'hypothèque légale qui garantissait ce gain de survie (Req. 27 déc. 1854, aff. Marty, D. P. 55. 1. 52).

98. Conformément à l'opinion adoptée au *Rép.* n° 388, d'après laquelle la règle de l'immutabilité des conventions matrimoniales doit être considérée comme un statut per-

(1) (Tréfouel C. Tréfouel.) — LA COUR; — Considérant que, par contrat de mariage, en date du 1er juin 1863, les époux Tréfouel ont fait au futur, leur fils, donation d'une somme de 15000 fr. en espèces, savoir : 7700 fr. précédemment payés au donataire et employés à son cautionnement de percepteur, plus 7300 fr. payables la veille ou le jour du mariage et pour lesquels l'acte de célébration vaudrait quittance aux donateurs; — Considérant que Tréfouel fils soutient n'avoir jamais touché ladite somme de 7300 fr., tandis que son père affirme la lui avoir remise

liquidation, attribué à la femme Lépingle, à titre de reprises, la totalité de ses apports énumérés dans les art. 4 et 5 de son contrat de mariage, soit 13900 fr.; mais que, sur ce chef, il est intervenu un contredit de la part de la dame Lebigre, laquelle a demandé le rejet de cette attribution, en soutenant et en offrant de prouver que tous ces apports sont fictifs; qu'ils constituent un avantage caché au profit de la seconde épouse; qu'ils ne sont qu'une donation déguisée dont l'art. 1099 c. civ. prononce la nullité; — Attendu que la veuve Lépingle a prétendu que l'art. 1099 ne prononce la nullité des donations déguisées que pour ce qui excède la quotité disponible; que, dans l'espèce, la réserve n'est pas entamée; qu'au surplus, les art. 1098 et 1099 ont pour but d'établir, en faveur des enfants du premier lit, une protection que ne peuvent invoquer les enfants du second lit; qu'ainsi, sa fille, la femme Lebigre, n'a ni intérêt, ni qualité pour élever le contredit dont il s'agit; — Attendu que cette prétention de la femme Lépingle n'est pas fondée; qu'il résulte, en effet, des art. 1098 et 1099 que les époux, qui ont des enfants d'un précédent mariage, ne peuvent se rien donner au delà de ce qui est permis par la loi; que, pour assurer une sanction à cette prohibition, la loi prononce la nullité des donations déguisées ou faites à des personnes interposées; que l'art. 1099 *in fine* n'est que la reproduction de l'édit des secondes noces et se justifie par le danger des spoliations qui seraient le résultat des donations de cette espèce, si elles étaient maintenues; que le législateur établit, en cette matière, une présomption *juris et de jure* de fraude, par cela même que l'époux donateur a eu recours à une forme déguisée ou à une interposition de personne; — Attendu que la donation déguisée, lorsque la nullité en a été prononcée, est censée non avenue, et par suite tout ce qui en avait fait l'objet reste dans la succession de l'époux donateur, pour le profit commun des enfants du premier et du deuxième lit; qu'il en résulte que les enfants de l'un et de l'autre lit ont intérêt et qualité pour combattre et repousser une fraude concertée à leur préjudice et en violation d'une loi d'ordre public;

En ce qui concerne la preuve à faire par les époux Lebigre à l'appui de leur contredit : — Attendu qu'en règle générale, l'acte authentique prouve bien l'existence des déclarations reçues par le notaire, mais qu'il n'en prouve pas la sincérité; que si le caractère du contrat de mariage doit lui assurer toute la protection de la loi pour le maintien des déclarations qu'il contient, cependant il n'est pas défendu aux personnes qui sont lésées par ces déclarations et qui ont qualité pour les attaquer, de prouver qu'elles sont fausses, simulées et frauduleuses; qu'en cette matière, comme dans tous les cas de fraude, qui font exception aux règles de droit sur la foi due aux actes, le juge peut, d'après l'art. 1353, même sans commencement de preuve par écrit, annuler les dispositions d'un contrat de mariage, lorsqu'il est pleinement convaincu qu'elles sont simulées et frauduleuses; mais il doit, au contraire, les maintenir et les faire exécuter tant que la fausseté ne lui en est pas complètement démontrée; dans le doute, l'acte doit être maintenu; — Attendu que ces principes doivent recevoir ici leur application pour apprécier le contredit élevé sur chaque article des apports de la femme Lépingle; — Par ces motifs, etc.

Du 23 déc. 1871.-C. de Rouen, 2e ch.-MM. Bréard, f. f. pr.-Lemarcis, av. gén.-Deschamps et Frère, av.

la veille du mariage; — Considérant que, devant les premiers juges, le fils a obtenu de faire interroger son père; que les faits et articles contenus dans sa requête avaient pour objet de faire déclarer à quel moment, devant quels témoins, avec quelles ressources et en quelles valeurs le payement prétendu s'était effectué; que ces faits concernaient donc exclusivement la matière en question, et que leur pertinence n'est pas contestable; — Considérant que Tréfouel père a comparu devant le juge chargé de procéder à l'interrogatoire; mais qu'il a déclaré ne vouloir répondre à aucune des questions qui devaient lui être posées et qu'il n'a consenti qu'à signer le procès-verbal constatant son refus; — Considérant que si la cour croit ne pas devoir user de la faculté qui lui appartient en l'état de tenir pour avérée l'allégation de Tréfouel fils contre son père, elle peut du moins et doit même considérer le susdit procès-verbal comme un commencement de preuve par écrit qui rend cette allégation vraisemblable et autorise par suite à admettre la preuve par présomptions graves, précises et concordantes; — Considérant que ces présomptions existent dans la cause; que les motifs donnés par Tréfouel père pour expliquer son refus de répondre, n'ont rien de sérieux; qu'ils consistent, en effet, à dire : premièrement, que sa conscience ne lui reproche rien, et qu'il croit avoir fait son devoir; secondement, qu'il ne veut pas subir l'interrogatoire demandé par son fils, parce qu'il lui en a déjà été imposé un par son beau-frère et qu'il n'y a pas de raison pour ne lui en imposer pas d'autres encore à l'avenir; — Considérant, sur le premier chef, qu'il implique évidemment que, dans son for intérieur, par suite d'idées dont il lui convient de garder le secret, Tréfouel se regardait comme dégagé moralement des obligations résultant contre lui de la lettre du contrat de mariage de son fils; — Considérant, sur le second motif, qu'il achève de démontrer par sa nullité même quel était l'embarras de Tréfouel en présence du juge interrogateur; à quel point il redoutait les conséquences que pourraient entraîner ses réponses, et quelle impossibilité il y avait pour lui de justifier son silence; — Considérant, à la vérité, que dans ses conclusions définitives de première instance, Tréfouel déclare avoir compté à son fils le complément de sa dot, la veille du mariage, en témoins, en or et billets de banque; mais qu'une telle déclaration faite dans un simple acte de procédure, plusieurs mois après le refus de répondre, ne saurait équivaloir à un interrogatoire prêté immédiatement sur les interpellations et sous le contrôle du magistrat commis à cet effet; — Considérant que si, comme l'ont relevé les premiers juges, ladite déclaration concorde avec les clauses du contrat de mariage, on ne peut tirer de là un argument en faveur de sa sincérité; qu'étant évidemment écrite après réflexion, et calculée avec soin pour servir de thème aux discussions d'audience, il faudrait, au contraire, s'étonner si elle ne se trouvait pas de tout point conforme aux prétentions de la partie de qui elle émane; — Considérant, au surplus, que les conclusions précitées se taisent sur le point capital de savoir au moyen de quelles ressources Tréfouel père aurait opéré le payement prétendu; qu'en fait, toutes les fois que des fonds lui ont été exceptionnellement nécessaires, il a dû recourir à quelque emprunt pour se les procurer; que ce recours lui était sans doute encore ouvert à l'époque du mariage de son fils; mais qu'il ne lui suffit point d'alléguer à cet égard une simple possibilité; qu'il lui faudrait établir que la chose possible s'est réalisée et indiquer, ce qu'il ne fait pas, dans quelles mains il a pris une somme qui ne pouvait certainement pas provenir de son épargne ni de son revenu; — Considérant que, de tout ce qui vient d'être dit et des autres faits et circonstances de la cause, résulte la preuve du bien fondé de la demande de l'appelant, et qu'il ne s'agit plus que de chercher dans quelle mesure elle doit être admise;

Par ces motifs, etc.

Du 13 mai 1868.-C. de Rouen, 1re ch.-MM. Massot, 1er pr.-Jardin, 1er av. gén.-Deschamps et Desseaux, av.

sonnel, qui suit en tous lieux les époux mariés sous l'empire de cette règle, il a été jugé que la nature du régime matrimonial ne peut être changée même par l'effet de la naturalisation acquise par le mari, depuis le mariage, dans un pays étranger où les époux ont fixé leur résidence (Metz, 9 juin 1852, aff. Désormaux, D. P. 52. 2. 189).

CHAP. 9. — Des changements et contre-lettres
(Rép. nos 392 à 438).

99. Les futurs époux peuvent faire des changements à leurs conventions matrimoniales avant la célébration du mariage, sous les conditions déterminées par les art. 1396 et 1397 c. civ. Ces conditions sont indiquées au *Répertoire*, en ce qui concerne la validité des changements entre les parties, nos 392 et suiv., et en ce qui concerne l'efficacité des changements à l'égard des tiers, nos 433 et suiv. (V. aussi *infrà*, nos 106 et suiv., 112 et suiv.).

100. — I. A quels changements s'appliquent les art. 1396 et 1397 (*Rép.* nos 395 à 408)? — Les changements pour la validité desquels les formalités des art. 1396 et 1397 doivent être remplies sont, en général, comme on l'a dit au *Rép.* n° 395, ceux qui, s'ils étaient faits après le mariage, tomberaient sous la prohibition de l'art. 1395. Il y a lieu, en conséquence, de se référer aux explications données dans le chapitre précédent, tant au *Répertoire* qu'au *Supplément*. Ainsi, de même que les époux peuvent recevoir des donations ou des augmentations de dot pendant le mariage, de même il peut leur être fait des libéralités dans l'intervalle du contrat à la célébration du mariage, sans l'accomplissement des formalités prescrites par les art. 1396 et 1397 pour les changements au contrat de mariage. Toutefois, ces formalités seraient nécessaires, s'il s'agissait de libéralités qui ne peuvent avoir lieu que par contrat de mariage.

101. Il est certain aussi, comme on l'a dit au *Rép.* n° 402, que ces formalités devraient être accomplies pour la validité des donations que les futurs époux voudraient se faire l'un à l'autre. Il est vrai que les époux peuvent se faire des donations pendant le mariage; mais ces donations sont essentiellement révocables, tandis que les donations antérieures au mariage sont irrévocables, et elles ont toujours pour effet de modifier la situation résultant du contrat de mariage (Aubry et Rau, § 503 *bis*, note 42, p. 264; de Folleville, t. 1, n° 94 *ter*; Guillouard, t. 1, n° 256).

102. La vente faite par l'un des époux à un tiers dans l'intervalle entre le contrat de mariage et la célébration pourrait constituer un changement tombant sous l'application de l'art. 1395. Il en serait ainsi, par exemple, dans le cas où les futurs conjoints auraient adopté le régime de la communauté universelle, du transport fait par l'un d'eux, durant cette période, de droits successifs nés à son profit antérieurement au contrat de mariage, moyennant une rente viagère (Gand, 27 déc. 1867) (1). — Quant à la vente que

l'un des époux ferait à l'autre dans l'intervalle du contrat à la célébration, elle constituerait également un changement au contrat de mariage, si elle portait, comme dans l'espèce rapportée au *Rép.* n° 405, sur un bien compris dans les apports matrimoniaux du vendeur ou donné par celui-ci à son futur conjoint. Il en serait autrement, toutefois, suivant nous, si elle portait sur des biens devant tomber en communauté, car il importerait peu alors qu'ils appartinssent à l'un ou à l'autre époux.

103. Il a été jugé que l'obligation contractée par une femme mariée sous le régime dotal après le contrat de mariage et avant la célébration du mariage ne constitue pas une dérogation à ce contrat, s'il n'en résulte aucune atteinte à l'inaliénabilité de la dot, et si, par exemple, la femme peut exécuter cette obligation au moyen de revenus dont elle s'est réservé la libre disposition (Req. 31 juill. 1861, aff. Carpentier, D. P. 62. 1. 113). Dans tous les cas, les obligations que les époux contracteraient avant le mariage, et qui pourraient constituer des dérogations à leurs conventions matrimoniales, ne seraient pas nulles à l'égard des tiers au profit desquels elles auraient été contractées; elles pourraient seulement donner lieu à des indemnités au profit de la communauté ou de l'époux qui serait lésé par l'effet de ces obligations (Comp. *Rép.* n° 3420).

104. En ce qui concerne les conventions *explicatives* ou *interprétatives* du contrat, il y a lieu de faire la distinction indiquée au *Rép.* n° 403. Si une convention de ce genre est faite sans l'observation des formalités prescrites par les art. 1396 et 1397, elle ne liera pas nécessairement le juge, qui pourra, sur la demande de l'un ou l'autre époux ou d'un tiers, interpréter le contrat de mariage différemment. Si, au contraire, cette convention a lieu dans les formes légales, elle sera par là même substituée à la clause obscure du contrat de mariage et aura pleine valeur juridique (de Folleville, t. 1, n° 92).

105. — II. Formalités requises pour la validité des changements et contre-lettres a l'égard des parties. Quelles personnes sont parties au contrat de mariage (*Rép.* nos 409 à 432). — Les changements ou contre-lettres, pour être valables à *l'égard des parties*, doivent remplir deux conditions : être passées dans la même forme que le contrat de mariage, et avoir lieu en la présence et avec le consentement simultané *de toutes les parties* (c. civ. art. 1396). De là, la nécessité de déterminer quelles personnes sont parties au contrat de mariage. C'est ce qui a été fait au *Rép.* nos 409 et suiv. Toutefois quelques-unes des solutions que nous avons données sont encore controversées.

106. Nous avons admis au *Rép.* n° 409 que les père et mère ou autres ascendants doivent être considérés comme parties au contrat de mariage, bien qu'ils y assistent sans faire aucune donation ni autre convention en leur propre nom, dans le cas où leur consentement est nécessaire pour la validité du mariage. S'ils y assistent pour habiliter leur

---

enfant mineur, leur qualité de parties est incontestable. Mais s'il s'agit du contrat de mariage d'un fils de famille âgé de plus de vingt et un ans et de moins de vingt-cinq ans, plusieurs auteurs soutiennent que l'ascendant présent au contrat n'est pas partie et que, par suite, il ne devrait pas nécessairement assister à une contre-lettre. « En pareil cas, dit M. Colmet de Santerre, t. 6, n° 12 *bis* IV, l'époux est mineur quant au mariage et majeur quant au contrat, comme pour tous les actes touchant à ses intérêts pécuniaires. S'il pouvait faire son contrat sans assistance, il peut, alors même qu'il a fait intervenir l'ascendant au contrat primitif, faire un contrat nouveau sans le concours de l'ascendant, car cette intervention était surabondante, inutile, en quelque sorte purement honorifique ; l'ascendant n'était pas véritablement une partie. » A l'objection consistant à dire que l'ascendant a intérêt à connaître les nouvelles conventions matrimoniales, et en ce sens qu'il pourrait subordonner son consentement au mariage à la condition que les premières seraient maintenues, le même auteur répond « que ce n'est pas là une raison suffisante pour exiger, à peine de nullité du nouveau contrat, l'intervention de l'ascendant » (V. dans le même sens : Aubry et Rau, t. 5, § 503 *bis*, note 32, p. 260; Laurent, t. 21, n° 96; Guillouard, t. 1, n° 263).

Les auteurs qui soutiennent cette opinion décident, à plus forte raison, que l'ascendant n'est pas partie au contrat dans le cas où l'enfant qui se marie est seulement tenu de lui demander conseil. Suivant M. Laurent même, il n'y aurait plus alors aucun motif de considérer l'ascendant comme partie. Cependant l'opinion adoptée au *Rép.* n° 410, d'après laquelle les ascendants sont parties au contrat même dans ce dernier cas, par cela seul que leur consentement ou leur conseil est requis pour le mariage, peut invoquer en sa faveur la tradition historique. « Nous voyons nos anciennes coutumes, dit M. de Folleville, t. 1, n° 94, tenir pour certain que les conventions matrimoniales ne pouvaient être modifiées, si l'on n'y appelait, non seulement les ascendants, mais même les collatéraux qui avaient assisté, *honoris causa*, au contrat de mariage. C'était là, sans doute, une exagération ; mais cette exagération même témoigne de l'esprit dans lequel a dû être rédigé l'art. 1396. Remarquons, d'ailleurs, ajoute le même auteur, que, si le consentement des ascendants n'est pas indispensable au point de vue de l'union civile, néanmoins leur refus entraînerait des retards en nécessitant des actes respectueux. Or qui oserait affirmer à l'avance que l'enfant tiendra assez aux modifications projetées pour ne pas reculer devant les actes respectueux? Comment ne pas tenir compte de cette arme si puissante mise entre les mains de l'ascendant contre l'enfant même majeur?... »

107. La loi exige, pour la validité des changements au contrat de mariage, *la présence* de toutes les parties. Il ne suffirait pas, ainsi que nous l'avons montré au *Rép.* n° 414, de les y appeler, et on ne pourrait passer outre en leur absence. Mais on reconnaît généralement, comme nous l'avons dit au *Rép.* n° 415, qu'elles peuvent se faire représenter par mandataire (Duranton, t. 14, p. 56, n° 54; Aubry et Rau, t. 5, § 503 *bis*; de Folleville, t. 1, n° 95; Guillouard, t. 1, n° 268). M. Laurent est le seul auteur, à notre connaissance, qui ait émis un avis contraire. « Le but de la loi, dit-il, ne serait pas atteint si un mandataire remplaçait les parties; les conjoints qui voudraient surprendre le consentement des personnes qui ont été parties s'adresseraient successivement à chacune d'elles et obtiendraient facilement une procuration en faveur d'un même mandataire; on favoriserait la surprise et l'absence de discussion. » Mais la possibilité d'une pareille manœuvre ne nous paraît pas une raison suffisante pour justifier cette dérogation au droit commun. De plus, il serait étrange que les futurs époux pussent se faire représenter par mandataires au contrat de mariage, ainsi que l'admet M. Laurent, t. 21, n° 50, et que les autres parties n'eussent pas la même faculté lorsqu'il s'agirait d'une contre-lettre. — Les mandataires, toutefois, d'après la jurisprudence que nous avons citée *suprà*, n° 55, devraient être porteurs de procurations spéciales et authentiques.

108. La loi requiert, non seulement la présence, mais encore le consentement *simultané* de toutes les parties. Il ne suffirait donc pas qu'elles consentissent toutes par des actes successifs et distincts. Il a été jugé que la simultanéité du consentement est nécessaire, même au cas où les deux époux ont été seuls parties au contrat, et que l'acte modificatif signé par eux isolément, à des dates différentes, est nul comme ne remplissant pas les conditions exigées par l'art. 1396 (Douai, 1er août 1854, aff. Willaumez, D. P. 55. 2. 3). Cette décision peut paraître rigoureuse ; mais il faut reconnaître que le texte de l'art. 1396 est général et s'applique à toutes les parties, quelles qu'elles soient.

109. Si l'une des personnes qui devraient consentir à la modification du contrat ne comparaît pas ou refuse son consentement, cette modification ne peut avoir lieu sous forme de contre-lettre ; il faut alors, ou que les futurs époux y renoncent, ou qu'ils fassent un autre contrat, en se passant, s'il est possible, de la participation de cette partie avec laquelle ils sont en désaccord. — Il peut arriver aussi, comme on l'a prévu au *Rép.* n° 417, que l'une des parties soit morte depuis le contrat, ou qu'elle ait été interdite, ou qu'elle ait été déclarée absente. On a dit à tort que si cette partie était un donateur, il devenait impossible de changer quoi que ce soit au contrat, sans faire tomber la donation (V. Colmet de Santerre, t. 5, n° 12 *bis* V). En cas de décès, cette partie pourra être remplacée par ses héritiers (Laurent, t. 21, n° 99). En cas d'interdiction, s'il s'agit du contrat de mariage de l'enfant de l'interdit, le tuteur pourra être autorisé à consentir au changement dans les conditions déterminées par l'art. 511 c. civ. (Aubry et Rau, t. 5, § 503 *bis*, p. 261). En cas d'absence déclarée, les envoyés en possession des biens de l'absent consentiront valablement à la contre-lettre, en ce sens que, si l'absent ne reparaît pas, eux-mêmes seront tenus de la respecter. — Enfin si la partie qui est décédée ou qui ne peut plus consentir n'était intervenue au contrat que pour assister l'un des futurs, comme elle n'y intervenait pas dans son intérêt propre, mais dans l'intérêt du futur époux, celui-ci n'aura besoin pour modifier son contrat que du consentement des personnes qui doivent l'assister à défaut de celle qui est morte ou qui est devenue incapable (Colmet de Santerre, *ibid.*).

110. La contre-lettre qui aurait été faite en l'absence ou sans le consentement de l'une des personnes qui étaient parties au contrat, serait nulle, non seulement à l'égard de cette personne, mais d'une manière absolue à l'égard de toutes parties (V., quant aux effets de cette nullité entre les parties, *Rép.* n°s 420 et suiv.). — Cependant, d'après un auteur, « si un donateur n'a pas été appelé à prendre part à la nouvelle convention ou a refusé d'y adhérer, on ne doit pas, à raison de cela, annuler cette convention, ce changement ; car le contrat primitif aurait pu être fait sans le concours de cette personne, et il serait étrange que, par l'effet de ce premier contrat, qui n'est qu'un projet, il fallût, pour faire une nouvelle convention, un consentement qui, en soi, est inutile au contrat de mariage des deux futurs époux. Tout ce qu'on peut conclure de la non-adhésion du donateur au nouveau contrat, c'est que la donation par lui faite n'aura pas d'effet, car elle était tacitement subordonnée aux dispositions du premier contrat » (Colmet de Santerre, t. 6, n° 12 *bis* III. V. dans le même sens: Guillouard, t. 1, n° 265). Ainsi, suivant M. Colmet de Santerre, la contre-lettre non signée de toutes les parties serait néanmoins valable pour les parties qui l'auraient signée. Elle aurait seulement pour effet de délier les parties dissidentes des engagements qu'elles auraient pu prendre dans le contrat. Mais nous croyons plus juridique, et surtout plus conforme au texte de l'art. 1396, de décider comme on l'a fait au *Rép.* (*ibid.*) que la nullité de la contre-lettre pourra être invoquée même par les époux ou par les parties qui l'auront signée. Telle est l'opinion de M. Laurent, t. 21, n° 99 : « On ne peut pas, dit cet auteur, déclarer qu'une donation reste sans effet par cela seul que les futurs époux font un changement contraire à la loi. Le premier acte est conforme à la loi ; donc la loi doit le maintenir jusqu'à ce qu'il soit valablement remplacé par un nouveau contrat. »

111. Comme nous l'avons vu au *Rép.* n° 428, l'art. 1396 n'est pas applicable au cas où le contrat de mariage est non pas modifié, mais abandonné et remplacé par un autre contrat : les futurs époux n'ont besoin pour la validité de cette nouvelle convention que de l'approbation des per-

sonnes dont le consentement est requis pour leur mariage. Quant aux libéralités qui avaient été faites dans le premier contrat, elles sont caduques, si les tiers donateurs ne les ont pas renouvelées dans le second : c'est du moins ce qu'a décidé un arrêt de la chambre des requêtes, du 30 janv. 1843, rapporté au *Rép.* n° 430. — Toutefois, il a été jugé que la donation faite aux futurs époux par un tiers dans un premier contrat de mariage n'est point tacitement révoquée ou abandonnée par cela seul que, avant la célébration, il est intervenu un second contrat contenant des conventions matrimoniales différentes, muet sur l'existence du précédent, et auquel n'a pas figuré le tiers donateur... A moins que, dans l'intervalle des deux contrats, il n'y ait eu rupture du projet de mariage, lequel a été repris et réalisé ultérieurement (Nîmes, 15 avr. 1850, aff. Augier, D. P. 52. 2. 113).

112. — III. Formalités des contre-lettres a l'égard des tiers; responsabilité du notaire (*Rép.* n°s 433 à 438). — Pour que les modifications apportées au contrat de mariage soient valables à l'égard des tiers, il ne suffit pas qu'elles aient été faites dans la même forme que le contrat, en la présence et avec le consentement simultané des parties ; il faut, en outre, que l'acte soit rédigé à la suite de la minute même du contrat de mariage (c. civ. art. 1397). Il résulte de là, comme le remarque M. Laurent, t. 21, n° 102, que les changements ou contre-lettres doivent être passés devant le même notaire qui a reçu le contrat de mariage ou devant son successeur, car c'est dans l'étude de ce notaire que reste déposée la minute du contrat.

113. La contre-lettre qui n'est pas rédigée à la suite de la minute du contrat de mariage peut rester ignorée des personnes qui, voulant traiter avec les époux, se feront représenter une expédition du contrat : c'est pourquoi la loi la déclare nulle à l'égard des tiers. C'est d'ailleurs l'application du principe établi par l'art. 1321 c. civ., aux termes duquel les contre-lettres en général, c'est-à-dire les actes tenus secrets, n'ont point d'effet contre les tiers. — Suivant MM. Rodière et Pont, 2e éd., t. 1, n° 162, tout créancier ou même tout acquéreur ou cessionnaire des époux ou de l'un d'eux ne devrait pas être ici considéré comme tiers ; on devrait, au contraire, considérer comme de simples ayants cause, non seulement ceux qui ont traité sans avoir aucunement en vue la clause du contrat abrogée ou modifiée par la contre-lettre, comme sont en général les créanciers chirographaires, mais encore ceux qui auraient traité en vue de cette clause, si depuis le mariage elle avait pu être détruite ou changée. Si l'on suppose, par exemple, qu'une contre-lettre, d'ailleurs valable entre les parties, ait réduit à dix mille francs la dot de la femme, fixée d'abord à vingt mille, le tiers auquel le mari aurait cédé la dot ne pourrait pas plus exiger cette dernière somme, disent les auteurs dont nous rapportons l'opinion, qu'il ne le pourrait si, en l'absence de toute contre-lettre, le mari avait déjà touché dix mille francs lors de la cession. Mais il nous semble que cette opinion restreint arbitrairement le sens du mot *tiers*. Les tiers, ce sont ordinairement tous ceux qui, étrangers au contrat, subissent un préjudice par l'effet de l'irrégularité ou de la clandestinité de cet acte. Or on ne peut nier que le tiers auquel on a cédé une créance dotale de vingt mille francs, alors que cette créance avait été réduite de moitié par une contre-lettre, n'ait été trompé et ne soit exposé à être lésé par suite de l'irrégularité de la contre-lettre, parce que cette contre-lettre n'avait pas été rédigée à la suite de la minute du contrat. On prétend faire une différence entre le tiers ainsi trompé et celui à qui le mari aurait vendu un immeuble ameubli par le contrat et qui aurait été ensuite déclaré propre par une contre-lettre ; celui-ci, dit-on, quand il a acquis l'immeuble du mari, était autorisé à le croire ameubli, à raison du principe de l'immutabilité des conventions matrimoniales ; celui, au contraire, qui est devenu cessionnaire de la créance dotale savait que cette créance pouvait être réduite et même éteinte pendant le mariage, et il est en faute de ne s'être pas assuré si elle existait encore. Mais, à supposer même que le cessionnaire de la créance dotale n'ait pas pris toutes les précautions qu'il aurait pu prendre, il n'en est pas moins vrai que la première cause de son erreur est dans l'irrégularité de la contre-lettre ; or, cette irrégularité est imputable aux époux, non à lui ; c'est donc aux époux, plutôt qu'à lui, à en supporter les conséquences. Autre chose, d'ailleurs, est

l'extinction de la *créance dotale* par le payement, autre chose, sa suppression par une contre-lettre. Comme le disent très bien MM. Aubry et Rau, t. 5, § 503 *bis*, p. 262, si le payement constitue, même au regard des tiers, une cause légitime et efficace d'extinction, totale ou partielle, des obligations, il n'en est pas de même des contre-lettres, qui ne peuvent être invoquées contre eux, encore qu'elles aient acquis date certaine (V. dans le même sens : Laurent, t. 21, n° 104 ; de Folleville, t. 1, n° 101 ; Guillouard, t. 1, n° 271).

114. Quant aux simples créanciers chirographaires des époux, on doit aussi, suivant nous, les considérer comme des tiers, dans le cas où l'on peut présumer qu'ils n'auraient pas traité avec les époux s'ils avaient connu les modifications apportées par la contre-lettre aux conventions matrimoniales primitivement adoptées. La plupart des auteurs soutiennent même que les créanciers chirographaires sont des tiers, par cela seul que la contre-lettre peut leur nuire (Aubry et Rau, t. 5, § 503 *bis*, note 38, p. 263 ; Laurent, t. 21, n° 104 ; de Folleville, t. 1, n°s 102 et suiv.). Mais c'est là, croyons-nous, une thèse trop absolue. Dans la plupart des cas, en effet, les créanciers chirographaires auront traité avec les époux sans se préoccuper aucunement des conventions matrimoniales. Cela étant, il serait certainement excessif de reconnaître, par exemple, à ces créanciers, le droit de faire annuler une contre-lettre qui aurait réduit la dot de la femme et d'obliger le constituant à leur payer la somme sur laquelle aurait porté la réduction, par cela seul que cette contre-lettre n'aurait pas été inscrite à la suite du contrat. Lorsqu'il est certain que les créanciers ne se sont pas plus inquiétés du contrat que de la contre-lettre, ils ne peuvent pas prétendre en réalité que l'irrégularité de celle-ci leur cause un préjudice, ils ne sont donc pas des tiers, au sens de la loi. Sous cette réserve, nous admettons, avec les auteurs que nous avons cités, que les créanciers chirographaires eux-mêmes doivent être considérés comme des tiers, lorsque, pour arrêter les poursuites qu'ils exercent sur les biens de la femme, on leur oppose une contre-lettre qui a modifié le régime établi dans le contrat primitif, en substituant, par exemple, le régime dotal à celui de la communauté ; lorsque, en somme, comme nous l'avons dit, les modifications résultant de la contre-lettre sont telles qu'on doit penser que les créanciers n'auraient pas traité avec les époux s'ils les avaient connues. On objecterait vainement alors que les créanciers chirographaires sont les ayants cause des époux, qu'ils ont suivi la foi de ceux-ci. Ils ne sont plus des ayants cause à l'égard d'un acte qu'ils ne pouvaient connaître qui peut-être change absolument la situation pécuniaire de leurs débiteurs. Leur refuser en pareil cas le droit d'invoquer l'art. 1397, ce serait méconnaître l'esprit de la loi, qui a voulu garantir contre tout danger de fraude, de surprise ou de mécompte les personnes qui traiteront avec les époux sur la foi des conventions matrimoniales.

115. Pour mieux assurer encore les intérêts des tiers, la loi défend au notaire dépositaire de la minute du contrat de mariage, d'en délivrer des grosses ou des expéditions sans transcrire à la suite le changement ou la contre-lettre (c. civ. art. 1397). Si le notaire avait négligé de se conformer à cette prescription, la contre-lettre n'en serait pas moins efficace à l'égard des tiers ; nous l'avons démontré au *Rép.* n° 435, en réfutant l'opinion émise par Toullier. Seulement les tiers auraient un recours contre le notaire, pour le préjudice que leur aurait causé l'ignorance des modifications apportées au contrat. C'est en ce sens qu'il faut entendre les mots *à peine des dommages-intérêts des parties*, dans l'art. 1397; il s'agit, non des parties contractantes, mais des parties lésées par la négligence du notaire (Rodière et Pont, 2e éd., t. 1, n° 163 ; Aubry et Rau, t. 5, § 503 *bis*, note 39, p. 264 ; Colmet de Santerre, t. 6, n° 43 *bis* IV; Laurent, t. 21, n° 105 ; de Folleville, t. 1, n° 97 ; Guillouard, t. 1, n° 275). Il faut reconnaître, d'ailleurs, que si les époux avaient profité de la faute du notaire pour dissimuler la contre-lettre aux tiers avec lesquels ils auraient traité, ceux-ci auraient recours, non seulement contre le notaire, mais également contre les époux (Rodière et Pont, t. 1, n° 164). Et enfin les époux eux-mêmes pourraient être les personnes lésées par la faute du notaire, car si l'expédition incomplète avait été produite par eux sans mauvaise foi de leur

part, ils auraient encore à s'imputer de n'avoir pas aperçu l'omission commise par le notaire ; à raison de cette faute et à titre de dommages-intérêts, ils pourraient, selon les circonstances, être privés du droit d'invoquer, contre les tiers trompés, la modification du contrat de mariage, mais ils auraient une action en indemnité contre le notaire (Colmet de Santerre, t. 6, n° 13 *bis* V ; Guillouard, *ibid.*).

CHAP. 10. — De la capacité spécialement requise pour le contrat de mariage (*Rép.* n°s 439 à 487).

116. — I. MAJEURS (*Rép.* n° 439). — A l'égard des personnes majeures, ainsi qu'on l'a dit au *Rép.* n° 439, la capacité pour le contrat de mariage est la même que pour les autres conventions. Il y a donc lieu de se référer aux principes généraux sur la capacité de contracter (V. *Rép.* v° *Dispositions à titre gratuit*, n°s 192 et suiv. ; *Obligations*, n°s 330 et suiv.). — Le fils de famille, majeur de vingt et un ans, peut régler seul ses conventions matrimoniales, alors même qu'il n'a pas atteint l'âge de vingt-cinq ans et qu'il a encore besoin du consentement de son père ou d'un autre ascendant pour se marier (V. en sus les auteurs cités au *Rép.* n° 439 : Aubry et Rau, t. 5, § 502, p. 241 ; Colmet de Santerre, t. 6, n° 15 *bis* II; Laurent, t. 21, n° 22 ; de Folleville, t. 1, n° 104 *bis*).

117. Deux personnes entre lesquelles existe un empêchement de parenté ou d'alliance peuvent faire leur contrat de mariage avant d'avoir obtenu la dispense qui leur est nécessaire pour se marier (Paris, 9 févr. 1860, aff. Gandais, D. P. 60. 2. 73 ; Rodière et Pont, 2e éd., t. 1, n° 54 ; Aubry et Rau, t. 5, § 502, note 17, p. 241).

118. — II. MINEURS (*Rép.* n°s 440 à 479). — Le mineur habile à contracter mariage, dit la loi, est habile à consentir toutes les conventions dont ce contrat est susceptible (c. civ. art. 1398). C'est-à-dire qu'il faut et qu'il suffit, pour que le mineur puisse faire son contrat de mariage, qu'il soit assisté des mêmes personnes dont le consentement est requis pour la validité de son mariage. Il en est ainsi, d'après un arrêt de la cour de cassation, alors même qu'il y aurait opposition d'intérêts entre ces personnes et le mineur. Ici ne s'applique pas la règle d'après laquelle le tuteur ne peut agir pour le mineur lorsqu'il a des intérêts opposés à ceux de ce dernier. Ce n'est pas en qualité de tuteur, mais comme exerçant un des attributs de la puissance paternelle, que le père, ou la mère, en cas de décès du père, ou tout autre ascendant assiste le mineur dans son contrat de mariage ; et, dès lors, il ne peut pas plus être remplacé pour cette assistance qu'il ne pourrait l'être pour le consentement au mariage (Civ. rej. 23 févr. 1869, aff. Pastoureau, D. P. 69. 1. 179).

119. Du principe que le mineur, dûment autorisé, est habile à faire toutes conventions matrimoniales il résulte, comme nous l'avons dit au *Rép.* n° 445, que la femme mineure peut, avec l'assistance des personnes dont le consentement lui est nécessaire pour se marier, tout en adoptant le régime dotal, déclarer aliénables ses immeubles dotaux (V. outre les arrêts et les auteurs cités au *Rép. ibid.* ; Rodière et Pont, t. 1, n° 41 ; Aubry et Rau, t. 5, § 502, note 25, p. 243 ; Laurent, t. 21, n° 28 ; Guillouard, t. 1, n° 306).

120. En pareil cas, les formalités prescrites pour l'aliénation des biens de mineurs doivent-elles être observées tant que la femme est encore mineure ? Cette question a été examinée au *Rép.* n° 3576. Les auteurs admettent en général, conformément à la distinction qui résulte de la jurisprudence citée *ibid.*, que si la femme s'est bornée à déclarer aliénables ses immeubles dotaux et si, par suite, son concours est nécessaire pour l'aliénation, les formalités dont il s'agit sont obligatoires ; mais qu'il en est autrement lorsque la femme a conféré au mari le pouvoir d'aliéner seul les biens dotaux (Rodière et Pont, t. 1, n° 41 ; Aubry et Rau, t. 5, § 502, note 27, p. 244 ; Guillouard, t. 1, n° 306). — Cette dernière solution est contestée par M. Laurent, t. 21, n° 28. Les formes protectrices établies pour la vente des biens de mineurs sont, dit-il, d'ordre public, et la femme mineure ne doit pas plus pouvoir y renoncer qu'elle ne pourrait renoncer à son hypothèque légale ; c'est ainsi que la femme mineure n'a même pas le droit de consentir, comme le pourrait une majeure, à la réduction de son hypothèque (V. *Rép.* n° 451). Mais, sauf la restriction relative à la réduc-

tion de l'hypothèque légale, restriction qui résulte d'un texte formel de la loi, la femme mineure, dûment assistée, est réputée majeure pour ses conventions matrimoniales. Tel est le principe de l'art. 1398. Et si ce texte permet incontestablement à la femme mineure de donner tous ses biens à son mari, elle doit, à plus forte raison, pouvoir autoriser le mari à vendre ses biens dotaux sans formalités de justice. Il y aurait, d'ailleurs, comme le remarquent MM. Aubry et Rau, § 502, note 26, p. 243, une contradiction manifeste à conférer à la femme mineure une majorité anticipée pour le contrat lui-même, et à la traiter de nouveau comme mineure en tant qu'il s'agirait de l'exécution de ce contrat. Le pouvoir de vendre donné au mari doit sortir son effet sans égard à la condition personnelle de la femme au moment où le mari en fera usage.

121. De même que la femme mineure pourrait autoriser le mari à aliéner ses immeubles sans formalités de justice, elle pourrait également lui donner le pouvoir de faire à l'amiable le partage définitif d'une succession dont elle serait héritière (V. en ce sens : *Rép.* n° 3483 ; Req. 12 janv. 1847, aff. Pascal, D. P. 47. 1. 225. V. cependant *Rép.* n° 453).

122. La règle de l'art. 1398 s'applique à toutes les conventions *relatives au mariage* que le contrat peut renfermer, encore qu'il ne soit pas énoncé expressément que ces conventions ont été stipulées en faveur du mariage projeté (V. *Rép.* n° 455). Ainsi, lorsque des parents font, dans le contrat de mariage d'un de leurs enfants, le partage de leurs biens entre ceux-ci, cette donation-partage, tout en restant soumise aux règles ordinaires à l'égard des autres enfants, est régie par les règles spéciales aux donations par contrat de mariage en ce qui concerne le futur conjoint. En conséquence, la libéralité qui en résulte au profit de ce dernier peut être valablement acceptée par lui, bien qu'il soit mineur : l'assistance de ses père et mère lui suffit pour cette acceptation (Lyon, 30 nov. 1874, aff. Talon-Nique, D. P. 77. 2. 212 ; Guillouard, t. 1, n° 307).

123. Mais comme on l'a dit au *Rép.* n° 452, l'art. 1398 ne relève le mineur de son incapacité que pour les conventions qui ont trait au mariage, qui ont pour but, soit de faciliter le mariage même, soit de régler les droits respectifs des époux quant aux biens. Une convention d'autre nature n'échapperait pas aux règles ordinaires, par cela seul qu'elle se trouverait dans le contrat de mariage. On ne saurait admettre, par exemple, que dans le contrat de mariage le futur époux pût vendre ses immeubles à des tiers, transiger ou compromettre avec eux sur un procès, contracter une société civile ou commerciale, faire des emprunts, se charger à forfait, à ses risques et périls, de liquider les dettes d'une personne autre que son conjoint (Rodière et Pont, t. 1, n° 41 ; Aubry et Rau, t. 5, § 502, note 29, p. 242 ; Guillouard, t. 1, n° 308).

124. On a cité au *Rép.* n° 454 un arrêt qui a déclaré nulle, comme ne faisant pas partie des conventions matrimoniales, une vente de droits successifs faite à un tiers par une femme mineure dans son contrat de mariage. Il a été jugé qu'une vente du même genre, consentie dans les mêmes conditions au profit du frère de la future épouse mineure, ne pouvait avoir que l'effet d'un partage provisionnel (Grenoble, 5 août 1859, aff. Rua, D. P. 62. 2. 39). Ont encore été annulées, comme étrangères aux conventions matrimoniales et nulles pour incapacité du conjoint mineur : 1° la confirmation consentie par le futur époux, dans son contrat de mariage, d'une cession de droits successifs faite antérieurement par sa mère tutrice légale (Limoges, 29 janv. 1862, aff. Dejen, D. P. 62. 2. 39) ; — 2° La donation faite par un père à sa fille mineure émancipée, dans le contrat de mariage de celle-ci, sous des conditions desquelles il résultait que cette prétendue donation était, en réalité, un contrat à titre onéreux impliquant une lésion énorme au préjudice du mineur (Riom, 11 juill. 1864, et sur pourvoi, Req. 10 déc. 1867, aff. de Beaucaire, 1er arrêt, D. P. 67. 1. 475) ; — 3° La convention par laquelle une mineure, après s'être constitué en dot les droits qui lui revenaient dans la succession d'un de ses frères, a cédé ces mêmes droits à ce frère, intervenant au contrat (Limoges, 29 janv. 1879, aff. Lazeyros, D. P. 80. 2. 255) ; — 4° La convention qui, n'ayant de la donation que l'apparence, attribue au prétendu donataire des biens dont il était déjà

propriétaire à un autre titre (Civ. cass. 11 déc. 1882, aff. Combès, D. P. 83. 1. 132).

125. L'art. 1398 parle du mineur « habile à contracter mariage ».—Il suppose donc que le mineur a atteint l'âge requis pour le mariage. On reconnaît généralement aujourd'hui, conformément à l'opinion adoptée au *Rép.*, n° 456, que la nullité du contrat de mariage résultant de ce que l'un des époux n'avait pas l'âge nubile est indépendante de la nullité du mariage, et que si cette seconde nullité vient à être couverte par application de l'art. 185 c. civ., le contrat de mariage reste nul et les époux sont mariés sous le régime de la communauté légale (V. en sus des auteurs cités au *Rép. ibid.* : Rodière et Pont, t. 1, n° 40; Aubry et Rau, t. 5, § 501, note 11, p. 232; Laurent, t. 21, n°s 32 et suiv.). La jurisprudence s'est également prononcée en ce sens (Riom, 23 juin 1853, aff. Gharra, D. P. 55. 2. 321, et sur pourvoi, Civ. rej. 13 juill. 1857, D. P. 57. 1. 334).

126. Si le mineur qui n'a pas atteint l'âge nubile, obtenait des dispenses d'âge pour contracter mariage, il deviendrait par là même capable d'arrêter ses conventions matrimoniales. Mais s'il avait fait son contrat de mariage avant d'avoir obtenu les dispenses, étant assisté, bien entendu, des personnes devant consentir à son mariage, le contrat serait-il validé par le fait de la célébration du mariage avec dispenses ? La plupart des auteurs se prononcent pour la négative (Aubry et Rau, t. 5, § 502, note 21, p. 242; Laurent, t. 21, n° 31; Guillouard, t. 1, n° 302. V. cependant Marcadé, t. 5, sur l'art. 1398, n° 2).

127. D'après les mêmes auteurs, et contrairement à l'opinion émise au *Rép.* n° 488, la nullité du contrat de mariage résultant du défaut d'âge de l'un des époux ne serait pas couverte quand même cet époux aurait atteint l'âge requis avant la célébration. Dans cette hypothèse, comme dans la précédente, dit-on, le contrat de mariage est entaché d'un vice propre, en ce que le mineur qui n'a pas l'âge nubile

est, même avec l'assistance de ses parents, tout aussi inhabile à faire un contrat de mariage qu'il est incapable de se marier. L'art. 1398 suppose un mineur capable de contracter mariage, et, à défaut de cette condition, sa disposition, tout exceptionnelle, n'est pas applicable.

128. Sur la question de savoir si la nullité résultant de ce que le mineur n'avait pas l'âge requis peut être invoquée par l'autre époux et non pas seulement par le mineur, V. *infrà*, n° 135.

129. Quant aux personnes qui doivent assister le mineur dans son contrat de mariage, V. *Rép.* n°s 459 et suiv. — En conformité de l'art. 159 c. civ., le contrat de mariage d'un mineur, enfant naturel non reconnu, doit être dressé avec l'assistance d'un tuteur *ad hoc* nommé par le conseil de famille. En conséquence, doit être déclaré nul un contrat fait en présence d'un tuteur *ad hoc* nommé par le tribunal (Nîmes, 9 mars 1875) (1).

130. Aux termes de l'art. 420 c. civ., le tuteur ne peut représenter le mineur lorsqu'il y a opposition d'intérêts entre lui et son pupille; c'est le subrogé-tuteur qui le remplace. L'ascendant dont les intérêts seraient en conflit avec ceux du mineur pourrait-il néanmoins l'assister dans son contrat de mariage ? Un arrêt s'était prononcé pour la négative. « Il répugne à la raison, disait-il, non moins qu'aux principes de droit rappelés dans les art. 420 et 838 c. civ., qu'un tuteur ou un curateur, ou le père qui en fait la fonction, quand il s'agit de mariage, puisse autoriser ou assister le mineur dans les affaires où ses intérêts se trouvent en opposition avec ceux de ce mineur : *Quia ipse tutor in rem suam auctor esse non potest* (§ 3, *Inst.*, *De auctor. tut.*) » (Riom, 11 juill. 1864, aff. de Beaucaire, D. P. 67. 1. 475). Cet arrêt, toutefois, n'indiquait pas comment l'ascendant pourrait être remplacé dans le cas où le conflit d'intérêts le rendrait incapable d'assister le mineur, et il faut bien reconnaître que la loi n'a pas prévu le cas. L'art. 1398, en effet, dispose que les con-

---

(1) (Moutet C. Glinchant.) — La cour; — Attendu que la première question à juger est celle de savoir sous quel régime ont été mariés les époux Moutet; — Attendu, à cet égard et en fait, que la dame Moutet était, au moment de son contrat de mariage, fille naturelle, mineure non reconnue et placée sous la tutelle officieuse de Joseph Moutet ; — Que le contrat que qu'elle a été assistée du dernier et du sieur André, avoué, que le tribunal de Largentière lui avait nommé comme tuteur *ad hoc*, en exécution de l'art. 159 c. civ ; qu'elle a procédé de son consentement, qu'elle s'est constitué ses biens présents et à venir, et que les futurs ont adopté le régime dotal ; — Attendu, néanmoins, que nonobstant cette déclaration, les époux se sont considérés comme mariés sous le régime de la communauté ; — Qu'après le décès du tuteur officieux, les immeubles que la dame Moutet avait recueillis dans sa succession ont été aliénés comme s'ils étaient paraphernaux et libres; que des emprunts pour des sommes considérables ont été faits, jusqu'à 1872, par les deux époux solidairement, avec cette déclaration, dans les contrats, qu'ils étaient mariés sous le régime de la communauté ; — Attendu qu'une semblable déclaration, si elle était erronée, ne laisserait pas sans doute la dame Moutet, mais qu'il y a lieu de reconnaître qu'elle était l'expression juridique de la situation dans laquelle les époux se trouvaient placés, par suite de l'inobservation des prescriptions de la loi ; — Attendu, en effet, que, quelle que soit l'étendue des attributions de la juridiction ordinaire, le législateur ne paraît pas avoir voulu conférer aux tribunaux le pouvoir de déférer la tutelle ; — Qu'à défaut du tuteur élu par le père ou la mère, c'est au conseil de famille que ce pouvoir est conféré ; — Qu'on objecte, il est vrai, que l'enfant naturel non reconnu n'a pas de famille, mais que l'art. 409 permet de suppléer, dans la composition de ce conseil, les parents qui n'existeraient point, par des amis ; — Qu'aucun doute n'est possible quand il s'agit d'un enfant naturel reconnu dont les père et mère ne peuvent manifester leur volonté; — Que l'enfant non reconnu lui est assimilé, d'où il suit que, si le conseil de famille doit nommer le tuteur *ad hoc* au premier cas, lui seul est compétent pour le nommer au second ; — Que, si l'on se reporte à la discussion qui eut lieu au conseil d'État sur l'art. 159 c. civ., on y lit ces paroles prononcées par M. Réal, rapporteur, au nom de la section de législation, qui sont le véritable commentaire de l'art. 159 : « La section a cru moral de donner un tuteur au mineur né hors mariage qui veut se marier lui-même et dont le père est inconnu; elle doit couvrir la trace de l'illégitimité de sa naissance, et appelle *ses amis à délibérer sur son mariage* » ; — Attendu que l'on ne saurait rien induire de la tutelle administrative organisée par la loi du 15 pluv. an 13 en faveur des enfants admis dans les hospices, si ce n'est une nouvelle preuve de l'intention du législateur de ne point conférer

aux tribunaux le droit de déférer la tutelle ; — Qu'aussi bien, lorsqu'il a voulu, dans le cas spécial prévu par l'art. 2208 c. civ., leur donner ce pouvoir, il s'en est expliqué en termes exprès, et il convient de remarquer que la nomination du tuteur *ad hoc*, dans ce cas, est incidente à une procédure dont le tribunal est saisi ; — Attendu, enfin, que la doctrine et la jurisprudence sont unanimes pour reconnaître le droit de nomination du tuteur *ad hoc* au conseil de famille, à l'exclusion des tribunaux, et qu'elles l'ont particulièrement reconnu dans le cas de l'art. 318 c. civ., alors même que la composition du conseil de famille pourrait ne point présenter les conditions de protection désirables pour les intérêts du mineur ; — Attendu que si la nomination du tuteur *ad hoc*, dont parle l'art. 159, ne peut émaner que du conseil de famille, celui-ci qui serait nommé par le tribunal, tenant ses pouvoirs d'une autorité incompétente, serait sans qualité, d'où la conséquence que le contrat de mariage auquel il aurait assisté, et qu'il aurait revêtu de son consentement, devrait être considéré comme passé en dehors de l'assistance et du consentement du tuteur *ad hoc* ; — Attendu qu'il en a été ainsi du contrat de mariage de la dame Moutet ; — Qu'on peut, il est vrai, se demander si en cette matière, où la protection du mineur est l'intérêt dominant, les juges, lorsqu'ils ont la conscience que cet intérêt a été sauvegardé, doivent attacher la peine de la nullité, que la loi elle-même n'a pas expressément prononcée, à l'irrégularité commise dans la nomination du tuteur ; — Attendu, à cet égard, que l'irrégularité dont s'agit touche à la constitution même du pouvoir de qui émane la tutelle ; que, du moment où il est admis que la nomination du tuteur *ad hoc* appartient au conseil de famille, il y a présomption légale que l'intérêt du mineur n'a pas été suffisamment sauvegardé, si cette nomination émane d'une autre autorité, si respectable qu'elle soit ; — Qu'en matière de compétence, tout est de droit étroit, et que, si la loi n'a pas confié aux tribunaux le pouvoir de déférer la tutelle, il ne se peut pas que le tuteur désigné par le tribunal de Largentière ait eu qualité pour donner au contrat de mariage de la dame Moutet le consentement qui lui était indispensable ; — Attendu, sous un autre rapport, que cette nullité a raison de l'immutabilité absolue des conventions matrimoniales, est absolue et peut être invoquée par toute personne y ayant intérêt; que les mariés Glinchant peuvent d'autant mieux s'en prévaloir qu'ils ont traité sous la foi de la nullité de leur contrat à eux affirmée par leurs débiteurs eux-mêmes ; — Par ces motifs; — Réforme le jugement rendu par le tribunal de Largentière le 23 juin 1874; ce faisant, annule le contrat de mariage des époux Moutet en date du 25 févr. 1816 ; le déclare, en conséquence, mariés sous le régime de la communauté légale, etc.

Du 9 mars 1875.—C. de Nîmes.

ventions matrimoniales faites par le mineur seront valables pourvu qu'il ait été assisté des personnes dont le consentement est nécessaire pour le mariage, sans distinguer suivant que ces personnes sont ou non intéressées dans les conventions qu'elles autorisent. Ce n'est peut-être pas justifier pleinement la loi que de dire, comme l'a fait la cour de cassation dans son arrêt du 23 févr. 1869, cité *suprà*, n° 118, « que la loi a pensé avec raison que celui qui présentait des garanties suffisantes pour autoriser le mineur à faire l'acte le plus important de la vie et qui engage au plus haut degré ses intérêts de toute sorte, présentait au moins les mêmes garanties pour l'habiliter à faire des conventions matrimoniales, et qu'il n'aurait en vue que l'intérêt du mineur, aussi bien pour l'assister dans les conventions que le mariage rend nécessaires que pour consentir à son mariage. » Sans doute, observe justement M. Laurent, t. 21, n° 23, la loi doit se reposer sur l'affection de l'ascendant ; toutefois, lorsqu'il est tuteur, la loi ne veut pas le placer entre son devoir et son intérêt, et elle a raison. Pourquoi aurait-elle plus de confiance dans l'ascendant quand il est appelé à assister le mineur dans son contrat de mariage?... Quoi qu'il en soit, le texte général de l'art. 1398 oblige à décider que le mineur doit être assisté par l'ascendant sous l'autorité duquel il est quant au mariage, même en cas d'opposition d'intérêts (Même arrêt du 23 févr. 1869). Ce que l'on peut dire de mieux en faveur de cette solution, c'est que l'ascendant, quand même il pourrait être remplacé à raison de l'opposition d'intérêts, n'en conserverait pas moins une influence prépondérante sur les conventions matrimoniales, puisqu'il pourrait toujours refuser son consentement au mariage. Il y a lieu de remarquer aussi que l'assistance de l'ascendant ne rendrait pas valables les conventions qui ne seraient pas véritablement des conventions matrimoniales (V. *suprà*, n° 123).

131. L'*assistance*, exigée par l'art. 1398, ne serait pas valablement remplacée, comme on l'a dit au *Rép.* n°s 462 et suiv., par un simple consentement donné, soit avant, soit après le contrat. On a même soutenu que l'ascendant ou le conseil de famille tout entier, lorsque c'est ce conseil qui doit habiliter le mineur, était tenu de comparaître personnellement au contrat de mariage et ne pouvait se faire représenter par un mandataire. Quand il s'agit du mariage célébré devant l'officier de l'état civil, dit-on, le consentement peut se donner par acte authentique, parce qu'il consiste à dire oui ; il n'y a aucune délibération, aucun débat. Il n'en est pas de même des conventions matrimoniales ; elles se discutent dans l'étude du notaire, qui a pour mission d'éclairer les parties ; dès lors, il importe que ceux qui doivent assister le mineur soient présents (Laurent, t. 21, n°s 24 et suiv.; Thiry, *Du contrat de mariage des mineurs*, p. 13 et suiv.). Mais cette opinion, contraire à la pratique traditionnelle, serait, de plus, impraticable dans certaines situations. Sous prétexte d'interpréter la loi à la lettre, on la rend beaucoup plus formaliste qu'elle ne l'est. L'assistance n'exige pas nécessairement la présence réelle de celui qui assiste. Lorsque l'ascendant ou le conseil de famille, dans un acte authentique, ont déterminé spécialement toutes les conventions qui sont ensuite reproduites dans le contrat de mariage, il est évident que le but de la loi est rempli, et que le mineur a été entouré de toute la protection dont il avait besoin (Aubry et Rau, t. 5, § 502, note 28, p. 244 ; Colmet de Santerre, t. 6, n°s 15 *bis* III et suiv.; Demolombe, t. 23, n° 431 ; Guillouard, t. 1, n° 314). Cependant, d'après MM. Rodière et Pont, 2e éd., t. 1, n° 44, le contrat passé par le mineur seul serait nul « quand même les donations et conventions qu'il pourrait faire sous son futur conjoint auraient été détaillées dans le consentement anticipé, car le mineur a intérêt, non seulement à ne pas aggraver sa position outre mesure, mais encore à obtenir de l'autre partie tous les avantages convenables; et les personnes ayant autorité sur lui sont seules réputées en mesure de discuter utilement cet intérêt. Le contrat passé sans assistance pourrait tout au plus être valable, si la teneur entière de ce contrat se trouvait relatée dans le consentement anticipé, et que rien n'indiquât de la part des personnes qui l'auraient donné un changement de volonté antérieur au mariage. » Ces mêmes personnes étant celles qui doivent consentir au mariage, la crainte d'un changement de volonté de leur part ne nous semble pas

avoir sa raison d'être, puisque si ce changement se produisait, elles auraient la faculté d'empêcher le mariage. L'assistance peut donc résulter d'un acte authentique, tel que le procès-verbal d'une délibération du conseil de famille dans lequel sont spécifiées toutes les conventions matrimoniales que le mineur doit adopter.

132. Le mineur peut aussi être assisté valablement par un mandataire, chargé de représenter l'ascendant ou le conseil de famille au contrat de mariage. Pour ce dernier cas, nous avions admis au *Rép.* n° 468, d'accord avec MM. Rodière et Pont, *loc. cit.*, qu'il suffisait que le mandataire fût investi d'un pouvoir général à l'effet d'assister le mineur *pour toute espèce de conventions ou donations*. Mais la jurisprudence se montre plus rigoureuse ; elle a décidé à maintes reprises que le conseil de famille ne peut se faire représenter au contrat de mariage du mineur par un délégué qu'autant que les conventions matrimoniales lui ont été préalablement soumises et qu'il les a approuvées. Jugé, en conséquence : 1° que le contrat de mariage auquel a assisté un des membres du conseil de famille délégué à cet effet, avec un pouvoir général de « stipuler au contrat les clauses qui lui paraîtraient les plus favorables aux intérêts du mineur », est nul, en ce qui concerne le régime matrimonial adopté, de même que pour les donations que les époux se sont faites (Civ. cass. 15 nov. 1888, aff. Poitrenaud, D. P. 58. 1. 439); — ... Ou en ce qui concerne l'adoption du régime dotal stipulée dans ce contrat (Limoges, 17 avr. 1869, aff. Samie, D. P. 71. 2. 167); ... Et que les époux sont alors mariés sous le régime de la communauté légale (Mêmes arrêts); — 2° Qu'il en est de même du contrat de mariage auquel l'un des membres du conseil de famille a assisté le mineur, avec le pouvoir général de faire procéder à la rédaction d'un contrat « établissant d'une manière précise les droits des futurs époux » (Rennes, 4 mai 1878, aff. Gobé, D. P. 79. 2. 1; Req. 16 juin 1879, aff. Bourde de la Rogerie, D. P. 80. 1. 415. — Comp. Civ. rej. 19 juin 1872, aff. Larrive, D. P. 72. 1. 346).

133. Nous avons admis aussi au *Rép.* n° 465 que la procuration donnée à l'ascendant ou par le conseil de famille pour assister le mineur pourrait être sous seing privé. M. Guillouard, t. 1, n° 315, est d'un avis contraire, et, comme on l'a vu *suprà*, n° 52, la jurisprudence tend à exiger des pouvoirs authentiques pour tous les actes qui sont eux-mêmes soumis à l'authenticité. Cependant, si le mandataire était porteur d'un acte authentique émané de l'ascendant ou d'une délibération du conseil de famille spécifiant les conventions matrimoniales, rien ne s'opposerait, ce nous semble, à ce que la procuration en vertu de laquelle ce mandataire interviendrait au contrat fût sous seing privé, puisque, comme nous l'avons décidé, *suprà*, n° 131, l'assistance résulterait suffisamment de l'acte signé par l'ascendant ou de la délibération du conseil de famille.

134. En tout cas, il ne suffirait pas, pour que le mineur fût réputé assisté, que ses conventions matrimoniales eussent été approuvées, après qu'elles auraient été passées par son ascendant ou par le conseil de famille. La cour de cassation l'a ainsi décidé dans un cas où le conseil de famille s'était réuni le jour même où le contrat avait été passé, mais à une heure plus avancée, et avait autorisé la future épouse à contracter mariage avec le futur époux « à la charge expresse de se constituer tous ses biens présents et à venir, et avec réserve pour elle de pouvoir vendre, aliéner, liciter, échanger, ainsi qu'elle aviserait, tous ses biens meubles, à charge de remploi », ce qui concordait avec les stipulations du contrat de mariage. Cette délibération, a dit la cour de cassation, n'étant intervenue qu'après le contrat, n'a pu lui conférer la validité qui lui manquait (Civ. cass. 20 juill. 1859, aff. Blancard, D. P. 59. 1. 279).

135. Le contrat de mariage qui a été passé par un mineur non régulièrement assisté ou n'ayant pas l'âge requis pour le mariage. Quel est le caractère de la nullité? Nous avons dit au *Rép.* n°s 457 et 471 que le mineur seul devait être admis à s'en prévaloir, par application de l'art. 1125, aux termes duquel les personnes capables de s'engager ne peuvent opposer l'incapacité du mineur avec qui elles ont contracté. Mais la jurisprudence est fixée en sens contraire, depuis un arrêt la cour de cassation

(Civ. rej. 5 mars 1855, aff. Pelet, D. P. 55. 1. 101), qui s'exprime en ces termes : « Attendu qu'aux termes des art. 1394 et 1395 c. civ. toutes conventions matrimoniales doivent être rédigées avant le mariage, par acte devant notaire, et qu'elles ne peuvent recevoir aucun changement après la célébration du mariage ; — Attendu que la solennité et l'immutabilité du pacte matrimonial n'intéressent pas seulement les époux, les deux familles qui s'unissent et les enfants à naître ; qu'elles intéressent aussi les tiers dans leurs relations avec les époux et avec les ayants droit de ceux-ci ; — Attendu qu'aux termes de l'art. 1398, les conventions et donations faites dans le contrat par le mineur habile à contracter mariage ne sont valables que s'il y a été assisté par les personnes dont le consentement est nécessaire pour la validité du mariage ; — Attendu que s'il dépendait de l'époux qui, après le mariage, a contracté avec des tiers, de faire tomber ou de laisser subsister les conventions matrimoniales, selon qu'il lui plairait d'en demander ou de n'en pas demander la nullité, la condition des tiers demeurerait perpétuellement incertaine, et qu'à leur égard le pacte matrimonial perdrait le caractère d'immutabilité que la loi a voulu y attacher ; — Attendu qu'il n'y a pas lieu à faire à cette matière l'application de la règle en vertu de laquelle le mineur peut seul attaquer les actes consentis par lui hors des limites de sa capacité, et que les tiers doivent être reçus à exciper de la nullité du contrat de mariage à laquelle ils ont intérêt... ». La cour de cassation conclut de ces prémisses qu'un tiers, créancier des époux, a pu invoquer la nullité résultant de ce que la femme mineure n'a pas été régulièrement assistée dans le contrat, pour faire tomber à son égard la dotalité stipulée et faire valider un saisie-arrêt pratiquée sur une somme dotale, comme si les époux étaient mariés en communauté (Civ. rej. 5 mars 1855, aff. Pelet, D. P. 55. 1. 101). — Jugé, dans le même sens : 1° que la nullité du contrat de mariage passé en l'absence du conseil de famille peut être demandée, non seulement par l'époux mineur, mais encore par les tiers qui y ont intérêt (Limoges, 17 avr. 1869, aff. Samie, D. P. 74. 2. 167) ; — 2° Que la nullité du contrat résultant de ce que le conjoint mineur n'a pas été assisté des personnes dont le consentement est nécessaire pour la validité du mariage est absolue et peut être opposée par toute partie intéressée à s'en prévaloir, notamment par un tiers ayant fait des donations au mineur dans le contrat et par ses héritiers (Civ. rej. 19 juin 1872, aff. Larrive, D. P. 72. 1. 346) ; — 3° Que la nullité du contrat auquel a assisté un délégué du conseil de famille avec des pouvoirs insuffisants peut être opposée par les créanciers de l'un ou de l'autre époux (Nîmes, 9 mars 1875, supra, n° 129; Rennes, 4 mai 1878, aff. Gobé, D. P. 79. 2. 1, et sur pourvoi du sieur Bourde de la Rogerie, Req. 16 juin 1879, D. P. 80. 1. 415). Cette jurisprudence est approuvée par MM. Demolombe, t. 23 ; n° 433 ; Thiry, Du contrat de mariage des mineurs, § 4, p. 33 et suiv.; Bertauld, Questions pratiques et doctrinales, t. 1, n°s 600 et suiv.; Lebret, Revue critique de législation, année 1880, t. 9, p. 577 et suiv.; de Folleville, t. 1, n°s 112 et suiv.; Guillouard, t. 1, n°s 316 et suiv.

136. D'autres auteurs, tout en acceptant la jurisprudence qui précède en tant qu'elle admet les tiers à se prévaloir de l'incapacité de l'un des conjoints, persistent à soutenir que cette incapacité ne peut pas être opposée par le conjoint majeur, attendu que la règle de l'art. 1125 est générale et qu'aucune exception n'y a été faite pour le contrat de mariage (Rodière et Pont, t. 1, n° 46 ; Marcadé, sur l'art. 1398, n° 2 ; Larombière, Des obligations, sur l'art. 1125, n° 6 ; Aubry et Rau, t. 5, § 502, note 30, p. 245 ; Colmet de Santerre, t. 6, n° 15 bis V et suiv.; Laurent, t. 21, n° 35). Selon nous, dès l'instant que l'on admet les tiers et même les créanciers de l'incapable à invoquer la nullité résultant du défaut d'assistance au contrat, il est difficile de ne pas accorder le même droit à l'époux capable. Il n'y a, en effet, comme le dit M. Guillouard, t. 1, n°s 316 et suiv., que deux classes de nullités, les unes absolues, dont tout le monde peut se prévaloir, et les autres relatives, qui n'existent que dans l'intérêt de l'incapable, et qui ne peuvent être retournées contre lui.

137. Dans le cas où la nullité dont il s'agit serait considérée comme relative, il faudrait décider, comme on l'a fait au Rép. n° 473, qu'elle n'est opposable par le mineur qu'au-

tant qu'il a été lésé. Dans le système de la jurisprudence, il n'y a pas à examiner si le mineur a été ou non lésé par le contrat qu'il a passé sans assistance (Civ. rej. 13 juill. 1857, aff. Charra, D. P. 57. 1. 334 ; Nîmes, 9 mars 1875, supra, n° 129 ; Guillouard, t. 1, n° 318).

138. La nullité du contrat de mariage pour défaut d'assistance du mineur entraîne, comme on l'a vu supra, n° 135, d'après la cour de cassation du 5 mars 1855, cité ibid., la nullité de toutes les conventions qui ne peuvent être faites valablement que par contrat de mariage, et notamment des donations de biens à venir et des donations de biens présents non régulièrement acceptées. Il en serait autrement, toutefois, des conventions qui, tout en étant contenues dans le contrat, auraient une existence propre, comme réunissant toutes les conditions requises pour valoir par elles-mêmes : telle serait une donation de biens présents, formellement acceptée par le futur conjoint donataire (Comp. Nîmes, 30 août 1854, aff. Lisside, D. P. 56. 2. 107. V. supra, n° 60).

139. Le contrat de mariage nul pour défaut d'assistance du mineur n'est pas susceptible d'être ratifié pendant le mariage ; le principe de l'immutabilité des conventions matrimoniales s'y opposerait, quand même la nullité ne serait que relative (V. Rép. n° 476 ; Trib. Florac, 2 juill. 1853, aff. Pelet, D. P. 55. 1. 101). Mais, dans l'opinion qui regarde cette nullité comme absolue, on soutient qu'elle ne peut pas même être couverte par une ratification postérieure au mariage (de Folleville, t. 1, n° 120 ; Guillouard, t. 1, n°s 317 et 289 ; Bertauld, Questions pratiques et doctrinales, 1re sér., n° 609. V. aussi Laurent, t. 1, n° 33). Cependant, s'il est vrai que « la confirmation n'est autre chose qu'une renonciation à l'action en nullité qui appartient aux parties intéressées » (Laurent, ibid.), on ne voit pas pourquoi l'époux incapable ou ses héritiers ne pourraient pas, après la dissolution du mariage, renoncer à faire valoir la nullité qui résultait de son incapacité, sauf, bien entendu, les droits acquis à des tiers jusqu'à la confirmation. Si cette nullité pouvait être considérée comme d'ordre public pendant le mariage, la dissolution du mariage lui évidemment fait perdre ce caractère (V. en ce sens : Aubry et Rau, t. 5, § 502, in fine, p. 247. V. aussi infra, n° 155).

140. Le contrat de mariage du mineur étant annulé, la jurisprudence décide, ainsi qu'on l'a vu supra, que les époux sont mariés sous le régime de la communauté légale (V. les arrêts cités supra, n°s 125, 132, 134 et 135. V. aussi supra, n° 59). Cette conséquence est logique ; mais dans le système de la jurisprudence qui admet le conjoint du mineur à se prévaloir de l'incapacité de celui-ci, elle est aussi très dangereuse pour le mineur, car son conjoint demandera ou non la nullité du contrat suivant qu'il y trouvera ou non son avantage. C'est pourquoi un auteur, partisan du système de la nullité absolue, a proposé de considérer les époux comme mariés sous le régime de la communauté réduite aux acquêts. « La communauté est, en effet, dit-il, le régime légal. J'en détache seulement les conséquences auxquelles les contractants n'ont pas eu capacité pour se soumettre ; j'applique le principe de la loi ; je me conforme à son vœu, mais avec les restrictions et les tempéraments que comporte la situation ; je n'admets pas par voie indirecte ce qui ne pourrait se faire directement ; je repousse les aliénations, les abandons, et je ne laisse à la volonté de la loi, qui remplace la volonté contractuelle absente, que la puissance d'opérer la confusion des revenus et des économies » (Bertauld, Questions pratiques et doctrinales, t. 1, n°s 620 et suiv.). Mais cette théorie n'a pas pu se faire accepter, même dans la doctrine. Dès l'instant, en effet, que le contrat est considéré comme nul, la conséquence est forcée ; l'art. 1393 c. civ. devient applicable, et le régime des deux époux est celui de la communauté légale (Aubry et Rau, t. 5, § 502, note 31, p. 246 ; Colmet de Santerre, t. 6, n° 15 bis V ; Laurent, t. 21, n° 36 ; Guillouard, t. 1, n° 320. V. aussi supra, n° 59).

141. — III. Interdits; aliénés non interdits; individus pourvus d'un conseil judiciaire (Rép. n°s 481 à 483). — En admettant que l'aliéné, interdit judiciairement, puisse se marier dans un intervalle lucide (V. Rép. v° Mariage, n° 207), il devrait pour faire un contrat de mariage, comme nous l'avons dit au Rép. n° 481, être assisté de son tuteur, et, au moins pour toutes conventions matrimoniales autres

que l'adoption du régime de la communauté légale ou du régime de séparation de biens, il aurait besoin de l'autorisation du conseil de famille. — M. Troplong, t. 1, nᵒˢ 99 et suiv., invoquant par analogie l'art. 1398 c. civ. et érigeant en principe absolu la règle *Habilis ad nuptias, habilis ad pacta nuptialia*, a soutenu que si le mariage de l'interdit était valable, les conventions matrimoniales qu'il aurait adoptées seul et sans l'autorisation de son tuteur devaient être également valables. Mais cette opinion, qui a été adoptée par la cour de cassation en ce qui concerne le contrat de mariage de l'individu pourvu d'un conseil judiciaire (V. *infrà*, nᵒ 143), est maintenant rejetée par tous les auteurs. « Le contrat pécuniaire de mariage et le lien matrimonial qui se noue devant l'officier de l'état civil sont, en effet, dit fort bien M. de Folleville, t. 1, nᵒ 107, deux actes d'une nature essentiellement différente ; si l'art. 1398 a édicté une règle uniforme de capacité pour ces deux actes au profit du mineur, il ne l'a pas fait, et aucun autre texte ne l'a fait pour l'interdit : l'art. 1398 est un texte d'exception, non susceptible, par conséquent, de s'étendre par analogie. Il faut donc ici rester dans les termes du droit commun, déterminé par l'art. 502 c. civ. Dès lors, si le tuteur n'avait pas donné son consentement au contrat pécuniaire de mariage, il serait en droit d'en demander la nullité, lors même que le mariage lui-même serait déclaré valable » (V. en ce sens : Aubry et Rau, t. 5, § 502, note 14, p. 240 ; Colmet de Santerre, t. 6, nᵒ 15 *bis* VIII ; Laurent, t. 21, nᵒ 37 ; Guillouard, t. 1, nᵒ 322). — D'après MM. Laurent et Guillouard, *ibid.*, c'est le tuteur qui, en sa qualité de mandataire légal de l'interdit, doit consentir au contrat de mariage. Le contrat pourrait donc avoir lieu hors la présence de l'interdit.

142. L'individu atteint d'aliénation mentale, mais non interdit, n'étant frappé d'aucune présomption d'incapacité, pourrait, dès lors, faire un contrat de mariage dans un intervalle lucide. Quant à celui qu'il aurait fait en état de démence, M. Troplong a prétendu, comme nous l'avons dit au *Rép.* nᵒ 482, qu'il devrait encore être maintenu si le mariage lui-même n'était pas annulé. Mais cette opinion est contraire à la doctrine généralement admise, d'après laquelle la validité du mariage lui-même n'entraîne nullement celle du contrat de mariage (V. *suprà*, nᵒ 141). En conséquence, le contrat de mariage fait par l'aliéné pourrait être attaqué dans les termes du droit commun. Si l'aliéné vient à être interdit, ce contrat pourra être annulé, conformément à l'art. 503 c. civ., lorsque la cause de l'interdiction existait notoirement à l'époque où il aura été fait. Si l'aliéné meurt sans avoir été interdit, l'art. 504 sera applicable et le contrat ne pourra plus être attaqué ; toutefois, s'il contient des donations, elles pourront être annulées en vertu de l'art. 901, comme étant l'œuvre d'une personne qui n'était pas saine d'esprit (Aubry et Rau, t. 5, § 502, p. 240 et suiv. ; Laurent, t. 21, nᵒ 38 ; Guillouard, t. 1, nᵒ 324).

143. Le faible d'esprit ou le prodigue pourvu d'un conseil judiciaire n'a pas besoin de l'assistance de son conseil judiciaire pour se marier (V. *Rép.* vᵒ *Interdiction*, nᵒ 289), et l'on a vu *suprà*, nᵒ 50, que s'il se marie sans avoir fait de contrat de mariage, il est soumis au régime de la communauté légale. — La question de savoir s'il a besoin de l'assistance de son conseil pour passer des conventions matrimoniales est traitée au *Rép. ibid.*, nᵒ 297 (V. aussi *infrà*, vᵒ *Interdiction*). Un arrêt de la cour de cassation du 24 déc. 1856 (aff. Rivarès, D. P. 57. 1. 18) a posé en principe que la capacité de contracter mariage emporte pour l'individu pourvu d'un conseil judiciaire celle de consentir toutes les conventions et dispositions de futur à futur dont le contrat de mariage est susceptible. C'est l'application absolue et sans restriction de l'adage *Habilis ad nuptias, habilis ad pacta nuptialia*. Mais cette solution, conforme à l'opinion de Troplong, t. 1, nᵒ 297, ne peut cependant pas être considérée comme ayant prévalu définitivement en jurisprudence. Repoussée par l'arrêt de la cour de Pau, du 31 juill. 1855 (D. P. 56. 2. 249), qui a été cassé par l'arrêt précité de 1856, elle l'a été de nouveau, sur renvoi, par un arrêt de la cour d'Agen du 21 juill. 1857 (D. P. 57. 2. 168) (V. aussi Bordeaux, 7 févr. 1855, aff. Métayer, D. P. 56. 2. 249).

L'individu pourvu d'un conseil judiciaire, pouvant se marier sans l'assistance de son conseil, doit pouvoir également sans cette assistance adopter le régime de la communauté légale.

Il pourrait aussi, à plus forte raison, adopter seul un régime de communauté moins étendu que celui de la communauté légale, tel que le régime de séparation de biens, ou même le régime dotal ou le régime exclusif de communauté, « car, dit M. Guillouard, t. 1, nᵒ 321, ni l'un ni l'autre de ces régimes n'entraîne aliénation des biens de l'un ou l'autre des époux, mais seulement l'adoption d'un certain mode de jouissance des revenus de ces biens ». Mais nous pensons, avec la presque unanimité des auteurs, que le prodigue ou le faible d'esprit, à qui il est défendu d'aliéner sans cette assistance, ne peut, sans cette assistance, ni adopter un régime emportant aliénation des biens dans une mesure plus large que la communauté légale, comme le régime de la communauté universelle, ni faire de donations de biens présents ou de biens à venir au profit de son conjoint (Aubry et Rau, t. 5, § 502, note 12, p. 236 ; Marcadé, t. 5, sur l'art. 1398, nᵒ 4 ; Colmet de Santerre, t. 6, nᵒˢ 15 *bis* IX et suiv. ; Laurent, t. 21, nᵒˢ 40 et suiv. ; de Folleville, t. 1, nᵒˢ 109 et suiv. ; Guillouard, *loc. cit.*). — D'après Duranton, t. 14, nᵒ 15, et MM. Rodière et Pont, t. 1, nᵒ 48, l'individu pourvu d'un conseil pourrait faire seul des donations de biens à venir à son conjoint, « parce que ces donations n'entraînent aucun dépouillement actuel ». Mais ces donations constituent néanmoins des actes de disposition, des aliénations pour le temps où le donateur n'existera plus et qui ne sauraient être assimilées aux legs, à raison de leur caractère d'irrévocabilité ; c'est pourquoi on décide généralement que l'individu pourvu d'un conseil ne peut les consentir seul (Aubry et Rau, t. 5, § 502, note 13, p. 239, et les autres auteurs que l'on vient de citer).

144. — IV. Sourds-muets ; condamnés frappés d'interdiction légale ; faillis ; étrangers (*Rép.* nᵒˢ 484 à 487). — Les sourds-muets ne sont frappés d'aucune incapacité civile en raison de leur infirmité. S'ils peuvent manifester une volonté et donner un consentement libre et éclairé, ils sont capables de contracter, et par suite, de consentir des conventions matrimoniales (Paris, 3 août 1855, aff. Meslaye, D. P. 57. 2. 173 ; Bordeaux, 29 déc. 1856, aff. Moupoutet, *ibid.* ; Laurent, t. 21, nᵒ 39 ; Guillouard, t. 1, nᵒ 325).

145. Le condamné qui se trouve en état d'interdiction légale est capable, suivant l'opinion la plus accréditée, de contracter mariage. Mais tous actes de disposition et d'administration de son patrimoine lui sont défendus. Il est donc, en ce qui concerne le pouvoir de faire des conventions matrimoniales, dans la même situation que l'aliéné frappé d'interdiction judiciaire (V. *suprà*, nᵒ 141. Comp. *Rép.* vᵒˢ *Droits civils*, nᵒˢ 768 et suiv. ; *Peine*, nᵒ 728).

146. En ce qui concerne les faillis et les étrangers, V. *Rép.* nᵒˢ 485 et suiv.

CHAP. 11. — **De la caducité du contrat de mariage et de sa nullité** (*Rép.* nᵒˢ 488 à 499).

147. Les conventions matrimoniales, comme on l'a dit au *Rép.* nᵒ 488, sont subordonnées à la célébration du mariage ; elles deviennent caduques si le mariage n'a pas lieu. Il ne faut cependant pas en conclure que le contrat de mariage soit un contrat conditionnel, dans le sens juridique du mot *condition*. « La caducité, disent très bien MM. Aubry et Rau, t. 4, § 302-1ᵒ, p. 60, des conventions ou dispositions qui, d'après leur nature ou leur objet, supposent nécessairement l'existence ou la réalisation ultérieure de certains faits. Ces faits ne constituent pas de véritables conditions, alors même qu'ils ont été expressément indiqués comme tels. » Et ces auteurs citent précisément comme exemple la clause par laquelle les parties figurant dans un contrat de mariage en auraient fait dépendre l'effet de la célébration du mariage projeté.

Le caractère éventuel des conventions matrimoniales est reconnu par l'administration de l'enregistrement. Si le mariage n'a pas lieu, les droits perçus sur le contrat sont restituables, à l'exception du droit fixe de trois francs, représentant le salaire de la formalité remplie (V. *Rép.* vᵒ *Enregistrement*, nᵒ 3518, et D. P. 73. 5. 208).

148. Toutefois, le retard apporté à la célébration du mariage n'est point par lui-même une cause de caducité du contrat (V. *Rép.* nᵒ 489). Cette caducité résulte seulement de la rupture du projet de mariage. Si le projet, après avoir

été rompu, est ensuite renoué, il est possible que les parties aient entendu maintenir leurs premières conventions matrimoniales. C'est une question à décider d'après les circonstances. Dans un cas où un premier contrat de mariage avait été suivi d'un second, à quelques mois d'intervalle, sans que dans le second il ait été fait mention du premier, il a été jugé que tous les deux devaient s'exécuter, alors d'ailleurs que les dernières conventions des époux ne contenaient rien d'essentiellement contraire aux précédentes (Nîmes, 15 avr. 1850, aff. Augier, D. P. 52. 2. 115).

149. Si le mariage est annulé, le contrat tombe également. — Cependant il faut distinguer, comme on l'explique au *Rép.* n° 492, suivant que les parties ou l'une d'elles étaient ou non de bonne foi. Le mariage contracté de bonne foi par les deux époux produit ses effets civils, et l'un des effets du mariage est de valider les conventions matrimoniales; le contrat de mariage doit donc alors recevoir son exécution jusqu'au jour où le mariage a été annulé. Si l'un des époux seulement était de bonne foi, celui-là et les enfants pourront invoquer les clauses du contrat. Enfin, aucun des époux n'étant de bonne foi, s'ils ont néanmoins vécu en communauté, cette communauté sera liquidée, non d'après les clauses du contrat, mais comme le serait une société de fait (Rodière et Pont, 2ᵉ éd., t. 1, n° 180; Aubry et Rau, t. 5, § 501, p. 231; Laurent, t. 21, n° 9; Guillouard, t. 1, n°ˢ 278 et suiv.).

150. Lorsque la nullité du mariage est seulement relative et peut être couverte, le contrat de mariage subsistera ou non, suivant que la nullité sera ou non couverte, à la condition, toutefois, que le contrat soit valable par lui-même. Le système de M. Troplong, rappelé au *Rép.* n° 494, d'après lequel la fin de non-recevoir qui couvre la nullité du mariage validerait le contrat, même dans le cas où celui-ci serait affecté du même vice que le mariage, doit être rejeté parce qu'il suppose entre le contrat et le mariage une indivisibilité que la loi n'a établie nulle part (V. *suprà*, n° 141). Il a été décidé que les causes de nullité qui frappent à la fois le mariage et le contrat peuvent être invoquées à l'égard du contrat quoiqu'elles ne puissent plus l'être quant au mariage; spécialement, que le contrat de mariage fait par un mineur sans l'assistance des personnes dont le consentement était nécessaire à la validité de ce contrat, peut être annulé, bien que le mariage, frappé de la même cause de nullité, ne puisse plus être attaqué à raison d'une fin de non-recevoir tirée de l'art. 183 c. civ. (Civ. rej. 13 juill. 1857, aff. Charra, D. P. 57. 1. 334. V. aussi Civ. rej. 23 déc. 1856, aff. Métayer, D. P. 57. 1. 17).

151. Le contrat de mariage peut être nul pour vice de forme, ce qui comprend le cas où il a été fait après la célébration du mariage; il peut l'être aussi pour incapacité de l'une ou l'autre des parties. Nous nous sommes déjà expliqués plus haut sur le caractère et sur les conséquences de ces deux sortes de nullité (V. en ce qui concerne la nullité résultant de l'inobservation des formalités légales, *suprà*, n° 58 et suiv., et pour le cas spécial où le contrat est postérieur à la célébration du mariage, *suprà*, n° 75. — V. relativement à la nullité des contre-lettres ou conventions dérogatoires, *suprà*, n°ˢ 99 et suiv. — Quant à la nullité résultant de l'incapacité de l'une des parties, V. *suprà*, n°ˢ 135 et suiv.).

152. La loi n'a pas prévu le cas où le consentement de l'un des futurs époux ou de toute autre personne partie au contrat de mariage serait vicié par erreur, violence ou dol; on doit admettre, suivant nous, qu'elle a entendu s'en référer, sur ce point, aux principes généraux. Le contrat de mariage, par cela même qu'il est un contrat, un contrat de société comme le dit fort bien M. Colmet de Santerre, t. 6, n° 2 *bis*, est soumis aux règles qui sont essentielles à tous les contrats; il faudrait que le législateur les eût exclues formellement pour qu'on pût les déclarer inapplicables en notre matière (Rodière et Pont, 2ᵉ éd., t. 1, n° 38). — On soutient cependant qu'aucune action en nullité ne peut être exercée contre un contrat de mariage pour vice du consentement, dol, violence ou erreur. Une telle action serait inconciliable, dit-on, « avec la fixité essentielle des contrats de mariage, sur lesquels la volonté ultérieure des parties ne doit avoir aucune prise ». On ne pourrait jamais savoir, pendant la durée du mariage, quel serait au juste le régime matrimonial des conjoints. En outre, dans le cas même où il n'y aurait pas eu de contrat de mariage, il faudrait, pour être logique, permettre

l'annulation pour cause de dol de la convention présumée suivant laquelle les époux seraient mariés sous le régime de la communauté légale. Et sous quel autre régime les époux devraient-ils alors être réputés mariés? On évite ces incertitudes et ces difficultés inextricables en décidant que, du moment où le contrat de mariage est régulier en la forme et où les parties qui y ont figuré étaient capables, le contrat est inattaquable. Cette solution peut avoir dans quelques cas des inconvénients, « mais ils seront beaucoup moindres que ceux qui résulteraient d'une atteinte portée au principe essentiel et d'ordre public, de l'irrévocabilité des conventions matrimoniales » (V. en ce sens : Guillouard, t. 1, n° 293. Comp. Valette, *Mélanges de droit et de jurisprudence*, t. 2, *Consultation en faveur de M. Otto Stern*, p. 138 et suiv.).

153. Cette opinion ne nous paraît pas fondée, et nous croyons que le principe de l'*irrévocabilité* des conventions matrimoniales n'existe pas dans la loi avec le sens et l'étendue qu'elle lui attribue. Nous connaissons bien la règle de l'*immutabilité* des conventions matrimoniales : cette règle défend aux époux de faire des conventions dérogatoires au contrat de mariage (c. civ. art. 1395); mais c'est là toute sa portée. Il n'en résulte nullement que les conventions matrimoniales ne puissent pas être déclarées nulles pendant le mariage sur la demande de l'un ou de l'autre époux. En supposant même qu'il n'y ait pas pour ces conventions de nullité purement relative (V. *suprà*, n° 135), il faut bien reconnaître qu'un contrat de mariage, entaché même d'une nullité absolue, est tenu pour valable tant que sa nullité n'a pas été demandée par l'un des époux ou par un tiers. On ne peut donc pas poser en principe que les conventions matrimoniales sont absolument irrévocables. Puisqu'elles peuvent être annulées pour vice de forme ou incapacité de l'une des parties, on ne voit pas pourquoi elles ne pourraient pas l'être également, comme toutes les autres conventions, pour vice du consentement, insanité d'esprit de l'un des époux, violence, dol ou erreur. Il est vrai que la loi n'a pas prévu spécialement ces causes de nullité dans la matière du contrat de mariage. Mais elle ne les a pas prévues non plus en d'autres matières qui requièrent non moins de fixité, en matière d'adoption notamment; et cependant, il est généralement admis que l'adoption, même homologuée par justice et devenue définitive, peut être attaquée pour vice du consentement de la part de l'adoptant ou de celle de l'adopté. — A l'objection tirée du cas où les époux se sont mariés sans contrat, il est facile de répondre qu'il est très vrai que ce cas peut se produire par l'effet du dol ou de la violence de l'un des époux, et qu'alors il n'est que juste d'admettre l'autre époux à se faire restituer contre les conséquences préjudiciables que peut entraîner pour lui l'absence de contrat. Si, par exemple, le futur époux avait trompé la future en simulant la confection d'un contrat de mariage ou en faisant dresser ce contrat intentionnellement par un notaire incompétent pour le faire annuler plus tard, les auteurs auxquels nous répondons n'hésiteraient certainement pas à reconnaître à la future épouse le droit de se faire indemniser du préjudice résultant pour elle de l'absence de contrat. Les époux n'en demeureraient pas moins mariés sous le régime de la communauté légale, et c'est à tort qu'un auteur a dit qu'on devrait les considérer comme mariés sous le régime exclusif de communauté, car tout autre régime que celui de communauté légale ne peut être établi que par une convention expresse, constatée dans un contrat de mariage valable. Seulement, dans le cas que nous supposons, la femme pourrait incontestablement se faire restituer contre les résultats dommageables du régime de la communauté légale. S'il en est ainsi, il n'y a véritablement aucune raison pour lui refuser toute action dans le cas où son consentement au contrat de mariage aurait été extorqué par violence ou surpris par dol. — On objecte encore l'adage que « en mariage, trompe qui peut ». Mais de ce que le mariage lui-même ne peut pas être argué de nullité pour cause de dol, on ne doit pas conclure qu'aucune action en nullité pour dol ne peut être également exercée contre le contrat de mariage, car, comme cela est maintenant généralement reconnu (V. *suprà*, n° 150), il n'y a aucune indivisibilité entre le lien du mariage et les conventions matrimoniales (Comp. Trib. Seine, 19 févr. 1869, aff. Otto-Stern, D. P. 73. 1. 483).

154. La nullité qui aurait pour cause un vice du consen-

tement de l'un des époux serait, suivant la règle générale, applicable) aux nullités de cette espèce, purement relatives et ne pourrait être demandée que par la partie dont le consentement aurait été vicié (V. *Rép.* v° *Obligations*, n° 2889). Mais cette nullité, de même que celle résultant de l'incapacité de l'un des époux et, en général, toute nullité d'un contrat de mariage, ne pourrait être couverte par sa ratification ou prescription pendant le mariage. C'est seulement, en effet, après la dissolution du mariage, comme on l'a dit au *Rép.* n° 498, que l'époux ou ses héritiers auront toute liberté et pourront, en parfaite connaissance de cause, apprécier ce qu'il y a d'onéreux ou d'avantageux dans les conventions matrimoniales. Au surplus, comme l'a constaté un arrêt de la cour de cassation, il en est de la prescription de l'action en nullité du contrat de mariage comme de toute autre prescription, qui ne court point entre époux (Civ. rej. 13 juill. 1857, aff. Charra, D. P. 57. 1. 334). — L'action en nullité pourrait néanmoins, cela n'est pas douteux, être exercée avant la dissolution du mariage (V. *Rép.* n° 499).

155. Une fois le mariage dissous, nous pensons que rien ne s'oppose plus à ce que la nullité résultant d'un vice du consentement disparaisse par l'effet d'une ratification expresse ou tacite, ou par la prescription décennale établie par l'art. 1304. C'est la solution que nous avons admise pour le cas où la nullité résulte de l'incapacité de l'une des parties (V. *suprà*, n° 139). Au reste la même question se présente dans plusieurs autres hypothèses, notamment, en ce qui concerne les contrats de mariage nuls pour vices de forme (V. *suprà*, n° 51), ou comme ayant été passés hors la présence des futurs époux ou de l'un d'eux (V. *suprà*, n° 56), et les conventions dérogatoires au contrat de mariage (V. *suprà*, n° 97). Dans ces diverses hypothèses, nous avons admis la possibilité d'une confirmation postérieure à la dissolution du mariage. Mais cette doctrine, confirmée sur plusieurs points par la jurisprudence, est loin, comme on l'a vu, d'être admise sans contestation par la doctrine. On l'a combattue notamment par une objection d'une portée générale, qui ne nous paraît pas fondée : la ratification d'un contrat de mariage, a-t-on dit, n'est plus possible après la dissolution du mariage, quelle que soit la cause de nullité dont il est atteint parce que cette ratification n'aurait plus d'objet, attendu qu'il n'y a plus de mariage. « On demande, s'écrie M. Bertauld, *Questions théoriques et pratiques*, 1re série, n° 609, si la loi qui n'a pas eu de vie pendant la période contemporaine du mariage peut recevoir, quand le mariage ne subsiste plus, cette vie qui lui a manqué dans le temps qu'elle devait régir! Bizarre loi, qui ne s'appliquera ni au présent ni à l'avenir, et qui s'appliquera encore moins au passé, si on ne veut la charger d'une rétroactivité impossible! Une loi pour les époux quand ils auront cessé de l'être!.... » (V. aussi de Folleville, t. 1, n° 120; Guillouard, t. 1, n° 291). Cet argument est pourtant, suivant nous, plutôt un jeu de mots qu'un raisonnement sérieux. Pour que l'on puisse ratifier le contrat après la dissolution du mariage, il faut supposer nécessairement que ce contrat n'a pas été annulé pendant le mariage, car autrement il ne serait évidemment plus susceptible d'être ratifié. Le contrat a donc été présumé valable et exécuté pendant toute la durée du mariage. Seulement les parties ou l'une d'elles, suivant que la nullité est absolue ou relative, peuvent en demander la nullité. Tant que le mariage a duré, des raisons d'ordre public et en particulier le principe de l'immutabilité des conventions matrimoniales, s'opposaient à ce qu'elles renonçassent à leur action en nullité. Mais le mariage étant dissous, ces raisons, comme l'a dit la cour de cassation dans son arrêt du 26 où la nullité *suprà*, n° 51, n'ont cessé d'exister, et par conséquent, les parties peuvent fort bien alors, par une ratification, renoncer à leur action en nullité, et la prescription décennale de l'art. 1304 devient applicable à cette action.

CHAP. 12. — De la loi qui régit l'association conjugale (*Rép.* | nos 500 à 540).

Sect. 1re. — Effet des lois nouvelles quant au contrat de mariage antérieur. — Questions transitoires (*Rép.* nos 500 à 523).

156. Le principe, en cette matière, est posé au *Rép.*

n° 501. C'est la loi en vigueur à l'époque du contrat qui en régit la forme et la validité ; c'est elle aussi qui en détermine les effets. On trouvera les développements de ce principe au *Rép.* v° *Lois*, nos 255 et suiv. — L'application en a été faite, depuis la publication du *Répertoire*, par plusieurs arrêts. — Ainsi, dans l'ancien ressort du parlement de Grenoble, et notamment, dans l'ancienne province du Dauphiné, il était admis que la femme dotale pouvait, avec le consentement de son mari, donner ses biens dotaux à ses enfants, même pour autre cause que leur établissement; elle pouvait même le faire sans le consentement du mari, en lui réservant l'usufruit des biens donnés. Conformément à cette jurisprudence, la cour de Grenoble et, après elle, la cour de cassation ont reconnu la validité de la donation qu'une femme dotale, mariée en Dauphiné avant la promulgation du code, avait faite d'un bien dotal à l'un de ses enfants, hors des conditions d'un établissement; cette donation, autorisée par la loi en vigueur à l'époque du contrat, a été déclarée valable, alors même qu'elle avait été faite depuis la promulgation du code civil, sous l'empire duquel elle n'aurait pu avoir lieu (Req. 20 févr. 1836, aff. Vial, D. P. 36. 1. 211).

157. Il a encore été jugé, par application du même principe : 1° qu'une femme dont les conventions matrimoniales, portant adoption du régime dotal, avaient été passées en Savoie avant l'annexion de ce pays à la France, était restée soumise, depuis cette annexion, à l'obligation imposée à la femme dotale par l'art. 1551 du code sarde, de faire emploi de sa dot en cas de séparation de biens (Chambéry, 19 juin 1861, aff. Yvroud, D. P. 62. 5. 86); — 2° Que les effets de la séparation de biens prononcée entre époux mariés antérieurement à la promulgation du code civil en Savoie, devaient être réglés par la loi sarde ; qu'il importait peu que la demande en séparation eût été formée avant ou après la promulgation en Savoie du code civil et du code de procédure civile français; qu'en conséquence, la séparation prononcée donnait ouverture, conformément à la législation sarde, au gain de survie stipulé par la femme dans son contrat de mariage (Req. 14 juill. 1863, aff. Barral, D. P. 63. 1. 411. — Comp. *Rép.* n° 516).

158. En conformité de la jurisprudence rapportée au *Rép.* n° 520, il a été jugé que la loi du 17 niv. an 2, relative aux transmissions de biens par donation ou succession, n'avait abrogé, par son art. 61, des statuts locaux qu'en ce qui concerne ces sortes de transmissions, et qu'elle n'avait pas dérogé à la disposition de l'art. 389 de l'ancienne coutume de Normandie, qui prohibait la communauté entre époux pendant le mariage (V. *Rép.* v° *Normandie*, n° 64); que cette prohibition s'opposait à ce que des époux mariés sous l'empire de cette coutume et ayant fait un contrat de mariage le 17 pluv. an 6, aient pu mettre en communauté quoi que ce soit de leurs biens (Rouen, 26 nov. 1853, aff. Gillebert, D. P. 54. 2. 124).

Sect. 2. — Des contrats de mariage passés en pays étranger. — Statut personnel et statut réel (*Rép.* nos 524 à 540).

159. Nous avons établi au *Rép.* nos 200 et suiv., 524 et suiv., et *suprà*, nos 40 et suiv., que la loi applicable 'en ce qui concerne le régime matrimonial des époux est la loi du lieu où ils entendent fixer leur domicile. — Nous avons exposé *ibid.*, les conséquences que la jurisprudence a tirées de ce principe, en cas de mariage d'un Français avec une étrangère ou avec une Française en pays étranger, et en cas de mariage contracté en France par un étranger, avec une Française ou avec une étrangère (V. aussi *suprà*, n° 77).

160. Conformément à la règle *Locus regit actum*, la forme du contrat de mariage est régie par la loi du lieu où il est passé. Il en résulte, comme on l'a dit au *Rép.* n° 271, que le contrat de mariage passé à l'étranger peut être fait valablement en la forme sous seing privé, si la loi étrangère le permet. M. Laurent soutient, au contraire, que le contrat de mariage ne peut être fait, à l'étranger comme en France, qu'en la forme authentique : « Le contrat doit être reçu, dit-il, dans la forme authentique, parce que l'authenticité est requise, non pour la preuve, mais pour l'existence de l'acte; quant aux formes que l'on devra suivre pour

rendre l'acte authentique, on appliquera l'adage en remplissant les formes prescrites par la loi du pays où l'acte est reçu (t. 21, n° 49). » Cette opinion, toutefois, est restée isolée. Tout en paraissant respecter, dans une certaine mesure, la règle *Locus regit actum*, elle la méconnaît, car la question de savoir si un acte doit être authentique ou sous seing privé est une question relative à la forme de l'acte, et, d'après la même règle, cette question dépend de la loi étrangère. De plus, l'acte authentique passé à l'étranger n'a même point d'authenticité à l'égard de la loi française; il n'y a donc aucun motif pour que cette loi le préfère à un acte sous seing privé. Et enfin, comme l'a remarqué avec raison M. Demolombe, le système de M. Laurent pourrait rendre le contrat de mariage impossible, car il se pourrait que l'officier public étranger refusât de recevoir un acte qui ne serait pas dans ses attributions (Demolombe, *Cours de code civil*, t. 1, n° 106; Aubry et Rau, t. 5, § 503, note 4, p. 248; Guillouard, t. 1, n° 334).

161. La validité d'un contrat de mariage sous seing privé fait à l'étranger a été reconnu par la cour de cassation dans un cas où il s'agissait d'un contrat passé entre un Français et une étrangère à Constantinople. On soutenait, à l'appui du pourvoi, que le contrat aurait dû être fait en forme authentique devant le chancelier de l'ambassade de France, à raison du privilège d'exterritorialité dont les Français jouissent dans les Echelles du Levant, en vertu des anciennes capitulations obtenues de la Porte ottomane. Mais ce privilège, comme l'a déclaré la cour de cassation, ne saurait priver les Français du droit qui leur est laissé, dans les Etats de la Porte comme partout ailleurs, de passer leurs actes et de constater leurs conventions dans la forme et suivant le mode autorisé par les usages ou les lois du pays qu'ils habitent, et cela malgré la facilité qu'ils ont en beaucoup de pays de se conformer aux prescriptions de la loi française en recourant aux consuls on autres agents diplomatiques (Req. 18 avr. 1865, aff. Stiepowitch, D. P. 65. 1. 342).

162. Il est de principe que la règle *Locus regit actum* est facultative (V. *Rép.* v° *Lois*, n° 430). Les Français qui se marient en pays étranger peuvent donc passer leur contrat de mariage en la forme authentique devant les agents diplomatiques ou consulaires français, et, réciproquement, les étrangers qui se marient en France peuvent rédiger leurs conventions matrimoniales suivant les formes autorisées par les lois de leur pays. — Jugé, en ce sens, que deux Anglais se mariant en France devant leur consul peuvent rédiger leur contrat de mariage suivant les prescriptions de la loi anglaise, et notamment par acte sous seing privé : les créanciers français des époux ne sauraient arguer de nullité ce contrat de mariage comme contrevenant aux dispositions des art. 1394 c. civ. et 67 c. com., et prétendre que les époux sont mariés sous le régime de la communauté légale (Douai, 13 janv. 1887, aff. de Selby, D. P. 87. 2. 121).

163. Il a été jugé, encore par application de la règle *Locus regit actum*, que les contrats de mariage passés à l'étranger dans les formes de la loi étrangère ne sont assujettis ni aux formalités prescrites par la loi du 10 juill. 1850, ni à la publication exigée par l'art. 67 c. com. lorsque l'un des époux est commerçant (Rennes, 4 mars 1880, aff. Guitton, 3° arrêt, D. P. 81. 2. 210).

164. Quant à la question de savoir si l'art. 1395 c. civ., qui ordonne de rédiger le contrat de mariage avant la célébration du mariage, est obligatoire pour les Français qui se marient à l'étranger, V. *Rép.* n° 316, et *suprà*, n° 77.

165. En règle générale, comme nous l'avons dit au *Rép.* n° 530, les conventions matrimoniales s'appliquent aux biens qui appartiennent aux époux en quelque lieu qu'ils soient situés. C'est en ce sens qu'un arrêt rappelé au *Rép.* n° 531 avait jugé que les biens acquis pendant le mariage par un époux marié sous l'empire d'une coutume qui admettait le régime de communauté avaient le caractère de conquêts, bien qu'ils fussent situés dans le ressort de la coutume de Normandie qui excluait la communauté. Cependant, la cour de cassation a décidé, en sens contraire, que les dispositions de la coutume de Normandie qui attribuaient au mari seul la propriété des conquêts faits pendant le mariage et réduisaient la femme à un simple droit d'usufruit viager sur le tiers de ces conquêts, formaient un statut réel auquel étaient soumis les biens situés dans le ressort de cette cou-

tume, alors même qu'ils appartenaient à des époux mariés sous l'empire d'une coutume de communauté, telle que la coutume de Paris (Civ. rej. 18 août 1852, aff. Besson, D. P. 52. 1. 207. V. *Rép.* v° *Normandie*, n° 62).

166. C'est la loi du domicile matrimonial des époux qui doit déterminer les effets de leurs conventions matrimoniales, de même que c'est à celle qui était en vigueur à l'époque de la confection du contrat qu'il faut se référer pour interpréter ces conventions (V. *supra*, n° 156. Comp. *Rép.* v° *Lois*, n° 257 et suiv.). Nous pensons donc que la question de savoir si un bien est meuble ou immeuble et doit, à ce titre, entrer ou non en communauté, dépend de la loi matrimoniale des époux et non de celle de la situation du bien (Comp. Bruxelles, 25 avr. 1817; *Rép.* n° 538).

167. Quant à la question controversée de savoir si la femme étrangère a une hypothèque légale sur les biens de son mari situés en France, V. *Rép.* v° *Priviléges et hypothèques*, n° 868 et suiv.

TIT. 2. — DU RÉGIME EN COMMUNAUTÉ
(*Rép.* n°° 541 à 8075).

CHAP. 1er. — Origine et nature de la communauté. — Quand elle commence (*Rép.* n° 541 à 570).

168. Sur le caractère du droit de la femme dans la communauté, nous avons rapporté et réfuté au *Rép.* n° 545 le système de Toullier, d'après lequel la femme ne serait pas copropriétaire des biens communs avec le mari, mais n'aurait que l'espérance de le devenir après la dissolution de la communauté. Ce système est, du reste, universellement rejeté (V. Rodière et Pont, t. 1, n°° 326 et suiv.; Marcadé, t. 5, sur l'art. 1399, n° 5; Aubry et Rau, t. 5, § 505, note 4, p. 278; Laurent, t. 21, n° 194).

169. La question de savoir si la communauté doit être considérée comme un *être moral*, placé entre les deux époux et ayant des intérêts distincts, est aussi discutée au *Rép.* n° 546. Les auteurs se prononcent généralement pour la négative. « La loi considère la communauté, dit M. Laurent, t. 21, n° 250, non comme une personne, mais comme une masse de biens, un fonds social. Le mari y apporte les mêmes biens que la femme, son mobilier et les fruits de ses propres... Reste à savoir qui administrera ce fonds commun, qui en disposera. Ici la théorie de la loi change complètement : elle laisse de côté toute idée de société, elle proclame le mari seigneur et maître des biens communs, comme il l'est de ses biens propres.... On voit que la communauté s'explique sans que l'on doive recourir à une fiction ; le texte n'y prête pas et la fiction est inutile ; dès lors la fiction n'existe pas. » D'après M. Guillouard, t. 1, n° 345, « si la communauté est une personne morale, voici la conséquence grave qui va découler de cette qualité : les tiers, créanciers de la communauté, n'auront pas à subir le concours des créanciers personnels de chacun des époux, mais ils leur seront préférés, de même que les créanciers d'une société commerciale ont un droit de préférence sur l'actif social, avant les créanciers des associés. Or cette conséquence, inévitable dans le système de la personnalité de la communauté, est en contradiction avec tous les textes : avec les art. 1474 et 1476, qui attribuent à chacun des époux la moitié de l'actif de communauté, comme s'il s'agissait du partage d'une succession ; et avec les art. 1482 à 1484, qui mettent les dettes de communauté à la charge personnelle des époux, dans la proportion de l'actif qu'ils recueillent. Ajoutons que le code, qui permet aux créanciers d'une succession d'exclure le concours des créanciers personnels des héritiers, au moyen de la séparation des patrimoines, n'offre aucun bénéfice analogue aux créanciers de la communauté. Il faut conclure de là, comme on le faisait dans notre ancien droit (Lebrun, *Traité de la communauté*, p. 343, n° 20), que les créanciers de la communauté n'ont, à la dissolution de la communauté, aucun droit de préférence sur les biens communs, à l'encontre des créanciers du mari ou des créanciers de la femme acceptante ; c'est-à-dire qu'au respect des tiers, il n'y a pas de communauté être moral, mais bien des époux communs en biens ». La question s'est posée devant la cour de cassation, qui a jugé « qu'en ce qui concerne les tiers, la loi ne reconnaît pas, dans la communauté, une personne civile se séparant des

conjoints entre lesquels elle est formée; qu'en effet, le mari, constitué souverain administrateur et maître, absorbe tant qu'elle dure, la communauté dans sa personne; que tous ceux avec qui il agit, plaide, soit en demandant, soit en défendant, et contracte, en vertu du droit de pleine et libre disposition à titre onéreux qui lui appartient, ne connaissent que lui; que cette personnalité du mari, seule apparente devant la loi, est exclusive d'une présomption de droit qui ne pourrait se fonder que sur la supposition de la part des créanciers porteurs de titres consentis pendant la communauté, qu'ils auraient entendu ne traiter qu'en vue d'un être moral qui ne leur était pas connu, à la différence des cas où le gérant d'une société, soit civile soit commerciale, s'engage en cette qualité, ou expressément déclarée ou légalement connue des tiers; que vouloir attribuer préférence à ces créanciers, à raison du seul fait de la date de leurs titres, sur les biens ayant appartenu à une communauté dont la liquidation de fait peut n'avoir lieu que longues années après sa dissolution de droit, ce serait leur accorder un privilège occulte, qui devrait exister après vente et partage de la communauté, et le créer en contradiction avec tout le système de la législation concernant la publicité des charges dont la propriété immobilière peut être grevée; ce serait même étendre ce privilège sur la propriété mobilière au grand préjudice du crédit et de la foi publique... » (Civ. rej. 18 avr. 1860, aff. Barcon, D. P. 60. 1. 185. V. aussi Rodière et Pont, t. 1, n° 344; Aubry et Rau, t. 5, § 503, note 2, p. 277; Colmet de Santerre, t. 6, n°s 18 *bis* II et suiv.; de Folleville, t. 1, n° 132; Laurent, t. 21, n°s 392 et suiv.; Guillouard, t. 2, n°s 569 et suiv.; *infrà*, n° 911). Il reste vrai, néanmoins, *qu'entre les époux* la communauté doit être envisagée comme ayant des intérêts distincts; cette distinction, ainsi que nous l'avons dit au *Rép. loc. cit.*, est utile pour faciliter l'application de la loi dans les comptes respectifs des deux époux.

170. L'art. 1399 c. civ. dispose que « la communauté, soit légale, soit conventionnelle, commence *du jour du mariage* devant l'officier de l'état civil ». Nous avons dit au *Rép.* n° 556 que le commencement de la communauté doit être fixé, non au commencement ni à la fin du jour où est célébré le mariage, mais au moment où l'union des époux est prononcée par l'officier de l'état civil. Cette interprétation paraît admise sans contestation (Laurent, t. 21, n° 209; Guillouard, t. 1, n° 348).

171. Sur la question de savoir si l'existence de la communauté peut être subordonnée à une condition suspensive ou résolutoire, V. *Rép.* n°s 563, et *supra*, n° 20 et suiv. La condition, ainsi que nous l'avons dit, *ibid.*, serait certainement nulle si sa réalisation dépendait de la seule volonté de l'un des époux. — Quant au régime sous lequel les époux seraient mariés, dans le cas où la condition serait considérée comme nulle, et dans celui où les parties n'auraient pas fait choix d'un autre régime si la condition ne se réalisait pas, V. *Rép.* n°s 562, 564 et suiv., et *supra*, n° 23.

CHAP. 2. — De la communauté légale (*Rép.* n°s 571 à 2553).

172. La règle que la communauté légale est le régime des époux qui se marient sans contrat (c. civ. art. 1393 et 1400), est expliquée au *Rép.* tit 1er, ch. 4, n°s 192 et suiv., et *supra*, n°s 37 et suiv. — V. pour le cas où le contrat est nul pour vice de forme ou incapacité des parties, *supra*, n°s 58 et 140.

Sect. 1re. — Actif de la communauté (*Rép.* n°s 574 à 860).

173. L'actif de la communauté comprend : — 1° le *mobilier* présent et futur des époux; — 2° les *fruits et revenus* de leurs biens propres; — 3° les *immeubles acquis* en commun par les époux pendant le mariage, c'est-à-dire les *acquêts* ou *conquêts* de communauté (c. civ. art. 1401). Les immeubles que les époux possédaient au jour du mariage ainsi que ceux acquis par succession ou donation ne font, au contraire, pas partie de la communauté. C'est donc, comme nous le disons au *Rép.* n° 576, par la distinction des biens en meubles et immeubles que se détermine principalement l'actif de la communauté. Quant à la question de

savoir à quelle loi il faut se référer pour faire cette distinction, V. par rapport aux lois nouvelles, *Rép.* n°s 541 et suiv., et *supra*, n°s 156 et suiv.; par rapport aux lois étrangères, *Rép.* n°s 530 et suiv., et *supra*, n°s 166 et suiv.

Art. 1er. — Des biens dont se compose la communauté (*Rép.* n°s 578 à 736).

§ 1er. — Du mobilier (*Rép.* n°s 578 à 670)

174. — I. Meubles qui entrent en communauté (*Rép.* n°s 578 à 652). — D'après l'art. 1401 c. civ., *tout le mobilier* présent et futur des époux entre dans la communauté. Les auteurs sont d'accord pour reconnaître que le mot *mobilier* doit s'entendre dans le sens indiqué par l'art. 535 c. civ. et comprendre tout ce qui est censé meuble, suivant les règles établies au chap. 2 du titre *de la distinction des biens*. La communauté comprend, par conséquent, non seulement les meubles corporels, mais aussi, comme on l'explique au *Rép.* n° 583, les meubles incorporels, les créances ou *dettes actives*, suivant l'expression de la coutume d'Orléans (Rodière et Pont, t. 1, n°s 350 et suiv.; Aubry et Rau, t. 5, § 507-1°, notes 1 et suiv., p. 281 et suiv.; Laurent, t. 21, n° 213; Guillouard, t. 1, n° 358). Elle comprend évidemment aussi les droits d'usufruit que les époux possèdent sur des choses mobilières (V. *Rép.* n° 617).

175. Les créances qui appartiennent aux époux au moment du mariage, tombent dans la communauté par cela seul qu'elles sont mobilières et quelle que soit leur origine, alors même qu'elles résultent du vente ou d'un partage d'immeubles. L'opinion de Lebrun, rapportée au *Rép.* n°s 587 et suiv., d'après laquelle le paiement du prix d'un immeuble vendu avant le mariage et la soulte due à raison d'un partage immobilier antérieur au mariage restaient propres à l'époux auquel elles appartenaient, n'a plus aujourd'hui de partisans. Il a été jugé, notamment, qu'une créance attribuée à l'un des futurs époux dans un partage de succession comme compensation de l'infériorité de sa part en immeubles, étant par elle-même une valeur purement mobilière, entrait comme telle dans la communauté (Colmar, 27 févr. 1866, aff. Bœllmann, D. P. 66. 5. 71. V. en ce sens : Aubry et Rau, t. 5, § 507, note 7, p. 283; Laurent, t. 21, n° 230; Guillouard, t. 1, n° 368). — Il est certain aussi que l'indemnité d'assurance due à l'un des époux par suite de l'incendie d'un de ses immeubles, survenu avant le mariage, tombe en communauté. Il en est autrement du droit éventuel à une indemnité résultant d'une assurance contractée par l'un des époux avant le mariage et en ce qui concerne un de ses immeubles (Comp. *infrà*, n° 207).

176. On doit décider encore que la communauté profite du prix remboursé pendant le mariage à l'un des époux qui avait acheté un immeuble avec faculté de rachat pour le vendeur. Il est vrai que ce prix vient remplacer dans le patrimoine de l'époux un immeuble qui n'était pas entré en communauté; mais, par l'effet de la condition résolutoire contenue dans la vente à réméré, l'acquéreur est réputé n'avoir jamais été propriétaire de l'immeuble. Le droit à la restitution du prix est donc un droit mobilier qui entre en communauté (Amiens, 10 avr. 1861, aff. Waxin, D. P. 61. 2. 102; Rennes, 6 avr. 1870, aff. Rabergeau, D. P. 71. 2. 67; Rodière et Pont, t. 1, n° 373; Laurent, t. 21, n° 234; Guillouard, t. 1, n° 369).

177. Une créance alternative, dont l'un des objets est mobilier et l'autre immobilier, tombera ou non dans la communauté, ainsi que nous l'avons dit au *Rép.* n° 593, suivant que le choix portera, lors du paiement, sur l'un ou l'autre des deux objets (Rodière et Pont, t. 1, n° 375; Guillouard, t. 1, n° 360). Une créance facultative, au contraire, deviendra commune ou restera propre, suivant que l'objet direct et principal de cette créance sera un meuble ou un immeuble (*Rép.* n° 594; Rodière et Pont, t. 1, n° 376; Guillouard, *loc. cit.*).

178. Quant à la créance de reprises appartenant à l'un des époux dans la communauté qui a existé entre lui et un précédent conjoint, V. *Rép.* n° 2386.

179. La question de savoir si l'obligation de faire doit être considérée comme mobilière et si elle entre en communauté, alors même que l'objet de la prestation est un immeu-

ble, comme la construction d'une maison, est examinée au *Rép.* n° 596. L'opinion de Pothier, qui estime qu'une telle obligation constitue toujours une créance mobilière, a été combattue par Marcadé, t. 5, sous l'art. 1401, n° 2 *bis* ; mais elle est admise par Demolombe, t. 9, n°ˢ 372 et suiv., et par M. Guillouard, t. 1, n° 361.

180. D'après l'opinion que nous avons adoptée au *Rép*, n° 597, et v° *Louage*, n° 486, et qui est celle de presque tous les auteurs, le droit de jouissance du fermier ou du preneur sur la chose louée est purement personnel et, par conséquent, toujours mobilier, alors même qu'il porte sur des immeubles. Il en résulte que ce droit tombe en communauté, et que, s'il y est tombé du chef du mari, la veuve qui accepte la communauté est tenue d'exécuter le bail, comme elle peut aussi en profiter, pour sa part (Rodière et Pont, t. 1, n°ˢ 392 et 403 ; Aubry et Rau, t. 5, § 507, note 6, p. 283 ; Laurent, t. 21, n° 222 ; Guillouard, t. 1, n° 367). Mais le droit du preneur emphytéotique, étant considéré par la jurisprudence comme un droit réel immobilier (V. *Louage emphytéotique*, n°ˢ 6 et suiv.), est, par suite, exclu de la communauté. — Quant au droit résultant du *bail à domaine congéable* ou *bail à convenant*, du *bail à cens* ou à *rente foncière*, du *bail à complant*, du *champart* ou *bail à locataire*, du *bail héréditaire* ou *bail à métairie perpétuelle*, il entrera ou non en communauté suivant qu'il constituera ou non un *jus in re* sur l'immeuble (V. *Rép.* v°ˢ *Biens*, n°ˢ 144 et suiv. ; *Louage à colonage perpétuel*, n° 2 et suiv. ; *Louage à complant et à champart*, n° 5 ; *Louage à domaine congéable*, n° 2 ; *Louage héréditaire*, n° 2 ; *Rentes foncières*, n°ˢ 56 et suiv.). — V. aussi Rodière et Pont, t. 1, n°ˢ 398 et suiv.).

181. L'art. 529 c. civ. déclare meubles les actions ou intérêts dans les compagnies de finances, de commerce ou d'industrie, encore que ces compagnies soient propriétaires d'immeubles ; il en résulte, comme nous l'avons dit au *Rép.* n° 600, que les valeurs de ce genre qui appartiennent à l'un ou à l'autre des époux au moment du mariage tombent en communauté. Il n'en est ainsi, toutefois, qu'à condition que la société dont l'époux est actionnaire existe encore. Si elle était déjà dissoute et en liquidation, le droit de l'époux consisterait alors en une part indivise dans le fonds social, et cette part serait mobilière ou immobilière, suivant l'effet du partage (c. civ. art. 883) ; la communauté n'en profiterait donc qu'autant que l'émolument attribué à l'époux par le partage serait mobilier. Mais si la société n'est dissoute que pendant le mariage et que des immeubles soient attribués à l'époux dans le partage, ces immeubles entreront en communauté (V. *Rép.* n°ˢ 604 et suiv. ; Rodière et Pont, t. 1, n°ˢ 407 et suiv. ; Aubry et Rau, t. 5, § 507, note 14, p. 285 ; de Folleville, t. 1, n° 147 ; Guillouard, t. 1, n° 371).

182. Les mêmes principes sont applicables au cas où l'un des époux est propriétaire d'une part dans une société civile, si l'on admet, comme nous fait au *Rép.* v° *Société*, n° 182, que les sociétés civiles constituent, comme les sociétés commerciales, des personnes morales (Comp. Civ. cass. 9 mai 1864, aff. Tamboise, D. P. 64. 1. 232). Mais dans l'opinion d'après laquelle les sociétés civiles ne sont pas des personnes morales, la part de l'un des époux dans une société de ce genre pourra être mobilière ou immobilière, suivant que la société possédera des meubles ou des immeubles. La question de savoir si cette part tombera ou non dans la communauté est identique à celle de savoir quel sera le sort de la part de l'un des époux dans une succession (V. *Rép.* n°ˢ 618 et suiv., et *infrà*, n° 190).

183. En principe, comme on l'a dit au *Rép.* n° 607, les rentes perpétuelles ou viagères, sur l'État, sur les compagnies ou sur des particuliers, tombent en communauté pour le capital, ainsi que pour les arrérages. — Peu importe que le titre de ces rentes soit nominatif ou au porteur (Req. 17 déc. 1873, aff. Cœvœt, D. P. 74. 1. 145). — L'opinion de Toullier, d'après laquelle la communauté n'aurait droit qu'aux arrérages des rentes viagères, échus pendant sa durée, opinion réfutée au *Rép.* n° 612, est universellement repoussée (V. Req. 30 avr. 1862, aff. de la Monneraye, D. P. 62. 1. 522, et en sus des auteurs cités au *Rép. ibid.* ; Rodière et Pont, t. 1, n° 423 ; Laurent, t. 5, art. 1401, n° 3 ; Aubry et Rau, t. 5, § 507, note 5, p. 282 ; Guillouard, t. 1, n° 375).

184. Par exception, cependant, les rentes ou pensions

déclarées *incessibles* ou *inaliénables* par la loi ou par le constituant, ne tombent pas en communauté, car la mise en communauté d'une chose est au fond une cession consentie tacitement par les époux ; elle ne peut avoir lieu, par conséquent, pour une chose incessible de sa nature (V. *Rép.* n° 615 ; Rodière et Pont, t. 1, n° 424 ; Aubry et Rau, t. 5, § 507, p. 286 ; Guillouard, t. 1, n° 389). — Il en est ainsi, notamment, des pensions de réforme ou de retraite, des pensions militaires de la Légion d'honneur, des rentes viagères sur la caisse des retraites pour la vieillesse. Ces dernières rentes ne sont incessibles et insaisissables que jusqu'à concurrence de 360 fr. Néanmoins, étant constituées avant le mariage, elles restent propres à l'époux qui a fait les versements, en vertu d'une disposition spéciale de la loi (L. 18 mars 1850, art. 4 et 5, D. P. 50. 4. 138). — Jugé que l'indemnité accordée aux victimes du coup d'État du 2 déc. 1851 par la loi du 30 juill. 1881 a le caractère d'une rente incessible et insaisissable et n'entre point, par conséquent, dans l'actif de la communauté (Alger, 11 mars 1885, aff. Allègre, D. P. 86. 2. 222).

185. Mais que décider pour les pensions constituées à *titre d'aliments*, sans avoir été formellement déclarées incessibles ? Il convient tout d'abord de distinguer entre les pensions alimentaires dues *jure sanguinis*, en vertu des art. 205 et suiv. c. civ., et celles résultant d'un acte de libéralité. Les premières, étant inhérentes à la personne et strictement limitées par ses besoins, sont de leur nature intransmissibles (V. *Rép.* v° *Mariage*, n° 713). On doit en conclure qu'elles ne tombent pas en communauté, sauf, bien entendu, pour les arrérages ; que l'époux qui est créancier d'une telle pension doit la reprendre comme propre à la dissolution de la communauté (Troplong, t. 1, n° 411 ; Guillouard, t. 1, n° 390). — En ce qui concerne les pensions alimentaires dues en vertu d'un acte de libéralité qui ne les a pas déclarées inaliénables, nous avons admis au *Rép.* n° 613 qu'elles entrent en communauté, par la raison qu'elles peuvent être cédées, et c'est l'opinion de la majorité des auteurs (Rodière et Pont, t. 1, n° 426 ; Laurent, t. 21, n° 278 ; Guillouard, *loc. cit.*). Certains auteurs, cependant, décident que ces pensions, par cela seul qu'elles ont été constituées à titre d'aliments, doivent rester propres, en vertu de l'intention présumée du constituant. Il serait étrange, disent-ils, que l'époux, donataire ou légataire d'une pension alimentaire, fût obligé, après le décès de son conjoint, de partager les arrérages de cette pension avec les héritiers, peut-être éloignés, de ce conjoint (Aubry et Rau, t. 5, § 507, note 18, p. 286). Cette opinion peut s'appuyer sur les motifs d'un arrêt de la cour de cassation qui, tout en jugeant que les rentes viagères qu'une femme tenait de la libéralité de son premier mari étaient tombées dans la communauté d'entre elle et son second mari, a déclaré que de telles rentes « sont indisponibles et restent irrévocablement la propriété du crédi-rentier lorsque, constituées à titre gratuit, elles ont été stipulées par le donateur incessibles et insaisissables ou à titre d'aliments, ou qu'il résulte des circonstances que tel a été l'intention que la donation a été faite... » (Req. 30 avr. 1862, aff. de la Monneraye, D. P. 62. 1. 522).

186. Mais le fait qu'une rente ou pension viagère aurait été déclarée *insaisissable* ne suffirait pas, ainsi que nous l'avons dit au *Rép.* n° 614, pour qu'on dût la considérer comme exclue de la communauté (V. Req. 1er avr. 1844, *Rép.* v° *Mariage*, n° 713-2°).

187. Si la rente viagère qui appartient à l'un des époux avant le mariage entre dans la communauté, même pour le capital, il en est de même, à plus forte raison, de la rente créée pendant le mariage, avec des deniers de la communauté ou autrement, soit au profit de l'un des époux, soit au profit de tous les deux. Cette rente doit donc être comprise dans la masse des biens partageables, lors de la dissolution de la communauté (V. *Rép.* n°ˢ 626 et 1129 ; Rodière et Pont, t. 2, n° 871 ; Aubry et Rau, t. 5, § 507, note 9, p. 283 ; Laurent, t. 21, n° 218 ; Guillouard, t. 1, n° 375). — Il a été jugé : 1° que la rente viagère constituée au profit du mari et sur sa tête, appartient à la communauté qui a fourni le prix de la constitution, et que, par suite, les arrérages doivent se partager, après la mort de la femme, entre les héritiers et le mari survivant, qui n'est pas fondé à s'approprier la rente en offrant de rembourser à la communauté ce qu'elle a coûté

à créer (Angers, 6 mars 1844, aff. Renard, D. P. 45. 2. 56);
— 2° Que la rente viagère constituée au profit et sur la tête
des deux époux, au moyen de deniers appartenant à la communauté, fait elle-même partie de la communauté ; que, par
suite, on doit la comprendre, quand la communauté vient à
se dissoudre, dans la masse des biens partageables, et que
si l'époux dans le lot duquel elle a été mise après séparation de biens vient à prédécéder, elle passe à ses héritiers
et ne revient pas à l'autre époux, alors même qu'elle a été
déclarée réductible pour partie lors du décès du premier
mourant des époux (Paris, 19 févr. 1864, aff. Lapanne, D. P.
65. 2. 73); — 3° Que la rente viagère constituée par les époux
avec des biens communs, au profit de l'un et de l'autre,
mais sans stipulation de réversibilité en faveur du survivant,
forme un conquêt, et que les héritiers du prémourant des
époux ont droit à la moitié des arrérages (Poitiers, 1er août 1872, aff. Velluet, D. P. 73. 5. 108).

188. Mais il arrive souvent que les époux, en constituant
une rente viagère à leur profit, stipulent qu'elle sera réversible sur l'autre ou pour une part plus forte que la moitié
sur la tête du survivant. La question de savoir quel est l'effet
de cette clause de réversibilité a donné lieu à beaucoup de
controverses entre les auteurs. Elle est traitée au *Rép.*
nos 1130 et suiv., et nous l'examinerons *infrà*, nos 387 et suiv.

189. C'est aussi une question très controversée que celle
de savoir si le bénéfice de l'assurance sur la vie contractée
par l'un des époux à son profit exclusif ou au profit de l'autre
époux, ou encore par les deux époux au profit du survivant,
tombe en communauté. Cette question importante, qui exige
plusieurs distinctions, est amplement traitée *supra*, v° *Assurances terrestres*, nos 461 et suiv. D'après les solutions qui
semblent prévaloir en jurisprudence, il y a lieu de distinguer entre le cas où l'époux assuré se réserve le bénéfice
ou la faculté de disposer de la somme assurée et le cas où
il stipule directement au profit de l'autre époux ou d'un tiers
dénommé dans la police. Dans le premier cas, on décide
que la somme assurée tombe dans la communauté ; dans le
second cas, au contraire, on admet qu'elle reste propre à
l'époux ou au tiers bénéficiaire de la police (V. en ce sens :
de Folleville, t. 1, n° 156; Guillouard, t. 1, n° 378).

190. Il résulte de l'art. 1401-1° c. civ. que le mobilier
qui échoit aux époux pendant le mariage à titre de succession ou de donation entre dans la communauté. Il en est de
même du mobilier qui provient aux époux ou à l'un d'eux
du partage d'une communauté ou d'une société. Pour le cas
où la succession ou la communauté est en partie composée
de meubles et en partie d'immeubles, nous avons adopté au
Rép. n° 619 l'opinion d'après laquelle c'est le résultat du
partage qui détermine le droit de la communauté (V. en ce
sens, les auteurs et les arrêts cités au *Rép. ibid.* : Colmar,
27 févr. 1866, aff. Bœllmann, D. P. 66. 5. 71; Rodière et
Pont, t. 1, nos 431 et suiv.; Marcadé, t. 5, sur l'art. 1401,
n° 4; Demolombe, *Successions*, t. 5, n° 317; Guillouard, t. 1,
n° 373). L'opinion contraire, qui était celle de Lebrun sous
l'ancien droit, est cependant soutenue encore par plusieurs
auteurs : « Quand une succession est partie mobilière, partie immobilière, dit M. Laurent, t. 21, n° 233, le conjoint
héritier a, lors de l'ouverture de la succession, un droit dans
les meubles et dans les immeubles ; le droit qu'il a dans les
meubles est un droit mobilier qui doit entrer dans l'actif de
la communauté ; le partage peut-il, en mettant des immeubles
dans le lot du conjoint, enlever à la communauté le droit
qu'elle avait au mobilier de la succession? Si l'on s'en tient
aux principes de la communauté, la négative est certaine »
(V. aussi Aubry et Rau, t. 5, § 507, p. 285, et t. 6, § 625,
note 29, p. 567 et suiv.). M. Laurent et les autres auteurs de
son opinion écartent ici l'application de l'art. 883 c. civ. par
la raison que la règle de cet article constitue une fiction qui
ne doit pas être étendue au delà des limites pour lesquelles
elle a été établie. Mais cette règle, qui pouvait, dans l'ancien
droit, ne régir que la matière des successions, est édictée par
le code civil d'une manière absolue et générale. En vertu
de cette règle, l'époux héritier est réputé avoir succédé seul
et immédiatement à tous les effets compris dans son lot et
n'avoir jamais eu de droits dans les autres effets de la
succession; si cela est vrai à l'égard des cohéritiers, vrai
aussi à l'égard des tiers, rien n'autorise à dire que cela cesse
d'être exact à l'égard de la communauté et de l'autre époux
(Caen, 18 août 1880) (1).

Ajoutons toutefois que si le partage était fait frauduleuse-

---

(1) (De la V... *C.* Héritiers de C...) — Le fils du sieur de
la V... mourut laissant une succession contenant une masse
active nette de 543774 fr. 68 cent., soit 341396 fr. 88 cent. en
valeurs mobilières, et 172377 fr. 80 cent. en valeurs immobilières. Cette succession échut à la dame de C..., déclarée légataire universelle, la dame de la V... ayant droit seulement en
qualité d'héritier réservataire à un quart compté dans les valeurs
immobilières, soit à 43094 fr. 45 cent. de ces valeurs. Mais les
immeubles, impartageables, furent mis en licitation. Le sieur
de la V... se porta adjudicataire d'immeubles pour une valeur de
20700 fr., la légataire universel étant adjudicataire du reste.
En conséquence, le notaire chargé de la liquidation dut, pour
compléter la part du sieur de la V... lui compter sur les valeurs
mobilières une somme de 22394 fr. 45 cent. de plus qu'il ne lui
revenait sur ces valeurs. Or, le sieur de la V... décéda quelque
temps après, et, comme il était marié avec la dame H... sous le
régime de la communauté légale, le notaire liquidateur de cette
communauté comprit dans les reprises du sieur de la V...
cette somme de 22394 fr. 45 cent. qui n'était que le complément
de sa part dans les immeubles de la succession de son fils. La
dame de la V... soutint que cette somme, prise sur les valeurs
mobilières de la succession, devait tomber sans récompense dans
la communauté légale. Le 9 mars 1880 jugement du tribunal de
Caen ainsi conçu : « En droit: — Attendu qu'aux termes de
l'art. 883 c. civ., chaque cohéritier est censé avoir succédé seul
et immédiatement à tous les effets compris dans son lot, ou à lui
échus sur licitation, et n'avoir jamais eu la propriété des autres
objets de la succession; qu'il résulte clairement de ces termes
que la fiction qu'ils consacrent, étendue à tous les partages, ne
s'applique pas aux effets partagés autres que ceux provenus de
la succession, tels que les prix de licitation; que cette distinction
s'applique à tous les effets successoraux; — Attendu,
quant aux personnes pouvant s'en prévaloir, que cette fiction n'est
limitée par aucune disposition de la loi ; que la généralité des termes
précités prouve implicitement qu'elle peut être invoquée, non seulement par le cohéritier, mais encore par l'époux du cohéritier ;
que même l'art. 1408-1° fournit une preuve formelle de cette
extension, en disposant que l'acquisition faite pendant le mariage,
à titre de licitation ou autrement, de portion d'un immeuble dont
l'un des époux était propriétaire par indivis, ne forme point un
conquêt, sauf à indemniser la communauté de la somme qu'elle
a fournie pour cette acquisition ; — Attendu qu'il y a d'autant

plus lieu de se conformer à ces principes, qu'ils sont incontestablement ceux qu'a enseignés Pothier, le guide habituel des rédacteurs du code civil pour les règles de la communauté ; que
même le langage de ce jurisconsulte s'est reflété sur le texte dudit art. 883 (*Traité de la communauté*, nos 99 et 100, 140 et suiv.,
et *Traité de la succession*, chap. 4, art. 5, § 1er) ; — Attendu
qu'il résulte de là que, si de la V... avait été rempli de la somme
de 22394 fr. 45 à même le prix dû par la dame de C..., il aurait
recueilli une valeur formée par un prix de licitation, qui ne serait
tombée dans la communauté qu'à charge de récompense ; qu'il
n'en a pas été ainsi ; qu'au contraire, la somme de 22394 fr. 45 a
été fournie en effets mobiliers provenus de la succession ; d'où
suit que, la fiction du partage ayant reçu son application, de la
V... est réputé avoir été saisi de la somme de 22394 fr. 45 cent.
au moment du décès du *de cujus*, et ce en effets mobiliers de la
succession de celui-ci ; et que cette somme étant tombée, en vertu
de l'art. 1401-1°, dans la communauté légale, comme toute valeur
mobilière, échue pendant le mariage à titre de succession ; qu'en
conséquence, elle figure à tort dans le procès-verbal soumis à
l'homologation parmi les reprises en deniers de de la V... ; —
Attendu qu'on objecte en vain que, si la somme de 22394 fr.
45 cent. n'était pas allouée à de la V... à titre de reprises en
deniers, la communauté s'enrichirait d'autant à ses dépens ; ce
qui serait un résultat contraire au principe des récompenses,
consacré par divers articles du code civil, et spécialement par
l'art. 1437 ; que l'objection s'expliquerait si la récompense de la
somme de 22394 fr. 45 cent. était due à de la V... ; mais qu'il
résulte précisément de ce qui vient d'être dit que la récompense
prétendue n'est pas due ; — Attendu que vainement encore on
objecte que, si la dette de cette récompense n'était pas admise,
de la V..., pendant le mariage, et à la faveur d'un partage tel que
celui du 24 juin 1874, aurait, en enrichissant la communauté,
indirectement gratifié sa seconde femme d'un avantage irrévocable, au mépris de la prohibition édictée par l'art. 1096 ; qu'en
effet, une fraude à la loi, ne se présumant pas, doit être prouvée ;
qu'aucune preuve n'en est fournie, et que cette preuve ne pourrait résulter de ce que de la V... a reçu, dans le partage précité,
une part de meubles supérieure à celle que lui aurait assigné
une répartition des valeurs mobilières de la succession faite proportionnellement aux droits respectifs des copartageants ; —
Attendu qu'une dernière objection est tirée de cette circonstance
que la licitation des immeubles de la succession du fils de de la

ment, de manière à enrichir l'époux héritier au préjudice de la communauté ou la communauté aux dépens de l'époux, celui des conjoints qui serait ainsi lésé aurait le droit de se faire indemniser en prouvant la fraude; il pourrait, en effet, se prévaloir alors du principe de l'art. 1407 c. civ. suivant lequel toutes les fois que l'un des époux a tiré un profit personnel des biens de la communauté, il en doit récompense (Marcadé, Demolombe et Guillouard, *loc. cit.*).

191. Comme nous l'avons déjà décidé au *Rép.* n° 620, la fiction de l'art. 883 ne doit pas être étendue aux soultes ou retours de lots dus à l'époux héritier pour compenser l'infériorité de son lot en immeubles, ni aux prix de licitation des immeubles héréditaires, du moment que ces soultes et ces prix de licitation ne lui sont pas fournis en valeurs dépendant de l'hérédité. — La cour de cassation a jugé en ce sens, que si, dans le partage d'une succession mobilière et immobilière, une somme prise au dehors de l'hérédité est attribuée à un époux pour lui tenir lieu de sa part dans les immeubles héréditaires, cette somme constitue un propre, comme il en aurait été des immeubles mêmes, et que cette même somme doit, dès lors, être prélevée par l'époux, à la dissolution de la communauté (Req. 11 déc. 1850, aff. de Grandval, D. P. 51. 1. 287). — Jugé de même que la soulte payée à l'un des époux, pour moins-value du lot à lui attribué dans le partage d'un immeuble qui lui est échu pour partie pendant le mariage, ne tombe point dans la communauté, et que si cette soulte consiste en une rente viagère, l'époux au profit et sur la tête duquel elle a été constituée ou ses héritiers, s'il prédécède, ont le droit de prélever à la dissolution de la communauté la somme dont celle-ci s'est enrichie par l'effet de cette rente, c'est-à-dire la différence entre les arrérages perçus par la communauté et les revenus de la part d'immeuble en échange de laquelle la rente a été constituée (Douai, 9 mai 1849, aff. Carpentier, D. P. 52. 2. 114. V. aussi Caen, 18 août 1880, *suprà*, n° 190).

192. Mais si l'infériorité de la part immobilière attribuée à l'époux est compensée par des valeurs mobilières provenant de l'hérédité, l'art. 883 est applicable aussi bien lorsque ces valeurs consistent en créances que lorsque ce sont des meubles corporels. L'opinion de Duranton, qui avait proposé de restreindre l'application de l'art. 883 au cas où l'époux recevrait des meubles corporels, opinion que nous avons discutée au *Rép.* n° 621, n'a pas rencontré de partisans (V. Marcadé, t. 5, art. 1403, IV ; Rodière et Pont, t. 1, n° 432).

193. L'actif de la communauté comprend, comme on l'explique au *Rép.* n°s 623 et suiv., non seulement le mobilier qui échoit aux époux par succession ou donation, mais encore toutes les valeurs mobilières acquises par eux de quelque manière que ce soit, les produits de leur travail, les bénéfices résultant d'opérations industrielles ou commerciales. Il n'y a même pas à distinguer si ces gains ont été obtenus dans l'exercice d'une industrie illicite ou pour une cause déshonnête (Rodière et Pont, t. 1, n° 439 ; de Folleville, t. 1, n° 154 ; Guillouard, t. 1, n° 381).

194. On décide généralement aujourd'hui, conformément à l'opinion soutenue au *Rép.* n° 628, que la propriété littéraire ou artistique tombe dans la communauté, non seulement pour les bénéfices qui en résultent pendant le mariage, mais pour le droit lui-même. Cette opinion a été, en quelque sorte, consacrée législativement par la loi du 14 juill. 1866

(D. P. 66. 4. 96), dont l'art. 1er est ainsi conçu : « La durée des droits accordés par les lois antérieures aux héritiers, successeurs irréguliers, donataires ou légataires des auteurs, compositeurs ou artistes, est portée à cinquante ans, à partir du décès de l'auteur. — Pendant cette période de cinquante ans, le conjoint survivant, quel que soit le régime matrimonial, et *indépendamment des droits qui peuvent résulter en faveur de ce conjoint du régime de la communauté*, a la simple jouissance des droits dont l'auteur prédécédé n'a pas disposé par acte entre-vifs ou par testament ». Ces mots : *indépendamment des droits*, etc., prouvent bien que le régime de communauté fait participer le conjoint de l'auteur aux droits de celui-ci sur ses œuvres, et le sens en a été précisé par l'exposé des motifs : « Déjà, y est-il dit, la nature mobilière qui a été reconnue au droit d'auteur, faisait entrer dans la communauté conjugale non seulement les produits du droit, mais le droit lui-même ». Cette même opinion a, d'ailleurs, été confirmée par un arrêt de la cour de cassation, même pour le temps antérieur à la loi de 1866, où la propriété littéraire et artistique était régie par la loi du 19 juill. 1793 et par le décret du 5 févr. 1810. « ...Attendu, a dit la chambre des requêtes, qu'une composition littéraire, matérialisée par la publication, constitue un bien susceptible de propriété ; que ce bien est meuble dans sa valeur principale comme dans ses produits, et constitue tel, accroît l'actif de la communauté ; — Attendu que la loi du 19 juill. 1793 n'a envisagé l'auteur et ses représentants que dans leurs rapports avec les tiers, sans exclure l'application au droit d'auteur du régime matrimonial des époux ; — Attendu que l'art. 39 du décret du 5 févr. 1810, qui accorde un droit viager à la veuve sur les œuvres de son mari, n'a pas eu non plus en vue le droit respectif des époux, ni ceux des veuves, des enfants ou des autres héritiers les uns vis-à-vis des autres ; que son but a été uniquement de fixer les droits des auteurs, de leurs veuves, enfants et cessionnaires, par rapport au public ; que les expressions qui y sont employées sont des expressions générales qui ont pour effet de subordonner l'exercice du droit conféré à la veuve au régime sous lequel elle se trouve mariée ; — Attendu que l'art. 1er de la loi du 14 juill. 1866, après avoir déterminé la durée de la jouissance du conjoint survivant, porte que cette jouissance lui appartiendra, quel que soit le régime matrimonial, et indépendamment des droits qui peuvent résulter en faveur de ce conjoint du régime de la communauté ; que cette disposition est nette et précise ; qu'il en résulte avec évidence que la nature mobilière, reconnue au droit d'auteur, fait entrer dans la communauté non seulement les produits du droit, mais encore le droit lui-même, et que l'art. 1401 c. civ. doit être appliqué en ce sens, dans le cas où la communauté est dissoute par le décès de la femme, comme dans celui où elle prend fin par le décès du mari... » (Req. 16 août 1880, aff. Gaudichot dit Michel Masson, D. P. 81. 1. 23. V. en ce sens : Demolombe, t. 9, n° 226 ; Marcadé, t. 6, sur l'art. 1403, n° 5 ; Rodière et Pont, t. 1, n° 440 et suiv. ; Aubry et Rau, t. 5, § 507, note 11, p. 284 ; Laurent, t. 5, n° 512, et t. 21, n° 226 ; de Folleville, t. 1, n° 155 ; Guillouard, t. 1, n° 382. — V. en sens contraire : Paris, 3 avr. 1884 (1) ; Renouard, *Des droits d'auteur*, p. 251 ; Bertauld, *Questions pratiques et doctrinales*, t. 1, n°s 274 et suiv. ; Pouillet, *De la propriété littéraire*, n°s 184 et suiv.).

195. Mais faut-il comprendre dans la communauté même

V... ayant précédé le partage du 24 juin 1874, une créance immobilière de 22394 fr. 45 cent. serait née du jour de cette licitation au profit de la V... contre la dame de C..., sans que la nature en ait pu être modifiée ultérieurement ; que, s'il est vrai que dans le partage dont il s'agit, de la V... a été rempli de sa créance en valeurs mobilières, il n'a pu l'être qu'à titre de dation en payement ; que, dès lors, la communauté n'ayant pu recevoir les valeurs qu'à charge de récompense, la créance immobilière subsiste toujours ; par quelle objection doit être écartée par cette double raison que si de la V... a eu une créance de 22394 fr. 45 cent. il l'a eue, non pas contre la dame de C..., mais contre la succession indivise de son fils, et que cette créance a été tellement affectée par l'événement du partage, qu'en vertu de la fiction de l'art. 883, elle est censée n'avoir jamais existé et de la V... est censé, ainsi qu'il a été déjà dit, avoir été saisi au moment même du décès de son fils même de la somme de 22394 fr. 45 cent. en valeurs mobilières. » — Appel par M. de la V... — Arrêt.

La cour ; — Adoptant les motifs des premiers juges ; — Confirme.
Du 18 août 1880.-C. de Caen, 1re ch.-MM. Dessessards, pr.-Lerebours-Pigeonnière, av. gén.-Villey et Jouen, av.

(1) (Bernard-Derosne C. Bernard-Derosne.) — La dame Bernard-Derosne, mariée en 1856 au sieur Bernard-Derosne, forma contre son conjoint une demande en séparation de biens, et la séparation fut prononcée au cours de l'année 1878. Durant la liquidation de la communauté, la dame Bernard-Derosne soutint que son mari avait détourné frauduleusement tout ce mobilier appartenant à la communauté et demanda à établir ce détournement par témoins et par commune renommée. De plus, le sieur Bernard-Derosne ayant traduit nombre de romans anglais, la demanderesse, prétendant avoir collaboré avec lui, demanda à comprendre dans l'actif à partager la valeur de la propriété littéraire de ces ouvrages. — Le tribunal civil de la Seine a, le 20 déc. 1881, rendu un jugement ainsi conçu : — « Statuant sur les contesta-

les manuscrits qui n'auraient pas encore été publiés? Nous avons admis l'affirmative au *Rép.* n° 629, du moins pour les manuscrits qui, sans avoir été déjà livrés à l'impression, étaient destinés à être publiés. Plusieurs auteurs cependant ne font pas cette distinction, et, par la raison que le droit de publier un manuscrit est un droit essentiellement personnel dont l'exercice ne doit dépendre que de la volonté de l'auteur ou de ses héritiers, ils décident d'une manière absolue que les manuscrits qui n'ont pas été édités du vivant de l'auteur n'entrent pas en communauté (Demolombe, t. 9, n° 439; Marcadé, t. 5, sur l'art. 1403, n° 5; Rodière et Pont, t. 1, n° 445; Guillouard, t. 1, n° 483).

196. Comme on l'a dit au *Rép.* n° 621, la valeur vénale des offices pour lesquels il est permis aux titulaires de présenter un successeur à l'agrément du chef de l'État tombe dans la communauté. La jurisprudence et la doctrine, sauf de rares dissentiments, sont d'accord sur ce point (V. outre les arrêts et des auteurs cités au *Rép.* n°s 633 et 637 : Riom, 28 mars 1859, aff. de Laboureys, D. P. 60. 5. 66; Req. 6 janv. 1880, aff. Comp. *la Lyonnaise*, D. P. 80. 1. 361; Rodière et Pont, 2° éd., t. 1, n°s 446 et suiv.; Marcadé, t. 5, sur l'art. 1401, n° 5; Aubry et Rau, t. 5, § 507, note 12, p. 285; Guillouard, t. 1, n° 379. — *Contra* : Labbé, *Dissertation* sur l'arrêt précité du 6 janv. 1880).

Il résulte de l'arrêt de la cour de cassation qui vient d'être cité que si, par des motifs d'ordre public, on doit attribuer au titulaire d'un office, lorsqu'il survit à la communauté, le droit de le retenir comme propre, à la charge de récompenser la communauté, c'est là une pure faculté dont le mari est libre d'user ou de ne pas user; que, ce dernier cas advenant, l'office est et demeure conquêt de la communauté, de telle sorte que le prix provenant de sa cession, en tant qu'il représente sa valeur à l'époque de la dissolution de la communauté, fait partie de l'actif de celle-ci. — La cour de cassation nous semble avoir ainsi déduit très exactement les conséquences du double principe que l'office ministériel, étant hors du commerce, reste personnel au mari qui en est titulaire, et que la valeur vénale du droit de présentation attaché à cet office, laquelle constitue une propriété mobilière, entre en communauté. On soutenait, à l'appui du pourvoi que, si le mari survivait à la communauté, par cela seul qu'il conservait sa fonction, la valeur vénale de l'office lui devenait propre, et que la femme ou ses héritiers n'avaient plus droit qu'à une récompense égale à la moitié de la valeur de l'office au jour de la dissolution de la communauté, récompense qui constituait une créance pure et simple contre le mari et non privilégiée sur la valeur de l'office. C'était considérer la propriété de l'office comme une valeur propre, ne tombant en communauté que sauf récompense. La cour de cassation a justement repoussé ce système, dont il est facile d'apercevoir l'erreur,

en comparant la valeur d'un office à un immeuble. S'il s'agit d'un immeuble conquêt, il n'est pas douteux que la propriété en reste à la communauté après sa dissolution, alors même que l'un des époux en garde la possession. Il doit en être de même de la propriété d'un office, du moment que le caractère mobilier de cette propriété oblige de la comprendre dans la communauté (V. cependant la note de M. Dutruc, D. P. 80. 1. 361). — Remarquons, en outre, que si le mari qui garde son office était débiteur d'une récompense envers la communauté, cette récompense pourrait être exigée de lui immédiatement, tandis que, dans le système de la cour de cassation, le prix dû à la communauté ne deviendra exigible qu'au moment où le mari cédera son office, car, comme le dit M. Guillouard, *loc. cit.*, il y a un intérêt d'ordre public à ce qu'on ne puisse pas créer des difficultés à un officier ministériel qui reste et qui a le droit de rester en fonctions. Toutefois, les héritiers de la femme pourront toujours faire estimer la valeur de l'office pour la comprendre dans la liquidation de la communauté, et si cette valeur est attribuée en tout ou en partie, le mari leur en devra l'intérêt jusqu'à ce qu'il s'acquitte envers eux ou jusqu'à ce qu'il ait cédé à son successeur.

197. Lorsque le mari était déjà titulaire de son office au moment du mariage, il a pu, par contrat de mariage, se le réserver en propre. Il y a lieu alors de se demander si la plus-value que l'office peut acquérir pendant le mariage tombe dans l'actif de la communauté. On s'accorde à reconnaître que, si cette plus-value n'est pas l'effet de l'industrie et des efforts personnels du mari, mais provient seulement de l'augmentation de la valeur des offices, elle ne doit pas se distinguer de l'office qui reste propre au mari pour toute sa valeur. C'est l'application du principe : *Res crescit vel perit domino* (Bordeaux, 19 févr. 1856, aff. Fargeot, D. P. 56. 2. 177; Trib. Mamers, 26 mai 1874, aff. Péan, D. P. 74. 3. 404; Rodière et Pont, 2° éd., t. 2, n° 1253; Aubry et Rau, t. 5, § 522, note 7, p. 449). Si, au contraire, la plus-value est le résultat de l'industrie et des soins du mari, c'est à la communauté, d'après quelques arrêts, que cette plus-value doit profiter (Bordeaux, 29 août 1840, rapporté au *Rép.* n° 642; Paris, 8 avr. 1869, aff. Lachapelle, D. P. 69. 2. 236). Mais cette jurisprudence est critiquée par les auteurs qui viennent d'être cités. En toute hypothèse, disent-ils, la plus-value ne constitue pas un objet distinct de l'office lui-même; ce n'est donc pas un acquêt de communauté, et le mari doit reprendre l'office tel qu'il se trouve à la dissolution de la communauté, de même qu'il reprendrait sans récompense le propre auquel sa seule industrie aurait donné plus de valeur.

198. Dans le cas où le titulaire d'un office est destitué, le Gouvernement astreint ordinairement le successeur à verser à la caisse des dépôts et consignations une certaine somme dans l'intérêt de la famille et des créanciers de l'offi-

---

tions de la dame Bernard-Derosne : — En ce qui concerne la masse active, sur le rétablissement d'une somme de 20000 fr., montant de la valeur du mobilier qui aurait existé lors de la demande en séparation de biens : — Attendu qu'il est justifié que le mobilier garnissant l'appartement occupé par les époux Bernard-Derosne a été vendu par commissaire-priseur pour payer les dettes de communauté antérieures à la demande en séparation de biens ; que la contestante n'établit pas que son époux en ait détourné une partie avant ces ventes; qu'il n'échet, en l'absence de toute présomption de détournement imputable à celui-ci, d'ordonner la preuve de la consistance du mobilier par commune renommée ; — Sur le rétablissement du produit des cessions faites par Bernard-Derosne, pendant la communauté, de la propriété littéraire d'ouvrages que la contestante prétend avoir été composés ou traduits en commun par elle et son mari : — Attendu qu'elle ne justifie pas de sa collaboration à ces ouvrages ; qu'elle n'a fait aucune revendication de ce chef lors de l'inventaire ; que, d'ailleurs, les sommes touchées par son mari, à raison de ces travaux littéraires, paraissent avoir été employées au payement des dépenses communes ; que Bernard-Derosne ne saurait être comptable des sommes ainsi dépensées, etc. ». — Appel par la dame Bernard-Derosne. — Arrêt.

La cour ; — En ce qui touche la valeur du mobilier : — Considérant que la preuve par commune renommée n'est autorisée par l'art. 1415 c. civ. qu'à l'effet d'établir la consistance du mobilier non inventorié, ayant fait partie d'une succession dévolue à la femme pendant la communauté ; que ce mode de preuve, tout exceptionnel, n'est point admissible lorsqu'il s'agit simplement de rechercher quelle était, à l'époque d'une demande en

séparation de biens, l'importance du mobilier commun entre les époux ; qu'il a été loisible à la femme, demanderesse en séparation de biens, de se pourvoir à fin d'opposition de scellés et d'inventaire ; que faute par elle d'avoir provoqué ces mesures conservatoires de ses droits, il y a lieu de tenir pour vraie la déclaration du mari demeuré gardien du mobilier, à moins que, par des moyens de preuve empruntés au droit commun, la marine soit convaincu d'avoir commis des détournements ; — Considérant que, dans l'espèce, l'intimé a méconnu que son mari ait été réduit à se défaire d'une partie de ses meubles pour subvenir au payement de dettes criardes contractées pendant la vie commune ; mais qu'aucun fait de détournement n'est constaté, ni même articulé à sa charge ;

En ce qui touche la propriété littéraire : — Considérant que les publications dont s'agit sont réputées, à moins de preuve contraire, avoir été le résultat du travail personnel de l'intimé ; que la propriété des ouvrages littéraires d'une personne mariée ne tombe point dans la communauté, où ce n'est que les produits réalisés pendant la durée de la vie commune ; qu'à la suite d'une séparation de biens, l'écrivain reprend ses droits d'auteur comme lui étant propres, et continue de les exploiter à son profit exclusif ; — Considérant que l'appelante ne justifie point que le notaire liquidateur ait omis de comprendre dans l'actif de la communauté aucune somme due à l'intimé par ses éditeurs pour raison de traités conclus, ou de ventes de livres opérées pendant l'existence de la communauté ;

Par ces motifs, etc.

Du 3 avr. 1884.-C. de Paris, 3° ch.-MM. Cotelle, pr.-Bertrand, av. gén.-Séligman et Delepouve, av.

cier ministériel révoqué ou, plus généralement, pour la conservation des droits de qui il appartiendra. Un arrêt a décidé que cette somme tombe dans la communauté existant entre l'ancien officier ministériel et sa femme, et que celle-ci peut exercer ses reprises sur ladite somme comme elle le ferait sur des biens communs (Bordeaux, 27 févr. 1856, aff. Soudou-Lasserve, D. P., 56. 5. 80). Mais un autre arrêt de la même cour a jugé le contraire et a refusé à la femme le droit de prélever ses reprises sur la somme dont il s'agit au détriment des créanciers du mari (Bordeaux, 12 janv. 1857, aff. Soudou-Lasserve, D. P. 57. 2. 101). — Cette seconde décision est certainement plus en harmonie avec la règle d'après laquelle l'officier ministériel révoqué est déchu du droit de présenter un successeur (V. Rép. v° Office, n° 97). La jurisprudence a conclu de cette règle que la somme mise par le Gouvernement à la charge de son successeur, dans l'intérêt de ses ayants droit, n'entre pas dans son patrimoine et qu'il n'en peut disposer (Civ. rej. 8. déc. 1852, aff. Dubrac, D. P. 53. 1. 38 ; Angers, 18 juill. 1855, aff. Garnier, D. P. 56. 2. 32). Si cette somme ne peut être cédée, elle ne peut pas non plus tomber en communauté, puisque cela suppose une cession tacite. Il en serait autrement cependant, suivant nous, dans le cas où la somme serait plus que suffisante pour désintéresser les créanciers ; le surplus, comme on l'a dit au Rép. v° Office, n° 108, devrait alors être remis à l'ancien titulaire, et quand même ce reliquat ne pourrait être considéré comme la représentation d'une partie de la valeur de l'office, ce serait toujours une valeur mobilière acquise pendant le mariage et devant, par conséquent, entrer dans la communauté.

199. On est d'accord pour reconnaître que les fonds de commerce ou d'industrie tombent en communauté comme choses mobilières, soit qu'ils aient été acquis pendant le mariage, soit que l'un des époux en ait eu la possession antérieurement (V. en sus des arrêts et des auteurs cités au Rép. n°s 646 et suiv. : Rodière et Pont, 2° éd., t. 1, n° 452 ; Aubry et Rau, t. 5, § 507, note 16, p. 286 ; Guillouard, t. 1, n° 380). — Il en serait cependant autrement, suivant nous, si le fonds de commerce ou d'industrie était attaché à un immeuble, dont il ne serait que l'accessoire.

200. Tous les profits réalisés par le travail de l'un ou l'autre des époux ou par leur collaboration commune entrent dans la communauté, et c'est ainsi notamment des profits résultant pour eux d'un effet du hasard, des gains faits au jeu et à la loterie, de tous les dons de fortune. Mais la question de savoir si le trésor découvert dans le fonds

propre à l'un des époux appartient à la communauté même pour la part que la loi réserve au propriétaire du sol, est toujours très controversée. L'affirmative, que nous avons adoptée au Rép. n° 651, est toutefois l'opinion qui réunit la majorité des auteurs (V. outre les auteurs cités au Rép. ibid. : Rodière et Pont, 2° éd., t. 1, n° 454 ; Demolombe, t. 13, n° 44 ; Laurent, t. 21, n° 228 ; de Folleville, t. 1, n° 165 bis. — V. en sens contraire : Marcadé, t. 5, art. 1403, n° 5 ; Aubry et Rau, t. 5, § 507, note 28, p. 289 ; Colmet de Santerre, t. 6, n° 21 bis VI ; Guillouard, t. 1, n° 394).

201. Il y a lieu de se demander aussi si les primes de remboursement ou les lots gagnés par l'époux qui possède en propre des obligations remboursables avec prime ou d'autres valeurs à lots tombent en communauté. Nous ne le croyons pas, car il ne s'agit plus ici, comme pour le trésor, d'une valeur absolument distincte du fonds : le lot ou la prime de remboursement n'est qu'un accroissement du capital propre à l'époux. Cet accroissement doit nécessairement suivre le même sort que le capital. — Il a été jugé que les primes de remboursement des obligations de chemins de fer représentent, non une portion d'intérêts accumulés, mais une fraction du capital, et que, par suite, si ces obligations remboursées sont propres à la femme commune avec clause de remploi, c'est la somme totale provenant du remboursement, et non pas seulement la somme nécessaire pour l'acquisition d'un nombre d'obligations égal à celui des obligations remboursées, qui doit être remployée (Paris, 13 avr. 1878) (1).

202. Comme nous l'avons dit au Rép. n° 652, les dommages-intérêts obtenus par l'un des époux à raison d'un délit dont il a souffert dans sa personne ou dans la personne des siens doivent être compris dans la communauté. C'est l'application du principe d'après lequel tout le mobilier apporté par les époux ou qui leur échoit pendant le mariage tombe en communauté. A ce sujet, une singulière question est née dans la jurisprudence : à la suite d'un jugement de séparation de corps et de la liquidation de communauté qui en avait été la conséquence, une femme a demandé que la somme pour laquelle son mari avait transigé avec le complice de l'adultère commis par elle fût comprise dans l'actif de la communauté. Cette prétention a été repoussée successivement par les juges du fond et par la cour de cassation (Rennes, 22 févr. 1869, et sur pourvoi, Civ. rej. 5 févr. 1873, aff. M..., D. P. 73. 1. 209). La cour suprême, toutefois, ne s'est pas prononcée sur le point de savoir si la somme dont il s'agit était ou non un bien de commu-

---

(1) (Froissard de Broissia C. Chem. de fer Paris-Lyon-Méditerranée). — Le tribunal civil de la Seine a rendu le 7 juill. 1875, le jugement suivant : — « Attendu que le vicomte et la vicomtesse de Froissard de Broissia sont, aux termes de leur contrat de mariage, en date, à Paris, du 9 mars 1865, mariés sous le régime de la communauté réduite aux acquêts, les époux se réservant respectivement, à titre de propres, le montant de leurs apports et dots, ainsi que tout ce qui pourrait leur advenir par la suite en meubles et immeubles ; qu'il a été dit en outre que, sur une somme de 140000 fr. provenant de la dot de la dame de Froissard de Broissia, il serait fait emploi au nom de cette dernière, avec mention successive de remploi, de 100000 francs en acquisitions d'immeubles, de rentes sur l'Etat français, d'actions de la Banque de France, d'obligations nominatives de chemins de fer, etc., sans que les débiteurs eussent à se constituer juges de la validité du remploi, pourvu qu'il fût fait dans les termes du contrat de mariage ; — Attendu que, conformément à ces conventions, 100000 fr. ont été employés en trois cent trois obligations de la compagnie de fer de Paris-Lyon-Méditerranée, lesquelles ont été immatriculées au nom de la vicomtesse de Froissard de Broissia, avec mention de la clause de remploi ; — Que 99 de ces obligations étant sorties au tirage de novembre 1874, les époux de Broissia les ont remplacées par 99 autres, immatriculées également au nom de la femme ; — Qu'ils demandent que, sans le mérite de ce remplacement, la compagnie du chemin de fer de Paris-Lyon-Méditerranée soit tenue de leur remettre, sur leur simple quittance et sans qu'ils aient à en faire emploi, le surplus de la somme provenant des obligations amorties ; que la compagnie s'y refuse et soutient que c'est la totalité de la somme dont elle a à effectuer le remboursement qui est soumise au remploi ; — Attendu que la vicomtesse de Froissard de Broissia s'étant réservé, à titre de propres, la somme de 100000 fr. soumise à l'obligation de remploi a doublement nature de propres ; — Qu'ayant employé ces 100000 fr. en obligations d'un revenu fixe de 3 pour 100, lequel

appartient à la communauté, la vicomtesse de Froissard de Broissia a un droit exclusif à la totalité de la nue propriété, c'est-à-dire au capital ; — Qu'on ne saurait admettre que la somme représentant cette propriété soit composée d'un capital équivalent approximativement au prix d'acquisition, et d'une prime produite par l'accumulation d'une portion d'intérêts conservée par la compagnie ; — Que, d'une part, l'intérêt stipulé de 3 pour 100 a été payé en entier chaque année au mari, chef de la communauté et que, d'autre part, le titre lui-même indique que le capital de l'obligation est de 500 fr. ; — Attendu que, si le prix d'émission ou d'acquisition de l'obligation a été moindre que le capital à rembourser, c'est à raison de l'incertitude existant sur l'époque tout aléatoire de ce remboursement, incertitude qui enlevait au titre une partie de sa valeur ; — Attendu que le système des époux de Froissard de Broissia une fois accepté, il faudrait aller jusqu'à dire, ce qu'on n'avait jamais fait jusqu'ici, qu'un usufruitier aurait, au détriment du nu-propriétaire d'une créance de cette nature, droit à une quote-part de la somme remboursée, quote-part qui serait le produit d'une retenue faite sur un usufruit dont il croyait avoir joui en entier ; — Attendu que, de ce qui précède, il résulte que les 49500 fr., montant du remboursement des quatre-vingt-dix-neuf obligations amorties le 4 nov. 1874 par la compagnie du chemin de fer de Paris-Lyon-Méditerranée, appartiennent exclusivement à la vicomtesse de Froissard de Broissia, dont ils constituent un propre sujet à remploi, et que cette compagnie refuse, avec raison, de se dessaisir de la partie de cette somme qui n'a pas été employée à nouveau ; — Par ces motifs, déclare les époux de Froissard de Broissia mal fondés dans leur demande contre la compagnie du chemin de fer de Paris-Lyon-Méditerranée ». — Appel par les époux de Froissard de Broissia. — Arrêt.

La cour ; — Adoptant les motifs des premiers juges ; — Confirme.

Du 13 avr. 1878.-C. de Paris, 1re ch.-MM. Larombière, 1er pr.-Onfroy de Bréville, av. gén.-Salle et Péronne, av.

nauté ; elle s'est bornée à décider que la demande de la femme était non recevable, en vertu de la règle : *Nemo auditur propriam turpitudinem allegans*. Mais on peut se demander si la femme avait réellement besoin, dans l'espèce, de s'appuyer sur sa propre faute, si elle ne pouvait pas réclamer contre l'omission de la somme dans l'actif de la communauté, sans qu'il fût nécessaire de rechercher la cause de l'obligation contractée et du payement effectué par le débiteur. Quoi qu'il en soit, pour décider qu'en pareil cas les dommages-intérêts reçus par le mari devaient lui rester propres, on a allégué que la femme qui avait manqué aux obligations du mariage ne devait pas, en invoquant la communauté légale, tirer avantage de sa faute (Guillouard, t. 1, n° 391). Mais cette raison même implique que d'après les principes qui régissent la communauté légale, les dommages-intérêts dont il s'agit entreraient dans cette communauté (Comp. Laurent, t. 21, n° 236).

203. — II. MEUBLES EXCLUS DE LA COMMUNAUTÉ (*Rép.* n°ˢ 653 à 670). — Par exception, certains meubles sont exclus de la communauté légale et restent propres à l'un ou à l'autre des époux. Ce sont : 1° les meubles qui proviennent d'un bien propre sans être des fruits ; — 2° les meubles substitués à des biens propres ; — 3° les meubles donnés ou légués sous la condition qu'ils n'entreront pas en communauté ; — 4° certains meubles qui, à raison de leur nature ou de leur destination, sont généralement considérés comme propres.

204. Dans la première exception il y a lieu de comprendre, avec les mines et carrières et certaines coupes de bois, dont il est question au *Rép.* n°ˢ 692 et suiv., les lots et primes de remboursement résultant de valeurs à lots propres à l'un des époux, suivant ce que nous avons décidé *suprà*, n° 201.

205. La seconde exception s'applique à toute valeur mobilière qui, durant la communauté, se trouve substituée à un immeuble propre (V. pour les cas où cette substitution se produit, *Rép.* n°ˢ 655 et suiv.). — Il a été jugé que le prix de l'immeuble propre à l'un des époux reste lui-même propre à cet époux tant qu'il n'a pas été versé dans la communauté ; que, par conséquent, s'il s'agit du prix d'un immeuble de la femme, le mari ne peut le déléguer à ses créanciers et ceux-ci ne peuvent le saisir-arrêter entre les mains de l'acquéreur (Besançon, 20 mars 1850, aff. Guillaume, D. P. 52. 2. 287).

Jugé aussi que la soulte due à l'un des époux pour moins-value de son lot dans un partage d'immeubles ne tombe pas en communauté (Douai, 9 mai 1849, aff. Carpentier, D. P. 52. 2. 114 ; Req. 11 déc. 1850, aff. de Grandval, D. P. 51. 1. 287). Il résulte, notamment, de l'arrêt de Douai qui vient d'être cité que, si la soulte consiste en une rente viagère, l'époux au profit duquel elle a été constituée ou ses héritiers, s'il prédécède, ont le droit de prélever, à la dissolution de la communauté, une somme équivalant à la différence entre les arrérages de cette rente perçus par la communauté et le revenu de la part d'immeubles en échange de laquelle elle a été constituée (V. *suprà*, n° 191).

206. On reconnaît généralement, ainsi que nous l'avons admis au *Rép.* n° 659, que l'on doit considérer comme propre le supplément du juste prix payé à l'époux qui ayant vendu un immeuble, a exercé contre l'acheteur une action en rescision pour lésion de plus des sept douzièmes (Rodière et Pont, 2ᵉ éd., t. 1, n° 541 ; Aubry et Rau, t. 5, § 507, note 24, p. 288 ; Laurent, t. 21, n° 284 ; Guillouard, t. 5, n° 397). — Il est reconnu également que si, à l'inverse, un époux qui avait acheté un immeuble avant le mariage en est évincé par une action en rescision pour cause de lésion, le prix qui lui est restitué par le vendeur lui reste propre (V. *Rép.* n° 660 ; Rodière et Pont, *ibid.* ; Aubry et Rau, *ibid.*, note 25 ; Laurent, *ibid.* ; Guillouard, t. 1, n° 398).

207. L'indemnité due par une compagnie d'assurances, en cas de sinistre arrivé à l'immeuble propre de l'un des époux, remplace cet immeuble dans le patrimoine de l'époux ; elle doit donc lui rester propre. Peu importe, d'ailleurs, si l'immeuble assuré est propre à la femme, que l'assurance ait été contractée par le mari ; car le mari doit être réputé l'avoir assuré en sa qualité d'administrateur des biens de la femme. Il n'y a pas non plus à se préoccuper de ce que les primes payées à la compagnie ont été tirées de la communauté ; la communauté, en effet, avait intérêt à les acquitter pour se garantir contre la perte de la jouissance de l'immeuble, et le payement de ces primes est une charge des revenus dont la communauté profite (Bordeaux, 19 mars 1857, aff. Pascaud, D. P. 58. 2. 64 ; Rodière et Pont, t. 1, n° 538 ; Aubry et Rau, t. 5, § 288, texte et note 26, p. 288 ; de Lalande, *Traité du contrat d'assurance contre l'incendie*, n° 390 ; Laurent, t. 21, n° 285 ; Guillouard, t. 1, n° 399).

208. La troisième des exceptions indiquées ci-dessus est consacrée par l'art. 1401-1° *in fine*, qui, après avoir déclaré que tout le mobilier échu aux époux à titre de succession ou de donation entre en communauté, ajoute « si le donateur n'a exprimé le contraire » (V. *Rép.* n°ˢ 661 et suiv.). — Nous avons admis au *Rép.* n° 662 qu'il suffit que l'intention du donateur ou du testateur à cet égard résulte, sans équivoque, de la donation ou du testament, et qu'il n'est pas nécessaire qu'elle soit formulée en termes exprès. La jurisprudence s'est prononcée en ce sens (Nîmes, 16 juill. 1849, aff. Boucaruf, D. P. 50. 2. 200 ; Req. 10 nov. 1879, aff. Routier, D.P.80.1.475 ; Gand, 11 févr. 1882) (1). — M. Guillouard, t. 1, n° 401, justifie fort bien cette décision, combattue par quelques auteurs, notamment par M. Laurent, t. 21, n° 276 : « En droit commun, dit M. Guillouard, non seulement la volonté des parties n'a pas besoin d'être formulée en termes sacramentels, mais elle n'a même pas besoin d'être conçue au termes exprès, et une volonté certaine, quoique implicite, produira les mêmes effets qu'une volonté expresse. Cette idée est d'ailleurs très raisonnable : du moment où la volonté d'une partie est évidente par la teneur d'un acte, pourquoi exiger qu'elle soit énoncée dans une forme plutôt que dans une autre ? Il n'y a aucun motif pour déroger à ces principes dans notre matière » (V. en ce sens : Rodière et Pont, t. 1, n° 544).

209. Dans le cas où l'époux donataire est héritier à réserve du donateur, la condition que les biens donnés n'en-

---

(1) (D'Hoop C. Piot.) — LA COUR ; — Attendu que l'objet du litige revient à la question de savoir si la rente de 3000 fr. l'an, constituée par les époux Piot-Wattecamps au profit de leur fille Marie-Cécile Piot, à l'occasion du mariage de celle-ci avec l'appelant en cause, a fait ou non partie de la communauté de biens produite par cette union ; — Attendu que 1ᵉʳ au contrat de mariage entre parties, avenu par-devant Mᵉ Ectors, notaire à Anderlecht, à la date du 20 juin 1861, stipule qu' « il y aura entre époux une communauté de biens telle qu'elle est déterminée par le code civil, sauf les modifications qui suivent... » ; — Attendu que, parmi les modifications, se trouve celle prévue par l'art. 2 dudit contrat, ainsi conçu : « Sont exceptées de cette communauté les créances, rentes, obligations et actions qui écherront aux futurs époux durant le mariage » ; — Attendu que la rente litigieuse ayant été constituée par convention verbale non contestée des 19-22 févr. 1864, c'est-à-dire pendant le mariage, il en résulte qu'elle est, par le fait même, restée propre au conjoint au profit duquel elle a été établie ; — Attendu, au surplus (à un autre point de vue), qu'il faudrait décider que c'est à bon droit que le premier juge a considéré la rente en litige comme un bien resté propre à l'intimée ; — Attendu, en effet, que, d'après l'art. 1401 c. civ., les objets mobiliers donnés à l'un des époux lui restent propres, si le donateur a exprimé son intention de les exclure de la communauté ; — Attendu que la loi n'exige pas que cette volonté soit exprimée en termes formels ; qu'il suffit qu'elle soit manifestée d'une manière non équivoque et résulte clairement de l'acte même ; — Attendu qu'il appert, dans l'espèce, de la convention des 19-22 févr. 1864, que les donateurs n'ont entendu gratifier que leur fille, objet personnel de leur affection, et les enfants de celle-ci ; — Attendu que cette intention ressort à l'évidence des termes de cette convention ; qu'ainsi les donateurs ne s'engagent qu'envers leur fille et qualifient la rente qu'ils lui accordent de « pension alimentaire » ; qu'ainsi encore, ils stipulent qu' « en cas de décès de leur fille, la rente sera payée à sa veuve ; qu'en cas de décès des enfants, s'il y en a, et cessera du jour du décès, s'il n'y en a pas, le sieur d'Hoop n'ayant, dans ces deux derniers cas, droit qu'aux seuls arrérages échus à cette date » ; — Attendu qu'il serait impossible d'expliquer ces dispositions sans admettre, chez les donateurs, la volonté d'attacher cette pension exclusivement à la personne de leur fille et à celle des enfants, et d'exclure, en conséquence, cette pension de la communauté formée entre époux ; — Par ces motifs ; — Reçoit l'appel et statuant, faisant droit au fond, met l'appel à néant ; — Confirme.
Du 11 févr. 1882.-C. de Gand, 1ʳᵉ ch.-MM. Grandjean, 1ᵉʳ pr.; Lenssens et Willequet, av.

treront pas en communauté est-elle valable même pour la part réservée au donataire dans la succession du donateur? Cette question, sur laquelle nous nous étions prononcés pour l'affirmative au *Rép.* n° 665, est restée très controversée, et l'opinion contraire, soutenue par Delvincourt, a été adoptée depuis par un assez grand nombre d'auteurs (V. Massé et Vergé, sur Zachariæ, *Droit civil français*, t. 4, § 640, note 14, p. 70 ; Marcadé, art. 1408, VIII *bis*-3° ; Colmet de Santerre, t. 6, n°s 21 *bis* et 22 *ter* ; Laurent, t. 4, n°327, et t. 21, n° 277 ; de Folleville, n° 153 ; Guillouard, t. 1, n° 403), et elle a été consacrée par un récent arrêt de la cour de cassation (Civ. cass. 6 mai 1885, aff. Huriaux, D. P. 85. 1. 369). On trouvera en note *ibid.* sous cet arrêt des développements qui complètent ceux que nous avons donnés sur la même question au *Répertoire*, et font connaître tous les éléments de la discussion dont elle a été l'objet. — MM. Rodière et Pont, t. 1, n° 545, ont proposé de distinguer suivant que l'époux donataire accepte ou non la succession du donateur : s'il accepte, la clause tendant à exclure les biens donnés de la communauté sera nulle pour la part réservée par la loi à l'époux, attendu que cette part n'a pu être grevée par le *de cujus* d'aucune charge, ni d'aucune condition ; si, au contraire, l'époux renonce à la succession pour s'en tenir à son don ou à son legs, la clause sera valable, car l'époux sera présumé n'avoir jamais été héritier réservataire. M. Guillouard, *loc. cit.*, repousse cette distinction, car, dit-il, l'époux héritier aurait ainsi la faculté de déroger, s'il le voulait, à la communauté qu'il a adoptée, en renonçant à la succession, et on ne peut l'autoriser à déroger, même indirectement, aux conventions matrimoniales. Telle est aussi l'opinion de MM. Aubry et Rau, t. 5, § 507, note 20, p. 287. — Ces derniers auteurs, toutefois, observent que la clause dont il s'agit serait valable si elle avait été apposée à une donation faite par contrat de mariage. Alors, en effet, elle ferait partie des conventions matrimoniales, et ce seraient les époux eux-mêmes qui, d'accord avec le donateur, auraient exclu les biens donnés de la communauté.

210. Le principe qui fait entrer dans la communauté tout le mobilier présent et futur des époux reçoit, comme nous l'avons dit *suprà*, n° 203, une quatrième exception quant à certains meubles qui, à raison de leur nature ou de leur destination, sont généralement considérés comme propres (V. *Rép.* n°s 666 et suiv.). — Tels sont les souvenirs ou papiers de famille, portraits, armes, décorations. Le mot « mobilier » de l'art. 1401, dit très bien M. Guillouard, t.1, n° 388, doit s'entendre du mobilier ayant une valeur vénale, et non de celui qui n'a de valeur que pour l'époux à l'usage exclusif duquel il est destiné.

211. L'art. 1492 c. civ. accorde à la femme qui renonce à la communauté le droit de retirer « les linges et hardes à son usage ». Doit-on dire réciproquement que les linges et hardes du mari ne tombent pas en communauté? La disposition de l'art. 1492 est généralement considérée comme une exception de faveur, que l'on ne saurait étendre au mari. Toutefois, comme le disent MM. Aubry et Rau, t. 5, § 507, note 3, p. 282, des raisons de convenance ont fait admettre dans la pratique que le survivant des époux est, en cas de partage de la communauté, autorisé à conserver, sans indemnité envers celle-ci, certains objets plus spécialement affectés à son usage personnel.

212. On a vu *suprà*, n°s 184 et suiv., que la nature des traitements, pensions, dotations ou retraites que la loi déclare incessibles ou inaliénables les empêche d'entrer en communauté, et qu'il en est de même pour les pensions alimentaires constituées *jure sanguinis*.

213. — III. Comment se prouve la nature de propres ou d'acquêts des meubles. — Sous le régime de la communauté légale, la règle est que tous les meubles tombent dans la communauté ; c'est seulement par exception que certains meubles restent propres. L'époux qui réclame un objet mobilier comme propre doit donc prouver que cet objet est, pour une des causes exceptionnelles que nous avons indiquées *suprà*, n° 203, exclu de la communauté. Quant à la manière dont cette preuve peut être faite, la loi n'a rien stipulé ; il y a lieu, par conséquent, de se référer aux règles du droit commun en matière de preuve (Aubry et Rau, t. 5, § 507, note 31 ; Laurent, t. 21, n° 286 ; Guillouard, t. 1, n°s 404 et suiv.).

214. Il ne suffit pas évidemment, pour que l'un des époux puisse se faire attribuer un objet comme propre, qu'il prouve que cet objet a été acheté par lui et en son nom, car la communauté est réputée propriétaire de tous les objets acquis par les époux à quelque titre que ce soit. Ainsi, il a été jugé que la femme ne peut, lors de la liquidation de la communauté, se faire attribuer exclusivement l'argenterie comme l'ayant achetée de ses deniers, cette acquisition, à supposer qu'elle ait eu lieu, étant censée faite des deniers et pour le compte de la communauté (Civ. cass. 22 mars 1853, aff. Bécade, D. P. 53. 1. 102). Il est évident aussi que la circonstance que le titre d'une propriété immobilière ou d'un droit incorporel est au nom de l'un des époux ne suffit pas pour que cette propriété ou ce droit doive être considéré comme propre. Un titre nominatif est donc présumé appartenir à la communauté, aussi bien qu'un titre au porteur, à moins que l'un des époux ne justifie que ce titre lui est propre (Req. 17 déc. 1873, aff. Cœvœt, D. P. 74. 1. 145). Il résulte d'un arrêt de la cour de cassation que la présomption qui fait réputer acquêt le mobilier existant lors du mariage ou advenu depuis doit être rigoureusement appliquée, surtout lorsqu'elle est opposée à la femme par les créanciers du mari tombé en faillite (Civ. cass. 22 nov. 1886, aff. Gaulin, D. P. 87. 1. 113).

§ 2. — Des fruits et revenus (*Rép.* n°s 671 à 714).

215. La communauté acquiert les fruits comme un usufruitier, c'est-à-dire, ainsi qu'on l'explique au *Rép.* n°s 676 et suiv., les fruits civils jour par jour, et les fruits naturels et industriels par la perception. — Mais la loi a établi entre la communauté et l'usufruitier des différences fondées sur le motif que la communauté ne doit pas s'enrichir aux dépens des propres des époux, ni les époux aux dépens de la communauté. Ainsi, d'après l'art. 590 c. civ., l'usufruitier n'a droit à aucune indemnité pour les coupes ordinaires, soit de bois taillis, soit de baliveaux, soit de futaie, qu'il n'aurait pas faites pendant sa jouissance. L'art. 1403, 2° al., dispose, au contraire, que, si les coupes de bois qui pouvaient être faites durant la communauté n'ont point été faites, il en sera dû récompense *à la communauté* (et non pas à l'époux *non propriétaire du fonds*, comme le dit inexactement le texte de cet article). Nous avons admis au *Rép.* n° 680, que la même solution doit être étendue, par identité de motifs, à toutes les récoltes devant être faites pendant la communauté. On soutient, cependant, que la loi n'ayant dérogé aux règles de l'usufruit que par rapport aux coupes de bois, il ne faut pas généraliser cette disposition exceptionnelle et l'appliquer aux autres fruits naturels. La récolte des autres fruits, dit-on, ne peut pas être retardée aussi facilement ni aussi longtemps que celle des bois ; le préjudice pouvant résulter du retard est donc moins à craindre, et c'est pourquoi le législateur n'y a pas vu un motif suffisant pour justifier une exception aux principes généraux sur l'usufruit (Colmet de Santerre, t. 6, n° 27 *bis* VI). Mais, comme nous l'avons dit, les principes qui régissent le droit de la communauté aux fruits des biens des époux ne sont pas et ne doivent pas être absolument les mêmes que ceux qui règlent le droit de l'usufruitier. Ce dernier, en effet, est intéressé à récolter pendant sa jouissance ; s'il a négligé de faire une récolte, c'est sa faute, et l'on comprend que la loi lui refuse toute indemnité. Le mari, au contraire, qui est le chef de la communauté, peut être incité par son intérêt à ne pas recueillir les fruits de ses propres avant la dissolution. En conséquence, la règle que les époux ne doivent pas s'enrichir aux dépens de la communauté exige que celle-ci soit indemnisée toutes les fois que le retard d'une récolte lui cause un préjudice. Si la loi n'a prévu que le cas du retard d'une coupe de bois, c'est parce que les coupes de bois sont, avec les produits des carrières et des mines, les seuls fruits dont elle se soit spécialement préoccupée dans l'art. 1403 (V. en ce sens : Rodière et Pont, t. 1, n° 471 ; Marcadé, t. 5, art. 1403, n° 6 ; Aubry et Rau, t.5, § 507, p. 292; Laurent, t. 21, n° 247; de Folleville, t. 1, n° 167 ; Guillouard, t. 1, n° 413).

216. Par application encore du principe que les époux ne doivent pas s'enrichir aux dépens de la communauté et réciproquement, nous avons décidé au *Rép.* n° 684 que

l'époux qui, à la dissolution de la communauté, trouve ses immeubles labourés et ensemencés, doit récompense des frais de labours et de semences. On objecte que l'art. 585 c. civ. édicte une règle contraire en matière d'usufruit, et qu'aucun texte n'y a fait exception pour la communauté. Mais l'art. 1437 suffit pour autoriser cette exception, du moment qu'il pose en règle générale que, toutes les fois que un des époux tire un profit personnel des biens de la communauté, celle-ci a droit à récompense (V. outre les auteurs cités au Rép. n° 684: Rodière et Pont, 2e éd., t. 1, n° 475; Marcadé, t. 5, art. 1403, n° 6; Aubry et Rau, t. 5, § 507, note 36; Laurent, t. 21, n° 248; Guillouard, t. 1, n° 414, et t. 2, n° 986 et suiv. V. aussi les arrêts cités au Rép. n° 685; et Rouen, 3 mars 1853, aff. Vadic, D. P. 55. 2. 344. — V. cependant Bordeaux, 3 févr. 1873, aff. Brumont, D. P. 73. 2. 162).

217. L'art. 1403 c. civ. dispose, dans son premier alinéa, que les coupes de bois et les produits des carrières et mines tombent dans la communauté pour tout ce qui en est considéré comme usufruit, d'après les règles expliquées au titre *de l'usufruit.* Il en résulte, en ce qui concerne les bois non mis en coupe réglée, que la communauté n'y a d'autres droits que ceux attribués à l'usufruitier par les art. 592 et 593 c. civ. Elle peut donc seulement employer, pour faire les réparations dont elle est tenue, les arbres de haute futaie arrachés ou brisés par accident; elle peut même en faire abattre pour cet objet, si cela est nécessaire. Elle a droit aussi aux bois nécessaires pour faire des échalas pour les vignes, et elle peut prendre, sur les arbres, des produits annuels ou périodiques, suivant la coutume du pays (Troplong, t. 1, n° 555 et suiv.; Guillouard, t. 1, n° 410). Mais pour les coupes de futaie qui sont faites en dehors de tout aménagement périodique, la communauté en reçoit la valeur, elle doit récompense de l'intégralité de cette valeur à l'époux propriétaire du fonds (Aubry et Rau, t. 5, § 507, p. 291).

218. Relativement aux carrières et aux mines, de même que l'usufruitier ne peut en profiter qu'autant qu'elles sont déjà en exploitation à l'époque de l'ouverture de l'usufruit, de même la communauté n'a droit à en recueillir les produits que si elles ont été ouvertes avant le mariage (c. civ. art. 598, et 1403, 3e al.). Toutefois cette condition que les mines ou carrières aient été ouvertes avant le mariage doit être entendue dans un sens large. Ainsi, lorsqu'une exploitation minière a été commencée avant le mariage et que, pour continuer cette exploitation, de nouveaux puits sont ouverts pendant le mariage, les produits de ces nouveaux puits, comme ceux des anciens, tombent en communauté (Besançon, 3 mars 1863, aff. Dornier, D. P. 63. 2. 49). De même, si une carrière déjà exploitée avant le mariage est agrandie pendant le mariage et étendue à des terrains nouveaux, elle ne doit pas être considérée, en tant qu'elle porte sur ces terrains qui lui sont annexés, comme ouverte postérieurement au mariage; c'est la même exploitation qui continue, et par conséquent ses produits doivent continuer de profiter à la communauté (Req. 23 févr. 1881, aff. Mélines, D. P. 81. 1. 315).

219. D'après quelques auteurs, la loi du 21 avr. 1810 sur l'exploitation des mines aurait, par certaines de ses dispositions, considérablement restreint l'application de la règle de l'art. 1403 c. civ. qui veut que les produits des mines ouvertes pendant le mariage ne tombent pas dans la communauté ou du moins n'y tombent que sauf récompense. Dans le système de cette loi, les mines ne peuvent être exploitées qu'en vertu d'une concession du Gouvernement, concession qui peut être accordée à un autre qu'au propriétaire du sol, sauf indemnité en faveur de ce propriétaire, et la mine une fois concédée devient un immeuble distinct de la surface (L. 21 avr. 1810, art. 5, 16, 19). Il suit de là, a-t-on dit, que si une mine a été concédée à l'un des époux, soit avant, soit pendant le mariage, elle est pour lui un immeuble propre, destiné à produire non des fruits, mais des substances minérales. Le cas est tout différent de celui prévu par l'art.1403, 3e al., qui n'est lui-même qu'un corollaire de l'art. 598; si en effet, d'après ces articles, la communauté ou l'usufruitier n'ont pas droit aux produits de la mine qui n'a été ouverte qu'après le mariage ou après la naissance de l'usufruit, c'est parce que l'immeuble reçu par la communauté ou par l'usufruitier n'était nullement destiné à produire du minerai. Quand, au contraire, telle est la destination essentielle et unique de l'immeuble dont la jouissance appartient à la communauté ou à l'usufruitier, la règle des art. 1043 et 598 cesse d'être applicable, et par conséquent, la communauté, comme l'usufruitier, doit profiter des produits de la mine, à quelque époque qu'elle soit ouverte (Colmet de Santerre, t. 6, n° 28 bis II et suiv.; Laurent, t. 21, n° 253). Ce système, il faut le reconnaître, semble très rationnel. On doit remarquer, toutefois, qu'il a pour effet d'annihiler, en ce qui concerne les mines, la disposition de l'art. 1403, et qu'il conduirait aussi à faire décider, contrairement à l'art. 598, que, pourvu que la concession fût antérieure à l'usufruit, l'usufruitier aurait droit aux produits de la mine, quand même elle n'aurait encore pas été exploitée avant lui. Or, ces conséquences seraient contraires, non seulement à la lettre des articles dont il s'agit, mais probablement aussi à leur esprit et aux intentions du législateur. En effet, comme on l'a montré au Rép. v° Usufruit, n° 323 et suiv., ce n'est qu'exceptionnellement que les produits d'une mine ont été considérés comme pouvant être attribués à celui qui n'avait que la jouissance d'un immeuble. Ces produits, ne se reproduisant pas, ne sont pas réellement des revenus ni des fruits; on ne peut les enlever sans diminuer le fonds lui-même, et la loi n'a pu les accorder à l'usufruitier sans violer dans une certaine mesure le principe qui ne lui permet de jouir que salva rerum substantia. De même, la loi n'aurait pu faire tomber d'une manière absolue ces produits dans la communauté sans porter atteinte à la règle d'après laquelle la communauté ne doit pas s'enrichir aux dépens des propres des époux. Elle a admis, dans le cas où la mine était déjà en exploitation lors du mariage, que l'époux auquel elle appartenait avait entendu l'apporter en mariage avec le caractère d'immeuble productif qu'elle avait alors. Mais cette présomption de volonté ne doit pas être étendue au delà du cas pour lequel la loi l'a spécialement établie, et par conséquent lorsque la mine n'est ouverte que postérieurement au mariage, peu importe que la loi spéciale sur le régime des mines en fasse un immeuble distinct: la règle de droit matrimonial inscrite dans l'art 1403, d'après laquelle les produits de cette mine ne tombent pas en communauté que sauf récompense, n'en doit pas moins recevoir son application (Lyon, 7 déc. 1866 (1); Guillouard, t. 1, n° 409). — Cette solution, toutefois,

---

(1) (Rouillat C. Rouillat.) — La cour; — Considérant que les cohéritiers Veylon, en procédant par acte authentique du 30 sept. 1847 à un partage de famille, ont laissé indivis tous les tréfonds dépendant de la masse à partager; que Fleurie Veylon, l'une des parties copartageantes, a contracté mariage avec Denis Rouillat le 7 janv. 1849, et que les époux ont adopté pour régime matrimonial la communauté réduite aux acquêts, sans que le contrat de mariage ait mentionné le droit indivis de tréfonds parmi l'énumération des apports de la femme; — Considérant que les tréfonds laissés dans l'indivision lors du partage susénoncé étaient compris dans le périmètre de la concession houillère exploitée par la compagnie houillère de la Loire; que c'est seulement en 1854, six ans après le mariage des époux Rouillat, que la compagnie de la Loire a poussé son exploitation dans les tréfonds susdits, ce qui a donné lieu à des redevances à percevoir par les cohéritiers Veylon, en raison de leurs droits de propriété de la surface; — Considérant que la portion de ces redevances afférente à Fleurie Veylon, femme Rouillat, a été de 11222 fr. et a été touchée durant le mariage par son mari; — Que Denis Rouillat étant décédé, il s'agit de savoir, incidemment au règlement de la communauté qui a existé entre les époux, si cette somme de 11222 fr. représentant des produits de mines perçus du chef de la femme, est entrée dans la communauté ou si, la communauté ayant à en faire récompense, la femme Rouillat a une reprise à exercer à ce sujet; — Considérant que, d'après l'art. 1403, combiné avec l'art. 598 c. nap., les produits des mines ne tombent dans la communauté que pour ce qui est considéré comme usufruit, et que la communauté n'a droit, en conséquence, qu'au produit des mines qui étaient en exploitation à l'époque du mariage; — Considérant que la difficulté gît à déterminer quand devra être considérée comme ouverte l'exploitation de la mine, si c'est seulement quand aura été attaqué le tréfonds donnant lieu aux redevances qui en constituent les produits, ou si c'est, d'une manière générale, quand aura été formée, sur quelque point que ce soit du périmètre concédé, l'exploitation du concessionnaire, encore bien que les tréfonds ne donnassent lieu à aucun produit;

ne nous paraît certaine que pour le cas où une mine est concédée et ouverte pendant le mariage dans un fonds propre à l'un des époux. S'il s'agissait d'une mine concédée dans le fonds d'un tiers, cette hypothèse étant complétement en dehors de celle de l'art. 1403, nous pensons que les bénéfices résultant de l'exploitation de cette mine devraient tomber en communauté, en vertu de la règle qui attribue à la communauté tous les biens échus aux époux pendant le mariage et tous les produits de leur travail (V. suprà, n° 193).

220. D'après le texte de l'art. 1403, les produits des carrières et mines ouvertes pendant le mariage « ne tombent dans la communauté que sauf récompense ou indemnité à celui des époux auquel elle pourra être due ». La loi, comme on l'a expliqué au Rép. n° 700, suppose que les produits des mines et carrières sont versés dans la communauté. C'est, d'ailleurs, ce qui arrive généralement. La communauté alors doit récompense de la valeur de ces produits, mais elle a le droit de retenir le montant des dépenses qu'elle a dû faire pour l'ouverture de la carrière ou de la mine et pour son exploitation. Elle a le droit aussi de se faire indemniser de la perte de fruits qu'elle a subie, si, par suite de l'ouverture de la carrière ou de la mine, le fonds n'a plus pu être cultivé. Enfin, si la dissolution de la communauté est survenue peu de temps après le commencement de l'exploitation, il se peut que les dépenses faites pour l'ouverture de la mine excèdent le bénéfice que la communauté en a retiré; dans ce cas, loin d'être créancier, l'époux propriétaire du fonds sera débiteur. C'est pourquoi l'art. 1403 dit : « sauf récompense à celui des époux à qui elle pourra être due »; car il est possible que, au lieu d'avoir droit à récompense, ce soit l'époux propriétaire du fonds qui en doive une à la communauté (Aubry et Rau, t. 5, § 507, note 37, p. 292; Laurent, t. 21, n° 250; Guillouard, t. 1, n° 415).

221. Ainsi qu'on l'a dit au Rép. n° 705, la communauté a droit à tous les fruits et revenus des biens qui appartiennent aux époux, quelle que soit la nature de ces biens et à quelque titre que les fruits et revenus leur échoient. Elle profite notamment des fruits que l'un ou l'autre époux acquiert comme usufruitier, comme possesseur de bonne foi, comme envoyé en possession des biens d'un absent, comme créancier d'une rente viagère (V. Rép. n°s 706 et

suiv.). Si l'un des époux vend une propriété qui lui appartient, les intérêts du prix profiteront à la communauté, bien que la nue propriété, si l'époux l'avait conservée, n'eût procuré à la communauté aucun avantage (Orléans, 27 déc. 1855, aff. Leluc, D. P. 57. 2. 34).

222. De ce fait que les arrérages d'une rente viagère propre à l'un des époux doivent tomber dans la communauté, la cour de cassation a conclu que si la rente est remboursée pendant le mariage et que le mariage soit dissous par la mort de l'époux crédi-rentier, le capital reçu en remboursement de la rente appartient tout entier à la communauté, ce capital étant la représentation des arrérages que la communauté aurait touchés si la rente, au lieu d'être rachetée, avait continué d'être servie (Civ. cass. 10 avr. 1855, aff. Journault, D. P. 55. 1. 177. V. cependant infrà, n° 563).

223. Il a encore été jugé que la communauté a droit à tous les revenus de la part de l'un des époux dans un immeuble indivis, alors même que, par des conventions intervenues entre cet époux et son copropriétaire, une certaine partie de ces revenus a été affectée au payement du prix de l'immeuble; en conséquence, à la dissolution de la communauté, l'époux qui a employé cette partie des revenus à la libération de l'immeuble en doit récompense à la communauté (Civ. cass. 20 août 1872, aff. Riottot, D. P. 72. 1 406).

§ 3. — Des immeubles (Rép. n°s 715 à 786).

224. — I. Quels immeubles entrent en communauté. — Les immeubles qui entrent en communauté sont : 1° les immeubles acquis à titre onéreux pendant le mariage (V. Rép. n°s 716 et suiv.); — 2° les immeubles acquis à titre onéreux depuis le contrat de mariage et avant le mariage (V. Rép. n°s 731 et suiv.); — 3° les immeubles donnés sous la condition qu'ils entreront en communauté (V. Rép. n°s 784 et suiv.).

225. Les immeubles acquis à titre onéreux pendant le mariage entrent en communauté, comme nous l'avons dit au Rép. n° 748, aussi bien quand l'acquisition a été faite par l'un des époux seulement que lorsqu'elle a eu lieu par les deux époux conjointement. Peu importe même que le prix

---

— Considérant que, dans le sens de la dernière opinion, on soutient que, sans déroger au code Napoléon, la loi du 21 avr. 1810 a dû produire en cette matière des conséquences spéciales; que cette loi érigeant la mine en propriété distincte dans toute l'étendue de la concession, avec des caractères d'unité et d'indivisibilité, il s'ensuit que l'exploitation pratiquée sur un point quelconque de la concession devient l'exploitation de la mine, considérée dans son seul mode légal d'existence, et se rapporte au gisement minéral pris dans son ensemble, sans laisser subsister de distinction de fonciers particuliers; que, dès ce moment, l'exploitation doit être réputée ouverte pour faire déterminer, dans tout le périmètre de la concession, quels produits de la mine peuvent, selon les art. 598 et 1403, tomber dans la communauté entré époux, en raison de la jouissance de l'usufruitier; — Considérant que c'est là une conséquence exagérée et fausse tirée des dispositions de la loi du 21 avr. 1810; — Que cette loi, toute spéciale, et portée dans un but de sage économie sociale pour organiser un genre à part de propriété, ne peut modifier ni avoir dans sens l'application à faire des art. 598 et 1403 c. nap., exprimant le droit commun; — Que ces articles demeurent applicables conformément à la pensée qui les a dictés sans qu'il y ait lieu à recourir ici au principe tout à fait étranger de l'unité et de l'indivisibilité de la mine; qu'en effet, le législateur n'a voulu, à cause de la nature exceptionnelle des produits de mines, dans lesquels on pouvait, suivant la définition du droit, ne pas voir des fruits, tracer une règle indiquant les cas où il y aurait à leur attribuer ce caractère; — Que cette règle, prise d'une sorte de présomption du père de famille, repose sur la présomption tirée du fait actuel de la perception des produits de la mine, et sur leur appropriation existant, à l'instar de véritables fruits, quand a eu lieu le titre constitutif de l'usufruit ou qu'a été contracté le mariage; que le législateur suppose alors, dans le premier cas, que la volonté de celui qui a constitué l'usufruit a été que l'usufruitier eût, sur les produits de la mine, une jouissance pareille à celle des fruits, et, dans le second cas, que l'époux apportant la mine en dot a voulu l'apporter avec des produits ayant un caractère de fruits quant à leur perception antérieure; — Que telle est, à n'en point douter, la base logique des dispositions de l'art. 598 et du paragraphe 1er de l'art. 1403 c. nap.; — Considérant, ces prémisses posées, qu'il

n'y a évidemment exploitation de la mine, dans le sens des articles précités, que quand la mine est en train de pouvoir donner, au regard du propriétaire de la surface, des produits ou des redevances qui les représentent; — Que rien ne révèle cette destination lorsque le tréfonds particulier n'ayant pas été attaqué, et aucune redevance ne se percevant, il peut s'écouler un fort grand nombre d'années avant que le tréfonds qui, pour le propriétaire de la surface, constitue seul la mine, puisse fournir des produits; qu'avec la doctrine contraire, on aboutirait aux plus inadmissibles conséquences; qu'effectivement, puisque rien ne limite l'étendue des concessions placées dans le pouvoir discrétionnaire du Gouvernement, et qu'il y a exemple de concession embrassant, comme celle de l'ordonnance du 21 août 1825, plus de 50000 kilom. carrés dans dix départements, il suffirait d'une exploitation commencée sur un point de cette immensité pour régir partout, où elle s'étendrait les droits des usufruitiers ou ceux de la communauté entre époux, et faire supposer, contre toutes les vraisemblances, une destination du père de famille que l'état des lieux ne pourrait annoncer par aucun signe; — Considérant que, s'il résulte de tout ce qui précède que, si la mine existe avec son caractère d'unité et d'indivisibilité pour le concessionnaire sur toute l'étendue de la concession, il n'y a véritablement ni unité de mine, dans le rapport du propriétaire de la surface, et quant au produit qui peut en être retiré, que son tréfonds; — Que l'exploitation de la mine n'est donc pas ouverte, dans le sens primitif et encore actuel des art. 598 et 1403 c. nap., que quand le tréfonds a été attaqué et est susceptible de donner des produits; que c'est là le fait à prendre en considération pour décider si les produits de la mine tombent ou non dans l'usufruit et la communauté; — Considérant, par application de ces principes à l'espèce, que les redevances de mines dont il s'agit, se référant à une exploitation de tréfonds qui a été postérieure de six années au contrat de mariage des époux Rouillat, ne sont point entrées dans la communauté, et sont récompense en est due, d'après l'art. 1403, à la dame Rouillat; — Par ces motifs, réformant le jugement rendu par le tribunal civil de Saint-Étienne le 18 janv. 1866, etc. — Du 7 déc. 1866.-C. de Lyon, 1re ch.-MM. Gilardin, 1er pr.-de Gabrielli, 1er av. gén.-Leroyer et Rambaud, av.

de ces immeubles ait été payé avec des valeurs propres à l'un ou à l'autre époux. Du moment que les conditions exigées pour le remploi n'ont pas été observées, l'immeuble acquis est commun.

Un arrêt avait décidé que l'immeuble donné en payement d'une créance propre à l'un des époux devait rester propre à cet époux comme étant subrogé de plein droit à la créance (Paris, 21 févr. 1868, aff. Dumont, D. P. 68. 2. 49). Mais cette décision a été condamnée par la cour de cassation. « Si le débiteur de l'un des époux, a dit la cour suprême, lui cède des immeubles en payement de sa créance propre, cette dation en payement, qui n'est point une vente et n'est en réalité qu'une vente, ne produit pas d'autres effets qu'une vente dont le prix aurait été déclaré compensé avec la créance; dans l'un comme dans l'autre cas, l'époux créancier du vendeur ne fait que payer avec sa créance, pour le compte de la communauté et sauf récompense, le prix de la chose acquise, sans se procurer par là un remploi actuel de son propre, à moins qu'il ne le déclare expressément... » (Civ. cass. 26 juill. 1869, aff. Guiblin, D. P. 69. 1. 455, et sur renvoi, Rouen, 23 févr. 1870, D. P. 71. 2. 235. V. aussi Civ. cass. 30 mars 1869, aff. Pomès, D. P. 69. 1. 236; Aubry et Rau, t. 5, § 507, p. 294, note 42; Laurent, t. 21, n° 259; Guillouard, t. 1, n° 422).

226. La question de savoir si l'usufruit qui grevait un propre de l'un des époux et qui a été acquis pendant le mariage entre en communauté est amplement traitée au Rép. n° 719 et suiv. L'opinion affirmative, que nous avons adoptée et qui a été consacrée par la jurisprudence, prévaut aujourd'hui généralement dans la doctrine (V. outre les arrêts et les auteurs cités au Rép. ibid.: Rodière et Pont, t. 1, n° 511; Aubry et Rau, t. 5, § 507, p. 295, note 44; Laurent, t. 21, n° 260; Guillouard, t. 1, n° 424).

227. Rien ne s'oppose d'ailleurs à ce qu'un immeuble ne tombe en communauté que pour l'usufruit, si c'est seulement l'usufruit qui a été acquis pour la communauté. Ainsi, il a été jugé que le mari peut valablement stipuler qu'un immeuble acheté par lui des deniers de la communauté lui appartiendra, ainsi qu'à sa femme, pour l'usufruit seulement, et que, pour la nue propriété, il appartiendra aux enfants d'un premier lit. En pareil cas, il y a acquêt de communauté en ce qui concerne l'acquisition de l'usufruit, et donation de la nue propriété aux enfants du premier lit, sauf récompense à la communauté, qui a fourni le prix de la chose donnée (Angers, 23 août 1867, aff. Frétigné, D. P. 70. 2. 19).

228. On ne devrait pas considérer comme immeubles acquis à titre onéreux pendant le mariage et comme appartenant, par conséquent, à la communauté les constructions, même très importantes, qui auraient été édifiées sur un terrain propre à l'un des époux. En vertu du principe superficies solo cedit consacré par l'art. 552 c. civ., ces constructions deviennent propres à l'époux propriétaire du terrain, qui doit seulement récompense à la communauté pour la mieux-value de son immeuble (V. Rép. n° 1537; Trib. Seine, 6 juin 1855, aff. de Belbœuf, D. P. 55. 3. 71, et sur pourvoi, Req. 18 mars 1856, D. P. 56. 1. 129). — Il a été décidé dans le même sens que les améliorations faites à un immeuble dotal de la femme par le mari peuvent donner à celui-ci droit à une récompense, mais ne sauraient lui conférer un droit de copropriété sur l'immeuble ou sur le prix en provenant; que, dès lors, si l'immeuble tombe en faillite, le syndic, qui n'a que les droits du failli, ne peut avoir comme lui, pour ces améliorations, qu'une simple créance chirographaire contre la femme (Civ. cass. 10 juin 1885, aff. Mary-Dauphin, D. P. 86. 1. 205).

229. Aux termes de l'art. 1404-2°, si l'un des époux a acquis un immeuble depuis le contrat de mariage et avant la célébration du mariage, l'immeuble entrera en communauté, à moins que l'acquisition ait été faite en vertu de quelque clause du contrat de mariage. Cette disposition, comme on l'a dit au Rép. n° 733, est tout exceptionnelle et ne peut être étendue d'un cas à un autre. Il en résulte, notamment, qu'elle

n'est pas applicable aux acquisitions faites avant le mariage lorsqu'il n'y a pas eu de contrat, ni aux acquisitions faites par l'un des époux avant le contrat de mariage, si rapprochée que soit leur date de celle du contrat. A plus forte raison, l'immeuble acquis en échange d'un autre ou par donation dans l'intervalle du contrat de mariage au mariage, reste propre à l'époux échangiste ou donataire (Rodière et Pont, t. 1, n° 500 et suiv.; Aubry et Rau, t. 5, § 507, note 47, p. 296; Laurent, t. 21, n° 264 et suiv.; Guillouard, t. 1, n° 426). — Quant au point de savoir si la règle de l'art. 1404-2° doit recevoir son application dans le cas où le contrat de mariage stipule la communauté réduite aux acquêts, V. infrà, n° 964.

230. Mais du moment où un immeuble a été acheté dans l'intervalle écoulé entre le contrat de mariage et le mariage, cet immeuble est commun, quelque long qu'ait été cet intervalle. La loi, en effet, ne distingue pas, et l'acquisition de l'immeuble, s'il était considéré comme propre, emporterait une dérogation aux conventions adoptées, alors qu'il n'est pas présumable que les époux aient voulu y déroger, puisqu'ils ne les ont pas changées (Paris, 6 déc. 1855, aff. Beau, D. P. 56. 2. 28; Rodière et Pont, 2° éd., t. 1, n° 502; Laurent, t. 21, n° 263; Guillouard, t. 1, n° 427).

231. L'hypothèse inverse, dans laquelle l'un des époux aurait converti en argent avant le mariage un immeuble dont il était propriétaire lors du contrat, a été examinée au Rép. n° 736. Nous avons admis, conformément à l'opinion de Pothier, que le capital provenant de l'immeuble aliéné resterait propre à l'époux vendeur. « S'il en était autrement, dit M. Guillouard, t. 1, n° 429, l'art. 1396 deviendrait lettre morte: les futurs époux pourraient se faire des avantages sans le consentement des personnes qui les ont assistées lors de la rédaction de leur contrat de mariage, au moyen de cette transformation de leurs immeubles en capitaux; c'est ce résultat que le législateur n'a pu autoriser, et qui doit faire donner à l'art. 1404 l'interprétation que nous adoptons » (V. dans le même sens: Aubry et Rau, t. 5, § 507, note 7, p. 283; Colmet de Santerre, t. 6, n° 32 bis IV; Laurent, t. 21, n° 268). D'après MM. Rodière et Pont, 2° éd., t. 1, n° 371, au contraire, les rédacteurs du code n'ont pas entendu suivre en ce point la doctrine de Pothier, «doctrine qui tendrait à faire commencer la communauté légale avant le moment que l'art. 1399 lui assigne comme point de départ». Cette opinion est aussi celle de Marcadé, t. 5, art. 1404-1406, n° 1, qui toutefois, avec MM. Rodière et Pont, y apporte un tempérament : « Sans doute, dit-il, s'il est constaté en fait qu'il y a eu séduction de l'époux par son futur conjoint ou par la famille de celui-ci, on devra maintenir le prix comme propre, car la fraude fait céder tous les principes; mais hors le cas de cette preuve particulière, on ne peut pas étendre l'exception écrite dans la loi pour une hypothèse (celle de l'art. 1404-2°), à une autre hypothèse dont la loi ne parle pas et qui est, en effet, très différente ».

232. En sus des immeubles acquis à titre onéreux pendant le mariage ou dans l'intervalle du contrat de mariage au mariage, la communauté comprend encore les immeubles donnés ou légués aux époux ou à l'un d'eux sous la condition expresse qu'ils appartiendront à la communauté (c. civ. art. 1405) (V. Rép. n° 784 et suiv.). — Quant à la question de savoir si l'immeuble donné aux deux époux conjointement est propre à tous les deux ou commun, V. Rép. n° 781, et infrà, n° 247.

233. — II. COMMENT SE PROUVE LA NATURE DE PROPRES OU D'ACQUÊTS DES IMMEUBLES. — Aux termes de l'art. 1402 c. civ., tout immeuble est réputé acquêt de communauté, s'il n'est prouvé que l'un des époux en avait la propriété ou la possession légale antérieurement au mariage ou qu'il lui est échu depuis à titre de succession ou donation. La propriété ou la possession légale d'un immeuble établie par l'un des époux peut être établie, comme on l'a dit au Rép. n° 723 et suiv., par tous les modes de preuve, et spécialement par témoins et par présomptions (Riom, 10 nov. 1831 (1); Rodière

---

(1) (Raffet C. Goyard.) — LA COUR ; — Attendu qu'il est suffisamment établi par les actes produits au procès que la maison et le jardin qui ont été affectés hypothécairement au profit du curé Bonneton, par l'acte du 23 août 1826, étaient des propres de l'époux d'Alexandre Chegut, et non des acquêts de la commu-

nauté; — Qu'en effet, les mariés Bernard, s'étant obligés envers le curé Bonneton au service de la rente, consentent hypothèque conjointement avec Alexandre Chegut, leur père et beau-père, sur une maison et jardin et deux vignes qu'ils disent leur appartenir; — Que, dans l'acte de cautionnement de Dubost, du même jour

et Pont, t. 1, n° 516; Laurent, t. 1, n° 293; Guillouard, t. 1, n° 564).

Art. 2. — Des immeubles qui sont exclus de la communauté
(Rép. n° 737 à 860).

234. Les immeubles peuvent être exclus de la communauté et rester propres à l'un ou à l'autre époux pour cinq causes différentes, qui sont étudiées séparément au *Répertoire* sous cinq paragraphes. Ces causes sont : 1° la propriété ou la possession antérieure au mariage; 2° l'acquisition pendant le mariage à titre de succession ou de donation; 3° l'acquisition en avancement d'hoirie en vertu de certains arrangements de famille; 4° l'acquisition à titre d'échange, de remploi ou de subrogation avec un propre; 5° l'acquisition par la réunion à un propre d'une part indivise du même fonds.

§ 1er. — Propriété ou possession antérieure au mariage
(Rép. n° 737 à 765).

235. — I. De la propriété antérieure au mariage *(Rép.* n° 738 à 755). — L'immeuble dont l'un des époux est propriétaire au moment du mariage lui reste propre, même s'il n'en a pas encore la possession, comme, par exemple, si cet immeuble est acheté, mais non encore livré. Il n'est même pas nécessaire, comme on l'explique au *Rép.* n° 740 et suiv., que l'acquisition soit définitive au jour du mariage; il suffit que le titre ou la cause en vertu de laquelle l'époux se trouvera propriétaire soit antérieure au mariage. C'est ainsi que l'immeuble acheté sous condition suspensive ou aliéné sous condition résolutoire sera propre, bien que la condition ne se réalise qu'après le mariage. C'est ainsi encore que l'immeuble qui rentre dans le patrimoine d'un époux par l'effet d'une action en nullité, en rescision ou en révocation, qui fait tomber l'aliénation à titre onéreux ou à titre gratuit que cet époux avait consentie avant le mariage, reste propre à l'époux qui a exercé l'action. Il en est ainsi notamment, comme nous l'avons dit au *Rép.* n° 746, alors même que les faits qui donnent lieu à la révocation de l'aliénation tels que la survenance d'un enfant à l'époux donateur ou l'ingratitude du donataire, ne se sont produits qu'après le mariage (Aubry et Rau, t. 5, § 507, notes 47 et 48, p. 296; Colmet de Santerre, t. 6, n° 25 bis II; Laurent, t. 21, n° 294; Guillouard, t. 1, n° 436).

236. Toutefois, d'après MM. Aubry et Rau, t. 5, § 507, note 48, en cas de résolution de vente pour défaut de payement du prix d'un immeuble aliéné par l'un des époux avant le mariage, ce serait la communauté qui deviendrait propriétaire de l'immeuble. La raison qu'en donnent ces auteurs est que l'action en résolution, qui ne constitue en pareil cas qu'un moyen de faire valoir la créance résultant du contrat de vente, est entrée dans la communauté comme accessoire de cette créance, et ne peut, dès lors, être exercée qu'au nom et dans l'intérêt de la communauté. Mais l'opinion qui décide que, même en ce cas, l'immeuble qui fait retour à l'époux vendeur lui demeure propre, nous paraît préférable. C'était déjà l'opinion de Pothier, et le motif qu'il indique est toujours vrai : « Le conjoint, dit-il, qui rentre durant le mariage dans l'héritage qu'il avait vendu, n'en redevenant pas propriétaire en vertu d'un nouveau titre d'acquisition, ne peut le redevenir qu'au même titre auquel il l'était lorsqu'il l'a vendu » *(Traité de la communauté,* n° 189). S'il est vrai que l'action en résolution se rattache à la créance du prix de vente, qui tombe en communauté, elle n'en constitue pas moins une action réelle immobilière ; on ne peut donc dire qu'elle entre en communauté avec la créance, et, quand elle est exercée, la créance disparaît et l'immeuble est réputé n'être jamais sorti du patrimoine de l'époux vendeur; il doit, par conséquent, lui rester propre. Que l'on ne dise pas que l'autre époux, qui avait considéré la créance comme appartenant à la communauté, se trouvera déçu; il devait prévoir que cette créance pouvait être irrécouvrable et qu'en ce cas il y aurait lieu d'exercer l'action en résolution qui restait propre à son conjoint (Troplong, t. 1, n° 518; Tessier, *Traité de la société d'acquêts* n° 38 et suiv.; Laurent, t. 21, n° 295; Guillouard, t. 1, n° 437).

237. Si l'un des époux a acheté avant le mariage un immeuble en vertu d'un titre entaché de nullité, mais dont la nullité est susceptible de se couvrir par confirmation ou ratification, l'immeuble reste propre à l'époux, ainsi que nous l'avons dit au *Rép.* n° 748, alors même que la ratification n'a lieu que pendant le mariage, car cette ratification a un effet rétroactif au jour de l'acquisition (Rodière et Pont, t. 1, n° 520 et suiv.; Marcadé, t. 5, art. 1401 à 1403, n° 7; Aubry et Rau, t. 5, § 507, note 50, p. 298; Laurent, t. 21, n° 296; Guillouard, t. 1, n° 438. V. pour les applications *Rép.* n° 749, 752 et suiv.). — Mais si l'on suppose que le titre d'acquisition de l'époux est nul d'une nullité absolue, non susceptible d'être couverte, s'il est inexistant, en un mot, comme, par exemple, s'il émane d'un tiers qui n'était pas propriétaire de l'immeuble et qui ne s'est pas porté fort et garant du consentement du vrai propriétaire, la prétendue confirmation de ce titre, qui a lieu pendant le mariage, en réalité une vente nouvelle, et l'immeuble un conquêt de communauté *(Rép.* n° 755; Rodière et Pont, t. 1, n° 522; Marcadé, Aubry et Rau, *loc. cit.;* Laurent, t. 21, n° 297; Guillouard, t. 1, n° 440. — V. cependant au *Rép.* n° 753 la distinction faite par Pothier).

238. L'époux auquel un immeuble est donné par contrat de mariage en est propriétaire avant le mariage et, par conséquent, lui reste propre en vertu des art. 1402 et 1404. Que si un immeuble est donné aux deux futurs époux conjointement, cet immeuble leur sera propre à chacun pour moitié. Il faut toutefois excepter le cas où la donation est faite par un ascendant de l'un des époux ou par un donateur dont l'un des époux est l'héritier présomptif; alors il est présumable que le donateur a entendu que l'immeuble serait propre à son descendant ou à son héritier

---

23 août 1826, il est dit expressément que sa responsabilité ne durera que pendant la vie de Jeanne Thuélin, même de la femme Bernard, parce qu'au décès de ladite Thuélin l'hypothèque dudit Bonneton augmentera en raison de la somme que recueillera ladite Chegut; que l'on ne peut donner un sens raisonnable à cette restriction de cautionnement à la cause qui en est exprimée, qu'en admettant que, parmi les immeubles affectés à l'hypothèque, il en existait qui étaient propres à Jeanne Thuélin; que ces immeubles ne peuvent être que la maison et le jardin dont il est parlé dans l'acte du 23 août 1826, puisqu'il n'est pas contesté que les deux vignes étaient les acquêts de la communauté; qu'en admettant ainsi ce cautionnement, Bonneton reconnaissait que ladite maison et jardin n'étaient ni des biens propres de Chegut, ni des biens acquis pendant la communauté; — Attendu que, dans l'acte de donation du 18 juin 1826, faite par Jeanne Thuélin à sa fille, la femme Bernard, il a été expressément déclaré que les époux Bernard que les maison, écurie, cour et jardin, les mêmes que ceux désignés dans l'acte du 23 août 1826, appartenaient à ladite Thuélin; que si cette déclaration, dans le cas où elle aurait été isolée, n'avait pu nuire au curé Bonneton pour les droits qui auraient été conférés par l'acte obligatoire du 23 août 1826, elle confirme les inductions qui ressortent du rapprochement de l'acte avec la cause du cautionnement exigé par Bonneton, et qui devait s'éteindre à l'ouverture de la succession de Jeanne Thuélin; — Que l'inscription qui a été prise par Bonneton contre les mariés Bernard, le 24 juill. 1827, par suite de la donation du 18 juin 1827, démontre qu'il considérait les immeubles dont s'agit comme propres à ladite Thuélin; car, s'il en eût été autrement, l'inscription n'aurait pu avoir aucun effet, puisque les biens hypothéqués, s'ils avaient fait partie en totalité de la communauté, pouvaient être valablement affectés à la garantie de l'exécution de l'obligation contractée en faveur de Bonneton, et une seconde inscription contre les mariés Bernard n'aurait pu avoir aucune utilité; — Que, de l'ensemble de ces actes, il résulte la démonstration que la déclaration faite par les mariés Bernard que la maison et écurie dont il s'agit étaient la propriété exclusive de Jeanne Thuélin était sincère, et que Bonneton, lors de l'acte obligatoire du 23 août 1826, connaissait que cet immeuble n'était pas la propriété de Chegut, mais celle de son époux; qu'ainsi la présomption établie par l'art. 1402 c. civ. ne peut produire aucun effet devant la preuve qui ressort de la corrélation des actes précités; — Par ces motifs, réforme le jugement du tribunal de Gannat du 28 déc. 1849, et par nouveau, déclare nulle et de nul effet la nouvelle inscription prise par Goyard au bureau des hypothèques de Gannat le 2 janv. 1850, en tant que portant sur la maison, cour, jardin et dépendances situées au village de Laroche, hypothéqués par l'acte du 23 août 1826. — Du 10 nov. 1851. - C. de Riom, 1re ch. - MM. Nicolas, 1er pr. - Marsal, av. gén. - Salvy et Godemel, av.

présomptif. Cette présomption, comme on l'explique au *Rép.* n°s 778 et suiv., était généralement admise dans notre ancien droit. Quelques auteurs soutiennent qu'elle n'est plus applicable aujourd'hui et que, lorsqu'il est dit que la donation est faite aux deux futurs époux, on doit s'en tenir nécessairement à la lettre du contrat (Laurent, t. 21, n° 300; Guillouard, t. 1, n° 442). Mais cette opinion nous semble tenir trop peu de cas, non seulement d'une doctrine enseignée jusqu'ici par l'unanimité des auteurs et consacrée par la jurisprudence, mais encore des formules usitées dès longtemps dans la pratique. Généralement, quand une donation est faite dans le contrat de mariage par un ascendant ou un proche parent de l'un des futurs époux, l'intention du donateur est de doter son descendant ou son parent; il n'est pas rare cependant que l'ascendant déclare donner *aux futurs époux*, et cette formule s'explique assez naturellement, car, s'il s'agit de valeurs mobilières, ce sera en fait le mari qui les recevra, et s'il s'agit d'immeubles, le mari, comme administrateur des biens de la femme et comme chef de la communauté, en aura la possession et la jouissance. Si, contrairement à ce qui arrive le plus ordinairement, l'ascendant donateur entendait gratifier également les deux époux, il ne manquerait pas de l'exprimer sans ambiguïté. En tout cas, ainsi que nous l'avons observé au *Rép.* n° 779, cette présomption, qui se fonde sur le *quod plerumque fit*, n'a qu'une autorité de raison, plus ou moins puissante selon les circonstances, que le juge apprécie souverainement. C'est ce qui résulte aussi d'un arrêt de la cour de cassation, qui a déclaré, dans un cas où un abandon de biens à titre gratuit avait été fait par un père à sa fille et au mari de celle-ci, que les juges du fait avaient pu, d'après les circonstances, décider que cette démission de biens, faite en apparence au profit des deux époux, n'avait eu lieu en réalité qu'au profit de la fille du donateur (Req. 27 avr. 1859, aff. Couedel, D. P. 59. 1. 508. V. outre les auteurs et les arrêts cités au *Rép.* n°s 779 et suiv.: Aubry et Rau, t. 5, § 507, note 49, p. 297).

D'après MM. Aubry et Rau, *ibid.*, il faut même admettre que les immeubles donnés en faveur du mariage au futur époux par une personne dont la future épouse était l'héritière présomptive doivent, en général, être présumés avoir été donnés à cette dernière, s'il n'est pas dit dans la donation qu'elle est faite au futur pour lui et les siens. Tout au moins, comme nous l'avons dit au *Rép.* n° 779, un arrêt qui interpréterait ainsi la donation échapperait à la censure de la cour de cassation.

239. — II. De la possession antérieure au mariage (*Rép.* n°s 756 à 765). — L'art. 1402 c. civ. déclare encore propres les immeubles dont un époux avait *la possession légale* avant le mariage. — Sur ce qu'il faut entendre par cette possession légale, V. *Rép.* n°s 758 et suiv.

La prescription accomplie pendant le mariage ou même après la dissolution du mariage a un effet rétroactif au premier jour de la possession; dès lors, l'immeuble acquis par ce moyen et que l'un des époux possédait déjà avant le mariage lui reste propre (V. *Rép.* n° 764; Rodière et Pont, 2e éd., t. 1, n° 526; Marcadé, t. 5, art. 1401 à 1403, n° 7; Aubry et Rau, t. 5, § 507, notes 51 à 53, p. 298; Laurent, t. 21, n° 292; Guillouard, t. 1, n° 443).

240. Les époux conservent comme propres, avec les immeubles dont ils avaient la propriété ou la possession légale lors du mariage, tous les accessoires de ces immeubles

conformément à la règle : *Accessorium sequitur naturam rei principalis*. Ainsi les constructions qui sont édifiées sur le sol de l'immeuble de l'un des époux sont propres à cet époux comme l'immeuble sur lequel elles se trouvent, sauf récompense à la communauté si c'est elle qui en a fait les frais (V. *supra*, n° 228). Ainsi encore, l'alluvion qui s'est formée le long d'un immeuble propre devient propre comme l'héritage auquel elle s'incorpore. Et cette même solution doit être étendue aux autres accroissements immobiliers, tels que les relais que forme l'eau courante en se retirant d'une rive pour se porter sur l'autre (c. civ. art. 557), les portions de terre apportées par un fleuve ou une rivière et non réclamées par le propriétaire (c. civ. art. 559), les îles et atterrissements qui se forment dans les rivières non navigables et non flottables (c. civ. art. 561), etc. (Rodière et Pont, 2e éd., n°s 567 et suiv.; Laurent, t. 21, n°s 301 et suiv.; Guillouard, t. 1, n° 446).

241. Mais, d'après la plupart des auteurs, on ne peut considérer comme l'accessoire d'un immeuble propre que ce qui est uni réellement à cet immeuble. Si pendant la communauté les époux achètent une pièce de terre sur le territoire d'une commune où l'un d'eux possède une ferme, ou s'ils achètent une maison contiguë à une maison propre à l'un d'eux et s'ils réunissent les deux maisons pour les louer ou les habiter ensemble, l'immeuble ainsi acquis n'en est pas moins un conquêt de communauté (Pothier, *Traité de la communauté*, n° 194; Rodière et Pont, 2e éd., t. 1, n° 574; Marcadé, t. 5, art. 1408, n° 7; Laurent, t. 21, n° 304; Guillouard, t. 1, n° 447. V. dans le même sens : Paris, 15 déc. 1881) (1). — Cependant, nous estimons, avec M. de Folleville, t. 1, n° 189, que la règle qui fait tomber en communauté tous les immeubles acquis doit se concilier avec le droit, pour les époux, d'administrer leurs propres, dans le sens large et élevé de ce mot. Alors que les époux peuvent accroître presque indéfiniment la valeur de leurs immeubles propres par des constructions, il serait étrange qu'ils n'eussent pas le droit d'améliorer ces immeubles par quelques agrandissements. Nous admettrons donc sans hésitation la distinction proposée par M. de Folleville : « Est-ce un enclos, dit-il, dont l'époux a augmenté l'enceinte? Le terrain nouvellement acquis en demeurera propre, par argument *a pari* de l'art. 1019 *in fine* c. civ. Est-ce un champ dans la plaine, auquel l'époux a réuni diverses portions contiguës de terrain? Nous n'avons plus alors de textes à invoquer, même par analogie. Ce sera une question de fait : la solution dépendra du point de savoir si cette acquisition faite par l'époux constitue simplement un acte de bonne et normale administration du propre, une opération loyale et intelligente que tout bon propriétaire se fût empressé de faire, ou si, au contraire, il y a un achat proprement dit et la réalisation d'une acquisition toute nouvelle. — Il est, du reste, bien entendu que ces diverses acquisitions, qui proviennent d'un fait personnel de l'époux, ne lui demeurent propres que sauf récompense à la communauté pour les sommes déboursées ».

§ 2. — Succession ou donation (*Rép.* n°s 766 à 791).

242. — I. Succession (*Rép.* n°s 766 à 773). — Les immeubles échus par succession à l'un ou à l'autre des époux pendant le mariage ne tombent pas en communauté (c. civ. art. 1404). Il en est ainsi, suivant l'opinion que nous avons

---

(1) (Héritiers Richard *C.* veuve Richard.) — La dame Richard, mariée sous le régime de la communauté, possédait en propre une maison sise rue de la Fontaine, à Issy. Durant le mariage, les époux Richard ont acquis un autre immeuble contigu au premier, et qui a été confondu avec lui. Après la dissolution de la communauté, la dame Richard a revendiqué, comme lui appartenant en propre, l'immeuble acheté pendant le mariage; elle a prétendu notamment, à l'appui de cette demande, que l'acquisition dont il s'agit avait eu lieu dans le but de supprimer des servitudes qui grevaient son propre fonds, et qu'elles constituaient ainsi une amélioration d'un immeuble propre, donc elle devait conserver le bénéfice à charge de récompense. — Le 22 mars 1881, jugement du tribunal civil de la Seine, qui fait droit à cette demande. — Appel. — Arrêt.

La cour, — En ce qui concerne la maison portant le numéro 4 de la rue de la Fontaine : — Considérant que c'est à tort que les premiers juges ont déclaré que l'acquisition de ladite maison avait

eu pour but et pour effet la suppression des servitudes existant sur la maison portant les numéros 6 et 8, et qu'ils ont considéré ladite acquisition comme constituant une amélioration d'un propre de la veuve Richard et comme devant lui appartenir en propre; — Considérant que ladite maison portant le numéro 4 de la rue de la Fontaine, à Issy, acquise au cours de la communauté, constitue un conquêt de la communauté, qu'elle est impartageable en nature; qu'il y a lieu d'ordonner qu'elle sera licitée, etc.

Par ces motifs, infirme;... — Dit que la maison sise à Issy, rue de la Fontaine, n° 4, est un conquêt de la communauté ayant existé entre Alexandre-Aimable Richard et la dame Catherine-Adélaïde, sa veuve, née Varlet, et qu'elle est impartageable en nature; — Ordonne que ladite maison sera vendue sur licitation, etc.

Du 15 déc. 1881.-C. de Paris, 3e ch.-MM. Try, pr.-Godard, subst. proc. gén.-Lalle et de la Chauvinière, av.

adoptée au *Rép.* n° 619, et *suprà*, n° 190, alors même que les immeubles recueillis par l'époux dans le partage d'une succession en partie mobilière et en partie immobilière seraient supérieurs à sa part héréditaire dans les biens immobiliers.

243. D'après l'opinion générale, les immeubles acquis par un époux en exerçant le retrait successoral de l'art. 841 c. civ. doivent être assimilés aux immeubles échus par succession et comme tels rester propres (V. *Rép.* n° 768; Rodière et Pont, 2° éd., t. 1, n° 577; Aubry et Rau, t. 5, § 507, note 56, p. 299; Guillouard, t. 1, n° 452). Cette opinion, toutefois, a été contredite par M. Laurent, t. 21, n° 309. Cet auteur allègue que l'exercice du retrait successoral aboutit à une acquisition à titre onéreux, d'où ne peut résulter qu'un conquêt. Mais le retrait successoral ne peut être exercé que par un héritier et au profit d'un héritier; il ne saurait donc être au profit de la communauté. L'immeuble acquis de cette manière par l'un des époux lui est acquis à titre héréditaire, aussi bien que l'immeuble qu'il reçoit dans le partage moyennant une soulte. Seulement pour le retrait comme pour la soulte, si c'est la communauté qui fournit l'argent, il lui en est dû récompense.

244. Le retour légal établi par l'art. 747 c. civ. constitue aussi un titre successif. Il en résulte, comme nous l'avons dit au *Rép.* n° 772, que l'immeuble que l'ascendant donateur retrouve dans la succession de son descendant n'est pas un conquêt. Et si des époux recueillent dans la succession de leur enfant décédé sans postérité un immeuble qui autrefois faisait partie de leur communauté et qu'ils avaient donné à cet enfant, cet immeuble deviendra propre à chacun d'eux pour moitié (Rodière et Pont, 2° éd., t. 1, n° 578; Marcadé, t. 5, art. 1404-1406, n° 2; Aubry et Rau, t. 5, § 507, note 55, p. 299; Laurent, t. 21, n° 308; Guillouard, t. 1, n° 451).

245. — II. Donation (*Rép.* n°ˢ 774 à 791). — Aux termes de l'art. 1405 c. civ., les donations d'immeubles qui ne sont faites pendant le mariage qu'à l'un des époux, ne tombent point en communauté et appartiennent au donataire seul. C'est là, comme nous l'avons dit au *Rép.* n° 775, une innovation des rédacteurs du code. Sous l'ancien droit les immeubles provenant de donations ou de legs étaient des acquêts, excepté seulement lorsqu'ils avaient été donnés par un ascendant. La nouvelle disposition du code a été critiquée par M. Laurent, t. 21, n° 310 : « Dieu fait les héritiers, dit cet auteur, il ne fait pas les donataires, et c'est parce que Dieu fait les héritiers que les immeubles échus à titre de succession restent propres à l'héritier. » Nous croyons cependant, avec MM. Colmet de Santerre, t. 6, n° 35 *bis* II, et Guillouard, t. 1, n° 454, que la règle d'après laquelle les immeubles donnés sont propres est mieux en harmonie avec celle de l'ancien droit avec la règle qui répute également propres les immeubles acquis par succession. Dans les deux cas, en effet, l'immeuble est acquis à titre gratuit. Dans les deux cas aussi, la loi doit s'inspirer de l'intention présumable du *de cujus* ou du donateur; or s'il y a lieu de présumer que le parent auquel l'un des époux succède a voulu que les biens restent propres à son héritier, il n'est pas moins probable que le disposant qui a donné ou légué à l'un des

époux a entendu que les biens donnés ne tomberaient pas en communauté.

246. Bien que l'art. 1405 ne parle que des *donations d'immeubles*, il n'est pas douteux que la règle ne s'applique également aux legs et à tous les genres de dispositions à titre gratuit qui peuvent rentrer dans l'expression générique de *donation* (*Rép.* n° 776). Elle est applicable, notamment, aux donations déguisées sous la forme d'un autre contrat (Rodière et Pont, 2° éd., t. 1, n° 592; Aubry et Rau, t. 5, § 507, note 58, p. 300; Guillouard, t. 1, n° 453).

247. L'art. 1405 excluant de la communauté « les donations d'immeubles *qui ne sont faites pendant le mariage qu'à l'un des époux* », c'est une question très controversée que celle de savoir si les immeubles donnés ou légués, non à l'un des époux, mais à tous les deux conjointement, sont propres à chacun des époux pour moitié ou deviennent des conquêts de communauté. Nous avons adopté au *Rép.* n° 781 l'opinion d'après laquelle ces immeubles restent propres aux deux époux; mais la question continue à diviser les auteurs (V. en faveur de notre opinion : de Folleville, t. 1, n° 177 *bis*; Guillouard, t. 1, n° 432. — En sens contraire : Marcadé, art. 1404 à 1406, n° 3; Aubry et Rau, t. 5, § 507, note 38, p. 293; Laurent, t. 21, n° 271; Liège, 11 mars 1859) (1). La même opinion semble implicitement admise par un arrêt de la chambre des requêtes du 27 avr. 1859, aff. Couedel, D. P. 59. 1. 508, V. *suprà*, n° 238). Mais d'après cet arrêt, l'art. 1405 ainsi entendu n'est pas impératif et d'ordre public à ce point que le donateur ne puisse, en manifestant une volonté contraire, exclure de la communauté et rendre propre à l'un des époux l'immeuble dont il paraîtrait avoir disposé conjointement en faveur des deux époux; dès lors, il appartient aux juges du fond de rechercher dans les éléments de la cause quelle a été la véritable intention des parties à cet égard.

248. L'immeuble donné à l'un des époux sous des conditions onéreuses est propre au donataire, sauf récompense à la communauté pour l'accomplissement des conditions, à moins, comme nous l'avons dit au *Rép.* n° 783, que les charges ne compensent les avantages qui résultent de la donation, et que cette prétendue donation ne soit une vente (Rodière et Pont, 2° éd., t. 1, n° 592; Aubry et Rau, t. 5, § 507, note 57, p. 299; Laurent, t. 21, n° 313; Guillouard, t. 1, n° 454).

249. Les immeubles donnés ou légués sont propres, « à moins, dit l'art. 1405, que la donation ne contienne expressément que la chose donnée appartiendra à la communauté. » On peut se demander si cette condition serait valable alors même que les biens donnés feraient partie de la quotité réservée au donataire dans la succession du donateur. A notre avis, l'époux donataire ne serait pas obligé de subir cette condition, d'où résulterait pour lui une diminution de sa réserve; il est de principe, en effet, que le *de cujus* ne peut grever la réserve d'aucune condition qui restreigne ou entrave le droit du réservataire (V. *suprà*, n° 209).

250. La question de savoir si des immeubles peuvent être donnés à la femme sous la condition que le mari n'en

---

(1) (Dinant *C.* Deflandre.) — Le sieur Dinant, marié sous le régime de la communauté légale, avait vendu certains immeubles avec faculté de rachat à un sieur Deflandre. Des difficultés se sont élevées plus tard sur la validité de cette vente et un jugement du tribunal de Dinant en date du 7 févr. 1857 l'a déclarée nulle comme constituant un contrat pignoratif. Ce jugement ayant été frappé d'appel, la dame Dinant est intervenue devant la cour et a prétendu que lesdits immeubles lui appartenaient en propre pour moitié. — Arrêt.

La cour ; ... — Attendu, en ce qui concerne l'intervention, que la femme Dinant réclame à tort comme lui étant propre une partie des immeubles engagés par son mari sans son consentement; — Qu'en effet, cette partie de biens se trouvait comprise dans une donation qui lui avait été faite conjointement à elle et à son mari par les père et mère de ce dernier; qu'il est de règle générale que tous les immeubles acquis pendant le mariage, à quelque titre que ce soit, entrent dans la communauté, et que seul si en matière de donation les art. 1405 et 1406 c. civ. contiennent une exception à cette règle, ce n'est que pour le cas d'une donation d'immeubles faite seulement à l'un des époux pendant le mariage, ou d'une donation faite à l'un des époux par ses propres ascendants; mais que non seulement dans l'espèce, la

donation a été faite aux deux époux, et n'a pas été faite à la femme par ses propres père et mère, mais qu'il résulte des clauses même de l'acte que ce n'est pas pour moitié et personnellement à chacun des époux que les père et mère du mari ont entendu faire la donation, mais bien à la communauté à qui des charges assez lourdes étaient imposées; qu'ainsi les biens dont il s'agit faisant partie de la communauté, le mari appelant a pu en disposer sans le concours de sa femme; d'où il suit que la réclamation et l'intervention de cette dernière ne sont pas fondées;

Par ces motifs, met l'appellation et ce dont est appel à néant, en ce que les premiers juges, en ordonnant à l'appelant Dinant d'accepter les offres de l'intimé, ont jugé l'acte du 8 nov. 1846 les effets d'une vente à pacte de réméré; émendant quant à ce, dit que ce contrat constitue une antichrèse; autorise, en conséquence, l'intimé à se mettre en possession des immeubles repris dans le contrat, pour en percevoir les fruits à concurrence de sa créance de 519 fr. en principal, plus les intérêts légaux et autres accessoires; — Confirme le jugement dont est appel en ce qu'il a déclaré non fondée l'intervention de la femme.

Du 11 mars 1859.-C. de Liège, 2° ch.-MM. Baze et Delbouille, av.

aura pas l'administration ou que la femme pourra en toucher les revenus sur ses seules quittances, est examinée au *Rép.* n°s 786 et suiv. L'affirmative, comme nous l'avons dit, est admise par la plupart des auteurs et par la jurisprudence, sauf la restriction qui va être indiquée (V. outre les arrêts et les auteurs cités au *Rép. ibid.* : Demolombe, *Cours de code civil*, t. 4, n° 171 ; Rodière et Pont, 2e éd., t. 15, n° 594; Marcadé, t. 5, art. 1404 à 1406, n° 3 ; Aubry et Rau, t. 5, § 507, note 24, p. 287 ; Laurent, t. 21, n° 75). Si, toutefois, la femme était héritière réservataire du donateur, la condition dont il s'agit ne serait valable, d'après la jurisprudence, que jusqu'à concurrence de la quotité disponible du disposant, et elle devrait être réputée non écrite pour les biens qui feraient partie de la réserve. C'est ce qui résulte des principes posés par la cour de cassation dans l'arrêt de la chambre civile du 6 mai 1885, que nous avons déjà cité *suprà*, n° 209.

§ 3. — Arrangements de famille faits en avancement d'hoirie
(*Rép.* n°s 792 à 801).

251. Sont encore exclus de la communauté les immeubles acquis par les époux en vertu de certains arrangements de famille prévus par l'art. 1406 c. civ., qui dispose que l'immeuble cédé à l'un des époux par un ascendant, en payement de ce que cet ascendant lui doit ou à la charge d'acquitter les dettes de cet ascendant envers des tiers, reste propre à l'époux donataire, sauf récompense envers la communauté. Cette disposition, comme on l'a dit au *Rép.* n° 793, est exceptionnelle, en ce sens notamment qu'elle exclut de la communauté un immeuble qui devrait y tomber comme étant acquis à titre onéreux. C'est pourquoi l'on s'accorde à reconnaître qu'elle ne doit pas être étendue au delà des hypothèses prévues par la loi. Ainsi, il faut, pour que l'art. 1406 soit applicable, que la cession soit faite par un ascendant; si elle était faite par un parent collatéral ou par un descendant, l'immeuble cédé deviendrait un conquêt (*Rép.* n° 794; Rodière et Pont, 2e éd., t. 1, n° 586; Laurent, t. 21, n° 317; Guillouard, t. 1, n° 459).

252. Il faut encore, pour que l'immeuble soit propre, malgré le caractère onéreux de la cession, qu'il soit abandonné à l'une ou à l'autre de ces deux conditions : en payement de ce qui est dû par l'ascendant ou à la charge de payer les dettes de celui-ci. Si l'abandon était fait à d'autres conditions, l'immeuble, en règle générale, tomberait en communauté, sauf cependant le cas où l'ascendant aurait exprimé une volonté contraire (V. *Rép.* n° 795; Caen, 1er août 1844, *ibid.* n° 796. V. aussi Rodière et Pont, t. 1, n° 587; Aubry et Rau, t. 5, § 507, note 60, p. 300; Laurent, t. 21, n° 320 ; Guillouard, t. 1, n° 457).

253. Mais l'art. 1406 est applicable, comme nous l'avons dit au *Rép.* n° 799, lors même que l'époux auquel l'abandon est fait n'est pas l'héritier présomptif de l'ascendant, pourvu qu'il soit seulement son descendant (Colmet de Santerre, t. 6, n° 34 *bis* VI; Laurent, t. 21, n° 318 ; Guillouard, t. 1, n° 460). Et il n'importe que l'immeuble soit cédé en payement de la dot promise par l'ascendant ou de toute autre dette de ce dernier envers l'époux (*Rép.* n° 800; Rodière et Pont, 2e éd., t. 1, n° 583 ; Laurent, t. 21, n° 321 ; Guillouard, t. 1, n° 458).

§ 4. — Echange et subrogation (*Rép.* n°s 802 à 810).

254. L'immeuble acquis en échange d'un propre n'entre point en communauté et est subrogé au lieu et place du propre aliéné (c. civ. art. 1407). A la différence du remploi, qui suppose qu'un immeuble est acquis avec des deniers propres et qui exige une déclaration de la part du mari et, s'il est fait au profit de la femme, l'acceptation de celle-ci, l'échange confère de plein droit la qualité de propre à l'immeuble acquis (Rodière et Pont, 2e éd., t. 1, n° 651 ; Laurent, t. 21, n° 355; Guillouard, t. 1, n° 464). — Comp. Nancy, 3 mars 1869, aff. Thouveny, D. P. 69. 2. 85).

255. Il résulte d'un arrêt, confirmé par la cour de cassation, que l'acte authentique constatant l'échange d'un propre de la femme avec un autre immeuble fait foi contre le mari, au profit de la femme, et que le mari n'est point recevable à se prévaloir, à l'encontre de celle-ci, de ce

qu'il y aurait eu, en réalité, deux ventes, l'une faite par la femme à son prétendu coéchangiste, et l'autre faite par ce dernier, non à la femme, mais à la communauté, et que ces deux ventes ont été dissimulées sous l'apparence d'un contrat d'échange dans le but frauduleux de les soustraire au droit proportionnel de vente, alors d'ailleurs que la femme n'a pas été complice de la fraude et n'en a même pas eu connaissance (Dijon, 26 nov. 1857, et sur pourvoi, Req. 22 nov. 1859, aff. d'Aligny, D. P. 60. 1. 10).

256. L'art. 1407 portant que l'immeuble acquis en échange est propre « sauf la récompense s'il y a soulte», il est certain, en principe, que l'immeuble acquis est propre pour la totalité, bien qu'une soulte soit payée par la communauté pour la plus-value de cet immeuble. Mais si cette soulte est considérable, si elle est supérieure à la valeur de l'immeuble propre cédé à titre d'échange, la question de savoir si néanmoins l'immeuble acquis sera propre est controversée. Cette question est traitée au *Rép.* n° 804. Elle a donné lieu, comme nous l'avons dit, à diverses opinions. Les uns, s'appuyant sur le texte de l'art. 1407, soutiennent que l'immeuble doit être propre dans tous les cas et quelle que soit l'importance de la soulte (Laurent, t. 21, n° 357). Les autres estiment, avec Pothier, *Traité de la communauté*, n° 197, que l'immeuble doit être considéré comme propre pour partie, jusqu'à concurrence de la valeur de l'immeuble cédé, et comme conquêt pour le surplus, à concurrence de la valeur de la soulte (Rodière et Pont, 2e éd., t. 1, n°s 649 et suiv.; Marcadé, art. 1407, n° 1; Aubry et Rau, t. 5, § 507, note 62, p. 301). D'autres enfin, appliquant ici la règle *Major pars trahit ad se minorem*, décident que l'immeuble acquis sera propre ou conquêt pour le tout, suivant que le caractère prédominant du contrat sera celui d'un échange ou d'une vente, c'est-à-dire suivant que la valeur de la soulte sera notablement inférieure à celle du propre cédé ou qu'elle lui sera supérieure. Et dans l'hypothèse où le propre cédé et la soulte seront à peu près d'égale valeur, on devra, disent les partisans de cette troisième opinion, prendre le contrat *ut sonat*, le considérer comme un échange, puisque c'est un échange que les parties ont entendu faire et, par suite, dire que l'immeuble acquis sera propre pour le tout, sauf récompense à la communauté (Colmet de Santerre, t. 6, n° 35 *bis* II et suiv.; Guillouard, t. 2, n° 466).

La jurisprudence n'a adopté formellement jusqu'ici aucune de ces diverses théories. Dans une espèce où des époux avaient échangé tout à la fois des immeubles propres et des conquêts contre d'autres immeubles, en stipulant que les immeubles acquis « tiendraient même nature » que ceux abandonnés, un arrêt a décidé que ces nouveaux immeubles étaient demeurés propres aux époux pour la part corres- pondant aux immeubles que chacun d'eux avait fait entrer dans la masse propre en échange; qu'en conséquence, les héritiers de l'un des époux avaient le droit de préle- ver sur les biens acquis une portion représentant la part propre à leur auteur, sauf à la faire déterminer par une expertise et à faire liciter le tout, si le retranchement de cette part en nature devait déprécier sensiblement l'en- semble (Nancy, 3 mars 1869, aff. Thouveny, D. P. 69. 2. 85). — Dans une autre espèce, deux époux avaient acquis de la ville de Paris un terrain, sur lequel ils avaient depuis, en exécution d'une conditions du contrat, élevé des constructions; ils avaient fait cette acquisition en échange d'une maison propre au mari, expropriée pour cause d'uti- lité publique, et en outre moyennant l'abandon de l'indem- nité à eux due pour le déplacement de leur industrie et le payement à la ville d'une soulte de 25000 fr. Dans le partage de la communauté fait après la mort du mari, l'im- meuble acquis et augmenté des constructions avait été con- sidéré comme propre au mari dans la proportion de l'im- meuble cédé en échange et comme acquêt pour le surplus, puis on l'avait attribué en totalité à la veuve à la charge d'une soulte de 90000 fr. La cour de cassation, ayant à résoudre le point de savoir si cette soulte était passible du droit de licitation à 4 p. 100 ou du droit de vente à 5 fr. 50 p. 100, a décidé que l'immeuble était propre pour le tout à la succession du mari, comme ayant été subrogé au lieu et place de la maison aliénée, sauf récompense, conformément à l'art. 1407 c. civ., et que, par conséquent, l'attribution de

adoptée au *Rép.* n° 619, et *suprà*, n° 190, alors même que les immeubles recueillis par l'époux dans le partage d'une succession en partie mobilière et en partie immobilière seraient supérieurs à sa part héréditaire dans les biens immobiliers.

243. D'après l'opinion générale, les immeubles acquis par un époux en exerçant le retrait successoral de l'art. 841 c. civ. doivent être assimilés aux immeubles échus par succession et comme tels rester propres (V. *Rép.* n° 768; Rodière et Pont, 2° éd., t. 1, n° 577; Aubry et Rau, t. 5, § 507, note 56, p. 299; Guillouard, t. 1, n° 452). Cette opinion, toutefois, a été contredite par M. Laurent, t. 21, n° 309. Cet auteur allègue que l'exercice du retrait successoral aboutit à une acquisition à titre onéreux, d'où ne peut résulter qu'un conquêt. Mais le retrait successoral ne peut être exercé que par un héritier et au profit d'un héritier; il ne saurait donc l'être au profit de la communauté. L'immeuble acquis de cette manière par l'un des époux lui est acquis à titre héréditaire, aussi bien que l'immeuble qu'il reçoit dans le partage moyennant une soulte. Seulement pour le retrait comme pour la soulte, si c'est la communauté qui fournit l'argent, il lui en est dû récompense.

244. Le retour légal établi par l'art. 747 c. civ. constitue aussi un titre successif. Il en résulte, comme nous l'avons dit au *Rép.* n° 772, que l'immeuble que l'ascendant donateur retrouve dans la succession de son descendant n'est pas un conquêt. Et si des époux recueillent dans la succession de leur enfant décédé sans postérité un immeuble qui autrefois faisait partie de leur communauté et qu'ils avaient donné à cet enfant, cet immeuble deviendra propre à chacun d'eux pour moitié (Rodière et Pont, 2° éd., t. 1, n° 578; Marcadé, t. 5, n° 1404-1406, n° 2; Aubry et Rau, t. 5, § 507, note 55, p. 299; Laurent, t. 21, n° 308; Guillouard, t. 1, n° 451).

245. — II. Donation (*Rép.* n° 774 à 791). — Aux termes de l'art. 1405 c. civ., les donations d'immeubles qui ne sont faites pendant le mariage qu'à l'un des époux, ne tombent point en communauté et appartiennent au donataire seul. C'est là, comme nous l'avons dit au *Rép.* n° 775, une innovation des rédacteurs du code. Sous l'ancien droit les immeubles provenant de donations ou de legs étaient des acquêts, excepté seulement lorsqu'ils avaient été donnés par un ascendant. La nouvelle disposition du code a été critiquée par M. Laurent, t. 21, n° 340: «Dieu fait les héritiers, dit cet auteur, il ne fait pas les donataires, et c'est parce que Dieu fait les héritiers que les immeubles échus à titre de succession restent propres à l'héritier. » Nous croyons cependant, avec MM. Colmet de Santerre, t. 6, n° 35 *bis* II, et Guillouard, t. 1, n° 454, que la règle d'après laquelle les immeubles donnés sont propres est mieux en harmonie avec la règle qui répute également propres les immeubles acquis par succession. Dans les deux cas, en effet, il s'agit d'un immeuble acquis à titre gratuit. Dans les deux cas aussi, la loi doit s'inspirer de l'intention présumable du *de cujus* ou du donateur; or s'il y a lieu de présumer que le parent auquel l'un des époux succède a voulu que les biens restent propres à son héritier, il n'est pas moins probable que le disposant qui a donné ou légué à l'un des

époux a entendu que les biens donnés ne tomberaient pas en communauté.

246. Bien que l'art. 1405 ne parle que des *donations d'immeubles*, il n'est pas douteux que la règle ne s'applique également aux legs et à tous les genres de dispositions à titre gratuit qui peuvent rentrer dans l'expression générique de *donation* (*Rép.* n° 776). Elle est applicable, notamment, aux donations déguisées sous la forme d'un autre contrat (Rodière et Pont, 2° éd., t. 1, n° 592; Aubry et Rau, t. 5, § 507, note 58, p. 300; Guillouard, t. 1, n° 453).

247. L'art. 1405 excluant de la communauté « les donations d'immeubles *qui ne sont faites pendant le mariage qu'à l'un des époux* », c'est une question très controversée que celle de savoir si les immeubles donnés ou légués, non à l'un des époux, mais à tous les deux conjointement, sont propres à chacun des époux pour moitié ou deviennent des conquêts de communauté. Nous avons adopté au *Rép.* n° 781 l'opinion d'après laquelle ces immeubles restent propres aux deux époux; mais la question continue à diviser les auteurs (V. en faveur de notre opinion : de Folleville, t. 1, n° 177 *bis* ; Guillouard, t. 1, n° 432. — En sens contraire : Marcadé, art. 1404 à 1406, n° 3 ; Aubry et Rau, t. 5, § 507, note 38, p. 293; Laurent, t. 21, n° 271 ; Liège, 11 mars 1859) (1). La même opinion semble implicitement admise par un arrêt de la chambre des requêtes du 27 avr. 1859, aff. Couedel, D. P. 59. 1. 508, V. *suprà*, n° 238). Mais d'après cet arrêt, l'art. 1405 ainsi entendu n'est pas impératif et d'ordre public à ce point que le donateur ne puisse, en manifestant une volonté contraire, exclure de la communauté et rendre propre à l'un des époux l'immeuble dont il paraît avoir disposé conjointement en faveur des deux époux; dès lors, il appartient aux juges du fond de rechercher dans les éléments de la cause quelle a été la véritable intention des parties à cet égard.

248. L'immeuble donné à l'un des époux sous des conditions onéreuses est propre au donataire, sauf récompense à la communauté pour l'accomplissement des conditions, à moins, comme nous l'avons dit au *Rép.* n° 783, que les charges ne compensent les avantages qui résultent de la donation, et que cette prétendue donation ne soit une vente (Rodière et Pont, 2° éd., t. 1, n° 592 ; Aubry et Rau, t. 5, § 507, note 57, p. 299 ; Laurent, t. 21, n° 313 ; Guillouard, t. 1, n° 454).

249. Les immeubles donnés ou légués sont propres, « à moins, dit l'art. 1405, que la donation ne contienne expressément que la chose donnée appartiendra à la communauté. » On peut se demander si cette condition serait valable alors même que les biens donnés feraient partie de la quotité réservée au donataire dans la succession du donateur. A notre avis, l'époux donataire ne serait pas obligé de subir cette condition, d'où résulterait pour lui une diminution de sa réserve ; il est de principe, en effet, que le *de cujus* ne peut grever la réserve d'aucune condition qui restreigne ou entrave le droit du réservataire (V. *suprà*, n° 209).

250. La question de savoir si des immeubles peuvent être donnés à la femme sous la condition que le mari n'en

(1) (Dinant *C.* Deflandre.) — Le sieur Dinant, marié sous le régime de la communauté légale, avait vendu certains immeubles avec faculté de rachat à un sieur Deflandre. Des difficultés se sont élevées plus tard sur la validité de cette vente et un jugement du tribunal de Dinant en date du 7 févr. 1857 l'a déclarée nulle comme constituant un contrat pignoratif. Ce jugement ayant été frappé d'appel, la dame Dinant est intervenue devant la cour et a prétendu que lesdits immeubles lui appartenaient en propre pour moitié. — Arrêt.
La cour ;... — Attendu, en ce qui concerne l'intervention, que la femme Dinant réclame à tort comme lui étant propre une partie des immeubles engagés par son mari sans son consentement; — Qu'en effet, cette partie de biens se trouvait comprise dans une donation qui lui avait été faite conjointement à elle et à son mari par les père et mère de ce dernier; qu'il est de règle générale que tous les immeubles acquis pendant le mariage, à quelque titre que ce soit, entrent dans la communauté, et que si en matière de donation les art. 1405 et 1406 c. civ. contiennent une exception à cette règle, ce n'est que pour le cas d'une donation d'immeubles faite seulement à l'un des époux pendant le mariage, ou d'une donation faite à l'un des époux par ses propres ascendants; mais que non seulement dans l'espèce, la

donation a été faite aux deux époux, et n'a pas été faite à la femme par ses propres père et mère, mais qu'il résulte des clauses même de l'acte que ce n'est pas pour moitié et personnellement à chacun des époux que les père et mère du mari ont entendu faire la donation, mais bien à la communauté à qui des charges assez lourdes étaient imposées; qu'ainsi les biens dont il s'agit faisant partie de la communauté, le mari appelant a pu en disposer sans le concours de sa femme; d'où il suit que la réclamation et l'intervention de cette dernière ne sont pas fondées;
Par ces motifs, met l'appellation et ce dont est appel à néant, en ce que les premiers juges, en ordonnant à l'appelant Dinant d'accepter les offres de l'intimé, ont donné à l'acte du 8 nov. 1846 les effets d'une vente à pacte de réméré; émendant quant à ce, dit que ce contrat constitue une antichrèse; autorise, en conséquence, l'intimé à se mettre en possession des immeubles repris dans le contrat, pour y percevoir les fruits à concurrence de sa créance de 519 fr. en principal, plus les intérêts légaux et autres accessoires; — Confirme le jugement dont est appel en ce qu'il a déclaré non fondée l'intervention de la femme.
Du 11 mars 1859.-C. de Liège, 2° ch.-MM. Baze et Delbouille, av.

aura pas l'administration ou que la femme pourra en toucher les revenus sur ses seules quittances, est examinée au *Rép.* nos 786 et suiv. L'affirmative, comme nous l'avons dit, est admise par la plupart des auteurs et par la jurisprudence, sauf la restriction qui va être indiquée (V. outre les arrêts et les auteurs cités au *Rép. ibid.* : Demolombe, *Cours de code civil,* t. 4, n° 171 ; Rodière et Pont, 2e éd., t. 15, n° 594 ; Marcadé, t. 5, art. 1404 à 1406, n° 3 ; Aubry et Rau, t. 5, § 507, note 24, p. 287 ; Laurent, t. 21, n° 75). Si, toutefois, la femme était héritière réservataire du donateur, la condition dont il s'agit ne serait valable, d'après la jurisprudence, que jusqu'à concurrence de la quotité disponible du disposant, et elle devrait être réputée non écrite pour les biens qui feraient partie de la réserve. C'est ce qui résulte des principes posés par la cour de cassation dans l'arrêt de la chambre civile du 6 mai 1885, que nous avons déjà cité *supra,* n° 209.

§ 3. — Arrangements de famille faits en avancement d'hoirie (*Rép.* nos 792 à 801).

251. Sont encore exclus de la communauté les immeubles acquis par les époux en vertu de certains arrangements de famille prévus par l'art. 1406 c. civ., qui dispose que l'immeuble cédé à l'un des époux par son ascendant, en payement de ce que cet ascendant lui doit ou à la charge d'acquitter les dettes de cet ascendant envers des tiers, reste propre à l'époux donataire, sauf récompense envers la communauté. Cette disposition, comme on l'a dit au *Rép.* n° 793, est exceptionnelle, en ce sens notamment qu'elle exclut de la communauté un immeuble qui devrait y tomber comme étant acquis à titre onéreux. Ainsi, il faut, pour que l'art. 1406 soit applicable, que la cession soit faite par un ascendant ; si elle était faite par un parent collatéral ou par un descendant, l'immeuble cédé deviendrait un conquêt (*Rép.* n° 794 ; Rodière et Pont, 2e éd., t. 1, n° 586 ; Laurent, t. 21, n° 317 ; Guillouard, t. 1, n° 459).

252. Il faut encore, pour que l'immeuble soit propre, malgré le caractère onéreux de la cession, qu'il soit abandonné à l'une ou à l'autre de ces deux conditions : en payement de ce qui est dû par l'ascendant ou à la charge de payer les dettes de celui-ci. Si l'abandon était fait à d'autres conditions, l'immeuble, en règle générale, tomberait en communauté, sauf cependant le cas où l'ascendant aurait exprimé une volonté contraire (V. *Rép.* n° 795 ; Caen, 1er août 1844, *ibid.* n° 796. V. aussi Rodière et Pont, t. 1, n° 587 ; Aubry et Rau, t. 5, § 507, note 60, p. 300 ; Laurent, t. 21, n° 320 ; Guillouard, t. 1, n° 457).

253. Mais l'art. 1406 est applicable, comme nous l'avons dit au *Rép.* n° 799, lors même que l'époux auquel l'abandon est fait n'est pas l'héritier présomptif de l'ascendant, pourvu qu'il soit seulement son descendant (Colmet de Santerre, t. 6, n° 34 *bis* VI ; Laurent, t. 21, n° 318 ; Guillouard, t. 1, n° 460). Et il n'importe que l'immeuble soit cédé en payement de la dot promise par l'ascendant ou de toute autre dette de ce dernier envers l'époux (*Rép.* n° 800 ; Rodière et Pont, 2e éd., t. 1, n° 583 ; Laurent, t. 21, n° 321 ; Guillouard, t. 1, n° 458).

§ 4. — Echange et subrogation (*Rép.* nos 802 à 810).

254. L'immeuble acquis en échange d'un propre n'entre point en communauté et est subrogé au lieu et place du propre aliéné (c. civ. art. 1407). A la différence du remploi, qui suppose qu'un immeuble est acquis avec des deniers propres et qui exige une déclaration de la part du mari et, s'il est fait au profit de la femme, l'acceptation de celle-ci, l'échange confère de plein droit la qualité de propre à l'immeuble acquis (Rodière et Pont, 2e éd., t. 1, n° 654 ; Laurent, t. 21, n° 355 ; Guillouard, t. 1, n° 464. — Comp. Nancy, 3 mars 1869, aff. Thouveny, D. P. 69. 2. 85).

255. Il résulte d'un arrêt, confirmé par la cour de cassation, que l'acte authentique constatant l'échange d'un propre de la femme avec un autre immeuble fait foi contre le mari, au profit de la femme, et que le mari n'est point recevable à se prévaloir, à l'encontre de celle-ci, de ce

qu'il y aurait eu, en réalité, deux ventes, l'une faite par la femme à son prétendu coéchangiste, et l'autre faite par ce dernier, non à la femme, mais à la communauté, et que ces deux ventes ont été dissimulées sous l'apparence d'un contrat d'échange dans le but frauduleux de la soustraire au droit proportionnel de vente, alors d'ailleurs que la femme n'a pas été complice de la fraude et n'en a même pas eu connaissance (Dijon, 26 nov. 1857, et sur pourvoi, Req. 22 nov. 1859, aff. d'Aligny, D. P. 60. 1. 10).

256. L'art. 1407 portant que l'immeuble acquis en échange est propre « sauf la récompense s'il y a soulte », il est certain, en principe, que l'immeuble acquis est propre pour la totalité, bien qu'une soulte soit payée par la communauté pour la plus-value de cet immeuble. Mais si cette soulte est considérable, si elle est supérieure à la valeur du propre immeuble propre cédé à titre d'échange, la question de savoir si néanmoins l'immeuble acquis sera propre est controversée. Cette question est traitée au *Rép.* n° 804. Elle a donné lieu, comme nous l'avons dit, à diverses opinions. Les uns, s'appuyant sur le texte de l'art. 1407, soutiennent que l'immeuble doit être propre dans tous les cas et quelle que soit l'importance de la soulte (Laurent, t. 21, n° 357). Les autres estiment, avec Pothier, *Traité de la communauté,* n° 197, que l'immeuble doit être considéré comme propre pour partie, jusqu'à concurrence de la valeur de l'immeuble cédé, et comme conquêt pour le surplus, à concurrence de la valeur de la soulte (Rodière et Pont, 2e éd., t. 1, nos 649 et suiv. ; Marcadé, art. 1407, n° 1 ; Aubry et Rau, t. 5, § 507, note 62, p. 301). D'autres enfin, appliquant ici la règle *Major pars trahit ad se minorem,* décident que l'immeuble acquis sera propre ou conquêt pour le tout, suivant que le caractère prédominant du contrat sera celui d'un échange ou d'une vente, c'est-à-dire suivant que la valeur de la soulte sera notablement inférieure à celle du propre cédé ou qu'elle lui sera supérieure. Et dans l'hypothèse où le propre cédé et la soulte seront à peu près d'égale valeur, on devra, disent les partisans de cette troisième opinion, prendre le contrat *ut sonat,* le considérer comme un échange, puisque c'est un échange que les parties ont entendu faire et, par suite, dire que l'immeuble acquis sera propre pour le tout, sauf récompense (Colmet de Santerre, t. 6, n° 35 *bis* II et suiv. ; Guillouard, t. 2, n° 466).

La jurisprudence n'a adopté formellement jusqu'ici aucune de ces diverses théories. Dans une espèce où des époux avaient échangé tout à la fois des immeubles propres et des conquêts contre d'autres immeubles, en stipulant que les immeubles acquis « tiendraient même nature » que ceux abandonnés, un arrêt a décidé que ces nouveaux immeubles étaient demeurés propres aux époux pour la part correspondant aux immeubles que chacun d'eux avait fait entrer dans la masse donnée en échange ; qu'en conséquence, les héritiers de l'un des époux avaient le droit de prélever sur les biens acquis une portion représentant la part propre à leur auteur, sauf à la faire déterminer par une expertise et à faire liciter le tout, si le retranchement de cette part en nature devait déprécier sensiblement l'ensemble (Nancy, 3 mars 1869, aff. Thouveny, D. P. 69. 2. 85). — Dans une autre espèce, deux époux avaient acquis de la ville de Paris un terrain, sur lequel ils avaient depuis, en exécution d'une des conditions du contrat, élevé des constructions ; ils avaient fait cette acquisition en échange d'une maison propre au mari, expropriée pour cause d'utilité publique, et en outre moyennant l'abandon de l'indemnité à eux due pour le déplacement de leur industrie et le payement à la ville d'une soulte de 25000 fr. Dans le partage de la communauté fait après la mort du mari, l'immeuble acquis et augmenté des constructions avait été considéré comme propre au mari dans la proportion de l'immeuble cédé en échange et comme acquêt pour le surplus, puis on l'avait attribué en totalité à la veuve à la charge d'une soulte de 90000 fr. La cour de cassation, ayant à résoudre le point de savoir si cette soulte était passible du droit de licitation à 1 p. 100 ou du droit de vente à 5 fr. 50 p. 100, a décidé que l'immeuble était propre pour le tout à la succession du mari, comme ayant été subrogé au lieu et place de la maison aliénée, sauf récompense, conformément à l'art. 1407 c. civ., et que, par conséquent, l'attribution de

l'immeuble entier à la veuve, moyennant une soulte, dans le partage de la communauté et de la succession du mari, constituait une vente passible du droit de 5 fr. 50 p. 100 sur la valeur intégrale de l'immeuble (Civ. rej. 9 août 1870, aff. Reydellet, D. P. 71. 1. 156). Mais il est inexact de dire, comme le fait M. Laurent, t. 21, n° 358, que par cet arrêt la cour de cassation a consacré le système d'après lequel l'immeuble acquis en échange d'un propre et moyennant une soulte doit être propre dans tous les cas et si minime que soit l'importance du propre aliéné par rapport à celle de la soulte payée par la communauté. Dans l'espèce, en effet, sur laquelle la cour a statué, la plus-value de l'immeuble acquis avait été augmentée par les constructions élevées pendant la communauté, mais elle était bien moins considérable lors de l'échange, et la soulte payée alors par les époux n'excédait pas la valeur du propre donné en échange.

257. L'immeuble propre échangé pendant le mariage contre un autre immeuble peut consister en un droit d'usufruit ; l'art. 1407 n'en est pas moins applicable. Il n'y a pas alors à distinguer si la communauté se dissout ou non par la mort de l'époux usufruitier. Il est bien vrai que la communauté profitait seule de l'usufruit, et que, si elle est dissoute par la mort de l'usufruitier, l'immeuble acquis en échange représente les profits dont la communauté a été privée par suite de l'échange. Mais cet immeuble n'en est pas moins propre à la succession de l'époux auquel appartenait l'usufruit (Angers, 25 mai 1859, aff. Chicot, D. P. 59. 2. 153 ; Rodière et Pont, t. 1, n° 647). Toutefois, la question de savoir si la communauté a droit, en pareil cas, à une récompense de la part de l'époux qui a cédé son droit d'usufruit est controversée (V. Rép. n° 1508, et infrà, n° 563).

258. L'art. 1407 c. civ. ne prévoit que l'échange d'un immeuble propre contre un autre immeuble. Mais un propre immobilier peut être échangé contre un meuble déterminé ou contre une créance, contre une rente viagère. Dans cette hypothèse, comme nous l'avons dit au Rép. n° 807, Pothier décidait que le meuble ou la créance restait propre à l'époux qui était propriétaire de l'immeuble, et cette solution paraît devoir encore être admise (Rodière et Pont, t. 1, n° 648 ; Guillouard, t. 2, n° 468).

§ 5. — Réunion à un propre d'une part indivise du même fonds (Rép. n°s 811 à 860).

259. L'art. 1408 c. civ. prévoit deux hypothèses distinctes, qui sont examinées séparément au Rép. n°s 811 et suiv. La première hypothèse est celle où ils se rendent acquéreurs pendant le mariage d'une part indivise d'un immeuble dont l'un ou l'autre époux était déjà copropriétaire pour partie ; l'art. 1408, 1er al., dispose que cet immeuble ne forme point un conquêt. La seconde hypothèse est celle où le mari acquiert en son nom personnel un immeuble dont la femme est propriétaire par indivis ; l'art. 1408, 2e al., accorde alors à la femme le droit de prendre l'immeuble comme propre ou de l'abandonner à la communauté ; ce droit d'option constitue ce qu'on appelle le *retrait d'indivision*.

D'après l'opinion générale, l'art. 1408, dans ses deux dispositions, est applicable, non seulement sous le régime de la

communauté légale ou conventionnelle, mais encore sous le régime dotal (V. pour le 1er alinéa : Pau, 27 juill. 1885, aff. Pic, D. P. 86. 2. 186, et pour le 2e alinéa : Rép. n° 832, et infrà, n°s 269 et suiv.).

260. — Première hypothèse. — Acquisition d'une part indivise d'un immeuble dont l'un ou l'autre époux est copropriétaire (Rép. n°s 812 à 828). — La règle établie par l'art. 1408, § 1er, ainsi qu'on l'a observé au Rép. n° 814, n'est point une simple présomption, susceptible de s'effacer devant la preuve d'une volonté contraire de la part des époux ; c'est une disposition impérative, qui s'applique par cela seul que l'un des époux était déjà copropriétaire par indivis de l'immeuble acquis, et quel que soit celui des époux au nom duquel l'acquisition a été faite. Quand même l'immeuble est acheté conjointement par les deux époux, il reste propre à celui qui en était déjà propriétaire pour partie (Amiens, 3 juin 1847, aff. Delignières, ibid. ; Pau, 27 juill. 1885, aff. Chevalier, ibid. ; Pau, 27 juill. 1885, aff. Pic, D. P. 86. 2. 186). Si c'est la femme qui était copropriétaire et si c'est le mari qui achète, l'immeuble est également propre à la femme, sauf pour elle la faculté, qui lui est laissée par l'art. 1408, § 2, d'abandonner l'immeuble à la communauté (Civ. rej. 2 déc. 1867, aff. Videau, D. P. 67. 1. 469 ; 17 févr. 1886, aff. Commune de Bazas, D. P. 86. 1. 249. V. infrà, n° 280). Enfin les auteurs s'accordent à reconnaître que l'immeuble est propre nonobstant toutes stipulations contraires qui seraient insérées dans l'acte d'acquisition (Rodière et Pont, t. 1, n° 599 ; de Folleville, t. 1, n° 182 bis ; Laurent, t. 2, n° 524).

261. Une première condition est nécessaire pour l'application de l'art. 1408 ; il en est traité au Rép. n°s 817 et suiv. : il faut que l'un des époux ait réellement un droit de copropriété indivis sur l'immeuble acheté, lorsque l'acquisition en est faite. — Il ne suffit pas que l'immeuble fût resté l'objet d'une jouissance indivise entre l'époux et les autres copropriétaires, si la propriété en avait été partagée avant l'acquisition (Douai, 10 mars 1828, Rép. n° 821 ; Rodière et Pont, t. 1, n° 608 ; Laurent, t. 21, n° 325 ; de Folleville, t. 1, n° 185 ; Guillouard, t. 2, n° 517).

Il a été jugé que l'art. 1408 n'est pas applicable au cas où une maison acquise pendant le mariage, sans être indivise avec la maison voisine qui appartient à l'un des époux, a été réunie à cette maison par la suppression d'une porte et d'un escalier (Paris, 24 janv. 1866) (1).

262. Il n'y a aucune indivision entre l'usufruitier et le nu-propriétaire. Si donc pendant le mariage la communauté acquiert l'usufruit d'un immeuble dont la nue propriété appartient à l'un des époux, ou, à l'inverse, si elle acquiert la nue propriété d'un immeuble dont l'un des époux est usufruitier, ce n'est plus l'hypothèse de l'art. 1408, et cet article, par conséquent, cesse d'être applicable ; l'époux conserve la nue propriété ou l'usufruit qui lui est propre, et la communauté garde ce qu'elle a acquis (de Folleville, t. 1, n° 188 et suiv. ; Guillouard, t. 2, n° 519).

263. Mais pourvu que l'indivision existe, il importe peu, pour l'application de l'art. 1408, que le droit indivis de l'époux soit plus ou moins étendu. Il n'y a pas à se préoccuper non plus de la cause qui a donné naissance à l'indivision ni

---

(1) (Pichon C. Lavialle.) — La cour ; — Considérant que la femme Pichon, veuve en premières noces de Bertrand Lavialle, décédé le 12 oct. 1863, demande que, préalablement aux compte, liquidation et partage des succession et communauté Lavialle, entre elle et ses deux enfants mineurs, il soit procédé à la liquidation d'un immeuble situé à Paris, impasse Berthaud, lequel est composé de deux maisons qui ont été réunies, et portent aujourd'hui le numéro 14 ; — Considérant qu'il n'est pas contesté que la maison acquise par Lavialle en 1833, avant son mariage, lui soit propre, quoique la prix, en grande partie, et les dépenses occasionnées par la surélévation, aient été payés par la communauté, à laquelle seulement il est dû récompense à raison de ces payements ; que le débat porte uniquement sur le point de savoir si la maison n° 6 acquise en 1840 est un conquêt ou si elle est propre à la succession Lavialle, comme la maison n° 8, à laquelle elle a été unie et incorporée par suite de la suppression d'une porte et de l'un des escaliers ; — Considérant qu'il ne suffit pas que deux immeubles contigus, et qui constitueraient l'un propre et l'autre un conquêt de communauté, aient été réunis pendant le mariage, pour leur enlever le caractère distinct qui leur appartenait et pour faire considérer le conquêt comme

l'accessoire de l'immeuble propre à l'un des époux ; — Que le principe de l'accession établi par l'art. 1408 c. nap. ne reçoit d'application que lorsqu'il s'agit d'une acquisition faite par l'un des époux, déjà propriétaire d'une partie indivise dans un immeuble de la portion de son copropriétaire ; que dans ce cas seulement, et comme conséquence de cette règle qu'en matière de succession et d'indivision, l'immeuble acquis par l'un des cohéritiers ou copropriétaires est censé avoir passé entre les mains de celui qui l'a acheté au même titre que la part qu'il possédait auparavant, l'acquisition ne forme pas un conquêt ; mais que, dans l'espèce, l'exception établie par l'art. 1408 au principe que les immeubles acquis pendant le mariage font partie de la communauté, ne peut être invoquée au nom des mineurs Lavialle, leur père n'ayant eu aucun droit de copropriété indivise dans la maison portant le numéro 6, et par lui acquise en 1840 ; — Que les deux maisons incorporées et réunies n'étant pas susceptibles de division, la femme Pichon est fondée à demander qu'il soit procédé à leur licitation ; — Par ces motifs, réformant, etc.

Du 24 janv. 1866.-C. de Paris, 4e ch.-MM. Tardif, pr.-Sallé, av. gén.-de Jouy et Duverdy, av.

de l'époque à laquelle elle a commencé. Du moment où l'un des époux a un droit de propriété indivis sur l'immeuble acheté, cet immeuble lui devient propre pour le tout (V. *Rép.* n°s 818 et suiv.; de Folleville, t. 1, n° 184; Guillouard, t. 2, n° 520).

264. Nous avons dit au *Rép.* n° 821 qu'une seconde condition est requise pour que l'art. 1408 soit applicable : c'est que l'acquisition fasse cesser réellement et totalement l'indivision. Cette condition était exigée, en effet, par quelques arrêts, et plusieurs auteurs la considèrent encore comme nécessaire (V. outre les autorités citées au *Rép.* n°s 821 et suiv. : Douai, 13 janv. 1852, aff. Manten, D. P. 52. 2. 295; Rodière et Pont, t. 1, n° 609; Pont, *Revue critique*, année 1851, t. 1, p. 203 et suiv., p. 528 et suiv.; de Folleville, t. 1, n° 185). Mais, d'après une jurisprudence qui paraît aujourd'hui établie, l'art. 1408 s'applique même au cas où l'acquisition n'a eu pour résultat que d'accroître la part de l'époux propriétaire par indivis, sans faire cesser complètement l'indivision et sans présenter dès lors les caractères constitutifs d'un partage. Cette jurisprudence s'appuie principalement sur la généralité des termes de l'art. 1408, lequel n'exige qu'une chose pour que l'immeuble acheté soit propre, c'est qu'il s'agisse d'une portion d'un immeuble dans lequel l'un des époux avait des droits de propriété indivis. On allèguerait en vain, a dit la cour de cassation, que l'art. 1408 n'est qu'un corollaire de l'art. 883 c. civ., et qu'il ne peut s'appliquer que dans les cas où ce dernier article s'appliquerait lui-même; l'art 1408, édicté dans l'intérêt de l'unification de la propriété, est indépendant de l'art. 883, qui, relatif aux effets du partage et à la garantie des lots en matière de succession, repose sur un ordre d'idées différent (Civ. rej. 30 juin 1865, aff. Cerveau, D. P. 65. 1. 190. V. aussi Amiens, 22 juin 1848, aff. Chevalier, D. P. 49. 2. 31-32; Bruxelles, 27 janv. 1855 (1); Bourges, 20 août 1855, aff. Molleron, D. P. 56. 2. 41; Orléans, 13 août 1856, aff. Besnard-Dumans, D. P. 57. 2. 7; Pau, 6 juin 1860, aff. Bidart, D. P. 60. 2. 198; Bordeaux, 18 janv. 1866, aff. Videau, D. P. 67. 1. 469; 15 mai 1871, aff. Portes, D. P. 71. 2. 237; Lyon, 24 janv. 1876, aff. Letiévent, D. P. 78. 2. 38; Marcadé, t. 5, art. 1408, n° 1; Aubry et Rau, t. 5, § 507, note 94, p. 311; Laurent, t. 21, n° 329; Guillouard, t. 2, n° 521).

265. La portion indivise de l'immeuble dont l'un des époux est copropriétaire devient propre à cet époux, lorsqu'elle est acquise pendant le mariage, quel que soit d'ailleurs, comme nous l'avons dit au *Rép.* n° 822, le mode ou le titre de l'acquisition. Il importe peu que l'acte d'acquisition soit une vente, une licitation ou une transaction. — Il a été jugé que l'art. 1408 doit être appliqué lors même que l'acquisition a été faite par plusieurs actes distincts et successifs (Req. 30 janv. 1850, aff. Vimard, D. P. 50. 1. 174; Paris, 3 déc. 1850, aff. Lecoq, D. P. 51. 2. 223; Pau, 6 juin 1860, aff. Bidart, D. P. 60. 2. 198).

266. Nous avons examiné au *Rép.* n° 827 et suiv.

la question de savoir si l'on doit considérer comme propre l'immeuble dans lequel l'un des époux avait des droits indivis, lorsque cet immeuble a été acheté sur une saisie pratiquée contre l'époux et les autres copropriétaires indivis. Avec le plus grand nombre des auteurs, nous avons admis l'affirmative, qui avait été adoptée par un arrêt de la cour d'Amiens, du 3 mars 1815. Mais nous avons rapporté un arrêt de la cour de Paris, du 2 juin 1847, d'après lequel l'adjudication prononcée en justice en faveur de l'époux copropriétaire constituait un titre nouveau d'acquisition et devait avoir pour effet de faire de l'immeuble un conquêt. Pour réfuter cette doctrine, il suffit de remarquer que, si la vente sur saisie est une vente forcée, elle n'en est pas moins une vente dans laquelle la partie saisie conserve la qualité de venderesse et demeure même tenue de certaines obligations de garantie; s'il en est ainsi, l'acquisition sur saisie est une acquisition comme une autre, dans laquelle l'époux réunit à la part qu'il possédait déjà la part des autres communistes; l'art. 1408 est donc applicable (Rodière et Pont, t. 1, n° 615; Aubry et Rau, t. 5, § 507, note 93, p. 311; Laurent, t. 21, n° 328; Guillouard, t. 2, n° 523).

Un autre arrêt a jugé également que l'immeuble indivis acquis sur saisie ne devient pas propre à l'époux copropriétaire, mais en vertu d'un autre motif. Dans l'espèce, c'était la femme qui avait une part indivise de l'immeuble, et c'était le mari qui s'en était rendu adjudicataire. On se trouvait donc dans l'hypothèse de l'art 1408, § 2. Or, dit l'arrêt, cette disposition, dont le but est de prémunir la femme contre l'abus possible de la puissance maritale, suppose que le mari, en se rendant acquéreur ou adjudicataire d'un immeuble dont sa femme est copropriétaire, a agi pour le compte et dans l'intérêt de cette dernière, en vertu d'un mandat qu'elle lui aurait tacitement conféré; or une telle présomption ne saurait être admise lorsque la femme est incapable d'acquérir elle-même l'immeuble (Bordeaux, 10 août 1870, aff. Sauquet, D. P. 71. 2. 153). L'art. 711 c. proc. civ. défend, en effet, à la partie saisie de se porter adjudicataire. Mais cet article a été édicté uniquement dans l'intérêt des créanciers, et il n'importe d'avoir un adjudicataire solvable; on a tort d'argumenter de cet article pour éluder l'application de l'art. 1408, dont les créanciers ne peuvent souffrir aucun préjudice. Au surplus, la disposition de l'art. 1408, § 2, s'explique suffisamment par la volonté du législateur de protéger l'intérêt de la femme, sans qu'on ait besoin de faire intervenir la présomption d'un mandat tacite conféré par elle au mari. Nous pensons donc que cette disposition doit recevoir son application aussi bien dans le cas d'acquisition sur expropriation forcée qu'à l'occasion de toute autre acquisition (V. en ce sens : de Folleville, t. 1, n°s 199 et suiv.; Guillouard, t. 2, n° 543).

267. L'immeuble acquis pendant le mariage devenant propre par cela seul qu'au moment de l'acquisition l'un des époux en est copropriétaire, il est évident qu'à partir de ce

---

(1) (Épouse Lagache C. Syndic Lagache.) — LA COUR; — Attendu que la difficulté qui divise les parties se réduit à la question de savoir si la part indivise dans 1 hectare, 8 ares, 18 cent. de terre labourable, située à Chercq, que l'appelante a acquise, conjointement avec son mari, de François Choisez, par l'acte reçu par le notaire Simon, à Tournai, le 31 mars 1835, constitue un propre à l'appelante ou bien un acquêt de la communauté. — Attendu que, à l'époque de cette acquisition, ce bien appartenait pour une moitié au père de l'appelante et pour l'autre moitié à cette dernière et à ses trois sœurs; dont l'une était représentée par son fils François Choisez; qu'elles étaient, par conséquent, propriétaires par indivis dudit immeuble, chacun pour un huitième; — Attendu que, dans cet état de choses, l'appelante a acquis, conjointement avec son mari, de François Choisez, par l'acte préappelé du 31 mars 1835, le huitième indivis qui lui appartenait alors dans cet immeuble; — Attendu que l'appelante soutient que ce huitième indivis constitue un propre dans son chef et qu'elle base sa demande sur l'art. 1408 c. civ.; — Attendu que les dispositions de cet article sont fondées sur les règles décrétées par le code civil en matière de partage; — Que, dès lors, il y a lieu d'examiner si l'acquisition faite par l'appelante le 31 mars 1835 tient lieu de partage, ou si cette acquisition doit être envisagée comme une vente ordinaire; — Attendu que, aux termes de l'art. 883 c. civ., le partage ou la licitation faite au profit de l'un des copartageants est déclarative de propriété; — Attendu que, suivant l'art. 888 du même code, tout acte qui a pour objet de

faire cesser l'indivision entre cohéritiers tient lieu de partage; — Attendu que l'art. 889 envisage comme un partage la vente de droits successifs faite à l'un des cohéritiers par l'un d'eux; — Attendu qu'il suit de ce qui précède que, dans l'intention du législateur, comme en vertu du texte de ces articles, l'on doit réputer partage tout acte, sous quelque dénomination qu'il soit désigné, qui a pour but final de sortir de communauté, alors qu'il n'aurait pour effet immédiat que de diminuer le nombre des communistes; — Attendu que ces principes étaient suivis dans l'ancienne jurisprudence française, ainsi que nous l'atteste Pothier, notamment, dans ses notes sur l'art. 16 de la coutume d'Orléans, de même que différents arrétistes, et que le code civil, loin de vouloir y déroger, les a formellement sanctionnés par ces articles, comme le constate Chabot (de l'Allier) dans son rapport au Tribunat; — Attendu qu'il s'ensuit que l'acquisition faite par l'appelante, conjointement avec son mari, le 31 mars 1835, du huitième indivis dans l'immeuble susdésigné, entre François Choisez, tient lieu de partage; que, dès lors, ce huitième constitue un propre dans le chef de l'appelante, à la charge par elle d'indemniser la communauté, s'il y a lieu; — Par ces motifs, met le jugement dont appel à néant; émendant, dit pour droit que les 13 ares, 52 cent. de terre labourable, qui ont fait l'objet de l'acquisition du 31 mars 1835, forment un propre de l'appelante.

Du 27 janv. 1855.-C. de Bruxelles, 2° ch.-MM. Mersman et Wenseleer, av.

moment c'est cet époux seul qui a le droit d'en disposer. Dans un cas où l'immeuble était ainsi devenu un propre de la femme, il a été jugé que le mari n'avait pu postérieurement conférer une hypothèque sur cet immeuble sans le concours de la femme, et que celle-ci était bien fondée à demander la mainlevée de cette hypothèque (Pau, 27 juill. 1885, aff. Pic, D. P. 86. 2. 186).

268. La règle de l'art. 1408, § 1er, est-elle encore applicable dans l'hypothèse où l'acquisition porte, non pas sur un ou plusieurs immeubles déterminés, mais sur des droits successifs mobiliers et immobiliers des cohéritiers de l'un des conjoints ? La question est controversée. Le texte de la loi parle de « l'acquisition.... de portion d'un immeuble ». En outre, ce texte a pour objet d'apporter une exception à la règle générale de l'art. 1401, § 3, d'après laquelle les immeubles acquis pendant le mariage tombent dans la communauté. C'est pourquoi l'on a soutenu que l'art. 1408 doit être interprété restrictivement et que son application ne peut être étendue au cas d'acquisition de parts indivises dans une succession en partie mobilière et en partie immobilière (Laurent, t. 21, n° 331). Cependant l'opinion contraire prévaut dans la doctrine et dans la jurisprudence. Et, en effet, comme l'observent MM. Aubry et Rau, t. 5, § 507, note 95, p. 312, le mot *immeuble* est employé dans l'art. 1408, comme dans les articles précédents, par opposition au mot *meuble*, pour distinguer les objets qui par leur nature sont exclus de la communauté de ceux qui en font partie. C'est ainsi que dans l'art. 1404, le législateur a dit que « si l'un des époux avait acquis *un immeuble* depuis le contrat de mariage, contenant stipulation de communauté, et avant la célébration du mariage, *l'immeuble* acquis dans cet intervalle entrera dans la communauté. » Personne ne doute que cette règle ne soit applicable aussi bien à l'acquisition de droits successifs immobiliers qu'à celle d'un immeuble déterminé. La même expression *un immeuble*, dans l'art. 1408, ne s'oppose donc nullement à ce que la règle de cet article soit étendue également à l'acquisition d'une part indivise dans une succession composée de meubles et d'immeubles. Or cette extension est commandée par l'esprit de la loi, par le but de l'art. 1408, comme d'empêcher l'indivision entre les époux. D'ailleurs, dès l'instant qu'il y a des immeubles dans la succession, qu'importe qu'il y ait en même temps des meubles ? L'acquisition, en tant qu'elle porte sur les immeubles, rentre complètement dans l'hypothèse de la loi. Les immeubles doivent donc rester propres à l'époux qui en était copropriétaire. Quant à la récompense qui sera due par cet époux à la communauté, elle ne pourra, il est vrai, si les droits mobiliers et immobiliers ont été acquis moyennant un prix unique, être fixée que par une ventilation ; mais, comme le remarquent encore MM. Aubry et Rau, *loc. cit.*, cette mesure devient toujours nécessaire en pareil cas, pour déterminer la quote-part du passif tombant à la charge de la communauté et celle qui incombe à l'époux héritier (V. en ce sens : Amiens, 3 juin 1847, aff. Delignières, D. P. 49. 2. 31 ; 22 juin 1848, aff. Chevalier, *ibid.* ; Bourges, 20 août 1855, aff. Molleron, D. P. 56. 2. 41 ; Pau, 6 juin 1860, aff. Bidart, D. P. 60. 2. 198 ; de Folleville, t. 4er, n° 190 ; Guillouard, t. 2, n° 526). — Au surplus, la même question se présente sur l'art. 1408, § 2 (V. *Rép.* n° 837, et *infrà*, n° 270).

269. — DEUXIÈME HYPOTHÈSE. — ACQUISITION PAR LE MARI, SEUL ET EN SON NOM PERSONNEL, D'UNE PART INDIVISE D'UN IMMEUBLE DONT LA FEMME EST COPROPRIÉTAIRE (*Rép.* n°s 829 à 860). — Comme nous l'avons constaté au *Rép.* n° 832, on admet généralement, dans la doctrine et dans la jurisprudence, que le droit d'option accordé à la femme dans cette hypothèse peut être exercé par la femme mariée sous le régime dotal, aussi bien que par la femme commune (V. outre les auteurs et les arrêts cités au *Rép. ibid.* : Rodière et Pont, t. 4, n° 620 ; Aubry et Rau, t. 5, § 537, note 140, p. 595 ; de Folleville, t. 4er, n° 194 *bis* ; Guillouard, t. 2, n° 546 ; Grenoble, 18 août 1854, aff. Petit, D. P. 56. 2. 64 ; Req. 1er mai 1860, aff. Robellet, D. P. 60. 1. 511 ; Riom, 15 nov. 1869, aff. Queyron, D. P. 69. 2. 231 ; Pau, 27 juill. 1885, aff. Pic, D. P. 86. 2. 186 ; Civ. rej. 26 janv. 1887, aff. Roziès, D. P. 87. 1. 275). — M. Laurent, t. 21, n° 334, soutient toutefois que l'art. 1408 suppose nécessairement l'existence d'une communauté ou au moins d'une société d'acquêts, et qu'il

n'est pas applicable lorsque les époux ont adopté le régime dotal pur et simple. Cet auteur reconnaît cependant que le législateur aurait dû reproduire pour la femme dotale la disposition de l'art. 1408 ; mais, dit-il, il ne l'a pas fait, et l'interprète n'a pas le droit de le faire en étendant au régime dotal une disposition qui implique la communauté. M. Guillouard, *loc. cit.*, répond à cet argument par l'historique de la rédaction du titre du *contrat de mariage* : « Le régime dotal n'avait pas sa place dans le projet du code, et les dispositions laconiques que l'on a consacrées, après coup, à ce régime, doivent être complétées par l'interprétation. Or, lorsqu'on déclare que la femme dotale jouit du droit d'option, on n'étend pas l'art. 1408, on interprète les droits de la femme dotale comme ils ont toujours été interprétés, on en comble une lacune du texte du chapitre du *Régime dotal* ». Il est certain, en effet, que les motifs qui ont déterminé le législateur à édicter l'art. 1408, et qui tendent à faire cesser l'indivision et à sauvegarder les intérêts de la femme, n'ont pas moins de force sous le régime dotal que sous le régime de la communauté. De plus, il serait vraiment étrange qu'une disposition qui remonte au droit romain et qui a été étendue, dans l'ancien droit, du régime dotal au régime de la communauté, ne fût plus applicable maintenant sous le régime même auquel elle doit son origine.

270. Pour qu'il y ait lieu au droit d'option, avons-nous dit au *Rép.* n° 836, l'acquisition doit réunir ces trois conditions : porter sur tout ou partie d'un immeuble déterminé, être faite à titre onéreux, et être opérée par le mari seul et en son nom personnel.

En ce qui touche la première condition, se pose la question de savoir si, dans le cas où le mari s'est rendu acquéreur, non d'une part indivise d'un immeuble, mais de la part d'un cohéritier de la femme dans une succession en partie mobilière et en partie immobilière, l'art. 1408, § 2, est encore applicable. La même question a été examinée plus haut pour l'art. 1408, § 1er, et nous avons vu que la jurisprudence et la doctrine la résolvent en général par l'affirmative (V. *supra*, n° 268). En ce qui concerne l'art. 1408, § 2, un arrêt de la cour de cassation du 25 juill. 1844, rapporté au *Rép.* n° 837, a décidé, sous prétexte que cette disposition ne s'applique pas à une acquisition de droits éventuels et indéterminés comme les droits dans une succession mobilière et immobilière (V. dans le même sens : Riom, 15 nov. 1869, aff. Queyron, D. P. 69. 2. 231. V. aussi Rodière et Pont, t. 4, n° 627 ; Laurent, t. 21, n° 331). Mais deux arrêts plus récents ont été rendus dans le sens opposé (Pau, 28 juin 1869, aff. Couget, D. P. 70. 2. 175 ; Montpellier, 5 nov. 1870, aff. Prost, D. P. 70. 2. 226). D'après ces arrêts, l'art. 1408, § 2, autorise le retrait d'indivision tout aussi bien dans le cas où l'acquisition faite par le mari porte sur des droits successifs immobiliers dont la femme a une part indivise, que dans le cas où cette acquisition a pour objet un immeuble déterminé. A l'appui de cette doctrine, on peut dire qu'il n'y a pas de raison pour que la femme soit moins favorisée, moins protégée contre les abus de l'autorité maritale, dans un cas que dans l'autre ; que la solution contraire ne saurait, d'ailleurs, se justifier par le caractère aléatoire des cessions de droits successifs ; qu'au contraire, plus le désavantage ou le bénéfice d'un contrat peut être grand, plus il convient de réserver à la femme le droit de s'en exonérer ou d'en garder le profit (V. en ce sens : Aubry et Rau, t. 5, § 507, note 95, p. 312 ; Guillouard, t. 2, n° 526). — M. de Folleville, qui admet que l'art. 1408, § 1er, est applicable au cas de l'acquisition de droits successifs mobiliers et immobiliers, estime cependant que l'art. 1408, § 2, ne doit pas s'appliquer dans la même hypothèse (Comp. t. 1, n°s 190 et 196). Il motive cette diversité d'opinions sur le caractère particulièrement exorbitant et exceptionnel du retrait d'indivision.

Si les droits successifs, en partie mobiliers, en partie immobiliers, ont été acquis par le mari pour un prix unique, et que la femme soit admise à l'exercice du retrait d'indivision pour les droits immobiliers, il faudra évidemment, comme on l'a dit *supra*, n° 268, faire une ventilation pour déterminer la récompense qui sera due par la femme à la communauté.

271. Lorsque le contrat de mariage réserve comme

propres à la femme les successions et donations même mobilières qui lui adviendront, on peut se demander si le droit d'option de l'art. 1408 ne doit pas être étendu aux droits mobiliers achetés par le mari des cohéritiers ou copropriétaires de la femme. Les motifs qui ont fait établir le retrait d'indivision pour les immeubles tendraient évidemment à ce qu'il fût aussi, dans ce cas, admis pour les meubles. Mais la loi n'a parlé que des immeubles, et comme la disposition de l'art. 1408 a un caractère exceptionnel, l'identité de motifs ne suffit pas pour qu'on puisse l'étendre aux meubles (de Folleville, t. 1, nos 197 et suiv. ; Guillouard, t. 1, n° 543).

272. Pour que la femme puisse exercer le droit d'option, il est nécessaire qu'elle soit copropriétaire par indivis de l'immeuble acquis par le mari. Suivant ce qui a été dit à propos de l'art. 1408, § 1er, il ne suffirait pas que la femme eût la nue propriété de cet immeuble, alors que le mari se rendrait acquéreur de l'usufruit ou vice versa. Il n'y aurait pas lieu au retrait, notamment, si la femme n'avait sur l'immeuble acheté par le mari qu'un droit d'usage, même susceptible d'être cantonné (Montpellier, 9 janv. 1854, aff. Dusfour, D. P. 55. 2. 230).

Il faut, en second lieu, pour que la femme puisse exercer le droit d'option, qu'il s'agisse d'une acquisition à titre onéreux (V. Rép. n° 840). Peu importe que cette acquisition ait été faite par acte volontaire ou par adjudication. — Il a été jugé, toutefois, que la femme n'a pas le droit d'option dans le cas où le mari s'est rendu adjudicataire à la suite d'une saisie immobilière pratiquée tant contre la femme ellemême que contre ses cohéritiers (Bordeaux, 10 août 1870, aff. Sauquet, D. P. 71. 2. 153). Mais nous avons, supra, n° 266, critiqué cette décision, qui a contre elle la plupart des auteurs.

En troisième lieu, il faut que le mari ait acheté seul et en son nom personnel l'immeuble dans lequel la femme a une part indivise (V. Rép. n° 843). Il n'y aurait pas lieu à l'option, comme on l'a dit au Rép. n° 844, si le mari avait acheté l'immeuble au nom de la femme, avec le concours de celle-ci ou en vertu d'un mandat qu'elle lui aurait donné. De même, si la femme avait acheté personnellement, avec l'autorisation de son mari, l'immeuble lui serait acquis définitivement dès le jour de l'achat, et elle ne pourrait pas le laisser à la communauté (Motifs, Caen, 31 juill. 1858, V. infra, n° 280; Rodière et Pont, t. 1, n° 629; Marcadé, t. 5, art. 1408, n° 3; Aubry et Rau, t. 5, § 507, note 97, p. 313; Laurent, t. 21, n° 338; Guillouard, t. 1, n° 534).

273. Il peut se faire que le mari achète l'immeuble au nom de la femme, mais sans mandat de celle-ci et sans son concours dans l'acte. Dans ce cas, la femme conserve le droit d'option, car le mari ne saurait l'en priver par la manière dont il fait l'acquisition. M. Laurent, t. 21, n° 339, soutient qu'alors l'art. 1408, § 2, n'est pas applicable, parce qu'il prévoit seulement le cas où le mari achète en son nom personnel. D'après cet auteur, la femme peut seulement accepter, en la ratifiant, l'acquisition faite par le mari ; si elle ne ratifie pas, cette acquisition devient nulle, car le mari n'a point entendu acquérir pour lui ni pour la communauté, et c'est avec la femme que le vendeur a entendu traiter. Mais ce raisonnement est contraire à la règle qui veut qu'on interprète les conventions dans le sens où elles sont valables et non dans le sens de la nullité. Quand le mari déclare acheter au nom de la femme, cette déclaration signifie seulement qu'il offre à la femme de prendre l'acquisition pour elle, comme lorsqu'il déclare acheter un immeuble pour servir de remploi à des deniers propres à la femme ; on ne doit pas facilement présumer que la convention est subordonnée à une condition purement potestative pour la femme et ne constitue en réalité de la part du vendeur qu'une promesse de vente. Si la femme ne l'accepte pas, de même que lorsqu'elle n'accepte pas le remploi, l'immeuble reste à la communauté. Si, au contraire, elle accepte, l'immeuble alors lui devient propre, et il importe peu que ce soit par l'effet d'une ratification ou par application de l'art. 1408, § 2 ; dans les deux hypothèses le résultat est le même (V. en ce sens : Rodière et Pont, t. 1, n° 627 ; Marcadé, t. 5, art. 1408, n° 3 ; Aubry et Rau, t. 5, § 507, note 97, p. 313 ; de Folleville, t. 1, n° 200 bis ; Guillouard, t. 2, nos 535 et suiv.).

L'art. 1408, 2°, al., est également et à plus forte raison applicable au cas où le mari a déclaré faire l'acquisition tant pour lui que pour sa femme (Civ. rej. 2 déc. 1867, aff. Videau, D. P. 67. 1. 469).

274. La question de savoir si le droit d'option peut être exercé par les créanciers de la femme, en vertu de l'art. 1166 c. civ., est traitée au Rép. n° 847. L'affirmative, que nous avons adoptée, contrairement à deux arrêts de la cour de cassation, semble prévaloir dans la doctrine (V. en sus des auteurs cités au Rép. ibid. : Rodière et Pont, t. 1, n° 633 ; Marcadé, t. 5, art. 1408, n° 6 ; Aubry et Rau, t. 4, § 313, note 49, p. 129 et suiv. ; Demolombe, Cours de droit civil, t. 25, nos 90 et suiv. ; de Folleville, t. 1, nos 202 et suiv.; Guillouard, t. 2, n° 548. — V. dans le sens de la négative : Larombière, Traité des obligations, t. 1, art. 1166, n° 14 ; Laurent, t. 16, n° 428).

275. L'option de la femme doit se faire, d'après l'art. 1408, lors de la dissolution de la communauté. Jusqu'à cette époque, la femme ne peut être contrainte à prendre parti. — Toutefois, il a été jugé que si, en cas de faillite du mari, la faculté d'option subsiste en faveur de la femme, celle-ci est alors tenue de l'exercer de telle sorte que la liquidation de la communauté puisse avoir lieu au regard de la masse des créanciers (Liège, 15 juin 1881, aff. Poncelet C. Jacquemin, Pasicrisie belge, 1882. 2. 62).

276. Mais la femme pourrait-elle faire valablement et définitivement son option avant la dissolution de la communauté ? La question est controversée. Nous avons cité au Rép. n° 850 un arrêt de la cour de cassation, qui a décidé incidemment, il est vrai, que la femme ne peut exercer le retrait d'indivision qu'après la dissolution de la communauté (Req. 25 juill. 1844, rapporté au Rép. n° 837). D'autres arrêts et quelques auteurs se sont prononcés depuis dans le même sens (Nancy, 9 juin 1854, aff. Verelle, D. P. 55. 2. 251 ; Trib. Bordeaux, 24 juin 1870, et Bordeaux, 15 mai 1871, aff. Portes, D. P. 71. 2. 237. V. aussi Rodière et Pont, 2e éd., t. 1, n° 634 ; Marcadé, t. 5, art. 1408, n° 4). — La plupart des auteurs cependant soutiennent que le droit d'option de la femme peut être exercé par elle pendant la durée de la communauté. L'art. 1408 dit bien que la femme a le droit de prendre ou de laisser l'immeuble, lors de la dissolution de la communauté, mais il ne dit pas qu'elle ne pourra faire valablement ce choix qu'à cette époque. La femme aurait pu acquérir elle-même directement l'immeuble, qui lui serait alors devenu propre dès le moment de l'acquisition. Or on ne voit pas pourquoi elle ne pourrait pas faire le lendemain ce qu'elle pouvait faire la veille. Il faudrait un texte formel pour défendre à la femme commune en biens, qui n'est frappée d'aucune incapacité, l'exercice pendant le mariage d'un droit qui lui appartient (Aubry et Rau, t. 5, § 507, note 101, p. 314; Colmet de Santerre, t. 6, n° 37 bis III; Laurent, t. 21, n° 342 ; Guillouard, t. 2, n° 551).

Ces arguments sont sans doute très sérieux. Mais il faut remarquer que la question est de savoir, non pas si la femme peut exercer son option pendant le mariage, mais si elle sera liée définitivement par cette option. L'intérêt de la femme est de conserver sa liberté jusqu'à la dissolution de la communauté, car l'option, à quelque époque qu'elle ait lieu, a un effet rétroactif. Or de ce que la femme aurait pu acheter elle-même directement l'immeuble, il ne suit pas nécessairement qu'elle doive, de même, pouvoir l'acquérir définitivement comme propre lorsqu'il a été acheté par le mari. La femme, en effet, peut acheter des tiers, mais elle ne peut pas acheter du mari, car, en principe, toute vente est prohibée entre époux (c. civ. art. 1595). D'autre part, l'art. 1408, en disposant que la femme « lors de la dissolution de la communauté, a le choix ou d'abandonner l'effet à la communauté... ou de retirer l'immeuble, » semble bien indiquer que le droit qu'il confère à la femme n'est susceptible d'être exercé qu'à l'époque expressément fixée par la loi. Ce texte, comme le remarque M. de Folleville, t. 1, n° 205 bis, est un témoignage de défiance contre le mari ; il présume un abus de l'autorité maritale. Le mari, en effet, peut avoir acheté lui-même l'immeuble parce qu'il a cru que l'opération était avantageuse, et, s'il s'aperçoit plus tard qu'elle est mauvaise, il usera de son influence sur la femme pour la lui faire prendre à sa charge. Nous croyons

donc qu'il est plus conforme tout à la fois au texte et à l'esprit de l'art. 1408 de décider que la femme ne sera liée définitivement par l'option qu'elle fera qu'à la dissolution de la communauté.

277. Nous admettons cependant que la femme peut déjà pendant la communauté, si elle y a intérêt, déclarer son intention d'opter, et que cette déclaration sera immédiatement opposable au mari et aux tiers. Si, par exemple, le mari revendait l'immeuble, indivis, la femme pourrait le revendiquer contre l'acquéreur dès avant la dissolution de la communauté (V. Riom, 20 mai 1839, *Rép.* n° 859). Si le mari s'est rendu cessionnaire des droits indivis de quelques-uns des cohéritiers de la femme et si les autres cohéritiers prétendent l'écarter par le moyen du retrait successoral, la femme, à notre avis, pourra invoquer l'art. 1408 pour empêcher l'effet du retrait (de Folleville, t. 1, n° 205 *ter*. V. cependant : Lyon, 19 juill. 1843, *Rép.* n° 837 ; Req. 25 juill. 1844, *ibid.*). Le droit pour la femme de n'opter définitivement qu'après la dissolution de la communauté est, en effet, un bénéfice qui ne doit pas être retourné contre elle.

278. Sous le régime dotal, l'époque de l'option ne peut pas être la dissolution de la communauté, à moins que les époux n'aient stipulé une société d'acquêts, auquel cas l'art. 1408, § 2, est applicable par analogie et par identité de motifs. S'il n'y a pas de société d'acquêts, la femme doit exercer son option, comme l'a jugé la cour de Limoges, dans l'arrêt cité au *Rép.* n° 849, au moment où elle fixe ses droits, ce qui conduit aux conséquences suivantes : si l'immeuble indivis doit être paraphernal, la femme est tenue d'opter immédiatement après l'acquisition ; et s'il doit être dotal, il lui faudra prendre parti au moment de la restitution de la dot, soit lors de la séparation de biens, soit lors de la dissolution du mariage (Rodière et Pont, t. 1, n° 635 ; de Folleville, t. 1, n° 207 ; Guillouard, t. 2, n° 533). — Cependant il a été jugé que la femme dotale peut exercer le retrait même avant la dissolution de l'association conjugale, si elle se trouve dans une circonstance de nature à nécessiter la détermination de l'étendue de ses reprises, et, par exemple, si elle use de la faculté de disposer de ses biens dotaux pour l'établissement de ses enfants (Grenoble, 18 août 1854, aff. Petit, D. P. 56. 2. 61). Et dans un arrêt récent la cour de cassation a

déclaré que, « sans qu'il y ait lieu d'examiner si l'art. 1408 ajourne à la dissolution de la communauté l'exercice du droit d'option de la femme, ce droit ne saurait être, dans tous les cas, à l'égard de la femme dotale et relativement aux biens dotaux aliénables, reporté à l'époque de la dissolution de l'union conjugale ; que la femme peut, en effet, avoir intérêt à exercer immédiatement le retrait, la rétroactivité attachée à son option ne lui offrant pas toujours une garantie complète à l'encontre des tiers auxquels le mari aurait aliéné des biens sujets au retrait ; qu'on doit donc décider que, sous ce régime, lorsqu'il s'agit de biens dotaux aliénables, la femme peut faire son option durant le mariage » (Civ. rej. 26 janv. 1887, aff. Roziès, D. P. 87. 1. 275).

279. L'exercice du droit d'option accordé à la femme par l'art. 1408, 2e al., n'est assujetti à aucune forme spéciale (Troplong, t. 1, n° 682 ; Rodière et Pont, t. 1, n° 639 ; Guillouard, t. 2, n° 554 ; Caen, 31 juill. 1858, V. *infra*, n° 280). Mais encore faut-il qu'elle se manifeste d'une façon non équivoque, de telle sorte qu'aucun doute n'existe sur l'intention de la femme. Il a été jugé, notamment, que la volonté d'exercer le retrait ne résultait pas suffisamment de ce que le compte de tutelle que la femme devenue veuve avait rendu à ses enfants ne faisait pas mention des revenus de la portion indivise acquise par son mari dans l'immeuble dont le surplus lui appartenait en propre (Arrêt précité du 31 juill. 1858).

280. Jusqu'à la dissolution de la communauté et tant que la femme n'a pas opté définitivement, on peut se demander quel est le sort de l'immeuble acquis. La plupart des auteurs répondent que c'est un conquêt et que le mari a sur cet immeuble tous les droits qui lui appartiennent sur les conquêts. Ils argumentent de la terminologie de la loi, qui dit que la femme a le droit de *retirer* l'immeuble, d'où ils concluent que, tant que la femme n'a pas exercé ce droit, l'immeuble fait partie de la communauté (Colmet de Santerre, t. 6, n° 37 *bis* VI ; Laurent, t. 21, n°s 340 et 350 ; Guillouard, t. 2, n° 556). Telle est aussi la doctrine de quelques arrêts (Req. 25 juill. 1844, *Rép.* n° 837 ; Nancy, 9 juin 1854, aff. Verelle, D. P. 55. 2. 251 ; Caen, 31 juill. 1858 (1) ; Req. 24 juill. 1860, aff. de Froidefond, D. P. 60. 1. 455). — On a

---

(1) (Bréquehais C. Coisel.) — La cour ; — Considérant, sur la première question, que l'art. 1408 c. nap., par dérogation au paragraphe 3 de l'art. 1401, dispose, dans sa première partie, que l'acquisition faite pendant le mariage, à titre de licitation ou autrement, de portion d'un immeuble dont l'un des époux était propriétaire par indivis, ne forme point un *conquêt*, sauf à indemniser la communauté de la somme qu'elle a fournie ; — Considérant que d'après cette disposition, l'acquisition, lorsqu'elle est faite par le mari, déjà propriétaire par indivis de l'immeuble dont il acquiert une partie, doit lui appartenir irrévocablement comme *propre*, et qu'il en doit être de même, lorsque la femme, avec le concours ou l'autorisation du mari, acquiert une portion d'un immeuble dont elle est copropriétaire ; que la portion acquise forme pour elle irrévocablement un propre, comme la part qu'elle possédait antérieurement ; — Considérant qu'il pourrait encore en être ainsi dans le cas d'une acquisition faite par le mari d'une portion d'immeuble appartenant par indivis à sa femme, quand même le mari aurait stipulé seul ; si la première disposition de l'art. 1408 c. nap. formait seule cet article, sans qu'elle eût été modifiée par la deuxième partie du même article qui prévoit spécialement le cas de l'acquisition par le mari, en l'absence et sans le consentement ou le mandat de sa femme, de la totalité ou d'une partie de l'immeuble dont elle est copropriétaire ; — Considérant que, sous la première partie, l'art. 1408 serait susceptible d'être interprété en ce sens que le mari stipulant seul devrait être considéré comme le *mandataire* de sa femme, ou comme un *negotiorum gestor*, agissant dans les intérêts de celle-ci ; pour réunir à la part qu'elle possède la part ou les parts appartenant à des tiers, et faire cesser, par ce moyen, l'indivision ; — Considérant que, dans cette hypothèse, il faudrait admettre que la femme serait investie de la propriété de la part ou des parts indivises formant l'objet de l'acquisition faite par son mari, du jour même de l'acquisition ; que cet objet serait aux périls et risques de la femme, à dater du même jour ; que s'il venait à périr, la perte en retomberait sur elle, suivant la règle *res perit domino* ; qu'enfin, elle ne pourrait répudier l'acquisition et se soustraire à l'exécution des conditions de cette acquisition, parce que les obligations contractées par le mari, en vertu d'un *mandat légal*, devraient avoir la même force contre la femme que si elle lui eût donné un mandat conventionnel, sauf le cas où la loi en disposerait autrement ; — Mais considé-

rant qu'en rapprochant la deuxième disposition de l'art. 1408 c. nap. de la première, on ne peut admettre cette interprétation ; que la deuxième partie prévoit spécialement, comme on l'a déjà dit, le cas où le mari, agissant seul et en son nom personnel, s'est rendu acquéreur, soit de la totalité d'un immeuble dont sa femme était copropriétaire, soit des parts qui appartenaient à des tiers dans cet immeuble ; et qu'il détermine en termes clairs et précis quels sont les droits conférés à la femme, quels droits elle peut exercer à la dissolution de la communauté ; — Considérant que le législateur, dans le deuxième paragraphe de l'art. 1408, n'a pas voulu qu'une acquisition faite par le mari, sans le concours ou le consentement de la femme, fût imposée à celle-ci ; qu'une pareille acquisition pourrait être désastreuse ou au moins contraire aux véritables intérêts de la femme, et qu'il eût été inique de l'obliger à la prendre pour elle, en lui faisant subir des conditions auxquelles elle n'eût peut-être jamais voulu consentir, si elle eût été libre et maîtresse de ses intérêts ; — Considérant que la protection due aux droits et aux intérêts de la femme, pendant le mariage, lorsqu'elle ne peut agir elle-même sans l'autorisation du mari, était un juste motif pour établir en sa faveur le droit exceptionnel de réclamer, à la dissolution de la communauté, le bénéfice d'acquisitions qu'elle aurait pu faire si elle eût été libre ; — Considérant qu'on arrive au résultat le plus favorable à la femme, en lui conférant le droit d'exercer le *retrait d'indivision*, c'est-à-dire de devenir propriétaire, si elle le juge convenable, à la dissolution de la communauté, le retrait devant avoir pour effet, lorsqu'il est exercé, d'opérer la résolution du droit de celui qui n'a acquis qu'une propriété résoluble, de sorte que la propriété retirée est affranchie des hypothèques et autres droits concédés dans l'intervalle de l'acquisition au retrait, cette acquisition devenant alors, avec effet rétroactif, celle de la femme et, par conséquent, un *propre* de communauté et non un *conquêt*, ce qui concilie la dernière disposition de l'art. 1408 avec le principe consacré dans la première disposition du même article ; — Considérant que les termes dans lesquels est rédigé le dernier paragraphe de l'art. 1408 repoussent l'opinion suivant laquelle la femme serait réputée propriétaire de l'objet acquis par son mari, seul et en son nom personnel, consistant dans une portion d'immeubles dont elle était propriétaire par indivis, du jour même de l'acquisition, sans avoir besoin de manifester sa volonté à cet égard, et avant d'avoir

proposé de distinguer entre le cas où le mari n'a acheté qu'une portion indivise de l'immeuble dont la femme est copropriétaire, et le cas où il s'est rendu acquéreur de l'immeuble entier, dans une licitation; dans le premier cas, dit-on, l'immeuble est propre à la femme, en vertu de l'art. 1408, § 1er, sauf le droit qu'elle a de l'abandonner à la communauté, en vertu du paragraphe 2; dans le second cas, l'immeuble est un acquêt, à moins que la femme n'exerce le retrait (Marcadé, t. 5, art. 1408, n° 6). Cette distinction peut, il est vrai, s'appuyer sur les termes de l'art. 1408; mais il nous paraît peu rationnel de faire dépendre la propriété de l'immeuble de la forme sous

déclaré qu'elle entend retirer l'immeuble, en remboursant à la communauté le prix de cette acquisition; — Considérant que la deuxième paragraphe, qui prévoit le cas d'une acquisition de ce genre, ajoute que la femme, lors de la dissolution de la communauté, *a le choix ou d'abandonner l'effet à la communauté*, laquelle *devient alors débitrice envers elle de la portion* qui lui appartient *dans le prix*, ou de *retirer l'immeuble, en remboursant à la communauté le prix de l'acquisition*; — Considérant que les expressions *retirer l'immeuble* indiquent clairement qu'il s'agit là d'un véritable *retrait* qui doit *approprier* la femme, si elle l'exerce, et qu'avant ce retrait, la communauté à laquelle la femme doit rembourser le prix d'acquisition en retirant l'immeuble, en était propriétaire sous condition résolutoire, car si la propriété des portions d'immeuble acquises par le mari eût appartenu à la femme dès l'origine, on ne lui aurait pas accordé le droit de *retirer l'immeuble*, et le législateur lui aurait seulement concédé la faculté d'*abdiquer* son droit de propriété et de *laisser* à la communauté l'immeuble acquis par le mari, sauf à réclamer la quotité qui revenait dans le prix, à raison de sa part indivise, dans le cas où cette part aurait été aliénée avec les autres parts également indivises, soit par adjudication ou autrement; — Considérant que cette interprétation de l'art. 1408 a l'avantage de ne pas mettre aux périls et risques de la femme une acquisition faite sans son concours ou son consentement, et de ne pas lui imposer une propriété qu'elle n'a pas acceptée, mais de faire considérer la communauté comme investie d'une propriété soumise à une condition résolutoire qui s'accomplit par l'exercice du retrait d'indivision; qu'elle est conforme à l'esprit de la loi, qui a voulu favoriser la femme, ainsi qu'à son texte, et qu'elle est d'ailleurs plus en harmonie avec les principes généraux, que l'interprétation qui ferait remonter au jour de l'acquisition, sans que la femme eût manifesté l'intention d'exercer le retrait de l'immeuble acquis; — Considérant, en effet, que le mari est seulement *administrateur* des biens de la femme; qu'il ne peut faire les actes qui excédent les pouvoirs d'un simple administrateur, sans son concours ou son consentement; que c'est ainsi: 1° que, lors même qu'il est dû un remploi à la femme, ce remploi doit être *formellement accepté par elle*, aux termes de l'art. 1435; 2° que suivant l'art. 818, le partage ou la licitation d'objets échus à la femme et qui ne tombent pas dans la communauté ne peut être provoqué par le mari sans le concours de la femme; et que les cohéritiers de celle-ci ne peuvent eux-mêmes provoquer un partage définitif qu'en mettant en cause le mari et la femme; — Considérant que ce serait méconnaître ces principes que d'admettre, dans le cas de l'art. 1408, qui est celui d'une acquisition présentant les caractères d'une licitation, que le mari doit être présumé investi d'un mandat légal pour agir dans l'intérêt de la femme; que, d'ailleurs, cette prétendue présomption légale d'un mandat ne peut résulter que d'une loi *spéciale*, d'après l'art. 1350 c. nap., et qu'on ne peut la trouver dans l'art. 1408, dont la disposition finale exclut cette présomption; — Considérant que si le mari agissait en vertu d'un mandat légal, lorsqu'il acquiert seul portion d'un immeuble dont la femme est propriétaire par indivis, celle-ci serait obligée *personnellement* à l'exécution des obligations contractées par son mandataire ou son représentant qui aurait agi pour elle (art. 1998); qu'il en serait encore ainsi, lors même que le mari n'aurait été qu'un simple gérant dans l'intérêt de sa femme (art. 1375); que cependant, lorsque la femme veut *retirer* l'immeuble acquis par le mari, elle doit seulement *rembourser à la communauté le prix de l'acquisition*, et qu'on ne pourrait lui imposer une autre obligation et la déclarer obligée *personnellement* envers les vendeurs, sans ajouter à l'art. 1408, sans changer les conditions auxquelles est soumise la femme qui exerce un droit de retrait, et sans rendre sa position moins avantageuse, la communauté pouvant être débitrice envers elle, de sommes supérieures au prix à rembourser; — Considérant que l'arrêt de la cour de cassation du 14 nov. 1854, en cassant un arrêt de la cour de Lyon, consacre positivement cette doctrine que la femme, en usant de la faculté qui lui est ouverte par l'art. 1408, de *retirer* l'immeuble qui lui appartient par indivis et dont son mari s'est rendu adjudicataire, à la charge de rembourser le prix à la communauté ou à son mari, n'est pas tenue personnellement, vis-à-vis des vendeurs, du payement du prix d'acquisition encore dû par le mari; que la cour impériale de Riom, devant laquelle la cause avait été renvoyée, a adopté la même doctrine, par arrêt du 4 juin 1857; qu'il faut donc repousser la théorie suivant laquelle le mari aurait été réputé, dans le cas prévu par le deuxième paragraphe de l'art. 1408, le mandataire ou le *negotiorum gestor* de la femme; — Considérant que cet arrêt du 14 nov. 1854 ajoute une nouvelle autorité à celle qui résultait déjà des arrêts

de la cour de cassation des 31 mars 1835 et 25 juill. 1844, qui ont interprété l'art. 1408 en ce sens, le premier, que les droits de mutation doivent être acquittés par la succession du mari sur l'immeuble par lui acquis et dont la femme était propriétaire par indivis, lorsque celle-ci ne l'avait pas encore *retiré*, parce qu'elle n'en devint propriétaire qu'en exerçant le retrait; le second, que le mari qui a acquis des parts indivises dans les biens dont la femme est copropriétaire, ne doit pas être considéré comme ayant acquis pour elle, et qu'il reste soumis au retrait successoral de l'art. 841 c. nap.; — Considérant que l'on doit donc dire que la moitié de la ferme de l'*Hôtel au dot*, acquise par Coisel seul, sans le concours et le consentement de sa femme, en stipulant seulement en son nom personnel, ne peut être réputée avoir appartenu dès l'origine à sa femme, et que celle-ci ne pouvait en devenir propriétaire qu'en exerçant le retrait autorisé en sa faveur par l'art. 1408, § 2, c. nap.;

Considérant, sur la deuxième question, que la femme Marseille, veuve Coisel, soutient que, loin d'avoir laissé à la communauté l'immeuble acquis le 5 mars 1821, elle en a opéré le retrait; que c'est ce qui résulte du compte de tutelle par elle rendu à sa fille, femme Bréquehais, le 21 juill. 1847, et de ce qu'elle en a conservé la possession depuis ce temps; — Considérant qu'encore bien que l'option accordée à la femme, à la dissolution de la communauté, par le deuxième paragraphe de l'art. 1408, ne soit soumise à aucune forme sacramentelle, il faut cependant que la volonté de laisser l'immeuble à la communauté ou de le retirer soit clairement manifestée; — Considérant que l'on ne peut trouver une manifestation suffisante de cette volonté dans le compte de tutelle du 21 juill. 1847; que si la moitié de la ferme de l'Hôtel au dot, acquise le 5 mars 1821, ne figure dans ce compte ni pour les revenus, ni pour les charges, c'est que, jusqu'alors, le produit net de cette moitié pouvait être considéré comme nul, et que, dans le cas où la veuve eût voulu payer cette acquisition, elle aurait dû au moins rembourser les frais et loyaux coûts du contrat, qui auraient alors figuré au compte pour plus de 700 fr., somme importante relativement, eu égard à la modicité des valeurs portées audit compte, ce qui n'a pas eu lieu; — Considérant que l'on ne peut pas prétendre avec plus de fondement que la femme Marseille a renoncé à retirer l'immeuble, et qu'elle l'a laissé à la communauté, en invoquant les déclarations faites à l'enregistrement pour le payement des droits de mutation les 28 sept. 1825 et 12 févr. 1846; que la première est évidemment le fruit de l'erreur; qu'elle est, d'ailleurs, en opposition avec la deuxième, d'après laquelle l'acquisition a été considérée comme dépendant de la communauté d'acquêts stipulée entre les époux Coisel, ce qui était exact, la veuve n'ayant alors aucunement exprimé son option et n'ayant pas été mise en demeure de le faire; — Considérant que le titre nouveau du 6 juill. 1852, supposerait, jusqu'à un certain point, l'abandon de l'immeuble à la communauté; mais que ce titre est évidemment erroné, puisque, si l'immeuble devait rester à la communauté, la femme Marseille aurait été débitrice, d'abord, de la moitié de la rente, comme ayant droit à la moitié de la communauté, et, ensuite, comme héritière de la fille décédée, d'un quart de l'autre moitié, ou d'un huitième, et non de ce seul huitième, comme l'a supposé à tort le rédacteur de l'acte; — Considérant, d'un autre côté, que la procuration donnée par la dame Marseille pour reconnaître la rente, prix de l'acquisition du 5 mars 1821, n'indique pas de quelle quotité elle était débitrice, et que les choses étant encore entières, aucune option n'ayant encore été faite par elle à cette époque, l'acquisition était réputée provisoirement appartenir à la communauté et soumise seulement à un retrait;

Considérant, sur la troisième question, que le droit accordé à la femme par le deuxième paragraphe de l'art. 1408 s'est ouvert à la dissolution de la communauté, par le décès de Coisel, arrivé le 22 avr. 1825; qu'à partir de cette époque, la veuve Coisel, maintenant femme Marseille, a pu exercer son droit de *retirer* la moitié de l'*Hôtel au dot*, acquise par le mari le 5 mars 1821, ou la laisser cette acquisition à la communauté; — Considérant qu'elle ne se trouvait dans aucun des cas où la prescription est suspendue; que la prescription de son droit de retrait a donc dû s'accomplir, suivant l'art. 2262 c. nap., par trente ans, à dater de la dissolution de la communauté; qu'ainsi l'action en retrait qui lui était ouverte était prescrite lorsqu'elle a manifesté son intention de retirer l'immeuble, même par l'acte du 8 août 1853, quand même on s'arrêterait à cet acte, étranger aux époux Bréquehais, auxquels la volonté d'exercer le retrait a été notifiée plus tard au cours du procès actuel; — Considérant que l'exception de prescription ne peut être écartée, en se fondant sur ce que les époux Marseille ont continué de posséder la tota-

laquelle l'acquisition a été faite par le mari. Il faut reconnaître, croyons-nous, que l'art. 1408, § 1er, s'applique aussi bien à la seconde hypothèse qu'à la première, et, par suite, décider que l'immeuble acquis, en totalité ou en partie par le mari, même en son nom personnel, doit être considéré comme propre à la femme, par cela seul qu'elle en était copropriétaire par indivis, tant qu'elle ne l'a pas abandonné à la communauté. C'était déjà l'opinion de Pothier, *Traité de la communauté*, n° 151, et elle a été consacrée par la chambre civile de la cour de cassation, dans deux arrêts dont les motifs reproduisent la raison donnée par Pothier : « Attendu, en droit, dit le dernier de ces arrêts, que, dans le cas de l'art. 1408 c. civ., c'est-à-dire d'acquisition par le mari, de la totalité ou de portion d'un immeuble dont sa femme était propriétaire par indivis, on doit présumer que le mari, agissant dans le but de faire cesser l'indivision, a stipulé dans l'intérêt de la femme en vertu d'un mandat tacite donné par cette dernière, et considérer comme propre de la femme la portion d'immeuble ainsi acquise, s'il n'est pas établi que cette portion d'immeuble ait été abandonnée à la communauté » (Civ. rej. 17 févr. 1886, aff. Commune de Bazas, D. P. 86. 1. 249; V. dans le même sens : Grenoble, 18 août 1854, aff. Petit, D. P. 56. 2. 61; Civ. rej. 2 déc. 1867, aff. Videau, D. P. 67. 1. 469; Sol. admin. enreg. 4 sept. 1886, D. P. 88. 3. 79; Troplong, t. 1, n°s 638 et suiv.; Rodière et Pont, t. 1, n°s 598 et suiv.).

281. Comme on l'a dit au *Rép.* n° 852, l'option de la femme doit être exercée dans un délai de trente ans à partir de la dissolution de la communauté (V. outre les auteurs cités *ibid.* : Aubry et Rau, t. 5, § 507, p. 315 ; Colmet de Santerre, t. 6, n° 37*bis* V; Laurent, t. 21, n° 343; Guillouard, t. 2, n° 552; Caen, 31 juill. 1858, V. *supra*, n° 280). — Quelle sera la conséquence de l'expiration du délai survenue sans que l'option ait été faite ? Cette question se confond avec celle qui a été examinée *supra*, n° 280. Dans le système que nous avons adopté, d'après lequel la portion acquise par le mari est réputée appartenir à la femme tant que celle-ci n'a pas exercé son choix, cette portion, le laps de trente ans écoulé, lui est acquise à titre définitif. Si l'on admet l'opinion contraire, on décidera que ladite portion forme irrévocablement un conquêt de communauté; la femme n'est donc plus recevable à exercer le retrait, et elle ne saurait se prévaloir, pour échapper à la prescription, de ce qu'après avoir possédé l'immeuble pour son propre compte et pour celui de ses enfants mineurs, elle en aurait conservé la possession totale depuis la cessation de ses fonctions de tutrice (Arrêt précité du 31 juill. 1858).

282. Les effets de l'option exercée par la femme sont expliqués au *Rép.* n°s 854 et suiv. Si la femme opte pour l'abandon de l'immeuble à la communauté, deux cas, comme nous l'avons dit, sont à distinguer. — Ou le mari s'est rendu adjudicataire de tout l'immeuble, y compris la portion indivise de la femme, et alors c'est l'immeuble entier qui appartient à la communauté, à charge par elle de tenir compte à la femme de la part revenant à celle-ci dans le prix. — Ou bien l'acquisition du mari n'a porté que sur une ou plusieurs portions de l'immeuble, distinctes de celle de la femme, et dans ce cas il y a lieu de se demander si la femme peut contraindre la communauté à prendre sa part en même temps que celles acquises par le mari. L'affirmative, que nous avions considérée comme certaine (V. *Rép.* n° 856) et qui était enseignée par Duranton et Troplong, est maintenant repoussée par la plupart des auteurs. Ils décident que si la femme renonce à prendre pour elle les portions indivises

acquises par le mari, elle gardera la part qui lui appartient en propre, sans qu'elle puisse ni contraindre son mari à l'acquérir ni être forcée de la lui céder. La femme, disent les partisans de cette opinion, n'a le droit d'abandonner que ce qu'elle peut retirer; or, dans l'hypothèse où le mari n'a acheté qu'une portion de l'immeuble, elle ne pourrait retirer que cette portion; c'est donc seulement cette portion qu'elle peut laisser à la communauté. On ajoute que l'art. 1408, § 2, en disant, pour le cas où la femme abandonne l'immeuble, que la communauté « devient débitrice de la portion appartenant à la femme dans le prix » suppose que le mari a acheté la part de la femme; s'il ne l'a pas achetée et si néanmoins la loi avait voulu que cette part fût abandonnée par la femme, le texte aurait dû dire à quelles conditions cet abandon serait fait. Enfin, la disposition de l'art. 1408, § 2, a pour but de protéger la femme; il est impossible de le retourner contre elle, de manière à lui enlever une portion d'immeuble qu'elle ne veut pas augmenter mais qu'elle peut vouloir conserver (Rodière et Pont, t. 1, n° 643; Marcadé, t. 5, art. 1408, n° 5; Aubry et Rau, t. 5, § 507, note 100, p. 313 et suiv.; Colmet de Santerre, t. 6, n° 37 *bis* XIV; Laurent, t. 21, n° 341; Guillouard, t. 2, n° 542). — Cette opinion, toutefois, comme le reconnaît M. Laurent, *ibid.*, rencontre une objection dans le texte même de l'art. 1408 : s'il est vrai que la femme doit pouvoir abandonner ce qu'elle peut retirer, la loi dit qu'elle peut retirer l'*immeuble*; il faut donc admettre que cette expression désigne seulement la portion indivise acquise par le mari, dans le cas où l'acquisition du mari n'a été que partielle (V. cependant de Folleville, t. 1, n° 209).

283. L'option de la femme a un effet rétroactif. Si la femme opte pour le retrait, cette option a donc pour effet de faire tomber les aliénations et les hypothèques qui ont pu être consenties par le mari durant la communauté. Telle est l'opinion générale des auteurs, et telle est aussi la jurisprudence (V. *Rép.* n° 858; Rodière et Pont, t. 1, n° 641; Marcadé, t. 5, art. 1408, n° 4; Aubry et Rau, t. 5, § 507, note 105, p. 315; Colmet de Santerre, t. 6, n° 37 *bis* XI; de Folleville, t. 1, n°s 204 et 210 *bis*; Guillouard, t. 2, n°s 558 et suiv.). M. Laurent cependant, t. 21, n°s 348 et suiv., n'admet cette opinion que pour le cas où le mari a acheté seulement les parts indivises appartenant aux copropriétaires de la femme, l'exercice du retrait équivalant alors à un partage qui fait cesser l'indivision. Mais si le mari a acquis tout l'immeuble, le retrait, dit-il, est un véritable rachat que fait la femme; elle doit alors, par conséquent, respecter les aliénations et les hypothèques que le mari aurait consenties. Cette théorie a pour point de départ le principe d'après lequel l'immeuble appartiendrait à la communauté tant que la femme n'a pas opté pour le retrait; or on a vu *supra*, n° 280, que ce principe est inexact et qu'il est repoussé par la jurisprudence. De plus, cette théorie aboutirait à rendre illusoire le droit d'option de la femme, puisque le mari pourrait toujours la dépouiller de ce droit en aliénant l'immeuble.

284. L'application de la règle que l'option de la femme a un effet rétroactif a été faite par la jurisprudence, depuis la publication du *Répertoire*, dans les cas suivants : 1° dans une espèce sur laquelle a statué la cour de Besançon, des immeubles dont la femme était copropriétaire pour moitié et dont le mari avait acheté l'autre moitié indivise, avaient été revendus par les deux époux conjointement, mais le prix en était encore dû et il avait été frappé de saisie-arrêt par un créancier du mari pendant le mariage. La femme ayant opté pour le retrait, la cour a jugé que le prix des immeu-

---

lité de la ferme de l'*Hôtel au dot*, parce que la femme Marseille ayant commencé à posséder pour elle et ses enfants, dont elle était tutrice, elle n'a pu se changer à elle-même la cause et le principe de sa possession, d'après l'art. 2240 c. nap., et que la femme doit être considérée comme ayant continué de posséder au même titre, ce qui la dispensait pas d'agir, si elle voulait exercer le retrait d'indivision...; — Par ces motifs, réforme le jugement dont est appel dans les dispositions contraires au présent arrêt; dit que la moitié de la ferme de l'*Hôtel au dot*, acquise par Coisel, le 5 mars 1821, jours du décès de la communauté d'acquêts stipulée entre lui et sa femme, sauf le droit pour celle-ci de la *retirer* en remboursant le prix de cette acquisition à ladite communauté, et de rendre, par ce retrait, cette acqui-

tion propre de communauté à son profit; dit que pendant plus de trente ans, à partir de la dissolution de la communauté, la veuve Coisel, maintenant femme Marseille, est restée dans l'inaction sans réclamer le bénéfice du droit de retrait et sans exprimer la volonté de laisser l'acquisition à la communauté, et que son action en retrait s'est trouvée prescrite, faute par elle de l'avoir exercée dans le délai de trente ans; déclare, en conséquence, que l'acquisition du 5 mars 1821 appartient définitivement à la communauté d'acquêts stipulée dans le contrat de mariage du 3 nov. 1820 entre les époux Coisei, etc.

Du 31 juill. 1858.-C. de Caen, 2e ch.-MM. Mabire, pr.-Jardin, subst.-Bertauld et Paris, av.

bles devait être considéré comme entièrement propre à la femme et que la saisie pratiquée par le créancier du mari n'était pas opposable à celle-ci (Besançon, 20 mars 1850, aff. Guillaume, D. P. 52. 2. 287); — 2° Dans une autre espèce, où le mari avait été déclaré en faillite et la séparation de biens prononcée, il a été jugé que l'option de la femme pour le retrait avait eu pour conséquence de la rendre rétroactivement débitrice envers la communauté de la somme déboursée par celle-ci pour l'acquisition de la part indivise de l'immeuble, et que cette dette de la femme avait été éteinte par le versement dans la communauté de sommes plus considérables provenant de l'aliénation d'immeubles propres à la femme (Douai, 28 avr. 1851, aff. Cannonne, D. P. 52. 2. 290); — 3° Il a été jugé encore que la vente passée par le mari de la portion indivise qu'il avait acquise n'avait pu enlever à la femme son droit au retrait, et que si, dans l'espèce, cette vente pouvait être maintenue, c'était parce que le contrat de mariage autorisait le mari à aliéner les immeubles de la femme (Grenoble, 18 août 1854, aff. Petit, D. P. 56. 2, 64). — V. aussi Caen, 31 juill. 1858, supra, n° 280.

285. De ce que l'option de la femme a un effet rétroactif, faut-il conclure que la femme prend la place du mari à l'égard des tiers dont il a acquis les parts indivises, et qu'elle devient personnellement débitrice envers ces tiers du prix d'acquisition? — La question a été résolue négativement par un arrêt de la cour de cassation. Le droit accordé à la femme de retirer l'immeuble, dit cet arrêt, n'est soumis par la loi qu'à la condition pour la femme de rembourser le prix à la communauté ou à son mari. Par l'exercice du retrait, la femme ne devient pas débitrice personnelle du mari, qui n'ont pas contracté avec elle et qui sont sans droit pour réclamer directement de leur chef, contre elle, l'exécution de l'acte d'acquisition du mari. Les vendeurs peuvent bien, par l'action résolutoire et le privilège conservés sur les immeubles retirés, obliger la femme à payer ou à délaisser, sinon à subir l'expropriation, mais non à payer la dette sur d'autres biens que ceux affectés par privilège à la garantie de cette dette (Civ. cass. 14 nov. 1854, aff. Robellet, D. P. 55. 1. 232, et sur renvoi, Riom, 4 juin 1857 (1). V. conf. Rodière et Pont, t. 1, n° 640; Aubry et Rau, t. 5, § 507, note 106, p. 316; Guillouard, t. 2, n° 560). — Cette solution, toutefois, peut paraître en désaccord avec la doctrine d'autres arrêts de la cour de cassation, cités supra, n° 280, d'après lesquels le mari doit être présumé, dans l'acquisition qu'il a faite, avoir agi dans l'intérêt de la femme copropriétaire et en vertu d'un mandat tacite à lui conféré par cette dernière. Cette présomption du mandat tacite de la femme tendrait évidemment à faire décider que la femme, par l'exercice du retrait, est substituée au mari et soumise à toutes les obligations qu'il a contractées (V. en ce sens : de Folleville, n° 206 et suiv.). On peut, cependant, répondre que l'exercice du retrait n'est qu'une opération entre époux, qui ne regarde en rien les tiers ayant traité avec le mari; ceux-ci conservent le mari pour débiteur, et ils conservent aussi sur l'immeuble leur privilège de vendeur, tandis que, s'ils avaient traité avec la femme, ils n'auraient que le privilège du copartageant.

Ajoutons enfin que les tiers qui auraient des droits hypothécaires sur l'immeuble du chef des copropriétaires de la femme, devraient aussi, par cette même raison que le retrait est une opération dont les effets sont limités entre les époux, conserver leurs droits sur les parts acquises par le mari, alors qu'ils les perdraient, par application de l'art. 883 c. civ., si ces parts avaient été achetées directement par la femme.

286. Ainsi qu'on l'a dit au Rép. n° 860, il est certain que la femme ne pourrait plus exercer le retrait au préjudice des tiers auxquels le mari aurait aliéné l'immeuble ou auxquels il aurait conféré des hypothèques, si elle avait concouru à l'aliénation ou à la constitution d'hypothèque. — De même, le retrait ne peut plus être exercé lorsque la femme a ratifié la vente faite par le mari, et il a été reconnu par la cour de cassation que la renonciation de la femme à l'exercice du retrait à l'égard de divers immeubles peut, par appréciation des termes et de l'esprit de l'acte d'où elle résulte, être considérée comme s'étendant à tous ces immeubles, quoiqu'elle ne désigne que quelques-uns d'eux, sans qu'une telle décision, basée sur une interprétation de volonté, soit soumise au contrôle de la cour suprême (Req. 1er mai 1860, aff. Robellet, D. P. 60. 1. 511. Comp. Civ. rej. 26 janv. 1887, aff. Roziès, D. P. 87. 1. 275).

Sect. 2. — Passif de la communauté (Rép. n°s 861 à 1109).

Art. 1er. — Dettes des époux antérieures au mariage (Rép. n°s 863 à 919).

287. Comme on l'a dit au Rép. n° 864, le système qui met à la charge de la communauté la totalité des dettes mobilières existant au jour de la célébration du mariage, abstraction faite de l'actif mobilier apporté par les époux, a été de tout temps l'objet de vives critiques. Ces critiques sont reproduites par M. Laurent, t. 21, n°s 396 et suiv. Cependant, dit M. de Folleville, t. 1, n° 275, ce système a un avantage manifeste sur celui qui mettrait à la charge de la communauté une part de dettes proportionnelle à l'actif mobilier entrant en communauté : « Il évite toute espèce de calculs, toute estimation, toute comparaison entre l'actif mobilier et l'actif immobilier de chacun des nouveaux conjoints, estimations et comparaisons qui auraient pu, dès le début du mariage, donner ouverture à une foule de chicanes et de difficultés de toute sorte, assurément funestes à la bonne harmonie du ménage. D'un autre côté, ce système ne présente aucun inconvénient réel; car, si les dettes mobilières sont effectivement plus considérables que l'actif mobilier, les époux ont, avant le mariage, un moyen facile de soustraire leur communauté aux conséquences de cette situation : c'est de stipuler qu'ils resteront séparés de dettes (c. civ. art. 1510-1513); c'est encore de faire entrer dans la communauté une partie des immeubles proportionnelle au passif mobilier, au moyen d'une clause d'ameublissement (c. civ. art. 1505-1510) » (Comp. Rodière et Pont, t. 2, n°s 702 et suiv.; Colmet de Santerre, t. 6, n° 41 bis IV; Guillouard, t. 2, n°s 578 et suiv.).

288. On doit considérer comme mobilières, ainsi qu'on

---

(1) (Robellet C. Magdinier.) — La cour; — Considérant, d'une part, sur l'appel de la partie de Salvy, que le retrait d'indivision accordé à la femme par l'art. 1408, § 2, c. nap., ne lui impose d'autres conditions que le remboursement à la communauté du prix d'acquisition faite par le mari; que l'exercice de ce retrait constitue une faculté qui est de l'essence même du mariage pour la protection des intérêts de la femme, et qu'il ne peut créer contre elle, au profit du vendeur originaire de l'immeuble, d'action directe et personnelle; que le vendeur a suivi la foi du mari, et que le droit d'option réservé à la femme ne lui cause aucun préjudice; — Considérant, d'autre part, en ce qui touche les conclusions subsidiaires de la partie de Roux, fondées sur ce que la veuve Robellet serait, comme détentrice de partie des immeubles provenant de l'adjudication du 5 mai 1821, tenue de parfaire la portion du prix dont les successions Maguin et Robellet resteraient débitrices dans la succession de Jean-Pierre-Philippe l'Américain, qu'il n'est pas exact de dire que ce prix, montant à 28200 fr., n'a point été payé en totalité;... — Qu'enfin une action réelle appartient-elle encore à la succession Jean-Pierre-Philippe sur les immeubles retirés, cette action ne pour-

rait qu'obliger l'appelante à délaisser lesdits immeubles ou à en subir l'expropriation, faute de payement; — Dit qu'il a été mal jugé par le jugement du tribunal civil de Lyon du 5 juill. 1852; bien appelé au chef qui a ordonné qu'au cas où, par suite du résultat définitif de leurs comptes, la veuve Magdinier reconnue créancière, il lui serait fait attribution, pour la remplir de la part lui revenant de sa créance, d'une somme égale à prendre contre la veuve Robellet, et sur le prix par elle dû, comme substituée à son mari, dans l'adjudication du 5 mai 1821; émendant, décharge la veuve Robellet des condamnations contre elle prononcées; au principal, déclare l'intimée mal fondée dans ses fins et conclusions en cette partie; — Dit, en conséquence, qu'à aucun des titres par elle invoqués au procès, la veuve Magdinier n'a droit d'appréhender directement, pour se couvrir des résultats éventuels de la liquidation à son profit, aucune des sommes contre l'appelante est tenue comme ayant exercé le retrait autorisé par l'art. 1408 c. nap., etc.

Du 4 juin 1857.-C. de Riom, ch. réun.-MM. Meynard de Franc, pr.-Salneuve, proc. gén.-Salvy et Roux, av.

l'explique au *Rép.* n°s 865 et suiv., toutes les dettes qui ont pour objet direct le payement d'une somme d'argent ou de quelque autre chose de nature mobilière. Il faut ranger dans cette catégorie les dettes qui ont pour objet l'accomplissement d'un fait, même, d'après l'opinion que nous avons adoptée au *Rép.* n° 873 et qui est la plus généralement admise, la dette qui a pour objet la construction d'une maison (V. en sus des auteurs cités au *Rép. ibid.* : Rodière et Pont, t. 2, n° 726 ; Aubry et Rau, t. 5, § 508, note 9, p. 318 ; Laurent, t. 21, n° 405 ; Guillouard, t. 2, n° 584. Comp. *suprà*, n° 179).

289. L'obligation de garantie incombant au vendeur d'un immeuble est généralement aussi regardée comme mobilière, car elle tend principalement à un fait, qui est de défendre l'acquéreur contre toute éviction, et subsidiairement au payement d'une somme d'argent à titre de dommages-intérêts en cas d'éviction (Pothier, *Traité de la communauté*, n° 244 ; Rodière et Pont, t. 2, n° 727 ; Aubry et Rau, t. 5, § 508, note 8, p. 318 ; Guillouard, t. 2, n° 587). Quant à l'obligation de délivrance, il faut distinguer. Tout d'abord, dans le cas de vente de la chose d'autrui, elle se résout forcément en dommages-intérêts, et par conséquent, elle est mobilière. Telle serait aussi l'obligation de constituer une hypothèque ou une servitude sur un immeuble dont on n'est pas propriétaire (Rodière et Pont, *loc. cit.* ; Aubry et Rau, *ibid.*, note 11 ; Guillouard, *ibid.*, n° 588). — Lorsque l'obligation de délivrance a pour objet un immeuble déterminé, dont le vendeur est propriétaire, son caractère immobilier n'était pas douteux dans l'ancien droit : « Si, peu avant mon mariage, disait Pothier, n° 243, j'avais vendu un certain héritage dont je n'avais pas encore mis l'acheteur en possession lors de mon mariage, je demeure seul tenu de la dette de cet héritage envers l'acheteur ; ce n'est point une dette de la communauté, dans laquelle l'héritage n'est point entré. » Cette opinion est encore admise aujourd'hui par plusieurs auteurs, et nous l'avons reproduite au *Rép.* n°s 872 et 892 (V. Rodière et Pont, t. 2, n° 722 ; Aubry et Rau, t. 5, § 508, note 11, p. 318). D'autres auteurs, au contraire, soutiennent que l'obligation de délivrer un immeuble déterminé, dont le vendeur est propriétaire, ne peut être aujourd'hui que mobilière. Ils raisonnent ainsi : dans le système du code (art. 711 et 1138), la propriété est transférée par le seul effet des conventions ; à partir du jour de la vente et avant toute délivrance, l'acquéreur est devenu propriétaire de l'immeuble par lui acheté ; l'obligation de délivrance n'est donc plus qu'une obligation personnelle, incombant au vendeur, et qui se traduit par des dommages-intérêts pour le retard apporté à la mise en possession de l'acheteur (Colmet de Santerre, t. 6, n° 41 *bis* III ; Laurent, t. 21, n°s 405 et 484 ; Guillouard, n° 589). Ces mêmes auteurs reconnaissent cependant que l'obligation de délivrance est immobilière lorsqu'elle a pour objet un immeuble indéterminé, tant d'arres de terre, par exemple, à prendre dans un immeuble appartenant au vendeur. Alors, en effet, la propriété de l'immeuble ne sera transférée que par la délivrance (V. *Rép.* n° 894). — Enfin, toujours d'après ces mêmes auteurs, l'obligation de constituer une servitude ou une hypothèque sera mobilière si l'immeuble grevé est déterminé et appartient à l'obligé, parce que dans ce cas, le droit réel de servitude ou d'hypothèque est né du jour du contrat (en exceptant toutefois, l'hypothèse où l'hypothèque aurait été promise dans un acte sous seing privé), et cette obligation sera immobilière si l'immeuble n'est pas déterminé ou n'appartient pas au débiteur.

290. Comme on l'a dit au *Rép.* n° 868, l'hypothèque qui garantit la dette ne lui enlève pas sa qualité mobilière (V. conf. outre les auteurs cités au *Rép.* : Aubry et Rau, t. 5, § 508, p. 317 ; Guillouard, t. 2, n° 582 ; Liège, 17 janv. 1878) (1).

291. *Par exception*, certaines dettes mobilières des époux, bien qu'antérieures au mariage, ne sont pas à la charge de la communauté où tout au moins ne tombent à sa charge que sauf récompense (V. *Rép.* n°s 874 et suiv.).

Une *première exception* est indiquée par l'art. 1409-1°, aux termes duquel la communauté ne paye *les dettes relatives aux immeubles propres à l'un ou à l'autre des époux* que sauf récompense. Et cette exception doit être étendue, comme on l'a dit au *Rép.* aux dettes relatives aux meubles que l'un ou l'autre époux s'est réservés comme propres par contrat de mariage (Rodière et Pont, t. 2, n° 739 ; Aubry et Rau, t. 5, § 508, p. 322 ; Guillouard, t. 2, n° 616). — « Il ne suffit pas cependant, dit M. Guillouard, t. 2, n° 612, pour que la dette payée donne lieu à récompense, que cette dette soit relative à un propre : il faut encore qu'elle représente une augmentation de valeur du patrimoine immobilier de l'époux, et, en outre, que l'immeuble auquel la dette est relative existe encore dans le patrimoine de l'époux au moment de la célébration du mariage. » L'art. 1409-1° doit être, en effet, interprété par l'art. 1407, qui pose en principe que l'un des époux doit récompense à la communauté toutes les fois qu'il a tiré un profit personnel des biens de la communauté. Ainsi, il a été jugé que la femme dont l'immeuble, grevé d'une dette mobilière garantie par une hypothèque, a été libéré des deniers de la communauté, doit à cette communauté récompense de la somme versée pour l'affranchissement de son immeuble, alors surtout qu'attribution en a été faite à la femme, à titre de reprise, de la totalité du prix de l'immeuble propre ainsi dégrevé (Paris, 18 mars 1872, aff. Alibert, D. P. 73. 2. 19). — Jugé aussi que si la communauté a payé les droits proportionnels de mutation auxquels a donné lieu l'enregistrement d'une donation de biens propres faite par contrat de mariage, il en est dû récompense à l'époux donataire (Civ. cass. 8 déc. 1874, aff. Ravereau, D. P. 75. 1. 33). Au contraire, comme on l'a dit au *Rép.* n° 881, la communauté n'a pas droit à récompense pour le prix encore dû d'un immeuble que l'époux a revendu ou qui a péri avant le mariage (Colmet de Santerre, t. 6, n° 41 *bis* VI ; Laurent, t. 21, n° 420 ; Guillouard, t. 2, n° 612).

292. Si l'immeuble propre de l'un des époux a été acquis moyennant une rente viagère, cette rente est bien une dette relative à un propre, et il est dû récompense des arrérages payés par la communauté, en tant que ces arrérages excèdent les revenus de l'immeuble (Req. 13 juill. 1863, aff. Bouquet, D. P. 63. 1. 393). Mais si la rente viagère ne dépasse pas le revenu de l'immeuble, elle ne représente alors qu'une fraction du prix de cet immeuble en capital, et elle constitue une simple charge des fruits, dont la communauté est tenue pour le tout, comme des intérêts des autres dettes personnelles des époux (Bordeaux, 10 mai 1871, aff. Gignoux, D. P. 71. 2. 219 ; Civ. rej. 8 déc. 1874, aff. Ravereau, D. P. 75. 1. 33). — De même, la dette relative à un immeuble dont l'époux n'a que l'usufruit ne constitue pas une dette relative à un propre : la communauté, ayant profité de cet usufruit, est tenue de la dette sans récompense (Liège, 17 janv. 1878, *suprà*, n° 290).

293. Ainsi que nous l'avons dit au *Rép.* n° 884, on ne doit pas considérer comme relatives aux immeubles pro-

---

(1) (Massart C. Borsu.) — La cour, — En ce qui touche la réclamation de l'appelant tendant au remboursement de la moitié du capital de 5000 fr. : — Attendu qu'aux termes de l'art. 1409, n° 1, c. civ., la communauté est tenue passivement et sans récompense de toutes les dettes mobilières dont les époux étaient grevés au jour de la célébration du mariage ; qu'il n'y a d'exception à cette règle que pour les dettes relatives aux immeubles propres à l'un ou à l'autre des époux et lorsque l'un d'eux a retiré du payement un profit personnel ; — Attendu que la communauté Massart-Renson, ayant joui pendant toute sa durée de l'usufruit qui appartenait à la femme, sur la maison située au quai de la Goffe, avait aussi à supporter, en vertu des principes régissant la matière, la dette de 5000 fr. hypothéquée sur l'immeuble faisant l'objet de l'usufruit ; que ce capital, en effet, bien que protégé par une garantie spéciale, n'en constituait pas
moins une dette mobilière qui tombait à charge de la communauté ; — Attendu que l'appelant soutient en vain qu'il s'agit au procès d'une dette concernant un immeuble propre de l'épouse Massart ; qu'en effet, la disposition de l'art. 1409, n° 1, c. civ., ne s'applique qu'aux biens dont l'un des époux est propriétaire et non pas à ceux sur lesquels il n'exerce qu'un simple droit d'usufruit ; — Attendu, d'ailleurs, que l'épouse Massart n'a retiré du remboursement du capital aucun avantage personnel ; que cette opération a profité uniquement à la communauté ; — Qu'en conséquence, c'est avec raison que les premiers juges ont décidé que récompense n'était point due par les intimés, ses héritiers ;...

Par ces motifs, etc...

Du 17 janv. 1878.—C. de Liège, 1re ch.-MM. de Monge, 1er pr.-Warnant et Mottard, av.

pres les dettes incombant aux époux par l'effet des successions, même purement immobilières, qu'ils ont recueillies avant le mariage. Si ces dettes sont mobilières elles tombent à la charge de la communauté sans récompense (Rodière et Pont, t. 2, n° 743; Marcadé, t. 5, art. 1410-3°, n° 2; Aubry et Rau, t. 5, § 508, note 25, p. 321). — Jugé en ce sens qu'aucune récompense n'est due à la communauté qui paye le prix encore dû d'un immeuble faisant partie d'une succession purement immobilière échue avant le mariage à l'un des époux (Trib. Troyes, 16 mars 1883) (1).

294. La *seconde exception* à la règle d'après laquelle les dettes immobilières antérieures au mariage tombent en communauté, s'applique aux *dettes de choses, même mobilières, qui ne seraient pas entrées dans la communauté.* Ces dettes, en effet, doivent être assimilées aux dettes immobilières (V. *Rép.* n°s 886 et suiv.; Rodière et Pont, t. 2, n° 740; Guillouard, t. 2, n° 620).

295. La *troisième exception* concerne les dettes mobilières imposées à l'un des époux dans une donation ou dans un legs et *pour lesquelles il a été stipulé par le donateur ou le testateur qu'elles ne seraient pas à la charge de la communauté* (V. *Rép.* n° 889).

296. La *quatrième exception*, dont il est question au *Rép.* n° 890, est relative à certaines dettes dont le payement procure à l'un des époux un avantage personnel et exclusif, sans pourtant enrichir son patrimoine. Telle est la dot constituée, avant le mariage, par le mari ou la femme à un enfant d'un premier lit. Un arrêt rapporté au *Rép. ibid.* a jugé que, si cette dot est payée par la communauté, il lui en est dû récompense (V. en ce sens : Rodière et Pont, t. 2, n° 741; Guillouard, t. 2, n° 615).

297. En ce qui concerne *les dettes de la femme*, la règle que les dettes des époux antérieures au mariage sont à la charge de la communauté, n'est applicable qu'à une condition, énoncée dans l'art. 1410 c. civ. : c'est qu'elles auront *date certaine* avant le mariage (V. *Rép.* n°s 901 et suiv.).

Tout le monde reconnaît que l'art. 1410 doit être complété, comme nous l'avons dit au *Rép.* n° 904, par l'art. 1328, et qu'il faut se reporter à ce dernier article pour savoir dans quels cas la dette de la femme aura ou non date certaine (Rodière et Pont, t. 2, n° 711; Marcadé, t. 5, art. 1410, n° 3; Aubry et Rau, t. 5, § 508, note 15, p. 319; Guillouard, t. 2, n° 596. Comp. *Rép.* v° *Obligations*, n° 3877). Mais doit-on

aller plus loin, et reconnaître aux tribunaux le pouvoir de décider qu'une dette a date certaine, à l'égard de la communauté, même en dehors des conditions exigées par l'art. 1328, en se fondant sur des présomptions graves et décisives? Cette question a été résolue négativement au *Rép.* n° 910, et cette opinion est aujourd'hui partagée par la plupart des auteurs (Aubry et Rau, *loc. cit.;* Laurent, t. 21, n° 411; Guillouard, t. 2, n° 411. — Comp. Pau, 18 mai 1863, aff. Bordenave-Loustau, D. P. 63. 2. 129; Besançon, 4 mars 1878, aff. Perrot, D. P. 79. 2. 48).

298. Toutefois, la condition de *date certaine* exigée par l'art. 1410 pour que les dettes de la femme antérieures au mariage entrent dans la communauté, souffre exception dans les cas où la dette peut, d'après les principes sur la preuve des obligations, être établie autrement que par écrit.

Ainsi, en premier lieu, s'il s'agit d'une dette rentrant dans la catégorie de celles pour lesquelles il n'est pas possible au créancier de se procurer une preuve littérale (c. civ. art. 1348), cette dette sera à la charge de la communauté du moment où il sera prouvé, n'importe de quelle manière, qu'elle est antérieure au mariage. Il en sera ainsi, notamment, pour les obligations résultant de la loi, d'un quasi-contrat, d'un délit ou d'un quasi-délit. Et parmi les obligations résultant d'un quasi-contrat, il faut comprendre, comme on l'a montré au *Rép.* n°s 906 et suiv., les dettes grevant une communauté, une succession ou un legs accepté par la femme avant le mariage (Rodière et Pont, t. 2, n° 710; Marcadé, t. 5, art. 1410, n° 3; Aubry et Rau, t. 5, § 508, note 21, p. 321; de Folleville, t. 1, n° 278; Laurent, t. 21, n° 412; Guillouard, t. 2, n° 606).

En second lieu, si la dette de la femme est inférieure à 150 fr., la preuve par témoins, étant recevable pour établir l'existence même de l'obligation, le sera aussi pour justifier de sa date antérieure au mariage. Elle le serait également, comme on l'a dit au *Rép.* n° 908, s'il y avait un commencement de preuve par écrit de l'obligation (Rodière et Pont, Marcadé, Laurent, de Folleville, *loc. cit.;* Aubry et Rau, *ibid.*, note 19, p. 320; Guillouard, t. 21, n° 604).

En troisième lieu, pour les dettes commerciales que la femme aurait contractées, la preuve qu'elles sont antérieures au mariage peut résulter de tous les moyens de preuve admis en matière de commerce, notamment de la production des livres du créancier régulièrement tenus, ou des billets

---

(1) (Richard C. Lagesse.) — Le tribunal; — Attendu que, le 5 mars 1854, les époux Manchin ont vendu aux époux Gobin-Manchin une maison sise à Sainte-Maure, moyennant 3000 fr. de prix principal, sur lequel 1800 fr. ont été stipulés payables après le décès du survivant des vendeurs ; que Gobin est décédé en 1855, laissant sa veuve commune en biens, et pour seule héritière Elise-Octavie Gobin, sa fille, décédée elle-même épouse de Lagesse, défendeur au procès actuel ; qu'aux termes d'un acte liquidatif reçu Me Noble, notaire à Troyes, le 25 août 1855, la somme de 1800 fr. du prix de l'immeuble susindiqué, devait être acquittée, moitié par la veuve Gobin, remariée à un sieur Christ, moitié par la mineure Gobin, devenue depuis femme Lagesse, c'est-à-dire pour chacune 900 fr. ; — Attendu que la dame Lagesse est elle-même décédée le 11 oct. 1861, laissant son mari commun en biens, et pour seule héritière la dame Richard, sa fille ; — Attendu que Richard a payé aux héritiers des vendeurs de l'immeuble, tous deux décédés, la somme principale de 900 fr., plus 225 fr. pour cinq années d'intérêt, soit au total 1125 fr. ; qu'il prétend que la moitié de cette somme, c'est-à-dire 562 fr. 50, incomberait à Lagesse à cause de la communauté ayant existé entre lui et la dame son épouse, née Gobin, l'autre moitié restant à la charge de la dame Richard, comme héritière de sa mère ; qu'il invoque à l'appui de sa prétention : 1° l'art. 1409, § 1er, c. civ., d'après lequel la communauté se compose passivement de toutes les dettes mobilières dont les époux étaient grevés au jour de la célébration de leur mariage ; — 2° Attendu que Lagesse soutient que la dette dont il s'agit ne serait entrée dans la communauté qu'à charge de récompense, étant relative à un immeuble propre à sa défunte épouse (c. civ. art. 1409, § 1er) ; — Attendu, en droit, que, pour résoudre la question de savoir si une dette mobilière tombe dans la communauté avec ou sans charge de récompense, il faut considérer la cause même de cette dette ; que, si la dette a pour cause immédiate et directe l'acquisition, l'amélioration ou le recouvrement d'un immeuble propre à l'époux débiteur à l'époque du mariage, ou bien encore une soulte de partage d'immeubles dépendant d'une succession, elle n'entre dans la communauté qu'à charge de récompense ; que cette catégorie de dettes, qualifiées de « concomitantes » par les

anciens auteurs, font corps, en quelque sorte, avec les immeubles dont elles dérivent, et que c'est à elles seules que s'applique la disposition exceptionnelle de l'art. 1409, § 1er *in fine* ; que cette disposition ne saurait être étendue aux dettes de successions, même purement immobilières, dont les époux étaient grevés au jour de leur mariage ; que, en effet, ces dernières dettes, par suite de l'addition d'hérédité, sont devenues personnelles à l'époux, qui s'est trouvé substitué aux droits comme aux obligations du *de cujus* dont il continue la personne ; qu'il est donc tenu, abstraction faite des immeubles, et que, conséquemment, l'exception édictée par l'article susvisé leur est inapplicable ; — Attendu que le principe de l'exclusion des dettes, quant aux successions immobilières ouvertes pendant le mariage, est formellement consacré par les art. 1412 et suiv. c. civ. ; mais que ces articles sont sans application quant aux dettes de successions échues aux époux antérieurement au mariage ; que, pour affranchir la communauté de ces dettes, il est loisible aux époux de stipuler, dans leur contrat de mariage, la séparation de dettes dont s'occupe l'art. 1510 c. civ., ce qui n'a point eu lieu dans l'espèce actuelle ; — Attendu que l'art. 1437 c. civ., placé sous la section où il est traité des effets des actes de l'un ou de l'autre époux, relativement à la société conjugale, c'est-à-dire des faits accomplis depuis le mariage, est sans application dans la cause ; que les récompenses dont il pose le principe trouvent d'ailleurs leur origine dans l'immeuble même appartenant en propre à l'un des époux ; — Attendu que la dame Lagesse ayant recueilli, dans la succession de son père, la dette de partie du prix de l'immeuble susindiqué, s'est trouvée personnellement tenue au payement de cette dette ; que, par suite des principes ci-dessus déduits, il y a lieu de décider que cette dette est entrée dans la communauté d'entre elle et son mari, sans charge de récompense ; que le sieur Richard, ayant acquitté en totalité la partie du prix restant due, est donc fondé à répéter contre l'époux ayant été commun en biens la moitié d'icelui ; — Attendu que, dans ces circonstances, la demande de Richard doit être accueillie : — Par ces motifs ; — Déclare ledit Richard bien fondé dans sa demande, etc.

Du 16 mars 1883.-Trib. civ. de Troyes.-MM. Bronville, pr.-Capillery, subst.-Dubarle et Petit, av.

souscrits et négociés (*Rép.* n° 909 ; Angers, 2 avr. 1851, aff. Jousselin, D. P. 54, 2. 53, et D. P. 53, 1. 269 ; Poitiers, 26 févr. 1856, même affaire, D. P. 56. 2. 176 ; Caen, 6 déc. 1858 (1) ; Paris, 1re ch., 10 juill. 1866, aff. Berlé *C.* Chauvet.-MM. Casenave, pr.-Laplagne-Barris, subst.-Lenté, et Meunier, av. ; Rennes, 3e ch., 28 mai 1867, aff. Roussel *C.* Cormier,-MM. Baudouin, pr.-Grivart, et Martin-Feuillée, av. ; Rodière et Pont, t. 2, n° 713 ; Aubry et Rau, t. 5, § 508, note 20, p. 320 ; Laurent, t. 21, n° 412 ; de Folleville, t. 1, n° 279 ; Guillouard, t. 2, n° 605).

Enfin il a été jugé que le mari ne peut exciper du défaut de date certaine de la dette contractée par la femme avant le mariage, lorsqu'il a reconnu la sincérité de la date (Poitiers, 26 févr. 1856, aff. Jousselin, D. P. 56. 2. 176, et sur pourvoi, Req. 9 déc. 1856, D. P. 56, 1. 452 ; Besançon, 4 mars 1878, aff. Perrot, D. P. 79, 2. 48 ; Rodière et Pont, t. 2, n° 712 ; Aubry et Rau, t. 5, § 508, note 18, p. 320 ; Laurent, t. 21, n° 414 ; de Folleville, t. 1, n° 283 ; Guillouard, t. 2, n° 604).

299. D'après un arrêt, l'art. 1410, relatif seulement au cas où la communauté est recherchée pour dettes personnelles à la femme, ne saurait recevoir aucune application au cas où il s'agit de déterminer si tel ou tel objet était la propriété de la femme à l'époque du mariage et s'il est entré à ce titre dans l'actif commun. Cet article ne peut, en conséquence, être opposé par le mari à un tiers qui offre de prouver que telle valeur apportée en dot par la femme n'appartenait pas à celle-ci (Limoges, 28 nov. 1849, aff. Bonabry, D. P. 52, 2. 70. — V. toutefois les observations en note sous cet arrêt).

300. La communauté supporte, comme on l'a dit au *Rép.* n° 912, les dettes contractées par la femme dans l'intervalle du contrat de mariage à la célébration, aussi bien que celles contractées par le mari dans le même intervalle. L'opinion de Lebrun, qui voulait qu'elles fussent exclues de la communauté, opinion qui a encore été soutenue depuis le code, est généralement repoussée aujourd'hui. On s'accorde à reconnaître qu'il faudrait un texte formel, analogue à celui de l'art. 1404, § 2, pour déroger à ce point au principe général de l'art. 1399, d'après lequel « la communauté commence du jour du mariage contracté devant l'officier de l'état civil » (Rodière et Pont, t. 2, n° 714 ; Aubry et Rau, t. 5, § 508, note 23, p. 321 ; Laurent, t. 21, n° 407 ; Guillouard, t. 2, n° 392).

301. On reconnaît aussi généralement que les titres exécutoires contre la femme ont la même force contre le mari et contre la communauté. Toutefois, nous avons rapporté au *Rép.* n° 913 l'opinion d'un certain nombre d'auteurs qui enseignent qu'il y a lieu d'appliquer par analogie l'art. 877 c. civ., et que les créanciers de la femme ne peuvent poursuivre la communauté que huit jours après la signification du titre au mari. M. Guillouard, t. 2, n° 593, rejette cette opinion. « Il n'y a pas, dit-il d'assimilation juridique à établir entre l'héritier et le mari ; et, à défaut d'un texte contraire,

qui aurait sa raison d'être, mais qui n'existe pas, il faut dire que le titre exécutoire contre la femme sera exécutoire immédiatement après la célébration du mariage contre le mari et contre la communauté. »

302. Si les dettes contractées par la femme n'ont pas date certaine avant le mariage, les créanciers de la femme peuvent seulement, aux termes de l'art. 1410, § 2, poursuivre leur payement sur la nue propriété des biens personnels de leur débitrice (V. *Rép.* n° 914). — Ils ne pourraient même pas, ainsi que nous l'avons admis au *Rép.* n° 915, d'après un arrêt de la cour de cassation, se faire payer sur la pleine propriété des sommes que la femme se serait réservées en propre pour son entretien personnel, car alors l'entretien de la femme retomberait à la charge de la communauté (Rodière et Pont, t. 2, n° 717 ; Aubry et Rau, t. 5, § 508, note 16, p. 319 ; Laurent, t. 21, n° 417 ; de Folleville, t. 1, n° 284 ; Guillouard, t. 2, n° 599).

303. Aux termes de l'art. 1410, § 3, si le mari a payé pour sa femme une dette qui n'avait pas date certaine avant le mariage, il n'en peut demander la récompense ni à la femme, ni à ses héritiers (*Rép.* n° 918). Mais, tout en payant la dette, le mari peut faire ses réserves et déclarer dans la quittance qu'il n'entend pas reconnaître que cette dette est antérieure au mariage, ou qu'il paye, non comme chef de la communauté, mais comme tiers, et pour venir au secours de la femme. De cette manière, d'après la plupart des auteurs, le mari se ménage un recours ou un droit à récompense contre la femme (Rodière et Pont, t. 2, n° 719 ; Marcadé, t. 5, art. 1410, n° 3 ; Aubry et Rau, t. 5, § 508, note 17, p. 320 ; Colmet de Santerre, t. 6, n° 50 *bis* ; Laurent, t. 21, n° 416 ; de Folleville, t. 1, n° 283 ; Guillouard, t. 2, n° 602).

Art. 2. — *Dettes des successions et donations*
(*Rép.* n°s 920 à 963).

304. — I. Dettes des successions ou donations, considérées dans les rapports des époux avec la communauté (*Rép.* n°s 925 à 949). — 1° *Succession ou donation purement mobilière* (*Rép.* n°s 927 à 930). — La règle qui met à la charge de la communauté les dettes d'une succession mobilière, est applicable, ainsi qu'on l'a dit au *Rép.* n° 928, quel que soit le chiffre de ces dettes, fussent-elles plus importantes que l'actif héréditaire. — Si l'époux héritier était créancier du défunt, il doit être considéré, dans ses rapports avec la communauté, comme un créancier ordinaire de la succession, et la communauté lui devra compte de sa créance. A l'inverse, s'il était débiteur, il devra tenir compte à la communauté des sommes qu'il devait au *de cujus*. Ces hypothèses, toutefois, impliquent que la créance ou la dette de l'époux n'était pas tombée en communauté ; autrement il y aurait confusion absolue entre la succession et la communauté (V. *Rép.* n° 937 ; Rodière et Pont, t. 2, n°s 753 et suiv. ; Marcadé, t. 5, art. 1411-1413, n° 2, *in fine* ; Aubry

---

(1) (Foucher *C.* Langlois.) — La cour, — Considérant que la dame Langlois est saisie de deux reconnaissances par lesquelles la veuve Erard, sa fille, s'est déclarée débitrice envers elle, pour les causes y énoncées, d'une somme de 1000 fr. ; qu'elle est en outre saisie de trois traites s'élevant à 1500 fr. souscrites également à son profit par la veuve Erard, négociées à des banquiers et rentrées dans ses mains par suite du payement qu'elle a été obligée de faire aux tiers porteurs, non désintéressés à l'échéance par ladite veuve Erard ; qu'ainsi la dame Langlois justifie de sa créance ; et que c'est à la débitrice qu'il incombe de justifier de sa libération ; — Considérant qu'il est vrai que la créance de la dame Langlois ne résulte ni d'un acte authentique, ni d'un acte ayant reçu, avant le convol de la dame Erard avec Foucher, une date certaine de l'une des manières prescrites dans l'art. 1410 c. nap. ; — Mais qu'il s'agit, dans l'espèce, d'une dette commerciale, et que l'art. 1410, faisant partie du titre, ne s'occupe que des obligations civiles, ne peut, pas plus que l'art. 1329 du même code, dont il est question précédemment, recevoir rigoureusement son effet relativement aux obligations commerciales, qui sont régies par des principes particuliers ; qu'il est certain que tous les genres de preuve sont admis, soit pour établir l'existence de ces dettes obligations, soit pour en établir la date ; que la nature, la multiplicité et la rapidité des affaires commerciales ne permettent pas de se procurer des actes authentiques, ni de faire enregistrer des actes sous seing privé ; que si les fournisseurs et autres créanciers qui traitent avec une femme, mar-

chande publique, sur la foi d'un avoir considérable qu'ils lui connaissent, étaient exposés à perdre d'un jour à l'autre, par l'effet d'un mariage qu'elle contracterait, le droit de se faire payer sur cet avoir, tout crédit serait perdu et tout commerce impossible ; et qu'on ne peut entendre l'art. 1410 dans un sens qui lui ferait produire un pareil résultat ; que c'est à l'homme qui épouse une marchande publique à prendre, s'il le juge convenable, dans son contrat de mariage, les précautions nécessaires pour mettre son avoir personnel à l'abri de toutes poursuites, et que, s'il a négligé de le faire, il n'est pas en droit de soustraire la communauté au payement des dettes de sa femme légitimement contractées précédemment ; — Que, dans l'espèce actuelle, l'existence de la créance de la dame Langlois antérieurement au second mariage de sa fille avec Foucher n'est pas douteuse ; qu'elle résulte des causes mêmes exprimées dans les reconnaissances, des négociations faites à divers banquiers, des traites souscrites par la veuve Erard, et de l'aveu même des époux Foucher qui soutiennent, en s'appuyant sur l'art. 1410 dans un sens qu'il a été précédemment parlé, que la dame Langlois avait été remboursée à une date antérieure à celle de leur mariage ; — Par ces motifs, sans avoir égard aux conclusions, soit principales, soit subsidiaires des époux Foucher, les déboute de leur opposition à l'arrêt par défaut du 28 juillet dernier ; ordonne que ledit arrêt sortira son plein et entier effet, etc.

Du 6 déc. 1858.-C. de Caen.-MM. Binard, pr.-Farjas, av. gén.-Paris et Blanchie, av.

et Rau, t, 5, § 513, note 7, p. 378; Guillouard, t. 2, n° 633).
— M. Laurent, t. 21, n° 449, donne la même solution, mais
non par le motif indiqué par Pothier et reproduit au
Rép. n° 937; il se rallie à l'explication de Toullier, également citée au *Rép. ibid.*

305. — 2° *Succession ou donation purement immobilière*
(*Rép.* n° 931). — D'après l'art. 1412, les dettes d'une telle
succession ne sont point à la charge de la communauté. —
Cette solution, toutefois, ne s'applique qu'au capital des dettes; les intérêts incombent à la communauté en vertu de
l'art. 1409-3° (Rodière et Pont, t. 2, n° 751; Laurent,
t. 21, n° 451; Guillouard, t. 2, n° 634). D'autre part, la
même règle n'est vraie aussi, d'une manière absolue, que
pour ce qui regarde la contribution aux dettes. La communauté peut être tenue de payer les dettes provisoirement, sauf
recours contre l'époux héritier (V. *Rép.* n° 959, et *infrà*,
n°s 313 et suiv.).

306. — 3° *Succession ou donation mobilière et immobilière*
(*Rép.* n°s 932 à 949). — L'art. 1414, § 2, rapporté au *Rép.*
n° 938, impose au mari l'obligation de faire faire inventaire,
soit de son chef, pour les successions qu'il recueille, soit
comme administrateur des biens de la femme, pour les
successions recueillies par celle-ci. Cette obligation existe
pour le mari, même lorsque la succession a été acceptée par
la femme avec l'autorisation de justice, car il n'en est pas
moins, en pareil cas, administrateur du bien que la femme
recueille dans la succession (Laurent, t. 21, n° 464; Guillouard, t. 2, n° 644. V. aussi *Rép.* n° 962). Le mari doit, en
outre, comme on l'a dit au *Rép.* n° 939, faire dresser un
état des immeubles, avec estimation de leur valeur. Cette
estimation est, en effet, nécessaire pour déterminer la part
contributive de l'époux et de la communauté dans le payement des dettes. Mais le défaut d'un état estimatif des
immeubles n'entraîne pas les mêmes conséquences à l'égard
du mari que le défaut d'inventaire (Rodière et Pont, t. 2,
n° 757; Aubry et Rau, t. 5, § 513, note 14, p. 380; Guillouard, t. 2, n° 645).

307. Aux termes de l'art. 1415, à défaut d'inventaire et
dans tous les cas où ce défaut préjudicie à la femme, elle
ou ses héritiers peuvent, lors de la dissolution de la communauté, poursuivre les récompenses de droit, et même faire

preuve, tant par titres et papiers domestiques que par témoins,
et au besoin *par la commune renommée*, de la consistance et
valeur du mobilier non inventorié. Le mode de preuve
exceptionnel autorisé ici en faveur de la femme et de ses
héritiers est encore admis par la loi dans deux autres hypothèses : lorsque l'époux survivant n'a pas fait faire un
inventaire après la mort de l'autre époux et qu'il s'agit pour
les héritiers de celui-ci d'établir la consistance de la communauté (c. civ. art. 1442), et également lorsque le mari n'a
pas fait faire inventaire du mobilier échu à la femme pendant le mariage, dans le cas où le contrat de mariage exclut
ce mobilier de la communauté (c. civ. art. 1504). — Un arrêt
(Caen, 23 juin 1841, rapporté au *Rép.* n° 941), a jugé qu'en
dehors des hypothèses, spécialement prévues par la loi,
la preuve par commune renommée ne serait pas recevable.
La même doctrine a été admise par un arrêt de la cour de
Douai du 13 janv. 1865 (*supra*, v° *Abus de confiance*,
n° 54) (V. aussi Paris, 3 avr. 1884, cité *suprà*, n° 194;
Laurent, t. 23, n° 184; Guillouard, t. 2, n° 651). — Cependant des auteurs soutiennent que la preuve par commune renommée peut être admise dans des hypothèses
analogues à celles de la loi, lorsque les raisons de l'admettre,
c'est-à-dire la négligence du mari qui n'a pas fait faire
inventaire et l'impossibilité pour la femme d'avoir une
preuve des valeurs tombées de son chef dans la communauté se rencontrent également (Troplong, t. 2, n°s 821 et
suiv. ; Rodière et Pont, t. 2, n° 758). Cette opinion
peut même invoquer les motifs d'un arrêt de la chambre
civile de la cour de cassation du 17 janv. 1838 (*Rép.* v° *Enquête*, n° 107).

308. Mais la preuve par commune renommée est-elle
recevable pour prouver, non seulement la *consistance et
la valeur du mobilier* échu à la femme pendant le mariage
et qui n'a pas été inventorié, mais encore le *fait même de
l'acquisition de ce mobilier* notamment par *des dons manuels*
faits à la femme, dont le produit est entré dans la communauté? L'affirmative a été jugée par un arrêt de la cour de
cassation (Req. 28 nov. 1866, aff. Leroy, D. P. 67. 1. 209). Mais
l'opinion contraire a été adoptée par la cour de Bordeaux le
26 janv. 1874 (1), et elle est soutenue par M. Laurent, t. 23,
n° 184. La preuve par commune renommée, d'après cet

---

(1) (Laspeyrère C. Nonès.) — Le 29 mai 1872, jugement du
tribunal civil de Bordeaux ainsi conçu : « ... Attendu que les
conditions civiles du mariage de Bernard Laspeyrère et de la
demoiselle Métairie ont été réglées par un contrat en date du
1er oct. 1828, au rapport de Lacoste, lors notaire à Bordeaux;
— Que les futurs époux ont, dans ce contrat, stipulé une société
réduite aux acquêts ; — Que, par suite du décès de Bernard Laspeyrère, sa veuve est fondée à demander la liquidation et le partage de cette société ; — Attendu que cette liquidation soulève
entre les parties plusieurs difficultés qu'il est nécessaire de régler ;
... — Sur la troisième difficulté : — Attendu que Laspeyrère, peu
de temps avant sa mort, avait fait un traité avec une compagnie
anglaise par lequel il s'assurait une rente annuelle et viagère de
3000 fr. par an, moyennant une prime de 26338 fr. 90 c. qu'il
avait payée ; — Que Laspeyrère, maître de la société d'acquêts,
avait pu donner aux fonds de cette société la destination qu'il
jugeait la meilleure ; que, si cet emploi avait un caractère très
égoïste, puisque la rente s'éteignait avec lui, il n'en retirait
cependant aucun profit personnel et particulier, car les arrérages de
cette rente devaient enrichir la société, et, au cas de dissolution par le
prédécès de la société, cette rente eût été une des valeurs composant
l'actif de la société et soumises au partage ; que la succession de
Laspeyrère ne peut donc être tenue à aucune récompense pour le
prix constitutif de cette rente viagère ;
Sur la quatrième difficulté : — Attendu que, d'après l'art. 1504
c. civ., dont les dispositions sont applicables à la société d'acquêts,
le mobilier qui échoit à chacun des époux pendant le mariage
doit être constaté par un inventaire, et, si le défaut d'inventaire
porte sur un mobilier échu à la femme, celle-ci ou ses héritiers
sont admis à la preuve, soit par titres, soit par témoins, soit
même par commune renommée, de la valeur de ce mobilier ; —
Qu'il n'a point été fait d'inventaire au décès de la dame Métairie, mère de la dame veuve Laspeyrère, non plus qu'après le
décès de la dame veuve Dedieu, dont la dame veuve Laspeyrère
était la légataire universelle ; que la dame veuve Laspeyrère est
donc fondée à prouver la consistance de ces successions et,
notamment, que les meubles, objets mobiliers et valeurs par elle
revendiqués dans l'inventaire provenaient desdites successions ;
— Attendu que la veuve Laspeyrère prétend, en outre, qu'un
sieur Fournier lui a fait, pendant le mariage, des dons manuels

considérables, et qu'elle offre de prouver à la fois et ces dons
manuels et l'importance des valeurs qui la composaient ; — Que
les dispositions de l'art. 1504 c. civ., sont générales, ne comportent aucune restriction et s'appliquent, par conséquent, à tout le
mobilier échu à la femme à quelque titre que ce soit, que ce
mobilier provienne, par exemple, d'un trésor trouvé dans l'immeuble propre à la femme, ou d'une donation qui lui aurait été
faite de la main à la main ; — Qu'il n'y a point de distinction à
faire entre l'acte ou le fait générateur du droit et l'émolument
que la femme en aurait recueilli, parce que la loi paraît n'avoir
tenu compte que de la réception du mobilier ; — Que, dans
tous les cas où ce mobilier a été recueilli sans inventaire ou
reconnaissance, la négligence ou la fraude du mari existe également, et la femme a été également empêchée de faire constater la
consistance des biens qui lui sont advenus ; — Qu'en principe, le
droit de la femme à établir par tous les modes de preuves l'importance des biens qui lui sont échus, même par dons manuels,
paraît certain, mais que cette preuve ne doit pas être facilement
accueillie ; — Que les allégations de la veuve Laspeyrère et les
faits par elle articulés ne s'appuient sur aucun document certain ; qu'ils ont uniquement pour objet de prouver que Fournier
a successivement fait passer aux mains de Laspeyrère des valeurs
considérables, soit par des remises en numéraire, soit par des
obligations souscrites, des billets endossés, des rentes consenties
à des prête-noms qui, au fur et à mesure de ces réalisations, en
faisaient bénéficier Laspeyrère, et que Fournier a expliqué à ces
intermédiaires que leur concours avait pour objet d'assurer sa
fortune à la dame Laspeyrère ; que la dame Laspeyrère ne précise ni le temps, ni les circonstances particulières dans lesquelles
se sont accomplis ces dons manuels ; — Que cette articulation se
concilie mal avec les principes du droit en matière de dons
manuels ; que le don manuel, en effet, est une véritable donation ;
qu'une donation n'est valable qu'autant qu'elle a été acceptée
expressément par le donataire, et qu'il est impossible de comprendre un don valable fait sans le concours et à l'insu d'un donataire majeur ; — Que, sous un autre point de vue, Fournier était
un homme d'affaires sachant parfaitement que les dons qu'il faisait se confondraient avec les biens de la société d'acquêts et,
que, s'il eût entendu en attribuer le bénéfice exclusif à la dame
Laspeyrère, il eût pris le soin de les lui faire reconnaître ; —

auteur, n'est admise que lorsque le mari est en faute; or il n'est pas en faute pour n'avoir pas fait constater par acte qu'une donation ou une succession est échue à la femme. A ce raisonnement, il nous parait facile de répondre que le devoir pour le mari de faire constater la valeur du mobilier que la femme recueille par succession ou par donation implique l'obligation de constater l'origine de ce mobilier. Si cette constatation, dans certains cas tels que celui d'un don manuel, ne peut guère avoir lieu par un inventaire régulier, le mari peut toujours la faire par un état estimatif qui suffira pour sauvegarder les droits de la femme. D'ailleurs, comme le dit M. Guillouard, t. 2, n° 653 bis, si l'on refuse à la femme la preuve par commune renommée pour établir le don manuel, on est obligé de lui refuser aussi la preuve par témoins ou par papiers domestiques et d'exiger d'elle une preuve littérale, conformément à un droit commun, au-dessus de 150 fr. Telle n'a pu être l'intention du législateur, qui a voulu, au contraire, protéger la femme contre le défaut de constatation, calculé peut-être de la part du mari.

309. L'inventaire eût-il été fait, comme nous l'avons dit au Rép. n° 943, la femme pourrait encore prouver par commune renommée qu'il est défectueux et incomplet. Si, en effet, il n'a pas été fait mention dans cet inventaire des valeurs mobilières dépendant des successions ou donations que la femme allègue lui être advenues, c'est comme si aucun inventaire n'avait eu lieu, et par conséquent les moyens de preuve autorisés par l'art. 1415 peuvent être employés (Req. 28 nov. 1866, aff. Leroy, D. P. 67. 1. 209; Guillouard, t. 2, n° 652).

La femme peut d'ailleurs établir par commune renommée la consistance et la valeur du mobilier à elle échu, dans l'hypothèse de l'art. 1415, non seulement vis-à-vis du mari ou de ses héritiers, mais aussi vis-à-vis des créanciers du mari (Rép. n° Bordeaux, 20 janv. 1835, Rép. n° 1891; Dijon, 3 janv. 1853, aff. Lorenchet, D. P. 54. 1. 189; Angers, 26 mai 1869, aff. Lechalas, D. P. 69. 2. 238; Dijon, 1re ch., 17 juill. 1854, aff. Prieur C. Guiod.-MM. Neveu-Lemaire, 1er pr.-Lebon, subst.-Ally et Lombart, av.). — Mais il n'en est pas de même dans l'hypothèse où la femme a le droit, en vertu de son contrat de mariage, de reprendre en nature le mobilier à elle échu; elle ne peut alors établir l'origine et la consistance de ce mobilier à l'égard des tiers que par un inventaire ou un état en bonne forme; la preuve par témoins ou par commune renommée n'est plus alors admissible qu'à l'égard du mari (V. Rép. n° 2626, et infra, n°s 980 et 986).

310. Le mari, ajoute l'art. 1415, n'est jamais recevable à faire la preuve par commune renommée. Cette disposition ne signifie pas que le mari ne pourra prouver que par inventaire la consistance des successions échues soit à lui, soit à la femme, mais qu'il ne pourra les prouver que par des actes opposables à la femme. On admet généralement que l'art. 1415 doit être interprété et complété à l'aide de l'art. 1504, qui, pour le cas où les époux ont exclu de la communauté leur mobilier futur, dispose que le mari ne peut exercer la reprise du mobilier qui lui est échu, « à défaut d'inventaire, ou d'un titre propre à justifier de sa consistance et valeur. » (Rép. n° 947; Rodière et Pont, t. 2, n°s 761

et suiv.; Aubry et Rau, t. 5, § 513, note 16, p. 381; Colmet de Santerre, t. 6, n° 57 bis II; Laurent, t. 21, n° 466; Guillouard, t. 2, n° 656). Le mari ne pourrait donc établir la consistance d'une succession à lui échue par la preuve testimoniale, même avec un commencement de preuve par écrit (Douai, 2 avr. 1846, aff. Testelin, D. P. 47. 2. 198). Cependant si l'intérêt en litige était inférieur à 150 fr., la preuve testimoniale ou la preuve par présomptions serait recevable (Colmet de Santerre, t. 6, n° 57 bis II; Guillouard, ibid.).

311. Le droit que l'art. 1415 refuse au mari, doit-il être également refusé à ses héritiers ? La négative, comme nous l'avons dit au Rép. n° 948, a été soutenue par MM. Rodière et Pont; et ces auteurs reproduisent la même doctrine dans leur 2e édition, t. 2, n° 762. Mais l'affirmative résulte d'un arrêt de la cour de cassation, également cité au Rép. ibid., et elle est adoptée par les auteurs les plus récents (Colmet de Santerre, t. 6, n° 57 bis III; Laurent, t. 21, n° 467; Guillouard, t. 2, n° 657). Il est certain, en effet, que les héritiers du mari ne peuvent, du chef de leur auteur, avoir plus de droits que lui. — Toutefois, il faut réserver le cas où le mari n'aurait pas fait faire inventaire intentionnellement et dans le but d'avantager la femme. Si cet avantage était contraire à la loi, les héritiers du mari pourraient l'attaquer de leur propre chef; ils seraient alors des tiers, et la preuve par témoins ou par présomptions leur serait ouverte, conformément aux règles ordinaires. Mais, dans ce cas même, ils ne pourraient user de la preuve par commune renommée, qui est exceptionnelle et que la loi n'autorise qu'en faveur de la femme et de ses héritiers (Colmet de Santerre, ibid.; Guillouard, t. 2, n° 658. V. Rép. n° 2628).

312.—II. Dettes des successions ou donations, considérées dans les rapports des époux et de la communauté avec les créanciers. — 1° Succession ou donation purement mobilière. — V. Rép. n°s 955 à 957.

313. — 2° Succession ou donation purement immobilière (Rép. n°s 958 et 959). — Si la succession purement immobilière est échue à la femme et qu'elle l'ait acceptée avec l'autorisation du mari, les créanciers auront action, comme on l'a dit au Rép. n° 959, sur la pleine propriété des biens personnels de la femme. Mais on s'accorde à reconnaître, contrairement à l'opinion émise par Toullier, qu'ils ne pourront poursuivre ni la communauté, ni le mari sur ses biens personnels (Rodière et Pont, t. 2, n° 772; Marcadé, t. 5, art. 1411 à 1413, n° 1; Aubry et Rau, t. 5, § 513, note 8, p. 378; Laurent, t. 21, n° 453; Colmet de Santerre, t. 6, n° 55 bis I; de Folleville, t. 1, n° 290; Guillouard, t. 2, n° 636. V. cependant pour le cas d'une donation immobilière acceptée par la femme avec l'autorisation du mari: Civ. cass. 24 janv. 1853, aff. Putz, D. P. 53. 1. 29).

314. Si la femme a accepté la succession avec l'autorisation de justice, « les créanciers, d'après l'art. 1413, § 2, en cas d'insuffisance des immeubles de la succession, ne pourvent se pourvoir que sur la nue propriété des autres biens personnels de la femme ». Il résulte de ce texte que, avant d'atteindre la nue propriété des biens de la femme, les créanciers devront discuter les biens héréditaires. Ce bénéfice de discussion établi par la loi en faveur des époux est, comme

---

Que l'articulation ne se concilie donc ni avec les principes du droit, ni avec les vraisemblances du procès; — Que, même, pour les meubles ou l'argenterie, il n'est relevé aucune circonstance particulière tendant à justifier que ces dons fussent affectés à l'usage particulier ou faits pour le profit exclusif de la dame Laspeyrère; qu'ils sont présumés faits pour l'avantage de la société; ... — Par ces motifs, déclare la veuve Laspeyrère mal fondée dans le chef de demande relatif aux prétendus dons manuels qui lui auraient été faits par le sieur Fournier; dit n'y avoir lieu d'autoriser la preuve par commune renommée, etc. » — Appel par la veuve Laspeyrère. — Arrêt.

La cour; — Attendu, quant au premier chef... ; — Attendu, sur le second chef de l'appel principal, que, si les dons manuels ne sont pas assujettis aux formes particulières de la donation, ils doivent néanmoins être établis conformément aux dispositions générales de la loi ; que leur existence ne peut donc être prouvée par témoins en dehors des cas où la preuve testimoniale est admise d'après les règles ordinaires;

Attendu que les art. 1415 et 1504 c. civ. ne dérogent pas à ce principe; qu'en admettant la femme à prouver par commune renommée la valeur du mobilier à elle donné pendant le mariage

et non inventorié, ces articles de loi ne l'autorisent pas à établir, par ce genre de preuve, l'existence même de la donation ; que, s'il n'est pas permis d'étendre la disposition de la loi relative à la preuve testimoniale, on doit, à plus forte raison, s'y renfermer strictement dans les limites légales, quand il s'agit de recourir à la mesure exceptionnelle de la preuve par commune renommée ; — Attendu qu'on ne produit aucun commencement de preuve par écrit pour établir l'existence des dons manuels importants que le sieur Fournier aurait faits à la dame Laspeyrère ; que, dans cet état de choses, l'enquête sollicitée ne saurait être autorisée ; — Attendu, d'ailleurs, que les faits dont la dame Laspeyrère demande à faire la preuve ne sont ni précis, ni concluants, et, qu'à ce point de vue, il y aurait lieu de rejeter la demande, alors même qu'en droit elle serait susceptible d'être accueillie ; — Par ces motifs, rejette comme irrecevable et non pertinente l'offre de preuve de la dame Laspeyrère en ce qui concerne les dons manuels qui lui auraient été faits par le sieur Fournier, soit en argenterie, soit en numéraire ou autres valeurs.

Du 26 janv. 1874.-C. de Bordeaux, 1re ch.-MM. Izoard, 1er pr.-Fortier-Maire, av. gén.-Méran père et Lafon, av.

le remarque M. Guillouard, t. 2, n° 637, assez anormal, au point de vue des principes; il s'explique par les inconvénients qu'entraîne nécessairement, pour le mari comme pour la femme, la vente de la nue propriété des biens personnels de celle-ci et la présence d'un nu-propriétaire étranger.

315. Il nous paraît certain que les créanciers héréditaires, avant d'attaquer les biens de la femme, pourront poursuivre leur payement sur la pleine propriété des biens héréditaires, et non pas seulement, comme le prétend M. Laurent, t. 21, n° 454, sur la nue propriété de ces biens. Ces biens sont, en effet, le gage des créanciers, et le mari ne peut pas alléguer au nom de la communauté qu'il a un droit de jouissance, car la communauté ne peut pas acquérir cette jouissance sans acquitter les charges de l'acquisition, c'est-à-dire les dettes qui grèvent l'actif (Colmet de Santerre, t. 6, n° 55 bis II).

316. — 3° *Succession ou donation mobilière et immobilière* (*Rép.* nos 960 à 963). — Lorsque la succession est en partie mobilière et en partie immobilière, l'art. 1416, rapporté au *Rép.* n° 960, permet aux créanciers de poursuivre leur payement sur les biens de la communauté, que la succession soit échue au mari ou qu'elle soit échue à la femme, pourvu, dans ce dernier cas, qu'elle soit acceptée avec l'autorisation du mari. Si le législateur a ainsi autorisé les créanciers à poursuivre la communauté au delà de sa part contributive dans les dettes héréditaires, c'est évidemment, comme on l'explique au *Rép.* n° 961, pour que les créanciers ne soient pas obligés de diviser leurs actions suivant une proportion qui leur serait presque toujours inconnue (Rodière et Pont, t. 2, n° 775; Aubry et Rau, t. 5, § 513, note 12, p. 380; Laurent, t. 21, n° 458; Guillouard, t. 2, n° 639).

317. Dans le cas où la succession est échue à la femme et n'a été acceptée par elle qu'avec l'autorisation de justice, il faut distinguer, comme on l'a dit au *Rép.* n° 962, suivant qu'il a été ou non fait inventaire. S'il y a eu inventaire, les créanciers n'ont pour gage que les biens héréditaires, et, en cas d'insuffisance de ces biens, la nue propriété des propres de la femme (*Rép.* n° 963). Comp. *suprà*, n° 314). Mais à défaut d'inventaire, les créanciers pourront poursuivre leur payement sur la communauté et aussi, comme on le démontre au *Rép.* n° 962, sur les biens propres du mari. « Le mari, dit M. Guillouard, t. 2, n° 647, ne peut se plaindre de ce droit accordé aux créanciers, car c'est lui qui s'est exposé à leur poursuite, en négligeant de remplir le devoir que lui imposait l'art. 1414, § 2, l'obligation de faire inventaire. »

Art. 3. — *Dettes contractées par les époux pendant le mariage* (*Rép.* nos 964 à 1093).

§ 1er. — Dettes contractées par le mari (*Rép.* nos 964 à 981).

318. Les dettes contractées par le mari sont à la charge de la communauté, comme on l'a dit au *Rép.* n° 966, quelle qu'en soit la cause. Peu importe qu'elles résultent d'un contrat, d'un quasi-contrat, d'un quasi-délit ou même d'un délit. Seulement le mari doit récompense à la communauté pour les dettes qu'il a contractées dans son intérêt propre et dont il a tiré un profit personnel (*Rép.* n° 969). — Ainsi, d'après la cour de cassation, les emprunts faits par le mari sont à la charge de la communauté, et le mari est présumé avoir employé aux besoins du ménage les sommes empruntées, s'il n'est pas prouvé qu'elles ont tourné au profit personnel de l'un des époux (Civ. cass. 19 juill. 1864, aff. Hutteau d'O-rigny, D. P. 65. 1. 66; 19 janv. 1886, aff. Tournier, D. P. 87. 1. 70). — Jugé que toute condamnation obtenue contre le mari, même après la dissolution de la communauté, mais à raison d'un fait antérieur à sa dissolution, peut être exécutée sans récompense sur les biens de la communauté; mais qu'il est dû récompense par le mari, à raison du payement de la condamnation prononcée contre lui pour détour-

nement, s'il s'est personnellement approprié les biens détournés et en a conservé la jouissance exclusive (Pau, 23 mai 1877, aff. D..., D. P. 78. 2. 190).

La communauté est, d'ailleurs, tenue des dettes contractées par le mari, encore qu'elles n'aient pas acquis date certaine avant sa dissolution. Si la femme ou ses héritiers prétendent qu'une dette est postérieure à cette dissolution, il leur appartient de faire la preuve de l'antidate (V. *Rép.* n° 2494; Req. 13 mars 1854, aff. Cauretté, D. P. 54. 1. 100; Rodière et Pont, t. 2, n° 830; Guillouard, t. 2, n° 748 bis. V. aussi *infrà*, n° 909).

319. D'après l'art. 1424, expliqué au *Rép.* nos 974 et suiv., « les amendes encourues par le mari pour *crime* n'emportant pas mort civile peuvent se poursuivre sur les biens de la communauté, sauf la récompense due à la femme ». Il est généralement reconnu que le mot *crime* comprend ici tous les genres d'infraction à la loi pénale, les *crimes* proprement dits, les délits et les contraventions (Bordeaux, 10 mai 1871, aff. Gignoux, D. P. 71. 2. 219; Paris, 20 déc. 1872, aff. Rivet, D. P. 75. 1. 118; Rodière et Pont, t. 2, n° 837; Marcadé, t. 5, art. 1424-1425, n° 1; Aubry et Rau, t. 5, § 509, p. 333; Colmet de Santerre, t. 6, n° 68 bis I; Laurent, t. 22, n° 54; de Folleville, t. 1, n° 310; Guillouard, t. 2, n° 749).

On reconnaît aussi que les amendes dont parle l'art. 1424 et pour lesquelles le mari doit récompense à la communauté sont seulement les amendes prononcées pour des délits de droit criminel: le mari ne devrait pas récompense, comme nous l'avons dit au *Rép.* n° 976, pour les amendes disciplinaires qu'il aurait encourues dans l'exercice des fonctions publiques ou autres dont il serait revêtu (Rodière et Pont, t. 2, n° 838; Aubry et Rau, t. 5, § 509, note 26, p. 333; Guillouard, t. 2, n° 753).

320. Mais le mari doit-il récompense pour les réparations civiles auxquelles il a été condamné à raison d'un crime ou délit, ou pour les dépens de l'instance criminelle ou civile à la suite de laquelle est intervenue sa condamnation? Cette question, qui est examinée au *Rép.* n° 977, est très controversée dans la doctrine. Mais elle a été résolue négativement par un arrêt de la cour de cassation, qui semble devoir faire jurisprudence (Civ. cass. 9 déc. 1874, aff. Rivet, D. P. 75. 1. 118). « Si, contrairement à notre ancien droit, dit cet arrêt, et par exception au principe que les dettes faites par le mari durant la communauté tombent sans récompense à la charge de celle-ci; l'art. 1424 n'y fait tomber que sauf récompense les amendes auxquelles le mari a été condamné pour infraction à la loi pénale, cette disposition exceptionnelle et spéciale aux amendes, qui, étant des peines, doivent exclusivement frapper le coupable, ne saurait être étendue aux autres condamnations pécuniaires encourues par le mari à raison d'une telle infraction; cette extension serait aussi contraire au texte qu'à l'esprit de la loi ». Le point décisif du débat est, en effet, comme l'indique la cour de cassation, le caractère exceptionnel de la disposition de l'art. 1424. La règle générale est que toutes les dettes du mari sont à la charge de la communauté (c. civ. art. 1409-2°). A cette règle, les rédacteurs du code ont apporté une exception, qui constitue une innovation par rapport à l'ancien droit: ils n'ont décidé que les amendes prononcées contre le mari ne seraient supportées par la communauté que sauf récompense, à raison sans doute de ce qu'une amende est une peine, et que toute peine doit être laissée à la charge de celui qui l'a méritée. Mais cette exception doit être interprétée limitativement; on ne peut donc l'étendre aux réparations civiles ni aux dépens, alors que la loi ne parle que des amendes (V. en ce sens, outre les auteurs indiqués au *Rép. ibid.*, et l'arrêt précité du 9 déc. 1874: Pau, 23 mai 1877, aff. D..., D. P. 78. 2. 190; Paris, 26 mars 1885 (1); Aubry et Rau, t. 5, § 509, note 27, p. 333; Colmet de Santerre, t. 6, n° 68 bis IV; de Folleville, t. 1, n° 311 et suiv.; Guillouard, t. 2, nos 751 et suiv. — V. en sens contraire: Bordeaux, 10 mai 1871, aff. Gignoux, D. P.

(1) (Mouthiez C. Mouthiez.) — La cour; — Sur l'appel principal de Mouthiez: — En ce qui touche le mandat donné par Mouthiez à sa femme: — Considérant qu'en principe, et à raison de la généralité des termes de l'art. 1993 c. civ., la femme qui a accepté un mandat de son mari est tenue de lui rendre compte de sa gestion; mais qu'il ne s'ensuit pas qu'elle soit obligée de

justifier de l'existence d'un compte en règle et d'une décharge; — Considérant, dans l'espèce, que Mouthiez, lors de ses deux détentions qu'il a subies, a donné à sa femme deux procurations notariées, l'une à la date du 29 juin 1872, l'autre à celle du 18 févr. 1877; que ces procurations étaient nécessaires pour habiliter sa femme et lui permettre, en son absence, de gérer et

71, 2. 219; Rodière et Pont, t. 2, n° 838; Marcadé, t. 5, art. 1424-1425, n° 1; Laurent, t. 22, n° 59).

321. Aux termes de l'art. 1425 c. civ., « les condamnations prononcées contre l'un des époux pour crime emportant mort civile, ne frappent que sa part de la communauté et ses biens personnels ». Malgré l'abolition de la mort civile, prononcée par la loi du 31 mai 1854 (D. P. 54. 4. 91), on a soutenu que cet article devait encore recevoir son application. Le motif juridique de cette disposition, a-t-on dit, le seul de nature à justifier la dérogation qu'elle apporte au droit commun, c'est l'énormité du crime, frappé par la loi d'une peine perpétuelle, et auquel était attachée la mort civile ; le mandat tacite que la femme est réputée avoir donné à son mari pour administrer et grever, le cas échéant, la communauté, ne peut être présumé s'étendre au point de l'autoriser à engager la femme par un pareil crime, et dès lors il eût été injuste de lui en imposer la responsabilité. De là on concluait que, l'abolition de la mort civile n'ayant en rien modifié le caractère des crimes auxquels cette peine était attachée, l'art. 1425 restait applicable aux condamnations basées sur de tels crimes. Cette conclusion aurait été, en effet, parfaitement logique si la règle exceptionnelle de l'art. 1425 avait eu pour base le motif que l'on indiquait. Mais, comme nous l'avons montré au *Rép.* n° 980, cette règle avait une origine historique; on avait admis dans l'ancien droit, conformément à une doctrine de Dumoulin, que la confiscation qui résultait des condamnations entraînant mort civile ne frappait que la part de l'époux coupable dans les biens de la communauté. L'art. 1425, étant la reproduction de cette ancienne doctrine, supposait, par conséquent, l'existence effective d'une condamnation emportant mort civile, et dès lors que la mort civile était supprimée, il cessait d'être applicable. C'est ce qu'a décidé la cour de cassation, dans un cas où cependant le crime était antérieur à la loi du 31 mai 1854, mais n'avait été découvert et constaté juridiquement que depuis cette loi (Req. 2 mai 1864, aff. Philibert Salves, D. P. 64. 1. 266. V. le rapport de M. le conseiller d'Uboxi, *ibid.* V. aussi Aubry et Rau, t. 5, § 509, note 24, p. 332 ; de Folleville, t. 1, n° 312; Guillouard, t. 2, n° 750).

322. Il a été jugé avant la loi de 1854, conformément à ce qui est dit au *Rép.* n° 981, que l'art. 1425, en parlant des *condamnations* prononcées contre l'un des époux pour crime emportant mort civile, comprenait même les condamnations à des dommages-intérêts, et non pas seulement les amendes et les dépens du procès criminel (Colmar, 29 déc. 1849, aff. Knecht, D. P. 53. 2. 77).

§ 2. — Dettes contractées par la femme (*Rép.* n°s 982 à 1039).

323. — I. Femme non autorisée (*Rép.* n°s 983 à 994). — Il résulte de l'art. 1426 c. civ. que les obligations contractées par la femme non autorisée (*Rép.* n°s 983 et suiv.), n'engagent pas la communauté. — Le même principe, comme on l'explique au *Rép.* n° 986, s'étend aux quasi-contrats, aux quasi-délits et aux délits de la femme. Aux termes de l'art. 1424 c. civ., les amendes encourues par la femme pour crime ne peuvent s'exécuter que sur la nue propriété de ses biens personnels, tant que dure la communauté. Il a été déclaré par la cour de cassation que cet article pose un principe général, et qu'il en résulte que non seulement les amendes, mais encore les réparations civiles encourues par la femme à raison d'un délit commis par elle, ne peuvent pas être exécutées sur les biens de la communauté (Civ. cass. 17 août 1881, aff. Danne, D. P. 81. 1. 474. V. *infra*, n° 328). Il en est ainsi, d'après la même arrêt, encore bien que le mari, appelé en cause pour la régularité de la procédure, ait autorisé la femme à défendre aux poursuites intentées contre elle.

Il y a cependant quelques matières spéciales dans lesquelles le mari est déclaré responsable des délits ou contraventions commis par la femme ; le législateur suppose alors que le délit de la femme a profité ou devait profiter à la communauté. Il en est ainsi en matière de délits ruraux (*Rép.* n°s 989 et suiv.), de contraventions aux lois sur les contributions indirectes (*Rép.* n° 991), et aussi de délits forestiers (*Rép.* v° *Forêts*, n°s 451 et suiv.), et de délits de pêche (*Rép.* v° *Pêche fluviale*, n°s 229 et suiv.).

Le mari est encore responsable des quasi-délits de sa femme, comme on l'a dit au *Rép.* n° 992, si le dommage a été causé par elle dans une fonction à laquelle le mari l'avait préposée. Mais il a été jugé que le mari n'est pas responsable des imprudences commises par la femme dans l'exercice d'un commerce séparé et distinct (Req. 8 juill. 1872, aff. Comp. *l'Abeille*, D. P. 73. 1. 33. Comp. *Rép.* v° *Responsabilité*, n°s 592 et suiv. V. aussi *infra*, n° 341).

324. — II. Femme autorisée du mari (*Rép.* n°s 995 à 1001). — Aux termes des art. 1409-2° et 1419 c. civ., les dettes contractées par la femme avec l'autorisation du mari sont à la charge de la communauté, et elles peuvent être poursuivies tant sur les biens communs que sur ceux de la femme et sur ceux du mari. Toutefois, si la dette a été contractée exclusivement dans l'intérêt de la femme, celle-ci devra récompense à la communauté ou au mari (*Rép.* n° 995). — D'après Marcadé, t. 5, art. 1485-1486, n°s 1 et 2, et M. Laurent, t. 22, n° 70, le mari peut bien être poursuivi sur ses propres biens pour les dettes contractées par la femme avec son autorisation, parce que ses biens se confondent avec ceux de la communauté, mais on ne doit pas le considérer comme tenu personnellement de ces dettes, alors qu'il ne s'est pas obligé, et les mêmes auteurs concluent de là qu'à la dissolution de la communauté le mari ne pourra plus être poursuivi pour la totalité, mais seulement pour moitié des dettes de cette nature. Mais cette théorie est contraire à l'opinion générale des commentateurs. Dès l'instant, d'ailleurs, que la dette de la femme autorisée par le mari est une dette de la communauté, il n'y a pas de raison de la distinguer de toutes les autres dettes de communauté, qui sont considérées comme étant en même temps des dettes du mari (V. *Rép.* n° 2453 ; Paris, 19 févr. 1845, aff. Scellier, D. P. 45. 4. 89; Demolombe, *Mariage*, t. 2, n° 310 ; Aubry et Rau, t. 5, § 520, note 2, p. 433 et suiv.; Colmet de Santerre, t. 6, n° 145 *bis* V ; de Folleville, t. 1, n°s 513 et suiv.; Guillouard, t. 2, n° 845).

325. La poursuite des obligations contractées par la femme autorisée sur les biens de la communauté a fait naître, dans la jurisprudence, une importante question, dans le cas où le mari est tombé en faillite et a obtenu un concordat. Il est certain qu'alors, bien que le mari ait obtenu la remise d'une partie de ses dettes, la femme reste tenue d'acquitter la totalité de celles qu'elle a contractées avec son autorisation ou même solidairement avec lui; elle est débitrice personnelle, et la remise faite au mari ne la libère pas. Mais si elle est poursuivie pour le tout, nonobs-

---

administrer les affaires de la communauté; que, s'il a cru devoir, le 3 juill. 1878, faire dresser par-devant notaire un acte révoquant ses deux procurations, il est constant qu'à l'expiration de ses deux peines, c'est-à-dire à la fin de 1874 et à la fin de 1877, il est rentré au domicile conjugal; qu'il n'est pas possible d'admettre qu'à ces deux époques il ne se soit pas fait rendre compte par sa femme de la double mission qu'il lui avait confiée; que, notamment, il a dû recevoir d'elle des fonds à la fin de 1877 ou au commencement de 1878, puisqu'à la date du 17 mars de cette dernière année, il a rendu le compte de tutelle de son fils issu d'un premier mariage, et lui a versé un reliquat de 2367 fr. ; — Considérant, en conséquence, que Mouthiez est mal fondé dans ce chef de contestation ; — En ce qui touche la rente italienne de 150 fr. : — Considérant que, si cette rente a été achetée par la femme Mouthiez durant la détention de son mari, elle lui en a certainement remis le titre en lui rendant compte de son mandat ; que ce qui le prouve, c'est que Mouthiez est en possession du

bordereau d'achat ; — En ce qui touche les vingt-quatre obligations de Lyon : — Adoptant les motifs des premiers juges ; — En ce qui touche la somme de 6525 fr., portée en la liquidation comme récompense due par Mouthiez à la communauté : — Considérant que cette somme se compose, jusqu'à concurrence de 3801 fr. 95 cent. seulement, de l'amende payée au l'acquit de Mouthiez, et que le surplus s'applique à des frais et honoraires d'avoués et d'avocats; — Considérant que les art. 1424 et 1425 c. civ. prévoient deux cas absolument différents, et que, lorsqu'il s'agit de crimes n'emportant pas mort civile, les amendes seules sont, suivant les termes précis du premier de ces articles, soumises à une récompense; que c'est donc à bon droit que le notaire liquidateur, et après lui les premiers juges, ont porté au chapitre des récompenses dues par Mouthiez la somme totale de 6525 fr.;

Du 26 mars 1885.-C. de Paris, 6e ch.-MM. Choppin, pr.-Martinet, subst.-Pitte et Ferdeuil, av.

tant le concordat accordé au mari, la communauté peut-elle l'être également du chef de la femme? L'affirmative a été soutenue. Le concordat du mari, a-t-on dit, n'affranchit pas la communauté de la dette de la femme, pas plus que, si deux communistes avaient contracté une dette solidaire, le concordat obtenu par un seul n'affranchirait la chose commune de la dette de l'autre. Après comme avant le concordat, la communauté conserve son individualité, subsiste comme être moral, et reste tenue des dettes auxquelles l'art. 1419 l'a spécialement affectée. Il ne faut pas, d'ailleurs, que le créancier, qui a compté sur la garantie de cet article, puisse en être dépouillé par l'effet d'un concordat, peut-être trop facilement accordé au mari (Lyon, 23 juill. 1858, aff. Exbrayat, D. P. 81. 1. 145, note a). — Sans repousser ce système d'une manière absolue, une opinion intermédiaire a voulu distinguer entre les obligations contractées par la femme dans son intérêt personnel et celles contractées par elle dans l'intérêt et à titre de caution du mari. De ces deux sortes d'obligations, les premières seules seraient régies par l'art. 1419, qui, en conférant aux créanciers le droit de poursuivre la communauté et le mari, prévoit en effet qu'une récompense sera due à la communauté ou au mari. Pour les autres obligations, où la femme n'est, aux termes de l'art. 1431, que la caution du mari, les créanciers ne sauraient avoir du chef de la femme une action quelconque sur les biens de la communauté (Bordeaux, 23 juin 1879, aff. Lespiaucq, D. P. 81. 1. 145). — Mais il faut décider, en principe, que les créanciers ne peuvent jamais avoir d'action sur les biens communs du chef du mari, et, par conséquent, que le concordat obtenu par le mari libère en même temps la communauté. On a vu, en effet, supra, n° 169, que la communauté ne constitue pas un être moral ayant des intérêts distincts de ceux des époux. Pendant le mariage, comme la déclare la cour de cassation, il n'y a pas à distinguer les biens personnels du mari et ceux de la communauté, tous ces biens forment un seul patrimoine; les créanciers qui ont action sur les uns ont nécessairement action sur les autres, mais aussi les uns ne peuvent être libérés sans que les autres ne le soient pareillement (Req. 17 janv. 1881, aff. Lespiaucq, D. P. 81. 1. 145. V. dans le même sens : Paris, 24 janv. 1855, aff. Chabbal, D. P. 56. 2. 109; 21 juin 1855, aff. Gobillard, D. P. 56. 2. 157; Rodière et Pont, t. 2, n° 787; Aubry et Rau, t. 5, § 509, note 42, p. 338; Coin-Delisle, Revue critique de droit français, année 1856, t. 8, p. 33; Laurent, t. 22, n° 72; Guillouard, t. 2, n° 846). — Il a été jugé, par application du même principe, dans un cas où le mari seul avait interjeté appel d'un jugement qui le condamnait solidairement avec la femme et où ce jugement avait acquis force de chose jugée vis-à-vis de la femme, que l'appel du mari s'opposait à ce que le créancier continuât les poursuites du chef de la femme sur les biens de la communauté (Paris, 18 oct. 1854, aff. Lameau, D. P. 56. 2. 109).

326. La règle que les obligations contractées par la femme avec l'autorisation du mari sont à la charge de la communauté et du mari comporte deux exceptions, qui sont indiquées au Rép. n° 996. La première est relative aux successions purement immobilières que la femme accepte du consentement du mari; les créanciers de ces successions n'ont d'action que sur les biens de la femme (V. supra, n° 313). — La seconde exception a lieu lorsque le mari autorise la femme à aliéner un de ses immeubles; dans ce cas, à moins que le mari ne s'oblige d'une manière expresse, lui et la communauté ne sont pas tenus de l'obligation de garantie. Du moins, cette solution résulte, suivant nous, de l'art. 1432 c. civ., aux termes duquel « le mari qui garantit solidairement ou autrement la vente que sa femme a faite d'un immeuble personnel, a un recours contre elle, soit sur sa part dans la communauté, soit sur ses biens personnels, s'il est inquiété ». Quelques auteurs prétendent que cet article, n'ayant pas pour objet direct d'établir dans quels cas le mari est tenu des obligations contractées par la femme, ne suffit pas pour qu'on admette, dans notre hypothèse, une dérogation à la règle générale de l'art. 1409-4°, qui fait tomber en communauté toutes les dettes contractées par la femme avec l'autorisation du mari (Colmet de Santerre, t. 6, n° 41 bis XXIII; Laurent, t. 22, n° 75). Mais l'art. 1432, en supposant que le mari ne peut être inquiété par l'acquéreur

d'un bien de la femme que s'il a garanti la vente, indique par là même que le mari ne peut pas être inquiété et n'est, par conséquent, pas obligé s'il n'a pas garanti et s'il n'a fait qu'autoriser. Au surplus, l'exception à la règle de l'art. 1409-2° est justifiée dans ce cas par la raison que la vente d'un immeuble propre à la femme est une opération qui intéresse plus particulièrement le patrimoine de la femme. Il est vrai que le prix de la vente pourra être versé dans la communauté; que souvent même la vente aura été autorisée et même sollicitée de la femme par le mari en vue de ce résultat. Mais c'est là une circonstance indépendante de la vente elle-même. Il peut se faire aussi que la vente soit faite par la femme dans un intérêt qui lui soit tout personnel, comme, par exemple, pour payer la dot d'un enfant d'un premier mariage. Il est donc raisonnable qu'en principe, et à moins d'une stipulation formelle, l'obligation de garantie ne pèse pas sur le mari, ni sur la communauté (Demolombe, Mariage, t. 2, n° 310; Troplong, t. 2, n° 840; Rodière et Pont, t. 2, n° 785; Marcadé, t. 5, art. 1419, n° 1; Aubry et Rau, t. 5, § 509, note 44, p. 338; Guillouard, t. 2, n° 852). L'autorisation donnée par le mari aura alors seulement pour effet de permettre à l'acquéreur évincé d'agir, non pas seulement sur la nue propriété des biens de la femme, mais sur la pleine propriété de ces biens, comme dans le cas où la femme a accepté avec l'autorisation du mari une succession ou une donation immobilière.

327. En dehors des deux exceptions dont il vient d'être parlé et qui résultent formellement des art. 1413 et 1432, la règle établie par les art. 1409-2° et 1419 reprend son empire. Il a été jugé que cette règle est applicable au cas où la femme, autorisée par le mari, a constitué une dot à une fille commune, et qu'en conséquence, le payement de cette dot peut être poursuivi tant sur les biens du mari et de la communauté que sur ceux de la femme (Rouen, 27 mai 1854, aff. Leconte, D. P. 54. 2. 248; Demolombe, Mariage, t. 2, n° 310; Rodière et Pont, t. 2, n° 786; Aubry et Rau, t. 5, § 509, note 46, p. 339; Colmet de Santerre, t. 6, n° 41 bis XXV; Laurent, t. 22, n° 76 et suiv.; Guillouard, t. 2, n°s 853 et suiv.).

328. Il en serait de même, comme on l'a dit au Rép. n° 998, d'une condamnation aux dépens prononcée contre la femme dans un procès concernant l'un de ses propres, qu'elle aurait soutenu avec l'autorisation du mari; cette condamnation serait exécutoire sur les biens de la communauté et sur ceux du mari. Toutefois la même solution ne devrait pas être étendue à la condamnation aux dépens ou à des dommages-intérêts prononcée contre la femme à raison d'un délit qu'elle aurait commis. L'art. 1424 c. civ., dispose, comme nous l'avons vu supra, n° 323, que les amendes encourues par la femme ne peuvent s'exécuter que sur la nue propriété de ses biens personnels, tant que dure la communauté, et l'on s'accorde à reconnaître que ce texte, bien qu'il ne parle que des amendes, doit être appliqué également aux réparations civiles et aux dépens. Or il résulte d'un arrêt de la cour de cassation que, « lorsque le mari, appelé en cause pour la validité de la procédure, autorise la femme à ester en justice et à défendre à l'action civile intentée contre elle en réparation du dommage résultant du délit, cette autorisation ne peut avoir pour effet de rendre la communauté responsable de la condamnation qui intervient au principal; qu'en effet, la communauté n'a intérêt à ce que la femme soit ou ne soit pas condamnée; que, dès lors, la comparution du mari pour autoriser sa femme, et sans aucunes conclusions personnelles de sa part, ne modifie pas le caractère de l'obligation résultant, pour la femme, du délit commis par elle, et ne peut être considérée comme un consentement du mari à mettre à la charge de la communauté tout ou partie de cette obligation » (Civ. cass. 17 août 1881, aff. Danne, D. P. 81. 1. 471).

329. — III. Femme mandataire du mari (Rép. n°s 1002 à 1027). — La femme, comme il résulte de l'art. 1420, rapporté au Rép. n° 1002, peut agir comme mandataire du mari, et les dettes qu'elle contracte en cette qualité ne l'obligent pas elle-même, mais obligent le mari et la communauté.

La femme, toutefois, quand elle agit ainsi au nom et pour le compte de son mari, diffère d'un mandataire ordinaire en ce qu'elle reste soumise à l'autorité maritale. Il en résulte, comme on l'a constaté au Rép. n° 1003, qu'elle n'est pas

responsable vis-à-vis du mari, comme le serait un autre mandataire. Le mari, étant tenu de la diriger et de la protéger, n'est pas admis à lui reprocher les négligences, les imprudences et autres fautes non frauduleuses qu'elle peut commettre dans l'exercice du mandat. — Il a été décidé que le mari, étant responsable en qualité de chef de la communauté, de l'administration des biens personnels de la femme, reste garant vis-à-vis d'elle du placement des sommes provenant de l'aliénation de ces biens, encore que ce placement serait fait par la femme elle-même comme mandataire de son mari (Req. 8 févr. 1853, aff. Delaruelle, D. P. 53. 1. 33).

330. Quant à l'obligation de rendre compte, la femme n'en est pas tenue non plus comme le serait un autre mandataire. — Il a été jugé : 1° que la femme obligée par l'état de démence de son mari, non encore interdit ni pourvu d'un administrateur provisoire, de prendre la direction de l'administration domestique, n'est point tenue, comme le serait un mandataire ordinaire, de fournir, après l'interdiction prononcée, au tuteur nommé à l'interdiction, un compte détaillé et appuyé de pièces justificatives des sommes qu'elle a reçues pour le compte de la communauté; qu'il suffit qu'elle justifie d'une manière satisfaisante du bon emploi de ces sommes (Bordeaux, 14 juin 1853, aff. Chabrier, D. P. 54. 2. 39); — 2° Que le mari qui a donné mandat à sa femme de gérer les biens de la communauté n'a d'action contre elle qu'autant qu'elle a abusé du mandat pour s'enrichir aux dépens de la communauté ou qu'elle a détourné frauduleusement ce qu'elle a touché, et que la preuve de cet abus de mandat ou de ce détournement est à la charge du mari (Orléans, 20 (et non 5) janv. 1859, aff. Vallée, D. P. 59. 2. 17); — 3° Que la femme qui a reçu pendant le mariage une procuration de son mari pour gérer les affaires de la communauté ne peut être poursuivie en reddition de compte comme un mandataire ordinaire; qu'elle n'est soumise, en raison de ce mandat, qu'à l'action *de in rem verso*, jusqu'à concurrence du profit personnel qu'elle en a tiré (Besançon, 18 nov. 1862, aff. Brégand, D. P. 62. 2. 212); — 4° Que la femme mariée qui a reçu de son mari le mandat d'administrer des biens à elle propres peut être considérée comme ayant suffisamment rendu compte de ce mandat, par cela seul qu'il est constaté que, étant séparée de fait de son mari, elle a consommé les revenus des biens pour ses besoins et ceux d'un enfant laissé à sa charge, sans en accumuler aucune portion à son profit exclusif (Riom, 6 déc. 1867, et sur pourvoi, Req. 25 nov. 1868, aff. Gaultier, D. P. 69. 1. 148); — 5° Que le mari qui, détenu en suite de condamnations prononcées contre lui, a donné à sa femme une procuration générale, n'est plus recevable à lui demander compte de ce mandat, alors qu'à l'expiration de sa peine il est rentré au domicile conjugal, et qu'il appert des circonstances de la cause que diverses sommes lui ont été versées par sa femme (Paris, 26 mars 1885, *suprà*, n° 320. — Comp. Aix, 15 janv. 1838, *Rép.* n° 1606. — V. cependant : Agen, 16 juill. 1833, et Req. 18 déc. 1834, *Rép.* v° *Compte*, n° 25).

331. Le mandat de la femme, comme on l'explique au *Rép.* n° 1104 et suiv., peut n'être que tacite. La femme est même présumée investie d'un tel mandat pour tout ce qui concerne le ménage. « Sous le régime de communauté, comme l'a dit un jugement, la femme ne s'oblige pas elle-même personnellement, mais n'oblige que la communauté, quand elle contracte des dettes pour les fournitures, soit d'elle-même, soit des enfants du mariage, parce qu'elle agit alors au nom de son mari, qui, comme chef de la communauté, lui a tacitement donné le mandat d'agir en son lieu et place. L'usage et les mœurs ont consacré cette jurisprudence, commandée par les nécessités de tous les jours ; c'est aux créanciers de la communauté, s'il y a abus à leurs yeux de la part de la femme, à restreindre, en conséquence, le crédit par eux ouvert pour les fournitures faites » (Trib. Napoléon-Vendée, 25 févr. 1862, et Poitiers, 17 juin 1862, aff. Lamy, D. P. 64. 2. 22. V. aussi *Rép.* v° *Mandat*, n° 176).

332. L'obligation du mari, pour les fournitures faites à la femme dans l'intérêt du ménage, est fondée non seulement sur un mandat tacite, mais aussi, ainsi qu'on l'a observé au *Rép.* n° 1007, sur le devoir à lui imposé par la loi de subvenir aux besoins de la famille. L'absence du mari ne suffit évidemment pas pour le décharger de ce devoir. — Jugé,

en ce sens, que le mari, obligé à des devoirs de secours et d'assistance envers sa femme atteinte d'une maladie mentale, est tenu des dettes alimentaires et d'entretien contractées par elle dans un hôtel où elle a été logée avec ses enfants, des précepteurs et des domestiques, lorsque son mari et son père ont refusé de la recevoir (Besançon, 15 juill. 1874, aff. de Chanay, D. P. 74. 2. 219. V. aussi Gand, 10 févr. 1883, aff. Bulcke C. Van Lokeren, *Pasicrisie belge*, 1884. 2. 109).

333. La femme avons-nous dit, *suprà*, n° 329, ne s'oblige pas elle-même quand elle fait des achats et contracte des obligations pour le compte de la communauté, dans l'intérêt du ménage. Par suite, le mari est seul tenu des obligations de cette nature, et les créanciers n'ont aucune action contre la femme ; si plus tard elle renonce à la communauté, ils ne pourront poursuivre que le mari (Poitiers, 17 juin 1862, cité *suprà*, n° 331; Gand, 10 févr. 1883, cité *suprà*, n° 332). Cependant la femme peut aussi s'obliger personnellement et conjointement avec le mari. S'il est établi que les créanciers ont exigé son engagement personnel, elle peut alors être poursuivie, pendant la communauté, même sur la nue propriété de ses biens propres, et, après sa renonciation à la communauté, elle sera encore tenue de la moitié de la dette, conformément à l'art. 1494 c. civ. Mais elle n'en sera pas tenue solidairement, à moins que la solidarité n'ait été formellement stipulée (Civ. cass. 21 févr. 1872, aff. Bertot, D. P. 73. 1. 63).

334. Le mandat tacite conféré à la femme a nécessairement des limites. Le mari ne peut être présumé lui avoir donné le pouvoir de faire des dépenses excessives, eu égard à sa fortune, à la condition et à la manière d'être ordinaire des époux. L'action de mandat ou de gestion d'affaires que les fournisseurs ont contre le mari doit être limitée aux dépenses nécessaires ou utiles et au profit personnel que le mari en a tiré (V. les arrêts cités *suprà*, n° 331 et suiv. V. aussi *Rép.* n° 1008 et 1016; Rodière et Pont, t. 2, n° 795; Aubry et Rau, t. 5, § 509, note 55, p. 341; Colmet de Santerre, t. 6, n° 63 *bis* III; Laurent, t. 22, n° 108; Guillouard, t. 2, n° 866).

335. Le mari, pour se mettre à l'abri des dépenses excessives dans lesquelles la femme l'engage, peut lui retirer son mandat. Les moyens à employer pour cela sont indiqués au *Rép.* n° 1017. Le plus efficace consiste à signifier aux fournisseurs individuellement une sommation de ne plus rien vendre à la femme (V. Civ. cass. 12 janv. 1874, aff. de Chanay, D. P. 74. 1. 153). Le mari peut aussi prévenir les fournisseurs par la voie des journaux. Mais, comme l'observe M. Guillouard, t. 2, n° 867, ce mode d'avertissement est d'une efficacité très douteuse. Aux termes de l'art. 2005 c. civ., la révocation du mandat ne peut être opposée aux tiers qui ont traité dans l'ignorance de cette révocation : les fournisseurs pourront dire le plus souvent qu'ils n'ont pas connu l'avertissement publié par le mari, et que les marchés qu'ils ont faits dans les limites ordinaires doivent être maintenus. Toutefois, ajoute le même auteur, c'est là une question de fait, et, dans une petite ville, où il n'y a qu'un ou deux journaux et où la renommée se charge, d'ailleurs, de compléter leur publicité, on pourra admettre que l'avertissement par la voie des journaux est suffisant, parce qu'il a dû être connu des fournisseurs (V. dans le même sens : Rodière et Pont, t. 2, n° 796; Marcadé, t. 5, art. 1420, n° 2; Aubry et Rau, t. 5, § 509, note 57, p. 341).

336. Le mandat tacite qui est reconnu à la femme pour les dépenses du ménage n'existe pas seulement quand les époux vivent ensemble. S'ils vivent séparés, il faut distinguer, comme on l'a dit au *Rép.* n° 1010, suivant que la séparation a eu lieu par le fait du mari ou par le fait de la femme. Lorsqu'elle est imputable au mari, soit qu'il ait renvoyé sa femme du domicile conjugal, soit qu'il ait lui-même abandonné ce domicile, comme il n'en est pas moins tenu de subvenir aux besoins de sa femme, le mandat tacite continue de subsister en faveur de celle-ci. Le mari sera alors obligé vis-à-vis des fournisseurs, non seulement dans la mesure où les fournitures lui auront profité en tant qu'elles auront acquitté sa dette, mais pour le montant intégral des fournitures, sauf à en demander la nullité ou la réduction en cas d'excès (*Rép.* n° 1011; Req. 21 mars 1882, aff. Parise,

D. P. 82. 1. 362; Guillouard, t. 2, n° 868). Mais si, au contraire, c'est la femme qui a abandonné le domicile conjugal, le mandat tacite du mari doit être considéré comme révoqué. Il ne faut pas, en effet, que la femme ait, par ce moyen, la possibilité de prolonger son absence illégale du domicile conjugal. Tout au plus pourrait-on admettre, au profit du fournisseur de bonne foi, l'action *de in rem verso* contre le mari (V. *Rép.* n° 1010; Civ. cass. 12 janv. 1874, aff. de Chanay, D. P. 74. 1. 153; Rodière et Pont, t. 2, n° 793; Marcadé, t. 5, art. 1420, n° 2; Aubry et Rau, t. 5, § 509, note 52, p. 340; Laurent, t. 22, n° 110; Guillouard, t. 2, n° 869).

Dans le cas où la séparation de fait a été convenue entre les époux, comme dans celui où elle est autorisée au profit de la femme pendant l'instance en séparation de corps, il y a lieu encore de faire une distinction, qui est indiquée au *Rép.* n° 1012 et suiv. Si le mari, comme dans une espèce sur laquelle a statué la cour de cassation (Req. 13 févr. 1844, *Rép.* n° 1012), continue de percevoir tous les revenus de la communauté, et si la femme n'a pas de ressources qui lui soient propres, on doit évidemment décider que le mari reste tenu de payer les fournitures faites à la femme pour sa subsistance. Mais lorsqu'un partage anticipé des biens communs a été fait, lorsque la femme a la jouissance de ses biens personnels, ou lorsqu'elle reçoit du mari une pension alimentaire suffisante, il lui appartient de subvenir à ses besoins, et les fournisseurs auxquels elle s'adresse n'ont qu'elle pour obligée. Ils ne peuvent avoir, en effet, ni une action directe, ni même une action *de in rem verso* contre le mari, par la raison que celui-ci se trouve libéré de sa dette alimentaire vis-à-vis de la femme (Besançon, 25 juill. 1866, aff. Nisius, D. P. 66. 2. 149; Paris, 11 mai 1874, aff. Marchand, D. P. 75. 2. 41; Guillouard, t. 2, n° 870. V. cependant : Civ. rej. 14 févr. 1826, *Rép.* n° 1012).

337. La présomption que la femme agit comme mandataire du mari peut s'étendre, ainsi qu'on l'explique au *Rép.* n° 1021 et suiv., à d'autres actes qu'aux achats de provisions ou d'objets concernant le ménage. S'il résulte des circonstances que la femme représente habituellement le mari dans l'administration de certaines affaires, si le mari est absent et si la femme est restée seule à la tête de sa maison ou de son commerce, les obligations que la femme contracte dans ces conditions sont à la charge du mari (Laurent, t. 22, n° 112; Guillouard, t. 2, n° 875).

338. En principe, comme nous l'avons dit au *Rép.* n° 1024, et *suprà*, n° 333, toutes les fois qu'elle agit ainsi pour le compte de la communauté ou du mari, la femme ne s'oblige pas elle-même; les tiers avec lesquels elle contracte n'ont d'action que contre le mari (V. les arrêts cités au *Rép.* n° 1024 et suiv., et Poitiers, 17 juin 1862, aff. Lamy, D. P. 64. 2. 22). Cependant si le mari est insolvable et si les obligations contractées par la femme lui ont profité personnellement, les tiers peuvent également la poursuivre à raison du profit qu'elle a tiré. Il a été jugé, notamment, que les dépenses faites par une femme mariée pour son entretien dans un établissement d'aliénés peuvent être poursuivies, non seulement sur les biens de la communauté, mais aussi sur ses biens propres (Lyon, 21 mars 1879, aff. Oriste, D. P. 79. 2. 184).

339. La femme peut agir aussi, non comme mandataire du mari, mais au nom de celui-ci et comme se portant fort pour lui; l'engagement alors doit être ratifié par le mari; il est valable, si le mari le ratifie, et nul, à défaut de ratifica-

tion (Rodière et Pont, t. 2, n° 865; Guillouard, t. 2, n° 877; Bordeaux, 28 avr. 1846) (1).

340. — IV. Femme marchande publique (*Rép.* n° 1028 à 1050). — La femme qui est marchande publique oblige la communauté et s'oblige valablement elle-même, à certaines conditions qui sont indiquées au *Rép.* n° 1030. Il faut : 1° qu'elle soit réellement commerçante; 2° qu'elle fasse le commerce avec le consentement, ou tout au moins au vu et au su de son mari; 3° qu'elle ait un commerce séparé; 4° qu'elle s'oblige pour ce qui concerne son négoce (c. civ. art. 220 et 1426). Sur le point de savoir quand une femme est commerçante, V. *suprà*, v° *Commerçant*, n° 5 ; — *Rép.* eod. v°, n° 15 et suiv. En ce qui concerne les trois autres conditions, V. ussi *suprà*, v° *Commerçant*, n° 79 et suiv. ; — *Rép.* n° 160 et suiv.

341. Aux termes de l'art. 1426 c. civ., les actes faits par la femme engagent la communauté « lorsqu'elle contracte comme marchande publique et pour le fait de son commerce ». La communauté est donc tenue des obligations résultant des contrats ou quasi-contrats de la femme, lorsque ces contrats ou quasi-contrats sont relatifs à son négoce. Mais est-elle également responsable des délits ou quasi-délits commis par la femme dans l'exercice de son commerce? La question s'est présentée dans une espèce où la femme avait allumé un incendie en maniant imprudemment des matières inflammables (du pétrole) faisant l'objet de son commerce, et qu'elle allait débiter, et a été jugé que la communauté n'était pas tenue des dommages-intérêts dus aux victimes de l'incendie (Req. 8 juill. 1872, aff. Comp. d'assurances *l'Abeille*, D. P. 73. 1. 33). — Cette décision est fondée sur ce que le consentement du mari au commerce exercé par la femme dans le domicile conjugal et sous ses yeux, ne pouvait être présumé donné que pour les actes mêmes du commerce, ou pour ceux qui s'y rattachaient nécessairement. Or, dans l'espèce, le fait imputé à la femme était complètement étranger à son commerce, et ne se rattachait par aucun lien à ceux qui, d'après l'art. 1426, peuvent engager les biens de la communauté. — Faut-il conclure de cet arrêt que la communauté ne pourra jamais être tenue des délits ou quasi-délits commis par la femme dans l'exercice de son commerce? Il semble que la solution admise par la cour de cassation concerne seulement le cas où il s'agit d'actes dommageables n'ayant point par eux-mêmes une cause commerciale et que la femme aurait pu commettre alors même qu'elle n'exercerait pas le commerce, et qu'elle ne devrait pas être étendue aux délits ou quasi-délits qui, par leur nature, se rattachent nécessairement au commerce de la femme. Et telle est, en effet, la distinction faite par M. le conseiller rapporteur, dans ses observations sur la même affaire : «... Si la femme, disait-il, commet un acte illicite *étranger* à son commerce, on ne peut plus trouver la responsabilité du mari dans l'art. 1426... Il est vrai que M. Troplong, *Contrat de mariage*, t. 2, n° 921, professe cette opinion « que si la femme se rendait coupable de banqueroute, son délit, avec toutes ses conséquences, compromettrait la communauté ». Mais pourquoi? Parce que, dit M. Troplong, « le mari a profité ou est censé avoir profité du crime de la femme ». Il en serait certainement de même si la femme avait commis des fraudes pour procurer à son commerce des bénéfices illicites. Ces actes procèdent directement du fait du commerce qu'exerce la femme. Le mari qui aurait recueilli les bénéfices de ces actes ne peut répudier les charges qui en sont les conséquences : « *Æquum est enim ut cujus participavit*

conventions consenties par sa femme; que les tribunaux, sur ce point, ont la liberté et le devoir d'apprécier les faits et les circonstances; — Attendu que Masini était en retard de se libérer du montant des deux billets dont il était débiteur envers Lafosse; qu'il est constant que Masini a connu le traité fait entre sa femme et Lafosse le 23 mars 1844, lequel traité est mentionné dans le jugement dont est appel; que, dans ces circonstances, il a laissé écouler un mois entier sans adresser aucune protestation à Lafosse contre le traité du 23 mars; que par son silence, il a suffisamment manifesté qu'il ratifiait ledit traité, ce qui le rend non recevable à en demander la nullité; — Attendu que l'offre faite par Masini de payer ou de remettre les deux billets dont il s'agit au procès est tardive et ne doit pas être accueillie; — Par ces motifs...

Du 28 avr. 1846.-C. de Bordeaux, 1re ch.-MM. Prévôt-Leygonie, pr.-Carcaud et Vaucher, av.

---

(1) (Masini C. Lafosse.) — La femme Masini avait, en l'absence de son mari, donné en payement une paire de bœufs au sieur Lafosse, porteur de deux billets souscrits par le sieur Masini, et qui, en vertu de sa créance, allait procéder à une saisie-exécution. Le sieur Masini, après son retour, s'est abstenu pendant un mois de toute protestation contre la dation en payement effectuée par sa femme; puis il a actionné Lafosse en restitution de ses bœufs sous le prétexte que cette dation en payement, qu'il n'avait pas autorisée, était nulle. Il offrait en même temps le payement des billets. Le 30 août 1844, jugement du tribunal civil de Bordeaux qui rejette la prétention du sieur Masini. — Appel. — Arrêt.

La cour; — Attendu qu'il n'est pas douteux qu'un mari qui souffre que sa femme gère ses affaires, et par cela même présumé avoir donné un mandat tacite qui le lie à l'égard des tiers ; que, par identité de raison, il peut tacitement ratifier les

lucrum participet, et damnum » (L. 55, D., *Pro socio*). Mais lorsque l'acte accompli par la femme est par lui-même étranger à son commerce, s'il n'en est qu'un accident qu'elle aurait pu éviter, les raisons que nous venons d'établir pour associer à la personnalité de la femme celle du mari, ne se rencontrent plus et ne peuvent engager ni le mari, ni la communauté... ».

342. La question de savoir si la femme mariée peut être autorisée par justice à faire le commerce dans le cas où son mari refuse de l'y autoriser est examinée au *Rép.* vº *Commerçant*, nº 177. Nous nous sommes prononcés pour la négative, mais la question reste très controversée (V. *suprà*, vº *Commerçant*, nº 85 et suiv.). Cependant on admet généralement qu'en cas d'absence ou d'interdiction du mari l'autorisation de justice suffit pour habiliter la femme à être commerçante (V. *ibid.*, nº 87). Il y a lieu de se demander en pareil cas, et aussi en cas de refus de la part du mari (si l'on admet que l'autorisation de la justice est alors suffisante), quel est l'effet des actes de commerce de la femme par rapport à la communauté et au mari. Nous pensons, avec la plupart des auteurs, qu'il faut appliquer à ces actes la règle de l'art. 1426, d'après laquelle les actes faits par la femme sans le consentement du mari, même avec l'autorisation de la justice, n'engagent point la communauté. Il en résulte que les engagements contractés par la femme dans ces conditions ne peuvent être exécutés que sur la nue propriété de ses biens personnels (Demolombe, *Mariage*, t. 4, nº 320; Marcadé, t. 1, art. 220, nº 2; Aubry et Rau, t. 5, § 472, note 70, p. 155 ; Guillouard, t. 2, nº 849).

343. — V. Femme obligée solidairement avec son mari (*Rép.* nºs 1051 à 1066). — D'après l'art. 1431 c. civ., rapporté au *Rép.* nº 1051, la femme qui s'est obligée solidairement avec son mari, pour les affaires de la communauté ou du mari, n'est réputée, vis-à-vis de ce dernier ou de la communauté, s'être obligée que comme caution; elle doit par suite être indemnisée, si l'obligation tombe à sa charge. — L'indemnité à laquelle elle a droit ne peut, en principe, comme on l'a dit au *Rép.* nº 1053, être réclamée qu'à la dissolution de la communauté. Toutefois, depuis l'arrêt de la chambre des requêtes du 25 mars 1834, rapporté au *Rép.* nº 1054, la jurisprudence admet que, si le mari tombe en faillite ou en déconfiture, la femme ou le créancier qu'elle a subrogé dans ses droits peut se faire immédiatement colloquer dans l'ordre ouvert sur les biens du mari, au rang de son hypothèque légale, pour le montant des dettes qu'elle a contractées solidairement avec lui, quoique ces dettes n'aient pas encore été payées par la femme et qu'aucune poursuite n'ait été dirigée contre elle (V. *Rép.* vº *Priviléges et hypothèques*, nºs 2331 et suiv.; Paris, 8 janv. 1859, aff. Foigne-Marécat, D. P. 59. 2. 65 ; Req. 24 mai 1869, aff. Combe, D. P. 69. 1. 276 ; Civ. cass. 22 août 1876).(1).

---

(1) (Maufra et autres C. syndic Gouin.) — Le sieur Maufra avait reçu de ses beaux-parents, les époux Guilbaud, à la date du 6 avr. 1866, et pour sûreté de la somme de 30000 fr. donnée en dot à sa femme par contrat de mariage, une hypothèque générale sur leurs immeubles. Cette hypothèque devait s'imputer sur la succession du prémourant des époux Guilbaud et ne devenir exigible qu'au décès. Dans ces conditions le sieur Gouin, créancier des époux Guilbaud, étant tombé en faillite, le syndic fit vendre judiciairement leurs immeubles et ouvrir un ordre pour en distribuer le prix. Quelques contredits furent soulevés après la confection du règlement provisoire par le juge-commissaire, le 27 mars 1872, dont les plus importants furent : 1º celui du syndic de la faillite Gouin qui réclama l'annulation de l'hypothèque consentie en faveur des époux Maufra le 6 avr. 1866, comme constituée en fraude des droits des créanciers, et contesta par suite la collocation obtenue par la dame Maufra pour la somme de 30000 fr., montant de sa dot ; 2º un second contredit du syndic qui contesta en outre une collocation faite à la dame Guilbaud à propos d'une somme de 248 fr., condamnation aux dépens prononcée par un jugement antérieur contre les époux Guilbaud conjointement au profit de la faillite Gouin ; 4º un contredit du sieur Maufra qui demanda sa propre collocation pour une somme de 12000 fr. à lui due par son beau-frère dont il avait désintéressé les créanciers et que les époux Guilbaud lui avaient garantie ; 4º un contredit de la dame Guilbaud qui demanda à être colloquée comme ayant payé de ses propres deniers les intérêts de la dot de sa fille. Le 23 mars 1873, jugement du tribunal civil d'Ancenis, qui annule : 1º l'hypothèque du 6 avr. 1866 et en conséquence la collocation des époux Maufra ; 2º reconnaît les droits de la dame Guilbaud à être colloquée pour la somme de 248 fr., mais en exige la preuve ; 3º rejette la collocation de 12000 fr. réclamée par Maufra ; 4º repousse la dernière demande de la dame Guilbaud. — Appel par les intéressés. La cour de Rennes adopte les motifs et le dispositif du jugement par arrêt du 20 mars 1874. — Pourvoi en cassation.

La cour ; — Sur le premier moyen du pourvoi : — Attendu que les actes à titre gratuit faits par un débiteur en fraude de ses créanciers peuvent être annulés sans qu'il soit nécessaire de prouver que les parties qui profitent de ces actes ont participé à la fraude ; — Que si la constitution de dot doit être considérée comme un contrat à titre onéreux à l'égard du mari, il en est autrement de l'affectation hypothécaire consentie, sans condition, après le mariage, afin d'assurer le payement de la dot pour la garantie de laquelle aucune sûreté n'avait été promise ; — Qu'en le décidant ainsi, et en rejetant, en conséquence, la collocation réclamée par les demandeurs, l'arrêt attaqué a fait une juste application des principes de la matière ;
Sur le troisième moyen : — Attendu qu'aux termes de l'art. 1328 c. civ., les actes sous seing privé n'ont de date contre les tiers que du jour de la mort de l'un de ceux qui les ont souscrits, ou du jour où leur substance est constatée dans des actes dressés par des officiers publics ; — Attendu que la reconnaissance de certaines primes privées, souscrite par les époux Guilbaud au profit de Maufra et portant la date du 10 mai 1866, n'a pu acquérir date certaine, par sa relation avec l'acte de donation du 14 avr. 1866, qui lui est antérieur ; — Attendu, d'ailleurs, que cet acte ne détermine pas comment Maufra serait devenu créancier des époux Guilbaud, qu'il n'indique ni la nature, ni la cause, ni l'origine de la dette d'Émile Guilbaud, et qu'il se borne à énoncer que parmi certaines dettes des époux Émile devant rester à la charge d'Émile, figure une somme de 12 000 fr. due à Maufra ; — Que, dans ces circonstances, en déclarant que les deux actes ci-dessus visés étaient insuffisants pour prouver, à l'égard des tiers, l'existence de l'obligation contractée par la dame Guilbaud envers Maufra à une date antérieure au 4 févr. 1870, époque à laquelle a été dressé l'acte liquidatif des reprises de ladite dame comprenant la dette dont il s'agit, et en repoussant, par suite, le contredit élevé à l'ordre par les demandeurs, l'arrêt attaqué n'a violé aucun des textes de loi invoqués par le pourvoi ; — Rejette le premier et le troisième moyen ;
Mais sur le deuxième moyen : — Vu l'art. 2032 c. civ. ; — Attendu que, d'après l'art. 1431 du même code, la femme qui s'oblige solidairement avec son mari pour les affaires de la communauté ou du mari, n'est réputée, à l'égard de celui-ci, s'être obligée que comme caution ; qu'elle doit être indemnisée de l'obligation qu'elle a contractée, et que l'art. 2135 lui confère, à compter du jour de l'obligation, une hypothèque sur les immeubles de son mari pour garantir l'indemnité qui lui est due ; — Attendu qu'aux termes de ces dispositions, la dame Guilbaud était fondée à réclamer sa collocation actuelle sur le prix des biens de son mari pour le montant des dépenses auxquelles elle a été condamnée, conjointement avec ce dernier, par l'arrêt de la cour de Rennes du 16 déc. 1868 ; — Que, sans doute, elle n'aurait pas dû être colloquée de ce chef au préjudice du créancier envers lequel elle était personnellement obligée, si ce dernier avait demandé à être colloqué lui-même par préférence à elle, pour les fins dont il s'agit, mais que telle n'était pas la situation ; — Que, tout en déclarant la dame Guilbaud recevable à agir immédiatement contre son mari, l'arrêt attaqué ne l'a cependant colloquée que provisoirement, et qu'il a ordonné qu'à défaut de justification, avant la confection du règlement définitif du payement fait au créancier principal, sa collocation serait comme non avenue ; — Qu'ainsi il ne s'est pas borné à prescrire une mesure conservatrice relative au payement du bordereau de collocation, mais qu'il a, en réalité, soumis la collocation de la réclamante à une condition qui n'est autorisée par aucune disposition de loi, et qu'il a formellement violé l'art. 2032 ci-dessus visé ; — Attendu que les mêmes motifs s'appliquent à la collocation demandée par la dame Guilbaud, à raison des intérêts de la dot constituée par elle et son mari à la dame Maufra ; — Que vainement la cour de Rennes déclare qu'il pourrait se faire que les demandeurs réclamassent, au préjudice des créanciers de Guilbaud, des intérêts qu'ils auraient déjà touchés, et que la qualité des parties et leurs agissements précédents peuvent laisser entrevoir la possibilité d'un concert frauduleux, dont l'existence n'était pas constatée par la cour, ne suffisait pas pour permettre de subordonner la collocation dont il s'agit à la preuve d'un payement préalable fait aux époux Maufra ; — Que, dans cette dernière partie comme sur le précédent, l'arrêt a violé l'art. 2032 c. civ. ; — Casse, mais en ce qui touche seulement les chefs relatifs à la collocation réclamée par la dame Guilbaud ou son mari, à raison des dépens auxquels elle a été condamnée conjointement avec son mari, et des intérêts de la dot constituée à la dame Maufra.
Du 22 août 1876.-Ch. civ.-MM. Mercier, pr.-Gouget, rap.-Charrins, av. gén., c. conf.-Bosviel et Godey, av.

344. L'art. 1431 suppose que la femme s'est engagée solidairement avec son mari *pour les affaires de la communauté ou du mari;* c'est dans ce cas seulement que la femme est réputée caution. Si l'obligation a été contractée dans son intérêt exclusif ou en partie dans son intérêt personnel et en partie dans l'intérêt du mari, la femme n'a droit à aucune indemnité ou elle ne doit être indemnisée que pour partie. Nous avons déjà cité au *Rép.* n°s 1055 et suiv. plusieurs cas dans lesquels cette distinction a été faite par la jurisprudence. Il a encore été jugé : 1° qu'il résulte des termes dans lesquels est conçu l'art. 1431 que la femme qui s'oblige solidairement avec son mari n'est réputée sa caution et n'a droit à une indemnité que lorsque l'obligation concerne les affaires du mari ou de la communauté; que cette faveur ne doit pas être étendue au cas où les époux, cédant uniquement à un sentiment de bienveillance, se rendent cautions solidaires d'un de leurs enfants; qu'il est évident que ce cautionnement n'est donné, ni dans l'intérêt du mari, ni dans celui de la communauté, auxquels il ne procure aucun avantage; qu'il oblige, par conséquent, personnellement aussi bien la femme que le mari, d'où il suit, que, si c'est la femme qui paye la dette, elle n'a droit à être indemnisée que pour moitié (Rennes, 22 nov. 1848, aff. Bellamy, D. P. 51. 2. 151); — 2° Que si la femme a cautionné solidairement avec son mari la restitution de la dot apportée à un fils issu du mariage, elle est tenue personnellement pour moitié des suites de son obligation, l'art. 1431 étant alors inapplicable (Bordeaux, 1er mai 1850, aff. Monbet, D. P. 52. 2. 174).

345. On a établi au *Rép.* n° 1057 que c'est au mari à prouver que l'obligation a été contractée, en tout ou en partie, dans l'intérêt personnel de la femme, la présomption étant que l'opération a eu lieu dans l'intérêt de la communauté. Cependant quelques auteurs soutiennent que la loi n'a établi aucune présomption. L'art. 1431, disent-ils, subordonne le droit de recours de la femme à cette circonstance que l'obligation ait été contractée pour les affaires de la communauté ou du mari; par conséquent, la femme ne peut exercer ce recours qu'en démontrant l'existence de la condition à laquelle il est subordonné. Le mari et la femme s'étant engagés comme débiteurs solidaires doivent être réputés, conformément à la règle de la division des dettes (c. civ. art. 1213), avoir un intérêt égal dans l'opération. Si la femme paye la totalité de la dette, elle aura de plein droit un recours contre le mari pour moitié (c. civ. art. 1214). Mais si elle veut exercer son recours pour la totalité, elle doit prouver que l'affaire intéressait exclusivement le mari ou la communauté (c. civ. art. 1216). On ajoute qu'il eût été excessif d'établir une présomption en faveur de la femme dans ses rapports avec le mari, car il peut aussi bien arriver que l'obligation solidaire des deux époux soit contractée dans l'intérêt de la femme que dans l'intérêt du mari (Colmet de Santerre, t. 6, n°s 76 bis II et suiv.; Laurent, t. 22, n° 95). — Nous persistons à penser que la présomption existe en faveur de la femme et que, faute par le mari de prouver que l'opération a été faite dans l'intérêt personnel de la femme, celle-ci a un recours contre lui pour la totalité de la dette. C'est dans ce sens que l'art. 1431 a toujours été interprété, et l'on ne doit même pas concéder, comme le fait M. Guillouard, t. 2, n° 862, que cet article laisse indécise la question que nous traitons. L'interprétation qu'il faut lui donner résulte des travaux préparatoires du code, et notamment de ce passage du rapport de M. Duveyrier au Tribunat : « Lorsque la femme s'engage solidairement avec son mari, ou autorisée par lui, c'est absolument la même chose que lorsqu'elle s'engage en vertu de la procuration générale ou spéciale de son mari. Dans les deux cas, elle n'engage que les biens de la communauté, et elle n'est passible de son obligation personnelle que jusqu'à concurrence de sa portion dans ces biens communs (*Rép.* n° 71, p. 23).» La raison en est, comme l'indique le tribun Duveyrier, que la femme n'a « ni volonté ni autorité personnelle dans les engagements communs. » C'est pour cette raison que le législateur, dans l'art. 1409-2°, a mis à la charge de la communauté les dettes contractées par la femme avec l'autorisation du mari, comme les dettes contractées par le mari seul. Quand le mari autorise, il y a présomption que l'opération intéresse la communauté. L'art. 1431 ne fait que

reproduire cette présomption et qu'en indiquer la conséquence en cas d'engagement solidaire des deux époux. Et rien de plus équitable, d'ailleurs, que l'interprétation que nous lui donnons; M. Guillouard, *loc. cit.* le montre très bien : « La femme, dit-il, étrangère aux affaires de la communauté, aurait souvent beaucoup de peine à faire la preuve de la destination donnée à la somme empruntée; au contraire, si cette somme a servi aux besoins personnels de la femme, il sera extrêmement facile au mari, administrateur des propres de la femme, d'en rapporter la preuve » (V. dans le même sens : Paris, 20 juill. 1833, rapporté au *Rép.* n° 1054; Troplong, t. 2, n° 1049; Rodière et Pont, t. 2, n° 809; Aubry et Rau, t. 5, § 510, p. 350; Guillouard, t. 2, n°s 861 et suiv.).

Il résulte des explications qui précèdent que la présomption suivant laquelle la dette contractée par la femme est censée l'avoir été dans l'intérêt de la communauté ou du mari s'applique indistinctement et au cas où la femme s'est obligée solidairement avec le mari, et à celui où elle s'est engagée seule avec l'autorisation du mari. Cependant MM. Aubry et Rau, *loc. cit.*, tout en partageant notre opinion, comme on vient de le voir, en ce qui concerne l'hypothèse prévue par l'art. 1431, enseignent que, dans la première, la femme « est réputée avoir agi dans son intérêt personnel, à moins qu'il ne résulte de l'objet même de l'obligation, ou d'autres circonstances, que la dette a été contractée dans l'intérêt de la communauté ou du mari. » Mais cette opinion ne nous paraît pas fondée, car il n'y a, à notre avis, aucune raison de distinguer entre les deux cas.

346. La femme n'est réputée caution qu'à l'égard du mari; vis-à-vis du créancier, elle est débitrice solidaire au même titre que le mari. Le contraire a été jugé par un arrêt, mais eu égard à des circonstances de fait (Paris, 15 juill. 1854, aff. Francière, D. P. 56. 2. 12). En droit, et sauf les exceptions qui peuvent se produire, le principe que l'on vient d'énoncer est hors de contestation (V. *Rép.* n° 1058; Paris, 16 déc. 1881, aff. Bernier, D. P. 83. 1. 339; Troplong, t. 2, n° 1037; Rodière et Pont, t. 2, n° 806; Marcadé, t. 5, art. 1431, n° 2; Aubry et Rau, t. 5, § 510, note 31, p. 351; Colmet de Santerre, t. 6, n° 76 bis I; Guillouard, t. 2, n° 856).

Comme conséquence de ce principe, il a été jugé que la femme qui s'est obligée solidairement avec son mari au payement de la dot constituée par les deux époux à l'un de leurs enfants, en avancement d'hoirie, ne peut refuser de payer à l'enfant la totalité de cette dot, sous le prétexte que, son mari étant mort et la succession étant insuffisante pour fournir le montant de la dot, elle ne saurait être tenue elle-même au delà de la somme incombant à la succession du mari, débitrice principale : il est vrai que le cautionnement ne peut excéder l'obligation principale; mais cette règle n'est pas opposable au créancier (Limoges, 20 févr. 1855, aff. Lacoste, D. P. 55. 2. 284). — Il convient, toutefois, d'observer que l'art. 1431 n'est applicable à cette hypothèse qu'autant que la dot a été constituée par le mari pour la totalité ou, comme dans l'espèce que nous venons de citer, pour une part plus forte que la moitié, avec le cautionnement solidaire de la femme. Si la constitution de dot est faite par les deux époux solidairement, sans détermination de parts, on ne peut y voir « une affaire de la communauté ou du mari ». C'est l'acquittement d'une obligation naturelle qui pèse sur les deux époux personnellement, et dans leurs rapports respectifs ils en sont tenus chacun pour moitié (V. *supra*, n° 344).

347. Une autre conséquence du principe que la femme obligée solidairement n'est réputée caution qu'à l'égard du mari, c'est que la femme ne serait pas admise à invoquer à l'égard du créancier le bénéfice de l'art. 2037 c. civ., aux termes duquel la caution est déchargée lorsque la subrogation aux droits, hypothèques et privilèges du créancier ne peut plus, par le fait de celui-ci, s'opérer en faveur de la caution. — Jugé que, si le mari est tombé en faillite et a obtenu un concordat, la femme ne peut exciper de l'art. 2037 pour se dispenser de payer au créancier une somme supérieure au dividende alloué par le concordat (Paris, 16 avr. 1864, aff. Délécolle, D. P. 64. 2. 127).

348. Ce n'est pas seulement, d'ailleurs, à l'égard du créancier, mais à l'égard de tous autres que le mari, que la

femme ne peut pas se prévaloir de sa qualité de caution. La dette contractée solidairement par le mari et la femme peut avoir été cautionnée, solidairement ou non, par un tiers. Si ce tiers paye, il a, conformément à l'art. 2030 c. civ., contre tous les débiteurs principaux solidaires, et par conséquent contre la femme, un recours pour la répétition du total de ce qu'il a payé. Mais la femme, si c'est elle qui paye, n'a pas de recours contre ce tiers pour faire répartir entre lui et elle le payement qu'elle a fait à la décharge du mari (Paris, 31 déc. 1853, et Req. 4 déc. 1855, aff. Degoix, D. P. 56. 1. 58).

349. La dette peut aussi avoir été contractée par le mari et la femme solidairement et par un tiers coobligé principal et solidaire avec eux. Alors se présente la question de savoir dans quelle mesure le tiers qui a payé peut recourir contre la femme. D'après un arrêt de la chambre des requêtes, du 29 nov. 1827, rapporté au *Rép.* n° 1059, le tiers peut répéter contre la femme la totalité de la part qui incombe à la communauté dans sa dette. « Lorsque deux époux, dit cet arrêt, mariés sous le régime de la communauté, contractent solidairement une obligation, ce n'est pas le mari et la femme qui sont, chacun pour moitié, débiteurs du montant de cette obligation ; la dette est celle de la communauté, dont le mari est le chef et le maître ; la femme est caution solidaire de la dette. » Et, comme la caution doit tout ce que doit le débiteur principal, la cour a conclu de ces principes que le codébiteur solidaire avait pu demander à la femme tout ce dont la communauté était tenue (V. en ce sens : *Rép.* n° 2488 ; Troplong, t. 2, n° 1046 ; Rodière et Pont, 2° éd., t. 2, n° 807). Cette solution, toutefois, est rejetée par un certain nombre d'auteurs. La femme, disent-ils, a le droit de répondre au tiers qu'elle n'est caution que vis-à-vis du mari, mais que vis-à-vis de lui, tiers, elle est une coobligée comme lui, et que, par application de l'art. 1214 c. civ., il ne peut recourir contre elle que pour sa part et portion ou pour moitié de la part incombant aux deux époux (Marcadé, t. 5, art. 1431, n° 2 ; Laurent, t. 22, n° 96 ; Guillouard, t. 2, n° 858).

350. Si les époux, au lieu de s'engager *solidairement*, se sont seulement obligés *conjointement*, la femme ne peut être poursuivie par le créancier que pour la moitié de la dette (c. civ. art. 1487) (*Rép.* n°s 1060 et 2486). Mais vis-à-vis de la communauté et du mari, la femme sera encore réputée caution et elle aura un recours pour la moitié qu'elle aura payée. Il est vrai que l'art. 1431 ne parle que de la femme qui s'oblige solidairement ; mais dès l'instant que l'obligation est contractée dans l'intérêt de la communauté ou du mari, cette obligation ne doit pas rester à la charge de la femme. Si le législateur a parlé spécialement de l'obligation solidaire, c'est parce qu'il aurait pu y avoir du doute pour ce genre d'obligation, qui est, d'ailleurs, le plus usité (Troplong, t. 2, n° 1039 ; Rodière et Pont, 2° éd. t. 2, n° 809 ; Marcadé, t. 5, art. 1431, n° 4 ; Laurent, t. 22, n° 97 ; Guillouard, t. 2, n° 859).

351. — VI. Femme autorisée de justice (*Rép.* n°s 1067 à 1093). — Les actes faits par la femme sans le consentement du mari, et même avec l'autorisation de justice, aux termes de l'art. 1426 c. civ., n'engagent point les biens de la communauté. — Il en résulte, comme on l'a dit au *Rép.* n° 1068, et comme nous l'avons déjà vu *suprà*, n° 342, que la femme, marchande publique, qui n'aurait été autorisée que par justice à faire le commerce, n'obligerait pas la communauté par ses engagements commerciaux, lesquels ne pourraient être poursuivis que sur la nue propriété de ses biens personnels. Il en résulte également que la communauté n'est pas tenue des frais ni des condamnations résultant des procès que la femme intente ou soutient avec la seule autorisation de justice (*Rép.* n° 1069 ; Civ. cass. 5 juill. 1865, aff. Vidal, D. P. 65. 1. 312).

L'application de cette règle aux procès en séparation de corps ou en divorce a soulevé des difficultés, à raison de ce qu'en pareil cas, la femme a pour adversaire le mari, et de ce qu'elle a le droit d'obtenir une provision. Il y a lieu d'examiner séparément le cas où la femme est demanderesse et celui où elle est défenderesse.

352. Dans la première hypothèse, si la femme réussit dans sa demande, la communauté doit supporter définitivement les frais auxquels le mari a été condamné, comme elle supporte ceux de tout procès perdu par le mari. C'est à tort qu'il a été dit que ces frais devaient rester à la charge du mari seul et ne pas tomber en communauté. La communauté, en effet, est responsable des fautes du mari, et les dettes de celui-ci, sauf l'exception établie par l'art. 1425, ne se distinguent pas des dettes communes. — Si la femme succombe, la jurisprudence et les auteurs décident généralement aujourd'hui que, conformément à l'art. 1426, les frais ne peuvent pas être poursuivis contre la communauté et doivent être supportés par la femme seule (Paris, 8 nov. 1827, *Rép.* n° 1070 ; Angers, 28 juin 1850, aff. Fourmont, D. P. 51. 2. 60 ; Douai, 4 juill. 1854, aff. Estabel, D. P. 54. 5. 400 ; Civ. cass. 30 avr. 1862, aff. Botrel, D. P. 62. 1. 210 ; Troplong, t. 2, n° 952 ; Rodière et Pont, t. 2, n° 814 ; Laurent, t. 22, n° 82 ; Guillouard, t. 2, n° 842). On a objecté que cette solution aurait pour conséquence de mettre la femme, si elle est sans fortune personnelle, dans l'impossibilité de demander la séparation de corps ou le divorce. Mais, outre que cette femme aura la ressource de l'assistance judiciaire, elle pourra obtenir contre son mari une provision *ad litem*, en vertu de l'art. 240 c. civ. au cas de divorce, et de l'art. 878 c. proc. civ. au cas de séparation de corps.

353. Dans la seconde hypothèse, celle où la séparation de corps ou le divorce est demandé par le mari, il y a lieu de distinguer suivant que le mari a obtenu gain de cause ou qu'il a été débouté de sa demande. Dans le premier cas, la femme étant condamnée aux dépens, on peut douter que les frais faits à sa requête et pour lesquels elle n'a pas obtenu de provision puissent être réclamés contre la communauté (V. *Rép.* n° 1074). Cependant MM. Rodière et Pont, t. 2, n° 814, et Guillouard, t. 2, n° 840, décident que l'avance de ces frais doit être faite par la communauté, à qui il en sera dû récompense par la femme. Au second cas, lorsque le mari est débouté de sa demande et condamné aux dépens, il en est comme dans le cas où la femme obtient la séparation de corps ou le divorce contre lui : tous les frais doivent être supportés par la communauté, de même qu'elle supporte toutes les dettes que le mari peut contracter.

354. Lorsqu'une provision a été accordée à la femme demanderesse ou défenderesse en séparation de corps ou en divorce, cette provision est due à tout événement, et le mari ne peut se dispenser de la payer même après que la femme a succombé ou qu'il y a eu désistement de sa part. Il a été décidé, à cet égard, que la provision est acquise à l'avoué de la femme, pour le remboursement des frais qui lui sont dus, quel que soit le résultat du procès ; et que, par conséquent, cet avoué peut poursuivre le payement de ses frais contre le mari jusqu'à concurrence de la provision dont celui-ci se trouve encore débiteur (Req. 22 nov. 1853, aff. Leconte, D. P. 54. 1. 37. V. aussi Paris, 26 juin 1841, *Rép.* n° 1071 ; Civ. cass. 30 avr. 1862, aff. Botrel, D. P. 62. 1. 210 ; Guillouard, t. 2, n° 843). Mais la somme versée comme provision par le mari ne doit pas rester à la charge de la communauté, s'il a obtenu gain de cause ; elle ne constitue qu'une avance que la femme devra récompenser à la dissolution de la société conjugale (Bourges, 17 nov. 1884, aff. Petissy, D. P. 85. 2. 195).

355. Si au contraire la femme n'a pas demandé de provision ou si elle n'a obtenu qu'une provision insuffisante, et qu'elle succombe, l'avoué qui a occupé pour elle n'a aucune action ni contre le mari, ni contre la communauté, et il ne peut exercer de recours que sur la nue propriété des biens de la femme. Il a été soutenu, il y a même été jugé (*Rép.* n°s 1070 et 1072. V. aussi Trib. Seine, 17 avr. 1861, aff. Botrel, D. P. 62. 1. 210) que le fait par la femme d'avoir négligé de réclamer une provision au début de l'instance ne devait pas entraîner pour elle, ni pour son avoué, la déchéance du droit d'exiger de la communauté l'avance des frais à raison desquels la provision aurait pu être demandée. Mais la cour de cassation a repoussé cette opinion, en considérant que « si l'on pourvu à toutes les nécessités de la justice par la faculté accordée à la femme de se faire allouer une provision applicable aux frais du procès ; que cette mesure, qui déroge en un certain point au droit du mari sur les biens de la communauté, est une exception à l'art. 1426 c. civ.; qu'elle doit être restreinte dans ses termes précis et n'emporte pas pour le mari l'obligation de

payer les frais à quelque somme qu'ils puissent s'élever; que, si la provision allouée au début de l'instance devient insuffisante, la femme peut réclamer une provision supplémentaire; mais qu'une fois ces mesures conservatoires prises et exécutées, le principe de l'art. 1426 reprend toute sa force et s'oppose à ce que les officiers ministériels puissent agir contre le mari et sur les biens de la communauté en payement des frais et avances par eux faits en dehors des conditions dudit art. 1426 et de l'art. 878 c. proc. civ. » (Civ. cass. 30 avr. 1862, aff. Botrel, D. P. 62. 1. 210. V. dans le même sens: Civ. cass. 12 juill. 1837, *Rép.* n° 1070; Paris, 26 juin 1844, *Rép.* n° 1071; Angers, 28 juin 1850, aff. Fourmont, D. P. 51. 2. 60; Civ. cass. 5 juill. 1865, aff. Vidal, D. P. 65. 1. 312; Rodière et Pont, t. 2, n° 814; Laurent, t. 22, n° 82; Guillouard, t. 2, n° 843).

356. La règle que la femme autorisée par justice n'oblige pas la communauté cesse d'être applicable, aux termes de l'art. 1427, lorsqu'il s'agit de tirer le mari de prison ou d'établir les enfants communs (V. *Rép.* n°s 1078 et suiv.). La question de savoir si l'art. 1427 est limitatif, et si les deux hypothèses qu'il prévoit sont les seules dans lesquelles la femme puisse, avec l'autorisation de justice, engager la communauté est traitée au *Rép.* n° 1079. La négative a été adoptée par un arrêt de la cour d'Amiens, qui a décidé qu'une femme, dont le mari était placé dans un établissement d'aliénés, avait pu se faire autoriser par justice à

réaliser une opération commerciale, incontestablement avantageuse, pour le compte de la communauté (Amiens, 26 juill. 1877) (1). Les auteurs restent très divisés (V. outre ceux qui sont cités au *Rép. ibid.*, pour la négative: Rodière et Pont, t. 2, n° 816; de Folleville, t. 1, n° 326, et pour l'affirmative: Aubry et Rau, t. 5, § 509, p. 336; Laurent, t. 22, n° 84; Guillouard, t. 2, n° 837). Les partisans de la négative insistent sur le texte de l'art. 1427, qui dit que « la femme ne peut s'obliger ni engager les biens de la communauté, *même* pour tirer son mari de prison... qu'après y avoir été autorisée par justice. » Le mot *même* montre bien, dit-on, qu'il peut y avoir d'autres hypothèses, moins dignes de faveur, toutefois, où la femme sera valablement autorisée à engager la communauté. Mais M. Guillouard nous paraît avoir donné une explication plus exacte de ce mot. « Dans l'ancien droit, dit-il, lorsqu'il s'agissait de tirer le mari de prison, la femme pouvait s'obliger et obliger la communauté sans autorisation de justice (V. *Rép.* n° 1082); aujourd'hui, *même* dans ce cas favorable, il faut l'autorisation de justice. Voilà, à notre avis, tout ce que signifie cette expression. » Au surplus, l'art. 1427 constitue une dérogation à l'art. 1426. La femme autorisée de justice n'oblige pas la communauté, telle est la règle; l'art. 1427 indique deux cas dans lesquels il y a exception à cette règle; or, pour ne pas donner à l'exception une étendue indéfinie, il faut nécessairement la limiter à ces deux cas. On doit reconnaître

---

(1) (Estavard *C.* Héritiers Cléret.) — La cour; ... — Considérant que par deux traités souscrits aux dates des 16 déc. 1868 et 21 avr. 1873, la dame Estavard, moyennant des avantages stipulés à son profit, a cédé au sieur Cléret, pharmacien à Paris, le dépôt exclusif et l'exploitation commerciale de la Copahine-Mège; — Considérant que le sieur Cléret étant décédé le 21 août 1874, la dame Estavard a fait signifier aux héritiers dudit Cléret qu'elle entendait reprendre la libre disposition de son produit, et que, de fait, elle a immédiatement remis le dépôt chez le sieur Arnaud, en le chargeant de son exploitation; ... — Que la dame Estavard et les héritiers de son mari élèvent de plus aujourd'hui la prétention de faire déclarer ces traités non valables à l'égard de la communauté, la dame Estavard ayant, dans la cession qu'ils contiennent, excédé les pouvoirs qu'elle tenait, soit des jugements par elle obtenus, soit de la loi; ...
Considérant qu'il ne s'agit point au procès de la validité d'une autorisation accordée par justice à une femme mariée pour l'habiliter à passer un contrat en son nom personnel; qu'il est soutenu par les intervenants et non méconnu par les intimés que, dans les contrats qu'elle a passés avec Cléret en 1868 et 1873, la dame Estavard n'a point agi personnellement, mais uniquement comme administratrice des biens et affaires de son mari, au nom et dans l'intérêt de celui-ci; — Que, nommée le 20 sept. 1868 administratrice provisoire de la personne et des biens du sieur Estavard, atteint d'aliénation mentale et placé dans une maison d'aliénés, elle ne trouvait point, dans les pouvoirs qui lui avaient été ainsi conférés dans les termes de la loi de 1838, mandat suffisant pour une opération qui, par sa nature et sa durée, excédait les limites d'une administration provisoire; — Qu'il s'agissait d'acquérir les parts des associés d'Estavard, dans la propriété de la Copahine-Mège, de manière à se réunir à celles que possédait Estavard, de manière à se rendre seul et unique propriétaire de ce produit; que l'opération était incontestablement avantageuse; qu'elle comportait nécessairement l'exploitation commerciale du produit, et que, par la nature pharmaceutique du médicament, il y avait exclusif et l'exploitation, de traiter avec un pharmacien; — Qu'en conséquence, la dame Estavard obtint du tribunal de la Seine, à la date du 29 nov. 1867, l'autorisation de faire l'acquisition des parts susdites et d'exploiter commercialement la Copahine-Mège; — Que c'est en vertu de cette autorisation qu'elle a contracté avec Cléret et passé les traités de 1868 et 1873, tous deux justifiés par les nécessités de l'exploitation du produit; — Considérant que si, en principe, l'administration de la communauté appartient au mari, il résulte de l'art. 1427 c. civ. que, dans certains cas exceptionnels, la femme peut, avec autorisation de justice, engager valablement la communauté; — Considérant que vainement on voudrait soutenir que les autorisations contenues dans le jugement du 29 nov. 1867 ont été données en dehors des dispositions de l'art. 1427; — Considérant que des termes de cet article et de son rapprochement avec l'art. 1426, il résulte qu'il n'est limitatif ni pour les cas qu'il prévoit, ni pour les circonstances dans lesquelles ils peuvent se produire; — Que le fait de l'absence du mari n'est évidemment pas toujours nécessaire pour que la femme puisse s'adresser à la justice en en obtenir l'autorisation d'engager la communauté, puisque les art. 1426, 1427 prévoient le cas où l'autorisation est demandée pour tirer le mari de prison, ou par une femme marchande publique, vu que, dans le premier cas,

le mari est presque toujours présent, et que, dans le second cas, rien n'empêche qu'il le soit; — Qu'il est dès lors permis de prévoir toute autre espèce de cas dans lequel le mari étant empêché d'agir, comme dans celui de son internement dans une maison d'aliénés, il pourra être urgent que la femme engage la communauté, laquelle sans cela souffrirait un dommage essentiel; — Qu'ainsi il est admis par la doctrine qu'en pareille occurrence, le juge peut accorder valablement à la femme l'autorisation de vendre un immeuble de la communauté, afin d'éviter les frais d'une expropriation dont il est frappé; — Qu'en fait, lorsque l'autorisation d'acquérir et de faire le commerce a été donnée à la dame Estavard, la communauté avait le plus grand intérêt, et un intérêt essentiel et urgent, à devenir propriétaire de la Copahine et à en assurer l'exploitation; — Considérant que inutilement encore on voudrait prétendre qu'il n'entrait pas dans les droits de la justice d'accorder à la femme l'autorisation de faire le commerce; — Que, dans la pensée du juge qui a donné cette autorisation l'expression « faire le commerce » n'a aucun sens restrictif; qu'elle s'applique seulement aux actes de commerce nécessaires à l'exploitation du produit dont l'acquisition était autorisée; — Qu'il faut donc voir dans le jugement, non une autorisation générale, dont la légalité pourrait être contestée, mais une autorisation spéciale d'une validité incontestable, de faire les actes relatifs à une opération de commerce déterminée, et ce pour donner une valeur efficace à une propriété qui, sans elle, n'en aurait aucune; — Qu'eu égard aux circonstances, dès lors, il y a lieu de reconnaître que le tribunal de la Seine a pu valablement accorder à la dame Estavard les autorisations contenues au jugement du 29 nov. 1867, et qu'il n'a aucunement excédé en cela les pouvoirs que l'art. 1427 reconnaît aux tribunaux; — Considérant qu'au surplus, alors même qu'on pourrait contester la régularité du mandat donné à la femme d'administrer les biens de la communauté, les actes passés par celle-ci seraient protégés par les dispositions de l'art. 1375 c. civ., puisqu'il est constant au procès que la femme Estavard, dans ses agissements, a fait utilement l'affaire de la communauté et lui a procuré les avantages qui font précisément l'intérêt du litige actuel; — Qu'il est impossible de scinder ces agissements, de séparer le fait de l'acquisition des parts de propriété appartenant aux coassociés d'Estavard, de l'exploitation commerciale qui en était le corollaire indispensable et sans laquelle cette acquisition n'aurait point eu de raison d'être, comme aussi du nouveau traité passé en 1873, a permis de poursuivre cette exploitation elle-même qui, sans cela, n'aurait pu être continuée; que cet ensemble de faits est relié par un enchaînement nécessaire, et que les héritiers du mari ne peuvent être admis à revendiquer, comme ils le font, le bénéfice de l'acquisition, en repoussant ce qui en a été la conséquence; qu'il s'agit d'une opération qui doit être appréciée dans son ensemble, et dont le résultat définitif s'impose aux représentants du sieur Estavard, du moment où il leur est avantageux; que nul doute n'est possible à cet égard et qu'il résulte des documents de la cause que la communauté se trouve enrichie par la gestion de la femme Estavard; ...
Par ces motifs, dit et déclare que les conventions intervenues entre Cléret et la dame Estavard recevront leur exécution.
Du 26 juill. 1877.-C. d'Amiens, ch. réun.-MM. Saudbreuil, 1er pr.-Detourbet, av. gén.-Debacq et Rousseau (du barreau de Paris), av.

cependant, avec l'arrêt de la cour d'Amiens que nous avons cité, et avec MM. Aubry et Rau, t. 5, § 509, note 39, p. 337, que, lorsque la femme s'est engagée dans l'intérêt de la communauté, soit avec la simple autorisation de justice, soit même sans aucune autorisation, la communauté est tenue de l'engagement jusqu'à concurrence du profit qu'elle en a retiré. Si le mari ne peut, en pareil cas, être recherché par l'action *negotiorum gestorum*, il peut l'être tout au moins par l'action *de in rem verso*. C'est ainsi que, dans une espèce où la femme avait envoyé une personne de confiance sur les lieux où sa mère était décédée, afin d'empêcher qu'elle ne fût dilapidée, la cour de cassation a décidé que les frais du voyage incombaient à la communauté, qui en avait profité (Civ. cass. 3 févr. 1830, *Rép.* n° 616).

357. La disposition de l'art. 1427 qui permet à la femme de se faire autoriser par justice à engager les biens de la communauté pour tirer son mari de prison, a perdu une grande partie de son importance depuis la loi du 22 juill. 1867 (D. P. 67. 4. 75), qui a supprimé la contrainte par corps en matière civile et commerciale et ne l'a maintenue qu'en matière criminelle, correctionnelle et de simple police.

358. Ainsi que nous l'avons dit au *Rép.* n° 1086, c'est *pour tirer le mari de prison*, et non pour l'empêcher d'y entrer, que la femme peut engager la communauté. « Il ne faut pas, dit avec raison M. Guillouard, t. 2, n° 834, engager trop légèrement le patrimoine de la communauté, sans l'autorisation du mari qui en est le chef. Tant que la perspective de le voir retenu en prison ne constitue qu'une éventualité plus ou moins redoutable, on conçoit que le législateur n'admette pas l'intervention de la justice, pour des craintes peut-être mal fondées : au contraire, si le mari est incarcéré, il est bon que la femme puisse lui rendre la liberté avec l'autorisation de la justice. » D'ailleurs, tant que le mari est en liberté, c'est à lui et non à la justice qu'il appartient d'emprunter sur les biens communs pour payer sa dette et d'autoriser, au besoin, la femme à emprunter avec lui.

359. La femme pourrait-elle engager les biens de la communauté avec l'autorisation de justice pour se tirer elle-même de prison ? Nous nous sommes prononcés pour l'affirmative au *Rép.* n° 1089, d'accord avec plusieurs auteurs et notamment avec MM. Rodière et Pont, 2° éd., t. 2, n° 822. M. Guillouard, t. 2, n° 835 *bis*, considère la solution contraire comme plus juridique. L'exception apportée par l'art. 1427 à la règle de l'art. 1426 ne peut, suivant lui, être étendue. De plus, la situation n'est pas la même dans l'hypothèse où c'est la femme qui est en prison : le mari est présent, et s'il refuse son autorisation, on ne voit pas à quel titre la justice pourrait, malgré ce refus, autoriser la femme à endetter la communauté.

360. La femme peut aussi, d'après l'art. 1427, s'obliger et engager les biens de la communauté avec l'autorisation de justice « pour l'établissement de ses enfants, en cas d'absence du mari. » — Le mot *enfants*, avons-nous dit au *Rép.* n° 1092, doit s'entendre ici de tous descendants, au delà même du premier degré. Mais on admet généralement que la loi n'a voulu parler que des enfants ou descendants issus du mariage existant, et non des enfants que la femme aurait eus d'un précédent mariage. C'est du reste, ce qui résulte de ce passage du rapport au Tribunat de M. Duveyrier (*Rép.* p. 23, n° 55) : «... A l'égard des biens de communauté, il n'est que deux cas où l'autorisation du juge puisse remplacer l'autorisation maritale : pour tirer son mari de prison, et, si son mari est absent, pour établir *les enfants communs*. V. dans le même sens : Colmet de Santerre, t. 6, n° 70 *bis* IV ; Laurent, t. 22, n° 86 ; Guillouard, t. 2, n° 836).

361. L'expression « en cas d'absence du mari », employée par l'art. 1427, ne doit pas être restreinte au cas d'absence déclarée. Il suffit que le mari soit absent de fait pour qu'il y ait nécessité de permettre à la femme d'établir les enfants au moyen des biens de communauté (Guillouard, t. 2, n° 837). Mais les motifs qui nous ont conduit à considérer *supra*, n° 356, l'art. 1427 comme limitatif quant aux hypothèses dans lesquelles la justice peut suppléer l'autorisation du mari, nous conduisent également à décider que les mots « en cas d'absence du mari » ne doivent pas être étendus

par analogie à tous les cas dans lesquels le mari ne peut manifester sa volonté. La disposition de l'art. 1427 ne serait pas applicable, notamment, comme on l'a dit au *Rép.* n° 1093, au cas d'interdiction du mari (Troplong, t. 2, n° 963 ; Rodière et Pont, 2° éd., t. 2, n° 826 ; Aubry et Rau, t. 5, § 509, note 36, p. 336 ; Guillouard, t. 2, n° 838).

362. Toutefois, on admet généralement que la femme peut, soit pour tirer le mari de prison, soit pour l'établissement des enfants, se faire autoriser par justice, non seulement à emprunter sur les biens de la communauté, mais même aussi à les aliéner. L'aliénation, en effet, pourra être, dans certains cas, moins onéreuse qu'un emprunt (*Rép.* n° 1084; Rodière et Pont, 2° éd., t. 2, n° 818 ; Laurent, t. 22, n° 87 ; Guillouard, t. 2, n° 87).

ART. 4. — *Intérêts et arrérages des dettes personnelles des époux ; Réparations usufructuaires ; Aliments des époux et autres charges résultant du mariage (Rép. n°s 1094 à 1109).*

363. La communauté est tenue de supporter, d'après l'art. 1409-3°, 4° et 5°, les arrérages et intérêts des rentes ou dettes personnelles aux époux, les réparations usufructuaires des immeubles propres, les aliments des époux, les frais d'entretien et d'éducation des enfants et toutes les autres charges du mariage.

364. — I. ARRÉRAGES ET INTÉRÊTS (*Rép.* n°s 1095 à 1097). — La communauté, qui jouit des revenus des propres, doit payer les arrérages ou intérêts des rentes ou dettes personnelles des époux, car c'est là une charge de l'usufruit (c. civ. art. 612). — Il a été jugé que, lorsque l'un des époux a acquis à titre de propre un immeuble grevé d'une rente viagère qui ne dépasse pas le revenu de cet immeuble, cette rente, ne représentant pour aucune fraction le prix de l'immeuble en capital, constitue une simple charge des fruits, dont la communauté est également tenue pour le tout, comme elle l'est des intérêts des autres dettes personnelles de chaque époux ; en conséquence, à la dissolution de la communauté, l'époux débiteur de la rente viagère ne lui doit aucune récompense (Angers, 3 janv. 1873, et sur pourvoi, Civ. rej. 8 déc. 1874, aff. Raveneau, D. P. 75. 1. 33).

365. — II. RÉPARATIONS USUFRUCTUAIRES (*Rép.* n°s 1098 à 1102). — L'art. 1409-4° ne met à la charge de la communauté que les réparations usufructuaires des immeubles propres aux époux, c'est-à-dire, comme on l'explique au *Rép.* n°s 1098 et suiv., les réparations d'entretien qui, aux termes de l'art. 605 c. civ., incombent à l'usufruitier. Mais l'art. 1409-4° est incomplet : aux réparations d'entretien il faut ajouter ce que l'art. 608 c. civ. appelle les *charges annuelles de l'héritage*, telles que les contributions et autres dépenses qui dans l'usage sont censées charges des fruits, ce qui comprend, notamment, les frais des procès concernant la jouissance des biens (Aubry et Rau, t. 5, § 508, note 38, p. 324 ; Colmet de Santerre, t. 6, n° 42 *bis* II ; Laurent, t. 21, n° 472 ; Guillouard, t. 2, n° 669).

366. D'après l'art. 605 c. civ., les grosses réparations sont à la charge du propriétaire, à moins qu'elles n'aient été occasionnées par le défaut de réparations d'entretien depuis l'ouverture de l'usufruit, auquel cas l'usufruitier en est aussi tenu. Conformément à cette disposition, comme on l'a dit au *Rép.* n° 1100, la communauté sera tenue des grosses réparations devenues nécessaires sur les immeubles de la femme, si elles sont la conséquence du défaut d'entretien. Elle sera même responsable du préjudice causé à la femme par la négligence du mari à faire les grosses réparations.

Quant aux grosses réparations qui deviendraient nécessaires aux immeubles du mari par le défaut de réparations d'entretien, elles resteraient à la charge du mari seul, ainsi qu'on l'a décidé au *Rép.* n° 1101, parce que le mari ne doit pas s'enrichir aux dépens de la communauté. Mais, comme la communauté ne doit pas non plus s'enrichir aux dépens du mari, elle devrait contribuer à ces grosses réparations dans la mesure de ce qu'auraient coûté les réparations d'entretien, si elles les avait faites, sous déduction, toutefois, du préjudice qu'elle aurait éprouvé elle-même à raison du défaut d'entretien (Laurent, t. 21, n° 473 ; Guillouard, t. 2, n° 667).

367. Observons que la communauté, à la différence de

l'usufruitier et contrairement à la disposition de l'art. 599 c. civ., doit être indemnisée pour les améliorations apportées pendant le mariage aux immeubles propres de l'un ou de l'autre des époux (V. *Rép.* n°s 1535 et suiv., et *infrà*, n°s 579 et suiv.).

368. — III. Aliments des époux (*Rép.* n° 1103). — L'obligation pour la communauté de payer les aliments nécessaires aux époux existe, comme le remarque M. Guillouard, t. 2, n° 674, et comme l'a décidé la jurisprudence (V. Besançon, 15 juill. 1874, aff. de Chanay, D. P. 74. 2. 249, et *suprà*, n° 331), même dans le cas où la femme vit séparée de son mari. Toutefois, si la femme s'était éloignée du domicile conjugal malgré le mari, les tiers de bonne foi qui auraient subvenu à sa subsistance ne pourraient se faire rembourser par la communauté que dans la mesure où celle-ci se serait enrichie à leurs dépens (V. *suprà*, n° 336).

369. — IV. Aliments, éducation et entretien des enfants (*Rép.* n°s 1104 et 1105). — La communauté est tenue de pourvoir à l'entretien et à l'éducation, non seulement des enfants communs, mais encore des enfants issus d'un précédent mariage de l'un ou de l'autre des époux (Paris, 19 avr. 1865 (1) ; Gand, 25 janv. 1882, aff. De Craene *C.* Boudringhien, *Pasicrisie belge*, 1882. 2. 186), et des enfants naturels reconnus avant le mariage (Dijon, 2 juill. 1868, aff. Meyer, D. P. 69. 2. 94).

370. Quant aux enfants naturels qui seraient reconnus par l'un des époux pendant le mariage, ils ne devraient pas être à la charge de la communauté, à raison de la règle de l'art. 337 c. civ., aux termes duquel la reconnaissance faite pendant le mariage par l'un des époux, au profit d'un enfant naturel qu'il aurait eu, avant son mariage, d'un autre que de son époux, ne peut nuire ni à celui-ci ni aux enfants nés du mariage. Mais c'est une question controversée que de savoir si cet article est applicable à la reconnaissance forcée ou judiciaire (V. *Rép.* v°s *Paternité et filiation*, n°s 693 et suiv.). Dans l'opinion qui assimile la reconnaissance judiciaire à la reconnaissance volontaire, on doit décider que la communauté, dans aucun cas, ne peut être tenue de fournir même des aliments à l'enfant naturel dont la filiation n'a été établie que postérieurement au mariage (Civ. cass. 16 déc. 1861, aff. Bouyat, D. P. 62. 1. 39).

La communauté ne serait pas tenue non plus des frais d'entretien et d'éducation d'un enfant né d'un précédent mariage de l'un des époux ou d'un enfant naturel reconnu avant le mariage, si cet enfant avait des revenus suffisants pour subvenir à ses besoins et si le père ou la mère n'avait pas la jouissance légale de ces revenus (Aubry et Rau, t. 5, § 508, note 41, p. 324 ; Guillouard, t. 2, n° 677).

371. Par application de l'art. 1409-5°, qui comprend dans le passif de la communauté l'entretien des enfants, il a été jugé que les arrérages d'une pension viagère constituée en dot par les époux au profit de leur enfant commun sont une charge de la communauté et ne donnent lieu à aucune récompense ; qu'il n'y a pas lieu d'appliquer en pareil cas l'art. 1438 c. civ. d'après lequel les époux qui dotent un enfant en effets de communauté, acquittent une dette personnelle, et doivent de ce chef récompense à la communauté (Amiens, 10 avr. 1877) (3).

372. — V. Autres charges du mariage (*Rép.* n°s 1106 à

---

(1) (Normand *C.* Becquemie.) — La cour ; — Considérant que les père et mère sont tenus de nourrir, d'entretenir et d'élever leurs enfants ; — Que l'art. 1904 c. nap. place l'éducation et l'entretien des enfants au nombre des charges du mariage, sans distinguer entre les enfants communs issus d'un mariage et ceux qu'un époux aurait eus d'un premier lit ; — Considérant que les père et mère ne peuvent être affranchis de cette obligation que dans le cas où les enfants possèdent des biens personnels dont les revenus sont suffisants ; — Qu'on ne saurait admettre qu'en cas d'insuffisance desdits revenus les père et mère puissent être autorisés à employer à la décharge de leurs obligations les capitaux mêmes des mineurs et à dissiper ainsi à l'avance leur patrimoine ; — Considérant que les époux Becquemie étaient en état, par leur fortune, de subvenir aux charges qui leur étaient imposées, et de suppléer à l'insuffisance des revenus des mineurs Normand ; — Par ces motifs, infirme le jugement du tribunal civil de la Seine du 20 janv. 1864, etc.

Du 19 avr. 1865.-C. de Paris, 2e ch.-MM. Guillemard, pr.-Roussel, subst.-Delamarre et Blondel, av.

(2) (Paoli *C.* Bianchi.) — La cour ; — Sur le grief de l'appel incident, relatif à la compensation des fruits et des frais d'entretien prononcés par le premier juge : — Considérant que les père et mère ne sont obligés de subvenir aux aliments et à l'entretien de leurs enfants mineurs que *pietatis officio* ; — Que ce devoir fondé sur la loi de nature et sur la nécessité cesse d'être obligatoire, dès que les enfants possèdent des biens personnels dont le père ou la mère n'ont pas la jouissance légale ; — Que, par conséquent, la dame Bianchi ne saurait légitimement soutenir que le sieur Paoli était tenu de l'entretien de ses enfants mineurs âgés de plus de dix-huit ans, et qu'il doit en même temps compte des revenus des biens leur appartenant personnellement ; — Par ces motifs, etc.

Du 29 déc. 1856.-C. de Bastia, 1re ch.-MM. Calmètes, 1er pr.-Bertrand, 1er av. gén.-Bonelli et Milanta, av.

(3) (Richard *C.* Gavois.) — Le 17 mai 1876, le tribunal de Doullens décidait le contraire, par un jugement ainsi conçu : — « Attendu que par acte reçu par Me Froideval, notaire à Beauquesne, le 20 déc. 1865, enregistré, le sieur et dame Richard ont constitué, à leur fille, en dot, solidairement entre eux et chacun pour moitié, en avance sur leurs successions futures : 1° une somme de 10000 fr. qui a été payée par la communauté ; 2° une pension annuelle de 2500 fr. qui devait commencer à courir du mariage et s'éteindre au décès du premier mourant du sieur et de la dame Richard ; — Attendu que Me Delplanque a fait figurer comme récompense due à la communauté la somme de 5000 fr. représentant la part de la dame Richard dans le premier article de la dot, mais qu'il n'a pas considéré au même titre la moitié de la pension de 2500 fr., soit 1250 fr. qui ont été celle-ci qui serait débitrice pour sa part et portion, du 20 déc. 1866 au 24 août 1873, jour de la dissolution de la communauté ; — Attendu qu'aux termes de l'art. 1438 c. civ., lorsque le père et la mère ont doté

conjointement l'enfant commun, sans exprimer la portion pour laquelle ils entendent y contribuer, ils sont censés avoir doté chacun pour moitié, soit que la dot ait été fournie ou promise en effets de la communauté... ; — Attendu que la pension de 2500 fr. était un effet de la communauté, puisqu'elle devait être fournie sur les revenus des biens des époux, qui, aux termes de l'art. 1401, sont des biens de communauté ; — Attendu que la doctrine est unanime pour considérer comme une dette personnelle à chacun des époux, sa part afférente dans la constitution d'une dot de cette nature ; — Attendu, dans l'espèce, que la dame Richard était donc tenue personnellement de la moitié de la pension de 2500 fr. ; qu'en payant-cette moitié, du jour du mariage au jour de la dissolution, la communauté a ainsi payé une dette personnelle à la dame Richard, qui, dès lors, lui en doit récompense ; — Par ces motifs, etc. ; — Dit que la dame Richard fera récompense à la communauté de la somme de 8751 fr., représentant sa part devant la pension constituée en dot à sa fille par acte de Me Froideval du 20 déc. 1866 ». — Appel par la veuve Richard. — Arrêt.

La cour ; — Sur le chef relatif à la récompense que la dame Richard a été condamnée à faire à la communauté, d'une somme de 8751 fr., représentant sa part dans la pension constituée en dot par les époux Richard à leur fille : — Considérant que s'il est de jurisprudence, conformément aux dispositions de l'art. 1438 c. civ., que les époux qui dotent un enfant en effets de communauté, acquittant de ce moyen une dette personnelle, doivent, de ce chef, une récompense à la communauté, ces dispositions ne doivent s'appliquer qu'au cas où, pour acquitter cette dette, les époux aliènent un capital qu'ils empruntent à la communauté ; — Considérant que, dans l'espèce, les époux Richard constituant conjointement en dot à leur fille une pension qui devait s'éteindre au décès du premier mourant des donateurs, n'ont évidemment pas d'aliéner un capital, mais seulement de s'imposer temporairement une charge ne portant que sur leurs revenus actuels ; — Que cette pension devait cesser lorsque la situation pécuniaire de la demoiselle Richard s'accroîtrait par l'ouverture de la succession du père ou de la mère, avait un véritable caractère alimentaire et représentait environ l'importance des frais que l'entretien de la demoiselle Richard coûtait à ses parents ; — Que la dame Richard avait d'ailleurs des biens personnels dont les revenus tombant en communauté étaient supérieurs à la moitié de la pension qu'elle devait personnellement servir à sa fille ; — Considérant qu'aux termes de l'art. 1409 c. civ., la communauté se compose passivement des arrérages et intérêts des rentes ou dettes passives qui sont personnels aux deux époux ainsi que de l'entretien des enfants ; — Par ces motifs, infirme le jugement dont est appel, en ce qu'il a ordonné que la dame Richard ferait récompense à la communauté d'une somme de 8751 fr. représentant sa part dans la pension constituée à sa fille ; — Dit qu'il n'est dû à la communauté aucune récompense par la dame Richard, à raison de la pension constituée en dot à la demoiselle Richard.

Du 10 avr. 1877.-C. d'Amiens, 1re ch.-MM. Saudhreuil, 1er pr.-Gesbert de la Noë-Seiche, av. gén.-de Folleville et Havart, av.

1109). — Les autres charges du mariage dont parle l'art. 1409-
5° comprennent, comme l'a dit un arrêt, toutes les dépenses
occasionnées par les maladies physiques et intellectuelles
des époux, notamment, les frais! d'interdiction du mari et
les suites de cette interdiction (Rouen, 30 juin 1871, aff.
Malherbe, D. P. 72. 5. 93; Guillouard, t. 2, n° 673).

373. On a dit au *Rép.* n° 1109 que les frais du contrat
de mariage ne sont pas une dette de la communauté, puisque celle-ci n'était pas encore formée à l'époque où ils ont
été faits. Ce motif indique dans quel sens doit être entendue
la proposition émise au *Répertoire :* elle signifie seulement
qu'il ne s'agit point là d'une *charge du mariage,* rentrant
dans les termes de l'art. 1409-5° *in fine.* Mais, sous le régime
de la communauté légale, il est évident que ces frais entrent
dans le passif de la communauté, car ils constituent nécessairement une dette soit des deux époux, soit de l'un d'eux
(V. le numéro suivant), et la communauté est tenue de toutes
les dettes mobilières dont chacun des époux se trouvait
grevé lors du mariage (V. en ce sens : Rodière et Pont,
t. 1, n°s 195 et 196; Laurent, t. 21, n° 113; Caen, 6 déc.
1877, aff. Leroy, D. P. 79. 2. 134). — D'après l'arrêt que
l'on vient de citer, il en serait ainsi dans le cas même où
une clause du contrat de mariage aurait exclu de la communauté les dettes antérieures au mariage. Et la même solution a été appliquée au cas où les époux sont mariés sous
le régime de la communauté réduite aux acquêts (Besançon,
21 déc. 1887)(1). Mais ces décisions paraissent contestables;
elles reposent sur cette idée que la dette dont il s'agit ne prendrait naissance qu'au jour du mariage; or c'est ce qu'il est
difficile d'admettre. Il importe peu que l'effet du contrat de
mariage soit subordonné à la célébration du mariage lui-
même; ce n'est pas une raison pour que les frais ne soient
pas dus, suivant la règle générale, dès le jour où a été
passé l'acte auquel ils se réfèrent.

374. La question de savoir à qui incombent les frais du
contrat de mariage, question qui ne peut se poser sous le
régime de la communauté légale (V. le numéro qui précède),
soulève d'assez graves difficultés si l'on suppose les
époux mariés sous tout autre régime, et elle a été diversement résolue par la jurisprudence et par les auteurs. — Un
arrêt de la cour de Paris du 20 avr. 1816 (*Rép.* n° 1109)
avait décidé que le payement de ces frais est à la charge du
mari. MM. Rodière et Pont, t. 1, n° 196, admettent cette
solution, sauf pour le cas où le mari n'est pas appelé à jouir
de la dot de sa femme, comme sous le régime de la séparation de biens, et où la femme ne lui a pas abandonné le
tiers de ses revenus, conformément à la disposition de
l'art. 1537 c. civ. — D'après un arrêt de la cour de cassation
(Civ. cass. 21 juill. 1852, aff. Rioufle de Thoreng, D. P. 52.
1. 194), cette charge incombe aux deux époux par égales
portions. Telle est également la solution admise par
MM. Aubry et Rau, t. 5, § 503, p. 249, et par M. Guillouard,
t. 1, n° 212. — Enfin la cour de Dijon, dans un arrêt du
3 déc. 1869 (aff. de Montmorillon, D. P. 70. 2. 161) a décidé
que l'obligation de payer lesdits frais pèse sur les deux
époux proportionnellement à leurs apports respectifs. M. Guillouard, *loc. cit.,* critique ce dernier système, en faisant
remarquer que « les époux ont un égal intérêt à la rédaction de leurs conventions matrimoniales, quelle que soit

l'importance de leur apport : le contrat de mariage, ajoute-t-il, est destiné à régir l'avenir comme le passé, et la proportion de leur fortune à venir peut être inverse de celle
qu'ils apportent présentement ».

375. Ces diverses solutions ne paraissent, d'ailleurs, pas
applicables indistinctement à tous les frais auxquels donne lieu
le contrat de mariage. Ces frais sont de plusieurs sortes, savoir :
1° ceux d'acte proprement dits; 2° le droit d'enregistrement
qui, sous l'empire de la loi de frimaire an 8, était un simple
droit fixe, et qui, depuis la loi du 28 févr. 1872, est devenu
un droit gradué déterminé par le montant net des apports
des époux; 3° les honoraires du notaire, proportionnés à
l'importance desdits apports; 4° les droits proportionnels de mutation perçus sur les donations faites aux époux
par des tiers. Ces derniers frais forment une classe à part,
qui ne saurait être soumise aux mêmes règles que les autres
catégories de frais. M. Troplong, t. 1, n° 199, les mettait à
la charge de ceux qui avaient constitué la dot, par application
de l'art. 1248 c. civ., d'après lequel les frais du payement
sont supportés par le débiteur. Mais cette doctrine a été critiquée avec raison : « Vis-à-vis du constituant, dit très bien
M. Guillouard, t. 1, n° 210, la dot est toujours una libéralité; l'art. 1248 est donc étranger à la question. Car il n'y a
pas un débiteur qui paye, il y a un donateur qui se dépouille :
à quel titre lui imposer les frais du contrat et les droits
d'enregistrement ? » — L'opinion générale est que les droits proportionnels de mutation auxquels donne lieu l'enregistrement d'une donation par contrat de mariage sont une dette
personnelle au donataire; chaque époux doit donc supporter seul les droits afférents aux libéralités qui lui ont été
faites (Rodière et Pont, t. 1, n° 195; Aubry et Rau, t. 5,
n° 503, note 12, p. 249; Laurent, t. 21, n° 112; Guillouard,
loc. cit.), et la jurisprudence s'est prononcée dans le
même sens (Civ. cass. 8 déc. 1874, aff. Raveneau, D. P. 75.
1. 33; Caen, 6 déc. 1877, aff. Leroy, D. P. 79. 2. 134).

Sect. 3. — ADMINISTRATION DE LA COMMUNAUTÉ
(*Rép.* n°s 1110 à 1286).

Art. 1er. — *De l'administration en général par le mari seul
(Rép. n°s 1111 à 1126).*

376. Aux termes de l'art. 1421 c. civ., le mari administre
seul les biens de la communauté; il peut les vendre, aliéner
et hypothéquer sans le concours de la femme. Cette règle,
comme nous l'avons vu *suprà,* n° 13, est de celles auxquelles l'art. 1388 interdit de déroger; les parties ne pourraient pas convenir par contrat de mariage, soit que la
communauté sera administrée par la femme, soit que l'aliénation des biens communs ne pourra avoir lieu qu'avec le
concours de la femme.

Nous avons montré au *Rép.* n° 1114, que les pouvoirs du
mari sur la communauté sont moins étendus qu'ils l'étaient
sous l'ancien droit, où on le qualifiait de *seigneur et maître
de la communauté.* « Pour caractériser les pouvoirs du mari,
dit M. de Folleville, n° 298, on a coutume de dire qu'il
est aujourd'hui administrateur *cum liberâ potestate,* ou plus
simplement *cum liberâ.* Néanmoins la femme, pendant le
mariage, jouit dès à présent d'un droit de copropriété sur

---

(1) (De Livaudais *C.* Bachelot.) — La cour; — Attendu que de
Livaudais renonce au chef de ses conclusions, tendant à obtenir
une quittance notariée des titres et valeurs mentionnés au contrat
de mariage des époux Bachelot, se borne à demander que
Bachelot soit condamné à lui rembourser la somme de 620 fr.,
montant des frais du contrat de mariage, qu'il a lui-même
payée au notaire; — Attendu que les époux Bachelot sont mariés
sous le régime de la communauté d'acquêts; que les frais de leur
contrat constituent une dette de la communauté; qu'ils se rapportent, en effet, à l'acte qui est passé pour constituer cette communauté, et qu'ils ne sont dus qu'autant que le mariage s'en est
suivi; qu'une décision ministérielle du 17 juin 1808 l'indique
expressément en prescrivant la restitution des droits, à défaut de
célébration du mariage; que la dette née à l'occasion du mariage
et subordonnée à sa célébration, est donc une dette de communauté, à raison de laquelle le mari peut être poursuivi; — Que
s'agit-il même pour moitié d'une dette personnelle à la femme,
antérieure au mariage, le mari ne pourrait encore se soustraire
aux poursuites sur les biens de la communauté, à défaut d'un
inventaire préalable, aux termes de l'art. 1510 c. civ. ; — Qu'enfin

le mari en serait tenu à un autre titre, aux termes des
art. 2002 et 1251 c. civ. ; que le notaire a une action solidaire
contre tous ses mandants; que Livaudais qui assistait à l'acte,
non seulement comme père et tuteur de sa fille mineure, mais
encore à raison de la donation qu'il lui faisait, était un des mandants du notaire, et qu'en payant les frais de l'acte, il acquittait
une dette dont il était tenu, et se trouvait subrogé dans les droits
du créancier; que dans les rapports entre les débiteurs, la dette
incombait en définitive à ceux auxquels l'acte profitait, c'est-à-
dire aux époux; qu'à ce point de vue encore, Bachelot s'en
trouve tenu; — Que le jugement doit donc être réformé du chef
sur lequel porte l'appel; — Attendu que 300 fr. ont été payés à
valoir par Bachelot, etc.; — Par ces motifs, la cour reçoit l'appel
interjeté par de Livaudais envers le jugement du tribunal de
Pontarlier du 15 déc. 1886; émendant, élève à 320 fr. la somme
que Bachelot est condamné à payer pour frais de son contrat de
mariage, avec intérêts du jour de la demande; déclare Bachelot
mal fondé dans son appel incident, etc.
Du 21 déc. 1887.-C. de Besançon, 1re ch.-MM. Faye, 1er pr.-
Masse, av. gén.-Charlet et Péquignot, av.

les biens communs. L'ancienne maxime coutumière qui disait de la femme *non est proprie socia, sed speratur fore,* n'est donc plus exacte aujourd'hui. La vérité est que la femme est une associée actuelle, copropriétaire avec le mari, durant le mariage, mais pouvant, à la dissolution de l'union civile, faire cesser cette copropriété par une renonciation régulière, qui forme la condition résolutoire éventuelle de ladite copropriété. Toutefois, malgré son droit de copropriété né et actuel, malgré sa qualité d'associée, la femme n'est point admise à former opposition aux actes d'administration ou de disposition du mari. Elle n'a d'autre ressource, pour mettre ses intérêts à l'abri de la mauvaise gestion du mari, que de provoquer la séparation de biens, en cas de péril pour sa dot et pour l'exercice ultérieur de ses droits et reprises ». Un arrêt récent (Chambéry, 6 mai 1885, aff. Dufour et Chatel, D. P. 86. 2. 33) nous paraît s'être inspiré plutôt des principes de l'ancien droit que de ceux qui régissent aujourd'hui la matière, en déclarant que « les droits de la femme, tant que dure la communauté, demeurent latents, sans aucune portée présente, et sont plutôt futurs qu'immédiats, puisque la loi ne lui reconnaît que le droit de partager les biens de cette communauté telle qu'elle se trouvera composée au moment de sa dissolution ».

377. Le mari ayant même le droit d'aliéner les biens de la communauté peut, à plus forte raison, faire pour les biens communs des baux de plus de neuf ans. Aucun texte ne lui enlève ce droit; les art. 1429 et 1430 ne concernent, en effet, que l'administration des biens propres de la femme (de Folleville, t. 1, n° 300).

378. En cas d'interdiction du mari, comme on l'explique au *Rép.* n° 1122, l'administration de la communauté passe à son tuteur, mais dans les limites seulement des pouvoirs d'un tuteur, qui sont bien moins étendus que ceux du mari. Pour les actes de disposition que le tuteur ne peut pas faire seul, le conseil de famille et, en certains cas, la justice doivent intervenir afin de les autoriser.

La femme n'est pas alors soumise à l'autorité du tuteur. Elle doit, suivant l'art. 222 c. civ., s'adresser à la justice dans les cas où l'autorisation maritale lui est nécessaire (V. Demolombe, *Minorité-tutelle-interdiction,* t. 2, n°s 612 et suiv.; Rodière et Pont, t. 2, n° 866; Aubry et Rau, t. 5, § 126, p. 520; Laurent, t. 5, n° 303; Guillouard, t. 2, n° 696).

379. Lorsque le mari est pourvu d'un conseil judiciaire, il a besoin de l'assistance de son conseil pour faire les actes énumérés par les art. 499 et 513 c. civ. C'est une question controversée que de savoir s'il peut autoriser sa femme, avec l'assistance de son conseil, pour ces mêmes actes ou si la femme doit recourir à l'autorisation de justice, comme en cas d'interdiction (V. *Rép.* v° *Mariage,* n° 874).

Il peut se faire que ce soit la femme qui se trouve soumise à un conseil judiciaire. Mais cette situation ne doit avoir aucune influence sur l'administration des biens de la communauté, confiée par la loi au mari. Il a été jugé : 1° que la nomination d'un conseil judiciaire à une femme mariée a pour effet unique de la protéger contre elle-même dans l'administration de ses biens personnels; que cette mesure n'a pas pour effet d'enlever au mari l'administration des biens de la communauté ni aucun des autres droits qui lui sont conférés par la loi (Paris, 13 nov. 1863, aff. Mouchet, D. P. 63. 5. 217); — 2° Que le droit d'administration du mari ne saurait être paralysé ni gêné dans ses mains par la soumission de la femme à un conseil judiciaire; qu'il n'y a lieu à aucune intervention ou assistance de ce dernier, du moment qu'il s'agit d'actes que le mari, comme chef et maître de la communauté, a seul qualité pour accomplir, et que la femme n'en fait personnellement aucun pour lequel elle ait besoin d'être assistée (Limoges, 27 mai 1867, aff. Bonnane, D. P. 67. 2. 77).

380. Lorsque le mari a dû être interné dans un asile d'aliénés, la communauté conjugale n'étant point dissoute par ce fait, les actions judiciaires intéressant la communauté n'en doivent pas moins être exercées par ou contre le mari, qui doit être alors représenté par un mandataire spécial nommé suivant le mode prescrit par la loi du 30 juin 1838; le jugement rendu dans ces conditions pour une affaire de la communauté a force de chose jugée contre la femme, et celle-ci n'est point recevable à y former tierce-opposition (Req. 2 juin 1886, aff. Guignard, D. P. 87. 1. 133).

Art. 2. — *Des aliénations à titre onéreux (Rép.* n°s 1127 à 1162).

381. Du moment où le mari peut aliéner à titre onéreux les biens de la communauté, il a capacité, comme l'a décidé un arrêt, pour disposer à titre onéreux d'une rente sur l'Etat inscrite en son nom et en celui de sa femme commune en biens, et spécialement pour la mettre en gage (Paris, 13 janv. 1854, aff. Foulon, D. P. 54. 2. 93).

382. Le mari qui a le pouvoir d'hypothéquer les biens de la communauté sans le concours de sa femme peut, de même, consentir la radiation des hypothèques qui garantissent les créances mobilières de la communauté, et renoncer à ces hypothèques, sans même que le payement soit constaté dans l'acte même de renonciation. C'est ce qu'a jugé un arrêt de la cour de Liège, du 24 juin 1887 (*Pasicrisie belge,* 1887. 2. 340).

383. Il résulte d'un arrêt de la cour de cassation que tous les actes de disposition faits par le mari, comme administrateur légal des biens communs, engagent ces mêmes biens, et que les droits que peut avoir la femme, à la dissolution de la communauté, soit pour l'exercice de ses reprises, soit pour obtenir les indemnités qui peuvent lui être dues, ne sauraient rétroagir et vicier ou invalider les actes qu'il a faits dans l'exercice de ses droits comme mari; les faits consommés et les droits acquis ne peuvent en recevoir aucune atteinte (Civ. rej. 17 févr. 1858, aff. Leroux, D. P. 58. 1. 125).

384. Le mari peut aliéner à titre onéreux les biens de la communauté sous telles conditions qu'il lui plaît. Il peut même les vendre avec réserve d'usufruit à son profit ou moyennant une rente viagère constituée sur sa tête seule ou stipulée réversible en sa faveur. Il y a là en effet une aliénation à titre onéreux, permise par la généralité des termes de l'art. 1421, et c'est seulement en cas d'aliénation à titre gratuit que le mari se voit interdire de se réserver l'usufruit (Rennes, 16 juin 1841, *Rép.* n° 1129; Orléans, 28 mars 1843, *ibid.,* n° 1133; 14 mai 1864, aff. Mercier, D. P. 64. 2. 172; Bordeaux, 7 févr. 1878, aff. Berthet, D. P. 79. 2. 124; Aubry et Rau, t. 5, § 509, note 2, p. 326; Laurent, t. 22, n° 4; Guillouard, t. 2, n° 691).

Il a été décidé qu'en cas de vente consentie par le mari à l'un de ses enfants, sous réserve d'usufruit, la femme ne peut invoquer la règle de l'art. 918 c. civ., qui assimile une pareille vente à une libéralité et dispose que la valeur des biens aliénés sera imputée sur la quotité disponible, pour faire annuler cette vente comme si elle n'était en réalité qu'une donation, interdite au mari par l'art. 1422. La présomption légale de l'art. 918 n'a été, en effet, établie que dans l'intérêt des héritiers réservataires, pour maintenir l'égalité entre eux; nul, en dehors d'eux, n'a le droit de l'invoquer (V. l'arrêt précité du 14 mai 1864).

385. Si le mari a aliéné un bien de communauté sous réserve d'usufruit ou moyennant une rente viagère à son profit exclusif, les produits de l'usufruit ou les arrérages de la rente tomberont naturellement dans la communauté tant qu'elle durera. Si la dissolution de la communauté arrive par la mort du mari, l'usufruit cessera ou la rente sera éteinte. Il a été jugé avec raison, en pareil cas, que la succession du mari ne doit pas récompenser à la communauté des fonds qu'il a employés pour la constitution d'une rente viagère sur sa seule tête (Trib. Bordeaux, 29 mai 1872, *suprà,* n° 308, note 1).

386. Mais si la communauté se dissout par la mort de la femme ou par la séparation de biens, le mari pourra-t-il garder pour lui seul la rente viagère ou l'usufruit? Ainsi que nous l'avons montré au *Rép.* n° 1129, et *suprà,* n° 187, il faut répondre négativement. L'usufruit ou la rente doit se partager entre le mari et les héritiers de la femme, s'ils acceptent la communauté. Cet usufruit ou cette rente constitue, en effet, un acquêt de communauté, qui, comme tel, doit être compris dans la masse à partager pour sa valeur au jour de la dissolution ; le mari ne pouvait s'en constituer un propre à lui-même, car c'eût été une dérogation aux conventions matrimoniales (V. outre les autorités citées au *Rép.* n° 1129 : Angers, 6 mars 1844, aff. Renard, D. P. 45. 2. 50; Trib. Bordeaux, 29 mai 1872, *suprà,* n° 308, note 1; Aubry et Rau, t. 5, § 507, note 9, p. 283 ; Colmet de Santerre, t. 6, n° 66 *bis* VI ; Laurent, t. 22, n° 4; Guillouard, t. 2, n° 692).

Faudrait-il décider de même si le mari seul avait

constitué une rente viagère sur la tête et au profit de sa femme? Alors il semble que l'on pourrait soutenir que le mari aurait entendu faire une donation à sa femme (V. *Rép.* v° *Rente viagère*, n°s 41 et suiv.). Cependant la plupart des auteurs estiment que la rente viagère appartiendrait, encore dans ce cas, à la communauté; qu'en effet, l'attribution de la rente à la femme seule constituerait une dérogation aux conventions matrimoniales (Aubry et Rau, *loc. cit.*; Laurent, t. 21, n° 218; Guillouard, t. 1, n° 375).

387. Les deux époux peuvent aussi acquérir conjointement, en échange de biens de communauté, un usufruit ou une rente viagère. — Il a été jugé que, lorsque les deniers appartenant à la communauté sont aliénés sous la condition d'une rente viagère constituée au profit et sur la tête des deux époux, le droit à cette rente appartient à la communauté; partant, qu'on doit la comprendre, quand la communauté vient à se dissoudre, dans la masse des biens partageables, et que si l'époux dans le lot duquel elle se trouve prédécède, elle passe à ses héritiers, à moins qu'elle n'ait été stipulée réversible au profit de l'époux survivant; mais que la réversibilité ne peut point être déduite de cette circonstance qu'il a été convenu entre les parties qu'au décès du premier mourant des époux la rente subirait, au profit du débiteur, une réduction dans le *quantum* des arrérages à payer (Paris, 19 févr. 1864, aff. Lapanne, D. P. 65. 2. 73). — Jugé, dans le même sens, que la rente viagère constituée par les époux avec des biens communs, au profit de l'un et de l'autre, mais sans stipulation de réversibilité en faveur du survivant, forme un conquêt, et que, par suite, les héritiers ou légataires du prémourant ont droit à la moitié des arrérages (Poitiers, 1er août 1872, aff. Velluet, D. P. 73. 5. 108). — Il résulte de ces décisions que, si les héritiers renonçaient à la communauté, ils n'auraient plus aucun droit à la rente (Comp. *Rép.* n° 1133).

388. Lorsque la rente viagère, constituée par les deux époux à leur profit, avec des deniers communs, a été stipulée réversible en tout ou en partie sur la tête du survivant, une importante question se présente tout d'abord : c'est celle de savoir si cette clause de réversibilité est valable.

La validité en a été contestée par le motif qu'elle serait contraire à la règle de l'art. 1097, d'après laquelle les époux ne peuvent se faire aucune donation mutuelle et réciproque par le même acte. A cette objection, deux réponses ont été faites. Il y a bien, a-t-on dit, dans la clause dont il s'agit une double donation éventuelle faite par chacun des conjoints à l'autre; mais cette donation, quoique mutuelle et réciproque, n'en est pas moins valable, parce qu'elle est l'accessoire du contrat à titre onéreux fait par les époux avec les tiers qui a promis la rente, et ce contrat n'est pas soumis aux formes des donations (Labbé, Dissertation sur l'arrêt du 19 févr. 1864, cité *infrà*, n° 389). L'autre réponse consiste à dire que la clause de réversibilité ne doit pas être assimilée à une donation; chacun des époux concède à l'autre un droit éventuel à la totalité de la rente et reçoit en retour un droit éventuel absolument semblable; c'est donc, en définitive, un contrat aléatoire à titre onéreux (V. *Rép.* n° 1130; Paris, 25 mars 1844, *Rép.* n° 1133; Besançon, 23 mai 1871, aff. Fallet, D. P. 72. 2. 215; D. P. 82. 2. 169, note; Guillouard, t. 1, n° 376).

389. La validité de la clause de réversibilité de la rente viagère au profit de l'époux survivant est contestée encore à un autre point de vue. On soutient que cette clause emporte dérogation aux conventions matrimoniales et tombe, par conséquent, sous la prohibition de l'art. 1395. Cette opinion a été émise par M. Mourlon dans une dissertation insérée sous Paris, 19 févr. 1864 (aff. Lapanne, D. P. 65. 2. 73); elle est admise par MM. Aubry et Rau, t. 5, § 507, note 9, p. 283, et par M. Laurent, t. 21, n° 219, et par un arrêt de la cour de Lyon du 6 janv. 1881 (aff. Barberet, D. P. 82. 2. 169). Mais si l'on voit dans la clause dont il s'agit une donation réciproque, on peut dire que la règle de l'immutabilité des conventions matrimoniales n'empêche pas que les époux puissent se faire des donations révocables. Si l'on considère, au contraire, cette clause comme un contrat à titre onéreux, on doit encore reconnaître que son application peut se concilier avec les principes du régime de communauté, notamment, avec la règle que les époux ne doivent pas s'enrichir au préjudice de la communauté, à la condition d'obliger l'époux qui profite de la réversion à indemniser la communauté dans la mesure de la perte qu'elle subit (V. Pont, *Des petits contrats*, t. 1, n° 701; Guillouard, t. 1, n° 377). Cette dernière solution est celle de la jurisprudence. Il a été rendu, il est vrai, quelques décisions d'après lesquelles aucune récompense ne serait due à la communauté par l'époux qui profite de la rente (Rennes, 3 janv. 1861 (1); Besançon, 23 mai 1871, aff. Fallet, D. P. 72. 2. 215. V. en ce sens : Troplong, t. 2, n° 1200, et *Des contrats aléatoires*, n° 254). Mais il résulte de nombreux arrêts, dont plusieurs de la cour de cassation, que l'époux survivant ne peut s'approprier le bénéfice de la rente viagère acquise avec des biens de communauté et réversible sur sa tête qu'en indemnisant la communauté à raison du profit personnel qu'il retire de l'emploi qui a été fait des biens communs (Req. 29 avr. 1851, aff. Meunier, D. P. 52. 1. 25; Paris, 11 juin 1853, aff. Franc, D. P. 54. 2. 88; 19 févr. 1864, aff. Lapanne, D. P. 65. 2. 73; Req. 16 déc. 1867, aff. Ramond, D. P. 68. 1. 270; Civ. cass. 20 mai 1873, aff. Pellerin, D. P. 74. 1. 72; 30 déc. 1873, aff. Ganivet, D. P. 74. 1. 363; Caen, 12 mars 1874 (2); Paris, 26 juin 1880, aff. Ceu-

---

(1) (Le Barre *C.* Le Barre.) — La cour; — Considérant que l'acquisition faite par deux époux d'une rente viagère réversible sur la tête du dernier mourant et des deniers de la communauté ne rentre pas dans l'application de l'art. 1437 c. nap.; — Qu'en effet, la somme prise sur la communauté n'en est pas tirée pour acquitter des dettes ou des charges personnelles à l'un des époux, ni pour la conservation ou l'amélioration de ses biens, en un mot, pour son profit particulier; — Qu'il est évident, au contraire, que, dans ce cas, chaque époux reçoit sa part du capital aliéné, qui n'est sorti de la communauté que pour l'avantage commun; que l'on ne peut dire que l'un des époux s'enrichit aux dépens de l'autre, puisque les chances sont les mêmes pour la femme que pour le mari; — Considérant qu'une semblable constitution de rente faite par les deux époux d'un commun accord aurait pu être faite par Le Barre père seul, et sans le concours de sa femme, en sa qualité de chef et maître de la communauté; que, dans cette hypothèse, elle n'eût pu être considérée comme une libéralité soumise aux conditions ordinaires des dispositions entre vifs, mais que le concours donné par la femme dans l'acte de constitution de rente viagère, à condition de réversibilité sur la tête du survivant, est un contrat vraiment aléatoire, puisque la chance de survie existe aussi bien en faveur de l'un qu'en faveur de l'autre époux; qu'il en résulte que l'intégralité de la rente doit profiter au mari survivant, comme elle eût profité à sa femme dans le cas où celle-ci eût survécu, et lors même qu'elle eût renoncé à la communauté; d'où il suit que l'acte de liquidation, tel qu'il a été sur ce point dressé par le notaire, doit recevoir son exécution, et que le tribunal, en décidant le contraire, a fait une application erronée de la loi; — Par ces motifs, dit et juge que les arrérages non échus au moment

de la dissolution de la communauté des rentes constituées par les actes des 17 juill. 1847 et 31 oct. 1856 au profit des époux Le Barre appartiendront exclusivement à l'époux survivant; dit et juge qu'il n'est dû aucune récompense à la communauté pour le capital qui a été affecté au payement du prix des rentes viagères, etc.
Du 3 janv. 1861.-C. de Rennes.

(2) (Perrier-Prévost *C.* Lecomte.) — La cour; — Attendu que, par leur contrat de mariage, à la date du 22 nov. 1829, les époux Perrier-Prévost avaient adopté le régime dotal, avec société d'acquêts, et avaient stipulé que le survivant aurait droit à la moitié en propriété de tous les meubles et immeubles de la société et à l'usufruit de l'autre moitié ; — Attendu que, par acte authentique des 19 et 23 janv. 1851, lesdits époux ont vendu aux sieur et dame Bransion une usine et ses dépendances moyennant un prix de 20090 fr. ; mais qu'au lieu de payer ce prix, il fut convenu que les acquéreurs constitueraient une rente annuelle et viagère de 2800 fr., au profit et sur la tête des deux vendeurs, sans réduction au décès du prémourant ; — Attendu que ladite Perrier est décédée le 15 févr. 1870 ; et qu'au cours de la liquidation de sa succession, les héritiers ou représentants de ladite dame ont prétendu que le notaire liquidateur avait omis à tort dans son procès-verbal de porter à l'actif de la société d'acquêts la récompense due par le mari survivant à raison de la rente viagère, dont il profitait seul et dont le capital représentait le prix d'un immeuble dépendant de ladite société d'acquêts ; — Attendu qu'en réponse à cette prétention, Perrier-Prévost a soutenu : 1° que la clause de réversibilité n'ayant pas été stipulée dans l'acte constitutif de la rente viagère, le survivant n'en avait pas été appro-

gniet, D. P. 81. 2. 207; Lyon, 6 janv. 1881, aff. Barberet, D. P. 82. 2. 169. V. en ce sens: Pont, *Des petits contrats*, t. 1, n° 701; Guillouard, t. 1, n° 377).

Il est bien entendu, d'ailleurs, que la succession de l'époux prémourant, laquelle ne profite en rien de la réversibilité, ne doit aucune récompense à la communauté (V. Trib. Meaux, 2 févr. 1870, *infrà*, n° 390).

390. Quant au montant de la récompense, il doit être, ainsi que l'indique un arrêt, « équivalent à la valeur de la rente au jour de la dissolution » (Paris, 5 avr. 1866, aff. Ramond, D. P. 68. 1. 270). Si la rente viagère est servie par une compagnie d'assurances, dit M. Guillouard, t. 1, n° 377, la récompense sera égale à la valeur estimative de la rente au jour de la dissolution de la communauté, calculée d'après

le tarif de la compagnie qui sert la rente (Trib. Meaux, 2 févr. 1870) (1). Si la rente est servie par un particulier, les tarifs des compagnies d'assurances ne paraissent pas applicables; pour calculer la récompense on prendra pour base la somme payée originairement pour la constitution de la rente, en tenant compte de l'âge de l'époux survivant (Caen, 12 mars 1874, *suprà*, n° 389).

391. D'après la jurisprudence citée ci-dessus, le montant de la récompense doit être compris dans la déclaration de la succession de l'époux prédécédé pour être soumis au droit de mutation sur la moitié revenant à son hérédité (V. notamment : Civ. cass. 20 mai et 30 déc. 1873, cités *suprà*, n° 389). La jurisprudence d'après laquelle l'époux qui profite de la clause de la réversibilité doit une récompense à

---

prié ; que cette rente était restée dans la communauté et ne pouvait, par conséquent, donner lieu à aucune récompense ; 2° subsidiairement, qu'en supposant une récompense due par le mari, elle ne pouvait consister en un capital ; mais qu'il lui suffisait d'abandonner à la société les arrérages de la rente ; — Sur le moyen principal : — Attendu que, par l'acte de 1851 précité, il a été déclaré que la rente viagère, constituée sur la tête des deux époux, ne serait pas réductible au décès du prémourant ; — Qu'il suit de là qu'au jour du décès de sa femme, Perrier-Prévost est devenu propriétaire de ladite rente ; qu'il a perçu la totalité des arrérages, et que tous les droits et actions se rattachant à la constitution de cette rente lui appartiennent exclusivement ; — Attendu que les époux ont évidemment entendu stipuler, non pas dans l'intérêt de la communauté, mais chacun pour soi vis-à-vis de l'acquéreur qui restait leur débiteur ; qu'ils ont pu choisir pour le payement de cette dette le mode qui leur semblait le plus avantageux ; — Attendu qu'on ne pourrait prétendre qu'en constituant une rente non réductible au décès du prémourant, ils se soient créé un propre aux dépens de la société d'acquêts, ce qui rendrait la convention nulle et de nul effet ; car le contrat qu'ils ont consenti à titre onéreux était essentiellement aléatoire ; aucun bénéfice propre n'était conféré aux conjoints, et si, éventuellement, un avantage pouvait en résulter pour l'un d'eux, la récompense, dont le principe est admis ci-après, aurait précisément pour effet d'atténuer cet avantage ; — Que, dès lors, on ne saurait, sans porter sans motifs sérieux une grave atteinte à la capacité des époux, leur interdire la faculté d'avoir recours à un moyen, fréquemment employé d'ailleurs, d'améliorer leur situation, en augmentant leurs revenus pendant le mariage ; — Mais attendu qu'à la dissolution du mariage, une semblable stipulation peut constituer un véritable avantage au profit du survivant ; et que, dans ce cas, on ne peut se soustraire à l'application de l'art. 1437 c. civ., aux termes duquel toutes les fois qu'un des époux a retiré un profit personnel des biens de la communauté, il lui en doit récompense ; — Attendu que l'art. 588 c. civ. n'est pas applicable à l'espèce, car il ne s'agit pas des droits d'usufruit résultant du contrat de mariage ; à cette époque, en 1829, la rente viagère n'existait pas ; en constituant cette rente, les époux ont stipulé *salva rerum substantia*, et son attribution sans compensation au survivant serait aussi contraire à l'égalité des partages de la communauté qu'à la volonté des deux conjoints ; — Qu'il y a lieu, par conséquent, de rejeter le moyen principal...

Sur le point de savoir sur quelles bases doit être calculé le chiffre de la récompense : — Attendu que le bénéfice qui sera perçu par le crédi-rentier est éventuel, puisqu'il est subordonné à la durée de son existence ; — Que les appréciations résultant des tarifs des compagnies d'assurances sur la vie ne paraissent pas applicables, ces calculs étant faits en vue de l'existence simultanée d'un grand nombre de rentiers, ce qui permet d'élever le chiffre des arrérages ; — Qu'il paraît plus rationnel de prendre pour base le capital originaire que représente la rente ; que, eu égard à l'âge actuel de Perrier-Prévost, il paraît équitable de fixer le montant de la récompense due à la société d'acquêts à la somme de 10000 francs, laquelle somme sera partagée suivant les droits de chacun ; — Par ces motifs, etc.

Du 12 mars 1874.-C. de Caen, 2ᵉ ch.-MM. Hain, pr.-Tardif de Moidrey, av. gén.-Delise et Laisné-Deshayes, av.

(1) (Joret C. Joret.) — Le tribunal ; — Attendu que, pendant l'existence de leur communauté, les époux Joret ont, conformément aux dispositions de la loi du 18 juin 1850, employé un capital de 8000 fr. appartenant à la communauté, pour créer sur leur tête et séparément une rente viagère devant leur être servie par la caisse des retraites ; — Attendu qu'après le décès du mari, le notaire commis pour procéder à la liquidation et au partage de la communauté a constaté chacun desdits époux débiteur envers la communauté d'une récompense de 4000 fr., montant du capital intégral pris dans la communauté pour la création desdites rentes ; — Attendu que la veuve Joret, survivante, soutient que le chiffre de la récompense doit être déterminé, non par celui du capital aliéné, mais seulement par le produit que les époux retirent desdites rentes à la dissolution de la communauté ; — Attendu,

à cet égard, que si la loi du 18 juin 1850 a permis, par une faveur spéciale, la création, moyennant l'aliénation d'un capital appartenant à la communauté, de rentes viagères établies sur la tête des époux, de manière à leur constituer des droits personnels, incessibles et insaisissables, rien ne peut faire supposer que ladite loi ait entendu déroger au principe fondamental, en matière de communauté, d'après lequel il n'est pas plus permis à la communauté de s'enrichir aux dépens de l'un des époux qu'à l'un de ceux-ci s'enrichir aux dépens de la communauté ; — Attendu qu'il est manifeste que lesdites constitutions ne confèrent aucun avantage exclusif aux époux pendant l'existence de la communauté, et que c'est, au contraire, cette dernière qui, pendant toute sa durée, en absorbe tous les produits ; — Attendu que ce n'est qu'à sa dissolution que l'avantage, s'il existe, peut être évalué ; — Attendu que lorsque la communauté se dissout, comme dans l'espèce, par le décès de l'un des époux, il est certain que le prémourant ne tire aucun profit de la rente viagère constituée sur sa tête, puisque ladite rente s'éteint par son propre décès ; — Attendu que décider que la succession du prémourant doit une récompense à la communauté à l'occasion de la rente viagère dont il ne retire aucun avantage, alors que la communauté en a seule obtenu tous les profits, serait enrichir la communauté aux dépens du patrimoine de l'un des époux ;

Attendu qu'il serait encore contraire au principe susénoncé d'exiger que le survivant restituât, à titre de récompense, le capital intégral qui a été fourni par la communauté pour la constitution d'une rente viagère établie sur la tête de ce dernier, puisque la communauté ayant joui exclusivement pendant toute son existence, elle s'enrichirait aux dépens du survivant de tout ce qui excéderait la valeur de la rente au moment de la dissolution de la communauté ; — Attendu que la nature du contrat de rente viagère s'oppose à ce que leur création puisse être assimilée aux actes prévus notamment par les art. 1407, 1408, § 1ᵉʳ, et 1437, 1ᵉʳ al., c. nap., aux termes desquels la récompense doit être égale à la somme prise dans la communauté, quel que soit l'avantage produit à celui pour le compte et l'intérêt duquel la dépense a été faite ; — Attendu, en effet, que les rentes viagères dont s'agit ne sont pas seulement constituées dans l'intérêt des époux, sur la tête desquels elles reposent, mais encore dans l'intérêt de la communauté, qui en profite exclusivement jusqu'à sa dissolution, comme si elles faisaient partie de la communauté elle-même ; que de plus alors elles perdent nécessairement chaque jour de leur valeur, et qu'il est certain, dès l'époque de leur constitution, qu'à la dissolution de la communauté, ou elles auront été éteintes par le décès des époux, ou bien elles auront diminué de valeur, en raison du temps plus ou moins long pendant lequel la communauté en aura joui ; — Attendu que les circonstances se présentent pas évidemment le cas de dépenses nécessaires faites à un immeuble propre à un époux (c. nap. art. 1437, § 1ᵉʳ) ou d'avances faites à la communauté pour l'acquisition pendant le mariage, à titre de licitation ou autrement, de portion d'un immeuble dont l'un des époux était propriétaire par indivis (c. nap. art. 1408), puisque, soit l'immeuble conservé, soit la portion d'immeuble acquise, subsiste intégralement après la dissolution de la communauté, sauf la perte par suite d'un accident de force majeure, qui n'entre pas dans les prévisions des parties, comme l'extinction de la rente par le décès des époux ; — Qu'il s'ensuit donc que les constitutions de rente faites pendant l'existence de la communauté, conformément à la loi du 18 juin 1850, doivent être comprises parmi les avantages donnant lieu, aux termes de la fin de l'art. 1437 c. nap., à une récompense déterminée par le profit que les époux en retirent à la dissolution de la communauté ; — Attendu, en conséquence, que la succession du sieur Joret prédécédé ne doit aucune récompense à la communauté, et que la veuve Joret survivante ne peut être tenue, à titre de récompense, que de la restitution de la somme représentant la valeur de la rente constituée sur sa tête évaluée au jour de la dissolution de la communauté, laquelle rente, calculée d'après l'âge de ladite dame et le tarif de la caisse des retraites qui sert cette rente, s'élève à la somme de 3199 fr. ;

Par ces motifs, etc.

Du 2 févr. 1870.-Trib. civ. de Meaux.

la communauté, suppose que la rente viagère réversible a été stipulée dans un contrat à titre onéreux. Faut-il appliquer la même solution au cas où la rente est la charge d'une donation ou d'un partage anticipé? La question s'est présentée au point de vue de l'application des droits d'enregistrement, et elle a été diversement résolue (V. pour l'affirmative : Trib. civ. Rouen, 18 mars 1869, aff. Quesney, D. P. 70. 3. 114. — Contrà : Sol. adm. enreg. 3 nov. 1875, D. P. 77. 3. 16). Cette solution est ainsi motivée : « Dans l'espèce, la rente ne paraît pas, au premier abord, en disproportion avec la valeur des biens donnés par chacun des époux ; et il a d'ailleurs été formellement exprimé qu'elle était une condition sans laquelle la donation n'aurait pas eu lieu, et qu'elle ne constituait pas un avantage entre époux ; de sorte que l'époux survivant, se trouvant ainsi à l'abri de tout recours de la part de ses enfants, ceux-ci ne pourraient élever de prétention à une indemnité sans méconnaître la condition apposée à la libéralité faite à leur profit, et sans donner ouverture, par ce fait, à une action en révocation de la donation. L'exécution de cette donation est, par suite, incompatible avec l'indemnité que l'on voudrait faire résulter de la réversion de la rente ». — L'époux survivant peut d'ailleurs être exonéré de l'obligation de récompense par la volonté formelle de son conjoint. D'après un arrêt, cette volonté peut résulter notamment de ce fait que, postérieurement à la constitution de rente viagère, le conjoint prédécédé aurait fait au survivant donation universelle de tous les meubles, créances et argent qui dépendaient de sa succession, et de l'usufruit de tous ses immeubles (Paris, 14 févr. 1867) (1).

392. Comme on l'explique au Rép. nos 1135 et suiv., le mari intente ou suit, comme demandeur ou comme défendeur, toutes les actions judiciaires intéressant la communauté. — Il peut exercer seul : 1° tous les droits et actions concernant les biens communs, et en particulier les actions relatives aux biens tombés dans la communauté ou qui doivent y tomber du chef de la femme ; — 2° les actions qui appartiennent à la communauté comme usufruitière des biens propres de la femme, même les actions pétitoires qui auraient pour objet d'assurer ou de conserver l'exercice de l'usufruit auquel ces biens sont soumis au profit de la communauté. Toutefois, les tiers auraient intérêt à provoquer dans ce cas la mise en cause de la femme, afin de rendre opposables à celle-ci les jugements qui interviendraient. — Réciproquement le mari peut être actionné seul pour toutes les dettes communes, et notamment pour les dettes mobilières de la femme qui sont tombées dans la communauté. Mais, dans ce dernier cas, les créanciers de la femme ont intérêt, pour obtenir hypothèque sur ses biens, à l'actionner conjointement avec le mari (Aubry et Rau, t. 5, § 509,

n° 3, p. 334 et suiv.; de Folleville, t. 1, n° 313 ; Guillouard, t. 2, n° 757. — Comp. Rép. nos 1319 et suiv., et infrà, nos 484 et suiv.).

393. Nous avons dit au Rép. n° 1137 que, bien que le mari soit seul en cause, la femme n'est pas moins réputée partie dans les instances relatives aux biens communs, et nous en avons conclu que la femme peut être interrogée sur faits et articles dans ces instances (V. aussi Rép. v° Interrogatoire sur faits et articles, n° 14 et suiv.). Toutefois, MM. Rodière et Pont, t. 2, n° 873, et M. Guillouard, t. 2, n° 757 bis, pensent qu'avant de demander l'interrogatoire de la femme, la partie adverse devra préalablement l'appeler en cause. Il est bien vrai, disent-ils, que le droit de la femme est représenté par le mari, mais lorsqu'on veut la faire interroger, lui faire jouer un rôle personnel dans la procédure, il faut d'abord l'y appeler.

394. Du principe que la femme est représentée par le mari dans les actions exercées par ou contre celui-ci comme chef de la communauté, il résulte que la femme n'est pas recevable à former tierce-opposition aux jugements qui interviennent sur ces actions. Il en est ainsi, notamment, pour le jugement qui a résilié un bail dont le bénéfice était tombé dans la communauté (Rép. vis Chose jugée, n° 233 ; Tierce opposition, n° 85 ; Req. 2 juin 1886, aff. Guignard, D. P. 87. 1. 133).

395. Le décès de la femme, le divorce ou la séparation de biens mettent fin, comme on l'a dit au Rép. n° 1140, au mandat légal d'administration du mari. — Il a été jugé, en conséquence, que le mari qui, après la dissolution de la communauté, a donné en nantissement un objet qui appartenait à celle-ci, n'a pu conférer au créancier un droit de gage que dans la mesure de son propre droit de copropriété indivise, c'est-à-dire jusqu'à concurrence de la moitié de la valeur de la chose (Req. 17 déc. 1873, aff. Cœvœt, D. P. 74. 1. 145).

396. Il résulte d'un arrêt de la cour de cassation, qui a rejeté un pourvoi contre un arrêt de la cour de Rennes du 30 juill. 1859 (Req. 13 nov. 1860, aff. Duédal, D. P. 61. 1. 198), que la société contractée sous le régime de la communauté entre le mari et un tiers, confère la qualité d'associé au mari seul, et non à la femme, et que, par suite, le mari a qualité, même après la dissolution de la communauté, pour procéder, sans le concours de sa femme ou des héritiers de celle-ci, à la liquidation de cette société, sauf à verser dans la communauté les bénéfices réalisés pendant sa durée. Toutefois, d'après cet arrêt, la transaction conclue entre le mari et ses coassociés sur le règlement des droits respectifs des parties ne serait opposable aux héritiers de la femme que s'ils y étaient intervenus, et dans le cas où ces

---

(1) (Morizot C. Morizot.) — La cour ; — Considérant que par acte reçu Bizet et son collègue, notaires à Avallon, le 31 déc. 1849, Morizot et Françoise Courtois, sa femme, aujourd'hui sa veuve, ont vendu aux époux Coulbois différents immeubles par eux acquis durant le cours de leur communauté ; — Considérant que ladite vente a été faite à différentes charges et entre autres, à la charge de payer une rente annuelle et viagère de 1350 fr., que les acquéreurs ont consenti au profit et sur la tête des deux vendeurs, ladite rente payable jusqu'au décès du survivant et sans réduction à partir du décès du prémourant ; — Considérant que par suite du prédécès de son mari, la veuve Morizot est appelée à profiter du bénéfice de cette stipulation et que la question à examiner est de savoir si le profit qu'elle en a tiré doit la soumettre à l'obligation de faire récompense à la communauté de la valeur des immeubles que la rente représente ; — Considérant que si la jurisprudence a étendu le principe général de l'art. 1437 c. nap., même au cas où des immeubles de la communauté ont été aliénés et remplacés par une rente viagère constituée sur la tête des deux époux et réversible sur celle du survivant, ces arrêts conformes à une doctrine presque unanime, ont statué dans des espèces où les parties se trouvaient en présence de l'acte seul de la constitution de rente, ou bien de donations contractuelles antérieures à cette constitution et ne révélant pas d'une manière suffisante l'intention des parties ; — Qu'ainsi il a été décidé avec raison que malgré le profit éventuel, réciproque et aléatoire, contenu pour chacune des parties dans un contrat de cette nature, la stipulation de réversibilité sur la tête du survivant ne suffisait pas pour exonérer celui-ci des conséquences de l'art. 1437 c. nap.; mais qu'il doit en être autrement lorsque les faits de la cause permettent d'affirmer que l'époux prédécédé a eu l'intention d'exonérer le survivant de l'obligation de la récompense ; —

Considérant que, dans l'espèce, la volonté de feu Morizot ne saurait être douteuse ; que si l'éventualité de la survie ne lui a pas permis de l'avoir au moment même de l'aliénation de l'immeuble commun et de son remplacement par la rente viagère, il l'a consignée de la manière la plus formelle dans l'acte de donation qu'il a consenti le 21 nov. 1858 au profit de sa femme ; — Considérant que par cet acte, qui n'a précédé son décès que de quelques semaines, Morizot a donné à sa femme tous les meubles, créances et argent comptant qui dépendraient de sa succession, en quoi qu'ils puissent consister, sans aucune exception ni réserve ; qu'il lui a même donné, mais en usufruit seulement, tous les immeubles pris au dépens de ladite succession ; — Considérant que les termes généraux et étendus de cette donation comprennent évidemment la dispense de payer aucune récompense aux héritiers du donateur, puisque toute autre interprétation conduirait, suivant le mode adopté pour la récompense, soit à une réduction de la rente viagère, soit à la réserve en nue propriété, au profit des héritiers, d'une somme d'argent dont le donateur a entendu gratifier sa femme en toute propriété ; — Considérant que, malgré les termes de l'art. 8 du contrat de mariage des époux Morizot, le donateur aurait incontestablement le droit de faire cette libéralité au profit de sa femme, par acte testamentaire, lorsqu'il ne laisse aucun héritier à réserve, et qu'il était libre de disposer de sa fortune comme il l'entendait ; que rien ne l'empêchait de la faire par acte entre vifs, et qu'il l'a effectivement fait par la donation de 1858 ; qu'il résulte de tout ce qui précède que le notaire a régulièrement procédé et que la contestation soulevée par les héritiers Morizot n'est pas fondée, etc.

Par ces motifs, etc.

Du 14 févr. 1867. - C. de Paris, 3e ch. - MM. Roussel, pr. - Sallé, av. gén., c. conf. - E. Leroux et Oscar Falateuf, av.

héritiers seraient mineurs, là validité de la transaction serait subordonnée à l'accomplissement des formalités prescrites pour la validité des transactions intéressant des mineurs. Les comptes intervenus entre les parties sont, d'ailleurs, soumis, de la part des héritiers de la femme, à l'action en redressement autorisée par l'art. 541 c. proc. civ. (Même arrêt).

397. Bien que le mari ait le droit de disposer des biens de la communauté, qu'il puisse les vendre, les hypothéquer, les donner même, il est cependent tenu, lors de la dissolution de la communauté, de justifier, s'il en est requis, sinon de l'utilité ou de la légitimité, au moins de la réalité ou de l'importance des actes de disposition ou des dépenses qu'il prétend avoir faits. C'est la sanction nécessaire du principe que le mari ne peut pas s'avantager lui-même aux dépens de sa femme, et qu'il doit récompense pour tout acte qui tendrait à lui procurer un avantage indirect. Le mari devrait donc récompense pour les sommes qu'il aurait reçues pendant la communauté et dont il ne pourrait justifier l'emploi, ainsi que pour celles dont il aurait tiré un profit personnel, surtout si, comme dans une espèce soumise à la cour de Paris, ces sommes avaient été touchées par le mari postérieurement au jour où la femme, demanderesse en séparation de corps, avait quitté le domicile conjugal (Paris, 19 mai 1870, aff. Poulain, D. P. 71. 2. 40). — M. Laurent, t. 22, n° 6, objecte contre cette solution que le droit du mari, d'après la théorie traditionnelle, adoptée par le code, va jusqu'à pouvoir perdre et dissiper les biens de la communauté, et que par conséquent le mari ne saurait en être comptable à l'égard de la femme. « Il est vrai, ajoute M. Laurent, que ce pouvoir absolu souffre des restrictions: le mari doit récompense quand il a tiré un profit personnel des biens de la communauté (c. civ. art. 1437). Est-ce à dire que le mari doive compte, pour prouver qu'il ne s'est pas avantagé au préjudice de sa femme? La loi ne dit pas cela: c'est à la femme qui prétend que le mari doit récompense à prouver qu'il a tiré profit de la communauté. Le mari ne doit donc pas justifier ses dépenses, il est défendeur, et, comme tel, il n'a rien à prouver. » M. Guillouard, t. 2, n° 740, répond avec raison que sans doute le mari peut disposer à titre onéreux, comme bon lui semble, des biens de la communauté, mais que la question est précisément de savoir s'il en a disposé; il ne s'agit pas d'apporter une restriction aux pouvoirs du mari, mais de savoir s'il en a usé; et l'on ne comprendrait pas qu'une loi permettrait au mari de garder le silence, lorsque la femme l'interpelle sur le sort de telle ou telle valeur de communauté. On objecte que le mari est défendeur, et que, comme tel, il n'a rien à prouver; mais d'abord en matière de liquidation de communauté, il n'y a ni demandeur ni défendeur, il y a deux associés dont les droits sont égaux, quand il s'agit d'établir la masse à partager. En outre, s'il est vrai que la femme est demanderesse lorsqu'elle articule que telle valeur est rapportée à la communauté, sa preuve est faite dès qu'elle a établi par quelque moyen en son pouvoir que cette valeur existait dans la communauté avant sa dissolution; c'est alors au mari à indiquer comment cette valeur en est sortie. Ce système, comme le remarque M. Guillouard, n'entrave en rien les pouvoirs du mari, mais il lui interdit des dissimulations qui faciliteraient singulièrement les fraudes au préjudice de la femme.

398. Le mari, comme on l'explique au *Rép.* n°s 1153 et suiv., ne peut pas aliéner les biens de la communauté en fraude des droits de la femme. Aucun texte du code, il est vrai, ne consacre formellement cette prohibition, mais elle résulte du principe général de l'art. 1167 c. civ.; si le créancier peut attaquer les actes frauduleux de son débiteur, la femme, qui est, non seulement créancière, mais copropriétaire, doit à plus forte raison être investie du même droit. L'art. 271 c. civ., qui déclare annulables en cas de fraude les obligations ou aliénations consenties par le mari durant l'instance en divorce, n'est qu'une application de ce principe (Rodière et Pont, t. 2, n°s 875 et suiv.; Aubry et Rau,

t. 5, § 509, note 4, p. 326; Colmet de Santerre; t. 6, n° 65 *bis*; Laurent, t. 22, n° 40; Guillouard, t. 2, n° 734).

La jurisprudence a considéré comme frauduleuse vis-à-vis de la femme une vente faite à vil prix par le mari, alors même que cette vente n'aurait pu être annulée pour cause de lésion de plus des sept douzièmes (Colmar, 25 févr. 1857, aff. Hirch, D. P. 57. 2. 88). — Un arrêt a également annulé, comme faite en fraude des droits de la femme, la vente de tous les immeubles de la communauté, consentie par le mari à l'un de ses proches parents, moyennant une rente viagère constituée sur sa tête à un taux hors de proportion avec la valeur des biens, et dans un moment où la femme était atteinte d'une maladie mortelle (Bordeaux, 7 févr. 1878, aff. Berthet, D. P. 79. 2. 124).

399. Les actes passés par le mari peuvent, d'ailleurs, être annulés comme frauduleux, ainsi que le remarquent MM. Aubry et Rau, t. 5, § 509, p. 326, non seulement lorsqu'ils ont eu pour objet de procurer au mari ou à ses héritiers un avantage au détriment de la communauté, mais encore, lorsque, sans aucune intention de s'avantager ou d'avantager les siens, le mari ne les a faits qu'en haine de sa femme et dans le but de la frustrer. Dans l'une et l'autre hypothèse, la femme est en droit de se faire indemniser par le mari.

400. La femme ou ses héritiers peuvent demander l'annulation des actes faits en fraude de leurs droits même contre les tiers avec lesquels ces actes ont été passés, à la condition de prouver que ces tiers ont été complices de la fraude (V. Colmar, 25 févr. 1857, et Bordeaux, 7 févr. 1878, cités *suprà*, n° 398). — Mais il a été décidé avec juste raison que les enfants héritiers d'une femme commune qui avait été l'inspiratrice et le coauteur de la vente à vil prix de biens de la communauté consentie par le mari à l'un d'eux pour les soustraire aux actions des créanciers des époux, n'étaient pas recevables à attaquer cette vente, du chef de la femme, à l'encontre des tiers qui avaient contracté sur la foi de ce contrat (Req. 19 mai 1873, aff. Soumain, D. P. 74. 1. 23). — Il est, d'ailleurs, évident que, si la femme a renoncé à la communauté, elle ne peut plus soutenir que les actes de disposition ou d'obligation du mari ont été contractés en fraude de ses droits, puisque par sa renonciation, elle est et elle a toujours été étrangère à la communauté (Req. 31 juill. 1872, aff. Lebourg, D. P. 73. 1. 340).

401. Comme on l'a constaté au *Rép.* n° 1161, les actes par lesquels le mari a disposé des biens de la communauté n'ont pas besoin d'avoir acquis date certaine pour être opposables à la femme ou à ses héritiers. La femme, en effet, si elle accepte la communauté, a été représentée par le mari dans tous les actes qu'il a faits comme administrateur de cette communauté; elle ne peut donc pas être considérée comme un tiers par rapport à ces actes (Req. 13 mars 1854, aff. Caurette, D. P. 54. 1. 100; Bordeaux, 16 janv. 1878, aff. Rulleau, D. P. 79. 2. 182. — Comp. *Rép.* n° 2494; Civ. rej. 17 févr. 1858, aff. Leroux, D. P. 58. 1. 125).

Art. 3. — *Des aliénations à titre gratuit (Rép. n°s 1163 à 1193).*

402. — I. DONATIONS ENTRE-VIFS (*Rép.* n°s 1164 à 1185). — Les aliénations à titre gratuit sont, en principe, interdites au mari. L'art. 1422, rapporté au *Rép.* n° 1164 lui défend spécialement trois sortes de dispositions de ce genre: la donation d'immeubles communs, la donation de l'universalité du mobilier, la donation d'une quotité du mobilier.

La prohibition ne s'applique, d'ailleurs, qu'aux biens qui sont effectivement entrés dans l'actif de la communauté. Aussi il a été jugé que la renonciation faite par le mari à un legs à titre universel dont la communauté devait profiter n'est pas au nombre des dispositions interdites par l'art. 1422, al. 1er, et qu'elle ne saurait être annulée que dans le cas où elle aurait été le résultat du dol et de la fraude (Bruxelles, 5 déc. 1876)(1).

_____

(1) (Van M... et consorts *C.* veuve Van M...) — LA cour; — Attendu que par acte sous seing privé du 15 févr. 1873, feu Gérard Van M... n'a pas renoncé à la succession de son père et de sa mère; qu'il a entendu seulement renoncer au bénéfice qu'il

était appelé à retirer des testaments faits par eux et a répudié le legs à titre universel qu'ils contenaient en sa faveur; que la renonciation est donc valable, quant à la forme, bien qu'elle n'ait pas été faite au greffe conformément à ce qui est prescrit par l'art. 784

403. Nous avons dit au *Rép.* nº 1168 que le mari ne pourrait éluder la prohibition de disposer de l'universalité ou d'une quotité du mobilier en épuisant la communauté par des donations particulières et successives. Cela n'est pas douteux. Mais la question de savoir si une donation à titre particulier d'effets mobiliers de la communauté peut être annulée pour cause d'excès est controversée dans la doctrine. D'après certains auteurs, pour cela seul que le mari est resté dans les termes de l'art. 1422, § 2, qu'il n'a pas pu donner l'universalité ou une quote-part du mobilier commun et qu'il ne s'est pas réservé l'usufruit, la disposition est inattaquable; le juge n'a pas le droit de rechercher si cette disposition est excessive ou non; il n'y a qu'une voie légale d'attaquer les donations excessives, c'est de prouver que le mari les a faites en fraude des droits de la femme (Laurent, t. 22, nº 43. — Comp. Trib. Langres, 19 déc. 1878, aff. Pelletier, D. P. 80. 2. 124; Rodière et Pont, t. 1, nº 666; Aubry et Rau, t. 5, § 509, p. 327). La jurisprudence, avec raison suivant nous, n'a pas admis ce système. Comme il le dit fort bien un arrêt, « l'art. 1422, en permettant au mari de disposer des effets mobiliers de la communauté à titre gratuit, pourvu que ce soit à titre particulier et à la condition de ne pas s'en réserver l'usufruit, n'a pu entendre qu'il aurait le droit de disposer d'une masse d'effets mobiliers sous l'apparence d'une disposition à titre particulier, lorsqu'en réalité ils composeraient plus de la moitié du mobilier et de l'actif de la communauté; autrement l'on arriverait à ce résultat dérisoire que, tandis que le mari n'aurait pas pu donner des effets mobiliers de la communauté jusqu'à concurrence d'un dixième, par exemple, sous la forme d'une quotité fixe, il disposerait valablement des neuf dixièmes, moyennant la facile précaution de les dissimuler sous la forme d'une disposition particulière... » (Rouen, 25 janv. 1860, aff. Gravelais, D. P. 61. 5. 87). Le législateur, remarque M. Guillouard, t. 2, nº 719, « n'a pu admettre cette inconséquence qu'une donation serait valable ou nulle, non pas en elle-même et à raison de son importance, mais à raison de sa forme; nulle si le mari a donné l'universalité ou une quote-part du mobilier, valable s'il a donné la même quantité, mais par une ou par des dispositions qualifiées à titre particulier ». Il a été jugé en ce sens : 1º que la faculté donnée au mari par l'art. 1422, § 2, de disposer des effets mobiliers de la communauté à titre gratuit et particulier ne s'entend que d'une donation qui soit dans un juste proportion avec l'importance de l'actif de cette communauté et qui n'offre rien d'excessif (Toulouse, 22 juill. 1865, aff. Estival, D. P. 65. 2. 162); — 2º Que la donation faite par le mari de sommes qui absorbent la majeure partie de la communauté doit être annulée (Bordeaux, 16 janv. 1878, aff. Rulleau, D. P. 79. 2. 182).

404. Par exception le mari peut seulement, aux termes de cet article, « disposer des effets mobiliers, à titre gratuit et particulier, au profit de toutes personnes, pourvu qu'il ne s'en réserve pas l'usufruit ». Par *effets mobiliers*, il faut entendre, conformément à l'art. 535 c. civ., tout ce qui est censé meuble d'après les art. 527 et suiv., c'est-à-dire, non seulement le mobilier proprement dit, mais aussi l'argent comptant et les créances (Paris, 23 nov. 1861, aff. Clément, D. P. 62. 2. 206; Req. 18 mars 1862, aff. Subercazeaux, D. P. 62. 1. 285).

405. Le mari ne peut donner, même à titre particulier, les effets mobiliers de la communauté, s'il s'en réserve l'usufruit. La donation serait nulle, non seulement si l'usufruit avait été réservé par le mari à son profit exclusif, mais encore s'il l'avait été au profit du mari et de la femme (Guillouard, t. 2, nº 725). — Quant au point de savoir si la donation avec réserve d'usufruit faite par le mari avec le concours de la femme serait valable, V. *infrà*, nº 414.

Dans un cas où il s'agissait d'un don manuel, il a été jugé que la femme pouvait prouver par témoins que son mari s'était, contrairement aux dispositions de l'art. 1422 c. civ., réservé l'usufruit des valeurs mobilières par lui données, et que cette preuve n'était pas inadmissible à raison de l'indivisibilité de l'aveu du donataire, d'après lequel le don manuel n'avait été soumis à aucune restriction ni à aucune réserve; cet aveu, en effet, qui établissait l'existence du don, ne constituait à l'égard de la réserve imposée par le donateur qu'une simple dénégation, qui pouvait être combattue par la preuve contraire (Dijon, 14 juill. 1879, aff. Pelletier, D. P. 80. 2. 124). Il faut même décider, d'une manière générale, que si la réserve d'usufruit ne résulte pas de l'acte de donation, la femme pourra toujours en faire la preuve par témoins ou par présomptions, car, d'une part, cette réserve constitue une fraude à la loi, un quasi-délit, et d'autre part, la femme qui a été étrangère à l'acte, ne peut être tenue d'apporter une preuve par écrit des conditions auxquelles cet acte a été passé (Guillouard, t. 2, nº 727).

406. Dans les conditions déterminées par l'art. 1422, le mari peut disposer à titre gratuit des effets mobiliers de la communauté « au profit de toutes personnes. » Il en peut, par conséquent, disposer même en faveur d'un de ses enfants d'un premier lit (Civ. rej. 13 janv. 1862, aff. Courchie, D. P. 62. 1. 64). Il en peut disposer aussi au profit de sa femme, sauf, bien entendu, la faculté pour lui de révoquer la donation jusqu'à la dissolution du mariage (V. Amiens, 25 févr. 1880, aff. Thuilier, D. P. 82. 1. 97).

Dans le cas où le mari a donné à la femme un effet mobilier de communauté, il y a lieu de se demander si le mari doit être considéré comme donateur pour le tout, ou seulement pour moitié de l'objet donné. L'intérêt de cette question consiste principalement en ce que la donation devra être imputée sur la quotité disponible de la succession du mari, pour la totalité ou seulement pour moitié de sa valeur, suivant qu'on adoptera l'une ou l'autre opinion. Pour soutenir que le mari n'est donateur que jusqu'à concurrence de moitié des biens donnés, on peut invoquer par analogie l'art. 1439, qui dispose que si le mari seul a constitué une dot à l'enfant commun en effets de la communauté, la femme qui accepte la communauté doit supporter la moitié de la dot. On peut citer aussi l'autorité de Pothier, qui après avoir posé la règle énoncée dans l'art. 1439, ajoute (*Traité de la communauté*, nº 488) : « De même, lorsque le mari fait donation à un étranger d'effets de la communauté, la femme, quoique absente et sans son consentement, sera censée, en sa qualité de commune, par le ministère de son mari, et conjointement avec lui, faire donation à cet étranger desdits effets pour la part qu'elle y a ». S'il en est ainsi, aussi bien pour la donation faite à un étranger que pour la dot constituée à l'enfant commun, il en résulte nécessairement que, si la donation est faite à la femme, celle-ci ne doit être réputée donataire du mari que pour moitié. Il a cependant été jugé par un arrêt, confirmé par la cour de cassation, que la libéralité faite par le mari à la femme en valeurs de communauté doit être considérée comme émanant légalement du mari seul et que la femme est réputée, au regard de la succession de celui-ci, donataire de la totalité des biens donnés (Amiens, 25 févr. 1880, et Req. 9 mai 1881, aff. Thuil-

---

c. civ. pour les renonciations aux successions; — Attendu que l'acte susdit du 15 févr. 1873 a été mentionné et rapporté en substance dans l'acte de liquidation et partage passé par-devant Mᵉ Castelain, à Menain, le 1ᵉʳ mars suivant, auquel Gérard Van M... a concouru par mandataire; que la renonciation a été ainsi parfaite par le concours de toutes les volontés et qu'elle doit sortir ses effets, qu'il n'est pas établi qu'elle serait contraire aux droits réservés par la loi à l'intimé ou qu'elle serait le produit du dol ou de la fraude; — Attendu que le pouvoir accordé au mari sur les biens de la communauté par l'art. 1421 c. civ. est limité par l'article suivant, qui lui défend de disposer entre vifs à titre gratuit des immeubles, ainsi que de l'universalité ou d'une quotité du mobilier de la communauté; — Attendu que la renonciation à un legs ne constitue pas une disposition entre vifs dans le sens des art. 1422 et 894 c. civ.; qu'elle ne peut davantage être rangée dans la catégorie des dons manuels; — Attendu, en outre, que les biens, meubles ou immeubles, que la communauté est appelée à recueillir par suite d'un testament fait en faveur du mari ne deviennent la propriété de ladite communauté qu'après l'acceptation du legs par le légataire; que cela est si vrai qu'à défaut d'acceptation le legs est caduc et censé n'avoir pas existé; — Attendu qu'il suit de là qu'en renonçant à un legs existant à son profit, le mari ne dispose pas de biens appartenant à la communauté, mais qu'il dispose seulement d'un droit qui lui appartient personnellement et exclusivement, savoir le droit d'être maître d'exercer ou de ne pas exercer; — Attendu que la renonciation du 15 févr. 1873 ne rentre donc pas dans les termes de l'art. 1422 c. civ., et que, dès lors, elle ne pourrait être annulée que dans le cas où elle aurait été que le résultat du dol et de la fraude; — Par ces motifs, etc.

Du 5 déc. 1876.-C. de Bruxelles, 3ᵉ ch.-MM. de Hennin, pr.- de Becker et Bilant, av.

lier, D. P. 82. 1. 97). Les motifs de cette décision ont été développés dans la note qui accompagne cet arrêt. Ils consistent principalement dans cette considération que l'acte par lequel le mari dispose d'un objet mobilier de la communauté au profit d'un tiers est un acte essentiellement personnel au mari, un acte dans lequel le mari agit exclusivement en son propre nom. Une pareille donation ne peut pas être assimilée à la constitution de dot faite au profit de l'enfant commun, car en constituant la dot, le mari acquitte une obligation naturelle qui pèse sur la mère aussi bien que sur lui; il agit alors évidemment tant dans l'intérêt de sa femme que dans le sien propre; en disposant, au contraire, au profit d'un étranger, il peut agir tout à la fois et contre l'intérêt et contre la volonté de sa femme. Celle-ci pourra bien subir les conséquences de l'acte de disposition, si elle accepte plus tard la communauté, mais elle ne doit pas être réputée donatrice, comme si elle avait elle-même consenti à l'acte. Or ce qui est vrai à l'égard de l'étranger donataire l'est également à l'égard de la femme, lorsque la donation est faite à son profit; c'est le mari seul qui est alors donateur, et par suite, la totalité de la donation est imputable sur la quotité disponible de la succession du mari.

407. Au point de vue de la récompense, il faut, comme on l'a dit au *Rép.* n° 1170, distinguer le cas où la donation d'effets mobiliers de la communauté est faite par le mari à un de ses enfants d'un premier lit et le cas où elle est faite à toute autre personne. Dans la première hypothèse, le mari ou son héritier doit, aux termes de l'art. 1469 c. civ., rapporter à la communauté les sommes qui en ont été tirées ou la valeur des biens qu'il y a pris pour doter son enfant. Au contraire, d'après la jurisprudence de la cour de cassation, si la donation a été faite à un étranger, le mari ne devra, en principe, aucune récompense à la communauté pour le montant de la donation. La cour suprême a jugé en ce sens : 1° que le mari n'est pas tenu à récompense pour la donation par lui faite à sa nièce, d'une somme d'argent tirée de la communauté, à moins qu'il n'ait déclaré expressément qu'il entendait donner cette somme sur ses biens propres; qu'aucune récompense n'est même due par le mari à raison des sommes prises par lui dans la communauté pour l'établissement d'un enfant naturel qu'il a reconnu pendant le mariage, la reconnaissance étant nulle pour vice de forme, l'enfant devant être dans ce cas assimilé à un étranger (Req. 18 mars 1862, aff. Subercazeaux, D. P. 62. 1. 285); — 2° Que la donation faite par le mari, à titre particulier et sans réserve d'usufruit, d'effets de la communauté, ne donne pas lieu à récompense lorsqu'elle a eu lieu au profit de personnes autres que celles désignées dans l'art. 1469 c. civ., et alors même que le mari l'aurait faite en faveur de parents au degré successible; qu'on objecterait vainement que le mari doit, en cas, être réputé avoir tiré un profit personnel des biens de la communauté, à raison de l'obligation imposée aux successibles de rapporter à sa succession les valeurs données, aucun profit personnel ne résultant pour le mari d'une telle obligation (Req. 30 avr. 1862, aff. de la Monneraye, D. P. 62. 1. 522).

408. Cette jurisprudence toutefois a été vivement critiquée, et très justement selon nous, par M. Beudant dans une note sur un arrêt de la cour de cassation du 23 juin 1869 (aff. Margerin, D. P. 70. 1. 5). Le principe légal en matière de récompense se trouve dans l'art. 1437, qui dispose que toutes les fois que l'un des époux a tiré un profit personnel des biens de la communauté, il en doit la récompense. Or, il ne résulte d'aucun texte, ni de l'art. 1422 qui laisse en dehors de ses prévisions la question de récompense, ni de l'art. 1469, qui réserve la récompense dans un cas particulier, que les donations de biens meubles faites par le mari ne sont pas soumises à l'application du principe général de l'art. 1437. « Quand la donation est faite à un enfant du premier lit, dit fort bien M. Beudant, la récompense est de droit, vu l'évidence de l'intérêt personnel du mari donateur; quelle considération s'oppose à ce que cet intérêt puisse être établi en fait quand la donation s'adresse à un autre parent ou même à un étranger? Tout ce que l'on peut concéder, c'est que l'intérêt du mari est présumé légalement dans le premier cas par l'art. 1469, tandis qu'il devrait être prouvé par la femme ou ses héritiers, dans le second, aux termes de l'art. 1437. La jurisprudence admet ceci quand il s'agit de donations faites, fût-ce à des étrangers, sous des charges dont l'un des époux profite ; elle impose alors la récompense (V. *infrà*, n° 416); pourquoi le profit personnel ne pourrait-il pas être établi dans d'autres cas ?... Ainsi le mari fait une donation rémunératoire; qu'importe qu'elle s'adresse à un parent ou à un étranger? N'est-ce pas réaliser un profit personnel que de se libérer d'une dette en rémunérant un service rendu? Ainsi encore, le mari dote un frère ou une sœur; ne peut-il pas résulter des circonstances qu'il a par là satisfait à un devoir de position, qu'il a distrait des biens de communauté pour ses affaires personnelles, afin de ménager sa fortune propre? Dans ce cas et autres semblables, la loi n'impose aucune solution positive; l'art. 1437 pose le principe : l'application n'est qu'une question de fait et d'espèce » (Comp. Guillouard, t. 2, n°s 720 et suiv.).

409. L'art. 1469 stipule, comme nous l'avons dit, que récompense est due à la communauté des valeurs que l'un des époux en a tirées « pour *doter* un enfant d'un autre lit ». D'après un arrêt de la cour de cassation, cet article n'est pas applicable lorsque le mari, agissant dans les termes de l'art. 1422, a puisé dans la communauté, non pas pour *doter*, mais pour *gratifier d'une simple libéralité* l'enfant né d'une précédente union et qu'il a marié et doté (Civ. cass. 23 juin 1869, aff. Margerin, D. P. 70. 1. 5). — M. Beudant, dans la note citée *supra*, n° 408, a critiqué encore, avec une grande force de logique, cette décision. Il démontre d'abord que la distinction faite par la cour entre la constitution de dot et la simple libéralité n'a jamais été seulement proposée dans l'ancien droit. « Aucun auteur, aucun arrêt n'ont jamais songé à établir entre les mots *doter* et *gratifier* l'antithèse que relève l'arrêt. Il y a lieu à récompense, disait déjà Pothier, *Introduction à la coutume d'Orléans*, éd. Bugnet, t. 1, p. 251, non seulement lorsque l'un des conjoints a été avantagé lui-même aux dépens de la communauté, mais encore lorsque le mari a donné les biens de la communauté à ses enfants d'un précédent mariage ou même à des collatéraux ; car il peut bien les donner à des étrangers, mais il ne peut pas en avantager les siens en fraude de la part de la femme. » « Ces termes, continue M. Beudant, sont généraux : ils comprennent les donations, toutes les donations; les auteurs qui ont écrit depuis Pothier se sont tous et toujours exprimés de la même manière. Et, en effet, quelle raison y aurait-il de distinguer? Autant la donation faite par le mari aux enfants communs est naturelle et respectable, autant la loi s'inquiète des donations faites avec les biens de la communauté aux enfants d'un autre lit; c'est en vue de celles-ci que l'art. 1422 limite le droit du mari de disposer des biens communs à titre gratuit entre vifs; c'est parce que la nécessité du rapport est alors évidente que l'art. 1469 le prescrit expressément. Il ne vise, il est vrai, que le cas de dot : c'est que, la constitution de dot étant en quelque sorte l'acquittement d'une dette naturelle, à tout le moins d'un devoir personnel, il n'est pas douteux que le mari, en dotant un enfant du premier lit, ne dispose des biens communs pour ses affaires personnelles; mais ce mot *doter* n'est pas pris dans un sens exclusif, il est pris dans le même sens large que le mot *établir* dans les art. 204, 851, 1422, 1427 c. civ.; il désigne toute disposition à titre gratuit pouvant procurer aux enfants une existence indépendante; il embrasse tous les moyens de les mettre en mesure de se suffire à eux-mêmes. D'ailleurs, même en admettant que l'art. 1469, pris isolément, ait entendu ne faire allusion qu'aux donations faites en vue du mariage et par contrat de mariage, toutes autres donations faites aux enfants d'un lit précédent ne seraient pas moins soumises au rapport par application de l'art. 1437, qui reste le principe général, et dont l'art. 1469 n'est qu'une application » (V. en ce sens : Guillouard, t. 2, n° 722). La chambre des requêtes, dans un arrêt récent, s'est écartée de la doctrine de l'arrêt de la chambre civile du 23 juin 1869 : elle a admis qu'un époux ayant un enfant d'un premier lit est tenu de rapporter à la communauté non seulement les sommes qui en ont été tirées pour *doter* cet enfant, mais aussi les sommes qui y ont été prises pour créer au profit de cet enfant un fonds de commerce ou pour payer sa prime de volontariat (Req. 14 avr. 1886, aff. Liout, D. P. 87. 1. 169).

410. Le mari cependant ne devrait pas récompense, ainsi

que le remarque M. Guillouard, t. 2, n° 723, pour les présents de peu d'importance qu'il aurait faits à son enfant d'un premier lit. Le même motif qui a fait dispenser ces sortes de libéralités, qui se prennent ordinairement sur les revenus, de l'obligation du rapport dans les successions (c. civ. art. 852), doit également les soustraire à la règle des récompenses.

411. Même à charge de récompense, le mari ne peut faire en faveur de ses enfants d'un premier lit que des donations mobilières à titre particulier. On a prétendu que l'art. 1469, en stipulant que chaque époux doit rapporter « les sommes qui ont été tirées de la communauté ou *la valeur des biens* que l'époux y a pris pour doter un enfant d'un autre lit, ou pour doter personnellement l'enfant commun », avait, par dérogation à l'art. 1422, permis au mari de donner soit des immeubles, soit la totalité ou une quotité du mobilier, aussi bien pour l'établissement d'un des enfants d'un premier mariage que pour doter un enfant commun. Mais cette prétention a été repoussée par la cour de cassation. « Les art. 1422 et 1469 doivent être entendus, dit la cour suprême, de manière à concilier entre elles leurs dispositions, en conservant à chacune d'elles ses effets dans le cercle de son application ; le droit de la femme commune se réduit à une simple récompense, conformément à l'art. 1469, dans le cas où le mari a doté son enfant d'un autre lit avec des sommes ou biens mobiliers de la communauté dont la disposition ne lui était pas interdite ; mais si le mari a enfreint la prohibition de l'art. 1422, en donnant à son enfant d'un premier lit un immeuble de la communauté, la femme ou ses héritiers ont le droit d'exercer contre l'enfant donataire l'action révocatoire pour obtenir en nature la part qui leur revient dans cet immeuble » (Civ. cass. 14 août 1855, aff. Metray, D. P. 55. 1. 372 ; Rodière et Pont, t. 2, n° 888 ; Laurent, t. 22, n° 32 ; Guillouard, t. 2, n° 714). — Un arrêt de la cour de Nancy s'est prononcé dans le même sens et a jugé, en outre, que l'enfant d'un premier lit, étant obligé de rapporter l'immeuble de la communauté à lui constitué en dot par son père, a contre celui-ci ou sa succession un recours en garantie pour la valeur de l'immeuble au jour de l'éviction (Nancy, 17 mai 1861) (1).

412. Mais pour l'établissement des enfants communs, le mari peut donner, aux termes de l'art. 1422, non seulement des effets mobiliers, à titre particulier, mais encore des immeubles de la communauté, ou l'universalité ou une quotité du mobilier. — Le mot *établissement* doit être entendu, comme on l'a dit au *Rép.* n° 1172, dans le sens qu'il a dans l'art. 204 : « établissement par mariage ou autrement ». Ce mot, d'après la généralité des auteurs, comprend toutes les dépenses qui ont pour objet d'assurer à l'enfant des moyens d'existence et une condition stable : constitution de dot, achat d'un office, d'un fonds de commerce, etc. (Aubry et Rau, t. 5, § 509, note 7, p. 327 ; Laurent, t. 22, n° 13 ; Guillouard, t. 2, n° 712). — Comme on l'a dit aussi au *Rép.* n° 1173, la dénomination d'*enfants communs* ne doit être restreinte aux enfants du premier degré ; elle comprend

également les petits-enfants. L'opinion de M. Troplong, d'après laquelle le mari ne pourrait doter les petits-enfants que si l'enfant du premier degré était décédé, n'a pas trouvé de partisans (Rodière et Pont, t. 2, n° 410 ; Guillouard, t. 2, n° 711 bis).

413. Le mari pourrait même disposer pour l'établissement des enfants communs, ainsi que l'a décidé un arrêt rapporté au *Rép.* n° 1174, de la totalité des biens mobiliers et immobiliers de la communauté. — La restriction proposée par M. Troplong, t. 2, n° 902, pour le cas où la femme n'aurait pas de fortune personnelle et resterait sans ressources, n'est pas admise par M. Laurent, t. 22, n° 14 et suiv., ni par M. Guillouard, t. 2, n° 713. « L'art. 1422, § 1er, dit ce dernier, accorde d'une manière absolue au mari le droit de disposer des biens de la communauté pour l'établissement des enfants communs, et il est impossible de créer une restriction dans cette voie. D'ailleurs, où s'arrêter dans cette voie ? Sans doute, le mari commet une action blâmable lorsqu'il dispose de la communauté au profit d'un enfant, sans se préoccuper de la situation qu'il crée pour l'avenir à la femme, si elle lui survit : mais plus blâmable encore est sa conduite lorsqu'il dissipe le bien de la communauté, sans avoir égard ni à l'avenir de sa femme, ni à celui de ses enfants. »

414. En dehors du cas de l'établissement des enfants communs, le mari ne peut pas disposer seul des immeubles de la communauté ni de la totalité ou d'une quotité du mobilier ; mais les actes de disposition qui sont interdits au mari seul ne peuvent-ils pas être faits par lui avec le consentement de la femme ou par les deux époux conjointement ? Cette question, que nous avons examinée au *Rép.* n° 1176, est maintenant résolue dans le sens de l'affirmative, conformément à l'opinion que nous avons adoptée, par une jurisprudence constante. Il a été jugé : 1° que la donation entre-vifs d'immeubles de la communauté au profit de tous autres que les enfants communs est valable, quand elle est faite par le mari avec le concours de la femme ou conjointement par les deux époux (Amiens, 13 févr. 1849, aff. Watrin, D. P. 49. 2. 133 ; Req. 5 févr. 1850, même affaire, D. P. 50. 1. 97 ; Caen, 18 févr. 1850, aff. Adam, D. P. 50. 2. 162 ; Req. 29 avr. 1851, aff. Leyraud, même affaire ; Meunier, D. P. 52. 1. 25 ; Paris, 23 nov. 1861, aff. Clément, D. P. 62. 2. 206 ; Toulouse, 24 mars 1866, aff. Begon, D. P. 66. 2. 73 ; Besançon, 23 juin 1866, aff. Vuillemin, D. P. 66. 2. 143 ; Req. 31 juill. 1867, aff. Dalençon, D. P. 68. 1. 200 ; Poitiers, 16 févr. 1885, aff. Guichard, D. P. 86. 2. 38 ; Caen, 26 janv. 1888, aff. de Pierrepont, D. P. 88. 2. 299), ou encore par la femme avec l'autorisation du mari (Req. 5 févr. 1850, aff. Watrin, D. P. 50. 1. 97) ; — 2° Que la donation faite par le mari d'une créance dépendant de la communauté, avec réserve d'usufruit à son profit, est valable lorsqu'elle a eu lieu avec le consentement de la femme (Civ. cass. 23 juin 1869, aff. Margerin, D. P. 70. 1. 5) ; C'est aussi pour l'affirmative que se sont prononcés la plupart des auteurs (V. Aubry et Rau, t. 5, § 509, note 14,

---

(1) (De Fiennes C. Poriquet.) — La cour ; — Considérant que les termes de l'art. 1422 c. nap. sont généraux et absolus ; qu'ils défendent au mari de disposer à titre gratuit des immeubles de la communauté ; que, dès lors, la constitution de dot sur les immeubles au profit d'un enfant du premier lit, constituant évidemment une disposition à titre gratuit, il s'ensuit qu'elle tombe d'une manière spéciale sous le coup des prohibitions édictées par la loi ; — Considérant que l'art. 1469, loin de contenir une dérogation à ce principe, n'a fait, au contraire, que le confirmer et en réglementer les effets ; qu'aux termes de cet article, la récompense due à la femme ne s'applique qu'à la donation faite par le mari de sommes ou biens mobiliers de la communauté, dont la disposition ne lui était pas interdite, mais que si cette donation comprend des immeubles, aux dispositions de l'art. 1422, la femme ou ses héritiers ont le droit d'exercer contre l'enfant donataire l'action révocatoire, pour les faire rentrer dans la communauté ; —

Considérant que dame de Fiennes a été présente au contrat de mariage, elle n'y a figuré qu'à titre de témoin honoraire ; qu'elle n'y a ni parlé, ni contracté, et qu'on ne saurait en induire la renonciation à un droit formel qui résultait des dispositions de la loi ; — Que cette solution est d'autant moins douteuse que le mari a déclaré dans l'art. 3 du contrat de mariage qu'il dotait seul et personnellement l'enfant du premier lit ; qu'enfin on ne

saurait établir aucune corrélation entre la constitution faite postérieurement à l'enfant commun, avec celle contenue dans le contrat de mariage de la dame Poriquet, et que, dans aucun cas, on ne pourrait y trouver la ratification expresse d'un acte prohibé par la loi ;

Sur le recours en garantie : — Considérant que la donation n'étant nulle qu'à l'égard de la dame de Fiennes, le sieur de Fiennes, donateur, doit être tenu de l'inexécution des faits et promesses sous la foi desquelles a été contracté le mariage de la dame Poriquet, sa fille ; que le recours de cette dernière doit donc s'appliquer à la totalité de la valeur du bois d'Autrécourt au jour de l'éviction, et ne pas se réduire à la somme de 11180 fr. seulement ; — Par ces motifs, homologue la liquidation dressée par Me Chastel et close le 31 déc. 1859 ; ordonne que le bois d'Autrécourt faisant partie de la donation dont s'agit sera rapporté dans son intégralité à la communauté des époux de Fiennes, pour la liquidation et le partage en être faits conformément à la loi et aux droits des parties ; — Infirmant en ce qui touche le recours en garantie de la dame Poriquet, dit que la succession du sieur de Fiennes indemnisera l'appelante des conséquences de la nullité prononcée jusqu'à concurrence de la valeur intégrale du bois d'Autrécourt au jour de l'éviction, ladite valeur devant être fixée ultérieurement entre les parties, lors de la liquidation, etc.

Du 17 mai 1861.-C. de Nancy, 1re ch.-MM. Lézard, 1er pr.-Alexandre, av. gén.-Doyen et Volland, av.

p. 328; Demolombe, *Revue critique*, année 1851, t. 1, p. 142 et suiv., et *Donations et testaments*, t. 6, n° 83; Colmet de Santerre, t. 6, n° 66 *bis* XIII; de Folleville, t. 1, n°s 303 et suiv.; Guillouard, t. 2, n° 702). La négative a pourtant encore été soutenue, depuis la publication du *Répertoire*, par MM. Rodière et Pont, t. 2, n° 879; Marcadé, t. 5, art. 1422, n° 5, et Laurent, t. 22, n° 21 (V. dans le même sens : Douai, 29 août 1855, aff. Beglin, D. P. 56. 2. 39). Mais la femme ne pourrait être considérée comme ayant consenti à la donation d'un immeuble de communauté qui aurait été faite par le mari dans le contrat de mariage du donataire, si elle avait simplement signé ce contrat de mariage comme témoin honoraire. Elle ne saurait être, en effet, dépouillée des droits qui lui compètent dans les biens communs sans une expression formelle de sa volonté (Civ. cass. 14 août 1855, aff. Metray, D. P. 55. 1. 372; Nancy, 17 mai 1861, *suprà*, n° 411 ; Guillouard, t. 2, n° 704).

415. La femme qui a, conjointement avec son mari, fait donation de biens de communauté, conserve la faculté de renoncer à la communauté et n'est pas tenue, en cas de renonciation, de faire raison à son mari de la moitié de la valeur des biens donnés, la donation étant alors réputée avoir été faite par le mari seul (Bordeaux, 17 janv. 1834, aff. Fondadouze, D. P. 55. 2. 213; Req. 31 juill. 1867, aff. Dalençon, D. P. 68. 1. 209. — *Contrà :* Amiens, 15 févr. 1849, aff. Watrin, D. P. 49. 2. 133). Mais la donation d'acquêts de communauté faite conjointement par le mari et la femme doit recevoir son exécution du chef de cette dernière, puis que cette donation ait été plus tard révoquée en ce qui concerne le mari donateur par la survenance d'un enfant qui lui est issu d'un nouveau mariage (Besançon, 25 juin 1866, aff. Vuillemin, D. P. 66. 2. 143). D'autre part, il a été décidé que l'attribution de toute la communauté faite au survivant des époux dans leur contrat de mariage n'enlève pas à ces époux le droit de faire conjointement des donations entre-vifs d'immeubles de la communauté, qu'on ne saurait objecter, ni que la donation est alors contraire à la règle qui, en matière d'institution contractuelle, défend à l'instituant d'atténuer les effets de l'institution par des dispositions à titre gratuit et à l'institué d'y renoncer en tout ou en partie avant son ouverture, la stipulation dont il s'agit n'étant qu'une simple convention de mariage non soumise à cette règle... ni que cette donation constitue une dérogation aux conventions matrimoniales qui assurent à la femme survivante toute la communauté, la femme ayant pu disposer par avance d'un immeuble de la communauté aussi bien lorsqu'elle doit prendre la totalité de la communauté à titre de gain de survie que lorsqu'elle ne doit avoir que la moitié de cette communauté (Req. 31 juill. 1867, aff. Dalençon, D. P. 68. 1. 209).

416. La donation d'immeubles de communauté faite par le mari et la femme ne donne point lieu par elle-même à récompense envers la communauté, à moins qu'elle ne soit faite au profit d'un enfant d'un précédent mariage. Mais, d'après la jurisprudence, une récompense est due par l'époux qui a tiré de la donation un avantage personnel, et dans les limites de cet avantage. Ainsi, par exemple, lorsque la donation a été faite avec stipulation, au profit des deux époux donateurs, d'une rente viagère réversible en totalité sur la tête du survivant, ce survivant est tenu à récompense pour la portion de la rente viagère qui lui est acquise par l'effet de cette clause de réversibilité (Req. 29 avr. 1851, aff. Meunier, D. P. 52. 1. 26. V. aussi *suprà*, n° 389).

417. D'après un arrêt, dont la décision nous paraît très juridique, si, en principe, et aux termes de l'art. 1437 c. civ., il est dû récompense à la communauté de toutes les sommes dont l'un des conjoints a tiré un profit personnel, les époux ont la faculté de renoncer, tout au moins à titre d'arrangement et de règlement de famille, dans le cas de démission de biens faite par eux conjointement aux enfants communs, et pour prévenir toutes contestations ultérieures, au droit de créance éventuel résultant de cet article. Et même, les époux qui ont, dans un acte de donation-partage, conjointement partagé entre leurs enfants des biens comprenant à la fois des propres et des acquêts, sans en distinguer l'origine, doivent être présumés, en l'absence de réserves, avoir renoncé à toute récompense ultérieure. L'époux, notamment (dans l'espèce, la femme), qui aurait pu prétendre à une récompense à raison de constructions

faites avec des deniers communs sur les biens propres de l'autre époux, a nécessairement entendu se désister de ses droits à cette récompense lorsqu'il a concouru, sans faire de réserves, à l'acte de donation-partage, alors surtout qu'en stipulant dans cet acte la réserve de l'usufruit des immeubles donnés au profit du survivant des donateurs, les époux ont clairement manifesté leur intention de régler définitivement leurs intérêts communs et de prévenir toute contestation au sujet de ces immeubles (Poitiers, 9 mai 1883, aff. Mounereau, D. P. 84. 2. 29).

418. Si le mari a fait seul une donation qu'il n'avait pas le droit de faire, cette donation, comme on l'explique au *Rép.* n°s 1177 et suiv., n'est pas nulle d'une nullité absolue. Elle est seulement entachée d'une nullité relative à l'égard de la femme et de ses héritiers. Tout d'abord, lorsque la femme renonce à la communauté, la donation devient pleinement valable. Lorsque, au contraire, la communauté est acceptée, la femme ou ses héritiers peuvent demander la réunion des biens donnés à la masse commune, pour qu'ils soient compris dans le partage. Si ces biens tombent au lot du mari, la donation reste encore valable ; elle sera révoquée seulement dans le cas où ces biens tomberont au lot de la femme (Rodière et Pont, t. 2, n° 889; Colmet de Santerre, t. 6, n° 66 *bis* VII; Laurent, t. 22, n°s 19 et suiv., 27 et suiv.; Guillouard, t. 2, n° 705).

419. On s'est demandé au *Rép.* n° 1179 si le donataire aurait le droit de s'opposer à la réunion des biens donnés à la masse de la communauté, en offrant à la femme de les partager ou de les liciter avec elle. S'il n'existe pas d'autres biens de même nature dans la communauté, le donataire étant aux droits du mari, pourrait invoquer, comme nous l'avons dit, l'art. 826 c. civ., aux termes duquel chacun des copartageants peut demander sa part en nature des meubles et immeubles à partager. Mais, en principe, on doit décider que la femme a le droit de faire rentrer les biens donnés dans la masse commune, sur laquelle elle peut avoir à exercer des prélèvements qui lui attribueront une part plus forte que la moitié. Il en est de la femme comme de tout copropriétaire d'une masse indivise ; ce copropriétaire a un droit général sur tous les biens qui composent la masse, jusqu'au moment où le partage vient fixer ses droits sur une portion déterminée de ces biens (Colmet de Santerre, t. 6, n°s 66 *bis* VII et suiv.; Guillouard, t. 2, n° 706).

420. La femme, au surplus, a le choix, comme on l'a dit au *Rép.* n° 1181, ou d'exercer l'action en nullité contre le tiers donataire, ou de se faire indemniser par le mari de la valeur des biens donnés, lors du partage de la communauté. Si les biens donnés sont des immeubles, l'action qui compète à la femme à l'égard du donataire est une action réelle immobilière, car elle tend à faire rentrer dans le patrimoine des époux les immeubles que la donation en a fait sortir. Il suit de là que si la femme meurt, laissant un légataire du mobilier et un légataire des immeubles, c'est ce dernier qui recueillera cette action, et comme le droit de se contenter d'une indemnité n'est qu'une faculté accessoire de l'action, c'est aussi le légataire des immeubles qui pourra exercer ce droit. Par application de ces principes, il a été jugé, dans une espèce où le donataire des immeubles avait été condamné à les rapporter ou à en restituer la valeur, que la somme d'argent rapportée à la communauté en exécution de cette condamnation devait être comprise dans la masse immobilière et être exclue, par conséquent, du mobilier fait au conjoint survivant (Req. 16 févr. 1852, aff. Bellamy, D. P. 52. 1. 294).

421. La femme ou son héritier ayant exercé l'action en nullité et les biens donnés étant rentrés dans la masse commune, il y a lieu de se demander quels sont les droits du donataire à l'égard du mari. Si les biens donnés tombent au lot du mari, le donataire pourra-t-il lui en demander la restitution ? S'ils tombent au lot de la femme, aura-t-il le droit de réclamer une indemnité au mari, et quelle sera cette indemnité ? — Nous avons déjà réfuté au *Rép.* n° 1180 l'opinion, émise par Delvincourt, d'après laquelle le mari pourrait se prévaloir de la nullité de la donation et refuser même de rendre les biens donnés, s'ils lui étaient échus en partage. Pour le cas où ces biens sont échus à la femme, on a aussi soutenu que le mari ne devait aucune indemnité au dona-

taire, à moins qu'il ne lui ait formellement promis garantie ou que la donation n'ait été faite à titre de dot (Colmet de Santerre, t. 6, n° 66 bis VIII). Cette opinion, à notre avis, doit également être rejetée. Aux termes de l'art. 1423, si le mari a légué un effet de communauté qui vient à tomber au lot de la femme, le légataire a droit à une récompense de la valeur totale de l'effet légué sur la succession du mari. Or il n'y a aucune raison de ne pas reconnaître le même droit au donataire qu'au légataire. On objecte qu'en principe le donataire n'a pas droit à garantie. Mais il peut tout au moins exiger l'exécution de la donation dans la mesure où cette exécution est possible au donateur. Du moment que la donation n'est annulée qu'à l'égard de la femme et qu'elle reste valable entre le donateur et le donataire, elle doit produire son effet soit par la remise de la chose donnée, soit par le payement d'une indemnité (Rodière et Pont, t. 2, n° 889; Marcadé, t. 5, art. 1421 à 1423, n° 5; Aubry et Rau, t. 5, § 509, p. 329 et 330; Guillouard, t. 2, n° 708).

422. Quant à la question de savoir quel sera le montant de l'indemnité due par le mari au donataire, dans le cas où les biens donnés restent à la femme, nous avons rapporté au Rép. n° 1182 l'opinion de Troplong, qui veut que l'indemnité soit, non de la valeur totale des biens donnés, mais seulement de la part du mari dans ces biens, c'est-à-dire de la moitié de leur valeur. Mais les auteurs se prononcent généralement aujourd'hui contre cet avis. « Il est d'abord évident, disent MM. Aubry et Rau, t. 5, § 509, note 16, p. 330, qu'il ne s'agit pas ici d'une question de garantie; et M. Troplong le reconnaît lui-même, en convenant que le mari doit bonifier au donataire la moitié de la valeur de l'immeuble donné, ce à quoi il ne serait pas tenu, à moins d'une promesse formelle, si on devait décider la question d'après les principes relatifs à la garantie d'éviction. D'un autre côté, la donation d'un conquêt, faite par le mari seul, ne saurait être considérée comme un acte frauduleux, puisqu'elle ne peut en aucun cas préjudicier à la femme. De quel droit, d'ailleurs, le mari viendrait-il se prévaloir d'une fraude qu'il aurait commise, pour se soustraire à l'obligation d'exécuter, sinon in specie, du moins en valeur, la donation qu'il a faite? Nous ajouterons que si la femme, au lieu de demander que l'immeuble donné soit compris au partage, se borne à réclamer une indemnité de la moitié de la valeur de l'immeuble, la donation subsistera pour le tout, le mari se trouvant obligé au payement de cette indemnité. Or, on ne comprendrait pas que l'option de la femme pût influer sur le sort de la donation » (V. dans le même sens les autres auteurs cités suprà, n° 421).

423. Ce n'est qu'à la dissolution de la communauté, avons-nous dit au Rép. n° 1183, que la femme peut attaquer une donation faite par le mari en dehors de ses pouvoirs. Le contraire a cependant été jugé par la cour de Caen, qui a décidé que la femme commune en biens n'est pas obligée d'attendre la dissolution de la communauté pour attaquer, sous le rapport de la légalité, un acte de donation, même fait conjointement par elle et son mari (Caen, 18 févr. 1850, aff. Adam, D. P. 50. 2. 162). Mais cette décision nous semble très contestable, car le droit pour la femme de faire annuler la donation est subordonné, comme on l'a vu, à la condition qu'elle accepte la communauté, et tant que la communauté dure, on ne sait pas si cette condition se réalisera (Comp. Guillouard, t. 2, n° 709).

424. On s'est demandé si le mari donateur ne pourrait pas, lui aussi, provoquer la nullité de la donation, non pas comme donateur, mais comme chef de la communauté. L'affirmative est soutenue par M. Colmet de Santerre, t. 6, n° 66 bis X. Le mari, dit-il, doit avoir qualité pour attaquer les actes qu'il aurait faits en dehors de ses pouvoirs, comme le tuteur pourrait, au nom de son pupille, attaquer les actes que lui-même aurait passés irrégulièrement. La communauté a un intérêt évident à ce que la donation soit annulée, et le mari, comme représentant la communauté, doit pouvoir demander l'annulation. Avec M. Guillouard, t. 2, n° 709, nous ne pouvons admettre cette opinion. La nullité de la donation faite par le mari est prononcée non pas dans l'intérêt de la communauté, dont les intérêts ne se séparent pas de ceux des époux, mais en faveur de la femme; cette nullité est purement relative et ne peut même être proposée par la femme qu'autant qu'elle accepte la communauté. Avant la dissolution de

la communauté, comme on ne sait pas si la femme acceptera, le mari ne pourrait pas, suivant l'opinion que nous avons adoptée au numéro précédent, faire annuler la donation; après la dissolution, il ne représente plus la femme et ne peut plus agir qu'en son propre nom.

425. — II. Dispositions testamentaires (Rép. n°s 1186 à 1193). — L'art. 1423, rapporté au Rép. n° 1186, contient, d'après M. Guillouard, t. 2, n°s 728 et suiv., une double dérogation au droit commun : il déroge à la règle qui permet au mari de disposer des biens de la communauté, en lui interdisant d'en disposer par testament au delà de sa part; et il déroge à l'art. 1021, qui déclare nul le legs de la chose d'autrui, en décidant que si le mari a légué un effet de la communauté et si l'effet ne tombe pas au lot des héritiers du mari, le legs n'en est pas moins valable, en ce sens que les héritiers du mari devront tenir compte au légataire de la valeur totale de l'objet légué. — Il n'est peut-être pas très exact de dire que l'art. 1423 déroge aux art. 1421 et suiv. qui déterminent les pouvoirs du mari sur la communauté, car ces pouvoirs ne sont donnés au mari que pour le temps que la communauté dure, et l'art. 1423 est écrit pour le temps où elle sera dissoute. Mais en tout cas, la dérogation à l'art. 1021, déjà signalée au Rép. n° 1188, est évidente. On en a proposé diverses explications. La plus simple, à notre avis, consiste à dire qu'ici la situation est tout autre que dans le cas du legs de la chose d'autrui : le mari ne doit pas ignorer que la chose léguée appartient à la communauté; il a dû prévoir qu'elle pourrait tomber dans le lot de sa femme; s'il en a disposé malgré cela, on doit présumer qu'il a entendu que son legs s'exécuterait, sinon par la remise de la chose même, au moins par le payement d'une indemnité équivalente. Et pour faire, autant que possible, que la volonté du testateur reçût son exécution, pour éviter que l'héritier du mari n'eût intérêt à s'entendre avec la femme pour rendre le legs caduc en faisant tomber la chose léguée au lot de la femme, le législateur devait, comme il l'a fait, décider que le legs aurait son effet, quel que fût le résultat du partage (Comp. Rodière et Pont, t. 2, n°s 892 et suiv.; Colmet de Santerre, t. 6, n° 67 bis IV; Laurent, t. 22, n° 34; de Folleville, t. 1, n° 305, note 1; Guillouard, t. 2, n° 729).

426. Il a été jugé que si le mari a fait son testament après la dissolution de la communauté, mais avant le partage, l'art. 1423 n'est plus applicable et qu'alors le legs sera caduc, conformément à l'art. 1021, si la chose léguée vient à tomber au lot de la femme (Paris, 6 mai 1861, aff. de Saulty, D. P. 62. 2. 161. V. dans le même sens : Laurent, t. 22, n° 37; Guillouard, t. 2, n° 731). On invoque à l'appui de cette décision le caractère exceptionnel de l'art. 1423 par rapport à la règle plus générale de l'art. 1021; l'art. 1423, dit-on, ne doit pas être étendu au delà de l'hypothèse qu'il prévoit. On fait observer en outre que l'art. 1423 est placé dans la section intitulée : De l'administration de la communauté et de l'effet des actes de l'un ou de l'autre époux relativement à la société conjugale, d'où l'on conclut que cet article suppose nécessairement que la communauté existe encore et que le mari en est le chef lorsque le mari dispose par testament. — Ces raisons cependant ne nous paraissent pas suffisantes pour écarter l'application de l'art. 1423 dans l'hypothèse dont il s'agit. Nous remarquons d'abord que cet article n'a pas besoin d'être étendu pour s'appliquer à cette hypothèse; son texte est général et ne distingue pas si le testament du mari est antérieur ou postérieur à la dissolution de la communauté; il le suppose seulement antérieur au partage. Pour les deux cas, d'ailleurs, il y a identité de motifs; si ceux que avons assignés (V. suprà, n° 425) à la disposition de l'art. 1423 sont exacts, il y a lieu d'appliquer cette disposition au legs fait après la dissolution de la communauté, aussi bien qu'à celui qui a été fait avant cette époque. On peut même supposer un autre cas, celui où le mari, ayant testé pendant la communauté, aurait survécu à sa dissolution, puis serait mort avant le partage, sans avoir refait son testament. Dans ce cas, le legs aurait bien été fait par le mari chef de la communauté, comme l'exige l'opinion que nous combattons. Nous demanderons cependant si, étant donné le principe que le testament n'a d'effet qu'au décès du testateur, il y aurait en droit une réelle différence entre cette hypothèse et celle où le mari, tout en survivant à la communauté, n'aurait testé que le lendemain

de sa dissolution. Quant à la place qu'occupe l'art. 1423, en admettant qu'il faille y attacher de l'importance, nous dirons qu'elle s'explique naturellement par le fait que l'hypothèse prévue par cet article se produira le plus souvent lorsque le mari aura fait son testament pendant la communauté; néanmoins, cet article est édicté pour le temps où la communauté n'existera plus, et il n'exige nullement qu'elle se soit dissoute par le décès du mari (Rodière et Pont, t. 2, n° 894; de Folleville, t. 1, n° 305, note 1).

427. L'art. 1423 s'applique sans difficulté, comme on l'a dit au *Rép.* n° 1189, au cas où le legs est fait par le mari en faveur de la femme elle-même. Cependant, dans ce cas, il y a lieu de rechercher quelle a été l'intention du testateur. Il peut se faire que celui-ci, en léguant à sa femme un bien de communauté, n'ait entendu lui donner que sa part, de manière à ce que la femme la réunit à la sienne propre. Il a été jugé que, lorsqu'il résulte du testament que le mari n'a entendu disposer que de sa part dans l'objet légué, la femme est tenue de prélever cet objet avant tout partage sur la masse de la communauté; elle n'a pas le droit d'exiger qu'il soit d'abord procédé au partage avec faculté pour elle de prendre dans le lot des héritiers du mari, soit l'effet qui lui a été légué, s'il y est tombé, soit sa valeur totale, s'il est tombé dans le sien, l'art. 1423 ne devant pas alors être appliqué (Req. 18 mars 1862, aff. Subercazeaux, D. P. 62. 1. 285. — Comp. Rodière et Pont, t. 2, n° 893; Aubry et Rau, t. 5, § 509, note 18, p. 334; Laurent, t. 22, n° 36; de Folleville, t. 1, n° 305, note 1; Guillouard, t. 2, n° 733).

428. L'art. 1423 est-il applicable aux dispositions testamentaires faites par la femme, comme à celles faites par le mari? Nous avons admis l'affirmative au *Rép.* n° 1193. Mais la question est délicate, et, contrairement à notre opinion, dans le cas où les héritiers renoncent à la communauté, un arrêt a considéré comme un legs de la chose d'autrui et par conséquent comme nul le legs fait par la femme de biens faisant partie de la communauté (Besançon, 10 déc. 1862) (1). Nous persistons néanmoins à penser que le legs d'un bien de communauté fait par la femme ne doit pas être moins valable que le même legs fait par le mari. A l'époque où ce legs doit recevoir son exécution les droits de l'un et de l'autre époux par rapport aux biens communs sont égaux. On ne voit donc pas pourquoi le legs fait par le mari s'exécuterait dans tous les cas, tandis que la validité du legs fait par la femme serait subordonnée à la double condition que les héritiers de la femme accepteraient la communauté et que l'objet légué tomberait dans leur lot. Il y a même une raison de plus pour que le légataire de la femme ait droit, comme celui du mari, à une indemnité, lorsque son legs ne peut être acquitté en nature; c'est que ce legs lui est dû précisément par les héritiers de la femme, qui ont la faculté d'accepter ou de répudier la communauté. Il arrive ainsi, dans le système que nous combattons, que la réalisation de la condition à laquelle est soumise la validité du legs dépend uniquement de ceux qui ont tout intérêt à ce que le legs soit caduc. Quand un

système aboutit à une telle conséquence, il n'est guère présumable que le législateur ait entendu le consacrer.

A vrai dire, les auteurs du code n'ont pas spécialement prévu le cas où la femme disposerait par testament d'un effet de la communauté. Ils se sont seulement occupés dans l'art. 1423 du legs fait par le mari, parce qu'ils devaient définir les pouvoirs du mari sur les biens communs. Mais après avoir décidé que le mari ne pourrait léguer que les objets qui lui adviendraient dans le partage de la communauté, ce qui revient à dire que les pouvoirs du mari comme chef ne survivent pas à la dissolution de la communauté et qu'après cette dissolution il n'a pas plus de droits que la femme, ils ont, par la disposition finale de l'art. 1423, suffisamment témoigné que leur intention était d'exclure l'application de la règle de l'art. 1021 au legs d'un objet de la communauté fait par l'un des époux. Ils n'ont parlé, il est vrai, que du legs du mari; mais par identité de motifs et même *a fortiori* la même solution doit être appliquée au legs de la femme. La règle de l'art. 1021, qui veut que le legs de la chose d'autrui soit nul, ne repose, d'ailleurs, que sur une présomption de volonté qui n'a plus la même raison d'être, comme nous l'avons montré *suprà*, n° 425, lorsqu'il s'agit du legs d'une chose appartenant en commun à deux époux. Ainsi, il n'y a aucun motif d'étendre l'application de l'art. 1021 au cas où la chose léguée par la femme tombe au lot du mari, et il y a les mêmes motifs que pour le legs du mari d'appliquer à ce cas la disposition finale de l'art. 1423. Ajoutons enfin que cette solution est en harmonie avec la tradition historique, constatée notamment par Pothier, *Traité de la communauté*, n°s 475 et suiv., et que l'on trouvera exposée en note sous l'arrêt de Paris du 6 mai 1861, cité *suprà*, n° 426; rien n'indique que les rédacteurs du code aient voulu ici s'en écarter (V. en ce sens : Rodière et Pont, t. 2, n° 895; de Folleville, t. 1, n°s 306 et suiv. — En sens contraire: Marcadé, t. 5, art. 1423, n° 4; Aubry et Rau, t. 5, § 509, note 17, p. 330 ; Colmet de Santerre, t. 6, n° 67 *bis* V; Laurent, t. 22, n° 35; Guillouard, t. 2, n° 732).

ART. 4. — *Des constitutions de dot aux enfants communs*
(*Rép.* n°s 1194 à 1286).

429. Sur la nature et les caractères de la constitution de dot, quel que soit d'ailleurs le régime matrimonial des époux, il s'est élevé dans la doctrine une grave controverse, tranchée aujourd'hui par la jurisprudence. Elle porte sur le point de savoir si la constitution de dot doit être considérée, en principe, comme une disposition à titre gratuit ou comme un acte à titre onéreux. La question est traitée au *Rép.* v° *Contrat de mariage*, n° 3170, et surtout v° *Dispositions entre-vifs et testamentaires*, n°s 2238 et suiv. (V. aussi *ibid.* v° *Obligations*, n° 982). Il suffit de rappeler ici qu'on admet généralement que la constitution de dot est un acte à titre onéreux vis-à-vis du mari; par suite, si les créanciers du constituant veulent la faire annuler comme faite en fraude de leurs droits, ils doivent prouver,

---

(1) (Bretin C. Baudoin.) — LA COUR; — Considérant que, par testament public en date du 4 oct. 1858, Jeanne-Claude Bretin, épouse de Claude Baudoin, greffier de la justice de paix de Gendrey, mariée sous le régime de la communauté de biens réduite aux acquêts, a légué à son mari la nue propriété des biens lui revenant 1° dans une maison située à Rouffange; 2° dans l'office de Gendrey, le tout acheté pendant la communauté; 3° dans le cautionnement afférent à cet office; — Qu'après le décès de la femme Baudoin, l'appelante, l'une de ses héritières naturelles, a du chef de son auteur, renoncé à la communauté; — Attendu, en droit, que le legs de la chose d'autrui est frappé de nullité par l'art. 1021 c. nap.; — Attendu que par dérogation aux principes du droit commun l'art. 1423 c. nap. déclare que lorsque le mari dispose par testament d'un objet de la communauté qui, par suite du partage, ne tombe pas dans le lot de ses héritiers, ceux-ci sont néanmoins tenus d'en délivrer la valeur au légataire; que ce texte de loi a créé au profit du mari un privilège qu'il n'accorde pas nommativement à la femme, et qui ne peut par analogie lui être appliqué; qu'effectivement il n'y a aucune assimilation possible en ce qui concerne les biens de la communauté à laquelle il ne peut renoncer; que l'administration de ces biens lui appartient exclusivement; qu'il peut les vendre et hypothéquer sans le concours de sa femme; qu'il a le droit de disposer, à titre gratuit, de l'universalité de ces biens pour l'établisse-

ment d'enfants communs, et même de donner des effets mobiliers à titre gratuit et particulier à des étrangers, pourvu qu'il ne s'en réserve pas l'usufruit (art. 1421 à 1422 c. nap.); — Attendu, au contraire, que l'art. 1427 c. nap. interdit de la manière la plus formelle à la femme d'engager les biens de la communauté sur lesquels la loi ne lui accorde aucun droit pendant le mariage; elle défend même de les engager pour tirer de prison le mari et pour doter des enfants communs, en cas d'absence du mari, à moins, que, dans ces deux circonstances, elle n'obtienne l'autorisation de justice; que si au moment de la dissolution de la communauté, elle acquiert un droit de copropriété sur ces biens, ce droit n'est que conditionnel, et s'évanouit pour le cas où elle et ses héritiers renoncent à la communauté, faculté qui leur est accordée par la loi; que, dans un pareil état de choses, on comprend l'exception faite au profit exclusif du mari par l'art. 1423 c. nap.; — Attendu qu'en vertu de la renonciation qui a été faite à la société conjugale par Marie-Josèphe Bretin, la dame Baudoin doit être réputée n'avoir jamais eu aucun droit sur la maison de Rouffange, l'office de Gendrey et le cautionnement; qu'il en résulte qu'elle a légué la chose d'autrui, et que ce legs doit être annulé; —

Par ces motifs, etc.

Du 10 déc. 1862.-C. de Besançon, 1re ch.-MM. Loiseau, 1er pr.-Poignant, 1er av. gén.-Coulon et Lamy, av.

non seulement le préjudice qui en résulte pour eux et l'intention frauduleuse de leur débiteur, mais encore la complicité du mari qui a reçu la dot. M. Laurent, toutefois, soutient l'opinion contraire (t. 16, n°ˢ 451 et suiv., et t. 21, n° 159).

— En ce qui regarde la femme dotée, un certain nombre d'auteurs estiment que, vis-à-vis d'elle, la constitution de dot est une donation; ils en concluent que, bien que la femme n'ait pas participé à la fraude, la constitution peut encore être annulée sur la demande des créanciers, en ce sens que, à la dissolution du mariage, la dot retournera et devra être restituée, non à la femme ou à ses ayants cause, mais aux créanciers du constituant (Troplong, t. 1, n° 431; Aubry et Rau, t. 4, § 313, note 27, p. 139; Demolombe, *Cours de code civil*, t. 25, n° 212; Laurent, *loc. cit.*; de Folleville, t. 1, n°ˢ 37 et suiv.; Guillouard, *Étude sur l'action paulienne*, p. 214 et suiv.). La jurisprudence décide, au contraire, avec d'autres auteurs, qu'à l'égard de la femme comme à l'égard du mari, la constitution de dot est un acte à titre onéreux, et que, par conséquent, pour la faire annuler, les créanciers doivent prouver la complicité de la femme (V. les arrêts cités au *Rép.* v° *Dispositions entre-vifs*, n° 2241. V. aussi : Grenoble, 3 août 1853, aff. Pellegrini, D. P. 55. 2. 70; Req. 18 nov. 1861, aff. Avrouin-Foulon, D. P. 62. 1. 297; Bordeaux, 30 nov. 1869, aff. Fourtie, D. P. 71. 2. 108; Poitiers, 21 août 1878, aff. Decourt, D. P. 79. 2. 6; Req. 11 nov. 1878, aff. Effantin, D. P. 79. 1. 416).

430. La dot peut être constituée soit par les parents des époux, soit par des étrangers. Il résulte de l'art. 204 c. civ. que les père et mère ne sont pas obligés civilement de doter leurs enfants; mais c'est pour eux, comme on l'a dit au *Rép.* n° 1195, une obligation naturelle. On doit en conclure, suivant nous, que l'engagement sous signature privée, pris par les parents de constituer une dot à leurs enfants, est valable. Une obligation naturelle peut, en effet, servir de cause à une obligation civile, qui ne peut être alors considérée comme un acte de libéralité (Aubry et Rau, t. 5, § 500, note 6, p. 223; Demolombe, t. 24, n° 351; Guillouard, t. 4, n° 140). Cependant, d'après M. de Folleville, t. 1, n° 38, le devoir qu'ont les parents d'établir leurs enfants ne serait qu'une « obligation morale et de conscience », qui n'aurait pas même la valeur d'une obligation naturelle. MM. Rodière et Pont, t. 1, n° 96, et M. Laurent, t. 21, n° 159, y voient bien une obligation naturelle, mais ils soutiennent qu'elle ne peut devenir efficace que par le payement effectif ou par une donation régulière en la forme (V. *Rép.* v° *Obligations*, n°ˢ 503, 1049 et suiv.). — Il a été jugé que lorsqu'au lieu de constituer une dot proprement dite, les parents de l'un des futurs époux s'engagent à fournir annuellement à ceux-ci une certaine somme pour subvenir aux charges du mariage, un pareil engagement ne constitue pas une donation, et peut être valablement contracté par acte sous seing privé (Gand, 31 juill. 1886, aff. de Manuys C. de Meulemeester, *Pasicrisie belge*, 1887. 2. 10).

§ 1er. — De la contribution des père et mère au payement de la dot (*Rép.* n°ˢ 1194 à 1232).

431. Pour apprécier l'étendue des obligations des père et mère, lorsqu'ils ont constitué une dot à leur enfant, il faut d'abord se reporter aux dispositions qui renferment la constitution de dot. Mais à défaut d'explications suffisantes de la part des parties les art. 1438 à 1440 c. civ. donnent les règles d'interprétation à suivre sous le régime de la communauté, de même que les art. 1542 à 1548 posent les principes applicables sous le régime dotal. Pour l'application de ces règles, il convient de distinguer plusieurs hypothèses, comme on l'a fait au *Rép.* n°ˢ 1198 et suiv.

432. — I. Dot constituée en effets de la communauté (*Rép.* n°ˢ 1198 à 1227). — *Premier cas : la dot a été constituée par le mari seul en effets de la communauté* (*Rép.* n°ˢ 1199 à 1208). — Dans ce cas, aux termes de l'art. 1439, la dot est à la charge de la communauté, et par suite, si la communauté est acceptée par la femme, celle-ci doit supporter la moitié de la dot. Il en est ainsi, « à moins, dit la loi, que le

mari n'ait déclaré *expressément* qu'il s'en chargeait pour le tout ou pour une portion plus forte que la moitié. » Le mot *expressément*, comme on l'a dit au *Rép.* n° 1206, n'exclut pas les déclarations équivalentes. — Il a été jugé que la dot constituée par le mari seul *en avancement de ses hoirie et succession et à charge de rapport*, doit être acquittée en entier par lui seul, et non par la femme pour moitié, bien que le mari n'ait pas exprimé dans quelle proportion il entendait s'obliger, l'obligation de rapport en termes employés indiquant suffisamment que le constituant a entendu seul payer la dot sur sa part de communauté (Douai, 6 juill. 1853, aff. Dubrulle, D. P. 55. 2. 350).

433. Si la femme renonce à la communauté, elle n'est tenue de supporter aucune partie de la dot constituée par le mari seul (*Rép.* n° 1203). La femme qui a renoncé, comme il résulte d'un arrêt de la cour de cassation, ne peut être obligée de rapporter à la communauté la moitié de la somme employée à doter un enfant né du mariage, que si elle a pris l'engagement exprès de contribuer à la constitution de dot; et un tel engagement ne peut s'induire d'un acte de reconnaissance par lequel l'enfant a déclaré avoir reçu de ses père et mère le payement de la dot, une telle reconnaissance n'ayant, à l'égard de la femme, que la valeur d'une simple présomption, et ne lui étant, dès lors, pas opposable, alors qu'il s'agit d'une somme excédant 150 fr. (Civ. cass. 22 déc. 1880, aff. Babin, D. P. 81. 1. 156).

434. — *Deuxième cas : la dot a été constituée conjointement par les deux époux en effets de la communauté* (*Rép.* n°ˢ 1209 à 1225). — Les père et mère sont alors censés avoir constitué la dot chacun pour moitié (c. civ. art. 1438). — Il a été jugé que, dans le cas où les deux époux ont ensemble et par le même acte constitué une dot à l'enfant commun, il n'est pas nécessaire qu'ils aient déclaré la constituer *conjointement* pour qu'ils soient censés avoir doté chacun pour moitié; il suffit que l'intention de doter conjointement résulte de l'ensemble des clauses du contrat (Bourges, 29 juill. 1851, aff. Bourdesol, D. P. 52. 2. 11).

435. Mais la dot, quoique constituée en effets de la communauté, forme une dette personnelle à chacun des époux (*Rép.* n° 1210). De là il résulte que si la femme renonce à la communauté, elle devra récompense à la moitié payée à sa décharge. Et, en général, lorsque la dot est fournie par la communauté, récompense est due par chaque époux dans la mesure de la portion dont chacun était tenu (Bourges, 29 juill. 1851, cité supra n° 434; Amiens, 10 avr. 1861, aff. Waxin, D. P. 61. 2. 102; Civ. cass. 22 déc. 1880, aff. Babin, D. P. 81. 1. 156; Rodière et Pont, t. 1, n° 102; Aubry et Rau, t. 5, §.500, note 11, p. 224; Laurent, t. 21, n° 164; de Folleville, t. 1, n° 372; Guillouard, t. 1, n° 144). — Il résulte été jugé, mais à tort et contrairement à la doctrine généralement reçue, que la femme commune qui a, conjointement avec son mari, fait donation d'un conquêt de la communauté à un de ses enfants, n'est pas tenue, en cas de renonciation à la communauté, de faire raison à son mari de la moitié de la valeur du bien donné (Bordeaux, 17 janv. 1854, aff. Fondadouze, D. P. 55. 2. 212). Jugé aussi que les arrérages d'une pension viagère que les époux ont constituée en dot au profit de leur enfant commun sont une charge de la communauté, et ne donnent lieu à aucune récompense. Dans l'espèce, dit l'arrêt, l'intention des époux constituant conjointement n'était pas d'aliéner un capital, mais seulement de s'imposer temporairement une charge ne portant que sur leurs revenus actuels (Amiens, 10 avr. 1877, *supra*, n° 371). Cependant la constitution de dot peut être faite conjointement par les deux époux à un enfant et ne pas constituer pour eux une dette personnelle. Il en est ainsi lorsqu'une clause, insérée dans l'acte de constitution, met la dot à la charge de la communauté et n'autorise un recours sur leur biens personnels qu'au cas d'insuffisance des biens communs. La femme peut alors, sauf dans ce dernier cas, renoncer à la communauté sans avoir à payer sa part de dot (Agen, 23 mai 1865) (1).

436. Si l'obligation de doter a été contractée par les deux époux, non seulement conjointement, mais *solidaire-*

---

(1) (Trubelle C. syndic Trubelle.) — La cour; — Attendu que l'obligation de doter est une obligation simplement naturelle (*ne dote qui ne veut*); que spécialement la femme a la faculté

de ne s'engager que jusqu'à concurrence de ses droits dans la communauté; que sa volonté seule est la limite et la règle de ses obligations à cet égard; — Attendu que dans le contrat de

ment, la femme, comme on l'a dit au *Rép.* n° 1215, serait tenue de payer la totalité de la dot en cas d'insolvabilité du mari. Mais la solidarité n'empêche pas que, dans les rapports des deux époux entre eux, la dette ne leur incombe à chacun pour moitié; celui qui a payé plus que sa part n'en a pas moins un recours contre son conjoint (Civ. rej. 13 nov. 1882, aff. Pasquin, D. P. 83. 1. 238; Guillouard, t. 1, n° 146). Ici ne s'applique pas, d'ailleurs, la règle de l'art. 1431, aux termes duquel la femme qui s'oblige solidairement avec son mari, pour les affaires de la communauté ou du mari, n'est réputée, à l'égard de celui-ci, s'être obligée que comme caution. La dot, en effet, comme nous l'avons dit, est une dette personnelle à chacun des époux. — Il a été jugé que la femme qui s'est obligée solidairement avec son mari au payement de la dot constituée à l'un de leurs enfants, ne peut refuser de payer à celui-ci l'intégralité de cette dot, sous le prétexte qu'elle n'était que caution et que, son mari étant mort, et l'enfant donataire n'ayant à prendre dans la succession du mari qu'une part inférieure au montant de la dot constituée, elle ne saurait être elle-même tenue au delà de cette part, conformément au principe que le cautionnement ne peut excéder l'obligation principale (Limoges, 20 févr. 1885, aff. Lacoste, D. P. 55. 2. 284).

437. La dot peut être constituée conjointement par les deux époux *en avancement d'hoirie sur la succession du prémourant* ou avec stipulation qu'elle sera *imputable sur cette succession (Rép.* n° 1221. Comp. D. P. 73. 1. 369, note). Tant que les deux époux vivent, ils sont tenus chacun pour moitié du payement de la dot. En conséquence, lorsque ce payement a été fait en totalité par la communauté ou par l'un des époux avec ses deniers personnels, et qu'il y a séparation de biens, l'époux qui n'a pas payé sa part en doit récompense à la communauté ou à l'autre époux (Bourges, 29 juill. 1881, aff. Bourdesol, D. P. 52. 2. 11; Paris, 1re ch., 6 nov. 1854.-MM. Delangle, pr.-Berriat-Saint-Prix, subst. proc. gén.-Josseau, Liouville et Hébert, av.; Civ. rej. 13 nov. 1882, aff. Pasquin, D. P. 83. 1. 238; Aubry et Rau, t. 5, § 500, p. 226 et suiv.; Laurent, t. 21, n° 172; Guillouard, t. 1, n° 147).

438. Après le décès de l'un des constituants, la situation change. La dot devant être supportée tout entière par la succession du prémourant, le survivant doit, dès lors, être considéré comme étranger à la constitution dotale, comme n'ayant rien donné (Civ. rej. 11 juill. 1814,*Rép.* n° 1222; Amiens, 20 juill. 1860, aff. Hugon, D. P. 60. 5. 126). Si la dot n'est pas payée l'enfant doté n'a plus d'action que contre la succession de l'époux prédécédé, à moins, bien entendu, que le contraire n'ait été stipulé. (Guillouard, t. 1, n° 148). Mais s'il a été dit que, le cas où la part de l'enfant dans la succession du prémourant serait inférieure au montant de la dot, *le surplus serait imputable sur la succession du survivant*, cette clause permet-elle d'exiger dès à présent le surplus de l'époux survivant? La négative a été jugée (Paris, 11 janv. 1853, aff. Girardin, D. P. 54. 5. 190), mais à tort selon nous. Pour que la dot devienne imputable, c'est-à-dire rapportable, sur la succession du survivant, quant à l'excédent non fourni par la succession du prédécédé, il faut nécessairement que cet excédent ait été payé, et c'est le survivant seul qui peut le payer.

439. On a soutenu que dans le cas même où la dot a été déclarée imputable en totalité sur la succession du pré-

mariage de Cécile Trubelle, en date du 14 janv. 1857, ses père et mère lui constituèrent conjointement et solidairement une dot de 60000 fr., dont moitié fut payée comptant, et que, dans l'art. 4 de ce contrat, les donateurs déclarèrent que cette dot restait à la charge de la société d'acquêts existant entre eux, ce qui veut dire manifestement que la donation n'atteint pas les biens personnels des époux, et que la femme n'entend contribuer à cette libéralité qu'à la condition que la société d'acquêts payera, société à laquelle la femme Trubelle a plus tard renoncé; — Que cette conséquence ressort d'ailleurs clairement de ces derniers mots de l'art. 4 : « en cas d'insuffisance de la société d'acquêts, la dot sera fournie solidairement par les biens personnels des époux »; où il suit encore que la femme ne s'engage sur ses biens personnels que subsidiairement et pour la somme seulement qui reste à payer; — Attendu que lors de cette constitution de dot 30000 fr. furent payés comptant sur les 60000 fr. promis; que ces 30000 fr. ont dû nécessairement être payés par la société d'acquêts, seule débitrice principale dans l'espèce; que, par suite, la dame Trubelle a été libérée d'autant, puisqu'elle ne devait payer que dans

mourant, l'enfant doté doit avoir le droit de réclamer le complément de la dot à l'époux survivant, en cas d'insuffisance de la succession. D'après cette opinion, la formule employée d'ordinaire dans les contrats de mariage, aux termes de laquelle la dot devra être rapportée en totalité à la succession du premier mourant des donateurs, signifierait simplement que la dot est rapportable à cette succession autant que cette succession pourrait y suffire, mais sans préjudice du droit de l'enfant doté d'exiger des deux constituants la totalité de la dot. La dot, en effet, dit-on, doit être fixe; il n'est pas conforme à l'intention des parties que si le premier mourant des constituants s'est ruiné et que le survivant ait conservé sa fortune, celui-ci soit néanmoins dégagé de sa promesse (V. Dissertation de M. Labbé, sur l'arrêt du 3 juill. 1872, mentionné ci-après). Mais cette opinion, comme le remarque M. Guillouard, t. 1, n° 148, ne se préoccupe que d'un côté de la question. Si les époux donataires peuvent désirer une dot fixe, les constituants donateurs, qui stipulent au contrat, peuvent vouloir aussi que le survivant d'entre eux conserve sa fortune intacte après le décès de son conjoint, cette fortune étant d'ailleurs susceptible de diminuer aussi bien que celle du prémourant. C'est là une préoccupation très légitime, qui doit être respectée (Comp. Req. 3 juill. 1872, aff. de Caumel, D. P. 73. 1. 369).

440. — *Troisième cas: la dot a été constituée par la femme seule en effets de la communauté* (Rép. n°s 1226 et 1227). — Si la femme a agi avec l'autorisation du mari, la dot formera-t-elle alors une dette de communauté, dont le mari sera tenu même sur ses biens propres, sauf récompense? Nous avons admis la négative au *Rép.* n° 1226, avec M. Troplong et d'autres auteurs. Mais cette opinion est combattue par MM. Aubry et Rau, t. 5, § 500, note 13, p. 225; Laurent, t. 21, n° 168; de Folleville, t. 1, n° 379 et Guillouard, t. 1, n° 152, qui la considèrent comme inconciliable avec le texte des art. 1409, 1419, 1426 et 1469 c. civ. — Il a été jugé, suivant l'opinion de ces derniers auteurs, que si la femme, autorisée du mari, a constitué une dot à un enfant commun, le mari est personnellement tenu, à moins de stipulation contraire, des engagements contractés par la femme, et le payement de la dot peut être poursuivi tant sur les biens du mari et de la communauté que sur ceux de la femme (Rouen, 27 mai 1854, aff. Leconte, D. P. 54. 2. 248). — Mais, comme l'indique cette décision, si le mari, tout en autorisant sa femme, ne veut pas s'obliger lui-même, il peut le stipuler, et les juges peuvent aussi reconnaître qu'il ne s'est pas obligé, par interprétation de la volonté des parties.

En tout cas, le mari et la communauté ne sont tenus que sauf récompense et recours contre la femme, qui doit définitivement supporter seule la dot entière ; car le mari, en n'intervenant que pour autoriser sa femme et sans rien promettre personnellement, manifeste bien la volonté de ne pas contribuer à la dot.

441. Si la femme dote l'enfant sur les biens communs, en l'absence du père et avec l'autorisation de justice, la femme est alors réputée agir comme remplaçant le mari, en sorte que la dot devient une simple charge de la communauté, exactement comme si elle avait été constituée par le mari lui-même (de Folleville, t. 1, n° 379).

442. Pour le cas où la dot est constituée après le décès de l'un des époux, par le survivant, V. *Rép.* n°s 3272 et suiv.

le cas où la société d'acquêts ne pourrait payer elle-même; que rien ne démontre que, contrairement à l'acte du 14 janv. 1857, le mari ait payé avec ses propres les 30000 fr. dont s'agit, et que le syndic de la faillite ne demande même pas à le prouver; que le contrat précité déclarant la dot restée à la charge de la société d'acquêts et 30000 fr. ayant été payés sur cette dot dans le même acte, cette somme n'est censée avoir été acquittée avec les ressources et les deniers de la société d'acquêts, qui passait alors pour prospère; que dès lors le syndic, représentant les droits du failli, n'est pas fondé à demander à la femme de ce dernier le payement de la moitié des 30000 fr. versés dans les mains du mari de Cécile Trubelle, parce que la clause de l'art. 4 qui, au cas d'insuffisance de la société d'acquêts, rendait la femme Trubelle responsable sur ses biens personnels, ne s'applique qu'au payement non encore effectué, non à celui fait et constaté par l'acte même de constitution de dot;

Par ces motifs, etc.

Du 23 mai 1865.-C. d'Agen, ch. civ.-MM. Sorbier, 1er pr.-Drême, 1er av. gén.-Delpech et Serré, av.

443. — II. DOT CONSTITUÉE AVEC LES BIENS PROPRES DES ÉPOUX (*Rép.* nᵒˢ 1228 à 1230). — Si la dot est constituée par un seul des époux sur ses biens personnels, elle demeure ainsi évidemment en entier à la charge de cet époux. Si elle est constituée par les deux époux conjointement en effets personnels à l'un d'eux ou à chacun d'eux, elle n'en est pas moins réputée constituée pour moitié par chacun, à moins de stipulation contraire, et l'époux qui a fourni plus que sa moitié doit être indemnisé par son conjoint jusqu'à due concurrence (c. civ. art. 1438) (Bordeaux, 6 déc. 1833, *Rép.* nᵒ 1281 ; Rodière et Pont, t. 1, nᵒ 101 ; Aubry et Rau, t. 5, § 500, note 8, p. 223 ; Guillouard, t. 1, nᵒ 143).

444. — III. DOT CONSTITUÉE PARTIE EN EFFETS DE COMMUNAUTÉ, PARTIE EN EFFETS PROPRES (*Rép.* nᵒˢ 1231 et 1232). — Dans ce cas encore, à défaut d'indications contraires, comme on l'explique au *Répertoire*, si la dot est constituée conjointement par les deux époux, elle est réputée constituée pour moitié par chacun d'eux ; si l'un d'eux paye plus que sa part, il a droit à récompense.

445. — IV. DOT CONSTITUÉE A D'AUTRES QU'AUX ENFANTS COMMUNS (*Rép.* nᵒ 1232). — Les règles de la constitution de dot sont, en général, les mêmes, que la dot soit constituée au profit d'un enfant commun, d'un parent ou d'un étranger. C'est ainsi, notamment, que si le mari et la femme constituent conjointement une dot à un étranger, ils en sont tenus chacun pour moitié, à moins de stipulation contraire (Rodière et Pont, t. 1, nᵒ 108 ; Guillouard, t. 1, nᵒ 155).

Toutefois le mari peut disposer seul des biens de la communauté pour doter les enfants communs, tandis qu'il n'a pas ce droit pour doter des étrangers (c. civ. art. 1422) (V. *suprà*, nᵒ 414).

446. Quant au point de savoir s'il est dû récompense par les époux à la communauté pour la dot constituée en biens de communauté au profit d'un étranger, V. *Rép.* nᵒˢ 2343 et suiv., et *suprà*, nᵒ 407.

§ 2. — De la garantie de la dot et des intérêts dus par le constituant (*Rép.* nᵒˢ 1233 à 1273).

447. — I. GARANTIE DE LA DOT (*Rép.* nᵒˢ 1233 à 1253). — « La garantie de la dot, dit l'art. 1440 c. civ., est due par toute personne qui l'a constituée. » D'après M. Demolombe, *Donations et testaments*, t. 3, nᵒ 546, « si le constituant est tenu de la garantie, c'est que l'on présume, en raison de la nature de la libéralité et de sa destination, que le donateur a eu la volonté d'en assurer l'effet à tout événement, dans l'intérêt des donataires qui s'engageaient dans les charges du mariage sur la foi de cette donation ». C'est donc par interprétation de la volonté des parties que le législateur a créé la garantie de la dot, et non, comme l'ont dit quelques arrêts, parce que la dot est un acte à titre onéreux (Comp. Civ. rej. 22 niv. an 10, et Rouen, 3 juill. 1828, *Rép.* vᵒ *Dispositions entre-vifs*, nᵒ 2244). La constitution de dot, en effet, par rapport au constituant, qui se dépouille sans équivalent, est un acte à titre gratuit. — Le constituant peut, du reste, se soustraire à la garantie par une clause formelle (Guillouard, t. 1, nᵒ 161).

448. La garantie est due, en principe, par le constituant, quel qu'il soit (*Rép.* nᵒ 1236). Elle est due par la femme elle-même au mari, quand elle s'est constitué certains biens déterminés. En ce cas l'action en garantie peut être exercée par le mari contre la femme pendant le mariage lui-même (Req. 22 mars 1875, aff. Faurié, D. P. 76. 1. 503). Mais il n'y aurait pas lieu à garantie si la femme avait apporté en dot l'universalité ou une quote-part de ses biens, car les biens devraient être pris alors tels qu'ils se comportaient dans leur ensemble (Rodière et Pont, t. 1, nᵒ 124 ; Aubry et Rau, t. 5, § 500, note 27, p. 228 ; Laurent, t. 21, nᵒ 185 ; Guillouard, t. 1, nᵒ 162).

449. De même, l'action en garantie de la dot peut être exercée pendant le mariage contre le constituant par l'époux doté et, dans tous les cas, par le mari. On a démontré au *Rép.* nᵒ 1237 que cette action constitue un droit appartenant à la femme et peut être exercée par elle, même après la dissolution du mariage (V. sur les auteurs cités au *Rép. ibid.* : Rodière et Pont, t. 1, nᵒ 112 ; Aubry et Rau, t. 5, § 500, notes 28 et suiv., p. 228 ; Laurent, t. 21, nᵒ 187 ; de Folleville, t. 1, nᵒ 383 ; Guillouard, t. 1, nᵒ 164).

450. Ainsi qu'on l'a dit aussi au *Rép.* nᵒ 1239, l'action en garantie de la dot, comme toute autre action pécuniaire, passe aux héritiers de l'époux doté (V. les auteurs cités *suprà*, nᵒ 449; MM. Rodière et Pont, qui avaient émis une opinion contraire, l'ont rétractée dans leur 2ᵉ éd., t. 1, nᵒ 112).

451. La garantie ne doit pas, d'ailleurs, être restreinte à la constitution de dot proprement dite ; elle est due pour toute donation faite en contemplation du mariage, car il y a même motif de l'admettre (*Rép.* nᵒ 1238 ; Rodière et Pont, t. 1, nᵒ 113 ; Guillouard, t. 1, nᵒ 164).

452. Quant à l'étendue de la garantie, elle doit, en général, se mesurer sur le préjudice causé par l'éviction (*Rép.* nᵒ 1242; Rodière et Pont, t. 1, nᵒ 115 et suiv.; Aubry et Rau, t. 5, § 500, p. 222 ; Laurent, t. 21, nᵒ 188 ; de Folleville, t. 1, nᵒ 384; Guillouard, t. 2, nᵒ 165). S'il s'agit de l'éviction d'une créance, l'indemnité devra, par conséquent, être égale à ce que la créance eût rapporté à l'époux doté, eu égard à la fortune du débiteur.

453. La portée de la garantie toutefois ne doit pas être exagérée. Dans un cas où la mère du futur époux s'était engagée par contrat de mariage à parfaire, s'il en était besoin, sur ses biens personnels la somme de 2000 fr. de revenus que le futur époux s'était constituée en dot, il a été jugé que cette obligation ne s'opposait pas à ce que la mère pût recueillir, après la mort de son fils, un legs universel fait à son profit par celui-ci, quand même l'exécution de ce legs réduirait à moins de 2000 fr. les revenus de l'enfant mineur laissé par le fils; tout ce qui résultait de l'engagement pris par la mère, c'était qu'elle devrait fournir sur ses biens personnels la somme nécessaire pour compléter les 2000 fr. de revenus par elle garantis, mais c'était à tort qu'on lui opposait la règle : *Quem de evictione tenet actio eumdem agentem repellit exceptio* (Caen, 22 juill. 1863, et sur pourvoi, Req. 6 févr. 1865, aff. Le Templier, D. P. 66. 1. 131).

454. — II. INTÉRÊTS DE LA DOT (*Rép.* nᵒˢ 1254 à 1273). — Tandis que les intérêts ne courent, en règle générale, que du jour de la demande en justice et non avant l'échéance du terme, les intérêts de la dot courent de plein droit du jour du mariage, à moins que les parties n'en soient convenues autrement (c. civ. art. 1440). — D'après M. Guillouard, t. 1, nᵒ 166, « il y en a deux motifs : le premier, c'est que la loi n'a pas voulu obliger les enfants à agir contre leurs parents pour faire courir les intérêts de la dot qui leur est promise ; le second, que ces intérêts doivent servir à faire vivre les époux à partir de la célébration du mariage, et qu'il est conforme à l'intention présumée des parties contractantes qu'ils soient dus dès ce moment, sans aucune action en justice ».

455. Bien que l'art. 1440 ne parle que des intérêts, il faut, par les mêmes motifs, comme on l'a dit au *Rép.* nᵒ 1258, l'appliquer aux fruits et revenus des immeubles promis en dot. Si ces revenus ou ces fruits sont supérieurs à l'intérêt légal, le constituant les devra tout entiers à l'époux doté ; mais s'ils valent moins, il ne devra rien au delà, car le but de la loi est simplement d'assurer à l'époux doté les avantages que la dot devait lui procurer (Comp. Rapport de M. Duveyrier au Tribunat, nᵒ 98, *Rép.* p. 28). — Mais si la dot consiste en meubles ou immeubles qui ne produisent pas de fruits, le constituant devra-t-il néanmoins les intérêts du jour du mariage? Nous avons admis la négative au *Rép.* nᵒ 1259, d'accord avec tous les auteurs (V. outre ceux qui ont été cités au *Rép. ibid.* : Rodière et Pont, t. 1, nᵒ 128 ; Marcadé, t. 5, art. 1440, nᵒ 3 ; Aubry et Rau, t. 5, § 500, p. 227 ; de Folleville, t. 1, nᵒ 385; Guillouard, t. 1, nᵒ 167). Toutefois, M. Laurent, t. 21, nᵒ 181, prétend qu'il faut appliquer l'art. 1440 à la lettre et décider que le constituant devra toujours, à partir du mariage, l'intérêt légal de la valeur de la chose donnée ; le dommage est constant, dit-il, par cela seul que la dot n'est pas livrée, et la loi n'a pas voulu forcer les enfants à agir contre leurs père et mère pour obtenir la réparation de ce dommage. Mais, dans ce système, qui estimera la valeur de la dot? Ne faudra-t-il pas précisément pour cela que l'enfant doté agisse contre le constituant? Et, s'il est vrai qu'on doive prendre l'art. 1440 à la lettre, alors il faut dire que c'est seulement dans le cas où la dot est constituée en argent que les intérêts courent du jour du mariage, car la loi ne prévoit expressément que cette hypothèse.

456. Lorsqu'il a été convenu que la dot serait payable,

sans intérêts, après un certain délai, les intérêts courront-ils de plein droit après l'échéance du terme? L'affirmative nous paraît certaine (V. en ce sens : Agen, 18 nov. 1830, *Rép.* n° 1256 ; Poitiers, 28 mars 1860, aff. Marcet, D. P. 60. 2. 168 ; Laurent, t. 21, n° 182 ; Guillouard, t. 1, n° 171).

457. Ainsi que nous l'avons dit au *Rép.* n° 1270, les intérêts de la dot se prescrivent par cinq ans, suivant la règle de l'art. 2277 (V. la jurisprudence conforme : *Rép.* v° *Prescription*, n° 1094).

458. Mais, bien qu'ils courent de plein droit, les intérêts de la dot ne produisent eux-mêmes des intérêts qu'à dater de l'époque où la capitalisation en a été demandée (*Rép.* n° 3294 ; Req. 28 mars 1848, aff. Cisternes, D. P. 48. 1. 170).

§ 3. — Du rapport de la dot (*Rép.* nos 1274 à 1286).

459. — I. Dot constituée par le mari seul en effets de la communauté (*Rép.* n° 1275). — Le rapport doit se faire par moitié à la succession de chaque époux, si la femme accepte la communauté, et, si elle y renonce, pour la totalité à la succession du mari. Toutefois, si le mari avait constitué la dot en avancement d'hoirie sur sa succession, il n'est pas douteux que c'est à cette succession qu'elle devrait être rapportée en entier, conformément à l'acte de constitution (Douai, 6 juill. 1853, aff. Dubrulle, D. P. 55. 2. 350 ; Aubry et Rau, t. 5, § 500, p. 224, note 12 ; Laurent, t. 21, n° 167 ; Guillouard, t. 1, n° 177).

460. Mais la clause par laquelle le mari, dotant un enfant commun sur les biens de la communauté, le dispense de rapport, est-elle opposable à la femme qui accepte la communauté? La négative a été jugée, par le motif que le rapport en matière de donation est la règle générale et que la dispense doit procéder de la volonté personnelle du *de cujus*; qu'aucun texte de loi n'autorise le mari à disposer au profit de l'un de ses enfants de la quotité disponible de la succession de sa femme (Douai, 26 janv. 1861, aff. Marescaux, D. P. 61. 2. 234).

461. — II. Dot constituée en effets de communauté par le mari et la femme conjointement (*Rép.* nos 1276 à 1279). — La dot, en ce cas, est rapportable par moitié aux deux successions, quand même la femme ou ses héritiers auraient renoncé à la communauté, car en concourant à la donation la femme y a par là même contribué pour moitié ; la communauté a payé sa dette, et elle aura son récompense (Civ. cass. 31 mars 1846, aff. Michel, D. P. 46. 1. 135 ; Aubry et Rau, t. 5, § 500, p. 224, note 9 ; Laurent, t. 21, n° 176 ; Guillouard, t. 1, n° 175).

462. Si la femme a renoncé à la communauté le rapport à sa succession se fera-t-il en nature ou en équivalent? La même question se présente dans le cas où la dot, constituée par le mari et la femme conjointement, a été acquittée en biens propres au mari (V. *infrà*, n° 466).

463. — III. Dot constituée par la femme seule en effets de communauté.—Lorsque la dot a été constituée en effets de la communauté par la femme seule, avec l'autorisation du mari, nous avons vu *suprà*, n° 440, qu'un certain nombre d'auteurs admettent que la dot est alors une dette de communauté. Elle doit donc être envisagée, dans cette opinion, comme si la constitution émanait du mari, et elle est rapportable pour moitié à la succession de chacun des époux (Guillouard, t. 1, n° 178).

464. — IV. Dot constituée en biens propres a l'un des époux (*Rép.* nos 1280 et suiv.). — Si la dot est constituée par l'un ou l'autre des époux sur ses biens propres, ou par les deux conjointement et que chacun d'eux acquitte de ses biens propres sa part de la dot, il n'y a pas de difficulté ; le rapport se fait pour la totalité à la succession du constituant ou par moitié aux successions des deux époux.
Mais si la dot est constituée par les père et mère conjointement en biens propres à l'un d'eux, comment se fait le rapport? D'après l'art. 1438, les deux époux sont censés avoir doté chacun pour moitié, sauf indemnité. Le rapport est donc dû par moitié à la succession des deux époux. C'est à tort, par conséquent, que M. Laurent, t. 21, n° 175, soutient que le rapport doit se faire pour la totalité à la succession de l'époux qui a fourni la dot. Le rapport est dû à la succession du donateur ; or cet époux n'est donateur que pour une moitié, et l'autre époux est donateur pour

l'autre moitié : le rapport doit donc se faire également à la succession des deux époux. Telle est, au surplus, la solution de la jurisprudence (V. en sus des arrêts cités au *Rép.* n° 1281 : Civ. rej. 14 janv. 1856, aff. Salomon, D. P. 56. 1. 67). — Il résulte de cet arrêt que, lorsqu'une femme et son mari ont doté conjointement l'enfant commun avec un immeuble personnel au mari ou, ce qui revient au même, avec un immeuble dépendant de la communauté à laquelle la femme a plus tard renoncé, l'immeuble doit être réputé avoir été donné pour moitié par la femme aussi bien que par le mari, encore qu'elle n'aurait point payé l'indemnité à laquelle elle était tenue envers celui-ci ; dès lors l'immeuble doit être rapporté à la succession de la femme jusqu'à concurrence de moitié de sa valeur.

465. La solution serait la même dans le cas où les deux époux auraient constitué la dot solidairement et où l'un d'eux seulement l'aurait payée (Guillouard, t. 1, n° 174). — Il a cependant été jugé qu'un enfant qui avait reçu de sa mère seule la totalité de la dot à lui constituée par ses père et mère solidairement, en devaitle rapport intégral à la succession de la mère (Amiens, 10 nov. 1853, aff. Hutin-Prarière, D. P. 55. 2. 108). Cette décision nous paraît inexacte : la solidarité est une garantie de plus pour la donation, mais elle ne change pas la nature des obligations résultant de la constitution de dot (V. au surplus la note sur cet arrêt, *ibid.*).

466. La dot fournie par l'un des époux avec ses biens propres devant être rapportée pour moitié à la succession de l'autre époux, en quels biens se fera le rapport? Doit-il avoir lieu en nature ou en argent? Nous pensons qu'il doit avoir lieu en nature, ou du moins conformément aux règles du rapport (c. civ. art. 858 et suiv.) (*Rép.* v° *Succession*, n° 1251). Puisque les constituants sont censés avoir doté chacun pour moitié, l'un d'eux est par là même censé avoir fourni à l'autre, moyennant indemnité, la moitié des biens constitués en dot. C'est donc cette moitié elle-même en nature qui doit être rapportée, lorsque la loi exige le rapport en nature, c'est-à-dire lorsqu'il s'agit d'immeubles (V. en ce sens : Civ. cass. 16 nov. 1824, et Bordeaux, 6 déc. 1833, *Rép.* n° 1284). Mais il est bien entendu que c'est la chose même constituée en dot, et non la chose donnée en payement, qui doit être rapportée. S'il a été constitué en dot une somme d'argent et si, par une convention postérieure, l'époux doté a reçu en payement un immeuble, il devra rapporter la somme et non l'immeuble. « Le motif en est, dit très bien M. Guillouard, t. 1, n° 180, que la dation en payement n'opère point novation de la dette ; elle l'éteint, comme tout payement, sans rien changer le caractère, et la constitution de dot reste ce qu'elle était, la constitution d'une dot en argent, rapportable comme telle en argent » (Req. 4 août 1852, aff. Pachot, D. P. 52. 1. 193).

467. Lorsque la dot a été constituée par le père et mère en avancement d'hoirie sur la succession du prémourant ou qu'elle a été déclarée *imputable en totalité* sur ladite succession, il est évident que la dot doit être rapportée intégralement à la succession dont il s'agit. Un arrêt a pourtant jugé que cette stipulation, « faite uniquement dans l'intérêt de l'époux survivant et pour lui assurer une jouissance plus étendue sur les biens qui existeraient lors du décès du prémourant », ne saurait être invoquée par les cohéritiers de l'époux doté, et que ceux-ci ne peuvent réclamer que le rapport de la moitié de la valeur de la dot (Paris, 10 août 1843, aff. Poinsot, D. P. 50. 2. 167). Mais ce système n'a pas prévalu. On ne peut admettre, en effet, que la succession du prémourant, obligée de supporter la dot en totalité à l'égard du survivant, ne la supporte en réalité que pour moitié. La règle est que le rapport est dû aux cohéritiers ; si les parties avaient entendu y déroger, elles auraient dû le dire d'une manière formelle. La stipulation dont il s'agit oblige donc l'enfant doté à rapporter réellement et intégralement la dot à la succession du premier mourant des père et mère, à moins qu'il ne renonce à cette succession; auquel cas il peut la retenir dans les limites de la quotité disponible (Paris, 16 mars 1850, aff. Morisseau, D. P. 50. 2. 167 ; Req. 3 juill. 1872, aff. de Caumel, D. P. 73. 1. 369; Aubry et Rau, t. 5, § 500, p. 226, note 17 ; Laurent, t. 21, n° 173; Guillouard, t. 1, n° 178).

468. — V. Exceptions a l'obligation du rapport de la dot (*Rép.* nos 1285 et suiv.). — La règle que la dot doit être rap-

portée à la succession du constituant reçoit tout d'abord exception lorsque la dot a été donnée par préciput ou avec dispense de rapport. Mais il a été jugé, comme on l'a vu *suprà*, n° 460, que le père, même quand il constitue la dot en effets de communauté, ne peut pas, à lui seul, dispenser l'enfant doté d'en rapporter la moitié à la succession de la mère, dans le cas où la communauté a été acceptée par celle-ci ou par ses héritiers.

469. On peut considérer comme une exception à l'obligation de rapporter la dot le cas où elle a été remise à un incapable; par exemple, à un mineur qui n'a pas été assisté conformément à l'art. 1398, ou à un interdit. L'incapable n'est alors obligé au rapport que dans la mesure du profit qu'il a retiré de la dot (Rodière et Pont, t. 1, n° 133; Guillouard, t. 1, n° 181. V. aussi *Rép.* v° *Obligations*, n°ˢ 2978 et suiv.).

470. L'art. 1573 c. civ. porte que « si le mari était déjà insolvable et n'avait ni art ni profession lorsque le père a constitué une dot à sa fille, celle-ci ne sera tenue de rapporter à la succession du père que l'action qu'elle a contre celle de son mari pour s'en faire rembourser ». Cette disposition, qui se trouve au chapitre du régime dotal, est-elle applicable sous les autres régimes et notamment sous le régime de communauté? L'affirmative a été soutenue, par la raison que les motifs d'équité qui ont fait admettre cette règle sont la même force, quel que soit le régime matrimonial (Delvincourt, *Cours de droit civil*, t. 2, p. 41; Vazeille, *Commentaires sur les successions, donations et testaments*, art. 850, n° 8). D'après MM. Rodière et Pont, t. 1, n° 137, l'art. 1573 devrait être étendu au régime exclusif de communauté et au régime de la communauté d'acquêts, mais non à la communauté légale, parce que, sous cette communauté, la femme, pouvant profiter de l'accroissement de fortune mobilière qui surviendrait au mari depuis le mariage, a une chance de gain que n'a pas la femme dotale, ni la femme mariée sans communauté ou avec communauté réduite aux acquêts. Mais la plupart des auteurs décident que l'art. 1573 ne doit pas être appliqué en dehors du régime dotal. Ils font remarquer que la règle de cet article est tirée de la *Novelle* 97, chap. 6, de Justinien; elle était en vigueur autrefois dans les pays de droit écrit, mais n'avait pas pénétré dans les pays de coutumes. C'est donc une disposition spéciale au régime dotal; et, comme ce régime n'a été admis dans le code qu'à titre d'exception, on ne peut pas étendre ses règles à d'autres régimes (Duranton, *Cours de droit français*, t. 7, n°ˢ 416 et suiv.; Marcadé, t. 6, art. 1573, n° 2; Demolombe, *Successions*, t. 4, n° 210; Aubry et Rau, t. 5, § 540, note 56, p. 637; Colmet de Santerre, t. 6, n° 245 *bis*; Laurent, t. 23, n° 578; Guillouard, t. 1, n° 183).

Sect. 4. — Administration des biens personnels de la femme (*Rép.* n°ˢ 1287 à 1398).

Art. 1er. — *De l'administration en général* (*Rép.* n°ˢ 1287 à 1304).

471. Le mari a l'administration de tous les biens personnels de la femme (c. civ. art. 1428). Comme administrateur des biens de la femme, le mari a le droit de toucher le montant des créances propres appartenant à celle-ci, et d'en donner quittance. Il n'y a pas à distinguer suivant la nature des créances; et le droit du mari s'étend notamment aux créances provenant de la femme de la vente ou de la licitation de ses immeubles propres (V. *Rép.* n°ˢ 2706 et suiv.; et *infrà*, n° 995; Rodière et Pont, t. 2, n° 905; Aubry et Rau, t. 5, § 510, note 9, p. 344; Laurent, t. 22, n° 131; Guillouard, t. 2, n° 783).

472. Mais si le mari peut, en vertu du mandat qu'il tient de la loi, recevoir les capitaux dus à sa femme, il n'a pas qualité pour obliger celle-ci envers les tiers sans son consentement exprès. Ainsi, dans un compte existant entre la femme et un tiers, les remises de sommes faites au mari ne sont opposables à la femme que si elles viennent en déduction

des sommes par elle dues; elles ne sauraient avoir pour résultat de constituer la femme débitrice, lors de l'arrêté de compte, qu'autant que la femme a été autorisées (Civ. cass. 19 août 1857, aff. Lemarié, D. P. 57. 1. 339. V. aussi Laurent, t. 22, n° 132; Guillouard, t. 2, n° 786).

Mais une convention par laquelle le mari avait obtenu le remboursement d'un capital propre à la femme, versé par elle dans une société dont la situation était incertaine, et une somme en sus, comme part de bénéfices, en abandonnant au gérant ce qui dans la liquidation ultérieure pourrait excéder cette dernière somme, a été considérée comme un acte d'administration rentrant dans les pouvoirs du mari (Civ. rej. 21 juin 1870, aff. de Jeanson, D. P. 71. 1. 294).

473. Quant au point de savoir si le mari peut céder par voie de transport les créances propres de sa femme; V. *infrà*, n° 996.

474. « Le droit pour le mari d'administrer les propres de sa femme, dit M. Guillouard, t. 2, n° 760, est de la nature, mais il n'est pas de l'essence du régime en communauté. » La femme, en effet, peut avoir l'administration de biens à elle propres dans les deux hypothèses indiquées au *Rép.* n°ˢ 1289 et suiv. : lorsqu'elle s'est réservé par contrat de mariage l'administration de certains biens et lorsqu'il lui a été fait une donation ou un legs sous la condition qu'elle administrerait elle-même les biens donnés ou légués (V. *suprà*, n° 250). Dans l'un et l'autre cas, la femme peut toucher elle-même, sans autorisation du mari et sur ses simples quittances, les revenus des biens qui lui sont propres. — Il a été jugé que lorsqu'une femme s'est mariée sous le régime de la communauté, avec réserve du droit de toucher, chaque année pour sa toilette et ses œuvres de charité, une portion des sommes payables par annuités, qui lui ont été constituées en dot, elle a le droit, à la dissolution de la communauté, si le mari a perçu, et s'est approprié les portions d'annuités ainsi réservées, d'en exiger le remboursement, quoiqu'elle n'ait pas fait d'opposition expresse à leur perception; il suffit qu'il résulte des circonstances qu'elle n'y a jamais donné son assentiment (Civ. rej. 16 avr. 1867, aff. de Vandœuvres, D. P. 67. 1. 221).

475. La femme, dûment autorisée à faire le commerce, touche elle-même les produits de son commerce; elle doit seulement verser ses bénéfices dans la communauté. — Il en est de même, d'après un arrêt cité au *Rép.* n° 1288, de la femme qui exerce la profession d'artiste dramatique; elle peut aussi toucher elle-même ses appointements et faire les dépenses nécessaires à sa profession. M. Laurent, t. 22, n° 124, objecte que les appointements de la femme sont un produit de son travail, qui entre en communauté et devient la propriété du mari. Comment la femme aurait-elle le droit d'administrer ce ne lui appartient pas? M. Guillouard, t. 2, n° 764, répond : « Sans doute, le produit du travail de la femme entre en communauté, en droit commun; mais, en autorisant la femme à exercer la profession d'actrice, le mari l'a autorisée par là même à faire les dépenses que nécessite cette profession. Il n'y a de bien que dettes déduites, et les appointements que touche la femme ne constituent un bien de communauté que déduction faite des frais de toilette et autres, sans lesquels la femme ne pourrait paraître sur la scène ».

476. On a cité au *Rép.* n° 1296 un arrêt suivant lequel, si une femme pourvue d'un conseil judiciaire se marie sous le régime de la communauté, la mission du conseil judiciaire devrait cesser (V. cependant les décisions citées *suprà*, n° 276).

477. Nous avons vu, *suprà*, n° 401, que les actes faits par le mari comme chef de la communauté n'ont pas besoin d'avoir acquis date certaine avant la dissolution de la communauté pour être opposables à la femme. Il en est de même des actes que le mari a passés sans fraude comme administrateur du patrimoine de la femme; ces actes sont réputés faits par la femme elle-même (Nancy, 25 juill. 1868 (1); Demolombe, *Cours de code civil*, t. 29, n° 518; Laurent, t. 22, n°ˢ 113 et suiv.; Guillouard, t. 2, n° 765).

_____

(1) (Grandidier *C.* Masson et autres.) — La cour; — Attendu que, créancière de Joseph Boulanger, son frère, d'une somme de 1200 fr. en vertu d'un acte sous seing privé du 21 févr. 1852, Marie-Anne Boulanger, veuve Grandidier, demandait en

première instance qu'on annulât, comme contraire aux dispositions de l'art. 1595 c. nap., la vente que le débiteur a consentie à Marie Marchal, sa femme, le 23 avr. 1853, de tous ses immeubles et de ceux de la communauté moyennant la somme

Cette règle a été ainsi formulée, en Belgique, par une loi interprétative du 28 avr. 1850 : « L'acte sous seing privé signé par le mari et relatif à des revenus personnels à la femme, s'il est reconnu par celle à laquelle on l'oppose, a entre elle et ceux qui l'ont souscrit, même après la séparation de corps et de biens, la même foi que l'acte authentique ».

Art. 2. — Des aliénations (Rép. nos 1305 à 1318).

478. Le mari ne peut aliéner les immeubles personnels de sa femme sans son consentement (c. civ. art. 1428). Cette interdiction comprend, non seulement les actes d'aliénation proprement dits, mais encore tous les actes de disposition qui dépassent les limites de la simple administration. C'est ainsi, comme on l'a dit au Rép. no 1308, que le mari ne pourrait pas concéder seul l'ouverture d'une carrière ou d'une minière sur un propre de sa femme. — Il a été jugé que le mari ne peut aliéner les immeubles sous la profit les arbres coupés dans un bois appartenant en propre à sa femme et qui n'a pas été mis en exploitation, soit par coupes périodiques sur un certain espace de terrain, soit par coupes d'un certain nombre d'arbres sur toute son étendue (Lyon, 7 févr. 1883, aff. Guillotte, D. P. 85. 2. 74).

479. La question de savoir si le mari peut aliéner les meubles de sa femme, sans le consentement de celle-ci, quand ils ne sont pas entrés en communauté, est traitée au Rép. nos 2693 et suiv., et infrà, no 993. — On a vu suprà, no 209, que certains meubles, tels que les portraits de famille, sont par leur nature exclus de la communauté légale. Il a été jugé que la propriété de tels meubles, « toute personnelle de sa nature, ne saurait être soumise, sans restriction, même à l'application des règles relatives aux droits du mari sur les objets mobiliers appartenant à la femme commune en biens » ; que par suite le mari ne peut, ni en sa qualité de mari, ni même en vertu du mandat à lui conféré par sa femme de liquider la communauté et succession des père et mère de celle-ci, obliger valablement sa femme à faire la remise à ses cohéritiers de portraits de famille à elle donnés (Paris, 29 mars 1873, aff. Poullalié, D. P. 74. 2. 129).

480. La vente d'un immeuble propre à la femme, faite par le mari seul, au mépris de la prohibition de l'art. 1428, est nulle à l'égard de la femme (Rép. no 1313). — Si elle renonce à la communauté, il est certain que la femme peut revendiquer son immeuble ; le tiers acquéreur évincé aura seulement un recours en garantie contre le mari. Mais si la femme accepte la communauté, aura-t-elle encore le droit de revendiquer ? — Cette question a donné lieu à diverses opinions, qui sont indiquées au Rép. no 1315. La première de ces opinions, qui décide que la femme acceptante ne peut revendiquer son immeuble que pour moitié et que pour l'autre moitié elle sera repoussée par l'exception de garantie, a été encore soutenue, depuis la publication du Répertoire, par MM. Marcadé, t. 5, art. 1428, no 3 ; Colmet de Santerre, t. 6, nos 71 bis XIII et suiv., et Laurent, t. 22, nos 152 et suiv. L'opinion que nous avons adoptée, d'après laquelle la femme peut revendiquer la totalité de son immeuble, sauf à supporter la moitié de la restitution du prix et des dommages-intérêts dus à l'acquéreur, si elle accepte la communauté, a pour elle, avec les auteurs cités au Rép. no 1315, in fine, MM. Rodière et Pont, t. 2, no 912 ; Aubry et Rau, t. 5, § 510, note 24, p. 347, et Guillouard, t. 2, nos 803 et suiv. — Voici comment MM. Aubry et Rau répondent aux auteurs qui soutiennent la première opinion : « L'erreur dans laquelle ces auteurs sont tombés, à notre avis, provient d'une fausse assimilation des effets qu'entraîne l'acceptation de la communauté, avec ceux qui découlent de l'acceptation d'une succession. L'héritier pur et simple, qui succède aux obligations du défunt, telles qu'il les avait contractées, en est tenu dans toute leur étendue. La femme, au contraire, ne succède pas au mari et ne prend pas sa place. Ce n'est qu'en qualité d'associée qu'elle peut être tenue des obligations contractées par ce dernier. À ce titre, elle est bien soumise à la restitution de la moitié du prix payé par l'acheteur et même au payement de la moitié des dommages-intérêts qui peuvent lui être dus ; mais elle ne saurait être obligée de respecter l'aliénation faite par le mari, qui n'a pu la soumettre à une pareille obligation, par cela même qu'il lui était défendu de vendre le propre de la femme sans son consentement. Ces deux propositions, quoi qu'en dise Marcadé, ne sont nullement contradictoires. Si, dans les circonstances ordinaires, et alors que le recours pour cause d'éviction est dirigé contre le vendeur lui-même, ou contre l'héritier qui le représente, l'obligation de payer des dommages-intérêts à l'acheteur évincé n'est que la conséquence de celle de garantir la paisible possession et n'a pas d'autre cause, il n'en est plus de même dans l'hypothèse qui nous occupe. La femme, quoique n'étant pas soumise à la garantie de la vente de son propre, n'en est pas moins tenue, comme commune en biens, de la moitié des condamnations qui de ce chef seront

de 2400 fr.; — Attendu que le tribunal a repoussé cette demande, parce qu'elle se serait tardivement produite, d'après l'art. 1304 c. nap., parce qu'aussi le titre de la créance n'aurait acquis date certaine qu'au décès du souscripteur, le 23 févr. 1860, ou par l'enregistrement, le 4 mars 1864, c'est-à-dire dans l'une et l'autre hypothèse, longtemps après la vente dont l'annulation était sollicitée; — Mais attendu, sur le premier point, que l'art. 1304 précité ne s'applique qu'aux personnes qui ont été parties à l'acte et non à celles qui y sont restées étrangères; — Que, quant à celles-ci, l'acte est res inter alios acta, et que l'obligation de le faire annuler ne naissant pour elles qu'au moment où ce ne leur oppose, on ne pouvait les faire resserrer, pour agir, dans les limites trop étroites d'un délai préfixe; — Que leur action n'encourt aucune déchéance, quand elle s'exerce avant l'expiration du délai après lequel toutes les actions, tant réelles que personnelles, se voient prescrites aux termes de l'art. 2262 c. nap.;

Attendu, sur le second point, que Joseph Boulanger et Marie Marchal étaient mariés sous le régime de la communauté légale; que cette circonstance rendait communes toutes les dettes contractées par le mari (c. nap. art. 1409), et obligeait la femme, si plus tard elle acceptait la communauté, ce qui a eu lieu; — Que dûment représentée à l'acte du 21 févr. 1852 par l'administrateur et le chef de cette communauté, agissant dans la plénitude de ses pouvoirs et de son droit, la femme ne peut aujourd'hui se dire un tiers et invoquer l'art. 1328 c. nap.; — Attendu, d'ailleurs, qu'il résulte des qualités du jugement rendu entre les mêmes parties le 25 juin 1860 que le billet de 1200 fr. ne représente rien autre qu'une soulte de pareille somme mise à la charge de Joseph Boulanger au profit de sa sœur, la veuve Grandidier, par un partage authentique du 7 févr. 1847, c'est-à-dire de beaucoup antérieur à la vente du 23 avr. 1852; — Que l'appelante trouvait dans les art. 141, 142, 143, 144, 145 c. proc. civ. un moyen légal et facile de contredire et de faire tomber cette allégation de son adversaire, si elle manquait d'exactitude; qu'en la laissant subsister sans opposition, elle en a, d'une manière implicite, reconnu la vérité et s'est interdit la possibilité de la méconnaître à l'avenir;

Au fond : — Attendu que l'art. 1595, § 2, c. nap. autorise le contrat de vente entre époux, quand la cession que le mari fait à sa femme a une cause légitime; qu'ici la cession a été déterminée, ainsi que l'apprend son contexte, et par la nécessité de pourvoir, jusqu'à concurrence de 1000 fr., au remploi des propres de la dame Boulanger, précédemment aliénés, et par celle non moins impérieuse de désintéresser, pour le surplus du prix, le porteur d'une créance hypothécaire inscrite sur les immeubles cédés et depuis douze jours exigible; — Qu'il importe peu que ces immeubles aient été en 1863 et en 1866 revendus 3800 fr.; que d'abord, après dix et treize ans d'intervalle, la différence du prix s'expliquerait au besoin par la différence du temps, surtout dans le canton de Saales, où, en 1853, des circonstances malheureuses et notoires frappaient la propriété foncière d'un immense discrédit; qu'ensuite l'art. 1595 c. nap. n'a pas exigé et ne pouvait pas exiger pour la validité des ventes dont il s'occupe à son deuxième paragraphe, que la créance de la femme fût égale à la valeur des immeubles faisant l'objet de la cession; qu'il suffit qu'il y ait réellement vente et vente faite à la femme par le mari, en payement d'une dette actuelle et personnelle de celui-ci envers celle-là, alors même que l'apparente infériorité du prix pourrait, dans une certaine mesure, laisser pressentir un avantage indirect, pourvu cependant que cet avantage ne soit pas assez considérable pour enlever à l'acte son caractère de contrat à titre onéreux; — Que c'est là une question de fait abandonnée à la souveraine appréciation des tribunaux, et qu'au cas particulier, la règle doit s'appliquer avec une grande faveur, puisque la vente et la créance sont certaines, puisque rien aussi ne révèle au procès l'existence d'un concert frauduleux de la part des époux, de la part de la femme, notamment, qui reste, en définitive, créancière de la communauté et de son mari, de sommes relativement importantes et qu'elle ne recouvrera jamais; — Par ces motifs, etc. Du 25 juill. 1868.-C. de Nancy, ch. civ.-MM. Leclerc, 1er pr.-Souëf, 1er av. gén.-Doyen et Larcher, av.

prononcées contre son mari, comme de celles qui le seraient à tout autre titre. La cause de son engagement sous ce rapport réside dans l'acceptation de la communauté, et il n'est pas besoin pour l'expliquer de la rattacher à une obligation de garantie à laquelle elle se trouverait personnellement soumise. »

481. Un auteur (M. de Folleville, t. 1, n° 345 *quater*) va même jusqu'à soutenir que la femme peut revendiquer son immeuble vendu par le mari, sans être tenue, même en acceptant la communauté, de supporter aucune part du prix à restituer ni des dommages-intérêts à payer à l'acquéreur. Mais des nombreux arguments invoqués à l'appui de cette opinion, aucun ne nous paraît fondé, et l'on peut les réfuter tous à la fois en rappelant, comme le fait M. Guillouard, t. 2, n° 808, que sous le régime de communauté toute dette du mari est une dette de la communauté, dont la femme acceptante est tenue d'acquitter sa part. Il en est nécessairement ainsi, que la dette ait pour cause la vente par le mari d'un propre de la femme ou tout autre acte de mauvaise gestion. Il faut remarquer, d'ailleurs, que si la femme a fait un inventaire, elle ne sera tenue que jusqu'à concurrence de son émolument, conformément à l'art. 1483.

482. MM. Aubry et Rau, t. 5, § 510, note 24, p. 347, et Guillouard, t. 2, n° 803, font, toutefois, une distinction qui nous paraît parfaitement exacte : si le mari a déclaré à l'acquéreur que l'immeuble qu'il lui vendait était un propre de la femme ou même s'il l'acquéreur a connu d'une autre façon l'origine de l'immeuble, cet acquéreur alors n'a pas véritablement droit à garantie ; il peut seulement répéter le prix qu'il a payé et que le mari ne doit pas garder sans cause. Ce n'est qu'au cas où l'acquéreur a cru ou dû croire qu'il achetait un immeuble du mari ou de la communauté qu'il peut obtenir, en sus du prix, des dommages-intérêts contre le mari, dommages-intérêts dont la femme ne sera jamais tenue qu'en tant que femme commune.

483. Il a été jugé, conformément à l'opinion que nous avons exprimée au *Rép.* n° 1316, que la femme commune ne peut revendiquer contre les tiers acquéreurs ses propres, aliénés par le mari seul, tant que dure la communauté (Bastia, 6 mai 1856, aff. Moretti, D. P. 56. 2. 203). D'après cet arrêt, la femme ne peut être admise à exercer une action dont les effets rejailliraient contre le mari, qui est le maître de la communauté et dont elle ne saurait critiquer les actes sans manquer au respect et à la soumission que la loi lui impose. De plus, la revendication formée pendant la communauté est prématurée, par la raison que c'est seulement lors de la dissolution que l'on pourra connaître la part de responsabilité qui doit peser sur la femme au sujet de la vente, selon qu'elle aura accepté ou répudié la communauté actuellement existante. Cette dernière considération, il est vrai, a peu de valeur dans le système adopté par nous, *supra*, n° 480, qui admet que la femme peut revendiquer, quitte à lui répudie, soit qu'elle accepte la communauté. Mais on peut ajouter, en faveur de la solution de l'arrêt précité, que le mari, en vendant l'immeuble de la femme, a pu disposer valablement du droit de jouissance qui appartenait à la communauté, et que, par conséquent, l'acquéreur doit pouvoir conserver l'immeuble tant que la communauté n'est pas dissoute. La femme est d'ailleurs mise à l'abri de la prescription par l'art. 2256-2° (V. en ce sens, outre les auteurs cités au *Rép. ibid.* : Rodière et Pont, t. 2, n° 913 ; Laurent, t. 22, n° 158).

D'autres auteurs, au contraire, soutiennent que la femme peut, même durant le mariage, demander la nullité de l'aliénation de son immeuble propre. Elle le peut, d'après MM. Aubry et Rau, t. 5, § 510, note 25, p. 348 et suiv., et M. Guillouard. t. 2, n° 809 et suiv., dans le cas où elle y est autorisée par son mari, mais non avec l'autorisation de justice. Elle le peut même si elle n'est autorisée que par la justice, d'après M. de Folleville, t. 1, n°s 343 *bis* et suiv. Cette solution, est de ce dernier auteur, est conforme aux principes généraux du droit. « Quand une personne est propriétaire d'un bien quelconque, elle ne peut pas en être dépouillée sans son consentement... ; l'art. 1599 proclame formellement la nullité de l'aliénation de la chose d'autrui, de même que l'art. 2125 édicte la même sanction en ce qui concerne l'hypothèque consentie sur la chose d'autrui. Il est bien vrai que la femme ne peut pas s'immiscer dans l'admi-

nistration de la communauté dirigée par le mari. Mais il ne faut pas confondre les pouvoirs du mari sur les biens de la communauté avec ses pouvoirs sur les biens propres de la femme. Vis-à-vis des propres, il n'est que mandataire de celle-ci, et s'il les aliène il abuse d'un véritable mandat portant sur la chose d'autrui... Même en dehors de la prescription, il y a un intérêt majeur pour la femme à revendiquer son immeuble propre pendant le mariage ; car les biens vendus par le mari sont peut-être susceptibles de dépérissement, ou peut-être encore les tiers acquéreurs vont-ils gravement les modifier ; la femme peut avoir à craindre des dégradations irrémédiables, des démolitions, des coupes de bois. » Quant au droit de jouissance que l'acquéreur prétendrait conserver pendant la durée de la communauté, les auteurs dont nous rapportons l'opinion répondent que ce droit n'est que la conséquence d'une vente nulle, et qu'il doit cesser le jour où le propriétaire fait prononcer la nullité de cette vente. — La question était déjà controversée dans l'ancien droit. M. de Folleville se prévaut de l'opinion de Pothier, *Traité de la puissance du mari*, n° 84 ; *Introduction au titre X de la coutume d'Orléans*, n° 154 ; *Traité de la communauté*, n° 253 ; M. Guillouard invoque Guy Coquille, *Questions et réponses*, n° 105, et Ferrière, *Sur la coutume de Paris*, art. 226.

Art. 3. — Des actions en justice (*Rép.* n°s 1319 à 1363).

484. Aux termes de l'art. 1428-2°, le mari peut exercer seul toutes les actions mobilières et possessoires qui appartiennent à la femme. Il s'agit, comme on l'explique au *Rép.* n° 1320, des actions dont l'objet n'est pas entré dans la communauté, soit par l'effet d'une réserve du contrat de mariage, soit par suite d'une condition apposée à une donation ou à un legs fait à la femme.

Pouvant exercer seul toutes les actions *mobilières* de sa femme, tant réelles que personnelles, le mari peut, dès lors, dit M. de Folleville, t. 1, n° 339 *bis*, agir en délivrance des meubles qui auraient été donnés entre vifs ou légués à la femme, à la condition qu'ils lui demeureraient propres, ou encore poursuivre le payement du prix d'un immeuble propre vendu par la femme avec les autorisations nécessaires. La mari est, en effet, le représentant, le mandataire légal de la femme, comme le tuteur le mandataire légal du mineur aux termes de l'art. 450.

Il a été jugé que le mari dont la femme possède des actions d'une compagnie financière est recevable à diriger, conformément à la loi du 24 juill. 1867 (D. P. 67. 4. 98), une instance en responsabilité contre les fondateurs de la société, déclarée nulle, et contre les commissaires qui n'ont pas rempli leurs obligations (Paris, 14 nov. 1880, V. *infra*, v° *Société*).

485. Comme maître des actions mobilières de sa femme, le mari a également le droit de poursuivre par l'action en dommages-intérêts devant la juridiction correctionnelle la répression des délits commis contre la femme personnellement, et notamment les délits de diffamation et d'injure (Crim. cass. 23 mars 1866, aff. Perrin et Peltier, D. P. 67. 1. 129).

486. Le jugement rendu contre le mari en matière mobilière ou possessoire est opposable à la femme comme si elle avait figuré dans l'instance.

La femme ne serait pas recevable à attaquer ce jugement par voie de tierce opposition, et il en résulte, comme l'a décidé un arrêt, qu'elle ne serait pas non plus recevable à intervenir en appel dans une telle instance où elle serait représentée par son mari et où elle n'aurait, d'ailleurs, aucun intérêt distinct et séparé (Paris, 23 mai 1873, et Req. 15 avr. 1874, aff. Blanchet, D. P. 75. 1. 67).

MM. Aubry et Rau, t. 5, § 510, p. 344, estiment, toutefois, que la femme pourrait agir par tierce opposition s'il y avait eu collusion entre le mari et le tiers avec lequel il a plaidé. M. Guillouard, t. 2, n° 818, est d'un avis contraire, par le motif que la tierce opposition n'est ouverte qu'à ceux qui n'ont pas été parties au procès ; or la femme y a été partie, en la personne de son mari qui l'a représentée. La femme n'aurait alors d'autre moyen de réparation du préjudice que la collusion aurait causé qu'un recours en indemnité contre son mari, à la dissolution de la communauté.

487. Si le mari se refusait à exercer une action mobi-

lière ou possessoire, la femme, comme on l'a décidé au *Rép.* n° 1326, pourrait se faire autoriser à l'exercer elle-même. — Il a été jugé que sous le régime de la communauté la femme a qualité pour exercer elle-même, avec l'autorisation du mari ou de la justice, les actions mobilières ou autres qui lui appartiennent, alors surtout qu'il s'agit d'actions exclusivement attachées à la personne de la femme, telles qu'une action qui lui compète en qualité de mère d'un enfant naturel, ou une action en révocation d'une donation pour cause d'inexécution des conditions stipulées à son profit exclusif, encore bien que le produit de ces actions doive tomber dans la communauté (Orléans, 18 févr. 1858, aff. Flory, D. P. 58. 2. 113; Poitiers, 16 févr. 1885, aff. Guichard, D. P. 86. 2. 38).

488. L'art. 1428-2° n'accorde expressément au mari que l'exercice des actions mobilières et possessoires de la femme. La question de savoir si le mari ne peut pas exercer aussi les actions immobilières pétitoires est controversée (V. *Rép.* n° 1330 et suiv.). Toutefois l'opinion d'après laquelle le mari n'a pas le droit d'exercer seul ces actions a prévalu dans la doctrine et dans la jurisprudence (V. outre les auteurs cités au *Rép.* n° 1334 : Rodière et Pont, t. 2, n° 907 ; Aubry et Rau, t. 5, § 509, note 29, p. 334 et suiv. ; Colmet de Santerre, t. 6, n° 71 *bis* IV; Laurent, t. 22, n°s 50 et suiv. ; de Folleville, t. 1, n°s 340 et suiv.; Guillouard, t. 2, n° 819).

Il a été jugé: 1° que, bien que le mari ait, comme chef de la communauté, le droit de percevoir les fruits et les revenus des immeubles propres de sa femme, bien qu'il ait comme tel une action immobilière pour recouvrer ces fruits et revenus, il ne peut puiser dans ce droit le pouvoir d'exercer une action immobilière qui tendrait à compromettre la propriété (Paris, 23 mars 1872, aff. Laluyé, D. P. 72. 2. 169); — 2° Que le mari commun en biens n'a pas qualité pour représenter sa femme en justice dans une action immobilière relative aux propres de celle-ci ; qu'il a, au contraire, qualité pour proposer l'exception tirée de ce que la demande aurait dû être formée contre la femme et non contre lui (Civ. cass. 22 avr. 1873, aff. Montal, D. P. 73. 1. 428).

D'après les deux arrêts que nous venons de citer, la connaissance que la femme aurait eue de l'exercice de l'action et le silence qu'elle aurait gardé pendant l'instance ne suffiraient pas pour qu'on dût considérer le mari comme l'ayant représentée ; ces circonstances ne sauraient équivaloir au mandat ou à la ratification de la femme.

489. Les diverses conséquences de cette doctrine sont indiquées au *Rép.* n°s 1337 et suiv. — Il en résulte, notamment, que si le mari a plaidé seul quant à la propriété des immeubles de la femme et que l'adversaire veuille se prévaloir du jugement contre la femme, celle-ci peut y former tierce opposition (Paris, 23 mars 1872, cité *suprà*, n° 488; Laurent, t. 22, n° 149; Guillouard, t. 2, n° 820). Toutefois, la plupart des auteurs cités *suprà*, n° 488, d'accord avec la jurisprudence de la cour de cassation, reconnaissent au mari le droit d'agir, même au pétitoire, en tant qu'il s'agit de revendiquer ou de conserver l'usufruit des immeubles propres de la femme. Si, en effet, la femme se refuse à faire valoir les droits immobiliers qui lui appartiennent, ce refus ne doit pas annihiler le droit de jouissance qui compète à la communauté. Mais alors, ce n'est pas en qualité d'administrateur des propres de la femme que le mari agira, ce sera uniquement comme chef de la communauté, usufruitière des propres des époux. Et l'action ne profitera ni ne nuira à la femme. Si le tiers contre lequel le mari plaidera veut obtenir un jugement qui soit opposable à la femme, il devra la mettre en cause, de même que si la femme veut que la décision lui profite, elle devra intervenir dans l'instance (V. *Rép.* n°s 1336 et 1347).

490. Quant à l'action en partage des successions ou autres biens échus à la femme, V. *Succession ; — Rép.* eod. v°, n°s 1607 et suiv.

Art. 4. — *Des baux* (*Rép.* n°s 1364 à 1382).

491. Les art. 1429 et 1430 c. civ., expliqués au *Rép.* n°s 1364 et suiv. indiquent dans quelles limites le mari peut donner à bail les immeubles de la femme et renouveler les baux en cours. Il résulte de l'art. 1429 que le mari ne peut faire des baux obligatoires pour la femme au delà de la dissolution de la communauté pour une durée de plus de neuf ans. — Le bail de plus de neuf ans fait par le mari n'est pas nul; il peut seulement être réduit, sur la demande de la femme ou de ses héritiers, à ce qui restera à courir de la période de neuf ans pendant laquelle la communauté vient à se dissoudre (*Rép.* n° 1366, et v° *Louage*, n° 57; Rodière et Pont, 2° éd., t. 2, n° 919 ; Aubry et Rau, t. 5, § 510, p. 345 et suiv. ; Laurent, t. 27, n° 136; Guillouard, t. 2, n° 788).

Le droit de demander la réduction du bail n'appartient, comme on l'a dit au *Rép.* n° 1371, qu'à la femme ou à ses héritiers (Trib. Hazebrouck, 26 janv. 1848, et sur appel, Douai, 18 mars 1852, aff. Monet, D. P. 53. 2. 20; *Rép.* v° *Louage*, n° 57).

492. D'après l'art. 1430, les baux des immeubles de la femme ne peuvent être renouvelés valablement par le mari que deux ans ou trois ans avant l'expiration du bail courant, suivant qu'il s'agit de maisons ou de biens ruraux (*Rép.* n° 1372). — Toutefois le renouvellement fait par le mari plus de trois ou deux ans avant l'expiration du bail précédent sera valable, si l'exécution du nouveau bail a commencé avant la dissolution de la communauté (*Rép.* n° 1373). Mais, d'après plusieurs auteurs, la circonstance que la communauté aurait duré jusqu'après l'époque à laquelle les baux auraient pu être valablement passés ou renouvelés, serait sans influence sur le sort de ces baux (Toullier, *Droit civil français*, t. n° 412; Aubry et Rau, t. 5, § 510, note 18, p. 346). L'opinion contraire, exprimée au *Rép.* n° 1373, nous semble cependant plus conforme à l'équité.

493. Bien que l'art. 1430 parle des baux « de neuf ans et au-dessous », on n'en doit pas conclure avec Proudhon, *De l'usufruit*, t. 3, n° 1243, que les baux de plus de neuf ans, passés ou renouvelés par le mari avant le temps déterminé par la loi, sont absolument nuls à l'égard de la femme, même dans le cas où l'exécution en aurait commencé avant la dissolution de la communauté. Le législateur a supposé que la règle de l'art. 1429 a été observée, mais la durée du bail ne peut avoir aucune influence sur la validité du renouvellement (Rodière et Pont, t. 2, n° 922; Marcadé, t. 5, art. 1430, n° 2; Aubry et Rau, t. 5, § 510, note 17, p. 346; Laurent, t. 22, n° 143 ; Guillouard, t. 2, n° 792).

494. Les art. 1429 et 1430 supposent d'ailleurs que le bail n'a été consenti ou renouvelé que par le mari seul. S'il l'a été par le mari avec le concours de la femme, il est pleinement obligatoire pour celle-ci, quelle que soit sa durée ou l'époque à laquelle le renouvellement a eu lieu. Le mari et la femme, pouvant d'un commun accord aliéner les immeubles propres, peuvent à plus forte raison faire des baux, même emphytéotiques ou de 99 ans (*Rép.* n° 1369; Laurent, t. 22, n° 140 ; de Folleville, t. 1, n° 338; Guillouard, t. 2, n° 791).

495. Si le bail a été fait pour plus de neuf ans ou renouvelé plus de trois ou deux ans avant l'expiration du précédent, et que la femme ou ses héritiers se refusent à l'exécuter, le mari, comme on l'a décidé au *Rép.* n°s 1374 et 1374, une indemnité au preneur, à moins qu'il ne lui ait fait connaître que les immeubles qu'il louait appartenaient à la femme (Rodière et Pont, 2° éd., t. 2, n° 923 ; Marcadé, t. 5, art. 1430, n° 3; Aubry et Rau, t. 5, § 510, note 20, p. 346; Laurent, t. 22, n° 137; Guillouard, t. 2, n° 794).

496. Le bail fait par le mari, même pour un temps qui n'excède pas neuf ans, ou le bail renouvelé moins de trois ou deux ans avant la dissolution de la communauté, ne serait pas obligatoire pour la femme ou ses héritiers s'il avait été fait en fraude de leurs droits (Arg. art. 1673 c. civ.) (V. *Rép.* n°s 1375 et suiv., et v° *Louage*, n° 57; Rodière et Pont, t. 2, n° 924; Aubry et Rau, t. 5, § 510, note 15, p. 345; Laurent, t. 22, n° 145 ; Guillouard, t. 2, n° 789). — Ajoutons, avec M. Guillouard, *loc. cit.*, que la fraude devra être d'autant plus facilement admise par les tribunaux que la dissolution de la communauté paraissait plus prochaine au moment où le bail a été fait, par exemple, si le mauvais état des affaires du mari rendait imminente une demande en séparation de biens, ou la discorde qui régnait entre les époux, une séparation de corps, ou bien enfin si la maladie dont était atteint l'un ou l'autre des époux rendait probable la dissolution du mariage.

497. Le mari, avons-nous dit au *Rép.* n° 1379, peut, *sans fraude et conformément à l'usage*, toucher des loyers par anticipation, par exemple le loyer des six derniers mois de location. Le preneur est libéré par ce payement, mais la femme peut demander à la communauté, et subsidiairement au mari, la restitution des loyers afférents à la période postérieure à la dissolution de la communauté. Il a été jugé que, si les art. 1429 et 1430 confèrent au mari, administrateur de la communauté, le droit de donner à bail les immeubles propres à la femme commune, en renfermant toutefois cette faculté dans de certaines limites de temps et de durée, il ne s'ensuit pas que, par là même, le mari ait le droit absolu de disposer par anticipation des loyers à échoir après la dissolution de la communauté; qu'un tel droit ne peut lui appartenir que dans la mesure des actes d'administration (Civ. cass. 18 août 1868, aff. Hoaréau, D. P. 68. 1. 371). Nous croyons qu'il faut décider, en principe, que les quittances ou cessions anticipées de loyers ou de fermages faites par le mari ne peuvent être opposées à la femme pour les loyers ou fermages à courir postérieurement à la dissolution de la communauté, à moins que le payement ou le transport par anticipation ne soit autorisé par l'usage ou ne puisse être considéré comme un acte de bonne administration. Le mari ne peut, en effet, disposer par avance de revenus qui ne lui appartiendront à aucun titre. On a prétendu qu'il y avait lieu d'appliquer ici par analogie les dispositions de la loi du 23 mars 1855 (art. 2 et 3), aux termes desquelles les quittances ou cessions de loyers ou fermages non échus ne peuvent être opposées aux tiers pour une durée de plus de trois années, à moins que les quittances ou cessions n'aient été transcrites. Il résulte, a-t-on dit, de ces dispositions que, dans la pensée du législateur, au-dessous de trois ans, les cessions ou les quittances anticipées de fermages constituent des actes de simple administration; elles peuvent donc à ce titre être consenties par le mari et être opposées à la femme. Nous pensons, avec M. Guillouard, t. 2, n° 797, que cette théorie ne peut être admise. Il n'y a aucune analogie entre la question qui nous occupe et la matière qui a été régie par la loi du 23 mars 1855 : cette loi a restreint, dans l'intérêt des tiers, des créanciers hypothécaires et des acquéreurs, le droit de disposition du débiteur ou du vendeur, qui, en principe, peut d'une manière absolue toucher ou céder ses revenus par anticipation. Ce n'est évidemment pas une raison pour reconnaître au mari le droit de disposer trois ans d'avance des revenus à venir de la femme.

498. Mais le mari peut céder par anticipation les fruits et revenus des propres de la femme tant que dure la communauté. Il a été jugé que la remise, faite par le mari, des arrérages à courir d'une rente stipulée pour prix d'une vente de propres de la femme était valable, alors d'ailleurs que réserve avait été faite du droit de la femme au service de cette rente dans le cas de survie (Orléans, 21 févr. 1832, aff. Planchard, D. P. 53. 2. 63).

499. Le mari peut aussi résilier les baux des immeubles de la femme, quelle que soit la durée qui en reste à courir; la résiliation, est, en effet, généralement un acte d'administration, et la loi n'a pas limité sous ce rapport les pouvoirs du mari (Paris, 26 avr. 1850, aff. Crepet, D. P. 51. 2. 180; Rodière et Pont, t. 2, n° 925; Marcadé, t. 5, art. 1428, n° 2; Aubry et Rau, t. 5, § 510, note 8, p. 344; Guillouard, t. 2, n° 798. Comp. Req. 2 juin 1886, aff. Guignard, D. P. 87. 1. 133).

ART. 5.—*De la responsabilité du mari* (*Rép.* n°s 1383 à 1398).

500. L'art. 1428-4° déclare le mari responsable de tout dépérissement des biens personnels de sa femme, causé par défaut d'actes conservatoires.—La loi n'ayant pas autrement déterminé la responsabilité du mari, nous pensons, avec M. Guillouard, t. 2, n° 776, qu'elle doit être appréciée suivant le droit commun, c'est-à-dire conformément à l'art. 1137 c. civ. (Comp. Gand, 2 janv. 1884, aff. Claeys C. Mercy, *Pasicrisie belge*, 1884. 2. 214); le mari doit donc apporter à la gestion du patrimoine de la femme tous les soins d'un bon père de famille; il répond des fautes qu'un homme diligent n'aurait pas commises (Comp. *Rép.* v° *Obligations*, n° 686).

501. Le mari ne peut, d'ailleurs, pendant le mariage, rejeter tout ou partie de sa responsabilité sur la femme. D'après un arrêt de la cour de cassation, il est responsable du placement des sommes provenant de l'aliénation des biens de sa femme, lors même que ce placement aurait été fait par la femme elle-même, comme mandataire de son mari (Req. 8 févr. 1853, aff. Delaruelle, D. P. 53. 1. 33).

502. Le mari, devant faire les actes conservatoires nécessaires pour empêcher le dépérissement des biens de la femme, doit, par conséquent, interrompre les prescriptions acquisitives ou libératoires qui courent contre elle, et, comme on l'a constaté au *Rép.* n° 1386, il n'y a pas à distinguer, sous ce rapport, entre les prescriptions commencées avant ou depuis le mariage. Toutefois, comme on l'a également observé *ibid.* n° 1387, s'il ne restait plus qu'un délai très court au moment du mariage pour que la prescription fût accomplie contre la femme, le mari ne devrait pas être déclaré responsable (Rodière et Pont, t. 2, n° 915; Guillouard, t. 2, n° 780).

503. D'après quelques auteurs, le mari, n'ayant pas l'exercice des actions immobilières de la femme, n'est pas tenu d'interrompre lui-même les prescriptions acquisitives concernant les immeubles de celle-ci; il doit seulement, comme l'usufruitier d'après l'art. 604, avertir la femme de la prescription qui court contre elle (Laurent, t. 22, n° 430; Guillouard, t. 2, n° 780. Comp. *Rép.* n° 1389). M. de Folleville, 1. 1, n° 334 *bis*, enseigne, au contraire, que le mari peut et doit agir, soit au possessoire, lorsque la possession susceptible de conduire à la prescription a commencé depuis moins d'un an, soit au pétitoire, pour faire revenir à la communauté la jouissance des immeubles de la femme indûment possédés par des tiers. La revendication de cette jouissance interrompra la prescription courant contre la femme, puisque cette revendication, quoique intentée au point de vue de l'usufruit, ne pourra évidemment être admise que sur la preuve du droit de propriété de la femme.

504. Le mari, chargé d'administrer la dot de la femme, doit veiller au payement des capitaux dont elle se compose. La cour de cassation a jugé que le mari est à bon droit déclaré responsable du défaut de payement de la dot constituée à sa femme, lorsqu'il est constaté que c'est par sa faute que cette dot n'a point été payée et que, notamment, il a négligé d'en poursuivre le recouvrement contre le constituant, qui n'est devenu insolvable que depuis la dissolution de la communauté (Civ. rej. 19 janv. 1863, aff. Hardy, D. P. 63. 1. 86).

505. Comme on l'a observé au *Rép.* n° 1394, la responsabilité du mari à raison de ses fautes et de ses négligences retombe en partie sur la femme lorsqu'elle accepte la communauté; la dette du mari envers la femme est, en effet, une dette de communauté, qui se partage entre les deux époux (Colmet de Santerre, t. 6, n° 71 *bis* XXIII; Laurent, t. 22, n° 426; Guillouard, t. 2, n° 781).

506. La femme, ainsi qu'on l'a dit au *Rép.* n° 1397, peut faire des actes conservatoires de ses droits, surtout si son intérêt est en opposition avec celui de son mari. Il a été jugé que la femme mariée sous le régime de la communauté a le droit, même à la séparation de biens, de se faire colloquer dans l'ordre ouvert sur le prix des immeubles de son mari, pour la conservation des droits résultant pour elle de ses conventions matrimoniales, sauf à ne toucher le montant de sa collocation qu'après la dissolution du mariage ou la séparation de biens (Toulouse, 30 juin. 1858, aff. Loubet, D. P. 59. 5. 77).

Il a été également jugé que la faillite du mari a pour effet de rendre exigible la créance des reprises de la femme, et que, par suite, dans un cas où une société avait pris à sa charge tout le passif du mari, la femme avait pu poursuivre contre cette société le payement de sa créance exigible (Civ. rej. 28 juin 1865, aff. Ballereau, D. P. 65. 1. 360).

SECT. 5. — DU REMPLOI (*Rép.* n°s 1399 à 1486).

507. M. Guillouard, t. 2, n° 469, donne d'intéressants détails sur l'origine historique du remploi. « La théorie du remploi, dit-il, n'était pas admise à l'origine, dans notre ancien droit : lorsque l'immeuble de l'un des époux, de la femme par exemple, était vendu, et un autre immeuble acheté avec le prix, cet immeuble nouveau était un conquêt; et même, à

moins de stipulations contraires dans le contrat de mariage, l'époux dont l'immeuble était aliéné ne pouvait exercer aucune reprise à raison du prix d'aliénation; le mari avait ainsi intérêt à ce que les propres de la femme fussent vendus. De là était venu cet adage rapporté par Loisel, *Institutes coutumières*, liv.1er, tit. 2, règle 14 : « Le mari se doit relever trois fois pour vendre le bien de sa femme ». Cette législation était peu équitable, car elle entraînait un préjudice pour l'époux dont l'immeuble propre était aliéné, et elle favorisait les avantages indirects entre époux. Aussi la pratique, pour corriger ces inconvénients, prit l'habitude d'insérer dans les contrats de mariage une clause portant qu'il serait fait remploi des propres qui seraient aliénés pendant le mariage. La nouvelle coutume de Paris (art. 232), reproduite par la coutume d'Orléans (art. 192), consacra pour l'époux vendeur le droit de reprendre dans la communauté le prix de son immeuble aliéné... Il restait, continue M. Guillouard, un dernier progrès à réaliser : c'était de décider que l'époux vendeur n'aurait pas droit seulement à la récompense du prix de l'immeuble aliéné, mais que, en dehors de toute stipulation du contrat de mariage, il reprendrait comme propre l'immeuble acheté avec les deniers provenant de l'aliénation. Ce progrès fut réalisé par la jurisprudence coutumière, et le dernier état de notre ancien droit est exactement indiqué par Pothier, *Traité de la communauté*, n° 197 : « Les héritages et autres immeubles, quoique acquis durant la communauté, sont propres de communauté par la fiction de la subrogation, lorsqu'ils ont été acquis à la place d'un propre de communauté, et pour en tenir lieu ». C'est cette doctrine qui a passé dans les art. 1434 et 1435, qui organisent la théorie du remploi dans notre droit nouveau » (Comp. *Rép.* n°s 1489 et suiv.).

Art. 1er. — *Remploi des biens du mari* (*Rép.* n°s 1401 à 1412).

508. Conformément à l'opinion que nous avons adoptée au *Rép.* n° 1403, la cour de cassation a décidé que le remploi au profit du mari ne peut résulter que de la double déclaration que la nouvelle acquisition est faite de ses deniers propres et a lieu pour lui servir de remploi, et, par suite, qu'à défaut d'une indication manifestant, sinon en termes exprès, au moins d'une manière non équivoque, la volonté du mari de faire un remploi, la seule déclaration de l'origine des deniers est insuffisante pour que l'acquisition constitue un propre (Civ. cass. 20 août 1872, aff. Riottot, D. P. 72. 1. 406. Comp. Civ. cass. 21 mars 1849, aff. Hocmelle, D. P. 49. 1. 65. V. en ce sens, outre les auteurs cités au *Rép. ibid.* : Rodière et Pont, t. 1, n°s 657 et suiv.; Marcadé, t. 5, art. 1434-1435, n° 2; Aubry et Rau, t. 5, § 507, note 68, p. 303; de Folleville, t. 1, n° 220 ter; Guillouard, t. 2, n°s 483 et 491). — Il est dit toutefois dans les motifs d'un arrêt de la cour de cassation « qu'il n'est pas toujours nécessaire, pour établir le remploi à l'égard du mari, qu'il y ait une déclaration de sa part, et que ce remploi peut résulter des circonstances ». (Civ. rej. 3 août 1852, aff. Vimard, D. P. 52. 1. 257. — Comp. *Rép.* n° 1409).

En tout cas, aucune formule sacramentelle n'est prescrite pour la déclaration de remploi; il suffit qu'elle soit faite en termes exprès (C. cass. de Belgique, 10 avr. 1856, aff. Albert C. Collard, *Pasicrisie belge*, 1856. 1. 241).

509. La loi n'exige pas, d'ailleurs, ainsi qu'on l'a vu au *Rép.* n° 1406, que les deniers qui servent à payer l'acquisition nouvelle soient identiquement les mêmes que ceux qui proviennent de l'immeuble aliéné (Rodière et Pont, t. 1, n° 660 ; Marcadé, art. 1434-1435, n° 2; Aubry et Rau, t. 5, § 507, note 66, p. 303; Laurent, t. 24, n° 362; Guillouard, t. 2, n° 481).

510. Mais la déclaration de remploi doit être faite par le mari dans l'acte même d'acquisition, *in continenti ;* si elle était faite plus tard, *ex intervallo*, elle serait inefficace, et l'immeuble resterait à la communauté. Le consentement de la femme ne pourrait même pas valoir le remploi que le mari voudrait faire, après avoir acheté l'immeuble sans déclaration (*Rép.* n° 1441; Rodière et Pont, t. 1, n° 662; Aubry et Rau, t. 5, § 507, note 71, p. 304; Colmet de Santerre, t. 6, n° 79 bis; Marcadé, t. 5, art. 1434-1435, n° 2; Laurent, t. 21, n° 366; Guillouard, t. 2, n°s 486 et 492).

511. La déclaration de remploi est nécessaire même au

cas où le mari se rend acquéreur de partie d'un immeuble dont il est déjà copropriétaire par indivis. A défaut de cette déclaration, l'immeuble, sans doute, lui sera propre pour le tout, par application de l'art. 1408 ; mais il devra récompense à la communauté du prix moyennant lequel il aura acquis la part indivise, sauf à exercer la reprise du prix de ses propres aliénés. Du moment où les conditions spéciales exigées pour le remploi n'ont pas été observées, l'acquisition est régie par l'art. 1408, et non par l'art. 1434 (Civ. rej. 3 août 1852, aff. Vimard, D. P. 52. 1. 257; Guillouard, t. 2, n° 493).

512. Le mari est lié irrévocablement par la déclaration faite par lui qu'il achète en remploi et avec des deniers provenant de l'aliénation d'un de ses propres ; il ne pourrait plus tard abandonner l'immeuble acquis à la communauté, pour s'en tenir à la reprise du prix propre aliéné (*Rép.* n° 1422. Comp. Caen, 3 mai 1872, aff. Vauclin, D. P. 73. 2. 218, et *infrà*, n° 529).

513. Le remploi des biens du mari est, en principe, facultatif pour celui-ci. Mais il peut être rendu obligatoire par le contrat de mariage dans l'intérêt de la femme, pour la conservation des garanties hypothécaires affectées au remboursement de sa dot. Ce remploi pourrait même, croyons-nous, être rendu obligatoire à l'égard des tiers qui se rendraient acquéreurs des biens du mari, et qui seraient tenus alors d'exiger l'accomplissement du remploi pour payer régulièrement le prix de leur acquisition (V. en ce sens : Trib. Bordeaux, 27 août 1862, aff. Ollivier, D. P. 63. 3. 69). — Il résulte cependant d'un arrêt de la cour de cassation que, quelque régime que ce soit, la condition qui impose aux tiers le devoir de veiller à l'emploi ou au remploi des biens aliénés et réserve contre eux, en cas de négligence, le recours de la femme, est applicable seulement aux valeurs appartenant en propre à la femme, qu'elle ne peut s'étendre à celles qui ont la propriété du mari et sur lesquelles la femme n'a qu'un simple privilège (Civ. cass. 1er mars 1859, aff. Clerc. D. P. 59. 1. 122).

514. Il a été jugé que l'obligation de remploi imposée par les conventions matrimoniales au mari dans le cas de vente de ses immeubles, en vue de conserver les sûretés hypothécaires de la femme, ne prend pas fin par le décès de celle-ci, alors surtout que le mari s'est expressément engagé à ce remploi vis-à-vis de l'acquéreur d'un de ses immeubles; que vainement le mari offrirait de donner, au nom et comme tuteur de ses enfants mineurs, héritiers de sa femme, la mainlevée de l'hypothèque dont l'immeuble est grevé au chef de la femme, le pouvoir de donner cette mainlevée ne devant pas être reconnu au père, tuteur légal, dans cette hypothèse (Trib. Bordeaux, 27 août 1862, cité *suprà*, n° 513).

Art. 2. — *Remploi des biens de la femme* (*Rép.* n°s 1413 à 1471).

515. Le remploi pour la femme est régi par l'art. 1435 (*Rép.* n° 1413). Il exige, comme le remploi pour le mari, la double déclaration de l'origine des deniers et de l'intention d'en faire remploi (V. *suprà*, n° 508). — Il a été jugé que, pour que le remploi ait lieu au profit de la femme, il ne suffit pas que l'origine des deniers ait été indiquée; qu'il faut, en outre, la déclaration du mari que les immeubles sont acquis pour servir de remploi à la femme, ainsi que l'acceptation non douteuse de celle-ci (Civ. cass. 26 juill. 1869, aff. Guiblin, D. P. 69. 1. 455, et sur renvoi, Rouen, 23 févr. 1870, D. P. 71. 2. 235. V. aussi Nancy, 26 juin 1833, *Rép.* n° 1416; Civ. cass. 30 mars 1869, aff. Pomès, D. P. 69. 1. 236).

Toutefois, d'après plusieurs auteurs, l'indication de l'origine des deniers, n'est pas absolument indispensable, si d'ailleurs il est prouvé que la femme avait des deniers propres par suite de l'aliénation de ses immeubles. L'essentiel est qu'il soit déclaré que l'immeuble est acheté pour servir de remploi à la femme (Aubry et Rau, t. 5, § 507, note 70, p. 304; Guillouard, t. 2, n° 482. — Contra: Rodière et Pont, t. 1, n° 657; Laurent, t. 24, n° 364).

516. La déclaration de remploi doit-elle être faite, pour la femme comme pour le mari, lors de l'acquisition? L'affirmative prévaut dans la doctrine. Il est vrai que si cette déclaration a lieu postérieurement à l'acquisition, l'immeuble en deviendra tout de même propre à la femme, car, si l'opé-

ration n'est pas valable comme constituant une acquisition en remploi, elle peut tout au moins valoir comme cession d'un bien de communauté à la femme pour lui servir de remploi, en conformité de l'art. 1595-2° c. civ. Mais cette cession produira ses effets bien différents de ceux du remploi ; elle n'aura, notamment, aucun effet rétroactif à l'égard des tiers qui auront acquis des droits de privilège ou d'hypothèque contre le mari dans l'intervalle de l'acquisition à la cession.

Pour soutenir que le remploi dans l'intérêt de la femme est valable, alors même que la déclaration a été faite postérieurement à l'acquisition, on invoque un passage de Dumoulin, que nous avons rapporté au *Rép.* n° 1418. Mais il a été démontré que ce passage a trait à un tout autre ordre d'idées. Cela résulte notamment de ce que rapporte Guy Coquille, *Sur la coutume de Nivernais, titre des droits appartenant à gens mariés*, cité par M. Labbé, *De la ratification des actes d'un gérant d'affaires*, n° 95 : « Auparavant la rédaction de ces nouvelles coutumes (de Paris et d'Orléans), la commune opinion du palais de Paris était que la femme qui vendait son héritage simplement ne devait être récompensée, s'il n'y avait réserve expresse en vendant par elle, et suivant ce est la coutume de Bourbonnais, art. 238. Mais Dumoulin, en l'annotation surledit article, dit que *etiam* sans réserve et sans paction, le mary peut *ex intervallo* reconnaître de bonne foy et faire la récompense de bonne foy ». Dumoulin ne disait donc nullement que la déclaration de remploi pouvait encore être faite utilement après l'acte d'acquisition ; il ne s'occupait même pas du remploi. Reste l'opinion de Pothier, qui nous paraît avoir été adoptée par les auteurs du code : « Observez, dit Pothier, *Traité de la communauté*, n° 198, que pour que la déclaration puisse rendre l'héritage nouvellement acquis propre de communauté par subrogation, il faut que cette déclaration soit faite *in continenti* par le contrat d'acquisition de l'héritage nouvellement acquis. Si l'acquisition avait été faite sans cette déclaration, inutilement la ferait-on *ex intervallo* ; car l'héritage ayant été fait conquêt lorsqu'il a été acquis, faute de cette déclaration, la communauté ne peut plus, par cette déclaration que l'on ferait *ex intervallo*, être privée d'une chose qui lui a été une fois acquise ». Nous disons que ce système a' été consacré par notre code ; le rapprochement des deux art. 1434 et 1435 le prouve. Aux termes du premier de ces articles, « le remploi est censé fait à l'égard du mari toutes les fois que, *lors d'une acquisition*, il a déclaré, etc. ». Et l'art. 1435 reprend ainsi : « La déclaration du mari que l'acquisition est faite des deniers provenus de l'immeuble vendu par la femme et pour lui servir de remploi, ne suffit point, etc. » Il s'agit ici évidemment de la déclaration faite par le mari, comme dans le cas de l'art. 1434, lors de l'acquisition. L'art. 558 c. com. confirme cette solution, en stipulant qu'en cas de faillite du mari, la femme reprendra les immeubles acquis par elle et en son nom des deniers lui provenant par succession ou donation «pourvu que la déclaration d'emploi soit expressément stipulée au contrat d'acquisition, etc. » (V. en ce sens : Troplong, t. 2, n°ˢ 1061, 1117 et 1122 ; Labbé, *op. cit.* ; Aubry et Rau, t. 5, § 507, note 11, p. 304 et suiv. ; Colmet de Santerre, t. 6, n° 79 *bis* IX ; Laurent, t. 21, n° 369 ; de Folleville, t. 1, n° 222 ; Guillouard, t. 2, n° 487. — V. en sens contraire : Rodière et Pont, t. 1, n° 663 et suiv. ; Marcadé, t. 5, art. 1407, 1434-1435, n° 3).

517. Pour que le remploi ait lieu au profit de la femme, la déclaration du mari ne suffit pas ; il est nécessaire que le remploi soit accepté par la femme (*Rép.* n° 1421 ; Req. 26 juill. 1852, aff. Lejollilf, D. P. 52. 1. 249 ; 2 mai 1859, aff. Lasserre, D. P. 59. 1. 275 ; Civ. cass. 26 juill. 1869, aff. Guiblin, D. P. 69. 1. 455, et sur renvoi, Rouen, 23 févr. 1870, D. P. 71. 2. 235 ; Civ. cass. 25 juin 1883, aff. Houissie de la Ville-au-Comte, D. P. 84. 1. 79). Mais l'acceptation, comme on l'a dit au *Rép. ibid.*, peut se faire par un acte séparé du contrat d'acquisition. Cela n'est pas douteux.

518. L'acceptation de la femme peut-elle encore avoir lieu après la dissolution du mariage? Non, d'après l'opinion que nous avons adoptée au *Rép.* n° 1422, et qui a prévalu dans la doctrine et dans la jurisprudence (V. en ce sens les auteurs et des arrêts cités au *Rép. ibid.* : Req. 2 mai 1859, aff. Lasserre, D. P. 59. 1. 275 ; Angers, 18 mars 1868 ;

aff. de Beaumont, D. P. 68. 2. 82 ; Aubry et Rau, t. 5, § 507, note 76, p. 306 ; Marcadé, art. 1407, 1434-1435, n° 3 ; Colmet de Santerre, t. 6, n° 79 *bis* XVII ; Laurent, t. 21, n° 375 ; de Folleville, t. 1, n° 223 ; Guillouard, t. 2, n° 488). — On décide aussi généralement, contrairement à l'opinion de MM. Rodière et Pont, t. 1, n°ˢ 667 et suiv., que la femme ne peut plus accepter le remploi après la dissolution de la communauté. Le remploi, comme le dit M. Guillouard, *loc. cit.*, est un acte d'administration maritale, qui ne peut plus être effectué lorsque cette administration a pris fin par la dissolution de la communauté (Comp. Besançon, 11 janv. 1844, aff. Barriot, D. P. 45. 4. 452, et tous les auteurs précités).

519. Le mari pourrait-il, pendant la communauté, mettre la femme en demeure de se prononcer sur le remploi et demander qu'un délai lui soit imparti par le juge pour l'accepter ou le refuser? L'affirmative est soutenue par M. de Folleville, t. 1, n° 223 *bis*. Il ne faut pas, dit-il, que la femme puisse venir tardivement prendre l'immeuble destiné au remploi, et qu'après avoir laissé au mari tous les risques, elle se présente pour recueillir le bénéfice de l'opération, quand cette opération se trouvera avantageuse. C'est là, en effet, un inconvénient pour le mari ; mais il ne peut s'en plaindre, puisque c'est lui-même qui a fait l'acquisition en remploi au profit de la femme sans exiger d'elle un consentement immédiat. Le droit pour la femme d'attendre, pour prendre parti, jusqu'à la dissolution de la communauté, semble résulter de l'art. 1435 (Colmet de Santerre, t. 6, n° 79 *bis* XVII ; Laurent, t. 21, n° 375 ; Guillouard, t. 2, n° 489).

520. Le mari ne peut-il pas du moins, tant que la femme n'a pas accepté le remploi, révoquer la déclaration qu'il a faite et rendre ainsi l'acceptation désormais impossible ? Cette question dépend de celle de savoir si la déclaration de remploi constitue de la part du mari un acte de gestion d'affaires ou une offre faite par lui à la femme. On admet plus généralement aujourd'hui, comme nous l'avons dit au *Rép.* n° 1435 et comme on le verra *infra*, n° 527, que c'est simplement une offre. Il en résulte que le mari peut retirer cette offre tant qu'elle n'est pas définitivement acceptée (Troplong, t. 2, n° 1136 ; Rodière et Pont, t. 1, n° 665 ; Aubry et Rau, t. 5, § 507, note 74, p. 306 ; Guillouard, t. 2, n° 497. — V. en sens contraire : Labbé, *op. cit.*, n° 97 et suiv. ; Flandin, *De la transcription*, t. 1, n°ˢ 299 et suiv.). — L'offre devrait même être considérée comme révoquée, disent MM. Aubry et Rau, *loc. cit.*, par l'aliénation que ferait le mari de l'immeuble acquis avec déclaration de remploi, et même par la constitution sur cet immeuble de servitudes ou d'hypothèques conventionnelles, en ce sens du moins que la femme, en acceptant le remploi, serait tenue de respecter ces charges (Conf. Guillouard, *loc. cit.*).

521. Lorsque le remploi des propres de la femme a été stipulé dans le contrat de mariage (*remploi conventionnel*), l'acceptation de la femme est-elle toujours nécessaire? La négative a été jugée (V. Paris, 13 juin 1838, *Rép.* n° 1425). Mais il est préférable de décider, en principe, que la femme doit toujours accepter le remploi. En imposant au mari l'obligation de le faire, elle n'a pas pour cela renoncé au droit, qui lui appartient, de ne pas devenir propriétaire d'un bien qui ne lui conviendrait pas. La clause du contrat, insérée en sa faveur, ne doit pas être retournée contre elle (Rodière et Pont, t. 1, n° 689 ; Marcadé, t. 5, art. 1497, n° 2 ; Aubry et Rau, t. 5, § 507, note 83, p. 308 ; Bench, *De l'emploi et du remploi*, n° 41 ; de Folleville, t. 1, n° 248 ; Guillouard, t. 2, n° 500. — *Contrà* : Laurent, t. 21, n° 390).

522. Si le contrat de mariage spécifie ce qui servira de remploi, s'il porte, par exemple, que les premières acquisitions immobilières faites par le mari tiendront lieu de remploi à la femme, la portée de cette clause est controversée à un double point de vue. On se demande d'abord s'il faut encore que le remploi, pour être valable, soit accepté par la femme. Nous avons admis la négative au *Rép.* n° 1423 (V. en ce sens : Laurent, t. 21, n° 391). L'opinion contraire semble cependant prévaloir. La clause dont il s'agit, dit M. Guillouard, t. 2, n° 502, transforme en obligation la faculté qui appartient au mari de faire le remploi des biens de sa femme, et les premières acquisitions immobilières qu'il fera après la vente seront, qu'il le veuille ou non, des pro-

pres de la femme. Mais la femme n'a point abdiqué le droit d'examiner la valeur des immeubles achetés en remploi et de les refuser si bon lui semble (V. dans le même sens: Aubry et Rau, t. 5, § 507, note 85, p. 308 et suiv.). Toutefois M. Guillouard admet, pour ce cas, avec MM. Aubry et Rau, *loc. cit.*, que la femme n'est pas tenue d'accepter le remploi avant la dissolution de la communauté. La clause du contrat lie le mari, et la femme peut se borner à déclarer qu'elle prend l'immeuble lors de la dissolution de la communauté. Mais cette clause dispense-t-elle le mari de faire la déclaration de remploi dans l'acte d'acquisition? Entre les époux, oui. Le mari, en effet, ne peut, en s'abstenant de faire la déclaration, priver la femme du bénéfice stipulé au contrat de mariage. Mais à l'égard des tiers, non. Les tiers doivent être prévenus que l'immeuble constitue un remploi pour la femme; à défaut de la déclaration, ils seraient autorisés à considérer l'immeuble comme un acquêt de communauté (*Rép.* n° 1426; Aubry et Rau, t. 5, § 507, note 84, p. 308; de Folleville, t. 1, n° 250; Guillouard, t. 2, n° 502).

523. Il a été jugé que le remploi par le mari de sommes appartenant à sa femme est subordonné à l'acceptation formelle de celle-ci, sous le régime dotal, aussi bien que sous le régime de la communauté, à moins que la femme n'ait, dans le contrat de mariage, autorisé le mari à faire ce remploi sans qu'il soit besoin de l'acceptation exigée par l'art. 1435 (Req. 2 mai 1859, aff. Lasserre, D. P. 59. 1. 275).

524. La loi dit que le remploi doit être *formellement accepté* par la femme (*Rép.* n° 1427). La question de savoir si le seul concours de la femme à l'acte d'acquisition en remploi constitue une acceptation suffisante, est toujours controversée. Avec MM. Rodière et Pont, t. 1, n° 669, M. Laurent, t. 21, n° 374, et M. Guillouard, t. 2, n° 496, soutiennent que l'acceptation de la femme doit être exprimée dans l'acte (V. aussi en ce sens: Marcadé, t. 5, art. 1407, 1434-1435, n° 3; Benech, *De l'emploi et du remploi*, n° 43). Au contraire, d'après MM. Aubry et Rau, t. 5, § 507, note 72, p. 305, « quoique la loi exige une acceptation formelle, c'est-à-dire une acceptation exclusive de toute espèce de doute, elle ne demande cependant pas une déclaration explicite d'acceptation. Il semble donc que le concours de la femme à l'acte qui renferme la déclaration de remploi à son profit, constitue une acceptation suffisante de sa part » (V. en ce sens: Paris, 17 mai 1851, aff. Leret, D. P. 54. 5. 646). — Il est dit dans un arrêt de la cour de cassation : « que la déclaration du mari que l'acquisition est faite des deniers provenus du propre de la femme et pour lui servir de remploi ne suffit point, si ce remploi n'a été formellement accepté par la femme; que, s'il n'existe point de termes sacramentels pour exprimer cette intention et cette acceptation de remploi, il faut au moins qu'elles résultent, avec certitude et sans variation possible dans l'avenir, des expressions et des clauses de l'acte » (Civ. cass. 26 juill. 1869, aff. Guiblin, D. P. 69. 1. 455).

Il a été jugé aussi, sous l'ancien droit, et notamment sous la coutume de Chaumont, l'acceptation, par la femme commune, du remploi d'un de ses propres fait par le mari, n'était soumise à aucune forme particulière et pouvait résulter des circonstances; que l'art. 1435 ne saurait être appliqué à l'acceptation d'un remploi accompli avant le code, alors même que la communauté se serait dissoute depuis (Req. 15 juill. 1867, aff. Delamotte, D. P. 68. 1. 267).

525. Ainsi qu'on l'a dit au *Rép.* n° 1431, contrairement à l'opinion émise par Duranton, quand la femme accepte le remploi postérieurement à l'acquisition, l'acceptation n'a pas besoin d'avoir lieu par acte authentique; elle peut être consignée dans un acte sous seing privé. Toutefois l'acceptation par un acte sous seing privé ne sera opposable aux tiers que du jour où elle aura acquis date certaine (Rodière et Pont, 2° éd., t. 1, n° 671; Benech, *op. cit.*, n° 46; de Folleville, t. 1, n° 224; Guillouard, t. 2, n° 498). — « Il n'y a qu'une hypothèse, remarque M. Guillouard, *loc. cit.*, où la constatation par acte authentique de l'origine des deniers serait nécessaire pour assurer à la femme la propriété de l'immeuble acheté en remploi : c'est l'hypothèse prévue par l'art. 558 c. com., aux termes duquel la femme ne reprend les immeubles acquis en remploi que si « la déclaration d'emploi est expressément stipulée au contrat d'acquisition, et que l'origine des deniers soit constatée par inventaire ou par tout autre acte authentique ».

526. Lorsque la femme accepte le remploi dans le contrat même d'acquisition, elle y est tacitement autorisée par le concours du mari dans l'acte. Si l'acceptation a lieu par un acte ultérieur, elle n'a pas besoin, comme on l'a dit au *Rép.* n° 1432, d'y être spécialement autorisée dans cet acte ; la déclaration de remploi faite par le mari lors de l'acquisition est pour elle une autorisation suffisante (de Folleville, t. 1, n° 225).

527. Par l'effet du remploi, l'immeuble acquis devient propre à la femme, et il est désormais aux risques de celle-ci (*Rép.* n° 1434). Mais si la femme n'a accepté le remploi qu'un certain temps après l'acquisition, à partir de quelle époque l'immeuble sera-t-il considéré comme propre? Le sera-t-il dès le jour de l'acquisition ou seulement du jour de l'acceptation de la femme? En d'autres termes, l'acceptation de la femme a-t-elle un effet rétroactif au jour de l'acquisition?

Cette question, sur laquelle nous nous sommes déjà expliqué au *Rép.* n° 1435, a suscité dans ces derniers temps de grandes controverses entre les auteurs. Les uns, s'appuyant sur l'opinion de Pothier et de d'Aguesseau (cités au *Rép. ibid.*), ont soutenu que la déclaration de remploi faite par le mari devait être considérée comme un acte de gestion d'affaires au profit de la femme, et que, par suite, l'acceptation de la femme, étant la ratification de la gestion du mari, devait nécessairement rétroagir sous tous les rapports au jour de l'acquisition. La principale conséquence de ce système consiste en ce que la femme n'est pas tenue de subir les hypothèques qui ont pu être constituées par le mari sur l'immeuble avant l'acceptation ni même de respecter l'aliénation que le mari en aurait consentie. Tant que la femme ne s'est pas prononcée, le mari ne peut ni révoquer la déclaration de remploi et faire tomber l'immeuble dans la communauté, ni disposer en aucune manière de cet immeuble au profit des tiers (V. en ce sens: Labbé, *De la ratification des actes d'un gérant d'affaires*, n° 98 et suiv.; Colmet de Santerre, t. 6, n° 79 *bis* XIII et suiv.; de Folleville, t. 1, n° 237 et suiv.). M. Laurent, t. 21, n° 371, aboutit à la même conclusion en considérant le mari comme le mandataire légal de la femme, et non comme le gérant d'affaires de celle-ci. Mais le mandat légal du mari est limité, en tant que la loi ne permet pas au mari de faire un remploi pour la femme sans le consentement de celle-ci, et, dès lors, l'acceptation de la femme n'en est pas moins une ratification de ce que le mari a fait pour elle. — Une autre théorie encore a été proposée par M. Mourlon, *Traité théorique et pratique de la transcription*, t. 1, n° 59. Elle consiste à assimiler la déclaration de remploi, faite pas le mari en achetant, à une déclaration de command qui suit immédiatement l'acquisition. La femme, désignée comme l'acquéreur dans cette déclaration, sera censée, si elle accepte l'acquisition, avoir traité directement avec le vendeur; son acceptation aura donc un effet rétroactif, même à l'égard des tiers. La déclaration de command, en effet, suppose réservée à l'acheteur apparent la faculté de désigner, ou non, une tierce personne pour prendre le marché; mais une fois la désignation faite, elle ne peut plus être rétractée. Or la situation en cas de remploi est toute différente : tant que la femme n'a pas accepté, le mari n'est pas lié, il peut révoquer son offre et prendre le marché pour lui. L'assimilation proposée par M. Mourlon n'est donc pas justifiée.

D'autres auteurs, enfin, soutiennent que l'acceptation de la femme n'a pas d'effet rétroactif au préjudice des tiers et que, jusqu'à cette acceptation, le mari peut révoquer l'offre contenue dans l'acte d'acquisition. Ce système, contraire, il est vrai, à celui de l'ancien droit, s'appuie sur les travaux préparatoires du code, en particulier sur la discussion qui a eu lieu au conseil d'Etat dans la séance du 13 vend. an 12, et que l'on a rapportée au *Rép.* n° 1435. M. Guillouard, t. 2, n° 509, expose ainsi qu'il suit les solutions qui découlent de ce nouveau système: « Le mari fait une offre à la femme dans l'acte d'acquisition, offre qu'elle est libre d'accepter ou de refuser; mais, en attendant qu'elle l'ait acceptée, le mari, qui pouvait ne pas faire l'offre, est libre de la rétracter, soit directement, soit indirectement, par l'aliénation de l'immeuble ou par la constitution d'hypothèques sur cet immeuble, aliénation ou hypothèques que la femme devra respecter. Toutefois, tant que le mari n'a pas révoqué, directement ou indirectement, l'offre qu'il a faite en déclarant qu'il achetait

l'immeuble pour servir de remploi à la femme, cette offre tient état et produit un effet: elle empêche les hypothèques légales ou judiciaires du chef du mari de grever l'immeuble par lui acheté. Le remploi est une opération *sui generis*, que l'art. 1435 autorise le mari et la femme à faire en deux actes séparés; et cette autorisation serait inefficace si, dans l'intervalle, les créanciers à hypothèque générale du mari acquéraient un droit sur l'immeuble. — C'est ainsi encore que la femme ne sera pas obligée de faire transcrire son acceptation, et que le remploi ne donnera pas lieu à deux droits de mutation, l'un pour la mutation de l'immeuble du vendeur primitif à la communauté, et l'autre pour la mutation de la communauté à la femme. Il n'y a qu'une seule mutation, du vendeur primitif à la femme, mais elle est soumise à une double condition: la première, que la femme accepte ce remploi, et la seconde, que le mari n'ait pas révoqué son offre avant l'acceptation. — Il est donc vrai de dire, dans une certaine mesure, que l'acceptation de la femme a un effet rétroactif: cela est vrai si le mari n'a pas révoqué l'offre de remploi, car alors on peut dire que la femme a toujours été propriétaire, du jour de l'acte d'acquisition. Mais cette rétroactivité ne peut avoir lieu au préjudice des tiers auxquels le mari a conféré des droits, car alors l'offre est révoquée » (V. en ce sens: Troplong, t. 2, n° 1135; Rodière et Pont, t. 1, n°ˢ 665 et 674; Marcadé, t. 5, art. 1407, 1434-1435, n° 3; Aubry et Rau, t. 5, § 507, notes 73 et 77, p. 305 et suiv. — Comp. les arrêts cités au *Rép.* n°ˢ 1436 et 1437).

528. Le remploi, une fois accepté par la femme, est irrévocable. Il a été jugé que les époux ne peuvent l'annuler, par la suite, en substituant à l'immeuble acquis en remploi un autre immeuble acheté par eux postérieurement (Caen, 3 mai 1872, aff. Vauclin, D. P. 73. 2. 218.—Comp. Civ. rej. 6 déc. 1819, *Rép.* n° 1439).

529. Le remploi, pour la femme comme pour le mari (V. *suprà*, n° 509), n'exige pas que les deniers avec lesquels est payé l'immeuble acquis soient les mêmes que ceux avec lesquels a été payé l'immeuble aliéné. Il peut, en effet, s'accomplir alors même que le prix de l'immeuble aliéné est encore dû, et il reste valable quand même l'immeuble acquis ne serait pas payé pendant la communauté. C'est ce qu'a très bien établi un arrêt de la cour de cassation. « Il y a remploi, dit cet arrêt, lorsque, d'une part, la femme déclare que l'acquisition est faite des deniers provenant des propres aliénés de la femme pour lui servir de remploi, et que, d'autre part, le remploi est formellement accepté par la femme; moyennant l'accomplissement de ces deux conditions, la femme est réellement et définitivement propriétaire de l'immeuble affecté au remploi. Il importe peu que le payement du prix de cet immeuble ait lieu ou non au moment de l'acquisition ou même qu'à cette époque le mari ait ou non en sa possession les deniers propres destinés à ce payement. Il suffit, pour que le remploi produise tous ses effets légaux vis-à-vis du mari et de la communauté, que, pendant le mariage et au cours de la communauté, le mari ait ces deniers à sa disposition; tout alors est accompli, autant du moins que cela peut dépendre du concours et de la volonté de la femme, et le droit de celle-ci ne doit pas pouvoir être modifié par le fait du mari qui, bien que nanti de deniers suffisants, s'abstiendrait de payer le prix de l'immeuble avant la dissolution de la communauté » (Civ. rej. 6 janv. 1858, aff. Ballereau, D. P. 58.1.39).

Ajoutons qu'à notre avis le mari doit être réputé avoir eu à sa disposition les deniers destinés au remploi du cas seul que le prix de l'immeuble aliéné s'est trouvé exigible pendant la communauté, car le mari aurait pu contraindre l'acquéreur à verser ce prix en le poursuivant, et le remploi ne doit pas être annulé parce qu'il a plu au mari de ne pas exiger le payement. — Il a cependant été jugé que l'immeuble acquis avec les deniers de la communauté pour servir de remploi à la femme dont le prix aura été aliéné ne peut, après le décès du mari, être réclamé par la femme à titre de remploi, si le prix du fonds aliéné est encore dû (Douai, 9 mars 1847, aff. Montier, D. P. 49. 2. 141).

530. Sous le régime de la communauté légale, le remploi des propres de la femme est facultatif pour le mari (V. *Rép.* n° 1448, et *suprà*, n° 513). Il peut être rendu obligatoire par le contrat de mariage. Mais pour cela il faut

une clause qui ne laisse aucun doute sur la volonté des parties. Il est possible que les époux aient entendu simplement rappeler les dispositions des art. 1434 et 1435; dans le doute, on devra même le présumer (*Rép.* n° 1452; Aubry et Rau, t. 5, § 507, note 79, p. 307; Laurent, t. 21, n° 384; Guillouard, t. 2, n° 501. — Comp. Req. 1ᵉʳ févr. 1848, aff. Perret, D. P. 51. 5. 465). — Le remploi sera évidemment obligatoire, si le contrat de mariage stipule qu'il devra être fait dans un certain délai ou que les premières acquisitions du mari serviront de remploi à la femme (Rodière et Pont, t. 1, n° 695; Aubry et Rau, t. 5, § 507, note 80, p. 307; Colmet de Santerre, t. 6, n° 79 *bis* IV; Laurent et Guillouard, *loc. cit.*).

531. L'obligation de faire remploi des propres de la femme, imposée au mari par le contrat de mariage, peut être plus ou moins étendue. Elle peut s'appliquer seulement aux biens présents ou s'étendre même aux biens à venir. Si elle est faite en termes généraux, nous pensons, avec M. de Folleville, t. 1, n° 247, qu'elle régira tout ensemble les biens présents et les biens à venir, en un mot tous les propres qui pourront être un jour aliénés.

Bien que les coupes de bois vendues séparément du sol soient en général considérées comme meubles, il a été jugé que l'obligation imposée au mari de faire remploi du prix de vente des *immeubles* de la femme, s'appliquait au prix de la superficie d'un bois, dont l'aliénation avait eu lieu séparément de la vente du sol, alors que l'une et l'autre ventes avaient été faites le même jour et au même acquéreur (Req. 1ᵉʳ mai 1848, aff. Legigan, D. P. 48. 1. 220).

Dans une espèce où les valeurs propres dont le contrat de mariage exigeait le remploi étaient des obligations de chemins de fer et où une partie de ces obligations avaient été remboursées, un arrêt déjà cité a décidé que la somme à remployer n'était pas seulement celle nécessaire pour l'acquisition d'un nombre d'obligations égal à celui des obligations remboursées, mais la somme totale provenant du remboursement; qu'en conséquence, c'était à bon droit que la compagnie de chemin de fer refusait de se dessaisir de la partie de la somme dont le remploi n'était pas fait (Paris, 13 avr. 1878, *suprà*, n° 201).

532. Lorsque le remploi est rendu obligatoire pour le mari par le contrat de mariage, la femme a-t-elle une action pour contraindre le mari à l'effectuer? Nous avons résolu cette question par la négative au *Rép.* n°ˢ 1452 et suiv., en exceptant seulement le cas où une clause pénale aurait été insérée au contrat. Cependant l'opinion contraire semble prévaloir dans la doctrine. Les auteurs les plus récents distinguent le cas où le remploi doit être fait par le mari dans un délai déterminé et celui où le contrat de mariage déclare le remploi obligatoire pour le mari sans indiquer dans quel délai le remploi doit être effectué. Pour le premier cas, ils décident que la femme a une action contre le mari, même pendant la communauté; cette action est, disent-ils, la conséquence nécessaire de la validité de la clause du contrat; autant vaudrait dire que cette clause n'est pas valable que de refuser à la femme le moyen de contraindre le mari à l'exécuter (Colmet de Santerre, t. 6, n° 79 *bis* IV; Laurent, t. 21, n° 386; Guillouard, t. 2, n° 503). Dans le second cas, M. Colmet de Santerre, *loc. cit.*, et M. Guillouard, t. 2, n° 504, estiment que le mari peut attendre jusqu'à la dissolution de la communauté pour faire le remploi (Arg. art. 1176 c. civ.) (V. en ce sens: Caen, 27 mai 1840, *Rép.* n° 1447). M. Laurent, *loc. cit.*, pense, au contraire, que le mari peut être contraint tout le temps, même dans ce cas, à effectuer le remploi. « Quand les parties ne stipulent pas de terme, dit-il, il n'en résulte pas que le débiteur jouisse d'un terme indéfini » (c. civ. art. 1900 et 1901).

533. Si le contrat de mariage a fixé un délai dans lequel le mari doit faire le remploi et que le mari ait laissé passer ce délai sans s'acquitter de son obligation, il n'est pas déchu pour cela du droit d'effectuer le remploi, autant du moins que l'opération dépend de lui (V. Nîmes, 9 août 1842, *Rép.* n° 4046). Mais il a été jugé avec raison qu'après la dissolution du mariage le remploi n'est plus possible, et que les droits respectifs des époux ne peuvent plus alors s'exercer que sous forme de prélèvements, conformément aux art. 1470 et suiv. (Angers, 18 mars 1868, aff. de Beaumont, D. P. 68. 2. 82). Cela est vrai, non seulement après

la dissolution du mariage, mais aussi après la dissolution de la communauté. Lorsque la communauté est dissoute, le mari ne peut plus faire le remploi, parce qu'il n'est plus administrateur, et la femme par conséquent ne peut plus contraindre le mari au remploi (Rodière et Pont, t. 1, n°⁵ 690 et suiv.; Laurent, t. 21, n° 386; Guillouard, t. 2, n° 505).

534. La question de savoir si l'on peut stipuler par contrat de mariage que les immeubles de la femme ne pourront être aliénés qu'à charge de remploi, avec obligation pour les tiers acquéreurs de surveiller le remploi, c'est-à-dire de ne payer le prix de vente que sur la preuve du remploi effectué, a été controversée (V. Rép. n° 1459). Mais la validité de cette clause est maintenant généralement reconnue. Elle est fort bien démontrée par la cour de cassation dans un arrêt ainsi conçu : « Attendu, que d'après l'art. 1387 c. nap., la loi ne régit l'association conjugale, quant aux biens, qu'à défaut de conventions spéciales que les époux peuvent faire comme ils le jugent à propos, pourvu qu'elles ne soient pas contraires aux lois et aux bonnes mœurs; que, d'après l'art. 1497, les époux peuvent modifier la communauté légale par toute espèce de conventions non contraires aux art. 1387, 1388, 1389 et 1390; — Qu'ainsi, rien ne s'oppose à ce que, en adoptant le régime de la communauté, les époux introduisent quelques-unes des garanties propres au régime dotal, comme, réciproquement, en adoptant le régime dotal, ils peuvent en modifier les effets ordinaires et y introduire quelques-uns des principes propres au régime de la communauté; — Attendu que si, en général, dans le régime de la communauté, la femme conserve, sous l'autorité du mari ou de justice, la libre disposition de ses biens, et si, en conséquence, la clause de remploi des biens propres n'engendre pas, de plein droit pour les tiers, l'obligation de surveiller le remploi, il doit en être autrement lorsque cette obligation de surveiller le remploi leur est imposée par une clause expresse et spéciale du contrat de mariage; — Que, d'une part, une telle clause n'a rien de contraire aux lois et aux mœurs, puisque l'obligation qu'elle impose est de droit sous le régime dotal; — Que, d'une autre part, les tiers ne sauraient s'en plaindre, puisqu'en achetant les biens de la femme, ils ont eu connaissance de son contrat de mariage et accepté ainsi tacitement l'obligation de surveiller le remploi; — Attendu, d'ailleurs, que cette clause ne rend pas les biens de la femme dotaux et inaliénables, mais subordonne seulement la réception du prix à une condition que la prudence a pu rendre désirable dans l'intérêt de la famille » (Req. 19 juill. 1865, aff. Choumel de Saint-Germain, D. P. 65. 1. 431). — Il a été jugé, par application du principe de l'immutabilité des conventions matrimoniales, que la femme, pendant le mariage, ne peut renoncer au bénéfice de la clause dont il s'agit (Lyon, 31 mars 1840, Rép. n° 1463; Limoges, 11 déc. 1863, aff. Dutheil, D. P. 64. 2. 217). — Jugé aussi que, lorsque les époux en se mariant sous le régime de la communauté réduite aux acquêts, ont stipulé dans leur contrat de mariage que les immeubles propres de la femme ne pourraient être aliénés qu'à charge de remploi, les tribunaux sont sans devoir pour autoriser la femme à aliéner ses immeubles pour payer les dettes qu'elle a contractées depuis son mariage (Bordeaux, 27 janv. 1864, aff. Herier, D. P. 64. 5. 60).

535. Mais cette clause, qui rend le remploi des propres de la femme obligatoire pour les tiers, doit être exprimée en termes formels qui avertissent les tiers de la nécessité où ils sont de veiller au remploi. Autrement on présumerait que la condition de remploi n'a été insérée qu'à l'égard du mari, et les tiers qui auraient acquis les immeubles de la femme seraient à l'abri de tout recours (Civ. cass. 1er mars 1859, aff. Clerc, D. P. 59. 1. 122; Paris, 14 mars 1862 (1); Caen, 6 août 1866, aff. Lainé, D. P. 68. 2. 27). — A plus forte raison, les tiers ne seraient-ils pas tenus de surveiller le remploi, s'il était dit dans le contrat de mariage que l'obligation de remploi ne concernera pas les acquéreurs des immeubles propres et qu'ils n'auront le droit d'exiger aucune justification à cet égard (Orléans, 19 mars 1868, aff. de la Ménardière, D. P. 68. 2. 196). En pareil cas, il est évident que les époux peuvent, sans avoir à justifier d'aucun remploi, toucher le prix des immeubles aliénés et donner mainlevée pure et simple de l'inscription d'office (Req. 2 févr. 1869, aff. Adam, D. P. 70. 1. 71).

La question de savoir si la clause de remploi est opposable aux tiers est d'ailleurs une question d'interprétation de volonté. D'après la cour de cassation, il appartient aux juges du fond d'apprécier sur ce point souverainement l'intention des parties (Req. 7 avr. 1879, aff. Martineau, D. P. 79. 1. 444. — Comp. suprà, n° 35).

536. L'obligation pour les tiers acquéreurs des propres de la femme de veiller au remploi du prix de ses immeubles n'équivaut pas à une stipulation d'inaliénabilité dotale (V. suprà, n° 33, et Rép. n° 3196). — Tout d'abord, cette clause ne rend pas la femme incapable de s'obliger et n'empêche pas que ses créanciers ne puissent poursuivre le payement de ses obligations sur ses propres (Req. 13 févr. 1850, aff. Delotz, et aff. Boudet, D. P. 50. 1. 204; 19 juill. 1865, suprà, n° 534). Cette clause ne s'oppose pas non plus à ce que la femme engage ses biens propres à la sûreté des obligations qu'elle contracte avec son mari, ni à ce qu'elle consente des hypothèques sur ses biens, ni à ce qu'elle subroge un créancier de son mari dans l'hypothèque légale qui lui appartient pour sûreté du remboursement du prix de ses propres aliénés (Bordeaux, 16 avr. 1842, Rép. n° 1458; Req. 23 août 1847, aff .Delotz, D. P. 50. 1. 351; Bordeaux, 11 mai 1848, aff. Caisse hypothécaire, D. P. 48. 2. 141; Caen, 28 mai 1849, aff. Lerouge, D. P. 52. 2. 105; Req. 5 juin 1850, aff. Lerouge, D. P. 50. 1. 204; Civ. cass. 6 nov. 1854, aff. Chemin, D. P. 54. 1. 439; Ch. réun. cass. 8 juin 1858, même affaire, D. P. 58. 1. 233). La seule conséquence de la clause dont il s'agit est que, si les tiers acquéreurs payent sans qu'il y ait eu remploi, ils restent débiteurs du prix. La vente n'est pas nulle; mais, à défaut de remploi, la femme pourra obliger l'acheteur à payer une seconde fois. S'il ne paye pas, la femme alors pourra demander la résolution de la vente, conformément au droit commun (Laurent, t. 21, n°⁵ 128 et 389; de Folleville, t. 1, n° 255; Guillouard, t. 1, n° 90, et t. 2, n° 506).

537. Il peut se faire cependant que la clause de remploi ait une plus grande portée, que la condition de remploi soit imposée par le contrat de mariage sous peine de nullité des aliénations qui auraient lieu sans remploi : elle équivaut alors à une stipulation d'inaliénabilité, et l'on a vu suprà, n° 8, qu'il est permis de la stipuler même sous le régime de la communauté. Dans ce cas, si la condition de remploi n'est pas exécutée, la femme a le droit de revendiquer contre les tiers acquéreurs ses propres aliénés (V. les arrêts cités au Rép. n° 1462. V. aussi Demolombe, Revue critique, 1852, t. 2, p. 716 et suiv.).

538. Dans une espèce où la femme, mariée sous le régime de la communauté réduite aux acquêts, était astreinte pour l'aliénation de ses immeubles à l'obligation de remploi, que les tiers devaient surveiller, et était de plus incapable d'hypothéquer ces mêmes immeubles, il a été jugé qu'elle ne pouvait exciper de son contrat de mariage pour se faire restituer contre les actes d'aliénation et de constitu-

---

(1) (Dutreih C. Buor de Villeneuve.) — Le tribunal civil de Versailles a rendu, le 24 avr. 1861, un jugement ainsi conçu : « Attendu que si, par leur contrat de mariage, les époux Buor de Villeneuve, en adoptant le régime de la communauté réduite aux acquêts, l'avaient modifié en déclarant que les capitaux appartenant à la femme ne pourraient être touchés qu'avec son concours, et qu'il devrait en être fait un emploi immédiat, cette dernière clause ne régit les rapports que des époux entre eux, et ne concerne point ceux des tiers à leur égard; — Attendu qu'il faudrait, pour qu'il en fût autrement, que la clause l'eût déclaré, le droit commun, sous le régime susénoncé, étant la capacité pleine du mari pour recevoir les capitaux de sa femme, et toute excep-

tion ayant besoin d'être formulée en termes exprès; — Que c'est donc à tort que les demandeurs, lesquels ne contestent pas leur obligation de payer, ont mis à leurs offres la condition d'un remploi immédiat; — Par ces motifs, le tribunal déclare nulles et de nul effet comme faites sous une condition qu'ils n'étaient en droit d'y imposer, les offres réelles des époux Dutreih, du 14 janv. 1861, et la consignation qui les a suivies, etc. » — Appel par les époux Dutreih. — Arrêt.

La cour, — Adoptant les motifs des premiers juges, confirme.

Du 14 mars 1862.-C. de Paris, 1re ch.-MM. Devienne, 1er pr.-Charrins, av. gén., c. conf.-Fauvel et de Jouy, av.

tion d'hypothèque, notamment, pour attaquer des décisions de la juridiction gracieuse qui l'avaient autorisée à emprunter sur hypothèque et à employer un prix de vente au payement d'une dette, alors que ces jugements avaient été obtenus par la femme à l'aide de manœuvres frauduleuses, en produisant au tribunal une expédition falsifiée de son contrat (Lyon, 19 mai 1883, aff. Rouchon, D. P. 85. 2. 187). Cette décision est bien rendue, car la femme ne peut pas se faire restituer contre son propre dol, et elle est responsable sur tous ses biens de ses actes délictueux, quelles que soient les stipulations de son contrat de mariage.

539. La condition de remploi peut aussi être stipulée par la femme dans l'acte par lequel elle consent à l'aliénation d'un de ses propres. Il a été jugé que, lorsque le contrat de mariage d'époux soumis au régime de la communauté réduite aux acquêts stipule qu'une partie de la dot devra être employée en l'acquisition d'un immeuble que les époux seront libres d'aliéner et d'hypothéquer sans remploi, les conjoints peuvent valablement vendre cet immeuble et convenir qu'il sera fait emploi du prix en achat d'un autre immeuble (Paris, 9 août 1870, aff. Gariel, D. P. 71. 2. 113). — Si la condition de remploi a seulement été réservée par la femme lors de l'aliénation, si elle n'était pas imposée par le contrat de mariage, rien ne s'oppose à ce qu'elle y renonce par la suite (de Folleville, t. 1, n° 217).

Art. 3. — *Règles communes au remploi des biens des époux (Rép. n°s 1472 à 1486).*

540. En principe le remploi a lieu en immeubles. Les art. 1434 et 1435, sans le dire explicitement, le supposent d'une manière évidente par la place qu'ils occupent; cela résulte également d'autres textes (c. civ. art. 1493-1°; c. com. art. 558). On ne pourrait donc pas considérer comme un remploi dans les termes du code civil, observe M. de Folleville, t. 1, n° 229, le prêt des capitaux, le placement en rentes sur particulier, la constitution de rente viagère sur la tête de l'un des époux, l'affectation hypothécaire. A moins qu'il n'en soit autrement décidé par le contrat, le remploi peut avoir lieu en actions de la Banque de France, immobilisées conformément à l'art. 7 du décret du 16 janv. 1808 (*Rép.* n° 1456. V. *suprà*, v° *Banque*, n° 27).

En outre, l'art. 46 de la loi budgétaire du 2 juill. 1862 (D. P. 62. 4. 60) a autorisé le remploi des immeubles en rentes sur l'Etat 3 p. 100, et cette disposition a été étendue aux rentes françaises de toute nature par l'art. 29 de la loi de finances du 16 sept.-2 oct. 1871 (D. P. 71. 4. 89), ainsi conçu : « Les sommes dont le placement ou le remploi en immeubles est prescrit ou autorisé par la loi, par un jugement, par un contrat ou par une disposition à titre gratuit entre-vifs ou testamentaire, peuvent, à moins de clause contraire, être employées en rentes françaises de toute nature ».

541. Lorsque le remploi est prévu par le contrat de mariage, il doit, comme on l'a dit au *Rép.* n° 1456, être fait en biens de l'espèce déterminée, si le contrat s'explique sur ce point. — Il a été jugé que le donateur qui a constitué en dot une somme d'argent, sous la condition qu'il en serait fait emploi en immeubles, peut se refuser à opérer le payement de la somme constituée en dot, si l'immeuble acquis en exécution de la clause du contrat de mariage ne l'a point été dans des conditions offrant les garanties d'un emploi sérieux et acceptable pour le donataire et pour lui-même (Angers, 15 févr. 1877, aff. d'Estriché de Baracé, D. P. 77. 2. 176).

542. Les dispositions précitées des lois de 1862 et de 1871 ne distinguent pas suivant que le remploi a ou non été prescrit par le contrat de mariage. — De nombreux arrêts ont décidé que ces dispositions s'appliquent même aux remplois opérés en exécution des contrats de mariage antérieurs à cette loi (Aix, 23 mai 1866, aff. Lymard, D. P. 66. 5. 406 ; Bourges, 16 mars 1870, aff. Flamen d'Assigny, D. P. 70. 2. 140 ; Caen, 26 janv. 1872, aff. Duforestel, D. P. 74. 5. 426; Grenoble, 29 juill. 1874, aff. Clément et Martin, D. P. 75. 2. 136; Rouen, 30 mai 1877, aff. de B..., D. P. 78. 2. 24).

543. Il a été jugé que la clause d'un contrat de mariage portant que le remploi des immeubles dotaux aliénés devra se faire *en biens de même nature*, ne met pas obstacle à ce

que le remploi ait lieu en rentes sur l'Etat (Caen, 8 janv. 1872, aff. Blestel, D. P. 74. 5. 425; Rouen, 30 mai 1877, cité *suprà*, n° 542). — M. Guillouard, t. 2, n° 479, critique cette décision. « Les rentes sur l'Etat, dit-il, sont des immeubles par la fiction de la loi, mais ce ne sont pas des immeubles « de même nature » que des maisons ou des champs. La signification naturelle de ces mots, ajoute-t-il, que les époux ont voulu ajouter aux exigences de la loi, qu'ils ne se sont pas contentés d'un remploi en immeubles, mais qu'ils ont voulu que la *nature* du patrimoine ne fût pas changée, c'est-à-dire que les immeubles corporels que la femme possédait fussent remplacés par d'autres immeubles corporels. »

Mais, en revanche, il a été décidé : 1° que la clause d'un contrat de mariage, antérieur à la loi du 2 juill. 1862, qui ne permet l'aliénation du fonds dotal que moyennant un remploi en *immeubles ruraux* ou sous condition d'une affectation hypothécaire sur des immeubles de même genre, s'oppose à ce que le remploi ait lieu en rentes sur l'Etat (Rouen, 18 janv. 1870, aff. Bouquet, D. P. 71. 2. 224); — 2° Que la stipulation de remploi en *immeubles réels* est exclusive du remploi en rentes sur l'Etat (Caen, 26 janv. 1872, aff. Duforestel, D. P. 74. 5. 426).

D'après un arrêt dont la doctrine nous semble très juridique, la *clause contraire* qui, aux termes des lois précitées du 2 juill. 1862 et du 16 sept. 1871, peut exclure la possibilité du remploi en rentes sur l'Etat, ne doit laisser aucun doute sur l'intention des parties : une simple prescription d'achats d'immeubles n'implique pas évidemment une clause contraire, puisque, d'après la loi, le placement en rentes sur l'Etat équivaut au placement en immeubles (Montpellier, 19 juin 1872, aff. Ponset, D. P. 73. 5. 398).

544. Suivant la prescription de la loi du 16 sept. 1871 (V. *suprà*, n° 540), il faut, pour que le remploi ait lieu en rentes sur l'Etat, que, sur la réquisition des parties, c'est-à-dire du mari et de la femme, l'immatricule de la rente au grand-livre de la dette publique en indique l'affectation spéciale. Il ne suffit pas que la rente ait été immatriculée sous le nom de la femme (Comp. Req. 26 juill. 1852, aff. Lejolliff, D. P. 52. 1. 249).

545. Le remploi peut avoir lieu sous condition. — Il résulte d'un arrêt de la cour de cassation que le remploi de la dot sous la condition suspensive qu'une maison sera construite suivant les devis arrêtés entre les parties, n'est prohibé par aucune disposition de la loi; qu'il présente à la femme mariée la même garantie que le remploi en une maison construite au moment où le remploi est stipulé ; qu'il suffit, pour la validité d'une telle convention, comme pour toute obligation conditionnelle, que la condition ait été remplie, et qu'en ce cas le contrat doit recevoir son exécution, conformément à ce qui a été proposé et accepté (Req. 2 avr. 1855, aff. Lemaraisquier, D. P. 55. 1. 152).

546. On admet généralement aujourd'hui, dans la jurisprudence et dans la doctrine, que le remploi peut se faire *par anticipation*, c'est-à-dire que les époux peuvent acheter d'avance un immeuble en remploi d'un autre immeuble qu'ils se proposent d'aliéner. La validité du remploi est alors subordonnée à la condition de l'aliénation de l'immeuble dont le prix doit être remployé (V. *Rép.* n°s 1441 et suiv. ; Rodière et Pont, t. 1, n° 677 ; Benech, *De l'emploi et du remploi sous le régime dotal*, p. 202 et suiv. ; Marcadé, t. 5, art. 1407, 1434-1435, n° 4 ; Aubry et Rau, t. 5, § 507, note 64, p. 302; Colmet de Santerre, t. 6, n°s 79 *bis* VII et suiv. ; Laurent, t. 21, n° 361; de Folleville, t. 1, n° 244 et suiv. ; Guillouard, t. 2, n° 473 ; Req. 5 déc. 1854, aff. Chabor, D. P. 55. 1. 74; Paris, 20 nov. 1858, aff. de Trazegnies, D. P. 59. 2. 78).

547. La validité du remploi par anticipation a été contestée, comme on l'a rapporté au *Rép.* n° 1444, surtout en ce qui concerne le remploi des biens du mari. Mais la cour de cassation a jugé que le remploi anticipé ou antérieur à l'aliénation du propre n'est prohibé par aucune disposition de la loi, ni quant à la femme, ni quant au mari; que la loi ne fait pas de distinction sur ce point entre les époux (Civ. cass. 14 mai 1879, aff. Mélines, D. P. 79. 1. 420).

Cependant, d'après MM. Aubry et Rau, t. 5, § 507, note 64, p. 302, si les circonstances tendaient à établir que le mari n'avait pas, en faisant la déclaration de remploi, l'intention sérieuse et bien arrêtée d'aliéner prochainement des immeu-

bles à lui propres, et qu'il n'a fait cette déclaration que dans la pensée de se réserver la faculté de profiter de l'acquisition ou de la laisser pour le compte de la communauté, suivant qu'elle serait avantageuse ou onéreuse, la femme serait en droit de contester le remploi et de faire attribuer à l'immeuble le caractère de conquêt. M. Guillouard, t. 2, n° 475, n'admet même pas cette distinction. Elle est, dit-il, complètement en dehors des textes, et la recherche des intentions du mari au moment de l'acquisition serait souvent arbitraire.

548. La question de savoir si l'époux qui a des deniers propres ne provenant pas d'une aliénation d'immeubles peut néanmoins en effectuer le remploi ou plutôt l'*emploi* en immeubles, était encore controversée à l'époque de la publication du *Répertoire* (V. *ibid.* n°s 1473 et suiv.). Elle est maintenant résolue affirmativement par la presque unanimité des auteurs (V. outre ceux qui ont été cités au *Rép. ibid.*: Rodière et Pont, t. 1, n° 679; Marcadé, t. 5, art. 1407, 1434-1435, n° 4; Aubry et Rau, t. 5, § 507, note 88, p. 309 et suiv.; de Folleville, t. 1, n°s 259 et suiv.; Guillouard, t. 2, n° 473). M. Laurent, t. 21, n° 363, a pourtant encore soutenu récemment la négative, mais sans apporter d'arguments nouveaux. Il s'est appuyé sur le texte de la loi qui, dans les art. 1434 et 1435, ne parle que du *remploi* du prix des immeubles aliénés et non de *l'emploi* de deniers propres. « Pour que l'emploi fait en immeubles, dit-il, fût propre à l'époux à qui les deniers appartiennent, il faudrait une disposition formelle de la loi, car ce serait une fiction, la réalité étant que l'immeuble acquis à titre onéreux devient un conquêt; or, la loi ne consacre pas cette fiction, ce qui est décisif. » Il nous semble qu'il n'y a rien de fictif dans la théorie du remploi; c'est simplement la reconnaissance et la consécration légale d'un fait, qui est l'acquisition d'un immeuble par l'un des époux, avec ses deniers propres. « La théorie du remploi, comme le dit fort bien M. Guillouard, *loc. cit.*, est une théorie équitable, qui profite aux époux sans nuire à la communauté, et tous les motifs qui l'ont fait admettre pour les immeubles conduisent à l'admettre pour les meubles propres. Il importe peu qu'il s'agisse de remploi ou d'emploi: dans les deux cas, le fait juridique est le même, c'est la substitution d'un immeuble nouveau à un bien propre aliéné, que ce bien soit meuble ou immeuble ».

Du reste, la question ne se discute plus en jurisprudence depuis que la cour de cassation s'est prononcée formellement pour l'affirmative dans les termes suivants : « Attendu que les art. 1402 et 1434 c. nap. ne s'appliquent qu'à la communauté légale qui ne reconnaît que des propres immobiliers, et non à la communauté conventionnelle, sous l'empire de laquelle les époux peuvent réaliser, à titre de propres, même leurs propres mobiliers; que rien ne s'oppose dans ce cas à ce que les deniers formant des propres fictifs créés par la volonté des parties, ne reçoivent un remploi en immeubles; que décider le contraire serait porter atteinte à la liberté des conventions de mariage; que cette interprétation de la loi est d'ailleurs en harmonie avec les art. 1470 et 1595 du même code, dans lesquels ne se retrouve plus la distinction admise à tort par la cour de Caen... » (Civ. cass. 16 nov. 1859, aff. Berrier-Fontaine, D. P. 59. 1. 490. V. dans le même sens : Bourges, 27 août 1853, aff. Journault, D. P. 55. 2. 319; Douai, 15 juin 1861, aff. Lannoy-Hérault, D. P. 62. 2. 159).

549. Quant au système intermédiaire, dont il est question au *Rép.* n° 1478, et d'après lequel le remploi en immeubles serait possible seulement pour les propres mobiliers de la femme, mais non pour les propres mobiliers du mari, il est implicitement condamné par la jurisprudence citée au numéro qui précède, dans l'espèce sur laquelle la cour de cassation a statué, il s'agissait d'un remploi de deniers propres au mari (V. aussi l'arrêt du 15 juin 1861, cité *suprà*, n° 548).

550. Pour l'emploi des meubles propres, comme pour le remploi du prix des immeubles aliénés, il faut une déclaration que l'acquisition est faite en remploi et, si l'emploi a lieu dans l'intérêt de la femme, une acceptation de celle-ci (V. *suprà*, n°s 513 et 517). Jugé lorsqu'un immeuble a été donné en payement d'une créance que la femme avait exclue de la communauté, qu'en l'absence d'un remploi opéré conformément à la loi, à la créance propre de la femme; il tombe dans la communauté, sauf récompense (Civ. cass. 26 juill. 1869, aff. Guiblin,

D. P. 69. 1. 453, et sur renvoi, Rouen, 23 févr. 1870, D. P. 71. 2. 235. V. *suprà*, n° 225). — Jugé également que l'acquisition d'inscription de rentes sur l'État faite au nom de la femme et avec des deniers à elle propres, par celui qui les lui a constitués en dot, ne forme pas un emploi valable de ces deniers, lorsqu'il n'y a pas eu de déclaration d'emploi ou, en tout cas, d'acceptation de cet emploi de la part de la femme. En conséquence, ces inscriptions de rentes doivent être attribuées à la femme en payement de ses reprises d'après le cours du jour de la liquidation, et non d'après le taux du prix d'acquisition (Req. 26 juill. 1852, aff. Lejolliff, D. P. 52. 1. 249).

551. Nous avons dit au *Rép.* n° 1481 qu'en principe des meubles (à l'exception des rentes sur l'État) ne peuvent pas être achetés en remploi d'immeubles. Telle est aussi l'opinion de MM. Rodière et Pont, t. 1, n° 681. Cependant M. Guillouard, t. 2, n° 480, pense que sous le régime de la communauté, le remploi en meubles est possible avec le consentement de l'époux dont l'immeuble a été aliéné : celui-ci peut, en effet, sous ce régime de liberté, disposer à son gré de son patrimoine; il peut ne pas exiger de remploi et se contenter d'une créance en reprises contre la communauté; il doit pouvoir tout aussi bien accepter en remploi des valeurs différentes de celles qu'il a aliénées. « Il suit de là, ajoute M. Guillouard, que si le remploi est effectué par le mari pour lui-même ou pour la femme, mais du consentement et avec l'acceptation de celle-ci, le remploi sera valable et définitif; et, s'il est fait par le mari pour la femme, arrière de celle-ci, elle seule ou ses représentants pourront en invoquer la nullité. »

Il a été jugé que l'emploi des biens mobiliers propres à la femme, sous le régime de la communauté réduite aux acquêts, peut être valablement fait en rente viagère, mais que les héritiers de la femme ont le droit de reprendre dans la société d'acquêts, à titre de récompense, l'avantage que cette société a retiré de l'opération (Bordeaux, 17 déc. 1873, aff. Manière, D. P. 74. 5. 101).

552. Il peut arriver que l'immeuble qui doit tenir lieu de remploi ou d'emploi soit acquis pour un prix supérieur à celui de l'immeuble aliéné ou à la somme qu'il s'agit d'employer. Alors se présente la question de savoir si l'immeuble sera propre pour le tout, sauf récompense à la communauté de la somme qu'elle aura fournie, ou s'il sera propre seulement jusqu'à concurrence du prix à employer et conquêt pour le surplus, ou enfin s'il sera conquêt pour le tout, le remploi devant être tenu pour non valable dans ces conditions. Ces trois solutions différentes ont, chacune, leurs partisans. La plupart des auteurs, toutefois, réservent le cas où la différence de valeur est peu importante; ils reconnaissent qu'alors l'immeuble acquis doit être propre pour la totalité, sauf récompense (V. *Rép.* n° 1482).

Ce cas mis à part, M. Guillouard, t. 2, n° 512, décide que, si la valeur à employer est notablement inférieure au prix de l'immeuble donné en remploi, le remploi ne peut pas avoir lieu, par la raison qu'il aurait pour effet de constituer un propre aux dépens de la communauté. M. Colmet de Santerre, t. 6, n° 79 *bis* XIX, admet, au contraire que, même alors, l'immeuble sera propre pour la totalité; seulement l'époux qui aura acquis ce propre devra à la communauté la différence entre le prix de l'acquisition et la valeur dont il a fait emploi. Ce système est également enseigné par M. de Folleville, t. 1, n° 233, qui le fonde sur un argument tiré de l'art. 1408, § 1er : « L'immeuble acquis à titre de remploi, dit-il, a été, au moins un instant de raison, propre pour partie et pour l'autre conquêt; donc la femme en a été propriétaire par indivis avec la communauté. Mais, à ce moment l'art. 1408, al. 1er, a effacé l'indivision et attribué l'immeuble en totalité à la femme ». Ce raisonnement, très subtil, nous paraît détourner l'art. 1408 de sa véritable application, et, dans tous les cas, le système qu'il tend à faire prévaloir permettrait aux époux, contrairement aux principes qui régissent la communauté, de se créer des propres presque à volonté.

Nous persistons à préférer le système intermédiaire, qui a été adopté au *Rép.* n° 1482, d'après lequel l'immeuble acquis est propre jusqu'à concurrence de la somme à remployer et conquêt pour le surplus. Rien ne s'oppose, en effet, à ce que le remploi ait lieu en droits indivis immobiliers

(V. *infrà*, n° 553). Or si l'immeuble acquis peut être indivis avec un tiers, on ne voit pas pourquoi il ne pourrait pas l'être aussi avec la communauté. Il est vrai que la loi est en principe hostile à l'indivision; mais de ce qu'elle a édicté l'art. 1408 pour empêcher que l'indivision ne se produise dans un certain cas, on ne peut pas conclure qu'elle l'a proscrite dans toute autre hypothèse. La règle de l'art. 1408 existait déjà dans l'ancien droit. Et néanmoins, Pothier, supposant que l'un des époux, après avoir vendu son propre pour 12000 fr., avait acheté un autre immeuble, avec déclaration de remploi, pour le prix de 24000 fr., décidait que l'immeuble acquis était propre jusqu'à concurrence de 12000 fr. et conquêt pour le surplus, l'époux étant censé, en ce cas, avoir fait l'acquisition, moitié pour son compte particulier, et moitié pour le compte de la communauté. Mais, comme Pothier le remarquait aussi, si la différence entre le propre aliéné et l'immeuble acquis en remploi est peu considérable, il est alors plus présumable que l'époux a entendu faire l'opération pour lui seul, et l'immeuble doit lui rester propre, sauf récompense (V. Pothier, *Traité de la communauté*, n° 198; Troplong, t. 2, n° 1151; Rodière et Pont, t. 1, n° 684; Aubry et Rau, t. 5, n° 507, note 86, p. 309). — M. Laurent, t. 21, n° 384, enseigne la même doctrine; mais sous prétexte que le remploi est une fiction qui ne peut pas être étendue, il rejette le tempérament admis par Pothier et les autres auteurs pour le cas où la différence entre la somme à remployer et le prix du remploi est peu considérable (Comp. *supra*, n° 549).

553. Le remploi du prix d'un immeuble peut être fait valablement au moyen de l'acquisition de portion indivise d'un immeuble appartenant pour le surplus à un tiers, ou même à l'autre époux: l'indivision qui en résulte, dans ce dernier cas, entre les deux conjoints n'est nullement contraire aux dispositions de l'art. 1408. C'est ce que a reconnu un arrêt de la cour de Douai du 31 mai 1852 (aff. Ménard, D. P. 53. 2. 187). Par suite, la portion ainsi acquise ne vient pas accroître la part de l'époux qui était déjà copropriétaire de l'immeuble; elle reste, au contraire, propre à l'époux avec les deniers duquel elle a été achetée (Même arrêt).—Un résultat semblable se produit dans le cas où la dot d'une femme commune a été employée au payement d'une partie du prix d'un immeuble, acquis en commun par les deux époux : la femme est copropriétaire de cet immeuble dans la proportion de la somme par elle fournie, comparée au prix intégral de l'acquisition; par suite, en cas de revente de cet immeuble, elle doit profiter, dans la même proportion, de la plus-value, et elle peut exiger, si l'emploi est rendu obligatoire par le contrat de mariage, que le mari fasse remploi, non seulement de la somme apportée en dot, mais encore de la part de la femme dans la plus-value (Paris, 9 août 1870, aff. Gariel, D. P. 71. 2. 113).

554. Il a été jugé récemment par la cour de cassation que les époux, mariés sous le régime de la communauté, peuvent convenir, dans leur contrat de mariage, qu'un immeuble sera acheté pour l'emploi d'une somme d'argent provenant, en partie, de la dot constituée en argent à la femme et, pour l'autre partie, de deniers appartenant personnellement au mari ou à lui donnés par contrat de mariage; que cet immeuble sera dotal pour la part appartenant à la femme et ne pourra être aliéné durant le mariage qu'à charge d'acquérir en remploi un immeuble d'une valeur au moins égale. En conséquence, le mari ne peut ni aliéner l'immeuble ainsi acquis en emploi, ni contraindre la femme à subir l'aliénation en dehors des conditions spécifiées par la loi pour l'aliénation de l'immeuble dotal ou par la convention qui exige l'acquisition en remploi d'un immeuble d'une valeur au moins égale à celle de l'immeuble aliéné (Req. 30 nov. 1886, aff. Cassagne de Mary, D. P. 87. 1. 49. — Comp. *supra*, n° 545).

555. Les frais du remploi, comme on l'a décidé au *Rép.* n° 1485, doivent être à la charge de l'époux pour lequel ce remploi est fait; c'est l'application de la règle de l'art. 1593, qui met les frais de vente à la charge de l'acheteur (Civ. cass. 16 nov. 1859, aff. Berrier-Fontaine, D. P. 59. 1. 490; Besançon, 29 juill. 1871, aff. Vallon, D. P. 73. 5. 397; Rodière et Pont, t. 1, n° 685; Aubry et Rau, t. 5, § 507, note 87, p. 309; Laurent, t. 21, n° 382; de Folleville,

t. 1, n° 234 *bis*. — V. cependant, pour le cas de remploi sous le régime dotal, *infrà*, n°s 1437 et suiv.).

SECT. 6. — DES RÉCOMPENSES OU INDEMNITÉS (*Rép.* n°s 1487 à 1553).

556. Le régime de la communauté entre époux, dit la cour de cassation dans un de ses arrêts, est soumis à cette règle fondamentale de droit et d'équité, que toutes les fois que l'un des époux a tiré un profit personnel des biens de la communauté, ou la communauté un profit semblable des biens propres à l'un des époux, il est dû indemnité ou récompense, dans le premier cas, à la communauté, et, dans le second cas, à l'époux (Civ. cass. 8 avr. 1872, aff. Martin, D. P. 72. 1. 108).

Les récompenses ou indemnités sont donc dues, comme on l'a indiqué au *Rép.* n° 1487, ou par la communauté à l'un des époux, ou par l'un des époux à la communauté. — Il peut aussi être dû récompense ou indemnité par l'un des époux à l'autre. Ce cas est prévu par les art. 1478 et 1479 (V. *infrà*, n°s 880 et suiv.).

ART. 1er. — *Récompenses dues par la communauté* (*Rép.* n°s 1488 à 1510).

557. On a exposé au *Rép.* n°s 1489 et suiv. comment le principe des récompenses dues par la communauté s'est introduit dans la jurisprudence coutumière. L'art. 1433, qui prévoit certaines hypothèses dans lesquelles il y a lieu à récompense, n'est qu'énonciatif. De ces dispositions, ainsi que des art. 1431, 1436, 1438, etc., où sont prévues d'autres hypothèses, la doctrine déduit ce principe général, déjà formulé par Pothier, que chaque époux a droit à la récompense de tout ce dont la communauté s'est enrichie à ses dépens. Deux conditions sont donc nécessaires et suffisantes pour que la communauté doive une récompense : que l'époux se soit appauvri, et que la communauté se soit enrichie (Pothier, *Traité de la communauté*, n° 607; Rodière et Pont, t. 2, n°s 932 et suiv.; Aubry et Rau, t. 5, § 511, note 3, p. 352; Colmet de Santerre, t. 6, n° 78 *bis* II; Laurent, t. 22, n° 449; Guillouard, t. 2, n° 887).

558. La première cause des récompenses, dans l'ordre des textes du code, remarque M. Guillouard, n° 888, est celle prévue par l'art. 1431: la femme qui s'oblige solidairement ou même conjointement avec son mari pour les affaires de la communauté, doit être indemnisée des conséquences de l'obligation contractée par elle (V. *supra*, n°s 343 et suiv.). — Jugé toutefois que le cautionnement solidaire qu'une femme donne avec son mari en faveur d'un enfant commun, et non dans l'intérêt du mari ou de la communauté, n'est pas moins personnel à la femme qu'au mari et constitue entre eux une dette divisible; par suite, la femme ou ses héritiers n'ont droit à récompense (de la part du mari) que jusqu'à concurrence de la moitié de la somme cautionnée (Rennes, 22 nov. 1848, aff. Bellamy, D. P. 51. 2. 151. — Comp. *supra*, n° 434).

559. D'après l'art. 1433, il y a lieu à récompense de la part de la communauté au profit de l'un des époux dans deux cas : lorsqu'il a vendu un immeuble propre, dont le prix a été versé dans la communauté, et lorsqu'un tiers s'est rédimé en argent de services fonciers dus à un immeuble propre (V. *Rép.* n°s 1492 et suiv.).

Est-ce à l'époux dont l'immeuble a été aliéné à établir que le prix a été versé dans la communauté? Pour résoudre cette question, les auteurs distinguent généralement entre le mari et la femme. Si c'est un bien de la femme qui a été aliéné, ils décident que la récompense est présumée en avoir touché le prix. C'est alors au mari à prouver qu'il ne l'a pas reçu et qu'il a fait les diligences nécessaires pour le faire payer. Si, au contraire, l'aliénation a eu pour objet un bien du mari et si, par suite, c'est au mari qu'est due la récompense, il doit prouver que le produit de l'aliénation est entré dans la communauté (*Rép.* n° 1501; Rodière et Pont, t. 2, n° 939; Marcadé, t. 5, art. 1433, n° 2; Guillouard, t. 2, n° 890). Mais la preuve résulte suffisamment de l'acte de vente, lorsqu'il énonce que le prix a été payé comptant, à la vue du notaire rédacteur (Req. 9 avr. 1872, aff. Leroy, D. P. 73. 1. 28).

Pour que le prix soit réputé versé dans la communauté, il suffit d'ailleurs que le mari l'ait eu à sa disposition. Peu importe qu'il l'ait dissipé (*Rép.* n°s 1499 et suiv.; Rodière et Pont, t. 2, n° 937; Laurent, t. 22, n° 456; Guillouard, t. 2, n° 891).

560. La récompense, d'après l'art. 1436, n'a lieu que sur le pied de la vente, quelque allégation qui soit faite touchant la valeur de l'immeuble aliéné, c'est-à-dire que le montant de la récompense due à l'époux est égal au prix de la vente. Mais, comme on l'a observé au *Rép.* n° 1506, il faut y comprendre tous les accessoires de ce prix, pots de vin, épingles, etc. (Guillouard, t. 2, n° 903 *bis*).

561. Si une partie du prix a été dissimulée, comment l'époux qui a droit à la récompense prouvera-t-il la dissimulation? Il faut distinguer entre la femme et le mari. En ce qui concerne la femme, il est généralement admis qu'elle peut faire la preuve de la dissimulation de toute manière, au moyen d'une contre-lettre, par témoins ou par présomptions, et cela même dans le cas où elle aurait concouru à l'acte contenant dissimulation du prix (Civ. cass. 14 févr. 1843, *Rép.* n° 3354; Besançon, 21 juin 1845, aff. Chevalier-Gibaud, D. P. 51. 5. 93; Douai, 28 avr. 1851, aff. Cannonne, D. P. 52. 2. 290; Civ. cass. 30 déc. 1857, aff. Bouheret, D. P. 58. 1. 38; Civ. rej. 18 janv. 1875, aff. Morin, D. P. 76. 1. 159; Rodière et Pont, t. 2, n°s 941 et suiv.; Marcadé, t. 5, art. 1436, n° 1; Mennesson, *Essai sur les récompenses sous le régime de la communauté légale*, p. 18 et suiv.; Aubry et Rau, t. 5, § 511, p. 355, note 9; Colmet de Santerre, t. 6, n° 78 *bis* IV; Laurent, t. 22, n° 461; de Folleville, t. 1, n° 357; Guillouard, t. 2, n° 909).

On a cependant soutenu que, si la femme peut prouver de toute manière la dissimulation à l'égard du mari, elle ne saurait avoir le même droit à l'encontre des créanciers de celui-ci; qu'elle ne pourrait notamment leur opposer une contre-lettre émanée du mari. Il est vrai qu'aux termes de l'art. 1321, les contre-lettres n'ont point d'effet contre les tiers. Mais, comme l'a déclaré la cour de cassation, lorsque le mari a porté au contrat de vente une somme inférieure à celle que l'acheteur s'est engagé à payer et a effectivement versée, cette dissimulation constitue une fraude de sa part, et, aux termes des art. 1348 et 1353 c. civ., l'art. 1341 du même code, d'après lequel il n'est reçu aucune preuve contre et outre le contenu aux actes, est inapplicable en cas de fraude. On objecte que la dissimulation a eu lieu pour frauder le Trésor public et non la femme. Qu'importe, s'il en résulte néanmoins une fraude envers les droits de la femme? Si donc la femme doit être forcément autorisée à prouver la dissimulation par témoins ou par présomptions, on ne peut en même temps l'empêcher de tirer la preuve dont elle a besoin d'une contre-lettre signée de son mari, puisqu'elle a le droit de faire cette preuve de toute manière. Elle ne demande pas l'exécution de la contre-lettre; elle s'en sert seulement comme d'un document dont les juges peuvent déduire telles présomptions qu'ils apprécieront. — Il est, d'ailleurs, indifférent, ajoute la cour de cassation, que la femme ait personnellement concouru aux actes d'aliénation des biens dont une portion du prix a été dissimulée, car elle ne saurait perdre une part de la récompense que lui accorde l'art. 1436 par un fait qui doit être considéré comme le résultat forcé de l'ascendant marital (Arrêt précité du 18 janv. 1875; Guillouard, t. 2, n°s 910 et suiv. — Comp. Civ. cass. 14 mai 1879, cité *infrà*, n° 562).

562. Si c'est le mari qui allègue la dissimulation, la question de savoir s'il doit être admis, comme la femme, à faire la preuve par témoins ou par présomptions est controversée. L'affirmative est soutenue par plusieurs auteurs (Rodière et Pont, t. 2, n° 942; Pont, *Revue critique*, année 1852, t. 2, p. 655; Aubry et Rau, t. 5, § 511, note 9, p. 355 et suiv.; Laurent, t. 22, n° 462). D'après MM. Aubry et Rau, *ibid.*, la prohibition de la preuve testimoniale contre et outre le contenu aux actes est sans application dans cette hypothèse, parce qu'il ne s'agit pas d'établir les conditions et de régler les effets de la convention dans les rapports des parties qui y ont figuré, mais simplement de déterminer le montant de la somme qui, par suite de la vente d'un propre du mari, est entrée dans la communauté. Néanmoins la cour de cassation s'est

prononcée pour la négative dans un arrêt ainsi conçu : « Attendu que, si les art. 1433 et 1436 c. civ. disposent que la récompense due à l'un des époux pour le prix de la vente de ses propres aliénés versé dans la communauté n'a lieu que sur le pied de la vente, quelque allégation qui soit faite touchant la valeur de l'immeuble aliéné, ces articles ne déterminent pas sur quel mode de preuve la valeur de la vente peut être établi; que, dès lors, il y a lieu de recourir aux principes généraux du droit sur cette matière; — Attendu que, si la femme, en raison de l'ascendant marital, peut, aux termes de l'art. 1348 c. civ., établir par témoins la dissimulation de ses propres aliénés faite à son préjudice et en fraude de ses droits, il ne saurait en être de même du mari, qui, s'il le veut, peut toujours se procurer un titre constatant le prix réel de la vente de ses propres... » (Civ. cass. 14 mai 1879, aff. Mélines, D. P. 79. 1. 420. — V. dans le même sens : Douai, 28 avr. 1851, aff. Cannonne, D. P. 52. 2. 290; Troplong, t. 2, n° 1162; de Folleville, t. 1, n° 457; Guillouard, t. 2, n°s 912 et suiv. — Comp. Besançon, 23 nov. 1868, aff. Martin, D. P. 69. 2. 17).

563. Dans le cas où le propre vendu est un usufruit ou une rente viagère, deux questions se présentent : y-a-t-il lieu à récompense pour la communauté, et, en cas d'affirmative, quel en est le montant? Suivant l'opinion que nous avons adoptée au *Rép.* n° 1508, l'époux usufruitier ou créditrentier n'a droit à la reprise du prix de vente que déduction faite du profit que la communauté aurait retiré des revenus de l'usufruit ou des arrérages de la rente, au delà de l'intérêt légal du prix. Si le bénéfice qu'a perdu la communauté est supérieur au prix de vente, l'époux n'aurait donc droit à aucune récompense, quand même il survivrait à la dissolution de la communauté; c'est la conséquence de l'opération qu'il a faite. Si, au contraire, la somme des revenus ou des arrérages qui seraient échus à la communauté est inférieure au prix qu'elle a reçu, elle doit la différence à l'époux ou à ses héritiers. En somme, ce système consiste à dire qu'en principe l'époux a droit à récompense, mais qu'il n'y a droit qu'autant que la *communauté* a tiré profit de l'aliénation (V. en ce sens : Pothier, *Traité de la communauté*, n° 592 ; Troplong, t. 2, n° 1090 ; Glandaz, *Encyclopédie du droit*, v° *Communauté*, n° 260).

Une autre opinion soutient, non seulement qu'il est dû récompense dans tous les cas, mais encore que la récompense doit toujours être de la totalité du prix d'aliénation. « Lorsqu'un droit perpétuel, dit-on, a été acquis en échange d'un droit temporaire, la communauté doit restituer tout ce qu'elle a reçu sans qu'elle en puisse rien déduire, si faibles qu'aient été les revenus par elle perçus »; et cela parce que le droit de jouissance qui appartient à la communauté sur les propres des époux « n'est pas un droit déterminé à tel ou tel immeuble et dont il soit dû garantie, mais bien un droit qui frappe indéterminément le patrimoine des époux et ne le frappe qu'autant que les époux continuent à le conserver » (Rodière et Pont, n° 945; Mennesson, p. 28 et suiv.; Marcadé, t. 5, art. 1436, n° 2). Cette opinion nous semble mériter le reproche de permettre aux époux, par la transformation des éléments qui composent leur patrimoine, de s'avantager au préjudice de la communauté.

Un troisième système, consacré en partie du moins, par la cour de cassation, prévaut aujourd'hui dans la doctrine. Il distingue entre le cas où l'époux propriétaire de l'usufruit ou de la rente viagère survit à la dissolution de la communauté et celui où la dissolution a lieu par le décès de cet époux. Dans le premier cas, on accorde à l'époux une récompense égale, suivant les uns, à l'excédent du prix d'aliénation sur la perte de revenus subie par la communauté, suivant les autres à la valeur que l'usufruit ou la rente viagère auraient si l'époux ne les avait pas aliénés. Dans le second cas, au contraire, on refuse à l'époux toute récompense, par la raison que ses héritiers ne perdent rien (Aubry et Rau, t. 5, § 511, p. 353, note 6 et 8, note 12; Colmet de Santerre, t. 6, n°s 78 *bis* VI et suiv.; Laurent, t. 22, n°s 468 et suiv. ; Guillouard, t. 2, n°s 894 et suiv., 916 et suiv.). Ce système a le tort, à nos yeux, de laisser tout le bénéfice de l'aliénation s'il y en a, à la communauté. L'époux qui a échangé son droit viager contre une valeur permanente a fait une opération dont ses héritiers doivent profiter, pourvu

que la communauté n'y perde pas. Sur le prix de l'usufruit aliéné, la communauté ne devrait donc retenir dans tous les cas que la valeur des revenus dont elle a été privée.

La cour de cassation s'est prononcée en faveur du troisième système par l'arrêt suivant : — « Attendu qu'aux termes des art. 588, 1498 et 1568, sous le régime de la communauté réduite aux acquêts, les arrérages annuels d'une rente viagère, propre à l'un des époux, tombent dans cette communauté, sans obligation, de sa part, à aucune restitution ; et qu'en droit, d'après l'art. 1433, la reprise n'est que la réparation d'une perte, d'un détriment souffert par l'un des conjoints sur ses biens propres ; — Attendu que, par l'événement du prédécès de la femme Journault, qui a opéré la dissolution de la communauté d'acquêts d'entre elle et son mari, tous les arrérages de la rente viagère à elle due par les époux Pot seraient tombés dans cette communauté, et qu'ainsi ladite femme Journault n'a éprouvé aucune perte et souffert aucun préjudice par l'effet des actes des 27 nov. 1834 et 4 déc. 1839, par lesquels il a été traité à forfait sur cette rente ; et qu'à son égard et au regard de ladite communauté, la somme de 24000 fr. portée au premier de ces actes, et le domaine de Beaugy, acquis par le second en remplacement de cette somme, ne font que représenter les arrérages de ladite rente, qui seraient tombés dans ladite communauté ; — Attendu que les stipulations de remploi énoncées au dernier de ces actes, au profit de la femme Journault, portant sur une somme qui, d'après ce qui vient d'être dit, représentait les arrérages de la rente viagère qui seraient tombés dans la communauté, ont été sans effet pour constituer valablement un remploi au profit de ladite femme Journault ; — Qu'il suit de là que ledit capital et ledit domaine appartenaient à la communauté des époux Journault ; et qu'en les attribuant, à titre de récompense, de reprise et de remploi, à la succession de la femme Journault, l'arrêt attaqué a expressément violé les articles ci-dessus visés ; — Par ces motifs, casse, etc. » (Civ. cass. 10 avr. 1855, aff. Journault, D. P. 55. 1. 177). — La cour de Bourges, dont la décision a été cassée par cet arrêt, avait jugé que la somme formant le prix de la rente viagère aliénée était propre à l'époux crédi-rentier, et que l'immeuble acquis en remploi de cette somme devait être repris par l'époux sans aucune récompense en faveur de la communauté, par la raison que, « si l'aliénation de la rente avait eu pour conséquence une diminution des revenus de la communauté, cet inconvénient, que le mari avait dû prévoir et auquel il s'était volontairement soumis, trouvait sa compensation dans l'avantage de substituer à une ressource précaire une valeur certaine et durable, qui pouvait tourner au profit de la communauté elle-même ; » et que « la différence de revenus, résultat fréquent et inévitable des opérations qui ont lieu durant le cours de la communauté, ne saurait donner lieu à récompense » (Bourges, 27 août 1853, aff. Journault, D. P. 55. 2. 319). C'était la consécration de la seconde opinion exposée ci-dessus. — Il a encore été jugé, conformément à cette opinion, qu'en cas d'aliénation, pendant la communauté, d'un usufruit propre à l'un des époux, la reprise à laquelle cet époux a droit, lors de la dissolution, doit être de la totalité du prix perçu par la communauté, sans déduction de ce dont la communauté aurait bénéficié, si l'aliénation n'avait pas eu lieu, en percevant les revenus de l'usufruit (Paris, 23 nov. 1861, aff. Clément, D. P. 62. 2. 206). Décidé aussi que l'immeuble dont l'un des époux s'est rendu acquéreur pendant la communauté, en échange d'un droit d'usufruit à lui propre, constitue, non un bien commun, mais un immeuble propre qui doit être attribué exclusivement aux héritiers de cet époux, bien que son décès, qui a amené la dissolution de la communauté eût aussi produit pour les héritiers du mari l'extinction du droit d'usufruit, s'il n'avait pas été aliéné (Angers, 23 mai 1859, aff. Chicot, D. P. 59. 2. 153). La jurisprudence n'a donc pas été fixée par l'arrêt de la cour de cassation rapporté ci-dessus.

564. Dans l'hypothèse inverse de la précédente, lorsqu'un propre est vendu moyennant une rente viagère, la question de savoir s'il est dû récompense par la communauté à l'époux et quel sera le montant de la récompense, est également controversée. Nous avons indiqué au *Rép.* n° 1309 les trois systèmes qui se sont produits. — Le premier, d'après lequel la communauté devrait rendre tous les arrérages touchés

par elle et garder seulement les intérêts de ces arrérages, n'a plus aujourd'hui de partisans. — Le second, au contraire, qui refuse toute récompense à l'époux, a été consacré par plusieurs arrêts et soutenu par des auteurs considérables. Il s'appuie sur les dispositions du code civil qui considèrent les arrérages de rente viagère comme des fruits. Il a été, d'ailleurs, fort bien développé dans un remarquable arrêt de la cour de Besançon : « Considérant, dit cet arrêt, que les art. 582, 584 et 588 combinés du code Napoléon consacrent en faveur de l'usufruitier un droit absolu de jouissance sur toute espèce de fruits, sans être tenu à aucune restitution, notamment, sur les arrérages des rentes viagères, considérés par la loi nouvelle, à la différence de l'ancien droit, comme fruits civils, que la communauté est usufruitière, et que l'art. 1401, § 2, fait entrer dans son actif tous les fruits et arrérages, de quelque nature qu'ils soient ; qu'on ne peut voir une dérogation à ces principes dans l'art. 1470, § 2, qui, préoccupé des cas les plus fréquents, suppose que la communauté a perçu un capital comme prix de vente et non pas de simples arrérages ; que par l'aliénation à rente viagère le capital est sacrifié, le fonds est perdu, et que le propriétaire abdique son droit perpétuel sur la chose moyennant un droit d'une autre nature, représenté par une simple prestation d'arrérages et par une jouissance plus large, mais temporaire ; qu'il est loisible aux conjoints de disposer ainsi de leurs propres et de préférer un émolument de cette nature à un capital moins productif ; mais qu'il serait aussi contraire à la nature de l'acte qu'à l'intention des parties d'imposer à la communauté la reconstitution du fonds perdu en l'obligeant à restituer des arrérages qu'elle a perçus comme usufruitière ; — Que la communauté, qui aurait souffert de la mauvaise gestion du mari, peut et doit profiter des actes qui sont de nature à améliorer sa condition ; que son émolument comme usufruitière s'étend ou se restreint d'après les actes de celui qui en a la libre administration ; mais qu'elle serait exposée à un grave préjudice si elle pouvait être tenue de restituer, souvent après longues années, à titre de capital parfois considérable, des arrérages antérieurement absorbés par les besoins de la vie commune ; que la distinction qui serait à faire entre la part afférente à la jouissance et celle représentant l'amortissement reposerait nécessairement sur des bases arbitraires et ne répugnerait pas moins à la nature aléatoire du contrat qu'au vœu de la loi et à l'intention des parties ; — Que, d'ailleurs, le droit de reprise suppose la réparation d'un préjudice réellement éprouvé par l'un des conjoints ; que, dans l'espèce, Martin a lui-même converti librement le prix de son propre en une rente viagère, sachant que les arrérages devaient tomber dans la communauté ; que la communauté n'a touché aucun capital et n'a perçu que des fruits d'après la volonté même du mari ; que la rente viagère n'est pas éteinte et que ce dernier en perçoit a seul l'émolument ; que, pour le passé, il a pu, comme il l'a fait, augmenter, par l'aliénation de l'un de ses propres, les revenus de la communauté, et qu'il ne saurait être fondé à réclamer aujourd'hui, sous forme de reprises, le profit qu'il lui a procuré et dont il conserve d'ailleurs sa part... » (Besançon, 23 nov. 1868, aff. Martin, D. P. 69. 2. 17. V. dans le même sens : Besançon, 18 févr. 1853, aff. Charpiot, D. P. 53. 2. 176 ; Nancy, 3 juin 1853, aff. Lasnier, D. P. 54. 2. 10 ; Rodière et Pont, t. 2, n° 943 ; Marcadé, t. 5, art. 1436, n° 2 ; Mimerel, *Revue critique*, année 1853, t. 3, p. 851 et suiv. ; Pont, *Revue critique*, 1854, t. 4, p. 9 et suiv.).

Ce système, toutefois, n'a pas prévalu dans la jurisprudence. D'après la cour de cassation, il est dû récompense par la communauté à l'époux dont le propre a été converti en rente viagère, en vertu du principe que la communauté ne peut pas s'enrichir aux dépens des propres des époux. Lorsqu'un immeuble a été aliéné moyennant une rente viagère, cette rente constitue le prix, et ses arrérages, dont la durée est aléatoire, représentent pour partie les fruits de la chose, pour partie la valeur du fonds. Si la communauté retenait la totalité de ces arrérages, elle s'enrichirait aux dépens de l'époux, de la même manière que si elle conservait le prix d'un immeuble vendu moyennant un capital déterminé. Il est vrai que les arrérages des rentes, même viagères, sont rangés par la loi parmi les fruits civils, qui

s'acquièrent jour par jour et appartiennent à l'usufruitier. Mais, dit la cour de cassation, « si la communauté, en sa qualité d'usufruitière, a le droit de les percevoir sans être tenue à aucune restitution, l'art. 1401 restreint son usufruit aux arrérages provenant des biens qui appartenaient aux époux lors de la célébration du mariage, ou qui leur sont échus pendant le mariage, à quelque titre que ce soit... Ses dispositions sont inapplicables au cas où la rente dont la communauté a perçu les arrérages a été constituée pendant le mariage avec le prix d'un immeuble propre à l'un des époux » (Civ. cass. 8 avr. 1872, aff. Martin, D. P. 72. 1. 108. V. dans le même sens : Douai, 9 mai 1849, aff. Carpentier, D. P. 52. 2. 114 ; Angers, 12 mai 1853, aff. Pasquier, D. P. 53. 2. 146 ; Req. 1er avr. 1868, aff. Dollé, D. P. 68. 1. 311 ; Lyon, 17 févr. 1870 (1) ; Bordeaux, 10 mai 1871, aff. Gignoux, D. P. 71. 2. 219 ; 17 déc. 1873, aff. Manière, D. P. 74. 5. 101 ; Orléans, 2e ch., 27 déc. 1883, aff. Vallée C. dame Vallée.-MM. Boullé, pr.-Desplanches et Chevallier, av. ; Troplong, t. 2, n° 1096 ; Aubry et Rau, t. 5, § 511, note 4, p. 352 ; Colmet de Santerre, t. 6, n° 78 bis XI ; Laurent, t. 22, n° 466 ; Guillouard, t. 2, n°s 892 et suiv.).

565. Quant au montant de la récompense, il doit être d'après la jurisprudence, égal à la somme des arrérages courus depuis l'aliénation jusqu'à la dissolution de la communauté, moins la somme à laquelle les revenus du propre se seraient élevés pendant le même temps (V. les arrêts cités *suprà*, n° 564). M. Colmet de Santerre, t. 6, n° 78 bis XII, tout en admettant ce système en principe, y apporte un correctif. La communauté, selon lui, ne doit jamais plus restituer qu'elle n'a gagné, ni l'époux toucher plus qu'il n'a perdu. Si la communauté se dissout par le décès de l'époux,

on estimera le propre aliéné, et si sa valeur est inférieure à la récompense calculée comme il est dit ci-dessus, la communauté ne devra que cette valeur. Dans le cas où l'époux survit à la dissolution de la communauté, on estimera aussi la rente qui reste à l'époux et on retranchera cette estimation de la valeur de l'immeuble ; l'époux n'aura droit au maximum qu'à cette valeur ainsi réduite. Mais cette façon de déterminer la récompense n'est pas approuvée par M. Guillouard, t. 2, n° 915. Il ne s'agit pas, dit-il avec raison, de savoir ce que l'époux a perdu ou gagné à vendre son immeuble moyennant une rente ; cette première partie de l'opération ne regarde pas la communauté et par suite ne peut influer sur la fixation de la récompense. Un seul fait est à examiner : la communauté qui ne touchait que les revenus de l'immeuble, a perçu, pendant un temps plus ou moins long, les arrérages de la rente viagère ; elle s'est enrichie de cette différence, et l'époux s'est appauvri de cette différence, qui constitue le prix de son immeuble. C'est donc cette différence qui doit être rendue à l'époux.

566. Il peut arriver que la rente viagère acquise en échange d'un bien propre à l'un des époux soit stipulée réversible sur la tête de l'autre époux. Alors, en sus de la récompense due par la communauté à raison du profit qu'elle aura tiré de la rente, il sera dû également récompense à la succession de l'époux propriétaire de la rente par le conjoint survivant qui profitera de la réversibilité ; et cette récompense consistera, d'après un arrêt, dans la restitution de la rente elle-même ou de la somme des arrérages qu'elle produira (Lyon, 17 févr. 1870, *suprà*, n° 564. — Comp. *suprà*, n°s 389 et suiv.). Toutefois, on doit le reconnaître, il pourra se faire, et il arrivera même fréquemment que l'époux acquéreur

(1) (Ratton C. Broyer et autres.) — LA COUR ; — Considérant que Marie-Anne Prével, épouse de Jean-Antoine-Marie Ratton, est décédée sans enfant, le 3 juill. 1866, après avoir institué son mari son légataire universel ; — Considérant que le legs universel n'a pu valoir, conformément à l'art. 1094 c. nap., que jusqu'à concurrence des trois quarts en pleine propriété et d'un quart en usufruit, à raison de l'existence de Philibert Prével, père de la défunte, héritier à réserve d'un quart en nue propriété ; — Considérant que, le 29 août 1866, devant Me Tondu, notaire à Pont-de-Veyle, un partage est intervenu entre Ratton et Prével, et que ce dernier a renoncé à sa part dans la communauté qui avait existé entre son gendre et sa fille, pour s'en tenir au quart en nue propriété de la succession de la défunte ; — Considérant qu'au moment du partage, Prével semble ne s'être aucunement préoccupé d'un acte du 2 févr. 1865, par lequel les époux Ratton-Prével avaient vendu un immeuble propre à la femme, moyennant une rente viagère de 1000 fr. par an, constituée sur la tête des deux époux et réversible sur celle du survivant d'eux, et qu'il n'apparaît pas qu'il ait sollicité aucune récompense à raison de cette vente ; — Considérant que les consorts Broyer, héritiers de Philibert Prével, ont, devant le tribunal de Bourg, demandé à Hubert Ratton, fils et héritier de Jean-Antoine-Marie Ratton, la réparation de ce qu'ils considèrent comme une omission de la part de leur auteur, et qu'ils ont obtenu une somme de 2815 fr. 25 c. à titre de récompense ; — Considérant que Hubert Ratton a interjeté appel du jugement, et qu'il soutient : 1° que Philibert Prével, par l'acte de partage du 29 août 1866, avait renoncé à toute indemnité à raison de l'immeuble de sa fille, vendu à charge de rente viagère ; 2° que l'aliénation d'un propre d'un époux commun en biens, moyennant une rente viagère, ne peut donner lieu à aucun recours ; 3° enfin, que le tribunal s'est trompé, tout au moins, dans l'évaluation de la somme due à titre de récompense ;

Sur la prétendue renonciation :... (Motifs sans intérêt en droit, établissant qu'il n'y a pas eu renonciation de la part de Prével) ; — Sur le principe de la récompense due à Philibert Prével : Considérant qu'il résulte de la combinaison des art. 1433 et 1437 c. nap. que la communauté et, en cas de renonciation, le mari, doit indemniser les héritiers de la femme dont l'immeuble a été vendu sans remploi pendant le mariage ; — Qu'il n'y a pas à distinguer entre l'immeuble aliéné moyennant un prix déterminé et l'immeuble cédé à charge d'une rente viagère ; qu'il faut seulement fixer dans les arrérages perçus pendant l'existence de la communauté la part qui représente les revenus de l'immeuble vendu et celle qui représente le prix du même immeuble ; — Considérant que tout autre système permettrait à la communauté de s'enrichir aux dépens de la femme ; qu'il constituerait, de plus, une grave atteinte au principe de l'immutabilité des conventions matrimoniales, puisqu'il fournirait le moyen d'ameublir un propre en dehors et postérieurement au contrat de mariage ; — Considérant qu'on oppose vainement l'art. 1401 c. nap., qui fait tomber dans la communauté les arrérages des rentes viagères ; — Qu'en effet, cet article parle des arrérages des rentes qui exis-

taient au jour de la célébration du mariage, mais non des arrérages des rentes obtenues au moyen de l'aliénation des immeubles des époux ; — Considérant que si la communauté ne doit récompense que pour une portion des arrérages qu'elle a perçus, le mari, lorsque la rente viagère, comme dans l'espèce, est réversible sur sa tête après le décès de sa femme, doit récompense pour la totalité des arrérages, puisque depuis ce décès il n'y a plus à distinguer entre le capital et les revenus, et qu'il doit restituer, sans exception, tout ce qui provient ni de ses propres, ni de la communauté qu'on lui a abandonnée ;

Sur le mode d'évaluer la récompense due : — Considérant qu'il faut distinguer deux périodes, celle qui s'étend du 11 nov. 1864, jour où la rente a commencé à courir, au 3 juill. 1866, jour du décès de la dame Ratton, et celle qui va du 3 juill. 1866 au 28 oct. 1868, époque du décès de Ratton lui-même ; — Que, dans la première période, la communauté, ayant la jouissance des biens des époux, ne doit récompense que pour la portion des arrérages de la rente viagère qui dépasse le revenu de l'immeuble aliéné ; que les parties, par l'organe de leurs défenseurs, ont reconnu que cette part était de 657 fr. ; — Que, dans la seconde période, au contraire, la communauté, n'existant plus, Ratton, le mari, n'a aucun droit et doit tout restituer ; — Considérant que les premiers juges ont pensé que Ratton devait nécessairement rendre un capital, et que, pour déterminer ce capital, ils ont eu recours aux tarifs des compagnies d'assurances, afin de savoir quelle somme un homme de l'âge de Ratton aurait été obligé de donner pour avoir une rente de 1000 fr., et que c'est cette somme qu'ils ont allouée aux héritiers de Philibert Prével, eu égard à leurs droits dans la succession de la dame Ratton ; — Considérant que la loi n'a point prescrit le mode d'évaluation de la récompense ; que le mode le plus rationnel, et le plus équitable en même temps, est de restituer à la succession de la femme la rente elle-même ; que le système adopté par le tribunal a l'inconvénient grave de substituer un capital à une rente viagère, et d'exposer, comme dans l'espèce, le mari à rendre plus qu'il n'a reçu ; — Considérant que, pendant la vie du mari, les arrérages de la rente viagère se sont élevés à 2,333 fr. ; que c'est donc cette somme qui doit être rapportée à la succession de la dame Ratton ; — Qu'ainsi cette succession a droit, d'abord à 657 fr., puis à 2333 fr., soit en tout 2990 fr., sauf toute erreur dans les calculs ; — Considérant que les héritiers de Philibert Prével ne réclament qu'un quart en nue propriété de la succession de la dame Ratton ; que, dès lors, ils n'ont droit qu'à un quart des 2990 fr., et cela sans intérêt jusqu'au jour du décès de Ratton, puisqu'il avait, comme légataire universel de sa femme, l'usufruit de ce quart ; — Considérant que le quart de 2,990 fr. est de 747 fr. 50 cent. ; que c'est, en définitive, cette somme de 747 fr. 50 cent. qui représente la récompense due aux héritiers de Philibert Prével, intimés devant la cour ;

Par ces motifs, réduit à 747 fr. 50 cent., en capital, etc.

Du 17 févr. 1870.-C. de Lyon, 1re ch.-MM. Baudrier, pr.-Prandière, 1er av. gén.-Varambon et Leroyer, av.

de la rente et qui l'a stipulée réversible aura eu l'intention d'exonérer son conjoint de cette obligation de récompense, avec laquelle la clause de réversibilité se concilie difficilement. Cette dispense de récompense est une libéralité parfaitement licite, et, à notre avis, elle peut exister aussi bien pour la récompense due par la communauté que pour celle due par l'époux survivant en cas de réversibilité. Seulement, afin de prévenir toute difficulté, il sera bon que l'intention libérale de l'époux soit formellement déclarée par lui, soit dans l'acte de constitution de la rente, soit dans un acte postérieur tel qu'une donation entre époux ou un testament (V. *suprà*, nos 391 et 417).

Art. 2. — *Récompenses dues par les époux à la communauté*
(Rép. nos 1511 à 1553).

567. L'art. 1437 c. civ. rapporté au *Rép.* n° 1511, énonce le principe que «toutes les fois que l'un des époux a tiré un profit personnel des biens de la communauté, il en doit la récompense ». Il y a profit personnel pour l'un des époux, aux termes mêmes de cet article, lorsqu'il est pris sur la communauté une somme pour acquitter « le prix ou partie du prix d'un immeuble à lui propre ». C'est ce qui arrive lorsque l'un des conjoints a acquis avant le mariage un immeuble moyennant une rente viagère dont les arrérages sont payés par la communauté. Ces arrérages, pour la partie qui excède les revenus de l'immeuble, représentent le capital moyennant lequel cet immeuble a été acquis. L'époux auquel l'immeuble est propre s'enrichirait aux dépens de la communauté s'il ne la remboursait pas de cette partie des arrérages. Mais pour la partie qui représente les revenus de l'immeuble, ces revenus sont égaux à ceux de la communauté, celle-ci n'a droit à aucune récompense (Comp. Bordeaux, 10 mai 1871, aff. Gignoux, D. P. 74. 2. 219; Trib. Nogent-le-Rotrou, 30 déc. 1871, aff. Glon, D. P. 73. 3. 48). La communauté n'a également droit à aucune récompense pour avoir payé les arrérages d'une rente perpétuelle due par l'un des époux comme charge d'une donation à lui faite. Le payement de ces arrérages, en effet, incombe à la communauté, par la raison qu'elle jouit des fruits et revenus des biens donnés (Req. 5 août 1878, aff. Neveu, D. P. 79. 1. 71).

568. Dans un cas où les époux avaient acquis un immeuble en remploi de deniers propres à l'un d'eux et où le prix de l'acquisition avait été immédiatement converti en une rente viagère au profit des vendeurs, il a été jugé avec raison que l'époux au profit duquel avait eu lieu l'acquisition en remploi ne devait aucune récompense à la communauté à raison des arrérages payés par elle; dans ce cas, en effet, les débours faits par la communauté avaient eu lieu pour le compte de celle-ci et non pour le compte de l'époux (Caen, 3 mai 1872, aff. Vauclin, D. P. 73. 2. 218).

569. Sous le régime de la communauté, le mari, en vertu de ses pouvoirs d'administration, est présumé agir dans l'intérêt de la communauté. S'il a fait des emprunts, il y a présomption qu'il a employé à la satisfaction des besoins de l'association conjugale les sommes empruntées. En conséquence, il ne peut être tenu à récompense à raison des dettes par lui contractées pendant la communauté qu'autant que les héritiers de la femme rapportent la preuve qu'il en a retiré un profit personnel (Civ. cass. 19 janv. 1886, aff. Tournier, D. P. 87. 1. 70).

570. Pour qu'un époux soit réputé avoir tiré un profit personnel d'une somme versée par la communauté, il faut que son patrimoine s'en soit augmenté. Il a été jugé que si, au cours de la communauté, une somme a été versée par le mari à un tiers qui, en donnant sa démission, a permis au mari d'obtenir une commission de débitant de tabac, il n'est pas dû de récompense à la communauté par le mari survivant, bien qu'il continue de jouir des avantages résultant du débit de tabac (Orléans, 25 août 1854, aff. Maîtrasse, D. P. 61. 5. 87). La raison de cette décision est que les débits de tabac ne sont pas dans le commerce; ils sont accordés gratuitement par le Gouvernement; d'où la conséquence que leur obtention ne peut être considérée comme ayant augmenté le patrimoine de ceux qui en sont titulaires.

Il en est différemment des offices auxquels est attaché le droit de présenter un successeur (V. *suprà*, n° 196).

571. Il a été jugé que l'époux dont l'immeuble propre était grevé d'une dette mobilière garantie par une hypothèque, doit récompense à la communauté de la somme versée pour libérer l'immeuble de la dette hypothécaire, alors surtout que l'époux reprend dans la communauté le prix de cet immeuble aliéné. Il est vrai que la dette, étant mobilière, est tombée en communauté ; mais elle était relative à un immeuble propre et, pour ce motif, aux termes de l'art. 1409-1°, la communauté ne devait la payer que sauf récompense (Paris, 18 mars 1872, aff. Alibert, D. P. 73. 2. 19 ; Pothier, *Traité de la communauté*, n° 432 ; Laurent, t. 22, n° 473 ; Guillouard, t. 2, n° 984).

572. Lorsqu'une rente viagère, acquise des deniers de la communauté, a été stipulée réversible au profit de l'époux survivant, on a vu, *suprà*, n° 389, que, d'après la jurisprudence, il est dû récompense à la communauté dans la proportion de la valeur de la rente au jour où la clause de réversibilité produit son effet.

573. Pour le cas où une assurance sur la vie a été contractée par l'un ou l'autre des époux ou par les deux, conjointement, au profit du survivant, et où les primes ont été payées par la communauté, V. *suprà*, v° *Assurances terrestres*, nos 478 et suiv.

574. Nous avons également examiné *suprà*, nos 407 et suiv., la question de savoir dans quel cas une récompense est due par le mari qui a disposé à titre gratuit des effets de la communauté, soit au profit d'un étranger, soit au profit d'un de ses enfants d'un premier lit.

575. Il est dû récompense à la communauté, comme on l'a vu *suprà*, n° 319, à raison des amendes encourues par le mari pour crimes, délits ou contraventions. Mais il n'en est pas de même, d'après la cour de cassation, pour les dépens et les réparations civiles qui résultent des crimes ou délits du mari (V. *suprà*, n° 320).

576. Suivant un arrêt déjà cité *suprà*, n° 318, bien que toute condamnation civile prononcée contre le mari soit, en principe, à la charge de la communauté, il est cependant dû récompense à celle-ci à raison du payement de la condamnation encourue par le mari pour détournement, s'il s'est personnellement approprié les biens détournés et en a conservé la jouissance exclusive au préjudice de la communauté (Pau, 23 mai 1877, aff. D..., D. P. 78. 2. 190).

577. Il a été jugé que les frais d'interdiction du mari et les suites de cette interdiction sont une charge de la communauté et doivent être supportés par celle-ci sans récompense (Rouen, 30 juin 1871, aff. Malherbe, D. P. 72. 5. 93). Il en serait de même, à notre avis, des frais de l'interdiction de la femme (V. *suprà*, n° 372).

578. La communauté, étant usufruitière des propres des époux, doit supporter sans récompense les dépenses faites pour l'entretien de ces propres (V. *Rép.* nos 1534 et suiv., et *suprà*, n° 365). La question de savoir quelles dépenses constituent des dépenses d'entretien est résolue par l'art. 606 c. civ. (V. *Rép.* v° *Usufruit*, nos 502 et suiv.).

On a prétendu qu'il était dû récompense à la communauté pour les réparations d'entretien qui étaient déjà nécessaires au moment du mariage (Proudhon, *Traité de l'usufruit*, t. 5, n° 2661). Mais cette opinion doit être rejetée. A supposer que l'usufruitier ne soit pas tenu de faire les réparations d'entretien qui étaient nécessaires au moment de son entrée en jouissance (V. *Rép.* v° *Usufruit*, n° 523), la communauté ne saurait, sous ce rapport, être assimilée à l'usufruitier. Elle ne profite pas seulement, en effet, de la jouissance des immeubles propres ; elle s'enrichit en outre de tous les biens mobiliers des époux. Elle doit par réciprocité supporter les charges qui grèvent le patrimoine de ceux-ci (Grivel, *Des impenses faites sur les immeubles des deux époux*, n° 109 ; Guillouard, t. 2, n° 984).

579. Pour les impenses qui ne constituent pas des dépenses d'entretien, il y a lieu de distinguer, comme on l'a indiqué au *Rép.* n° 1535, entre celles qui étaient *nécessaires*, celles qui étaient seulement *utiles* et celles qu'on peut considérer comme *voluptuaires*.

D'après un arrêt, la nature et la classification des impenses ne sont point soumises à des règles absolues; elles rentrent dans l'appréciation du juge, qui doit avoir égard à la condition des époux, à leur état de fortune, à leur position sociale et à l'importance de leurs propriétés. Ainsi, en raison

de l'étendue d'une forêt, la construction d'un puits, établi à proximité de la maison du garde et destiné à éviter des déplacements continuels, peut être regardée comme une dépense nécessaire; l'établissement d'un chenil peut constituer une dépense utile, et non purement voluptuaire. La construction de conduits destinés à amener l'eau dans le vivier d'un château peut aussi être rangée au nombre des dépenses utiles (Besançon, 3 mars 1863, aff. Dornier, D. P. 63.2.49).—Suivant un autre arrêt, la dépense nécessaire est celle qui est indispensable et sans laquelle la chose périrait ou serait détériorée; il est impossible de considérer comme telle la construction d'une maison sur une pâture; on ne doit voir là qu'une dépense utile (Douai, 16 juill. 1853, aff. Schérer, D. P. 54. 2. 62). Cependant, d'après M. Guillouard, t. 2, n° 994, si l'on suppose que sur un domaine appartenant à l'un des époux, il existe une maison d'habitation qui n'est en rapport ni avec l'importance du domaine, ni avec la fortune et la condition de l'époux propriétaire, les dépenses faites pour édifier une maison nouvelle et plus confortable à la place de l'ancienne pourront être regardées comme des dépenses nécessaires. De même, lorsqu'une maison propre à l'un des époux a été démolie sur l'ordre de l'autorité municipale pour cause de sûreté publique, la reconstruction de cette maison sur un sol qui ne comporte pas d'autre destination est une dépense nécessaire (Comp. Civ. rej. 9 nov. 1864, aff. Carrier, D. P. 65. 1. 169).

580. Les impenses nécessaires faites par la communauté donnent toujours lieu à récompense en faveur de celle-ci, et la récompense est de la totalité de la somme déboursée. La jurisprudence et la doctrine sont d'accord sur ce point (*Rép.* n° 1535; Besançon, 3 mars 1863, aff. Dornier, D. P. 63. 2. 49; Civ. rej. 9 nov. 1864, aff. Carrier, D. P. 65. 1. 169;

Bordeaux, 22 janv. 1880 (1); Caen, 29 nov. 1881 (2); Aubry et Rau, t. 5, § 511 *bis*, note 4, p. 367; Colmet de Santerre, t. 6, n° 84 *bis* IV; Laurent, t. 22, n° 482; Grivel, *op. cit.*, n° 163; Guillouard, t. 2, n° 1003).

581. En ce qui concerne les impenses utiles, une opinion soutient que c'est encore la totalité de la somme dépensée qui doit être restituée à la communauté, à moins qu'il ne s'agisse d'une impense faite par le mari sur un propre de la femme avec que celle-ci y ait consenti, auquel cas elle ne devrait que la plus-value. Pour les partisans de cette opinion, la communauté est un prêteur, en quelque sorte un banquier, qui, ayant fait des avances aux époux, a le droit de rentrer dans ses déboursés (Gand, 2 janv. 1884 (3); Bugnet, sur Pothier, n° 626, note 1; Marcadé, t. 5, art. 1437, n° 2; Rodière et Pont, t. 2, n° 960; de Folleville, t. 1, n° 369 *bis*; Laurent, t. 22, n°s 476 et suiv.). Ce dernier auteur admet, toutefois, qu'il n'est dû que la plus-value pour toutes les impenses faites sur les propres de la femme, avec ou sans son consentement (Comp. Paris, 6 août 1872, aff. Caplat, D. P. 72. 5. 94; Limoges, 30 avr. 1877, aff. Dutron, D. P. 77. 2. 239). Mais, suivant l'opinion dominante, la récompense à raison des impenses non nécessaires, mais utiles, n'est que du montant de la plus-value qui en résulte au jour de la dissolution de la communauté, sans qu'il y ait à distinguer si les impenses ont été faites sur un propre du mari ou sur un propre de la femme. C'était la décision des anciens auteurs et les termes de l'art. 1437 prouvent que les rédacteurs du code ont entendu l'adopter, puisque, d'après cet article, c'est lorsque l'un des époux « a tiré *un profit personnel* des biens de la communauté » qu'il y a lieu à récompense. De même que la communauté profite des bénéfices réalisés par les époux, elle supporte réciproquement les

(1) (Guillout *C.* Courtey.) — La cour; — Attendu que pour l'application du principe posé par l'art. 1437 c. civ., aux impenses faites par le mari sur ses propres à l'aide des valeurs de communauté, il faut distinguer entre les impenses nécessaires et celles qui sont seulement utiles; — Attendu que, pour les premières, la récompense doit être de la totalité des sommes employées, parce que le mari a, en totalité, profité de tout ce qu'il a déboursé en demandant à la communauté les fonds dont il avait besoin, au lieu de les prélever sur sa fortune personnelle qu'il aurait diminuée du montant intégral des dépenses; que, s'il s'agit d'impenses utiles, il est, au contraire, généralement admis, comme tous les auteurs l'enseignaient sous l'ancien droit, que la récompense est du montant de la plus-value à l'époque de la dissolution de la communauté; que l'intention du législateur se révèle dans la disposition finale de l'art. 1437; qu'en disposant, d'une manière générale, qu'il y est dû récompense toutes les fois que l'un des époux a tiré un profit personnel des biens de la communauté, la loi précise à la fois le principe et la mesure de l'indemnité qu'elle accorde; — Attendu, quant à la grange, que le jugement ne cause aucun grief à l'appelante; qu'en l'absence de renseignements suffisants pour apprécier le caractère des travaux, il donne à l'expert une double mission et réserve la décision définitive, suivant que la construction sera reconnue nécessaire ou simplement utile; — Attendu, à l'égard de la maison, que les époux Guillout avaient sur le domaine appartenant au mari une habitation convenable, suffisante à leurs besoins et en rapport avec leur position sociale; que l'édification d'une maison nouvelle et plus vaste ne répondait donc à aucune nécessité, et avait pour résultat de procurer un logement plus agréable et plus commode; que, par application des principes plus haut rappelés, la récompense doit être seulement de la plus-value; qu'enfin le caractère de la construction étant, dès à présent, bien déterminé, il est inutile de faire porter les vérifications ordonnées sur ce point spécial...;
— Par ces motifs; — Confirme.
Du 22 janv. 1880.-C. de Bordeaux, 2e ch.-MM. Dulamon, pr.-Bourgeois, av. gén.-Lafon et Monteaud, av.

(2) (Liout *C.* Saillard et Liout.) — La cour; — Attendu qu'aux termes de l'art. 1437 c. civ., conforme à l'ancien droit français, il est dû récompense à la communauté, quand il est pris sur la communauté une somme employée pour l'un des époux, toutes les fois que celui-ci en a tiré un profit personnel; — que le montant de la récompense se trouve par suite limité, tant par le chiffre de la somme dépensée que par le profit qui a été retiré de la dépense; — Attendu, en ce qui concerne les dépenses nécessaires, que le profit est égal à la dépense, et qu'il est dû récompense de la totalité de la somme dépensée; que, pour les autres dépenses faites par Liout sur ses immeubles personnels avec les deniers de la communauté, il y a lieu de rechercher quelles ont été les sommes dépensées, et quelle augmentation de valeur elles ont produite

pour chacun des immeubles; — Attendu qu'il n'est dû aucune récompense pour les dépenses purement voluptuaires, qui n'ont produit aucune augmentation de valeur et, par conséquent, aucun profit; — Attendu qu'il n'est point établi que Liout ait fait sur ses immeubles personnels des impenses et améliorations dans le but de faire fraude à la communauté et avec l'intention préconçue de faire profiter exclusivement ses enfants du premier lit du montant desdites impenses et améliorations; — Par ces motifs; — Infirme, etc.
Du 29 nov. 1881.-C. de Caen, 1re ch.-MM. Houyvet, 1er pr.-Lerebours-Pigeonnière, av. gén.-Lanfranc de Panthou et Favier (du barreau de Cherbourg), av.

(3) (Claeys *C.* Mercy.) — La cour; ... — Quant à la récompense due à la communauté du chef des constructions faites avec les deniers de celle-ci sur les biens propres de l'intimée; — Attendu qu'aux termes de l'art. 1437 c. civ., toutes les fois qu'il est pris sur la communauté une somme pour la conservation et l'amélioration des biens personnels de l'un des époux, celui-ci en doit récompense; que la somme à rembourser est celle qui forme le montant de la perte subie par la communauté conjugale et non par la plus-value desdits biens; — Attendu, en effet, que le législateur a voulu que, lorsque les deniers sont employés à l'amélioration des propres des époux, la communauté ne perdît rien; qu'il n'a pas voulu qu'elle courût les chances de pertes ou de bénéfices; qu'elle n'a fait que prêter à l'un des époux, et que le prêteur n'a pas à s'inquiéter si l'emploi qui a été fait de ses fonds a été avantageux ou non à l'emprunteur; — Attendu que l'intimé se base vainement sur les termes de l'art. 1437 c. civ.; qu'en effet, cet article, après avoir spécifié certains cas dans lesquels l'époux doit la récompense, déclare uniquement qu'il est dû récompense chaque fois que des valeurs ont été retirées de la communauté au profit de l'un des époux, mais que ces termes n'impliquent nullement qu'on doit seulement estimer le profit que l'un des époux s'est procuré avec les deniers de la communauté; — Attendu, au surplus, que cette interprétation s'impose surtout en présence de l'art. 1408 c. civ., qui dispose que lorsqu'une acquisition a été faite pendant le mariage, à titre de licitation ou autrement, de portion d'un immeuble dont l'un des époux était propriétaire par indivis, c'est de toute la somme fournie et rien que de cette somme que la communauté doit être indemnisée; — Attendu qu'il s'ensuit que l'intimée doit récompense à la communauté, non de la valeur des constructions, mais des fonds retirés de la communauté pour l'achat des matériaux et le payement de la main-d'œuvre; que, partant, elle doit récompense des sommes suivantes: 1° pour la maison rue Roosendaal, 13000 fr. 48 cent.; 2° pour les maisons ouvrières, 12092 fr. 55 cent., et 3° pour le magasin à guano, 526 fr. 6 cent.;... — Par ces motifs, etc.
Du 2 janv. 1884.-C. de Gand, 2e ch.-MM. de Meren, pr.-de Busscher du Bois et Baertsoen, av.

pertes qui résultent de toutes leurs opérations. Pour qu'il lui soit dû récompense, il ne suffit pas qu'elle se soit appauvrie, il faut que le patrimoine de l'un des époux se soit enrichi à ses dépens (V. outre les auteurs cités au *Rép.* n° 1536 : Glandaz, *Encyclopédie du droit*, v°. *Communauté*, n°s 274 et 282 ; Aubry et Rau, t. 5, § 511 *bis*, note 5, p. 368 ; Colmet de Santerre, t. 6, n°s 84 *bis* IV et suiv. ; Grivel, *op. cit.*, n° 172). Ce système est, du reste, celui qui prévaut en jurisprudence (V. Douai, 16 juill. 1853, aff. Schérer, D. P. 54. 2. 62 ; Besançon, 3 mars 1863, aff. Dornier, D.P.63.2.49 ; Bruxelles, 6 janv. 1868, aff. de Rosen C. Misson, *Pasicrisie belge*, 1868. 2. 74 ; Metz, 24 déc. 1869, aff. Gendarme, D. P. 71. 2. 36 ; Req. 14 mars 1877, aff. Teisseire, D. P. 77. 1. 353 ; Bordeaux, 22 janv. 1880, *suprà*, n° 580 ; 23 nov. 1880 (1) ; Caen, 29 nov. 1881, *suprà*, n° 580 ; Douai, 28 nov. 1885, V. *infrà*, n° 683).

582. Pour apprécier la plus-value, il faut rechercher, comme l'a dit un arrêt, « la différence entre la valeur actuelle des biens et la valeur qu'ils auraient si les dépenses n'avaient pas été faites » (Metz, 24 déc. 1869, cité *suprà*, n° 581). D'après ce même arrêt, « par ce mot *valeur*, il faut entendre une valeur réelle, intrinsèque, indépendante des éventualités accidentelles ou des circonstances plus ou moins éphémères pouvant appeler momentanément la faveur ou la défaveur sur les biens ; indépendante aussi du chiffre, quel qu'il soit, auquel se sont élevées les dépenses » ; il ne faut pas s'attacher uniquement à « la valeur vénale, essentiellement variable selon le temps et qui représente rarement la valeur réelle, intrinsèque, des biens ». M. Guillouard, t. 2, n° 1008, n'admet pas cette distinction. « Sans doute, abstractivement, dit-il, autre chose est la valeur intrinsèque d'un bien, autre chose le prix qu'on en peut obtenir : mais, pratiquement et au point de vue qui nous occupe, ces deux idées se confondent, et la valeur d'un immeuble se détermine par le prix qu'on en pourrait obtenir si on le vendait, prix rapproché du fermage ou de la location que ce bien peut procurer. »

583. Si toutefois la plus-value procurée à l'immeuble propre se trouvait être, à la dissolution de la communauté, plus forte que la dépense faite pendant la communauté, l'époux ne devrait récompense que de la somme employée. « La récompense, dit Pothier, *Traité de la communauté*, n° 613, n'excède pas ce qu'il en a coûté à la communauté, quelque

grand qu'ait été le profit que le conjoint a retiré. » On ne peut pas dire alors, en effet, pour ce qui excède la somme déboursée, que l'époux s'enrichit aux dépens de la communauté (*Rép.* n°s 1512 et 1537 ; Rodière et Pont, t. 2, n° 961 ; Colmet de Santerre, t. 6, n° 84 *bis* V ; Grivel, *op. cit.*, n° 175 ; Guillouard, t. 2, n° 1009).

584. Les impenses voluptuaires, c'est-à-dire celles qui n'ont en rien augmenté la valeur de l'immeuble propre, ne donnent lieu à aucune récompense (*Rép.* n° 1538 ; Caen, 29 nov. 1881, *suprà*, n° 580 ; Rodière et Pont, t. 2, n° 961 ; Aubry et Rau, t. 5, § 511 *bis*, note 6, p. 368 ; Guillouard, t. 2, n° 1011) ; sauf le cas, bien entendu, où elles auraient eu lieu dans le but de faire fraude à la communauté (Caen, 29 nov. 1881, *suprà*, n° 580). On admet seulement que l'époux sur le fonds duquel ces dépenses ont été faites doit laisser enlever les choses qu'elles y ont ajoutées à l'immeuble, quand ces choses peuvent être enlevées sans détérioration, et que la vente peut en être faite au profit de la communauté (*Rép.* n° 1539 ; Rodière et Pont, *ibid.*; Guillouard, t. 2, n° 1012).

585. On a vu *suprà*, n° 216, que l'époux qui, à la dissolution de la communauté, trouve ses immeubles labourés et ensemencés, doit récompense des frais de labour et de semences et en général des frais faits pour la préparation de la récolte (V. *Rép.* n° 684, *ibid.* C'est par erreur que le contraire a été énoncé au n° 1546). Cependant, lorsque les biens propres de l'époux sont cultivés par des colons partiaires, aucune récompense n'est due à la communauté, car dans ce cas aucuns frais de culture n'ont été déboursés par elle (Pau, 23 mai 1877, aff. D..., D. P. 78. 2. 190). — Il a aussi été jugé que, sous le régime de la communauté d'acquêts, l'époux dont un immeuble propre se trouve ensemencé au jour de la dissolution de la communauté ne doit pas récompense à celle-ci pour les frais d'ensemencement, si cet immeuble était également ensemencé lors de la célébration du mariage ; qu'il n'est pas dû non plus récompense à la communauté pour la plus-value du cheptel attaché à un immeuble propre si le nombre et la qualité des bestiaux composant le cheptel sont les mêmes qu'au jour de la célébration du mariage (Limoges, 31 août 1863) (2). Quant aux récompenses dues à la com-

---

(1) (Pougaud C. Pougaud.) — La cour ; — Sur l'appel incident de la dame Pougaud... : — Attendu, quant à la récompense due par Pougaud pour les sommes employées sur ses biens personnels, qu'il n'est pas allégué que les travaux faits par le mari pendant la durée de la société d'acquêts représentaient des dépenses d'absolue nécessité ; qu'il résulte même des énonciations contenues dans le procès-verbal du notaire liquidateur que les travaux dont s'agit se sont appliqués à des dépenses simplement utiles ; — Attendu, en droit, que, si, lorsqu'il s'agit d'impenses nécessaires, la récompense due par l'un des époux doit être égale à la somme même fournie par la communauté, elle ne doit s'élever qu'à la plus-value lorsque les impenses sont simplement utiles ; que cette solution, généralement admise dans l'ancien droit, doit d'autant mieux être suivie sous l'empire du code civil, aux termes de la disposition finale de l'art. 1437, il est dû récompense toutes les fois que l'un des époux a tiré un profit personnel des biens de la communauté, ce qui détermine à la fois le principe et la mesure de l'indemnité ; que, par application de ces règles, les premiers juges devaient donc charger des sommes de recharcher les plus-value résultant, pour les propres du mari, des travaux qu'il y a exécutés ;

Attendu que la règle posée par l'art. 1445 c. civ. s'applique à la séparation de biens résultant de la séparation de corps ; que le jugement n'a pas méconnu ces principes, et qu'il fait remonter les effets du jugement au jour où la demande a été introduite en justice ; que la dame Pougaud soutient, il est vrai, que l'effet rétroactif devrait être reporté au 26 nov. 1874, date de l'ordonnance rendue par M. le président du tribunal de Cognac, mais que cette prétention ne saurait être accueillie ; — Attendu, en effet, que les art. 875 et suiv. c. proc. civ. organisent, en cas de demande en séparation de corps, un ensemble de formalités qui remplacent l'essai de conciliation prescrit pour les cas ordinaires devant une autre juridiction ; que, d'après l'art. 878, le magistrat qui n'a pu rapprocher les deux époux autorise la femme à procéder sur sa demande et à résider provisoirement au domicile par lui indiqué ; qu'il est donc impossible de considérer comme constituant la demande l'accomplissement des formalités préalables sans lesquelles cette demande n'aurait pu être portée en justice ; que les dispositions de l'art. 57 c. proc., invoquées par analogie, ont un caractère exceptionnel et ne peuvent être étendues à l'essai de conciliation particulier porté en matière de séparation de corps devant le président du tribunal ; qu'au surplus, les effets que

l'art. 57 attache à la citation en conciliation sont subordonnés au cas où cette citation aura été suivie d'assignation dans le mois, ce qui n'a pas eu lieu dans la cause ;... — Par ces motifs ; — Disant droit sur l'appel incident de la dame Pougaud ; — Infirme le jugement précité sur deux chefs ; — Confirme sur les autres, etc.

Du 23 nov. 1880.-C. de Bordeaux, 2e ch.-MM. Dulamon, pr.-Labroquère, av. gén.-Nazereau et Bazot, av.

(2) (Monteil C. Pouchet.) — La cour ; — En ce qui touche la somme de 150 fr. réclamée par Monteil pour les frais de l'ensemencement des récoltes qui étaient sur pied au décès de Marie Naudeix : — Attendu que la succession de l'épouse Monteil ne saurait être tenue à une restitution à cet égard qu'autant qu'elle se serait enrichie aux dépens de la communauté ; que l'ensemencement existant au décès de l'épouse Monteil sur ses biens propres n'a point eu pour résultat de lui constituer un bénéfice aux dépens de la communauté, puisque, au commencement du mariage, il existait sur les mêmes biens un ensemencement identique dont la communauté a profité ; qu'en définitive, les biens ont été rendus dans le même état qu'ils avaient été pris ; qu'il n'est donc dû d'indemnité, ni d'une part, ni d'autre ;

En ce qui touche le cheptel : — Attendu dans l'inventaire dressé en 1855, François Monteil a reconnu que le cheptel existant au décès de son épouse était, pour la quantité et la qualité des bêtes, identique à celui qui existait lors de la célébration du mariage ; que c'est donc à tort que le tribunal a alloué à la communauté la somme de 425 fr. provenant de la différence entre les évaluations des deux époques, l'intention des parties ayant été de conserver à l'épouse un cheptel de la même nature que celui qui se trouvait sur le bien originairement ; qu'il convient, dès lors, d'obliger François Monteil à la restitution de l'intégralité du cheptel porté dans l'inventaire ;

Par ces motifs, déclare François Monteil mal fondé dans sa demande en reprise de 150 fr. pour frais d'ensemencement ; élimine de l'actif de la communauté la somme de 425 fr. admise par les premiers juges pour prétendu accroissement de cheptel, et condamne Monteil à faire compte aux héritiers de son épouse de l'intégralité du cheptel compris en l'inventaire de 1855.

Du 31 août 1868.-C. de Limoges.

munauté par les époux en cas de constitution de dot faite par eux conjointement ou séparément, V. *suprà*, nᵒˢ 431 et suiv.

Sect. 7. — Dissolution de la communauté et quelques-unes de ses suites (*Rép.* nᵒˢ 1554 à 1624).

586. Aux termes de l'art. 1441 c. civ., rapporté au *Rép.* nᵒ 1554, la communauté se dissout : 1ᵒ par la mort naturelle ; 2ᵒ par la mort civile ; 3ᵒ par le divorce ; 4ᵒ par la séparation de corps ; 5ᵒ par la séparation de biens. — Depuis la publication du *Répertoire*, la mort civile a été abolie par la loi du 31 mai 1854 (D. P. 54. 4. 91). En revanche, le divorce a été rétabli par la loi du 27 juill. 1884 (D. P. 84. 4. 97).

En ce qui concerne la continuation de la communauté sous l'ancien droit, V. *Rép.* nᵒˢ 1563 et suiv.

587. L'art. 1442, pour le cas où la communauté se dissout par la mort de l'un des époux, édicte une double sanction contre l'époux survivant qui n'a pas fait faire inventaire : 1ᵒ le droit pour toutes *parties intéressées* de faire la preuve de la consistance des biens et effets communs tant par titres que par commune renommée ; 2ᵒ la perte de l'usufruit légal des biens des enfants mineurs (*Rép.* nᵒ 1592). — Par *parties intéressées*, il faut entendre, comme on le démontre au *Rép.* nᵒ 1593, aussi bien les héritiers majeurs que les héritiers mineurs du conjoint prédécédé (Rodière et Pont, t. 2, nᵒ 997 ; Marcadé, t. 5, art. 1442, nᵒ 2 ; Aubry et Rau, t. 5, § 515, note 6, p. 384 ; Guillouard, t. 3, nᵒ 1044).

588. Si les héritiers de l'époux prédécédé s'étaient opposés à la confection de l'inventaire, ils ne devraient plus être admis à établir la consistance de la communauté par commune renommée, car le défaut d'inventaire ne serait pas alors imputable à l'époux survivant. Les héritiers de l'époux prédécédé ne pourraient, en ce cas, établir la consistance et la valeur des biens communs que d'après les règles ordinaires du droit, conformément à l'art. 1341 (Caen, 19 nov. 1870) (1).

Mais lorsque l'inventaire n'a pas été fait dans le délai légal à la requête de l'époux survivant, les héritiers de l'époux prédécédé d'en avoir requis la confection après l'expiration du délai ne doit pas les priver du droit de recourir à la preuve par commune renommée, s'ils estiment que l'inventaire n'a abouti qu'à un résultat incomplet (Guillouard, t. 3, nᵒ 1047).

589. Dans quel délai l'époux survivant doit-il faire faire inventaire? Presque tous les auteurs enseignent que l'inventaire doit être fait dans le délai de trois mois (*Rép.* nᵒ 1608 ; Rodière et Pont, t. 2, nᵒ 1005 ; Aubry et Rau, t. 5, § 515, note 2, p. 383 ; Colmet de Santerre, t. 6, nᵒ 89 *bis* III ; de Folleville, t. 1, nᵒ 390 ; Guillouard, t. 3, nᵒ 1037). Cependant il a été jugé que la déchéance de l'usufruit légal n'est pas encourue par cela seul que l'inventaire a été dressé plus de trois mois après la dissolution de la communauté (Bourges, 14 févr. 1859, aff. Billard, D. P. 60. 2. 52; Bordeaux, 17 mars 1875, aff. Bernon, D. P. 77. 2. 207). Tel est aussi le sentiment de M. Laurent, t. 22, nᵒ 179, qui s'appuie sur ce que l'art. 1442 ne dit pas que les peines qu'il édicte seront encourues après un certain

délai. Mais le délai de trois mois est celui qui est prescrit à l'héritier et à la femme survivante par les art. 795 et 1456, et l'on ne peut abandonner aux tribunaux le pouvoir de décider arbitrairement si l'inventaire a été fait à une époque assez rapprochée du décès. Dans l'ancien droit même, les tribunaux n'avaient pas ce pouvoir; il serait contraire à l'esprit du code de le leur accorder aujourd'hui. — Jugé, en ce sens, que l'époux survivant, à moins de circonstances de force majeure, est tenu, sous peine d'être déchu de l'usufruit des biens de ses enfants mineurs, de faire faire l'inventaire dans les trois mois de la dissolution de la communauté (Orléans, 7 mars 1863, aff. Mainguet, D. P. 63. 2. 100).

590. L'époux survivant peut, d'ailleurs, s'il est empêché par les circonstances de faire inventaire dans les trois mois, demander au tribunal une prolongation du délai (Arg. art. 798 et 1458 c. civ.). Et s'il prouve qu'il n'a pas eu la possibilité, soit de faire inventaire, soit de solliciter une prolongation du délai, on doit admettre que les tribunaux pourront alors, à raison de la force majeure, l'exonérer des déchéances édictées par l'art. 1442 (Orléans, 7 mars 1863, cité *suprà*, nᵒ 589 ; Demolombe, *Paternité et filiation*, t. 2, nᵒˢ 571 et suiv.; Aubry et Rau, t. 5, § 515, note 4, p. 384 ; Guillouard, t. 3, nᵒ 1040). — Mais, sauf le cas de force majeure, si l'inventaire n'a pas eu lieu dans le délai, les déchéances sont irrémédiablement encourues, et le tribunal ne pourrait en relever l'époux, quand même il reconnaîtrait que l'inventaire fait tardivement présenterait les apparences d'une parfaite sincérité (*Rép.* nᵒ 1609 et suiv.; Rodière et Pont, t. 2, nᵒ 1006 ; Marcadé, t. 5, art. 1442, nᵒ 3 ; Aubry et Rau, *loc. cit.*, note 3 ; Guillouard, t. 3, nᵒ 1039. — V. en sens contraire : Bourges, 14 févr. 1859, et Bordeaux, 17 mars 1875, cités *suprà*, nᵒ 589).

591. Il faudrait assimiler au défaut d'inventaire l'inventaire irrégulier ou incomplet que l'époux survivant aurait fait dresser en connaissance de cause (Aubry et Rau, t. 5, § 515, notes 11 et suiv., p. 385 ; Guillouard, t. 3, nᵒ 1042). Quant aux formes de l'inventaire, V. *Rép.* vᵒ *Scellés et inventaire*, nᵒˢ 180 et suiv.

Les déchéances résultant du défaut d'inventaire ont lieu de plein droit (*Rép.* nᵒ 1613). Cependant elles ne sont attachées qu'au défaut d'inventaire des biens de la communauté; l'époux survivant ne les encourrait pas s'il avait omis de faire inventorier d'autres biens entrés en communauté (Dijon, 17 janv. 1856, aff. Simonin, D. P. 56. 2. 94. V. dans le même sens : D. P. 55. 5. 84 ; Demolombe, *op. cit.*, t. 2, nᵒ 579 ; Aubry et Rau, t. 5, § 515, note 9, p. 385 ; Guillouard, t. 3, nᵒ 1041).

592. La perte de l'usufruit légal s'étend, comme on l'a dit au *Rép.* nᵒˢ 1616 et suiv., non seulement aux biens provenant aux enfants de la communauté, mais à tous ceux qui leur appartiennent ou qui leur adviendront dans l'avenir (Trib. Clamecy, 15 avr. 1858, aff. Billard, D. P. 60. 2. 52; Rodière et Pont, t. 2, nᵒ 1008 ; Marcadé, t. 5, art. 1442, nᵒ 3 ; Aubry et Rau, t. 5, § 515, note 10, p. 385 ; Laurent, t. 22, nᵒ 187 ; de Folleville, t. 1, nᵒ 392 ; Guillouard, t. 3, nᵒ 1049).

593. L'époux survivant qui, faute d'avoir fait dresser inventaire après la mort de son conjoint, a été déchu de l'usufruit légal des biens de ses enfants mineurs, doit compte à ceux-ci, non seulement de leurs revenus, mais encore,

---

(1) (Roullier C. Anfray et autres.) — La cour;... — Sur les sixième et septième questions qui sont connexes : — Attendu que le 25 sept. 1838, moins de trois mois après le décès de Barbé, un inventaire fut requis par sa veuve, pour se conformer aux prescriptions de l'art. 1452 c. civ., et éviter les conséquences de son inobservation, mais qu'au cours de l'opération, les héritiers du mari, tous majeurs et maîtres de leurs droits, regardant la description du mobilier comme inutile, déclarèrent au notaire, qui l'a constaté, qu'ils ne voulaient pas la faire ; que, par cette déclaration, acceptée par la veuve, ils se sont rendus non recevables et mal fondés à se plaindre du défaut d'inventaire et de prisée du mobilier, qui existait au décès de leur auteur, puisque ce défaut provient de leur fait ; que, dès lors, ils ne peuvent pas exciper contre la veuve Barbé ou son légataire universel, de l'art. 1442 susvisé, pour faire admettre une preuve testimoniale ou par commune renommée, parce que ces preuves, qui sont l'une et l'autre une dérogation au droit commun écrit dans l'art. 1341, n'ont été introduites que contre l'époux négligent, au profit des intéressés qui n'ont rien à se reprocher ; mais que lorsqu'il y a eu omission réfléchie et conventionnelle de la part

des deux parties, elles se trouvent l'une et l'autre sous l'empire de la règle posée dans l'art. 1341 précité, lequel prohibe la preuve testimoniale de toutes choses excédant la somme ou valeur de 150 fr. ; — Attendu que, dans l'espèce, la valeur du mobilier étant, selon l'articulation des intimés, de 5 ou 6000 fr., toute preuve par témoins est inadmissible ; qu'ils sont, dès lors, obligés de prendre droit, à défaut de preuve écrite, par les affirmations de l'appelant ; — Attendu que la déclaration passée par la veuve Barbé, à l'enregistrement, le 6 févr. 1839, ne lui est pas opposable parce qu'elle n'a été faite qu'en vue des droits à payer au Trésor public ; — Que Roullier devra donc présenter, devant le notaire liquidateur, un état détaillé, avec des évaluations pour chaque article, le tout affirmé par lui sincère et véritable, et que cet état fera la règle des parties ;

Par ces motifs, infirme le jugement rendu par le tribunal civil d'Avranches le 17 févr. 1870, au chef de l'indemnité que Barbé a reçue de l'État, en vertu de la loi du 27 avr. 1825, etc.

Du 19 nov. 1870.-C. de Caen, 2ᵉ ch.-MM. Champin, pr.-Tardif de Moidrey, av. gén.-Bertauld et Carel, av.

comme tuteur, de l'intérêt de ces revenus, s'il n'en a pas fait emploi dans le délai de six mois prescrit par l'art. 455 c. civ. (Poitiers, 8 juin 1859, aff. Gadiou, D. P. 59. 2. 215).

594. D'après un arrêt de la cour de cassation, la déchéance de l'usufruit légal confère aux enfants mineurs, sur les revenus que perd l'époux survivant, un droit personnel, en vertu duquel ces revenus, quoique provenant des biens ou créances recueillis dans la succession de leur mère prédécédée, leur appartiennent en propre et non pas comme héritiers de leur mère. Par suite, ces revenus, garantis par l'hypothèque pupillaire des mineurs, et non par l'hypothèque légale de leur mère, ne doivent pas être considérés comme l'accessoire des reprises de celle-ci et comme affectés au payement du créancier que la femme a subrogé dans son hypothèque légale (Civ. cass. 9 août 1863, aff. Préveraud, D. P. 66. 1. 32. — V. en sens contraire : Riom, 3 août 1863, aff. Pic, D. P. 63. 2. 133).

595. Le défaut d'inventaire, outre qu'il fait perdre l'usufruit légal à l'époux survivant, engage encore la responsabilité du subrogé tuteur, que l'art. 1442 déclare tenu solidairement avec l'époux de toutes les condamnations qui interviendraient au profit des mineurs (Rép. n⁰ˢ 1619 et suiv.). — Les condamnations qui peuvent être ainsi prononcées solidairement contre l'époux survivant et le subrogé tuteur comprennent la réparation de tout le préjudice que le défaut d'inventaire a pu causer aux mineurs, ce qui s'applique au montant des valeurs de communauté que l'époux n'aurait pas représentées et aux revenus des biens des mineurs qu'il aurait indûment perçus malgré la déchéance de son usufruit (Guillouard, t. 3, n⁰ 1052).

Mais si le subrogé tuteur acquitte les condamnations prononcées au profit des mineurs, il a son recours contre l'époux survivant (Rodière et Pont, t. 2, n⁰ 1009 ; Laurent, t. 22, n⁰ 189 ; Guillouard, loc. cit.).

596. Les dispositions de l'art. 1442 doivent-elles être appliquées, non seulement sous le régime de la communauté légale, mais encore sous les diverses espèces de communauté conventionnelle ? L'affirmative n'est pas douteuse (c. civ. art. 1528). L'art. 1442 doit même aussi être appliqué sous la société d'acquêts jointe au régime dotal (Caen, 18 nov. 1863 (1) ; Aubry et Rau, t. 5, § 515, note 15, p. 385 ; Laurent, t. 22, n⁰ 191 ; Guillouard, t. 3, n⁰ 1054).

597. L'art. 1442 est-il applicable sous le régime dotal, sous celui de la séparation de biens et sous le régime exclusif de communauté ? La négative, adoptée au Rép. n⁰ˢ 1624 et suiv., est enseignée par la grande majorité des auteurs. L'art. 1442 édicte des pénalités, des déchéances ; on ne peut donc en étendre l'application sans un texte précis, qui pour tout autre régime que la communauté légale ou conventionnelle n'existe pas (Marcadé, t. 5, art. 1442, n⁰ 3 ; Aubry et Rau, t. 5, § 515, p. 385, et note 16, p. 386 ; Laurent, t. 22, n⁰ 193 ; de Folleville, t. 1, n⁰ 393 ; Guillouard, t. 1, n⁰ˢ 1055 et suiv. — Contrà : Rodière et Pont, t. 2, n⁰ 999).

SECT. 8. — DE LA SÉPARATION DE BIENS JUDICIAIRE
(Rép. n⁰ˢ 1625 à 2094).

ART. 1ᵉʳ. — Des causes de la séparation de biens
(Rép. n⁰ˢ 1625 à 1667).

598. La dot, dont la mise en péril entraîne la séparation de biens, s'entend de tout ce que la femme apporte au mari pour soutenir les charges du mariage (Rép. n⁰ 1629). Peu importe que l'apport de la femme tombe ou non dans la communauté. Ainsi, la femme mariée sous le régime de la communauté légale et dont tout le mobilier est tombé dans la communauté, quoiqu'elle n'ait de ce chef aucune reprise à exercer, peut demander la séparation de biens, si le mari dissipe ce mobilier (Aubry et Rau, t. 5, § 516, note 9, p. 391 ; Laurent, t. 22, n⁰ 209 ; de Folleville, t. 1, n⁰ 402 bis ; Guillouard, t. 3, n⁰ 1074).

599. La dot ne se compose pas seulement du capital apporté par la femme, mais aussi des revenus que ce capital produit. C'est pourquoi si le mari, en laissant intact le capital, dissipe les revenus au lieu de les employer à subvenir aux besoins de la femme et des enfants, la séparation de biens peut être demandée (Rép. n⁰ 1630 ; Rodière et Pont, t. 3, n⁰ 2102 ; Dutruc, Traité de la séparation de biens, n⁰ˢ 56 et 59 ; Aubry et Rau, t. 5, § 516, note 10, p. 391 ; Colmet de Santerre, t. 6, n⁰ 91 bis ; Laurent, t. 22, n⁰ 214 ; de Folleville, t. 1, n⁰ 403 ; Guillouard, t. 3, n⁰ 1076). — Outre les décisions citées au Rép. n⁰ 1634, il a été jugé : 1⁰ que la dot est réputée mise en péril et la séparation de biens peut être prononcée, lorsque le désordre des affaires du mari donne lieu de craindre que les revenus de la dot ne soient détournés de leur destination légale, pour servir au payement des dettes du mari (Req. 17 mars 1847, aff. de Valençay, D. P. 47. 1. 140) ; — 2⁰ Que si les revenus de la dot sont absorbés par les dettes du mari et ainsi détournés de leur destination légitime, la femme peut demander sa séparation de biens, quoique les biens de son mari suffisent pour garantir le capital de sa dot, et quoique les dettes ne soient pas imputables à la dissipation du mari (Riom, 19 (ou 29) août 1848, aff. Girard, D. P. 50. 2. 16) ; — 3⁰ Qu'il suffit que les intérêts de la dot soient compromis, encore bien que le capital soit solidement placé, pour que la demande en séparation de biens doive être admise, et qu'il en est ainsi lorsque le mari a délégué les intérêts de la dot à un de ses créanciers pour plusieurs années (Montpellier, 20 janv. 1852, aff. Galtier-Lavabre, D. P. 52. 2. 170) ; — 4⁰ Que la femme est fondée à demander sa séparation de biens, encore que le capital de sa dot ne soit pas actuellement en péril, si les revenus de cette dot sont détournés par le mari de leur destination légale, et si par la nature de sa conduite ce dernier place sa femme dans l'impossibilité morale d'en profiter (Grenoble, 16 mars 1855, aff. Valette, D. P. 55. 5. 406) ; — 5⁰ Que la femme peut demander la séparation de biens, quoique la restitution de sa dot soit assurée par son hypothèque légale, si le mari, après avoir dissipé cette dot, a fait donation de tous ses immeubles à ses enfants, en se réservant seulement une pension viagère qui ne représente que la moitié des revenus de la dot (Toulouse, 10 mai 1884) (2).

600. La femme qui exerce un art, un commerce ou une industrie peut également demander la séparation de biens, si le mari dissipe les profits de cet art ou de cette industrie, au fur et à mesure de leur acquisition ou après qu'ils ont été économisés, car les produits du travail des époux, de même que les revenus de leurs biens, doivent être employés aux besoins du ménage (Rép. n⁰ 1634 ; Paris, 2 juill. 1878, aff. Maupois, D. P. 79. 2. 107 ; Marcadé, t. 5, art. 1443, n⁰ 1 ; Aubry et Rau, t. 5, § 516, note 11, p. 391 ; Laurent, t. 22, n⁰ 215 ; Guillouard, t. 3, n⁰ 1078).

601. La séparation de biens peut même être demandée quoique la dot n'ait pas encore été reçue par le mari, s'il y a

---

(1) (Roberge C. Frary.) — LA COUR ; — Considérant, sur la première question, que, par leur contrat de mariage en date du 27 juin 1831, les époux Frary ont adopté le régime dotal avec société d'acquêts ; — Considérant que la dame Frary étant décédée le 14 déc. 1833, laissant une fille mineure, née le 10 août précédent, son mari n'a point fait l'inventaire des biens composant la société d'acquêts ; que, par ce défaut d'inventaire, il a perdu la jouissance légale des biens de sa fille mineure, aux termes de l'art. 1442 c. nap. ; — Qu'il importe peu que les époux Frary aient adopté le régime dotal ; qu'il suffit qu'ils aient stipulé d'une manière générale et sans restriction une société d'acquêts, pour que les dispositions impératives et pénales de l'art. 1442 soient applicables, et que Frary soit privé de l'usufruit que la loi lui donnait sur les biens de sa fille mineure ; qu'il en résulte que le compte de tutelle qui doit être rendu par Frary doit avoir son point de départ à l'ouverture de la tutelle, c'est-à-dire le 11 déc.

1833 ; — Mais considérant que, d'après les faits prouvés au procès, les revenus de la mineure Frary, eu égard aux charges dont ils étaient grevés, s'élevaient à peine à la somme nécessaire pour faire face aux frais que Frary était dans la nécessité de faire pour élever sa jeune fille et pourvoir à son éducation ; que cet état de choses s'est continué jusqu'au jour où elle a atteint sa dix-huitième année ; qu'il y a donc lieu de dire que, jusqu'à ce jour, les recettes et revenus de toute nature se sont compensés contre les dépenses, et que le compte ne doit réellement commencer que du jour qui vient d'être indiqué, tant pour les fruits perçus que pour les intérêts des sommes dont Frary se trouvait débiteur envers sa pupille.

Du 18 nov. 1863.-C. de Caen, 4ᵉ ch.-MM. Daigremont-Saint-Mauvieux, pr.-Jardin, av. gén.-Carel et Poubelle, av.

(2) (Autier C. Autier.) — LA COUR ; — Attendu que d'après

de justes sujets de craindre qu'elle ne soit pas en sûreté entre ses mains lorsqu'il l'aura reçue (Bordeaux, 1er mai 1848, aff. Mercier, D. P. 48. 2. 192; Req. 11 août 1870, aff. Corbineau, D. P. 71. 1. 288). Dans le même ordre d'idées, on doit décider que la femme peut demander sa séparation de biens pour protéger les successions qu'elle est appelée à recueillir, quand même elle n'aurait, au moment de la demande, aucun bien actuel susceptible d'être dissipé (*Rép.* nº 1636; Guillouard, t. 3, nº 1079).

602. Dans le cas où la femme n'a rien apporté en mariage, mais où la communauté a été prospère, soit par les soins de la femme, soit même grâce au travail du mari, nous estimons que la séparation de biens pourrait être prononcée pour sauvegarder la part de la femme dans les biens communs, si le mari venait à laisser péricliter ces biens par sa mauvaise administration. On peut dire, en effet, que la dot de la femme, que la loi entend préserver de toute dilapidation, n'est pas seulement sa dot actuelle, mais aussi sa dot future, celle qui résulte de la collaboration des époux aussi bien que celle qu'ils ont apportée en mariage. L'art. 1443 ne doit pas être interprété restrictivement; il doit, au contraire, être appliqué dans tous les cas où la séparation de biens est le seul remède pour conserver le patrimoine de la femme et des enfants (*Rép.* nº 1637; Marcadé, *loc. cit.*; Rodière et Pont, t. 3, nº 2101; Laurent, t. 22, nº 216; Guillouard, t. 3, nº 1075. V. cependant Aubry et Rau, t. 5, § 516, note 9, p. 391).

603. Les circonstances d'où peut résulter la mise en péril de la dot et le désordre des affaires du mari sont très diverses. La loi en abandonne l'appréciation aux tribunaux, dont les décisions en cette matière échappent au contrôle de la cour de cassation (*Rép.* nºs 1647 et suiv.; Rodière et Pont, t. 3, nº 2096; Aubry et Rau, t. 5, § 516, p. 391 et suiv.; Guillouard, t. 3, nº 1086).

604. Suivant l'opinion que nous avons adoptée au *Rép.* nº 1654, il n'est pas nécessaire, pour que la séparation de biens puisse être demandée, que le péril de la dot ou le désordre des affaires du mari résulte des fautes de celui-ci; il suffit que le mari ait éprouvé des pertes qui compromettent les droits de la femme. — Cependant il a été jugé que la séparation de biens ne peut être prononcée au cas où, au lieu d'articuler à l'appui de sa demande des faits qu'on puisse attribuer à la négligence, à la mauvaise administration ou à l'inconduite du mari, la femme se prévaut simplement de pertes qui ne sont dues qu'à des circonstances malheureuses (Lyon, 11 juin 1853, aff. d'Orgelaine, D. P. 53. 2. 216). Suivant MM. Aubry et Rau, t. 5, § 516, p. 392, il faudrait distinguer : si la femme demande la séparation de biens parce que la fortune du mari est devenue insuffisante pour garantir la restitution de ses apports et de ses reprises, il importe peu alors que le dérangement des affaires du mari provienne d'une mauvaise gestion de sa part ou de circonstances qui ne peuvent lui être imputées à faute. Mais si la femme provoque la séparation de biens pour sauvegarder, soit les valeurs mobilières tombées de son chef dans la communauté, soit les revenus de ses biens propres ou le produit de son travail, sa demande alors ne doit être accueillie qu'autant que le danger qu'elle allègue a pour cause la mauvaise administration ou la conduite déréglée du mari. Cette distinction, d'après les auteurs que nous citons, résulterait des principes sur l'administration

de la communauté. En tant que commune en biens, la femme est associée aux chances de pertes aussi bien qu'aux éventualités de gains, et, dès lors, les pertes qui ne peuvent être imputées à faute au mari ne sont point un motif suffisant pour lui retirer l'administration de la communauté. Mais, comme le remarque très justement M. Guillouard, t. 3, nº 1089, il est souvent difficile de savoir si les pertes sont ou non imputables au mari, si elles n'auraient pas pu être évitées avec un peu plus de prévoyance et de sagesse. Le législateur a-t-il donné aux tribunaux la mission délicate de faire cette recherche? Nous ne le croyons pas. La loi ne distingue pas; l'art. 1443 autorise d'une manière générale la femme à demander la séparation de biens quand sa dot est en péril. Et si l'on remonte, pour interpréter cet article, à l'ancienne jurisprudence, on voit, par le passage de Pothier cité au *Rép.* nº 1654 que le mauvais état des affaires du mari suffisait pour motiver la séparation, alors même que cet état n'était pas arrivé par sa faute ni par sa mauvaise conduite. Il est vrai que la femme est, en qualité de commune en biens, associée aux chances de gain et de perte de la société conjugale. Mais d'abord cela n'est vrai que sous le régime de la communauté, et la séparation de biens peut avoir lieu sous tout autre régime; en outre, de ce que la femme est forcée de subir les conséquences des revers de fortune du mari, tant qu'il est à la tête de la communauté, il ne faut pas conclure qu'elle soit tenue de rester soumise, indéfiniment et sans espoir de salut, aux infortunes qui peuvent encore survenir et qui achèveront de la ruiner (V. en ce sens : Riom, 19 (ou 29) août 1848, aff. Girard, D. P. 50. 2. 16; Colmet de Santerre, t. 6, nº 91 *bis* IX; Laurent, t. 22, nº 220; Guillouard, *loc. cit.*).

Toutefois, il a été jugé : 1º que le fait par le mari d'avoir entamé le capital de la dot de sa femme n'est pas une cause de séparation de biens, quand il est constaté que la diminution de ce capital est le résultat de nécessités de position et d'une aggravation de charges occasionnée par le refus de la femme d'habiter avec son mari, et que la restitution de la somme ainsi employée aux besoins communs des époux est garantie par la fortune personnelle du mari (Req. 14 nov. 1864, aff. d'Aubigny, D. P. 65. 1. 223); — 2º Que la séparation de biens peut n'être pas prononcée, malgré les dettes dont il est grevé, si, par appréciation de l'importance et de l'origine de ces dettes, il est reconnu qu'elles ne sont pas de nature à faire concevoir des appréhensions sur l'administration du mari à mettre la dot de la femme en péril (Civ. rej. 15 juill. 1867, aff. de Maubeuge, D. P. 67. 1. 321).

605. Enfin, comme on l'a dit au *Rép.* nº 1650, la femme ne peut demander la séparation de biens que si le désordre des affaires du mari est postérieur au mariage. — Il a été jugé : 1º que l'insuffisance des biens du mari pour répondre de la dot ou pour subvenir, avec les revenus dotaux, aux charges du ménage, n'est pas une cause de séparation de biens, alors qu'elle existait déjà lors du mariage, et que, depuis le mariage, aucunes poursuites n'ont été dirigées contre le mari (Req. 2 juill. 1851, aff. Donné, D. P. 51. 1. 272); — 2º Que lorsque le mari est déclaré en faillite dans l'intervalle qui sépare la signature du contrat de mariage de la célébration du mariage, la femme qui a eu connaissance de ce fait avant la célébration ne peut s'en prévaloir pour demander plus tard sa séparation de biens (Besançon, 28 nov. 1884) (1).

---

l'art. 1443 c. civ., la séparation de biens peut être demandée lorsque le désordre du mari met la dot en péril; — Attendu que la dot ayant pour destination le support des charges du ménage et l'entretien de la femme aussi bien que des enfants, se compose non seulement du capital ou des immeubles dotaux, mais des intérêts et des revenus que le législateur a voulu couvrir de la même protection; — Attendu, en fait, qu'il résulte des documents produits, et qu'il n'est pas contesté que l'épouse Autier a des reprises paraphernales s'élevant à 97000 fr., et qu'il lui avait été en outre constitué dans son contrat de mariage divers immeubles d'une valeur approximative de 30000 fr.; — Attendu que ces immeubles ont été aliénés conformément à l'autorisation donnée par ledit contrat, et que le prix en provenant, ainsi que les valeurs paraphernales, ont été complètement dissipés par le sieur Autier; — Attendu, de plus, que par un acte public du 4 juill. 1882, il a fait donation entre vifs à ses deux filles du tiers de ses immeubles, sans aucune réserve, et qu'il est aujourd'hui entièrement dépouillé de sa fortune; — Attendu, sans doute, que

les reprises de la femme Autier sont garanties par son hypothèque légale, et qu'on ne peut soutenir que le capital de sa dot ne soit en sûreté, malgré la mauvaise administration de son mari; — Mais qu'il n'en est pas de même quant aux intérêts de cette dot, qui, par suite de la donation précitée, sont détournés de leur destination; que le sieur Autier, à la vérité, a stipulé à son profit dans cet acte de donation le payement d'une pension de 2600 fr.; — Mais que cette pension, à peine suffisante pour représenter l'intérêt de la moitié des sommes paraphernales, ne saurait être acceptée par l'épouse Autier comme une compensation de la perte des revenus dotaux; que la demande en séparation de biens doit donc être justifiée, et que c'est à tort que le tribunal de Foix a refusé de l'accueillir; — Par ces motifs, réforme, etc. Du 10 mai 1884.-C. de Toulouse, 2e ch.-MM. Bermond, pr.-Mestre-Mel, av. gén.-Ebelot et Faverel, av.

(1) (Dame Minier C. Faillite Minier.) — Le 29 nov. 1883, jugement du tribunal civil de Saint-Claude, ainsi conçu : — Considé-

606. On s'est demandé si le mari peut éviter la séparation de biens en offrant de faire cautionner la dot par un tiers ou en se fondant sur ce que la restitution en est garantie par une hypothèque suffisante sur ses biens ou sur ceux d'un tiers (*Rép.* n° 1659). D'après M. Guillouard, t. 3, n° 1080, ce n'est pas là une question de droit, mais une question de fait. Si le cautionnement est reconnu suffisant, la dot alors n'est pas en péril et il n'y a pas lieu à séparation de biens. Si, au contraire, on peut craindre que le cautionnement ou l'hypothèque ne suffisent pas pour assurer, en tout état de cause, la restitution de la dot, la séparation de biens doit être prononcée.

607. Lorsque le contrat de mariage prescrit au mari de faire emploi de la dot, le défaut d'emploi est-il une cause de séparation de biens? Cette question a été résolue au *Rép.* n° 1660 par la négative. Cependant M. Guillouard, t. 3, n° 1083, fait une distinction. Dans le cas où l'état des affaires du mari présente toute sécurité pour le recouvrement de la dot, il reconnaît que le défaut d'emploi ne peut à lui seul motiver la séparation de biens. Mais lorsque les affaires du mari seront déjà de nature à inspirer des inquiétudes, le défaut d'emploi de la dot sera un motif de plus et un grave motif pour engager les tribunaux à prononcer la séparation (Comp. Paris, 28 juin 1853, aff. de Ginestet, D. P. 54. 2. 44).

608. Le mari peut-il opposer à la demande de séparation de biens que le désordre de ses affaires a pour cause la prodigalité ou l'inconduite de la femme? Non, d'après la plupart des auteurs, car, quelles que soient les causes du désordre des affaires du mari, il n'en est pas moins vrai que ce désordre a pour effet de mettre la dot en péril; on se trouve donc dans l'hypothèse de l'art. 1443. On peut objecter qu'une fois la séparation de biens prononcée et la dot remise à la femme, celle-ci pourra encore avoir la dissiper et en faire un mauvais usage. Mais à cela il n'y a d'autre remède que de faire nommer à la femme un conseil judiciaire (*Rép.* n° 1655; Rodière et Pont, t. 3, n° 2094; Marcadé, t. 5, art. 1443, n° 1; Aubry et Rau, t. 5, § 516, note 20, p. 394; Laurent, t. 22, n°s 235 et suiv.; Guillouard, t. 3, n° 1096). La cour d'Amiens, par un arrêt du 30 déc. 1878 (aff. de M...), a admis une demande de séparation de biens, dans une espèce où le désordre des affaires du mari avait sa source dans le refus de la femme d'habiter avec lui et de contribuer à l'établissement des enfants communs. La cour s'est bornée à constater que sur 140000 fr. tombés dans la communauté du chef de la femme il n'en restait plus que la moitié environ, et que le mari avait hypothéqué ses biens personnels, constatations qui, d'après la cour, suffisaient à motiver la séparation de biens (*Gazette des tribunaux* du 30 janv. 1879).

609. La séparation de biens n'a pour but que de sauvegarder les intérêts pécuniaires de la femme. Celle-ci ne peut y trouver un remède contre la parcimonie ou la dureté de son mari. Si le mari manque aux obligations que lui impose l'art. 214 c. civ., la femme ne peut, pour se procurer tout ce qui lui est nécessaire selon ses facultés et son état, être admise à reprendre la libre administration de sa fortune. Loin de révéler un désordre, cette manière d'agir du mari est plutôt un excès d'ordre qui, poussé au point d'être injurieux pour la femme, motiverait à la rigueur la séparation de corps. Il a été jugé avec raison que si le mari refuse de donner à sa femme une domestique et la condamne à des travaux incompatibles avec son âge, sa santé, sa position

de fortune et son éducation, si même il lui impose d'autres privations plus ou moins pénibles, il n'y a pas là de cause de séparation de biens (Paris, 19 mars 1863, aff. Masson, D. P. 63. 2. 82). Cette décision est encore intéressante à ce point de vue, qu'elle dénie à la femme le droit de critiquer l'administration de son mari, à moins que ses critiques ne portent sur le désordre des affaires de celui-ci : ainsi, le mari, en plaçant en titres au porteur les revenus de la communauté, n'excède pas son droit incontestable de chef de la communauté.

610. L'état de démence du mari autorise-t-il la femme à demander la séparation de biens? La question est controversée. A notre avis cependant, il n'est guère douteux que la dot soit en péril lorsqu'elle est entre les mains d'un homme en démence. On objecte qu'il y a lieu alors à l'interdiction, mais la possibilité de l'interdiction n'est pas une raison pour que l'on doive rejeter la séparation de biens s'il y a un motif suffisant de la prononcer (V. en ce sens : Guillouard, t. 3, n° 1091. — Comp. Laurent, t. 22, n° 231). D'après ce dernier auteur, la femme pourra, en fait, obtenir la séparation de biens en prouvant que la démence du mari a pour effet de mettre en péril sa dot ou ses reprises, mais on ne peut pas dire qu'il y a péril par cela seul que le mari est en démence. — Il a été jugé que l'état de démence du mari n'est pas une cause de séparation de biens, alors qu'il n'est justifié d'aucun désordre dans l'état de ses affaires, ni d'aucune dissipation des deniers dotaux, la femme étant suffisamment protégée en pareil cas par l'exercice du droit que la loi lui reconnaît de provoquer, soit l'interdiction du mari et la nomination d'un tuteur, soit sa séquestration dans une maison de santé et la nomination d'un administrateur provisoire (Trib. Lyon, 15 janv. 1868, aff. N..., D. P. 68. 3. 31). — Jugé, au contraire, que l'état de démence ou d'imbécillité du mari est, pour la femme, une juste cause de demande de séparation de biens, alors même que, sur l'avis du conseil de famille, le tribunal a pourvu à la gestion des biens par la nomination d'un administrateur provisoire (Trib. Seine, 25 août 1868, aff. Guény, D. P. 70. 3. 79).

611. La question de savoir si l'interdiction judiciaire du mari pour démence ou imbécillité est par elle-même une cause de séparation de biens (*Rép.* n° 1666), continue à être controversée dans la doctrine (Outre les auteurs cités *ibid.*, V. pour l'affirmative : Chardon, *De la puissance maritale*, n° 311; Demangeat, *Revue pratique*, t. 11, p. 250 et suiv.; de Folleville, t. 1, n°s 405 et suiv.; — et pour la négative : Demolombe, *Minorité, tutelle, etc.*, t. 2, n° 611; Dutruc, *op. cit.*, n°s 95 et suiv.; Aubry et Rau, t. 5, § 516, note 16, p. 393; Laurent, t. 22, n° 232; Guillouard, t. 3, n°s 1092 et suiv. — MM. Rodière et Pont, qui s'étaient d'abord prononcés pour l'affirmative, se sont ralliés à la négative dans leur 2e édition, t. 3, n° 2105). Une jurisprudence, presque unanime, décide que l'interdiction du mari n'est pas, à elle seule, une cause de séparation de biens. Si, en effet, l'interdiction prouve que le mari est en démence, elle constitue en revanche une situation dans laquelle il est difficile de dire que la dot est en péril. Etant donné l'organisation de la tutelle, le contrôle du subrogé tuteur et la nécessité pour les actes importants de l'autorisation du conseil de famille et de l'homologation du tribunal, les intérêts de la femme se courront la plupart du temps aucun risque. La femme sera plutôt disposée à se plaindre qu'ils soient trop bien protégés, à raison des formalités d'autorisation impo-

---

rant que Pierre Minier et Léontine Péchard ont, par l'acte du 15 mars 1882, réglé les conditions civiles du mariage projeté entre eux ; — Considérant que le lendemain, 16 mars 1882, Pierre Minier a été déclaré en état de faillite par le tribunal de commerce de Saint-Claude; que malgré cette situation qu'elle n'ignorait point, Léontine Péchard n'a pas renoncé à son mariage avec Pierre Minier, et que ce mariage a été célébré le 17 avril suivant devant l'officier de l'état civil; — Considérant que Léontine Péchard, femme Minier, admise au bénéfice de l'assistance judiciaire par décision du 28 août 1882, a fait assigner devant le tribunal civil de Saint-Claude son mari et le syndic en séparation de biens et en remboursement de son apport mobilier ; — Considérant que pour que cette séparation fût prononcée et ce remboursement admis, il faudrait que le désordre des affaires du mari et sa faillite eussent suivi et non précédé le mariage ; — Considérant que la position et la fortune du mari n'ont pas changé depuis le mariage; que Léontine Péchard a épousé Pierre Minier en état de

faillite déclarée; qu'elle a donc suivi la foi de son mari failli pour ses reprises; qu'elle ne peut après coup se raviser et prétendre qu'elle manque de garantie; que le mari étant resté ce qu'il était avant et lors du mariage, il ne peut y avoir là cause de séparation; que, d'un autre côté, la faillite ayant pour résultat d'attribuer d'abord aux créanciers le patrimoine du failli, la demanderesse qui n'est devenue la créancière de ce dernier que par le fait de son mariage et à une époque postérieure à la faillite, n'a aucune action contre le syndic de cette faillite pour exercer sa créance; — Par ces motifs, décernant au besoin défaut contre Pierre Minier, faute par lui d'avoir constitué avoué, quoique réassigné, déboute purement et simplement Léontine Péchard, femme Minier, des fins de sa demande et la condamne aux dépens. — Appel. — Arrêt.

LA COUR ; — Adoptant les motifs des premiers juges, confirme. Du 28 nov. 1884.-C. de Besançon, 2e ch.-MM. Dayras, pr.-Vallet av gén.-Péquignot et Villermoz, av.

sées au tuteur dans certains cas. Mais, si c'est là une gêne pour elle, ce n'est pas en tout cas une cause de séparation de biens. Ajoutons, d'ailleurs, que si le tuteur administre mal, la femme pourra, à son choix, ou provoquer sa destitution, ou demander alors la séparation de biens, comme elle pourrait la demander dans le même cas contre le mari, dont le tuteur est le représentant (V. *Rép.* n° 1666). — Il a été jugé, dans le sens des arrêts rapportés *ibid* : 1° qu'alors même que le mari est interdit, la femme ne peut faire prononcer la séparation de biens qu'en prouvant que sa fortune personnelle est mise en péril par le mode d'administration du tuteur (Trib. Reims, 8 févr. 1861, aff. Carpentier, D. P. 67. 5. 388); — 2° Que l'interdiction du mari et la nomination d'un tuteur autre que la femme ne sont pas par elles-mêmes une cause de séparation de biens, et que cette séparation ne doit pas être prononcée lorsque, d'une part, la dot est sauvegardée par la fortune immobilière du mari, et que, d'autre part, la position et l'honorabilité du tuteur nommé sont une garantie de sa bonne gestion (Lyon, 11 nov. 1869, aff. Martial-Faure, D. P. 70. 2. 69); — 3° Que l'interdiction du mari n'est pas une cause de séparation de biens, alors d'ailleurs qu'il est constant que les reprises de la femme ne sont pas mises en péril par l'administration du tuteur (Paris, 18 mars 1870, aff. Thomas, D. P. 70. 2. 102); — 4° Que ni la démence ni l'interdiction du mari ne sont par elles-mêmes des causes de séparation de biens (Amiens, 18 août 1882) (1). — Jugé cependant que l'interdiction du mari est, pour la femme qui n'a pas été nommée tutrice, une juste raison de demander la séparation de biens (Trib. Seine, 18 mars 1868, aff. Sagansan, D. P. 68. 3. 23).

612. Il a aussi été décidé que la séparation de biens ne doit pas être prononcée lorsque la femme a l'assurance de pouvoir exercer entièrement ses reprises sur les biens du mari, quoique ce dernier ait été pourvu d'un conseil judiciaire (Trib. Seine, 22 avr. 1880) (2). Toutefois, si le recouvrement des reprises se trouve assuré par la présence du conseil judiciaire, les revenus de la dot ne sont-ils pas mis en péril par la prodigalité du mari et le désordre de ses affaires? Il serait difficile de trouver un acte proclamant plus haut le désordre des affaires du mari que le jugement lui nommant un conseil judiciaire.

613. Contrairement à l'opinion émise au *Rép.* n° 1665, la plupart des auteurs enseignent que l'interdiction légale n'est pas non plus par elle-même une cause de séparation de biens. Il est vrai que la femme du condamné frappé d'un interdiction légale pourrait demander la séparation de corps ou le divorce, et l'on peut être tenté de dire qu'à plus forte raison elle doit obtenir la séparation de biens, si elle s'en contente. Mais autres sont les causes qui motivent la séparation de corps et le divorce, autres les causes qui autorisent

la demande principale de séparation de biens; et de ce que la séparation de biens est l'accessoire de la séparation de corps, il ne résulte pas qu'elle puisse être prononcée seule pour les mêmes motifs (Aubry et Rau, t. 5, § 516, note 17, p. 393; Laurent, t. 22, n° 232; Guillouard, t. 3, n° 1094. — *Contrà :* Rodière et Pont, t. 3, n° 2105; de Folleville, t. 1, n°s 412 et suiv.).

614. On admet généralement que l'état de contumace du mari est une cause suffisante de séparation de biens, en raison, tant de l'abandon volontaire où le mari laisse l'administration de la communauté et des biens personnels de la femme, que de la mise sous séquestre des revenus du mari et du préjudice qui en résulte pour la femme et les enfants, obligés de vivre uniquement aux dépens des revenus et peut-être du capital de la dot (Rodière et Pont, t. 3, n° 2104; Aubry et Rau, t. 5, § 516, note 17, p. 393; de Folleville, t. 1, n° 412; Guillouard, t. 3, n° 1095. — *Contrà :* Laurent, t. 22, n° 233).

615. La faillite du mari opère-t-elle de plein droit la séparation de biens? L'affirmative adoptée par Troplong, t. 1, n° 1395, et par MM. Rodière et Pont, t. 3, n° 2106, et reproduite au *Rép.* n° 1667, est combattue par M. Laurent, t. 22, n° 230, et par M. Guillouard, t. 3, n° 1090. Les art. 557 et suiv. c. com. s'occupent, il est vrai, de la reprise des biens de la femme, mais au point de vue seulement de la distraction de ces biens de l'actif de la faillite. L'art. 1465 c. civ., aux termes duquel la société est dissoute par la déconfiture de l'un de ses membres, ne peut s'appliquer à la société conjugale, qui, quant à la durée, reste régie par les dispositions limitatives de l'art. 1441 c. civ. (V. en ce sens : Gand, 31 déc. 1859) (3). — Si la jurisprudence française n'a pas encore directement tranché cette question, il est certain qu'en comprenant comme frais de syndicat les dépens de l'instance en séparation de biens formée par la femme du failli et en les faisant ainsi supporter par la masse, elle ne considère pas cette instance comme inutile et la séparation comme opérée de plein droit (Comp. Req. 11 juin 1877, aff. Collet, D. P. 77. 1. 502).

Art. 2. — *Par qui la séparation de biens peut être demandée* (*Rép.* n°s 1668 à 1688).

616. C'est à la femme seule que l'art. 1443 accorde le droit de demander la séparation de biens (*Rép.* n° 1668). Les auteurs décident généralement que, lorsque la femme vient à décéder au cours de l'instance en séparation de biens, ses héritiers peuvent reprendre et poursuivre l'instance (V. en sus des auteurs cités au *Rép.* n° 1669: Rodière et Pont, t. 3, n° 2117; Marcadé, t. 5, art. 1446, n° 2; Dutruc, *Traité de la séparation de biens judiciaire*, n° 39; Aubry et Rau,

---

(1) (Darras *C.* Porchès.) — La cour; — Considérant que ni la démence ni l'interdiction du mari ne sont par elles-mêmes une cause de séparation de biens; — Qu'aux termes de l'art. 1443 c. civ. la séparation de biens ne peut être poursuivie en justice et conséquemment prononcée par le juge, qu'autant que la dot est mise en péril et que le désordre des affaires du mari donne lieu de craindre que les biens de celui-ci ne soient point suffisants pour remplir les droits et reprises de la femme; — Que cette mesure n'est donc autorisée qu'en vue de la conservation de la fortune de la femme; — Que pour éviter l'intervention d'un tiers dans l'administration des biens des époux, l'art. 507 c. civ. permet de déférer la tutelle à la femme de l'interdit; que si la femme refuse ou n'a pas la capacité suffisante, il y a lieu de nommer un tuteur qui représente le mari en tant qu'administrateur; —. Que le mari reste d'ailleurs investi des droits afférents à la puissance maritale pour l'exercice desquels il n'appartient qu'aux tribunaux de le suppléer; — Considérant qu'aucun grief n'est formulé contre l'administration de Darras, tuteur de Porchès; que la fortune de la femme en grande partie immobilière est intacte et de plus garantie par la fortune supérieure et presque entièrement immobilière du mari; — Que sur le refus de la femme de se charger de la tutelle, le conseil de famille a nommé un tuteur dont le choix paraît devoir inspirer toute confiance; que sans attendre l'entrée en fonctions de ce tuteur et immédiatement après sa nomination, la femme a introduit sa demande en séparation de biens; — Que les circonstances révèlent de sa part un calcul et le désir de reprendre en dehors des prévisions de la loi l'entière administration de ses biens; — Que cette demande non justifiée n'aurait pas dû être accueillie par les premiers juges; — Par ces motifs, etc.
Du 18 août 1882.-C. d'Amiens, 1re ch.-M. de Rocquemont, pr.

(2) (Salesse *C.* Salesse.) — Les époux Salesse se sont mariés en 1875. Un jugement du tribunal de la Seine, du 8 déc. 1877, a pourvu le sieur Salesse d'un conseil judiciaire. La dame Salesse, se fondant sur ce jugement, a demandé la séparation de biens.
— Cette demande a été rejetée par un jugement ainsi conçu :
Le tribunal: — Attendu que si la mauvaise administration de ses biens par Salesse a pu motiver la dation d'un conseil judiciaire, il n'en résulte pas que la dot de la demanderesse soit en péril; — Que d'après les renseignements fournis, Salesse est en possession de biens d'une valeur plus que suffisante pour assurer le recouvrement des reprises que son épouse peut avoir à exercer; — Par ces motifs, déclare la dame Salesse mal fondée, etc.
Du 22 avr. 1880.-Trib. civ. Seine, 2e ch.-MM. Casenave, pr.-Proust, subst., c. conf.-Crochard et Salle, av.

(3) (Barvout *C.* Snell et Bruneel-Ceuterick.) — La cour; — Attendu que les époux Snell-Gillis, boutiquiers à Alost, se sont mariés en 1844, sans contrat de mariage, et partant sous le régime de la communauté légale; — Que l'époux, Jean Snell, mis en état de faillite le 22 juin 1854, a été déclaré excusable le 21 septembre suivant; — Attendu que, ni à cette époque, ni antérieurement comme postérieurement, l'intimée Jeanne Gillis, épouse Snell, n'a songé à poursuivre la séparation de biens contre son mari, et que les créanciers personnels de celui-ci, dans la supposition qu'il en eût alors, n'ont pas songé davantage à exercer les droits de leur débiteur; — Que la communauté légale a donc continué d'exister entre les époux Snell, nonobstant l'événement de la faillite;...
Par ces motifs, etc.
Du 31 déc. 1859.-C. de Gand, 1re ch.-MM. Gilquin et Lantère, av.

t. 5, § 516, note 2, p. 388; Laurent, t. 22, n° 200; Colmet de Santerre, t. 6, n° 95 *bis* I; Guillouard, t. 3, n° 1100). — Cependant la doctrine contraire d'un arrêt de la cour de Douai du 23 mars 1831 (*Rép. ibid.*) a été suivie par la cour de Bastia, qui a décidé que l'action en séparation de biens intentée par une femme mariée sous le régime dotal est éteinte par son décès (Bastia, 7 juill. 1869, aff. Blasini, D. P. 72. 1. 260). La cour suprême a, il est vrai, cassé cette décision, mais par un moyen qui ne touche pas au fond du droit. On peut objecter que, dans l'espèce, les époux étaient mariés sous le régime dotal. Mais la décision doit être la même sous ce régime qu'en cas de communauté ; les auteurs ne font aucune distinction, et les effets du jugement sont les mêmes dans les deux cas.

617. La séparation de biens ayant une base distincte de celle de la séparation de corps, la conséquence est qu'elle peut être demandée, comme on l'a dit au *Rép.* n° 1674, alors qu'une instance en séparation de corps est pendante (Dutruc, *op. cit.*, n° 47; Laurent, t. 22, n° 338). La femme peut, en effet, y avoir intérêt. D'abord, le péril de sa dot ne l'empêcherait pas de succomber dans son instance en séparation de corps ; de plus, à cette action elle peut être défenderesse et triompher ; enfin, si au regard des époux la séparation de biens accessoire à la séparation de corps produit ses effets du jour de la demande, il est de doctrine et de jurisprudence qu'au regard des tiers cette séparation de biens, à la différence de celle qui est prononcée sur une demande principale, ne produit d'effet qu'à partir du jugement. Il y a donc lieu de reconnaître à la femme engagée dans un procès en séparation de corps, comme demanderesse ou comme défenderesse, le droit de former parallèlement une demande en séparation de biens (Paris, 12 janv. 1882) (1).

618. Le fait que la femme a quitté le domicile conjugal n'entraîne pas une fin de non-recevoir contre la demande en séparation de biens (*Rép.* n° 1677). Mais cela ne veut pas dire, comme le remarque M. Guillouard, t. 3, n° 1098, que la femme pourra trouver dans la séparation de biens les moyens de perpétuer sa résistance à l'autorité maritale et les ressources nécessaires pour vivre où bon lui semble. On reconnaît généralement au mari le droit de faire saisir les revenus de la femme qui refuse de cohabiter avec lui (V. *Rép.* v° *Mariage*, n° 758; Paris, 27 janv. 1855, aff. J..., D. P. 55. 2. 208). Ce droit, le mari le conserve, malgré la séparation de biens demandée ou même prononcée.

De même, le fait que la femme aurait commis des détournements au préjudice de la communauté ou du mari ne la rend pas non recevable dans son action en séparation de biens (V. en sus des autorités citées au *Rép.* n°s 1678 et suiv. : Rodière et Pont, t. 3, n° 2112; Dutruc, *op. cit.*, n° 49; Laurent, t. 22, n° 238; Guillouard, t. 3, n° 1097).

619. Aux termes de l'art. 1446, les créanciers personnels de la femme ne peuvent sans son consentement demander la séparation de biens (V. *Rép.* n° 1682). Néanmoins, ajoute la loi, en cas de faillite ou de déconfiture du mari, *ils peuvent exercer les droits de leur débitrice jusqu'à concurrence du montant de leurs créances*. Quels sont les droits que les créanciers peuvent ainsi exercer? Une controverse s'est élevée à ce sujet entre les auteurs. — D'après M. Laurent, t. 22, n° 200, dont le système a été adopté par M. Guillouard, t. 3, n°s 1103 et suiv., les créanciers seraient, par le

fait seul de la faillite ou de la déconfiture du mari, investis de tous les droits qu'aurait la femme elle-même si elle avait demandé et obtenu la séparation de biens; à leur égard, par conséquent, la communauté devrait être considérée comme dissoute; ils pourraient pour leur propre compte l'accepter ou y renoncer. — Mais telle ne nous paraît pas être la portée de l'art. 1446. Il nous semble que la seconde partie de cet article ne détruit pas la première, qui refuse, en principe, aux créanciers le droit d'exercer l'action en séparation de biens. Les droits que la loi permet aux créanciers d'exercer jusqu'à concurrence du montant de leurs créances, ce sont les reprises de la femme, que les créanciers peuvent faire liquider. La société civile des époux n'est pas dissoute, mais la fortune du mari est mise en liquidation; elle va se distribuer entre ses créanciers, parmi lesquels se trouve la femme. Celle-ci peut se faire colloquer dans cette liquidation pour le montant de sa dot ; ses créanciers pourront de même réclamer cette collocation jusqu'à concurrence de leur créance. Voilà leur droit, il ne va pas plus loin ; les termes de l'art. 1446 l'indiquent suffisamment (Dutruc, *op. cit.*, n° 42; Aubry et Rau, t. 5, § 516, p. 389; Colmet de Santerre, t. 6, n° 95 *bis* IV). — Il a été jugé, en ce sens, que le droit accordé aux créanciers de la femme par l'art. 1446, pour les mettre à l'abri de la négligence de leur débitrice ou de sa connivence avec son mari, fait disparaître à leur égard les conséquences de la copropriété de la femme dans les biens de la communauté et les autorise à exercer l'hypothèque légale de la femme sur le prix d'aliénation des conquêts de la communauté, jusqu'à concurrence de la renonciation (Paris, 30 juin 1853, aff. Guiffrey, D. P. 55. 2. 356; Orléans, 12 juill. 1854, et sur pourvoi, Civ. rej. 4 févr. 1856, aff. de Clausel, D. P. 56. 1. 61).

620. Une autre question se pose, celle de savoir si les créanciers de la femme peuvent exercer leurs droits sur la pleine propriété des propres de leur débitrice et des sommes revenant à celle-ci pour ses reprises, ou s'ils sont tenus de laisser au mari la jouissance qui lui appartient sur ces propres et sur ces sommes comme chef de la communauté. — D'après M. Guillouard, *loc. cit.*, les créanciers de la femme ne pourront profiter que de la nue propriété, parce que les revenus des reprises de la femme appartiennent au mari ou à ses propres créanciers, tant que le pacte matrimonial n'a pas été détruit, soit par une séparation judiciaire, soit par le décès de l'un des époux. MM. Rodière et Pont, t. 3, n° 2114, adoptent cette opinion et l'appuient de cette considération que le but de l'art. 1446 n'est pas d'enlever à la dot sa destination essentielle, qui est de subvenir aux charges du mariage ; par conséquent, il ne fait pas cesser le droit que le mari a acquis sur les fruits de cette dot par le fait du mariage et pour toute sa durée. — Mais l'opinion contraire nous semble préférable. Le droit de la femme, lorsqu'elle exerce ses actions contre son mari, est de reprendre ses biens en toute propriété, et c'est ce droit tout entier que l'art. 1446 confère à ses créanciers. De plus, comme le remarquent MM. Aubry et Rau, t. 5, § 516, note 6, p. 389 et suiv., l'état de déconfiture ou de faillite du mari établissant un conflit entre ses créanciers et ceux de la femme, l'équité s'oppose à ce qu'il retienne, au détriment de ces derniers, des revenus que les premiers seraient autorisés à saisir (Marcadé, t. 5, art. 1446-1447, n° 1; Aubry et Rau, *loc. cit.*; Laurent, t. 22, n° 205; Guillouard, t. 1, n° 1106).

---

(1) (Bernard C. Bernard et syndic Bernard.) — La cour; — Considérant que, le 1er juin 1881, l'appelante a formé contre son mari une demande en séparation de biens; qu'elle fournit la preuve du désordre des affaires de son mari, qui, après avoir été l'objet de nombreuses poursuites, a été enfin déclaré en état de faillite le 14 novembre dernier; qu'il est certain que la dot de l'appelante est en péril, et que sa demande en séparation de biens est pleinement justifiée; que cependant les premiers juges ont repoussé cette demande par ce motif qu'avant de la former, l'appelante en avait introduit une autre en séparation de corps dont le tribunal était alors saisi, et que celle-ci comprenait nécessairement une demande en séparation de biens; — Mais considérant qu'aucune disposition de la loi n'interdit à la femme engagée dans un procès en séparation de corps de former parallèlement une demande en séparation de biens, et qu'elle peut avoir le plus grand intérêt à le faire; que si, en effet, lorsque sa dot est en péril, elle se borne à attendre sa séparation de corps, il peut arriver que celle-ci ne soit pas prononcée et que la

demande en séparation de biens qui serait alors introduite risquerait d'être à peu près inutile; — Considérant, d'autre part, que les effets de la séparation de biens à l'égard des tiers sont fort différents, suivant qu'elle a été obtenue par action principale, ou qu'elle est simplement la conséquence de la séparation de corps; que, dans le premier cas, les tiers ayant été avertis par la publicité prescrite par les art. 866 et suiv. c. proc. civ., les effets de la séparation de biens remontent, à leur égard comme vis-à-vis du mari, au jour de la demande, tandis que, dans le second cas, la même procédure n'étant pas prescrite, la séparation de biens ne peut être opposée aux tiers qu'à partir de la publication et de l'affiche du jugement; — Considérant, dès lors, que la demande de l'appelante est recevable, et que sa dot étant manifestement en péril, la séparation de biens demandée par elle doit être dès à présent prononcée; — Infirme; déclare la femme Bernard séparée de biens d'avec son mari.

Du 12 janv. 1882.-C. de Paris, 4e ch.-MM. Bondurand, pr.-Mariage, av. gén.-Léopold Lachaud et Brizard, av.

621. Si la femme du mari en faillite ou en déconfiture n'a pas demandé sa séparation de biens, la communauté continuera de subsister entre les époux, lors même que les créanciers auront exercé les droits de la femme, conformément à l'art. 1446. Lorsque la communauté viendra à se dissoudre, la femme ou ses héritiers pourront toujours l'accepter ou y renoncer. Si la femme y renonce, elle n'exercera plus que ceux de ses droits et reprises dont les créanciers n'auront pas recueilli le bénéfice, soit parce qu'ils étaient payés de leurs créances, soit parce que ces droits ne sont échus à la femme que postérieurement à la liquidation de la faillite. Si la femme accepte la communauté, il peut se faire que, d'après son contrat de mariage, elle n'ait pas droit alors à la reprise de ses apports (c. civ. art. 1514); en ce cas, elle devra faire état à la communauté de la valeur du mobilier dont ses créanciers auront exercé la reprise comme en cas de renonciation.

Sur tous ces points les auteurs sont d'accord. Ils se divisent seulement sur la question de savoir si, dans ce dernier cas, la femme qui a accepté la communauté, doit compte, non seulement du capital, mais aussi du revenu des valeurs que ses créanciers ont reprises. Les uns pensent que la femme devra indemniser la communauté de la privation de jouissance que l'exercice des reprises par les créanciers a fait éprouver à la communauté (Marcadé, t. 5, art. 1446-1447, n° 1; Laurent, t. 22, n° 207; Guillouard, t. 3, n° 1107). Les autres estiment, au contraire, que la femme ne devra aucune récompense à la communauté à raison de la perte des revenus (Colmet de Santerre, t. 5, n° 95 bis VI). Mais cette dernière opinion ne nous semble admissible qu'autant que les petites pour lesquelles les créanciers de la femme ont exercé ses reprises étaient productives d'intérêts; comme les intérêts auraient été à la charge de la communauté, qui s'en est trouvée dégrevée, le bénéfice qui en est résulté pour elle compense la perte des revenus des reprises (Aubry et Rau, t. 5, § 516, note 7, p. 390).

Art. 3. — *Des formes de la séparation de biens*
(*Rép.* n°s 1689 à 1911).

§ 1er. — De la séparation de biens volontaire
(*Rép.* n°s 1689 à 1713).

622. La règle que toute séparation de biens volontaire est nulle (c. civ. art. 1443) ne fait pas obstacle, ainsi qu'on l'a dit au *Rép.* n°s 1699 et suiv., à ce que le mari acquiesce au jugement, contradictoire ou par défaut, qui a prononcé la séparation, ni même à ce qu'il se désiste, soit de l'opposition, soit de l'appel qu'il avait formé contre ce jugement (Aubry et Rau, t. 5, § 515, note 19, p 387; Guillouard, t. 3, n° 1112).

623. La séparation de biens volontaire est nulle tant à l'égard des tiers que dans les rapports des époux entre eux (*Rép.* n°s 1707 et suiv.). En conséquence, les payements qui auraient été faits à la femme en vertu de cette convention, la remise que le mari lui aurait effectuée, soit de valeurs à elle propres, soit de sa part dans la communauté, ne seraient pas opposables aux tiers et, notamment, aux créanciers du mari; même postérieurs à la séparation, ces créanciers pourraient saisir les biens de communauté et les revenus des biens propres entre les mains de la femme. Le mari pourrait également, malgré le consentement par lui donné à la convention, reprendre à la femme les biens qu'il lui aurait remis (Aubry et Rau, t. 5, § 515, p. 386; Guillouard, t. 3, n° 1110).

624. La question de savoir si les payements effectués par le mari à la femme en vertu d'une séparation volontaire, libèrent le mari, est traitée au *Rép.* n°s 1711 et suiv.; l'opinion la plus accréditée est que la femme ne peut être tenue de tenir compte au mari, à la dissolution de la communauté, que des valeurs qui lui restent ou qui l'ont enrichie. — M. Laurent, t. 22, n° 198, s'appuyant sur le caractère illicite de la séparation, soutient que les parties doivent être remises au même état que si elle n'avait point eu lieu, et que, par conséquent, la femme doit restituer au mari tout ce qu'elle a reçu. Mais le texte même que M. Laurent invoque, l'art. 1131 c. civ., est contraire à son raisonnement. Cet article dispose que l'obligation sans cause ou sur cause illicite ne peut avoir aucun effet. Donc, le mari ne peut se prévaloir de la

convention illicite de séparation pour se dispenser de payer à la femme ses reprises, lorsqu'elles sont devenues exigibles par la dissolution de la communauté. En principe donc, la femme ne doit restituer que ce dont elle s'est enrichie, et cela, comme le démontre M. Guillouard, t. 3, n° 1111, par un double motif. D'abord, s'il en était autrement et que la femme dût restituer la partie de sa dot qu'elle a dépensée, l'effet du régime matrimonial par elle adopté se trouverait modifié au préjudice pendant le mariage, contrairement à la règle de l'art. 1395. En outre, la femme, créancière de ses reprises, est incapable de les recevoir pendant le mariage tant qu'elle n'est pas séparée de biens; or, aux termes de l'art. 1241, le payement fait au créancier incapable de recevoir n'est point valable, à moins que le débiteur ne prouve que la chose payée a tourné au profit de ce créancier (V. en ce sens : Grenoble, 28 août 1847, aff. Planel, D. P. 48. 2. 137; Aubry et Rau, t. 5, § 515, note 18, p. 386 et suiv.; Guillouard, *loc. cit.*).

Il convient, toutefois, d'ajouter, avec MM. Aubry et Rau, que pour l'appréciation du point de savoir si les valeurs remises à la femme ont ou non tourné à son profit, on peut se montrer plus rigoureux sous le régime de la communauté que sous le régime dotal. Dans ce dernier régime, la règle de l'inaliénabilité de la dot et les obligations plus étroites imposées au mari en ce qui concerne la conservation et la restitution des biens de la femme, ne permettent pas d'admettre avec autant de facilité les tempéraments d'équité (Comp. *Rép.* n° 1713).

§ 2. — De la demande en séparation de biens et de sa publicité
(*Rép.* n°s 1714 à 1742).

625. Le tribunal compétent pour connaître de la demande en séparation de biens est le tribunal du domicile du mari (*Rép.* n° 1714). A raison de l'intérêt qu'ont les tiers d'être informés de la demande, on décide généralement que tout autre tribunal doit être considéré comme incompétent *ratione materiæ*, et que les créanciers du mari pourraient opposer l'incompétence malgré l'acquiescement de celui-ci (Rodière et Pont, t. 3, n° 2126; Dutruc, *Traité de la séparation de biens judiciaire*, n° 100; Guillouard, t. 3, n° 1115).

Il a été jugé qu'un tribunal français peut prononcer la séparation de biens entre étrangers non autorisés à établir leur domicile en France, si aucune des parties ne soulève l'exception d'incompétence (Alger, 5 juin 1874, aff. Albert, D. P. 78. 2. 9).

626. La femme, pour demander sa séparation de biens, n'a pas besoin de l'autorisation maritale; il suffit qu'elle obtienne l'autorisation du président du tribunal, conformément à l'art. 865 c. proc. civ. Cette autorisation, donnée au début de l'instance, habilite la femme à poursuivre sa demande devant tous les degrés de juridiction (*Rép.* n°s 1718 et suiv.; Civ. rej. 15 juill. 1867, . aff. de Maubeuge, D. P. 67. 1. 321; Laurent, t. 22, n° 240; Guillouard, t. 3, n° 1113).

627. Lorsque le mari est en faillite, contre qui la séparation de biens doit-elle être demandée? Aux termes de l'art. 443 c. com., « à partir du jugement déclaratif, toute action mobilière ou immobilière ne pourra être suivie ou intentée que contre le syndic; cependant le tribunal, lorsqu'il le jugera convenable, peut recevoir le failli partie intervenante ». Toutefois, on distingue, pour l'application de ce texte, entre les actions relatives à la personne et les actions relatives aux biens (V. *Faillite ;* — *Rép.* eod. v°, n°s 203 et suiv.). Quant à l'action en séparation de biens, on peut dire qu'elle est relative tout à la fois à la personne et aux biens du failli : d'une part, elle touche à son autorité maritale, d'autre part, elle retire au failli ses droits sur les biens de la femme et sur les biens de la communauté. Certains auteurs, considérant l'action en séparation de biens comme plus spécialement relative aux biens, décident que le syndic doit y figurer comme partie principale, sauf au failli à y intervenir, s'il le juge utile à ses intérêts (Bravard et Demangeat, *Traité de droit commercial*, t. 5, p. 124 et suiv.; Boistel, *Précis de droit commercial*, n° 913, p. 647, note 4). Mais la plupart des auteurs estiment que la demande doit, à peine de nullité, être formée en même temps contre le mari et contre le syndic (Dutruc, *op. cit.*, n° 111; Pardessus, *Cours de droit commercial*, n° 1177; Laroque-

Sayssinel et Dutruc, *Formulaire des faillites et banqueroutes*, t. 1, n° 220; Bioche, *Dictionnaire de procédure*, v° *Faillite*, n° 21, et *Séparation de biens*; n° 171; Ruben de Couder, *Dictionnaire de droit commercial*, v° *Faillite*, n° 199). Telle paraît être aussi la solution qui résulte des arrêts des cours de Bourges du 24 mai 1826, et d'Angers du 11 mars 1842 (rapportés *Rép.* n°s 1901 et 1724). Et la même solution a été adoptée par le tribunal de la Seine, dans un cas où les opérations de la faillite avaient été clôturées pour insuffisance d'actif (Trib. Seine, 28 juin 1886) (1).

Si le mari est interdit, c'est contre son tuteur que l'action en séparation de biens doit être intentée; s'il est pourvu d'un conseil judiciaire, c'est contre le mari lui-même et en même temps contre le conseil pour que celui-ci l'assiste (V. *Rép.* v° *Interdiction-conseil judiciaire*, n°s 169 et 292).

628. Aux termes de l'art. 1447, § 2, les créanciers du mari peuvent intervenir dans l'instance sur la demande en séparation pour la contester. Ils peuvent, sans même intervenir, d'après l'art. 871 c. proc. civ., exiger de l'avoué de la femme communication de la demande et des pièces justificatives (*Rép.* n° 1728). — Dans le cas où le mari est interdit et où la femme a formé sa demande de séparation de biens contre le tuteur à l'interdiction, le subrogé tuteur a également qualité pour intervenir dans l'instance, en vertu des principes sur la tutelle (Paris, 18 mars 1870, aff. Thomas, D. P. 70. 2. 102).

629. Toute personne, d'ailleurs, peut intervenir dans une instance judiciaire pour la conservation de ses droits, à la condition seulement que ces droits soient menacés par l'instance dont il s'agit. — Il a été jugé que l'enfant, donataire par contrat de mariage d'une somme à prendre dans la succession du dernier mourant de ses père et mère, n'est pas recevable à intervenir, en sa qualité de donataire, dans l'instance en séparation de biens engagée par sa mère donatrice contre son père donateur. Par la donation dont il s'agit, en effet, les donateurs ne sont obligés vis-à-vis du donataire qu'à ne pas faire d'aliénation à titre gratuit à son préjudice. Or la séparation de biens n'est pas une aliénation; l'enfant donataire ne peut donc pas prétendre qu'elle est susceptible de porter atteinte à son droit (Civ. rej. 21 mai 1867, aff. de Gestas, D. P. 67. 1. 207).

630. Relativement à la publicité qui doit être donnée à la demande en séparation de biens, V. *Rép.* n°s 1732 et suiv. — Il a été jugé que dans les villes où les chambres de notaires et d'avoués n'ont pas de tableaux destinés à recevoir les insertions en matière de séparation de biens, il suffit qu'un extrait de la demande et du jugement ait été remis dans le délai légal aux présidents des chambres d'avoués et de notaires (Rennes, 29 mars 1870, aff. Gervais, D. P. 72. 5. 400).

§ 3. — Instruction; Autorisation; Provision; Mesures conservatoires; Décès de l'un des époux (*Rép.* n°s 1743 à 1763).

631. — I. Instruction (*Rép.* n°s 1743 à 1747). — La femme est tenue d'établir par des preuves indépendantes de l'aveu du mari les faits sur lesquels elle fonde sa demande de séparation de biens. Elle peut faire cette preuve par écrit ou par témoins. Mais le plus souvent elle la trouvera dans des actes écrits, ventes, procès-verbaux de saisie, états d'inscriptions hypothécaires, procès-verbal de constat établissant le défaut de réparations aux immeubles propres, etc. A défaut d'autres moyens, MM. Aubry et Rau, t. 5, § 516, n° 3, *a*, p. 394, et M. Guillouard, t. 3, n° 1118, enseignent que la femme pourrait provoquer un inventaire de la communauté et une liquidation provisoire de ses reprises; ce mode de preuve pourrait, en effet, être autorisé par le tribunal, notamment, sous forme d'expertise.

632. — II. Autorisation et provision (*Rép.* n°s 1748 et 1749). La femme, comme on l'a vu *supra*, n° 626, n'a pas besoin de l'autorisation maritale pour former sa demande en séparation ni pour la poursuivre devant toutes les juridictions; mais elle en a besoin pour se désister de sa demande (*Rép.* n° 1748).

Elle peut demander, comme on l'a dit au *Rép.* n° 1749, une provision pour faire face aux frais de l'instance. Il a été jugé que cette provision doit être assimilée à une créance alimentaire et privilégiée sur les biens du mari, à moins que la femme n'ait des paraphernaux dont elle ait conservé la jouissance exclusive (Trib. Caen, 8 août 1849, aff. Agnès, D. P. 50. 5. 421). Cette décision, toutefois, nous paraît très douteuse. Elle est motivée sur ce que la séparation de biens a pour but de dégager la dot de l'administration du mari; mais ce n'est pas là une raison pour que l'on puisse assimiler les frais de la séparation aux frais de justice, qui sont faits dans l'intérêt commun des créanciers. A notre avis, la femme n'a aucun privilège sur le mobilier pour le payement de la provision dont il s'agit; elle peut seulement se faire colloquer sur les immeubles en vertu de son hypothèque légale (V. *Rép.* v° *Privilèges et hypothèques*, n° 891).

633. — III. Mesures conservatoires (*Rép.* n°s 1750 à 1763). — En ce qui concerne les mesures conservatoires que la femme demanderesse en séparation de biens est autorisée à prendre par l'art. 869 c. proc. civ., on doit, comme nous l'avons dit au *Rép.* n° 1751, appliquer par analogie la disposition édictée pour le cas de divorce et de séparation de corps. C'est, depuis la loi du 18 avr. 1886 (D. P. 86. 4. 27), l'art. 242 c. civ. Il est ainsi conçu : « L'un ou l'autre époux peut, dès la première ordonnance et sur l'autorisation du juge, donnée à la charge d'en référer, prendre pour la garantie de ses droits des mesures conservatoires, notamment requérir l'apposition des scellés sur les biens de la communauté. — Le même droit appartient à la femme, même non commune, pour la conservation de ceux de ses biens dont le mari a l'administration ou la jouissance. — Les scellés sont levés à la requête de la partie la plus diligente; les objets et valeurs sont inventoriés et prisés, l'époux qui est en possession en est constitué gardien judiciaire, à moins qu'il n'en soit décidé autrement » (V. *infra*, v° *Divorce*).

634. La femme demanderesse en séparation de biens peut non seulement requérir l'apposition des scellés et l'inventaire des effets mobiliers de la communauté, mais encore

(1) (Dame Piquernal *C.* Piquemal.) — Le tribunal : — Attendu que la dame Piquemal demande la séparation de biens contre son mari, qu'elle a seul mis en cause, alors que sa faillite a été déclarée par jugement du tribunal de commerce de la Seine du 30 janv. 1885, et que le sieur Destrez en a été nommé syndic; qu'elle prétend qu'il n'y a pas lieu d'appeler le sieur Destrez ès-noms dans la présente instance, parce que la faillite du sieur Piquemal aurait été clôturée pour insuffisance d'actif, le 22 août 1885, par application de l'art. 527 c. com.; — Mais attendu que cet article, visant le cas où les cours des opérations de la faillite se trouve arrêté par l'insuffisance de l'actif, donne au tribunal de commerce, audit cas, la faculté, non pas de prononcer la clôture de la faillite, mais uniquement la clôture de ses opérations, la faillite continuant d'ailleurs de subsister et les opérations en étant seulement suspendues pour les reprises éventuellement si la rentrée ultérieure de l'actif le permettait; — Attendu, il est vrai, qu'aux termes du même article, le jugement du tribunal de commerce, décidant la suspension des opérations de la faillite, fait rentrer chaque créancier dans l'exercice de ses actions individuelles tant contre les biens que contre la personne du failli; — Mais attendu que, dans le silence de l'art. 527 c. com., lequel, à la différence de l'art. 519 du même code, au cas de concordat, ne dit pas que les fonctions des syndics cessent après le jugement dont s'agit, on ne saurait induire la cessation de ces fonctions de la disposition susrappelée; qu'en effet, il en résulte seulement que l'action du syndic étant forcément suspendue, par suite de l'absence d'un actif suffisant pour continuer les opérations de la faillite, le législateur a estimé qu'il était juste alors de restituer à chaque créancier l'exercice de son action individuelle afin de permettre aux créanciers à leurs risques et périls, d'agir ainsi qu'ils aviseraient contre la faillite au mieux de leurs intérêts, sans que d'ailleurs l'état de faillite ait cessé de persister, le failli continuant à être dans les liens de cette faillite, laquelle n'a pas été clôturée; — Attendu, d'ailleurs, que l'obligation de mettre le syndic en cause, au cas de demande en séparation de biens formée contre un failli, est en outre spécialement justifiée par l'intérêt même de la masse des créanciers d'être représentée, en la personne du syndic, aux opérations de la liquidation des reprises de la femme, et d'empêcher qu'elles ne soient faites en fraude des droits que ces mêmes créanciers pourraient avoir ultérieurement à exercer; — Attendu qu'il en résulte que la dame Piquemal est non recevable en sa demande en séparation de biens, en tant qu'elle l'a introduite contre son mari en état de faillite, sans mettre en cause le syndic de sa faillite; — Par ces motifs, déclare la dame Piquemal non recevable dans sa demande, l'en déboute.

Du 28 juin 1886.-Trib. civ. de la Seine, 2e ch.-MM. Cadet de Vaux, pr.-Duval, subst.-Gauly, av.

faire tous autres actes conservatoires de ses droits, et notamment, former des saisies-arrêts entre les mains des débiteurs de son mari (*Rép.* n° 1754; Req. 14 mars 1855, aff. Michel, D. P. 55. 1. 235). — Il est vrai que les reprises de la femme ne sont pas liquides, mais elles peuvent être évaluées provisoirement par l'ordonnance du juge qui autorisera la saisie-arrêt, conformément à l'art. 559 c. proc. civ. (Même arrêt).

Le même droit appartient à la femme demanderesse en séparation de corps (Gand, 7 févr. 1851, aff. V..., *Pasicrisie belge,* 1851. 2. 75).

635. La femme pourrait également, s'il y avait de justes raisons de se défier du mari, faire ordonner que les sommes constatées par l'inventaire ou qui viendront à être payées pendant l'instance, seront déposées à la caisse des dépôts et consignations jusqu'à la liquidation (*Rép.* n° 1760; Dutruc, *op. cit.*, n° 137; Guillouard, t. 3, n° 1121). Plusieurs auteurs admettent même que le tribunal pourrait, sur la demande de la femme, nommer un séquestre auquel serait confiée, en tout ou en partie, l'administration de la communauté. Cette mesure serait utile surtout dans le cas où il y aurait lieu de craindre que le mari ne dissipât ou ne détournât les valeurs communes en haine de la femme et pour faire fraude à ses droits (Demolombe, *Mariage,* t. 4, n° 465; Guillouard, t. 3, n° 1121. — *Contrà :* Dutruc, *op. cit.*, n° 138. — Comp. *Rép.* n° 1759 et v° *Séparation de corps,* n° 177, et *infrà,* v° *Divorce*).

636. — IV. Décès de l'un des époux. — Si l'un des époux vient à mourir pendant l'instance en séparation de biens, ce décès rend l'action sans objet. Cependant il a été jugé que, dans ce cas, il y a lieu encore d'examiner le bien fondé de la demande, pour décider lequel des époux devra en supporter les dépens (Grenoble, 2° ch., 17 déc. 1884, aff. Bourg, M. Orsat, pr.-Comp. *Rép.* v° *Séparation de corps,* n°s 385 et suiv., et *infrà,* v° *Divorce*).

§ 4. — Du jugement de séparation et de sa publicité
(*Rép.* n°s 1764 à 1793).

637. Le jugement qui prononce la séparation de biens condamne ordinairement le mari aux dépens (c. proc. civ. art. 130). Il a été jugé que, si le mari est en faillite et si le syndic a été mis en cause par la femme, les dépens de l'instance doivent être compris dans les frais de syndicat et supportés comme tels par la masse de la faillite, et cela alors même que le syndic aurait déclaré s'en rapporter à justice; qu'il n'y a pas à distinguer, à cet égard, entre les frais faits par la femme depuis le jour de sa demande jusqu'à celui de la déclaration de la faillite et les frais encourus depuis cette dernière époque (Douai, 8 août 1856, aff. Demaeght, D. P. 57. 2. 66 ; Paris, 22 mai 1876, aff. Collet, D. P. 76. 2. 224, et sur pourvoi, Req. 11 juin 1877, D. P. 77. 1. 502). — Le contraire avait été jugé par un arrêt de la cour de Rouen du 29 févr. 1840 (*Rép.* v° *Faillite,* n° 1053); suivant cet arrêt, la femme du failli ne peut obtenir par privilège les frais de sa séparation de biens sur la masse de la faillite, lors même que le jugement a été rendu avec le syndic, si celui-ci n'a fait que s'en remettre à justice et n'a pas contesté la demande. Cette solution nous semble préférable à celle de l'arrêt précité de la chambre des requêtes; les frais de l'instance en séparation de biens ne peuvent être assimilés aux frais de faillite, car ils ont lieu dans l'intérêt de la femme, et non dans celui de la masse. Ils devraient donc être considérés comme des accessoires de la créance de reprises de la femme et être admis, à ce titre, tant au passif de la faillite que dans la distribution du prix des immeubles du mari (V. dans le même sens: Renouard, *Faillites et banqueroutes,* t. 2, p. 202 et suiv.; Geoffroy, *Code pratique des faillites,* p. 24; Viardot, *Des effets de la faillite relativement aux hypothèques et privilèges,* n° 263).

638. La publicité qui doit être donnée au jugement de séparation de biens est indiquée au *Rép.* n°s 1773 et suiv. — D'après l'art. 872 c. proc. civ., le jugement de séparation doit être lu publiquement, l'audience tenante, au tribunal de commerce du lieu, s'il y en a. — Il a été jugé que cette disposition ne doit recevoir son application que lorsqu'il existe, dans l'arrondissement du domicile du mari, un tribunal spécial de commerce; dans le cas où ce sont les juges du tribunal civil qui remplissent les fonctions de tribunal de commerce, il n'y a pas lieu à l'accomplissement de cette formalité (Trib. Orange, 8 sept. 1851, aff. de Prolène, D. P. 51. 5. 484).

639. Aux termes du même art. 872 c. proc. civ., un extrait du jugement doit être inséré sur un tableau à ce destiné et exposé pendant un an dans l'auditoire des tribunaux de première instance et de commerce du domicile du mari, même lorsqu'il ne sera pas négociant, et, s'il n'y a pas de tribunal de commerce, dans la principale salle de la maison commune du domicile du mari. — Deux questions se sont élevées sur l'application de ce texte. On s'est demandé d'abord si l'affichage ordonné doit avoir lieu au tribunal de commerce et non à la maison commune, lorsque le domicile du mari n'est pas dans la ville même où siège le tribunal de commerce, mais est seulement dans l'arrondissement de ce tribunal. L'opinion qui a prévalu en doctrine et en jurisprudence est que l'affichage doit avoir lieu au tribunal de commerce, alors même que le domicile du mari n'est pas dans la même ville, et que, par conséquent, l'affichage à la maison commune n'est nécessaire que quand il n'y a pas de tribunal de commerce dans l'arrondissement (*Rép.* n° 1774; Rennes, 14 janv. 1850, aff. Anne Guillou, D. P. 51. 5. 2; Caen, 2 déc. 1851, aff. Liot, D. P. 54. 2. 189). — On s'est demandé, en second lieu, si l'affichage doit se faire à la maison commune du domicile dans les arrondissements où le tribunal civil exerce les fonctions de tribunal de commerce, ou si l'affichage qui a lieu dans l'auditoire de ce tribunal est suffisant. Une jurisprudence qu'on peut aujourd'hui considérer comme établie décide que l'extrait du jugement de séparation de biens doit être affiché, non seulement dans l'auditoire du tribunal civil, mais encore dans la salle principale de la maison commune, lorsqu'il n'existe pas de tribunal spécial de commerce dans l'arrondissement, la publication faite au tribunal civil, quand même il juge commercialement, ne pouvant tenir lieu de la double publication exigée par l'art. 872 c. proc. civ. (V. outre les arrêts cités au *Rép.* n° 1777: Civ. cass. 17 mars 1852, aff. Poncillon, D. P. 52. 1. 113, et sur renvoi, Lyon, 23 févr. 1854, D. P. 55. 2. 44; Alger, 5 juin 1874, aff. Albert, D. P. 78. 2. 9).

640. En ce qui concerne la disposition de l'art. 872 c. proc. civ. qui prescrit l'insertion d'un extrait du jugement de séparation de biens au tableau exposé en la chambre des avoués et notaires, s'il y en a, V. *Rép.* n°s 1780 et suiv. (V. aussi *suprà,* n° 630).

641. L'accomplissement des formalités prescrites par les art. 1445 c. civ. et 872 c. proc. civ. pour la publication et l'affichage du jugement de séparation de biens doit avoir lieu dans la quinzaine du jugement, à peine de nullité des actes d'exécution et du jugement lui-même (*Rép.* n° 1785; Caen, 16 janv. 1846, aff. Henri, D. P. 54. 5. 686).

642. Ainsi qu'on l'a dit au *Rép.* n° 1783, les extraits des demandes ou jugements de séparation de biens doivent être enregistrés avant d'être affichés. Mais, comme le greffier a vingt jours pour faire enregistrer le jugement et, comme, d'autre part, l'insertion de l'extrait aux tableaux des salles d'audiences et des chambres d'avoués et de notaires doit avoir lieu dans la quinzaine qui suit le jugement, il a été jugé que l'affiche par extrait du jugement peut être faite avant l'enregistrement du jugement, sans que l'avoué qui la signe tombe sous le coup de l'art. 11 de la loi du 16 juin 1824, qui déclare applicables aux avoués les art. 41 et 42 de la loi du 22 frim. an 7, lesquels interdisent aux notaires, huissiers, greffiers et autres officiers publics de délivrer extrait ou copie d'un acte, s'il n'a été préalablement enregistré (Trib. Orange, 22 déc. 1846, aff. Boisset, D. P. 51. 5. 481).

643. Les formalités prescrites par l'art. 872 c. proc. civ. pour la publication du jugement de séparation de biens, aussi bien que celles ordonnées par l'art. 1445 c. civ., doivent être observées à peine de nullité. La doctrine et la jurisprudence sont d'accord sur ce point (*Rép.* n° 1786; Civ. cass. 17 mars 1852, aff. Poncillon, D. P. 52. 1. 113; Alger, 5 juin 1874, aff. Albert, D. P. 78. 2. 9; Rodière et Pont, t. 3, n° 2143; Carré et Chauveau, *Lois de la procédure* quest. n° 2946 *bis;* Aubry et Rau, t. 5, § 516, note 26, p. 396; Laurent, t. 22, n° 247; Guillouard, t. 3, n° 1128). —

Jugé, toutefois, que la nullité résultant du défaut des publications exigées par les art. 1445 c. civ. et 872 c. proc. civ. ne peut être invoquée par les créanciers du mari dont les titres n'ont acquis date certaine que postérieurement à l'exécution effective de la séparation (Req. 1er juill. 1863, aff. Payn, D. P. 64. 1. 66).

644. La séparation de biens résultant de la séparation de corps doit-elle être rendue publique, à peine de nullité, comme la séparation de biens principale? Lorsque cette séparation a été prononcée entre époux dont l'un est commerçant, l'affirmative n'est pas douteuse. L'art. 66 c. com. dispose, en effet, que tout jugement qui prononcera une séparation de corps ou un divorce entre mari et femme dont l'un serait commerçant sera soumis aux formalités prescrites par l'art. 872 c. proc. civ., à défaut de quoi, les créanciers seront toujours admis à s'y opposer pour ce qui touche leurs intérêts et à contredire toute liquidation qui en aurait été la suite. — Si la séparation a lieu entre époux non commerçants, le défaut de publicité du jugement semble aussi devoir entraîner la nullité, non de la séparation de corps, mais des effets de la séparation de biens à l'égard des tiers. Aux termes de l'art. 880 c. proc. civ., extrait du jugement de séparation de corps doit être inséré aux tableaux exposés tant dans l'auditoire des tribunaux que dans les chambres d'avoués et de notaires, « ainsi qu'il est dit art. 872 ». Ce renvoi à l'art. 872 implique que la publicité dont il s'agit est soumise à la même sanction. L'intérêt pour les tiers de connaître la séparation est, d'ailleurs, le même dans les deux cas (Req. 14 mars 1837, Rép. n° 1792; Laurent, t. 22, n° 248; Guillouard, t. 3, n° 1129).

645. L'art. 250 c. civ., modifié par la loi du 18 avr. 1886 (D. P. 86. 4. 27), prescrit, en outre, pour le cas de divorce, qu'un extrait du jugement sera inséré dans l'un des journaux qui se publient dans le lieu où siège le tribunal, ou, s'il n'y en a pas, dans l'un de ceux publiés dans le département. Cet article n'étant pas compris dans ceux que l'art. 307 c. civ. déclare applicables à la séparation de corps, il en résulte que l'insertion dans les journaux n'est pas obligatoire pour les jugements prononçant la séparation de corps, ni à plus forte raison pour ceux qui prononcent la séparation de biens. La demande seule de séparation de biens est assujettie à ce genre de publicité (c. proc. civ. art. 868) (Bordeaux, 30 juill. 1833, Rép. n° 1784; Boucher d'Argis et Sorel, Dictionnaire raisonné de la taxe, v° Séparation de biens, n° 5; Colmet de Santerre, t. 6, n° 93 bis I et II; Laurent, t. 22, n° 246; Guillouard, t. 3, n° 1130).

§ 5. — Exécution du jugement de séparation; Délai; Nullité (Rép. nos 1794 à 1871).

646. L'art. 1444 c. civ. exige, à peine de nullité, que le jugement de séparation de biens soit exécuté dans la quinzaine (Rép. n° 1794). On admet généralement aujourd'hui que cette règle n'a pas été abrogée par l'art. 872 c. proc. civ., qui dispose que la femme ne pourra commencer l'exécution du jugement que du jour où les formalités prescrites pour sa publication auront été remplies, sans que néanmoins il soit nécessaire d'attendre l'expiration du délai d'un an pen-

dant lequel l'extrait du jugement doit être affiché dans l'auditoire des tribunaux. Rien ne s'oppose, en effet, à l'observation simultanée des deux articles (Rép. n° 1798; Rodière et Pont, t. 3, n° 2150; Aubry et Rau, t. 5, § 516, note 29, p. 397; Colmet de Santerre, t. 6, n° 92 bis VI; Laurent, t. 22, n° 251; Guillouard, t. 3, n° 1132).

647. L'exécution dans la quinzaine est nécessaire même dans le cas où le jugement de séparation a été rendu par défaut (Rép. n° 1799; Alger, 31 mars 1858, aff. Gargnier, D. P. 59. 1. 108; Aubry et Rau, t. 5, § 516, note 28, p. 398; Guillouard, t. 3, n° 1141). Mais cette exécution n'est plus requise, et l'art. 1444 cesse d'être applicable, lorsque la séparation de biens est le résultat de la séparation de corps (Rép. n° 1802; Trib. Lyon, 23 mai 1868, aff. Billard, D. P. 69. 3. 6; Demolombe, Cours de code civil, t. 4, n° 516; Laurent, t. 22, n° 250; Guillouard, t. 3, n° 1152). — Il a été décidé que la faillite du mari, survenue postérieurement au jugement de séparation, n'empêche pas la femme de poursuivre l'exécution de ce jugement, et que celle-ci n'en reste pas moins tenue de prouver qu'elle a commencé les poursuites dans le délai de quinzaine (Bruxelles, 14 mars 1855, aff. Portelange et Dubois C. Duflef, Pasicrisie belge, 1858. 2. 38).

648. L'exécution du jugement de séparation de biens peut avoir lieu de deux manières: soit amiablement, par le payement effectué volontairement par le mari des droits et reprises de la femme, soit judiciairement, par des poursuites exercées par la femme contre le mari (Rép. n° 1816; Laurent, t. 22, n° 252; Guillouard, t. 3, n° 1133). Mais l'exécution volontaire du jugement est soumise à la double condition qu'il y ait un payement réel des droits et reprises de la femme, au moins jusqu'à concurrence des biens du mari, et que ce payement soit constaté par un acte authentique.

649. Il faut d'abord un payement réel, par conséquent, il ne suffit pas, comme on l'a dit au Rép. n° 1812, que les époux procèdent à la liquidation des reprises de la femme en stipulant qu'elle s'en fera payer quand elle le voudra. Il n'est pas nécessaire toutefois que le règlement intégral et définitif ait lieu dans la quinzaine; il faut seulement que le payement soit commencé dans le délai (Civ. rej. 3 févr. 1834, Rép. n° 1813). Mais il a été jugé: 1° qu'en admettant que la remise du trousseau faite par le mari à la femme dans la quinzaine du jugement soit un acte d'exécution, il faut encore que l'exécution ainsi commencée ne reste pas interrompue pendant plusieurs années (Req. 28 déc. 1858, aff. Gargnier, D. P. 59. 1. 108). — 2° Que le jugement de séparation de biens qui n'a reçu qu'un commencement d'exécution consistant dans le payement d'une partie des frais pendant le délai légal, est nul (Paris, 27 déc. 1871, aff. Millon, D. P. 73. 5. 414).

650. Il faut, en second lieu, que l'exécution volontaire du jugement de séparation par le payement des droits et reprises de la femme soit constatée par acte authentique. Elle ne le serait point valablement par un acte sous seing privé, même enregistré (Rép. n° 1809; Rouen, 31 janv. 1863, aff. Lefébure, D. P. 63. 2. 75; Bordeaux, 7 nov. 1877 (1); Dutruc, Traité de la séparation de biens, n° 187; Rodière

---

(1) (Durnoy C. Viaud.) — Le 16 nov. 1875, jugement du tribunal civil de Libourne ainsi conçu: « Attendu qu'à la suite du jugement qui a prononcé la séparation de biens d'entre les époux Durnoy, la dame Durnoy a procédé avec son mari à la liquidation des reprises, en prélèvement desquelles Durnoy lui a cédé, entre autres valeurs, neuf barriques de vin qu'il aurait eues en dépôt chez les frères Viaud, négociants à Libourne; — Attendu qu'à la date du 13 juin dernier, la dame Durnoy a assigné les défendeurs devant le tribunal, pour qu'ils aient à lui remettre les vins dont s'agit ou leur valeur avec dommages-intérêts; — Attendu que les frères Viaud résistent à cette demande et soutiennent qu'elle n'est pas recevable, à défaut d'une exécution régulière du jugement de séparation de biens, et qu'au fond, l'action qui leur est intentée ne peut être justifiée; Sur l'exception tirée du défaut de qualité de la demanderesse: — Attendu que la liquidation des reprises de la dame Durnoy et la cession que lui a faite son mari de son avoir ont eu lieu par actes sous signatures privées des 25 et 26 août 1873; que ces actes, il est vrai, ont été immédiatement enregistrés, mais que cette circonstance ne saurait couvrir l'irrégularité qui les entache; — Qu'en effet, aux termes de l'art. 1444 c. civ., la liqui-

dation comme le payement des reprises de la femme qui a obtenu sa séparation de biens, doit être effectuée par acte authentique; que le législateur, par cette exigence, n'a pas eu seulement en vue d'assurer à ces actes d'exécution une date certaine, mais qu'il a voulu encore, par l'intervention d'un officier public, garantir autant que possible leur sincérité; — Que, du reste, l'art. 1444 est conçu en termes trop précis, pour qu'il soit loisible au juge d'y substituer aucun équivalent; — Qu'il suit de ce qui vient d'être dit que la séparation de biens obtenue par la dame Durnoy est nulle faute d'exécution conforme aux prescriptions de la loi, et que cette dame est dès lors sans qualité pour agir en justice; — Au fond, etc.; — Par ces motifs; — Le tribunal, jugeant en premier ressort, déclare la dame Durnoy non recevable et mal fondée dans sa demande ». — Appel par les époux Durnoy. — Arrêt.

La cour. — Attendu que les intimés ont incontestablement le droit, en leur qualité de créanciers de Durnoy, d'invoquer, en réponse à l'action dirigée contre eux par l'épouse de leur débiteur, la nullité édictée par l'art. 1444 c. civ., d'une séparation non exécutée dans la forme et le délai que le législateur a établis; — Attendu que la séparation de biens prononcée entre les époux

et Pont, t. 3, n° 2151; Aubry et Rau, t. 5, § 516, note 31, p. 397; Laurent, t. 22, n° 254; Guillouard, t. 3, n° 1136. — V. cependant : Angers, 2 juill. 1824, et sur pourvoi, Req. 23 août 1825, *Rép.* v° *Vente*, n° 430).

Mais, comme l'observe M. Guillouard, t. 3, n° 1133, il ne faut pas ajouter aux exigences de la loi, qui veut un acte authentique, et non spécialement un acte notarié. Le payement est donc valablement constaté par la quittance de l'huissier sur le commandement signifié au mari à la requête de la femme (V. en ce sens : *Rép.* n° 1810 ; Req. 12 août 1847, aff. Legras, D. P. 47. 1. 322 ; Laurent, t. 22, n° 253. — *Contrà :* Dutruc, *op. cit.*, n° 190).

651. A défaut de payement volontaire, le jugement de séparation de biens doit être exécuté, aux termes de l'art. 1444 c. civ., par des poursuites commencées dans la quinzaine qui a suivi le jugement et non interrompues depuis. — Que faut-il entendre par *poursuites commencées?* On admet généralement aujourd'hui que, pour que les poursuites soient réputées commencées, il faut un premier acte d'exécution. — La question n'est pas sans difficulté. — On s'est demandé, notamment, si la signification du jugement qui a prononcé la séparation de biens peut être considérée comme un acte d'exécution, et la question, comme on l'a vu au *Rép.* n°s 1827 et suiv., a été diversement résolue. Les auteurs les plus récents l'ont généralement résolue dans le sens de la négative (V. Rodière et Pont, t.3, n° 2153; Dutruc, *op. cit.*, n° 145 ; Aubry et Rau, t. 5, § 516, note 35, p. 398 ; Guillouard, t. 3, n° 1138). La même solution a été admise par un arrêt, pour le cas où le jugement de séparation a été rendu par défaut (Rouen, 31 janv. 1863, aff. Lefébure, D. P. 63. 2. 75). — Mais d'autre part, il a été jugé que la signification du jugement faite au mari dans la quinzaine de sa prononciation et suivie d'un commandement, doit être considérée comme un commencement de poursuites suffisant dans le sens de l'art. 1444 c. civ. (Gand, 27 nov. 1861, aff. Kusnick C. Douden, *Pasicrisie belge*, 1861. 2. 301).

652. La simple liquidation des reprises de la femme dans la quinzaine de la prononciation du jugement n'est pas non plus un acte d'exécution et n'équivaut pas au commencement de poursuites exigé par l'art. 1444, encore bien que le mari ait, dans le procès-verbal de liquidation, déclaré être actuellement dans l'impossibilité d'acquitter les reprises de sa femme et promis de les payer le plus tôt possible (Bordeaux, 31 mars 1857, aff. Duplantier, D. P. 57. 2. 113). A plus forte raison, la seule ouverture du procès-verbal de liquidation ne peut être assimilée au commencement de poursuites, à moins que les opérations de liquidation n'aient le caractère de continuité exigé par les poursuites elles-mêmes (Bourges, 10 août 1849, et sur pourvoi, Req. 18 févr. 1852, aff. Delorme, D. P. 52. 1. 241. V. *infrà*, n° 655).

653. Outre que les poursuites doivent être commencées dans la quinzaine, il faut qu'elles ne soient pas interrompues. Les tribunaux apprécient souverainement, dans chaque affaire, si le retard qui a pu se produire doit être considéré comme une interruption, ou s'il n'a rien d'excessif et peut se justifier par les faits de la cause. Leurs décisions sous ce rapport échappent à la censure de la cour de cassation (*Rép.* n° 1836 ; Civ. rej. 18 août 1884, aff. Maurel, D.P. 85. 1. 207 ; Carré et Chauveau, *Lois de la procédure*, quest. 2953 ; Marcadé, t. 5, art. 1444-1445, n° 3 ; Aubry et Rau, t. 5, § 516, note 36, p. 398 ; Laurent, t. 22, n° 255 ; Guillouard, t. 3, n° 1140).

654. D'une part, il a été jugé : 1° que lorsque des poursuites en liquidation des reprises de la femme ont été commencées dans la quinzaine du jugement de séparation, le long temps qui se serait écoulé depuis le commencement de ces poursuites jusqu'au jugement de liquidation (quatre ans) peut, selon les circonstances, n'être pas considéré comme une interruption de nature à faire prononcer la nullité de la séparation (Caen, 2 déc. 1851, aff. Liot, D. P. 54. 2. 189); — 2° Que le jugement prononçant la séparation de biens a été suffisamment exécuté par la femme, lorsque, après avoir commencé des poursuites dans la quinzaine, elle a été forcée de les interrompre par des circonstances indépendantes de sa volonté, notamment par l'impossibilité où elle s'est trouvée de déterminer ses reprises, par suite des contestations judiciaires alors pendantes sur la désignation des valeurs qui pouvaient appartenir à la communauté, et aussi par suite de l'état d'insolvabilité de son mari (Rennes, 15 mars 1862, aff. Farnel, D. P. 63. 5. 338) ; — 3° Que la séparation de biens a reçu une exécution suffisante lorsque, après la liquidation des reprises, le mobilier du mari a été saisi et que la vente en a été empêchée par une demande en discontinuation de poursuites fondée sur ce que, le mobilier saisi étant indispensable aux besoins des époux et de leurs enfants, la femme aurait été obligée de le remplacer à ses frais, s'il avait été vendu (Paris, 2 mars 1877, aff. Dupont, D. P. 77. 2. 91, et sur pourvoi, Req. 26 juin 1878, D. P. 79. 1. 80. — Comp. *Rép.* n° 1840); — 4° Que lorsqu'une femme, qui a obtenu sa séparation de biens, a, dans la quinzaine du jugement prononçant cette séparation, sommé son mari de l'exécuter et de comparaître devant le notaire chargé de liquider ses reprises, le long temps (seize mois) qui s'est écoulé depuis cette sommation jusqu'à une saisie-arrêt pratiquée entre les mains d'un débiteur du mari peut, selon les circonstances, n'être pas considéré comme une interruption de nature à faire prononcer la nullité de la séparation (Civ. rej. 18 août 1884, aff. Maurel, D. P. 85. 1. 207).

655. Mais, d'autre part, il a été décidé : 1° que le jugement de séparation de biens est nul, lorsque les actes d'exécution, commencés dans le délai fixé par l'art. 1444 c. civ., ont été interrompus depuis, malgré l'acquisition par le mari de biens sur lesquels les poursuites auraient pu être utilement exercées (Req. 28 déc. 1858, aff. Gargnier, D. P. 59. 1. 108); — 2° Que le commencement de poursuites résultant de la signification et de la publication du jugement de séparation de biens, de la renonciation à la communauté et de l'ouverture du procès-verbal de liquidation des reprises de la femme, ne suffit pas pour conserver son effet au jugement de séparation, si les opérations de la liquidation ont été ensuite interrompues pendant un certain nombre d'années, alors que cette interruption, justifiée d'abord dans une certaine mesure par l'insolvabilité du mari, a cessé plus tard de pouvoir s'expliquer par ce motif, et que la femme a manifesté son intention de renoncer au jugement de séparation, en souscrivant des obligations solidaires avec son mari et en subissant des condamnations de ce chef (Angers, 5 janv. 1877, aff. Bignon, D. P. 77. 2. 174).

656. La nullité de la séparation de biens pour défaut d'exécution dans le délai de quinzaine peut être opposée, comme on l'a dit au *Rép.* n° 1848, par toute personne qui y a intérêt. Elle peut être invoquée, notamment, par les créanciers du mari antérieurs à la séparation de biens (Bordeaux, 7 nov. 1877, *suprà*, n° 650). — Mais on s'est demandé si elle peut l'être également par les créanciers postérieurs. A notre avis, il faut distinguer : si la séparation de biens a été simplement prononcée, mais n'a reçu aucune exécution, nous pensons qu'alors les créanciers même postérieurs peuvent se prévaloir de la disposition de l'art. 1444 d'après laquelle la séparation de biens, quoique prononcée en justice, est nulle si elle n'a point été exécutée. Cet article, en effet, établit une règle absolue et générale. De plus, si la séparation avait reçu son exécution, peut-être les tiers, mieux avertis de la situation nouvelle des époux, n'auraient pas consenti à traiter avec eux. Il est fort possible que ces tiers aient traité sur la foi du contrat de mariage, sans qu'on leur ait fait connaître le jugement de séparation (V. en ce sens : Rodière et Pont, t. 3, n° 2159; Aubry et Rau, t. 5, § 516, p. 398. — *Contrà :* Guillouard, t. 3, n° 1146). Mais si la séparation a été exécutée seulement après le délai de quinzaine, alors nous admettons que le défaut d'exécution ne peut être opposé que par les tiers dont les droits sont antérieurs à l'exécution. Ce sont ceux-là seulement auxquels le retard de l'exécution a pu porter préjudice, et ici s'applique

Durnoy par jugement du tribunal civil de la Seine, en date du 12 août 1873, n'a été exécutée ni par le payement réel des droits et reprises de la femme effectué par acte authentique, ni par des poursuites commencées dans la quinzaine qui a suivi le jugement et non interrompues depuis ; — Adoptant, au surplus, les motifs des premiers juges ; — Confirme.

Du 7 nov. 1877.-C. de Bordeaux, 1re ch.-MM. Bourgade, pr.-Thiriot, av. gén.-Guimard et Roy de Clotte, av.

la décision d'un arrêt de la cour de cassation, que quelques auteurs invoquent à tort dans le cas où la séparation n'a reçu aucune exécution : «Attendu, dit avec raison la cour suprême, que la nullité édictée par l'art. 1444 c. civ. n'est fondée que sur la présomption de collusion frauduleuse entre les époux ou de renonciation de la femme au bénéfice du jugement de séparation; qu'on ne saurait présumer d'intention de fraude à l'égard de droits non existants, ni de renonciation au profit de droits nés *postérieurement à l'exécution effective de la séparation...* » (Req. 1er juill. 1863, aff. Payn, D. P. 64. 1. 66. — Comp. Laurent, n° 1849).

657. On a enseigné au *Rép.* n° 1851 que la nullité résultant du défaut d'exécution ou de l'exécution tardive peut être opposée par le mari à la femme. Il est vrai que le mari ne peut pas prétendre qu'il a ignoré le jugement de séparation de biens; mais il peut dire que la femme, en ne l'exécutant pas dans le délai légal, a renoncé au bénéfice de ce jugement. Dans le cas, toutefois, où le mari aurait consenti à l'exécution tardive, nous pensons qu'il ne pourrait plus se prévaloir de ce que l'exécution n'a pas eu lieu dans le délai. C'est l'opinion généralement admise par la doctrine et la jurisprudence (V. outre les auteurs et les arrêts cités *ibid.* : Rodière et Pont, 2e éd., t. 3, n° 2150; Aubry et Rau, t. 5, § 516, note 37, p. 399; Laurent, t. 22, n° 261; de Folleville, t. 1, n° 420 *bis;* Guillouard, t. 3, n° 1148; Liège, 5 août 1875, *Pasicrisie belge,* 1875. 2. 399. — *Contrà* : Carré et Chauveau, *Lois de la procédure,* quest. 2957 *bis;* Dutruc, n°s 227 et suiv.).

658. La nullité peut-elle être opposée réciproquement par la femme au mari? Bien que cette question ait paru à quelques auteurs plus délicate que la précédente, elle doit également, à notre avis, se résoudre par l'affirmative. C'était déjà la solution admise dans notre ancien droit (V. Lebrun, *Traité de la communauté,* liv. 3, chap. 1er, n° 8), et l'art. 1444 montre bien que les rédacteurs du code ont entendu la maintenir; cet article ne distingue pas, et la nullité qu'il édicte est absolue. On objecte que cette nullité ne peut pas pouvoir être invoquée par la femme, parce qu'elle provient de son fait. Mais lorsqu'une nullité existe, tout le monde peut l'invoquer, même ceux par le fait desquels elle existe. Il ne faut pas oublier, d'ailleurs, que la femme est dans un état de subordination par rapport au mari, et que, si le jugement de séparation n'a pas été exécuté, c'est peut-être par le fait du mari plus encore que par celui de la femme. Il serait donc souverainement injuste que le mari seul pût se prévaloir du défaut d'exécution (*Rép.* n° 1854; Rodière et Pont, t. 3, n° 2159; Aubry et Rau, t. 5, § 516, note 36, p. 399; de Folleville, t. 1, n° 420 *bis;* Guillouard, t. 3, n° 1149. — *Contrà* : Laurent, t. 22, n° 262). — Il a été jugé que la nullité d'un jugement de séparation de biens pour inexécution de ce jugement peut être opposée par l'un des époux à l'autre, et notamment par la femme au mari, dans le but d'établir, par exemple, que la communauté a continué de subsister entre les époux, lorsqu'il est constant que, d'un commun accord, le mari et la femme ont laissé le jugement sans exécution parce qu'ils considéraient la séparation de biens comme non avenue (Req. 28 déc. 1858, aff. Gargnier, D. P. 59. 1. 108. V. aussi Paris, 24 févr. 1855, cité *infrà*, n° 659).

Mais, comme on l'a dit au *Rép.* n° 1855, la femme ne serait plus recevable à opposer la nullité au mari si elle y avait renoncé, si, par exemple, elle avait exécuté le jugement après le délai (Aubry et Rau et Guillouard, *loc. cit.*).

659. Enfin on se demande si la nullité de l'art. 1444 c. civ. est susceptible d'être invoquée par les époux ou par l'un d'eux contre les tiers. Cette question, qui divise les auteurs, exige d'abord, comme on l'a dit au *Rép.* n° 1856, qu'on distingue deux cas : celui où le jugement n'a été exécuté que tardivement et celui où il n'a pas été exécuté. Dans le premier cas, les époux ne peuvent pas se prévaloir contre les tiers du retard de l'exécution, car cette exécution même prouve qu'ils n'ont pas renoncé à la séparation. C'est seulement lorsque le jugement de séparation n'a reçu aucune exécution, qu'il y a lieu de se demander si les époux peuvent en opposer la nullité aux tiers qui les ont considérés comme époux séparés de biens. — Sur cette question, nous avons rapporté au *Rép.* n° 1857 l'opinion de Troplong, qui admet que la nullité peut être opposée par les époux, et l'opinion

contraire de MM. Rodière et Pont, t. 3, n° 2159, qui soutiennent que la nullité n'est pas opposable aux tiers ayant traité avec le mari ou la femme en vue d'une séparation qu'ils croyaient sincère. MM. Aubry et Rau, t. 5, § 516, note 39, p. 399, admettent le mari à se prévaloir de la nullité à l'égard des tiers, par exemple, pour faire annuler un bail que la femme aurait passé sans son autorisation, mais ils refusent le même droit à la femme. M. Guillouard, t. 3, n° 1150, accorde ce droit à la femme, aussi bien qu'au mari. La séparation qui n'a pas été exécutée, dit-il, est nulle vis-à-vis de tout le monde; et, puisqu'on a reconnu à la femme le droit de demander la nullité contre le mari, il est impossible de lui refuser ce droit contre les tiers; le caractère absolu de la nullité étant admis, il s'ensuit que tout intéressé peut s'en prévaloir. Cette dernière opinion a été adoptée par un arrêt de la cour de Paris, d'après lequel « la nullité prononcée par l'art. 1444 c. civ. pour défaut d'exécution du jugement de séparation est absolue, d'ordre public, et peut être invoquée par les époux ou leurs représentants, comme par les tiers » (Paris, 24 févr. 1855, aff. Grangy, D. P. 56. 2. 248).

660. En fait, cependant, il faut bien reconnaître que souvent la nullité ne sera pas susceptible d'être opposée par les époux, parce qu'on devra la considérer comme couverte. C'est ce qui arrivera, comme nous l'avons dit, lorsqu'ils auront exécuté, quoique tardivement, le jugement de séparation, lorsqu'ils auront pris dans des actes la qualité d'époux séparés, lorsqu'ils auront traité en cette qualité avec des tiers (Aubry et Rau, t. 5, § 516, p. 400; Laurent, t. 22, n° 263; Guillouard, t. 3, n° 1151. V. les arrêts cités au *Rép.* n°s 1856 et 1859). — Les tiers seraient également non recevables à invoquer la nullité de la séparation de biens, s'ils avaient concouru aux actes d'exécution tardive et reconnu à la femme la qualité de femme séparée (Douai, 19 août 1840, *Rép.* n° 1850; Aubry et Rau, Guillouard, *loc. cit.*).

661. La nullité résultant du défaut d'exécution du jugement de séparation de biens frappe non seulement le jugement, mais aussi toute la procédure qui l'a précédé. Par suite, si la femme veut faire prononcer de nouveau la séparation de biens, elle doit pour cela réitérer sa demande et recommencer toute la procédure (*Rép.* n° 1862 ; Grenoble, 23 août 1838, aff. Meysson, D. P. 59. 2. 117 ; Laurent, t. 22, n° 258 ; Guillouard, t. 3, n° 1144).

662. La nullité prononcée par l'art. 1444 n'est pas une nullité de procédure, mais une nullité de fond. Il s'ensuit, comme on l'a dit au *Rép.* n° 1864, qu'elle peut être opposée en tout état de cause (Aubry et Rau, t. 5, § 516, note 40, p. 400 ; Guillouard, t. 3, n° 1145).

663. Enfin cette nullité peut être opposée pendant trente ans, comme toutes les nullités en général. On a soutenu à tort que la durée de l'action était limitée, soit par l'art. 873 c. proc. civ., qui n'autorise les créanciers du mari à former tierce opposition au jugement de séparation de biens que pendant un an, soit par l'art. 1304 c. civ., qui réduit à dix ans la durée de l'action en nullité relative des conventions. Ces deux textes ne sont pas applicables ici (V. *Rép.* n° 1897, et *infrà*, n° 670 ; Caen, 16 janv. 1846, aff. Henri, D. P. 54. 5. 686 ; Aubry et Rau, t. 5, § 516, note 41, p. 400; Guillouard, t. 3, n° 1145).

664. En ce qui concerne la responsabilité qui incombe à l'avoué de la femme, lorsque c'est par sa faute que le jugement de séparation de biens n'a pas été exécuté, V. *Rép.* n°s 1869 et suiv., et v° *Responsabilité*, n°s 452 et suiv.

§ 6. — Droits des créanciers; Voies de recours contre le jugement de séparation (*Rép.* n°s 1872 à 1911).

665. D'après l'art. 1447 c. civ., les créanciers du mari peuvent se pourvoir contre la séparation de biens prononcée, et même exécutée, en fraude de leurs droits. Le droit d'attaquer et de contester la séparation de biens appartient, comme on l'a dit au *Rép.* n°s 1873 et suiv., non seulement aux créanciers du mari ayant un droit actuel, mais même à ceux qui n'ont qu'un droit conditionnel ou éventuel (Arg. art. 1180 c. civ.) (V. dans le même sens : Laurent, t. 22, n° 266; Guillouard, t. 3, n° 1123).

En ce qui concerne le droit, pour les créanciers du mari,

d'intervenir dans l'instance en séparation de biens, V. *suprà*, nos 628 et suiv.

666. Quant au droit d'attaquer la séparation de biens prononcée, il convient de distinguer, comme on l'a fait au *Rép.* n° 1882, entre le cas où la séparation est régulière en la forme et celui où elle est attaquée comme irrégulière.

667. Lorsque la séparation est régulière, les créanciers du mari ne peuvent l'attaquer qu'en prouvant qu'elle a eu lieu *en fraude de leurs droits*. On doit appliquer ici les principes de l'action paulienne, suivant lesquels les créanciers qui attaquent un acte de leur débiteur doivent prouver que cet acte leur est préjudiciable et qu'il a été fait avec intention de leur nuire (V. *Rép.* vo *Obligations*, nos 965 et suiv.). — Il a été jugé que les créanciers du mari qui se pourvoient par tierce opposition contre la séparation de biens prononcée en fraude de leurs droits doivent établir la fraude, dont l'existence peut seule donner ouverture, en leur faveur, à cette voie de recours, et qu'en pareil cas la fraude suppose outre le préjudice causé, l'intention dolosive des époux qui ont fait prononcer leur séparation (Civ. cass. 2 févr. 1870, aff. Pognot, D. P. 70. 1. 118). Il résulte de la même décision que la fraude n'est pas suffisamment caractérisée par l'arrêt qui déclare simplement qu'aucune preuve de nature à établir le désordre des affaires du mari n'a été même alléguée, et que le mari, dans l'instance en tierce opposition, n'a pas comparu pour répondre à un interrogatoire sur faits et articles.

Par application des même principes, il a encore été décidé que le juge qui, sur la demande des créanciers du mari, annule la séparation de biens judiciairement prononcée, doit, à peine de nullité, constater l'existence d'une fraude commise au préjudice de ces créanciers, et que sa décision manque de base légale si elle prononce la nullité par l'unique motif que le jugement de séparation émanait d'un tribunal incompétent, comme n'étant pas celui du domicile du mari (Civ. cass. 14 mai 1879, aff. Arnoult, D. P. 79. 1. 311). Néanmoins, les juges du fond apprécient souverainement si un jugement de séparation de biens a été obtenu en fraude des créanciers du mari, et, par suite, s'il est susceptible de rétractation (Civ. cass. 19 nov. 1872, aff. Noël Burgues, D.P. 73. 1. 38).

668. Dans l'hypothèse où les formalités prescrites par la loi pour la séparation de biens ont été observées, l'art. 873 c. proc. civ. dispose que les créanciers du mari ne seront plus reçus après le délai d'un an à se pourvoir par tierce opposition contre le jugement de séparation. Ce délai court du jour de la publication du jugement ordonnée par l'art. 872 c. proc. civ. Mais on admet généralement aujourd'hui que cette limitation de la durée de l'action en nullité ne s'applique qu'à la séparation de biens proprement dite, et non à la liquidation qui en est la suite. Les créanciers conservent le droit d'attaquer pendant trente ans, pour cause de fraude, la liquidation faite entre les époux postérieurement au jugement de séparation. Ils pourraient même aussi pendant trente ans attaquer la liquidation qui aurait été faite par le jugement lui-même (*Rép.* nos 1890 et suiv.; Rodière et Pont, t. 3, n° 2163; Aubry et Rau, t. 5, § 516, note 23, p. 395; Laurent, t. 22, n° 271; Guillouard, t. 3, n° 1134). — Outre les décisions rapportées au *Rép.* nos 1890 et suiv., il a été jugé que la déchéance édictée par l'art. 873 c. proc. civ. n'est pas opposable aux créanciers qui attaquent, non la séparation de biens, mais un acte accessoire de la liquidation des reprises de la femme (Paris, 21 janv. 1858, aff. Firbach, D. P. 58. 2. 53).

669. Les créanciers du mari peuvent, d'ailleurs, attaquer la liquidation de la communauté ou des reprises de la femme, comme faite en fraude de leurs droits, alors même qu'ils ne se sont pas opposés, conformément à l'art. 882 c. civ., à ce qu'il y fût procédé hors de leur présence (Arrêt du 21 janv. 1858, cité *suprà*, n° 668). C'est l'application des règles adoptées par la jurisprudence en matière de partage(V. *Rép.* vo *Succession*, nos 2044 et suiv.).

Mais les créanciers doivent prouver que la liquidation ou le règlement des reprises qu'ils attaquent a eu lieu en fraude de leurs droits, tant de la part de la femme que de la part du mari. Il s'agit d'un acte à titre onéreux, et il ne leur suffirait pas de prouver qu'il leur est préjudiciable. — Jugé, en ce sens, que la cession d'effets mobiliers faite par le mari

à la femme, pour la rembourser de ses reprises après la séparation de biens, ne peut être attaquée par les créanciers du mari qu'autant qu'elle a eu lieu en fraude de leurs droits et que la femme s'est rendue complice de cette fraude; elle ne saurait être annulée par le motif que les meubles cédés n'auraient pas été estimés à leur véritable valeur (Civ. cass. 22 déc. 1880, aff. Babin, D. P. 81. 1. 156).

670. Lorsque la séparation de biens est irrégulière en la forme, c'est-à-dire lorsqu'elle est attaquée pour omission d'une des formalités prescrites par la loi à peine de nullité, il résulte, par *a contrario*, de l'art. 873 c. proc. civ. que la prescription d'une année édictée par cet article n'est pas applicable. Mais quelle est alors la durée de l'action en nullité? D'après l'opinion de MM. Rodière et Pont, 2e éd., t. 3, n° 2162, déjà exposée au *Rép.* n° 1896, il faut distinguer si les formalités qui n'ont pas été observées sont antérieures ou postérieures au jugement de séparation : s'il s'agit de formalités antérieures au jugement, la tierce opposition des créanciers sera recevable pendant trente ans; mais s'il s'agit de formalités postérieures au jugement, du défaut des publications ou de l'exécution que la loi exige, la nullité sera de droit et les créanciers pourront l'invoquer en tout temps, même après trente ans (Comp. Bourges, 13 févr. 1823, *Rép.* n° 1897). Cette opinion est combattue par M. Laurent, t. 22, n° 273, et par M. Guillouard, t. 3, n° 1154. Tant que le jugement de séparation de biens n'a pas été annulé par application de l'art. 1444, on ne peut pas, en effet, le considérer comme inexistant, et pour le faire annuler, les créanciers doivent nécessairement y former tierce opposition. Si leur action en nullité n'est plus limitée à un an par l'art. 873 c. proc. civ., elle est alors soumise au droit commun, suivant lequel toutes les actions se prescrivent par trente ans (V. *suprà*, n° 663. V. aussi les arrêts cités au *Rép.* n° 1897).

671. La cour de cassation a décidé, à plusieurs reprises, que les créanciers du mari sont recevables, même après l'expiration du délai d'un an qui leur est accordé par l'art. 873 c. proc. civ. pour former tierce opposition au jugement de séparation de biens, à demander la nullité de ce jugement en se fondant sur ce qu'il n'a pas été régulièrement exécuté par la femme (Req. 13 août 1848, *Rép.* n° 1897; 18 févr. 1852, aff. Delorme, D. P. 52. 1. 241; 28 avr. 1879, aff. Bruat, D.P. 79. 1. 301).

Il résulte encore du dernier de ces arrêts que la nullité fondée sur le défaut d'exécution régulière de la séparation de biens peut être proposée, par voie d'exception, devant le tribunal saisi d'une demande de la femme tendant à obtenir collocation, pour le solde de ses reprises, sur le prix d'immeubles ayant appartenu à son mari (Comp. *Rép.* nos 1894 et suiv.).

672. Le jugement de séparation de biens annulé sur la demande d'un créancier est-il nul *ergà omnes* ou seulement à l'égard du créancier qui a fait prononcer la nullité? On a soutenu qu'il devait être nul vis-à-vis de tout le monde et notamment des époux, parce que la position de la femme doit être une, qu'elle ne peut pas être séparée vis-à-vis de son mari, et non séparée vis-à-vis des tiers (Carré et Chauveau, *Lois de la procédure, Supplément*, quest. 2958 *bis*). Mais cette opinion n'a pas prévalu dans la jurisprudence. Elle est, d'ailleurs, contraire à l'art. 1351 c. civ. d'après lequel la chose jugée n'a d'effet qu'entre les personnes qui ont été parties au procès. Il n'en devrait être autrement que si l'effet du jugement de séparation de biens était indivisible; or, les obligations et les droits de la femme séparée de biens sont divisibles. Rien ne s'oppose donc à ce que le jugement de séparation de biens, annulé en faveur d'un créancier, continue de produire ses effets à l'égard de toute autre personne, et notamment dans les rapports des époux (Orléans, 24 déc. 1840, *Rép.* n° 1860; Req. 10 mai 1875, aff. Lampsin, D. P. 76. 1. 451).

Art. 4. — *Effets de la séparation de biens*
(*Rép.* nos 1912 à 2074).

§ 1er. — Effet rétroactif du jugement, ou à quelle époque doivent être réglés les droits de la femme (*Rép.* nos 1912 à 1946).

673. Aux termes de l'art. 1445, § 2, le jugement qui prononce la séparation de biens remonte, quant à ses effets, au jour de la demande (*Rép.* n° 1912). On reconnaît généra-

lement aujourd'hui que l'effet rétroactif du jugement de séparation de biens a lieu à l'égard des tiers, aussi bien que dans les rapports des époux l'un à l'égard de l'autre (V. *Rép.* n° 1913; Rodière et Pont, t. 3, n° 2178; Marcadé, t. 5, art. 1448-1449, n° 1; Aubry et Rau, t. 5, § 516, note 45, p. 400 et suiv.; Laurent, t. 22, n° 336; Guillouard, t. 3, n° 1162). Il en est autrement, toutefois, lorsque la séparation de biens résulte d'un jugement de séparation de corps (V. *infrà*, n°. 681).

674. Mais, ainsi qu'on l'a dit au *Rép.* n° 1916, la disposition de l'art. 1445, § 2, ne confère pas à la femme la capacité de recevoir des payements de son mari avant que la séparation soit prononcée. La loi, par cette disposition, a eu en vue de conserver à la femme les droits qui peuvent lui échoir pendant l'instance en séparation, mais n'a nullement entendu autoriser une exécution préventive et volontaire de la séparation. En conséquence, la cession d'objets mobiliers faite par le mari à la femme, à compte sur ses reprises, durant l'instance en séparation de biens, est nulle (Bourges, 25 janv. 1871, aff. Bouault, D. P. 74. 2. 172, et sur pourvoi, Civ. rej. 2 juill. 1873, D. P. 73. 1. 404; Besançon, 16 déc. 1882 (1); Aubry et Rau, t. 5, § 516, note 53, p. 402; Laurent, t. 22, n° 344. — *Contrà:* Bourges, 17 avr. 1867, aff. Goutschou, D. P. 68. 2. 23).

675. Le mari doit-il compte à la femme des revenus de ses biens propres et des intérêts de ses reprises dès le jour de la demande? Cette question, comme on l'a dit au *Rép.* n° 1917, était autrefois controversée dans la doctrine. Mais les auteurs enseignent aujourd'hui unanimement que la femme a droit aux revenus de ses biens et aux intérêts de sa dot du jour de la demande. Cette solution semble, en effet, imposée par le principe de la rétroactivité du jugement de séparation de biens (V. en ce sens : Dutruc, *Traité de la séparation de biens judiciaire*, n° 273; Rodière et Pont, t. 3, n°s 2169 et 2173; Aubry et Rau, t. 5, § 516, note

46, p. 401; Laurent, t. 22, n° 341; Guillouard, t. 3, n° 1163). Il résulte, au contraire, d'un arrêt de la cour de cassation, rendu, il est vrai, dans une espèce où les époux étaient mariés sous le régime dotal, que les intérêts de la dot courent seulement du jour du jugement de séparation (Req. 28 mars 1848, aff. Cisternes, D. P. 48. 1. 170. V. dans le même sens : Trib. Lyon, 16 janv. 1869, aff. Laigros, D. P. 69. 3. 29; 13 mars 1869, aff. Guetton, *ibid.*). Néanmoins, l'opinion d'après laquelle les intérêts de la dot ou des reprises sont dus dès le jour de la demande en séparation de biens, et non pas seulement du jour du jugement, a été consacrée par de nombreux arrêts (V. outre les arrêts cités au *Rép.* n°s 1917 et suiv. : Trib. Châteauroux, 27 janv. 1851, aff. Bourdesol, D. P. 52. 2. 11; Grenoble, 1er avr. 1854, aff. Lambert, D. P. 55. 2. 116; Bordeaux, 28 mai 1873 (2); Toulouse, 29 juin 1882, aff. Larrieu, D. P. 83. 2. 146). — La cour de cassation elle-même a jugé que les reprises de la femme peuvent être déclarées productives d'intérêts à partir du jour de la demande en séparation de biens, et non pas seulement à partir du jugement, si, dès l'époque même de cette demande, la femme a été mise dans la nécessité de subvenir par ses ressources personnelles aux besoins de la famille, à raison de la faillite de son mari (Req. 2 mai 1855, aff. Marianne, D. P. 55. 1. 234).

676. La question de savoir quelle est la valeur des actes passés par le mari durant l'instance en séparation de biens, doit se résoudre, comme on l'a exposé au *Rép.* n°s 1926 et suiv., par une distinction entre les actes de simple administration et les actes de disposition.

Les actes d'administration sont obligatoires pour la femme, à moins qu'elle ne prouve qu'ils ont été faits en fraude de ses droits et que les tiers ayant traité avec le mari étaient complices de la fraude. La rétroactivité de la séparation de biens ne peut pas être invoquée pour faire tomber ces actes, car le mari demeure pendant l'instance chargé de l'adminis-

---

(1) (Chapuis *C.* Girardot.) — La cour ; — Considérant, en droit, qu'aux termes de l'art. 1595, § 1er, c. civ., l'un des époux peut, après un jugement de séparation de biens et quand il est constitué débiteur envers l'autre par la liquidation, céder en payement de ce qu'il lui doit; mais que cet article est sans application à la cause, puisque lors de la vente du 1er avr. 1880, les époux Girardot n'étaient pas encore séparés de biens; qu'on objecte, il est vrai, que, suivant les termes de l'art. 1445, le jugement qui prononce la séparation remonte, quant à ses effets, au jour de la demande, et que la femme Girardot, ayant intenté la sienne le 23 mars 1880, la cession qui lui a été consentie se trouve, par cette fiction de la loi, postérieure à ce jugement ; — Considérant que l'art. 1445 ne peut conférer à la femme demanderesse en séparation la capacité que l'art. 1595, § 1er, n'accorde qu'à la femme séparée de biens et ne peut l'autoriser à acquérir sur les biens de son mari des droits au préjudice des autres créanciers ; — Qu'autrement les dispositions de l'art 1595 deviendraient absolument illusoires, puisqu'il dépendrait des époux de léser, à leur guise et en toute sûreté, les tiers, au moyen de cessions faites dès le lendemain d'une demande en séparation de biens ; que tel ne peut être le but de l'art. 1445, qui a eu seulement en vue de conserver à la femme les droits qui viennent à lui échoir pendant l'instance en séparation ; — Considérant que le paragraphe 2 de l'art. 1595 autorise, à la vérité, les contrats de vente entre époux, même non séparés de biens ; mais que cette exception au principe de prohibition posé par cet article est formellement restreinte au cas où la cession que le mari fait à sa femme a une cause légitime, telle que le remploi de ces immeubles aliénés, ou de deniers à elle appartenant, le ses immeubles ou deniers ne tombent pas en communauté ; — Qu'une cession ne peut avoir une cause légitime, dans le sens de cet article, qu'à la condition d'être faite en payement d'une créance certaine, actuelle et exigible ; que toute autre interprétation ouvrirait la porte à la fraude et à la collusion ; que permettre, en effet, aux époux de consentir des ventes, durant le mariage, en payement des droits éventuels, eût été leur donner un moyen facile de se faire des libéralités simulées au préjudice de leurs héritiers; d'imprimer, en outre, à ces libéralités l'irrévocabilité que la loi a cru devoir leur refuser, et enfin de frauder leurs créanciers en faisant passer les biens de l'époux débiteur à un conjoint; Par ces motifs, déclare nulle et de nul effet la vente mobilière faite à la femme Girardot par son mari le 1er avr. 1880 ; dit que les objets qui en font partie rentreront, à raison de la renonciation de la femme à la communauté, dans le patrimoine du mari, pour servir de gage aux créanciers de ce dernier, sauf à ceux-ci à agir, comme ils aviseront ensuite.

Du 16 déc. 1882.-C. de Besançon, 2e ch.-MM. Dayras, pr.-Besson, subst.-Pequignot et Belin, av.

(2) (Girard *C.* Girard.) — La cour ; — Attendu que Me Lewden, notaire à Libourne, commis pour procéder à la liquidation de la communauté ayant existé entre les époux Girard, a accompli sa mission...; — Que, par jugement du 6 août 1872, le tribunal civil de Libourne a statué sur les diverses critiques auxquelles a donné lieu cette liquidation ; — Que le jugement dont s'agit a été frappé d'un appel principal par la dame Girard et d'un appel incident par le sieur Girard ; — Attendu que l'appel incident soulève une question de principe qui doit être examinée tout d'abord, à raison de l'influence qu'elle exercerait sur les autres contestations ; — Que Girard fait des intérêts des reprises de sa femme des intérêts moratoires qui n'ont pas pu prendre cours à partir du jour de la demande, à raison de l'impossibilité où il était d'adhérer à la séparation de corps demandée contre lui ; — Qu'il demande, en conséquence, qu'il soit déduit du montant des reprises de la dame Girard une somme de 22083 fr. 70 cent. représentant les intérêts qu'elles ont produits depuis le 12 janv. 1867, jour de la demande, jusqu'au 28 févr. 1870, date fixée pour le calcul de tous les intérêts ; — Mais attendu qu'aux termes de l'art. 1445 c. civ., le jugement qui prononce la séparation de biens remonte, quant à ses effets, au jour de la demande ; — Que cette rétroactivité du jugement, que l'article susvisé rend opposable aux tiers lorsque la séparation de biens est prononcée d'une manière principale, a toujours lieu entre les époux ; que dans leurs rapports entre eux, il importe peu que la séparation de biens ait été entraînée par la séparation de corps, ou qu'elle ait fait l'objet d'une demande principale et directe ; que, dans un cas comme dans l'autre, il y a lieu d'appliquer le principe général selon lequel, à l'égard des parties en cause, les jugements sont déclaratifs et non attributifs des droits qu'ils consacrent ; — Attendu, en conséquence, que la communauté qui doit subir le prélèvement des reprises de la dame Girard est censée avoir été dissoute le jour même où la demande en séparation de corps a été formée ; — Que, d'autre part, c'est à partir de la dissolution que, suivant l'art. 1473 c. civ., les remplois et récompenses dus par la communauté aux époux et les récompenses et indemnités par eux dues à la communauté portent les intérêts de plein droit ; — Que c'est, dès lors, à bon droit et en conformité des principes susénoncés que le notaire liquidateur a donné pour point de départ aux intérêts des reprises mobilières de la dame Girard, le 12 janv. 1867, jour de sa demande en séparation de corps ; — Par ces motifs,

Du 28 mai 1873.-C. de Bordeaux, 1re ch.-MM. Vacher, pr.-Dufresne, av. gén., c. conf.-Girard et Moulinier, av.

tration de la communauté et des propres de la femme. C'est ainsi que les actes d'administration passés par celui dont la propriété est soumise à une condition résolutoire demeurent valables, lorsqu'ils ont été faits sans fraude, nonobstant l'effet rétroactif de la condition (c. civ. art. 1179 et 1673) (*Rép.* nᵒ 1927; Rodière et Pont, t. 3, nᵒ 2177; Aubry et Rau, t. 5, § 516, note 50, p. 402; Colmet de Santerre, t. 6, nᵒ 94 *bis* II; Guillouard, t. 3, nᵒ 1170. — *Contrà :* Laurent, t. 22, nᵒˢ 348 et suiv. — Pour la jurisprudence, V. *Rép.* nᵒˢ 1928 et suiv. V. aussi *infrà*, nᵒ 682).

Mais les actes de disposition faits par le mari depuis la demande en séparation de biens peuvent être annulés sur la demande de la femme par cela seul qu'ils lui portent préjudice, et sans qu'elle soit obligée de prouver qu'ils ont eu lieu en fraude de ses droits. Il en est ainsi, notamment, des dettes et des emprunts contractés par le mari et des aliénations de biens meubles ou immeubles dépendant de la communauté (*Rép.* nᵒˢ 1931 et suiv.; Aubry et Rau, t. 16, § 516, p. 401 et suiv.; Colmet de Santerre, *loc. cit.*; Guillouard, t. 3, nᵒˢ 1167 et suiv.). On admet seulement que, par exception, les obligations que le mari aurait contractées depuis la demande en séparation de biens seraient obligatoires pour la communauté si celle-ci en avait tiré profit et dans la mesure où elle en aurait profité. Telles seraient, par exemple, les dettes contractées pendant l'instance pour les besoins du ménage (*Rép.* nᵒ 1937; Aubry et Rau, t. 5, § 516, note 48, p. 401; Colmet de Santerre, *ibid.*; Laurent, t. 22, nᵒ 345; Guillouard, t. 3, nᵒ 1168).

677. Par application du principe de la rétroactivité du jugement de séparation de biens, il a été jugé que le transport consenti par le mari, sous le régime de la communauté, des intérêts échus ou à échoir des capitaux appartenant à sa femme, ne doit recevoir exécution que pour les intérêts échus avant la demande de séparation de biens; ce transport est nul quant aux intérêts échus postérieurement (Req. 14 déc. 1853, aff. Daubrée, D. P. 54. 5. 687).

678. Le même principe de rétroactivité rend nulles à l'égard de la femme les saisies pratiquées par ses créanciers du mari sur les fruits des biens de la femme, et sur les revenus de la dot depuis le jour de la demande en séparation (*Rép.* nᵒ 1940). La solution contraire, admise par quelques arrêts (Riom, 31 janv. 1826, et Rouen, 9 août 1839, *Rép.* nᵒˢ 1941 et suiv.), se rattachait à l'opinion, aujourd'hui abandonnée, d'après laquelle le jugement de séparation de biens n'avait d'effet rétroactif qu'entre les époux (V. *suprà*, nᵒ 673).

Il a été jugé que la femme est fondée à revendiquer les fruits de ses propres frappés d'une saisie-brandon par les créanciers de son mari, mais non encore détachés du sol avant sa demande en séparation (Bordeaux, 14 juill. 1870, aff. Merlet, D. P. 71. 1. 229. V. cependant en sens contraire : Bordeaux, 30 août 1859, aff. Joffre, D. P. 71. 2. 230). Toutefois, la femme ne peut rentrer en possession de la récolte qu'après avoir payé le salaire et les dépenses du séquestre judiciaire, sauf à se faire rembourser par le saisissant la partie de ces dépenses nécessitée exclusivement par la saisie (Arrêt précité du 14 juill. 1870).

679. Du principe que la séparation de biens produit son effet du jour de la demande on pourrait être tenté de conclure que les actes passés par la femme pendant la durée de l'instance seraient valables, quoiqu'ils n'aient pas été autorisés par le mari, s'ils sont de ceux que la femme séparée de biens peut faire sans autorisation. Mais cette conclusion serait inexacte, car la rétroactivité de la séparation de biens n'a pas pour but d'augmenter la capacité de la femme dès avant le jugement qui la déclare séparée de biens; elle a été introduite seulement pour sauvegarder les intérêts de la femme et restreindre les pouvoirs du mari. La femme séparée ne peut, d'ailleurs, s'obliger seule que pour les actes d'administration; or elle ne reprend effectivement l'administration de ses biens qu'après le jugement; elle n'a donc aucune raison de s'obliger tant que la séparation n'est pas prononcée. Il en résulte que les actes qu'elle ferait seule pendant la durée de l'instance, non seulement n'obligeraient pas la communauté, mais ne l'obligeraient pas elle-même (Laurent, t. 22, nᵒ 346; Guillouard, t. 3, nᵒ 1167. — *Contrà :* Bruxelles, 21 mars 1832, cité par Laurent, *loc. cit.*). — On admet cependant que la femme peut accepter la com-

munauté ou y renoncer, dès que l'instance en séparation de biens est commencée (*Rép.* nᵒ 1943; Rodière et Pont, t. 2, nᵒ 1041; Guillouard, t. 3, nᵒ 1159).

680. Le jour de la demande, auquel remonte l'effet du jugement de séparation de biens est, suivant l'opinion exprimée au *Rép.* nᵒ 1944, le jour de l'assignation donnée au mari, et non celui de la requête présentée au président (V. toutefois *infrà*, nᵒ 684).

681. La séparation de biens qui résulte du jugement de séparation de corps a-t-elle, comme la séparation de biens demandée par voie principale, un effet rétroactif au jour de la demande? Cette question, qui est traitée au *Rép.* nᵒ 1945, est toujours très controversée. La plupart des auteurs soutiennent que la séparation de biens résultant de la séparation de corps n'a pas d'effet rétroactif, parce que l'art. 1445 c. civ. n'est alors applicable ni dans son texte, ni dans ses motifs. Voici notamment comment s'exprime M. Laurent, t. 22, nᵒ 338 : « L'art. 1445 porte : « Le *jugement qui prononce la séparation de biens* remonte au jour de la demande ». Est-ce qu'en matière de séparation de corps il y a un jugement qui prononce la séparation de biens? Non, tel n'est pas l'objet de la demande, et telle n'est pas la sentence du juge. L'époux demande à être séparé de corps de son conjoint, et le juge prononce cette séparation... Pourquoi donc y a-t-il séparation de biens lorsque le juge sépare les époux de corps? C'est la loi qui le décide ainsi, parce que la communauté de biens suppose la vie commune; quand la vie commune cesse, la communauté doit cesser aussi... L'esprit de la loi est aussi clair que le texte. Pourquoi le jugement qui prononce la séparation de biens rétroagit-il ? Pour garantir la dot et les reprises de la femme. Or, la séparation de corps n'est pas prononcée à raison des intérêts pécuniaires de la femme; donc il n'y a aucune raison de faire rétroagir la séparation de biens qui en résulte par voie de conséquence » (V. dans le même sens : Rodière et Pont, t. 3, nᵒ 2179; Marcadé, t. 1, art. 311, nᵒ 4; Demolombe, *Mariage*, t. 2, nᵒ 514; Colmet de Santerre, t. 6, nᵒ 94 *bis* III; de Folleville, t. 1, nᵒˢ 424 et suiv. ; Guillouard, t. 3, nᵒ 1173 et suiv.). — Cette argumentation qui précède est cependant loin d'être irréfutable. S'il est vrai que l'art. 1445 n'attache expressément l'effet rétroactif qu'au « jugement qui prononce la séparation de biens », on peut dire que le jugement qui prononce la séparation de corps prononce en même temps, au moins implicitement, la séparation de biens. Quant aux motifs qui ont déterminé le législateur à faire remonter la séparation de biens au jour de la demande, ils existent également, au moins en grande partie, dans le cas de séparation de corps. Le législateur a voulu que l'époux demandeur n'ait pas à souffrir des dilapidations qui pourraient être commises pendant l'instance par l'époux défendeur ; or ces dilapidations sont peut-être plus à craindre encore durant l'instance en séparation de corps qu'à la suite d'une demande en séparation de biens; elles seront alors inspirées, non seulement par l'intérêt personnel, mais encore par la haine que des débats irritants contribueront à exaspérer. On peut même ajouter qu'en cas de séparation de corps, il y a un motif de plus pour que la séparation de biens remonte au jour de la demande; c'est que, dès ce jour, souvent même dès avant ce jour, la vie commune est rompue, la femme a été autorisée à quitter le domicile conjugal, et le jugement qui intervient ensuite ne fait la plupart du temps que consacrer et légaliser une situation qui existe dès avant le commencement du procès (V. en ce sens, outre les auteurs cités au *Rép. ibid.* : Dutruc, *op. cit.*, nᵒ 283 ; Aubry et Rau, t. 5, § 494, note 18, p. 203).

Toutefois, avec les auteurs qui viennent d'être cités, on doit reconnaître que l'effet rétroactif de la séparation de biens résultant de la séparation de corps ne peut exister que dans les rapports des époux entre eux, et non à l'égard des tiers. Il y en a une raison décisive : c'est que la demande en séparation de corps n'est pas publiée; les tiers sont donc réputés ne pas pouvoir la connaître. Une autre raison nous paraît ressortir de l'art. 243 c. civ., aux termes duquel « toute obligation contractée par le mari à la charge de la communauté, toute aliénation par lui faite des immeubles qui en dépendent, postérieurement à la date de l'ordonnance dont il est fait mention en l'art. 235 (ordonnance permettant à l'époux demandeur en divorce de citer son conjoint

devant le juge, comme conciliateur), sera déclarée nulle, s'il est prouvé d'ailleurs qu'elle a été faite ou contractée en fraude des droits de la femme. » L'art. 307 c. civ., modifié par la loi du 18 avr. 1886 (D..P. 86. 4. 27) rend l'art. 243 applicable au cas de séparation de corps. Les actes faits par le mari pendant l'instance en séparation de corps étant ainsi régis à l'égard des tiers par l'art. 243, l'application de l'art. 1445 est par là même écartée.

682. Le système qui reconnaît à la séparation de biens résultant accessoirement de la séparation de corps un effet rétroactif entre les époux, mais non à l'égard des tiers, a été consacré par de nombreuses décisions judiciaires (V. outre les arrêts cités au *Rép.* n° 1943 : Req. 20 mars 1855, aff. Bégis, D. P. 55. 1. 329; Bruxelles, 8 août 1856, aff. Marchand C. Moreau, *Pasicrisie belge,* 1856. 2. 346; Paris, 27 déc. 1860, aff. Nicaud, et aff. Maurice, D. P. 61. 2. 25; Req. 13 mai 1862, aff. de Terceville, D. P. 62. 1. 422; Paris, 25 avr. 1863, aff. X..., D. P. 63. 2. 72; Civ. rej. 5 août 1868, aff. Mirès, D. P. 68. 1. 407; Paris, 8 avr. 1869, aff. Lachapelle, D. P. 69. 2. 236; Civ. cass. 12 mai 1869, aff. Chabanne, D. P. 69. 1. 270; Dijon, 3 déc. 1869, aff. de Montmorillon, D. P. 70. 2. 161, et sur pourvoi, Civ. rej. 13 mars 1872, D. P. 72. 1. 49; Paris, 7 juill. 1870, aff. Rapatel, D. P. 71. 2. 42; Bordeaux, 28 mai 1873, aff. n° 675; Civ. cass. 18 juin 1877, aff. du Port, D. P. 77. 1. 445; Toulouse, 29 juin 1882, aff. Larrieu, D. P. 83. 2. 146).

En ce qui concerne les actes faits par le mari, pendant l'instance en séparation de corps, il a été jugé contrairement à la doctrine admise pour le cas où il s'agit d'une demande en séparation de biens (V. *suprà*, n° 676) : 1° que les biens advenus à l'un des époux postérieurement à la demande en séparation de corps, par exemple, des créances cédées au mari, ne font pas partie de la communauté; que le défaut de déclaration de ces biens dans l'inventaire ne constitue pas le recel prévu par l'art. 1477 c. civ., et que ces biens ne doivent pas être compris dans le partage à opérer entre les époux (Req. 20 mars 1855 précité); — 2° Que c'est à l'époque de la demande, et non à celle où le jugement de séparation de corps a acquis force de chose jugée, que doit être établie la communauté à liquider par suite de cette séparation (Paris, 8 avr. 1869 précité); — 3° Que les dettes contractées par le mari postérieurement à la demande de séparation de corps doivent rester à sa charge personnelle et ne doivent point tomber à la charge de la communauté (Paris, 27 déc. 1860 précité); — 4° Que c'est à partir de la demande en séparation de corps, et non pas seulement à dater du jugement qui l'a accueillie, que le mari est

tenu de restituer à la femme les revenus ou les intérêts de sa dot (Dijon, 3 déc. 1869 ; Civ. rej. 13 mars 1872 et Civ. cass. 18 juin 1877 précités); — 5° Que les intérêts des reprises de la femme sont dus par le mari à partir du jour de la demande (Civ. rej. 13 mars 1872; Bordeaux, 28 mai 1873 et Toulouse, 29 juin 1882 précités); — 6° Que le mari qui, après un jugement prononçant la séparation de corps, est condamné à rapporter à la communauté des valeurs qu'il a recélées et qui seront pour ce motif exclusivement attribuées à la femme, doit les intérêts des sommes représentant ces valeurs à dater de la demande en séparation de corps (Civ. rej. 5 août 1868 précité); — 7° Que les bénéfices d'un fonds de commerce exploité par l'un des époux ne sont dus à la communauté que jusqu'au jour de la demande en séparation de corps (Paris, 7 juill. 1870 précité). — V. toutefois en sens contraire : Liège, 10 août 1854 (aff. de Kimpe, D. P. 55. 2. 248); Limoges, 21 déc. 1869 (aff. Chabanne, D. P. 70. 2. 83).

683. En ce qui regarde les tiers, il a été jugé : 1° que la séparation de biens résultant de la séparation de corps ne peut avoir d'effet rétroactif à l'égard des tiers qui n'ont pas été avertis de la demande (Limoges, 21 déc. 1869, cité *suprà,* n° 682); — 2° Que cette séparation de biens n'a d'effet que du jour du jugement, alors d'ailleurs que la demande de la femme tendant à la séparation de biens comme à la séparation de corps n'a pas été publiée conformément à l'art. 1445 c. civ. (Civ. cass. 12 mai 1869, cité *suprà,* n° 682); — 3° Que la rétroactivité de la séparation de biens, conséquence de la séparation de corps, ne peut être admise à l'égard des tiers, lorsque la demande en séparation de corps n'a pas été publiée et que le créancier a été de bonne foi (Lyon, 16 juill. 1884, aff. Anne Fourneyron, femme Chabanne, D. P. 82. 2. 175); — 4° Que la femme ne peut faire annuler les emprunts contractés par le mari durant l'instance qu'à la condition de prouver que ces emprunts ont eu lieu en fraude de ses droits (Douai, 28 nov. 1885) (1).

Jugé cependant : 1° que la séparation de biens prononcée comme conséquence de la séparation de corps rétroagit vis-à-vis des tiers, du moins, en ce qui concerne les obligations contractées par le mari, depuis la demande de la femme, surtout si ces obligations n'ont eu pour but, de la part du mari, que de paralyser les effets de la séparation (Paris, 18 juin 1855, aff. Revel, D. P. 56. 2. 248) ; — 2° Que l'effet rétroactif de la séparation de biens suite de la séparation de corps peut être opposé, non seulement au mari, mais aux tiers, et particulièrement aux créanciers envers qui le mari s'est obligé

---

(1) (Vicart C. dame Vicart.) — La cour ; — Sur l'obligation du 23 févr. 1878 : — Attendu que le notaire liquidateur estime que les 10000 fr. encore dus sur l'emprunt authentiquement contracté par Vicart seul, le 23 févr. 1878, doivent être entièrement laissés à la charge de Vicart; — Attendu que devant les premiers juges la femme Vicart concluait à ce que les 10000 fr. restassent à la charge de son mari et qu'elle eût recours contre lui à l'occasion des sommes qu'elle pourrait être tenue de payer aux créanciers; que de son côté Vicart demandait qu'il fût dit que le notaire devrait, dans son travail, porter l'emprunt au passif de la communauté; — Attendu que le tribunal de Saint-Pol a décidé que Vicart serait tenu de fournir le compte et l'emploi par lui fait des 10000 fr. encore dus sur l'emprunt, et que, faute de justification, Vicart demeurerait seul tenu de la dette et devrait garantir sa femme de ce que, en qualité de commune, elle pourrait être tenue de payer au bénéficiaire de l'obligation ; — Attendu que les conclusions de Vicart, appelant, tendent à ce que la cour déclare que, sans qu'il ait à fournir aucun compte ni justification d'emploi, les 10000 fr. dus sur l'obligation du 23 févr. 1878, seront imputés au passif de la communauté ; — Attendu qu'à tort les premiers juges ont imposé à Vicart la charge d'établir que l'emprunt avait été employé dans l'intérêt commun ; — Attendu, en effet, que le mari administre seul les biens de la communauté (c. civ. art. 1421) et que toute obligation par lui souscrite est réputée souscrite dans l'intérêt de la communauté; que c'est à la femme qui allègue que l'acte du mari a été contracté en fraude de ses droits, à justifier de la fraude; — Attendu que la circonstance que l'emprunt du 23 févr. 1878 a été fait par le mari, postérieurement à l'ordonnance par laquelle le président du tribunal avait, en vertu de l'art. 238 c. civ., autorisé la femme à poursuivre sa séparation de corps, ne paralysait pas le droit d'administration de Vicart; que cette circonstance ne créait pas contre lui, ainsi que l'ont pensé les premiers juges, une présomption de fraude obligeant le mari à prouver la sincérité de l'emprunt et à justifier

de son emploi; qu'en cet état l'art. 271 c. civ. impose encore à la femme la charge de prouver le dol et la fraude; — Mais attendu que l'emprunt n'a pas seulement été contracté par Vicart dix jours après l'ordonnance rendue par le président du tribunal et trois jours après la date fixée pour la comparution des époux, qu'il est intervenu alors que depuis le mois de septembre 1877, Vicart vivait à Paris sans concourir aux charges du ménage et à l'entretien de sa femme et de ses enfants laissés par lui à Boubers-sur-Cauche; que la dame Vicart démontre par l'état actif et passif de la communauté que l'emprunt n'était pas nécessaire et qu'il n'a pas profité à la communauté; qu'elle prouve, par un ensemble de présomptions graves, précises et concordantes que l'obligation du 23 févr. 1878 a été souscrite par Vicart frauduleusement dans le but d'appauvrir la communauté au profit personnel; que, dans ces conditions, il échet, en laissant sortir effet au travail du notaire liquidateur, de rejeter les conclusions de Vicart tendant de faire imputer au passif de la communauté les 10000 fr. encore dus;

Sur la récompense due par Vicart pour constructions faites sur un immeuble à lui propre : — Attendu qu'il est constant que Vicart a, pendant la communauté, fait des travaux sur un immeuble lui appartenant; — Attendu qu'il n'est pas contesté que les travaux constituent une dépense purement utile; — Attendu qu'il ressort du texte comme de l'esprit de l'art. 1437 c. civ. que l'époux qui a, sur l'immeuble duquel il a été, durant la communauté, fait des deniers communs, des impenses simplement utiles, ne doit récompense à la communauté qu'à concurrence du profit ou de la plus-value que les impenses ont procuré à l'immeuble ; — Attendu qu'il convient de calculer cette plus-value en tenant compte des bois et des matériaux propres à Vicart et par lui employés dans les travaux ; — Attendu qu'il échet de modifier la mission confiée par les premiers juges aux experts; — Par ces motifs, met pour partie le jugement dont est appel à néant; — Emendant des chefs qui font grief à l'appelant; — Dit qu'à tort

dans l'intervalle de la demande au jugement de séparation (Paris, 27 déc. 1860, aff. Maurice, D. P. 61. 2. 25). En tout cas, les actes d'administration faits de bonne foi par le mari postérieurement à la demande en séparation de corps ou de biens formée par la femme, sont opposables aux tiers comme à celle-ci (Paris, 18 juin 1855 précité).

684. De quel jour est réputée formée la demande en séparation de corps? La jurisprudence n'est pas encore fixée sur cette question. D'après un arrêt, le point de départ de la demande serait la notification à l'époux défendeur de la requête présentée au président du tribunal par l'époux demandeur, avec sommation de comparaître devant le président (Toulouse, 29 juin 1882, aff. Larrieu, D. P. 83. 2. 146). Il a été jugé, au contraire, que l'effet rétroactif attaché à la séparation de biens en cas de séparation de corps ne remonte qu'au jour de l'assignation, et non au jour de la requête au président (Bordeaux, 23 nov. 1880, *suprà*, n° 381; Trib. Troyes, 10 août 1881 (1). V. *infrà*, v° *Divorce*). Cette seconde solution nous paraît préférable. La citation à comparaître devant le président ne peut même pas être assimilée à une citation en conciliation d'une instance ordinaire, car elle n'a pas seulement pour but d'amener une conciliation, mais encore de faire autoriser l'époux demandeur à intenter sa demande (Arg. art. 238 c. civ.). La demande n'est donc formée qu'après cette autorisation, c'est-à-dire par l'assignation devant le tribunal (V. *infrà*, v° *Divorce*).

§ 2. — Dans quelles proportions la femme séparée de biens judiciairement doit-elle contribuer aux dépenses du ménage (*Rép.* n°s 1947 à 1963).

685. L'art. 1448 c. civ. impose à la femme séparée de biens l'obligation de contribuer proportionnellement à ses facultés et à celles du mari, aux dépenses du ménage et aux frais d'éducation des enfants communs, même de les supporter en entier s'il ne reste rien au mari (*Rép.* n° 1947). Mais comme on l'a dit au *Rép.* n° 1950, le mari reste le chef du ménage. Il peut donc exiger, en règle générale, que la femme lui verse la somme pour laquelle elle doit contribuer aux dépenses de la famille (Riom, 16 févr. 1853, aff. Charpentier, D. P. 54. 5. 685). Toutefois, s'il y a lieu de craindre que le mari n'emploie pas cette somme suivant sa destination, la femme peut se faire autoriser par le tribunal à payer elle-

même directement les fournisseurs, les frais d'éducation des enfants ou toutes autres créances (Comp. *Rép.* n° 1952; Req. 6 mai 1835, *Rép.* n° 1954; Caen, 8 avr. 1851, aff. Dupont d'Aisy, D. P. 52. 2. 127; Rodière et Pont, t. 3, n° 2185; Aubry et Rau, t. 5, § 516, note 65, p. 405; Guillouard, t. 3, n° 1223).

686. Il a été jugé que la femme séparée de biens, que l'insolvabilité du mari place dans la nécessité de fournir seule aux besoins de la famille, a qualité pour revendiquer les linges et hardes de ses enfants mineurs dans la saisie qui en a été faite sur le mari (Caen, 13 mars 1851, aff. Lance, D. P. 52. 2. 183. V. en ce sens: Guillouard, t. 3, n° 1223).

687. La femme séparée de biens n'en doit pas moins habiter le domicile conjugal. Si elle refuse d'y demeurer, le mari a le droit de faire saisir ses revenus. Il peut être alors autorisé à toucher une partie de ces revenus pour la contribution de la femme aux charges du ménage, jusqu'à la rentrée de celle-ci dans le domicile conjugal, la saisie tenant pour le surplus (Paris, 27 janv. 1855, aff. J..., D. P. 55. 2. 208).

688. Si le mari n'a pas de ressources, la femme doit supporter en totalité les dépenses du ménage ; elle doit, par conséquent, subvenir à l'entretien de son mari. Mais si elle vit ailleurs qu'au domicile conjugal, la femme peut-elle être condamnée à lui payer une pension alimentaire ? La négative est généralement admise. Des époux non séparés de corps ne peuvent, quoique vivant séparément, se demander des aliments l'un à l'autre, à moins que la cohabitation ne soit impossible (Grenoble, 11 mars 1851, aff. Eymard, D. P. 53. 2. 63; Bordeaux, 31 mai 1854, aff. Garrigou, D. P. 55. 2. 289; Poitiers, 13 mai 1856, aff. Branger, D. P. 57. 2. 57; Paris, 9 juill. 1858, aff. Marais, D. P. 58. 2. 186; Laurent, t. 22, n° 285; Guillouard, t. 3, n° 1224). — Cependant, il a été jugé que la femme séparée de biens ne peut, lorsque le mari est, par suite de son dénûment, hors d'état de la recevoir dans un domicile convenable, s'affranchir de l'obligation de lui abandonner une partie de ses revenus, en lui offrant de le recevoir et de l'entretenir dans l'habitation qu'elle occupe (Arrêt précité du 31 mai 1854). Cette décision nous paraît, comme MM. Laurent et Guillouard, *loc. cit.*, sujette à critique. Il est vrai qu'il n'appartient pas à la femme de fixer elle-même le lieu du domicile conjugal. Cependant si celui que le mari lui offre n'est pas conve-

---

les premiers juges avaient mis à la charge de Vicart l'obligation de fournir le compte et l'emploi des 10000 fr. restant encore dus sur l'emprunt du 23 févr. 1878; — Déclare néanmoins Vicart non recevable et mal fondé dans ses conclusions tendant à faire déclarer que contrairement au travail du notaire liquidateur, les 10000 fr. devront être imputés au passif de la communauté, l'en déboute; — Dit que par les experts et après visite de la maison réparée par Vicart sur un de ses propres, il sera fait estimation de la plus-value résultant pour le propre des travaux exécutés par Vicart; - — Dit que les experts devront tenir compte en ladite estimation des bois et matériaux tirés par Vicart de ses immeubles propres, etc.

Du 28 nov. 1885.-C. de Douai, 2e ch.-MM. Duhem, pr.-Marius Dumas, av. gén.-Dubron et Maillard, av.

(1) (Croisey *C.* Croisey.) — Le tribunal ;... — Attendu que le notaire, se fondant sur l'art. 1445 c. civ., qui dispose que le jugement prononçant la séparation de biens remonte, quant à ses effets, au jour de la demande, a fixé la dissolution de la communauté au 15 nov. 1877, date de l'assignation en séparation de corps signifiée à Croisey ; — Attendu qu'il est de jurisprudence, et que d'ailleurs les parties sont d'accord pour admettre que les effets de la séparation de biens, prononcée comme conséquence légale de la séparation de corps, doivent remonter au jour de la demande ; mais que la dame Croisey prétend que, dans ce cas, le tribunal est saisi de l'instance engagée par la requête contenant l'exposé des faits, présentée au président du tribunal et suivie de la comparution des parties devant ce magistrat et de son ordonnance autorisant la femme à quitter le domicile conjugal : que la requête dont il s'agit ayant été présentée le 29 nov. 1876, ce serait à cette date que devrait être reportée la dissolution de la communauté ; — Attendu qu'aux termes de l'art. 307 c. civ., la demande en séparation de corps doit être intentée, *instruite et jugée* de la même manière que toute autre action civile ; qu'à la vérité, les art. 875 et suiv. du c. de proc. civ., en raison de l'importance et de la gravité de cette demande, ont confié au président du tribunal la mission que remplit le juge de paix en

toutes autres matières, et édicté un ensemble de formalités remplaçant la tentative de conciliation ; mais qu'il est manifeste que ces formalités ne constituent pas, à proprement parler, l'exercice de l'action en séparation de corps ; qu'elles n'en sont que le préliminaire ; que cette interprétation ressort, non seulement de l'esprit des articles précités, mais des termes de l'art. 878, qui porte qu'après la comparution, et en cas de non-conciliation le président renvoie les parties à se pourvoir sans citation préalable au bureau de conciliation, et autorise la femme à procéder sur sa demande ; que la nécessité de cette autorisation est une des conséquences du principe qui veut que la femme mariée ne puisse ester en justice sans y avoir été autorisée ; qu'il en résulte que ces formalités préalables, à défaut desquelles la demande n'aurait pu être introduite, ne sauraient être considérées comme constituant la demande elle-même ; que l'instance ne commence en réalité que par l'acte introductif soumis, d'après l'art. 307 c. civ., aux formes ordinaires, et que c'est évidemment un acte de cette nature, c'est-à-dire un ajournement, que l'art. 1445 a entendu viser dans sa disposition finale ; — Attendu que cette opinion est corroborée par les art. 270 et 271 c. civ., qui confèrent à la femme commune en biens la faculté de requérir l'apposition des scellés sur les effets mobiliers de la communauté, et de faire prononcer la nullité de toute obligation contractée par le mari, et de toute aliénation par lui faite des immeubles qui en dépendent, postérieurement à l'ordonnance dont il est fait mention de l'art. 238, s'il est prouvé d'ailleurs qu'elle ait été faite ou contractée en fraude des droits de la femme ; que ces articles, bien que placés au titre du divorce, sont applicables à la séparation de corps ; qu'il résulte de ces dispositions protectrices des intérêts de la femme, que la communauté ne doit pas être considérée comme dissoute à cette période de la procédure ; que, conséquemment, la prétention de la dame Croisey ne saurait être accueillie, et que la date de la dissolution de la communauté doit rester fixée au 15 nov. 1877, date de l'explicit d'ajournement...

Par ces motifs, etc.

Du 10 août 1881.-Trib. civ. de Troyes, 1re ch.-MM. Costel, pr.-Brégeault, subst.-Babeau et Petit, av.

nable, elle n'est pas tenue de s'en contenter, et elle ne doit pas pour cela être obligée à subvenir aux dépenses d'un double domicile.

De ce que la femme séparée de biens est tenue de supporter seule les charges du ménage lorsque le mari n'a plus de ressources, il s'ensuit qu'en pareil cas elle ne peut, après le décès de son mari, avec lequel elle avait continué à cohabiter, répéter contre la succession de celui-ci les revenus de sa dot courus depuis le jugement de séparation jusqu'à l'époque de ce décès (Riom, 20 juill. 1853, aff. Douhet, D. P. 55. 2. 358).

689. On a cité au *Rép.* n° 1961 plusieurs arrêts qui ont jugé que, dans le cas où le mari est insolvable, la femme est tenue d'acquitter intégralement les frais d'éducation des enfants, même ceux qui ont été faits avant la séparation (V. en ce sens : Aubry et Rau, t. 5, § 516, note 61, p. 404; Guillouard, t. 3, n° 1220).

Dans le même cas d'insolvabilité du mari, la femme est-elle aussi tenue personnellement des dépenses de ménage faites avant la demande en séparation ? La négative a été jugée par un arrêt de la cour de Paris du 21 avr. 1830, rapporté au *Rép.* n° 1959, et cette décision est approuvée par M. Guillouard, t. 3, n° 1221. « A la différence, dit-il, des frais d'entretien et d'éducation des enfants, qui constituent une dette personnelle des époux en même temps qu'une charge de la communauté, les dépenses de ménage constituent une dette ordinaire de la communauté; et la femme qui renonce à la communauté doit en être déchargée. »

690. Les tiers qui ont fait des fournitures au mari ont-ils une action directe contre la femme séparée de biens pour obtenir d'elle, en tout ou en partie, le payement de ces fournitures ? La négative, que nous avons adoptée au *Rép.* n° 1959, est soutenue par M. Laurent, t. 22, n° 284. Elle peut être appuyée très fortement sur la règle qu'après, comme avant la séparation de biens, le mari reste le chef du ménage; la femme, aux termes de l'art. 1448 c. civ., doit seulement *contribuer*, proportionnellement à ses facultés et à celles du mari, aux frais du ménage, c'est-à-dire, comme nous l'avons vu *suprà*, n° 685, verser entre les mains du mari sa part contributive dans ces frais. « Ce n'est pas elle qui est chef et qui gouverne le ménage, dit M. Laurent, *loc. cit.*, c'est le mari : peu importe que ce soit elle qui paye les frais par sa contribution; de ce qu'elle doit contribuer à l'égard de son mari, on ne peut induire qu'elle soit débitrice à l'égard des créanciers. La conséquence à laquelle conduit cette opinion témoigne contre le principe d'où elle découle. Quoi ? la femme satisfait à l'obligation que la loi lui impose en versant sa part contributoire entre les mains du mari; le mari ne paye pas les fournisseurs, ceux-ci poursuivent la femme; et la femme devra payer une seconde fois !... Est-ce que l'insolvabilité du mari aurait ce singulier effet qu'il cesse d'être débiteur et que la femme le devient, quoique le mari ait parlé au contrat et que la femme y soit restée étrangère ? » — La plupart des auteurs, cependant, d'accord avec la cour de cassation, décident que la femme peut être actionnée directement par les tiers pour les dépenses du ménage, et qu'elle ne peut même pas repousser leur action en prouvant qu'elle a remis au mari le montant de sa part contributoire. La femme séparée de biens, ayant la jouissance de ses revenus, est tenue, dit-on, d'acquitter les dépenses du ménage aussi bien vis-à-vis des tiers qu'au respect de son mari. Elle doit s'assurer que les tiers qui ont traité avec le mari pour les dépenses dont il s'agit sont payés : sinon elle engage sa responsabilité, et elle s'expose à être obligée de les payer elle-même si le mari dissipe l'argent qu'elle lui a remis à cet effet (Troplong, t. 2, n° 1440 ; Aubry et Rau, t. 5, § 516, note 67, p. 405 ; Guillouard, t. 3, n° 1222). — Quant aux fournitures faites à la femme elle-même, lorsqu'elle dirige le ménage commun, il est évident que le payement peut lui en être réclamé par les tiers. Mais il a été jugé que la femme séparée de biens qui pourvoit aux besoins de la vie commune dans une propriété à elle appartenant, et dont le mari vient à quitter momentanément l'habitation commune pour aller exercer ailleurs une industrie, n'est pas soumise à l'action de l'aubergiste chez lequel celui-ci s'est retiré, ni au payement de la dépense faite par le mari (Poitiers, 13 mai 1856, aff. Branger, D. P. 57. 2. 57).

Ajoutons que le payement des fournitures faites à la femme séparée de biens peut être poursuivi solidairement contre le mari, alors qu'il est établi que les fournitures ont eu lieu au nom du mari, qu'elles rentraient dans les dépenses ordinaires du ménage, et que ceux qui les ont faites ont agi de bonne foi et dans la confiance qu'elles leur seraient payées tant par le mari que par la femme (Req. 27 janv. 1857, aff. Hope, D. P. 57. 1. 142).

691. Si la femme séparée de biens peut être poursuivie à raison d'engagements contractés par le mari pour les besoins du ménage, à plus forte raison est-elle soumise à l'action des tiers, lorsqu'il s'agit de dépenses qui ont été faites dans son intérêt particulier et qui lui ont profité personnellement. — Ainsi il a été jugé : 1° que la femme séparée de biens (par contrat de mariage) est tenue de payer la totalité du prix d'acquisitions faites par son mari, lorsqu'il est constaté que les objets achetés étaient destinés, non pas au ménage des deux époux, mais à la femme personnellement, qui les a reçus et en a profité (Civ. rej. 20 avr. 1864, aff. Aimard, D. P. 64. 1. 178) ; — 2° Que la femme séparée de biens est tenue solidairement avec son mari des engagements contractés par ce dernier pour l'exploitation d'un fonds de commerce dont elle est restée seule propriétaire lors de la liquidation de ses reprises, s'il est constaté en fait que, dans ces engagements, son mari n'a été que son mandataire (Req. 26 juin 1867, aff. Chassenoix, D. P. 67. 1. 424). — Toutefois, il a été décidé que la femme au profit de qui la séparation de biens a été prononcée ne peut pas être condamnée directement à raison d'une dette contractée par le mari depuis la dissolution et la liquidation de la communauté, quand même le mari aurait dissimulé frauduleusement sa situation par rapport à la femme, et quand même les sommes fournies par le créancier auraient été employées à l'acquisition ou à l'amélioration d'immeubles propres à la femme, le droit du créancier se bornant en pareil cas à exercer du chef du mari les répétitions auxquelles celui-ci pourrait avoir droit, par suite de l'emploi effectué (Civ. cass. 5 mars 1880, aff. Vails, D. P. 80. 1. 270).

§ 3. — Capacité de la femme séparée de biens
(*Rép.* n°s 1964 à 2025).

692. A raison des nombreuses décisions rendues en cette matière et pour éviter la confusion, nous croyons devoir, en modifiant un peu l'ordre suivi au *Répertoire*, ranger d'un côté, autant que la chose est possible, les actes que la femme séparée de biens peut faire sans autorisation de son mari ou de justice, et, de l'autre, les actes que la femme séparée de biens ne peut pas faire sans autorisation. Nous traiterons ensuite, séparément, la question de savoir à qui doit être présumé appartenir, en cas de séparation de biens, le mobilier existant au domicile conjugal.

693. — I. Actes que la femme séparée de biens peut faire seule. — La femme reprend, dit l'art. 1449 c. civ., *la libre administration de ses biens*. Cette expression, suivant la remarque de M. Guillouard, t. 3, n° 1177, signifie non seulement que la femme pourra administrer sa fortune librement sans avoir d'autorisation à demander à son mari, mais aussi qu'elle aura des pouvoirs d'administration étendus, et non les pouvoirs limités qui appartiennent d'ordinaire à un administrateur (V. aussi Laurent, t. 22, n° 293).

694. La femme séparée de biens peut donner ses immeubles à bail, mais seulement pour une durée de neuf ans (*Rép.* v° *Louage*, n° 57; Paris, 24 déc. 1859, aff. Baudouin, D. P. 60. 5. 350). Le bail que la femme aurait fait pour plus de neuf ans ne serait pas nul, mais seulement réductible à neuf années, sur la demande de la femme ou de ses héritiers ou sur celle du mari (Même arrêt. — Comp. *suprà*, n° 491).

695. Le droit pour la femme séparée de louer ses immeubles ne peut pas être entravé par le mari. Il a été jugé que la femme peut, en louant un immeuble qui lui est propre, empêcher son mari d'y établir le domicile conjugal (Caen, 8 avr. 1851, aff. Dupont d'Aisy, D. P. 52. 2. 127), et même demander l'expulsion de son mari de cet immeuble (Bordeaux

28 juill. 1881) (1). Ces solutions, toutefois, qui sont approuvées par M. Guillouard, t. 3, n° 1179, ne doivent pas suivant nous être érigées en règles absolues. S'il s'élève un conflit entre le droit d'administration de la femme séparée de biens et la puissance maritale, dont son mari n'est pas dépouillé, c'est au tribunal à trancher ce conflit; mais le tribunal ne sera pas obligé de faire toujours prévaloir le droit de la femme sur l'autorité du mari.

696. Le mari ne peut, en principe, demander la nullité des baux consentis par sa femme séparée de biens pour cause de vileté du prix. Il faut cependant excepter le cas où une fraude aurait été concertée entre la femme et le preneur pour soustraire la femme à l'obligation de contribuer aux frais du ménage (Douai, 24 juill. 1865, aff. Dewailly, D. P. 66. 2. 29).

697. La femme séparée peut, sans autorisation du mari, prendre à bail, au moins pour un temps qui n'excède pas neuf ans, des meubles et des immeubles, louer un domaine à ferme ou à colonage partiaire, à l'effet d'utiliser son industrie et de vivre du produit de son travail (Bordeaux, 22 févr. 1878) (2). Ici encore, pourtant, nous croyons devoir réserver le droit marital, pour le cas où le bail serait de nature à compromettre les intérêts pécuniaires ou moraux de la famille; le mari pourrait alors en demander la nullité (Comp. suprà, n° 695).

698. La femme séparée de biens peut administrer elle-même son patrimoine. Mais elle peut aussi en laisser l'administration au mari. Quels sont les effets du mandat, exprès ou tacite, ainsi donné par la femme au mari?

Tout d'abord, ce mandat pourra toujours être révoqué par la femme. La convention par laquelle la femme abandonnerait l'administration et la jouissance de ses biens au mari, en compensation de son obligation de contribuer aux charges du ménage, a été, à juste titre, déclarée nulle comme constituant un rétablissement irrégulier du régime détruit par la séparation (Bordeaux, 25 mars 1848, aff. Pérez, D. P. 48. 2. 192).

699. Aux termes de l'art. 1577 c. civ., au chapitre du régime dotal, si la femme donne sa procuration au mari pour administrer ses biens paraphernaux, avec charge de lui rendre compte des fruits, il sera tenu vis-à-vis d'elle comme tout mandataire. Cette disposition, conforme aux règles ordinaires des contrats, peut être étendue sans difficulté au cas de séparation de biens. Il en est de même de l'art. 1579, qui dispose que, si le mari a joui des biens paraphernaux malgré l'opposition constatée de la femme, il est comptable envers elle de tous les fruits, tant existants que consommés. C'est là une règle applicable toutes les fois qu'une personne s'empare de la jouissance des biens d'une autre sans le consentement de celle-ci; le propriétaire, qui est dépouillé malgré lui, ne doit éprouver aucun préjudice (Civ. cass. 31 mars 1879, aff. Delcro, D. P. 79. 1. 425).

700. Reste le cas prévu par l'art. 1539, au paragraphe de la séparation de biens contractuelle et par l'art. 1578 dans la section des biens paraphernaux, celui où le mari a joui des biens de la femme sans mandat et néanmoins sans opposition de sa part: il n'est tenu, d'après ces articles, qu'à la représentation des fruits existants, soit sur la demande que sa femme pourrait lui faire, soit à la dissolution du mariage, et il n'est point comptable de ceux qui ont été consommés jusqu'alors. Cette solution semble encore devoir être appliquée sous le régime de la séparation de biens judiciaire. Si la femme, qui pouvait toucher elle-même ses revenus, les a laissé toucher par le mari, on doit présumer qu'elle les a abandonnés au mari pour contribuer aux charges du ménage; il est juste alors que le mari ne soit obligé de rendre que ce qui n'a pas été consommé ou ce dont il se trouve enrichi (Bordeaux, 26 janv. 1831, Rép. n° 1922. Comp. Req. 17 janv.

---

(1) (Gatay C. Gatay.) — Le 14 févr. 1881, le tribunal civil de Barbezieux avait statué en ces termes : — « Attendu que la femme séparée de biens a le droit d'administrer ses immeubles et de les louer, sans que son mari puisse la gêner dans l'exercice de ce droit ; — Attendu que la maison dont il s'agit au procès est un propre de l'épouse Gatay, dont elle constitue à peu près toute la fortune, et que la demanderesse prétend vouloir louer cette maison, parce que les loyers à percevoir sont nécessaires pour elle, pour ses enfants et même pour son mari ; — Attendu qu'il n'y a pas lieu de s'arrêter à l'offre que la dame Gatay fait à son mari d'une autre habitation, le mari étant toujours le maître de choisir le domicile qui lui convient, et la femme étant tenue de le suivre où il lui plairait de résider, et même de supporter une part plus ou moins considérable des frais de location, si le mari est sans ressources et elle-même en possède ; — Mais que c'est à tort que Gatay prétend se maintenir dans la maison de sa femme, sous le prétexte qu'il y a établi le domicile conjugal ; qu'une pareille prétention, si elle pouvait être accueillie, ne serait rien moins que la suppression du droit d'administration qui a été rendu à la dame Gatay par le jugement qui a prononcé sa séparation de biens ; — Attendu, au surplus, que par le jugement précité, le tribunal a constaté l'impossibilité pour Gatay de pourvoir aux charges de sa maison, et qu'il importe que sa femme ne soit pas privée de ses ressources ; que, néanmoins, la dignité maritale serait offensée par une expulsion du mari immédiate et sans ménagement ; qu'il convient d'accorder à Gatay un délai pour qu'il puisse se procurer une autre habitation, et que deux mois et demi paraissent un délai suffisant à cet effet... ; — Par ces motifs : — Ordonne que Gatay sera tenu de vider de sa personne et de ses biens la maison qu'il occupe actuellement et qui appartient à sa femme, et l'en laisser à celle-ci la libre administration ; — Dit, néanmoins, qu'il ne pourra en être expulsé avant le 1er mai prochain, époque à partir de laquelle la demanderesse est autorisée à s'emparer de ladite maison, même par l'emploi de la force armée, »; — Appel par le sieur Gatay. — Arrêt.

La cour ; ... — Attendu que la dame Gatay a fait prononcer sa séparation de biens par un jugement qui a acquis l'autorité de la chose jugée, et qui a été suivi de la liquidation des reprises ; qu'elle a ainsi recouvré, aux termes de l'art. 1449 c. civ., la libre administration de ses biens ; qu'elle peut donc sans recourir à l'autorisation maritale, louer ses immeubles pour une durée qui n'excède pas 9 années ; que le mari ne peut évidemment entraver, par sa résistance, l'exercice du droit d'administration dont la femme séparée demeure investie ; — Attendu qu'après le jugement de séparation de biens, la dame Gatay s'est trouvée dans la situation la plus difficile, obligée d'éteindre le passif de la communauté que l'acte de liquidation a mis à sa charge, alors que les biens ou les valeurs abandonnés par le mari ne sont pas d'une réalisation facile ; qu'elle doit, en outre, pourvoir à ses besoins personnels,

à ceux de ses enfants et de son mari, lequel, après avoir dissipé sa fortune, n'a pas su continuer, d'une manière utile, l'exercice de sa profession ; — Attendu que la maison appartenant en propre à l'épouse Gatay constitue à peu près toute sa fortune ; qu'elle a donc le plus grand intérêt à la louer dans des conditions qui lui permettent d'obtenir le prix de location le plus élevé ; qu'en persistant à se maintenir dans cet immeuble, sous prétexte qu'il entend y fixer le domicile conjugal, Gatay rend la location impossible, prive sa femme de ses ressources et supprime la libre administration dont elle a été investie par l'effet même du jugement; qu'il y avait donc lieu de mettre fin à l'occupation de l'immeuble qui amenait des conséquences aussi contraires aux dispositions de la loi ; que l'autorité maritale n'en souffre aucune atteinte, l'appelant conservant le droit de choisir un domicile conjugal, et d'y ramener sa femme tant que la séparation de corps n'aura pas été prononcée ; ... — Par ces motifs : — Confirme.

Du 28 juill. 1881.-C. de Bordeaux, 2e ch.-MM. Dulamon, pr.-Labroquère, av. gén.-Thomas et Bréjon, av.

(2) (Lagardère C. Meynié.) — La cour ; — Sur l'exception prise par l'appelante des dispositions de l'art. 217 c. civ. : — Attendu que l'immeuble de Berdot, qui a fait entre les parties l'objet du contrat authentique des 2, 3 janv. 1874, avait été vendu à Meynié par les époux Lagardère ; qu'après la séparation de biens prononcée entre ces derniers, Marie Mothes s'est trouvée dans la nécessité de se livrer, comme par le passé, aux travaux de la campagne pour subvenir à ses besoins et à ceux de sa famille ; que c'est dans ce but que, s'associant à son fils pour la culture du domaine acquis par l'intimé, et dont elle connaissait parfaitement la consistance et les ressources, puisqu'elle avait concouru à son exploitation, alors que son mari en était propriétaire, a fait avec Meynié l'acte ci-dessus, participant tout à la fois au colonage partiaire et du bail à ferme ; — Attendu que ce bail, stipulé pour une durée de deux ans seulement sous les conditions que le bailleur prendrait la moitié des récoltes en vin et en froment, et recevrait en outre, pour sa part des autres revenus de l'immeuble, la somme de 450 fr. pour la première année, et de 500 fr. pour la deuxième, devait fournir à l'appelante les moyens d'utiliser son industrie et de vivre convenablement du produit de son travail ; qu'une pareille convention, eu égard aux circonstances dans lesquelles elle a été conclue, et à la situation difficile faite à Marie Mothes par le mauvais état des affaires de Vital Lagardère, n'a constitué, en réalité, qu'un de ces actes d'administration que, suivant l'art. 1449 c. civ., la femme séparée de biens peut faire sans recours à l'autorisation maritale ; — Que c'est donc avec raison que le tribunal a repoussé l'exception proposée ; — Confirme, etc.

Du 22 févr. 1878.-C. de Bordeaux.-MM. Vouzellaud, pr.-Bourgeois, av. gén.-Roy de Clotte et Réglade, av.

1860, aff. de Livron, D. P. 60. 1. 66, et *infrà*, nos 1114 et suiv., 1523 et suiv.; Aubry et Rau, t. 5, § 516, notes 68 et suiv., p. 405 et suiv.; Laurent, t. 22, nos 288 et suiv.; Guillouard, t. 3, nos 1186 et suiv.).

701. En vertu de son droit d'administration, la femme séparée de biens est autorisée à payer elle-même ses dettes. —Jugé qu'après la séparation de biens le mari ou le syndic de sa faillite peut exiger de sa femme le remboursement d'une créance que le mari a contre elle (Nîmes, 17 nov. 1863) (1).

702. Dans quelle mesure la femme séparée de biens peut-elle disposer de son mobilier? Cette question, qui est traitée au *Rép.* nos 1966 et suiv., se présente pratiquement sous plusieurs aspects. Il s'agit de savoir : 1° si, et dans quelle mesure la femme peut aliéner son mobilier à titre gratuit ; 2° dans quelle mesure elle peut l'aliéner à titre onéreux ; 3° dans quelle mesure elle peut l'engager et l'aliéner indirectement en contractant des obligations; 4° dans quelle mesure elle peut acquérir des meubles ou des immeubles en remploi de son mobilier propre. Nous indiquerons successivement les dernières solutions de la doctrine et de la jurisprudence sur ces diverses questions.

703. En règle générale, la femme séparée de biens ne peut pas faire de donations, même mobilières (*Rép.* n° 1967). — Il a été jugé qu'un prêt d'argent fait par une femme séparée de biens contractuellement, sans l'autorisation de son mari, était nul comme constituant une donation déguisée, alors que le capital et les intérêts avaient été stipulés remboursables seulement au décès de l'emprunteur, beaucoup plus jeune que la femme (Paris, 29 janv. 1874, aff. Fillette, D. P. 74. 2. 224).

704. Cependant la femme séparée peut disposer de ses revenus comme elle l'entend. Jugé qu'elle n'a pas besoin de l'autorisation de son mari pour faire chaque année des dons manuels et rémunératoires avec les économies provenant de ses revenus, mais qu'elle ne peut donner gratuitement un capital mobilier, alors même qu'il proviendrait d'une accumulation de revenus réalisés (Paris, 28 juin 1854, aff. Dufay, D. P. 52. 2. 22. V. en ce sens: Guillouard, t. 3, n° 1190).

705. La question de savoir dans quelle mesure la femme séparée de biens peut disposer à titre onéreux de son mobilier, est toujours vivement controversée entre les auteurs. La plupart soutiennent, d'une manière absolue, que la femme a le droit de vendre ses meubles corporels et incorporels, ses créances ou autres droits mobiliers et d'en disposer à titre onéreux de quelque manière que ce soit. Cette opinion s'appuie, comme on l'a exposé au *Rép.* n° 1972, sur le texte de l'art. 1449, sur l'intention présumée des auteurs du code, pour qui l'aliénation des meubles rentrait dans sa nature dans les attributs d'une large administration, et sur l'intérêt des tiers, qui, lorsqu'ils traitent avec une femme séparée, doivent savoir d'une manière précise si elle est ou non capable d'aliéner (V. en ce sens : Fouret et Pont, t. 3, n° 2490; Aubry et Rau, t. 5, § 516, note 56, p. 403 et suiv.; Colmet de Santerre, t. 6, n° 101 *bis* III ; Laurent, t. 22, n° 301.

V. aussi Trib. Seine, 9 juill. 1872, aff. Desbois, D. P. 72. 3. 96). Nous avons déjà critiqué cette opinion au *Rép. ibid.* Les motifs qu'elle invoque ne sont, en effet, suivant nous, nullement décisifs. L'art. 1449, § 2, dit, il est vrai, que la femme séparée « peut disposer de son mobilier et l'aliéner » ; mais cette disposition doit d'abord être rapprochée de celle qui la précède, et qui ne confère à la femme que le droit d'administration. Elle doit surtout être conciliée avec la règle générale de l'art. 217, d'après laquelle « la femme, même non commune ou séparée de biens, ne peut *donner*, *aliéner*, *hypothéquer*, *acquérir*, *à titre gratuit ou onéreux*, sans le concours du mari dans l'acte, ou son consentement par écrit ». L'art. 1449 ne déroge à cette règle que pour ce qui concerne l'administration ; or, aujourd'hui que la fortune mobilière a pris tant de développement, il y a une infinité d'aliénations mobilières qui excèdent très évidemment les limites des actes d'administration. On objecte que les tiers qui traitent avec la femme ne peuvent savoir si l'acte qu'elle fait constitue on non, eu égard à son importance et à la fortune de la femme, un simple acte d'administration. Tout ce qu'on peut conclure de là c'est que, en cas de doute sur le caractère de l'acte, le doute doit profiter aux tiers de bonne foi, et que l'acte doit être maintenu. Mais dans les cas très nombreux où l'aliénation excède très certainement la mesure de la simple administration, où elle est évidemment de nature à compromettre la fortune de la femme, on ne peut accorder à la femme la capacité de la faire seule (Troplong, t. 2, n° 1417 et suiv.; Demolombe, *Mariage*, t. 2, n° 155; Marcadé, t. 5, art. 1448-1449, n° 3; Dutruc, *Traité de la séparation de biens judiciaire*, nos 334 et suiv.; de Folleville, t. 1, n° 430 ; Guillouard, t. 3, n° 1193).

706. La jurisprudence est aujourd'hui fixée dans le sens de cette seconde opinion. — Il a été jugé : 1° que la faculté accordée par l'art. 1449 c. civ. à la femme séparée de biens de disposer de son mobilier et de l'aliéner, doit être restreinte dans les limites du droit d'administration, et qu'il appartient aux tribunaux d'apprécier, d'après les circonstances, si l'aliénation consentie par la femme rentre ou non dans ces limites (Nancy, 24 juin 1854, aff. Obtel, D. P. 55. 5. 407) ; — 2° Que le droit appartenant à une femme séparée de biens de disposer de sa fortune mobilière sans l'autorisation de son mari, ne confère pas à cette femme le droit de se livrer à des opérations qui, telles que des jeux de bourse, ne constituent que des actes de désordre et de dissipation ; qu'en conséquence, les sommes payées par une femme séparée de biens, pour pertes dans des jeux de bourse, à celui auquel elle a donné mandat de jouer, sont sujettes à répétition, si elles ont été payées sans l'autorisation du mari (Civ. rej. 30 déc. 1862, aff. Selleron, D. P. 63. 1. 40. V. également les arrêts cités *infrà*, nos 707 et suiv.). Décidé aussi que les opérations de bourse à terme qui seraient faites par la femme séparée, sans l'autorisation de son mari, devraient être annulées (Bordeaux, 4 févr. 1884) (2).

Toutefois, d'après un arrêt, la femme séparée de biens

---

(1) (Chante *C.* Syndic Chante.) — Le tribunal civil d'Alais a rendu le jugement suivant : — Attendu que, pour apprécier et déterminer exactement les droits des époux relativement aux actions qui peuvent leur compéter, il faut distinguer le cas où une séparation de biens judiciaire a été prononcée entre eux et une liquidation de leurs droits respectifs est intervenue, de celui où aucune séparation n'a eu lieu ; — Attendu que, dans ce dernier cas, l'irrecevabilité de l'action du mari contre sa femme résulte surtout de la communauté d'intérêts qui existe entre les époux et du droit d'administration des biens de la femme que la loi attribue au mari, lorsque le contrat de mariage porte, comme dans l'espèce, adoption du régime dotal ; que, par suite de cette administration, la situation respective des époux peut éprouver d'un jour à l'autre des modifications profondes qui changent la qualité de créancier du mari en celle de débiteur; qu'il est donc naturel de refuser au mari le droit d'agir contre sa femme, tant que l'association conjugale subsiste entière, avec tous les effets civils que la loi y attache ; — Attendu, au contraire, qu'après un jugement de séparation de biens suivi de liquidation, les intérêts des époux sont distincts et séparés ; que le droit d'administration du mari cessé, et loin de s'opposer au règlement des droits respectifs des époux, la loi leur en fait un devoir rigoureux ; que, dans ce cas, la femme a l'obligation impérieuse de poursuivre contre son mari le payement de ses créances ; que, par une juste et nécessaire réciprocité, on doit reconnaître au mari créancier le droit d'agir contre sa femme ; qu'il n'y a donc pas lieu de

s'arrêter à ce moyen ; — Par ces motifs, etc. — Appel. — Arrêt. La cour ; — Adoptant les motifs, etc., confirme, etc. Du 17 nov. 1863.-C. de Nîmes, 1re ch.-MM. Goirand de Labaume, 1er pr.-Blanchard, subst.-Fargeon et Rédarès, av.

(2) (Crédit Lyonnais *C.* dame Savy de Gardeil.) — La cour ; — Sur la demande reconventionnelle du Crédit Lyonnais et l'exception de jeu qui lui est opposée : — Attendu, en ce qui concerne les cinquante Autrichiens, que, par sa lettre du 27 oct. 1884, la dame Savy de Gardeil a donné ordre d'acheter cette valeur au comptant; que l'exception de jeu ne saurait évidemment s'appliquer à cette opération; qu'il importe peu que l'ordre donné au comptant ait été exécuté à terme par le Crédit Lyonnais pour arriver au prix fixé par la dame Savy de Gardeil et que la valeur dont s'agit ait fait l'objet de reports sur la demande de ladite dame; que l'opération est caractérisée par l'ordre qui lui a donné naissance et que la nature n'en peut être changée, si pour ses convenances personnelles, l'acheteur, au lieu de lever immédiatement ses titres, fait reporter la valeur qu'ils ont acquise; qu'au surplus l'exception de jeu ne pourrait être admise qu'autant qu'il serait établi que le Crédit Lyonnais connaissait l'intention de sa cliente de se livrer à une opération de cette espèce; que non seulement cette preuve n'est pas faite, mais que l'ordre donné proteste contre une pareille prétention ; — Attendu que les premiers juges, tout en repoussant l'exception de jeu relativement à l'achat des cinquante Autrichiens, en ont cependant prononcé la

peut disposer de son mobilier et l'aliéner sans l'autorisation de son mari dans les limites de son droit d'administration, et, par suite, lorsqu'elle n'a pas excédé ces limites d'une manière ostensible, elle n'est pas recevable à demander la nullité de l'aliénation ainsi consentie par elle au regard des tiers de bonne foi. Il en est ainsi, notamment, pour les opérations de bourse auxquelles elle a employé ses capitaux, ceux-ci rentrant dans son mobilier, et le droit d'administrer impliquant pour elle le pouvoir de placer ses capitaux au mieux de ses intérêts. En conséquence, lorsqu'elle achète au comptant des valeurs mobilières avec ses capitaux actuels, dans les limites de ses ressources présentes et sans contracter aucun engagement pour l'avenir, elle n'a nul besoin de l'autorisation maritale pour la validité de ces opérations (Toulouse, 6 juin 1883, aff. Savy-Gardeil, D. P. 85. 2. 75. V. aussi arrêt précité du 4 févr. 1884.)

707. Si la femme séparée de biens ne peut pas aliéner son mobilier en dehors des limites de l'administration, elle ne doit pas pouvoir davantage contracter des obligations qui excéderaient ces mêmes limites. Sur ce point, la doctrine et la jurisprudence sont maintenant d'accord. Les auteurs qui attribuent à la femme séparée le droit de disposer à titre onéreux de son mobilier sans aucune restriction, reconnaissent eux-mêmes qu'elle n'est capable de s'obliger que pour les besoins et dans les limites d'une sage administration (Rodière et Pont, t. 3, n° 2193 ; Aubry et Rau, t. 5, § 516, note 77, p. 408 et suiv. ; Colmet de Santerre, t. 6, n° 101 *bis* XII ; Laurent, t. 22, n°s 308 et suiv.) Outre les arrêts rapportés au *Rép.* n°s 1975 et suiv., la jurisprudence a décidé : 1° qu'un emprunt contracté par une femme séparée de biens sans l'autorisation de son mari doit être annulé, s'il n'est pas établi que les sommes empruntées ont été employées à de légitimes nécessités de l'administration des biens de la femme et qu'elles ont été versées à celle-ci dans ce but (Paris, 27 nov. 1857, aff. Salignac de Fénelon, D. P. 57. 2. 209) ; — 2° Que la femme séparée de biens, n'étant capable de disposer de son mobilier que pour les actes relatifs à l'administration de ses biens, ne peut, sans autorisation de son mari, cautionner la dette d'un tiers, notamment, sous forme d'aval, alors qu'elle n'a aucun profit à tirer des valeurs ou marchandises à raison desquelles ce tiers a contracté l'obligation cautionnée (Poitiers, 3 févr. 1858, aff. de Salvert, D. P. 59. 2. 72) ; — 3° Que la femme séparée de biens ne peut librement disposer de ses revenus et aliéner son mobilier que dans les limites de l'administration de sa fortune, et que l'on ne saurait considérer comme rentrant dans ces limites, l'engagement pris par une femme séparée de biens de payer une somme pour l'érection d'une maison

d'habitation sur un terrain à elle propre, alors d'ailleurs qu'elle serait dans l'impossibilité de payer la somme promise, même en abandonnant la totalité de ses revenus ; un pareil engagement est donc nul s'il a été contracté par la femme sans l'autorisation de son mari (Douai, 3 août 1860) (1).

708. La femme séparée peut-elle faire des acquisitions de meubles ou d'immeubles en remploi de ses propres? Suivant la doctrine que nous avons adoptée et qui est celle de la jurisprudence, elle ne le peut que dans la limite des actes d'administration. Ici encore les auteurs qui soutiennent que la femme séparée de biens a le droit de disposer de son mobilier sans aucune restriction, aboutissent à une solution contraire. La capacité de disposer du mobilier emporte, en effet, le droit de le convertir en immeubles ou en d'autres valeurs mobilières, de transformer librement la composition du patrimoine mobilier (V. Demolombe, *Cours de code civil*, t. 4, n° 157 ; Aubry et Rau, t. 5, § 516, note 59, p. 404 ; Colmet de Santerre, t. 6, n° 101 *bis* II ; Laurent, t. 22, n° 297). Nous ne croyons pas pouvoir reconnaître à la femme séparée un droit aussi dangereux, un droit qui lui permettrait notamment de substituer aux bonnes créances, aux valeurs sûres dont se composerait sa fortune, des valeurs aléatoires ou des créances dépourvues de garanties. Ce droit n'est-il pas, en effet, formellement dénié à la femme, séparée de biens, par l'art. 217 c. civ., aux termes duquel elle ne peut, sans l'autorisation de son mari, *acquérir à titre gratuit ou onéreux?* On doit, il est vrai, lui reconnaître dans une certaine mesure le droit d'acquérir, mais conformément à l'art. 1449, c'est-à-dire, dans les limites de la libre administration de ses biens. Ajoutons, toutefois, avec M. Laurent, *loc. cit.*, que le fait d'acheter « pour faire emploi de ses revenus ou pour placer un capital mobilier qui est remboursé, est un acte d'administration que les administrateurs de biens d'autrui peuvent faire ». A ce titre, les acquisitions nous semblent devoir être permises à la femme (Comp. de Folleville, t. 1, n°s 437 et suiv., 440 *bis* et suiv. ; Guillouard, t. 3, n° 1194).

Il a été jugé : 1° qu'une femme séparée ne peut, sans l'autorisation de son mari ou de justice, acquérir valablement un nouvel immeuble en remploi du prix d'un immeuble dotal dont l'expropriation a été prononcée par justice (Req. 2 déc. 1885, aff. Martin, D. P. 86. 1. 294) ; — 2° Qu'une femme séparée de biens ne peut valablement devenir cessionnaire d'actions d'une société industrielle, sans l'autorisation de son mari, alors qu'eu égard à la situation de fortune de la femme et aux charges de famille qui pèsent sur elle, elle ne peut trouver le prix d'acquisition de ces titres qu'en dehors de

---

nullité par cette raison que la dame Savy de Gardeil aurait excédé les droits qu'elle tient de sa qualité de femme séparée de biens ; — Attendu que l'art. 1449 c. civ. permet à la femme séparée de biens de disposer de son mobilier et de l'aliéner ; que si l'on a pu décider que le droit qui lui est accordé par la loi n'est pas absolu et ne saurait couvrir des actes de désordre et de dissipation, il en est différemment des opérations sérieuses dans leur principe et qui ne s'écartent pas des règles d'une administration ordinaire, quel qu'en soit [d'ailleurs le résultat ; — Attendu qu'à ce point de vue l'achat de cinquante Autrichiens par la dame Savy de Gardeil n'avait rien d'anormal ; que si cette opération n'a pas été avantageuse pour elle, il ne s'ensuit pas qu'elle excédât le droit qui lui est concédé par la loi ; qu'elle doit être appréciée dans son objet et non dans ses conséquences ; que c'est donc à tort que les premiers juges en ont prononcé la nullité ; — Attendu que leur décision est au contraire justifiée en ce qui concerne les cent Ottomans ; qu'il ne s'agit plus, en effet, d'un achat au comptant mais d'un marché à terme ; que si l'exception de jeu ne lui est pas applicable, par cette double raison qu'il n'est pas établi que le Crédit Lyonnais se soit prêté en connaissance de cause aux agissements de la dame Savy de Gardeil et que l'opération fût en disproportion avec la fortune apparente de ladite dame, il est évident qu'on n'y saurait voir un placement sérieux, un véritable acte d'administration ; — Sur l'appel incident de la dame Savy de Gardeil : — Attendu que devant les premiers juges elle a exclusivement demandé la remise des cent obligations ottomanes en litige ; qu'il a été fait droit à ses conclusions et qu'elle a obtenu par suite tout ce qu'elle demandait ; qu'elle n'est pas recevable à formuler devant la cour une prétention nouvelle et à critiquer une décision qui lui donne pleine satisfaction ; — Par ces motifs, sans s'arrêter à l'appel incident de la dame Savy de Gardeil qui est rejeté, et faisant droit à l'appel principal du Crédit Lyonnais, mais dans le chef seulement

qui est relatif à l'achat par la dame Savy de Gardeil de cinquante Autrichiens, déclare valable ladite opération ; condamne, en conséquence, la dame Savy de Gardeil à payer au Crédit Lyonnais la somme de 2325 fr., montant de la perte à laquelle a donné lieu la vente des cinquante Autrichiens ; dit que le délai imparti au Crédit Lyonnais pour la remise des obligations ottomanes ne courra que huitaine après la signification du présent arrêt à l'acquiescement qui y aura été fait.

Du 4 févr. 1884.-C. de Bordeaux, 1re ch.-MM. Beylot, pr.-Lefranc, av. gén.-Brochon et Jolivet, av.

(1) (Ancreman C. dame Leblanc.) — La cour ; — Attendu que la femme séparée de biens ne peut librement disposer de son revenu et aliéner son mobilier que dans la mesure de l'administration de sa fortune qui lui est rendue ; — Attendu que l'on ne peut considérer comme rentrant dans ces. limites l'engagement pris par la femme Leblanc de payer une somme de 3378 fr. pour l'érection de la maison d'habitation sur un de ses immeubles ; — Attendu que son revenu n'est que de 6 à 700 fr. par an ; qu'elle était chargée de l'entretien d'un enfant ; qu'après avoir épuisé ses ressources mobilières par l'abandon entier des 1600 fr. provenant de ses reprises, elle eût été dans l'impossibilité de payer les 1778 fr. exigibles en août 1859, même en délaissant ses revenus entiers ; — Attendu qu'on ne peut faire dégénérer le traité passé entre elle et Ancreman pour la construction de la maison en un *quasi-contrat de gestion d'affaires* qui se forme sans conventions ; — Attendu que l'art. 555 c. nap. est applicable, soit que le propriétaire ait vu et su ou ait ignoré l'existence d'ouvrages sur son fonds par un tiers avec ses matériaux ; — Adoptant, au surplus, les motifs des premiers juges ; — Confirme, etc.

Du 3 août 1860.-C. de Douai, 2e ch.-MM. Danel, pr.-Duhem et Dupont, av.

ses revenus (Douai, 15 mai 1882)(1); — 3° Que la femme, même non commune et séparée de biens, est incapable d'acquérir à titre gratuit ou à titre onéreux sans le consentement de son mari, et que la faculté qui lui est accordée par l'art. 1449 c. civ. de disposer de son mobilier et de l'aliéner ne s'étend pas au remploi de deniers dotaux, lequel constitue non un acte d'administration, mais un acte d'acquisition, et est relatif à la fortune immobilière, dont la femme n'a pas la libre disposition (Lyon, 7 févr. 1883, aff. Guillotte, D. P. 85. 2. 74).

709. La femme séparée de biens peut-elle sans autorisation placer ses capitaux à rente viagère? Nous nous sommes prononcés pour l'affirmative au *Rép.* n° 1983, par le motif que c'est là une sorte de placement (V. en ce sens : Trib. Seine, 3 févr. 1869, aff. Parmegiani, D. P. 71. 3. 109). On peut objecter, toutefois, avec M. Laurent, t. 22, n° 298, que « le placement, avantageux pour la femme, peut être ruineux pour ses enfants, et que parfois elle-même fait une mauvaise spéculation ; on pourrait dire que l'administrateur n'a pas le droit de spéculer, et tout contrat aléatoire est une espèce de jeu, où l'on peut perdre ». Plusieurs auteurs enseignent, en conséquence, qu'en principe, et surtout lorsqu'elle a des enfants, la femme n'a pas le droit de placer ses capitaux en rentes viagères (Demolombe, *Cours de code civil*, t. 4, n° 158 ; Dutruc, *op. cit.*, n° 345 ; Guillouard, t. 3, n° 1196. — *Contrà :* Aubry et Rau, t. 5, § 516, note 59, p. 404 ; Laurent, t. 22, n° 298).

710. L'autorisation du mari est-elle nécessaire à la femme séparée de biens pour la conversion de ses titres nominatifs en titres au porteur ? Non, d'après la jurisprudence, par la raison que cette conversion n'est pas en elle-même un acte d'aliénation, mais qu'elle est un acte d'administration (Paris, 12 juill. 1869, aff. Chemins de fer de l'Est *C.* Thouvenel, D. P. 70. 2. 29, et sur pourvoi, Req. 8 févr. 1870, D. P. 70. 1. 336 ; Paris, 1er (et non 4) mars. 1875, aff. Chemin de fer de Lyon *C.* de Béhague, D. P. 76. 2. 158, et sur pourvoi, Req. 13 juin 1876, D. P. 78. 1. 181 ; Laurent, t. 22, n° 304 ; de Folleville, t. 1, n° 431 *bis* ; Guillouard, t. 3, n° 1197). Cependant, on ne saurait se dissimuler que la conversion des valeurs nominatives en valeurs au porteur équivaut en fait, sinon en droit, à l'aliénation, puisque, une fois qu'elle a eu lieu, l'aliénation peut se faire ensuite sans difficulté. C'est pourquoi la loi du 27 févr. 1880 sur l'aliénation et la conversion des valeurs mobilières appartenant aux mineurs et aux interdits, a eu soin de stipuler (art. 10) que « la conversion de tous titres nominatifs en au porteur est soumise aux mêmes conditions et formalités que l'aliénation de ces titres ». Cette disposition, toutefois, ne peut être étendue à la femme séparée (V. au surplus la note sous l'arrêt précité du 13 juin 1876).

711. La femme séparée peut-elle procéder seule au partage amiable d'une succession mobilière ? Cette question, comme nous l'avons dit au *Rép.* n° 1985, ne laisse pas que de présenter un certain doute. Cependant l'affirmative prévaut dans la doctrine. « Le partage, dit M. Guillouard, t. 3, n° 1198, étant déclaratif dans notre droit français et ayant uniquement pour but de fixer rétroactivement les droits des copartageants, n'emporte de leur part aucune aliénation ; il doit donc être permis à la femme au même titre que tout autre acte d'administration » (V. dans le même sens : Aubry et Rau, t. 5, § 516, note 58, p. 404 ; Laurent, t. 22, n° 314).

712. Ainsi qu'on l'a dit au *Rép.* n° 1991, la femme séparée peut, en recevant le payement de ses créances, donner mainlevée des inscriptions hypothécaires qui les garantissaient. La créance étant éteinte par le payement, la mainlevée et le désistement de l'hypothèque ne sont que les conséquences du payement et ne dépassent pas les pouvoirs d'un administrateur (Demolombe, *Mariage*, t. 2, n° 154 ; Aubry et Rau, t. 5, § 516, note 55, p. 403 ; Laurent, t. 22, n° 296 ; Guillouard, t. 3, n° 1191).

713. — II. Actes que la femme séparée de biens ne peut pas faire seule. — La femme séparée de biens ne peut faire, comme on l'a dit au *Rép.* n° 1267, et *suprà*, n° 703, aucune donation, même mobilière, à l'exception des dons de peu de valeur qui se prennent ordinairement sur les revenus. Elle ne peut pas non plus, sans l'autorisation du mari, accepter une donation (c. civ. art. 217) (*Rép.* v° *Dispositions entre-vifs*, nos 408 et suiv.).

714. Une femme séparée de biens ne peut, si ce n'est dans la limite des actes d'administration, contracter une obligation personnelle ni acheter à crédit sans l'autorisation de son mari (Toulouse, 6 juin 1883, aff. Savy-Gardeil, D. P. 85. 2. 75. V. *suprà*, n° 706).

715. La femme séparée ne peut, sans l'autorisation de son mari ou de justice, aliéner ses immeubles, ainsi que le dit l'art. 1449 (*Rép.* n° 2000). Elle ne peut, par conséquent, non plus les grever d'hypothèques et de servitudes (*Rép.* n° 2004). Mais peut-elle les donner en antichrèse ? Non, d'après un arrêt de la chambre des requêtes, du 22 nov. 1841, rapporté au *Rép.* v° *Nantissement*, n° 238. Le contraire a cependant été jugé par la cour de Rouen, qui s'est appuyée sur ce que l'antichrèse, n'opérant pas démembrement de la propriété et ne reposant que sur des fruits, qui, dans l'espèce, excédaient les besoins de la famille, n'était qu'un contrat de nantissement, fondé sur une sage appréciation des exigences de la situation (Rouen, 9 août 1876) (2). Cette décision est critiquée avec raison par M. Guillouard, t. 3, n° 1203, comme étant en opposition avec le véritable caractère de l'antichrèse. Aux termes des art. 2085 et 2087, le créancier antichrésiste acquiert le droit de per-

---

(1) (Comtesse de X... *C.* Société des Verreries françaises.) — La cour, — Sur l'appel de la comtesse de X...: — Attendu que, condamnée par le jugement frappé d'appel à payer à la société des Verreries françaises le montant du deuxième quart appelé sur le capital de quatre-vingt-seize actions de cette société dont le transfert est porté à son nom, la comtesse de X... oppose d'abord à la société la nullité même de la cession desdites actions, à elle consentie par la Banque industrielle et agricole, et que, si ce moyen est fondé, il dispense d'examiner tous les autres ; — Attendu qu'aux termes de son contrat de mariage, en date du 6 juin 1849, l'appelante mariée sous le régime de la séparation de biens ne peut néanmoins durant le mariage, toucher aucun capital, ni aliéner ses biens propres, meubles et immeubles, ni faire aucun emprunt sans l'assentiment de son mari ; — Attendu que la cession des quatre-vingt-seize actions susénoncées de la société des Verreries françaises a été consentie par la Banque industrielle et agricole à la comtesse de X... sans le consentement de son mari ; — Attendu que cette cession engageant un capital de 48000 fr., constitue une aliénation de biens meubles et ne saurait être considérée, eu égard à la situation de fortune de la comtesse de X... et aux charges de famille qui pèsent sur elle, comme un acte de simple administration ; que les revenus de cette dame ne lui permettant pas de trouver cette somme en dehors de ses capitaux, et qu'en outre, le caractère plus ou moins aléatoire de la contre-valeur cédée classe plus spécialement l'acte d'aliénation du capital formant le prix de cession parmi ceux vis-à-vis desquels la garantie de l'autorisation maritale doit être plus sévèrement exigée pour en consacrer la validité ; — Attendu, par suite, que la comtesse de X... excipe, à bon droit, contre l'action de la société des Verreries françaises, de la nullité de la cession à elle faite par la Banque industrielle et agricole des quatre-vingt-seize

actions de cette société ci-devant mentionnées ;... — Par ces motifs, infirme.

Du 15 mai 1882.-C. de Douai.-MM. Bardou, 1er pr.-Marcelin Estibal (de Paris) et Vitsant (de Douai) av.

(2) (Ellie *C.* Préval.) — La cour ; — Sur le second chef relevé par l'appel incident de la dame Ellie : — Attendu que si par l'art. 2 de la transaction du 10 août 1846, la dame Ellie a cédé à titre d'antichrèse les trois quarts de l'usine de Landelle aux créanciers de son mari jusqu'à parfait payement, il n'est plus contesté par elle qu'elle ait agi valablement et dans les limites de son administration de la fortune dotale séparée de biens ; — Que l'antichrèse n'opérant pas démembrement de la propriété et ne reposant que sur des fruits qui, dans l'espèce, excédaient les besoins de la famille, n'est qu'un contrat de nantissement, fondé sur une sage appréciation des exigences de la situation ; — Que la vérité, les créanciers n'ont pas été mis en jouissance de l'immeuble par une occupation personnelle ; — Mais qu'aux termes de l'art. 14 de la transaction, toutes les parties, la dame Ellie comme ses créanciers, avaient donné mandat au notaire Blanchard, non seulement de recevoir la totalité des loyers de l'usine jusqu'au payement intégral, mais d'en faire la répartition, soit avec la partie représentative de son bien dotal, soit avec les créanciers pour les portions déterminées par ladite transaction ; — Que c'est le même notaire qui a été chargé de la relocation de l'immeuble dans le cas où le bail viendrait à cesser, et qui devait veiller à l'exécution du règlement dont il avait accepté le mandat ; — Qu'en présence de cet acte et de l'art. 2076 c. civ., il n'était pas nécessaire, pour que le nantissement subsistât, dans toute sa vertu, que les créanciers restassent eux-mêmes en possession, alors qu'un tiers avait

cevoir les fruits de l'immeuble et de retenir la possession de cet immeuble jusqu'à l'entier acquittement de sa créance, c'est-à-dire deux des attributs les plus importants de la propriété. Que l'antichrèse soit parfois très utile au débiteur, auquel elle procure du crédit, c'est incontestable; mais il en est de même de l'hypothèque, et pour l'une comme pour l'autre, celui qui, comme la femme séparée de biens, n'a pas la pleine disposition de ses immeubles, a besoin de l'autorisation qui lui serait nécessaire pour aliéner. — Il a été jugé que la cession d'antériorité d'un droit hypothécaire a les caractères d'une véritable aliénation; en conséquence, elle ne peut être consentie par la femme, même séparée de biens, alors surtout qu'elle a eu lieu à titre gratuit sans l'autorisation de son mari ou son concours dans l'acte (Alger, 22 janv. 1866) (1).

716. Ne pouvant aliéner seule ses immeubles, la femme ne peut pas non plus procéder seule au partage de droits immobiliers (*Rép.* v° *Succession*, n° 1614).

717. La défense faite à la femme d'aliéner ses immeubles sans autorisation emporte pour le mari le droit de subordonner son autorisation à certaines conditions, et le même droit peut être exercé par le tribunal, lorsque la femme s'adresse à lui pour se faire autoriser. — Il a été jugé qu'un tribunal a pu t'accorder à une femme séparée de biens le droit d'accepter un partage ou pacte de famille lui attribuant, au lieu et place de sa part en immeubles dans les successions de ses père et mère, des sommes à recevoir de ses cohéritiers, que sous la condition de faire un emploi

déterminé de ces sommes (Paris, 1er mars 1877, aff. de Vandœuvre, D. P. 78. 2. 130, et sur pourvoi, Req. 1er avr. 1878, D. P. 79. 1. 120). — En pareil cas, le mari, bien que séparé de corps et de biens d'avec sa femme, est recevable à poursuivre l'annulation d'un payement fait entre les mains de celle-ci, lorsque les fonds ainsi versés n'ont pas été employés conformément au jugement qui avait autorisé la femme à les recevoir. Le tiers par l'intermédiaire de qui les cohéritiers ont effectué le payement est responsable du défaut d'emploi; mais la femme est tenue de le garantir des condamnations prononcées contre lui de ce chef, s'il est établi qu'elle a réellement profité des sommes reçues par elle (Mêmes arrêts).

718. La femme séparée ne peut ester en justice sans l'autorisation de son mari (c. civ. art. 215). Cette règle est d'ordre public et peut, par suite, être opposée par la femme elle-même, en tout état de cause, même pour la première fois devant la cour de cassation (*Rép.* n° 1992; Civ. cass. 13 nov. 1844, aff. Deschamps, D. P. 45. 1. 33). Toutefois, comme on l'a déjà constaté au *Rép.* n° 1994, la femme qui, en exécution du jugement de séparation de biens, poursuit contre son mari le recouvrement de sa dot n'a pas besoin d'une autorisation spéciale; celle qui lui a été donnée par le président du tribunal à l'effet de demander sa séparation de biens l'habilite suffisamment à poursuivre le règlement de ses droits (Douai, 29 janv. 1857, aff. Arnouts, D. P. 57. 2. 113).

719. La question de savoir si la femme séparée peut

été convenu entre les parties et substitué aux nombreux créanciers dont l'intérêt était collectif ; que le notaire Blanchard ayant accompli ses obligations, ce moyen de nullité doit être repoussé; — Mais attendu qu'il résulte des principes que l'existence et la validité de l'antichrèse étant intimement liées à la possession, le nantissement s'évanouit dès que cette possession ne réside plus ni dans la personne du créancier, ni dans celle d'un tiers subrogé à ses droits; — Que le droit de jouissance du créancier nanti étant inséparable de son droit de rétention, du jour où il a volontairement renoncé à la possession, du moment où il a consenti à l'aliénation de l'immeuble, sans prendre les précautions nécessaires pour assurer la conservation des fruits qui étaient sa garantie, l'antichrèse s'éteint par la perte de la jouissance et du droit de rétention ; — Qu'il est constant dans la cause que les loyers de l'usine ont cessé d'être affectés au payement des créances, sinon du jour de la vente Froger frères, le 24 nov. 1863, au moins du jour où les adjudicataires ont été mis en jouissance des fruits, le 1er juill. 1867, par la venderesse agissant en conformité de l'art. 11 de la transaction; qu'en accordant aux créanciers la faculté de n'exproprier qu'au bout de 25 ans, et s'ils n'avaient point été payés dans ce délai, cet art. 11 donnait, en effet, à la dame Ellie la faculté de vendre antérieurement à cette époque, sauf aux créanciers à réclamer dans l'ordre, en vertu de leur hypothèque, sur le prix des trois quarts qui leur étaient réservés ; — Que si, à raison de leur double qualité d'hypothécaires et d'antichrésistes, et se croyant assurés du remboursement de leurs créances, par l'exercice utile de leur inscription sur l'immeuble vendu, les créanciers ont eu le tort de ne point attacher au droit de rétention toute l'importance qu'il pouvait avoir à leur profit, ils doivent subir la loi qu'ils se sont faite, et supporter la peine de leur imprudence ; — Qu'ils auraient dû faire insérer au contrat de vente une condition protectrice de leurs intérêts et se préserver ainsi des effets que la fin de l'antichrèse allait entraîner contre eux, en exigeant soit leur payement immédiat, soit leur payement sur le prix de l'adjudication ; — Que la dame Ellie a donc intérêt et qualité pour faire valoir ce moyen devant la cour ; — Par ces motifs, en ce qui touche l'appel incident de la dame Ellie du chef de l'antichrèse : — Réforme et, par nouveau jugement, émendant, dit que l'antichrèse ou tous autres droits conférés par elle aux créanciers de son mari sur les loyers de la Landelle ont pris fin par la vente de cette usine ou plutôt par la prise de possession réelle de Froger frères, effectuée le 1er juill. 1867.

Du 9 août 1876.-C. de Rouen, ch. réun.-MM. Neveu-Lemaire, 1er pr.-Hardouin, av. gén.-Marais et Frère, av.

(1) (Battisti C. Giraud et Ellie.) — La cour; — En ce qui concerne la validité de la cession d'antériorité d'hypothèque, consentie par la dame Battisti à la date du 17 déc. 1862 : — Attendu, en fait, que la dame Battisti était mariée sous le régime de la séparation de biens, et que son mari n'a ni concouru audit acte de cession, ni donné son consentement par écrit; — Attendu en droit, que l'art. 217 c. nap. établit comme règle générale l'incapacité pour toute femme mariée d'aliéner sans autorisation; — Que la femme séparée de biens, soit par contrat de mariage, soit judiciairement, conservant ou reprenant la libre

et entière administration de ses biens, il en résulte, il est vrai, par voie de conséquence, que ce droit peut lui conférer en certains cas la faculté d'aliéner son mobilier, mais que cette aliénation ne peut avoir lieu qu'autant qu'elle constitue elle-même un acte d'administration, en ce sens qu'elle est nécessaire pour l'administration, dont la femme est chargée; qu'il en est ainsi, par exemple, dans le cas où il s'agit de la conversion d'une valeur mobilière en une autre; — Attendu, en effet, que cette faculté d'aliénation est une exception au principe général; qu'elle ne peut, dès lors, être entendue et appliquée que d'une manière restrictive, et ne saurait dépasser les limites et le but en prévision duquel seulement elle a été admise; — Que s'il en était autrement, la prohibition contenue dans l'art. 217 cesserait d'exister, et que l'intention formelle du législateur serait trop facilement éludée; — Attendu que de ces principes il résulte encore que c'est aux tribunaux qu'il appartient d'apprécier, d'après la nature, l'objet et l'importance de l'engagement, si l'acte d'aliénation consenti sans autorisation par une femme séparée de biens est renfermé dans de justes limites et n'excède pas les bornes d'un acte d'administration; — Attendu, sur ce point, en premier lieu, que la cession d'antériorité d'un droit hypothécaire constitue une véritable aliénation, puisqu'il peut arriver, comme dans l'espèce, que la créance dont l'inscription garantissait le payement soit entièrement perdue par suite de l'insuffisance du gage pour la couvrir, après que les créanciers antérieurs auraient été désintéressés; — Attendu, en deuxième lieu, et dans les circonstances de la cause, que la dame Battisti, en consentant un droit d'antériorité et laissant ainsi primer par une créance de 25000 fr. sa créance de 6000 fr. parfaitement garantie, faisait au profit de sa sœur un acte de pure bienfaisance, et qu'il pouvait dégénérer selon l'événement en une véritable donation et un abandon complet de ses droits à titre gratuit et sans aucune compensation; qu'il est donc impossible de voir dans ce fait, ni un acte de simple administration, ni un acte d'aliénation rendu nécessaire, ou seulement motivé par les besoins de l'administration, mais bien une aliénation à titre gratuit, contrat essentiellement interdit à toute femme mariée, à moins qu'elle n'y soit régulièrement autorisée; — Attendu que l'on prétend, il est vrai, faire ressortir une autorisation de ce fait que le mari n'aurait pu ignorer, soit la cession du 17 déc. 1862, soit les cessions antérieures consenties en faveur d'autres créanciers, et qu'il y aurait eu de sa part un consentement tacite; — Mais attendu que les dispositions de l'art. 217 sont impératives, et prescrivent le concours du mari dans l'acte, ou son consentement écrit ; — Que, d'ailleurs, le sieur Battisti a toujours habité Ajaccio; que les actes relatifs à la créance de la dame Battisti ont tous été passés en Algérie; — Que la procuration qui a servi pour la cession d'antériorité a été reçue par le notaire de Marseille; que rien ne peut dans la cause faire même présumer un consentement tacite; que, de toutes ces considérations qui précèdent il résulte que la cession d'antériorité du 17 déc. 1862 est nulle et doit être déclarée sans effet; qu'il y a donc lieu de faire droit aux conclusions des appelants sur ce point.

Du 22 janv. 1866.-C. d'Alger, 2e ch.-MM. de Ménerville, pr.-Mazel, 1er av. gén.-Huré d'Apremont, Journès et Bouriaud, av.

transiger, dépend de l'objet et de l'importance de la transaction. Il est certain qu'elle ne pourrait pas transiger sur ses droits immobiliers (Arg. art. 2045 c. civ.). Elle pourrait au contraire, transiger sur des droits mobiliers, sauf le cas où la transaction serait telle qu'il serait impossible de la considérer comme un acte d'administration (Comp. Demolombe, *op. cit.*, t. 4, n° 159; Aubry et Rau, t. 5, § 516, note 57, p. 404; Guillouard, t. 3, n° 1208).

720. La femme séparée pourrait-elle compromettre, au moins, sur ses droits mobiliers? La négative est généralement enseignée, par le motif que compromettre, c'est plaider, et qu'il y aurait inconséquence à permettre à la femme de plaider devant des arbitres plutôt que devant les tribunaux réguliers (Demolombe, *op. cit.*, t. 2, n° 169; Dutruc, *op. cit.*, n° 362; Aubry et Rau, t. 5, § 516, note 80, p. 410 ; Laurent, t. 22, n° 323; Guillouard, t. 3, n° 1209). — Mais on peut reconnaître à la femme séparée le pouvoir d'acquiescer à un jugement sans autorisation; sauf de rares exceptions, en acquiesçant, elle ne fera qu'user du pouvoir d'administration que lui confère l'art. 1449 c. civ. (Req. 14 mai 1884, aff. Sarlandie, D. P. 84. 1. 412; Guillouard, t. 3, n° 1202. — *Contra :* Dutruc, *op. cit.*, n° 361. V. aussi Paris, 16 mars 1839, *Rép.* v° *Mariage*, n° 796-4°).

721. — III. A qui est présumé appartenir le mobilier existant au domicile conjugal. — Cette question est traitée au *Rép.* n°s 2017 et suiv. Elle doit, suivant M. Guillouard, t. 3, n° 1201, être résolue par une distinction. Si, après la séparation de biens, la femme se trouve à la tête d'une entreprise commerciale, industrielle ou agricole, elle sera réputée propriétaire des meubles et des marchandises servant à cette entreprise (Caen, 4 déc. 1844, aff. Brunon, D. P. 45. 4. 470; 15 janv. 1849, aff. Guilbert, D. P. 49. 2. 181). Mais quant au mobilier meublant qui garnit le domicile conjugal, il n'y a de présomption de propriété ni au profit de la femme séparée, ni au profit du mari; la femme qui revendique ce mobilier doit donc prouver qu'il lui appartient. Si, en effet, dans le premier cas, la femme qui est en possession du fonds de commerce ou de l'établissement agricole doit être présumée propriétaire des accessoires de ce fonds, il n'y a aucun motif juridique, dans le second cas, d'attribuer le mobilier à un époux plutôt qu'à l'autre.

Il a été jugé, conformément à cette doctrine, que la femme judiciairement séparée de biens n'est pas présumée de plein droit propriétaire de tous les meubles indistinctement qui se trouvent dans le domicile conjugal, encore qu'après le jugement qui a prononcé la séparation, le mari lui aurait cédé, en payement de ses reprises, le mobilier existant alors dans ce domicile : elle ne peut réclamer que les meubles qui ont fait l'objet de la cession et ceux qu'elle prouve avoir acquis personnellement depuis (Besançon, 22 déc. 1854, aff. Lavocat, D. P. 55. 2. 233).

§ 4. — Responsabilité du mari quant aux biens aliénés par la femme (*Rép.* n°s 2026 à 2057).

722. L'art. 1450 c. civ., rapporté au *Rép.* n° 2026, a pour objet de déterminer la responsabilité du mari dans les cas où la femme séparée aliène ses immeubles propres. Deux hypothèses, comme on l'a dit au *Rép. ibid.*, sont prévues par cet article : celle où la femme a été autorisée par le mari et celle où elle a été autorisée par justice.

723. Lorsque la vente a été autorisée par le mari, celui-ci, aux termes de l'art. 1450, § 2, « est garant du défaut d'emploi ou de remploi, si la vente a été faite *en sa présence et de son consentement* ». Quelques auteurs, en s'appuyant sur ce texte, ont soutenu que le seul consentement du mari à la vente ne suffit pas pour engager sa responsabilité, qu'il faut de plus sa présence à l'acte (Marcadé, t. 5, art. 1450, n° 1; Laurent, t. 22, n°s 329 et suiv.). Mais l'opinion d'après laquelle le seul consentement du mari suffit pour l'obliger, a prévalu dans la doctrine et a été consacrée par la cour de cassation. Cette solution, en effet, était celle de Pothier, comme on peut le voir dans Pothier, *Traité de la communauté*, n° 605; elle indique que les auteurs du code aient voulu s'en écarter. D'ailleurs, s'il suffisait au mari, pour échapper à toute responsabilité, de ne pas comparaître à la vente, la règle de l'art. 1450 deviendrait à peu près illusoire (V. *Rép.*

n° 2035; Req. 1er mai 1848, aff. Legigan, D. P. 48. 1. 220; Rodière et Pont, 2e éd., t. 3, n° 2207; Aubry et Rau, t. 5, § 516, note 72, p. 406 et suiv.; Colmet de Santerre, t. 6, n° 102 *bis* III; Guillouard, t. 3, n° 1212).

724. On a examiné au *Rép.* n°s 2030 et suiv. la question de savoir si le mari qui a autorisé la vente peut plus tard s'affranchir de la responsabilité qui lui est imposée par l'art. 1450, en prouvant que c'est la femme qui a touché le prix et que lui-même n'en a pas profité. La négative, qui était déjà enseignée par Pothier, *loc. cit.*, est encore admise aujourd'hui par la plupart des auteurs. Le mari, dit-on, devait exiger l'emploi du prix (Troplong, t. 2, n° 1451 ; Rodière et Pont, t. 3, n°s 2206 et suiv. ; Aubry et Rau, t. 5, § 516, note 73, p. 407 ; Laurent, t. 22, n° 332 ; Guillouard, t. 3, n° 1213. — *Contra :* Marcadé, t. 5, art. 1450, n°s 1 et 2; Dutruc, *Traité de la séparation de biens*, n° 390).

725. Dans la seconde hypothèse, lorsque la vente a été faite par la femme avec l'autorisation de justice, le mari n'est responsable du défaut d'emploi du prix que dans deux cas exceptionnels : s'il a concouru au contrat, ou s'il a reçu lui-même le prix ou en a profité. — Comme on l'a vu au *Rép.* n° 2039, le mari ne peut être réputé avoir concouru au contrat que lorsqu'il en a signé l'acte. — La preuve que le mari a reçu le prix ou en a profité peut se faire par toute espèce de moyens, même par témoins ou par présomptions (*Rép.* n° 2044 ; Rodière et Pont, t. 3, n° 2212 ; Aubry et Rau, t. 5, § 516, note 74, p. 407 ; Laurent, t. 22, n° 327; Guillouard, t. 3, n° 1214).

726. Dans les divers cas où le mari est garant du défaut d'emploi ou de remploi, il ne l'est pas de l'utilité de l'emploi ou du remploi effectué (*Rép.* n° 2046). Cependant, d'après MM. Rodière et Pont, t. 3, n° 2207, le mari serait responsable de la perte de tout ou partie du prix occasionnée par l'insolvabilité de l'acquéreur, lorsque cette insolvabilité existait déjà lors de la vente. Nous avons déjà critiqué cette opinion au *Rép.* n° 2303. La responsabilité du mari ne doit pas être étendue au delà des termes de la loi ; et la question de savoir à quand remonte l'insolvabilité sera presque toujours trop délicate pour qu'on puisse en faire dépendre la responsabilité du mari. Ajoutons que, tant que le prix de la vente n'est pas payé, l'emploi ou le remploi de ce prix ne peut avoir lieu ; on ne peut donc pas reprocher au mari de ne l'avoir pas exigé.

727. On a enseigné au *Rép.* n° 2049 que le mari est responsable du défaut d'emploi du prix d'une vente mobilière faite par la femme, dans les mêmes cas où l'art. 1450 le déclare garant du défaut d'emploi ou de remploi du prix d'un immeuble aliéné. Cette solution a été consacrée par un arrêt de la cour de cassation, aux termes duquel la règle de l'art. 1450 ayant pour base l'incapacité d'aliéner, laquelle est générale pour la femme, d'après l'art. 217 c. civ., et s'applique aux meubles comme aux immeubles, il s'ensuit qu'elle régit par identité de motifs, les ventes mobilières aussi bien que les ventes immobilières (Civ. cass. 25 avr. 1882, aff. Casoni, D. P. 82. 1. 371. V. dans le sens : Guillouard, t. 3, n° 1216. — *Contra :* Dutruc, *op. cit.*, n° 397).

728. Le mari serait-il également garant du défaut d'emploi d'un capital provenant d'une succession ou d'une donation ? Non, à moins qu'il ne s'agisse de la soulte d'un partage d'immeubles : la responsabilité édictée par l'art. 1450 ne doit pas être étendue au delà du cas de vente.

729. La question de savoir si la disposition de l'art. 1450 est applicable sous d'autres régimes que celui de la communauté est traitée au *Rép.* n°s 2051 et suiv. Il résulte aujourd'hui d'une jurisprudence qui peut être considérée comme établie, que la règle de l'art. 1450, bien que formulée parmi les dispositions relatives au régime de la communauté, n'est pas particulière à ce régime, qu'elle doit être appliquée notamment sous le régime dotal, en cas d'aliénation des biens paraphernaux (Aix, 1er déc. 1851, aff. Chaperon, D. P. 55. 2. 258; Civ. cass. 27 avr. 1852, aff. Robert, D. P. 52. 1. 162; Civ. rej. 27 déc. 1852, aff. Deshours Farel, D. P. 53. 1. 39; Lyon, 25 janv. 1860, aff. Burgat, D. P. 61. 5. 415, et sur pourvoi, Civ. rej. 28 nov. 1861, D. P. 62. 1. 367; Trib. Sisteron, 20 déc. 1869, aff. Donnet, D. P. 72. 3. 191; Civ. cass. 25 avr. 1882, aff. Casoni, D. P. 82. 1. 371; Toulouse, 28 juin 1883, aff. Bosc, D. P. 84. 2. 23). — L'art. 1450 s'ap-

plique aussi en cas de séparation de biens contractuelle (V. *infrà*, n° 1106).

§ 5. — Effet de la séparation de biens relativement aux gains de survie (*Rép.* n°s 2058 à 2074).

730. L'art. 1452 c. civ. déclare que la dissolution de la communauté opérée par le divorce, ou par la séparation, soit de corps et de biens, soit de biens seulement, ne donne pas ouverture aux droits de survie de la femme. — Bien que cet article ne parle que des droits de survie de la femme, sa disposition, comme on l'a dit au *Rép.* n° 2066, doit être étendue aux droits de survie qui peuvent avoir été stipulés au profit du mari. Ce point est resté hors de contestation (V. Laurent, t. 22, n° 275 ; Guillouard, t. 3, n° 1159 *bis*).

731. L'époux qui a droit à un gain de survie peut-il transiger sur ce droit après la séparation de biens ? Il faut distinguer, comme on l'explique au *Rép.* n° 2068, suivant que le droit de l'époux constitue un droit de créance, soumis à la condition du prédécès de son conjoint, ou une institution contractuelle ayant pour objet une part de la succession de celui-ci. Ainsi, l'époux qui a droit à une rente viagère en cas de survie peut y renoncer moyennant un prix ; au contraire, l'époux qui est donataire de tout ou partie des biens que son conjoint délaissera ne peut pas transiger sur un tel droit, car ce serait un pacte sur une succession future (Comp. Req. 22 févr. 1831, *Rép.* n° 335 ; Civ. rej. 16 août 1841, *Rép.* v° *Obligations*, n° 441 ; Laurent, t. 22, n° 277).

732. L'époux séparé de biens peut-il faire des actes conservatoires de son gain de survie ? Ici encore, la même distinction qui vient d'être indiquée est applicable. Si le gain de survie constitue un droit de créance conditionnel, l'époux, comme tout autre créancier sous condition, peut prendre des mesures conservatoires. Il ne le peut pas, au contraire, s'il s'agit d'un droit sur la succession de son conjoint (*Rép.* n° 2071). — D'après MM. Aubry et Rau, t. 5, § 513, note 21, p. 387, la femme séparée de biens, en cas de renonciation à la communauté, exiger du mari une caution pour la restitution de ses gains de survie sur la masse commune. M. Laurent, t. 22, n° 276, conteste cette solution. Il est très vrai, dit-il, que l'art. 1518 donne à la femme qui a obtenu le divorce ou la séparation de corps le droit d'exiger une caution du mari, lorsque le contrat du mariage stipule un préciput en sa faveur ; mais c'est une disposition tout exceptionnelle. Le créancier ne peut jamais exiger une caution, sauf dans le cas où la loi lui donne ce droit ; or l'art. 1518 ne parle pas de la femme séparée de biens.

Il a été jugé que la femme séparée de biens qui, pour sûreté de ses droits de survie, a reçu de son mari une somme d'argent provenant de la vente d'un immeuble qu'elle a consenti à laisser purger de son hypothèque légale, ne peut être autorisée pendant le mariage à conserver cette somme, placée en son nom et comme lui appartenant, sous la simple condition d'en payer les intérêts à son mari ; le gain de survie n'étant point ouvert tant que dure le mariage, la femme ne pourrait, en admettant que cela même fût possible, recevoir qu'un gage, dont la propriété devrait rester au mari (Civ. cass. 18 mars 1846, aff. de Monestrol, D. P. 51. 3. 483).

Art. 5. — *Cessation de la séparation de biens ou rétablissement de la communauté* (*Rép.* n°s 2075 à 2094).

733. Aux termes de l'art. 1451, la communauté dissoute par la séparation de biens peut être rétablie, du consentement des deux parties, par un acte notarié, « dont une expédition doit être affichée dans la forme de l'art. 1445 ». D'après la plupart des auteurs, d'accord en cela avec l'arrêt de la cour de cassation du 17 juin 1839, rapporté au *Rép.* n° 2082, il n'y a pas lieu alors à la publicité prescrite par l'art. 872 c. civ. pour le jugement de séparation de biens (Rodière et Pont, t. 3, n° 2229 ; Aubry et Rau, t. 5, § 516, note 82, p. 410 ; Colmet de Santerre, t. 6, n° 103 *bis* III ; Laurent, t. 22, n° 356 ; Guillouard, t. 3, n° 1231).

734. De même, le notaire qui a reçu l'acte portant rétablissement de la communauté n'est pas tenu de déposer un extrait de cet acte aux greffes des tribunaux de première instance et de commerce et aux chambres des notaires et des avoués, les art. 67 et 68 c. com. n'exigeant un pareil

dépôt que pour le contrat de mariage des commerçants. Par suite, le notaire n'encourt aucune responsabilité pour l'omission de cette publication, en cas de rétablissement de la communauté, et l'amende édictée par l'art. 68 c. com. ne lui est pas applicable (Trib. Seine, 30 juill. 1856, aff. N..., D. P. 57. 3. 27 ; Guillouard, *loc. cit.*).

735. Si la publicité exigée par l'art. 1451 n'a pas eu lieu, on s'accorde à reconnaître que le rétablissement de la communauté n'est pas opposable aux tiers (*Rép.* n° 2087). Mais la plupart des auteurs admettent, contrairement à l'opinion de M. Troplong, rapportée au *Rép.* n° 2083, que le rétablissement de la communauté est valable dans les rapports des époux entre eux. La publicité, en effet, n'est pas prescrite dans l'intérêt des parties, et l'on ne doit pas, à moins d'un texte formel, autoriser celles-ci à se prévaloir de l'inaccomplissement d'une formalité exigée en faveur des tiers, pour se soustraire aux conséquences d'une convention qu'elles ont librement formée (Rodière et Pont, t. 3, n° 2230 ; Aubry et Rau, t. 5, § 516, note 83, p. 411 ; Laurent, t. 22, n° 356 ; Guillouard, t. 3, n° 1232).

736. D'après l'art. 1451, toute convention par laquelle les époux rétabliraient leur communauté sous des conditions différentes de celles qui la réglaient antérieurement est nulle. Cette clause constituerait, en effet, une dérogation aux conventions matrimoniales (*Rép.* n° 2089). — Il a été jugé que la société contractée entre mari et femme, judiciairement séparés de biens, lors même qu'elle ne serait pas entachée de nullité radicale, à raison de la nature des rapports juridiques qui existent entre époux, devrait être déclarée nulle comme ayant pour effet de rétablir sous une forme déguisée la communauté préexistante (Paris, 24 mars 1870, aff. Camus, D. P. 72. 2. 43. — Comp. *suprà*, n° 84).

737. Si les époux ont rétabli leur communauté en apportant quelque changement à leurs conventions matrimoniales, est-ce le rétablissement de la communauté qui est nul ou seulement la clause dérogatoire ? Cette question, prévue au *Rép.* n° 2090, est controversée entre les auteurs. Les uns enseignent que c'est le rétablissement de la communauté qui est frappé de nullité, et que les époux resteront sous le régime de la séparation de biens (Colmet de Santerre, t. 6, n° 103 *bis* VI ; Laurent, t. 22, n° 358 ; Guillouard, t. 3, n° 1234). Les autres décident que la communauté n'en devrait pas moins être considérée comme rétablie, à moins que les époux n'en eussent formellement subordonné le rétablissement à l'exécution des clauses portant dérogation aux conditions primitives de leur régime matrimonial (Rodière et Pont, t. 3, n° 2235 ; Aubry et Rau, t. 5, § 516, note 84, p. 411). — Les partisans de l'un et l'autre système invoquent le texte de l'art. 1451, en l'interprétant chacun en faveur de leur opinion. Suivant nous, la question devrait surtout se résoudre en fait, par interprétation de l'intention des parties. Si la dérogation apportée aux règles de la communauté primitive est telle qu'on puisse présumer que les parties n'auraient pas consenti au rétablissement de la communauté sans cette dérogation, c'est la convention même du rétablissement qui doit être annulée. Si, au contraire, comme il arrivera le plus souvent, la dérogation consiste dans une clause accessoire et qui n'a pu être une cause déterminante de la convention des parties, ce sera seulement cette clause qu'on devra considérer comme nulle. Cette distinction s'accorde, d'ailleurs, fort bien avec le texte de l'art. 1451, qui n'annule la convention des époux qu'en tant qu'elle rétablirait la communauté sous des conditions différentes.

738. La communauté rétablie reprend son effet du jour du mariage, sans préjudice des actes régulièrement accomplis par la femme pendant la séparation de biens et des droits des tiers (*Rép.* n°s 2086 et suiv.).

Rien ne s'oppose, d'ailleurs, à ce que cette communauté rétablie puisse être dissoute une seconde fois par une nouvelle séparation de corps ou de biens (Aubry et Rau, t. 5, § 516, p. 412 ; Guillouard, t. 3, n° 1236).

Sect. 9. — De l'acceptation de la communauté quant a ses formes et conditions (*Rép.* n°s 2095 à 2133).

739. L'acceptation de la communauté par la femme peut, comme on l'explique au *Rép.* n°s 2096 et suiv., être expresse

ou tacite. — L'acceptation est tacite, d'après l'art. 1454 c. civ., lorsque la femme s'est immiscée dans les biens de la communauté. Mais, ajoute le même article, les actes purement administratifs ou conservatoires n'emportent pas immixtion. C'est la reproduction des art. 778 et 779 c. civ. relatifs à l'acceptation des successions (Comp. *Rép.* v° *Succession*, n° 461 et suiv.).

On peut dire pour l'acceptation de la communauté, comme l'art. 778 le dit pour l'acceptation d'une succession, qu'elle est tacite lorsque la femme ou son héritier « fait un acte qui suppose nécessairement son intention d'accepter », ou suivant MM. Aubry et Rau, t. 5, § 517, p. 414, « un acte que la femme ou son héritier n'a le pouvoir de passer qu'en qualité de copropriétaire du fonds commun ». — Il a été jugé que l'acceptation tacite de la communauté dissoute par le prédécès de la femme ne résulte ni de la déclaration de succession à laquelle ont procédé les enfants de leur mère, pour la perception des droits de mutation, ni de l'usage qu'ils ont fait, en commun avec leur père, des biens meubles et immeubles dépendant de la communauté (Lyon, 9 juin 1876, aff. Buisson, D. P. 78. 2. 13).

740. Nous avons dit au *Rép.* n° 2101 que lorsqu'il y a du doute sur la nature de l'acte que la femme survivante (ou son héritier) se propose de faire, et que les héritiers du mari ne veulent pas ou ne peuvent pas y concourir, elle doit, pour éviter d'être considérée comme s'étant immiscée, se faire autoriser par ordonnance du président du tribunal à faire l'acte dont il s'agit sans prendre qualité. C'était le conseil que Pothier déjà donnait à la femme (*Traité de la communauté*, n° 541). — M. Laurent, t. 22, n° 381, objecte que le juge n'a pas le droit d'intervenir ainsi dans les affaires des particuliers quand il n'y a pas de contestation à vider, et qu'il est incompétent pour donner des autorisations de ce genre. Le droit de donner de telles autorisations a pourtant toujours été reconnu aux juges, comme en témoigne le passage de Pothier que nous venons de citer. On trouve même dans le code un texte qui suppose une pareille compétence aux tribunaux, et qui peut être invoqué par analogie : c'est l'art. 1961-2°, qui dispose que la justice peut ordonner le séquestre d'un immeuble ou d'une chose mobilière dont la propriété ou la possession est litigieuse entre deux ou plusieurs personnes. De même que le juge peut autoriser le séquestre nommé par lui à faire certains actes pour la conservation et l'administration de la chose litigieuse, de même il peut, au besoin, conférer à la femme ou à ses héritiers les pouvoirs nécessaires pour administrer librement les biens de la communauté non encore acceptée, laquelle, si elle ne constitue pas précisément une chose litigieuse, est tout au moins une chose dont la propriété reste incertaine, ce qui suffit pour que le juge puisse nommer un administrateur (Guillouard, t. 3, n° 1260. — Comp. *Rép.* v° *Succession*, n° 487).

741. Ainsi que nous l'avons décidé au *Rép.* n° 2112, la renonciation que ferait la femme au profit de quelques-uns seulement des héritiers de son mari ou celle qu'elle ferait au profit de tous ces héritiers, moyennant un prix payé par eux, constituerait de sa part un acte d'acceptation tacite. Cette solution, contraire à celle de l'ancien droit, résulte par analogie de l'art. 780-2° c. civ., d'après lequel, en matière de succession, la renonciation faite à prix d'argent, même au profit de tous les cohéritiers indistinctement, emporte acceptation (V. outre les auteurs cités au *Rép. ibid.* : Rodière et Pont, t. 2, n° 1051 ; Bugnet sur Pothier, *Traité de la communauté*, n° 545, note 2 ; Guillouard, t. 3, n° 1257).

742. La femme qui a été condamnée comme commune envers un créancier de la communauté, est réputée acceptante à l'égard de ce créancier ; mais doit-elle être considérée

comme commune à l'égard de tous ? La même question se pose pour l'héritier qui a été condamné envers un créancier de la succession. Elle est traitée au *Rép.* v° *Degrés de juridiction*, n° 251 et suiv. L'opinion d'après laquelle la condamnation n'a d'effet qu'à l'égard du créancier qui l'a obtenue prévaut généralement (V. en ce sens : Aubry et Rau, t. 5, § 517, p. 422 ; Guillouard, t. 3, n° 1262).

743. L'acceptation expresse ou tacite est irrévocable (c. civ. art. 1454 et 1455) (V. *Rép.* n° 2115). A cette règle l'art. 1455 apporte une exception pour le cas où il y a eu dol de la part des héritiers du mari. La même exception doit être admise, à plus forte raison, s'il y a eu violence.

Bien que l'art. 1455 ne parle que du dol des héritiers du mari, on ne doit pas hésiter à décider que le dol commis par les créanciers de la communauté, ou même par des tiers, serait aussi une cause de nullité de l'acceptation (Marcadé, t. 5, art. 1454-1455, n° 2, Aubry et Rau, t. 5, § 517, note 18, p. 416 ; Laurent, t. 22, n° 390 ; de Folleville, t. 1, n° 464 ; Guillouard, t. 3, n° 1276).

744. Les héritiers de la femme ne peuvent se prononcer sur le point de savoir s'ils acceptent la communauté ou s'ils y renoncent qu'à la condition d'accepter la succession. C'est pourquoi il a été jugé que la renonciation par des enfants à la succession de leur mère n'a pas pour effet de rendre la mari propriétaire irrévocable de la communauté ayant existé entre lui et sa défunte épouse ; elle fait seulement passer aux héritiers du degré subséquent toute la succession avec les droits qui en font partie, notamment celui d'accepter ou de répudier la communauté. Et ces enfants eux-mêmes, tant qu'ils n'ont pas perdu le droit de revenir sur leur renonciation, conformément à l'art. 790 c. civ., peuvent, par une nouvelle acceptation de cette succession, recouvrer tous leurs droits relativement à la communauté (Rouen, 30 juin 1857, aff. Desperrois, D. P. 58. 2. 172).

745. En principe, la femme ne peut accepter la communauté qu'après sa dissolution. D'autre part, la femme survivante peut accepter tant qu'elle n'a pas renoncé. A l'exception du cas où la communauté a été dissoute par le divorce ou par la séparation de corps : aux termes de l'art. 1463 c. civ., la femme divorcée ou séparée de corps ne peut accepter que pendant le délai de trois mois et quarante jours, sinon elle garde le silence pendant ce délai, elle est réputée renonçante (*Rép.* n° 2121. V. *infrà*, n° 783).

746. L'acceptation de la communauté peut être tacite aussi bien dans le cas où la dissolution a lieu par la séparation de corps ou par le divorce que lorsque la communauté se dissout par la mort de l'un des époux (*Rép.* n° 2122 ; Rodière et Pont, t. 2, n° 1044 ; Aubry et Rau, t. 5, § 517, note 14, p. 415 ; Laurent, t. 22, n° 380, Guillouard, t. 3, n° 1361). — Jugé en ce sens que l'acceptation de la communauté qui, en cas de séparation de corps, doit avoir lieu dans le délai prescrit par l'art. 1463, n'est soumise à aucune forme spéciale et peut résulter, notamment, de ce que, soit dans l'instance en séparation, soit postérieurement, la femme a toujours manifesté l'intention d'accepter la communauté en demandant puis en en poursuivant la liquidation et le partage (Req. 14 mars 1855, aff. Michel, D. P. 55. 1. 63). — Décidé aussi que l'on doit considérer comme ayant accepté la communauté, la femme qui, lors du partage de cette communauté après séparation de biens, a fait immatriculer à son nom les valeurs lui provenant de ce partage (Paris, 27 nov. 1883) (1).

747. D'après un arrêt, le défaut, par la femme séparée de corps, d'acceptation expresse de la communauté dans le délai fixé par l'art. 1463 c. civ. n'emporte pas, au profit du mari, renonciation de la part de celle-ci, alors que, des contestations, qu'il n'a pas dépendu d'elle de faire cesser, l'ayant

(1) (Lemazurier et Lemesliers C. Jean et Binet.) — La cour ; ... — En ce qui concerne Lemazurier : — Sur ses conclusions tendant à faire déclarer qu'en raison de son acceptation et de son immixtion, la femme Antoine Jean est tenue des dettes de la communauté : Considérant que la communauté existant entre les époux Antoine Jean et qui ne possédait aucun actif s'est enrichie, le 1er août 1879, d'une succession mobilière léguée à la femme Antoine Jean ; que, dans le but de recueillir partie de cette succession, la femme Antoine Jean a introduit aussitôt une demande en séparation de biens, à laquelle il a été fait droit par jugement du 22 avr. 1880; qu'en vertu de ce jugement, elle a fait procéder

aux inventaire, liquidation et partage de la communauté ; qu'elle a appréhendé les valeurs à elle attribuées et a fait immatriculer à son nom un titre de rente, ainsi qu'elle l'a déclaré dans son assignation en référé du 23 déc. 1882; que ces actes constituent de sa part l'acceptation de la communauté ; d'où il suit qu'elle doit être tenue des dettes de la communauté jusqu'à concurrence de son émolument; — Par ces motifs, déclare la femme Antoine Jean tenue des dettes de la communauté au regard de Lemazurier jusqu'à concurrence de son émolument. Du 27 nov. 1883.-C. de Paris, 4° ch.-MM. Faure-Biguet, pr.-Rau, av. gén.-Poujaud, Michon et Duchesne, av.

empêchée de consommer son option, le mari a consenti à la prolongation des délais, en renonçant par ses agissements à se prévaloir contre la femme de leur expiration (Rennes, 26 juin 1851, aff. Coicaud, D. P. 52. 2. 246). — Une décision analogue a été rapportée au *Rép.* n° 2131. (V. aussi Trib. Bruxelles, 23 nov. 1886, aff. Boutens C. de Soil, *Pasicrisie belge*, 1887. 3. 68). Mais, comme on l'a dit au *Rép. ibid.*, dans de semblables hypothèses, la femme devrait régulièrement demander une prorogation avant l'expiration du délai (V. *infrà*, n° 785).

Sect. 10. — Formes et conditions de la renonciation a la communauté; Délai; Inventaire; Recel (*Rép.* n°ˢ 2134 à 2261).

748. — I. De la faculté de renoncer (*Rép.* n°ˢ 2134 à 2144). — On trouvera quelques détails historiques sur le droit de renonciation accordé à la femme dans l'*Essai sur l'histoire générale du droit français*, t. 1ᵉʳ du *Répertoire*, p. 99. Ce droit, qui fut introduit d'abord au profit des femmes nobles, a été étendu par la jurisprudence aux femmes non nobles. Il est établi en ces termes par la coutume de Paris, art. 237 : « Il est loisible à toute femme noble ou non noble de renoncer, si bon lui semble, après le trépas de son mari, à la communauté de biens d'entre elle et sondit mari, les choses étant entières. »

749. La femme ne peut faire, avant la dissolution de la communauté, aucun acte impliquant de sa part l'exercice de son droit d'acceptation ou de renonciation. Il en résulte, notamment, que la femme ne peut, par voie de disposition testamentaire, procéder à la division de la communauté encore subsistante, à l'effet de comprendre sa part de l'actif commun dans un partage par elle fait entre ses enfants par le même testament (Civ. cass. 23 déc. 1861, aff. Saint-Hérand, D. P. 62. 1. 31, et sur renvoi, Orléans, 5 juin 1862, D. P. 63. 2. 159). — V. sur ce point, et aussi sur le cas où ce partage anticipé de la communauté émane soit du mari seul, soit à la fois des deux époux, *Rép.* n°ˢ 2135 et suiv., et *infrà*, v° *Dispositions entre-vifs*; — *Rép.* eod. v°, n°ˢ 4554 et suiv. — Mais de ce que la femme ne peut abdiquer durant la communauté la faculté d'y renoncer, on ne doit pas conclure qu'elle ne peut concourir avec le mari à une donation de biens communs. On a vu, au contraire, *suprà*, n° 414, que, d'après l'opinion qui a prévalu, même les immeubles de communauté peuvent être donnés valablement par le mari avec le consentement de la femme.

750. De même que l'acceptation (V. *suprà*, n° 743), la renonciation est irrévocable. Un récent arrêt a consacré cette règle, et décidé que l'art. 790 c. civ., aux termes duquel l'héritier qui a renoncé peut encore accepter la succession, lorsqu'elle n'a pas été déjà acceptée par d'autres héritiers, ne saurait être étendu par analogie au cas de renonciation à la communauté (Civ. rej. 17 déc. 1888, aff. Fontenay, D. P. 89, 1ʳᵉ part. V. conf. Rodière et Pont, t. 2, n° 1194; Tessier et Deloynes, *Traité de la société d'acquêts*, n° 184; Guillouard, t. 3, n° 1300).

751. La faculté d'accepter ou de renoncer à la communauté peut être exercée, d'après l'art. 1453, par la femme, ses héritiers ou *ayants cause*. On a soutenu que le mot *ayants cause* ne comprend que les successeurs à titre universel ou particulier, les légataires ou les donataires de la femme, et non ses créanciers. Les créanciers de la femme, dit-on, ne peuvent pas accepter la communauté en son lieu et place, parce que cette acceptation aurait pour effet d'obliger, malgré elle, la femme au payement des dettes de communauté. Ils ne doivent pas pouvoir davantage renoncer au nom de la femme, car ils la priveraient ainsi de l'option

que la loi lui accorde (Laurent, t. 22, n° 367). Cette opinion, contraire à celle que nous avons adoptée au *Rép.* n° 2142, a été rejetée par la cour de cassation. L'option entre l'acceptation et la répudiation de la communauté, accordée à la femme pour garantir ses intérêts contre les suites de l'administration du mari, forme dans le patrimoine de la femme, dit la cour suprême, un droit pécuniaire soumis, comme ses autres biens, à l'action de ses créanciers. Ceux-ci, par conséquent, peuvent exercer, en vertu de l'art. 1167 c. civ., si elle est faite en fraude de leurs droits, l'acceptation d'une communauté en déficit. Et l'acceptation une fois annulée, ils peuvent, en exerçant les droits de la femme en vertu de l'art. 1166, renoncer pour elle à la communauté (Civ. rej. 26 avr. 1869, aff. Vaudray, D. P. 69. 1. 239. V. en ce sens, outre les auteurs cités au *Rép.* n° 2142 : Rodière et Pont, 2ᵉ éd., t. 2, n° 1153; Aubry et Rau, t. 5, § 517, n° 4, p. 416 et suiv.; Guillouard, t. 3, n°ˢ 1277 et 1247).

752. Mais, comme on l'a dit au *Rép.* n° 2143, la faculté de renoncer à la communauté ne peut pas être exercée par le mari, même comme légataire universel de sa femme. Il ne peut s'affranchir ainsi de l'obligation de payer les droits de mutation sur la part de la femme dans la communauté, ce qui serait le seul but de sa renonciation (V. outre les arrêts et les auteurs cités au *Rép. ibid.* : Trib. Lyon, 21 mars 1865 (1); Rodière et Pont, t. 2, n° 1154; Aubry et Rau, t. 5, § 517, note 7, p. 413; Guillouard, t. 3, n° 1248. — *Contrà:* de Folleville, t. 1, n° 454 *ter*).

753. — II. Délai pour l'inventaire et la renonciation (*Rép.* n°ˢ 2145 à 2172). — Dans le cas où la communauté était dissoute par la mort du mari, l'ancien droit exigeait que la femme fît faire inventaire, pour pouvoir renoncer à la communauté (V. *Rép.* n° 2146). On reconnaît généralement aujourd'hui que sous l'empire du code civil, la femme survivante peut renoncer sans avoir fait inventaire (*Rép.* n° 2166). Mais alors sa renonciation doit avoir lieu dans les trois mois qui suivent la dissolution. Pour conserver la faculté de renoncer après ces trois mois, elle doit faire dans ce délai un inventaire des biens de la communauté (c. civ. art. 1456).

On a enseigné au *Rép.* n° 2147 que la femme survivante qui n'a pas fait inventaire dans les trois mois du décès de son mari est irrévocablement déchue de la faculté de renoncer. — M. Colmet de Santerre, t. 6, n° 115 *bis*, estime que l'on ne devrait pas se montrer plus sévère envers la veuve qu'envers l'héritier, qui, aux termes de l'art. 800 c. civ., conserve la faculté de faire encore inventaire et de se porter héritier bénéficiaire, s'il n'a pas fait acte d'héritier pur et simple et n'a pas été condamné en cette qualité. Mais cette opinion est repoussée par la jurisprudence et la doctrine, qui n'accordent à reconnaître que le défaut d'inventaire dans les trois mois emporte contre la femme déchéance absolue du droit de renoncer et l'assujettit, par conséquent, au payement de la moitié des dettes de la communauté (Bruxelles, 12 août 1859, aff. Moreau C. Genotte, *Pasicrisie belge*, 1860. 2. 219; Rouen, 4 juill. 1874, aff. Durdent, D. P. 75. 2. 189; Rodière et Pont, t. 2, n° 1162 et suiv.; Marcadé, t. 5, art. 1457-1459, n° 2 ; Aubry et Rau, t. 5, § 517, note 30, p. 419; Laurent, t. 22, n°ˢ 398 et suiv.; de Folleville, t. 1, n° 457; Guillouard, t. 3, n° 1286).

La jurisprudence admet, cependant, que cette déchéance ne serait pas encourue, si la femme avait été *dans l'impossibilité* de faire procéder à l'inventaire dans les trois mois, à raison, par exemple, de ce qu'elle était absente ou de ce qu'elle ignorait la mort de son mari (V. les arrêts cités au *Rép.* n°ˢ 2149 et suiv.).

754. L'inventaire pourrait-il être remplacé par un acte équipollent ? M. Laurent, t. 22, n° 404, répond négative-

---

(1) (Vélard C. Enregistrement.) — Le tribunal; — Attendu que si, aux termes de l'art. 1453 c. nap., la femme ou ses héritiers ou ayants cause peuvent, sous certaines conditions établies par la loi, renoncer à la communauté, il est certain que cette faculté, accordée à la femme, à son intérêt et contre le mari, ne pourrait en aucun cas appartenir à celui-ci ; — Qu'en effet, outre que la faculté de renoncer à la communauté est incompatible avec la qualité de mari, puisqu'elle a été établie contre lui, il résulte des dispositions de l'art. 1456 que la femme même qui renonce est obligée, sous peine d'être déclarée commune, de faire un inventaire fidèle et exact de tous les biens de la communauté contradictoirement avec les héritiers du mari ou eux dûment appelés;

quoiqu'il est bien évident que le mari est dans l'impossibilité de remplir cette formalité, car il ne pourrait, en procédant à l'inventaire, agir à la fois et comme héritier de son ayant cause de sa femme, et comme mari; d'où il suit que, ne pouvant remplir la condition sans laquelle la faculté de renoncer n'existe pas, cette faculté ne saurait lui appartenir; — Attendu, d'ailleurs, que Vélard s'est emparé du mobilier dépendant de la communauté, sans avoir fait inventaire, et qu'à ce point de vue, et suivant la disposition de l'art. 1459, il serait déchu du droit de renoncer, en admettant qu'il l'ait jamais eu;

Par ces motifs, déboute, etc.

Du 21 mars 1865.-Trib. civ. de Lyon.

ment, d'une manière absolue, en invoquant le principe que les formalités exigées par la loi ne se suppléent pas. Mais ce principe n'est pas applicable ici, où il ne s'agit pas d'une question de validité d'acte, et, comme le dit avec raison M. Guillouard, t. 3, n° 1290, la loi ne doit prescrire aucune formalité inutile. Si donc la consistance du mobilier de communauté se trouvait avoir été constatée dans un ou plusieurs actes présentant les mêmes garanties qu'un inventaire, tels que, par exemple, un procès-verbal de saisie et la vente qui l'aurait suivi, l'inventaire deviendrait par là même superflu et serait ainsi suppléé (V. Rép. n° 2158 et suiv. V. aussi Rouen, 29 mai 1843, aff. Chouquet, D. P. 47. 1. 299).

Mais on ne saurait voir l'équivalent de l'inventaire « fidèle et exact » exigé par l'art. 1456, ni dans un état du mobilier ne comprenant point les autres effets, valeurs, marchandises et créances de la communauté, ni dans une déclaration de ce mobilier faite au bureau de l'enregistrement pour le payement des droits de mutation (Amiens, 22 mars 1855, aff. Morel, D. P. 55. 2. 282).

Une simple saisie mobilière, pratiquée par les créanciers dans les trois mois du décès du mari, ne peut pas non plus équivaloir à un inventaire, alors surtout qu'elle n'a été que partielle (Rouen, 4 juill. 1874, aff. Durdent, D. P. 75. 2. 189).

755. La déchéance résultant de ce que la femme n'a pas fait inventaire dans les trois mois et la nullité de la renonciation faite après les trois mois sans qu'il y ait eu inventaire peuvent être invoquées par les héritiers et par les créanciers du mari, car c'est dans leur intérêt que l'inventaire est prescrit. Mais, comme l'a jugé la cour de cassation, si le défaut d'inventaire peut être opposé à la femme pour faire tomber sa renonciation, elle n'est pas recevable à se prévaloir elle-même de ce défaut d'inventaire pour se dégager des effets d'une renonciation qui lui serait préjudiciable (Civ. cass. 6 juill. 1869, aff. Valery, D. P. 69. 1. 477. V. en ce sens : Laurent, t. 22, n° 405; Guillouard, t. 3, n° 1292).

756. La veuve peut, aux termes de l'art. 1458 c. civ., demander au tribunal une prorogation du délai de trois mois et quarante jours fixé pour la renonciation. Le tribunal compétent pour statuer sur cette demande est, en principe, comme nous l'avons dit au Rép. n° 2165, celui du domicile du mari. La prorogation ne peut être accordée que si les héritiers du mari sont présents ou du moins ont été appelés dans l'instance (Colmet de Santerre, t. 6, n° 114; Guillouard, t. 3, n° 1293. — Contrà : Troplong, t. 3, n° 1556).

757. La faculté d'accepter ou de répudier la communauté, pour la femme qui a fait inventaire dans les trois mois et pour ses héritiers, se prescrit par trente ans (Rép. n° 2171; Rodière et Pont, 2e éd., t. 2, n° 1168; Aubry et Rau, t. 5, § 517, note 27, p. 417; Colmet de Santerre, t. 6, n° 115 bis II; Guillouard, t. 3, n° 1284). — Passé le délai de trente ans, le droit de renoncer est perdu, et la femme est réputée acceptante. Cependant, si le mari survivant ou ses héritiers sont demeurés seuls en possession des biens de la communauté, ils peuvent opposer la prescription de trente ans à l'action en partage de la femme ou de ses héritiers (Pothier, Traité de la communauté, n° 534; Colmet de Santerre, ibid.; Guillouard, t. 3, n° 1272. — Comp. Rép. v° Succession, n° 591 et suiv.).

758. — III. Formes de l'inventaire (Rép. n° 2173 à 2183). — Les formes de l'inventaire sont réglées par l'art. 1456 c. civ. et par les art. 941 et suiv. c. proc. civ. (V. Rép. v° Scellés et inventaire, n° 180 et suiv.).

Sur la question de savoir à qui appartient le choix du notaire qui sera obligé de procéder à l'inventaire, V. aussi Rép. ibid., n° 182 et suiv.

759. Si l'inventaire est irrégulier ou incomplet, il ne satisfait pas aux exigences de l'art. 1456, qui veut « un inventaire fidèle et exact ». Mais toute espèce d'irrégularités ne doit pas faire considérer l'inventaire comme nul. Il y a lieu de distinguer entre les formalités substantielles, qui sont de l'essence de l'acte, et les formalités accessoires ou qui sont seulement de la nature de l'acte; l'omission des premières seule entraînera la nullité. Cette distinction est faite, d'ailleurs par la doctrine et la jurisprudence pour toute espèce d'actes (V. Rép. v° Nullité, n° 16 et suiv. — Comp. Poitiers, 7 mai 1857, et Req. 17 mai 1858, aff. Opter, D. P. 58. 1. 351).

760. L'inventaire, d'après l'art. 1456, § 2, doit être « affirmé sincère et véritable » par la veuve, « lors de sa clôture, devant l'officier public qui l'a reçu ». Nous avons admis au Rép. n° 2176 que cette formalité n'est pas prescrite à peine de nullité, que son omission aurait seulement pour effet de faire supposer que l'inventaire est incomplet (V. en ce sens : Rodière et Pont, 2e éd., t. 2, n° 1165; Aubry et Rau, t. 5, § 517, note 29, p. 418; Guillouard, t. 3, n° 1288). — Jugé que l'inventaire peut n'être clos et affirmé sincère et véritable qu'après l'expiration du délai de trois mois à partir de la dissolution de la communauté, sans que ce retard, dont les juges apprécient souverainement les motifs, entraîne nécessairement la déchéance de la faculté de renonciation (Arrêts des 7 mai 1857 et 17 mai 1858, cités suprà, n° 759).

761. — IV. Formes de la renonciation (Rép. n° 2184 à 2192). — La loi exige que la renonciation à la communauté, comme la renonciation à une succession, soit faite au greffe du tribunal de première instance, afin qu'elle ait une certaine publicité (c. civ. art. 1457; c. proc. civ. art. 997). Mais cette exigence n'a de raison d'être que dans l'intérêt des tiers. Entre les époux ou leurs héritiers, la renonciation peut avoir lieu sous n'importe quelle forme et résulter d'une convention, constatée conformément au droit commun; une telle convention n'a rien de contraire à l'ordre public ni aux bonnes mœurs (Nîmes, 30 avr. 1855, et sur pourvoi, Req. 4 mars 1856, aff. Gaillard, D. P. 56. 1. 131; Rodière et Pont, t. 2, n° 1176; Aubry et Rau, t. 5, § 517, p. 415, note 12; Laurent, t. 22, n° 413 et 415; Guillouard, t. 3, n° 1284).

762. — V. Déchéance pour recel ou divertissement (Rép. n° 2193 à 2229). — D'après l'art. 1460 c. civ., la veuve qui a diverti ou recélé quelques effets de la communauté est déclarée commune nonobstant sa renonciation. Il en est de même des héritiers de la femme décédée. Le divertissement ou le recel des objets dépendant de la communauté entraîne encore d'autres déchéances, qui sont indiquées au Rép. n° 2194, et dont il sera traité infrà, n° 871 et suiv. — On a défini aussi au Rép. n° 2195 ce qu'il faut entendre par ces mots. La jurisprudence a rendu sur ce sujet, depuis la publication du Répertoire, d'assez nombreuses décisions que nous allons analyser, et dont quelques-unes, bien que relatives à l'application de l'art. 1477, nous ont paru néanmoins trouver leur place ici.

763. Ce ne sont pas seulement les meubles corporels qui peuvent être divertis ou recélés. Comme on l'a dit au Rép. n° 2196, l'expression de la loi : effets de communauté, est générale. Elle embrasse toutes les valeurs dépendant de la communauté, de quelque nature qu'elles soient, et même les immeubles, dont on peut dissimuler l'existence de plusieurs manières, par exemple, en en supprimant les titres de propriété ou en supposant des ventes qui en auraient été faites (Paris, 7 août 1858, aff. Baudoin, D. P. 58. 2. 188; Poitiers, 17 juill. 1860, aff. Nicol, D. P. 60. 2. 195; Bordeaux, 22 août 1861 (1); Rodière et Pont, 2e éd., t. 2, n° 1101;

---

(1) (Poivert C. Guichard.) — Le 19 mars 1860, jugement du tribunal civil de Cognac, ainsi conçu : — « Attendu que, par contrat du 3 juill. 1823, Jean Poivert a contracté mariage avec Marie Daviaud, et qu'ils ont adopté le régime de la communauté légale de meubles réduite aux acquêts; que, par le même acte, les époux se sont donné mutuellement des biens du premier mourant, avec réduction à l'usufruit de moitié des mêmes biens en cas de survenance d'enfants; — Attendu que Marie Daviaud est décédée le 11 sept. 1860, laissant sa succession dévolue à Désir Guichard, son petit-fils, sous la tutelle de Jacques Guichard son père; — Attendu que l'action de Poivert, tendant à la liquidation et au partage de la communauté et de la succes-

sion de Marie Daviaud, est fondée; — Attendu que Jacques Guichard, au nom qu'il agit, déclare adhérer aux liquidation et partage demandés; mais qu'il conclut à l'application de l'art. 1477 c. nap. au sieur Poivert, pour cause de recel des biens compris dans la vente consentie par celui-ci à Adeline Daviaud, suivant acte reçu Delarrare, notaire à Jarnac, le 14 mars 1858; — Attendu que ces biens dépendaient de la communauté qui a existé entre ledit Poivert et Marie Guichard, sa femme; — Que la vente consentie à Adeline Daviaud a été frauduleusement simulée, et, comme telle, annulée par jugement du tribunal civil de Cognac, et que l'exception produite par le défendeur doit lui être appliquée; — Attendu, en effet, que ce serait faire une distinction qui

Aubry et Rau, t. 5, § 519, p. 427; Laurent, t. 23, n° 22; Guillouard, t. 3, n° 1351).

764. Le recel ou le divertissement n'existe que s'il y a eu mauvaise foi, intention de frustrer la communauté d'une chose qui lui appartient (*Rép.* n° 2197; Agen, 6 janv. 1851, aff. Murat, D. P. 51. 2. 52; Poitiers, 17 juill. 1860, aff. Nicol, D. P. 60. 2. 195; Req. 21 nov. 1871, aff. Luzet, 2e arrêt, D. P. 72. 1. 189; Civ. rej. 24 avr. 1872, aff. Busquet, D. P. 72. 1. 449; Paris, 18 août 1881) (1). — Jugé notamment : 1° que le fait matériel du détournement ne suffit pas pour constituer le divertissement ; il faut, en outre, qu'il y ait intention de s'approprier exclusivement la chose commune, et que cette double condition ne se rencontre pas dans la conversion d'un titre au porteur en titre nominatif, effectuée à son nom par le conjoint survivant (Paris, 16 juin 1875, aff. Charny, D. P. 77. 2. 148); — 2° Que le conjoint survivant qui, devant le notaire liquidateur de la communauté, a fait une déclaration tendant à restreindre le montant des récompenses par lui dues à la communauté, n'encourt pas de ce chef la peine du recel, s'il n'est pas justifié que cette déclaration ait eu pour but de frustrer les héritiers du conjoint prédécédé (Civ. rej. 19 févr. 1879, aff. Brissy, D. P. 79. 1. 222).

765. Le divertissement et le recel n'impliquent pas, d'ailleurs, nécessairement un acte matériel et effectif d'appropriation. — Ainsi, il y a divertissement : 1° dans le fait par le mari d'avoir souscrit des dettes fictives, afin de détourner des deniers de la communauté et d'en faire son profit à l'exclusion de sa femme (Req. 5 août 1868, aff. Lehouitel, D. P. 73. 5. 106); — 2° Dans le fait de manœuvres ourdies par le mari pour simuler une dette, en vertu de laquelle le prétendu créancier a obtenu jugement et a pris hypothèque sur les immeubles de la communauté, et d'avoir déclaré et affirmé sur l'inventaire l'existence de cette prétendue dette (Req. 13 août 1873, aff. Perrier-Desloges, D. P. 74. 1. 425); — 3° Dans le fait par le mari d'avoir, dans l'acte liquidatif de la communauté, fait inscrire à son profit, au passif de cette communauté, une créance fondée sur le payement

simulé d'une dette imaginaire, et d'avoir conclu devant la justice au maintien de ladite créance (Civ. cass. 22 déc. 1874, aff. Avice, D. P. 75. 1. 125); — 4° Dans le fait, de la part du mari, d'avoir simulé des dettes de la communauté qu'il aurait payées pour le compte de celle-ci et d'en avoir réclamé le montant, soit dans l'inventaire, soit devant le notaire liquidateur, avec production de quittances à l'appui (Dijon, 14 mai 1879, aff. Renault-Baret, D. P. 80. 2. 138).

766. L'omission dans l'inventaire de la communauté d'objets qui en dépendent peut, à elle seule, constituer le divertissement, si elle a lieu de mauvaise foi. — Il a été jugé : 1° que la femme qui, à l'insu de son mari, a placé sous son nom de fille, les mains d'un tiers, une somme d'argent provenant d'économies faites dans son ménage, se rend coupable de détournement; si, au décès de son mari, lors de l'inventaire et du partage, elle garde sur cette créance un silence absolu (Rennes, 6 févr. 1862, aff. Leblouch, D. P. 63. 2. 61); — 2° Que l'époux commun en biens qui a omis sciemment, dans l'inventaire de la communauté, de déclarer l'existence d'une créance, pour enlever à l'un de ses enfants sa part dans cette créance, encourt la pénalité attachée par la loi au divertissement ou au recel (Amiens, 2 juin 1869, aff. Brière, D. P. 69. 2. 181); — 3° Que le conjoint qui, après la séparation de corps, fait procéder à un inventaire incomplet et cache frauduleusement ses livres de commerce, encourt aussi la peine du recel (Req. 27 mai 1872, aff. Godin, D. P. 72. 1. 463. V. aussi *infrà*, n° 775). — Mais il a été jugé que l'omission, dans l'inventaire d'une communauté dissoute, d'objets qui en dépendent, ne constitue un recel de la part de l'époux auquel elle est imputée qu'autant qu'elle a eu lieu de mauvaise foi; en conséquence, s'il est établi, que, qu'elle n'a point eu lieu dans l'intention de frauder la communauté, elle n'est pas passible des peines édictées par l'art. 1477 c. civ. (Req. 20 mars 1855, aff. Bégis, D. P. 55. 1. 329). — Jugé aussi que la dénégation par la femme survivante d'un don manuel, d'ailleurs constant, qu'elle a reçu de son mari, ne doit pas être considérée comme un divertissement ou un recel (Rouen, 26 févr. 1877) (2).

767. La seule intention de commettre un divertissement

---

(1) (Maréchal C. Maréchal.) — La cour; — En ce qui touche le divertissement : — Considérant que, si la femme Ernest Maréchal, en quittant le domicile conjugal au cours du mariage, a emporté un certain nombre de valeurs, et si, après le décès de

n'a pu avoir sa raison d'être dans l'esprit du législateur, que d'appliquer seulement aux meubles les pénalités établies en l'art. 1477 c. nap.; — Que l'expression *effets de la communauté,* qui s'y trouve employée, est générale, comme dans les cas réglés par le même titre de la loi, notamment dans les art. 1460, 1423, 1438, 1439, 1442, 1507 et 1519, et que partout le législateur s'est servi de ce terme pour caractériser les biens de toute nature que la communauté peut posséder; qu'ainsi, la disposition de l'art. 1477 est générale et absolue, et s'applique aux objets, de quelque nature qu'ils soient, que l'époux a détournés au préjudice de la communauté; — Attendu que peu importe que le détournement ait eu lieu pendant la communauté ou après sa dissolution; que, la fraude étant possible à toutes les époques, la loi qui a voulu la punir n'a ni pu ni voulu distinguer; — Attendu, dès lors, que l'époux perd tous les biens ainsi détournés tous ses droits, sans exception, et que ce serait encore faire une distinction qui n'est pas plus possible que les autres que de lui conserver sur ces biens les droits d'usufruit qu'il pourrait puiser dans des dispositions contractuelles, des dispositions entre vifs ou testamentaires; — Attendu qu'en appliquant ces principes à l'espèce, il y a lieu de décider que Poivert a perdu, non seulement ses droits au partage des biens s'il s'agit en ce qui touche la propriété, mais encore ce qui lui revient aux termes de la donation mutuelle de son contrat de mariage précité; qu'ainsi, lesdits biens doivent être distraits de l'actif à partager, et dévolus d'ores et déjà à la succession de Marie Daviaud, même libres des droits d'usufruit qui les affecteraient, aux termes du contrat de mariage du 3 juill. 1823; — Par ces motifs, ordonne le partage de la communauté qui a existé entre Jean Poivert et Marguerite Daviaud...; — Dit que, dans ce partage, ne seront pas compris les biens qui avaient été vendus à Adeline Daviaud, suivant acte reçu par Me Delarrare, notaire à Jarnac, en date du 14 mars 1858; déclare Poivert déchu de tous droits de propriété et d'usufruit sur ces biens, qui seront immédiatement attribués au mineur Guichard. » — Appel. — Arrêt.

La cour; — Adoptant les motifs, etc.; — Confirme, etc.

Du 22 août 1861.-C. de Bordeaux.-2e ch.-MM. Bouthier, pr.-Habasque, subst.-Brochon père et Vaucher, av.

son mari, elle n'en a pas fait la déclaration dans l'inventaire, c'est que, par une erreur qui paraît lui avoir été commune avec son mari, elle a cru que ces valeurs, qui avaient été achetées avec l'argent lui provenant de la succession de son père, lui appartenaient en propre et ne tombaient pas dans la communauté légale existant entre eux ; qu'il s'ensuit que l'enlèvement et la dissimulation qui lui sont reprochés n'ont pas été accomplis avec la mauvaise foi et l'intention de fraude nécessaires pour constituer le recel et le divertissement, et qu'il n'y a pas lieu de lui faire application des dispositions de l'art. 1447 c. civ. ; — En ce qui touche etc.

Du 18 août 1881.-C. de Paris.-MM. Senart, pr.-Pradines, av. gén.-Couteau et Lejoindre, av.

(2) (Omont C. Legrand.) — La cour; — Sur le détournement prétendu des 30000 fr. : — Attendu que, s'il est démontré que la veuve Omont détient les 30000 fr. provenant du remboursement de 130000 fr. effectué par l'acquéreur de la maison de la rue du Cours, cette démonstration résulte uniquement de l'impossibilité où s'est trouvé Omont, retenu chez lui par la maladie, constamment surveillé par sa femme, toujours présente lorsqu'il s'agissait d'affaires d'intérêt, d'employer à l'insu et contre le gré de celle-ci le capital de 30000 fr. ; mais que le raisonnement tiré de cette situation ne conduit pas à la preuve nécessaire d'un détournement; que l'ensemble des circonstances de la cause démontre que la femme Omont n'avait pas intérêt à recourir à un acte aussi inutile que compromettant; qu'aveuglé par un sentiment qui lui faisait oublier ses devoirs envers ses enfants, Omont ne savait rien refuser à sa femme; qu'aux libéralités ostensibles ou cachées contenues dans le contrat de mariage avaient succédé celles résultant des deux testaments des 30 mars et 8 juin 1873; — Qu'on ne saurait douter que ce ne fût dans le but d'avantager encore sa femme qu'il refusait de faire emploi des 30000 fr. dont s'agit, et qu'il n'ait réalisé ses intentions au moyen d'un don manuel; que les inductions aussi peu sûres que peu juridiques que l'on voudrait tirer de la réserve qu'imposait le respect du secret professionnel aux deux notaires entendus dans l'enquête, loin de contredire l'hypothèse d'un don manuel, la confirmeraient plutôt, s'il en était besoin; — Attendu qu'il résulte de ce qui précède que la veuve Omont détient la somme de 30000 fr. ; que, si blâmables que soient ses dénégations persistantes sur le fait même de la détention postérieure à ce fait, elles ne sauraient en changer

ou un recel, quand elle n'est pas suivie d'effet, ne saurait, comme on l'a dit au *Rép.* n° 2204, entraîner les peines des art. 1460 et 1477. Mais il serait inexact de dire, avec un arrêt (Caen, 24 janv. 1873, arrêt cassé par *Civ.* cass. 22 déc. 1874, aff. Avice, D. P. 75. 1. 125, V. *suprà*, n° 765) : « que l'art. 1477 ne s'applique, comme les termes dans lesquels il est conçu le prouvent, qu'au divertissement et au recel consommés, et non aux *tentatives* de ces quasi-délits ». La tentative suppose que l'intention s'est « manifestée par des actes extérieurs et qu'elle a été suivie d'un commencement d'exécution » (c. pén. art. 2); cela suffit pour qu'il y ait recel ou divertissement (Guillouard, t. 3, n° 1347).
— Il a été jugé qu'un époux doit être considéré comme ayant diverti ou recélé des effets de la communauté, par cela seul que cet époux a fait, lors de l'inventaire, des déclarations mensongères dans le but de s'attribuer des sommes ou valeurs appartenant à la communauté; il importe peu que la fraude soit restée à l'état de tentative, alors d'ailleurs que l'époux receleur n'a été amené à rétracter ses déclarations que par l'impossibilité de les maintenir en présence de la preuve acquise de leur fausseté (Paris, 22 juill. 1863) (1).

768. Il n'est, du reste, pas nécessaire pour qu'il y ait divertissement ou recel, que l'époux qui l'a commis ait profité personnellement des valeurs recélées; il suffit, par exemple, qu'il les ait dissimulées dans le but de les soustraire à l'action des créanciers de l'un des héritiers de l'époux prédécédé (Amiens, 2 juin 1869, aff. Brière, D. P. 69. 2. 181).

769. Au surplus, la décision du fond qui constate qu'il y a eu divertissement ou recel, ou qui déclare, au contraire, qu'il n'y a pas eu intention frauduleuse de la part de l'époux auquel on impute un divertissement, est souveraine et échappe à la censure de la cour de cassation (*Rép.* n° 2213; Civ. rej. 24 avr. 1872, aff. Busquet, 2° arrêt, D. P. 72. 1. 449; Req. 13 août 1873, aff. Perrier-Desloges,

D.P. 74. 1. 425; Civ. rej. 19 févr. 1879, aff. Brissy, D. P. 79. 1. 222).

770. La question de savoir si un mineur, ayant agi avec discernement, encourt les peines du divertissement et du recélé, est traitée au *Rép.* n° 2205. L'affirmative, que nous avons adoptée, se fonde sur ce que, aux termes de l'art. 1310 c. civ., le mineur n'est pas restituable contre les obligations dérivant de son délit ou de son quasi-délit (V. en ce sens: Laurent, t. 22, n° 384; Guillouard, t. 3, n° 1264; Comp. *Rép.* v° *Succession*, n° 644. — *Contra :* Rodière et Pont, t. 2, n° 1055; Aubry et Rau, t. 5, § 517, note 37, p. 422).

771. Les actes qui constituent le divertissement ou le recel peuvent avoir lieu, comme on l'a dit au *Rép.* n° 2206, même avant la dissolution de la communauté. Il y a, en effet, divertissement, d'après la jurisprudence, lorsque le mari, durant la communauté et en vue de sa dissolution, donne une quittance simulée à un débiteur pour s'approprier une créance commune, simule la vente d'un immeuble conquêt ou détruit les titres d'acquisition d'un tel immeuble (Poitiers, 17 juill. 1860, aff. Nicol, D. P. 60. 2. 195; Bordeaux, 22 août 1861, *suprà*, n° 763). — Il a même été décidé par la cour de cassation que, en cas de vente d'immeubles de communauté, faite par le mari à l'un de ses enfants, à une époque voisine du décès de la femme, et moyennant un prix qui n'a pas été retrouvé après ce décès, sans qu'il soit justifié d'aucune perte ni emploi quelconque de la somme dont l'enfant acheteur avait reçu quittance, la disparition de cette somme a pu être considérée comme constituant, de la part du mari et de son enfant, un recel ou un divertissement au préjudice de la communauté et donner lieu contre eux à l'application des art. 792 et 1477 c. civ. (Civ. rej. 27 nov. 1861, aff. Billiotte, D. P. 62. 1. 74).

772. Si le détournement ou le recel, commis par la femme ou par ses héritiers, ne se produisent qu'après la renonciation à la communauté, ces actes n'ont plus le même

---

rétroactivement le caractère en lui imprimant celui d'un détournement ou d'un recel; que *receler* et *divertir* sont, dans l'art. 1477 c. civ., aussi bien que dans l'art. 792, deux expressions corrélatives, qui supposent l'une et l'autre une possession illégitime dans son principe; que d'ailleurs, s'agissant de dispositions qui édictent une pénalité civile, on ne peut les étendre sous prétexte d'analogie; qu'il n'y a donc pas lieu de priver la veuve Omont de sa part dans les valeurs qui lui ont été données; qu'elle doit seulement en faire le rapport à la masse de la succession pour fixer la quotité disponible (art. 843 et 844 du même code); — Par ces motifs, infirme...
Du 26 févr. 1877.-C. de Rouen, 1re ch.-MM. Neveu-Lemaire, 1er pr.-Chrétien, subst.-Marais et Revelle, av.

(1) (Dauteuille *C.* Dauteuille.) — Le tribunal de la Seine avait rendu un jugement ainsi conçu : — « Quant à la simulation de la créance Dailly : — Attendu que, dans l'inventaire, Dauteuille a déclaré qu'il était dû 11000 fr. au sieur Dailly, et que deux pièces inventoriées, dont une est une sorte de carnet. d'effets à payer, et l'autre paraît être un projet de déclaration du passif pour l'inventaire, contenaient des mentions conformes; — Attendu que cette déclaration, et les deux mentions à l'appui sont fausses et mensongères; qu'il est constant et établi aujourd'hui par Dauteuille lui-même que par Dailly qu'il n'est dû que 2000 fr. à ce dernier, et que les 9000 fr. de solde, montant des deux billets souscrits en 1857 à l'ordre de Dailly par les époux Dauteuille ont été remboursés depuis longtemps; — Attendu que la prétention de Dauteuille d'attribuer cette altération de vérité à une erreur de clerc de notaire lors de l'inventaire est dérisoire; — Attendu qu'il ne peut davantage l'attribuer à une erreur de sa part; qu'en effet, les deux pièces inventoriées indiquaient les deux billets d'ensemble 9000 fr. comme payables le 31 juill. 1860; que la déclaration de l'inventaire a été faite ce jour-là même, et que Dauteuille ne peut prétendre avoir ignoré s'il avait ou non une somme de 9000 fr. à payer ce même jour; — Attendu d'ailleurs, que Dailly, interpellé à diverses reprises par la femme Dauteuille, tantôt par écrit, tantôt verbalement, a d'abord gardé le silence, puis répondu qu'il était encore créancier des 9000 fr. et détenteur des billets, bien que les billets en question ne pussent être entre ses mains que si Dauteuille les lui avait rendus momentanément par suite d'une combinaison frauduleuse entre eux; — Attendu que Dailly n'a dit la vérité et reconnu l'extinction de cette dette que sur la menace d'une plainte au procureur impérial; — Que la collusion entre lui et Dauteuille est certaine; — Attendu que tous ces faits prouvent une fraude préméditée et accomplie avec persistance; que, par sa fausse déclaration à l'inventaire, Dauteuille a donc mis à la charge de la communauté une dette mensongère de 9000 fr. pour s'attribuer cette somme à lui-même au moyen de

l'acquit de Dailly; — Que, par là, il a diverti 9000 fr. au préjudice de la communauté; que ce n'est pas volontairement qu'il a renoncé à ses prétentions, mais parce qu'il devenait impossible, en présence des aveux de Dailly et des menaces de poursuites de la femme Dauteuille d'y persister; — Qu'il doit, en conséquence, aux termes de l'art. 1477 c. civ., être privé de sa part dans ces 9000 fr...; — Par ces motifs, ordonne qu'il sera prélevé sur l'actif net de la communauté une somme de 9000 fr. dont il sera fait attribution exclusive à la femme Dauteuille le mari étant privé de sa portion dans ladite valeur; etc. ». — Appel principal par le sieur Dauteuille, et appel incident par la dame Dauteuille. — Arrêt:
LA COUR; — En ce qui touche l'appel incident de Dauteuille : — Adoptant les motifs des premiers juges; — Et considérant, sur le moyen de droit invoqué par l'appelant pour repousser l'application qui lui a été faite par le jugement de l'art. 1477 c. nap., qu'il suffit, pour que la pénalité portée par cet article soit encourue, que la fraude qu'il prévoit et réprime ait été commise dans l'inventaire, bien qu'elle soit demeurée à l'état de tentative non suivie d'effet; que, dans l'espèce, il en a été ainsi; — Considérant, d'ailleurs, qu'il ressort des circonstances relevées par le jugement que ce n'est pas spontanément que Dauteuille a renoncé au projet qu'il avait formé de dissimuler le payement de la créance Dailly, et de grever ainsi de cette créance l'actif de la communauté; qu'il n'a été amené à reconnaître, lors de la liquidation, le fait du payement que par l'impossibilité de maintenir ses déclarations à cet égard en présence de la preuve acquise de leur fausseté;
En ce qui touche l'appel principal de la femme Dauteuille : — Sur ses conclusions tendantes à ce qu'il soit dit, relativement aux 9000 fr. de la créance Dailly, que, par application de l'article précité, elle touchera la moitié de l'actif de la communauté, plus les 9000 fr. qui lui seront attribués exclusivement, et ce, sur la part de communauté revenant à son mari, et, en cas d'insuffisance, sur le montant des reprises de celui-ci ; — Considérant que l'art. 1477 n'inflige à celui des époux qui a diverti des effets de la communauté que la privation de sa portion dans lesdits effets; que cette pénalité est de droit étroit; qu'elle ne peut être étendue au delà des termes de la disposition qui la prononce; — Considérant qu'au moyen du prélèvement ordonné par les premiers juges, avec attribution exclusive du montant de ce prélèvement au profit de l'appelante, Dauteuille sera privé de sa portion dans les 9,000 fr. dont il s'agit; que cette mesure satisfait aux prescriptions de la loi, et que l'appelante ne peut demander davantage; — Adoptant au surplus, sur ce point, les motifs des premiers juges;... — Confirme, etc.
Du 22 juill. 1863.-C. de Paris, 4° ch.-MM. Henriot, pr.-Roussel, av. gén.-Jules Favre et Lachaud, av.

caractère; ils constituent alors une soustraction frauduleuse de la chose d'autrui, passible des peines du vol. L'opinion de M. Troplong, rapportée au *Rép.* n° 2210, d'après laquelle la femme ou ses héritiers devraient, dans ce cas, être réputés acceptants, s'il y avait eu connexité entre la renonciation et le détournement, si l'une avait eu pour but de faciliter ou de mieux dissimuler l'autre, est généralement repoussée par les auteurs, comme contraire à l'irrévocabilité de la renonciation (Marcadé, t. 5, art. 1460, n° 1; Rodière et Pont, t. 2, n° 1195; Aubry et Rau, t. 5, § 517, note 36, p. 421; Laurent, t. 22, n° 386; Guillouard, t. 3, n° 1266).

773. La femme, ainsi qu'on l'a décidé au *Rép.* n° 2211, ne pourrait pas se prévaloir elle-même du divertissement ou du recel qu'elle aurait commis, pour faire annuler sa renonciation. Le mari ou ses héritiers, de leur côté, ne sont pas obligés de se prévaloir de l'art. 1460 pour rendre la femme commune; ils peuvent donc à leur choix la traiter comme acceptante ou comme renonçante (Rodière et Pont, 2ᵉ éd., t. 2, n° 1159; Aubry et Rau, t. 5, § 517, note 35, p. 421; Guillouard, t. 3, n° 1267). — M. Laurent, t. 22, n° 385, soutient que la femme doit toujours être traitée comme acceptante, malgré sa renonciation; il invoque la généralité des termes de l'art. 1460 et l'intention du législateur, qui voulait empêcher que la femme renonçante ne pût être poursuivie comme voleuse. Mais l'art. 1460 a été édicté avant tout dans l'intérêt du mari ou de ses héritiers; il ne doit donc pas être retourné contre eux, et si le mari ou ses héritiers soutiennent que la renonciation doit être maintenue, la femme n'est pas recevable à invoquer sa propre faute pour faire considérer la renonciation comme non avenue.

774. Le divertissement ou le recel sont susceptibles d'être prouvés par tous les moyens ordinaires de preuve. Mais la preuve incombe à l'époux qui impute le divertissement à son conjoint (*Rép.* n° 2215 et suiv.). — Il a été jugé : 1° que le mari ne peut être réputé receler des valeurs appartenant à la communauté par cela seul qu'il ne justifie pas de l'emploi de toutes les sommes empruntées par lui comme chef de la communauté; c'est alors à la femme à prouver l'existence de dissimulations ou de détournements à son préjudice (Lyon, 18 déc. 1863, aff. B..., D. P. 68. 5. 81); — 2° Que si le mari ne justifie pas de l'emploi des sommes qu'il a reçues pour le compte de la communauté, ce défaut de justifications ne peut à lui seul être considéré comme la preuve du recel, pour l'application de l'art. 1477 c. civ. (Paris, 19 mai 1870, aff. Poulain, D. P. 71. 2. 40).

775. Si les objets divertis ou recélés sont spontanément restitués avant toutes poursuites, on reconnaît généralement que les peines portées par les art. 1460 et 1477 ne sont pas applicables (*Rép.* n° 2217). — Jugé que, si la loi prive l'époux survivant de sa part dans l'actif de la communauté par lui diverti ou recélé, elle n'a pas entendu appliquer cette disposition rigoureuse à celui qui, après une dissimulation

blâmable, a regretté de l'avoir faite, l'a réparée de son plein gré, et en a effacé les conséquences par une restitution complète effectuée, non seulement avant toute réclamation, mais même avant que les parties intéressées eussent connaissance des faits qui auraient pu la motiver (Paris, 7 août 1862) (1).

Mais, d'autre part, il a été décidé : 1° que l'époux qui a fait procéder à un inventaire incomplet et a caché frauduleusement ses livres de commerce, ne peut échapper à l'application de l'art. 1477 par des rétractations et des restitutions tardives, en offrant, par exemple, devant la cour d'appel, de produire ses livres de commerce (Req. 27 mai 1872, cité *suprà*, n° 766); — 2° Que, si l'auteur d'un divertissement peut effacer sa faute en réparant le préjudice qu'elle a causé, c'est à la condition que la réparation soit volontaire et spontanée; par suite, le mari survivant qui, après avoir omis sciemment de déclarer dans l'inventaire, dressé après le décès de la femme, certaines valeurs appartenant à la communauté, a ensuite révélé l'existence de ces valeurs dans un supplément d'inventaire, n'en reste pas moins soumis aux peines du recel, s'il ne s'est décidé à faire cette révélation qu'après avoir appris que les omissions par lui commises étaient connues des ayants cause de sa femme (Rennes, 29 mars 1879, aff. Rouxel, D. P. 80. 2. 139); — 3° Que le divertissement réprimé par l'art. 1477 c. civ. est accompli lorsque l'époux receleur, qui a maintenu sa prétention dans les contredits formés contre le procès-verbal de liquidation et dans ses conclusions d'audience, ne s'en est désisté qu'après les enquête et contre-enquête ordonnées ou après le jugement définitif (Dijon, 14 mai 1879, aff. Renault-Baret, D. P. 80. 2. 138).

776. Sur la question de savoir si l'art. 1460 est applicable à la femme séparée de corps ou de biens ou divorcée, nous nous sommes prononcés au *Rép.* n° 2220 pour la négative, par la raison que cet article parle de « la veuve », et que sa disposition, qui a un caractère pénal, ne doit pas être étendue (V. en ce sens : Rodière et Pont, t. 2, n° 1158). L'affirmative est soutenue par MM. Laurent, t. 22, n° 387, et Guillouard, t. 3, n° 1265. Ces auteurs prétendent que, sous un certain rapport, l'art. 1460 est une disposition de faveur pour la femme, attendu que, si on ne la considérait pas comme acceptante, il faudrait la déclarer coupable de vol. D'autre part, disent-ils, il n'y a aucun motif de distinguer entre la veuve et la femme séparée ou divorcée; l'une et l'autre, si elles commettent un divertissement ou un recel, sont également coupables. Si l'art. 1460 n'a parlé que de la veuve, c'est à cause de la place que ce texte occupe, et parce que les art. 1456 à 1461 traitent de la dissolution de la communauté par la mort du mari. Mais l'art. 1460 doit être interprété par l'art. 1477, qui punit le divertissement commis par l'un ou par l'autre époux, sans distinguer de quelle manière la communauté s'est dissoute.

---

(1) (Quenardel C. Quenardel.) — La cour; — Considérant que la demande formée par les intimés, le 27 juill. 1858, a pour objet l'application à François Quenardel, leur père, de l'art. 1477 c. nap., qui prive l'époux survivant de sa portion dans les effets de la communauté par lui divertis ou recélés, la restitution en capital et intérêts de l'intégralité de valeurs actives dépendant de la communauté qui avait existé entre lui et sa première femme, mère des intimés, valeurs qu'il aurait omis sciemment de déclarer et de faire comprendre dans l'inventaire dressé après le décès de celle-ci le 16 nov. 1831; — Considérant que si François Quenardel s'est borné, dans ledit inventaire, à déclarer des créances actives pour une somme de 300 fr. tandis qu'il en est constant qu'il en existait de plus importantes, il résulte de l'acte de liquidation et partage de ladite communauté du 18 déc. 1842, que Quenardel père a, lors de ces opérations, déclaré à ses enfants qu'il avait opéré des recouvrements auxquels il ne s'attendait pas; que, pour les désintéresser des droits qu'ils pouvaient avoir dans les sommes par lui reçues, il a renoncé à réclamer des frais divers à leur charge, frais par lui payés pour eux, et fait abandon du quart à lui revenant dans la succession de l'une de ses filles décédées; qu'il a, en outre, renoncé par le même acte à leur profit la toute propriété que le testament par lequel sa femme lui léguait la pleine propriété des biens meubles, objets et effets mobiliers, et l'usufruit des biens immobiliers qu'elle laisserait à son décès; — Que cette intention ainsi manifestée de ne pas profiter des omissions contenues dans l'inventaire et de ne pas avantager les enfants du second lit de valeurs par lui diverties, résulte encore de l'absence de toute

donation en faveur de sa seconde femme, et de ce qu'en 1853, après avoir constitué une dot de 1750 fr. à une fille du second lit, il a fait donation de pareille somme à chacun de ses autres enfants; — Considérant que, si la loi prive l'époux survivant de sa part dans l'actif de la communauté par lui diverti ou recélé, elle n'a pas entendu appliquer cette disposition rigoureuse à celui qui, après une dissimulation blâmable, a regretté de l'avoir faite, l'a réparée de son plein gré, et en a effacé les conséquences par une restitution complète effectuée, non seulement avant toute réclamation, mais même avant que les parties intéressées eussent connaissance des faits qui auraient pu la motiver; — Considérant que c'est à la liquidation, lorsqu'il s'agissait de régler et déterminer leurs droits dans l'actif de la communauté, que les enfants Quenardel ont appris par la déclaration de leur père, ce qu'ils avaient ignoré jusqu'alors, que l'inventaire ne comprenait pas toutes les créances actives; que si une action fondée sur ce fait a été formée par eux, elle ne l'a été que dix-huit années plus tard; que la restitution qui a suivi cette déclaration a donc été, de la part de Quenardel, volontaire et toute spontanée; — Que cette restitution faite par lui ayant été volontaire et complète, il ne pouvait plus être recherché à raison de la dissimulation contenue dans l'inventaire de 1831, et être passible des conséquences pénales que la loi attache aux faits de cette nature, lorsqu'ils n'ont pas été effacés spontanément et intégralement par celui qui les a commis;

Par ces motifs, etc.

Du 7 août 1862.-C. de Paris, 2ᵉ ch.-MM. Eugène Lamy, pr.-Sapey, av. gén.-Gressier et Leblond, av.

777. Si l'époux coupable d'avoir diverti ou recélé des effets de communauté est décédé sans les avoir restitués, son héritier peut-il exciper de sa bonne foi personnelle pour se soustraire aux conséquences du recel? Non, en principe, car il s'agit d'une réparation civile; les héritiers, sous ce rapport, n'ont d'autre droit que leur auteur, et ils sont tenus de ses dettes (V. *Rép.* n°s 2221 et suiv.). Toutefois, comme le remarque M. Laurent, t. 23, n° 26, il faut voir, si l'époux coupable pouvait encore se repentir au moment où il est venu à mourir; dans ce cas, il n'y a aucun droit acquis pour la partie lésée; par suite les héritiers peuvent, comme l'époux l'aurait pu lui-même, échapper aux conséquences du recel en restituant ce que leur auteur avait détourné. Mais si, lors du décès de celui-ci, l'autre époux ou ses héritiers avaient connaissance du recel, le coupable ne pouvant plus se repentir et l'autre partie ayant un droit acquis à

l'application de la peine, les héritiers sont alors obligés de subir cette peine. — Jugé, en ce sens, que la déchéance édictée par l'art. 1477 est applicable aux héritiers de l'époux receleur comme à cet époux lui-même, et que leur situation est identique à celle de leur auteur; qu'ainsi, ils ne peuvent être relevés de la déchéance que lorsque, ayant connaissance du recel, ils vont au-devant de la restitution, l'opèrent spontanément et avant toute poursuite (Trib. Auxerre, 16 févr. 1881 (1). — Comp. Paris, 7 août 1858, aff. Baudouin, D. P. 58. 2. 188 ; Douai, 24 févr. 1870, et sur pourvoi, Req. 21 nov. 1871, aff. Luzet, D. P. 72. 1. 189).

778. La demande qui a pour objet de faire déclarer commune une veuve qui a commis un recel peut être formée avant l'expiration du délai de trois mois et quarante jours pendant lequel elle doit faire inventaire et opter entre

(1) (Maire C. Maire.) — Le tribunal ; — Attendu que les consorts Maire prétendent que les valeurs mobilières trouvées dans la succession de la veuve Maire, décédée femme Pinon, et déposées entre les mains de M° Denis, notaire à Chablis, ont été diverties de la communauté, ayant précédemment existé entre cette dernière et le sieur Maire ; — Qu'en vertu de l'art. 1477 c. civ., ils demandent que ces valeurs leur soient attribuées à l'exclusion des héritiers de la dame Pinon ; — En fait, etc. ;

En droit : — Attendu que l'art. 1477 prive celui des époux qui a diverti ou recélé quelques effets de la communauté de sa portion dans lesdits effets; — Attendu qu'une jurisprudence et une doctrine presque unanimes considèrent le recel d'objets, prévu par l'art. 1477, non comme un délit dont l'époux coupable doit être seul puni par la déchéance de ses droits, mais comme un simple fait dommageable dont les héritiers sont responsables, et pour lequel ils doivent subir la déchéance encourue par leur auteur ; — Attendu que les héritiers Pinon ne sauraient, par suite, repousser l'application de cet article sous prétexte qu'ils n'auraient personnellement commis aucun divertissement ; — Mais attendu que s'il est également unanimement reconnu par la jurisprudence et la doctrine que l'art. 1477 ne s'applique que lorsqu'il est constant en fait que l'époux a eu l'intention de commettre une fraude pour dépouiller les héritiers de son conjoint ; que la déchéance n'est pas encourue lorsque les omissions commises dans l'inventaire n'ont pas eu lieu de mauvaise foi ; — Attendu qu'il y a lieu de rechercher si, en s'attribuant la majeure partie des valeurs mobilières composant l'actif de la communauté, la dame Pinon a agi de bonne foi, sous l'empire d'une conviction sincère ; — Attendu qu'un examen attentif de la cause ne permet pas d'admettre une pareille hypothèse ; que tous les agissements de la veuve Maire, après le décès de son mari, ont eu pour but de cacher aux héritiers de son mari l'importance réelle de la communauté ; — Attendu que, si la veuve du sieur Maire eût agi avec quelque sincérité, sous l'empire, comme le prétendent ses héritiers, de cette croyance erronée que les valeurs mobilières apportées par un époux dans la communauté lui restent propres, elle n'aurait pas à ce point dissimulé l'existence desdits effets que l'inventaire n'en contienne aucune trace; elle n'aurait point déclaré des valeurs jusqu'à concurrence d'une somme de 7000 fr. et gardé le silence sur la plus forte portion de l'actif de communauté ; — Attendu que ce qui vient même démontrer jusqu'à l'évidence l'intention de fraude de la part de la veuve, c'est la clause portant transaction insérée dans l'acte de partage du 3 août 1876 ; — Attendu qu'aux termes des art. 2044, 2048 et 2049 c. civ., dont les principes sont applicables au partage de succession en vertu de l'art. 888, cette transaction ne saurait avoir la moindre valeur juridique; qu'une transaction, comme le mot l'indique et comme le rappelle expressément l'art. 2044, suppose une contestation née ou à naître ; que, dans l'espèce, il n'y avait aucune contestation entre la veuve et les héritiers Maire, et qu'il ne pouvait y en avoir aucune, la nature même des valeurs excluant toute difficulté relativement à leur partage ; que, dans tous les cas, en supposant même la transaction valable, elle ne pouvait porter que sur les valeurs reconnues existantes et énumérées dans l'acte de partage (c. civ. art. 2048, 2049) ; — Attendu que, si la transaction ne saurait sortir effet en tant que transaction, elle peut du moins être consultée comme un précieux renseignement à l'effet d'apprécier le degré de sincérité de la veuve Maire ; — Attendu que par cet acte la veuve Maire a cru se mettre à l'abri des revendications ultérieures des héritiers de son mari; qu'elle a pensé régulariser une situation dont elle comprenait tous les dangers ; que c'est là ce qui explique sa sécurité relative et le peu de soin qu'elle a pris par la suite à dissimuler l'existence de valeurs qu'elle croyait s'être fait siennes définitivement par une transaction à laquelle elle attribuait une force inattaquable ; — Attendu que l'intention de divertir de la part de la veuve Maire a donc été certaine; que cette intention s'est réalisée par un divertissement effectif, puisque la veuve Maire est décédée après avoir eu la jouissance exclusive des valeurs

détournées qu'elle transmettait à ses héritiers comme des biens composant sa succession;

Attendu que les héritiers ne venant à une succession que comme représentant leur auteur ne peuvent avoir d'autres droits que ceux qu'il leur a transmis; qu'ils sont substitués en son lieu et place, qu'ils continuent sa personne (*defuncti personam sustinent*, disent les jurisconsultes romains) ; qu'ils ne sauraient avoir une situation ni meilleure, ni pire;

Attendu que la jurisprudence et la doctrine sont presque unanimes pour atténuer la portée de l'art. 1477, formulé en termes dont la rigueur paraîtrait excessive s'ils étaient interprétés à la lettre même du texte; que cette atténuation ne fait pas faire l'application de la peine du recel à l'époux qui, de lui-même, par un retour de conscience trop honorable pour ne pas être encouragé, va au-devant de toute revendication, et restitue les objets qu'il a divertis ; que cette interprétation de l'art. 1477 n'est pas seulement dictée par des raisons de haute moralité, qu'elle s'inspire aussi de l'intérêt bien entendu des héritiers frustrés; qu'elle facilite certaines restitutions que la loi est impuissante à atteindre, et qui ne sont souvent connues que par les révélations de ceux-là mêmes qui ont commis les détournements; — Mais attendu que l'aveu spontané seul relève de la déchéance de l'art. 1477 ; que la restitution, pour être efficace, doit intervenir avant toute poursuite; qu'une fois les poursuites commencées par les héritiers frustrés, la peine du recel est encourue, l'art. 1477 s'applique dans toute sa rigueur; — Attendu que la dame Pinon, ci-devant veuve Maire, est décédée sans avoir restitué les valeurs par elle diverties; qu'en son lieu et place se trouvent actuellement ses héritiers; que, s'il a paru moral et utile de stimuler le repentir de l'époux, il est juste de ne pas refuser la même faveur à ses héritiers, qui, eux, ne sont pas les auteurs du recel ; — Mais attendu que cette considération ne saurait non plus modifier la situation de ceux qui ont eu à souffrir du divertissement ; que si on faisait aux héritiers de l'époux receleur une situation meilleure qu'à l'auteur, sous prétexte qu'ils n'ont pu participer à la fraude, on encouragerait les dissimulations à outrance au lieu de faciliter les révélations spontanées ; — Attendu qu'il faut donc reconnaître, au point de vue de l'application de l'art. 1477, aux héritiers de l'époux receleur ni plus ni moins de droits qu'à leur auteur ; que, comme leur auteur, ils ne peuvent être relevés de toute déchéance que lorsque, ayant connaissance du recel, ils vont au-devant de la restitution, l'opèrent spontanément et avant toute poursuite; que toute résistance de leur part leur fait encourir l'application de l'art. 1477 comme leur auteur l'aurait encourue; que, dans le procès qui intervient, ce n'est pas de la bonne foi des héritiers qu'il s'agit, mais de celle de leur auteur; que, lorsque le divertissement est reconnu et prouvé, l'art. 1477 ne peut être évité; quelque intéressante que puisse être souvent la situation particulière des héritiers de l'époux receleur ; — Attendu que les héritiers Pinon ne pouvaient avoir aucun doute sur la nature des valeurs laissées par leur auteur dans sa succession ; qu'en laissant une action se former contre eux, qu'en soutenant la bonne foi de leur auteur, la validité de l'acte de partage du 3 août 1876 et de la transaction qui s'y trouve renfermée, ils ont opposé aux légitimes revendications des consorts Maire la résistance la plus extrême qui fût en leur pouvoir; qu'ils ont déclaré, il est vrai, dans l'inventaire, et qu'ils ont renouvelé ensuite dans leurs conclusions que « pour le cas où les consorts Maire établiraient clairement la lésion à leur préjudice, ils étaient tout prêts à compléter leur part héréditaire; » que cette déclaration était absolument insuffisante; qu'ils réduisaient les consorts Maire à la nécessité d'un procès; qu'ils les obligeait à faire la preuve du divertissement ; que cette preuve une fois faite ne permet plus d'apporter la moindre atténuation à l'art. 1477 dont la déchéance est encourue ; que telle est actuellement la situation des héritiers Pinon; — Par ces motifs ; — Dit que les héritiers et représentants de la dame Pinon seront privés de leurs droits dans les valeurs détournées par la femme Pinon.

Du 16 févr. 1881.-Trib. civ. d'Auxerre.-MM. Ruben de Couder, pr.-Courot, proc., c. contr.

l'acceptation ou la renonciation (Rennes, 22 déc. 1847, aff. Lemoine, D. P. 49. 2. 110).

779. L'action qui naît du divertissement ou du recel se prescrit par trente ans et non par le laps de temps applicable aux actions pénales, sauf dans le cas où le divertissement aurait été commis après la renonciation (*Rép.* n° 2226. — Comp. *ibid.* n° 2210, et *suprà*, n° 772). — Jugé que l'action de l'héritier d'un époux décédé tendant à établir que des recélés considérables auraient été commis par l'époux survivant, son tuteur, dans l'inventaire de la communauté, se prescrit par trente ans, conformément à l'art. 2262 c. civ., et non pas seulement par dix ans, suivant l'art. 475 ; et que l'approbation donnée par l'héritier au compte de tutelle rendu par l'époux survivant, ne saurait constituer une fin de non-recevoir contre cette action, alors que le compte n'était pas relatif au règlement de la communauté et ne contenait rien qui pût révéler les omissions commises dans l'inventaire (Angers, 10 déc. 1851, aff. Clorennec, D. P. 56. 5. 80. — Comp. *Rép.* n° 2227).

780. — VI. Héritiers de la femme (*Rép.* n°s 2230 à 2234). — En ce qui concerne les héritiers de la femme, deux hypothèses sont à distinguer. — La première est celle où la communauté s'est dissoute par la mort du mari et où la femme, ayant survécu, vient à décéder. L'art. 1461 c. civ. accorde alors un nouveau délai aux héritiers de la veuve, pour faire inventaire ou pour prendre parti, si les délais qu'avait la veuve ne sont pas expirés (V. *Rép.* n° 2230). L'obligation, dont était tenue la veuve, de faire inventaire pour conserver la faculté de renoncer, se transmet, dans ce cas, à ses héritiers avec les droits recueillis dans sa succession (V. Req. 19 mars 1878, cité *infrà*. n° 781).

781. La seconde hypothèse est celle où la communauté s'est dissoute par le décès de la femme. En ce cas, aux termes de l'art. 1466 c. civ., les héritiers de la femme « peuvent renoncer à la communauté dans les délais et dans les formes que la loi prescrit à la femme survivante » (*Rép.* n° 2232). Mais ces héritiers sont-ils tenus, comme la femme survivante, de faire inventaire, pour conserver au delà de trois mois la faculté de renoncer ? Nous avons admis l'affirmative au *Rép.* n° 2233, et en nous appuyant sur les termes de l'art. 1466 et sur les travaux préparatoires du code (V. en ce sens : Lyon, 9 juin 1876, aff. Buisson, D. P. 78. 2. 13 ; Rodière et Pont, t. 2, n° 1174 ; Aubry et Rau, t. 5, § 517, note 33, p. 420 et suiv. ; Laurent, t. 22, n° 428). Mais l'opinion contraire a prévalu dans la jurisprudence. Elle a été consacrée notamment par un arrêt de la chambre des requêtes, ainsi conçu : « Attendu qu'aux termes de l'art. 1456 c. civ., la femme commune en biens, qui veut conserver la faculté de renoncer à la communauté doit, dans les trois mois du décès du mari, faire faire un inventaire fidèle et exact de tous les biens de la communauté, contradictoirement avec les héritiers du mari, ou eux dûment appelés ; — Que si la veuve meurt avant l'expiration du délai fixé par la loi sans avoir fait ou terminé l'inventaire, son obligation, quant à ce, se transmet à ses héritiers, avec les droits recueillis dans sa succession ; — Que l'art. 1461 c. civ. règle, pour ce cas, les formalités que les héritiers sont tenus d'accomplir, et porte, dans son paragraphe final, que ceux-ci peuvent renoncer à la communauté *dans les formes ci-dessus établies*, ce qui ne peut s'entendre que des formes prescrites par l'art. 1457 c. civ. ; — Attendu que, dans le cas de dissolution de la communauté par la mort de la femme, l'art. 1466 c. civ., sans parler de l'inventaire, qui n'est point une forme de la renonciation, mais une condition de sa validité pour la situation déterminée par l'art. 1456, déclare que les héritiers peuvent renoncer à la communauté dans les délais et *dans les formes* que la loi prescrit à la femme survivante ; — Que le mot *formes* employé par le législateur dans cet article, n'a pas d'autre sens que celui du paragraphe final de l'art. 1461, et s'interprète comme lui par les dispositions de l'art. 1459 c. civ. ; — Attendu que, sous l'empire du droit coutumier, et notamment de la coutume de Paris, la renonciation à la communauté, de la part de la femme ou de ses héritiers, n'était subordonnée à la confection d'un inventaire que lorsque la communauté se dissolvait par la mort du mari ; — Que le code civil n'ayant pas dérogé à cette règle par un texte formel, il faut tenir pour constant qu'il l'a maintenue » (Req. 19 mars 1878, aff. Lippmann,

D. P. 78. 1. 218. V. dans le même sens : Poitiers, 17 déc. 1831, aff. Biton, D. P. 54. 2. 138 ; Douai, 14 mai 1855, aff. Boin-Baude, D. P. 55. 2. 251 ; Lyon, 15 avr. 1856, aff. Piot, D. P. 56. 2. 200 ; Poitiers, 6 mai 1863, aff. Gustin, D. P. 63. 2. 126 ; Bordeaux, 2° ch., 23 mars 1865, aff. Leyraud *C.* Degorce-Dugenet,-MM.Degranest-Touzin, pr.-Dulamon, av. gén.-Carbonnier, av. ; C. cass. Belgique,14 janv. 1875, aff. Gouttier, D. P. 77. 2. 213 ; Rennes, 29 janv. 1885, aff. Lallement, D. P. 86. 2. 128 ; Marcadé, t. 5, art. 1466 ; Colmet de Santerre, t. 6, n° 123 *bis* II ; Guillouard, t. 3, n°s 1298 et suiv.).

782. Quant au droit pour les héritiers de la femme d'accepter ou de renoncer chacun individuellement, V. *Rép.* n°s 2426 et suiv., et *infrà*, n° 870 et suiv.

783. — VII. Femme divorcée ou séparée de corps (*Rép.* n°s 2235 à 2248). — Si la communauté se dissout par le divorce ou la séparation de corps, la femme, aux termes de l'art. 1463 c. civ., est censée y avoir renoncé, si elle ne l'a point acceptée dans les trois mois et quarante jours après la prononciation définitive du divorce ou de la séparation et si, d'ailleurs, elle n'a point obtenu de prorogation de délai, contradictoirement avec le mari ou lui dûment appelé. — Le délai de trois mois et quarante jours court du jour où le jugement a acquis l'autorité de la chose jugée par l'expiration des délais d'appel (V. *Rép.* n° 2129 ; Rodière et Pont, t. 2, n° 1042 ; Aubry et Rau, t. 5, § 517, note 15, p. 415 ; Laurent, t. 22, n° 408 ; Guillouard, t. 3, n° 1296). Il en est ainsi, même si le mari acquiesce au jugement de séparation ou de divorce, car en cette matière, qui est d'ordre public, l'acquiescement du mari ne peut modifier les règles de la loi (*Rép.* n° 2130 ; Guillouard, *ibid.*).

784. La présomption de renonciation établie par l'art. 1463 est-elle absolue, en ce sens que, après l'expiration du délai de trois mois et quarante jours, la femme soit déchue du droit d'accepter? La négative est soutenue par M. Colmet de Santerre, t. 6, n° 119 *bis* II : « L'art. 1463, observe-t-il, ne dit pas, comme l'art. 1460, que la femme est déclarée renonçante, mais qu'elle est *censée avoir renoncé*, expressions qui caractérisent bien une présomption, c'est-à-dire une conséquence tirée d'un fait connu à un fait inconnu. D'après la théorie des présomptions, une présomption légale peut être combattue par des preuves contraires, quand on ne se trouve pas dans les conditions de l'art. 1352 ; par conséquent, la femme pourrait détruire l'effet de la présomption en faisant acte d'acceptation. De même que la veuve, présumée acceptante, peut renoncer après les délais, de même la femme séparée de corps, présumée renonçante, peut accepter. Son droit ne serait prescrit que par l'expiration du laps de trente ans. » Mais cette opinion est généralement repoussée ; elle s'accorde mal, en effet, avec le texte de l'art. 1463, qui dit que la femme est censée avoir renoncé, « à moins qu'étant encore dans le délai, elle n'en ait obtenu la prorogation en justice ». Si la femme est tenue de demander une prorogation de délai pour pouvoir encore accepter après les trois mois et quarante jours, c'est donc qu'à défaut de prorogation, l'acceptation ne lui est plus permise. — Jugé, en ce sens, que la présomption de renonciation à la communauté résultant, pour la femme séparée de corps, de sa non-acceptation dans les trois mois et quarante jours de la séparation définitivement prononcée et de l'absence d'une prorogation de délai, met obstacle à toute acceptation ultérieure (Agen, 21 déc. 1869, aff. Larribault, D. P. 70. 2. 160).

785. La femme ne pourrait-elle pas, du moins, se faire relever de la déchéance encourue par l'expiration du délai, en se prévalant de circonstances qui l'auraient empêchée de faire son option en temps utile? Non, encore, d'après la plupart des auteurs (Marcadé, t. 5, art. 1463, n° 2 ; Aubry et Rau, t. 5, § 517, note 16, p. 415 ; Laurent, t. 22, n° 411 ; Guillouard, t. 3, n° 1297). Cependant il a été jugé que le défaut, par la femme séparée de corps, d'acceptation expresse de la communauté dans le délai fixé par l'art. 1463 c. civ. n'emporte pas, au profit du mari, renonciation de la part de celle-ci, alors que des contestations, qu'il n'a pas dépendu d'elle de faire cesser, l'ont empêchée de consommer son option et que le mari a consenti à la prolongation des délais, en renonçant par ses agissements à se prévaloir contre la femme de leur expiration (Rennes, 26 juin 1851,

aff. Coicaud, D. P. 52. 2. 246. V. aussi Colmar, 8 août 1833, *Rép.* n° 2131. Comp. *suprà*, n° 753). — A plus forte raison en est-il ainsi lorsque la non-acceptation de la femme dans le délai légal a été causée par des manœuvres frauduleuses du mari, destinées à la tromper sur les forces de la communauté (Bruxelles, 16 févr. 1856, aff. Walraevens *C.* Verhewick, *Pasicrisie belge*, 1857. 2. 288).

786. — VIII. Femme séparée de biens (*Rép.* n°s 2249 à 2251). — On ne conteste plus aujourd'hui que la femme qui a obtenu sa séparation de biens a le droit d'accepter la communauté, si elle croit y trouver son avantage (*Rép.* n° 2249; Rodière et Pont, t. 2, n° 1038; Colmet de Santerre, t. 6, n° 105 *bis* II ; Laurent, t. 22, n°s274; Guillouard, t. 3, n° 1158). On discute seulement la question de savoir si la femme séparée de biens doit être présumée renonçante, comme la femme divorcée ou séparée de corps, lorsqu'elle ne s'est pas prononcée dans les trois mois et quarante jours à dater de la séparation. Quelques auteurs soutiennent que la règle de l'art. 1463 ne doit pas être étendue au cas de séparation de biens parce qu'elle constitue une présomption légale et une exception au principe général de l'art. 1453, d'après lequel la femme peut à son choix accepter ou renoncer (Colmet de Santerre, t. 6, n° 120 *bis* ; Laurent, t. 22, n° 407). Mais l'opinion contraire, qui considère l'art. 1463 comme applicable en cas de séparation de biens de même qu'en cas de séparation de corps, prévaut dans la doctrine et dans la jurisprudence (V. outre les arrêts et les auteurs cités au *Rép.* n° 2250 : Agen, 14 mai 1861, aff. Azéma, D. P. 61. 2. 226 ; Rodière et Pont, t. 2, n° 1041 ; Marcadé, t. 5, art. 1463, n° 3 ; Aubry et Rau, t. 5, § 517, note 13, p. 415; de Folleville, t. 1, n°s 472 et 474).

787. Quant au point de départ du délai de trois mois et quarante jours, il y a lieu d'appliquer ce qui a été dit *suprà*, n° 783.

788. — IX. Femme du mort civilement (*Rép.* n° 2252). — L'art. 1462 c. civ., qui déclarait applicables aux femmes des individus morts civilement les dispositions des art. 1456 et suiv., se trouve sans intérêt depuis l'abolition de la mort civile, prononcée par la loi du 31 mai 1854 (D. P. 54. 4. 91).

789. — X. Créanciers ; leur droit d'attaquer la renonciation (*Rép.* n°s 2253 à 2261). — Les créanciers de la femme ou de ses héritiers peuvent attaquer la renonciation faite en fraude de leurs droits (c. civ. art. 1167 et 1464). Les créanciers ont-ils alors à prouver, non seulement que la renonciation leur porte préjudice, mais encore qu'elle a été faite avec l'intention de leur nuire ? Nous avons admis au *Rép.* n° 2254 qu'il suffisait que les créanciers prouvassent le préjudice, ainsi qu'on le décide généralement pour les actes purement abdicatifs, tels que les actes de renonciation à une succession ou à un usufruit (V. *Rép.* v° *Obligations*, n°s 971 et suiv.). Cependant un certain nombre d'auteurs pensent que les créanciers doivent établir, en outre, le *consilium fraudis* de la part de la femme; ils se fondent sur les termes de l'art. 1464, d'après lequel les créanciers peuvent attaquer la renonciation « faite *en fraude* de leurs créances »; ces expressions, suivant eux, ne permettent pas de traiter la renonciation à la communauté comme les renonciations à une succession ou à un droit d'usufruit (Larombière, *Traité des obligations*, t. 1, art. 1167, n° 14 ; Demolombe, *Contrats et obligations*, t. 2, n° 195 ; Colmet de Santerre, t. 6, n° 121 *bis* ; Laurent, t. 22, n° 418; Guillouard, *Etude sur l'action paulienne*, p. 192 et suiv., et *Contrat de mariage*, t. 3, n° 1303). A notre avis, l'art. 1464, qui reproduit exactement les termes de l'art. 1167 c. civ., ne doit pas être considéré comme emportant dérogation aux principes généraux qui régissent l'action paulienne, et, puisque, d'après ces principes, la preuve du préjudice suffit pour faire tomber les actes par lesquels le débiteur abdique purement et simplement un certain droit, il n'y a pas lieu de traiter la renonciation à la communauté autrement que toute autre renonciation (Rodière et Pont, t. 2, n° 1199 ; Aubry et Rau, t. 5, § 517, note 22, p. 416).

Sect. 11. — Droit de la veuve a la nourriture, a l'habitation et au deuil (*Rép.* n°s 2262 à 2289).

790. — I. Nourriture (*Rép.* n°s 2262 à 2273). — L'art. 1465 c. civ. accorde à la veuve, soit qu'elle accepte, soit qu'elle renonce, « le droit, pendant les trois mois et quarante jours qui lui sont accordés pour faire inventaire et délibérer, de prendre sa nourriture et celle de ses domestiques sur les provisions existantes, et, à défaut, par emprunt au compte de la masse commune, à la charge d'en user modérément ». Deux questions se sont élevées quant à la durée de ce droit de la veuve. On s'est demandé d'abord s'il doit durer pendant trois mois et quarante jours, lorsque la veuve a fait inventaire et pris parti avant la fin de ce délai. Plusieurs auteurs soutiennent que la femme cesse de jouir de ce droit, dès que l'inventaire est fait et que les quarante jours à compter de la clôture de cet acte sont écoulés. Ils argumentent de ce que la loi a accordé cet avantage à la veuve, non pas d'une manière absolue, *pendant trois mois et quarante jours*, mais *pendant les trois mois et quarante jours qui lui sont accordés pour faire inventaire et délibérer* (Marcadé, t. 5, art. 1465, n° 1; Aubry et Rau, t. 5, § 517, note 39, p. 423 ; Colmet de Santerre, t. 6, n° 122 *bis* 1). Cette opinion, contre laquelle nous nous sommes déjà prononcés au *Rép.* n° 2266, nous paraît attacher trop d'importance à une forme de rédaction. Le bénéfice accordé à la veuve d'être nourrie aux frais de la communauté est motivé, comme le dit la cour de cassation (Arrêt du 15 déc. 1873, mentionné ci-après par un sentiment d'humanité et de haute convenance; il ne doit donc pas être réduit, parce que l'inventaire sera fini plus ou moins tôt. De plus, il ne faut pas que la veuve ait intérêt à retarder l'inventaire pour profiter plus longtemps de ce bénéfice. C'est donc à bon droit, selon nous, qu'il a été décidé par plusieurs arrêts que la veuve a droit à sa nourriture pendant trois mois et quarante jours, même lorsque l'inventaire est terminé avant les trois mois (Metz, 10 mai 1860, aff. Moreau, D. P. 61. 5. 89 ; Rouen, 12 mai 1871, aff. de la Folie, D. P. 72. 2. 203, et sur pourvoi, Civ. rej. 15 déc. 1873, D. P. 74. 1. 113. V. dans le même sens : Rodière et Pont, t. 2, n° 1030 ; Laurent, t. 22, n° 440 ; Guillouard, t. 3, n° 1308).

791. En second lieu, on prétend que si la veuve a obtenu une prorogation du délai de trois mois et quarante jours que la loi lui accorde pour faire inventaire et délibérer, elle aura droit pour cela même à la nourriture pendant la prorogation. Le motif d'humanité, dit-on, qui a inspiré les dispositions de l'art. 1465, s'oppose à ce que la condition de la veuve soit changée avant qu'elle ait pris un parti définitif, et en outre, comme l'art. 1465 § 2, accorde à la veuve, pendant le même délai de trois mois et quarante jours le droit de rester dans la maison habitée par les époux avant la dissolution de la communauté, il ne faut pas qu'on vienne l'expulser de cette maison tant qu'elle n'a pas pu achever l'inventaire et prendre un parti définitif (Marcadé, t. 5, art. 1465, n° 1 ; Aubry et Rau, t. 5, § 517, note 39, p. 423; Colmet de Santerre, t. 6, n° 122 *bis* I; Guillouard, t. 3, n° 1309). — Ici encore nous croyons devoir persister dans l'opinion exprimée au *Rép.* n° 2266, d'après laquelle la durée du droit de la veuve à la nourriture et à l'habitation est invariablement de trois mois et quarante jours. Pour l'étendre davantage, même dans le cas où la veuve obtient une prorogation du délai, il faudrait, selon nous, que la loi l'eût permis. Il ne conviendrait pas non plus que la veuve fût intéressée à solliciter une prorogation par l'avantage de jouir plus longtemps de sa nourriture, ni que les héritiers du mari eussent intérêt par le même motif à s'opposer à la demande de prorogation. Ce n'est pas seulement, en définitive, pendant le délai nécessaire pour faire inventaire et délibérer que la femme peut avoir des raisons de rester dans l'habitation commune; souvent elle devra y rester jusqu'au partage, et cependant la faveur dont il s'agit ne saurait lui être accordée jusque-là (V. en ce sens : Rodière et Pont, t. 2, n° 1030; Laurent, t. 22, n° 440).

792. La nourriture à laquelle la veuve a droit comprend, d'après l'art. 1465, la sienne propre et celle de ses domestiques (*Rép.* n° 2270). Quant à la nourriture des enfants, les auteurs sont divisés. Les uns estiment que la veuve n'a nullement le droit de mettre leur entretien à la charge de la communauté, qu'il s'agisse d'enfants communs ou d'enfants d'un premier lit (Marcadé, t. 5, art. 1465; Laurent, t. 22, n° 438). Les autres accordent le droit à la nourriture pour les enfants communs, mais le refusent en ce qui concerne les enfants d'un premier lit (Aubry et Rau, t. 5,

§ 517, note 40, p. 423). C'est l'opinion que l'on a admise au *Rép.* nᵒˢ 2270 et 2271, en la restreignant, toutefois, quant aux enfants d'un premier lit, au cas où ils n'auraient pas été, durant le second mariage, entretenus aux dépens de la communauté. M. Guillouard, t. 3, nᵒ 1311, pense que la veuve a droit à des aliments pour les enfants à sa charge, enfants du premier lit ou enfants communs. Le législateur a voulu, dit-il, enlever à la femme, pendant cette période, toute préoccupation d'intérêt, lui assurer une existence honorable, ce qui n'aurait pas lieu si elle devait subvenir *de suo* à la nourriture de ses enfants. Il argumente par *a fortiori* de la disposition de la loi qui permet à la veuve de prendre, avec sa nourriture, celle de ses domestiques.

793. — II. Habitation (*Rép.* nᵒˢ 2274 à 2277). — Le droit pour la veuve à l'habitation est établi par l'art. 1465, § 2, rapporté au *Rép.* nᵒ 2274. — La durée de ce droit est la même que celle du droit à la nourriture. D'après la théorie que nous avons adoptée, avec la jurisprudence, *supra*, nᵒˢ 790 et suiv., elle ne peut jamais être moindre que trois mois et quarante jours, mais elle ne se prolonge pas au delà, même dans le cas où la veuve a obtenu une prorogation de délai pour faire inventaire.

794. Si le bail des lieux qu'occupaient les époux vient à expirer avant la fin du délai pendant lequel la veuve a droit à l'habitation, on s'accorde à reconnaître, conformément à l'opinion émise au *Rép.* nᵒ 2275, que la communauté doit l'indemniser du nouveau loyer qu'elle aura à payer pour se loger pendant le laps de temps qui reste à courir (V. outre les auteurs cités au *Rép. ibid.*: Rodière et Pont, t. 2, nᵒ 1029; Aubry et Rau, t. 5, § 517, note 41, p. 423; Laurent, t. 22, nᵒ 444; Guillouard, t. 3, nᵒ 1313. — *Contrà:* Proudhon, *Traité de l'usufruit*, t. 6, nᵒ 2799).

795. — III. Deuil (*Rép.* nᵒˢ 2278 à 2289). — A la différence de la nourriture et de l'habitation de la veuve, qui sont à la charge de la communauté pendant le délai de trois mois et quarante jours, le deuil de la veuve est à la charge de la succession du mari (c. civ. art. 1481).

L'étendue de la créance de la veuve pour frais de deuil se détermine, comme on l'a dit au *Rép.* nᵒ 2283, suivant la fortune et la condition sociale du mari, au moment de la dissolution de la communauté. Cette créance comprend, d'après M. Guillouard, t. 3, nᵒ 1306, le deuil, non seulement de la veuve elle-même, mais aussi des enfants et des domestiques (Comp. *Rép.* nᵒ 2282, et *supra*, nᵒ 792).

796. La créance de la veuve pour frais de deuil est-elle incessible et insaisissable ? — V. *Rép.* nᵒ 4222, et vᵒ *Vente*, nᵒ 1691.

797. Cette créance doit-elle être considérée comme faisant partie des frais funéraires et jouissant du privilège accordé à ces frais par l'art. 2101 c. civ. ? (V. *Rép.* vᵒ *Priviléges et hypothèques*, nᵒˢ 179 et suiv.). — Est-elle garantie par l'hypothèque légale de la femme ? (V. *ibid.*, nᵒˢ 895 et suiv.).

Sect. 12. — Partage de la communauté après l'acceptation (*Rép.* nᵒˢ 2290 à 2448).

Art. 1ᵉʳ. — *Par qui et contre qui peut être exercée l'action en partage* (*Rép.* nᵒˢ 2290 à 2299).

798. Le cessionnaire des droits de l'un des époux dans la communauté a qualité, comme on l'a dit au *Rép.* nᵒ 2292,

pour demander le partage. Mais l'autre époux peut-il l'écarter du partage en lui remboursant le prix moyennant lequel il est devenu cessionnaire? En d'autres termes, le retrait autorisé par l'art. 841 c. civ. pour le partage d'une succession peut-il être exercé dans le partage de communauté? Cette question est examinée au *Rép.* vᵒ *Succession*, nᵒ 1869. La négative prévaut dans la doctrine (V. Aubry et Rau, t. 5, § 519, note 31, p. 432; Laurent, t. 23, nᵒ 17; Guillouard, t. 3, nᵒ 1340).

799. Le principe de l'art. 815, aux termes duquel nul ne peut être contraint à demeurer dans l'indivision, est certainement applicable en matière de communauté. La seconde disposition du même article, qui permet de convenir de suspendre le partage pendant un temps n'excédant pas cinq ans est également applicable. — Sur la question de savoir si l'un des époux peut, par testament, imposer à son légataire la condition de ne point demander le partage de la communauté avec le survivant, V. *Rép.* vᵒ *Succession*, nᵒˢ 1508 et 1509.

800. Ainsi qu'on l'a indiqué au *Rép.* nᵒ 2297, le créancier personnel d'un époux ne peut saisir la part de son débiteur dans la communauté dissoute tant que cette part reste indivise avec celle de l'autre époux (V. *Rép.* vᵒ *Vente publique d'immeubles*, nᵒ 299). — Jugé qu'une dette, contractée par le survivant des époux postérieurement à la dissolution du mariage, ne peut pas être poursuivie sur les biens de la communauté non encore liquidés, et que, par suite, la saisie immobilière d'un immeuble de la communauté, faite par le créancier, et l'adjudication qui l'a suivie doivent être annulées (Pau, 8 mars 1865) (1).

Art. 2. — *Des régles du partage des successions applicables au partage de la communauté* (*Rép.* nᵒˢ 2300 à 2331).

801. En principe et sauf exceptions, les règles du partage des successions sont applicables au partage de la communauté. L'art. 1476 c. civ. énumère spécialement les règles qui concernent les formes, la licitation des immeubles, les effets du partage, la garantie et les soultes, mais cette énumération ne doit pas être considérée comme limitative (Laurent, t. 23, nᵒ 11; Guillouard, t. 3, nᵒ 1332).

802. — I. Formes du partage (*Rép.* nᵒˢ 2301 à 2309). — On indique au *Rép. ibid.* dans quels cas le partage peut avoir lieu à l'amiable, et dans quels cas il doit être fait dans les formes judiciaires. Quant aux règles suivant lesquelles le partage doit se faire dans les deux cas, elles sont exposées *ibid.* vᵒ *Succession*, nᵒˢ 1503 et suiv.

Au cas où la communauté s'est dissoute par le décès de l'un des époux, le partage de la communauté doit nécessairement précéder le partage de la succession de l'époux décédé, car les droits de cet époux dans la communauté forment un élément de la liquidation de sa succession. — Dans le cas où les deux époux sont décédés et où leur communauté et leurs successions sont à partager entre leurs enfants, on peut quelquefois sans inconvénient confondre tous les biens dans une seule masse, que l'on divise entre les enfants. Mais cette manière de procéder ne doit pas toujours être suivie. Ainsi, lorsque l'un des enfants a reçu en avancement d'hoirie de son père ou de sa mère des valeurs excédant sa part dans la succession du donateur, si ensuite cet enfant a cédé ses droits dans l'autre succession, l'imputation des biens donnés sur la masse des biens des deux successions serait préjudi-

(1) (Escoula C. Lafaille et Bérot.) — La cour;... — En ce qui touche les demandes en nullité de l'adjudication du 19 févr. 1857: — Attendu qu'à défaut de représentation d'un contrat de mariage dérogeant au régime de la communauté légale, il y a présomption que Guillaume Laffaille et Marie Laney se marièrent sous ce régime, vers l'année 1808; qu'il suit de là que la maison sise à Bagnères, par eux acquise durant le mariage, fait partie de la communauté; qu'il est constant que ce fut après la dissolution de la communauté, produite par le décès de Marie Laney, et pour une dette postérieure, que Dominique Bérot fit exproprier cette maison sur la tête de Guillaume Laffaille, avant de provoquer le partage de ladite communauté; qu'ainsi l'adjudication qui a suivi cette procédure est nulle au regard des enfants Laffaille, représentant leur mère, comme faite au mépris des art. 1599 et 2205 c. nap., et qu'il y a lieu d'ordonner que la veuve Escoula, aux droits de Bernard Escoula, adjudicataire, délaissera

à la communauté l'immeuble dont il s'agit, non avec restitution de fruits, vu sa bonne foi, mais avec les intérêts depuis l'adjudication, dont elle est encore débitrice; — Que Dominique Laffaille fils ne saurait être repoussé dans sa demande, pour prétendu défaut d'intérêt tiré de ce que, après avoir fait rentrer la maison dont il s'agit dans l'actif de la communauté, il poursuit lui-même la vente par licitation, pour arriver ainsi au partage de cette communauté, et qu'il y aurait pour lui autant d'avantage à laisser subsister l'adjudication, et à se contenter de faire valoir ses droits sur le prix non encore distribué; qu'une pareille exception est impuissante contre l'exercice d'un droit établi par la loi, et que, d'ailleurs, en fait, le défaut d'intérêt n'existe pas, soit que l'immeuble ait aujourd'hui plus de valeur qu'en 1857, soit que le demandeur veuille s'en porter enchérisseur...
Du 8 mars 1865.-C. de Pau, ch. civ.-MM. de Romeuf, 1ᵉʳ pr.-Lespinasse, av. gén.-Barthe, Soulé et Cassou, av.

ciable au cessionnaire. Alors, comme l'a jugé la cour de cassation, on doit d'abord établir la masse active et la masse passive de la communauté, telles qu'elles se trouvaient composées au moment de la dissolution ; la masse active, diminuée de la masse passive, doit ensuite être divisée en deux parts, qui sont attribuées, l'une à la succession du père, l'autre à la succession de la mère, pour que chacune de ces successions supporte séparément les imputations qui doivent la frapper. Il est incontestable que le créancier, cessionnaire de l'un des héritiers, peut intervenir au partage pour critiquer la liquidation qui ne serait pas établie sur ces bases, et qui, par la confusion qu'elle ferait des droits des héritiers dans les deux masses, aurait pour résultat d'anéantir ou de réduire les droits qu'avait ce créancier sur la part indivise de son débiteur dans l'une des deux successions (Req. 22 mars 1847, aff. Mérian-Bourcart, D. P. 47. 1. 287. — Comp. Civ. cass. 31 mars 1846, aff. Michel, D. P. 46. 1. 135, et Rép. n° 2308. V. aussi ibid. v° Succession, n° 1789 et suiv.). —
Il a été jugé également qu'après la dissolution du mariage, les héritiers et les créanciers de l'époux prédécédé peuvent, au cas de partage de la communauté, exiger que la vente des immeubles dépendant de la succession de leur auteur ait lieu séparément de celle des immeubles dépendant de la communauté (Bourges, 10 janv. 1860) (1).

803. Le notaire commis pour procéder à la liquidation de la communauté et à une séparation de corps ou de biens, a le droit de se faire représenter tous les livres, registres de commerce et autres documents, même postérieurs à la demande en séparation, afin d'y vérifier la suite des affaires commencées avant cette demande et d'y rechercher tous les éléments qu'il juge propres à l'éclairer sur la situation à liquider (Paris, 24 août 1861, aff. Gautherin, D. P. 61. 5. 439).

804. Le bilan actif et passif de la communauté doit être arrêté au jour de la dissolution de cette communauté. S'il est permis quelquefois, pour simplifier l'opération, d'arrêter les comptes au jour de la liquidation, comme si la durée de la communauté s'était prolongée jusqu'à cette époque, cette pratique ne saurait être acceptée lorsque les deux époques de la dissolution de la communauté et de la liquidation sont séparées par un long intervalle et qu'il en résulterait un préjudice pour l'un des héritiers copartageants (Req. 8 juin 1868, aff. Marlet, D. P. 71. 1. 224. — V. toutefois : Paris, 7 mai 1872, aff. Allouard, D. P. 73. 2. 99).

805. Le partage des biens communs doit, à moins d'impossibilité ou de désavantage pour les époux, attribuer à chacun d'eux une part égale de chacun des titres de rente et des autres valeurs mobilières (Paris, 21 juill. 1871, aff. Hospice de Versailles, D. P. 71. 2. 231).

806. — II. LICITATION DES IMMEUBLES (Rép. n° 2310 à 2314). — Si les immeubles de communauté ne sont pas partageables en nature, commodément et sans perte, la licitation doit en être ordonnée, conformément à l'art. 827 c. civ. Mais il suffit, pour que le partage doive se faire en nature, que les biens puissent se diviser en deux lots ; il importe peu que le lot attribué à la succession de l'époux prédécédé soit

impartageable entre les héritiers de cet époux (Rép. n° 2311, et v° Succession, n° 1734 et suiv. ; Aubry et Rau, t. 5, § 519, note 25, p. 431 ; Laurent, t. 23, n° 14 ; Guillouard, t. 3, n° 1333).

807. Comme nous l'avons dit au Rép. n° 2313, la disposition de l'art. 826 c. civ., d'après laquelle la vente des meubles doit être ordonnée si la majorité des cohéritiers juge que cette vente est nécessaire pour l'acquit des dettes et charges de la succession, n'est pas applicable en matière de communauté. Cette règle suppose, en effet, qu'une majorité peut exister entre les ayants droit ; or entre les deux époux ou entre l'époux survivant et les héritiers de l'époux prédécédé, le désaccord ne peut être tranché de cette manière. L'opinion de celle des parties qui exige le partage en nature des dettes comme des biens doit donc prévaloir (Rép. n° 2313 ; Aubry et Rau, t. 5, § 519, note 32, p. 432 ; Laurent, t. 23, n° 13 ; Guillouard, t. 3, n° 1334).

808. — III. EFFETS DU PARTAGE (Rép. n° 2315 à 2329). — On s'accorde à reconnaître que le principe de l'effet déclaratif du partage, établi par l'art. 883 c. civ., est applicable au partage de la communauté, comme au partage d'une succession ou d'une société (V. outre les auteurs cités au Rép. n° 2315 : Rodière et Pont, t. 2, n° 1106 ; Marcadé, t. 5, art. 1476 ; Aubry et Rau, t. 5, § 519, note 26, p. 431 ; Colmet de Santerre, t. 6, n° 149 bis II ; Laurent, t. 23, n° 18 ; Guillouard, t. 3, n° 1336). — « Bien plus, ajoute M. Guillouard, loc. cit., pour ceux qui, comme nous, admettent que la communauté ne constitue pas une personne morale distincte de la personne des époux (V. suprà, n° 169), la rétroactivité du droit de propriété des copartageants ne remontera pas seulement au jour de la dissolution de la communauté, mais bien au jour où l'indivision a commencé. Les époux ou leurs héritiers seront donc réputés propriétaires des biens composant leur lot dès le jour où ces biens sont entrés en communauté. Mais il est bien entendu que la fiction de rétroactivité ne peut pas avoir pour effet de faire tomber les actes accomplis par le mari durant la communauté dans la limite de ses pouvoirs ; les biens qui tombent au lot de la femme restent grevés des hypothèques ou autres charges consenties par le mari pendant le mariage (Lyon, 16 juill. 1884, aff. Fourneyron, D. P. 82. 2. 175 ; Aubry et Rau, t. 5, § 519, note 27, p. 431 ; Laurent et Guillouard, loc. cit.).

809. Les art. 873 et 1220 c. civ., aux termes desquels les créances et les dettes d'une succession se divisent de plein droit entre les cohéritiers, doivent-ils être étendus aux créances et aux dettes de communauté ? La négative résulte d'un arrêt de la chambre des requêtes du 24 janv. 1837, rapporté au Rép. n° 2319. Elle a été également adoptée par un arrêt de la cour de Bourges, ainsi motivé : « Attendu que non seulement il n'existe aucune disposition légale, rendant applicables à une communauté indivise les art. 873 et 1220, mais que l'économie générale de la loi, en matière de partage de communauté, est exclusive de la règle formulée par ces deux textes ; — Attendu qu'en ce qui

(1) (Riffault et dame Bussière C. veuve Riffault.) — LA COUR ; Vidant son délibéré, a reconnu que la cause présente à juger les questions suivantes : 1° (sans intérêt) ; 2° sous la réserve des réserves énoncées au jugement du 14 mai 1857, et non réitérées au jugement dont est appel, seul contradictoire avec la femme Bussière, pour autant qu'elles pouvaient valoir, étant admise la validité du titre de la femme Bussière, quels sont les droits en dérivant à son profit à l'encontre de la veuve Riffault ; 3° (sans intérêt) ; 4° doit-on ordonner nouvelle expertise à fin de délimitation et estimation des immeubles propres à Riffault père et de ceux annexés au cours de la communauté ? Y a-t-il lieu d'en ordonner la vente en bloc ou séparément ?
Sur la deuxième question : — Considérant que le contrat de mariage des époux Riffault stipule une communauté d'acquêts avec exclusion des dettes personnelles à chacun des époux, mais qu'il n'est justifié d'aucun inventaire constatant les apports mobiliers de la femme ; qu'à défaut dudit inventaire ou état en bonne forme équivalent, le mobilier, aux termes de l'art. 1499, est réputé acquêt de communauté et, d'après l'art. 1510, ne peut échapper à l'action des créanciers ; — Qu'à tort entendrait-on régler les droits des créanciers suivant qu'ils s'exercent durant le mariage ou après sa dissolution ; qu'aucune distinction n'est à faire, leur action, dans un cas comme dans l'autre, se fondant sur l'obligation du mari, qui a engagé valablement la communauté pour le présent et l'avenir suivant son droit comme seigneur et maître

de ladite communauté ; que non moins vainement a-t-on soutenu que la femme Bussière n'a d'autres droits que Riffault père, son débiteur, qui, à titre de mari, devrait souffrir les prélèvements de sa femme ; que ce système méconnaît les principes de la matière, l'intérêt direct et l'action personnelle du tiers créancier, la qualité commune à l'intimée, comme à l'appelante de partie créancière de la communauté, et qu'il se réfute par les dispositions expresses et l'esprit des articles ci-dessus invoqués 1499 et 1510 c. nap. ; d'où il suit, et ce conformément à la saine interprétation de la loi désormais consacrée par la jurisprudence en ce qui touche la nature du droit de la femme sur l'actif mobilier de la communauté, quant à ses reprises, que la femme Bussière et la veuve Riffault doivent venir en concurrence au prorata de leurs créances ;
Sur la quatrième question : — Considérant que les rapports d'experts des 30 juill. 1853, 18 mars 1854 et 26 févr. 1858, n'édifient pas complètement la cour sur la valeur relative de l'immeuble propre à Riffault père et de ceux acquis pendant la communauté ; que la vente en deux lots distincts, outre qu'il n'apparaît pas suffisamment qu'elle doive diminuer le prix d'ensemble, est dans le droit des appelants, la réunion accidentelle au cours de la communauté ne devant pas préjudicier au propre du mari ; — Par ces motifs, etc.
Du 10 janv. 1860.-C. de Bourges, 1re ch.-MM. Corbin, 1er pr.-Mathévé, av. gén.-Chénon et Aubineau, av.

concerne les valeurs actives de la communauté, il résulte des art. 1468 à 1474 c. civ., qu'elles ne se divisent pas de plein droit entre l'époux survivant et les représentants de l'époux prédécédé du jour de la dissolution de la communauté, mais qu'elles font partie de la masse affectée aux prélèvements respectifs de chacun des époux, et ne deviennent susceptibles de division que lorsque tous les prélèvements étant opérés, elles restent intactes dans l'actif net de la succession; — Attendu, en ce qui concerne les dettes de la communauté, que si l'art. 1482 déclare qu'elles sont pour moitié à la charge de chacun des époux ou de leurs héritiers, l'art. 1483 ajoute que la femme qui a fait inventaire n'est tenue de ces dettes, même à l'égard des créanciers, qu'à concurrence de son émolument, et l'art. 1484 porte que le mari est tenu, pour la totalité, des dettes de la communauté par lui contractées, sauf recours contre la femme ou ses héritiers pour la moitié des dettes; — Qu'il résulte suffisamment de ces divers textes que par le seul fait de la dissolution d'une communauté, les créances et les dettes ne se divisent point de plein droit en autant de parties distinctes qu'il y a de cointéressés au partage, et que, tant que cette communauté n'a pas été partagée et liquidée, la part de chaque époux ou de ses représentants dans lesdites créances ou dettes reste indéterminée... » (Bourges, 22 févr. 1876, aff. Lainé, D. P. 78.2.77). — Mais l'opinion contraire est formellement exprimée dans un arrêt plus récent de la cour de cassation, qui déclare « qu'après la dissolution d'une communauté à laquelle l'époux ou, à son défaut, ses représentants n'ont pas renoncé, chacun des époux ou leurs héritiers se trouvent saisis de plein droit de la moitié des biens qui la composent, et chacun d'eux est, de plein droit aussi, constitué débiteur de la moitié des dettes de la communauté » (Req. 11 nov. 1878, aff. Fourtic, D. P. 80. 1. 323. V. aussi Caen, 13 nov. 1844, aff. Marie, D. P. 45. 2. 34). M. Guillouard, t. 3, nº 1373, soutient également que les dettes se divisent de plein droit entre les deux époux ou leurs héritiers, comme elles se divisent entre les héritiers, lorsqu'une succession s'ouvre. « L'art. 1476, dit-il, porte que les effets du partage sont les mêmes en matière de communauté qu'en matière de succession. Or, parmi ces effets figure, d'un côté, la division des créances, et de l'autre, la division des dettes, qui s'opère de plein droit entre les copartageants, aux termes des art. 873 et 1220. On objecte que la division des dettes, lors du partage de la communauté, doit être précédée des prélèvements; mais en matière de succession, les rapports entre cohéritiers doivent aussi précéder le partage, ce qui n'empêche pas la division de plein droit des dettes. On objecte encore le bénéfice d'émolument accordé à la femme par l'art. 1483. La réponse est facile : ce bénéfice permet à la femme, qui réunit les conditions moyennant lesquelles la loi l'accorde, de payer les dettes de la communauté seulement dans la limite de l'émolument qu'elle recueille; mais c'est là une exception au principe que chacun des époux est tenu des dettes pour moitié, et elle n'ébranle en rien la règle. Nous en dirons autant de l'art. 1484 : de ce que ce texte décide que le mari est tenu, sauf recours, de la totalité des dettes qu'il a contractées, il ne s'ensuit nullement que les créanciers ne puissent pas, au lieu de poursuivre le mari pour le tout, poursuivre chacun des époux pour moitié. La question que nous examinons nous paraît d'ailleurs tranchée par le texte même de l'art. 1482 : « Les dettes de la communauté sont *pour moitié* à la charge de chacun des époux ou de leurs héritiers ». Le principe de la division des dettes de communauté ne peut être, à notre avis, écrit plus clairement qu'il ne l'est dans ce texte, et nous croyons qu'il fait en cela une application exacte des art. 1476, 873 et 1220. En conséquence de ce système, si un procès a lieu après la dissolution de la communauté entre un créancier de celle-ci et les deux époux ou leurs héritiers pour une somme dont le total est supérieur, mais dont la moitié est inférieure au taux du dernier ressort, le jugement rendu sera susceptible d'appel à l'égard du mari ou de son héritier (sauf le cas où il s'agirait d'une dette tombée dans la communauté du chef de la femme et dont le mari ne serait tenu que pour moitié), mais en dernier ressort vis-à-vis de la femme ou de son héritier (V. *infrà*, vº *Degrés de juridiction*).

Toutefois, au point de vue actif, c'est-à-dire en ce qui concerne les créances de la communauté, le principe que l'on vient d'exposer comporte nécessairement des restrictions. Comme le dit M. Troplong, t. 2, nº 1680, la communauté est une société dont il est nécessaire de régler la situation à l'égard des tiers, et qui a des droits à faire valoir contre les époux eux-mêmes, avant que ceux-ci, ou leurs héritiers, puissent être considérés comme appropriés de leur émolument. Tant que la communauté n'est pas liquidée, les droits des intéressés sont incertains et demeurent en fait indivisibles, en ce sens qu'ils ne peuvent poursuivre le versement entre leurs mains de leur part et portion virile dans les créances appartenant à cette communauté dissoute, mais dont le partage n'est pas encore effectué (Req. 7 févr. 1881, aff. Blondel, D. P. 81.1.425). Néanmoins, d'après l'arrêt que l'on vient de citer, « leur qualité de communistes leur donne intérêt et leur confère action pour assurer le recouvrement de cette créance; et cette action ne saurait être subordonnée à la liquidation de la communauté, ni paralysée par l'inaction de certains des communistes, sans suspendre indéfiniment le payement des dettes échues, et livrer le créancier aux incertitudes que comporte la solvabilité de son débiteur ». Ils peuvent donc, sans attendre cette liquidation, poursuivre le recouvrement de ce qui leur est dû, sauf s'il y a contestation entre les communistes à en effectuer le dépôt à la caisse des consignations (Même arrêt).

810. Est applicable au partage de communauté, comme on l'a dit au *Rép.* nos 232 et suiv., l'art. 882 c. civ. d'après lequel les créanciers d'un héritier peuvent intervenir au partage de la succession dévolue à celui-ci, mais ne sont pas recevables à attaquer le partage consommé, à moins qu'il n'y ait été procédé sans eux et au préjudice d'une opposition qu'ils y auraient formée (V. outre les arrêts cités au *Rép. ibid.* : Req. 9 juill. 1866, aff. Brunaud, D. P. 66. 1. 369; Aubry et Rau, t. 5, § 519, p. 432; Laurent, t. 23, nº 15; Guillouard, t. 3, nº 1439). — Quant aux questions de savoir dans quels cas le partage doit être considéré comme consommé, et si les créanciers qui n'y ont pas fait opposition peuvent néanmoins l'attaquer en cas de fraude, V. *infrà*, vº *Succession*; — *Rép.* eod. vº, nos 2044 et suiv. (V. aussi la note sous l'arrêt précité du 9 juill. 1866).

811. Le partage de communauté est rescindable pour les mêmes causes que le partage de succession, et notamment pour lésion de plus du quart (V. *Rép.* nº 2323 et suiv.). Peu importe, d'ailleurs, que l'acte qui fait cesser l'indivision, ait été qualifié de *vente* ou de *cession*; sauf le cas où la cession a lieu à forfait ou aux risques et périls du cédant, et qui est excepté par l'art. 889 c. civ., la rescision doit être prononcée s'il est établi que le cédant est lésé de plus du quart (Civ. rej. 29 janv. 1872, aff. Busquet, 1er arrêt, D. P. 72. 1. 449).

812. Pour apprécier si, dans le partage de la communauté, l'un des copartageants a éprouvé une lésion de plus du quart, doit-on calculer la lésion, non pas seulement sur la somme dont ce copartageant a été alloti pour sa part dans l'actif net, mais sur la totalité des valeurs qui lui ont été attribuées dans la masse active, tant pour ses prélèvements que pour sa part dans l'actif net. La question a été résolue affirmativement par la jurisprudence (Agen, 2 juill. 1869, aff. Cadis, D. P. 70. 2. 185; Paris, 4 mars 1874, aff. Auzouy, D. P. 75. 2. 19; Bourges, 13 juin 1877, aff. Gaudefroy, D. P. 80. 1. 441; Civ. cass. 13 août 1883, même affaire, D. P. 84. 1. 49, et sur renvoi, Poitiers, 21 mai 1884, D. P. 84. 2. 196). — Mais cette solution prête à de sérieuses objections (V. les notes sur les arrêts précités des 13 juin 1877 et 13 août 1883).

813. — IV. Garantie des lots et soultes (*Rép.* nos 2330 et 2331). — Pour toutes les questions relatives à la garantie due entre les copartageants, il y a lieu de se référer au *Rép.* vº *Succession*, nos 2138 et suiv. Et pour ce qui regarde le privilège dont jouissent aussi les copartageants, V. *Rép.* vº *Privilèges et hypothèques*, nº 440 et suiv.

Art. 3. — *Opérations préliminaires au partage* (*Rép.* nos 2332 à 2424).

814. — I. Rapports a la masse (*Rép.* nos 2333 à 2345). — — Aux termes de l'art. 1468 c. civ., les époux ou leurs

héritiers rapportent à la masse des biens existants, tout ce dont ils sont débiteurs envers la communauté à titre de récompense ou d'indemnité. Pour ce qui concerne les récompenses ou indemnités, V. *Rép.* n°s 1487 et suiv., et *suprà*, n°s 350 et suiv.

815. Doivent encore être rapportés à la communauté les immeubles conquêts dont le mari aurait disposé à titre gratuit, dans un autre but que pour l'établissement d'un enfant commun (V. *suprà*, n° 414), et les immeubles qui auraient été aliénés par le mari en fraude des droits de la femme (V. *suprà*, n° 398).

On devrait aussi comprendre dans la masse commune les biens, meubles ou immeubles, de la communauté, dont l'époux survivant aurait disposé seul depuis la dissolution.

Il faut remarquer toutefois que ces biens aliénés à divers titres ne devront être réunis à la masse que fictivement, pour leur valeur au jour de la dissolution de la communauté, car s'ils tombent au lot de l'époux qui en a disposé, les tiers détenteurs ne pourront pas être inquiétés par lui, et l'autre époux ou ses héritiers seraient alors sans qualité pour revendiquer ces biens (Dijon, 6 févr. 1836, et 9 févr. 1844, *Rép.* n° 2295 ; Civ. cass. 28 avr. 1851, aff. Joly-Chêne, D. P. 51. 1. 145 ; Rodière et Pont, t. 2, n° 1063 ; Aubry et Rau, t. 5, § 519, note 2, p. 425 ; Laurent, t. 23, n° 5 ; Guillouard, t. 3, n° 1322). — Néanmoins, d'après un arrêt de la cour de cassation, un immeuble de communauté vendu par l'époux survivant peut être revendiqué contre le tiers acquéreur par les héritiers de l'époux prédécédé, ou par l'un d'eux, avec mise en cause de ses cohéritiers, *s'il n'existe pas d'autres biens à partager* (Civ. rej. 24 juill. 1866, aff. Desrivery, D. P. 67. 1. 36).

816. Il faut encore ajouter à la masse les fruits et les revenus produits par les biens communs depuis la dissolution jusqu'au partage. L'époux qui est resté en possession et qui a perçu ces fruits ou revenus, en doit compte à la communauté. Si même il a employé les valeurs de la communauté à son profit personnel, il en doit les intérêts à partir du jour de l'emploi (Civ. rej. 20 juill. 1858, aff. Aubé, D. P. 58. 1. 414; Aubry et Rau, t. 5, § 519, note 3, p. 425 ; Laurent, t. 23, n° 6 ; Guillouard, t. 3, n° 1326). — Mais, en principe, l'époux ne doit compte que des revenus et autres produits qu'il a retirés ou dû retirer des biens communs ; sa position est celle d'un administrateur, et il n'est pas tenu de payer l'intérêt de la valeur estimative des meubles ou immeubles de la communauté dont il a conservé la possession (Req. 8 juin 1868, aff. Marlet, D. P. 71. 1. 224. — Comp. Besançon, 1er avr. 1863, aff. Lomont, D. P. 63. 2. 93).

817. L'époux survivant qui a continué l'exploitation d'un fonds de commerce ou autre établissement dépendant de la communauté ne doit pas non plus en garder pour lui seul les bénéfices. Il doit compte aux héritiers de l'autre époux, non seulement des profits ordinaires résultant de l'exploitation, mais encore de la plus-value que l'établissement a pu acquérir depuis la dissolution de la communauté jusqu'au jour du partage (Bordeaux, 21 nov. 1845, aff. Saussé, D. P. 46. 4. 72; Paris, 24 avr. 1858, aff. Levaillant, D. P. 58. 2. 159).

818. Cependant si les bénéfices réalisés par l'un des époux depuis la dissolution de la communauté résultent principalement de son travail et de ses aptitudes personnelles, s'ils ne sont pas la suite nécessaire d'opérations commencées durant la communauté, ils ne doivent plus alors être rapportés tout entiers à la masse commune. — Il a été jugé : 1° que les bénéfices provenant de travaux publics exécutés depuis la dissolution par le mari survivant, en vertu d'un marché contracté durant la communauté, appartiennent exclusivement à cet époux, lorsqu'il s'agit d'un marché à série de prix se réglant chaque quinzaine, l'entreprise qui résulte d'un tel marché se composant, à proprement parler, d'une série d'entreprises d'une durée de quinze jours chacune, susceptibles d'être exécutées séparément, et qui ne sont pas, dès lors, une suite nécessaire des autres (Req. 19 nov. 1851, aff. Guillouet, D. P. 51. 1. 345) ; — 2° Que si le conjoint survivant, qui est resté en possession d'immeubles, de capitaux ou d'usines dépendant de la communauté, s'est servi pour se livrer à des opérations nouvelles pour son compte personnel, et à ses risques et périls, les bénéfices

résultant de ces opérations doivent lui être attribués, comme étant le produit de son travail et de son industrie particulière, à charge par lui de faire compte à la communauté, tant des fruits naturels et des loyers des immeubles que de l'intérêt des capitaux et de la valeur locative des choses mobilières (Civ. rej. 24 nov. 1869, aff. Godin, D. P. 70. 1. 25). Mais il résulte aussi d'autres arrêts : 1° que, dans le cas où le caractère de l'indivisibilité est reconnu à des travaux d'utilité publique qui ne se sont terminés qu'après la dissolution de la société d'acquêts ayant existé entre l'entrepreneur et sa femme, les bénéfices de l'entreprise doivent être compris en totalité dans l'actif de la société (Civ. rej. 29 janv. 1872, aff. Busquet, 1er arrêt, D. P. 72. 1. 449) ; — 2° Que les produits et bénéfices d'un fonds de commerce dépendant de la communauté conjugale, réalisés depuis la dissolution jusqu'au partage, font partie de l'actif de cette communauté, à moins que le mari, qui a continué l'exploitation du fonds, ne se soit livré, pour son compte personnel, à des opérations toutes nouvelles, ne rentrant pas nécessairement dans le fonctionnement habituel de la maison de commerce (Civ. rej. 28 avr. 1884, aff. Alphonse Reine, D. P. 84. 1. 329. — Comp. Bruxelles, 30 juill. 1869, aff. Cavenaile C. Didot Van Wesembeck, *Pasicrisie belge*, 1869. 2. 346; Aubry et Rau, t. 5, § 519, note 3, et suiv. ; Laurent, t. 23, n°s 8 et suiv. ; Guillouard, t. 3, n° 1329).

819. Il a été jugé que, lorsque le mari, après la séparation de corps, est resté détenteur de valeurs de Bourse faisant partie de la communauté, et qu'il ne les a pas représentées, ces valeurs doivent être évaluées dans la liquidation au cours du jour de la clôture des opérations, et non pas au cours de la demande en séparation (Paris, 7 mai 1872, aff. Allouard, D. P. 73. 2. 99, et sur pourvoi, Req. 11 févr. 1873; D. P. 73. 1. 470). Mais, d'après M. Guillouard, t. 3, n° 1325, cela n'est vrai que si le cours des valeurs a monté depuis la demande ou depuis la vente qui a pu être faite par le mari ; si le mari avait vendu ces valeurs à un cours plus élevé que celui du jour de la liquidation, il devrait compte du prix qu'il a touché, car il serait réputé avoir fait la vente dans l'intérêt de la communauté dissoute.

820. Nous avons expliqué au *Rép.* n° 2338 que, lorsque les deux époux doivent chacun des récompenses à la communauté, la compensation ne s'opère pas entre eux. La communauté doit être considérée pour la liquidation comme une tierce personne. Mais aussi, lorsqu'un époux est à la fois créancier et débiteur de la communauté, créancier de reprises et débiteur de récompenses, la compensation a lieu, et l'époux ne doit être considéré comme créancier ou débiteur de la communauté que suivant le résultat de la balance faite entre le total des reprises et le total des récompenses. Cette solution est importante pour le cas où l'époux laisse un légataire des meubles et un légataire des immeubles. Si on le considérait tout à la fois comme créancier et débiteur, il faudrait décider que la créance de reprise appartiendra au légataire des meubles et que la récompense devra être supportée par les deux légataires proportionnellement à l'émolument qu'ils retirent de la succession. Or ce système a été condamné par la cour de cassation dans un arrêt ainsi motivé : « Attendu, en droit, que lorsqu'une communauté ou une société d'acquêts ayant existé entre deux époux se trouve à partager en même temps que la succession de l'un des époux, on doit d'abord établir la masse active et la masse passive de la communauté, telles qu'elles étaient composées au moment de sa dissolution, afin d'attribuer, s'il y a lieu, à la succession la part qui lui revient dans la communauté ; — Que parmi les éléments de la masse active ou passive figurent nécessairement les sommes dont les époux sont ou non créanciers de la communauté ou débiteurs envers elle ; — Qu'une liquidation doit donc au préalable établir cette qualité, soit de créancier, soit de débiteur ; qu'elle ne peut résulter que de la balance faite entre le total des reprises et le total des récompenses ; — D'où il suit que si la balance démontre qu'au moment de la dissolution de la communauté le montant des reprises excédait la somme des récompenses dues par la femme, il est impossible de reconnaître qu'il existât en ce moment une dette envers la communauté, dont, aux termes des art. 870 et 1012 c. civ., les légataires devraient supporter une part proportionnelle à leur émolument ; — Que le reliquat du compte de la commu-

nauté .a .pour effet. en ce.cas, d'établir la somme qui seule devra entrer dans l'actif de la succession à partager entre les légataires suivant leurs droits... » (Civ. .cass. 15 mai 1872, aff. Daviel, D. P. 72. 1. 197. V. dans le même sens : C. cass. de Belgique, 17 déc. 1863, aff. Van den Branden, *Pasicrisie belge*, 1864. 1. 240 ; Laurent, t. 22, n° 488 ; Guillouard, t. 2, n° 977).

821. L'art. 1469 c. civ. stipule que « chaque époux ou son héritier rapporte-également les sommes qui ont été tirées de la communauté ou la valeur des biens que l'époux y a pris pour doter un enfant d'un autre lit, ou pour doter personnellement l'enfant commun ». — En ce qui concerne la récompense due à la communauté dans le cas où la dot a été constituée à l'enfant commun, V. *suprà*, n°s 431 et suiv. Et, pour le cas où la dot a été constituée à tout autre qu'à un enfant commun, V. aussi *suprà*, n° 443.

822. Le mari doit-il rapporter à la communauté les sommes qu'il en a tirées ou la valeur des biens qu'il y a pris pour doter un étranger ? La question est examinée *suprà*, n° 407. Si c'est la femme, autorisée du mari, qui a constitué la dot, la question est la même.

823. Nous avons également examiné *suprà*, n° 409, la question de savoir si récompense est due à la communauté, non seulement dans le cas d'une constitution de dot, mais encore lorsqu'il a été fait une simple libéralité, sans caractère dotal, à l'enfant d'un autre lit.

824. — II. Liquidation des reprises (*Rép.* n°s 2346 à 2367). — Quant à la manière dont les reprises de chaque époux doivent être justifiées, il faut distinguer, comme on l'a dit au *Rép.* n° 2350, entre les reprises du mari et celles de la femme. — Les reprises du mari doivent être justifiées par les moyens ordinaires de preuve. Le mari, comme on l'a vu *suprà*, n° 310, n'est pas recevable à faire la preuve par commune renommée de la consistance et valeur du mobilier qui a pu lui échoir comme propre pendant le mariage. — Pour la reprise du prix de ses propres aliénés, le mari doit prouver que ce prix a été versé dans la communauté (V. *suprà*, n° 559). Mais il n'est pas tenu de prouver que la communauté en a réellement profité. Si la femme prétendait que le prix a été employé par le mari à son profit personnel, ce serait à elle à l'établir (Req. 9 avr. 1872, aff. Leroy, D. P. 73. 1. 28).

825. La femme, comme le mari, est obligée de faire la preuve des reprises auxquelles elle prétend. C'est l'application du principe général de l'art. 1315 c. civ. aux termes duquel celui qui réclame l'exécution d'une obligation doit la prouver. Mais la femme a plus de facilités que le mari pour la justification de ses reprises. Elle peut, à défaut d'inventaire, faire preuve, tant par titres et papiers domestiques que par témoins, et au besoin par la commune renommée, de la consistance et valeur du mobilier à elle échu (V. *suprà*, n°s 307 et suiv.). — En cas d'aliénation de ses propres, elle doit seulement justifier de l'aliénation ; le mari, comme administrateur du patrimoine de la femme, est alors présumé en avoir touché le prix (V. *suprà*, n° 559). Ce n'est pas là, comme le prétend M. Laurent, t. 22, n° 457, mettre à la charge du mari une présomption que la loi ne lui impose pas ; c'est supposer simplement que le mari a rempli son devoir d'administrateur ; c'est se conformer à la règle qui veut que les fautes ne se présument pas. Le mari qui allègue qu'il n'a pas touché le prix de la vente d'un propre de la femme, est tenu d'indiquer la cause pour laquelle il n'a pas reçu ce prix et de justifier qu'il a fait en temps utile les diligences nécessaires (Glandaz, *Encyclopédie du droit*, v° *Communauté*, n° 225 ; Rodière et Pont, t. 2, n° 939 ; Aubry et Rau, t. 5, § 511, note 20, p. 360 et suiv. ; Guillouard, t. 2, n° 936).

826. Les moyens de preuve exceptionnels accordés à la femme pour la justification de ses reprises sont d'ailleurs opposables aux créanciers du mari et aux tiers non moins qu'au mari lui-même, sauf toutefois le cas où la femme prétend reprendre en nature le mobilier qu'elle a apporté en mariage ou qui lui est échu (V. *suprà*, n° 308, et *infrà*, n° 1021).

827. Quand les apports des époux ont été constatés et évalués dans le contrat de mariage, la créance de reprises afférente à ces apports est établie par cela même. — C'est ainsi qu'il a été jugé que l'estimation, faite dans le contrat

par le futur époux, de la propriété de ses œuvres littéraires, par lui apportées en mariage, fixe définitivement la valeur de cet apport à l'égard de la femme ou de ses héritiers, qui ne sont par suite pas recevables à soutenir, après la dissolution de la communauté, que l'estimation a été exagérée (Paris, 14 mai 1853, aff. de Genoude, D. P. 55. 2. 68).

828. La stipulation, insérée au contrat de mariage, que le mari demeurera chargé des apports de la femme *par le seul fait de la célébration du mariage*, ou que cette célébration *vaudra quittance* de la dot apportée par la femme ou constituée par un tiers, suffit pour faire présumer que le mari a reçu la dot. Il a même été jugé que cette clause jointe à l'acte de célébration du mariage, devait être assimilée à une preuve littérale du payement de la dot et n'admettait aucune preuve contraire (Dijon, 7 mai 1862, aff. Bourdon, D. P. 62. 2. 174. — Comp. *Rép.* n° 2735 ; Caen, 3 mai 1845, aff. Verrier, D. P. 52. 5. 106 ; Guillouard, t. 3, n° 938). — Il résulte cependant de deux arrêts de la chambre des requêtes que la clause dont il s'agit n'équivaut pas à la preuve d'un payement effectif ; qu'on doit y voir seulement une stipulation attribuant à l'événement prochain du mariage la force d'une simple présomption libératoire, qui peut céder à la preuve contraire (Req. 22 août 1882, aff. Halphen, D. P. 83. 1. 296 ; 7 mai 1884, aff. Bonnet, D. P. 84. 1. 285). Quant à la manière dont peut être faite la preuve contraire, V. *suprà*, n° 96.

Au surplus, si, dans le contrat de mariage, il a été dit que tel ou tel apport de la femme ne sera livré au mari que sur sa reconnaissance, après le mariage consommé, il est certain que la reconnaissance du mari est indispensable pour permettre à la femme ou à ses héritiers d'exercer la reprise de l'apport dont il s'agit (Caen, 3 mai 1845, aff. Verrier, D. P. 52. 5. 106 ; Guillouard, t. 3, n° 939).

829. L'époux qui aurait éprouvé une lésion de plus du quart dans la liquidation de ses reprises pourrait-il demander la rescision de l'acte de liquidation ? L'affirmative résulte de la jurisprudence citée *suprà*, n° 812 (V. cependant *Rép.* n° 2355).

830. D'après l'art. 1473 c. civ. rapporté au *Rép.* n° 2357, les reprises dues aux époux par la communauté, ainsi que les récompenses dues à la communauté par les époux, portent intérêt de plein droit du jour de la dissolution de la communauté. MM. Colmet de Santerre, t. 6, n° 133 *bis*, et Guillouard, t. 3, n° 973, pensent que cette dérogation au principe de l'art. 1153 peut s'expliquer par un double motif. En premier lieu, la disposition de l'art. 1153, qui exige une demande en justice pour que les intérêts courent, serait difficile à appliquer, alors que la communauté est dissoute et que les droits de chaque époux sont incertains et dépendent de comptes qui ne peuvent être établis immédiatement. En second lieu, il serait contraire à l'équité que l'époux qui n'a pas aliéné ses propres en reprend la jouissance pleine et entière dès le lendemain de la dissolution de la communauté, tandis que l'époux qui a aliéné les siens, peut-être dans l'intérêt commun, ne pourrait obtenir les intérêts de sa créance qu'en formant une demande en justice.

831. Si la femme renonce à la communauté, les intérêts de ses reprises sont-ils encore dus de plein droit du jour de la dissolution ? L'affirmative, adoptée au *Rép.* n° 2362, a prévalu dans la jurisprudence, et elle est enseignée par la plupart des auteurs. Les motifs assignés à la règle de l'art. 1473 militent, en effet, aussi bien au profit de la femme renonçante qu'au profit de la femme acceptante ou du mari. Dans le cas de renonciation, comme en cas d'acceptation, la liquidation des reprises de la femme exige un certain temps, et si ses immeubles ont été aliénés pendant la communauté, il n'est pas juste de laisser sa créance de reprises improductive, tandis que le mari a pu reprendre immédiatement la jouissance de ses biens. On objecte que l'art. 1473 est placé dans la section V, intitulée : *Du partage de la communauté après l'acceptation*. Mais plusieurs des articles de cette section, l'art. 1472, notamment, et aussi l'art. 1476, doivent être étendus au cas où la femme a renoncé. Il serait contraire à l'économie du régime de communauté, non moins qu'à l'esprit de la loi en cette matière, de traiter la femme renonçante moins favorablement que la femme acceptante. Dans le cas de renonciation, le mari, qui conserve toute la communauté, est substitué aux obligations de celle-ci et

l'une de ces obligations est de payer à la femme les intérêts de ses reprises dès le jour de la dissolution (Req. 3 févr. 1835, *Rép.* n° 2363 ; Civ. cass. 9 févr. 1870, aff. Petit-Jean, D. P. 70, 1, 119 ; Rodière et Pont, t. 3, n° 1517 ; Aubry et Rau, t. 5, § 511, note 14, p. 358 et suiv. ; Guillouard, t. 3, n°s 974 et suiv. — V. cependant en sens contraire : Nancy, 29 mai 1828, *Rép.* n° 2364 ; Marcadé, t. 5, art. 1493 ; Colmet de Santerre, t. 6, n° 154 *bis* IV ; Liège, 25 mai 1887) (1).

832. A la différence des créances des époux contre la communauté ou de la communauté contre les époux, les créances personnelles que les époux ont à exercer l'un contre l'autre ne portent intérêts que du jour de la demande en justice. C'est la disposition de l'art. 1479 (*Rép.* n° 2363). — Comme on l'a observé au *Rép.* n° 2367, si l'un des époux avait contre l'autre, dès avant le mariage, une créance productive d'intérêts, les intérêts recommenceraient à courir de plein droit du jour de la dissolution de la communauté (Aubry et Rau, t. 5, § 512, note 10, p. 372 ; Guillouard, t. 2, n° 1029).

833. On s'est demandé si la soulte établie dans le partage de la communauté entre les époux ou leurs héritiers devait produire des intérêts de plein droit. Avec M. Guillouard, t. 2, n° 1028, nous répondrons négativement, en principe. La soulte qui résulte du partage est très certainement une créance personnelle à l'un des époux contre l'autre ; elle est donc régie par l'art. 1479. — Toutefois, et contrairement à l'opinion de l'auteur que nous venons de citer, nous pensons que l'art. 1652, aux termes duquel l'acheteur doit l'intérêt du prix jusqu'au payement si la chose vendue et livrée produit des fruits ou autres revenus, et encore si l'acheteur a été sommé de payer, serait applicable, par identité de motifs.

834. — III. Prélèvements (*Rép.* n°s 2368 à 2424). — L'art. 1470, rapporté au *Rép.* n° 2369, autorise chaque époux ou son héritier à *prélever* : 1° ses biens personnels qui ne sont point entrés en communauté ou ceux qui ont été acquis en remploi ; 2° le prix des immeubles qui ont été aliénés pendant la communauté et dont il n'a point été fait remploi ; 3° les indemnités qui lui sont dues par la communauté.

835. Pour le prélèvement des biens personnels qui existent en nature, il n'y a aucune difficulté : l'époux auquel ils appartiennent les reprend en sa qualité de propriétaire (Comp. Ch. réun. cass. 16 janv. 1858, cité *infrà*, n° 836).

836. Mais une vive et grave controverse s'est agitée dans la doctrine et dans la jurisprudence sur la nature du droit de prélèvement des époux, en ce qui concerne le prix de leurs propres aliénés et les indemnités à eux dues par la communauté. La question débattue était celle de savoir si c'est à titre de propriétaires, ou seulement à titre de créanciers, que les époux exercent ces reprises contre la communauté. Cette question, déjà résumée au *Rép.* n° 2381, a été résolue définitivement, dans le sens contraire à l'opinion que nous avions adoptée, par un arrêt des chambres réunies de la cour de cassation du 16 janv. 1858 (aff. Moinet, D. P. 58. 1. 5). Les premiers considérants de cet arrêt, qui posent le principe auquel s'est ralliée la cour de cassation, sont ainsi conçus : « Attendu qu'à la dissolution de la communauté, dans le cas d'acceptation par la femme ou ses héritiers, les prélèvements respectifs des époux,

lorsqu'ils ont pour objet soit les biens propres de chacun d'eux existant en nature, soit leurs remplois dûment effectués, ne peuvent être exercés qu'à la charge de justifier, conformément à l'art. 1402 c. nap., de la propriété ou de la possession légale des biens à prélever ; — Que, dans le cas du n° 1 de l'art. 1470 c. nap., les prélèvements s'exercent donc à titre de propriétaire et constituent une véritable revendication ; — Attendu, au contraire, que c'est à titre de créancier que chaque époux prélève soit le prix de ses propres aliénés, soit les indemnités qui lui sont dues par la communauté, conformément aux n°s 2 et 3 dudit article ; — Qu'en effet, l'action n'a alors pour cause qu'une diminution du patrimoine de l'un des époux, et un profit corrélatif fait par la communauté ; — Que cette cause ne produit pas un droit de propriété sur des objets déterminés, et qu'il n'en résulte qu'une créance et une action mobilière ». Le principe ainsi établi par la cour de cassation a de nombreuses et importantes conséquences qui vont être indiquées (V. *infrà*, n°s 838 et suiv.). — Mais si cet arrêt solennel de 1858 a fixé définitivement la jurisprudence, il n'a pas mis fin à la controverse entre les auteurs, et nous devons indiquer ici les diverses opinions qui restent en présence.

837. La question de la nature du droit de reprises entre les époux doit être envisagée successivement à deux points de vue différents : dans les rapports des époux entre eux, et à l'égard des tiers ou des créanciers de la communauté. Il faut de plus distinguer entre le cas où la femme ou le mari exercent leurs reprises sur les biens communs et le cas où la femme exerce les siennes sur les biens du mari, soit parce qu'elle a renoncé à la communauté, soit parce que les biens de la communauté sont insuffisants. Dans ce second cas, on admet généralement que la femme n'agit que comme créancière (V. cependant *infrà*, n° 849). C'est donc seulement pour le cas où la femme a accepté la communauté et où ses reprises, ainsi que celles du mari, s'exercent sur les biens de la communauté, que la question se pose.

838. *Dans les rapports des époux (ou leurs héritiers, entre eux)*, le principal intérêt de la question est celui-ci : si les reprises des époux s'exercent à titre de créance, elles ont un caractère mobilier, lors même que, par l'effet du prélèvement, les reprises sont payées en immeubles ; tandis que si le prélèvement constitue l'exercice d'un droit de propriété, le droit de l'époux sera mobilier ou immobilier suivant que le prélèvement portera sur des meubles ou des immeubles. De là, les conséquences suivantes : 1° si *l'époux créancier de reprises* est mort en laissant un légataire de ses meubles et un légataire de ses immeubles, ce sera l'un ou l'autre de ces légataires qui profitera du prélèvement, suivant que le droit de reprises sera considéré comme mobilier ou immobilier. — 2° Lorsque c'est le *conjoint de l'époux créancier des reprises* qui a laissé un légataire des meubles et un légataire des immeubles, la dette des reprises, si on la considère comme mobilière, grèvera également tous les biens de la communauté et devra alors, de quelque manière que l'époux créancier ait été payé, être répartie entre les deux légataires proportionnellement à l'émolument que chacun d'eux retirera de la succession ; celui d'entre eux qui, par l'effet du prélèvement, supportera plus que sa part dans la dette aura un recours contre l'autre. Si, au contraire, le caractère mobilier ou immobilier des reprises dépend du

---

(1) (De Woelmont C. de Tornaco.) — Le 9 juin 1886, jugement du tribunal de Tongres, ainsi conçu : — «... Attendu que les demandeurs sont non fondés à prétendre que les intérêts des reprises de feue la baronne de Woelmont sont dus par son mari depuis l'ouverture de la succession ; — Attendu, en effet, que l'art. 1473, sur lequel ils se basent, n'est applicable qu'en cas d'acceptation de la communauté par la femme ou ses héritiers ; qu'il constitue une dérogation à la règle générale de l'art. 1153 c. civ., et qu'il doit, dès lors, être appliqué limitativement ; — Attendu qu'en cas de renonciation à la communauté, la femme ou ses héritiers n'ont, aux termes de l'art. 1493, le droit de reprendre que le prix des immeubles aliénés sans remploi agréé et des indemnités qui peuvent lui être dues par la communauté ; que cet article ne parle pas d'intérêts antérieurs au jour de la demande, et qu'il n'existe aucun motif juridique pour les faire courir au jour de la dissolution de la communauté, par application extensive d'un article qui régit une situation toute différente ; — Attendu qu'en cas de renonciation à la communauté, la femme ou ses héritiers ne se trouvent plus en présence de l'être moral qui représente la communauté, mais en présence du mari seul, sur les biens personnels duquel, aussi bien que sur ceux de la communauté, les actions et reprises de la femme peuvent être exercées, aux termes de l'art. 1495 c. civ. ; — Attendu que l'art. 1479 dispose que, même en cas d'acceptation de la communauté, les créances personnelles que les époux ont à exercer l'un contre l'autre ne portent intérêt que du jour de la demande en justice ; que de la combinaison de cet article avec l'art. 1495 et du silence gardé par le législateur dans l'art. 1493, quant aux intérêts, il faut nécessairement inférer qu'il n'a pas voulu étendre, au cas de renonciation à la communauté, la dérogation à la règle générale qu'il avait, dans l'art. 1473, admise pour le cas d'acceptation de la communauté ;... — Par ces motifs, etc. ». — Appel. — Arrêt.

La cour ;... — Adoptant les motifs des premiers juges, confirme, etc.

Du 25 mai 1887.-C. de Liège, 3e ch.-MM. Lecocq, pr.-Collinet, av. gén., c. contr.-Mestreit et Meyer (du barreau de Tongres), av.

résultat du prélèvement, ce sera ce résultat qui déterminera quelle part sera supportée par chacun des légataires. — 3° Si l'époux créancier de reprises contracte un nouveau mariage sous le régime de la communauté légale, avant d'avoir procédé à la liquidation de la précédente communauté, son droit de reprise tombera ou non dans la seconde communauté, suivant le caractère mobilier ou immobilier qu'on reconnaîtra à ce droit.

839. L'opinion que nous avons adoptée (*Rép.* n° 2381), d'après laquelle les reprises des époux s'exercent à titre de propriété, est encore soutenue par un certain nombre de savants auteurs. Elle s'appuie d'abord sur les textes de la loi, sur les art. 1470 et 1471, aux termes desquels les époux ont le droit de *prélever* tels et tels biens de la communauté, de même qu'ils *prélèvent* leurs biens personnels exclus de la communauté. Ces expressions impliquent que les époux agissent en leur qualité de copropriétaires des biens communs et de copartageants. La preuve qu'ils agissent ainsi, c'est que chacun d'eux, après le partage, est censé avoir toujours été propriétaire des biens qu'il a prélevés (V. *suprà*, n° 808). Le prélèvement diffère, d'ailleurs, sous bien des rapports de l'exercice d'un droit de créance ; toute créance suppose un débiteur, et, au moins lorsque c'est le mari qui exerce ses reprises, il n'y a pas de débiteur ; toute créance tend au payement d'une somme d'argent, tandis que le prélèvement a pour objet une attribution en nature de meubles ou d'immeubles. On peut ajouter que cette solution simplifie beaucoup les liquidations, en ce qu'elle évite les recours entre les successeurs aux meubles et les successeurs aux immeubles ; elle concorde en outre avec l'intention présumable de l'époux, qui a divisé sa fortune entre ses deux successeurs, car il n'a pas dû supposer que les immeubles qui pourraient être attribués à sa succession en payement de ses reprises appartiendraient au légataire des meubles (Rodière et Pont, t. 1, n°ˢ 383 et suiv. ; Marcadé, t. 5, art. 1470-1472, n° 1 ; de Folleville, t. 1, n°ˢ 394 et suiv. ; Esmein, *Revue critique*, 1877, nouv. sér., t. 6, p. 83 et suiv.). La jurisprudence des cours d'appel et de la cour de cassation elle-même s'était généralement prononcée en faveur de cette opinion jusqu'à l'arrêt des chambres réunies du 16 janv. 1858 cité *suprà*, n° 836 (V. outre les arrêts cités au *Rép.* n° 2381 : Civ. rej. 8 avr. 1850, aff. Barthe, D. P. 50. 1. 135; Civ. cass. 23 févr. 1853, aff. Mizelle, D. P. 53. 1. 44 ; Paris, 31 mars 1853, aff. Devilliers, D. P. 55. 1. 273, et sur pourvoi : Civ. rej. 26 juin 1855, D. P. 55. 1. 273 ; Bordeaux, 13 juill.1853, aff. Mussinot, D. P. 54. 2. 271 ; Bourges, 20 août 1855, aff. Mollon, D. P. 56. 2. 44 ; Metz, 10 avr. 1862, aff. Jadard, D. P. 62. 2. 141). — La cour de cassation avait même décidé, en matière d'enregistrement, que la femme renonçante, aussi bien que celle qui avait accepté la communauté, exerçait ses reprises à titre de propriétaire sur les biens provenant de la communauté, et qu'en conséquence, aucun droit proportionnel de mutation n'était dû à raison de l'attribution d'immeubles conquêts faite à la femme en payement de ses reprises (Civ. rej. 2 janv. 1855, aff. Bobin, D. P. 55. 1. 33 ; Civ. cass. 8 mai 1855, aff. Villet, D. P. 55. 1. 167; 10 juill. 1855, aff. du Blaisel, D. P. 55. 1. 251. Mais V. *infrà*, n° 843).

840. L'opinion qui soutient que les époux exercent leurs reprises à titre de créanciers, à titre de propriétaires, considère le droit de l'époux plutôt dans son objet théorique que dans son objet réel. A quoi, dit-on, l'époux, a-t-il droit ? A une indemnité pour l'aliénation de ses propres. Or le droit à une indemnité pécuniaire n'est, par lui-même, qu'un droit de créance. Il est vrai que la loi, pour faciliter le payement de la créance de reprises, pour empêcher que la vente des meubles et des immeubles de la communauté ne soit nécessaire, lorsqu'il n'y a pas assez d'argent dans la communauté pour payer cette créance, a indiqué un mode spécial de payement ; mais ce mode de payement ne peut pas changer la nature du droit de l'époux. A l'objection consistant à dire qu'il est contraire à l'intention de l'époux qui a laissé un légataire des meubles et un légataire des immeubles, d'attribuer au légataire des meubles, les immeubles affectés au payement des reprises, on répond que rien n'oblige à faire cette attribution si elle n'est pas conforme à la volonté du *de cujus* ; qu'au surplus il n'y a rien que de très logique et de très juridique à réputer mobilier, tant au point de vue

actif qu'au point de vue passif, la créance de reprises, fûtelle payée en immeubles, le mode de payement d'une créance ne pouvant influer sur la nature du droit (Aubry et Rau, t. 5, § 511, note 13, p. 357 et suiv. ; Laurent, t. 22, n° 537 ; Guillouard, t. 2, n° 928). — Ce système est celui qui prévaut dans la jurisprudence, depuis l'arrêt du 16 janv. 1858 cité *suprà*, n° 836 (V. Nancy, 16 févr. 1852, aff. de Blaye, D. P. 52. 2. 273 ; Bourges, 4 déc. 1854, aff. Martin, D. P. 54. 2. 270; Angers, 25 avr. 1860, aff. Godmer, D. P. 60. 2. 162; Caen, 27 juin 1861, aff. Bertout, D. P. 62. 2. 140 ; 19 juill. 1861, aff. Languille, *ibid.* ; Req. 2 juin 1862, aff. Bertout, D. P. 62. 1. 420). Il résulte de ces arrêts, et notamment du dernier, rendu par la cour de cassation, que les reprises des époux constituent une créance purement mobilière, alors même que dans le partage de la communauté elles s'exercent sur des immeubles, à raison de l'insuffisance du mobilier, et qu'en conséquence, ces reprises font partie de la donation ou du legs fait par l'époux créancier de tout son mobilier à son conjoint ou à un tiers, bien qu'elles soient acquittées en immeubles.

841. La doctrine admise par la jurisprudence sur la nature du droit de reprises tendrait à assimiler le prélèvement fait par chaque époux à une dation en payement. Il en résulterait que, lorsque le prélèvement porte sur des immeubles, l'acte constatant l'opération devrait être transcrit et serait passible du droit proportionnel d'enregistrement. C'est, en effet, ce qu'a décidé, en Belgique, la cour de Gand dans un arrêt du 21 juill. (1883 aff. Morel, D. P. 83. 2. 201) (Comp. C. cass. Belgique, 13 avr. 1867, aff. Brodeau, *ibid.*, note *b*). La jurisprudence française, toutefois, n'a pas poussé jusque là les conséquences du principe adopté par l'arrêt du 16 janv. 1858, cité *suprà*, n° 836.

842. En ce qui concerne la question de savoir si l'acte constatant les prélèvements des époux doit être transcrit, on doit distinguer entre le cas où la communauté est acceptée par la femme et le cas où la femme y a renoncé. En cas d'acceptation, le prélèvement, d'après la cour de cassation, « de quelque manière qu'il s'exerce, n'est ni un partage proprement dit, ni une dation en payement, mais un règlement entre époux, une opération de communauté, déclarative, non translative de propriété, n'opérant aucune mutation de propriété, et dès lors affranchie de la transcription obligatoirement prescrite par la loi du 23 mars 1855 (Civ. rej. 20 juill. 1869, aff. Janvier, D. P. 69. 1. 497). Il résulte de cette décision que les tiers auxquels le mari a conféré des droits sur les immeubles de communauté attribués à la femme pour ses reprises, ne sont pas obligés pour la conservation de ces droits à l'égard de la femme d'avoir transcrit ou pris inscription ; les droits sont opposables à la femme comme au mari, et, par exemple, le vendeur non payé d'un immeuble attribué à la femme à titre de prélèvement ou de règlement de reprises pourrait encore inscrire son privilège après le règlement (Comp. arrêt précité du 20 juill. 1869; Aubry et Rau, t. 5, § 511, note 32, p. 365 ; Guillouard, t. 2, n° 967). Mais il en est différemment en cas de renonciation de la femme à la communauté et généralement lorsque la femme, même après acceptation, exerce ses reprises sur les biens propres du mari. Dans cette hypothèse, il a été décidé que la femme prend les immeubles à titre de dation en payement ; qu'en conséquence, la convention portant abandon de ces immeubles est susceptible de transcription, et que la transcription qui en est faite a pour résultat d'affranchir les immeubles ainsi donnés en payement de tous les droits réels non inscrits en temps utile (Civ. rej. 8 févr. 1858, aff. Belliard, D. P. 58. 1. 70).

843. A l'égard du droit proportionnel de mutation, il faut également distinguer suivant que la femme a accepté la communauté ou qu'elle y a renoncé, et dans le premier cas, suivant qu'elle exerce ses reprises sur les biens de la communauté ou sur ceux du mari. « En cas d'acceptation, dit la cour suprême, la femme qui exerce ses reprises sur les biens de la communauté agit dans la double qualité de créancière et de commune ; elle se paye avec des biens dont elle est copropriétaire par indivis avec son mari ou ceux qui le représentent, et les prélèvements qu'elle exerce sont l'une des opérations du partage, avec lequel ils se confondent pour la perception du droit d'enregistrement. » En conséquence, dans ce cas, il n'est dû qu'un droit fixe de

partage, et non un droit de mutation. Mais « si la femme exerce ses reprises sur les biens du mari, elle agit comme simple créancière de ce dernier et reçoit de lui en payement des biens sur lesquels elle n'a aucun droit de propriété, de sorte qu'il s'opère réellement une mutation à son profit. En cas de renonciation à la communauté, la femme est censée y avoir toujours été étrangère; l'actif en appartient tout entier au mari à la charge d'en payer les dettes; au nombre de ces dettes sont le prix des propres de la femme qui ont été aliénés sans remploi et toutes les indemnités qui peuvent lui être dues par la communauté. Si, pour se couvrir de ses créances, la femme reçoit des propres de son mari, il n'est pas douteux que ce mode de payement ne donne lieu à un droit proportionnel d'enregistrement. Il n'en peut être autrement quand les biens qu'elle reçoit proviennent de la communauté à laquelle elle a renoncé, puisque ces biens sont exclusivement la propriété du mari » (Civ. cass. 3 août 1858, aff. Villet, D. P. 58. 1. 310. Comp. les quatre autres arrêts du même jour, aff. Raucher, aff. Legoux, aff. Debès, et aff. Gallot, *ibid.*, deux autres du 24 août 1858, aff. Leleu, et aff. Letourneur, D. P. 58. 1. 350, et un arrêt du 24 déc. 1860, aff. Boulaye, D. P. 61. 1. 23. — *Adde* : C. cass. Belgique, 18 juin 1857, aff. Desmet-Wattel, *Pasicrisie belge*, 1857. 1. 319; 17 déc. 1863, aff. Van den Branden, *ibid.*, 1864. 1. 240).

844. Il résulte encore d'un arrêt de la cour de cassation qu'en cas d'acceptation de la communauté, « soit qu'il s'effectue par l'attribution de certaines valeurs de la masse, soit qu'il s'effectue par le payement d'une somme d'argent, le prélèvement n'est, dans l'une et l'autre hypothèse, qu'un règlement entre époux et une opération de liquidation destinée à dégager la consistance de la communauté et n'impliquant transmission de propriété ou mutation ni des héritiers du mari à la femme, ni de la femme aux héritiers du mari; que si le chiffre des reprises ou prélèvements à exercer par la femme acceptante excède et par conséquent absorbe la valeur totale des biens de la masse, il ne reste rien à la communauté, et la femme qui, en pareil cas, a stipulé ou reçu des héritiers du mari son payement en deniers, en leur abandonnant les biens de la masse, n'a reçu au stipulé que ce qui lui est dû et s'est dessaisie à leur profit, non d'un droit de propriété qu'elle n'avait pas, mais seulement de son action sur les biens soit de la masse, soit de la succession du mari; qu'il ne s'est donc opéré d'elle aux héritiers de celui-ci aucune mutation donnant ouverture au droit proportionnel d'enregistrement » (Civ. cass. 13 déc. 1864, aff. d'Houdemare, D. P. 65. 1. 17. Comp. Civ. rej. 8 avr. 1850, aff. Barth, D. P. 50. 1. 135, et *Rép.* n° 2385).

845. C'est aussi en considérant le prélèvement comme une opération du partage que la jurisprudence décide que l'époux qui a subi une lésion de plus d'un quart, tant dans ses prélèvements que dans le partage de la masse commune, peut obtenir la rescision du partage (V. *suprà*, n° 812).

846. Il a été jugé, avant 1858, que la femme, réputée propriétaire, à dater de la dissolution de la communauté, des objets prélevés, devait les imputer sur le montant de ses reprises pour la valeur qu'ils avaient à l'époque de cette dissolution, et non pour celle qu'ils avaient lors du prélève-

ment (Bordeaux, 13 juill. 1853, aff. Mussinot, D. P. 54. 2. 271). Nous croyons que cette décision serait encore exacte aujourd'hui, du moment que l'on assimile le prélèvement au partage.

847. On a signalé au *Rép.* n° 2389 une autre conséquence du système qui attribue au prélèvement le caractère d'un droit de propriété : c'est que la charge n'en devrait pas être répartie, comme s'il s'agissait d'une dette proprement dite, entre l'actif immobilier et l'actif mobilier de la communauté, mais qu'elle pèserait tout entière, d'abord sur les meubles, et en cas d'insuffisance seulement sur les immeubles. Par application de cette règle, un arrêt de la cour de Caen du 19 janv. 1832, cité *ibid.*, et rapporté au n° 2381, avait décidé que lorsqu'un des époux a été institué légataire de tout le mobilier qui appartiendrait à l'autre époux à son décès, si l'époux légataire a des prélèvements à exercer sur les biens de la communauté, les héritiers de l'autre époux ne doivent contribuer à ces prélèvements pour une part proportionnelle à la valeur des immeubles qu'ils ont recueillis dans la communauté du chef de leur auteur, que dans le cas où ils excéderaient la valeur du mobilier. — Il en est tout autrement dans le système qui considère les époux comme étant simplement créanciers de leurs reprises; d'après ce système, l'art. 1471, qui indique l'ordre dans lequel s'exercent les prélèvements (V. *infrà*, n°s 857 et suiv.), ne fait que prescrire un mode spécial de payement, et n'empêche pas que la dette des reprises ne se répartisse proportionnellement entre les meubles et les immeubles dépendant de la communauté. C'est ce qu'a très bien établi un arrêt de la cour de Douai du 17 juin 1847 (aff. Debriols, D. P. 50. 2. 62). Et il suit de-là que l'époux donataire ou légataire des meubles de la communauté peut exiger que les reprises ne soient mises à la charge de l'actif mobilier que proportionnellement à la valeur de cet actif comparé à celle de l'actif immobilier (V. Guillouard, t. 2, n° 976; Paris, 18 août 1859, *infrà*, n° 869; Amiens, 18 févr. 1885) (1).

848. Le caractère mobilier reconnu au droit de reprises par la jurisprudence est, d'ailleurs, entre les époux, susceptible d'être modifié par le contrat de mariage. Ainsi, il peut être déclaré dans le contrat que l'action en reprises ou en remploi sera propre et immobilière ; et si, par le même contrat, les époux se sont fait l'un à l'autre donation de tout leur mobilier, ces deux dispositions doivent être interprétées l'une par l'autre, il faut alors décider que la donation du mobilier ne comprend pas le droit aux reprises (Req. 27 avr. 1822, *Rép.* n° 2393; Metz, 1er févr. 1870, et sur pourvoi, Req. 14 nov. 1871, aff. Jacob, D. P. 71. 1. 345). Mais le caractère naturel de l'action en reprises ne pourrait pas être changé à l'égard des tiers (*Rép.* n° 2392; Guillouard, t. 2, n° 929). — Pour le cas où la donation du mobilier faite par l'un des époux à l'autre est postérieure au contrat de mariage, V. *Rép.* n° 2395.

849. *A l'égard des tiers ou des créanciers de la communauté*, la question de savoir à quel titre les époux exercent leurs reprises a plus d'intérêt encore que dans les rapports des époux entre eux : il s'agit de déterminer si la femme, pour le payement de ses reprises, primera les créanciers de la communauté, ou si elle viendra en concurrence avec eux, ou enfin si elle sera primée par eux. Ces trois opinions

---

(1) (Boucher C. Foulon.) — La cour; — Considérant que la dame Boucher, veuve commune en biens de Victor Boucher, et légataire de toute la propriété des biens meubles et de l'usufruit des immeubles dépendant de sa succession, demande contre la dame Foulon et consorts, légataires de la nue propriété des mêmes immeubles, la liquidation de la communauté et de ses reprises et indemnités, ainsi que de celles de la succession, s'il en existe; que la dame Foulon et consorts opposent à cette demande: 1° l'inutilité d'une liquidation en raison de l'absence de dettes de communauté; 2° un partage fait entre eux et elle des immeubles de communauté, et l'abandon à elle fait de la totalité du mobilier, tant en payement de ses reprises et de sa part de communauté qu'en exécution du legs; — En ce qui touche l'inutilité d'une liquidation: — Considérant que les règles et l'ordre établis par l'art. 1471 c. civ. pour le prélèvement des reprises ne constituent qu'un mode de payement; mais que ces reprises, étant une créance sur la communauté, restent une charge de tous les biens qui en dépendent et doivent être, soit directement, soit par voie de recours, supportées proportionnellement par les ayants droit à titre universel; que la dame Bou-

cher, à la fois légataire des biens meubles et de l'usufruit des immeubles, et créancière de reprises, a donc droit et intérêt à faire déterminer le chiffre de sa créance et la part qui doit être à la charge des légataires de la nue propriété des immeubles dépendant de la communauté; — Considérant, en outre, qu'il n'est pas établi qu'il n'y ait pas d'autres dettes de communauté; — En ce qui touche le partage des immeubles et l'abandon de l'actif mobilier: — Considérant qu'il n'appert d'aucun acte ni d'aucune convention prouvée ou même articulée avec précision que la dame Boucher ait renoncé au droit de faire contribuer les légataires de la nue propriété des immeubles au payement de ses reprises, que le partage fait entre elle et eux, uniquement pour régler leurs droits immobiliers, n'implique pas cette renonciation et n'a pas exonéré les légataires d'une charge qui leur incombe, au même titre que l'obligation d'acquitter pour leur part toute autre dette de la communauté; — Par ces motifs, infirme, etc. — Du 18 févr. 1885.-C. d'Amiens, 1re ch.-MM. Dauphin, 1er pr.-Grenier, av. gén.-Prouvost et Rietsch (du barreau de Saint-Quentin), av.

principales ont leurs partisans, et il s'est produit, en outre, plusieurs opinions intermédiaires (V. *Rép.* n° 2398).

850. L'opinion qui décide que la femme doit être payée de ses reprises par préférence aux créanciers de la communauté, tant sur les meubles que sur les immeubles, se rattache au système d'après lequel les reprises des époux s'exercent à titre de propriété. Outre les arguments sur lesquels ce système s'appuie, on invoque encore l'art. 1483, qui accorde à la femme le privilège de n'être tenue des dettes de la communauté que jusqu'à concurrence de son émolument; il en résulte, dit-on, que les reprises de la femme doivent être payées avant toute autre dette commune et que la femme ne doit pas subir le concours des créanciers sur les valeurs qu'elle prélève, car autrement elle payerait les dettes au delà de son émolument. Les créanciers ont traité avec le mari n'ont, d'ailleurs, pas le droit de se plaindre s'ils sont primés par la femme, car ils pouvaient prévenir ce résultat en exigeant le concours de la femme à l'obligation (Troplong, t. 3, n°s 1636 et suiv.; Bugnet sur Pothier, t. 8, p. 201; Ancelot, *Etude sur les reprises et les prélèvements, Revue critique*, année 1855, t. 6, p. 408 et suiv.; Mennesson, *Essai sur les récompenses*, p. 142 et suiv.; Vavasseur, *De la question des reprises de la femme*). Ce système fut admis pour la première fois par la cour de cassation, dans un arrêt de la chambre civile du 1er août 1848 (arr. Duhoulay, D. P. 48. 1. 189). La cour de cassation ne tarda pas à l'appliquer même au cas où la femme avait renoncé à la communauté (Civ. cass. 15 févr. 1853, aff. Brugnon, D. P. 53. 1. 75), et il prévalut, dès lors, dans la jurisprudence jusqu'à l'arrêt rendu en chambres réunies le 16 janv. 1858, déjà cité *suprà*, n° 836 (V. Paris, 31 déc. 1852, aff. Legay, D. P. 53. 2. 59; 31 mars 1853, aff. Devilliers, D. P. 55. 1. 273; Civ. cass. 11 avr. 1854, aff. Martin, D. P. 54. 1. 152; Paris, 2 déc. 1854, aff. Ballot.-MM. Ferey, pr.-Saillard, av. gén., c. conf.; Civ. cass. 8 mai 1855, aff. Moinet, D. P. 55. 1. 171; Metz, 12 juin 1855, aff. Bouillon, D. P. 55. 2. 280; Metz, 14 juin 1855, aff. Muller, D. P. 55. 2. 279; Bordeaux, 27 févr. 1856, aff. Soudou-Lasserve, D. P. 56. 5. 81; 5 mars 1856, aff. Soudou-Lasserve, *ibid.*; 3 juin 1856, aff. Dereix, *ibid.*). — Il convient de remarquer, toutefois, que l'argument tiré de l'art. 1483 c. civ., et qui est spécial à M. Troplong, ne se rencontre dans aucun arrêt de la cour suprême.

851. Le système suivant lequel la femme pour ses reprises n'est qu'une créancière comme une autre et vient en concurrence avec les autres créanciers de la communauté, en cas d'acceptation, comme en cas de renonciation, sauf à faire valoir son hypothèque légale sur les immeubles, est celui qui a définitivement triomphé devant la cour de cassation dans l'arrêt du 16 janv. 1858, dont nous n'avons rapporté *suprà*, n° 836, que la première partie, et dont voici les considérants plus spécialement applicables à la question actuelle : — « Attendu que l'actif de la communauté, composé de tout ce qui reste, distraction faite des objets reconnus propres à chacun des époux, après justification, est le gage commun des créanciers ; — Attendu que la femme, pour sa dot et ses conventions matrimoniales, n'obtient certains droits de préférence que sur les immeubles de son mari, conformément aux art. 2121 et 2135 c. nap. ; mais qu'aucun privilège, soit général, soit spécial, n'est inscrit en sa faveur sur les meubles de la communauté dans les art. 2101 et suiv. du même code ; — Attendu qu'on ne saurait faire résulter des art. 1470 et 1471 c. nap. un droit quelconque

d'exclusion à l'égard des créanciers, au profit de la femme, pour ses prélèvements sur les biens de la communauté ; — Que ces articles ne s'occupent que du partage de l'actif entre les époux et des droits respectifs de ces derniers, en impliquant toutefois la charge des dettes, aux termes des art. 1467, 1482 et 1483 c. nap. ; — Attendu qu'un droit quelconque d'exclusion ou de préférence ne saurait résulter plus spécialement de l'art. 1483 ; — Que cet article, étranger aux droits de la femme considérés comme affectant l'actif, a uniquement pour objet de limiter, par une sorte de bénéfice d'inventaire, les effets de l'obligation personnelle de la femme tenue, par le fait de son acceptation, de contribuer au payement des dettes de la communauté contractées par le mari seul ; — Attendu que les créanciers vigilants peuvent faire tous actes conservatoires et toutes poursuites légales, pour s'assurer de leur gage et à fin d'être payés, notamment en se conformant aux art. 1476 et 882 c. nap. ; — Attendu que si, après le partage consommé sans fraude, la femme a le droit, sous les conditions exprimées audit article, de porter en dépense le montant de ses récompenses et indemnités dans le compte qu'elle doit aux créanciers survenants, ce droit qui ne consiste qu'à retenir ce qu'elle a reçu à juste titre, n'implique nullement un droit de préférence ou d'exclusion attaché à la créance ainsi payée ; — Attendu que des droits reconnus à la femme renonçante par l'art. 1493 naissent pour elle des actions qu'elle exerce, à raison de leur nature, comme dans le cas d'acceptation, soit par voie de revendication, soit à titre de créancière ; — Attendu, d'ailleurs, que l'art. 1493, pour le cas de renonciation, n'est relatif, comme les art. 1470 et 1471 c. nap., pour le cas d'acceptation, qu'aux rapports des époux entre eux, et ne porte aucune atteinte aux droits des créanciers vigilants sur les biens qui sont leur gage ;... » (Ch. réun. cass. 16 janv. 1858, aff. Moinet, D. P. 58. 1. 5). Cet arrêt a été rendu sur les conclusions conformes de M. le procureur général Dupin, rapportées *ibid.* (V. dans le même sens, *pour le cas d'acceptation de la communauté* : Bourges, 4 déc. 1854, aff. Martin, D. P. 54. 2. 270 ; Nancy, 1re ch., 25 janv. 1855, aff. Thonin.-MM. Quenoble, 1er pr.-Saudbreuil, av. gén.; Bourges, 9 mars 1855, aff. André, D. P. 55. 2. 86 ; Dijon, 3e ch., 3 avr. 1855, aff. Curnillon.-MM. Legoux, pr.-Massin, av. gén., c. conf.-Caire et Martry, av.; Caen, 15 mai 1856, aff. Poitevin, D. P. 56. 5. 82; et, *pour le cas de renonciation à la communauté* : Amiens, 8 mai 1851, aff. Lecuyer, D. P. 51. 2. 75 ; Rennes, 17 juin 1853, aff. Rolland, D. P. 54. 2. 1 ; Caen, 25 juill. 1853, aff. Pithou, *ibid.* ; Paris, 13 janv. 1854, aff. Foulon, D. P. 54. 2. 93; Rouen, 22 juill. 1854, aff. Moinet, D. P. 54. 2. 212 ; Caen, 10 janv. 1855, aff. Grimbert C. Geslin-Dubuisson.-MM. Daigremont Saint-Manvieux, pr.-Farjas, av. gén.; Paris, 4 août 1855, aff. Moinet, D. P. 55. 2. 273 ; Caen, 8 déc. 1855, aff. Laurent C. James.-M. Berlard, pr.; Orléans, 19 juin 1856, aff. Doridan C. Terrasse.-M. Laisné de Sainte-Marie, pr. ; Lyon, 25 juill. 1856, aff. Bonnardel C. Gonnet.-M. Loyson, pr. ; Paris, 23 août 1856, aff. Blanc C. Lherbette.-M. Delangle, 1er pr.; Civ. rej. 8 févr. 1858, aff. Belliard, D. P. 58. 1. 70 ; Civ. cass. 1er déc. 1858, aff. Blanchy, D. P. 59. 1. 11 ; Civ. cass. 15 mars 1859, aff. Arnoutz, D. P. 59. 1. 105 ; 23 août 1859, aff. Chamozzi, et aff. Froment, D. P. 59. 1. 350 ; Bruxelles, 20 févr. 1861, aff. O..., *Pasicrisie belge*, 1861. 2. 188 ; Orléans, 23 avr. 1863, aff. Chamozzi, D. P. 63. 2. 79 ; Agen, 23 févr. 1881 (1); Rodière et Pont, t. 2, n°s 1083 et suiv. ; Pont, *Revue critique*, années 1853, t. 3, p. 436 et suiv., et 1854, t. 4.

(1) (Syndic Gaston C. Gaston et Soulié.) — Le 5 juill. 1880, le tribunal de Cahors a rendu un jugement ainsi conçu : « Attendu qu'il a été souverainement jugé par la cour de cassation, le 16 janv. 1858 (D. P. 58. 1. 5), que les reprises de la femme dans la communauté ou dans une société d'acquêts ne s'exercent, soit qu'elle renonce, soit qu'elle accepte, qu'à titre de simples créances, en concurrence avec les autres créanciers et non à titre de propriété ou par voie de prélèvement à leur exclusion ; — Attendu, toutefois, qu'une exception est posée à ce principe général de droit par un arrêt subséquent, émanant de la même cour, en date du 29 janv. 1866 (D. P. 66. 1. 276), qui, rappelant qu'aux termes des art. 1387 et 1497 c. civ., les époux, en adoptant le régime de la communauté, peuvent modifier ce régime en y introduisant quelques-unes des garanties propres au régime dotal, notamment en stipulant que la femme renonçante pourra reprendre ses apports francs et quittes de toutes dettes, alors même qu'elle y serait

obligée ou qu'elle y aurait été condamnée, l'arrêt précité décide que les époux pourront déclarer que cette dernière clause sera opposable non seulement au mari et à ses héritiers, mais aussi aux tiers envers lesquels la femme se serait solidairement engagée avec son mari ; que l'arrêt ajoute qu'une telle stipulation, contraire à la nature du régime sous lequel les époux se sont placés, doit être conçue en termes clairs et tellement explicites, que les tiers ne puissent être induits en erreur sur la faculté exorbitante accordée à la femme et sur le peu de solidité des engagements qu'elle pourrait prendre avec eux ; — Attendu en fait, que, le 5 avr. 1869, par acte aux minutes de Me Fréjaville, notaire à Saint-Projet, Antonin Gaston et Nancy Déjean réglèrent les conventions civiles du mariage projeté entre eux; que le régime de la communauté fut adopté sous certaines modifications; qu'il est dit, notamment, en l'art. 3 du contrat que les biens actuels des époux, ceux qui vont leur être donnés et ceux qui

p. 522 et suiv. ; Aubry et Rau, t. 5, § 511, note 28, p. 363 et suiv. ; Marcadé, t. 5, art. 1470-1472, n° 3; Laurent, t. 22, n°ˢ 526 et suiv. ; Colmet de Santerre, t. 6, n°ˢ 132 *bis* et suiv. ; Valette, *Mélanges de droit, de jurisprudence et de législation*, t. 1, p. 401 et suiv.).

852. Il est, d'ailleurs, une hypothèse dans laquelle la jurisprudence a toujours reconnu que la femme n'est qu'une créancière ordinaire pour le payement de ses reprises : c'est celle que régit l'art. 560 c. com., en cas de fail-

lite du mari. A l'époque où la cour de cassation décidait que la femme exerçait ses reprises à titre de propriétaire et par préférence aux créanciers de la communauté, cette même cour a jugé que la femme du failli ne peut reprendre en nature les objets par elle apportés, ou qui lui sont advenus par succession, donation ou testament, qu'à la double condition, d'une part, que leur identité soit établie, soit par contrat de mariage, soit par inventaire ou acte authentique, et d'autre part, que ces objets ne sont pas entrés en

pendant la communauté leur écherront par succession, donation ou legs seront, exclus de la communauté pour être repris, lors de la dissolution, par chacun d'eux ou ses représentants, sur ladite communauté qui se trouvera dès lors réduite aux acquêts, et que l'art. 6 stipule que, la communauté d'acquêts dissoute, la future épouse, en y renonçant, pourra reprendre, ainsi qu'il résulte de l'art. 3, son apport en ménage, les biens qui vont lui être constitués et ceux qui lui seront advenus par donation, succession ou legs, le tout franc et quitte des dettes de la communauté, encore bien que la future s'y fût engagée ou y eût été condamnée, et qu'il est entendu que cette clause aura son effet non seulement entre les parties et leurs héritiers, mais encore au regard des tiers; qu'enfin, il fut donné à la future épouse, par ses père et mère, une somme de 20000 fr., qui fut à l'instant reçue et quittancée par le futur époux; — Attendu qu'un jugement du 5 juill. 1877 ordonna qu'Antonin Gaston et Nancy Déjean demeureraient séparés quant aux biens, et que par un acte au greffe, du 28 même mois, celle-ci déclara renoncer purement et simplement à la communauté et société d'acquêts, stipulée dans son contrat de mariage, mais sous la réserve de retenir et prélever, conformément à l'art. 6 du contrat, les biens qui lui furent constitués ou qui lui étaient échus, à quelque titre que ce fût ; que, le 29 du même mois de juillet, Antonin Gaston et Pierre-Aimé Soulié comparurent devant Mᵉ Agar, notaire, et qu'il fut dressé un acte dans lequel il fut reconnu que la société en participation ayant existé entre eux avait été dissoute et liquidée, et où il fut stipulé que Gaston cédait à Soulié tout ce qui lui revenait dans ledit commerce sur les marchandises, créances par effets ou comptes, espèces, le tout mentionné dans la liquidation, et que le prix de la cession fut fixé à 15000 fr.; que le même jour, et devant le même notaire, en exécution du jugement précité du 5 du même mois, Antonin Gaston et Nancy Déjean procédèrent à la liquidation des reprises matrimoniales de la femme, lesquelles furent fixées à la somme totale de 20728 fr. 77 cent. en capital, intérêts audit jour et frais; que, dans le même acte, Gaston céda et transporta à sa femme la somme de 15000 fr. qui lui était due par Soulié, à valoir et pour se libérer jusqu'à concurrence du montant des reprises qui venaient d'être liquidées; que, le sieur Soulié n'ayant pas été présent à ladite cession, elle lui fut notifiée le 2 août suivant, et que le 29 mai 1878, Nancy Déjean lui commandement d'avoir à lui payer la somme de 15000 fr. avec les intérêts et les frais; qu'enfin, ce commandement fut frappé d'opposition par Soulié, par le double motif pris... et en outre de ce que diverses saisies avaient été pratiquées en ses mains par les créanciers dudit Gaston, et qu'à la suite de cette opposition Maire, syndic de la faillite de Gaston, déclarée par jugement du 9 mai 1878, et dont la date avait été reportée au 3 févr. 1877, fut ajourné à la requête de Nancy Déjean, pour prendre dans l'intérêt du failli telles conclusions qu'il aviserait ; — Attendu, au fond et sur le second motif de l'opposition, que, faisant application aux faits de la cause des principes de droit posés et consacrés par la cour de cassation, on doit reconnaître et déclarer que les termes employés dans le contrat de Nancy Déjean sont clairs et tellement explicites que les tiers ne pouvaient être induits en erreur sur la faculté qui ne pouvait lui être contestée et qu'elle s'était réservée, de pouvoir reprendre, après la communauté dissoute et en y renonçant, son apport franc et quitte des dettes de la communauté, et sur le peu de solidité des engagements qu'elle pouvait prendre avec eux, puisqu'il est dit, en effet, audit contrat que la clause qui constatait cette réserve, non seulement produirait effet alors même qu'elle se serait engagée ou aurait été condamnée pour les dettes de la communauté, mais que cet effet serait produit non seulement entre les parties et leur représentant, mais encore au regard des tiers; — Attendu, par suite, que peu importe, pour la solution du litige, que Gaston ait été déclaré en faillite, et que la date de la faillite ait été fixée à une époque antérieure au jugement de séparation de biens et aux actes de liquidation de reprises et de cession qui l'ont suivie, le droit en vertu duquel procède Nancy Déjean résultant de son contrat de mariage antérieur à cette déclaration de faillite et ne pouvant ainsi subir aucun amoindrissement par son fait; — Attendu qu'à ce point de vue le second motif de l'opposition de Soulié doit être déclaré non fondé ; — Attendu que la qualité de femme de commerçant qu'avait Nancy Déjean n'apporte aucune modification aux droits qui viennent d'être constatés exister en sa faveur; qu'en effet, la femme du commerçant peut stipuler dans son contrat de mariage, soit le

régime de communauté, soit celui de séparation de biens, soit le régime dotal; qu'on ne saurait lui contester le droit d'ajouter à la stipulation du régime choisi par elle telles modifications qui lui conviendraient; qu'ainsi que le disait M. le procureur général Dupin dans ses conclusions qui précédèrent l'arrêt de 1866, de ce que le code de commerce a placé la femme en face de leurs créanciers, « il n'en faut pas conclure qu'il déroge au code civil, ni qu'il établisse deux régimes de communauté, en telle sorte qu'il y aurait deux sortes de femmes et deux sortes de maris; qu'on y trouve, au contraire, la mise en action de tous les principes du droit civil de la manière la plus nette et la plus lucide »; que, par voie de conséquence forcée, on doit reconnaître que, si la femme du commerçant peut, comme la femme du non-commerçant, insérer dans son contrat de mariage les stipulations à sa convenance, elle doit être admise à recueillir le résultat et le bénéfice de ses stipulations; qu'on doit, par suite, déclarer que les principes posés dans l'arrêt précité de 1866 doivent trouver leur application dans la cause actuelle; — Attendu que, si les tiers qui contractent avec le commerçant marié sont exposés à des risques plus nombreux et plus sérieux que ceux qui traitent avec le commerçant non marié, ils trouvent la sauvegarde de leurs intérêts dans l'exécution des prescriptions de l'art. 67 c. com., aux termes duquel tout contrat de mariage entre époux dont l'un est commerçant doit être transmis par extrait, dans le mois de sa date, aux greffes et chambres désignés par l'art. 882 c. proc. civ., pour être exposé au tableau conformément au même article; que les tiers sont ainsi avertis de l'étendue du droit que la femme pourrait être appelée à exercer et du plus ou moins de sécurité qu'il y a de contracter avec le mari; — Attendu que le tribunal n'a pas à se préoccuper actuellement de la question de savoir si les prescriptions de l'art. 67 c. com. ont été suffisamment exécutées par le notaire détenteur du contrat de mariage, à la charge de qui la loi a mis l'accomplissement de cette formalité, ou si les tiers ont à se reprocher de n'avoir pas pris, après avoir connu l'extrait du contrat de mariage, une connaissance plus complète de ce contrat ; que la femme ne peut dans aucun cas être astreinte à subir la conséquence de la négligence de l'officier ministériel ou de l'incurie des tiers... — Par ces motifs; — Déclare bonne et valable la cession de la somme de 15000 fr. consentie le 29 juill. 1877, par Antoine Gaston à Nancy Déjean sa femme, sur Pierre-Aimé Soulié, ladite somme à valoir sur le montant de ses reprises matrimoniales liquidées à 20728 fr. 77 cent. ; — Rejette l'action en nullité du commandement signifié à Soulié à la requête de Nancy Déjean, le 29 mai ». — Appel. — Arrêt.

La cour; — Attendu que la dame Gaston a stipulé dans son contrat de mariage qu'elle aurait le droit de reprendre, en cas de renonciation, ses apports francs et quittes des dettes de la communauté, et que le droit qu'elle se réservait serait opposable aux créanciers; qu'après la séparation de biens prononcée le 5 juill. 1877, les reprises ont été liquidées le 29 juillet même mois ; qu'elles n'ont été sans fraude, ni que le chiffre n'en a même pas été contesté; que la clause du contrat de mariage, relativement aux créanciers, n'a valu et peut leur être opposée; — Mais attendu que la femme n'a qu'une créance sur les deniers du mari; que cette créance n'est pas privilégiée; qu'à la vérité, lorsque les reprises ont été liquidées, le mari a fait cession en payement à sa femme de 15000 fr. à lui due par Soulié; que cette cession a été régulièrement signifiée au débiteur, et que si le payement de cette dette qui n'est pas contestable avait eu lieu, il ne pourrait être attaqué; mais qu'il n'a pas eu lieu; qu'en outre, la faillite de Gaston a été déclarée par jugement du 9 mai 1878, et que l'époque de l'ouverture en a été fixée au 3 févr. 1877 ; que, puisque la dame Gaston n'avait qu'un droit de créance, la cession à elle faite par son mari, n'a eu lieu qu'en payement de ses reprises n'était qu'un mode de payement; qu'il n'a pas eu lieu en argent ni en effets de commerce; qu'étant postérieur à l'époque de la cessation des payements, il est, aux termes de l'art. 446 c. com., nul et sans effet à l'égard de la masse des créanciers, sauf pour la dame Gaston, le droit incontestable d'obtenir une part proportionnelle au payement dans la distribution qui sera faite de l'actif de la faillite; — Emendant et faisant ce que les premiers juges auraient dû faire; — Déclare nulle et sans effet, relativement à la masse, la cession faite le 29 juill. 1877, par Gaston à sa femme, d'une somme de 15000 fr. à lui due par Soulié; — Dit, en conséquence, que cette somme, tant en capital qu'en accessoire, fait partie de l'actif de la faillite et qu'elle sera versée dans les mains du syndic.
Du 23 févr. 1881.-C. d'Agen.

communauté; que, pour ceux de ses apports dont l'identité ne peut pas être ainsi démontrée, et qui se sont confondus dans les valeurs dépendant de la communauté, la femme n'a pas plus de droits que les autres créanciers, et que, par suite, si le mari lui a fait abandon de valeurs de communauté depuis l'époque de la cessation de ses payements, cet abandon est nul comme contraire à l'art. 446 c. com. (Bordeaux, 29 avr. 1853, aff. Grataud, D. P. 54. 2. 1, et sur pourvoi, Req. 24 janv. 1854, D. P. 54. 1. 81).

853. Au surplus, dans l'opinion qui a prévalu en jurisprudence, la femme n'a aucun droit de préférence sur les créanciers de la communauté, alors même qu'elle aurait stipulé, dans son contrat de mariage, la faculté de *reprendre, en cas de renonciation, sa dot et ses apports mobiliers francs et quittes de toutes dettes et charges de la communauté;* cette clause, en effet, ne suffit pas pour conférer à la femme un droit de créance privilégié (Civ. cass. 23 août 1859, aff. Chamozzi, 29 avr. 1853, aff. Froment, D. P. 59. 1. 350; Orléans, 23 avr. 1863, aff. Chamozzi, D. P. 63. 2. 79; Rouen, 17 juin 1869, aff. Leduc, D. P. 72. 2. 215). V. toutefois pour le cas où la clause par laquelle la femme a stipulé le droit de reprendre son apport franc et quitte a été déclarée par le contrat opposable aux tiers, l'arrêt d'Agen du 23 févr. 1881, rapporté *suprà*, n° 851).

854. Une troisième opinion est soutenue par des auteurs relativement récents. Dans le cas où la femme a renoncé à la communauté, comme lorsqu'elle exerce ses reprises subsidiairement, en cas d'acceptation, sur les biens du mari, ces auteurs admettent bien que la femme n'est que créancière et ne peut être payée de ses reprises qu'au marc le franc avec les autres créanciers de son mari. Mais lorsque la femme a accepté la communauté et vient se faire payer sur les biens communs, elle agit, disent ces auteurs, comme *copartageante* et elle ne doit être payée qu'après que tous les créanciers de la communauté sont désintéressés. Cette opinion se prévaut de la situation faite à la femme par les art. 1470 et 1471, qui lui accordent le droit de prélever en nature les biens de la communauté, tandis que les créanciers ordinaires ne peuvent que saisir ces biens et les faire vendre pour se payer sur le prix; on en conclut que la femme et les créanciers ne peuvent pas être payés en même temps et au marc le franc, et que la femme n'ayant pas de privilège pour passer avant les créanciers, ce sont les créanciers qui doivent passer avant elle. On invoque par analogie l'art. 830 c. civ. qui dispose, pour le cas où le rapport d'un cohéritier n'est pas fait en nature, que les cohéritiers auxquels il est dû *prélèvent* une portion égale sur la masse de la succession. La femme créancière de récompenses, de même que le cohéritier auquel un rapport est dû, a droit à une part plus forte dans la masse; mais, comme le cohéritier, elle ne peut prendre cette part qu'après le payement des créanciers de la masse. On ajoute enfin que si la femme doit venir en concurrence avec les créanciers de la communauté, elle n'a pas d'intérêt à renoncer et qu'on ne voit pas pourquoi le législateur lui aurait accordé le droit de renonciation, tandis qu'au contraire si en acceptant elle ne doit être payée qu'après les créanciers, le droit de renoncer a une grande importance pour elle, et l'on s'explique tout le prix que la loi paraît attacher à la conservation de ce droit (Demolombe, *Cours de code civil*, t. 9, n° 365 *bis*; Levée, *Revue critique*, année 1870, t. 37, p. 257 et suiv.; de Folleville, t. 1, n°s 492 *bis* et suiv.).

Cette opinion, dont on ne peut méconnaître la valeur juridique, est combattue par M. Guillouard, t. 2, n° 925. Il serait tout à fait injuste, dit-il, que la femme, créancière de la communauté au même titre que les autres créanciers, puisque la communauté détient des valeurs qui lui sont propres, ne pût pas se faire payer concurremment avec les autres créanciers. Sa situation n'est nullement la même que celle de l'héritier qui exerce un prélèvement conformément à l'art. 830 : ce prélèvement s'exerce à titre gratuit, il a pour but de procurer à l'héritier une part égale à celle de ses cohéritiers; les prélèvements de la femme, au contraire, s'exercent à titre onéreux et ont pour but de l'indemniser de la perte des valeurs propres dont la communauté s'est enrichie à ses dépens. Si donc la femme ne jouit pas d'un droit de préférence vis-à-vis des créanciers, elle doit néanmoins pouvoir se faire payer en concurrence avec eux,

sauf l'exercice du mode de payement spécial autorisé par les art. 1470 et 1471 (Comp. Esmein, *Revue critique*, année 1877, *nouv. sér.*, t. 6, p. 83 et suiv.).

855. Comme conséquence du système d'après lequel les époux exerçaient leurs reprises à titre de propriétaires, nous avons décidé au *Rép.* n° 2400 que les tiers acquéreurs des conquêts aliénés par le mari pendant la communauté pouvaient être inquiétés par la femme, si la vente faite par le mari seul était postérieure à la cause des reprises de la femme. Cette décision n'est plus exacte aujourd'hui. Il a été jugé que la femme commune ne peut exercer ses reprises sur les biens de la communauté au préjudice des actes que le mari a valablement faits, et notamment des droits de gage qu'il a constitués sur ces biens durant la communauté (Dijon, 18 déc. 1855, aff. de Blangey, D. P. 56. 2. 185, et sur pourvoi, Req. 17 févr. 1858, D. P. 58. 1. 125). La femme ne pourrait donc pas inquiéter les tiers qui auraient acquis du mari à titre onéreux des meubles ou des immeubles conquêts pendant la communauté. Quant aux tiers à qui le mari aurait cédé des immeubles à titre gratuit, V. *suprà*, n° 418. La femme, toutefois, pourrait, en cas d'acceptation de la communauté, exercer ses reprises, à défaut d'argent comptant et de mobilier, même sur les immeubles aliénés par le mari depuis la dissolution de la communauté (Req. 6 nov. 1861, aff. Friry, D. P. 62. 1. 167).

856. Enfin, le système d'après lequel la femme n'exerce ses reprises qu'à titre de créancière entraîne cette conséquence, que l'attribution à elle faite d'objets ou valeurs de la communauté, autres que de l'argent ou des effets de commerce, constitue de la part du mari une dation en payement, laquelle est nulle de l'égard de la masse des créanciers, aux termes de l'art. 446 c. com., si elle a eu lieu postérieurement à la cessation des payements du mari déclaré, depuis, en faillite (Agen, 23 févr. 1881, *suprà*, n° 851).

857. Nous avons rapporté au *Rép.* n° 2378 un arrêt de la cour de Lyon, du 3 mars 1841, d'après lequel ce serait seulement pour les biens qui n'existent plus en nature, et non pour les indemnités dues par la communauté pour d'autres causes, que le droit de prélèvement aurait été accordé à la femme. Cette opinion se fonde sur les termes de l'art. 1471, qui dispose que les prélèvements « s'exercent *pour les biens qui n'existent plus en nature,* d'abord sur l'argent comptant, ensuite sur le mobilier, et subsidiairement sur les immeubles de la communauté ». Mais la plupart des auteurs estiment que cet article, en parlant des biens qui n'existent plus en nature, n'a pas entendu par là exclure les autres causes de reprises. Ce texte, en effet, n'a pas pour but d'énumérer les différentes reprises des époux; c'est l'art. 1470 qui fait cette énumération. L'art. 1471 détermine ensuite de quelle manière les prélèvements s'exercent sur les biens communs pour le payement des reprises. Or, toutes les causes de reprises méritent la même faveur, car toutes représentent un enrichissement de la communauté aux dépens de l'un des époux, et il faudrait une loi formelle pour qu'on dût faire des distinctions entre elles. Aussi, contrairement à l'arrêt de la cour de Lyon plus haut rappelé, la cour d'Orléans a jugé que les prélèvements autorisés par les art. 1470 et 1471 en faveur de la femme s'exercent, non seulement pour les biens propres qu'elle a apportés et qui n'existent plus en nature, mais encore pour les indemnités qui lui sont dues, notamment, à raison des obligations solidaires qu'elle a contractées dans l'intérêt du mari ou de la communauté (Orléans, 3 déc. 1857, aff. Robillard, D. P. 58. 2. 165. V. dans le même sens : Rodière et Pont, t. 2, n° 1075; Colmet de Santerre, t. 6, n° 131 *bis* II; Laurent, t. 22, n° 507; Guillouard, t. 2, n° 946).

858. Aux termes de l'art. 1471, « les prélèvements de la femme s'exercent avant ceux du mari » (V. *Rép.* n° 2404). Il en résulte que si le mari doit des récompenses à la communauté, il ne peut compenser ces récompenses avec les reprises auxquelles il a droit qu'autant que la femme est payée de ses propres reprises. Tant que la femme reste créancière de la communauté, elle a le droit d'exiger le rapport des récompenses dues par le mari, afin de pouvoir exercer sur les sommes rapportées le droit de préférence qui lui appartient à l'égard du mari personnellement (Civ. cass. 16 avr. 1862, aff. Gremillon, D. P. 62. 1. 275).

859. L'art. 1471, § 2, détermine l'ordre dans lequel doi-

vent se faire les prélèvements par rapport aux biens sur lesquels ils s'exercent (V. *Rép.* n° 2407). Pour que ces prélèvements puissent s'exercer d'abord sur le mobilier, il faut évidemment que le mobilier dépendant de la communauté ait été constaté de quelque manière à la dissolution et se retrouve au moment du partage. Si, par la faute de l'époux survivant ou de l'une quelconque des parties, la consistance du mobilier ne pouvait être établie, l'autre époux aurait le droit d'exercer ses prélèvements sur les immeubles (Rodière et Pont, t. 2, n° 1077; Laurent, t. 22, n° 510; Guillouard, t. 2, n° 942). Il a été jugé que le mari survivant, qui n'a pas fait inventaire après la dissolution de la communauté, n'est pas recevable, pour empêcher les héritiers de la femme de faire leurs prélèvements sur les immeubles, à établir par la preuve testimoniale ou la preuve par commune renommée la consistance du mobilier qui, d'après lui, dépend de la communauté (Req. 1ᵉʳ déc. 1852, aff. Blaizot, D. P. 53. 1. 122). Mais il a été décidé que le défaut d'inventaire des biens de la communauté, après la mort du mari, ne rend pas la femme survivante responsable sur ses biens personnels des reprises dues par la communauté à la succession du mari; les héritiers de celui-ci sont seulement autorisés à en prélever le montant sur la communauté, après en avoir établi la consistance tant par titres que par témoins, et même par commune renommée, conformément à l'art. 1442 (Civ. cass. 5 mars 1855, aff. Beisson, D. P. 55. 1. 71).

C'est évidemment à tort qu'un arrêt a décidé que le mari qui n'a pas fait inventaire des valeurs mobilières de la communauté ne peut pas exercer ses prélèvements sur les immeubles pour insuffisance de ces valeurs mobilières (Caen, 17 juill. 1857, aff. Berrier-Fontaine, D.P. 59. 1. 490). Le défaut d'inventaire a seulement pour conséquence d'autoriser la preuve par commune renommée de la consistance du mobilier commun (V. *Rép.* n° 1592, et *suprà*, n° 587).

860. Les parties peuvent, d'un commun accord, notamment par une clause de leur contrat de mariage, modifier l'ordre fixé pour les prélèvements par l'art. 1471 (*Rép.* n° 2409; C. cass. de Belgique, 6 févr. 1863, aff. Vanassche C. Behaghel, *Pasicrisie belge*, 1863. 1. 424). — D'autre part, la femme peut renoncer, dans l'intérêt du mari ou de ses héritiers, à exercer ses reprises conformément à cet article; et il a été jugé que l'engagement pris par la femme, lors de la liquidation de la communauté, d'exercer ses reprises d'abord sur les valeurs immobilières, de manière à laisser au mari ou à ses héritiers l'actif mobilier, n'équivaut pas à une cession de droits et, par suite, ne donne pas lieu au droit proportionnel de vente (Trib. Seine, 29 juin 1852, aff. Durand Claye, D. P. 54. 3. 4).

861. Nous avons dit au *Rép.* n° 2410, que la femme ou ses héritiers, ayant aux termes de l'art. 1471 le droit de choisir les immeubles, en cas d'insuffisance de l'argent comptant et du mobilier, doivent à plus forte raison avoir le choix des meubles. Cette solution, a-t-elle été contredite par M. Laurent, t. 22, n° 506. Le droit de choisir est selon lui une exception, et la loi ne l'ayant accordé que pour les immeubles, on ne peut l'étendre à d'autres biens. Mais si le législateur, malgré le prix qu'il attachait aux immeubles, a voulu néanmoins que la femme eût le droit de prélever ceux qu'elle préférerait, et cela pour empêcher qu'on ne fût obligé de les vendre, il a dû vouloir aussi, pour le même motif, que la femme pût prélever les meubles qu'elle choisirait. On s'explique facilement d'ailleurs qu'il n'ait parlé que du choix des immeubles, car il s'est placé dans l'hypothèse où l'argent comptant et le mobilier ne suffisent pas pour rembourser la femme de ses reprises, et alors il n'y avait pas lieu de lui accorder aussi le choix des meubles, puisque, avant d'atteindre les immeubles, elle doit absorber tout le mobilier. Mais, dans le cas où le mobilier est plus que suffisant pour désintéresser la femme, lui refuser le droit de choisir les objets sur lesquels elle exercera ses reprises, c'est en définitive la dépouiller du droit de prélèvement. L'opinion que nous réfutons est, d'ailleurs, restée isolée (Rodière et Pont, t. 2, n° 1078; Marcadé, t. 5, art. 1470-1472, n° 1; Aubry et Rau, t. 5, § 511, note 24, p. 361; Guillouard, t. 2, n° 947).

862. Que le choix porte sur des meubles ou sur des immeubles, si l'époux créancier et son conjoint ou leurs

héritiers ne s'entendent pas sur la valeur à donner aux biens sur lesquels a lieu le prélèvement, cette valeur doit être déterminée par des experts choisis par les parties ou, à défaut d'accord entre elles, nommés par le tribunal. Les frais de l'expertise sont à la charge de la communauté (*Rép.* n° 2415; Rodière et Pont, t. 2, n° 1080; Aubry et Rau, t. 5, § 511, p. 361; Laurent, t. 22, n° 508; Guillouard, t. 2, n° 948).

863. La femme qui a accepté la communauté est-elle obligée de prendre en payement de ses reprises, à défaut d'argent comptant, des meubles, puis des immeubles en nature, ou peut-elle exiger la vente des biens de la communauté afin de se payer sur le prix? Cette question divise les auteurs. Pour soutenir que le règlement des reprises par voie de prélèvement est obligatoire, on s'appuie sur les termes impératifs de l'art. 1471 (Rodière et Pont, t. 2, n° 1074; Marcadé, t. 5, art. 1470-1472, n° 1; de Folleville, t. 1, n° 497). On répond que la disposition de l'art. 1471 constitue une faveur pour l'époux créancier de reprises, mais qu'elle ne peut lui enlever le bénéfice du droit commun, d'après lequel tout créancier a pour gage les biens de son débiteur et a le droit de faire vendre ces biens pour obtenir le payement de sa créance (*Rép.* n° 2411; Aubry et Rau, t. 5, § 511, note 25, p. 361; Colmet de Santerre, t. 6, n° 131 *bis* I; Laurent, t. 22, n° 511; Guillouard, t. 2, n° 950 et suiv.). Quelques arrêts se sont prononcés pour la première opinion (Metz, 10 avr. 1862, aff. Jadard, D. P. 62. 2. 141; Paris, 24 juill. 1869, aff. Petit, D. P. 70. 2. 25. V. aussi Liège, 25 févr. 1865, *infrà*, n° 869). Mais la seconde a été consacrée par la cour de cassation (Req. 2 juin 1862, aff. Bertout, D. P. 62. 1. 420; Civ. cass. 6 juill. 1870, aff. Petit, D. P. 71. 1. 116). Il résulte de cette dernière décision « que la femme conserve toujours sa qualité de créancière et tous les droits qui y sont attachés de droit commun, notamment, celui d'exiger que le remboursement de ses reprises liquidées soit effectué en deniers; qu'en faisant des biens de la communauté le gage particulier de sa créance, la loi ne lui a pas imposé l'obligation d'accepter en emploi, contrairement à sa convenance et à son intérêt, des choses autre que celles qui lui sont dues ».

864. A l'inverse, si la femme veut exercer ses reprises par voie de prélèvement sur le mobilier et ensuite sur les immeubles, le mari ou ses héritiers peuvent-ils s'y opposer en offrant de lui payer ses reprises en argent? Cette question est plus délicate que la précédente. On peut soutenir que l'art. 1471 est écrit en faveur de l'époux créancier; que le législateur a voulu permettre à cet époux de conserver des biens qui peuvent lui être précieux et que l'on ne doit, par conséquent, pas permettre à l'autre époux de dépouiller son conjoint de cet avantage en le payant en argent (Rodière et Pont, t. 2, n° 1074; Marcadé, t. 5, art. 1470-1472, n° 1; Laurent, t. 22, n° 512). Toutefois, comme nous l'avons déjà remarqué au *Rép.* n° 2412, l'opinion qui précède se concilie mieux avec le système qui considère les époux comme exerçant leurs reprises à titre de propriétaires, qu'avec celui de la jurisprudence, qui ne voit dans les reprises que des créances comme les autres. Si la femme n'est que créancière, elle ne peut exiger autre chose que le payement de sa créance en argent. C'est aussi d'abord sur l'argent comptant que le législateur, dans l'art. 1471, a stipulé que les reprises seraient payées, ce qui prouve que tel est le mode de payement qui lui a paru le plus équitable et le plus naturel. Si la femme a des raisons pour vouloir prélever certains meubles ou certains immeubles, le mari peut aussi désirer conserver ces mêmes biens; en pareil cas, il est plus juste de laisser au partage et au tirage au sort le soin de décider à qui ces biens appartiendront. Et enfin, le prélèvement a lieu sur le pied d'une estimation qui peut être plus ou moins exacte; l'équité est encore mieux garantie, quand, les reprises étant payées en argent, tous les biens en nature entrent en partage ou sont licités entre les époux (Troplong, t. 3, n° 1630; Aubry et Rau, t. 5, § 511, note 26, p. 362; Guillouard, t. 2, n° 952 et suiv.). — En tout cas, il peut être stipulé dans le contrat de mariage que l'un ou l'autre époux aura la faculté d'exercer ses prélèvements à son choix, soit en nature, soit en numéraire (Caen, 12 mai 1870, aff. Beltrémieux, D. P. 72. 2. 196; Laurent, t. 22, n° 513; Guillouard, t. 2, n° 954).

865. On admet généralement que le prélèvement ne peut porter sur un meuble ou un immeuble dont la valeur est notablement supérieure à celle des reprises (*Rép.* nᵒˢ 2413 et suiv.; Rodière et Pont, t. 2, nᵒ 1079 ; Aubry et Rau, t. 5, § 511, note 24 ; Laurent, t. 22, nᵒ 509 ; Guillouard, t. 2, nᵒ 949).

866. La cour de cassation a jugé que le droit, accordé à la femme par l'art. 1471, de se couvrir de ses reprises au moyen d'un prélèvement en nature, cesse quand les biens sur une portion desquels ce prélèvement devrait être exercé ne sont pas commodément partageables : il y a lieu, en cas pareil, à licitation, et le prélèvement ne peut se faire que sur le prix (Req. 7 mai 1855, aff. Bonnet, D. P. 55. 1. 410).

Toutefois, si les parties sont majeures et capables, elles peuvent convenir que l'époux créancier recevra une portion indivise d'un immeuble impartageable (Orléans, 3 déc. 1857, aff. Robillard, D. P. 58. 2. 165).

867. Si l'époux survivant a été institué donataire universel en usufruit des biens de son conjoint, cette donation en usufruit ne peut mettre obstacle à l'exercice des prélèvements de la part des héritiers de l'époux prédécédé ; en pareil cas, les héritiers exerceront leurs prélèvements sur la nue propriété des biens, et l'époux survivant exercera sur ces mêmes biens son droit d'usufruit, avec ou sans caution, selon qu'il en sera ou non dispensé par la donation (Req. 7 juill. 1874, aff. Berment, D. P. 73. 1. 56 ; Guillouard, t. 2, nᵒ 955. — Comp. *Rép.* nᵒ 2416).

868. L'art. 1472, § 2. dispose que la femme et ses héritiers, en cas d'insuffisance de la communauté, exercent leurs reprises sur les biens personnels du mari (*Rép.* nᵒˢ 2417 et suiv.). En pareil cas, ainsi qu'on l'a dit *supra,* nᵒˢ 842 et suiv., la femme n'a pas d'autres droits qu'un simple créancier, sauf son hypothèque légale sur les immeubles. En conséquence, si elle reçoit en payement un immeuble propre du mari, l'acte doit être soumis à la formalité de la transcription, et il y a lieu au droit proportionnel de mutation. En outre, les reprises ne doivent pas être déduites du montant des biens personnels du mari pour calculer le droit de muta-

tion dû sur la succession de celui-ci (V. *suprà, ibid.* ; *Rép.* nᵒ 2419). — Mais il a été jugé que si les reprises de la femme constituent, lorsqu'elles sont exercées sur les biens du mari, une créance de somme d'argent dont le payement ne peut être poursuivi et obtenu que par voie de vente forcée, et non par voie d'attribution de ces biens, le chef du jugement ordonnant une pareille attribution ne peut être attaqué devant la cour de cassation par la partie qui ne l'a pas critiqué en appel, et est ainsi présumée l'avoir accepté (Req. 15 juill. 1867, aff. Delamotte, D. P. 68. 1. 267).

869. Le mari, d'après l'art. 1472, § 1, n'est admis à exercer ses reprises que sur les biens de la communauté, et il ne peut être dérogé à cette règle par une disposition du contrat de mariage : une pareille disposition doit être déclarée nulle comme contraire à l'essence du régime de communauté (C. cass. de Belgique, 1ᵉʳ déc. 1870, aff. Enregistrement C. Jacopssen, *Pasicrisie belge,* 1871. 1. 3). Mais peut-il les exercer par voie de prélèvement sur les meubles et ensuite sur les immeubles, à défaut d'argent comptant, et a-t-il le choix des meubles et des immeubles, comme la femme ? L'affirmative est généralement admise. Elle est contestée, toutefois, en ce qui concerne le droit de prélèvement et le droit de choisir, par M. Colmet de Santerre, t. 6, nᵒ 132 *bis* I et, en ce qui concerne ce dernier droit seulement, par M. Laurent, t. 22, nᵒ 521. On objecte que ce sont là des privilèges, qui ne peuvent être accordés au mari à défaut d'un texte formel. Mais les art. 1470 et suivants avaient toujours paru suffisamment formels, même relativement au mari : l'art. 1470 dispose que *chaque époux ou son héritier prélève* ses reprises ; l'art. 1471 stipule ensuite que les prélèvements de la femme ont lieu avant *ceux* du mari, et indique dans quel ordre ils doivent se faire. Ces textes montrent bien que le mari, comme la femme, a le droit d'exercer ses reprises par voie de prélèvement, et dès l'instant que la loi n'a pas indiqué un autre ordre pour les prélèvements du mari, ils ne peuvent avoir lieu que dans l'ordre fixé pour ceux de la femme (*Rép.* nᵒ 2454 ; Paris, 30 mai 1857 et 18 août 1859 (1); Liège, 25 févr. 1865 (2) ; Troplong, t. 3,

---

(1) (Héritiers Marc C. veuve Marc.) — Le sieur Marc est décédé en 1852, laissant sa femme donataire de la pleine propriété de ses meubles et de l'usufruit de ses immeubles. Dans la liquidation qui eut lieu entre la veuve et les héritiers du sieur Marc, l'actif de la communauté s'élevait à 380994 fr. 62 cent., dont 90994 fr. 62 cent. pour les meubles et 290000 fr. pour les immeubles ; le passif consistait uniquement dans les reprises des époux, fixées pour la femme à 43933 fr. 89 cent. et pour le mari à 47140 fr. 36 cent. Le notaire liquidateur, après avoir prélevé les reprises de la femme sur le mobilier, procéda différemment en ce qui concernait les reprises du mari ; il les considéra comme une charge de tout l'actif, tant mobilier qu'immobilier ; en conséquence, il attribua à la veuve, en sa qualité de donataire du mobilier, en sus de la moitié du mari dans le reliquat de l'actif mobilier, la part de l'actif immobilier qui revenait au mari pour ses reprises. Les héritiers du mari contestèrent ce mode de procéder. Ils soutinrent que les reprises du mari devaient être prélevées, après celles de la femme, d'abord sur le mobilier et subsidiairement seulement sur les immeubles.

Le tribunal civil de Fontainebleau fit droit à cette demande par un jugement ainsi motivé : — Attendu que si l'art. 1470 c. nap. pose en principe que chaque époux fait ses prélèvements sur la masse des biens de la communauté, l'art. 1471 règle le mode suivant lequel s'exerceront ces prélèvements, et la préférence accordée à la femme sur le mari ; — Attendu que la construction grammaticale de cet article fait naître quelque doute sur le point de savoir si le mode de prélèvement s'applique au mari aussi bien qu'à la femme ; — Mais attendu que ce mode n'est qu'une voie d'exécution propre à faciliter la liquidation ; qu'il ne constitue pas un avantage et un profit réel, et que, dès lors, on ne comprendrait pas comment, la femme étant satisfaite par la priorité de son prélèvement, on refuserait au mari d'opérer ses reprises de la même façon ; — Attendu qu'il importe peu à la cause que les reprises du mari, après avoir absorbé les valeurs mobilières de la communauté, s'exercent ensuite sur le prix d'immeubles ; — Que cette circonstance ne saurait changer leur nature primitive de créances mobilières, quand c'est cette primitive qui a été l'objet des dispositions testamentaires du défunt ; — Que la volonté du testateur doit avant tout être respectée, et que ses dispositions ne peuvent être altérées par des circonstances accidentelles de liquidation qu'il lui était impossible de prévoir. — Appel par la veuve Marc. — Arrêt.

La cour ; — Adoptant les motifs des premiers juges ; — Confirme. Du 30 mai 1857.-C. de Paris.

En conséquence de ces décisions, le notaire, dans la nouvelle liquidation à laquelle il procéda, fit porter les reprises des deux époux d'abord sur le mobilier. Toutefois il considéra ce prélèvement comme un simple mode de payement, et pour fixer les droits des parties, il répartit les reprises de chaque époux tant sur les meubles que sur les immeubles, proportionnellement à leur valeur respective, en sorte que les immeubles eurent à supporter la plus forte part, non seulement des reprises du mari, mais encore de celles de la femme, et les droits de celle-ci furent par là même augmentés. Les héritiers du mari contestèrent encore cette nouvelle liquidation ; ils prétendirent que les reprises, devant être payées par un actif spécial, ne devaient pas être réparties sur l'ensemble de l'actif, avant les autres dettes de la communauté. — Cette prétention fut rejetée par un nouveau jugement, ainsi conçu : « — Attendu que c'est à titre de créancier que chaque époux prélève ses reprises en argent ; que le mode déterminé par l'art. 1471 c. nap. a seulement pour objet d'en faciliter le recouvrement, et qu'il n'a aucun recours que les époux ou leurs représentants ont à exercer entre eux par l'effet du payement ; — Attendu que les reprises étant une charge de tous les biens doivent se répartir proportionnellement entre les ayants droit à titre universel ; que cette règle, écrite dans les art. 870, 871, 1009 et 1812 c. nap., a été consacrée quant aux communautés légale et conventionnelle par les art. 1482 et 1521 ; qu'il s'ensuit que le notaire a bien opéré en faisant supporter *pro modo emolumenti* les reprises du sieur et dame Marc par les successeurs aux immeubles de la communauté ; — Par ces motifs, homologue pour être exécuté selon sa forme et teneur l'état rectificatif, etc. — Appel. — Arrêt.

La cour ; — Adoptant les motifs des premiers juges ; — Confirme, etc.

Du 18 août 1859.-C. de Paris, 3ᵉ ch.-MM. Partarieu-Lafosse, pr.-Hello, av. gén.-Plocque et Bétolaud, av.

(2) (Taziaux C. Taziaux.) — La cour ; — En ce qui concerne le point de savoir si les représentants du mari sont en droit de faire en nature et à leur choix les reprises auxquelles ils peuvent prétendre : — Attendu que si les conjoints exercent incontestablement leurs reprises à titre de créanciers de la communauté, ils n'en sont pas moins, après sa dissolution, copropriétaires des biens qui la composent ; qu'en tenant compte de cette double qualité, le législateur a admis pour chacun d'eux, conformément à la doctrine de Pothier, le droit de prélever en nature le montant de leurs reprises ; que l'art. 1471 c. civ., sainement entendu

n° 1630; Rodière et Pont, t. 2, n° 1093; Marcadé, t. 5, art. 1470-1472, n°s 1 et 2; Aubry et Rau, t. 5, § 511, note 22, p. 361; Guillouard, t. 2, n°s 943 et suiv. — Comp. *suprà*, n° 859).

Art. 4. — *Du partage de la masse commune*
(Rép. n°s 2425 à 2448).

870. L'art. 1475 prévoit le cas où les héritiers de la femme n'ont pas été d'accord sur le point de savoir s'ils devaient accepter ou répudier la communauté, et où les uns ont accepté et les autres ont renoncé; il décide que ceux qui ont accepté prendront dans le lot qui reviendrait à la femme une part proportionnelle à leur part héréditaire, et que le mari gardera la part des renonçants dans l'actif, à charge de supporter leur part contributive de dettes (*Rép.* n° 2426). — Si la communauté s'est dissoute par la mort du mari et que la femme soit elle-même décédée sans avoir opté pour l'acceptation ou la renonciation, les héritiers de la femme peuvent-ils encore accepter ou renoncer individuellement en conformité de l'art. 1475? L'affirmative est admise par la plupart des auteurs. Il est vrai que l'art. 782 c. civ. donne une règle différente en matière de succession; mais cette règle ne peut être transportée dans notre matière, où l'art. 1475 est plus directement applicable (Marcadé, t. 5, art. 1474-1475, n° 2; Rodière et Pont, t. 2, n° 1099; Colmet de Santerre, t. 6, n°s 135 *bis* I et suiv.; Laurent, t. 22, n° 429; Guillouard, t. 3, n° 1245). De même encore, si la femme, avant d'avoir pris qualité, est décédée laissant un héritier unique, et si cet héritier est mort lui-même sans avoir accepté ni renoncé, les héritiers de celui-ci pourront aussi accepter ou renoncer chacun pour sa part héréditaire (Orléans, 14 févr. 1862, aff. Pellé, D. P. 62. 2. 56; Rodière et Pont, *loc. cit.*; Aubry et Rau, t. 5, § 519, note 7, p. 426; Guillouard, *loc. cit.*).

871. Aux termes de l'art. 1477, « celui des époux qui aurait diverti ou recélé quelques effets de la communauté est privé de sa portion dans lesdits effets ». Pour la question de savoir dans quels cas cet article est applicable, V. *Rép.* n°s 2193 et suiv., et *suprà*, n° 762 et suiv.

872. L'époux reconnu coupable de divertissement ou de recel doit restituer, non seulement les objets divertis ou recélés, mais encore les fruits et revenus qu'ils ont produits ou dû produire (Paris, 7 août 1858, aff. Baudoin, D. P. 58. 2. 188; Civ. rej. 5 août 1868, aff. Mirès, D. P. 68. 1. 407; Amiens, 2 juin 1869, aff. Brière, D. P. 69. 2. 181). — Jugé toutefois que, si l'époux recéleur a été condamné, pour le cas où il ne restituerait pas dans un délai fixé les objets divertis, à en payer la valeur au jour de la condamnation, cet époux n'est alors débiteur que d'une somme d'argent, dont les intérêts ne peuvent être dus, soit à raison du retard apporté à l'exécution de la condamnation, soit en compensation de tout autre dommage éprouvé par l'époux créancier, qu'à la condition d'avoir été réclamés par celui-ci et compris dans la condamnation (Civ. rej. 12 juin 1882, aff. Chabory, D. P. 82. 1. 349).

873. Les objets divertis ou recélés ou leur valeur doivent être, avant partage, rendus en entier à l'époux au préjudice duquel ils ont été divertis ou à ses héritiers. Mais cet époux ne serait pas fondé à prétendre que la valeur des objets recélés doit être prise sur la part du recéleur dans la communauté et, en cas d'insuffisance, sur le montant des reprises de celui-ci (V. Paris, 22 juill. 1863, *suprà*, n° 767).

— Si le détournement est le fait d'un seul des héritiers du conjoint prédécédé, c'est l'autre conjoint ou ses héritiers, et non les cohéritiers du coupable, qui profitent de la déchéance infligée à celui-ci (Aubry et Rau, t. 5, § 519, note 20, p. 429). — D'autre part, si un seul des héritiers au préjudice desquels a eu lieu le détournement s'en est plaint et a fait condamner l'auteur de ce détournement à la restitution des objets, lui seul aussi peut profiter de cette restitution (Laurent, t. 23, n° 32; Guillouard, t. 3, n° 1325).

874. Le droit de réclamer la restitution des objets divertis ou recélés peut, d'ailleurs, être exercé par les créanciers de l'époux ou de l'héritier copartageant au préjudice duquel a eu lieu le détournement, alors surtout que ce détournement avait pour objet de frauder ces créanciers et que le copartageant en a été lui-même complice (Amiens, 2 juin 1869, aff. Brière, D. P. 69. 2. 181).

875. L'époux qui a commis le divertissement ou le recel ne pourrait-il pas exercer ses reprises sur les objets divertis ou recélés? Ainsi que nous l'avons décidé au *Rép.* n° 2433, l'époux recéleur doit pouvoir, après épuisement des autres biens de la communauté, se faire payer de ses reprises même sur les objets qu'il a recélés. L'art. 1477, en effet, le prive seulement de sa *portion* dans ces objets, et ce serait aggraver cette pénalité que de lui faire perdre encore sa créance de reprises si elle ne pouvait être payée que sur ces objets (Rodière et Pont, t. 2, n° 1103; Aubry et Rau, t. 5, § 519, note 21, p. 430; Laurent, t. 23, n° 30; Guillouard, t. 3, n° 1361). La jurisprudence s'est divisée sur cette question, mais la solution que nous donnons est celle qui a prévalu devant la cour de cassation; cette cour a jugé que la peine du recel ne peut être appliquée que dans le partage à opérer après les prélèvements respectifs des deux époux, et que les objets divertis peuvent être affectés au payement des reprises de l'époux recéleur, en cas d'insuffisance du surplus de l'actif de la communauté (Civ. cass. 10 janv. 1865, aff. Hébert, D. P. 65. 1. 3. — V. dans le même sens : Bordeaux, 16 févr. 1864, aff. Couleys, D. P. 64. 5. 60; Orléans, 6 août 1868, aff. Hébert, D. P. 68. 2. 247; Paris, 19 juill. 1872, aff. Charpentier, D. P. 72. 2. 202. V. aussi Amiens, 2 juin 1869, aff. Brière, D. P. 69. 2. 181. — *Contrà* : Paris, 20 août 1863, aff. Hébert, D. P. 63. 2. 203; Angers, 26 août 1863, aff. Roullin, D. P. 68. 2. 217).

876. Il est généralement admis que l'époux recéleur doit être privé, non seulement de la moitié à laquelle il a droit dans les objets divertis comme commun en biens, mais encore de celle qu'il aurait comme donataire ou légataire de son conjoint en propriété ou en usufruit. On considère que le législateur, dans l'art. 1477, par une sorte de loi du talion, a voulu que l'effet dont l'un des époux a tenté de s'emparer pour lui seul, fût attribué exclusivement à l'autre époux (V. outre les arrêts et les auteurs cités au *Rép.* n° 2434 : Req. 28 nov. 1848, aff. Leriche, D. P. 48. 5. 313; Paris, 7 août 1858, aff. Baudoin, D. P. 58. 2. 188; Paris, 26 mars 1862, aff. Billiotte, D. P. 62. 2. 198; Req. 13 mai 1867, aff. Boivin, D. P. 67. 1. 332; Amiens, 2 juin 1869, aff. Brière, D. P. 69. 2. 181; Rodière et Pont, 2e éd., t. 2, n° 1102; Marcadé, t. 5, art. 1477; Aubry et Rau, t. 5, § 519, note 17, p. 429; Guillouard, t. 3, n° 1359. — V. en sens contraire : Laurent, t. 23, n° 34; Colmar, 29 mai 1823, *Rép.* n° 2435).

877. L'époux recéleur doit-il supporter la moitié des dettes, alors même qu'il ne reçoit pas la moitié de l'actif

---

et mis en rapport avec les dispositions qui le précèdent et le suivent, ne peut avoir une autre portée; qu'il n'y a rien d'incompatible entre la créance résultant du droit de reprise et le droit attribué aux époux de se payer en biens de la communauté; qu'il est même rationnel qu'ayant des prélèvements à faire avant partage sur un fonds commun, il les fassent en nature dans l'ordre indiqué par la loi; qu'on ne peut rien induire de ce qu'à l'art. 1477, le législateur se soit servi de la préposition *sur*, puisqu'il suffit de recourir aux deux premiers paragraphes de l'article précédent pour être convaincu que cette expression n'est pas exclusive d'un prélèvement en nature; qu'en vain aussi on objecte que la créance étant *d'un prix* ou d'une *somme d'argent*, le créancier ne peut être forcé à recevoir autre chose; qu'il ne s'agit pas, en effet, de savoir si l'un des époux peut contraindre l'autre à se payer de ses reprises en nature, mais bien si chacun d'eux puise dans la loi le droit de se payer ainsi; qu'il n'y a sous ce rapport aucune distinction à faire entre le mari et la femme, à part la préférence attribuée à celle-ci; que c'est donc à tort que les premiers juges ont décidé que le choix des immeubles serait, pour les reprises du mari, fait par attribution de justice; — Attendu que l'appelante a cru trouver dans sa qualité d'usufruitière des biens de son mari le droit d'exiger le payement en argent des reprises de celui-ci, mais que, cette prétention n'a aucune base dans la loi; qu'en effet, en supposant même que le payement en nature ne fût pas obligatoire, le droit de l'exiger ne serait pas moins certain, et par suite, l'usufruitière ne pourrait en priver les représentants du mari sans violer la règle qui l'oblige à jouir *salvâ rerum substantiâ*; — Par ces motifs;... dit que le choix des immeubles à prélever en payement des reprises du mari appartient aux représentants de celui-ci; dit l'appelante non recevable ou mal fondée dans ses autres conclusions; confirme pour le surplus, etc.

Du 25 févr. 1865.-C. de Liège, 2e ch.-MM. Fabry et E. Moxhon, av.

par suite de la privation de sa part dans les objets recélés? La négative, que nous avons adoptée au *Rép.* n° 2437, n'a pas prévalu. La cour de cassation a statué sur la question en ces termes : « En ce qui touche le point de savoir si l'époux qui a recélé ou diverti des effets de la communauté doit être soumis aux dettes comme s'il profitait desdits effets : — Attendu que l'art. 1482 placé après l'art. 1477 et dans un autre paragraphe intitulé : *du passif de la communauté et de la contribution aux dettes*, décide, d'une manière absolue, que les dettes de la communauté sont pour moitié à la charge de chacun des époux; qu'aucun texte de loi ne fait d'exception à cette règle au profit de l'époux recéleur; qu'ainsi il doit rester chargé des dettes comme s'il n'avait pas subi la peine édictée par l'art. 1477; que par là on n'aggrave pas cette peine, puisqu'on ne fait que le laisser sous l'empire des obligations qui dérivent pour lui de la loi; que les dettes sont une charge de l'universalité des biens et non de tel ou tel effet en particulier; que s'il en était autrement, l'époux recéleur, dans le cas où l'actif ne présenterait aucun émolument, se trouverait traité sur le même pied que l'époux non coupable de recélé » (Civ. cass. 10 janv. 1865, aff. Hébert, D. P. 65. 1. 5. V. dans le même sens : Paris, 26 mars 1862, aff. Billiotte, D. P. 62. 2. 198; Paris, 20 août 1863, aff. Hébert, D. P. 63. 2. 203; Angers, 26 août 1863, aff. Roullin, D. P. 68. 2. 217; Aubry et Rau, t. 5, § 520, note 31, p. 442; Laurent, t. 23, n° 29; Guillouard, t. 3, n° 1412. — *Contrà :* Bordeaux, 20 févr. 1841, *Rép.* n° 2437; Bordeaux, 16 févr. 1864, aff. Couleys, D. P. 64. 5. 60).

878. Les tiers qui ont sciemment participé aux actes de recélé ou de divertissement dont s'est rendu coupable l'un des ayants droit à une communauté, sont responsables solidairement avec lui du dommage causé tant aux autres ayants droit qu'aux créanciers (Req. 24 avr. 1865, aff. Pitoiset, D. P. 65. 1. 291; Amiens, 2 juin 1869, aff. Brière, D. P. 69. 2. 181; Req. 6 mai 1873, aff. Boistard, D. P. 74. 1. 81; Aubry et Rau, t. 5, § 519, note 24, p. 430; Laurent, t. 23, n° 36; Guillouard, t. 3, n° 1367). — Mais quelle est précisément l'étendue de la responsabilité qui incombe aux complices du détournement? La question n'est pas sans difficulté lorsqu'il s'agit de l'application de l'art. 1460 c. civ., d'après lequel la renonciation de la femme qui a diverti des objets de la communauté est considérée comme non avenue. Elle s'est élevée dans l'espèce sur laquelle a statué l'arrêt de la chambre des requêtes, du 6 mai 1873, mais n'a pas été résolue par la cour de cassation. La femme étant réputée acceptante peut être condamnée envers le créancier de la communauté à une somme excédant la valeur des effets détournés, puisqu'en vertu de son acceptation présumée elle est tenue de la moitié des dettes de la communauté, même *ultra vires emolumenti :* c'est ce que l'arrêt précité reconnaît implicitement. Faut-il admettre que la même obligation pèsera sur les complices de la femme? Ces derniers ne sont-ils pas fondés, au contraire, à invoquer les art. 1149 et 1150 c. civ., et à prétendre qu'ils ne sont tenus vis-à-vis du créancier de la communauté que jusqu'à concurrence de la perte qu'ils lui ont fait éprouver, c'est-à-dire de la valeur des objets détournés? A l'appui de cette dernière solution qui paraît ressortir des motifs du jugement attaqué, dans l'affaire qui a donné lieu à l'arrêt précité du 6 mai 1873 (Trib. Tours, 27 juill. 1872, aff. Boisard, D. P. 74. 1. 81), on peut dire que, relativement aux complices, il ne s'agit pas d'une question d'immixtion dans les biens de la communauté, ni d'acceptation tacite, ni de contribution aux dettes communes; qu'à leur égard, le recélé ne peut être considéré que comme un quasi-délit, et que, dès lors, leur responsabilité doit être déterminée par les règles du droit commun. Mais d'autre part il semble peu juridique de scinder ainsi les conséquences d'un seul quasi-délit entre ses différents auteurs, et d'admettre que les complices de la femme sont bien tenus solidairement avec elle vis-à-vis des créanciers de la communauté, mais que cette obligation ne s'étend pas à toutes les conséquences du recel, qu'elle est limitée à la valeur des objets divertis.

879. L'action qui appartient à l'époux victime du détournement contre l'époux recéleur ou ses héritiers ne se prescrit que par trente ans (V. *suprà*, n° 779). — Cette action n'étant relative qu'aux intérêts privés de l'époux lésé, celui-

ci peut y renoncer. On peut se demander si cette renonciation devrait être présumée par cela seul que l'époux aurait procédé au partage de la communauté, alors qu'il avait connaissance de la fraude commise à son préjudice. En principe, nous croyons que la renonciation ne devrait pas être présumée : l'époux lésé a pu avoir des raisons de partager d'abord par égales parts avec l'autre époux ou ses représentants, en se réservant d'exercer ensuite l'action résultant du détournement (Comp. Civ. rej. 17 avr. 1867, aff. Hospices de Bordeaux, D. P. 67. 1. 267; Aubry et Rau, t. 5, § 519, note 23, p. 430; Guillouard, t. 3, n° 1369).

880. L'art. 1478, rapporté au *Rép.* n° 2438, dispose que « après le partage consommé, si l'un des époux est créancier personnel de l'autre... il exerce sa créance sur la part qui est échue à celui-ci dans la communauté ou sur ses biens personnels ». — Les hypothèses dans lesquelles l'un des époux peut se trouver créancier de son conjoint sont assez nombreuses (V. *Rép.* n° 2439).

Il résulte par *à contrario* de l'art. 1478 que l'époux créancier de son conjoint ne peut pas poursuivre le recouvrement de sa créance pendant la communauté (*Rép.* n° 2440). Cette solution cependant, est contestée par M. Laurent, t. 22, n° 543. « Pourquoi, demande cet auteur, l'époux créancier ne pourrait-il pas agir? On dit que les créances ne peuvent s'exercer avant le partage, parce que jusque-là on ne sait pas quels sont les droits de l'époux débiteur dans la communauté. Sans doute, l'époux créancier ne peut pas poursuivre son droit sur la part de son débiteur, dans une communauté qui n'est pas dissoute. Mais, si l'époux débiteur a des biens personnels, l'objection tombe; dès lors on reste dans le droit commun. » Cette théorie est restée isolée; outre qu'elle est contraire à la tradition, attestée par Pothier, *Traité de la communauté*, n° 676, qu'elle est également inconciliable avec l'art. 1478, qui n'aurait dans ce système aucune raison d'être, on ne voit pas quel avantage il y aurait à permettre aux époux d'agir l'un contre l'autre durant la communauté, alors que cette communauté ne peut pas être liquidée et qu'on ne peut, par conséquent, pas savoir si les époux resteront en définitive créanciers ou débiteurs l'un de l'autre (V. en ce sens : Rodière et Pont, t. 2, n° 965; Marcadé, t. 5, art. 1478-1480, n° 2; Aubry et Rau, t. 5, note 7, p. 372; de Folleville, t. 1, n°⁵ 498 et suiv.; Guillouard, t. 2, n° 1024. Comp. Civ. rej. 28 juin 1865, aff. Ballereau, D. P. 65. 1. 360). — On doit reconnaître, toutefois, que la femme, pendant la communauté, a le droit de prendre des mesures conservatoires pour assurer le payement de ses créances contre son mari : elle peut, si les immeubles de son mari ou de la communauté ont été vendus, se faire colloquer éventuellement sur le prix pour ses créances de reprises (Besançon, 20 nov. 1852, aff. Deport, D. P. 53. 2. 109; Toulouse, 30 juin 1858, aff. Loubet, D. P. 59. 5. 77); elle peut aussi, si son mari est tombé en faillite, se faire admettre, au moins provisoirement, au nombre de ses créanciers (Arrêt précité du 28 juin 1865).

881. Aux termes de l'art. 1479, « les créances personnelles que les époux ont l'un contre l'autre ne portent intérêts que du jour de la demande en justice » (V. *Rép.* n°⁵ 2365 et suiv., et *suprà*, n°⁵ 832 et suiv.).

M. Laurent, conséquent avec le système que nous avons discuté *suprà*, n° 880, décide que l'époux qui est créancier de son conjoint peut, en formant contre celui-ci une demande en justice, faire produire des intérêts à sa créance, même pendant la communauté. Mais par les motifs que nous avons indiqués et en présence de l'art. 1479, cette opinion nous semble, comme à la plupart des auteurs, absolument inadmissible (V. Rodière et Pont, t. 2, n° 967; Aubry et Rau, t. 5, § 512, p. 372; Guillouard, t. 2, n° 1027).

882. La disposition de l'art. 1480, d'après lequel les donations que l'un des époux a pu faire à l'autre ne s'exécutent que sur la part du donateur dans la communauté et sur ses biens personnels, ne doit pas être séparée de celle de l'art. 1423, expliquée au *Rép.* n°⁵ 1186 et suiv., et *suprà*, n°⁵ 425 et suiv. — V. notamment pour le cas où la donation a été faite par le mari au profit de la femme, *Rép.* n°⁵ 1189 et 2448, et *suprà*, n° 427. — V. aussi pour le cas où c'est le mari qui est donataire de la femme, *suprà*, n° 428.

Sect. 13. — Contribution aux dettes de la communauté après partage (*Rép.* nᵒˢ 2449 à 2525).

883. Comme on l'explique au *Rép.* nᵒ 2449, il faut distinguer en cette matière *l'obligation des époux à l'égard des tiers*, ou ce que les auteurs appellent ordinairement *le droit de poursuite*, et ce qu'on appelle à proprement parler *la contribution aux dettes*, c'est-à-dire la proportion dans laquelle les dettes se répartissent entre les époux.

Art. 1ᵉʳ. — *Obligation des époux à l'égard des tiers* (*Rép.* nᵒˢ 2451 à 2516).

884. Quant à la manière dont chaque époux est tenu des dettes communes envers les créanciers, nous distinguerons, comme au *Rép.* nᵒˢ 2451 et suiv., le mari et la femme, étant entendu d'ailleurs que ce qui sera dit à l'égard du mari ou de la femme s'appliquera aux héritiers de l'un ou de l'autre (Comp. c. civ. art. 1491).

En ce qui concerne la question de savoir si les dettes de la communauté se divisent de plein droit entre les époux ou leurs héritiers, à la dissolution de la communauté, V. *suprà*, nᵒ 809.

885. — I. Obligation du mari (*Rép.* nᵒˢ 2452 à 2456). — Le mari est tenu pour la totalité, dit l'art. 1484, des dettes de la communauté dont lui *contractées*. Ainsi qu'on l'a vu *suprà*, nᵒ 318, le mot *contractées* n'a pas pour but d'exclure les obligations nées d'un quasi-contrat, d'un délit ou d'un quasi-délit; le mari peut être poursuivi pour la totalité des obligations de toute espèce qui tombent dans la communauté (Colmet de Santerre, t. 6, nᵒ 145 *bis* III ; Laurent, t. 23, nᵒ 45 ; Guillouard, t. 3, nᵒ 1377).

886. Le mari peut également être poursuivi pour la totalité des dettes contractées par la femme avec son autorisation ou avec l'autorisation de justice dans les cas où la femme peut ainsi obliger la communauté (*Rép.* nᵒ 2453. V. *suprà*, nᵒˢ 324 et suiv.; Bruxelles, 14 juin 1883, aff. James et consorts *C.* Van Ekkal et consorts, *Pasicrisie belge*, 1883. 2. 394).

887. Le mari n'est tenu que pour moitié, dit l'art. 1485, des dettes personnelles à la femme et qui étaient tombées à la charge de la communauté. Il s'agit ici des dettes contractées par la femme avant le mariage et des dettes grevant les successions ou les donations mobilières à elle échues pendant le mariage (*Rép.* nᵒ 2455 ; Bruxelles, 14 juin 1883, cité *suprà*, nᵒ 886). En ce qui concerne ces dernières dettes, il importe peu, d'ailleurs, que la succession ou la donation ait été acceptée par la femme avec l'autorisation de justice ou avec l'autorisation du mari ; même dans ce dernier cas, le mari n'est tenu que comme associé, et ne peut être poursuivi que pour moitié (Rodière et Pont, t. 2, nᵒ 1134 ; Aubry et Rau, t. 5, § 520, note 4, p. 434 ; Colmet de Santerre, t. 6, nᵒ 145 *bis* VIII ; Laurent, t. 23, nᵒ 52 ; Guillouard, t. 3, nᵒ 1380).

888. Ainsi qu'on l'a décidé au *Rép.* nᵒ 2456, le mari ne peut être poursuivi que pour moitié des dettes personnelles à la femme, quand même les biens de celle-ci sont insuffisants pour que ses créanciers soient entièrement payés de l'autre moitié (Aubry et Rau, t. 5, § 520, note 5, p. 435; Guillouard, t. 3, nᵒ 1380).

889. — II. Obligation de la femme (*Rép.* nᵒˢ 2457 à 2499). — La femme, même personnellement obligée pour une dette de communauté, ne peut être poursuivie que pour la moitié de cette dette (c. civ. art. 1482 et 1487). De plus, la femme n'est tenue des dettes de la communauté, à l'égard des créanciers comme à l'égard du mari, que jusqu'à concurrence de son émolument, sous la double condition de faire inventaire et de rendre compte (c. civ. art. 1483) (*Rép.* nᵒˢ 2457 et suiv.).

— Au reste, comme le dit avec raison un arrêt (Bruxelles, 15 juin 1868, aff. veuve Bonneels-Hommbrouck *C.* Danoly, *Pasicrisie belge*, 1871. 2. 244), le privilège consacré par l'art. 1483 c. civ. ne peut avoir pour effet d'enlever au créancier d'une communauté conjugale le droit de se procurer

la reconnaissance de sa créance par un jugement contre l'épouse commune. C'est donc seulement lorsque l'exécution du jugement sera poursuivie contre elle que la femme peut invoquer ce privilège (V. aussi dans le même sens : Bruxelles, 18 janv. 1871, aff. de Wandel *C.* Stevens, *Pasicrisie belge*, 1871. 2. 245).

890. Pour que la femme jouisse du bénéfice de n'être tenue des dettes communes que jusqu'à concurrence de son émolument, l'inventaire est nécessaire, en principe, quelle que soit la cause de la dissolution de la communauté (Laurent, t. 23, nᵒ 67 ; Guillouard, t. 3, nᵒ 1391. — V. toutefois *infrà*, nᵒ 892).

891. L'inventaire, dit l'art. 1483, doit être bon et fidèle, c'est-à-dire revêtu des formes légales et fait de bonne foi. Comme on l'a dit au *Rép.* nᵒ 1468, il y a lieu, sur ce point, de se référer, par analogie, à ce qui a été dit au sujet de l'inventaire exigé par l'art. 1442 c. civ. (V. *suprà*, nᵒˢ 587 et suiv.).

— Il a été jugé que l'on doit réputer bon et fidèle l'inventaire dans lequel la femme commune en biens, trompée sur l'étendue de ses droits, a de bonne foi omis la description du mobilier, alors surtout qu'une pareille omission est facilement réparable (C. cass. belge, 4 avr. 1878, aff. de Bouge *C.* Verstraeten, *Pasicrisie belge*, 1878.1.201). — Mais la femme serait déchue du bénéfice de l'art. 1483 et tenue au delà de son émolument, si l'inventaire dressé par elle contenait des inexactitudes ou omissions faites de mauvaise foi (Liège, 26 mars 1884, aff. Veuve Lambinet *C.* Niclot, *Pasicrisie belge*, 1884. 2. 194).

892. L'inventaire pourrait-il être suppléé par une autre preuve ? A *l'égard des tiers*, non certainement (V. *Rép.* nᵒ 2464, et *infrà*, nᵒ 893). A *l'égard du mari ou de ses héritiers*, la question est discutée. Il a été jugé que l'inventaire ne saurait être suppléé, même à l'égard des héritiers du mari, par la preuve testimoniale de certains faits tendant à établir que la veuve n'avait rien enlevé du mobilier de la communauté (Besançon, 22 déc. 1855, aff. Benoît, D. P. 56. 2. 237). On doit reconnaître, en effet, que la loi, en cette matière, exige une preuve écrite (V. aussi Douai, 12 déc. 1861, aff. Virlet, D. P. 62. 5. 64). — Mais l'inventaire ne serait-il pas simplement remplacé vis-à-vis du mari ou de ses héritiers par un partage ou une liquidation faite sans fraude entre eux et la femme ? La négative a été jugée (Besançon, 17 janv. 1883, aff. Chiclet, D. P. 83. 2. 163), et elle est enseignée par quelques auteurs (Marcadé, t. 5, art. 1482-1490, nᵒ 2 ; Laurent, t. 23, nᵒ 94). Mais cette décision nous paraît, comme à la plupart des auteurs, excessive et inacceptable. Vis-à-vis du mari ou de ses héritiers, comme le dit fort bien M. Guillouard, t. 3, nᵒ 1414, un partage ou une liquidation, qui établissent aussi bien que l'inventaire la consistance de la communauté, doivent produire le même résultat (V. en ce sens : *Rép.* nᵒ 2462 ; Rodière et Pont, t. 2, nᵒ 1143 ; Aubry et Rau, t. 5, § 520, note 32, p. 443). Toutefois, il a été jugé qu'alors même que l'obligation de dresser inventaire ne serait pas, à l'égard du mari, considérée comme étant d'ordre public, il faudrait néanmoins qu'il y fût suppléé par des actes équipollents, faits avec sa participation et acceptés par lui ; il ne suffit pas d'arguer de cette circonstance que le mari est resté en possession des biens de la communauté pour exempter la femme ou ses héritiers de l'accomplissement de l'inventaire (Amiens, 18 mars 1863, aff. Lanquetin, D. P. 65. 2. 3).

893. En ce qui concerne les tiers, comme nous l'avons dit *suprà*, nᵒ 892, l'inventaire est de rigueur. — Il a été jugé : 1ᵒ que les héritiers de la femme sont, à défaut d'inventaire, passibles des dettes de la communauté, même au delà de leur émolument, et quoique les biens soient restés entre les mains du mari survivant (Lyon, 16 févr. 1854, aff. Tramoy, D. P. 54. 2. 138) ; — 2ᵒ Qu'on ne peut considérer comme un inventaire une pièce informe, non signée par le juge devant lequel l'inventaire devait être fait, mais seulement d'une personne ayant pris la qualité de greffier, ne portant ni cachets, ni empreinte pouvant lui donner une autorité quelconque, et ne contenant aucun état détaillé du mobilier laissé par le défunt (Caen, 21 nov. 1860) (1). —

_____

(1) (Minot *C.* Minot.) — La cour ; — Considérant que la veuve Minot, mariée sous le régime de la communauté, a poursuivi les détenteurs des biens de son mari en vertu de son hypothèque légale, en payement de ses apports matrimoniaux, et que ceux-ci

ont repoussé sa demande en soutenant qu'ayant accepté la communauté sans avoir fait d'inventaire, elle devenait garante de ces mêmes ventes et n'était, par conséquent, pas recevable dans son action ; — Considérant qu'il faut donc rechercher, avant tout,

Jugé, toutefois, que l'inventaire dressé à la suite de la faillite du mari, conformément à l'art. 479 c. com., dispense la femme du failli, séparée de biens, de faire procéder à sa requête à un autre inventaire pour conserver le privilège de n'être tenue des dettes que dans les limites de son émolument (Paris, 21 mars 1867, aff. Servoz, D. P. 68. 2. 150. — Comp. *suprà*, n° 754).

894. L'inventaire prescrit par l'art. 1483 doit avoir lieu, comme on l'a dit au *Rép.* n° 2469, dans les trois mois de la dissolution de la communauté. — Il a été jugé : 1° qu'un inventaire tardif ne peut être considéré comme bon et fidèle, et que la faveur de l'art. 1483 ne peut être accordée à la veuve qu'à la condition que l'inventaire soit fait dans les trois mois de la mort du mari, conformément aux prescriptions de l'art. 1456 c. civ. (Angers, 20 mai 1863, aff. Martin, D. P. 64. 2. 186 ; Douai, 8 août 1864) (1); — 2° Que la femme commune en biens est tenue de faire inventaire dans les

trois mois de la dissolution de la communauté, pour jouir du bénéfice de n'être tenue des dettes que jusqu'à concurrence de son émolument, et qu'il en est de même des héritiers de la femme prédécédée (Nancy, 4 août 1875, aff. Hanotin, D. P. 77. 2. 184). — Décidé aussi que le délai de trois mois est fatal, et que l'expiration de ce délai emporte déchéance du bénéfice accordé à la femme (Bruxelles, 12 avr. 1851, aff. Lecomte C. Chapel, *Pasicrisie belge*, 1851. 2. 242). — Mais ce bénéfice est acquis à la femme de plein droit, sans qu'elle ait besoin de le réclamer, et son silence jusqu'à la liquidation n'implique pas de sa part renonciation à l'invoquer (Nancy, 7 avr. 1859, *infrà*, n° 896).

895. Si la femme n'a pas fait inventaire dans le délai, elle peut être poursuivie par les créanciers pour moitié des dettes communes (*Rép.* n° 2470). — Il a même été jugé que le défaut d'inventaire de la part de la veuve la rend passible

s'il y a eu acceptation ou renonciation de la communauté ayant existé entre les époux Minot, et si cette acceptation ou renonciation a été précédée d'un bon et valable inventaire ; — Considérant que la femme commune ne peut plus renoncer à la communauté lorsqu'elle a déclaré l'accepter ; que la veuve Minot a positivement passé cette déclaration dans l'action qu'en 1856 elle intentait devant le tribunal de Melun contre le subrogé tuteur de son enfant mineur, aux fins de parvenir aux partage et liquidation de la communauté qu'elle disait avoir existé entre elle et son mari; qu'il ne lui est donc plus possible de revenir contre une acceptation aussi formelle, et que la renonciation qu'elle a, postérieurement à cet acte, tenté de faire, n'est pas valable ; qu'elle l'a, du reste, elle-même reconnu dans les écrits du procès ; — Considérant, quant à l'inventaire qu'elle soutient avoir fait faire à Sion, en Valais, qu'elle ne présente qu'une pièce informe qui ne peut offrir aucune garantie à la justice ; que cette pièce n'est pas signée par le juge devant lequel cet inventaire devait être fait; qu'il ne porte que la signature d'un homme qui prétend qu'il était greffier, et qu'on n'y voit ni cachets, ni empreintes qui puissent lui donner une autorité quelconque ; que ce prétendu inventaire, qui ne contient d'ailleurs aucun état détaillé et fidèle du mobilier que le défunt devait laisser, ne peut être considéré comme remplissant le vœu de la loi et ne peut faire foi en justice ;

Considérant, quant aux conséquences de cette acceptation, que l'art. 1482 c. nap., en disant que les dettes de la communauté sont pour moitié à la charge de chacun des époux ou de leurs héritiers, et comprenant dans ces dettes les frais de scellés et d'inventaire, suppose nécessairement que les scellés auront été apposés et qu'un inventaire aura été régulièrement fait; que les mots *à la charge*, employés dans cet article, à la différence de l'art. 873 du même code, qui, en parlant des héritiers, dit *qu'ils seront tenus*, indiquent que la loi a voulu distinguer *l'obligation* de la *contribution* aux dettes; que les époux contribuent pour moitié entre eux, mais qu'ils peuvent être tenus dans une autre proportion envers les créanciers ; — Considérant, en effet, que si l'association conjugale est une véritable société, dont le mari, pendant le mariage, est l'unique gérant responsable, et la femme, après sa dissolution, ne peut être tenue que pour la moitié, cet avantage ne lui est concédé que sous une condition, c'est qu'elle aura fait dresser un inventaire fidèle des forces de la succession, de son actif comme de son passif; que, s'il en était autrement, la femme, après avoir tout pris, sans avoir appelé l'intervention du juge, pourrait soutenir que la succession de son mari ne laissait rien et pourrait se contenter, après s'être enrichie aux dépens des créanciers, de leur offrir la moitié tombant à sa charge, et de les dépouiller ainsi de la manière la plus injuste ; que la loi n'a pu vouloir et n'a pas voulu un pareil résultat; que l'associé qui, après la dissolution de la société, se serait emparé de tout l'avoir de la société, ne pourrait offrir aux créanciers seulement sa part de contributions aux dettes ; qu'il serait évidemment tenu par sa faute de la dette tout entière, et qu'il en est de même pour la femme qui n'a pas rempli les obligations imposées par la loi, et qui, par le défaut d'inventaire et sa mainmise sur l'avoir entier de la succession, doit être censée avoir trouvé dans cette même succession sommes suffisantes pour faire face à toutes les dettes et ne peut, dès lors, prétendre n'avoir à répondre vis-à-vis des créanciers que de la moitié de ces mêmes dettes; — Que c'est donc à bon droit que les héritiers Minot ont repoussé la prétention de la veuve Minot, et que, sous ce rapport, il y a lieu de confirmer le jugement dont est appel; — Par ces motifs, etc.

Du 21 nov. 1860.-C. de Caen, 2e ch.-MM. Lemenuet de la Juganière, pr.-Dupray-Lamahérie, subst.-Paris et Bayeux, av.

(1) (Gillot C. Gillot.) — Le tribunal civil d'Avesnes a rendu, le 30 janv. 1864, un jugement ainsi conçu : — Attendu que les parties sont d'accord pour demander la liquidation de la commu-

nauté ayant existé entre la dame Lossignol et le sieur Gillot, décédé, et le partage de la succession de ce dernier; — Sur le mode d'exercice des reprises des époux: — Attendu qu'aux termes de l'art. 1483 c. nap., la femme n'est tenue des dettes de la communauté que jusqu'à concurrence de son émolument, pourvu qu'il y ait bon et fidèle inventaire ; — Qu'il résulte de la combinaison des art. 1456, 1483 c. nap., et 174 c. proc. civ., que l'inventaire bon et fidèle dont parle l'art. 1483 ne peut être qu'un inventaire exact et fait dans les délais de trois mois et quarante jours; — Attendu que la dame Lossignol a fait faire un inventaire tardif en dehors des délais impartis par la loi ; que, dès lors, elle est déchue du bénéfice de l'art. 1483 ; qu'en conséquence, elle est tenue de la moitié des dettes de la communauté, parmi lesquelles figurent ses reprises, quel que soit son émolument; — Attendu que par une seconde conséquence de sa faute, elle se paye à elle-même la portion de ses reprises qui dépasse son émolument; qu'elle ne pourra donc faire payer cette portion par son mari sur les propres de ce dernier qu'au delà de la moitié due par lui, en cas d'insuffisance de l'actif; qu'elle se trouve ainsi déchue du privilège que le second paragraphe de l'art. 1472 accorde à la femme commune qui a fait procéder à un inventaire régulier ; — Attendu que l'exercice des reprises étant ainsi établi, il y aura lieu de faire les prélèvements conformément à l'art. 1471, et qu'il est nécessaire de faire expertiser les biens communs, afin de savoir quelle portion de ces biens devra servir à remplir les époux de leurs reprises, sans que ces prélèvements puissent se faire sur les propres du mari, ainsi qu'il vient d'être expliqué;

Sur le point de savoir si la femme donataire d'un quart en usufruit et d'un quart en propriété des biens délaissés par le mari est tenue *ultrà vires* des dettes de la succession : — Attendu que par la nature mixte du contrat d'institution contractuelle, la situation d'un donataire d'une quotité de biens à venir offre de grandes analogies avec celle d'un héritier ou d'un légataire universel; que ces analogies sont surtout rendues frappantes par la combinaison des art. 873, 1084, 1085, 1093 en ce qui concerne, d'une part, la faculté pour le donataire d'accepter la quotité donnée ou d'y renoncer, et, d'autre part, les conséquences qui en découlent relativement à la contribution aux dettes de la succession; que, de même que l'héritier qui accepte purement et simplement se trouve chargé de toutes les dettes, de même, aux termes des art. 1085 et 1093, l'institué contractuel est tenu de toutes les dettes et charges s'il a accepté la quotité donnée; — Mais attendu que cette analogie doit être suivie dans toutes ses conséquences; que le donataire de biens à venir ne peut être dans une position plus que celle de l'héritier; que cela serait, en effet, contraire tant au vœu de la loi, qui favorise ce genre de libéralités, qu'à la volonté des contractants; que l'art. 800 c. nap. offre un recours à l'héritier contre la déchéance qu'il aurait encourue par négligence, pourvu qu'après le délai de trois mois et quarante jours il n'ait pas fait acte d'héritier, ou qu'il n'existe pas contre lui de jugement, passé en force de chose jugée, qui le condamne en qualité d'héritier pur et simple; — Attendu que la dame Lossignol a fait procéder à un inventaire qui peut être tardif relativement à sa qualité de femme commune, mais qui ne l'est pas relativement à la qualité de donataire, puisqu'il n'est pas prouvé, ni allégué qu'elle soit dans l'un ou l'autre des deux cas où l'héritier est définitivement réputé héritier pur et simple; — Attendu que l'inventaire auquel il a été procédé suffit pour exonérer la dame Lossignol du payement des dettes *ultrà-vires;* qu'en effet, la confusion de son patrimoine avec celui du défunt est devenue impossible, et qu'ainsi le vœu de la loi se trouve rempli; — Attendu qu'il existe des biens indivis propres aux deux époux, et qu'il y a lieu de faire expertiser ces biens à l'effet d'en former deux lots qui devront être attribués à chacun d'eux; — Par ces motifs, etc. ». — Appel. — Arrêt.

La cour; — Adoptant les motifs, etc., confirme, etc.

Du 8 août 1864.-C. de Douai, 1re ch.-MM. Dumon, 1er pr.-de Bionval, subst.-Clavon et de Beaulieu, av.

de la totalité des dettes, alors du moins qu'elle s'est mise en possession de l'actif entier de la communauté (Caen, 21 nov. 1860, *suprà*, n° 893. Comp. Civ. cass. 22 déc. 1829, *Rép.* n° 2147). Mais cette décision nous paraît inexacte. La confection d'un inventaire est exigée par l'art. 1483 pour que la femme jouisse du bénéfice de n'être tenue des dettes que jusqu'à concurrence de son émolument ; mais elle n'est pas exigée par l'art. 1482, qui dispose que les dettes de la communauté sont pour moitié à la charge de chacun des époux. On objecte que la femme qui n'a pas fait inventaire peut détourner ou dissimuler les biens de la communauté au préjudice des créanciers ; mais ceux-ci ont le moyen de prévenir ces fraudes en requérant l'apposition des scellés et l'inventaire ; c'est à eux à sauvegarder leurs droits (V. en ce sens : Req. 21 déc. 1830, *Rép.* n° 2470 ; Colmar, 5 août 1862, aff. Ginsburger, D. P. 63. 5. 70 ; Douai, 8 août 1864, *suprà*, n° 893 ; Marcadé, t. 5, art. 1482-1490, n° 2 ; Aubry et Rau, t. 5, § 520, note 7, p. 436 ; Guillouard, t. 3, n° 1383).

896. La seconde condition imposée à la femme pour n'être tenue des dettes que jusqu'à concurrence de son émolument est de rendre compte tant du contenu de l'inventaire que de ce qui lui est échu par le partage (*Rép.* n° 2471). — Aucun délai préfix n'est imposé à la femme pour rendre ce compte (Nancy, 7 avr. 1859) (1).

897. On indique au *Rép.* n°s 2472 et suiv. ce qui doit entrer dans le compte dû par la femme. — Il n'y a pas lieu notamment de comprendre dans l'émolument de la femme les biens que la femme reçoit ou prélève en payement de ses reprises, car les créanciers de la communauté n'ont pas de droit de préférence vis-à-vis d'elle (Angers, 2 déc. 1830, *Rép.* n° 2399 ; Rodière et Pont, t. 2, n° 1114 ; Aubry et Rau, t. 5,

§ 520, note 13, p. 437 ; Guillouard, t. 3, n° 1396. — V. toutefois, *suprà*, n° 853).

898. C'est au moment du partage que doivent être appréciés, par rapport à leur état et à leur valeur, les biens qui entrent dans l'émolument de la femme (*Rép.* n° 2473). Il faut excepter, toutefois, le cas où la femme ou ses héritiers ont par leur faute laissé perdre ou dépérir les biens de la communauté dans le temps écoulé entre la dissolution de la communauté et le partage ; ils doivent alors tenir compte de la dépréciation (Rodière et Pont, t. 2, n° 1115 ; Marcadé, t. 5, art. 1482-1490, n° 3 ; Aubry et Rau, t. 5, § 520, note 14, p. 437 ; Guillouard, t. 3, n° 1396).

899. Quant aux dépenses qui peuvent entrer dans le compte de la femme, V. *Rép.* n°s 2475 et suiv. — La femme, ayant porté en recette les fruits et intérêts qu'elle a perçus depuis la dissolution de la communauté sur les biens mis dans son lot, fera réciproquement figurer dans les dépenses les intérêts qu'elle aura payés aux créanciers. Suivant un arrêt, dans le cas même où il a été procédé d'abord entre la veuve et l'héritier du mari à un partage partiel comprenant les immeubles communs, on doit, lors de la liquidation définitive, mettre les intérêts des biens pour le tout à la charge de la communauté, sauf à lui attribuer en compensation la totalité des fruits des immeubles partagés. Il n'y a pas lieu, en pareil cas, de laisser à la charge de chacun des copartageants, le déficit qui pourrait résulter de la différence entre les intérêts des dettes communes et les fruits ou revenus des immeubles partagés : en procédant ainsi, on porterait atteinte au bénéfice dont jouit la femme de n'être tenue du passif que dans les limites de son émolument (Paris, 10 août 1861)(2).

---

(1) (Villette C. Sommeiller et autres.) — La cour ; — Sur l'appel principal, en ce qui touche la part contributoire de la dame Villette dans les dettes de la communauté d'entre elle et son mari décédé : — Considérant que la dame Villette a été déclarée partiaire dans cette communauté, et que ses héritiers ne méconnaissent pas les conséquences juridiques de cette situation passée en force de chose jugée ; — Considérant qu'aux termes des art. 1482, 1483 et suiv. c. nap., les dettes de la communauté sont pour moitié à la charge de chacun des époux, ou de leurs héritiers ; que, de plus, en ce qui touche la femme, celle-ci n'est tenue de cette moitié mise à sa charge que jusqu'à concurrence de son émolument ; que qu'il importe peu, au regard des héritiers du mari, que ces dettes de la communauté aient été ou non contractées conjointement ou solidairement par la femme parlant aux actes à côté de son mari, et non pas par celui-ci seulement ; que si la femme, au premier cas, devient personnellement obligée envers les créanciers, elle n'en demeure pas moins simple caution vis-à-vis de son mari (art. 1341), et que, dès lors, dans la liquidation de la communauté, elle continue à jouir du bénéfice des dispositions des art. 1482 et suiv. ; — Attendu que le privilège accordé à la femme par l'art. 1483 de n'être tenue des dettes que jusqu'à concurrence de son émolument est acquis de plein droit à celle-ci, sans qu'elle ait besoin de le réclamer ; que son silence avant la liquidation ne saurait jamais lui être imputé à renonciation, lorsque, d'ailleurs, les conditions sous lesquelles le privilège est conféré ont été remplies ; — Attendu que Jean-Louis Villette est décédé le 7 sept. 1837 ; que les 13 et 14 du même mois, la dame Villette a fait procéder à l'inventaire exigé par l'art. 1483 ; — Que ni alors, ni depuis, pendant les quinze années qui ont suivi, les héritiers de Jean-Louis Villette n'ont élevé la moindre contestation ; que rien ne démontre au procès que cet inventaire, auquel ces héritiers ont été appelés, qui a été fait contradictoirement avec eux, n'ait pas été fidèle et loyal ; — Attendu que si l'inventaire doit être dressé à bref délai, suivant le vœu de la loi, il n'en est pas de même du compte à rendre de son contenu, ainsi que de ce qui est échu à la femme par le partage ; — Qu'à cet égard, tant que le partage n'a pas été requis par aucune des parties, on ne saurait faire grief à la femme du long temps écoulé depuis l'inventaire ; que, dans la cause, les héritiers Villette, après avoir assisté à la vente mobilière, sont demeurés dans une complète inaction, à la suite, sans doute, d'arrangements amiables que rendent vraisemblables diverses circonstances du procès ; — Que, d'un autre côté, et en point de fait, ce sont les héritiers de la femme Villette qui, par actes des 4 et 12 mars 1856, ont formé la demande en compte, liquidation et partage tant de la communauté d'entre les époux Villette que de la succession de Jean-Louis Villette, sur laquelle les parties sont encore en instance ; que, par cette demande, les héritiers de la femme ont implicitement et nécessairement offert le compte exigé par l'art. 1483 ; — Considérant que, dans cet état, les héritiers de la femme Villette peuvent légitimement exercer tous les droits qu'ils tiennent de leur auteur (art. 1390) ; — Par ces motifs, dit que, sous le mérite des offres faites par

les intimés de rendre compte des valeurs mobilières ou immobilières qui peuvent avoir été reçues par leur mère dans la communauté, elles ne seront tenues des dettes de la communauté que jusqu'à concurrence de leur émolument, sans distinction entre les dettes simples contractées par le mari seul et celles contractées avec lui par la femme, soit conjointement, soit solidairement, etc.

Du 7 avr. 1859.-C. de Nancy, 1re ch.-MM. Masson, pr.-Alexandre, 1er av. gén.-Laflize et Bertrand, av.

(2) (Yvon C. Hanquet.) — La cour ; — En ce qui touche le premier grief soulevé par l'appel des époux Hanquet : — Considérant, en fait, que le tribunal de Châteaudun était saisi d'une demande en liquidation de partage de communauté ; que les parties avaient été renvoyées devant un notaire pour y procéder, et que les bases d'une première liquidation ayant été arrêtées par ce notaire, il fut fait le 18 janv. 1856, entre la dame Hanquet, veuve Yvon, et son fils mineur, représenté par son subrogé tuteur, un partage partiel des immeubles dépendant de la communauté ; — Que par l'événement du tirage au sort, la ferme de Moirville, estimée 132000 fr., échut au lot de la dame veuve Yvon, et qu'une ferme d'une valeur à très peu de chose près égale tomba au lot du mineur Yvon, le tout avec jouissance, pour chacun des copartageants, à partir du 1er nov. 1855 ; — Considérant que l'estimation en argent donnée aux immeubles pour faciliter la liquidation, former les lots et établir les soultes, ne pouvait changer la nature de biens à partager, ni substituer, dans l'intérêt de l'un des copartageants et au préjudice de l'autre, une somme d'argent à une propriété immobilière, sans violer manifestement le principe d'égalité faisant la base de tout partage ; — Considérant que le tribunal de Châteaudun a cru devoir reconnaître dans l'opération consommée devant le notaire le 18 janv. 1856, non point un partage, mais une vente ou licitation, faite dans le but de conserver l'un des immeubles au mineur, et que, sous ce prétexte, il a fait rapporter à la veuve Yvon les intérêts de la valeur estimative de l'immeuble échu à son lot, et non le prix des fermages produits par cet immeuble ; — Considérant qu'une telle appréciation ne pouvait être admise ; — Qu'en effet, au moment de l'opération du 18 janv. 1856, il n'y avait ni ne pouvait y avoir entre la veuve Yvon et son fils mineur, l'un et l'autre ayant des droits indivis dans une communauté non encore liquidée, ni vendeur, ni acheteur, c'est dans la réalité, cet acte présente, par son texte et par son esprit, le caractère d'un partage ; — Considérant, dès lors, que le rapport de la veuve Yvon doit consister uniquement, en ce qui touche cet article, dans le prix des fermages produits par la ferme de Moirville, échue à son lot, et qu'un rapport suivant les mêmes bases doit être fait par le mineur Yvon pour l'immeuble à lui dévolu par l'effet du tirage au sort, et dont il n'a touché seulement les fermages ;

En ce qui touche le second grief d'appel : — Considérant, sur ce chef, que la prétention du subrogé tuteur du mineur Yvon est de faire attribuer à la dame Hanquet, mère du mineur, la moi-

900. Il résulte d'un autre arrêt que, pour liquider une communauté dont l'actif brut est inférieur au total des dettes et des reprises, il faut commencer par prélever le montant des reprises sur l'actif brut; ce prélèvement fait, l'excédent se partage par moitié entre les époux ou leurs ayants droit. La part revenant ainsi à la femme constitue son émolument, au chiffre duquel est limitée son obligation de payer les dettes de la communauté, si, conformément à l'art. 1483, elle a fait inventaire et rendu compte tant du contenu de cet inventaire que de ce qui lui est échu par le partage (Besançon, 17 janv. 1883, aff. Chiclet, D. P. 83. 2. 163).

901. Comme on l'explique au *Rép.* nos 2478 et suiv., la situation de la femme qui peut invoquer le bénéfice de l'art. 1483 diffère sous plusieurs rapports de la situation de l'héritier qui a accepté la succession sous bénéfice d'inventaire. Notamment, l'héritier bénéficiaire n'est tenu vis-à-vis des créanciers de la succession que sur les biens héréditaires; il ne peut pas être poursuivi sur ses biens personnels. La femme, au contraire, tout en n'étant tenue que jusqu'à concurrence de son émolument, l'est néanmoins, dans cette mesure, sur ses biens propres et peut être poursuivie même sur ces biens (Colmar, 5 août 1862, aff. Ginsburger, D. P. 63. 5. 70; Marcadé, t. 5, art. 1482-1490, n° 3; Rodière et Pont, t. 2, n° 1124; Aubry et Rau, t. 5, § 520, note 17, p.438; Laurent, t. 23, n° 75; Guillouard, t. 3, n° 1387).

902. A la différence aussi de l'héritier bénéficiaire, la femme ne peut pas arrêter les poursuites des créanciers en offrant de leur abandonner les biens dont se compose son émolument (*Rép.* n° 2479; Marcadé, t. 5, art. 1482-1490, n° 3; Rodière et Pont, t. 2, n° 1125; Aubry et Rau, t. 5, § 520, note 18, p. 438 et suiv.; Laurent, t. 23, n° 76; de Folleville, t. 1, n° 522; Guillouard, t. 3, n° 1388).

903. Le bénéfice de n'être tenue que jusqu'à concurrence de son émolument ne peut être opposé par la femme

aux créanciers envers lesquels elle s'est obligée conjointement avec le mari; la femme peut alors toujours être poursuivie pour moitié ou, plus généralement, jusqu'à concurrence de la part pour laquelle elle s'est obligée (*Rép.* n° 2484; Aubry et Rau, t. 5, § 520, p. 439; de Folleville, t. 1, n° 523 *ter*).

904. Il est même des cas où, par exception, la femme peut être poursuivie pour le tout. C'est ce qui a lieu: — 1° aux termes de l'art. 1486, lorsqu'il s'agit d'une dette qui est entrée dans la communauté du chef de la femme, c'est-à-dire d'une dette qu'elle avait dès avant le mariage ou qui grevait une succession ou une donation mobilière à elle échue (*Rép.* n° 2485); — 2° Suivant l'art. 1487, lorsque la femme s'est obligée solidairement avec le mari (*Rép.* n° 2486); — 3° Lorsque la dette est indivisible (*Rép.* n° 2489); — 4° En vertu de l'art. 1490, lorsque la femme a été chargée par le partage de payer la totalité de la dette (Guillouard, t. 3, n° 1384).

905. La règle que la femme n'est tenue des dettes de la communauté que pour moitié n'est pas non plus applicable aux dettes que la femme a contractées seule, avec l'autorisation du mari, dans l'intérêt de la communauté. — Il a été jugé que la femme peut être poursuivie pour le tout lorsqu'elle a déclaré garantir personnellement et sur tous ses biens l'obligation principale contractée par le mari et à laquelle elle n'a pas concouru (Besançon, 6 juill. 1863, aff. Bourgerel, D. P. 64. 2. 80).

Mais il a été jugé que la femme qui a acheté un fonds de commerce conjointement avec son mari, mais sans solidarité, ne peut, après la dissolution de la communauté, être poursuivie que pour moitié par le vendeur, créancier du prix de vente, alors même qu'elle aurait conservé le fonds entier, en exécution d'une clause de son contrat de mariage (Paris, 28 juin 1865) (1).

906. La femme qui s'est obligée solidairement avec son

---

tié de l'excédent des capitaux de la communauté, et de lui faire supporter la moitié du déficit des fruits de cette même communauté; — Considérant, en droit, que la femme commune ne peut être tenue des dettes de la communauté que jusqu'à concurrence de son émolument (c. nap. art. 1483); d'où il suit que, dans aucun cas, son patrimoine personnel ne saurait être atteint par les charges de ladite communauté; — Considérant, en fait, que la manière d'opérer proposée par le subrogé tuteur du mineur Yvon aurait pour résultat, en adoptant les chiffres de la liquidation non contestés par les parties, de rendre la dame Hanquet responsable sur ses propres d'un déficit constaté sur les fruits de la communauté; qu'une telle conséquence, contraire à la loi, ne saurait être consacrée; — Considérant qu'en suivant les bases indiquées par le notaire liquidateur, lesquelles consistent à faire solder le passif de la communauté de l'actif en fruits de la succession Yvon, loin d'arriver à un déficit, l'on obtient, au contraire, un excédent ou boni de communauté; que ce mode d'opérer, conforme au droit, doit être adopté; — Par ces motifs, infirme sur les deux chefs d'appel; homologue en cette partie le travail du notaire liquidateur, etc.

Du 10 août 1861.-C. de Paris, 3e ch.-MM. de Vallée, av. gén.-Fauvel et Nicolet, av.

(1) (Boutet C. Duguet.) — Les époux Boutet s'étaient mariés en 1840. Dans leur contrat de mariage, ils avaient adopté le régime de la communauté réduite aux acquêts, en stipulant au profit de celui d'entre eux qui survivrait la faculté de conserver, seul et pour son compte personnel le fonds de commerce ou établissement qu'ils se trouveraient exploiter au jour du décès, mais à la charge de tenir compte aux représentants de l'autre époux de la somme qui leur reviendrait dans la valeur des marchandises et des ustensiles, d'après l'estimation qui en serait faite. En 1853, le sieur et dame Boutet achetèrent conjointement, mais non solidairement, d'une dame Duguet, un fonds de commerce de bonneterie, pour le prix de 12500 fr. Ce prix fut converti en billets de 275 fr. chacun, souscrits par le sieur Boutet et payables à des dates successives. Le sieur Boutet mourut en 1860. Sa succession fut acceptée sous bénéfice d'inventaire par la demoiselle Boutet, sa fille. Sa veuve renonça à la communauté, mais déclara conserver le fonds de commerce, comme le contrat de mariage lui en donnait le droit, moyennant le prix de 9060 fr. 05 cent. représentant la valeur des marchandises existant en magasin et du mobilier. Après ces arrangements, la dame Duguet demanda à la veuve et à la fille Boutet le payement de l'un des billets de 275 fr. dont l'échéance était arrivée. La demoiselle Boutet, se prévalant de sa qualité d'héritière sous bénéfice d'inventaire, répondit par l'offre de remettre compte de la succession de son père, dont l'actif se réduisait à rien. Quant à la veuve Boutet, elle offrit seulement la moitié de la somme de 275 fr., en alléguant qu'elle n'était obligée personnellement que pour cette moitié. La dame Duguet assigna alors la veuve et la demoiselle Boutet; elle demanda condamnation contre l'une et l'autre pour la somme de 7750 fr. lui restant due sur le prix du fonds de commerce, en se fondant sur ce que le refus de payement des défenderesses rendait exigible, aux termes de l'acte de vente, la totalité du prix, et en prétendant, relativement à la veuve Boutet, que celle-ci n'avait pu conserver ce fonds sans se rendre par là même débitrice personnelle du prix entier. Ce système fut admis par un jugement du 10 juin 1864 ainsi conçu : — Sur la demande en payement de 275 fr. : — Attendu que si, pour se refuser au payement réclamé, la veuve Boutet prétend qu'elle n'est pas obligée au titre, il résulte des pièces produites qu'en se rendant acquéreur avec le sieur Boutet son mari, du fonds de commerce qu'elle exploite encore aujourd'hui, elle s'est engagée conjointement avec lui vis-à-vis des demandeurs à en payer le prix représenté par l'un des billets, objet du litige; que si par suite de l'engagement qui précède, la dame veuve Boutet prétend ne devoir que la moitié du prix, excipe de sa renonciation à la communauté ayant existé entre elle et son mari, suivant acte enregistré à la date du 23 déc. 1862, il appert que cette renonciation a eu lieu sous la réserve de la clause 8 de son contrat de mariage, laquelle donnait au survivant des époux la faculté de conserver seul et pour son compte personnel le fonds de commerce ou établissement qu'ils se trouveront exploiter le jour du décès, mais à la charge de tenir compte aux représentants de l'autre de la somme qui leur reviendrait dans la valeur des marchandises et des ustensiles d'après l'estimation qui en serait faite; — Attendu qu'il résulte de l'inventaire dressé par Me Boissel, notaire, le 26 nov. 1860, que la prisée des marchandises, ustensiles et mobilier industriel s'est élevée à 9060 fr. 05, valeur que la dame veuve Boutet a reçue et dont elle s'est chargée pour en faire la représentation quand et à qui il appartiendra; — Attendu, au surplus, qu'aux termes de l'art. 1494 c. nap., elle est tenue envers les demandeurs, créanciers de son mari, s'étant obligée conjointement avec lui vis-à-vis d'eux; qu'à tous égards elle doit être tenue au payement réclamé; — Sur la demande en payement de 7475 fr.: — Attendu que des conventions verbales intervenues entre les parties lors de la vente dudit établissement, il appert que, entre autres conditions, les demandeurs ont stipulé qu'à défaut de payement d'un seul terme du prix de vente à son échéance et quinze jours après un commandement resté inopérant, le tout ce qui serait dû alors deviendrait de plein droit exigible; — Attendu qu'il est constant que la sommation faite le 20 janv. 1864, d'avoir à payer dans les quinze jours le montant du billet échu le 1er janvier, est restée infructueuse; qu'en outre, un autre billet au 1er avril est également impayé; — Attendu qu'il est constant que par acte enregistré à la date du 8 déc. 1862, la demoiselle Boutet a déclaré accepter, mais seulement sous bénéfice d'inventaire, la succession

mari pour les affaires de la communauté ou du mari, n'est réputée à l'égard de celui-ci, s'être obligée que comme caution (c. civ. art. 1431). Mais à l'égard de tous autres que le mari ou ses héritiers, elle ne peut pas se prévaloir de cette présomption (V. *Rép.* n°s 2487 et suiv., et *suprà*, n°s 346 et suiv.).

907. Si la femme a payé une dette de la communauté au delà de la moitié qui lui incombe, l'art. 1488 décide qu'elle n'a pas de répétition pour l'excédent contre le créancier qui a reçu le payement, à moins que la quittance n'exprime que ce que la femme a payé était pour sa moitié (*Rép.* n° 2491). Cette disposition, dit M. Guillouard, t. 3, n° 1405, est restrictive du droit commun, car il devrait suffire, aux termes de l'art. 1377, que la femme eût payé par erreur pour qu'elle pût agir en répétition : ici la loi exige que l'erreur soit constatée par la quittance même, portant que ce que la femme a payé était pour sa moitié. — La loi, remarque M. Colmet de Santerre, t. 6, n° 148 *bis*, prend en considération l'intérêt du tiers créancier, qui a pu croire que la femme payait pour faire honneur à la signature de son mari. Cette raison n'a rien de particulier au payement fait par la femme, et il faudrait appliquer la règle au mari dans les rares cas où il n'est débiteur que d'une moitié. Toutefois, M. Laurent, t. 23, n° 83, considère cette solution comme douteuse. « L'art. 1488, dit-il, est fondé sur une présomption légale, et il déroge au droit commun ; ce sont deux raisons pour l'interpréter restrictivement. Si la loi avait entendu établir une disposition générale, elle aurait dit l'*époux* au lieu de dire la *femme*. On doit donc s'en tenir au texte. »

908. L'art. 1488 serait encore applicable, suivant nous, dans le cas où la femme aurait payé, non au delà de sa moitié, mais au delà de son émolument. M. Laurent, t. 23, n° 82, exprime un avis contraire, en alléguant que l'art. 1488 déroge au droit commun. « Le texte, dit cet auteur, n'est pas applicable, et d'après l'esprit de la loi, il faut dire que la disposition, dérogeant au droit commun, ne peut être étendue à un cas qu'elle ne prévoit point. On ne peut plus supposer que la femme a voulu payer l'acquit de son mari ; elle a payé sa propre dette, mais elle a payé plus qu'elle ne devait ; il y a donc lieu à répétition, d'après le droit commun. » Mais du moment où la loi refuse à la femme l'action en répétition dans le cas où elle a payé ce qu'elle ne devait pas, on doit à plus forte raison lui refuser cette action lorsqu'elle a payé ce qu'elle devait sans invoquer le bénéfice de l'art. 1483, auquel elle est présumée avoir renoncé (*Rép.* n° 2492 ; Aubry et Rau, t. 5, § 520, note 23, p. 440 ; Guillouard, t. 3, n° 1406 ; de Folleville, t. 1, n° 523 *bis*).

909. Les dettes contractées par le mari peuvent être poursuivies contre la femme pour moitié ou jusqu'à concurrence de son émolument, lors même qu'elles n'auraient pas date certaine avant la dissolution de la communauté. Leur date doit être présumée véritable jusqu'à preuve contraire, car la fraude ne se présume pas (*Rép.* n° 2494 ; Req. 13 mars

1854, aff. Caurette, D. P. 54. 1. 100 ; Nancy, 25 juill. 1868, *suprà*, n° 477 ; Aubry et Rau, t. 5, § 520, note 22, p. 439 ; Guillouard, t. 3, n° 1404. V. *suprà*, n° 318).

910. — III. Obligation hypothécaire de l'époux détenteur (*Rép.* n°s 2500 à 2510). — Aux termes de l'art. 1489 c. civ., l'époux qui par l'effet de l'hypothèque exercée sur l'immeuble à lui échu en partage, se trouve poursuivi pour la totalité d'une dette de communauté, a de droit son recours contre l'autre époux pour la moitié de la dette (*Rép.* n° 2500). — Ce texte suppose que l'immeuble hypothéqué a été en entier compris dans le lot de l'un des époux. Mais il peut se faire que le créancier ait hypothèque sur tous les immeubles attribués aux deux époux. Dans ce cas, il a été jugé que le créancier ayant hypothèque sur les immeubles de la communauté ne peut obtenir collocation pour la totalité de sa créance sur l'ensemble du prix de ces immeubles ; il ne doit être colloqué que divisément, pour moitié de sa créance, sur la part revenant à chacun des époux ou à leurs héritiers, et au rang que lui assigne son inscription sur chaque part (Req. 11 nov. 1878, aff. Fourtic, D. P. 80. 1. 323).

911. La question de savoir si la femme peut, au moyen de son hypothèque légale, primer les créanciers hypothécaires du mari sur les immeubles de la communauté, est traitée au *Rép.* v° *Privilèges et hypothèques*, n°s 928 et suiv. (V. aussi *infrà*, eod. v°).

912. — IV. Droits respectifs des créanciers personnels des époux et des créanciers de la communauté (*Rép.* n°s 2511 à 2516). — Les créanciers de la communauté doivent-ils être payés sur les biens communs avant les créanciers personnels des époux ? La solution de cette question dépend, comme on l'a dit au *Rép.* n° 2511, de l'opinion que l'on adopte sur celle de savoir si la communauté doit être considérée comme un être moral, comme une société ayant des intérêts distincts de ceux des époux. La négative, ainsi que nous l'avons vu *suprà*, n° 169, a prévalu dans la doctrine et dans la jurisprudence. Il a été décidé par la cour de cassation que les créanciers de la communauté n'ont sur les valeurs provenant de cette communauté dissoute aucun droit de préférence sur les créanciers qui ont traité avec l'un des époux et notamment avec le mari postérieurement à la dissolution, et sont même tenus de subir l'effet des privilèges et hypothèques dont les biens ayant fait partie de la communauté auraient été grevés au profit de ces derniers créanciers (Civ. rej. 18 avr. 1860, aff. Barcon, D. P. 60. 1. 185. V. dans le même sens : Besançon, 24 juin 1858, aff. d'Hotelans, D. P. 59. 2. 54 ; Aubry et Rau, t. 5, § 520, note 29, p. 441 ; Laurent, t. 23, n° 87 ; Guillouard, t. 3, n° 1408. — *Contrà :* Nancy, 2 févr. 1865, aff. Vautrin, D. P. 70. 2. 65).

913. Chaque époux a-t-il, du moins, pour le payement de ses reprises le droit d'être préféré sur les biens de la communauté aux créanciers personnels de l'autre époux ? Dans l'opinion qui admet que les époux exercent leurs

---

de son père ; que, dans l'espèce, elle ne serait tenue que de rendre un compte de bénéfice d'inventaire ; qu'il y a donc lieu de l'obliger au payement dans les termes de son engagement dans la succession paternelle ; — Par ces motifs, condamne la dame veuve Boutet et la demoiselle Boutet, cette dernière dans les termes de son engagement en qualité d'héritière sous bénéfice d'inventaire, par les voies de droit, à payer aux époux Duguet la somme de 7750 fr. ». — Appel. — Arrêt.

La cour ; — Considérant que la femme Boutet, en achetant le fonds des intimés, n'a pas contracté seule, mais conjointement avec son mari et sans solidarité ; qu'il s'ensuit que les billets souscrits par Boutet en payement du prix étaient dus à la fois par le mari et par la femme, mais par le mari pour le total, aux termes de l'art. 1484 c. nap., et par la femme pour la moitié seulement, aux termes des art. 1487 et 1488, même code ; — Que, cependant, après le décès de son mari, la femme Boutet ayant renoncé à la communauté pour s'en tenir à la clause du préciput qui lui permettait de garder le fonds de commerce, et la fille Boutet n'ayant accepté la succession que sous bénéfice d'inventaire, les époux Duguet leur ont fait successivement sommation de payer le billet qui était venu à échéance du 1er janv. 1864, et que, malgré les offres des appelantes, dont l'une consentait à acquitter pour sa part la moitié du billet, et dont l'autre déclarait être prête à rendre compte de son administration, les intimés n'en ont pas moins demandé contre toutes deux la déchéance du bénéfice des termes accordés par le contrat ; — Qu'il est constant, sans doute, que les intimés ont stipulé, au moment de

la vente, qu'à défaut du payement d'un seul terme du prix à son échéance et quinze jours après un commandement demeuré infructueux, tout ce qui restait dû alors deviendrait de plein droit exigible ; — Mais que d'une part, la femme Boutet ne devant que la moitié du billet échu, c'est à tort que les intimés lui en ont demandé le payement pour le tout ; — Que vainement pour colorer leurs prétentions, ils cherchent à se prévaloir de la clause du contrat de mariage d'après laquelle la femme Boutet est devenue propriétaire exclusive de leur ancien fonds de commerce, puisqu'il n'y a là que le résultat d'une convention de préciput, qui, sans porter atteinte à leur droit, ne saurait changer ni la nature, ni l'étendue de la dette ; — Que, d'autre part, la fille Boutet, héritière sous bénéfice d'inventaire, était tout aussi fondée à se refuser à payer de ses deniers personnels le montant de l'effet échu ; qu'elle n'a point d'autre obligation que de rendre compte aux créanciers de son administration ; que c'est ce qu'elle a offert dès le principe aux intimés ; qu'il n'y avait donc que la succession de Boutet qui pût être déchue du bénéfice des termes ; mais que le jugement, dont il n'y a point appel de ce chef, décide que la demoiselle Boutet n'était tenue de payer que dans les termes fixés par le contrat ; — Met le jugement aux chefs dont est appel à néant ; que la veuve Boutet n'est pas déchue du bénéfice des termes, et qu'elle ne doit que la moitié des billets souscrits par son mari au profit des intimés, etc.

Du 28 juin 1865.-C. de Paris, 2e ch.-MM. Guillemard, pr.-Sénard, av. gén., c. conf.-Le Berquier et Colin de Saint-Menge, av.

reprises à titre de propriétaires, ce droit de préférence n'est pas douteux (V. *Rép.* n° 2513, et *suprà*, n° 849). Mais les auteurs mêmes qui enseignent que les époux agissent simplement comme créanciers de leurs reprises, n'en décident pas moins qu'ils doivent en être payés par préférence aux créanciers personnels de leur conjoint. « La faculté dont jouit, en sa double qualité de créancier de la communauté et de copropriétaire de la masse commune ou de copartageant, l'époux auquel il est dû des récompenses ou indemnités, constitue en sa faveur, disent MM. Aubry et Rau, t. 5, § 511, p. 362, *un droit plus fort que le droit de copropriété* de son conjoint, et emporte virtuellement pour lui l'avantage de pouvoir se faire payer sur les biens communs par préférence aux créanciers personnels de ce dernier ou de ses héritiers, et sans égard aux droits que, depuis la dissolution de la communauté, ils auraient conférés à des tiers sur ces biens » (Comp. Nancy, 2 févr. 1865, aff. Vautrin; D. P. 70. 2. 65).

914. On admet généralement, ainsi que nous l'avons décidé au *Rép.* n° 2514, que les créanciers de la communauté ne peuvent pas demander la séparation du patrimoine de cette communauté d'avec celui des époux (V. en ce sens : Rodière et Pont, t. 2, n° 1106; Marcadé, t. 5, art. 1476, n° 1; Aubry et Rau, t. 5, § 520, note 28, p. 441; Laurent, t. 23, n° 82; Guillouard, t. 3, n° 1407).

Art. 2. — *De la contribution entre les époux* (*Rép.* n°s 2517 à 2525).

915. Les époux, entre eux, doivent supporter par moitié, d'après l'art. 1482 c. civ., les dettes de la communauté (*Rép.* n° 2517). — Ce principe toutefois reçoit plusieurs exceptions, dont la première consiste dans le privilège qu'a la femme, aux termes de l'art. 1483, de ne payer les dettes communes que jusqu'à concurrence de son émolument, privilège dont elle jouit, sous les conditions déterminées par la loi, aussi bien à l'égard du mari qu'à l'égard des créanciers.

La femme qui n'a pas fait inventaire et qui, par suite, ne peut pas invoquer le bénéfice de l'art. 1483, est-elle tenue de contribuer pour moitié au payement des reprises du mari, comme elle doit contribuer à payer toutes les autres dettes de la communauté? Cette question, qui n'était pas prévue par les auteurs, a été soulevée dans la jurisprudence. — Pour soutenir que la femme, à défaut d'inventaire, doit supporter la moitié des reprises du mari, comme les autres dettes de la communauté, on a invoqué les dispositions générales des art. 1482 et 1483 : il résulte, dit-on, de ces articles que toutes les dettes de la communauté se répartissent par moitié entre les époux, et que la femme n'a qu'un moyen de se soustraire au payement de la moitié de ces dettes, c'est de faire inventaire et de rendre compte de son émolument. Or les reprises du mari sont des dettes de la communauté, et, par conséquent, la femme doit en payer la moitié si elle n'a pas fait inventaire. D'après MM. Rodière et Pont, t. 2, n° 1120, « lorsque la constatation des forces de la communauté est rendue impossible par la négligence de la femme et par l'absence de tout acte donnant la consistance de la communauté, l'actif de cette communauté et les biens personnels de la femme se confondent nécessairement. Et, dans ce cas, la femme qui ne justifie pas de l'importance de son émolument ne peut plus invoquer, même vis-à-vis des héritiers du mari poursuivant le payement des reprises, le privilège de l'art. 1483. Ainsi le veut la disposition générale de cet article. Ainsi le veut aussi l'équité, qui serait blessée, en effet, si, après que tous les biens sont restés plus ou moins longtemps confondus dans les mains de la femme, celle-ci ou ses héritiers pouvaient prélever leurs reprises, et ne laisser pour les reprises du mari qu'un actif amoindri par leur fait et peut-être par fraude » (V. en ce sens : Req. 24 mars 1828, *Rép.* n° 2406; Douai, 12 déc. 1861, aff. Virlet, D. P. 62. 5. 64 ; Agen, 4 déc. 1866, aff. Roziès, D. P. 66. 2. 225; Gand, 7 mars 1872, *Pasicrisie belge*, 1872. 2. 244). — L'opinion d'après laquelle la femme n'est jamais tenue de payer aucune partie des reprises du mari a cependant prévalu dans la jurisprudence. Elle se fonde sur l'art. 1472, aux termes duquel « le mari ne peut exercer ses reprises que sur les biens de la communauté », et sur l'art. 1436, qui exprime la même

idée, lorsqu'il dispose que « la récompense du prix de l'immeuble appartenant au mari ne s'exerce que sur la masse de la communauté »; ces deux textes n'exigent nullement que la femme ait fait inventaire pour que l'action du mari en payement de ses reprises soit limitée aux biens de la communauté. Les reprises du mari peuvent bien être considérées comme des dettes de la communauté, en prenant ces mots dans un sens large; mais l'art. 1482, en stipulant que les *dettes de la communauté* sont pour moitié à la charge de chacun des époux, n'a entendu parler que des dettes envers les tiers, et non des reprises des époux; il ne serait pas exact, en effet, de dire que les reprises de la femme sont pour moitié à sa charge, puisque, en cas d'insuffisance des biens communs, elles s'exercent sur les biens personnels du mari. En outre, il serait injuste de faire rembourser par la femme au mari les reprises que celui-ci comme chef de la communauté a eu le tort de dissiper. Quant à l'objection consistant à dire que, si la femme n'a pas fait inventaire, l'actif de la communauté, en se confondant avec ses biens personnels, devient plus difficile à reconstituer pour l'exercice des reprises du mari, on peut y faire plusieurs réponses. D'abord, les héritiers du mari ont à s'imputer de n'avoir pas requis eux-mêmes l'inventaire. En second lieu, la confusion du patrimoine de la communauté avec celui de la femme ne peut se produire que dans le cas où c'est la femme qui a survécu; si c'est, au contraire, le mari, l'objection n'a plus de raison d'être ; or les art. 1472 et 1436, desquels il résulte que les reprises du mari ne s'exercent que sur la communauté, sont applicables quelle que soit la manière dont la communauté s'est dissoute. Enfin, la fraude ne doit pas se présumer, et si les héritiers du mari prétendent que la femme ne représente pas toutes les valeurs de la communauté, c'est à eux à le prouver; la seule possibilité de fraude de la part de la femme n'est pas une raison suffisante pour qu'on la contraigne à rembourser sur ses biens propres les reprises que le mari a perdues ou dissipées (Angers, 20 mai 1863, aff. Martin, D. P. 64. 2. 186; 11 août 1864, aff. Morain, *ibid.* ; Civ. rej. 18 févr. 1867, aff. Morain, D. P. 67. 1. 61; Dijon, 23 avr. 1867, aff. Tresse, D. P. 67. 2. 245; Civ. cass. 16 nov. 1868, aff. Roziès, D. P. 68. 1. 476, et sur renvoi, Bordeaux, 16 mars 1869, D. P. 69. 2. 211; Besançon, 17 janv. 1883, aff. Chiclet, D. P. 83. 2. 163; Aubry et Rau, t. 5, § 520, note 30, p. 441 et suiv.; Laurent, t. 23, n° 80; Guillouard, t. 3, n° 1410).

916. Aux termes de l'art. 1490, l'un ou l'autre des copartageants, la femme ou le mari ou leurs héritiers, peuvent être chargés par le partage de payer une part des dettes supérieure à la quotité qui leur incombe de droit ou même la totalité (*Rép.* n° 2519). C'est là une convention de partage, qui peut avoir lieu entre les copartageants, mais qui n'est pas opposable aux tiers. Et si elle entraînait une lésion de plus du quart pour l'un des copartageants, elle serait rescindable (Rodière et Pont, t. 2, n° 1146; Aubry et Rau, t. 5, § 520, note 36, p. 444; Guillouard, t. 3, n° 1417).

917. Il y a encore exception à la règle de l'art. 1482, qui met les dettes de communauté à la charge de chacun des époux pour moitié, lorsqu'il s'agit de dettes dont l'un ou l'autre époux doit récompense à la communauté (V. *Rép.* n° 2522, et *suprà*, n° 567 et suiv.).

918. Il est des dettes dont la femme est tenue en totalité à l'égard des créanciers et dont elle n'est tenue que jusqu'à concurrence de son émolument vis-à-vis du mari ou des créanciers de celui-ci. Ce sont celles pour lesquelles la femme s'est obligée solidairement, et celles qui sont entrées de son chef dans la communauté et dont elle ne doit pas récompense (Aubry et Rau, t. 5, § 520, notes 33 et 34; Laurent, t. 23, n° 92; Guillouard, t. 3, n° 1415. — Comp. Nancy, 7 avr. 1859, *suprà*, n° 896).

919. Si la femme contribue au payement des dettes de communauté au delà de son émolument, elle a un recours pour l'excédant contre le mari ou ses héritiers (c. civ. art. 1490) (*Rép.* n° 2524; Rodière et Pont, t. 2, n° 1145; Laurent, t. 23, n° 95; Guillouard, t. 3, n° 1416).

920. Si, au contraire, la femme n'a payé à ses créanciers personnels qu'une part de dettes correspondante à son émolument, mais inférieure à la moitié, les créanciers personnels de la femme peuvent-ils poursuivre le mari, non

seulement pour la moitié à sa charge, mais encore pour la différence entre la moitié à la charge de la femme et la part qu'elle a réellement acquittée? Non; en principe, car, aux termes de l'art. 1485, le mari n'est tenu que pour moitié des dettes personnelles à la femme et qui étaient tombées en communauté. Mais, si les créanciers de la femme n'ont pas d'action directe contre le mari au delà de la moitié, comme la femme jouit vis-à-vis du mari du bénéfice de n'être tenue que jusqu'à concurrence de son émolument, et serait, par conséquent, en droit de recourir contre lui si elle avait payé même ses dettes personnelles au delà de son émolument, ces créanciers peuvent, en vertu de l'art. 1166, exercer le même recours du chef de leur débitrice (de Folleville, t. 1, n° 518).

Sect. 14. — Des effets de la renonciation a la communauté (*Rép.* nᵒˢ 2526 à 2553).

921. — I. Effets quant aux biens (*Rép.* nᵒˢ 2526 à 2540). — Aux termes de l'art. 1492, la femme qui renonce perd tout espèce de droit sur les biens de la communauté. Ces biens deviennent la propriété du mari seul.

La femme perd tout droit, même sur les objets mobiliers qu'elle a reçus personnellement comme présents pendant la communauté : les meubles acquis à titre de donation tombent, en effet, dans la communauté, à moins que le donateur, par une clause qui ne peut résulter que d'un acte formel de donation, n'ait stipulé le contraire (Colmet de Santerre, t. 6, n° 153 *bis* I ; Guillouard, t. 3, n° 1420).

922. La femme qui renonce à la communauté a-t-elle droit au bénéfice de l'assurance sur la vie contractée à son profit par le mari? — V. *suprà*, vᵒ *Assurances terrestres*, nᵒˢ 476 et suiv.

923. La femme renonçante peut-elle profiter de la rente viagère que le mari lui a constituée avec des biens de communauté? La jurisprudence résout négativement cette question, dans le cas où la rente a été constituée au profit des deux époux, sans clause de réversibilité. Il en est autrement si la rente a été stipulée réversible au profit de l'époux survivant, et si la femme survit. Par assimilation à ce dernier cas, nous pensons que la femme devrait également recueillir le bénéfice d'une rente qui aurait été constituée par le mari au profit d'elle seule. Mais dans tous les cas, elle devrait récompense à la communauté, c'est-à-dire, en cas de renonciation, au mari, à moins que celui-ci par un acte de libéralité ne l'en ait déchargée (V. sur ces questions *suprà*, nᵒˢ 384 et suiv.).

924. Par exception à la règle que la femme renonçante perd tout droit sur les biens de la communauté, l'art. 1492, § 2, lui permet de retirer « les linges et hardes à son usage » (*Rép.* n° 2529). — Il a été jugé que ces expressions « linges et hardes » doivent être entendues suivant la fortune, les habitudes et la position sociale des époux, et qu'elles peuvent comprendre même les châles et dentelles qui, dans la situation de la femme, servent ordinairement à son usage (Caen, 13 avr. 1864) (1). — Mais il a été jugé que les parures et bijoux remis, durant le mariage, par le mari à la femme, pour l'ornement de sa personne, demeurent la propriété de la communauté, et que la femme, après séparation de corps, n'a pas le droit de se les faire attribuer exclusivement (Lyon,

3 juill. 1846, aff. Lelong, D., P. 47. 2. 78. V. aussi l'arrêt précité du 13 avr. 1864).

D'après plusieurs auteurs, en ce qui touche les bijoux, il y a lieu de faire une distinction. Les bijoux à l'usage journalier de la femme, qui lui ont été donnés par le mari en pleine propriété, *ad utendum*, tels que sa montre, sa bague, peuvent être repris par elle malgré sa renonciation. Mais elle n'a pas le droit de reprendre les objets de valeur que le mari lui a donnés pour lui servir de parure, *ad ornatum*, tels que les diamants de famille, dont le mari doit être présumé s'être réservé la propriété, « les habits et linges nécessaires à son usage. » (V. *Rép.* vᵒ *Faillite*, n°. 1090).

925. En cas de faillite du mari, l'art. 560 c. com. autorise seulement le syndic à remettre à la femme, outre les objets mobiliers dont elle prouve la propriété par inventaire ou autre acte authentique qu'elle a gardé la propriété, « les habits et linges nécessaires à son usage. » (V. *Rép.* vᵒ *Faillite*, n°. 1090).

926. En ce qui concerne les reprises, on a vu *suprà*, nᵒˢ 837 et suiv., que, d'après le système qui prévaut maintenant dans la jurisprudence, la femme, tant à l'égard du mari qu'à l'égard des créanciers, exerce ses reprises à titre de créancière, et que, si elle a renoncé à la communauté, elle ne peut agir par voie de prélèvement, mais seulement, comme une créancière ordinaire, par voie d'exécution forcée. Les solutions données au *Rép.* nᵒˢ 2532 à 2534 ne sont donc plus exactes aujourd'hui.— Nous avons indiqué les conséquences du nouveau système adopté par la jurisprudence, au point de vue de la transcription et des droits de mutation, *suprà*, nᵒˢ 842 et suiv.

927. On a vu aussi *suprà*, nᵒˢ 850 et suiv., que, d'après le même système, la femme qui renonce, comme la femme acceptante, n'a aucun droit de préférence pour le payement de ses reprises sur le mobilier dépendant de la communauté. Il en est ainsi, alors même qu'elle a stipulé, dans son contrat de mariage, le droit de reprendre, en cas de renonciation, ses apports francs et quittes des dettes de la communauté (V. *suprà*, n° 852).

928. La question de savoir si les reprises de la femme qui a renoncé portent intérêts de plein droit du jour de la dissolution de la communauté est également traitée *suprà*, n° 831.

929. — II. Effets quant aux dettes (*Rép.* nᵒˢ 2541 à 2553). — La femme renonçante est déchargée de toute contribution aux dettes de la communauté, tant à l'égard du mari qu'à l'égard des créanciers (c. civ. art. 1494) (*Rép.* n° 2541).— Décidé, notamment, que les frais de l'inventaire qui a été dressé pour constater les forces de la succession sont pour le tout à la charge des héritiers du mari, et ce, quand bien même ce dernier aurait légué à sa femme l'usufruit de tous ses biens (Bruxelles, 21 mars 1871, aff. Favard C. Leclercq, *Pasicrisie belge*, 1871. 2. 441).

930. A l'égard des créanciers, toutefois, la femme renonçante demeure tenue du payement des dettes pour lesquelles elle est personnellement obligée, soit parce qu'elles sont entrées de son chef dans la communauté, soit parce qu'elle s'est obligée *solidairement* ou *conjointement* avec le mari vis-à-vis des créanciers. En pareil cas, si elle paye, elle a un recours contre le mari ou ses héritiers (c. civ. art. 1494) (*Rép.* nᵒˢ 2543 et 2549).

---

(1) (De Vendœuvres C. de Vendœuvres.) — La cour; — Sur la quatrième question : — Considérant que de Vendœuvres réclame à sa femme la restitution d'objets de toilette dont elle convient être nantie, et qui consistent, d'une part, en cachemires, châle et dentelles et, d'autre part, en bagues, joyaux et bijoux, tels qu'ils sont énumérés dans les conclusions de Vendœuvres ; — Considérant que ces divers objets, qui appartenaient à la femme au moment du mariage, sont tombés dans la communauté à laquelle la dame de Vendœuvres a renoncé ; — Mais considérant qu'aux termes de l'art. 1492 c. nap., la femme qui renonce a le droit de retirer les linges et hardes à son usage; que ces termes, qui doivent s'interpréter suivant la fortune, les habitudes et la position des époux, et qui s'entendent de toute sorte d'habits et d'ajustements, doivent comprendre les cachemires, châles et dentelles qui, dans la situation de la dame de Vendœuvres, servaient ordinairement à son habillement; et font, dès lors, partie *des hardes* que la loi l'autorise à retirer; — Qu'il en est autrement des bagues, joyaux et bijoux, qu'elle ne peut conserver en vertu de l'art. 1492, et qui ne sauraient, en aucun

cas, être considérés comme des linges et hardes à son usage; — Que vainement elle excipe des dispositions de l'art. 7 de son contrat de mariage, lequel attribue à l'époux *survivant* le droit de prélever par préciput et hors part, et avant tout partage, les diamants, bijoux et joyaux à son usage personnel ; que cet article ne s'applique, suivant ses termes exprès, que dans le cas de dissolution de la communauté par le *décès* de l'un des époux et ne constitue qu'un préciput au profit de l'autre époux *survivant*; que cette stipulation ne fait donc pas exception aux dispositions générales de l'art. 1493 c. nap., sauf à la dame de Vendœuvres à faire valoir ultérieurement, s'il y a lieu, les droits précipitaires constitués en sa faveur par son contrat de mariage ; — Que, en considération de la distinction accordée, le chiffre de la contrainte demandée par de Vendœuvres, et qui désormais n'a pour but d'assurer que la restitution des bagues, bijoux et joyaux, doit être fixé suivant une appréciation nouvelle dont la cour possède tous les éléments; — Par ces motifs, etc. — Du 13 avr. 1864.-C. de Caen, 1ʳᵉ ch.-MM. Dagallier, 1ᵉʳ pr.-Ollivier, 1ᵉʳ av. gén.-Paris et Jules Favre, av.

Il a été jugé que les avances faites à la femme dans l'intérêt du ménage et avec l'autorisation tacite du mari constituent une dette de communauté, susceptible d'engager conjointement la femme avec son mari ; par suite, la femme reste tenue personnellement avec ce dernier du remboursement du capital et des intérêts, nonobstant sa renonciation ; mais elle ne peut, en l'absence d'une stipulation de solidarité, être poursuivie que pour la moitié de la dette (Civ. cass. 21 févr. 1872, aff. Bertot, D. P. 73. 1. 63.— Comp. *suprà*, n° 333).

931. La renonciation de la femme à la communauté laisse, d'ailleurs, subsister pour la totalité l'hypothèque consentie par les deux époux sur les biens de communauté pour sûreté de la dot constituée à des enfants communs ; les créanciers postérieurs du mari ne sont pas fondés à prétendre que cette hypothèque tombe pour la moitié afférente à la femme, préjudicier aux droits acquis à des tiers, ni l'exonérer de la part de dette pour laquelle elle est personnellement obligée Bordeaux, 29 mars 1851, aff. Perromat, D. P. 52. 2. 111).

932. Le droit de la femme renonçante qui a payé une dette de communauté à laquelle elle était personnellement obligée ne se borne pas seulement à exiger du mari ou de ses héritiers qu'ils la garantissent quand des poursuites sont exercées contre elle ; elle peut, comme on l'a dit au *Rép.* n° 2551, exiger d'être libérée ou garantie dès la dissolution de la communauté. Elle peut notamment demander, lors de la liquidation de ses droits, que l'on mette en réserve ou que l'on consigne une somme suffisante pour répondre du payement des dettes de communauté dont elle est tenue (Aubry et Rau, t. 5, § 521, note 8, p. 446 ; Guillouard, t. 3, n° 1428).

933. Si la femme renonçante est personnellement débitrice de communauté à l'égard de la communauté envers la communauté, elle doit les intérêts de plein droit à compter du jour de la dissolution de la communauté (V. *suprà*, n° 830 et suiv.).

934. En principe, la femme qui a renoncé ne peut pas profiter du contrat par lequel son mari et elle ont pris solidairement un immeuble à bail, car le droit au bail est tombé dans la communauté. Mais si la femme reste tenue du payement des loyers ou fermages vis-à-vis du bailleur, elle a le droit alors de continuer personnellement l'exploitation et de recueillir les bénéfices du bail, dont elle supporte les charges (Req. 12 déc. 1848, aff. Millon, D. P. 48. 1. 255 ; *Rép.* n° 2552 ; Laurent, t. 23, n° 110 ; Guillouard, t. 3, n° 1427).

CHAP. 3. — Du cas où l'un des époux ou tous deux ont des enfants d'un précédent mariage (*Rép.* n° 2554).

935. Les questions se rattachant à ce sujet et à l'art. 1496 c. civ. sont traitées au *Rép.* n° 3054 et suiv. et *infrà*, n° 1086 et suiv.

---

(1) (Gilmant C. Dewez.) — Après le décès du sieur Dewez, un procès s'est engagé au sujet de la liquidation de la communauté ayant existé entre lui et la dame Taulet, sa veuve. La dame Gilmant, fille du défunt, prétendait notamment que la communauté qui avait existé entre ses parents ne comprenait que les acquêts. La dame Taulet repoussait les prétentions de la demanderesse par une fin de non-recevoir tirée sur ce que, pour gain de survie et par forfait, elle avait conservé la propriété de tous les biens meubles et immeubles compris dans la communauté. Et quant à la succession de son mari, réduite d'après elle aux immeubles propres du défunt, elle demandait, pour sa part, à retenir le quart en propriété et le quart en usufruit. Les parties ayant comparu devant le tribunal de Mons, un jugement du 6 juin 1854 a statué en ces termes : — Attendu qu'il résulte du contrat de mariage des époux Dewez, que lesdits époux n'ont apporté aucune modification au droit commun en ce qui concerne la composition de l'actif de leur communauté ; que l'on ne peut, en effet, considérer comme telle la stipulation de l'art. 4 dudit contrat, portant que les époux ont déclaré vouloir être communs en tous biens qu'ils pourront acquérir ; que cette stipulation telle qu'elle est conçue, ne renferme aucune exclusion implicite ou explicite, qu'elle se borne à énoncer une règle consacrée par le code civil sur la matière ; que les époux sont donc censés, aux termes de l'art. 1528 c. civ., s'être soumis pour le surplus au régime de la communauté légale ; que s'ils eussent voulu, comme le prétend la demanderesse, restreindre leur communauté aux acquêts, ils n'eussent pas manqué de s'en expliquer d'une manière positive, ainsi que l'art. 1498 dudit code leur en faisait un devoir ; que l'on doit donc tenir pour constant que le mobilier qu'ils possédaient res-

CHAP. 4. — De la communauté conventionnelle et des conventions qui peuvent modifier la communauté légale (*Rép.* n° 2555 à 3075).

936. Sur le droit qu'ont les époux de modifier par contrat de mariage les règles du régime de la communauté légale et de combiner entre eux les divers régimes, V. *Rép.* n° 2555 et suiv., et *suprà*, n° 8 et suiv.

937. Quant au droit de contrôle de la cour de cassation sur l'interprétation donnée par les juges du fait des clauses du contrat de mariage, V. *suprà*, n° 35 et suiv.

Sect. 1re — De la communauté réduite aux acquêts (*Rép.* n° 2560 à 2662).

938. — I. Clauses constitutives de la communauté d'acquêts (*Rép.* n° 2563 à 2568). — Comme on l'a dit au *Rép.* n° 2563, il n'y a point de clause sacramentelle pour l'adoption du régime de la communauté réduite aux acquêts ; il suffit que l'intention des époux à cet égard résulte expressément ou même tacitement du contrat de mariage (V. conf. Hochart, *Étude sur la communauté réduite aux acquêts*, p. 35 et suiv.). Il a été jugé : 1° que la clause portant que « les futurs époux excluent de la communauté et déclarent propre à chacun d'eux tout ce qui leur appartient ou leur adviendra par donation, succession ou autrement, tant en meubles qu'immeubles », constitue une adoption implicite et suffisante du régime de la communauté réduite aux acquêts (Paris, 3 janv. 1852, aff. Soupé, D. P. 52. 2. 247) ; — 2° Mais que l'adoption de ce régime ne résulte pas d'un contrat de mariage qui n'exclut pas de la communauté le mobilier présent et à venir du futur et ne frappe de réalisation qu'une portion de celui de la future, alors même que ce contrat laisse en dehors de la communauté les dettes antérieures au mariage, énumère les apports mobiliers respectifs, d'ailleurs très inégaux, des époux, qu'il contient une donation au profit du survivant de tous les biens meubles et immeubles qui existeront au décès du prémourant, et qu'enfin le mariage a eu lieu dans un pays où le régime dotal est en usage, ces conventions n'annoncent pas suffisamment la volonté de réduire la communauté aux acquêts (Req. 1er juin 1853, aff. Pennetier, D. P. 53. 1. 242) ; — 3° Que de même, les époux ne sont pas réputés avoir voulu adopter la communauté réduite aux acquêts, par cela seul que, dans leur contrat de mariage, ils ont déclaré mettre en communauté tous les biens qu'ils acquerront durant le mariage (Bruxelles, 10 juill. 1858) (1).

939. Suffit-il, pour l'adoption de la communauté réduite aux acquêts, que les futurs époux déclarent dans le contrat de mariage, « qu'il y aura entre eux une société d'acquêts », ou « qu'ils seront communs en tous les biens qu'ils acquer-

pectivement lors du mariage est entré dans la communauté. — Attendu que si l'on rapproche la partie finale de la stipulation susénoncée, par laquelle les futurs époux déclarent s'instituer mutuellement héritiers du prémourant, de la disposition de l'art. 1er du même contrat, il devient évident que les contractants ont voulu attribuer au survivant d'entre eux la totalité de la communauté, sur le pied des art. 1520 et 1525 c. civ. ; — Attendu qu'aux termes de ce dernier article, les stipulations de cette espèce ne sont pas réputées un avantage sujet aux règles relatives aux donations, soit quant au fond, soit quant à la forme ; qu'il n'en résulte, pour les héritiers du prémourant d'autre droit que celui de reprendre les apports et capitaux touchés dans la communauté du chef de leur auteur, ce qui, d'après l'esprit dudit article, ne peut s'appliquer qu'aux apports et capitaux versés dans la communauté sans en faire partie ; qu'il serait superflu, dès lors, de rechercher avec la demanderesse si le mobilier possédé par son père lors de son mariage était d'une valeur de beaucoup supérieure à celui de sa mère, puisque le tout est entré dans la communauté et doit, dès lors, appartenir à l'épouse survivante... ; — Par ces motifs, le tribunal... déclare que la communauté entière, dans laquelle est compris le mobilier que possédait le père de la demanderesse lors de son mariage, appartient à sa veuve, sauf à leurs enfants à faire la reprise des apports et capitaux qui y seraient tombés sans en faire partie, du chef de leur père, etc. » — Appel principal par la dame Gilmant et appel incident par la veuve Dewez. — Arrêt.

La cour ; — Sur l'appel principal : — Adoptant les motifs des premiers juges, confirme, etc.

Du 10 juill. 1858.-C. de Bruxelles, 2e ch.-M. Vanhumbeck, av.

ront » ? L'affirmative est généralement admise (V. outre les auteurs cités au *Rép.* n° 2563 : Rodière et Pont, t. 2, n°s 1222 et suiv. ; Aubry et Rau, t. 5, § 522, note 2, p. 447 ; Laurent, t. 23, n°s 125 et suiv. ; Guillouard, t. 3, n°s 1447 et 1529).

940. Si la cour de cassation a le droit d'examiner le régime sous lequel des époux se sont mariés, l'interprétation des conventions particulières qui ne concernent pas le caractère de ce régime et ses conséquences légales est livrée au pouvoir discrétionnaire des juges du fait (V. *suprà*, n° 35). Ainsi, lorsqu'il est constant que des époux ont adopté le régime de la communauté conventionnelle, la détermination des objets mobiliers qui, d'après les stipulations du contrat et l'intention des parties, doivent être considérés comme exclus de la communauté, est placée dans le domaine exclusif des juges du fait. Et spécialement, lorsqu'il est constant que les époux se sont mariés sous le régime de la communauté conventionnelle, est souverain l'arrêt qui décide que l'apport mobilier du futur époux lui est resté propre, quoique la communauté n'ait pas été expressément réduite aux seuls acquêts, à raison : 1° de l'absence d'apport mobilier du chef de la future ; 2° d'une clause de séparation de dettes ; 3° de l'existence d'un gain de survie au profit de la future ; 4° enfin, d'une clause finale du contrat de mariage qui ne soumettait les époux aux effets de la communauté que pour ce qui n'était point exprimé dans ce contrat (Req. 9 déc. 1856, aff. Letorey, D. P. 57. 1. 117).

941. — II. Clauses modificatives de la communauté d'acquêts (*Rép.* n°s 2569 à 2587). — La communauté d'acquêts peut être modifiée par les parties auxquelles il est loisible d'en restreindre ou d'en augmenter l'étendue (C. cass. de Belgique, 6 févr. 1863, aff. Vanassche *C.* Behagel, *Pasicrisie belge*, 1863. 1. 424). — Toutefois, la question de savoir si l'on peut stipuler que la communauté ne comprendra que les acquêts immobiliers est toujours controversée. D'après M. Colmet de Santerre, t. 6, n° 162 *bis* VII, cette clause est inconciliable avec l'immutabilité que doivent conserver les conventions matrimoniales ; elle rend le régime trop précaire et permet au mari de léser la femme ou de la favoriser, suivant son caprice, en achetant des meubles ou des immeubles (V. aussi Hochart, *op. cit.*, p. 214). La plupart des auteurs, cependant, admettent la validité de la clause dont il s'agit. Sans nier ses inconvénients, ils considèrent que le régime établi par cette clause est tout aussi immuable qu'un autre, puisque le droit de la femme se trouve irrévocablement fixé par le contrat ; l'émolument de ce droit seul peut varier (V. *Rép.* n° 2570 ; Marcadé, t. 5, art. 1320 ; Aubry et Rau, t. 5, § 522, note 37, p. 461 ; Laurent, t. 23, n° 195 ; Guillouard, t. 3, n° 1504 ; Deloynes sur Tessier, *Traité de la société d'acquêts*, n° 113 *bis* II).

942. Quant aux effets de la clause qui réduit la communauté aux acquêts immobiliers, V. *infrà*, n°s 964 et suiv.

943. Les futurs époux peuvent stipuler que la communauté réduite aux acquêts sera partagée inégalement entre eux, ou même qu'elle appartiendra en entier à l'un d'eux ou au survivant (V. *Rép.* n° 2571, et *infrà*, n°s 1064 et suiv.). Peuvent-ils, comme cela avait lieu dans l'ancien droit sous certaines coutumes, convenir que les acquêts reviendront aux enfants à naître du mariage ? Nous avons admis au *Rép.* n° 2586 que cette clause est valable, et telle est généralement l'opinion des auteurs (Troplong, t. 3, n°s 1858 et suiv. ; Rodière et Pont, t. 2, n° 1226 ; Guillouard, t. 3, n° 1509.

— *Contrà :* Laurent, t. 23, n° 201 ; de Folleville, t. 1, n°s 655 et suiv. ; Hochart, *op. cit.*, p. 203 et suiv.). — Cependant il a été jugé que cette clause est nulle, sous le code civil, tant parce qu'elle constitue une donation à cause de mort que parce qu'elle est faite au profit de donataires non encore conçus (Bordeaux, 18 août 1864, aff. Dolignac, D. P. 66. 2. 217 ; 23 août 1865, aff. Richard, *ibid.* V. la note sous ces arrêts, où la question est examinée en détail).

944. — III. Actif (*Rép.* n°s 2588 à 2606). — Aux termes de l'art. 1498, « les époux sont censés exclure de la communauté... leur mobilier respectif présent et futur ». On reconnaît généralement aujourd'hui que, sous le régime de la communauté réduite aux acquêts, les époux conservent en principe la propriété du mobilier qu'ils apportent en mariage ou qui leur échoit par succession ou donation. La doctrine de Pothier, qui est discutée au *Rép.* n° 2698, et d'après laquelle l'exclusion du mobilier de la communauté rendait seulement l'époux créancier de sa valeur, est maintenant unanimement rejetée, au moins dans l'hypothèse de la communauté réduite aux acquêts (V. Req. 2 juill. 1840, *Rép.* n° 2702 ; Civ. rej. 16 juill. 1856, aff. Hennon, D. P. 56. 1. 284 ; Req. 5 nov. 1860, aff. Mensy-Delaunay, D. P. 61. 1. 81 ; Rodière et Pont, t. 2, n° 1276 ; Bugnet sur Pothier, *Traité de la communauté*, n° 325, note 1 ; Marcadé, t. 5, art. 1498-1499, n° 4 ; Aubry et Rau, t. 5, § 522, note 26, p. 455 et suiv. ; Laurent, t. 23, n° 142 ; de Folleville, t. 1, n°s 605 et 624 ; Guillouard, t. 3, n° 1469 ; Deloynes, *op. cit.*, n° 83, note 1 ; Hochart, *op. cit.*, p. 122 et suiv.).

945. Le principe que chaque époux demeure propriétaire du mobilier qu'il a apporté ou qui lui est échu entraîne les conséquences suivantes : 1° chaque époux profite de l'augmentation de valeur de son mobilier ou subit la perte résultant de la dépréciation que ce mobilier a éprouvée. C'est l'application de la règle *Res perit vel crescit domino* (Req. 9 juin 1836, *Rép.* n° 2594 ; Aubry et Rau, t. 5, § 522, note 27, p. 457 ; Guillouard, t. 3, n° 1470) ; — 2° La femme dont le mobilier a été frappé de saisie par les créanciers du mari ou de la communauté, est autorisée à exercer la revendication, pourvu qu'elle puisse justifier de la propriété du mobilier saisi, comme il est indiqué au *Rép.* n° 2613 et suiv., et *infrà*, n°s 978 et suiv. (Paris, 23 févr. 1835, *Rép.* n° 2616 ; Civ. rej. 19 juin 1855, aff. Daleau, D. P. 55. 1. 305 ; Aubry et Rau, t. 5, § 522, note 28, p. 457 ; de Folleville, t. 1, n° 621 *bis* ; Guillouard, t. 3, n° 1471).

946. Toutefois, le principe d'après lequel chaque époux conserve la propriété du mobilier par lui apporté ou à lui échu, reçoit plusieurs exceptions. — En premier lieu, la communauté d'acquêts devient propriétaire des objets mobiliers qui se consomment par le premier usage, tels que l'argent, les denrées, etc. La communauté devra seulement en rendre la valeur à l'époux qui les a apportés ou à ses héritiers (Comp. *Rép.* n° 2694). — Les objets dont il s'agit ici sont généralement considérés comme des choses fongibles, et c'est ainsi que nous les avons désignés au *Rép.* n° 2694. Cependant M. Laurent, t. 23, n° 148, et après lui M. Guillouard, t. 3, n° 1472, observent avec raison que, si les obligations au porteur des sociétés commerciales ou industrielles sont des choses fongibles, en ce qu'elles peuvent se remplacer l'une par l'autre, elles ne sont pas des choses qui se consomment par le premier usage, et la communauté n'en devient pas propriétaire (V. en ce sens : Gand, 30 avr. 1870) (1).

947. En second lieu, la communauté doit être considérée comme propriétaire des choses qui sont, par leur nature,

(1) (de Schepper *C.* Uttenhove.) — La cour ; — Au fond ; — 1° En ce qui concerne la somme de 100576 fr. 74 cent. attribuée à la communauté d'acquêts, et formant la différence entre l'estimation de la part sociale de Joseph-Edouard de Schepper dans la société veuve de Schepper, au jour de son mariage, et la valeur de la même partie au jour de la dissolution de celui-ci : — Attendu que les époux de Schepper-Uttenhove se sont soumis, par leur contrat de mariage, à la communauté réduite aux acquêts ; que Joseph-Edouard de Schepper, l'auteur des appelants, s'y est, entre autres valeurs, réservé propre sa part sociale dans la société industrielle veuve de Schepper, part qu'il estimait, dans ledit contrat, à une somme de 297514 fr. 53 cent. ; — Attendu que, loin de transférer, par cette estimation, sa part sociale à une communauté qui n'existait pas encore, de Schepper satisfaisait, au contraire, aux dispositions formelles de l'art. 1499 c. civ., en éta-

blissant la consistance de ses propres mobiliers par un état en bonne forme qui mettait obstacle à ce que ceux-ci fussent réputés acquêts ; — Attendu que si, d'après les art. 1551 et 1854 c. civ., l'estimation donnée à la dot mobilière ou aux objets mobiliers mis en société, quant à la jouissance, vaut vente et en transfère la propriété soit au mari, soit à la société, ces deux articles consacrant une règle spéciale qui, dans le premier cas, a pour but de sauvegarder les intérêts de la femme et dans le second, est fondée sur l'intention présumée des parties, mais qui demeure étrangère à la communauté des époux, pour laquelle elle n'a pas été reproduite ; — Attendu, d'ailleurs, que de Schepper, qui se réservait propres les moindres valeurs mobilières, n'a jamais eu l'intention de faire entrer dans la communauté sa part dans la société veuve de Schepper, qui constituait son avoir le plus important ; — Mais attendu que la plus-value acquise à cette part

destinées à être vendues, telles que les marchandises d'un fonds de commerce, les bestiaux, les produits d'une carrière ou d'une mine. La communauté, ayant le droit de jouir de ces choses, a par là même le droit d'en disposer, sauf récompense à l'époux du chef duquel elle les a reçues (Aubry et Rau, t. 5, § 522, p. 457; Guillouard, t. 3, n° 1473).

948. Enfin et en troisième lieu, la communauté devient également propriétaire des choses qui ont été estimées dans le contrat de mariage et qui n'ont pas été inventoriées ni désignées d'une manière suffisante pour que leur identité soit reconnue (Comp. *Rép.* n° 2695; Rodière et Pont, 2° éd., t. 2, n°s 1275 et 1278; Aubry et Rau, t. 5, § 522, notes 30- et 31, p. 457; Piolet, *De la communauté réduite aux acquêts*, p. 100; de Folleville, t. 1, n° 622). — Jugé, en ce sens, que sous le régime de la communauté réduite aux acquêts, les meubles existant au jour du mariage tombent dans la communauté, à défaut d'inventaire ou d'acte équivalent et, par exemple, lorsque l'époux qui les a apportés s'est borné à en déclarer l'estimation au contrat de mariage; l'époux, en pareil cas, a seulement droit, lors de la dissolution de la communauté, au prélèvement du montant de l'estimation (Civ. cass. 14 nov. 1855, aff. Berthon, D. P. 55. 1. 461).

Mais si, en même temps qu'il a été estimé, le mobilier apporté a été décrit article par article, soit dans le contrat de mariage, soit dans un inventaire ou état en bonne forme, l'estimation suffira-t-elle pour en transférer la propriété à la communauté? On invoque pour l'affirmative les art. 1551 et 1851 c. civ. et l'on soutient que l'estimation donnée au mobilier ne peut s'expliquer autrement que par l'intention des époux d'en attribuer la propriété à la communauté sous réserve pour l'époux qui l'a apporté d'en reprendre la valeur (V. les auteurs précités). Toutefois, s'il y a tout d'abord une question d'interprétation de volonté qui dépend des circonstances, nous croyons que l'estimation faite dans le contrat d'un mobilier propre, et dont l'identité est d'ailleurs légalement constatée, ne doit pas suffire à elle seule pour faire perdre à l'époux la propriété de ce mobilier. L'estimation pourra, en effet, n'avoir été motivée que par le désir de cet époux d'indiquer la valeur approximative de ses apports dans son contrat, ou par la nécessité d'établir une base à la perception des droits d'enregistrement, ou à la taxation des honoraires du notaire. Juridiquement enfin, nous ne voyons pas pourquoi l'époux qui aurait estimé son mobilier dans le contrat de mariage serait privé du droit de le reprendre en nature lorsque ce mobilier a été constaté par inventaire ou état en bonne forme, conformément à l'art. 1499. Les dispo-

sitions des art. 1551 et 1851 sont étrangères au régime de communauté, et, dans la détermination des objets qui tombent ou non dans la communauté réduite aux acquêts, c'est uniquement, avec les textes de la loi qui s'y réfèrent, l'intention présumée des parties qui doit servir de règle (Laurent, t. 23, n° 149; Guillouard, t. 3, n° 1474). — Jugé, en ce sens, que l'estimation du mobilier exclu de la société d'acquêts n'a pas pour effet de transférer à la société la propriété du mobilier estimé, lorsqu'il résulte des conventions matrimoniales intervenues entre les époux que cette estimation a eu un autre but (Req. 14 mars 1877, aff. Teisseire, D. P. 77. 1. 353. V. aussi *infrà*, n° 951). — Décidé, de même, que sous le régime de la communauté réduite aux acquêts, la part appartenant à l'un des époux dans une société commerciale lui demeure propre, nonobstant l'estimation qu'il en a faite dans le contrat de mariage (Gand, 30 avr. 1870, *suprà*, n° 946).

949. En dehors du mobilier apporté ou échu, qui peut tomber exceptionnellement dans la communauté à charge par celle-ci d'en restituer la valeur, l'actif de la communauté réduite aux acquêts ne se compose que de deux éléments: les produits de l'industrie des époux et les fruits ou revenus de leurs biens (c. civ. art. 1498).

950. La propriété littéraire, artistique ou industrielle, des ouvrages composés par les époux ou des brevets d'invention acquis par eux pendant la communauté entre dans la communauté d'acquêts comme dans la communauté légale (V *suprà*, n° 194. Comp. Hochart, *op. cit.*, p. 60 et suiv.).

951. Ainsi qu'on l'a dit au *Rép.* n° 2591, la valeur de l'office conféré gratuitement au mari depuis le mariage doit être considérée comme un acquêt tombant dans la communauté (Agen, 2 déc. 1836, *Rép.* n°s 637; Req. 8 mars 1843, *ibid.*, n° 637; Civ. cass. 4 janv. 1853, aff. Duparc, D. P. 53. 1. 73; Riom, 28 mars 1859, aff. de Laboureys, D. P. 60. 5. 66. V. *suprà*, n° 196). — L'office dont le mari est déjà titulaire au moment du mariage lui reste propre. Mais en est-il ainsi même dans le cas où l'office a été estimé dans le contrat de mariage? Il a été soutenu que l'estimation de l'office dans le contrat a pour effet de faire tomber la valeur de cet office dans la communauté, qui par suite profiterait de la plus-value ou supporterait la dépréciation qui se produirait pendant la communauté (Trib. Joigny, 20 mai 1868, aff. Lachapelle, D. P. 69. 2. 236; Deloynes, *op. cit.*, n° 96, note 2; Piolet, *op. cit.*, p. 52 et suiv.). — Mais la jurisprudence et la doctrine se prononcent généralement en sens contraire. Jugé, sous le régime de la communauté réduite aux

---

au jour du décès est le produit du travail et de l'économie de de Schepper, et que, quoique exclusivement son œuvre, elle constitue, dans le sens réel du contrat de mariage qu'il a accepté, un acquêt dont la communauté peut seule profiter; — Attendu que par les motifs du premier juge auxquels la cour adhère, il demeure établi que de Schepper, en portant à 297514 fr. 53 cent. sa part sociale, l'estimait à sa juste valeur au jour du mariage; que cette estimation n'a donc pas caché, au profit de sa seconde épouse, une libéralité déguisée qui devrait être imputée sur le disponible; 2°...; 3°...; — 4° Sur le chef de conclusions tendant à ce qu'il soit dit pour droit que la valeur de 155 obligations du chemin de fer d'Anvers à Gand, de 20 obligations Warschau-Vienne et de 10 obligations Grand-Luxembourg, stipulées propres au profit de Schepper dans son contrat de mariage, sera prélevée avec les intérêts sur la communauté de Schepper-Uttenhove au profit de la succession dudit de Schepper: — Attendu que sous le régime de la communauté réduite aux acquêts, les époux conservent la propriété du mobilier qu'ils possédaient au jour du mariage; — Attendu que ce principe supporte une exception nécessaire, lorsque ce mobilier est composé de choses fongibles, puisque la communauté qui est usufructière, ne peut se servir de celles-ci qu'en les consommant; — Qu'elle en devient donc de plein droit propriétaire, sauf à en restituer, à la dissolution du mariage, de même valeur et quantité; — Attendu que ce n'est pas comme choses fongibles que les obligations de chemin de fer dont il est question ici sont devenues la propriété de la communauté de Schepper; que la qualification de *fongibles* n'a jamais été appliquée qu'aux choses *corporelles*, qui ne sont pas des corps certains et déterminés, et qui consistent en quantité et se règlent par poids, par nombre et par mesure; qu'elle doit, par conséquent, demeurer étrangère à des obligations de chemin de fer, lesquelles, libérées, constituent des droits *incorporels*, des titres de créance qui confèrent aux porteurs, contre les sociétés qui les ont émises, une action analogue à celle du créancier contre son débiteur; — Attendu que s'il est vrai que ces

obligations passent de main en main comme une marchandise et circulent sans laisser trace de leur passage, ce caractère commun, au point de vue de la facilité du transfert de la propriété, avec l'argent monnayé ou le billet de banque qui, eux, sont choses fongibles, ne suffit pas à assimiler ces valeurs entre elles, n'empêche pas qu'elles diffèrent dans leur essence; que l'obligation, en effet, n'est pas une somme d'argent; c'est seulement le droit d'en obtenir à certaine condition; elle subsiste par la dette et non à titre d'argent réalisé : *nomen est debitum* (Troplong, *Contrat de mariage*, n°s 3164 et suiv.); — Attendu que ces principes ont reçu une consécration formelle dans l'art. 1567 c. civ., qui décide que les obligations ou constitutions de rente faisant partie de la dot mobilière de la femme périssent pour celle-ci, tandis qu'elles auraient péri pour le mari, si au moment de la célébration du mariage, elles étaient, comme choses fongibles, devenues sa propriété; — Attendu qu'en admettant même, contrairement à ce qui a été démontré plus haut, que la communauté des acquêts acquière de plein droit la propriété du mobilier estimé par le contrat de mariage, que de ce chef encore les obligations de chemin de fer dont il est ici question ne seraient pas tombées dans la communauté de Schepper, puisqu'elles n'ont pas reçu d'estimation; — Attendu que cette estimation ne peut pas se trouver dans l'indication au contrat de mariage de la valeur nominale et par suite nullement réelle desdites obligations, et que, malgré ses soutènements, la partie Vande Rostyne est obligée de reconnaître elle-même, puisqu'elle réclame de la communauté, non pas la valeur d'une estimation opérée sur cette base, mais la simple valeur des obligations au cours de la bourse, au jour du mariage; — Attendu qu'il est ainsi démontré que ces obligations ne constituent pas des choses fongibles et n'ont pas reçu d'estimation; qu'elles sont demeurées la propriété exclusive du sieur de Schepper...

Par ces motifs, etc.

Du 30 avr. 1870.-C. de Gand, 1re ch.-MM. Lelièvre, 1er pr.-d'Elhoungne, E. de Le Court, Dervaux et G. Robin, av.

acquêts, l'estimation, dans le contrat de mariage, d'un office réservé propre au mari n'en transfère pas la propriété à la communauté ; l'office reste propre au mari (Paris, 8 avr. 1869, aff. Lachapelle, D. P. 69. 2. 236; Bordeaux, 17 févr. 1886, aff. Baudonnet, D. P. 86. 2. 119. V. en ce sens : Guillouard, t. 3, n° 1469. — Comp. *infrà*, n° 983).

Le mari qui a conservé comme propre la valeur de l'office dont il est revêtu doit-il seul profiter de la plus-value? D'après l'arrêt précité de la cour de Paris du 8 avr. 1869, la plus-value résultant, non de l'augmentation générale des offices, mais de l'activité et du travail du mari, devrait tomber dans la communauté, par la raison qu'elle est un acquêt provenant de l'industrie de l'un des époux (V. dans le même sens : Bordeaux, 29 août 1840, *Rép.* n° 642 ; de Folleville, t. 1, n°s 576 et suiv.). Mais la plus-value ne semble pas pouvoir être séparée de l'office lui-même. Si cet office avait diminué de valeur, la perte serait pour le mari ; il est juste, par conséquent, que le mari, qui supporte les risques, recueille aussi les avantages, alors surtout que ces avantages sont dus exclusivement à son intelligence et à ses soins (Rodière et Pont, t. 2, n° 1253 ; Aubry et Rau, t. 5, § 522, note 7, p. 449 ; Deloynes, *op. cit.*, n° 99, note 1; Hochart, *op. cit.*, p. 69 et suiv. ; Piolet, *op. cit.*, p. 54 et suiv. ; de Folleville, t. 1, n° 577 et suiv. ; Guillouard, t. 3, n° 1467). — Il a été jugé : 1° que la plus-value acquise, pendant l'association conjugale, par un office, dont le mari était pourvu à l'époque du mariage, ne tombe pas dans la communauté d'acquêts ; et elle est le résultat, non de l'industrie et des efforts particuliers du mari, mais de l'augmentation générale de la valeur des offices (Bordeaux, 19 févr. 1856, aff. Fargeot, D. P. 56. 2. 177; Trib. Mamers, 26 mai 1874, aff. Péan, D. P. 74. 3. 104) ; — 2° Que le mari, titulaire d'un office qu'il s'est réservé en propre, a droit à la plus-value acquise durant le mariage par cet office, alors même qu'elle résulterait de l'activité, de l'intelligence et du travail personnel du titulaire (Bordeaux, 17 févr. 1886, aff. Baudonnet, D. P. 86. 2. 119).

952. Contrairement à la décision de la cour de cassation rapportée au *Rép.* n° 2592 (Req. 7 nov. 1827), quelques auteurs soutiennent que la récompense accordée à l'un des époux, durant la communauté, pour services rendus *avant le mariage*, doit rester propre à cet époux (Laurent, t. 23, n° 133; Guillouard, t. 3, n° 1458). Mais ces mêmes auteurs reconnaissent qu'en principe les gratifications obtenues par les époux tombent dans la communauté d'acquêts. Cela s'applique notamment aux gratifications allouées par les compagnies ou par des particuliers à leurs employés (de Folleville, t. 1, n° 573 ; Laurent et Guillouard, *loc. cit.* ; Deloynes, *op. cit.*, n° 93, note 1).

Toutefois, le don d'une somme fait à un ancien serviteur à titre de pure libéralité, et non comme le payement de gages à lui dus, ne doit pas être compris dans l'actif de la communauté réduite aux acquêts, car c'est là une donation, quand bien même elle a été provoquée par le souvenir des services rendus par le donataire (Chambéry, 25 août 1879, aff. Grenard, D. P. 80. 2. 196).

953. Les gains faits au jeu tombent-ils dans la communauté d'acquêts ? La question, déjà prévue au *Rép.* n° 2595, continue à être controversée entre les auteurs. « Les bénéfices faits au jeu, dit M. Colmet de Santerre, t. 6, n° 164 *bis* V, sont le produit d'une certaine industrie : bien qu'ils soient dus en grande partie au hasard, ils sont également, selon la nature des jeux, dus à une certaine habileté, à certaines combinaisons qui contrebalancent les chances du hasard et qui constituent une sorte de travail. D'ailleurs, ce seraient bien ordinairement les meubles qui seraient compromis par des pertes au jeu ; il est donc logique que la communauté profite des bénéfices » (V. dans le même sens : Aubry et Rau, t. 5, § 522, note 8, p. 449; Deloynes, *op. cit.*, n° 76, note 1; de Folleville, t. 1, n° 590 et suiv.; Hochart, *op. cit.*, p. 82 et suiv.). D'après d'autres auteurs, les gains faits au jeu ne peuvent pas être assimilés aux produits du travail : ce sont de véritables dons de la fortune, qui doivent être comparés au trésor que le hasard fait découvrir à un époux, et qui doivent rester le trésor, propres à cet époux (Rodière et Pont, t. 2, n° 1248; Marcadé, t. 5, art. 1498-1499, n° 2 ; Laurent, t. 23, n° 134 ; Guillouard, t. 3, n° 1460). — Toutefois, certains auteurs distinguent entre les jeux de pur hasard et les jeux

d'adresse : pour les bénéfices résultant de ces derniers jeux, ainsi que des paris, MM. Rodière et Pont, *loc. cit.*, admettent que la communauté peut les réclamer, à la condition que ce soient les deniers de la communauté qui aient été engagés dans le jeu ou dans le pari (Comp. Pothier, *Traité de la communauté*, n° 323).

954. On décide généralement que la portion du trésor attribuée *jure inventionis* à l'époux qui l'a trouvée n'entre pas dans la communauté d'acquêts (*Rép.* n° 2596; Rodière et Pont, t. 2, n° 1245; Marcadé, t. 5, art. 1498-1499, n° 2; Aubry et Rau, t. 5, § 522, note 10, p. 449; Colmet de Santerre, t. 6, n° 164 *bis* VII; Laurent, t. 23, n° 141 ; de Folleville, t. 1, n°s 187 et suiv.; Guillouard, t. 3, n° 1459).

955. *Quid* des gains faits à la loterie? Si ces gains ont été obtenus avec des billets pris avant le mariage, il est certain qu'ils restent propres à l'époux auquel appartenaient les billets (Rodière et Pont, t. 2, n° 1246; de Folleville, t. 1, n° 588 *bis*; Deloynes, *op. cit.*, n° 76, note 1). Mais dans le cas où les billets ont été pris durant la communauté, la question de savoir si le lot gagné appartient à la communauté divise les auteurs. Les uns considèrent que le gain fait à la loterie est un don de fortune, au même titre que le trésor, et plus même que le gain fait au jeu, dans lequel l'habileté du joueur peut avoir une certaine part; ils décident, en conséquence, que le lot gagné est propre à l'époux qui a acheté des billets, et que cet époux doit seulement récompense à la communauté, si c'est elle qui a fourni l'argent pour cet achat (Laurent, t. 23, n° 135; Guillouard, t. 2, n° 1460). — D'autres auteurs, tout en admettant en principe que les gains faits à la loterie sont exclus de la communauté, exceptent le cas où il est prouvé que les billets ont été payés avec des deniers communs : si cette preuve existe, ils estiment que le lot est une acquisition de la communauté (Rodière et Pont, t. 2, n° 1247; Marcadé, t. 5, art. 1498-1499, n° 2). — Enfin, suivant d'autres auteurs, dont l'opinion nous paraît préférable, les lots gagnés par les époux durant la communauté d'acquêts appartiennent à cette communauté. « L'acquisition d'un billet, dit fort bien M. Colmet de Santerre, t. 6, n° 164 *bis* V, a été faite à titre onéreux, et, à moins de preuves contraires, elle doit être présumée faite avec des deniers communs; le gain doit donc être commun, si cette présomption n'est pas détruite par la preuve que le billet a été acquis avec une valeur propre » (V. aussi en ce sens : *Rép.* n° 2595 *in fine*; Aubry et Rau, t. 5, § 522, note 9, p. 449; Deloynes, *ibid.*; de Folleville, t. 1, n° 589 et suiv.).

956. Si l'un des époux est propriétaire d'obligations qu'il s'est réservées propres et si l'une des obligations vient à être remboursée avec prime, la prime appartient à l'époux, et non à la communauté. Cette prime ou ce lot est, en effet, le produit, non de l'industrie de l'époux, mais de l'obligation, et l'époux qui s'est réservé cette obligation a retenu par là-même pour lui tous les avantages pouvant en résulter, sauf les revenus (Deloynes, *op. cit.*, n° 76, note 1; de Folleville, t. 1, n° 603; Piolet, *op. cit.*, p. 66). Mais si des obligations ont été acquises pendant la communauté, il est évident que les primes de remboursement seront pour la communauté.

957. Lorsque l'un des époux a été victime d'un accident, s'il obtient, amiablement ou judiciairement, une indemnité de l'auteur responsable de l'accident, cette indemnité tombe-t-elle dans la communauté? Oui, d'après M. de Folleville, t. 1, n°s 594 et suiv. L'indemnité, dit cet auteur, remplace l'activité de l'époux, son industrie, amoindrie ou éteinte; or, cette activité, cette industrie constituait, aux termes de l'art. 1498, une valeur commune : par suite, l'indemnité doit prendre la place de ce capital commun (V. aussi Hochart, *op. cit.*, p. 90 et suiv.). — Il y a, suivant nous, dans ce raisonnement une confusion ; ce n'est pas l'industrie personnelle des époux que l'art. 1498 fait entrer dans l'actif de la communauté, mais seulement les *acquêts provenant* de cette industrie. Si l'indemnité d'accident représente l'activité même de l'époux, sa capacité personnelle, il faut en conclure qu'elle doit lui rester propre. La communauté ne profitera que des revenus de cette indemnité. M. de Folleville objecte que, si c'est le mari qui a été victime de l'accident et si la femme lui survit, il est juste qu'elle soit appelée à profiter de l'indemnité, qui remplaçant les gains que lui apportait son conjoint, constituera peut-être son unique ressource. Mais, en pareil cas, c'est au mari à assurer, par une donation

entre époux ou par testament, des moyens d'existence à sa femme survivante. Et il faut aussi prévoir le cas où c'est le mari qui survit : serait-il juste alors que les héritiers de la femme vinssent partager avec lui cette indemnité qui lui a été accordée à raison de l'incapacité où il est de subvenir à ses besoins? (Comp. Deloynes, *op. cit.*, n° 80, note 2).

958. Que décider si l'indemnité a été payée par une compagnie d'assurances contre les accidents, après que les primes d'assurances avaient été retenues sur le travail quotidien de la victime? On peut dire alors que, les primes ayant été prélevées sur des salaires qui appartenaient à la communauté, il est juste que celle-ci reçoive en compensation l'indemnité d'assurance. (Deloynes, *op. cit.*, n° 80, note 2; de Folleville, t. 1, n° 395; Piolet, *op. cit.*, p. 64). Cependant, même dans ce cas, nous pensons que l'indemnité doit rester propre à l'époux victime de l'accident, car elle représente, non les primes payées par la communauté, mais le dommage personnel subi par l'époux. La communauté a seulement droit à récompense pour ce qu'elle a déboursé.

959. En ce qui concerne la question de savoir si le bénéfice d'une assurance sur la vie, contractée avant le mariage ou depuis, tombe dans la communauté d'acquêts, V. *suprà*, v° *Assurances terrestres*, n°s 461 et suiv. (V. aussi Hochart, *op. cit.*, p. 93 et suiv.).

960. A l'égard des fruits, la communauté d'acquêts n'a droit, comme on l'a dit au *Rép.* n° 2597, qu'à ceux échus ou perçus depuis le mariage. A la différence de ce qui a lieu sous le régime de la communauté légale, les fruits civils qui ont couru avant le mariage, de même que les fruits naturels perçus également avant le mariage, restent propres à l'époux du chef duquel ils proviennent. La cour de cassation a même jugé que les loyers d'un immeuble demeurent propres à l'époux qui les a touchés avant le mariage, alors même qu'ils ont été payés par anticipation (Req. 27 mai 1879, aff. Perny, D. P. 81. 1. 297). Cette décision, toutefois, nous paraît contraire au principe, généralement admis, que la communauté, comme l'usufruitier, acquiert les fruits civils jour par jour (V. *suprà*, n° 215). Les époux ne doivent pas s'enrichir aux dépens de la communauté, et c'est cependant ce qui arriverait si, ayant touché par anticipation leurs revenus, ils laissaient à la communauté les charges du mariage, en lui retirant les moyens à l'aide desquels elle peut les supporter (V. la note sous l'arrêt précité; Guillouard, t. 3, n° 1451).

961. La communauté d'acquêts doit-elle récompense des frais de labour et de semences à l'époux dont le fonds est ensemencé au moment du mariage? Nous avons donné une réponse négative au *Rép.* n° 2508, en nous fondant sur l'intention probable de l'époux, qui a dû penser que la communauté jouirait de l'immeuble dans l'état où il l'apportait. La plupart des auteurs, cependant, appliquent ici le principe que la communauté ne doit pas s'enrichir aux dépens des époux et décident, par conséquent, que l'époux qui a fait les frais de l'ensemencement de son immeuble avant le mariage doit être indemnisé de ces frais par la communauté (Rodière et Pont, t. 2, n° 1238; Marcadé, t. 5, art. 1498-1499, n° 2; Aubry et Rau, t. 5, § 522, note 21, p. 452; Laurent, t. 23, n° 131; Deloynes, *op. cit.*, n° 88, note 1; Piolet, *op. cit.*, p. 44 et suiv.; Guillouard, t. 3, n° 1453; Hochart, *op. cit.*, p. 56. — Comp. Limoges, 31 août 1863, *suprà*, n° 585).

962. Il arrive parfois que la femme se réserve dans le contrat de mariage la faculté de toucher elle-même et sur ses quittances une partie des revenus de sa dot. En pareil cas, la femme a le droit, non seulement d'employer les revenus qu'elle touche ainsi à la satisfaction de ses besoins personnels et de ceux du ménage, mais encore d'en faire, sans autorisation maritale, tout autre emploi juste et légitime, et, par exemple, de les faire servir au payement de dettes souscrites par elle dans l'intervalle du contrat de mariage à la célé-

bration du mariage (Req. 31 juill. 1861, aff. Carpentier, D. P. 62. 1. 113). — La jurisprudence a reconnu aussi à la femme le droit, si le mari a perçu et s'est approprié les portions de revenus ainsi réservées, d'en exiger le remboursement après la dissolution de la communauté, quoiqu'elle n'ait pas fait d'opposition expresse à leur perception, pourvu qu'il résulte des circonstances qu'elle n'y a jamais donné son assentiment (Civ. rej. 16 avr. 1867, aff. de Vandœuvres, D. P. 67.1.221). — Toutefois, il a été jugé que les économies provenant des revenus d'immeubles dont la femme s'était réservé l'administration, et employées à l'établissement de cheptels dont ces immeubles étaient dépourvus, devaient être considérées comme acquêts de communauté (Req.18 févr.1868, aff. Lagorce, D.P.68.1. 278).

963. Si, d'après les statuts d'une société civile ou commerciale, une partie des bénéfices est affectée à la constitution d'un fonds de réserve, les bénéfices ainsi réservés ne constituent pas des fruits. Par conséquent, l'époux marié sous le régime de la communauté d'acquêts, qui a exclu de cette communauté sa part d'intérêts dans une société, ne doit pas récompense à la communauté à raison de l'accroissement qui a été apporté à cette part d'intérêts par l'effet de la retenue sur les bénéfices, opérée conformément aux statuts (Bruxelles, 29 mai 1885, aff. Rucquoy, D. P. 85. 2.276).

964. Pour l'actif immobilier, la communauté d'acquêts est soumise aux mêmes règles que la communauté légale (*Rép.* n° 2599). — Toutefois, il y a lieu de se demander si l'immeuble acquis par l'un des époux dans l'intervalle du contrat de mariage à la célébration du mariage doit entrer dans la communauté d'acquêts conformément à l'art. 1404, § 2. Il a été jugé que, lorsque, dans leur contrat de mariage, les époux ont déclaré adopter le régime de la communauté réduite aux acquêts, à la condition que certaines sommes déterminées entreraient seules en communauté et que le surplus de leurs biens et droits leur resterait propre, les immeubles acquis par l'un des époux pendant l'intervalle qui s'est écoulé depuis le contrat de mariage jusqu'à la célébration et le mobilier non constaté par un inventaire lors du contrat, doivent être réputés acquêts de communauté (Paris, 6 déc. 1855, aff. Beau, D. P. 56. 2. 28). — Décidé, en sens contraire, que, sous le régime de la communauté réduite aux acquêts, l'immeuble que l'un des époux a acheté dans l'intervalle entre la signature des conventions matrimoniales et la célébration du mariage, lui demeure propre, sauf récompense, si le prix a été payé avec les deniers de la communauté ou ceux de l'autre époux (Bordeaux, 24 août 1869, aff. Marty, D. P. 71. 2. 22. V. aussi Bruxelles, 10 févr. 1887) (1). Cette seconde solution nous paraît préférable. Si, en effet, l'art. 1404, § 2, dispose que l'immeuble acquis dans l'intervalle du contrat à la célébration entre en communauté, c'est parce que le prix moyennant lequel le futur époux a acquis cet immeuble serait tombé dans la communauté légale en tant que valeur mobilière. Or cette raison n'existe plus lorsque les époux ont adopté le régime de la communauté d'acquêts. Sous ce régime, conformément à l'art. 1498, le mobilier présent est exclu de la communauté aussi bien que les immeubles; par suite, et en quelque sorte *a fortiori*, l'immeuble acquis avec des deniers qui ne seraient pas entrés en communauté doit être également exclu de la communauté (Laurent, t. 23, n° 170; de Folleville, t. 1, n°s 584 et suiv.; Guillouard, t. 3, n° 1476).

965. On a vu *suprà*, n° 948, que sous le régime de la communauté réduite aux acquêts, les meubles existant lors du mariage tombent dans la communauté; lorsqu'ils ont été estimés dans le contrat de mariage et n'ont pas été constatés par inventaire ou état en bonne forme, sauf, pour l'époux qui les a apportés, le droit d'en reprendre l'estimation à la dissolution de la communauté. Il n'en est pas de même quant aux immeubles. A supposer même que l'époux qui en était

---

(1) (Dumoulin C. Dumoulin.) — La cour ; — Attendu que, par leur contrat de mariage, passé le 25 mars 1872, devant M° Hendeton, notaire à Pottes, les époux Dumoulin ont adopté le régime de la communauté réduite aux acquêts ; qu'il a été stipulé en même temps que l'époux survivant serait propriétaire de toute la communauté mobilière et usufruitier de tous les biens propres, meubles ou immeubles, du prédécédé ; — Attendu que, dans l'intervalle entre la passation du contrat et la célébration du mariage, François Dumoulin a, par acte passé le 29 mars 1872 devant M° Jouret, notaire à Flobecq, acquis tous les droits de

l'intimée dans certains immeubles indivis moyennant une rente viagère de 420 fr. par an ; — Attendu qu'il résulte de la combinaison des art. 1404 à 1408 c. civ. que l'acquisition faite par Dumoulin, depuis le contrat et avant la célébration du mariage, de portions d'immeubles dont il était propriétaire par indivis ne forme point un acquêt de communauté, mais lui est demeuré propre;...

Par ces motifs, met l'appel à néant, etc.
Du 10 févr. 1887.-C. de Bruxelles, 4° ch.-MM. Motte, pr.-Landrien et Cornil, av.

propriétaire en se mariant les ait estimés aussi bien que ses meubles, ils lui restent propres, à la différence de ces derniers, quoique la consistance n'en ait point davantage été constatée. — Il a été jugé, en conséquence, que les juges ne peuvent se fonder sur ce que l'estimation portée au contrat de mariage embrasse tout à la fois les meubles et les immeubles pour en conclure l'ameublissement des immeubles estimés, sous la seule faculté de reprendre la somme énoncée; ce sont les immeubles eux-mêmes qui doivent être repris par l'époux (Civ. cass. 14 nov. 1855, aff. Berthon, D. P. 55. 1. 461).

966. L'art. 1408, § 1er, s'applique à la communauté d'acquêts comme à la communauté légale; par suite, l'acquisition pendant le mariage, à titre de licitation ou autrement, de portion d'un immeuble dont l'un des époux était propriétaire par indivis ne forme point un conquêt (Req. 30 janv. 1850, aff. Vimard, D. P. 50. 1. 171; Pau, 6 juin 1860, aff. Bidart, D. P. 60. 2. 198). — L'art. 1408, § 2, qui confère à la femme le retrait d'indivision dans le cas où le mari a acquis un immeuble dont elle est copropriétaire, est certainement aussi applicable sous le régime de la communauté réduite aux acquêts. On s'est même demandé si l'on ne pouvait pas en étendre l'application aux meubles propres à la femme pour une part indivise, et dont le mari se rendrait acquéreur (V. pour l'affirmative : Hochart, p. 120). La négative est enseignée par M. de Folleville, t. 1, nos 607 et suiv. L'art. 1408, dit-il, consacre un privilège exceptionnel et une expropriation pour cause d'intérêt privé, absolument contraires aux principes posés par les art. 544 et 545; or, *privilegia non sunt extendenda*.

967. L'immeuble acquis, durant la communauté réduite aux acquêts, par l'un des époux avec des deniers à lui propres, est-il propre à cet époux? La question se rattache, comme on l'a déjà observé au *Rép.* no 2602, à celle de savoir si l'époux qui a des deniers propres peut en faire emploi en immeubles (V. *suprà*, nos 548 et suiv.). D'après le système qui a prévalu en jurisprudence, l'immeuble acheté avec des deniers propres n'a lui-même la nature de propre qu'à la condition que les formalités prescrites pour le remploi aient été observées (Civ. cass. 16 nov. 1859, aff. Berrier-Fontaine, D. P. 59. 1. 490; Guillouard, t. 3, nos 1463 et suiv. V. *suprà*, nos 508 et 517).

968. Les créances et objets mobiliers achetés en remploi d'effets mobiliers propres, avec déclaration de l'origine des deniers et du remploi, deviennent également propres à l'époux au profit duquel l'acquisition est faite (Guillouard, t. 3, nos 1463 et suiv. — Comp. *suprà*, no 551).

969. L'immeuble donné en payement d'une créance propre à l'un des époux devient-il propre par le fait seul de la dation en payement? Non; il ne peut devenir propre que si les formalités prescrites pour le remploi par les art. 1434 et 1435 ont été observées (Civ. cass. 26 juill. 1869, aff. Guiblin, D. P. 69. 1. 455; Rouen, 23 févr. 1870, même affaire, D. P. 70. 1. 235; Laurent, t. 23, no 212; Guillouard, t.3, no 1526; Deloynes, *op. cit.*, no 51, note 1. — *Contrà* : Paris, 21 févr. 1868, aff. Dumont, D. P. 68. 2. 49. V. *suprà*, nos 508 et 517).

970. — IV. Passif (*Rép.* nos 2607 à 2612). — M. Guillouard, t. 3, no 1492, cite une opinion suivant laquelle il n'y aurait pas à proprement parler de passif dans la communauté réduite aux acquêts. L'art. 1498 ayant exclu de cette communauté les dettes *actuelles et futures* des époux, il ne resterait, suivant cette opinion, pour former la communauté que les acquêts, lesquels ne consistent que dans l'actif acquis pendant le mariage après déduction des dettes contractées par le mari et la femme. — Si cette théorie devait être admise, il en résulterait que, dans le cas où la communauté se dissout par la mort de l'époux, la succession de celle-ci ne comprendrait que la moitié de l'actif *net* de la communauté, par suite, ce serait seulement sur cet actif, et non sur l'actif *brut*, que devrait être payé le droit de mutation, ce droit étant payé, comme on sait, sans déduction de dettes. Mais ce système n'est certainement pas celui du code civil. Le régime de la communauté réduite aux acquêts ne diffère de celui de la communauté légale que sous le rapport de l'étendue; il exclut le mobilier *présent et futur* des époux, c'est-à-dire le mobilier qu'ils possédaient au jour du mariage ou qui leur échoit pendant le

mariage par succession ou donation, est exclu de la communauté, de même les *dettes actuelles et futures* ne tombent pas non plus en communauté. La corrélation établie par l'art. 1498 entre le mobilier et les dettes démontre que par dettes *futures* il faut entendre, comme on l'a expliqué au *Rép.* no 2607, les dettes grevant les successions ou donations qui échoient aux époux pendant le mariage. Mais les dettes contractées durant la communauté, soit par le mari, soit par la femme avec l'autorisation du mari, ou même avec la simple autorisation de justice dans les hypothèses prévues par l'art. 1427, tombent dans le passif de la communauté, sauf récompense quant aux engagements qui auraient été pris dans l'intérêt personnel de l'un des époux (Rodière et Pont, t. 2, no 1260; Aubry et Rau, t. 5, § 522, note 23, p. 454; Colmet de Santerre, t. 6, no 161 *bis* XII; Laurent, t. 23, no 158; de Folleville, t. 1, no 610 *ter*; Guillouard, t. 3, no 1492. — Comp. les arrêts cités au *Rép.* nos 2610 et suiv., et *infrà*, no 972).

971. Dans la communauté d'acquêts comme dans la communauté légale, il faut distinguer la manière dont les dettes se répartissent entre les époux ou la *contribution aux dettes*, et la manière dont les époux sont tenus des dettes envers les créanciers ou l'*obligation aux dettes*, autrement dit le *droit de poursuite*.

972. Au point de vue de la contribution aux dettes, il a été jugé que les sommes empruntées par le mari ne peuvent être retranchées du passif de la communauté d'acquêts et réputées dues par le mari personnellement, qu'autant qu'il est établi qu'elles ont été employées par ce dernier à son profit personnel. La constatation qu'il n'y a eu un emploi personnel à la femme ne suffit pas; une telle constatation laisse, en effet, subsister la présomption que les emprunts ont été contractés pour les besoins communs et ont servi à ces besoins (Civ. cass. 19 juill. 1864, aff. Hutteau d'Origny, D. P. 65. 1. 66). — Mais il a été jugé qu'il est dû récompense à la communauté par le mari, à raison du payement effectué en vertu d'une condamnation prononcée contre celui-ci à raison de détournements qu'il a commis, s'il s'est personnellement approprié les biens détournés et en a conservé la jouissance exclusive au préjudice de la communauté (Pau, 23 mai 1877, aff. D..., D. P. 78. 2. 190).

973. En ce qui concerne le droit de poursuite, la situation des créanciers du mari et celle des créanciers personnels de la femme doivent être envisagées séparément. — Les créanciers du mari peuvent poursuivre le payement de ce qui leur est dû pendant la durée de la communauté, tant sur les biens personnels du mari que sur les biens communs, comme sous le régime de la communauté légale. — Décidé sous le régime de la communauté réduite aux acquêts, toute condamnation obtenue contre le mari, même la condamnation prononcée après la dissolution de la communauté, mais à raison d'un fait antérieur à cette dissolution, peut être exécutée sur les biens communs (Pau, 23 mai 1877, cité *suprà*, no 972).

974. Mais, une fois la communauté dissoute, les créanciers personnels du mari, qui ne sont pas en même temps créanciers de la communauté, n'ont plus d'action sur la part du mari dans les biens communs (Troplong, t. 3, nos 2044 et suiv.; Aubry et Rau, t. 5, § 522, note 24, p. 454; Laurent, t. 23, no 161; de Folleville, t. 1, no 613; Guillouard, t. 3, no 1495).

975. Les créanciers personnels de la femme n'ont action, en principe, que sur le patrimoine de celle-ci, lequel lui reste propre. Mais pour que cette règle soit applicable, il faut que le mobilier propre à la femme ne soit pas confondu avec celui de la communauté. Si ce mobilier n'a pas été constaté par un inventaire ou un état authentique, les créanciers de la femme peuvent saisir les biens communs, et non seulement les meubles, mais même les immeubles, car le mobilier propre à la femme a pu servir à acquérir ces immeubles (c. civ. art. 1504) (Aubry et Rau, t. 5, § 522, p. 455; Laurent, t. 23, no 162; de Folleville, t. 1, no 614; Guillouard, t. 3, no 1496).

Les créanciers envers lesquels la femme s'est obligée antérieurement au mariage ne peuvent même pas saisir la dot qui lui a été constituée par ses parents et apportée au mari pour l'aider à supporter les charges du mariage (Bordeaux, 1er juill. 1874) (1).

---

(1) (Darrieux *C.* Jabet et autres.) — Un jugement du tribunal

civil de Bordeaux du 2 avr. 1873 avait reconnu la validité de

976. Mais la communauté d'acquêts, qui profite des revenus de tous les biens propres de la femme, doit réciproquement supporter les intérêts des dettes personnelles à celle-ci, et le mari peut être poursuivi par les créanciers en payement de ces intérêts (Bordeaux, 1er juill. 1874, V. *suprà*, n° 975; Aubry et Rau, t. 5, § 522, p. 455; Colmet de Santerre, t. 6, n° 161 *bis* XIII; Laurent, t. 23, n° 157; Guillouard, t. 3, n° 1497).

977. Quant à la manière dont les dettes doivent être acquittées dans le cas où la communauté a été réduite aux acquêts immobiliers, V. *Rép.* n°s 2648 et suiv., et *infrà*, n° 1004.

978. — V. Preuve des apports (*Rép.* n°s 2613 à 2631). — En ce qui concerne la preuve des apports immobiliers, les règles sont les mêmes sous la communauté réduite aux acquêts que sous la communauté légale (V. *suprà*, n° 233).

979. L'art. 1499 c. civ. est relatif aux apports mobiliers. Il dispose que le mobilier existant lors du mariage, ou échu depuis, n'a pas été constaté par inventaire ou état en bonne forme, il est réputé acquêt (*Rép.* n° 2613). Le défaut d'inventaire ou d'état en bonne forme peut-il être suppléé par d'autres moyens de preuve? Il faut distinguer suivant que la preuve de l'apport du mobilier doit être faite à l'égard des tiers ou dans les rapports des époux entre eux.

980. A l'égard des tiers *ou des créanciers de l'un ou l'autre époux*, soit qu'il s'agisse du mobilier existant au moment du mariage, soit qu'il s'agisse du mobilier échu depuis par succession ou donation, il faut nécessairement que ce mobilier ait été constaté par un inventaire ou un état authentique, et, en ce qui concerne le mobilier apporté lors du mariage, il faut que l'inventaire ou l'état ait été dressé avant le mariage; autrement le mobilier est réputé acquêt. — Cette règle, exposée au *Rép.* n°s 2615 et 2626, est admise par tous les auteurs (V. Rodière et Pont, t. 2, n°s 1265 et 1274; Aubry et Rau, t. 5, § 522, note 20, p. 457; Laurent, t. 23, n° 187; Colmet de Santerre, t. 6, n° 162 *bis* VI; Folleville, t. 1, n°s 638 et suiv., et n° 640; Guillouard, t. 3, n° 1479), et de nombreux arrêts l'ont consacrée. Il a été jugé : 1° que la règle de l'art. 1499, d'après laquelle le mobilier est réputé acquêt, s'il n'a été constaté par inventaire ou état en bonne forme, constitue en faveur des créanciers une présomption *juris et de jure*, qui n'admet aucune preuve contraire (Bordeaux, 9 avr. 1853, aff. Defargès, D. P. 53. 5. 84; Civ. cass. 22 nov. 1886, aff. Gaulin, D. P. 87. 1. 113); — 2° Que cette règle est applicable à la communauté d'acquêts stipulée par les époux mariés sous le régime dotal (Civ. rej. 19 juin 1855, aff. Daleau, D. P. 55. 1. 305); — 3° Que l'inventaire exigé par l'art. 1499 ne peut être remplacé vis-à-vis des créanciers du mari, pour le mobilier que la femme prétend lui être échu dans une succession, par la reconnaissance du mari, même consignée dans l'inventaire dressé entre les époux après séparation de biens (Bordeaux, 21 janv. 1853, aff. Pascault, D. P. 53. 2. 191; Arrêt précité du 19 juin 1855); — 4° Que l'inventaire ne peut pas non plus être remplacé à l'égard des tiers par la déclaration testamentaire, faite par le mari, qu'il a recueilli certains effets mobiliers, dans la succession des père et mère de sa femme (Lyon, 13 mars 1867, aff. Charnay-Crozet, D. P. 67. 2. 213); — 5° Qu'à défaut

d'un inventaire ou état en bonne forme, du mobilier qu'elle prétend lui être échu pendant le mariage, la femme mariée sous le régime de la communauté réduite aux acquêts ne peut être admise, vis-à-vis des tiers, à en établir la preuve par témoins ou par commune renommée (Dijon, 14 août 1872, aff. Violette, D. P. 73. 2. 166); — 6° Que la présomption qui, d'après les art. 1499 et 1510, fait réputer acquêt le mobilier existant lors du mariage ou advenu depuis, lorsqu'il n'a pas été constaté par inventaire ou état en bonne forme, doit être rigoureusement appliquée lorsqu'elle est opposée à la femme par des créanciers du mari, surtout en cas de faillite de ce dernier (Req. 16 janv. 1877, aff. de Fos, D. P. 78. 1. 265; Arrêt précité du 22 nov. 1886); — 7° Qu'on ne saurait admettre, sous le régime de la communauté d'acquêts, comme équivalant à l'inventaire ou état en bonne forme prescrit par l'art. 1499 c. civ., une clause du contrat de mariage évaluant à la somme de 7000 fr. reconnue par le futur époux, l'ensemble de l'apport de la future en habillements, linge, bijoux et argent comptant. Et cette clause ne saurait tenir lieu d'une quittance de cet apport (Bruxelles, 25 mai 1871, aff. Ridder, *Pasicrisie belge*, 1871. 2. 310).

Toutefois, même à l'égard des tiers, l'art. 1499 ne doit pas être entendu dans un sens tellement restrictif que toute preuve qui ne consisterait pas absolument dans un inventaire ou un état authentique devrait être rejetée. Ainsi, lorsqu'un billet prouve, par son contexte, que la créance qu'il contient appartient à la femme, cette preuve résultant du titre même équivaut, comme l'a dit un arrêt, à l'inventaire ou à l'état exigé par l'art. 1499 (Paris, 3 janv. 1852, aff. Soupé, D. P. 52. 2. 247). Et même, il n'est pas nécessaire que l'inventaire prescrit par les art. 1499 et 1510 soit dressé après le décès de la personne dont la femme a recueilli la succession, alors que la consistance et la valeur de cette succession résultent en fait d'inventaires ou d'autres actes authentiques antérieurs au décès (Arrêt précité du 22 nov. 1886). En outre, la femme, dont la créance se trouve authentiquement établie, n'est pas obligée de prouver, à l'aide d'un acte authentique, ou même d'un acte sous seing privé ayant date certaine, le payement aux mains du mari des deniers ou effets mobiliers qu'elle a apportés en dot ou du prix de ses immeubles propres aliénés, si d'ailleurs les quittances qu'elle produit sont reconnues sincères par les créanciers du mari (Même arrêt).

981. On s'est demandé si l'inventaire ou l'état authentique serait encore nécessaire à l'égard des créanciers du mari, dans le cas où la femme se serait réservé par contrat de mariage le droit de reprendre les meubles qu'elle justifierait avoir apportés par *tous genres de preuve et même par commune renommée*. Il a été jugé que cette clause ne pouvait déroger vis-à-vis des tiers à l'art. 1499 (Poitiers, 6 mai 1836, *Rép.* n° 2615; Dijon, 14 août 1872, aff. Violette, D. P. 73. 2. 166). — Jugé, au contraire, que cette clause est valable et obligatoire pour les créanciers, alors surtout qu'il s'agit de mobilier échu pendant le mariage et pour la justification duquel la femme a droit, à raison de sa dépendance, à une protection spéciale (Poitiers, 16 déc. 1868, aff. Sicard, D. P. 69. 2. 203). — A notre avis, s'il a

---

poursuites exercées contre le sieur Darrieux, en tant que chef de la communauté d'acquêts, à raison des intérêts et du capital d'une dette contractée par sa femme antérieurement au mariage; toutefois, il n'avait admis les poursuites, quant au capital, que jusqu'à concurrence des biens apportés en mariage par la femme, et avait reconnu à Darrieux le droit de se soustraire aux poursuites en abandonnant aux créanciers lesdits biens. — Appel par Darrieux qui, tout en offrant de payer les intérêts, prétend, quant au capital, que la dette de sa femme n'est pas entrée dans la communauté et qu'il n'a jamais pris l'engagement personnel de l'acquitter. — Arrêt.

La cour : ... Attendu que, dans le contrat de mariage retenu le 30 mai 1871 par Me Sicher, notaire à Bordeaux, Darrieux et la demoiselle Anna Barincou ont adopté le régime de la communauté réduite aux acquêts; — Que le père de la future épouse lui a constitué en dot, indépendamment du trousseau évalué à 5000 fr., une somme de 20000 fr. en valeurs prises et acceptées comme espèces, et une créance de 10000 fr. due au constituant par Adolphe Barincou, son frère; — Attendu qu'aux termes de l'art. 1498 c. civ., lorsque les époux stipulent qu'il n'y aura entre eux que la communauté d'acquêts, ils sont censés exclure de cette communauté les dettes actuelles de chacun d'eux; — Que la société d'acquêts, profitant des revenus de tous les biens pro-

près à la femme, doit payer les intérêts des dettes contractées par cette dernière antérieurement au mariage, et que, tenu comme chef de la société d'acquêts, d'acquitter ces intérêts, le mari peut être personnellement poursuivi par les créanciers qui en réclament le montant; — Mais qu'il n'est ni obligé au payement du capital de ces mêmes dettes, ni forcé d'abandonner aux créanciers la dot que sa femme a apportée, dot dont la destination est de pourvoir aux charges du mariage; — Qu'en fait, c'est par un contrat en date du 31 oct. 1867, au rapport de Me Fournier, alors notaire à Bordeaux, que la demoiselle Anna Barincou, devenue plus tard épouse Darrieux, s'est conjointement et solidairement avec son père, ses frères et sa sœur, obligée envers Jabet; — Que les héritiers de ce dernier ne pouvaient donc réclamer à Darrieux que les intérêts du capital de 44000 fr. dont sa femme était codébitrice solidaire, et que, par rapport à lui, le commandement du 14 avr. 1872 devait être annulé en tant qu'il exigeait, outre les intérêts alors exigibles, le payement du capital même de la dette; — Par ces motifs : — Emendant, déclare ce commandement nul et de nul effet par rapport à Darrieux, mais seulement quant audit capital de 44000 fr. dont sa femme est seule débitrice envers Charriol, etc.

Du 1er juill. 1874.-C. de Bordeaux, 2e ch.-MM. Vaucher, pr.-Bourgeois, av. gén.-Moulinier, av.

été formellement stipulé dans le contrat de mariage que la femme pourra justifier de ses apports, *même à l'égard des tiers*, par tous genres de preuves, cette clause, qui déroge à l'art. 1499, n'ayant rien d'illicite, est opposable aux tiers, sauf aux tribunaux à apprécier les preuves faites par la femme. Mais s'il s'agit seulement d'une clause générale, où il est dit que la femme ou ses héritiers seront admis à faire preuve, soit par titres, soit par témoins et au besoin par commune renommée, de la valeur du mobilier qui sera échu à la femme, on doit présumer que cette clause ne régit que les rapports des époux entre eux et n'est que la reproduction des dispositions de la loi (V. cependant : Aubry et Rau, t. 5, § 522, note 29, p. 457; Laurent, t. 23, n° 189; de Folleville, t. 1, n°s 641 et suiv.; Guillouard, t. 3, n° 1480). Ces auteurs décident sans distinction que la clause par laquelle se serait réservé la faculté d'établir par témoins la consistance de ses apports, resterait inefficace à l'égard des créanciers.

982. La femme est-elle tenue également de justifier par inventaire ou état authentique du mobilier qu'elle a apporté ou qu'elle lui est échu, lorsque, au lieu de réclamer ce mobilier en nature, elle en réclame seulement la valeur et se présente comme créancière de la communauté? La négative a été soutenue. On a invoqué en ce sens les termes de l'art. 1504, qui dispose que « si le défaut d'inventaire porte sur un mobilier échu à la femme, celle-ci ou ses héritiers sont admis à faire preuve, soit par titres, soit par témoins, soit même par commune renommée, *de la valeur* de ce mobilier ». Cet article, a-t-on dit, statue précisément pour le cas où la femme se présente comme créancière. L'art. 1510, au contraire, qui exige un inventaire ou un état authentique pour empêcher les créanciers de saisir le mobilier propre, suppose que ce mobilier est revendiqué en nature par l'époux auquel il appartient (Angers, 26 mai 1869, aff. Lechalas, D. P. 69. 2. 238; Dijon, 4 févr. 1884, aff. Maria, D. P. 84. 2. 189; Guillouard, t. 3, n° 1481). — Mais ce système a été repoussé par la cour de cassation. La présomption qui fait réputer acquêt le mobilier existant lors du mariage ou advenu depuis, lorsqu'il n'a pas été constaté par inventaire ou état authentique, doit être appliquée rigoureusement, a dit la cour suprême, lorsqu'elle est opposée à la femme par les créanciers du mari, et spécialement en cas de faillite de ce dernier. Elle reste applicable, alors même que la femme se borne à réclamer la valeur du mobilier, au lieu de le réclamer en nature. Elle l'est encore lorsque, au lieu de meubles, linges ou hardes, ou de leur valeur, la femme réclame, en qualité de créancière, le montant de sommes ou la valeur de titres au porteur touchés par son mari, et que l'importance de ces sommes ou de ces titres n'ait pas été établie par inventaire ou état authentique. En effet, les art. 1499 et 1510 c. civ. et l'art. 560 c. com. comprennent dans les mots *mobilier* ou *effets mobiliers* tout ce qui est censé meuble d'après les règles de la

loi, et, par conséquent, les sommes d'argent et les titres au porteur (Civ. cass. 22 nov. 1886, aff. Gaulin, D. P. 87. 1. 113. — Comp. Req. 16 janv. 1877, aff. de Fos, D. P. 78. 1. 265).

983. Ainsi qu'on l'a dit au *Rép.* n° 2616, il est certains biens, tels que les offices ministériels et les fonds de commerce, dont la propriété en la personne de l'un des époux lors du mariage ou l'acquisition par succession ou donation peut être établie, même à l'égard des tiers, autrement que par un inventaire ou un état authentique. — Il a été jugé que l'office dont le mari était titulaire à l'époque du mariage ne doit pas être considéré comme tombé dans la communauté d'acquêts, bien que l'apport n'en ait pas été constaté par un état en forme, si d'ailleurs la propriété du mari antérieure au mariage se trouve établie authentiquement, notamment par l'acte public qui a conféré l'office au mari et par des énonciations du contrat de mariage (Bordeaux, 19 févr. 1856, aff. Fargeot, D. P. 56. 2. 177. V. également : Trib. Jonzac, 29 déc. 1868, aff. Eymery, D. P. 70. 3. 29).

984. Il a été aussi jugé que la femme peut revendiquer, même à l'égard des tiers, sa part dans le mobilier d'une succession restée indivise et dont la liquidation et le partage n'ont point encore eu lieu, sauf le droit des créanciers du mari d'intervenir au partage (Dijon, 14 août 1872, aff. Violette, D. P. 73. 2. 166). Tant que le mobilier échu n'a pas été confondu avec celui de la communauté, il est, en effet, toujours temps d'en constater l'existence, et, lorsqu'il s'agit d'un mobilier indivis, la constatation de la part revenant à l'un des époux peut résulter du partage (Comp. Angers, 28 janv. 1871, aff. Dixneuf, D. P. 74. 2. 189).

985. Enfin la règle que le mobilier apporté ou échu doit être constaté par inventaire ou état authentique pour que la reprise en soit justifiée à l'égard des tiers, n'est pas applicable au cas où l'un des époux s'est trouvé créancier de son conjoint du chef d'une personne dont il a recueilli la succession. Dans cette hypothèse, cet époux conserve le droit d'établir sa créance conformément aux règles générales sur la preuve des obligations (Aubry et Rau, t. 5, § 522, note 20, p. 452; Laurent, t. 23, n° 180; Guillouard, t. 3, n° 1490). — Ainsi, la femme qui prétend avoir recueilli dans la succession de son père ou de sa mère une créance contre son mari peut, même à l'égard des créanciers de la communauté, établir l'existence de cette créance par tous les modes de preuve qu'aurait pu invoquer son auteur, et notamment au moyen d'un commencement de preuve par écrit tiré d'un interrogatoire sur faits et articles et appuyé de présomptions (Req. 29 nov. 1853, aff. Lorenchet, D. P. 54. 1. 189), ou au moyen d'écrits émanés du mari débiteur et qui, rendant vraisemblables les faits allégués par la femme, autorisent celle-ci à en achever la preuve par témoins et par présomptions (Dijon, 17 juill. 1874) (1).

986. *Dans les rapports des époux entre eux*, le mobilier

---

(1) (Prieur C. Guiod.) — LA COUR; — Sur l'appel principal : — Considérant que les reprises de la veuve Guiod dans la succession vacante de son mari, liquidées par acte reçu Misserey, notaire à Beaune, le 30 juin 1873, ont soulevé plusieurs contredits de la part de Prieur, curateur à ladite succession; — Relativement aux créances de 25000 fr. et de 12000 fr. recueillies par la veuve Guiod dans les successions d'Armand Gouffé, son père, et de la dame Millié son aïeule maternelle, ouvertes en 1845 et en 1848 : — Considérant que Prieur, qui s'en remettait à justice devant les premiers juges, insiste en appel par ses conclusions principales, sur leur rejet absolu, comme n'étant pas justifiées par un inventaire ou état authentique aux termes des art. 1499 et 1505 c. civ.; — Considérant qu'il s'agit, dans l'espèce, de créances ayant pour cause des prêts d'argent consentis par les auteurs de la veuve Guiod à son mari; — Que relativement à ces prêts, la dame Millié avait le droit d'en réclamer le remboursement au débiteur, et d'établir au besoin l'existence de ces emprunts par les moyens de preuve autorisés par la loi, et que la veuve Guiod qui a recueilli ces créances dans son héritage a les mêmes droits qu'eux; — Qu'elle peut fonder cette réclamation sur un commencement de preuve par écrit émané de son mari, qui a crédité de sa main sur son grand livre le père de l'aïeule de sa femme desdites sommes, qu'il inscrit ensuite au compte de celle-ci à titre d'héritière, à l'époque de leur mort; — Que ces écrits émanés du débiteur et qui rendent vraisemblables les prêts allégués autorisent la demanderesse à en achever la preuve par témoins et conséquemment par des présomptions aux termes des art. 1347 et 1353 c. civ.;

— Qu'il résulte du rapprochement de ces écritures avec les registres domestiques des époux Gouffé et les autres documents de la cause rappelant les sommes versées, indiquant la date des versements et le payement des intérêts, un faisceau de présomptions graves et précises, dont la concordance est d'autant plus décisive qu'à l'époque à laquelle remontent ces énonciations, le mari n'avait aucun intérêt à exagérer les reprises de sa femme par des emprunts fictifs concertés avec ses auteurs, et qui pouvaient l'exposer à des réclamations ruineuses; — Qu'à ce seul titre d'héritière de son père et de son aïeule la veuve Guiod a donc le droit incontestable de concourir pour le montant de ces créances avec la masse chirographaire des créanciers de son mari; — Qu'indépendamment de cette qualité elle peut encore invoquer ses prérogatives de femme mariée sous le régime de la communauté réduite aux acquêts pour soutenir que ces valeurs, qui lui sont échues pendant le mariage, s'étant confondues par la négligence de son mari dans la communauté à laquelle elle a renoncé, elle a droit d'en demander récompense à la succession de celui-ci avec hypothèque légale remontant, aux termes de l'art. 2135 c. civ., à l'ouverture des successions de son père et de son aïeule ; — Qu'à la vérité l'art. 1510, voulant défendre les créanciers contre la connivence des époux et la dissimulation du gage sur lequel ils ont dû compter, leur a permis de poursuivre leur payement sur tout le mobilier qu'ils trouveront dans la communauté, même sur celui-ci que la femme pendant le mariage, s'il n'a pas été constaté par un inventaire ou état authentique ; — Mais que ces précautions ne vont pas jusqu'à

non constaté par un inventaire ou un état en bonne forme sera-t-il toujours réputé acquêt? La présomption de l'art. 1499 est-elle encore absolue? La question doit être envisagée successivement quant au mobilier existant lors du mariage et quant au mobilier échu depuis le mariage.

Quant au mobilier existant lors du mariage, on a indiqué au *Rép.* nº 2618 la controverse qui s'est élevée dans la doctrine. Actuellement, la plupart des auteurs décident, contrairement à l'opinion de Pothier, que les époux n'ont pas, même à l'égard l'un de l'autre, la faculté de prouver la consistance de leurs apports mobiliers par témoins et par commune renommée. Les uns, s'appuyant sur le texte de l'art. 1499, soutiennent que la preuve ne peut être faite, entre les époux comme à l'égard des tiers, que par inventaire ou état authentique (Marcadé, t. 5, art. 1498-1499, nº 3; Colmet de Santerre, t. 6, nº 162 *bis* IV; Laurent, t. 23, nºs 172 et suiv.; de Folleville, t. 1, nºs 644 et suiv.). Les autres pensent que la loi exige tout au moins une preuve écrite, mais ils admettent que l'art. 1499 n'est pas limitatif quant à la manière dont cette preuve écrite peut être faite (Aubry et Rau, t. 5, § 522, notes 13 et suiv.; Guillouard, t. 3, nºs 1484 et suiv.). MM. Rodière et Pont, t. 2, nº 1273, sont à peu près les seuls à soutenir que la présomption établie par l'art. 1499 est susceptible d'être combattue par toute preuve contraire, dans les termes du droit commun.

La jurisprudence s'était généralement prononcée pour cette dernière opinion comme on l'a vu au *Rép.* nºs 2619 et suiv., et depuis, de nombreux arrêts ont décidé de même que la disposition de l'art. 1499, qui répute acquêt de communauté tout mobilier dont l'apport n'a pas été constaté par un inventaire ou état en bonne forme n'est pas, entre les époux, exclusive de la preuve contraire, fournie conformément aux règles du droit commun (V. notamment : Pau, 10 déc. 1858, aff. Soussens, D. P. 59. 1. 18; Agen, 2 juill. 1869, aff. Cadis, D. P. 70. 2. 185; Paris, 21 juill. 1871, aff. Hospice de Versailles, D. P. 71. 2. 231; Req. 30 juill. 1872, aff. Gérard, D. P. 73. 1. 241; Req. 14 mars 1877, aff. Tesseire, D. P. 71. 1. 353; Civ. rej. 20 août 1884, aff. Castera, D. P. 85. 1. 312). — Spécialement, il a été jugé : 1º que les meubles trouvés

donner aux créanciers le privilège injuste de s'enrichir au détriment de la femme par la confiscation définitive de ce mobilier, en les autorisant, ainsi que le curateur le demande, à la repousser, lorsqu'au lieu d'une revendication privilégiée elle n'invoque, comme dans la cause, que le droit commun appartenant à tous de se faire indemniser du préjudice souffert par la faute d'autrui, et d'en justifier par la seule preuve possible; — Que décider autrement serait placer la femme, livrée pour ses intérêts mobiliers à la discrétion du mari, sur le même plan que le mari négligent à qui toute reprise est absolument refusée à défaut d'inventaire; faire contribuer indirectement aux dettes la femme renonçante, et mettre la loi en contradiction, puisque la femme privée de tout recours serait moins favorisée que les autres créanciers, alors qu'au contraire on a voulu lui assurer une protection exceptionnelle; — Que les moyens de preuve créés par les art. 1415 et 1504 ayant été accordés à la femme *dans tous les cas où le défaut d'inventaire lui préjudicie*, c'est surtout lorsqu'elle se trouve, comme dans l'espèce, en face d'une communauté ruinée par le mari et d'une succession insolvable qu'elle peut s'en prévaloir; — Que la dame Guiod peut donc invoquer cette ressource même contre les créanciers de son mari et que sa prétention n'est nullement contredite par l'art. 1510; — Que cet article, en effet, s'occupant dans sa première partie de la contribution des époux aux dettes, y fait, au contraire, une application du droit de récompense, en les obligeant à se faire respectivement raison des dettes acquittées par la communauté à leur décharge, en y ajoutant que cette obligation est la même soit qu'il y ait eu inventaire ou non; — Que dans la seconde, réglant le droit de poursuite des créanciers vis-à-vis des époux, il décide qu'à défaut d'inventaire ou d'état authentique du mobilier, les créanciers, même ceux du mari, peuvent poursuivre leur payement sur le mobilier non inventorié sans distinction d'origine; — Qu'ainsi, d'une part, tandis qu'à défaut de constatation régulière de son mobilier, cet article interdit à la femme, soit pendant l'existence de la communauté, soit après sa dissolution, le droit de le revendiquer contre les créanciers de l'autre, il condamne le mari dont elle a ainsi acquitté la dette à l'en indemniser; — Qu'on ne peut évidemment poursuivre contre la femme l'application de la seconde partie de l'article et lui refuser le bénéfice de la première, et qu'il est clair que le seul moyen pour les époux de se faire raison des dettes payées à leur décharge, c'est précisément l'exercice du droit de récompense; — Que l'on soutient à tort que le droit accordé aux créanciers sur les propres

lors de la liquidation de la communauté d'acquêts dans une maison appartenant en propre à la femme, doivent, malgré le défaut d'inventaire, lui être attribués, lorsque, d'une part, il est établi que la maison, au jour du mariage, était garnie d'un mobilier, et que, d'autre part, il n'est pas dénié qu'aucun mobilier n'a été apporté dans cette maison par le mari (Arrêt précité du 10 déc. 1858); — 2º Qu'entre les époux, l'apport même du mari, et notamment celui de marchandises dépendant d'un fonds de commerce possédé par lui lors du mariage, peut être établi par tous autres actes ou faits dont l'appréciation est laissée aux tribunaux : ainsi la valeur peut en être établie au moyen d'un acte de partage intervenu entre les héritiers du mari et la femme, où elle a été reconnue et a fait l'objet d'un prélèvement (Agen, 2 juill. 1869, aff. Cadis, D. P. 70. 2. 185); — 3º Que le mari est autorisé à faire preuve, par tous moyens dont l'appréciation souveraine appartient aux tribunaux, de la propriété du mobilier qu'il prétend avoir possédé lors du mariage, spécialement des bénéfices par lui réalisés à cette époque dans un commerce qu'il a continué depuis le mariage (Req. 30 juill. 1872, aff. Gérard, D. P. 73. 1. 241); — 4º Que la femme est recevable à établir vis-à-vis du mari la consistance et l'identité du mobilier qu'elle possédait lors du mariage, à l'aide d'actes et de documents autres qu'un inventaire ou un état en bonne forme (Req. 16 janv. 1877, aff. de Fos, D. P. 78. 1. 265).

Mais si les modes ordinaires de preuve peuvent être employés par les époux l'un à l'égard de l'autre, l'admission en reste soumise au droit commun. En conséquence, le mari ou son ayant droit n'est pas admissible à prouver par témoins sa possession du mobilier antérieure au mariage (Civ. rej. 20 août 1884, aff. Castera, D. P. 85. 1. 312). — Il a été aussi jugé, dans le sens de la doctrine qui précède, que, sous le régime de la communauté réduite aux acquêts, l'acte en bonne forme au moyen duquel, d'après l'art. 1499, doit être constaté l'apport du mobilier de chacun des époux, peut consister en un état descriptif et estimatif dressé, par acte sous seing privé, même depuis la célébration du mariage. Seulement la sincérité d'un tel acte peut toujours être

non inventoriés deviendra illusoire, si on laisse à la femme la possibilité de reprendre d'une main, au moyen de la récompense, ce qu'on lui ôte de l'autre en lui refusant la revendication; — Que le droit accordé aux créanciers par l'art. 1510 n'en reste pas moins très réel et très utile, puisqu'en interdisant à la femme de revendiquer, c'est-à-dire de se faire attribuer à titre de propriétaire et en nature son mobilier propre non inventorié, il lui refuse un prélèvement dont l'effet serait de la payer intégralement par préférence et de diminuer d'autant au préjudice des autres créanciers la masse mobilière à distribuer; — Que la récompense, au contraire, soumet la femme à l'éviction commune et sauf application de son hypothèque légale lorsqu'elle peut s'en prévaloir, ne lui donne que le droit de concourir au marc le franc dans la distribution mobilière; — Que c'est donc à bon droit que les premiers juges ont accueilli la demande de l'intimée; — Que les principes qui précèdent sont applicables aux autres contredits qui font l'objet des conclusions subsidiaires de l'appelant; — Considérant, sur la somme de 1000 fr. inscrite de la main de Guiod sur son grand-livre, comme reçue en juillet 1841 de la dame Millié, aïeule de la demanderesse, et formant avec les 12000 fr. antérieurement reçus un capital de 13000 fr., que les mêmes motifs de décider sont applicables à cette somme complémentaire, et qu'elle doit être maintenue aux reprises de la veuve Guiod; — Considérant, relativement à la somme de 12595 fr. trouvée dans le secrétaire du père de l'intimée après sa mort, qu'à défaut d'inventaire la veuve Guiod en prouve l'existence par les papiers domestiques et des présomptions décisives; — Que cette somme est inscrite sur le livre de caisse de Guiod et de sa mère à trois jours de date du décès; qu'elle se trouve implicitement comprise dans la déclaration de succession faite à l'enregistrement; que son existence est confirmée par une note d'Armand Gouffé constatant qu'il a amassé une réserve destinée à sa fille, comme dernier témoignage de son affection; qu'enfin ce capital n'est pas disproportionné avec les économies que le donateur pouvait faire sur des revenus bien supérieurs à ses besoins; — Considérant, quant aux 6000 fr. de mobilier du père de la demanderesse, que la veuve Guiod en accepte l'évaluation, et qu'à défaut d'inventaire, son importance est établie par des papiers domestiques dignes de foi, et notamment par un projet de liquidation de la succession de la dame Gouffé dressé par Guiod le 23 juin 1835; — Confirme, etc.

Du 17 juill. 1874.-C. de Dijon, 1re ch.-MM. Névéu-Lemaire, 1er pr.-Lebon, subst.-Ally et Lombart, av.

contestée et combattue par toute preuve contraire (Poitiers, 15 nov. 1865, aff. Lelouis, D. P. 66. 2. 68).

987. Lorsque les époux se sont bornés à déclarer dans le contrat que le mobilier apporté par eux ou par l'un d'eux est de telle valeur, il est certain que cette énonciation n'est pas suffisante pour que ce mobilier puisse être réclamé en nature. Suffit-elle toutefois pour permettre aux époux de réclamer contre la communauté la reprise en deniers de la valeur indiquée dans le contrat ? La négative est soutenue par M. Laurent, t. 23, n° 191, qui argumente de l'art. 1499. Les effets mobiliers estimés dans le contrat n'étant pas inventoriés ni constatés par un état en bonne forme, quelle en doit être, dit-il, la conséquence ? Le mobilier non inventorié est réputé acquêt, c'est-à-dire que l'époux n'en peut exercer la reprise. — Mais le vice de ce raisonnement nous paraît évident. Si le défaut de description du mobilier ne permet pas d'en exercer la reprise en nature, il n'en est pas moins vrai que l'apport de la valeur de ce mobilier est constaté, comme le veut la loi, par le contrat, qui est un acte authentique. L'art. 1502 le dit, d'ailleurs, d'une manière formelle : « L'apport est suffisamment justifié quant au mari par la déclaration portée au contrat de mariage que son mobilier est de telle valeur. Il est suffisamment justifié, à l'égard de la femme, par la quittance que le mari lui donne ». Il importe peu que ce texte se trouve dans la section consacrée à la clause d'exclusion du mobilier, puisque cette clause rentre dans le régime de la communauté d'acquêts et que l'on reconnaît, d'ailleurs, généralement que les dispositions relatives à cette clause sont applicables sous ce régime. On doit donc tenir pour certain, en principe, que la déclaration, faite dans le contrat de mariage, de la valeur du mobilier apporté par les époux autorise ceux-ci à reprendre la somme à laquelle le mobilier a été évalué (Rodière et Pont, t. 2, n° 1272; Aubry et Rau, t. 5, § 522, note 15, p. 451; Guillouard, t. 3, n° 1486). Il a été jugé, en ce sens, que le mobilier apporté en dot sous le régime de la communauté réduite aux acquêts, bien qu'il soit déclaré acquêt par l'art. 1499 dans le cas où il n'a pas été constaté par inventaire, n'en constitue pas moins fictivement un propre de la femme en ce sens que, s'il a été estimé au contrat de mariage, la femme devra, lors de la dissolution, être remboursée du montant de l'estimation par voie de prélèvement sur les biens communs (Grenoble, 19 juill. 1851, aff. Vallet des Rives, D. P. 52. 2. 292. — Comp. Civ. cass. 14 nov. 1855, aff. Berthon, D. P. 55. 1. 461). — Jugé toutefois : 1° que la déclaration faite dans le contrat de mariage par le futur époux que son apport, fixé à une valeur déterminée, consiste en créances, titres, billets et argent disponible, n'autorise pas la reprise du montant de cet apport, si la preuve du payement des billets et créances qui en sont l'objet n'est ni rapportée ni même offerte, et si la quotité de l'argent mentionné n'est pas indiquée (Civ. cass. 8 mars 1852, aff. Lesport, D. P. 52. 1. 186); — 2° Que la femme qui, mariée sous le régime de la communauté réduite aux acquêts, a apporté les biens composant la succession de son père et a reçu en dot de sa mère, en outre de diverses sommes, l'abandon des reprises et récompenses que celle-ci avait à faire valoir sur ladite succession, ne peut prétendre, lors du règlement de ses droits avec les

héritiers du mari, comprendre parmi les sommes qui doivent lui être restituées celle à laquelle ont été évaluées dans le contrat lesdites reprises et récompenses abandonnées par sa mère, alors qu'en fait il est établi que le mari n'a rien reçu de ce chef (Req. 18 févr. 1868, aff. Lagorce, D. P. 68. 1. 278).

988. Pour le mobilier échu aux époux depuis le mariage, la question de savoir comment les époux entre eux, et non à l'égard des tiers, peuvent en établir l'apport et en exercer la reprise, doit se résoudre différemment suivant qu'il s'agit du mobilier échu à la femme ou du mobilier échu au mari (Rép. n° 2627).

En ce qui concerne le mobilier échu à la femme, il est généralement reconnu que, si le mari ne l'a pas fait constater par un inventaire, la femme ou ses héritiers peuvent en établir la consistance par toute espèce de preuve, par témoins et même par commune renommée (Rép. ibid.; Civ. cass. 19 juill. 1864, aff. Hutteau d'Origny, D. P. 65. 1. 66; Req. 28 nov. 1866, aff. Leroy, D. P. 67. 1. 209; Civ. cass. 8 déc. 1874, aff. Raveneau, D. P. 75. 1. 33; Req. 20 juin 1883, aff. Marguéré, D. P. 84. 1. 230; Dijon, 4 févr. 1884, aff. Maria, D. P. 84. 2. 169). — La preuve par témoins et par commune renommée peut, d'ailleurs, être invoquée pour établir, non seulement la consistance ou la valeur du mobilier que la femme réclame, mais encore le fait même que ce mobilier lui est échu par succession, donation ou don manuel (Arrêt précité du 28 nov. 1866; Douai, 11 avr. 1884 (1). — Contra : Laurent, t. 23, n° 184). Enfin, lorsqu'il y a eu inventaire, la femme peut encore prouver par témoins et par commune renommée que l'inventaire a été incomplet, et qu'elle a recueilli certaines valeurs qui n'y ont pas été comprises (Même arrêt du 28 nov. 1866). À plus forte raison le peut-elle, lorsqu'elle a un commencement de preuve par écrit émané du mari (Req. 20 juin 1883, aff. Marguéré, D. P. 84. 1. 230).

989. Quant au mobilier échu au mari, l'art. 1504 dispose qu'à défaut d'inventaire ou d'un titre propre à justifier de sa consistance et valeur, le mari ne peut en exercer la reprise. Les termes de cet article montrent bien que l'inventaire peut être remplacé par tout acte qui présente une égale sécurité, un partage, par exemple, et c'est l'opinion de la plupart des auteurs (Rodière et Pont, t. 2, n° 1267; Aubry et Rau, t. 5, § 522, note 18, p. 451; de Folleville, t. 1, n° 648; Guillouard, t. 3, n° 1488. — Contra : Laurent, t. 23, n°s 181 et suiv.). — Il a été jugé : 1° que sous le régime de la communauté réduite aux acquêts, les registres domestiques du défunt peuvent constituer un titre suffisant pour déterminer la valeur et la consistance du mobilier compris dans une succession recueillie par le mari durant le mariage et pour justifier la reprise de ce mobilier (Civ. cass. 14 mai 1879, aff. Mélines, D. P. 79. 1. 420); — 2° Que l'inventaire du mobilier échu au mari sous la communauté d'acquêts peut être suppléé, en ce qui concerne le montant d'un legs, par les quittances données aux banquiers chargés d'acquitter ce legs (Chambéry, 25 août 1879, aff. Grenard, D. P. 80. 2. 196); — 3° Mais que le mari ou ses ayants droit ne sont pas admissibles à prouver par témoins la possession antérieure au mariage du mobilier qu'ils réclament comme propre (Civ. rej. 20 août 1884, aff. Castera, D. P. 85. 1. 312). — Décidé aussi que l'inventaire destiné à

---

(1) (Desprez C. Flahaut.) — La cour; — Attendu que, par leur contrat de mariage, reçu le 9 janv. 1879 par Me Daix, notaire à Houdain, les époux Desprez-Flahaut ont adopté le régime de la communauté réduite aux acquêts et ont, en conséquence, exclu de la communauté leur mobilier présent et à venir, et les dettes actuelles et futures de chacun d'eux; — Attendu qu'aucun inventaire n'a constaté ni le mobilier appartenant à la dame Desprez au jour du mariage, ni le mobilier à elle échu depuis; — Attendu qu'outre ses reprises non contestées et liquidées par Me Daix, notaire judiciairement commis, la dame veuve Desprez a, par un dire inséré au procès-verbal de liquidation du 31 janv. 1883, demandé qu'il lui fût attribué à titre de reprises en nature, et en tous les cas en deniers, un cheval, une vache, des objets mobiliers et des récoltes, le tout spécifié sous les n°s 1 à 7 inclusivement; que de ce chef les parties (la veuve Desprez et le mineur Flahaut, héritier de son mari), ont été renvoyées à l'audience; — Attendu qu'à la barre du tribunal le tuteur du mineur Flahaut n'a plus contesté le bien fondé des reprises indiquées sous les n°s 4, 5 et 6; — Attendu que les autres causes de reprises sont demeurées litigieuses; — Attendu que, complétant les explications

par elle originairement fournies, la veuve Desprez a articulé que le cheval, la vache, les récoltes, réclamées sous les n°s 1, 2, 3 et 7, lui seraient échus, postérieurement à son mariage, par une délivrance effective et par une donation manuelle que lui en aurait faite, peu de temps après le mariage, sa mère, propriétaire des objets donnés; — Attendu qu'à bon droit le tribunal a décidé qu'il serait procédé à la preuve testimoniale des faits, même par commune renommée; — Attendu qu'aux termes de l'art. 1504 c. civ., en cas d'exclusion de la communauté de tout ou partie du mobilier présent ou futur, la femme est admise à faire preuve soit par témoins, soit par commune renommée, de la valeur du mobilier à elle échu pendant le mariage; — Attendu que la preuve testimoniale doit être faite devant un juge commis (c. proc. civ. art. 255); qu'il en est ainsi, même en matière de preuve par commune renommée; que le droit d'entendre les témoins, de recevoir leur serment, de les contraindre à déposer, et le pouvoir de statuer sur les reproches n'appartient qu'au juge; que ce droit et ce pouvoir ne sont pas déférés au notaire; — Par ces motifs, etc.

Du 11 avr. 1884.-C. de Douai, 2e ch.-M. Duhem, pr.

constater le mobilier échu au mari pendant le mariage ne peut être remplacé par un acte de partage sous seing privé dressé entre le mari et ses cohéritiers dans une succession, si cet acte n'établit la consistance du mobilier par la spécification des objets ou valeurs, ni le passif à déduire (Orléans, 28 déc. 1878, aff. Huret-Badillier, D. P. 83. 2. 36; 27 janv. 1882, aff. Dechezleprêtre, *ibid.*).

990. Les héritiers du mari sont-ils tenus, comme leur auteur, de faire la preuve du mobilier à lui échu par inventaire ou par titre équivalent? Oui, en principe, car les héritiers ne peuvent avoir plus de droits que leur auteur. Ce n'est que dans le cas où ils agiraient comme *réservataires*, en vertu du droit propre résultant pour eux de cette qualité, que les héritiers du mari pourraient justifier des apports de celui-ci par tous les moyens de preuve autorisés par le droit commun. Toutefois, même dans ce cas, ils ne pourraient recourir à la preuve par commune renommée, qui est exceptionnelle et ne saurait être étendue aux cas où la loi ne l'autorise pas expressément (*Rép.* nᵒ 2628; Aubry et Rau, t. 5, § 522, note 19, p. 451; Laurent, t. 23, nᵒ 186; de Folleville, t. 1, nᵒˢ 649 et suiv.; Guillouard, t. 3, nᵒ 1489). — Il a été jugé : 1ᵒ qu'à défaut d'inventaire ou d'état en

bonne forme, le mobilier échu au mari pendant le mariage est réputé acquêt, sans que les héritiers du mari soient autorisés, à moins qu'ils n'agissent en vertu d'un droit personnel, à établir la consistance et valeur de ce mobilier par la preuve testimoniale ou des présomptions (Limoges, 3 août 1860, aff. Bellegy, D. P. 61. 2. 48); — 2ᵒ Que les héritiers du mari ne peuvent même pas déférer, à cet égard, le serment litisdécisoire à la veuve sur le point de savoir si elle n'a pas connaissance de l'origine du mobilier (Besançon, 19 févr. 1885) (1). — Jugé cependant que les héritiers du mari ont, vis-à-vis de la femme, le droit de rechercher dans les titres de famille et les papiers domestiques du défunt, tout ce qui peut conduire à la constatation de la consistance et de la valeur du mobilier échu à celui-ci, l'art. 1504 c. civ. ne devant pas être appliqué avec la même rigueur lorsqu'il s'agit du règlement des droits des époux entre eux que lorsqu'il s'agit d'établir ces mêmes droits à l'égard des tiers (Orléans, 24 févr. 1860) (2).

991. — VI. Administration (*Rép.* nᵒˢ 2632 à 2636). — Ainsi qu'on l'a déjà constaté au *Rép.* nᵒˢ 2632 et suiv., le droit d'administration du mari, tant sur les biens de la communauté que sur les biens propres de la femme, et les

(1) (Pescheur père *C.* veuve Pescheur.) — La cour ; — Considérant que Pescheur prétend que le mobilier, compris et détaillé dans l'inventaire dressé par Mᵉ Cousin, notaire à Vesoul, le 27 févr. 1884, appartenait en propre à Jules Pescheur, son fils, comme ayant été par lui recueilli, à titre de légataire particulier, dans la succession de la veuve Sicamois, décédée le 18 av. 1877; — Considérant qu'aux termes de l'art. 1499 c. civ., lorsque le mobilier existant lors du mariage, ou échu depuis, n'a pas été constaté par inventaire ou état en bonne forme, il est réputé acquêt; qu'aux termes de l'art. 1504 du même code, « à défaut d'inventaire du mobilier échu au mari, ou d'un titre propre à justifier de sa consistance et valeur, déduction faite des dettes, le mari ne peut en exercer la reprise »; qu'il n'est rapporté ni inventaire, ni état en bonne forme dressé par les soins de Pescheur fils, relativement aux meubles dont il s'agit; que l'appelant, il est vrai, invoque, comme devant lui tenir lieu de ces documents, la déclaration de succession faite par Pescheur fils au bureau d'enregistrement de Vesoul, le 16 oct. 1877; mais qu'on ne peut assimiler à un inventaire ou état en bonne forme, et encore moins à un inventaire, une déclaration qui a pour but unique de permettre la perception des droits de mutation, et qui ne comporte d'ailleurs aucun détail ni aucune description propre à établir la consistance et la valeur particulière des objets déclarés; — Considérant que l'appelant offre encore d'établir par témoins que le mobilier dont s'agit provenait tout entier de la succession de la veuve Sicamois, et dès lors appartenait en propre à son fils, mais que cette preuve est inadmissible; que les art. 1499 et 1504 c. civ., en effet, s'appliquent au mari dans toute leur rigueur, et que ce dernier ne peut effectuer la reprise du mobilier qui lui est échu à titre de succession ou de donation, qu'à la condition d'en prouver l'importance par un inventaire ou état en bonne forme; qu'à défaut de l'un ou de l'autre de ces documents, la déchéance du mari ou de ses héritiers est complète, et qu'ils ne sauraient en être relevés par une offre de preuve testimoniale; que la règle ci-dessus ne cesse d'être applicable qu'à l'égard de la femme, à défaut d'inventaire dressé par les soins du mari, auquel cette obligation incombait; qu'en effet, l'on comprend alors que la femme ne puisse pas souffrir de la négligence commise, et qu'elle soit admise à prouver, même par commune renommée, la consistance et la valeur du mobilier échu ; — Considérant, enfin, que l'appelant défère à l'intimée le serment litis décisoire suivant : « Jurez qu'il n'est pas à votre connaissance que le mobilier décrit et estimé au décès de Jules Pescheur, dans l'inventaire dressé le 27 févr. 1884, par Mᵉ Cousin, notaire, à l'exception des effets personnels du défunt et de l'argent comptant au moment du décès, provient du legs recueilli par votre mari, Jules Pescheur, dans la succession de madame veuve Sicamois ». — Considérant que ce serment n'est pas plus admissible que la preuve testimoniale offerte; qu'il importe peu, en effet, pour la solution de la difficulté, que l'intimée déclare qu'elle a, ou non, connaissance de ce fait que le mobilier litigieux proviendrait ou non de la succession de la veuve Sicamois, puisque, comme il a déjà été dit, à défaut d'inventaire ou d'état en bonne forme, l'appelant est déchu de tout droit de reprise sur ledit mobilier, et ne peut établir son origine par aucun autre mode de preuve; — Par ces motifs, etc. — Du 19 févr. 1885.-C. de Besançon, 2ᵉ ch.-MM. Dayras, pr.-Valler, av. gén.-Guerrin et Masson, av.

(2) (Rentien *C.* Rentien.) — La cour; — Attendu que, par leur contrat de mariage passé devant Garrier, notaire à Bracieux, le 23 juin 1834, Silvain-Pierre Rentien et Marie-Anne-Agathe

Durand, aujourd'hui sa veuve, en adoptant le régime de la communauté conformément aux dispositions du code Napoléon, ont néanmoins stipulé qu'il n'entrerait dans ladite communauté qu'une somme de 50 fr. sur les dots mobilières de chacun d'eux, et se sont réservé propre le surplus de ces dots et tout ce qui pourrait leur échoir pendant le mariage par succession ou donation; — Attendu que Rentien a recueilli en 1837 la succession de la demoiselle Rentien, sa sœur, dont il était seul héritier; — Que, en cette qualité et suivant deux quittances passées devant Mᵉ Pornay, notaire à Romorantin, le 3 janv. 1840, et Ribriau, notaire à La Ferté-Saint-Cyr le 8 juin 1855, il a touché, d'après la première, une somme en capital de 4175 fr. plus 25 fr. pour intérêts dus au jour du payement, et, d'après la seconde, une somme en capital de 416 fr. 64 cent., lesquelles sommes provenaient à la demoiselle Rentien des successions de sa mère et du sieur Jean-Félix Rentien, son oncle, ainsi qu'il est expliqué aux dites quittances; — Attendu que le notaire commis pour procéder aux compte, liquidation et partage de la communauté Rentien-Durand a refusé d'admettre au profit des héritiers dudit Rentien la reprise des sommes ci-dessus, par application de l'art. 1504 c. nap., à défaut d'inventaire dressé après le décès de la demoiselle Rentien ou de tout autre titre justificatif de la consistance et de la valeur de la succession, déduction faite des dettes; — Attendu que l'art. 1504, destiné principalement à prévenir la fraude à l'égard des tiers, ne doit pas être appliqué avec la même rigueur lorsqu'il s'agit du règlement des droits des époux entre eux; — Qu'à défaut d'inventaire, il convient, dans ce cas, de rechercher dans les titres de famille et dans les papiers domestiques tout ce qui peut conduire d'une manière certaine à la constatation de la vérité, par application de cet autre principe que, s'il n'est pas permis aux époux de s'enrichir personnellement au détriment de la communauté, celle-ci ne doit pas non plus s'enrichir à leur préjudice; — Attendu, en fait, qu'il ne saurait exister aucun doute, et qu'il n'a d'ailleurs été soulevé aucun contredit sur la sincérité des deux créances touchées par Rentien pendant son mariage comme héritier de sa sœur; que la première se trouve comprise dans la déclaration faite par lui au bureau de l'enregistrement de Bracieux, des biens dépendant de la succession de la demoiselle Rentien pour le payement des droits de mutation; — Attendu, quant aux dettes de ladite succession, qu'il a été trouvé dans les papiers inventoriés après le décès du sieur Rentien, des quittances constatant le payement d'une somme de 413 fr. 84 cent., pour diverses fournitures, loyer, frais d'inhumation de la demoiselle Rentien, et pour droits de succession; — Que rien dans la cause n'autorise à supposer que la demoiselle Rentien ait pu laisser d'autres dettes; qu'à raison de son état de minorité, elle n'aurait pu en contracter personnellement; que ses revenus étaient plus que suffisants, indépendamment de ce qu'elle pouvait retirer de son travail pour subvenir à ses besoins; qu'il n'est pas démontré ni même allégué que les biens par elle recueillis dans les différentes successions qui lui étaient échues fussent grevées d'aucune dette; — Attendu que le rapprochement des quittances ci-dessus visées permet d'apprécier et de fixer tout à la fois l'importance des deux créances recueillies par Rentien dans la succession de sa sœur et des charges de cette succession; que ces quittances, dans leur ensemble, contiennent les justifications exigées, à défaut d'inventaire, par l'art. 1504; — Par ces motifs, confirme le jugement du tribunal de Blois dans la disposition qui ordonne la reprise au profit des héritiers Rentien des sommes touchées par Rentien comme héritier de sa sœur, etc. — Du 24 févr. 1860.-C. d'Orléans, 1ʳᵉ ch.-MM. Vilneau, pr.-Greffier, av. gén.-Lecoy et Robert de Massy, av.

règles de cette administration sont les mêmes sous le régime de la communauté réduite aux acquêts que sous celui de la communauté légale. On doit donc se reporter, quant à l'administration de la communauté, *suprà*, nᵒˢ 376 et suiv., et quant à l'administration des biens de la femme, *suprà*, nᵒˢ 471 et suiv.

992. La question de savoir quels sont, sous le régime de la communauté réduite aux acquêts, les pouvoirs du mari sur le mobilier propre de la femme, a été traitée au *Rép.* nᵒˢ 2693 et suiv. à l'occasion de la clause de réalisation. Cette question dépend tout d'abord du point de savoir si la femme mariée sous la communauté réduite aux acquêts a conservé la propriété du mobilier qu'elle a apporté et qui lui est échu. Nous avons vu *suprà*, nᵒˢ 946 et suiv., que la femme reste propriétaire de son mobilier, à l'exception seulement des choses qui se consomment par le premier usage, de celles qui sont par leur nature destinées à être vendues et de celles qui ont été estimées dans le contrat de mariage, sans avoir été constatées par inventaire ou état en bonne forme. En ce qui concerne les choses dont la propriété a passé à la communauté, soit à raison de leur nature, soit en vertu de l'intention des époux, manifestée par l'estimation faite dans le contrat de mariage, il est certain que le mari comme chef de la communauté peut en disposer.

993. Mais le mari ne peut-il pas aliéner même le mobilier dont la femme a conservé la propriété? MM. Aubry et Rau, t. 5, § 522, note 33, p. 458 et suiv., soutiennent qu'il le peut. Ils en trouvent la preuve dans l'art. 1428, qui autorise le mari à exercer seul toutes les actions mobilières et possessoires de la femme et lui défend seulement d'aliéner les immeubles personnels de celle-ci. Ce texte, disent-ils, est rendu applicable à la communauté conventionnelle par l'art. 1528, et il est conforme à la doctrine des anciens auteurs, qui ont toujours considéré le droit d'aliéner les meubles de la femme comme inhérent à la qualité de chef de la communauté (V. Lebrun, *Traité de la communauté*, liv. 3, chap. 2, sect. 1ʳᵉ, dist. 3, nᵒ 18; Bourjon, *Droit commun de la France*, tit. 10, part. 4, chap. 2, sect. 2, nᵒˢ 8 et 9; Pothier, *Traité de la communauté*, nᵒ 325). — Cependant la grande majorité des auteurs refuse au mari le pouvoir de disposer des meubles de la femme. L'opinion de Pothier et des anciens auteurs qui accordaient ce pouvoir au mari était, comme nous l'avons montré au *Rép.* nᵒ 2698, la conséquence de la doctrine d'après laquelle la communauté devenait propriétaire des meubles réalisés par le contrat et devait seulement en rendre la valeur, doctrine qui n'est plus admise aujourd'hui qu'exceptionnellement pour les meubles destinés à être consommés ou vendus ou que les époux ont estimés pour les faire tomber en communauté (V. *suprà*, nᵒˢ 946 et suiv.). Du moment que l'on admet que la femme reste propriétaire de son mobilier propre, on doit décider qu'elle seule peut consentir à ce qu'il soit aliéné. L'argument tiré de l'art. 1428 est pas suffisant pour permettre d'attribuer au mari le droit de disposer des meubles de la femme, car cet article écrit pour la communauté légale, et comme, sous ce régime, les époux n'ont pas de mobilier propre, le législateur pouvait et devait se borner à dire, comme il l'a fait, que le mari ne peut pas aliéner les immeubles personnels de la femme sans le consentement de celle-ci; on n'en peut tirer aucune conclusion quant aux meubles qui restent propres à la femme sous la communauté conventionnelle. — Il faut remarquer, toutefois, que si le mari a aliéné seul un meuble corporel de la femme, le tiers acquéreur contre lequel la femme le revendiquerait pourrait lui opposer la règle, édictée par l'art. 2279, qu'en fait de meubles possession vaut titre. L'action de la femme ne pourra réussir que dans le cas où le meuble vendu ne sera pas encore livré et dans le cas où l'acquéreur aura été de mauvaise foi (V. en ce sens : Rodière et Pont, t. 2, nᵒ 1279; Marcadé, t. 5, art. 1428, nᵒ 2; Laurent, t. 22, nᵒˢ 162 et suiv.; Colmet de Santerre, t. 6, nᵒ 71 *bis* IX; de Folleville, t. 1, nᵒˢ 624 *bis* et suiv.; Guillouard, t. 2, nᵒˢ 813 et suiv.; Hochart, *op. cit.*, p. 177 et suiv.). — La jurisprudence n'a point encore eu à se prononcer sur la question en ce qui touche les meubles corporels; mais les décisions qu'elle a rendues quant aux créances propres de la femme, dont nous allons nous occuper, emportent son adhésion au système qui dénie au mari le droit de disposer seul des valeurs mobilières de la femme (V. *infrà*, nᵒˢ 995 et suiv.).

994. Si le mari ne peut pas aliéner seul les meubles corporels de la femme, il ne peut, à plus forte raison, disposer d'un fonds de commerce que la femme s'est réservé propre; et ce fonds de commerce ne peut pas être saisi par les créanciers du mari (Comp. *Rép.* nᵒ 2700).

995. Le mari, comme administrateur des biens de la femme, peut toucher le montant des créances propres de celle-ci (V. *suprà*, nᵒ 471). Il le peut, alors même que le contrat de mariage stipulerait qu'il en sera fait emploi ou remploi, cette clause n'étant, sous le régime de communauté, qu'une convention entre époux qui oblige le mari vis-à-vis de la femme à faire emploi ou remploi des sommes ou valeurs qu'il reçoit, mais qui ne peut être invoquée contre les tiers. Le mari peut donc donner valablement quittance des sommes dues à la femme, fussent-elles sujettes à emploi ou à remploi (V. notamment : Rouen, 22 févr. 1839, et 7 juin 1842, *Rép.* nᵒ 1461; Civ. cass. 1ᵉʳ mars 1859, aff. Clerc, D. P. 59. 1. 122; et les arrêts cités *suprà*, nᵒ 535). Il n'en serait différemment que s'il résultait clairement des clauses du contrat de mariage que la femme a entendu toucher elle-même ses valeurs propres et se réserver, avec le droit d'exiger du mari l'emploi ou le remploi convenu, un recours contre les tiers qui auraient payé entre les mains du mari sans que cet emploi ou ce remploi ait été effectué. Dans ce cas-là seulement, les payements faits au mari sans la participation de la femme ne seraient pas opposables à celle-ci (Aubry et Rau, t. 5, § 510, notes 12 et 13, p. 344; Guillouard, t. 2, nᵒ 784. — Comp. Req. 22 nov. 1820, *Rép.* nᵒ 1458).

996. Le mari peut-il céder ou transporter les créances propres de la femme? L'affirmative est soutenue par MM. Aubry et Rau, qui, ainsi qu'on l'a vu *suprà*, nᵒ 993, accordent au mari le pouvoir de disposer des meubles propres de la femme (t. 5, § 522, note 33, p. 458 et suiv.). Mais la négative est la conséquence nécessaire du système qui refuse ce pouvoir au mari. On objecte, quant aux créances propres, que le mari a le droit de poursuivre le recouvrement de ces créances et d'en toucher le montant non seulement à leur échéance, mais encore par anticipation, non seulement au moyen d'un payement proprement dit, mais encore au moyen d'un payement avec subrogation (Comp. Req. 25 juill. 1843, *Rép.* nᵒ 2700). Mais, comme le dit M. Guillouard, t. 2, nᵒ 814, autre chose est le payement que le mari doit recevoir, puisqu'il est l'administrateur des propres de la femme, autre chose la cession des créances : recevoir un payement, c'est administrer, et céder une créance, c'est aliéner.

La jurisprudence, qui avait d'abord incliné à reconnaître au mari le droit de céder les créances de la femme (V. *Rép.* nᵒ 2701), s'est affirmée depuis dans le sens contraire. Outre les arrêts rapportés au *Rép.* nᵒ 2702, il a été jugé : 1° que le pouvoir accordé au mari par l'art. 1428 c. civ. de toucher les capitaux dus à sa femme et d'en poursuivre les débiteurs n'emporte pas celui de les céder ou déléguer à ses créanciers personnels, et que, par suite, ces derniers ne peuvent pratiquer de saisie-arrêt sur les créances appartenant à la femme (Besançon, 20 mars 1850, aff. Guillaume, D. P. 52. 2. 288); — 2° Que, sous le régime de la communauté d'acquêts, le pouvoir qu'a le mari de disposer seul, en sa qualité d'administrateur, des meubles déclarés propres de sa femme, sauf à en restituer la valeur lors de la dissolution de la communauté, ne concerne que les choses fongibles ou se consomment par le premier usage (Paris, 3 janv. 1852, aff. Soupé, D. P. 52. 2. 247; Req. 5 nov. 1860, aff. Mensy-Delaunay, D. P. 61. 1. 81). Il ne peut, sans le concours de sa femme, céder une chose non fongible, notamment une créance à elle appartenant (Arrêt précité du 3 janv. 1852)... Alors même qu'elle serait échue (Arrêt précité du 5 nov. 1860); et notamment celle qu'elle a contre ses père et mère, à raison de la dot qu'ils lui ont constituée et qui n'a point été payée (Req. 4 août 1862, aff. Boulay, D. P. 62. 1. 480). — Il a été décidé, toutefois : 1° que, si le mari n'a pas le droit de disposer des propres mobiliers de sa femme sans le consentement de celle-ci, la preuve de ce consentement peut se trouver dans un mandat spécial que la femme a donné à son mari (Civ. cass. 17 déc. 1872, aff. Tandou, D. P. 73. 1. 154); 2° Que la

convention par laquelle le mari a stipulé le remboursement d'un capital propre à la femme et versé par elle dans une société à titre de commandite, avec les intérêts de ce capital et une somme en sus, en représentation des bénéfices, mais a abandonné au gérant de la société ce qui dans la liquidation pourrait excéder cette somme, peut être considérée comme un acte d'administration rentrant dans les pouvoirs du mari, surtout en l'absence de toute réclamation de la part de la femme (Paris, 23 mars 1868, et sur pourvoi, Civ. rej. 21 juin 1870, aff. de Jeanson, D. P. 71. 1. 294).

997. Toutes les questions relatives au remploi des immeubles ou des meubles propres de l'un ou l'autre époux, ou à l'emploi de leurs deniers propres, ont été traitées, comme au *Répertoire*, au chapitre de la communauté légale (V. *suprà*, n⁰ˢ 507 et suiv.).

998. — VII. Récompenses ou indemnités (*Rép.* n⁰ 2637). — Les règles suivant lesquelles il est dû récompense ou indemnité par la communauté aux époux ou par les époux à la communauté sont les mêmes que sous la communauté légale (V. *Rép.* n⁰ˢ 1487 et suiv., et *suprà*, n⁰ˢ 556 et suiv.).

999. — VIII. Dissolution, acceptation, renonciation (*Rép.* n⁰ˢ 2638 à 2662). — La communauté d'acquêts se dissout par les mêmes causes que la communauté légale. La femme ou ses héritiers peuvent l'accepter ou y renoncer dans les mêmes conditions (V. *Rép.* n⁰ˢ 2095 et suiv., et *suprà*, n⁰ˢ 739 et suiv.).

1000. — IX. Partage et liquidation (*Rép.* n⁰ˢ 2644 à 2662). — Si la femme a accepté la communauté réduite aux acquêts, les règles sur la formation de la masse et sur les opérations du partage sont les mêmes que pour la communauté légale (V. *Rép.* n⁰ 2290 et suiv., et *suprà*, n⁰ˢ 798 et suiv.). Il n'y a de différence que pour l'étendue de l'actif commun, qui ne comprend, comme on l'a vu au *Rép.* n⁰ˢ 2388 et suiv., et *suprà*, n⁰ 944 et suiv., que les acquêts provenant de l'industrie des époux et les fruits et revenus de leurs biens propres. Le passif est également moins étendu que celui de la communauté légale (V. *Rép.* n⁰ˢ 2607 et suiv., n⁰ˢ 970 et suiv.).

1001. Les prélèvements des époux s'exercent dans les mêmes conditions que sous le régime de la communauté légale (V. *Rép.* n⁰ˢ 2368 et suiv., et *suprà*, n⁰ˢ 834 et suiv.).

1002. Comme dans la communauté légale, les créanciers n'ont aucun droit de préférence sur les biens communs vis-à-vis des créanciers personnels des époux (*Rép.* n⁰ 2511 et suiv., et *suprà*, n⁰ 912). Mais chaque époux doit être payé de ses reprises préférablement aux créanciers personnels de son conjoint (V. *suprà*, n⁰ 913).

1003. Le mobilier propre à chacun des époux est repris par eux en nature, s'il se retrouve et s'il n'a pas été consommé par l'usage. Celui des époux, par exemple, auquel est échue par succession une créance pendant la communauté, fût-ce même une créance contre son conjoint, ne peut se faire attribuer que cette créance elle-même, et non sa valeur à reprendre sur la masse des biens communs (Civ. rej. 16 juill. 1856, aff. Hennon, D. P. 56. 1. 281). — Jugé, cependant, que les créances qui font partie de l'apport d'un époux dans la communauté d'acquêts peuvent être comptées, dans le règlement des reprises de cet époux, pour leur valeur nominale lorsqu'elles ne sont pas entièrement perdues et que leur dépréciation ne remonte pas à l'époque du mariage (Besançon, 12 août 1871, et sur pourvoi, Req. 30 juill. 1872, aff. Gérard, D. P. 73. 1. 241).

D'après la cour de cassation, les juges du fond apprécient souverainement la valeur des objets mobiliers retirés en nature par la femme mariée sous la communauté réduite aux acquêts, valeur qui doit être déduite du montant des reprises à exercer contre la communauté (Req. 18 mai 1870, aff. Allouard, D. P. 71. 1. 221). La même cour décide encore que lorsque la masse de la communauté réduite aux acquêts n'a pu être déterminée par suite du refus du mari de fournir des renseignements, le tribunal peut fixer immédiatement le chiffre des reprises de la femme séparée de corps, sauf le droit du mari de se libérer de cette somme avec les valeurs communes restées en sa possession, et, en cas d'insuffisance seulement, avec ses biens personnels. En pareil cas, les intérêts des valeurs mobilières conservées par la femme ne doivent pas être déduits du montant de ses reprises ; ils doivent être réservés pour figurer dans la liquidation de la communauté (Même arrêt).

Lorsque la femme renonce à la communauté, elle reprend, comme en cas d'acceptation, le mobilier qui lui est propre. Si ce mobilier se retrouve en nature, elle le reprend dans l'état où il est, pourvu qu'il ne soit pas détérioré et déprécié par le dol ou la faute du mari. Mais la femme n'est pas obligée de recevoir en échange des objets autres que ceux qu'elle a apportés ou qui lui sont échus, et dont l'identité est établie (Orléans, 29 mars 1855, aff. Chavanon, D. P. 56. 2. 62). Si les meubles apportés par la femme étaient de ceux qui se consomment par le premier usage ou qui sont destinés à être vendus, la femme en reprend la valeur. La reprise peut également avoir lieu en argent et non pas en nature lorsqu'il s'agit de meubles qui ont été estimés dans le contrat de mariage (V. *suprà*, n⁰ 948). En pareil cas, c'est le montant de l'estimation, et non la valeur des meubles à l'époque de la dissolution de la communauté, qui est due à la femme (Aubry et Rau, t. 5, § 522, p. 458; Guillouard, t. 3, n⁰ 1475).

1004. Dans le cas où la communauté a été réduite aux seuls acquêts immobiliers, comment doivent être supportées les dettes contractées par les époux pendant le mariage? On a exposé au *Rép.* n⁰ˢ 2648 et suiv. les trois systèmes que cette question a fait naître. L'opinion qui a prévalu en doctrine et en jurisprudence est que les dettes sont exclusivement à la charge des acquêts immobiliers, et que le mari n'a rien à payer à raison des acquisitions mobilières qu'il a pu faire (V. en ce sens: Rodière et Pont, t. 2, n⁰ 1262; Aubry et Rau, t. 5, § 522, note 39, p. 461 et suiv.; Laurent, t. 23, n⁰ 199; Guillouard, t. 3, n⁰ 1508; Piolet, *op. cit.*, p. 148 et suiv.; Deloynes, *op. cit.*, n⁰ 146 *bis* I; Hochart, p. 218 et suiv.). — Il a été jugé: 1⁰ que les immeubles doivent supporter la totalité des dettes, à l'exception seulement de celles qui auraient été contractées dans l'intérêt des propres de l'un ou de l'autre époux (Caen, 21 janv. 1850, aff. Jourdan, D.P. 51.2.128); — 2⁰ Qu'en cas de stipulation, sous le régime dotal, d'une communauté réduite aux acquêts immobiliers, les dettes contractées durant le mariage, soit par les deux époux, soit par le mari comme chef de l'association conjugale, doivent être prélevées sur les immeubles de la société d'acquêts, et que ce n'est qu'à défaut de ceux-ci que l'excédent de ces dettes devra être imputé sur le mobilier qui appartient exclusivement au mari (Rouen, 22 juill. 1850, aff. Vimard, D. P. 51. 2. 197; 29 juin 1850, aff. Le Ber, *ibid.*; 15 mars 1851, aff. Lemonnier, *ibid.*; Civ. rej. 3 août 1852, aff. Vimard, D. P. 52. 1. 257); et qu'il n'y a lieu ni de rechercher l'origine de ces dettes, afin de ne faire peser sur la communauté que celles qui ont pour cause spéciale des acquêts communs, ni de les répartir proportionnellement le montant, abstraction faite de leur origine, entre ces acquêts communs et ceux restés propres au mari (Arrêt précité du 3 août 1852); — 3⁰ Qu'il en est de même des reprises que les époux ont à opérer et du préciput constitué à l'un d'eux dans le contrat (Arrêt précité du 15 mars 1851).

Sect. 2. — De l'exclusion totale ou partielle du mobilier.— Clause de réalisation (*Rép.* n⁰ˢ 2663 à 2743).

1005. La *clause de réalisation lato sensu* est définie par M. Guillouard, t. 3, n⁰ 1511 : « Une convention par laquelle tous les meubles ou certains meubles des époux sont assimilés aux immeubles, en ce sens que, comme les immeubles, ils n'entreront pas en communauté ». Les meubles ainsi réalisés sont appelés *propres fictifs* ou *propres conventionnels* (V. *Rép.* n⁰ 2664). La clause de réalisation se présente, comme on l'a dit au *Rép.* n⁰ 2668, sous trois formes principales : 1⁰ la *clause de réalisation proprement dite*; 2⁰ la *clause d'emploi*; 3⁰ la *clause d'apport*.

1006. — I. Clause de réalisation (*Rép.* n⁰ˢ 2669 à 2709). — La réalisation proprement dite ou directe est prévue par l'art. 1500, § 1⁰ʳ, qui porte que les époux peuvent exclure de la communauté tout leur mobilier présent et futur. — Les époux pourraient également exclure une quote-part de leur mobilier présent et futur, le tiers, la moitié, ou seulement leur mobilier présent, ou leur mobilier futur, ou une quote-part de l'un ou de l'autre. Ils peuvent enfin exclure certains meubles déterminés (*Rép.* n⁰ 2673 ; Aubry et Rau, t. 5, § 523, n⁰ 1, p. 462 et suiv. ; Guillouard, t. 3, n⁰ 1517).

1007. La réalisation, comme on l'a dit au *Rép.* n⁰ 2671,

peut avoir lieu tacitement. Par exemple, s'il a été stipulé que les époux seront communs en biens meubles et immeubles qu'ils acquerront, cette clause opérera la réalisation de tout le mobilier présent (Rodière et Pont, t. 2, n° 1306 ; Marcadé, t. 5, art. 1500, n° 4 ; Aubry et Rau, t. 5, § 523, note 6, p. 463. — *Contrà :* Pothier, *Traité de la communauté,* n° 317. — Comp. *suprà,* n° 939).

1008. La clause de réalisation, étant une exception au droit commun, doit être interprétée restrictivement, en ce qui concerne les objets auxquels elle s'applique (Aubry et Rau, t. 5, § 523, note 5, p. 463 ; Guillouard, t. 3, n°s 1514 et 1520). — V. des applications de cette règle au *Rép.* n°s 2675 et suiv.

Si les époux ont réalisé leur *mobilier futur,* cette clause comprend tout ce qui leur arrive pendant le mariage à titre lucratif, donation, succession ou legs, et même, comme on l'a décidé au *Rép.* n° 2681, la part revenant *jure inventionis* à l'époux qui a découvert un trésor (Guillouard, t. 3, n° 1519. V. *suprà,* n° 954). Toutefois, la réalisation du mobilier futur ne s'étend pas à la valeur d'un office conféré gratuitement au mari depuis le mariage ; cet office est un acquêt de communauté provenant de l'industrie du mari (V. *suprà,* n° 951).

1009. Quel est l'effet de la clause de réalisation du mobilier quant aux dettes des époux ? Il y a lieu de distinguer, comme on l'a fait au *Rép.* n° 2690, les diverses hypothèses de réalisation du mobilier. Si les époux ont déclaré exclure de la communauté tout leur mobilier présent et futur, nous avons vu *suprà,* n° 938, que cette clause équivaut à l'adoption de la communauté réduite aux acquêts, et par conséquent, comme on l'a décidé au *Rép. ibid.,* les dettes présentes et futures des époux ne tombent pas à la charge de la communauté.

Lorsque les époux ont exclu de la communauté, soit leur mobilier présent, soit leur mobilier futur, soit une quote-part du mobilier présent ou futur, cette clause, d'après la plupart des auteurs, doit être entendue en ce sens que les dettes correspondant à l'actif réalisé, dettes présentes ou dettes futures, ou une quote-part de ces dettes égale à la quote-part du mobilier réalisé, sont également exclues de la communauté (Rodière et Pont, t. 2, n° 1304 ; Aubry et Rau, t. 5, § 529, note 7, p. 464 ; Colmet de Santerre, t. 6, n°s 163 *bis* XII et suiv. ; Laurent, t. 23, n°s 214 et suiv. ; Guillouard, t. 3, n° 1521). Néanmoins, comme nous l'avons montré au *Rép.* n° 2690, c'est avant tout l'intention des époux qui doit être recherchée pour la détermination des biens et des dettes qui sont, ou non, exclus de la communauté (Comp. *suprà,* n° 940).

Dans le cas où, par suite de la réalisation du mobilier pour une quote-part, les dettes des époux ou de l'un d'eux ne tombent dans la communauté aussi que pour une quote-part, les créanciers, comme on l'a dit au *Rép.* n° 2691, peuvent néanmoins poursuivre la communauté pour le tout. Il y a lieu d'appliquer par analogie l'art. 1416 c. civ., qui, prévoyant le cas d'une succession en partie mobilière et en partie immobilière échue à l'un des époux, permet aux créanciers héréditaires de poursuivre la communauté pour la totalité de leur créance, sauf récompense de l'époux à la communauté proportionnellement à la valeur des immeubles qui lui sont restés propres (Rodière et Pont, t. 2, n° 1304 ; Aubry et Rau, t. 5, § 523, note 8, p. 464 ; Laurent, t. 23, n° 218 ; Guillouard, t. 3, n° 1522).

On doit encore prévoir le cas où les époux ont exclu de la communauté seulement un ou plusieurs meubles déterminés. Alors, les époux restent pour le surplus sous l'empire des règles applicables à la communauté légale. Leurs dettes mobilières au jour de la célébration du mariage, et celles qui grèvent les successions ou donations qui leur échoient, tombent dans la communauté, quelle que soit la valeur des objets mobiliers spécialement réalisés (Aubry et Rau, t. 5, § 523, p. 464 ; Guillouard, t. 3, n° 1523).

1010. Quels sont les pouvoirs du mari sur les meubles réalisés par la femme ? Cette question, qui est traitée au *Rép.* n°s 2693 et suiv., se présente le plus ordinairement dans la jurisprudence sous le régime de la communauté réduite aux acquêts ; dès lors, nous avons dû l'examiner, comme le font actuellement les auteurs, dans la section consacrée à ce régime (V. *suprà,* n°s 993 et suiv.). Les droits du mari sont

les mêmes, quant au mobilier propre à la femme, en cas de clause totale ou partielle de réalisation du mobilier que sous la clause plus générale de réduction de la communauté aux acquêts.

1011. Les règles sur la preuve des apports et sur l'exercice des reprises des époux sont également les mêmes en cas de clause de réalisation que sous le régime de la communauté réduite aux acquêts (V. *suprà,* n°s 978 et suiv.).

1012. Dans le cas, assez fréquent, où la femme s'est réservé propres les effets à son usage personnel sans en faire ni description, ni estimation, on s'est demandé quels sont les droits de la femme, si elle vient à renoncer à la communauté. Il a été jugé, avec raison, que cette clause a pour résultat de faire présumer que les effets personnels de la femme existant au moment de la dissolution de la communauté ne sont que l'équivalent de ceux qui ont été apportés en dot, et que le mari ou ses créanciers ne seraient fondés à établir et à réclamer l'augmentation de valeur de ces effets qu'à la condition de prouver que cette clause était frauduleuse de la part de la femme et destinée à lui créer un avantage au détriment du mari ou des créanciers (Nancy, 23 nov. 1871, aff. Liégeois, D. P. 72. 5. 95).

1013. — II. Clause d'emploi (*Rép.* n°s 2710 à 2717). — Bien qu'aucun texte ne s'occupe d'une manière spéciale de la clause d'emploi, les auteurs sont généralement d'accord pour en reconnaître la validité (V. en sus de ceux cités au *Rép.* n° 2711 : Aubry et Rau, t. 5, § 523, note 9, p. 465 ; Laurent, t. 23, n° 221 ; Guillouard, t. 3, n° 1545).

On admet aussi généralement que la somme destinée à l'emploi est propre à l'époux au profit duquel l'emploi doit être fait, quand même cet emploi n'a pas été effectué (*Rép.* n°s 2713 et suiv. ; Rodière et Pont, t. 2, n° 1294 ; Marcadé, t. 5, art. 1500, n° 2 ; Aubry et Rau, t. 5, § 523, note 10, p. 465 ; Laurent et Guillouard, *loc. cit.*).

1014. Ainsi qu'on l'a dit au *Rép.* n° 2716, l'emploi doit avoir lieu dans les mêmes formes que le remploi sous le régime de la communauté légale (V. *suprà,* n°s 507 et suiv.). C'est à tort que M. Laurent, t. 23, n° 222, le conteste et laisse aux parties le soin « de veiller à leurs intérêts en stipulant les conditions de l'emploi ». L'emploi n'intéresse pas seulement les parties, mais aussi les tiers, auxquels il peut importer de savoir si l'immeuble acquis est propre ou acquêt. Et, d'ailleurs, du moment que les parties ont simplement stipulé qu'il y aurait emploi, sans spécifier à quelles conditions, on doit présumer qu'elles s'en sont rapportées aux règles de la loi sur la manière dont l'emploi ou le remploi doit être fait (Aubry et Rau, t. 5, § 523, note 11, p. 465 ; Guillouard, t. 3, n° 1546. — Comp. Req. 26 mai 1835, *Rép.* n° 1479 ; C. cass. de Belgique, 29 janv. 1874, aff. Van Lerberghe, *Pasicrisie belge,* 1874. 1. 71).

1015. La clause d'emploi n'est par elle-même obligatoire qu'entre les époux. Si elle existe au profit de la femme, les tiers ne peuvent être garants de l'emploi que si le contrat de mariage le décide expressément (V. *Rép.* n° 2717, et *suprà,* n°s 534 et suiv.).

1016. — III. Convention ou clause d'apport (*Rép.* n°s 2718 à 2743). — Il y a convention d'apport lorsque chacun des conjoints ou seulement l'un d'eux promet d'apporter à la communauté une somme déterminée ou leur mobilier jusqu'à concurrence d'une somme déterminée ; les art. 1500, § 2, et 1503 prévoient cette clause. — Les auteurs, toutefois, distinguent une autre clause d'apport, dont le code ne parle que transitoirement dans l'art. 1511 ; c'est celle par laquelle les époux conviennent d'apporter à la communauté tels objets mobiliers, corporels ou incorporels, spécialement désignés. Les époux sont alors censés exclure de la communauté tout leur mobilier présent, à l'exception des objets qu'ils apportent. Mais, à moins d'intention contraire résultant du contrat de mariage, le mobilier futur entrera en communauté, conformément aux principes de la communauté légale, car toute dérogation à ces principes doit s'entendre restrictivement (Aubry et Rau, t. 5, § 523, note 15, p. 466 ; Guillouard, t. 3, n° 1528).

La clause par laquelle les époux déclarent n'apporter en communauté que tels objets déterminés est, d'ailleurs, régie par les mêmes principes que la clause de réalisation ; elle entraîne, par conséquent, séparation des dettes antérieures au mariage (V. *suprà,* n° 1009). Cette clause a seulement

cela de particulier qu'elle rend l'époux débiteur, envers la communauté, des objets qu'il a promis d'y apporter, qu'elle l'oblige à justifier de cet apport, et qu'elle le soumet à garantie en cas d'éviction. Il y a lieu d'appliquer ici par analogie la disposition de l'art. 1845, § 2, c. civ. (Pothier, *Traité de la communauté*, n° 302; Aubry et Rau, t. 5, § 523, p. 466 et suiv.; Guillouard, t. 3, n° 1531).

1017. La clause d'apport d'une somme déterminée ou du mobilier jusqu'à concurrence d'une somme déterminée, est celle dont il est traité au *Rép.* n°s 2718 et suiv. La plupart des auteurs décident que cette clause a pour effet de transférer à la communauté la propriété du mobilier de l'époux qui a fait l'apport, et que cet époux est seulement créancier de l'excédent de valeur de son mobilier sur la somme apportée (Rodière et Pont, t. 2, n° 1326; Aubry et Rau, t. 5, § 523, p. 467 et suiv.; Laurent, t. 23, n°s 235 et suiv.; Guillouard, t. 3, n° 1534). Cependant, comme nous l'avons montré au *Rép.* n° 2743, ce système est trop absolu. La question de savoir si la communauté devient propriétaire du mobilier de l'époux qui a promis l'apport est avant tout une question d'intention. — Ainsi, il a été jugé que, sous le régime consistant dans la mise en commun d'une certaine somme et dans la réalisation comme propre de tout le surplus du mobilier présent et futur des époux, le mobilier apporté par l'un des époux *avec estimation* doit être considéré comme livré en payement à la communauté, qui en devient, dès lors, propriétaire, sauf à tenir compte à cet époux de la valeur de l'excédent de sa mise (Civ. rej. 21 mars 1859, aff. Martin, D. P. 59. 1. 225). — Mais il a été décidé, d'autre part, que, lorsqu'il a été stipulé qu'il n'entrerait des apports des futurs époux qu'une certaine somme en communauté et que le surplus n'en ferait point partie, le mari ne peut pas disposer seul d'une créance, somme échue, apportée par la femme (Req. 5 nov. 1860, aff. Mensy-Delaunay, D. P. 61. 1. 81). Si, en effet, comme dans l'espèce sur laquelle a statué cet arrêt, la somme mise en communauté est très peu importante par rapport à la valeur du mobilier apporté par les époux, il est impossible alors de considérer ce mobilier comme cédé en totalité à la communauté; chaque époux conserve la propriété de son mobilier, il est seulement débiteur envers la communauté de la somme dont il a promis l'apport.

1018. Lorsque la clause d'apport a pour effet de rendre la communauté propriétaire du mobilier de l'époux qui a promis l'apport, il en résulte que le mari peut aliéner ce mobilier, sans en excepter même les choses qui ne se consomment pas par l'usage et ne sont pas destinées naturellement à être vendues. Il en résulte encore que les créanciers de la communauté peuvent poursuivre leur payement sur la totalité de ce mobilier, et enfin que la communauté doit supporter tous les risques de ce mobilier et profiter de l'augmentation de valeur qu'il peut acquérir (Aubry et Rau, t. 5, § 513, p. 468; Laurent, t. 23, n°s 237 et suiv.; Guillouard, t. 3, n° 1534).

1019. La clause d'apport d'une somme déterminée ou du mobilier jusqu'à concurrence d'une certaine somme, entraîne-t-elle séparation de dettes entre les époux? Pour l'apport d'une somme déterminée l'art. 1511 c. civ. dispose, comme on l'a dit au *Rép.* n° 2729, que cet apport emporte la convention tacite qu'il n'est point grevé de dettes antérieures au mariage (Comp. *Rép.* n° 2795). Les auteurs les plus récents décident cependant que cet apport n'entraîne pas séparation de dettes et que la communauté, qui reçoit le mobilier de l'époux qui a promis l'apport, doit payer les dettes antérieures au mariage sans indemnité contre l'époux (Aubry et Rau, t. 5, § 523, note 17, p. 467; Laurent, t. 23, n° 233; Guillouard, t. 3, n° 1533). Mais les dettes qui auront été payées par la communauté devront être déduites de la valeur du mobilier de l'époux débiteur, pour déterminer l'excédent que cet époux aura le droit de réclamer, après le prélèvement de la somme mise en communauté (Rodière et Pont, t. 2, n° 1337; Marcadé, t. 5, art. 1501-1503, n° 3; Aubry et Rau, t. 5, § 523, note 30, p. 470; Laurent, t. 23, n° 247; Guillouard, t. 3, n° 1541). — Et si, déduction faite des dettes payées par la communauté, le restant du mobilier apporté se trouve inférieur à la somme promise, il résulte de l'art. 1511 que l'époux qui a promis l'apport doit garantir à la communauté de la part de cet apport dont celle-ci se

trouve évincée (Comp. Pothier, *Traité de la communauté*, n° 352; Troplong, *Du contrat de mariage*, t. 3, n° 2049; Aubry et Rau, t. 5, § 523, p. 469 et 472). — Quant à la clause d'apport du mobilier jusqu'à concurrence d'une certaine somme, prévue par l'art. 1500, on a voulu la distinguer de la clause d'apport d'une somme déterminée (Odier, *Traité du contrat de mariage*, t. 2, n° 785). Mais au point de vue qui nous occupe, ces deux clauses doivent produire le même effet (Troplong, t. 3, n° 2048). Il est bien entendu, d'ailleurs, que ces clauses n'enlèvent pas aux créanciers le droit de poursuivre la communauté pour le tout (V. suprà, n° 1009; Troplong, t. 3, n° 2050).

1020. Dans le même cas où les époux ont déclaré apporter une certaine somme ou mettre leur mobilier dans la communauté jusqu'à concurrence d'une valeur déterminée, le mobilier qui échoit aux époux pendant le mariage tombe-t-il en communauté, ou peut-il être repris par les époux avec l'excédent de valeur du mobilier présent sur la somme dont ils ont promis l'apport? Cette question, comme on l'a observé au *Rép.* n° 2728, dépend avant tout de l'intention des parties (Req. 26 juill. 1852, aff. Lejollif, D. P. 52. 1. 249). S'il y a doute sur l'intention qu'ont eue les époux en se mariant, on peut soutenir que le mobilier échu pendant le mariage tombe en communauté, conformément à la règle générale applicable sous la communauté légale. Telle était l'opinion de Pothier, *Traité de la communauté*, n° 295, et telle est aussi celle de MM. Aubry et Rau, t. 5, § 523, note 20, p. 468, et Guillouard, t. 3, n° 1535. Mais on peut invoquer en sens contraire les art. 1500 et 1503, aux termes desquels l'époux a le droit de prélever, lors de la dissolution de la communauté, tout ce dont le mobilier qu'il possédait lors de la célébration du mariage et qu'il a acquis depuis excède la somme mise en communauté. On objecte, il est vrai, que ces articles supposent que tout le *mobilier présent et futur* a été mis expressément dans la communauté jusqu'à concurrence d'une somme déterminée; alors il est évident que le mobilier futur doit suivre le même sort que le mobilier présent; or, cette hypothèse ne doit pas être confondue avec celle dont il s'agit actuellement. Néanmoins, si les époux ont parlé de leur mobilier en général, nous doutons que l'on puisse traiter différemment le mobilier présent et le mobilier futur. Dès l'instant que les époux ont limité à une certaine valeur la part de leur mobilier qui entrerait en communauté, on doit, suivant nous, présumer qu'ils ont entendu en exclure tout le reste. Ainsi le veut l'adage *Qui dicit de uno, negat de altero* (Marcadé, t. 5, art. 1503, n° 2; Rodière et Pont, t. 2, n° 1335).

Il a été jugé que la clause par laquelle des époux avaient déclaré que, sur leurs apports respectifs, déterminés par le contrat de mariage, ils mettaient en communauté chacun une somme égale et se réservaient en propre le surplus, ainsi que leurs biens à venir, avait pour effet d'exclure de la communauté une somme d'argent donnée à la future par son père, en dehors du contrat, à titre de supplément de dot, et que l'arrêt qui le décidait ainsi, par interprétation des termes du contrat, ne tombait pas sous la censure de la cour de cassation (Arrêt précité du 26 juill. 1852).

1021. Comment l'époux d'apport peut-il justifier qu'il l'a effectué? La question est prévue par l'art. 1502, et elle est traitée au *Rép.* n°s 2731 et suiv. — En ce qui concerne le mari, son apport est suffisamment justifié par la déclaration portée au contrat de mariage que son mobilier est de telle valeur. Néanmoins la femme ou ceux qui la dotent pourraient réserver dans le contrat le droit d'exiger de plus amples justifications (Rodière et Pont, 2e éd., t. 2, n° 1323; Aubry et Rau, t. 5, § 523, note 23, p. 469; Guillouard, t. 3, n° 1537). L'apport de la femme est justifié par la quittance que le mari lui donne, s'il elle ou à ceux qui l'ont dotée. Cette quittance peut être donnée dans le contrat (Bruxelles, 19 nov. 1851, aff. Strauss, *Pasicrisie belge*, 1853. 2. 117). Et elle suffit pour constater l'apport, sauf le cas de simulation. Peu importe, d'ailleurs, que les deniers n'aient pas été comptés en la présence du notaire et des témoins: cette circonstance ne saurait être invoquée comme une preuve de la simulation (Arrêt précité du 19 nov. 1851).

Mais la simple déclaration que le mari demeurera *chargé* du mobilier de la femme n'équivaut pas à une quittance,

car elle peut signifier seulement que le mari aura la responsabilité de la dot, lorsqu'il l'aura reçue. Au contraire, la stipulation que le mari est *dès à présent chargé* du mobilier de la femme ou qu'il en sera *chargé par le seul fait de la célébration du mariage*, ou que cette célébration en *vaudra quittance*, fait preuve du versement de l'apport de la femme, tant dans les rapports des époux qu'à l'égard des tiers (*Rép.* n⁰ˢ 2734 et suiv.; Caen, 3 mai 1845, aff. Verrier, D. P. 52. 5. 106 ; Orléans, 29 mars 1855, aff. Chavanon, D. P. 56. 2. 62 ; Req. 22 févr. 1860, aff. Luder, D. P. 60. 1. 181 ; Rodière et Pont, 2ᵉ éd., t. 2, n⁰ˢ 1320 et suiv.; Aubry et Rau, t. 5, § 523, note 25, p. 469; Laurent, t. 23, n⁰ 244; Guillouard, t. 3, n⁰ 1538. — V. toutefois : Gand, 28 mai 1881, aff. faillite Beaucarne C. Vandevelde, *Pasicrisie belge*, 1882. 2. 10). D'après ce dernier arrêt, la preuve que l'apport a été réellement payé au mari ne saurait résulter de la seule clause d'un contrat de mariage portant que la future épouse apporte en mariage une somme déterminée, duquel apport il a été donné connaissance au futur époux qui le reconnaît et consent à en demeurer chargé envers la future épouse par le seul fait de la célébration du mariage.

La déclaration du mari au contrat de mariage et la quittance donnée par le mari à la femme ne sont pas, d'ailleurs, les seuls modes de preuves par lesquels puissent être justifiés les apports. Il y a lieu d'appliquer ici les règles établies pour la preuve des apports sous le régime de la communauté réduite aux acquêts (V. *Rép.* n⁰ˢ 2737 et suiv. et *suprà*, n⁰ˢ 978 et suiv.).

Sect. 3. — De la clause d'ameublissement (*Rép.* n⁰ˢ 2744 à 2792).

1022. — I. Caractères de l'ameublissement (*Rép.* n⁰ˢ 2746 à 2752). — Ainsi qu'on l'a dit au *Rép.* n⁰ 2746, la clause d'ameublissement, étant, comme la clause de réalisation, une exception aux règles de la communauté légale, doit être clairement stipulée, et, lorsqu'elle est susceptible de deux sens, elle doit être interprétée dans le sens le plus étroit. La cour de cassation a jugé que cette clause ne peut être induite de l'intention présumée des époux et seulement de la circonstance que les immeubles ont été estimés dans le contrat de mariage en même temps que les meubles (Civ. cass. 14 nov. 1855, aff. Berthon, D. P. 55. 1. 461).

1023. On admet généralement que si l'un des époux a ameubli « ses immeubles » ou même « tous ses immeubles », l'ameublissement ne comprend que les biens présents, et non les biens à venir, à moins de circonstances particulières (*Rép.* n⁰ 2747; Rodière et Pont, t. 3, n⁰ 1384; Marcadé, t. 5, art. 1505, n⁰ 3; Aubry et Rau, t. 5, § 524, note 8, p. 475; Guillouard, t. 3, n⁰ 1554). Mais l'ameublissement de tous les immeubles présents embrasse les immeubles acquis dans l'intervalle du contrat de mariage au mariage, soit à titre onéreux, soit même à titre gratuit (*Rép.* n⁰ 2748; Rodière et Pont, t. 3, n⁰ 1385 et suiv.; Marcadé, *loc. cit.*; Aubry et Rau, t. 5, § 524, notes 9 et 10, p. 475; Guillouard, *loc. cit.*).

1024. Les époux comme on l'a dit au *Rép.* n⁰ 2749, peuvent ameublir tout ou partie de leurs immeubles, dans des proportions égales ou inégales. L'ameublissement d'un ou de plusieurs immeubles de l'un des époux peut même n'avoir lieu que pour une opération spéciale et déterminée, par exemple pour les besoins d'une exploitation commerciale ou industrielle. En ce cas, l'immeuble ne peut être saisi, s'il appartient à la femme, que pour les créances contractées par le mari dans l'intérêt de l'entreprise aux besoins de laquelle l'ameublissement a été limité (Req. 9 mars 1857, aff. Marion, D. P. 59. 1. 195; Laurent, t. 23, n⁰ 276; Guillouard, t. 3, n⁰ 1555).

L'arrêt qui décide, par interprétation du contrat de mariage, que l'ameublissement a été limité aux besoins d'une exploitation, repose sur une interprétation souveraine de volonté et échappe au contrôle de la cour de cassation (Même arrêt du 9 mars 1857).

1025. Ainsi qu'on l'a décidé au *Rép.* n⁰ 2751, l'ameublissement doit être considéré comme une convention de mariage, et non comme une libéralité ; il ne peut autoriser une demande en réduction de la part des héritiers à réserve de l'époux qui l'a consenti (Rodière et Pont, t. 3, n⁰ 1387;

Marcadé, t. 5, art. 1505, n⁰ 1; Aubry et Rau, t. 5, § 524, note 5, p. 475 ; Laurent, t. 23, n⁰ 254; Guillouard, t. 3, n⁰ 1553). On doit, toutefois, excepter le cas où l'époux qui a fait l'ameublissement a des enfants d'un premier lit, et aussi, suivant quelques auteurs, le cas où l'ameublissement dissimulerait une donation déguisée (Comp. Rodière et Pont, *loc. cit.*, et *infrà*, n⁰ 1083).

1026. Il a été jugé que l'ameublissement partiel d'un immeuble donné à un époux par contrat de mariage peut être déclaré nul pour le tout dans le cas où la donation est annulée même pour partie seulement, s'il résulte des termes du contrat que la portion de l'immeuble qui reste au donataire n'était pas comprise dans la clause d'ameublissement (Req. 3 août 1859, aff. Dassier, D. P. 59. 1. 419).

1027. — II. Diverses espèces d'ameublissement (*Rép.* n⁰ˢ 2753 à 2766). — On a expliqué au *Rép.* n⁰ˢ 2755 et suiv. ce qu'il faut entendre, d'après le code civil (art. 1506), par l'ameublissement *déterminé* et l'ameublissement *indéterminé*. L'ameublissement déterminé est celui qui porte sur « tel immeuble, en tout ou jusqu'à concurrence d'une certaine somme ». L'ameublissement est indéterminé lorsqu'il porte sur plusieurs immeubles, « jusqu'à concurrence d'une certaine somme. » Cette division ne concorde pas exactement avec celle donnée par Pothier, *Traité de la communauté*, n⁰ 303. D'après lui l'ameublissement peut être d'abord *général* ou *particulier* suivant qu'il s'étend à l'ensemble des immeubles présents ou à venir d'un époux ou qu'il est restreint à certains immeubles spécialement désignés. Il peut être en outre *déterminé* ou *indéterminé*, suivant que l'époux apporte en communauté « tel et tel immeuble », sans restriction à une certaine somme, ou qu'il apporte un ou plusieurs immeubles « à concurrence de telle somme ». Les auteurs ne sont pas d'accord sur la question de savoir si les rédacteurs du code ont voulu reproduire cette seconde division de Pothier et l'ont fait d'une manière inexacte en assimilant à tort l'ameublissement indéterminé qui porte sur un immeuble particulier à un ameublissement déterminé, ou s'ils ont véritablement entendu modifier cette division. Mais c'est là une question purement théorique et de terminologie, car, ainsi qu'on le verra *infrà*, n⁰ 1029, le code attache les mêmes effets à l'ameublissement d'un seul immeuble réduit à une certaine somme qu'à l'ameublissement indéterminé (Comp. c. civ. art. 1507, § 3, et 1508, § 2).

L'ameublissement, pour être déterminé, n'a pas besoin, comme on l'a dit au *Rép.* n⁰ 2758, de porter sur tout l'immeuble désigné ; il peut ne porter que sur une quotepart, la moitié ou le tiers de cet immeuble (Rodière et Pont, t. 3, n⁰ 1392; Marcadé, t. 5, art. 1506-1509, n⁰ 4; Aubry et Rau, t. 5, § 524, note 3, p. 474; Colmet de Santerre, t. 6, n⁰ 171 *bis*; Laurent, t. 23, n⁰ 237; Guillouard, t. 3, n⁰ 1560. — V. toutefois *Rép.* n⁰ 2272, et *infrà*, n⁰ 1030).

1028. — III. Effets de l'ameublissement déterminé (*Rép.* n⁰ˢ 2767 à 2774). — Aux termes de l'art. 1507 c. civ., l'ameublissement déterminé a pour effet de rendre l'immeuble ou les immeubles qui en sont frappés, biens de la communauté *comme les meubles mêmes* ». Ces dernières expressions, comme on l'a dit au *Rép.* n⁰ 2767, ne doivent pas être prises à la lettre ; elles signifient seulement que les immeubles ameublis entrent dans la communauté de même que les meubles, mais ils y entrent en conservant leur nature d'immeubles ; ils doivent être considérés comme des immeubles, notamment, au point de vue du droit de disposition qui appartient au mari comme chef de la communauté (*Rép.* n⁰ 2768; Rodière et Pont, t. 3, n⁰ 1399 ; Marcadé, t. 5, art. 1505, n⁰ 4; Aubry et Rau, t. 5, § 524, note 11, p. 476 ; Laurent, t. 23, n⁰ 258 ; Guillouard, t. 3, n⁰ 1561). Toutefois, il a été jugé que la clause d'ameublissement qui attribue aux immeubles ameublis non seulement le caractère de conquêts de communauté, mais encore celui d'effets mobiliers, est valable ; par suite, l'immeuble ainsi ameubli doit être considéré comme dépendant de la communauté mobilière et être compris dans l'attribution de cette communauté mobilière faite à l'époux survivant (Req. 27 janv. 1858, aff. Carrez, D. P. 58. 1. 167).

Il est généralement reconnu aujourd'hui que l'époux qui a ameubli un immeuble ou des immeubles d'une manière déterminée est garant de l'éviction de ces immeubles envers la communauté. Il n'en serait différemment que si l'époux

avait ameubli tous ses immeubles ou une certaine quantité d'immeubles envisagés d'une manière collective ; en pareil cas, l'époux pourrait ne pas être garant de l'éviction de l'un d'entre eux (*Rép.* n° 2769 ; Rodière et Pont, t. 3, n° 1405 ; Marcadé, t. 5, art. 1404-1409, n° 5 ; Aubry et Rau, t. 5, § 524, notes 15 et 16, p. 477 ; Guillouard, t. 3, n° 1565).

1029. Dans la terminologie du code, l'ameublissement déterminé peut avoir pour objet, comme nous l'avons vu, soit un immeuble entier, soit un immeuble jusqu'à concurrence d'une certaine somme. Dans le premier cas, l'art. 1507, § 2, décide que, s'il s'agit d'un immeuble de la femme, le mari peut en disposer comme des autres effets de la communauté et l'aliéner en totalité. Dans le second cas, d'après le paragraphe 3 du même article, le mari ne peut aliéner l'immeuble qu'avec le consentement de la femme, mais il peut l'hypothéquer sans son consentement, jusqu'à concurrence seulement de la portion ameublie. En suivant la terminologie du code, nous avons été ainsi conduits à distinguer, au point de vue des effets, deux sortes d'ameublissement déterminé, celui qui porte sur un immeuble en totalité et sans restriction à une certaine somme, et celui qui ne porte sur un immeuble que jusqu'à concurrence d'une certaine somme. Dans les deux cas, toutefois, nous avons admis que la propriété de l'immeuble, en totalité ou jusqu'à concurrence de la somme pour laquelle il est ameubli, appartient à la communauté ; nous avons reconnu seulement que, dans le second cas, le droit de propriété de la communauté a un caractère spécial, consistant en ce que le mari ne peut aliéner la portion ameublie de l'immeuble qu'avec le consentement de la femme (V. en ce sens Troplong, t. 3, n° 2000 ; Rodière et Pont, 2° édit., t. 3, n° 1392 ; Colmet de Santerre, t. 6, n° 171 *bis* VII ; Laurent, t. 23, n°² 266 et suiv.). Mais plusieurs auteurs soutiennent, contrairement à cette doctrine, que l'ameublissement d'un immeuble jusqu'à concurrence d'une certaine somme n'est au fond qu'un ameublissement indéterminé. Ils constatent que l'art. 1507, § 3, indique comme on l'appelle, dans les termes identiques à ceux qu'emploie l'art. 1508, § 2, lorsqu'il règle les effets de l'ameublissement indéterminé, à tel point que ce second texte renvoie même au précédent par une phrase incidente, qui atteste que dans les deux cas les effets sont les mêmes. Cela étant, n'est-il pas plus simple et plus vrai de dire que ces deux catégories n'en font qu'une, et que l'ameublissement d'un immeuble jusqu'à concurrence d'une certaine somme est un ameublissement indéterminé? (Marcadé, t. 5, art. 1506-1509, n° 4 ; Aubry et Rau, t. 5, § 524, note 2, p. 473 ; Guillouard, t. 3, n°² 1558 et suiv.).

1030. Quel est l'effet de l'ameublissement limité, non à une certaine somme, mais à une quote-part d'un immeuble ? Nous avons vu *suprà*, n° 1027, qu'on admet généralement que c'est là un ameublissement déterminé. Mais parmi les auteurs qui reconnaissent deux sortes d'ameublissement déterminé, il en est qui assimilent cet ameublissement d'une quote-part d'un immeuble à l'ameublissement jusqu'à concurrence d'une certaine somme ; ils décident, en conséquence, que le mari ne peut aliéner l'immeuble, même pour la quote-part ameublie, sans le consentement de la femme. C'est l'opinion que l'on a suivie au *Rép.* n° 2772 (V. en ce sens : Troplong, t. 3, n° 2005 ; Rodière et Pont, t. 3, n° 1409). Les autres décident, au contraire, que le mari peut disposer seul de la partie de l'immeuble qui a été ameublie et dont la propriété appartient à la communauté (Marcadé, t. 5, art. 1506-1509, n° 4 ; Aubry et Rau, t. 5, § 524, note 3, p. 474 ; Colmet de Santerre, t. 6, n° 171 *bis*; Laurent, t. 23, n° 258 ; Guillouard, t. 3, n° 1560).

1031. — IV. Effets de l'ameublissement indéterminé (*Rép.* n°² 2775 à 2784). — Sauf la question de savoir si l'ameublissement d'un immeuble jusqu'à concurrence d'une certaine somme doit être considéré comme un ameublissement indéterminé, aussi bien que l'ameublissement de tout ou partie des immeubles d'un époux fait dans les mêmes conditions, question dont il vient d'être traité *suprà*, n° 1029, il n'y a rien à ajouter aux explications données au *Rép.* n°² 2775 et suiv. sur l'effet de l'ameublissement indéterminé.

1032. Toutefois, on a contesté que la communauté ait un droit réel sur les immeubles ameublis jusqu'à concurrence d'une certaine somme ; on a prétendu qu'elle n'a qu'une

action pour contraindre l'époux à apporter dans la masse commune, lors de la dissolution de la communauté, ses immeubles ou une partie de ses immeubles, dans la mesure de la somme pour laquelle l'ameublissement a eu lieu (Aubry et Rau, t. 5, § 524, p. 479 ; Laurent, t. 23, n° 284). Mais comme on l'a dit au *Rép.* n° 2776, si la communauté a moins qu'un droit de propriété, elle a plus qu'un droit de créance, puisque le mari, comme chef de la communauté, peut hypothéquer les immeubles ameublis par la femme ; la communauté a donc un droit réel *sui generis*, et il en résulte que ce droit doit être rendu public à l'égard des tiers par la transcription du contrat de mariage, lorsque l'ameublissement est fait par la femme (Colmet de Santerre, t. 6, n° 171 *bis* XXVI et suiv. ; Guillouard, t. 3, n° 1576).

1033. — V. Passif (*Rép.* n°² 2782 à 2784). — L'ameublissement, comme on l'explique au *Rép.* n°² 2782 et suiv., a pour effet d'étendre l'actif de la communauté ; mais il laisse subsister le droit commun quant au passif, à moins qu'il n'y soit dérogé par le contrat de mariage. La communauté est donc tenue des dettes mobilières, mais elle reste affranchie des dettes immobilières. Toutefois, dans l'hypothèse d'un ameublissement particulier, il y a controverse en ce qui concerne les dettes mobilières relatives à l'immeuble ou aux immeubles ameublis, c'est-à-dire les dettes contractées pour l'acquisition, la conservation ou l'amélioration de ces immeubles. Suivant MM. Rodière et Pont, t. 3, n° 1422, ces dettes doivent rester à la charge de l'époux qui a fait l'ameublissement. « Sans doute, disent-ils, sous certains rapports, les dettes relatives aux immeubles ameublis diffèrent, à raison de leur nature même, des dettes immobilières ; mais elles diffèrent aussi des dettes purement mobilières, en ce que le conjoint de l'époux qui a fait l'ameublissement a dû compter que l'apport de celui-ci ne serait pas amoindri en raison de dettes nées à l'occasion de l'immeuble. Donc, il souffrirait une véritable éviction s'il en était autrement » (Comp. *Rép.* n° 2783). Mais cette opinion est combattue par MM. Aubry et Rau, t. 5, § 524, note 17, p. 478, dont la doctrine a été suivie par les auteurs plus récents. Selon ces interprètes, le principe général étant que toutes les dettes mobilières antérieures au mariage tombent dans la communauté sans récompense, il faut un motif spécial pour y déroger. Sans doute, il est fait exception au principe pour les dettes relatives aux immeubles propres, sous le régime de la communauté légale. Mais la raison de cette exception est que l'époux conserve ses immeubles ; il doit donc équitablement supporter les dettes qui les concernent. Or cette raison d'équité disparaît en cas d'ameublissement, puisque les immeubles deviennent alors la propriété de la communauté. D'ailleurs, les dettes mobilières relatives à l'immeuble ameubli diffèrent des dettes purement immobilières en ce que, fussent-elles assises hypothécairement sur l'immeuble, elles n'en grèvent pas moins le patrimoine entier de l'époux débiteur et ne constituent, pas plus que toutes autres dettes, une cause spéciale et directe d'éviction (V. en ce sens : Colmet de Santerre, t. 6, n° 171 *bis* XII ; Laurent, t. 23, n° 265) Guillouard, t. 3, n° 1567). — La controverse cesse d'ailleurs, comme on l'a dit au *Rép.* n° 2784, s'il s'agit d'un ameublissement général. On s'accorde alors à reconnaître que la communauté doit payer toutes les dettes, même immobilières, de l'époux qui a ameubli tous ses immeubles présents, et qu'elle doit aussi payer les dettes grevant les successions immobilières échues à l'époux qui a ameubli ses immeubles futurs (Rodière et Pont, t. 3, n° 1423; Marcadé, t. 5, art. 1506-1509, n° 5; Aubry et Rau, t. 5, § 524, note 18, p. 478 et suiv.).

1034. — VI. Dissolution ; droit de rétention (*Rép.* n°² 2785 à 2792). — Aux termes de l'art. 1509 c. civ. l'époux qui a ameubli un héritage a, lors du partage de la communauté, la faculté de le retenir en le précomptant sur sa part pour le prix qu'il vaut alors, et ses héritiers ont le même droit. Ce droit, comme on l'a dit au *Rép.* n° 2788, ne doit pas être étendu à la femme renonçante ; elle ne pourrait pas, à moins d'une clause expresse du contrat de mariage, reprendre l'héritage par elle ameubli en tenant compte de sa valeur au mari ou à ses héritiers (Rodière et Pont, t. 3, n° 1433; Marcadé, t. 5, art. 1506-1509, n° 5 ; Aubry et Rau, t. 5, § 524, note 14, p. 477; Colmet de Santerre, t. 6, n° 171 *bis* XV ; Laurent, t. 23, n° 263 ; Guillouard, t. 3, n° 1564).

En cas d'ameublissement jusqu'à concurrence d'une certaine somme, l'époux a le droit de désigner ceux de ses immeubles qu'il entend comprendre dans la masse commune (V. *Rép.* n° 2787). Il peut aussi empêcher la vente de ses immeubles en apportant dans la masse la somme en argent pour laquelle a eu lieu l'ameublissement; cela résulte *a fortiori* de l'art. 1509 (Rodière et Pont, t. 3, n° 1430; Marcadé, t. 5, art. 1506-1509, n° 6; Aubry et Rau, t. 5, § 524, note 30, p. 482; Guillouard, t. 3, n° 1575).

Sect. 4. — De la clause de séparation de dettes (*Rép.* n°s 2793 à 2825).

1035. — I. De quelles stipulations résulte la séparation de dettes (*Rép.* n°s 2795 à 2797). — La séparation de dettes, comme on l'explique au *Répertoire*, peut être établie expressément ou tacitement. Elle résulte tacitement de l'apport en communauté d'une certaine somme ou d'un corps certain (c. civ. art. 1511) (V. *suprà*, n° 1019).

1036. — II. Dettes auxquelles s'applique la convention (*Rép.* n°s 2798 à 2808). — La séparation de dettes ne s'applique qu'aux dettes antérieures au mariage, mais on doit considérer comme telle toute dette dont la cause ou le principe existait au moment du mariage. Les auteurs sont d'accord sur ces principes, dont les conséquences sont indiquées au *Rép.* n°s 2798 et suiv. (Rodière et Pont, t. 3, n°s 1450 et suiv.; Marcadé, t. 5, art. 1510-1512, n°s 1 et suiv.; Aubry et Rau, t. 5, § 526, p. 485; Laurent, t. 23, n°s 292 et suiv.; Guillouard, t. 3, n°s 1580 et suiv.).

1037. Il y a doute sur la question de savoir si la séparation de dettes est applicable aux dettes d'une succession échue à l'un des époux avant le mariage, mais acceptée par lui après le mariage. MM. Rodière et Pont, t. 3, n° 1437, et Laurent, t. 23, n° 295, soutiennent l'affirmative, par le motif que l'effet de l'acceptation remonte au jour de l'ouverture de la succession. La négative, que nous avons adoptée au *Rép.* n° 2807, et qui se fonde principalement sur l'intention probable des parties, est enseignée par Marcadé, t. 5, art. 1510-1512, n° 2, par MM. Aubry et Rau, t. 5, § 526, note 4, p. 485, et par M. Guillouard, t. 3, n° 1582. L'objection tirée de la rétroactivité de l'acceptation, ce der-

nier auteur répond que l'acceptation rétroagit au point de vue de la saisine et de la transmission héréditaire, mais cette rétroactivité ne peut faire que l'habile à succéder ait été débiteur des dettes héréditaires avant son acceptation, et cela suffit pour que ces dettes tombent en communauté.

1038. On s'est demandé si les futurs époux pourraient convenir que les dettes grevant les successions ou les donations mobilières qui viendraient à leur échoir pendant le mariage leur resteront propres. Nous croyons, avec MM. Colmet de Santerre, t. 6, n° 173 *bis* III, et Guillouard, t. 3, n° 1583, que cette clause serait parfaitement licite. Les époux peuvent exclure de la communauté toutes leurs dettes actuelles, alors même que tout leur mobilier tombe en communauté; à plus forte raison doivent-ils pouvoir convenir que les dettes d'une succession qui entrera dans leur patrimoine ne seront pas à la charge de la communauté, quand même celle-ci recueillerait le mobilier de cette succession. Une telle convention pourra surtout intervenir dans le cas prévu au numéro précédent, alors que la succession, ouverte avant le mariage, n'aura pu encore être acceptée au moment du mariage (*Contrà :* Laurent, t. 23, n° 292).

1039. Ainsi qu'on l'a dit au *Rép.* n° 2808, la clause de séparation de dettes n'empêche pas que la communauté ne doive payer les intérêts et arrérages des dettes à partir du jour du mariage. Toutefois, contrairement à l'opinion de quelques auteurs, rapportée au *Rép. ibid.*, on admet généralement que la clause, assez singulière, par laquelle les époux exonéreraient la communauté même des intérêts ou arrérages serait valable (Troplong, t. 3, n° 2055; Rodière et Pont, t. 3, n° 1460; Guillouard, t. 3, n° 1583 *bis*).

1040. Il a été jugé que, si deux époux ont stipulé dans leur contrat que chacun d'eux serait tenu personnellement des dettes contractées par lui antérieurement au mariage ainsi que de celles qui lui surviendraient durant le mariage par suite de succession, dons, legs ou autrement, cette clause, qui ne concerne que les dettes personnelles des époux, ne saurait avoir pour effet d'interdire à la femme de s'obliger solidairement avec son mari pour les affaires de la communauté, conformément aux dispositions de l'art. 1431 c. civ. (Dijon, 5 juill. 1880) (1).

---

(1) (De Lespinasse *C.* Argot. — Suivant acte de Me Misserey, notaire à Nuits, du 12 oct. 1871, le sieur André Argot a consenti une ouverture de crédit de 16000 fr. à la dame veuve Bozonnier de Lespinasse et au sieur Bozonnier de Lespinasse fils. Cette ouverture de crédit devait se réaliser en un compte courant, au fur et à mesure des besoins des crédits; toutes les sommes versées étaient productives d'intérêts au taux de 6 pour 100, sans préjudice des droits de commission, change, etc., en usage dans les banques. Par convention du 3 juin 1876, la dame Bozonnier de Lespinasse jeune s'est engagée solidairement avec son mari, dans les conditions de l'acte du 12 oct. 1871, à rembourser au sieur André Argot les sommes qui seraient dues à celui-ci, jusqu'à concurrence de 25000 fr. En 1877, les parties se sont trouvées en désaccord sur le solde du compte courant. Le sieur André Argot a poursuivi, et après expertise, le tribunal de Beaune, par jugement du 8 nov. 1879, a condamné solidairement les époux Bozonnier de Lespinasse au payement de la somme de 25000 fr., avec intérêts à 6 pour 100 à compter du 30 avr. 1877. Les époux de Lespinasse ont interjeté appel de ce jugement. — Arrêt.
La cour; — Considérant que les époux de Lespinasse se sont mariés sous le régime de la communauté; qu'il a été, il est vrai, stipulé dans leur contrat que chacun d'eux payerait séparément les dettes par lui contractées antérieurement au mariage et toutes celles dont il se trouverait chargé pendant sa durée par acte de succession, dons, legs ou autrement; — Mais que cette clause, qui ne concerne que les dettes personnelles des époux, ne saurait avoir pour effet d'interdire à la femme de s'obliger solidairement avec son mari pour les affaires de la communauté, conformément aux dispositions de l'art. 1431 c. civ.; que la dame de Lespinasse, qui pouvait incontestablement, sans violer le principe d'ordre public consacré par l'art. 1395, couvrir de sa garantie les opérations du compte courant postérieures au 3 juin 1876, date de son engagement envers Argot, avait également le droit de s'obliger pour les opérations antérieures; que ces opérations, en effet, n'avaient commencé qu'au mois de décembre 1868, c'est-à-dire pendant la durée du mariage dont la célébration remonte à l'année 1831; qu'elles avaient le même but que celles qui les avaient suivies, et que les circonstances de la cause démontrent que la dette qui en résultait au 3 juin 1876 n'avait pas été contractée dans l'intérêt personnel du mari, mais pour le compte et pour le besoin de la commu-

nauté; que l'engagement du 3 juin 1876 de la dame de Lespinasse envers Argot portant expressément sur toutes les sommes que son mari avait et pouvait avoir, elle doit être tenue du solde du compte courant jusqu'à concurrence de la somme de 25000 fr., à laquelle on a fixé l'étendue de sa garantie; qu'il n'y a lieu d'ailleurs d'en déduire le solde débiteur du compte de Lespinasse antérieur à l'ouverture de crédit du 12 oct. 1871, puisque les termes de la garantie s'appliquent à ce solde aussi bien qu'aux dettes antérieures; — Considérant que pour le calcul des intérêts des sommes portées au compte accepté par le tribunal, les experts ont adopté la méthode dite des diviseurs fixes, suivant laquelle l'année n'est cnsée composée que de trois cent soixante jours; que cette manière de procéder fait ressortir les intérêts à un taux supérieur, quoique dans une très faible mesure, au taux de l'intérêt commercial auquel les époux de Lespinasse s'étaient soumis; qu'il y a lieu, dès lors, de reviser le compte sur ce point, mais que la cour trouve dans la procédure les éléments nécessaires pour effectuer cette opération sans qu'il soit nécessaire de recourir à une expertise supplémentaire; — Considérant que le compte ouvert le 5 déc. 1868 a dû régulièrement et suivant l'usage en banque, être arrêté au fin de l'année le 31 du même mois; que la capitalisation des intérêts à cette date était une conséquence naturelle de ce réglement, mais qu'opérée proportionnellement au temps écoulé, au taux du commerce et sans réclamation de la part du crédité auquel des relevés de comptes étaient périodiquement fournis, elle ne saurait constituer une perception illicite et donner lieu à la revision desdits comptes; que, dès lors, les commissions calculées à chaque réglement à raison de 12 pour 100 n'a pas excédé, pendant la période comprise entre le 3 déc. 1868 et le 31 déc. 1869, les limites du droit du banquier; que les mêmes considérations doivent faire disparaître les critiques dirigées contre le réglement du 31 déc. 1871;
Par ces motifs, infirme le jugement en ce qui concerne seulement le calcul des intérêts; émendant, en conséquence, dit que de ce chef le solde du compte des parties au 30 avr. 1877 doit être réduit de 215 fr., et par suite fixé à la somme de 26443 fr. 40 cent.; — Confirme, au contraire, le jugement dans toutes ses autres dispositions.
Du 5 juill. 1880.-C. de Dijon, 3e ch.-MM. Julhiet, pr.-Lebon, av. gén.

1041. — III. Effets de la séparation de dettes (*Rép.* nos 2809 à 2825). — Dans les rapports des époux ou de leurs héritiers, l'effet de la clause de séparation de dettes est d'obliger l'époux dont la dette a été payée par la communauté à faire récompense à celle-ci du montant de la dette. Il en est ainsi, aux termes de l'art. 1510, soit qu'il y ait eu inventaire ou non. Mais pour qu'il y ait lieu à récompense, il faut, comme on l'explique au *Rép.* n° 2814, que la dette ait été réellement *payée;* il ne suffit pas que la dette ait été éteinte pendant le mariage, car l'extinction pourrait ne pas donner lieu à récompense, si elle résultait, par exemple, d'une remise de la dette. Il faut donc que l'époux qui demande la récompense fournisse la preuve, non seulement de l'existence de la dette à la charge de son conjoint au moment du mariage, mais encore du payement de cette dette pendant la communauté (Troplong, t. 3, n° 2032; Rodière et Pont, t. 3, n° 1463; Marcadé, t. 5, art. 1510-1512, n° 3; Aubry et Rau, t. 5, § 526, note 6, p. 486; Guillouard, t. 3, n° 1584).

Du moment qu'il est prouvé que la dette a été payée pendant le mariage, on doit présumer, comme on l'a dit au *Rép.* n° 2815, qu'elle l'a été avec les deniers de la communauté. M. Laurent, t. 23, n° 300, s'élève contre cette présomption qui, suivant lui, n'est pas établie par la loi. Mais elle est nécessaire et résulte, comme nous l'avons dit, de la nature des choses. Tout le mobilier présent et futur des époux tombant dans la communauté malgré la clause de séparation de dettes, les époux ne pourraient payer leurs dettes avec des deniers propres qu'en aliénant leurs immeubles; or c'est à l'époux qui prétend s'être libéré de cette manière qu'incombe l'obligation de le prouver, car sa prétention équivaut à une récompense réciproque réclamée par lui à la communauté (Comp. Rodière et Pont, t. 3, n° 1463; Marcadé, t. 5, art. 1510-1512, n° 3; Aubry et Rau, t. 5, § 526, note 7, p. 486; Guillouard, t. 3, n° 1585).

La femme doit récompense pour ses dettes personnelles payées par la communauté, quand bien même l'acte qui les constate n'a pas acquis date certaine avant le mariage. La date certaine n'est nécessaire, en effet, qu'à l'égard des tiers, mais non vis-à-vis du débiteur. L'art. 1410, § 1er, aux termes duquel la communauté légale n'est tenue des dettes de la femme antérieures au mariage qu'autant qu'elles résultent d'un acte ayant date certaine, a été édicté en faveur du mari, mais il ne peut pas être invoqué par la femme contre sa propre signature (Aubry et Rau, t. 5, § 526, note 8, p. 486; Laurent, t. 23, n° 301; Guillouard, t. 3, n° 1586).

1042. Pour déterminer l'effet de la clause de séparation de dettes à l'égard des créanciers des époux, il faut distinguer, aux termes de l'art. 1510 c. civ., si le mobilier apporté par les époux a été ou non constaté par un inventaire ou état authentique (*Rép.* nos 2816 et suiv.).

En ce qui concerne les créanciers de la femme, s'il y a eu inventaire, ils ne peuvent agir que sur le mobilier apporté par la femme. Si, au contraire, il n'a pas été fait d'inventaire, ces créanciers peuvent poursuivre leur payement sur tout le mobilier de la communauté (*Rép.* n° 2817). A défaut d'inventaire, les créanciers de la femme peuvent-ils également saisir les meubles ou immeubles propres au mari? La négative résulte d'un arrêt de la cour de Douai du 15 juin 1861 (aff. Lannoy-Hérault, D. P. 62. 2. 139). Mais les auteurs enseignent généralement que, du moment où le mari ne justifie pas régulièrement de la consistance du mobilier apporté par la femme, il peut être poursuivi par les créanciers de celle-ci dans les termes du droit commun et comme si les époux étaient mariés sous le régime de la communauté légale, c'est-à-dire tant sur les biens de la communauté que sur les biens propres (Rodière et Pont, t. 3, n° 1467; Aubry et Rau, t. 5, § 526, note 14, p. 489; Laurent, t. 23, n° 306; Guillouard, t. 3, n° 1587).

Lorsqu'il y a eu inventaire, nous pensons que les créanciers de la femme mariée sous la clause de séparation de dettes peuvent poursuivre leur payement, en même temps que sur le mobilier apporté par la femme, sur la pleine propriété de ses immeubles, et non pas seulement sur la nue propriété, à la condition, toutefois, que le titre du créancier ait date certaine avant le mariage. Si son titre n'a pas date certaine, le créancier ne peut, à notre avis,

agir que sur la nue propriété des biens de sa débitrice, car l'art. 1410, § 2, est alors applicable (V. cependant : Besançon, 4 mars 1878, aff. Perrot, D. P. 79. 2. 48. — Comp. *supra*, nos 302 et suiv.).

1043. Quant aux créanciers du mari, il n'est pas douteux qu'à défaut d'inventaire, ils ont action sur tout le mobilier de la communauté. Mais s'il y a eu inventaire du mobilier apporté par l'un et l'autre époux, peuvent-ils néanmoins poursuivre leur payement sur le mobilier apporté dans la communauté par la femme? Cette question, prévue au *Rép.* n° 2819, est toujours très controversée. L'opinion qui accorde aux créanciers du mari le droit de poursuivre sur tous les biens de la communauté, quelle qu'en soit la provenance, a été soutenue, depuis la publication du *Répertoire*, par MM. Aubry et Rau, t. 5, § 526, note 11, p. 487 et suiv., et par M. Guillouard, t. 3, n° 1589. « Qui donc aurait qualité pendant la communauté, dit ce dernier auteur, pour s'opposer aux poursuites des créanciers du mari sur les meubles ayant appartenu à la femme et qui ont été constatés par inventaire? Ce n'est pas la femme, qui n'a aucun droit, tant que la communauté dure, sur les biens qui la composent; ce n'est pas non plus le mari, qui ne peut paralyser le droit actuel de ses propres créanciers en invoquant les droits éventuels pouvant appartenir un jour à sa femme, si elle accepte la communauté. » Nous répondrons au savant auteur, d'abord qu'il n'est pas exact que la femme n'ait aucun droit sur les biens communs pendant la communauté, puisqu'on la considère généralement aujourd'hui comme copropriétaire de ces biens, sauf la résolution de ses droits en cas de renonciation, et en outre que le droit de s'opposer à ce que les créanciers personnels du mari saisissent les meubles qu'elle a apportés en communauté, résulte pour elle du contrat de mariage qui établit la séparation de dettes, et qui, sous ce rapport, comme le reconnaît lui-même M. Guillouard, n° 1587, est opposable aux tiers. Si les créanciers du mari peuvent saisir même les meubles apportés par la femme dans la communauté légale, c'est à cause de la confusion de ces meubles dans l'actif commun; en dehors de cette raison, l'équité s'oppose à ce que les biens de la femme servent à payer les créanciers du mari. Or, du moment où la confusion des meubles est supprimée par l'inventaire, et où d'ailleurs les tiers sont avertis par le contrat de mariage qu'ils n'ont à compter que sur le patrimoine de leur débiteur, il nous semble qu'ils ne doivent pas plus pouvoir se payer sur les biens apportés par la femme, s'ils ont le mari pour débiteur, qu'ils ne pourraient se payer sur les biens du mari, s'ils étaient créanciers de la femme. C'est, du reste, l'opinion de la majorité des auteurs (Rodière et Pont, t. 3, n° 1469; Marcadé, t. 5, art. 1510-1512, n° 4; Colmet de Santerre, t. 6, n° 176 *bis* IV; Laurent, t. 23, n° 308). D'après M. Laurent, « le mari a le droit et le devoir de s'opposer à la saisie que les créanciers font du mobilier inventorié de la femme. Il est administrateur des biens de la femme et chargé de veiller à ses intérêts ; or, le mobilier de la femme, quoiqu'il entre dans la communauté, n'y entre pas à l'égard des créanciers; le contrat de mariage, qui leur défend de le poursuivre, peut être opposé aux tiers ; donc le mari peut et doit être aux créanciers qu'ils saisissent des meubles qu'ils n'ont pas le droit de saisir ».

1044. Après la dissolution de la communauté, les créanciers personnels de l'un ou l'autre époux ne peuvent plus se prévaloir du défaut d'inventaire pour poursuivre leur payement sur la totalité des biens communs ; ils n'ont d'action que sur la part revenant à leur débiteur (*Rép.* n° 2821). — Jugé que, sous le régime de la communauté avec séparation de dettes, les créanciers personnels du mari ne sont admis à poursuivre leur payement sur les biens dépendant de la communauté dissoute, qu'après prélèvement par la femme de ses reprises, et sur les valeurs comprises par le partage dans le lot du mari, encore que, durant la communauté, en l'absence de l'inventaire prescrit par l'art. 1510, ils eussent pu agir sur tous les biens qui la composent, concurremment avec les créanciers communs (Nancy, 2 févr. 1865, aff. Vautrin, D. P. 70. 2. 65. V. dans le même sens : Rodière et Pont, t. 3, n° 1470; Aubry et Rau, t. 5, § 526, note 15, p. 489; Colmet de Santerre, t. 6, n° 176 *bis* VI; Laurent, t. 23, n° 310; Guillouard, t. 3, n° 1590).

SECT. 5. — DE LA CLAUSE DE FRANC ET QUITTE
(*Rép.* nᵒˢ 2826 à 2845).

1045. La clause dont il s'agit dans cette section oblige l'époux dont l'apport a été déclaré franc et quitte de toutes dettes et, à son défaut, le tiers qui a fait ou garanti cette déclaration, à indemniser la communauté de tout le préjudice qu'elle a éprouvé par suite des dettes de l'époux, dans le cas où la déclaration de franc et quitte était inexacte. Il est donc dû récompense à la communauté, comme on l'a dit au *Rép.* nᵒ 2831, non seulement des sommes employées par elle au payement des dettes de l'époux, en capital et intérêts, mais encore des intérêts que ces sommes auraient produits et qui auraient profité à l'actif de la communauté (Paris, 9 mai 1878, aff. Perny, D. P. 79. 2. 68, et sur pourvoi, Req. 27 mai 1879, D. P. 81. 1. 297; Rodière et Pont, t. 3, nᵒ 1483; Marcadé, t. 5, art. 1513; nᵒ 2; Aubry et Rau, t. 5, § 527, note 6, p. 491 et suiv.; Laurent, t. 23, nᵒ 322; Colmet de Santerre, t. 6, nᵒ 179 *bis* III; Guillouard, t. 3; nᵒ 1595. — *Contrà :* Brolles, *Revue pratique de droit français*, année 1879, p. 126).
Mais l'indemnité à laquelle a droit le conjoint de l'époux dont l'apport a été faussement déclaré franc et quitte ne doit pas dépasser le montant du préjudice qu'il éprouve par suite de l'existence des dettes. Il suit de là que si c'est le mari auquel la déclaration s'applique, la femme qui renonce à la communauté ne peut se faire indemniser que dans la limite où ses reprises ne seraient pas payées par suite de l'inexactitude de la déclaration. Et si l'insolvabilité du mari ne résulte pas seulement de ses dettes antérieures au mariage, mais encore des dettes qu'il a contractées pendant le mariage, la femme n'a le droit d'être indemnisée qu'à raison des dettes de la première espèce ; elle ne peut donc réclamer le payement de ses reprises que jusqu'à concurrence de la valeur des biens du mari au moment du mariage et elle doit subir sur ces biens le concours des dettes du mari postérieures au mariage (*Rép.* nᵒ 2836 ; Colmet de Santerre, t. 6, nᵒ 179 *bis* XII ; Laurent, t. 23, nᵒˢ 320 et 323 ; Guillouard, t. 3, nᵒ 1596).

SECT. 6. — DE LA FACULTÉ ACCORDÉE A LA FEMME DE REPRENDRE
SON APPORT FRANC ET QUITTE (*Rép.* nᵒˢ 2846 à 2900).

1046. La faculté pour la femme de reprendre son apport franc et quitte n'est stipulée ordinairement, comme on l'a dit au *Rép.* nᵒ 2849, que pour le cas où la femme renonce à la communauté, et c'est seulement de cette hypothèse dont il est traité sous cette section. — Il pourrait être convenu aussi que la femme reprendra son apport en communauté franc et quitte de toutes dettes, même en acceptant la communauté ; mais ce serait alors, au fond, une clause de réalisation de l'apport de la femme (V. *Rép.* nᵒ 2852; Rodière et Pont, 2ᵉ éd., t. 3, nᵒ 1494; Aubry et Rau, t. 5, § 528, note 2, p. 493; Guillouard, t. 3, nᵒ 1598).
La clause de reprise de l'apport franc et quitte ne déroge pas seulement aux règles de la communauté; elle constitue encore une dérogation aux principes des sociétés, puisque l'art. 1855 c. civ. déclare nulle la stipulation qui affranchirait de toute contribution aux pertes les sommes ou effets mis dans le fonds social par un des associés. C'est pourquoi cette clause doit, ainsi qu'on l'a vu au *Rép.* nᵒ 284, être interprétée restrictivement, d'abord quant aux personnes en faveur desquelles la reprise est stipulée, en outre quant aux choses que la femme a le droit de reprendre (c. civ. art, 1514).
1047. — I. PERSONNES AUXQUELLES PROFITE LA CONVENTION DE REPRISE (*Rép.* nᵒˢ 2858 à 2874). — La faculté de reprise de l'apport franc et quitte, stipulée au profit de la *femme*, ne s'étend pas à ses *enfants;* stipulée au profit *de la femme et de ses enfants*, elle ne s'étend pas à ses *héritiers*. Mais, dans l'expression d'*enfants*, comme on l'a décidé au *Rép.* nᵒ 2861 et suiv., il faut comprendre les *petits-enfants*, les *enfants nés d'un précédent mariage* et les *enfants naturels* ou *adoptifs* (Rodière et Pont, t. 2, nᵒˢ 1502 et suiv.; Marcadé, t. 5, art. 1514, nᵒ 2; Aubry et Rau, t. 5, § 528, notes 6 et 7, p. 494; Laurent, t. 23, nᵒ 330; Guillouard, t. 3, nᵒ 1602). Si, d'ailleurs, la reprise a été stipulée même en faveur des héritiers collatéraux, les descendants et les ascendants peuvent

a fortiori l'exercer (*Rép.* nᵒˢ 2863 et suiv.; Rodière et Pont, t. 3, nᵒ 1508; Marcadé, *loc. cit.;* Aubry et Rau, t. 5, § 528, note 5, p. 494; Colmet de Santerre, t. 6, nᵒ 180 *bis* VII; Laurent et Guillouard, *loc. cit.*).
Lorsqu'il a été dit que la reprise de l'apport franc et quitte pourra être exercée par la femme ou par ses héritiers, les enfants naturels sont-ils compris dans le mot *héritiers?* La négative est plus généralement admise, par le motif qu'aux termes de l'art. 756, les enfants naturels ne sont point héritiers (*Rép.* nᵒ 2866; Rodière et Pont, t. 3, nᵒ 1506; Marcadé, t. 5, art. 1514, nᵒ 2; Guillouard, t. 3, nᵒ 1603). Mais MM. Aubry et Rau, t. 5, § 528, note 7, p. 494, se prononcent en sens contraire.« Il nous paraît, disent-ils, impossible d'admettre qu'en stipulant la reprise au profit de ses enfants, même collatéraux, la femme n'ait pas entendu la stipuler également, et à plus forte raison, en faveur de ses enfants naturels. En vain objecte-t-on que ces enfants ne sont point héritiers ; cette objection, qui aurait de la force s'il s'agissait de l'application d'une disposition légale, ne nous paraît rien moins que décisive, quand il est question de l'interprétation d'une convention. »
1048. — II. A QUELLES CHOSES S'ÉTEND LA REPRISE (*Rép.* nᵒˢ 2875 à 2888). — La stipulation de reprises ne peut s'étendre, comme le dit l'art. 1514 c. civ., au delà des choses formellement exprimées (V. les applications de cette règle au *Rép.* nᵒˢ 2875 et suiv.). — Dans le cas où la femme s'est réservé le droit de reprendre franc et quitte « son apport » ou « ce qu'elle a apporté » ou « son mobilier », la plupart des auteurs décident, avec Pothier, *Traité de la communauté*, nᵒ 399, que ces expressions ne doivent s'entendre que de l'apport ou du mobilier présent (Rodière et Pont, t. 3, nᵒ 1514; Aubry et Rau, t. 5, § 528, p. 493; Guillouard, t. 3, nᵒ 1600). Cependant, d'après M. Laurent, t. 3, nᵒ 332, la reprise est bien limitée au mobilier présent quand il est dit que la femme reprendra ce qu'elle a apporté *lors du mariage*, comme le prévoit l'art. 1514; mais s'il est seulement stipulé que la femme reprendra *ce qu'elle a apporté*, elle doit pouvoir reprendre tout ce qui compose ses apports et par conséquent le mobilier qui lui est échu par succession ou donation aussi bien que celui qu'elle avait au moment du mariage.
1049. La femme qui reprend son apport franc et quitte a-t-elle droit aux intérêts de cet apport du jour de la dissolution de la communauté ou seulement du jour de la demande? Ainsi que nous l'avons dit au nᵒ 2884, la question est controversée. Mais on a vu *suprà*, nᵒ 831, que, d'après l'opinion dominante, la femme qui renonce a droit aux intérêts de ses reprises dès le jour de la dissolution, les mêmes motifs qui ont fait prévaloir cette opinion conduisent à reconnaître le même droit à la femme qui a stipulé la reprise de son apport franc et quitte (Rodière et Pont, t. 3, nᵒ 1517; Guillouard, t. 3, nᵒ 1611. — V. cependant en sens contraire : Marcadé, t. 5, art. 1514, nᵒ 3 ; Aubry et Rau, t. 5, § 528, note 14, p. 497; Laurent, t. 23, nᵒ 342 *bis*).
1050. Dans tous les cas, suivant l'art. 1514, les reprises de la femme ne peuvent être repris que déduction faite des *dettes personnelles à la femme*, que la communauté aurait acquittées (*Rép.* nᵒˢ 2885 et suiv.). Par *dettes personnelles à la femme*, il faut entendre toutes les dettes qui ont été contractées dans son intérêt exclusif, dettes relatives à la conservation ou à l'amélioration de ses biens, dettes grevant les successions ou les donations à elle échues, etc. (Guillouard, t. 3, nᵒ 1610). Mais si, au lieu de stipuler la reprise de ses apports en général, la femme s'est réservé la faculté de reprendre une certaine somme, pour lui tenir lieu de ce qu'elle a apporté, ou seulement certains objets déterminés, la reprise alors s'exercerait sans aucune déduction des dettes de la femme (V. outre les auteurs cités au *Rép.* nᵒ 2886 : Rodière et Pont, t. 3, nᵒ 1520 ; Marcadé, t. 5, art. 1514, nᵒ 3 ; Aubry et Rau, t. 5, § 528, note 12, p. 496; Guillouard, t. 3, nᵒ 1609).
1051. — III. COMMENT S'EXERCE LE DROIT DE REPRISE (*Rép.* nᵒˢ 2889 à 2900). — Pour exercer la reprise de son apport franc et quitte, la femme doit d'abord établir la consistance et valeur des objets qui le composent. Elle doit faire cette preuve conformément aux règles qui ont été indiquées au *Rép.* nᵒˢ 2613 et suiv. et *suprà*, nᵒˢ 978 et suiv. pour la preuve des apports sous le régime de la communauté réduite

aux acquêts. Il a été jugé que la femme commune qui, pour le cas de renonciation à la communauté, s'est réservé le droit de reprendre ses apports francs et quittes, ne peut, à l'égard des tiers exercer ce droit de reprise en nature sur les effets qu'elle prétend lui être échus durant le mariage, qu'autant qu'elle en établit l'origine et la valeur par un inventaire ou état en bonne forme, selon les termes de l'art. 1499 c. civ., la preuve par témoins ou par commune renommée n'étant alors admissible qu'à l'égard du mari (Angers, 26 mai 1869, aff. Lechalas, D. P. 69. 2. 238). D'après cet arrêt, la femme pourrait faire preuve de ses apports par témoins ou par commune renommée, même contre les tiers et notamment contre les créanciers du mari, si elle ne réclamait que la valeur des objets apportés par elle et n'agissait qu'en qualité de simple créancière. Mais cette distinction a été repoussée par la cour de cassation (V. *suprà*, n° 982).

1052. La femme qui a stipulé la reprise de son apport franc et quitte peut-elle exercer cette reprise par préférence aux créanciers de la communauté? Nous avons vu *suprà*, n° 851, que la négative a prévalu dans la jurisprudence. Il a d'abord été jugé, même par la cour de cassation, que dans le cas où la femme avait stipulé qu'en cas de renonciation elle aurait le droit de reprendre ses apports francs et quittes, alors même qu'elle se serait engagée personnellement envers les créanciers de la communauté, cette clause était opposable aux tiers et autorisait la femme à exercer ses reprises par préférence à tous créanciers du mari ou de la communauté, même à ceux envers lesquels elle se serait elle-même obligée avec son mari (Amiens, 9 janv. 1855, aff. Midy, D. P. 55. 5. 82 ; Civ. rej. 7 févr. 1855, aff. Fontaine, D. P. 55. 1. 114 ; Req. 16 avr. 1856, aff. Clouet, D. P. 56. 1. 298). — Le résultat de cette jurisprudence que la femme pouvait, pour le montant de ses reprises, se faire colloquer sur les immeubles du mari, même à l'exclusion des créanciers envers lesquels elle avait contracté avec son mari une obligation solidaire qu'elle avait subrogés dans le bénéfice de son hypothèque légale (Arrêt précité du 7 févr. 1855). Mais de nombreux arrêts, la plupart postérieurs à ceux qui viennent d'être cités, ont décidé que la clause par laquelle la femme a stipulé la reprise de son apport franc et quitte n'est opposable aux tiers qu'autant que la volonté de la rendre obligatoire pour eux comme pour le mari a été exprimée en termes tellement clairs et précis que les tiers n'aient pu être induits en erreur sur la portée de cette stipulation. Ainsi il a été jugé : 1° que la stipulation contractuelle que la femme *pourra, en renonçant à la communauté, reprendre ses apports mobiliers en exemption de toutes dettes et charges de la communauté*, ne suffit pas pour faire déclarer ces apports affranchis des dettes que la femme a contractées personnellement ; et si, pour sûreté de ces dettes, elle a subrogé un tiers aux droits et actions lui appartenant pour raison de ses créances et reprises mobilières, elle ne peut faire tomber l'effet de cette subrogation par le seul fait de sa renonciation à la communauté (Caen, 28 mai 1849, aff. Lerouge, D. P. 52. 2. 105) ; — 2° La femme qui a stipulé qu'elle pourrait *reprendre ses apports francs et quittes des dettes de la communauté, alors même qu'elle s'y serait obligée ou y aurait été condamnée*, ne peut se prévaloir de cette stipulation contre les créanciers envers lesquels elle s'est obligée conjointement avec son mari ; une telle clause confère seulement à la femme un recours contre le mari pour les dettes qu'elle est obligée de payer (Req. 14 déc. 1858, aff. Gaudermen, D. P. 59. 1. 49 ; 15 déc. 1858, aff. Laporte, aff. Poincelin, aff. Létang, *ibid.* ; Req. 13 août 1860, aff. Sornin, D. P. 61. 1. 263 ; Douai, 28 nov. 1860 (1) ; Req. 29 janv.

1866, aff. Maisondieu, D. P. 66. 1. 276 ; Riom, 24 juill. 1886, aff. Desorme, D. P. 87. 2. 252).

Il a encore été jugé que la clause du contrat de mariage par laquelle la femme mariée sous le régime de la communauté est autorisée, en cas de renonciation, à reprendre francs et quittes, à l'encontre des tiers, ses biens propres qu'elle aurait affectés à des créanciers envers lesquels elle se serait engagée solidairement avec son mari, n'équivaut pas à une stipulation de dotalité et n'empêche pas que la femme ne puisse, avec l'autorisation de son mari, aliéner ses immeubles propres ou les hypothéquer (Civ. rej. 21 déc. 1869, aff. Chevassu-Périgny, D. P. 70. 1. 52 ; Caen, 12 juin 1878, aff. Richard, D. P. 80. 2. 92, et sur pourvoi, Req. 14 juill. 1879, D. P. 80. 1. 328). — De même, dans une espèce où les époux étaient mariés sous le régime de la communauté universelle, la cour de cassation a décidé que la clause du contrat qui réservait à la femme, pour le cas où elle renoncerait à la communauté, la faculté de reprendre son apport franc et quitte, ne pouvait avoir effet vis-à-vis des tiers, à défaut d'une déclaration formelle et précise du contrat qui la leur rendit opposable, et que, par suite, les immeubles dont la femme exerçait la reprise restaient soumis aux hypothèques constituées par le mari pendant la communauté (Civ. cass. 2 déc. 1872, aff. Chaigneau, D. P. 72. 1. 398. Cet arrêt a cassé un arrêt de la cour de Bordeaux du 29 juin 1871, D. P. 72. 2. 28, qui avait jugé en sens contraire). Il résulte cependant de cette jurisprudence que, si la clause de reprise d'apport franc et quitte est rédigée de telle manière que les tiers puissent voir qu'elle leur est opposable et qu'elle constitue une stipulation partielle ou conditionnelle de l'inaliénabilité dotale, alors, mais alors seulement, la femme peut exercer la reprise de son apport à l'encontre des tiers. C'est ce qui aurait lieu, par exemple, dit M. Guillouard, t. 3, n° 1606, si la femme avait déclaré qu'elle reprendrait son apport franc et quitte même au préjudice des créanciers de la communauté (Comp. Agen, 23 févr. 1881, *suprà*, n° 851. V. aussi Paul Pont, *Revue critique*, année 1856, t. 9, p. 932 et suiv. ; Rodière et Pont, t. 3, n° 1641 ; Aubry et Rau, t. 5, § 533, notes 11 et suiv., p. 525 et suiv. ; Laurent, t. 23, n° 338).

Sect. 7. — Du précipul conventionnel (*Rép.* n°s 2901 à 2952).

1053. — I. Nature de la convention (*Rép.* n°s 2905 à 2910). — L'art. 1516 c. civ. porte que « le précipul n'est point regardé comme un avantage *sujet aux formalités des donations*, mais comme une *convention de mariage* ». Les auteurs ne sont pas d'accord sur l'interprétation de ce texte. D'après M. Colmet de Santerre, t. 6, n° 183 *bis* I, tout ce qui en résulte, c'est que le précipul n'est pas soumis aux règles qui régissent la forme des donations ; mais on ne peut en conclure que le législateur a voulu le soustraire aux règles de fond, et spécialement, aux dispositions sur le rapport et la réduction. Lorsque le législateur a voulu affranchir une certaine clause de toutes les règles des donations, il s'est expliqué et a parlé tant du fond que de la forme (c. civ. art. 1525). De plus, l'art. 1518, qui applique au précipul la règle de la révocation pour ingratitude, montre que, sur un point capital, le précipul reste soumis aux principes qui régissent quant au fond les actes à titre gratuit. M. Colmet de Santerre reconnaît cependant qu'il n'est pas facile d'indiquer quelles sont les formalités des donations dont le précipul serait affranchi ; il remarque seulement que Pothier déclarait que la convention de précipul n'était pas sujette

<hr/>

(1) (Veuve Scheppers C. Vasseur-Blondin.) — La cour ; — Sur le 1er moyen invoqué par l'appelante : — Attendu que les époux Scheppers s'étant mariés sous le régime de la communauté légale sont soumis aux règles qu'elle impose ; que par l'art. 4 de leur contrat, lequel est conçu en un seul contexte, il a été stipulé dans une disposition unique qu'en cas de renonciation la femme reprendrait les apports francs et quittes, et serait libérée de toutes les obligations qui auraient été contractées pendant le mariage ; — Attendu que cette clause ne saurait avoir en vue les tiers, à l'égard desquels elle est muette; qu'elle ne peut avoir d'autre portée que d'assurer à la femme son recours éventuel contre le mari ou ses héritiers, conformément à l'art. 1494 c. nap. ; — Qu'une interprétation contraire conduirait à une surprise envers les tiers et serait en opposition manifeste avec les principes du régime de commu-

nauté adopté par les époux ; — Sur le second moyen : — Attendu que si l'art. 1326 c. nap. est applicable au cautionnement, et si le chiffre de l'obligation, bien que variable ici, est néanmoins déterminé par un maximum indiqué, il résulte des termes employés par l'appelante, lors de la signature de l'acte, un commencement de preuve par écrit ; qu'en effet, elle déclare expressément approuver le contenu de cet acte ; que d'ailleurs les présomptions graves, précises et concordantes établissent ici qu'elle a souscrit ce cautionnement en pleine connaissance de cause et en appréciant bien l'étendue de l'obligation par elle contractée ; — Par ces motifs, met l'appellation au néant ; confirme, etc.

Du 28 nov. 1860.-C de Douai, 1re ch.-MM. de Moulon, 1er pr., Connelly, subst.-Talon et Duhem, av.

à la formalité de l'insinuation, et il conclut que, lorsque le préciput a pour objet un immeuble, ce qui est une hypothèse rare, la formalité de la transcription prescrite par l'art. 939 c. civ. n'est pas applicable. — Mais, comme le fait oberver M. Laurent, t. 23, n° 349, l'art. 939 ne s'applique qu'à la donation de biens présents, et la loi ne prescrit la transcription que pour les actes translatifs de droits réels immobiliers ; or, le préciput, en le considérant comme une libéralité, ne porte que sur les biens à venir, et il ne transfère pas la propriété à l'époux préciputaire. L'interprétation que nous avons donnée de l'art. 1516 au *Rép.* n°s 2905 et suiv. nous semble donc toujours la plus juridique, et elle est celle, d'ailleurs, de la plupart des auteurs. Elle se résume ainsi : la clause de préciput n'est considérée ni en la forme, ni au fond, comme une donation ; elle est une convention de mariage, soumise aux règles de forme des stipulations matrimoniales, et elle échappe, quant au fond, aux règles sur la quotité disponible et la réserve, sauf dans le cas où l'époux qui a consenti le préciput a des enfants d'un précédent mariage ; dans ce cas-là seulement, le préciput doit être réduit, conformément à l'art. 1527, pour tout ce qui dépasse la quotité fixée par l'art. 1098. Mais dans le cas même où il a été stipulé que la femme pourrait exercer le préciput en renonçant à la communauté, il n'y a pas lieu d'assimiler la clause, comme l'a proposé M. Troplong, t. 3, n° 2124, à une libéralité, car l'art. 1516 ne distingue pas, et, suivant la très juste observation de MM. Aubry et Rau, t. 5, § 529, note 5, p. 498 et suiv., ce n'est pas, en général, à titre de libéralité que la femme stipule et que le mari consent la clause dont il s'agit : le préciput que la femme se réserve d'exercer même en renonçant ne constitue d'ordinaire pour elle qu'un moyen de se soustraire aux embarras d'une liquidation de communauté ou de se garantir contre les suites de la mauvaise administration du mari (V. en ce sens : Rodière et Pont, t. 3, n°s 1532 et suiv. ; Aubry et Rau, § 529, notes 4 et 5, p. 498 et suiv. ; Laurent, t. 23, n°s 349 et suiv. ; Guillouard, t. 3, n° 1614).

1054. — II. CHOSES SUJETTES AU PRÉCIPUT (*Rép.* n°s 2911 à 2918). — Ainsi qu'on l'a dit au *Rép.* n° 2916, la clause de préciput doit s'interpréter restrictivement, comme toute convention qui déroge au droit commun (Rodière et Pont, t. 3, n°s 1541 ; Aubry et Rau. t. 5, § 529, note 7, p. 499 ; Laurent, t. 23, n° 347 ; Guillouard, t. 3, n° 1615). Il a été jugé que lorsque les époux ont stipulé dans leur contrat de mariage, sous le titre de *donation en usufruit,* « qu'en cas de prédécès de l'un d'eux, le survivant aura la jouissance d'une somme déterminée, dont la propriété reste acquise aux héritiers du défunt », cette disposition doit être interprétée en ce sens que l'époux donateur n'a voulu faire qu'une institution contractuelle, et non une donation entre-vifs au profit de l'époux survivant; qu'en conséquence, la femme survivante ne pouvait se faire colloquer en vertu de son hypothèque légale, pour garantie de l'usufruit auquel elle avait droit, au préjudice des aliénations et des hypothèques consenties par son mari (Chambéry, 1er mai 1874, et sur pourvoi, Req. 3 févr. 1875, aff. Lombard. D. P. 75. 1. 486).

1055. Lorsque le préciput est *illimité,* c'est-à-dire lorsqu'il porte sur tous une certaine espèce qu'on existeront dans la communauté, nous avons rapporté au *Rép.* n° 2914 l'opinion de Pothier, qui voulait que ce préciput ne fût pas excessif, eu égard à l'état et aux facultés des parties, et permettait d'en demander la réduction *arbitrio judicis.* MM. Aubry et Rau, t. 5, § 529, note 8, p. 499, adoptent encore, sous l'empire du code, cette opinion, qui a

pour motif d'empêcher, disent-ils, « que le préciput ne soit élevé à une valeur exagérée, au moyen d'acquisitions faites dans ce but, et contrairement à l'intention commune des parties au moment de la passation du contrat ». Mais nous pensons, avec la plupart des auteurs, que le droit de faire réduire le préciput ne peut être reconnu aux héritiers de l'époux prédécédé que s'ils prouvent que les acquisitions des biens qui en sont l'objet ont été faites en fraude de leurs droits, par exemple à la veille et en prévision de la mort de leur auteur. A défaut de cette preuve, qui peut d'ailleurs être faite par tous les moyens, on ne saurait admettre la réduction du préciput illimité sans méconnaître le caractère de la convention, qui est une espèce de forfait (Rodière et Pont, t. 3, n° 1540 ; Marcadé, t. 5, art. 1515, n° 1 ; Laurent, t. 23, n° 348 ; Guillouard, t. 3, n° 1616).

1056. — III. PERSONNES AU PROFIT DE QUI LE PRÉCIPUT PEUT ÊTRE STIPULÉ (*Rép.* n°s 2919 à 2921). — Quant aux personnes qui peuvent en profiter, la clause de préciput doit être interprétée aussi dans un sens strict. Ainsi, lorsque le préciput a été stipulé au profit de la femme, ses héritiers, fussent-ils ses enfants, n'y ont aucun droit (Laurent, t. 23, n° 347, Guillouard, t. 3, n° 1615).

1057. — IV. OUVERTURE DU PRÉCIPUT (*Rép.* n°s 2922 à 2942). — Le préciput ne s'ouvre, en général, que par la mort de l'un des époux (c. civ. art. 1517). — Néanmoins, comme on l'a vu au *Rép.* n°s 2924 et suiv. les époux peuvent convenir, dans leur contrat de mariage, que le droit au préciput sera acquis du jour de la dissolution de la communauté, de quelque manière qu'elle se produise, et alors l'époux qui aura obtenu le divorce ou la séparation de corps ou même la séparation de biens pourra le réclamer (V. conf. Aubry et Rau, t. 5, § 529, p. 502-503 ; Rodière et Pont, t. 3, n° 1545; Guillouard, t. 3, n° 1617).

L'ouverture du préciput n'est, d'ailleurs, subordonnée, en principe, qu'à la seule condition de survie, et non au maintien de la capacité de l'époux qui doit en bénéficier. — Il a été jugé, avec raison, que la faculté conférée par contrat de mariage à l'époux survivant, de conserver pour son propre compte et aux conditions convenues le fonds de commerce dépendant de la communauté, peut être exercée, dans le cas où l'époux survivant se trouve frappé d'interdiction, par son tuteur, avec l'autorisation du conseil de famille (Paris, 16 mai 1876) (1).

1058. Il résulte de l'art. 1518, comme on l'a dit au *Rép.* n° 2929, que l'époux contre lequel le divorce ou la séparation de corps a été prononcé perd ses droits éventuels au préciput. Mais le mari contre lequel la femme obtient la séparation de biens n'encourt pas la même déchéance (*Rép.* n° 2931; Rodière et Pont, 2e éd., t. 3, n° 1563 ; Marcadé, t. 5, art. 1518, n° 4; Aubry et Rau, t. 5, § 529, note 13, p. 500; Laurent, t. 22, n° 275; Guillouard, t. 3, n° 1619).

1059. En cas de divorce, de séparation de corps ou de séparation de biens, s'il n'y a pas lieu à la délivrance actuelle du préciput, on procède comme il est indiqué au *Rép.* n°s 2932 et suiv.

D'après l'art. 1518 *in fine,* si c'est la femme qui a obtenu le divorce ou la séparation de corps, elle peut demander caution au mari pour la restitution du préciput, en cas de survie. La plupart des auteurs admettent, conformément à l'opinion adoptée au *Rép.* n° 2936, que cette disposition n'est applicable qu'au cas où la femme renonce à la communauté. En effet, si la femme accepte la communauté, les biens communs se partagent comme s'il n'y avait pas de préciput, et il n'y a pas de raison pour autoriser la femme à exiger

_____

(1) (Godefroy C. Maisonnier.) — LA COUR; — Considérant que Joseph-Antoine Maisonnier, en son vivant marchand bonnetier et mercier, est décédé à Versailles, le 3 mars 1876, et que, sur la demande des parties intéressées, il y a lieu de procéder au partage et à la liquidation de la communauté qui a existé entre lui et sa veuve, Léontine Godefroy, aux termes de leur contrat de mariage en date du 22 sept. 1856 ; — Considérant que, suivant l'art. 9 dudit contrat, il a été stipulé que le survivant des époux aurait le droit de conserver le fonds de commerce qui dépendrait de la communauté, à la charge de payer dans les conditions et délais fixés au contrat, le prix de ce fonds et celui des marchandises d'après l'estimation faite par deux experts; qu'il y est, de plus, convenu, dans le cas où le commerce s'exercerait dans un immeuble de communauté, l'époux survivant aura droit à un bail de neuf années des lieux servant à ce commerce, moyennant un loyer qui sera déterminé par les experts ; — Considérant que les deux experts désignés par les parties ont déclaré que, dans le cas où il serait reconnu que la veuve Maisonnier a le droit de conserver le fonds de commerce, la valeur de ce fonds, y compris le matériel et l'agencement, devait être fixée à 20000 fr., et le loyer pour un bail de neuf années à 3000 fr. par an; — Qu'ils ont, en outre, déclaré que ce fonds, dans le cas où il serait vendu, était d'une valeur de 30000 fr., mais à la condition de consentir à l'acquéreur un bail de dix-huit années, au prix annuel de 4000 fr. ; — Considérant que la veuve Godefroy, agissant d'abord comme administratrice provisoire et ensuite comme tutrice de sa fille, la veuve Maisonnier, interdite, a signifié aux autres parties qu'elle entendait, conformément aux stipulations du contrat de mariage, opter pour

du mari, dont la situation est bonne, une caution pour la moitié du préciput (V. outre les auteurs cités au *Rép. ibid.*: Rodière et Pont, t. 3, n° 1562; Marcadé, t. 5, art. 1518, n° 3; Aubry et Rau, t. 5, § 529, note 16, p. 501 et suiv.; Guillouard, t. 3, n° 1620). Toutefois, d'après MM. Colmet de Santerre, t. 6, n° 185 *bis* IV, et Laurent, t. 23, n° 359, même si elle accepte, la femme peut demander caution au mari pour la part du préciput qu'il lui devra, en cas de survie, tandis que le mari qui a obtenu le divorce ou la séparation de corps n'a pas le même droit. Cette différence entre la femme créancière éventuelle du préciput qui obtient une caution et le mari qui n'en obtient pas serait, d'après les auteurs que nous citons, la conséquence des habitudes du législateur, toujours plus disposé à protéger les intérêts pécuniaires de la femme contre son mari que ceux du mari contre la femme.

1060. Lorsque la communauté s'est dissoute, non plus, comme le prévoit l'art. 1518, par le divorce ou la séparation de corps, mais par la séparation de biens, la femme peut-elle également demander caution au mari? Les auteurs sont divisés sur ce point. Les uns appliquent par analogie, et même par *à fortiori*, l'art. 1518, et décident que la femme peut exiger caution (Rodière et Pont, 2° éd., t. 3, n° 1563; Marcadé, t. 5, art. 1518, n° 4; Aubry et Rau, t. 5, § 529, note 17, p. 502). Les autres pensent, au contraire, que dans le silence du texte l'obligation de fournir caution ne peut être imposée au mari (Colmet de Santerre, t. 6, n° 185 *bis* V; Laurent, t. 23, n° 360; Guillouard, t. 3, n° 1621).

1061. On reconnaît généralement, d'ailleurs, que le mari ne peut jamais demander caution à la femme, si elle accepte la communauté, pour la part du préciput qu'elle conserve (Rodière et Pont, t. 3, n° 1561; Marcadé, t. 5, art. 1518, n° 3; Aubry et Rau, t. 5, § 529, note 16, p. 499 et suiv.; Laurent, t. 23, n° 359; Guillouard, t. 3, n° 1621).

1062. — V. Exercice du droit de préciput (*Rép.* n°s 2943 à 2952). — A moins de convention contraire, le préciput au profit de la femme n'a d'effet que si elle accepte la communauté, et il ne peut s'exercer que par voie de prélèvement sur l'actif net des biens communs. — Jugé que la clause d'un contrat de mariage portant que la femme remportera à titre de préciput les diamants et bijoux à son usage ou, à son choix, une somme déterminée, doit recevoir son exécution sur la communauté d'acquêts, même réduite aux immeubles, mais non sur les biens personnels du mari (Civ. rej. 3 août 1852, aff. Vimard, D. P. 52. 1. 257).

Mais s'il a été convenu que la femme aurait droit au préciput même en renonçant, alors, comme on l'a dit au *Rép.* n° 2944, la femme est créancière de son préciput, non seulement contre la communauté, mais encore contre la succession du mari. Elle peut l'exercer à l'égard de cette succession, si elle renonce à la communauté, et elle le peut encore, si elle accepte et que les biens communs se trouvent insuffisants. C'était la doctrine de Pothier, *Traité de la communauté*, n° 248, et l'art. 1515 c. civ. prouve qu'elle doit être encore suivie sous le code, car tout en disposant que le préciput ne s'exerce que sur la masse partageable, cet article excepte le cas où la femme s'est réservé le droit au préciput même en renonçant (Rodière et Pont, t. 3, n° 1568; Aubry et Rau, t. 5, § 529, note 19, p. 503; Colmet de Santerre, t. 6, n° 182 *bis* IV et V; Laurent, t. 23, n° 353; Guillouard, t. 3, n° 1622). — Jugé, en ce sens, que la femme survivante, en faveur de laquelle un préciput a été stipulé avec faculté de l'exiger même en renonçant, doit, si elle a accepté la communauté, prélever son préciput sur la masse partageable, après distraction des reprises, récompenses et indemnités dues à

chacun des époux, et, en cas d'insuffisance de l'actif commun, sur les biens dépendant de la succession du mari (Civ. cass. 12 juin 1872, aff. de la Fontenelle, D. P. 72. 1. 327). Toutefois, lorsque le préciput est ainsi pris sur la succession du mari, il constitue, non plus une simple convention de mariage, mais un avantage entre époux. Il est alors sujet à réduction dans la limite de la quotité disponible. Il donne lieu, alors aussi, à la perception des droits de mutation par décès entre époux sur la valeur qui en est l'objet (Arrêt précité du 12 juin 1872).

1063. La clause de préciput ne change rien aux règles de la communauté légale sur le payement des dettes. L'art. 1519 réserve notamment le droit des créanciers de la communauté de poursuivre leur payement sur les objets compris dans le préciput, « sauf le recours de l'époux, suivant l'art. 1515 ». Cette dernière phrase signifie, comme on l'explique au *Rép.* n° 2947, que si c'est la femme qui a droit au préciput et si elle s'est réservé la faculté de l'exercer même en renonçant, elle a une action en indemnité sur les biens du mari (Rodière et Pont, t. 3, n° 1569; Marcadé, t. 5, art. 1519; Aubry et Rau, t. 5, § 529, note 20, p. 504; Colmet de Santerre, t. 6, n° 186 *bis* II; Laurent, t. 23, n° 353; Guillouard, t. 3, n° 1623). Sur les biens du mari, la femme agit comme créancière; elle ne doit plus alors être primée par les créanciers de la communauté (Colmet de Santerre, t. 6, n° 186 *bis* III).

Sect. 8. — De l'assignation de parts inégales (*Rép.* n°s 2953 à 3029).

1064. L'art. 1520 c. civ. prévoit trois cas de répartition inégale de la communauté entre les époux; c'est de ces trois cas qu'il est plus spécialement traité dans cette section. Mais la loi ne les indique qu'à titre d'exemple, et, comme on l'a dit au *Rép.* n° 2955, l'art. 1520 n'est pas limitatif. Ainsi, les époux peuvent convenir que dans le partage l'un aura tous les immeubles et l'autre tous les meubles (*Rép.* n° 2957), ou encore que le survivant aura la totalité des meubles ou des immeubles en sus de sa part dans le surplus des biens (Comp. Douai, 18 juin 1845, aff. Chopin, D. P. 52. 2. 143; Douai, 17 juin 1847, aff. Debriois, D. P. 50. 2. 62; 9 févr. 1850, aff. Saudra, D. P. 52. 2. 147; Trib. Douai, 18 août 1853, aff. Pomme, D. P. 54. 3. 4; Civ. rej. 20 janv. 1875, aff. Boutry, D. P. 75. 1. 52).

1065. — I. Attribution a l'un des époux d'une part moindre que la moitié (*Rép.* n°s 2959 à 2965). — Lorsqu'il est convenu que la communauté sera partagée inégalement, il ne peut être en même temps stipulé que celui des époux qui aura la part la moins forte supportera une part plus forte dans les dettes; l'art. 1521 c. civ. déclare une telle convention nulle (*Rép.* n°s 2962 et suiv.). Il peut cependant être stipulé que l'un des époux prendra d'abord certains biens ou une certaine somme, sans aucune charge, et que le reste se partagera; c'est alors le partage de communauté (V. *supra*, n°s 1053 et suiv.). Mais la clause d'un contrat de mariage qui attribue à l'un des époux le mobilier de la communauté, n'implique pas une dévolution avant tout partage, et franche de toute charge, de ce mobilier; elle constitue une assignation de part inégale, soumise à la règle de l'art. 1521; en conséquence, si le mobilier forme, par exemple, la moitié de l'actif de la communauté entière, l'époux qui profite de la clause doit supporter la moitié du passif (Civ. rej. 20 janv. 1875, aff. Boutry, D. P. 75. 1. 52). — Il y a lieu, en pareil cas, de comprendre dans le passif, non seule-

---

la reprise du fonds de commerce, ensemble du matériel, agencement et achalandage, pour le prix de 20000 fr., et accepter un bail de neuf années au prix fixé de 3000 fr., et qu'elle offrirait de payer les marchandises d'après l'estimation qui en serait faite par les experts et dans les délais stipulés audit contrat; — Considérant que la faculté conférée à l'époux survivant de conserver pour son propre compte et aux conditions convenues l'exploitation du fonds de commerce qui dépendrait de la communauté, constitue un avantage qui n'est soumis à aucune autre condition que celle de survie; que le droit résultant à son profit de la convention est indépendant de toute question de capacité ou d'incapacité personnelle, et qu'il lui reste acquis, soit qu'il puisse ou non exercer par lui-même le commerce; — Que, dans l'un comme dans l'autre cas, il en doit recueillir personnellement le bénéfice,

l'usage de la faculté stipulée se faisant pour lui et en son nom; — Qu'il importe donc peu que la veuve Maisonnier soit frappée d'interdiction; — Que cet état d'incapacité qui n'altère en rien la jouissance de ses droits, la soumet seulement, quant à leur exercice, à la nécessité de se faire représenter par sa mère tutrice, ainsi qu'il a été d'ailleurs procédé, même avec l'autorisation du conseil de famille; — Par ces motifs, faisant droit à l'appel et réformant; — Donne acte à la veuve Godefroy ès noms de l'option faite par elle au nom de la veuve Maisonnier, sa fille, interdite, avec l'approbation du conseil de famille, de la reprise du fonds de commerce dont il s'agit, au prix fixé par les experts, et aux conditions stipulées dans le contrat de mariage du 22 sept. 1856, etc.

Du 16 mai 1876.—C. de Paris.

ment les dettes ordinaires, mais encore les reprises des époux (Même arrêt).

Il résulte d'un arrêt de la cour de cassation que la clause d'un contrat de mariage qui, après réduction de la communauté stipulée entre les époux aux seuls acquêts mobiliers, attribue au survivant la totalité de cette communauté à la charge de payer les dettes, peut être interprétée en ce sens qu'elle fait supporter à l'époux survivant, non toutes les dettes autres que celles relatives aux propres de l'époux prédécédé, mais seulement la portion du passif proportionnelle à la valeur des acquêts mobiliers à lui exclusivement attribués, laissant le surplus à la charge des acquêts immobiliers. Et une pareille interprétation échappe au contrôle de la cour suprême (Req. 16 janv. 1867, aff. Delétoile, D. P. 67. 1. 501).

1066. La convention qui, en assignant à l'un des époux une certaine part dans l'actif, lui fait supporter une part plus forte dans les dettes, est nulle pour le tout, c'est-à-dire aussi bien pour le partage de l'actif que pour la répartition des dettes ; la communauté doit alors se partager par moitié, suivant la règle ordinaire (*Rép.* n° 2964; Rodière et Pont, 2e éd., t. 3, n° 1585; Marcadé, t. 5, art. 1521, n° 2; Aubry et Rau, t. 5, § 530, note 5, p. 505; Laurent, t. 23, n° 365; Guillouard, t. 3, n° 1630). Mais cette nullité n'est que relative; elle ne peut être invoquée que par celui des époux qui est lésé par la répartition des dettes (Trib. Saint-Pol, 31 août 1844, aff. Chopin, D. P. 52. 2. 143).

1067. La règle que l'époux qui prend une part moindre dans l'actif ne doit supporter qu'une part proportionnelle dans le passif, laisse, d'ailleurs, intact le droit des créanciers de la communauté ou du mari de poursuivre leur payement sur l'intégralité des biens communs tant que la communauté dure. Cette règle peut seulement être opposée aux créanciers, à la dissolution de la communauté, par la femme, s'il s'agit de dettes dont elle n'est pas tenue personnellement, et par le mari, s'il s'agit de dettes personnelles à la femme, dont il n'est tenu que comme associé et non comme chef de la communauté (Rodière et Pont, t. 3, n° 1586; Aubry et Rau, t. 5, § 530, p. 505; Guillouard, t. 3, n° 1631).

Quelle que soit la part que la femme doive prendre dans la communauté, elle conserve toujours le droit de renoncer ou d'invoquer le bénéfice d'émolument de l'art. 1483 (Rodière et Pont, Aubry et Rau et Guillouard, *loc. cit.*).

1068. Lorsque c'est l'époux survivant qui a droit à une part plus forte, et que la communauté vient à se dissoudre par le divorce, la séparation de corps ou la séparation de biens, on doit, comme dans l'hypothèse de l'art. 1518, partager la communauté provisoirement par égales parts (Rodière et Pont, t. 3, n° 1588; Aubry et Rau, t. 5, § 530, note 7, p. 506; Guillouard, t. 3, n° 1632. V. *Rép.* n°s 2932 et suiv., et *supra*, n° 1057 et suiv.).

1069. — II. FORFAIT DE COMMUNAUTÉ (*Rép.* n°s 2966 à 2988). — Il n'y a rien à ajouter aux explications données au *Répertoire* sur cette clause, très rare dans la pratique. Une seule question se présente : dans le cas où le forfait existe au profit du mari et où la communauté reste à la femme, celle-ci ou ses héritiers peuvent-ils, en remplissant les formalités prescrites par l'art. 1483, jouir du bénéfice de n'être tenus des dettes que jusqu'à concurrence de l'émolument qu'ils recueillent? La plupart des auteurs décident, conformément à l'opinion adoptée au *Rép.* n° 2982, que le bénéfice de l'art. 1483, est incompatible avec le caractère aléatoire du pacte de forfait. Si l'on admettait ce bénéfice, la femme ne

serait plus obligée *à toutes les dettes*, comme le dit l'art. 1424, § 3, mais seulement à une partie des dettes. Et alors, il n'y aurait plus de forfait dans le sens de l'art. 1522, qui déclare que le forfait « oblige l'autre époux ou ses héritiers à payer la somme convenue, soit que la communauté soit bonne ou mauvaise, suffisante ou non pour acquitter la somme ». La femme, dans notre hypothèse, n'a donc d'autre choix que celui qui lui est laissé par l'art. 1524 : elle peut, ou renoncer à la communauté, ou l'accepter à charge de payer la somme convenue et de supporter toutes les dettes, même *ultrà vires* (V. outre les auteurs cités au *Rép. ibid.*: Rodière et Pont, t. 3, n° 1598; Marcadé, t. 5, art. 1524, n° 2; Colmet de Santerre, t. 6, n° 192 *bis* III; Laurent, t. 23, n° 372; Guillouard, t. 3, n° 1636. — *Contrà :* Aubry et Rau, t. 5, § 530, note 9, p. 507 et suiv.).

1070. — III. ATTRIBUTION DE LA TOTALITÉ DE LA COMMUNAUTÉ AU SURVIVANT OU A L'UN DES ÉPOUX (*Rép.* n°s 2989 à 3029). — La clause qui attribue la totalité de la communauté au survivant des époux, ou à l'un d'eux spécialement désigné, se distingue des autres clauses de répartition inégale de la communauté par une différence importante, qui résulte de l'art. 1525. Aux termes de cet article, les héritiers de l'autre époux ont le droit de « faire la reprise des apports et capitaux tombés dans la communauté du chef de leur auteur ». Toullier, *Droit civil français*, t. 13, n° 422, a soutenu que les apports et capitaux dont parle le texte devaient s'entendre des valeurs mobilières stipulées propres ou réalisées. La même doctrine se rencontre dans deux arrêts de la cour de Bruxelles des 14 févr. 1844 (*Pasicrisie belge*, 1844. 2. 117) et 11 juill. 1858 (aff. Dewez, *Pasicrisie belge*, 1859. 2. 13), d'après lesquels les apports et capitaux que les héritiers de l'époux prédécédé peuvent reprendre sont ceux qui n'entrent en communauté que sauf reprise, tels que le prix d'un immeuble propre. Mais ce système est rejeté par tous les auteurs. Il est contraire au texte, qui parle des capitaux *tombés* dans la communauté. Il est encore contredit par les travaux préparatoires. Dans le projet communiqué au Tribunat, le premier paragraphe de l'art. 1525 se terminait ainsi : « sauf aux héritiers de l'autre à faire la reprise des apports de leur auteur ». Les mots « et capitaux tombés dans la communauté du chef de leur auteur », ont été ajoutés à la demande du Tribunat, sur cette observation que le mot *apports* ne comprend ordinairement que ce qui est apporté lors du mariage et que les héritiers devant pouvoir également reprendre les capitaux échus à leur auteur pendant la communauté, il fallait mentionner également ces capitaux (Locré, *Législation civile*, t. 13, p. 257). Ainsi donc, les expressions *apports et capitaux tombés dans la communauté* s'appliquent bien au mobilier apporté lors du mariage ou échu depuis, et non pas seulement au mobilier réalisé par contrat de mariage et aux créances ou reprises (Duvergier sur Toullier, t. 13, p. 324, note *a;* Troplong, t. 3, n° 2172; Rodière et Pont, t. 3, n° 1609; Marcadé, t. 5, art. 1525, n° 2; Aubry et Rau, t. 5, § 530, note 12, p. 508; Colmet de Santerre, t. 6, n° 193 *bis* II; Laurent, t. 22, n° 387; Guillouard, t. 3, n° 1638). La cour de Bruxelles est, d'ailleurs, revenue sur son ancienne jurisprudence; elle a reconnu dans un arrêt récent que le droit de reprise des héritiers de l'époux prédécédé, au cas de l'art. 1525, s'étend à tous les biens entrés dans la communauté du chef de leur auteur, et non pas seulement aux valeurs mobilières qu'il s'était réservées propres (Bruxelles, 23 déc. 1881) (1).

1071. On s'est demandé au *Rép.* n° 2996 si les époux

---

(1) (Leclément de Saint-Marcq C. Leclément de Saint-Marcq.) — LA COUR; — Attendu que l'inventaire dressé, suivant acte notarié des 21-22 juin 1880, au décès du mari de l'appelante, mentionne des valeurs mobilières consistant en argent comptant, obligations, intérêts et fermages à concurrence de 70962 fr. 87 cent., et en une créance de 7000 fr. étant le solde du prix de vente de terres aliénées dans le *de cujus* en 1878 ; — Attendu que le 28 juill. 1880, le conseil de famille étant réuni au vœu des art. 49 et suivants de la loi hypothécaire, l'appelante a reconnu, sous l'indivisibilité de son action, que ces valeurs avaient été apportées par son mari, mais avec intention formelle de celui-ci de les faire entrer dans la communauté à titre d'acquêts ; — Attendu qu'il s'agit de décider si ces valeurs sont sujettes à reprise par la fille mineure de l'appelante, héritière de son père ;... — Attendu que l'art. 1525 c. civ., auquel se réfère l'art. 2 du contrat de mariage prérappelé, ne permet aux époux de stipuler que la

totalité de la communauté appartiendra au survivant que sauf le droit pour les héritiers du prémourant de reprendre les apports et capitaux tombés dans la communauté du chef de leur auteur ; que la généralité des termes de la loi doit faire admettre que ces apports et capitaux se constituent de tous les biens entrés dans la communauté, tant des apports faits lors du mariage que des successions ou donations mobilières échues pendant le mariage ; — Attendu, à cet égard, que les travaux préparatoires ne laissent aucun doute sur la portée de l'article ; qu'en effet, ce dernier ne parlait d'abord que des apports, et les mots *capitaux tombés* y ont été ajoutés à la demande du Tribunat, qui fit observer que le mot *apports* ne s'entendant d'ordinaire que de ce qui est apporté lors de la célébration du mariage, il fallait aussi parler des capitaux échus pendant le mariage, puisque les héritiers avaient le droit de reprendre ceux-ci ; — Attendu que c'est à tort que la partie appelante prétend que les apports et capitaux dont parle

peuvent déroger, par contrat de mariage, à la règle qui réserve aux héritiers du prédécédé la reprise des apports, et convenir que le survivant gardera même les valeurs tombées dans la communauté du chef de son conjoint. Il est généralement admis aujourd'hui que cette convention est licite (V. outre les auteurs cités au *Rép.* n° 2996 : Rodière et Pont, t. 3, n° 1609 ; Marcadé, t. 5, art. 1525, n° 4 ; Colmet de Santerre, t. 6, n° 193 *bis* II ; Laurent, t. 23, n° 374 ; Guillouard, t. 3, n° 1639). Toutefois cette convention doit être formellement exprimée. Il a été jugé qu'on ne pouvait l'induire de la clause d'un contrat de mariage par laquelle les époux avaient stipulé que « le survivant serait héritier mobilier universel et de toutes choses et actions réputées mobilières de leur communauté, de même que de tous conquêts immeubles, pour par ledit survivant faire, jouir et disposer à sa volonté de tous les susdits biens meubles, choses et actions réputées mobilières et de tous conquêts immeubles, comme de choses à lui propres et appartenantes », une telle clause n'ajoutant rien à la stipulation autorisée par la disposition finale de l'art. 1520 c. civ. (Douai, 9 mai 1840, aff. Carpentier, D. P. 52. 2. 114). — Mais il a été décidé, au contraire : 1° que la clause portant que les futurs époux font donation au survivant d'eux de tous les biens, meubles et immeubles, qui composent la communauté au jour du décès du prémourant, doit être considérée comme comprenant, non seulement les acquêts ou produits de la collaboration commune des époux, mais encore les capitaux mobiliers et immobiliers entrés dans la communauté du chef de l'époux prédécédé en vertu d'une disposition formelle du contrat (Civ. cass. 29 avr. 1863, aff. Champon-Vallois, D. P. 63. 1. 198). — 2° Que la clause portant que le survivant des futurs époux aura la propriété des meubles et la jouissance viagère des immeubles qui dépendront de la communauté, doit être considérée comme embrassant dans sa généralité tous les biens composant la communauté au jour de la dissolution du mariage, sans distinction entre les acquêts et les apports ou capitaux tombés dans la communauté du chef du prémourant (Civ. cass. 15 janv. 1872, aff. Baisier, D. P. 72. 1. 101).

1072. Aux termes de l'art. 1525, l'attribution de la totalité de la communauté au survivant ou à l'un des époux seulement « n'est point réputée un avantage sujet aux règles relatives aux donations, soit quant au fond, soit quant à la forme, mais simplement une convention de mariage et entre associés ». Cette règle est-elle applicable même dans le cas où il est convenu que l'autre époux ou ses héritiers n'aura pas la reprise des biens qui sont entrés de son chef dans la communauté ? Non ; cette hypothèse n'est pas celle prévue par l'art. 1525, et il y a alors une véritable libéralité au profit de l'époux qui conserve la communauté et aux dépens du patrimoine de l'autre époux (*Rép.* n° 3005 ; Rodière et Pont, 2° éd., t. 3, n° 1609 ; Marcadé, t. 5, art. 1525, n° 4 ; Aubry et Rau, t. 5, § 530, note 17, p. 510 ; Laurent, t. 23, n° 382 ; Guillouard, t. 3, n° 1626). — Néanmoins, d'après M. Colmet de Santerre, t. 6, n° 193 *bis* II, la convention par laquelle toute la communauté est attribuée à l'un des époux, y compris les apports de l'autre époux, devrait être encore considérée comme une convention de mariage et non comme une donation, lorsqu'elle conserve le caractère aléatoire, c'est-à-dire lorsque la stipulation est faite au profit du survivant, quel qu'il soit. « Au moment du mariage, observe cet auteur, le chiffre des apports que chaque époux fera pendant toute la durée de la communauté est nécessairement incertain, et par conséquent chaque époux acquiert la chance de profiter des apports faits par son conjoint, qui seront peut-être supérieurs aux siens, moyennant qu'il court la chance de perdre

ses propres apports s'il n'est pas le survivant. » Il n'en est pas de même lorsque la stipulation a été faite « au profit de tel époux, s'il survit » ; alors « l'autre époux, s'il prédécède, perdra tous ses apports, sans qu'aucune chance favorable compense ce désavantage quand il survit ». Mais cette doctrine ne tient pas suffisamment compte du texte de l'art. 1525, qui statue seulement pour le cas où la totalité de la communauté est attribuée à l'un des époux, sous réserve pour les héritiers de l'autre époux de reprendre la mise de leur auteur.

La jurisprudence a décidé conformément à l'opinion de la majorité des auteurs : 1° que la clause par laquelle les époux ont fait donation au survivant de tous les biens meubles et immeubles qui composeront la communauté au jour du décès du prémourant, y compris les biens entrés dans la communauté du chef de ce dernier, constitue, non une simple convention de mariage, dans le sens de l'art. 1525 c. civ., mais une donation assujettie à réduction dans le cas où elle excède la quotité disponible entre époux (Civ. cass. 29 avr. 1863, aff. Champon-Vallois, D. P. 63. 1. 198 ; 15 janv. 1872, aff. Baisier, D. P. 72. 1. 101) ; — 2° Que la clause d'un contrat de mariage par laquelle il est stipulé qu'au décès du prémourant des époux le survivant sera propriétaire de tous les biens communs, ne constitue pas une donation, mais simplement une convention de mariage, dès qu'aucune disposition expresse ni tacite du contrat n'implique l'attribution à l'époux des apports tombés dans la communauté du chef de l'époux prédécédé (Civ. cass. 9 août 1881, aff. Loyer, D. P. 82. 1. 82) ; — 3° Que la clause d'un contrat de mariage portant donation réciproque par les futurs époux au survivant d'eux des biens meubles et immeubles de la communauté doit être considérée, nonobstant la qualification qui lui a été donnée dans l'acte et l'absence d'une stipulation relative aux apports et aux reprises à exercer par les héritiers de l'époux prédécédé, non comme une donation, mais comme une simple convention de mariage et entre associés, d'où il suit que l'avantage fait à l'époux survivant n'est ni soumis aux règles des donations, ni réductible (Liège, 18 nov. 1882, aff. Charlier, D. P. 83. 2. 238. V. dans le même sens : Bruxelles, 19 juill. 1886, aff. Hospices de Peruwelz C. Descamps, *Pasicrisie belge,* 1887. 2. 29).

1073. Si l'attribution de la totalité de la communauté à l'un des époux n'est pas réputée un avantage réductible, il en est de même, à plus forte raison, lorsque l'attribution ne comprend qu'une partie de la communauté (*Rép.* n° 3011 ; Civ. rej. 1er août 1853, aff. Vanloqueren, D. P. 55. 1. 355). Il a même été jugé que l'attribution faite au survivant d'une part plus forte que celle des héritiers de son conjoint, peut être regardée comme une convention de mariage, et non comme une libéralité, alors même qu'elle comprend les apports et capitaux tombés en communauté du chef du conjoint prédécédé (Trib. Lille, 26 mai 1853, même affaire, D. P. 55. 1. 355). Le motif de cette décision est que l'application de l'art. 1525, § 2, ne doit pas être étendue au cas de stipulation ou partage de la communauté par portions inégales (V. aussi Douai, 7 févr. 1850, aff. Saudra, D. P. 52. 2. 147). Mais, d'après M. Guillouard, t. 3, n° 1626, l'art. 1525, « bien qu'il ne statue qu'à propos de la clause attribuant toute la communauté au survivant, doit servir de règle pour toutes les clauses d'attribution inégale de la communauté, car les raisons de décider sont les mêmes, que l'inégalité de l'attribution soit plus ou moins forte ». — Jugé, en ce sens : 1° que la clause portant que le survivant des époux aura l'usufruit de tous les biens de la communauté ne constitue une simple convention de mariage et entre associés qu'autant

art. 1525 sont uniquement les valeurs mobilières que l'époux prédécédé s'est réservées propres par une stipulation spéciale de son contrat de mariage, c'est-à-dire celles qui ne sont point entrées dans la communauté et n'en faisaient pas partie, bien qu'y étant tombées ; — Attendu en effet, que ce système est fondé sur une distinction admise à tort par Toullier entre les biens entrés et les biens tombés dans la communauté ; que la loi ne fait pas cette distinction, ainsi que le prouve la teneur des art. 1403, § 1er et 3, et 1405, dans lesquels le législateur se sert du mot *tombés* en parlant des biens composant l'actif commun ; — Attendu que la thèse de la partie Soupart est contraire à l'esprit de la loi, puisqu'elle supprime la communauté en privant les héritiers de

l'époux prémourant de tout droit aux biens tombés dans la communauté du chef de leur auteur ; — Attendu, enfin, que ce système enlève toute signification à l'art. 1525 et le rend complètement inutile, puisqu'il se bornerait à accorder aux héritiers du conjoint prédécédé un droit de reprise qui leur appartient sans conteste ; — Attendu qu'il suit de ce qui précède, que la fille mineure de l'appelante a le droit de reprendre les apports et les capitaux de son père défunt ;

Par ces motifs, etc.

Du 23 déc. 1881.-C. de Bruxelles, 4° ch.-MM. H. Casier, pr.-Stacs, av. gén.-Masquelier (du bureau de Mons), Hecq et de Burlet, av.

que les héritiers du prédécédé conservent le droit de reprendre les valeurs tombées dans la communauté du chef de leur auteur (Req. 24 mai 1850, aff. de Saint-Pol, D. P. 54. 5. 129) ; — 2° Que la clause portant que les futurs époux se font donation l'un à l'autre, et au survivant d'eux, de l'usufruit de tous les biens de la communauté, constitue au profit du survivant une libéralité, pour la totalité de l'usufruit donné, et non pas à la fois une convention de mariage pour les bénéfices de communauté, et une donation pour les apports et capitaux tombés dans la communauté du chef de l'époux prédécédé (Civ. cass. 21 mars 1860, aff. Desbordes, D. P. 71. 1. 153) ; — 3° Que la clause portant donation entre-vifs et irrévocable par les futurs époux au survivant de moitié en propriété et de moitié en usufruit de la part du prémourant dans les biens d'une société d'acquêts établie par le contrat de mariage, constitue une libéralité éventuelle, et non une simple convention de mariage, alors surtout que l'intention des époux se manifeste en ce sens par l'ensemble des clauses du contrat (Civ. cass. 7 déc. 1870, aff. Sellière, D. P. 71. 1. 153).

1074. D'après la coutume de Normandie, qui prohibait toute stipulation de communauté et n'autorisait entre les époux qu'une société d'acquêts, la femme n'avait droit dans cette société qu'à une part inégale. La loi du 17 niv. an 2 ayant permis les avantages entre époux, les époux normands purent alors établir une société d'acquêts avec égalité de parts (Req. 2 août 1852, aff. Vain, D. P. 52. 1. 296). On a soutenu que la clause par laquelle des époux normands, mariés sous l'empire de la coutume et de la loi de nivôse, avaient stipulé dans leur contrat le partage égal des acquêts, devait être considérée comme une libéralité en faveur de la femme, et que l'avantage fait à celle-ci était imputable sur la quotité disponible de la succession du mari. Mais cette prétention a été repoussée par la cour de cassation (Req. 6 nov. 1854, aff. Danjon-Paisant, D. P. 54. 1. 427).

1075. Lorsque l'attribution de la totalité ou d'une part supérieure à la moitié de la communauté est faite au survivant des époux ou à l'un d'eux, dans les termes de l'art. 1525, l'époux qui profite de cette attribution ne doit pas de droit de mutation sur la part de son conjoint dans la communauté (Rép. n° 3013 ; Civ. rej. 1er août 1855, aff. Vanloqueren, D. P. 55. 1. 355 ; Civ. cass. 9 août 1881, aff. Loyer, D. P. 82. 1. 82). Mais si l'attribution s'étend aux apports et capitaux tombés dans la communauté du chef de l'autre époux, le droit de mutation à titre gratuit est alors dû, non seulement sur ces apports, mais aussi sur la part du conjoint dans les bénéfices de communauté (Req. 24 mai 1850, aff. de Saint-Pol, D. P. 54. 5. 129 ; Civ. cass. 21 mars 1860, aff. Desbordes, D. P. 60. 1. 111 ; 7 déc. 1870, aff. Sellière, D. P. 71. 1. 153 ; Civ. rej. 9 févr. 1875, aff. Archdéacon, D. P. 75. 1. 265 ; Civ. cass. 5 juill. 1876, aff. Leclercq, D. P. 77. 1. 36).

1076. Ce n'est pas, d'ailleurs, à la qualification de la clause qu'il faut s'attacher pour apprécier s'il y a ou non donation ; c'est le fond et non la forme de la convention qu'on doit considérer (Rép. n°s 3013 et suiv. ; Liège, 18 nov. 1882, aff. Charlier, D. P. 83. 2. 238).

Il n'y a même pas à rechercher, d'après plusieurs auteurs, si l'intention des époux a été de faire une libéralité à celui qui profiterait de la convention. Lorsque cette convention ne porte que sur les bénéfices de communauté, elle

ne peut jamais constituer une donation ; c'est la décision de l'art. 1525, et l'on ne voit pas comment l'intention des parties pourrait modifier cette règle établie par la loi (Laurent, t. 23, n° 384 ; Guillouard, t. 3, n° 1627. — V. cependant en sens contraire : Marcadé, t. 5, n° 1607 ; Req. 23 avr. 1849, aff. Vicrray, D. P. 49. 1. 112 ; 6 nov. 1854, aff. Danjon-Paisant, D. P. 54. 1. 427 ; Civ. cass. 7 déc. 1870, aff. Sellière, D. P. 71. 1. 153 ; Liège, 18 nov. 1882, aff. Charlier, D. P. 83. 2. 238 ; Bruxelles, 19 juill. 1886, cité suprà, n° 1072).

1077. Mais il y a exception à la règle de l'art. 1525 en faveur des enfants d'un premier lit ; à l'égard de ces enfants, la convention qui attribue au survivant des époux ou à l'un d'eux la totalité de la communauté, sous réserve même des apports et capitaux provenant de l'autre époux, est toujours susceptible d'être réduite à la quotité disponible fixée par l'art. 1098 (Rép. n° 3019 ; Aubry et Rau, t. 5, § 530, p. 509 et suiv. ; Laurent, t. 23, n° 380 ; Guillouard, t. 3, n° 1625). La jurisprudence est formelle en ce sens (Req. 13 juin 1855, aff. de Portes, D. P. 55. 1. 324 ; Civ. cass. 3 déc. 1861, aff. Marteau, D. P. 62. 1. 43 ; Req. 20 avr. 1880, aff. Joly, D. P. 80. 1. 428 ; Paris, 26 juin 1880, aff. Ceugniet, D. P. 81. 2. 207).

1078. Le droit à la totalité de la communauté ne s'ouvre qu'au décès du prémourant des époux, lorsque, comme il arrive le plus souvent, ce droit est stipulé au profit du survivant. Si, avant ce décès, la communauté vient à se dissoudre par le divorce, la séparation de corps ou la séparation de biens, on procède comme il est indiqué en cas de préciput (V. suprà, n° 1057), et en cas d'attribution d'une part plus forte que la moitié au survivant (V. suprà, n° 1068). La communauté est partagée provisoirement par égales parts, en comprenant les valeurs qui y sont tombées du chef de chacun des époux, et l'attribution de la totalité des bénéfices au survivant, de même que le payement des apports aux héritiers du prédécédé, n'aura lieu que jusqu'au décès du prémourant (Req. 1er juin 1853, aff. Pennetier, D. P. 53. 1. 242 ; Rodière et Pont, t. 3, n° 1611 ; Aubry et Rau, t. 5, § 530, note 14, p. 509 ; Guillouard, t. 3, n° 1641. — Comp. Rép. n°s 3021 et suiv.).

1079. En principe, comme on l'a vu (V. suprà, n° 1068) et à moins qu'il n'y ait été dérogé par contrat de mariage, les héritiers de l'époux prédécédé ont le droit de reprendre les apports et capitaux tombés dans la communauté du chef de leur auteur. C'est à eux à établir la consistance de ces apports et capitaux, et ils doivent le faire suivant les règles applicables à la preuve des apports sous la communauté réduite aux acquêts (V. Rép. n°s 2737 et suiv. et suprà, n°s 978 et suiv.).

À quel titre les héritiers de l'époux prédécédé exercent-ils la reprise des apports et capitaux mis en communauté par leur auteur ? D'après la jurisprudence et les auteurs les plus récents, ils exercent cette reprise à titre de créanciers, et non à titre de propriétaires ou de copartageants. L'époux survivant, attributaire de la totalité de la communauté, se trouve propriétaire de tous les biens communs du jour du décès de son conjoint ; dès ce jour il a le droit de les aliéner, sans que les héritiers du prédécédé puissent, pour l'exercice de leurs reprises, suivre ces biens entre les mains des tiers acquéreurs. Ces héritiers ont seulement le droit de réclamer, comme créanciers, la valeur des apports de leur auteur, contre le conjoint survivant (Bordeaux, 29 août 1877 (1) ; Laurent, t. 23, n° 376 ;

<hr/>

(1) (Riboulet C. Abeilhé et Bédiou.) — Les époux Delfau avaient adopté par leur contrat de mariage le régime de la communauté d'acquêts, en stipulant en faveur du survivant, à titre de convention matrimoniale et non de libéralité, la propriété pour l'époux survivant des acquêts survenus durant le mariage. Dans le cours de l'année 1842, la veuve Delfau avait, par suite du décès du sieur Delfau, bénéficié des dispositions de cette clause en acquérant la propriété des biens communs. La veuve Delfau étant aussi décédée, ses héritiers vendirent aux époux Pichon une maison, sise à Bordeaux, qui se trouvait dans la succession de la dame Delfau par suite de la réalisation à son profit de la clause de survie. Cette maison fut revendue par les époux Pichon au sieur Abeilhé, puis par ce dernier aux époux Riboulet. Les époux Riboulet ayant manifesté des craintes sur une éviction possible de la part des héritiers de Jean Delfau, les époux Abeilhé se sont engagés à leur fournir toutes justifications propres à établir que les héritiers de Jean Delfau n'avaient plus aucun droit

à des reprises sur la société d'acquêts ayant existé entre celui-ci et sa femme. — Une contestation étant survenue au sujet de cet engagement, le tribunal civil de Bordeaux a rendu, le 26 juin 1876, le jugement suivant : — « En ce qui touche les époux Riboulet : — Attendu que, si, dans le contrat de vente du 5 oct. 1875, les époux Abeilhé avaient pris l'obligation de justifier que les héritiers de Delfau n'avaient pas de reprises à exercer contre la société d'acquêts ou qu'ils en avaient été remplis, cette stipulation n'avait été insérée dans la conviction que les reprises, devant être exercées par voie de prélèvement, pourraient atteindre l'immeuble vendu jusque dans les mains de l'acquéreur ; — Mais attendu qu'aux termes de l'art. 1525 c. civ., sainement interprété, l'époux auquel le contrat de mariage attribue la totalité des acquêts en devient exclusivement propriétaire au moment de la dissolution, et que les reprises auxquelles pourront avoir droit les héritiers de l'époux prédécédé ne s'exerceront qu'à titre de créance, et non par voie de prélèvement ; qu'il suit de là, dans l'espèce, que l'obli-

Guillouard, t. 3, n° 1640). — Il n'est pas dû, en conséquence, de droit de partage ni de droit de soulte pour l'enregistrement de l'acte qui constate la reprise des héritiers ; mais il serait dû un droit proportionnel de vente, si des immeubles de communauté étaient cédés par l'époux survivant en payement des apports (Req. 7 avr. 1862, aff. Bizouard-Macaire, D. P. 62. 1. 329. — Comp. *suprà*, n° 843).

1080. L'époux qui recueille la totalité de la communauté doit en payer toutes les dettes. Toutefois les héritiers qui exercent la reprise des apports de leur auteur devraient payer les dettes qui grevaient spécialement ces apports, car il n'y a de biens que dettes déduites, et leur auteur n'a, en réalité, fait d'apport que pour la valeur nette des biens qui sont tombés de son chef dans la communauté (Colmet de Santerre, t. 6, n° 193 *bis* IV ; Laurent, t. 23, n° 375 ; Guillouard, t. 3, n° 1641).

Si c'est la femme qui conserve toute la communauté, elle a le droit d'y renoncer ; mais, comme dans le cas de forfait de communauté (V. *suprà*, n° 1069), nous pensons qu'elle ne peut pas invoquer le bénéfice de l'art. 1483. Les héritiers du mari ne prenant rien dans la communauté, il est impossible qu'ils restent tenus des dettes, et ils en seraient tenus si la femme pouvait opposer, à eux ou aux tiers, le bénéfice d'émolument (Laurent, t. 23, n° 375 *bis* ; Guillouard, *loc. cit.* — *Contrà :* Aubry et Rau, t. 5, § 530, note 15, p. 309).

1081. L'époux qui a droit à la totalité de la communauté peut, d'ailleurs, abdiquer le bénéfice qui en résulte pour lui. — Il a été jugé que la renonciation par l'époux survivant à l'attribution de la totalité de la communauté qui lui a été faite dans le contrat de mariage constitue, non une libéralité soumise aux formes des actes de donation, mais une véritable renonciation, ayant simplement pour effet d'accroître la part des héritiers de l'époux prédécédé, et dont la preuve peut résulter de tous actes ou faits de nature à démontrer que

gation des époux Abeilhé, déterminée par une erreur de droit, ne peut leur être utilement opposée ; — Qu'il en doit d'autant mieux être ainsi que l'existence des héritiers Delfau n'est point officiellement constatée ; que rien ne justifie en fait même présumer qu'ils aient à exercer des reprises quelconques, et que le prix déposé chez le notaire n'a été de leur part l'objet d'aucune prétention régulièrement formulée ; que, d'ailleurs, à raison précisément de l'incertitude sur le nombre et la qualité de ces héritiers, il serait pratiquement impossible aux époux Abeilhé de faire constater judiciairement par eux l'absence de reprises à exercer du chef de leur auteur ; — Qu'enfin déjà par deux fois, en 1861 et 1869, la situation a été examinée à l'occasion de ventes successives du même immeuble, et que les notaires, rédacteurs des contrats, n'ont point hésité à considérer les ventes comme parfaitement régulières ; — Attendu, enfin, que les acquéreurs sont désormais à l'abri de tout recours, par l'expiration du délai d'une prescription plus que trentenaire ; — Que, dans ces conditions, ils peuvent se libérer sans danger et qu'ils doivent être tenus de le faire ; — Par ces motifs, etc. — Appel par les époux Riboulet, qui ont soutenu que l'action en reprise appartenait aux héritiers du mari constituait un droit réel, lequel subsistait tant que les payements des reprises n'avaient pas eu lieu, et constituait, par suite, un péril d'éviction pour les tiers acquéreurs. — Arrêt.

La cour, — Attendu que l'obligation prise par les époux Abeilhé, dans le contrat de vente du 5 oct. 1875, de justifier que les héritiers de Delfau n'avaient aucunes reprises à exercer contre la communauté d'acquêts ayant existé entre ce dernier et Marie Contré, son épouse, a été motivée par la crainte que lesdits héritiers pussent, s'ils avaient effectivement des reprises à faire valoir, les exercer par voie de prélèvement sur les biens dépendant de ladite communauté d'acquêts, et, par suite, sur l'immeuble même vendu aux époux Riboulet, lequel était un acquêt de cette communauté ; mais qu'une telle crainte n'était pas fondée ; — Qu'aux termes de leur contrat de mariage, en date du 16 mars 1825, les époux Delfau avaient stipulé une société d'acquêts, avec convention que la totalité desdits acquêts appartiendrait au survivant des époux, non à titre de donation, mais à titre de convention entre associés ; — Attendu que la dame Delfau est devenue, par le prédécès de son mari survenu le 31 mars 1842, propriétaire de la totalité des acquêts durant leur société ; qu'elle est même censée, par l'effet rétroactif de la condition de survie, en avoir eu la propriété du jour de leur acquisition, sauf l'effet des engagements contractés par son mari ; que, sans doute, sous l'empire d'une telle convention, les héritiers du prémourant des époux ont le droit de faire la reprise des apports et capitaux qu'ils justifient être tombés de son chef dans la communauté d'acquêts, et qu'ils reprennent évidemment la part de propriétaires ou apports et les propres de leur auteur qui existent encore en nature ; mais que, pour ceux qui auraient été aliénés ou confondus, leur droit

l'époux survivant a voulu s'en tenir au partage égal des biens de la communauté (Civ. rej. 20 févr. 1855, aff. de la Vauguyon, D. P. 55. 1. 70).

Sect. 9. — De la communauté a titre universel
(*Rép.* n° 3030 à 3053).

1082. La stipulation d'une communauté universelle étant une dérogation au droit commun, on s'accorde à reconnaître que cette clause doit être interprétée restrictivement (Laurent, t. 23, n° 390 ; Guillouard, t. 3, n° 1644). — V. les applications de cette règle au *Rép.* n° 3034 et suiv.

1083. En principe, l'adoption de la communauté universelle ne doit pas être considérée comme une donation susceptible d'être réduite à la quotité disponible, sauf en ce qui regarde les enfants d'un premier lit (*Rép.* n° 3043 ; Rodière et Pont, 2° éd., t. 3, n° 1359 ; Aubry et Rau, t. 5, § 525, note 4, p. 483 ; Laurent, t. 23, n° 390 ; Guillouard, t. 3, n° 1645). — D'après MM. Rodière et Pont, t. 3, n° 1360, dont l'opinion a déjà été rapportée au *Rép.* n° 3044, il faudrait décider différemment si l'un des époux n'apportait aucune fortune tandis que l'autre mettrait en communauté des biens considérables. Mais cette opinion est généralement repoussée. La plupart des auteurs enseignent que l'inégalité des apports ne suffit en aucun cas pour permettre d'assimiler l'adoption de la communauté universelle à une libéralité. Ils reconnaissent toutefois que si, au fait de l'inégalité des apports et de l'enrichissement qui en résulte pour l'un des conjoints, s'ajoute l'intention d'avantager ce conjoint, il y a alors une donation déguisée, qui peut être soumise à l'action en réduction (Aubry et Rau, t. 5, § 525, note 5, p. 483 ; Laurent, t. 23, n° 390 ; Guillouard, t. 3, n° 1646).

1084. La communauté universelle s'administre, se dissout et se partage de la même manière que la communauté

n'est, à proprement parler, qu'un droit de créance contre l'époux survivant, droit assorti, pour les héritiers de la femme prédécédée, d'une hypothèque légale ; qu'il importe peu que, dans ces conditions, la remise faite aux héritiers du conjoint prédécédé des apports et capitaux tombés dans la communauté du chef de leur auteur ne donne lieu à la perception d'aucun droit de mutation, de cession ou de quittance, soit que cette remise ait lieu en argent ou en effets de la communauté ; que la stipulation par laquelle la totalité des acquêts doit appartenir au survivant n'assure, en effet, à cet époux que la propriété des bénéfices faits par la communauté et ne lui confère aucun droit de propriété sur les apports et capitaux provenant du chef du conjoint prédécédé ; — Que les héritiers de ce conjoint retirent ses apports et capitaux, non en vertu d'une convention nouvelle qui serait intervenue entre eux et l'époux survivant, mais en exécution de la clause du contrat de mariage qui règle les droits des époux et de leurs héritiers ; qu'on comprend dès lors qu'il ne soit dû par les héritiers du prémourant aucun droit de mutation, puisque le survivant ne fait que leur rendre ce qui leur appartenait, et par l'époux survivant lui-même aucun droit de quittance ou de libération, puisqu'il abandonne simplement des biens sur lesquels il n'a aucun droit et qui ont cessé de faire partie de la communauté du jour où elle a été dissoute ; mais que, de ces principes consacrés en matière fiscale, on doit conclure que l'époux survivant, qui remet aux héritiers du prédécédé les apports et les reprises de leur auteur, ne fait que leur restituer des choses dont ils sont restés propriétaires, aussi bien lorsque cette remise a lieu en numéraire que lorsqu'elle est faite en effets de la communauté ; qu'il ne saurait en résulter que ces héritiers aient sur tel ou tel immeuble dépendant de la communauté un droit de propriété ou de copropriété ou un droit réel quelconque, leur permettant de suivre cet immeuble entre les mains des tiers auxquels l'époux survivant en a consenti la vente, alors surtout que ces tiers ont accompli toutes les formalités prescrites pour affranchir l'immeuble par eux acquis des charges réelles qui pouvaient le grever ; que, dans l'espèce, la maison vendue aux époux Riboulet a été l'objet de trois mutations successives, et que les divers acquéreurs ont rempli toutes les conditions exigées pour assurer la complète libération de l'immeuble par eux acquis ; que les époux Riboulet n'ont donc rien à redouter d'un prélèvement à exercer par les héritiers Delfau sur la maison qui leur a été vendue, laquelle est passée entre leurs mains dégagée de tous droits réels pouvant appartenir auxdits héritiers, qui, du reste, n'ont depuis trente-cinq ans élevé aucune réclamation ; qu'ils n'ont donc aucun intérêt et conséquemment aucun droit à réclamer l'accomplissement d'une obligation qui n'avait aucune cause et n'a été contractée que par erreur ; — Par ces motifs.

Du 29 août 1877. — C. de Bordeaux, 2° ch. — MM. Vaucher, pr. — Calmon, subst. — Moulinier et Giraud, av.

légale. Les droits d'administration du mari sont les mêmes, soit pour les actes à titre onéreux, soit pour les actes à titre gratuit (V. *Rép.* n°s 3046 et suiv.).

Le partage comprend tous les apports des époux, ainsi que les acquêts de communauté. La plupart des auteurs admettent, toutefois, l'application de l'art. 1509, aux termes duquel l'époux qui a ameubli un héritage peut le retenir en le précomptant sur sa part pour le prix qu'il vaut (*Rép.* n° 3053; Rodière et Pont, t. 3, n° 1378; Aubry et Rau, t. 5, § 525, note 9, p. 484; Laurent, t. 23, n° 401; Guillouard, t. 3, n° 1650).

1085. La femme peut renoncer à la communauté. Elle peut aussi opposer, tant au mari qu'aux créanciers envers lesquels elle n'est pas personnellement obligée, le bénéfice de l'art. 1483, en remplissant les conditions prescrites. — Dans un cas où les époux étaient mariés sous le régime de la communauté universelle et où la femme avait stipulé la reprise de son apport franc et quitte, il a été jugé que cette clause, à défaut d'une déclaration formelle et précise du contrat de mariage, n'était pas opposable aux tiers, et que, par suite, les immeubles repris par la femme restaient grevés des hypothèques consenties par le mari pendant la communauté (Civ. cass. 2 déc. 1872, aff. Chaigneau, D. P. 72. 1. 398).

SECT. 10. — DISPOSITIONS COMMUNES AUX DIVERS RÉGIMES DE COMMUNAUTÉ (*Rép.* n°s 3054 à 3075).

1086. Aux termes de l'art. 1496 c. civ., si la confusion du mobilier et des dettes, qui se produit sous le régime de la communauté légale, opère au profit de l'un des époux un avantage supérieur à celui qui est autorisé par l'art. 1098, les enfants du premier lit de l'autre époux ont une action en retranchement. — Conformément à ce qui est dit au *Rép.* n° 3062, il a été jugé que cette disposition s'applique à l'avantage qui résulte, non pas seulement des apports mobiliers et des dettes existant lors du mariage, mais encore du mobilier et des dettes qui adviennent aux époux pendant le mariage (Caen, 21 nov. 1868, aff. Metge, D. P. 70. 2. 159). C'est, du reste, la doctrine de tous les auteurs (V. outre ceux qui sont cités au *Rép. ibid.* : Rodière et Pont, t. 3, n° 1624; Aubry et Rau, t. 7, § 690, note 14, p. 274; Laurent, t. 23, n° 405; Guillouard, t. 3, n° 1432).

L'art. 1527, reproduisant, à propos de la communauté conventionnelle, la règle de l'art. 1496, statue que, dans le cas où il y a des enfants d'un précédent mariage, toute convention qui tendrait dans ses effets à donner à l'un des époux au delà de la portion réglée par l'art. 1098, sera sans effet pour tout l'excédant de cette portion. — Il est généralement reconnu que, sous la communauté conventionnelle, comme sous la communauté légale, l'intention, de la part de l'un des époux, d'avantager son conjoint n'est pas nécessaire pour qu'il y ait lieu à l'action en retranchement ou en réduction au profit des enfants du premier lit; il suffit que l'avantage existe en fait (Arrêt précité du 21 nov. 1868. V. aussi *Rép.* n° 3064; Rodière et Pont, t. 2, n° 1623; Laurent, t. 23, n° 407; Guillouard, t. 3, n° 1441).

1087. Mais l'avantage qui résulte seulement de l'inégalité des revenus des époux ne donne pas lieu à l'action en retranchement. L'art. 1427 le déclare formellement pour la communauté conventionnelle, et cette solution doit être étendue, par identité de motifs, à la communauté légale (*Rép.* n°s 3063 et suiv.; Rodière et Pont, t. 3, n° 1625; Colmet de Santerre, t. 6, n° 158 *bis* II; Laurent, t. 23, n° 406; Guillouard, t. 3, n° 1433). Mais il a été jugé qu'on ne saurait considérer comme des économies faites sur les revenus des époux les avantages d'un droit à un bail, capitalisés et réalisés antérieurement même à l'exploitation de ce bail; que, par suite, ces avantages sont réductibles s'ils excèdent la quotité dont l'époux ayant des enfants d'un premier lit peut disposer en faveur de son nouveau conjoint (Orléans, 14 mai 1866, aff. Marteau, D. P. 66. 2. 95).

1088. L'action en retranchement ou en réduction accordée par les art. 1496 et 1527 aux enfants du premier lit ne s'ouvre à leur profit qu'au décès de leur auteur. Il a été jugé que les enfants issus du premier mariage d'une femme remariée sous le régime de la communauté légale sont non recevables à intervenir dans les poursuites exercées par le

mari contre les débiteurs de la femme, sous prétexte que le régime matrimonial emporte à leur préjudice et en faveur du mari un avantage supérieur à celui qui est autorisé par l'art. 1098 (Limoges, 27 mai 1867, aff. Bonnange, D. P. 67. 2. 77). Ce n'est, en effet, que comme héritiers à réserve que les enfants du premier lit peuvent exercer l'action en réduction, et leur droit à la réserve ne naît qu'à l'ouverture de la succession (Guillouard, t. 3, n° 1435).

1089. Pour établir l'atteinte portée à leur réserve, les enfants du premier lit peuvent faire la preuve de la consistance des apports des époux tant par titres que par témoins. Quelques auteurs leur reconnaissent même le droit de faire cette preuve par commune renommée (Toullier, *Droit civil français*, t. 13, n° 289; Rodière et Pont, t. 3, n° 1628). D'autres soutiennent qu'ils n'ont pas ce droit, attendu que la preuve par commune renommée ne peut être admise en dehors des cas où la loi l'autorise formellement (Guillouard, t. 3, n° 1434).

1090. L'action des enfants du premier lit est, d'ailleurs, soumise aux règles établies par les art. 920 et suiv. c. civ. sur les actions en réduction. Conformément à l'art. 928, si l'action n'a été formée que plus d'une année après le décès de l'époux donateur, les fruits de la portion sujette à restitution ne sont dus par l'époux donataire qu'à compter du jour de la demande (Req. 20 avr. 1880, aff. Joly, D. P. 80. 1. 428).

1091. Comme on l'a dit au *Rép.* n° 3072, la réduction obtenue par les enfants du premier lit profite aux enfants du second lit. Suivant la juste remarque de M. Colmet de Santerre, t. 6, n° 158 *bis* III et 196 *bis*, tous les enfants ont, d'après l'art. 745 c. civ., des droits égaux à la succession de leur père ou de leur mère, et les art. 1496 et 1527 n'ont pas pour but de mettre les enfants du second mariage dans une situation inégale par rapport à leurs frères et sœurs du premier lit. — Comme nous l'avons dit aussi au *Rép.* n° 3074, si les enfants du premier lit n'intentent pas l'action en réduction, les enfants du second lit peuvent l'intenter à leur place (V. au surplus v° *Dispositions entre-vifs et testamentaires* ; — *Rép.* eod. v°, n°s 902 et suiv.).

TIT. 3. — **DES RÉGIMES EXCLUSIFS DE LA COMMUNAUTÉ LÉGALE** (*Rép.* n°s 3076 à 3144).

CHAP. 1er. — **De la clause que les époux se marient sans communauté** (*Rép.* n°s 3078 à 3120).

1092. — I. ORIGINE ET NATURE DE CE RÉGIME (*Rép.* n°s 3078 à 3084). — Le régime sans communauté ayant son origine dans l'ancien droit coutumier, nous avons admis au *Rép.* n° 3082 qu'il reste soumis aux règles de la communauté légale sur tous les points où il n'y a pas été dérogé par la loi ou par le contrat de mariage. MM. Rodière et Pont, t. 3, n° 2069, soutiennent, au contraire, que c'est par les dispositions du chapitre du régime dotal que doivent être complétées et interprétées celles des art. 1530 à 1535, relatives au régime sans communauté. Nous avons déjà réfuté ce système au *Rép.* n° 3083 ; il a contre lui, non seulement la circonstance que ce régime a été réglementé par les rédacteurs du code avant même qu'ils ne se fussent décidés à admettre le régime dotal, mais encore la place même que la section consacrée à ce régime occupe dans le code ; cette section est comprise en effet dans le chapitre du régime en communauté, ce qui est la preuve manifeste que les dispositions qu'elle contient se rattachent au régime du droit commun et nullement au régime dotal. C'est donc à bon droit que le système de MM. Rodière et Pont est repoussé par tous les auteurs (V. outre ceux qui sont cités au *Rép. ibid.* : Marcadé, t. 5, art. 1529-1532, n° 1; Aubry et Rau, t. 5, § 499, note 2, p. 219 et suiv. ; Colmet de Santerre, t. 6, n° 205 *bis*; Laurent, t. 23, n° 413 ; Guillouard, t. 3, n° 1655).

1093. — II. ACTIF DES ÉPOUX; BIENS DE LA FEMME ET BIENS DU MARI (*Rép.* n°s 3085 à 3089). — Sous le régime sans communauté, aux termes de l'art. 1530 c. civ., les fruits des biens de la femme sont censés apportés au mari pour soutenir les charges du mariage. — Par la même raison, comme on l'a dit au *Rép.* n° 3085, le produit du travail et de l'industrie de la femme appartient au mari.

Il y a controverse, toutefois, sur le point de savoir si le mari doit seul bénéficier des profits que la femme retire de ses talents artistiques ou littéraires et de l'exercice d'une industrie ou d'un commerce séparé. Pour l'affirmative, on invoque le texte de l'art. 1530; dans ce texte, dit-on, le mot *fruits* comprend les produits du travail, aussi bien que les revenus des immeubles et des effets mobiliers; il a le même sens que dans l'art. 1401, § 2, qui fait entrer les fruits, revenus, intérêts et arrérages, de quelque nature qu'ils soient, dans la communauté légale. On s'accorde à reconnaître que les produits des talents artistiques ou du commerce séparé de la femme tombent dans la communauté; on doit de même reconnaître aussi que ces produits, sous le régime sans communauté, reviennent au mari qui seul doit soutenir les charges du mariage (Marcadé, t. 6, art. 1529-1532, n° 3, Laurent, t. 23, n° 433). — La plupart des auteurs, cependant, rejettent aujourd'hui cette opinion. Ils font remarquer que l'art. 1530 ne donne au mari le droit de percevoir que « les fruits *des biens de la femme* », et, s'il est vrai qu'en économie politique le talent ou l'industrie sont considérés comme des biens, il n'est nullement prouvé, il est même peu probable que les rédacteurs du code les aient envisagés de cette manière. Si l'on se reporte en effet à l'art. 1498, qui détermine la composition de la communauté réduite aux acquêts, on y trouve une distinction bien marquée entre les acquêts provenant de l'industrie des époux et les économies faites sur les fruits et revenus de leurs biens. En outre, il résulte de l'art. 5 c. com. que, s'il n'y a pas communauté entre les époux, le mari n'est pas tenu des dettes contractées par la femme dans l'exercice d'un commerce séparé. Comment admettre que tous les profits de ce commerce seront pour le mari, alors qu'il n'en paye pas les dettes? La femme qui exerce à ses risques et périls une profession distincte de celle de son mari, doit équitablement en recueillir les bénéfices; elle est tenue seulement d'abandonner au mari la jouissance des économies qu'elle fait sur ces bénéfices, comme de tous les capitaux qui lui appartiennent (Demolombe, *Cours de code Napoléon*, t. 4, n⁰ˢ 314 et suiv.; Aubry et Rau, t. 5, § 511, notes 18 et 19, p. 515 et suiv.; Colmet de Santerre, t. 6, n° 200 *bis* II; Bravard-Veyrières et Demangeat, *Traité de droit commercial*, t. 1, p. 105 et suiv.; Lyon-Caen et Renault, *Précis de droit commercial*, t. 1, n° 196). Néanmoins, comme les bénéfices faits par la femme doivent d'abord servir à l'entretien du ménage, la femme ne pourrait demander compte au mari des sommes qui auraient été prélevées sur ces bénéfices pour pourvoir à cet entretien (Aubry et Rau et Guillouard, *loc. cit.*).

1094. La femme mariée sans communauté, qui fait des acquisitions en remploi de ses propres ou avec les économies qu'elle a réalisées sur les revenus des biens dont elle s'est réservé la jouissance, est certainement propriétaire des biens par elle acquis. Mais que décider en ce qui concerne les acquisitions qu'elle aurait faites en son propre nom, alors qu'elle n'aurait pas de deniers propres? Nous avons rapporté au *Rép.* n° 3088 l'opinion de divers auteurs et notamment de Troplong, d'après lesquels les biens ainsi acquis devraient appartenir au mari. Mais cette opinion paraît aujourd'hui abandonnée. Les derniers auteurs sont unanimes à décider que si la femme a acheté des biens en son propre nom, elle en demeure propriétaire, et que si elle en a acheté conjointement avec son mari, elle en est propriétaire pour moitié, sans qu'il y ait à chercher d'où proviennent les deniers qui ont servi à l'acquisition (Aubry et Rau, t. 5, § 531, note 2, p. 511; Laurent, t. 23, n° 415; Guillouard, t. 3, n° 1604). Le mari, toutefois, ou ses héritiers, peuvent prétendre, après la dissolution du mariage, qu'il leur est dû récompense par la femme à raison de ce que les deniers avec lesquels elle a acheté lui ont été avancés par le mari; les héritiers réservataires du mari peuvent même soutenir qu'il y a eu donation déguisée par le mari à la femme. Alors se pose la question de savoir si c'est au mari ou à ses héritiers à faire la preuve de leurs allégations, conformément à la règle que la preuve est à la charge du demandeur, ou si c'est au contraire à la femme à justifier que l'acquisition qu'elle a faite a été payée de ses propres deniers.

En droit romain, une loi célèbre, la loi *Quintus Mucius* (L. 51, Dig. *De donationibus inter virum et uxorem*, liv. 24, tit. 1) décidait que les deniers devaient être présumés être ceux du mari et mettait ainsi la preuve à la charge de la femme. On a soutenu que cette présomption était encore applicable sous le régime dotal, et qu'elle devait même être étendue au régime exclusif de communauté (Comp. *Rép.* n⁰ˢ 3340 et suiv.; Troplong, t. 3, n° 2246). Mais les présomptions sont de droit étroit; c'est pourquoi la plupart des auteurs enseignent maintenant que celle de la loi *Quintus Mucius* n'est plus applicable, même sous le régime dotal, parce qu'elle n'a pas été reproduite par le code. D'ailleurs, quand bien même elle devrait être admise sous le régime dotal, ce ne serait pas une raison, d'après ce qui a été dit *suprà*, n° 1089, pour l'appliquer sous le régime exclusif de communauté. En principe, donc, c'est au mari ou à ses héritiers à prouver que le prix de l'acquisition faite par la femme, quoique quittance au nom de celle-ci, a été payé des deniers du mari. — On reconnaît cependant qu'à ce principe il convient d'apporter un certain tempérament : comme, sous le régime exclusif de communauté, toutes les économies faites au moyen des revenus de la femme appartiennent en général au mari, la preuve à faire par ce dernier sous le régime dotal, ce serait suffisamment de l'impossibilité où serait la femme d'indiquer l'origine des deniers remis au vendeur (Comp. Marcadé, t. 6, art. 1529-1532, n° 2; Aubry et Rau, t. 5, § 531, note 3, p. 511; Laurent, t. 23, n° 416; Guillouard, t. 3, n⁰ˢ 1665 et suiv.).

1095. — III. Administration des biens de la femme ; Droits et charges du mari (*Rép.* n⁰ˢ 3090 à 3102). — Le mari, sous le régime exclusif de communauté, a l'administration et la jouissance des meubles de la femme, mais il doit les restituer après la dissolution du mariage (c. civ. art. 1531; *Rép.* n° 3090). Il ne peut donc les aliéner sans le consentement de la femme, à l'exception de ceux qui se consomment par le premier usage ou qui sont destinés par nature à être vendus (Comp. *suprà*, n⁰ˢ 946 et suiv.; Aubry et Rau, t. 5, § 531, note 14, p. 514; Laurent, t. 23, n° 422; Guillouard, t. 3, n° 1658). A l'égard des meubles de la femme qui ont été estimés par le contrat de mariage, nous nous sommes demandé au *Rép.* n° 3092 si l'estimation qui en est faite en transfère la propriété au mari comme sous le régime dotal. La plupart des auteurs décident qu'il faut assimiler au mobilier qui se consomme par le premier usage et considéré comme appartenant au mari le mobilier que celui-ci a reçu avec estimation, et sans déclaration que l'estimation n'en vaut pas vente (Rodière et Pont, t. 3, n° 2073; Aubry et Rau, t. 5, § 531, p. 513 et suiv.; Guillouard, t. 3, n° 1658). Nous pensons, toutefois, qu'il y a lieu d'appliquer ici les règles consacrées par la jurisprudence relativement au mobilier estimé dans le contrat de mariage en cas de communauté réduite aux acquêts (V. *suprà*, n° 948). Ce sont, en effet, comme nous l'avons dit *suprà*, n° 1089, plutôt les principes de la communauté que ceux du régime dotal qui sont applicables sous le régime sans communauté.

1096. Ainsi que nous l'avons dit au *Rép.* n⁰ˢ 3097 et suiv., le mari, sous le régime exclusif de communauté, n'a le droit d'exercer les actions mobilières et possessoires de la femme, conformément à l'art. 1428, sans que l'on puisse lui appliquer les dispositions de l'art. 1549 sur les actions pétitoires, dispositions qui sont spéciales au régime dotal (Marcadé, t. 6, art. 1529-1532, n° 1; Aubry et Rau, § 531, note 13, p. 514; Colmet de Santerre, t. 6, n° 201 *bis*; Guillouard, t. 3, n° 1657. — *Contrà* : Rodière et Pont, t. 3, n⁰ˢ 2087 et suiv.).

1097. — IV. Passif des époux (*Rép.* n⁰ˢ 3103 à 3110). — Sous le régime sans communauté, comme on l'a dit au *Rép.* n° 3103, il y a séparation de dettes entre les époux, de même qu'il y a séparation de biens. Les dettes de la femme ne peuvent donc être poursuivies, en principe, que sur les biens de la femme ; elles ne peuvent l'être que sur la nue propriété de ces biens, si elles n'ont pas date certaine antérieurement au mariage. — Un auteur a même soutenu que les créanciers de la femme, quand même leur créance aurait date certaine à l'égard du mari, ne peuvent agir pendant le mariage que sur la nue propriété des biens de leur débitrice, attendu que l'usufruit du mari constitue un droit réel, qui est opposable aux créanciers chirographaires de la femme (Marcadé, t. 6, art. 1529-1532, n° 4). Mais cette opinion repose sur une confusion entre l'usufruit qui porte sur des objets particuliers et celui qui s'étend

à l'universalité des biens du débiteur. Dans ce dernier cas, il résulte de l'art. 612 c. civ. que les créanciers antérieurs à la constitution de l'usufruit ont le droit de se faire payer au moyen de la vente des biens soumis à l'usufruit, lorsque ni l'usufruitier ni le nu-propriétaire ne veulent acquitter la dette (Aubry et Rau, t. 5, § 531; note 21, p. 516 et suiv.; Laurent, t. 23, n° 426; Guillouard, t. 3, n° 1661. — V. toutefois: Montpellier, 13 juin 1840, *Rép.* n° 3104).

1098. Quant aux dettes contractées par la femme pendant le mariage avec le consentement du mari, ce dernier, comme on l'explique au *Rép.* n° 3107, n'en est pas tenu, à moins qu'elles n'aient tourné à son profit. Si l'on admet surtout, avec les plus récents auteurs, que la femme conserve les profits de la profession artistique, commerciale ou industrielle qu'elle exerce séparément de son mari (V. *suprà*, n° 1093), on doit reconnaître, conformément aux art. 220 c. civ. et 5 c. com., que sous le régime exclusif de communauté les dettes commerciales de la femme n'obligent pas le mari (Demolombe, *Mariage*, t. 2, n°s 314 et suiv.; Aubry et Rau, t. 5, § 531, note 23, p. 517; Laurent, t. 23, n° 427; Guillouard, t. 3, n° 1661). — Mais le mari doit payer les intérêts des dettes de la femme ayant date certaine avant le mariage ou contractées avec son autorisation pendant le mariage. De plus, s'il n'a pas fait constater par inventaire le mobilier apporté par la femme et s'il l'a confondu avec le sien propre, il peut être poursuivi sur tout le mobilier existant en sa possession, sauf à lui à faire distraire de la poursuite les meubles dont il justifierait régulièrement être propriétaire (*Rép.* n° 3105; Aubry et Rau, t. 5, § 531, note 24, p. 517; Guillouard, *loc. cit.*).

1099. Les créanciers du mari ne peuvent également saisir le mobilier apporté par la femme que si ce mobilier n'a pas été constaté par inventaire ou état authentique, conformément à l'art. 1510 c. civ. (*Rép.* n° 3110). — On s'est demandé dans quelle mesure ces créanciers peuvent se faire payer sur les revenus de la femme dont la jouissance appartient au mari. Suivant MM. Aubry et Rau, t. 5, § 531, note 6, p. 512, les créanciers du mari ne seraient autorisés à saisir les revenus des biens de la femme que pour la portion excédant les besoins du ménage. Mais nous estimons, avec MM. Laurent, t. 23, n° 423, et Guillouard, t. 3, n° 1669, qu'il y a là une fausse application de l'art. 1530. Ce article oit bien que les fruits des biens de la femme sont censés apportés au mari pour supporter les charges du mariage; mais il n'en résulte pas que ces fruits soient inaliénables et insaisissables entre les mains du mari; autrement il faudrait attribuer ces caractères à toute somme apportée en dot sous n'importe quel régime, car toute dot est destinée à subvenir aux charges du mariage. On doit donc reconnaître que les revenus de la femme peuvent être saisis par les créanciers du mari dans la mesure où ils appartiennent à celui-ci, c'est-à-dire pour la totalité, sous réserve seulement des profits faits par la femme dans l'exercice d'une profession séparée et qui ne constituent pas des revenus. Contre cette saisie de ses revenus, la femme n'a d'autre recours que la séparation de biens.

1100. — V. Aliénabilité des biens dotaux de la femme; remploi de ces biens (*Rép.* n°s 3111 à 3117). — Nous avons dit au *Rép.* n° 3113 que si la femme, à défaut de l'autorisation de son mari, s'est fait autoriser seulement par justice à vendre ses biens, la vente ne peut comprendre que la nue propriété, comme sous le régime de communauté. Il en serait, toutefois, différemment, d'après plusieurs auteurs, et elle pourrait atteindre l'usufruit du mari dans les hypothèses prévues par l'art. 1427 c. civ. (Aubry et Rau, t. 5, § 531, p. 512; Guillouard, t. 3, n° 1670).

1101. Suivant la doctrine que nous avons admise au *Rép.* n° 2053, et *suprà*, n° 723, doctrine qui est celle de la jurisprudence en matière de régime dotal, le mari est garant du défaut d'emploi ou de remploi du prix des biens de la femme, sous le régime exclusif de communauté, comme en cas de séparation de biens, conformément à l'art. 1450 c. civ.

1102. — VI. Restitution de la dot; droits de la femme (*Rép.* n°s 3118 à 3120). — Le droit de jouissance du mari sur les biens de la femme mariée sans communauté cesse à la dissolution du mariage, en cas de décès de l'un des époux ou de divorce, ou lorsque la séparation de biens a été prononcée. L'opinion de MM. Rodière et Pont, t. 3,

n° 2078, d'après laquelle le mari pourrait invoquer l'art. 1565, qui, sous le régime dotal, lui accorde une année pour restituer la dot, est généralement rejetée (Aubry et Rau, t. 5, § 531, p. 518; Laurent, t. 23, n° 439; Guillouard, t. 3, n° 1662). Les fruits et revenus des biens de la femme sont, par conséquent, dus par le mari à partir du jour de la dissolution du mariage ou du jour de la demande en séparation de biens. Mais les intérêts des reprises et créances que la femme peut avoir contre le mari seront-ils aussi dus de plein droit à compter de la même époque? La plupart des auteurs se prononcent pour la négative, par la raison que l'art. 1570 est applicable seulement sous le régime dotal (Aubry et Rau, Laurent et Guillouard, *loc. cit.*). Mais l'affirmative, que nous avons adoptée au *Rép.* n° 3119, peut s'appuyer sur l'art. 1473, applicable en cas de communauté, et dont la disposition analogue d'ailleurs à celle de l'art. 1570 est fondée sur la nature même de la créance et la faveur qui lui est due, et doit être considérée comme une règle générale applicable à tous les régimes modificatifs de la communauté légale (V. en ce sens: Lyon, 1er déc. 1880, aff. Parrayon, D. P. 81. 2. 21).

1103. Nous avons encore admis au *Rép.* n° 3120, d'accord avec la généralité des auteurs, que la veuve, sous le régime sans communauté comme sous les autres, a droit à ses habits de deuil. M. Laurent, t. 23, n° 441, combat cette opinion par le motif suivant : « Il est à remarquer, dit-il, que la loi garde le silence sur ce point dans les deux clauses qui excluent la communauté. S'il est vrai, comme les auteurs le disent, que ces clauses, très rares, ne sont stipulées que dans les familles riches, n'en faut-il pas conclure que la loi n'a pas voulu donner à une femme riche un privilège qui, pour elle, n'a pas de raison d'être? » M. Guillouard, t. 3, n° 1662, répond avec raison, d'abord, que le silence des textes s'explique par le laconisme des deux sections consacrées aux clauses exclusives de la communauté; il faut bien emprunter, pour les compléter, aux traditions coutumières, soit les traditions romaines. De plus, il ne s'agit nullement d'accorder un privilège à une femme riche, mais de donner à toute veuve, riche ou pauvre, les frais de son deuil, comme le font les art. 1481 et 1570 (V. en ce sens: Rodière et Pont, t. 3, n° 2079; Aubry et Rau, t. 5, § 531, note 29, p. 518; Guillouard, t. 3, n° 1662).

CHAP. 2. — De la séparation de biens contractuelle (*Rép.* n°s 3121 à 3144).

1104. — I. Nature de ce régime (*Rép.* n°s 3121 à 3123). — Parmi les différences que nous avons signalées au *Rép.* n° 3123 entre la séparation de biens contractuelle et la séparation de biens judiciaire, nous avons dit que la première est irrévocable, tandis que la seconde peut cesser par le rétablissement de la communauté. — Ajoutons que, si la séparation de biens contractuelle n'est pas pleine et entière, si elle a été stipulée, par exemple, avec la restriction que la femme n'aura la jouissance de ses revenus et l'administration de ses capitaux que pour moitié, la femme peut demander, en cas de péril de sa dot, la séparation de biens judiciaire; et cette séparation aura pour effet de la réintégrer dans la jouissance de la totalité de ses revenus et l'entière administration de ses biens (Req. 8 juin 1859, aff. de Pindray, D. P. 59. 1. 313; Guillouard, t. 3, n° 1673).

1105. — II. Actif des époux et droits de la femme sur ses biens (*Rép.* n°s 3124 à 3132). — Les droits de la femme séparée contractuellement sont les mêmes, quant à l'administration de ses biens, que ceux de la femme séparée judiciairement (Comp. c. civ. art. 1449 et 1536). Elle ne peut donc, suivant l'opinion qui a prévalu en jurisprudence, disposer de son mobilier que dans la mesure des actes d'administration (V. *suprà*, n°s 705 et suiv.).

1106. Les immeubles de la femme séparée de biens peuvent être aliénés par elle avec l'autorisation du mari ou de justice (*Rép.* n°s 3126 et suiv.). Si le mari a autorisé l'aliénation, il est garant, ainsi que nous l'avons admis au *Rép.* n° 3128, conformément à l'art. 1450, du défaut d'emploi ou de remploi du prix. Cette solution, fondée sur l'analogie qui existe entre l'organisation de la séparation de biens contractuelle et celle de la séparation de biens judiciaire, est admise par la plupart des auteurs (Marcadé, t. 6, art. 1538, n° 1; Aubry et Rau, t. 5, § 532, note 3, p. 519; Laurent,

t. 23, n° 446; Guillouard, t. 3, n° 1675. V. conf. Liège, 8 mai 1862) (1). — Jugé que le mari ne saurait être dégagé de la responsabilité qui lui incombe aux termes de l'art. 1450, par des reconnaissances que la femme lui aurait données à cet effet, mais seulement par la preuve de l'affectation réelle qu'auraient reçue les sommes provenant des propres aliénés (Arrêt précité du 8 mai 1862).

Mais le mari n'est pas responsable de l'utilité de l'emploi ou du remploi (V. suprà, n° 726). — Il a été jugé que, sous le régime de la séparation de biens, le mari, bien que non responsable de l'emploi des capitaux de sa femme, peut être soumis à cette responsabilité en vertu de l'art. 1382 c. civ., lorsque, en abusant de son autorité maritale t par une contrainte morale, il a entraîné sa femme à dissiper une partie des capitaux qu'elle possédait (Req. 13 août 1863, aff. de Pindray, D. P. 63. 1. 463).

1107. La femme séparée de biens peut, avec l'autorisation de son mari ou de justice, acquérir des immeubles ou des valeurs mobilières en son nom personnel. Mais, comme nous l'avons déjà constaté au Rép. n° 3131, les biens achetés au nom d'une femme séparée peuvent être considérés, sur la poursuite des créanciers du mari, comme appartenant à ce dernier, et comme ayant été frauduleusement déclarés acquis des deniers de la femme, lorsqu'il est établi que cette femme était sans ressources personnelles. La fraude peut, par exemple, être regardée comme résultant suffisamment de ce que la femme n'avait rien apporté lors de son mariage, que depuis aucuns biens ne lui étaient advenus, et qu'enfin elle n'exerçait pas de commerce lucratif (Req. 28 févr. 1855, aff. Bourbier-Dubreuil, D. P. 55. 1. 401).

1108. Ainsi que nous l'avons exposé au Rép. n° 3132, et suprà, n° 736, les époux séparés de biens ne peuvent former valablement entre eux une société civile ou commerciale. — Il a été jugé que la société en nom collectif formée entre un mari et sa femme, mariés sous le régime de séparation de biens, est nulle, encore que l'acte de société ait été passé antérieurement à la célébration du mariage, le jour même de la signature du contrat, et qu'il en soit fait mention dans le contrat (Paris, 9 mars 1859, aff. Pomier, D. P. 60. 2. 12). La nullité de cette société entraîne comme conséquence la nullité de la liquidation qui en a été faite et celle des actes qui s'y rattachent, notamment, des engagements contractés par l'époux ayant des enfants d'un premier lit envers son conjoint, pour le remplir de ses droits et de sa part dans les bénéfices de la société (Même arrêt).

1109. — III. Passif des époux; charges du mariage (Rép. n°s 3133 à 3140). — Sous le régime de séparation de biens, les époux ne sont pas tenus des dettes l'un de l'autre, ni pour le capital, ni pour les intérêts, à moins qu'il ne s'agisse de fournitures faites au ménage commun ou qui ont profité aux deux époux. A l'égard des tiers, comme on l'a dit au Rép. n° 3137, les dettes alimentaires sont toujours solidaires (V. suprà, n° 691).

1110. Bien que les époux se soient mariés sous le régime de séparation de biens, on doit néanmoins leur conseiller, comme nous l'avons dit au Rép. n° 3133, de faire constater, au moyen d'un inventaire ou d'un état en bonne forme, la consistance du mobilier que la femme possède au jour de la célébration du mariage et de celui qui lui échoit durant le mariage. A défaut d'un pareil état ou d'inventaire, les créanciers de chaque époux ont le droit de saisir tout le mobilier qu'ils possèdent ensemble. C'est à tort que M. Laurent, t. 23, n° 448, conteste ce droit aux créanciers, et les oblige à prouver que le mobilier qu'ils saisissent est celui de leur débiteur. Cette preuve est impossible pour les créanciers, et elle incombe de droit à celui des époux qui demande la distraction des objets saisis comme étant sa propriété. Mais, l'art. 1510 c. civ. étant ici inapplicable, la preuve dont il s'agit peut être faite par tous les moyens; car la question de savoir si tel ou tel objet appartient au mari ou à la femme n'est qu'une question de fait pur et simple ; la propriété de l'époux non débiteur peut donc être établie par témoins et par présomptions (Aubry et Rau, t. 5, § 532, notes 8 et 9, p. 520 et suiv.; Guillouard, t. 3, n° 1678. — Comp. Agen, 14 mars 1833, Rép. n° 4262-2°).

1111. Ce n'est qu'à défaut de conventions spéciales dans le contrat de mariage que l'art. 1537 c. civ. fixe la part contributoire de la femme dans les dépenses du ménage au tiers de ses revenus (Rép. n° 3134). — Il a été jugé que sous le régime de la séparation de biens, les époux peuvent convenir que la femme ne contribuera pas aux charges du ménage, une telle clause n'ayant rien de contraire aux bonnes mœurs (Metz, 17 août 1858, aff. Ledant, D. P. 59. 2. 130. V. dans le même sens : Aubry et Rau, t. 5, § 532, p. 319; Laurent, t. 23, n° 449; Guillouard, t. 3, n° 1679).

1112. La part contributoire de la femme, lorsqu'elle est fixée, soit par le contrat de mariage, soit seulement par la loi, n'est pas invariable. Si le mari tombe dans l'indigence, la femme alors, comme nous l'avons dit au Rép. n° 3138, devra supporter seule les charges du ménage. Si, par suite des circonstances, il devient impossible de faire vivre le ménage avec le tiers des revenus de la femme ou avec la quotité fixée par le contrat, les tribunaux, à défaut d'accord entre les époux, peuvent arbitrer ex æquo et bono, comme en matière de pension alimentaire, la somme que la femme devra verser dans le ménage (Comp. Req. 2 juill. 1851, aff. Donné, D. P. 51. 1. 272; Marcadé, t. 6, art. 1536-1537, n° 2; Aubry et Rau, t. 5, § 532, note 5, p. 520; Laurent, t. 23, n° 450; Guillouard, t. 3, n° 1681).

1113. C'est entre les mains du mari que doit être versée la part contributoire de la femme (Rép. n° 3139). Mais lorsqu'il a été stipulé, dans le contrat de mariage, que les deux époux contribueraient aux charges du mariage pour la totalité de leurs revenus, la femme, aux termes d'un arrêt, ne peut être contrainte à remettre au mari que la portion de ces revenus nécessaire aux besoins de la vie commune (Bruxelles, 14 juill. 1859, aff. Goupy de Quabecq, Pasicrisie belge, 1860. 2. 30). Au reste, comme nous l'avons dit déjà pour le cas de séparation judiciaire (V. suprà, n° 685), s'il y a de justes raisons de croire que les sommes ainsi versées par la femme seraient dissipées par le mari et détournées de leur destination, la femme peut se faire autoriser par justice à payer elle-même directement aux fournisseurs, les frais d'éducation des enfants et les autres créances du ménage (Marcadé, t. 6, art. 1537, n° 2; Guillouard, t. 3, n° 1682. — Contrà : Laurent, t. 23, n° 451).

---

(1) (Nivard C. Nivard.) — La cour ; — Attendu, quant à l'applicabilité de l'art. 1450 c. civ., que la séparation contractuelle de biens entre époux est assimilable dans ses règles et effets à la séparation judiciaire, à part le rétablissement possible de la communauté lorsqu'elle a été dissoute par cette dernière voie ; — Que dans les deux cas la femme séparée conserve ou reprend l'entière administration de ses biens meubles et immeubles et ne peut aliéner ceux-ci sans le consentement de son mari ; — Que la responsabilité du mari prononcée par le défaut d'emploi ou de remploi doit, dès lors, être la même dans l'une et l'autre séparations ; — Que cette responsabilité procède d'ailleurs d'un principe commun à tous les régimes, à savoir : que le mari doit protection à sa femme ; que de ce devoir découle que le mari 'obligation de veiller à l'emploi ou au remploi des fonds que perçoit la femme alors qu'il l'assiste librement dans les ventes qu'elle consent ; — Que l'art. 1450 ne fait donc que sanctionner cette obligation en consacrant le principe de la garantie du mari à défaut d'emploi ou de remploi ; — Que cette disposition a été inspirée par des considérations tirées de la nécessité de prémunir la femme contre les entraînements de l'autorité maritale, et de sauvegarder sa fortune en lui donnant des garanties contre tout

détournement, contre toute dissipation du prix de ses propres, soit par son mari, soit par elle-même ; — Que ces raisons militant avec une égale force au cas de séparation contractuelle comme au cas de séparation judiciaire, il y a lieu d'appliquer l'art. 1450, non comme une disposition exceptionnelle, mais comme une disposition de droit commun en matière de séparation de biens ; — Attendu qu'à supposer que des reconnaissances eussent été données par l'intimée à son mari pour dégager celui-ci de l'obligation de garantie du défaut d'emploi ou de remploi, on ne pourrait y avoir égard que pour autant qu'il viendrait s'y joindre la preuve de l'affectation réelle qu'auraient reçue les deniers provenus de ses propres ; — Que loin qu'il en soit ainsi dans l'espèce, les déclarations de la femme, si même la preuve de leur existence en était rapportée dans les termes invoqués par les appelants, établiraient précisément qu'il n'y a eu ni emploi ni remploi, puisque, au dire des appelants, la femme aurait fait l'encaissement et serait restée en possession du prix de ses propres ;

Par ces motifs et ceux des premiers juges, confirme, etc.

Du 8 mai 1862.-C. de Liège, 1re ch.-MM. Vanorb, Forgeur et Masson, av.

1114. — IV. ADMINISTRATION DU MARI (Rép., nᵒˢ 3144 à 3144). — D'après l'art. 1539 c. civ., rapporté au Rép. nᵒ 3144, le mari auquel la femme séparée a laissé la jouissance de ses biens n'est tenu, à la dissolution du mariage ou même pendant le mariage, si la femme lui demande des comptes, qu'à la représentation des fruits existants et non de ceux qui ont été consommés. Mais cette règle cesse d'être applicable s'il a été convenu que le mari serait dans la position d'un mandataire; alors le mari doit compte même des revenus employés en dépenses de ménage, et cela surtout lorsque ces dépenses ont été mises exclusivement à sa charge par les conventions matrimoniales. (Metz, 17 août 1858, aff. Ledant, D. P. 59. 2. 130). La règle de l'art. 1539 ne serait pas non plus applicable s'il s'agissait de revenus non destinés à être employés aux besoins du ménage. Ainsi, le mari qui a touché au nom de sa femme, et par suite notamment d'une liquidation de succession, un capital accru des intérêts de plusieurs années, est comptable de ces intérêts comme du capital, car les intérêts, dans ce cas, ne peuvent être présumés avoir été consommés (Civ. cass. 24 avr. 1855, aff. Jubé, D. P. 55. 1. 154).

1115. Que faut-il entendre par les *fruits existants* dont le mari doit compte? Ce sont, d'après la jurisprudence, les fruits qui existent encore *en nature* dans les mains du mari, au moment de la reddition de compte. Par conséquent, les économies que le mari aurait faites pendant la durée de sa jouissance, et qu'il aurait placées en son nom personnel, ne pourraient pas être réclamées par la femme. On reconnaît cependant que le prix encore dû des fruits que le mari aurait vendus doit être assimilé aux fruits existants (Pau, 12 avr.

1859, et sur pourvoi, Req. 17 janv. 1860, aff. de Livron, D. P. 60. 1. 66. V. en ce sens, Guillouard, t. 3, nᵒ 1685). Plusieurs auteurs, toutefois, soutiennent que la femme pourrait réclamer les économies faites par le mari, en prouvant qu'elles proviennent des revenus de ses biens. C'était, disent MM. Rodière et Pont, t. 3, nᵒ 1984, la doctrine universellement admise avant le code, et elle paraît trop équitable pour qu'on puisse croire que les auteurs du code ont voulu la changer (V. dans le même sens : Laurent, t. 23, nᵒ 453).

1116. Le mandat conféré à la femme au mari, soit dans le contrat de mariage, soit dans une procuration postérieure, peut être donné sous telles conditions qu'il plaît aux parties de fixer, et, par exemple, sous la condition que l'excédent des revenus de la femme, après prélèvement de sa contribution aux charges du ménage, restera capitalisé par le mari, qui en devra l'intérêt à cinq pour cent par an (Req. 15 juin 1868 (1); Guillouard, t. 3, nᵒ 1683).

1117. La clause du contrat de mariage par laquelle la femme, en adoptant le régime de la séparation de biens, laisse la jouissance et l'administration à son mari, ne confère pas à celui-ci la qualité d'usufruitier, mais seulement celle d'administrateur ou de mandataire tenu de rendre compte et d'employer les revenus aux nécessités du ménage; par suite, ces revenus ne peuvent pas être saisis par les créanciers personnels du mari (Dijon, 24 avr. 1869, aff. Druard, D. P. 74. 5. 103). — Si même il a été stipulé, accessoirement à la séparation de biens, une société d'acquêts, cette clause n'entraîne pas, de la part de la femme, l'aliénation de ses revenus, mais attribue simplement à la société les économies ou les acquêts réalisés sur les revenus;

---

(1) (Pothier et Turgan C. Virmont.) — Le sieur Virmont avait épousé en 1823 la demoiselle Sauquaire de Souligné. Dans leur contrat de mariage, les futurs époux avaient adopté le régime de la séparation de biens. La future, en se réservant l'administration et la jouissance de tous ses biens meubles et immeubles, s'était engagée à contribuer aux charges du ménage jusqu'à concurrence du tiers de ses revenus. Enfin, il était stipulé qu'après le prélèvement de la contribution de la femme aux charges du ménage, de ses dépenses d'entretien et des autres dépenses qu'elle était libre de faire à sa convenance, ce qui resterait libre sur ses revenus serait, à la fin de chaque année, capitalisé entre les mains du mari, qui lui en compterait l'intérêt à raison de 5 pour 100 par an. En 1824, la dame Virmont donna à son mari une procuration générale à l'effet de gérer et d'administrer ses biens. En 1828, le sieur Virmont fit abandon de biens à ses créanciers, et dans l'acte d'atermoiement qui eut lieu, la dame Virmont fut admise comme créancière d'une somme de 15000 fr. pour reliquat du compte de ses revenus, après déduction de sa part dans les frais du ménage et de ses dépenses personnelles. Le sieur Virmont est décédé en 1864; il laissait deux fils et avait institué sa femme légataire de la quotité disponible. La dame Virmont fut de nouveau, dans la liquidation de la succession, reconnue créancière de toute la portion de ses revenus qui excédait sa part contributoire dans les dépenses du ménage, ainsi que ses propres dépenses; par suite, la totalité de l'actif mobilier et immobilier de la succession dut lui être attribuée. Divers créanciers des sieurs Virmont fils, notamment, les sieurs Potier et Turgan, contestèrent cette liquidation; ils attaquèrent la clause du contrat de mariage qui stipulait la capitalisation de l'excédent des revenus de la femme, comme contraire aux principes d'ordre public qui régissent la société conjugale. Leur prétention fut repoussée par un jugement du tribunal de Baugé du 2 août 1865, qui fut ensuite confirmé par un arrêt de la cour d'Angers du 21 mars 1866. — « Attendu, disait la cour, que toutes les conventions qui ne sont pas contraires aux bonnes mœurs sont permises pour l'association conjugale (c. nap. art. 1387), et que la clause de capitalisation par le mari des revenus de la femme mariée sous le régime de la séparation de biens n'a rien de contraire aux bonnes mœurs; — Attendu que les règles de droit commun des art. 1537, 1539, 1577, 1578 c. nap., sur la jouissance, par le mari, des biens de la femme, sous le régime de la séparation de biens ou sous le régime dotal, peuvent être modifiées par la convention des époux dans les conditions de l'art. 1387; — Que si les art. 1577 et 1578 qui régissent le régime dotal sont applicables au régime de la séparation de biens, ils peuvent être invoqués par la dame Virmont, puisqu'elle avait donné mandat à son mari d'administrer ses biens; que, si ces articles ne sont pas applicables, la dame Virmont a le droit d'invoquer la convention légitime de son contrat de mariage et de sa procuration; — Attendu que, depuis la procuration, Virmont a touché tous les revenus de sa femme, dont les obligations auxquelles il s'est soumis par le contrat de mariage et par la procuration ont été reconnues par lui et par ses créanciers, lorsque, dans l'acte d'atermoiement du 4 juin 1828, la

dame Virmont a été reconnue sans difficulté créancière de son mari pour 15000 fr., en vertu de ces obligations; — Attendu que, malgré la précipitation avec laquelle s'est accomplie la liquidation, précipitation que peut expliquer la situation des deux fils Virmont, et malgré l'intérêt qui peut s'attacher à la réclamation des appelants, ils ne prouvent pas que la liquidation de 1864 ait été faite en fraude de leurs droits, etc. » — Pourvoi en cassation par les sieurs Potier et Turgan pour violation des art. 1387, 1154, 1159, 1577 et suiv., 1129, 1094 et 1395 c. nap., en ce que la cour d'appel a déclaré valable une clause par laquelle un mari s'est obligé d'une manière indéfinie à servir à sa femme l'intérêt à 5 pour 100 des revenus de celle-ci, capitalisés chaque année, le mari ayant ainsi assumé une dette qui, par l'accumulation des intérêts, devait fatalement absorber tous ses biens. — Arrêt.

LA COUR; — Sur la première branche du moyen unique tiré de la violation des art. 1387, 1154, 1559, 1577 et suiv. c. nap.: — Attendu qu'aux termes de l'art. 1154, les intérêts échus des capitaux peuvent produire des intérêts, pourvu que, soit dans la demande, soit dans la convention, il s'agisse d'intérêts dus au moins pour une année entière; — Attendu qu'aux termes de l'art. 1130 c. nap., les choses futures peuvent être l'objet d'une obligation; — Attendu que si, d'après une clause du contrat de mariage des époux Virmont, mariés sous le régime de la séparation de biens, les revenus de la femme restés libres devaient, à la fin de chaque année, se capitaliser aux mains du mari, tenu de lui en compter les intérêts à raison de 5 pour 100 an, la convention, bien que se référant à l'avenir, n'avait pas pour objet des intérêts échus au jour de la capitalisation et dus au moins pour une année; que cette stipulation n'avait donc rien de contraire aux articles précités, et qu'en la validant, l'arrêt attaqué n'a contrevenu à aucune loi;

Sur la deuxième branche du moyen : — Attendu qu'aux termes de l'art. 1577 c. nap., qui pose un principe de droit commun applicable au régime de la séparation de biens comme au régime dotal, la femme peut donner procuration à son mari pour administrer ses biens paraphernaux; que la femme Virmont, en conférant à son mari le pouvoir de régir, gouverner et administrer ses biens et affaires personnelles, n'a fait qu'user d'une faculté légale et dont l'exercice avait pour objet de confirmer la clause du pacte conjugal, loin d'y apporter aucune dérogation;

Sur la troisième branche du moyen : — Attendu que la clause de capitalisation dont la validité était contestée a un objet certain et déterminé, puisqu'elle embrasse les revenus de la femme, déduction faite de sa part contributive dans les dépenses du ménage et de la somme convenue pour ses dépenses personnelles; que si la quotité de la somme qui faisait l'objet de la convention était provisoirement incertaine, elle pouvait être et a été ultérieurement fixée sur les bases que l'arrêt attaqué déclare avoir été acceptées d'un commun accord par les deux époux ou leurs représentants;

Par ces motifs, rejette, etc. —
Du 15 juin 1868.-Ch. req.-MM. Bonjean, pr.-Massé, rap.-Savary, av. gén., c. conf.-Choppin, av.

les créanciers du mari ne peuvent donc saisir que les économies réalisées sur les revenus échus de la femme (Même arrêt).

1118. Sauf dans le cas où le mari a été constitué administrateur par contrat de mariage, la femme peut toujours lui retirer la procuration qu'elle lui a donnée ou l'administration qu'elle lui a laissé prendre (*Rép.* n° 3143). Du jour où la femme a manifesté formellement son intention de reprendre la gestion de son patrimoine, lorsque, par exemple, elle a révoqué par acte extrajudiciaire le pouvoir d'administration que le contrat de mariage donnait au mari sous réserve du droit de révocation au profit de la femme, elle est autorisée à demander compte au mari, non seulement des fruits existants au jour de la reddition de compte, mais aussi de ceux qui ont été consommés à partir de sa notification (Civ. cass. 31 mars 1879, aff. Delcro, D. P. 79. 1. 425).

1119. Ainsi qu'on l'a dit au *Rép.* n° 3144, la femme séparée de biens, comme la femme mariée sous le régime sans communauté, a le droit de prendre son deuil sur la succession du mari (V. *suprà*, n° 1103).

TIT. 4. — DU RÉGIME DOTAL ET DE LA PARAPHERNALITÉ (*Rép.* n°s 3145 à 4279).

1120. On a rappelé au *Rép.* n°s 72 et suiv. les difficultés auxquelles s'est heurté le législateur de 1804 lorsqu'il s'est agi du régime dotal. La discussion fut longue et laborieuse, et l'on peut dire sans exagération que ce problème amena presque une scission complète parmi les législateurs de l'époque. De nos jours la rivalité existe encore, et si l'on rencontre des dotalistes convaincus, il faut reconnaître que les partisans des régimes de communauté sont, comme au commencement du siècle, en majorité (V. à ce sujet : Sincholle, *De l'inaliénabilité de la dot mobilière et immobilière*, n° 90 ; Bertauld, *Questions pratiques et doctrinales du code Napoléon*, t. 1, n° 626 ; Batbie, *Revue critique*, année 1866, t. 28, p. 123 ; Duverger, *ibid.*, p. 308, et t. 29, p. 110 ; Gide et Boissonnade, *ibid.*, t. 29, p. 78 et 172).

1121. En ce qui concerne l'interprétation des dispositions du code civil, si les auteurs et les commentateurs s'entendent, en général, sur les principes, les variations sont nombreuses lorsqu'on descend aux applications de détail. Quant à la jurisprudence, guidée par le but même du régime dotal, elle a cru qu'il était de son devoir de compléter, pour ainsi dire, les précautions prises par le code en faveur de la femme mariée sous ce régime. Cette tendance que nous aurons plus d'une fois l'occasion de constater a d'ailleurs été critiquée par la majorité des auteurs.

1122. Nous ajouterons ici quelques détails complémentaires touchant le régime dotal aux renseignements que nous avons déjà donnés au *Rép.* n°s 77 et suiv., et *suprà*, n°s 5 et suiv., en ce qui concerne le droit comparé.

En *France*, où le régime dotal est reconnu à l'égal des autres régimes conventionnels, on sait que l'importance de son application n'est pas la même dans les différentes régions de notre pays. La situation pécuniaire des conjoints est trop intimement liée aux anciennes habitudes locales et aux influences romaines pour que ce régime ne soit pas resté localisé dans les provinces où il s'est développé pendant des siècles. Ainsi, tandis que dans le midi et une partie de l'ouest le régime dotal est en quelque sorte le seul régime en vigueur, il est peu répandu dans le nord et et dans l'est de la France, où l'on est resté profondément attaché aux traditions coutumières de la communauté.

Toutefois, si le régime dotal se rencontre rarement, dans toute sa rigueur, dans les anciens pays de coutume, il tend cependant à y pénétrer grâce à la souplesse de notre législation qui, en autorisant la combinaison des différents régimes (V. *suprà*, n°s 31 et suiv.), et surtout en laissant la faculté d'accorder au mari le pouvoir d'aliénation à charge de remploi, a fait beaucoup pour sa propagation. Cette modification heureuse, qui enlève au régime de l'art. 1554 une grande partie de ses inconvénients, tout en lui conservant son utilité incontestable au point de vue de la sûreté des reprises de la femme, se rencontre fréquemment aujourd'hui dans la pratique.

1123. Si nous passons maintenant à l'examen des législations étrangères au point de vue qui nous occupe, nous pouvons constater des variations analogues à celles que nous avons trouvées dans notre pays.

En *Italie*, véritable patrie du droit romain, on conçoit facilement que les anciennes traditions se soient maintenues et qu'aujourd'hui encore le régime dotal y jouisse d'une grande faveur. C'est, comme on l'a vu *suprà*, n° 5, celui qui occupe la première place dans le nouveau code civil de 1866.

1124. En *Espagne*, le régime dotal, qui autrefois était le régime légal, a perdu son ancienne importance, mais il est toujours possible aux conjoints de l'adopter par une déclaration expresse. Il est surtout resté en vigueur dans la noblesse et les classes privilégiées. — Dans ce pays, la dot peut être constituée avant ou pendant le mariage : c'est ainsi que tous les biens acquis par la femme, durant le mariage, à titre gratuit, s'ajoutent à la dot. L'inaliénabilité dotale n'y existe pas, mais la femme y possède néanmoins des garanties importantes. C'est ainsi que la dot non estimée dans le contrat ne peut être vendue par le mari qu'avec l'autorisation de sa femme, qui alors a le droit de prendre hypothèque sur ses biens.

En *Portugal*, le régime dotal a la même importance pratique qu'en Espagne, et l'on peut dire que le législateur moderne y a conservé l'ancienne théorie romaine de la loi *Julia de fundo dotali*.

Le *Brésil*, le *Mexique* et le *Pérou*, dans son code de 1852, ont adopté les règles de la législation espagnole.

1125. En *Allemagne*, le régime dotal n'est nulle part le régime légal, mais les parties sont autorisées à l'adopter. Il est usité principalement dans quelques provinces de *Prusse*, dans le *Mecklembourg*, en *Hesse*, et surtout en *Bavière*.

Le *Code saxon* de 1863 impose aux père et mère l'obligation de doter leur fille, qui n'a pas de fortune personnelle, et qui se marie avec leur autorisation. Le mari a l'administration et l'usufruit de la dot et des paraphernaux, et contrairement à ce qui est admis en France, c'est la dotalité qui est la règle, et la paraphernalité l'exception.

En *Autriche*, le régime légal se rapproche beaucoup du régime dotal, et les principes admis par le code saxon.

1126. Dans les pays du Nord, en *Islande*, en *Danemark* et en *Norwège*, le régime dotal est complètement inconnu.

1127. En *Suisse*, le régime dotal constitue le régime de droit commun dans le canton de *Vaud*, et il est facultatif dans le *Tessin*. L'inaliénabilité y existe, mais les tribunaux peuvent donner l'autorisation de vendre en cas d'utilité manifeste.

La principauté de *Monaco* admettait autrefois également le régime dotal comme régime légal; mais cette règle a changé depuis l'ordonnance du 9 juill. 1877, et aujourd'hui les futurs époux, pour l'adopter, doivent le déclarer expressément. La paraphernalité est maintenant la règle générale.

1128. La *Belgique* a conservé sur la matière qui nous occupe les dispositions de notre code civil de 1804. Mais le régime dotal, quoique permis en droit, est à peu près inconnu en pratique ; c'est du moins ce que constate M. Laurent, t. 23, n° 454.

CHAP. 1er. — Nature du régime dotal et soumission à ce régime (*Rép.* n°s 3146 à 3169).

1129. — I. NATURE DU RÉGIME DOTAL (*Rép.* n°s 3146 à 3169). — Les caractères généraux du régime dotal ont été exposés au *Rép.* n°s 3146 et suiv.; on en a aussi présenté l'historique et montré les inconvénients, tant au point de vue législatif qu'au point de vue économique. Nous n'avons pas à revenir ici sur ces questions générales.

1130. Nous rappellerons seulement qu'en principe la capacité de la femme mariée sous le régime dotal n'est pas diminuée (*Rép.* n° 3152). Cette capacité est seulement paralysée relativement aux biens dotaux. Il en est ainsi surtout dans le cas d'une constitution générale de tous les biens présents et à venir de la femme (V. *infrà*, n°s 1238 et suiv.).

Dans cette hypothèse où tous les biens de la femme sont dotaux, on s'est demandé si la femme peut acquérir, si les acquisitions faites par elle pendant le mariage ne doivent pas être réputées faites avec les deniers du mari, attendu

que tous les revenus de la dot appartiennent au mari. Cette question est amplement traitée au *Rép.* n° 3153. Nous y reviendrons *infrà*, n° 1202.

Sur la question de savoir si les règles spéciales au régime dotal peuvent se combiner avec d'autres régimes, notamment avec celui de la communauté, V. *suprà*, n°ˢ 31 et suiv.

1131. — II. Soumission au régime dotal *(Rép.* n°ˢ 3163 à 3169). — Ainsi qu'on l'a indiqué au *Rép.* n° 3163, l'art. 1392 c. civ. exige une déclaration expresse pour que les époux soient soumis au régime dotal. Mais il est admis que des termes équipollents, manifestant clairement l'intention des futurs conjoints, suffisent. La jurisprudence et les auteurs sont définitivement fixés en ce sens (Grenoble, 13 juill. 1850, aff. Gallet, D. P. 52. 2. 172; Bordeaux, 8 janv. 1851, aff. Guérin, D. P. 51. 2. 50; Riom, 30 août 1852, aff. Houdoux, D. P. 53. 2. 45; Civ. cass. 21 janv. 1856, aff. Nadaillac, D. P. 56. 1. 354; Lyon, 22 févr. 1867, aff. Buisson, D. P. 67. 2. 80; Rodière et Pont, t. 3, n° 1642; Aubry et Rau, t. 5, § 533, note 1, p. 522; Laurent, t. 23, n° 456; Jouitou, t. 1, n° 2; Guillouard, t. 4, n° 1693).

1132. Toutefois il est nécessaire que l'intention des futurs époux soit absolument certaine. Plusieurs auteurs décident même que la clause par laquelle une femme déclare simplement sous son contrat de mariage que ses biens présents et à venir seront dotaux ne suffit pas, à elle seule, pour emporter soumission au régime dotal. La femme, en effet, a pu par cette stipulation indiquer que, sans vouloir se soumettre à ce régime, elle entendait abandonner à son mari l'administration et la jouissance de tous ses biens, comme cela a lieu sous le régime exclusif de communauté. « Nous ne comprenons d'ailleurs pas, remarquent MM. Aubry et Rau, t. 5, § 533, note 3, quelle différence il pourrait y avoir entre le cas où la femme aurait dit que tous ses biens lui seront dotaux et celui où elle aurait déclaré qu'elle se constitue en dot tous ses biens. Or, d'après l'art. 1392, cette dernière déclaration n'emporte pas soumission au régime dotal » (V. dans le même sens : Troplong, t. 1, n° 155). D'autres auteurs, au contraire, estiment que, le plus ordinairement, quand les biens de la femme sont déclarés dotaux, le régime adopté est le régime dotal. Il est vrai que la femme peut se constituer des biens en dot sous tous les régimes. Mais en qualifiant ses biens de dotaux, elle fait quelque chose de plus, elle leur confère un caractère qui suppose le régime dotal (Marcadé, t. 5, art. 1393, n° 4; Rodière et Pont, t. 3, n° 1643; Guillouard, t. 4, n° 1694).

1133. Bien que la soumission au régime dotal n'exige nullement l'emploi de termes sacramentels, la jurisprudence n'admet plus que la clause d'un contrat de mariage portant pouvoir pour le mari d'administrer les biens de sa femme « comme son procureur général et spécial » soit suffisante pour établir ce régime, ainsi qu'on l'admettait dans l'ancien droit (Req. 10 mars 1858, aff. Brunier, D. P. 58. 1. 347. — Comp. *Rép.* n° 3194).

1134. De même, la constitution du mari comme mandataire de sa femme n'emporte plus, par elle seule, soumission au régime dotal. C'est la doctrine qui ressort d'un arrêt portant que, « si en Dauphiné et avant le code Napoléon, le mandat général donné par la femme à son mari pour la recherche, administration et jouissance de ses biens présents et à venir emportait une constitution générale de dot, il n'en saurait être de même sous le code, où la communauté est devenue le droit commun et la dotalité l'exception, et où, par conséquent, toute stipulation douteuse dans le contrat de mariage doit être interprétée dans un sens exclusif de la dotalité » (Grenoble, 27 déc. 1860, aff. Meyer, D. P. 61. 2. 170).

1135. La clause portant que les époux déclarent se prendre « avec leurs biens et droits » emportait autrefois dans le parlement de Bordeaux constitution de dotalité pour les biens présents (V. encore en ce sens : Toulouse, 12 juin 1860, aff. Pigasson, D. P. 61. 2. 35). Aujourd'hui, et dans les pays où cette tradition n'existe pas, il nous semble que la solution contraire devrait l'emporter, et qu'en conséquence une pareille clause ne serait plus constitutive du régime dotal (V. en ce sens : Bordeaux, 1ᵉʳ févr. 1865, aff. Bureau, D. P. 65. 2. 200 ; Marcadé, t. 6, art. 1541, n° 1 ; Aubry et Rau, t. 5, § 533 *bis*, note 7, p. 529 ; Guillouard, t. 4, n° 1707).

1136. La stipulation par laquelle les conjoints frappent

d'inaliénabilité tout ou partie de leurs biens dotaux emporte-t-elle soumission au régime dotal? Quoique cette question ait fait difficulté, la jurisprudence rapportée au *Rép.* n° 3167 la résout par l'affirmative. MM. Aubry et Rau, t. 5, § 533, note 5, p. 523, et Guillouard, t. 4, n° 1693, adoptent la même solution, lorsque les futurs époux n'ont pas déclaré se soumettre expressément à un autre régime. La jurisprudence est restée fixée dans ce sens (Civ. rej. 15 mars 1853, aff. Lefortier, D. P. 53. 1. 81).

1137. La clause de remploi stipulée par la femme en cas d'aliénation suffit-elle pour faire réputer dotaux les biens qui en sont l'objet? Cette question a été examinée *suprà*, n°ˢ 33 et 536 *(Adde*, dans le sens de la négative : Civ. rej. 7 mai 1853, aff. Pichot, D. P. 54. 5. 266).

1138. La soumission au régime dotal n'a pas besoin d'être totale, elle peut n'être que partielle (V. *suprà*, n° 31). Mais il est nécessaire, ici encore, d'employer dans le contrat des expressions propres à manifester clairement l'intention des futurs conjoints (Aubry et Rau, t. 5, §.533, note 8, p. 523; Laurent, t. 23, n° 457; Guillouard, t. 4, n° 1698). Ainsi la clause d'un contrat de mariage portant que la femme, en cas de renonciation, reprendra son apport franc et quitte de toutes dettes de la communauté, de celles-là mêmes auxquelles elle se serait obligée conjointement et solidairement avec son mari ou au payement desquelles elle aurait été condamnée avec lui, n'a pas pour effet de soumettre cet apport au régime dotal, et de le frapper d'inaliénabilité, même s'il a été stipulé accessoirement que la femme exercera ses reprises par privilège et préférence aux créanciers de la communauté. Toutefois, s'il avait été formellement stipulé dans le contrat de mariage que cette clause sera opposable aux créanciers, la solution devrait-elle être la même? Cette question a déjà été traitée *suprà*, n° 1049, où sont indiquées les décisions de la jurisprudence. — M. Pont, *Revue critique*, année 1856, t. 9, p. 536, n° 54, a soutenu que, même dans ce cas, la clause ne pourrait être opposée aux créanciers de la femme, car, d'après lui, ce serait laisser à la femme le droit de choisir entre le régime de communauté et le régime dotal, ce qui est inadmissible; cette convention restera donc sans effet et les époux seront mariés sous la communauté légale. MM. Aubry et Rau, t. 5, § 533, note 13, p. 526, admettent, au contraire, la validité de cette clause, parce que, suivant eux, la femme n'a pas la faculté de choisir entre deux régimes différents, mais seulement d'opter entre l'acceptation ou la renonciation à la communauté, ce qui est absolument légal. « La question en somme se réduit à savoir si tout en se mariant sous le régime de la communauté, les futurs époux ont la faculté d'attacher à la renonciation éventuelle de la femme des effets plus étendus que ceux qui en découlent de plein droit de manière à lui assurer quant à son apport mobilier les garanties du régime dotal. Or la solution affirmative de la question ainsi posée ne nous paraît pas devoir souffrir difficulté; il est, en effet, généralement admis que les époux peuvent dans leurs conventions matrimoniales combiner le régime dotal avec celui de la communauté. »

CHAP. 2. — De la constitution de la dot

(Rép. n°ˢ 3170 à 3294).

1139. Les caractères généraux de la constitution de dot sont indiqués au *Rép.* n°ˢ 3170 et suiv.; nous les avons également rappelés *suprà*, n°ˢ 429 et suiv.

Sect. 1ʳᵉ. — Comment et quand la dot peut être constituée *(Rép.* n°ˢ 3177 à 3217).

1140. On s'est demandé au *Rép.* n° 3191 quelle serait la solution à adopter en présence d'un contrat portant soumission expresse au régime dotal, mais qui n'aurait rien stipulé relativement à la constitution de dot. On a montré que l'opinion qui admet en pareil cas la dotalité générale des biens présents de la femme est la plus conforme à la nature de l'union conjugale et à l'esprit général de notre législation. Elle n'a cependant pas été acceptée par la majorité des auteurs, ni par la jurisprudence moderne, qui ne peut se résoudre à reconnaître la validité d'une constitution tacite de dot. — Il a été jugé que l'adoption du régime dotal n'a pas

pour effet, à elle seule, de soumettre de plein droit à la dotalité et de rendre inaliénables les biens appartenant à la femme à l'époque de son mariage ; la dotalité ne frappe que les biens qui ont été l'objet d'une constitution expresse (Req. 9 août 1858, aff. Rebeyrolle, D. P. 58. 1. 371 ; Req. 30 juill. 1877, aff. Lapeyre, D. P. 58. 1. 174 ; 7 févr. 1881, aff. du Port, D. P. 81. 1. 309). (V. outre les autorités citées en ce sens au *Rép. ibid.* : Marcadé, t. 6, art. 1541, n° 2 ; Rodière et Pont, t. 3, n° 1664 ; Aubry et Rau, t. 5, § 533 *bis*, note 1, p. 327 ; Laurent, t. 23, n° 460 ; Guillouard, t. 4, n° 1703. — *Contra* : Bellot des Minières, t. 1, n°s 78 et suiv.). Ce dernier auteur admet que si la femme a des biens présents, la constitution les atteindra tous, sans frapper les biens à venir, et que si elle n'a pas de biens présents, les biens à venir seront dotaux.

1141. Dans le droit actuel, la constitution dotale n'est pas subordonnée à une formule sacramentelle, et il n'est pas nécessaire d'employer les mots : *dot* et *constitution* pour donner aux apports de la femme la nature de biens dotaux. Le principe est le même qu'en ce qui concerne la soumission au régime dotal (V. *supra*, n° 1131). Il suffit de termes équivalents et précis, propres à faire saisir avec certitude l'intention des parties. La constitution peut même résulter virtuellement ou implicitement des clauses du contrat de mariage (Aubry et Rau, t. 5, § 533 *bis*, p. 327 et suiv. ; Colmet de Santerre, t. 6, n° 211 *bis* 1 ; Laurent, t. 23, n° 463 ; Jouitou, n° 6). La jurisprudence s'est toujours prononcée dans ce sens (*Rép.* n° 3192 et suiv.). Il a été jugé, depuis la publication du *Répertoire*, que les capitaux et actions industrielles apportés en mariage par une femme dotale sont frappés de dotalité, bien qu'ils n'aient pas été l'objet d'une constitution expresse de dot, et à été stipulé dans ce contrat qu'ils resteraient déposés entre les mains d'un tiers (dans l'espèce, la Banque de France), jusqu'à ce qu'ils eussent été employés en immeubles au nom de la femme, et que celle-ci se constituait en dot les immeubles qui seraient ainsi acquis (Paris, 2 janv. 1858, aff. Banque de France, D. P. 58. 2. 4. — V. cependant : Montpellier, 29 avr. 1857, aff. Julien, D. P. 57. 2. 214).

1142. Mais la simple désignation et l'énumération des biens possédés par la femme au jour du mariage, même s'il y a eu soumission au régime dotal, ne rend pas dotaux les objets indiqués au contrat (Bellot des Minières, t. 1, n° 72 ; Aubry et Rau, t. 5, § 533 *bis*, p. 528 ; Guillouard, t. 4, n° 1708).

1143. Suivant MM. Aubry et Rau, t. 5, § 533 *bis*, p. 528, il y a lieu de considérer comme frappés de dotalité les biens que la femme a affectés aux charges du mariage, ceux dont elle a conféré au mari l'administration et la jouissance, et même ceux que sans autre explication, elle a déclaré apporter à ce dernier (V. en ce sens : Req. 16 août 1843, *Rép.* n° 3193. — *Contra* : Rodière et Pont, t. 3, n° 1651).

1144. Il a été jugé que, dans les pays de droit écrit, et notamment dans le ressort du parlement de Bordeaux et dans celui de Toulouse, le régime dotal n'imprimait le caractère de dotalité, conformément à la loi romaine, qu'à ceux des biens de la femme qui avaient été déclarés dotaux par un pacte. Ainsi, lorsque des époux s'étaient mariés sans contrat ou avec un contrat ne contenant pas de constitution de dot, tous les biens de la femme étaient paraphernaux (Civ. cass. 27 avr. 1852, aff. Robert, D. P. 52. 1. 162).

1145. En cas de doute sur l'interprétation à donner à un contrat de mariage, la jurisprudence et la doctrine admettent que ce doute doit profiter aux tiers, et qu'en conséquence, il faut appliquer la règle de la paraphernalité (Rodière et Pont, t. 3, n° 1664 ; Aubry et Rau, t. 5, § 533 *bis*, note 7, p. 529 ; Guillouard, t. 4, n° 1715. V. Riom, 19 août 1851, aff. Bouchard, D. P. 52. 2. 269 ; Req. 27 févr. 1856, aff. Juvénal, D. P. 56. 1. 99 ; Nîmes, 1er avr. 1857, aff. Guibert, D. P. 58. 2. 7). — Mais dès qu'il est établi qu'un bien est réellement dotal, les tiers ne peuvent se prévaloir de l'erreur qui a pu exister sur le véritable caractère de ce bien. Ainsi il a été jugé que si, à la suite de la perte momentanée de la minute d'un contrat de mariage stipulant que tel bien sera dotal, des tiers se rendent acquéreurs de cet immeuble, dont la véritable nature est reconnue depuis par la production tardive de l'acte anténuptial, leur droit ne pourra être maintenu devant la revendication intentée par la femme (Civ. cass. 6 déc. 1852, aff. Blasini, D. P. 53. 1. 48).

1146. Du principe que la paraphernalité est la règle sous le régime dotal, la jurisprudence a tiré cette conclusion très juste, que si une partie veut faire admettre la dotalité d'un immeuble, la preuve de cette dotalité doit être mise à sa charge. Cette règle s'applique même à la femme (Civ. cass. 7 févr. 1872, aff. Baraigues, D. P. 72. 1. 348).

1147. Lorsqu'on admet que le régime dotal s'étend à certains biens par suite d'une constitution implicite résultant, par exemple, du rapprochement des clauses d'un contrat de mariage, cette constitution doit être restreinte aux choses qu'elle implique nécessairement. C'est ainsi qu'il a été décidé que la clause portant que les époux adoptent le régime dotal, avec réserve de disposer de certains immeubles comme paraphernaux, peut bien soumettre à la dotalité les autres immeubles possédés par la future lors du mariage, mais non les biens qu'elle n'avait pas à cette époque, ni les droits incorporels ou éventuels qu'elle pouvait avoir la faculté d'exercer ; spécialement, une telle clause n'affecte pas de dotalité les immeubles obtenus par la femme pendant le mariage, par l'effet de l'exercice d'un droit de retrait successoral relatif à une succession ouverte à l'époque du contrat (Montpellier, 29 avr. 1857, aff. Julien, D. P. 57. 2. 214 ; Civ. rej. 31 mai 1859, même affaire, D. P. 59. 1. 241).

1148. On reconnaît généralement que les capitaux acquis par la femme dans un commerce séparé ne sont dotaux qu'autant qu'il y a constitution générale en dot de tous biens présents et à venir, ou constitution spéciale de ces capitaux. Si, d'après cette distinction, les gains réalisés par la femme constituent des paraphernaux, celle-ci en conserve à la fois la propriété et la jouissance, s'ils sont dotaux, le mari peut en exiger le versement immédiat entre ses mains à charge par lui de restituer pareille somme, lorsqu'il devra rendre la dot (Riom, 23 mars 1881, aff. Suc, D. P. 83. 2. 17 ; Civ. cass. 13 févr. 1884, aff. Brun, D. P. 84. 1. 325 ; Rodière et Pont, t. 3, n° 1975 ; Aubry et Rau, t. 5, § 534, note 7, p. 532 et suiv. ; Colmet de Santerre, t. 6, n° 211 *bis* II ; Guillouard, t. 4, n° 1726). Toutefois, d'après Troplong, t. 4, n° 3016, Marcadé, t. 6, art. 1540 à 1541, n° 2, et M. Jouitou, t. 1, n° 38, l'industrie de la femme devrait être considérée comme un capital, qui se trouverait compris dans la constitution générale de dot et dont tous les produits dès lors appartiendraient au mari à titre de fruits, sans aucune obligation de restitution (V. en ce sens : Aix, 1er juill. 1869, aff. Midon, D. P. 72. 2. 49). Au contraire, M. Demolombe, *Mariage*, t. 2, n°s 318 et suiv., soutient que le mari n'a jamais droit, ni pour le capital, ni pour les intérêts, aux profits faits par la femme dans l'exercice de son industrie particulière, ou, en d'autres termes, que les profits ont le caractère de paraphernaux, alors même que la constitution de dot comprend tous les biens présents et à venir. Ainsi, tandis que Troplong et Marcadé assimilent l'industrie de la femme à une valeur dotale, M. Demolombe l'assimile à une valeur paraphernale. Mais il nous semble, comme à MM. Aubry et Rau et Guillouard, *loc. cit.*, peu juridique d'étendre à de simples qualités ou aptitudes personnelles une distinction qui ne s'applique qu'à des biens proprement dits. Dans tous les cas, on ne peut guère supposer que les parties, au moment du contrat de mariage, se soient placées à un point de vue aussi abstrait. En stipulant que les biens présents et à venir seraient dotaux, elles ont entendu vraisemblablement que la dotalité frapperait les biens acquis par l'un ou l'autre époux pendant le mariage, ainsi que les biens qu'ils possédaient lors du mariage (Comp. *supra*, n° 1093). Au contraire, lorsque la femme se sert constitué de dot que ses biens présents, les produits réalisés pendant le mariage par son industrie personnelle ne peuvent être considérés comme paraphernaux (Agen, 9 janv. 1856, aff. Camajou, D. P. 56. 2. 73 ; Montpellier, 27 mai 1879, aff. Foissac, D. P. 80. 2. 117 ; Guillouard, t. 4, n° 1727).

1149. Comme nous l'avons expliqué au *Rép.* n° 3203, on doit tenir pour dotaux les biens donnés à la femme dans le contrat de mariage. Ainsi, il a été décidé que les biens donnés par voie d'institution contractuelle faite par contrat de mariage sont tous dotaux, lorsque la future est mariée sous le régime dotal (Civ. cass. 21 nov. 1883, aff. Mœurer, D. P. 84. 1. 398). — Jugé de même que, l'institution contractuelle ayant pour effet de constituer un droit actuel et irrévocable, les biens qu'elle comprend doivent

être considérés comme des biens présents; et qu'en conséquence, lorsque le contrat de mariage n'affecte de dotalité que les biens présents, ceux compris dans la donation sont frappés de dotalité, encore bien que le bénéfice de cette libéralité ne doive être recueilli qu'au décès du donateur (Limoges, 15 juill. 1884, aff. Barbou-Descourières, D. P. 85. 2. 65. — *Contrà:* Jouitou, n° 7). Il a encore été jugé que les biens donnés en dot à une future épouse dans son contrat de mariage par des tiers doivent revêtir le caractère de biens dotaux proprement dits, eu égard aux termes employés dans l'acte, portant que ces biens sont « donnés à l'occasion du mariage », alors même que la femme s'est constitué en dot une somme déterminée, sous la clause que tous ses autres biens lui seront paraphernaux (Req. 27 févr. 1856, aff. Juvénal, D. P. 56. 1. 98; Aix, 17 mars 1857, aff. Victor, D. P. 58. 2. 14). — Remarquons, toutefois, qu'une pareille interprétation pourrait être écartée par une clause qui manifesterait clairement l'intention contraire des parties contractantes (Toulouse, 23 juin 1852, aff. Bacquié, D. P. 54. 2. 98; Rodière et Pont, t. 3, n° 1973; Aubry et Rau, t. 5, § 533 *bis*, note 9, p. 529; Guillouard, t. 4, n° 1711).

1150. Après avoir disposé que les biens donnés à la femme dans le contrat de mariage sont dotaux, l'art. 1541 réserve le cas où le contraire aurait été stipulé. — Il en serait de même, en l'absence d'une stipulation expresse, si l'intention des époux d'exclure de la dot les biens donnés résultait manifestement des dispositions du contrat. Cette intention résulterait-elle suffisamment de la clause d'un contrat de mariage portant, dans la disposition du régime dotal, que la future aura elle-même l'administration et la jouissance de tous ses biens présents et à venir « comme de biens libres et paraphernaux »? La négative a été admise par un arrêt de la cour de Nîmes du 1er avr. 1857 (aff. Guibert, D. P. 58. 2. 7). Il en serait ainsi, surtout, d'après cet arrêt, lorsqu'il résulte de l'ensemble des stipulations du contrat de mariage et des circonstances que les parties contractantes ont entendu attribuer aux biens donnés à la femme le caractère de biens dotaux. — Il y a là, d'ailleurs, on le conçoit, une question d'interprétation de la volonté des parties, qui rentre dans le domaine de l'appréciation souveraine des juges du fait (Req. 14 juin 1858, même affaire, D. P. 58. 1. 452).

Quant aux biens donnés à la femme à *dotale*, même en faveur du mariage, mais en dehors de son contrat de mariage, ils ne sont pas comme tels frappés de dotalité (Rodière et Pont, t. 3, n° 1971; Aubry et Rau, t. 5, § 533 *bis*, note 8, p. 529; Guillouard, t. 4, n° 1712).

1151. Lorsqu'un mari, par contrat de mariage, constitue des biens en dot à sa femme, la question se pose de savoir si ces biens doivent être dotaux ou paraphernaux. Nous avons vu au *Rép.* n° 3207 que la majorité des auteurs, interprétant la volonté présumée du mari, décident que ces biens doivent être rangés dans la classe des paraphernaux (V. outre les autorités citées au *Rép. ibid.*; Marcadé, t. 6, art. 1540-1541, n° 1; Guillouard, t. 4, n° 1714. Comp. Aubry et Rau, t. 5, § 533 *bis*, note 14, p. 530). Ces derniers auteurs admettent cette solution, mais dans le cas où la femme s'est constitué en dot tous ses biens présents et à venir. —

Nous devons mentionner toutefois un arrêt de la cour de Bordeaux rendu en sens contraire, et où il est dit que les biens donnés par le mari sont dotaux (Bordeaux, 30 avr. 1850, aff. Caisse hypothécaire, D. P. 52. 2. 237. V. en ce sens: Rodière et Pont, t. 3, n° 1647; Bellot des Minières, t. 1, n° 63).

En tout cas, lorsque la donation faite par le mari à la femme, par contrat de mariage, ne comprend que des gains de survie, ces gains sont toujours extradotaux (V. outre les arrêts cités au *Rép.* n° 3208: Bordeaux, 30 avr. 1850, précité; Limoges, 22 juill. 1850, aff. Dubayle, D. P. 53. 5. 175; Paris, 7 juill. 1874, aff. Crédit foncier, D. P. 76. 2. 65).

1152. Un arrêt a décidé qu'il y a lieu de considérer, non comme paraphernaux, mais comme dotaux, les immeubles acquis par la future, dans l'intervalle du contrat à la célébration du mariage, en échange d'immeubles déclarés expressément dotaux et aliénables à charge de remploi par une clause spéciale du contrat de mariage (Civ. cass. 18 déc. 1878, aff. Laville, D. P. 79. 1. 441). Cet arrêt se fonde sur ce que l'effet des conventions matrimoniales lorsqu'elles sont suivies de la célébration du mariage, rétroagit au jour du contrat, quel que soit le régime adopté par les époux. — Ainsi, d'après la cour de cassation, le principe général édicté par l'art. 1179 c. civ. s'appliquerait en matière de contrat de mariage. Cette doctrine, contraire à celle que nous avons exposée *suprà*, n° 447, n'avait pas encore été soutenue, et elle serait de nature à soulever d'assez graves objections (V. la note sur l'arrêt précité du 18 déc. 1878).

1153. Il est traité au *Rép.* n° 3211 et suiv. de la défense légale d'augmenter la dot pendant le mariage. Dans la jurisprudence postérieure, nous n'avons à signaler sur ce point qu'un seul arrêt, décidant que l'acquisition d'immeubles faite par une femme dotale, avec le concours de son mari, moyennant un prix converti en rente viagère, constitue pour le mari un contrat aléatoire, qui ne saurait être attaqué par ses créanciers comme déguisant une augmentation de la dot (Grenoble, 27 févr. 1856, aff. Boissier, D. P. 57. 2. 158; Comp. Marcadé, t. 6, art. 1543, n° 2; Aubry et Rau, t. 5, § 534, n° 2, p. 534).

1154. Il est, d'ailleurs, bien entendu que la prohibition d'augmenter la dot pendant le mariage ne fait pas obstacle aux accroissements naturels, tels que l'alluvion, etc., qui ne constituent en somme qu'une suite normale du droit de propriété (*Rép.* n° 3217; Aubry et Rau, t. 5, § 534, p. 535; Guillouard, t. 4, n° 1733). Par application de ce principe, la jurisprudence a décidé: 1° que le bénéfice résultant de la revente d'un immeuble acquis avec des deniers dotaux augmente la dot (Rouen, 30 avr. 1851, aff. Dupont, D. P. 53. 2. 2); — 2° Que la plus-value résultant pour le fonds dotal de l'ouverture d'un chemin de fer, ou de travaux d'amélioration, profite à la dot et accroît d'autant le fonds dotal (Paris, 23 mai 1863, aff. Foacier de Ruzé, D. P. 63. 2. 170); — 3° Que les constructions élevées sur un fonds dotal prennent la nature du fonds sur lequel elles sont élevées, et s'incorporent avec lui en vertu de la règle « *superficies solo cedit* » (Civ. cass. 29 août 1860, aff. Ellie, D. P. 60. 1. 393. V. également : Paris, 11 avr. 1850, aff. Verheyden, D. P. 52. 2. 185; Rouen, 2 mai 1861 (1);

---

(1). (Époux Ellie *C.* Violot et consorts). — La cour de Rouen, saisie en vertu du renvoi prononcé par l'arrêt de la cour de cassation du 29 août 1860 (rapporté D. P. 60. 1. 393), a statué comme il suit :

La cour, — Attendu que Violot, créancier de la dame Ellie, mariée sous le régime dotal avec constitution en dot de tous ses biens présents et à venir, a, pour obtenir le remboursement de sa créance, poursuivi la vente d'une filature dite de la Landelle, appartenant à sa débitrice; mais que la dame Ellie s'oppose à cette poursuite, en soutenant que cet immeuble est dotal pour le tout, et par suite se trouve hors de l'atteinte de son créancier ; — Attendu que, parmi les biens de la dame Ellie affectés de dotalité, se trouvait une pièce de terre sur laquelle existaient deux moulins alimentés par la rivière de l'Orne, et qu'en 1841, cette dame, alors séparée de biens, entreprit la construction sur ce fonds d'une usine à usage de filature de coton; — Attendu que cette usine a été sans doute construite dans le but d'augmenter la valeur de l'immeuble dotal, mais que cette augmentation ne tombe pas sous la prohibition de la loi, qui ne peut atteindre que les conventions additionnelles du contrat de mariage imprimant le caractère dotal à un immeuble qui, sans cette dérogation, eût été seulement paraphernal; mais que la loi ne place pas en dehors de l'empire

du régime dotal les actes d'administration qui ont pour but et pour effet d'élever la valeur de l'immeuble constitué en dot; — Attendu que ces nouvelles constructions, qui amélioraient le fonds dotal, n'en changeaient donc pas le caractère; qu'elles ne constituaient pas une propriété distincte de ce fonds auquel elles étaient incorporées par droit d'accession; que l'immeuble ainsi amélioré ne formait qu'un seul tout, empreint du même caractère de dotalité, et ne pouvant être à la fois dotal et paraphernal; — Qu'il n'est donc pas permis, sans porter atteinte à l'inaliénabilité de la dot, de diviser cet immeuble en deux parties, le sol d'un côté et l'usine de l'autre, pour reconnaître comme paraphernale cette dernière partie, admettre un échange entre l'une et l'autre, en se prévalant des dispositions de l'art. 1559 c. civ.; — Qu'en effet, un échange ne peut avoir lieu entre deux parties d'un tout appartenant à la même personne, mais seulement entre deux immeubles différents; car, l'échange, contrat bilatéral et commutatif, emporte aliénation et mutation de propriété et non une simple mutation de qualité entre deux immeubles appartenant au même propriétaire; — Mais attendu qu'indépendamment de ces principes, il y a dans la cause une raison qui est dominante; car il n'y a pas ici de matière à un échange quelconque puisqu'il résulte des déductions ci-dessus que l'immeuble dotal amélioré ne

Caen, 19 juill. 1866 (1); 20 juill. 1866 (2); Bordeaux, 17 juin 1874, aff. Gomez Guimaraès, D. P. 75. 2. 118; Lyon, 11 mars 1886, aff. Mary Dauphin, D. P. 87. 2. 129).

1155. Toutefois, on s'est demandé si cette dernière solution ne comportait pas des restrictions dans le cas où les constructions ou améliorations auraient été faites au moyen de sommes paraphernales ou de deniers appartenant au mari. Suivant MM. Rodière et Pont, t. 3, n° 1683, la plus-value acquise par le fonds ne serait pas dotale en pareil cas, et les créanciers soit de la femme, soit du mari, auraient le droit de faire détacher du fonds tout ce qui pourrait en être enlevé, afin de le faire vendre séparément à leur profit. M. Bertauld, *Questions pratiques et doctrinales*, t. 1, n°s 636 et suiv., admet que l'immeuble tout entier, y compris l'ac-croissement résultant des travaux, est dotal ; mais il estime que la dot ainsi enrichie est assujettie à une action *de in rem verso* ; cette action qui, dans des hypothèses semblables, serait ouverte contre le mineur ou l'interdit, doit suivant lui, l'être également contre la femme dotale, car on ne saurait admettre qu'elle puisse s'enrichir aux dépens d'autrui. Cette solution a également été admise par la cour de Bordeaux, dans son arrêt du 17 juin 1874, cité *suprà*, n° 1154, et l'arrêt de la cour de Paris, du 23 mai 1863, cité *ibid.*, a consacré une solution ana-logue, en décidant que, sur le prix de l'immeuble dotal, le mari peut toucher le montant de la plus-value provenant des tra-vaux exécutés par lui sur cet immeuble et ayant eu pour objet et pour effet sa conservation. — Ces solutions nous parais-sent devoir être écartées. Le principe de l'accession s'oppose absolument à ce que l'on refuse à la plus-value le caractère dotal qui appartient au fonds lui-même ; et, quant à l'action *de in rem verso*, elle apporterait à l'inaliénabilité de l'im-meuble dotal une dérogation à l'appui de laquelle aucun

texte ne saurait être invoqué (V. en ce sens : Aubry et Rau, t. 5, § 534, note 15, p. 535; Guillouard, t. 4, n° 1734).

1156. La règle que la dot ne peut être augmentée pendant le mariage s'impose, comme on l'a montré au *Rép.* n° 3213, même aux tiers qui font des libéralités aux époux durant le mariage, en ce sens que si la femme ne s'est cons-titué en dot que ses biens présents, ils ne pourraient stipuler que les biens donnés seront dotaux. Une telle condition devrait être réputée non écrite. Tous les auteurs sont aujourd'hui d'accord sur ce point (V. outre ceux cités au *Rép. ibid.*: Rodière et Pont, t. 3, n° 1678; Marcadé, art. 1543, n° 2; Aubry et Rau, t. 5, § 534, note 13, p. 534; Colmet de Santerre, t. 6, n° 213 bis I; Laurent, t. 23, n° 467; Guillouard, t. 4, n° 1731). — Toutefois, rien ne s'oppose à ce qu'un donateur ou testateur attribue au mari l'usufruit des biens donnés ou légués par lui à la femme. Sans doute, comme le dit M. Guillouard, t. 4, n° 1732, une libéralité de ce genre produit l'un des effets de la constitution de dot, puisqu'elle attribue au mari la jouissance de biens dont la propriété appartient à la femme, alors que, d'après son contrat de mariage, celle-ci devait avoir la jouissance de tous ses biens à venir, à titre de paraphernaux. Mais d'un côté, l'effet principal de la constitution dotale, l'inaliénabilité de la dot, ne sera pas produit, et c'est là surtout ce que l'art. 1543 a voulu prohiber ; d'un autre côté, si le mari a la jouissance du bien appartenant à la femme, il ne l'a pas parce que ce bien serait dotal, mais à raison du droit d'usufruit légale-ment constitué à son profit (V. dans le même sens : Rodière et Pont, Marcadé, Aubry et Rau, *loc. cit.*). — Il est bien entendu, d'ailleurs, que si le contrat porte que la femme s'est constitué ses biens à venir, les biens qui seront donnés pendant le mariage, comme ceux qui lui écherront par suc-

---

borme qu'un seul tout, empreint du même caractère d'inaliéna-bilité ; — Attendu que si les époux Ellie, en vue d'emprunts à faire, ont par jugement sur requête fait admettre la décision relative à l'immeuble dont il s'agit, de manière à en rendre une partie para-phernale, cette décision rendue par une voie non contentieuse et contrairement aux prescriptions formelles de la loi, et non par suite d'une erreur d'appréciation sur les faits de la cause, ne pouvait acquérir l'autorité de la chose jugée et priver la dame Ellie du droit que lui conféraient son contrat de mariage et la loi; — Par ces motifs, met l'appellation et le jugement dont est appel au néant; corrigeant et réformant, dit que l'immeuble de la dame Ellie, situé à Clécy et sur lequel une usine a été construite, est dotal pour le tout; que, dès lors, il ne peut être licité, ni partagé; par suite, dit à tort l'action en licitation dudit immeuble formée par Violot, etc.

Du 2 mai 1861.-C. de Rouen, aud. sol.-MM. Gesbert, pr.-Moreau, subst.-Deschamps, Homais et Lemarcis, av.

(1) (Couyère C. Barbier et autres.) — La cour ; — Considérant que, par leur contrat de mariage, les époux Couyère ont adopté le régime dotal ; que la femme s'est constitué en dot tous ses biens présents et à venir; qu'elle s'est réservé le droit d'aliéner ses immeubles moyennant remploi, et qu'elle a été autorisée à employer en constructions sur un immeuble dépendant de sa dot immobilière une somme de 1500 fr. faisant partie de sa dot mobilière; — Considérant qu'il résulte tant de l'expertise à laquelle il a été procédé que du jugement du 1er avril 1864, que la plus-valué homo-loguée et est passé en force de chose jugée, que, depuis le ma-riage, il a été fait sur l'immeuble dotal de la dame Couyère des constructions qui lui ont conféré une plus-value de 3000 fr.; qu'il n'est pas douteux que la plus-value donnée à l'immeuble dotal de la dame Couyère par les constructions faites par son mari ont rendu ce dernier créancier sur sa femme du montant de cette plus-value, sauf à en déduire les 1500 fr. dépendant de la dot mo-bilière employés dans ces constructions conformément aux stipu-lations du contrat de mariage ; mais qu'on ne peut en induire que, soit le mari, soit les ouvriers qui se présentent comme exerçant ses actions, aient le droit, pour le recouvrement de cette créance, de faire saisir et vendre l'immeuble dotal sur lequel les construc-tions ont été faites; — Considérant que l'art. 1554 c. nap. dé-clare d'une manière absolue que les immeubles constitués en dot ne peuvent être aliénés ni par le mari, ni par la femme, ni par les deux époux conjointement; qu'il est fait des exceptions à ce prin-cipe ; mais que la loi n'y a pas compris le cas où des dettes auraient été contractées par la femme pour payer des améliora-tions faites à ses immeubles dotaux ; que l'art. 1558 c. nap., en autorisant la vente d'un immeuble dotal pour faire les réparations nécessaires à sa conservation, est même exclusif de l'aliénation pour cause d'améliorations ; — Que l'immeuble dotal, tel qu'il était lorsqu'il a été frappé de dotalité, ne peut être séparé des

améliorations qui ont été faites depuis; que ces améliorations se sont incorporées au sol et en sont devenues les accessoires, mais sans en changer la nature et le caractère dotal, et sans porter atteinte à son inaliénabilité qui est restée intacte ; — Qu'il suffit de cette indivisibilité du fonds dotal et des améliorations qui en ont augmenté la valeur, pour que le commandement du 5 mars 1865 soit dit à tort, puisqu'il a pour objet de faire vendre un immeuble qui, à raison de son caractère dotal, ne peut être vendu; — Considérant, dès lors, inutile d'examiner si la plus-value conférée à l'immeuble de la dame Couyère est dotale *comme* l'immeuble lui-même ou paraphernale, parce qu'en supposant que la plus-value de l'immeuble dotal fût dotale comme l'immeuble lui-même ou paraphernale, et que les créances de Barbier et joints fussent exécutoires sur cette plus-value, il en s'ensuivrait pas que l'im-meuble dotal, tel qu'il était originairement, pût être saisi et vendu; — Considérant qu'aucune des dispositions du contrat de mariage des époux Couyère ne fait exception aux principes qui viennent d'être posés ; — Confirme, etc.

Du 19 juill. 1866.- C. de Caen, 2e ch.-MM. Daigremont-Saint-Manvieux, pr.-Nicias Gaillard, av. gén.-Paris et Bertauld, av.

(2) (Bellenger C. Barbier et autres.) — La cour; — Sur la fin de non-recevoir : — Considérant que le commandement fait le 5 mars 1865, par Barbier et joints, à la dame Bellenger, est l'acte préalable que doit faire tout créancier qui veut saisir l'immeuble de son débiteur ; que l'ensemble des énonciations qui se trouvent dans cet acte ne peut laisser aucun doute, qu'il avait pour but une saisie immobilière ; — Considérant que l'opposition faite à ce commandement par la dame Bellenger était fondée sur ce que l'immeuble, objet de la saisie que Barbier et joints se proposaient d'opérer, était un immeuble dotal frappé d'inaliénabilité, et par suite insaisissable; que c'est de cette question d'inaliénabilité du fonds dotal que le tribunal a été saisi ; — Qu'il en résulte que le tribunal a statué sur une contestation dont la valeur était indé-terminée, et que, par suite, il a prononcé en premier ressort, encore bien que la somme dont Barbier et joints se prétendaient créan-ciers, et à raison de laquelle ils avaient fait le commandement, fût inférieure à 1500 fr. ;

Au fond : — Considérant que, par leur contrat de mariage, les époux Bellenger ont adopté le régime dotal et que la femme s'est constitué en dot tous ses biens présents à venir, en se réservant le droit de vendre ses immeubles dotaux à charge de remplace-ment ; qu'il est, en outre, stipulé qu'une somme de 1600 fr., faisant partie de sa dot mobilière, pourrait être employée en construc-tions sur une portion de terrain qui lui appartenait lors du mariage et était, par conséquent, l'un de ses biens en mains ; — Con-sidérant qu'il résulte de l'expertise ... (le reste comme à l'arrêt précédent); — Confirme, etc.

Du 20 juill. 1866. - C. de Caen, 2e ch.-MM. Daigremont-Saint-Manvieux, pr.-Nicias Gaillard, av. gén.-Paris et Bertauld, av.

cession, seront dotaux et inaliénables, encore que le donateur ou le testateur ait pris soin de stipuler qu'il en serait ainsi. Ces biens viendront, il est vrai, augmenter la dot, mais l'augmentation aura lieu alors en vertu du contrat de mariage. Les tiers dans ce cas ne peuvent pas être trompés, puisque le contrat de mariage leur apprend que les biens futurs sont frappés de dotalité au fur et à mesure qu'ils entrent dans le patrimoine de la femme (Laurent, *loc. cit.*).

1157. On a vu au *Rép.* n° 3215 que l'accession de l'usufruit à la nue propriété d'un bien dotal, qui s'opère pendant le mariage, ne peut être considérée comme un accroissement. La doctrine est restée fixée dans le même sens (Marcadé, t. 6, art. 1543, n° 2; Rodière et Pont, t. 3, n° 1678; Aubry et Rau, t. 5, § 534, note 14, p. 535; Guillouard, t. 4, n° 1735).

1158. Si les tiers ne peuvent durant le mariage augmenter la dot constituée à la femme, il leur est permis, au contraire, du moins d'après l'opinion générale, de la diminuer, en ce sens qu'un tiers, faisant une donation à une femme, qui s'est constitué en dot tous ses biens présents et à venir, a le droit d'imposer à l'objet de sa libéralité le caractère de la paraphernalité. Décider le contraire serait étendre arbitrairement les dispositions de l'art. 1543 (Demolombe, *Mariage*, t. 4, n° 171; Marcadé, art. 1543, n° 3; Aubry et Rau, t. 5, § 534, note 19, p. 536; Colmet de Santerre, t. 6, n° 213 bis II; Guillouard, t. 4, n° 1738). La jurisprudence s'est également prononcée en ce sens (V. outre les arrêts cités au *Rép.* n° 3232: Nîmes 10 déc. 1856, aff. Lyon, D. P. 58. 2. 8. — V. toutefois, en sens contraire: Rodière et Pont, t. 3, n° 1679; Jouitou, n° 105).

Cependant si la donation émane d'un ascendant de la femme, la condition de paraphernalité ne pourrait valoir que dans la limite de la quotité disponible (Aubry et Rau, t. 5, § 534, note 18, p. 536; Guillouard, t. 4, n° 1737. Comp. *suprà*, n° 209).

SECT. 2. — DES BIENS QUE PEUT COMPRENDRE LA CONSTITUTION DE DOT, ET DES DIVERSES STIPULATIONS A CET ÉGARD (*Rép.* n°ˢ 3218 à 3247).

1159. On s'est demandé au *Rép.* n° 3221 si une femme, qui se remarie, et qui a des enfants d'un précédent mariage, peut se constituer en dot tous ses biens présents et à venir. Nous avons dit que la question était discutée dans l'ancien droit, mais que, selon nous, on devait s'en tenir aux termes de l'art. 1098 c. civ. et décider que si les revenus des biens dotaux dépassent les charges du ménage, l'excédent sera soumis à l'application de la règle édictée par cet article, l'art. 1527, duquel il résulte que les simples bénéfices faits sur les revenus des époux ne sont pas considérés comme un avantage au préjudice des enfants du premier lit, nous ayant paru devoir être restreint au régime de communauté (Comp. Req. 13 juin 1855, aff. de Portes, D. P. 55. 1. 321). La jurisprudence n'a pas eu, d'ailleurs, à statuer sur cette difficulté, et les auteurs ne paraissent pas, en général, l'avoir examinée (V. toutefois Bellot des Minières, t. 1, n° 213). Cet auteur émet une opinion conforme à celle du *Répertoire*, mais il ajoute que l'art. 1527 est applicable chaque fois qu'accessoirement au régime dotal les futurs conjoints ont établi entre eux une société d'acquêts.

1160. Nous avons étudié au *Rép.* n°ˢ 3222 et suiv. la question de savoir comment doit être appréciée l'étendue de la constitution dotale, et ce qu'il faut entendre par biens présents et par biens à venir. Comme on l'a vu *suprà*, n° 1149, les biens compris dans une institution contractuelle doivent être considérés, au point de vue de la constitution de dot, comme des biens présents.

1161. Ici encore, d'ailleurs, la jurisprudence, fidèle à ses principes, n'a jamais exigé d'expressions sacramentelles, mais simplement des termes clairs et précis. — Ainsi il a été jugé que le contrat de mariage dans lequel les époux, en se soumettant au régime dotal, déclarent en même temps renoncer au régime de la communauté pour tous leurs biens présents et à venir, frappe de dotalité tous les biens de la femme qui font l'objet de cette clause et, par suite, ses biens à venir comme ses biens présents (Req. 14 févr. 1866, aff. Tropez-Poupiac, D. P. 66. 1. 348).

1162. Alors même que la constitution de dot s'étend

d'une façon générale à tous les biens présents et à venir, il peut arriver que certains biens de la femme n'aient pas le caractère dotal. Il en est ainsi, comme on l'a vu *suprà*, n° 1158, lorsqu'un tiers fait à la femme une libéralité en stipulant que les biens donnés ne seront pas compris dans la dot. On peut ajouter le cas où il s'agit d'objets achetés par la femme et dont elle n'a pas payé le prix, ou qu'elle a acquis avec des deniers empruntés; tout au moins doit-on admettre qu'en pareil cas le caractère dotal de ces objets ne peut être opposé à l'acheteur ou au prêteur, et que ceux-ci ont le droit de les saisir comme s'ils n'étaient pas dotaux. C'est ce qu'a décidé un arrêt de la cour de Caen du 2 juill. 1859 (aff. Vaussy, D. P. 61. 1. 172): « Le caractère dotal donné aux meubles de la femme, dit cet arrêt, ne peut pas avoir pour effet de rendre inaliénable le mobilier qu'elle possède, lorsqu'il est prouvé que ce mobilier n'a pas été acheté de ses deniers, et que la vente en est poursuivie par ceux qui ont fourni les fonds avec lesquels la femme se l'est procuré, parce que, dans ce cas, le mobilier n'est pas réellement celui de la femme, et ne peut, par suite, être protégé par la dotalité ». Mais le tiers qui prétend que, pour ce motif certains objets mobiliers appartenant à la femme ne sont, quant à lui, ni dotaux, ni insaisissables, est tenu de prouver l'origine qu'il attribue à ces objets; en effet, par suite de la constitution de dot comprenant la totalité des biens présents et à venir, les meubles de la femme sont tous présumés dotaux jusqu'à preuve contraire. Et en l'absence de cette preuve, la saisie du mobilier, que le créancier a pratiquée contre la femme, dit cet arrêt, est nulle (Arrêt précité du 2 juill. 1859, et sur pourvoi, Req. 13 nov. 1860, *ibid.*). — Jugé aussi que l'acquisition d'immeubles faite, dans l'intérêt du commerce qu'elle exerce, par une femme séparée de biens qui s'était constitué en dot tous ses biens présents et à venir, ne suffit pas pour imprimer à ces immeubles le caractère de la dotalité, lorsqu'elle n'en a pas payé le prix et qu'elle a profité du crédit que lui donnait cette acquisition pour se procurer des fonds destinés à son commerce (Chambéry, 18 nov. 1868, V. *infrà*, n° 1239).

1163. Sauf les exceptions indiquées au numéro précédent, la femme qui s'est constitué en dot tous ses biens présents et à venir ne peut avoir de biens paraphernaux; ainsi tomberont aux mains du mari les gains que la femme pourra acquérir dans l'exercice d'un commerce séparé (Comp. *suprà*, n° 1148). Néanmoins, même dans cette hypothèse, et quoique la question ait été controversée, nous avons admis au *Rép.* n° 3234 qu'un tiers, qui n'est point lié par les dispositions du contrat de mariage, peut donner un bien quelconque à la femme, sous la condition qu'il sera paraphernal, et nous avons déjà vu *suprà*, n° 1159, que depuis la publication du *Répertoire*, la jurisprudence et la doctrine se sont généralement prononcées dans ce sens.

1164. Lorsqu'une femme s'est constitué en dot tous ses biens présents et à venir, et que, de plus, les conjoints ont ajouté à ce régime général une clause de communauté d'acquêts, les biens à venir que la femme acquiert à titre onéreux pendant le mariage ne sont pas dotaux, mais tombent en communauté. L'adoption de cette clause peut donc modifier les règles exposées ci-dessus. La jurisprudence a notamment décidé que le capital acquis, moyennant l'établissement d'une rente viagère au profit d'un tiers, par une femme qui s'est mariée sous le régime dotal avec stipulation d'une société d'acquêts, en se constituant en dot tous ses biens présents et à venir, n'est pas dotal (Rouen, 19 févr. 1877, aff. Deletain, D. P. 78. 2. 41). — Il en est ainsi, d'après l'arrêt précité, alors même que l'acquisition a eu lieu *après la dissolution de la société d'acquêts par suite d'un jugement de séparation de biens*. Il semble cependant que la séparation de biens qui avait été prononcée entre les conjoints devait empêcher ce résultat, car la société d'acquêts ayant cessé d'exister par suite du jugement de séparation, il n'y avait plus d'obstacle à ce que la constitution de dot, laquelle était générale et s'appliquait, d'après tous ses effets, spécialement en ce qui touche les acquisitions faites par la femme à titre onéreux. Pour écarter cette solution, la cour de Rouen s'est fondée, d'une part, sur l'intention première de la femme qui, en stipulant une société d'acquêts, aurait manifesté la volonté d'exclure de la constitution de dot les biens

qui lui reviendraient à titre onéreux, d'autre part, sur ce que, dans le système contraire, les biens acquis postérieurement à la séparation de biens ne seraient pas dotaux d'une manière définitive et irrévocable; qu'ils pourraient cesser de l'être par suite du rétablissement de la société, lequel ferait disparaître les conséquences de la séparation de biens (c. civ. art. 1451). Ces motifs, le second du moins, ne laissent pas que de soulever d'assez graves objections (V. la note sur l'arrêt précité).

1165. Si une succession s'ouvre au profit d'une femme dotale qui s'est constitué tous ses biens présents et à venir, les biens qui la composent ne sont dotaux que déduction faite des dettes grevant l'hérédité. C'est l'application de la maxime : *Bona non intelliguntur, nisi deducto ære alieno* (V. en ce sens : Caen, 19 juin 1852, aff. Duclos, D. P. 56. 2. 187; Rouen, 19 août 1852, aff. Chennevière, D. P. 52. 2. 247; Pau, 20 janv. 1861, aff. Claverie, D. P. 61. 5. 166). — Mais il ne faut pas conclure de là que les époux puissent, pour payer les dettes grevant une succession échue à la femme et comprise dans sa constitution dotale, vendre les immeubles de cette succession sans permission de justice.

1166. Nous avons examiné au *Rép.* n° 3239 le cas où la constitution de dot de la femme comprend la part qui lui revient dans une succession ou dans une propriété indivise quelconque. MM. Aubry et Rau, t. 5, § 534, n° 5, p. 542 et suiv., font dans cette hypothèse plusieurs distinctions.

En cas de partage d'une hérédité ou autre universalité de biens indivis entre la femme et des tiers, les biens qui composent sa part deviennent dotaux, si la femme s'est constitué en dot la généralité de tous ses biens présents et à venir, ou bien si elle s'est constitué spécialement cette part héréditaire (Paris, 20 nov. 1862, aff. de Brossard, D. P. 62. 2. 203). — Si la constitution n'a porté que sur les meubles ou sur les immeubles, seront dotaux les meubles ou les immeubles tombés au lot de la femme, alors même que les prescriptions de l'art. 832 c. civ. n'auraient pas été exactement suivies. On a voulu baser cette solution sur l'art. 883 et sur l'effet déclaratif du partage. Mais, suivant les auteurs que nous citons, cette doctrine est inexacte; l'art. 883 est complètement étranger à la question. — Si les biens tombés au lot de la femme sont dotaux, c'est parce qu'il est à supposer que la femme, en se constituant en dot ses biens héréditaires, a voulu se les constituer tels qu'ils lui parviendraient par l'effet du partage (Aubry et Rau, *loc. cit.*, note 40, p. 543).

1167. Lorsque la femme qui ne s'était constitué en dot que sa part héréditaire s'est rendue adjudicataire des biens de la succession dans lesquels elle n'avait qu'un droit indivis, la dotalité ne frappera les biens par elle acquis que dans la proportion de cette part, et le surplus de la succession restera paraphernal. MM. Aubry et Rau, t. 5, § 534, note 42, p. 543, adoptent la même solution dans le cas d'une constitution dotale portant sur tous les biens présents, alors même que le prix de licitation a été fourni au moyen de deniers dotaux, à moins pourtant que ces deniers ne fussent sujets à remploi. Enfin suivant eux (*loc. cit.*, note 43, p. 544), cette solution resterait encore applicable lorsque la constitution comprend des biens présents et à venir. Pour appuyer leur doctrine, les auteurs prétendent qu'ici encore on ne peut invoquer légitimement l'art. 883, car l'étendre à une question de dotalité, c'est, disent-ils, l'écarter de son but. On ne doit se décider que d'après les principes posés par les art. 1543 et 1553. Il ne saurait, d'ailleurs, dépendre de la volonté de la femme d'augmenter ou de transformer sa dot pendant le mariage, en se rendant adjudicataire de la totalité d'immeubles dans lesquels elle ne possède qu'une part indivise au moment du mariage, car même au cas de constitution générale des biens présents et à venir, cette opération serait une transformation de la dot, prohibée par les art. 1395, 1543 et 1553.

Nous ne croyons par devoir nous ranger à cet avis; et, nous en tenant à ce qui a été dit au *Rép.* n° 3239, nous persistons à admettre avec la majorité des auteurs et la jurisprudence, que l'art. 883 doit ici trouver son application, et qu'en conséquence, la dotalité portera sur tous les biens dont la femme se sera rendue adjudicataire (Req. 21 mars 1860, aff. Berchut, D. P. 60. 1. 297; Limoges, 14 nov. 1876, aff. Pascaret, D. P. 77. 2. 35; Rodière et Pont, t. 3, n° 1663;

Guillouard, t. 4, n°s 1760 et suiv.). Mais il faut remarquer que si la femme dotale achète la part d'un seul de ses cohéritiers dans des biens indivis, cette part n'est pas dotale; une pareille cession, en effet, ne fait pas cesser l'indivision, et on doit la considérer, non comme un partage, mais comme une vente, régie par l'art. 1553 (Req. 10 juill. 1850, aff. Dutheil, D. P. 51. 1. 26; Guillouard, *loc. cit.* — V. toutefois : Civ. cass. 9 févr. 1881, aff. Vincent, D. P. 83.1.286).

1168. Au surplus, les biens compris dans une succession ouverte après la dissolution du mariage, même lorsqu'il y a constitution générale des biens présents et à venir, ne seront pas non plus frappés de dotalité (Demolombe, *Revue de législation*, 1835, t. 2, p. 282; Rodière et Pont, t. 3, n° 1659; Marcadé, t. 6, art. 1554, n° 8; Aubry et Rau, t. 5, § 534, note 9, p. 533. — Comp. *Rép.* n° 3230).

1169. Nous avons admis au *Rép.* n° 3240 que la femme dotale peut se prévaloir de la faveur accordée à la femme commune par l'art. 1408, § 2, c. civ., c'est-à-dire qu'en cas d'acquisition par le mari d'un immeuble dans lequel la femme avait antérieurement un droit indivis, celle-ci a le droit d'exercer à son profit le retrait d'indivision. Cette doctrine a de nouveau été sanctionnée par la jurisprudence (V. les arrêts cités *suprà*, n° 269). Il a été, toutefois, jugé que l'art. 1408 n'est pas applicable dans le cas d'acquisition par le mari de droits successifs immobiliers indivis avec sa femme (Riom, 10 nov. 1869, aff. Queyron, D. P. 69. 2. 231).

Quant à l'époque à laquelle la femme dotale peut exercer le retrait, V. *suprà*, n° 278.

1170. Enfin lorsque lors d'une licitation un tiers ou un copartageant d'une femme dotale a été déclaré adjudicataire en totalité d'un bien indivis sur lequel cette femme avait un droit partiel, la dotalité frappe la portion du prix revenant à la femme en échange de son droit primitif (Req. 7 août 1860, aff. Payenneville, D. P. 60. 1. 499; Aubry et Rau, t. 5, § 534, note 37, p. 542; Guillouard, t. 4, n° 1759), et l'immeuble mis au lot du copartageant perd rétroactivement sa qualité de bien dotal (c. civ. art. 883).

SECT. 3. — DE LA CONTRIBUTION DES PÈRE ET MÈRE AU PAYEMENT DE LA DOT. — GARANTIE ET INTÉRÊTS (*Rép.* n°s 3248 à 3294).

1171. La question de savoir si la constitution de dot, qui n'est plus *civilement* obligatoire pour les parents, ne leur incombe pas tout au moins à titre d'obligation naturelle (*Rép* n° 3253), a été examinée *suprà*, n° 430.

1172. Quant à la contribution des père et mère au payement de la dot, cette matière a été traitée *suprà*, n°s 431 et suiv., en ce qui concerne plus spécialement l'hypothèse régie par les art. 1438 et 1439, où les père et mère de l'enfant doté sont mariés sous le régime de la communauté. — Les art. 1544 à 1546, qui sont étudiés au *Rép.* n°s 3248 à 3288, traitent le même sujet d'une façon générale, et il est à remarquer que ces dispositions, malgré la place qu'elles occupent, ne sont pas applicables seulement sous le régime dotal, mais aussi sous les autres régimes. En effet, comme le dit M. Guillouard, t. 1, n° 142, « les obligations des constituants sont les mêmes quel que soit le régime sous lequel les époux donataires se marient et, s'il s'agit de l'interprétation de la constitution dotale, quel que soit le régime sous lequel les constituants sont mariés ».

1173. Nous n'avons rien à ajouter aux explications contenues au *Rép.* n°s 3255 et suiv. sur les différentes manières dont la dot peut être constituée par les père et mère. Nous mentionnerons seulement un arrêt qui a appliqué au cas où les constituants sont mariés sous le régime de la séparation de biens la règle d'après laquelle la dot, lorsqu'elle est constituée par les père et mère conjointement, est censée être donnée pour moitié par chacun d'eux (*Rép.* n° 3262; Paris, 26 juin 1874, aff. Labot, D. P. 75. 2. 181). Il en est surtout ainsi, aux termes de cet arrêt, lorsque la mère exerçait une profession spéciale, et qu'aux termes de son contrat de mariage toutes les valeurs au porteur se trouvant au domicile conjugal devaient être considérées comme lui appartenant, sans qu'elle pût être tenue d'en établir autrement la propriété.

1174. En ce qui concerne la garantie et les intérêts de la dot (c. civ. art. 1547 et 1548; *Rép.* n°s 3289 à 3293), V. *suprà*, n°s 447 et suiv.

1175. Sur le rapport de la dot, V. *suprà*, n°s 459 et suiv.

CHAP. 3. — Droits du mari sur les biens dotaux
(Rép. nos 3295 à 3407).

1176. La question de savoir à qui appartient la dot pendant le mariage a fait au *Rép.* n° 3295 l'objet d'une étude approfondie. Aujourd'hui les auteurs sont d'accord pour reconnaître qu'en principe la femme en reste propriétaire, et que le mari n'acquiert sur les biens dotaux qu'un droit particulier *sui generis*, un droit d'administration et de jouissance (V. outre les autorités citées au *Rép. ibid.* : Marcadé, t. 6, art. 1549, nos 1 et 2; Aubry et Rau, t. 5, § 535, note 1, p. 345; Colmet de Santerre, t. 6, n° 221 *bis* II ; Laurent, t. 23, nos 472 et suiv.; Jouitou, n° 29; Baudry-Lacantinerie, t. 3, n° 359; Guillouard, t. 4, n° 1764). La discussion, d'ailleurs, est plus théorique que pratique; aussi ne faut-il pas s'étonner de rencontrer dans la jurisprudence des arrêts où les juges ont évité avec soin de se prononcer catégoriquement sur cette difficulté de principe, se contentant de déduire les conséquences juridiques découlant de l'espèce qui leur était soumise. C'est ainsi que, dans un cas où il s'agissait de savoir si la femme pouvait exercer les actions dotales durant le mariage, la chambre civile de la cour de cassation, en admettant la négative, n'a néanmoins pas cru devoir exprimer d'une façon précise le motif tiré de l'ancien droit sur lequel elle appuyait sa décision : « Attendu, a-t-elle dit, que dans les pays de droit écrit, la mari avait le droit d'exercer, en demandant comme en défendant, les actions dotales, *soit comme conséquence de la propriété, soit comme conséquence de la puissance que les lois romaines lui avaient conférée....* » (Civ. rej. 19 déc. 1855, aff. Blanc Pourron, D. P. 56. 1. 16). En général les décisions de la jurisprudence reposent sur l'idée que la femme est restée propriétaire de la dot, et que le mari n'en est que l'administrateur et l'usufruitier (V. notamment: Req. 1er juin 1874, aff. Duché de Bricourt, D. P. 75. 1. 84). Néanmoins, un arrêt de la cour de Montpellier a suivi le système enseigné par Troplong; en posant en principe que le mari, pendant le mariage, doit être considéré comme propriétaire de la dot, et il en a conclu que lorsque la dot a été constituée une dot exigible au décès du constituant hérite de celui-ci, elle devient débitrice de cette dot, non envers elle-même, mais envers son mari, et que, dès lors, la dette de la dot ne peut s'éteindre par confusion (Montpellier, 4 juill. 1851, aff. Farel-Campredon, D. P. 55. 2. 141).

Sect. 1re. — Administration des biens dotaux
(Rép. nos 3296 à 3362).

1177. Dans cette section on a, au *Répertoire*, passé successivement en revue les principaux actes que le mari peut et doit faire relativement à la dot. — En principe, les

auteurs enseignent que le mari n'est qu'administrateur, et qu'en conséquence, on doit lui refuser l'exercice des droits qui n'appartiennent qu'au propriétaire chaque fois que l'on ne trouvera pas, dans la loi ou dans le contrat de mariage, une disposition exceptionnelle en sa faveur (Laurent, t. 23, n° 474). — Il a été jugé, spécialement, par un arrêt récent, que les pouvoirs d'administration des biens dotaux attribués au mari par la loi, n'autorisent pas à reconnaître, à la charge de la femme, en dehors du consentement exprès de celle-ci, une obligation qu'elle aurait pu refuser de contracter (Civ. cass. 12 mars 1888, aff. Auvray, D. P. 88. 1. 381). Cette décision se justifie d'elle-même : il est évident que si la femme dotale pouvait se trouver liée par une telle reconnaissance, cela équivaudrait à dire que le mari a le droit, à lui seul, d'aliéner indirectement la dot. Toutefois, il ne faut pas oublier que le mari n'est pas un administrateur ordinaire; c'est ce qui explique l'existence, en sa personne, de certains droits que n'ont pas les simples administrateurs du bien d'autrui, et qui n'appartiennent pas au mari sous le régime de la communauté (Aubry et Rau, t. 5, § 535, n° 1, p. 545; Colmet de Santerre, t. 6, n° 221 *bis* II; Guillouard, t. 4, n° 1765).

1178. — I. Baux *(Rép.* n° 3297). — Le mari a le droit de donner à bail les biens dotaux en se conformant aux dispositions des art. 1429 et 1430 (Aubry et Rau, *loc. cit.*; Guillouard, t. 4, n° 1775. V. *supra*, nos 491 et suiv.). — Jugé que les baux à long terme rentrent dans la catégorie des actes portant atteinte à l'inaliénabilité de l'immeuble dotal, et ne peuvent être considérés comme des actes de pure administration. En conséquence, si le mari a donné, même avec le concours de sa femme, un immeuble à bail pour plus de neuf ans, ce bail peut être réduit, lorsque la femme reprend l'administration de ses biens, à une période de neuf années, sans que de ce chef, et en l'absence de faute, il puisse y avoir lieu contre elle à des dommages-intérêts (Caen, 22 janv. 1886) (1).

1179. — II. Remboursement de capitaux, etc. *(Rép.* nos 3298 à 3313). — Le mari peut, de même, recevoir le remboursement des capitaux, et, par suite, en donner décharge au débiteur, et consentir une radiation d'inscription hypothécaire (Aubry et Rau, t. 5, § 535, n° 1, p. 545). La jurisprudence s'est appuyée sur ce principe pour décider que le mari pouvait aliéner les créances dotales en toute liberté. C'est là une déduction qui est repoussée par la presque unanimité des auteurs, ce droit n'appartenant qu'au seul propriétaire. On reviendra plus loin sur cette question, à propos de l'inaliénabilité de la dot mobilière (V. *infrà*, nos 1230 et suiv.).

1180. Le mari, comme administrateur, est responsable du défaut de poursuite des débiteurs lorsque ces derniers deviennent insolvables (Comp. *supra*, n° 504).

1181. Il répond, de même, des prescriptions qu'il n'a pas

(1) (Delozier C. veuve Vaudion). — Le 24 juin 1885, jugement du tribunal civil de Falaise, ainsi conçu : — « Considérant que, par exploit du 25 avril dernier, la veuve Vaudion a fait assigner Delozier pour faire prononcer, avec dépens et dommages-intérêts, la réduction à une durée de neuf années d'un bail sous seing privé, enregistré, consenti à ce dernier par les époux Vaudion à la date du 1er août 1880, avec entrée en jouissance à la Saint-Michel de la même année; — Que le sieur Delozier conclut au rejet pur et simple des prétentions de la demanderesse aussi avec dépens et dommages-intérêts et subsidiairement à ce qu'il lui soit alloué, pour le cas où la réduction serait prononcée 1° une indemnité représentant les travaux d'amélioration qu'il a exécutés sur le fonds dotal, et 2° des dommages-intérêts contre la veuve Vaudion pour inexécution de l'obligation personnelle qu'elle a contractée; — Qu'enfin les parties concluent subsidiairement à une expertise; — Attendu, en droit, que l'immeuble dotal est inaliénable ; que les baux à long terme rentrent dans la catégorie des actes qui portent atteinte à cette inaliénabilité; qu'en effet, ils ne peuvent être considérés comme des actes de pure administration parce qu'ils font obstacle à ce que l'immeuble dotal se retrouve, lors de la dissolution du mariage ou de la séparation de biens, libre de toutes charges autres que celles qui résultent du droit d'administration conféré au mari; qu'il importe peu, dès lors, que le mari seul ou que les deux époux ensemble aient consenti un pareil bail; la femme dotale étant incapable d'engager sa dot même avec le concours de son mari; — Que, d'ailleurs, en contractant une obligation de ce genre alors qu'aucune fraude n'est alléguée contre elle, la femme dotale ne peut être personnellement obligée; qu'autrement la protection que la loi lui donne se retournerait

contre elle; qu'ainsi le bail d'un immeuble dotal consenti par les époux Vaudion doit être réduit à une durée de neuf années sur la demande de la veuve Vaudion sans que de ce chef il puisse y avoir lieu contre celle-ci à des dommages-intérêts; — Mais attendu que le bail, tel qu'il est consenti au sieur Delozier, constituant de la part de Vaudion un acte d'administration parfaitement licite, au moins en ce qu'il suppose réduit à une période de neuf années; — Que rien ne s'opposait à ce que le mari, dans le but d'améliorer l'immeuble dotal, consentît à ce que les travaux à exécuter par le fermier entrassent en déduction du prix annuel de location; — Que, par conséquent, la veuve doit respecter cette convention et qu'il convient, dès lors, de rechercher pour quelle somme ces travaux, tels qu'ils sont exécutés, ont été comptés lorsqu'il s'est agi de fixer le montant des fermages qui doivent être payés par le sieur Delozier; — Qu'en présence du désaccord des parties une expertise seule peut éclairer sur ce point le tribunal ; qu'en ordonnant cette mesure d'instruction, il y a lieu de réserver à statuer sur les dépens; — Qu'il est dès maintenant établi qu'il n'est pas dû de dommages-intérêts, aucun préjudice n'ayant été souffert; — Par ces motifs, sans s'arrêter à toutes autres conclusions des parties autrement que pour les rejeter, dit et juge que le bail de la petite ferme, nommée la ferme du Coquerie, située à Leffard, signé entre les parties, à la date du 1er août 1880, et dont l'entrée en jouissance a eu lieu à la Saint-Michel suivante, n'aura qu'une durée de neuf ans et se terminera le 29 sept. 1889, etc. » — Appel par le sieur Delozier.
— La cour; — Adoptant les motifs des premiers juges, confirme. — Du 22 janv. 1886. — C. de Caen, 2e ch. — MM. Hue, pr. — Lereboursь-Pigeonnière, av. gén., c. conf. — Tillaye et Jouen, av.

interrompues, quand cela lui était possible (c. civ. art. 1562) (Rodière et Pont, t. 3, n° 1753; Aubry et Rau, t. 5, § 535, notes 21 et 22, p. 551; Laurent, t. 23, n° 478).

1182. Le *Répertoire*, au n° 3304, s'est occupé de la question de savoir si le mari est tenu de faire emploi des capitaux, quand le contrat de mariage ne le stipule pas, et il l'a résolue négativement. Cette solution ne saurait faire difficulté. — Sur l'emploi et le remploi conventionnel, V. *infrà*, n°s 1441 et suiv.

1183. Pour recevoir le remboursement des sommes dotales, le mari n'a jamais besoin du concours de sa femme, même au cas où il s'agit d'une rente perpétuelle (Caen, 26 mars 1862 (1); Rodière et Pont, t. 3, n° 1715; Aubry et Rau, t. 5, § 535, note 2, p. 545; Guillouard, t. 4, n° 1776).

1184. Lorsque la constitution de dot comprend les biens que possédera la femme après la reddition de son compte de tutelle, les auteurs admettent, comme nous l'avons fait au *Rép.* n° 3307, que le mari a tout pouvoir pour recevoir seul ledit compte (Aubry et Rau, t. 5, § 535, note 5, p. 546; Guillouard, *loc. cit.*).

1185. De ce que le mari peut donner quittance des créances dotales, on a conclu qu'il est en droit d'opposer à un tiers, son créancier personnel, une créance dotale, et de bénéficier ainsi de la compensation (*Rép.* n° 3309. *Adde:* Limoges,

19 févr. 1862, aff. Deschamps, D. P. 62. 2. 61). De même, il a été décidé que les débiteurs des deniers dotaux peuvent opposer en compensation les sommes dont ils sont créanciers à l'égard du mari (Rouen, 10 mai 1844, *Rép. ibid.*). — MM. Rodière et Pont, t. 3, n° 1861, et MM. Aubry et Rau, t. 5, § 536, note 7, p. 556, enseignent que la compensation est possible, mais que dans toutes les hypothèses elle est seulement facultative pour le mari, et qu'elle ne s'opère pas de plein droit, sauf pour les intérêts de la dot. Cette solution, d'après les auteurs que nous citons, résulte de ce que le mari n'est plus considéré, dans le droit actuel, comme propriétaire de la dot. Il faut distinguer en lui deux personnes, celle de propriétaire de son propre patrimoine et celle de représentant des intérêts dotaux. La dette dont il est tenu en la première qualité ne doit pas emporter de plein droit extinction de la créance qu'il peut exercer en la seconde qualité. En ce qui concerne, toutefois, les intérêts de la dot, comme ils deviennent au fur et à mesure de leur échéance la propriété du mari, rien ne s'oppose à ce qu'ils se compensent de plein droit avec les intérêts et même avec le capital de la dette du mari (V. dans le même sens: Guillouard, t. 3, n°s 1778, 1825 et suiv.). Cette doctrine a été admise par un arrêt de la cour de Nîmes du 5 déc. 1860 (2) (V. aussi dans le même sens : Jouitou, n°s 402 et 407; Guillouard, n°s 1825 et suiv.

---

(1) (Verrolles C. Lesage.) — La cour; — Considérant que, par leur contrat de mariage en date du 4 nov. 1831, les époux Verrolles ont adopté le régime dotal avec constitution en dot de tous les biens présents et à venir de la femme, et qu'ils ont stipulé, par l'art. 6, que la femme pourrait vendre ses immeubles dotaux, moyennant un remplacement en immeubles ou rentes de même valeur, accepté par elle; — Considérant que, le 2 mai 1859, par acte au rapport de Me Boyère, notaire à Dives, les époux Verrolles ont vendu à une dame Bazire, pour le prix de 5600 fr., une rente perpétuelle de 280 fr., appartenant à la dame Verrolles, et faisant partie de ses meubles dotaux; — Considérant qu'aux termes de l'art. 1549 le mari a l'administration des biens dotaux de la femme, qui lui confère le droit d'aliéner sa dot mobilière et celui de disposer des deniers qui en proviennent, lorsque les conventions matrimoniales n'y mettent pas d'obstacle; que si, d'après les dispositions du contrat de mariage, les époux Verrolles ne pouvaient aliéner leurs immeubles que sous un remplacement accepté par la femme, la même condition n'était pas mise à l'aliénation de la dot mobilière; — Que, sous le régime dotal, la dot mobilière est inaliénable comme la dot immobilière, mais que cette inaliénabilité ne peut avoir pour effet de paralyser entre les mains du mari des valeurs qui, comme la dot immobilière, sont destinées à subvenir aux besoins de la famille, et qui ne peuvent lui être réellement profitables qu'autant que le mari en a la disposition; que l'inaliénabilité de la dot mobilière doit donc s'entendre uniquement en ce sens que la femme ne peut renoncer à l'hypothèque légale que la loi lui donne sur les biens de son mari pour la garantie de sa dot mobilière; que, dans certains cas, il peut résulter de cette interprétation de la loi un préjudice pour la femme, mais que c'était à elle à se prémunir par les dispositions du contrat de mariage contre l'administration imprudente du mari; — Considérant que le droit d'administrer et par suite d'aliéner les valeurs mobilières constituées en dot par la femme, s'applique à toutes les valeurs qui la composent, sans distinction entre les rentes et les autres meubles, lorsqu'il n'en a pas été fait dans le contrat de mariage; — Considérant que, d'après ce qui vient d'être dit, Verrolles a pu valablement aliéner la rente de 280 fr. appartenant à sa femme et pouvait disposer des deniers qui en formaient le prix; — Que ses créanciers peuvent, par suite, exercer leurs droits sur ce qui était à la disposition de leur débiteur et le frapper de saisie-arrêt; qu'il y a donc lieu de maintenir la saisie-arrêt pratiquée par Lesage comme créancier des époux Verrolles sur le capital de la rente de 280 fr., vendue à la dame Bazire, et encore dû par elle; que cette décision est d'autant plus juste que la créance pour laquelle Lesage a pratiqué une saisie-arrêt a pour cause la construction d'une maison sur un terrain appartenant à la femme, et qui lui vaudrait de remplacement accepté par elle, si le contrat de mariage avait imposé la nécessité d'un remplacement pour la validité de l'aliénation des rentes faisant partie de la dot mobilière; — Confirme, etc.

Du 26 mars 1862.-C. de Caen, 2e ch.-MM. Daigremont-Saint-Manvieux, pr.-Farjas, av. gén.-Massieu et Toutain, av.

(2) (De Gray C. Cler.) — Avant le décès de son frère Guillaume Cler, Edmond Cler avait souscrit, le 25 mai 1858, un engagement par lequel il s'obligeait à payer une rente viagère de 1200 fr. à la dame de Gray, dans le cas où il hériterait de son frère. Guillaume Cler étant décédé intestat le surlendemain, Edmond demeura son seul héritier, et par une lettre écrite le 15 juin 1858, il confir-

ma son intention de servir à la dame de Gray la rente qu'il avait promise conformément aux désirs de son frère défunt. — La dame de Gray était la sœur et l'héritière de la femme de Guillaume Cler, décédée avant lui. En cette qualité, elle demanda à Edmond Cler le payement des reprises dotales de sa sœur, reprises que le mari avait conservées comme usufruitier. A cette demande Edmond Cler opposa en compensation une créance que son frère Guillaume avait contre le sieur de Gray personnellement; en outre, il prétendit se dégager de l'obligation de payer la rente de 1200 fr. — Sur ces contestations, est intervenu un jugement du tribunal d'Uzès, qui rejeta la compensation opposée par Edmond Cler, ordonna la liquidation des reprises de la femme de Guillaume Cler, mais aussi annula l'engagement souscrit par Edmond Cler, le 5 mai 1858, comme étant une libéralité faite sans l'observation des formes prescrites pour les donations. — Ce jugement fut frappé d'appel, en ce qui concerne la dernière disposition, par les époux de Gray. Edmond Cler, de son côté, interjeta appel incident relativement au rejet de l'exception de compensation. — Arrêt.

La cour; — Sur l'appel principal : — Attendu que, si l'on devait considérer l'engagement du 25 mai 1858 comme un traité sur succession future, et, comme tel, entaché de nullité, il en résulterait au moins la preuve invincible qu'Edmond Cler se trouvait et se croyait obligé envers la dame de Gray, quant à l'objet de cet engagement, soit en vertu des recommandations de son frère, soit d'après ses dispositions pour la dame de Gray de lui connues, soit à raison de l'obstacle que l'état de son frère mourant avait mis, d'après son appréciation personnelle, à ce qu'un notaire fût appelé dans ce moment suprême pour recueillir l'expression de ses volontés; — Attendu qu'à ce point de vue l'engagement d'Edmond Cler n'est que l'exécution d'une obligation naturelle et l'accomplissement d'un devoir de conscience de sa part, et non une libéralité entièrement libre et spontanée; — Que tout, dans la position des parties et dans les circonstances de la cause, exclut l'idée que ce dernier mobile ait été celui d'Edmond Cler, lorsqu'il a souscrit l'engagement dont il s'agit; — Attendu que la lettre écrite par lui le 15 juin 1858, et par conséquent, à une époque postérieure au décès de Guillaume Cler, en même temps qu'elle manifeste l'intention qui a présidé à cet acte, est à elle seule un nouvel engagement de la part d'Edmond Cler envers la dame de Gray relativement à la pension viagère objet du premier engagement contracté par lui, abstraction faite de cet engagement; — Qu'étant de sa nature une obligation unilatérale, cette promesse n'avait pas besoin, pour être valable, de l'acceptation immédiate de la personne à qui elle était faite; que cette acceptation n'était pas plus nécessaire que s'il se fût agi d'une obligation souscrite par simple billet; — Que ces deux engagements, objet du litige, n'ayant pas eu pour mobile l'intention de faire une donation, ne sauraient être régis par les lois relatives aux formalités extrinsèques des donations; — Que, d'après ces appréciations, le jugement qui relaxe Edmond Cler des demandes des mariés de Gray relatives au service d'une pension viagère de 1200 fr. doit être réformé;

Sur l'appel incident : — Attendu que, pour que la compensation s'opère, il faut que deux personnes soient respectivement débitrices de sommes certaines, liquides et exigibles; — Attendu qu'il convient donc de rechercher avant tout si de Gray est propriétaire de la créance dont Cler demande la compensation avec celle qu'il a lui-même contre de Gray; — Attendu que la dame de Gray, par son contrat de mariage, est placée sous l'empire d'une consti-

— V. dans le sens de la compensation de plein droit : Montpellier, 4 juill. 1851, aff. Farel-Campredon, D. P. 55. 2. 141 ; Caen, 18 juill. 1854 (1) ; Limoges, 15 juill. 1884, aff. Barbou Descourières, D. P. 85. 2. 65). — Ce dernier arrêt a été rendu dans une espèce où le mari, créancier de la dot non encore payée, était lui-même débiteur de sa femme (V. sur cet arrêt la dissertation de M. Dramard, insérée *ibid.*).

1186. — III. ACTIONS EN JUSTICE (*Rép.* nos 3314 à 3330). — On a vu au *Rép.* nº 3314 que le mari a seul le pouvoir d'exercer les actions dotales pendant le mariage. Relativement aux actions mobilières et possessoires, tous les auteurs sont d'accord pour lui reconnaître cette prérogative (V. Carou, *Des actions possessoires*, nº 763 ; Aubry et Rau, t. 5, § 535, p. 545 ; Laurent, t. 23, nº 475 ; Guillouard, t. 4, nº 1776).

1187. On s'est demandé (*Rép.* nº 3316) si la femme, qui en droit est incapable d'exercer seule les actions dotales, pourrait les exercer lorsqu'elle y aurait été autorisée soit par son mari, soit par justice. Plusieurs arrêts ont décidé que l'incapacité de la femme à cet égard est absolue, et que l'autorisation du mari ne suffit pas pour l'en relever (Grenoble, 23 avr. 1858, aff. Meysson, D. P. 59. 2. 117 ; 28 juill. 1865, aff. Chantre, D. P. 65. 2. 205). Cette solution a été approuvée par un certain nombre d'auteurs, qui estiment que l'action ne peut aucunement être exercée par la femme elle-même (Aubry et Rau, t. 5, § 535, note 9, p. 347 ; Colmet de Santerre, t. 6, nº 221 *bis* V ; Laurent, t. 23, nº 475 ; Guillouard, t. 4, nº 1781). Nous avons combattu cette doctrine, qui nous a paru trop absolue, et nous préférons encore l'opinion de ceux qui admettent que, si la femme ne peut être autorisée à agir aux lieu et place du mari dans l'intérêt de la dot, elle puise du moins ce droit dans l'autorisation du mari, cette autorisation équi-

---

tution générale, mais qu'on ne saurait conclure de cette situation que son mari soit propriétaire de la créance dont il s'agit ; — Que, sans remonter à la loi romaine et sans rechercher le sens qu'elle attachait à ces expressions *dominus dotis*, dont on voudrait faire une interprétation abusive, et sans remonter non plus aux dispositions de l'ancien droit français et à la jurisprudence des pays de droit écrit, la question se trouve nettement tranchée par le texte de l'art. 1549 c. nap. ; — Attendu qu'une rédaction aussi claire et aussi précise que celle de cet article ne permet pas le moindre doute sur le droit de propriété de la femme ; — Que devant le langage si explicite, si formel de la loi, tous les autres arguments si nombreux, si puissants à l'appui du système adopté par le tribunal d'Uzès, deviennent inutiles ; mais qu'on ne saurait se refuser à remarquer ce qu'il y aurait d'étrange à ce que le mari, défenseur naturel et légal de la fortune de sa femme, et investi du droit et du devoir de la conserver, pût être forcé, sur l'injonction de son créancier personnel, à faire une chose qui équivaudrait souvent à la dissipation de la dot même fortune ; — Attendu, au surplus, qu'en l'état et vu la réserve de liquider définitivement les reprises dotales de la dame Guillaume Cler, après les évaluations que les premiers juges ont ordonnées, les deux créances pour lesquelles la compensation est demandée par Edmond Cler ne sont pas également liquides, exigibles, et par conséquent susceptibles de compensation ; — Par ces motifs, disant droit à l'appel principal, condamne Edmond Cler à fournir à l'appelante une pension viagère de 1200 fr., à dater du décès de Guillaume Cler ; ordonne qu'au besoin le présent arrêt tiendra lieu de titre à cet égard à la dame de Gray ; — Démet Edmond Cler de son appel incident, etc.

Du 5 déc. 1860.-C. de Nîmes, 1re ch.-MM. Teulon, 1er pr.-Mestre, 1er av. gén.-Fargeon et Alph. Boyer, av.

(1) (Lecroisey *C. L...*) — LA COUR; — Considérant, en ce qui touche les 539 fr. 63 cent., représentant les valeurs mobilières dotales revenant à la dame Lecroisey dans la succession de la dame Postel, sa mère, que, par leur contrat de mariage, les époux Lecroisey avaient adopté le régime dotal, avec constitution en dot de tous les biens de la femme, meubles et immeubles, présents et futurs ; — Considérant que l'art. 1549 c. nap. confère au mari le droit d'administrer les biens dotaux pendant le mariage, d'en poursuivre seul les débiteurs et détenteurs, et de recevoir les capitaux ; — Considérant qu'aux termes des art. 1289 et 1290 c. nap., lorsque deux personnes se trouvent débitrices l'une envers l'autre, il s'opère de plein droit, par la seule force de la loi, une compensation qui éteint les deux dettes ; — Considérant que, le 12 août 1848, L... a procédé (comme notaire) à la vente du mobilier dépendant de la succession de la dame Postel a reçu des adjudicataires la somme de 539 fr. 63 c. formant la part de la veuve Lecroisey dans la succession de sa mère ; qu'il était, dès lors, débiteur de cette somme envers le mari de la dame Lecroisey, qui

---

valant à un mandat que ce dernier a toujours le pouvoir de donner à sa femme. Telle était, du reste, la solution de l'ancien droit, comme il résulte de ce passage de Domat, *Lois civiles*, liv. 1er, tit. 10, sect. 1re, § 3 :... « Par notre usage, encore que le mari puisse agir seul, la femme peut aussi agir, non seulement quand elle est séparée de biens, mais quoique non séparée, pourvu que le mari y consente, et qu'il l'autorise, ou qu'à son refus elle soit autorisée en justice » (*Adde* en ce sens : Montpellier, 7 juill. 1854, aff. Lapeyre, D. P. 55. 2. 166 ; Marcadé, t. 5, art. 1549, nº 2, p. 35, note 2; Rodière et Pont, t. 3, nº 1758 ; Jouitou, nº 41).

1188. Le mari a le droit de former, sans le concours de sa femme, une surenchère sur les biens affectés à sa créance dotale (*Rép.* nº 3318 ; Aubry et Rau, t. 5, § 535, note 8, p. 546 ; Guillouard, t. 4, nº 1786), et de comparaître, au nom de sa femme, dans un ordre amiable, pour consentir au règlement amiable lorsqu'aucune difficulté ne s'élève sur le fond attribué à la femme

1189. A la différence de ce qui a lieu sous tous les autres régimes, le mari peut, sous le régime dotal, exercer les actions pétitoires et immobilières relatives à la dot (*Rép.* nº 3320). — Par application de cette règle, il a été jugé, notamment, que le mari a qualité pour poursuivre en son nom personnel l'annulation d'une obligation hypothécaire contractée par sa femme et grevant un immeuble dotal (Bruxelles, 11 nov. 1886) (1).

Un auteur (Sincholle, *De l'inaliénabilité de la dot mobilière et immobilière*, nos 121 et suiv.), a soutenu que le mari n'a pas ce pouvoir, et que l'exercice de ces actions n'appartient qu'à la femme autorisée du mari, dans les termes du droit commun. Selon M. Sincholle, le droit d'exercer les actions pétitoires ne résulte pas pour le mari de l'art. 1549, dont le premier alinéa donne simplement au mari la jouissance et

---

seul avait le droit d'en exiger le payement et de la recevoir ; — Considérant qu'à l'époque où L.... est devenu le débiteur de Lecroisey des valeurs mobilières dotales provenant de la succession échue à la dame Lecroisey, Lecroisey était, pour des causes antérieures, le débiteur de L... ; que les deux sommes réciproquement dues étant liquides et certaines, il s'est opéré de plein droit une compensation qui a éteint la dette de Lecroisey jusqu'à concurrence de la somme dont L... était son débiteur ; — Considérant que l'on objecterait inutilement, pour soutenir que la compensation ne s'est pas opérée de plein droit, que L... était le débiteur de la dame Lecroisey et non celui de son mari, qu'il n'y avait pas ainsi deux personnes débitrices l'une envers l'autre, parce que Lecroisey étant le seul qui eût le droit de poursuivre le recouvrement des deniers dotaux, L... était réellement son débiteur, et non celui de sa femme, à qui la loi ne donne aucune action, ce qui suffit pour que les art. 1289 et 1290 reçoivent leur application ; — Que, d'ailleurs, ce n'est pas comme mandataire de sa femme que le mari a le droit de recevoir les deniers dotaux, mais en vertu d'un titre qui lui est propre, dont il est investi directement par la loi, et qui le constitue créancier personnel de ceux qui en sont débiteurs ; qu'il importe peu que Lecroisey n'ait pas usé de son droit en le réclamant pas de L... la somme dotale dont il était détenteur ; qu'en effet, du moment où la loi lui donnait le droit personnel de le faire, L... était son débiteur direct, et la compensation s'opérait par la seule force de la loi et sans le fait des parties ; que la décision des premiers juges sur ce chef doit donc être confirmée ; — Confirme, etc.

Du 18 juill. 1854.-C. de Caen, 4e ch.-MM. Daigremont-Saint-Manvieux, pr.-Mourier, av. gén.-Bayeux et G. Simon, av.

(2) (Van der Perre *C.* Caisse hypothécaire anversoise.) — Le 2 janv. 1886, jugement du tribunal civil d'Anvers ainsi conçu :— Attendu que l'action, introduite par l'exploit d'ajournement en date du 1er décembre, tend à faire déclarer nulle, comme affectant un immeuble dotal, l'obligation hypothécaire constituée le 4 avril dernier, par acte reçu par Me Cheysens, notaire à Anvers; — Attendu que la défenderesse conteste la recevabilité de l'action, soutenant que le mari n'a pas qualité pour poursuivre en son nom personnel l'annulation d'une obligation hypothécaire contractée par sa femme ; — Attendu qu'aux termes de l'art. 1549 c. civ., le mari peut, pendant le mariage, a le droit d'administrer les biens dotaux, d'en poursuivre les débiteurs et détenteurs, d'en percevoir les fruits et les intérêts et de recevoir le remboursement des capitaux ; — Attendu qu'il suit de cette disposition formelle que, sous le régime dotal, le mari, indépendamment des droits qui lui compètent comme usufruitier des biens constitués en dot, peut encore exercer en nom personnel, et même à l'exclusion de sa femme, toutes actions immobilières relatives à ces biens ; qu'aussi l'art. 1560 reconnaît au mari seul le droit de poursuivre, pendant le mariage, la révocation de l'aliénation d'un immeuble

l'administration des biens dotaux, et dont le second, qui n'est qu'une conséquence du premier, lui attribue particulièrement l'exercice des actions relatives à cette jouissance, mais non celui des actions pétitoires. Ces mots de l'art. 1549 : « poursuivre les débiteurs et détenteurs des biens dotaux » ne peuvent comprendre les actions pétitoires. Le même auteur fait, en outre, remarquer que ce droit ne saurait plus appartenir au mari, puisqu'il n'a pas, sous l'empire du code civil, la qualité de propriétaire de la dot, mais celle de simple administrateur. Cette doctrine, d'après lui, aurait déjà été celle de nos anciens parlements, comme on peut s'en convaincre en lisant le Nouveau Denizart, v° Dot, § 13. Telle aurait été également la pensée des rédacteurs du code, comme cela ressort de l'examen des travaux préparatoires et particulièrement du rapport de Duveyrier au Tribunat (19 pluv. an 12). M. Sincholle fait remarquer ensuite à quelle inconséquence on arrive dans l'opinion qu'il combat, et montre qu'en définitive la femme mariée sous le régime dotal est, au point de vue de ses droits immobiliers, beaucoup moins efficacement protégée que la femme mariée sous le régime de la communauté légale, sous laquelle le mari ne peut, à lui seul, exercer les actions pétitoires portant sur les biens propres de sa femme. Cet auteur trouve enfin que le système généralement suivi est inconciliable avec les termes et l'esprit de l'art. 83 du code de procédure civile, où il est dit que les causes des femmes mariées sous le régime dotal, lorsqu'il s'agit de leur dot, devront être soumises au procureur de la République. « Ce texte prouve clairement, ajoute-t-il, que la femme dotale doit être en cause lorsqu'il s'agit de sa dot, puisqu'il suppose qu'elle est autorisée de son mari ». — Cette doctrine, qui, d'après nous, est plutôt la critique de la loi que son interprétation, est restée isolée. Sauf M. Sincholle, tous les auteurs admettent que l'exercice des actions pétitoires appartient au mari dans sa plénitude, et que pour cet exercice il n'a besoin dans aucune hypothèse du concours de sa femme (V. outre les auteurs cités au Rép. n° 3320 : Rodière et Pont, t. 3, n° 1756 ; Marcadé, t. 6, art. 1549, n° 2 ; Colmet de Santerre, t. 6, n° 221 bis V; Guillouard, t. 4, n° 1780). — Cette solution, du reste, est en parfaite conformité avec l'ancienne législation des pays de droit écrit ; c'est ainsi que la jurisprudence a décidé que, dans ces pays, le mari avait le droit d'exercer seul, tant en demandant qu'en défendant, les actions de sa femme, comme conséquence de la propriété ou de la puissance que les lois romaines lui avaient conférées sur la dot. D'où la cour de cassation a tiré cette conséquence, que la signification des jugements rendus sur de telles actions était régulièrement faite au mari seul et servait, dès lors, de point de départ aux délais fixés par ces jugements pour leur exécution, même dans le cas où la femme avait été mise en cause dans l'instance (Civ. rej. 19 déc. 1855, aff. Blanc Pourron, D. P. 56. 1. 16).

1190. Ce qui est jugé contre le mari l'est donc également contre la femme (Rép. n° 3321). — D'après quelques auteurs, la femme aurait le droit d'attaquer par la tierce opposition les jugements rendus à la suite d'une entente frauduleuse entre les tiers et son mari (Rodière et Pont, t. 3, n° 1760 ; Aubry et Rau, t. 5, § 535, p. 547). M. Guil-

louard, t. 4, n° 1785, repousse cette solution, par la raison que la femme a été représentée dans l'instance par le mari (Arg. art. 474 c. proc. civ.).

1191. On va même, ainsi que nous l'avons dit au Rép. n° 3324, jusqu'à refuser à la femme le droit d'exercer les simples actions conservatoires. En cas de négligence de la part de son mari, elle ne peut que recourir à la séparation de biens, ou agir, après la dissolution du mariage, en dommages-intérêts. La jurisprudence et les auteurs sont fixés en ce sens. Ainsi il a été jugé que la femme dotale non séparée de biens est sans qualité pour agir relativement à l'administration et au recouvrement de ses biens dotaux, et qu'en particulier elle est non recevable à demander contre le débiteur d'une créance dotale la nullité, pour défaut d'emploi, du payement de cette créance (Grenoble, 28 juill. 1865, aff. Chantre, D. P. 65. 2. 205. V. également : Bordeaux, 29 juill. 1857, aff. de Lamberterie, D. P. 57. 2. 216 ; Grenoble, 23 avr. 1858, aff. Meysson, D. P. 59. 2. 117 ; Colmet de Santerre, t. 6, n° 221 bis V ; Laurent, t. 23, n°s 475 et 486 ; Guillouard, t. 4, n° 1785. — Contrà : Sincholle, op. cit., n° 130). Certains auteurs admettent, toutefois, que la femme peut faire les actes conservatoires qui ne nécessitent ni une poursuite, ni l'introduction d'une action (Rodière et Pont, t. 3, n° 1757 ; Aubry et Rau, t. 5, § 536, p. 557).

1192. On a décidé au Rép. n° 3305, par application de l'art. 2208 c. civ., que l'expropriation forcée des immeubles dotaux doit être poursuivie contre la femme en même temps que contre le mari. Cette opinion est généralement admise (V. outre les autorités déjà citées au Rép. ibid. : Rodière et Pont, t. 3, n° 1761 ; Aubry et Rau, t. 5, § 535, note 14, p. 549 ; Laurent, t. 23, n° 477 ; Guillouard, t. 4, n° 1791). De même, en cas d'expropriation pour cause d'utilité publique, l'instance en règlement de l'indemnité doit aussi être formée contre les deux époux, lorsque la femme, assistée de son mari, n'a pas voulu accepter les offres de l'Administration (Arg. art. 13, 25 et 28, L. 3 mai 1841) (Aubry et Rau, t. 5, § 535, note 15, p. 549 ; Guillouard, loc. cit.).

1193. La question de savoir si le mari peut procéder seul à un partage judiciaire des biens dotaux indivis avec des tiers, examinée au Rép. n°s 3326 et suiv., est toujours controversée. Suivant certains auteurs, le mari puiserait le droit d'exercer l'action en partage dans les termes généraux de l'art. 1549. Quant à l'art. 818, qui exige le concours de la femme, on prétend qu'il est inapplicable au régime dotal, auquel le législateur ne songeait pas au moment de la discussion de cet article, et qui même n'était point encore organisé (Adde en ce sens : Jouitou, n° 116 et suiv.). L'opinion contraire, que nous avons enseignée, est généralement suivie. M. Laurent, t. 23, n° 476, fait remarquer avec raison que l'action en partage est une action spéciale ; qu'ainsi le tuteur ne peut l'exercer seul, bien qu'il ait les actions mobilières du mineur. Il est facile de repousser l'argument relatif à la non-application de l'art. 818 ; le code n'est pas un ensemble de lois séparées et indépendantes ; il a été rendu obligatoire par une seule et même loi, et tous les articles doivent s'appliquer simultanément (V. en ce sens : Pau, 21 févr. 1864) (1) ; Bordeaux, 30 mai 1871, aff. de Buisson de Sainte-Croix, D. P. 74. 2. 15 ; Rodière t Pont,

---

dotal aliéné au mépris de la prohibition de la loi, soit par la femme ou par lui-même, soit par tous deux conjointement ; — Attendu que, si tels sont les droits du mari à l'égard des actes d'aliénation directe d'immeubles dotaux, il faut nécessairement lui reconnaître les mêmes droits à l'égard de tous actes pouvant entraîner l'aliénation de ces biens ; que, du reste, l'art. 1554 met sur la même ligne et l'aliénation et l'hypothèque... — Appel. — Arrêt.

La cour, — Déterminée par les motifs des premiers juges, met l'appel à néant, etc.

Du 11 nov. 1886. - C. de Bruxelles, 4° ch.-MM. Motte, pr.- de Rongé, av. gén., c. conf.-Thierry et Victor Jacobs, av.

(1) (Castillon C. Mora.) — La cour — Attendu que, d'après l'art. 818 c. nap., le mari ne peut, tant en demandant qu'en défendant, concourir, seul et en l'absence de sa femme, au partage des biens de celle-ci qui ne tombent pas dans la communauté ; que ces dispositions sont générales, et s'appliquent au partage des immeubles dotaux appartenant à la femme mariée sous le régime dotal, comme au partage des propres sous le régime de la communauté ; — Que l'art. 1549, même code, n'ap-

porte pas de dérogation à cette règle ; que l'action en partage ne peut pas être considérée comme un acte d'administration ; qu'elle n'est pas, non plus, une action contre les détenteurs des fonds dotaux ; — Que si l'intention du législateur eût été de donner au mari le droit de procéder, seul et sans le concours de la femme, au partage du fonds dotal, il en aurait fait l'objet d'une disposition formelle, qu'il aurait insérée dans le titre du contrat de mariage ; que le silence qu'il a gardé à cet égard prouve qu'il a voulu laisser subsister dans toute sa force le principe posé dans l'art. 818 ; — Attendu qu'il n'y a pas à distinguer entre le cas où le mari est demandeur en partage, et celui où il y serait appelé par les cohéritiers de la femme ; que le texte de l'art. 818 repousse une pareille distinction ; — Attendu, d'ailleurs, que, dans l'espèce, l'on ne saurait prétendre que Mora ait eu, dans le jugement attaqué, la qualité de défendeur ; que l'action a été introduite par Castillon, qui a agi comme son créancier et exerçant ses droits, en vertu de l'art. 1166 c. nap. ; — Qu'au surplus, François Mora avait été appelé à figurer dans cette instance, en son nom personnel, et non comme administrateur ou représentant de sa femme et la représentant ; — Qu'il suit de là que, sous tous les rapports, le partage des deux moulins et de leurs dépendances

t. 3, n° 1761 ; Demolombe, *Successions*, t. 3, n°s 577 et suiv.; Marcadé, t. 6, art. 1549, III; Aubry et Rau, t. 5, § 535, note 12, p. 548 ; Colmet de Santerre, t. 6, n° 221 *bis* IV ; Laurent, t. 23, n° 476 ; Guillouard, t. 7, n° 1787).

1194. La même solution est adoptée au cas où il s'agit de défendre à une action en partage judiciaire ; la doctrine du droit romain et de l'ancien droit, d'après laquelle le mari pouvait défendre seul à une telle action, est aujourd'hui unanimement repoussée (arg. art. 818 c. civ.) (Demolombe, *op. cit.*, t. 3, n° 583 ; Aubry et Rau, t. 5, § 535, note 13, p. 548 et suiv.; Colmet de Santerre, t. 6, n° 221 *bis* IV; Guillouard, t. 4, n° 1788).

1195. — **IV.** ACTES D'ALIÉNATION (*Rép.* n°s 3331 à 3339). — Tout acte d'aliénation des immeubles dotaux étant interdit au mari aussi bien qu'à la femme, la question s'est posée de savoir si le partage peut avoir lieu à l'amiable lorsqu'une femme mariée sous le régime dotal se trouve au nombre des copartageants. L'affirmative a été soutenue au *Rép.* n° 3475, et elle est admise par la jurisprudence la plus récente et par la majorité des auteurs (Montpellier, 7 juill. 1854, aff. Lapeyre, D. P. 55. 2. 166; Bordeaux, 29 avr. 1856, aff. Deljarrit, D. P. 56. 2. 204 ; Req. 31 janv. 1859, aff. Aussel, D. P. 59. 1. 497; Bordeaux, 30 mai 1871, aff. de Buisson, D. P. 74. 2. 15 ; Demolombe, *op. cit.*, t. 3, n° 606 ;· Aubry et Rau, t. 5, § 537, note 16, p. 560 ; Demante, *Cours analytique du code civil*, t. 3, n° 446 *bis* IV ; Jouitou, t. 1, n° 119 ; Guillouard, t. 4, n°s 1805 et suiv.). L'opinion contraire a pour défenseurs: Bioche, *Dictionnaire de procédure*, v° *Partage* ; Dutruc, *Traité du partage des successions*, n° 26 ; Marcadé, t. 6, art. 1549, n° 3, et art. 1558, n° 5 ; Rodière et Pont, t. 3, n° 1057.

1196. Un système intermédiaire a été présenté par M. Sincholle, n°s 220 et suiv. D'après lui, la femme assistée par son mari peut procéder à un partage amiable, mais elle n'a ce pouvoir qu'autant que le partage a réellement et uniquement pour but de faire cesser l'indivision ; la solution contraire devrait être admise, chaque fois que l'opération serait fictive et ne tendrait qu'à déguiser une vente véritable. Tout se ramène en somme à une question de fait. Si le partage, par exemple, avait pour conséquence l'attribution à la femme de sommes d'argent en échange de droits immobiliers, il y aurait de fortes présomptions pour faire annuler cet acte, par suite de la fraude que cacherait ce prétendu partage (V. dans le même sens : Guillouard, t. 4, n° 1867). Quant à la nécessité du concours de la femme pour arriver à un partage amiable, elle est évidente dans l'opinion que nous avons adoptée pour le partage judiciaire, et qui est le plus généralement admise (V. *supra*, n° 1193).

1197. On examinera *infrà*, n°s 1230 et suiv., la question de savoir si le mari peut valablement aliéner les droits mobiliers de sa femme, ce point rentrant dans le chapitre consacré à l'inaliénabilité de la dot mobilière.

1198. — **V.** ACQUISITIONS (*Rép.* n°s 3340 à 3354). — On a vu au *Rép.* n° 3340 qu'en principe les biens acquis avec les deniers dotaux sont eux-mêmes dotaux lorsqu'il n'y a pas de clause d'emploi ou de remploi insérée au contrat de mariage. Cette solution ressort de l'art. 1553 c. civ.; mais il peut y avoir des difficultés au sujet de l'attribution de la propriété des choses faisant l'objet de ces acquisitions. Lorsque l'acquisition a été faite par le mari au moyen de deniers dotaux, dont la qualité et l'origine sont certaines, le bien devient la propriété du mari, pour qui il est aliénable d'une façon absolue. La jurisprudence est constante en ce sens (Civ. cass. 1er déc. 1857, aff. Cramaussel, D. P. 58. 1. 71 ; Agen, 4 mai 1858, aff. Clos, D. P. 58. 2. 152 ; Grenoble, 13 juin 1862 (1) ; Req. 26 juill. 1865, aff. de Belleval, D. P. 65. 1. 467 ; Aix, 19 juin 1866 (2); Civ. cass. 12 avr. 1870, aff. Sabathé, D. P. 70. 1. 264, et sur ren-

---

ne pouvait pas être poursuivi sans le concours de Marie Cannègre, femme Mora, ou que celle-ci n'a pas été représentée dans le jugement du 25 févr. 1857; — Par ces motifs, statuant sur l'appel interjeté envers le jugement rendu, le 17 août 1858, par le tribunal civil de Dax, dit avoir été bien jugé, etc. »
Du 21 févr. 1861.- C. de Pau, 1re ch.-MM. Brascou, pr.-Dufaur de Gavardie, subst.-Prat et Lamaignère, av.

(1) (Jarrand-Allier C. Magnat). — LA COUR ; — Attendu que la loi renferme, en matière de dotalité, deux dispositions essentielles: la première, que la dot ne peut être constituée ni même augmentée pendant le mariage; la seconde, que l'immeuble acquis des deniers dotaux n'est pas dotal, si la condition de l'emploi n'a été stipulée par le contrat de mariage; — Attendu que le caractère de dotalité étant opposable aux tiers ne peut résulter que de l'application claire et précise des dispositions du contrat et de la loi, et ne peut s'induire de l'intention présumée des parties ; — Attendu que dans le contrat de mariage des époux Jarrand-Allier, la condition d'emploi ou de remploi n'est stipulée que relativement aux droits des biens dotaux que pourraient même être aliénés et que, dans l'espèce, il s'agit d'une partie de son mobilière exigée par le mari du débiteur de cette dot, laquelle n'était soumise à aucun emploi; —Attendu, dès lors, que l'immeuble acquis par Jarrand-Allier, le 31 déc. 1846, n'est pas devenu dotal à sa femme, par le fait qu'il est dit dans l'acte que cette acquisition est faite pour l'emploi de la somme dont il s'agit, et par le fait encore que la même énonciation se trouve dans la quittance du 12 janv. 1847, où la femme donne son approbation à l'emploi, parce que de semblables stipulations auraient pour résultat de constituer une dotalité immobilière pendant le mariage, hors du cas prévu par l'art. 1553 c. nap. ; — Attendu qu'à la vérité, le mariage contenant une constitution générale de biens présents et à venir, cet immeuble serait dotal s'il avait été acquis pour et au nom de la femme ; — Mais attendu que l'acquisition a été faite par le mari, en son nom personnel, et que les énonciations d'emploi qui se trouvent dans la vente et dans la quittance précitées paraissent provenir d'une fausse interprétation du contrat de mariage qui a fait croire aux mariés Jarrand-Allier et à leurs conseils que la dot mobilière était soumise à un emploi en immeubles; que cette erreur ne saurait avoir, à l'égard des tiers, le même résultat que si la clause d'emploi existait effectivement dans le contrat de mariage lui-même; en sorte que les énonciations dont il s'agit ne doivent s'entendre que dans le sens de l'acquisition d'un immeuble faite par le mari pour augmenter d'autant la sûreté de l'hypothèque légale ; — Confirme, etc.
Du 13 juin 1862.-C. de Grenoble, 2e ch.-MM. Nicollet, f. f. pr.-Proust, av. gén.-Bernard, av.

(2) (Violet C. Audouy et Boyer.) — Le tribunal civil de Digne a rendu, le 13 févr. 1885, un jugement ainsi conçu : — « Sur le cinquième chef, relatif à la distribution qui aurait été faite dans l'ordre d'un prix affecté de dotalité : — Attendu que des faits ci-dessus exposés il résulte que la dame Violet avait une hypothèque sur le domaine de la Grand'Bastide avant de l'acheter ; que si, dans l'acte d'acquisition du 29 nov. 1842, elle a déclaré compenser partie son prix avec la créance hypothécaire résultant de sa dot, cette déclaration ainsi acquis n'a pas été frappé pour produire de dotalité ; qu'en effet, aux termes de l'art. 1553 c. nap., l'immeuble acquis de deniers dotaux n'est pas dotal, à moins que la condition du remploi ne soit stipulée au contrat de mariage ; que, dans l'espèce, le prix provenant des immeubles dotaux pouvait être garanti par une simple hypothèque ou par un privilège inscrit sur les immeubles du mari, ainsi que cela paraît avoir d'abord été fait sur le domaine de la Montbelle ; qu'en achetant de ses deniers paraphernaux la Grand'Bastide, en compensant partie du prix avec sa créance dotal, la dame Violet n'a pu, contrairement à l'art. 1553, rendre cet immeuble dotal ; que, par suite, son inscription n'a pas dû être annulée, puisqu'elle constituait la seule garantie que la dot vis-à-vis des autres créanciers inscrits et des futurs acquéreurs ; — Attendu qu'en revendant le même propriété presque aussitôt sa prise de possession et avant toute radiation d'hypothèques, la dame Violet n'avait d'autres droits à réclamer dans l'ordre ouvert sur sa demande que celui que lui assurait son inscription ; que, si elle n'a pas produit, malgré la formalité de la purge et la sommation donnée à sa personne, elle doit supporter les conséquences de sa négligence ou de sa faute, sans que les acquéreurs qui ont payé leur prix, conformément à l'ordonnance du juge-commissaire, puissent être inquiétés pour défaut de remploi ; que ceux-ci n'avaient pas à se préoccuper de ce que ferait le mari pour garantir une somme qui, par suite du défaut de production, était même pas colloquée dans l'ordre ; — Qu'en conséquence, c'est avec raison que le juge-commissaire a réparti entre les créanciers produisant toute la somme en distribution, sans rien réserver pour la créance dotale qui ne s'était pas révélée dans les délais légaux ; qu'aujourd'hui les héritiers de la dame Violet sont mal fondés à faire aux acquéreurs responsables d'un payement que leur père tuteur a sanctionné sous sa responsabilité et celle de leur subrogé tuteur, ainsi que cela résulte de l'acte sous seing privé du 25 avr. 1852, qui sera enregistré avec le présent jugement ; — Attendu ainsi, qu'aucun des moyens de forme soulevés au nom du demandeur n'étant recevable, il y a lieu de maintenir le règlement définitif d'ordre dans toutes ses dispositions, tel qu'il a été arrêté le 2 juin 1851, par M. le président Lalande ; Qu'au surplus, l'exécution volontaire dudit règlement par M. Violet père, tuteur, ferme tout recours à sa tille, aujourd'hui demandeur, qui n'a plus d'action que contre son père, à raison de son administration; — Au fond: — Attendu que le premier moyen n'est que la reproduction de

voi, Montpellier, 21 juin 1871, D. P. 71. 2. 175 ; Civ. cass. 24 nov. 1871, aff. Frestel, D. P. 71. 1. 291). — La cour de Toulouse, par un arrêt du 17 déc. 1868 (aff. Sabathé, D. P. 69. 2. 1), avait décidé que dans le cas d'une constitution générale de tous biens présents et à venir l'art. 1553 n'est pas applicable; mais cette décision a été déférée à la cour de cassation, qui a proclamé le principe contraire dans son arrêt précité du 12 avr. 1870.

1199. Mais lorsque l'acquisition a été faite avec des deniers dotaux au nom de la femme et acceptée par celle-ci, la jurisprudence a admis que, bien que paraphernal, l'immeuble acquis est la représentation de la dot mobilière et que, par suite, le prix en est frappé de dotalité jusqu'à concurrence de la valeur dotale qui a servi à l'acquisition. L'inaliénabilité ne porte pas sur l'immeuble lui-même, mais sur la valeur représentative de la dot, de telle sorte que le bien est saisissable, sauf le prélèvement de la dot mobilière employée à son acquisition (Bordeaux, 14 mai 1857, aff. Mathieu, D. P. 57. 2. 211; Civ. cass. 1er déc. 1857, aff. Cremaussel, D. P. 58. 1. 71 ; Agen, 4 mai 1858, aff. Clos, D. P. 58. 2. 152 ; Caen, 2e ch., 6 juill. 1866, aff. Davel C. James.-MM. Daigremont Saint-Manvieux, pr.-Nicias Gaillard, av. gén.-Bertauld et Paris, av.; Grenoble, ch. réun., 4 mars 1868, aff. Bastide C. Coucoulagne.-MM. Nicollet, pr.-Roé, 1er av. gén.-Gayet et de Ventavon, av.; Toulouse, 17 déc. 1868, aff. Sabathé, D. P. 69. 2. 1 ; Caen, 15 févr. 1870, aff. Rochefontaine, D. P. 70. 2. 67 ; et, sur pourvoi, Civ. cass. 21 nov. 1871, D. P. 71. 1. 291. — V. toutefois Req. 26 mars 1866, aff. Bimar, D. P. 66. 1. 503).

1200. Si l'acquisition a été faite par le mari durant le mariage avec des deniers dont l'origine était incertaine, il peut y avoir plus de difficulté. En règle générale on devra attribuer la propriété *à celui des époux au nom duquel l'acquisition aura été opérée ;* mais c'est lorsqu'il s'agira d'établir définitivement le compte de liquidation entre les conjoints que la question sera délicate. A Rome, le législateur avait résolu le problème en établissant en principe que tous les biens acquis par le mari durant le mariage étaient censés l'avoir été de ses deniers propres, et en conséquence, lui

appartenaient en toute propriété, sans que la femme ait aucun recours à exercer contre lui. C'est la règle connue sous le nom de présomption *Quintus Mucius.* — Sous l'empire du code civil, faut-il encore admettre le même principe? La jurisprudence ancienne était assez incertaine; et l'on trouve des arrêts dans les deux sens (*Rép.* nos 3340 et suiv.). Aujourd'hui il est d'abord un point qui paraît établi, c'est que la présomption est encore applicable pour les contrats de mariage passés avant 1804. On reconnaît, toutefois, que cette règle n'avait chez nous, comme à Rome, que la force d'une présomption simple, cédant, par conséquent, devant une preuve ou des présomptions contraires (Aix, 10 juill. 1862, aff. Diana, D. P. 62. 2. 136 ; Req. 29 déc. 1863, même affaire, D. P. 64. 1. 120 ; 22 janv. 1877, aff. Regis, D. P. 77. 1. 214). Les auteurs et la jurisprudence hésitent lorsqu'il s'agit de décider si la présomption *Quintus Mucius* doit encore s'appliquer pour les contrats de mariage passés postérieurement à la promulgation du code civil. La plupart des auteurs cependant enseignent que cette présomption n'a plus aucune application dans notre droit actuel. Les présomptions, en effet, sont de droit étroit; elles ne peuvent être étendues, dit l'art. 1350, et à plus forte raison elles ne peuvent être créées sans texte. La loi *Quintus Mucius* n'a été reproduite dans aucun article du code, et elle se trouve abrogée implicitement par la loi générale du 30 vent. an 12 (Riom, 23 mars 1881, aff. Suc, D. P. 83. 2. 17 ; Agen, 30 janv. 1882, aff. Monestès, D. P. 83. 2. 44 ; Marcadé, t. 6, art. 1529-1532, no 2 ; Aubry et Rau, t. 5, § 531, note 3, p. 511, et § 541, note 1, p. 638; Laurent, t. 23, no 487 ; Jouitou, t. 1, no 93 *bis ;* Guillouard, t. 4, no 2471). Suivant cette opinion, la présomption *Quintus Mucius* n'est plus applicable même dans le cas où la femme s'est mariée en se constituant en dot tous ses biens présents et à venir; mais, s'il y a eu fraude, les tiers seront toujours admis à en faire la preuve par tous les moyens possibles (Civ. cass. 19 déc. 1871, aff. Parriche, D. P. 72. 1. 77). — L'opinion contraire a été adoptée par les arrêts suivants : Caen, 8 août 1868 (1); Aix, 10 juill. 1869 (aff. Médor, D. P. 72. 2. 49) (V. aussi Civ. cass. 6 mars 1866, aff. de Chateauvillard, D. P. 66.1.126).

1201. La fin du paragraphe au *Répertoire* traite de la

---

celui qui vient d'être examiné à propos de la distribution d'un prix dotal ; que les sieurs Audouy et Boyer ne sauraient être tenus, soit qu'ils aient soldé ou compensé le prix d'acquisition, de le payer une seconde fois, faute d'avoir surveillé l'emploi de la dot de la dame Violet; qu'ils n'y étaient pas tenus, aux termes du contrat de mariage, et qu'aucun texte de la loi ne leur en faisait l'obligation dans la situation où ils se trouvaient ; — Attendu que si la dot immobilière est aussi inaliénable que la dot mobilière, il est cependant des cas où elle peut être perdue par la faute et la négligence de la femme et du mari, ainsi que par le défaut de renouvellement d'inscription en temps utile, par le défaut de production, comme dans l'espèce, qui a entraîné la forclusion; que les tiers qui ont payé leur prix conformément à un mandement de justice, ne sont soumis à aucune répétition, alors surtout que la somme distribuée dans l'ordre ne provient pas d'un immeuble dotal sujet au remploi; — Par ces motifs, maintient dans toutes ses dispositions le règlement définitif d'ordre, etc. » — Appel par le sieur Violet. — Arrêt.

La cour ; — Adoptant les motifs des premiers juges ; — Confirme, etc.

Du 19 juin 1866.-C. d'Aix, 1re ch.-MM. Rigaud, 1er pr.-Reybaud, 1er av. gén.-Roux et Contencin, av.

(1) (Suriray C. Bisson.) — La cour ; — Attendu, en droit, qu'aux termes de l'art. 1594 c. nap., tous ceux auxquels la loi ne l'interdit pas peuvent acheter ou vendre ; — Qu'aucune disposition législative ne défend à la femme mariée sous le régime dotal, avec ou sans société d'acquêts, d'acquérir des immeubles, qui lui restent propres à la dissolution du mariage, pourvu qu'elle prouve que c'était de ses ressources personnelles que provenait l'argent avec lequel a été soldé le prix de l'acquisition faite en son nom ; — Qu'à la vérité, il en est autrement sous l'empire de la communauté légale, parce que l'art. 1401 c. nap., faisant entrer dans cette communauté tout le mobilier présent et futur des époux, quelle que soit leur origine, ceux-ci ne peuvent avoir de capitaux qui leur soient personnels, et qu'ils sont, dès lors, hors d'état de payer de leurs deniers les acquisitions d'immeubles qu'ils feraient ; — Que tel est le motif de la disposition de l'art. 1402 du même code, qui décide que tout immeuble est réputé acquêt de communauté, s'il n'est établi que l'un des époux en avait la propriété ou possession légale antérieurement au mariage, ou qu'il lui est échu depuis à titre de succession ou de donation ; — Mais que ce texte de loi ne s'applique ni à la

société d'acquêts, ni au régime dotal, parce que, sous ces derniers régimes, le mobilier présent ou futur des époux étant formellement exclu de la société d'acquêts, suivant les art. 1498 et 1581 c. nap., ne cesse pas de leur appartenir, et qu'alors rien ne s'oppose à ce que la femme emploie le sien, du consentement de son mari, en acquisition d'immeubles; — Attendu que non seulement le chap. 3 du titre *du contrat de mariage* ne renferme à cet égard aucune prohibition, et que même l'art. 1553 dit positivement que la femme a la faculté, si son mari y consent, d'acquérir des immeubles avec ses deniers dotaux; — Qu'on ne saurait, en effet, donner une autre signification à ces mots dudit article : l'immeuble acquis des deniers dotaux ; — Qu'il est vrai que le texte précité ajoute : « n'est pas dotal, si la condition de l'emploi n'a été stipulée par le contrat de mariage » ; mais que ces expressions : n'est pas dotal, ne signifient pas que l'acquisition d'immeubles au nom de la femme sera sans effet ; qu'elles veulent dire uniquement et par respect pour le principe de l'immutabilité des conventions matrimoniales, que toutes les fois que la condition d'un emploi immobilier n'aura pas été stipulée, la dot ne pourra pas changer de caractère pendant le mariage; qu'ainsi l'immeuble acquis avec les deniers dotaux sera de même nature, dans les mains du mari, que les capitaux que cet immeuble représente; que, comme eux, il sera aliénable sans formalités, que l'art. 1554 ne le gouvernera pas; mais que, s'il n'a pas été revendu avant la dissolution de la société conjugale, il tiendra lieu à la femme de sa reprise mobilière, sans option possible ni de sa part, ni de la part du mari ou de ses héritiers, parce que les deux époux sont liés par les énonciations de l'acte d'acquêt auquel ils ont concouru l'un et l'autre; — Attendu que telles étaient la législation romaine et l'interprétation constante qui lui avait été donnée, non seulement dans les pays de droit écrit, mais encore dans ceux des pays coutumiers où le régime dotal existait, et que les auteurs du code Napoléon, n'ayant pas à cet égard modifié les anciens principes, les ont, par cela même, maintenus, comme l'atteste la lettre de l'art. 1553 précité; — Attendu, d'ailleurs, qu'il n'existe aucun motif pour interdire à la femme le droit d'employer en immeubles ses capitaux dotaux ; — Qu'en effet, elle a la faculté, dont elle use presque toujours en adoptant le régime dotal, de se réserver la possibilité d'aliéner ses immeubles moyennant remploi en d'autres immeubles ; — Que, dans ce cas, elle a capacité pour fixer le prix de l'immeuble qu'elle vend et de celui qu'elle achète, et qu'on ne voit pas pourquoi, quand une semblable capacité lui est reconnue, elle serait

question du retrait d'indivision et des améliorations de la dot réalisées pendant le mariage ; ce sont des points qui ont été déjà examinés *suprà*, n°s 1156 et 1169, et sur lesquels nous n'avons pas à revenir.

1202. — VI. Conventions modificatives des droits du mari (*Rép.* n°s 3355 à 3359). — Après avoir exposé au *Répertoire* que le mari a seul, en principe, pendant le mariage le droit d'administration, nous avons indiqué *ibid.* n° 3355, comment, en vertu de l'art. 1549, les futurs conjoints peuvent y déroger par leur contrat de mariage. La clause par laquelle la femme se réserve le droit de toucher annuellement et sur ses seules quittances telle somme déterminée de ses revenus pour son entretien personnel se rencontre très souvent dans la pratique. Il y a lieu d'observer, en ce qui la concerne, la règle d'après laquelle on doit interpréter les conventions matrimoniales en tenant compte de la volonté des parties, mais aussi en dérogeant le moins possible aux principes généraux du régime adopté. — Ainsi, il a été décidé par la cour de cassation que la réserve faite dans son contrat de mariage par une femme mariée sous le régime dotal, de disposer à son gré d'une somme annuelle et déterminée, ne change pas le caractère de dotalité imprimé aux biens constitués dans le contrat; que cette affectation d'une partie des fruits de la dot modifie, il est vrai, en faveur de la femme, l'administration des droits du mari, mais laisse subsister la nature légale des biens de la femme; qu'ainsi les sommes ainsi perçues ou à percevoir ne sauraient, en aucun cas, être considérées comme paraphernales, et ne peuvent, par suite, être saisies par les créanciers de la femme (Req. 23 août 1859, aff. Dufaud, D. P. 59. 1. 455).

1203. Mais la réserve, au profit de laquelle une telle clause a été stipulée, à la libre et entière disposition de ses revenus. Ainsi, il a été jugé qu'elle a le droit non seulement de les employer à ses besoins personnels et à ceux du ménage, mais encore d'en faire, sans autorisation maritale, tout autre emploi juste et légitime, et par exemple, de les faire servir au payement de dettes souscrites par elle dans l'intervalle écoulé entre le contrat et la célébration du mariage (Req. 31 juill. 1861, aff. Carpentier, D. P. 62. 1. 113).

1204. On a vivement discuté sur la question de savoir si une femme dotale, qui s'est réservé le droit de toucher personnellement une portion de ses revenus dotaux, peut s'engager valablement sur cette portion pendant le mariage. L'arrêt de la chambre des requêtes du 23 août 1859, cité *suprà*, n° 1202, paraît lui refuser d'une manière absolue ce pouvoir (V. aussi Paris, 28 déc. 1875, aff. Trezel, D. P. 76. 2. 198); mais cette rigueur n'a pas été maintenue, et la jurisprudence, faisant une distinction légitime, décide que l'engagement est valable s'il est constaté que les revenus engagés ne sont pas indispensables aux besoins et à l'entretien de la famille (Civ. rej. 13 janv. 1851, aff. Briant, D. P. 51. 1. 83; Req. 17 mars 1856, aff. de Gatigny, D. P. 84. 1. 334, note; 14 août 1883, aff. de Perpessac, D.P.84.1. 334; Poitiers, 14 févr. 1883, aff. Vannier, D. P. 85. 1. 145; Aix, 5 mars 1884, aff. Payan *C.* Curtil.-MM. Germondy, pr.-Furby, subst.-Jouve (du bureau de Marseille), et Armand, av. V. également en ce sens : Aubry et Rau, t. 5, § 538, note 17, p. 609; Guillouard, t. 4, n° 2085). En un mot, on a étendu à cette hypothèse la doctrine communément reçue relativement aux engagements de la femme dotale séparée de biens, et cela avec raison, puisque les deux situations ont les plus grandes analogies.

1205. La doctrine est divisée sur le point de savoir si l'art. 1549 c. civ. qui autorise la femme qui se marie sous le régime dotal à se réserver le droit de toucher sur ses seules quittances, *une partie* de ses revenus, peut être étendu au

cas où elle s'est réservé l'administration et la disposition *de tous* ses revenus à la charge de contribuer pour moitié aux frais du ménage. Aucune difficulté sérieuse ne peut s'élever lorsque la clause qui confère à la femme le pouvoir d'administrer ses biens sans formalités judiciaires, ajoute qu'elle ne pourra l'exercer qu'avec l'autorisation de son mari, car cette restriction réserve la suprématie maritale. Mais la question devient plus délicate, lorsque le contrat de mariage stipule d'une façon absolue ce droit d'administration au profit de la femme. Nous avons soutenu au *Rép.* n° 110, et *suprà*, n° 10, que cette clause est valable, en invoquant le principe de la liberté des conventions matrimoniales et en faisant remarquer que ce droit respecte suffisamment la puissance maritale puisqu'il est reconnu que le mari ne cesse point d'être le chef de l'union conjugale, quand la femme, sous le régime de la séparation contractuelle, a l'administration de tous ses biens, ou quand, sous le régime dotal, elle a stipulé dans les termes de l'art. 1576 que tous ses biens seraient paraphernaux (V. en ce sens : Civ. rej. 17 févr. 1886, aff. Commune de Bazas, D. P. 86. 1. 249; Guillouard, t. 4, n°s 1792 et suiv.). L'opinion contraire, qui se fonde sur les précédents de notre droit en matière de régime dotal, sur les travaux préparatoires, et sur l'art. 1388, prohibant toute convention dérogatoire aux droits appartenant au mari en sa qualité de chef de l'association matrimoniale, est soutenue par Marcadé, t. 5, art. 1387-1388, n° 6; Massé et Vergé, sur Zachariæ, t. 4, § 668, note 2; Aubry et Rau, t. 5, § 535, note 16, p. 549 (V. aussi Labbé, *Revue critique*, année 1887, p. 442 et suiv.).

1206. Comme on l'a exposé au *Rép.* n° 3356, la clause qui réserve à la femme le droit de toucher une partie de ses revenus laisse intacts les pouvoirs d'administration qui appartiennent au mari sur les biens dotaux. Aussi toute prétention de la femme qui tendrait à porter une atteinte quelconque à ces pouvoirs doit-elle être repoussée.— Il a été jugé que la femme dotale, alors même qu'elle a le droit de toucher annuellement sur ses seules quittances la moitié de ses revenus actuels et futurs, n'est pas recevable, pendant le mariage, à réclamer à son mari les intérêts de la somme représentant la dépréciation d'un immeuble dotal; qu'il en est ainsi dans le cas même où après la mort de sa mère, la femme a dû rapporter à son père l'immeuble dotal déprécié et tenir compte de cette dépréciation par une diminution de sa part héréditaire dans la communauté dissoute (Bourges, 20 nov. 1872, aff. de Bricourt, D. P. 73. 2. 213).

1207. La femme dotale, qui jouit du droit de toucher une partie de ses revenus, doit supporter les impôts et les dépenses d'entretien afférents à la part des revenus qu'elle s'est ainsi réservée. C'est ce qu'a décidé la cour de cassation, en constatant que si le mari est tenu des charges du ménage, ce n'est pas en qualité d'administrateur, mais en qualité d'usufruitier; que, dès lors, si l'usufruit a été contractuellement partagé entre les deux époux, et si la femme se trouve pour partie substituée aux droits appartenant au mari, il s'ensuit qu'elle doit supporter, dans la même proportion, les charges corrélatives à la jouissance (Req. 1er juin 1874, aff. de Bricourt, D. P. 75. 1. 84).

1208. — VII. Des cas de minorité, absence et contumace (*Rép.* n°s 3360 à 3362). — Nous n'avons rien à ajouter sur ce sujet aux explications contenues au *Répertoire*.

Sect. 2. — Jouissance et charges (*Rép.* n°s 3363 à 3388).

1209. — I. Droits attachés à la jouissance (*Rép.* n°s 3363 à 3373). — A côté de son droit d'administration, le mari a

privée du droit de substituer un immeuble à un capital mobilier ; — Attendu, en fait, que les époux Bisson s'étaient mariés, en 1824, sous le régime dotal, avec constitution en dot de tous les biens présents et à venir de l'épouse et stipulation d'une société d'acquêts ; — Que la femme apportait en dot une somme de 500 fr. promise par son père et payable à terme ; — Que cette somme a été employée du consentement exprès de la dame Bisson, à payer, jusqu'à due concurrence, le prix d'un immeuble acquis pour partie en son nom le 14 déc. 1828, comme le constatent le contrat d'acquêt dudit jour et une quittance du 6 janv. 1831 ; que cet immeuble a fait l'objet, le 27 févr. 1842, d'un acte d'échange avec un sieur Legoux ; que la dame Bisson a assisté à ce

dernier acte, lequel détermine nettement la partie attribuée à la femme dans le nouvel immeuble reçu en échange par les époux Bisson ; — Qu'il résulte de ces faits, tous prouvés par des écrits réguliers, qu'il y a un accord entre les deux époux, pour substituer cet immeuble au capital de 500 fr. qui appartenait à la femme, et que ses héritiers sont fondés à en réclamer la propriété ; — D'où il suit qu'il y a lieu, en infirmant le jugement dont est appel, de déclarer qu'il sera distrait de la vente par licitation ordonnée par les premiers juges ;

Par ces motifs, etc.

Du 8 août 1868.-C. de Caen, 2e ch.-MM. Champin, pr.-Tardif de Moidrey, subst.-Bertauld et Leblond, av.

un droit personnel sur les fruits et revenus de la dot, et il fait siens ceux qui excèdent les besoins du ménage (C. cass. sarde, 10 janv. 1854, aff. Colli, D. P. 55. 2. 137). On a vu au *Rép.* n° 3366 que son droit, qui est intimement lié à la durée du mariage lui-même, a les plus grandes analogies avec celui de l'usufruitier ordinaire, quoiqu'il soit à proprement parler un droit *sui generis*. C'est ce qui est reconnu sans difficulté par les auteurs les plus récents (Aubry et Rau, t. 5, § 535, n° 2, p. 551; Colmet de Santerre, t. 6, n° 221 *bis* VI; Laurent, t. 23, n° 479; Jouitou, n° 31; Guillouard, t. 4, n° 1800). — Par application de ces principes, il a été jugé que le mari, ayant un droit personnel aux fruits et revenus des successions comprises dans la dot, peut régler comme il lo juge convenable le compte des fruits et revenus qui sont dus à sa femme par le détenteur d'une succession à laquelle elle est appelée (Civ. rej. 5 janv. 1870, aff. Marion, D. P. 70. 1. 58).

1210. Relativement aux bois de haute futaie, la jurisprudence a consacré la doctrine exposée au *Rép.* n° 3367, en décidant que le mari n'a droit à leurs produits qu'autant qu'ils ont été régulièrement aménagés avant le mariage (Pau, 8 févr. 1886, aff. Soubsol, D. P. 86. 2. 249; Aubry et Rau, t. 5, § 535, note 26, p. 552; Jouitou, n° 37; Guillouard, t. 4, n° 1801 et suiv.). L'arrêt précité de la cour de Pau va jusqu'à décider que la règle devrait être appliquée, alors même qu'il s'agirait d'une forêt (dans l'espèce, une forêt de pins) restée inexploitée avant le mariage, faute de voies de communication, et dont une sage administration aurait exigé l'exploitation pendant le mariage. — Suivant MM. Rodière et Pont, t. 3, n° 1723, cette règle devrait fléchir dans le cas où la forêt qui n'était pas exploitée avant le mariage aurait été l'objet d'une constitution spéciale de dot. « Si la femme, disent les auteurs, s'était constitué nommément en dot un bois de haute futaie qui n'eût pas encore été mis en coupe réglée, il serait à présumer qu'elle avait entendu autoriser son mari à commencer des coupes en se conformant aux usages de la contrée, car les produits qu'on peut retirer d'un bois que l'on ne coupe point sont de si mince importance qu'il n'est guère à supposer que les parties aient voulu restreindre la jouissance du mari à ces produits insignifiants. Mais la règle générale devrait conserver son application s'il s'agissait de bois d'une nature telle que les produits qu'on en peut retirer sans les couper sont la principale chose que l'on considère, comme le liège et les arbres résineux. », (V. dans le même sens : Toullier, *Droit civil français*, t. 14, n° 317; Benoît, *De la dot*, t. 1, n° 149.) — L'argument tiré de ce que la dot doit, par ses revenus, pourvoir aux besoins de la vie commune, n'est, sans doute, pas dépourvu de valeur; toutefois, il ne semble pas suffisant pour justifier une pareille dérogation.

1211. Dans tous les cas le mari doit profiter des produits annuels, tels que la glandée, le bois mort... etc. Le droit de chasse lui appartient, de même, incontestablement (Bellot des Minières, t. 1, n° 445).

1212. On a vu au *Rép.* n° 3368 que le mari jouit des mines et carrières ouvertes sur les biens dotaux avant le mariage, mais qu'il ne peut en ouvrir de nouvelles. La doctrine est restée fixée en sens (V. notamment : Rodière et Pont, t. 3, n° 1727; Jouitou, n° 37; Guillouard, t. 4, n° 1803). Toutefois, M. Bellot des Minières, t. 1, n° 453, estime que le mari a le pouvoir d'ouvrir lui-même des carrières, principalement lorsqu'il s'agit d'extraire des matériaux nécessaires pour la réparation des biens dotaux. D'ailleurs, cet auteur reconnaît que si le mari profite de cette faculté, il est obligé de rendre compte de la valeur des produits.

1213. Le mari peut-il disposer des fruits et revenus des biens dotaux? Pour résoudre cette question, il convient de distinguer d'abord entre les fruits et revenus perçus ou échus, et ceux à percevoir ou à échoir.

On admet généralement que le mari est complètement maître des fruits et revenus des biens dotaux, après leur perception. Ils sont alors définitivement entrés dans son patrimoine et se trouvent, d'une manière absolue, soumis aux poursuites de ses créanciers, sauf à la femme à demander, le cas échéant, la séparation de biens (Rodière et Pont, t. 3, n° 1765; Aubry et Rau, t. 5, § 535, note 34, p. 554; Laurent, t. 23, n° 483; Jouitou, n° 31; Guillouard, t. 4, n° 1819).

1214. Quant aux fruits et revenus non encore perçus ou échus, une seconde distinction doit être faite, d'après la jurisprudence et la plupart des auteurs. Le mari n'ayant la jouissance des biens dotaux que pour subvenir aux frais du ménage, on ne lui reconnaît le droit de disposer par avance que de la partie des produits de ces biens qui excédera les besoins de la famille. C'est seulement cet excédent éventuel qui peut être cédé par le mari, ou saisi par ses créanciers (*Rép.* n° 3373; Marcadé, t. 6, art. 1554, n° 4; Aubry et Rau, t. 5, § 535, notes 32 et 33, p. 553 et suiv.; Guillouard, t. 4, n° 1818). — Jugé, en ce sens : 1° que la portion des revenus dotaux nécessaire pour supporter les charges du mariage est inaliénable, de même que les charges comprennent les aliments dus aux enfants (Caen, 17 mai 1854, aff. de Cairon, D. P. 55. 5. 160); — 2° Mais que les revenus des immeubles dotaux peuvent être saisis jusqu'à concurrence de ce qui excède les besoins des époux (Req. 17 mars 1856, aff. de Gatigny, D. P. 56. 1. 130), et les autres arrêts cités *infra*, n° 1235).

M. Laurent, t. 23, note 483, a vivement critiqué cette jurisprudence. Il prétend qu'elle confond la cause du droit de jouissance qui appartient au mari avec les effets de ce droit. « Sans doute, dit-il, la dot est apportée au mari pour l'aider à supporter les charges du mariage; c'est la définition que l'art. 1540 donne de la dot; mais la loi ajoute qu'il en est ainsi sous tous les régimes. Il faudrait donc conclure de la doctrine consacrée par la jurisprudence que le mari, sous le régime de la communauté, ne peut disposer des fruits qu'après avoir satisfait aux besoins du ménage. Certes voilà une conséquence qui témoigne contre le principe d'où elle découle.... Invoquera-t-on à l'appui de la jurisprudence le principe de l'inaliénabilité de la dot? Ce serait également en faire une fausse application. L'art. 1554 dit que les immeubles constitués en dot ne peuvent être aliénés ou hypothéqués pendant le mariage... Si l'inaliénabilité s'étendait aux fruits, tous les fruits seraient inaliénables, même la portion qui est nécessaire aux besoins du ménage, ce qui est absurde. Puis, l'inaliénabilité a-t-elle pour objet de conserver les fruits à la femme? Encore une question absurde. »

Cette dernière appréciation de M. Laurent est tout au moins très hasardée; il nous paraît, en effet, certain que l'inaliénabilité du fonds dotal a précisément pour objet d'assurer, non seulement à la femme, mais aussi à la famille, la conservation des revenus de la dot. Tel est aussi l'avis de M. Colmet de Santerre, t. 6, n° 226 *bis* IX, qui démontre fort bien qu'en droit « aliéner la jouissance, c'est aliéner une partie de l'immeuble dotal ». Toutefois, ce dernier auteur va trop loin, selon nous, lorsqu'il soutient que tous les revenus de la dot sont inaliénables, alors même qu'ils sont plus considérables qu'il n'est nécessaire pour subvenir aux besoins présents et à venir de la famille. C'est méconnaître le droit de jouissance du mari, droit en vertu duquel il fait siens tous les fruits et revenus qui excèdent les besoins de la famille ou les charges du mariage (*Rép.* n° 3363). Il faut donc admettre que le mari peut disposer librement des revenus de la dot, même non encore perçus, mais dans la stricte limite de son droit de jouissance, c'est-à-dire pour la partie seulement qui excédera les besoins du ménage.

1215. Il va de soi, d'ailleurs, que la femme, même autorisée du mari, ne pourrait, non plus que ce dernier, engager au delà de ce qu'excèdent les revenus futurs de la dot (V. Ch. réun. cass. 7 juin 1864, aff. Daullioules, D. P. 64. 1. 201). Toutefois il a été jugé que l'abandon, consenti par une femme mariée sous le régime dotal, des loyers d'un immeuble dotal, en payement d'une somme par elle due et jusqu'à extinction de la créance, oblige solidairement le mari, en sa qualité d'administrateur des biens dotaux et maître de leurs revenus, alors d'ailleurs que ce dernier y a donné son autorisation (Req. 2 avr. 1855, aff. Lemaraisquier, D. P. 55. 1. 152).

1216. — II. Charges de la jouissance (*Rép.* n° 3374 à 3386). — Le mari, usufruitier de la dot, doit en compensation subvenir aux charges du ménage; et l'on a conclu que la dot apportée au mari par la femme ne constitue pas une donation, même à l'égard des enfants que cette dernière aurait eus d'un précédent mariage (V. *supra*, n° 1086 et suiv.).

1217. Le mari est obligé d'employer les revenus de la

dot à l'entretien du ménage (*Rép.* n° 3375). — Jugé en ce sens que si le mari, sous le régime dotal, ne met pas à la disposition de sa femme les ressources nécessaires aux dépenses de la maison, il peut se trouver engagé par suite des obligations qu'elle a contractées, même sans autorisation, pour subvenir aux besoins de la société conjugale, et qu'en pareil cas le créancier n'a d'action que contre le mari, et non contre la femme (Paris, 19 janv. 1875, aff. du Port d'Alès, D. P. 77. 2. 214. V. dans le même sens : Pau, 25 nov. 1879, aff. Mouillet, D. P. 81. 2. 112).

1218. D'une façon générale, le mari est tenu de toutes les charges imposées à l'usufruitier. L'opinion que nous avions soutenue au *Rép.* n° 3377, d'après laquelle le mari ne serait pas obligé de faire inventaire préalable, est aujourd'hui abandonnée, et la majorité des auteurs considère cette mesure comme obligatoire (Aubry et Rau, t. 5, § 535, p. 553; Laurent, t. 23, n° 485; Guillouard, t. 4, n° 1810). — Si le mari ne s'est pas conformé à cette obligation, la femme ou ses héritiers sont admis, à la dissolution du mariage, à faire la preuve de la consistance de la dot par tous les moyens possibles, même par la commune renommée (Aubry et Rau; Guillouard, *loc. cit.*). M. Laurent, toutefois, n'admet pas ce dernier mode de preuve, nul texte ne l'autorisant d'après lui.

Le mari doit, comme l'usufruitier, jouir des biens dotaux en bon père de famille (*Rép.* n° 3378) ; il est responsable des prescriptions qu'il n'a pas interrompues, quand cela lui était possible (c. civ. art. 1562) (Aubry et Rau, t. 5, § 535, notes 21 et 22, p. 551; Laurent, t. 23, n° 478). — Ce qui a été dit au *Rép.* n° 1386 et suiv., et *suprà*, n° 500 et suiv., quant à la responsabilité du mari sous le régime de communauté, est également applicable sous le régime dotal. Le mari, comme on l'a indiqué au *Rép.* n° 3380, est responsable des détériorations provenant de son fait, mais la femme subit les pertes arrivées par cas fortuit (c. civ. art. 1566 et 1567; Aubry et Rau, t. 5, § 536, p. 554).

1219. Si le mari a fait des améliorations aux biens dotaux, on admet généralement qu'il a droit à une indemnité jusqu'à concurrence de la mieux-value existant à l'époque de la dissolution du mariage ou de la séparation de biens (*Rép.* n° 3381; Rodière et Pont, t. 3, n° 1725; Marcadé, t. 6, art. 1562, n° 1; Aubry et Rau, t. 5, § 535, note 28, p. 552; Laurent, t. 23, n° 482). — Il a néanmoins été jugé qu'il ne peut saisir les biens dotaux pour cette cause (Caen, 19 et 20 juill. 1866 (V. *suprà*, n° 1154).

Le mari a également droit à indemnité au cas où il n'a pas fait les coupes de bois auxquelles il avait droit (*Rép.* n° 3383 ; Rodière et Pont, t. 3, n° 1724; Aubry et Rau, *loc. cit.* ; Colmet de Santerre, t. 6, n° 224 *bis* VIII ; Laurent, t. 23, n° 481; Guillouard, t. 4, n° 1808).

1220. — III. EXTINCTION DE JOUISSANCE (*Rép.* n° 3387 à 3388). — La jouissance du mari ne s'éteint, comme on l'explique au *Répertoire*, que par la dissolution du mariage ou par la séparation de biens.

SECT. 3. — CAS OU LE MARI DEVIENT PROPRIÉTAIRE DES BIENS DOTAUX (*Rép.* n°s 3389 à 3407).

1221. La femme, en principe, conserve la propriété de sa dot; mais exceptionnellement le mari peut devenir propriétaire de certains biens dotaux. Si la dot consiste en objets mobiliers qui ont été estimés dans le contrat de mariage,

leur estimation, comme on l'a indiqué au *Rép.* n° 3393, vaut vente au profit du mari, s'il n'y a clause formelle contraire (c. civ. art. 1551). Mais il faut que l'estimation soit antérieure au mariage (Trib. Nîmes, 2 déc. 1868 (1); Aubry et Rau, t. 5, § 536, p. 557; Laurent, t. 23, n° 489).

1222. L'estimation n'est même pas nécessaire quand il s'agit de choses fongibles, le mari en devenant propriétaire dans tous les cas, sauf à restituer, à la dissolution du mariage, pareilles quantité, qualité et valeur. Par choses fongibles, il faut entendre les choses dont on ne peut user sans les consommer (*Rép.* n° 3394; Civ. cass. 22 mars 1882, aff. Hérisson de Saint-Cernin, D. P. 82. 1. 337; Limoges, 15 juill. 1884, aff. Barbou Descourières, D. P. 85. 2. 65; Aubry et Rau, t. 5, § 536, p. 557; Colmet de Santerre, t. 6, n° 224 *bis* I; Laurent, t. 23, n° 488; Guillouard, t. 4, n° 1766). A ce propos, y a lieu de remarquer que le mari devient propriétaire des choses fongibles dès le jour de la célébration du mariage, et non pas seulement du jour où il les a consommées en en usant; et d'autre part que la séparation de biens n'a pas pour effet de rendre immédiatement à la femme la propriété de ces objets. — M. l'avocat général Desjardins a très nettement établi ce dernier point dans ses conclusions sur l'affaire de Saint-Cernin précitée : « Jusqu'à la séparation de biens, a-t-il dit, le mari peut disposer de la dot mobilière et en dispose, en général, que comme administrateur. Après la séparation, la femme reprenant la libre administration de ses biens, le mari perd son pouvoir de disposition. Mais cette règle générale ne s'applique pas à la partie de la dot qui consiste en objets consomptibles. Ce n'est pas seulement un droit de disposition inhérent aux nécessités de l'administration que le législateur confère alors au mari, mais un droit absolu de propriété... Cela posé, la séparation de biens ne peut pas intervertir ces situations juridiques, dépouiller le mari d'un droit acquis en vertu d'une convention matrimoniale immuable, et reconstituer la propriété de la femme. C'est pour toutes que le droit réel de la femme dotale s'est converti en un droit de créance, et la séparation de biens n'a qu'un effet : elle rend le mari comptable envers la femme, dans les termes de l'art. 587, des choses dont on ne peut faire usage sans les consommer ».

1223. Aux choses fongibles ou qui se consomment *primo usu*, faut-il assimiler les choses qui sont par leur nature destinées à être vendues? Nous avons admis l'affirmative *suprà*, n° 947, sous le régime de la communauté réduite aux acquêts. Telle est aussi la doctrine de Marcadé, t. 6, art. 1551-1553, n° 1, et de MM. Aubry et Rau, t. 5, § 536, p. 557. Cette doctrine est critiquée par M. Laurent, t. 23, n° 488. L'art. 587 c. civ. dit cet auteur, ne parle que des choses consomptibles, et aucune autre disposition ne rend l'usufruitier propriétaire des choses dont il ne peut user qu'en les aliénant; or le mari n'a pas d'autre droit que l'usufruitier.

1224. De ce que l'estimation de la dot mobilière vaut vente, la jurisprudence a conclu que la femme est en droit d'exercer le privilège accordé au vendeur sur le prix du mobilier estimé, lorsque ce prix est encore dans le patrimoine du mari au moment de la dissolution du mariage (Trib. Nîmes, 2 déc. 1868, *suprà*, n° 1221; Guillouard, t. 4, n° 1768). Certains auteurs, notamment, M. Colmet de Santerre, t. 6, n° 224 *bis* II, pense, au contraire, que la femme dotale n'a pas ce privilège, car, d'après lui, elle n'est pas venderesse proprement dite, mais bien simple créancière. D'après

<hr/>

(1) (X.... C... X.). — Le sieur X..., avoué à Nîmes, étant décédé, son mobilier fut vendu et dans la distribution du prix sa veuve réclama par privilège la somme de 2416 fr. 35 cent., comme représentant la valeur des meubles qu'elle avait apportés en dot. Dans la même distribution, plusieurs avocats du barreau de Nîmes demandèrent collocation pour des sommes que le sieur X..., avait touchées pour eux, à titre d'honoraires de plaidoiries et qu'il ne leur avait pas remises. Les parties n'ayant pu se mettre d'accord, le tribunal de Nîmes eut à statuer sur leurs prétentions respectives.

LE TRIBUNAL ; — Attendu que parmi les sommes constituées en dot à la dame X... dans son contrat de mariage, figure un mobilier de toute nature évalué à la somme de 4000 fr., mais sans déclaration que l'estimation n'en rend pas le mari propriétaire ; qu'aux termes de l'art. 1565, celui-ci est devenu l'acquéreur de ce mobilier et qu'il est soumis à toutes les obligations comme à toutes les actions qui découlent de cette qualité ; — Attendu

qu'il résulte des procès-verbaux tenus devant Me Causse, notaire à Nîmes, les 11 et 13 déc. 1867, que la somme de 2416 fr. 35 cent. déposée à la caisse des consignations et faisant partie du prix à distribuer, provient uniquement de ce mobilier, les meubles ayant appartenu à la dame X..., et que celle-ci a fait opposition en temps utile sur les deniers consignés; qu'elle a, par conséquent, le droit de se prévaloir du privilège énoncé au paragraphe 4 de l'art. 2102; — Qu'il n'y a aucune raison pour dénier à la femme dotale cette faculté, lorsque la clause de son contrat a tous les caractères d'une vente, et lorsque, d'un autre côté, le prix des effets mobiliers par elle vendus à son mari est resté en la possession de celui-ci ; que refuser ce privilège dans de telles circonstances serait méconnaître les garanties dont le législateur a voulu entourer la dot et interdire en même temps à la femme un mode de recouvrement accordé par le droit commun à tous les vendeurs ;...

Par ces motifs, etc.

Du 2 déc. 1868.-Trib. civ. de Nîmes.

ce système, la femme est censée avoir reçu de son mari le prix d'estimation, et le lui avoir remis immédiatement à titre de dot ; ou bien il intervient entre les époux une convention tacite en vertu de laquelle le mari est autorisé à garder à titre de dot la somme qu'il doit à titre d'achat, ce qui constitue une novation par changement de cause dans la dette ; la créance de la femme est donc une créance dotale et non une créance ayant sa source dans un contrat de vente. M. Guillouard, *loc. cit.*, répond à cet argument : « Sans doute, le mari est obligé à raison de la dot qu'il a reçue, mais de la dot en meubles ; de plus, il est débiteur du prix né de la transformation de la dot, et cette transformation a eu lieu à titre de vente. »

1225. Lorsque la dot devient la propriété du mari, elle est aliénable, et la jurisprudence en a tiré cette conclusion que la femme, à la dissolution du mariage, ou lors de la séparation de biens, n'a pas le droit de revendiquer les biens dont le mari a disposé (Orléans, 11 janv. 1883) (1). Le mari devenu propriétaire d'objets qu'il a reçus sur estimation est débiteur, d'après MM. Aubry et Rau, t. 5, § 536, p. 557, du prix d'évaluation et n'est débiteur que de ce prix ; peu importe que ces objets aient diminué ou augmenté de valeur. — Il en est ainsi, suivant M. Colmet de Santerre, t. 6, n° 224 *bis* III, alors même que le mari, ayant été évincé de la propriété des biens qu'il avait reçus sur estimation, aurait touché de celui qui a constitué la dot, à raison de l'éviction et en vertu des principes de la garantie, une somme supérieure à l'estimation portée au contrat de mariage. De même qu'il aurait profité de la plus-value des biens estimés, s'il n'y avait pas

eu éviction, de même il doit conserver la part d'indemnité qui représente cette plus-value.

1226. On a examiné au *Rép.* n°ˢ 3404 et suiv. la question de savoir si une estimation insuffisante ou exagérée peut être rectifiée, sur la demande de l'un des époux, lors de la dissolution du mariage, et l'on s'est prononcé en faveur de l'opinion qui considère l'estimation comme irrévocable, alors du moins qu'elle est translative de propriété, et qui admet la rescision pour cause de lésion même lorsqu'il s'agit d'objets immobiliers et que c'est la femme qui se prétend lésée. — Nous ajouterons que dans le système de M. Colmet de Santerre que nous avons indiqué *suprà*, n° 1224, il ne peut pas être question de rescision pour cause de lésion, au profit de la femme, puisque d'après eux la femme n'a pas réellement la qualité de venderesse. La clause que l'on voudrait attaquer n'est, d'après ces auteurs, qu'une partie du contrat de mariage, qui, sur d'autres points, peut procurer des avantages à la femme ; celle-ci, d'ailleurs, doit être censée avoir voulu abandonner au mari la plus-value, s'il y en a, et une telle donation est valable par contrat de mariage. M. Guillouard, t. 4, n° 1772, bien qu'il soutienne, comme on l'a vu, que l'estimation des biens dotaux équivaut à une vente, n'accorde pourtant pas non plus à la femme l'action en rescision pour lésion de plus des sept douzièmes. Cet auteur s'appuie, comme on l'a fait au *Répertoire*, sur ce que le motif pour lequel l'action en rescision a été introduite fait ici défaut : l'art. 1674 a pour but de venir en aide au vendeur qui, sous l'empire d'un pressant besoin d'argent, a cédé son immeuble à vil prix ; ce

---

(1) (Hérisson de Saint-Cernin C. Princesse de Sagan.) — La cour d'Orléans a statué sur cette affaire en vertu du renvoi qui lui en a été fait par l'arrêt de la cour de cassation du 22 mars 1882 (rapporté D. P. 82. 1. 337).

La cour ; — Statuant comme cour de renvoi sur l'appel incident interjeté par Hérisson de Saint-Cernin contre le jugement du tribunal civil de la Seine, en date du 22 janv. 1877 : — Considérant que les époux de Sagan se sont mariés en 1858 ; qu'aux termes du contrat de mariage qui a réglé les conditions civiles de leur union, ils ont adopté le régime dotal, et qu'il a été stipulé que tous les meubles présents et à venir, appartenant ou pouvant appartenir à la future épouse, seraient dotaux ; — Considérant que les vins saisis à la requête de Hérisson de Saint-Cernin proviennent du legs précipitaire fait à la dame de Sagan par son père, et lui ont été attribués dans la succession de celui-ci par une liquidation faite entre elle et ses cohéritiers, le 6 janv. 1874 ; que la dame de Sagan ne saurait être admise à contester aujourd'hui la provenance des vins litigieux, et à prétendre qu'elle les a achetés, depuis la demande en séparation de biens qu'elle a formée contre son mari ; qu'en effet, elle a constamment reconnu, déclaré et démontré à maintes reprises dans les conclusions prises par elle devant le tribunal civil de la Seine et devant la cour de Paris, que ces vins faisaient partie de sa dot ; — Considérant, en droit, que sous le régime dotal, les choses dont on ne peut faire usage sans les consommer deviennent la propriété du mari, du jour où elles lui ont été apportées en dot, à la charge seulement par lui d'en rendre de pareilles quantité, qualité et valeur, le tout conformément aux dispositions des art. 587, 1549 et suiv. c. civ. ; qu'à tort, les premiers juges ont admis la revendication par la dame de Sagan des vins existant encore en nature dans la maison où ils ont été saisis, en se fondant sur ce que son droit de propriétaire subsisterait sur les choses fongibles tant qu'elles n'ont pas été consommées ; que statuer ainsi, ce serait mettre obstacle à l'exercice du droit de consommer, qui ne peut appartenir au mari qu'à titre de propriété ; qu'il faut admettre seulement que le droit de la femme se trouve converti en un droit de créance ; — D'où il suit que Hérisson de Saint-Cernin a pu valablement saisir sur la dame de Sagan les choses fongibles apportées en dot par la femme et existant en nature dans le domaine du mari ;

Considérant que l'intimée allègue, il est vrai, que les vins litigieux lui auraient été restitués par son mari, après la séparation de biens, en liquidation de ses reprises ; mais que si, par l'acte liquidatif du 6 juill. 1876, la dame de Sagan a été attribuée, comme conséquence de la restitution de la maison dont il s'agit, de tous les objets qui garnissaient cet immeuble, il importe de constater que les vins se trouvant dans les caves de cette maison avaient été compris dans la saisie pratiquée par Hérisson de Saint-Cernin, aux dates des 11, 13 et 14 mars 1876, c'est-à-dire antérieurement à la liquidation des reprises ; que ces vins, étant la propriété du mari à la date des saisies, n'ont pu, au mépris de ces saisies, être donnés par celui-ci en payement à la dame de Sagan ; qu'au surplus, l'effet desdites saisies a été expressément réservé dans le procès-verbal de lecture de la liquidation,

ainsi que dans le jugement du tribunal de la Seine, et que ces réserves ont été faites d'accord entre la dame de Sagan et Hérisson de Saint-Cernin ;

Considérant que la dame de Sagan soutient également que la restitution par son mari des objets mobiliers garnissant la maison doit être réputée avoir été opérée au jour de la demande en séparation de biens, c'est-à-dire au 21 mai 1875 ; mais qu'il n'y a pas lieu d'accueillir cette prétention ; que, sans doute, les effets du jugement de séparation de biens remontent, à l'égard des tiers, au jour de la demande ; mais qu'elle ne saurait avoir pour résultat de modifier, quant aux choses fongibles, la nature des droits des époux, et de faire considérer comme opérée une restitution non encore accomplie ; que jusqu'à la restitution effectuée, les créanciers du mari peuvent saisir les meubles dont la propriété a été attribuée à celui-ci, en vertu des règles du quasi-usufruit ;

Considérant que la possession par l'intimée, au jour de la séparation de biens, des choses fongibles litigieuses, n'en doit pas faire présumer la restitution antérieurement à la liquidation des reprises, puisqu'en prenant possession de la maison à elle léguée avant sa demande en séparation de biens, elle possédait les choses fongibles, non pour elle, mais pour son mari ; qu'il est de principe que, lorsqu'on a commencé à posséder pour autrui, on est toujours censé posséder au même titre, s'il n'y a preuve du contraire ; que l'intimée devrait donc démontrer l'intervertion de la possession à une époque antérieure à la saisie ; qu'elle essaie, en vain, de faire cette preuve en invoquant les termes de l'état liquidatif du 6 juill. 1876 ; que rien, dans cet acte, n'autorise à supposer une restitution antérieure ; qu'il y est dit, au contraire : « La dame de Sagan a droit de reprendre ses immeubles, valeurs et sommes ci-après : 1° maison située à Paris avec toutes ses dépendances et tous les meubles, effets mobiliers, tableaux, objets d'art et curiosités qui la garnissent... » ; qu'on lit dans un procès-verbal d'approbation dudit état liquidatif des 6 et 10 juill. 1876, que « le mandataire de la dame de Sagan déclare approuver ses reprises en nature, telles qu'elles ont été déterminées en l'état liquidatif » ; que ces expressions impliquent que l'intimée n'avait pas, jusqu'au jour de cet état, effectué ses reprises en nature ; qu'ainsi il n'échet de faire droit aux conclusions, soit principales, soit subsidiaires de la dame de Sagan ;

Par ces motifs, émendant, déclare les vins saisis provenus à la dame de Sagan du legs qui lui a été fait par son père ; — Dit que la restitution de ces vins à l'intimée comme faisant partie de ses reprises n'a pas été effectuée antérieurement au procès-verbal de saisie ; — Dit que les effets de la demande en séparation de biens n'ont pas modifié la nature des droits des époux sur les choses fongibles avant la restitution opérée par le mari ; — Dit que sous le régime dotal les choses fongibles deviennent la propriété du mari, du jour où elles ont été apportées en dot par la femme, à la charge par lui d'en rendre de pareilles quantité, qualité et valeur, etc.

Du 11 janv. 1883.-C. d'Orléans, ch. réun.-MM. Dumas, 1ᵉʳ pr.-Gonod d'Artemare, av. gén., c. conf.-Bournat et Delacourtie (du barreau de Paris), av.

motif peut être invoqué par la femme dont l'immeuble est cédé à titre de dot. Il faut remarquer, en outre, que si cette action était admise au profit de la femme, on ne pourrait alors appliquer l'art. 1676 qui limite à deux ans la durée de cette action ; il faudrait suspendre cette prescription pendant toute la durée du mariage, et une telle prolongation de durée serait trop contraire au vœu du législateur. Enfin, d'après l'art. 1674, l'action en rescision existe au profit du vendeur d'immeubles « quand même il aurait déclaré donner la plus-value » ; or cette clause, dont la nullité s'explique dans un contrat de vente, ne saurait être annulée dans un contrat de mariage ; il est même très rationnel de présumer que si l'estimation est inférieure à la valeur réelle, c'est par une intention libérale de la femme en faveur du mari (V. dans le même sens : Rodière et Pont, t. 3, n° 1674).

CHAP. 4. — De l'inaliénabilité de la dot et des cas où l'aliénation est permise (*Rép.* n°ˢ 3408 à 3918).

Sect. 1ʳᵉ. — Du principe de l'inaliénabilité. — Droit ancien (*Rép.* n°ˢ 3408 à 3423).

1227. On a fait au *Répertoire* un historique complet de l'inaliénabilité de la dot, soit immobilière, soit mobilière, et nous avons rappelé *supra*, n° 1113, les controverses auxquelles cette question avait donné lieu au moment de la confection du code. Nous nous bornerons à signaler ici une opinion émise par M. Demante, et que nous ne croyons pas exacte. D'après cet auteur, l'inaliénabilité devrait être, sous le régime dotal, considérée comme étant d'ordre public. C'est là, sinon une erreur, du moins une exagération manifeste. La disposition de l'art. 1557, qui permet aux futurs conjoints de stipuler dans leur contrat de mariage la clause d'aliénabilité suffit à la meilleure réfutation. Il faut donc, comme le dit M. Colmet de Santerre, t. 6, n° 226 *bis* I, restreindre la proposition de M. Demante « au cas où les parties n'ont pas exclu la règle de l'inaliénabilité, et alors l'interpréter en ce sens que la loi sanctionne énergiquement l'inaliénabilité, comme si la conservation de la dot intéressait la société ». D'ailleurs, même renfermée dans ces limites la formule de M. Demante ne saurait être acceptée sans restriction ; « car, ainsi que le remarque le même auteur, la violation d'une règle d'ordre public produit des résultats que n'entraîne pas la violation de la règle sur l'inaliénabilité du fonds dotal » (V. *infrà*, n°ˢ 1367 et suiv.).

1228. L'inaliénabilité porte d'une façon certaine sur les immeubles constitués en dot. Quant à la question de savoir ce qu'il faut considérer comme immeubles, il y a lieu de se référer à ce sujet aux différentes règles établies par le code civil et par les lois spéciales. C'est ainsi qu'il a été jugé que les droits établis par l'art. 6 de la loi du 21 avr. 1810, concernant les mines, au profit des propriétaires de la surface, sont de nature immobilière comme la surface elle-même, tant qu'ils n'en ont pas été séparés par une aliénation ; et qu'en conséquence, lorsque le terrain où existe la mine est un bien dotal, la valeur de ces droits ne peut être aliénée, ni par le mari, ni par la femme, ni par tous deux conjointement (Civ. rej. 27 oct. 1885, aff. Houillères de l'Aveyron, D. P. 86. 1. 134).

1229. Au sujet du principe même sur lequel repose l'inaliénabilité, les auteurs actuels ne sont point d'accord. Selon les uns, la femme dotale ne serait pas frappée d'une incapacité, même relative ; il faudrait dire simplement que sa dot est indisponible pendant le mariage (Demolombe, *Revue de législation*, année 1835, p. 282 et suiv. ; Troplong, t.4, n°ˢ 3312 et suiv. ; Mongin, *Revue critique*, 1886, t. 15, p. 92 et 170). Suivant les autres, au contraire, la femme serait réellement incapable en ce qui concerne les biens dotaux (Labbé, *Revue critique*, 1856, t. 9, p. 1 et suiv. ; Bertauld, *Questions pratiques et doctrinales*, t. 1, n° 656 ; Valette, *Mélanges de droit, de jurisprudence et de législation*, t. 1, p. 514 et suiv. ; Gide, *De la condition privée de la femme*, éd. Esmein, p. 449 et suiv. ; Deloynes, *Revue critique*, année 1882, t. 11, p. 341 et suiv. ; Jouitou, n° 56 ; Guillouard, t. 4, n° 1836).

Cette question n'est pas purement théorique, et elle conduit, suivant la solution que l'on adopte, à des conséquences très différentes. — Dans le premier système l'obligation contractée par la femme est valable, l'exécution seule est impossible. Pour en apprécier la validité, on doit

se placer au jour de la poursuite ; si elle est pratiquée pendant le mariage, elle sera nulle, alors même que la dette est antérieure au mariage ; au contraire, elle sera recevable, si elle a lieu après la dissolution du mariage, même lorsque l'obligation, qui lui sert de base, a été contractée *durante matrimonio*. En un mot : 1° l'obligation souscrite pendant le mariage deviendra exécutoire après sa dissolution ; 2° l'obligation antérieure au mariage devient inefficace au cas de dotalité universelle, sauf union, sauf le droit pour les créanciers de la femme d'invoquer les dispositions de l'art. 1167 ; 3° nulle créance ne peut être poursuivie sur les biens dotaux pour quelque motif que ce soit, pas même lorsqu'il s'agit de dettes nées à la suite d'un délit ou d'un quasi-délit. On arrive à des conséquences opposées, si l'on adopte avec la majorité des auteurs le système de l'incapacité relative de la femme dotale : 1° l'obligation contractée avant le mariage est et reste valable ; son exécution peut avoir lieu pendant le mariage aux conditions de la loi ; 2° la femme, pendant son union, est dans l'impossibilité légale de contracter sur sa dot, et cette obligation, qui n'a pu naître valablement, reste annulable après la dissolution du mariage ; 3° la femme n'est protégée que contre sa faiblesse et non contre ses actions coupables ; aussi est-elle responsable, même sur sa dot, de ses délits et de ses quasi-délits. Nous constaterons par la suite que ces dernières solutions sont généralement consacrées aujourd'hui par la jurisprudence. — De cette doctrine qui voit dans l'inaliénabilité dotale l'effet d'une incapacité relative de la femme, on a encore conclu que l'inaliénabilité se rattache au statut personnel, et non, comme l'a décidé jusqu'ici la jurisprudence, au statut réel (Jouitou, *loc. cit.* ; Renault, *Revue critique*, année 1885, t. 14, p. 582 et suiv. ; Guillouard, t. 4, n° 1841. V. *infrà*, n° 1404). Au reste, comme le dit M. Guillouard, t. 4, n° 1842, quel que soit le parti que l'on adopte sur l'importante question que nous venons d'examiner, il est certain, que, si les obligations de la femme dotale sont inexécutables sur les biens dotaux, elles sont valables en principe : la loi, dans l'art. 1554, donne elle-même la mesure de l'incapacité de la femme, en disant que « les immeubles constitués en dot ne peuvent être aliénés ou hypothéqués pendant le mariage ». En dehors de cette incapacité relative, la femme dotale rentre dans le droit commun, qui est la capacité. Il suit de là qu'elle peut valablement s'obliger, et que ses créanciers pourront la citer en justice pendant le mariage pour la contraindre à remplir ses engagements, sauf à ne poursuivre l'exécution des condamnations qu'ils auront obtenues que sur les biens de libre disposition appartenant à la femme », c'est-à-dire sur ses biens paraphernaux et sur les biens qu'elle acquerra après la dissolution du mariage (V. *infrà*, n°ˢ 1271 et suiv.).

Sect. 2. — Inaliénabilité de la dot mobilière. — Fruits et intérêts de la dot (*Rép.* n°ˢ 3424 à 3444).

1230. — I. Inaliénabilité de la dot mobilière (*Rép.* n°ˢ 3424 à 3437). — Les controverses qu'a soulevées la question de savoir si la dot mobilière est inaliénable n'ont pas cessé depuis la publication du *Répertoire*, et l'on se trouve, aujourd'hui encore, en présence des différents systèmes qui ont été exposés dans les n°ˢ 3424 et suiv.

1231. D'après la jurisprudence constante de la cour de cassation et des cours d'appel, la question ne peut se résoudre que par une distinction qui peut se formuler ainsi : « La dot mobilière est complètement inaliénable de la part de la femme, mais elle est susceptible d'aliénation entre les mains du mari ». A raison de l'importance capitale de cette question, il nous paraît utile de résumer brièvement les arguments sur lesquels repose cette double proposition :

Première proposition : Pour la femme, la dot mobilière est inaliénable. — 1° Si l'art. 1554 ne vise *in terminis* que les immeubles dotaux, il n'en est plus de même des art. 1555 et 1556, qui se servent d'expressions beaucoup plus larges, en employant les mots « biens dotaux », lesquels comprennent certainement les meubles aussi bien que les immeubles. D'ailleurs, le titre de la section dans laquelle se trouve l'art. 1554 porte ces mots : *De l'inaliénabilité du fonds dotal* ; or le mot *fonds* peut s'entendre également des meubles et des immeubles, comme cela ressort, d'une part, de la définition de cette expression par l'Académie française :

« Fonds se dit du capital d'un bien », et, de l'autre, du code lui-même, qui aurait inutilement ajouté le qualificatif immobilier dans l'art. 530, si, comme on le prétend, le terme *fonds* ne s'appliquait jamais qu'à des immeubles. De même l'art. 612 c. civ. emploie le mot *fonds* en parlant des obligations de l'usufruitier, et il est certain que l'usufruit peut porter sur des meubles; — 2° L'art. 83 c. proc. civ. qui ordonne la communication au ministère public des causes intéressant la dot des femmes dotales ne distingue pas suivant que cette dot est mobilière ou immobilière. — Un argument semblable est fourni par l'art. 9 de la loi du 23 mars 1855, qui suppose le cas où la femme peut renoncer au bénéfice de son hypothèque légale; c'est donc qu'il est des hypothèses où elle n'a pas ce pouvoir, hypothèses qu'il est impossible de rencontrer ailleurs que dans le régime dotal; — 3° L'ancienne jurisprudence des parlements était fixée en ce sens, et le but même que s'est proposé le législateur en établissant le régime dotal, c'est-à-dire, la conservation de la dot assurée à la femme, ne permet pas d'admettre qu'il ait entendu innover sur ce point. D'ailleurs, il faut remarquer que ce qui est prohibé à la femme, ce n'est pas l'aliénation des objets mobiliers dont se compose sa dot, puis qu'elle ne les détient pas et qu'ils sont au pouvoir de son mari; c'est l'abandon ou indirect, gratuit ou à titre onéreux, des voies de recours et des garanties qui lui sont accordées par la loi pour la restitution de sa dot.

Deuxième proposition : À *l'égard du mari la dot mobilière est aliénable.'* — Cette proposition trouve sa justification dans l'art. 1549 c. civ. Si le mari, en sa qualité d'administrateur, a le droit de poursuivre les débiteurs des créances dotales, de toucher le montant de ces créances, d'en donner quittance, il doit nécessairement avoir celui d'aliéner la dot mobilière d'une façon générale, puisqu'en réalisant les créances de sa femme, il acquiert par là même la faculté d'en disposer. « Attendu, dit la cour de cassation dans un de ses arrêts (6 déc. 1859, cité ci-dessous), que la dot mobilière, soumise par sa nature même à des chances diverses d'aliénation ou de perte, devait, dans les vues du législateur, comporter tous actes de disposition qui permettraient au mari d'en faire l'emploi le plus utile à l'intérêt de la famille; que, dans le silence de la loi, il n'y a, à cet égard, aucune raison de distinguer entre les

choses fongibles ou les créances exigibles et les choses qui ne se consomment pas par l'usage ou les droits incorporels productifs de revenus à des époques périodiques; qu'il peut y avoir utilité, soit à transiger sur un droit mobilier, en présence ou en prévision d'un litige, soit à faire cession d'une créance non exigible, soit à convertir, comme dans l'espèce, une rente viagère en un capital destiné à assurer l'avenir de la famille ; — Attendu que, sauf les cas de concert frauduleux entre le mari et les tiers, ces appréciations et ces actes rentrent dans les limites des pouvoirs du mari sur la dot mobilière ; que si, à côté des avantages d'une administration intelligente et sage, se présentent les dangers d'une gestion imprudente, c'est aux conventions matrimoniales d'y obvier; que, à défaut de stipulations spéciales, il y est pourvu dans la mesure que la loi a jugée suffisante par la responsabilité du mari, avec la garantie de l'hypothèque légale sur tous ses immeubles; que c'est ce recours hypothécaire de la femme qui ne peut être aliéné par elle; qu'ainsi, pour la femme, *la règle de l'inaliénabilité quant à la dot mobilière se traduit dans l'impuissance légale de renoncer, même avec l'autorisation de son mari, aux créances résultant pour elle de la responsabilité encourue par celui-ci dans l'exercice du pouvoir d'administration qui lui appartient.* »

Ces deux propositions ont, depuis la publication du *Répertoire*, été de nouveau confirmées par de nombreux arrêts (Lyon, 11 déc. 1851, aff. Renaudier, D. P. 54. 5. 262; Grenoble, 3 janv. 1854, aff. Teste, D. P. 55. 5. 163; C. cass. Sarde, 10 janv. 1854, aff. Colli, D. P. 55. 2. 137; Paris, 14 janv. 1854, aff. Soyez, D. P. 55. 2. 212; Civ. cass. 23 août 1854, aff. Vernet, D. P. 54. 1. 285 ; 25 mars 1855, aff. L. C..., D. P. 55. 1. 326; Req. 22 mai 1855, aff. Beauvieux, D. P. 55. 1. 324 ; Agen, 28 janv. 1856, aff. Gomard, D. P. 56. 2. 96; Civ. cass. 4 août 1856, aff. Regnier, D. P. 56. 1. 335; 12 janv. 1857, aff. Vernet, D. P. 57. 2. 278; Agen, aud. solenn., 18 mai 1858, aff. Catala C. Cramaussel.-MM. Sorbier, 1er pr.-Donnodeire, av. gén.-Delpech et Vacquery avoué av.; Civ. cass. 11 mai 1859, aff. Morel, D. P. 59. 4. 226 ; 6 déc. 1859, aff. Drevon, D. P. 59. 1. 501; Caen, 26 mars 1862, *supra*, n° 1184; 28 janv. 1865 (1) ; Civ. cass. 13 févr. 1866, aff. Raymond, D. P. 66. 1. 85 ; Pau, 16 févr. 1866, aff. Laborde, D. P. 66. 2. 107;

(1) (Dudouit C. Lemière.) — La cour; — Considérant que le contrat de mariage de Lemière et de la demoiselle Lemoucheux, en date du 8 oct. 1863, déclare, dans l'art. 1er, que les futurs entendent se marier sous le régime dotal, et, dans l'art. 5, que la future se constitue en dot tous ses biens présents et à venir; — Considérant, sans qu'il soit besoin de discuter d'anciennes questions souverainement résolues par la jurisprudence, que sous le régime dotal la dot est inaliénable seulement en ce sens que la femme ne peut renoncer à son hypothèque légale, non plus qu'elle ne peut efficacement subroger des créanciers à cette hypothèque, accessoire des reprises dotales qu'elle leur transporterait; qu'il n'est pas moins certain en droit que les garanties offertes par le régime dotal sont susceptibles de modifications conventionnelles; — Que l'appréciation des termes et de l'étendue de ces modifications, énoncées dans les contrats de mariage, est une question d'interprétation à résoudre suivant les règles ordinaires; — Considérant que l'art. 1er du contrat de mariage des époux Lemière réserve certaines modifications au régime dotal stipulé ; que la plus importante est consignée dans l'art. 6, ainsi conçu : « Les immeubles dotaux de la future seront aliénables par elle, avec l'autorisation de son mari, par échange ou par vente, dans ce dernier cas, avec ou sans remplacement à son choix, se réservant la faculté de disposer du prix de la vente comme bon lui semblera, soit pour acquérir d'autres immeubles à son profit, lesquels serviront de remplacement à ceux aliénés, soit pour ses besoins et affaires; elle exprimera son désir à cet effet dans le contrat de vente »; — Considérant que cet article n'affranchit la femme Lemière du régime dotal que quant à la faculté de disposer de ses immeubles dotaux et encore par vente et échange seulement; que le contrat garde le silence quant à la dot mobilière, laissée ainsi sous l'empire absolu du régime indiqué comme étant la règle ; — Qu'on prétend en vain que la femme pouvant vendre ses immeubles et disposer du prix, elle peut à plus forte raison aliéner sa dot mobilière; que rien d'abord ne prouve qu'aliéner des meubles et notamment des reprises mobilières soit moins grave que de vendre des immeubles sans remploi; que même, dans certains cas, le contraire serait évidemment la vérité; qu'on ne peut donc pas dire raisonnablement, quand il s'agit de deux choses différentes, que le moins soit compris dans le plus, que c'est ainsi que le droit de vendre ne donne pas celui d'hypothéquer; — Que, dans la clause, on remarque ces mots immeubles dotaux, qui excluent

formellement le doute résultant de l'expression équivoque de biens dotaux, souvent employée dans la pratique; — Que la pensée de la conservation de la dot mobilière était encore révélée par l'art. 7 du contrat, dont le but est encore d'assurer à la femme, en vue sans doute d'un certain actif dans la société d'acquêts, soit qu'elle l'accepte, soit qu'elle y renonce, le prélèvement de ses apports mobiliers en exemption de dettes et charges; qu'en admettant que le régime dotal stipulé rendit cette clause superflue, on n'y pourrait pas du moins découvrir une dérogation à ce régime en faveur de la libre disposition de la dot mobilière, surtout lorsque la femme, ne pouvant espérer de cette clause qu'une garantie de plus, s'y est réservé expressément tous ses autres droits, remports et avantages ; — Considérant que, quant à la dot mobilière, étant soumise au régime dotal non modifié, il est évident que, sur cette dot, elle n'a pu s'engager valablement ni envers ses créanciers de son mari, ni envers la veuve Dudouit, et subroger cette femme à son hypothèque légale; qu'elle n'a pas besoin d'attaquer les actes des 12 mars et 22 sept. 1858 par action principale ou incidente; qu'il lui suffit d'exciper de la dotalité de ses reprises pour paralyser l'exécution de ces actes sur des objets qu'ils ne peuvent atteindre ; — Considérant que la veuve Dudouit tient à faire considérer que la production de la dame Lemière à l'état d'ordre tend à obtenir une collocation non seulement pour les 6244 fr. de ses apports mobiliers, mais encore pour 3400 fr., prix de biens dotaux vendus, ce que l'appelante, dans ses conclusions, qualifie de créance immobilière, créance, vu son origine, à laquelle elle prétend sans doute avoir pu être valablement subrogée, parce qu'aux termes de l'art. 6 de son contrat de mariage, la femme Lemière avait la libre disposition du prix des immeubles; — Considérant, en ce qui concerne les éléments de la collocation de la dame Lemière, que l'allégation de la veuve Dudouit est exacte, mais sans qu'il puisse en résulter à son profit de conséquences utiles ; que d'abord, toutes les reprises de la femme Lemière contre son mari, quelle qu'en soit l'origine, font maintenant partie de sa dot mobilière; qu'ensuite, de ce qu'aux termes de l'art. 6 de son contrat de mariage, la femme a pu, avec le concours de son mari, vendre ses immeubles dotaux et en toucher le prix sous la garantie de l'hypothèque légale qui, dans l'intérêt, lui assurait une indemnité, il ne s'ensuit pas qu'elle puisse sacrifier cette indemnité, même quand le moment est venu de la réclamer; que, par cette prétention, la veuve Dudouit, sous une nouvelle forme, soulève encore

Req. 1er août 1866, aff. Gary, D. P. 66. 1. 446 ; 14 nov. 1866, aff. Durand, D. P. 67. 1. 58 ; 22 mars 1875, aff. Faurié, D. P. 76. 1. 503 ; 3 févr. 1879, aff. Hue, D. P. 79. 1. 246 ; Rennes, 4 mars 1880, aff. Guitton, D. P. 81. 2. 210 ; Req. 27 avr. 1880, aff. Thuret, D. P. 80. 1. 431 ; 6 déc. 1882, aff. Ferrier, D. P. 83. 1. 219 ; Grenoble, 16 déc. 1882, aff. Guillard, D. P. 83. 2. 242, et sur pourvoi, Req. 3 déc. 1883, D. P. 84. 1. 334). — Il a été jugé, notamment : 1° que, dans le cas où une femme mariée sous le régime dotal achète des immeubles, la délégation qu'elle fait à son vendeur, en payement du prix de son acquisition, d'une somme dotale à elle due par un tiers, est nulle comme constituant une aliénation de la dot, et que, par suite, la femme peut demander au vendeur le remboursement de la somme déléguée et touchée (Arrêt précité du 3 janv. 1854) ; — 2° Que les payements faits à une femme mariée sous le régime dotal, avant sa séparation de biens, par les acquéreurs des immeubles hypothéqués pour la sûreté du remboursement de sa dot, ne peuvent libérer ces acquéreurs et laissent entières les reprises dotales de la femme et les garanties hypothécaires destinées à en assurer le recouvrement (Arrêt précité du 23 août 1854. — V. aussi arrêt précité du 12 janv. 1857) ; — 3° Que la femme ne peut compromettre son droit hypothécaire en laissant prendre défaut contre elle au cours d'une procédure d'ordre sur la demande d'un créancier tendant à obtenir une collocation préférable à la sienne ; qu'en conséquence, les conclusions de ce créancier doivent être écartées par le juge, même dans le silence de la femme (Arrêt précité du 6 déc. 1882) ; — 4° Que l'obligation contractée par la femme dotale solidairement avec son mari n'implique point la subrogation du créancier à l'hypothèque légale de la femme sur les immeubles affectés par le mari à la garantie de ses dettes, lorsque la femme est mariée avec une constitution générale de dot (Arrêts précités des 16 déc. 1882 et 3 déc. 1883), cette subrogation ne pouvant avoir effet qu'autant que la femme a des reprises paraphernales et seulement sur ces reprises (Arrêt précité du 14 nov. 1866) ; — 5° Que la dot mobilière est inaliénable au regard de la femme autorisée de son mari, alors même que par suite d'acquisitions faites en remploi par la femme pendant le mariage la dot mobilière se trouve représentée en tout ou en partie par des biens non dotaux, les biens acquis en remploi même devenant des valeurs dotales inaliénables (Arrêt précité du 4 mars 1880) ; — 6° Que lorsqu'une femme mariée sous le régime dotal renonce, au profit des créanciers de son mari, à l'exercice de ses reprises dotales, après sa séparation de biens, pour faciliter la libération de ce dernier, cet abandon doit être considéré comme nul en vertu du principe de l'inaliénabilité de la dot (Req. 22 juill. 1862, aff. Philippe, D. P. 63. 1. 366). — Mais il a été décidé que l'inaliénabilité de la dot mobilière ne s'oppose pas à ce que la femme donne en nantissement des actions industrielles faisant partie de sa dot, ce nantissement conservant intacts tous les droits de la femme contre la personne et sur les biens de son mari pour la restitution de sa dot mobilière (Civ. cass. 13 janv. 1874, aff. Crédit agricole, D. P. 74. 1. 154).

1232. La jurisprudence, comme on l'a dit *suprà*, n° 1231, laisse au mari le droit de disposer des meubles dotaux. La cour de cassation, toutefois, a apporté une restriction à sa doctrine en décidant que l'aliénation faite par le mari des meubles dotaux de sa femme est valable en principe, sauf le recours de cette dernière au moyen de son hypothèque légale, qui est seule inaliénable ; cette aliénation doit être déclarée nulle lorsque, d'une part, elle a eu lieu dans le but de dépouiller la femme de sa fortune mobilière par des actes évidemment empreints à son égard d'un caractère dolosif, et que, d'autre part, le tiers auquel cette aliénation a été consentie s'est rendu complice de la fraude (Civ. réj. 26 mars 1855, aff. L...C.G..., D.P.55.1.326). Spéciale-

ment, la cession d'une créance dotale faite, notamment, à l'un des créanciers inscrits sur l'immeuble hypothéqué à cette créance, a pu être annulée comme ayant eu lieu en fraude des garanties du régime dotal, lorsque concertée entre le mari et le cessionnaire, dans un but de spéculation personnelle à ce dernier, et pour lui faciliter, par exemple, l'acquisition de l'immeuble affecté à la créance cédée, elle a été réalisée : 1° sous la forme mensongère d'une subrogation requise en vertu de l'art. 1251 c. civ., à une époque où le remboursement de cette créance ne pouvait pas encore être imposé ; 2° moyennant le versement d'une somme inférieure au prix porté à l'acte authentique de cession, qui de plus contenait quittance du prix, bien que cette somme n'ait été payée que postérieurement ; 3° enfin avec emploi en acquisition d'un immeuble du mari que la femme a été ensuite obligée de délaisser aux créanciers inscrits à raison de l'insuffisance de la somme employée (Même arrêt).

La restriction importante mise par cet arrêt au droit de disposition de la dot mobilière dont le mari est investi d'après la jurisprudence de la cour de cassation est très bien motivée, et on ne peut qu'approuver (tout en faisant des réserves sur le fond même de la question) la juste sollicitude avec laquelle la cour circonscrit ce pouvoir de disposition de la dot mobilière dans les limites que la bonne foi commandait de tracer au mari. Les tiers n'ont pas, d'ailleurs, à s'en alarmer, car il ne suffit pas, pour qu'ils puissent être inquiétés, que l'aliénation de l'objet dotal constitue un acte de mauvaise administration. « En général, dit l'arrêt précité, l'usage inintelligent ou l'abus que le mari fait de son autorité n'engage que sa responsabilité, garantie par l'hypothèque légale de la femme. Pour que l'acte soit frappé de nullité au préjudice des tiers, il faut que ceux-ci se soient rendus complices de l'abus ou de la fraude, en y concourant ». Ils n'ont pas alors à argumenter d'un pouvoir qu'eux-mêmes ont contribué frauduleusement à faire détourner de sa véritable destination, à savoir la conservation d'une fortune dont le mari, quelque étendues que soient ses prérogatives, est comptable envers sa femme. La maxime « *fraus omnia corrumpit* » ne permet pas de maintenir, à leur profit, des actes entachés de manœuvres dolosives auxquelles ils ont participé et que peut-être ils ont provoquées. — Telle est, dans son ensemble, la double solution que la jurisprudence a inaugurée par un arrêt du 1er févr. 1819, rapporté au *Rép.* n° 3427, et qu'elle a continué d'admettre jusqu'aujourd'hui dans ses décisions les plus récentes.

1233. Nous n'avons pas cru pouvoir suivre cette doctrine lors de la rédaction du *Répertoire* ; nous avons soutenu, *ibid.* n° 3430, que la dot mobilière est inaliénable tout à la fois à l'égard du mari et à l'égard de la femme. Pour défendre cette opinion, nous avons emprunté les arguments de la jurisprudence relativement à l'inaliénabilité de la part de la femme, et pour prouver que le mari n'a pas les pouvoirs que les tribunaux lui reconnaissent, il nous a suffi de faire remarquer que, dans notre droit actuel, le mari n'est plus propriétaire de la dot, mais simple administrateur, et qu'en conséquence, on devait lui refuser tous les pouvoirs qui n'ont pas d'ordinaire les gérants de la fortune d'autrui, et particulièrement le droit d'aliénation. Ce système a été défendu depuis lors par MM. Rodière et Pont, t. 3, n° 1772, et par M. Sincholle, *De l'inaliénabilité de la dot*, n°s 89 et suiv. Il a même été adopté par un arrêt, resté isolé, de la cour de Poitiers du 17 juill. 1860 (aff. d'Arroy de la Rivière, D. P. 63. 2. 28).

1234. La grande majorité des auteurs a repoussé l'une et l'autre de ces solutions.

Quant au mari, on fait remarquer avec raison que la question ne devrait même pas se poser de savoir s'il a le pouvoir d'aliéner la dot mobilière, puisqu'il n'en est pas propriétaire,

---

la question de dotalité des reprises résolue contre elle par les motifs précédents ; — Considérant, toutefois, qu'en constatant par des motifs adoptés par la cour, que les fonds versés par la veuve Dudouit ont fait l'affaire de la femme Lemière jusqu'à concurrence d'une certaine somme, le tribunal s'est conformé à l'équité et au droit en accordant à la veuve Dudouit une sous-collocation équivalente ; que le principe et les bases de cette sous-collocation étant maintenus tels qu'ils ont été déterminés, on remarque que le chiffre indiqué dans l'expédition du jugement, 597 fr. 49 cent., ne serait pas en rapport exact avec les éléments du calcul, sui-

vant lesquels la somme semblerait devoir être réduite à 525 fr. 49 cent., erreur uniquement matérielle à rectifier, s'il y a lieu, par le juge arrêtant définitivement l'ordre, aux termes de l'art. 765 c. proc. civ. ; — Considérant que la veuve Dudouit ne justifiant pas avoir par ses deniers fait l'affaire de la femme Lemière pour une somme supérieure à celle allouée, son appel sous ce dernier rapport ne peut davantage être accueilli ; — Confirme, etc.

Du 28 janv. 1865.-C. de Caen, 2e ch.-MM. Des Essarts, pr.-Nicias Gaillard, av. gén.-Bertauld et Oct. Massieu, av.

mais administrateur pur et simple. L'art. 1549 ne donne pas d'autres droits au mari que ceux d'un administrateur, et il est impossible, sans torturer ce texte, d'en faire sortir aucun argument probant en faveur du système de la jurisprudence. Ce qui est vrai, c'est que le mari, sous le régime dotal, a exceptionnellement l'exercice des actions pétitoires et possessoires ; mais on ne peut aller au delà sans exagérer les dispositions de la loi. Le mari, en somme, n'est qu'un mandataire général, et aux termes mêmes du code civil, « le mandat conçu en termes généraux n'embrasse que les actes d'administration ; s'il s'agit d'aliéner, hypothéquer, ou de quelque autre acte de propriété, le mandat doit être exprès » (c. civ. art. 1988).

A l'égard de la femme, au contraire, d'après la plupart des auteurs, la dot mobilière est aliénable. M. Laurent, t. 23, n° 541, pour soutenir cette opinion, s'exprime ainsi : « Il suffit de lire l'intitulé de notre section pour s'en convaincre ; il porte : « Des droits du mari sur *les biens dotaux* et de l'inaliénabilité du *fonds dotal*. Il y a donc une différence entre les biens dotaux et le fonds dotal ; tous les biens dotaux ne sont pas inaliénables, il n'y a que le *fonds dotal* qui le soit. Et qu'est-ce que le *fonds dotal?* C'est une expression latine, qui ne s'est jamais appliquée au mobilier, elle est synonyme *d'immeuble.* Telle est l'expression dont se sert la loi dans l'article qui établit le principe de l'inaliénabilité ; l'art. 1554 porte : « *Les immeubles constitués en dot* ne peuvent être aliénés ou hypothéqués ». Cette même expression est reproduite dans les dispositions qui admettent des exceptions à la règle (c. civ. art. 1557, 1558, 1559). Enfin l'art. 1561 parle des immeubles dotaux en établissant la règle de l'imprescriptibilité. Voilà les textes, il n'y est pas dit un mot du mobilier dotal: cela est décisif. L'inaliénabilité est une exception que le législateur n'a admise qu'à regret et malgré lui. En droit commun, les biens peuvent être aliénés, l'intérêt public l'exige, ainsi que l'intérêt bien entendu des particuliers ; de là suit que les biens dotaux de la femme ne sont frappés d'inaliénabilité que par les dispositions formelles qui en prohibent l'aliénation ; tout bien qui n'est pas déclaré inaliénable reste aliénable, et il faut une disposition formelle pour que l'on puisse admettre l'inaliénabilité, parce que c'est une exception à un principe fondamental de notre droit, et l'exception, quand elle est admise, est de l'interprétation la plus stricte ». — Les arguments mis en avant par la jurisprudence pour soutenir que la dot mobilière est inaliénable à l'égard de la femme, ont été combattus avec beaucoup de force par M. Colmet de Santerre, t. 6, n° 233 *bis* XIV et suiv. « La raison pratique qui paraît avoir entraîné les tribunaux, dit cet auteur, c'est que le régime dotal, sans l'inaliénabilité de la dot mobilière, resterait incomplet, qu'il ne protégerait plus la femme, aujourd'hui surtout que les fortunes mobilières sont si nombreuses et si importantes. Sur ce terrain, on peut avouer que la jurisprudence fait valoir de puissantes considérations, mais il faut savoir si elles ont touché le législateur... D'ailleurs, l'utilité que présente la conservation de la dot mobilière peut-elle être présentée comme une preuve certaine que les rédacteurs du code ont entendu appliquer tacitement à celle dot les garanties accordées à la dot immobilière? N'est-il pas certain, au contraire, que nombre de dispositions du code civil s'inspirent de cette idée, que la partie mobilière des patrimoines est de peu d'importance, et que les garanties de conservation sont dues surtout au patrimoine immobilier? Les règles du régime dotal sur l'inaliénabilité sont écrites dans cet esprit; on peut les critiquer, mais il n'appartient qu'au législateur de les changer » (V. dans le même sens : Marcadé, t. 6, art. 1554, n° 2; Aubry et Rau, t. 5, § 537 *bis*, note 5, p. 598; Jouitou, n°ˢ 370 et suiv.; Guillouard, t. 4, n°ˢ 2057 et suiv.).

1235. — II. Fruits et intérêts de la dot (*Rép.* n°ˢ 3438 à 3444). — On a vu au *Rép.* n° 3438 qu'en principe l'inaliénabilité ne s'étend pas aux fruits et revenus de la dot qui appartiennent au mari. La jurisprudence a toutefois apporté à ce principe certaines restrictions, tirées de la destination même de ces revenus, affectés à l'entretien de la famille. D'après cette jurisprudence, aujourd'hui constante, le mari ne peut engager les revenus de la dot que pour la portion excédant les besoins du ménage (V. en ce sens, outre les arrêts cités au *Rép. ibid.*: Caen, 17 mai 1854, aff. de Cairon, D. P. 55. 5. 160; Req. 17 mars 1856, aff. de Gati-

gny, D. P. 56. 1. 130; Paris, 15 juill. 1856, aff. Delamasse, D. P. 57. 2. 121; Req. 29 juill. 1862, aff. Philippe, D. P. 63. 1. 366; Ch. réun. cass. 7 juin 1864, aff. Daullioules, D. P. 64. 1. 201; Req. 14 août 1883, aff. de Perpessac, D. P. 84. 1. 334). Cette question, d'ailleurs, comme nous l'avons vu *suprà*, n° 1213, a donné lieu à un autre système qui a pour mérite incontestable son extrême simplicité dans l'application. Les revenus de la dot, dans cette opinion, sont aliénables et saisissables pour le tout entre les mains du mari, parce que la règle de l'inaliénabilité ne protège que le capital seul (V. en ce sens : C. cass. sarde, 10 janv. 1854, aff. Colli, D. P. 55. 2. 137; Laurent, t. 23, n° 483). Suivant un troisième système, qui aujourd'hui n'est plus soutenu, tous les revenus seraient insaisissables en totalité, même pour ce qui excède les besoins du ménage (*Rép.* n° 3439).

1236. Il faut remarquer qu'ici nous n'entendons parler que du pouvoir *du mari* sur les revenus et intérêts de la dot, pendant le mariage. Quant à la femme, elle ne peut prétendre à aucun droit sur ces revenus, puisqu'ils ne lui appartiennent pas. Ce n'est qu'après la séparation de biens prononcée que la question peut se poser de savoir si les revenus de la dot sont saisissables par ses créanciers antérieurs et postérieurs au jugement de séparation, et dans quelle mesure. Ce point sera étudié *infrà*, n°ˢ 1267 et suiv.

1237. Par exception, comme on l'a vu au *Rép.* n° 3445, la femme, à qui son mari a donné l'autorisation de faire le commerce, a le droit de s'engager sur ses revenus dotaux pour faits relatifs à son commerce.

De même, si la femme s'est réservé le droit de toucher sur ses seules quittances une partie de ses revenus pour son entretien et ses besoins personnels, elle peut s'obliger pour la part de revenus excédant les sommes qu'elle doit verser pour l'entretien du ménage (Civ. rej. 13 janv. 1851, aff. Briant, D. P. 51. 1. 83; Req. 17 mars 1856, aff. de Gatigny, D. P. 56. 1. 130; 14 août 1883, aff. de Perpessac, D. P. 84. 1. 334; Aubry et Rau, t. 5, § 538, p. 608 et suiv.; Guillouard, t. 4, n° 2085. — V. toutefois Req. 23 août 1859, aff. Dufaud, D. P. 59. 1. 455; Paris, 28 déc. 1875, aff. Trezel, D. P. 76. 2. 198). — Mais l'engagement contracté par la femme dotale durant le mariage sur la portion des revenus dotaux qu'elle s'était réservé la faculté de toucher personnellement ne saurait être maintenue, quand ces revenus dans leur intégralité lui deviennent indispensables, après la séparation de biens, pour subvenir à son entretien et à celui de ses enfants (Req. 2 juill. 1885, aff. Curtil, D. P. 86. 1. 287).

Sect. 3. — Effets de l'inaliénabilité de la dot quant a la capacité de la femme (*Rép.* n°ˢ 3445 à 3498).

1238. — I. De la capacité de la femme en général (*Rép.* n°ˢ 3445 à 3449). — Aujourd'hui la femme dotale, à la différence de ce qui avait lieu à Rome sous l'empire du sénatus-consulte Velléien, peut s'obliger avec l'autorisation de son mari, à la seule condition que ses engagements ne pourront être exécutés sur ses biens dotaux. La femme dotale est donc capable en principe, et son incapacité est purement relative. Les auteurs et la jurisprudence ont toujours admis cette doctrine (V. outre les autorités et les arrêts cités au *Rép.* n°ˢ 3445 et suiv. : Aubry et Rau, t. 5, § 538, p. 616; Laurent, t. 23, n° 550; Colmet de Santerre, t. 6, n° 226 *bis* VII; Guillouard, t. 4, n° 1842; Riom, 18 juill. 1853, aff. Barrer, D. P. 54. 5. 264; Douai, 27 juill. 1853, aff. Puyramaure, D. P. 54. 2. 234; Civ. cass. 14 nov. 1855, aff. Vidier, D. P. 55. 1. 437; Civ. rej. 18 août 1869, aff. Delure, D. P. 69. 1. 461; Paris, 23 août 1879, et Req. 12 nov. 1879, aff. de Bray, D. P. 80. 1. 49; Grenoble, 16 déc. 1882, aff. Guillard, D. P. 83. 2. 242; Civ. cass. 13 févr. 1884, aff. Brun, D. P. 84. 1. 325).

Il a été jugé : 1° que les héritiers d'une femme dotale ayant accepté purement et simplement sa succession sont tenus sur la portion non dotale des biens héréditaires et sur leurs propres biens des engagements pris par la *de cujus* (Civ. cass. 14 nov. 1855, aff. Vidier, D. P. 55. 1. 437); — 2° Que la règle d'après laquelle la femme dotale est capable en principe n'est pas méconnue par l'arrêt qui, en la condamnant à exécuter les engagements contractés par elle, réserve la question de savoir sur quels biens son créancier pourra ultérieurement poursuivre l'exécution de ces engagements (Req. 7 févr. 1881, aff. du Port, D. P. 81. 1. 309).

1239. On peut se demander si la capacité de la femme dotale, telle qu'on vient de la déterminer, subsiste même dans l'hypothèse où elle s'est constitué en dot tous ses biens présents et à venir. L'affirmative, dans ce cas encore, est généralement admise. Les obligations contractées par la femme peuvent alors être poursuivies sur les biens qui lui

écherront après la dissolution du mariage (V. Paris, 23 nov. 1865 (1); Bordeaux, 12 mai 1868 (2). V. aussi les auteurs et les arrêts cités *suprà*, n° 1238). Toutefois, la doctrine contraire résulte des termes d'un arrêt de la cour de Chambéry du 18 nov. 1868 (3). Suivant cet arrêt, la femme dont tous les biens sont dotaux est dans l'impuissance complète de

---

(1) (Rheims C. Biard et Bourdot.) — La cour; — Considérant que, par acte notarié du 16 mars 1841, les époux Biard se sont reconnus solidairement débiteurs envers Rheims d'une somme de 5000 fr., productive d'intérêts à 5 pour 100; — Que Biard étant décédé en laissant pour héritière sa fille, la femme Bourdot, et le créancier n'ayant encore touché ni le capital, ni la plupart des intérêts, Rheims en réclame aujourd'hui le payement à la veuve Biard et à la femme Bourdot, qui lui opposent : l'une, qu'elle était mariée sous le régime dotal à l'époque où elle a contracté son engagement; l'autre, qu'elle n'a accepté la succession de son père que sous bénéfice d'inventaire, et toutes deux, au surplus, qu'il y a prescription pour les intérêts échus plus de cinq ans avant la demande; — En ce qui touche la veuve Biard : — Considérant que s'il est de principe, sous le régime dotal, que les obligations de la femme ne sont point exécutoires sur ses biens dotaux, ce privilége ne saurait s'étendre aux biens qui échoient ou adviennent à la femme depuis son veuvage et qui ne font point partie de la dot, puisqu'ils ne sont point et n'ont jamais été destinés à soutenir les charges du mariage; — Considérant que, dans l'espèce, il a été stipulé par le contrat de mariage des époux Biard que les engagements de la femme ne seraient exécutoires que sur les biens de la communauté d'acquêts, sans pouvoir atteindre ni les biens dotaux, ni ceux même que la veuve Biard acquerrait avec sa viduité; mais que le principe en vertu duquel tous les biens du débiteur répondent de ses engagements n'admet que les exceptions consacrées et autorisées par la loi; que la liberté des biens est d'ordre public, et que le contrat de mariage lui-même n'y peut faire d'autre exception que celle qui résulte de la dotalité; — Que c'est donc à tort que la veuve Biard, ayant renoncé à la société d'acquêts, soutient que sa dette envers Rheims n'est exécutoire maintenant sur aucun de ses biens personnels; En ce qui touche la femme Bourdot : — Considérant que le seul effet du bénéfice d'inventaire est de donner à l'héritier l'avantage de n'être tenu des dettes que jusqu'à concurrence des biens qu'il recueille; que cet héritier, qui est saisi de tous les droits et actions du défunt, est également soumis, dans la limite des facultés héréditaires, à l'acquit de toutes les charges de la succession; — Qu'il ne suffit donc pas, ainsi que l'ont fait les premiers juges, de donner acte à la femme Bourdot de ce qu'elle offre de rendre le compte du bénéfice d'inventaire; qu'il y a lieu de la condamner ès qualités qu'elle procède, solidairement avec la veuve Biard, au payement des sommes dues à Rheims en capital et intérêts;...

Par ces motifs, réformant, etc.
Du 23 nov. 1865.-C. de Paris, 2e ch.-MM. Guillemard, pr.-Roussel, av. gén.-Crémieux et Denormandie, av.

(2) (Boutin C. syndic Boutin.) — La cour; — Attendu que la dame Boutin est mariée sous le régime dotal, et qu'elle s'est constitué en dot tous ses biens meubles et immeubles présents et à venir; que son mari étant tombé en faillite, elle a obtenu sa séparation de biens et fait procéder à la liquidation de ses reprises; que, suivant procès-verbal du 17 avr. 1867, il a été reconnu que ces reprises consistaient seulement : 1° en une somme de 1000 fr. qu'elle avait droit de répéter sur les biens présents et à venir de son mari; et 2° en un domaine dont elle était autorisée à se mettre immédiatement en possession, et que, par là, il a été pourvu à la restitution des biens dotaux de la dame Boutin; — Attendu qu'il est, en outre, constaté par le procès-verbal de liquidation que, la dame Boutin ayant fourni son cautionnement sur un billet de 8000 fr., souscrit par son mari au profit d'un tiers, elle réclama garantie de ce chef contre lui à titre de reprise; mais que le notaire n'admit pas cette demande, sur le fondement que la dotalité absolue stipulée par le contrat de mariage mettait obstacle à la validité de l'engagement contracté par elle; — Attendu que la dame Boutin a elle-même assigné son mari et le syndic de la faillite à l'effet de voir homologuer ce procès-verbal de liquidation et ordonner qu'il fût exécuté selon sa forme et teneur; qu'à l'audience, elle a pris les mêmes conclusions, en conformité desquelles jugement a été rendu; qu'elle a fait ensuite signifier ce jugement aux syndics et à son mari; mais que plus tard, elle en a interjeté contre eux appel, afin d'être autorisée à poursuivre le recouvrement de la reprise qui résulte pour elle du cautionnement de 8000 fr.; que son mari s'en remet à justice sur cet appel; mais que les syndics soutiennent qu'il n'est pas recevable, parce que la dame Boutin a acquiescé d'avance au jugement en le provoquant par ses conclusions, et qu'elle y a encore acquiescé après en le signifiant purement et simplement; — Attendu que, suivant la règle ordinaire, la fin de non-recevoir serait évidemment fondée;

mais qu'il s'agit de savoir si la dame Boutin a pu valablement acquiescer au jugement qu'elle attaque aujourd'hui; qu'elle n'a pas pu le faire si, par là, elle a compromis sa dot ou renoncé à une reprise dotale; et qu'alors la question se réduit à vérifier la nature du droit ouvert à son profit par suite du cautionnement qu'elle a fourni; — Attendu qu'en le souscrivant, la dame Boutin a sans doute souscrit une obligation valable dans son principe, car la femme, quoique mariée sous le régime dotal, n'est pas incapable de s'obliger; mais que cette obligation ne peut pas être ramenée à une exécution sur ses biens dotaux; que la dame Boutin s'est constitué en dot tous ses biens meubles et immeubles présents et à venir; que tous ceux qu'elle possède déjà ou qui lui adviendront durant le mariage, frappés de dotalité, sont donc à l'abri des poursuites du créancier cautionné, et que cette faveur est acquise à la dame Boutin pour ses biens, même après la dissolution du mariage; car il ne doit pas y être porté atteinte en vertu d'une obligation contractée pendant sa durée, c'est-à-dire pendant qu'ils sont soumis à l'empire du régime dotal; — Attendu qu'à la vérité, il en serait autrement pour les biens que la dame Boutin pourrait acquérir après la dissolution de son mariage; mais que la raison en est que ces biens, acquis lorsque les conventions matrimoniales auraient perdu leurs effets, n'auraient jamais été frappés de dotalité; — Attendu que la dame Boutin avait bien, en principe, un recours contre son mari pour l'obligation qu'elle peut être un jour tenue d'exécuter, mais que ses biens dotaux étant affranchis d'une exécution qui ne peut atteindre que des biens d'une autre nature, le recours dont il s'agit ne saurait participer du privilége de la dotalité; — D'où suit que la dame Boutin a pu valablement renoncer à l'exercer, comme elle l'a fait effectivement en demandant elle-même en justice l'homologation de la liquidation qui le lui refusait, et en se montrant ensuite prête à exécuter le jugement rendu sur ses propres conclusions; qu'ainsi elle n'est pas recevable dans l'appel interjeté plus tard de ce jugement, et qu'il devient inutile d'examiner si elle y serait fondée; — Confirme, etc.
Du 12 mai 1868.-C. de Bordeaux, 2e ch.-MM. Desgrange-Touzin, pr.-Maîtrejean, av.-Battu et Girard, av.

(3) (Ballada et Tirloir C. Vert.) — La cour; — Attendu que, par acte du 4 avr. 1826, Delamorte-Féline, notaire à Die où les deux époux Vert étaient nés et domiciliés et où ils se sont mariés en déclarant adopter le régime dotal, l'intimée Camille Massot s'est constituée en dot tous ses biens présents et à venir; qu'elle a donné à son mari les pouvoirs les plus étendus, y compris celui d'aliéner les immeubles dotaux moyennant remploi, avec stipulation expresse qu'au cas de remploi en immeubles, les prix seuls seraient dotaux; — Attendu qu'en 1840, l'époux Vert ayant été déclaré en faillite, l'intimée obtint, le 23 septembre de la même année, du tribunal de Die, un jugement de séparation de biens; qu'elle vint ensuite avec son mari se fixer à Aix en Savoie, où, par acte du 23 nov. 1853, elle fit, in l'assistance et avec l'autorisation de son mari, l'acquisition de la maison dont le prix est en distribution, et dans laquelle elle entreprit son commerce de maîtresse d'hôtel; que dans cet acte elle prit simplement la qualité de femme séparée de biens, sans y faire aucune mention de son contrat de mariage, ni de ses avoirs dotaux, ni du jugement qui avait prononcé la séparation de biens, ni des circonstances qui y avaient donné lieu; qu'elle ne paya comptant aucune portion de prix; qu'elle justifie pas et qu'elle n'allègue même pas d'avoir employé au payement de ce prix d'autre somme provenant de ses avoirs dotaux que celle de 3350 fr. à la compétée à la femme Yvrard, suivant quittance du 23 déc. 1855; qu'en effet, le surplus du prix est intégralement dû aux créanciers producteurs, Tirloir et sœurs Dumas, subrogés aux priviléges des vendeurs et du précédent propriétaire; — Attendu qu'il est encore établi par les pièces produites par la femme Vert elle-même à l'appui de sa demande des 3350 fr. payés à la femme Yvrard, qu'immédiatement après l'acquisition elle a fait des réparations considérables à ladite maison qu'elle a élevée de deux étages; et que, soit pour solde de ces réparations, soit pour faire face aux besoins de son commerce, elle a contracté, avec l'assistance de son mari, envers l'appelant Ballada et envers le Comptoir d'escompte, aux droits duquel se trouve le sieur Tirloir, des emprunts pour garantie desquels elle leur a donné hypothèque sur la maison; — Attendu, d'autre part, que la femme Vert, qui a été déclarée en faillite par jugement du tribunal de commerce de Chambéry du 4 févr. 1867, n'avait point fait au greffe de ce tribunal la remise prescrite par les art. 13 et 14 c. com. sarde (art. 69 c. com. français);
En droit : — Attendu que la femme mariée sous le régime

---

contracter légalement à titre onéreux. Mais cette opinion est certainement trop absolue.

1240. La femme dotale marchande publique est soumise, comme on l'a dit au *Rép.* n° 3449, au principe de l'inaliénabilité. Jugé aussi que la femme dotale ne peut, ni en devenant commerçante, ni surtout en faisant simplement un acte de commerce, se soustraire aux conséquences du régime dotal, soit vis-à-vis de son mari, soit vis-à-vis des tiers, et que l'art. 216 c. com. ne porte aucune atteinte à cette règle ; « que si cet article déroge au droit commun commercial pour diminuer les obligations qui naissent de l'espèce de société existant entre les copropriétaires d'un navire qui l'emploient à la navigation maritime, il est impossible de tirer de l'art. 216, qui est écrit en faveur des débiteurs, un avantage en faveur des créanciers, avantage leur permettant d'exécuter les engagements personnels d'une femme dotale sur une part de navire représentant une valeur dotale » (Rennes, 4 mars 1880, aff. Guitton, D. P. 81. 2. 210).

1241. A l'exemple du *Rép.* n°⁸ 3450 et suiv., nous passerons en revue les divers actes dont la femme dotale est ou non capable à raison de l'inaliénabilité de la dot.

1242. — II. ALIÉNATIONS A TITRE ONÉREUX (*Rép.* n°⁸ 3450 à 3461). — La femme ne peut aliéner le fonds dotal, même avec l'autorisation de son mari ou de justice. Il lui est interdit également de le vendre à réméré (Aubry et Rau, t. 5, § 537, p. 558 ; Guillouard, t. 4, n° 1848). Elle ne peut pas davantage l'hypothéquer (*Rép.* n° 3451 ; Guillouard, t. 4, n° 1854).

— Il a été jugé que l'hypothèque constituée sur un immeuble dotal est nulle, alors même qu'elle aurait été consentie pour sûreté d'un emprunt fait avec affectation expresse des deniers empruntés à l'extinction d'une créance privilégiée inscrite sur cet immeuble, et, par exemple, de la créance du vendeur, le prêteur ne pouvant en ce cas que se faire subroger dans le privilège grevant le bien dotal (Civ. cass. 19 nov. 1862, aff. Geliot, D. P. 62. 1. 472).

1243. On ne peut établir sur les biens dotaux des droits d'usage, d'usufruit, d'emphytéose, ni constituer des servitudes. Mais cette prohibition ne doit pas être étendue aux servitudes légales (*Rép.* n° 3451). Il résulte d'un arrêt de la cour de cassation que la reconnaissance d'une servitude de passage sur un immeuble frappé de dotalité est nulle, s'il n'est point constaté que l'héritage en faveur duquel elle a lieu se trouvait enclavé, et si dès lors il n'est point établi que cette reconnaissance avait pour objet une servitude légale, qui, à la différence d'une servitude conventionnelle, peut grever même un fonds inaliénable (Civ. cass. 17 juin 1863, aff. Purrey, D. P. 64. 1. 140). Ainsi, le mari pourrait

valablement reconnaître l'existence d'une servitude légale sur le fonds dotal, mais il ne pourrait pas aggraver cette servitude (Aubry et Rau, t. 5, § 537, note 8, p. 559 ; Laurent, t. 23, n° 497; Jouitou, n° 148; Guillouard, t. 4, n° 1856). On ne reviendra pas ici sur la défense faite à la femme de renoncer à son hypothèque légale et aux autres sûretés qu'elle pourrait avoir pour la restitution de sa dot, cette question rentrant dans la section précédente (V. *suprà*, n° 1231).

1244. On peut se demander si une femme dotale qui s'est constitué en dot ses biens à venir, a le pouvoir de renoncer à une succession à elle échue. Est-ce une aliénation dans le sens de l'art. 1554? Nous avons résolu négativement la question en nous fondant sur ce que la femme, si elle n'accepte pas, n'a jamais eu aucun droit sur les biens du *de cujus*, d'où la conséquence qu'il lui a été matériellement impossible d'aliéner (*Rép.* n° 3470; Bellot des Minières, t. 4, n° 1417; Jouitou, t. 1, n° 180).

1245. Il est évident que la prohibition d'aliéner s'appliquerait à un droit d'usufruit immobilier qui serait compris dans la dot. — Un arrêt a considéré comme une aliénation partielle, interdite par l'art. 1554 c. civ., la délégation faite à un tiers par une femme mariée sous le régime dotal avec l'autorisation de son mari, des loyers et fermages d'un fonds dont l'usufruit était dotal, pour servir au remboursement d'un prêt fait par ce tiers aux deux époux (Gand, 27 avr. 1861, aff. Kusnicq C. Doudan, *Pasicrisie belge*, 1861. 2. 310).

1246. — III. DISPOSITIONS A TITRE GRATUIT (*Rép.* n°⁸ 3462 à 3469). — La femme ne peut, comme nous l'avons indiqué au *Rép.* n° 3462, consentir des aliénations à titre gratuit de sa dot; mais elle a le pouvoir d'en disposer par testament, même en faveur de son mari (*Rép.* n° 3464; Riom, 2 avr. 1857, aff. Montagnier, D. P. 57. 2. 180; Rodière et Pont, t. 3, n° 1769; Sincholle, *De l'inaliénabilité de la dot*, n° 148; Aubry et Rau, t. 5, § 537, note 14, p. 559; Colmet de Santerre, t. 6, n° 226 *bis* V; Laurent, t. 23, n° 498; Guillouard, t. 4, n° 1868).

1247. Relativement au partage d'ascendant, la jurisprudence, d'accord avec la doctrine, décide qu'il ne peut être consenti par la femme dotale, si ce n'est pour l'établissement de ses enfants (Agen, 16 févr. 1857, aff. Sempé, D. P. 58. 2. 106; Civ. cass. 5 juill. 1859, aff. Guinard, D. P. 59. 1. 298; Req. 18 avr. 1864, aff. Bouthenaud, D. P. 64. 1. 209; Caen, 11 juin 1869, aff. Ballada, D. P. 74. 5. 175; Montpellier, 5 juin 1872, aff. Sarda, D. P. 73. 2. 62; Toulouse, 31 déc. 1883, aff. Touzac, D. P. 84. 2. 81; Genty, *Des partages d'ascendant*, n° 14; Aubry et Rau, t. 5, § 537, note 6, p. 558; Demolombe, *Donations et testaments*, t. 6, n° 73 ;

---

sarde dotal, ne pouvant disposer de ses avoirs dotaux ni les engager pour l'avenir, et que l'administration et la jouissance de ses biens appartenant au mari, il s'ensuit que, dans le cas de constitution générale de tous ses biens présents et à venir, elle se trouve dans l'impuissance de contracter légalement à titre onéreux; qu'ainsi, dans ce cas, la constitution des biens à venir ne peut s'entendre que de ceux qui lui écherraient durant le mariage par succession, donation, ou de ceux qui seraient acquis en remploi de ses avoirs dotaux; — Attendu que si elle fait prononcer la séparation desdits avoirs, elle reprend bien l'administration et peut disposer à son gré de ses revenus, sauf la part nécessaire à l'entretien de la famille; mais que par cela même qu'elle ne peut prendre aucun engagement qui puisse atteindre ses immeubles dotaux, l'on ne saurait admettre que l'acquisition d'immeubles faite par la femme séparée dans l'intérêt du commerce qu'elle exerce suffise pour imprimer à ces immeubles le caractère de dotalité, et, par là même, d'inaliénabilité, lorsque, comme dans l'espèce actuelle, elle n'en a pas payé le prix, et qu'elle a profité du crédit que lui donnait cette acquisition pour se procurer les fonds nécessaires pour les améliorer et pour fournir aux besoins de son commerce, lorsque surtout elle a, comme la femme Vert, fait cette acquisition et ces emprunts dans un pays étranger, en l'assistance de son mari, en taisant sa qualité de femme dotale, et en prenant simplement celle de femme séparée de biens, sans aucune explication qui pût attirer l'attention de ceux avec lesquels elle contractait; — Attendu, en effet, que si la femme a voulu assurer la conservation du patrimoine dotal, elle n'a certainement pas voulu que la femme dotale puisse augmenter ce patrimoine et s'enrichir au préjudice des tiers avec lesquels elle a contracté, en leur dissimulant sa qualité qu'ils ne pouvaient connaître, et en traitant avec eux en l'assistance de son mari, comme si elle avait eu la libre disposition de ses avoirs; qu'ainsi les appelants sont bien

fondés à soutenir que la maison acquise par la femme Vert n'est pas devenue dotale, et que les hypothèques qu'elle a consenties en leur faveur sur cette maison doivent produire leur effet; — Attendu qu'ils sont d'autant plus en droit de le soutenir, qu'aux termes du contrat de mariage précité, les immeubles qui auraient été acquis par le mari de l'intimée en remploi de ses avoirs dotaux, ne seraient pas eux-mêmes devenus dotaux; qu'à plus forte raison donc doit-il en être de même de ceux acquis par l'intimée après sa séparation, sans en payer le prix, et sans indication d'emploi à faire des deniers dotaux pour le payement de ce prix;

Attendu, d'autre part, qu'il est clair de jurisprudence constante que le principe de l'inaliénabilité de la dot ne fait point obstacle à ce que la femme mariée sous le régime dotal soit responsable, même sur ses biens dotaux, de tout fait constituant de sa part un délit ou un quasi-délit; — Attendu que les art. 13 et 14 c. com. sarde, sous l'empire desquels la femme Vert a exercé le commerce qui a abouti à sa mise en faillite, lui imposaient, comme l'art. 69 c. com. français, l'obligation de faire publier son contrat de mariage, à défaut de quoi elle pouvait également, en cas de faillite, être punie comme coupable de banqueroute simple; — Attendu qu'il est certain que cette omission a causé un préjudice à ses créanciers; que, dès lors, et aux termes des art. 1500 et 1501 c. nap., aussi bien qu'aux termes des art. 1382 et 1383 c. nap., ladite omission constitue un quasi-délit, sans qu'il soit nécessaire qu'il y ait eu de sa part intention de nuire; — Attendu qu'il suit de là que, fût-il vrai que la maison acquise par l'intimée fût immeuble dotal, les appelants Ballada et Tirloir ne seraient pas moins en droit d'être colloqués sur le prix en provenant, et de faire supprimer la collocation faite en faveur leur débitrice, la femme Vert; — Réforme, etc.

Du 18 nov. 1868.-C. de Chambéry, 1ʳᵉ ch.-MM. Dupasquier, 1ᵉʳ p.-Maurel, 1ᵉʳ av. gén.-Fiuet, Robesson et Parent, av.

Guillouard, t. 4, n° 1851). — Le partage d'ascendant; toutefois, n'est possible au profit des enfants de la femme dotale qu'autant qu'il précède leur établissement; ainsi il serait nul si les donataires étaient déjà mariés et dotés (Arrêts précités des 5 juin 1872 et 31 déc. 1883; Sincholle, n° 196. V. *infra*, n° 1293).

1248. La femme dotale pourrait-elle faire donation à son mari de ses biens dotaux pendant le mariage? Cette question est controversée. Plusieurs auteurs soutiennent la négative, par la raison que la donation entre époux constitue une aliénation immédiate de la dot, ne devient pas caduque, comme le testament, par le prédécès du donataire, et est seulement soumise à la possibilité d'une révocation (Demolombe, *Donations et testaments*, t. 6, n° 464; Colmet de Santerre, t. 6, n° 226 *bis* V; Jouitou, t. 1, n° 129). L'opinion contraire nous paraît cependant préférable. La donation entre époux n'a, en effet, aucun des inconvénients que la loi a voulu prévenir en édictant l'inaliénabilité dotale; elle ne fait pas perdre au mari ni à la famille les revenus de la dot, et elle n'empêche pas que la femme ne puisse plus tard, en usant de la faculté de révocation, disposer des biens dotaux pour l'établissement des enfants. Il n'y a donc pas de motifs suffisants pour considérer cette donation comme inconciliable avec le principe de l'inaliénabilité (V. en ce sens: Req. 1er déc. 1824, et Riom, 5 déc. 1825, *Rép.* n° 3464; Caen, 8 mai 1866, aff. Sorel, D. P. 67. 2. 161; Troplong, t. 4, n° 3273; Rodière et Pont, 2e éd., t. 3, n° 1769 ; Aubry et Rau, t. 5, § 537, note 13, p. 559 et suiv.; Guillouard, t. 4, n° 1869). — Toutefois, MM. Aubry et Rau, *loc. cit.*, remarquent que, dans le cas où la femme, après avoir fait donation d'immeubles dotaux à son mari, viendrait à perdre

l'usage de la raison et se trouverait ainsi placée, de fait, dans l'impossibilité d'user du droit de révocation, le maintien de la donation pourrait compromettre les intérêts de la famille et de la femme elle-même, s'il n'y avait aucun remède susceptible d'être apporté à cette situation. Suivant ces auteurs, dont l'avis est adopté par M. Guillouard, *loc. cit.*, si les créanciers du mari venaient à saisir les biens donnés ou si le mari en avait disposé, il y aurait lieu de permettre au mari lui-même, pendant le mariage, et, après la dissolution du mariage, au tuteur de la femme, de demander à titre provisoire, la remise entre leurs mains des revenus de ces biens, jusqu'à concurrence des besoins du ménage.

1249. La question de savoir si la femme dotale a le pouvoir de faire une institution contractuelle a été résolue au *Rép.* n° 3466 par la négative. La plupart des auteurs, et d'assez nombreux arrêts décident, en effet, que l'institution contractuelle n'est pas valable, à moins qu'elle n'ait lieu en faveur des enfants (V. outre les autorités citées au *Rép. ibid.*: Agen, 28 janv. 1856, aff. Gomard, D. P. 56. 2. 96; 6 nov. 1867, aff. Bonnet, D. P. 68. 2. 132; Pau, 26 févr. 1868, aff. Devert, D. P. 68. 2. 132; Agen, 21 juill. 1873, aff. Castex, D. P. 74. 2. 53; Rouen, 1re ch., 8 juin 1874, aff. Cauvin C. Sénéchal et Duvallet.-MM. Godefroy, pr.-Buchère, av. gén.; Grenoble, 13 août 1875, aff. Gilibert, D. P. 78. 2. 27; Req. 8 mai 1877, aff. Marcellin, D. P. 78. 1. 32; Rouen, 28 mars 1881 (1); Sincholle, n° 188; Massé et Vergé, sur Zachariæ, t. 4, § 470; Demolombe, *Donations et testaments*, t. 23, n° 284, et *Revue de jurisprudence*, année 1851, p. 418; Aubry et Rau, t. 5, § 537, p. 558; Boutry, *Essai sur l'histoire des donations entre époux*, p. 163 ; Guillouard, t. 4, n° 1852). — Toutefois, la validité de l'institution contrac-

---

(1) (Digeon C. Roger et Hauguel.) — La cour; — En ce qui touche la nullité de l'institution contractuelle du 3 août 1865 : — Attendu que les époux Roger ont, par le contrat qui a réglé les conditions du mariage de Digeon avec la demoiselle Devillepoix, fait à Digeon, moyennant la dame Roger, donation entre-vifs, irrévocable et solidaire entre eux, de neuf immeubles désignés audit contrat, à la charge par le donataire de payer aux donateurs une rente annuelle et viagère de 450 fr., rente exactement servie par Digeon jusqu'au 29 févr. 1879, jour du décès de Roger; que, malgré la réversibilité de cette rente au profit de la survivante, la veuve Roger a formé une action en nullité de la donation, par le motif qu'elle comprenait des biens dotaux lui appartenant; qu'il est constant au procès que, si les immeubles désignés sous les n°s 1 et 7 dépendaient de la communauté des époux Roger, et si le n° 9 était propre au mari, les n°s 2, 3, 4, 5, 6 et 8 étaient non seulement propres à la dame Roger, mais encore frappés de dotalité; que l'art. 1554 c. civ. porte que les immeubles constitués en dot ne peuvent être aliénés ou hypothéqués pendant le mariage, ni par le mari, ni par la femme, ni par les deux conjointement, sauf les exceptions édictées par les articles suivants; que, si la femme peut, avec l'autorisation de son mari, donner ses biens dotaux dans les cas exprimés par ces articles, ce n'est que pour l'établissement des enfants qu'elle aurait d'un mariage antérieur, ou celui de leurs enfants communs; que la dame Roger n'a donc pu enfreindre la prohibition de l'art. 1554 et se priver ainsi du droit de disposer d'une propriété dont la destination était déterminée par la loi; que la donation par contrat de mariage constitue une aliénation irrévocable en ce sens que le donateur ne peut plus disposer à titre gratuit des objets qui y sont compris (art. 1083 du même code); que l'appelant prétend, il est vrai, que la rente viagère qu'il a servie pendant quatorze ans enlève au contrat son caractère de libéralité pour lui imprimer celui de contrat commutatif; — Mais que, d'abord, il résulte des énonciations de l'acte lui-même que les arrérages de la rente ne peuvent être considérés comme l'équivalent des biens donnés et sont inférieurs à la valeur de ceux-ci; que l'acte a donc conservé les attributs essentiels du contrat de bienfaisance, et qu'en outre, la dame Roger ne pouvait, par une transformation aléatoire, changer la nature de ses biens pendant le mariage; que la donation entre-vifs du 3 août 1865 est donc nulle en ce qui concerne les immeubles dotaux de l'intéressée, le surplus restant valable en ce qui touche les fonds dépendant de la communauté ou propres au mari;

En ce qui concerne le recours formé par l'appelant soit contre la dame Roger sur ses paraphernaux, soit même sur ses biens dotaux à raison du quasi-délit qu'elle aurait commis, soit contre la succession de Roger : — Attendu que, si la femme dotale est responsable même sur sa dot du préjudice qu'elle a causé par sa faute, c'est à la condition que son quasi-délit sera nettement caractérisé; que sans doute l'inaliénabilité de la dot ne peut devenir une protection contre sa fraude ou son imprudence ; mais que, dans l'espèce, on ne rencontre ni l'une ni l'autre de ces deux causes: qu'on ne peut dire qu'en faisant un acte de bienfaisance

envers son neveu, l'intimée ait voulu le tromper, ainsi que la nouvelle famille dont il allait devenir le chef; qu'elle n'avait aucun intérêt à dissimuler sa situation, ni le régime sous lequel elle était mariée, lorsqu'elle se dépouillait en faveur de Digeon; que sa bonne foi est évidente, et qu'en déclarant au contrat du 3 août que les biens donnés étaient *propres*, sans ajouter qu'ils lui étaient *dotaux*, elle ne s'est point rendu compte des *difficultés légales* que pouvait soulever sa donation ; que l'expression dont elle s'est servie, l'erreur ou l'omission qu'elle aurait commise ne constitue point une de ces fautes de nature à faire fléchir le principe édicté par l'art. 1554; qu'il ne s'agit là que d'un fait contractuel auquel a participé son neveu, et que la mère de celui-ci, présente au contrat, ne pouvait ignorer; qu'en pareille circonstance, il n'y a pas lieu d'affecter les immeubles dotaux de l'intimée à la réparation sollicitée, sous peine de rendre inefficace la prohibition de la loi;

Mais qu'il n'en peut être de même à l'égard de la garantie de fait et de droit que la dame Roger a expressément et solidairement stipulée avec son mari dans l'institution de 1865; qu'il n'est pas douteux que Digeon, après quatorze ans d'une jouissance acquise au prix de la rente viagère dont il s'était chargé, a éprouvé un véritable préjudice par suite d'une révocation qui détruit les conditions essentielles ayant servi de base à la constitution de sa famille; que non seulement il a construit une ferme et créé un centre d'exploitation avec les fonds qu'il a réunis aux siens et possédés jusqu'alors ; mais qu'il se trouve exposé lui-même à un recours et à des dommages-intérêts envers son fermier à raison du bail qui est en cours d'exécution; qu'à moins de considérer la garantie expresse et solidaire de la dame Roger comme une vaine formule, il est juste d'accorder à l'appelant le recours qu'il demande sur les biens paraphernaux de l'intimée ; qu'à la vérité la femme à la faculté de révoquer toute aliénation contraire aux prescriptions de la loi; mais que la nullité provenant de l'art. 1554 n'est ni absolue, ni d'ordre public; qu'elle n'est que relative, personnelle et temporaire ; qu'une fois le but de la dotalité rempli, la femme peut y renoncer, après la dissolution du mariage ; qu'il est incontestable que la veuve Roger pourrait aujourd'hui ratifier ou exécuter la convention qu'elle a faite avec l'autorisation de son mari en faveur de son propre neveu, et doit réparer le dommage qu'elle lui a causé ; que, pouvant disposer directement de ses paraphernaux, il ne lui est point interdit d'en disposer indirectement pour l'exécution d'un acte qu'elle a volontairement consenti; qu'une pareille stipulation respecte à la fois l'interdiction faite à la femme d'aliéner sa dot en vue du mariage et pendant sa durée, et son pouvoir de libre disposition sur ses autres biens; que le recours de Digeon est donc bien fondé sous ce rapport;

Attendu qu'il y a lieu également de réformer le jugement qui a refusé tout recours contre la succession de Roger ; que le mari étant tenu solidairement de la même garantie que la femme, les mêmes motifs doivent entraîner la même solution ; — Par ces motifs, etc.

Du 28 mars 1881.-C. de Rouen, 1re ch.-MM. Neveu-Lemaire, 1er pr.-Chrétien, av. gén.-Marais et Ricard, av.

tuelle, faite même au profit d'étrangers, est soutenue par M. Jouitou, nᵒˢ 130 et suiv., pour qui cet acte est un véritable testament. Mais, comme cet auteur le reconnaît d'ailleurs (nᵒ 141), l'institution contractuelle est un testament irrévocable. Or, par là même, elle empêche que la dot ne puisse désormais servir à l'établissement des enfants communs; elle est donc en opposition avec le principe même de l'inaliénabilité dotale. — Quelques arrêts ont cependant admis la validité de l'institution contractuelle portant sur les biens dotaux (Grenoble, 11 juin 1851, aff. Mollard, D. P. 52. 2. 272; Nîmes, 1ᵉʳ févr. 1867, aff. Blancard, D. P. 68. 2. 134; Bordeaux, 8 mai 1871, aff. Dumas, D. P. 72. 2. 5).

1250. L'institution contractuelle faite par la femme dotale peut, d'ailleurs, être valable dans deux cas : d'abord, comme nous l'avons déjà indiqué, lorsqu'elle est faite pour l'établissement des enfants, et en outre lorsque la femme possède ou acquiert pendant le mariage des biens paraphernaux. Dans cette seconde hypothèse, l'institué prendra les biens paraphernaux, tandis que les héritiers légitimes de la femme recueilleront les biens dotaux. Et en ce cas voici comment, suivant M. Guillouard, t. 4, nᵒ 1853, devra être faite la répartition des dettes : « Si les dettes sont de nature à atteindre la dot, elles devront se répartir entre l'institué contractuel et les héritiers qui recueillent les biens dotaux, suivant la valeur comparée de ces deux classes de biens. Si, au contraire, les dettes ne peuvent être exécutées sur la dot, elles seront supportées exclusivement par l'institué contractuel, et les héritiers de la femme ne devront pas contribuer à leur payement, car, pour eux, ces dettes sont comme si elles n'existaient pas ».

1251. — IV. Aliénations indirectes (*Rép.* nᵒˢ 3470 à 3490). — Le principe de l'inaliénabilité du fonds dotal met obstacle à tout engagement des biens dotaux, sous quelque forme que ce soit. Il a été jugé que l'engagement annulable pour cause de lésion et de minorité, que la femme dotale a souscrit dans son contrat de mariage, ne peut pas être valablement ratifié pendant le mariage sur les biens dotaux (Civ. rej. 10 déc. 1867, aff. de Beaucaire, D. P. 67. 1. 475). Mais cet engagement ainsi ratifié serait valable sur les biens paraphernaux, et même sur les biens dotaux, si le contrat de mariage en autorisait l'aliénation (Guillouard, t. 4, nᵒ 2073).

1252. Nous avons examiné *suprà*, nᵒ 1195, la question de savoir si une femme dotale peut, avec l'assistance de son mari, procéder à un partage amiable des biens indivis qu'elle possède avec des tiers. Comme on l'a vu, l'affirmative a prévalu dans la jurisprudence et dans la doctrine. On s'est demandé au *Rép.* nᵒˢ 2479 et suiv. s'il faut reconnaître à la femme dotale le droit de transiger et de compromettre, lorsque ces actes ont pour but d'arriver à un partage amiable. Relativement au compromis, la jurisprudence la plus récente s'est prononcée pour la nullité (Civ. cass. 22 août 1865, aff. Théron, D. P. 65. 1. 363; Toulouse, 1ᵉʳ juin 1871, aff. Carrière, D. P. 72. 5. 151).

1253. Une femme dotale peut valablement prendre part à un partage d'ascendant à titre de bénéficiaire. Lorsqu'elle a participé à un partage d'ascendant nul ou rescindable, la ratification qu'elle en fait est valable, d'après la cour de cassation, si elle a reçu par ce partage au delà des valeurs qui lui ont été constituées en dot (Req. 30 juin 1868, aff. Saint-Espès-Lescot, D. P. 68. 1. 327). Mais il en serait différemment si le partage renfermait à son préjudice une lésion de plus du quart, lorsque sa portion dans ce partage est frappée de dotalité (Civ. cass. 2 juill. 1866, aff. Saint-Espès-Lescot, D. P. 66. 1. 389). La cour de Bordeaux, dont la décision a été cassée par cet arrêt, avait, au contraire, reconnu à la femme dotale le droit de ratifier le partage d'ascendant par ce motif que la capacité de faire un acte emporte celle de le ratifier. La règle était exacte, mais avec une restriction que cette cour avait perdu de vue : c'est que celui qui a pouvoir de faire un acte n'a aussi la faculté de renoncer à l'attaquer en le ratifiant qu'autant que le vice couvert par cette ratification ne porte pas atteinte à des droits placés hors de la libre disposition de l'auteur de cette ratification, ce qui est précisément le cas de la femme dotale.

1254. On a décidé au *Rép.* nᵒ 3484 qu'en principe la femme dotale ne peut pas transiger sur les difficultés relatives à ses biens dotaux, en dehors des cas où la transaction équivaut à un partage. Cependant la question est très controversée. Tandis qu'un certain nombre d'auteurs enseignent que la transaction est défendue à la femme dotale, par la raison que pour transiger, il faut, aux termes de l'art. 2045 c. civ., avoir la capacité de disposer des objets compris dans la transaction (Accarias, *Des transactions*, nᵒ 96 ; Paul Pont, *Des petits contrats*, t. 2, nᵒ 603 ; Aubry et Rau, t. 5, § 537, note 4, p. 558), d'autres soutiennent que l'on doit reconnaître à la femme dotale, assistée et autorisée de son mari, le droit de faire toute transaction qui peut être considérée comme un acte de sage administration, et qui ne renferme pas une aliénation déguisée du fonds dotal. On écarte l'argument tiré de l'art. 1045, en faisant observer que ce texte doit être restreint aux deux classes d'incapables pour lesquels il indique à quelles conditions ils peuvent transiger : les mineurs et les établissements publics. Refuser à la femme dotale, en vertu de cet article, le droit de transiger, c'est, dit-on, mettre cette femme dans une incapacité plus absolue que celle des mineurs ou des autres incapables (Troplong, t. 4, nᵒ 3127, et *Transactions*, nᵒ 52 ; Marcadé, t. 6, art. 1549, nᵒ 4 ; Guillouard, t. 4, nᵒ 1849). Cette seconde solution est celle pour laquelle semble se prononcer la jurisprudence. Il a été jugé : 1ᵒ que la transaction consentie par la femme dotale est valable, alors même qu'elle est relative à ses biens dotaux, si elle ne constitue qu'un acte de bonne et sage administration ; si, par exemple, en échange de certaines prétentions, la femme a obtenu des avantages qu'elle n'eût point eus autrement, et qui sont préférables aux éventualités d'un procès (Caen, 3 mars 1860, aff. de Grenonville, D. P. 60. 2. 65) ; — 2ᵒ Que la femme dotale a capacité pour transiger, toutes les fois que la transaction, faite loyalement, dans le but d'éteindre un procès sérieux, constitue un acte de bonne gestion, surtout lorsque la femme est séparée de biens judiciairement (Grenoble, 20 janv. 1865) (1).

---

(1) (Rivoire C. Michal.) — La cour; — Attendu qu'aucune disposition expresse de la loi n'interdit à la femme dotale de transiger sur sa dot; que l'art. 2045 c. nap., qui interdit l'exercice de ce droit aux tuteurs, aux communes, aux établissements publics, n'y comprend pas la femme mariée sous le régime dotal; qu'il faut en conclure que cette interdiction, si elle existait, résulterait des principes constitutifs du régime dotal, et plus spécialement de l'inaliénabilité de la dot; — Attendu que, dans l'ancien droit, il était admis que la femme mariée sous le régime dotal pouvait transiger sur ses droits dotaux litigieux, toutes les fois que la transaction était faite loyalement, dans la vue d'éteindre un procès dont l'issue pouvait être incertaine et compromettre la dot; que les principes du droit nouveau étant les mêmes quant à l'inaliénabilité de la dot, on ne comprendrait pas que les résultats pussent être différents, alors qu'il n'y a dans la loi nouvelle aucune disposition interdisant expressément à la femme dotale de transiger; qu'il faut donc, aujourd'hui comme sous l'ancien droit, rechercher si le procès auquel on a voulu mettre fin était sérieux, si l'issue pouvait compromettre la dot en tout ou en partie, et, enfin, si les résultats obtenus par la transaction constituent un acte de bonne administration; — Attendu qu'il doit d'autant plus le croire, dans l'espèce, que le principe de l'inaliénabilité de la dot n'était en définitive qu'une fiction, puisque, la dot entière de la dame Rivoire étant mobilière,

et le mari n'étant pas soumis à fournir emploi, elle n'était garantie que par l'hypothèque légale; que, séparée de biens, la dame Rivoire pouvait quittancer valablement sa dot, et, en la recevant, la faire disparaître en l'appliquant à ses besoins et à ceux de son mari, sans qu'elle pût espérer la recouvrer contre son mari qui était dans un état d'insolvabilité notoire et complet; que cela, au surplus, a été fait ainsi pour une somme de 3000 fr. dont il sera ci-après parlé, reçue par elle le 21 juill. 1862, du Bouchage, somme irrévocablement aliénée par son fait; — Attendu qu'ainsi la question se réduit à examiner si la transaction faite entre les époux Rivoire et Michal, le 1ᵉʳ mai 1862, a été faite de bonne foi, dans un intérêt sérieux, pour dégager la femme d'une situation qui n'était pas sans péril en ce qu'elle pouvait compromettre la dot tout entière; — Attendu qu'à ce point de vue, le procès pendant devant le tribunal de Bourgoin, et sur lequel est intervenue la transaction du 1ᵉʳ mai 1862, était d'une gravité incontestable; qu'il s'agissait de savoir si la vente à réméré passée à Michal par Rivoire, le 18 avr. 1854, devait être annulée; que cette demande en nullité présentait d'autant plus d'incertitude que la dame Rivoire, sommée de produire comme créancière en vertu de son hypothèque légale inscrite d'office par M. le procureur impérial, s'était abstenue de produire; que l'ordre s'était fait en son absence; que les bordereaux avaient été délivrés aux

Quelques auteurs ont pensé, ainsi que nous l'avons rapporté au *Rép.* n° 3486, que la femme dotale devait pouvoir transiger aux mêmes conditions que le mineur, c'est-à-dire avec l'avis de trois jurisconsultes et l'homologation du tribunal (V. notamment : Rodière et Pont, t. 3, n° 1856). Mais l'art. 467 c. civ., qui détermine ces conditions, est spécial au mineur, et il est difficile de l'étendre par analogie à la femme dotale, d'autant que l'une des formalités qu'il prescrit, l'avis du conseil de famille, ne saurait être remplie pour la femme (Guillouard, t. 4, n° 1849).

1255. Mais on s'accorde à reconnaître que le compromis est interdit à la femme dotale (*Rép.* n° 3487; Rodière et Pont, t. 3, n° 1858; Aubry et Rau, t. 5, § 537, note 5, p. 558; Sincholle, n° 190; Guillouard, t. 4, n° 1850). C'est, comme on l'a vu *suprà*, n° 1251, la solution qu'a consacrée la jurisprudence la plus récente en ce qui concerne, spécialement, le compromis ayant pour but d'arriver à un partage amiable.

1256. Nous avons admis (*Rép.* n° 3488) que l'acquiescement à une demande qui aurait pour résultat d'amoindrir la dot n'est pas permis à la femme (V. en ce sens : Grenoble, 23 juill. 1859, aff. Guibert, D. P. 60. 5. 124 ; Pau, 12 août 1868, aff. Darmuzey, D. P. 68. 2. 221 ; Aubry et Rau, t. 5, § 537, note 12, p. 559 ; Guillouard, t. 4, n° 1859). Mais ici, comme en matière de transaction, la jurisprudence incline à admettre quelques exceptions ; et même un arrêt de la chambre des requêtes a jugé que l'acquiescement à un jugement, consenti sans l'autorisation du juge par une femme relativement à ses biens dotaux, était valable, l'acquiescement n'équivalant pas à une aliénation (Pau, 15 juill. 1865, aff. Pauc, D. P. 68. 1. 27).

1257. — V. Acquisitions (*Rép.* n°s 3491 à 3498). — La femme dotale qui acquiert pendant le mariage n'est tenue du payement du prix que sur les paraphernaux (*Rép.* n° 3491); et l'inaliénabilité de la dot mobilière s'oppose à ce qu'elle emploie à ce payement une valeur quelconque faisant partie de cette dot; par exemple, à ce qu'elle délègue au vendeur une créance dotale (V. Grenoble, 3 janv. 1854, cité *suprà*, n° 1231).

Sect. 4. — Effets de la séparation de biens quant à l'inaliénabilité (*Rép.* n°s 3499 à 3535).

1258. — I. De l'inaliénabilité de la dot en général (*Rép.* n°s 3499 à 3516). — La séparation de biens, sous le régime dotal, peut être prononcée pour les mêmes causes que sous le régime de la communauté légale (c. civ. art. 1563) (V. *suprà*, n°s 598 et suiv.).

1259. Au premier abord, comme le remarque M. Laurent, t. 23, n° 553, une demande en séparation de biens peut paraître inutile sous un régime où la femme est protégée d'une façon toute spéciale par le principe de l'inaliénabilité. La nécessité d'une telle mesure peut néanmoins devenir évidente; car, malgré les précautions prises par la loi, la dot de la femme peut être mise en péril, lorsque, par exemple, le mari n'agit pas en temps utile contre les débiteurs dotaux, ou qu'il dépense follement la dot constituée en argent, alors surtout qu'il est insolvable. Il a été jugé que, s'il a été vendu par le mari un immeuble dotal ou des valeurs mobilières appartenant à la femme et qui ne pouvaient être aliénés qu'à la charge d'un remploi qui n'a pas été fait, la femme peut se prévaloir de ces aliénations pour demander la séparation de biens, alors même que le mari justifie qu'il n'a pas de dettes et qu'il possède des immeubles d'une valeur suffi-

sante pour répondre des aliénations (Paris, 28 juin 1853, aff. de Ginestet, D. P. 54. 2. 44. Comp. *suprà*, n° 606).

1260. Nous ne reviendrons pas ici sur les règles admises en matière de séparation de biens ; nous renvoyons à ce sujet à ce qui est dit au *Rép.* n°s 1625 et suiv., et *suprà*, n°s 598 et suiv. Nous mentionnerons seulement un arrêt en vertu duquel il a été décidé que l'action en séparation de biens intentée par une femme mariée sous le régime dotal est éteinte par son décès, et que les héritiers de la femme doivent, en ce cas, se pourvoir par action principale en liquidation de ses reprises (Bastia, 7 juill. 1869, aff. Blasini, D. P. 72. 1. 261).

1261. L'inaliénabilité dotale survit à la séparation de biens : c'est un point que nous avons établi au *Rép.* n° 3499, et qui ne fait plus doute aujourd'hui. « La séparation de biens, dit M. Guillouard, t. 4, n° 2110, déplace l'administration de la dot et la transfère à la femme, mais elle ne change ni le caractère, ni le régime de la dot » (V. outre les autorités citées au *Rép. ibid. :* Marcadé, t. 6, art. 1554, n° 5 ; Sincholle, n° 248 ; Aubry et Rau, t. 5, § 539, p. 617; Laurent, t. 23, n° 555). L'inaliénabilité subsiste, non seulement sur les immeubles, mais également, dans le système de la jurisprudence, sur la dot purement mobilière (*Rép.* n°s 3503 et suiv. ; Civ. rej. 13 déc. 1855, aff. Gouttebaron, D. P. 66. 1. 19; Civ. cass. 12 mars 1866, aff. Darnospil, D. P. 66. 1. 178 ; Pau, 25 nov. 1879, aff. Mouillet, D. P. 84. 2. 112 ; Civ. cass. 24 mars 1885, aff. de Pazzis, D. P. 85. 1. 254; Aubry et Rau, t. 5, § 539, note 9, p. 619; Laurent, t. 23, n° 536 ; Guillouard, t. 4, n° 2111). — Jugé ainsi : 1° que la femme dotale séparée de biens ne peut ni s'obliger sur la dot mobilière, ni subroger un tiers dans l'hypothèque légale qui en garantit la restitution, sans y être autorisée conformément à l'art. 1558 c. civ. (Req. 27 avr. 1880, aff. Thuret, D. P. 80. 1. 431); — 2° Que la cession d'une créance dotale, par une femme dotale séparée, à des créanciers de son mari, même avec le consentement de celui-ci, est nulle; et qu'il en serait ainsi alors même que le mari aurait eu, en vertu d'une clause spéciale du contrat de mariage, des pouvoirs plus étendus que ceux qui lui sont attribués par la loi, notamment celui de recevoir avec le consentement de sa femme le prix des immeubles aliénés sans être tenu d'en faire emploi, ces pouvoirs, pas plus que les droits accordés au mari par la loi, ne pouvant passer à la femme (Civ. cass. 4 juill. 1881, aff. Primard, D. P. 82. 1. 194). — La femme dotale séparée de biens ne peut, comme on l'a dit au *Rép.* n° 3501, pas plus consentir une hypothèque sur ses biens dotaux que les aliéner (V. en ce sens : Trib. Valence, 24 juin 1875, aff. Montagnon, D. P. 78. 1. 463).

1262. Après la séparation de biens, la femme reprend la libre administration de sa dot (c. civ. art. 1449, § 1er). Mais, d'après MM. Aubry et Rau, t. 5, § 539, p. 630, comme la dot mobilière est toujours, quant à la femme elle-même, frappée d'inaliénabilité, les pouvoirs d'administration qui lui appartiennent sont plus restreints que ne l'étaient ceux du mari. C'est ainsi qu'elle n'a pas la faculté de céder des rentes perpétuelles ou viagères ou des créances non exigibles faisant partie de la dot. La jurisprudence s'est prononcée dans ce sens; elle refuse à la femme, d'une manière générale, la faculté de céder tout ou partie de ses créances dotales. « Attendu, dit un arrêt de la cour de cassation, qu'en thèse générale la dot mobilière est inaliénable en ce sens seulement que la femme ne peut y renoncer, soit à son recours contre le mari, soit à l'hypothèque légale attachée à ce recours ; mais qu'après la séparation de biens la dot reste absolument ina-

---

créanciers inscrits qui avaient produit; qu'il avait été clos; qu'une ordonnance de M. le juge-commissaire avait ordonné la radiation de l'inscription de la dame Rivoire, et qu'enfin cette ordonnance avait reçu son exécution par la radiation de l'inscription; qu'à raison de toutes ces circonstances, le procès était parfaitement sérieux et incertain dans ses résultats; que si elle eût succombé dans cette instance, sa dot entière en argent eût été compromise, et elle n'eût conservé que son trousseau et les meubles constitués dans le contrat; — Attendu que, au contraire la transaction a eu pour résultat d'assurer à la dame Rivoire sa dot entière constituée en argent ou en créances, de lui attribuer des immeubles vendus plus tard 43000 fr., tandis que, si elle était liquidée aujourd'hui, elle ne passerait pas 41710 fr. pour les constitutions en argent ou en créances; qu'elle n'a donc été en perte par la transaction que

de la somme à laquelle elle aurait eu droit pour dépréciation de son trousseau et pour déficit sur son mobilier, et que son mobilier et mobilier dont elle s'est prévalue en nature, étant démontré qu'il s'agissait d'une créance de 19000 fr. dont le titre est rendu à la dame Rivoire, n'a point péri par la faute de son mari; — Attendu que, dans ces circonstances, on ne saurait méconnaître que la transaction était un acte prudent, d'une sage et prévoyante administration; que les bases en ont été loyalement débattues par les hommes d'affaires chargés des intérêts des parties; — Par ces motifs, réformant le jugement rendu par le tribunal civil de Bourgoin le 1er mai 1864, ordonne l'exécution de la transaction du 1er mai 1862, etc.

Du 20 janv. 1865.-C. de Grenoble, 2e ch.-MM. Blanc, f. f. pr.-Bérenger, av. gén.-Cantel et Cas de Ventavon, av.

liénable pour la femme, qui en reprend la libre administration, sans pouvoir s'obliger sur le capital dotal ni l'aliéner (Req. 3 févr. 1879, aff. Hue, D. P. 79. 1. 246. V. dans le même sens : Civ. rej. 11 nov. 1867, aff. Tennière, D. P. 67. 1. 405, et les arrêts du 27 avr. 1880 et du 4 juill. 1881, cités *suprà*, n° 1261). Quelques auteurs soutiennent cependant que la femme dotale séparée de biens doit pouvoir faire tous les actes d'administration permis au mari; or on a vu *suprà*, n° 1231, que la jurisprudence reconnaît au mari le droit d'aliéner les créances dotales (Comp. Laurent, t. 23, n° 556; Guillouard, t. 4, n° 2105).

1263. Parmi les actes d'administration que la femme séparée peut faire valablement, nous signalerons la participation aux délibérations relatives au concordat à accorder à son mari tombé en faillite. — Jugé, en ce sens, que la femme dotale, séparée de biens, doit être admise aux délibérations relatives au concordat du son mari tombé en faillite, alors que sa créance n'est pas garantie par l'hypothèque légale, à défaut d'immeubles du mari sur lesquels cette hypothèque puisse suffisamment s'exercer. Dans ce cas spécial, le concours de la femme aux opérations de la faillite constitue un acte de simple administration rentrant dans les pouvoirs que la séparation de biens lui a rendus, et non un acte de disposition prohibé par la règle de l'inaliénabilité de la dot mobilière. Le vote de la femme au concordat ne fait, d'ailleurs, pas obstacle à la persistance de son action personnelle et hypothécaire contre son mari, pour la portion de la dot dont elle n'a pu, à raison de l'état de faillite, réaliser le recouvrement (Civ. rej. 11 nov. 1867, aff. Tennière, D. P. 67. 1. 405; Aubry et Rau, t. 5, § 539, note 16, p. 624 et suiv.; Guillouard, t. 4, n° 2107). — S'il s'agit de la faillite d'une personne autre que son mari, la femme a également le droit d'intervenir au concordat, cette intervention ne constituant pas un acte d'aliénation, mais un simple acte d'administration, soit parce que la remise d'une portion de dette que le créancier consent au failli, pour mieux assurer le recouvrement de l'autre portion, n'est pas une concession ou une transaction volontaire, mais bien un sacrifice imposé par les nécessités de la situation, soit parce que la participation au concordat, qui se forme sous le contrôle et avec la sanction de la justice, rentre dans l'exercice des actions dotales, apanage nécessaire du droit d'administration (Guillouard, *loc. cit.* — Comp. sur ces questions : Vuébat, *De la séparation de biens sous le régime dotal*, p. 143 et suiv.).

1264. La femme séparée de biens, qui, en vertu de son droit d'administration, reçoit le remboursement de capitaux dotaux, peut-elle être forcée à en faire emploi? Cette question, qui a été examinée au *Rép.* n° 3517 et n°s 3965 et suiv., est aujourd'hui généralement résolue par la négative; la jurisprudence reconnaît que, sauf le cas où l'emploi est prescrit par le contrat de mariage, la femme n'y est pas obligé (Paris, 14 janv. 1856, aff. Avenel, D. P. 56. 2. 144; Caen,

7 juill. 1858, aff. C..., D. P. 59. 2. 1; Nîmes, 5 déc. 1859 (1); Civ. rej. 13 déc. 1865, aff. Gouttebaron, D. P. 66. 1. 19; Pau, 1re ch., 13 juin 1866, aff. Abadie.-MM. Dartigau, pr.-Lespinasse, 1er av. gén., c. conf.-Oustalet et de Gavardie, av.; Civ. rej. 21 mai 1867, aff. de Gestas, D. P. 67. 1. 207; Req. 26 juill. 1869, aff. Arnol, D. P. 71. 1. 169; Agen, 7 mars 1870, aff. Cavaignac, D. P. 70. 2. 130; Rodière et Pont, t. 3, n° 2198; Aubry et Rau, t. 5, § 539, note 12, p. 620; Laurent, t. 23, n° 558; Guillouard, t. 4, n°s 2104 et suiv.). — Mais la femme n'est dispensée de l'emploi qu'autant que le mari n'y était pas obligé en vertu des clauses du contrat de mariage (V. les arrêts et les auteurs précités. V. aussi *infrà*, n° 1441).

1265. De même, tout ce qui était interdit au mari par le contrat de mariage est également défendu à la femme, même si ces actes ne constituaient que des actes d'administration. Jugé ainsi : 1° que la femme dotale dont le mari a été autorisé, par le contrat de mariage, à aliéner les immeubles et à en recevoir le prix au moyen d'une caution hypothécaire ou d'un placement sur privilège ne peut, après la séparation de biens, toucher elle-même le prix de ses immeubles vendus sans se soumettre aux conditions qui étaient imposées au mari (Trib. Puy, 30 nov. 1865, aff. Chabaud, D. P. 65. 3. 96); — 2° Que lorsque le contrat de mariage ne permet au mari d'aliéner les biens dotaux qu'à charge de fournir valable hypothèque ou caution pour la sûreté du prix, la femme dotale séparée de biens doit, à défaut d'une hypothèque qu'elle ne pourrait consentir sur ses immeubles, donner une caution valable (Trib. Valence, 24 juin 1875, aff. Montagnon, D. P. 78. 1. 463).

1266. — II. Revenus de la dot (*Rép.* n°s 3518 à 3535). — On a vu au *Rép.* n° 3518, que, suivant l'opinion générale admise, la femme ne peut disposer de la portion des revenus nécessaires à l'entretien du ménage. La jurisprudence a continué de se prononcer dans ce sens; elle décide, en outre, que la quotité des revenus nécessaires à la famille est une question réservée à l'appréciation souveraine des tribunaux (Caen, 20 juin 1855, aff. Leboucher, D. P. 56. 2. 35; Paris, 8 août 1871, aff. Vautier, D. P. 73. 2. 216; Req. 27 avr. 1880, aff. Louis Thuret, D. P. 80. 1. 431; Civ. rej. 24 mars 1885, aff. de Pazzis, D. P. 85. 1. 254).

1267. Quant à la portion des revenus dépassant les besoins du ménage et qui viennent à échoir, la distinction que nous avons indiquée au *Rép.* n° 3522, entre les créanciers antérieurs et les créanciers postérieurs à la séparation de biens, est encore adoptée par la majorité des auteurs et des arrêts. La femme dotale séparée peut s'engager valablement sur cette part de ses revenus, et ses créanciers, à défaut de payement, pourront la saisir (*Rép.* n° 3523; Ch. réun. cass. 7 juin 1864, aff. Daullioules, D. P. 64. 1. 201; Rouen, 15 avr. 1869 (2); Paris, 8 août 1871, aff. Vautier, D. P. 73. 2. 216; Civ. cass. 27 juill. 1875, aff. Noguet, D. P. 75. 1. 401; Paris,

---

(1) (Monier C. Monier.) — Par leur contrat de mariage, les époux Monier avaient adopté le régime dotal. La future épouse s'était constitué en dot une somme de 1000 fr. et elle avait reçu de ses parents une donation de 3000 fr. Le père du futur époux s'était obligé solidairement avec celui-ci, en conférant hypothèque sur ses propres biens, à la restitution de ces constitutions dotales. — La séparation de corps ayant été prononcée entre les époux, le sieur Monier, avant de restituer la dot, demanda que sa femme fût astreinte à lui donner des garanties semblables à celles qu'elle avait reçues dans le contrat de mariage. Conformément à cette prétention, le tribunal d'Avignon décida que la femme ne pourrait exiger le remboursement de sa dot, ni en toucher les intérêts qu'à charge de donner caution. — Appel par la dame Monier. — Arrêt. LA COUR; — Considérant que si, dans le droit commun, la femme séparée de corps et de biens peut obtenir de son mari la restitution de sa dot mobilière, sans être obligée de faire emploi ou de donner caution, il n'en est pas de même lorsque le contrat de mariage contient des stipulations particulières à cet égard; — Que, dans l'espèce, les précautions prises par les parties pour la garantie, soit de la somme constituée à la dame Monier par son père, soit de celle qu'elle s'était constituée elle-même, prouvent suffisamment leurs intentions relativement à la conservation de la dot, dans l'intérêt de la femme et dans l'intérêt des enfants à naître du mariage; — Que la dame Monier, remplaçant son mari dans l'administration de sa dot, reste soumise aux mêmes conditions et doit avoir les mêmes droits; — Qu'il suit de là que le tribunal d'Avignon a bien jugé en imposant à la femme Monier la condition de donner caution pour le retirement de sa dot, et qu'il

y a lieu d'ordonner que jusque-là elle en touchera les revenus à leur échéance et sur sa simple quittance, vu que ces revenus ont dû courir à son profit depuis sa demande en séparation de corps et de biens; — Par ces motifs, et réformant quant à ce seulement, ordonne que, jusqu'à ce que la femme ait fourni bonne et suffisante caution pour le retirement du capital de sa dot, le mari en payera à sa femme les intérêts à 5 pour 100, à partir du jour de la demande en séparation de corps et de biens; ordonne que, pour le surplus, le jugement sortira son plein et entier effet, etc. Du 5 déc. 1859.-C. de Nîmes.-MM. Goirand de Labaume, pr.-Liquier, 1er av. gén., c. conf.

(2) (Dame Renaux C. époux Godefroy.) — Les époux Renaux étaient mariés sous le régime dotal. En 1851, la dame Renaux obtint sa séparation de biens et fit liquider ses reprises. Le 16 janv. 1863, cession par les époux Renaux du montant des reprises de la femme et des intérêts ayant couru depuis la demande en séparation de biens, aux époux Godefroy. En 1866, un ordre est ouvert pour la distribution du prix des biens du sieur Renaux. La femme produit pour le principal de ses reprises et pour les intérêts à compter du jour de la demande en séparation. Les époux Godefroy et les créanciers postérieurs soutiennent que la dame Renaux n'a le droit d'être colloquée que pour deux années d'intérêts et l'année courante (c. civ. art. 2151); qu'en tout cas, elle ne peut prétendre qu'aux intérêts des cinq dernières années, ceux des années antérieures étant prescrits (c. civ. art. 2277); qu'en outre il s'est opéré une compensation entre l'obligation de la dame Renaux de contribuer aux charges du ménage et les intérêts de ses reprises.

28 déc. 1875, aff. Trezel, D. P. 76. 2. 198 ; Orléans, 2 mars 1876, aff. Noguet, D. P. 78. 2. 143 ; Pau, 25 nov. 1879, aff. Mouillet, D. P. 81. 2. 112 ; Req. 27 avr. 1880, aff. Louis Thuret, D. P. 80. 1. 431 ; Civ. cass. 24 mars 1885, aff. de Pazzis, D. P. 85. 1. 254 ; Marcadé, t. 6, art. 1554, n° 4 ; Rodière et Pont, t. 3, n° 1765 ; Aubry et Rau, t. 5, § 539, notes 18 et suiv., p. 623 ; Guillouard, t. 4, n° 2084, I). A ce point de vue, il n'est pas besoin d'examiner si les engagements pris par la femme constituent ou non des actes de bonne administration. — Mais les créanciers antérieurs à la séparation de biens, c'est-à-dire ceux qui ont traité avec la femme pendant le mariage ne peuvent saisir les revenus de la dot, même pour le superflu (Rép. n° 3530 ; Douai, 27 juill. 1853, aff. Puyramaure, D. P. 54. 2. 234 ; Civ. cass. 28 juin 1859, aff. Daullioules, D. P. 59. 1. 257 ; Agen, 1er févr. 1870, aff. Jasmin, D. P. 70. 2. 147 ; Paris, 28 déc. 1875, aff. Trezel, D. P. 76. 2. 198). — Un arrêt de la cour de Pau a tempéré la rigueur de ce principe, en admettant que les créanciers antérieurs à la séparation de biens pourront saisir le superflu des revenus, s'ils prouvent que leurs créances avaient pour cause des fournitures faites pour l'en-

tretien de la femme et présentaient un caractère de nécessité absolue (Pau, 25 nov. 1879, aff. Mouillet, D. P. 81. 2. 112). L'exception consacrée par cet arrêt se justifie par des raisons d'équité, car ici on ne pourrait objecter que la femme s'était engagée d'une façon irréfléchie, puisqu'il s'agissait d'obligations contractées pour son entretien (V. par analogie : Paris, 15 juill. 1856, aff. Delamarre, D. P. 57. 2. 121).

1268. Ces différentes solutions n'ont pas rallié l'unanimité des auteurs, et il s'est produit des divergences sensibles, qu'il est utile de signaler. — C'est ainsi que, d'après M. Laurent, t. 23, n° 557, les créanciers postérieurs à la séparation des biens auraient le droit de saisir la totalité des revenus des biens dotaux, sans s'occuper de ce qui est nécessaire à l'entretien du ménage. Mais cette opinion est restée isolée (V. cependant : Rouen, 15 avr. 1869, cité supra, n° 1267. V. aussi Grenoble, 26 déc. 1868) (1). Il faut remarquer, toutefois, que dans l'espèce de ce dernier arrêt, il s'agissait d'une dette ayant un caractère alimentaire. D'autres auteurs soutiennent que les créanciers antérieurs à la séparation de biens peuvent saisir les revenus de la dot pour la part qui excède les besoins du ménage (V. en ce sens : Trop-

---

Enfin les époux Godefroy demandent à être colloqués en sous-ordre, en vertu de la cession du 16 janv. 1863, sur les sommes revenant à la dame Renaux; celle-ci ayant pour objet le revenu de ses biens dotaux: — Jugement du tribunal de Valence qui réduit à deux années et à l'année courante le montant des intérêts alloués à la dame Renaux et qui admet la collocation en sous-ordre des époux Godefroy. — Appel par la dame Renaux. — Arrêt.

La cour; — Sur le chef relatif aux intérêts de la dot : — Attendu que l'art. 2135 c. nap., en dispensant de toute inscription les femmes pour raison de leur dot, n'a fait aucune distinction entre le capital de la dot et les intérêts qui en sont l'accessoire naturel ; que, suivant l'art. 2154, même code, a restreint pour les intérêts à deux années et l'année courante l'effet de l'inscription prise pour le capital, cette disposition, qui concerne le créancier inscrit, est, par là même, étrangère à la femme, dispensée de l'inscription pendant toute la durée du mariage, aux termes de l'art. 2135 précité et de l'art. 8 de la loi du 23 mars 1855; — Attendu que tous les arguments tirés des prétendus inconvénients de cette dispense d'inscription des intérêts ne seraient pas moins applicables à l'ensemble du système du code Napoléon sur la dispense de publicité des hypothèques des personnes incapables de se protéger elles-mêmes ; qu'ils sont donc sans valeur juridique quant aux intérêts, comme ils le seraient pour le principal ; — Attendu que les allégations de collusion et d'entente dolosives accueillies par les premiers juges ne sont appuyées sur aucune preuve particulière de fraude, et qu'elles reposent uniquement sur le défaut d'inscription et l'inaction de la femme Renaux, à l'égard des intérêts de sa dot; qu'une telle présomption ne saurait être admise sans violer les dispositions concernant les hypothèques légales des femmes mariées, relevées à l'avance des suites de leur propre négligence au moyen de la dispense d'inscription, et contre lesquelles l'on ne peut faire tourner le bénéfice de la loi en leur imputant à fraude ce que celle-ci tolère de leur part ; — Attendu que les époux Godefroy intimés sont d'autant moins fondés à critiquer cette situation comme frauduleuse, qu'ils l'ont parfaitement connue et acceptée, par l'acte authentique du 16 janv. 1863 contenant à leur profit transport-cession, non seulement du principal des reprises de la femme Renaux, mais encore des intérêts qu'elles avaient pu produire depuis le jour de sa demande en séparation de biens ; — Attendu que les intérêts de la dette n'ont pu se compenser avec la contribution due par la femme Renaux aux frais du ménage ; que non seulement aucun acte n'avait fixé cette contribution, mais encore les circonstances de la cause prouvent que la femme, propriétaire du moulin dont l'exploitation faisait vivre la famille, a contribué selon ses facultés aux besoins du ménage ; — Attendu que la prescription quinquennale des intérêts n'est pas opposable à la femme Renaux, aucune prescription ne courant entre époux durant le mariage, aux termes de l'art. 2253 c. nap. ; — Attendu, néanmoins, que les époux Godefroy, étant créanciers de la femme Renaux, postérieurs à sa séparation de biens, celle-ci a pu leur transporter en payement les intérêts de sa dot échus depuis ladite séparation, tant qu'ils étaient nécessaires aux besoins du ménage, ce qui résulte suffisamment de ce qu'elle les avait laissé arrérager depuis vingt années ; que, tenue à faire valoir le transport-cession consenti au profit des époux Godefroy, elle ne peut porter contre eux la créance hypothécaire des intérêts qu'à raison de l'antériorité, au mépris de la règle quem de actione tenet, etc ; — Par ces motifs, en ce qui touche la collocation demandée des intérêts des reprises de la femme Renaux, sans s'arrêter au moyen tiré du défaut d'inscription pour les intérêts des reprises courus avant la notification du

contrat d'acquisition, non plus qu'à la prescription quinquennale et à la compensation, tous moyens rejetés comme mal fondés, dit et jugé que la femme Renaux, non recevable à faire valoir, au préjudice des époux Godefroy, son hypothèque légale pour les intérêts des reprises de sa dot courus du 23 sept. 1842, date de sa demande en séparation de biens, au 16 janv. 1863, jour où elle en a fait audits Godefroy le transport-cession, est fondée à réclamer, au rang de son hypothèque légale, les intérêts de ses reprises, à dater du 16 janv. 1863 jusqu'au jour du payement ; ordonne que le règlement provisoire sera rectifié en ce sens au profit de ladite femme Renaux, etc.

Du 15 avr. 1869.-C. de Rouen, 2e ch.-MM. de Tourville, pr.-Couvet, 1er av. gén.-Lemarcis et d'Estaintot, av.

(1) (Urdy C. Mercier). — Le tribunal de Montélimar a rendu, le 20 juill. 1866, le jugement suivant : — « Attendu que l'opposition à commandement du 23 juin 1862, et celle à saisie-exécution du 7 juin 1866, sont fondées toutes deux sur le même motif : l'inaliénabilité et l'insaisissabilité des revenus dotaux; qu'il y a donc lieu de joindre les deux instances ; — Attendu que le créancier porteur d'un titre exécutoire peut toujours saisir à ses risques et périls, alors même qu'il a fait signifier à son débiteur soit ou non frappé d'opposition ; qu'ainsi Mercier pouvait saisir les cocons dont s'agit en vertu du commandement du 21 juin 1862 ; — Attendu que la femme Urdy est séparée de biens depuis le 13 mai 1859 ; — Que les objets à elle fournis par Mercier l'ont été après sa séparation et ont le caractère d'aliments, puisqu'ils consistent en vêtements à l'usage personnel de la femme Urdy et de sa famille ; — Que ces faits résultent des livres produits par Mercier, très régulièrement tenus, et que, du reste, lors du jugement du 13 déc. 1864, qui a acquis l'autorité de la chose jugée, la femme Urdy ne contesta ni la cause, ni la quotité de la créance, et se borna seulement à réclamer un délai ; — Attendu que les revenus de la dot devant servir aux charges de ménage doivent être affectés au payement de ce qui a servi à alimenter la famille et sont le gage des créanciers qui ont fourni ces aliments ; — Qu'il n'y a pas lieu, dans l'espèce actuelle, de distinguer si les revenus sont ou non suffisants à l'entretien de la famille, puisque c'est pour ce même entretien qu'ils ont été engagés, lorsque la femme Urdy a acheté des marchandises à Mercier ; — Que ce dernier a donc pu saisir la récolte de cocons dont s'agit ; — Attendu que Flachaire, intervenant, est propriétaire de la moitié d'une partie de la récolte de cocons dont s'agit ; que du reste, les parties en cause ne contestent pas son droit de propriété ainsi que la portion de récolte sur laquelle il sera exercé ; — Par ces motifs, etc. » — Appel par la dame Urdy. — Arrêt.

La cour ; — En ce qui concerne la première fin de non-recevoir proposée par Mercier contre l'appel de la femme Urdy, et tirée de ce que le jugement de première instance aurait été rendu en dernier ressort : — Attendu que si dans la créance de Mercier est inférieure à 1500 fr., il ne s'agit plus aujourd'hui d'en discuter ni la quotité, ni la légitimité ; que le jugement dont est appel a procédé sur opposition suivie d'un exploit introductif d'instance, par lequel la femme Urdy, sans contester sa dette, conclut à ce que Mercier soit déclaré sans droit dans la saisie opérée, par le motif qu'elle aurait porté sur des revenus dotaux, et, partant, inaliénables ; — Que sa demande, ainsi formulée, présente un caractère indéterminé qui ne permettait pas au tribunal saisi de statuer en dernier ressort ; — Sur la seconde fin de non-recevoir, etc. ; — Au fond : — Adoptant les motifs des premiers juges ; — Confirme, etc.

Du 26 déc. 1868.-C. de Grenoble, 1re ch.-MM. Ad. Piollet, pr.-Berger, av. gén.-Benoit et Morin, av.

long, t. 4, nᵒˢ 3306 et suiv.; Marcadé, t. 6, art. 1554, nᵒˢ 4 et 8). Les arguments de ces auteurs ont été déjà résumés au *Rép.* nᵒ 3531. Leur opinion a trouvé quelque écho dans la jurisprudence (V. Paris, 7 mars 1851, aff. Jalabert, D. P. 51. 2. 195; Aix, 20 juill. 1856, aff. Martel, D. P. 58. 2. 1; Montpellier, 10 juill. 1860, aff. Laurent, D. P. 61. 5. 167). M. Guillouard, t. 4, nᵒ 2084, réfute ainsi cette opinion : « Si on permettait à la femme dotale, en s'obligeant pendant le mariage, d'aliéner par anticipation les revenus de tout ou partie de sa dot, lorsqu'elle sera rentrée dans ses mains, on arriverait aux deux conséquences suivantes, également inadmissibles : la première, que la femme dotale pourrait pendant le mariage et malgré la protection de l'inaliénabilité, donner aux créanciers un droit sur la dot, droit dont l'exercice serait seulement différé; la seconde, que la séparation de biens se retournerait contre la femme en faveur de laquelle la loi l'a créée, en donnant à ses créanciers un droit de saisie sur les revenus dotaux, droit qu'ils n'avaient pas avant la séparation ». Nous avons vu, en effet, *suprà*, nᵒ 1235, que pendant le mariage les créanciers de la femme n'ont jamais action sur les revenus dotaux qui appartiennent au mari.

1269. Relativement aux créanciers postérieurs à la séparation de biens, lesquels, comme nous l'avons dit *suprà*, nᵒ 1267, peuvent agir sur le superflu des revenus de la dot, il a été décidé que leur droit de poursuite cesse après la dissolution du mariage, et qu'après cet événement ils ne peuvent plus saisir aucune partie des revenus des immeubles dotaux (Caen, 24 avr. 1875, aff. Guillot, D. P. 77. 2. 73). Cette décision est en harmonie avec le système d'après lequel les obligations contractées par la femme pendant le mariage ne peuvent être exécutées ni sur le capital, ni sur les revenus de ses biens dotaux après la séparation de biens ou la dissolution du mariage, système qui a prévalu en doctrine et en jurisprudence (V. *Rép.* nᵒ 3538, et *infrà*, nᵒ 1270).

1270. Nous avons toujours supposé dans les hypothèses précédentes que le jugement de séparation de biens avait été prononcé. Jusqu'à ce moment le mari conserve tous ses droits, et c'est ainsi qu'il a été jugé qu'un mari peut valablement employer, par voie de compensation, les deniers dotaux de la femme à l'extinction de sa dette personnelle envers un tiers, alors même qu'une demande en séparation de biens a été formée précédemment, si l'acte n'est entaché d'aucune fraude (Limoges, 19 févr. 1862, aff. Deschamps, D. P. 62. 2. 61). Mais, après la séparation de biens prononcée, le mari doit compte à la femme des revenus de la dot du jour de la demande en séparation (V. *suprà*, nᵒ 675).

Sect. 5. — De l'inaliénabilité après la dissolution du mariage (*Rép.* nᵒˢ 3536 à 3548).

1271. Comme on l'a dit au *Rép.* nᵒ 3536, l'inaliénabilité cesse avec le mariage, et la dot redevient saisissable à partir de cette époque, en vertu des obligations légalement contractées par la femme soit avant le mariage, soit après sa dissolution. — Mais les créanciers qui ont traité avec la femme pendant le mariage peuvent-ils, pour les obligations qu'elle a contractées envers eux, saisir sa dot après la dissolution du mariage? Cette question a été examinée au *Rép.* nᵒ 3537. — Si la femme a survécu au mari, on décide aujourd'hui d'une façon générale qu'elle sera complètement garantie et que ses biens dotaux ne pourront être saisis par les créanciers envers lesquels elle s'est obligée pendant le mariage (V. outre les autorités citées au *Rép. ibid.*: Douai, 27 juill. 1853, aff. Puyramaure, D. P. 54. 2. 234; Aix, 27 juin 1859, aff. Favier, D. P. 59. 2. 216; Bordeaux, 23 mars 1865, *suprà*, nᵒ 781; Civ. rej. 18 août 1869, aff. Delure, D. P. 69. 1. 461; Amiens, 1ʳᵉ ch., 21 déc. 1869, aff. Chédeville C. Delarbre.-MM. Saudbreuil, 1ᵉʳ pr.-Gesbert de la Noë-Seiche, av. gén.-Daussy et Moreau (du barreau de Paris), av.; Caen, 21 avr. 1875, aff. Guillot, D. P. 77. 2. 73; Labbé, *Revue critique*, année 1851, p. 1 et suiv.; Rodière et Pont, t. 3, nᵒ 1767; Marcadé, t. 6, art. 1554, nᵒ 13; Aubry et Rau, t. 5, § 538, note 13, p. 607 et suiv.; Laurent, t. 23, nᵒ 551; Guillouard, t. 4, nᵒ 1876).

1272. Lorsque le mariage se dissout par la mort de la femme, la chose plus douteuse. « Il y a bien alors, comme le remarque M. Jouitou, nᵒ 166, quelque chose d'étrange à voir, par exemple, le fonds dotal passant aux héritiers de

la femme, répondre des dettes personnelles de ces héritiers (ce qui ne fait pas question) et ne pas répondre des dettes de la succession! Tandis qu'à l'inverse, les biens personnels de l'héritier qui a accepté purement et simplement répondront des dettes de la succession, dettes dont le bien dotal ne répond pas! » Cependant la jurisprudence et la majorité des auteurs décident, encore dans ce cas, que les créanciers qui ont traité pendant le mariage ne peuvent poursuivre leur payement sur les biens dont se composait la dot de la femme. L'inaliénabilité des immeubles dotaux est, en effet, ainsi que le prouve l'art. 1560 c. civ., tout aussi bien établie dans l'intérêt des héritiers de la femme que dans celui de la femme elle-même. Et d'ailleurs, en dehors des cas prévus par la loi, où il est permis à la femme de contracter des dettes payables sur le fonds dotal, aucun droit n'est acquis aux tiers, soit pour le présent, soit pour l'avenir, à l'égard des biens dotaux (*Rép.* nᵒ 3539; Civ. cass. 14 nov. 1855, aff. Vidier, D. P. 55. 1. 437; Paris, 9 juin 1856, aff. de Beaurepaire, D. P. 56. 2. 232; Paris, 4ᵉ ch., 16 janv. 1858, aff. Bernard C. Cotton.-MM. Poinsot, pr.-Portier, av. gén.-Pijon et Ronjat, av.; Bordeaux, 23 mars 1865, *suprà*, nᵒ 781; Labbé, Rodière et Pont, Marcadé, cités *suprà*, nᵒ 42; Aubry et Rau, t. 5, § 538, note 14, p. 608; Jouitou, *loc. cit.*). — Néanmoins, il a été décidé, dans une hypothèse particulière, que le recouvrement d'une créance pour fournitures faites à une femme dotale pendant le mariage peut, après que le mariage est dissous par le décès de la femme, notamment, être poursuivi par voie de saisie-arrêt pratiquée sur le prix de vente des immeubles dotaux. En pareil cas, les deniers attribués, par suite de cette vente, à la femme ou à ses héritiers ne sont plus protégés par le principe de l'inaliénabilité de la dot (Trib. Louviers, 26 janv. 1867, aff. Gosselin, D. P. 67. 3. 29. V. dans le même sens, pour le cas où le fonds dotal a été attribué à un légataire universel : Paris, 9 juin 1856, aff. de Beaurepaire, D. P. 56. 2. 252). Cette doctrine est approuvée par M. Jouitou, nᵒ 168; selon lui, les biens dotaux ne sont plus couverts par l'inaliénabilité, lorsqu'ils ont subi une véritable transformation après la dissolution du mariage : « car, ajoute cet auteur, si l'on pouvait trouver une raison qui autorisât à subroger le prix à l'immeuble au point de vue de l'insaisissabilité, elle servirait aussi à subroger au prix, au même point de vue, les objets achetés et payés à l'aide dudit prix et ainsi de suite indéfiniment, ce qui serait absurde... ». D'après MM. Aubry et Rau, t. 5, § 538, note 13, p. 608, au contraire, « on ne comprendrait pas que des engagements non susceptibles d'être exécutés sur l'immeuble dotal lui-même, puissent cependant l'être sur le prix de cet immeuble, prix qui, au point de vue de l'effet de ces engagements, représente évidemment l'immeuble » (V. en ce sens : Douai, 27 juill. 1853, aff. Puyramaure, D. P. 54. 2. 234).

1273. Par application de ces deux principes, que la femme dotale n'est pas incapable de s'obliger autrement que sur ses biens dotaux, et que l'inaliénabilité cesse au jour de la dissolution du mariage et pour l'avenir seulement, il a été décidé : 1ᵒ que les créanciers de la femme peuvent poursuivre le remboursement de ce qui leur est dû sur les biens autres que les biens dotaux laissés par la femme à ses héritiers (Riom, 18 juill. 1853, aff. Barrer, D. P. 54. 5. 264), et même sur les biens personnels de ceux-ci, s'ils ont accepté purement et simplement la succession de la femme (Civ. cass. 14 nov. 1853, aff. Vidier, D. P. 55. 1. 437); — 2ᵒ Que le régime dotal n'ayant point pour effet de rendre la femme absolument incapable de contracter une obligation, mais seulement de placer sa dot en dehors des conséquences de ses engagements, l'action de ses créanciers peut s'exercer utilement, après la dissolution de la société conjugale, sur les biens entrés depuis cette époque dans le patrimoine de la femme (Grenoble, 16 déc. 1882, aff. Guillard, D. P. 83. 2. 242);... Alors même qu'en vertu d'une clause insérée au contrat de mariage, il aurait été stipulé que les biens acquis de cette façon ne seraient pas le gage de ses créanciers (Paris, 23 nov. 1856, V. *suprà*, nᵒ 1239); — 3ᵒ Que l'inaliénabilité de la dot cessant avec le mariage, la femme dotale est tenue, sur ses biens dotaux, des obligations qu'elle a contractées, après la dissolution de l'union conjugale, en acceptant purement et simplement un legs universel qui lui était fait par son mari débiteur de la dette dont le payement est

poursuivi contre elle (Req. 7 juin 1882, aff. de Champagny, D. P. 83. 1. 288).

1274. On s'est demandé au *Rép.* n° 3542, si, à défaut du capital, du moins les revenus de la dot peuvent être saisis, après la dissolution du mariage, par les créanciers envers qui la femme s'est obligée pendant le mariage. La jurisprudence semble s'être maintenue dans le sens de la négative (V. notamment : Douai, 27 juill. 1853, aff. Puyramaure, D. P. 54. 2. 234 ; Caen, 21 avr. 1875, aff. Guillot, D. P. 77. 2. 73. V. conf. Aubry et Rau, t. 5, § 539, texte et note 20, p. 623). — Et cette solution a été étendue à la portion des revenus dotaux que la femme s'était réservée de toucher pour subvenir à son entretien et qui n'avait pas été perçue par elle à l'époque de son décès. Il a été jugé que cette portion arrive à ses héritiers affectée du caractère dotal, et échappe à l'action de ses créanciers (Poitiers, 14 févr. 1883, aff. Vannier, D. P. 85. 1. 145).

1275. Nous avons admis (*Rép.* n° 3548) que les biens échus à titre de succession postérieurement à la dissolution du mariage, à une femme qui s'était mariée avec une constitution en dot de tous ses biens présents et à venir, n'ont pas la qualité de biens dotaux, et qu'en conséquence, ils sont saisissables comme ses biens paraphernaux. La solution devrait être identique s'il s'agissait de biens acquis par la femme à la même époque avec des deniers dotaux (Req. 17 mai 1881, aff. du Port, D. P. 82. 1. 110), au moins quand il n'y a pas eu de remploi stipulé (V. *infrà*, n°s 1456 et suiv.).

Sect. 6. — Exceptions au principe de l'inaliénabilité de la dot (*Rép.* n°s 3549 à 3787).

Art. 1er. — *Exceptions résultant de la convention* (*Rép.* n°s 3549 à 3577).

1276. Quoique la dot soit inaliénable en principe, elle peut cependant, à la différence de ce qui avait lieu en droit romain, être aliénée, quand il en a été ainsi décidé dans le contrat de mariage (*Rép.* n° 3549). Dans ce cas, la femme doit, pour aliéner, être autorisée par son mari, ou à son défaut par la justice. D'ailleurs, les exceptions stipulées dans le contrat de mariage doivent être restreintes aux cas textuellement prévus, sans qu'il soit permis de les étendre sous prétexte de prétendues analogies. « Si l'inaliénabilité, dit M. Guillouard, t. 4, n° 1941, n'est plus de l'essence de la dot, elle est au moins de sa nature, et, à ne consulter que l'intention probable des parties, on doit plutôt supposer qu'elles ont adopté le régime dotal avec l'inaliénabilité du fonds dotal ; et s'il y a doute, on doit l'interpréter en faveur de la dot ; *melius est pro dote respondere* » (Comp. Civ. cass. 4 juin 1866, aff. Vardon, D. P. 66. 1. 321).

1277. La question de savoir si la femme peut stipuler le droit d'hypothéquer sa dot, question qui était discutée autrefois, est maintenant résolue sans difficulté dans le sens de l'affirmative (*Rép.* n° 3552 ; Req. 13 déc. 1853, aff. Bertrand, D. P. 54. 1. 329 ; Civ. rej. 18 nov. 1862, aff. Guy, D. P. 62. 1. 476 ; Marcadé, t. 6, art. 1556, n° 4, et art. 1557, n° 1 ; Aubry et Rau, t. 5, § 537, n° 4, note 39, p. 574 ; Colmet de Santerre, t. 6, n° 279 *bis* VI ; Laurent, t. 23, n° 516 ; Jouitou, n° 285 ; Guillouard, t. 4, n° 1942 I).

Cette clause doit, toutefois, être formelle, et la faculté d'hypothéquer ne pourrait, par exemple, résulter d'une clause autorisant l'aliénation des biens dotaux en termes généraux. La jurisprudence et la doctrine sont d'accord sur ce point. V. outre les autorités citées au *Rép.* n° 3553 : Req. 13 déc. 1853, aff. Bertrand, D. P. 54. 1. 329 ; Lyon, 22 févr. 1867, aff. Buisson, D. P. 2. 80 ; Req. 1er déc. 1868 (1) ; Marcadé, t. 6, art. 1537, n° 1 ; Aubry et Rau, t. 5, § 537, n° 4, note 60, p. 575 ; Sincholle, n° 193 ; Colmet de Santerre, t. 6, n° 229 *bis* VI ; Laurent, t. 23, n° 517 ; Jouitou, n° 285). — Ce dernier auteur fait remarquer, néanmoins, que le mot *hypothèque* n'a pas besoin d'être écrit dans l'acte ; il suffit d'une intention clairement manifestée. D'après un arrêt, la faculté qu'une femme dotale s'est réservée dans son contrat de mariage, *d'engager et d'obliger ses biens dotaux* doit, alors qu'elle y a aussi stipulé celle de les vendre et de

---

(1) (De Saint-Andrieu C. Marais.) — Le 7 déc. 1867, arrêt de la cour de Rouen, ainsi conçu : — « Sur la fin de non-recevoir proposée devant les premiers juges par la demoiselle de Saint-Andrieu contre la demande des époux Marais : — Attendu qu'à la date du 18 juin 1867, la demoiselle de Saint-Andrieu a fait procéder à la saisie des biens immobiliers appartenant à la dame Marais, hypothéqués à ladite demoiselle suivant obligation du 28 déc. 1863 ; — Attendu que le 22 juillet suivant, les époux Marais ont formé contre la demoiselle de Saint-Andrieu une demande en nullité de la saisie, en tant qu'elle porte sur des biens dotaux de la dame Marais, et par suite ont conclu à la distraction de ces biens de la saisie ; — Attendu que la demande des époux Marais a été formée dans les termes de l'art. 718 c. proc. civ., et dans les délais de l'art. 728 ; que, néanmoins, la demoiselle de Saint-Andrieu soutient qu'elle procède mal par la raison que tous les créanciers inscrits n'ont pas été mis en cause ; — Attendu que de l'ensemble des dispositions du code de procédure civile relative à la saisie immobilière, il résulte qu'à partir de la notification faite par le poursuivant aux créanciers inscrits sont représentés par le poursuivant, toutes les fois qu'ils n'interviennent pas eux-mêmes comme ils le pourraient ; et que, dans les cas où le législateur a pensé qu'ils pourraient n'être pas suffisamment représentés par le poursuivant, il s'est borné à dire que le premier créancier inscrit serait seul appelé, sans jamais prescrire la mise en cause de tous les créanciers inscrits, et cela dans la pensée d'éviter des frais qui souvent eussent été excessifs et sans utilité réelle ; — Attendu que vainement on voudrait étendre aux demandes de nullité de la saisie les dispositions de l'art. 693 c. proc. ; que les dispositions de cet article, d'après les termes mêmes dans lesquels elles sont conçues, s'appliquent uniquement et exclusivement aux radiations de saisies, qui ne peuvent être opérées sans le consentement de tous les créanciers inscrits, par la raison que chacun d'eux a droit de se faire subroger à la poursuite ; — Attendu que, les choses telles, la fin de non-recevoir proposée par la demoiselle de Saint-Andrieu contre la demande des époux Marais n'est pas fondée, et qu'à tort les premiers juges l'ont admise ; — Au fond : — Attendu, en droit, qu'il est de jurisprudence certaine que si la femme qui s'est placée sous la protection du régime dotal, peut se réserver la faculté d'aliéner et celle d'hypothéquer, ces deux facultés, différant essentiellement entre elles et par le caractère qui leur est propre et par les effets qu'elles produisent, sont complétement indépendantes l'une de l'autre ; que la première ne comprend pas la seconde, et que chacune d'elles n'existe qu'autant qu'elle résulte d'une énonciation formelle et spéciale du contrat de mariage ou s'induit clairement des dispositions de ce contrat ; — Attendu, en fait, que le contrat de mariage des époux Marais, en date du 2 févr. 1850, non-seulement ne réserve pas à la dame Marais la faculté d'hypothéquer, mais que l'ensemble de ses dispositions y répugne, et que même la clause qu'y énonce l'art. 9 en est exclusive ; — Attendu, dès lors, que les biens dotaux de la dame Marais n'ont pu être valablement hypothéqués ; que l'hypothèque consentie sur ces biens au profit de la demoiselle de Saint-Andrieu ne saurait produire effet, et qu'ainsi la saisie qu'elle a fait pratiquer doit être annulée en tant qu'elle porte sur ces biens ; — Attendu que la dame Wattemare, mise en cause comme créancière, première inscrite, déclare s'en rapporter à justice, et qu'il y a lieu de lui donner acte de cette déclaration ; — Par ces motifs, etc. » — Pourvoi en cassation de la demoiselle de Saint-Andrieu. — 1° Violation des art. 693, 718 et 728 c. proc. civ. et fausse application de l'art. 725 même code, en ce que la demande de la dame Marais n'était pas une demande en distraction, mais constituait une demande en nullité et en radiation de saisie ; que, dès lors, c'étaient les art. 693 et 718 qui étaient applicables à cette demande et non l'art. 725. — 2° Violation de l'art. 1557 c. civ. en ce que l'article attaqué décidait que la faculté d'hypothéquer les immeubles dotaux n'était pas comprise dans le droit d'aliéner ces mêmes immeubles réservé par le contrat de mariage. — Arrêt.

La cour ; — Sur le premier moyen : — Attendu qu'aucune disposition de la loi n'exige que les demandes incidentes à une saisie immobilière soient notifiées à tous les créanciers inscrits ; que la poursuite une fois devenue commune par la mention des notifications en marge de la transcription de la saisie, les créanciers inscrits sont représentés par le poursuivant ; que, alors même qu'il s'agit d'une demande en distraction, c'est-à-dire de l'incident le plus menaçant pour les créanciers, la loi n'exige que la mise en cause du premier inscrit, on ne saurait exiger celle de tous les inscrits pour les incidents ordinaires ; — Attendu que si, pour le cas de radiation de saisie, l'art. 693 c. proc. exige le consentement de tous les créanciers inscrits ou des jugements rendus contre eux tous, c'est pour empêcher que la saisie puisse être anéantie par la seule volonté du saisissant et pour sauvegarder le droit des créanciers de se faire subroger à la poursuite ; mais que cette disposition est sans application à la cause, où il s'agissait d'une demande en nullité de la saisie régulièrement formée contre le saisissant seul ; — Attendu que, dans l'espèce, la demande en nullité de la saisie avait été formée par la femme Ma-

les aliéner, être réputée synonyme de la faculté d'hypothéquer (Lyon, 20 févr. 1850, aff. Perelle, D. P. 53. 2. 119). Il a été jugé également que bien que le pouvoir d'aliéner ne comprenne pas, en principe, celui d'hypothéquer, les juges peuvent, toutefois, admettre, par interprétation de la volonté des parties relatée au contrat de mariage, que la femme a cette faculté (Caen, 1er avr. 1876) (1).

1278. Une question semblable s'est posée au sujet de la vente à réméré. Lorsqu'une femme a stipulé l'aliénabilité de ses biens dotaux, peut-elle les vendre à réméré ? L'affirmative résulte d'un arrêt de la chambre des requêtes où il est dit que l'immeuble dotal stipulé aliénable sans formalité de justice, et sans que le prix à en provenir soit assujetti à aucun remploi, garantie, ni caution, peut être l'objet d'une vente à réméré avec emploi du prix au payement des dettes du mari envers l'acheteur (Req. 19 mars 1861,

aff. Bayeulle, D. P. 61. 1. 429). Mais la faculté d'aliéner l'immeuble dotal n'entraîne pas le droit d'engager cet immeuble sous la forme d'une vente à réméré déguisant un contrat pignoratif (Rép. no 3571 ; Aubry et Rau, t. 5, § 537, no 4, note 61, p. 575 ; Guillouard, t. 4, no 1944).

1279. On a constaté au Rép. no 3555, d'après la jurisprudence, que la faculté d'hypothéquer serait comprise dans la clause qui réserverait à la femme, outre la faculté d'aliéner, celle de disposer en pleine et entière liberté de ses biens. — Jugé, en ce sens, que la faculté d'hypothéquer peut résulter suffisamment de la clause par laquelle la future s'est réservé, outre le droit d'aliéner ses biens dotaux, celui de « prendre tels engagements que bon lui semblerait, du consentement de son mari » (Req. 13 déc. 1853, aff. Bertrand, D. P. 54. 1. 329. V. aussi anal. Req. 1er août 1866, aff. Gary, D. P. 66. 1. 446).

---

(1) (Maupas C. Leportier et autres.) — Le 4 août 1875, le tribunal civil de Domfront a rendu le jugement suivant : — Attendu que, par son contrat de mariage du 23 nov. 1868, la dame Leportier, après avoir adopté le régime dotal avec société d'acquêts, s'est constitué en dot tous ses biens meubles et immeubles, présents et à venir, mais en se réservant, dans l'art. 6, la faculté de les vendre, liciter ou échanger avec le seul consentement de son mari, moyennant de bons et valables remplois en immeubles ou une garantie hypothécaire sur les immeubles du mari ou sur ceux de la société d'acquêts ; qu'elle a, en outre, stipulé qu'elle pourrait « aliéner ses immeubles sans remploi ni garantie, de la même manière que si elle était mariée sous le régime de la communauté, jusqu'à concurrence d'une somme de 20000 fr. »; qu'il s'agit de savoir si cette autorisation d'aliéner, dans les termes où elle est formulée, a pu conférer à la dame Leportier la capacité de consentir, par l'acte d'emprunt susdaté, sur ses immeubles dotaux, l'affectation hypothécaire dont il oppose aujourd'hui la nullité ; — Or, attendu, en droit, qu'aux termes d'une jurisprudence depuis longtemps constante, l'autorisation de vendre ou même d'aliéner les immeubles dotaux n'emporte pas en général la faculté soit de les hypothéquer, soit de les engager par de simples obligations ; qu'en effet, le législateur, après avoir, dans l'art. 1554 c. civ., édicté l'inaliénabilité des immeubles constitués en dot, a, dans le même article, interdit, par une disposition expresse, l'affectation hypothécaire de ces mêmes immeubles; qu'il en résulte qu'en matière de régime dotal, l'aliénation et l'affectation hypothécaire restent, aux yeux du législateur, deux contrats complètement distincts ; que l'un de ces contrats peut être permis, tandis que l'autre demeure interdit ; qu'à cet égard, la distinction, déjà si profondément tranchée en droit romain, entre la faculté d'aliéner et la faculté d'hypothéquer le fonds dotal, ne s'est traditionnellement maintenue que parce qu'elle a son fondement dans les principes les plus essentiels d'un régime matrimonial destiné à assurer la conservation de la dot et à protéger la femme contre sa propre faiblesse et sa trop grande condescendance pour son mari ; que sous ce rapport, l'affectation hypothécaire présente de plus sérieux inconvénients pour la femme que l'aliénation, en ce sens que la femme se prêtera plus volontiers à une affectation hypothécaire qui n'offre qu'un danger éventuel et en tous cas éloigné, qu'à une aliénation qui fait sentir immédiatement ses effets par la dépossession actuelle et irrévocable qui en est la conséquence ; qu'il suit de ce qui précède qu'en l'absence de dispositions dérogatoires très claires et très précises, la faculté d'hypothéquer l'immeuble dotal ne doit pas être réputée comprise dans la faculté d'aliéner, conventionnellement stipulée ou légalement autorisée ; — Attendu, en fait, qu'il résulte de l'ensemble des dispositions de l'art. 6 du son contrat de mariage que la dame Leportier a seulement voulu, en cas d'aliénation de ses immeubles dotaux par l'un des modes spécifiés audit article, se réserver la faculté de toucher sur leur prix une somme de 20000 fr., sans avoir à fournir le remploi ou la garantie hypothécaire tout d'abord sti-

pulés d'une façon absolue ; mais que, dans aucune partie dudit article, elle ne s'est réservé soit expressément, soit même implicitement, la faculté d'engager ses immeubles dotaux par de simples obligations ou par des affectations hypothécaires ; — Attendu, à la vérité, que la dame Leportier a stipulé, dans le même article, qu'elle pourrait, jusqu'à concurrence de ladite somme de 20000 fr., aliéner ses immeubles dotaux sans remploi ni garantie, de la même manière que si elle était mariée sous le régime de la communauté ; mais que cette stipulation est toute relative et ne se réfère qu'à la dispense de remploi ou de garantie, sans qu'on puisse rationnellement en induire que la dame Leportier ait voulu s'attribuer, dans les limites ci-dessus spécifiées, la pleine et entière capacité de la femme commune en biens ; — Attendu, d'un autre côté, que les capitaux mobiliers de la dame Leportier pourraient toucher pendant le mariage, ayant été, par l'art. 7 dudit contrat, spécialement affectés au remboursement d'un emprunt de 4000 fr., antérieurement contracté par elle pour l'achat de son trousseau, il a été énoncé dans cet article que ladite affectation était convenue de manière que la future puisse librement disposer d'une somme de 20000 fr. sur ses immeubles ; mais que ce serait exagérer la portée de cette clause que d'en induire la faculté pour la dame Leportier de se procurer lesdits 20000 fr. autrement que par l'un des modes d'aliénation énoncés dans l'art. 6 ; qu'en effet, le même art. 7, prévoyant le cas où les capitaux mobiliers de la dame Leportier seraient insuffisants pour rembourser l'emprunt précité, l'autorise à prendre sur ses immeubles, en plus des 20000 fr., la somme nécessaire pour parfaire ce remboursement ; — Or attendu qu'il entrait si bien dans les prévisions des parties que cette somme complémentaire ne pourrait provenir que d'un prix de vente d'immeubles dotaux, qu'elles n'ont eu en vue que des tiers acquéreurs, lorsqu'elles ont spécifié les justifications qui devraient être fournies de l'insuffisance des capitaux de la dame Leportier ; que cette dernière clause confirme, en fait, d'une façon indiscutable, l'interprétation restrictive que comporte en droit et par elle-même la faculté d'aliénation stipulée dans le contrat de mariage, aucune distinction ne pouvant, dans l'espèce et sous ce rapport, être rationnellement établie entre la somme à prendre sur les immeubles dotaux pour rembourser l'emprunt contracté avant le mariage, et celle de 20000 fr., dont la dame Leportier devait librement pouvoir disposer sur ces mêmes immeubles ; que ce droit de libre disposition ne se réfère évidemment qu'à la dispense de remploi ou de toute autre garantie qui permettrait à la dame Leportier de recevoir et employer ladite somme sans aucun contrôle ; — Attendu qu'on objecterait vainement que les époux Leportier auraient eux-mêmes interprété leur contrat de mariage en ce sens que la faculté d'aliéner, réservée au profit de la dame Leportier, comportait pour elle la faculté d'hypothéquer ses immeubles dotaux ; qu'en effet, l'interprétation de semblables clauses constitue non une simple question de fait, mais une question de droit dont les conséquences légales ne peuvent être appréciées que par les tribunaux, sous le contrôle de la cour suprême ; — Que, d'ailleurs, les demandeurs ont, de leur côté, émis des doutes tellement sérieux sur la portée de la clause dont il s'agit, relativement à la capacité qui en serait résultée, pour la dame Leportier, de s'obliger sur ses immeubles dotaux, qu'ils ont exigé et obtenu le cautionnement solidaire d'un tiers, encore bien que l'affectation hypothécaire à eux consentie par leur débitrice, jusqu'à concurrence seulement d'une somme de 8000 fr., sur des immeubles d'une valeur de beaucoup supérieure, fût la première en date, et dût, à ce titre, si elle était valable, assurer le complet remboursement de leur créance ; — Qu'il suit de ce qui précède que ladite affectation hypothécaire doit, sur la demande des époux Leportier, être annulée de manière que l'exécution n'en puisse être poursuivie sur les immeubles dotaux de la dame Leportier. — Appel. — Arrêt.

La cour ; — Attendu que la question est de savoir si les époux Eugène Noël Leportier ont pu affecter hypothécairement les immeubles de la femme à la sûreté des prêts faits par Maupas et Manoury ; — Attendu que, par leur contrat de mariage,

---

rais dans les termes de l'art. 718 et les délais de l'art. 727, et a été dirigée tant contre le saisissant que contre le premier créancier inscrit ; qu'elle était fondée sur ce que la saisie portait sur des immeubles dotaux ; — D'où suit qu'en décidant que la mise en cause de tous les créanciers inscrits n'était pas nécessaire, l'arrêt attaqué n'a ni violé l'art. 693, ni faussement appliqué l'art. 725 c. proc. civ. ;

Sur le deuxième moyen : — Attendu que les époux Marais étaient soumis au régime dotal ; qu'il est déclaré par le juge du fond que non seulement la femme ne s'était pas réservé la faculté d'hypothéquer ses biens dotaux, mais que toutes les stipulations que renferme le contrat de mariage sont exclusives d'une telle faculté ; — Que par cette appréciation, d'ailleurs conforme aux clauses dudit contrat, l'arrêt attaqué n'a violé aucune des dispositions de loi visées par le pourvoi ; — Rejette, etc.

Du 1er déc. 1868.-Ch. req.-MM. Bonjean, pr.-Tardif, rap.-P. Fabre, av. gén., c. conf.-Morin, av.

1280. Le droit d'aliéner les immeubles dotaux, stipulé dans le contrat de mariage, n'entraîne pas, par lui-même, le droit d'aliéner la dot mobilière. Cette doctrine que nous avons admise au *Rép.* n° 3559, est consacrée par de nombreux arrêts, desquels il résulte, notamment, que la femme qui s'est réservé le droit d'aliéner ses immeubles dotaux n'est pas pour cela autorisée à renoncer à son hypothèque légale (Caen, 28 janv. 1865, *suprà*, n° 1231 ; Req. 21 août 1866 (1), et les autres arrêts cités *infrà*, n° 1281).

1281. Si le contrat de mariage donne à la femme l'autorisation d'aliéner *ses biens dotaux*, et non plus seulement ses immeubles, il est certain qu'alors l'aliénabilité s'étend aux meubles comme aux immeubles (Aubry et Rau, t. 5, § 537, p. 602; Guillouard, t. 4, n° 2067). Mais, dans cette hypothèse, la femme peut-elle céder ses reprises et renoncer à son hypothèque légale? La question est controversée. On a dit pour l'affirmative que la réserve faite par la femme dotale de pouvoir aliéner ses biens dotaux, d'une manière générale, alors surtout qu'elle s'est de plus réservé le droit de les hypothéquer ou de les engager, constitue une dérogation formelle et absolue au principe de l'inaliénabilité de la dot. Alors, la femme doit pouvoir céder ses reprises, renoncer à son hypothèque légale ou subroger un tiers dans l'effet de cette hypothèque, tout aussi bien qu'elle peut le faire dans les cas exceptionnels où le droit d'aliéner lui est accordé par la loi, comme lorsqu'il s'agit d'établir les enfants communs (V. en ce sens : Req. 1er juin 1853, aff. Faure, D. P. 53. 1. 241; Bordeaux, 16 août 1853, aff. Carras-Billiat, D. P. 55. 2. 80; Troplong, t. 4, n° 3397; Bertauld, *Traité théorique et pratique de la subrogation à l'hypothèque légale des femmes mariées*, n° 39; Gérardin, *Revue pratique*, année 1867, t. 30, p. 97; Pont, *Traité des privilèges et hypothèques*, t. 1, n° 453). — Cette opinion, toutefois, n'a pas prévalu en doctrine ni en jurisprudence. D'après MM. Aubry et Rau, t. 5, § 537, note 65, p. 576, « la faculté laissée à la femme

de céder ses reprises ou de renoncer à son hypothèque légale irait directement contre le but du régime dotal, dont elle serait en quelque sorte la négation. Cette faculté ne saurait donc être considérée comme comprise dans celle d'aliéner les biens dotaux, ou comme en découlant par voie de conséquence, et il faudrait, pour en admettre la réserve, une clause spéciale et formelle ». M. Guillouard, t. 4, n° 1949, adopte la même doctrine. « Le sens naturel des expressions *aliénation de la dot*, dit-il, n'éveille pas l'idée d'une cession des reprises dotales de la femme ou d'une renonciation à son hypothèque légale : la dot est définie par l'art. 1540, le bien que la femme apporte au mari, et lorsque l'art. 1557 s'occupe de l'aliénation de la dot, il se réfère à l'aliénation des biens désignés sous le nom de dot par l'art. 1540. La clause est au moins susceptible de deux sens, et dans le cas où elle s'est réservé par contrat de mariage la faculté d'*aliéner ses biens dotaux, de traiter et de transiger sur ces biens* (Riom, 22 déc. 1846, aff. Désortiaux, D. P. 47. 2. 105); ... ou la faculté d'*aliéner ses biens dotaux et de prendre tels autres engagements qu'elle aviserait* (Lyon, 2 avr. 1856, aff. Buisson, D. P. 56. 2. 201); ... ou la faculté [de *vendre, échanger et hypothéquer ses biens dotaux, mobiliers et immobiliers* (Civ. rej. 16 déc. 1856, aff. Eudes, D. P. 56. 1. 433; Civ. cass. 4 juin 1866, aff. Vardon, D. P. 66. 1. 321; Civ. cass. 2 juill. 1866, aff. Bunel, *ibid.*); ... ou la faculté de *liciter, transporter, vendre et aliéner ses biens meubles et immeubles dotaux* sous une condition de remploi limitée au prix de vente des immeubles (Civ. rej. 17 déc. 1866, aff. Certain, D. P. 67. 1. 24); ... ou la faculté d'aliéner sa dot mobilière (Req. 7 avr. 1868) (2); — 2° Que la faculté que le contrat de

---

les époux Leportier ont adopté le régime dotal ; que la femme s'est constitué en dot tous ses biens présents et à venir ; mais que la rigueur de ce régime a été tempérée par la faculté réservée à la femme de pouvoir vendre, liciter ou échanger ses immeubles, moyennant de bons et valables remplacements, ou moyennant d'autres garanties spécifiées au contrat ; — Attendu qu'il est incontestable que, si les époux Leportier s'étaient bornés à cette stipulation, la femme n'aurait pas été autorisée à hypothéquer ses immeubles, la faculté d'hypothéquer n'étant point comprise implicitement dans celle d'aliéner, de liciter ou d'échanger, ce qui en principe, résulte d'une jurisprudence constante ; — Mais attendu que les époux ont soumis le régime dotal à une autre et grave modification ; — Qu'on lit dans l'art. 6 du contrat de mariage : «Elle (la femme) se réserve, en outre, la faculté de pouvoir aliéner ses immeubles, sans remploi ni garantie, de la même manière que si elle était mariée sous le régime de la communauté, jusqu'à concurrence de 20000 fr. » ; — Attendu que cette clause comporte un droit de disposition absolue, pourvu que le chiffre ne soit pas dépassé, et qu'elle entraîne la faculté d'engager les immeubles dans cette limite ; que la commune intention des parties a évidemment été de pouvoir se procurer les fonds nécessaires à l'extension du commerce du mari, au moyen d'emprunts plus faciles à réaliser, dans la mesure de leurs besoins, que ne le seraient des ventes partielles ; — Que cette interprétation se fortifie par ce qui est énoncé dans l'art. 7, qui assure de nouveau à la femme le droit de disposer librement d'une somme nette de 20000 fr. sur ses immeubles ; que le mot « aliéner », dont se sont servis les époux, doit être entendu dans un sens large, alors qu'il est mis en regard de ces autres expressions « vendre, liciter ou échanger » ; que les époux ont voulu faire quelque chose de plus, ce qu'explique la disposition expresse qui habilite la femme à aliéner partie de ses immeubles comme sous le régime du droit commun, de la même manière ; — Attendu qu'une solution contraire ne serait possible qu'en effaçant, dans l'art. 6, la clause formelle qui soustrait les immeubles aux règles du régime dotal, jusqu'à concurrence de 20000 fr., clause qui n'aurait aucun effet, aucune explication possible dans le système des époux Leportier, et qui ne serait qu'un piège tendu à des tiers de bonne foi ; — Qu'il n'est pas d'ailleurs contesté que les époux ont pu soumettre leur association à des règles empruntées à deux régimes différents, ce qui en fait un contrat mixte où trouvent leur place toutes conventions spéciales que les époux peuvent faire, comme ils le jugent à propos, aux termes de l'art. 1387 c. civ. ; — Attendu qu'il résulte de tout ce qui précède que le jugement dont est appel doit être réformé, et qu'il n'y a pas à s'occuper de l'intervention de Frédéric Leportier, dont tous les droits sont maintenus ; — Par ces motifs, réforme le jugement rendu par le tribunal de Domfront, le 4 août 1875.

Du 1er avr. 1876.-C. de Caen, 2e ch.-MM. Collas, pr.-Lanfranc de Panthou, av. gén.-Toutain, Carel et Leblond, av.

(1) (Dudouit *C.* Lemière.) — La dame Dudouit s'est pourvue en cassation contre l'arrêt de la cour de Caen rapporté *suprà*, n° 1231. Elle soutenait que cet arrêt avait violé les art. 1554 et 1557 c. civ., en déclarant nulle la subrogation consentie à son profit par les époux Lemière dans l'hypothèque légale de la dame Lemière, alors que celle-ci s'était réservé dans son contrat de mariage le droit de vendre ses immeubles dotaux et de disposer du prix. — Arrêt.

LA COUR ; — En ce qui concerne la partie de la sous-collocation demandée par la veuve Dudouit comme devant résulter à son profit de l'aliénation de la dot mobilière de la femme Lemière par son mari ; — Attendu que les époux Lemière étaient mariés sous l'empire du régime dotal ; que l'art. 6 de leur contrat de mariage, qui seul contient une exception aux dispositions de la loi en cette matière, ne fait aucune mention de l'aliénation de la dot mobilière ; que c'est donc à bon droit que la cession faite par la femme Lemière de l'hypothèque légale résultant à son profit de cette aliénation a été déclarée nulle ;

En ce qui concerne la partie de la sous-collocation demandée comme relative à l'aliénation d'un immeuble appartenant à la femme Lemière ; — Attendu que, sous l'empire du régime dotal, la règle générale étant l'inaliénabilité des immeubles de la femme, toute dérogation aux dispositions de la loi en cette matière doit être strictement renfermée dans les termes du contrat de mariage ; — Attendu que l'art. 6, au contrat de mariage, la femme Lemière s'était réservé, en cas de vente de ses immeubles par elle et son mari conjointement, le droit de disposer du prix comme bon lui semblerait pour ses besoins et affaires, son désir à cet égard devant être exprimé dans le contrat de vente ; — Mais que le droit de disposer du prix des immeubles dotaux aliénés n'implique point nécessairement celui de renoncer ou de subroger à l'hypothèque légale qui garantit la reprise de ce prix sur les biens du mari, alors surtout que, quant au prix, le prix aurait été employé aux affaires du mari ; — Attendu qu'en le décidant ainsi, dans les circonstances de la cause, l'arrêt attaqué a fait une juste application tant de l'art. 6 du contrat de mariage que des dispositions de la loi ; — Rejette, etc.

Du 21 août 1866.-Ch. req.-MM. Bonjean, pr.-de Vergès, rap.-P. Fabre, av. gén., c. conf.-de Valroger, av.

(2) (Comp. du Grand Bordia *C.* Hervet). — Le 7 juill. 1866, arrêt de la cour de Paris ainsi conçu : — Considérant qu'aux termes du contrat des époux Hervet, il est virtuellement interdit à la dame Hervet de renoncer à son hypothèque légale, soit parce que l'appelante, s'étant soumise au régime dotal, modifié par une société d'acquêts, et s'étant constitué en dot ses biens présents

mariage réserve à la femme dotale de *consentir toutes ventes, tous échanges, partages, licitations, compromis, transactions, restrictions et mainlevées d'hypothèques*, est subordonnée à la condition des garanties ou de l'emploi que stipule le contrat de mariage et ne saurait s'appliquer à la cession de l'hypothèque légale de la femme (Lyon, 3 févr. 1883, aff. Bourrut, D. P. 83. 2. 142).

1282. On s'est demandé au *Rép.* n° 3568 si la faculté d'aliéner les biens dotaux emporte celle de compromettre sur les contestations relatives à ces biens. Cette question est encore aujourd'hui controversée. La plupart des auteurs, toutefois, soutiennent que, même dans le cas où elle a le droit d'aliéner le fonds dotal, la femme ne peut pas faire de compromis; cela résulte, dit-on, de la combinaison des art. 83 et 1004 c. proc. civ., dont le premier prescrit la communication au ministère public des causes des femmes mariées sous le régime dotal, lorsqu'il s'agit de leur dot, et le second interdit le compromis sur les contestations sujettes à communication au ministère public (V. outre les auteurs et les arrêts cités au *Rép. ibid.* : Rodière et Pont, t. 3, n° 1783; Aubry et Rau, t. 5, § 537, n° 4, note 62, p. 575; Guillouard,

t. 4, n° 1945. — *Contrà :* Marcadé, t. 6, art. 1557, n° 1). M. Jouitou, n° 290, fait une distinction entre le cas où le pouvoir d'aliéner les biens dotaux a été réservé par la femme et celui où il a été conféré au mari par le contrat de mariage. Dans le premier cas, M. Jouitou admet que la femme peut compromettre relativement à ses biens dotaux. L'art. 83 c. proc. civ., et par suite l'art. 1004 du même code, n'ont d'application, dit-il, que si l'objet du compromis est inaliénable; c'est, du moins, ce qui est généralement admis (Comp. *Rép.* v° *Ministère public*, n°s 158 et suiv.). Or notre hypothèse implique l'aliénabilité stipulée et exclut, par conséquent, l'obligation de communiquer au ministère public, d'où il résulte qu'elle ne tombe pas sous le coup de l'art. 1004. Mais pour le cas où le contrat de mariage donne au mari le pouvoir d'aliéner, le même auteur refuse au mari le droit de compromettre, par la raison qu'aux termes des art. 1988 et 1989 c. civ., tout mandat « doit être exprès », s'il s'agit d'aliéner, d'hypothéquer, de transiger, de compromettre.

1283. Il est généralement admis que la faculté stipulée *d'aliéner* emporte celle d'échanger (*Rép.* n° 3726; Agen, 4 déc. 1854 (1); Marcadé, t. 6, art. 1557, n° 2; Rodière et Pont,

et à venir, ne s'est réservé d'autre pouvoir que celui de les aliéner avec le consentement de son mari ou l'autorisation de la justice, à condition de remplacer les immeubles; soit parce qu'elle a expressément stipulé pour elle et ses héritiers le droit de reprendre, exempts de toutes dettes et charges, ses apports et les biens qui lui écherraient pendant le mariage, lors même qu'elle se serait obligée ou aurait été condamnée ; — Considérant, d'une part, en effet, que si la dot mobilière n'est pas moins inaliénable aujourd'hui qu'elle ne l'était autrefois, en général, dans les pays de droit écrit, dont le système a servi de guide aux auteurs du code, et s'il est indubitable, par suite, qu'il n'est permis ni aux créanciers de la femme d'exécuter ses engagements sur la dot, sauf le cas de délit ou de quasi-délit, ni à la femme d'abdiquer le recours hypothécaire que la loi lui accorde sur les immeubles de son mari, et qui lui sert de garantie contre les fautes d'une gestion inhabile ou négligente, il est de principe cependant que le mari, ayant non seulement l'administration et l'usufruit des biens dotaux, mais encore les actions dotales, peut, à son gré, vendre, céder, échanger la dot mobilière, corporelle ou incorporelle, et par le simple effet de son consentement habiliter sa femme à passer les mêmes actes; qu'il résulte de là que l'appelante, en se réservant la disposition de sa dot mobilière avec l'autorisation de son mari, n'a point touché aux prohibitions du régime qu'elle avait adopté ; qu'elle ne s'est restreinte qu'en stipulant le droit d'aliéner ses immeubles à charge de remplacement, sous l'autorisation de son mari; qu'elle n'est donc point affranchie de la règle qui lui défend de renoncer à son hypothèque légale, et qu'il est constant, dès lors, qu'en cédant cette hypothèque à la compagnie du Grand-Bordia, la dame Hervet a fait un acte nul; — Qu'au surplus, fût-il vrai que l'appelante, en se réservant par les conventions matrimoniales la faculté de vendre, échanger et céder sa dot mobilière, eût ainsi dérogé au régime dotal, il n'en faudrait pas moins reconnaître qu'il n'y aurait là qu'une exception strictement limitée aux actes que la clause spécifie, et qu'il serait impossible de l'étendre à l'opération litigieuse, parce qu'une subrogation dans l'hypothèque légale de la femme ne constitue ni une vente, ni un échange, ni un transport de la dot, et que plus grave qu'aucun de ces actes par ses conséquences, elle a pour résultat de dépouiller la femme de la garantie destinée à neutraliser le danger d'une aliénation directe; — D'où il suit que le tribunal a ouvertement méconnu les prohibitions du contrat de mariage de la dame Hervet en validant la subrogation d'hypothèque légale qu'elle a consentie au profit de la compagnie du Grand-Bordia; — Par ces motifs, etc. » — Pourvoi en cassation par la compagnie du Grand-Bordia pour violation des art. 1541, 1557 et fausse application de l'art. 1554 c. nap., en ce que l'arrêt attaqué a déclaré nulle l'aliénation des reprises mobilières de la femme, ainsi que la subrogation par elle consentie au profit de son créancier dans l'hypothèque légale des biens du mari relative auxdites reprises, alors que par le contrat de mariage la femme fût autorisée, dans les termes les plus absolus, à disposer, sans condition, de sa dot mobilière et ne fût assujettie à la nécessité du remploi, qu'en ce qui concernait ses biens immobiliers. — Arrêt.

La cour ; — Attendu que si, tout en adoptant le régime dotal, les époux peuvent stipuler au profit de la femme la faculté de disposer de sa dot, cette exception au droit commun du régime dotal ne peut être étendue au delà des termes dans lesquels elle a été stipulée; — Attendu, en fait, que si, par l'art. 6 du contrat de mariage, la dame Hervet, après s'être constitué en dot tous ses biens meubles et immeubles présents et à venir, se réserve la faculté de les vendre, aliéner, échanger, céder, transférer, transporter, avec le consentement de son mari ou l'autorisation de justice, le contrat ne dit absolument rien, ni de l'action en

restitution, ni de l'hypothèque légale sur les biens du mari, qui pourront résulter de ces aliénations et qui ne sauraient être confondues avec le droit d'aliéner lui-même ; — Que c'est donc à bon droit que, dans l'espèce, l'arrêt a jugé que la faculté réservée à la femme d'aliéner sa dot mobilière n'impliquait pas le droit de renoncer ou de subroger à l'hypothèque légale qui garantit l'action en reprise contre le mari ; — Rejette, etc.

Du 7 avr. 1868.-MM. Bonjean, pr.-Anspach, rap.-P. Fabre, av. gén., c. conf.-Bosviel, av.

(1) (Capdeville C. Ronqueton.) — La cour ; — Attendu que les époux Ronqueton, en se mariant sous le régime dotal, le 4 mai 1822, stipulèrent que les biens dotaux pourraient être vendus par les futurs époux, à la charge de remploi; que, le 16 janv. 1842, la dame Ronqueton consentit l'échange d'une partie de ses biens avec son mari, et reçut de ce dernier en contre-échange une pièce de terre ; que, le 9 sept. 1852, le sieur Ronqueton, agissant tant en son nom qu'en celui de sa femme, vendit au sieur Capdeville, l'immeuble qu'il avait donné en échange à sa femme, et que, le 18 juill. 1853, les mariés Ronqueton ont assigné Capdeville en délaissant dudit immeuble situé, comme frappé de dotalité; que les choses en cet état, Capdeville prétend que le bien par lui acheté appartient au mari Ronqueton; qu'il est toujours resté la propriété du mari, parce que l'échange du 16 janv. 1842 n'étant pas autorisé par le contrat de mariage des mariés Ronqueton, est radicalement nul ; — Attendu que ce contrat qui place les mariés Ronqueton sous le régime dotal pour tous biens présents et à venir, leur réserve expressément la pleine et entière liberté de les aliéner, à la seule condition de faire remploi; que celui qui a le droit de vendre a le droit d'échanger, parce qu'il est évident que quand on peut le plus, on peut le moins, et que la dérogation au principe de l'inaliénabilité de la dot est plus grande dans la vente que dans l'échange, l'échange étant un genre d'aliénation qui n'appauvrit point, parce qu'il ne fait que substituer à une chose une autre chose de même valeur ;

Attendu qu'aux termes du paragraphe 2 de l'art. 1595 c. nap., le mari a la faculté de vendre à sa femme, lorsque la vente ou cession a une cause légitime, telle que le remploi de ses propres aliénés ; que cet exemple n'a rien de limitatif; qu'il est simplement indicatif d'une hypothèse qui sert à mieux mettre en lumière l'esprit de la loi, qui a voulu empêcher que la vente ne masque une donation ou une fraude à l'égard des tiers; que l'art. 1595 ne s'oppose pas à ce que la femme achète de son mari dans une foule d'autres cas où elle doit veiller à la conservation de ses droits, et se faire payer de ce qui lui est dû ; — Attendu, d'ailleurs, que l'art. 1707 c. nap., déclarant applicables au contrat d'échange les règles prescrites pour le contrat de vente, autorise par là implicitement les actes d'échange entre eux; qu'il suffit qu'ils aient ainsi que la vente une cause légitime; que l'échange du 16 janv. 1842 fut déterminé par un intérêt sérieux de la femme dont le bien échangé par elle était situé très loin du domicile conjugal, et qu'il lui était avantageux d'en posséder à la place un autre dont l'exploitation fût moins dispendieuse et plus facile; qu'on ne saurait trouver une cause plus légitime de l'échange constaté par l'acte du 16 janvier; — Que la cession de l'immeuble a été faite à la femme Ronqueton par son mari pour lui tenir lieu de celui qu'elle lui abandonnait à son tour; que c'est là un véritable remploi de son bien dotal; qu'entre ce remploi et celui qui aurait été fait de ses deniers provenant du prix d'une vente préalable, il n'y a de différence que dans le mode de l'opérer, l'un ayant lieu directement, et l'autre ne s'effectuant que par un moyen intermédiaire, différence en rien préjudiciable à la femme, puisqu'on atteint le même but et le même résultat, qui est de mettre un immeuble à la place d'un autre immeuble, et de conserver au

t. 3, n° 1782; Aubry et Rau, t. 5, § 537, n° 4, note 64, p. 575; Guillouard, t. 4, n° 1947). Mais, au contraire, lorsque la faculté stipulée par le contrat de mariage est celle de *vendre*, il a été jugé que le droit d'échanger n'y est pas compris (Lyon, 9 janv. 1861, aff. Joannard, D. P. 62. 2. 187. V. conf. Marcadé, Rodière et Pont, Aubry et Rau, Guillouard, *loc. cit.*). Nous préférons l'opinion contraire, que nous avons soutenue au *Rép.* n° 3727, par la raison que l'échange mettant un immeuble à la place d'un autre, offre en général à la femme moins de risques que la vente, qui met à la disposition du mari un prix plus facile à dissiper. Mais nous reconnaissons que, si une clause de remploi était jointe à la permission de vendre, la faculté d'échanger deviendrait plus douteuse (V. *Rép.* n° 3728).

1284. Lorsque le contrat de mariage permet d'aliéner les biens dotaux, les époux ne sont pas obligés pour vendre de remplir les formalités des ventes judiciaires (*Rép.* n° 3572). — Relativement à la nécessité de la présence des deux époux à la vente, il faut s'en rapporter scrupuleusement aux termes du contrat. — Ainsi il a été jugé que lorsqu'une clause du contrat de mariage autorise la mari à aliéner les immeubles dotaux de sa femme, sous la condition que les actes d'aliénation auront lieu en la présence et du consentement de celle-ci, cette condition doit s'entendre d'un consentement spécial à chaque acte d'aliénation; qu'en conséquence, est nulle l'aliénation d'un immeuble dotal consentie, en pareil cas, par le mari en vertu d'un mandat de la femme contenant seulement une autorisation générale d'aliéner, aux prix, clauses et conditions que le mari jugera convenables, et n'indiquant ni la nature, ni les éléments essentiels de l'acte à consentir (Grenoble, 4 déc. 1856, aff. Chapuis, D. P. 57. 2. 158).

1285. Par suite de l'interprétation des clauses du contrat de mariage, il a été jugé que, lorsqu'une femme mariée sous le régime dotal s'est réservé dans son contrat « la faculté de *traiter, aliéner, échanger, et hypothéquer* ses biens dotaux, de *donner mainlevée de son hypothèque légale, et d'y subroger en tout ou en partie* », il résulte de l'ensemble de ces clauses que les parties ont voulu que la femme fût capable de prendre vis-à-vis des tiers, sans aucune restriction, des engagements exécutoires sur ses biens dotaux, et que cette interprétation échappe au contrôle de la cour de cassation (Civ. rej. 2 févr. 1870, aff. Gayetty, D. P. 70. 1. 385).

1286. En ce qui concerne le droit de contrôle de la cour de cassation, il a encore été jugé que la clause d'un contrat de mariage portant qu'une femme mariée sous le régime dotal se réserve la faculté de vendre ou d'hypothéquer ses immeubles dotaux avec l'autorisation de son mari ou de la justice et, dans le premier cas, à charge de remploi, peut être interprétée en ce sens que le cas auquel les époux ont entendu se référer pour exiger le remploi est celui de l'aliénation des immeubles dotaux et non celui où la femme agirait avec l'autorisation du mari, par opposition à l'autorisation de la justice, soit qu'elle aliène, soit qu'elle hypothèque; une telle interprétation, étrangère à la détermination ou aux consé-

quences légales du régime matrimonial des époux, est souveraine et échappe au contrôle de la cour de cassation (Req. 26 juin 1861, aff. Dudouit, D. P. 61. 1. 419).

Il a été admis, de même, que les juges du fond peuvent, par interprétation des clauses d'un contrat de mariage, décider que la faculté d'aliéner, stipulée sous certaines conditions, relativement à certains immeubles dotaux, s'étend aux immeubles acquis en remploi de ceux-ci (Req. 9 mars 1870, aff. Alléaud, D. P. 72. 1. 85).

1287. Si la clause d'aliénabilité n'est pas accompagnée de celle de remploi, le tiers acquéreur n'a pas de précautions particulières à prendre; mais si, au contraire, comme cela arrivera souvent en pratique, le remploi est imposé au mari, le tiers en devient garant (V. *infrà*, n°ˢ 1441 et suiv.). Jugé, notamment, que si le mari est autorisé par contrat de mariage à vendre les immeubles dotaux à charge de remploi, il n'en résulte pas pour lui le droit de les aliéner pour payer les dettes de la femme ou de ceux qui ont constitué la dot, même antérieures au mariage, et qu'en pareil cas, si le mari ne remplit pas la condition de remploi, l'acquéreur est fondé à refuser le payement de son prix; c'est à tort que le mari ou les créanciers prétendraient que le payement de ces dettes constitue un remploi valable (Montpellier, 3 janv. 1852, aff. Bouis, D. P. 54. 2. 110).

1288. Sur la question de savoir si la femme mineure peut, dans son contrat de mariage, stipuler que ses biens dotaux seront aliénables, et si, l'affirmative étant admise, ces biens peuvent, même durant la minorité de la femme, être aliénés sans l'observation des formalités prescrites pour l'aliénation des biens de mineurs, V. *suprà*, n°ˢ 419 et suiv.

Art. 2. — *Exceptions établies par la loi* (*Rép.* n°ˢ 3578 à 3729).

§ 1ᵉʳ. — Etablissement des enfants (*Rép.* n°ˢ 3578 à 3617).

1289. Les art. 1555 et 1556 c. civ. permettent l'aliénation des biens dotaux pour l'établissement des enfants que la femme aurait d'un mariage antérieur ou des enfants communs. On a analysé au *Rép.* n°ˢ 3578 et suiv. ce qu'il faut entendre par les mots « enfants » et « établissement ». — Comme nous l'avons déjà vu *suprà*, n° 412, on comprend sous la dénomination d'*enfants* les enfants proprement dits et les petits-enfants (Rodière et Pont, t. 3, n° 1792; Aubry et Rau, t. 5, § 537, n° 5, note 104, p. 585; Jouitou, n° 249; Guillouard, t. 4, n° 1993).

Le mot *établissement* s'applique non seulement au mariage, mais encore à tous les établissements professionnels pour lesquels on peut se créer une situation dans la société (*Rép.* n° 3581: Nîmes, 7 juin 1860 (1). V. en ce sens : Rodière et Pont, 2ᵉ éd., t. 3, n° 1793; Marcadé, t. 6, art. 1555-1556, n° 3; Sincholle, n° 195; Aubry et Rau, t. 5, § 537, n° 5, note 106, p. 585; Baudry-Lacantinerie, t. 3, n° 384; Jouitou, n° 241; Guillouard, t. 4, n° 1995).

Relativement aux modes d'établissement, il a été jugé que la formation d'une société pour entreprise de travaux et

---

second le caractère de dotalité imprimé au premier; que c'est donc à tort que Capdeville soutient que l'acte d'échange du 16 janv. 1842 est nul, et que, par suite, la dame Ronqueton est sans titre ni qualité pour demander le délaissement de la terre qui lui a été vendue le 9 sept. 1852; — Par ces motifs, etc.
Du 4 déc. 1854.-C. d'Agen, 1ʳᵉ ch.-MM. Sorbier, 1ᵉʳ pr.-Réquier, 1ᵉʳ av. gén.

(1) (Dame Dupin.) — Le sieur Dupin étant déjà notaire depuis plusieurs années, sa mère, la dame Dupin, mariée sous le régime dotal, sollicita du tribunal de Nîmes l'autorisation de se porter caution d'un emprunt contracté par le sieur Dupin fils pour payer le reliquat du prix de son étude. Le tribunal de Nîmes refusa l'autorisation. — Appel par la dame Dupin. — Arrêt.
La cour; — Attendu que la jurisprudence est unanime pour reconnaître que le mot établissement dont se servent les art. 1555 et 1556 c. nap., ne doit pas être entendu dans le sens restreint d'un établissement par mariage; qu'il s'applique à tout ce qui procure à l'enfant un état et une position indépendante; — Attendu qu'il n'y a pas lieu de se préoccuper du point de savoir si l'engagement contracté par la mère, dans les circonstances et sous les conditions déterminées par la loi, a précédé ou suivi la convention qui a mis l'enfant en possession de l'état que la sollicitude de la mère a voulu lui assurer; que, notamment, lorsqu'il s'agit de l'acquisition d'un office dont la propriété n'est en réalité

consolidée sur la tête du cessionnaire que par le payement intégral du prix, on ne saurait concevoir la possibilité de faire une distinction entre ces deux hypothèses : 1° d'un engagement pris par la mère à une époque contemporaine de l'acte de transmission; 2° et d'un engagement souscrit plus tard par cette dernière pour libérer son fils réduit à l'impuissance d'acquitter lui-même sa dette et menacé de perdre son office; évidemment l'intervention de la mère s'exerce, dans un cas comme dans l'autre, dans le but d'arriver à un résultat identique; — Attendu qu'en consacrant au profit de la mère le droit de donner le bien dotal pour l'établissement de ses enfants, les art. 1555 et 1556 ont légitimé tous les modes d'engagements directs ou indirects de nature à faciliter l'accomplissement d'un des devoirs les plus respectables de l'affection maternelle; — Attendu que le législateur n'a apposé aucune limite à l'exercice de cette faculté; qu'il s'en est rapporté à l'affection et à la prudence des parents; que le droit pour les autres enfants de critiquer cette libéralité à l'ouverture de la succession, dans le cas où elle leur paraîtrait excessive, reste entier; mais qu'il ne saurait appartenir aux tribunaux de l'exercer pour eux prématurément, et en se posant comme les protecteurs éventuels d'intérêts qui n'auront peut-être jamais l'occasion de se manifester; ...
Par ces motifs, etc.
Du 7 juin 1860.-C. de Nîmes, 1ʳᵉ ch.-MM. Roussellier, f. f. pr.-Babinet, av. gén., c. conf.

constructions est un établissement en vue duquel la femme peut, autorisée de son mari, donner son immeuble dotal à l'enfant commun (Civ. cass. 30 mars 1874, aff. Soulebault, D. P. 74. 1. 417).

1290. On a rapporté au *Rép.* n°s 3578 et suiv., diverses décisions qui ont statué sur des aliénations faites au profit de leurs enfants par des femmes dotales dont le mariage était antérieur au code civil. Il y a lieu d'y ajouter d'autres arrêts plus récents, qui ont décidé : 1° que dans l'ancien ressort du parlement de Grenoble, et notamment dans l'ancienne province du Dauphiné, la femme dotale pouvait, avec le consentement de son mari ou, à défaut de ce consentement, en lui réservant l'usufruit, donner ses biens dotaux à ses enfants, même pour autre cause que celle de leur établissement; qu'en conséquence, la donation qu'une femme dotale, mariée dans cette province avant la promulgation du code, a faite d'un bien dotal à un de ses enfants, même hors des conditions d'un établissement, ne peut être attaquée comme portant atteinte au principe de l'inaliénabilité de la dot (Req. 20 févr. 1856, aff. Vial, D. P. 56. 1. 211) ; — 2° Que l'art. 434 de la coutume de Normandie, permettant à la femme de disposer de ses biens dotaux en faveur de ses enfants, n'en autorisait la donation, d'une part, qu'à titre de simple avancement d'hoirie, et d'autre part, qu'autant que la libéralité avait pour cause l'établissement de l'enfant donataire; et que, par suite, la donation faite par une femme normande (sous l'empire du code civil) de ses biens dotaux à l'un de ses enfants, dans le but d'intervertir, en dépouillant ses autres enfants, l'ordre de succession réglé par le code civil, et sans que d'ailleurs la libéralité ait eu pour cause l'établissement de cet enfant, est nulle (Req. 6 mars 1855, aff. Delatour, D. P. 55. 1. 100).

1291. Au surplus, il ne faudrait pas exagérer la faveur avec laquelle la loi voit l'établissement des enfants. — Aussi il a été jugé: 1° que la disposition de l'art. 1556, qui permet l'aliénation de la dot pour l'établissement des enfants, ne doit pas, à la vérité, être restreinte au cas de mariage, mais qu'elle ne peut être étendue à tout ce qui rend la condition des enfants plus avantageuse. Pour être valable, l'aliénation doit avoir pour objet d'assurer aux enfants une situation définitive ou du moins présumée devoir être telle (Agen, 16 févr. 1857, aff. Sempé, D. P. 58. 2. 106) ; — 2° Que la donation faite par une mère à ses enfants de ses biens dotaux, dans un partage anticipé, par exemple, a pu être considérée comme n'ayant pas pour but l'établissement des enfants donataires, et comme le rentrant pas, dès lors, dans l'exception apportée par l'art. 1556 c. civ. à l'inaliénabilité du fonds dotal, lorsqu'il résulte des termes de l'acte et de l'intention de la donatrice qu'elle a eu la volonté, non d'établir ses enfants par mariage ou autrement, mais uniquement d'avantager l'un des enfants au préjudice de l'autre (Civ. cass. 27 juin 1859, aff. Grimar, D. P. 59. 1. 298).

1292. L'exemption du service militaire peut-elle être considérée comme un moyen de procurer ou de conserver à l'enfant un établissement? (V. *Rép.* n° 3593). L'intérêt de la question a en grande partie disparu, depuis la promulgation de la loi du 27 juill. 1872 consacrant le principe du service personnel obligatoire et universel. Conformément à la jurisprudence rapportée au *Rép.* n° 3593, les auteurs admettaient généralement que le remplacement constituait un établissement, alors surtout que l'enfant remplacé pouvait ainsi exercer ou se créer une profession ou une industrie indépendante (Rodière et Pont, t. 3, n° 1793 ; Aubry et Rau, t. 5, § 537, n° 5, note 106, p. 585; Guillouard, t. 4, n° 1995). Toutefois cet intérêt peut se manifester encore au point de vue de la prime à verser par un jeune homme contractant un engagement conditionnel dans l'armée, en vertu des art. 53 et suiv. de la loi précitée. Cette prime doit-elle être considérée comme constituant un établissement, ou au moins comme facilitant un établissement, et à ce titre rentre-t-elle dans l'esprit de l'art. 1556 ? La jurisprudence n'a pas eu, à notre connaissance, l'occasion de résoudre cette difficulté, et il ne semble pas avoir été prévue par aucun auteur. Nous pensons qu'elle peut être résolue par les mêmes principes que la question du remplacement. Ces principes nous paraissent très bien indiqués par M. Jouitou, n° 242 : « Certainement, dit-il, le remplacement militaire n'est pas par lui-même un établissement, et nous ne pouvons penser que, s'il est l'unique but de la libéralité faite à l'enfant, il suffise à légitimer l'aliéna-

tion du fonds dotal. Mais s'il résulte des faits et circonstances que les parties aient eu, en effet, en vue un établissement qui a nécessité préalablement l'exonération, il en sera autrement. » Le payement de la prime de l'engagé conditionnel sera donc considéré comme un établissement véritable, chaque fois que cette mesure présentera une utilité évidente pour assurer une position à celui pour lequel elle sera versée.

1293. On a exposé au *Rép.* n° 3598 le dissentiment qui s'est élevé sur le point de savoir si l'on peut considérer comme rentrant dans le cas de l'établissement d'un enfant le fait par la femme dotale de cautionner la restitution de la dot apporté par la femme de l'un de ses enfants. La négative a été soutenue par MM. Aubry et Rau, t. 5, § 537, note 109, p. 586 et suiv. « Dans cette hypothèse, disent-ils, on ne trouve aucune libéralité exercée par la mère envers son fils : il n'existe qu'un engagement contracté par cette dernière au profit d'une tierce personne ; et la circonstance que cet engagement aurait été exigé comme condition du mariage et consenti dans la vue de le faciliter, ne suffit pas pour le faire rentrer sous l'application des dispositions exceptionnelles des art. 1555 et 1556. » Ce raisonnement nous paraît inexact. On ne peut nier que le cautionnement consenti par la mère, dans l'hypothèse dont il s'agit, ne soit donné pour l'établissement de l'enfant, et il constitue une libéralité en faveur de cet enfant, puisqu'il lui procure en effet son établissement. On peut remarquer, en outre, que cet engagement entame moins le fonds dotal que ne le ferait la constitution d'une dot; dans le cas même où la mère devra payer la dot, elle ne la payera qu'à la dissolution du mariage de son fils. C'est donc avec raison que la jurisprudence tient pour valable l'engagement contracté par la mère dans ces conditions (V. en sus des arrêts et des auteurs cités au *Rép. ibid.* : Limoges, 3 mars 1854, aff. Dupeyrin, D. P. 55. 2. 36; Guillouard, t. 4, n° 2001). — Il a été jugé, dans le même ordre d'idées, que le cautionnement hypothécaire consenti par la femme sur ses biens dotaux pour assurer la restitution de la dot constituée à la femme de l'un de ses enfants est valable en principe, mais qu'il est nul s'il n'est intervenu qu'après la célébration du mariage, c'est-à-dire à une des époques où l'établissement de l'enfant était déjà un fait acquis et consommé (Pau, 19 déc. 1860, aff. Montguilholon, D. P. 61. 2. 149).

On ne saurait, en effet, considérer comme ayant eu pour objet de faciliter ou de rendre possible l'établissement d'un enfant l'engagement qui n'a été contracté que lorsque cet établissement était un fait accompli. « Toute exception, comme le dit la cour de cassation dans un de ses arrêts (Req. 18 avr. 1864, aff. Bouthenaud, D. P. 64. 1. 209), doit être strictement restreinte au cas pour lequel elle est édictée, et il résulte clairement des termes de la loi, même entendus dans le sens le plus large, qu'une fois établis, les enfants ne peuvent plus rien recevoir de leur mère aux dépens de l'inaliénabilité de la dot » (V. en ce sens : Jouitou, n° 244; Montpellier, 5 juin 1872, aff. Sarda, D. P. 73. 2. 62). Mais il a été jugé que les tribunaux n'ont pas à vérifier si l'autorisation d'aliéner a précédé ou suivi l'établissement (Nîmes, 7 juin 1860, *supra*, n° 1289).

1294. La femme dotale peut-elle, pour l'établissement de ses enfants, s'obliger sur ses biens dotaux et les hypothéquer aussi bien que les donner? L'affirmative, que nous avons adoptée au *Rép.* n° 3607, a prévalu dans la jurisprudence. Cependant elle n'est pas unanimement admise. On soutient même que, les art. 1555 et 1556 autorisant seulement à donner les biens dotaux, il ne serait pas permis de les aliéner pour les transformer en capitaux. « Vendre l'immeuble ou l'hypothéquer pour se procurer de l'argent qu'on donnerait ensuite en dot à l'enfant, ce n'est pas donner l'immeuble, dit M. Colmet de Santerre, t. 6, n° 228 *bis* IV; donc la loi qui permet de donner ne permet pas de vendre ou d'hypothéquer. » Cette distinction, ajoute-t-on, n'est pas seulement fondée sur ces mots; elle a l'avantage de mieux assurer à la famille la conservation de la dot immobilière de la mère, puisque l'enfant donataire pourra être au rapport ou à la réduction si la donation dépasse le disponible; or si l'enfant a reçu l'immeuble lui-même et non une certaine somme, le rapport pourra être plus avantageux, parce que l'enfant devra rapporter l'immeuble en nature ou sa

valeur au jour de la succession, et il y aurait avantage surtout dans le cas de réduction, parce que l'immeuble rentrerait dans la succession de la mère franc et quitte de tous droits réels consentis par le donataire. — Malgré ces arguments, nous persistons à penser que le pouvoir de donner, conféré à la femme par les art. 1555 et 1556, peut s'exercer comme nous l'avons dit au *Rép. ibid.*, par tous les moyens directs et indirects. Si la loi a parlé de donation, c'est uniquement parce que c'est la voie ordinaire de la dotation des enfants. La preuve qu'elle n'a pas attaché à cette expression un sens strict, c'est que les orateurs du Gouvernement et du Tribunat, en expliquant les articles dont il s'agit, emploient le mot *aliéner*. « La cause de l'inaliénabilité se plaçant essentiellement dans l'intérêt même des enfants, remarque Berlier, dans l'exposé des motifs, n° 29, *Rép.* n° 71, p. 16, on n'est point censé l'enfreindre quand l'aliénation n'a lieu que pour leur avantage. » Quand, en effet, la femme dispose de ses biens dotaux pour établir ses enfants, elle les emploie à leur destination naturelle, et toutes les entraves de l'inaliénabilité n'ont plus alors de raison d'être. Si d'ailleurs, l'enfant qu'il s'agit d'établir a besoin d'un capital et non d'un immeuble, on ne voit pas pourquoi la mère serait obligée de lui donner l'immeuble, sauf à lui à l'aliéner aussitôt après, tandis qu'il est beaucoup plus simple et plus avantageux pour la famille que la mère fasse un emprunt avec hypothèque et conserve ainsi son immeuble, si elle le désire,

tout en procurant à l'enfant la somme dont il a besoin (V. en ce sens, outre les arrêts et les auteurs cités au *Rép. ibid.* : Pau, 16 avr. 1855, aff. Torné, D. P. 58. 2. 86 ; Nîmes, 7 juin 1860, *suprà*, n° 1289 ; Lyon, 28 avr. 1875, aff. Reydellet, D. P. 77. 2. 179 ; Civ. rej. 23 juin 1880, aff. Dauzat-Dambarère, D. P. 80. 1. 442 ; Rodière et Pont, t. 3, n° 1794 ; Marcadé, t. 6, art. 1555-1556, n° 4 ; Aubry et Rau, t. 5, § 537, notes 107 et 108, p. 385 et suiv. ; Laurent, t. 23, n° 523 ; Jouitou, n° 240 ; Guillouard, t. 4, n° 2000). — Jugé aussi qu'une femme mariée sous le régime dotal peut constituer une rente viagère au profit de son fils pour l'établissement de celui-ci (Lyon, 28 avr. 1875, aff. Reydellet, D. P. 77. 2. 179).

1295. D'après plusieurs arrêts, si la femme dotale veut vendre tout ou partie de sa dot pour l'établissement de ses enfants, spécialement, pour exécuter les engagements qu'elle a pris à cet égard, cette vente doit être faite par autorité de justice suivant les formalités indiquées par l'art. 1558 c. civ. (Caen, 23 avr. 1847, *Rép.* n° 3608 ; Caen, 24 nov. 1873 (1) ; Pau, 2 mars 1874) (2). Cependant M. Jouitou, n° 250, et M. Guillouard, t. 4, n° 2000, estiment que l'aliénation, dans le cas des art. 1555 et 1556, peut être faite à l'amiable. D'après l'arrêt précité du 24 nov. 1873, l'autorisation de justice est nécessaire alors même qu'il s'agirait d'aliéner non des immeubles dotaux, mais des valeurs mobilières (spécialement, des titres d'obligations nominatifs) soumises à la

---

(1) (Hébert-Desroquettes.) — La cour ; — Considérant qu'il résulte du contrat de mariage de Paul Hébert-Desroquettes que ses père et mère lui ont constitué solidairement une dot de 20000 fr. productive d'intérêts et payable, au plus tard, le 4 août 1868 ; que cette promesse engage la dame Hébert-Desroquettes aussi bien que son mari ; que la somme, étant encore due en principal et intérêts, la dame Desroquettes a demandé l'autorisation : 1° de vendre des obligations du chemin de fer de l'Ouest, immatriculées en son nom ; 2° d'appliquer au payement de ladite somme de 20000 fr. et de ses accessoires les prix des deux aliénations consenties l'une à la dame veuve Hue, l'autre au sieur Ernoult ; — Considérant que, pour rejeter cette demande, les premiers juges se sont fondés sur ce qu'il s'agirait d'une donation que les exposants ont pu valablement consentir, sans aucune intervention de justice, du moment où cette disposition a été faite par les deux époux, au profit d'un enfant commun (c. civ. art. 1556) ; mais que l'article invoqué se réfère uniquement à une donation proprement dite, portant sur des objets spécifiés, dont le donateur se dessaisirait immédiatement et irrévocablement ; qu'il ne peut s'appliquer ni s'étendre au cas où les époux se sont simplement engagés à fournir une dot en argent, sans la réaliser par le même acte ; — Considérant qu'il ne résulte de cet engagement qu'une créance ; que si, pour y faire face, il devient nécessaire de prendre des fonds à même le bien dotal, les époux se trouvent en présence des tiers dont l'intérêt et le devoir sont d'en surveiller l'emploi et de ne se dessaisir que dans les conditions du contrat de mariage ; que leur sécurité n'est garantie que par une décision de justice ; que seule elle peut dispenser les époux de fournir remploi, ou dire que les versements à faire en tiendront lieu.

En ce qui a trait spécialement au moyen tiré de ce que les obligations du chemin de fer de l'Ouest seraient de libre disposition, de sorte que le recours à justice serait encore inutile sous ce rapport : — Considérant qu'il n'est pas exact de dire que les époux Desroquettes peuvent les transférer sans autorisation ; qu'en effet, les valeurs mobilières ont été constituées en dot, aussi bien que les immeubles, et soumises, comme ces derniers, à la nécessité du remploi ; qu'on ne peut assimiler les titres nominatifs dont il s'agit à de simples meubles corporels, dont la disposition rentre dans l'administration confiée au mari ; que, d'ailleurs, la dame Desroquettes se trouverait, pour les réaliser, en face de justes exigences, motivées par des statuts, régulièrement approuvés, qui ne rendent possible le transfert que sur le vu d'un jugement qui l'autorise, en indiquant de quelle façon les versements seront employés ; — Considérant que la décision du tribunal doit donc être réformée sur ce point, comme sur le précédent ; — Qu'au fond, il est certain que l'obligation prise par les époux Hébert-Desroquettes doit être exécutée, à défaut d'autres valeurs, sur le fonds dotal ; — Qu'ainsi il y a lieu d'accorder les fins de la requête ;... — Par ces motifs, autorise la dame Hébert-Desroquettes, avec l'assistance de son mari, à aliéner, sans remploi, dans les formes prescrites par la loi, et par le ministère d'un agent de change près la Bourse de Paris, les soixante-dix obligations nominatives des chemins de fer de l'Ouest, de 500 fr. chacune, 3 pour 100, immatriculées au certificat n°s 102, 809, du 4 mars 1873, au nom de la dame Hébert-Desroquettes Auguste, née Morin Françoise-Clémentine ; — L'autorise également à toucher, sans être tenue de fournir un remplacement en immeubles : 1° la somme de 10000 fr., formant le prix de la vente immobilière par

elle faite à la dame veuve Hue, d'Ablon, suivant contrat du 16 oct. 1873 ; 2° et somme suffisante sur le prix, s'élevant à 9500 fr., d'une autre vente immobilière, par elle faite, suivant contrat du même jour, au sieur Ernoult, de ladite commune d'Ablon ; — Dit que le prix à provenir de la vente des obligations du chemin de fer de l'Ouest, le prix de la vente veuve Hue, et la portion nécessaire du prix de la vente Ernoult, seront versés par l'intermédiaire et sous la surveillance de M° Bréard, notaire à Honfleur, aux mains de M. Paul Hébert-Desroquettes fils, et sur la quittance de celui-ci pour acquitter : 1° le capital de 20000 fr. à lui constitué en dot par ses père et mère solidairement ; 2° et les intérêts de cette somme depuis le 4 août 1866, jusqu'au jour du payement ; — Dit que, sur ces prix, seront également acquittés les frais faits devant le tribunal et devant la cour, pour obtenir l'autorisation, et les frais de quittance ; — Dit que les payements ainsi effectués vaudront à la dame Hébert-Desroquettes de bon et valable remploi des prix de ses biens dotaux aliénés, et qu'en payant sur le vu de la présente autorisation, la compagnie des chemins de fer de l'Ouest, la veuve Hue et le sieur Ernoult seront bien et valablement libérés.

Du 24 nov. 1873.-C. de Caen, 1re ch.-MM. Violas, pr.-Tardif de Moidrey, av. gén.

(2) (Layerlé C. Layerlé.) — La cour ; — Attendu que par le contrat qui a réglé les conventions matrimoniales de Baptiste Layerlé et de Françoise Baylac, les père et mère de celle-ci lui ont constitué en dot une somme de 2100 fr., dont une moitié a été payée à Baptiste Layerlé, et l'autre moitié aux père et mère de ce dernier, Paul Layerlé et Marie Fabarès ; que ceux-ci, pour assurer à leur fils le remboursement de la somme de 1050 fr. par eux reçue à son nom et lieu, lui ont donné une hypothèque sur leurs biens ; que, plus tard, ils ont, pour se libérer, vendu ces biens à leur belle-fille ; que tout l'avoir de Marie Fabarès était dotal ; — Attendu qu'en admettant que l'engagement hypothécaire, pris dans ces circonstances par Marie Fabarès, épouse Layerlé, ait été pris dans le but de faciliter le mariage de son fils, et qu'à ce titre il fût valable, il ne s'ensuivrait pas que, pour y satisfaire, ladite Fabarès ait le droit de vendre ses immeubles dotaux en dehors des conditions et formalités prescrites pour la vente des biens de cette sorte ; — Attendu, d'abord, que l'existence d'un engagement susceptible d'être exécuté sur des biens dotaux n'implique pas la faculté d'aliéner librement ces biens pour remplir l'obligation dont ils répondent ; qu'ils ne peuvent, en ce cas même, si légitime et si favorable que soit la dette à acquitter, être vendus par la femme qu'avec permission de justice, aux enchères, après affiche et avec emploi de l'excédent du prix, d'après l'art. 1558 c. civ. ; — Attendu que l'art. 1556 ne déroge pas à cette règle ; qu'il n'autorise d'abord la femme et le mari à disposer des biens dotaux sans l'intervention de la justice que pour l'établissement de leurs enfants ; que cet établissement accompli, les règles ordinaires doivent reprendre leur empire ; que l'art. 1556, d'ailleurs, ne permet expressément que la donation ; que si, par une extension raisonnable, la jurisprudence a décidé que la femme pouvait aussi affecter ses biens dotaux à la garantie d'une libéralité directe ou indirecte ou à un engagement quelconque favorisant l'établissement de ses enfants, on ne saurait aller jusqu'à admettre que ces biens soient convertis en deniers périssables, sans aucune des précautions exigées par la loi en pareil cas ; qu'une telle latitude laissée au père et à la

nécessité du remploi. On ne saurait assimiler ces valeurs à de simples meubles corporels dont la disposition rentre dans l'administration conférée au mari.

1296. Si la femme dotale, qui dote ses enfants, possède des biens paraphernaux libres et suffisants, alors se présente la question de savoir sur quels biens la dot sera prise. Lorsque la donation ne comprend que des objets spécialement désignés, l'intention de la femme est manifeste, et il ne peut y avoir de doute. Si, au contraire, la mère a promis une somme d'argent, on peut se demander sur quelle catégorie de biens elle sera prélevée. En principe, on reconnaît, conformément à l'opinion émise au *Rép.* n° 3609, que la femme peut engager ses biens dotaux, même par préférence à ses paraphernaux ; mais il faut, pour cela, que l'intention de la femme ressorte d'une façon claire des termes dont elle s'est servie dans la constitution de la dot (V. *Rép.* n°s 3610 et suiv.). Ainsi, il a été jugé : 1° que lorsque la femme, qui constitue une dot à un enfant commun, possède tout à la fois des biens dotaux et des biens paraphernaux, elle est présumée avoir affecté cette dernière espèce de biens à un tel emploi, si sa volonté d'y appliquer les biens dotaux n'a été clairement exprimée dans l'acte de constitution, ou tout au moins ne résulte évidemment, soit des termes de cet acte, soit des circonstances qui s'y rapportent ; une telle volonté ne saurait s'induire d'un fait postérieur à l'acte de constitution et sans corrélation avec lui, par exemple, de ce que la constituante aurait disposé plus tard de ses biens paraphernaux (Bordeaux, 27 janv. 1853, aff. Rodrigues, D. P. 55. 2. 329) ; — 2° Que la femme mariée sous le régime dotal ne peut être poursuivie sur ses biens dotaux, même à raison d'obligations contractées dans l'un des cas où cesse l'inaliénabilité de la dot, et par exemple pour l'établissement de ses enfants communs, qu'autant que sa volonté de s'engager sur sa dot résulte clairement des termes de l'acte d'obligation ; le fait même de cette obligation ne suffit pas pour établir l'existence d'une telle volonté (Req. 1er juill. 1861, aff. Boucheret, D. P. 61. 1. 426. — V. dans le même sens : Aubry et Rau, t. 5, § 537, n° 5, note 112, p. 588; Jouitou, n° 238; Guillouard, t. 4, n° 2003). Un arrêt, toutefois, n'a accordé à la femme dotale le pouvoir d'engager sa dot pour l'établissement de ses enfants qu'autant que ses paraphernaux sont insuffisants (Toulouse, 13 mai 1852, aff. Serres, D.P. 53. 2. 93).

1297. L'art. 1556, relativement aux enfants communs, exige, pour que la femme puisse les doter, qu'elle ait obtenu l'autorisation de son mari, et il n'ajoute pas, comme le fait l'art. 1555 (alors qu'il s'agit des enfants d'un premier lit) que cette autorisation peut être suppléée par celle de justice. De cette différence de rédaction est née une controverse : à savoir, si la femme pourrait, pour l'établissement d'enfants communs, se faire autoriser par justice, lorsque le mari refuse de donner son consentement. Cette question, examinée au *Rép.* n° 3615, est résolue négativement par tous les auteurs actuels (Rodière et Pont, t. 3, n° 1789; Marcadé, t. 6, art. 1555-1556, n° 3; Aubry et Rau, t. 5, § 537, n° 5, note 100, p. 584; Colmet de Santerre, t. 6, n° 228 *bis* I; Laurent, t. 23, n° 521; Jouitou, n° 247; Guillouard, t. 4, n° 1990).

1298. On reconnaît cependant que si le mari est absent ou incapable de donner son autorisation, la femme peut alors, conformément au droit commun, recourir à justice. L'art. 1556 c. civ., en excluant l'autorisation de justice, lorsqu'il s'agit de l'établissement des enfants communs, fait exception à la règle de l'art. 219, qui permet en général à la femme de demander l'autorisation de justice quand son mari refuse de l'autoriser. Mais il ne déroge pas à l'art. 222 qui dispose

que, si le mari est interdit ou absent, le juge peut, en connaissance de cause, autoriser la femme (Rodière et Pont, t. 3, n° 1791; Aubry et Rau, t. 5, § 537, note 101, p. 584; Colmet de Santerre, t. 6, n° 228 *bis* I; Guillouard, t. 4, n° 1991). — Toutefois, la plupart des auteurs qui admettent cette théorie enseignent que la femme ne peut, avec la seule autorisation de justice, donner aux enfants que la nue propriété de ses biens personnels. Ils argumentent de ce que l'art. 1555 décide, lorsqu'il s'agit des enfants du premier mariage de la femme, que, si celle-ci n'est autorisée que par justice, elle doit réserver la jouissance à son mari (Rodière et Pont, Aubry et Rau, *loc. cit.*; Guillouard, n° 1992). M. Colmet de Santerre, t. 6, n° 228 *bis* II, répond, avec raison suivant nous, que cette réserve a sa raison d'être quand le mari a refusé son consentement ; mais si le mari est absent ou incapable et s'il faut recourir à justice pour suppléer à son autorisation, soit qu'il s'agisse d'enfants communs, soit qu'il s'agisse d'enfants d'un premier mariage, on doit appliquer par analogie l'art. 1427, dont le régime de communauté, permet à la femme, autorisée par justice, de disposer, pour l'établissement des enfants, même des biens communs et à plus forte raison du droit d'usufruit du mari sur les propres de la femme.

1299. La femme peut, en vue de l'établissement de ses enfants, donner ses biens sans aucune restriction. Décidé ainsi qu'aucune limite n'étant imposée par la loi à la faculté qu'a la femme mariée sous le régime dotal de donner ses biens pour l'établissement d'un de ses enfants, la femme ne serait pas fondée, pour faire prononcer à l'égard d'un tiers la réduction de la donation par elle consentie, à démontrer que cette donation excédait à la fois la réserve de l'enfant donataire et la quotité disponible, calculées l'une et l'autre d'après l'étendue de sa fortune au moment de la libéralité (Rouen, 17 janv. 1852, aff. Godard, D. P. 52. 2. 236). — La seule limite se trouve dans la faculté pour les autres enfants d'attaquer cette donation à la mort de la mère, si elle est excessive; mais avant cette époque leur action ne serait pas recevable (Nîmes, 7 juin 1860, *suprà*, n° 1289).

1300. D'ailleurs, la femme donatrice peut toujours imposer elle-même certaines restrictions à sa libéralité; étant libre de ne pas constituer de dot, il doit lui être loisible, pour le cas où elle en donne une, d'en déterminer exactement l'étendue. La jurisprudence, s'inspirant de ces principes, a admis la validité de la clause par laquelle une femme mariée sous le régime dotal se réserve, en mariant son fils et en lui constituant en dot un de ses immeubles dotaux, le droit de reprendre, en cas de vente de l'immeuble par le donataire, tout ce qui, dans le prix de vente, excéderait une certaine somme. La femme, dans cette hypothèse, est non recevable à critiquer les aliénations faites par le fils donataire, s'il n'apparaît pas que la clause dont il s'agit ait eu pour but de faire fraude à la loi, qui consacre l'inaliénabilité du fonds dotal hors des cas nominativement exceptés par la loi. Elle est fondée, néanmoins, à répéter des tiers acquéreurs, alors même que ceux-ci se seraient entièrement libérés de leur prix entre les mains du vendeur, la portion de ce prix excédant la somme à laquelle le montant de la dot de son fils avait été fixée par elle en cas de vente de l'immeuble donné : cette portion, restée propre à la constituante au point de vue de dotalité, n'a pu valablement passer en d'autres mains que les siennes ; mais les tiers acquéreurs, obligés de payer une seconde fois cette portion de leur prix, doivent en être remboursés par le vendeur qui l'a indûment reçue (Bordeaux, 6 août 1853, aff. Guérin, D. P. 54. 2. 19, et sur pourvoi, Req. 8 janv. 1855, D. P. 55. 1. 97; Civ. cass. 4 août 1857, aff. Féburier, D. P. 57. 1.

mère ouvrirait la porte à la fraude, et n'aboutirait à rien moins qu'à la suppression des garanties organisées par la loi pour la conservation de la dot dans l'intérêt de la famille ; que cet intérêt de famille est sauvegardé, dans le cas de don, par le rapport à la succession du donateur de la chose donnée, tout au moins de la valeur de cette chose à l'époque du décès, dans le cas d'hypothèque, par la conservation de l'immeuble hypothéqué dans les mains de la femme, ou, le cas échéant, par la vente qui en est faite en justice ; mais, dans le cas de vente libre et privée, il resterait à la merci du vendeur, qui pourrait le compromettre par des dissipations ou des dissimulations; qu'il suit de là que si, d'après l'art. 1556, la femme Layerlé mère a pu valablement engager ses biens

dotaux pour l'établissement de son fils avec la seule autorisation de son mari, elle n'a pu, d'après l'art. 1558, le vendre volontairement, même pour satisfaire à cet engagement et prévenir des poursuites, sans la permission de la justice et dans les formes légales; — Par ces motifs, disant droit de l'appel interjeté par Marie Fabarès, veuve Layerlé, envers le jugement du tribunal civil de Tarbes du 11 juin 1873, réforme ce jugement, et, procédant par mesure nouvelle, déclare nulle et de nul effet, comme portant sur des biens frappés de dotalité, la vente conclue par l'acte du 7 janv. 1865, au rapport de Me L..., notaire à Rabastens.

Du 2 mars 1874.-C. de Pau, ch. civ.-MM. Daguilhon, 1er pr.-Lespinasse, 1er av. gén.-Forest et Soulé, av.

343. V. toutefois la note sur l'arrêt précité du 8 janv. 1855).

1301. Lorsque la femme dotale a, en vertu d'une autorisation de justice, contracté un emprunt dans l'un des cas prévus par la loi et, notamment, pour l'établissement de son enfant, il va de soi qu'elle n'est obligée que jusqu'à concurrence de la somme qui a été réellement versée par le prêteur dans ses mains ou dans celles de l'enfant doté, en exécution du jugement d'autorisation. Ainsi elle n'est point obligée sur ses biens dotaux pour la partie de la somme empruntée qui, de concert avec les prêteurs, a servi à désintéresser les créanciers du mari, surtout si ces créanciers sont les prêteurs eux-mêmes. Elle n'est même pas obligée sur ses autres biens : on prétendrait à tort que la fraude aux règles du régime dotal ne peut entraîner que la nullité de l'engagement en tant qu'il serait exécutoire sûr les biens dotaux (Req. 4 févr. 1856, aff. Dubos, D. P. 56. 1. 102).

1302. L'enfant, au profit duquel la femme dotale a vendu ses biens dotaux avec les formalités requises, ne devient propriétaire du prix que par l'accomplissement des conditions auxquelles l'aliénation a été soumise. Il a été jugé, en ce sens, que, lorsqu'un jugement a autorisé l'aliénation d'un bien dotal, à la condition que le prix serait donné par la femme à son enfant pour l'établissement de celui-ci, ce prix reste la propriété dotale de la femme, jusqu'à ce que la donation ait été réalisée dans les termes du jugement d'autorisation; qu'en conséquence, tant que cette condition n'est pas accomplie, l'enfant, futur donataire, n'a pas le droit d'en disposer, et que ce prix ne peut être saisi par les créanciers de l'enfant (Civ. cass. 23 déc. 1868, aff. Lepine, D. P. 69. 1. 110, et sur renvoi, Orléans, 2 juill. 1869.— MM. Dubois (d'Angers), 1ᵉʳ pr.-Boullé, av. gén.-Desplanches et Lafontaine, av.).

§ 2. — Aliénations autorisées par justice. — Prison, aliments, dettes antérieures au contrat de mariage, réparations, indivision (*Rép.* nᵒˢ 3618 à 3705).

1303. — I. PRISON (*Rép.* nᵒˢ 3619 à 3640). — Aux termes de l'art. 1558 c. civ., l'immeuble dotal peut être aliéné, avec permission de justice, dans cinq cas, et en premier lieu pour tirer de prison le mari ou la femme. Ce premier cas, dont il est traité au *Rép.* nᵒˢ 3619 et suiv., a perdu une grande partie de son importance pratique depuis la promulgation de la loi du 22 juill. 1867, portant suppression de la contrainte par corps en matière civile et commerciale (D. P. 67. 4. 75). La contrainte par corps existant, toutefois, encore pour le recouvrement des amendes criminelles et correctionnelles, nous rapporterons sur ce point les solutions nouvelles présentant un réel intérêt.

1304. Nous avons dit au *Rép.* nᵒ 3621 qu'en principe il n'y avait pas à s'inquiéter de la cause de l'emprisonnement. Mais il a été jugé que l'art. 1558 c. civ. ne vise que l'emprisonnement pour dettes, soit envers le trésor public, soit envers les particuliers, et qu'en conséquence, les tribunaux ne pourraient autoriser l'aliénation d'une partie des biens dotaux pour arriver à solder les dettes du mari, afin de le faire échapper aux peines prononcées par le code pénal, alors qu'il est l'objet de poursuites criminelles (Caen, 28 mars 1881) (1).

1305. L'autorisation d'aliéner ne peut être accordée à la femme qu'autant que le mari est réellement en prison. Cette opinion, que nous avons soutenue (*Rép.* nᵒ 3625), a été consacrée à nouveau par la jurisprudence et enseignée par la plupart des auteurs (Caen, 28 mars 1881, *suprà*, nᵒ 1304; Marcadé, t. 6, art. 1558, nᵒ 1; Aubry et Rau, t. 5, § 537, note 114, p. 588; Sincholle, nᵒ 201; Jouitou, nᵒ 251; Guillouard, t. 4, nᵒ 2019. — *Contrà :* Rodière et Pont, t. 3, nᵒ 1796). Toutefois il a été jugé que la disposition de l'art. 1558, suivant laquelle l'immeuble dotal peut être aliéné avec autorisation de justice pour tirer l'un des époux de prison, s'applique même au cas où le mari, qui est tombé en faillite et dont le dépôt dans la maison d'arrêt pour dettes a été ordonné, a conservé provisoirement sa liberté au moyen d'un sauf-conduit (Caen, 3 janv. 1853, aff. Harang, D. P. 55. 2. 346).

1306. De même qu'il n'est pas permis d'aliéner l'immeuble dotal avant l'incarcération, de même on ne peut plus l'aliéner si l'incarcération a pris fin. La vente qui en serait faite alors serait nulle, à moins, bien entendu, qu'elle

---

(1) (Consorts Delaporte C. Daniel et autres.) — Le sieur Delaporte, notaire à Oiry (Marne), fut l'objet, en 1878, de nombreuses plaintes de la part de ses clients. Arrêté et incarcéré, il fut renvoyé devant la cour d'assises de la Marne, sous l'accusation de faux et d'abus de confiance, commis dans l'exercice de ses fonctions. — Après son arrestation et avant le renvoi devant la cour d'assises, sa femme, mariée sous le régime dotal, sollicita et obtint du tribunal d'Epernay l'autorisation d'aliéner ses biens dotaux ou de subroger ses créanciers de son mari dans l'effet de son hypothèque légale, mais seulement pour rembourser les créances résultant de faits de charge. Elle espérait, par ce moyen, obtenir l'élargissement de son mari, ou, au moins, faciliter son acquittement. Par acte notarié des 13 sept. et 21 oct. 1878, elle s'obligea, en effet, solidairement avec son mari, à payer les créanciers pour faits de charge et leur céda la garantie des reprises dotales, en les subrogeant dans son hypothèque légale. — Le 14 févr. 1879, Delaporte fut acquitté par la cour d'assises. — Le prix des immeubles ayant été ensuite mis en distribution dans un ordre ouvert au greffe du tribunal de Bayeux, sa femme, qui avait obtenu sa séparation de biens et fait liquider ses reprises, demanda colloccation pour la somme de 127000 fr., montant desdites reprises. Survinrent alors les créanciers pour faits de charge, les sieurs Daniel et autres, qui, en vertu de l'acte des 13 sept. et 21 oct. 1878, demandèrent que la colloccation de la dame Delaporte leur fût attribuée. La dame Delaporte s'opposa à cette prétention et soutint que l'acte de 1878 était nul, par la raison que l'autorisation d'aliéner la dot avait été donnée par le tribunal d'Epernay, en dehors de l'hypothèse spécialement prévue par l'art. 1558, § 2. — Le 7 janv. 1881, jugement du tribunal de Bayeux, qui écarte la nullité opposée par la dame Delaporte et ordonne la collocation des créanciers. — Appel des mineurs Delaporte, agissant comme héritiers de leur mère, décédée pendant le procès.

LA COUR; — Attendu, en droit, qu'aux termes de l'art. 1554 c. civ., les biens dotaux sont inaliénables; qu'à la vérité l'art. 1558 du même code accorde aux tribunaux la faculté de tempérer la rigueur de ce principe dans certains cas déterminés, et notamment pour tirer le mari de prison; mais que l'emprisonnement auquel se réfère ce dernier article est un emprisonnement pour dettes, soit envers le trésor public, soit envers les particuliers; qu'il n'est pas une peine, mais un moyen de contraindre son débiteur à remplir ses engagements, et que rien n'est plus licite

que d'y mettre fin dans l'intérêt de la famille en employant la dot à éteindre la cause qui l'a produit; que ce serait faire injure aux auteurs du code civil, qui se sont toujours montrés conservateurs si scrupuleux de tous les principes sociaux, que de supposer qu'ils aient eu la pensée de faire servir la dot à procurer à un criminel des moyens immoraux et corrupteurs pour le soustraire aux châtiments corporels édictés par le code pénal; qu'il ne peut même pas s'agir dans l'art. 1558 précité de la mise en liberté provisoire sous caution que le code d'instruction criminelle autorise quelquefois, parce que cette mesure, qui n'a rien de définitif et qui se rattache à une poursuite criminelle, n'a aucun rapport avec l'incarcération prévue par ledit art. 1558;

Attendu, enfin, que la stricte exécution de la règle fondamentale de l'inaliénabilité de la dot commandait de n'avoir pas égard aux jugements d'autorisation qui violent cette règle; et que ces jugements, qui émanent de la juridiction gracieuse, sont toujours rapportables, sur la demande de la femme ou de ses représentants; qu'il n'y a d'exception qu'autant que les tiers ont été trompés par des faits inexacts admis par les premiers juges comme base de leur décision; — Attendu, en fait, que les époux Delaporte se sont mariés sous le régime dotal, avec constitution de dot de tous les biens présents et à venir de la femme; que Delaporte, qui était notaire, fut incarcéré à Epernay, le 25 juill. 1878, sous inculpation de nombreux abus de confiance commis dans l'exercice de ses fonctions; que, par application des principes ci-dessus posés, il ne pouvait être tiré de prison au moyen de l'aliénation des biens dotaux de la femme; qu'en réalité, il ne fut pas même mis en liberté après la dot souscrivit celle-ci envers les créanciers de son mari, les 13 sept. et 21 oct. 1878; qu'à la vérité, il fut acquitté par le jury le 14 févr. 1879, mais que la cause de cet acquittement ne peut pas être légalement ni juridiquement attribuée à l'aliénation de la dot; qu'il suit de là que le jugement du tribunal d'Epernay, le 16 août 1878, a été rendu hors des cas prévus par l'art. 1558, et qu'il n'y a pas lieu d'y avoir égard; — Attendu, enfin, que Daniel et joints ont pu se convaincre, à la simple lecture de ce jugement, qu'il renfermait une violation de la loi; qu'ils n'ont, d'ailleurs, déboursé aucuns deniers en résultat de ce jugement, et que, par suite, ils n'ont été victimes d'aucune erreur;

Par ces motifs, etc.

Du 28 mars 1881.-C. de Caen, 1ʳᵉ ch.-MM. Champin, 1ᵉʳ pr.-Aymé, av. gén.-Paul Villard et Vallé (du barreau de Paris), av.

ne soit que l'exécution d'un engagement pris en temps utile pour la délivrance de l'époux incarcéré (*Rép.* n° 3629; Jouitou, n° 251).

1307. Lorsque les époux ont eu recours à la simulation pour obtenir l'autorisation de vendre une partie des biens dotaux, les acquéreurs de bonne foi, comme on l'a indiqué au *Rép.* n° 3639, n'ont pas à souffrir de ce dol et sont à l'abri d'une action en nullité. Spécialement, la femme qui a contracté, avec l'autorisation de la justice, sous la garantie de ses biens dotaux, un emprunt pour tirer son mari de prison, ne peut ultérieurement demander la nullité de son obligation, en alléguant que son mari était âgé de soixante-dix ans à l'époque de son incarcération, et par suite que sa liberté pouvait être obtenue par le seul bénéfice de l'âge, et sans recourir à l'emprunt, le tiers prêteur n'ayant pas, en présence de l'autorisation de justice, à s'enquérir de la réalité des faits qui l'ont déterminée (Montpellier, 22 déc. 1852, aff. Pesqué, D. P. 54. 2. 120; Pau, 19 déc. 1871, aff. Dubedout, D. P. 73. 2. 205). — Il en est autrement si les acquéreurs sont de mauvaise foi; ceux-ci, d'après un arrêt rapporté au *Rép.* n° 3640, pourraient même, en ce cas, être passibles de dommages-intérêts.

1308. — II. ALIMENTS (*Rép.* n°s 3641 à 3657). — La loi permet l'aliénation de la dot pour l'entretien de la famille, mais il faut, pour qu'elle soit autorisée par les juges, qu'il y ait un besoin véritable, une nécessité, et non pas seulement une gêne passagère (Bordeaux, 24 juill. 1862) (1).

1309. Comme on l'a indiqué au *Rép.* n° 3642, par le mot *aliments*, on comprend tout ce qui est nécessaire à la famille pour la vie journalière; ainsi le prix du loyer de l'habitation, les frais d'éducation des enfants (Trib. Nîmes, 20 mars 1852, aff. Chapuit, D. P. 54. 3. 16; Nîmes, 26 juill. 1853, aff. Domergue, D. P. 53. 2. 247; C. cass. Belgique, 28 déc. 1871, *Pasicrisie belge*, 1872. 1. 7; Rodière

et Pont, t. 3, n° 1758; Aubry et Rau, t. 5, § 537, note 115, p. 588; Laurent, t. 23, n° 526; Guillouard, t. 4, n° 2026).

1310. Les biens dotaux peuvent être aliénés même pour aliments consommés; c'est la doctrine enseignée au *Rép.* n° 3646, et qui est généralement admise (Nîmes, 26 juill. 1853, aff. Domergue, D. P. 53. 2. 247; Rodière et Pont, t. 3, n° 1798; Guillouard, t. 4, n° 2027 I). — Jugé, toutefois, que les dépenses ne doivent pas avoir été exagérées (Nîmes, 13 nov. 1872, aff. Bouzige, D. P. 73. 2. 189; Sol. impl. Rouen, 31 juill. 1877, aff. de Tournon, D. P. 78. 2. 44). — Il a été jugé également, à ce sujet, que la dette alimentaire ne devait pas remonter à une époque trop reculée (Rouen, 7 août 1869, aff. Godebout, D. P. 71. 2. 47).

1311. Quoique la loi voie avec faveur les motifs qui ont fait dicter l'art. 1558 c. civ., il faut se garder d'en exagérer la portée. C'est ainsi qu'un arrêt récent a décidé que les dispositions de l'art. 1558, aux termes duquel l'immeuble dotal peut être aliéné ou grevé d'hypothèques avec permission de justice, soit pour fournir des aliments à la famille, soit pour faire de grosses réparations indispensables pour la conservation de l'immeuble, sont exceptionnelles, et doivent être rigoureusement renfermées dans leur objet; que, par suite, l'autorisation d'aliéner ou d'hypothéquer donnée par justice est inefficace et ne peut acquérir l'autorité de la chose jugée à l'égard de la femme dotale, lorsqu'il résulte du jugement même qui l'accorde, qu'elle a été demandée et obtenue en vue de favoriser les spéculations hasardeuses du mari (Civ. cass. 25 janv. 1887, aff. Jullien, D. P. 87.1. 473). — Il en serait autrement si la vente d'une partie de la dot était autorisée pour payer les dettes du mari, afin de pouvoir conserver un office ou un fonds de commerce, qui serait la seule ressource de la famille (Montpellier, 2 mars 1858, aff. Corneillan, D. P. 58. 2. 207; Rouen, 3 févr. 1886) (2); pour réparer une maison dans laquelle s'exerce un commerce

---

(1) (Morpain C. Gérard.) — LA COUR; — Attendu que, dans sa requête présentée au tribunal de Blaye, le 16 nov. 1861, Gérard demandait l'autorisation de toucher une somme de 17000 fr., due par Morpain, acquéreur d'un immeuble dotal de la dame Gérard, et ce, malgré la clause de leur contrat de mariage qui exigeait le remploi immobilier de cette somme; qu'il fondait cette demande sur deux motifs : le premier, tiré de la nécessité de faire face aux engagements contractés par l'exposant pour les biens dotaux de sa femme; le second, sur celle de subvenir aux besoins du ménage; — Attendu que l'art. 1558 c. nap. permet, en effet, l'aliénation de l'immeuble dotal dans l'un et l'autre cas; mais, au premier, pour faire de grosses réparations indispensables pour la conservation de l'immeuble dotal; au second, pour fournir des aliments à la famille; — Attendu que la raison indique, à la vérité, que l'on ne doit pas prendre dans un sens trop rigoureusement littéral les expressions *grosses réparations*; que, dès lors, on peut concéder que des travaux faits à l'occasion de réparations sur un fonds dotal, et consistant en constructions nouvelles qui lui auraient donné une plus-value incontestable, seraient de nature à faire autoriser l'aliénation d'une partie de ces fonds pour payer ces travaux, ou, ce qui revient au même, à dispenser, comme dans l'espèce, du remploi dotal de partie du prix de ce fonds aliéné; mais que, néanmoins, ce serait trop s'écarter du véritable esprit de la loi, et s'engager dans une voie périlleuse, que d'assimiler à de grosses réparations des œuvres de reconstruction complète, de transformation totale d'un immeuble; qu'il est impossible de faire rentrer une telle entreprise dans le texte non plus que dans le vœu de la loi, qui a voulu conserver et non pas créer, compatir à l'urgence et non donner libre carrière à la spéculation; — Attendu que les travaux effectués par Gérard sur les maisons constituées en dot à sa femme sont évidemment de cette dernière catégorie; qu'il ne s'y est pas borné à des réparations indispensables, mais qu'il les a considérablement augmentées; que si on ne peut lui adresser le reproche d'avoir fait acte de mauvaise administration, puisque la valeur de ces immeubles paraît avoir reçu un accroissement certain, il doit s'imputer néanmoins de n'avoir pas mieux mesuré ses ressources, et de s'être mis dans la situation embarrassante que révèle la demande à laquelle il a recours pour en sortir; que les tribunaux ne peuvent sans s'exposer à violer les règles fondamentales du régime dotal, accorder, dans de semblables circonstances, l'autorisation qu'il sollicite, en la loi, et s'engager dans et dépasserait tout à fait les limites posées par le législateur dans l'art. 1558; — Attendu, quant au second motif invoqué par l'intimé pour être dispensé de faire le remploi dotal du prix dû par Morpain, que si Gérard justifie pour la première fois devant la cour qu'il est exposé à des poursuites par suite d'emprunts contractés, dit-il, pour payer les ouvriers employés sur les biens de sa femme, ces poursuites font connaître, en effet, la gêne qu'il éprouve, mais ne suffisent pas pour constituer la

nécessité absolue, les besoins impérieux que suppose l'art. 1558 lorsqu'il parle d'aliments à fournir à la famille; qu'il est évident que pour appliquer cette disposition et permettre en ce cas l'aliénation du fonds dotal, la justice doit être mise à même, par des notions complètes de l'état de la famille, par la comparaison de ses moyens d'existence avec les exigences de sa position, d'accorder, en grande connaissance de cause, le moyen extrême d'y pourvoir; — Attendu, d'ailleurs, que si Gérard ne fait pas actuellement cette preuve, il n'encourt aucune déchéance de la faculté de la proposer plus tard, si elle lui devient nécessaire; — Attendu, dès lors, qu'en l'état, les premiers juges ne rencontraient pas dans la cause des considérations suffisantes pour faire droit à la demande de Gérard, et que l'appel de Morpain du jugement qui le condamnait à payer son prix aux échéances fixées dans son acte d'acquisition, sans que les intimés fussent tenus d'en faire emploi, doit être reconnu bien fondé; — Par ces motifs, émendant, dit que Morpain ne pourra être tenu de payer son prix d'acquisition entre les mains des intimés qu'à la charge d'en faire emploi en immeubles de même valeur, aux termes de leur contrat de mariage, etc.

Du 24 juill. 1862.-C. de Bordeaux, 1re ch.-MM. Boscheron, pr.-Peyrot, 1er av. gén.-Vaucher et Bayle, av.

(2) (Époux Fontaine.) — LA COUR; — Attendu que les époux Fontaine sont soumis au régime dotal, aux termes de leur contrat de mariage passé devant Me Baclé, notaire à Pont-Saint-Pierre, le 19 juill. 1865; — Qu'il résulte de ce contrat que les apports en mariage de la dame Fontaine s'élèvent en nature à la somme de 1625 fr. et consistent en objets mobiliers qui, destinés à valoir sur la succession non liquidée de son père, laquelle n'a pas encore été réglée jusqu'à ce jour; que n'ayant, depuis, recueilli aucune succession, donation ou legs, la dame Fontaine n'a droit qu'à la reprise dudit apport, et à l'exclusion de l'art. 7 dudit contrat, soit 1625 fr.; que leur union sont issus trois enfants, âgés de dix-sept ans, quatorze ans et dix ans; que le sieur Fontaine s'est établi laitier et marchand, il y a quelques années, vers 1882, et que suivant contrat, reçu par Me Chaplain, notaire à Saint-Saëns, le 24 avr. 1885, il a acquis d'un sieur Hamon, moyennant le prix principal de 4000 fr., encore dû, une portion de terrain, sise au Petit-Quevilly, d'une contenance de 500 mètres; — Que c'est dans cet immeuble qu'il exerce son commerce; — que les époux Fontaine ne possèdent aucune autre fortune, mais qu'ils ont, au moyen des économies provenant de leur travail, fait construire sur le terrain ainsi acquis une maison et dépendances; qu'à raison de ces constructions, qui se sont élevées à la somme de 5634 fr. 75 cent., ils restent devoir à un sieur Martin, marchand de bois, demeurant à Elbeuf, pour fournitures de bois, une somme de 1600 fr.; qu'après avoir obtenu un jugement contre son débiteur, Martin a, suivant procès-verbal de Frileux, huissier à Elbeuf, en date du

qui fait vivre la famille (Caen, 28 août 1884) (1); ou pour tout autre motif légitime (Rouen, 31 juill. 1877, aff. de Tournon, D. P. 78. 2. 45). — Jugé aussi que, lorsque l'exploitation d'une ferme est de nature à assurer l'entretien de la famille, la dot peut être aliénée pour acquitter

une partie des dettes contractées par le mari en vue de cette exploitation, et même pour solder les premiers termes des fermages (Caen, 17 juill. 1884) (2).

1312. Les tribunaux, en accordant l'autorisation sollicitée par la femme, peuvent toujours prendre des mesures de

5 déc. 1885, fait saisir immobilièrement le terrain et les constructions ci-dessus désignés; que la réalisation par cette voie de cet immeuble serait désastreuse et rendrait de plus la faillite du sieur Fontaine imminente; que pour éviter ce désastre, le sieur Fontaine doit contracter un emprunt de 3200 fr. avec affectation hypothécaire sur l'immeuble et les constructions dont s'agit; mais que cet emprunt n'est possible et acceptable qu'avec subrogation du prêteur dans l'hypothèque légale de la dame Fontaine, jusqu'à concurrence de ses reprises actuelles et éventuelles; — Que cette somme servira d'abord pour désintéresser Hamon et Martin; qu'ainsi, les époux Fontaine pourront conserver le fonds de commerce de fabricants de lattes, lequel fonds de commerce procure les aliments à la famille, composée de trois enfants; — Qu'autrement ils se trouveraient ruinés, puisque l'immeuble, sur lequel ils ont mis le résultat de leurs économies, serait vendu par expropriation, avec des frais relativement élevés, et qu'ils seraient privés immédiatement de leurs moyens d'existence; — Que, dans ces circonstances, la dame Fontaine demande à être autorisée à aliéner sa créance dotale éventuelle, en subrogeant le prêteur jusqu'à concurrence de la somme de 1625 fr., montant actuel de l'hypothèque légale résultant à son profit de son contrat de mariage; qu'il s'agit, en définitive, de consentir une simple antériorité jusqu'à due concurrence de ladite somme de 1625 fr., le surplus de l'immeuble devant rester soumis à son hypothèque légale, au cas où elle aurait à l'exercer postérieurement; — Que, eu égard aux circonstances de la cause telle qu'elle vient d'être exposée, la demande de la dame Fontaine doit être considérée comme ayant particulièrement pur but d'empêcher la disparition des ressources alimentaires de la famille, en cas rentrant, par suite, dans l'un des cas spécialement prévus par l'art. 1558 c. civ.; — Par ces motifs, la cour, infirme, accorde l'autorisation sollicitée. Du 3 févr. 1886.-C. de Rouen, 1re ch.- MM. Montaubin, 1er pr.- Lévrier, av. gén.-Gosset, av.

(1) (Piauline.) — La cour; — Vu la requête présentée le 21 août courant par Me Hémon, avoué de la dame Piauline, ainsi que les pièces produites à l'appui; — Considérant que la dame Piauline demande à la cour, comme elle l'a fait devant le tribunal civil de Pont-l'Évêque, qui lui a refusée, l'autorisation d'employer une somme de 8000 fr. pour fournir des aliments à la famille, en employant ladite somme à faire à sa maison de la rue Pont-Mortain, à Lisieux, les réparations indiquées au devis dressé par M. Potevin, ingénieur civil; — Considérant que l'appelante, mariée sous le régime dotal, s'est constitué en dot tous ses biens meubles et immeubles, présents et à venir, aux termes de son contrat de mariage reçu par Me Lampière, notaire à Lisieux, le 10 mars 1872; que la maison dont il s'agit est, par suite, un immeuble dotal; — Considérant, d'autre part, que la dame Piauline est séparée de biens, ainsi qu'il résulte d'un jugement rendu par le tribunal civil de Pont-l'Évêque, le 3 mars 1874; qu'elle a, en conséquence, repris l'administration de sa dot, avec les charges qui la grèvent; — Considérant, en droit, que l'art. 1558 c. civ., qui permet l'aliénation de la dot, pour fournir des aliments à la famille, doit être entendu en ce sens qu'il autorise cette aliénation, non seulement pour pourvoir actuellement aux besoins de la vie, mais encore pour créer à la famille une situation qui assure un avenir; — Considérant, en fait, qu'il résulte des documents et renseignements produits, que la maison dont il s'agit est, quant à présent, la seule ressource de la dame Piauline; que cette maison, relativement importante et bien placée pour le commerce, est fermée depuis mars dernier; qu'eu égard à son mauvais état, elle ne peut être relouée sans avoir été au préalable l'objet de réparations considérables, après l'exécution desquelles tout fait présumer que la location aura lieu facilement et à de bonnes conditions pour le propriétaire; qu'au contraire, la prolongation de l'état de chose actuel lui causerait un dommage des plus sérieux, et par la perte des loyers, et par la détérioration de l'immeuble; qu'il y a lieu d'accueillir les conclusions de la demanderesse; — Considérant qu'il convient d'autoriser la dame Piauline à consentir, en garantie de l'emprunt, une hypothèque sur sa maison, et de lui imposer certaines conditions précises, afin d'assurer l'emploi des deniers en exécution du présent arrêt; — Par ces motifs; — Infirme, etc. - Du 28 août 1884.-C. de Caen, 1re ch.-MM. Tiphaigne, pr.-Vaudrus, subst.

(2) (Lebouteiller.) — La cour; — Vu la requête présentée par la dame Lebouteiller, assistée de son mari, aux fins d'obtenir l'autorisation, qui lui a été refusée par le jugement dont est appel, de toucher à titre alimentaire, et sans fournir le remploi stipulé dans son contrat de mariage, une somme de 10000 fr. sur celle de 22549 fr. 49, lui revenant dans le prix des immeubles de

la succession de Jean Lemière, son père; — Attendu, en droit, qu'aux termes de l'art. 1558, la dot, dont il autorise l'aliénation avec permission de justice pour fournir des aliments à la famille, peut aussi, alors que la loi s'en est remise à l'appréciation des tribunaux, relativement à l'emploi du capital ainsi distrait de la dot avec cette destination, être employée à créer ou à conserver à la famille une situation qui lui procure des moyens de subsistance et lui assure son avenir; qu'à ce point de vue et pour atteindre ce résultat, la dot peut même servir au payement des dettes du mari; — Attendu, en fait, que Lebouteiller ne possède personnellement aucune fortune; que celle de la dame Lebouteiller consiste dans la propriété d'un capital de 22549 fr. à elle attribuée dans le prix des immeubles de la succession du sieur Jean Lemière, son père, et grevé d'usufruit jusqu'à concurrence d'une somme de 10000 fr.; que les intérêts du surplus, soit d'une somme de 12549 fr., sont évidemment insuffisants pour subvenir aux besoins de sa famille, composée de trois enfants, dont deux garçons âgés, l'un de dix-sept et l'autre de dix-neuf ans, et d'une fille de seize ans; — Attendu que, pour suppléer à l'insuffisance de leurs ressources, les époux Lebouteiller ont, par acte sous-seing privé du 23 juin 1884, enregistré, loué du sieur Gardye, pour une durée de neuf années, une ferme située dans la commune de la Luzerne, et d'une contenance de trente hectares, pour le prix principal de 4600 fr., payable en quatre termes, en plus des impôts et de différentes charges annuelles évalués à 130 fr.; que l'exploitation de cette ferme, en jouissance de laquelle ils sont entrés à la Saint-Michel 1884, a jusqu'à ce jour permis aux époux Lebouteiller, tout en remplissant leurs obligations en ce qui concerne la mise en bon état de culture des terres affermées, de subvenir à leurs besoins et à ceux de leur famille; — Attendu, à la vérité, qu'ils n'ont pu acquitter sur les deux annuités de fermages, échues du 24 juin dernier, et s'élevant ensemble à 9200 fr., mais qu'ils ont acquitté une somme de 2669 fr. sur celle de 6890 fr., qu'ils devaient pour achat de fourrages et acquisition d'une partie du mobilier agricole, qui leur était indispensable pour l'exploitation de la ferme; qu'ils ne doivent plus, de ce chef, qu'une somme de 4221 fr. 45 cent.; — Attendu, d'autre côté, qu'aujourd'hui, par suite des accroissements qu'il a reçus au cours de trois années de jouissance, la valeur du mobilier agricole, mort ou vif, existant sur la ferme, se trouve élevée à une somme d'environ 7000 fr.; que les époux Lebouteiller possèdent, en outre, pour environ 2250 fr. de blés et de cidre, ce qui leur constitue un avoir actuel de plus de 9000 fr. somme inférieure de 1000 fr. seulement à celle que la dame Lebouteiller demande l'autorisation de prélever sur son capital dotal, pour acquitter les dettes de son mari, en employant d'abord cette somme au payement des 4221 fr. dus pour les causes ci-dessus énoncées; qu'il est vrai que le passif est de 13421 fr., et que, si on accordait à la dame Lebouteiller ladite autorisation, dans les termes où elle est sollicitée, Lebouteiller resterait encore débiteur, sur ses fermages, d'une somme de 3421 fr.; non compris le nouveau terme de 1150 fr., qui va échoir à la Saint-Michel prochaine; — Mais attendu que Lebouteiller, une fois libéré des sommes dues pour achat de fourrages et acquisition de mobilier agricole, dont il pourra, pour la plus grande partie, employer le prix à payer ses fermages; qu'en admettant que quelques termes restent encore en souffrance, cette situation ne présentera rien de périlleux pour les époux Lebouteiller, eu égard à la bienveillance et aux ménagements du sieur Gardye, leur propriétaire, envers eux; que, d'un autre côté, il est justifié que Lebouteiller a dépensé d'assez fortes sommes en acquisition d'engrais pour mettre ses terres affermées dans l'état de bonne culture, dans lequel il est constaté qu'elles se trouvent aujourd'hui; qu'il a, en outre, au cours de l'année 1883, converti uns pièce de terre labourable en herbe, et que ce travail lui a coûté 1200 fr.; que ces dépenses et les profits qu'il peut légitimement en attendre seraient perdus pour lui, s'il était obligé d'abandonner son exploitation; qu'il est, dès lors, d'un incontestable intérêt pour la famille de conserver aux époux Lebouteiller leur industrie, d'autant plus que l'exercice de cette industrie leur sera dorénavant facilité par le concours qu'ils sont en droit, eu égard à l'âge des deux aînés de leurs enfants, d'attendre d'eux, et qu'il y a lieu d'espérer que, dans les conditions nouvelles où ils continueront leur exploitation, celle-ci leur sera plus profitable qu'elle ne l'a été jusqu'ici, étant d'ailleurs justifié que les époux Lebouteiller sont très laborieux, et que Lebouteiller passe pour un très bon cultivateur; — Mais attendu que, pour arriver à ce résultat, il est indispensable que les dettes de Lebouteiller soient acquittées, ce qui ne peut avoir lieu qu'au moyen de l'aliénation d'une partie de la dot de la dame Lebouteiller; que cette aliénation, devant conserver à la famille l'industrie qui la fait vivre et le mobilier nécessaire pour exercer cette industrie, aura donc

précaution pour s'assurer du bon emploi des fonds (*Rép.* n°s 3649 et suiv.). — Jugé en ce sens que l'autorisation accordée par justice à une femme dotale d'aliéner sa dot ou de disposer sans remploi de deniers qui lui échoient comme dotaux, pour un usage déterminé, qui doit assurer des aliments à la famille, est révoquée de plein droit si, avant que la femme en ait fait usage, les avantages attachés au mode d'emploi prescrit viennent à défaillir (Rouen, 3 févr. 1833, aff. Dubois, D. P. 53. 2. 147).

1313. Le mode d'emploi du prix, provenant de la vente autorisée des biens dotaux, est laissé à l'appréciation des tribunaux. On a ainsi accordé l'autorisation en vue de l'acquisition d'objets nécessaires à l'exploitation d'un fonds de commerce, alors qu'il était établi que les revenus de ce fonds formaient la seule ressource des époux et de leurs enfants (Civ. rej. 5 nov. 1855, aff. Marais, D. P. 55. 1. 435). — Jugé aussi par le même arrêt que les tiers, auxquels l'immeuble dotal est vendu ou hypothéqué en vertu des dispositions de l'art. 1558, pour sûreté des prêts par eux consentis aux époux avec une destination déterminée, peuvent être déclarés non responsables de cet emploi, lorsqu'ils ont été dans l'impossibilité de le surveiller d'une façon utile (Même arrêt). Mais c'est là une décision exceptionnelle, les tiers étant en principe, sous le régime dotal, responsables du défaut d'emploi (*Rép.* n° 4031 et *infrà*, n°s 1441 et suiv.).

1314. On peut se demander ce que la loi entend par le mot *famille* dans l'art. 1558-2° ; faut-il y comprendre les enfants naturels ? A cette question la cour de Pau a répondu que cet article n'a eu en vue que les aliments dus à la famille légitime ; cette cour, en conséquence, a écarté la demande d'aliénation formée dans l'intérêt d'un enfant naturel (Pau, 18 mai 1863, aff. Bordenave, D. P. 63. 2. 129). Le même arrêt ajoute que l'enfant naturel, ou ceux qui exercent ses droits, n'ont d'action que sur les biens paraphernaux de la femme, et ne fait aucune réserve au profit de l'enfant naturel sur la nue propriété des biens dotaux. — La décision, sur ce point, nous semble trop rigoureuse. Ceux qui ont fourni à l'enfant naturel des aliments n'ont action contre la mère que parce que l'enfant naturel aurait lui-même une action pour la même cause, l'obligation alimentaire des père et mère naturels étant certaine. Si la mère doit des aliments, elle les doit donc, quand elle est mariée sous le régime dotal, non seulement sur ses biens paraphernaux, mais encore sur la nue propriété des biens dotaux (V. en ce sens : Rodière et Pont, t. 3, n° 1798). M. Guillouard, t. 4, n° 2029, estime même que la pleine propriété de la dot peut être aliénée pour fournir des aliments à l'enfant naturel, mais en

vertu de l'art. 1558-3°, qui permet l'aliénation pour le payement de dettes antérieures au mariage (Comp. en ce sens : Sériziat, n° 166 ; Aubry et Rau, t. 5, § 537, note 118, p. 589).

1315. *Quid* des enfants légitimes nés d'un précédent mariage de la femme ? La question est la même que pour les enfants naturels. D'un côté, on admet que la dette alimentaire à l'égard de ces enfants rentre dans le cas de l'art. 1558-2° ; de l'autre, on soutient que cette dette rentre plutôt dans l'hypothèse de l'art. 1558-3° (V. les auteurs cités au numéro précédent).

1316. Ainsi qu'on l'a décidé au *Rép.* n° 3656, si la dot a été aliénée pour fournir des aliments aux enfants communs, et qu'ensuite le mari revienne à meilleure fortune, la femme ou ses héritiers ont un recours contre lui pour le montant de la somme qui a été fournie aux dépens de la dot (Marcadé, t. 6, art. 1558, n° 2 ; Guillouard, t. 4, n° 2028. — *Contrà* : Jouitou, n° 255).

1317. En terminant, nous mentionnerons un arrêt qui a assimilé à la dette alimentaire les contributions dues à raison d'un immeuble dotal, et décide, en conséquence, que ces sommes peuvent être payées avec autorisation de justice sur le prix d'un immeuble dotal aliéné sans que les acquéreurs aient le droit de demander un remplacement (Rouen, 14 déc. 1867, aff. Leroux, D. P. 68. 5. 149. V. aussi Limoges, 28 mai 1863, aff. Valade, D. P. 63. 5. 127).

1318. — III. Dettes antérieures au contrat de mariage (*Rép.* n°s 3658 à 3674). — Les biens dotaux peuvent encore être aliénés avec la permission de justice pour payer les dettes de la femme ou de ceux qui ont constitué la dot, lorsque ces dettes ont une date certaine antérieure au contrat de mariage (c. civ. art. 1558-3°) (*Rép.* n° 3658). La loi donne ainsi à la femme dotale, qui est sur le point d'être poursuivie par ses créanciers, le moyen d'éviter l'expropriation forcée dont la procédure est fort coûteuse, en demandant aux juges l'autorisation d'aliéner tout ou partie de sa dot à l'amiable pour employer le prix à éteindre ses dettes (Sincholle, *De l'inaliénabilité de la dot*, n° 216 ; Jouitou, n° 162).

1319. On a admis au *Rép.* n° 3662, qu'il n'est pas nécessaire, pour l'application de l'art. 1558-3°, que l'antériorité de la dette par rapport au contrat de mariage soit établie conformément aux règles de l'art. 1328 c. civ., et que la date certaine pourrait résulter des circonstances de la cause. C'est encore la doctrine la plus générale. — Jugé ainsi que la date sera prouvée suffisamment par l'examen des livres de commerce de la femme ou du créancier, ou même par l'aveu des parties (Montpellier, 20 févr. 1865 (1) ; Aix, 27 avr. 1865 (2) ;

---

pour résultat, en définitive, de procurer des aliments à la famille, et rentre ainsi dans les termes contenus dans l'esprit de l'art. 1558 c. civ. ; qu'il y a lieu, en conséquence, de faire droit à la demande de la dame Leboutteiller, avec d'autant plus de raison que, prélèvement fait sur sa dot d'une somme de 10000 fr., il lui restera encore un capital de 12549 fr. pour parer aux éventualités de l'avenir ; — Par ces motifs ; — Infirme, etc.
Du 17 juill. 1884.-C. de Caen, 1re ch.-MM. Godon, f. f. pr.-Villey, subst.

(1) (Archer C. Noël.) — La cour ; — Attendu que la créance en vertu de laquelle les poursuites sont exercées contre les mariés Noël a pour cause des constructions arrêtées et exécutées avant le mariage ; — Que Noël avait connaissance des conventions intervenues entre sa femme et l'entrepreneur desdites constructions, puisqu'il concourait lui-même aux édifications qui en faisaient l'objet, en fournissant à l'entrepreneur une partie des matériaux qui y ont été employés ; — Que la stipulation de la dotalité des immeubles de la femme qui offrait à l'entrepreneur les plus sûres garanties, a été faite en fraude des droits de celui-ci, et pour la réduire à accepter le règlement qu'il plairait à la femme Noël de lui imposer ; — Que si l'art. 1555 c. nap. ne permet les exécutions sur les biens dotaux que pour les dettes qui ont date certaine antérieurement au mariage, qu'il n'exige pas que les dettes dont l'existence est antérieure au mariage soient reconnues et .iquidées par acte authentique avant sa célébration ; — Qu'il ne s'agit pas, dans l'espèce, de conventions verbales ou sous seing privé opposées à des tiers, et dont la date n'est certaine vis-à-vis d'eux qu'aux conditions prévues par l'art. 1328 c. nap., mais de conventions opposées à ceux qui les ont souscrites et connues implicitement ou explicitement par ceux à qui elles sont opposées ; — Que la protection accordée par la loi à la femme dotale ne peut être appelée à couvrir des abus qui auraient le caractère d'un quasi-délit ; — Par ces motifs, réformant, dit que la créance de

l'intimé contre la dame Noël a date certaine vis-à-vis d'elle et de son mari antérieurement au mariage ; en conséquence, déboute les mariés Noël de leur demande en nullité de la saisie ou en récréance de tout ou partie des objets saisis, etc.
Du 20 févr. 1865.-Ch. de Montpellier, 1re ch.-MM. de la Baume, 1er pr.-Gouazé, 1er av. gén.-Gervais et Sée, av.

(2) (Pascal et autres C. Marsang.) — Le 11 mai 1864, jugement du tribunal civil de Draguignan, ainsi conçu : — « Attendu, au fond, que la demande des sieurs Pascal frères, Morençon et Candide, de Marseille, est basée sur des fournitures diverses par eux faites à dame Etienne, épouse Marsang, à l'époque de son mariage, et antérieurement cependant audit mariage ; — Que la date des achats est certaine, car elle résulte des livres de ces marchands, ce qui est aussi reconnu par les époux Marsang ; — Attendu que la majeure partie des marchandises vendues ont dû constituer le trousseau de la dame Marsang, trousseau évalué dans le contrat de mariage, reconnu par le mari, et constituant, par suite, une créance de la femme sur lui ; — Qu'il n'est pas justifié que le mari soit intervenu personnellement dans l'achat de ce trousseau, et que, par suite, il ne peut être tenu sur ses biens personnels, et comme débiteur direct, du montant des livraisons qui ont servi au trousseau de sa future épouse ; — Que c'est là une dette personnelle à la femme, antérieure au mariage, à raison de laquelle les créanciers pourraient bien exercer leurs droits, soit sur la dot, soit sur les revenus dotaux, et ce par application des dispositions de l'art. 1558 c. nap., mais qu'ils ne peuvent, à raison de ce, obtenir de condamnation directe contre le mari en son nom personnel et comme obligé direct envers eux ; — Mais attendu qu'il résulte des factures produites que plusieurs articles de grande valeur ont dû constituer la corbeille de mariage, qui est toujours, dans l'usage, fournie par le mari ; — Que celui-ci étant militaire et ne pouvant acheter lui-même ces articles, il y a eu de sa part mandat tacite en faveur de la

Caen, 13 avr. 1866, aff. Belin, D. P. 67. 2. 163). Ce dernier arrêt a décidé que la dette dont une femme mariée sous le régime dotal est tenue envers le tiers qui a fait des démarches destinées à préparer son mariage, est exécutoire sur la dot, cette dette étant nécessairement antérieure au mariage. — Néanmoins, l'opinion qui exige pour admettre la date certaine de la dette une des trois preuves indiquées par l'art. 1328 semble avoir été adoptée dans un arrêt de la cour de Pau du 18 mai 1863 (aff. Bordenave, D. P. 63. 2. 129), et elle est soutenue par M. Guillouard, t. 4, n° 2034 (V. aussi Jouitou, n° 260).

1320. La question de savoir si l'aliénation de l'immeuble dotal peut être autorisée pour payer les dettes *postérieures au contrat de mariage, mais antérieures au mariage*, est examinée au *Rép.* n° 3668. Suivant l'opinion qu'on a soutenue, les dettes contractées par la femme dans l'intervalle du contrat et de la célébration du mariage ne rentrent pas dans l'hypothèse de l'art. 1558, n° 3, qui ne parle que des dettes ayant « une date certaine antérieure au contrat de mariage ». On objecte que les mots « contrat de mariage » peuvent désigner l'acte de célébration du mariage, comme dans l'art. 2194 c. civ. M. Guillouard, t. 4, n° 2032, répond ainsi à cette objection : « Si les expressions *contrat de mariage* ont pu, au titre des hypothèques et dans un article assez mal rédigé, être prises dans un sens différent de leur sens naturel, nous n'admettons pas qu'au siège même de la matière, au titre du contrat de mariage, les rédacteurs du code n'aient pas donné à ces mots leur sens exact : nous avons donc, à notre avis, un texte formel devant lequel on doit s'incliner. De plus, ce texte a sa raison d'être : il est inspiré par le même motif que l'art. 1404, § 2. Il ne faut pas que l'un des futurs époux puisse, dans l'intervalle du contrat de mariage au mariage, modifier l'effet des conventions matrimoniales qu'il a adoptées. C'est ce qui arriverait, sous le régime de la communauté, si l'un des futurs époux employait ses capitaux à acheter un immeuble, et c'est ce qui arriverait sous le régime dotal, si la femme pouvait anéantir les effets de la constitution de dot en contractant des dettes pour l'acquit desquelles la dot pourrait être aliénée » (V. en ce sens, outre les autorités citées au *Rép. ibid.* : Rodière et Pont, t. 3, n° 1800; Marcadé, t. 6, art. 1558, n° 2; Aubry et Rau, t. 5, § 537, note 12, p. 589; Colmet de Santerre, t. 6, n° 230 *bis* II; Laurent, t. 23, n°ˢ 527 et 548; Jouitou,

n° 259; Guillouard, *loc. cit.* — *Contra :* Rouen, 10 janv. 1867) (1).

1321. Les dettes qui résultent du contrat de mariage lui-même doivent-elles être assimilées aux dettes antérieures à ce contrat et peuvent-elles motiver l'aliénation de l'immeuble dotal? L'affirmative est adoptée par M. Jouitou, n° 260, et par M. Guillouard, t. 4, n° 2033. Ces dettes font en quelque sorte partie des conventions matrimoniales et peuvent être considérées comme une restriction de la dotalité (Comp. en ce sens : Riom, 7 déc. 1839, et sur pourvoi, Civ. rej. 20 août 1861, aff. Pilté, D. P. 61. 1. 380).

1322. L'art. 1558-3° suppose que les époux veulent s'acquitter par un payement amiable. Mais on peut se demander quels sont les droits des créanciers, et si ces derniers n'ont pas eux-mêmes le droit d'exercer des poursuites sur les biens dotaux. Pour répondre à cette question, qui n'est pas résolue expressément par la loi, il y a lieu de distinguer entre les créanciers de la femme et ceux du constituant.

1323. Quant aux dettes de la femme, il n'y a pas de difficulté pour le cas où la constitution de dot est universelle ou à titre universel : il est admis sans contestation que les créanciers, en pareil cas, ont action sur la pleine propriété des biens dotaux. C'est l'application du principe : *Bona non sunt nisi deducto ære alieno* (Montpellier, 13 nov. 1878, aff. Bellotini, D. P. 79. 2. 217). — Lorsque la constitution de dot ne comprend que certains biens déterminés, il y a encore deux hypothèses où le droit de poursuite existe incontestablement; ce sont : 1° celle où la dette est garantie par une hypothèque qui porte sur l'immeuble dotal; 2° celle où la constitution de dot a eu lieu en fraude des droits des créanciers. Mais, en dehors de ces deux cas, les auteurs ne sont pas d'accord sur le point de savoir si et dans quelle mesure les créanciers peuvent faire vendre les biens dotaux. D'après Marcadé, t. 6, art. 1558, n° 3, les créanciers ne peuvent exproprier les biens dotaux même pour la nue-propriété, parce que ces biens sont sortis du patrimoine libre et disponible de la femme. Cette opinion, toutefois, est restée isolée : elle exagère, en effet, la portée du principe de l'inaliénabilité dotale. La constitution de dot ne peut être assimilée à une aliénation, puisque la femme conserve la propriété de ses biens dotaux.

Une autre opinion, non moins absolue en sens opposé, décide que, nonobstant la constitution de dot réduite à cer-

---

(1) (Colé C. Maillard.) — LA COUR; ... — Au fond : — Attendu, en fait, que la donation de Colé procède de deux actes sous seing privé souscrits solidairement le 19 déc. 1845 par Maillard et la fille Varangue, lesdits actes enregistrés le 2 janvier suivant; qu'à la date du même mois de décembre, Maillard, mineur émancipé, mais habilité aux fins du mariage, et la fille Varangue, majeure, ont adopté le régime dotal pour base de leur mariage, dont la célébration a eu lieu le 7 janv. 1846; que c'est dans ces circonstances qu'est née la question de savoir quelle est, relativement aux immeubles constitués en dot par la femme Maillard, l'efficacité des actes qu'elle a souscrits à une époque où elle était maîtresse de ses droits, actes qui ont acquis date certaine par leur enregistrement cinq jours avant la célébration du mariage;

femme pour ces acquisitions, et qu'on doit, dès lors, considérer le prix de ces achats comme une dette personnelle au mari, qui doit immédiatement payer les cadeaux que l'usage fait livrer à la future épouse; — Attendu que, dans cette catégorie, doivent être compris : 1° le châle de l'Inde, au prix de 1300 fr.; 2° le châle carré, à 445 fr., une robe velours de 445 fr., soit un total de 2000 fr. au moins, qui se trouve aussi en rapport proportionnel, comme cadeau de corbeille, avec la dot constituée, qui s'élève, trousseau compris, à la somme de 30000 fr.; — Attendu, dès lors, que pour cette valeur de 2000 fr., le sieur Marsang peut être considéré comme débiteur personnel et solidaire envers la demanderesse; que le sieur Marsang a payer aux demandeurs 2000 fr. à valoir sur leur facture, comme s'appliquant à la corbeille de noces et dette personnelle de Marsang, et pour le surplus, et aussi pour le montant des factures des sieurs Pascal frères, leur réserve tous les droits, soit contre l'épouse, soit contre l'époux Marsang comme détenteur de la dot, pour les exercer ainsi qu'ils aviseront, soit sur la dot, soit sur les revenus dotaux comme créanciers antérieurs au mariage et suivant les dispositions de l'art. 1558 c. nap.; etc. — Appel par le sieur Marsang. — Arrêt.

LA COUR; — Adoptant les motifs, etc.; — Condamne, etc. Du 27 avr. 1865.-C. d'Aix, 2e ch.-MM. Poilroux, pr.-Lescouvé, av. gén. de Séranon et Benat, av.

— Attendu, en droit, que le paragraphe 4 de l'art. 1558 c. nap., en permettant l'aliénation des biens dotaux pour le payement des dettes de la femme ou de ceux qui ont constitué sa dot, lorsqu'elles ont une date antérieure au *contrat de mariage*, entend par ces mots non le contrat réglant les conventions d'une union projetée, incertaine alors, mais le *mariage lui-même*, c'est-à-dire la célébration devant l'officier de l'état civil, qui seule rend ces conventions définitives, irrévocables, confère aux contractants la qualité de mari et de femme, et prévient, par la publicité qui précède cet acte solennel, les graves inconvénients qui résulteraient pour les tiers de l'interprétation donnée par le premier type aux mots : le *contrat de mariage;* qu'aussi une loi du 10 juill. 1850, voulant lever tout doute à cet égard, a organisé une publicité plus grande pour empêcher les tiers d'être victimes des fraudes pratiquées à leur préjudice par des femmes se présentant à eux comme libres et maîtresses de contracter dans un intervalle de temps plus ou moins long entre le contrat réglant les conventions civiles et l'acte de célébration du mariage; qu'il faut donc entendre par *contrat de mariage* le *mariage même;* que c'est, en effet, ce qui semble résulter de l'observation faite par le consul Cambacérès, dans la séance du conseil d'Etat du 4 brum. an 12, sur l'art. 168 qu'a reproduit, en le modifiant, l'art. 1558, et de l'exposé des motifs de ce dernier article par le conseiller d'Etat Berlier, dans la séance du 12 pluviôse de la même année; qu'enfin cette solution paraît aussi résulter de la combinaison de l'art. 1554 avec le paragraphe 4 de l'art. 1558 qui énumère les exceptions à l'inaliénabilité pendant les immeubles constitués en dot; — Attendu que des motifs qui précèdent, il résulte que l'immeuble, objet de la poursuite dont les époux Maillard demandaient la nullité, avait été légalement saisi pour le payement d'une créance contractée trois jours avant le contrat réglant les conventions civiles, mais ayant acquis une date certaine avant la célébration du mariage; que le jugement qui a admis la demande des époux Maillard a fait grief au créancier poursuivant; d'où il suit qu'il doit être réformé; —
Du 10 janv. 1867.-C. de Rouen, 2e ch.-MM. Forestier, pr.-Raoul Duval, av. gén.-Lemarois et Decorda, av.

tains biens, les créanciers envers lesquels la femme était tenue avant son mariage continuent à pouvoir la poursuivre sur la pleine propriété de tous ses biens (Sériziat, *Du régime dotal*, n° 167. V. aussi Montpellier, 6 mars 1844, *Rép.* n° 3673). Cette seconde opinion tient pour non avenu, même à l'égard des créanciers chirographaires de la femme, le droit de jouissance conféré au mari sur la dot pour l'aider à soutenir les charges du mariage. Les créanciers chirographaires ont cependant suivi la foi de leur débitrice, et il est difficile de leur reconnaître le droit de saisir les revenus de la dot, quand ces revenus sont devenus la propriété du mari. Aussi la plupart des auteurs admettent, comme nous l'avons fait nous-mêmes au *Rép.* n° 3673, que les créanciers de la femme peuvent bien encore saisir les biens qu'elle s'est spécialement constitués en dot, mais pour la nue propriété seulement et sous réserve de la jouissance du mari (Rodière et Pont, t. 3, n° 1800; Aubry et Rau, t. 5, § 638, note 8, p. 606; Laurent, t. 23, n° 548; Guillouard, t. 4, n° 2077; Marinier, *Revue pratique*, 1859, t. 8, p. 282 et suiv.). — Il résulte de cette solution que les créanciers de la femme ne peuvent valablement frapper de saisie-arrêt les créances dotales de celle-ci; ils doivent se borner à saisir-arrêter la créance de restitution de la dot entre les mains du mari (Guillouard, *loc. cit.* — *Contrà :* Montpellier, 13 nov. 1878, aff. Bellotini, D. P. 79. 2. 217).

1324. Le droit de poursuite sur les biens dotaux, ou du moins sur la nue propriété de ces biens, n'appartient, bien entendu, qu'aux créanciers antérieurs au mariage. Quant aux créanciers postérieurs, le principe de l'inaliénabilité de la dot rend les biens dotaux insaisissables à leur égard (V. *suprà*, n°ˢ 1231 et suiv.). Mais du moment que la dette existait avant le mariage, il importe peu que les faits qui l'ont rendue exigible soient survenus postérieurement. Ainsi, il a été jugé que si le capital d'une rente créée avant son mariage par une femme mariée sous le régime dotal, devient exigible durant le mariage pour défaut de payement des arrérages, le remboursement peut en être poursuivi sur les biens dotaux. — Au reste, il ne suffit pas, suivant l'opinion générale, que la dette soit antérieure au mariage lui-même; il faut, pour que le créancier ait action sur la dot, qu'elle ait date certaine avant le contrat de mariage; on applique ici le même principe que lorsqu'il s'agit du payement volontaire prévu par l'art. 1558-3° (Sériziat, *op. cit.*, n° 167; Odier, t. 3, n° 1292; Rodière et Pont, t. 3, n° 1800 ; Troplong, t. 3, n° 3468 ; Laurent, t. 23, n° 548; Guillouard, t. 4, n° 2072; Marinier, *op. cit.*, n° 167. — V. toutefois en sens contraire: Bellot des Minières, t. 4, p. 409 et 410).

Le créancier qui a le droit de saisir les biens dotaux n'a pas besoin de la permission du juge pour procéder à cette saisie. L'art. 997 c. proc. civ. est alors sans application (V. conf. Req. 2 févr. 1852, aff. de Morlac, D. P. 52. 1. 267; Aubry et Rau, t. 5, § 538, note 9, p. 607 ; Guillouard, t. 4, n° 2078).

1325. Les créanciers de la femme (dont le titre est antérieur au contrat de mariage) ont-ils action sur les biens donnés à la femme dans son contrat de mariage, soit par ses père et mère ou autres ascendants, soit par des tiers? Les auteurs admettent généralement que ces biens échappent à toute poursuite des créanciers de la femme : ils entrent, en effet, dans le patrimoine de la femme avec la qualité de biens dotaux et inaliénables (V. en ce sens: Marcadé, t. 6, art. 1558 III; Aubry et Rau, t. 5, § 638, note 2, p. 604; Colmet de Santerre, t. 6, n° 230 *bis* IV; Laurent, t. 23, n° 549; Guillouard, t. 4, n° 2079). Le contraire a cependant été jugé par la cour de Bordeaux, le 29 août 1855 (aff. Reignault, D. P. 57. 2. 52). — Toutefois, nous estimons que les créanciers pourraient saisir les biens constitués en dot à la femme, après la mort du constituant, si la femme était héritière à réserve de celui-ci et si les biens ne lui avaient pas été donnés par préciput.

1326. En ce qui concerne les dettes du constituant, on

a vu au *Rép.* n° 3669 que la femme n'est légalement tenue de les payer que lorsque la constitution a eu lieu à titre universel, ou s'il s'agit d'une dette hypothécaire grevant l'immeuble constitué en dot. — Il a été jugé en ce sens que la femme mariée sous le régime dotal en faveur de laquelle a été faite, dans son contrat de mariage, une institution contractuelle comprenant tous les biens du donateur, est tenue, lors du décès de celui-ci, de payer toutes les dettes par lui contractées de bonne foi, sans pouvoir invoquer l'inaliénabilité du fonds dotal, la dotalité ne protégeant que ce qui reste libre sur les biens du donateur après le payement de ces dettes (Pau, 20 janv. 1861, aff. Claverie, D. P. 61. 5. 166). Les créanciers du constituant pourraient encore exercer des poursuites sur la dot, dans le cas où la constitution même à titre particulier aurait eu lieu en fraude de leurs droits.

1327. La disposition de l'art. 1558-3° soulève une question qui, pour être mieux comprise, nous a paru devoir être renvoyée après l'examen des droits appartenant sur les biens dotaux aux créanciers de la femme ou du constituant : c'est celle de savoir si l'aliénation prévue par cet article ne peut être valablement autorisée que pour le payement des dettes à raison desquelles la femme pourrait, suivant les règles que l'on vient d'exposer, être poursuivie soit personnellement, soit hypothécairement. La question est importante, surtout lorsqu'il s'agit des dettes du constituant; et c'est à ce point de vue, spécialement, qu'on s'est placé pour la résoudre ; mais elle n'est pas sans intérêt même en ce qui concerne les dettes de la femme, non seulement d'après l'opinion qui soustrait à l'action des créanciers de celle-ci les biens constitués en dot à titre particulier, mais aussi en tant qu'il s'agirait de biens donnés dans le contrat de mariage, ces biens échappant, suivant la doctrine généralement admise, à l'action des créanciers de la femme antérieurs audit contrat. On a soutenu que l'aliénation peut, aux termes de l'art. 1558-3°, être autorisée dans tous les cas, sans qu'il y ait à distinguer suivant que les créanciers ont ou non le droit d'exercer leurs poursuites sur les biens dotaux. « On a pensé, dit M. Colmet de Santerre, t. 6, n° 230 bis IV, que le payement des dettes du constituant, souvent un père, un ascendant, pouvait intéresser l'honneur de la famille, et que cet intérêt moral était supérieur à celui de la conservation de la dot » (V. dans le même sens: Marcadé, t. 6, art. 1558 IV). Mais cette interprétation est rejetée par la plupart des auteurs (Rodière et Pont, t. 3, n° 1801 ; Aubry et Rau, t. 5, § 537, note 119, p. 589; Laurent, t. 23, n° 527; Guillouard, t. 4, n° 203). Il n'est pas vraisemblable, en effet, que le législateur, qui a consacré si énergiquement le principe de l'inaliénabilité dotale, ait entendu y déroger pour permettre à la femme d'acquitter des dettes dont elle ne serait pas juridiquement tenue. La disposition de l'art. 1558-3° n'a d'autre but que fournir à la femme dotale, menacée des poursuites de ses créanciers, le moyen d'éviter l'expropriation forcée et les frais considérables qu'elle entraîne en demandant aux juges l'autorisation d'aliéner sa dot à l'amiable, c'est-à-dire en tout ou en partie, pour en employer le prix à éteindre ses dettes (Sincholle, *De l'inaliénabilité de la dot;* Jouitou, n° 162).

1328. Lorsqu'une femme mariée sous le régime dotal accepte une succession {qui, d'après les conventions matrimoniales, doit faire partie de la dot, les biens composant cette succession n'en restent pas moins soumis aux poursuites des créanciers héréditaires (*Rép.* n° 3663). — Jugé, en ce sens, que la femme ne peut se prévaloir de la dotalité dont se trouvent affectés les biens de la succession qu'elle a recueillie, à l'encontre des créanciers de cette succession qui poursuivent sur ces biens le payement de ce qui leur est dû (Pau, 20 janv. 1861, aff. Claverie, D. P. 61. 5. 166 ; Nîmes, 6 mai 1861) (1).

Il a été jugé aussi que les immeubles dotaux peuvent être valablement saisis pour le montant des droits de mutation dus par la femme à l'occasion d'une succession à elle échue,

---

(1) (Balmelle C. Lafarge.) — Le sieur Baissac avait fait donation, par contrat de mariage, en avancement d'hoirie, à la dame Lafarge, sa fille, d'une somme de 3000 fr. Il mourut sans avoir payé cette somme aux époux Lafarge. Après sa mort, le sieur Balmelle, son créancier, ayant fait vendre un immeuble qui dépendait de sa succession, la dame Lafarge, dans l'ordre ouvert pour la distribution du prix de cet immeuble, demanda à être

colloquée pour le montant de la donation à elle faite. Cette demande fut rejetée par le juge-commissaire; mais, sur un contredit formé par les époux Lafarge, le tribunal décida que la dame Lafarge, bien qu'elle eût accepté la succession de son père, pouvait exiger sa collocation, par le double motif que le rapport de la donation à elle faite n'était pas dû à un créancier tel que le sieur Balmelle, et qu'en outre, la dame Lafarge, étant mariée

et payés en son acquit par un tiers, ainsi que pour les frais de liquidation de ladite succession, avancés par le même tiers (Caen, 18 juin 1880) (1).

Décidé encore que la femme mariée sous le régime dotal,

sous le régime dotal, n'avait pu, en acceptant la succession de son père, compromettre ses droits à une donation dont l'objet était affecté de dotalité. — Appel par le sieur Balmelle. — Arrêt.

La cour ; — En droit : — Attendu qu'il est de principe que celui qui, appelé par la loi à recueillir une succession, a fait acte d'héritier, ne peut à son gré abdiquer ce titre et se soustraire aux charges qui y sont attachées ; — Qu'une fois héritier par son acceptation expresse ou tacite, il demeure tel irrévocablement vis-à-vis de ses cohéritiers ou des créanciers de la succession nonobstant toute répudiation ultérieure ; — Attendu que si, d'après l'art. 857 c. nap., le rapport n'est dû que par le cohéritier à son cohéritier, et si le créancier ne peut l'exiger, cette règle n'est applicable qu'au cas où le successible à qui il a été fait une donation entre-vifs ou avancement d'hoirie a reçu effectivement le montant de cette donation avant l'ouverture de la succession du donateur, et non à celui où il lui est encore dû à faire ; car il ne peut y avoir de rapport de ce qui n'a pas été reçu, et le donataire successible, selon qu'il renonce à la succession du donateur ou qu'il l'accepte, se trouve dans la position d'un créancier ayant droit à réclamer des héritiers le montant de sa donation, comme pourrait le faire un étranger, ou d'un héritier dont la qualité de donataire s'efface complètement vis-à-vis de ses cohéritiers et des créanciers de la succession par suite de la confusion des droits et des obligations attachés à sa double qualité d'héritier pur et simple et de donataire en avancement d'hoirie ; — Attendu que cette position le met, à plus forte raison, dans l'impuissance de réclamer le montant de sa donation, lorsqu'il le réclame à l'encontre des créanciers hypothécaires, par privilège et prélèvement sur le prix d'un immeuble de la succession, étant tenu, comme il l'est, hypothécairement envers ces créanciers, non pas seulement de sa part virile, mais de la totalité de la dette, à concurrence du prix provenant de l'immeuble hypothéqué ; — Attendu, au surplus, que, tout au moins pour la part virile du donataire dans les dettes du donateur, la confusion s'opérant, les créanciers des héritiers ou ceux de la succession auraient le droit, quant au restant de ces dettes, d'exiger le rapport du montant de la donation du chef des autres héritiers, en vertu des dispositions de l'art. 1166 c. nap., si la position du donataire non payé devait être assimilée à celle d'un héritier sujet à rapport ; — Que c'est ce que décident, en général, la doctrine et la jurisprudence ; — Attendu qu'il est indubitable que les créanciers d'une succession acceptée purement et simplement par une femme dotale sont sans action sur les biens dotaux étrangers à cette succession, il y a lieu de ne pas confondre dans le même privilège ces biens avec ceux qui, ayant le même caractère de dotalité, ont une origine différente, telle que celle d'une succession où la femme les a recueillis ; qu'en effet, il n'a pu y avoir d'actif dans cette succession que déduction faite des dettes, et qu'il ne serait ni juste, ni rationnel que, en se prévalant de la dotalité générale de ses biens, la femme pût s'affranchir du payement de ces dettes en retenant l'émolument des biens qui en étaient le gage pour les créanciers de la succession du donateur ;

En fait : — Attendu que, ainsi que les premiers juges l'ont reconnu, il résulte des actes et jugements produits au procès, que la dame Lafarge a accepté expressément et implicitement la qualité d'héritière pure et simple de feu Baissac, son père ; que cette qualité n'a pu être effacée par rapport à ses cohéritiers et aux créanciers de la succession par une renonciation ultérieure ; — Attendu que la donation faite en 1835 à la dame Lafarge par son dit père l'a été dans son contrat de mariage, en avancement d'hoirie et à terme ; qu'à l'ouverture de la succession du donateur, le montant intégral en était encore dû, et que c'est à ce titre et en vertu de son hypothèque inscrite que la dame Lafarge a demandé à être allouée dans l'ordre ouvert pour la distribution du prix de l'immeuble de la succession Baissac exproprié par Balmelle ; qu'en cet état, elle n'avait point à faire rapport du montant de sa donation ; que les principes en matière de rapport ne lui étaient donc pas applicables, non plus qu'aux créanciers de la succession en général et à Balmelle en particulier ; — Que sa qualité de donataire en avancement d'hoirie s'était confondue dans celle d'héritière pure et simple, et que, comme ses cohéritiers, elle était tenue personnellement et hypothécairement des dettes de la succession Baissac, et ne pouvait, en conséquence, réclamer le payement de sa propre créance à l'exclusion des créanciers de la succession ; — Attendu que la dame Lafarge est mariée sous le régime d'une constitution générale de dot, mais que la somme dotale qui lui a été constituée dans son contrat de mariage, au lieu d'être restée étrangère à la succession Baissac par l'effet de sa répudiation, s'y est trouvée irrévocablement comprise en vertu de son adition d'hérédité antérieurement accomplie ; que, par suite, les principes qui protègent les biens

avec constitution de ses biens présents et à venir, qui s'est rendue adjudicataire sur licitation des biens indivis d'une succession à elle échue pour partie, est tenue, par privilège de copartageant, du payement du prix d'adjudication sur les

dotaux contre les effets des quasi-contrats et spécialement d'une acceptation de succession, ne lui sont point applicables ; — Qu'à tous ces points de vue, les premiers juges ont mal jugé en déclarant la somme de 3000 fr., objet du litige, inaliénable comme dotale et insusceptible d'être affectée soit par l'adition d'hérédité de la dame Lafarge, soit par le rapport qu'ils ont supposé devoir être fait par elle à ses cohéritiers exclusivement ; qu'il y a lieu, par suite, de réformer leur jugement et de rejeter le contredit sur lequel ce jugement est intervenu ; — Dit et déclare que les mariés Lafarge sont sans droit d'être colloqués dans l'ordre pour le montant de la donation de 1835, etc.

Du 6 mai 1861.-C. de Nîmes.-MM. Liquier, pr.-Mestre, 1er av. gén.-Balmelle et Paradan, av.

(1) (Mouchel C. Lebey.) — La cour ; — Considérant que, pour être payé d'une somme de 8464 fr. 50 cent. qui lui serait due par la dame Lebey, épouse séparée de corps, Mouchel a fait asseoir une saisie sur les immeubles de sa débitrice le 7 oct. 1879 ; — Que le sieur Lebey est intervenu sur la poursuite, et a soutenu que cette saisie était nulle comme portant sur des immeubles dotaux ; — Considérant que, par son jugement du 6 nov. 1879, le tribunal a accueilli ce moyen et prononcé la nullité de la saisie ; — Que Me Mouchel a porté l'appel de cette décision et restreint devant la cour sa demande à la somme de 2615 fr. 32 cent formée d'éléments divers et qu'il importe de décomposer ; — En ce qui concerne les 1771 fr. représentant la part à la charge de la dame Lebey dans les droits de mutation payés à l'occasion de la succession du sieur Pierre Guillot, son frère, décédé absent, avec tous effets de droit, par jugement du 27 déc. 1876 : — Considérant qu'il est bien vrai que, par son contrat de mariage en date du 26 août 1875, la dame veuve Vanneker, en épousant le sieur Lebey, a adopté le régime dotal et s'est constitué en dot ses biens présents et à venir, meubles et immeubles sans exception ; — Que sans doute, aux termes de l'art. 1554 c. civ., les immeubles constitués en dot ne peuvent être aliénés ou hypothéqués pendant le mariage, sauf les exceptions prévues par le code ; — Mais que ces exceptions dans lesquelles les immeubles dotaux peuvent être aliénés, malgré la prohibition de l'art. 1554, ne sont pas les seules, et qu'il y en a certaines autres qui tiennent à la nature des choses et que le législateur a sous-entendues, parce qu'elles sont morales, honnêtes, nécessaires, inévitables ; — Considérant, en principe, que l'art. 1554 n'a eu pour but que de préserver les femmes mariées sous le régime dotal des influences qui pourraient agir sur leur consentement, soit dans les conventions, soit dans les actes de la vie civile, assimilés aux contrats ; que le but et l'esprit du régime dotal, c'est que la femme ne puisse compromettre sa dot par des engagements ordinaires qu'on pourrait trop facilement lui faire souscrire ; — Qu'une pareille loi de protection serait détournée de son objet si elle pouvait avoir pour conséquence d'exonérer la femme d'une obligation de la nature de celle dont il s'agit ; qu'il ne s'agit point ici d'un de ces engagements volontaires en vue desquels le législateur a voulu protéger la femme ; qu'il s'agit, au contraire, d'une obligation que la loi impose directement et indépendamment de la volonté de l'obligé ; — Qu'en effet, en devenant l'héritière de Pierre Guillot, son frère, la dame Lebey s'est trouvée ipso facto débitrice envers le Trésor des droits de mutation dus à raison de la succession qu'elle recueillait ; — Or, considérant que les droits dus pour les mutations de propriété par décès ne sont ni une dette de la succession, ni une charge imposée par la propriété, mais une contribution à laquelle les héritiers sont soumis personnellement, à raison de l'appréhension de fait, à partir de la saisine qui s'opère par le décès du précédent propriétaire ; qu'il s'ensuit que, pour exercer son action contre eux, l'Administration n'a point à prouver qu'ils ont pris qualité ; qu'il doit s'ensuivre également que l'Administration exercera son action sur tout ce que peuvent posséder ses débiteurs, sans distinction, en vertu du principe posé dans l'art. 2092 c. civ., à savoir, que quiconque s'est obligé personnellement est tenu de remplir son engagement sur tous ses biens mobiliers et immobiliers présents et à venir ; — Que s'il en était autrement, le délai de six mois, à partir du décès, dont l'administration de l'enregistrement et des domaines attend l'expiration pour poursuivre le recouvrement de ces droits, deviendrait, dans certains cas, un moyen facile de faire fraude à l'action légitime de l'Administration ; — Que l'obligation d'acquitter ces droits constitue, pour l'intérêt public, une sauvegarde dont le respect importe autant, sinon plus, que la conservation même de la fortune stipulée dotale ; — Considérant qu'encore bien que Me Mouchel ne se soit pas fait subroger dans les droits de l'Administration, il n'en est pas moins certain qu'il a fait l'avance de ces droits de mutation à la dame Lebey ; — Qu'il est même à remarquer que, jusqu'à l'acquit de ces droits, les rentes sur l'État

immeubles qui ont fait l'objet du partage (Limoges, 16 juin 1860, aff. Rebeyratte, D. P. 61. 2. 71). Toutefois, suivant M. Labbé, *Dissertation* sur l'arrêt précité du 18 juin 1880, les créanciers de la succession devraient, pour échapper aux effets de la dotalité, demander la séparation des patrimoines ; autrement ils n'auraient ni plus ni moins de droits sur les biens héréditaires que sur les biens propres de la femme héritière, puisque dont advenant par succession à une femme qui s'est constitué en dot ses biens à venir est frappé de dotalité au moment même où elle le recueille, en vertu de la maxime « Le mort saisit le vif ». — Dans tous les cas, les créanciers de la succession n'ont pas le droit d'exiger leur payement sur le surplus des biens dotaux s'ils ont négligé de se faire payer sur les biens de la succession; ils ne conservent contre la femme d'autres droits que ceux qui appartiennent aux créanciers envers lesquels elle se serait obligée avant le mariage (Toulouse, 17 mars 1851, aff. Lamaudès, D. P. 52. 2. 86).

1329. Du droit de poursuite qui appartient aux créanciers héréditaires, faut-il conclure que la femme peut, sans l'autorisation de justice, aliéner des immeubles dépendant de la succession pour payer ces créanciers? Certains arrêts l'ont admis par le motif que la dotalité n'affecterait que ce qui reste à la femme sur l'actif successoral après le payement intégral des dettes (Paris, 18 déc. 1849, aff. de la Biffe, D. P. 52. 2. 60; Caen, 19 janv. 1852, aff. Duclos, D. P. 56. 2. 187). — Jugé aussi, dans le même sens, que la femme peut contraindre les débiteurs de la succession à payer ce qu'ils doivent sans qu'il soit fait remploi de la part lui revenant, du moment que les sommes reçues de ces débiteurs doivent servir à l'acquittement des dettes héréditaires (Rouen, 19 août 1852, aff. Chenevière, D. P. 52. 2. 247).

recueillies par la dame Lebey, dans la succession de son frère, restaient insusceptibles de transfert, et que c'est seulement par le payement que Me Mouchel a fait desdits droits, que ces rentes ont été transférées au nom de la dame Lebey; — Or, considérant que, s'il a paru juste au législateur d'autoriser l'aliénation de l'immeuble dotal pour faire de grosses réparations nécessaires à sa conservation, on ne saurait refuser cette autorisation lorsqu'il s'agit d'une dépense qui a servi à consolider dans la main de la dame Lebey une partie de sa dot, à lui permettre de toucher sans interruption les arrérages des rentes dont le payement eût été infailliblement ajourné jusqu'à ce qu'il fût justifié de l'acquit de droits de mutation, ou l'acte équivalent à son décès, eût été connu de la caisse payante; — Considérant que décider comme l'a fait le premier juge, ce serait mettre au-dessus de la loi la femme mariée sous le régime dotal avec constitution en dot de tous ses biens présents et à venir, meubles et immeubles sans exception; — Que tout bien, en effet, quel qu'il soit, lui advenant notamment par succession est frappé de dotalité avant même qu'il soit entré dans sa main, en vertu du principe que le *mort saisit le vif*; qu'en jugeant alors que la femme mariée dans les conditions dans lesquelles la dame Lebey se présente ne peut pas être poursuivie sur ses biens propres dotaux pour le recouvrement des droits dus à l'occasion d'une succession qui lui échoit, c'est créer à son profit une immunité injustifiable; que la saisie doit donc être validée de ce chef;

En ce qui concerne les 31 fr. 08 cent. représentant la part à la charge de la dame Lebey dans les frais de la liquidation de la succession de son frère : — Considérant que cette liquidation était indispensable pour fixer la part revenant à la dame Lebey dans cette succession, et que les frais qu'elle a nécessités étaient par cela seul inévitables; — Qu'il y a donc lieu de valider la saisie relativement à cette somme; — Par ces motifs, dit et juge que Me Mouchel est créancier de la dame Lebey pour les causes exprimées dans le présent arrêt de la somme de... exécutoire sur la dot de ladite dame, etc...

Du 18 juin 1880.-C. de Caen, 2e ch.-MM. Blanche, pr.-Soret de Boisbrunet, av. gén.-Laisné-Deshayes, av.

(1) (Monnet C. Bel.) — La cour; — Attendu qu'à la demande formée par Monnet en nullité de la donation consentie par la femme Bel en faveur de ses enfants, la femme Bel et ses enfants opposent une fin de non-recevoir résultant de la dotalité des biens donnés; — Attendu qu'étant bien constant, d'une part, que Monnet est créancier de la femme Bel en vertu de trois jugements rendus par le tribunal de Valence et ayant acquis l'autorité de la chose jugée, et, d'autre part, que la femme Bel est mariée sous le régime dotal avec constitution de tous ses biens présents et à venir, la question qui fait naître l'exception proposée est celle de savoir si la créance de Monnet peut être exécutée sur les immeubles dotaux qui ont fait l'objet de la donation; —

Plusieurs auteurs, cependant, estiment que la femme dotale a besoin de l'autorisation de justice pour aliéner les biens qui lui sont échus par succession, comme pour l'aliénation de tous autres biens dotaux. « Non seulement, dit M. Guillouard, t. 4, n° 2037, la loi n'a admis nulle part, en matière de régime dotal, le principe qu'il n'y a de biens que dettes déduites; mais l'art. 1558, n° 3, suppose un principe différent, puisqu'il exige l'autorisation de justice et les formalités dont nous avons parlé pour les dettes de la femme antérieures au mariage; et cependant cette catégorie de dettes devrait encore se déduire des biens dotaux. Il faut donc généraliser cette règle de notre article, et décider, par analogie, que l'immeuble dotal pourra être aliéné pour payer les dettes des successions échues recueillies par la femme pendant la durée du mariage. » (V. en ce sens : Montpellier, 3 janv. 1852, aff. Bouis, D. P. 54. 2. 110; Aubry et Rau, t. 5, § 537, note 124, p. 591).

1330. — IV. Réparations (*Rép.* n°s 3675 à 3682). — Aux termes de l'art. 1558, n° 4, l'aliénation du fonds dotal peut être autorisée pour faire de grosses réparations indispensables à la conservation de l'immeuble dotal. Mais, comme l'a décidé la cour de cassation, l'aliénation ne devrait pas être autorisée si elle avait pour but de faciliter une entreprise personnelle du mari, alors même qu'elle s'exercerait sur le fonds dotal (Req. 7 juill. 1851, aff. Brun, D. P. 51. 1. 297).

1331. En principe, l'art. 1558-4° ne s'applique ni aux constructions nouvelles, ni aux simples améliorations (*Rép.* n° 3676; Rouen, 13 janv. 1853, aff. Delestre, D. P. 53. 2. 49; Bordeaux, 21 juill. 1862, *supra*, n° 1308; Grenoble, 15 déc. 1864 (1); Rodière et Pont, t. 3, n° 1804; Aubry et Rau, t. 5, § 537, n° 6, note 126, p. 191; Laurent, t. 23,

Attendu que l'art. 1554 c. nap. dispose en termes formels que les immeubles constitués en dot ne peuvent être aliénés ni hypothéqués pendant le mariage, ni par le mari, ni par la femme, ni par les deux conjointement, sauf un petit nombre d'exceptions qu'il précise soigneusement et dans aucune desquelles ne peut évidemment rentrer le payement de la créance Monnet; mais qu'à ces exceptions la doctrine et la jurisprudence en ont ajouté une commandée par un principe supérieur à celui de l'inaliénabilité de la dot, la nécessité pour la femme de satisfaire, même par l'aliénation de ses immeubles dotaux, à la réparation des délits ou quasi-délits dont elle se serait rendue coupable; — Attendu que c'est cette dernière exception qui est invoquée par Monnet, et qu'il est dès lors nécessaire, pour en apprécier le mérite, de remonter à l'origine de sa créance et de vérifier si elle a eu pour cause la réparation d'un délit ou d'un quasi-délit; — Attendu que si l'on se reporte aux jugements qui sont les titres de Monnet, on y voit que les nommés Germond, Chatain et Chosson, possédés d'immeubles que leur avaient transmis Bergeron et Monnet, forment contre eux des demandes en indemnité pour les travaux de culture et autres qu'ils ont faits sur les immeubles à eux transmis; que Bergeron et Monnet appellent en cause la femme Bel et lui demandent de les relever et garantir de toutes les condamnations qui pourraient être prononcées contre eux; que la femme Bel, sous le prétexte qu'elle n'a pas commandé les travaux dont on réclame le payement, demande à être mise hors d'instance; que le juge de paix, après avoir entendu les parties dans leurs plus amples explications et sur l'importance des travaux, condamne Bergeron et Monnet à payer à titre d'indemnité : 1° à Germond, 191 fr.; 2° à Chatain 116 fr.; 3° à Chosson 106 fr.; en tout 413 fr.; que le juge de paix motive cette condamnation, d'abord sur le mandat tacite donné par la femme Bel à Monnet, et ensuite sur la plus-value que les travaux exécutés ont donnée aux immeubles dotaux; — Que l'origine de la créance Monnet est donc bien précisée, et qu'elle a pour cause des travaux de culture et d'amélioration faits sur le fonds dotal de la femme Bel, et dont elle est tenue de payer le prix, d'abord parce qu'elle en profite, et en second lieu parce qu'elle est soumise à exécuter les engagements pris par son mandataire; — Attendu que, sur l'appel de cette sentence, le tribunal de Valence, après avoir établi dans les motifs de son jugement que la femme Bel avait constitué Monnet pour son mandataire et par, par conséquent, elle devait l'indemniser des pertes qu'il aurait subies à l'occasion de sa gestion, ajoute que les faits susdésignés personnels à la femme Bel ont causé le dommage qui donne lieu à l'indemnité; mais le tribunal ne dit pas que ces faits constituent une réparation est due; et la preuve que telle n'est point sa pensée se trouve dans le dispositif du jugement, où l'on voit que la sentence du juge de paix est confirmée, que la femme Bel est condamnée seulement à garantir Monnet des condamnations prononcées contre lui; que si les faits personnels de la femme avaient motivé la condamnation, elle eût été directement prononcée contre elle; qu'il doit

n° 526; Jouitou, n° 262 ; Baudry-Lacantinerie, t. 3, n° 389 ; Guillouard, t. 4, n° 2041). Néanmoins il a été jugé que l'autorisation exceptionnelle d'aliéner la dot pour payer les grosses réparations nécessaires à la conservation de l'immeuble, doit, lorsqu'il s'agit d'une usine, être étendue aux constructions nouvelles qui auraient été jugées nécessaires pour la maintenir au niveau des progrès de l'industrie et sans lesquelles elle subirait une notable dépréciation, par exemple, aux constructions qui auraient pour objet d'augmenter la force motrice de l'usine et de mettre à profit, dans ce but, le droit qu'aurait obtenu la femme d'accroître la prise d'eau qui alimente l'établissement (Rouen, 9 avr. 1845, aff. de R..., D. P. 53. 2. 48). — Un arrêt a considéré aussi comme rentrant sous l'application de l'art. 1558-4° les fournitures destinées à la nourriture et à la conservation des chevaux d'un relais compris dans la constitution dotale de la femme et administré par celle-ci après séparation de biens, et décidé, en conséquence, que le prix de ces fournitures peut être poursuivi par voie de saisie-arrêt sur l'indemnité d'assurance représentant la valeur du relais et des chevaux détruits par un incendie (Req. 26 juin 1867, aff. Chassenoix, D. P. 67. 1. 424).

1332. Contrairement à l'opinion admise au *Rép.* n° 3678, M. Guillouard, t. 4, n° 2042, enseigne que l'autorisation d'aliéner doit précéder les travaux de réparations. Il fait seulement exception à ce principe pour le cas où il y aurait urgence à exécuter les réparations, comme s'il s'agissait d'un toit enlevé par le vent ou d'un mur en partie effondré dont on voudrait prévenir la ruine totale.

1333. Dans le cas où les époux auraient fait exécuter de grosses réparations sans s'être procuré les fonds nécessaires pour les payer, conformément à l'art. 1558-4°, les tiers qui auraient fait ces réparations pourraient exercer des poursuites sur l'immeuble dotal. Cette solution, qui ne paraît pas contestable, résulte, notamment, de l'arrêt du 26 juin 1867, cité *suprà*, n° 1231, aux termes duquel le payement des dettes contractées pour l'entretien de la chose dotale peut être poursuivi sur la dot elle-même. — Il a été jugé, d'ailleurs, que les ouvriers qui ont travaillé aux réparations des biens dotaux ont une action directe et personnelle contre la femme jusqu'à concurrence de la plus-value résultant de leurs travaux (Rouen, 25 juin 1867) (1).

1334. — V. INDIVISION (*Rép.* n°s 3683 à 3692). — Si un immeuble dotal est indivis entre la femme et des tiers, et

---

donc être tenu pour constant que la créance de Monnet n'a point pour cause un délit ou quasi-délit ; — Attendu qu'un autre moyen a été invoqué par Monnet, tiré de la sentence même du juge de paix, à savoir que les immeubles dotaux auraient acquis, par suite des travaux faits par les tiers possesseurs, une plus-value égale au montant de l'indemnité, et que la femme dotale ne saurait s'enrichir aux dépens d'autrui ; — Attendu qu'il ne serait pas exact de dire que la femme s'enrichit aux dépens des tiers, alors que ces tiers obtiennent contre elle une condamnation qui la soumet à leur payer le montant de l'indemnité qu'ils réclament ; que la position de la femme dotale, dans ce cas, est celle d'une personne insolvable ; que, sans doute, il en serait autrement si, par le fait de constructions, plantations ou autres travaux de quelque importance, la dot avait acquis une plus-value stable ; qu'il serait juste alors que la dot subît le retranchement de la plus-value qu'elle aurait, et ce ne serait qu'une question de temps et d'opportunité pour opérer ce retranchement ; mais que telle n'est point la situation dans le cas présent ; qu'il résulte, au contraire, des circonstances de la cause et de la sentence même du juge de paix qui est invoquée, que les améliorations faites sur les immeubles dotaux consistent en travaux de culture dont l'effet ne saurait avoir qu'une courte durée, et qui n'ont ajouté au fonds dotal lui-même aucune valeur appréciable ; — Attendu que les dépens des instances portées devant la justice de paix de Tain et le tribunal de Valence, qui forment les trois quarts de la créance de Monnet, ne sont, non plus que le principal de la créance, causés par un quasi-délit de la femme qui, ayant pu croire de bonne foi qu'elle avait droit de reprendre ses immeubles dotaux dans l'état où ils se trouvaient, sans avoir à payer aucune indemnité, n'a fait qu'user de son droit, quoique ses prétentions aient été jugées mal fondées ; — Par ces motifs, réforme, etc.

Du 15 déc. 1864.-C. de Grenoble, 2e ch.-MM. Blanc, f. f. pr.-Béranger, av. gén.-Giraud et Nicollet, av.

(1) (Blottière et autres C. Garet.) — Le 20 juill. 1866, jugement du tribunal civil de Rouen ainsi conçu : — « Attendu que les époux Garet se sont mariés en 1854, après avoir adopté le régime dotal avec communauté d'acquêts ; que la femme a acheté en 1855, pendant le mariage, une maison avec jardin sise à Rouen, route de Neufchâtel, moyennant 12000 fr. en remploi de pièces de terre dotales aliénées par elle ; — Attendu que, sur cet immeuble dotal, des travaux considérables ont été faits par Blottière, plombier, par Bouquer, entrepreneur de maçonnerie, Revelle et Leblond, peintres ; que l'ensemble des travaux de ces fournisseurs s'élève à une somme qui dépasse 28000 fr., dans lesquels ne sont pas compris les travaux antérieurement payés par Garet, soit avec des valeurs mobilières qu'il a reçues du chef de sa femme, soit avec des ressources prises à même des gains personnels, soit avec des valeurs de la société d'acquêts ; — Attendu que pour obtenir le payement des sommes qui leur sont dues, les fournisseurs demandent, savoir : Blottière, que les époux Garet soient condamnés à lui payer conjointement et solidairement, le mari par corps, la somme de 2479 fr. 04 cent. ; que la saisie-arrêt pratiquée par lui sur les sommes dues par la dame Cauchois, locataire d'une partie de l'immeuble dotal de la dame Garet, et sur les sommes dues à son mari par divers propriétaires, soit validée ; subsidiairement, que des experts disent si les travaux faits par lui n'étaient pas indispensables à la conservation de l'immeuble dotal, et, très subsidiairement, que la dame Garet soit condamnée à lui payer personnellement la plus-value résultant pour son immeuble dotal des travaux qu'il a

faits, plus-value à fixer par des experts ; — Attendu qu'au cours de cette instance sont intervenus Bouquer, Revelle et Leblond, qui ont demandé la même condamnation conjointe et solidaire contre les époux Garet, et, subsidiairement, contre la dame Garet, la condamnation au payement de la plus-value retirée par elle des travaux par eux faits ; — Attendu que Garet, s'en rapportant au principe de la condamnation personnelle contre lui, sauf la vérification des mémoires par une expertise, et que la dame Garet demandant le rejet pur et simple des diverses condamnations conclues contre elle, il y a lieu, par le tribunal, d'examiner le mérite de ces diverses conclusions au point de vue de Garet d'abord, et au point de vue de sa femme ensuite ; — Attendu, à l'égard de Garet, que les demandes de la part des ouvriers qui ont fait les travaux dont il s'agit sont recevables et fondées ; — Attendu, en effet, qu'administrateur des biens de sa femme pendant le mariage, il est débiteur des travaux qu'il a commandés ; — Attendu qu'il suit de là que les saisies-arrêts pratiquées sur les revenus dotaux dus par la dame Cauchois, et qui appartiennent à Garet pendant le mariage, que les sommes qui lui sont dues personnellement par divers, procèdent bien, mais que par la même raison elles procèdent mal vis-à-vis de la femme ; — A l'égard de la dame Garet : — Attendu que l'action en condamnation de Blottière et joints n'est ni recevable, ni fondée ; — Attendu, d'abord, que la dame Garet n'est pas leur obligée directe, encore que les travaux aient été faits en sa présence et qu'elle ait obtenu du tribunal, le 29 mars 1855, une autorisation d'emprunter 16000 fr. pour les leur payer jusqu'à due concurrence ; — Attendu, en effet, que la dame Garet, engagée dans les liens du mariage, ne pouvait, d'une part, s'opposer aux travaux commandés par son mari, puisque seul il est administrateur de sa fortune ; que, d'une autre part, elle ne paraît pas avoir compris tout d'abord la portée de ce jugement, puisqu'appelée devant un notaire pour réaliser l'emprunt autorisé, elle a refusé de le souscrire ; que les créanciers de Garet ont si bien compris que tel était leur obligé, que c'est avec lui qu'ils ont traité, et que c'est en son nom seul qu'ils ont délivré leurs mémoires ; — Attendu que c'est à tort aussi que ces mêmes fournisseurs soutiennent que Garet, mandataire légal de sa femme, a obligé celle-ci envers eux ; — Attendu, en effet, que si le mari est pendant le mariage le mandataire légal de sa femme, c'est à la condition que son mandat se restreindra dans la limite d'une sage administration ; or, les travaux commandés par Garet aux demandeurs sont loin d'avoir ce caractère ; — Attendu que Blottière et joints n'ont pas davantage l'action du *negotiorum gestor* contre la dame Garet pour la faire condamner au payement de la somme qu'ils réclament ; — Attendu, en effet, que cette action suppose que l'affaire du maître a été bien administrée (c. nap. art. 1375) ; or, il suffit d'examiner les travaux qui ont été exécutés à l'immeuble dotal de la dame Garet pour apprécier que sa fortune a été mal administrée, et que les entrepreneurs ont agi avec une grande imprudence ; — Attendu, en effet, que ces travaux qui ont, en quelques années, dépassé 31000 fr. sur un immeuble acheté 12000 fr. en 1855, consistent principalement en travaux nouveaux et de luxe, tels que tourelles, décorations de menuiserie et de plomberie, serres, bassins, avec jets d'eau et rocailles, peintures et papier de luxe, le tout hors de proportion avec la fortune modeste de la dame Garet dont la dot, jusqu'à ce jour, ne paraît pas avoir dépassé 20000 fr. ; de sorte qu'ils ont le caractère de dépenses voluptuaires dont la femme n'est jamais tenue, même envers son mari ; — Attendu que si le tribunal condamnait la dame Garet à payer des travaux de cette nature,

qu'il soit reconnu impartageable, l'art. 1558, n° 5, permet encore aux époux de demander l'autorisation de le vendre par licitation judiciaire. Ce texte suppose que les époux et les tiers copropriétaires de l'immeuble avec la femme sont d'accord pour aliéner cet immeuble reconnu impartageable. S'ils n'étaient pas d'accord et que l'un des copropriétaires format une action en licitation, la femme dotale n'aurait plus besoin de l'autorisation de justice (Aubry et Rau, t. 5, § 537, note 138, p. 595; Laurent, t. 23, n° 529; Guillouard, t. 4, n° 2043).

1335. On a dit au *Rép.* n° 3683 que la licitation ne devrait pas être autorisée, si l'immeuble dotal était indivis avec le mari. Mais l'opinion contraire prévaut dans la doctrine et dans la jurisprudence (Rouen, 1er août 1853, aff. Lemaître, D. P. 54. 2. 236; Grenoble, 18 août 1854, aff. Petit, D. P. 56. 2. 64; Aubry et Rau, t. 5, § 537, note 136, p. 594; Jouitou, n° 265; Guillouard, t. 4, n° 2044. — *Contrà :* Rodière et Pont, t. 3, n° 1807).

1336. On s'est demandé au *Rép.* n° 3686 si la justice pourrait aussi bien autoriser la mise en vente de la part indivise de la femme dans l'immeuble dotal que la licitation de tout l'immeuble. L'affirmative est soutenue par MM. Rodière et Pont, t. 3, n° 1808. L'aliénation d'un droit indivis peut surtout, disent-ils, être avantageuse pour les époux, quand il s'agit de droits dans une société ou dans une compagnie dont on ne peut provoquer la dissolution. D'après MM. Aubry et Rau, t. 5, note 139, p. 595, au contraire, l'aliénation de la part indivise de la femme ne pourrait être ordonnée que pour l'une des causes spécifiées dans les premiers alinéas de l'art. 1558, mais non pour le seul motif de l'indivision. Les époux, sans doute, disent ces auteurs, ne sont pas tenus de rester dans l'indivision; mais il ne résulte pas de là que le juge puisse les autoriser à en sortir autrement que par la voie du partage ou de la licitation.

1337. Relativement aux droits des colicitants et de la femme dotale, il a été jugé que la renonciation consentie par des colicitants, après l'adjudication, à l'excédent de prix pouvant résulter d'une surenchère de l'un d'eux, pour le cas où il resterait adjudicataire, est obligatoire même à l'égard de la femme dont les droits dans l'immeuble licité sont dotaux, ces droits étant, au moment de la convention, déterminés par le prix de la première adjudication, et ayant, quant

---

il irait contre le but qu'elle s'est proposé en adoptant le régime dotal, puisque les dépenses faites excédent le prix de l'immeuble qu'elle a apporté en mariage; — Attendu enfin que Blottière, Bouquer, Revelle et Leblond ne sont pas davantage recevables ni fondés à réclamer directement de la dame Garet la plus-value qu'ils auraient procurée à son immeuble dotal; — Attendu, en effet, que fût-il établi que cette plus-value existât, elle ne donnerait pas en ce moment une action aux demandeurs; — Attendu, en effet, que si, de ce principe que nul ne doit s'enrichir aux dépens d'autrui, la loi fait découler la règle que la femme doit à la communauté conjugale ou à son mari une récompense à raison de l'augmentation de la valeur apportée à son immeuble par des travaux qui y auraient été faits pendant le mariage, il ne faut pas oublier que cette action personnelle du mari contre la femme est suspendue tant que dure l'association conjugale; qu'elle est soumise aux règles de la compensation que la femme pourrait opposer à son mari pour les sommes que celui-ci aurait touchées de son chef pendant le mariage; — Attendu qu'il en résulte que cette plus-value ne peut être réglée qu'après la séparation de biens et que c'est seulement comme créanciers du mari que les entrepreneurs pourront avoir une action contre la femme et seulement après que les reprises de celle-ci auront été liquidées et qu'elle aura été reconnue être la débitrice de son mari; — Or, attendu que la société d'acquêts stipulée entre les époux Garet existant encore, le mari ne pourrait en ce moment demander à la femme la plus-value dont il s'agit; que ses créanciers, ne venant que de son chef, ne peuvent avoir plus de droits que lui, et que leur action est donc en ce moment prématurée et mal fondée; — Sur la demande d'expertise de Blottière, plombier, pour faire déterminer si les travaux par lui faits n'étaient pas indispensables à la conservation de l'immeuble dotal de la dame Garet : — Attendu que cette demande n'est non plus ni recevable, ni fondée; — Attendu, en effet, qu'il s'agit de travaux faits à un immeuble dotal; que, d'une part, ces travaux eussent dû, avant leur commencement, être autorisés par un jugement du tribunal (c. nap. art. 1558); — Attendu, d'autre part, que les travaux de plomberie faits par Blottière pour l'agrément et l'utilité de l'immeuble sont tellement confondus entre eux qu'il

---

aux résultats de la surenchère selon que l'adjudication aura lieu au profit du surenchérisseur ou d'un tiers, un caractère aléatoire exclusif de l'existence d'une aliénation prohibée de la dot (Req. 18 mai 1868, aff. Combes, D. P. 69. 1. 316).

1338. — VI. Notions communes aux cinq cas d'aliénation prévus par l'art. 1558 (*Rép.* n°s 3693 à 3705). — On s'est demandé au *Rép.* n° 3695 si la demande d'aliénation de l'immeuble dotal peut être formée par le mari seul ou s'il ne peut la faire qu'avec le consentement de la femme. D'après M. Guillouard, t. 4, n° 2007, la demande d'autorisation doit, avant tout, émaner de la femme; c'est elle qui est propriétaire du bien dotal, et le propriétaire seul peut aliéner. Le mari ne pourrait donc, au refus de la femme, solliciter l'autorisation d'aliéner le bien dotal. — A l'inverse, la femme peut-elle demander l'autorisation d'aliéner malgré l'opposition du mari? L'affirmative n'est pas douteuse (*Rép.* n° 3696). On discute seulement sur le point de savoir si l'aliénation autorisée par justice peut comprendre, en sus de la nue propriété de l'immeuble, le droit de jouissance qui appartient au mari. Les auteurs les plus récents se prononcent pour la négative, en argumentant par analogie de l'art. 1555 (Colmet de Santerre, t. 6, n° 230 *bis* I; Laurent, t. 23, n° 524; Guillouard, t. 4, n° 2007).

1339. Les tribunaux, comme on l'a dit au *Rép.* n° 3700, et *suprà*, n° 1294, peuvent permettre d'hypothéquer le fonds dotal dans les mêmes cas où, d'après l'art. 1558, ils peuvent en autoriser l'aliénation (V. outre les autorités citées au *Rép. ibid.*, et *suprà*, n° 1294 : Toulouse, 26 févr. 1855, aff. Bourguet, D. P. 56. 2. 273; Req. 7 juill. 1857, aff. Lecourt, D. P. 58. 1. 405; Marcadé, t. 5, art. 1558, n° 6; Rodière et Pont, t. 3, n° 1806; Aubry et Rau, t. 5, § 537, note 128, p. 592; Laurent, t. 23, n° 532; Guillouard, t. 4, n° 2009. — *Contrà :* Colmet de Santerre, t. 6, n° 230 *bis* XIII).

1340. Il résulte même d'un arrêt de la cour de cassation que l'autorisation donnée par la justice aux époux d'aliéner l'immeuble dotal emporte celle de l'hypothéquer (Req. 30 déc. 1850, aff. Faucher, D. P. 51. 1. 85). Mais cette décision est critiquée par M. Guillouard, t. 4, n° 2010, par la raison que l'hypothèque peut, dans certains cas, être plus dangereuse pour la femme que l'aliénation.

1341. Il a été jugé que lorsque l'aliénation d'un immeuble dotal a été autorisée par justice, dans l'un des cas énumérés

---

est aujourd'hui matériellement impossible de distinguer ceux qui étaient utiles de ceux qui étaient voluptuaires, etc. ». — Appel. — Arrêt.

La cour; — Sur l'appel de Blottière, de Bouquer et joints contre la dame Garet : — En ce qui concerne d'abord les conclusions desdits appelants; tendant à faire condamner la dame Garet, conjointement avec son mari au prix intégral des travaux exécutés sur sa propriété : — Adoptant les motifs qui ont déterminé les premiers juges; — En ce qui concerne la demande spéciale de Blottière, tendant à faire vérifier si les travaux faits par lui n'étaient pas indispensables pour la conservation des constructions faites sur l'immeuble propre de la dame Garet : — Considérant qu'il est, dès à présent, établi que les travaux dont il s'agit ne présentent pas le caractère de nécessité que voudrait leur faire reconnaître l'appelant;

Sur les conclusions subsidiaires de Blottière, Bouquer et joints relatives à la plus-value : — Considérant qu'il est reconnu par toutes les parties et qu'il ressort d'ailleurs des documents du procès, que les travaux exécutés par tous lesdits appelants ont procuré à la propriété de la dame Garet une augmentation de valeur capitale et locative; — Considérant que pour cette plus-value, les entrepreneurs ont une action directe et personnelle contre la dame Garet; que le principe de cette action résulte du quasi-contrat de gestion d'affaires; que, jusqu'à concurrence de la plus-value réelle, effective et durable, apportée à sa propriété, l'intimée ne saurait justement prétendre que son affaire n'a pas été bien gérée; — Considérant que les entrepreneurs, agissant en vertu d'un droit qui leur est propre et non comme exerçant la créance de Garet sur sa femme, ne peuvent être repoussée par les exceptions, et notamment, par la compensation que celle-ci pourrait opposer à son mari; — Rejette les conclusions principales des appelants; mais, sur les conclusions subsidiaires, réformant le jugement, dit que la dame Garet est tenue directement et personnellement envers les appelants et jusqu'à concurrence de la plus-value résultant des travaux exécutés à sa propriété par lesdits appelants, etc.

Du 25 juin 1857.-C. de Rouen, 1re ch.-MM. Lehucher, pr.-Couvet, av. gén.-Ducoté, Deschamps et Desseaux, av.

par l'art. 1558, il ne s'ensuit pas que cet immeuble ou le prix en provenant, devienne directement et de plein droit saisissable, même en vertu d'une des créances en considération desquelles l'autorisation d'aliéner a été accordée (Civ. cass. 13 mars 1867, aff. Dodmand, D. P. 67. 1. 179).

1342. L'autorisation doit, d'ailleurs, pour être régulière, être spéciale à chaque créance, et elle serait nulle, si elle était accordée pour des causes diverses appréciées en bloc (Lyon, 31 janv. 1872, aff. de Rebicq, D. P. 74. 2. 43).

1343. En général, l'autorisation doit précéder l'emploi des fonds (Lyon, 31 janv. 1872, aff. de Rebicq, D. P. 74. 2. 43. V. aussi *suprà*, n° 1332; Rouen, 25 juin 1867, *suprà*, n° 1333. Mais, comme nous l'avons vu *suprà*, n° 1331 et suiv., on admet qu'il en peut être autrement lorsqu'il s'agit de dépenses nécessitées par l'entretien de la famille ou de travaux urgents (V. aussi pour le cas d'établissement d'un enfant: Nîmes, 7 juin 1860, *suprà*, n° 1289).

1344. Si les formalités imposées par l'art. 1558 pour l'aliénation ou l'hypothèque du fonds dotal n'ont pas été remplies, la vente ou la constitution d'hypothèque est annulable conformément à l'art. 1560 c. civ. (Laurent, t. 23, n° 533).

§ 3. — Echange du fonds dotal. — Expropriation pour cause d'utilité publique (*Rép.* n° 3706 à 3729).

1345. — I. Echange (*Rép.* n° 3706 à 3728). — Les conditions auxquelles l'immeuble dotal peut être échangé sont expliquées au *Rép.* n° 3706 et suiv. Ainsi que nous l'avons admis *ibid.* n° 3707, l'échange exige le consentement des deux époux, et la femme ne pourrait pas se faire autoriser par justice à y procéder en cas de refus du mari. L'art. 1559 c. civ. suppose évidemment que l'échange est proposé par le mari (Rodière et Pont, t. 3, n° 1813; Aubry et Rau, t. 5, § 537, note 146, p. 596; Guillouard, t. 4, n° 2050).

1346. Lorsque le bien acquis en échange d'un immeuble dotal est d'une valeur supérieure à celui-ci, l'excédent n'est pas dotal, à moins que la soulte n'ait été payée avec des deniers dotaux dont l'emploi était stipulé (V. outre les autorités citées au *Rép.* n° 3717: Bordeaux, 28 mai 1866 (1); Rodière et Pont, t. 3, n° 1816; Aubry et Rau, t. 5, § 534, note 35, p. 341; Guillouard, t. 4, n° 1755).

1347. Il a été jugé que la femme dotale qui s'est réservé par son contrat de mariage la faculté de vendre les immeubles dotaux à charge de remploi en d'autres immeubles d'égale valeur, a la faculté d'effectuer aussi le remplacement de ses immeubles vendus par l'abandon de biens propres appartenant à son mari, peut échanger ses immeubles avec ceux du mari, en se conformant d'ailleurs aux conditions prescrites par l'art. 1559. c. civ. (Limoges, 30 déc. 1861, aff. Beaure, D. P. 62. 2. 201). La question résolue par cet arrêt était assez délicate. Si, en effet, l'art. 1559, c. civ. autorise l'échange de l'immeuble dotal, même en l'absence de toute stipulation insérée à cet effet dans le contrat de mariage, en le soumettant toutefois à certaines formalités, cette disposition ne concerne que l'échange de l'immeuble dotal contre un autre immeuble appartenant à un tiers; elle est inapplicable à l'échange entre époux. D'un autre côté, l'art. 1595 autorise la vente entre époux dans trois cas, et notamment, selon le deuxième paragraphe, dans le cas où la cession que le mari fait à sa femme à une cause légitime, et comme l'art. 1707 déclare les règles de la vente, sauf les exceptions indiquées au titre de l'échange, applicables à ce dernier contrat, on est au premier abord amené à en conclure que l'échange est permis entre époux, comme la vente, dans le cas où il a une cause légitime. Reste à savoir ce que l'on entend ici par cause légitime, et si l'interprétation que ces mots doivent recevoir, permet d'étendre à l'échange ce qui est dit de la vente. Le législateur prend soin d'expliquer lui-même sa pensée, lorsque après ces mots « cause légitime » il ajoute immédiatement : « telle que le remploi de ses immeubles aliénés, ou de deniers à elle appartenant... Si c'étaient là les deux seuls cas où la vente dût être réputée avoir une cause légitime, il est évident que la disposition serait inapplicable à l'échange, puisque ce contrat ne peut intervenir dans aucune des deux hypothèses indiquées. Mais il résulte clairement des termes mêmes de l'art. 1595, § 2, que l'énonciation qu'il contient n'a rien de limitatif, et que les deux cas qui y sont indiqués ne le sont qu'à titre d'exemples. On peut se demander seulement, si pour apprécier la légitimité de la cause les tribunaux ont une latitude illimitée, ou si, pour être légitime, la cause de la cession doit être analogue à celles qui sont énoncées à l'art. 1595-2°, et s'il est nécessaire, dès lors, qu'il y ait une obligation préexistante du mari, dont la cession ait pour objet d'opérer l'extinction. L'arrêt précité a admis la première interprétation, mais la dernière a généralement prévalu dans la doctrine et la jurisprudence, et c'est celle que nous avons déjà adoptée (*Rép.* v° Vente, n° 425 et suiv.).

1348. Ainsi qu'on l'a dit au *Rép.* n° 3718, l'immeuble substitué au bien dotal n'est dotal lui-même que dans le cas d'échange proprement dit et quand les formalités de l'art. 1559 ont été observées. — Il a été jugé que l'immeuble constitué en dot à la femme en avancement d'hoirie par ses père et mère cesse d'être dotal si, par l'effet du rapport qui en est fait à la succession des donateurs, il tombe au lot d'un autre héritier, et que la dotalité ainsi effacée ne revit pas sur l'immeuble que la femme reçoit en remplacement

---

(1) (Amouroux C. Maraval et Camassel.) — La cour; — Sur le chef relatif à la maison saisie contre Amouroux par Camassel et adjugée à Maraval : — Attendu que la dame Amouroux, mariée sous le régime dotal assorti d'une société d'acquêts, avait reçu en dot, par contrat de mariage du 11 sept. 1846, une maison sise au bourg de Lavignac; que, plus tard, et suivant un autre acte authentique du 2 juin 1855, cette maison a été, par la dame Amouroux, échangée sans soulte ni retour contre une autre maison sise à Villefranche, et appartenant à un sieur Delmas, en vertu du droit d'aliénation à charge de remploi réservé à ladite dame par son contrat de mariage; — Attendu que l'immeuble ainsi reçu en contre-échange et pour valeur égale est devenu dotal aux termes de l'art. 1559 c. nap.; — Attendu que la simple énonciation de l'existence d'une soulte, faite par les intimés dans leurs conclusions de première instance, n'équivalait point à une articulation régulière avec offre de preuve; que, par suite, les époux Amouroux n'avaient ni à dénier, ni à reconnaître ce fait, et que leur silence sur ce point ne pouvait autoriser le tribunal à la tenir pour avérée; — Qu'aujourd'hui, à la vérité, les intimés articulent avec offre de preuve, devant la cour, que ledit échange, nonobstant la mention contraire contenue dans l'acte authentique qui ne leur est point opposable à raison de leur qualité de tiers, n'a été consenti par le sieur Delmas que moyennant une soulte de 1000 fr. à son profit; d'où ils concluent que l'immeuble saisi devrait, après la preuve faite, être considéré comme indivis entre la dame Amouroux et la société d'acquêts d'entre elle et son mari; — Mais attendu que si, sous le régime dotal, la dot ne peut être augmentée pendant le mariage, si, par suite, le caractère de dotalité, ne s'imprimant sur l'immeuble reçu en contre-échange que jusqu'à concurrence de la valeur de l'immeuble dotal échangé, n'atteint point dans l'immeuble ainsi échangé une part égale en valeur à la soulte payée par la femme dotale, il ne s'ensuit pas que cette part ne devienne point, à titre paraphernal et sauf récompense, la propriété de la femme, en vertu du principe *major pars trahit ad se minorem*, principe expressément consacré par l'art. 1407 c. nap.; — Attendu que l'application de l'art. 1408, même sous le régime dotal, étant admise en jurisprudence, on doit appliquer également l'art. 1407; qu'en effet, il y a analogie de raisons, et que, d'ailleurs, il ne peut être interdit à la femme de faire directement, par un seul acte d'échange avec soulte, ce qui pourrait être fait indirectement par elle ou pour elle, au moyen de deux actes distincts, savoir : un échange sans soulte contre parties indivises d'un immeuble, et ensuite acquisition du surplus par licitation ou autrement; — Attendu que, dans l'espèce, en admettant la vérité des faits articulés, la soulte de 1000 fr. ne constituerait que la moindre part de l'immeuble reçu en contre-échange, puisque, même en supposant à la pièce de terre comprise dans la saisie et achetée 300 fr. en 1858 une valeur actuelle plus grande, la maison dont s'agit n'en a pas moins été vendue 8000 fr., au moins sur adjudication forcée; — Attendu, par conséquent, que l'existence d'une soulte de 1000 fr. formellement déniée par les époux Amouroux, fût-elle prouvée, n'empêcherait pas la portion non dotale de cet immeuble de rester comme accessoire de la propriété de la dame Amouroux, sauf récompense envers la société d'acquêts lors de sa liquidation; — Attendu, dès lors, que, même en ce cas, la revendication de la dame Amouroux, non obligée à la dette contractée par son mari envers le saisissant, serait encore fondée pour la totalité de l'immeuble; qu'ainsi la preuve offerte serait inopérante et, partant, inutile; — Par ces motifs, etc.

Du 28 mai 1866.-C. de Bordeaux, 1re ch.-MM. Raoul Duval, 1er pr.-Fabre de la Benodière, 1er av. gén.-Méran fils et de Carbonnier-Marzac, av.

(Agen, 27 juill. 1865, aff. Fontalbe, D. P. 65. 2. 173). Le contraire, toutefois, avait été jugé par un arrêt de la cour de Montpellier du 11 nov. 1836 (*Rép.* n° 3721). La cour de cassation a décidé, conformément à la doctrine de ce dernier arrêt, que, si une dot mobilière est rapportée à la succession du constituant, le capital reçu en remplacement sur les autres valeurs successorales se trouve frappé de dotalité (Req. 3 févr. 1879, aff. Hue, D. P. 79. 1. 246). La plupart des auteurs se prononcent dans le sens de cette dernière solution. « Cette interprétation de la constitution dotale, dit M. Guillouard, t. 4, n° 1754, est conforme d'abord à l'intention de la femme, qui a voulu avant tout se constituer ses immeubles en dot. Elle est conforme aussi à la règle de l'immutabilité des conventions matrimoniales, car, dans le système contraire, il dépendrait de la femme de rendre sa dot aliénable en négligeant à dessein d'invoquer le bénéfice de l'art. 859 » (V. en ce sens : Troplong, t. 4, n° 3512 ; Rodière et Pont, t. 3, n° 1686 ; Aubry et Rau, t. 5, § 534, note 36, p. 541).

1349. On s'est demandé s'il faut considérer comme dotaux les immeubles cédés au mari soit par le constituant, soit par la femme elle-même, en remplacement d'immeubles dotaux dont le mari a été évincé. La négative est soutenue par MM. Aubry et Rau, t. 5, § 534, note 27, p. 538. Suivant eux, les immeubles livrés au mari en remplacement de ceux dont il a été évincé sont donnés en payement des dommages-intérêts dus à raison de l'éviction ; or, bien que ces dommages-intérêts constituent une créance dotale (*Rép.* n° 3723), les immeubles cédés en extinction de cette créance ne deviennent pas plus dotaux que ne le deviennent les immeubles acquis au moyen de deniers dotaux. — Cette opinion est combattue, avec raison, selon nous, par MM. Rodière et Pont, t. 3, n° 1685, et par M. Guillouard, t. 4, n° 1746. Si l'art. 1553 dispose que l'immeuble acquis des deniers dotaux n'est pas dotal, c'est parce que la loi ne veut pas que la dot soit transformée, durant le mariage, par la volonté du mari ou même des deux époux. Mais lorsque la dot a été constituée en immeubles, il est conforme à l'esprit des conventions matrimoniales qu'elle conserve son caractère immobilier ; et si le mari reçoit un nouvel immeuble à la place de celui qui lui a été d'abord constitué et dont il a été évincé, la substitution du nouvel immeuble à l'ancien n'est que l'exécution de la constitution dotale.

1350. — II. Expropriation pour cause d'utilité publique (*Rép.* n° 3729). — Le cas où l'immeuble dotal est atteint par l'expropriation pour cause d'utilité publique n'a soulevé aucune difficulté dans la doctrine ni dans la jurisprudence. — Nous n'avons à signaler, relativement à cette hypothèse, qu'un arrêt aux termes duquel le mari ayant un intérêt personnel et direct dans la fixation de l'indemnité due à la femme pour l'expropriation d'un immeuble dotal, peut s'obliger en son nom personnel pour le règlement de cette indemnité ; et à défaut d'exécuter, ou de faire exécuter les engagements qu'il a contractés à ce sujet, il demeure responsable des dommages que cette inexécution peut causer (Civ. rej. 10 févr. 1869, aff. Lavigne, D. P. 69. 1. 176).

1351. Du cas d'expropriation nous rapprocherons celui

où il s'agit de l'établissement de syndicats constitués par l'État en dehors du consentement des propriétaires et dans les conditions prévues par la loi du 16 sept. 1807. Il a été jugé que les biens dotaux peuvent être compris aux mêmes conditions que les autres propriétés dans les syndicats constitués pour l'établissement et l'entretien des digues contre les fleuves (Cons. d'Ét. 29 juill. 1881, aff. Guillot de Suduiraut, D. P. 83. 3. 10). Si l'immeuble dotal est compris dans le périmètre d'un syndicat libre ou autorisé, la loi du 21 juin 1865 (art. 4, D. P. 65. 4. 77) décide que l'autorisation de faire partie du syndicat doit être demandée au tribunal.

Art. 3. — *Exceptions non expressément établies.* — *Crimes et délits, quasi-délits, quasi-contrats, dépens (Rép. n°s 3730 à 3768).*

1352. Nous avons indiqué au *Rép.* n° 3730 la controverse qui s'est élevée sur le point de savoir si, outre les exceptions formellement établies par la loi, on pouvait faire fléchir le principe de l'inaliénabilité dotale dans certaines circonstances particulières. L'affirmative a été adoptée par un arrêt de la cour de Nîmes du 1er mai 1861 (1). Mais la négative résulte d'un arrêt récent de la chambre des requêtes du 25 janv. 1887 (aff. Jullien, D. P. 87. 1. 473), et elle est soutenue par M. Guillouard, t. 4, n° 1936. Cet auteur admet seulement que la femme engage sa dot par ses délits et ses quasi-délits.

1353. — I. Crimes et délits (*Rép.* n°s 3731 à 3737). — La jurisprudence et les auteurs reconnaissent que la femme est responsable sur sa dot des conséquences de ses crimes et de ses délits (Req. 5 déc. 1854, aff. Chabor, D. P. 55. 1. 74 ; 24 déc. 1860, aff. Neveu, D. P. 61. 1. 373 ; Civ. rej. 20 juill. 1870, aff. Mevil, D. P. 70. 1. 333 ; Req. 4 juill. 1877, aff. Daniel, D. P. 78. 1. 55 ; Orléans, 26 déc. 1878, aff. de Bauffremont, D. P. 79. 2. 49 ; Req. 16 févr. 1880, aff. Michaelis, D. P. 81. 1. 296 ; Marcadé, t. 6, art. 1556, n° 2 ; Rodière et Pont, t. 3, n°s 1822 et suiv. ; Aubry et Rau, t. 5, § 538, note 32, p. 614 ; Colmet de Santerre, t. 6, n° 226 *bis* VIII ; Jouitou, n° 149 ; Guillouard, t. 4, n°s 1937 et 2096). Un auteur (Sincholle, *De l'inaliénabilité de la dot;* n° 228) excepte le cas où la femme aurait commis un délit ou un quasi-délit dans l'intérêt de son mari.

1354. — II. Quasi-délits (*Rép.* n°s 3738 à 3743). — On admet aussi en principe que la femme est responsable de ses quasi-délits sur ses biens dotaux. Les décisions conformes de la jurisprudence sont très nombreuses ; nous mentionnerons les suivantes à titre d'exemples. — Il a été jugé : 1° que la femme dotale répond sur sa dot des conséquences de son quasi-délit, même dans le cas où ce quasi-délit résulte d'un contrat, par exemple, de fausses déclarations faites par la femme dans un acte d'emprunt pour faire considérer comme paraphernaux, ou comme propres de communauté, des biens frappés de dotalité et d'inaliénabilité (Rouen, 21 mai 1853, aff. Deleau, D. P. 53. 2. 148 ; Pau, 3 mars 1853, aff. Jornier, *ibid.*) ; — 2° Que la femme mariée sous le régime dotal, qui devenue commerçante après son

---

(1) (Bourguet.) — La dame Bourguet, ayant obtenu sa séparation de biens, poursuivit le payement de ses reprises sur les immeubles de son mari. Dans la vente de ces immeubles qui eut lieu à sa requête, aucun enchérisseur ne se présenta et elle fut déclarée adjudicataire. Pour acquitter les frais de poursuite et les droits de mutation, elle demanda au tribunal d'Alais l'autorisation de contracter un emprunt sur les immeubles qui lui avaient été adjugés. Mais cette autorisation lui fut refusée, par le motif qu'elle n'en avait pas besoin et que rien ne s'opposait à ce qu'elle employât une partie de sa dot au payement des frais de son acquisition. — Appel par la dame Bourguet. — Arrêt.

La cour ; — Attendu qu'il n'est pas légalement vrai qu'il n'existe d'autres exceptions au principe de l'inaliénabilité de la dot, que celles qui sont textuellement comprises dans les dispositions des art. 1555, 1556, 1557 c. nap. ; qu'il est certain, au contraire, qu'en dehors de ces cas spécialement prévus, la nécessité qui fait exception à toutes les règles, les raisons évidentes d'analogie, l'intérêt des femmes dotales et celui de leur famille qui, par leur importance sociale, s'élèvent au rang d'un véritable intérêt public, les principes généraux du droit et l'intérêt non moins respectable de la morale publique, ont dû faire admettre d'autres exceptions successivement consacrées par la doctrine et par la jurisprudence ; — Attendu qu'il n'est pas permis de retourner contre

a femme mariée les mesures de protection qui ont été édictées en sa faveur et dans son intérêt ; qu'il est reconnu, d'ailleurs, que les incapables peuvent faire leur condition meilleure ; — Attendu que la femme généralement constituée en tous ses biens comme dotaux, lorsqu'elle a obtenu sa séparation judiciaire, a non seulement le droit, mais le devoir d'exercer, soit contre son mari, soit contre le tiers détenteur des biens affectés à son hypothèque légale, toutes poursuites tendant à la conservation et au recouvrement de la dot ; qu'elle a, notamment, comme tout créancier porteur d'un titre authentique, et en vertu des art. 2204 et 2213 c. nap., le droit de poursuivre l'expropriation forcée des immeubles affectés à son hypothèque ; qu'à ce droit incontestable d'expropriation correspond, comme conséquences légales, la nécessité, pour le poursuivant, d'offrir une mise à prix (c. proc. civ. art. 690 et 696), et l'obligation éventuelle de rester adjudicataire, dans le cas où cette mise à prix ne serait pas couverte par des enchères (art. 706 même code) et, par conséquent, qu'il est soumis à payer, indépendamment de son prix d'adjudication et dans un bref délai, tous les frais de poursuite et les droits de mutation, sous peine d'encourir le double droit et d'être poursuivi en folle enchère ; — Attendu que la femme Bourguet s'est trouvée dans cette position qu'elle n'a pas choisie volontairement ni inconsidérément ; que ses démarches ont été commandées par

mariage, a négligé de faire publier son contrat de mariage, conformément à l'art. 69 c. com., ne peut invoquer l'inaliénabilité de ses biens dotaux contre les créanciers qui n'ont contracté avec elle que parce qu'ils ignoraient sa qualité de femme dotale, sa négligence constituant à l'égard de ces créanciers un quasi-délit, et la femme étant responsable de ses délits et quasi-délits, même sur ses biens dotaux (Req. 24 déc. 1860, aff. Neveu, D. P. 61. 1. 373; Chambéry, 18 nov. 1868, *suprà*, n° 1239; Req. 29 juill. 1869, aff. Delandre, D. P. 71. 1. 237). D'après ce dernier arrêt, la solution doit être identique, alors même que le mari était commerçant à l'époque de son mariage et avait fait la publication dudit contrat à cette époque; — 3° Que, la femme mariée sous le régime dotal s'obligeant même sur ses biens dotaux par ses délits ou quasi-délits, les engagements contractés par elle, avec l'autorisation de son mari, pour la réparation du préjudice causé par ses délits et quasi-délits, sont exécutoires sur ses biens dotaux, aussi bien que les condamnations qui auraient été prononcées contre elle pour les mêmes causes, pourvu qu'il soit constaté par le juge, en cas de contestation, que ces engagements avaient réellement pour cause la réparation du préjudice résultant d'un délit ou quasi-délit de la femme; qu'il en est ainsi, spécialement, des engagements contractés par la femme envers son mari et ses enfants pour la réparation du préjudice résultant du délit d'adultère commis par elle et de la naissance d'un enfant adultérin auquel elle a donné le jour, alors qu'il est constaté par le juge du fait que ces engagements ont été consentis par la femme en vue d'éviter une condamnation certaine et comme condition du désistement de la plainte portée contre elle par le mari, et alors que, d'ailleurs, il n'a pas été allégué que le montant de ces engagements ait excédé la mesure du préjudice (Civ. rej. 20 juill. 1870, aff. Mévil, D. P. 70. 1. 333); — 4° Que lorsqu'une femme dotale séparée de corps a été condamnée, à raison de faits illicites et dommageables, à remettre à son mari les enfants issus du mariage, dont la garde lui avait été confiée, et ce sous peine de dommages-intérêts par chaque jour de retard, pour le cas où la remise des enfants ne serait pas effectuée dans un délai déterminé, ces dommages-intérêts doivent être considérés comme alloués en réparation de la continuation du dommage causé par lesdits faits illicites, et le payement peut, dès lors, en être poursuivi sur les biens dotaux (Orléans, 26 déc. 1878, aff. de Bauffremont, D. P. 79. 2. 49; Req. 10 juin 1879, même affaire, D. P. 80. 1. 418. V. également dans le même sens : Req. 5 déc. 1854, aff. Chabor, D. P. 55. 1. 74; Nîmes, 11 janv. 1878, aff. Clerc, D. P. 79. 2. 55; Req. 19 janv. 1886, aff. Gascoin, D. P. 86. 1. 440).

1355. On ne saurait considérer comme contraire aux décisions précédentes, un arrêt de la cour de Toulouse, où il est dit « que la femme dotale, qui, s'obligeant avec un tiers, s'est déclarée paraphernale n'est pas pour cela non recevable à invoquer le bénéfice de la dotalité, alors que cette déclaration, qui peut être l'effet de l'erreur, n'a été accompagnée d'aucune autre manœuvre frauduleuse destinée à tromper les tiers » (Toulouse, 12 juin 1860, aff. Pigassou,

D. P. 61. 2. 35). En effet, dans l'espèce sur laquelle a été rendu cet arrêt, il n'y avait pas à proprement parler de quasi-délit, puisque la fausse déclaration de la femme pouvait être le résultat de l'erreur, ou d'une fausse interprétation donnée de bonne foi à la constitution de dot (V. dans le même sens : Rouen, 28 mars 1881, *suprà*, n° 1249 ; Lyon, 24 mars 1882, aff. Beaugrand, D. P. 83. 2. 142; 3 févr. 1883, aff. Bourrut, *ibid.*; Guillouard, t. 4, n° 2096).

1356. D'ailleurs, la jurisprudence la plus récente semble exiger, pour faire céder le principe de l'inaliénabilité dotale, que la femme se soit livrée à des manœuvres frauduleuses et dolosives caractérisées, la simple faute ne suffisant pas. C'est ce que l'on peut induire de divers arrêts dont les uns écartent l'action des créanciers sur les biens dotaux en se fondant sur l'absence d'une fraude proprement dite imputable à la femme, tandis que les autres pour accueillir cette action, ont soin de relever l'existence de manœuvres dolosives. Ainsi il a été jugé : 1° que le fait par une femme dotale et son mari d'avoir, dans un acte d'emprunt passé par eux conjointement, induit le créancier en erreur sur le montant des créances dotales garanties par l'hypothèque légale, ne suffit pas pour donner action au prêteur sur la dot de la femme en cas d'insolvabilité du mari, s'il ne prouve que la déclaration inexacte a été faite par la femme, non par ignorance ou inattention, mais intentionnellement et de mauvaise foi; que la déclaration inexacte peut être considérée comme n'étant pas le fait personnel et volontaire de la femme, alors que son attention n'a pas été appelée sur le point en question par une interpellation du notaire (Caen, 12 mai 1874, aff. Anger, D. P. 75. 2. 184); — 2° Que la femme mariée sous le régime dotal n'est responsable sur ses biens dotaux de sa faute, même constitutive d'un quasi-délit, qu'autant que cette faute présente le caractère d'un dol; que cette responsabilité ne s'étend pas à la faute de la femme qui consiste que dans un acte d'imprudence, et qui a été commise sans mauvaise foi; ni à plus forte raison au fait dommageable qui ne constitue pas de la part de la femme une faute proprement dite, mais une simple erreur et une fausse spéculation; que, spécialement, la femme dotale qui, sans mauvaise foi, s'est rendue adjudicataire d'immeubles dont elle n'a pu payer le prix et qui ont été revendus à sa folle enchère n'est pas responsable sur sa dot de la différence entre le prix de son adjudication et celui de la revente (Civ. cass. 15 juin 1864, aff. Legrand, D. P. 64. 1. 379; Pau, 2 juin 1880, aff. Lacroix, D. P. 81. 2. 1); mais lorsque la femme a surenchéri par mauvaise foi, elle est responsable (Agen, 6 févr. 1865, aff. Legrand, D. P. 65. 2. 95; Chambéry, 11 août 1868, aff. Frezier, D. P. 69. 2. 13); — 3° Que le prêteur, trompé par la déclaration mensongère d'une femme dotale qui lui a consenti une hypothèque pour sûreté du prêt, en affirmant qu'elle s'était mariée sans contrat sous le régime des lois sardes, alors qu'elle avait, au contraire, fait un contrat de mariage aux termes duquel tous ses biens étaient frappés de dotalité, peut poursuivre sur les biens dotaux de la femme la réparation du préjudice par lui subi (Req. 4 juill. 1877, aff. Daniel, D. P. 78. 1. 55); — 4° Que la femme dotale étant tenue, même sur ses

le danger qu'elle courait de perdre complètement sa dot, si elle hésitait à en sacrifier une partie pour sauver l'autre partie; que, dans ces circonstances imprévues et dérivant de l'exercice d'un droit légal et de la nécessité de sauver du naufrage dont elle était menacée une portion de sa fortune, suffisante pour son entretien et celui de sa famille, la demanderesse devait s'attendre à obtenir l'autorisation qu'elle sollicitait de la justice, et que c'est à tort que les premiers juges se sont bornés à lui accorder, par une première décision, l'autorisation d'aliéner seulement la somme de 1200 fr. pour servir à l'entretien de la famille, et qu'ils ont par deux fois repoussé le surplus de ses demandes, tout en déclarant « que rien ne s'oppose à ce que la femme Bourguet emploie le montant de sa dot au payement de son prix d'acquisition, et particulièrement une partie de cette même dot à payer les frais de procédure d'expropriation, ainsi que ceux d'enregistrement, expédition et signification du prix d'adjudication prononcé en sa faveur; que cet emploi est le plus légitime et le plus naturel, mais qu'aucune autorisation ne lui est nécessaire pour cela »; — Attendu qu'il est évident que le tribunal confond dans cette déclaration deux choses qui veulent être soigneusement distinguées; qu'il est sans doute incontestable qu'un emploi n'a pas besoin d'être autorisé par justice; que l'emploi consiste

en réalité à prendre sur le prix d'un immeuble des deniers qu'on fait servir à l'acquisition d'un autre immeuble; mais qu'il est évident que la dame Bourguet, qui n'a d'autres ressources que sa créance sur l'immeuble dont elle est devenue adjudicataire, ne peut pas prendre réellement sur cette créance, c'est-à-dire sur elle-même, qui est sans argent, de quoi faire face aux frais d'administration; que, sous ce rapport, il lui est impossible de faire un emploi, puisque la matière lui manque; qu'elle n'a que la ressource d'obtenir l'autorisation d'aliéner une partie de sa dot, c'est-à-dire d'emprunter, avec affectation d'hypothèque sur l'immeuble à elle adjugé, la somme nécessaire à cet objet; que si le tribunal l'avait ainsi compris, et en présumant qu'il aurait été frappé de la nécessité d'accorder l'autorisation demandée; — Attendu que la somme de 4500 fr. n'est pas exagérée; qu'elle est en rapport avec l'affectation à laquelle elle est destinée, et qu'il y a lieu d'ordonner que tout ce qui restera, après les frais d'adjudication payés, sera affecté à l'entretien de la famille ou à éteindre les obligations qui ont pu être contractées pour cet objet, sans faire double emploi avec la somme de 1200 fr. allouée par le jugement du 5 déc. 1860 ; — Réforme, etc.

Du 1er mai 1861.-C. de Nimes.-MM. Teulon, 1er pr.-Mestre, 1er av. gén.

biens dotaux, des conséquences et de la réparation de ses quasi-délits, ne peut poursuivre la nullité de sa renonciation à son hypothèque légale, lorsque le succès de cette action aurait pour résultat d'assurer effet à des pratiques dolosives et frauduleuses auxquelles ladite femme dotale a participé et dont elle doit demeurer responsable; qu'en conséquence, lorsqu'il est allégué, d'une part, que la femme dotale a participé à des manœuvres frauduleuses pour léser les intérêts d'un tiers, et d'autre part que le bénéfice de ce dol serait réalisé si l'on annulait un acte de renonciation à hypothèque légale souscrit en faveur de ce même tiers par la femme dotale, le juge saisi de la demande en annulation prescrit à juste titre, avant de dire droit au fond, toutes mesures propres à reconnaître la fraude dont l'allégation pertinente a été produite devant lui (Bastia, 8 avr. 1878, et Req. 10 mai 1882, aff. Giudicelli, D. P. 82. 1. 305); — 5° Que le créancier d'une femme dotale, ayant les moyens de vérifier le régime matrimonial de la femme qui s'oblige envers lui, n'a pas d'action sur les biens dotaux de cette femme à raison de la déclaration, par elle faite, qu'elle était mariée sous le régime de la communauté, alors surtout qu'elle n'a pas agi par fraude et a, au contraire, indiqué la date de son contrat de mariage et le notaire qui l'a reçu (Limoges, 5 déc. 1883, aff. Lamoine, D. P. 84. 2. 179); — 6° Que, lorsqu'à l'aide de manœuvres frauduleuses une femme dotale a réussi à contracter des emprunts, en hypothéquant, avec l'autorisation de la justice, un immeuble qu'elle présentait comme dotal, mais qui en réalité appartenait à son mari, elle répond sur la dot du préjudice dont les prêteurs ont été victimes par suite de l'annulation du jugement d'autorisation et de l'acte intervenu à sa suite (Req. 16 févr. 1880, aff. Michaëlis, D. P. 81. 1. 296); — 7° Que l'engagement hypothécaire indûment contracté par la femme dotale ne constitue point un quasi-délit créant une obligation exécutable sur ses biens dotaux, alors que les principales clauses de son contrat de mariage ont été relatées dans l'acte (Lyon, 22 févr. 1867, aff. Buisson, D. P. 67. 2. 80); — 8° Qu'on ne peut considérer comme un quasi-délit le simple oubli d'un devoir purement moral, tel que le fait, de la part de la femme, d'avoir négligé d'avertir en temps opportun les prêteurs tenus de surveiller l'emploi des fonds, des obstacles que cet emploi pouvait rencontrer (Nîmes, 11 janv. 1878, aff. Clerc, D. P. 79. 2. 53).

1357. Un arrêt est même allé jusqu'à décider que la femme n'est responsable sur sa dot des suites de ses délits ou quasi-délits qu'autant : 1° qu'il existe de sa part des actes dolosifs émanant directement d'elle, et 2° que les tiers lésés n'aient pu se prémunir contre ces manœuvres frauduleuses, et qu'il n'y ait rien à leur reprocher au point de vue de la surveillance de leurs intérêts (Nancy, 2 août 1862) (1).

1358. D'un autre côté, la cour de cassation a jugé que si la femme est responsable sur sa dot de son quasi-délit, l'inexécution, même dolosive, d'un engagement contractuel n'entraîne pas les mêmes conséquences, et qu'il en est ainsi, spécialement, lorsque la femme dotale, après s'être engagée à se libérer d'un emprunt en livrant un certain nombre de têtes de bétail, refuse avec mauvaise foi d'opérer cette livraison (Req. 23 nov. 1885, aff. Cuvier, D. P. 86. 1. 11-12). Dans tous les cas, c'est à l'adversaire de la femme à établir l'intention frauduleuse de celle-ci ; tant que cette preuve n'est pas faite, elle continue à jouir de la protection du régime dotal sous lequel elle s'est mariée (Lyon, 24 mars 1882, aff. Beaugrand, D. P. 83. 2. 142 ; 3 févr. 1883, aff. Bourrut, *ibid.*).

---

(1) (Joulin C. veuve Humblot.) — La cour; — En fait : — Considérant que la dame Justine Labouille a épousé le sieur Humblot le 16 juill. 1821; que, par le contrat dans lequel ont été rédigées les conventions matrimoniales, la future épouse s'est soumise au régime dotal, et a frappé de dotalité la moitié de tous les biens qui pourraient lui advenir constant le mariage, déclarant que l'autre moitié des biens à venir et tous les biens meubles et immeubles présents lui seraient paraphernaux; qu'elle a stipulé, en outre, une communauté réduite aux acquêts dans les termes de l'art. 1531 c. nap., avec cette condition que l'administration et la jouissance de tous ses paraphernaux demeureraient confiées au mari; — Considérant que, le 17 déc. 1846, les époux Humblot ont reconnu, par acte authentique, devoir conjointement et solidairement au sieur Joulin une somme de 12000 fr., et ont affecté à la garantie du remboursement leurs immeubles propres et acquêts; la dame Humblot subrogeait en même temps ledit Joulin en son hypothèque légale, et les époux déclaraient qu'ils étaient mariés sous le régime de la communauté, aux termes de leur contrat de mariage, reçu par Me Berthaux, notaire à Saint-Mihiel, au mois de juillet 1821; — Considérant que le sieur Humblot est décédé sans avoir acquitté son obligation, et qu'aux dates des 20 août et 2 janvier dernier, le sieur Joulin a fait commandement à sa veuve d'avoir à payer, sur tous ses biens, l'obligation du 17 déc. 1846, qu'elle avait solidairement contractée avec son mari; — Considérant que la veuve Humblot a formé opposition à ce commandement, en invoquant les dispositions de son contrat de mariage, aux termes duquel son obligation solidaire, comme la subrogation à son hypothèque légale, seraient entachées de nullité en tant qu'on voudrait les appliquer à ceux de ses biens qui sont placés sous la protection du statut dotal; — Que le créancier Joulin oppose à la femme Humblot la fraude qu'elle a commise, dans l'obligation de 1846, en déclarant avec son mari qu'elle était mariée sous le régime de la communauté, fraude de laquelle il fait résulter un quasi-délit dont elle doit être responsable, aux termes de l'art. 1382, même sur ses biens dotaux; — En droit : — Considérant que lorsque des époux se sont soumis au régime dotal, les biens de la femme déclarés dotaux sont frappés d'inaliénabilité absolue en dehors des conditions prévues par la loi; que cette inaliénabilité, établie dans l'intérêt de la consolidation des familles, est destinée à conserver une dernière ressource pour les enfants issus du mariage et à protéger la femme contre sa propre faiblesse et contre les entraînements auxquels pourrait la soumettre l'autorité trop souvent abusive de son mari; qu'elle ne peut ni directement, ni indirectement éluder, par une convention quelconque, cette protection que la loi a voulu lui assurer; — Considérant, cependant, que si la loi a voulu défendre la femme contre sa faiblesse, elle n'a pas voulu la protéger contre ses méfaits; que s'il importe à la société que la dot des femmes soit conservée, il importe bien plus encore qu'on ne nul le puisse blesser un de ses membres et lui porter impunément préjudice par son délit ou son quasi-délit; et que la femme,

en cela, ne saurait être placée au-dessus des règles fondamentales de l'ordre social; que ces principes, admis dans l'ancien droit, écrits dans l'art. 544 de la coutume de Normandie, attestés par Roussilhe (*Traité de la dot*, t. 1, p. 494, n° 24), par d'Argou (*Institutions du droit français*, t. 2, p. 88), par Chabrol (*Sur la coutume d'Auvergne*, t. 2, p. 236), ont été consacrés par la jurisprudence, sous le code Napoléon, et qu'il est généralement admis que la femme dotale est responsable, aussi bien que le mineur, vis-à-vis des tiers, des conséquences de son délit ou de son quasi-délit; — Mais considérant que pour qu'il en soit ainsi, deux conditions essentielles sont nécessaires : la première, c'est qu'il existe de la part de la femme des manœuvres frauduleuses, des actes personnels, émanant de sa volonté propre et indépendante, susceptibles, dès lors, d'engager sa responsabilité personnelle; la deuxième, c'est que le tiers lésé n'ait pu se défendre contre ces actes ou ces manœuvres, et qu'on ne puisse lui imputer aucune faute ou négligence dans la surveillance de ses intérêts; — Considérant, d'une part, qu'on ne relève, dans l'espèce, aucune manœuvre personnelle à la femme, pouvant lui être imputée comme un acte de sa volonté indépendant; qu'on ne saurait qualifier ainsi la simple déclaration, à laquelle elle n'a fait que s'associer sous l'assistance et l'autorité de son mari, « qu'ils étaient mariés sous le régime de la communauté »; — Qu'en supposant qu'elle ait compris la valeur et la portée de cette déclaration, ce qui est douteux en présence des circonstances de la cause, on doit admettre qu'elle ne s'y est associée que sous la pression abusive de l'autorité maritale; et que l'en déclarer responsable, ce serait aller à l'encontre des principes de protection qui ont inspiré le statut dotal et les rendre illusoire, car on offrirait ainsi aux parties le moyen le plus facile et le plus usuel de l'éluder; — Considérant, d'autre part, que le sieur Joulin ne saurait se plaindre du préjudice qu'il éprouve puisqu'il aurait pu l'éviter sans sa négligence; que, traitant avec une femme mariée, la première, la plus élémentaire des précautions à prendre était de se faire représenter son contrat de mariage; qu'il a été mis à même de faire cette vérification, puisque, ne se contentant pas de la déclaration des époux qu'ils étaient mariés sous le régime de la communauté, il a réclamé la date de leur contrat de mariage, et que ces derniers la lui ont fournie très exactement, ainsi que le constate l'acte de 1846, en même temps que le nom de l'un des notaires rédacteurs de ce contrat; — Qu'en ces circonstances, dire la femme responsable d'une déclaration pareille, faite sans aucune manœuvre et avec l'assistance de son mari, ce serait violer tous les principes de la dotalité et relever injustement le tiers qui a traité avec la femme des suites d'une négligence qu'il ne peut imputer qu'à lui seul et à ses conseils; — Par ces motifs, dit que les obligations souscrites par la dame Humblot au profit de Joulin ne peuvent être exécutées sur ses biens dotaux, etc.

Du 2 août 1862.-C. de Nancy, ch. civ.-MM. Legrand, 1er pr.-Souëf, av. gén., c. conf.-Vollaud et Lallemand, av.

1359. L'exception apportée au principe de l'inaliénabilité de la dot, pour le cas où la femme a été condamnée à des dommages-intérêts à raison d'un délit ou d'un quasi-délit, ne peut être invoquée par le coauteur ou le complice du fait délictueux, condamné solidairement avec la femme, et qui a payé le montant intégral de la condamnation, avec subrogation légale dans les droits du créancier, pour l'excédent de sa portion dans le montant de cette condamnation, car alors le titre du complice, créancier de la femme, ne se trouve plus dans un fait délictueux, mais dans la loi elle-même (c. civ. art. 1251-3°) et par conséquent reste soumis au principe de l'art. 1554 c. civ. (Req. 11 févr. 1863, aff. Thorel, D. P. 63. 1. 334).

1360. — III. Quasi-contrats (Rép. nos 3744 à 3749). — On décide, en général, comme nous l'avons fait au Rép. nos 3744 et suiv., que la femme n'est pas tenue sur sa dot des obligations nées pendant le mariage de faits constitutifs de quasi-contrats ; peu importe que ces faits émanent de la femme elle-même ou d'un tiers. Ainsi, soit que la femme ait géré l'affaire d'autrui, soit que sa propre affaire ait été gérée par un tiers, les obligations résultant, dans l'un ou l'autre cas, de la gestion ne peuvent être exécutées sur le fonds dotal (Aubry et Rau, t. 5, § 538, note 31, p. 614 ; Guillouard, t. 4, n° 1860). D'après M. Jouitou, n° 150, la femme serait responsable, dans tous les cas, en proportion du profit qu'elle aurait retiré, en supposant d'ailleurs qu'il n'y ait pas de connivence entre la femme et les tiers pour arriver, sous l'apparence d'un quasi-contrat, à éluder la prohibition d'aliéner ou d'engager le bien dotal (Contrà : Guillouard, t. 4, n° 1861).

1361. — IV. Dépens (Rép. nos 3750 à 3768). — Nous avons vu au Rép. n° 3751 que l'avoué qui a fait l'avance des frais pour un procès intéressant une femme dotale, sa cliente, n'a pas en principe le droit d'en poursuivre le remboursement sur les biens dotaux. Mais il en est autrement si le procès a été gagné ou si d'une façon générale il a eu lieu dans l'intérêt de la dot et pour sa conservation, notamment, pour l'obtention d'un jugement de séparation de biens. L'avoué peut invoquer alors par analogie l'art. 1558, n° 4, qui autorise l'aliénation de la dot lorsqu'il s'agit de faire de grosses réparations nécessaires à la conservation de l'immeuble dotal (Grenoble, 10 mai 1852, aff. Braun, D. P. 55. 2. 270 ; 14 mars 1860, aff. Brun, D. P. 61. 5. 164 ; Agen, 17 févr. 1862, aff. Hourteillan, D. P. 63. 1. 418 ; Civ. cass. 5 févr. 1868, aff. Adam, D. P. 68. 1. 58 ; Rodière et Pont, t. 3, n° 1825 ; Aubry et Rau, t. 5, § 538, notes 27 et 28, p. 612 et suiv. ; Guillouard, t. 4, n° 2093).

1362. Les frais résultant d'une demande en séparation de corps sont-ils recouvrables sur la dot, comme ceux d'une demande en séparation de biens? L'affirmative a été jugée, même pour le cas où le procès a été perdu par la femme (Montpellier, 9 nov. 1858, aff. Anduze, D. P. 59. 2. 56 ; Nîmes, 18 avr. 1860, aff. Roman, D. P. 61. 2. 123). Mais la cour de cassation s'est prononcée en sens contraire (Civ. cass. 5 juill. 1865, aff. Visdil, D. P. 65. 1. 312), et cette solution nous paraît plus exacte ; la séparation de corps, en effet, n'a pas comme la séparation de biens pour objet principal et direct de sauvegarder la dot (V. en ce sens les auteurs cités supra, n° 1264. — Comp. Pau, 13 juin 1866, ibid. Cet arrêt décide que la dot est tenue des frais faits à la requête même de la femme, mais non de ceux faits contre la femme).

1363. Lorsqu'il s'agit, non plus de frais dus par la femme à son avoué, mais des dépens auxquels elle a été condamnée dans un procès qu'elle a perdu, le principe de l'inaliénabilité de la dot conserve encore son empire. La dette de la femme, en pareil cas, est une dette comme une autre ; elle ne peut pas, par conséquent, s'exécuter sur les biens dotaux (Rép. nos 3755, 3758 et suiv. ; Grenoble, 15 déc. 1864, supra, n° 1331).

A ce principe, cependant, la jurisprudence a admis une exception. Si le procès intenté par la femme était absolument téméraire, il constituerait ainsi une sorte de quasi-délit, et dans ce cas les frais seraient exécutoires sur la dot (Rép. n° 3756 ; Req. 24 avr. 1861, aff. Breydier, D. P. 61. 1. 255). D'après M. Guillouard, t. 4, n° 2092, cette exception devrait être restreinte au cas où la femme aurait été condamnée aux dépens à titre de dommages-intérêts. Du moment où la femme peut être réputée avoir plaidé de bonne foi, son obligation de payer les dépens naît d'un quasi-contrat et n'est pas, dès lors, susceptible d'être exécutée sur la dot (Comp. en ce sens : Civ. cass. 19 mars 1849, aff. Juvenon, D. P. 49. 1. 80 ; en sens contraire : Grenoble, 31 juill. 1846, même affaire, D. P. 52. 2. 380, et les auteurs cités au Rép. n° 3758).

1364. Quant aux frais occasionnés, soit par la vente des immeubles dotaux, soit par le remploi de ces immeubles, ils doivent, dans le cas où la vente était nécessaire, être pris sur le capital provenant des biens vendus (Caen, 19 juin 1852, aff. Duclos, D. P. 56. 2. 187). La femme doit également acquitter avec les deniers dotaux les frais faits pour poursuivre contre les tiers acquéreurs le payement du prix des immeubles dotaux aliénés, ainsi que les frais du remploi de ce prix (Nîmes, 13 nov. 1872, aff. Bouzige, D. P. 73. 2. 189). Ces hypothèses rentrent dans l'exception de l'art. 1558, n° 4.

Lorsqu'il s'agit de frais faits contre la succession de la femme dotale pour arriver au payement d'une dette à laquelle celle-ci était obligée sur ses biens dotaux, ils doivent, ainsi que les intérêts, se prélever sur le prix de ces biens, au même titre que le capital (Nîmes, 26 juill. 1853, aff. Domergue, D. P. 53. 2. 247).

Art. 4. — Des formalités de l'aliénation dans les cas où elle est permise (Rép. nos 3769 à 3787).

1365. Comme on l'a décidé au Rép. n° 3769, c'est le tribunal du domicile des époux et non celui de la situation de l'immeuble, qui a compétence pour autoriser, quand il y a lieu, la vente ou l'hypothèque de l'immeuble dotal (Aubry et Rau, t. 5, § 537, p. 592 ; Jouitou, n° 250). — Pour les formalités de la demande en autorisation, V. Rép. nos 3770 et suiv.

Il a été jugé que le jugement autorisant la vente des biens dotaux en vertu des dispositions de l'art. 1558 c. civ. ne constitue qu'un acte de tutelle judiciaire, et qu'en conséquence, il n'a pas besoin d'être rendu en séance publique (Paris, 20 juin 1874, aff. X..., D. P. 76. 2. 139 ; Civ. rej. 5 mai 1875) (1) ; mais qu'il en serait autrement si le contrat de mariage autorisait la vente d'un bien dotal sous condition de remploi, l'art. 997 c. proc. civ. étant alors applicable (Nancy, 12 août 1876) (2).

1366. On s'est demandé au Rép. n° 3780 si les parties

---

(1) (X...) — Sur le pourvoi formé contre l'arrêt de la cour de Paris du 20 juin 1874 (rapporté D. P. 76. 2. 139), la chambre civile de la cour de cassation a statué ainsi qu'il suit : —

La cour ; — Sur le moyen unique du pourvoi : — Attendu que la permission de justice accordée à une femme mariée pour hypothéquer ses immeubles dotaux dans les cas prévus par l'art. 1558 c. civ. n'est qu'un simple acte de tutelle judiciaire qui n'a pas le caractère d'un véritable jugement ; — Attendu que la publicité n'est pas essentielle à la validité d'un acte de cette nature ; — Qu'on en trouve la preuve dans l'art. 458 c. civ., qui prescrit aux tribunaux de statuer en la chambre du conseil sur les autorisations d'aliéner ou d'hypothéquer les biens des mineurs ; — Que si une disposition ajoutée en 1841 à l'art. 997 c. proc. civ. prescrit, au contraire, de prononcer en audience publique les jugements qui permettent à la femme d'aliéner ses biens dotaux, c'est sans doute parce qu'il est convenable et utile que le jugement qui ordonne une vente aux enchères et qui détermine la mise à prix, fût public comme la vente elle-même, afin d'appeler

une plus grande concurrence ; — Mais qu'il n'y avait pas les mêmes motifs d'exiger que la permission d'hypothéquer l'immeuble dotal fût accordée en audience publique, et qu'une prescription semblable ne se trouve ni dans l'art. 1558 c. civ., ni dans aucune disposition du code de procédure ; — Attendu, en conséquence, que le tribunal de la Seine et la cour d'appel de Paris ont pu, sans violer aucune des dispositions légales invoquées par le pourvoi, statuer en chambre du conseil sur la requête de la dame de B., tendant à obtenir la permission d'hypothéquer ses immeubles dotaux ; — Rejette, etc.

Du 5 mai 1875.-Ch. civ.-MM. Devienne, 1er pr.-Requier, rap.-Reverchon, av. gén., c. conf.-Sabatier, av.

(2) (De Chambrun C. Comp. de Baccarat.) — La cour ; — Attendu que les époux de Chambrun se sont mariés le 8 août 1853, sous le régime dotal, avec société d'acquêts et faculté pour la femme, assistée de son mari, d'aliéner les valeurs et les immeubles que son père et sa mère lui constituaient en dot, à

après l'obtention d'un jugement d'autorisation peuvent l'attaquer sous prétexte que l'autorisation a été accordée hors des cas prévus par l'art. 1558 c. civ. La distinction adoptée a été généralement suivie par la jurisprudence et les auteurs. Si le juge s'est réellement trompé dans l'application de la loi, et s'il a octroyé l'autorisation pour un cas non prévu, alors qu'aucune manœuvre frauduleuse n'a été pratiquée par la femme, cette dernière peut, à la dissolution du mariage, faire prononcer la nullité de l'aliénation contre les tiers acquéreurs (Req. 7 juill. 1851, aff. Brun, D. P. 51. 1. 297 ; Civ. cass. 29 août 1860, aff. Ellie, D. P. 60. 1. 393 ; Rouen, 2 mai 1861, suprà, n° 1156 ; Caen, 28 mars 1881, suprà, n° 1304 ; Req. 27 nov. 1883, aff. Blanval, D. P. 85.1.139). Il en serait autrement, et les tiers seraient complètement à l'abri de toutes poursuites, si la femme, par des pratiques de simulation et par dol, avait réussi à tromper le juge et à obtenir de lui l'autorisation de vendre pour un des cas visés dans l'art. 1558, alors que cette hypothèse ne s'était pas réalisée en fait (Montpellier, 22 déc. 1852, aff. Pesquié, D. P. 54. 2. 120 ; Grenoble, 1er avr. 1854, aff. Lambert, D. P. 55. 2. 116 ; Req. 22 août 1855, aff. Flandre, D. P. 56. 1. 178 ; Lyon, 30 juill. 1856, aff. Lecourt, D. P. 57. 2. 70, et sur pourvoi, Req. 7 juill. 1857, D. P. 58. 1. 405 ; Pau, 19 déc. 1871, aff. Dubedout, D. P. 73. 2. 205 ; Lyon, 31 janv. 1872, aff. de Rebicq, D. P. 74. 2. 43 ; Caen, 9 mai 1876, aff. Lebas, D. P. 77. 2. 145 ; Req. 20 juin 1877, aff. Dauzat Dembarèrre, D. P. 79. 1. 421. — V. sur la distinction, en général : Marcadé, t. 6, art. 1558, n° 6 ; Aubry et Rau, t. 5, § 537, p. 593 et suiv. ; Colmet de Santerre, t. 6, n° 230 bis X ; Laurent, t. 23, n° 534 ; Sincholle, n° 226 ; Jouitou, n°s 273 et suiv. ; Guillouard, t. 4, n°s 2015 et suiv.).

Sect. 7. — De la révocation ou de la nullité des aliénations de la dot indûment faites (Rép. n° 3788 à 3888).

1367. — I. Des cas de révocation (Rép. n° 3789). — Toute aliénation du fonds dotal faite en dehors des cas prévus par la loi, ou sans les formalités requises, est nulle (c. civ. art. 1560). — Il a été décidé qu'une vente comprenant à la fois des biens dotaux et des biens paraphernaux peut être annulée pour le tout, et non pas seulement pour la partie frappée de dotalité, s'il est constaté que cette vente, consistant, par exemple, dans une cession de droits successifs, a été faite pour un seul prix et sans division des biens qui en étaient l'objet (Req. 7 déc. 1859, aff. Salles, D. P. 60. 1.28).

1368. Il ne faut pas, toutefois, étendre arbitrairement cette règle ; la jurisprudence reconnaît que le droit qui appartient à la femme et à ses héritiers, ou au mari lui-même, de faire révoquer toute aliénation du fonds dotal consentie illégalement ne saurait être étendu, sous prétexte d'analogie, à d'autres actes ; spécialement, l'acquisition d'un immeuble faite par la femme à titre de remploi avec ses deniers dotaux. Vainement prétendrait-on que le vendeur de cet immeuble devait rechercher si, pour se procurer les deniers destinés à payer le prix de la vente, la femme avait ou non respecté les clauses de son contrat de mariage, la capacité d'acquérir chez la femme ne subissant aucune res-

triction par suite de l'adoption du régime dotal (Civ. cass. 14 juin 1881, aff. Maurras, D. P. 82. 1. 105, et sur renvoi, Nîmes, 11 janv. 1882, D. P. 82. 2. 60). La cour d'Aix avait jugé le contraire dans la même affaire, par arrêt du 3 déc. 1879 (D. P. 81. 2. 180).

1369. — II. Caractères de la nullité (Rép. n°s 3790 à 3800). — Il est admis par tous les auteurs que la nullité de la vente du fonds dotal n'est que relative, et que l'acquéreur ne peut pas s'en prévaloir (Rép. n° 3791 ; Rodière et Pont, t. 3, n° 1883 ; Sincholle, De l'inaliénabilité de la dot, n° 304 ; Aubry et Rau, t. 5, § 537, note 21, p. 562 ; Colmet de Santerre, t. 6, n° 232 bis II ; Laurent, t. 23, n° 502 ; Jouitou, n° 493 ; Guillouard, t. 4, n° 1882). De ce que la nullité n'est que relative, il résulte que, si la femme peut la demander, il lui est loisible également de ne pas intenter l'action en nullité et de ratifier la vente après la dissolution du mariage (Req. 2 mai 1855, aff. Marianne, D. P. 55. 1. 231. V. infrà, n° 1383).

1370. Ainsi qu'on l'a décidé au Rép. n° 3792, l'aliénation du fonds dotal peut être cautionnée, soit par le mari, soit par un tiers (Rodière et Pont, t. 3, n° 1280 ; Aubry et Rau, t. 5, § 537, note 20, p. 561 ; Guillouard, t. 4. n°s 1900 et suiv.). — Quant au point de savoir si la vente peut être cautionnée par la femme elle-même sur ses paraphernaux, V. Rép. n°s 3850 et suiv., et infrà, n° 1399.

1371. On s'accorde à reconnaître que les créanciers du mari n'ont pas le droit d'intenter l'action en nullité (Rép. n° 3794 ; Rodière et Pont, t. 3, n° 1872 ; Marcadé, t. 6, art. 1560, n° 5 ; Sincholle, n° 307 ; Aubry et Rau, t. 5, § 537, note 24, p. 562 ; Colmet de Santerre, t. 6, n° 232 bis V ; Guillouard, t. 4, n° 1887).

1372. Quant aux créanciers de la femme, la controverse que nous avons signalée au Rép. n° 3795 dure encore. D'après une opinion, le droit qu'a la femme de faire prononcer la nullité de la vente est un droit essentiellement personnel, qui ne rentre pas dans les dispositions de l'art. 1166 c. civ., et qui, en conséquence, ne peut être exercé que par la femme seule et non pas par ses créanciers (Comp. Paris, 12 janv. 1858, aff. Fascié, D. P. 58. 5. 136 ; Civ. rej. 18 juill. 1859, aff. Potier, D. P. 59. 1. 398 ; Marcadé, t. 6, art. 1560, n° 5 ; Aubry et Rau, t. 5, § 537, note 25, p. 562 et suiv.). La solution contraire a été soutenue d'une façon absolue par M. Sincholle, n° 307, qui reconnaît à tous les créanciers de la femme, même à ceux qui n'ont acquis leur titre que postérieurement à la vente, le droit d'en demander la nullité. M. Colmet de Santerre, t. 6, n° 232 bis V, réserve ce droit aux seuls créanciers antérieurs au contrat de mariage, et il y met la condition que le bien aliéné ait été la propriété de la femme avant d'être dotal et qu'il ait été constitué par elle. D'après cet auteur, la constitution de dot n'a pu, dans ce cas, priver les créanciers de la femme du droit de gage qu'ils avaient sur le patrimoine de leur débitrice, et l'action en nullité de l'aliénation du bien dotal fait partie de ce patrimoine ; de même que les créanciers antérieurs au contrat de mariage peuvent saisir les biens dotaux, de même ils doivent pouvoir faire révoquer la vente de ces biens consentie illégalement par la femme. Ce n'est pas là leur

---

charge, toutefois, de remployer les prix de vente et les soultes actives d'échanges ; — Qu'aujourd'hui, par une raison dont la cour n'a pas en ce moment à apprécier la valeur, la dame de Chambrun sollicite de la justice, avec l'assentiment de son mari, l'autorisation d'aliéner sans remploi, jusqu'à concurrence de 570000 fr., ses actions de la cristallerie de Baccarat ; — Attendu que, par sa référence au tit. 6, c. proc. civ., l'art. 997 du même code traçait aux parties la marche à suivre, il exigeait, notamment, que la vente fût préalablement autorisée, sur requête, par un jugement rendu en audience publique ; — Que cette procédure exceptionnelle n'a point été suivie, et qu'il importe de ne pas permettre aux parties de s'en écarter ; qu'avec elle, on arrive plus facilement et plus sûrement qu'avec la procédure ordinaire, à découvrir la vraie cause de l'aliénation, ses avantages ou ses dangers et les abus d'influence, qu'en venant en aide à la faiblesse et à l'inexpérience de la femme, le législateur a voulu surtout empêcher ; — Que, pour s'en convaincre, il suffit de se rappeler que cette procédure spéciale compte parmi ses moyens d'instruction : le rapport d'un juge qui voit les pièces, la comparution des parties en chambre du conseil où les magistrats les entendent, et enfin une discussion dont le huis clos assure l'indépendance et prévient les inconvénients ; — Attendu que la dame de Chambrun objecte en vain qu'elle ne demande pas l'au-

torisation d'aliéner tout ou partie de ses actions de la cristallerie de Baccarat, puisque l'art. 7 de son contrat de mariage la lui accorde, mais l'autorisation d'aliéner ces actions sans remploi, d'où la conséquence, selon elle, que l'art. 997 c. proc. civ. précité n'a point à recevoir ici son application ; — Qu'en mettant en relief toute l'importance de l'autorisation sollicitée, cette manière d'argumenter de la dame de Chambrun tourne contre elle au lieu de lui apporter le secours qu'elle en espère, et impose à la cour le devoir d'exiger avec plus de rigueur l'accomplissement des formalités prescrites par la loi, sous un régime qui traite le mari en suspect et en une matière où presque jamais il ne rencontre un contradicteur ; — Que dispenser du remploi, c'est, en effet, plus que donner une autorisation pure et simple, c'est faire disparaître la condition sans laquelle la faculté d'aliéner n'aurait pas été obtenue, et détruire ainsi la sage économie d'un contrat, sur l'entière et loyale exécution duquel les familles ont compté ; — Qu'on ne comprendrait pas, dès lors, que le jugement fût entouré de garanties moindres dans le premier cas que dans le second ; — Par ces motifs ; — Déclare les époux de Chambrun non recevables en leur demande, sauf à eux à se pourvoir autrement s'ils s'y croient fondés, etc.

Du 12 août 1876.-C. de Nancy, 1re ch.-MM. Leclerc, 1er pr.-Angenoux, av. gén.-Boulangé, av.

reconnaître un droit de suite ; il s'agit simplement pour eux d'exercer le droit de leur débitrice (Comp. en ce sens : Larombière, *Théorie et pratique des obligations*, t. 1, art. 1166, n° 12 ; Demolombe, *Contrats et obligations*, t. 2, n° 87 ; Guillouard, t. 4, n° 1889). — Suivant M. Jouitou, n° 206-5°, les créanciers chirographaires de la femme ne devraient être admis à attaquer l'aliénation que si elle a été faite en fraude de leurs droits.

1373. Dans toutes les opinions, d'ailleurs, on admet que les créanciers hypothécaires de la femme, dont les droits découlent des dispositions des art. 1555 à 1558, peuvent faire tomber les aliénations ou hypothèques créées illégalement par la femme, et contrairement à leurs prérogatives (Civ. cass. 27 mai 1851, aff. Bourguet, D. P. 51. 1. 118 ; Toulouse, 26 févr. 1855, aff. Bourguet, D. P. 56. 2. 273 ; Civ. rej. 18 juill. 1859, aff. Potier, D. P. 59. 1. 398. V. aussi les auteurs cités *supra*, n° 1372).

1374. Ainsi que nous l'avons admis au *Rép.* n° 3797, le fait par les époux d'avoir vendu l'immeuble dotal sans en déclarer la dotalité n'autorise pas l'acquéreur à demander lui-même la nullité de l'aliénation (Rodière et Pont, t. 3, n° 1883 ; Guillouard, t. 4, n° 1883). Mais en est-il de même si les époux ont faussement déclaré que l'immeuble était paraphernal ? Dans cette hypothèse, MM. Rodière et Pont, *loc. cit.*, ont soutenu que la déclaration mensongère des époux ou du mari devait être assimilée au dol, et suffisait pour autoriser l'acquéreur à provoquer la nullité de la vente et à demander la restitution du prix qu'il aurait payé (Comp. *Rép.* n° 3798 et suiv.). Cette opinion est repoussée par MM. Aubry et Rau, t. 5, § 537, note 22, p. 562, et Guillouard, t. 4, n° 1884. « Dans une hypothèse analogue, remarque ce dernier auteur, lorsque le mineur a faussement déclaré dans un acte qu'il était majeur, l'art. 1307 porte que cette déclaration ne fait point obstacle à sa restitution : la situation doit être la même pour la femme dotale, et l'acquéreur doit s'imputer de ne pas s'être renseigné comme il le pouvait en demandant la production du contrat de mariage, sur la qualité du bien à propos duquel il traitait. » MM. Aubry et Rau et Guillouard admettent seulement

que l'acquéreur pourrait invoquer l'art. 1653, et se refuser au payement de son prix, s'il découvrait à temps la qualité dotale de l'immeuble qu'il aurait acheté.

1375. Que décider enfin si le mari a vendu l'immeuble dotal comme étant sa propriété personnelle ? On considère alors, comme nous l'avons dit au *Rép.* n° 3799, qu'il y a eu vente de la chose d'autrui, et l'on décide généralement, par application de l'art. 1599 c. civ., que la nullité peut être demandée par l'acquéreur (Rodière et Pont ; Aubry et Rau, *loc. cit.* ; Guillouard, t. 4, n° 1886).

1376. — III. De l'action du mari (*Rép.* n°s 3801 à 3804). Comme on l'a vu au *Rép.* n° 3801, le mari peut exercer l'action en nullité alors même qu'il a concouru à la vente du fonds dotal (Conf. Pau, 5 mars 1859 (1). — D'autre part, on reconnaît généralement que cette action ne lui appartient que pendant la durée du mariage et avant la séparation de biens (V. *Rép.* n° 3804 ; Marcadé, t. 6, art. 1560, n° 8 ; Rodière et Pont, t. 3, n° 1870 ; Sincholle, n° 312 ; Aubry et Rau, t. 5, § 537, note 29, p. 564 et suiv. ; Colmet de Santerre, t. 6, n° 232 *bis* III ; Laurent, t. 23, n° 508 ; Jouitou, n° 187 ; Guillouard, t. 4, n° 1893).

1377. — IV. De l'action de la femme (*Rép.* n°s 3805 à 3837). — La femme, qui, autorisée ou non de son mari, a vendu l'immeuble dotal, ne peut exercer l'action en nullité qu'après la dissolution du mariage ou la séparation de biens (*Rép.* n° 3805 ; Req. 24 mai 1870, aff. Delachenal, D.P. 71. 1. 151 ; Pau, 5 mars 1859, *suprà*, n° 1376 ; Rodière et Pont, t. 3, n° 1871 ; Marcadé, t. 6, art. 1560, n° 8 ; Aubry et Rau, t. 5, § 537, note 30, p. 565 ; Colmet de Santerre, t. 6, n° 232 *bis* IV ; Laurent, t. 23, n° 505 ; Jouitou, n° 186 ; Guillouard, t. 4, n° 1894).

1378. Néanmoins, la femme pourrait exercer l'action en nullité même pendant le mariage, si elle agissait conjointement avec son mari, parce qu'en réalité la demande serait poursuivie sur les diligences de ce dernier, et l'intervention de la femme ne saurait vicier l'action régulièrement intentée par le mari (Civ. cass. 30 mars 1874, aff. Soulebault, D. P. 74. 1. 417).

1379. On s'est demandé au *Rép.* n° 3808, si la femme, après la dissolution du mariage ou la séparation de biens,

(1) (Garbisson C. Collas-Parros.) — La cour ; — En ce qui touche la fin de non-recevoir proposée contre l'action révocatoire intentée par les époux Garbisson ; — Attendu, relativement à la femme, que, d'après le texte de l'art. 1560 c. nap., ce n'est qu'après la dissolution du mariage ou après la séparation de biens que la femme peut faire révoquer l'aliénation de ses immeubles dotaux ; qu'ainsi la femme Garbisson est, quant à présent, non recevable dans la demande en nullité de la vente consentie à Dominique et à Jean Collas-Parros ; — Attendu, relativement à Jean Garbisson, que, pendant le mariage, le mari est investi du droit absolu de poursuivre la révocation de la vente du fonds dotal, même dans le cas où il l'aurait lui-même consentie, et qu'il se serait obligé personnellement à la garantie ; que ce principe découle nécessairement des dispositions du paragraphe 3 de l'art. 1560 qui, tout en lui accordant cette faculté, le soumet à des dommages-intérêts envers l'acheteur de bonne foi ; — Que, lorsque le mari se pourvoit en justice pour revendiquer l'immeuble dotal, il agit dans son intérêt propre et exclusif, mais bien dans l'intérêt collectif de sa famille dont il est le chef, et en faveur de laquelle ce pouvoir lui a été conféré ;

En ce qui touche la demande en nullité de la vente : — Attendu que, dans leur contrat de mariage passé le 15 août 1854, les époux Garbisson déclarèrent adopter le régime dotal ; que la femme se constitue en dot tous ses biens présents et à venir, et qu'elle se réserve, toutefois, la faculté d'aliéner ses immeubles à la charge de les remplacer par des biens de même nature et d'égale valeur ; — Attendu que les époux Garbisson ont vendu à Collas-Parros frères, pour le prix de 2000 fr., une grange et une pièce de terre appartenant à la femme ; qu'au lieu d'opérer le remploi conformément aux stipulations du contrat de mariage, ils ont affecté le prix de cette aliénation à acquitter une dette dont la femme Garbisson était tenue envers Louis Pujo-Pay, son père, et qui avait une date certaine au mariage ; que cette dernière circonstance constituait un motif suffisant pour que la vente du fonds dotal pût être autorisée ; mais qu'aux termes de l'art. 1558 c. nap., elle ne pouvait avoir lieu qu'avec la double garantie de la permission de la justice et des enchères publiques, et que ces formalités n'ont pas été observées ; que le payement indiqué dans l'acte de vente de l'immeuble dotal, comme mode d'emploi, n'a pas même été effectué ; et qu'il ne peut plus l'être aujourd'hui, puisque le créancier Pujo-Pay est décédé, que la femme Garbisson lui a succédé en qualité d'héritière unique, et que, par suite, la dette que la vente avait pour objet d'acquitter s'est éteinte par la confusion ; que l'alié-

nation du fonds dotal a donc eu lieu en dehors des cas d'exception déterminés par le contrat de mariage et par la loi, et que la nullité doit en être ordonnée ;

En ce qui touche les conclusions subsidiaires des frères Collas-Parros tendant à faire opérer le remploi en immeubles : — Attendu que si, en règle générale, la condition du remploi du prix de l'immeuble dotal aliéné peut être remplie pendant toute la durée du mariage, et si l'offre faite par l'acquéreur de payer le prix de nouveau pour effectuer le remploi, peut arrêter l'action en révocation, il doit en être autrement lorsqu'il a été expressément convenu entre les parties, dans le contrat de vente, que le prix ne serait pas employé à acquérir d'autres immeubles, mais qu'il recevrait une tout autre destination ; que, dans l'espèce, il résulte du texte de l'acte public du 1er mars 1857 que les époux Garbisson n'ont pas voulu que l'immeuble qu'ils aliénaient fût remplacé par un autre immeuble, et que le but unique qu'ils se sont proposé a été de mettre la femme Garbisson en mesure de se libérer envers son père ; que les frères Collas-Parros acquéreurs, se sont associés à cette pensée, et ont pris l'engagement de payer le prix aux mains du créancier ; qu'ils n'ont pas ignoré que la vente ainsi opérée n'était pas conforme aux prescriptions du contrat de mariage ; qu'ils reconnaissaient qu'elle était irrégulière, et qu'ils acceptaient toutes les conséquences que pourrait entraîner cette irrégularité ; que dans ces circonstances, les époux Garbisson ne peuvent pas être contraints à employer le prix du fonds dotal à l'achat d'un autre immeuble ; que ce serait leur imposer une sorte d'échange de propriétés qui n'a pu être dans leur intention, qui serait entièrement contraire à leurs convenances, et qui, à raison des frais qu'il nécessiterait, aurait pour résultat la diminution du patrimoine dotal ; que les conclusions des frères Collas-Parros ne sauraient par conséquent, être accueillies ;

En ce qui touche la demande en garantie : — Attendu que Garbisson, en concourant à la vente, s'est expressément soumis à la garantie envers les acquéreurs ; qu'il est, dès lors, responsable sur ses propres biens de la partie du prix qu'a été payée par des tiers et qu'il est tenu de la leur restituer ; — Mais que les effets de cette garantie ne doivent pas s'étendre au delà de cette obligation, puisqu'il résulte du contrat de vente que les acquéreurs connaissaient le vice de l'achat, et que, dans ce cas, l'art. 1560 c. nap. met le mari qui fait révoquer l'aliénation à l'abri des dommages-intérêts envers l'acheteur ; — Par ces motifs, infirme, etc. Du 5 mars 1859.-C. de Pau.-MM. Brascou, pr.-Lespinasse, av. gén.

pourrait à son choix exercer l'action révocatoire contre les tiers acquéreurs, ou, au contraire, s'en tenir à son action hypothécaire contre son mari, en se faisant colloquer à l'ordre ouvert sur le prix de ces biens? L'affirmative que nous avons admise a été consacrée par la doctrine et la jurisprudence (Civ. rej. 3 mai 1853, aff. de Brezets, D. P. 53. 1. 137; 21 déc. 1853, aff. Drieu, D. P. 54. 1. 5; Rodière et Pont, t. 3, n° 1874; Aubry et Rau, t. 5, § 537, note 27, p. 563 et suiv.; Sincholle, n° 319; Jouitou, n° 225). — L'arrêt précité du 3 mai 1853 décide que l'option faite par la femme séparée dans le sens de l'exercice de son hypothèque légale emporte contre elle déchéance de l'action révocatoire. Cette dernière solution est généralement repoussée, par la raison que la femme par ce choix sanctionnerait l'aliénation du bien dotal, ce qu'il lui est impossible légalement de faire avant la dissolution du mariage proprement dite (V. l'arrêt précité du 21 déc. 1853; Guillouard, t. 4, n° 1908). — Suivant MM. Aubry et Rau, t. 5, § 537, p. 564, la femme peut, même pendant le mariage et par mesure conservatoire, demander dans les ordres ouverts sur le mari une collocation provisoire ou éventuelle pour le montant de l'indemnité qui lui est due à raison de l'aliénation de son immeuble dotal.

1380. Il a été jugé, dans un cas particulier, que la femme dotale qui s'est fait colloquer dans un ordre ouvert sur le prix de vente d'immeubles de son mari pour les reprises résultant de l'aliénation de ses biens dotaux, est déchue du droit de demander, après la dissolution du mariage, la nullité de cette aliénation, si elle a été autorisée par justice à convertir le montant de sa collocation en une jouissance viagère, afin de fournir aux besoins de la vie commune, l'option ainsi faite par la femme pour l'exercice de son hypothèque légale avec l'autorisation de la justice devant être considérée comme l'ayant définitivement remplie de sa dot (Req. 23 déc. 1861, aff. Vaysse, D.P. 62.1.273). Dans cette hypothèse, l'option ne devait plus être permise, puisque la ratification autorisée par justice équivalait à une autorisation donnée dans les formes prescrites par les art. 1558 c. civ. et 997 c. proc. civ.

1381. Relativement à cette option, la jurisprudence a décidé qu'elle appartenait également aux créanciers subrogés aux droits de la femme dans le bénéfice de son hypothèque légale (Civ. cass. 16 mai 1865, aff. Charrin, D. P. 65. 1. 263).

1382. La femme qui agit en nullité doit prouver la dotalité des immeubles vendus; sinon, sa demande ne peut être admise (Civ. rej. 7 févr. 1872, aff. Baraignes, D. P. 72. 1. 348).

1383. L'action de la femme doit encore être repoussée si celle-ci a ratifié la vente après la dissolution du mariage (Req. 11 juill. 1859, aff. Lenoble, D. P. 59. 1. 323; Rodière et Pont, t. 3, n° 1882; Aubry et Rau, t. 5, § 537, p. 566 et suiv.; Colmet de Santerre, t. 6, n° 232 bis XXII; Laurent, t. 23, n° 540; Guillouard, t. 4, n° 1907). La ratification, de la part de la femme, peut présenter pour elle un avantage sérieux, si l'immeuble a été vendu moyennant un prix rémunérateur, surtout si le bien a perdu de sa valeur depuis le jour de la vente.

1384. La ratification peut être expresse ou tacite, mais il faut toujours se montrer sévère dans l'interprétation de pareilles conventions, à cause de la protection toute particulière que la loi a entendu accorder à la dot. — Jugé qu'il y a ratification suffisante, lorsque la femme, éventuellement colloquée dans l'ordre ouvert après expropriation des biens de son mari, pour le prix de ces biens dotaux, que celui-ci avait irrégulièrement aliénés, a consenti à l'adjudicataire, dans un traité postérieur à titre onéreux, l'abandon des intérêts de cette collocation éventuelle et du droit d'en réclamer le principal jusqu'à sa mort, alors, d'ailleurs, qu'il est souverainement constaté par le juge du fait que ce traité a été conclu dans une intention de renonciation au droit de revendiquer les immeubles irrégulièrement aliénés (Req. 1er mars 1870, aff. d'Albanne, D. P. 70. 1. 331).

1385. Si la vente du bien dotal a été consentie par le mari seul et que la femme déclare vouloir maintenir l'opération, ce n'est pas là, d'après quelques auteurs, une véritable ratification : c'est plutôt une nouvelle vente, qui, à la différence de la première, sera valable (Laurent, t. 23, n° 541; Jouitou, n° 215). M. Guillouard, t. 4, n° 1909, soutient, au contraire, et avec raison, selon nous, qu'il y a alors vraiment ratification; d'abord parce que la vente de la chose d'autrui est susceptible d'être ratifiée (V. Rép.

v° *Vente*, n° 525); et en outre, au besoin, parce que le mari peut être assimilé à un mandataire qui a excédé ses pouvoirs et dont, aux termes de l'art. 1998, la gestion est également susceptible de ratification.

1386. La femme pourrait ratifier même durant le mariage, si elle s'était réservé, dans son contrat de mariage, le droit d'aliéner ses immeubles dotaux (Bordeaux, 21 août 1848, aff. de Brezets, D. P. 49. 2. 40; Req. 1er mars 1870, aff. d'Albanne, D. P. 70. 1. 331; Guillouard, t. 4, n° 1907).

1387. La ratification de la femme peut aussi être faite par testament. Décidé en ce sens que le droit qu'a la femme de disposer par testament du fonds dotal emporte celui de ratifier de cette manière l'aliénation que le mari a faite de ce fonds pendant le mariage; et que, par suite, la femme peut léguer le prix de la vente d'un immeuble dotal, consenti par le mari, un tel legs n'étant autre chose qu'une ratification tacite de cette vente (Riom, 2 avr. 1857, aff. Montagnier, D. P. 57. 2. 180).

1388. On a examiné au *Rép.* n° 3832 la question de savoir si la femme héritière pure et simple de son mari peut demander la nullité de l'aliénation consentie par lui. La négative est généralement admise ; la femme, étant tenue de l'obligation de garantie contractée par le mari, ne peut évincer l'acquéreur (Marcadé, t. 6, art. 1560, n° 4 ; Sincholle, n° 324; Aubry et Rau, t. 5, § 537, note 34, p. 566 ; Guillouard, t. 4, n° 1898. — Comp. Civ. rej. 22 mai 1855, aff. Samuel, D. P. 55. 1. 197).

1389. Si le mari a vendu à des tiers de bonne foi des meubles dotaux dont la propriété était restée à la femme, celle-ci ne peut agir en revendication contre les détenteurs, qui sont protégés par la maxime « En fait de meubles, possession vaut titre » (c. civ., art. 2279) (Paris, 14 janv. 1854, aff. Soyez, D. P. 55. 2. 212). D'après M. Laurent, t. 23, n° 543; ce moyen ne pourrait être opposé à la femme par le premier acquéreur, parce que, cet auteur, la femme n'ayant pas en revendication, mais en nullité ; par contre, le second acheteur serait en droit de repousser l'action intentée contre lui en s'appuyant sur les dispositions de l'art. 2279.

1390. La femme pourrait voir son action repoussée, si cette action était atteinte par la prescription libératoire (V. *infra*, n°s 1405 et suiv.).

1391. La femme dotale est-elle obligée de se conformer aux formalités prescrites par l'art. 728 c. proc. civ., lorsqu'il s'agit pour elle de faire distraire les fonds dotaux d'une saisie pratiquée sur les immeubles de son mari ; en d'autres termes, est-elle obligée de proposer le moyen de nullité de la vente basé sur la qualité de dotalité du bien vendu, dans les trois jours qui précèdent la publication du cahier des charges? Cette question a été traitée au *Rép.* v° *Vente publique d'immeubles*, n°s 1220 et suiv. La négative, que nous avons soutenue, est adoptée par M. Jouitou, n° 165; la femme, suivant cet auteur, doit pouvoir, en tout temps et tant que son action n'est pas éteinte par la prescription, agir en revendication contre les tiers, qui sont censés connaître les dispositions du contrat de mariage, surtout depuis que la loi du 10 juill. 1850 leur en a donné le moyen. Décider autrement, c'est laisser à la femme toute facilité pour aliéner son immeuble dotal ; elle n'a qu'à s'entendre avec un prétendu créancier pour le faire saisir et ne pas le réclamer dans le délai de l'art. 728 c. proc. (V. en ce sens: Poitiers, 20 juill. 1852, aff. Duguet, D. P. 53. 2. 21; Bordeaux, 29 juill. 1857, aff. de Lamberterie, D. P. 57. 2. 216). — Jugé, dans un cas particulier, que la déchéance prononcée par l'art. 728 c. proc. civ. contre les nullités tant en la forme qu'au fond qui n'auraient pas été proposées trois jours avant la publication du cahier des charges, ne s'applique pas à l'action intentée par une femme dotale et ayant pour objet, non la nullité de l'adjudication et la revendication des objets adjugés, mais la nullité d'un échange fait par elle et la revendication contre les tiers détenteurs des immeubles dotaux qu'elle avait aliénés en échange des immeubles saisis (Civ. cass. 3 avr. 1883, aff. Lavandier, D. P. 84. 1. 23).

Mais une jurisprudence, aujourd'hui constante, étend à la femme, même mariée sous le régime dotal, les dispositions de rigueur de l'art. 728 c. proc. civ. Elle se fonde sur ce que la déchéance prononcée par cet article est d'ordre public (Toulouse, 14 août 1852, aff. Rivière, D. P. 53. 2. 91; Riom, 14 déc. 1852, aff. Bardeur, D. P. 53. 2. 197; Limoges, 29 juin

1853, aff. Queyrat, *ibid.*; Toulouse, 12 juin 1860, aff. Pigassou, D. P. 61. 2. 35; Agen, 14 mai 1861, aff. Azéma, D. P. 61. 2. 226; Civ. rej. 20 août 1861, aff. Pilté, D. P. 61. 1. 380; Req. 13 janv. 1862, aff. Bourdon, D. P. 62. 1. 129; Grenoble, 11 août 1862, aff. Faure, D. P. 63. 2. 174; Req. 21 janv. 1867, aff. Laborie, D. P. 67. 1. 209; 9 mars 1870, aff. Alleaud, D. P. 72. 1. 85. V. conf. Aubry et Rau, t. 5, § 538, note 19, p. 610).

1392. On ne peut opposer à la femme dotale l'autorité de la chose jugée qu'autant qu'elle a figuré à ce titre dans la procédure; et à ce propos nous renvoyons à ce que nous avons exposé *suprà*, n° 1366, sur la valeur à attribuer aux jugements autorisant la vente de biens dotaux.

1393. Sur la nature de l'action intentée par la femme, il a été jugé que si en principe elle est immobilière, elle revêt néanmoins un caractère mobilier chaque fois que le bien est stipulé aliénable par le contrat de mariage, mais à charge de remploi, ou d'une garantie hypothécaire (Caen, 23 juin 1876) (1).

1394. — V. Action des héritiers et ayants cause de la femme (*Rép.* n°s 3838 à 3840). — Comme on l'a dit au *Rép.* n° 3838, les héritiers de la femme ont les mêmes droits que la femme elle-même, mais ils ne peuvent les exercer qu'après la dissolution du mariage opérée par la mort de la femme. Ils peuvent également ratifier l'acte de vente. — Il a été décidé que le simple fait d'avoir omis dans la déclaration de succession les biens aliénés pendant le mariage et ayant le caractère dotal, ne suffit pas pour constituer de la part des héritiers de la femme une ratification tacite (Riom, 5 déc. 1883, aff. Brocard, D. P. 85. 2. 84). Toute ratification est, d'ailleurs, impossible, si parmi les héritiers se trouve un mineur (Même arrêt).

1395. A côté des héritiers il faut placer les autres ayants cause de la femme, par exemple les personnes qui se seraient rendues adjudicataires des biens dotaux après la dissolution du mariage, arrivée par le prédécès du mari. Ces acheteurs, étant investis de la plénitude des droits de propriété appartenant à la venderesse, sont recevables par cela même à contester la validité des droits réels qui, pendant le mariage, auraient pu être constitués sur ces immeubles (Pau, 19 déc. 1860, aff. Montguilholon, D. P. 61. 2. 149).

1396. — VI. Droits de l'acquéreur après la révocation (*Rép.* n°s 3841 à 3876). — L'acquéreur, après la révocation de l'aliénation, a droit à la restitution de son prix de la part du mari. Mais la femme n'est obligée à cette restitution que si elle a profité du prix, dans la mesure où elle en a profité, et seulement sur ses biens paraphernaux (Civ. cass. 26 mars 1855, aff. L...; D. P. 55. 1. 326; Pau, 27 juin 1867, aff. Berdal, D. P. 68. 2. 237; *Rép.* n° 3850; Rodière et Pont, t. 3, n° 1880; Aubry et Rau, t. 5, § 537, note 50, p. 571; Colmet de Santerre, t. 6, n° 232 *bis* XX; Jouitou, n° 220; Guillouard, t. 4, n° 1917).

1397. L'acquéreur a droit à des dommages-intérêts si le mari, auteur de la vente, n'a pas déclaré la dotalité du bien aliéné (*Rép.* n° 3843), et à plus forte raison si le mari a déclaré faussement que l'aliénation en était permise (*Rép.* n° 3846; Guillouard, t. 4, n° 1921). — Au contraire, l'acquéreur n'a droit à aucune indemnité si la dotalité du bien vendu lui a été révélée par le contrat (c. civ. art. 1560).

1398. La question de savoir si le mari peut s'affranchir de tous dommages-intérêts envers l'acquéreur en prouvant autrement que par le contrat que cet acquéreur a eu connaissance du caractère dotal du bien vendu, est examinée au *Rép.* n° 3844. Cette question continue à diviser les auteurs. Les uns, s'appuyant sur les travaux préparatoires du code, soutiennent que le mari n'est pas recevable à prouver que l'acheteur a connu la dotalité *extrinsecus* (Marcadé, t. 6, art. 1560, n° 3; Rodière et Pont, t. 3, n° 1879; Jouitou, n° 189). Les autres appliquent ici les principes généraux en matière de vente (c. civ. art. 1599 et 1626), et décident qu'il suffit qu'il soit établi que l'acheteur avait eu connaissance d'une manière quelconque du danger d'éviction, pour qu'il ne puisse réclamer aucuns dommages-intérêts (Troplong, t. 4, n° 3535; Aubry et Rau, t. 5, § 537, note 47, p. 571; Colmet de Santerre, t. 6, n° 232 *bis* XVIII; Guillouard, t. 4, n° 1921. Comp. Req. 27 avr. 1842, *Rép.* n° 3851). Dans tous les cas, la femme n'est jamais tenue de dommages-intérêts envers l'acquéreur, même si elle a laissé ignorer à celui-ci la dotalité du bien qu'elle vendait (Civ. rej. 23 juin 1846, aff. Clavière, D. P. 46. 1. 332; Pau, 22 nov. 1856, aff. Lasserre, D. P. 57. 2. 61; Montpellier, 1re ch., 8 févr. 1869, aff. Beauclair C. de Jacomel.-MM. Sigaudy, 1er pr.-Petiton, av. gén.-Gervais, Lisbonne et Verdier, av.; Rodière et Pont, t. 3, n° 1880; Aubry et Rau, t. 5, § 537, note 49, p. 571; Jouitou, n° 219; Guillouard, t. 4, n° 1922).

Le mari peut se porter garant de la vente qu'il consent (Civ. cass. 22 mai 1855, aff. Samuel, D. P. 55. 1. 197). Mais, en ce cas même, l'acheteur ne peut réclamer du mari que la restitution de son prix, et n'a point droit à des dommages-intérêts, s'il résulte du contrat qu'il connaissait le vice de son acquisition (Pau, 5 mars 1859, *suprà*, n° 1376).

1399. La femme dotale qui a vendu conjointement avec le mari peut-elle être tenue à la garantie de droit sur ses biens paraphernaux? La négative, adoptée au *Rép.* n° 3850, est généralement admise (Pau, 27 juin 1867, aff. Berdal, D. P. 68. 2. 237; Riom, 5 déc. 1883, aff. Brocard, D. P. 85. 2. 84; Guillouard, t. 4, n° 1904). Mais si la femme a formellement promis garantie, cette obligation est-elle valable? Nous avons admis au *Rép.* n° 3852, que la femme peut prendre cet engagement, et qu'elle répond sur ses paraphernaux de l'éviction dont elle se fait l'auteur dans la dissolution du mariage; c'est l'opinion qui prédomine actuellement en jurisprudence (Req. 20 juin 1853, aff. Lafforgue, D.P.53.1.265; Rouen, 28 mars 1881, *suprà*, n°1249). Mais les auteurs restent très divisés (V. dans le sens de la nullité de la garantie expressément promise : Marcadé, t. 6, art. 1560, n° 4; Gide, *Revue critique de droit français*, année 1866, t. 29, p. 89 et suiv.; Jouitou, n° 219; et dans le sens de la validité : Rodière et Pont, t. 3, n° 1880; Aubry et Rau, t. 5, § 537, note 51, p. 572; Colmet de Santerre, t. 6, n° 232 *bis* XXI; Guillouard, t. 4, n° 1902 et suiv.). — Dans l'opinion qui considère la garantie expresse de la femme comme valable sur les paraphernaux, la femme peut toujours rentrer en possession de son immeuble dotal; mais elle doit indemniser l'acquéreur.

---

(1) (Lefebvre *C.* Paulmier.) — La cour; — Attendu que si les époux Lefebvre se sont mariés sous le régime dotal, avec constitution en dot de tous les biens de la femme, la vente en a été permise, à charge par le mari de fournir un remploi, ou au moins une garantie par hypothèque, sur des biens immeubles d'une valeur suffisante pour répondre du prix à provenir de ces aliénations; — Que cette stipulation est parfaitement licite, aux termes de l'art. 1387 c. civ.; — Attendu que la stipulation par l'acte de vente, consenti au profit du sieur Ollivier, a été plus que suffisante, ainsi que cela est reconnu, pour assurer à la femme ou à sa succession le payement du prix de vente, de sorte que l'acquéreur a dès ce moment à l'abri de tout recours; — Qu'en effet, il a été satisfait aux prescriptions du contrat de mariage, qui n'a point soumis la validité de la vente d'un propre dotal à la condition nécessaire d'un remploi en d'autres immeubles de même nature; qui, au contraire, a posé une alternative laissant le choix entre le remploi proprement dit ou une garantie hypothécaire; — Attendu qu'il ressort de ce qui précède que, dans le contrat de mariage, on a eu en vue, moins d'assurer la conservation de tels ou tels immeubles, possédés par la femme, que de lui assurer la reprise de leur valeur; — Que tel a été le but poursuivi par la dame Lefebvre; — Que, dans les conditions où s'est intervenu l'acte de vente de 1845, ses droits se résolvent en une simple créance sur le mari, essentiellement mobilière, suivant le principe *actio ad mobile est mobilis;* — Attendu, ceci posé, que les époux Lefebvre se sont fait donation : 1° de tous les biens meubles et effets mobiliers, qui se trouveront appartenir au premier mourant, lors de son décès;... — Que ce décès fixe donc la portée de la donation, d'après la nature des biens à cette époque; — Qu'il importe peu qu'une créance ait pour cause l'aliénation d'un immeuble propre à l'un des époux, si, en définitive, cet immeuble ne lui appartient plus, et s'il n'a droit qu'à une somme d'argent, dans laquelle s'est converti son droit de propriété, par une transformation qu'autorise le contrat de mariage, au moyen de tempéraments apportés à la rigueur du régime dotal; — Attendu que la reprise dont il s'agit se trouve donc comprise dans la donation de meubles faite au profit de Lefebvre; — Par ces motifs, réforme. — Du 23 juin 1876.-C. de Caen, 2e ch.-MM. Collas, pr.-Lanfranc de Panthou, av. gén.-Carel et Laisné-Deshayes, av.

1400. Relativement aux améliorations effectuées par l'acquéreur, il a été jugé qu'il a droit à une indemnité, s'il est de bonne foi (Pau, 29 juill. 1868, aff. Berdal, D. P. 68. 2. 237). Cette indemnité ne peut être compensée avec les fruits perçus (Même arrêt).

1401. — VII. Obligations de l'acquéreur après la révocation (*Rép.* n°s 3865 à 3876). — L'acquéreur doit rendre l'immeuble dotal dont l'aliénation a été annulée. La jurisprudence par la grande majorité des auteurs sont d'accord pour refuser à l'acquéreur le droit de retenir l'immeuble jusqu'à ce qu'il soit remboursé du prix d'acquisition, des frais et loyaux coûts du contrat, des dommages-intérêts, dans le cas où il lui en est dû, et même de la plus-value qu'il aurait procurée à cet immeuble par des impenses utiles qu'il y aurait faites (*Rép.* n°s 3855 et suiv., 3863 ; Aubry et Rau, t. 5, § 537, note 44, p. 569 et suiv.; Jouitou, n° 222; Guillouard, t. 4, n°s 1924 et suiv. — *Contrà :* Nicolas, *Etude sur le droit de rétention légale,* n° 158). Pour les fruits perçus par l'acquéreur pendant la durée de sa possession, il y a lieu d'appliquer la distinction établie au *Rép.* n° 3868 Si l'acquéreur est de bonne foi, il ne doit les fruits que du jour de la demande (Bordeaux, 23 mars 1865, *suprà*, n° 781 ; Gand, 30 juin 1866, aff. Haeins et Vermeire C. Mortgatt, *Pasicrisie belge,* 1867. 2. 373 et suiv. ; Pau, 27 juin 1867, aff. Berdal, D. P. 68. 2. 237). Si, au contraire, l'acquéreur est de mauvaise foi, il est obligé de restituer les fruits du jour de la dissolution du mariage ou de la séparation de biens, c'est-à-dire du jour de la cessation de l'usufruit du mari, lorsque l'action est intentée par la femme, et dans le cas où l'action est formée par le mari pendant le mariage, il en doit compte du jour de son entrée en jouissance ; mais ces fruits peuvent se compenser avec les intérêts du prix (Rouen, 13 mars 1854 (1); Limoges, 14 nov. 1876, aff. Pascarel, D. P. 77. 2. 35 ; Aubry et Rau, t. 5, § 537, note 45, p. 570; Guillouard, t. 4, n° 1916).

1402. Quant à la manière d'apprécier la bonne ou mauvaise foi chez l'acquéreur, M. Jouitou, n° 195, estime qu'il faut encore distinguer entre la femme et le mari. A l'égard de la femme, on suivrait le droit commun, c'est-à-dire que l'acquéreur serait réputé de mauvaise foi par cela seul qu'il aurait connu la dotalité. A l'égard du mari, la mauvaise foi n'existerait que s'il y avait eu déclaration de dotalité dans l'acte. Mais cette distinction ne peut être admise que dans l'opinion d'après laquelle le mari devrait des dommages-intérêts à l'acheteur par cela seul qu'il n'aurait pas déclaré dans le contrat que le bien vendu était dotal (V. *suprà*, n° 1398). Et, même dans cette opinion on pourrait encore soutenir que la disposition de l'art. 1560, relative aux dommages-intérêts, ne doit pas être appliquée en ce qui concerne les fruits (Comp. Sincholle, *op. cit.*, n° 318).

1403. — VIII. Dispositions spéciales a la femme normande (*Rép.* n°s 3877 à 3888). — Nous n'avons rien à ajouter aux explications données au *Répertoire* sur ce sujet. Nous signalerons seulement un arrêt aux termes duquel la femme mariée sous le statut normand (lequel ne permettait l'aliénation du fonds dotal que sous certaines conditions) était recevable à demander la nullité de la vente d'un immeuble dotal qu'elle avait consenti hors des cas prévus par la coutume, alors même qu'elle avait contracté l'obligation de garantir la vente ; et la nullité pouvait être invoquée même par ses héritiers (Civ. cass. 27 nov. 1848, aff. Sebire, D. P. 54. 5. 265).

Sect. 8.—Loi qui régit la dot quant a l'inaliénabilité, a raison soit de l'époque de la publication, soit de la situation des biens. — Questions transitoires. — Statut réel et statut personnel (*Rép.* n°s 3889 à 3918).

1404. On a indiqué au *Rép.* n° 3909 que, d'après la jurisprudence et la majorité des auteurs, l'inaliénabilité dotale rentre dans le statut réel (V. en ce sens : Civ. rej. 4 mars 1857, aff. Fraix, D. P. 57. 1. 102). Cependant le tribunal de la Seine a récemment adopté l'opinion contraire, en décidant que deux Espagnols qui s'étaient mariés en France n'avaient pu rendre la dot de la femme inaliénable par la raison que la loi espagnole n'admet pas l'inaliénabilité (Trib. Seine, 20 août 1884 (2). — V. dans le sens de l'opinion qui considère l'inaliénabilité comme appartenant au statut personnel : Jouitou, n° 56 ; Guillouard, t. 4, n° 1841).

Chap. 5. — De l'imprescriptibilité de la dot et des cas où la prescription peut avoir lieu (*Rép.* n°s 3919 à 3938).

1405. La difficulté la plus importante que soulève la prescription en matière de régime dotal a été examinée avec

---

(1) (Petit C. Tabur et autres.) — La cour ; — Sur l'appel des époux Petit: — Attendu que le possesseur n'est réputé de bonne foi qu'en tant qu'il possède, comme propriétaire, en vertu d'un titre translatif de propriété dont il ignore les vices ; — Attendu que les divers adjudicataires des biens de la dame Petit savaient parfaitement, par les énonciations formelles et expresses du cahier des charges, que cette dame était mariée sous le régime dotal; que ses biens étaient dotaux et, par conséquent, inaliénables ; que, d'ailleurs, l'ignorance des vices du titre ne peut être alléguée par ceux qui achètent contre la prohibition de la loi; — Que ces acquéreurs doivent donc être réputés possesseurs de mauvaise foi ; qu'en conséquence, ils doivent restituer les fruits des immeubles adjugés du jour où l'action pour les réclamer a été ouverte au profit de la dame Petit, c'est-à-dire à partir du 7 févr. 1850, date de sa demande en séparation de biens; que, par la même raison, ils ne peuvent réclamer la plus-value des biens acquis, mais qu'ils peuvent seulement user du droit d'enlever les indemnité des plantations, constructions et ouvrages qu'ils auraient faits sur ces immeubles ; — Attendu, en ce qui touche l'estimation des fruits à restituer, que les époux Petit demandent que le montant de ces fruits soit fixé à 4 p. 100 du prix d'acquisition des biens, sinon qu'ils soient estimés par experts ; — Attendu que les documents de la cause permettent à la cour d'estimer elle-même la valeur de ces fruits ; que justice sera faite à toutes les parties en fixant cette valeur, comme l'a fait le premier juge, à 3 p. 100 du prix des diverses acquisitions ; qu'il convient d'autant mieux de faire cette estimation que l'on épargne ainsi aux parties les frais considérables qu'entraînerait une liquidation de fruits...

Du 13 mars 1854.-C. de Rouen, 1re ch.-MM. Gesbert, pr.-Pinel, av. gén., c. conf.-Pouyer, Deschamps et Desseaux, av.

(2) (De Palacios.) — Le tribunal ; — Attendu que les demandeurs, sujets espagnols, se sont mariés en France, et qu'ils ont fait précéder leur union d'un contrat reçu Boissel, notaire à Paris, le 9 janv. 1872, dans lequel ils ont déclaré adopter pour leurs biens le régime dotal ; — Que la future épouse s'est constituée en dot deux titres de rente 3 p. 100 sur l'Etat français, d'ensemble 25000 fr., et que les époux se sont réservé le droit d'aliéner les valeurs dotales à la charge d'en faire l'emploi déterminé par le contrat ; — Attendu que les époux de Palacios soutiennent aujourd'hui que, sans avoir égard à l'obligation d'emploi prévue audit contrat, ils ont le droit de faire procéder à la vente des rentes dont il s'agit, par le ministère d'un agent de change près la Bourse de Paris, et d'en toucher directement le prix ; — Que Galichon, l'agent de change choisi pour procéder à cette vente, ne consent à aliéner les titres de rente qu'à la condition que l'emploi sera fait du capital en provenant ; — Attendu qu'il résulte des documents produits au tribunal que la loi espagnole n'admet pas le principe de l'inaliénabilité de la dot ; — Que si les sieur et dame de Palacios étaient tenus, en se mariant en France, de se conformer à la loi locale, relativement aux conditions extrinsèques de leur union, par application du principe *locus regit actum*, ils ne pouvaient, en ce qui touche leur capacité personnelle, se soustraire à la loi de leur pays ; — Qu'il ne leur était donc pas permis de déroger à ce statut et de limiter par une convention particulière la capacité que la loi espagnole attribue aux époux relativement aux biens matrimoniaux ; — Qu'en conséquence, les effets du contrat de mariage du 9 janv. 1872 doivent être tenus pour nuls et non avenus dans la partie contraire à la loi espagnole, concernant l'inaliénabilité de la dot avec condition de remploi, et que les biens dotaux inscrits au nom de la femme peuvent être librement aliénés avec le consentement exprès des deux époux sans obligation d'emploi ; — Par ces motifs ; — Dit que Galichon sera tenu, sur le vu du présent jugement, de déférer à la réquisition conjointe qui lui sera donnée à cet effet par les sieur et dame de Palacios, et de procéder à l'aliénation de deux titres de rente 3 pour 100 sur l'Etat français, l'un de 22000 fr., n° 404164, 8e sér., l'autre de 3000 fr., n° 273, 8e sér., décrits à l'art. 4 du contrat de mariage reçu Boissel, notaire, le 9 janv. 1872; — Dit que l'agent de change ne sera pas tenu de faire emploi des fonds provenant de l'aliénation, et qu'il devra, au contraire, les remettre aux époux de Palacios sur leur simple décharge ; quoi faisant, il sera déchargé de toute responsabilité.

Du 20 août 1884.-Trib. civ. de la Seine.-MM. Aubépin, pr.-Martinet, subst.-Clunet, av.

soin au *Rép.* n° 3927. Il s'agit de savoir quel est exactement le point de départ de la prescription de l'action en nullité de la vente d'un bien dotal conclue pendant le mariage. L'art. 1560 c. civ. dit que la prescription ne court que du jour de la dissolution ; l'art. 1561 c. civ. dispose ensuite que les immeubles dotaux deviennent prescriptibles après la séparation de biens ; dans cette situation à quelle solution faut-il s'arrêter ? Aujourd'hui la plupart des auteurs et la jurisprudence admettent que l'art. 1561 ne vise que le cas où un tiers s'est mis en possession d'un immeuble dotal pendant le mariage, et sans avoir de titre émanant des époux. A son profit, la prescription, qui est véritablement une prescription acquisitive, courra du jour de la séparation de biens. L'art. 1560 s'applique à l'hypothèse où, à la suite d'une aliénation illégale consentie par un des époux, un tiers se trouve en possession d'un bien faisant partie de la dot ; la prescription qui alors est une prescription libératoire et extinctive de l'action en nullité, et non plus une prescription acquisitive, ne courra à son profit que du jour de la dissolution du mariage (V. outre les arrêts et les auteurs cités au *Rép. ibid.* : Marcadé, t. 6, art. 1561, n° 2 ; Rodière et Pont, t. 3, n° 1892 ; Aubry et Rau, t. 5, § 537, note 40, p. 568 ; Sincholle, n° 341 ; Colmet de Santerre, t. 6, n° 232, XXX ; Laurent, t. 23, n° 515 ; Guillouard, t. 4, n° 1913. — *Contrà :* Valette, *Revue de législation,* année 1840, p. 241 et suiv., et *Mélanges,* t. 1, p. 19 et suiv.).

Pour soutenir que la prescription de l'action en nullité commence à courir du jour de la séparation de biens, conformément aux dispositions de l'art. 1561, on invoquait surtout (*Rép.* n° 3927) le texte de l'art. 2255 c. civ., qui renvoie non pas à l'art. 1560, mais à l'art. 1561, et on en concluait que, dans l'esprit du législateur, le point de départ devait être dans tous les cas la séparation de biens. Aujourd'hui l'on reconnaît généralement que le renvoi fait par l'art. 2255 à l'art. 1561 est le résultat d'une erreur matérielle, et que c'est à l'art. 1560 que le législateur a entendu se référer. Voici en quels termes M. Guillouard, t. 1, n° 1933, s'exprime à ce sujet : « Les art. 1560 et 1561, qui formaient les art. 174 et 175 du projet du titre : *Du contrat de mariage,* ont été adoptés définitivement par le conseil d'Etat dans la séance du 21 niv. an 12 (12 janv. 1804). Quelques semaines plus tard, le 12 vent. an 12 (3 mars 1804), le conseil d'Etat arrête définitivement aussi la rédaction du titre *De la prescription,* et l'art. 37 du projet, devenu l'art. 2255, s'exprime dans les termes suivants : — Art. 37. Néanmoins elle ne court point, pendant le mariage, à l'égard de l'aliénation d'un fonds constitué selon le régime « dotal, conformément à l'art. 174, au titre du contrat de mariage et des droits respectifs des époux. » La démonstration nous paraît péremptoire, et la volonté des rédacteurs du code de renvoyer, non pas à l'art. 175, devenu l'art. 1560, mais à l'art. 174, devenu l'art. 1560, est évidente. Il y a donc eu erreur de renvoi dans le texte officiel du code » (V. aussi Baudry-Lacantinerie, *Précis de droit civil,* t. 3, n° 406).

1406. Quant au temps requis pour que la prescription soit acquise aux tiers, il est nécessaire de distinguer plusieurs hypothèses. — Si l'immeuble dotal a été aliéné par les deux époux conjointement ou par la femme, autorisée ou non, on reconnaît généralement que l'action en nullité se prescrit par dix ans à partir de la dissolution du mariage. C'est l'application pure et simple des art. 1304 et 1560 c. civ. (V. outre les autorités citées au *Rép.* n° 3930 : Aubry et Rau, t. 5, § 537, note 39, p. 567 et suiv.; Colmet de Santerre, t. 6, n° 232 *bis* XXV ; Laurent, t. 23, n° 503 ; Guillouard, t. 4, n° 1910).

Mais si l'immeuble dotal a été aliéné par le mari seul, la question de savoir quelle est la prescription applicable est controversée. Des auteurs considérables soutiennent que la prescription de dix ans de l'art. 1304 doit être écartée, et que l'action en nullité ne s'éteint que par la prescription de trente ans ou par la prescription de dix à vingt ans établie par l'art. 2265 au profit de l'acquéreur ayant juste titre et bonne foi. La raison en est, dit-on, que le tiers qui a acquis du mari seul avait acheté l'immeuble *a non domino* ; l'action qui appartient à la femme n'est pas seulement une action en nullité, c'est une action en revendication (Rodière et Pont, t. 3, n° 1894 ; Colmet de Santerre, t. 6, n° 232 *bis* VIII et suiv. ; Laurent, t. 23, n° 504). Nous croyons cependant qu'on doit, encore dans cette hypothèse, appliquer la prescription de l'art. 1304. La vente de l'immeuble dotal faite par la femme ne peut être pleinement assimilée à une vente faite. *a non domino,* car le mari est usufruitier et administrateur de la dot ; de plus, il résulte de l'art. 1560 que le législateur a placé sur la même ligne, au point de vue de la nullité, la vente faite par la femme, celle faite par les deux époux conjointement et celle faite par le mari ; dans ces divers cas, la durée de la prescription doit donc être la même (Troplong, t. 4, n° 3583 ; Marcadé, t. 6, art. 1560, n° 5 ; Aubry et Rau, t. 5, § 537, note 39, p. 567 et suiv.; Guillouard, t. 4, n°s 1911 et suiv.). D'après ce dernier auteur, il est bien vrai que le mari vend la chose d'autrui, la propriété de la femme, lorsqu'il vend le fonds dotal, « mais la vente de la chose d'autrui n'est nulle que d'une nullité relative, et l'action en nullité de cette vente se prescrit par dix ans ». Cette dernière solution, toutefois, n'est pas généralement admise (V. *Rép.* v° *Vente,* n° 517), — Suivant Troplong, *loc. cit.,* et Aubry et Rau, § 537, note 43, p. 569, si le mari avait vendu l'immeuble dotal comme lui appartenant, la solution ne devrait plus être la même, parce qu'on ne pourrait plus admettre que la femme aurait été représentée au contrat. Alors, la femme aurait l'action en revendication, et cette action ne s'éteindrait qu'indirectement par la prescription acquisitive de trente ans ou de dix à vingt ans. Mais la qualité que le mari a pu prendre dans l'acte d'aliénation ne nous semble pas de nature à changer le droit de la femme. Dès l'instant que la vente a été faite par le mari, l'action ouverte à la femme est l'action en révocation de l'art. 1560, et par conséquent, cette action est soumise à la prescription de l'art. 1304 (V. en ce sens : Marcadé, *loc. cit.*).

Reste l'hypothèse où un tiers s'est mis en possession de l'immeuble dotal sans titre ou en vertu d'un titre émané *a non domino* ou créé par un premier acquéreur de cet immeuble. Dans ce cas, la prescription s'accomplira au profit de ce tiers par trente ans, s'il est de mauvaise foi, par dix ou vingt ans, suivant la distinction de l'art. 2265, s'il a juste titre et bonne foi ; elle sera suspendue pendant le mariage, mais seulement jusqu'à la séparation de biens.

1407. Comme on l'a vu *suprà,* n° 1405, la séparation de biens, qui suffit pour faire courir la prescription acquisitive, ne fait pas courir la prescription de dix ans de l'action en nullité, en cas d'aliénation du bien dotal. Toutefois, d'après MM. Aubry et Rau, t. 5, § 537, notes 41 et 42, p. 569, s'il s'était écoulé trente années depuis la séparation sans que l'action en nullité eût été introduite, cette action se trouverait prescrite en vertu de l'art. 2262, excepté dans le cas où elle aurait été de nature à réfléchir contre le mari (Comp. Civ. cass. 24 juin 1817, *Rép.* v° *Prescription civile,* n° 729-1° ; Req. 11 juill. 1826, *Rép.* v° *Contrat de mariage,* n° 2054 ; Civ. cass. 18 mai 1830, *ibid.,* n° 3925 ; Req. 7 juill. 1830, *Rép.* v° *Prescription civile,* n° 729-2°). Mais, avec M. Guillouard, t. 4, n° 1914, nous croyons que cette doctrine est inexacte. Elle a contre elle la disposition générale de l'art. 2255 ; et, du moment que la femme est incapable d'aliéner pendant le mariage, après comme avant la séparation de biens, elle doit être également incapable de laisser prescrire son action en nullité de l'aliénation.

1408. Aux termes de l'art. 1561, les immeubles dotaux sont prescriptibles, même pendant le mariage, si la prescription a commencé auparavant. On s'est demandé s'il faut voir une prescription commencée dans celle qui aurait été suspendue dès l'origine, par exemple, par la minorité de la femme. L'affirmative a été adoptée pour un arrêt de la cour de Grenoble du 6 déc. 1842 (*Rép.* v° *Prescription civile,* n° 702. V. dans le même sens : Aubry et Rau, t. 5, § 537, note 56, p. 573 ; Guillouard, t. 4, n° 1931).

1409. Bien que la jurisprudence admette que la dot mobilière est inaliénable à l'égard de la femme, elle reconnaît néanmoins en principe que les créances dotales sont prescriptibles (*Rép.* n° 3935). C'est ainsi qu'un arrêt du conseil d'Etat du 19 mai 1853 (aff. Douceraïn, D. P. 54. 3. 37) déclare que les créances dotales sont soumises à la déchéance établie au profit de l'Etat par l'art. 9 de la loi du 29 janv. 1831. De même les intérêts des créances dotales sont prescriptibles par cinq ans (*Rép.* v° *Prescription civile,* n° 1094 ; Aubry et Rau, t. 5, § 537 *bis,* p. 602 ; Guillouard, t. 4, n° 2068).

CHAP. 6. — De l'emploi et du remploi (*Rép.* n°s 3939 à 4081).

Sect. 1re. — Nature de l'emploi et du remploi. — Droit ancien (*Rép.* n°s 3939 à 3947).

1410. Nous n'avons rien à ajouter à ce qui a été dit à ce sujet au *Répertoire*.

Sect. 2. — Dans quels cas il y a lieu a l'emploi ou au remploi (*Rép.* n°s 3948 à 3983).

Art. 1er. — *De l'emploi et du remploi conventionnel* (*Rép.* n°s 3949 à 3977).

1411. — I. De la nécessité d'une clause dans le contrat de mariage (*Rép.* n°s 3949 à 3958). — On s'est demandé (*Rép.* n° 3952) si les immeubles donnés par le mari à la femme en payement de sa dot constituée en argent, après séparation de biens, ne deviennent pas dotaux nonobstant l'absence d'une clause formelle d'emploi. L'opinion négative, que nous avons adoptée, est suivie par la jurisprudence (Montpellier, 24 févr. 1851, aff. Réginard, D. P. 54. 2. 203; 18 févr. 1853, aff. Vivent, *ibid.*; Caen, 1re ch., 27 déc. 1860, aff. Paris C. Rauline.-MM. Mabire, pr.-Edmond Olivier, 1er av. gén.-Toutain et Leblond, av.; Toulouse, 24 févr. 1860, aff. Mouillac, D. P. 60. 2. 64 ; Civ. cass. 12 avr. 1870, aff. Sabathé, D. P. 70. 1. 264, et sur renvoi, Montpellier, 21 juin 1871, D. P. 71. 2. 175).

1412. Lorsque le contrat de mariage contient la clause d'emploi ou de remploi, la femme ne peut s'y soustraire. — Jugé ainsi que la femme mariée sous le régime dotal, avec faculté d'aliéner les immeubles dotaux sous condition de remploi, et de prendre tous engagements de l'autorité de son mari, ne peut, en vertu de cette dernière clause, renoncer envers les tiers acquéreurs d'un de ces immeubles, à la condition de remploi mise à l'aliénabilité de sa dot immobilière; qu'en conséquence, cette femme conserve le droit de demander la nullité de la vente de son bien dotal faute de remploi du prix, quoique l'acheteur ne soit libéré sans exiger de remploi que sous la garantie formelle de sa venderesse (Req. 31 mars 1862, aff. Vanel, D. P. 62. 1. 330).

1413. — II. Des termes de la clause d'emploi et de son étendue (*Rép.* n°s 3959 à 3964). — Si la clause d'emploi ou de remploi est conçue en termes ambigus, le doute, comme on l'a dit au *Rép.* n° 3959, doit s'interpréter en faveur des tiers. Plusieurs applications de cette règle ont été citées au *Rép.* n°s 3960 et suiv. — Jugé, dans le même sens, que la clause d'un contrat de mariage portant que le mari, en cas d'aliénation·des immeubles dotaux, sera tenu de fournir un remplacement soit sur ses biens personnels, soit en acquisition de biens-fonds, soit au moyen d'un cautionnement, n'a pas pour effet de subordonner l'inaliénabilité des biens dotaux à la nécessité d'un remploi, mais impose seulement au mari l'obligation de fournir des sûretés immobilières, pour le cas où il toucherait le prix de ces biens (Req. 25 févr. 1856, aff. Legenvre, D. P. 56. 1. 325. *Adde :* Civ. rej. 9 févr. 1859, aff. Guilhermet, D. P. 59. 1. 58, *infrà*, n° 1430; Req. 6 nov. 1860, aff. Gourg de Moure, D. P. 61. 1. 84). Mais il a été jugé que, lorsque dans un contrat de mariage portant adoption du régime dotal, la future s'est réservé la faculté d'aliéner, vendre, échanger ou hypothéquer ses immeubles dotaux sous la condition d'un bon et fidèle remplacement en immeubles, cette condition s'applique à la constitution d'hypothèque aussi bien qu'à l'aliénation (Caen, 12 janv. 1863, aff. Laurant, D. P. 66. 2. 185). — V. *suprà*, n° 539; Aubry et Rau, t. 5, § 537, note 73, p. 578; Guillouard, t. 4, n° 1956.

1414. Le remploi, comme on l'a dit au *Rép.* n° 3963, quand il est stipulé dans le contrat de mariage, s'applique même au cas de licitation d'immeubles dotaux indivis (V. conf. Rouen, 23 févr. 1855, aff. Baudry, D. P. 56. 2. 33). Toutefois il a été jugé qu'une femme mariée sous le régime dotal peut toucher sans remploi la soulte qui lui est attribuée dans un partage d'ascendant, en compensation de la part plus forte attribuée à l'un de ses copartageants dans les

immeubles (Caen, 5 nov. 1845, aff. Dubourg, D. P. 46. 2. 144).

1415. L'emploi ou le remploi doit porter sur toutes les parties de l'immeuble dotal. — Jugé que la dissimulation d'une partie du prix d'un immeuble dotal aliéné sous condition de remploi n'entraîne pas la nullité de la vente, mais autorise la femme à exiger que le remploi de son immeuble soit complété (Caen, 16 avr. 1853, aff. Turquetil, D. P. 54. 5. 647). — Décidé aussi que la plus-value qui résulte pour un immeuble dotal de l'ouverture d'un chemin de fer à proximité de cet immeuble doit profiter à la dot et accroître d'autant le fonds dotal, et que, par suite, en cas de vente de l'immeuble, le montant de cette plus-value ne peut être touché par les époux qu'à la charge de remploi (Paris, 23 mai 1863, aff. Foacier de Ruzé, D. P. 63. 2. 170).

1416. — III. De la condition d'emploi par rapport a la femme séparée (*Rép.* n°s 3965 à 3977). — S'il n'y a pas de clause d'emploi stipulée dans le contrat, la femme dotale séparée de biens n'est pas tenue de faire emploi des deniers qu'elle reçoit du mari ou des tiers. C'est, comme nous l'avons déjà vu *suprà*, n° 1264, l'opinion qui a prévalu dans la doctrine et dans la jurisprudence (V. outre les autorités citées au *Rép.* n°s 3965 et suiv., les arrêts et les auteurs cités *suprà*, n° 1262). La femme serait au contraire, tenue de faire emploi si cette obligation avait été imposée au mari (*Rép.* n°s 3974 et suiv.; Trib. Puy, 30 nov. 1865, aff. Chabaud, D. P. 65. 3. 96; Req. 26 juill. 1869, aff. Arnol, D. P. 71. 1. 169; 8 janv. 1877, aff. Montagnon, D. P. 78. 1. 463; Guillouard, t. 4, n° 2103).

1417. Lorsque le mari n'a reçu le pouvoir de vendre l'immeuble dotal que moyennant une constitution d'hypothécaire, la femme séparée est-elle également soumise à cette charge ? Cette question a été résolue affirmativement au *Rép.* n° 3977, et la jurisprudence la plus récente a confirmé cette opinion (Req. 8 janv. 1877, aff. Montagnon, D. P. 78.1. 463).

Art. 2. — *De l'emploi et du remploi légal et judiciaire* (*Rép.* n°s 3978 à 3983).

1418. L'adjudicataire des biens dotaux aliénés dans les cas prévus par les art. 1558 et 1559 c. civ. doit veiller au remploi de l'excédent du prix de vente sur les besoins qui ont nécessité l'aliénation; sans cela, il pourrait être exposé à payer une seconde fois (*Rép.* n° 4039; Civ. rej. 28 déc. 1858, aff. De la Moskowa, D. P. 59. 1. 28). Ce défaut partiel d'emploi ne saurait, toutefois, être un motif suffisant pour faire provoquer la nullité de la vente (Rodière et Pont, t. 3, n° 1848; Marcadé, t. 6, art. 1558, n° 6; Aubry et Rau, t. 5, § 537, notes 132 et 133, p. 593; Guillouard, t. 4, n° 2014. — *Contrà :* Tessier, *De la dot*, t. 1, p. 237; Seriziat, *Du régime dotal*, n° 172 ; Marcadé, t. 6, art. 1558, VI).

1419. La disposition de l'art. 1558 qui exige l'emploi ou le remploi de la somme restant libre sur le produit de l'aliénation autorisée par le tribunal est applicable, comme nous l'avons admis au *Rép.* n° 3980, même au cas de licitation. — Jugé que le cohéritier d'une femme dotale qui s'est rendu adjudicataire sur licitation d'un immeuble héréditaire indivis entre lui et la femme, a intérêt et qualité pour contraindre celle-ci à fournir un remploi de la portion du prix d'adjudication correspondant aux droits que la femme avait originairement dans l'immeuble licité (Rouen, 23 févr. 1855, aff. Baudry, D. P. 56. 2. 33). La jurisprudence a encore admis l'application de l'art. 1558 c. civ., par identité de motifs, au cas où un immeuble dotal, compris à tort dans une saisie immobilière, a été vendu, faute par la femme d'avoir demandé dans les délais la nullité de la saisie; la femme à qui le prix d'adjudication est attribué dans l'ordre, pour lui tenir lieu de son immeuble, ne peut exiger le payement qu'à charge d'en faire emploi (Req. 30 avr. 1850, aff. Redhon, D. P. 50. 1. 273. V. *suprà*, n° 1391).

1420. En dehors des cas où l'emploi est prescrit par la loi ou par le contrat de mariage, le juge ne peut pas l'ordonner de sa propre autorité (*Rép.* n° 3983. Comp. Req. 26 juill. 1869, aff. Arnol, D. P. 71. 1. 169). Dans cette hypothèse, le remploi ne serait pas obligatoire pour les parties à qui il aurait été illégalement imposé.

Sect. 3. — Comment doit être fait l'emploi ou le remploi (*Rép.* n°s 3984 à 4020).

Art. 1er. — *En quels biens doit-il être fait ?* (*Rép.* n°s 3984 à 4007).

1421. Il faut à cet égard se conformer aux conventions insérées dans le contrat de mariage. L'interprétation de ces conventions à ce point de vue est du domaine des juges du fait (Rouen, 7 mai 1853, aff. Dardenne, D. P. 53. 2. 215; Civ. rej. 22 févr. 1859, aff. Guizot, D. P. 59. 1. 117; Limoges, 14 nov. 1876, aff. Pascarel, D. P. 77. 2. 35; Req. 8 janv. 1877, aff. Montagnon, D. P. 78. 1. 463; Rodière et Pont, t. 3, n° 1840; Aubry et Rau, t. 5, § 537, note 76, p. 578; Guillouard, t. 4, n° 1957). Il a été jugé que, lorsqu'un contrat de mariage stipulant le régime dotal prescrit le remploi du prix des immeubles dotaux en biens de même nature, valeur et bonté, les tribunaux ne peuvent ordonner que tout ou partie du prix de l'immeuble dotal aliéné sera laissé aux mains de l'acquéreur à la charge par lui d'en servir annuellement l'intérêt, ce qui équivaudrait à une dispense de remplacement (Rouen, 2 févr. 1854, aff. Guillier, D. P. 54. 2. 127.).

1422. L'emploi ou le remploi doivent toujours avoir lieu, ainsi qu'il a été dit au *Rép.* n° 3989, en acquisitions faites au nom et dans l'intérêt de la femme (V. toutefois : Lyon, 23 juill. 1858, aff. Combet, D. P. 58. 2. 191).

1423. En règle générale, les acquisitions en emploi et en remploi doivent être faites en immeubles ou en valeurs immobilisées (*Rép.* n° 3991; Rodière et Pont, t. 3, n° 1849; Aubry et Rau, t. 5, § 537, note 77, p. 578; Laurent, t. 23, n° 519; Guillouard, t. 4, n° 1958). D'après M. Jouitou, t. 1, n° 304, les immeubles achetés dans ce but peuvent se trouver à l'étranger. — Jugé que le remploi de deniers dotaux opéré au moyen de l'acquisition d'une maison destinée à être louée comme maison meublée ne peut, lorsqu'il doit avoir lieu en immeubles, comprendre les meubles qui garnissent cette maison (Req. 5 déc. 1854, aff. Chabor, D. P. 55. 1. 74).

Il résulte d'un arrêt de la cour de cassation que le remploi du prix d'un bien dotal en une maison à construire suivant un devis déterminé est valable, aussi bien que le remploi fait en une maison déjà construite : il suffit, pour la validité du remploi ainsi effectué, que le devis arrêté ait été observé (Req. 2 avr. 1855, aff. Lemaraisquier, D. P. 55. 1. 152). — Jugé cependant que la femme dotale ne peut pas être autorisée à employer en constructions sur un immeuble dotal le prix d'immeubles dotaux aliénés, alors que le contrat de mariage dispose que ce prix devra servir *à l'acquisition de nouveaux immeubles;* qu'en pareil cas, les constructions nouvelles peuvent servir de remploi seulement, lorsqu'elles ont été exécutées, jusqu'à concurrence de la plus-value qu'elles procurent au fonds dotal, plus-value qui doit être constatée par expertise (Poitiers, 14 août 1876, aff. de Bordesoulle, D. P. 78. 2. 117).

1424. Le remploi peut avoir lieu en actions de la Banque de France immobilisées, même si le contrat de mariage porte que les immeubles dotaux ne pourront être aliénés que moyennant remploi « en immeubles », car les actions de la Banque de France immobilisées sont assimilées à des immeubles (Rouen, 7 mai 1853, aff. Dardenne, D. P. 53. 2. 215; Riom, 10 janv. 1856, aff. Chevalard, D. P. 57. 2. 79; Caen, 10 mars 1856, aff. Hubert, D. P. 57. 2. 78; Rouen, 21 juin 1856, aff. Delamotte, D. P. 57. 2. 102; Aix, 17 nov. 1860, aff. Alphandery, D. P. 61. 5. 414; Angers, 6 juill. 1861, cité *infrà*, n° 1425. V. cependant : Civ. rej. 22 févr. 1859, aff. Guiot, D. P. 59. 1. 117).

S'il a été stipulé dans le contrat de mariage que les deniers dotaux pourraient être employés en placements hypothécaires, l'emploi peut être fait en obligations nominatives du Crédit foncier (Limoges, 22 mai 1865, aff. Teillet, D. P. 65. 2. 151).

1425. Autrefois les auteurs et la jurisprudence n'étaient point fixés unanimement sur le point de savoir si le remploi pouvait s'effectuer en rentes de l'Etat nominatives (V. dans le sens de la négative : Rouen, 7 mai 1853, aff. Dardenne, D. P. 53. 2. 215; 2 févr. 1854, aff. Quillier, D. P. 54. 2. 127; 17 févr. 1854, aff. Baillet, *ibid.* ; Angers, 1re ch., 6 juill.

1861, aff. Sellier et Dufresne C. Bidard.-MM. Métivier, 1er pr.-Raoul Duval, av. gén.-Fairé et Guitton, av.; Bruxelles, 18 avr. 1864, aff. Dumonceau, *Pasicrisie belge*, 1865. 2. 97; Rodière et Pont, t. 3, n° 1691; Aubry et Rau, t. 5, § 537, note 77, p. 578 et suiv.; — pour l'affirmative : Riom, 10 janv. 1856, aff. Chevalard, D. P. 57. 2. 79; Troplong, t. 4, n° 3422; Marcadé, t. 6, art. 1557, n° 3). Aujourd'hui la difficulté n'existe plus; elle a été tranchée d'abord par l'art. 46 de la loi de finances du 2 juill. 1862 (D. P. 62. 4. 60), ensuite par l'art. 29 de la loi du 16 sept. 1871 (D. P. 71. 4. 89), dont nous avons reproduit le texte *suprà*, n° 540 : le remploi peut actuellement être effectué en rentes françaises de toute nature, à moins de clause contraire dans le contrat de mariage. — Mais ce mode de remploi n'est pas autorisé, s'il résulte du contrat de mariage que le remploi en immeubles a été stipulé à l'exclusion du remploi en rentes sur l'Etat; comme, par exemple, si les époux ont voulu le remploi en rentes sur l'Etat, mais en le limitant à une certaine classe de biens et en laissant tous les autres assujettis à un remploi immobilier (Bourges, 16 mars 1870, aff. Flamen, D. P. 70. 2. 140). De même, la clause d'un contrat de mariage antérieur à la loi du 2 juill. 1862, qui permet l'aliénation du fonds dotal moyennant remplacement en *immeubles ruraux*, ou sous la condition d'une affectation hypothécaire sur des immeubles ruraux, met obstacle à ce que le remploi soit fait en rentes sur l'Etat; il y a là une clause contraire dans le sens de l'art. 46 de la loi précitée (Rouen, 18 janv. 1870, aff. Bouquet, D. P. 71. 2. 224). — Jugé, toutefois, que la clause d'un contrat de mariage antérieur à la loi du 2 juill. 1862, qui impose au mari l'obligation d'employer les biens dotaux aliénés en immeubles situés dans un certain arrondissement, ne fait pas obstacle à ce que le remploi soit fait en rentes sur l'Etat (Aix, 23 mai 1866, aff. Lymard, D. P. 66. 5. 406. V. aussi Caen, 8 janv. 1872, aff. Blestel, D. P. 74. 5. 425; Rouen, 30 mai 1877, aff. de B..., D. P. 78. 2. 24).

1426. Ainsi que nous l'avons déjà dit *suprà*, n° 542, la jurisprudence applique la loi du 2 juill. 1862 aux contrats de mariage passés avant sa promulgation (V. les arrêts déjà cités *ibid.*). — D'après un arrêt antérieur à la loi de 1862, la stipulation contractuelle que le remploi des biens dotaux déclarés aliénables sera fait, pour les immeubles, exclusivement en autres immeubles, et pour les capitaux, soit en rentes, soit en rentes, doit être entendue en ce sens que le remploi d'un immeuble qui avait été acquis par les époux au moyen de capitaux dotaux, peut s'opérer, et en cas de revente de cet immeuble ainsi acquis, être effectué en rentes (Rouen, 2 juin 1849, aff. Houdetot, D. P. 50. 2. 202).

1427. Les époux peuvent être affranchis de l'obligation de remploi imposée par le contrat de mariage dans les hypothèses prévues par les art. 1555 à 1558 c. civ. (*Rép.* n° 3999). — La jurisprudence a continué de décider que l'utilisation des deniers provenant de la vente de biens dotaux, lorsque cette vente a été faite avec la permission du juge, équivaut au remploi (Grenoble, 1er févr. 1849, aff. Bruel, D. P. 52. 2. 15; Lyon, 23 juill. 1858, aff. Combet, D. P. 58. 2. 191). Mais la condition de remploi n'est pas remplie par l'affectation du prix à l'acquittement de dettes grevant les immeubles dotaux, quand la vente n'a pas été précédée d'une autorisation régulièrement donnée en vertu de l'art. 1558-3° c. civ. Cette solution, contraire à une pratique autrefois suivie en Normandie, semble prévaloir aujourd'hui (*Rép.* n° 4001; Montpellier, 3 janv. 1852, aff. Bouis, D. P. 54. 2. 110; Pau, 5 mars 1859, *suprà*, n° 1377; Limoges, 14 nov. 1876, aff. Pascarel, D. P. 77. 2. 35; Marcadé, t. 6, art. 1557, n° 4; Aubry et Rau, t. 5, § 537, note 80, p. 579; Guillouard, t. 4, n° 1962. V. toutefois Paris, 18 juin 1875, aff. de Lafont, D. P. 77. 2. 223; Riom, 9 mars 1880, aff. de Benoist, D. P. 81. 2. 3).

1428. La condition de remploi ne serait pas non plus suffisamment remplie par la constitution d'une hypothèque au profit de la femme, soit sur les biens du mari, soit sur les biens d'un tiers (V. les arrêts cités au *Rép.* n° 3989-2°, 3°, 4°, 5° et 6°; Troplong, t. 4, n° 3416; Rodière et Pont, t. 3, n° 1840; Aubry et Rau, t. 5, § 537, note 79, p. 579; Guillouard, t. 4, n° 1961). A plus forte raison, un simple cautionnement ne pourrait tenir lieu du remploi (Guillouard, *ibid.*).

1429. Comme on l'a indiqué au *Rép.* n° 4002, les im-

meubles acquis à titre d'emploi ou de remploi doivent présenter des sûretés suffisantes et être libres de toute charge d'où résulterait un danger d'éviction. — Décidé, dans ce sens : 1° que les biens reçus par un enfant de son père ou de sa mère dans un partage d'ascendant ne peuvent être acquis valablement en remploi par une femme dotale, à raison des chances d'éviction résultant de la survenance d'un enfant qui annulerait ce partage, et que, tant que cette survenance d'enfant est possible, l'acquéreur de l'immeuble dotal aliénable sans condition de remploi peut refuser de payer son prix (Rouen, 20 déc. 1873, aff. Jouan, D. P. 77. 5. 381); — 2° Que lorsqu'une femme s'est mariée sous le régime dotal avec constitution de tous ses biens présents et à venir, mais avec réserve de pouvoir les vendre, les échanger, ou les aliéner à charge de remploi du prix de vente ou de la soulte d'échange sur des immeubles libres et suffisants, on ne saurait considérer comme un remploi valable l'acte par lequel elle a reçu en échange d'un immeuble dotal un autre immeuble grevé par l'acte lui-même d'une soulte dont l'existence constitue une cause d'éviction (Civ. cass. 3 avr. 1883, aff. Lavandier, D. P. 84. 1. 23).

1430. Le remploi pourrait-il se réaliser par une convention qui attribuerait le caractère dotal à un immeuble paraphernal de la femme? Les auteurs les plus récents ne l'admettent pas. Cette opinion se fonde sur ce qu'une pareille convention n'offrirait pas à la femme le même avantage que l'acquisition d'un autre immeuble. Il en résulterait d'ailleurs une transformation de son patrimoine, contraire aux conventions matrimoniales; un bien que le contrat a fait paraphernal ne peut perdre cette qualité qu'en sortant du patrimoine de la femme (Aubry et Rau, t. 5, § 537, note 81, p. 579; Jouitou, n° 305; Guillouard, t. 4, n° 1963. V. conf. Caen, 6 mars 1848, aff. Chéron, D. P. 49. 2. 32. C'est par erreur que cet arrêt a été cité au *Rép.* n° 4006 comme contenant une décision contraire).

1431. Le remploi prescrit par le contrat de mariage peut avoir lieu, ainsi qu'on l'a dit au *Rép.* n° 4007, par la cession que le mari fait d'un de ses immeubles à la femme, pourvu d'ailleurs que cet immeuble soit libre entre les mains du mari. Mais, d'après M. Colmet de Santerre, t. 6, n° 225 *bis* IV, le mari ne pourrait pas faire emploi de deniers dotaux en immeubles lui appartenant, quand le contrat de mariage ne prescrit ou n'autorise pas l'emploi. La raison en est que la dot se trouverait diminuée par cet emploi, puisque le mari perdrait la jouissance des deniers sans obtenir en échange

la jouissance des immeubles qu'il aurait cédés, car ces immeubles ne pourraient être que paraphernaux (c. civ. art. 1553).

1432. On ne pourrait considérer comme un remploi valable la constitution d'une rente viagère sur la tête des époux en échange de l'immeuble dotal. Il est vrai que les époux peuvent avoir intérêt à vendre leurs biens à fonds perdu pour augmenter leurs revenus dans leur vieillesse. Mais alors, dans le cas même où le contrat de mariage permet l'aliénation des biens dotaux à charge de remploi, ils doivent se faire autoriser par justice à vendre dans ces conditions. Aux termes de l'art. 1558, § 2, l'immeuble dotal peut être aliéné pour fournir des aliments à la famille, et l'aliénation à charge de rente viagère répond parfaitement à ce but; mais cette aliénation ne peut avoir lieu qu'avec les garanties et les formalités exigées par la loi (Aubry et Rau, t. 5, § 537, note 82, p. 579; Guillouard, t. 4, n° 1964. — Comp. *Rép.* n° 3570, et les arrêts cités *ibid.*).

Art. 2. — *Dans quelles formes doit avoir lieu l'emploi ou le remploi* (*Rép.* n°ˢ 4008 à 4020).

1433. Le remploi sous le régime dotal est soumis aux conditions communes à tout remploi. Ces conditions ont été déjà déterminées, à propos du régime de communauté, au *Rép.* n°ˢ 1413 et suiv., et *suprà*, n°ˢ 515 et suiv. M. Laurent, t. 23, n° 519, soutient, il est vrai, que les règles des art. 1434 et 1435, édictées pour le régime de communauté, ne doivent pas être étendues au régime dotal. C'est, suivant lui, une lacune, que l'interprète ne peut combler. Mais ces règles ont leur raison d'être, quel que soit le régime (Aubry et Rau, t. 5, § 537, p. 581; Guillouard, t. 4, n° 1965). Ainsi, il est nécessaire, comme nous l'avons dit *suprà*, n° 516 et au *Rép.* n° 4009, que la déclaration que l'acquisition a lieu en remploi ou en remploi soit faite *in continenti*, dans l'acte d'acquisition (Pau, 29 févr. 1860) (1).

L'acte d'acquisition ou la quittance doit, de même, faire mention de l'origine des deniers (*Rép.* n° 4012; Pau, 29 févr. 1860 précité; Guillouard, t. 4, n° 1966. — Comp. Grenoble, 28 juin 1858, aff. Bonnet-Ballot, D. P. 59. 2. 191).

1434. Sous le régime dotal, comme sous la communauté, il est généralement admis que le remploi par anticipation est valable (V. *suprà*, n° 540; Req. 5 déc. 1854, aff. Chabor, D. P. 55. 1. 74; Paris, 20 nov. 1858, aff. de Trazegnies, D. P. 59. 2. 78; Limoges, 18 août 1865 (2); Bruxelles,

---

(1) (Dumartin C. Duplantier.) — La cour ; — Attendu que la pièce de terre dont Sophie Duclos, épouse Dumartin, demande la distraction, ne fait pas partie des biens qu'elle s'est constitués en dot dans son contrat de mariage, à la date du 12 déc. 1832 ; — Qu'on ne pourrait lui attribuer le caractère de dotalité qu'autant qu'elle l'aurait acquise à titre de remploi d'un immeuble dotal ; — Attendu qu'il a été allégué, dans l'intérêt de la femme Dumartin, qu'elle avait employé la somme de 600 fr. provenant de la vente d'un bien dotal consentie le 23 janv. 1849 à Jean Desclaux, à payer le prix d'acquisition par elle faite, le 12 juill. 1855, de la pièce de terre qui fait l'objet du litige ; — Attendu qu'en droit, pour que l'achat d'un immeuble vaille remploi au profit de la femme, il est indispensable que l'acte qui le constate contienne la double déclaration que la nouvelle acquisition a été faite des deniers provenant de l'aliénation du fonds dotal, et qu'elle a eu lieu pour servir de remploi ; — Que, bien que le législateur n'ait pas consigné au chapitre du régime dotal une disposition formelle à cet égard, le principe posé dans les art. 1434 et 1435 c. nap., au chapitre de la communauté, est évidemment applicable au premier de ces régimes ; — Que l'accomplissement de cette formalité est commandé par la nature même des choses ; — Qu'il est essentiel, soit dans l'intérêt de la conservation de la dot, soit dans l'intérêt des tiers, que l'acte par lequel l'immeuble acquis en remploi a passé sur la tête de la femme, porte avec lui la preuve du caractère exceptionnel de dotalité qui lui est imprimé ; — Attendu que l'acquisition de la pièce de terre dont il s'agit est constatée par un écrit sous seing privé, portant la date du 12 juill. 1855, par lequel Bernard Ducos vend cet immeuble à Sophie Duclos, femme Dumartin, moyennant la somme de 600 fr. payée comptant ; — Qu'un double de cet acte resta au pouvoir de cette dernière ; que l'autre fut remis au vendeur ; qu'il s'est trouvé parmi les papiers de sa succession, et que son héritier l'a confié à Duplantier, qui l'a produit devant la cour ; — Que cet écrit ne contient pas la double déclaration de l'origine des deniers et de l'intention d'acquérir à titre de remploi ; — Attendu, toutefois, qu'il a été allégué par la femme Dumartin que Jean Desclaux, acquéreur de

l'immeuble dotal, n'avait voulu en payer le prix qu'autant qu'il serait expliqué dans l'acte de vente consenti par Ducos que cette acquisition était faite pour servir de remploi, et que l'acte fut refait en ce sens ; — Qu'elle a, en conséquence, représenté un écrit sous seing privé, portant aussi la date du 12 juill. 1855, qui contient vente de la même pièce de terre par Ducos à la femme Dumartin, moyennant le même prix de 600 fr., avec cette énonciation que cette *somme provient uniquement des deniers purement dotaux de cette dernière* ; — Mais que cet écrit, qui a été représenté pour la première fois devant la cour, ne paraît pas être celui qui a été dressé par les parties contractantes pour constater la vente du 12 juill. 1855 ;... — D'où il suit qu'il n'y a lieu de décider que la femme Dumartin n'a pas rapporté la preuve du remploi par elle allégué, et qu'elle doit, par conséquent, être déboutée de sa demande en distraction ;... — Confirme, etc.

Du 29 févr. 1860.-C. de Pau, ch. civ.-MM. Brascou, pr.-Lamothe d'Incamps, 1ᵉʳ av. gén.-Barthe et Forest, av.

(2) (Aigueperse C. Lavergne.) — Le tribunal de Limoges a avait rendu un jugement ainsi conçu : — « Attendu que Joyet-Lavergne, créancier d'Aigueperse, a fait pratiquer au préjudice de ce dernier une saisie immobilière sur deux immeubles situés au village de Ribine ; — Attendu que l'épouse du saisi a demandé la distraction et la distraction des immeubles qui en font l'objet comme dotaux et lui appartenant aux termes d'une déclaration de command faite au greffe du tribunal civil de Limoges, le 11 juill. 1863, déclaration de command dont il résulte que les immeubles saisis au préjudice d'Aigueperse auraient été acquis pour faire emploi jusqu'à concurrence de la somme de 1400 fr., qu'elle s'est constituée en dot et qui est frappée de dotalité aux termes de son contrat de mariage, contrat qui stipule le régime dotal avec communauté d'acquêts et soumet le mari au remploi ; — Attendu que, dans ce même contrat, il a été convenu que la somme que se constituait en dot la future épouse resterait entre les mains de sa mère, et qu'elle ne serait exigible que lors de la dissolution du

15 août 1869, aff. Hicguet *C.* Daucet, *Pasicrisie belge*, 1869. 2. 398; Req. 24 juill. 1884, aff. Bazire, D. P. 85. 1. 460; Aubry et Rau, t. 5, § 537, note 89, p. 582; Guillouard, t. 4, n° 1974).

1435. Mais le remploi ne serait pas possible, si la somme destinée à être remployée n'était exigible qu'au décès d'un tiers, ou au jour de la dissolution du mariage, c'est-à-dire à un moment complétement indéterminé (Limoges, 18 août 1865, *suprà*, n° 1434).

1436. Relativement aux frais occasionnés par le remploi conventionnel, il a été jugé qu'ils devaient rester à la charge du mari (Rouen, 30 avr. 1881, aff. Dupont, D. P. 55. 2. 2). Mais l'opinion qui met ces frais à la charge de la femme semble avoir prévalu dans la jurisprudence. Cette opinion est, en effet, conforme à la règle d'après laquelle tout acquéreur doit payer les frais de son acquisition. La femme peut payer les frais de l'acquisition en remploi, soit avec ses biens paraphernaux, soit en les prélevant sur le prix à employer (Caen, 10 mars 1856, aff. Hubert, D. P. 57. 2. 78; Civ. cass. 16 nov. 1859, aff. Berrier Fontaine, D. P. 59. 1. 490; Besançon, 20 juill. 1871, aff. Vallon, D. P. 73. 5. 397; Nîmes, 13 nov. 1872, aff. Bouzige, D. P. 73. 2. 189; Marcadé, t. 6, art. 1557, n° 3; Aubry et Rau, t. 5, § 537, note 90, p. 582; Guillouard, t. 4, n° 1975).

Les frais occasionnés par le refus de l'acquéreur d'un bien dotal de consentir au mode de remplacement proposé par la femme doivent, si ce remplacement est reconnu, en effet, inacceptable, être prélevés au profit de l'acquéreur sur le montant des sommes à employer (Rouen, 7 mai 1853, aff. Dardenne, D. P. 53. 2. 216).

Sect. 4. — Par qui l'emploi ou le remploi doit être fait, accepté et exigé (*Rép.* n°ˢ 4021 à 4045).

Art. 1ᵉʳ. — *Par qui l'emploi ou le remploi doit être fait et accepté* (*Rép.* n°ˢ 4021 à 4027).

1437. Ainsi qu'on l'a dit au *Rép.* n° 4021, il faut, en cette matière, s'en tenir strictement à ce qui est stipulé au contrat de mariage. Ce contrat pourrait autoriser le mari à aliéner seul l'immeuble dotal; il peut donc tout aussi bien l'autoriser à faire le remploi sans le concours de la femme (Grenoble, 25 avr. 1861) (1).

1438. Mais, en l'absence de toute disposition contraire dans le contrat de mariage, l'emploi ou le remploi doit être accepté par la femme d'une manière formelle, conformément à l'art. 1435 c. civ. Il serait, en effet, contraire aux principes que la femme devînt propriétaire de l'immeuble acquis sans en avoir exprimé la volonté (*Rép.* n°ˢ 4023 et suiv.; Agen, 20 juill. 1864, et sur pourvoi, Req. 2 mai 1859, aff. Lasserre, D. P. 59. 1. 275; Civ. rej. 12 juin 1865, aff. Montlaur, D. P. 65. 1. 444; Aubry et Rau, t. 5, § 537, note 88, p. 581; Jouitou, n° 349; Guillouard, t. 4, n° 1965. — *Contrà* : Rouen, 26 avr. 1872, aff. Duchemin, D. P. 74. 2. 116; Laurent, t. 23, n° 519). — En conséquence, l'immeuble acquis par le mari en remploi de deniers dotaux doit être considéré comme étant resté la propriété du mari, à défaut d'une accep-

tation formelle du remploi de la part de la femme. Il en est ainsi quand bien même, après le décès de celle-ci, cet immeuble aurait été attribué à ses héritiers en payement de ses reprises; de sorte que si le vendeur se trouve encore créancier d'une portion du prix, son privilège est régulièrement inscrit, non contre la femme, mais contre le mari, et peut, dès lors, être exercé sur l'immeuble, qui n'est passé aux mains des héritiers de la femme qu'en sortant du patrimoine du mari (Arrêt précité du 12 juin 1865).

1439. On peut se demander si l'acceptation de la femme est encore nécessaire dans le cas où le contrat de mariage confère au mari le pouvoir d'aliéner seul l'immeuble dotal à charge de remploi. C'est là, sans doute, avant tout, une question d'interprétation du contrat de mariage. Dans le doute, l'acceptation de la femme doit être requise (Guillouard, t. 4, n° 1967. — *Contrà* : Rodière et Pont, t. 3, n° 1842. — Comp. sur cette question les arrêts cités *suprà*, n° 1438).

1440. L'acceptation de la femme est irrévocable (V. *suprà*, n° 528).—Toutefois, il a été jugé que la femme mariée sous le régime dotal avec faculté pour le mari de recevoir le montant de la dot, à la charge d'en faire emploi en immeubles à la convenance de la femme, peut être relevée de l'acceptation qu'elle a faite d'immeubles achetés à titre de remploi, lorsqu'il est établi que la clause de remploi est inexécutable à raison de l'impossibilité de payer sur la dot le prix d'acquisition augmenté des accessoires, tels que frais, faux frais et doubles droits. Peu importe que l'achat ait pour objet plusieurs lots distincts dont le vendeur offre de réduire le nombre (Req. 2 févr. 1853, aff. Caisse hypothécaire, D. P. 53. 1. 42).

Art. 2. — *Par qui peut et doit être exigé l'emploi ou le remploi* (*Rép.* n°ˢ 4028 à 4045).

1441. L'emploi et le remploi peuvent être exigés en premier lieu par la femme, qui a, de ce chef, action contre son mari et contre les tiers (*Rép.* n° 4029). Ils peuvent l'être aussi par le donateur qui a constitué la dot sous condition d'emploi ou de remploi (Angers, 15 févr. 1877, aff. d'Estriche de Baracé, D. P. 77. 2. 176). Mais il a été décidé que le défaut d'emploi de la dot mobilière ne peut engager la responsabilité des tiers qu'autant que l'obligation de surveiller l'emploi leur est imposée par des clauses spéciales du contrat de mariage (Req. 7 nov. 1854, aff. Largey, D. P. 55. 1. 26).

1442. La femme peut exiger le remploi de la part de son mari même pendant le mariage. Elle peut, à défaut par lui de l'effectuer, se faire autoriser à toucher le prix de l'aliénation et à faire elle-même le remploi (*Rép.* n° 4029; Req. 20 déc. 1852, aff. d'Amfréville, D. P. 53. 1. 120; Aubry et Rau, t. 5, § 537, note 78, p. 578; Guillouard, t. 4, n° 1976). Mais la femme n'a d'action contre les tiers qu'après la dissolution du mariage, ou après la séparation de biens (Grenoble, 28 juill. 1866, aff. Chantre, D. P. 65. 2. 205).

1443. Comme nous l'avons indiqué au *Rép.* n° 4031, le mari et les tiers responsables du remploi ont action contre

futur mariage ou au décès de la mère de la future épouse; — Attendu qu'aucun des événements prévus pour la restitution de la dot ne s'est réalisé; qu'Aigueperse n'a touché aucune partie des sommes dotales de son époux; qu'il y a même incertitude sur le point de savoir s'il sera jamais appelé à toucher ces sommes; — Attendu que si, en principe, l'emploi des sommes dotales par anticipation est valable, il n'en saurait être ainsi que dans certains cas; par exemple, lorsqu'il s'agit de faire emploi du prix d'un immeuble dont les époux ont la libre disposition, et qu'ils se proposent d'aliéner, ou encore lorsqu'il s'agit d'employer des sommes d'argent qui, exigibles dans un terme plus ou moins rapproché, mais certain, peuvent être déléguées au vendeur, ce qui n'existe point dans l'espèce; en effet, le contrat de mariage précité prévoit, pour le remboursement de la dot de l'épouse Aigueperse, des conditions telles qu'il peut arriver que le mari ne soit jamais appelé à toucher la dot de sa femme; — Par ces motifs, déclare l'épouse Aigueperse mal fondée dans sa demande, etc. ». —Appel par la femme Aigueperse. — Arrêt.

La cour : — Adoptant les motifs des premiers juges; — Confirme, etc.

Du 18 août 1865.-C. de Limoges.-MM. Mosnier, pr.-Choppin d'Arnouville, av. gén.-Nicard des Rieux et Chauffour, av.

(1) (Sibut *C.* Argentier.) — Le 3 juin 1860, jugement du tribunal civil de Grenoble ainsi conçu : —«Attendu, dans la maison de Vizille, que, dans leur contrat de mariage du 20 juill. 1854, les époux Argentier se sont soumis au régime dotal, et qu'il y a été stipulé que la somme dotale de 20000 fr. donnée par le sieur Mallet à sa fille, future épouse, sera versée entre les mains de l'époux, *qui devra l'employer en acquisition d'immeubles* ou à l'acquittement d'une partie du prix de l'office de notaire dont il vient d'être pourvu; — Attendu que, par acte du 12 déc. 1858, Argentier a acquis du sieur Durif une maison avec jardin, située à Vizille, *pour faire emploi*, est-il dit, *des deniers dotaux de son épouse*, à elle donnés par son père dans son contrat de mariage; que le prix de cette acquisition, fixé à 6500 fr., a été payé comptant par Argentier, qui déclare que cette somme vient de lui être remise par son beau-père, auquel il en passe quittance; — Attendu, en droit, que si, aux termes de l'art. 1553 c. nap., l'immeuble acquis des deniers dotaux n'est pas dotal, lorsque la condition d'emploi n'a pas été stipulée dans le contrat de mariage, il faut bien nécessairement admettre que cet immeuble est dotal, lorsque, au contraire, cette condition d'emploi se trouve écrite dans le contrat; que cet article n'exige pas que la femme soit présente à l'acquisition, ni que cette acquisition soit faite en son nom, ni même

la femme pour la contraindre à accepter le remploi; les tribunaux en ce cas sont juges de sa décision (V. conf. Jouitou, n° 321).

1444. Il n'est pas douteux que, sous le régime dotal, les tiers acquéreurs sont responsables du défaut de remploi, et que, par conséquent, ils ont le droit et le devoir d'en exiger l'accomplissement. Ils doivent refuser le payement de leur prix d'acquisition tant qu'on ne leur justifie pas d'un remploi régulier et exempt de toute cause d'éviction (*Rép.* n°s 4031 et suiv.; Paris, 2 janv. 1858, aff. Banque de France, D. P. 58. 2. 4; Caen, 26 janv. 1872, aff. Duforestel, D. P. 74. 5. 426; Aubry et Rau, t. 5, § 537, note 95, p. 583; Colmet de Santerre, t. 6, n° 229 *bis* IV; Laurent, t. 23, n° 520; Guillouard, t. 4, n° 1980).

1445. Toutefois, les tiers ne sont pas responsables du défaut d'emploi, lorsqu'il s'agit de la vente des paraphernaux de la femme mariée, alors même que cette condition a été imposée au mari par le contrat de mariage (Toulouse, 23 juin 1852, aff. Bacquié, D. P. 54. 2. 98; Req. 9 août 1858, aff. Rebeyrolle, D. P. 58. 1. 371).

1446. Il a été jugé que, lorsqu'un mari, qui a vendu un immeuble dotal aliénable moyennant remplacement, n'est tenu de faire emploi du capital du prix de vente et non des intérêts dont il a la jouissance comme de tous les revenus de la dot, il peut toujours exiger de l'acquéreur le payement de ceux-ci, même avant de lui avoir fourni, quant au capital, le remploi exigé (Limoges, 21 août 1852, aff. Thibort, D. P. 53. 2. 5). Mais cette distinction entre le principal et les accessoires ne peut être proposée pour la première fois devant la cour de cassation (Civ. rej. 13 mai 1873, aff. Hélie, D. P. 73. 1. 417).

1447. Lorsque le contrat de mariage renferme au sujet des tiers acquéreurs des clauses spéciales, on doit les observer. — Jugé en ce sens: 1° que l'acquéreur, par acte amiable, d'immeubles dotaux que la femme n'était autorisée par son contrat de mariage à aliéner que sous la condition expresse qu'il serait fait remploi du prix provenant des aliénations en acquisitions d'autres immeubles qui seraient eux-mêmes dotaux, est fondé à refuser de payer son prix, tant que la femme n'a pas fait le remploi suivant les conditions prescrites par le contrat de mariage (Lyon, 17 avr. 1854, aff. Lecourt, D. P. 56. 2. 128); et que, par exemple, il ne saurait être contraint à se libérer entre les mains de créanciers ayant hypothèque sur les immeubles vendus à raison de prêts par eux faits à la femme dans les conditions prévues par l'art. 1558 c. civ.; qu'il n'en pourrait être ainsi que dans le cas où la vente aurait été faite elle-même en vertu d'une permission de justice et avec les formalités prescrites par ce même article (Même arrêt); — 2° Que lorsqu'une femme s'est mariée sous le régime dotal avec faculté d'aliéner ses biens dotaux moyennant remploi ou certaines garanties, mais en expliquant

que son seul consentement dans la quittance libérerait valablement les acquéreurs, ceux-ci peuvent être contraints au payement du prix sans remploi, du moment qu'elle offre d'intervenir personnellement dans la quittance, bien que la vente porte qu'il ne payeront qu'autant que le mari justifiera d'un remploi dûment effectué (Limoges, 7 mai 1862, aff. Nicolas, D. P. 62. 2. 118); — 3° Que cependant, la stipulation, dans un contrat de mariage autorisant l'aliénation des immeubles dotaux à charge de remploi, que les acquéreurs ne seront pas tenus de surveiller le remploi et ne seront pas responsables de la validité, n'enlève point à ces acquéreurs le droit d'exiger avant de payer leur prix, qu'il leur soit justifié de l'existence du remploi (Riom, 10 janv. 1856, aff. Chevalard, D. P. 57. 2. 79). L'obligation pour les acquéreurs de veiller à l'accomplissement de la condition de remploi est en effet distincte de la responsabilité *de l'utilité* de cet emploi, et les acquéreurs peuvent fort bien être affranchis de celle-ci sans cesser d'être soumis à celle-là, et sans perdre dès lors le droit d'exiger, avant tout payement de leur prix, la justification de l'existence du remploi prescrit par le contrat de mariage (V. également: Req. 2 août 1853, aff. Ledru-Rollin, D. P. 54. 1. 353).

1448. Si le mari ou la femme ne réalise pas l'emploi ou le remploi, le tiers acquéreur, qui, après offres réelles, a déposé son prix à la Caisse des dépôts et consignations, et qui a obtenu un jugement validant ses offres et le déclarant libéré, n'en est pas moins tenu de surveiller le remploi du prix, quoique son obligation au payement soit éteinte (Req. 12 mai 1857, aff. Ronzier, D. P. 57. 1. 364). Par suite, l'acquéreur peut, en cas pareil, être sommé de se trouver aux bureaux de la Caisse, afin de reconnaître la validité du remploi proposé par les époux et, sur son refus d'obéir à la sommation, être assigné en justice pour entendre prononcer cette validité (Même arrêt. V. dans le même sens: Caen, 26 janv. 1872, aff. Duforestel, D. P. 74. 5. 426; Civ. rej. 15 mars 1886, aff. Fraissinet, D. P. 86. 1. 383; Aubry et Rau, t. 5, § 537, note 96, p. 583; Guillouard, t. 4, n° 1982). — Suivant la jurisprudence belge, le tiers acquéreur n'est pas admis à consigner le prix destiné à être remployé (Bruxelles, 15 août 1869, cité *suprà*, n° 1434).

1449. Les tiers débiteurs des créances dotales sont-ils, comme les tiers acquéreurs, responsables de l'emploi du montant de ces créances? Cette question, comme nous l'avons dit au *Rép.* n° 4031, a été controversée. Mais sa solution dépend de l'interprétation du contrat de mariage. On doit reconnaître que ce contrat peut subordonner la validité du payement à l'existence d'un emploi (Comp. Req. 7 nov. 1854, aff. Largey, D. P. 55. 1. 26; Paris, 2 janv. 1858, aff. Banque de France, D. P. 58. 2. 4, et sur pourvoi, Req. 1er févr. 1859, D.P. 59. 1. 266; Paris, 4 août 1873 (1); Colmet de Santerre, t. 6, n° 225 *bis* VII; Aubry et Rau, t. 5, § 535,

qu'elle l'accepte pendant le mariage; qu'il suffit, pour que l'immeuble soit dotal à la femme, qu'il soit acquis avec les deniers dotaux, et que le contrat de mariage ait imposé au mari l'obligation de faire cette acquisition; — Qu'en admettant que la femme, qui ne saurait souffrir dans ses intérêts par le fait du mari, conserve le droit de refuser cette conversion de ses deniers, pour éviter la perte qui pourrait en résulter pour elle, on doit admettre en même temps que si, comme au cas présent, elle l'accepte alors qu'après la dissolution du mariage est ouvert son droit à la restitution de sa dot, et qu'il le peut faire valablement, les héritiers où même les créanciers du mari ne peuvent avoir ni qualité ni droit pour s'y opposer; — Que d'une part, en effet, le mari, dont ils sont les représentants et les ayants cause, n'a fait qu'exécuter le mandat qu'il avait reçu, ou l'obligation qui avait été imposée; que, d'autre part, ce n'est que dans l'intérêt de la femme que son acceptation serait exigée; que c'est en ce sens qu'il est possible d'appliquer au régime dotal, et de la concilier avec l'art. 1553, la règle écrite dans l'art. 1435 pour le cas où il s'agit de remploi du prix des propres aliénés de la femme; — Par ces motifs, dit que l'immeuble acquis le 12 déc. 1858 par Argentier de Durif est la propriété dotale de la veuve Argentier; qu'en conséquence, il n'y a pas lieu de comprendre cet immeuble dans la vente de ceux de l'hoirie bénéficiaire d'Argentier, etc. ». — Appel. — Arrêt.
La cour; — Adoptant les motifs, etc.... — Par ces motifs, etc.
Du 25 avr. 1861.-C. de Grenoble, 2e ch.-MM. Petit, pr.-Proust, av. gén.-Cantel et Casimir de Ventavon, av.

(1) (Démonts C. de Vatimesnil.) — Le contrat de mariage de la dame de Vatimesnil stipulait que tous ses biens présents et à venir

seraient dotaux, à l'exception d'une certaine somme, et qu'il serait fait emploi de tous les capitaux, actions ou autres valeurs qui pourraient lui échoir pendant le mariage, par succession, legs, donation ou autrement. Elle recueillit la succession de son oncle, le sieur de Lanjuinais, dans laquelle se trouvaient vingt-quatre actions au porteur de la société de charbonnage de Charleroi et huit actions au porteur de la compagnie des hauts fourneaux de Monceau, qui étaient déposées à la Banque de France. La Banque ayant refusé de remettre ces titres sans sieur et dame de Vatimesnil, à défaut par eux d'en faire emploi, conformément au contrat de mariage, Me Démonts, notaire à Paris, fut désigné comme séquestre provisoire pour les retirer et les conserver. Le 22 nov. 1872, jugement du tribunal civil de la Seine qui ordonne à Me Démonts de remettre les titres dont il s'agit aux époux de Vatimesnil: « — Attendu, disait ce jugement, qu'il ne saurait y avoir lieu à interprétation quand les clauses d'un acte sont claires et précises; — Attendu que si le contrat qui a réglé les conditions du mariage de la dame de Vatimesnil exige en termes exprès qu'il soit fait emploi de tous les capitaux lui appartenant, de quelque source qu'ils proviennent, il garde un silence complet sur les titres au porteur; — Attendu que le silence du contrat est d'autant plus significatif, qu'au moment de sa rédaction, ces sortes de valeurs formaient déjà une notable partie de la fortune publique; — Attendu qu'une solution contraire imposerait arbitrairement aux demandeurs l'obligation d'aliéner, sans distinction et d'une manière générale, tous les titres au porteur qui adviendront à la dame de Vatimesnil pour faire ensuite emploi du prix obtenu par cette vente ». — Appel. — Arrêt.
La cour; — Considérant que le contrat de mariage des époux

p. 549 et suiv.; Jouitou, n° 311; Guillouard, t. 4, n° 1798).
— La clause d'un contrat de mariage prescrivant l'emploi
de tous les capitaux que la femme pourra recueillir s'applique
aux titres au porteur comme aux sommes d'argent. Aussi il
a été jugé qu'une pareille clause s'oppose à ce que la femme
puisse réclamer la délivrance des titres au porteur qui lui
sont échus et qui constituent des valeurs dotales, sans
justifier d'un emploi régulier (Paris, 31 déc. 1858, aff. Beauvais, D. P. 60. 5. 326).

1450. On a vu au *Rép.* n°s 4041 et suiv. que l'on n'était
point d'accord sur le point de savoir si les tiers pouvaient
être déclarés responsables de l'accomplissement de conditions autres que celles du remploi proprement dit, par
exemple, de l'obligation imposée au mari par le contrat de
mariage de « reconnaître le montant du prix des immeubles
dotaux sur ses biens personnels ». La jurisprudence a décidé
que cette clause n'équivaut pas à une clause de remploi
opposable aux tiers (Req. 7 nov. 1854, aff. Largey, D. P. 55.
1. 26). — Décidé, de même, que la clause portant autorisation
d'aliéner les biens dotaux, « à charge de l'hypothèque sur
les biens du mari », a pu être considérée, par une interprétation souveraine des juges du fait, comme n'accordant à la
femme, en cas d'aliénation de l'immeuble dotal, que l'exercice de son hypothèque légale sur les biens de son mari ;
que, dès lors, les tiers acquéreurs ne sont pas responsables
du défaut de remploi du prix provenant de l'aliénation,
alors même que la femme resterait sans recours utile contre
son mari, soit parce que ce dernier n'aurait point d'immeubles, soit parce que la valeur de ses immeubles serait absorbée par des hypothèques antérieures à l'hypothèque légale
de la femme (Civ. rej. 9 févr., 1859, aff. Guilhermet, D. P.
59. 1. 58).

Mais s'il a été stipulé que les immeubles de la femme
seront aliénables à la condition que « le prix en sera
employé ou hypothéqué sur d'autres immeubles libres et
affranchis d'hypothèques, » ou que « le mari possédera des
immeubles suffisants pour en répondre », l'obligation pour le
tiers acquéreur de s'assurer de l'accomplissement de ces conditions ne nous paraît pas douteuse (V. cependant : Req.
12 juin 1865, aff. Girardon, D. P. 65. 1. 442 ; 28 janv. 1878,
aff. Janisson, D. P. 78. 1. 374).

1451. Contrairement à l'opinion que nous avons soutenue au *Rép.* n° 4043, il a été jugé que l'expropriant est soumis aux mêmes obligations qu'un acquéreur ordinaire, lorsque l'immeuble exproprié est un immeuble dotal aliénable
à charge de remploi ; il doit, par suite, même au cas où il a
consigné son prix, conformément à l'art. 54 de la loi du
3 mai 1841, intervenir pour approuver le remploi des fonds
dotaux (Civ. rej. 15 mars 1886, aff. Fraissinet, D. P. 86. 1.
383. V. en ce sens : Guillouard, t. 4, n° 1984. — *Contrà :*
Toulouse, 8 août 1866, aff. Chemin de fer du Midi *C.* Jamme,
D. P. 66. 2. 209).

1452. Si le contrat de mariage ne fixe pas de délai pour
le remploi, le mari peut le faire tant que dure le mariage
(Pau, 5 mars 1859, *suprà*, n° 1377). Et même, comme on
l'a dit au *Rép.* n° 4046, si le contrat de mariage fixe un
délai, l'expiration de ce délai n'empêchera pas de faire utilement le remploi, à moins que le contrat ne s'y oppose par
une clause formelle (Aubry et Rau, t. 5, § 537, note 83,
p. 579 et suiv. ; Guillouard, t. 4, n° 1968).

1453. En principe l'emploi ou le remploi ne peuvent
être réalisés que pendant le mariage (*Rép.* n° 4047 ; Rouen,
26 août 1851, aff. Leroy, D. P. 53. 2. 76 ; Aubry et Rau,
t. 5, § 537, note 86, p. 581 ; Guillouard, t. 4, n°s 1971 et
suiv.). — Jugé, en conséquence, que l'acheteur d'un bien
dotal aliénable à charge de remploi peut, afin d'échapper
à l'action révocatoire exercée par la femme pour défaut de
remploi, offrir de payer une seconde fois son prix si le remploi n'est plus susceptible d'être réalisé parce que le mariage est dissous (Req. 17 déc. 1855, aff. Lenôtre, D. P. 56.
1. 174. V. toutefois Req. 20 juin 1853, aff. Lafforgue, D. P.
54. 1. 265, et la note ; Caen, 15 déc. 1866, aff. Roullin,
D. P. 68. 2. 20). Ce dernier arrêt décide, contrairement à
l'arrêt du 17 déc. 1855, que l'acquéreur d'un bien dotal
aliénable sous condition de remploi peut, après le décès de
la femme, se libérer entre les mains du mari devenu tuteur
de ses enfants mineurs, sans que cette condition soit réalisée,
et que, dès lors, il n'a pas le droit d'en faire dépendre le
payement de son prix (V. aussi Pau, 26 févr. 1868, aff.
Devert, D. P. 68. 2. 132).

1454. L'acceptation du remploi doit de même être faite
pendant le mariage (Req. 2 mai 1859, aff. Lasserre, D. P.
59. 1. 275). Néanmoins un arrêt semble admettre que le
remploi peut être réalisé, même après la dissolution du
mariage. Il décide, en effet, que lorsque des immeubles
dotaux déclarés par le contrat de mariage aliénables à
charge de remploi ont été vendus par la femme, avec terme
pour le payement du prix, le remploi auquel est subordonnée la validité de la vente, peut être effectué utilement
même après la dissolution du mariage ; qu'en conséquence,
l'acquéreur, en offrant le payement de son prix ou
mieux encore un immeuble en nature, fait tomber l'action
révocatoire formée contre lui par les héritiers de la femme
(Caen, 26 mai 1865, aff. Restoux, D. P. 66. 2. 1). Il faut
d'ailleurs remarquer que, dans cette espèce, un terme avait
été fixé à l'acheteur pour remplir son obligation, et que
l'action avait été intentée avant l'expiration de ce délai
(V. dans le même sens : Caen, 31 mai 1870 (1) ; Sériziat,
Traité du régime dotal, n° 119 ; Rodière et Pont, t. 3,
n° 1844).

1455. La question de savoir si l'emploi ou le remploi

---

de Vatimesnil, en instituant le régime dotal, a, dans l'art. 12,
soumis à l'obligation de l'emploi au nom de la femme tous les
capitaux, actions ou autres valeurs quelconques qui pourraient
lui échoir pendant le mariage, par succession, legs, donation ou
autrement ; — Qu'en imposant une telle obligation, le contrat n'a
pu exempter de cette mesure les actions ou autres valeurs qui,
par leur nature et la facilité de leur réalisation, sont assimilables
aux capitaux ; — Que tel est, en effet, l'esprit du contrat, qui a
voulu soustraire à la libre disposition du mari, à l'exception des
120000 fr, mentionnés en l'art. 11, non seulement les capitaux
remboursés ou échéant à la femme pendant le mariage, mais
aussi les valeurs qui seraient, comme au cas particulier, l'équivalent d'un capital ; — Considérant qu'il est inexact de prétendre
que l'obligation d'appliquer aux actions au porteur la clause de
remploi entraînerait la nécessité d'aliéner les valeurs pour en
racheter d'autres immédiatement, ces valeurs pouvant demeurer
aux mains d'un séquestre jusqu'au moment où il convient aux
parties d'en disposer, auquel cas seulement le remploi doit en
être opéré ; — Met l'appellation et ce dont est appel au néant ; —
Statuant sur l'appel et y faisant droit : — Autorise Démonts à ne
pas se dessaisir des valeurs déposées entre ses mains ; — Dit
qu'elles ne pourront être retirées qu'à charge par les époux de
Vatimesnil de se conformer aux clauses du contrat de leur mariage, si mieux n'aiment les époux de Vatimesnil déposer les
titres dont il s'agit à la Banque de France.
Du 4 août 1878.-C. de Paris, 5e ch.-MM. Puget, pr.-Buffard,
av. gén.-Templier et Liouville, av.

(1) (Picot *C.* Deschamps.) — La cour ; — Attendu que, par
l'art. 3 de son contrat de mariage, la dame Deschamps, qui
avait soumis tous ses biens au régime dotal, s'est réservé le droit
de les aliéner, sans formalité de justice, avec le seul consentement de son mari, parce qu'il lui serait fourni un remploi par
elle accepté ou une garantie hypothécaire suffisante, le tout soit
lors de la vente, soit lors du payement du prix ; — Attendu qu'il
est constant, en droit comme en jurisprudence, que l'acquéreur
du bien dotal, moyennant remploi, peut, même après la séparation de biens ou la dissolution du mariage, arrêter l'action en
résolution intentée par la femme faute de remploi, en le lui
offrant, à moins d'une disposition contraire et précise du contrat
de mariage ; — Attendu qu'en appréciant dans leur ensemble les
termes de l'art. 3 du contrat de mariage précité, il en résulte que
les expressions *le tout soit lors de la vente, soit lors du payement
du prix,* sont seulement énonciatives et non impératives, et qu'elles ne sont pas de nature à mettre obstacle à ce qu'un remploi
soit ultérieurement valablement offert, lorsqu'il est évident que,
par cette clause du contrat de mariage, la dame Deschamps
n'avait d'autre objet que de lui donner l'assurance de retrouver,
à la dissolution du mariage, le prix de ses immeubles aliénés,
but qui sera atteint par le remploi offert ; que l'on doit donc
déclarer Picot recevable à fournir à la dame Deschamps le remploi auquel elle a droit pour le prix de l'usufruit par elle cédé à
Soymier, le 28 sept. 1855, et qui reposait sur partie des immeubles dont Picot est détenteur, comme les ayant acquis dudit Soymier ; — Attendu que la dame Deschamps ne conteste pas que le

peut avoir lieu après la séparation de biens est prévue au *Rép.* nᵒˢ 4048 et suiv. On reconnaît généralement que la femme dotale séparée de biens, qui a l'administration de la dot, peut effectuer le remploi, comme le mari le pourrait lui-même. Mais il y a désaccord sur le point de savoir si le tiers qui a acquis du mari le bien dotal peut, après la séparation de biens, repousser l'action révocatoire de la femme et l'obliger à faire le remploi, en lui offrant son prix, s'il ne l'a pas payé, ou en lui offrant de le payer une seconde fois, s'il l'a déjà versé au mari. Nous avons cité au *Rép. ibid.* les auteurs et les arrêts assez nombreux qui se sont prononcés pour la négative (V. aussi en ce sens : Jouitou, nᵒ 308). Mais l'opinion contraire semble maintenant prévaloir, au moins dans la doctrine, et c'est avec raison selon nous. Le code ne dit nulle part que le remploi ne pourra plus avoir lieu après la séparation de biens, et de ce que cette séparation transporte du mari à la femme l'administration de la dot, il ne résulte pas que la femme ait le droit de méconnaître les actes antérieurement faits par le mari. Le mari avait le droit d'aliéner l'immeuble à charge de remploi; ici ne s'applique pas, par conséquent, l'art. 1560 qui, en autorisant la femme à poursuivre la révocation de l'aliénation après la séparation de biens, suppose que l'aliénation a été faite irrégulièrement. Tout ce que la femme peut exiger, c'est qu'il y ait remploi, et dès l'instant que ce remploi lui est offert, elle doit s'en contenter (V. outre les arrêts cités au *Rép.* nᵒ 4049 : Caen, 31 mai 1870, *supra*, nᵒ 1454; Rodière et Pont, t. 3, nᵒ 1844; Sériziat, *op. cit.*, nᵒ 119; Aubry et Rau, t. 5, § 537, note 85, p. 580; Guillouard, t. 4, nᵒ 1970).

Sect. 6. — Effets de l'emploi ou du remploi (*Rép.* nᵒˢ 4051 à 4057).

1456. Les biens acquis en emploi ou en remploi deviennent dotaux en vertu d'une véritable subrogation réelle. Comme on l'a vu au *Rép.* nᵒ 4055, les biens objet d'un *remploi* deviennent inaliénables à moins qu'il n'en soit autrement disposé par le contrat de mariage; mais au contraire ceux acquis en *remploi* prennent la condition des biens auxquels ils sont subrogés et par conséquent deviennent aliénables à charge de remploi. — Décidé ainsi que les juges du fond peuvent, par interprétation d'un contrat de mariage, décider que la faculté d'aliéner, stipulée sous certaines conditions, relativement à certains immeubles dotaux, s'étend aux immeubles acquis en remploi de ceux-ci (Req. 9 mars 1870, aff. Alléaud, D. P. 72. 1. 85. V. en ce sens : Aubry et Rau, t. 5, § 537, note 99, p. 583; Laurent, t. 23, nᵒ 520).

Mais, à la différence du cas où l'aliénation avec remploi était autorisée par le contrat de mariage, lorsque le remploi a eu lieu en vertu des dispositions finales des art. 1558 et 1559, l'immeuble acquis est inaliénable, comme l'était celui qu'il remplace partiellement (Rodière et Pont, t. 3, nᵒ 1852). Toutefois, l'immeuble acquis en remploi pour un prix notablement supérieur à la somme qui était à remployer ne devient tel que jusqu'à concurrence de cette somme (Caen, 24 avr. 1852, aff. Pantin, D. P. 53. 2. 106; Civ. rej. 3 avr. 1855, même affaire, D. P. 55. 1. 102. V. *supra*, nᵒ 552).

1457. Nous rappellerons que les immeubles acquis des deniers dotaux, sans condition d'emploi stipulée dans le contrat de mariage, ne sont pas dotaux (C. civ. art. 1553). Mais il résulte de la jurisprudence que ces immeubles, qui sont aliénables de la part du mari, peuvent être considérés comme la représentation et le gage des deniers dotaux employés à leur acquisition, et que, dès lors, la femme ne peut renoncer à son action en reprise et à son hypothèque légale sur ces biens. A son égard, ils sont inaliénables, comme la dot mobilière elle-même (Toulouse, 17 déc. 1868, aff. Sabathé, D. P. 69. 2. 1).

Sect. 7. — Du défaut d'emploi ou de remploi (*Rép.* nᵒˢ 4058 à 4081).

1458. La femme, comme on l'a indiqué au *Rép.* nᵒ 4059, a une action contre son mari, qui n'a pas réalisé l'emploi des deniers dotaux. — Il a même été jugé que le mari peut, en cas d'inexécution de la clause du contrat de mariage qui prescrivait un emploi en immeubles, être condamné à des dommages-intérêts à titre de réparation du préjudice causé à la femme par la privation de la plus-value que le remploi lui eût assurée (Req. 27 mai 1861, aff. Dumont, D. P. 61. 1. 335. V. aussi Toulouse, 5 févr. 1870, aff. Delpech, D. P. 72. 2. 54. V. en ce sens : Aubry et Rau, t. 5, § 537, note 74, p. 578; Guillouard, t. 4, nᵒ 1977). — Le défaut d'emploi pourrait aussi autoriser la femme à demander la séparation de biens, s'il en résultait un péril pour la dot (Jouitou, nᵒ 310).

1459. Relativement à la façon dont le remploi a été fait, il a été jugé que le mari n'est pas responsable de l'inutilité du remploi, s'il n'est pas établi que l'insuffisance en existait dès l'origine et doit être imputée à sa faute ou à son imprudence, et lorsqu'au contraire il est constaté qu'elle est survenue soit par suite d'événements de force majeure, soit même en partie par le fait de la femme, dont les poursuites ont été exercées en temps inopportun (Req. 2 août 1853, aff. Ledru-Rollin, D. P. 54. 1. 353).

1460. La femme peut aussi, à raison du défaut d'emploi, agir contre les débiteurs des deniers dotaux et les obliger à payer une seconde fois, quand il résulte du contrat de mariage qu'ils étaient responsables de l'emploi (V. *suprà*, nᵒ 1449). Mais cette action, comme on l'a dit au *Rép.* nᵒ 4060, n'est que subsidiaire; si la femme peut se faire rembourser de sa dot par le mari, elle ne doit pas demander son remboursement aux tiers. Cependant, le tiers qui, en constituant une somme comme dotale à la femme, s'est obligé dans le contrat de mariage à en faire un emploi déterminé, par exemple, à effectuer le cautionnement que le mari devait fournir comme officier ministériel, est responsable de la perte de cette somme, lorsqu'il lui a donné une autre destination que l'emploi stipulé (Paris, 27 janv. 1854, aff. Delalande, D. P. 55. 2. 209).

1461. Enfin la femme ou ses héritiers, après la dissolution du mariage, peuvent demander la nullité de l'aliénation pour défaut de remploi, par application de l'art. 1560 c. civ. (*Rép.* nᵒ 4061). La femme ou ses héritiers ont le même droit, si le remploi est incomplet ou si le bien acquis en remploi est exposé à être enlevé par éviction (Limoges, 14 janv. 1862, aff. Fradet, D. P. 62. 2. 27; Aubry et Rau, t. 5, § 537, p. 582; Guillouard, t. 4, nᵒ 1979). — Mais, d'après MM. Rodière et Pont, t. 3, nᵒ 1845, et Aubry et Rau, *loc. cit.*, note 94, on doit cependant admettre que l'acquéreur ne serait pas responsable d'une éviction procédant de causes que l'on ne pouvait soupçonner et que l'emploi de toutes les précautions commandées par la prudence n'a pas fait découvrir.

1462. Nous avons signalé au *Rép.* nᵒˢ 4063 et suiv. les divergences qui ont existé dans la jurisprudence sur le point de savoir si la femme séparée de biens peut opter entre l'action révocatoire de la vente dont le prix n'a pas été remployé et l'exercice de son hypothèque légale sur les immeubles de son mari. Aujourd'hui, l'affirmative prévaut (Civ. rej. 21 déc. 1853, aff. Drien, D. P. 54. 1. 5; Req. 2 mai 1855, aff. Marianne, D. P. 55. 1. 231. V. *suprà*, nᵒ 1379). Mais si la femme exerce l'action révocatoire avant la dissolution du mariage, l'acquéreur, comme nous l'avons montré *suprà*, nᵒ 1453, pourra arrêter cette action, s'il le veut, en offrant de payer une seconde fois son prix (V. toutefois les arrêts cités en sens contraire au *Rép.* nᵒ 4066).

1463. Il a été jugé que la femme séparée de biens a le

---

remploi puisse être fourni en rentes sur l'État, mais qu'elle soutient que le remploi offert est insuffisant, parce que le prix stipulé dans le contrat du 28 septembre serait inférieur à la véritable valeur de l'usufruit cédé; — Attendu, à cet égard, que l'intimée n'allègue même pas qu'on ait fait ou voulu faire aucune fraude à sa dot; que s'étant réservé le droit d'aliéner ses immeubles dotaux, elle a eu par cela même qualité pour en fixer le prix, qui ne peut être que celui indiqué dans le contrat; que

l'offre de remplacer ce prix est, par conséquent, suffisante; — Qu'il y a donc lieu, en réformant le jugement dont est appel, de déclarer recevable et suffisante l'offre de remploi faite par Picot dans ses conclusions;

Par ces motifs, etc.

Du 31 mai 1870.-C. de Caen, 1ʳᵉ ch.-MM. Daigremont-Saint-Manvieux, pr.-Boivin-Champeaux, 1ᵉʳ av. gén.-Bertauld et Delasalle, av.

droit de se faire colloquer sur les biens de son mari pour la totalité du prix de son immeuble aliéné sans remploi, alors même qu'une partie du prix de la vente serait encore due, le terme accordé par le mari à l'acquéreur ne pouvant préjudicier aux droits de la femme (Arrêt du 2 mai 1855, cité *suprà*, n° 1462).

1464. Après la dissolution du mariage, les tiers acquéreurs peuvent-ils repousser l'action en nullité intentée par la femme en lui offrant de payer une seconde fois? (V. *suprà*, n° 1455).

1465. Aux termes d'un arrêt, le payement fait à la femme incapable de recevoir étant nul, le tiers qui, faute d'en avoir surveillé le remploi, a dû payer deux fois une somme dotale n'est pas admis à invoquer les art. 1376 et 1377 c. civ., et c'est en vain qu'il voudrait se remplir sur les biens paraphernaux de la femme par un payement indû. Il pourrait seulement recourir contre la femme par une action *de in rem verso*, au cas où elle se serait enrichie à ses dépens (Toulouse, 22 avr. 1884) (1). Mais le tiers (dans l'espèce, la Banque de France), qui a été déclaré responsable vis-à-vis de la femme du défaut de remploi du prix de valeurs dotales dont il était dépositaire et qu'il a livrées à un tiers acquéreur, sans exiger de remploi, a son recours contre l'acquéreur qui a versé le prix au mari, si cet acquéreur connaissait la dotalité des valeurs et la condition de remploi mise à leur transmission (Req. 1er févr. 1859, aff. Thézard, D. P. 59. 1. 267).

1466. L'action en nullité résultant du défaut de remploi peut-elle être intentée par le mari pendant le mariage? Nous nous sommes prononcés au *Rép.* n° 4070 pour la négative, et c'est l'opinion qui a prévalu jusqu'ici en doctrine et en jurisprudence (Grenoble, 28 juill. 1865, aff. Chantre, D. P. 65. 2. 205; Aubry et Rau, t. 5, § 537, note 91, p. 582). Mais cette opinion a été vivement combattue par M. Labbé, dans une dissertation sur l'arrêt précité du 28 juin 1865, et par M. Guillouard, t. 4, n° 1978. D'après ces auteurs, le mari a pour protéger le droit pendant le mariage les mêmes droits que la femme et ses héritiers ont après la dissolution du mariage (c. civ. art. 1360); il doit donc pouvoir faire tomber l'aliénation de l'immeuble dotal toutes les fois qu'elle est irrégulière, et cette aliénation est irrégulière par cela seul

qu'elle a eu lieu sans remploi, quand le contrat de mariage ne la permet que sous cette condition.

1467. Le droit qui appartient à la femme de revendiquer son immeuble dotal aliéné sans remploi constitue incontestablement un droit immobilier (Civ. cass. 16 nov. 1859, aff. Berrier-Fontaine, D. P. 59. 1. 490). Et il en est ainsi quand bien même la femme ou ses héritiers, au lieu de former cette action en revendication ou cette demande en remploi, se borneraient à exercer la reprise du prix de l'aliénation sur les valeurs mobilières dépendant de la succession du mari ou de la société d'acquêts ayant existé entre les époux. Ce n'est là, en effet, qu'une simple faculté dont l'exercice ne saurait modifier la nature réelle et immobilière du droit qui appartient à la femme. Par suite, si la femme laisse un légataire de son mobilier et un légataire de ses immeubles, c'est ce dernier qui doit recueillir le bénéfice de l'action (Même arrêt). Sous le régime de communauté, au contraire, l'action qui appartient à la femme en cas d'aliénation d'un de ses immeubles propres sans remploi, est purement mobilière, puisqu'elle a pour objet, non la revendication de l'immeuble aliéné, mais le remboursement du prix de cet immeuble (V. *suprà*, n°s 530 et suiv., 536).

CHAP. 7. — Restitution de la dot (*Rép.* n°s 4082 à 4243).

Sect. 1re. — Dans quels cas, par qui et a qui la dot doit être restituée (*Rép.* n°s 4084 à 4096).

1468. — I. Cas de restitution de la dot (*Rép.* n°s 4084 à 4088). — Les cas où la dot doit être restituée à la femme ou à ses héritiers sont indiqués au *Rép.* n° 4084.

1469. Comme on l'a dit au *Rép.* n° 4085, la restitution faite par anticipation ne serait pas libératoire pour le mari, qui pourrait seulement imputer sur la dot les objets ou valeurs que la femme posséderait encore au moment où la dot deviendrait exigible (V. conf. Rodière et Pont, t. 3, n° 1931; Aubry et Rau, t. 5, § 540, note 3, p. 624; Guillouard, n° 2120).

1470. — II. Par qui la dot doit-elle être restituée? (*Rép.* n°s 4090 à 4094). — La dot doit être restituée par le mari ou par ses héritiers. — Jugé à ce sujet que le mari ne cesse

---

(1) (Manavit C. Manavit.) — La cour; — Attendu qu'aux termes de son contrat de mariage du 29 janv. 1846, portant stipulation du régime dotal, la dame Manavit s'est constitué en dot tous ses droits immobiliers provenant de la succession de sa mère, à la charge par le futur époux d'en faire emploi en acquisitions d'immeubles ou de les reconnaître par des immeubles à lui propres; — Attendu que, par acte du 8 déc. 1850, la dame Manavit consentit cession à son frère de ses droits dans la succession de sa mère moyennant une somme de 20000 fr. qui fut perçue par Charles Manavit, son beau-père, qui s'en constitua débiteur vis-à-vis d'elle et affecta hypothécairement ses immeubles à la garantie de cette somme; — Attendu que, par l'effet de l'encaissement de cette somme dotale, Manavit se trouvait substitué aux obligations que le contrat de mariage imposait à son fils, et qu'il était tenu de veiller au remploi prescrit par le contrat; que, sur la somme de 20000 fr., Manavit a payé à la dame Manavit 7000 fr., les 9 mars, 5 nov. 1874 et 19 août 1875, sans exiger l'accomplissement des conditions prescrites par le contrat de mariage; que ce payement fait nul, et que Manavit reste débiteur de cette somme, dont il ne s'est pas valablement libéré; — Attendu que les art. 1376 et 1377 ne s'appliquent qu'aux payements faits à des personnes capables de recevoir un payement; que le payement fait à un incapable ne peut engendrer qu'une action de *in rem verso*; que c'est le cas de la veuve Manavit; qu'on objecte que dans l'espèce la femme Manavit était capable de recevoir, et qu'elle avait quittance de la somme de 7000 fr. avec l'autorisation de son mari; — Mais attendu que, même avec le consentement de son mari, elle ne pouvait recevoir une somme dotale que dans les conditions d'emploi ou de garanties stipulées dans son contrat de mariage; qu'on objecte encore que la femme dotale a le pouvoir de disposer de ses biens paraphernaux, qui ne doivent pas bénéficier d'une stipulation de dotalité, dont les effets doivent être rigoureusement limités aux biens dotaux, et que, si elle n'est pas tenue de la restitution de l'indû sur ses biens dotaux, elle en est tenue sur ses biens paraphernaux; — Mais attendu que la clause de stipulation de remploi et d'inaliénabilité de la dot en dehors des conditions spécifiées, serait sans effet et non avenue si la femme qui reçoit une somme dotale en violation des conditions de son contrat de mariage pouvait être tenue de la rembourser sur ses biens paraphernaux; que le jugement dont est appel reconnaît à

la femme Manavit l'action dotale pour obtenir le payement d'une somme qu'elle a reçue contrairement aux stipulations du contrat de mariage et condamne Manavit à la payer une seconde fois; mais que, par la même décision, il admet Manavit à répéter cette somme sur les biens paraphernaux de la veuve Manavit; que cette décision contient des solutions contradictoires; qu'on ne peut à la fois déclarer nul un payement fait à la femme dotale, comme étant fait en contravention des conventions matrimoniales, et ordonner que ce payement sortira à effet; que la femme remboursera sur ses biens paraphernaux la somme payée par le tiers, qui ne pouvait valablement payer que sous condition de remploi; que le sens de la loi, c'est que le payement de la créance dotale en dehors des conditions convenues est nul à l'égard de la femme comme à l'égard du tiers qui a traité avec elle, et que la conséquence de cette nullité, c'est que la femme ne doit pas avoir à souffrir des suites de ce payement; qu'en condamnant Manavit à payer une seconde fois à la femme Manavit la somme dotale irrégulièrement payée, mais à la charge par elle de restituer à Manavit cette même somme sur ses paraphernaux; l'effet de cette condamnation, c'est que la fortune paraphernale de la femme Manavit serait diminuée d'une somme égale à sa créance dotale; que c'est là dépouiller la femme de l'exercice efficace de son action dotale; que, si le tiers qui a payé sans se conformer au contrat de mariage pouvait poursuivre sur les paraphernaux de la femme la répétition d'une somme payée en violation du régime matrimonial, on arriverait à cette conséquence que la femme se trouverait obligée en vertu d'un payement qui est nul par rapport à elle; que cette nullité implique comme corollaire forcé l'irresponsabilité de la femme pour toutes les conséquences de la nullité de cet acte sur ses paraphernaux; qu'un acte nul, qui n'a pas pour effet d'engager la femme et de créer un lien de droit vis-à-vis d'elle, ne peut l'engager sur aucun des biens qui composent son patrimoine, quelle qu'en soit la nature; qu'il suit de ce qui précède que la femme Manavit ne peut être tenue que par l'action *de in rem verso*, et dans la mesure où il sera justifié qu'elle a profité de cette somme de 7000 fr.; que la femme dotale ne peut, pas plus que tout autre personne, s'enrichir aux dépens d'autrui;... — Par ces motifs, infirme...

Du 22 avr. 1884.-C. de Toulouse, 1re ch.-MM. de Saint-Gresse, pr.-Moras, av. gén.-Pillore et Puget, av.

point d'être, à la dissolution du mariage, débiteur de la dot envers les héritiers de la femme par cela qu'il est, en vertu d'une stipulation du contrat de mariage, usufruitier avec dispense de caution de tous les biens de celle-ci ; on prétendrait à tort qu'il résulte de cette donation d'usufruit une novation dans la créance des héritiers de la femme (Trib. Thiers, 10 avr. 1856, aff. Dufraisse, D. P. 56. 3. 30). L'intérêt de la question existe au point de vue de l'hypothèque légale qui garantit la restitution de la dot, et qui serait éteinte dans l'hypothèse où une novation se serait produite (V. *infrà*, v° *Priviléges et hypothèques*).

1471. — III. A qui la dot doit-elle être restituée ? (*Rép.* n°s 4095 et 4096). — La dot doit être restituée à la femme ou à ses héritiers, qui seuls ont l'action en revendication. — Si la dot n'a pas été payée pendant le mariage, le mari à moins qu'il ne soit héritier de sa femme n'a plus, après la mort de celle-ci, d'action personnelle pour réclamer du constituant le payement de la dot. L'action n'appartient qu'aux héritiers de la femme (Civ. cass. 25 juill. 1853, aff. Clesle, D. P. 53. 1. 341).

Sect. 2. — Des choses qui doivent être restituées, du délai et du mode d'action en restitution (*Rép.* n°s 4097 à 4138).

1472. — I. Des choses qui doivent être restituées (*Rép.* n°s 4097 à 4121). — 1° *Dot en immeubles* (*Rép.* n°s 4097 à 4100). — Les immeubles dotaux doivent être restitués en nature, avec tous les accroissements et les accessoires qu'ils ont reçus, soit par les événements de la nature, soit par le fait de l'homme (*Rép.* n° 4100). — Jugé que le mari doit rendre le dédit qu'il a touché pour une vente d'un bien dotal annulée à l'amiable (Paris, 23 avr. 1864) (1).

1473. Le mari qui a fait des dépenses sur les immeubles dotaux a-t-il le droit de s'en faire indemniser ? — Cela dépend de la nature des dépenses. S'il s'agit de dépenses d'entretien ou usufructuaires, le mari n'a droit à aucune indemnité, car ces dépenses sont une charge des revenus. En ce qui concerne les dépenses de pur agrément et qui n'ont procuré aucune plus-value au fonds dotal, le mari ne peut également rien réclamer. Au contraire, les dépenses nécessaires ne rentrant pas dans les dépenses d'entretien doivent être remboursées intégralement au mari ; c'est le droit de tout mandataire en pareil cas. Quant aux dépenses utiles qui ont amélioré le fonds dotal, on a déjà vu *suprà*, n° 1220, que le mari doit en être indemnisé jusqu'à concurrence de la mieux-value qu'il a procurée (Bastia, 1re ch., 29 déc. 1856, aff. Paoli C. Bianchi,- MM. Calmètes, 1er pr.- Bertrand, 1er av. gén.-Bonelli et Milanta, av.; Civ. cass. 10 juin 1885, aff. Mary-Dauphin, D. P. 86. 1. 205, et sur renvoi, Lyon, 11 mars 1886, D. P. 87. 2. 129 ; Marcadé, t. 6, art. 1562, n° 1 ; Aubry et Rau, t. 5, § 535, p. 552, et § 540, p. 629 ; Laurent, t. 23, n° 482 ; Guillouard, t. 4, n° 2151).

1474. Il reste à savoir comment le mari peut se faire payer des indemnités qui lui sont dues, soit pour dépenses nécessaires, soit pour plus-value résultant de dépenses utiles. Quelques auteurs lui accordent le droit de retenir l'immeuble dotal jusqu'à ce qu'il ait été remboursé de ces dépenses, de quelque nature qu'elles soient (Sériziat, n°s 214 et 236 ; Rodière et Pont, t. 3, n°s 1908 et suiv.). Mais la plupart des auteurs font une distinction ; ils n'accordent le droit de rétention au mari que pour les dépenses nécessaires et le refusent pour les dépenses utiles. Ce système se fonde sur la tradition romaine (L. un. § 5, cod. De rei uxoriæ actione, liv. 5, tit. 13), et sur cette considération que les dépenses nécessaires sont considérées comme diminuant la dot et comme pouvant seules, par conséquent, autoriser le mari à ne pas la rendre immédiatement dans son intégralité (Troplong, t. 4, n° 3640 ; Aubry et Rau, t. 5, § 540, note 27, p. 630 ; Guillouard, t. 4, n° 2152).

1475. Le mari peut aussi compenser avec les sommes dotales dont il est débiteur envers la femme les sommes dont il est créancier pour impenses nécessaires faites sur les immeubles dotaux. Mais a-t-il le même droit en ce qui touche les impenses utiles ? Non, d'après MM. Aubry et Rau, t. 5, § 540, note 26, p. 630, car le payement de ces impenses ne peut être poursuivi sur les biens dotaux. M. Guillouard, t. 4, n° 2153, pense, au contraire, que la compensation s'opérera entre les reprises dotales et les dépenses simplement utiles faites par le mari. Il y a compte à faire entre la femme et le mari, compte qui se compose de deux éléments, les récompenses d'un côté, les reprises de l'autre : c'est la balance qui seule détermine l'existence et la quotité de la dette du mari (V. en ce sens ; Grenoble, 8 févr. 1879, aff. Rossignol, D. P. 80. 2. 149).

1476. — 2° *Dot en une somme d'argent* (*Rép.* n°s 4101 à 4105). — Il n'y a rien à ajouter aux explications données sur ce point au *Répertoire*.

1477. — 3° *Dot en meubles corporels* (*Rép.* n°s 4106 à 4112). — Le mari doit restituer en nature les objets qui sont restés la propriété de la femme ; il doit restituer la valeur de ceux dont la propriété lui a été transférée parce qu'ils ont été estimés dans le contrat de mariage ou parce qu'il s'agissait de choses fongibles (V. *suprà*, n° 1222).

Le mari doit restituer les meubles dotaux propres à la femme dans l'état où ils se trouvent à l'expiration de sa jouissance, pourvu qu'ils n'aient pas été détériorés par sa faute (*Rép.* n° 4109). Comme tout détenteur de la chose d'autrui, obligé de la conserver et de la restituer en vertu d'un contrat ou en vertu de la loi, c'est au mari, dit M. Guillouard, t. 4, n° 2145, qu'il incombe de faire la preuve de la perte ou de la détérioration fortuite des objets.

1478. Aux termes de l'art. 1551 c. civ., la femme peut dans tous les cas, c'est-à-dire aussi bien si les meubles dotaux sont restés sa propriété que s'ils sont devenus la propriété du mari, retirer les *linges et hardes* à son usage actuel, sauf à prendre leur valeur, lorsque ces linges et hardes ont été constitués avec estimation. A ce sujet, deux cas sont à distinguer. La valeur des linges et hardes existant au moment de la restitution peut excéder l'estimation qui en a été faite. Alors, il est généralement admis que la femme a le droit de les reprendre sans rien devoir pour la plus-value (Marcadé, t. 6, art. 1566 ; Rodière et Pont, t. 3, n°s 1899 et suiv. ; Aubry et Rau, t. 5, § 540, note 46, p. 635 ; Colmet de Santerre, t. 6, n° 238 *bis* ; Laurent, t. 23, n° 568 ; Guillouard, t. 4, n° 2161). A l'inverse, la valeur des linges et hardes peut se trouver inférieure à l'estimation. En ce cas, la femme est en droit de se faire tenir compte de la différence (Civ. rej. 1er juill. 1835, *Rép.* n° 3400. V. aussi les auteurs précités).

1479. Par les mots *linges et hardes*, il faut entendre, comme on l'a expliqué au *Rép.* n° 4112, le trousseau complet de la femme. Mais on doit en excepter les dentelles, cachemires, bijoux, dont la femme ne se sert pas habituellement (V. *suprà*, n° 924).

(1) (Nugues C. Pierquin.) — La cour ; — Considérant que les appelants et l'intimé reconnaissent dans leurs écritures que la somme de 10000 fr. a été, en 1833, touchée par Pierquin, à compte sur le prix du domaine de Saint-Martin-de-Poisat, vendu à Touilloud, et conservé, en 1836, par Pierquin, à titre de dédit, par suite de la résiliation de cette vente ; — Que si l'art. 1549 c. nap. donne au mari le droit de percevoir les fruits et les intérêts des biens dotaux, il faut entendre par fruits ce que la chose dotale est destinée à produire et à reproduire sans que la substance en soit altérée ; d'où il suit que tout produit ou bénéfice quelconque pouvant survenir à l'occasion du bien dotal, mais en dehors de sa destination, ne peut être considéré comme fruit ; — Que la somme de 10000 fr. payée en 1833 à valoir sur le prix ne pouvait être rangée parmi les fruits ; qu'elle était la représentation d'une partie en fonds du domaine aliéné, et devait tenir, entre les mains de la femme Pierquin, la place de partie de la propriété de l'immeuble dotal ; — Que le défaut d'emploi imputable au mari n'a pu rétroactivement dénaturer la cause et l'origine des deniers ; — Que l'on n'est pas plus fondé à se prévaloir en son nom de ce qu'ils auraient été abandonnés à titre de dédit ou d'indemnité lors de la résiliation de la vente ; — Qu'une indemnité suppose un dommage, et que le dommage, dans l'espèce, ne pouvait avoir pour cause que le fait de l'acquéreur, soit qu'il s'agit de dégradations à l'immeuble dotal pendant qu'il en était détenteur, soit qu'il s'agit d'une diminution de valeurs de ce fonds en cas de revente ; que, dans l'un comme dans l'autre cas, la somme de 10000 fr., ou le dédit, était la représentation pour la femme de la dépréciation subie par son immeuble ; — Qu'ainsi, cette somme, représentative d'une partie du fonds constitué en dot par le contrat de mariage, doit être considérée comme dotale ; que le mari en doit la restitution à la femme et que, dès lors, il y a lieu d'ordonner qu'il sera porté au passif de Pierquin ; — Infirme, etc.

Du 23 avr. 1864.-C. de Paris, 4e ch.-MM. Hély-d'Oissel, pr.-Dupré-Lasale, av. gén.-Thureau et Falateuf, av.

1480. Le droit conféré à la femme par l'art. 1566, § 2, est un droit qui lui est absolument personnel. Lorsque le mariage est dissous par son propre décès, ses héritiers ne pouvant s'en prévaloir contre le mari, ses créanciers ne pourraient pas non plus l'exercer (Pau, 13 juill. 1886, aff. Taillade, D. P. 87. 2. 178 ; Sériziat, n° 262; Colmet de Santerre, t. 6, n° 238 bis ; Guillouard, t. 4, n° 2162).

1481. Il a été jugé que la femme dotale, dont le mobilier a été estimé dans son contrat de mariage et que son mari a institutée légataire de son propre mobilier en toute propriété, a le droit de reprendre son trousseau en nature, mais à condition d'en imputer la valeur sur le prix d'aliénation; et qu'elle ne peut réclamer, comme légataire, que le surplus du montant de l'estimation, à moins que le testateur ne l'ait expressément autorisée à cumuler la reprise de son trousseau en nature avec le montant intégral de l'estimation (Req. 14 mars 1877, aff. Teisseire, D. P. 77. 1. 393).

1482. — 4° Dot en meubles incorporels (Rép. n°° 4113 à 4118). — Quand la dot comprend des meubles incorporels, le mari n'est obligé qu'à la restitution des titres de créances, sans être responsable de la différence de valeur de ces titres (c. civ. art. 1567). La jurisprudence interprète cette disposition d'une façon assez large ; c'est ainsi qu'elle a décidé que l'art. 1567, suivant lequel la perte ou la dépréciation d'une créance dotale survenue sans la faute du mari n'engage pas sa responsabilité, s'applique même au cas où la créance s'est trouvée perdue par suite de l'insolvabilité du mandataire qui en avait touché le montant, si aucun fait de négligence ou d'imprudence dans le choix de ce mandataire et dans les poursuites à fin de reddition de compte ne lui est imputable au mari, alors d'ailleurs qu'il s'agit d'une créance non estimée, ni mise à prix par le contrat de mariage (Req. 4 déc. 1855, aff. Ducheylard, D. P. 57. 1. 105; Aubry et Rau, t. 5, § 540, p. 631 ; Colmet de Santerre, t. 6, n° 239 bis I; Guillouard, t. 4, n° 2146).

1483. Dans le cas où les titres de créances sont l'objet d'une conversion entraînant une diminution des revenus, le mari est tenu de rendre, non les titres anciens, mais les titres nouveaux qui leur ont été substitués (Décr. 14 mars 1852, D. P. 52. 4. 70; L. 27 avr. 1883, autorisant la conversion des rentes 5 pour 100 en rentes 4 et demi pour 100, D. P. 83. 4. 27; L. 7 nov. 1887, autorisant la conversion des rentes 4 et demi pour 100 ancien fonds en rentes 3 pour 100, D. P. 87. 4. 99).

1484. Le mari ne doit rendre les titres des créances que si la propriété de ces créances est restée à la femme. Lorsque, par l'effet, notamment, de l'estimation qui en a été faite dans le contrat, ces créances ont été cédées au mari, il doit rendre le prix d'estimation; il peut seulement avoir droit à garantie de la part de la femme, s'il prouve que les créances qu'elle a apportées étaient irrecouvrables (Rodière et Pont, t. 3, n° 1903; Aubry et Rau, t. 5, § 540, note 31, p. 631; Guillouard, t. 4, n° 2146).

1485. — 5° Dot en usufruit (Rép. n°° 4119 à 4121). — L'art. 1568 c. civ. (Rép. n° 4119) indique que, si la dot comprenait un usufruit, le mari ou ses héritiers doivent seulement restituer le droit d'usufruit et non les fruits perçus pendant le mariage. — Cette disposition, comme on l'a dit au Rép. n° 4120, doit être étendue à la rente viagère constituée en dot (V. conf. Rodière et Pont, t. 3, n° 1904; Aubry et Rau, t. 5, § 540, note 32, p. 632; Guillouard, t. 4, n° 2147). Quant aux fruits ou revenus de la dernière année, ils doivent être répartis entre le mari et la femme ou leurs héritiers, proportionnellement à la durée du mariage pendant cette année (V. infrá, n° 1503).

1486. — II. Délai pour la restitution de la dot (Rép. n°° 4122 à 4135). — Il résulte des art. 1564 et 1565 c. civ. que le mari doit remettre immédiatement les biens, meubles ou immeubles, qui sont restituables en nature, et qu'il a un délai d'un an pour rendre la partie de la dot qui doit être payée en argent. Mais on doit comprendre dans l'hypothèse où la dot est restituable en nature celle où les biens dotaux ne peuvent être rendus in specie, parce qu'ils ont péri ou disparu par la faute du mari. Le fait que le mari a amené la perte de ces biens ne peut rendre sa situation meilleure au point de vue de l'obligation de restitution (Aubry et Rau, t. 5, § 540, note 47, p. 635 ; Guillouard, t. 4, n° 2122).

1487. Quel sera le délai de la restitution, s'il s'agit de meubles non estimés, que le mari a aliénés en usant du pouvoir que la jurisprudence lui reconnaît sur la dot mobilière? Les auteurs décident généralement que le mari a droit au délai d'un an pour la restitution du prix de tout objet qu'il a aliéné légalement, soit comme propriétaire, soit en vertu des pouvoirs qui lui sont reconnus comme administrateur de la dot (Marcadé, t. 6, art. 1564-1565, n° 1 ; Aubry et Rau, t. 5, § 540, note 48, p. 635; Guillouard, t. 4, n° 2125).

1488. Lorsque la séparation de biens a été prononcée contre le mari autrement que comme conséquence de la séparation de corps, on a vu au Rép. n° 4126 que, suivant l'opinion générale, il n'a plus droit au délai d'un an, par application de l'art. 1188 c. civ. La doctrine est restée fixée en ce sens (V. Rodière et Pont, t. 3, n° 1913; Aubry et Rau, t. 5, § 540, note 50, p. 635; Jouitou, n° 411; Guillouard, t. 4, n° 2125. — V. cependant en sens contraire : Colmet de Santerre, t. 6, n° 236 bis III). Les fruits doivent alors être restitués à partir du jour de la demande en justice, et non pas du jour du jugement (Agen, 29 avr. 1868(1). V. supra, n° 675).

1489. Le mari, au contraire, a droit au délai d'un an quand il y a séparation de biens accessoire à la séparation de corps, comme aussi en cas de divorce (Rép. n° 4126; Aubry et Rau, Jouitou, Colmet de Santerre, loc. cit.; Guillouard, t. 4, n° 2123).

1490. Ainsi qu'on l'a dit au Rép. n° 4129, le délai de restitution de la dot peut être diminué ou prolongé par les conventions matrimoniales des époux; c'est là une question d'intérêt privé (V. conf. Rodière et Pont, t. 3, n° 1916 ; Aubry et Rau, t. 5, § 540, note 49, p. 635; Guillouard, t. 4, n° 2126).

1491. — III. Du mode d'action en restitution (Rép.

(1) (Linol C. Linol.) — Le 20 févr. 1867, jugement du tribunal civil de Gourdon, ainsi conçu : — « Attendu que la dame Linol n'est pas fondée à faire annuler l'offre qui lui a été faite, sous le prétexte que le sieur Paulin Linol, au lieu de se borner à lui offrir le capital de 10000 fr. qu'il lui doit, aurait dû lui offrir en outre les intérêts de ce capital depuis le 19 avr. 1855, jour où elle a formé sa demande en séparation de biens; — Attendu qu'en effet, si la question ne se posait qu'entre elle et son mari exclusivement à tous autres, il est certain que le mari, obligé à lui rembourser le capital de 10000 fr., faisant partie de la dot et des reprises matrimoniales, ne serait tenu de lui payer les intérêts produits par ce capital qu'à dater de l'arrêt du 27 déc. 1866 qui prononce la séparation, et nullement à compter du 19 avr. 1855, date de la demande en séparation ; qu'en effet les intérêts ne sont dus pour une dette en matière qu'en punition de ce que le paiement de la dette n'est pas payée à son échéance, soit au cas où il y a stipulation d'intérêts, soit au cas où les intérêts courent de par la loi ; que, dans l'espèce de la séparation de biens, le capital de la dette du mari n'est exigible qu'au jour où la séparation est prononcée, par la raison que la loi n'admet pas les séparations volontaires entre époux ; que, par conséquent, la séparation n'étant pas dus qu'à dater du jour où la séparation forcée est prononcée contre le mari ; — Attendu que, dans l'espèce et à plus forte raison, la femme de François Linol ne peut pas exiger de Paulin Linol les intérêts de son capital à dater de sa demande en séparation, mais seulement à dater de l'arrêt qui l'a prononcée tout récemment ; qu'en effet, après avoir formé sa demande le 19 avr. 1855, elle a attendu six années avant de la porter à l'audience du tribunal qui l'a rejetée le 28 août 1861 ; qu'après avoir, par appel de cette décision, porté sadite demande devant la cour, elle est restée dans l'inaction pendant plus de cinq années, et n'a fait entendre ses conclusions à l'audience de la cour que le 27 décembre dernier, jour où la séparation a été prononcée ; que Paulin Linol n'intervenu dans l'instance en séparation qu'à la veille pour ainsi dire du jour où la femme, de connivence avec son mari, pour nuire aux intérêts dudit Paulin Linol, avait résolu de se faire entendre soit en première instance, soit en cause d'appel ; que, par conséquent, elle ne peut pas rejeter sur le compte dudit Paulin Linol de n'avoir pas mis lui-même en mouvement cette instance qu'elle laissait elle-même dans l'immobilité ; — Par ces motifs, etc. ». — Appel par la dame Linol. — Arrêt.

La cour. — Attendu que l'art. 1445 c. nap., faisant remonter tous les effets de la séparation au jour de la demande, la communauté est censée avoir été dissoute dès cette époque, et par conséquent, c'est aussi à partir de ce jour que les revenus de la femme cessent d'appartenir au mari ; — Infirme, etc.

Du 29 avr. 1868.-C. d'Agen.-MM. Bouet, pr.-Destanes de Bernès, subst.-Delpech et Brocq, av.

n°s 4136 à 4138). — Si le mari refuse de restituer la dot, la
femme doit l'assigner en justice pour obtenir la restitution.
Cependant, lorsque la dot est liquide et doit être restituée
en argent, la femme peut faire commandement au mari en
vertu de son contrat de mariage (Rodière et Pont, t. 3,
n°s 4907 et 1915). La femme séparée de biens n'a pas besoin
d'une autorisation du mari pour agir en restitution de la dot ;
cette autorisation est suppléée par celle en vertu de laquelle
la femme a demandé sa séparation de biens (Jouitou, n° 429).

Sect. 3. — De la preuve de la réception de la dot et du cas
ou cette réception est présumée (Rép. n°s 4139 à 4184).

1492. — I. Preuves de la réception de la dot (Rép. n°s 4139
à 4159). — Lorsque la dot a été constituée à la femme par
un tiers, comme la femme n'a pu avant le mariage se procurer la preuve que le mari l'a reçue, elle ou ses héritiers
doivent être admis à prouver la réception par tous les moyens
possibles, et notamment par la preuve testimoniale et les
présomptions (Rép. n° 4139 ; Caen, 10 janv. 1855, aff.
Grimbert, D. P. 55. 2. 152; Civ. cass. 3 mars 1868, aff. des
Guidi, D. P. 68. 1. 155 ; Req. 2 mars 1886, aff. Niel, D. P. 87.
1. 75 ; Rodière et Pont, t. 3, n° 1917; Aubry et Rau, t. 5,
§ 540, note 7, p. 625 ; Laurent, t. 23, n° 561 ; Guillouard,
t. 4, n° 2131).

1493. Si la dot a été constituée par la femme elle-même,
il y a lieu alors d'appliquer les règles du droit commun en
matière de preuve. En principe, la réception de la dot doit
être constatée par une quittance ou acte émanant du mari,
du moment où il s'agit d'une valeur supérieure à 150 fr.
(Aubry et Rau, t. 5, § 540, note 14, p. 627 ; Guillouard, t. 4,
n° 2440. V. toutefois Req. 2 mars 1886, aff. Niel, D. P. 87.
1. 75). Mais si la femme allègue qu'elle n'a pu obtenir de
quittance du mari, elle pourra établir le dol, la violence,
l'abus d'autorité commis par celui-ci, par tous les moyens
applicables en pareil cas (Rép. n° 4140).

1494. En ce qui concerne les quittances de la dot contenues dans le contrat de mariage, il a été jugé dans le
sens des décisions rapportées ou citées au Rép. n° 4145 :
1° que la stipulation, dans un contrat de mariage, que la
célébration vaudra quittance et décharge absolue de la dot
est licite et fait preuve du payement de la dot promise ; et
que la déclaration par la femme que la dot n'a été versée
au mari que dans le courant des années qui ont suivi le
mariage, loin de détruire la preuve du payement, la confirme
au contraire et établit qu'il y a eu lieu en espèces; qu'en conséquence, la femme doit être admise à exercer la reprise de sa
dot lors de la dissolution de la communauté (Req. 14 déc.

1875, aff. Hannotin, D. P. 76. 1. 455) ; — 2° Que la clause
d'un contrat de mariage portant que la célébration du
mariage religieux vaudra quittance du mari pour les apports
de la femme est valable, et rend le mari ou ses créanciers
non recevables à contester ultérieurement la réalité des
apports, s'il a été procédé à la célébration religieuse sans
aucune protestation du mari (Caen, 10 nov. 1859, aff. Lemenuet, D. P. 60. 2. 30); — 3° Que ces clauses ont autant de
force qu'une quittance et repoussent toute preuve contraire
(Dijon, 7 mai 1862, aff. Bourdon, D. P. 62. 2. 174. — V. toutefois, supra, n° 828).

1495. Comme on l'a vu au Rép. n° 4144, les énonciations du contrat de mariage concernant le payement de la
dot sont opposables aux créanciers du mari. Ces créanciers
seraient d'ailleurs admis à faire la preuve des fraudes qui
auraient été commises à leur préjudice dans le contrat. Cela
ne s'applique toutefois qu'aux créanciers antérieurs au
contrat de mariage. Ceux qui ne sont devenus créanciers du
mari qu'à une date postérieure sont sans qualité pour contester la sincérité des apports de la femme (Comp. Rennes,
16 févr. 1866) (1).

1496. — II. Du cas ou la réception de la dot est présumée
(Rép. n°s 4160 à 4184). — L'art. 1569, rapporté au Rép. n° 4160,
dispense la femme ou ses héritiers de prouver que le mari
a reçu la dot, lorsqu'il s'est écoulé plus de dix ans depuis
l'échéance des termes pris pour le payement. Cette règle,
qui a son origine, comme nous l'avons dit au Rép. n° 4162,
dans une jurisprudence du parlement de Bordeaux, repose
sur cette idée que le mari doit être responsable de sa négligence à poursuivre le recouvrement de la dot. Le mari ne
peut y échapper qu'en justifiant de diligences inutilement
par lui faites pour se procurer le payement (Aubry et Rau,
t. 5, § 540, note 13, p. 626 ; Guillouard, t. 4, n° 2133).

1497. La femme et ses héritiers peuvent invoquer
l'art. 1569, mais le tiers qui a promis la dot ne saurait
l'opposer au mari ni à la femme (Rép. n° 4169 ; Rodière et
Pont, t. 3, n° 1923; Marcadé, t. 6, art. 1569, n° 1;
Colmet de Santerre, t. 6, n° 241 bis III; Aubry et Rau, loc.
cit. ; Jouitou, n° 431 ; Guillouard, t. 4, n° 2134). — Jugé que
la présomption suivant laquelle le mari est légalement réputé
avoir reçu la dot lorsque le mariage a duré plus de dix ans
après l'échéance du dernier terme fixé pour le payement de
ladite dot, n'est pas applicable au cas où, la dot ayant été
constituée par un père à sa fille, et le constituant étant
décédé dans les dix ans, sa fille est appelée à lui succéder.
La fille dans ce cas est débitrice de la dot (Riom, 20 juin
1857, aff. Dupic, D. P. 58. 2.140; Grenoble, 25 avr. 1864,
aff. Galopin, D. P. 61. 2. 149 ; Nîmes, 14 août 1877 (2). —

(1) (Muzellec C. Galmiche.) — La dame Muzellec, par son contrat
de mariage, s'était constitué en dot une somme de 6000 fr. Pendant
le mariage, son mari s'associa au sieur Galmiche pour l'exploitation d'un banc de kaolin qui existait dans une propriété propre
au sieur Muzellec. Des constructions furent élevées sur cette
propriété. Dans la suite, la dame Muzellec fit prononcer sa séparation de biens, et, les immeubles de son mari ayant été mis en
vente, elle se rendit adjudicataire de la propriété sur laquelle
existaient les constructions. Dans l'ordre ouvert pour la distribution du prix, la dame Muzellec requit collocation pour le montant
de ses reprises dotales. Mais le sieur Muzellec prétendait avoir
fourni les deniers au moyen desquels les constructions avaient
été faites, et il demanda une ventilation du prix de la propriété
pour se faire colloquer par privilège sur la plus-value résultant
des constructions ; en outre, il forma tierce-opposition au jugement
qui avait liquidé les reprises de la femme Muzellec, alléguant que
l'apport de celle-ci n'était pas réel et couvrait une libéralité de la
part du sieur Galmiche. — Le 16 août 1865, jugement du tribunal
de Brest qui admet les prétentions du sieur Galmiche. — Appel
par la dame Muzellec. — Arrêt.
La cour, — Considérant que, par son contrat de mariage en
date du 16 déc. 1856, l'appelante s'est constitué en dot une valeur
de 6000 fr.; — Que ce contrat de mariage a été dûment publié
conformément aux dispositions de l'art. 67 c. com. ; — Que Galmiche, qui n'était pas à cette époque créancier de Muzellec, est
sans qualité pour attaquer la stipulation du contrat de mariage
et pour contester la sincérité des apports de la femme, en alléguant que la dot n'est qu'une libéralité déguisée, faite par le mari
au préjudice de ses créanciers ; — Considérant que, lors de son
mariage, Muzellec était propriétaire du terrain sur lequel ont été
élevés plus tard les constructions dont l'appelante s'est rendue adjudicataire le 31 janv. 1865 ; qu'à partir de la célébration du mariage,
la femme a eu, pour le montant de ses reprises, hypothèque

légale sur ce terrain; que, d'après l'art. 2133 c. nap., cette hypothèque s'est étendue successivement à toutes les améliorations survenues à cet immeuble, et à toutes les constructions qui ont pu
y être élevées; — Considérant que Galmiche ne peut contester le
droit de la femme sur ces constructions, en se présentant comme
associé du mari et comme ayant fourni les fonds avec lesquels
elles ont été édifiées; que l'association qui existe entre lui et
Muzellec n'ayant pas été publiée conformément à la loi, n'a pas eu
pour les tiers d'existence légale, et ne peut être opposée à la
femme; que le terrain dont il s'agit est resté propriété personnelle de Muzellec, et n'a pas été apporté par lui à la société; que
Galmiche ne prouve pas qu'il ait fait élever lui-même les constructions qui s'y trouvent, et qu'eût-il fourni les fonds qui y ont été
employés, il ne pourrait s'en prévaloir contre la femme, n'ayant
pas rempli les formalités prescrites par les n°s 4 et 5 de l'art. 2103
c. nap. ; — Considérant que la séparation de biens ayant été
prononcée, et la liquidation ayant eu lieu, la femme peut faire
valoir ses droits tant sur l'actif de là communauté que sur les
propres du mari ; — Par ces motifs, corrigeant et réformant, dit
que l'hypothèque légale de la dame Muzellec porte sur la totalité
de l'immeuble appartenant à son mari; déboute Muzellec de ses
conclusions, etc.
Du 16 févr. 1866.-C. de Rennes, 2e ch.-MM. Androuin, pr.-Julhiet, 1er av. gén.-Grivart et Ducosquer, av.

(2) (Costeraste C. Martial.) — Le sieur Costeraste ayant été
exproprié, un ordre fut ouvert au greffe du tribunal du Vigan
pour la distribution du prix de ses immeubles. La dame Costeraste demanda et obtint collocation pour le montant de ses reprises
constatées par son contrat de mariage. Mais sa collocation fut
contestée par le sieur Martial, créancier de Costeraste, relativement à une somme de 3000 fr. qui avait été constituée en dot
par le père de la dame Costeraste. Le sieur Martial soutint que

V. toutefois : Nîmes, 23 mars 1866, cité *infrà*, n° 1498).
— Jugé également que la présomption de l'art. 1569 est inapplicable lorsque la séparation de biens a été prononcée avant l'expiration du délai de dix ans ; la femme doit alors justifier du versement de la dot entre les mains du mari (Paris, 9 mai 1888) (1).

1498. La présomption de l'art. 1569 est opposable aux créanciers du mari, comme au mari lui-même (Nîmes, 23 mars 1866) (2).

1499. C'est aux tribunaux qu'il appartient de décider si les *diligences* alléguées par le mari pour échapper à la présomption de l'art. 1569 sont suffisantes. Il n'est pas nécessaire que le mari prouve qu'il a fait des poursuites (*Rép.* n° 4171 ; Rodière et Pont, t. 3, n° 1926 ; Marcadé, t. 6, art. 1569, n° 1 ; Aubry et Rau, t. 5, § 540, note 11, p. 626 ; Laurent, t. 23, n° 563 ; Guillouard, t. 4, n° 2137).

1500. La présomption de l'art. 1569 est-elle applicable si la femme s'est dotée elle-même ? Cette question est examinée au *Rép.* n° 4174, et elle est encore controversée. La plupart des auteurs, toutefois, admettent que la femme qui s'est constitué à elle-même sa dot ne peut pas se prévaloir de la présomption dont il s'agit (Marcadé, t. 6, art. 1569, n° 2 ; Aubry et Rau, t. 5, § 540, note 10, p. 627 ; Colmet de Santerre, t. 6, n° 241 *bis* IV ; Jouitou, n° 418 ; Laurent, t. 23, n° 564 ; Guillouard, t. 4, n° 2133). Mais la cour de Caen s'est prononcée dans le sens contraire (Caen, 3 mars 1875, aff. Mauger, D. P. 77. 2. 133. — V. aussi Nîmes, 23 mars 1866, *suprà*, n° 1498).

En tout cas, l'art. 1569 ne semble pas pouvoir être appliqué à la réception des biens advenus à la femme pendant le mariage (Req. 2 mars 1886, aff. Niel, D. P. 87. 1. 75).

cette somme n'avait jamais été payée et que la présomption de l'art. 1569 n'était pas applicable, parce que le constituant était mort moins de six ans depuis le mariage. — Le 19 janv. 1877, un jugement du tribunal du Vigan admit les prétentions du sieur Martial. — Appel de la dame Costeraste. — Arrêt.

La cour ; — Attendu que l'appel porte uniquement sur la disposition de l'art. 1569 ; que le tribunal, avant de statuer sur la demande en collocation de 3000 fr. à elle constituée en dot par son père, admet la dame Costeraste à prouver que son mari a reçu ladite somme ; — Attendu que la dame Costeraste soutient qu'elle doit être colloquée, sans avoir à prouver que son mari a reçu les 3000 fr. qui lui avaient été constitués en dot par son père ; — Attendu, à cet égard, que les 3000 fr. constitués en dot par Portalier à sa fille étaient exigibles le 12 janv. 1854 ; — Que, si dix années s'étaient écoulées avant le décès dudit Portalier sans que Costeraste justifiât de diligences faites inutilement pour en obtenir le payement, la présomption de l'art. 1569 serait applicable, mais qu'il est constant que Portalier est décédé le 31 août 1858 ; — Attendu qu'à partir de ce décès la dame Costeraste étant héritière de son père, à l'action en payement que le mari avait contre Portalier a été substituée l'action en partage de sa succession ; — Que la succession se composait principalement de la valeur de l'office ministériel dudit Portalier, laquelle n'a pas été suffisante pour payer les reprises de la mère commune ; — Que le 6 janv. 1859 la femme Costeraste, avec l'autorisation de son mari, donnait pouvoir à son frère de vendre ledit office ; — Que, le 13 nov. 1867, elle prit part à la liquidation de la succession ; — Qu'en cet état des faits la présomption de l'art. 1569 n'est pas applicable, parce que, avant l'expiration des dix ans, la succession du débiteur de la dot s'est ouverte et Costeraste a fait les seules diligences qu'il pouvait faire pour obtenir le payement de cette dot ; — Attendu que vainement la femme Costeraste se prévaut d'une répudiation faite le 23 janv. 1860, cette répudiation étant sans valeur après l'acceptation de la succession résultant tant des actes de 1859 que de ceux de 1867 ; — Qu'il suit de ces faits et circonstances que c'est à bon droit que le premier juge a déclaré n'y avoir lieu d'appliquer la présomption de l'art. 1569 ; — Mais, attendu que la dame Costeraste demande à prouver que son mari a reçu les 3000 fr. dont s'agit ; qu'elle soutient que 1000 fr. lui furent comptés par l'intermédiaire d'un sieur Roussel Ernest ; que, plus tard, une autre personne lui compta les 2000 fr. formant le solde ; — Qu'il y a lieu de l'autoriser à faire cette preuve ; — Confirme, etc.
Du 14 août 1877.-C, de Nîmes.-MM. Gouazé, 1er pr.-Clappier, av. gén.-Carcassonne et Balmelle, av.

(1) (Phily C. Heurtey.) — La cour ;... — Considérant que la séparation de biens entre les époux Phily, ayant été prononcée avant l'expiration du délai de dix ans, sur laquelle est basée la présomption de payement de l'art. 1569 c. civ., cet article n'était pas applicable dans la cause ; mais considérant que la femme Phily justifie du versement des divers termes de payement de sa

Sect. 4. — Des intérêts de la dot et des fruits de la dernière année (*Rép.* n°s 4185 à 4222).

1501. — I. Intérêts (*Rép.* n°s 4185 à 4191). — Aux termes de l'art. 1570 (*Rép.* n° 4185), les intérêts et fruits de la dot courent de plein droit au profit des héritiers de la femme depuis le jour de la dissolution du mariage, si le mariage est dissous par la mort de la femme. Lorsque la dissolution arrive par la mort du mari, la femme a le choix d'exiger les intérêts de sa dot pendant l'an de deuil ou de se faire fournir des aliments pendant le même temps aux dépens de la succession du mari. La loi n'a pas prévu le cas de divorce. Mais la règle doit être la même qu'au cas de dissolution du mariage par la mort de la femme. Du moment où la femme reprend la jouissance de sa dot, une action en justice n'est pas nécessaire pour faire courir à son profit les intérêts ou les fruits des biens qui lui appartiennent (Guillouard, t. 4, n° 2154).

1502. Dans le cas de séparation de biens ou de séparation de corps, la question de savoir si les intérêts de la dot sont dus à la femme depuis le jour de la demande est controversée. Nous avons vu *suprà*, n° 675, qu'il a été jugé que les intérêts de la dot courent seulement du jour du jugement de séparation (Req. 28 mars 1848, aff. Cisternes, D. P. 48. 1. 170 ; Trib. Lyon, 16 janv. 1869, aff. Laigros, D. P. 69. 3. 29 ; 13 mars 1869, aff. Guetton, *ibid.*). Mais la plupart des auteurs enseignent, au contraire, que les intérêts sont dus dès le jour de la demande ; c'est l'application de l'art. 1445 c. civ. qui fait remonter à ce jour les effets du jugement de séparation. Cette solution est d'ailleurs admise par la jurisprudence sous le régime de communauté, et il n'y a pas de raison d'être

dot ; que Heurtey, ès nom, prétend vainement qu'il y aurait chose jugée à cet égard par un jugement du tribunal de commerce du 7 sept. 1877, confirmé par arrêt du 31 janv. 1879 ; que ces jugement et arrêt se sont bornés à prononcer la nullité, entre autres actes de transport, de celui passé devant Aubron, notaire, le 5 déc. 1874, au profit de la femme Phily, à raison uniquement du report à cette même date de la faillite de Phily, par application de l'art. 446 c. com., et parce que ce transport paraissait entaché de fraude, sans entrer dans l'examen de la question du payement de la dot constituée à la femme Phily ; que lesdits jugement et arrêt ne sauraient donc être invoqués comme constituant la chose jugée ; qu'il s'ensuit que la femme Phily avait le droit de prendre une inscription d'hypothèque légale pour la somme principale de 6000 fr. qui lui a été constituée en dot, et pour les intérêts de cette somme courus depuis la liquidation de ses reprises faite par ci-devant Debière, notaire, le 15 déc. 1854...
Du 9 mai 1888.-C. de Paris, 6e ch.-MM. Collette de Baudicourt, pr.-Henri Thiéblin et Tommy-Martin, av.

(2) (De Montford C. de Montford.) — La cour ; — Attendu que le mariage des époux Montford a duré plus de dix ans depuis l'échéance des termes pour le payement de la dot, et qu'il n'est justifié d'aucune diligence faite par le mari pour obtenir le payement ; que la présomption établie en faveur de la femme par l'art. 1569 c. nap. ne doit pas être entendue dans le sens restreint que les intimés lui assignent ; qu'il faut reconnaître, au contraire, qu'elle produit ses effets aussi bien à l'égard des créanciers du mari, qui sont les ayants cause de celui-ci, qu'à l'égard du mari lui-même ; que, de plus, elle peut être utilement invoquée par la femme même, dans le cas où, comme dans l'espèce, elle est devenue débitrice de la dot, la loi n'ayant fait aucune distinction, et les raisons de décider étant les mêmes ; — Attendu, d'autre part, qu'en force de cette présomption, la femme n'est tenue de fournir aucune justification pour constater sa qualité de créancier ; que c'est au mari, maître de la dot durant le mariage, et qui seul a l'exercice des actions qui y sont afférentes, qu'incombe l'obligation d'établir, au moins par de graves présomptions, qu'il n'a pas reçu ou qu'il n'a pas pu recevoir la dot dont la restitution lui est réclamée ; — Attendu que de Montford, ou pour lui ses créanciers, ne rapportent point cette preuve ; qu'au contraire, les documents et les faits du procès démontrent que de Montford a touché la somme de 30000 fr., montant de la dot que la dame Gay, son épouse, s'est constituée dans son contrat de mariage du 3 févr. 1813 ; — Attendu que la dame de Montford est donc bien fondée à demander sa collocation dans l'ordre ouvert à la suite de l'expropriation des biens de son mari, pour ladite somme de 30000 fr., au premier rang des créanciers hypothécaires, à la date du 3 févr. 1813, date de son contrat de mariage ; — Par ces motifs, etc.
Du 23 mars 1866.-C. de Nîmes, 3e ch.-MM. Teissonnière, pr.-Bataille, av. gén.-Balmelle, av.

moins favorable à la femme sous le régime dotal (V. en ce sens: Limoges, 17 juin 1835, *Rép.* n° 1945; Agen, 29 avr. 1868, *suprà*, n° 1488; Rodière et Pont, t. 3, n° 1935 et 2168; Aubry et Rau, t. 5, § 540, note 35, p. 632 et suiv.; Colmet de Santerre, t. 6, n° 242 *bis* I; Guillouard, t. 4, n° 2155).

1503. — II. Fruits (*Rép.* n°⁵ 4192 à 4202). — La disposition de l'art. 1571 c. civ. (*Rép.* n° 4192) aux termes duquel « à la dissolution du mariage, les fruits des immeubles dotaux se partagent entre le mari et la femme ou leurs héritiers, à proportion du temps que le mariage a duré, pendant la dernière année », s'applique non seulement lorsque le mariage est dissous, mais dans tous les cas où la dot est restituée à la femme, aussi bien en cas de séparation de corps ou de biens qu'en cas de divorce ou de mort de l'un des époux. Il n'y a, en effet, aucune raison de distinguer (Troplong, t. 4, n° 3678; Aubry et Rau, t. 5, § 540, note 41, p. 634; Guillouard, t. 4, n° 2157).

1504. La même règle, comme on l'a dit au *Rép.* n° 4198, doit être appliquée par analogie aux fruits qui ne se perçoivent pas tous les ans; le mari a droit à ces fruits en proportion de la durée du mariage (Marcadé, t. 6, art. 1571, n° 2; Rodière et Pont, t. 3, n° 1940; Aubry et Rau, t. 5, § 540, note 43, p. 634 et suiv.; Colmet de Santerre, t. 6, n° 243 *bis* III; Laurent, t. 23, n° 574; Guillouard, t. 4, n° 2158).

Cette règle doit encore être appliquée aux fruits des terres qui donnent plusieurs récoltes par an, comme la culture maraîchère, par exemple. On additionne alors les fruits des deux récoltes, et on les partage comme il vient d'être dit (Colmet de Santerre, t. 6, n° 243 *bis* IV; Guillouard, *loc. cit.*).

1505. Les frais de culture et de semence et les frais de récolte se prélèvent sur les fruits (*Rép.* n° 4199; Rodière et Pont, t. 3, n° 1941; Aubry et Rau, t. 5, § 540, note 46, p. 635; Colmet de Santerre, t. 6, n° 243 *bis* VII; Guillouard, t. 4, n° 2159).

1506. — III. Aliments (*Rép.* n°⁵ 4203 à 4210). — L'art. 1570 c. civ. laisse à la veuve l'option entre les intérêts de sa dot ou des aliments pendant l'an de deuil; c'est, comme nous l'avons dit au *Rép.* n° 4203, une conséquence du délai accordé aux héritiers du mari pour le remboursement de la dot. Un arrêt, en considérant que les aliments formaient l'équivalent des intérêts de la dot, a décidé qu'une femme qui avait, après l'année de deuil, continué d'obtenir des aliments des héritiers de son mari, ne pouvait, pendant la période correspondante aux revenus de sa dot (Bastia, 26 déc. 1855, aff. Morati, D. P. 56. 2. 149).

1507. La jurisprudence, dans un cas particulier, s'est montrée extrêmement favorable aux prérogatives de la veuve dotale, en décidant que la femme, qui a reçu des héritiers du mari une restitution volontaire de sa dot, bien que cette dot ne fût exigible qu'après le délai d'une année fixé par l'art. 1565 c. civ., conserve la faculté de réclamer des aliments pendant l'an de deuil, le droit d'opter entre la restitution de la dot et des aliments appartenant à la femme seule (Req. 3 août 1853, aff. Belzingue, D. P. 54. 1. 60). Il semblerait résulter de cette décision que la femme à laquelle les héritiers du mari auraient volontairement restitué la dot non immédiatement exigible, pourrait cumuler, avec les

intérêts de cette dot, les aliments dus pendant l'an de deuil. Nous doutons toutefois que cette solution soit conforme au vœu du législateur, car l'art. 1570 nous paraît exclure absolument le cumul de la jouissance de la dot et des aliments à prendre sur la succession du mari. Sans doute, c'est à la femme seule qu'est accordé le droit d'opter entre les intérêts de sa dot et des aliments. Il s'ensuit que les héritiers du mari ne pourraient pas la contraindre à recevoir contre son gré, soit ces intérêts, soit ces aliments : elle est libre; mais, quel que soit son choix, il ne doit jamais arriver que les héritiers se trouvent tout à la fois privés des intérêts de la dot pendant l'an de deuil et tenus de fournir les aliments. On doit donc admettre que, s'ils ont volontairement réintégré la femme dans la jouissance de la dot, ils se trouvent déchargés de toute dette alimentaire, à la condition, bien entendu, que la femme ait accepté cette restitution. N'y a-t-il pas là, en effet, une véritable option de la part de la femme pour les intérêts de sa dot? La femme investie de la jouissance de sa dot ne nous paraîtrait pouvoir être admise à réclamer des aliments, malgré cette jouissance, qu'autant qu'elle justifierait de l'insuffisance de ses revenus.

1508. Les aliments fournis à la veuve doivent être en rapport avec sa position sociale; ils peuvent, par conséquent, être d'une valeur supérieure aux revenus de la dot (Laurent, t. 23, n° 580).

1509. — IV. Habitation (*Rép.* n°⁵ 4211 à 4216). — La veuve sous le régime dotal a droit à l'habitation pendant l'année de deuil (c. civ. art. 1570, § 2), tandis que, sous le régime de communauté, elle n'y a droit que pendant trois mois et quarante jours (c. civ. art. 1465) (V. *suprà*, n° 793). La veuve a droit à l'habitation alors même que son mari l'aurait instituée légataire d'une partie de ses biens. Elle ne pourrait cependant pas réclamer de la succession du mari une indemnité en représentation de ce droit, si la maison dans laquelle demeuraient les époux pendant le mariage lui était léguée en propriété ou en usufruit (Aix, 2 mai 1839, *Rép.* n° 4206; Aubry et Rau, t. 5, § 540, note 37, p. 633; Guillouard, t. 4, n° 2165).

1510. — V. Deuil (*Rép.* n°⁵ 4217 à 4222). — Quant à l'étendue et aux caractères de la créance de la femme dotale pour frais de deuil, il y a lieu de se reporter à ce qui a été dit pour la femme commune (V. *suprà*, n°⁵ 795 et suiv.).

SECT. 5. — DES SURETÉS POUR LA RESTITUTION DE LA DOT (*Rép.* n°⁵ 4223 à 4239).

1511. En général la femme dotale, comme on l'a vu au *Rép.* n° 4223, n'a pas de privilège spécial pour la restitution de sa dot; mais il en est autrement d'après la loi mosaïque, applicable aux israélites d'Algérie (Alger, 19 mars 1866) (1), au moins avant le décret de naturalisation du 24 oct. 1870 (V. *infra*, v° *Organisation de l'Algérie*).

1512. A quelle date remonte l'hypothèque légale dont jouit la femme, créancière de son mari, du chef de ses reprises? Cette date est-elle celle du contrat de mariage ou celle de la célébration du mariage? (V. sur ce point : v° *Privilèges et hypothèques; — Rép.* eod. v° n° 905).

---

(1) (Sportès C. Boffa.) — LA COUR; — Attendu qu'il est inexact de dire, ainsi que le font les motifs du jugement dont appel, que la célébration du mariage de la dame Sportès dans la forme prescrite par la loi française, a nécessairement impliqué de sa part renonciation à son statut personnel, et entraîné pour son union les conséquences civiles du mariage entre Français; — Attendu que décider ainsi, c'est méconnaître d'une manière flagrante les dispositions contenues dans les art. 37 et 49 de l'ordonnance royale du 26 sept. 1842, ainsi que dans l'art. 2 du sénatus-consulte du 14 juill. 1865; — Attendu qu'en procédant comme ils l'ont fait, les époux Sportès se sont conformés, non à une prescription légale, mais à une simple exhortation de l'autorité administrative, se proposant pour but d'assurer d'une manière plus certaine que par le passé, la preuve de l'état civil des israélites indigènes; — Attendu que les renonciations ne se présument pas, alors surtout que, comme dans l'espèce, elles porteraient sur une partie considérable du statut civil des renonçants; qu'elles modifieraient d'une manière essentielle les conditions et les résultats de leur mariage; qu'elles substitueraient à la dissolubilité de ce contrat son indissolubilité; qu'elles altéreraient gravement

les droits et les obligations de chacun des époux au regard de l'autre; qu'elles auraient enfin une considérable influence sur le sort de leurs biens respectifs, sur le sort aussi des enfants à naître de leur union; — Attendu que c'est à tort que les premiers juges ont mis en doute le point de savoir si la loi mosaïque accorde à la veuve israélite sur les immeubles laissés par son mari, un droit de préférence pour le prélèvement de sa dot; — Attendu que cette question trouve sa solution affirmative dans divers textes de ladite loi, et notamment dans les dispositions suivantes de Ebn Aïzer, chap. 100, § 3 : « Après la mort du mari, la femme prélève sa dot sur les immeubles libres de la succession, s'il y en a. Dans le cas contraire elle arrache cette dot sur tous les biens immeubles que le mari a vendus ou dont il a fait donation, pendant le mariage, sans son consentement »; — Attendu qu'il échet, en conséquence, de reconnaître au profit de la veuve israélite le droit de préférence et de reprise dont se prévaut l'appelante; —

Par ces motifs, etc.

Du 19 mars 1866.-C. d'Alger, ch. civ.-MM. Pierrey, 1er pr.-Mazel, 1er av. gén.-Barberet et Chabert-Moreau, av.

Sect. 6. — Du cas où le mari était insolvable lors du mariage (*Rép.* nᵒˢ 4240 à 4243).

1513. Un arrêt a décidé que la dispense de rapport exceptionnellement accordée à la fille dotée par l'art. 1573 est subordonnée à deux conditions réunies : l'insolvabilité du mari lors du mariage, et l'absence d'art ou de profession ; que le mari, qui ne possède rien au moment du mariage, peut n'être pas considéré comme insolvable, mais à la condition qu'il ait à recueillir de ses ascendants une fortune de nature à rassurer la prudence des parents de sa femme ; et que, par profession tenant lieu de biens, l'art. 1573 c. civ. entend une profession sérieuse et solide, non seulement par elle-même, mais par le gain actuel qu'elle procure et les espérances de plus-value qu'elle donne ; qu'en conséquence, lorsque la dot, déjà insolvable et dont les parents sont également insolvables, n'exerçait au moment du mariage, aucune profession pouvant tenir lieu de biens, la femme dotale doit rapporter à la succession de ses père et mère, non la dot entière, mais seulement ce qu'elle a pu en recouvrer dans la faillite de son mari (Riom, 16 mars 1882, aff. Charmensat, D. P. 83. 2. 35).

1514. On a recherché au *Rép.* nᵒ 4241 si la disposition de l'art. 1573 peut s'appliquer au cas où la dot a été constituée en immeubles inaliénables. Plusieurs auteurs soutiennent que cette disposition est alors inapplicable ; ils argumentent du texte qui suppose qu'il s'agit d'une dot à rembourser, ce qui implique que la dot est mobilière. Ils font remarquer en outre que, grâce à l'inaliénabilité, la dot immobilière est suffisamment protégée (Demolombe, *Successions*, t. 4, nᵒ 214 ; Demante, *Cours analytique de code civil*, t. 3, nᵒ 202). D'autres auteurs, cependant, considèrent que l'art. 1573 peut recevoir son application même lorsque la dot est immobilière ; par exemple, si le mari a dégradé les immeubles, coupé les bois de haute futaie, etc. L'imprudence du constituant qui a confié la dot au mari insolvable est alors tout aussi grande que s'il lui avait remis une somme d'argent. L'art. 1573 doit donc s'appliquer, au moins par analogie. Le texte, d'ailleurs, parle de la dot en général (Marcadé, t. 6, art. 1573, nᵒ 1 ; Aubry et Rau, t. 5, § 540, note 55, p. 637 ; Guillouard, t. 1, nᵒ 184). — Toutefois, d'après MM. Rodière et Pont, t. 1, nᵒ 140, dont l'opinion est suivie par MM. Aubry et Rau et Guillouard, *loc. cit.*, la femme ne serait pas dispensée de rapporter la valeur des immeubles dotaux dont le contrat de mariage permettrait l'aliénation, et qui auraient été aliénés du consentement de la femme.

1515. L'art. 1573 supposant que la dot a été constituée à la femme par son père, on s'est demandé si sa disposition devait être étendue au cas de constitution de dot faite par la mère, ou par un autre ascendant ou même par un oncle, une tante ou un autre parent (*Rép.* nᵒ 4243). M. Laurent, t. 23, nᵒ 577, par la raison qu'il s'agit d'une disposition exceptionnelle, décide qu'il faut la restreindre au seul cas indiqué au texte. La plupart des auteurs admettent cependant qu'on doit assimiler à la dot constituée par le père, celle constituée par la mère ou par l'aïeul ou l'aïeule. Mais ils pensent que la même solution ne peut pas être étendue au cas où le constituant n'est pas un ascendant (Marcadé, t. 6, art. 1573, nᵒ 2 ; Rodière et Pont, t. 1, nᵒ 136 ; Demolombe, *Successions*, t. 4, nᵒ 211 ; Aubry et Rau, t. 5, § 540, note 54, p. 636 ; Jouitou, nᵒ 426 ; Guillouard, t. 1, nᵒ 211).

1516. Nous avons examiné *suprà*, nᵒ 470, la question de savoir si l'art. 1573 doit recevoir son application sous d'autres régimes que le régime dotal. Comme on l'a vu, la majorité des auteurs se prononce pour la négative. D'après M. Jouitou, cependant (t. 1, nᵒ 426), l'art. 1573 est applicable à tous les régimes matrimoniaux, à l'exception seulement du régime de séparation de biens conventionnelle.

CHAP. 8. — Des biens paraphernaux
(*Rép.* nᵒˢ 4244 à 4270).

1517. Tous les biens de la femme qui ne sont pas dotaux étant paraphernaux (c. civ. art. 1574), il y a lieu, pour savoir quels biens sont paraphernaux, de se reporter aux règles constitutives de la dotalité (V. *Rép.* nᵒˢ 3218 et suiv., et *suprà*, nᵒˢ 1159 et suiv.).

Sect. 1ʳᵉ. — Droits et obligations de la femme
(*Rép.* nᵒˢ 4245 à 4256).

1518. — I. Droits de la femme (*Rép.* nᵒˢ 4245 à 4253). — La femme dotale a le droit d'administrer ses paraphernaux, et elle n'a pas besoin, pour les actes d'administration, de l'autorisation de son mari ; sa capacité à cet égard est la même que celle de la femme séparée de biens (V. *suprà*, nᵒˢ 692 et suiv.). Mais l'autorisation maritale lui est nécessaire pour les actes d'aliénation.

1519. Il a été jugé, au sujet des droits de la femme sur ses paraphernaux, que la reconnaissance de la mitoyenneté d'un mur faisant partie d'un bien paraphernal ne peut résulter d'une lettre émanée du mari seul, et ne constituant pas dès lors un titre opposable à la femme ; et que le silence gardé par elle ne saurait être considéré comme une ratification donnée par elle aux agissements de son mari, alors qu'il n'est pas constaté qu'elle en a eu connaissance (Civ. cass. 13 juin 1877, aff. Roux, D. P. 77. 1. 384).

1520. La jurisprudence admet aujourd'hui d'une façon constante que le mari, qui a autorisé la vente de l'immeuble paraphernal, est garant du défaut d'emploi ou de remploi (*Rép.* nᵒ 4249, et *suprà*, nᵒ 729 ; Civ. rej. 27 avr. 1852, aff. Robert, D. P. 52. 1. 162 ; Agen, 3 déc. 1852, aff. Brugel, D. P. 53. 2. 13 ; Civ. rej. 27 déc. 1852, aff. Deshours, D. P. 53. 1. 39 ; Paris, 7 mai 1853, aff. Robert, D. P. 54, 5. 426 ; Req. 13 nov. 1861, aff. Burgat, D. P. 62. 1. 367 ; Montpellier, 2ᵉ ch., 13 déc. 1862, aff. héritiers David-Laflageole C. Creuzot.— MM. Aragon, pr.-de Labaume av. gén.-Bertrand et Génie, av. ; Riom, 14 juin 1866, aff. Chabonne, D. P. 66. 2. 140. V. dans le même sens : Marcadé, t. 5, art. 1450, nᵒ 3 ; Rodière et Pont, t. 1, nᵒ 2040 ; Aubry et Rau, t. 5, § 541, note 12, p. 640 ; Guillouard, t. 4, nᵒ 2177. — *Contra :* Jouitou, t. 2, nᵒ 617).

1521. — II. Obligations de la femme (*Rép.* nᵒˢ 4254 à 4256). — Au sujet de l'obligation pour la femme qui n'a que des paraphernaux de contribuer aux charges du ménage jusqu'à concurrence du tiers de ses revenus, V. *suprà*, nᵒ 1111.

1522. M. Jouitou, t. 2, nᵒ 494, se demande comment, en cas de contestation sur le point de savoir si la femme a ou non payé au mari sa contribution pour les dépenses du ménage, elle pourra établir qu'elle est libérée. Il décide, avec raison selon nous, que la femme pourra faire cette preuve par toute espèce de moyens ; sa situation subordonnée ne lui permet pas, en effet, d'exiger une quittance du mari chaque fois qu'elle lui remet de l'argent. Le même auteur estime toutefois que, du jour où le mari aurait soulevé des contestations sur la réalité du payement, la femme devrait, pour l'avenir, lui demander des quittances.

Sect. 2. — Obligations du mari quand il a l'administration des biens paraphernaux (*Rép.* nᵒˢ 4257 à 4270).

1523. Pour le cas où la femme a donné mandat au mari d'administrer ses paraphernaux, V. *suprà*, nᵒ 1114.

Lorsque le mari s'est immiscé dans l'administration des paraphernaux, sans que la femme s'y soit opposée, il n'est pas comptable des fruits consommés, mais seulement de ceux qui existent encore au jour de la dissolution du mariage (c. civ. art. 1578) (*Rép.* nᵒ 4260). Il doit néanmoins toujours rendre compte des dépenses qu'il a faites pour l'amélioration de ces biens avec les deniers de la femme (Aix, 28 mai 1874) (1).

Il a été jugé que le mari, qui a géré de bonne foi les biens paraphernaux de sa femme, dans les conditions prévues par l'art. 1578 c. civ., n'est pas tenu rigoureusement de justifier, par des écrits et quittances en règle, de tous les payements qu'il a faits au cours de son administration, et qu'il en est surtout ainsi quand cette administration s'est prolongée durant de longues années avec le concours

(1) (Sanson C. héritiers Sanson.) — Le 25 juin 1873, jugement du tribunal civil de Toulon, ainsi conçu : — « Attendu que la dame Marie-Louise-Aglaé Rey, mariée le 21 juin 1830 au sieur Pierre-

Cyprien-Paul Sanson, est décédée *ab intestat*, à la Crau-d'Hyères, le 29 déc. 1870, sans laisser d'héritiers à réserve ; que sa succession doit être répartie dans la ligne paternelle à un

de la femme ; qu'en outre, les dépenses utiles résultant de constructions et travaux effectués, pendant la même gestion, sur des immeubles paraphernaux doivent être remboursées en totalité, et non pas seulement jusqu'à concurrence de la plus-value qui en résulte actuellement pour cet immeuble (Req. 6 août 1878, aff. Rey, D. P. 79. 1. 414. V. aussi Aix, 28 mai 1874 précité). Toutefois, d'après la plupart des auteurs, le mari n'aurait droit à la totalité de ce qu'il a déboursé que pour les dépenses nécessaires. Pour les dépenses simplement utiles, il ne pourrait réclamer que la plus-value, et rien pour les dépenses voluptuaires (Arg. art. 555 c. civ.)(Rodière et Pont, t. 3, n° 1989 ; Aubry et Rau, t. 5, § 541, p. 642 ; Guillouard, t. 4, n° 2189). La solution ci-dessus est, au contraire, approuvée par M. Jouitou, t. 2, n° 565, qui y voit

l'application pure et simple de la loi en matière de gestion d'affaires (c. civ. art. 1375).

1524. Si la femme s'est opposée à l'ingérance du mari, ce dernier est comptable de tous les fruits tant existant que consommés (c. civ. art. 1579) (*Rép.* n° 4263). Mais il a été jugé qu'il n'en doit qu'un compte général, et que ce n'est qu'à la femme ou à ses ayants cause qu'il appartient de contredire ce compte (Aix, 28 mai 1874, *suprà*, n° 1523).

L'opposition doit être constatée par écrit ; mais il n'est pas nécessaire qu'elle ait été formée par acte judiciaire (Req. 13 nov. 1861, aff. Burgat, D. P. 62. 1. 367).

1525. Le mari qui jouit des biens paraphernaux en vertu d'un mandat exprès ou tacite de la femme est tenu de toutes les obligations de l'usufruitier (c. civ. art. 1580) (*Rép.*

collatéral unique au cinquième degré, et dans la ligne maternelle à vingt-cinq collatéraux au sixième degré ; — Attendu que l'union des époux Sanson fut précédée d'un contrat de mariage reçu aux minutes de Me Thouron, notaire à Toulon, le 21 juin 1830, duquel il résulte que les époux adoptèrent le régime dotal avec constitution d'une dot particulière de 30000 fr., la demoiselle Rey se réservant, à titre paraphernal, tous les biens, droits et créances actives qu'elle possédait au moment du mariage ou qu'elle pourrait posséder dans la suite à quelque titre que ce soit ; — Attendu que, pendant le mariage, la dame Sanson a recueilli, en 1840, la succession de son aïeule maternelle, la dame Laure veuve Thoucas Duclos, et, en 1861, celle du sieur Rey Toucas son père ; — Attendu que ces deux successions étaient principalement immobilières ; — Attendu qu'il est justifié que, sous la direction de sa femme, direction certaine, constante, omnipotente, le sieur Sanson a joui des paraphernaux de la dame Sanson et les a administrés ; — Attendu qu'il est également établi que, pendant sa jouissance, il a été fait d'importantes et nombreuses améliorations aux immeubles ; — Attendu qu'il y a lieu, en conséquence, de reconnaître que le sieur Sanson, durant le mariage, s'est trouvé placé sous le régime édicté par l'art. 1578 c. civ. ; — Attendu que de ces conditions de fait, qui ne sont pas méconnues par ses adversaires, le sieur Sanson conclut qu'il a agi en qualité de mandataire tacite de sa femme, et que, dès lors, les effets du mandat civil lui sont applicables, sauf en ce qui touche les fruits consommés, dont il est expressément dispensé de rendre compte ; — Attendu que le sieur Sanson fonde sur cette théorie de droit la prétention d'être remboursé par l'hoirie de toutes les avances qu'il dit avoir faites dans l'intérêt de sa femme, particulièrement pour l'acquisition, la transformation et l'amélioration des immeubles, ainsi que pour l'acquisition du mobilier destiné à meubler et orner les maisons dont il soutient avoir à découvert, à partir du jour où les avances ont été effectuées... ; — Attendu que les prétentions du sieur Sanson motivèrent une protestation formelle de la part de la grande majorité des héritiers, lesquels, dès le 29 avril, sous la constitution de Mes Azan, Ortigue et Gas, ajournèrent le sieur Sanson devant le tribunal de céans pour obtenir la restitution de la dot et des paraphernaux encore détenus par lui et sa condamnation à des dommages-intérêts pour le préjudice matériel et moral que leur faisait éprouver l'exercice abusif du droit de rétention que le sieur Sanson s'arrogeait ; — Attendu que l'instance ainsi engagée et régularisée par l'appel en cause des héritiers non présents, le sieur Sanson, par ses conclusions, précisa ses prétentions en en faisant l'objet d'une demande reconventionnelle, laquelle exige la solution de questions multiples ; — En ce qui touche la qualité en laquelle le sieur Sanson a joui des droits paraphernaux de sa femme et les a administrés : — Attendu que l'art. 1578 c. civ. emprunte sa base à l'existence d'une adhésion réelle quoique tacite de la femme, d'où la conséquence que le mari qui jouit des paraphernaux, sans mandat, mais néanmoins sans opposition de sa femme, doit être considéré comme son mandataire ; — Attendu que cette présomption, qui se déduit du silence de la femme, c'est-à-dire d'un acte négatif, est, dans l'espèce, corroborée par des actes positifs, nombreux et qui ne prêtent à aucune équivoque ; qu'en effet, la volonté de la dame Sanson s'est manifestée par la coopération active qu'elle apportait à la gestion de son mari ; que la preuve de cette immixtion persistante affirmée par le sieur Sanson, reconnue par ses adversaires, ressort d'un grand nombre de documents versés au procès ; que, dès lors, on est amené à conclure que le sieur Sanson a été investi de fait par la volonté tacite, mais indéniable de la dame Sanson, d'un mandat qu'il a rempli jusqu'au décès de celle-ci ; — Mais attendu que, pour apprécier sainement les conséquences qui découlent de cette situation juridique, il ne faut pas perdre de vue que l'adhésion de sa femme n'ayant été déterminée que par la confiance que la communauté d'intérêts et l'intimité conjugale lui inspiraient, il est juste que la qualité du mari, qui a été l'origine de la cause déterminante du mandat, exerce aussi son influence sur ses effets ; — Attendu qu'on ne saurait admettre qu'un mandat de cette nature puisse créer des rapports rigoureux de mandant à mandataire, s'il n'existe une procuration expresse et

formelle qui, en imposant au mari la charge de rendre compte des fruits, vienne exclure la présomption de confiance qui domine dans le mandat tacite entre les époux ; qu'il suit de là que dans l'hypothèse de l'art. 1578, on ne devra appliquer à la gestion du mari les règles du mandat ordinaire qu'autant qu'elles ne répugnent pas aux principes qui régissent l'association conjugale ; — Sur le point de savoir par qui ont été faites les impenses et dans quelle mesure elles doivent être remboursées au mari : — Attendu que sa double qualité de mari et de mandataire, dont la gestion a été approuvée et encouragée par le mandant, crée en faveur du sieur Sanson, d'une part, la présomption qu'il a fait de ses propres deniers les acquisitions, reconstructions et améliorations, s'il n'a pu les faire avec les ressources paraphernales de sa femme dont il avait la disposition, et, d'autre part, qu'il devra être remboursé de toutes les impenses, quel qu'en soit d'ailleurs le caractère nécessaire, utile ou simplement voluptuaire ; qu'il s'agit donc de rechercher quelles ont été les ressources de la femme dont le sieur Sanson a pu disposer pour les impenses dont s'agit ; — Attendu que les héritiers soutiennent qu'en dehors du prix des immeubles aliénés pendant le mariage et qui s'élève à 50740 fr. ainsi que cela conste des actes des 12 août 1843, 7 février, 8 nov. 1860 et 19 févr. 1862, le sieur Sanson a eu à sa disposition et employé aux paraphernaux les sommes trouvées au décès du sieur Toucas Duclos et à celui de la dame Rey Toucas, et notamment une somme de 22000 fr. que la dame Rey Toucas avait placée chez le sieur Pélissier, banquier, en 1859, et dont on ne trouve plus trace, bien que, postérieurement à cette date, le sieur Rey n'ait fait aucune dépense excédant ses revenus et une autre somme de 3775 fr., payée au sieur Toucas, un mois à peine avant son décès, par le sieur Couret ; qu'enfin, il y a lieu d'imputer également sur les dépenses les revenus des paraphernaux ; — Attendu que s'il ne saurait exister de difficultés au sujet des immeubles aliénés, les deux autres articles sont très vivement contestés par le sieur Sanson, qui soutient, d'une part, qu'il n'a trouvé aucune valeur dans la succession de la dame Toucas Duclos, et que celle de la dame Rey ne comprenait que celles qu'il a remises aux héritiers, et d'autre part, en ce qui touche les fruits, qu'il n'est pas tenu d'en rendre compte, et qu'ils ont, d'ailleurs, été consommés pour les besoins du ménage, c'est-à-dire qu'ils ont reçu la destination que la loi leur attribue par une présomption *juris et de jure* ; — Sur les 22000 fr. placés en 1859 chez le sieur Pélissier : — Attendu que s'il est vrai qu'au décès du sieur Rey Toucas, son compte chez le sieur Pélissier, qui s'était élevé jusqu'à 27000 fr. en 1857, qui était encore, en 1859, de 23000 fr., était tombé à 11000 fr. en 1860, et avait définitivement disparu, à partir du mois d'avril de cette année, il est à remarquer que celui du sieur Sanson, chez le même banquier, qui n'était que de 7000 fr. en 1859, s'élevait l'année suivante, à 28000 fr., lorsque celui du sieur Toucas tombait à 11,000 fr. et arrivait à 50000 fr. lorsque celui de son beau-père avait disparu ; — Attendu que de ce parallèle entre la situation du gendre et du beau-père ressort une présomption grave que le sieur Rey, pour les fruits qui se devinent avait fait passer son compte à l'actif de sa fille unique par l'interposition du sieur Sanson, son mari, dont le caractère lui inspirait une légitime confiance ; — Attendu que cette présomption acquiert la valeur d'une preuve irréusable, si l'on ajoute que le sieur Rey Toucas, qui avait sur la place commerciale de Toulon une situation importante, n'a laissé aucune somme ou valeur disponible à son décès ; que toutes les valeurs remises en nature par le sieur Sanson aux héritiers de sa femme existaient entre les mains du sieur Rey, contemporainement avec son crédit chez Pélissier, et dès lors, on ne trouve aucun emploi de ce capital, celui indiqué par le sieur Sanson, dans son interrogatoire sur faits et articles, étant contredit par les faits, et qu'on ne saurait s'arrêter à la pensée qu'il a servi aux besoins journaliers du sieur Rey, dont les recettes suffisaient largement aux dépenses, si on tient compte surtout de ses habitudes d'ordre et d'économie ; — Sur les 3775 fr. payés par Couret le 3 oct. 1861 : — Attendu que la plus grande partie des considérations qui précèdent s'appliquent, et à certains points de vue avec plus de force encore, à la somme de 3775 fr. prix d'huile vendue par le sieur Rey à Couret, et réglé un mois à

n° 4265 ; Nimes, 7 févr. 1852, aff. Evesque, D. P. 55. 5. 306).
Mais il n'a droit aux intérêts de ses avances que du jour de
la demande en justice (Aix, 28 mai 1874, *suprà*, n° 1523).

CHAP. 9. — De la société d'acquêts (*Rép.* n°ˢ 4271 à 4279).

1526. La société d'acquêts jointe au régime dotal est un
correctif favorable des dispositions rigoureuses de ce régime.
M. Laurent, t. 23, n° 591, fait remarquer, à ce sujet, que le
législateur aurait pu se dispenser d'insérer dans le code

l'art. 1581, qui permet l'établissement de cette société,
puisqu'il est admis en principe que les futurs époux peuvent
combiner entre eux, comme ils l'entendent, les divers
régimes reconnus par la loi (V. *suprà*, n°ˢ 29 et suiv.).

1527. — I. Clauses constitutives de la société d'acquêts
(*Rép.* n° 4272). — Pour la stipulation de la société d'acquêts,
V. ce qui est dit au *Rép.* n°ˢ 2563 et suiv. et *suprà*, n°ˢ 938
et suiv., sur les clauses constitutives de la communauté
réduite aux acquêts.

1528. — II. Biens propres des époux (*Rép.* n°ˢ 4273 à

peine avant sa mort; qu'il est donc juste d'imputer ces deux sommes
sur les dépenses ; — Attendu qu'on ne peut toutefois augmenter
ces sommes de ce que les héritiers ont appelé l'inconnu, parce
qu'ils n'ont nullement justifié que, soit la succession du sieur Rey,
soit celle de la dame Toucas Duclos, comprît d'autres valeurs ;
— En ce qui touche les fruits : — Attendu que si la présomption
légale qui ressort du texte et de l'esprit de l'art. 1578 est que les
revenus des paraphernaux ont été employés selon les intentions
de la femme, la faculté qui est accordée à cette dernière de
faire cesser, quand elle le croit utile à ses intérêts, sans condition, *ad nutum*, l'administration du mari, précise très nettement
en ce sens l'étendue de cette présomption ; — Attendu qu'admettre
le sens restreint que voudrait lui attribuer le sieur Sanson, serait
donner l'autorité d'une vérité juridique à une présomption qui
serait souvent en opposition avec la réalité des faits ; qu'il suit
de là que s'il résulte des faits que les revenus ont été employés
aux améliorations des paraphernaux, les héritiers exigent avec
raison qu'ils soient imputés sur les dépenses dont le mari réclame
le remboursement ; — Attendu que, pour se soustraire à cette
obligation, le mari soutiendrait vainement que pour l'obliger
indirectement à une reddition de compte dont la loi le dispense
d'une façon expresse et absolue ; qu'en effet, si la disposition édictée par l'art. 1578, en faveur du mari, pour éviter des recherches
souvent blessantes et des procès vexatoires, oppose une fin de
non-recevoir absolue à toute action directe en reddition de comptes,
elle ne saurait le dispenser de justifier du montant de ces avances,
ce qui ne peut résulter que de la comparaison du chiffre des
revenus avec celui des dépenses ; — Attendu enfin que l'interprétation du sieur Sanson conduirait, comme on l'a dit fort justement,
au nom des héritiers, à la ruine de la femme et à l'irresponsabilité du mari, ce qui est en opposition avec l'intention du législateur, dont la préoccupation constante et légitime a été de venir
au secours de la faiblesse de la femme ; — Attendu que
toutes les circonstances du procès prouvent que la dame Sanson
a voulu que les revenus fussent, au moins en grande partie,
employés aux paraphernaux ; que cela se déduit en premier lieu
du simple rapprochement entre les dépenses et les recettes (ce
serait, en effet, lui prêter une intention déraisonnable que d'admettre qu'elle ait voulu aliéner gratuitement ses ressources,
serait-ce en faveur de son mari, alors qu'elle se serait imposé de
si lourdes charges) ; en deuxième lieu, de cette constatation que
les dépenses augmentent proportionnellement aux revenus ; en
troisième lieu enfin, du fait propre de la dame Sanson, qui, pendant une absence de quatre ans que son mari a faite, de 1844 à
1848, a appliqué les revenus de ses biens, qu'elle percevait alors
incontestablement elle-même, à des améliorations qui se sont
élevées à près de 50000 fr. ; — Attendu que cela se confirme
encore par le soin que la dame Sanson a pris à tenir les comptes
des revenus, par sa participation à la vente des récoltes, et enfin
par la précaution qu'elle a prise de faire insérer qu'elle payait de
ses deniers, dans les actes d'acquisition des 8 oct. 1842 et 16 oct. 1843,
notaire Thouron à Toulon, 25 avr. 1843, 13 nov. 1849, jugement d'adjudication, 19 juill. 1851, Turel, notaire à la Garde, 5 déc. 1855, 27 oct.
1858, 28 avr. 1859 et 8 févr. 1861, notaire Chahert, à la Valette;
— Attendu, tentefois, que supposer que tous les revenus ont été
employés aux dépenses faites aux paraphernaux, serait aller
contre la vérité; qu'il ne faut pas perdre de vue, d'une part, que la
dot productive de la dame Sanson exigeait des dépenses d'intérieur et de confortable qu'elle ne voulait évidemment pas laisser
à la charge exclusive du budget ordinaire du ménage ; — Attendu,
enfin, qu'il y a lieu de tenir compte des sommes que la dame Sanson consacrait à des bonnes œuvres, ainsi que ses dépenses personnelles et de fantaisie; — Attendu que le tribunal croit rester
dans les limites de la vérité en fixant au tiers du revenu des
paraphernaux la participation volontaire de la dame Sanson aux
frais du ménage et aux dépenses ci-dessus énumérées; qu'il y a
donc lieu de déclarer que les frais des paraphernaux, dans la proportion des deux tiers, doivent être imputés sur les dépenses ; —
Attendu que c'est sur ces bases que doit être établi le chiffre des
sommes que la dame Sanson a puisées dans ses propres ressources
pour faire face aux impenses ; — Mais attendu que le tribunal ne
possède pas des éléments suffisants pour déterminer dès à présent le total des revenus ; que les éléments fournis pour l'établir
sont incomplets et les notes versées au procès à ce sujet sont
erronées ; qu'il y a, par suite, lieu d'ordonner les mesures propres
à éclairer le tribunal; — Quant à la reddition des comptes : —

Attendu que le sieur Sanson n'a produit aucun compte de dépenses ; que ses conclusions se limitent aux questions qui viennent
d'être appréciées et dont la solution doit servir de base à son
compte ; qu'il importe donc de renvoyer les parties devant un des
juges du tribunal, devant lequel le sieur Sanson établira son
compte aux formes de droit; — En ce qui concerne le mobilier : —
Attendu qu'il y a lieu de distinguer le mobilier qui a été acheté
dans les premières années du mariage, pour l'installation du
domicile conjugal, de celui qui a été acheté postérieurement pour
meubler et orner les immeubles paraphernaux; — Attendu que le
premier, dont le prix s'élève à 16000 fr., doit incontestablement
rester à la charge du sieur Sanson qui, en l'achetant, n'a fait que
remplir une obligation que la loi lui imposait; — Mais quant au
second, attendu qu'une partie a été fixée aux immeubles à perpétuelle demeure; que quelques meubles ont reçu une forme et
des proportions particulières en vue des dispositions des appartements où ils devaient être placés; que tous sont en harmonie
entre eux, soit au point de vue du style, soit au point de vue de
la matière et de la richesse des étoffes employées, de telle sorte
qu'ils forment un tout qui ne saurait être séparé ni déplacé sans
dépréciation; — Attendu que si ces circonstances ne sont pas de
nature à faire attribuer à ce mobilier le caractère d'immeuble
par destination, elles prouvent tout au moins, par son affectation
particulière, qu'il a été acheté que dans l'intérêt exclusif de la
dame Sanson; — Attendu qu'à la barre, le sieur Sanson ayant
offert de prouver que ce mobilier avait été commandé par la dame
Sanson elle-même, les héritiers n'ont déclaré ne pas contester ce fait;
que, dans ces conditions, il est juste de déclarer qu'il restera la
propriété de la dame Sanson à qui le prix dûment justifié figurera au
nombre des impenses ; — En ce qui touche les intérêts : — Attendu qu'en principe les intérêts ne courent *ipso jure* que dans
les cas exceptionnels déterminés par la loi ; que l'art. 1479, en
rappelant cette règle pour les créances personnelles que les époux
ont à exercer l'un contre l'autre, exprime une vérité applicable à
tous les régimes ; que c'est sans fondement que le sieur Sanson
invoque l'exception édictée par l'art. 2001 c. civ. en faveur du
mandataire, parce qu'il n'a pas été un mandataire ordinaire et
que la qualité de mari, qui l'exonérait des obligations imposées
au mandataire ordinaire par l'art. 1996, doit nécessairement le
rendre non recevable à invoquer la disposition de l'art. 2001, qui
n'est que la conséquence du premier et qui n'a d'autre but que
d'établir l'équilibre et la parité entre les droits du mandataire
et ceux du mandant; — Attendu, enfin, que dans l'exercice
du mandat conjugal, le sieur Sanson a trouvé des compensa-
tions aux avances qu'il peut avoir faites; qu'il convient donc de
déclarer qu'il n'a pas droit aux intérêts; — Sur la procédure
à suivre pour la liquidation des reprises et pour la liquidation des comptes : — ... Attendu que si le sieur Sanson doit
se conformer, pour établir ses avances, aux règles imposées à
toute comptabilité, il ne saurait en être ainsi pour ce qui regarde
les fruits; qu'à cet égard, il est censé avoir rendu un compte
amiable à la dame Sanson, au fur et à mesure (Troplong, *Contrat de
mariage*, n° 3700 *in fine*), et qu'il ne peut être tenu d'à faire
connaître d'une façon générale le montant des fruits qu'il a perçus, sauf aux héritiers à contredire ; — Donne acte au sieur Sanson de l'offre par lui faite de rendre un compte exact de toutes
les sommes paraphernales, appartenant à la femme, qu'il a touchées; ordonne la restitution de la dot et des paraphernaux;
ordonne, en conséquence, la liquidation des reprises dans la forme
qui sera ci-après spécifiée; — Dit que le sieur Sanson a joui
des biens paraphernaux de sa femme dans les conditions du mandat spécial qui découle de l'art. 1578 c. civ.; dit qu'en cette qualité, il est réputé avoir fait de ses deniers les impenses aux paraphernaux, payé le prix d'acquisition; dit qu'à l'effet d'établir la
somme que peut lui être due, le sieur Sanson rendra, dans le
délai de deux mois du jour de la signification du présent jugement, devant M. Ginésy, juge, que le tribunal commet à cet effet,
le compte des impenses; dit que ce compte comprendra, au chapitre des recettes : 1° la somme de 50740 fr., prix des paraphernaux aliénés avant le mariage; 2° celle de 22000 fr. placés en
1859 chez le banquier Pélissier; 3° celle de 3775 fr. payée un
mois avant le décès du sieur Rey par le sieur Couret, et que le tribunal déclare dès à présent avoir servi aux dépenses ; 4° enfin,
les deux tiers des biens paraphernaux ; et au chapitre des dépenses,
toutes les sommes que le sieur Sanson a payées dans l'intérêt de
sa femme, et particulièrement pour l'acquisition, la transforma-

4276): — Malgré l'existence d'une société d'acquêts, la dot reste inaliénable (Marcadé, t. 6, art. 1581, n° 1 ; Aubry et Rau, t. 5, § 541 *bis*, note 2, p. 643 ; Guillouard, t. 4, n° 2196).

1529. Comme on l'a dit au *Rép.* n° 4273, chaque époux conserve ses biens propres. — Jugé qu'en cas d'échange d'un meuble dotal, la soulte, qui est paraphernale, reste propre à la femme et ne constitue pas un acquêt (Bordeaux, 28 mai 1866, *suprà*, n° 1346).

1530. La femme, sous ce régime, garde-t-elle l'administration et la jouissance exclusive de ses paraphernaux? Oui, d'après la jurisprudence. La société d'acquêts n'a pour effet que de faire entrer dans la communauté les économies réalisées par la femme sur les fruits et revenus des biens de cette sorte (*Rép.* n° 4275 ; Agen, 17 nov. 1852, aff. Montaignac, D. P. 53. 2. 56 ; Civ. cass. 14 nov. 1864, aff. Grimardias, D. P. 65. 1. 137 ; Riom, 31 janv. 1866, aff. de Laval, D. P. 66. 2. 219. — V. dans le même sens : Rodière et Pont, t. 3; n°s 2034 et suiv. ; Aubry et Rau, t. 5, § 541 *bis*, note 4, p. 644 ; Tessier, *De la société d'acquêts*, n° 167 *bis* III ; Jouitou, t. 2, n° 662 ; Guillouard, t. 4, n°s 2201 et suiv.). — L'opinion contraire, toutefois, est soutenue par plusieurs auteurs, qui assimilent les paraphernaux, en cas de société d'acquêts, aux propres de la femme commune en biens (Marcadé, t. 6, art. 1581, n° 1; Colmet de Santerre, t. 6, n° 252 *bis* ; de Folleville, *Revue pratique*, t. 39, p. 222, n° 46 ; Laurent, t. 23, n° 591). Mais, comme le remarque M. Jouitou, *loc. cit.*, si, sous le régime de la communauté, le mari administre les propres de la femme, ce n'est qu'à défaut de clause contraire ; or cette clause ne résulte-t-elle pas suffisamment de ce contrat de mariage qui déclare que tels biens de la femme seront paraphernaux, alors que le caractère des paraphernaux est d'être administrés par la femme?

1531. — III. Actif et passif (*Rép.* n° 4277). — Relativement à la composition de l'actif et du passif de la société d'acquêts, il faut se reporter aux règles indiquées au sujet de la communauté réduite aux acquêts (*Rép.* n° 2599, et *suprà*, n° 944). — Il a été jugé que lorsqu'une société d'acquêts a été stipulée accessoirement au régime dotal, les immeubles achetés par la femme en son nom personnel ne sont pas réputés acquêts, s'ils ont été acquis en remploi ou en emploi de deniers, soit dotaux, soit paraphernaux ; et que l'immeuble, acheté en remploi du prix de propres déjà aliénés, est propre à la femme (Civ. cass. 21 mai 1873, aff. Masbrenier, D. P. 74. 1. 69; 1er déc. 1886, aff. Thorand, D. P. 87. 1. 81).

1532. La femme n'est obligée de mettre dans l'actif de la communauté que la portion de revenus de ses paraphernaux qu'elle ne dépense pas (Req. 31 juill. 1861, aff. Carpentier, D. P. 62. 1. 113).

1533. — IV. Administration (*Rép.* n° 4278). — Les droits d'administration du mari quant à la société d'acquêts sont les mêmes qu'en cas de communauté (*Rép.* n°s 2632 et suiv. ; *suprà*, n°s 991 et suiv.).

1534. Sous le régime dotal, la dot étant apportée au mari pour subvenir, au moyen des revenus qu'elle produit, aux charges du mariage, il s'ensuit que la femme ne peut être tenue personnellement des dettes contractées pour les besoins de la vie commune. Cette règle s'applique au cas où les époux ont stipulé entre eux une société d'acquêts. — Décidé qu'en pareil cas, le mari doit seul fournir aux besoins du ménage, et est seul obligé, à cet égard, vis-à-vis des tiers avec lesquels il contracte ; que, par suite, la femme

tion et l'amélioration des paraphernaux ; — Dit qu'au nombre de ces dépenses on devra comprendre le prix du mobilier, lequel restera, par suite, la propriété des héritiers ; dit, toutefois, que la partie du mobilier achetée en 1831 et 1832, et dont le prix s'est élevé à 16000 fr., restera propre au sieur Sanson qui en supportera le prix ; dit qu'il sera procédé simultanément, et devant ce magistrat, à la liquidation des reprises de la femme, et que les héritiers sont en droit de répéter, pour être, après affirmation et

qui n'a pris aucun engagement personnel, ne saurait être obligée par les actes émanés du mari (Trib. Seine, 3 août 1887, aff. de Bari, D. P. 88. 2. 263). Spécialement, elle n'est point tenue au payement des confections et réparations de livrées pour les gens de service attachés aux époux (Même jugement).

1535. — V. Dissolution; Partage; Liquidation (*Rép.* n° 4279). — A la dissolution du mariage, comme cela est dit au *Rép.* n° 4279, on suit encore les règles de la communauté réduite aux acquêts. — Jugé qu'à l'égard des créanciers du mari, la femme qui réclame, comme étant en sa possession lors du mariage ou lors de la dissolution, certains effets mobiliers, n'est pas admise, à défaut d'inventaire, à établir sa prétention par d'autres preuves ; qu'ainsi l'inventaire dressé par elle contradictoirement avec son mari après séparation de biens, pour constater le mobilier qui lui est propre, vingt ans après l'époque où ce mobilier a été recueilli par la femme, ne pourrait être invoqué contre les tiers (Civ. rej. 19 juin 1855, aff. Daleau, D. P. 55. 1. 305).

1536. Pour déterminer les droits de la femme mariée sous le régime dotal avec communauté d'acquêts sur les fruits pendants par racines au jour de la dissolution de cette communauté, on suit les règles de la communauté légale, et non celles du régime dotal, alors même que la femme aurait renoncé à la communauté d'acquêts. — En conséquence, la femme a droit à tous les fruits existant sur ses immeubles dotaux lors de la dissolution, et non point seulement à une part de ces fruits proportionnelle à la durée du mariage pendant la dernière année; mais, en pareil cas, la femme doit récompense à la communauté des frais de labour et de semences (Rouen, 3 mars 1853, aff. Vadie, D. P. 55. 2. 344).

1537. Il a été jugé que la femme mariée sous le régime dotal avec société d'acquêts ne peut demander à la succession de son mari une pension alimentaire pendant l'année de deuil, lorsqu'elle est restée nantie de toutes les valeurs communes, dont elle a seule touché les revenus; qu'elle n'a pas non plus le droit de réclamer le prix de ses aliments pendant les délais pour faire inventaire et délibérer, si pendant cet intervalle elle a trouvé dans les provisions existantes et dans l'actif de la communauté des ressources suffisantes pour sa nourriture et celle de ses domestiques (Bordeaux, 29 mars 1871, aff. Faugère, D. P. 73. 2. 232).

1538. Un arrêt a décidé que l'art. 1527, sous le régime de la communauté, d'après lequel toute convention matrimoniale qui, de la part d'un époux ayant des enfants d'un premier lit, tendrait à donner à son conjoint au delà de la quotité déterminée par l'art. 1098, sera sans effet pour tout l'excédent de cette portion, s'applique au cas de communauté d'acquêts stipulée accessoirement au régime dotal (Req. 13 avr. 1858, aff. Thierry, D. P. 58. 1. 406). De la cette conséquence, que l'attribution au survivant des époux de l'usufruit de cette communauté doit, lorsque l'époux prédécédé a laissé des enfants d'un premier mariage, être réputée non avenue si, indépendamment de cette attribution, la quotité déterminée par l'art. 1098 était déjà donnée à l'époux survivant par le contrat de mariage (Même arrêt).

TIT. 5. — DU DOUAIRE ET DE L'AUGMENT DE DOT SOUS L'ANCIEN DROIT (*Rép.* n°s 4280 à 4349).

1539. Nous n'avons rien à ajouter aux notions développées à ce sujet au *Répertoire*.

débats de compte, statué par le tribunal, sur le rapport du juge commis, ce qu'il appartiendra, toutes réserves faites au sieur Sanson et ses héritiers pour ce qui n'a pas été expressément jugé. » — Appel par les héritiers de la dame Sanson. — Arrêt. LA COUR ; — Adoptant les motifs des premiers juges ; — Confirme, etc.

Du 28 mai 1874:-C. d'Aix; 1re ch.-MM. Rigaud, 1er pr.-Clappier, av. gén.

Table sommaire

des matières contenues dans le Supplément et le Répertoire.

(Les chiffres précédés de la lettre S renvoient au Supplément; les chiffres précédés de la lettre R renvoient au Répertoire.)

tion. V. Exclusion du mobilier.

Clôture pour insuffisance d'actif. V. Faillite.

Cohabitation. V. Femme.

Collusion. V. Fraude.

Colon partiaire. V. Récompense.

Commerçant. V. Actif; Administration des biens personnels; Clause d'ameublissement; Communauté d'acquêts; Conventions matrimoniales; Partage de la communauté; Passif; Régime dotal – constitution de dot-dot; Régime sans communauté; Séparation de biens.

Communauté d'acquêts S. 938 s.; R. 2553 s.
— acceptation S. 999; R. 2638 s.
— actif S. 944 s.; R. 2588 s.; (assurance sur la vie) S. 959; (biens propres, remploi) S. 961 s.; R. 2602 s.; (brevets d'invention) S. 950; (choses fongibles) S. 940; R. 2094; (conventions matrimoniales, choses estimées, désignation insuffisante) S. 948; (créances) S. 948; (dation en payement) S. 969; (dot, revenus réservés) S. 962; (fonds de commerce, marchandises) S. 947; (frais de semences et de labour) S. 961; R. 2598; (fruits et revenus) S. 949, 960; R. 2596, 2597; (gratifications compensées) S. 952; R. 2602; (immeubles) S. 964 s.; R. 2599 s.; (immeubles, acquisition, intervalle du contrat au mariage) S. 964; (indemnité d'accident) S. 957; (indivision, cessation) S. 966; (inventaire) S. 948; (jeu-pari, gains) S. 953; R. 2595; (loterie, gains) S. 953; R. 2595; (meubles, exclusion) S. 944 s.; R. 2594 s.; (obligations à lui) S. 956; (office ministériel, valeur) S. 961; R. 2591; (propriété artistique et littéraire) S. 950; (propriété industrielle) S. 950; R. 2596; (société civile ou commerciale, bénéfices réservés) S. 946; (titres au porteur) S. 954; R. 2596.
— administration S. 991; R. 2632 (biens propres de la femme) S. 992 s.; R. 2693 s.; (cession de créances) S. 996; R. 2706; (créances propres de la femme) S. 995 s.; R. 1458 s.; (fonds de commerce) S. 994; R. 2706; (meubles de la femme) S. 993; R. 2698.
— apports, preuve, époux entre eux S. 986 s.; R. 2618 s.; (femme) S. 988; R. 2627; (héritiers du mari) S. 990; R. 2628; (inventaire) S. 986 s.; R. 2618 s.; (mari) S. 980; R. 2628; (meubles échus depuis le mariage) S. 988 s.; R. 2627 s.; (meubles existant lors du mariage) S. 986 s.; R. 2618 s.
— apports, preuve, tiers; S. 978 s.; R. 2618 s.; (conventions matrimoniales) S. 981; (créance entre conjoints) S. 985; (créanciers, tiers) S. 980 s.; R. 2615 s.; (équivalent) S. 980; (état authentique) S. 980 s.; (immeubles) S. 978; (inventaire) S. 079 s.; R. 2618 s.; (meubles) S. 979 s.; R. 2613 s.; (office ministériel) S. 983; R. 2616; (présomption juris et de jure) S. 980; (succession indivise) S. 984; (valeur du mobilier) S. 982.
— appréciation souveraine S. 940, 1003.
— clauses constitutives S. 938 s.; R. 2563
— clauses modificatives S. 541 s.; R. 2599
— dissolution S. 999; R. 2688 s.
— partage S. 1000 s.; R. 2644 s.; (créancières de la communauté, créanciers personnels) S. 1002; — passif S. 970 s.; R. 2607 s.; (biens communs) S. 973 s.; (biens propres) S. 978 s.; (condamnation contre le mari) S. 973; (contribution des époux) S. 971 s.; (créancières de la femme) S. 975 s.; (créanciers du mari) S. 973; (créanciers du mari) S. 970 s.; R. 2607 (dettes actuelles et futures, exclusion) S. 970; R. 2607 (dettes contractées pendant le mariage) S. 1004; R. 2658 s.; (droit de poursuite) S. 973 s.; (intérêts) S. 976; (obligations des époux) S. 973 s.; — prélèvements S. 1001; R. 2644 s.
— récompenses S. 998; R. 2687.
— renonciation S. 999; R. 2638 s.
— reprises S. 1003.
— V. Régime dotal-constitution de dot.

Communauté conventionnelle S. 936 s.; R. 2555 s.
— appréciation souveraine S. 987.
— V. Assignation de parts inégales; Clause d'ameublissement; Clause de franc et quitte; Clause de réalisation; Communauté d'acquêts; Communauté à titre universel; Dissolution; Exclusion du mobilier; Forfait de communauté; Préciput conventionnel; Séparation de dettes.

Communauté légale (les divisions qui ne sont pas placées sous la rubrique d'un régime spécial se rapportent au régime de la communauté légale) S. 168 s.; R. 541 s.
— V. Acceptation; Administration de la communauté; Conventions matrimoniales; Dissolution; Recel; Récompense.

Communauté à titre universel S. 1082 s.; R. 3020 s.
— action en réduction S. 1082; R. 3043.
— administration S. 1084; R. 3046 s.
— apports, inégalité S. 1083; R. 3044 s.
— bénéfice d'émolument S. 1085.
— caractères S. 1083; R. 3043.
— clause de franc et quitte S. 1085.
— dissolution S. 1084; R. 3050 s.
— donation S. 1083; R. 3043.
— enfants d'un premier lit S. 1083; R. 3043.
— hypothèque consentie, mari S. 1083.
— intention S. 1083.
— interprétation restrictive S. 1082.
— partage S. 1084; R. 3032.
— renonciation de la femme S. 1085.

Communauté universelle. V. Communauté à titre universel.

Commune renommée. V. Preuve.

Compensation. V. Partage de la communauté-rapport; Régime dotal-dot.

Compétence. V. Renonciation - inventaire; Séparation de biens, jugement.

Compromis. V. Régime dotal-dot; Séparation de biens-femme.

Compte. V. Administration des biens personnels; Dissolution-usufruit légal; Passif-dettes durant le mariage; obligations; Régime dotal-biens paraphernaux.

Concordat. V. Faillite.

Condamnation. V. Communauté d'acquêts-passif; Passif-dettes durant le mariage; Séparation de biens-jugement.

Condition. V. Administration de la communauté, aliénations à titre onéreux; Conventions matrimoniales; Remploi-remploi conditionnel.

Condition de survie. V. Gain de survie.

Confirmation. V. Ratification.

Confusion
— meubles, dettes, conséquences S. 1086 s.; R. 3054 s.

Conquêt. V. Actif-immeubles exclus; Partage de la communauté-rapport.

Conseil de famille. V. Conventions matrimoniales-capacité.

Conseil judiciaire. V. Administration des biens personnels; Administration de la communauté-femme, mari; Conventions matrimoniales, - capacité; Séparation de biens,-demande.

Constitution de dot.
— aliénations à titre gratuit S. 447.
— caractères S. 429 s.; R. 3170.
— constituant, qualité S. 430.
— contribution des père et mère S. 431 s.; R. 1194 s.; (biens propres des époux) S. 443; R. 1228 s. V. Régime dotal.
— contribution des père et mère, effets de la communauté S. 432 s.; R. 1198 s.; (autorisation maritale) S. 441; (autorisation maritale) S. 440; (avancement d'hoirie sur succession du prémourant) S. 437 s.; R. 1222 s.; (concours de la femme à l'acte) S. 434 s.; R. 1209 s.; (dette personnelle) S. 435; R. 1210; (femme seule) S. 440 s.; R. 1226 s.; (imputation sur succession) S. 437 s.; R. 1222 s.; (intention) S. 434; (mari seul) S. 432 s.; R. 1199 s.; (obligation solidaire) S. 436; R. 1215; (prédécès de l'un des époux) S. 442; R. 3273 s.; (renonciation de la femme) S. 442; 435; R. 1203.
— contribution des père et mère, effets de la communauté et biens propres des époux S. 444; R. 1231 s.
— étranger S. 445 s.; R. 1233; (récompense) S. 446; R. 3243 s.
— formes S. 51 s.; R. 214 s.
— garantie S. 447 s.; R. 1233 s.; (action, exercice) S. 449 s.; R. 1237 s.; (clause contraire) S. 447; (constituant) S. 447 s.; R. 1233 s.; (étendue) S. 451 s.; (éviction, préjudice) S. 452; R. 1242; (femme) S. 448; R. 1236.
— incapable S. 447.
— interdit S. 469.
— intérêts S. 454 s.; R. 1254 s.; (anatocisme) S. 458; R. 3294; (clause libératoire, échéance du terme) S. 456; R. 1256; (cours, débit a quo) S. 454 s.; R. 1254 s.; (fruits et revenus des immeubles) S. 455; R. 1259; (prescription) S. 457; R. 1270.
— mineur S. 460.
— nature S. 429; R. 3170.
— obligation naturelle S. 480; R. 1195.
— préciput S. 468.
— rapport S. 459 s.; R. 1274 s.; (dispense) S. 468; (exceptions) S. 468 s.; R. 1285 s.; (insolvabilité du mari) S. 470.
— rapport, biens propres S. 464 s.; R. 1280 s.; (avancement d'hoirie, imputation sur succession) S. 467; (nature du rapport) S. 466; (obligation solidaire) S. 465.
— rapport, effets de la communauté (acceptation de la communauté) S. 460; (concours de la femme) S. 461 s.; R. 1276 s.; (femme seule) S. 463; (mari seul) S. 459 s.; (renonciation à la communauté) S. 462. V. Partage de la communauté-rapport; Passif-dettes durant le mariage; Régime dotal; Renonciation - passif.

Constructions
— V. Actif- immeubles; Régime dotal-dot.

Contrainte par corps. V. Régime dotal-dot) S. 143; R. 469; (rupture, projet de mariage) S. 148; (société, liquidation, formes) S. 149; (vice du consentement) S. 152 s.; (vice de formes) S. 151.

Contrat de mariage. V. Conventions matrimoniales.

Contravention. V. Délit.

Contre-lettres S. 99 s.; R. 392 s.
— absence d'une partie; S. 109; R. 417.
— acte devant notaire S. 112 s.; R. 433 s.
— changement de régime S. 111; R. 428.
— consentement simultané S. 108 s.
— créanciers S. 118 s.; R. 435 s.
— décès d'une partie S. 109; R. 417.
— donation S. 101; R. 403.
— formalités à l'égard des parties S. 105 s.; R. 409 s.
— formalités à l'égard des tiers S. 112 s.; R. 433 s.
— grosses, expéditions, délivrance S. 115; R. 435.
— interdiction d'une partie S. 109; R. 417.
— interprétation S. 104; R. 403.
— minute du contrat S. 112 s.; R. 433 s.
— notaire, responsabilité S. 115; R. 135.
— nullité absolue S. 110; R. 420 s.
— obligations S. 103.
— présence des parties S. 107; R. 414.
— validité S. 100 s.; R. 395 s.
— vente, intervalle entre le contrat et le mariage S. 102 s.; R. 405.

Contribution. V. Communauté d'acquêts-passif; Femme; Impôts; Passif.

Contribution des père et mère. V. Constitution de dot.

Contumace. V. Régime dotal-biens dotaux S. 422; Séparation de biens-mari.

Conventions matrimoniales
— absence de contrat, régime légal S. 1.
— acquêts, réserve aux enfants à naître S. 25; R. 2586.
— avantages excessifs S. 1081 s.; R. 3054 s.; (action en retranchement) S. 1086 s.; R. 3054 s.; (apports, preuve) S. 1089; (décès, auteurs) S. 1088 (enfants communs) S. 1091; R. 3072; (enfant d'un premier lit) S. 1086 s.; R. 3062 s.; (fruits et revenus, inégalité) S. 1087; R. 3063 s.; (intention) S. 1086; R. 3064; (mari seul) S. 1086; (ouverture de l'action) S. 1088; (restitution des fruits) S. 1090.
— caducité S. 147 s.; R. 488 s.; (annulation du mariage) S. 149; R. 492; (nullité relative) S. 150; R. 494; (ratification) S. 155; (retard de célébration) S. 143; R. 469; (rupture, projet de mariage) S. 148; (société, liquidation, formes) S. 149; (vice du consentement) S. 152 s.; (vice de formes) S. 151.
— capacité S. 116 s.; R. 439 s.; (acte authentique) S. 131; (acte sous seing privé) S. 133; R. 465; (aliénations de biens) S. 120 s.; R. 3576 s.; (aliéné) S. 142; R. 482; (approbation) S. 184; (ascendant, consentement) S. 131; R. 468 s.; (assistance) S. 129 s.; R. 459 s.; (autorisation) S. 119 s.; R. 445 s.; (conseil de famille) S. 131; R. 462 s.; (conseil judiciaire) S. 143; R. 297; (enfant naturel) S. 129; (étranger) S. 146; R. 487 s.; (faillite) S. 135; (interdit judiciaire) S. 141; R. 481; (interdit légal) S. 145; R. 484; (majeur) S. 116 s.; R. 439; (mandataire) S. 132; R. 468; (mineur) S. 118 s.; (mineur non nubile, dispense) S. 126;

Table chronologique des Lois, Arrêts, etc.

1673	**1815**	14 févr. Civ. 336 c.	16 juill. Agen. 330	17 juin. Civ. 783 c.	10 août.Paris,467c.	23 juin. Civ. 1398	24 août.Bordeaux.
.. mars. Ord.71 c.	3 mars. Amiens. 266 c.	24 mai. Bourges. 627 c.	20 juill. Paris. 345 c.	9 août. Rouen.678	16 août. Req. 1143	3 juill. Lyon. 924	36 c.; 1366 c. 20 août. V. 19 août.
1793	**1816**	11 juill. Req. 1407	30 juill. Bordeaux. 645 c.	**1840**	**1844**	31 juill. Grenoble. 1363 c.	22 nov. Rennes. 344 c., 558 c.
10 juill. Loi. 194 c.	20 avr. Paris. 374 c.	**1827**	8 août. Colmar. 785 c.	29 févr. Rouen.637	11 mai. Besançon. 518 c.	24 août. Riom. 73 c.	27 nov. Civ. 1403 c.
An 2	**1817**	7 nov. Req. 952 c. 8 nov. Paris. 852	6 déc. Bordeaux. 443 c., 466 c.	31 mars. Lyon. 534	9 févr. Dijon. 815	22 déc. Riom. 1281	28 nov. Req. 876 c. 12 déc. Req. 934 c.
17 niv. Loi. 76 c., 158 c., 1074 c.;	25 avr. Bruxelles. 166 c. 2 juin. Paris. 266	29 nov. Req. 346 c. **1828**	**1834**	27 mai. Caen. 582	13 mai. Req.382 c. 14 févr. Bruxelles.	22 déc. Trib. Orange. 642 c.	**1846**
An 7	**1818**	10 mars. Douai. 261 c.	3 févr. Civ. 649 c. 25 mars. Req. 343	13 juin. Montpellier. 1097 c. 2 juill.Req. 944 c.	6 mars. Angers. 187 c., 386 c. 6 mars. Montpellier. 1323 c.	**1847**	15 janv. Caen. 721 c. 1er févr. Grenoble. 1427 c.
22 frim. Loi. 642 c.	24 juin Civ 1407 c.	24 mars. Req. 915 c.	18 août. Civ. 75 c. 18 déc. Req. 330 c.	19 août. Douai. 660	25 mars. Paris.	12 janv. Req. 124 c.	15 févr. Amiens.
An 8	**1819**	**1835**	**1835**	30 août. Bordeaux.	25 mars. Paris.	9 mars. Douai. 529 c.	414 c., 415 c. 1er mars. Rennes.
.. frim.Loi. 375 c.	1er févr. Civ. 1232 c.	20 mai. Nancy. 831 c. 3 juill.Rouen. 447	20 janv. Bordeaux. 309 c.	197 c., 951 c. 24 déc. Orléans. 672 c.	5 févr. Req. 186 c. 25 avr. Montpellier. 77 c.	17 mars. Req. 599 c.	78 c., 92 c. 9 mars. Civ. 1368 c.
An 10	**1819**	**1829**	3 févr. Req. 831 c. 23 févr. Paris. 945 c.	**1841**	10 mai. Rouen. 1185 c.	22 mars. Req. 802 c.	23 avr. Caen. 1295 c.
22 niv. Civ. 447 c.	6 déc. Civ. 528 c.	22 déc. Civ. 895 c.	6 mai. Req. 685 c. 26 mai.Req.1014 c.	20 févr. Bordeaux. 877 c.	15 juin. Toulouse. 55 c.	3 juin. Amiens. 260 c., 268 c.	24 mars.Civ. 508 c. 28 avr. Req. 976 c. 9 mai. Douai. 191
An 11	**1820**	**1830**	17 juin. Limoges. 1502 c.	3 mars. Lyon. 857 c.	25 juill.Req.272 c., 276 c., 277 c. 280 c.	17 juin. Douai. 847 c., 1064 c.	c., 205 c.,564 c., 1071 c.
25 vent. Loi. 51 c., 66 c.	22 nov. Req. 995 c.	3 févr. Civ. 356 c. 21 avr. Paris. 689	1er juill. Civ. 1478 c.	3 mai.Loi. 1192c., 1451 c.	1er août. Caen. 252	3 juill. Req. 588	28 mai. Caen. 530 c., 1052 c.
An 12	**1822**	18 mai. Civ. 1407 c.	**1836**	16 juin. Rennes. 384 c.	31 août. Trib.Saint Pol. 1066 c.	12 août. Req. 650	16 juill. Req. 87 c. 16 juill. Nîmes.208
30 vent. Loi. 1200 c.	27 avr. Req. 848 c.	7 juill. Req.1407 c.	6 févr. Dijon. 815 c.	22 juin. Caen. 307 c., 355 c.	13 nov. Civ. 718 c. 13 nov. Caen. 809	28 août. Grenoble. 624 c.	21 juill. Lyon. 82 c. 3 août. Paris.43 c. 8 août.Trib.Caen.
1807	**1823**	18 nov. Agen. 456 c. 2 déc.Angers 897 c.	6 juin. Req. 945 c. 11 nov. Montpellier. 1348 c.	16 août. Civ. 731 c. 22 nov. Req. 715 c.	4 déc. Caen. 721	22 déc. Rennes. 778 c.	632 c. 10 août. Bourges. 652 c.
16 sept. Loi. 1351 c.	13 févr. Bourges. 670 c.	21 déc. Req. 895 c.	2 déc. Agen. 951 c.	**1842**	**1845**	**1848**	16 août. Limoges. 299 c.
1808	20 mai. Colmar. 876 c.	**1831**	**1837**	11 mars. Angers. 627 c.	19 févr. Paris. 324 c.	26 janv.Trib.Hazebrouck. 491 c.	18 déc. Caen. 91 c. 18 déc. Paris. 1329
16 janv. Décr. 540 c.	**1824**	26 janv.B ordeaux. 700 c.	24 janv. Req. 809 c.	16 avr. Bordeaux. 536 c.	9 avr. Rouen. 1331 c. 3 mai. Caen. 828	1er févr. Req. 530 c. 6 mars. Caen. 1430 c.	29 déc.Colmar. 322 c.
1810	16 juin. Loi. 642 c.	20 janv. Loi. 1409 c. 22 févr. Req. 731 c.	1er mars.Req. 16 c. 12 juill. Civ. 355 c.	27 avr. Req. 1398 c. 7 juin. Rouen.995	18 juin. Douai. 1064 c.	25 mars. Bordeaux. 698 c.	**1850**
5 févr. Décr. 194 c.	2 juill. Angers. 650 c.	23 mars. Douai. 616 c.	**1838**	9 août. Nîmes.533 c.	26 juin. Besançon. 551 c. 5 nov.Caen. 1414	28 mars. Req. 458 c., 675 c., 1502	8 janv. Nîmes. 54 c., 57 c., 59 c. 14 janv. Rennes.
21 avr. Loi. 219 c.,1228 c.	16 nov. Civ. 466 c. 1er déc. Req. 1248	**1832**	15 janv. Aix. 330 c. 17 janv. Civ. 307 c.	6 déc. Grenoble. 1408 c.	1er mai. Req. 531 c., 723 c.	1er mai. Bordeaux. 601 c.	639 c. 1er juill. Caen.1004 c.
1812	**1825**	19 janv. Caen. 847 c.	13 juin. Paris. 521 c.	**1843**	**1846**	11 mai. Bordeaux. 536 c.	30 juill. Req. 205 c., 966 c.
18 avr. Civ. 88 c.	23 août. Req. 650 c.	21 mars. Aix.924c. 21 mars. Bruxelles.	**1839**	30 janv. Req. 111 c.	16 janv. Caen. 641 c., 663 c.	22 juin. Amiens. 260 c., 264 c.	5 févr.Req.441 c. 7 févr.Douai.1064
1813	5 déc. Riom. 1248	679 c.	22 févr. Rouen.995	14 févr. Civ. 561 c. 8 mars.Req.831 c.	18 mars. Civ. 732	268 c.	c.,1073 c.
19 oct. Décis. 70 c.	**1826**	**1833**	10 mars.Paris. 720 c.	28 mars. Orléans. 384 c.	31 mars. Civ. 440 c., 802 c.	1er août. Civ. 850 c.	9 févr. V. 7 févr. 16 févr.Caen.31 c.
1814		31 janv. Req. 744 c. 26 juin. Nancy. 515 c.	2 mai.Aix.1509 c. 20 mai. Riom.277 c.	29 mai. Rouen. 754 c. 27 juill. Lyon. 277 c.	2 avr. Douai. 810 c.	9 août. Trib. Seine. 70 c. 19 (ou 29) août.	18 févr.Caen. 414 c.
11 juill. Civ. 438 o.	31 janv. Riom. 678 c.			25 juill.Req.996 c.	39.'	Riom. 599 c. 604 c.	20 févr. Lyon.1277 c.

15 mars. Agen. 78 c.
16 mars. Paris.467 c.
18 mars. Loi.184 c.
20 mars. Besançon. 205 c., 284 c., 996 c.
8 avr. Civ. 839 c., 844 c.
11 avr. Paris. 1154 c.
15 avr. Nîmes. 111 c., 148 c.
26 avr. Paris.499 c.
30 avr.Req.1419 c.
30 avr. Bordeaux. 1151 c.
1er mai. Bordeaux. 344 c.
24 mai. Req. 1073 c., 1075 c.
5 juin. Req.536 c.
11 juin. Toulouse. 58 c.
28 juin. Angers. 352 c., 355 c.
29 juin. Rouen. 1004 c.
10 juill. Loi. 62 c., 63 c., 64 c., 163 c., 1391 c.
10 juill. Req. 1167 c.
13 juill. Grenoble. 1181 c.
22 juill. Limoges. 1151 c.
22 juill. Rouen. 1004 c.
13 nov. Req. 1162 c.
3 déc.Paris.265 c.
11 déc. Req.191 c., 205 c.
27 déc. Caen. 33 c.
30 déc.Req.1340 c.

1851

6 janv. Agen. 764 c.
8 janv.Bordeaux. 30 c., 1131 c.
13 janv. Civ. 1204 c., 1537 c.
27 janv. Trib. Châteauroux. 675 c.
7 févr. Gand. 684 c.
21 févr. Montpellier. 1411 c.
7 mars. Paris. 1208 c.
11 mars.Grenoble. 688 c.
13 mars. Caen. 686 c.
15 mars. Rouen. 1004 c.
17 mars.Toulouse. 1328 c.
29 mars.Bordeaux. 95 c., 931 c.
2 avr. Angers. 298 c.
8 avr. Caen. 685 c., 695 c.
12 avr. Bruxelles. 894 c.
18 avr. Civ.815 c.
28 avr. Douai. 284 c., 561 c., 562 c.
29 avr. Req. 389 c., 414 c., 416 c.
30 avr.Rouen.1154 c., 1436 c.
8 mai. Amiens. 851 c.
17 mai.Paris.524 c.
27 mai:Civ.1373 c.
7 juin. Grenoble. 54 c., 55 c., 58 c., 66 c.
11 juin. Grenoble. 1249 c.
26 juin. Rennes. 747 c., 785 c.
28 juin. Paris. 704 c.
2 juill. Req. 605 c., 1112 c.

4 juill. Montpellier. 1176 c., 1185 c.
7 juill. Req. 1330 c., 1366 c.
19 juill. Grenoble. 987 c.
22 juill. Nîmes. 29 c.
29 juill. Bourges. 437 c.
6 août. Nîmes. 54 c.
19 août.Riom. 33 c., 1145 c.
26 août. Rouen. 1453 c.
8 sept. Trib. Orange. 688 c.
10 nov. Riom.233. c.
19 nov. Req.818 c.
19 nov. Bruxelles. 1021 c.
1er déc. Aix.729 c.
2 déc. Caen. 639 c., 654 c.
10 déc. Angers. 779 c.
11 déc. Lyon.1231 c.
17 déc. Poitiers. 781 c.

1852

3 janv. Montpellier. 1287 c., 1329 c., 1427 c.
3 janv.Paris. 938 c., 980 c., 996 c.
13 janv.Douai. 264 c.
17 janv. Rouen. 1299 c.
19 janv.Caen. 1329 c.
20 janv. Montpellier. 599 c.
2 févr. Req. 1324 c.
7 févr. Nîmes. 15 c., 81 c.
16 févr. Req. 89 c., 420 c.
16 févr. Nancy. 840 c.
27 févr. Req. 652 c., 671 c.
27 févr. Orléans. 498 c.
5 mars. Toulouse. 54 c., 59 c., 60 c.
8 mars.Civ.987 c.
14 mars. Décr. 1463 c.
17 mars. Civ. 639 c., 643 c.
18 mars. Douai. 491 c.
20 mars. Trib. Nîmes. 1309 c.
27 avr. Civ. 729 c., 1144 c., 1520 c.
10 mai. Grenoble. 1361 c.
13 mai. Toulouse. 1296 c.
31 mai.Douai. 558 c.
9 juin. Metz. 42 c., 95 c.
19 juin.Caen.1165 c., 1364 c.
23 juin. Toulouse. 1149 c., 1445 c.
29 juin. Trib.Seine. 228 c.
20 juill. Poitiers. 1391 c.
20 juill.Toulouse. 54 c., 59 c., 60 c.
21 juill. Civ. 61 c., 374 c.
26 juill. Req. 517 c., 544 c., 550 c., 1020 c.

2 août. Req. 1074 c.
3 août. Civ. 508 c., 511 c., 1004 c., 1062 c.
4 août.Req. 95 c., 466 c.
14 août. Toulouse. 1391 c.
19 août. Civ. 165 c.
19 août. Rouen. 1165 c., 1329 c.
21 août. Limoges. 1440 c.
30 août. Riom. 1131 c.
17 nov. Agen.1530 c.
20 nov. Besançon. 880 c.
1er déc. Req. 859 c.
3 déc. Agen. 1520 c.
6 déc.Civ. 1145 c.
6 déc. Civ. 198 c.
16 déc. Riom. 1391 c.
20 déc. Req. 1442 c.
22 déc. Montpellier. 1307 c., 1366 c.
27 déc. Civ. 729 c.,1520 c.
31 déc. Paris. 850 c.

1853

3 janv. Caen.1305 c.
3 janv. Dijon. 300 c.
4 janv. Civ. 951 c.
10 janv. Trib. Castelsarrazin. 54 c., 60 c.
11 janv.Civ. 78 c., 88 c.
14 janv. Paris 438 c.
12 janv. Civ. 88 c.
13 janv. Rouen. 1231 c.
19 janv.Toulouse. 54 c.
21 janv.Bordeaux. 980 c.
2 août. Req. 1447 c., 1459 c.
3 août.Req. 1507 c.
3 août. Grenoble. 429 c.
6 août.Bordeaux. 1300 c.
16 août. Bordeaux. 1261 c.
27 août. Trib. Douai. 1064 c.
27 août. Bourges. 548 c., 563 c.
7 nov. Req. 1441 c.
22 nov. Req.354 c.
26 nov. Rouen. 156 c.
9 déc. Montpellier. 54 c., 56 c., 60 c.
3 déc. Rouen. 216 c., 1536 c.
15 mars.Civ.31 c., 1136 c.
24 janv. Civ. 214 c.
31 mars.Paris, 839 c.
31 déc. Paris. 348 c.

1854

3 janv. Grenoble. 1231 c., 1257 c.
9 janv. Montpellier. 272 c.
10 janv. C. cass. sarde ;1209 c., 1281 c., 1325 c.
13.janv.Paris, 381 c., 851 c.

12 mai. Angers. 564 c.
14 mai. Paris. 827 c.
19 mai. Cons. d'Et. 1409 c.
21 mai. Rouen. 1354 c.
26 mai. Trib. Lille. 1073 c.
1er juin. Req. 938 c.,1078 c.,1281 c.
3 juin. Nancy.564 c.
11 juin. Lyon. 604 c.
11 juin. Paris. 389 c.
14 juin. Bordeaux. 380 c.
17 juin. Rennes. 851 c.
20 juin. Req. 1399 c.,1453 c.
21 juin. Riom. 125 c., 1259 c.
28 juin.Paris. 607 c.,1259 c.
29 juin. Limoges. 1391 c.
30 juin. Paris. 619 c.
2 juill. Trib. Florac. 130 c.
6 juill. Douai. 432 c., 459 c.
11 juill. Civ. 54 c., 59 c.
13 juill. Bordeaux. 839 c., 846 c.
16 juill.Douai. 379 c., 581 c.
18 juill.Riom.1238 c., 1273 c.
20 juill. Riom.688 c.
25 juill. Civ. 1471 c.
25 juill. Caen. 851 c.
26 juill. Nîmes. 1309 c., 1310 c., 4364 c.
27 juill. Douai. 1238 c., 1267 c.,1271 c.,1272 c.,1274 c.
1er août. Rouen. 1335 c.
2 août. Req. 1447 c., 1459 c.
3 août.Req. 1507 c.
3 août. Grenoble. 429 c.
6 août.Bordeaux. 1300 c.
16 août. Bordeaux. 1261 c.
27 août. Trib. Douai. 1064 c.
27 août. Bourges. 548 c., 563 c.
7 nov. Req. 1441 c.
22 nov. Req.354 c.
26 nov. Rouen. 156 c.
29 nov. Req.985 c.
9 déc. Montpellier. 54 c., 56 c., 60 c.
3 déc. Rouen. 1277 c., 1279 c.
13 déc. Req.677 c.
14 déc. Paris. 43 c.
31 déc.Civ.1379 c.
31 déc. Paris. 348 c.

1855

2 janv. Civ. 839 c.
8 janv. Req. 1300 c.
9 janv. Civ. 53 c., 54 c., 55 c.
9 janv. Amiens. 1052 c.
10 janv. Caen.851 c., 1492 c.

14 janv. Paris. 1231 c., 1389 c.
17 janv. Bordeaux. 415 c., 435 c.
24 janv.Req.852 c.
27 janv. Paris. 1460 c.
30 janv. Civ. 49 c.
2 févr. Rouen. 1421 c., 1440 c.
16 févr.Lyon.898 c.
17 févr. Rouen. 1425 c.
20 févr. Civ. 1081 c.
23 févr.Lyon.639 c.
20 févr. Limoges. 346 c., 436 c.
3 mars. Limoges. 1293 c.
21 févr. Req. 47 c.
13 mars. Req. 319 c., 401 c., 909 c.
22 févr. Rouen. 1414, 1419 c.
13 mars. Rouen. 1401.
24 févr. Paris. 658 c., 659 c.
1er avr. Grenoble. 675 c., 1366 c.
26 févr. Toulouse. 1339 c., 1373 c.
11 avr. Civ. 850 c.
28 févr. Req. 1107 c.
17 avr. Lyon. 1447 c.
5 mars. Civ. 135 c., 138 c., 859 c.
5 mai. Caen. 1214 c., 1235 c.
6 mars.Req.1290 c.
27 mai. Rouen. 327 c., 440 c.
9 mars. Bourges. 851 c.
29 mai. Civ. 53 c., 54 c., 55 c., 57 c., 60 c.
14 mars. Req. 634 c.
31 mai. Loi. 821 c., 586 c., 788 c.
14 mars. Bruxelles. 647 c.
31 mai. Bordeaux. 668 c.
16 mars. Grenoble. 599 c.
7 juin. Agen. 47 c.
20 mars. Req. 682 c., 765 c.
9 juin. Nancy. 276 c., 280 c.
22 mars. Amiens. 754 c.
24 juin. Nancy. 705 c.
23 mars. Loi. 68 c., 497 c., 842 c., 1231 c.
7 juill. Douai. 352 c.
26 mars.Civ. 1232 c., 1396 c.
7 juill. Montpellier. 1187 c., 1195 c.
29 mars. Orléans. 1003 c., 1021 c.
12 juill. Orléans. 619 c.
2 avr. Req. 545 c., 1215 c., 1423 c.
15 juill. Paris. 340 c.
3 avr. Civ. 156 c.
17 juill. Dijon. 309 c.
3 avr.Dijon.854 c.
18 juill.Caen.1185 c.
16 avr. Civ. 222 c., 563 c.
22 juill.Rouen.851 c.
16 avr.Pau.1264 c.
1er août. Douai.108 c.
30 avr. Nîmes. 761 c.
10 août. Liège.682 c.
2 mai.Req.675 c., 1369 c., 1463 c.
18 août. Grenoble. 269 c., 278 c., 380 c., 284 c., 1335 c.
5 mai.Req.866 c.
30 août.Civ.1231 c.
7 mai. Paris.14 c.
30 août. Nîmes. 89 c., 90 c.,128 c.
8 mai. Civ.839 c.
18 oct.Paris.325 c.
14 mai.Douai. 781 c.
6 nov. Req. 1074 c., 1076 c.
22 mai.Req.1231 c.
6 nov. Civ. 33 c., 536 c.
22 mai.Civ.1288 c.
9 nov. Paris. 437 c.
4 juin. Req. 35 c.
7 nov. Req. 1441 c., 1449 c.,1460 c.
6 juin. Trib. Seine. 218 c.
13 nov. Civ.94 c.
12 juin. Metz. 850 c.
14 nov. Civ. 283 c.
13 juin. Req. 1077 c.
30 nov.Aix.44 c.
14 juin. Metz. 850 c.
2 déc.Paris.850 c.
18 juin. Paris. 683 c.
4 déc. Bourges. 840 c., 851 c.
19 juin.Civ.945 c., 980 c., 1535 c.
5 déc.Req.546 c., 1353 c.,1354 c., 1423 c.,1434 c.
20 juin. Caen.1266 c.
22 déc. Besançon. 721 c.
21 juin. Paris. 325 c.
27 déc. Civ. 97 c.
26 juin. Civ. 839 c.
3 juill.Metz.12 c.
11 juill. Civ.41 c., 77 c.
15 juill. Angers. 198 c.
31 juill.Pau.143 c.
1er août. Civ. 1073 c., 1075 c.
1er août.Bruxelles. 9 c.
3 août.Paris. 144 c.
4 août. Paris.851 c.

14 août.Civ.411 c., 414 c.
20 août. Bourges. 264 c.,268 c.,899 c.
22 août. Req.1366 c.
29 août.Bordeaux. 1325 c.
29 août.Douai. 414 c.
5 nov. Civ. 1313 c.
14 nov. Civ. 948 c., 965 c., 987 c.,1022 c.,1288 c.,1272 c.,1273 c.
4 déc. Req. 348 c.,1482 c.
6 déc. Req. 230 c., 964 c.
8 déc. Caen. 851 c.
15 déc. Civ. 1176 c., 138 c., 859 c.
17 déc. Req. 1453 c.
18 déc. Dijon. 855 c.
22 déc. Besançon. 892 c.
26 déc. Bastia. 1506 c.
27 déc. Orléans. 221 c.

1856

3 janv. Agen. 1148 c.
10 janv. Riom. 1424 c., 1425 c.,1447 c.
12 janv. Paris. 462 c.
14 janv. Civ. 464 c., 1264 c.
16 janv. Bastia. 97 c.
16 janv. Dijon. 591 c.
21 janv. Civ. 1131 c.
23 janv. Agen. 1231 c., 1249 c.
4 févr. Req. 1301 c.
16 févr. Bruxelles. 785 c.
19 févr. Bordeaux. 951 c., 983 c.
20 févr. Req. 156 c., 1296 c.
25 févr. Req. 1413 c.
26 févr. Poitiers. 208 c.
27 févr. Req. 1145 c., 1149 c.
27 févr. Bordeaux. 198 c., 850 c.
27 févr. Grenoble. 1153 c.
4 mars. Req. 761 c.
5 mars. Bordeaux. 850 c.
10 mars.Caen.1424 c., 1436 c.
17 mars.Req.1204 c.,1214 c.,1225 c.
17 mars. Req. 228 c.
2 avr. Lyon. 1281 c.
7 avr. Montpellier. 34 c.
10 avr. C. cass. Belgique.508 c.
11 avr. Trib. Thiers. 470 c.
14 avr. Req. 93 c.
15 avr. Lyon. 781 c.
16 avr. Req. 1052 c.
29 avr. Bordeaux. 1195 c.

6 mai. Bastia. 483 c.
13 mai. Poitiers. 688 c., 690 c.
15 mai.Caen.851 c.
3 juin. Bordeaux. 850 c.
9 juin. Paris. 1272 c.
16 juin. Bastia. 85 c.
19 juin. Orléans. 851 c.
21 juin. Rouen. 1424 c.
15 juill.Paris.1235 c.,1267 c.
16 juill. Civ. 944 c.,1003 c.
10 juill. Aix. 1268 c.
25 juill. Lyon. 851 c.
30 juill. Lyon. 1266 c.
30 juill. Trib. Seine. 734 c.
4 août. Civ. 1231 c.
8 août. Bruxelles. 682 c.
8 août. Douai. 637 c.
13 août. Orléans. 264 c.
23 août.Paris. 851 c.
13 sept. Trib. Lille. 70 c.
22 nov. Pau. 1398 c.
28 déc.Caen. 62 c.
4 déc. Grenoble. 1284 c.
9 déc. Req. 298 c., 940 c.
10 déc. Nîmes. 1158 c.
10 déc. Civ. 1281 c., 150 c.
23 déc.Civ. 143 c., 150 c.
24 déc. Civ. 143 c.
29 déc. Bastia. 370, 1473 c.
29 déc. Bordeaux. 144 c.

1857

12 janv. Civ. 1231 c.
12 janv.Bordeaux. 198 c.
27 janv. Req. 690 c.
29 janv. Douai. 718 c.
16 févr. Agen. 1247 c., 1291 c.
16 févr. Bordeaux. c.
25 févr. Colmar. 398 c., 400 c.
4 mars. Civ. 44 c., 49 c., 1404 c.
9 mars. Req. 35 c.
18 mars.Aix. 1149 c.
18 mars. Req.52 c.
19 mars. Bordeaux. 207 c.
31 mars. Bordeaux. 652 c.
1er avr. Nîmes. 1145 c., 1150 c.
2 avr. Riom.1248 c., 1387 c.
29 avr. Req. 34 c.
29 avr. Montpellier. 1141 c., 1147 c.
7 mai. Poitiers. 759 c., 760 c.
12 mai. Req. 1448 c.
12 mai. Bordeaux. 1199 c.
30 mai. Paris. 869. c.
2 juin. Toulouse. 54 c.
4 juin. Riom. 285.

18 juin. C. cass. Belgique. 843 c.
20 juin. Riom. 1497 c., 1301 c.
30 juin. Rouen. 744 c.
7 juill. Req. 1339 c., 1366 c.
13 juill. Civ. 125 c., 137 c., 150 c., 154 c.
17 juill. Caen. 859 c.
22 juill. Agen. 143 c.
29 juill. Bordeaux. 1191 c., 1391 c.
4 août. Civ. 1300 c.
19 août. Civ. 472 c.
26 nov. Dijon. 255 c.
27 nov. Paris. 707 c.
1er déc. Civ. 1198 c., 1199 c.
3 déc. Orléans. 357 c.; 806 c.
30 déc. Civ. 561 c.

1858

2 janv. Paris. 1141 c., 1444 c., 1449 c.
6 janv. Civ. 529 c.
12 janv. Paris. 1272 c.
10 janv. Ch. réun. 835 c., 836 c., 839 c., 840 c., 841 c., 850 c., 851 c.
16 janv. Paris. 1272 c.
21 janv. Paris. 668 c., 669 c.
27 janv. Req. 35 c., 1028 c.
3 févr. Poitiers. 707 c.
4 févr. Bordeaux. 72 c.
4 févr. Nîmes. 62 c.
8 févr. Civ. 842 c., 851 c.
17 févr. Req. 855 c., 401 c.
18 févr. Orléans. 487 c.
2 mars. Montpellier. 1311 c.
10 mars. Req. 1133 c.
31 mars. Alger. 647 c.
6 avr. Req. 54 c., 56 c.
13 avr. Req. 1538 c.
15 avr. Trib. Clamecy. 392 c.
23 avr. Grenoble. 601 c.; 1187 c., 1191 c.
24 avr. Paris. 817 c.
4 mai. Agen. 1196 c., 1199 c.
17 mai. Req. 759 c., 760 c.
18 mai. Agen. 1231 c.
8 juin. Ch. réun. 31 c., 33 c., 586 c.
14 juin. Req. 1150 c.
24 juin. Besançon. 912 c.
28 juin. Grenoble. 1438 c.
30 juin. Toulouse. 506 c., 880 c.
7 juill. Caen. 1264 c.
9 juill. (et non 11) Paris. 688 c.

10 juill. Bruxelles. 938, 1070 c.
11 juill. V. 10 juill.
20 juill. Civ. 816 c.
20 juill. Agen. 1438 c.
23 juill. Lyon. 825 c., 1422 c., 1437 c.
31 juill. Caen. 272 c., 279 c., 280,
2 août. Civ. 843 c.
7 août. Paris. 763 c., 777 c., 372 c., 876 c., 1445 c.
17 août. Metz. 1111 c., 1114 c.
9 nov. Montpellier. 1362 c.
15 nov. Civ. 132 c.
20 nov. Paris. 546 c., 1484 c.
1er déc. Civ. 851 c.
6 déc. Caen. 298 c.
14 déc. Req. 1052 c., 655 c., 658
28 déc. Civ. 1418 c.
31 déc. Paris. 1449 c.

1859

5 janv. V. 20 janv.
8 janv. Paris. 843 c.
20 (et non 5) janv. Orléans. 330 c.
25 janv. Agen. 36 c.
31 janv. Req. 1195 c., 1115 c.
1er févr. Req. 1449 c., 1465 c., 1450 c.
6 févr. Civ. 1418 c.
14 févr. Bourges. 589 c., 590 c.
22 févr. Civ. 1421 c., 1424 c., 535 c., 995 c.
5 mars. Pau. 1376, 1377 c., 1350 c., 1427 c., 1453 c.
9 mars. Paris. 1108 c.
11 mars. Liège. 247.
15 mars. Civ. 851 c.
21 mars. Civ. 1017 c.
28 mars. Riom. 196 c., 951 c.
1er avr. Nancy. 894 c., 896.
12 avr. Pau. 1115 c.
27 avr. Req. 238 c., 247 c.
2 mai. Req. 517 c., 518 c., 538 c., 1438 c., 1454 c.
11 mai. Civ. 1231 c.
25 mai. Angers. 257 c., 563 c.
30 mai. Bordeaux. 91 c.
31 mai. Civ. 1147 c.
8 juin. Req. 1104 c.
8 juin. Poitiers. 593 c.
20 juin. Civ. 129 c.
27 juin. Aix. 1271 c.

11 juill. Req. 1363 c.
14 juill. Bruxelles. 1113 c.
18 juill. Civ. 1372 c., 1373 c.
20 juill. Civ. 134 c.
23 juill. Grenoble. 1256 c.
30 juill. Rennes. 396 c.
3 août. Req. 1026 c.
5 août. Grenoble. 124 c.
12 août. Bruxelles. 753 c.
18 août. Paris. 847 c., 869.
23 août. Req. 1202 c., 1204 c., 1237
23 août. Civ. 851 c., 852 c.
30 août. Bordeaux. 675 c.
10 nov. Caen. 1494 c.
16 nov. Civ. 555 c., 987 c., 1436 c., 1467 c.
22 nov. Req. 255 c.
5 déc. Nîmes. 1264.
6 déc. Civ. 1231 c.
7 déc. Req. 1367 c.
7 déc. Riom. 1321 c.
21 déc. Req. 36 c.
24 déc. Paris. 694
27 déc. Pau. 69 c.
31 déc. Gand. 615.

1860

10 janv. Bourges. 802.
14 janv. Req. 700 c., 1115 c.
25 janv. Lyon. 729
25 janv. Rouen. 408
9 févr. Paris. 117
22 févr. Req. 1021 c.
24 févr. Orléans. 990.
24 févr. Toulouse. 1411 c.
27 févr. Pau. 1433.
14 mars. Grenoble. 1351 c.
21 mars. Req. 1167
21 mars. Civ. 1078 c., 1075 c.
28 mars. Poitiers. 450 c.
18 avr. Civ. 169 c., 912 c.
18 avr. Nîmes. 1362
25 avr. Angers. 840
1er mai. Req. 269 c., 286 c.
10 mai. Metz. 790
6 juin. Pau. 266 c., 265 c., 268 c., 966 c.
7 juin. Nîmes. 1289, 1293 c., 1294 c., 1299
12 juin. Toulouse. 1449 c.
12 juin. Civ. 1185 c., 1355 c., 1391 c.
16 juin. Limoges. 1328 c.
30 juill. Montpellier. 1268 c.
17 juill. Poitiers. 763 c., 764 c., 774 c., 1283 c.
20 juill. Amiens. 483 c.
24 juill. Req. 280 c.

3 août. Douai. 707.
3 août. Limoges. 990 c.
7 août. Req. 1170
13 août. Req. 1032
29 août. Civ. 1154
1er déc. Pau. 1366 c.
5 nov. Req. 944 c., 996 c., 1017 c.
6 nov. Req. 1413
18 nov. Req. 396 c.
17 nov. Aix. 1424 c.
21 nov. Caen. 893, 895 c.
28 nov. Douai. 1052.
5 déc. Nîmes. 1185,
10 déc. Pau. 1293 c., 1395 c.
24 déc. Req. 72 c., 1353 c., 1354 c.
27 déc. Civ. 843 c.
27 déc. Caen. 1411

1861

3 janv. Rennes. 389.
3 janv. Lyon. 1293 c.
20 janv. Pau. 1165 c., 1326 c.
21 janv. Civ. 1328 c.
26 janv. Douai. 460 c.
8 févr. Trib. Reims. 611 c.
20 févr. Bruxelles. 851 c.
26 févr. Pau. 1193 c.
23 févr. Orléans. 96 c.
19 mars. Req. 1278 c.
10 avr. Amiens. 176 c., 435 c.
17 avr. Trib. Seine. 355 c.
24 avr. Req. 1263
25 avr. Grenoble. 1437, 1497 c.
27 avr. Gand. 1245 c.
1er mai. Nîmes. 1352,
2 mai. Rouen. 1154, 1366 c.
6 mai. Nîmes. 1328.
6 mai. Paris. 426 c., 428 c.
14 mai. Agen. 786 c., 1391 c.
17 mai. Nancy. 411, 414 c.
27 mai. Req. 1458
15 juin. Douai. 548 c., 549 c., 1042 c.
19 juin Chambéry. 157 c.
26 juin. Req. 1286
27 juin. Caen. 840
1er juill. Req. 16 c., 103 c., 962 c., 1203 c., 1532
8 août. Paris. 899.
20 août. Civ. 1391 c.
22 août. Bordeaux. 763, 771 c.

24 août. Paris. 803 c.
6 nov. Req. 855 c.
13 nov. Req. 720 c., 1520c., 1524 c.
18 nov. Req. 429 c.
23 nov. Paris. 404 c., 414 c.
27 nov. Civ. 771 c.
27 nov. Gand. 651 c.
3 déc. Civ. 1077 c.
3 déc. Civ. 749 c.
12 déc. Douai. 892 c., 915 c.
16 déc. Civ. 370 c.
23 déc. Req. 1380 c.
30 déc. Limoges. 1047 c.

1862

13 janv. Req. 1391 c.
13 janv. Civ. 406 c.
14 janv. Limoges. 124 c.
6 févr. Rennes. 766 c.
14 févr. Orléans. 870 c.
17 févr. Agen. 1361 c.
19 févr. Limoges. 1185 c., 1270 c.
25 févr. Trib. Napoléon-Vendée. 331 c.
15 mars. Paris. 535.
15 mars. Rennes. 654 c.
18 mars. Req. 404 c., 407 c., 487 c.
26 mars. Caen. 1183, 1231 c.
26 mars. Paris. 876 c., 877 c.
31 mars. Req. 1412 c.
7 avr. Req. 1079 c.
10 avr. Metz. 889 c., 863 c.
19 avr. Civ. 856 c.
30 avr. Req. 183 c., 185 c., 407 c.
7 mai. Dijon. 626 c.
7 mai. Limoges. 1447 c.
8 mai. Liège. 1106.
13 mai. Req. 662 c.
2 juin. Req. 840 c., 863 c.
2 juin. Rouen. 812 c.
5 juin. Orléans. 749 c.
10 juin. Trib. Foix. 69 c.
13 juin. Grenoble. 1498.
17 juin. Poitiers. 331 c., 333 c., 338 c.
2 juill. Loi. 4 c., 540 c., 542 c., 543 c., 4425 c., 1426 c.
10 juill. Aix. 1200
17 juill. Bordeaux. 1308, 1331 c.
19 juill. Caen. 840
29 juill. Req. 1235 c.
2 août. Nancy. 1357.
4 août. Req. 995 c.
5 août. Colmar. 895 c., 904 c.
20 août. Civ. 1391 c.
22 août. Grenoble. 1891 c.
27 août. Trib. Bor-

deaux. 513 c., 514 c.
16 nov. Civ. 1277 c.
18 nov. Besançon. 380 c.
19 nov. Civ. 1242c.
20 nov. Paris. 1165
10 déc. Besançon. 428.
13 déc. Montpellier. 1520 c.
30 déc. Civ. 706 c.

1863

12 janv. Caen. 1412 c.
19 janv. Civ. 504 c.
31 janv. Rouen. 1052.
6 févr. Civ. 651 c.
6 févr. Ch. réun. de Belgique. 860 c., 941 c.
11 févr. Req. 1359 c.
3 mars. Besançon. 218 c., 579 c., 580 c., 581c.
6 févr. Rennes. 589 c., 590 c.
18 mars. Amiens. 892 c.
19 mars. Paris. 609 c.
1er avr. Besançon. 810 c.
28 avr. Orléans. 851 c., 853 c.
25 avr. Paris. 682 c.
29 avr. Civ. 1071 c., 1072 c.
6 mai. Poitiers. 781 c., 1314 c., 1319
18 mai. Pau. 297

1865

20 mai. Angers. 894 c., 915 c.
23 mai. Paris. 1154 c., 1155 c., 1445
28 mai. Limoges. 1317 c.
12 juin. Civ. 1243 c., 556 c.
6 juill. Besançon. 303 c.
13 juill. Req. 292 c., 1494 c.
14 juill. Req. 157 c., 1447 c.
22 juill. Caen. 453 c.
22 juill. Paris. 767, 873 c.
3 août. Riom. 594 c.
13 août. Req. 1106 c.
20 août. Paris. 875 c., 877 c.
25 août. Angers. 875 c., 877 c.
31 août. Limoges. 585, 961 c.
12 nov. Nîmes. 54, 56 c.
13 nov. Paris. 379 c.
17 nov. Nîmes. 701.
24 nov. Caen. 696.
11 déc. Limoges. 534 c.
17 déc. C. cass. Belgique. 820 c.
22 mai. Limoges. 1424 c.
23 mai. Agen. 435.
26 mai. Caen. 1454 c.
2 juin. Civ. 1438 c.
12 juin. Req. 1450 c.
12 juin. Civ. 1438 c.
27 janv. Bordeaux. 534 c.
24 juin. Loi. 1351 c.
15 nov. Bordeaux. 875 c., 877 c., 880 c.

c., 387 c., 388 c., 389 c.
8 mars. Colmar. 20 c.
16 avr. Caen. 924.
16 avr. Paris. 347 c.
18 avr. Req. 1247 c., 1293 c., 1425.
20 avr. Civ. 691 c.
23 avr. Paris. 1472.
2 mai. Req. 321 c., 1187 c., 1191 c., 4442 c., 1466 c.
14 mai. Orléans. 384 c.
3 juin. Trib. Anvers. 69 c.
1215 c., 1235 c., 1267 c.
15 juin. Civ. 1356 c., 130 c.
19 juill. Civ. 318 c., 972 c., 988 c.
8 août. Douai. 894, 895 c.
11 août. Angers. 915 c.
18 août. Bordeaux. 943 c.
9 nov. Civ. 579 c., 580 c.
14 nov. Req. 604 c.
14 nov. Civ. 1530 c.
13 déc. Civ. 844 c.
15 déc. Grenoble. 1331, 1363 c.

1865

10 janv. Civ. 875 c., 307 c.
13 janv. Douai. 1254.
20 janv. Grenoble. 1231, 1280 c.
30 janv. Civ. 264 c., 556 c.
1er févr. Bordeaux. 29 c., 1135 c.
2 févr. Nancy. 912 c., 913 c., 1044
6 févr. Req. 414 c.
25 févr. Liège. 803 c.
8 mars. Pau. 800. 77 c.
21 mars. Trib. Lyon. 752.
23 mars. Bordeaux. 781 c., 1271 c., 1401 c.
18 avr. Req. 161 c.
19 avr. Req. 161 c.
24 avr. Req. 878 c.
30 avr. Trib. Puy. 1305 c.
2 mai. Limoges.
24 juin. Req.

5 juill. Civ. 351 c., 355 c., 1362c.
15 juill. Pau. 1256 c.
19 juill. Req. 534 c., 536 c.
22 juill. Toulouse. 403 c.
24 juill. Douai. 696 c.
26 juill. Req. 1198 c.
27 juill. Agen. 1348 c.
28 juill. Grenoble.
2 mai. Req. 321 c., 1187 c., 1191 c., 4442 c., 1466 c.
14 mai. Orléans. 384 c.
18 août. Limoges. 1434, 1435 c.
22 août. Req. 95 c.
22 août. Civ. 1252 c.
23 août. Bordeaux. 943 c.
8 nov. Poitiers. 986 c.
23 nov. Paris. 1239, 1273 c.
30 nov. Trib. Puy. 1416 c.
13 déc. Civ. 1261 c., 1264 c.

1866

18 janv. Bordeaux. 264 c.
22 janv. Alger. 745 c.
24 janv. Paris. 261 c.
29 janv. Req. 1052 c.
31 janv. Riom. 1530 c.
13 févr. Civ. 1231 c.
14 févr. Req. 1161 c.
16 févr. Pau. 1281 c.
16 févr. Rennes. 1495 c.
27 févr. Colmar. 175 c., 190 c.
6 mars. Civ. 1200 c.
12 mars. Civ. 1261 c.
13 mars. Crim. 485 c.
10 mars. Alger. 1511 c.
23 mars. Nîmes. 1497 c., 1498, 1500 c.
24 mars. Toulouse. 414 c.
26 mars. Req. 1199 c.
28 mars. Civ. 78 c., 86 c.
4 avr. Paris. 390 c.
9 avr. Civ. 56 c.
13 avr. Caen. 1319 c.
7 mai. Toulouse. 77 c.
8 mai. Caen. 1248 c.
16 mai. Orléans. 1087 c.
23 mai. Aix. 542 c., 1425 c.
28 mai. Bordeaux. 1346, 1529 c.
4 juin. Civ. 1276 c., 1281 c.
13 juin. Pau. 1264 c., 1392 c.
14 juin. Riom. 1520 c.
19 juin. Aix. 1198.
25 juin. Besançon. 414 c., 415 c.
30 juin. Gand. 1401 c.
2 juill. Civ. 1253 c., 1281 c.
6 juill. Caen. 1109 c.
10 juill. Paris. 298 c.

14 juill. Loi. 194 c.
19 juill.Caen.1154, 1219 c.
20 juill.Caen.1154, 1219 c.
24 juill. Civ. 815 c.
25 juill. Besançon. 886 c.
1er août. Req. 1231 c., 1279 c.
6 août. Caen. 535 c.
8 août. Toulouse. 1451 c.
21 août.Req. 1280.
14 nov. Req.1231 c.
28 nov. Req. 308 c., 300 c.,985 c.
4 déc. Agen. 915 c.
7 déc. Lyon. 219.
15 déc. Caen.1453 c.
17 déc. Civ.1281 c.

1867
10 janv. Rouen. 1320.
16 janv. Req.35 c., 1065 c.
21 janv. Req. 1391 c.
26 janv. Trib. Louviers. 1272 c.
1er févr. Nimes. 1240 c.
14 févr. Paris.391 c.
16 févr. Alger. 44.
18 févr. Civ. 915 c.
22 févr. Lyon. 1131 c.,1277 c., 1356 c.
13 mars. Civ. 1341 c.
13 mars. Lyon. 980 c.
18 mars. Req. 9 c.
21 mars. Paris. 803 c.
13 avr. C. cass.Belgique. 841 c.
16 avr. Civ. 474 c., 662 c.
17 avr. Civ. 879 c.
17 avr. Bourges. 674 c.
23 avr.Dijon.915 c.
1er mai. Alger. 41.
13 mai. Req.876 c.
21 mai. Civ. 629 c., 1264 c.
27 mai. Limoges. 50 c., 379 c., 1088 c.
28 mai. Rennes. 398 c.
25 juin. Rouen. 1333, 1343 c.
26 juin. Req. 691 c., 1331 c.,1333 c.
27 juin. Pau.1390 c.,1399 c., 1401 c.
15 juill. Req. 524 c., 808 c.
15 juill. Civ. 604 c., 626 c.
22 juill. Loi. 357 c., 1383 c.
24 juill. Loi.484 c.
31 juill. Req. 414 c., 415 c.
23 août. Angers. 227 c.
6 nov. Agen.1249
11 nov. Civ. 1262 c., 1263 c.
2 déc. Civ. 260 c., 273 c., 280 c.
4 déc. Civ. 78 c., 93 c.
9 déc. Riom. 330 c.
10 déc. Req.124 c.
10 déc. Civ.1281 c.
14 déc. Rouen. 1317 c.
16 déc. Req. 389 c.

24 déc. Req. 77 c.
27 déc. Gand. 102.

1868
6 janv. Bruxelles. 581 c.
13 janv. Trib. Lyon. 610 c.
5 févr. Civ.1361 c.
18 févr. Req. 962 c., 987 c.
21 févr. Paris. 225 c., 969 c.
26 févr. Pau. 1249 c., 1453 c.
3 mars. Civ 1402 c.
4 mars.Grenoble. 1199 c.
18 mars. Angers. 518 c., 533 c.
18 mars. Trib. Seine. 611 c.
19 mars. Orléans. 535 c.
23 mars. Paris. 996 c.
1er avr.Req. 564 c.
24 avr.Req.1281 c.
29 avr. Agen.1488 c., 1502 c.
12 mai. Bordeaux. 1389.
13 mai. Rouen. 96.
18 mai.Req.1387 c.
23 mai.Trib.Lyon. 547 c.
8 juin. Req. 801 c., 816 c.
15 juin. Req. 1116.
15 juin. Bruxelles. 889 c.
30 juin. Req. 1253
2 juill. Dijon. 369 c.
25 juill. Nancy. 477, 909 c.
29 juill.Pau.1400c.
5 août. Req. 705
5 août. Civ. 682 c., 872 c.
6 août. Orléans. 875 c.
8 août. Caen. 1200 c.
11 août. Chambéry. 1356 c.
12 août. Pau. 1256
18 août. Civ.497 c.
25 août. Trib. Seine. 816 c.
10 nov. Civ.915 c.
18 nov. Chambéry. 1162 c.,1289 c., 1354 c.
21 nov.Caen. 1086
23 nov. Besançon. 552 c., 564 c.
25 nov.Req. 339 c.
1er déc. Req.1277.
2 déc.Trib.Nimes 1221, 1224 c.
16 déc. Poitiers. 981 c.
17 déc. Toulouse. 1198 c.,1199 c.
23 déc. Civ.1302 c.
26 déc. Grenoble. 1268.
29 déc. Trib. Jonzac. 983 c.

1869
16 janv. Trib. Lyon. 675 c., 1502 c.
2 févr.Req. 585 c.
3 févr.Trib.Seine. 709 c.
10 févr. Montpellier. 1398 c.
17 févr. Trib. Civ.1250 c.
19 févr. Trib. Seine. 153 c.

22 févr. Rennes. 202 c.
23 févr. Civ. 118 c., 130 c.
3 mars. Nancy. 254 c., 256 c.
13 mars. Trib. Lyon. 675 c.
16 mars. Bordeaux. 945 c.
18 mars. Rouen. 391 c.
30 mars. Civ. 225 c., 515 c.
8 avr. Paris. 197 c.,652 c.,951 c.
15 avr. Rouen.
17 avr. Limoges. 132 c., 135 c.
20 avr. Req. 71 c.
21 avr. Dijon. 1117 c.
26 avr. Civ. 51 c., 74 c., 155 c., 751 c.
12 mai. Civ. 682 c., 683 c.
24 mai.Req. 343 c.
26 mai. Angers. 809 c., 982 c., 1051 c.
2 juin. Amiens. 766 c., 766 c., 872 c., 874 c., 875 c., 876 c., 878 c.
11 juin. Caen. 1247 c.
17 juin. Rouen. 853 c.
23 juin. Civ. 408 c., 409 c., 414 c.
28 juin. Pau. 272 c.
1er juill. Aix. 1148 c.
2 juill. Agen. 812 c., 986 c.
2 juill. Orléans. 1302 c.
7 juill. Civ. 755 c.
7 juill. Bastia. 616 c., 1290 c.
10 juill. Aix. 1200
12 juill. Paris.710
20 juill.Civ. 842 c., 1416 c., 1420 c.
20 juill. Civ. 225 c., 515 c., 517 c., 524 c., 550 c., 909 c.
29 juill. Req. 72 c., 1354 c.
30 juill. Bruxelles. 818 c.
7 août. Rouen. 1310 c.
13 août. Bruxelles. 1434 c., 1448 c.
18 août. Civ. 1238 c.
24 août. Bordeaux. 981 c.
11 nov. Lyon. 611 c.
15 nov. Rouen. 269 c., 272 c.,1189 c.
24 nov. Civ. 818 c.
30 nov. Bordeaux. 429 c.
3 déc. Dijon. 374 c., 682 c.
20 déc. Trib. Sisteron. 729 c.
21 déc. Agen. 784 c.
21 déc. Amiens. 1271 c.
21 déc. Limoges. 682 c., 683 c.
24 déc. Metz. 581 c., 582 c.

1870
5 janv.Civ.1209c.
18 janv. Rouen 543 c., 1425 c.
1er févr. Agen. 1267 c.
1er févr. Metz. 848
2 févr. Civ.667c., 1285 c.
2 févr. Trib. Meaux. 389 c., 390.
5 févr. Toulouse. 1458 c.
8 févr. Req. 710c.
9 févr. Civ. 831 c.
15 févr. Caen.1199
17 févr.Lyon, 564, 566 c.
17 févr. Douai.777
23 févr. Rouen. 225 c., 515 c., 517 c., 550 c.
1er mars. Req.1384 c., 1386 c.
7 mars. Agen. 1204 c.
9 mars. Req.1286 c., 1391 c.,1456
16 mars. Bourges. 542 c., 1425 c.
18 mars. Paris. 611 c., 628 c.
24 mars. Paris. 736 c.
29 mars. Rennes. 630 c.
5 avr. Montpellier. 272 c.
6 avr. Rennes. 176 c.
12 avr. Civ. 1198 c.,1411 c.
20 avr. Gand. 946, 948 c.
12 mai.Caen.864 c.
16 mai.Req.1003 c.
19 mai. Paris. 397 c., 774 c.
24 mai. Req. 1877
31 mai.Caen.1454, 1455 c.
21 juin. Civ. 472 c.,996 c.
24 juin. Trib. Bordeaux. 276 c.
6 juill. Civ. 863 c.
7 juill. Paris. 682
14 juill.Bordeaux. 678 c.
20 juill. Civ. 1353 c., 1354 c.
9 août. Civ. 63 c., 256 c.
20 août. Paris. 20 c., 79 c., 589 c.
10 août.Bordeaux. 266 c., 272 c.
11 août.Req.601c.
18 août. Civ. 41 c.
24 oct. Décr.1511c.
8 nov. Aix. 41 c.
19 nov. Caen. 858.
1er déc. C. cass. Belgique. 969 c.
7 déc. Civ. 1073 c.,1075c., 1076

1871
18 janv. Bruxelles. 889 c.
25 janv. Bourges. 674 c.
28 janv. Angers. 984 c.
2 mars.Bruxelles. 929 c.
8 mai. Bordeaux. 1537 c.
8 mai.Bordeaux. 1249 c.
10 mai. Bordeaux.

292 c., 319 c., 320 c., 564 c. 567 c.
12 mai.Rouen. 790
15 mai. Bordeaux. 264 c., 276 c.
23 mai. Besançon. 388 c., 389 c.
25 mai. Bruxelles. 980 c.
30 mai. Bordeaux. 1195 c.
1er juin. Toulouse. 1252 c.
21 juin. Montpellier. 1198 c., 1411 c.
29 juin. Bordeaux. 1052 c.
18 juin. Rouen. 372 c., 986 c.
21 juill. Paris. 805 c.
20 juill. Besançon. 555 c., 1436 c.
3 août. Paris. 1966 c., 1267 c.
12 août. Besançon. 1603 c.
16 sept. Loi. 4 c., 540 c., 542 c., 543 c., 544 c., 1425 c.
16 nov. Req. 848 c., 777 c.
21 nov. Civ. 1198 c., 1199 c.
23 nov. Nancy. 1012 c.
19 déc. Civ. 1000 c., 1307 c.
19 déc.Pau.1366c.
23 déc. Rouen. 96.
27 déc.Paris 649 c.
28 déc. C. cass. Belgique. 1360
30 déc. Trib. Nogent-le-Rotrou. 567 c.

1872
8 janv. Caen. 543 c., 1425 c.
15 janv. Civ. 1071 c., 1072 c.
21 janv. Caen. 542 c., 543 c., 1444 c., 1448 c.
20 janv. Civ.811c., 818 c.
31 janv. Lyon.1342 c., 1343 c., 1366 c.
7 févr. Civ. 1146 c., 1363 c.
13 août. Civ. 63 c., 236 c.
28 févr. Loi. 375 c., 769 c.
4 mars.Gand.915 c.
18 mars. Paris.291 c., 571 c.
23 mars.Paris.488 c., 489 c.
8 avr. Civ. 556 c., 564 c.
9 avr.Req. 559 c., 824 c.
16 avr. Aix. 95 c., 744 c.
24 avr. Civ. 764 c., 769 c.
26 avr.Rouen.1438 c.
3 mai. Caen. 512 c., 528 c., 568 c.
7 mai. Paris. 804 c., 819 c.
15 mai. Civ. 820 c.
27 mai.Req.766 c., 775 c.
29 mai. Trib. Bordeaux. 365 c., 577 c.
3 juin. Montpellier. 1247 c., 1293 c.
12 juin.Civ.1062 c.

19 juin,Civ. 132 c., 135 c.
19 juin. Montpellier. 543 c.
3 juill. Req. 439 c., 467 c.
8 juill.Req.323 c., 341 c.
9 juill. Trib. Seine. 705 c.
19 juill. Paris. 875
27 juill. Loi. 1292 c.
27 juill. Trib. Tours. 878 c.
30 juill.Req.986 c., 1003 c.
31 juill.Req.400 c.
1er août. Poitiers. 187 c., 887 c.
6 août.Paris. 581 c.
14 août. Dijon. 980 c., 981 c., 984 c.
20 août.Civ.223 c., 508 c.
13 nov. Nimes. 1810 c., 1384 c., 1436 c.
19 nov. Civ. 667 c.
20 nov. Bourges. 1206 c.
2 déc. Civ. 1052 c., 1085 c.
17 déc. Civ. 996 c., 777 c.

1873
3 janv. Angers. 864 c.
17 janv. Liège. 292 c.
24 janv. Caen. 767c.
3 févr. Bordeaux. 216 c.
5 févr. Civ. 35 c., 202 c.
11 févr. Req. 819
29 mars. Paris. 470 c.
6 mai. Req. 878 c.
13 mai. Civ. 1446 c.
10 mai. Req. 400 c.
20 mai. Civ. 389 c., 391 c.
21 mai. Civ. 1531 c.
23 mai. Paris. 486 c.
28 mai. Bordeaux. 675, 683 c.
2 juill. Civ. 674c.
21 juill. Agen. 1249 c.
4 août. Paris. 1449.
13 août. Req. 705 c., 769 c.
15 déc. Civ. 790 c.
17 déc. Req. 68 c., 183 c., 214 c.
17 déc. Bordeaux. 551 c., 564 c.
20 déc. Rouen. 1429 c.
30 déc. Civ. 389 c., 391 c.

1874
12 janv. Civ. 335 c., 336 c.
13 janv. Civ. 1231 c.
26 janv.Bordeaux. 308.
29 janv. C. cass. Belgique. 1014 c.
2 juin. Paris. 703 c.
2 mars.Pau.1295.
4 mars.Paris. 812 c.

12 mars. Caen.380, 390 c.
30 mars. Civ. 1289 c., 1878 c.
15 avr. Req. 486 c., 1054 c.
11 mai. Paris. 336 c.
12 mai.Caen. 1356 c.
26 mai. Trib. Mamers.197 c.,951 c.
28 mai. Aix. 1523, 1524 c., 1525 c.
1er juin. Req. 1176 c., 1207 c.
5 juin. Alger. 621 c., 639 c., 648 c.
8 juin. Rouen. 1249 c.
11 juin. Civ. 48 c.
17 juin. Bordeaux. 1154 c.,1155 c.
30 nov. Lyon.52 c., 122 c.
8 déc. Civ. 95 c., 291 c., 292 c., 364 c., 375 c., 988 c.
22 déc. Civ.765 c., 767 c.

1875
14 janv. C. cass. Belgique. 781 c.
18 janv. Civ. 561 c.
19 janv. Paris.1217 c.
11 janv. Civ. 1064 c., 1065 c.
3 févr. Req. 1054 c.
9 févr. Civ. 1075c.
1er (et non 4) mars. Paris. 710 c.
3 mars. Caen. 1500 c.
4 mars. V. 1er mars.
9 mars. Nimes. 129, 135 c., 137 c.
17 mars. Bordeaux. 589 c., 590 c.
22 mars. Req. 448 c., 1221 c.
21 avr. Caen. 1269 c.,1271 c., 1274 c.
28 avr. Lyon. 1273 c., 1294 c.
5 mai. Civ. 1365.
10 mai.Req. 672 c.
2 juin. Bordeaux. 44 c.
16 juin. Paris. 764 c.
16 juin. Paris 1427 c.
24 juin. Trib. Valence. 1261 c., 1265 c.
27 juill. Civ. 1267 c.
27 juill. Bordeaux. 23 c.
4 août. Nancy.894 c.
5 août. Liège. 637 c.
18 août. Grenoble. 1249 c.

14 août. Trib. Yvetot. 70 c.
3 nov. Sol. 391 c.
17 nov. Paris. 10 c.
14 déc.Req.1494c.
28 déc. Paris. 1204 c., 1237 c., 1267 c.

1876
21 janv. Lyon. 264 c.
22 févr. Bourges. 809 c.
2 mai. Orléans. 1267 c.
1er avr. Caen. 1277.
9 mai. Caen. 1306 c.
16 mai.Paris.1057.
22 mai.Paris.637c.
24 mai. Bordeaux. 43 c.
9 juin. Lyon. 739 c., 781 c.
23 juin.Caen.1393.
5 juill.Civ.1075c.
9 août. Rouen. 715.
12 août. Nancy. 1365.
14 août. Poitiers. 1422 c.
22 août. Civ. 343.
22 août.Civ. 16 c.
14 nov. Limoges. 1167 c.,1401 c., 1421 c., 1427 c.
5 déc. Bruxelles. 402.

1877
5 janv. Angers. 655 c.
8 janv. Req. 1416 c., 1417 c., 1421 c.
9 janv. Pau. 86.
16 janv. Req. 980 c., 982 c., 986 c.
22 janv.Req. 1200 c.
15 févr. Angers. 30 c., 1441 c.
19 févr. Rouen. 1164 c.
26 févr. Rouen. 706.
1er mars.Paris.717 c.
2 mars. Paris. 654 c.
14 mars. Req. 581 c., 948 c., 986 c., 1481 c.
10 avr. Amiens. 371, 435 c.
30 avr. Limoges. 581 c.
8 mai. Req. 1249 c.
23 mai. Pau. 318 c., 320c., 576 c., 585 c., 972 c., 973 c.
30 mai. Rouen. 542 c., 543 c., 1425 c.
11 juin. Req. 615 c., 637 c.
17 juin. Civ. 1519 c.
13 juin. Bourges. 812 c.
18 juin. Civ. 682 c.
20 juin. Nice. 1366
4 juill. Req. 1322 c., 1356 c.
26 juill. Amiens. 356.
31 juill. Req. 1140 c.
31 juill. Rouen. 1310 c., 1311 c.
14 août. Nimes. 1407.
20 août. Bordeaux. 1079.

7 nov. Bordeaux. 650, 656 c.
6 déc. Caen. 373 c., 375 c.
6 déc. Paris. 10 c.

1878

11 janv. Nîmes. 1354 c., 1356 c.
16 janv. Bordeaux. 401 c., 403 c.
17 janv. Liège. 290. c.
28 janv. Req. 1450 c.
7 févr. Bordeaux. 384 c., 398 c., 400 c.
22 févr. Bordeaux. 697.
4 mars. Besançon. 297 c., 298 c., 1042 c.
12 mars. Aix. 43.
19 mars. Req. 780 c., 781 c.
20 mars. Caen. 50 c.
1er avr. Req. 717 c.
4 avr. C. cass. belge. 894 c.
8 avr. Bastia. 1356 c.
13 avr. Paris. 201, 531 c.
4 mai. Rennes. 132 c., 135 c.
9 mai. Paris. 1045 c.
15 mai. Civ. 22 c., 23 c.
12 juin. Caen. 1052 c.
26 juin. Req. 654 c.
2 juill. Paris. 600 c.
13 juill. Limoges. 85 c.
5 août. Req. 507 c.
6 août. Req. 1523 c.
21 août. Poitiers. c.
11 nov. Req. 429 c., 809 c., 910 c.
13 nov. Montpellier. 1323 c.
18 déc., Civ. 1152 c.
19 déc. Trib. Langres. 403 c.

26 déc. Orléans. 1353 c., 1354 c.
28 déc. Orléans. 989 c.
30 déc. Amiens. 608 c.

1879

29 janv. Limoges. 124 c.
3 févr. Req. 1231 c., 1262 c., 1348 c.
8 févr. Grenoble. 1475 c.
19 févr. Civ. 764 c.
11 mars. Paris. 95 c.
21 mars. Lyon. 338 c.
29 mars. Rennes. 775 c.
19 avr. Civ. 699 c., 1118 c.
28 avr. Req. 671 c.
14 mai. Civ. 547 c., 561 c., 562 c., 607 c., 989 c.
14 mai. Dijon. 765 c., 775 c.
27 mai. Req. 960 c., 1045 c.
27 mai. Montpellier. 1148 c.
10 juin. Req. 1354 o.
16 juin. Req. 132 c., 135 c.
18 juin. Bordeaux. 325 c.
14 juill. Req. 1052 c.
14 juill. Dijon. 405 c.
23 août. Paris. 1238 c.
25 août. Chambéry. 952 c., 989 c.
12 nov. Req. 208 c.
12 nov. Req. 1238 c.
25 nov. Pau. 1217 c., 1261 c., 1267 c.
3 déc. Aix. 1368 c.
22 déc. Civ. 10 c.

1880

6 janv. Req. 196 c.

22 janv. Bordeaux. 580, 581 c.
10 févr. Req. 1353 c., 1356 c.
25 févr. Amiens. 406 c.
27 févr. Loi. 710 c.
4 mars. Rennes. 163 c., 1231 c., 1240 c.
5 mars. Civ. 694 c.
9 mars. Riom. 1427 c.
20 avr. Req. 1077 c., 1090 c.
22 avr. Trib. Seine. 512.
27 avr. Req. 1231 c., 1261 c., 1262 c., 1266 c., 1267 c.
2 juin. Pau. 1356 c.
18 juin. Caen. 1828.
23 juin. Civ. 1294 c.
20 juin. Paris. 389 c., 1077 c.
5 juill. Dijon. 1040.
16 août. Req. 194 c.
18 août. Caen. 190, 491 c.
14 nov. Paris. 484 c.
23 nov. Bordeaux. 581, 684 c.
1er déc. Lyon. 1102 c.
26 déc. Civ. 433 c., 435 c., 669 c.

1881

6 janv. Lyon. 389 c.
17 janv. Req. 325 c.
7 févr. Req. 809 c., 1140 c., 1238 c.
9 févr. Civ. 1167 c.
16 févr. Trib. Auxerre. 777.
23 févr. Req. 218 c.
23 févr. Agen. 851, 853 c., 856 c.
23 mars. Riom. 1148 c., 1200 c.
28 mars. Caen.

1304, 1305 c., 1360 c.
28 mars. Rouen. 1349, 1355 c., 1399 c.
9 mai. Req. 406 c.
17 mai. Req. 1275 c.
28 mai. Gand. 1021 c.
14 juin. Civ. 1308 c.
15 juin. Liège. 275 c.
4 juill. Civ. 1261 c., 1262 c.
16 juill. Liège. 683 o., 808 c.
25 juill. Bordeaux. 695.
29 juill. Cons. d'Et. 1351 c.
30 juill. Loi. 184 c.
9 août. Civ. 1072 o., 1075 c.
10 août. Trib. Troyes. 684.
17 août. Civ. 323 c., 328 c.
18 août. Paris. 764.
26 août. Trib. Villefranche. 69.
29 nov. Caen. 580, 581 c., 584 c.
15 déc. Paris. 241.
16 déc. Paris. 340 c.
17 déc. Grenoble. 636 c.
23 déc. Bruxelles. 1070.

1882

11 janv. Nîmes. 1368 c.
12 janv. Paris. 647.
25 janv. Gand. 369 c.
27 janv. Orléans. 989 c.
30 janv. Agen. 1200 c.
7 févr. Aix. 48.
11 févr. Gand. 208.
16 mars. Riom. 1513 c.
21 mars. Req. 336 c.
22 mars. Civ. 1222 c.
24 mars. Lyon. 1355 c., 1358 c.

25 avr. Civ. 727 c., 729 c.
10 mai. Req. 1356 c.
15 mai. Douai. 708.
7 juin. Req. 1273 c.
12 juin. Civ. 872 c.
29 juin. Toulouse. 675 c., 682 c., 684 c.
16 août. Amiens. 611.
22 août. Req. 96 c.,
13 nov. Civ. 436 c., 437 c.
18 nov. Liège. 1072 c.
6 déc. Req. 1231 c.

1883

11 janv. Orléans. 1225.
17 janv. Besançon. 892 c., 900 c., 915 c.
2 févr. Lyon. 1281 c., 1355 c., 1358 c.
7 févr. Lyon. 478 c., 708 c.
9 févr. Gand. 332 c., 333 c.
14 févr. Poitiers. 1204 c., 1274 c.
27 févr. Civ. 72 c.
16 mars. Trib. Troyes. 293.
3 avr. Civ. 1391 c.
27 avr. Loi. 1483 c.
9 mai. Poitiers. 417 c.
19 mai. Lyon. 538 c.
6 juin. Toulouse. 706 c., 714 c.
14 juin. Bruxelles. 886 c., 887 c.
20 juin. Req. 988 c.
25 juin. Civ. 517 c.
28 juin. Toulouse. 729 c.

21 juill. Gand. 841 c.
13 août. Civ. 812 c.
14 août. Req. 1204 c., 1235 c., 1237 c.
21 nov. Civ. 1149 c.
27 nov. Req. 1366 c.

1884

2 janv. Gand. 500 c., 581.
4 févr. Bordeaux. 700.
4 févr. Dijon. 982 c., 988 c.
13 févr. Civ. 1148 c., 1328 c.
5 mars. Aix. 1207 c.
3 avr. Paris. 194, 307 c.
11 avr. Douai. 988.
22 avr. Toulouse. 1465.
27 avr. Civ. 818 c.
7 mai. Req. 96 c., 828 c.
14 mai. Toulouse. 599.
14 mai. Req. 720 c.
21 mai. Poitiers. 812 c.
19 juin. Paris. 11 c.
15 juill. Limoges. 1149 c., 1185 c.
16 juill. Req. 1484 c.
27 juill. Loi. 586 c.
13 août. Civ. 653 c., 654 c.
20 août. Civ. 986 c., 989 c.
20 août. Trib. Seine. 1404.
28 août. Caen. 1311.

17 nov. Bourges. 354 c.
28 nov. Besançon. 805.

1885

29 janv. Rennes. 781 c.
15 févr. Besançon. 990.
16 févr. Poitiers. 414 c., 487 c.
18 févr. Amiens. 847.
11 mars. Alger. 184 c.
24 mars. Civ. 1361 c., 1366 c., 1367 c.
26 mars. Paris. 330 c.
6 mai. Civ. 209 c., 250 c.
6 mai. Chambéry. 376 c.
13 mai. Req. 10 c.
29 mai. Bruxelles. 963 c.
10 juin. Civ. 228 c., 1473 c.
2 juill. Req. 1237 c.
9 juill. Paris. 27 c.
27 juill. Pau. 259 c., 260 c., 267 c.
7 sept. C. just. Genève. 45.
27 oct. Civ. 1228 c.
23 nov. Req. 1358 c.

1886

19 janv. Req. 1354 c.
19 janv. Civ. 318 c.
22 janv. Caen. 1178.
3 févr. Rouen. 1311.
8 févr. Pau. 1216 c.
17 févr. Civ. 260 c., 280 c., 1205 c.
17 févr. Bordeaux. 951 c.
2 mars. Req. 1492 c., 1493 c., 1500 c.

11 mars. Lyon. 1154 c., 1473 c.
15 mars. Civ. 1448 c., 1451 c.
14 avr. Req. 409 c.
18 avr. Loi. 633 c., 645 c., 664 c.
2 juin. Req. 880 c., 394 c., 499 c.
28 juill. Trib. Seine. 627.
1er juill. Bordeaux. 22 c.
18 juill. Pau. 1480 c.
19 juill. Bruxelles. 1072 c., 1076 c.
24 juill. Riom. 1032 c.
26 juill. Pau. 46 c.
31 juill. Gand. 430 c.
11 nov. Bruxelles. 1489.
10 nov. Civ. 214 c., 980 c., 982 c.
23 nov. Trib. Bruxelles. 747 c.
30 nov. Req. 12 c., 1454 c.
1er déc. Civ. 1531 c.

1887

13 janv. Douai. 77 c., 162 c.
25 janv. Req. 1352 c.
25 janv. Civ. 1311 c.
26 janv. Civ. 269 c., 278 c., 280 c.
10 févr. Bruxelles. 964.
18 mai. Bruxelles. 12 c.
25 mai. Liège. 831.
24 juin. Liège. 382 c.
8 août. Trib. Seine. 1584 c.
8 févr. Pau. 42 c.
21 déc. Besançon. 873.

1888

26 janv. Caen. 414 c.
9 mai. Paris. 1497.
10 déc. Civ. 750 c.

CONTRAT JUDICIAIRE. — 1. — I. CARACTÈRES DU CONTRAT JUDICIAIRE ET CIRCONSTANCES DANS LESQUELLES IL EST CONSTITUÉ (*Rép.* n°s 1 à 14). — On a vu au *Répertoire* ce qu'il faut entendre par ce contrat spécial, qui tire son nom des formalités qui l'accompagnent et de la consécration qui lui est donnée en justice. Le contrat judiciaire, avons-nous dit, *ibid.* n° 1, est l'accord de deux parties devant le juge, et nous avons établi, au n° 2, le rôle essentiellement passif, dans notre droit, du juge qui, contrairement à ce qui avait lieu dans le droit romain, se borne à constater l'accord des parties qui lui demandent acte, sans avoir à intervenir dans le règlement de leurs conventions. La jurisprudence n'a fait que consacrer dans ces dernières années les décisions contenues sur ce sujet au *Répertoire*, et la doctrine n'a pas eu à se préoccuper particulièrement de ce contrat qui, à proprement parler, est plutôt une forme spéciale revêtue dans certaines circonstances par différents contrats qui ont leurs caractères et leurs conditions propres, tels que la *transaction*, le *désistement*, l'*acquiescement*.

2. De ce qui vient d'être dit il résulte que l'élément principal du contrat judiciaire est le consentement des parties, consentement qui doit être reçu solennellement par le juge (Civ. cass. 7 mai 1860, aff. Sève, D. P. 60. 1. 234; Req. 18 nov. 1878, *infrà*, n° 4; 7 févr. 1882, aff. Vuillier, D. P. 82. 1. 414; Civ. rej. 21 mars 1882, aff. Pech, D. P. 83. 1. 214). Ce consentement, comme on l'a vu au *Rép.* n° 3, peut être *exprès* ou *tacite*. Dans ce dernier cas, le juge apprécie souverainement les circonstances propres à en révéler l'existence. — Au reste, de la définition même que nous avons donnée du contrat judiciaire, il suit que toute convention faite à l'audience revêt les caractères de ce contrat, de quelque manière que le consentement soit donné. Ainsi, il a été jugé que l'acceptation par une partie, dans l'interrogatoire qu'elle a subie, de la preuve testimoniale offerte par l'autre partie, forme un contrat judiciaire (Caen, 3 août 1848, aff. Lécuyer, D. P. 50. 2. 157). De même, le contrat judiciaire résulte des faits de la cause, lorsque la partie qui, dans l'instance à fin de détermination d'une servitude de passage pour cause d'enclave, déclare s'en rapporter aux experts et demande ensuite l'homologation de l'expertise (Req. 30 nov. 1863, aff. Verry, D. P. 64. 1. 216. Comp. Req. 21 août 1860, aff. Frottier, D. P. 61. 1. 107). De même encore, il y a contrat judiciaire sur le droit garanti lorsqu'un vendeur, sur l'action en garantie de son acheteur, déclare par ses conclusions, et répète dans tout le cours de la procédure, qu'il a formellement subrogé l'acheteur dans son droit sur des foins et pailles à restituer par ses fermiers à leur sortie (Civ. cass. 23 août 1881, aff. Barraud, D. P. 82. 1. 302).

3. Nous nous bornerons aux exemples cités au numéro

précédent, et pour les diverses conventions que les parties peuvent passer dans la forme du contrat judiciaire, nous renverrons aux différents articles où il en sera traité d'une manière plus spéciale (V. notamment *infrà*, v^{is} *Désistement; Expropriation pour cause d'utilité publique; Faillite; Privilèges et hypothèques; Surenchère; Vente publique d'immeubles*. V. aussi, en ce qui concerne le devoir du juge en présence d'un contrat judiciaire résultant d'un interlocutoire, *suprà*, v° *Chose jugée*, n° 30). — Il suffira de remarquer que le contrat judiciaire n'est possible que dans les matières sur lesquelles il est permis aux parties de transiger, de renoncer à tout ou partie de leurs droits. Il ne peut donc intervenir dans les matières qui intéressent l'ordre public et les bonnes mœurs, notamment, dans les questions d'état. Jugé à cet égard, qu'en matière de filiation légitime, l'action en désaveu est recevable alors même que la paternité naturelle de l'individu déclaré comme père dans l'acte de naissance serait reconnue par toutes les parties, le *contrat judiciaire étant inadmissible* en matière de question d'état, et laissant subsister en faveur de l'enfant le droit de contester cette paternité, et d'intenter l'action en réclamation d'état dont l'éventualité rend recevable le désaveu (Req. 9 mai 1864, aff. Delmas, D. P. 64. 1. 409). — De même, les questions d'interdiction étant des questions d'état qui intéressent l'ordre public, une demande à fin d'interdiction ne peut être l'objet d'un désistement valable par voie de transaction; et le contrat judiciaire que le juge du fait déclare, dans son pouvoir d'appréciation, être uniquement l'exécution d'une transaction de cette nature, est nul comme l'acte qu'il a eu pour but de faire consacrer (Req. 13 nov. 1883, aff. Rubichon, D. P. 84. 1. 103. — Comp. Lyon, 24 juill. 1872, aff. Joye, D. P. 72. 2. 191).

4. Il faut, pour que le contrat judiciaire soit parfait et produise des effets légaux, que l'une des parties s'oblige, que l'autre accepte l'obligation, et que cet engagement réciproque soit constaté par le juge. Si l'une de ces trois conditions manque, le contrat judiciaire ne saurait exister ni expressément, ni tacitement. Il est soumis, quant à l'élément consensuel nécessaire pour sa formation, aux principes qui régissent toute espèce de convention. D'où il suit que la partie qui a proposé le contrat peut retirer son offre, tant qu'elle n'a pas été acceptée par l'autre; et cette rétractation rend impossible toute acceptation ultérieure. Au reste, la rétractation peut être expresse ou tacite; c'est encore une application des principes généraux en matière de conventions. Décidé, à cet égard, que : 1° lorsqu'une partie a offert de renoncer à son action, à la condition que l'autre partie lui accorderait, sans réserves, certaines autorisations qu'elle a refusées à l'audience, à raison des restrictions qui y étaient apportées, le contrat judiciaire est réputé n'avoir point été formé, et, dès lors, l'offre ne peut plus être acceptée utilement à une audience subséquente, où les parties étaient revenues après un interlocutoire (Req. 10 juin 1863, aff. Nau de Sainte-Marie, et aff. de la Tour du Pin, D. P. 63. 1. 369); — 2° Il n'y a pas contrat judiciaire, lorsque l'emprunteur ayant fait l'offre du droit de commission demandé, pour le cas où l'intérêt serait fixé à 5 pour 100, le prêteur n'a pas accepté l'offre dans ces termes (Civ. cass. 29 avr. 1868, aff. Grellet de Fleurelle, D. P. 68. 1. 312); — 3° Des offres de payement, faites et acceptées par actes d'avoué à avoué, ne constituent pas un contrat judiciaire, et ne lient pas le débiteur, si celui-ci, avant l'acceptation, a, par des offres réelles différentes, faites directement au créancier, manifesté l'intention de les rétracter (Civ. cass. 9 janv. 1872,

aff. Féron, D. P. 73. 1. 228); — 4° L'offre faite à titre de transaction et que le tribunal a déclaré suffisante peut être retirée en appel, si la partie à laquelle elle a été faite ne l'a pas acceptée et a attaqué le jugement (car il n'y a pas alors contrat judiciaire) (Lyon, 25 mars 1873, aff. Chambeyron, D. P. 73. 2. 68); — 5° L'offre faite par le demandeur ne le lie que du moment où elle a été acceptée par le défendeur (Req. 18 nov. 1878)(1); — 6° Lorsque, dans une instance en cantonnement, le propriétaire de la forêt à cantonner a offert de renoncer à sa part de *communier* dans le produit des bois attribués en toute propriété à la commune usagère, sous la condition d'être déchargé des impôts afférents à la partie cantonnée, cette offre ne peut constituer un contrat judiciaire mettant lesdits impôts à la charge de la commune, si le jugement ne constate ni son acceptation par ladite commune, ni l'engagement réciproque des parties au sujet de la condition mise à l'offre et appréciée par le juge (Req. 7 févr. 1882, cité *suprà*, n° 2); — 7° Des offres contenues dans des conclusions ne peuvent former un contrat judiciaire qu'après avoir été expressément acceptées, et peuvent être retirées jusqu'à cette acceptation. Dès lors, les légataires universels qui ont offert d'exécuter un testament à l'égard des légataires particuliers, peuvent, tant que ceux-ci n'ont pas accepté ces offres, reconnaître la nullité du testament et, par suite, transiger avec les héritiers naturels sans être obligés à l'acquittement des legs particuliers (Civ. cass. 3 janv. 1883, aff. Rovenel, D. P. 83. 1. 457); — 8° L'énonciation, dans une demande en restitution de valeurs versées dans une communauté religieuse non autorisée, de sommes provenant, les unes des revenus, les autres des capitaux du demandeur, ne forme pas, quoique non contestée par l'autre partie, un contrat judiciaire, et, dès lors, les juges peuvent considérer comme capitaux toutes les valeurs à restituer, et se dispenser ainsi d'examiner si les sommes n'étaient pas, par l'effet d'un contrat commutatif, irrévocablement abandonnées à la communauté (Req. 4 mai 1859, aff. Communauté de Picpus, D. P. 59. 1. 314). Il résulte des termes de cet arrêt qu'il ne paraît pas que la distinction faite par la demanderesse dans ses conclusions entre les capitaux et les revenus par elle versés à la communauté, ait été acceptée par la défenderesse. Il n'y avait donc pas contrat judiciaire, un tel contrat n'intervenant entre parties litigantes que lorsque la proposition faite par l'une est acceptée par l'autre.

5. C'est encore l'application des principes généraux sur les conventions que nous rencontrons dans les espèces suivantes où ne se trouvent pas réunis tous les caractères des contrats judiciaires. Il a été jugé : 1° que le demandeur qui, en réponse aux conclusions par lesquelles l'un des défendeurs a demandé sa mise hors de cause, a déclaré ne pas s'y opposer, peut néanmoins reprendre et amplifier ses premières conclusions, si son acceptation laissait subsister un litige entre les parties, ne fût-ce que sur les dépens, alors d'ailleurs qu'il n'y avait point eu, de la part du demandeur, désistement en forme et valablement signifié (Bourges, 6 juin 1860, aff. Chevrier, D. P. 61. 2. 9); il ne saurait exister ici, dit l'arrêt, de contrat judiciaire entre les parties dissidentes, leur contestation étant maintenue sur certains points du litige, ne serait-ce que sur les dépens; — 2° Qu'on ne saurait conclure à l'existence d'une vente contestée de ce fait que l'acquéreur supposé aurait reconnu devoir à son prétendu vendeur une somme inférieure au prix de vente réclamé (Req. 30 déc. 1872) (2); — 3° Que la partie qui n'a ni adhéré aux conclusions de son adver-

---

(1) (Badeuil C. Contour.) — LA COUR; — Sur le premier moyen, tiré de la fausse application de l'art. 464 c. proc. civ., et des règles en matière de contrat judiciaire : — Sur la première branche : — Attendu qu'après avoir modifié ses conclusions, en première instance, sans cependant abandonner ses conclusions principales, Contour a pu, devant la cour, sur l'appel interjeté contre lui, reproduire par un appel incident ses premières conclusions, sans violer les deux degrés de juridiction; — Sur la seconde branche : — Attendu qu'il résulte de l'arrêt attaqué que Contour, au cours de la première instance, a déclaré par divers actes réduire ses demandes, sous certaines conditions; mais que ces demandes réduites n'ont pas été acceptées par Badeuil; — Attendu que, pour que le contrat judiciaire existe, il faut que l'une des parties s'oblige, que l'autre accepte l'obligation, et que cet enga-

gement soit constaté par le juge; — D'où il suit que la cour de Paris, en ne considérant pas comme nouvelle la demande formée par Contour en appel, et en lui donnant acte de ce qu'aucun contrat judiciaire n'avait été lié entre lui et Badeuil sur ses conclusions, un instant réduites en première instance, n'a ni faussement appliqué l'art. 443, ni violé l'art. 464 c. proc. civ; — Sur le deuxième moyen, etc. — Rejette, etc.
Du 18 nov. 1878.-Ch. req.-MM. Bédarrides, pr.-Voisin, rap.-Lacointa, av. gén., c. conf.-Sabatier, av.

(2) (Thuret C. Cogniard.) — LA COUR; — Sur le moyen tiré de la violation des règles en matière de contrat judiciaire et de chose jugée : — Attendu que si, en 1855, dans une procédure suivie entre les époux Thuret, la dame Thuret a prétendu que

saire, ni demandé acte de ses déclarations, ne peut soutenir qu'il est intervenu entre eux un contrat judiciaire dont le juge aurait à tort refusé de tenir compte (Req. 24 janv. 1877, aff. Rouchaud, D. P. 78. 1. 125); — 4° En matière de *travaux publics*, que le propriétaire lésé par l'exécution d'un travail communal qui, pour terminer toute contestation, a déclaré à la commune accepter l'indemnité proposée par les experts, n'est pas lié par cette offre en cas de refus de la commune ; il peut, dès lors (*aucun contrat judiciaire n'étant intervenu*), élever ultérieurement ses prétentions, surtout si une nouvelle expertise faite à la demande de la commune vient démontrer qu'il lui est dû une plus forte indemnité (Cons. d'Et. 13 janv. 1859, aff. Parissot, D. P. 59. 3. 39).

6. Le contrat judiciaire ne peut valablement exister qu'autant que les parties savent clairement à quoi elles s'engagent. — Ainsi des déclarations ambiguës, contradictoires, faites par l'avocat d'une partie ne peuvent constituer un contrat judiciaire (Civ. rej. 22 mars 1870, aff. Coiret, D. P. 71. 1. 41). — De même, la simple désignation d'un titre de créance sous le nom de billet à ordre dans le cours d'une procédure et dans un jugement interlocutoire, sans qu'aucun débat ait eu lieu sur la nature de ce titre, ne peut être considérée comme résultant d'un contrat judiciaire (Req. 17 déc. 1878, aff. Bastié, D. P. 79. 1. 235). — Jugé, par application de ce principe, que le jugement qui donne acte de la délation d'un serment décisoire ne forme pas un contrat judiciaire; cette délation peut donc être rétractée tant que la partie à laquelle elle a été adressée n'a pas déclaré consentir à prêter le serment (Paris, 25 mars 1854, aff. Micard, D. P. 56. 2. 236 ; Rép. n° 13).

7. Nous avons dit *supra*, n° 2, qu'outre l'accord des parties, le contrat judiciaire devait être constaté par le juge dans un donné acte solennel. Il a été jugé, en effet, sur ce point : 1° que le contrat judiciaire n'existe que lorsque le juge constate l'accord des parties sur l'obligation prise par l'une d'elles et acceptée par l'autre (Civ. rej. 21 mars 1882, aff. Pech, D. P. 83. 1. 214) ; — 2° Que le consentement donné en justice à l'exécution d'un bail ne forme pas un contrat judiciaire, s'il n'a pas été donné acte de ce consentement, alors surtout que les offres de la part du preneur ont eu lieu moyennant que n'ont pas été acceptées par le bailleur (Req. 3 juill. 1869, aff. de Grammont, D. P. 74. 1. 316). — D'autre part, il a été jugé que, dans une action en partage, le *donné acte* des conventions des parties constitue un contrat judiciaire ou une décision implicite, en sorte que le partage ordonné devrait avoir lieu d'après les bases ainsi fixées, soit par l'accord des parties, soit par la chose jugée (Req. 28 mars 1866, aff. Fauton, D. P. 66. 1. 494; Civ. cass. 9 avr. 1866, aff. de Sainneville, D. P. 66. 1. 495; Civ. rej. 24 juill. 1867, aff. Goutte, D. P. 67. 1. 327). Cependant, en cette matière, un simple donné acte ne suffit pas toujours à former un contrat judiciaire. Ainsi le jugement qui en ordonnant un partage avec licitation donne acte à l'un des copartageants de ce qu'il consent à recevoir l'estimation de l'un des droits réels qu'il invoque, sans opposition de la part des autres parties, ne contient pas sur ce point un contrat judiciaire qui interdise aux autres parties de contester au cours du partage l'existence du droit (Civ. rej. 23 mars 1869, aff. Guipet, D. P. 69. 1. 334). — Les deux décisions qui précèdent, bien que contradictoires en apparence, peuvent cependant se concilier : la première suppose l'existence du droit qui avait fait l'objet des réserves, du consentement et du donné acte, tandis que la seconde ne préjuge rien sur l'existence de ce droit.

D'après un arrêt de la cour de Gand, le *donné acte* du juge ne serait pas une formalité essentielle du contrat judiciaire, qui deviendrait irrévocable par le seul fait de l'accord des parties (Gand, 29 juill. 1876, aff. Mahy C. Boellaerd, *Pasicrisie belge*, 1876. 2, 330). Mais cette décision paraît être isolée.

8. — II. FORMES DU CONTRAT JUDICIAIRE (*Rép.* n° 14). — La définition même que nous avons donnée du contrat judiciaire trace les formes auxquelles il est soumis et qui peuvent se résumer en une seule : le juge doit constater l'accord des parties sur les obligations quelconques dont elles sont convenues entre elles. Le juge joue donc ici le rôle d'un officier public, et il suffit de sa signature et de celle du greffier pour parfaire le contrat. Les signatures des parties elles-mêmes ne sont pas nécessaires (*Rép.* n° 14). — Mais ce rôle ne peut appartenir qu'au magistrat qui serait compétent pour connaître de l'affaire en elle-même. Jugé à cet égard que le juge incompétent *ratione materiæ* est sans pouvoir pour constater un contrat judiciaire (Req. 19 déc. 1877, aff. Dupuis, D. P. 78. 1. 176). — Ainsi l'autorité administrative ne peut connaître d'une demande relative à l'exécution ou à l'interprétation de l'engagement pris devant le jury d'expropriation, par une compagnie de chemin de fer, relativement à l'établissement d'un chemin d'exploitation pour l'utilité d'un propriétaire riverain (Cons. d'Et. 26 août 1858, aff. Chatagner, D. P. 59, 3, 45). Il s'agit, dans l'espèce, d'un contrat judiciaire qui ne peut être déféré qu'à l'autorité judiciaire et non au juge administratif incompétent *ratione materiæ* pour en connaître. — Mais il en serait autrement si le contrat judiciaire était formé devant un juge incompétent *ratione personæ*; il devrait alors être considéré comme valable. — Ainsi l'aveu fait devant un juge qui n'est incompétent que *ratione personæ* contient un *aveu judiciaire* qui a ici la valeur d'un *contrat judiciaire*, l'incompétence étant alors susceptible d'être couverte et se trouvant précisément couverte par l'aveu vis-à-vis de la partie qui l'a fait (D. P. 68. 1. 392, note). — Un contrat judiciaire qui aurait pour objet la prorogation de la compétence du juge de paix ne serait évidemment pas valable, puisqu'il serait formé devant un magistrat incompétent (V. cependant *supra*, v° *Compétence civile des tribunaux de paix*, n⁰ˢ 135 et suiv.).

9. — III. PERSONNES ENTRE LESQUELLES SE FORME LE CONTRAT JUDICIAIRE (*Rép.* n° 15). — Le contrat judiciaire peut se former entre toutes personnes capables de s'obliger suivant le droit commun (*Rép.* n° 5). Il peut donc intervenir même entre des étrangers en instance devant les tribunaux français; il peut également se produire entre Français plaidant devant les juridictions étrangères. Décidé à cet égard que le Français qui soumet librement à la justice française le différend qu'il a avec un étranger, forme avec celui-ci un contrat judiciaire dont il ne peut se délier en saisissant ensuite les tribunaux français pour leur faire juger de nouveau ce qui a déjà été jugé par la juridiction choisie du consentement commun des parties (Req. 13 févr. 1882, aff. Dreyfus, D. P. 82. 1. 129-130). Cependant, il a été décidé en Belgique qu'un contrat judiciaire sanctionné devant un tribunal ne peut pas avoir autorité devant le tribunal d'un autre pays, et qu'il y a lieu alors à la formation d'un nouveau contrat (C. cass. de Belgique, 11 mai 1876, aff. Tilkin C. Mention, *Pasicrisie belge*, 1876. 1. 263). Mais d'après la jurisprudence française, un tribunal français saisi d'une demande d'*exequatur* d'un jugement étranger doit se borner à examiner si la décision émane d'un juge compétent, si les parties ont été régulièrement citées et représentées, et si les règles d'ordre public ou les intérêts de l'ordre public en France ne s'opposent pas à l'exécution demandée, et il n'a point à rechercher si le tribunal étranger a admis un moyen de chose jugée non proposé aux juges du fond, s'est livré à une appréciation de fait ou a méconnu un contrat judiciaire intervenu entre les parties (Paris, 3 juin 1881, aff. Bonacini, D. P. 82. 2. 66).

---

son mari lui devait 20000 fr. sur le prix de la vente qu'elle lui avait consentie le 3 juin 1843, si Thuret s'est borné à répondre qu'il devait seulement 17000 fr., ce qui a été admis par la dame Thuret et consacré par le tribunal, il est impossible d'en conclure qu'il y ait eu accord des parties ni qu'il y ait eu chose jugée sur le fait de la vente de 1843, le prétendu contrat judiciaire et la chose jugée n'ayant eu pour objet que le chiffre de la somme due par Thuret à la demanderesse et non la question de vente; — Attendu que si, en 1869, dans l'instance introduite par la dame Thuret contre la demoiselle Cogniard, la dame Thuret ayant allégué de nouveau la vente par elle faite en 1843, la demoiselle Cogniard semble en avoir admis implicitement l'existence en discutant l'annulabilité, l'arrêt attaqué a pu déclarer, en fait, que les conclusions desquelles on voulait faire résulter un aveu ou un commencement de preuve par écrit n'ont point le caractère qui leur est attribué, et que la discussion dont s'agit est restée purement hypothétique ; — Par ces motifs, rejette, etc. Du 30 déc. 1872.-Ch. req.-MM. de Raynal, pr.-Demangeat, rap.-Babinet, av. gén., c. conf.-Brugnon, av.

10. — IV. Effets du contrat judiciaire (Rép. nos 15 et suiv.). — Le contrat judiciaire formé devant le juge compétent (V. suprà, n° 8) au greffe et par des parties capables de s'obliger produit tous les effets d'une convention ordinaire à l'égard des contractants, mais des contractants seulement. Il est non avenu à l'égard des tiers qui n'y ont pas concouru (Rép. n° 23). — De plus, les contrats intervenus en justice participent de l'autorité que la loi confère aux jugements et arrêts. Mais c'est à la condition d'être de véritables conventions, en d'autres termes, de former un lien de droit entre les parties. Or, comme le contrat extrajudiciaire, le contrat judiciaire n'est parfait que par le consentement réciproque des parties constaté par le juge. — La jurisprudence et la doctrine sont d'accord sur ce point (V. suprà, nos 3 et suiv., et Rép. nos 15 et 17).

11. Jugé à cet égard, depuis la publication du Répertoire, que : 1° le contrat judiciaire formé devant le juge commissaire par la vérification et l'admission sans protestation ni réserve d'une créance, comme hypothécaire, au passif d'une faillite, ne peut être détruit soit par des protestations ultérieures, alors même qu'elles interviendraient avant l'expiration des délais fixés pour la vérification et l'affirmation des créances, soit par un jugement subséquent qui reporterait à une date plus ancienne l'époque de la cessation des payements (Civ. cass. 19 mars 1879, aff. Barabino et Aquadro, D. P. 79. 1. 180); — 2° Le contrat judiciaire intervenu au cours d'un débat au possessoire, en vertu duquel un expert a été chargé par les deux parties en cause de délimiter leurs propriétés respectives, et l'exécution qui a été donnée à ce contrat, peuvent être invoqués ultérieurement dans une instance en revendication engagée entre les mêmes parties, et considérés comme impliquant de la part de l'une d'elles la reconnaissance du droit de propriété de l'autre sur le terrain revendiqué (Req. 21 mars 1877, aff. Laurent, D. P. 78. 1. 211); — 3° Lorsque, sur la demande en payement d'une somme formant le prix d'une prétendue vente, le défendeur s'est reconnu débiteur de partie de la somme réclamée, le contrat judiciaire qui s'est formé par suite de l'accord des parties sur le chiffre de la dette reconnue, et la chose jugée résultant du payement qui l'a consacré, ne font pas obstacle à ce qu'un arrêt postérieur, rendu entre les mêmes parties, déclare inexistante la vente alléguée, alors même que le défendeur aurait, dans une instance précédente, discuté l'annulabilité de cette vente, mais d'une manière hypothétique (Req. 30 déc. 1872, aff. Perroncel, D. P. 73. 5. 87. V. du reste, sur ce point, suprà, v° Chose jugée, n° 111).

12. L'interprétation des contrats judiciaires appartient aux tribunaux. Quant à la question de savoir si cette interprétation tombe sous le contrôle de la cour de cassation, V. suprà, v° Cassation, n° 407. Dans tous les cas, ce contrôle ne peut s'exercer qu'autant que la décision qui a donné acte aux parties de leur accord est produite devant la cour suprême (Req. 8 nov. 1869, aff. Barbe, D. P. 70. 1. 163).

Table sommaire
des matières contenues dans le Supplément et le Répertoire.

(Les chiffres précédés de la lettre S renvoient au Supplément; les chiffres précédés de la lettre R renvoient au Répertoire.)

Table chronologique des Lois, Arrêts, etc.

CONTRAT PIGNORATIF. — V. Nantissement; Vente; — Rép. vis Nantissement, nos 293 et suiv.; Vente, nos 1443 et suiv.

CONTRAT SOLENNEL. — V. Obligations; — Rép. eod. v°, nos 78, 3009 et suiv.

CONTRAT SYNALLAGMATIQUE. — V. Obligations; — Rép. eod. v°, n° 60 et suiv. V. aussi infrà, vis Dispositions entre vifs et testamentaires; Louage; Vente.

CONTRAT D'UNION. — V. Faillite et banqueroute: — Rép. eod. v°, nos 916 et suiv.

CONTRAVENTION. — CONTRAVENTIONS DE POLICE.

Division.

CHAP. 1. — Historique. Législation. — Droit comparé. — Caractères généraux des contraventions de police (n° 1).

CHAP 2. — Des peines des contraventions de police en général (n° 27).
SECT. 1. — De l'emprisonnement (n° 32).
SECT. 2. — De l'amende et de la contrainte par corps (n° 33).
SECT. 3. — De la confiscation (n° 37).
SECT. 4. — De la récidive (n° 41).

CHAP. 1er. — Historique. — Législation. — Droit comparé. — Caractères généraux des contraventions de police (Rép. n°s 6 à 22).

1.—I. HISTORIQUE ET LÉGISLATION.— Les lois qui ont modifié, depuis la publication du *Répertoire*, le 4° livre du code pénal, sont peu nombreuses. Nous citerons : 1° la loi du 5 mai 1855 (D.P.55.4.64) qui déclare applicables aux boissons les dispositions de la loi du 27 mars 1851. Cette loi punit de peines correctionnelles les fraudes dans la vente des marchandises, lors même que les marchandises falsi-

fiées ne contiennent pas des mixtions nuisibles à la santé. Dans ce dernier cas, l'art. 475, § 6, c. pén., ne frappait les vendeurs ou débitants de boissons falsifiées que d'une amende de six à dix francs. Ce paragraphe 6 se trouve donc abrogé (V. *infrà*, v° *Vente de substances falsifiées*) ; — 2° la loi du 29 juill. 1881 sur la liberté de la presse. L'art. 17 a abrogé implicitement et remplace le paragraphe 9 de l'art. 479 c. pén., relatif à l'enlèvement et à la lacération des affiches. L'art. 33 remplace le paragraphe 11 de l'art. 471 qui prévoit la contravention d'injure simple (V. *infrà*, v° *Presse-outrage*) ; — 3° la loi du 5 avr. 1884 sur l'organisation municipale (D. P. 84. 4. 25). Cette loi détermine, dans son art. 97, les attributions des maires relatives à la police municipale. L'art. 471, § 15, punit ceux qui contreviennent aux arrêtés publiés par l'autorité municipale. La loi nouvelle, qui reproduit presque textuellement l'art. 3 de la loi des 16-24 août 1790, énumère les matières qui peuvent faire l'objet de règlements municipaux (V. *suprà*, v° *Commune*, n°s 524 et suiv.).

2. Les contraventions ont été étudiées dans les traités généraux de droit criminel et dans les commentaires du code pénal, qui ont paru depuis la publication du *Répertoire*. Nous citerons : Bertauld, *Cours de code pénal et leçons de législation criminelle ;* Blanche, *Etudes pratiques sur le code pénal,* 7° éd., t. 7 ; Boitard et Faustin Hélie, *Leçons de droit criminel ;* Chauveau et Faustin Hélie, *Théorie du code pénal,* 6° éd., annotée par Villey, t. 6, n°s 2737 à 2877; Faustin Hélie, *Pratique criminelle des cours et des tribunaux ;* Garraud, *Précis de droit criminel ; Traité théorique et pratique de droit pénal français ;* Haus, *Principes généraux du droit pénal belge ;* Lainé, *Traité élémentaire de droit criminel ;* Le Sellyer, *Traité de la criminalité, de la pénalité et de la responsabilité ;* Mouton, *Les lois pénales de la France ;* Ortolan, *Eléments de droit pénal,* 5° éd., revue et complétée par A. Desjardins, t. 1, n°s 609 à 649, 683, 693, 918, 1032, 1119, 1172, 1227 à 1229, 1315; Richard-Maisonneuve, *Exposé de droit pénal et d'instruction criminelle ;* Tissot, *Le droit pénal étudié dans ses principes, dans les usages et les lois des différents peuples ;* Trébutien, *Cours élémentaire de droit criminel,* 2° éd., par MM. Lainé-Deshayes et Guillouard ; Villey, *Précis d'un cours de droit criminel.*

Les ouvrages spéciaux sur les contraventions sont peu nombreux (V. notamment : Le Bourdelles, *De la sophistication des boissons considérée à ses différents points de vue, et particulièrement au point de vue pénal ;* Lajoye, *De la bonne foi dans les contraventions*).

3. — II. DROIT COMPARÉ. — Depuis quelques années le droit criminel, en Europe, est en voie de codification et de transformation. « Les principales tendances qui se font jour dans ce mouvement général, dit M. Garraud, *Traité théorique et pratique de droit pénal français,* t. 1, p. 102, consistent à mettre les lois criminelles d'accord avec les principes qui font reposer le droit de punir sur la justice et l'utilité sociale et à organiser, dans la procédure, de nouvelles garanties en faveur des accusés».—Dans le rapide examen que nous allons faire des lois qui régissent les contraventions dans les pays étrangers, nous nous attacherons spécialement à mettre en lumière celles qui ont un caractère original, et qui présentent les différences plus saillantes avec notre législation.

4.—1° *Allemagne.* — Le code pénal de la confédération du nord de l'Allemagne, promulgué le 31 mai 1870, étendu à tout l'empire par la loi du 15 mai 1871, déclaré exécutoire en Alsace-Lorraine à partir du 1er oct. 1871, a été modifié et complété par la loi du 26 févr. 1876, qui l'a renforcé dans le sens de la répression. L code pénal allemand a adopté le procédé de classification des infractions admis par notre code pénal. Il décide que l'infraction que les lois punissent des arrêts (*Haft*) ou d'une amende jusqu'à cinquante thalers est une contravention (*Uebertretung*). Le maximum de la peine des arrêts est de six semaines, le minimum d'un jour. — Lorsque la peine des arrêts a été encourue plusieurs fois, les différentes peines sont additionnées sans pourtant que le total puisse excéder trois mois (art. 77) (*Annuaire de législation étrangère,* 1871, p. 80 ; 1876, p. 81, 135 et suiv.): L'art. 29 du code indique les faits qui constituent les contraventions. Un certain nombre de ces faits sont qualifiés délits dans notre droit ; quelques-uns ne sont ni prévus, ni punis par notre loi pénale.

Ils sont énumérés sans ordre méthodique, indépendamment de leur nature, classés seulement en raison des peines qui frappent leurs auteurs.

L'art. 360 du code pénal du 31 mai 1870, revisé par la loi du 26 févr. 1876, s'occupe principalement des actes qui sont de nature à compromettre la sûreté de l'Etat, à troubler la tranquillité publique. L'art. 361 punit des arrêts la rupture de ban, l'infraction à un arrêté d'expulsion, le vagabondage, la mendicité, le fait de laisser commettre des vols par ses enfants, etc. Les individus condamnés pour vagabondage, mendicité, sous certaines conditions, prostitution, état d'indigence provenant du jeu, de l'ivrognerie ou de l'oisiveté, peuvent, aux termes de l'art. 362, être employés à des travaux pendant la durée de leur peine; ils peuvent aussi être mis par le juge à la disposition de la haute police, qui aura alors la faculté, à l'expiration de la peine, ou de les transférer dans une maison de travail pour deux ans au plus ou de les employer à des travaux d'utilité publique. L'art. 363 punit d'une amende ou des arrêts ceux qui fabriquent ou falsifient des passeports, livrets ou certificats. L'art. 364 punit d'une amende de 150 marks au plus ceux qui sciemment vendent du papier timbré ayant déjà servi, après avoir effacé les caractères qui y étaient inscrits. L'art. 365 frappe d'une amende de 15 marks au plus celui qui reste au delà des heures fixées dans un cabaret ou un lieu de réjouissances, et d'une amende ou des arrêts, le maître de l'établissement. L'art. 366 reproduit un certain nombre d'infractions prévues par les art. 471 et 475 de notre code pénal; il punit d'une amende de 60 marks, ou des arrêts pendant quinze jours au plus, les actes qui ont pour effet de gêner la circulation dans les rues ou sur les voies de communication par eau et, en général, toutes contraventions aux règlements de police concernant la sécurité, la propreté ou la tranquillité des chemins. L'art. 367 frappe d'une amende de 150 marks au plus ou des arrêts ceux qui contreviennent aux lois sur les inhumations, vendent des boissons ou des denrées alimentaires falsifiées ou corrompues, etc. L'art. 369 punit d'une amende de 60 marks au plus ou des arrêts pendant jours au plus ceux qui contreviennent aux bans de vendanges, aux règlements de l'échenillage, ne tiennent pas en état les foyers de leur maison, etc. L'art. 370 punit d'une amende de 150 marks au plus ou des arrêts: celui qui, sans droit, en bêchant ou labourant, usurpe une portion de terrain appartenant à autrui; celui (cette contravention est à noter) qui dérobe pour les consommer sans retard des denrées, boissons ou comestibles d'une valeur insignifiante ou en quantité minime; le domestique qui, chargé par son maître de donner aux bestiaux une quantité déterminée de fourrages, en prend une plus grande quantité pour la leur donner; notre loi pénale ne punit pas ce fait. Dans ce cas, comme dans le cas de vol de denrées, la poursuite n'a lieu que sur une plainte du volé ou du maître. La plainte peut être retirée (art. 64).

Les contraventions sont jugées en principe par le tribunal des échevins. Toutefois le juge de bailliage peut, dans le cas où l'inculpé lui est amené, et avec l'assentiment du ministère public, ouvrir les débats sans le concours des échevins, si cet inculpé avoue (art. 211 c. proc. pén. allemand). Il peut aussi, sur la réquisition du ministère public, sans l'assistance des échevins et sans débats préalables, prononcer une condamnation par une ordonnance pénale écrite. Ce mode de procéder simplifie les formalités et abrège les débats. L'inculpé ne peut jamais être mis à la disposition de la haute police par une ordonnance pénale. L'inculpé peut former opposition à la sentence du juge dans le délai d'une semaine à partir de sa signification. Elle est portée devant le tribunal des échevins (code d'organisation judiciaire, art. 40 à 43; code de procédure pénale allemand, art. 447 et suiv.). La législation particulière de quelques Etats de l'Empire permet aux autorités de police de juger certaines contraventions (Fernand Daguin, *Code de procédure pénale allemand*, p. 239 et suiv.).

5. — 2° *Angleterre.* — Le droit criminel qui se compose de trois éléments, le vieux droit coutumier, le droit écrit et la jurisprudence des cours en tant qu'elle est stable, reconnaît plusieurs catégories d'infractions: les *felonies*, crimes punis pour la plupart de la peine de mort et de la confiscation des biens; les *misdemeanors*, délits punis de peines

relativement légères; les *little offense* ou offenses de simple police, qui correspondent aux contraventions de notre droit. Cette classification, qu'on trouve à la base d'un grand nombre de lois même récentes, n'a aucune importance au point de vue des juridictions. La seule division qui corresponde aux juridictions est celle des causes en sommaires et *indictable*. Les premières, très nombreuses depuis quelques années (V. notamment la loi du 11 août 1879, *Annuaire de législation étrangère*, t. 9, p. 31) sont jugées par les juridictions inférieures, juges de paix, cours de petite session, cours de police; les secondes sont de la compétence des juridictions supérieures.

. Les prescriptions de police, plus sévères qu'en France, sont établies par des statuts du Parlement. Dans les bourgs incorporés, des règlements de police peuvent être faits par le conseil, avec amende jusqu'à 5 livres (*The municipal corporations*, art. 1882). Chaque statut concernant la police indique la peine encourue et la juridiction compétente pour juger la contravention. Cette juridiction est celle des juges de paix, *judges of the peace*, ou des cours de juridiction locale. A Londres, il existe un tribunal de simple police composé du lord-maire et des aldermen: les peines sont l'emprisonnement et l'amende. — Le projet de code pénal anglais déposé en 1877 à la Chambre des communes, dont l'auteur est Sir James Stephen, laisse de côté les infractions qui relèvent des tribunaux inférieurs, c'est-à-dire les délits de peu d'importance et ce que nous appelons les contraventions. Il ne s'occupe que des *indictable offense*, des faits qui peuvent donner lieu à un *indictment*, à une mise en accusation devant le jury. Il n'a pas encore été voté (V. Glasson, *Histoire du droit et des institutions politiques, civiles et judiciaires de l'Angleterre*; Berge, *Revue générale du droit*, 1879, t. 2, p. 301; Demombynes, *Constitutions européennes*, t. 2, p. 80 et suiv.).

6. — 3° *Autriche*. — Le tribunal de district, qui est composé d'un juge unique, connaît de toutes les contraventions prévues par le code pénal et de toutes celles qui sont expressément renvoyées aux tribunaux (art. 8 du code d'instruction criminelle autrichien du 30 juin 1873, et art. 8 de la loi du 23 mai 1873 sur la mise en vigueur du code d'instruction criminelle). — Le code autrichien admet deux sortes de procédure en matière de contraventions: 1° la procédure ordinaire, avec le débat public, l'audition des témoins, les plaidoiries (art. 450 à 460 du code d'instruction criminelle); 2° la procédure sommaire (*mandats-verfahren*), employée aussi en Allemagne, dans laquelle l'inculpé est condamné sans qu'il ait été préalablement cité et sans qu'il comparaisse « Quand un fonctionnaire public ou une des personnes mentionnées dans l'art. 68 du code pénal, porte l'art. 460, aura, dans l'exercice de ses fonctions, dénoncé un accusé se trouvant en liberté, à raison d'une contravention punie de l'emprisonnement (*arrest*) pendant un mois au plus ou d'une amende simple, le juge pourra, s'il trouve qu'il n'y a lieu de prononcer qu'un emprisonnement de 3 jours au plus ou une amende de 15 florins au maximum, prononcer, dans une ordonnance, la peine encourue, sur la demande des fonctionnaires remplissant les fonctions du ministère public, sans procédure antérieure ». Le juge, s'il a des doutes sur la culpabilité de l'accusé, peut refuser de statuer par voie d'ordonnance. Cette procédure très rapide, et qui évite à l'accusé un débat public, n'offre pas d'inconvénients, car il est permis au condamné de faire opposition à l'ordonnance dans le délai de huit jours à partir de la communication de la décision. — La seul voie de recours contre les jugements des tribunaux de district rendus contre un accusé présent est l'appel, qui est porté devant la cour de première instance. Le recours en cassation n'est pas admis. Les cas dans lesquels l'appel peut être formé, la procédure à suivre devant la cour sont exposés dans les art. 463 et suiv. du code d'instruction criminelle (Bertrand et Lyon-Caen, *Code d'instruction criminelle autrichien*, traduit et annoté).

Le code pénal du 27 mai 1852, qui contient de nombreuses dispositions concernant les contraventions, doit être remplacé. Un projet de code pénal a été soumis aux Chambres en 1874. Il n'est pas encore voté. Il admet la division tripartite des infractions adoptée dans notre droit, en définissant la contravention « l'infraction punie de la détention dont le minimum est d'un jour et le maximum de deux mois ou d'une amende

inférieure à 300 florins ». Le projet permet au juge de placer sous la surveillance de la police pendant un temps déterminé les individus condamnés à la détention qui ne travaillent pas d'habitude et dont l'existence vagabonde crée pour la société un danger, et, en outre, d'ordonner qu'à l'expiration de leur peine ces individus seront détenus dans une maison de travail ou de correction (Martinet, *Bulletin de la société de législation comparée*, 1876, p. 328).

7. — 4° *Belgique*. — Le code pénal belge, revisé en 1867, divise les infractions, à l'exemple du code français, en crimes, délits et contraventions. Il définit les contraventions : les infractions que les lois punissent des peines de simple police (art. 1er). Ces peines sont : l'emprisonnement, qui ne peut être moindre d'un jour ni excéder sept jours, sauf les cas où la loi fixe d'autres limites; l'amende, qui est de un à vingt-cinq francs. Les contraventions se prescrivent par le délai d'une année (art. 640 c. instr. cr.). Les peines de police se prescrivent par une année à compter du jugement rendu en premier ressort. Les contraventions sont jugées par le juge de paix. Tous les jugements de ce magistrat peuvent être frappés d'appel. L'appel est porté devant le tribunal de première instance (L. 21 juin 1849). Le titre 10 du deuxième livre du code pénal belge, qui s'occupe des contraventions, les divise d'après leur gravité, en quatre classes.

Dans le *Grand-Duché de Luxembourg*, le code pénal français a cessé d'être en vigueur à partir de 1879. Il lui a été substitué un nouveau code, qui est calqué sur le code pénal belge, et qui classe les contraventions en raison de leur gravité, en quatre catégories.

8. — 5° *Danemark*. — Comme dans les deux autres Etats scandinaves, la loi pénale ne connaît pas notre distinction des contraventions, délits et crimes. Toutes les infractions prévues par le code pénal danois, promulgué le 10 févr. 1866, sont jugées : à Copenhague, par le tribunal criminel, sauf appel devant la cour suprême si le prévenu a été condamné à une peine excédant une amende de vingt couronnes (28 fr.); et, dans les provinces, par le tribunal de première instance, sauf appel, si la peine excède vingt couronnes : pour les îles, devant le tribunal civil de Copenhague, et, pour la presqu'île de Jutland, devant la cour d'appel de Viborg. — Les peines applicables aux légères infractions qui correspondent à nos contraventions, délits contre l'autorité et l'ordre public, mauvais traitements envers les animaux, etc., sont : l'emprisonnement simple ou au pain et à l'eau; l'amende. Lorsque l'infraction est commise par un enfant de moins de quinze ans, le juge peut donner acte aux parents de l'engagement qu'ils prennent d'infliger à leur enfant un châtiment corporel à domicile, ou prescrire que ce châtiment sera subi devant un agent délégué à cet effet.

9. — 6° *Espagne*. — Le code pénal espagnol, qui a été revisé en 1870, n'admet que deux classes d'infractions à la loi : les *delitos* et les *faltas*. Les *delitos graves* sont punis de peines afflictives, les *delitos menos graves* de peines correctionnelles, et les *faltas* de peines légères (art. 6). Les peines légères sont : les arrêts, *arresto menor* (un à trente jours); la réprimande privée (*represion privada*); l'amende (*multa*) jusqu'à 125 pesetas; la caution (*caucion*) (dans les délits consistant en menaces, l'inculpé est condamné à fournir une caution qui s'engage à payer la somme fixée par le juge si celui dont elle répond exécute sa menace et commet l'infraction); la confiscation des instruments du délit (V. Don Joaquin Francisco Pachero, *El codigo penal concordato y comentado*, t. 1, p. 348). — Le code espagnol définit la faute « toute action ou omission volontaire punie par la loi ». Tel n'est pas le caractère de la contravention dans notre droit : elle est punie indépendamment de toute intention criminelle. La loi espagnole suppose que les fautes sont *jusqu'à preuve contraire* réputées commises avec malice. Le juge municipal (*juez municipal*) statue dans chaque commune, toujours à charge d'appel, sur les *faltas*. L'appel est porté devant le juge de première instance (c. instr. cr. espagnol du 10 oct. 1882; Loi sur l'organisation judiciaire espagnole du 7 févr. 1884, modifiée le 22 juin 1882, et mise en vigueur en janvier 1883).

Les infractions comprises sous le nom de *faltas* ne sont pas très nombreuses. Le code pénal laisse de côté un grand nombre de contraventions qui sont prévues et punies par des lois spéciales. Toutes les contraventions relatives aux règlements des chemins, des canaux et des irrigations, des

constructions, de la police de transit, de chasse et de pêche, des forêts et plantations, sont jugées par les commissions provinciales (Décr.-loi 20 janv. 1875). Le troisième livre du code pénal est consacré aux fautes et aux peines qu'elles font encourir (*De las faltas y sus penas*). Les fautes sont divisées en quatre catégories : fautes contre l'ordre public; fautes contre l'intérêt général; fautes contre les personnes (négligence des parents qui ne donnent pas à leurs enfants une éducation en rapport avec leur situation sociale, mauvais traitements infligés par les maris à leurs femmes, discussions domestiques, etc.); fautes contre la propriété. Les complices encourent la même peine que les auteurs principaux, mais ne peuvent être frappés que du minimum. Les fautes se prescrivent par deux mois; la peine se prescrit par un an.

Un premier projet de nouveau code pénal a été présenté en 1880 aux Cortès, un second a été présenté en 1882, un troisième le 29 déc. 1884. Ce dernier projet, qui n'a pas encore été définitivement voté, consacre la classification des infractions admise par le code de 1870; il reproduit sa définition du délit et de la faute. Les peines qui sont destinées à réprimer les *faltas* sont les arrêts mineurs, l'amende de moins de 150 pesetas, la caution, la confiscation. Le délai de la prescription de la peine est fixé à six mois.

10. — 7° *Grèce*. — Le code pénal grec promulgué le 18-30 déc. 1833 distingue les contraventions, les délits et les crimes. Les contraventions sont jugées par les juges de paix, sauf appel devant le tribunal si la peine prononcée excède dix francs d'amende ou trois jours de prison. — Cette division tripartite existe aussi en *Roumanie*, où les contraventions sont jugées par le juge d'arrondissement (*jude de ocol*), sauf appel devant le tribunal de district (code pénal de 1864; code de procédure pénale du 11 nov. 1864, modifié par la loi du 31 mars 1875).

En *Serbie*, les contraventions de police, qui comprennent un certain nombre de faits qualifiés délits par la loi française, sont jugées par le tribunal communal avec recours devant le sous-préfet, puis devant le préfet de district. Ces fonctionnaires sont eux-mêmes compétents pour exercer en premier ressort cette juridiction de police. Les peines sont la prison jusqu'à trente jours et l'amende. D'accord avec le conseil municipal, le tribunal peut placer sous la surveillance de la police toute personne condamnée pour vol simple d'un objet d'une valeur supérieure à 2 fr., ou même toute personne jugée suspecte à l'occasion de vols ou incendies commis dans la commune (Code pénal de 1860 ; Loi du 28 juin 1882; Demombynes, *op. cit.*, t. 1, p. 736).

11. — 8° *Hongrie*. — Les contraventions en Hongrie font l'objet d'un code spécial. Le code pénal des crimes et délits a été promulgué le 28 mai 1878. Le code pénal des contraventions a été promulgué le 14 juin 1879. Les deux codes ont été mis en vigueur par la loi XXXVII de 1880. L'exposé des motifs explique que le législateur hongrois a, en général, rangé parmi les contraventions les actes qui causent plutôt un danger qu'un dommage réel, et sont une infraction à une disposition de police plutôt qu'à une règle de droit ou à un principe de morale. Pourtant, ainsi que le font remarquer les annotateurs du code hongrois, « cette distinction est loin d'être poursuivie dans le détail. Ainsi l'art. 314 du code des crimes et des délits punit le fait d'exposer en vente des substances alimentaires dangereuses pour la vie et la santé ; les art. 465 et 468 prévoient le cas où un fonctionnaire a accepté une promesse pour faire ou omettre un acte sans violer son devoir professionnel. Par contre, les art. 126 et 127 du code des contraventions punissent le vol d'objets de peu de valeur et l'usage illégitime de la chose d'autrui. En réalité, le signe distinctif des contraventions est la peine dont elles sont frappées » (Martinet et Dareste, *Code pénal hongrois, Introduction*, p. 20). — Le juge de district (*Járásbiróságok*) est le juge de droit commun en matière de contraventions. L'appel contre ses décisions est porté devant la cour de justice. Un troisième recours peut avoir lieu devant la cour royale pour fausse application de la loi pénale, et seulement dans le cas où l'acte n'est pas punissable, ou lorsque l'acte constituant un crime ou un délit a été qualifié de contravention (Loi XXXVII de 1880, art. 43). La compétence du juge de district est, en réalité, fort restreinte, car le plus grand nombre des contraventions sont attribuées à

la compétence des autorités administratives par la loi XXXVII de 1880 sur la mise en vigueur des codes de 1878 et 1879 ; telles-sont, notamment, les contraventions en matière de chasse.

L'art. 1er de la loi XL du code pénal hongrois des contraventions est ainsi conçu : Constitue une contravention, tout acte ainsi qualifié par : 1° la loi ; 2° une ordonnance ministérielle ; 3° un règlement de municipe ; 4° ou un règlement pris par une ville libre royale non investie du droit de municipalité, ou par une ville ayant un conseil constitué. L'ordonnance ministérielle et les règlements ne peuvent qualifier contravention que l'infraction à une prohibition ou à une prescription de police. — Les peines des contraventions sont : 1° les arrêts ; 2° l'amende. La peine de la contravention ne peut dépasser deux mois d'arrêts et 300 florins d'amende, si c'est une loi qui la définit ; quinze jours d'arrêt et 100 florins d'amende, si c'est une ordonnance ministérielle ; cinq jours d'arrêt et 50 florins, si c'est un règlement municipal ; trois jours d'arrêts et 20 florins si c'est un règlement de ville. Le minimum de la durée des arrêts est de trois heures ; le minimum de l'amende est de cinquante kreutzers (art. 15, 16 et 17). La peine de l'amende peut être convertie en arrêts, lorsque l'amende est irrécouvrable (art. 20 et suiv.) Les complices de la contravention sont punissables. La tentative de contravention n'est pas punie (art. 28). La contravention est punissable même dans le cas où elle a été commise par négligence, à moins que la loi ne déclare punissable que l'acte intentionnel (art. 28). En cas de concours de contraventions, si les arrêts sont seuls applicables, ils sont cumulés en une peine unique ; si l'amende seule est applicable ou l'amende avec les arrêts, la peine est prononcée séparément pour chaque contravention punie d'amende dans les limites de l'art. 6 (art. 29). L'action pénale se prescrit, si une loi spéciale n'a pas décidé le contraire, par six mois, et la peine prononcée par un an (art. 31).

Les contraventions sont divisées en dix catégories, d'après leur nature. — La première catégorie comprend les contraventions contre l'État ; — La seconde, les contraventions contre les autorités et contre la paix publique ; — La troisième, les contraventions contre la religion et son libre exercice, telles que le fait de tourner publiquement en dérision l'objet de la vénération d'une religion reconnue par l'État, le fait de travailler publiquement les dimanches et jours fériés, si le travail n'est pas de nécessité absolue ; — La quatrième catégorie embrasse les contraventions relatives à la falsification de la monnaie et des papiers de valeur ; — La cinquième, les contraventions contre l'état de famille commises par les officiers de l'état civil ; — La sixième, les contraventions contre la sûreté publique, telles que le vagabondage, la mendicité ; — La septième, les contraventions contre l'ordre et la morale publics ; — La huitième catégorie comprend les contraventions relatives aux jeux de hasard ; — La neuvième, les contraventions contre la santé publique et la sécurité des personnes, telles que le refus, par les médecins ou pharmaciens, de donner les premiers secours médicaux dans les cas urgents, le non retard, même dans l'accomplissement de ce devoir (art. 93 et suiv.) ; le fait, par un chef de famille ou d'industrie de ne pas avoir recours au médecin dans les vingt-quatre heures du moment où il a connu le caractère d'une maladie épidémique ; le fait, par un propriétaire de voitures de louage, de transporter des voyageurs dans une voiture qui a reçu une personne atteinte d'une maladie épidémique, avant d'avoir désinfecté cette voiture ; — Enfin, la dixième catégorie, les contraventions contre la propriété, au nombre desquelles figure : le vol simple d'objets d'alimentation ou d'usage d'une valeur de moins de 2 florins qui est puni au maximum de huit jours d'arrêt et n'est poursuivi que sur la plainte de la partie lésée, etc.

Dans chaque catégorie les peines varient en raison de la gravité des faits. Les peines sont, en général, augmentées en cas de récidive si deux années ne se sont pas écoulées depuis que la dernière peine a été subie.

12. — 9° *Italie.* — Les contraventions de police sont jugées par le préteur. L'appel est porté devant le tribunal correctionnel (L. 6 déc. 1865). Le code pénal toscan du 20 juin 1853, revisé en 1856, modifié pour les pénalités en 1859 et 1860, et qui régit seulement la Toscane, rejette la division tripartite française et classe les infractions en deux catégories : les délits et les transgressions. Les transgressions sont les faits qui ne lèsent pas le droit, et qui ont un pur caractère de danger possible. Elles sont prévues par un code spécial, le code de police. Les peines sont : la prison (un jour à trois mois) ; et l'amende (2 à 500 livres toscanes). — Le code du 20 nov. 1859, modifié en 1865 et en 1871, qui régit les anciens États de Piémont, de Sardaigne, des Marches, de l'Ombrie, des Romagnes, de la Vénétie, ainsi que le code du 17 fév. 1861, qui régit les provinces napolitaines et les provinces siciliennes, et qui n'est autre que le code de 1859 modifié, admettent la division tripartite des infractions. Les contraventions qu'ils prévoient sont punies d'une amende (1 à 50 francs) ou des arrêts (un à cinq jours) (V. aussi Brusa, *Bulletin de la société générale des prisons*, janv. 1888).

Un projet de code pénal général est à l'étude en Italie depuis 1868. Il a subi de nombreux changements, et n'est pas encore voté. Il admettait, dans sa première rédaction, la division tripartite des infractions. Le dernier projet classe les infractions en deux classes : délits et contraventions. Le 1er livre est intitulé : des délits et de leurs peines ; le second : des contraventions et de leurs peines. Ce second livre ne s'occupe, d'ailleurs, que des principes généraux applicables aux contraventions. L'énumération des faits qui les constituent doit faire l'objet d'une ou de plusieurs lois spéciales. — Les peines de simple police sont : l'*arresto* de un jour à six mois ; l'amende (*ammenda*) de 5 à 200 livres ; et la suspension de l'exercice d'un art, d'une profession ou d'une fonction de quinze jours à trois mois. La contravention à cette suspension est punie des arrêts. La peine peut être portée jusqu'à trois mois d'arrêt, et même au double en cas de récidive. Le projet admet le cumul des peines. On applique la peine de chaque contravention, sans que toutefois le maximum de l'*arresto* (six mois) puisse être dépassé. L'action se prescrit par un an ; la peine par deux ans (V. Molinier, *Études sur le nouveau projet du code pénal pour le royaume d'Italie* ; Brocher, *Revue générale de droit*, 1877, t. 1, p. 506 ; Lucchini, *Ancora e sempre contra la tripartizione dei reati nel progetto del codice penale*, *Revista penale*, 1885, p. 429 à 439).

13. — 10° *Pays-Bas.* — Le code pénal des Pays-Bas, promulgué le 3 mars 1881, qui est considéré par beaucoup de jurisconsultes comme offrant l'expression la plus avancée de la science du droit criminel, supprime la distinction entre les délits et les crimes. Il ne reconnaît que deux ordres d'infractions : les délits et les contraventions. Cette division des infractions n'est pas basée, comme elle l'est en droit français, sur la peine applicable, mais sur la nature de l'acte punissable. — Le code pénal des Pays-Bas ne définit pas les contraventions. Dans le livre troisième qui leur est consacré, il énumère les faits qui les constituent et les peines qui sont encourues par ceux qui les commettent. Ces peines sont : la détention, dont la durée est d'un jour au moins et d'un an au plus ; l'amende qui est d'au moins un demi-florin (1 fr. 05) et va jusqu'à 3000 florins. La loi pénale néerlandaise range au nombre des contraventions un certain nombre d'actes que notre code pénal classe parmi les délits. Elle augmente la peine, en bien des cas, s'il y a récidive. La tentative de contravention n'est pas punissable (art. 46). Les circonstances atténuantes n'existent pas. L'action publique est éteinte par la prescription, après un an, pour les contraventions (art. 70). Le droit de poursuite, à raison de contraventions pour lesquelles il n'a pas été fixé d'autre peine principale que l'amende, est éteint par le payement volontaire du maximum de l'amende et des frais s'il y a déjà eu des poursuites, effectué avec l'autorisation du ministère public compétent, dans le délai fixé par lui (art. 74). Le droit d'exécution de la peine est éteint par la prescription. Le délai de la prescription est de deux ans pour les contraventions (art. 76).

Les contraventions sont divisées, d'après leur nature, en neuf catégories : 1° les contraventions relatives à la sûreté générale des personnes et des biens, etc ; — 2° les contraventions relatives à l'ordre public, telles que la mendicité ; — 3° les contraventions relatives à l'autorité publique, telles que le refus par une personne de prêter son assistance à l'autorité publique qui la réclame, s'il est en état de

le faire sans s'exposer à un danger immédiat,... — 4° les contraventions relatives à l'état civil; — 5° les contraventions relatives aux individus en détresse. « Celui, dit l'art. 450, qui, étant témoin du danger de mort dont une autre personne est subitement menacée, néglige de lui prêter ou de lui fournir l'assistance qu'il peut lui procurer sans crainte raisonnable d'un danger pour sa personne ou pour d'autres personnes, est puni, si la mort de la personne en détresse s'en est suivie, d'une détention de trois mois au plus et d'une amende de 300 florins au plus » ; — 6° les contraventions relatives aux mœurs, telles que : le fait de chanter en public des chansons offensantes pour la pudeur; l'ivresse; le fait, par un aubergiste d'administrer de la liqueur forte à un enfant au-dessous de l'âge de seize ans; de faire porter aux animaux une charge qui excède leurs forces; la tenue d'une maison de jeu, etc.; — 7° les contraventions relatives à la police rurale ; — 8° les contraventions commises par des fonctionnaires ; — 9° les contraventions relatives à la navigation (*Code pénal des Pays-Bas* du 3 mars 1881, traduit et annoté par Willem-Joan Wintgeris).

Le juge du canton est compétent en matière pénale, sans appel si la peine n'excède pas 20 florins, à charge d'appel pour les infractions à la loi qui ne motivent pas une peine supérieure à sept jours de prison ou à 75 florins d'amende. L'appel est porté devant le tribunal d'arrondissement. Il n'y a pas lieu à pourvoi en cassation contre les décisions en matière pénale du juge du canton et du tribunal d'arrondissement (Demombynes, *op. cit.*, t. 1, p. 321).

14. — 11° *Portugal*. — Les contraventions, que la loi définit « tout fait volontaire qui consiste dans l'inobservation des dispositions, lois et règlements, indépendamment de toute mauvaise intention », sont punies d'un mois de prison au plus, d'une amende pouvant s'élever jusqu'à 20000 reis, et, s'il y a lieu, de la confiscation des instruments du délit. Le code pénal ne donne pas l'énumération des diverses contraventions. Elle se trouve dans des lois particulières et dans les règlements de police municipale et de police rurale (Code pénal portugais du 10 déc. 1852, revisé par la loi du 14 juin 1884 sur la réforme pénale, codifié le 16 sept. 1886). Les contraventions étaient jugées autrefois par le *juiz ordinario*, sauf appel devant le tribunal de première instance (tenu par un seul magistrat, le *juiz de direito*, juge de droit) ou devant les *relacoes* (cours de deuxième instance) si la peine prononcée excède 10000 reis. Depuis le décret du 29 juill. 1886, elles sont jugées par les juges municipaux et les juges de paix. A Lisbonne et à Porto, les contraventions sont jugées par le juge de droit, comme les délits (Demombynes, *op. cit.*, t. 1, p. 533).

15. — 12° *Russie*. — Le juge de paix cantonal (*outchast-kovy soudia*) connaît des contraventions et délits énumérés dans le code pénal de la justice de paix, et, notamment, des infractions aux règlements de police, des contraventions contre l'ordre et le repos publics, de l'ivresse manifeste, des jeux défendus, de la mendicité, des infractions contre les prescriptions relatives à la salubrité, contre les règlements de voirie et prescriptions en matière d'incendie, des délits de chasse et de pêche, du port d'armes prohibées, des vols non qualifiés jusqu'à 300 roubles. Les peines sont : la réprimande, les observations sévères et les admonestations, les amendes jusqu'à 300 roubles, les arrêts jusqu'à trois mois, l'emprisonnement jusqu'à un an.

Les décisions du juge de paix ne donnent lieu à appel que lorsque la peine prononcée excède trois jours d'arrêts ou 15 roubles d'amende. Si la peine est moindre, la seule voie de recours est le pourvoi en cassation. — L'appel est porté devant l'assemblée des juges de paix. Les autres délits et les crimes sont jugés par le tribunal de cercle, avec ou sans jury suivant qu'ils doivent ou non emporter la perte des droits civiques (Ukase du 20 nov. 1864, Demombynes, t. 1, p. 624).

Le code pénal russe a été promulgué en 1845, et revisé en 1857 et 1866. Il a été introduit en Pologne en 1877. Un nouveau code pénal russe est en préparation. L'art. 1er du projet adopte la classification des infractions admise par le code pénal français et le divise en crimes, délits et con'traventions. Les peines applicables aux contraventions seraient les arrêts et l'amende. La peine de la réprimande ne serait plus infligée qu'aux enfants de dix à dix-sept ans (Desjar-

dins, *Etude sur le projet du code pénal russe*, *Revue critique de droit*, 1884).

16. — 13° *Suède*. — Il n'existe qu'une seule juridiction en matière pénale. On ne connaît pas la distinction des infractions en crimes, délits ou contraventions. Toutes les affaires criminelles, les plus importantes comme les moins graves, sont jugées par le tribunal de première instance (*haradsratt*, dans les campagnes ; *reidhusratt*, dans les villes), avec droit d'appel devant la cour (*hofrat*) et en troisième ressort devant le tribunal suprême (*högsta domstol*). — Le code pénal suédois du 16 févr. 1864 prévoit et punit un certain nombre de faits qui constituent, dans notre droit, des contraventions, telles que : les infractions contre l'autorité publique (chap. 10) ; la violation de la paix domestique des citoyens (chap. 11); les contraventions en matière forestière, de pêche, et de chasse, etc. (*Revue de droit international et de législation comparée*, 1871, p. 181).

En *Norwège*, les affaires dites de *police* (petits délits ou contraventions) sont, en principe, de la compétence ordinaire des tribunaux de première instance, comme toutes les autres affaires criminelles, car la loi ne reconnaît pas non plus la distinction en crimes, délits ou contraventions. Le tribunal juge en dernier ressort si la condamnation prononcée n'excède pas 32 couronnes (44 fr. 16 cent.). Par suite d'anciennes lois ou coutumes, les affaires dites de *police* sont portées à Christiania, à Bergen et à Trondhjem devant le tribunal supérieur qui siège dans chacune de ces villes. L'appel est porté devant la cour suprême (Demombynes, *Constitutions européennes*, t. 1, p. 190 et suiv.). Le code pénal norwégien promulgué en 1842 a été revisé en 1874 et en 1879.

17. — 14° *Suisse*. — La Suisse a dans chaque canton des codes spéciaux qui s'inspirent les uns de la législation française, les autres de la législation allemande.

Dans le canton de *Berne*, les contraventions de police sont jugées par le président du tribunal de district, qui statue, suivant le cas, en dernier ressort, ou à charge d'appel (Loi sur l'organisation judiciaire du 31 juill. 1847 ; Code de procédure pénale du 29 juin 1854 modifié par la loi du 2 mai 1880). Le code pénal de 1866, modifié partiellement depuis, admet la division tripartite des infractions en crimes, délits et contraventions.

Dans le canton de *Genève*, les juges de paix connaissent des contraventions prévues par le code pénal et les arrêtés ou règlements de police du conseil d'Etat (Loi du 21 oct. 1874 sur les justices de paix, et Loi du 27 mars 1880 sur l'organisation judiciaire; Code d'instruction pénale du 25 oct. 1884). La loi genevoise distingue, comme la loi française, les contraventions, les délits et les crimes. Mais la compétence du juge de paix en matière pénale n'est pas limitée aux contraventions; elle s'étend à un certain nombre de délits. L'appel des décisions du juge de paix est porté devant la cour de justice. — Le canton de Genève a, sauf quelques modifications, conservé le code pénal français. Le livre 3 du code pénal genevois, promulgué le 29 oct. 1874, qui est intitulé *Des contraventions et de leur punition*, contient l'énumération des différentes contraventions, parmi lesquelles nous signalerons seulement les contraventions de pêche et de chasse qui sont, en France, rangées dans la catégorie des délits. Les peines applicables aux contraventions sont : les arrêts, dont la durée varie de un jour à un mois, et l'amende.

Dans le canton de *Zurich*, le conseil municipal, qui est compétent pour prendre des arrêtés concernant la police locale avec sanction d'une amende qui peut aller jusqu'à 15 francs, a le droit de statuer comme tribunal et d'appliquer les amendes à ceux qui contreviennent à ses arrêtés. Toutes les autres contraventions de police sont jugées par le tribunal de district, qui statue en premier et dernier ressort jusqu'à 50 francs d'amende. L'appel est porté devant la chambre d'appel du tribunal supérieur (Loi du 2 déc. 1874 sur l'organisation judiciaire, modifiée par la loi du 13 juin 1880). — Le code pénal de Zurich de 1874 classe les infractions en deux catégories : les délits et les transgressions.

18. — III. Caractères généraux des contraventions de police.— 1° *Eléments constitutifs de la criminalité.— Causes destructives de la criminalité. — Excuses légales.* — Les contraventions de police sont, telle est la règle générale

que nous avons indiquée au *Rép.* n°s 351 et suiv., punissables par cela seul que le fait matériel qui les caractérise est déclaré constant, indépendamment de l'intention criminelle qui n'est pas, comme en matière de crimes et de délits, une condition nécessaire de la culpabilité. Ce principe n'est pas écrit dans la loi, mais il résulte de la nature même du fait à réprimer qui consiste ordinairement dans un acte indifférent au point de vue de la morale, dans une négligence ou dans une désobéissance à une mesure de police. Le législateur le consacre, d'ailleurs, implicitement, en indiquant des cas spéciaux dans lesquels la contravention n'existe qu'autant que l'élément moral, l'intention, s'ajoute à l'élément matériel; ces exceptions confirment la règle. La bonne foi, l'ignorance de la loi, l'erreur, l'état de maladie du prévenu, son âge avancé, l'absence d'inconvénient ou préjudice, l'existence d'un arrêté autorisant un fait prohibé par la loi générale, ou d'une permission émanée de l'autorité, la circonstance que le prévenu a agi par simple curiosité, dans un but de bienfaisance et même dans l'intérêt de la sécurité publique, qu'il avoue l'acte qu'il a commis et s'en repent, ne sauraient donc constituer des motifs de justification que le juge puisse admettre. La jurisprudence est formelle à cet égard, et nous aurons l'occasion, dans l'étude des diverses contraventions de police, de citer ses décisions (V. Blanche, t. 2, n° 248; Chauveau et Faustin Hélie, t. 6, n° 2749; Garraud, t. 1, n°s 235 et suiv.; Crim. cass. 17 nov. 1855, aff. Baillarge, D. P. 55. 5. 114; 20 févr. 1857, aff. Huguet, D. P. 57. 1. 136; 29 juill. 1858, aff. Girardot, D. P. 58. 5. 96; 3 nov. 1859, aff. Leymarie, D. P. 60. 5. 85; 29 nov. 1878, aff. Vidalé, D. P. 79. 1. 192; 2° janv. 1879, aff. Marion, D. P. 79. 1. 379; Lyon, 5 janv. 1884, aff. Comp. gén. des allumettes *C.* veuve Bertillet et autres, D. P. 81. 2. 105; Nîmes, 28 avr. 1883, aff. Delbos, D. P. 84. 2. 101; Lyon, 4 janv. 1884, aff. Soc. des compositeurs de musique, 2 arrêts, D. P. 84. 2. 159).

19. La règle que l'on vient d'énoncer souffre des exceptions. Il est des contraventions qui, soit par leur nature et leurs caractères essentiels, soit par le vœu de la loi qui s'est expressément expliquée à leur égard, supposent une intention coupable, la volonté de nuire à autrui. Telles sont les contraventions prévues par : l'art. 479, §8, qui punit les auteurs ou complices de bruits ou tapages injurieux ou nocturnes; par l'art. 479, § 9, (remplacé par l'art. 17 de la loi du 29 juill. 1881), qui punit ceux qui ont méchamment enlevé ou déchiré des affiches apposées par l'ordre de l'Administration; par l'art. 475, § 8, qui prévoit le jet volontaire de corps durs ou d'immondices sur quelqu'un; par l'art. 471, § 11 (remplacé aujourd'hui par l'art. 33 de la loi de 1881) relatif à l'injure simple; par l'art. 471, § 9, qui punit le maraudage. Le maraudage constitue une variété du vol, et le vol ne se conçoit pas sans une *contrectatio fraudulosa* et, par suite, sans une intention coupable de la part de l'agent (Crim. cass. 14 mai 1868, aff. Bourqueney, D. P. 69. 1. 117; 3 janv. 1879, aff. Boudrot et Laplaigne, D. P. 79. 1. 377, et la note. — V. aussi pour les contraventions aux ordonnances et règlements concernant les chemins de fer : Crim. cass. 19 mai 1854, aff. Debrade, D. P. 54. 1. 215). — Dans d'autres hypothèses, le législateur subordonne formellement la contravention à la circonstance que le prévenu ait commis une imprudence ou une négligence. L'art. 471, § 12, notamment, punit ceux qui imprudemment ont jeté des immondices sur quelqu'un; l'art. 479, § 3, ceux qui occasionnent la mort ou la blessure des animaux appartenant à autrui, par l'emploi ou l'usage d'armes, sans précaution ou avec maladresse.

A l'inverse, bien que le délit suppose en principe une intention coupable chez son auteur, il est des infractions qui, étant punies de peines correctionnelles, appartiennent à la classe des délits, quoique l'existence n'en soit pas subordonnée à la condition que le prévenu ait agi dans le dessein de nuire (V. *supra*, v° *Complicité*, n°s 59 et suiv.).

20. Si l'intention, qui suppose de la part de l'agent l'appréciation de l'illégalité de l'acte qu'il commet ou des conséquences qu'il peut avoir, n'est pas, en matière de contravention, une condition essentielle de l'imputabilité, il en est autrement de la volonté. La personne qui a commis le fait matériel qui constitue la contravention ne peut en être responsable si elle n'a pu comprendre qu'elle faisait mal, ou si elle n'a pas agi librement; si sa volonté, en un mot,

n'a pas été intelligente et libre. Les circonstances qui excluent le discernement et la liberté et qui, d'après la loi, atténuent et font disparaître la culpabilité, c'est-à-dire, le jeune âge du prévenu, la démence et la contrainte, produisent leur effet, quelle que soit la nature de l'infraction. La jurisprudence et la plupart des auteurs sont aujourd'hui d'accord pour reconnaître que l'art. 66 c. pén. est applicable aux contraventions, et que la question de discernement se pose au juge de simple police et doit être résolue par lui lorsqu'un mineur de seize ans est traduit devant son tribunal. Aucune infraction ne peut être punie s'il n'y a eu faute, négligence, ignorance ou imprudence; et toute faute, si minime qu'elle soit, ne peut se concevoir que de la part d'une personne qui a le discernement de ses actes (Garraud, t. 1, n° 203, p. 331 ; Blanche, t. 2, n° 357; Bertauld, p. 385 ; Lainé, t. 1, p. 170; Chauveau et Faustin Hélie, t. 1, n° 337, p. 532, et la note; Crim. rej. 21 mars 1868, aff. Cadiou, D. P. 69.1.262 ; 17 févr. 1876, aff. Boissenet, D. P. 76.1. 415. Conf. Ortolan, n° 298; Crim. cass. 12 févr. 1863, aff. Cuges, D. P. 63. 5. 163. — V. en sens contraire : Le Sellyer, t. 1, n° 118).

21. Le mineur de seize ans absous comme ayant agi sans discernement peut-il être renvoyé par le juge de simple police dans une maison de correction? L'art. 66 est général et ne fait aucune distinction. Cependant nous ne pensons pas qu'il puisse s'appliquer aux contraventions et que la loi ait entendu donner au juge le pouvoir d'enfermer dans une maison de correction, pendant plusieurs années, un enfant qui n'a pas obéi à un règlement de police, ou qui a commis l'une de ces infractions légères énumérées dans le 4e livre du code pénal (*Journal du ministère public*, 1862, p. 104 et 105 ; Chauveau et Faustin Hélie, t. 1, n° 337, p. 532, note 4 ; Le Sellyer, t. 1, n° 118; Lainé, p. 171 ; Ortolan, t. 1, n° 298. Conf. Blanche, t. 2, n°s 359 et suiv.).

22. La démence exclut toute responsabilité pénale en matière de contraventions, comme en matière de crimes et de délits; il n'y a aucun doute sur ce point (Sur la question de savoir quand il y a démence, quelle est l'influence sur la responsabilité des états d'inconscience plus ou moins complète, tels que la surdi-mutité, le sommeil, l'ivresse (V. *Peine*, — *Rép.* eod. v°, n°s 389 et suiv.; Garraud, t. 1, n° 209; Blanche, t. 2, n° 201; Lainé, t. 1, p. 140; Ortolan, t. 1, n° 349; Fodéré, *Traité de médecine légale*, t. 1, p. 257; Ladame, *L'hypnotisme et la médecine légale*, p. 293; Gilles de la Tourette, *L'hypnotisme et les états analogues au point de vue médico-légal*; Chauveau et Hélie, t. 1, n° 358; Le Sellyer, n° 74).

La force majeure est aussi exclusive de toute criminalité en matière de contravention. Nous constaterons souvent l'application de ce principe en étudiant les diverses espèces d'infractions punies des peines de simple police.

23. Nous avons indiqué au *Rép.* v° *Peine*, n°s 414 et suiv., quels sont les caractères légaux de la contrainte. Les simples cas fortuits ou accidents ne peuvent être considérés comme exclusifs de toute criminalité, en dehors de la force majeure, c'est-à-dire dans le cas où le prévenu n'a pas été contraint, par une force à laquelle il lui était impossible de résister, soit à accomplir le fait incriminé, soit à s'abstenir d'exécuter l'obligation prescrite. Il appartient au juge de simple police d'apprécier souverainement les circonstances qui constituent la force majeure. Mais il doit énoncer dans son jugement ces circonstances, pour que la cour de cassation soit mise à même de contrôler son appréciation et de décider si elle n'a pas été arbitraire. La cour suprême a cassé des jugements qui, tout en constatant que le ministère public avait reconnu lui-même l'existence de la force majeure, avaient admis l'excuse de la force majeure sans relever aucun fait de nature à l'établir légalement (Crim. cass. 5 nov. 1863, aff. Pouyalet, D. P. 72. 5. 212; Crim. rej. 28 juill. 1881, aff. Duchesne, D. P. 82. 1. 95; Crim. cass. 18 nov. 1881, aff. Labougonnière, D. P. 84. 5. 244. V. Garraud, t. 1, n°s 221 et 235; Lainé, t. 1, p. 145; Ortolan, t. 1, n° 373).

24. Les causes de justification, la légitime défense et l'ordre de la loi peuvent être invoquées en matière de contraventions. L'état de légitime défense l'est souvent dans le cas prévu par l'art. 479, § 1er, qui punit ceux qui causent du dommage aux propriétés mobilières, notamment tuent les animaux appartenant à autrui. La jurisprudence décide

que la destruction de l'animal est justifiée non seulement lorsque l'agent est menacé dans sa personne, mais encore lorsqu'il agit pour défendre sa propriété, à laquelle l'animal cause un dommage actuel et effectif (Crim. rej. 26 déc. 1868, aff. Richard, D. P. 69. 1. 389. V. infrà, n° 186).

25. — 2° *Tentative ; Complicité.* — La tentative en matière de contravention n'est pas punissable. Les art. 2 et 3 c. pén. n'en font pas mention. Ainsi que le fait remarquer un auteur, « les contraventions sont des fautes trop légères pour que la tentative en soit dangereuse pour l'ordre social ; et d'autre part, les contraventions constituant en général des infractions que la loi punit sans rechercher si elles ont été commises avec ou sans intention, il est naturel d'en négliger la tentative et de n'incriminer que des faits accomplis » (Garraud, t. 1, n° 188 ; Chauveau et Faustin Hélie, t. 1, n° 269 ; Ortolan, t. 1, n° 1032).

26. L'art. 59 c. pén. ne punit que les complices d'un crime ou d'un délit. Il n'est donc pas applicable aux contraventions de simple police. Le fait principal a trop peu d'importance pour qu'il soit utile de sévir contre les faits accessoires. Cette règle que proclament la doctrine et la jurisprudence (V. *suprà*, v° *Complice*, n° 52 et suiv. ; Crim. cass. 20 nov. 1885, *infrà*, n° 35 ; Bertauld, p. 500 ; Blanche, t. 2, n° 69 ; Chauveau et Faustin Hélie, t. 1, n° 316) ne souffre exception que dans le cas où la loi déclare expressément que la complicité est punissable. Ainsi l'art. 479, § 8, punit les auteurs ou *complices* de bruits ou tapages injurieux ou nocturnes.

CHAP. 2. — Des peines des contraventions de police en général (*Rép.* n° 23 à 70).

27. — I. Publicité des jugements. — Nous avons indiqué au *Rép.* n° 23 et suiv. les conséquences qui résultent du principe que le tribunal de police ne peut prononcer d'autres peines que celles établies par la loi. La publicité du jugement, notamment, ne saurait être ordonnée d'office par le juge, ou sur les conclusions du ministère public, sauf dans les cas où la loi autorise formellement, par un texte spécial, l'insertion dans les journaux et l'affiche des jugements (Blanche, t. 1, n° 55). — La doctrine contraire a cependant été admise par plusieurs arrêts. L'art. 1036 c. proc. civ. porte que « les tribunaux peuvent dans les causes dont ils seront saisis, suivant la gravité des circonstances, prononcer, même d'office, des injonctions, supprimer des écrits, les déclarer calomnieux et ordonner l'impression et l'affiche de leur jugement ». La cour de cassation a pensé que le principe édicté par l'art. 1036 est général et absolu ; qu'il arme les tribunaux, aussi bien les tribunaux civils que les tribunaux correctionnels et de simple police, d'un pouvoir de police souverain, et leur confère le droit d'ordonner, dans toutes les circonstances où cette mesure d'intérêt public leur paraît utile, l'impression et l'affiche de leur jugement. Cette publicité n'est pas prescrite à titre de peine, mais comme une réparation du scandale public produit par le fait de la partie condamnée (Crim. cass. 23 mai 1874, aff. Turk et Perrot, D. P. 75. 1. 234 ; Crim. rej. 28 juill. 1870, aff. Bergerand, D. P. 72. 1. 456 ; 16 mai 1873, aff. Boulon et Lepic, D. P. 73. 1. 441 ; Martin le Neuf de Neuville, *De l'impression et de l'affichage des jugements en matière correctionnelle, France judiciaire*, t. 2, p. 529). Nous avons déjà apprécié cette théorie de la cour de cassation (V. la note sur l'arrêt précité du 16 mai 1873. V. aussi *suprà*, v° *Affiche*, n° 16, et *infrà*, v° *Peine*). « Elle est, dit M. Garraud, t. 1, n° 368, en contradiction avec cette idée que la publicité est une forme d'exécution des décisions judiciaires qui a un caractère pénal et avec ce fait que la loi l'ordonne ou l'autorise toutes les fois qu'elle juge cette mesure nécessaire ou simplement utile comme complément de pénalité. Une législation qui prend soin de déterminer avec précision les cas dans lesquels les tribunaux pourront, à titre exceptionnel, ordonner la publicité, ne peut les autoriser, dans un texte général, à prescrire cette mesure sur quelque matière qu'ils soient appelés à statuer ». « En décidant que la mesure de la publicité est une réparation du scandale public et non une peine, la cour de cassation, dit M. Lainé, *op. cit.*, t. 1, n° 307, a commis une confusion. La publicité revêt ce caractère quand le jugement prononce les injonctions, supprime les écrits dont parle

le texte ; mais elle est une peine proprement dite lorsque le scandale qu'elle a pour but de réparer résulte du délit même qui a été l'objet de la poursuite et de la sentence. » La disposition du code de procédure ne saurait aussi, à notre avis, avoir cet effet considérable de détruire un principe de droit pénal. Est-ce à dire qu'elle soit lettre morte en matière correctionnelle ou de simple police ? Des auteurs estiment que les tribunaux de répression peuvent l'appliquer, mais dans les cas seulement qu'elle prévoit, c'est-à-dire, lorsqu'ils prononcent des injonctions, suppriment des écrits et les déclarent calomnieux. L'art. 1036 servirait ainsi de sanction aux abus du droit de défense, et la publicité de la décision deviendrait la conséquence de la suppression d'un mémoire calomnieux ou d'une plaidoirie injurieuse (Lainé, n° 307 et suiv.). Cette interprétation a été adoptée par un arrêt de la cour de Nancy du 27 avr. 1875 (aff. Henry, D. P. 76. 2. 20). D'après cet arrêt, la mesure prévue par l'art. 1036 ne peut être autorisée que pour réprimer les écarts de la défense, dans le cas où les écrits renferment des expressions inconvenantes ou irrévérencieuses envers les magistrats, diffamatoires ou injurieuses envers les parties, il y aurait un scandale à faire cesser ou un dommage à réparer. La publicité aurait pour but, en un mot, d'assurer dans un intérêt d'ordre public la convenance des débats judiciaires, et de sauvegarder, le cas échéant, l'honneur des parties ou la dignité du magistrat. En dehors de ces applications spéciales, la disposition ordonnant l'affichage serait une aggravation de peine complètement illégale. Les termes de l'art. 1036 c. proc. civ. et son esprit autorisent, croyons-nous, cette interprétation restrictive (V. *infrà*, v° *Peine*, et Garraud, t. 1, n° 368, p. 601).

28. La publicité du jugement, a-t-on dit au *Rép.* n° 25, peut être ordonnée s'il y a une partie civile en cause et si cette partie y conclut formellement. Elle n'est pas ordonnée à titre de peine, mais comme réparation du préjudice causé (Crim. cass. 25 avr. 1862, aff. Lécluse, D. P. 63. 5. 123).

29. — II. Cumul des peines. — Le principe du non-cumul des peines n'est pas applicable au concours des contraventions. La jurisprudence, depuis l'arrêt du 7 juin 1842, rendu sur les conclusions de M. Dupin (V. *Rép.* n° 39), n'a pas varié sur ce point (V. outre les arrêts cités au *Rép. ibid.* : Crim. cass. 21 juin 1866, aff. Cabanis et Lacroix, D. P. 67.1.45 ; 23 janv. 1874, aff. Gillot, D. P. 74. 1. 453 ; Crim. rej. 3 mai 1877, aff. Delhaye, *Bull. crim.*, n° 115 ; Crim. cass. 23 mai 1878, aff. Payen, *ibid.*, n° 82 ; 27 janv. 1883, aff. Soulié, D. P. 83. 1. 229. V. aussi Crim. cass. 16 sept. 1853 et 23 nov. 1860, cités *suprà*, v° *Boulanger*, n° 41). Cette solution est fondée sur cette raison de texte que l'art. 365 c. instr. cr. ne parle que des crimes et des délits, et aussi sur le caractère spécial des contraventions et la nature des peines de simple police. Ces peines sont minimes, et il n'est pas à craindre que leur addition ait pour conséquence d'amener soit une confiscation générale des biens du condamné, soit une privation perpétuelle de liberté. Le maximum des peines de police n'est pas assez élevé pour qu'une seule peine suffise à réprimer des contraventions multiples. Si le principe du non-cumul des peines était applicable ici, « il pourrait, dit M. Garraud, t. 2, n° 173, p. 282, y avoir de tels profits à retirer de certaines contraventions, que les contrevenants trouveraient avantage à courir la chance d'une condamnation si, quel que fût le nombre des infractions commises, une seule devait leur être appliquée » (V. aussi Bertauld, p. 338 ; Le Sellyer, t. 1, n° 294 ; Ortolan, t. 1, n° 1172). Ainsi, en cas de concours de crimes ou délits et de contraventions, il faut cumuler les peines des contraventions avec la peine unique du crime ou du délit le plus grave ; en cas de concours de contraventions, il y a lieu à autant de peines qu'il y a de contraventions *distinctes*.

30. Mais on ne peut frapper un seul fait de plusieurs peines. C'est ainsi que la disposition d'un arrêté municipal qui punit d'une amende l'exposition en vente, par un boulanger, de « un ou *plusieurs* pains d'un poids inférieur au poids réglementaire », ne permet pas de voir autant de contraventions distinctes qu'il y a eu de pains défectueux simultanément mis en vente, et dès lors, ne donne lieu qu'à une seule amende, quel que soit le nombre de pains de ce genre trouvés chez le prévenu (Crim. rej. 28 avr. 1854, cité *suprà*, v° *Boulanger*, n° 41). Jugé aussi que « l'individu condamné pour tapage nocturne ne peut être l'objet d'une seconde condamnation pour ivresse, lorsque l'état d'ivresse ne s'est

manifesté que par le tapage réprimé (Trib. simp. pol. Paris, 26 juill. 1873) (1).

31. Lorsque l'infraction consiste dans un fait négatif, constitue-t-elle une contravention unique qui, par suite, ne donne pas lieu à l'application du cumul des peines, bien que l'abstention du contrevenant ait été prolongée et ait fait l'objet de procès-verbaux successifs? Nous examinerons cette question en étudiant les diverses contraventions et notamment celle prévue par l'art. 471, § 3 (défaut de nettoyage des rues) (V. *infra*, n°s 159 et suiv.). — La jurisprudence admet l'affirmative (V. Crim. cass. 29 janv. 1885, aff. Duclou du Teillot, D. P. 86. 1. 43).

Sect. 1re. — De l'emprisonnement (*Rép.* n°s 31 et 32).

32. La durée de l'emprisonnement pour contravention de police, comme on l'a dit au *Rép.* n° 31, ne peut être moindre d'un jour ni excéder cinq jours (art. 465). La durée de l'emprisonnement ne saurait être réduite à six heures alors même que cette peine est facultative pour le juge, par exemple, à raison de l'admission des circonstances atténuantes (Crim. cass. 2 mars 1855, aff. Therry, D. P. 55. 1. 91).

L'emprisonnement de police consiste dans une simple privation de liberté, sans assujettissement au travail. Il est subi soit dans les prisons cantonales, soit dans les prisons municipales, soit dans les maisons d'arrêt.

Sect. 2. — De l'amende et de la contrainte par corps (*Rép.* n°s 33 à 48).

33. On a dit au *Rép.* n°s 34 et suiv. que les amendes de simple police sont attribuées à la commune où la contravention a été commise et que le tribunal ne peut en changer la destination. Dans certains cas spéciaux, la loi leur donne une destination différente et les attribue à l'État, aux départements, aux agents qui ont constaté l'infraction, etc. Ces exceptions doivent être renfermées rigoureusement dans les limites tracées par la loi et ne peuvent être étendues d'un cas à un autre (V. v° *Peine*; — *Rép.* cod. v°, n° 811). Autrefois le recouvrement des amendes de simple police était confié aux receveurs de l'enregistrement. Depuis le 1er janv. 1874, en vertu de la loi du 29 déc. 1873, il est opéré par les percepteurs des contributions directes (L. 29 déc. 1873, art. 25, D. P. 74. 4. 26-30).

34. La règle de l'individualité de l'amende est nettement affirmée par la jurisprudence et la doctrine. Cette question et celle de la responsabilité civile en matière d'amende sont traitées au *Rép.* v° *Peine*, n°s 765 et suiv., et 782 (V. *infra*, v° *Peine*. V. aussi Garraud, t. 1, n° 353, p. 574 et suiv.; Blanche, t. 1, n° 277; Chauveau et Hélie, t. 1, n° 133; Crim. cass. 7 juill. 1854, aff. Favié, D. P. 71. 5. 340; 22 févr. 1866, aff. Quilichini, D. P. 67. 1. 86).

35. Les auteurs et la jurisprudence ont adopté la doctrine que nous soutenions au *Rép.* n° 37, relativement à la solidarité des amendes, restitutions et dommages-intérêts, et ont reconnu que l'art. 55 c. pén. ne s'applique qu'aux crimes et aux délits. Les individus condamnés pour une même contravention ne sont donc pas tenus solidairement des amendes, restitutions et dommages-intérêts (Sourdat, *Traité général de la responsabilité*, t. 1, n° 145; Garraud, t. 2, n° 39; Chauveau et Faustin-Hélie, t. 1, n° 134; Lainé, t. 1, p. 354; Crim. cass. 3 avr. 1869, aff. Barbieux, D. P. 69. 1. 529; Rouen, 12 déc. 1872, aff. Lair, D. P. 73. 1. 393; Crim. cass. 20 nov. 1885) (2). Toutefois, en ce qui touche les restitutions et les dommages-intérêts, si le préjudice causé par l'infraction émane de plusieurs personnes et qu'il y ait impossibilité de déterminer la part de responsabilité des unes et des autres, le juge peut condamner chacune de ces personnes comme auteur *pour le tout* à la réparation totale. Il devra déclarer, en termes formels, cette impossibilité de fixer la part de responsabilité de chacun des contrevenants. Le créancier pourra demander à l'un ou à l'autre de ceux-ci le payement intégral, mais il ne jouira pas des avantages conférés par les art. 1206 et 1207 c. civ., car l'obligation n'est pas solidaire. Si elle entraîne la responsabilité pour le tout, c'est par la force même des situations, parce que chacune des personnes a participé au fait dommageable et que l'on manque de base pour diviser entre elles la condamnation. C'est l'application des principes formulés dans les art. 1382 et 1383 c. civ. (Lainé, t. 1, p. 355; Garraud, t. 2, n° 40; Ortolan, t. 2, n° 1584. Conf. Sourdat, t. 1, p. 146).

La solidarité existe-t-elle en ce qui touche les frais de poursuite des contraventions ? La jurisprudence admet l'affirmative. Elle attribue au décret du 11 juin 1811 force de loi même dans ses dispositions qui modifient celles de nos codes (V. *Rép.* v° *Frais et dépens*, n° 968). Or l'art. 156 de ce décret établit la solidarité pour les auteurs du *même*

---

(1) (Min. publ. *C.* Badoux.) — Le tribunal; — Attendu que, dans la nuit du 25 au 26 mai 1873, Badoux, en état d'ivresse, s'est rendu coupable de tapage; qu'à raison de ce fait, deux condamnations distinctes sont requises contre lui, l'une en vertu de la loi du 3 févr. 1873, l'autre par application de l'art. 479, § 8, c. pén.; — Attendu qu'il est de principe que l'art. 365, § 2, c. instr. cr. aux termes duquel, « en cas de conviction de plusieurs crimes ou délits, la peine la plus forte sera seule prononcée, » ne s'applique pas en matière de simples contraventions de police; — Mais que, dans l'espèce, il n'y a qu'une seule contravention; — Que l'ivresse n'est punie par la loi qu'autant qu'elle se manifeste publiquement et par un scandale; que le tapage nocturne dont Badoux s'est rendu coupable n'est autre chose que la forme sous laquelle s'est manifestée son ivresse; que cette manifestation exceptionnelle, dépassant la mesure du scandale que la loi du 3 févr. 1873 avait en vue, emporte application de la peine plus grave écrite en l'art. 479 c. pén., sans constituer pour cela une contravention distincte de la contravention d'ivresse; — Qu'il peut arriver, sans doute, que l'ivresse soit accompagnée de contraventions distinctes de l'ivresse elle-même, bien que puisant en elle leur cause principale; qu'il en serait ainsi toutes les fois qu'à l'état d'ivresse, manifesté d'ailleurs par une façon d'agir ou par une prostration scandaleuse, s'ajouteront des faits défendus par les lois ou les règlements; que ces faits ne perdraient pas leur caractère et leur culpabilité distincts, par cela seul qu'ils se produiraient en même temps que l'ivresse, et pourraient surabondamment servir à la manifester; — Mais que, d'après les constatations du procès-verbal dressé contre Badoux, le tapage nocturne a été chez lui la manifestation unique de l'ivresse; que ce n'est qu'au moment où les cris ont été proférés, et par l'effet même de ces cris, que l'ivresse est devenue une contravention; qu'il n'y a donc qu'un seul fait punissable; qu'il importe toutefois de retenir et de viser simultanément la loi du 3 févr. 1873 et l'art. 479 c. pén., parce que le fait constaté réunit inséparablement en lui les caractères prévus en l'une et l'autre disposition;

Donne défaut contre Badoux et le condamne à 15 francs d'amende.

Du 26 juill. 1873.-Trib. de simple police de Paris.-M. Daffry de la Monnoye, juge.

(2) (Stephay-Aloïs Delcassé et autres.) — La cour; — Sur le premier moyen, pris de la violation des art. 59, 60 et 479, n° 11, c. pén., en ce que les prévenus, n'ayant participé à la contravention que comme complices, n'auraient encouru aucune responsabilité pénale: — Attendu que, d'après les constatations du jugement attaqué, les prévenus, contrairement à la volonté du maire, ont fait apposer au pied du mur de l'église d'Albefeuille-Lagarde, pour servir de chasse-roues, une barre de fer recourbée qui s'avance de 30 centimètres sur une ruelle publique, et que ce travail a été effectué sous leurs ordres et en leur présence; — Attendu qu'il résulte de cette participation personnelle et directe des prévenus à un fait qui caractérise la contravention d'usurpation sur un chemin public que lesdits prévenus s'en sont rendus les auteurs, et non pas seulement les complices, et ne sauraient, à ce titre, échapper à la responsabilité pénale qui découle de leur infraction à l'art. 479, n° 11, susvisé;

Sur le deuxième moyen, pris de la fausse application de l'art. 55 c. pén.: — Attendu qu'à la différence de l'art. 42 du tit. 2 de la loi des 19-22 juill. 1791, qui déclarait expressément « solidaires entre complices, les amendes de la police correctionnelle et municipale », l'art. 55 porte que tous les individus condamnés pour un même crime ou un même délit seront tenus solidairement des amendes, sans étendre cette disposition aux contraventions; d'où il suit qu'en prononçant la solidarité entre les prévenus en raison des amendes auxquelles ils ont été condamnés par application de l'art. 479, n° 11, c. pén., le jugement attaqué a violé par fausse application ledit art. 55; — Par ces motifs, casse et annule, *partie in quâ* et par voie de retranchement, la disposition du jugement du tribunal correctionnel de Castelsarrasin, en date du 2 juill. 1885, qui a prononcé la solidarité des amendes entre Delcassé, Merly et Abbé Prévot, le surplus dudit jugement demeurant maintenu; — Ordonne la restitution de l'amende consignée; — Ordonne, etc.

Du 20 nov. 1885.-Ch. crim.-MM. Poulet, rap.-Loubers, av. gén.

fait, ce qui paraît comprendre les auteurs des simples contraventions (Crim. cass. 20 mars 1868, aff. Petit, D. P. 69. 5. 226; Crim. cass. 22 juin 1871, aff. Elissèche et Lespade, D.P. 71. 1. 267; Garraud, t. 2, n° 40. Conf. Chauveau et Faustin Hélie, t. 1, n° 154; Lainé, t. 1, p. 355; Sourdat, *op. cit.*, t. 1, n° 146). Ce dernier auteur estime que les frais, bien que ne faisant pas partie constitutive de la peine, doivent avoir le même sort que les peines dont ils sont l'accessoire.

36. Les dispositions du code pénal d'après lesquelles la contrainte par corps a lieu en matière de simple police pour le payement de l'amende, des restitutions et dommages-intérêts, ont été maintenues par la loi du 24 juill. 1867 (V. *suprà*, v° *Contrainte par corps*, n°s 8, 28 et suiv.). L'art. 3, § 2, de cette loi supprimait la contrainte par corps pour le payement des frais au profit de l'Etat. Mais cette dernière disposition, qui présentait de graves inconvénients pour les intérêts du fisc, a été abrogée par la loi du 19 déc. 1871, qui a rétabli l'exercice de la contrainte par corps pour le recouvrement de ces frais. — Dans l'état actuel de la législation, la contrainte par corps peut donc être exercée pour toutes les condamnations pécuniaires prononcées en matière de simple police soit au profit des parties lésées, soit au profit de l'Etat (V. *ibid.*, n° 46).

Aux termes de l'art. 9 de la loi du 22 juill. 1867 qui modifie les dispositions de la loi du 13 déc. 1848 en vigueur lors de la publication du *Rép.* (V. l'analyse de ces dispositions au *Rép.* n°s 41 et suiv.), la durée de la contrainte par corps, en matière de simple police, ne peut excéder cinq jours, quel que soit le montant des condamnations pécuniaires. Elle ne peut être moindre de deux jours (art. 10) (V. *suprà*, v° *Contrainte par corps*, n°s 81 et suiv.). Les condamnés envers l'Etat ou envers les particuliers qui justifient de leur insolvabilité suivant l'art. 420 c. instr. cr. sont mis en liberté après avoir subi la contrainte pendant la moitié de la durée fixée par le jugement (art. 11) (V. *ibid.*, n°s 63 et suiv.).

SECT. 3. — DE LA CONFISCATION (*Rép.* n°s 49 à 53).

37. On a indiqué au *Rép.* n°s 49 et suiv. les objets sur lesquels peut porter la confiscation, les conditions auxquelles elle est subordonnée, et les conséquences du principe que la confiscation étant une peine, le tribunal de police ne peut la prononcer que dans les cas expressément déterminés par la loi. Dans ces cas, le juge est tenu de prononcer la confiscation. Il doit le faire, même quand il admet des circonstances atténuantes, qui présentait de graves inconvénients pour les intérêts encore bien que le ministère public estime qu'il n'y a pas lieu à confiscation, et ce, à peine de nullité du jugement de condamnation. Le but du législateur, qui est le plus souvent de mettre hors du commerce une chose dont la circulation serait nuisible ou dangereuse, ne permet pas d'en exempter le condamné. La jurisprudence et la doctrine ont proclamé ce caractère obligatoire de la confiscation (Chauveau et Hélie, t. 1, n° 245; Blanche, t. 7, n° 19; Crim. cass. 7 juill. 1854, aff. Favié, D. P. 55. 5. 266; 15 juill. 1882, aff. Serfati, D. P. 82. 5. 319).

38. L'opinion que nous avons émise au *Rép.* n° 50 sur la nécessité d'une saisie préalable pour qu'il y ait confiscation, a trouvé des contradicteurs dans la doctrine. M. Garraud estime que la confiscation peut être ordonnée bien que les objets n'aient pas été saisis, s'ils ont été désignés dans les actes de procédure avec une précision qui ne laisse pas de doute sur leur identité. La confiscation serait la mise à effet de cette saisie idéale. Le receveur des amendes pourrait en poursuivre le recouvrement par la réquisition du ministère public (Garraud, t. 1, n° 366, note 15; Blanche, t. 7, n° 21). La jurisprudence, elle aussi, n'admet pas la nécessité d'une saisie préalable (Crim. cass. 19 août 1858, aff. Huart, D. P. 58. 1. 475, et la note; Bourges, 28 déc. 1869, aff. Championnois, D. P. 70. 2. 153, et sur pourvoi, Req. 14 août 1871, D. P. 71. 1. 283. V. *Peine*; — *Rép.* eod. v°).

39. La jurisprudence et la doctrine sont d'accord pour reconnaître que lorsque les objets susceptibles de confiscation n'ont pas été saisis ou ont été mis hors de la main de justice, le juge ne peut condamner le délinquant à remettre l'objet sous une contrainte pécuniaire, ni à en payer la valeur estimative. C'est la solution que nous avons donnée au *Rép.* n° 50 (Crim. rej. 19 août 1858, aff. Huart, D. P. 58.

1. 475; Req. 14 août 1871, aff. Championnois, D. P. 71. 1. 283). La règle est différente en matière de chasse (V. L. 3 mai 1844, art. 16; Garraud, t. 1, n° 359).

40. La confiscation peut-elle être prononcée même après le décès du prévenu? Cette question est traitée v° *Peine*; — *Rép.* eod. v°, n°s 850 et suiv.

SECT. 4. — DE LA RÉCIDIVE (*Rép.* n°s 54 à 61).

41. Comme on l'a vu au *Rép.* n° 54, quatre conditions sont nécessaires pour qu'il y ait récidive en matière de contravention (c. pén. art. 483).

42. — 1re CONDITION : *Il faut que la contravention à l'occasion de laquelle s'élève la question de récidive, c'est-à-dire la deuxième, rentre dans les cas prévus par le liv. 4 c. pén.* — Les auteurs restent divisés sur la question de savoir s'il y a récidive légale lorsque c'est la première contravention qui est prévue et punie *par une loi spéciale*. L'opinion qui admet la négative se fonde sur la rubrique et le texte de l'art. 483, desquels il résulte que cet article concerne seulement les contraventions mentionnées dans les trois sections du livre 4 c. pén., et sur ce qu'il n'existe aucune raison juridique pour admettre la récidive de contravention prévue et punie par une loi spéciale à contravention prévue par le code pénal, alors qu'on repousse la récidive à contravention prévue et punie par une loi spéciale. Ce système n'est pas le nôtre. L'art. 483, nous l'avons dit au *Rép.* n° 55, n'exige pas que la première infraction soit prévue et punie par le code pénal; il veut seulement qu'elle soit une contravention de police (Comp. Garraud, t. 2, n° 491). M. Ortolan, t. 1, n° 1228, exige, pour qu'il y ait récidive, que les deux contraventions appartiennent à la même classe. Cette condition n'est pas écrite dans la loi. La jurisprudence a consacré le principe qu'il n'est pas nécessaire, pour qu'il y ait lieu à l'application de la peine de la récidive en matière de contravention, que la seconde contravention poursuivie soit de la même nature que la première. Il suffit que l'auteur de la contravention nouvelle ait été condamné dans le cours de la même année pour une contravention quelconque de police par lui commise dans le ressort du même tribunal. Ainsi, il a été jugé qu'il y a lieu de condamner comme récidiviste : le boulanger qui, après avoir été condamné pour infraction aux règlements concernant la petite voirie, est reconnu coupable de contravention à un règlement relatif à l'exercice de sa profession (Crim. rej. 6 mars 1856, aff. Gire, D. P. 57. 5. 274); — L'individu qui condamné pour bruit et tapage nocturnes est plus tard déclaré coupable de contravention à un arrêté municipal sur la police des cabarets et lieux publics (Crim. rej. 29 avr. 1869, aff. Geoffroy et Moulinier, D. P. 70. 1. 143. V. aussi en ce sens : Crim. cass. 3 juin 1875, aff. Oinville, D. P. 76. 1. 334-335).

43. — 2e CONDITION : *Il faut qu'un premier jugement ait été rendu contre le prévenu pour contravention de police.* — La précédente condamnation pénale ne peut servir de base à la récidive qu'autant qu'elle est devenue définitive et irrévocable. Ainsi a-t-il été jugé qu'en matière de simple police, le juge ne peut faire résulter l'état de récidive de l'existence d'une précédente condamnation par défaut non encore signifiée au prévenu (Crim. cass. 12 nov. 1863, aff. Gimonet, D. P. 67. 5. 356).

44. — 3e CONDITION : *Il faut que les deux contraventions aient été commises dans le ressort du même tribunal de police.* — Nous avons examiné au *Rép.* n° 58, la question de savoir si l'on pouvait considérer comme constituant le même tribunal, le juge de paix du canton et les maires des communes non chefs-lieux de canton. Cette question ne peut plus se présenter depuis la loi du 27 janv. 1873, qui a supprimé la juridiction des maires.

Le tribunal de simple police saisi de la nouvelle contravention doit-il appliquer les peines de la récidive à l'individu qui a été condamné pour la contravention antérieure par le tribunal correctionnel, par exemple, dans le cas où le fait poursuivi devant cette juridiction avait perdu, à l'audience, le caractère de délit et avait revêtu celui de simple contravention? — Suivant une opinion, la négative devrait être admise, par le motif que ce n'est pas le même tribunal qui avait jugé (*Rép.* n° 58). D'après une autre opinion, l'affirmative doit être adoptée, en supposant, bien entendu, que

les deux contraventions aient été commises dans le ressort du même tribunal de simple police, ainsi que l'exige l'art. 483 c. pén. Aucun texte de loi ne subordonne la récidive à la condition que le tribunal saisi de la nouvelle infraction soit le même que celui qui a statué sur l'infraction antérieure.

45. — 4° Condition : *Il faut que le premier jugement ait été rendu dans les douze mois précédents.* — Les douze mois doivent être comptés, non à partir du jour où la première condamnation a été prononcée, mais à partir du jour où elle a acquis force de chose jugée. La récidive suppose toujours, comme premier terme, une condamnation antérieure irrévocable (Garraud, *Précis de droit criminel*, p. 328, et la note; Blanche, t. 7, n° 525, p. 629). Si le délinquant commettait une troisième contravention dans les douze mois du jugement de la première, il serait passible pour cette troisième infraction, comme pour la deuxième, des peines de la récidive (Blanche, t. 7, n° 525, p. 629).

46. Les effets de la récidive, en matière de contravention, sont indiqués au *Rép.* n°s 60 et suiv.

Sect. 5. — Des circonstances atténuantes (*Rép.* n°s 62 à 69).

47. L'art. 463, comme on l'a indiqué au *Rép.* n°s 62 et suiv., est applicable à toutes les contraventions prévues par le code pénal. Même en cas de récidive, le juge peut, par une déclaration de circonstances atténuantes, abaisser la peine jusqu'à un jour d'emprisonnement ou 1 franc d'amende ou même substituer l'amende à l'emprisonnement. Dans cette dernière hypothèse, l'amende ne peut être élevée au-dessus de 15 francs (Crim. rej. 31 mars 1855, aff. Leloup, D. P. 55. 5. 376; Crim. cass. 29 août 1857, aff. Mercier, D. P. 57. 1. 416).

48. La faculté d'accorder au condamné des circonstances atténuantes est laissée à l'appréciation du tribunal de police. Ainsi, la déclaration de circonstances atténuantes, accordée par le tribunal de police à un prévenu en état de récidive, ne peut être critiquée devant la cour de cassation, dans le cas même où cet état de récidive résulterait de l'existence de six condamnations antérieures (Crim. rej. 2 juill. 1859, aff. Penisson, D. P. 59. 5. 287). D'autre part, la modération de peine en raison des circonstances atténuantes peut être prononcée par le juge de police même lorsqu'il statue par défaut.

49. Le juge de police, comme on l'a établi au *Rép.* n° 69, ne peut, même en cas de circonstances atténuantes, réduire au seul payement des frais ou dépens la condamnation prononcée contre le prévenu reconnu coupable ; la prononciation du minimum de l'amende doit, pour le moins, y être ajoutée (Crim. cass. 1er juill. 1853, aff. Marvaud, D. P. 53. 5. 346; 18 août 1860, aff. Ponçon, D. P. 60. 5. 274). Il en est ainsi, alors même que le juge déclarerait prononcer la condamnation aux dépens pour toute peine : l'art. 162 c. instr. cr. portant que « la partie qui succombe sera condamnée aux frais envers la partie publique », son exécution ne peut être considérée comme constituant l'application d'une peine. A l'inverse, la condamnation à l'amende du prévenu, en matière de contravention de simple police, ne dispense pas de la condamnation aux dépens, même en cas de circonstances atténuantes. Toutefois, l'omission de cette condamnation aux dépens n'entraîne qu'une cassation partielle avec renvoi devant un autre juge pour être statué à nouveau sur ce chef (Crim. cass. 20 sept. 1855, aff. Fabi, et aff. Comiti, D. P. 63. 5. 192).

50. L'art. 463 ne s'applique pas, en principe, aux contraventions régies par des lois spéciales, à moins que ces lois n'aient autorisé l'admission des circonstances atténuantes par une disposition expresse ou tacite (V. L. 2 juill. 1850, relative aux mauvais traitements exercés envers les animaux domestiques, D. P. 50. 4. 145; Décr. 25 mars 1852 sur les bureaux de placement, art. 4, D. P. 52. 4. 101; L. 22 févr. 1851, sur les contrats d'apprentissage, art. 21, D. P. 51. 4. 43; L. 30 mai 1851, sur la police du roulage, art. 14, D. P. 51. 4. 82; L. 23 janv. 1873, sur l'ivresse publique, art. 9, D. P. 73. 4. 18; L. 23 déc. 1874, sur la protection des enfants du premier âge, D. P. 75. 4. 79; L. 29 juill. 1881, sur la liberté de la presse, art. 64, D. P. 81. 4. 65; L. 4 avr. 1882,

relative à la restauration et à la conservation des terrains en montagne, art. 15, D. P. 82. 4. 89).

Sect. 6. — De la prescription (*Rép.* n° 70).

51. V. sur ce point v° *Prescription criminelle ; — Rép.* eod. v°, n°s 77 et suiv.

CHAP. 3. — **Des diverses espèces de contraventions de police et des peines particulières à chacune d'elles** (*Rép.* n°s 71 à 314).

Sect. 1re. — Première classe de contraventions de police (*Rép.* n°s 72 à 245).

§ 1er. — Entretien et ramonage des fours, cheminées ou usines (*Rép.* n°s 72 à 83).

52. La disposition de l'art. 471, qui punit d'amende depuis 1 fr. jusqu'à 5 fr. inclusivement ceux qui négligent d'entretenir, de réparer ou de nettoyer les fours, cheminées, ou usines où l'on fait du feu, diffère, comme on l'a dit au *Rép.* n° 76, de l'art. 458 c. pén. Il suffit, pour qu'il y ait contravention, que la négligence existe, lors même qu'elle n'a produit aucun accident. Il n'y a délit que s'il est résulté de cette négligence un incendie *des propriétés d'autrui.* L'incendie n'est pas une des conditions de la contravention, mais il peut en être la preuve (V. *Rép.* n° 78).

53. Le fait d'avoir nettoyé sa cheminée d'après l'usage des lieux et même suivant les prescriptions d'un règlement de police (ni les usages locaux, ni les règlements ne peuvent restreindre l'étendue de la disposition de l'art. 471, § 1er, c. pén.), ne suffit pas, à lui seul, pour faire prononcer nécessairement l'acquittement; mais c'est une circonstance que l'inculpé peut invoquer pour établir qu'il n'a pas commis la négligence constitutive de la contravention (Crim. rej. 23 juin 1865, aff. Dassance, D. P. 65. 5. 223; Crim. cass. 5 avr. 1867, aff. Vernet, D. P. 67. 1. 463 ; Blanche, t. 7, n° 38). — Quant aux personnes auxquelles s'applique la contravention, V. *Rép.* n°s 78 et suiv.

§ 2. — Défense de tirer des pièces d'artifice (*Rép.* n°s 84 à 94).

54. La jurisprudence a précisé le sens de ces expressions « *pièces d'artifice* » employées par le paragraphe 2 de l'art. 471. Ce sont des expressions génériques qui doivent s'entendre de tout travail fait avec de la poudre, pouvant, par son explosion ou son action, produire les effets que ce paragraphe a voulu prévenir ; il n'y a donc pas lieu de distinguer, suivant que la pièce est destinée à une réjouissance ou à un travail comme celui de l'extraction de pierres (Crim. cass. 4 août 1853, aff. Dussaud et Rabattu, D. P. 53. 5. 34).

L'art. 471, § 2, suppose, nous l'avons démontré au *Rép.* n°s 89 et suiv., une prohibition préalable de tirer des pièces d'artifice en certains lieux et implique nécessairement l'existence de règlements généraux ou locaux. Cette prohibition rentre dans les attributions de la police municipale (V. André et Marin, *Loi sur l'organisation municipale du 5 avr. 1884*, p. 183, et *supra*, v° *Commune*, n° 642).

55. Lorsque la contravention est prouvée, l'inculpé ne peut être renvoyé ni sous le prétexte d'une permission qu'il aurait obtenue du commandant militaire, l'autorité militaire étant incompétente pour arrêter ou suspendre l'exécution d'un règlement de police; ni à raison d'une permission reçue de l'autorité municipale, cette autorité ne pouvant dispenser certains habitants de se conformer aux prescriptions d'un règlement obligatoire pour tous; ni par le motif que le coup de feu incriminé a été tiré sur des volailles qui portaient dommage au prévenu, et que le règlement n'avait en vue que le tir d'armes à feu sans nécessité et par forme d'amusement (V. *Rép.* v° *Commune*, n° 1047; Crim. cass. 12 déc. 1846, aff. Husson, D. P. 47. 4. 30 ; 28 juill. 1855, aff. Germaine, D. P. 55. 1. 361). L'excuse tirée de la force majeure ou de la légitime défense pourrait seule excuser la contravention (V. *supra*, n° 24).

56. Les règlements relatifs aux pièces d'artifice ne sont pas de plein droit applicables aux armes à feu; et la jurisprudence décide que les règlements qui prohibent le tir des

armes à feu tombent sous l'application de l'art. 471, n° 15 (Crim. cass. 23 nov. 1877, aff. Cornu, D. P. 78. 1. 445. V. *suprà*, v° *Commune*, n° 643). — Sur la force des anciens règlements relatifs à cette matière, V. *Rép.* n°ˢ 91 et suiv., et *suprà*, v° *Commune*, n° 644.

§ 3. — Eclairage et nettoyage de rues, passages, etc.
(*Rép.* n°ˢ 95 à 123).

57.—I. Eclairage.—L'obligation d'éclairer les rues, quais, places et voies publiques n'est imposée, comme on l'a dit au *Rép.* n° 96, par aucun texte de loi. Le législateur laisse au maire de chaque commune le soin de déterminer les personnes (aubergistes, hôteliers, habitants) qui peuvent être assujetties à cette obligation (L. 5 avr. 1884, art. 97, § 1ᵉʳ; V. *suprà*, v° *Commune*, n° 630). Il a été jugé qu'un cafetier ne peut être frappé d'une peine pour avoir négligé d'éclairer l'extérieur de son établissement qu'autant qu'un règlement municipal a imposé aux aubergistes, cabaretiers et autres, l'obligation de l'éclairage (Crim. rej. 30 janv. 1879, aff. Lakdar-ben-Bachir, D. P. 79. 1. 391).

58. L'art. 471, § 3, est applicable à l'entrepreneur de l'éclairage d'une ville qui a été compris individuellement et particulièrement parmi les personnes auxquelles un règlement local de police impose certain mode d'éclairage, et qui ne s'y est pas conformé; et il en est ainsi, bien que des clauses pénales aient été stipulées dans le marché pour le cas de retard ou d'omission, ces clauses pénales ne réglant que la question des réparations civiles (Crim. cass. 3 août 1866, aff. Fourcassies, D. P. 66. 1. 449). Lorsque l'entrepreneur n'est pas compris dans le règlement de police indiquant les personnes obligées à l'éclairage, et qu'il commet une infraction aux clauses du cahier des charges (par exemple, relativement au mode et à la durée de l'éclairage), se rend-il coupable de contravention, et est-il soumis à l'application de l'art. 471, § 3, c. pén.? — La difficulté étant la même en ce qui concerne le service du nettoyage des rues, lorsque la commune, au lieu de laisser le balayage à la charge des habitants, a confié à un entrepreneur l'enlèvement des boues et immondices déposés sur la voie publique, il convient de se référer à ce qui sera dit *infrà*, n° 69. En tous cas, en l'absence d'un arrêté municipal réglant l'éclairage d'une ville, et lorsque le cahier des charges ne soumet l'entrepreneur de cet éclairage, pour l'inexécution de ses obligations, qu'à des réparations civiles, l'infraction qu'il commet à cet égard ne peut donner lieu à aucune responsabilité pénale. Le cahier des charges n'est qu'une convention exclusivement civile et ne peut constituer l'équivalent d'un règlement municipal pris par le maire en vertu de ses pouvoirs de police. Il importe peu, d'ailleurs, que le traité porte que les infractions seront constatées par des agents de police et donneront lieu à des procès-verbaux; ce mode de constatation ne saurait modifier la nature purement pécuniaire des réparations prévues par le contrat (Crim. rej. 24 mars 1876, aff. Laisney, D. P. 77. 1. 288. V. *suprà*, v° *Commune*, n° 631).

59. — II. Nettoyage des rues. — Nous avons dit au *Rép.* n° 103, que, dans notre opinion, le défaut de nettoyage des voies publiques ne constitue une contravention qu'autant qu'un règlement de police a laissé cette opération à la charge des habitants. La deuxième disposition du paragraphe 3 de l'art. 471 c. pén. n'est pas une disposition générale suffisante pour constituer en état de contravention ceux qui la méconnaissent; elle suppose l'existence de prescriptions administratives auxquelles on a eu le tort de ne pas se conformer, et la contravention ne consiste que dans cette inobservation des règlements ou arrêtés municipaux (Conf. Faustin Hélie et Chauveau, t. 6, n° 2743, et *suprà*, v° *Commune*, n° 608). Dans un autre système qui est suivi par Blanche, *op. cit.*, t. 7, n° 50, les citoyens sont tenus de nettoyer les rues et passages, même dans le cas où l'autorité municipale n'a pris aucun arrêté à cet égard; cette obligation existe par cela seul que la municipalité ne fait pas

affirmer ou enlever les boues.«Cela résulte, dit M. Blanche, de la lettre et de l'esprit de la disposition de l'art. 471, § 3. En effet, d'une part, il n'est pas nécessaire pour connaître les lieux qu'elle concerne et les personnes qu'elle oblige qu'elle soit accompagnée d'un acte du pouvoir réglementaire; elle désigne elle-même toutes les rues et autres voies publiques; elle met l'obligation à la charge de tous les habitants. D'autre part, la salubrité publique exige que le nettoyage soit fait dans toutes les rues de la commune et qu'il soit l'œuvre de tous. Cette mesure, pour être efficace, ne comporte ni distinction, ni exception...» En tous cas, il n'est pas contesté que le nettoiement puisse être réglementé par des arrêtés.

60. Aux termes de l'art. 97 de la loi municipale du 5 avr. 1884, le nettoiement des rues, quais, places et voies publiques rentre dans les attributions de police municipale des maires. Sous l'empire de la loi du 18 juill. 1837, les arrêtés relatifs au nettoyage de la voie publique ne pouvaient émaner que des maires à l'exclusion des préfets (Crim. rej. 28 juin 1861, aff. Barras, D. P. 61. 5. 36). Il en est autrement depuis la promulgation de la loi de 1884; l'art. 99 de cette loi confère aux préfets le droit de prendre toutes mesures relatives au maintien de la salubrité et de la sûreté publiques (V. *suprà*, v° *Commune*, n°ˢ 458 et 609).

61. Le nettoiement a pour objet l'enlèvement de tout ce qui est contraire à la propreté et à la salubrité. Il s'opère surtout par le balayage. Il comprend l'enlèvement des boues et des immondices, l'enlèvement des herbes qui croissent devant les maisons, l'enlèvement des neiges, l'arrosement.

62. Les tribunaux sont tenus d'assurer l'exécution des règlements administratifs sur le nettoiement de la voie publique. Ils ne doivent sous aucun prétexte en tolérer la violation, en modérer ou en restreindre l'application, ni admettre des excuses à l'égard des contrevenants (*Rép.* n° 104). Lorsque la contravention est établie, le délinquant ne peut être renvoyé des poursuites sous quelque prétexte que ce soit (V. les décisions en ce sens citées au *Rép.* v° *Voirie par terre*, n° 1872).

63. Mais, d'autre part, il n'est pas permis aux tribunaux de police d'étendre les règlements et de suppléer aux lacunes qu'ils peuvent contenir. Spécialement, l'obligation imposée par un règlement municipal aux riverains d'une voie publique dont le balayage est à la charge de la ville, de balayer le devant de leurs maisons jusqu'à l'endroit qui sera ultérieurement désigné par l'Administration, reste en suspens tant que la désignation prescrite n'a pas été faite; et, dès lors, l'inexécution de cette obligation ainsi suspendue ne saurait servir de base à une condamnation (Crim. cass. 23 mars 1878, aff. Payen, D. P. 79. 1. 94). Jugé aussi que l'obligation de balayage qui pèse sur les habitants d'une commune se règle par les termes de l'arrêté municipal qui détermine les charges des riverains de la voie publique; par conséquent, l'arrêté municipal qui prescrit aux propriétaires et locataires de maisons de balayer au-devant de leurs maisons est inapplicable au propriétaire de terrains longeant la voie publique qui ne sont pas des dépendances d'habitations (Crim. cass. 5 janv. 1884, aff. Peromat, D. P. 84. 5. 34).

64. Nous avons indiqué au *Rép.* n°ˢ 107 et suiv. les lieux auxquels s'applique l'obligation du nettoyage. — Il a été jugé que les compagnies de chemins de fer sont, comme les autres propriétaires, à l'obligation du balayage des rues sur lesquelles les gares et autres dépendances ont accès et possibilité d'usage, ne sont pas astreintes à cette charge à l'égard des rues avec lesquelles la voie et ses dépendances, fermées au public, n'ont et ne peuvent avoir aucune communication. Ainsi lorsqu'un chemin de fer est établi en contre-bas ou au-dessous de ponts et d'esplanades, sans qu'il y ait aucune communication avec ces ponts et esplanades, la charge de leur balayage n'incombe pas à la compagnie (Crim. rej. 13 nov. 1884, aff. Lebargy, D. P. 86. 1. 42).

65. Dans le règlement de police qui prescrit aux habitants de balayer le devant de leurs maisons *le matin*, cette expression doit s'entendre en ce sens qu'ils ont jusqu'à midi pour effectuer le balayage (Crim. rej. 14 févr. 1868)(1).

(1) (Rossignol.) — La cour; — Attendu que le procès-verbal du commissaire de police de Beaupréau constate que, le 15 août 1867, à dix heures du matin, la partie de la rue contiguë à la maison du sieur Rossignol était dans un grand état de malpro-

prêté, malgré l'avis publié, la veille, par ordre du maire, invitant les habitants à nettoyer leurs maisons, et déclare que ce fait constitue une contravention à l'art. 1ᵉʳ du règlement de police en date du 10 avr. 1832; — Attendu qu'il ajoute, il est vrai, que

66. Le nettoyage des rues est généralement considéré, ainsi qu'on l'a dit au *Rép.* nᵒˢ 113 et suiv., comme une charge de la propriété. La cour de cassation déclare le propriétaire pénalement responsable du défaut de balayage : lorsqu'il habite seul sa maison ; lorsque sa maison est inhabitée et qu'il réside dans une autre commune ; lorsqu'il habite une partie de sa maison, l'autre partie étant occupée par des locataires ; lorsque sa maison est entièrement occupée par un ou plusieurs locataires (Crim. cass. 15 janv. 1875, aff. Fromage, D. P. 75. 5. 39 ; 15 janv. 1875, aff. Caillet, D.P.75.1.283 ; 3 déc. 1880, aff.Guégan,D.P.81.1.334 ; 3 juin 1881,aff. Duval, D.P.82.1.44). L'arrêt de 1880 pose nettement les principes à cet égard : « Attendu, dit-il, que l'obligation de balayer la voie publique dans les communes où ce soin est laissé aux habitants constitue une charge de la propriété ; — Qu'elle pèse sur le propriétaire aussi bien lorsqu'il habite la maison que lorsqu'il ne l'habite pas, aussi bien lorsque la maison est habitée que lorsqu'elle est inhabitée ; — Attendu que cette charge peut aussi incomber aux locataires, mais seulement lorsqu'ils habitent seuls la maison, circonstance qui permet de les considérer comme ayant assumé, au lieu et place du propriétaire et solidairement avec lui, l'obligation de balayer la rue ; — Qu'il en est autrement, lorsque le propriétaire habite une partie de la maison louée ; que, dans ce dernier cas, et alors même que le nettoiement de la rue serait mis par l'arrêté municipal à la charge des habitants du rez-de-chaussée, le défaut de balayage engage exclusivement la responsabilité du propriétaire et ne peut motiver que contre lui une poursuite en simple police. » Ainsi, dans le cas où le propriétaire habite une partie de sa maison louée, la cour de cassation le déclare exclusivement responsable du défaut de balayage ; les locataires ne peuvent être poursuivis. Les locataires sont au contraire, responsables si le propriétaire n'occupe pas sa maison. Cette différence est-elle justifiée ? Ce fait, la présence du propriétaire dans l'immeuble, qui, dans les grandes villes, peut être ignoré des locataires, qui, en tous cas, peut cesser d'un jour à l'autre, suffit-il pour décharger les locataires de toute obligation ? Est-il juridique, d'autre part, de fonder une responsabilité pénale sur cette présomption « que les locataires qui habitent seuls une maison ont entendu assumer l'obligation de balayer la rue » ? — Ce ne sont pas, d'ailleurs, les seules objections que soulève la décision de la cour de cassation. On peut demander si le ministère public devra poursuivre, dans la seconde hypothèse, et le propriétaire et tous les locataires, ceux du rez-de-chaussée comme ceux de la mansarde ; si, au contraire, il sera libre de poursuivre indifféremment, à sa guise, le propriétaire ou les locataires (V. *Rép.* nᵒ 115). Il eût été, ce semble, plus logique de déclarer le propriétaire, seul, et dans tous les cas, responsable du défaut de nettoiement. Mais la responsabilité du propriétaire est déjà trop lourde. En cas de récidive, il peut être condamné à la prison, par le fait ou le mauvais vouloir de ses locataires. L'équité voudrait, croyons-nous, et aucun texte de loi ne s'y oppose, que l'obligation du balayage fût mise par arrêté municipal à la charge exclusive des personnes qui occupent réellement la maison, par exemple, à la charge des habitants du rez-de-chaussée (Conf. Crim. cass. 28 nov. 1868, aff. Jarry, et aff. Naud, D. P. 69. 1. 488 ; Blanche, t. 7, nᵒ 52 ; Chauveau et Faustin Hélie, t. 6, nᵒ 2742).

67. On a dit au *Rép.* nᵒˢ 112 et 118 que le maître doit être poursuivi bien que le défaut de balayage soit impu-

table à son domestique ou à son concierge, et que si la personne qui a la charge du nettoiement se trouve en état d'incapacité, l'obligation doit être remplie par l'administrateur judiciaire ou légal (Blanche, t. 7, nᵒ 54).

68. Le traité passé, sans la participation de l'autorité municipale, par les habitants d'une rue ou d'un quartier, avec un tiers pour le charger du balayage qui les concerne, ne les affranchit pas de l'obligation dont ils sont tenus. Si leur préposé ne fait pas le nettoyage, ils demeurent personnellement responsables de la contravention et ne peuvent exercer qu'un recours en réparation civile contre le tiers, qui se trouve, en ce qui regarde le balayage, dans la même situation que le domestique vis-à-vis du maître. — Il a été jugé que le propriétaire qui traite avec une compagnie pour le balayage devant son habitation, n'en reste pas moins passible directement des peines auxquelles peut donner lieu l'infraction aux règlements qui prescrivent ce balayage, la compagnie n'étant, en pareil cas, que civilement responsable (Crim. cass. 31 août 1854, aff. Delignon, D. P. 54. 1. 373).

69. Depuis la publication du *Répertoire*, la cour de cassation a eu maintes fois à se prononcer sur la situation de l'entrepreneur avec lequel l'autorité municipale fait marché pour l'enlèvement des boues et immondices, question délicate que nous avons traitée au *Rép.* nᵒˢ 120 et suiv. Elle s'est constamment prononcée en faveur du système qui soutient que l'adjudicataire, par le fait de l'adjudication, quelles que soient les clauses de son marché, est subrogé aux obligations des habitants ; que, dès lors, en cas d'inexécution, il commet la contravention prévue par l'art. 471, § 3, et se rend passible des peines portées par cet article, même de celles portées par l'art. 474 en cas de récidive. Il a été jugé, en ce sens : 1ᵒ que l'entrepreneur avec lequel une commune a traité pour le balayage et le nettoiement de la voie publique est passible, pour les faits de défaut de balayage, des peines édictées par l'art. 471, § 3, c. pén., encore bien que le cahier des charges aurait gardé le silence sur ce point et aurait même stipulé une clause spéciale pour les manquements aux obligations résultant du traité (Crim. cass. 29 déc. 1860, aff. Lagrèle, D.P.61.5.35) ; — 2ᵒ Que l'entrepreneur qui, se chargeant du balayage, a traité avec la commune pour l'enlèvement des boues et immondices mises en tas par les habitants, est avec raison, alors qu'un règlement exige le balayage et la mise en tas des immondices, poursuivi pour avoir laissé sans nécessité sur la voie publique un tas d'immondices qui l'empêchaient. Et la clause pénale imposée pour ce cas à l'entrepreneur par son traité ne fait pas obstacle aux poursuites de police dont l'infraction peut être l'objet (Crim. cass. 9 nov. 1861, aff. Dercourt, D. P. 63.5.40) ; —3ᵒ Que l'adjudicataire de l'enlèvement des boues dans une commune est substitué, par l'effet même de son contrat, aux habitants de cette commune pour l'accomplissement de leurs obligations de balayage, et devient passible, en cas d'inexécution, de l'amende prononcée par l'art. 471, § 3 et 5, c. pén., alors même qu'il n'aurait pas déclaré dans le cahier des charges se soumettre à l'application des peines de police, mais aurait seulement pris l'engagement de rembourser à la commune les dépenses de l'enlèvement des boues, lorsqu'elle le ferait effectuer elle-même en cas de négligence de sa part (Crim. cass. 11 juill. 1868, aff. Anglade, D. P. 69. 1. 391 ; Crim. rej. 7 nov. 1883) (1) ; — 4ᵒ Que l'entrepreneur du balayage et du nettoiement des rues et

les immondices qu'on remarquait au-devant de ladite maison, s'y trouvaient depuis plus de huit jours ; mais que cette assertion, qui manque d'ailleurs de précision, a pu ne pas être considérée comme ayant pour but de constater un certain nombre de contraventions successives, et que c'est ainsi que l'a compris le rédacteur dudit procès-verbal, puisque, après y avoir inscrit les constatations qui viennent d'être rappelées, il l'a clos en disant : « *ce fait* constituant la contravention... nous *la* constatons contre le sieur Rossignol... » — Attendu quant au fait unique retenu par le jugement attaqué, que le règlement de police précité du 10 avr. 1832 porte, dans son art. 1ᵉʳ : « Tous les habitants sont tenus de balayer les rues devant leurs habitations et dépendances, les mardi, jeudi et samedi de chaque semaine, les deux premiers jours le matin, et le samedi après midi » ; — Attendu que le juge de police interprétant cette disposition, a déclaré qu'en prescrivant le balayage le matin, sans préciser davantage, elle a laissé aux habitants la faculté de se mouvoir dans l'intervalle qui s'écoule

de minuit à midi, et que, dès lors, à l'heure où dans l'espèce, les faits ont été constatés, le sieur Rossignol étant encore en temps utile pour satisfaire aux prescriptions municipales, n'avait pu être considéré comme y ayant contrevenu ; — Attendu que, dans ces circonstances, en relaxant le prévenu de la poursuite, le jugement attaqué (rendu par le tribunal de police de Cholet le 17 janv. 1868) a sainement interprété l'arrêté du 10 avr. 1832 ; — Rejette, etc.

Du 14 févr. 1868.-Ch. crim.-MM. Legagneur, f. f. pr.-de Carnières, rap.-Charrins, av. gén.

(1) (Louis Jolivet.) — LA COUR ; — Vu l'arrêté pris par le maire d'Angers, le 11 sept. 1883 ; — Vu l'art. 2 du cahier des charges relatif à l'adjudication de l'entreprise de l'enlèvement des boues de la ville d'Angers ; — Vu l'art. 471, nᵒ 3, c. pén. ; — Sur le moyen unique du pourvoi, pris de la violation dudit article du code pénal et des art. 1, 2 et 6 du règlement sur le balayage,

places est, au cas d'omission ou de retard dans l'exécution de son service, justiciable du tribunal de police, et passible de l'amende prononcée par l'art. 471, § 3, c. pén. Et c'est en vain qu'il opposerait une clause de son adjudication stipulant qu'en cas d'infraction les amendes seront poursuivies et prononcées administrativement, le procès-verbal d'une adjudication ne pouvant déroger aux règles d'ordre public qui touchent tant à la compétence qu'à la répression des contraventions de police (Crim. cass. 10 juin 1869, aff. Rancoule, D. P. 70. 1. 240; 25 juin 1869, aff. Puéroux, *ibid.*).

Une décision, restée isolée, a fondé la responsabilité pénale de l'entrepreneur sur ce motif que l'arrêt du conseil du 21 nov. 1577 est encore en vigueur dans celle de ses dispositions (art. 4) qui déclare les adjudicataires du nettoiement des rues et des places responsables en justice de son inexécution, sous peine d'amende; que cette disposition n'a été modifiée par la législation postérieure qu'en ce qui concerne le chiffre de l'amende, laquelle se trouve réduite à la somme fixée par l'art. 471 c. pén. (Crim. cass. 27 juin 1856, aff. Julienne, D. P. 56. 1. 366). Nous n'avons pas à revenir sur les motifs qui nous ont fait repousser la doctrine de la cour de cassation; nous persistons à penser que le bail de l'enlèvement des boues et immondices d'une ville constitue un acte civil dont il ne peut dériver que des obligations civiles, alors que les dispositions d'un arrêté municipal pris pour l'exécution de pareils baux n'ayant aucun caractère de généralité et ne concernant que des individus considérés privativement, ne sauraient participer de l'autorité ou des effets que la loi accorde aux règlements de police; qu'en conséquence, les infractions à ces dispositions commises par l'entrepreneur ne peuvent être poursuivies devant le tribunal de police (*Rép.* n° 120).

70. Lorsque l'entrepreneur a des cessionnaires, la cour de cassation le déclare affranchi de la responsabilité s'il a traité avec eux du consentement de l'autorité municipale; il doit être, au contraire, seul poursuivi s'il a traité sans la participation de cette autorité. Il a été jugé que l'adjudicataire de l'entreprise du balayage qui s'est substitué un cessionnaire sans l'adhésion de l'autorité municipale, n'en demeure pas moins responsable des contraventions, non pas seulement au point de vue civil, mais même pénalement, la cession étant, en pareil cas, dépourvue de valeur légale; que, par suite, c'est à tort que le juge de police se fonde sur l'existence de cette cession pour mettre les contraventions commises à la charge du cessionnaire (Crim. cass. 24 juin 1866, aff. Cabanis et Lacroix, D. P. 67. 1. 45. V. aussi dans le même sens : Crim. rej. 24 avr. 1845, aff. Gay, D. P. 45. 1. 307).

71. La jurisprudence a appliqué, à propos de l'obligation du balayage, le principe d'après lequel la règle du non-cumul des peines est étrangère aux contraventions de police (V. *suprà*, n° 29). Elle admet qu'en cas d'infractions à l'obligation du balayage par l'entrepreneur chargé de ce service, il existe autant de contraventions qu'il y a eu de places négligées; elle décide, au contraire, que l'omission de l'enlèvement des boues de la ville entière par l'entrepreneur du balayage constitue une contravention unique passible d'une seule amende. Jugé en ce sens : 1° que chaque fait d'inexécution des obligations imposées par le cahier des charges à l'entrepreneur du balayage de la voie publique, doit être réprimé par l'application d'une amende distincte, la prohibition de cumuler les peines ne s'appliquant pas aux contraventions de simple police (Crim. cass. 21 juin 1866, aff.

Cabanis et Lacroix, D. P. 67. 1. 45);—2° Que, lorsque l'entrepreneur de l'enlèvement des boues d'une ville et du balayage des marchés et places publiques est convaincu de contraventions multiples, tant pour omission d'enlèvement des boues que pour défaut ou imperfection du balayage, les faits d'omission d'enlèvement des tas de boue dans les diverses rues, commis le même jour, constituent une contravention unique; mais les infractions à l'obligation du balayage commises le même jour sont punissables séparément, suivant le nombre des places ou des édifices publics négligés (Crim. cass. 23 janv. 1874, aff. Gillot, D. P. 74. 1. 453, et la note. V. aussi Crim. cass. 29 janv. 1885, aff. Duclou du Teillot, D. P. 86. 1. 43, et la note). Cette dernière décision nous paraît sujette à critique. Il n'y a aucune raison de distinguer, au point de vue juridique, entre l'enlèvement des boues et le balayage. Qu'il s'agisse de faits d'omission d'enlèvement des tas de boue dans diverses rues ou de faits d'omission du balayage dans certains quartiers, dans les deux cas l'infraction a le même caractère; ce sont des faits de négligence de même nature. La même règle doit être appliquée. Il nous paraît injuste de condamner à plusieurs amendes l'entrepreneur qui n'a fait que négliger le balayage dans certaines rues, et de n'infliger qu'une seule amende à celui qui a inexécuté complètement ses obligations en omettant d'enlever des boues dans la ville entière. Celui-là serait frappé plus sévèrement qui aurait commis la faute la moins grave.

§ 4. — Embarras de la voie publique; éclairage des matériaux ou excavations (*Rép.* n° 124 à 152).

72. — I. Embarras sur la voie publique. — La première contravention prévue par l'art. 471, § 4, ne suppose pas nécessairement l'existence d'un arrêté municipal; le code pénal indique tous les éléments du fait qu'il entend prohiber et punir, sans avoir besoin d'être complété par un acte du pouvoir réglementaire. En conséquence, la prohibition édictée par la loi suffit pour constituer une contravention ceux qui l'enfreignent. Ce principe, qui a été établi au *Rép.* n° 127, a été depuis rappelé par de nombreux arrêts (Crim. cass. 19 févr. 1858, aff. Dufour, D. P. 59. 1. 334; Crim. rej. 22 juill. 1859, aff. Niel, *ibid.*; 23 févr. 1865, aff. Gros, D. P. 65. 1. 328; Blanche, t. 7, n° 64. V. *suprà*, v° *Commune*, n° 560). — Pour qu'il y ait contravention à la loi, trois conditions sont nécessaires, ainsi qu'on l'a indiqué au *Rép.* n° 127.

73. — *Première condition.* — Il faut que des matériaux ou des choses quelconques de nature à empêcher ou diminuer la sûreté du passage aient été déposés ou laissés. — Nous avons dit que la disposition est générale et comprend toutes les choses quelconques qui sont de nature à empêcher ou diminuer la sûreté ou la liberté du passage (*Rép.* n° 128. V. aussi *ibid.* v° *Voirie par terre*, n° 1876 et suiv.). La jurisprudence a, depuis, appliqué la règle au dépôt d'une pierre destinée à servir de borne (Crim. cass. 24 nov. 1884, aff. Santelli, D. P. 85. 1. 178); à l'étalage de marchandises devant un magasin (Crim. cass. 6 mars 1884, aff. Mougis, D. P. 85. 1. 47. V. aussi Crim. cass. 29 août 1861, aff. Lousteau, D. P. 61. 1. 456). Contreviennent aussi à l'art. 471, § 4 : les matelassiers, charrons qui travaillent sur la voie publique (Crim. cass. 13 oct. 1859, aff. Contou, D. P. 62. 5. 352; 12 déc. 1862, aff. Plancher, D. P. 63. 5. 424); l'épicier qui y brûle son café (Crim. cass. 11 nov.1884, aff. Pichard, D. P. 82. 5. 428); le cocher qui y panse ses chevaux (Crim. cass. 17 mars 1855, aff.

---

pris par le maire d'Angers à la date ci-dessus indiquée : — Attendu, en fait, qu'un procès-verbal a été dressé, le 29 nov. 1884, contre Jolivet pour n'avoir pas balayé la chaussée au-devant de la maison qu'il occupe, boulevard Saint-Michel, n° 96, à Angers ; — Attendu que le sieur. Lorin s'est rendu adjudicataire de l'enlèvement des boues et immondices de la ville d'Angers, et qu'aux termes du cahier des charges dressé le 12 sept. 1883, et rectifié par une délibération du conseil municipal, du 16 novembre suivant, il a été chargé d'opérer le balayage d'un certain nombre de voies publiques comprises dans le périmètre de l'octroi ; — Attendu que l'adjudicataire s'est trouvé ainsi de plein droit substitué aux habitants pour l'exécution du balayage dans les rues dont il a la charge, et qu'il est devenu seul passible des peines édictées par

l'art. 471, n° 3, c. pén., en cas d'inobservation des arrêtés de police qui règlent cette matière ;
Attendu qu'aux termes de l'art. 2 du cahier des charges l'entrepreneur de l'enlèvement des boues est tenu au balayage des rues pavées dépendant de la grande voirie vicinale ; que le jugement attaqué constate que le faubourg Saint-Michel où se trouve la maison de Jolivet est entièrement pavé et dépend de la grande voirie ; que, dès lors, l'obligation de balayer cette voie étant à la charge exclusive de l'entrepreneur de l'enlèvement des boues, c'est à bon droit que le juge de police a prononcé la relaxe de Jolivet ; — Par ces motifs, rejette, etc.
Du 7 nov. 1885.-Ch. crim.-MM. Sallantin, rap.-Loubers, av. gén.
Du même jour, arrêt identique (aff. Langevin).

Marly, D. P. 55. 1. 92; 17 mars 1855, aff. Borderie et Bert, D. P. 55. 5. 483). La jurisprudence applique encore la règle à l'abandon sur la voie de voitures non attelées (Crim. cass. 3 janv. 1879, aff. Dauchin, D. P. 79. 1. 380 ; Crim. rej. 3 janv. 1885, aff. Leroux, D. P. 85. 1. 271) ; et même au fait de laisser *stationner* sa voiture attelée sur une place publique sans nécessité et de manière à diminuer la liberté du passage (Crim. cass. 6 févr. 1858, aff. Dubois, D.P. 58. 5. 387 ; 14 mars 1879, aff. Vivès, D. P. 79. 5. 450).

74. Nous avons indiqué au *Rép.* n° 304 que, dans notre opinion, l'art. 471, § 4, n'a en vue que des choses *inertes* et ne s'applique pas plus au stationnement qu'à l'abandon des voitures attelées (V. aussi *Rép.* v° *Voirie par terre*, n° 1878. Conf. Blanche, t. 7, n° 68). Pour les mêmes motifs il ne s'applique pas : à l'abandon d'un animal sur le terrain d'autrui (Crim. rej. 4 juin 1875, aff. N..., D. P. 78. 5. 186) ; ce fait est prévu par la loi du 28 sept.-6 oct. 1791, tit. 2, art. 3 et 12 ; au fait d'un homme ivre de s'être fait ramasser sur la voie publique (Crim. cass. 18 août 1860, aff. Loussaut, D. P. 60. 1. 317) ; au stationnement des personnes se trouvant isolées ou en réunion sur la voie publique. Il a été, notamment, décidé que des personnes qui avaient stationné sur une place, en participant à une cérémonie religieuse célébrée sur le porche ouvert de la porte principale d'une église, malgré l'existence d'un arrêté municipal qui interdisait les cérémonies extérieures du culte autres que les inhumations, n'avaient pas commis la contravention prévue par l'art. 471, § 4 (Crim. cass. 10 mars 1883, aff. Bonnefoy, D. P. 83. 1. 430). Dans l'espèce, le fait incriminé constituait une contravention réprimée par l'art. 471, § 15.

75. L'expression de « choses quelconques » dont se sert l'art. 471, § 4, ne peut s'entendre que des choses mobilières (*Rép.* n° 132, et v° *Voirie par terre*, n° 1876). Ainsi on ne saurait considérer comme une contravention à l'art. 471, § 4 : le fait d'avoir laissé des arbres se développer en saillie sur une rue, le long de laquelle ils avaient été plantés, et la couvrir de leurs branches, de manière à gêner la circulation (Crim. rej. 5 févr. 1864, aff. Deroy, D. P. 64. 1. 150); le fait de négliger de fermer le battant d'une porte ouvrant sur la rue; peu importe qu'il en résulte une gêne pour la circulation (Crim. rej. 24 nov. 1871, aff. Robert, D. P. 72. 5. 472).

76. Pour qu'il y ait infraction à l'art. 471, § 4, il faut, on l'a fait remarquer au *Rép.* n° 133, que les choses aient été *déposées* ou *abandonnées* sur la voie publique. Mais doit-on rechercher si, *en fait et suivant les espèces*, le dépôt ou abandon des objets qui sont de nature à empêcher ou à diminuer la sûreté ou la liberté du passage a eu pour résultat d'empêcher ou de diminuer cette sûreté et cette liberté ; ou, au contraire, cet empêchement (ou cette diminution) est-il une conséquence virtuelle et juridique du dépôt ou abandon ? La question est controversée. L'opinion qui a été émise au *Rép.* n° 134 est que le dépôt ou l'abandon ne suffit pas pour qu'il y ait contravention. Il faut que la chose déposée ou laissée ait embarrassé effectivement la voie publique, qu'elle ait empêché ou du moins diminué dans une proportion quelconque la liberté ou la sûreté du passage. Cette condition nous paraît écrite dans l'art. 471, § 4. Plusieurs décisions en ce sens ont été citées au *Rép.* v° *Voirie par terre*, n° 1880. Mais la jurisprudence, nous devons le reconnaître, a abandonné cette doctrine. Elle a consacré le système contraire et admis que le dépôt sur la voie publique d'un objet embarrassant suffit pour constituer la contravention punie par l'art. 471, § 4, sans qu'il y ait à rechercher si, en fait, la liberté du passage a été empêchée ou diminuée par ce dépôt; en d'autres termes, que le dépôt entraîne virtuellement l'empêchement ou la diminution de la liberté

ou de la sûreté du passage, tel dépôt qui n'est pas gênant à un moment donné pouvant le devenir par l'effet de circonstances inattendues. C'est ce qui résultait déjà de deux arrêts cités *ibid.*, n° 1881. Antérieurement, il avait été décidé, dans le même sens, qu'il y a contravention à l'art. 471, § 4, de la part du voiturier qui a laissé stationner sur la voie publique sa voiture non attelée : ... bien que la circulation n'en ait pas été gênée; la loi n'admet d'autre excuse que la nécessité (Crim. cass. 21 sept. 1854, aff. Burr, D. P. 55. 5. 487). Depuis, il a été jugé à diverses reprises que le dépôt de matériaux effectué sans nécessité sur la voie publique constitue la contravention prévue par l'art. 471, § 4, même dans le cas où il est établi que ce dépôt n'empêchait ni ne diminuait la sûreté et la liberté du passage (Crim. cass. 15 avr. 1864, aff. Blondin, D. P. 65. 1. 406; 2 janv. 1875, aff. Jacquenet, *Bull. crim.* 1875, n° 2; 24 août 1883, aff. Mohamed, *ibid.*, n° 226; 6 mars 1884, aff. Mougis, D. P. 85. 1. 47; 21 nov. 1884, aff. Santelli, D. P. 85. 1. 179). Jugé aussi que le fait d'avoir déposé un grilloir à café d'une grande dimension sur la voie publique constitue une contravention à l'art. 471, § 4, alors même qu'il n'est pas constaté qu'un empêchement ou une diminution quelconque ait été apportée à la liberté ou à la sûreté du passage (Crim. cass. 11 nov. 1884, aff. Pichard, D. P. 82. 5. 428); — Que lorsqu'il est établi en fait que le prévenu a déposé sur le sol d'une rue des planches sur lesquelles il faisait sécher du tabac, l'existence de la contravention ne peut être déniée par le motif que ce dépôt n'embarrassait pas la voie publique et la liberté du passage, parce que la rue était peu fréquentée (Crim. cass. 24 août 1883) (1). — M. Blanche, t. 7, n° 69, estime que la question doit se résoudre par une distinction. Si la chose est de telle nature qu'elle fasse obstacle, dans quelque proportion que ce soit, à la circulation publique, le juge ne pourra pas méconnaître qu'elle a empêché ou du moins diminué la liberté et la sûreté du passage. Si, au contraire, elle peut nuire ou ne pas nuire à la circulation, selon qu'elle aura été déposée d'une façon ou d'une autre (c'est du sable, par exemple, qui peut être mis en tas ou étendu sur le sol), le juge pourra rechercher quel a été l'effet du dépôt.

77. — *Deuxième condition.* — La seconde condition est que la chose ait été laissée ou déposée *sur la voie publique.* — Nous avons indiqué au *Rép.* n°s 135 et suiv. les controverses qui se sont produites sur le sens de l'expression *voie publique*, et donné les motifs qui nous ont fait lui attribuer une signification générale, comprenant aussi bien les voies de communication de la ville que celles de la campagne, les rues et les chemins publics, classés ou non classés, de grande ou de petite communication. Par suite, nous disions que la disposition du paragraphe 4 de l'art. 471 est applicable à toutes ces voies, à l'exception toutefois des routes nationales ou départementales en dehors de la traversée des villes, bourgs ou villages, les dépôts faits sur ces routes constituant des contraventions de grande voirie de la compétence exclusive des conseils de préfecture. Pour les parties de ces routes qui se prolongent dans les villes, bourgs et villages, la contravention peut être poursuivie soit devant l'autorité administrative aux termes de la loi du 29 flor. an 10, soit devant les tribunaux de police, conformément à l'art. 471, n° 4, c. pén. — Les auteurs et la jurisprudence ont aujourd'hui adopté ces solutions (V. Blanche, t. 7, n°s 70 et suiv.; Chauveau et Faustin-Hélie, t. 6, n°s 2740 et suiv.). Ainsi il a été jugé que la première disposition du paragraphe 4 de l'art. 471 est générale et s'applique à toutes les voies publiques, urbaines ou rurales (Crim. cass. 9 juin 1854, aff. Alligaud, D. P. 55. 1. 414). Jugé aussi que les chemins ruraux ou communaux dont le public est en jouissance appartiennent, tout aussi bien que les chemins vicinaux,

(1) (Hameida ben Koraïchi.) — La cour, — Vu l'art. 471, n° 4, c. pén.; — Attendu que, tant du rapport de police que des constatations du jugement attaqué, il résulte que Hameida ben Koraïchi a sur le sol de la rue Perregaux déposé et placé quatre planches sur lesquelles il faisait sécher son tabac ; — Attendu qu'en présence de ce fait constaté, constituant par lui-même un embarras de la voie publique, et en l'absence de toute excuse de nécessité, le juge de police n'a pu méconnaître l'existence de la contravention prévue et réprimée par l'art. 471, n° 4, c. pén., et qu'en relaxant l'inculpé par le motif que ce dépôt n'embarrassait pas la voie

publique et la liberté du passage, d'autant plus que la rue Perregaux était peu fréquentée par les voitures, il a violé la disposition de la loi précitée; — Par ces motifs, casse et annule le jugement rendu par le tribunal de simple police de Constantine, à la date du 19 mai 1883 ; et, pour être statué sur la citation, renvoie la cause et la partie devant le tribunal de simple police de Milah, à ce déterminé par délibération spéciale prise en chambre du conseil ; — Ordonne, etc.

Du 24 août 1883.-Ch. crim.-MM. Bertrand, rap.-Desjardins, av. gén.

aux communes sur le territoires desquelles ils existent, sont, dès lors, placés, pour leur conservation et leur viabilité, sous l'autorité et la surveillance de l'administration locale ; que, par suite, les dispositions des art. 471, § 4, et 479, § 12, c. pén. protègent ces chemins tout comme les chemins vicinaux (Crim. cass. 8 mai 1856, aff. Boyron, D. P. 56. 1. 288). — Mais les contraventions commises sur une route départementale dans une partie qui ne traverse ni une ville, ni un bourg, ni un village, sont de la compétence des tribunaux administratifs (Crim. cass. 7 nov. 1867, aff. Thaury et Chavallerias, *Bull. crim.*, n° 220; Blanche, t. 7, n° 77. — V. aussi les décisions citées au *Rép.* v° *Voirie par terre*, n° 1882).

78. Les halles ne tombent sous l'application de l'art. 471, § 4, que si, en fait, elles constituent des voies de circulation. Jugé : 1° que les halles, bien qu'étant des lieux publics, même lorsque les communes n'en sont point propriétaires, ne sont pas nécessairement des places publiques ; que, dès lors, quand il est constaté, en fait, que l'édifice d'une halle n'a pas ce caractère, le fait du fermier des droits de place d'avoir laissé cette halle embarrassée ne constitue pas la contravention d'encombrement de la voie publique (Crim. rej. 20 mars 1858, aff. Drouhin, D. P. 69. 5. 415); — 2° Que, si les halles sont des lieux publics par leur destination, il ne s'ensuit pas qu'elles doivent être considérées comme une salle publique ou réputées faire partie de la voie publique; qu'en conséquence, quand il est constaté, en fait, qu'une halle couverte n'est ni une place, ni une rue, l'étalage d'objets mobiliers qui y est pratiqué par un huissier en vue d'une vente judiciaire, n'est point passible des peines édictées par l'art. 471, § 4 (Crim. rej. 1er août 1884, aff. Dantoine, D. P. 84. 5. 504). — La disposition de l'art. 471, § 4, est applicable à une place dite *du cours*, qui constitue un jardin public et qui est ouverte à la libre circulation des habitants. Une place de cette nature est comprise dans la petite voirie et forme une dépendance de la voie publique, alors même qu'il est interdit aux voitures et aux cavaliers montés d'y pénétrer (Crim. rej. 19 janv. 1884, aff. Vergier, D. P. 85. 5. 523).

79. Le paragraphe 4 de l'art. 471, comme on l'a dit au *Rép.* n° 140, est étranger aux dépôts de matériaux ou autres objets effectués sur des chemins privés, même dans le cas où, par la tolérance du propriétaire, ces chemins resteraient accessibles au public (Crim. cass. 19 juin 1868, aff. Bonneville, D. P. 69. 5. 409). Jugé que le fait d'embarrasser ou d'obstruer un passage privé servant à l'exploitation de terrains enclavés (dans l'espèce, d'une propriété communale), ne constitue pas la contravention de l'art. 471, § 4 (Crim. cass. 3 mai 1861, aff. Watremez-Leriche, D. P. 61. 1. 360. V. aussi Crim. cass. 9 juin 1834, aff. Alligaud, D. P. 55. 1. 414).

80. L'art. 471, § 4, est inapplicable aux propriétés particulières qui n'ont pas le caractère de chemins (V. en ce sens les arrêts cités au *Rép.* v° *Voirie par terre*, n° 1882).— Jugé également qu'un terrain particulier touchant à une route départementale et n'en étant distingué par aucune limite, ne saurait pour cela être considéré comme faisant, dès à présent, partie de cette voie ; que par suite, le propriétaire de ce terrain peut y déposer une charrette sans encourir le reproche d'embarrasser la voie publique (Crim. rej. 16 avr. 1861, aff. Roubaud, D. P. 61. 1. 240).

81. On a exposé au *Rép.* n° 141 que les dépôts qui empêchent ou diminuent la liberté ou la sûreté du passage sur les cours d'eau et les rivières non navigables ne constituent pas des infractions à l'art. 471, § 4, cet article ne prévoyant et ne punissant que l'embarras des voies publiques de terre (Blanche, t. 7, n° 78 ; Ducrocq, *Cours de droit administratif*, t. 2, p. 135). — Quant aux dépôts sur les ports,

ils constituent des contraventions de grande voirie auxquelles s'appliquent les arrêts du conseil des 24 juin 1777 et 17 juill. 1782.

82. La cour de cassation, après avoir admis un certain temps la doctrine opposée, reconnaît que le juge de police est compétent dans le cas de poursuites pour embarras de la voie publique, en l'absence de tout document administratif attribuant à la voie un caractère public, pour déclarer si cette voie est publique ou privée. Elle estime que le pouvoir et la surveillance confiés exclusivement à l'Administration pour tout ce qui intéresse l'existence, l'ouverture, la sûreté et la viabilité des chemins publics, ne font pas obstacle à ce que les tribunaux de répression déclarent si le chemin sur lequel une entreprise a été commise par un particulier, est public ou non. M. Blanche, t. 7, n°s 74 et suiv., approuve cette solution. « Le juge de l'action étant juge de l'exception, à moins qu'il n'en soit autrement ordonné, dit cet auteur, je n'hésite pas à croire que le tribunal de police peut, en l'absence d'un acte administratif ou de faits de publicité préexistante, rechercher quel est le caractère du terrain sur lequel la contravention aurait été commise. Il ne fait alors qu'apprécier, sans empiéter sur les pouvoirs de l'autorité administrative, l'un des éléments de l'infraction dont la répression lui est demandée ». Il a été jugé en ce sens : 1° que le tribunal de police, saisi de la poursuite d'une contravention commise sur un chemin dont la publicité forme une circonstance constitutive ou aggravante de la contravention, est compétent pour reconnaître la publicité ou la non-publicité de ce chemin, et qu'il n'est pas nécessaire de renvoyer la question devant l'autorité administrative (Crim. rej. 12 août 1852, aff. Beaulieu, D. P. 52. 5. 461 ; 15 oct. 1852, aff. Tourneyre, D. P. 52. 5. 566 ; Crim. cass. 10 avr. 1856, aff. Gérard, D. P. 56. 5. 493); — 2° Qu'en l'absence de toute preuve résultant d'un acte administratif, et alors que le procès-verbal lui-même ne s'explique pas, le juge de police a pu décider, d'après les éléments du débat, qu'un sentier, que le prévenu avait embarrassé, n'était pas un chemin public, mais un sentier privé et de tolérance (Crim. rej. 22 juill. 1858, aff. Costel, D. P. 58. 5. 385) ; — 3° Que, dans une poursuite relative au fait d'avoir apporté un obstacle à la circulation sur un chemin, le juge de police est compétent, lorsqu'il n'est pas justifié qu'aucun document administratif ait attribué à ce chemin un caractère public, pour déclarer, en fait, d'après les éléments du débat, si ledit chemin est une voie publique ou privée ; et qu'en décidant ainsi, il ne saurait encourir le reproche de juger directement ou indirectement une question de propriété, échappant à sa compétence (Crim. cass. 5 août 1859, *Rép.* v° *Voirie par terre*, n° 1441-4° ; Motifs, Crim. rej. 17 avr. 1874, aff. Portal, D. P. 75. 1. 240; 27 mars 1886) (1); — 4° Que le juge de police est compétent pour décider si un chemin fermé par un prévenu, comme étant sa propriété, est un chemin public ou un sentier privé d'exploitation, alors qu'aucun acte administratif ne donne à cette voie le titre de chemin public ; et que, dès lors, l'acquittement prononcé est régulier, si, pour décider la non-publicité du chemin, le juge de police s'est fondé sur les résultats d'une enquête et d'une visite de lieux (Crim. rej. 24 nov. 1861, aff. Mazon, D. P. 62. 5. 347. Conf. Crim. rej. 19 juill. 1862, aff. Laux, D. P. 62. 1. 442).

Mais la compétence du tribunal de police cesse, si le prévenu, au lieu de se borner à soutenir que le terrain n'est pas une voie publique, prétend qu'il est sa propriété ; car, dans ce cas, l'inculpé soulève une question préjudicielle, dont la connaissance est réservée exclusivement à la juridiction civile (*Rép.* n° 140 ; Blanche, t. 7, n° 75). — Jugé aussi que, dans le cas de poursuites pour dépôt sur la voie publique, s'il se produit à l'appui du procès-verbal

---

(1) (Jean-François Cavelin-Deville.) — LA COUR ; — Attendu, en fait, qu'aux termes d'un procès-verbal dressé le 13 juin 1885 par le garde champêtre de la commune d'Allondrelle, le prévenu aurait planté des arbustes et déposé des fagots sur un terrain dépendant de la voie publique, et qu'il a été, à la suite de ces constatations, traduit devant le tribunal de simple police de Longuyon sous la double inculpation de dégradation d'un chemin public et d'embarras de la voie publique ; — Attendu que Deville a reconnu les faits qui lui étaient imputés, mais que, sans contester que le sol sur lequel ils avaient eu lieu fît partie du domaine communal, il a soutenu qu'il n'appartenait pas à la voie publique ;

— Attendu que le caractère juridique du terrain est un élément essentiel des contraventions relevées contre le prévenu ; que le ministère public n'a produit aucun document administratif mentionnant son classement parmi les chemins de la commune ou établissant qu'il ait été déclaré public ; que les énonciations du procès-verbal sur ce point ne sauraient être opposées au prévenu ; que, d'autre part, en effet, les faits relevés à sa charge constituant des contraventions urbaines, les constatations faites par le garde champêtre de la commune n'ont d'autre valeur que celle de simples renseignements ; et que d'autre part, elles n'auraient pu, dans aucun cas, faire foi de la publicité du sol dont il s'agit ; que,

un plan général d'alignement régulièrement approuvé sur l'étendue et la portée duquel s'élève une contestation, le juge de police doit, à peine de nullité, surseoir à statuer jusqu'à ce que l'autorité administrative ait interprété l'acte litigieux (Crim. cass. 10 févr. 1877, aff. Courcelles, D. P. 78. 1. 236).

83. — *Troisième condition.* — La troisième condition pour l'existence de la contravention, c'est que les objets déposés ou laissés sur la voie publique l'aient été *sans nécessité*. On a dit au *Rép.* n°s 142 et suiv. que l'appréciation des circonstances constitutives de la nécessité appartient souverainement et exclusivement au juge de police. L'autorité municipale ne saurait autoriser un dépôt de la nature de ceux que prévoit notre article, et se faire ainsi juge de la nécessité. Plusieurs arrêts de la cour de cassation ont confirmé ces principes (V. les arrêts cités au *Rép.* v° *Voirie par terre*, n° 1885-1° ; Crim. cass. 10 août 1878, aff. Cougny, *Bull. crim.*, n° 186 ; 12 déc. 1878, aff. Derouen, *ibid.*, n° 239 ; 5 mars 1880, aff. Tonnione, *ibid.*, n° 54 ; 6 mars 1884, aff. Mougis, D. P. 85. 1. 47 ; Crim. rej. 10 janv. 1885, aff. Lota, D. P. 85. 1. 178 ; 6 août 1886, aff. Martin, *Bull. crim.*, n° 298 ; 21 oct. 1887, aff. Mascou, *ibid.*, n° 353).

L'officier de police judiciaire qui constate le dépôt de matériaux n'est pas, non plus, compétent pour apprécier si ce dépôt a été fait sans nécessité. Aussi le juge de police peut-il décider qu'un tel dépôt n'a été fait que par nécessité, bien que le procès-verbal constatant la contravention déclare le contraire. Le tribunal pour reconnaître l'existence de cette circonstance n'est pas tenu d'ordonner une preuve spéciale. La nécessité est, en effet, l'un des faits matériels dont les procès-verbaux font foi jusqu'à preuve contraire. « La déclaration du procès-verbal, dit M. Blanche, t. 7, n° 82, n'est qu'une opinion plus ou moins raisonnée, que le juge chargé de statuer sur la contravention a le droit de contredire sans recourir à une audition de témoins » (V. en ce sens les arrêts cités au *Rép.* n° 1885-2° ; Crim. cass. 10 janv. 1885, aff. Boyer, D. P. 85. 1. 179). Aussi il appartient au tribunal de police d'apprécier souverainement et en dehors du contrôle de la cour de cassation, par exemple :... s'il y a eu nécessité du dépôt de scories sur un trottoir de la voie publique, et, par suite, si ce fait ne constitue pas une contravention à l'art. 471, § 4, c. pén. (Crim. rej. 17 janv. 1874, aff. Ducatteau, D. P. 74. 1. 280) ; — ... S'il y avait ou non nécessité dans le fait incriminé du stationnement d'une voiture sur la place publique, et si, dès lors, l'inculpé était en contravention (Crim. rej. 21 juill. 1854, aff. Gal, D. P. 55. 5. 487 ; 20 sept. 1855, aff. Turban, D. P. 68. 5. 415). Décidé encore que la déclaration par le juge de police, saisi d'une poursuite pour embarras de la voie publique à raison du déchargement d'une

charrette de paille, que le prévenu a été dans la nécessité de faire sur la voie publique le dépôt momentané de cette marchandise pour en effectuer la livraison à un acquéreur, est une appréciation de fait souveraine, qui justifie l'acquittement prononcé au profit de ce prévenu. Et peu importe qu'il soit en même temps reconnu par le juge que le dépôt s'est prolongé bien au delà du temps nécessaire pour l'enlèvement de la paille, le prévenu n'ayant pas à répondre du fait de l'acquéreur aux risques et périls duquel cette marchandise avait été abandonnée, alors même que celui-ci aurait élevé une contestation sur la qualité (Crim. rej. 21 avr. 1870, aff. Lescour, D. P. 71. 5. 412). — Décidé aussi que le juge de police peut admettre que le stationnement d'un marchand ambulant sur la voie publique a eu lieu par nécessité, lorsque ce marchand ne s'est arrêté que pour vendre sa marchandise (Crim. rej. 30 mai 1879) (1).

84. La nécessité qui rend excusable l'embarras de la voie publique ne résulte pas nécessairement, mais, suivant les circonstances, peut résulter de travaux de réparations à faire aux bâtiments situés sur cette voie. Spécialement, le fait d'avoir embarrassé la voie publique en dressant une échelle contre une maison n'est pas punissable, s'il est constaté par le juge de police que le placement de cette échelle a été nécessité par des réparations à faire sur la toiture de ladite maison (Crim. rej. 10 août 1878, aff. Cougny, D. P. 78. 5. 479). De même, le propriétaire poursuivi pour avoir encombré la voie publique, en soutenant avec des étais sa maison ébranlée par la démolition d'une construction contiguë, est avec raison acquitté, s'il est déclaré par le juge de police, dont l'appréciation est souveraine, qu'il y avait nécessité de placer ces étais pour éviter de graves accidents (Crim. rej. 29 août 1867, aff. Paillet et Dubois, D. P. 68. 1. 460. Comp. Crim. cass. 23 août 1866, aff. Despujols et Labarthe, D. P. 66. 5. 502 ; 8 mai 1874, aff. Dieudonné, D. P. 75. 1. 239). Le dépôt de matériaux sur la voie publique, imputé à un particulier dont la maison est en construction, peut être réputé fait par nécessité, et, par suite, ne constitue pas une contravention (Crim. rej. 17 juin 1852, aff. Valligny, D. P. 52. 5. 572). La constatation qu'un dépôt de matériaux était provisoire et qu'il était rendu indispensable par une construction commencée et à laquelle le prévenu procédait, est une appréciation de fait souveraine qui justifie le renvoi de celui-ci de la poursuite exercée contre lui pour encombrement de la voie publique (Crim. rej. 10 mars 1859, aff. Bernardi et Soldi, D. P. 63. 5. 424).

85. Le droit du juge n'est souverain que dans l'appréciation du fait même qui donne lieu à la poursuite ; il ne va pas jusqu'à déterminer le caractère légal de la nécessité, à fixer le sens que l'on doit attacher à ce mot par interprétation du code pénal. Lors donc qu'un jugement de police contient

---

dans ces circonstances, il appartenait au juge de reconnaître, d'après les éléments du débat, s'il faisait partie de la voie publique ; — Attendu qu'il est constaté par le jugement attaqué qu'il ne constituait ni une route, ni un chemin, ni une rue, ni une place publique, et que, le fait de l'avoir embarrassé ou dégradé ne tombait pas sous l'application des articles susvisés ;

Sur le moyen tiré de la prétendue violation de l'art. 471, § 15, c. pén.— Attendu que, si les arrêtés pris par le maire d'Allondrelle les 31 juill. 1854, 23 juill. 1866 et 13 avr. 1849, prohibent les dépôts de fumier et de fagots dans cette commune, il ressort des termes desdits règlements qu'il n'est interdit de les établir que sur la voie publique ; qu'il résulte des énonciations du jugement attaqué que le terrain communal qui s'étend devant la maison de Deville, où les dépôts incriminés ont eu lieu, n'a pas ce caractère ; que, dès lors, en relaxant le prévenu, le juge de paix n'a violé aucune disposition de la loi ; — Attendu, d'ailleurs, que le jugement est régulier en la forme ; — Rejette, etc.

Du 27 mars 1886.-Ch. crim.-MM. Poux-Franklin, rap. Loubers, av. gén.

(1) (Min. publ. C. Miguel Labato.) — La cour ; — Sur le premier moyen tiré de la violation de l'art. 154 c. instr. cr., en ce que le juge de police, en relaxant le prévenu, aurait violé la foi due au procès-verbal : — Attendu que le procès-verbal de M. le commissaire de police ne constatait que les déclarations à lui faites par des agents, et que ce magistrat n'avait pas été personnellement témoin des faits mentionnés en son procès-verbal ; qu'il peut donc faire foi jusqu'à preuve contraire et constituait un simple document que le juge de police avait le droit d'apprécier ; —

Attendu, au surplus, que l'agent, sur la déclaration duquel le procès-verbal avait été rédigé, a été entendu comme témoin, et que le juge, en relaxant le prévenu après avoir apprécié le document qui lui était produit et les résultats de l'enquête à laquelle il a cru devoir procéder, n'a aucunement violé les dispositions de l'art.154 c. instr. cr.

Sur le deuxième moyen, tiré de la violation de l'art. 471, n° 4, c. pén., en ce que le juge de police aurait relaxé le prévenu qui stationnait et embarrassait la voie publique : — Attendu que l'embarras de la voie publique ne constitue une contravention que s'il a lieu sans nécessité ; que le juge a compétence et qualité pour apprécier cette circonstance ; — Attendu que les motifs par lui donnés que le prévenu, en sa qualité de marchand ambulant, avait le droit de circuler sur la voie publique, qu'il ne s'était arrêté que pour vendre et livrer sa marchandise à une personne qui s'était adressée à lui, justifient la décision intervenue ; que, conséquemment, il n'a aucunement violé les dispositions de l'article précité ;

Sur le troisième moyen tiré de la violation de l'art. 471, n° 15, c. pén., le prévenu ayant contrevenu à un arrêté légalement pris par l'autorité municipale, et qui défendait le stationnement sur la voie publique : — Attendu que cet arrêté ne peut avoir aucune application dans l'espèce ; que le stationnement des marchands ambulants sur la voie publique, dans les circonstances déterminées par la décision attaquée, constitue un embarras spécial, qui, évidemment, ne peut être réglementé par l'arrêté dont il s'agit, pris dans un intérêt public et d'une manière générale pour assurer la sécurité et la libre circulation dans la commune ;

Par ces motifs, rejette, etc.

Du 30 mai 1879.-Ch. crim.-MM. Bertrand, rap.-Benoist, av. gén.

une interprétation de ce genre, il tombe sous la censure de la cour de cassation (*Rép.* v° *Voirie par terre*, n° 1890). Le juge de police doit aussi se conformer dans son appréciation au texte comme à l'esprit de l'art. 471, § 4. Or cet article ne comporte d'autre excuse que la nécessité. Cette nécessité ne peut s'entendre que de celle qui provient d'un événement accidentel, momentané, ou de force majeure (V. Chauveau et Faustin-Hélie, 5ᵉ éd., t. 6, n° 2749 ; *suprà*, v° *Commune*, n° 561). Si l'excuse n'a pas ces caractères, elle ne doit pas être admise. — Il a été jugé que l'éboulement de terres, entraînées sur un chemin public par la fonte des neiges ou la chute de pluies prolongées, constitue un cas de force majeure qui met le propriétaire des terres ainsi entraînées à l'abri de l'application de l'art. 471, § 4 (Crim. rej. 28 juill. 1881, aff. Duchesne, D. P. 82. 1. 95). — Jugé, au contraire, que lorsqu'un procès-verbal constate que l'inculpé a fait déposer cinquante fagots de bois sur la voie publique au-devant de sa maison et ne les a fait enlever, malgré les injonctions de l'autorité, que le soir, l'excuse de nécessité ne peut être admise sans enquête et par ce seul motif que l'inculpé n'avait opéré ni installation durable, ni étalage reprochable (Crim. cass. 24 août 1883, aff. Hébert, *Bull. crim.*, n° 227).

86. On a dit au *Rép.* n°ˢ 143, 151 et suiv. que la contravention ne peut être excusée à raison de la bonne foi, d'une possession immémoriale, d'un usage local. Il a été jugé, depuis, que la nécessité du dépôt doit être précise et ne saurait non plus résulter : de simples motifs de convenance ou de tolérance (Crim. cass. 16 févr. 1854, aff. Daurenque, D. P. 55. 5. 483 ; 21 nov. 1884, aff. Santelli, *Bull. crim.*, n° 316) ; — De la circonstance que l'embarras de la voie publique résultant d'un dépôt de marchandises aurait eu lieu un jour de marché, par suite d'un concours considérable d'acheteurs et de vendeurs (Crim. cass. 6 mars 1884, aff. Mougis, D. P. 85. 1. 47). — Une nécessité permanente, telle que celle d'exercer un état (notamment, l'état de charron), ne peut être admise comme excuse du fait d'avoir encombré la voie publique, alors même que la prohibition des encombrements ne serait rappelée par aucun règlement local, et que le fait poursuivi aurait été habituellement toléré par l'administration municipale (Crim. cass. 12 déc. 1862, aff. Plancher, D. P. 63. 5. 424). — C'est à tort aussi que le juge de police excuserait le fait de pansage habituel de chevaux sur la voie publique, par un individu exerçant la profession de loueur de chevaux, en tenant compte de ce que cette opération se ferait difficilement dans les lieux qu'il occupe..., alors surtout qu'il existe un règlement interdisant ce fait, d'une manière générale, aux propriétaires et cochers des voitures (Crim. cass. 17 mars 1855, aff. Marly, D. P. 55. 1. 92 ; 17 mars 1855, aff. Borderie et Bert, D. P. 55. 5. 483). Une caisse ou un banc mobile, placé chaque jour sur le trottoir, au-devant de la porte d'un industriel, constitue un embarras de la voie publique, lequel ne peut être excusé sous le prétexte des besoins de l'étalage autorisé par un règlement municipal, ni sous celui de la nécessité dont parle l'art. 401, § 4, cette nécessité ne pouvant s'entendre d'une cause permanente dérivant de la profession du défendeur (Crim. cass. 9 févr. 1855, aff. Chevallier, D. P. 56. 1. 160 ; 13 oct. 1859, aff. Contou, D. P. 62. 5. 332. V. aussi : Crim. cass. 15 oct. 1852, aff. Fleury, D. P. 52. 5. 573 ; Crim. rej. 14 oct. 1854, aff. Purlot, D. P. 55. 5. 483 ; Crim. cass. 8 mai 1856, aff. Boyron, D. P. 56. 1. 288 ; Crim. rej. 31 déc. 1859, aff. Aquaronne, D. P. 60. 5. 428 ; 7 mai 1874, aff. Rivière, D. P. 75. 1. 239 ; 30 nov. 1878, aff. Goujon, *Bull. crim.*, n° 229 ; 6 août 1887, aff. de Parseval, *ibid.*, n° 309).

87. L'officier public qui effectue un dépôt sur la voie publique, n'est excusable qu'autant qu'il a agi par nécessité. La loi n'a fait aucune exception en sa faveur ; et il ne saurait être relaxé sous prétexte que le fait incriminé n'était que l'exécution forcée d'un mandat de justice. — Ainsi, il a été décidé que l'art. 471, § 4, est applicable à l'officier public, notamment : ... au commissaire-priseur chargé, soit par un particulier, soit par la justice, de procéder à la vente d'objets mobiliers (Crim. cass. 14 mai 1857, aff. Moussoir, D. P. 57. 1. 313) ;... — A l'huissier qui, dans l'exécution des mandats de justice dont il est chargé, embarrasse la voie publique par des dépôts faits sur cette voie, sans nécessité, par exemple, en procédant à une

vente judiciaire (Crim. rej. 1ᵉʳ août 1884, aff. Dantoime, D. P. 84. 5. 504) ; — Ou en vidant un appartement du mobilier d'un locataire expulsé. En l'absence du propriétaire, la responsabilité pénale du dépôt du mobilier sur la voie publique incombe à l'huissier (Crim. cass. 10 janv. 1885, aff. Boyer, D. P. 85. 1. 179 ; 10 juill. 1885, aff. Jacquet, *Bull.* n° 207. V. toutefois Trib. pol. Bolbec, 4 avr. 1872, aff. Lebrun, D. P. 72. 3. 32).

88. Il a été expliqué au *Rép.* n° 144 que lorsque le peu de durée du dépôt est allégué par le prévenu, le juge a une question de nécessité à examiner : il doit apprécier s'il était nécessaire de déposer sur la voie publique, même momentanément les choses trouvées sur la voie publique, et déclarer l'existence de la nécessité dans le cas où elle lui apparaît (V. aussi *Rép.* v° *Voirie par terre*, n° 1888) ; mais la nécessité ne saurait excuser le dépôt de matières insalubres (Crim. cass. 20 sept. 1855, aff. Renouard, D. P. 63. 5. 424).

89. Le juge doit déclarer dans son jugement que la nécessité existe ; mais il n'est pas indispensable que cette déclaration soit conçue dans les termes mêmes dont s'est servie la loi ; il n'y a point ici de termes sacramentels (*Rép.* n° 142). Ainsi il a été jugé que l'acquittement d'individus poursuivis pour avoir déposé du bois de chauffage sur la voie publique est suffisamment motivé, lorsque le juge de police, dont l'appréciation à cet égard est souveraine, déclare « que les dépôts de cette nature sont nécessaires dans la localité, et qu'autrement il serait impossible aux habitants de faire leurs approvisionnements en bois » (Crim. rej. 18 août 1864, aff. Mataillet, D. P. 64. 5. 388).

90. Les arrêtés des maires ne sont obligatoires que dans le silence des lois ou lorsqu'ils rappellent à leur exécution. L'autorité municipale ne peut donc substituer à la condition établie par la loi, de la nécessité du dépôt, une autre condition, par exemple, qu'il y ait eu autorisation de sa part, de telle sorte qu'un dépôt même nécessaire constitue une contravention, s'il n'avait pas été autorisé. Ces principes ont été établis au *Rép.* n° 144, et la jurisprudence les a consacrés par plusieurs arrêts (V. *Rép.* v° *Voirie par terre*, n° 1887 ; V. aussi *suprà*, v° *Commune*, n° 564). Jugé également, dans le même sens, que le juge de police n'a pas à tenir compte de la disposition d'un arrêté municipal assujettissant à une permission préalable tout fait de stationnement ou de dépôt de matériaux sur la voie publique, une telle autorisation n'étant pas nécessaire pour les faits dont la régularité est reconnue par la loi elle-même (Crim. rej. 22 juill. 1859, aff. Niel, D. P. 59. 1. 335. V. aussi Crim. cass. 3 juill. 1885, aff. Dahenne, *Bull. crim.*, n° 200). — La loi du 5 avr. 1884 n'a apporté aucune modification à la règle que l'on vient d'énoncer. La commission, en soumettant au Sénat la rédaction de l'art. 98 qui permet au maire « de donner moyennant le payement de droits fixés par un tarif dûment établi sous les réserves imposées par l'art. 7 de la loi du 11 frim. an 7 des permis de stationnement ou de dépôt temporaire sur la voie publique » a eu soin de déclarer qu'elle entendait (conformément à la prescription de l'art. 471 c. pén. pour le cas où il y a nécessité de faire le dépôt) laisser complètement libres et affranchis de toute autorisation municipale les actes d'usage nécessaire et momentané que les riverains et habitants exercent quotidiennement sur la voie publique : stationnement de voitures aux portes des maisons, dépôt de provisions destinées à être rentrées, et autres de même sorte (Rapport de M. Demôlle au Sénat, D. P. 84. 4. 53, note sur l'art. 98, § 2).

91. L'autorité municipale a le droit de prendre des arrêtés relatifs aux embarras sur la voie publique, mais à la condition de ne pas modifier la loi soit pour en étendre l'application, soit pour la restreindre. Ainsi elle peut : soumettre les dépôts « à la nécessité d'une déclaration préalable afin d'être mise à même soit d'en demander l'enlèvement à la justice, si elle juge qu'ils sont faits en dehors des circonstances qui les rendent légitimes, soit de prendre les mesures nécessaires pour que l'encombrement de la voie publique n'excède pas la nécessité, en espace et en durée. Il lui appartient également d'interdire les dépôts dangereux ou insalubres » (Blanche, t. 7, n° 66).

92. En principe, lorsqu'il n'y a pas nécessité, le maire ne peut autoriser le dépôt de matériaux sur la voie publique, son pouvoir n'allant pas jusqu'à dispenser les particuliers

de se conformer à la loi (Crim. cass. 6 janv. 1854, aff. Blanchard, D. P. 54. 1. 168 ; 3 août 1855, aff. Chemin, D. P. 55. 1. 446; 12 déc. 1862, aff. Plancher, D. P. 63. 5. 424). Ainsi il a été décidé :... que les permissions données par le maire de déposer des matériaux ou autres choses sur la voie publique ne peuvent être invoquées comme justification des contraventions à l'art. 471, § 4 (Crim. cass. 20 févr. 1862, aff. Mouchez-Nana, D. P. 63. 1. 271) ; — Que l'excuse tirée d'une autorisation administrative accordée par l'autorité municipale (Crim. cass. 30 juill. 1875, aff. Dubreil, *Bull. crim.*, n° 244), est illégale et ne saurait faire disparaître la contravention prévue par l'art. 471, § 4. La jurisprudence, avant la loi du 5 avr. 1884, admettait cependant que l'autorité municipale a le droit de délivrer des concessions ou autorisations régulières de stationnement sur la voie publique, et que, dans cette hypothèse, le juge de police ne doit pas faire application de l'art. 471, § 4. Ainsi il a été jugé que la faculté accordée à l'autorité municipale par l'art. 31 de la loi du 18 juill. 1837 de délivrer, moyennant une rétribution payable à la commune, des permissions de stationnement et de location de parties de la voie publique, constitue une dérogation aux dispositions de l'art. 471, § 4, c. pén., qui punit tout embarras de la voie publique accompli sans nécessité ; que, spécialement, il n'y a pas contravention de la part d'un cafetier qui, ayant obtenu une permission de cette nature, place des tables et des chaises sur le trottoir devant son établissement. Et il n'importe que les règlements généraux de voirie pris pour la localité depuis la loi du 18 juill. 1837 ne contiennent aucune réserve au sujet de ces permissions, si rien dans leurs termes n'implique que l'autorité municipale ait renoncé pour l'avenir au droit qui lui appartient de les accorder (Crim. rej. 21 juin 1878, aff. Rubino, D. P. 78. 1. 441. Conf. Crim. cass. 6 févr. 1858, aff. Dubois, D. P. 58. 5. 387 ; 10 août 1861, aff. Decam, D. P. 61. 5. 539). Aux termes de l'art. 98, § 2, de la nouvelle loi municipale du 5 avr. 1884, le maire peut, moyennant le payement de droits fixés par un tarif dûment établi, sous les réserves imposées par l'art. 7 de la loi du 11 frim. an 7, donner des permis de stationnement ou de dépôt temporaire sur la voie publique, sur les rivières, ports et quais fluviaux et autres lieux publics. Cette disposition correspond à l'art. 133, § 7, de la même loi, qui comprend, parmi les recettes ordinaires du budget communal, le produit des permis de stationnement et des droits de place sur la voie publique. Lorsque ces permis ont été régulièrement délivrés, l'art. 471 c. pén. n'est pas applicable (Rapport de M. Demôle au Sénat, D. P. 84. 4. 53, note sur l'art. 98, § 1er. V. aussi *supra*, v° *Commune*, n° 566).

93. — II. Personnes punissables. — La contravention d'embarras de la voie publique sans nécessité entraîne la responsabilité pénale, non seulement de l'auteur immédiat du fait incriminé, mais encore des personnes sur l'ordre ou avec la participation desquelles le dépôt a été effectué. — Jugé : que lorsqu'une pierre, placée sur la voie publique et devant une maison pour servir de banc, a été enlevée par erreur et employée à une construction municipale, puis restituée et reportée par ordre du maire devant la maison de son propriétaire, celui-ci, en la maintenant à cette place malgré les injonctions du commissaire de police, devient responsable de la contravention prévue par l'art. 471, § 4, c. pén. (Crim. cass. 21 nov. 1884, aff. Santelli, D. P. 85. 1. 178); — Que le fait par le propriétaire de matériaux déposés par autrui sur la voie publique de ne pas les enlever, alors qu'il n'est pas constaté qu'il ait été dans l'impossibilité de le faire, constitue la contravention prévue par l'art. 471, § 4, c. pén. (Crim. cass. 1er juill. 1887, aff. Audibert, *Bull. crim.*, n° 249).

94. — III. Peines. — La contravention à l'art. 471, § 4, est punie d'une amende de 1 à 5 fr. et en cas de récidive d'un emprisonnement de 3 jours au plus. En outre, le juge peut imposer au prévenu, à titre de réparation civile, l'obligation d'enlever les choses déposées en contravention, ou de rembourser les frais de cet enlèvement, lorsque l'autorité locale l'a fait effectuer d'office pour rétablir la circulation (Crim. cass. 17 juin 1858, aff. Martin, D. P. 58. 5. 384. Conf. *Rép.* v° *Voirie par terre*, n° 1892).

95. — IV. Caractères de la contravention. — La contravention résultant de l'embarras de la voie publique est une

contravention permanente ; elle ne peut être rangée parmi les contraventions successives qui supposent une série de faits se renouvelant chaque jour. L'embarras de la voie publique s'accomplit, en effet, par un fait unique et isolé, commis en une seule fois ; il ne se constitue pas par un fait continu ou par une série de faits liés entre eux et prolongeant pendant un certain temps la durée de ces infractions. En conséquence, le maintien sur la voie publique d'un dépôt effectué avant une première condamnation prononcée pour ce fait ne peut donner lieu à une seconde poursuite (Crim. rej. 23 mai 1884, aff. Bailly, D. P. 85. 1. 271). Il en est de même du fait de laisser sans nécessité sur la voie publique des voitures qui empêchent ou diminuent la sûreté du passage (Crim. rej. 3 janv. 1885, aff. Leroux, *ibid*). Jugé aussi que du principe que la contravention résultant d'un dépôt de matériaux sur la voie publique n'a pas un caractère successif, il résulte qu'à son égard la prescription court du jour où le dépôt a été fait (Crim. rej. 28 nov. 1856, aff. Venèque, D. P. 57. 1. 29 ; 24 déc. 1859, aff. Chamborand, D. P. 61. 5. 540 ; 1er mars 1867, aff. Lavoix, D. P. 67. 1. 240).

96. — V. Éclairage des matériaux ou excavations. — En indiquant l'analogie et les différences qui existent entre la disposition relative à l'embarras de la voie publique que l'on vient d'étudier et la seconde disposition de l'art. 471, § 4, on a fait remarquer au *Rép.* n° 143 et suiv. que l'absence de règlements locaux sur l'éclairage des matériaux entreposés ou des excavations faites dans les rues et places n'empêche pas l'existence de la contravention. L'obligation d'éclairer, qui est fondée sur des conditions de sûreté publique, est imposée par la loi. Les maires seulement, peuvent régler le mode de cet éclairage. La jurisprudence a confirmé cette règle (Crim. cass. 19 févr. 1858, aff. Dufour, D. P. 59. 1. 334). — On a démontré également que la seconde disposition de l'art. 471, § 4, ne s'applique, d'après son texte même, qu'aux rues et places (V. sur ce point *Rép.* v° *Voirie par terre*, n° 1895).

97. La jurisprudence, contrairement à l'opinion émise au *Rép.* n° 148, donne à l'expression « matériaux » un sens général (Crim. cass. 19 févr. 1858, aff. Dufour, D. P. 59. 1. 334, cité au *Rép.* v° *Voirie par terre*, 1894-2°. V. dans le même sens Chauveau et Faustin-Hélie, t. 6, n° 2745). Nous pensons qu'elle ne s'applique qu'aux matières qui entrent dans la composition d'un bâtiment.

98. L'obligation de l'éclairage s'étend à la nuit tout entière. On doit veiller à ce qu'aucun accident ne vienne interrompre l'éclairage et s'empresser de le rétablir si quelque événement le fait cesser (*Rép.* n° 152). Jugé, en ce sens, que dans le cas où un procès-verbal constate qu'un dépôt de matériaux a été trouvé la nuit, non éclairé, le propriétaire des matériaux ne peut obtenir son renvoi des poursuites, sur la seule preuve qu'il avait placé, le soir, près du dépôt, une lanterne allumée, alors surtout qu'il est admis par le juge de police que cette lanterne a pu s'éteindre pendant la nuit (Crim. cass. 29 juill. 1863, aff. Mesure, D. P. 65. 1. 503). — Jugé encore qu'un entrepreneur de bâtiments, qui a fait un dépôt de matériaux sur la voie publique, est tenu non seulement d'éclairer ce dépôt à la fin du jour, mais encore de prendre des mesures nécessaires pour qu'aucun accident ne puisse interrompre l'éclairage pendant la nuit. Et lorsqu'un procès-verbal constate qu'un dépôt de matériaux a été trouvé non éclairé pendant la nuit, le juge de police ne saurait admettre comme excuse la circonstance que les lanternes allumées placées à l'entrée de la nuit sur le dépôt, auraient été brisées et éteintes par malveillance, si rien n'a empêché le prévenu de surveiller et de rétablir l'éclairage des matériaux (Crim. cass. 24 avr. 1868, aff. Bourleau, D. P. 68. 1. 463). — Décidé aussi que les objets laissés sur la voie publique doivent être éclairés pendant la nuit, même dans le cas où ils ont été placés de manière à ne diminuer ni à empêcher la liberté ou la sûreté du passage, et encore bien qu'ils se trouvent déjà éclairés (par le voisinage du bec de gaz, par exemple), si cet éclairage est le résultat d'une circonstance accidentelle et indépendante de la volonté du déposant (Crim. cass. 28 janv. 1859, aff. Bescond, D. P. 61. 5. 541).

99. Comme on l'a exposé au *Rép.* n° 152, la loi n'admet d'autre excuse que la force majeure (V. aussi *Rép.* v° *Voirie par terre*, n° 1898, et les arrêts cités *ibid.*).

100. On a dit au *Rép.* n° 151 contre qui les poursuites

pouvaient être exercées. Il a été jugé que l'art. 451, § 4, étant conçu en termes généraux et punissant tous ceux qui, sans nécessité, ont fait ou fait faire sur la voie publique des dépôts de matériaux diminuant la sûreté du passage et ont négligé de les éclairer ou de les faire éclairer, les poursuites peuvent être exercées, soit contre le propriétaire, soit contre les entrepreneurs ou les architectes si ceux-ci sont connus; qu'en conséquence, l'individu poursuivi pour avoir embarrassé sans nécessité la voie publique par des dépôts de matériaux, et pour avoir négligé de les éclairer pendant la nuit, ne peut pas être acquitté à raison de ce qu'il agissait en qualité d'architecte et de ce que la responsabilité de cette double contravention incomberait à l'entrepreneur et au propriétaire (Crim. cass. 8 mai 1874, aff. Dieudonné, D. P. 75. 1. 239). Jugé aussi que les entrepreneurs de travaux de construction répondent, tant pénalement que civilement, de l'exécution des précautions de police prescrites relativement à l'éclairage sur la voie publique des dépôts de matériaux et excavations, et à l'établissement de clôture autour des chantiers, alors surtout que l'obligation d'y veiller leur a été formellement imposée par le cahier des charges de leur entreprise. Ils ne peuvent décliner la responsabilité encourue au cas d'accidents dus à l'insuffisance des précautions prises, soit en se fondant sur ce que cette insuffisance n'a donné lieu à aucune réclamation de l'autorité, soit en la rejetant sur leurs ouvriers qui auraient inexactement exécuté les ordres à eux donnés (Crim. rej. 1ᵉʳ mars 1862, aff. Farina, D. P. 64. 1. 102; 7 nov. 1863, aff. Leford, ibid.). Dans le même ordre d'idées il a été jugé que le propriétaire d'une voiture, qui a été abandonnée, non attelée ni éclairée pendant la nuit sur la voie publique, est personnellement responsable de cette contravention, et ne peut être acquitté sur sa simple allégation que l'abandon de la voiture était le fait d'un tiers (Crim. cass. 3 janv. 1879, aff. Dauchin, D. P. 79. 1. 380). La circonstance que l'auteur des dépôts ou excavations serait entrepreneur de travaux publics ne ferait pas disparaître la contravention résultant du défaut d'éclairage (Rép. v° Voirie par terre, n° 1896).

§ 5. — Infractions aux règlements ou arrêtés concernant la petite voirie (Rép. n° 153).

101. L'explication de cette disposition est donnée au Rép. v° Voirie par terre, n°ˢ 1926 et suiv. (V. aussi infrà, eod. v°).

§ 6. — Jet ou exposition des choses nuisibles (Rép. n°ˢ 154 à 167).

102. L'art. 97, § 1ᵉʳ, de la loi municipale du 5 avr. 1884, qui reproduit presque textuellement et remplace l'art. 3, tit. 11, de la loi des 16-24 août 1790, confie à la vigilance des maires tout ce qui intéresse la sûreté et la commodité du passage dans les rues, quais, places et voies publiques, notamment l'interdiction de rien exposer aux fenêtres et aux autres parties des édifices qui puisse nuire par sa chute, ou celle de rien jeter qui puisse endommager les passants ou causer des exhalaisons nuisibles. Les infractions aux règlements de cette nature tombent sous l'application de l'art. 471, § 6, quand ils ne font que reproduire ou rappeler la prohibition portée par cette disposition légale. S'ils édictent des prescriptions spéciales, non renfermées explicitement ou implicitement dans le paragraphe 6 de l'art. 471, leur violation donne lieu à l'application de l'art. 471, § 15 (V. suprà, v° Commune, n°ˢ 584 et suiv.).

103. On a déterminé au Rép. n°ˢ 154 et suiv. la portée du n° 6 de l'art. 471. Il est applicable bien que les choses jetées n'aient atteint personne, ce qui le distingue du paragraphe 12 du même article. On a également indiqué ce qu'il faut entendre par « choses de nature à nuire par leur chute ou par des exhalaisons insalubres » et fait remarquer que le mot nuire s'applique non seulement à un mal grave, mais à tout tort, tout dommage, et même au dommage causé aux choses,

par exemple, aux vêtements, aux marchandises qu'un individu porte ou conduit (Rép. n°ˢ 158 et suiv.). De nombreuses décisions sont venues confirmer cette proposition. Ainsi, il a été jugé qu'on doit considérer comme tombant sous le coup de l'art. 471, § 6, le fait : de verser sur la voie publique des eaux infectes, alors surtout qu'elles sont déposées sur le sol d'une rue étroite, et qu'à raison des circonstances particulières dans lesquelles leur stationnement prolongé a lieu, elles sont insalubres pour le public et principalement pour les voisins (Crim. rej. 9 mai 1884, aff. Billon, D. P. 84. 5. 306); de jeter par la fenêtre un seau d'eau, dont une partie est tombée sur un passant (Crim. cass. 30 août 1860, aff. Aubier, D. P. 60. 5. 418). — Et même de jeter de l'eau claire et propre ; l'eau jetée par une fenêtre peut nuire par sa chute, tout en n'étant ni insalubre, ni malpropre. Et la circonstance que cette eau s'est trouvée projetée sur le trottoir par suite de la rupture d'un tuyau de descente ne peut être considérée comme un cas de force majeure, lorsqu'elle est imputable au défaut de précaution de l'inculpé qui aurait dû s'assurer de l'état du conduit avant d'y verser les eaux (Crim. cass. 2 janv. 1869, aff. Beny, D. P. 69. 5. 254 ; 7 déc. 1872, aff. Tachet, D. P. 72. 5. 279 ; 18 août 1884, aff. Delay, D. P. 81. 5. 229 ; 25 janv. 1883, aff. Roy-Barq, D. P. 84. 5. 305). — Décidé, cependant, que la prévention relative à la contravention prévue par l'art. 471, § 6, n'est pas suffisamment caractérisée, lorsque l'acte d'avertissement qui saisit le tribunal de simple police se borne à inculper le prévenu de jet d'eau sur la voie publique (Crim. rej. 18 juill. 1884, aff. Lepage, D. P. 84. 5. 305). L'acte d'avertissement aurait dû, sans doute, dans la pensée de la cour, indiquer d'où provenait l'eau ; dire, par exemple, que le jet avait eu lieu par une fenêtre.

104. La défense de jeter des choses susceptibles de nuire par des exhalaisons insalubres renferme implicitement l'interdiction de faire ou laisser couler des eaux insalubres sur la voie publique. — Il a été jugé que l'art. 471, § 6, est applicable au propriétaire qui laisse couler sur la voie publique des eaux infectes provenant de sa maison, alors que ces eaux y sont déversées par un égout disposé de telle sorte qu'elles peuvent jaillir sur les passants (Crim. rej. 31 juill. 1863, aff. Salvatori, D. P. 67. 5. 475) ; — A celui qui, ayant placé son écurie dans le voisinage de la voie publique, y fait écouler d'une manière incessante, par une aiguière communiquant avec le ruisseau, les urines de ses chevaux ; et il importe peu que cet état de choses ait été longtemps toléré, et que, pour diminuer les exhalaisons, le contrevenant fasse jeter dans son aiguière, pendant les fortes chaleurs, de l'eau saturée de chaux vive (Crim. cass. 8 févr. 1866, aff. Vidailhan, D. P. 67. 1. 188) ; — Au propriétaire qui laisse s'écouler de sa cour sur la voie publique des eaux infectes qui y séjournent en flaques (Crim. cass. 29 août 1867, aff. Bazin, D. P. 67. 5. 475) ; — A l'usinier qui déverse ses eaux insalubres dans son établissement dans un ruisseau bordant la voie publique (Crim. rej. 1ᵉʳ mai 1879, aff. Bichon, D. P. 81. 5. 229) ; — A celui qui laisse écouler sur la voie publique des eaux sales provenant d'une porcherie ou d'une laiterie (Crim. rej. 22 mars 1884, aff. Auvray, D. P. 85. 5. 282).

105. La disposition de l'art. 471, § 6, n'est applicable, ainsi qu'on l'a établi au Rép. n° 164 et suiv., qu'aux maisons donnant sur la voie publique ou la voie publique elle-même. — C'est ce qui résulte des arrêts cités au Rép. v° Voirie par terre, n° 1901-2° et 4°. Depuis, il a encore été jugé, dans le même sens, qu'on ne saurait considérer comme constituant la contravention prévue par l'art. 471, § 6 : 1° le fait de jeter des choses nuisibles par la fenêtre, sur un terrain privé, même non clos et grevé d'une servitude de passage au profit de plusieurs propriétaires voisins (Crim. cass. 2 juin 1865, aff. Capel, D. P. 65. 5. 236). — 2° Le fait que la poussière et les brins de paille provenant d'un vannage fait dans l'intérieur d'une grange se sont échappés à l'extérieur (Crim. cass. 9 juill. 1887) (1). Mais il a été décidé que

---

(1) (Julien-Valéry Caron.) — La cour ; — Sur le moyen unique, tiré de la violation par fausse application de l'art. 471, § 6, c. pén. : — Attendu que Froidure a été poursuivi et condamné pour avoir contrevenu à l'art. 471, § 6, c. pén., en faisant vanner du blé à l'intérieur d'une grange dont une croisée était ouverte sur

la rue. — Mais attendu que ce fait ne rentrait pas dans les prévisions dudit article ; que, si une partie de la poussière et des brins de paille résultant du vannage pouvait s'échapper à l'extérieur sur la rue et salir ou causer quelque incommodité, cette circonstance ne suffisait pas pour autoriser l'application de cette dispo-

dans le cas d'écoulement d'eaux insalubres sur la voie publique déversées d'un établissement industriel, il n'est pas nécessaire, pour l'existence de la contravention, que les eaux coulent à ciel ouvert dans la partie de la voie publique qui borde la construction d'où elles s'échappent : il y a violation de l'art. 471, § 6, bien que les eaux longent toute la façade de l'usine dans un caniveau couvert et n'émergent à l'air extérieur qu'à l'extrémité de ladite façade (Crim. rej. 1er mai 1879, aff. Bichon, D. P. 81. 5. 229, et la note). — Du reste, comme on l'a remarqué au *Rép.* n° 165, l'autorité municipale peut interdire de conserver dans l'intérieur des maisons, dans les cours ou jardins, des choses susceptibles de nuire par leurs exhalaisons insalubres ; mais la sanction des règlements édictant de pareilles défenses se trouve dans le paragraphe 15, et non dans le paragraphe 6 de l'art. 471.

106. L'art. 471, § 6, punit non seulement le jet, mais aussi l'exposition de choses qui peuvent nuire, par exemple, l'exposition à une fenêtre de vases de fleurs, de peaux tannées, etc. Il n'y a pas lieu de distinguer entre les choses posées sur les fenêtres ou sur les balcons et les choses suspendues sur la façade de l'édifice. Le mot « exposition » s'applique aux unes et aux autres (*Rép.* n°s 160 et suiv. ; Blanche, t. 7, n° 126, p. 200).

107. — I. PERSONNES PUNISSABLES. — L'art. 471, § 6, s'adresse surtout aux habitants ou propriétaires des maisons riveraines des rues et places, et a pour objet d'interdire certains faits dépassant les droits qu'ils peuvent avoir à l'égard de la voie publique. Ainsi l'individu qui, pour satisfaire un besoin naturel, a uriné dans un coin de rue, ne contrevient pas à la défense de jeter ou exposer sur la voie publique des matières ou liquides insalubres. Pour étendre aux passants la défense formulée par le paragraphe 6 de l'art. 471, un règlement de police municipale paraît indispensable ; et dans cette hypothèse, l'infraction au règlement serait sanctionnée par le paragraphe 15 de l'art. 471 (V. Crim. rej. 14 déc. 1867, aff. Crassus , D. P. 68. 1. 285. — V. aussi sur la pénalité applicable à ce fait : *Rép.* v°s *Commune*, n° 950, et *Vidange*, n° 43). Au reste, la disposition du paragraphe 6 de l'art. 471 c. pén., qui punit le fait de jeter sur la voie publique des objets de nature à nuire, n'atteint que les auteurs mêmes du fait incriminé, et non les propriétaires ou locataires des appartements d'où ces objets ont été jetés. Ainsi, comme le dit un arrêt, « le fait de laisser couler sur la voie publique des eaux ménagères ou autres n'engage pas nécessairement la responsabilité du propriétaire de la maison d'où proviennent ces eaux. Une infraction de cette nature doit, suivant les principes généraux sur la matière, être imputée à celui qui l'a personnellement commise » (Crim. rej. 23 août 1879) (1). Par suite, le propriétaire est à bon droit relaxé des poursuites, s'il est établi que les eaux qui ont coulé sur la voie publique provenaient de la partie de la maison occupée par un locataire (Même arrêt. V. aussi Crim. rej. 28 févr. 1863, aff. Lasgourgues, D. P. 64. 5. 324).

108. — II. EXCUSES. — Aucune excuse, sauf celles établies par la loi, ne peut être utilement invoquée par le contrevenant. C'est ce qui a été établi au *Rép.* n° 167. V. aussi les arrêts cités *ibid.* v° *Voirie par terre*, n° 1901-5° et 6°. Il a été

ugé que la circonstance que l'eau jetée par une fenêtre s'est trouvée projetée sur le trottoir par suite de la rupture d'un tuyau de descente ne peut être considérée comme un cas de force majeure, lorsqu'elle est imputable au défaut de précaution de l'inculpé qui aurait dû s'assurer de l'état du conduit avant d'y verser les eaux (Crim. cass. 25 janv. 1883, aff. Roy-Barq, D. P. 84. 5. 305). — Jugé depuis, dans le même sens, qu'un contrevenant ne saurait être excusé sous le prétexte d'une tolérance de la part de l'autorité (Crim. cass. 30 mars 1861, aff. Guérin, D. P. 61. 5. 291 ; 8 févr. 1866, aff. Vidailhian, D. P. 67. 1. 188).

109. Le tribunal de police ne doit pas tenir compte des arrêtés municipaux qui, tout en prescrivant certaines mesures de précaution, permettent l'exposition défendue par la loi, l'art. 471, § 6, fondé sur des motifs d'ordre et d'intérêt publics, n'admettant aucune restriction (Arrêt du 30 mars 1861 cité *suprà*, n° 108). La doctrine contraire a toutefois été admise par un arrêt de la cour de cassation du 17 juin 1853 (aff. Ducros, D. P. 53. 5. 41). Le maire de Bordeaux avait défendu de placer sur les appuis des croisées dès pots de fleurs et autres objets à moins qu'ils ne fussent assujettis par des barres de fer à scellement. La veuve Ducros fut poursuivie pour infraction à cet arrêté et à l'art. 471, § 6, c. pén. Le tribunal de police la renvoya de la plainte par le motif « que les pots de fleurs étaient solidement assujettis par des barres en fer scellées ». La cour de cassation rejeta le pourvoi du ministère public, par le motif « que l'autorité municipale ne modifie pas la défense faite par la loi et qu'elle n'en restreint pas la portée, lorsque en la renouvelant, elle ne fait que prescrire les conditions qui juge suffisantes pour détourner toute éventualité de péril ». Cette proposition, comme le fait remarquer M. Blanche, t. 7, n° 132, p. 209, n'est pas exacte. Le code pénal, d'une façon absolue, défend l'exposition de choses de nature à nuire par leur chute. Il est manifeste que son injonction est modifiée, lorsque l'autorité municipale permet l'exposition de ces choses sous certaines conditions. L'arrêté du maire de Bordeaux était donc dépourvu de valeur. La cour de cassation a d'ailleurs reconnu elle-même que cette solution n'était pas juridique. Elle a posé les vrais principes dans l'arrêt précité du 30 mars 1861.

110. Le fait de déverser une quantité d'eau sur la voie publique constitue une contravention nouvelle chaque fois qu'il se produit. Par suite, la répression peut en être poursuivie bien que l'écoulement des eaux ait été toléré pendant un certain laps de temps (Crim. cass. 30 janv. 1879, aff. Tétard, D. P. 79. 1. 384).

§ 7. — Abandon dans les champs ou dans les lieux publics d'armes ou d'instruments dangereux (*Rép.* n°s 168 à 173).

111. L'abandon prévu par le n° 7 de l'art. 471 est punissable, sans qu'il y ait à distinguer s'il a eu lieu le jour ou pendant la nuit. Cette doctrine qui a été enseignée au *Rép.* n° 168 a été confirmée par un arrêt de la cour de cassation (Crim. cass. 29 juill. 1858, aff. Bourdery, D. P. 58. 5. 383).

112. La disposition de l'art. 471, § 7, est générale et s'étend à tous les instruments dont les malfaiteurs peuvent abuser (*Rép.* n°s 169 et suiv.). Jugé, notamment, que les ins-

---

sition légale, laquelle ne punit que ceux qui jettent ou exposent au-devant des édifices des choses de nature à nuire par leur chute ou par des exhalaisons insalubres ; — Par ces motifs, casse et annule le jugement du tribunal correctionnel d'Amiens, du 14 mai 1887 ; et, pour être statué sur l'appel du jugement de simple police de Villers-Bocage, du 16 mars 1887, renvoie la cause et le prévenu, dans l'état où il se trouve, devant le tribunal correctionnel d'Abbeville, à ce déterminé par délibération spéciale prise en la chambre du conseil ; — Ordonne, etc.
Du 9 juill. 1887. -Ch. crim.-MM. Tanon, rap.-Roussellier, av. gén.

(1) (Dejon.) — LA COUR ; — Vu l'arrêté du maire de la Ferté-Alais, en date du 15 mars 1877, dont l'art. 2 est ainsi conçu : — « Les propriétaires et locataires devront s'arranger de manière à retenir chez eux leurs eaux sales et malsaines... ; il est interdit de la manière la plus absolue de les laisser arriver dans la rue et sur les autres voies publiques... » ; — Vu les art. 154 c. instr. cr. et 471, n° 15, c. pén. ; — Attendu que le fait de laisser couler sur la voie publique des eaux ménagères ou autres n'engage pas

nécessairement la responsabilité du propriétaire de la maison d'où proviennent ces eaux ; qu'une infraction de cette nature doit, suivant les principes généraux sur la matière, être imputée à celui qui l'a personnellement commise ; — Attendu que, si le procès-verbal, base de la poursuite, énonce que dans la matinée du 26 juin 1878, des eaux sales s'échappaient de la maison de M. Dejon père, et se répandaient sur la voie publique, le jugement entrepris constate, après enquête régulière, que ces eaux provenaient de la partie de la maison louée au sieur Dejon fils, et occupée par ce dernier ; que dans ces circonstances, le juge de police a pu, à bon droit, décider que la contravention commise par le locataire n'était pas imputable au propriétaire de la maison ; — D'où il suit qu'en relaxant le sieur Dejon père de la poursuite dirigée contre lui, le jugement attaqué n'a ni méconnu, ni violé les dispositions de l'arrêté municipal et des articles de la loi susvisés ; — Attendu d'ailleurs que ce jugement est régulier en la forme ; — Rejette le pourvoi formé contre le jugement du tribunal de police de la Ferté-Alais, du 1er août 1879, etc.
Du 23 août 1879.-Ch. crim.-MM. de Carnières, pr.-de Larouverade, rap.-Benoist, av. gén.

truments en bois, et spécialement les échelles, sont au nombre des instruments que la loi défend d'abandonner sur la voie publique (Crim. cass. 22 nov. 1856, aff. Bayle, D. P. 56. 3. 502; 29 juill. 1858, aff. Bourdery, D. P. 58. 5. 383; 10 nov. 1876, aff. Marininchi, D. P. 77. 1. 415; 26 août 1880, aff. Fasquel, D. P. 81. 1. 91). — L'art. 323 du décret du 1er mars 1854 charge la gendarmerie d'enlever et de remettre à l'autorité locale les coutres de charrue, pinces, barres, barreaux, instruments aratoires, échelles ou autres objets dont peuvent abuser les malfaiteurs, et qui ont été laissés dans les rues, chemins, places, lieux publics ou dans les champs (D. P. 54. 4. 54). V. infrà, vo Instruction criminelle).

113. L'abandon est prohibé sur tous les lieux publics (Rép. no 171). Il a été jugé que l'abandon, dans une halle accessible au public, d'instruments dont pourraient abuser les voleurs ou autres malfaiteurs, constitue la contravention réprimée par l'art. 471, § 7 (Crim. rej. 20 mars 1858, aff. Drouhin, D. P. 69. 5. 415). On a émis au Rép. ibid. l'opinion que cet article ne s'applique pas à l'abandon dans une cour non close. Le système contraire, suivi par la jurisprudence, fait valoir le danger que le législateur a voulu prévenir, et qui n'existe pas moins quand les instruments ont été laissés dans une cour ouverte que lorsqu'ils l'ont été sur la voie publique. Enfin, on allègue que toute propriété ouverte et contiguë à la voie publique peut être soumise à l'action de la police. — Jugé, spécialement, que le fait d'avoir laissé pendant la nuit une échelle dans une cour non close constitue la contravention prévue par l'art. 471, § 7 (Crim. cass. 10 nov. 1876, aff. Marininchi, D. P. 77. 1. 415. Conf. Crim. cass. 24 nov. 1855, aff. Delille, D. P. 55. 5. 482).

114. Lorsque la contravention est établie, aucune excuse, sauf celles indiquées par la loi, ne peut soustraire le contrevenant à une condamnation (Rép. no 170). Il a été jugé que l'on doit repousser les excuses qui sont fondées : 1o sur ce que les échelles étaient journellement nécessaires pour l'exécution des travaux entrepris par le contrevenant en qualité de maçon, dans l'endroit où l'abandon a eu lieu (Arrêt du 10 nov. 1876, cité supra, no 112); — 2o Sur ce que la circulation du public n'avait pas encore cessé à l'heure où le fait a été constaté (dix heures du soir), et que, dans la localité, on était dans l'usage de ne rentrer les échelles qu'à l'heure du coucher (Arrêt du 29 juill. 1858, cité supra, no 112); — 3o Sur ce que, au moment (trois heures du matin) où l'on avait constaté l'abandon de l'échelle, dans une cour donnant sur la voie publique, le prévenu venait de s'en servir pour prendre du foin dans un grenier (Crim. cass. 24 nov. 1855, aff. Delille, D. P. 55. 5. 482); — 4o Sur ce que l'échelle était attachée par des cordes; ces dernières pouvant être aisément coupées, il était facile d'abuser de cet instrument (Crim. cass. 27 janv. 1877, aff. Debard, Bull. crim., no 32); — 5o Sur ce que l'échelle était fixée au mur de face d'une maison en réparation par des attaches qui ne constituaient pas un obstacle sérieux à son enlèvement (Crim. cass. 26 août 1880, aff. Fasquel, D. P. 81. 1. 91). — Il n'y a pas non plus à tenir compte de la forme des instruments et de la facilité plus ou moins grande que les malfaiteurs auraient à en abuser. C'est ce qui résulte d'un arrêt cité au Rép. vo Voirie par terre, no 1902-3o (V. aussi Crim. cass. 14 janv. 1859, aff. Sauzeau, D. P. 60. 5. 427).

§ 8. — Echenillage (Rép. nos 174 à 184).

115. L'obligation d'écheniller, comme on l'a dit au Rép. no 175, est générale et absolue; elle existe indépendamment de tout arrêté local. — On a indiqué à quelles personnes elle est imposée (Rép. nos 176 et suiv.). Les obligations édictées par la loi du 26 vent. an 4, à l'égard des fonctionnaires (les préfets pour les domaines de l'État non affermés, les maires et adjoints pour les biens communaux, les ingénieurs des ponts et chaussées pour les arbres plantés sur le bord des routes ou des canaux), sont dépourvues de toute sanction pénale; leur exécution est suffisamment garantie par le devoir professionnel de ces fonctionnaires et la surveillance de leurs supérieurs hiérarchiques. La loi du 26 vent. an 4 ne prononce une amende que contre les particuliers. En conséquence, serait illégal l'arrêté préfectoral qui transformerait en contravention, à la charge d'un ingénieur des ponts et chaussées,

le défaut d'échenillage des arbres bordant une route départementale. Par suite, doit être cassé le jugement du tribunal de simple police qui se base sur un arrêté préfectoral qu'il interprète en ce sens, pour faire à cet ingénieur l'application du paragraphe 8 de l'art. 471 c. pén. (V. Crim. cass. 31 juill. 1873, aff. Chigot, D. P. 74. 1. 229, et le réquisitoire de M. le procureur général Renouard).

116. L'obligation d'écheniller ne s'applique qu'aux campagnes et aux jardins ouverts ou clos; elle est étrangère aux bois et forêts (Rép. nos 177 et 178; Blanche, t. 7, no 141). Si l'obligation de l'échenillage ne concerne pas les bois et forêts, elle est applicable aux arbres réunis en groupe et composant, par exemple, un verger; on soutiendrait à tort qu'elle n'est imposée aux propriétaires et fermiers que pour les arbres épars. Il résulte de l'ensemble de la loi du 26 vent. an 4, et spécialement de ses art. 1er et 5, que tous les arbres existant dans les héritages sont formellement assujettis à l'obligation de l'échenillage (Crim. cass. 3 déc. 1858, aff. Bonneau, et aff. Lemé, D. P. 59. 1. 96).

117. Les peines qu'entraîne le défaut d'échenillage ont été indiquées au Rép. no 182. — Aucune excuse, sauf celles prévues par la loi, ne peut être utilement invoquée par les contrevenants. Jugé, notamment, que le défaut d'échenillage constituant par lui-même une contravention, le juge de police ne peut, pour relaxer le prévenu, se fonder sur ce que le procès-verbal ne caractériserait pas suffisamment l'état que présentait la haie relativement à la quantité de chenilles ou bourses y existant au moment de la visite; qu'il en est ainsi dans le cas même où le procès-verbal reconnaît que la haie était taillée, s'il constate en même temps qu'il y restait un assez grand nombre de bourses et de toiles renfermant des chenilles (Crim. cass. 17 juill. 1863, aff. Dermy, D. P. 64. 5. 91).

§ 9. — Fruits d'autrui cueillis et mangés sur place (Rép. nos 185 à 191).

118. L'art. 471, § 9, prévoit deux modes distincts de contravention : le fait de cueillir, et celui de manger des fruits (Sur la portée du mot fruits, V. Rép. no 186). Ces faits ne tombent sous l'application de l'art. 471, § 9, qu'autant qu'ils sont dégagés de toute autre circonstance prévue par les lois, de nature à les transformer en délits ou en crimes, ou en contraventions d'un caractère plus grave (Rép. no 188). Ainsi l'individu qui touche dans un terrain à des fruits appartenant à autrui, se rend passible, lorsqu'au lieu de les manger sur place, il les cueille pour les emporter (dans sa blouse, par exemple), non de l'amende prononcée par l'art. 471, no 9, c. pén., mais de celle plus forte qui est édictée par l'art. 475, no 15, c. pén., sans préjudice de l'aggravation encourue au cas où, pour augmenter la soustraction, il est fait usage de sacs ou paniers (Crim. cass. 7 janv. 1858, aff. Mirguet, D. P. 58. 5. 125).

119. La contravention prévue par l'art. 471, § 9, n'existe qu'autant que les fruits appartiennent à autrui, et que le prévenu, sachant qu'ils sont la propriété d'autrui, a eu l'intention frauduleuse de se les approprier. Ainsi, le fait de couper des branches d'un arbre fruitier, auxquelles pendent quelques fruits en cours de formation, ne constitue pas la contravention de maraudage, lorsqu'il résulte des circonstances de fait régulièrement constatées, que les prévenus n'avaient eu l'intention ni de s'approprier la chose d'autrui, ni de porter un préjudice quelconque au propriétaire des arbres (Crim. rej. 3 janv. 1879, aff. Boudrot, D. P. 79. 1. 377, et la note 3).

120. La question de savoir si, lorsqu'un arbre planté sur un héritage étend sur le fonds voisin des branches portant des fruits, le voisin devient propriétaire des fruits tombés sur sa propriété était controversée (Rép. no 191). La loi du 20 août 1881, relative au code rural, modifiant l'art. 666 à 673 c. civ., a inséré dans le nouvel art. 673 une disposition formelle, aux termes de laquelle les fruits tombés naturellement des branches qui avancent sur l'héritage voisin appartiennent au propriétaire de cet héritage (D. P. 82. 4. 9).

§ 10. — Glanage, râtelage ou grappillage (Rép. nos 192 à 212).

121. On a donné au Rép. nos 192, 203, 211 et 212, la définition du glanage, du râtelage et du grappillage. De

même que le terme de glanage s'emploie quelquefois par rapport à d'autres récoltes qu'à celle des épis abandonnés, par exemple, à celle des olives, le grappillage est usité en certains lieux, pour d'autres fruits que les raisins, notamment pour les noix et pour les pommes (Crim. cass. 25 mai 1846, *Rép.* n° 212; 14 févr. 1867, aff. Troc, D. P. 67. 1. 140). — Sur la nature juridique du glanage, du râtelage et du grappillage, sur le chaumage et la cherpille, V. *Droit rural;* — *Rép.* eod. v°, n°ˢ 101 et suiv., et Civ. cass. 9 déc. 1884 (aff. Commune de Croix-Fonsommes, D. P. 85. 1. 113).

122. Le code pénal n'a pas abrogé la législation antérieure sur le glanage, le râtelage et le grappillage. L'édit du 2 nov. 1554, qui consacre le droit, la loi des 28 sept.-6 oct. 1791, qui le maintient dans les lieux où il est en usage et en réglemente l'exercice, n'ont cessé d'être en vigueur que dans celles des dispositions qui sont inconciliables avec l'art. 471, § 10 (*Rép.* n°ˢ 199 et suiv.). Les maires peuvent prescrire des mesures propres à assurer l'exercice du droit de glanage (*Rép.* n°ˢ 203 et 204, et *suprà*, v° *Commune*, n° 554); mais ils ne sauraient modifier le droit lui-même (V. *infrà*, n° 130). Les maires peuvent aussi interdire le glanage aux individus étrangers à la commune.

123. Le droit de glanage, râtelage et grappillage ne peut être exercé, conformément à l'édit du 2 nov. 1554, que par les indigents (*Rép.* n° 203). Il y a contravention de la part de celui qui, sans être indigent, s'introduit dans un champ récolté pour ramasser les produits qui ont échappé aux cultivateurs dans l'opération de la récolte (Crim. cass. 14 févr. 1867, aff. Troc, D. P. 67. 1. 140). Cette règle s'applique au propriétaire du champ lui-même (*Rép.* v° *Droit rural*, n° 105). Quelle est la sanction de la défense? M. de Champagny, *Traité de la police municipale*, t. 4, p. 205, fait observer que l'édit de 1554 n'en contient aucune et estime que, dans le ressort de l'ancien parlement de Paris, il y aurait lieu d'appliquer l'amende de 10 livres prononcée par l'arrêt de 1779. M. Blanche, t. 7, n° 155, estime que la peine de l'art. 471 a été substituée, en cette matière, à l'ancienne pénalité. L'art. 471, § 10, ne parle que des personnes qui, ayant le droit de glaner, le font en dehors des conditions prescrites; il ne s'occupe pas de ceux qui, n'étant pas indigents, ont glané. Peut-on, dans le silence de la loi, appliquer par analogie à ces derniers la peine qu'il édicte? Une pareille solution n'est-elle pas contraire aux principes admis en matière pénale? La question nous paraît douteuse. En tous cas, si la défense a été rappelée par un règlement municipal, elle trouve sa sanction dans l'art. 471, § 15.

124. Les droits de glanage, de râtelage et de grappillage ne peuvent s'exercer que dans les champs entièrement dépouillés et vidés de leurs récoltes. Ceux qui les exercent avant commettent la contravention prévue par le paragraphe 10 (*Rép.* n° 205). Le propriétaire, ce point est incontestable, a le droit de ramasser ou de faire ramasser avant l'enlèvement des récoltes et à toute heure, les épis, les raisins, les herbes qui subsistent sur le terrain. Tant que dure l'opération de la moisson, les épis, les raisins, les herbes, ramassés, ne peuvent être considérés comme choses abandonnées. Le droit d'autrui n'est pas ouvert, et le propriétaire a la faculté de prendre ses mesures pour retirer tous les produits de son champ (Emion, *Législation des céréales*, n° 178; Blanche, t. 7, n° 157). Jugé, en ce sens, que le droit de glanage ne prenant naissance, à l'égard d'un champ ouvert, qu'à partir de l'entier enlèvement de la récolte, le propriétaire, sur le champ duquel une partie des grains est encore en javelles, ne fait qu'user de son droit d'achever sa récolte, en ramassant pour son compte les épis échappés aux moissonneurs. Et peu importe, qu'à cet effet, il se serve d'un râteau à dents de fer, la prohibition d'user d'un tel instrument n'ayant été édictée, d'ailleurs, que relativement au glanage du foin ou autres herbes semblables et dans l'intérêt du propriétaire lui-même (Crim. cass. 9 déc. 1859, aff. Taillefert, D. P. 60. 1. 372). Mais lorsque le propriétaire n'use pas de ce droit personnel, il ne peut le céder à autrui ni à titre gratuit, ni à titre onéreux; ce serait supprimer l'aumône traditionnelle du glanage, maintenue par la loi dans l'intérêt des gens nécessiteux des campagnes; ce serait aussi exercer un droit de réglementation qui n'appartient qu'à l'autorité municipale (*Rép.* n° 205). Ainsi, il a été jugé que tant qu'un champ

n'est pas entièrement dépouillé de ses récoltes, le propriétaire ou le fermier ne peut céder, même à titre onéreux, à certains individus, et spécialement aux ouvriers par lui employés à la moisson, le droit de ramasser les épis échappés à la main des moissonneurs; qu'en conséquence, le glanage exercé dans un champ ouvert, avant la récolte entière, ne saurait être excusé sous le prétexte qu'il a été autorisé par le propriétaire (Crim. cass. 6 nov. 1857, aff. Claise, D. P. 58. 1. 92).

Il a été jugé que les individus employés à ramasser les épis échappés aux mains des moissonneurs, ne sont pas des glaneurs selon la signification juridique de cette expression, lorsqu'ils agissent pour le compte du propriétaire et moyennant salaire, alors même que ce salaire consisterait dans l'abandon d'une partie des épis ramassés (Crim. rej. 13 avr. 1861, aff. Leclercq, D. P. 61. 1. 235). Cet arrêt n'est pas en contradiction avec la doctrine que l'on vient d'exposer. Dans l'espèce, l'opération incriminée avait été faite au profit du propriétaire à une époque où il avait le droit de la faire, par des ouvriers travaillant pour son compte et payés par lui. Ces ouvriers n'étaient donc pas des glaneurs. Peu importe que la rémunération ait consisté en un abandon d'une part des épis ramassés; car, pour être un payement en nature, ce n'en est pas moins un véritable payement, et un payement dont le mode est consacré par les usages de l'agriculture.

125. Mais le propriétaire qui conserve, tant que l'enlèvement entier de la récolte n'a pas eu lieu, la faculté de recueillir des épis échappés à la main des moissonneurs, n'est pas libre de faire mener ses bestiaux dans son champ non encore dépouillé de sa récolte. La loi des 28 sept.-6 oct. 1791, en effet, ne permet de mener les troupeaux dans les champs moissonnés que deux jours après la récolte. « Cette disposition est conçue en termes généraux, dit M. Blanche, t. 7, n° 159; elle concerne donc le propriétaire du champ comme tout autre. » La question a toutefois été discutée, comme on l'a vu au *Rép.* n° 209.

126. La jurisprudence, depuis la publication du *Répertoire*, a eu à résoudre la question délicate de savoir si la condition de l'enlèvement des récoltes, à laquelle est subordonné l'ouverture des droits de glanage, de râtelage et de grappillage, est limitée au terrain même sur lequel ces droits doivent s'exercer, ou si elle s'étend, au contraire, à toutes les terres du voisinage. Elle s'est prononcée en faveur de l'opinion que nous avons combattue (*Rép.* n° 206), et a décidé que le glanage et le râtelage, dans un champ ouvert qui vient d'être récolté, ne peuvent commencer qu'après l'entier enlèvement de la récolte, non pas seulement sur ce champ, mais aussi sur les terres contiguës qui font partie du même tènement ou finage (Crim. cass. 26 nov. 1864, aff. Gibot, D. P. 65. 1. 396; 31 déc. 1864, aff. N..., *ibid.*; 14 févr. 1867, aff. Troc, D. P. 67. 1. 140). — L'interprétation consacrée par la cour de cassation, outre qu'elle semble ajouter à la loi, présente dans la pratique des inconvénients qui la feront difficilement accueillir. Outre qu'il n'est pas aisé, dans ce système, de déterminer à quel moment le glanage ou râtelage peut régulièrement commencer, les appréciations devant nécessairement varier sur l'appréciation de l'étendue d'un tènement, d'un finage ou d'une contrée (la cour de cassation emploie ces trois expressions), l'attente indéfinie imposée aux indigents qu'attire sur les lieux l'espoir de participer au glanage et au râtelage, est de nature à diminuer considérablement les bénéfices qu'ils peuvent procurer, et même, en cas de survenance d'un mauvais temps, à exposer à une destruction complète les épis épars qui leur sont réservés.

127. L'obligation d'attendre que toutes les terres du même tènement ou du même finage soient dépouillées de leurs fruits, est-elle limitée, dans le système de la cour de cassation, aux terres portant une récolte identique? — Le propriétaire, après enlèvement de sa récolte, peut-il continuer de ramasser ses épis jusqu'au moment où l'exercice du droit de glanage, suspendu par la présence de la récolte sur les terres contiguës, pourra régulièrement commencer? — La première question nous paraît ne pouvoir comporter qu'une solution affirmative : c'est, en effet, l'identité des produits qui facilite les abus du glanage ou du râtelage dont la cour de cassation s'est préoccupée; dès que ces produits ne sont pas les mêmes,

les abus sont peu à craindre, à raison de la difficulté de dissimuler les vols, et, dès lors, il devient inutile d'imposer aux glaneurs l'obligation d'attendre que des terres voisines chargées d'une récolte différente soient aussi dépouillées de leurs fruits. — Sur la seconde question, il faut décider que le propriétaire ne peut procéder au ramassage des épis restés sur le sol de son champ, bien que les glaneurs ne puissent pas encore y entrer, car c'est dans l'intérêt seul de ses voisins que l'exercice du glanage est suspendu. Cela résulte d'ailleurs de la jurisprudence de la cour de cassation, qui interdit au propriétaire de faire consommer par son bétail les épis et les herbages restés sur le sol de son champ. Un jugement du tribunal de paix de Damville, du 20 août 1858 (*Bulletin spécial des décisions des juges de paix*, 1859, p. 178), dont la solution nous paraît sujette à critique, va jusqu'à décider que, une fois la récolte chargée sur les voitures, bien que celles-ci ne soient pas encore sorties du champ, le propriétaire ne peut plus ramasser les épis épars, sans porter atteinte au droit des glaneurs. — Mais lorsqu'une même terre comprend plusieurs parcelles récoltées successivement, il suffit que sur l'une d'elles la récolte ne soit pas encore entièrement enlevée pour que le propriétaire, en faisant glaner pour son compte sur les autres parcelles, ne fasse qu'user légitimement de son droit (V. Crim. cass. 9 déc. 1859, aff. Taillefert, D. P. 60. 1. 372).

128. L'exercice du glanage, du grappillage et du râtelage est limité par la loi des 28 sept.-6 oct. 1791 aux deux jours qui suivent l'enlèvement des récoltes. Pendant ces deux jours, les pâtres et les bergers ne peuvent mener leurs troupeaux dans les champs moissonnés. Cette défense s'applique au propriétaire lui-même. Jugé que le propriétaire du champ récolté ne peut, en raison de l'obligation qui lui est imposée de laisser un intervalle de deux jours pour l'exercice du droit de glanage ou de râtelage, commencer à amener des bestiaux dans son champ que deux jours après l'enlèvement de la récolte sur les terres contiguës ; à cet égard, il n'y a pas lieu de distinguer entre les prés et les champs cultivés en céréales (Crim. cass. 26 nov. 1864, aff. Gibot, D. P. 65. 1. 396 ; 31 déc. 1864, aff. N..., *ibid.*). Jugé encore que le fait d'avoir conduit des volailles dans des vignes soumises au grappillage, pendant le délai accordé pour l'exercice de ce droit, constitue une contravention, même dans le cas où ce fait est imputable au propriétaire de la vigne (Crim. cass. 16 déc. 1881, aff. André Morin, D. P. 82. 1. 279). Cette solution s'impose. Si le propriétaire a le droit d'user de sa chose et des fruits qu'elle peut produire comme bon lui semble, l'exercice de ce droit se trouve amoindri, dans une certaine mesure, par la loi des 28 sept.-6 oct. 1791. Si le propriétaire pouvait conduire ses volailles ou ses troupeaux dans les champs soumis au grappillage, le droit de grappillage deviendrait illusoire, et il ne peut dépendre du propriétaire, obligé de le souffrir, de le rendre inutile et stérile pour les indigents.

129. On a émis l'opinion au *Rép.* n° 210 que l'interdiction était applicable aux prairies artificielles (V. en ce sens : Blanche, t. 7, n° 165).

130. L'exercice du glanage n'est soumis pendant les deux jours à d'autre restriction que celle de ne pouvoir être pratiqué avant le lever ni après le coucher du soleil (art. 471, § 10). Il a été jugé que « la disposition d'un arrêté municipal qui prescrit la suspension du glanage dans la journée, de onze heures à deux heures, est nulle comme ajoutant aux prohibitions de la loi » (Crim. rej. 8 déc. 1860, aff. Billecocq et Mercier, D. P. 61. 1. 234). Le délai de deux jours dont s'entendre de deux jours francs indépendamment de celui où il a été procédé à l'enlèvement de la récolte (Crim. cass. 2 janv. 1857, aff. Malézieux, D. P. 57. 5. 106).

§ 11. — Injures de simple police (*Rép.* n° 213).

131. Cette matière est traitée au *Rép.* v° *Presse-outrage*, n°˟ 947 et suiv., et *infrà*, eod. v°.

§ 12. — Jet d'immondices (*Rép.* n°ˢ 214 et 215).

132. Le n° 12 de l'art. 471 punit ceux qui, imprudemment, auraient jeté des immondices sur quelque personne. On a exposé au *Rép.* n°ˢ 154 et suiv., 214 et 215, les différences qui existent entre cette disposition et celle du n° 6 du même article. Ces différences peuvent se résumer ainsi : 1° la contravention punie par l'art. 471 suppose un jet d'*immondices* sur une personne, tandis que la contravention spécifiée au paragraphe 6 existe, quelles que soient les choses jetées, si elles sont de nature à nuire, et suppose que ces choses n'ont atteint personne (*Rép.* n° 156) ; 2° elle s'applique, quel que soit le lieu où le fait s'est passé, tandis que le paragraphe 6 exige que le jet ait eu lieu sur la voie publique (*Rép.* n° 215. V. aussi Blanche, t. 7, n° 145). Si le jet, au lieu d'être le résultat d'une imprudence, a été volontaire, il est puni par l'art. 475, n° 8. — Par le mot *immondices*, il faut entendre non seulement les ordures, mais encore toutes les matières malpropres, infectes, ou produisant des exhalaisons insalubres (Crim. cass. 24 févr. 1855, aff. Ackire, D. P. 55. 5. 359 ; 24 nov. 1855, aff. Jullien Roch, D. P. 56. 5. 36).

§ 13 et 14. — Passage des hommes ou des animaux sur un terrain préparé ou ensemencé (*Rép.* n°ˢ 216 à 245).

133. — I. PASSAGE DE PERSONNES (c. pén. art. 471, § 13, et 475, § 9). — Nous joignons pour les étudier ensemble, comme on l'a fait au *Répertoire :* le n° 13 de l'art. 471 qui punit ceux qui n'étant ni propriétaires, ni usufruitiers, ni locataires, ni fermiers, ni jouissant d'un terrain ou d'un droit de passage ou qui, n'étant agents ni préposés d'aucune de ces personnes, sont entrés et ont passé sur ce terrain, ou sur partie de ce terrain, s'il est préparé ou ensemencé, et le n° 9 de l'art. 475, qui punit ceux qui sont entrés et ont passé sur un terrain, déjà chargé de grains en tuyau, de raisins, ou autres fruits mûrs ou voisins de la maturité. La peine est plus forte dans ce dernier cas ; mais sauf la différence de l'état du terrain, le fait est le même (*Rép.* n° 216).

134. La première condition exigée pour l'application du paragraphe 13 de l'art. 471 consiste dans un fait principal d'entrée et de passage de *personnes* sur un terrain ou une partie d'un terrain (*Rép.* n° 217). Il a été jugé que le fait d'un cultivateur d'avoir, en labourant son champ, fait tourner sa charrue et passer ses chevaux sur une terre voisine récemment labourée, mais non encore ensemencée, ne peut, à défaut de passage personnel de ce cultivateur, constituer aucune contravention (Crim. cass. 1er juin 1866, aff. Nourrissier, D. P. 68. 5. 131). Le paragraphe 13 de l'art. 471 n'était pas applicable en pareil cas, puisque le cultivateur n'était pas personnellement passé sur le terrain ; et d'autre part, la contravention prévue par le n° 14 de l'art. 471 n'existait pas, car elle suppose que le passage des animaux a lieu sur un terrain ensemencé ou chargé de récoltes. — Si l'inculpé prétend que le terrain lui appartient ou qu'il est grevé à son profit d'un droit réel, le juge de simple police doit surseoir à statuer jusqu'à ce que la question de propriété ou de droit réel ait été tranchée par le tribunal civil, tout en fixant un délai dans lequel l'inculpé sera tenu de saisir cette juridiction et de justifier de ses diligences.

135. Les personnes qui ont la faculté de passage sur un terrain préparé ou ensemencé sont : le propriétaire, l'usufruitier, le locataire ou fermier, l'individu qui a sur le terrain un droit de jouissance ou un droit de passage à titre de servitude. — Le propriétaire et l'usufruitier qui ont loué ou affermé le terrain et qui y passent sans l'autorisation du locataire ou du fermier commettent-ils la contravention prévue par le paragraphe 13 de l'art. 471 ? Nous le pensons. Qu'ils émanent d'un étranger ou du propriétaire, les actes qui ont pour conséquence de porter atteinte aux récoltes d'autrui doivent être réprimés. Le propriétaire n'a aucun droit sur les fruits des terrains qu'il a loués (Conf. *suprà*, v° *Chasse*, n°ˢ 462 et suiv. ; Blanche, t. 7, n° 191).

136. On a émis au *Rép.* n° 249 l'opinion que le propriétaire d'un fonds enclavé qui n'a aucune issue sur la voie publique ou qu'une issue insuffisante, peut, sans encourir la pénalité édictée par l'art. 471, § 13 c. pén., passer pour l'exploitation de son fonds sur l'héritage voisin, malgré l'opposition du propriétaire de cet héritage et avant d'avoir fait reconnaître par l'autorité judiciaire la légitimité de sa prétention, sauf le réglement ultérieur de l'indemnité, soit à l'amiable, soit par voie judiciaire. Son droit résulte de la

loi. La circonstance que le lieu du passage et l'indemnité n'auraient pas encore été fixés peut seulement donner lieu à une action en dommages-intérêts de la compétence exclusive des tribunaux civils. — Cette théorie a prévalu dans la doctrine (V. notamment : Blanche, t. 7, n° 194), et dans la jurisprudence. Il a été jugé : 1° que le fait par le propriétaire d'un terrain enclavé de passer sur les fonds voisins pour se rendre sur ce terrain, sans que le lieu du passage et l'indemnité eussent été préalablement fixés, ne tombe pas sous l'application de l'art. 479, n° 5, c. pén., mais donne lieu à une simple action en dommages-intérêts (Crim. cass. 16 sept. 1853, aff. Tabary, D. P. 53. 5. 151) ; — 2° Que le fait, par le propriétaire d'un fonds enclavé, de passer avec chevaux et voiture sur les terres qui forment l'enclave à l'effet d'enlever sa récolte, ne constitue pas, encore que ces terres soient elles-mêmes chargées de récoltes, la contravention prévue et punie par l'art. 475, § 10, c. pén., ce passage n'étant que l'exercice d'une servitude légale. Peu importe qu'il ne soit pas intervenu, entre le propriétaire enclavé et celui des terres formant l'enclave, de convention déterminant le point par lequel ce passage serait exercé, la question de savoir, en pareil cas, quels doivent être le mode et l'indemnité du passage, étant de la compétence exclusive des tribunaux civils (Crim. cass. 22 janv. 1857, aff. Aimot, D. P. 57. 1. 131. V. aussi Crim. cass. 27 janv. 1877, aff. Vital, Bull. crim., n° 33) ; — 3° Que le propriétaire dont le terrain borné de trois côtés par des propriétés appartenant à divers, joint, du quatrième côté, une route dont il est séparé par un talus appartenant à l'État, ou un fossé, est avec raison considéré comme étant dans un état d'enclave qui rend excusable le passage avec voitures sur un terrain voisin chargé de sa récolte. Peu importe qu'il lui soit possible d'obtenir un passage du côté de la route, si, en fait, il n'en jouissait pas de ce passage au moment de la prétendue contravention (Crim. cass. 29 nov. 1861, aff. Malandain, D. P. 63. 5. 113) ; — 4° Que le propriétaire d'un fonds enclavé qui passe sur les héritages voisins pour exploiter son fonds ne peut être soumis qu'à une action civile, alors même que ces héritages sont clos, et que ni le lieu du passage, ni l'indemnité n'ont été préalablement déterminés (Crim. cass. 16 déc. 1876, aff. Boulanger, D. P. 77. 5. 148) ; — 5° Que la servitude de passage sur le terrain d'autrui, reconnue par l'art. 682 c. civ., au profit du propriétaire du fonds enclavé, crée, au regard de la loi pénale, une excuse tirée de la nécessité qui autorise ce propriétaire ou ceux qui le représentent, à passer, sans commettre une contravention, sur les fonds voisins, pour l'exploitation de son héritage. Il en est ainsi, alors même que le passage s'effectue sans autorisation, et sans que son emplacement et l'indemnité prévue par l'art. 682 c. civ., aient été préalablement fixés ; sauf, d'ailleurs, l'action civile du propriétaire des fonds traversés. En tout cas, est nul pour insuffisance de motifs, le jugement qui au lieu de s'expliquer formellement sur la question de savoir si, en fait, le champ exploité par le prévenu était ou non enclavé, de manière à n'avoir aucune issue sur la voie publique, prononce une condamnation, sans que l'on puisse reconnaître si cette décision a été déterminée par des raisons de fait ou par des raisons de droit (Crim. cass. 27 déc. 1884, aff. Champonnais, D. P. 85. 1. 219-220).

137. Il appartient exclusivement au juge du fait de statuer sur l'exception fondée sur l'enclave. Si la juridiction civile est compétente pour déterminer les conséquences légales de l'enclave à l'égard des propriétaires voisins, le juge de police a le pouvoir de vérifier et d'apprécier les circonstances matérielles de fait, de temps et de lieu qui peuvent donner ou ôter au fait de passage qui en est la conséquence, le caractère de contravention. Cette doctrine est consacrée par plusieurs arrêts, qui décident qu'en cas de poursuite de simple police pour fait de passage sur une terre ensemencée ou chargée d'une récolte, l'allégation par le prévenu d'une nécessité de ce passage pour cause d'enclave, ne soulève pas une question préjudicielle de la compétence exclusive de la juridiction civile ; qu'il appartient au juge de police de vérifier, pour l'appréciation du fond, si l'état d'enclave existait réellement au moment du passage (Crim. cass. 29 nov. 1861, aff. Malandain, D. P. 63. 5. 113 ; Crim. rej. 17 août 1867, aff. Gouverneur, D. P. 68. 1. 136).

138. Le fait de passage est légitime quand il a été autorisé par le propriétaire ou par un autre ayant droit. Dès lors, la contravention n'existe plus. Cette proposition est vraie, comme on l'a dit au Rép. n°s 220 et 221, et dans le cas de l'art. 471, § 13, et dans le cas de l'art. 475, § 9. — Le consentement, cela va de soi, ne peut être pris en considération par le juge s'il n'est antérieur au fait incriminé. Il ne saurait dépendre du propriétaire de laisser subsister ou de faire disparaître une contravention constatée, qui peut être poursuivie d'office par le ministère public et en l'absence de toute plainte (Rép. n° 224), en refusant ou en accordant après coup son autorisation.

La loi n'exige pas que le consentement du propriétaire soit donné par écrit ; il peut être établi par tout mode de preuve admis par le droit commun. En ce sens, il a été jugé que le fait de passage à travers un terrain enclavé est couvert par le consentement du propriétaire de ce terrain, pourvu que ce consentement ait été antérieurement donné et sans qu'il soit nécessaire qu'il l'ait été par écrit ; qu'il appartient au juge de police, en cas de poursuite d'office du fait par le ministère public, de constater l'existence dudit consentement d'après les circonstances de la cause ; que l'énonciation dans un procès-verbal dressé, à l'occasion d'un fait de passage sur un terrain ensemencé, que le propriétaire de ce terrain a déclaré n'avoir pas donné de permission de passage, fait bien foi du fait matériel de la déclaration, mais permet néanmoins de n'en contester la véracité ; que, par suite, le juge de police peut sans méconnaître l'autorité du procès-verbal et en se fondant sur une nouvelle déclaration du propriétaire, reconnaître que le passage avait eu lieu avec permission (Crim. rej. 14 nov. 1861, aff. Pillois, D. P. 62. 1. 547). — Décidé encore qu'une convention, même verbale, par laquelle deux propriétaires de terrains contigus ont donné mutuellement passage sur leurs propriétés, enlève tout caractère de contravention au passage effectué en vertu de cette autorisation, encore bien qu'à ce moment le terrain traversé ne se trouverait pas encore dépouillé de sa récolte ; mais que la preuve de l'existence de cette convention, lorsque l'un des deux propriétaires qui l'ont conclue est poursuivi en suite d'un procès-verbal dressé pour passage sur le terrain de l'autre, ne peut être tirée de la déclaration faite à l'audience par ce dernier, qu'autant que ladite déclaration a été produite sous serment et en la forme d'une déposition régulière (Crim. rej. 27 nov. 1869, aff. Mas et Vairail, D. P. 70. 1. 445). Nous pensons que c'est à tort que la cour de cassation a considéré ici l'irrégularité de la déposition comme devant entraîner l'annulation du jugement, car, d'après l'arrêt précité du 14 nov. 1861, la preuve de l'existence de l'autorisation verbale antérieure au passage peut être tirée des circonstances de la cause, et, par conséquent, même des déclarations du prévenu. En tout cas, il a été jugé qu'il suffit que des témoins aient été entendus à la requête du prévenu, et que le procès-verbal ait ainsi été légalement débattu, pour que le juge ait pu, par appréciation souveraine des faits, admettre le moyen justificatif tiré d'une permission antérieure du propriétaire de passer même sur les terres ensemencées (Crim. rej. 24 mai 1873, aff. Alepée, D. P. 73. 1. 318). — Jugé encore que dans le jugement d'une prévention de passage avec voiture à travers des champs d'autrui couverts de récoltes, le juge de police devant lequel de prétendus documents sont produits pour établir le consentement des intéressés à l'exercice du passage peut, alors qu'il n'a pas été excipé de ce consentement dès le début de la poursuite et que ces documents lui paraissent créés uniquement pour les besoins de la cause, les rejeter du procès comme dépourvus de valeur juridique ; et l'appréciation du juge de police à cet égard échappe à la censure de la cour de cassation (Crim. rej. 17 août 1867, aff. Gouverneur, D. P. 68. 1. 136).

139. La question de savoir si le passage par un sentier formé par des passages antérieurs, en l'absence de signes indiquant une défense de passer, constitue ou non une contravention, est controversée. On a pris parti pour la négative au Rép. n° 223. Un arrêt postérieur de la cour de cassation (Crim. cass. 21 nov. 1861, aff. Dupoussois, D. P. 63. 1. 55), consacre la solution opposée. Il décide que le passage à travers un terrain ensemencé, effectué sans le

consentement du propriétaire, constitue une contravention, même dans le cas où il a eu lieu par une sorte de sentier formé par des passages antérieurs et en l'absence de clôtures ou signes indiquant une défense de passer (V. dans le même sens : Crim. cass. 16 mars 1867, aff. Célérier, D. P. 67. 5. 129; 16 mai 1867, aff. Raymond, D. P. 68. 5. 130).

140. On a enseigné au *Rép.* n°s 231 et suiv. qu'en vertu de la loi du 28 sept. 1791 (tit. 2, art 41), lorsqu'un chemin public est impraticable, le fait d'avoir pris passage sur les propriétés riveraines ne constitue aucune contravention. Le voyageur a même le droit de déclore l'héritage pour se frayer le passage (V. aussi sur cette disposition *Rép.* v° *Voirie par terre,* n°s 1398 et suiv.). La jurisprudence a précisé le sens dans lequel il faut entendre le mot *voyageur,* dont se sert la loi de 1791. « L'expression, dit un arrêt, doit être entendue dans un sens large qui s'applique même au passage par des cultivateurs de la localité pour des usages ruraux, la disposition de l'art. 41 se justifiant non moins par des motifs tirés des besoins de l'agriculture que de ceux de la circulation publique; et, par suite, n'est passible d'aucune peine le propriétaire qui, ne pouvant plus accéder à son héritage par un chemin rural devenu impraticable, a établi une rampe sur le tertre d'un autre chemin public et s'est ainsi frayé un passage pour rendre possible son exploitation » (Crim. cass. 1er juin 1866, aff. Chambert, D. P. 66. 5. 127). C'est en ce sens que s'étaient déjà prononcées antérieurement la doctrine et la jurisprudence, ainsi qu'on l'a vu au *Rép.* v° *Voirie par terre,* n° 1404. *Adde :* Blanche, t. 7, n° 200.

141. Le droit conféré par l'art. 41 existe non seulement à l'égard des chemins vicinaux, mais à l'égard de toute espèce de chemin public et notamment des chemins ruraux. Il est fondé sur la nécessité de maintenir la libre circulation et constitue, par suite, une mesure générale qui doit s'appliquer à tous les chemins publics sans distinction. Ce point établi au *Rép.* n° 2034, et v° *Voirie par terre,* n° 1402, est incontestable, et depuis il a été de nouveau consacré par plusieurs arrêts (Limoges, 28 juin 1869, aff. Deluret, D. P. 70. 2. 93; Toulouse, 27 juill. 1879, aff. Didier, D. P. 80. 2. 107).

142. Le passage sur un terrain privé peut conserver le caractère d'une contravention, si ce terrain ne touche pas au chemin, et si le voyageur a eu la possibilité de passer sur un fonds limitrophe (*Rép.* n° 234). Mais si le terrain touche au chemin, il a été jugé qu'il importe peu que le voyageur puisse parvenir à sa destination par une autre voie que le chemin impraticable, attendu que la loi ne distingue pas; d'ailleurs, une pareille distinction, si elle était admise, rendrait le plus souvent illusoire la servitude légale dont il s'agit et subordonnerait son application à une appréciation sans base certaine, puisque les chemins publics, auxquels s'applique la loi de 1791, se relient toujours à d'autres chemins publics et qu'il serait toujours possible de dire que le voyageur peut arriver au but par des voies publiques plus ou moins longues (Trib. civ. Saint-Girons, 20 déc. 1877, aff. Didier, D. P. 80. 2. 107. Conf. Civ. cass. 11 févr. 1879, aff. Collier, D. P. 79. 1. 55). — Le tribunal de police est compétent pour reconnaître l'impraticabilité du chemin. Il ne s'agit pas là, en effet, d'une question préjudicielle dont la connaissance est réservée soit à l'autorité administrative, soit aux tribunaux civils (Blanche, t. 7, n° 202).

143. Les communes, porte l'art. 41 de la loi de 1791, sont responsables du préjudice causé aux propriétaires par le passage sur les propriétés riveraines des chemins impraticables. Mais dans quel cas? D'après un premier système, le recours en indemnité ne peut être dirigé contre la commune qu'autant que le chemin reconnu impraticable est un chemin vicinal, dans le sens de la loi du 21 mai 1836, les chemins vicinaux étant seuls à la charge de la commune. Cette opinion s'appuie sur l'esprit de la loi de 1791, qui ne concerne que les chemins classés comme vicinaux. Elle a été admise par la cour de cassation dans un arrêt du 17 févr. 1841 (*Rép.* v° *Voirie par terre,* n° 1413) ; par la cour de Montpellier, le 26 nov. 1873 (aff. Commune de Saint-Chinian, D. P. 76. 5. 152), et par la cour de Rennes, le 31 janv. 1880 (aff. Barbedor, D. P. 80. 2. 205-206). Ce dernier arrêt décide que « les chemins vicinaux légalement reconnus sont seuls à la charge des communes qui ne peuvent être tenues

d'entretenir les chemins ruraux non classés; qu'en conséquence, lorsqu'un voyageur, dans le cas où le chemin rural non classé est impraticable, se fraye un passage sur les fonds riverains, la commune n'est pas obligée de payer une indemnité aux propriétaires de ces fonds qui n'ont d'action que contre l'auteur du dommage ». — Le second système soutient que les communes sont responsables sans qu'il y ait à distinguer entre les chemins classés comme vicinaux et les simples chemins ruraux. « La doctrine opposée, dit M. Féraud-Giraud, dans un remarquable rapport à la cour de cassation (D. P. 81. 1. 449), s'appuie sur une théorie complètement fausse. On soutient, en principe, que les communes ne sont pas tenues de mettre en état les chemins publics communaux non classés comme vicinaux, ce qui est une grave erreur ; la commune, propriétaire de ces chemins qui font partie du domaine communal, doit les posséder dans les conditions inhérentes à la nature même de cette propriété; et au point de vue administratif, comme au point de vue civil, elle est tenue des conséquences dommageables de la faute qu'elle commet si sa jouissance abusive la place dans un cas de responsabilité prévu par la loi. » Après avoir établi ce point, M. le conseiller-rapporteur ajoutait : « Si l'on veut trouver une explication exacte et sûre des mots *chemin public* insérés dans l'art. 41 du tit. 2 de notre loi, ce n'est pas dans l'art. 2 d'un tout autre titre et d'une section lointaine qu'il faut la chercher, mais tout à côté de l'art. 41, dans l'art. 40 qui le précède et dans l'art. 42 qui le suit. Or, tandis que l'art. 41 rend les communes responsables du dommage causé par le passage sur le fonds riverain d'un chemin public impraticable, l'art. 40 punit tous ceux qui ont dégradé ou détérioré ces mêmes chemins publics, et l'art. 42 punit le voyageur qui par la rapidité de sa voiture aura blessé ou tué des bestiaux sur ces chemins. Peut-on essayer de soutenir que ces peines ne sont encourues que si la contravention a été commise sur un chemin public allant d'une paroisse à une autre? Et alors pourquoi proposer pour l'art. 41 une distinction entre les divers chemins publics, alors qu'elle est contraire aux dispositions des articles qui se succèdent dans la loi et que rien n'indique l'existence d'un régime spécial pour le cas de l'art. 41 ». La cour de cassation a consacré cette théorie le 10 mai 1881 (aff, Commune de Boulvé, D. P. 81. 1. 449). — La loi du 20 août 1881, relative au code rural, a créé deux catégories de chemins ruraux, les chemins classés et les chemins non classés ; mais les arguments invoqués par M. Féraud-Giraud à l'appui de la solution sanctionnée par la chambre des requêtes ont conservé toute leur valeur. Le recours contre la commune en cas de dommage résultant du passage sur les propriétés riveraines, à raison de l'impossibilité de circuler sur un chemin rural, peut donc s'exercer, alors même qu'il s'agit d'un chemin rural non classé.

144. En droit strict, il y aurait lieu de distinguer entre le cas où l'impraticabilité est le résultat d'un fait de force majeure et celui où elle provient d'un défaut d'entretien ou d'un vice de construction du chemin ; l'obligation de la commune d'indemniser les riverains n'existerait que dans cette dernière hypothèse. Mais cette distinction serait contraire au texte de l'art. 41 de la loi de 1791, et paraît n'avoir jamais été admise. Jugé que la commune est tenue de réparer le préjudice causé au propriétaire du fonds riverain en cas d'impraticabilité d'un chemin rural, alors même que l'impraticabilité résulte d'un événement de force majeure, tel qu'une inondation (Toulouse, 29 juill. 1879, aff. Didier, D. P. 80. 2. 107). — Si l'impraticabilité provenait du fait du riverain, l'action en indemnité ne saurait évidemment être exercée contre la commune (Sol. impl., Req. 10 mai 1881, cité *supra,* n° 143).

145. La jurisprudence décide que le juge de police n'est pas compétent pour déterminer le caractère du chemin et préjuger ainsi qui supportera la réparation du dommage, à moins que ce caractère n'ait été préalablement reconnu par un acte administratif (V. aussi Blanche, t. 7, n° 203). — Nous ne croyons pas, non plus, qu'il appartienne au juge de police d'accorder au riverain la réparation civile à laquelle il a droit. « Aux termes de l'art. 164 c. instr. cr., les tribunaux de police ne peuvent prononcer de réparation civile qu'au profit de la personne lésée par la contravention, ou de l'inculpé à raison de la poursuite vexatoire dont il a été l'objet;

mais aucune disposition n'autorise ces tribunaux à condamner à des dommages-intérêts une partie qui n'est ni l'inculpé, ni la partie poursuivante. La question d'indemnité devra être tranchée par les tribunaux civils » (Blanche, t. 7, n° 203, p. 273).

146. Les entrepreneurs de travaux publics ont le droit de passer sur le terrain d'autrui, lorsqu'ils sont autorisés à extraire de ce terrain, moyennant indemnité, les matériaux nécessaires à l'exécution des travaux dont ils sont chargés. On a expliqué ce privilège au *Rép.* n° 235 (V. aussi *Travaux publics* ; — *Rép.* cod. v°, n°s 781 et suiv.; Blanche, t. 7, n° 195).

147. Le chasseur qui, sans faire d'ailleurs action de chasse, passe, sans le consentement du propriétaire ou de son ayant droit sur le terrain d'autrui, préparé ou ensemencé, commet évidemment la contravention prévue par l'art. 471, § 13, c. pén. (*Rép.* n° 229). — Il a été jugé que cette contravention ne peut être excusée par le motif que le chasseur, en allant ramasser dans le champ d'autrui une pièce de gibier abattu par lui, n'aurait fait qu'exercer un droit de suite, dérivant de la nécessité, et assimilable au droit du propriétaire enclavé. Cette excuse n'est admise par aucune loi (Crim. cass. 30 janv. 1879, aff. Lebrument, D.P.81.5.117).

148. Le propriétaire d'un bien rural qui le donne à ferme n'en conserve pas moins le droit de chasse sur ce bien et, par suite, la faculté de transmettre ce droit à un tiers. Mais ce tiers, locataire de la chasse, commet la contravention prévue par l'art. 471, § 13, s'il passe sur les terres ensemencées sans l'autorisation du fermier. La jurisprudence, en effet, pose en principe que le fait de passage et le fait de chasse sont deux faits distincts, susceptibles d'être autorisés par deux personnes différentes, de telle sorte que le passage constitue un délit rural, s'il a eu lieu sans l'autorisation du propriétaire de la récolte, tout en se produisant dans le cours d'une action de chasse licite à raison de la permission émanée du propriétaire même de l'héritage. — Il a été jugé en ce sens que le propriétaire qui afferme un bien rural aliène par cela même, et à moins de stipulation contraire, le droit de passage sur les terrains ensemencés ou chargés de récoltes et ne peut, dès lors, en louant plus tard la chasse à un tiers, transmettre à ce dernier la faculté de passer sur les terrains dont il s'agit; qu'en conséquence, le locataire de la chasse commet la contravention prévue par les art. 471, n° 13, c. pén., s'il passe, en chassant, sur des terres ensemencées ou couvertes de fruits qui ont été, sans restriction, données à ferme avant la location de la chasse. Il importe peu, dans ce cas, que le bail de la chasse concède formellement au preneur, pour l'exercice de la chasse, tous les droits que la loi accorde au propriétaire, sauf à indemniser le fermier des dommages qu'il pourrait occasionner aux récoltes en traversant, l'immunité consacrée par les art. 471, n° 13, et 475, n° 9, c. pén., ne pouvant être invoquée que par celui qui a conservé à la fois la propriété du terrain et celle de la récolte (Crim. rej. 2 avr. 1881, aff. Saint-Philbert et Plaisant, D. P. 81. 1. 279. V. aussi *supra*, v° *Chasse*, n°s 910 et suiv.; Blanche, t. 7, n°s 205 et suiv.).

149. Pour que la contravention prévue par le paragraphe 13 de l'art. 471 existe, il faut que le terrain soit ensemencé (il est ensemencé lorsque la graine y a été déposée), ou préparé (c'est-à-dire, fumé, labouré et hersé) (V. *Rép.* n° 225). Il a été jugé que le fait d'avoir passé sur le terrain d'autrui n'est passible d'amende que dans le cas où ce terrain était préparé ou ensemencé; que dès lors, il n'y a lieu de déclarer en contravention l'individu qui a passé sur un terrain appartenant à autrui, lorsque le procès-verbal déclare que ce terrain est en nature de bruyère (Crim. cass. 2 juin 1865, aff. Chapelain, D. P. 65. 5. 113). — Jugé, d'autre part, que les prairies étant en état de production permanente, ont, en tout temps, le caractère de terrains préparés ou ensemencés; qu'en conséquence, le fait de les traverser sans droit constitue la contravention réprimée par l'art. 471, n° 13, c. pén. (Crim. cass. 12 juill. 1855, aff. Gabaud, D. P. 55. 1. 364 ; 28 juin 1856, aff. Feutré, D. P. 56. 1. 367 ; 21 nov. 1861, aff. Dupoussois, D. P, 63. 1. 55). Jugé encore : qu'il y a lieu de considérer comme terres préparées ou ensemencées, ne pouvant être traversées sous les peines portées par l'art. 471, § 13, c. pén., les prairies naturelles ou herbages qu'on fait paître sur place et en vert, au lieu de les faucher et récolter, ces prairies étant, par leur nature et dans toutes les saisons,

en état de production permanente (Crim. cass. 27 avr. 1867, aff. Henry, D. P. 67. 5. 129) ; — Que les prairies naturelles sont protégées contre le passage des piétons par l'art. 471, § 13, ou par l'art. 475 § 9, c. pén., selon le degré de croissance de leurs produits (Crim. cass. 16 mars 1867, aff. Célérier, D. P. 67.5. 129).

150. Le passage d'une personne sur le terrain d'autrui constitue une infraction à l'art. 475, § 9, lorsque ce terrain est chargé soit de grains en tuyau, soit de fruits mûrs ou voisins de la maturité. Jugé : qu'un champ couvert de betteraves doit être considéré comme un terrain chargé de fruits dans le sens de l'art. 475, § 9 (Crim. rej. 2 avr. 1881, aff. Saint-Philbert et Plaisant, D. P. 81. 1. 279) ; — Que le passage sur une prairie naturelle constitue une contravention à l'art. 471, § 13, ou à l'art. 475, § 9, c. pén., suivant le degré de croissance du produit (Arrêt du 16 mars 1867, cité *supra*, n° 149).

151. Les contraventions prévues par le paragraphe 13 de l'art. 471 et le paragraphe 9 de l'art. 475 ne comportent, comme les autres contraventions, d'autres excuses que celles prévues par la loi (*Rép.* n°s 228 et suiv.). Jugé que l'infraction à la défense de traverser les terrains préparés ou ensemencés ne comporte pas l'excuse de la bonne foi (Crim. cass. 12 juill. 1855, aff. Gabaud, D. P. 55. 1. 364). — Jugé aussi : que l'infraction à la défense faite par l'art. 471, n° 13, c. pén., d'entrer ou de passer sur le terrain d'autrui ne saurait être excusée sous le prétexte qu'il n'y a pas eu de dommage causé (Crim. cass. 28 juin 1856, aff. Feutré, D. P. 56. 1. 367) ; — Que l'extrême division et la contiguïté des héritages ne peuvent motiver l'application des dispositions exceptionnelles qui concernent l'état d'enclave; que par suite, le fait d'un propriétaire d'avoir, en labourant, froissé la récolte du voisin sur une largeur d'un mètre, est à tort excusé, par assimilation avec l'état d'enclave, sur ce qu'il est impossible dans le pays de cultiver une terre sans causer un dommage au voisin, et sur ce que, d'ailleurs, il est d'usage de tolérer les dommages provenant de cette cause (Crim. cass. 7 déc. 1860, aff. Billerey, D. P. 61. 5. 142).

152. — II. Passage de bestiaux (c. pén. art. 471, § 14, et 475, § 10). — Le paragraphe 14 de l'art. 471 punit ceux qui ont laissé passer leurs bestiaux ou leurs bêtes de trait, de charge ou de monture, sur le terrain d'autrui, avant l'enlèvement de la récolte. À ce numéro nous joignons le paragraphe 10 de l'art. 475, concernant ceux qui ont fait ou laissé passer des bestiaux sur un terrain ensemencé ou chargé d'une récolte et appartenant à autrui. On a indiqué au *Rép.* n° 236 à quels faits s'applique chacune de ces dispositions, et la différence qui existe entre elles en ce qui concerne la peine prononcée. — Il a été jugé que le fait d'un berger d'avoir, par mégarde, laissé pénétrer son troupeau dans une terre appartenant à autrui et semée en lupin, est une contravention, non à l'art. 471, n° 14, c. pén.; qui protège les terres dont les fruits ont été récoltés et non encore enlevés, mais à l'art. 475, n° 10, qui protège les terres ensemencées ou chargées de récoltes (Crim. cass. 23 juin 1864, aff. Braccini, D. P. 69. 5. 120. V. dans le même sens : Crim. rej. 3 janv. 1880, aff. Laude, *Bull. crim.*, n° 10).

153. Toutes les explications que l'on vient de donner au sujet des art. 471, n° 13, et 475, n° 9, sur la question préjudicielle de propriété, sur les droits de propriété ou de jouissance qui autorisent le passage; sur le cas d'enclave, d'impraticabilité du chemin, s'appliquent aux dispositions qui font l'objet de notre examen. Ainsi il a été jugé : que le fait de conduire des bestiaux à travers des terres ensemencées ou *empouillées* appartenant à autrui, mais sans qu'il y ait eu de pâturage, ne constitue pas une contravention, lorsqu'il a eu lieu de la part du propriétaire envoyant son bétail sur une terre enclavée, pour y faire manger le regain; la circonstance que le lieu du passage et l'indemnité n'auraient pas encore été fixés, peut seulement servir de fondement à une action civile contre le berger et son maître (Crim. rej. 2 mai 1861, aff. Lepagnol, *Bull. crim.*, n° 95. V. aussi Crim. rej. 8 janv. 1869, aff. Chenu, D. P. 69. 5. 119; 17 août 1861, aff. Gouverneur, D. P. 68. 1. 136) ; — Que le passage d'un berger communal, avec son troupeau, sur une propriété appartenant à autrui et ensemencée, qui coupe en deux un cantonnement défriché et soumis à la vaine

pâture, ne constitue pas, si cette propriété est enclavée, la contravention prévue et punie par l'art. 475, n° 10, c. pén., sauf l'exercice au civil de toute action en indemnité, conformément à l'art. 682 c. civ. (Crim. rej. 22 nov. 1879) (1).

154. Une condition essentielle pour l'existence de l'une ou l'autre des contraventions, c'est que le terrain ait été ensemencé, et que les fruits n'aient pas été enlevés.

155. Il a été jugé : que le fait par un individu d'avoir, en labourant son champ et, pour plus de facilité dans sa culture, tourné avec ses chevaux sur le terrain d'autrui chargé de récoltes, et d'y avoir causé du dégât, tombe sous l'application de l'art. 475, n° 10, c. pén., et ne donne pas seulement lieu à une action civile de la compétence exclusive des tribunaux civils (Crim. cass. 15 avr. 1853, aff. Toupet, D. P. 53. 5. 151). —En effet, comme le dit cet arrêt, « aucune disposition de la loi rurale n'autorise le cultivateur, pour plus de facilité dans sa culture, à pénétrer dans le champ voisin au mépris des récoltes dont il est chargé et du dommage qui peut en résulter pour le propriétaire ; l'art. 475, n° 10, est absolu et n'admet aucune distinction. » Ainsi le paragraphe 14 de l'art. 471 est inapplicable dans le cas où un cultivateur en labourant son champ, fait tourner sa charrue et passer ses chevaux sur une terre voisine récemment labourée, mais non encore ensemencée (Crim. rej. 1er juin 1866, aff. Nourrissier, D. P. 68. 5. 131).

156. La contravention existe dès qu'il y a eu passage ; peu importe, d'ailleurs, que le passage ait eu lieu pour telle ou telle cause, mais il faut qu'il n'y ait que passage. S'il s'y mêle un fait de pacage non autorisé, ce n'est plus la contravention prévue par le paragraphe 14 de l'art. 471 (Rép. n°s 241 et suiv.). Le passage des bestiaux dans les bois et forêts, sur les dunes plantées en bois par l'État, est régi par le code forestier (Rép. n° 236. V. aussi Crim. cass. 2 août 1867, aff. Simard de Pitray, D. P. 68. 1. 45). Pour les infractions commises sur les terrains en montagne, restaurés ou reboisés en exécution de la loi du 4 avr. 1882, et les délits commis sur les terrains et pâturages en montagne, mis en défens, en exécution de la même loi, V. L. 4 avr. 1882, relative à la restauration et à la conservation des terrains en montagne, art. 11 et 15, D. P. 82. 4. 89, et infra, v° Forêts.

157. Les expressions « bestiaux, bêtes de trait, de charge ou de monture » comprennent les animaux en troupeaux, par exemple, les moutons, les chevaux employés au labourage, et aussi les voitures attelées d'animaux de trait, notamment, une charrette (Rép. n° 241 ; Crim. cass. 15 avr. 1853, aff. Toupet, D. P. 53. 5. 152 ; 1er déc. 1855, aff. Briot, D. P. 56. 5. 139).

158. On a enseigné au Rép. n° 244 que le passage d'un animal dans les propriétés d'autrui n'est une contravention qu'autant qu'on peut imputer le fait à la négligence du maître ou du gardien. Si celui-ci a fait tout ce qui dépendait de lui pour l'empêcher, il n'y a pas d'infraction punissable ; il ne reste qu'une action civile en réparation du dommage. La jurisprudence a appliqué ce principe. Outre l'arrêt cité au Rép. ibid., il a été décidé que le juge de police peut renvoyer des fins de la plainte l'individu poursuivi, dans le cas où les bestiaux ne se sont introduits dans la propriété d'autrui qu'en franchissant de vive force les haies en très bon état qui entouraient la pâture parfaitement close dans laquelle ils étaient enfermés (Crim. rej. 10 mars 1855, aff. Flament, D. P. 55. 5. 201). Toutefois, le juge de police admettrait à tort comme justification la circonstance qu'on ne pouvait imputer au prévenu aucun fait personnel de négligence ni d'imprudence, alors, d'ailleurs, qu'il ne se rencontre dans la cause aucun fait de force majeure (Crim. cass. 10 sept. 1857, aff. Champs, D. P. 57.

4. 449). Si la force majeure n'est pas établie, c'est évidemment qu'il y a eu négligence ou imprudence. — Il a été jugé, d'ailleurs, que la circonstance que le champ dans lequel les animaux ont été trouvés est clos de murs, ne fait pas nécessairement présumer qu'ils ont dû y être introduits par leur gardien, si le procès-verbal n'établit pas que la clôture dudit champ soit telle que ces animaux n'aient pu d'eux-mêmes y pénétrer (Crim. rej. 28 avr. 1865, aff. Bernardini, D. P. 65. 1. 195).

§ 15. — Contravention aux règlements ou arrêtés administratifs (Rép. n° 245).

159. Le paragraphe 15 de l'art. 471 punit les infractions aux règlements légalement faits par l'autorité administrative, ainsi qu'aux règlements ou arrêtés pris et publiés par l'autorité municipale, en vertu des art. 3 et 4, tit. 11, de la loi des 16-24 août 1790, et de l'art. 46, tit. 1er, de la loi des 19-22 juill. 1791, lesquels sont actuellement abrogés par l'art. 168 de la nouvelle loi municipale du 5 avr. 1884, et remplacés par les art. 97 et 98 de la même loi. Cette importante disposition est étudiée v° Commune, n°s 474 et suiv. — Rép. eod. v°, n°s 658 et suiv.

Sect. 2. — Deuxième classe de contraventions de police (Rép. n°s 246 à 413).

§ 1er. — Bans de vendange et autres (Rép. n°s 246 à 270).

160. La loi du 28 sept. 1791 reconnaît expressément au pouvoir municipal le droit de publier des bans de vendange dans les pays où ils sont en usage. L'art. 475 parle « d'autres bans autorisés par les règlements ». L'interprétation de cette disposition a soulevé des difficultés. On a soutenu au Rép. n°s 255 et suiv. que la loi ne permet à l'autorité municipale de publier d'autres bans que ceux relatifs aux vendanges et à certaines jouissances communes, telles que celle de la seconde ou de la troisième herbe des prés communs. L'opinion contraire a prévalu dans la jurisprudence. Elle admet la légalité des autres bans, notamment des bans de fauchaison et de moisson, dans les pays où l'usage en existait encore lors de la promulgation de la loi de 1791. M. Blanche, t. 7, n° 287, partage cet avis. « Les anciens usages de la France, dit cet auteur, admettaient d'autres bans que celui de vendange. Il semble que la loi de 1791 avait entendu les supprimer, puisqu'elle déclarait les propriétaires libres de faire leurs récoltes, au moment qui leur convenait, et qu'elle ne limitait leur droit que pour la récolte des vignes. Mais il est difficile de méconnaître que le code pénal les a rétablis, puisqu'il punit ceux qui contreviendront non seulement aux bans de vendange, mais encore aux autres bans autorisés par les règlements. »

161. Sur la question de savoir dans quelles localités les bans de vendange et autres peuvent être légalement publiés, V. suprà, v° Commune, n° 530 (V. aussi Blanche, t. 7, n° 271).

162. Quant à l'étendue du pouvoir réglementaire de police de l'autorité municipale en cette matière, sur l'obligation imposée aux propriétaires de ne pas vendanger avant la publication du ban dans les communes où existe l'usage de publier des bans, et sur le caractère des bans et leur publication, V. Rép. n°s 259 et 260, et suprà, v° Commune, n°s 528 et 529.

163. — Bans de vendange. — Comme on l'a dit au Rép. n° 263, les bans de vendange ne peuvent s'étendre aux vignes fermées, quels qu'aient été, à l'égard de ces vignes, les anciens usages. Les vignes closes sont celles qui sont

(1) (Pionnier, femme Juy.) — La cour ; — Attendu qu'un procès-verbal régulier constate que la nommée Julie Pionnier, femme Juy, bergère de la commune de Vitry-lès-Nogent, avait traversé, avec le troupeau de moutons confié à sa garde, une propriété ensemencée en seigle appartenant à un sieur Voirin ; — Attendu que, citée devant le tribunal de simple police comme auteur de la contravention de l'art. 475, n° 10, c. pén., le juge de police, après enquête à l'audience, a reconnu et déclaré en fait qu'un vaste cantonnement défriché appartenant à divers, et soumis au droit de vaine pâture, se trouvait coupé en deux par une bande de terrain défriché et emblavé par le sieur Voirin, et que l'on ne

pouvait passer sur la deuxième partie des friches soumises à la vaine pâture, sans fouler plus ou moins la propriété dudit Voirin ; — Attendu qu'ayant ainsi constaté en fait cet état d'enclave, il a décidé en droit qu'il n'y avait lieu dans l'espèce à faire l'application de l'art. 475, n° 10, c. pén., sauf l'exercice au civil de toute action en indemnité, conformément à l'art. 682 c. civ. ; — Attendu qu'en jugeant ainsi, loin de violer les dispositions de l'art. 475, n° 10, c. pén., il a fait, au contraire, dans l'espèce, une juste et saine appréciation des dispositions de la loi ; — Rejette, etc.

Du 22 nov. 1879.-Ch. crim.-MM. de Carnières, pr.-Bertrand, rap.-Benoist, av. gén.

entourées de l'une des clôtures spécifiées dans l'art. 6, tit. 1ᵉʳ, sect. 4, de la loi de 1791 (V. aussi *suprà*, v° *Commune*, n° 531 et suiv., où sont exposées les applications que cette règle a reçues dans la jurisprudence depuis la publication du *Répertoire*; Blanche, t. 7, n° 278). — On a vu aussi *ibid.*, n° 532, que le ban n'est applicable qu'autant qu'il s'agit d'une récolte ayant pour objet la fabrication du vin.

164. Le juge de police ne peut admettre d'autres excuses que celles établies par la loi. De nombreux arrêts ont consacré ce principe (V. *suprà*, v° *Commune*, n° 534).

§ 2. — Registre des aubergistes et logeurs (*Rép.* nᵒˢ 271 à 288).

165. Le paragraphe 2 de l'art. 475 c. pén. punit les aubergistes, hôteliers, etc., qui négligent d'inscrire sur un registre les noms, qualités, domicile habituel, dates d'entrée et de sortie, de toutes personnes qui couchent ou passent une nuit dans leurs maisons, et ceux d'entre eux qui manquent à représenter ce registre, aux époques déterminées par les règlements ou lorsqu'ils en sont requis, sans préjudice des cas de responsabilité mentionnés en l'art. 73 du même code relativement aux crimes ou aux délits de ceux qui n'ont pas été régulièrement inscrits. Les fausses inscriptions opérées sciemment par les logeurs, aubergistes, etc., et les omissions volontaires d'inscription commises par eux de connivence avec les personnes qu'ils logent, sont prévues et punies (art. 154 c. pén. (V. *Rép.* v° *Faux*, n° 369). L'art. 475 a deux parties, l'une concernant la nécessité de l'inscription sur un registre, l'autre relative à l'obligation de représenter ce registre. Nous traiterons séparément de chacune d'elles.

166. — I. Dispositions communes. — La question de savoir quelles sont les personnes auxquelles la disposition de l'art. 475, § 2, est applicable, déjà examinée au *Rép.* n° 273, a été traitée de nouveau *suprà*, v° *Commune*, n° 737. La jurisprudence, comme on l'a vu *ibid.*, paraît se prononcer dans le sens de l'opinion de M. Blanche, suivant laquelle l'application de cet article n'est pas nécessairement restreinte à ceux qui exercent la profession d'aubergiste ou de logeur (Blanche, t. 7, n° 289). Il n'y a, suivant cette jurisprudence, aucune incompatibilité entre la qualité de loueur de logements garnis et celle de propriétaire de la maison où cette profession pourrait être exercée. Sans doute, elle considère l'art. 475, § 2, comme inapplicable au propriétaire qui loue les appartements de sa maison excédant ses besoins, non à tous ceux qui se présentent et demandent un gîte pour quelques jours, mais à des personnes sédentaires et de son choix, ce qui est le cas, notamment, de l'habitant d'une ville d'eaux qui, pendant la saison, loue à une famille étrangère une partie de sa maison : on ne peut qualifier cet habitant de logeur de profession et assimiler son immeuble aux lieux ouverts au public et où chacun a le droit de se présenter. Mais elle soumet aux obligations des logeurs les individus, propriétaires ou non, qui font profession de louer dans leur maison des chambres garnies à des personnes non sédentaires, encore bien qu'ils ne soient pas imposés à la patente de logeurs, la sûreté publique exigeant qu'ils soient soumis à la même surveillance que les loueurs patentés et de profession. Conformément à cette distinction, il a été jugé que l'art. 475, § 2, est inapplicable : 1° au propriétaire qui loue en garni la partie de sa maison excédant ses besoins, mais qui ne loge point d'étrangers, n'accueille point le premier venu et n'admet chez lui que des personnes de son choix (Crim. rej. 10 avr. 1874, aff. Audureau, D. P. 75. 5. 274); — 2° A celui qui loue, non des chambres garnies, mais des appartements meublés et à des locataires sédentaires; ce propriétaire ne peut être assimilé à un loueur de maison garnie, et être déclaré obligé, en cette qualité, de tenir le registre imposé aux logeurs (Crim. rej. 5 mars 1864, aff. Duthé, D. P. 65. 5. 252. V. aussi Crim. rej. 8 janv. 1859, aff. Algan, D. P. 59. 5. 244; 30 nov. 1861, aff. Arrimat, D. P. 61. 5. 291; 27 mars 1862, aff. Piet, D. P. 63. 5. 234; 15 nov. 1862, aff. David, *ibid.*); — 3° Aux propriétaires qui louent au mois, à l'année ou par bail, une partie de leur maison en garni; ces personnes ne font qu'user du droit de propriété (Crim. rej. 9 sept. 1853, aff. Gérard, D. P. 53. 5. 40); — 4° Aux personnes qui, exerçant la profession de lingères et de couturières à la journée, louent en cham-

bres garnies, même à des ouvriers étrangers quand elles en trouvent l'occasion, la partie de leur maison qui n'est pas nécessaire à leur habitation personnelle; on ne saurait les assimiler à des logeurs de profession (Crim. rej. 3 juin 1853, aff. Estradère, D. P. 53. 5. 39); — 5° A l'ouvrière (dans l'espèce, une taillandière), qui n'est ni hôtelière, ni aubergiste, ni logeuse, et qui ne fait que donner en location une chambre dans la maison qu'elle occupe; elle ne peut, à raison de cet acte unique de location, être assimilée à une logeuse de profession, et, par suite, n'est pas obligée de tenir et de représenter à l'autorité locale le registre prescrit par l'art. 475 (Crim. rej. 4 mars 1882, aff. Macrez, D. P. 82. 1. 439). — Décidé, au contraire, que le propriétaire qui loue au mois, notamment, à des officiers de la garnison, une partie de sa maison disposée en chambres garnies, est assujetti aux obligations des loueurs de maisons garnies, et notamment à celle de tenir le registre prescrit par l'art. 475, § 2, c. pén., encore bien qu'il ne soit pas imposé à la patente de logeur (Crim. cass. 6 oct. 1854, aff. Brante, D. P. 55. 1. 43). — Quant aux propriétaires qui louent des chambres ou appartements non meublés, ils ne peuvent évidemment être assimilés à des logeurs; l'art. 475, § 2, ne leur est pas applicable (Crim. rej. 24 janv. 1863, aff. Chérault, D. P. 63. 5. 234).

167. On a dit au *Rép.* n° 277 que les cabaretiers ne sont soumis à l'obligation de l'inscription sur le registre, que s'ils logent. Ce point paraît admis sans difficulté (V. conf. Blanche, t. 7, n° 290).

168. En cas de poursuite contre un propriétaire pour s'être abstenu, bien que louant des chambres garnies au mois et moyennant une quinzaine payée d'avance, de tenir le registre prescrit par l'art. 475, § 2, c. pén., le juge de police ne peut renvoyer le prévenu qu'après que les faits relevés au procès-verbal, qu'ils entraînent ou non le droit de patente, ont été examinés en eux-mêmes et précisés, de manière que la cour de cassation puisse exercer le contrôle qui lui appartient (Crim. rej. 24 mars 1866, aff. Fontaine, D. P. 67. 5. 261).

169. L'art. 475, § 2, s'applique aux campagnes comme aux villes (*Rép.* n° 277; Blanche, t. 7, n° 304). — Il a abrogé, d'après l'opinion émise au *Rép.* nᵒˢ 272, 275 et 277, les anciens règlements, édits du roi, ordonnances de police, publiés sur cette matière (V. *suprà*, v° *Commune*, n° 739). Mais, comme on l'a vu *ibid.*, cette proposition n'est pas acceptée par la jurisprudence qui considère comme étant toujours en vigueur les règlements qui ne sont pas inconciliables avec la législation actuelle. Elle a reconnu que l'ordonnance de 1563 qui défendait aux aubergistes de se refuser, sans cause légitime, à recevoir les voyageurs qui se présentaient chez eux, se trouve abrogée comme étant inconciliable avec les dispositions des lois de 1791 relatives à la liberté du commerce et de l'industrie (Crim. rej. 2 juill. 1857, aff. Desriège, D. P. 57. 1. 376. V. aussi Blanche, t. 7, n° 303).

170. L'autorité municipale, n'ayant pas le droit d'ajouter, par des règlements locaux, aux dispositions précises du code pénal, ne peut, par ses arrêtés, étendre les prescriptions de l'art. 475, § 2, à d'autres personnes qu'aux aubergistes, hôteliers, logeurs ou loueurs de profession, Ce principe a été exposé au *Rép.* n° 275 (V. aussi *suprà*, v° *Commune*, n° 738). S'il s'agissait de lieux publics, et non de maisons particulières, l'autorité municipale qui est chargée du maintien du bon ordre dans ces endroits (L. 5 avr. 1884, art. 97) pourrait assujettir les personnes qui en ont la direction à tenir un registre et à y inscrire les noms de ceux qu'elles reçoivent à coucher, même accidentellement (Blanche, t. 7, n° 292).

171. — II. De l'obligation de l'inscription sur le registre. — L'art. 475, § 2, prescrit aux hôteliers, logeurs, etc., d'inscrire sur leur registre les noms des personnes qui ont couché ou passé la nuit dans leur maison, sauf bien entendu les individus qui demeurent à titre permanent chez l'aubergiste ou logeur, tels que les domestiques, ou les membres de sa famille. — A part cette exception, l'aubergiste ou logeur doit porter sur son registre le nom de toutes les personnes qui ont séjourné dans son établissement (*Rép.* n° 279). Cette solution est, en effet, conforme à la généralité des termes de l'art. 475, § 2, c. pén., qui parle, sans faire

aucune distinction, « de toutes personnes qui auraient couché ou passé une nuit.» (Crim. cass. 7 févr. 1856, aff. Guibrunet, D. P. 56. 1. 184; 12 mars 1875, aff. Aubriet, D. P. 75. 1. 396). Jugé que l'obligation imposée par l'art. 475, § 2, s'applique « aux personnes reçues par les logeurs à titre d'amis et sans payer » (Arrêt précité du 12 mars 1875); aux personnes (aux ouvriers, notamment) qu'ils prennent en pension pour une résidence suivie (Crim. cass. 19 mai 1860, aff. Daullard, D. P. 60. 5. 223); aux locataires comme aux sous-locataires, et même aux personnes ayant couché dans la chambre d'un locataire (Rép. n° 280; Crim. cass. 9 juill. 1859, aff. Dupont, D. P. 59. 5. 243); et le défaut d'inscription de ces personnes doit être réprimé bien que leur introduction ait eu lieu à l'insu du logeur (Arrêt précité du 9 juill. 1859).

172. On a indiqué au Rép. n° 280 à quel moment la mention sur le registre doit être faite. — Jugé que l'obligation pour le logeur d'inscrire sur son registre le nom des personnes qui passent la nuit chez lui ne commence pas immédiatement après l'entrée des personnes, mais seulement après l'expiration de la nuit; et que l'accomplissement de cette formalité comporte même le délai moral nécessaire pour obtenir de la personne logée, et après son lever, les indications dont doit se composer l'inscription (Crim. rej. 18 juill. 1874, aff. Penet, D. P. 75. 1. 283). Décidé encore que les hôteliers, aubergistes ou logeurs n'étant obligés d'inscrire sur leur registre que les personnes qui ont couché ou passé une nuit dans leur maison, il s'ensuit qu'ils ne sont pas assujettis à faire l'inscription au moment même de l'arrivée des voyageurs, et que l'inscription est faite en temps suffisant, si elle a lieu immédiatement après la première nuit passée dans l'hôtellerie ou l'auberge (Crim. rej. 24 avr. 1880, aff. Pierri, D. P. 80. 1. 400). Par ces mots sortie des voyageurs, le code entend parler de leur départ définitif; s'ils ne faisaient qu'une absence momentanée, il n'y aurait pas nécessité de la mentionner sur le registre. Par exemple, le voyageur logé dans une auberge ne doit être porté comme sortant sur le registre des inscriptions, que lorsqu'il quitte l'établissement et non lorsque, tout en gardant sa chambre, où il a laissé ses effets, il lui arrive de s'absenter momentanément et de découcher (Crim. rej. 16 avr. 1864, aff. Dandry, D. P. 65. 1. 400; Blanche, t. 7, n° 294, p. 396).

173. Les mentions que doit contenir l'inscription, aux termes de l'art. 475, § 2, sont les noms, qualités, domicile habituel, dates d'entrée et de sortie de la personne qui a passé la nuit. La loi n'oblige pas d'inscrire les prénoms (Crim. rej. 27 août 1852, aff. Rufenach, D. P. 53. 5. 40). Il a été jugé qu'il n'y a pas infraction à l'art. 475, § 2, dans le fait d'un aubergiste qui, après avoir inscrit sur son registre les noms, qualité et domicile d'un homme, ajoute seulement la mention « et sa dame » pour indiquer la femme avec laquelle cet homme a passé la nuit dans l'auberge (Crim. rej. 27 août 1875, aff. Bonnemaison, D. P. 76. 5. 285). — Cette décision ne nous paraît pas à l'abri de toute critique. Elle est en contradiction avec les arrêts qui obligent les logeurs à

inscrire les noms des personnes qui ont couché dans la chambre d'un locataire. La police n'a-t-elle pas intérêt, d'ailleurs, à connaître le nom des femmes qui passent la nuit dans les auberges?

174. L'autorité municipale et l'autorité administrative ont le droit, à raison des pouvoirs de police que leur attribuent les art. 97 et 99 de la loi du 5 avr. 1884, de prendre dans un intérêt de sûreté générale des mesures qui sont le développement ou la mise à exécution de l'art. 475, § 2 (Rép. n° 278). — Décidé aussi que les aubergistes peuvent être astreints par un arrêté municipal à exiger des voyageurs, lors de l'inscription de leurs noms sur leur registre, la présentation du passe-port dont ils doivent être munis, et que l'omission de cette précaution les rend passibles de la peine prononcée par l'art. 471, n° 15 (Crim. cass. 8 mai 1858, aff. Odot, D. P. 58. 1. 296).

175. — III. De l'obligation de représenter le registre. —L'époque, le mode et le lieu de représentation du registre sont fixés par les arrêtés de l'autorité municipale ou de l'autorité administrative (Rép. n° 283 et suiv.). Jugé qu'un arrêté préfectoral peut régulièrement prescrire aux logeurs et aubergistes : de représenter tous les quinze jours, à la mairie, le registre qu'ils doivent tenir (Crim. cass. 15 mai 1856, aff. Lacourège, D. P. 56. 5. 270); — De remettre chaque jour au commissaire de police un extrait du registre (Crim. cass. 24 juin 1883) (1). Indépendamment de cette obligation périodique, le registre doit être représenté à chaque réquisition (Rép. n° 284).

176. — IV. Excuses; Peines. — Aucune excuse non admise par la loi ne peut être accueillie par le juge. Décidé, notamment, qu'il faut repousser l'excuse tirée : de ce qu'il ne s'agirait que d'un oubli isolé et accidentel (Crim. cass. 15 mai 1856, aff. Lacourège, D. P. 56. 5. 270); — De ce que les voyageurs qui avaient quitté l'hôtellerie après y avoir couché et passé la nuit, devaient y rentrer pour reprendre leurs effets qu'ils y avaient laissés en dépôt (Crim. cass. 5 août 1853, aff. Bochin, D. P. 53. 5. 40); — De ce que la contravention a eu un caractère isolé, momentané; qu'elle se serait effacée en quelque sorte aussitôt qu'elle avait été commise (Crim. cass. 29 nov. 1879) (2). Nous avons cité d'autres exemples au Rép. n° 286.

177. La contravention consistant dans le fait de n'avoir pas inscrit la personne qui couche dans une auberge, une hôtellerie, ou un garni, ne se renouvelle pas à chaque nuit que cette personne y passe. Par suite, le défaut d'inscription de plusieurs noms d'un voyageur ne constitue, à la charge de l'aubergiste ou logeur, qu'une contravention, et non pas autant de contraventions que le voyageur a passé de nuits dans l'établissement sans être inscrit (Crim. rej. 4 févr. 1859, aff. Bouchot, D. P. 59. 5. 244 ; Blanche, t. 7, n° 297). Mais si l'aubergiste, l'hôtelier, le logeur ou loueur de maison garnie a omis d'inscrire plusieurs personnes, il y a alors autant de contraventions qu'il y aurait d'omissions, l'art. 365 c. instr. cr., qui interdit le cumul des peines, n'étant pas

(1) (Charles Mille.) — La cour; — Sur le moyen unique du pourvoi formé par le commissaire de police exerçant les fonctions de ministère public près le tribunal de simple police d'Amiens : — Vu l'art. 6 de l'arrêté du préfet de la Somme, en date du 28 août 1855, et l'art. 475, n° 2, c. pén. ; — Attendu que ledit arrêté pris légalement dans le cercle des attributions du préfet pour tout le département et dans un intérêt d'ordre et de sûreté publics, oblige les aubergistes et les logeurs de faire viser chaque mois par le commissaire de police le registre dont la tenue est imposée par l'art. 475, n° 2, c. pén. ; — Attendu que la contravention commise par Mille, logeur en garni, à cette disposition réglementaire, était constatée par un procès-verbal régulier et non débattu par la preuve contraire; que le tribunal de simple police d'Amiens, en relaxant Mille de la poursuite dirigée contre lui à raison de cette infraction, par le motif que l'arrêté préfectoral n'avait pas été légalement pris, a méconnu le caractère obligatoire et l'autorité légale de cet arrêté; que, d'autre part, le tribunal a faussement interprété l'art. 6 de l'arrêté précité en décidant que Mille, qui devait faire viser son registre par le commissaire de police, n'était pas obligé de porter ce registre à ce fonctionnaire pour qu'il y apposât son visa ; que le jugement attaqué a donc violé les dispositions de l'art. 475, n° 2, c. pén. ; — Par ces motifs, casse et met à néant le jugement rendu par le tribunal de simple police d'Amiens, en date du 16 mars 1883 ; et, pour être statué de nouveau sur la contravention imputée à Mille, le renvoie ainsi que les pièces de la procédure devant le tribunal de simple police de

Corbie, à ce désigné par délibération prise en chambre du conseil, etc.
Du 24 juin 1883.-Ch. crim.-MM. Lescouvé, rap.-Tappie, av. gén.

(2). (Michel Vaché.) — La cour;... — Sur le troisième moyen, tiré de la violation, pour refus de l'appliquer, de l'art. 475, n° 2, c. pén. : — Attendu que pour refuser de faire application au prévenu des dispositions dudit article, le jugement attaqué s'est fondé sur des documents qu'il ne spécifie pas, et qui seraient pris en dehors du débat contradictoire, du procès-verbal et de l'instruction; — Qu'en outre, après avoir reconnu en droit que Vaché pouvait être considéré comme logeur et comme tel passible de l'amende édictée par l'art. 475, n° 2, susvisé, ledit jugement s'appuie pour relaxer le prévenu sur ce que la contravention ne résulterait que d'un fait isolé, et n'aurait été que momentanée; — Qu'en statuant ainsi sur se fondant, d'une part, sur des documents qui n'avaient aucune valeur juridique, et, d'autre part, en refusant d'appliquer les dispositions de la loi pénale à une contravention dont il déclarait l'existence, par le seul motif que la contravention aurait été de peu de durée, et se serait effacée en quelque sorte aussitôt qu'elle avait été commise, le juge de simple police a méconnu, à un double point de vue, les règles de sa compétence et expressément violé, pour refus de l'appliquer, l'art. 475, n° 2, susvisé; — Par ces motifs, casse, etc.
Du 29 nov. 1879.-Ch. crim.-MM. Etignard de Lafaulotte, rap.-Petiton, av. gén.

applicable aux contraventions de police (Crim. cass. 8 janv. 1864, aff. Tardivon, D. P. 66. 5. 343). De même, s'il a omis, d'une part, d'inscrire un voyageur, et, d'autre part, de représenter son registre à l'époque déterminée, il a commis deux contraventions, passibles l'une et l'autre de la peine de l'art. 475 (Blanche, t. 7, n° 298).

178. La peine de l'art. 475, § 2, frappe la contravention aux règlements pris par l'autorité municipale ou administrative, lorsque ces règlements ne sont que l'application ou le développement de la disposition de cet article; tels sont les règlements fixant l'époque, le mode, le lieu de représentation du registre. Il y a lieu, au contraire, d'appliquer la peine de l'art. 471, § 15, lorsque les règlements ajoutent aux injonctions du code pénal et n'ont été pris qu'en raison des pouvoirs généraux que la loi du 5 avr. 1884 attribue aux maires et aux préfets (Blanche, t. 7, n° 300, p. 406. V. *suprà*, v° *Commune*, n°s 736 et suiv.).

§ 3. — Des rouliers, charretiers et autres conducteurs de voitures (*Rép.* n°s 289 à 312).

179. La loi du 30 mai 1851 sur la police du roulage et des messageries publiques, et le décret du 10 août 1852 rendu en exécution de cette loi, ont apporté des modifications au paragraphe 3 de l'art. 475 c. pén., mais seulement en ce qui concerne la police des routes nationales, départementales et des chemins vicinaux de grande communication. Il y a lieu de remarquer que, même en ce qui regarde ces voies, plusieurs dispositions de la loi de 1851 et du décret de 1852 ne s'appliquent que s'il s'agit de certaines voitures déterminées; elles ne concernent nullement, d'autre part, les infractions provenant de la mauvaise direction ou de l'abandon des bêtes de charge non attelées. L'art. 475, § 3, continue donc à régir les contraventions non prévues par la loi de 1851 et le décret de 1852, commises sur les routes nationales, départementales et les chemins vicinaux de grande communication et toutes les contraventions commises sur les autres voies publiques (Blanche, t. 7, n° 305. V. *Voiture; — Rép.* cod. v°, n°s 227 et suiv.). — Il a été jugé que le fait de laisser des bêtes de charge à l'abandon sur une grande route continue, depuis la loi du 30 mai 1851 et le décret du 10 août 1852 sur la police du roulage, à être puni des peines de police édictées par l'art. 475-3° c. pén.; on induirait à tort du silence gardé par ces lois à l'égard de la contravention dont il s'agit, étrangère au reste à l'objet qu'elles avaient à réglementer, qu'en ce point elles ont tacitement abrogé les dispositions répressives de l'art. 475 (Crim. cass. 1er juin 1855, aff. Long et Lazare, D. P. 55. 5. 18).

180. Les règlements, dont parle l'art. 475, § 3, sont les règlements généraux qui régissaient la matière au moment de la promulgation du code pénal. Quelques-uns d'entre eux ont été reproduits par des ordonnances ou des décrets postérieurs (V. notamment le décret du 1er mars 1854 qui charge la gendarmerie de contraindre les voituriers, charretiers et tous conducteurs de voitures de se tenir à côté de leurs chevaux pour les diriger) (D. P. 54. 4. 54). La contravention prévue par l'art. 475, § 3, existe, d'ailleurs, indépendamment de tout règlement antérieur à ce sujet. En effet, ce paragraphe se suffit à lui-même; il renferme les éléments constitutifs de la contravention et sa pénalité; en paraissant renvoyer aux dispositions existantes, il les a renouvelées. Telle est la théorie qui a été soutenue au *Rép.* n° 295. La doctrine et la jurisprudence l'ont adoptée (Blanche, t. 7, n° 305; Crim. cass. 22 nov. 1856, aff. Courtaut, D. P. 56. 5. 504). — Il est hors de doute aussi que la contravention spécifiée à l'art. 475, § 3, peut exister indépendamment de tout arrêté local. Les préfets et les maires ont néanmoins le droit de prendre des arrêtés sur la matière, soit pour déterminer les détails d'application que comporte le code pénal, soit pour interpréter la pensée du législateur. Ces arrêtés qui ne sont, à vrai dire, que la reproduction de l'art. 475, ont pour sanction pénale la peine prononcée par cet article (V. sur ce point, les explications données au *Rép.* n°s 295 à 299. V. aussi Blanche, t. 7, n° 305; Crim. cass. 22 nov. 1856 précité; Crim. cass. 7 janv. 1859, aff. Gally, D. P. 60. 5. 428).

181. — I. LIEUX AUXQUELS S'APPLIQUE L'ART. 475, § 3. —

La disposition du paragraphe 3 de l'art. 475, ayant pour but de maintenir l'ordre et d'empêcher les accidents sur la voie publique, est générale et s'applique aux rues, routes, chaussées, voies publiques, sans distinction, pourvu que ces chemins soient livrés à la circulation; sauf, toutefois, le cas où son application est écartée par l'application de la loi du 30 mai 1851 et du décret du 10 août 1852, sur la police du roulage (*Rép.* n° 294). Décidé, en ce sens : que la disposition de l'art. 475, § 3, qui défend à tous conducteurs de voitures de quitter leurs chevaux, et, par conséquent, de laisser stationner leur voiture attelée, sans que l'attelage soit surveillé par son conducteur, étant générale et absolue, s'applique aux chemins dépendant de la petite voirie et à ceux qui appartiennent à la grande voirie, et n'a pas besoin d'être rappelée dans un règlement local (Crim. cass. 22 nov. 1856, aff. Courtaut, D. P. 56. 5. 504); — Que les quais d'une ville font partie de la voie publique, et que la disposition de l'art. 475, § 3, s'y applique (Crim. cass. 28 avr. 1859, aff. Pelletier, D. P. 63. 5. 426). Mais jugé que les rivages de la mer, bien que d'un usage libre, n'ont pas le caractère de voies publiques ne le sont, à ce titre, soumis à aucune réglementation de voirie; que, par suite, le fait d'un voiturier d'avoir laissé à l'abandon sur le bord de la mer un mulet attelé qui s'est emporté, ne tombe pas sous l'application de l'art. 475, § 3, c. pén., exclusivement relatif à la conduite et à la garde des voitures sur les voies publiques, et ne peut donner lieu, en cas de dommages autres que des blessures, qu'à une action civile; qu'il en est ainsi, même dans le cas où la partie du rivage de la mer où le fait a eu lieu servirait de marché public pour la vente du poisson en gros; sauf le droit qui appartient à l'autorité municipale de prendre les mesures propres à y assurer l'ordre et la sécurité pendant la durée de cette vente (Trib. pol. des Saintes-Maries, 24 sept. 1864, aff. Fouque, D. P. 65. 3. 94).

182. — II. OBLIGATIONS IMPOSÉES AUX CONDUCTEURS DE VOITURES OU DE BÊTES DE CHARGE. — Ces obligations consistent : 1° à se tenir constamment à portée de leurs chevaux, bêtes de trait ou de charge, et de leurs voitures, en état de les guider et conduire; 2° à occuper un seul côté de la voie et à laisser le passage libre aux autres voitures.

183. — 1° *Obligation de se tenir en état de conduire les bêtes de trait ou de charge et les voitures.* — Par suite de la loi du 30 mai 1851 et du décret du 10 août 1852, la disposition de l'art. 475, § 3, a cessé d'être applicable aux voitures qui ne servent pas au transport des personnes et aux voitures de messageries. Elle ne concerne plus que : 1° les conducteurs de chevaux ou de bêtes de charge et les conducteurs de voitures servant au transport des personnes, autres que celles de messageries, sur les routes nationales, départementales et les chemins vicinaux de grande communication; 2° les conducteurs de chevaux ou de bêtes de charge et de toute espèce de voitures sur les chemins vicinaux ordinaires et les chemins ruraux.

184. Ont été considérés comme ayant enfreint la première des deux obligations édictées par l'art. 475-3° : le voiturier rencontré dans une charrette attelée d'un mulet, couché et sans guides aux mains (Crim. cass. 21 avr. 1860, aff. Rose, D. P. 60. 5. 17); — 2° Le conducteur d'une voiture de roulage, assis sur un siège fixé au côté droit de sa voiture, alors surtout que les harnais sont dépourvus de guides (Crim. cass. 23 févr. 1865, aff. Gruz, D. P. 67. 5. 477); — 3° Le voiturier qui contrevient à l'arrêté préfectoral interdisant aux voituriers d'adapter un siège de côté à leurs voitures, et qui est trouvé assis sur un siège de cette nature. Et il en est ainsi, alors surtout que ce voiturier n'avait pas de guides dans les mains (Crim. cass. 11 nov. 1852, aff. Siméon, D. P. 52. 5. 574); — 4° Le conducteur d'un chariot attelé de bœufs, rencontré monté sur sa voiture (Crim. cass. 29 août 1861, aff. Mallet, D. P. 61. 5. 542. V. aussi Crim. cass. 17 nov. 1881, aff. Emery, *Bull. crim.*, n° 238); — 5° Le voiturier monté sur la voiture dont la direction de l'attelage de sa voiture (Crim. cass. 5 oct. 1854, aff. Goubert, D. P. 55. 5. 484; 6 mars 1856, aff. Mailloux, D. P. 56. 1. 225; 27 mars 1862, aff. Vaillant, D. P. 63. 5. 426). Mais jugé qu'en l'absence d'un arrêté interdisant expressément aux voituriers de monter sur leurs voitures, le juge de police refuse à bon droit d'appliquer l'art. 475, § 3, à un voiturier, alors que celui-ci a établi

que bien que monté sur sa voiture il était en état de guider son attelage (Crim. rej. 30 juill. 1886) (1).

185. L'obligation imposée au conducteur de se tenir constamment à la portée de ses chevaux fait-elle obstacle à la conduite de plusieurs voitures par une seule personne? En ce qui touche les voitures ne servant pas au transport des personnes sur les routes nationales ou départementales et sur les chemins vicinaux de grande communication, la question a été réglée par l'art. 14 du décret du 10 août 1852 (V. Rép. n° 302). Pour les voies de communication auxquelles ne s'appliquent pas la loi du 30 mai 1851 et le décret de 1852, la question dépend des circonstances particulières de chaque espèce ; telle est, du moins, la doctrine de la cour de cassation qui s'appuie sur l'absence d'une disposition précise de la loi. — Jugé : que le fait, par un voiturier, d'avoir conduit seul quatre voitures chargées de pierres sur un quai d'une ville, doit être puni comme contravention aux dispositions de l'art. 475, § 3, c. pén., alors même qu'il n'existe aucun arrêté local réglant le mode de conduite des voitures (Crim. cass. 28 avr. 1859, aff. Pelletier. D. P. 63. 5. 426). La solution serait différente si, en fait, le voiturier était en état de guider ses voitures (Blanche, t. 7, n° 311, p.418).

186. La jurisprudence, on l'a dit supra, n° 62, considère que le fait de laisser stationner les voitures attelées sans nécessité sur la voie publique, et de manière à diminuer la liberté du passage, constitue la contravention d'embarras de la voie publique, et, par conséquent, tombe sous le coup de l'art. 471, § 4, c. pén. Nous avons combattu cette solution. En tout cas, si la voiture attelée a été momentanément laissée non pas seulement en stationnement, mais à l'abandon sur la voie publique, le fait tombe sous l'application de l'art. 475, § 3, c. pén., qui prescrit aux rouliers, charretiers ou conducteurs de voitures quelconques de se tenir constamment à portée de leurs voitures (Crim. rej. 20 sept. 1855, aff. Turban et Lemée, D. P. 68. 5. 414 ; Crim. cass. 14 août 1875, aff. Cuyanbère, D. P. 78. 5. 479 ; Blanche, t. 7, n° 312).

187. Si le voiturier, avant de s'éloigner de sa voiture (pour assister, par exemple, dans une boutique, au pesage de la marchandise par lui transportée), a pris le soin d'attacher son cheval à un mur, il n'y a pas lieu à poursuite pour contravention à l'art. 475, § 3. Un tel fait ne serait punissable qu'autant qu'il existerait un règlement municipal prohibant le stationnement des voitures attelées à l'endroit où la voiture a été trouvée, par exemple, sur les places de marché ou autres lieux de rassemblement. Et dans cette hypothèse, il conviendrait d'appliquer l'art. 471, § 15, c. pén. (Crim. rej. 31 janv. 1856, aff. Delobel, D. P. 56. 1. 124).

188. Lorsque le stationnement a lieu sans nécessité, soit sur une route nationale ou départementale, soit sur un chemin vicinal de grande communication, il constitue une infraction prévue et punie par les art. 2, 5 et 6 de la loi du 30 mai 1851, et l'art. 10 du décret du 10 août 1852, s'il s'agit de voitures ne servant pas au transport des personnes ou de voitures de messageries, sans, d'ailleurs, qu'il y ait à établir de distinction entre les voitures attelées et les voitures non attelées (V. Rép. v° Voiture, n°s 53 et suiv.).

189. — 2° Obligation de n'occuper qu'un côté de la voie et de laisser le passage libre. — L'art. 9 du décret du 10 août 1852, applicable à toutes les voitures, mais seulement sur les routes nationales ou départementales et sur les chemins vicinaux de grande communication, oblige tout roulier ou conducteur de voiture à se ranger à sa droite à l'approche de toute voiture, de manière à lui laisser libre au moins la moitié de la chaussée (V. Rép. v° Voiture, n° 52). La disposition de l'art. 475, § 3, conserve son application pour les

voitures, quelles qu'elles soient, qui circulent sur des chemins ruraux ou sur des chemins vicinaux. Cet article, à la différence de l'art. 14 du décret de 1852, n'indique pas que le côté de la voie que les rouliers et autres conducteurs de voitures doivent seulement occuper, est le côté droit ; mais ses prescriptions peuvent, à ce sujet, être interprétées ou complétées par des arrêtés préfectoraux ou municipaux (Rép. n° 296). — Il a été jugé que le voiturier qui, contrairement aux règlements, occupait le milieu ou le côté gauche de la route, est responsable de l'accident que cette position a causé au conducteur d'une voiture venant en sens contraire pendant la nuit. Toutefois, il y a lieu de modérer les dommages-intérêts, lorsque la voiture endommagée était conduite avec une trop grande rapidité, qui n'a pas laissé au voiturier le temps de se ranger (Trib. Lyon, 5 mai 1865, aff. Loup, D. P. 66. 3. 64).

Du reste, un voiturier n'est tenu de se ranger à sa droite, sous peine de contravention, de manière à laisser libre la moitié de la route, qu'à l'approche des voitures, et non des cavaliers, ni des piétons. Par suite, aucune contravention ne peut être relevée contre le conducteur d'un omnibus de chemin de fer qui, dirigeant sa voiture du côté gauche, a resserré des piétons qui cheminaient du même côté dans un espace très réduit, si cet espace était, d'ailleurs, suffisant pour leur permettre de se garer (Crim. rej. 30 nov. 1872, aff. Braban, D. P. 72. 1. 477 ; 19 janv. 1873, aff. Hébert, D. P. 73. 1. 163).

190. — III. Personnes punissables. — En thèse générale, la poursuite doit être dirigée contre le conducteur qui a commis le fait incriminé. Le propriétaire de la voiture n'est que civilement responsable, dans les conditions ordinaires du droit. Mais, lorsque le conducteur de la voiture n'est pas connu, l'action publique doit être exercée contre le propriétaire de cette voiture, sauf au prévenu à faire connaître le conducteur et à demander sa mise en cause. On a mentionné au Rép. n° 305 cette exception au principe de la personnalité des peines.

191. — IV. Excuses et peines. — Aucune excuse, sauf celles établies par la loi, n'est admise (Rép. n° 299). Il a été jugé que la contravention à l'art. 475, § 3, ne peut être excusée : sous prétexte que le procès-verbal n'établirait pas que la voiture, trouvée à l'abandon en face d'un restaurant, ait été laissée seule un temps plus long qu'il ne fallait au conducteur pour entrer dans le restaurant et en sortir (Crim. cass. 4 mai 1861, aff. Guéret, D. P. 61. 5. 542) ; ni sous prétexte que le charretier surveillait sa voiture de la porte du cabaret (Crim. cass. 27 avr. 1860, aff. Bernard, D. P. 61. 5. 541). Jugé encore que le voiturier monté sur l'un des chevaux de l'attelage de sa voiture ne peut être considéré comme étant à portée de conduire ses chevaux, et doit conséquemment être déclaré en contravention à l'art. 475, § 3, c. pén. (Crim. cass. 5 oct. 1854, aff. Goubert, D. P. 55. 5. 484). Et c'est à tort qu'à l'aide d'explications tendant à nier le danger, le juge de police refuserait de déclarer le voiturier rencontré dans cette position, en contravention à la disposition précitée (Crim. cass. 27 mars 1862, aff. Vaillant, D. P. 63.5.426). — Décidé aussi que le voiturier rencontré dans une charrette attelée d'un mulet, couché et sans guides aux mains, doit être considéré comme n'étant pas à portée de conduire son mulet ; et c'est à tort que le juge de police le renverrait de la poursuite, en se fondant sur ce que rien n'établirait qu'il fût hors d'état de diriger son attelage (Crim. cass. 21 avr. 1860, aff. Rose, D. P. 60. 5. 17). A plus forte raison, le conducteur d'une voiture, prévenu de contravention aux art. 475, § 3, c. pén., et 14 du décret du 10 août 1852, à raison de ce qu'il a été trouvé

---

(1) (Pierre Saboureau.) — La cour ; — Sur le moyen unique du pourvoi, pris de la violation par refus d'application de l'art. 475, § 3, c. pén. : — Attendu que Saboureau était cité devant le tribunal de simple police, à la suite d'un procès-verbal dressé contre lui par la gendarmerie de Niort, comme inculpé de contravention à l'art. 14 du décret du 10 août 1852, pour avoir été surpris dans une rue de Niort, qui est le prolongement d'une route nationale, monté sur une voiture qu'il conduisait et n'étant pas en position de guider ses attelages ; — Attendu que devant le juge de police, l'inculpé a été autorisé à débattre les constatations du procès-verbal par la preuve contraire, et qu'il a établi non seulement que le fait constaté audit procès-verbal s'était produit dans une rue de Niort qui n'est le prolongement ni d'une route

nationale, ni d'une route départementale, ni d'un chemin vicinal de grande communication, mais encore qu'il tenait en mains les guides du seul cheval attelé à la charrette sur le devant de laquelle il était monté ; qu'il avait eu soin d'attacher au derrière de cette charrette le cheval attelé au tombereau qui suivait, et que dans la position qu'il occupait il lui était possible de guider ses attelages ; — Attendu qu'en cet état des constatations du jugement attaqué et en l'absence de tout arrêté interdisant expressément aux voituriers de monter sur leurs voitures, le juge de police a pu, sans violer aucun texte de loi, prononcer le relaxe de l'inculpé ; — Par ces motifs, rejette, etc.

Du 30 juill. 1886.-Ch. crim.-MM. Sevestre, rap.-Chévrier, av. gén.

dormant d'un profond sommeil dans sa voiture pendant qu'elle circulait sur une route nationale, ne peut-il être excusé sous le prétexte qu'ayant les guides en main, il ne lui était pas impossible de conduire son cheval, puisque l'approche d'une autre voiture l'aurait réveillé (Crim. cass. 14 nov. 1856, aff. Dalley, D. P. 56. 5. 504). Il a même été jugé qu'un charretier ne peut se défendre par cette considération, que s'il a abandonné les rênes de ses chevaux, contrairement à un arrêté prescrivant aux charretiers de marcher à pied près de leurs bêtes de trait et d'en tenir les rênes ou guides, ç'a été pour desserrer, au bas d'une descente, sa mécanique placée sur le derrière de sa voiture (Crim. cass. 20 janv. 1837, *Rép.* vº *Commune*, nº 1021).

192. La nécessité ne peut être admise comme excuse, en faveur d'un voiturier, que pour le fait de stationnement de sa voiture sur la voie publique, mais non pour celui de n'avoir pas été trouvé à la tête de ses chevaux et en état de les guider. Par suite, en cas de procès-verbal pour fait de stationnement et pour fait d'abandon de chevaux, l'acquittement prononcé en considération de la nécessité n'est légalement motivé qu'en ce qui concerne la première contravention (Crim. cass. 7 déc. 1855, aff. Rousserie, D. P. 35. 5. 484 ; 27 avr. 1860, aff. Bernard et Poirier, D. P. 61. 5. 541). — Jugé pareillement que, si l'embarras de la voie publique, prévu et puni par l'art. 471, § 4, c. pén., peut trouver une excuse dans la nécessité quand il s'agit du dépôt de matériaux ou objets quelconques de nature à diminuer la liberté du passage, il en est autrement de l'abandon d'une charrette attelée dont le conducteur doit se tenir constamment à portée de ses chevaux ; que ce fait est prévu et puni par les art. 475, § 3, c. pén., 5 de la loi de 1851 et 14 du décret de 1852, et ne comporte pas l'excuse de nécessité comme le dépôt de matériaux (Crim. cass. 14 août 1875, aff. Cuyanbère, D. P. 78. 5. 479). — Décidé encore que la contravention du voiturier qui ne s'est pas constamment tenu à portée de ses chevaux et en état de les guider ne dépend pas du nombre des chevaux attelés à la voiture ; et qu'est nul, comme ayant admis une excuse non prévue par la loi, le jugement qui a prononcé le relaxe, parce que la voiture n'était pas attelée de trois chevaux, ou d'un plus grand nombre (Crim. cass. 15 mars 1878, aff. Michon, D. P. 78. 1. 336).

§ 4. — Animaux qu'on laisse courir dans les lieux habités. — Police des voitures publiques (*Rép.* nºˢ 313 à 320).

193. Le paragraphe 4 de l'art. 475 prévoit trois contraventions :... la première, qui consiste à faire ou laisser courir des chevaux, bêtes de trait, de charge ou de monture, dans l'intérieur d'un lieu habité ; la seconde, qui résulte de la violation des règlements relatifs au chargement, à la rapidité ou à la mauvaise direction des voitures ; la troisième, qui consiste dans la désobéissance aux règlements ayant pour objet la solidité des voitures publiques, leur poids, le mode de leur chargement, le nombre et la sûreté des voyageurs, l'indication, dans l'intérieur des voitures, des places qu'elles contiennent et du prix des places, l'indication, à l'extérieur, des noms du propriétaire.
194. — I. Course des bêtes de trait, de charge ou de monture dans les lieux habités. — La contravention existe, soit que l'on ait fait courir les animaux, ce qui suppose un acte volontaire, soit qu'on les ait laissés courir, ce qui suppose une simple négligence. On a précisé au *Rép.* nº 314 les différences qui séparent le paragraphe 4 de l'art. 475 du paragraphe 7 du même article (V. *infrà*, nºˢ 203 et suiv.). — La loi n'ayant point défini la course qu'elle entend pro-

hiber et s'étant servie d'une expression générale, s'applique à tout mouvement rapide pouvant exposer à un certain péril les personnes que rencontreraient dans leur course les chevaux, bêtes de trait, de charge ou de monture. La jurisprudence et la doctrine sont d'accord sur ce point, et estiment qu'on doit considérer comme une allure prohibée par l'art. 475, § 4, le galop et le grand trot. Jugé en ce sens que l'expression de *courir*, loin d'être restreinte à une allure déterminée du cheval, telle que le galop, comprend ici tout mouvement dont la rapidité est susceptible d'exposer à un certain péril les personnes placées sur le passage, et spécialement le grand trot (Crim. cass. 2 janv. 1854, aff. Dezallée. D. P. 54. 5. 25 ; 16 déc. 1854, aff. Grenouilleau, D. P. 55. 1. 301 ; 1ᵉʳ juin 1855, aff. Garouste, *ibid.*). — Jugé, par suite, que l'acquittement de la prévention d'avoir fait ou laissé courir, dans un lieu habité, un cheval attelé à une voiture, n'est pas suffisamment justifié par la déclaration du juge que le cheval n'allait pas au galop, la contravention pouvant encore exister si le cheval allait seulement au grand trot (Crim. cass. 15 mars 1862, aff. Rosi de la Gouvrière, D. P. 62. 5. 18).

Les conséquences juridiques qui découlent de ces décisions, sont que le galop et le grand trot constituent toujours une infraction à l'art. 475 ; que le trot simple, au contraire, ne devient une contravention, que si, à raison de circonstances particulières, cette allure offre quelque danger pour les personnes se trouvant sur la voie publique. — Il a été jugé que le trot d'un cheval n'est pas contraire à la défense de « faire ou laisser courir » contenue en l'art. 475, § 4, c. pén., que lorsqu'il a les caractères d'une allure vive et rapide, et non d'une allure régulière et modérée, le juge de police a pu, dans une espèce où le procès-verbal se bornait à mentionner le fait d'avoir conduit des chevaux au trot, déclarer que la contravention prévue par l'article précité n'était pas établie (Crim. cass. 23 nov. 1860, aff. Hamelin, D. P. 61. 5. 22). C'est au juge de police, en effet, qu'il appartient de décider, en vertu d'une appréciation souveraine des circonstances, si l'individu poursuivi pour avoir fait trotter son cheval dans une rue peut être considéré comme l'ayant fait ou laissé courir, dans le sens de l'art. 475, § 4 (Crim. cass. 23 juin 1865, aff. Boulangé, D. P. 65. 5. 18).

195. L'autorité municipale peut régler l'allure des bêtes de trait, de charge et de monture, et, par exemple, défendre d'aller plus vite que le pas, dans les rues et promenades, lorsque, eu égard à certaines circonstances locales, elle croit devoir prendre ces précautions de prudence. — Il a été jugé à cet égard que la défense faite par un arrêté municipal aux conducteurs de voiture de faire trotter dans l'intérieur de la ville s'applique au petit trot comme au grand trot (Crim. cass. 18 juill. 1868) (1). — Lorsque l'infraction est commise par un conducteur de voitures, elle est punissable de la peine prononcée par l'art. 475, § 4, en vertu de la deuxième disposition qui punit la violation des règlements contre la rapidité des voitures, et laisse ainsi aux maires le droit de prendre des règlements de police ajoutant aux sévérités du premier paragraphe. Si l'infraction est commise par un cavalier ayant fait trotter sa monture contrairement à un arrêté prescrivant le pas, c'est l'art. 471, § 15, qui est applicable. On n'est, en effet, ni dans le cas prévu par la première disposition de l'art. 475 qui ne punit que l'allure rapide, ni dans le cas prévu par la seconde disposition qui punit les contraventions aux règlements concernant les voitures (V. *Rép.* nº 319). Mais la contravention que nous étudions existe en l'absence de tout arrêté local. La question a été toutefois controversée en ce qui regarde

(1) (Bégué et Lamarque.) — La cour ; — Vu l'art. 475, § 4, c. pén. ; — Vu l'art. 13 de l'arrêté du maire de Gimont (Gers) du 10 févr. 1868, portant : « Il est défendu à tout conducteur de voiture de faire trotter dans l'intérieur de la ville ; » — Attendu qu'il résulte du jugement dénoncé que, le 24 mai dernier, des voitures conduites par Lamarque et Bégué, propriétaires, allaient au petit trot dans la traverse de la ville de Gimont ; — Que, pourtant, le juge a renvoyé les inculpés des poursuites dirigées contre eux, en se fondant sur ce que l'arrêté susvisé n'avait pas eu pour but d'innover, mais de s'en référer aux lois existantes, c'est-à-dire à l'art. 475, § 4, c. pén., et que la défense contenue en cet article devait s'appliquer, non au petit trot, mais au grand trot, qui seul

intéresse la sécurité publique ; que toute autre interprétation aurait pour conséquence de ne permettre que l'allure du pas, que telle n'a pu être l'intention de l'autorité municipale ; — Attendu que l'arrêté du 10 février, comme l'annonce son préambule, loin d'avoir eu, en effet, l'intention d'innover, a jugé nécessaire, dans l'intérêt de la sûreté et du bon ordre, et pour prévenir le retour de nombreuses infractions, de retracer les principales obligations imposées par les lois et les règlements en vigueur ; que, parmi ces règlements, se trouvait l'arrêté municipal du 24 juill. 1841, dont l'art. 2 est ainsi conçu : « Il est défendu à tous conducteurs de voitures, attelées d'un ou de plusieurs chevaux, de les mener plus vite que le pas dans la traverse de la ville ; » — Que, si ce

les voitures attelées, et l'on a prétendu que la contravention, en ce qui concerne ces voitures, ne pouvait exister que dans le cas prévu par la deuxième disposition du paragraphe 4 de l'art. 475. Aujourd'hui la jurisprudence est, avec raison, fixée en ce sens que la défense de faire courir des chevaux à l'intérieur des lieux habités s'applique aux chevaux attelés à des voitures; que, par suite, la contravention existe, indépendamment de tout règlement local, qui rappelle ou précise la disposition de l'art. 475, § 4 (Crim. cass. 18 mars 1854, aff. Chopy, D. P. 54. 5. 24; 16 déc. 1854, aff. Grenouilleau, D. P. 55. 1. 301; 1er juin 1855, aff. Garouste, ibid. ; 26 mars 1858, aff. Guilleminot, D. P. 58. 5. 16; Blanche, t. 7, n° 323).

196. L'art. 475 suppose que la contravention a été commise dans un lieu habité et ouvert au public. L'expression « lieu habité » doit être prise dans son sens le plus étendu (Rép. n° 315). Jugé que la disposition de l'art. 475, § 4, c. pén., qui interdit de faire ou laisser courir des chevaux, bêtes de trait, de charge ou de monture, dans l'intérieur d'un lieu habité, a pour but de garantir la sécurité de la circulation dans l'intérieur de tous les lieux habités ouverts au public; que, dès lors, elle est applicable au fait d'avoir laissé courir des chevaux dans le parc d'un établissement de bains, qui est ouvert au public et reçoit un grand nombre de personnes; alors surtout que l'allée sur laquelle le fait incriminé s'est produit, communique directement avec la voie publique (Crim. rej. 17 janv. 1855, aff. Lopin, D. P. 85. 1. 220).

197. Les contraventions à la première disposition du paragraphe 4 de l'art. 475 ne peuvent trouver leur excuse ni dans l'absence d'intention malveillante, ni dans l'absence de dommage occasionné à des particuliers, ni dans la circonstance que la voie publique présentait à l'endroit où le cheval a couru, une certaine largeur, ou qu'il n'y avait dans la rue aucun obstacle, et conséquemment aucun danger (Crim. cass. 2 janv. 1854, 16 déc. 1854 et 1er juin 1855, cités supra, n° 194). C'est l'application du principe général que nous avons établi supra, n° 194.

198. — II. VIOLATION DES RÈGLEMENTS SUR LE CHARGEMENT, LA RAPIDITÉ OU LA MAUVAISE DIRECTION DES VOITURES. — La seconde disposition de l'art. 475, n° 4, ne sert de sanction à tous les règlements relatifs au chargement, à la rapidité et à la direction de toute espèce de voitures. Il faut distinguer. Pour ce qui concerne le chargement, elle s'applique : aux voitures servant au transport des personnes autres que les voitures de messagerie, quelle que soit la nature de la voie publique ; aux voitures servant au transport des marchandises lorsque ces voitures circulent sur les chemins vicinaux ordinaires ou les chemins ruraux. Le chargement, dans ces deux cas, est réglé par la loi et les préfets (L. 5 avr. 1884, art. 97 et suiv., D. P. 84. 4. 52). Les règlements relatifs aux autres chargements sont sanctionnés par la loi du 30 mai 1851 et le décret du 10 août 1852. Mais l'autorité municipale a le droit de réglementer la rapidité des voitures quelles qu'elles soient (sauf des malles-postes) et pour toutes les voies de communication (Rép. n°s 307 à 310; Blanche, t. 7, n° 329). Aux termes de l'art. 26 de l'ordonnance du 16 juill. 1828, les voitures publiques ne peuvent être conduites au galop sur les routes (ce mot étant pris comme synonyme de voies rurales, par opposition aux voies urbaines), et autrement qu'au petit trot dans les villes ou communes rurales, et au pas dans les rues étroites. — Cette ordonnance a été abrogée par l'art. 45 du décret du 10 août 1852. Toutefois, selon une opinion, cette abrogation ne doit s'appliquer qu'aux routes nationales ou départementales et aux chemins vicinaux de grande communication; et, par suite, l'art. 26 de l'ordonnance de 1828 s'ap-

règlement, prescrit expressément l'allure du pas, la même injonction ressort, en d'autres termes, de l'arrêté du 10 février, lequel, en défendant de faire trotter dans la traverse de la ville de Gimont, interdit l'usage d'un trot quelconque, et nécessairement prescrit l'allure du pas ; — Que le juge n'a pas, d'ailleurs, tenu compte de la différence qui existe entre la première et la seconde disposition du paragraphe 4 de l'art. 475 c. pén. ; que la première, en défendant de faire ou laisser courir les chevaux dans l'intérieur d'un lieu habité, interdit l'allure dangereuse du grand trot; mais que la deuxième, qui punit la violation des règlements contre la rapidité des voitures laissé, par cela même, aux maires

plique encore aux chemins vicinaux ordinaires et aux chemins ruraux. A cet égard, on peut invoquer la jurisprudence qui admet encore l'application aux chemins de cette dernière classe du décret du 23 juin 1806.

199. Les règlements relatifs à la mauvaise direction des voitures sont sanctionnés par le paragraphe 4 de l'art. 475 : d'une part, pour les voitures servant au transport des personnes, autres que les voitures de messageries, circulant sur des voies quelconques; d'autre part, pour les voitures ne servant pas au transport des personnes et pour les voitures de messageries, circulant sur des chemins vicinaux ordinaires ou des chemins ruraux. Les autres règlements trouvent leur sanction dans la loi du 30 mai 1851 (V. infrà, v° Voitures).

200. — III. VIOLATION DES RÈGLEMENTS SUR LA POLICE DES VOITURES PUBLIQUES. — Depuis la loi du 30 mai 1851 et le décret du 10 août 1852, la troisième disposition du paragraphe 4 de l'art. 475 c. pén. ne concerne plus que les voitures publiques parcourant des chemins vicinaux ordinaires ou des chemins ruraux. Celles qui circulent, soit sur des routes nationales ou départementales, soit sur des chemins vicinaux de grande communication, sont soumises à la loi de 1851 et au décret de 1852; sauf cependant en ce qui regarde les prescriptions de l'art 23 du décret de 1852, relatives à la commodité des voitures et aux mesures d'ordre concernant les voyageurs. — Pour ce qui concerne l'obligation de munir les voitures d'une plaque portant le nom et le domicile de leur propriétaire, V. Voiture; — Rép. eod. v°, n°s 80 et suiv.

§ 5. — Jeux et loteries dans les lieux publics (Rép. n° 321).

201. V. sur cette disposition infrà, v°s Jeu-pari; Loterie; — Rép. v°s Jeu-pari, n°s 63 et suiv.; Loterie, n°s 12 et suiv.

§ 6. — Boissons falsifiées (Rép. n° 322).

202. Le paragraphe 6 de l'art. 475 c. pén. concernant ceux qui avaient vendu ou débité des boissons falsifiées non nuisibles à la santé, a été abrogé par l'art. 2 de la loi du 5 mai 1855, dont l'art. 1er déclare applicables aux boissons les dispositions de la loi du 27 mars 1851 (V. Commune, n° 767; Industrie et commerce; — Rép. v° Industrie et commerce, n°s 242 et suiv.).

§ 7. — Divagation des fous ou des animaux malfaisants. — Excitation des chiens contre les passants (Rép. n°s 323 à 349).

203. Le paragraphe 7 de l'art. 475 prévoit trois contraventions distinctes. Elles existent indépendamment de tout règlement administratif ou municipal (V. supra, v° Commune, n° 803).

204. — I. DIVAGATION DES FOUS OU FURIEUX. — On a indiqué au Rép. n° 327 ce qu'il faut entendre par divagation. « Laisser divaguer un fou, dit M. Blanche, t. 7, n° 348, c'est le laisser aller çà et là, à l'abandon, par les chemins et les voies publiques. » La divagation des fous ou furieux ne constitue une contravention punissable que de la part des personnes sous la garde desquelles ils sont placés; et cette circonstance constitutive doit être déclarée par le jugement de condamnation. — On a énuméré au Rép. n°s 328 et suiv. les personnes qui peuvent être considérées comme étant chargées de cette garde. — Les gardiens ne sont excusables que si la divagation est l'effet d'une force majeure (Rép. n° 332).

205. — II. DIVAGATION DES ANIMAUX MALFAISANTS OU FÉROCES. — La divagation des animaux féroces ou malfai-

la faculté de prendre, selon les besoins particuliers des localités, des règlements de police ajoutant aux sévérités du premier paragraphe; — Attendu que ces règlements, légalement approuvés, doivent être exécutés tant qu'ils n'ont pas été réformés par l'autorité supérieure; — Que c'est donc par une fausse interprétation de l'art. 13 du règlement municipal susvisé que le tribunal s'est abstenu de condamner les inculpés;

Par ces motifs, cassé, etc.

Du 18 juill. 1868. — Ch. crim. MM. Legagneur, f. f. pr. du Bodan, rap. Bédarrides, av. gén.

sants est imputable, suivant la règle tracée par l'art. 1385 c. civ., au propriétaire des animaux ou à celui qui s'en sert pendant qu'ils sont à son usage. Il a été jugé : 1° qu'il suffit qu'un animal (un cheval) qui a été trouvé en divagation illégale sur la voie publique, ait été vendu et livré avant cette contravention (la veille, par exemple), pour que le vendeur ne doive pas en être déclaré l'auteur, encore bien que cette vente aurait été faite à une femme non autorisée de son mari, lequel refuserait de la sanctionner (Crim. cass. 1er mars 1856, aff. Cornette-Delaminière et Auzanneau, D. P. 56. 1. 218, et la note); — 2° Que lorsque des animaux ont été donnés à cheptel, le propriétaire, n'en ayant plus ni la garde ni la charge, ne peut, au cas où ces animaux ont été trouvés à l'abandon, être déclaré responsable de ce fait soit pénalement, soit civilement. Cette responsabilité retombe exclusivement sur le preneur (Crim. rej. 14 févr. 1862, aff. Dussard, D. P. 66. 1. 366 ; 11 mars 1865, aff. Vecchioni, ibid.). — Le propriétaire cesse-t-il d'être responsable pénalement par cela seul qu'il a préposé quelqu'un à la garde de ses animaux ? La négative peut être induite d'un arrêt de la cour de cassation qui décide que le maître de l'animal est responsable pénalement, lors même qu'il a placé cet animal sous la garde d'un tiers, si cette garde était insuffisante pour l'empêcher de nuire (Crim. cass. 19 déc. 1856, aff. Centlivre, D. P. 57. 1. 76). Il s'agissait, dans l'espèce, d'un chien méchant qui accompagnait, en toute liberté, la servante de son maître. M. Blanche, t. 7, n° 350, approuve cette solution (V. infrà, v° Responsabilité).

206. Parmi les animaux féroces ou malfaisants, la jurisprudence classe les chiens, lorsqu'ils peuvent faire courir aux personnes ou aux bestiaux d'autrui les dangers que la loi a voulu prévenir ou réprimer, soit à cause du vice de leur éducation, soit à raison de leur mauvaise nature. Le chien sera classé comme malfaisant toutes les fois que cette mauvaise nature ou ce vice d'éducation seront révélés, même par un fait isolé (Rép. n°s 339 et 340 ; Blanche, t. 7, n° 351). Outre les arrêts cités au Rép. ibid., il a été jugé en ce sens : 1° qu'on doit mettre au nombre des animaux malfaisants tout chien que son instinct particulier porte à attaquer les passants sans y être excité, en ce sens que le maître qui ne l'a pas, au moyen de liens assez forts, mis hors d'état de nuire, est par cela seul passible des peines prononcées par l'art. 475, n° 7, c. pén. (Crim. cass. 10 mars 1854, aff. Husson, D. P. 54. 5. 26 ; 19 déc. 1856, aff. Centlivre, D. P. 57. 1. 76); — 2° Que l'individu dont le chien a mordu un passant sans y être excité est avec raison poursuivi comme coupable de contravention à l'art. 475, n° 7, c. pén., alors même qu'il serait établi que le chien est d'une humeur pacifique, et que le fait à raison duquel le maître est cité, est accidentel ; on prétendrait à tort qu'il n'y a lieu, dans ce cas, qu'à l'exercice de l'action civile (Crim. cass. 10 mai 1861, aff. Dubreuil, D. P. 61. 5. 21) ; — 3° Que lorsqu'un chien laissé en liberté va, dans la maison d'un voisin, attaquer et étrangler des animaux domestiques, le fait de l'avoir laissé divaguer est passible de l'application des art. 475, n° 7, et 479, n° 2, c. pén. (Crim. cass. 12 janv. 1866, aff. Sureau, D. P. 67. 5. 20); — 4° Que le chien qui, laissé à l'abandon sur le marché de la localité, pendant que son maître est dans une auberge voisine, est entré dans une maison et y a étranglé un lapin, doit être considéré comme un animal malfaisant en état de divagation ; et le maître est, par suite, passible de l'amende édictée par l'art. 479, § 2, c. pén., sans qu'il soit besoin d'une autre preuve de la férocité du chien (Crim. cass. 20 nov. 1868, aff. Durand, D. P. 72. 5. 23). — Mais il a été jugé que le chasseur dont le chien, poursuivant jusque dans un enclos une pièce de gibier blessée par son maître, a mordu une personne qui dans cet enclos, l'a frappé et a tenté de lui retirer le gibier qu'il avait saisi, ne saurait être déclaré en contravention à l'art. 475, § 7, pour n'avoir pas retenu son chien (Crim. cass. 8 févr. 1866, aff. Prieur, D. P. 68. 5. 19).

Le juge ne peut d'ailleurs, admettre comme justification la circonstance que le maître n'était pas présent au moment où son chien attaquait des animaux ou des passants, la loi punissant non seulement le fait de n'avoir pas retenu son chien, mais aussi le fait de l'avoir laissé en liberté quand son naturel particulier en fait un animal malfaisant (Crim. cass. 5 avr. 1867, aff. Achili, D. P. 67. 5. 21).

En ce qui concerne les porcs (Comp. Rép. n° 337. V. suprà, v° Commune, n° 807), il n'y a pas contravention, en l'absence de prohibition à cet égard dans les règlements locaux, à les laisser divaguer sur la voie publique,... hors le cas, toutefois, où, en raison d'un instinct particulier, ils devraient être classés parmi les animaux malfaisants (Crim. cass. 9 déc. 1854, aff. Delahaie, D. P. 55. 5. 19).

207. Les maires et les préfets ont le droit de prendre des arrêtés pour obvier ou remédier aux événements fâcheux qui pourraient être occasionnés par la divagation des animaux malfaisants ou féroces (L. 5. avr. 1884, art. 97 et 99). Ils peuvent notamment ordonner de museler les chiens et de les tenir en laisse (V. supra, v° Commune, n° 802). En cas d'infraction à ces arrêtés, il y a lieu d'appliquer l'art. 471, § 15, et non l'art. 475, § 7, c. pén. (V. ibid., n° 804).

208. Lorsque des animaux qu'un règlement municipal défend de laisser vaguer ou stationner sur la voie publique, sont conduits sur cette voie par une personne autre que le propriétaire, ce dernier est-il responsable pénalement des contraventions que peut commettre le conducteur ? D'après un arrêt de la cour de cassation (Crim. cass. 4 juin 1857, aff. Mac, D. P. 57. 1. 370), il y a lieu de distinguer. Si les animaux sont conduits sur la voie publique pour une cause admise par le règlement (spécialement, pour aller à l'abreuvoir), le propriétaire ne peut être responsable que civilement de la contravention commise. Il en est autrement, lorsque les animaux sont trouvés vaguant ou stationnant sur la voie publique, en dehors des cas où leur sortie est prévue ; « dans ce cas, où ils ne sont conduits nulle part, ce n'est plus aux conducteurs, mais aux propriétaires mêmes que la contravention doit être imputée ».

209. La jurisprudence reconnaît que les dispositions qui ont pour objet d'empêcher les chiens malfaisants de causer du dommage aux personnes et aux animaux, sont applicables non seulement sur la voie publique, mais encore dans les lieux ouverts au public, tels que les cafés et cabarets, et les dépendances de ces établissements ; que, spécialement, les préfets peuvent prescrire dans leurs règlements que, dans les magasins ou établissements quelconques, les chiens soient toujours pourvus d'une muselière (Crim. cass. 8 nov. 1867, aff. Bouillon, D. P. 68. 5. 19). Et les dépendances de ces établissements ouvertes aux consommateurs sont réputées participer à la publicité de ces établissements eux-mêmes (Même arrêt). — Mais le cafetier qui tient un chien de chasse non muni de collier à l'attache dans la cuisine de son établissement, ne commet pas une contravention à l'arrêté préfectoral prohibant la divagation, dans les lieux publics, de chiens dangereux, et obligeant les propriétaires de ces animaux à les munir, d'un collier ayant plaque indicative (Crim. cass. 17 juin 1877, aff. Hébert, D. P. 79. 5. 18). — Il a été décidé que le maire d'une commune qui a été parcourue par un chien suspect d'hydrophobie ne peut prescrire, comme mesure de sûreté, l'abatage immédiat de tous les animaux que ce chien a mordus qu'autant que cette mesure doit recevoir son exécution dans les lieux publics ; que par suite, c'est avec raison que le juge de police interprète l'arrêté qui contient une telle prescription comme étant inapplicable, alors surtout qu'il ne s'en explique pas, aux chiens que leurs maîtres ont pris la précaution de renfermer chez eux et de tenir à l'attache (Crim. rej. 16 nov. 1872, aff. N..., D. P. 72. 1. 430). V. sur les dispositions nouvelles concernant les animaux atteints ou suspects d'être atteints de la rage, suprà, v° Commune, n° 808.

210. L'autorité municipale a même le droit de prendre, à l'égard des animaux qui ne sont pas malfaisants, les mesures qu'exigent la propreté, la salubrité et la commodité dans les rues et places publiques, et par exemple, d'interdire la divagation des oies, des canards, et autres espèces de volailles, les dépôts de lapins vivants, de moutons, de pigeons, etc. Elle peut aussi, afin de prévenir le trouble du repos des habitants, ordonner le musèlement des bêtes de somme, ânes, mulets, etc. Dans toutes ces hypothèses, l'art. 471, § 15, est seul applicable (Crim. cass. 13 juin 1856, aff. Stoyer, D. P. 56. 1. 400 ; 18 févr. 1858, aff. Bocquillon, D. P. 58. 5. 16 ; 20 nov. 1858, aff. Thourot, ibid. ; 28 janv. 1859, aff. Pérès, D. P. 59. 5. 26. V. supra, v° Commune, n° 808).

211. Le mot « divagation » doit, comme on l'a dit au

Rép. n° 327, être pris dans un sens large. Ainsi on doit considérer comme étant en état de divagation : le chien qui, laissé à l'abandon sur le marché de la localité, pendant que son maître est dans une auberge voisine, est entré dans une maison et y a étranglé un lapin (Crim. cass. 20 nov. 1868, cité *suprà*, n° 206); — Le chien qui, en toute liberté, accompagne une personne dont la surveillance est insuffisante pour l'empêcher de nuire (Crim. cass. 19 déc. 1856, cité *suprà*, n° 205).

212. La contravention de l'art. 475, § 7, ne comporte pas d'excuse (sauf celles établies par la loi); elle n'admet pas, notamment, l'excuse tirée de la bonne foi (Crim. cass. 15 sept. 1859, aff. Caunnilli, D. P. 59. 5. 25), ni de l'absence de dommage (art. 475, § 7). Jugé aussi : que l'inobservation de l'arrêté municipal qui défend de laisser divaguer dans une ville des chiens non muselés, ou non tenus en laisse, est punissable, encore que le contrevenant serait étranger à cette ville, et n'aurait pas eu connaissance de l'arrêté (Crim. cass. 14 mai 1853, aff. Bernard, D. P. 53. 5. 17); — Que, lorsqu'un règlement sur la circulation des chiens enjoint de tenir à l'attache les chiens de garde et ne permet aux marchands forains et voituriers d'amener des chiens avec eux, qu'à la condition de les tenir attachés sous l'essieu de leur voiture, le juge de police ne peut renvoyer de la poursuite le voiturier convaincu de s'être fait accompagner par un chien non attaché, par le motif que ce chien ne peut être considéré comme chien de garde qu'à la maison, et que, dans les tournées qu'il fait avec ses maîtres, il a besoin de toute sa liberté pour faire son service de conducteur de bestiaux (Crim. cass. 30 nov. 1860, aff. Tessier, D. P. 63. 5. 5).

213. — III. EXCITATION DES CHIENS CONTRE LES PASSANTS. — On a fait remarquer au *Rép.* n° 344 et suiv. que l'élément essentiel de la dernière contravention, prévue par l'art. 475, § 7, est le fait d'exciter ou de ne pas retenir le chien. Là où il n'y aurait pas de faute personnelle, il n'y aurait pas d'infraction punissable. Il importe peu, d'ailleurs, que le chien soit d'une humeur pacifique et que le fait soit accidentel (Crim. cass. 10 mai 1861, aff. Dubreuil, D. P. 61. 5. 21). — Pour que la disposition soit applicable, il faut aussi que la personne attaquée ou poursuivie par le chien soit un passant. Jugé qu'un domestique, mordu dans l'enclos de son maître par le chien d'un chasseur, ne peut être considéré comme un passant (Crim. cass. 8 févr. 1866, aff. Prieur, D. P. 68. 5. 19).

Il n'est pas nécessaire qu'il y ait eu mal ou dommage pour que le fait soit punissable (c. pén. art. 475, § 7; Blanche, t. 7, n° 454).

§ 8. — Jet de corps durs ou immondices contre les édifices, les enclos ou sur les personnes (*Rép.* n° 350 à 362).

214. — I. JET DE CORPS DURS OU D'IMMONDICES CONTRE LES MAISONS ET LES ENCLOS. — Cette contravention existe, même dans le cas où le jet a été involontaire. L'art. 475, § 7, n'exige pas qu'il y ait eu intention (Blanche, t. 7, p. 457; Crim. cass. 6 août 1847, aff.Raffen, D. P. 47. 4. 33). — Sur la portée du mot « jet »; des expressions, « corps durs ou immondices; maisons, édifices ou clôtures »; et sur les éléments constitutifs de la contravention, V. *Rép.* n° 350 et suiv.

215. — II. JET VOLONTAIRE DE CORPS DURS OU D'IMMONDICES SUR LES PERSONNES. (*Rép.* n° 350 à 362). — La contravention dont il s'agit suppose le concours de la volonté de l'agent avec le fait matériel : l'acte doit avoir été volontaire, l'art. 475 le dit formellement. Mais il importe peu qu'il ait été accompli par méchanceté ou sans intention de nuire. Si le jet avait été le résultat d'une imprudence ou négligence, il conviendrait d'appliquer non pas l'art. 475, § 8, mais l'art. 471, § 12 (V. *suprà*, n° 132 et suiv.).

De ce que la contravention exige comme élément constitutif de cette infraction la coopération de la volonté de celui qui la commet, il résulte que l'auteur seul de la contravention peut être personnellement passible des peines édictées par l'art. 475, § 8. Dès lors, le maître ne peut être que civilement responsable du jet opéré par son domestique (Crim. rej. 3 mars 1859, aff. Gierville, D. P. 61. 5. 424. V. aussi Sourdat, *Traité de la responsabilité*, t. 2, 4° éd., n° 776 et suiv.).

§ 9 et 10. — Passage avec ou sans bestiaux sur le terrain d'autrui chargé de grains ou de fruits mûrs (*Rép.* n° 363).

216. Ces deux paragraphes de l'art. 475 ont été étudiés *suprà*, n° 152 et suiv.

§ 11. — Refus de recevoir les monnaies nationales (*Rép.* n° 364 à 381).

217. Le paragraphe 11 de l'art. 475 punit ceux qui ont refusé de recevoir les espèces ou monnaies nationales non fausses ou altérées, selon la valeur pour laquelle elles ont cours. Deux éléments principaux constituent la contravention : 1° le refus de recevoir les espèces ou monnaies; 2° la condition que ces espèces et monnaies soient nationales, et qu'elles ne soient ni fausses, ni altérées (*Rép.* n° 364 et suiv.).

218. — I. REFUS DE RECEVOIR. — L'art. 475, § 11, réprime, soit le refus absolu de recevoir les espèces et monnaies ayant cours, soit le refus de les recevoir pour la valeur d'après laquelle elles ont cours. On a dit au *Rép.* n° 369 que le refus ne constitue pas la contravention s'il n'est pas fondé sur la qualité des monnaies, mais sur une convention particulière qui a déterminé en quelle monnaie le débiteur doit se libérer. M. Blanche, t. 7, n° 476, enseigne la même doctrine.

219. Lorsqu'il n'y a pas de convention spéciale à ce sujet, le débiteur peut indifféremment payer la somme en monnaie d'or ou d'argent ayant cours en France, et d'après leur valeur nominale au moment où le payement est effectué. Toutefois, la monnaie de cuivre et de billon de fabrication française ne peut être employée dans les payements, si ce n'est de gré à gré, que pour l'appoint de la pièce de 5 fr. (Décr. 18 août 1810, art. 2, *Rép.* v° *Monnaie*, p. 383). — Il a été jugé que le payement d'une somme de moins de 5 fr. peut être effectué entièrement avec la même monnaie, et que le créancier ou le vendeur est tenu de la recevoir, sous peine de contrevenir à l'art. 475, § 11, c. pén., si, d'ailleurs, il n'est point reconnu qu'elle n'est pas de fabrication française, ou qu'elle soit fausse ou altérée; que, spécialement, une débitante de tabac ne saurait refuser de recevoir 1 fr. 20 cent. de monnaie de cuivre et de billon, en payement de six timbres-poste de 20 cent. chacun, par elle vendus (Crim. cass. 13 juill. 1860, aff. Palet, D. P. 60. 1. 418. V. aussi Crim. cass. 9 nov. 1861, aff. Denot, D. P. 63. 5. 210).

220. L'art. 3 de la loi du 6 mai 1852 sur la refonte des monnaies de cuivre (D. P. 52. 4. 132) a maintenu dans les monnaies ayant cours légal les pièces d'un centime, et l'art. 6 de la même loi a déclaré l'art. 2 du décret du 18 août 1810 applicable à la nouvelle monnaie de bronze. Dès lors, le refus de cinq pièces d'un centime pour le payement d'une somme de cinq centimes constitue également la contravention punie par l'art. 475, § 11, c. pén. (Arrêt du 9 nov. 1861, cité *suprà*, n° 219). — Les pièces d'argent de 2 fr., de 1 fr., de 50 cent. et de 20 cent. n'ont cours légal entre les particuliers que comme monnaie d'appoint, et seulement jusqu'à concurrence de 50 fr. pour chaque payement. Elles sont reçues dans les caisses publiques sans limitation de quantité (L. 14 juill. 1866, art. 5, D. P. 66. 4. 127-128).

221. — II. QUALITÉ DES ESPÈCES ET MONNAIES. — Le refus, pour constituer une contravention, doit porter sur les espèces ou monnaies nationales (c. pén. art. 475, § 11). On a émis au *Rép.* n° 375 l'opinion que la disposition de notre article s'applique aux monnaies étrangères ayant cours légal en France. La jurisprudence a adopté la solution contraire. Un arrêt de la cour de cassation a déclaré que l'art. 475, § 11, c. pén., n'a eu en vue que l'intérêt de la circulation des monnaies nationales, et que, par suite, le refus par un Français de recevoir des monnaies étrangères ne tombe pas sous la sanction de cette disposition, alors même qu'il s'agit de monnaies appartenant à des pays compris dans la convention diplomatique qui a constitué l'état d'union la France, la Belgique, l'Italie et la Suisse, relativement au poids, au titre, au module et au cours de leurs espèces monnayées d'or et d'argent. Cette convention, en effet, n'a trait qu'à l'admission de ces monnaies dans les caisses publiques de chacun de ces États, et n'établit pas le cours forcé pour les relations entre particuliers (Crim.

rej. 29 déc. 1882, aff. Sulpice Verger, D. P. 83. 1. 433).
M. Ducrocq, dans une dissertation publiée en note sous cet
arrêt, se prononce dans le même sens : « Le principe de
notre législation monétaire au point de vue du cours des
espèces entre les citoyens, dit cet auteur, est demeuré,
malgré les deux conventions de 1865 et de 1876, que les
particuliers ne sont jamais tenus, en France, de recevoir
dans les échanges d'autres monnaies que celles qui portent
l'empreinte du gouvernement national. » « Je ne crois pas,
dit de son côté M. Blanche, t. 7, n° 382, que l'on soit tenu,
sous peine de contravention, de recevoir la monnaie étrangère autorisée à circuler en France, à moins qu'elle n'ait
été assimilée par un traité ou par une loi spéciale à la
monnaie française. Autrement, elle manque de l'une des
conditions qui lui donnent cours forcé et obligatoire. »

222. L'art. 475, § 11, s'applique aux billets ou valeurs
en papier assimilés aux monnaies métalliques par des actes
du Gouvernement qui leur attribuent cours forcé (*Rép.*
n° 376. V. aussi *suprà*, v° *Banque*, n° 24).

223. Le n° 11 de l'art. 475 s'applique-t-il aussi aux bons
obsidionaux, c'est-à-dire, aux bons émis sur l'ordre de
l'autorité militaire, commandant une ville en état de siège,
investie ou sur le point d'être investie par l'ennemi? L'affirmative a été admise par le tribunal de police de Besançon.
Sa décision, approuvée par M. Blanche, t. 7, n° 380, s'appuie sur la nécessité impérieuse de pourvoir à la défense
d'une place de guerre, réduite à ses propres ressources par
l'investissement de l'ennemi, nécessité qui justifiait de la
part de l'autorité militaire le droit de créer des valeurs
obsidionales (Trib. pol. Besançon, 1er avr. et 6 mai 1871,
aff. Nonotte, D. P. 71. 3. 104. Conf. Dijon, 13 avr. 1871,
aff. Delorme, D. P. 72. 2. 19). — La cour de cassation a
repoussé cette doctrine. Elle estime que le commandant
militaire d'une place assiégée n'est investi des pouvoirs
des autorités civiles, pour le maintien de l'ordre et de la
police, que dans la mesure des attributions que celles-ci ont
reçues elles-mêmes, et que, par suite, il ne peut légalement imposer aux habitants l'obligation de recevoir un
papier-monnaie ou monnaie obsidionale, dont la création
n'appartient qu'au pouvoir législatif. Elle en conclut que le
refus des monnaies obsidionales créées par l'autorité militaire dans une ville assiégée ne saurait constituer, de la
part des habitants, une contravention de police tombant
sous l'application soit de l'art. 471, § 15, c. pén., soit de
l'art. 475, § 12 (Crim. cass. 9 nov. 1872, aff. Bouly, D. P.
72. 1. 473, et la note).

§ 12. — Refus de travaux ou de secours en cas de flagrant délit ou de calamité publique (*Rép.* n°s 382 à 399).

224. Quatre conditions sont exigées pour l'existence de
la contravention prévue par l'art. 475, § 12.

225. — PREMIÈRE CONDITION. — Il faut qu'il s'agisse d'un
accident ou d'une calamité tels que ceux qui sont détaillés
dans la disposition, ou bien de flagrant délit ou d'exécution judiciaire. — L'énumération de l'art. 475, § 12, en
ce qui concerne les accidents et les calamités, n'est, on l'a dit
au *Rép.* n° 387, qu'énonciative, et sa disposition peut s'appliquer à d'autres faits, pourvu qu'il ne s'agisse que de faits
accidentels, de maux urgents, contre lesquels le temps manquerait pour recourir aux moyens ordinaires et aux secours
organisés. Tels sont : un fléau calamiteux comme le choléra
(Comp. Civ. cass. 27 janv. 1858, aff. Andreux, D. P. 58. 1.
66);....—La chute inopinée d'une grande quantité de neige,
qui interrompt les communications (Crim. rej. 15 déc. 1855,
aff. Lehmann, D. P. 56. 1. 159). Tel était aussi l'état de
guerre (V. notamment : Crim. cass. 24 nov. 1870, aff. Leray,
D. P. 71. 1. 79; 12 mai 1871, aff. Moreau, D. P. 71. 1. 202)
avant la loi du 3 juill. 1877 (D. P. 77. 4. 59). Cette loi pré-

voit formellement et sanctionne de peines correctionnelles
les réquisitions faites dans l'intérêt de l'armée, en cas de
mobilisation partielle ou totale de l'armée, ou de rassemblement de troupes; l'art. 475, § 12, n'est donc plus applicable
à l'état de guerre (V. *infrà*, v° *Réquisition*).

226. Lorsqu'il s'agit d'une mesure permanente, d'un
remède organisé d'avance contre un mal général que l'on
prévoit, le paragraphe 12 de l'art. 475 est inapplicable,
l'action régulière de l'autorité publique et son intervention
devant suffire (*Rép.* n° 388). La solution est la même lorsqu'il s'agit d'un besoin individuel, d'un malheur particulier
(*Rép.* n° 389). Jugé que la peine portée par l'art. 475, § 12,
ne peut être appliquée:.. à l'aubergiste qui a refusé de recevoir dans son auberge, malgré la réquisition de la gendarmerie, un individu trouvé couché et mourant sur la route
(Crim. rej. 17 juin 1853, aff. André, D. P. 53. 5. 414); — A
celui qui a refusé de recevoir un mendiant malade qui lui
était amené par le commissaire de police (Crim. rej. 2 juill.
1857, aff. Desriège, D. P. 57. 1. 376); — Au particulier qui
a refusé d'aider à transporter sur un brancard le cadavre
d'un homme tué par accident sur une grande route, encore
qu'il eût d'abord promis son concours (Crim. rej. 13 mai
1854, aff. Castel, D. P. 55. 1. 223).

227. L'art. 475-12° c. pén., qui punit ceux qui, le pouvant, auront refusé de faire le service ou de prêter le
secours dont ils sont requis en cas de flagrant délit, est
applicable aux médecins (*Rép.* n° 391). Ainsi, la pénalité
qu'il édicte atteint :... le médecin qui, régulièrement requis
au nom du juge d'instruction, a refusé de se rendre dans un
hôpital, de visiter un cadavre, de constater s'il existait des
traces de violence, de procéder à l'autopsie, et de faire
toutes constatations utiles à la découverte de la cause de la
mort (Crim. cass. 18 déc. 1875, aff. Gindre, D. P. 76. 1.
462); — Le médecin qui refuse d'obtempérer à la réquisition que lui fait le commissaire de police, en cas de flagrant délit, soit d'apprécier la nature et les circonstances
d'une blessure, soit de constater l'état d'un cadavre, alors
que ce médecin ne justifie pas d'une impossibilité réelle
(Crim. cass. 20 févr. 1857, aff. Cayet, D. P. 57. 1. 133). Le
médecin est tenu de faire le service dont il est requis, quel
qu'il soit, qu'il s'agisse d'œuvre de médecine légale ou de
toute opération matérielle ou intellectuelle (Crim. rej.
24 juill. 1884, aff. Gouin, D. P. 85. 1. 270).

228. Le droit de réquisition est de sa nature une ressource
suprême pour les cas où il y a urgence et flagrant délit, et
il ne faut pas donner aux dispositions qui le consacrent
une extension arbitraire. Il a été à bon droit jugé que la
conduite d'un homme ivre en lieu de sûreté par mesure de police n'est pas assimilable à une arrestation en
cas de flagrant délit; que, par suite, la réquisition adressée
à un habitant pour qu'il ait à prêter son concours à cette
opération, n'est pas obligatoire sous les peines prononcées par l'art. 475, n° 12, c. pén. (Crim. rej. 22 mars
1862, aff. Soleilhac, D. P. 62. 1. 443; 5 nov. 1887) (1). Il en
serait autrement si l'homme ivre commettait des actes de
violence ou de rébellion (Crim. cass. 14 nov. 1865, aff.
Cayet, D. P. 66. 1. 190). Décidé encore que le refus d'obtempérer à la réquisition n'est punissable qu'autant que cette
réquisition a lieu dans un des cas d'urgence ou de flagrant
délit auxquels l'art 475 se réfère limitativement. En conséquence, encore que les réquisitions de l'officier de police
judiciaire énoncent qu'il opère en cas de flagrant délit, un
médecin peut refuser d'y satisfaire lorsque le fait qu'il s'agit
de constater remonte à plusieurs jours, et a déjà donné lieu
à un commencement d'information prolongé pendant un certain temps (Arrêt du 24 juill. 1884, cité *suprà*, n° 227).
Jugé aussi que le refus d'obéir à la réquisition faite à l'occasion d'un accident ne tombe sous l'application de l'art. 475,
§ 12, que lorsque cet accident est susceptible de compro-

---

(1) (Emile Fontaine.) — LA COUR ; — Attendu que les termes
du n° 12 de l'art. 475 c. pén. limitant l'application de cette disposition aux cas de calamités publiques ou de brigandages, pillages,
flagrants délits, clameur publique ou exécution judiciaire; qu'il
ne s'agit là que d'événements qui, par leur gravité, sont de
nature à compromettre la paix ou la sécurité publique, et que le
flagrant délit auquel l'art. 475 se réfère ne peut s'entendre du
cas où un homme ivre, arrêté dans la rue par mesure de police,
se borne à résister à l'agent de la force publique qui veut le

conduire en lieu de sûreté; d'où suit qu'en relaxant Fontaine des
poursuites dirigées contre lui pour refus de concours à l'agent de
police Caussin, lequel l'avait requis de lui prêter main-forte, afin
de vaincre la résistance d'un homme ivre qu'il voulait conduire
au poste, le jugement attaqué, loin de violer le n° 12 de l'art. 475
c. pén., l'a, au contraire, sainement interprété; — Par ces motifs,
rejette, etc.
Du 5 nov. 1887.-Ch. crim.- MM. de Larouverade, rap.-Loubers,
av. gén.

mettre la paix ou la sûreté publique, si les travaux, le service, ou le secours requis n'étaient pas immédiatement effectués ou prêtés. C'est à bon droit que le juge de simple police refuse d'appliquer la disposition de l'art. 475, § 12, à une personne qui a refusé de recevoir, sur la réquisition du maire, un cadavre retiré de la rivière, puisqu'il s'agissait d'un accident individuel qui ne rentrait pas dans les prévisions de la loi (Crim. rej. 24 avr. 1885) (1).

229. Dans le cas de flagrant délit, les gardes champêtres et agents de police peuvent régulièrement requérir les citoyens présents de leur prêter main-forte pour l'arrestation des délinquants, sans s'adresser préalablement au maire ou à l'adjoint, conformément à l'art. 16 c. instr. cr. (Arrêt du 14 nov. 1865, cité suprà, n° 228).

230. La déclaration par le tribunal de police, en cas de poursuite pour prétendue violation de l'art. 475, § 12, qu'il n'y a pas eu refus de travaux, services ou secours, et qu'il ne s'agissait pas d'un flagrant délit, est souveraine et échappe à la censure de la cour de cassation. Spécialement, un tribunal peut, par une appréciation souveraine, déclarer que lorsqu'un maréchal-ferrant interpellé par un agent de police d'avoir à porter au commissariat un morceau de viande qu'il avait acheté d'un voleur, a allégué qu'il devait d'abord achever de ferrer un cheval, il y a eu de sa part empêchement et non refus de service (Crim. rej. 10 févr. 1882, aff. Verdeau, D. P. 84. 5. 426).

231. Les dispositions de la loi du 22 germ. an 4, qui frappent de peines spéciales les ouvriers qui, régulièrement requis, refusent de faire les travaux nécessaires pour l'exécution des jugements, sont toujours en vigueur (Rép. n° 392; Blanche, t. 7, n° 392; Crim. rej. 28 janv. 1870, aff. Leclercq, et aff. Liéfard, D. P. 70. 1. 318). L'art. 475, § 12, qui comprend toutes les exécutions judiciaires, civiles ou criminelles, ne s'applique donc, en ce qui concerne les exécutions de cette dernière espèce, qu'autant que des circonstances accidentelles et imprévues rendent tout à coup nécessaires l'assistance et le concours des citoyens.

232. Sur la question de savoir si le ministère public peut contraindre un particulier à loger l'exécuteur des hautes œuvres, V. Jugement; Peine; — Rép. v^{ia} Jugement, n° 884; Peine, n° 226.

233. — SECONDE CONDITION. — Le second élément de la contravention prévue par l'art. 475, § 12, consiste dans une réquisition. La réquisition doit avoir pour objet de faire des travaux, d'accomplir un service ou de prêter un secours. — « La réquisition, dit M. Blanche, t. 7, n° 394, peut exiger soit le service personnel de celui à qui elle est faite, soit le secours de ses outils, en un mot, des choses qui sont à lui. Mais elle ne peut pas aller au delà. Elle ne peut pas lui enjoindre de fournir les choses d'autrui et encore moins d'autres hommes ». Ainsi on peut requérir :... un médecin de donner ses soins en cas de calamité publique ; ... des particuliers, soit de prêter main-forte aux agents pour l'arrestation de délinquants, en cas de flagrant délit, soit de faire la chaîne, en cas d'incendie (Arrêts des 27 janv. 1858 et 14 nov. 1865, cités suprà, n°s 225 et 228; Crim. cass. 11 déc. 1863, aff. Pomier, D. P. 66. 1. 139). Mais du principe que les réquisitions adressées aux habitants dans les cas calamiteux ne peuvent avoir pour objet qu'un secours à prêter ou un service à faire personnellement, il suit qu'il n'y a pas contravention dans le fait d'habitants qui n'ont pas obtempéré à l'injonction à eux adressée, à l'occasion d'un incendie, de fournir chacun un homme de garde pour surveiller le lieu du sinistre (Crim. cass. 17 févr. 1865, aff. Augustin et Fautsch, D. P. 65. 1. 320).

234. Quelle pénalité convient-il d'appliquer aux habitants qui refusent d'obtempérer à la réquisition faite par le maire d'avoir à prêter leur concours à une battue autorisée pour la destruction des animaux nuisibles, en exécution des anciens règlements relatifs à la louveterie, et notamment de l'art. 4 de l'arrêté du 19 pluv. an 5 ? Cette question est traitée suprà, v° Chasse, n° 1583.

235. Quant aux réquisitions faites par les maires, en exécution de l'art. 90, § 9, de la nouvelle loi municipale du 5 avr. 1884, qui les charge de requérir, à l'effet de détruire les loups et sangliers remis sur le territoire de leur commune, les habitants avec armes et chiens propres à la chasse de ces animaux, le refus d'y obtempérer semble passible des peines prévues par notre article (V. suprà, v° Chasse, n° 1644).

236. On a dit au Rép. n° 394 par qui la réquisition doit être faite. — Il a été jugé que, l'urgence du secours requis ne permettant pas toujours d'aller solliciter préalablement l'ordre de l'autorité civile, qui arriverait souvent trop tard, les sapeurs-pompiers, spécialement chargés du service des incendies, doivent être considérés comme exerçant, en pareil cas, un droit de réquisition obligatoire pour les citoyens auxquels ils s'adressent (Crim. cass. 11 juill. 1867, aff. Clerteau, D. P. 68. 1. 47-48). Les gendarmes ont le même droit. Les gardes champêtres, les agents de la force publique peuvent, en cas de rixe ou de délit flagrant, requérir l'assistance des citoyens (Blanche, t. 7, n° 396).

La personne qui requiert le service ou le secours doit faire connaître sa qualité. Dès lors, le refus par un citoyen de prêter à un agent de l'autorité publique, dans un cas de tumulte, par exemple, un secours dont il est requis, n'est pas punissable lorsque le commissaire de police requérant ne lui a pas fait connaître sa qualité. Il n'est pas nécessaire, d'ailleurs, que le commissaire soit ceint de son écharpe (Crim. rej. 8 avr. 1854, aff. Mercier, D. P. 54. 1. 212).

Aucune formalité particulière n'est exigée quant à la forme des réquisitions (Rép. n° 397). L'art. 475, § 12, c. pén. n'exige pas, à peine de nullité, que la réquisition soit notifiée par écrit ; une notification verbale est donc suffisante ; du reste, en certains cas urgents, il ne serait pas possible de recourir à une notification écrite, sans une perte de temps qui pourrait rendre illusoire le secours ou le travail réclamé par l'autorité municipale (Crim. cass. 12 mai 1871, aff. Moreau, D. P. 71. 1. 262).

237. — TROISIÈME ET QUATRIÈME CONDITIONS. — Il faut qu'il y ait eu refus ou négligence d'obtempérer à la réquisition, et que pourtant il n'y ait pas eu impossibilité d'agir (Rép. n°s 398 et 399). Le refus de service ou de secours requis par l'autorité, dans le cas d'incendie notamment, ne perd pas son caractère de contravention lorsque celui qui l'avait opposé n'y a pas persisté, et a obtempéré à de nouvelles réquisitions ; par suite, cette obéissance tardive ne peut dispenser le juge de police d'appliquer la peine encourue (Crim. cass. 4 nov. 1859, aff. Oudinet, D. P. 60. 5. 328). La disposition de l'art. 475, § 12, en effet, commandée par une nécessité toujours urgente, impose aux citoyens l'obligation d'obtempérer, par un concours immédiat, à la première réquisition de l'autorité ; nul ne saurait être admis à refuser d'abord son assistance, sauf à l'accorder plus tard, parce qu'en agissant ainsi, les citoyens se constitueraient juges d'une question d'opportunité dont l'appréciation n'appartient qu'à l'autorité publique.

238. La loi n'admet qu'une seule excuse : c'est l'impossibilité de faire les travaux, de prêter le secours réclamé (Rép. n° 399). On doit écarter les excuses tirées, par exemple, de ce que le tumulte était terminé au moment où était faite la réquisition d'aller chercher la gendarmerie pour dissiper un attroupement, ou de ce que, dans le même cas, les gendarmes pouvaient être absents de la caserne assez éloignée

(1) (Larré.) — LA COUR ; — Attendu en fait, que Larré a été poursuivi pour avoir, à Boucau, refusé de recevoir dans le hangar de la chambre de commerce de Bayonne dont il avait la garde, malgré la réquisition du maire, un cadavre trouvé dans l'Adour ; — Attendu que la signification légale du mot accident, dans le titre 12 de l'art. 475 c. pén., est fixée et limitée par les autres événements énumérés dans cette disposition ; que le refus d'obéir à la réquisition faite à l'occasion d'un accident n'est susceptible, dès lors, d'entraîner l'application de la peine édictée par cet article contre les personnes pouvant y obtempérer immédiatement que dans le cas où cet accident était, comme les tumulte, nau-frage, inondation, incendie ou autres calamités, brigandage, pillage, flagrant délit, clameur publique ou exécution judiciaire, susceptible de compromettre la paix ou la sûreté publique, si les travaux, le service ou le secours requis n'étaient pas immédiatement effectués ou prêtés ; — D'où il suit que le tribunal de simple police de Bayonne, en jugeant, dans l'espèce où il s'agissait uniquement d'un accident individuel, que le refus du prévenu ne tombait pas sous l'application de l'art. 475, n° 12, c. pén., a fait une saine interprétation de cette disposition ; — Par ces motifs, rejette.
Du 24 avr. 1885.-Ch. crim.-MM. Vételay, rap.-Roussellier, av. gén.

du lieu de rassemblement (Crim. cass. 20 mars 1851, aff. Chabas, D. P. 51. 5. 479). Au contraire, l'individu poursuivi pour n'avoir pas obéi à une réquisition de se mettre à la chaîne à l'effet de prêter secours dans un incendie, est avec raison acquitté, lorsqu'il est reconnu qu'il y avait pour lui impossibilité morale et matérielle de prendre place à cette chaîne, déjà plus que complète ; en cette matière, le juge apprécie souverainement l'excuse tirée de l'impossibilité (Crim. cass. 11 déc. 1863, aff. Pomier, D. P. 66. 1. 139). — De même, le fait par un médecin de n'avoir pas obtempéré à la réquisition d'accompagner un commissaire de police à l'effet de constater l'état d'un cadavre trouvé dans les eaux d'un fleuve, est avec raison déclaré non punissable, s'il est établi qu'il ne lui a pas été possible de faire le service requis ; et l'impossibilité, sur la preuve de laquelle l'acquittement a été prononcé, ne peut être contestée par le ministère public à l'appui de son pourvoi en cassation, si elle n'a été affirmée par le juge qu'après audition de témoins à l'audience, et conséquemment en vertu de son droit souverain d'appréciation (Crim. rej. 1er févr. 1867, aff. Poncet, D. P. 67. 1. 191). — L'allégation par le prévenu d'une grande fatigue ressentie au moment où il a été requis, de douleurs rhumatismales, ne suffirait pas pour autoriser le juge à déclarer qu'il n'a pu obéir à la réquisition. Le juge doit le contrôler, rechercher si la fatigue, les douleurs qu'on invoque étaient suffisantes pour mettre le prévenu dans l'impossibilité d'agir et légitimer le refus. La cause de l'empêchement ne saurait être abandonnée à l'appréciation individuelle de la personne requise (Blanche, t. 7, n° 399).

§ 13. — Crieurs; Afficheurs; Distributeurs (*Rép.* n° 400).

239. Cette disposition se lie à la législation sur la presse. Elle est examinée *infrà*, v° *Presse*.

§ 14. — Vente de comestibles gâtés ou nuisibles (*Rép.* n° 401 et 402).

240. Le paragraphe 14 de l'art. 475 a été abrogé par l'art. 9 de la loi du 27 mars 1851. Cette abrogation laisse sans répression la mise en vente de comestibles nuisibles sans être falsifiés ou corrompus, et l'exposition en vente de comestibles gâtés, corrompus ou nuisibles, lorsqu'il n'est pas prouvé que les auteurs du fait incriminé connaissaient le vice de ces comestibles (*Rép.* n° 401 et suiv.). D'ailleurs, un règlement municipal peut interdire d'une manière absolue la mise en vente de comestibles gâtés, corrompus ou nuisibles et, dans cette hypothèse, les contrevenants sont passibles de l'application de l'art. 471, § 15, c. pén. (L. 5 avr. 1884, art. 97, § 5) (V. André et Marin, *Loi sur l'organisation municipale de 1884, Commentaire et jurisprudence*, p. 195, et *suprà*, v° *Commune*, n° 767 et suiv.).

§ 15. — Vol sans circonstances aggravantes de récoltes non détachées du sol (*Rép.* n° 403 à 413).

241. Le paragraphe 15 de l'art. 475 punit ceux qui dérobent, sans aucune des circonstances prévues par l'art. 388 c. pén. (ces circonstances feraient de l'infraction un délit) des récoltes ou autres productions utiles de la terre qui, avant d'être soustraites, n'étaient pas encore détachées du sol. On a fixé la portée de cette disposition au *Rép.* n° 403 et suiv., et indiqué ce qui la distingue de l'art. 471, § 9. Elle est étrangère à l'enlèvement de bois dans les forêts soumises ou non au régime forestier (*Rép.* v° *Forêts*, n° 806 et suiv.); — A toute extraction ou enlèvement non autorisé de produits du sol forestier autres que les bois, que réprime l'art. 144 c. for. (*Rép. ibid.*, n° 605 et suiv.); — Au maraudage ou enlèvement de bois, commis à dos d'homme dans les plantations d'arbres autres que les bois taillis et futaies, qui demeurent sous l'application de l'art. 36, tit. 2, de la loi des 28 sept.-6 oct. 1791; — Au vol de bois, exécuté à l'aide de bêtes de somme ou de charrettes, dans les plantations d'arbres autres que les bois taillis et futaies (ce vol reste sous le coup des pénalités de l'art. 37, tit. 2, de la loi de 1791); — Au vol de bois commis dans les plantations d'arbres à l'intérieur des villes. Ce dernier point a été établi au *Rép.* n° 413. M. Blanche, t. 7, n° 411, enseigne également que l'art. 475, § 15, ne s'applique pas au cas où la

production utile de la terre a été soustraite ailleurs que dans les champs, et notamment dans les jardins clos dépendant d'une maison habitée. En pareil cas, il y a lieu d'appliquer l'art. 401 c. pén., lequel embrasse, dans sa généralité, tous les vols qui ne sont pas compris dans la section dont il fait partie ou dans toute autre loi particulière (Crim. cass. 1er mars 1872, aff. Girard et Prat, D. P. 72. 1. 149).

Trois conditions sont nécessaires pour l'existence de la contravention prévue par l'art. 475, § 15.

242. — Première condition. — Il faut que les choses, objet de la contravention, soient des récoltes ou productions utiles de la terre. On a indiqué au *Rép.* n° 407 et suiv. que l'expression « productions utiles de la terre » désigne les plantes et les autres productions végétales, engendrées soit naturellement, soit par le travail de l'homme, sans qu'il y ait à distinguer entre les productions qui sont destinées à la nourriture de l'homme, et celles qui ne peuvent servir qu'à la nourriture des animaux, ni même entre les produits alimentaires et les autres productions de la terre propres à d'autres usages, domestiques ou industriels. Conformément à ce principe, la jurisprudence a décidé qu'on doit considérer comme des productions utiles, dans le sens de l'art. 475, § 15 : les raisins (Crim. cass. 7 janv. 1858, aff. Mirguet, D. P. 58. 5. 125) ; ... les pommes de terre (Pau, 3 mars 1859, *Rép.* v° *Vol*, n° 446-2° ; Crim. rej. 9 nov. 1866, aff. Coquet, D. P. 66. 1. 512) ; ... le chaume, qui peut servir à la nourriture des bestiaux et qui, dans tous les cas, forme un engrais précieux pour l'agriculture (Crim. cass. 18 nov. 1859, aff. Juffin, D. P. 59. 5. 118) ; ... les accrues naturelles d'herbes, trèfles et autres (Crim. cass. 27 avr. 1860, aff. Warnet, D. P. 60. 5. 109-110) ; — les herbes qui poussent dans les vignes (Crim. cass. 13 nov. 1863, aff. Rivière, D. P. 63. 5. 112).

La question est discutée pour les *sarments*. La cour de Montpellier a décidé que le fait de couper des sarments dans une vigne constitue, non le délit de vol simple prévu par l'art. 388, § 5, ni le délit prévu par l'art. 388, § 5, mais la contravention prévue par l'art. 475, § 15, du même code (Montpellier, 10 mai 1881, aff. Guiral, D. P. 82. 2. 149). — Cette solution ne nous paraît pas exacte. Nous pensons que le fait de couper des sarments dans une vigne constitue le délit prévu par l'art. 36 de la loi des 28 sept.-6 oct. 1791 sur la police rurale. La jurisprudence décide que les ceps de vigne sont des arbres au sens légal du mot. Or le maraudage ou vol de bois commis dans les plantations d'arbres (autres que les bois taillis et futaies lesquels sont régis par le code forestier) est prévu par l'art. 36 de la loi des 28 sept.-6 oct. 1791, disposition qui, suivant nous, est toujours en vigueur. Le code rural a été maintenu, aux termes de l'avis du conseil d'Etat des 4-8 févr. 1812, par l'art. 484 c. pén., dans toutes les dispositions que ce code ne s'est pas appropriées ; or, le code pénal ne contient aucune disposition analogue à celle des art. 36 et 37 de la loi des 28 sept.-6 oct. 1791 ; par conséquent, ces articles ont conservé leur application, en ce qui concerne, du moins, le maraudage ou vol de bois commis dans les plantations d'arbres autres que les bois taillis et futaies (V. en ce sens : Crim. cass. 22 févr. 1839, aff. v° *Droit rural*, n° 219-2° ; 19 janv. 1848, aff. Nicolle, D. P. 48. 5. 96 ; 1er mars 1872, aff. Girard et Prat, D. P. 72. 1. 149 ; Blanche, t. 7, n° 412. — *Contrà* : Crim. cass. 11 oct. 1845, aff. Pinel, D. P. 45. 1. 429).

243. La disposition de l'art. 475, § 15, ne s'applique pas : aux fruits sauvages (*Rép.* n° 186) ; aux substances minérales ; au sel ; au miel (*Rép.* n° 407). — S'applique-t-elle à la fiente du bétail ? Un jugement a décidé l'affirmative (Trib. just. paix Sauve (Gard), 29 août 1864, aff. Durand, D. P. 66. 3. 23). Mais cette décision paraît très contestable : on ne saurait admettre, en effet, que la fiente de bétail puisse être rangée parmi les productions de la terre. — Sur la question de savoir si l'enlèvement de la fiente de bétail est punissable, V. la note qui accompagne le jugement précité du 29 août 1864.

244. — Deuxième condition. — La seconde condition, c'est que les récoltes ou autres productions utiles de la terre, ne soient pas détachées du sol, avant l'acte de mainmise de la part du délinquant. Les motifs en ont été indiqués au *Rép.* n° 408 et suiv. (V. aussi Chauveau et Hélie, t. 5, n° 2045). Il a été jugé avec raison que le fait d'avoir dérobé, sur un pâtis appartenant à autrui, des ajoncs détachés du sol et disposés en gerbes, constitue le délit de vol de récoltes

prévu par l'art. 388, § 3, et non la contravention de maraudage punie par l'art. 475, § 15 (Crim. cass. 4 nov. 1880, aff. Vasselin, D. P. 81. 1. 44). Mais, comme on l'a vu au *Rép.* n° 409, aux productions non détachées du sol, il faut assimiler celles qui n'en ont été séparées que par une cause naturelle ou par un accident quelconque, c'est-à-dire sans l'intervention du propriétaire ou de son représentant (*Rép.* n° 409). — Au reste, il n'y a pas à distinguer de quelle males productions de la terre sont détachées du sol par le contrevenant. Ainsi, peu importe que l'acte incriminé consiste dans le fait : d'arracher des pommes de terre (Crim. rej. 9 nov. 1866, aff. Coquet, D. P. 66. 1. 512); — D'arracher à l'aide d'un râteau et d'emporter une certaine quantité de chaume non encore détaché d'un champ (Crim. cass. 18 nov. 1859, aff. Juffin, D. P. 59. 5. 118); — De couper plusieurs raisins dans une vigne et de les emporter dans sa blouse (Crim. cass. 7 janv. 1858, aff. Mirguet, D. P. 58. 5. 125).

245. — Troisième condition. — L'enlèvement doit avoir lieu avec la volonté de s'approprier la chose (*Rép.* n° 440) : ainsi la contravention punie par l'art. 475, § 15, rentre dans la catégorie de celles qui, par dérogation à la règle générale (V. *suprà*, n° 18) exigent chez leur auteur une intention délictueuse (Comp. *suprà*, n° 19). Cette règle a été de nouveau consacrée par la jurisprudence. Ainsi il a été décidé que, bien que classé parmi les contraventions de simple police, le maraudage est un vol d'une nature particulière, et, par suite, ne peut résulter que d'un fait d'appropriation (de récoltes ou autres produits utiles du sol) commis dans une intention frauduleuse; qu'ainsi l'individu qui, en coupant des branches sur des arbres et en se les appropriant, a cru faire un acte toléré et a agi sans intention de nuire au propriétaire de ces arbres, a pu être déclaré non coupable de maraudage (Crim. rej. 9 janv. 1862, aff. Aly, D. P. 62. 1. 200. V. dans le même sens : Crim. rej. 14 mai 1868, aff. Bourqueney, D. P. 69. 1. 117). Jugé encore que le prévenu de maraudage qui produit une autorisation écrite du propriétaire, lui concédant la faculté de prendre dans le jardin où les récoltes ont été dérobées divers articles de jardinage, peut être relaxé comme n'ayant pas agi avec l'intention frauduleuse qui constitue un élément essentiel de la contravention (Crim. rej. 6 déc. 1879) (1).

La contravention est commise dès que la chose a été l'objet de la mainmise du délinquant; il n'est pas nécessaire qu'elle ait été enlevée (Blanche, t. 7, n° 407).

Sect. 3. — Troisième classe de contraventions de police (*Rép.* n°s 414 à 514).

§ 1er. — Dommage volontaire aux propriétés mobilières d'autrui (*Rép.* n°s 414 à 427).

246. L'art. 479, n° 1, punit d'une amende de 11 à 15 fr. inclusivement ceux qui, hors les cas prévus depuis l'art. 434 jusques et y compris l'art. 462, auront volontairement causé du dommage aux propriétés mobilières d'autrui. Quatre conditions sont nécessaires pour que ce paragraphe reçoive son application.

247. — Première condition. — Il faut qu'il y ait dommage. L'art. 479, n° 1, n'exclut aucun mode de dommage. Tous les actes volontairement dommageables aux propriétés mobilières d'autrui énumérés dans le code pénal, depuis l'art. 434 jusqu'à l'art. 462 inclusivement, tombent sous son application si le fait restant d'ailleurs le même par sa nature et son objet, les circonstances qui ont paru nécessiter de la part du législateur une incrimination spéciale, font défaut (*Rép.* n°s 416 et 419). Ainsi, il a été jugé que l'on doit regarder comme tombant sous l'application de l'art. 479, § 1er : le fait de tuer sans nécessité un animal domestique, lorsque le maître de celui-ci n'est pas propriétaire, locataire, colon ou fermier du lieu où l'animal a été tué (Crim. rej. 17 déc.

1864, aff. Gilbert, D. P. 65. 1. 102); — Le fait de verser de l'eau bouillante sur des ruches et de causer ainsi la mort des abeilles (Toulouse, 30 mars 1875 et 3 mars 1876, aff. Taillefer, D. P. 76. 2. 145).

Le lieu où le dommage a été causé importe peu, à moins qu'il ne s'agisse d'un animal domestique, tué sur un terrain dont le maître de cet animal était propriétaire, locataire, colon, ou fermier, circonstance qui transforme l'infraction en délit (c. pén. art. 454). Ainsi, la contravention prévue par l'art. 479, § 1er, existe, quand une personne a tué un animal domestique d'autrui : soit sur la voie publique (Crim. rej. 25 janv. 1873, aff. Georges, D. P. 73. 1. 168); soit sur son propre terrain (Crim. rej. 7 juill. 1874, aff. Ouvrard, D. P. 74. 1. 272).

248. — Seconde condition. — Le dommage doit avoir été causé volontairement. On a mentionné et justifié au *Rép.* n° 417, cette exception à la règle générale en matière de contraventions. La cour de cassation de Belgique l'a proclamé en jugeant que le fait de tuer volontairement un animal domestique en tout autre lieu que la propriété de son maître, et, par exemple, sur son propre terrain, ne constitue la contravention prévue par l'art. 479, § 1er, c. pén., qu'autant qu'il y a eu intention, malveillance et dessein de causer à autrui un dommage dans sa propriété mobilière (C. cass. Belgique, 13 juin 1864, aff. Speder, D. P. 66. 5. 23). — D'ailleurs le dommage n'en est pas moins volontaire, quoiqu'il ait dépassé les prévisions de celui qui l'a causé. Ainsi il a été décidé que le juge ne saurait se fonder, pour faire rentrer parmi les cas de blessures par maladresse l'action de l'individu qui a atteint d'un coup de feu un chien surpris dans sa cour, sur ce que le prévenu aurait fait une blessure grave à ce chien en ne se proposant que de le piquer (Crim. cass. 19 avr. 1866, aff. Motheron, D. P. 86. 1. 415).

249. L'art. 479, § 1er, n'est applicable qu'autant la destruction a été effectuée sans nécessité; il ne concerne donc pas celui qui se trouve en état de légitime défense. — D'après une opinion, il n'y aurait nécessité justifiant la destruction de l'animal appartenant à autrui qu'en cas de défense de la personne, et non dans le cas de défense de la propriété. En ce sens, il a été jugé que le propriétaire dans l'habitation duquel le chien d'un voisin vient fréquemment causer des dégâts, ne peut, alors même que le voisin n'a tenu aucun compte des représentations à lui adressées pour en prévenir le retour, se croire en droit d'abattre l'animal à l'occasion d'une nouvelle incursion dans sa propriété; sauf à tenir compte, dans l'appréciation des dommages-intérêts auxquels doit être condamné l'auteur de cet abatage abusif, tant des dommages que l'animal avait causés que des torts du maître; en pareil cas, il peut y avoir lieu de n'adjuger à ce dernier que les dépens de l'instance (Trib. paix Rambouillet, 3 mars 1866, aff. Lelièvre, D. P. 66. 3. 47). Cette opinion n'a point prévalu. La jurisprudence décide qu'aucune distinction ne doit être faite entre le cas où il s'agit de défendre les propriétés et celui où il s'agit de défendre les personnes. — Il a été jugé que l'art. 479, § 1er, n'atteint pas : ... celui qui tue, la nuit, dans une cour close dépendant de sa propriété, un chien qui avait étranglé une certaine quantité de lapins (Crim. rej. 17 déc. 1864, aff. Gilbert, D. P. 65. 1. 102); — L'individu qui tue, dans un hangar à lui appartenant et attenant à une habitation, le chien d'un voisin qui était en train de briser et manger les œufs provenant de ses poules, alors surtout que le maître du chien avait déjà reçu, à l'occasion de faits analogues, plusieurs avertissements dont il n'avait pas tenu compte (Crim. rej. 17 nov. 1865, aff. Michirseau, D. P. 66. 1. 95); — Celui qui tue le chien d'autrui, sur son propre terrain, au moment où l'animal porte atteinte à sa propriété. Tel est le cas où le chien d'autrui est venu se prendre dans un des pièges qui ont été tendus, dans un jardin clos de murs, pour en protéger les cultures contre les incursions dommageables des chiens du voisinage (Crim. rej. 7 juill.

(1) (Blazy). — La cour;... — Attendu que le sieur Blazy poursuivi en police pour avoir dérobé dans un jardin des récoltes non encore détachées du sol, a produit une autorisation écrite du propriétaire du jardin, concédant audit sieur Blazy la faculté d'y prendre divers articles de jardinage; — Attendu qu'en se fondant sur cet écrit pour déclarer que le prévenu n'avait point agi avec l'intention frauduleuse qui constitue un élément essen-

tiel de la contravention de maraudage, le juge de simple police n'a point violé la loi que le procès-verbal régulièrement dressé par un garde particulier, et que son appréciation sur ce point est souveraine;

Par ces motifs, rejette, etc.

Du 6 déc. 1879. — Ch. crim. — MM. de Carnières, pr.-Gast, rap. Benoist, av. gén.

1871, aff. Ouvrard, D. P. 71. 1. 272) ; — La personne qui tue à coups de fusil les chiens d'autrui, au moment où, coutumiers du fait, ces animaux étaient lancés à toute vitesse dans le parc à lapins de l'inculpé, l'avaient parcouru d'un bout à l'autre, et y causaient un dommage actuel et effectif (Bordeaux, 4 mars 1879, aff. Deguiltrem et Deganne, D. P. 80. 2. 163). — Pareillement, il n'y a pas lieu de considérer comme coupables de la contravention prévue par l'art. 479, § 1er : ... l'individu qui, dans le but de prévenir des dégâts, tire sur un chat appartenant à un inconnu (C. cass. Belgique, 13 juin 1864, aff. Speder, D. P. 66. 5. 23) ; — Celui qui, en semant des substances empoisonnées sur un terrain lui appartenant, dans lequel les poules d'un voisin venaient habituellement faire des incursions dommageables, a causé la mort de quelques-uns de ces animaux, si c'est sur son terrain et au moment du dégât que les poules ont mangé les substances qui les ont empoisonnées, alors surtout qu'il n'a pris cette mesure qu'après avoir adressé au possesseur des poules des avertissements demeurés infructueux (Crim. rej. 7 mai 1868, aff. Godard, D. P. 69. 1. 72) ; — Le propriétaire d'un canal empoisonné qui a tué des oies, canards et cygnes appartenant à autrui, qui, se trouvant dans les eaux dudit canal, nuisaient au frai et au poisson (Crim. rej. 26 déc. 1868, aff. Richard, D.P.69.1.389.V. aussi Blanche, t. 7, n° 428, p.523).

250. Mais, pour qu'il puisse légitimement être fait usage de ce droit de destruction, il ne suffit pas de la seule présence des animaux appartenant à autrui sur le terrain ou dans les eaux du canal dont le propriétaire ou fermier a intérêt à les repousser, bien qu'il en résulte un péril possible ou imminent ; il faut qu'il y ait un dommage actuel et effectif à faire cesser. — Jugé que l'art. 479, § 1er, est applicable à l'individu qui ayant surpris des poules dans sa chambre à avoine ne les tue qu'une heure après les y avoir enfermées (Crim. cass. 13 nov. 1885) (1). De même, l'on ne peut acquitter l'individu prévenu d'avoir tué, à plusieurs époques, des volailles de différentes espèces, alors qu'un seul fait de dégât a été constaté, en déclarant, pour les volailles tuées à d'autres époques, qu'il est présumable qu'elles causaient un dommage au frai et au poisson (Crim. rej. 26 déc. 1868, cité supra, n° 249; Crim. cass. 16 janv. 1875, aff. Pimont, D. P. 75. 1. 448). — De même encore, il y a destruction abusive et non légitime défense de la propriété :.. de la part du propriétaire qui tue l'un des chiens d'autrui au moment où ces chiens, emportés par leur ardeur à poursuivre le gibier, traversaient son terrain, à moins que ce fait de destruction ne soit justifié par la gravité des

dégâts causés à la propriété (Trib. paix Brède, 15 févr. 1855, aff. de Menou, D. P. 66. 3. 47, note); — Et de la part du propriétaire dans le jardin duquel est venu s'abattre un essaim d'abeilles en fuite, et qui a détruit ces abeilles avec un arrosoir, alors que celui auquel l'essaim appartenait avait inutilement demandé l'accès du jardin pour le ramener (Trib. paix Ville-en-Tardenois, 24 juin 1861, aff. Malatrait, D. P. 66. 3. 47, note).

251. Le fait de démolir, en exécution d'un jugement, des ouvrages (dans l'espèce, les gonds d'une tente) établis par un voisin, contrairement audit jugement, ne saurait constituer la contravention prévue par l'art. 479, § 1er. La personne qui démolit ne faisant qu'exécuter un jugement qu'elle a obtenu et dont l'exécution lui a été attribuée, ne peut être recherchée pour ce fait (Crim. rej. 26 nov. 1887, aff. Buy, D. P. 88. 1. 285).

252. — Troisième condition. — La troisième condition, c'est que le dommage ait été causé aux propriétés mobilières d'autrui. L'art. 479, § 1er, ne distingue pas; il s'étend à tout ce qui est meuble ou effet mobilier d'après les art. 527 et suiv. c. civ. (V. Biens, n° 41 et suiv.; — Rép. vis Biens, n° 169 et suiv.; Contravention, n° 418). Ainsi il a été jugé qu'il s'applique aux voitures. Spécialement, l'incendie volontaire d'une voiture en station dans une rue et ne contenant que des marchandises, ne constitue, à défaut de dispositions spéciales qui le répriment, que la contravention prévue par l'art. 479, § 1er, c. pén. (Crim. rej. 9 juin 1864, aff. Bourgerie, D. P. 64. 1. 502). — Jugé aussi que le fait de briser une statue de la République qui, après avoir figuré quelque temps dans la salle de la mairie, avait été transportée dans un grenier par ordre de l'autorité compétente, constitue la simple contravention de dommages à la propriété mobilière d'autrui et non le délit de dégradation d'un monument public (Nîmes, 25 juill. 1878, aff. Bénistant, D. P. 81. 5. 120). — Mais le bris d'une chaîne posée par un fermier pour fermer un passage privé, et du cadenas qui la retient, constitue le délit de bris de clôture prévu et puni par l'art. 456, et non la contravention de dommage volontaire causé aux propriétés mobilières d'autrui (Crim. cass. 14 juin 1884, aff. Gaye, D. P. 85. 1. 272). Mais l'eau d'un lavoir ne peut être considérée comme une chose mobilière au sens de l'art. 479, § 1er. Par suite, on ne saurait appliquer la disposition de cet article à un individu qui l'aurait troublée ou corrompue (Crim. rej. 5 août 1887) (2).

253. L'art. 479, § 1er, s'applique, non seulement aux

---

(1) (Victor-Gustave Corblin.) — La cour; — Vu la requête produite à l'appui de l'appui du pourvoi; — Sur le moyen de cassation pris de la violation de l'art. 479 c. pén., n° 1, et de l'art. 12 du tit. 2 de la loi des 28 sept.-6 oct. 1791 : — En ce qui concerne la première branche du moyen, fondée sur ce que les poules n'auraient pas été tuées au moment du dégât : — Vu lesdits articles et l'art 154 c. instr. cr.; — Attendu que Corblin, aubergiste à Thuithébert, a comparu devant le tribunal de simple police du canton de Bourgtheroulde, comme prévenu d'avoir tué volontairement deux poules qui auraient pénétré dans sa chambre à avoine et qui appartenaient le sieur le nommé Basille, également aubergiste au même lieu; que ce fait présentait les caractères de la contravention prévue et punie par le n° 1 de l'art. 479 c. pén. ; que le jugement attaqué, en le déclarant constant, a néanmoins renvoyé ledit Corblin des poursuites, par le motif que l'art. 12 du tit. 2 de la loi du 6 oct. 1791 lui donnait le droit de tuer les poules qui se trouvaient dans sa chambre à avoine; — Mais attendu que la faculté accordée par cet article est exceptionnelle; qu'elle est subordonnée à une double condition, et que, d'après les termes formels et précis de la loi, elle ne peut être exercée que pour protéger des propriétés rurales contre un dégât actuel et effectif; que la faculté qu'elle donne au propriétaire, locataire ou fermier, de se faire justice sur les lieux et à l'instant où le dégât a été commis, doit, comme toute disposition exceptionnelle, dérogatoire au droit commun, être restreinte au cas pour lequel elle a été édictée; — Et attendu, en fait, que le jugement constate que les poules tuées par Corblin ont été surprises dans la chambre à avoine de ce dernier occupée à manger l'avoine qui s'y trouvait, il résulte aussi du procès-verbal de gendarmerie que Corblin n'aurait tué les poules que trois quarts d'heure à une heure après les y avoir enfermées; que, sous ce premier rapport, il y a eu violation de l'article précité;

Sur la seconde branche, fondée sur ce que l'art. 12 du tit. 2 de la loi du 6 oct. 1791 n'est applicable qu'aux propriétés rurales :.. Attendu, en fait, qu'au lieu de constater expressément qu'il s'agis-

sait d'une exploitation rurale, le tribunal de police s'est borné à déclarer « que les sieurs Corblin et Basille sont propriétaires voisins et aubergistes près la gare de Thuithébert; que les deux aubergistes dont les propriétés sont contiguës, séparées par des cours mal closes et dont les cours sont ouvertes pour l'accès des voituriers, à tout instant du jour et de la nuit, et qui ne sont pas tenus à l'application des règles de la voirie, restent nécessairement dans la catégorie des propriétaires cultivateurs ou fermiers qui ne peuvent incessamment surveiller les dégâts commis dans leurs cultures »; — Qu'en déclarant ainsi, par voie d'extension et d'analogie, que Corblin qui a tué les poules de son voisin après les avoir enfermées et retenues dans la chambre à avoine où il les aurait surprises occupées à manger l'avoine qui s'y trouvait, aurait usé de son droit, le tribunal a fait, sous ce second rapport, une fausse application de l'art. 12 du tit. 2 de la loi du 6 oct. 1791 et, par suite, violé l'art. 479, n° 1, c. pén. : — Sans qu'il soit besoin d'examiner les autres moyens du pourvoi; — Casse et annule le jugement rendu par le tribunal de simple police du canton de Bourgtheroulde, du 5 juin 1885; et, pour être fait droit au fond, renvoie la cause et les parties devant le tribunal de simple police du canton de Montfort (Eure), à ce désigné après délibération en la chambre du conseil; — Ordonne, etc.

Du 13 nov. 1885.-Ch. crim.-MM. Chambareaud, rap.-Rousselier, av. gén.

(2) (Jules Suard, Jenny Genoud et Jeannette Challande, née Fillon.) — La cour; — Sur le moyen unique pris de la violation du paragraphe 1er de l'art. 479 c. pén. : — Attendu que l'eau d'un lavoir ne saurait être considérée comme une chose mobilière au sens de l'article susvisé; que, par suite, le jugement attaqué, en se refusant à en faire l'application aux prévenus, a sainement apprécié la portée de ses dispositions; — Attendu, d'ailleurs, que l'arrêt est régulier en la forme; — Par ces motifs, rejette, etc.

Du 5 août 1887.-Ch. crim.-MM. Poux-Franklin, rap.-Loubers, av. gén.

choses inanimées, mais encore aux animaux, pourvu qu'il s'agisse d'animaux domestiques (*Rép.* n° 418). La jurisprudence proclame qu'en l'absence d'une disposition spéciale qui ait prévu et puni le fait d'avoir volontairement blessé un animal domestique appartenant à autrui, ce fait ne peut être réprimé que par l'application du paragraphe 1er de l'art. 479 c. pén., qui punit d'une manière générale ceux qui ont volontairement causé du dommage aux propriétés mobilières d'autrui de quelque manière que ce dommage ait été causé (Crim. cass. 19 avr. 1866, aff. Mofheron, D. P. 66. 1. 415. V. aussi C. cass. Belgique, 13 juin 1864, cité *suprà*, n° 249; Blanche, t. 7, n° 427). Ainsi jugé, en ce qui regarde les chats (Arrêt précité du 13 juin 1864), et des chiens. Spécialement, à défaut de disposition particulière, on doit appliquer l'art. 479, § 1er :... au fait d'avoir tué volontairement, en tout autre lieu que sur la propriété du maître, et, par exemple, sur son propre terrain, un chien de chasse ou d'agrément appartenant à autrui (Crim. rej. 17 déc. 1864; 7 juill. 1871, cités *suprà*, n° 249); — Au fait d'avoir tué volontairement le chien d'un tiers sur la voie publique (Crim. rej. 2 janv. 1873, aff. Georges, D. P. 73. 1. 168); — Au fait d'un propriétaire de bois non clos, qui a tué des chiens appartenant à autrui au moyen de boulettes empoisonnées, semées sur son terrain, dans le but d'atteindre les chiens des chasseurs en même temps que les bêtes fauves. Peu importe qu'un arrêté préfectoral autorise l'emploi de substances vénéneuses pour détruire les loups et les renards, si ce propriétaire n'a pas pris les précautions nécessaires pour empêcher la destruction des animaux domestiques, et consistant, notamment, à tendre les appâts la nuit et à les relever le matin (Trib. corr. Compiègne, 3 juin 1873, aff. de Lupel, D. P. 74. 3. 88); — Aux blessures faites méchamment à des chiens de chasse ou d'agrément appartenant à autrui (Crim. cass. 18 août 1853, aff. Roulleau-Deshayes, D. P. 53. 1. 263; 4 avr. 1863, aff. Heitz, D. P. 63. 1. 324); — Au fait de l'individu qui blesse grièvement d'un coup de feu un chien surpris dans sa cour (Crim. cass. 19 avr. 1866, aff. Motheroy, D. P. 66. 1. 415). Toutefois, le fait de tuer ou blesser de dessein prémédité et méchamment, sur le terrain d'autrui, des bestiaux ou des chiens de garde, est réprimé par l'art. 30, tit. 2, de la loi des 28 sept.-6 oct. 1791 (Arrêt précité du 4 avr. 1863).

254. Le fait de tuer chez soi les volailles d'autrui constitue la contravention prévue par l'art. 479, § 1er (*Rép.* n° 418). — Jugé que le fait de blesser à coups de pierres un faisan qu'on savait être échappé d'une volière tombe sous l'application de l'art. 479, § 1er (Amiens, 9 mars 1882, aff. Datz, D. P. 82. 2. 152. V. *supra*, v° *Chasse*, n° 794). Peut-on tuer chez soi les volailles d'autrui, qui y commettent des dégâts? L'art. 12, tit. 11, dela loi des 28 sept.-6 oct. 1791, autorise formellement les propriétaires, détenteurs ou fermiers à tuer les volailles sur les lieux, au moment du dégât. Mais cet article n'en dispose qu'en vue des exploitations rurales. En est-il de même lorsqu'il s'agit de dégâts causés en tout autre lieu, par exemple, lorsque le fait se passe dans un jardin à l'intérieur d'une ville? La cour de cassation aurait décidé implicitement la négative dans un arrêt du 28 juill. 1835 (aff. Germaine, D. P. 55. 1. 361). Elle l'a jugé expressément dans un arrêt plus récent, où elle pose en principe que la faculté accordée par l'art. 12 du tit 2. de la loi des 28 sept.-6 oct. 1791 est subordonnée à la condition qu'elle soit exercée pour protéger une propriété rurale; que, notamment, il n'appartient pas à l'aubergiste qui tue une poule d'un voisin qui a pénétré dans sa chambre à avoine (Crim. cass. 13 nov. 1885, V. *supra*, n° 250). M. Blanche, t. 7, n° 428, p. 522, professe avec raison, suivant nous, l'opinion contraire. Le principe que la contravention prévue par l'art. 479, § 1er, n'existe pas lorsque l'on se trouve en cas de légitime défense (V. *suprà*, n° 249), n'est pas spécial aux chiens. Il est général et doit, par suite, s'appliquer aux volailles comme aux autres animaux, sans qu'il y ait lieu de distinguer, puisque la loi ne le fait pas, les dégâts causés dans les exploitations rurales et ceux causés dans l'intérieur des villes. Il y a, dans les deux cas, pour le propriétaire, nécessité de protéger sa chose d'art. 12, tit. 11, de la loi de 1791; dans l'autre, de la combinaison des art. 453, 454 et 479, n° 1, c. pén.

255. L'art. 479, § 1er, s'applique également aux animaux d'une nature mixte, tels que :... les abeilles, qui ne sont ni tout à fait sauvages, ni tout à fait domestiques, et qui ne deviennent l'objet d'un droit de propriété qu'indirectement, c'est-à-dire en tant qu'accessoires du fonds sur lequel elles sont fixées (Toulouse, 30 mars 1875 et 3 mars 1876, aff. Taillefer, D. P. 76. 2. 145, et la note); — Et les vers à soie; ces animaux ne pouvant être considérés comme des animaux domestiques, le fait de les détruire au moment où ils sont en éducation chez le propriétaire constitue, non le délit prévu par l'art. 454 c. pén., mais la simple contravention prévue et punie par l'art. 479, § 1er (Nîmes, 20 déc. 1860, aff. Marianne Lichière, D. P. 61. 2. 121). — Quant à la destruction des pigeons, V. *Chasse*, n°s 795 et suiv.; — *Rép.* eod. v°, n°s 196 et suiv.

§ 2, 3 et 4. — Mort ou blessures aux animaux d'autrui par l'effet de la divagation des fous ou des animaux malfaisants. — De l'usage ou emploi d'armes, corps durs, etc. — De la vétusté ou du défaut de réparation des édifices (*Rép.* n°s 428 à 452).

256. — I. ÉLÉMENTS CONSTITUTIFS DE LA CONTRAVENTION. — Les paragraphes 2, 3 et 4 de l'art. 479 ont un objet commun (*Rép.* n° 428). Les contraventions qu'ils prévoient n'existent qu'autant que la mort ou les blessures involontaires concernent des animaux ou bestiaux appartenant à autrui. Leur objet diffère donc de celui de la loi du 2 juill. 1850 relative aux mauvais traitements exercés sur les animaux domestiques (D. P. 50. 4. 145), qui ne s'occupe que des mauvais traitements exercés publiquement et abusivement envers des animaux domestiques, soit par les propriétaires, soit par les personnes qui en ont la garde et la conduite (V. *infra*, v° *Dommage-destruction*). — Comme on l'a dit au *Rép.* n° 432, les dispositions des trois paragraphes que nous étudions s'appliquent aux animaux de toute espèce, sauvages ou domestiques. — Une seconde observation générale qui a été faite au *Rép.* n°s 429 et suiv., c'est que parmi les atteintes portées aux animaux ou bestiaux d'autrui, les paragraphes 2, 3 et 4 de l'art. 479 ne prévoient formellement que la mort ou les blessures causées involontairement, c'est-à-dire sans intention de tuer ou de blesser; peu importe, d'ailleurs, que le fait qui a occasionné la mort ou les blessures ait été ou non volontaire. Quant aux *blessures volontaires* faites aux animaux d'autrui, c'est une question controversée de savoir quelle disposition doit leur être appliquée. Elle a été examinée au *Rép.* v° *Dommage-destruction*, n°s 289 et suiv., et l'on y reviendra *infra*, eod. v°.

En ce qui concerne spécialement les dispositions contenues dans le paragraphe 2 de l'art. 479, V. *Rép.* n° 434.

257. Toute excuse autre que celles établies par la loi doit être rejetée. Jugé que l'acquittement d'une prévention relative au fait d'avoir, en laissant courir un cheval attelé à une voiture, écrasé un chien appartenant à autrui, ne peut être valablement fondé sur cette considération que « le chien ne devait être guère alerte », un tel motif n'étant pas sérieux (Crim. cass. 15 mars 1862, aff. Rosi de la Gouvrière, D. P. 62. 5. 106).

258. Le paragraphe 3 prévoit deux causes distinctes de la mort ou de blessures des animaux appartenant à autrui : 1° l'emploi ou l'usage d'armes sans précaution ou avec maladresse; 2° le jet de pierres ou d'autres corps durs. Dans l'un et l'autre cas, il n'est pas nécessaire, pour que l'accident constitue une contravention, qu'il se produise sur la voie publique (*Rép.* n° 447). — Le mot *armes* est pris dans un sens général : les bâtons notamment : les bâtons (Crim. cass. 4 avr. 1863, aff. Heitz, D. P. 63. 1. 324); — Les râteaux (Crim. cass. 9 juill. 1853, aff. Lamotte, D. P. 53. 1. 320); et les autres instruments indiqués dans l'art. 101 c. pén. (*Rép.* n° 437; Blanche, t. 7, n° 431). — L'acte n'est punissable, comme on l'a fait remarquer au *Rép.* n° 438, que s'il y a eu faute, c'est-à-dire défaut d'adresse ou imprudence.

259. Le paragraphe 4 de l'art. 479 prévoit d'abord le cas où la mort ou les blessures des animaux appartenant à autrui ont été causées par la vétusté, la dégradation, le défaut de réparation ou d'entretien des maisons ou édifices (*Rép.* n°s 441 et suiv.). — Les mots *maisons* ou *édifices* sont, comme on l'a dit au *Rép.* n° 443, des expressions d'un sens étendu. Décidé à cet égard que le mot *édifice* comprend,

en général, tout ce qui est bâti et édifié de main d'homme; qu'il en est ainsi, spécialement, dans le paragraphe 4 de l'art. 479, dont le but et les termes s'étendent à tout ce qui est édifié dans ou près les rues, chemins, places ou voies publiques; qu'en conséquence, le mot *édifice* embrasse dans son acception juridique les ponts aussi bien que les maisons et autres constructions quelconques, dont la vétusté, la dégradation ou le défaut d'entretien ou de réparation sont susceptibles de causer les accidents que le paragraphe 4 de l'art. 479 veut prévenir; que la même disposition s'applique explicitement et par identité de raison même aux constructions qui font partie intégrante de la voie publique et en rattachent les parties l'une à l'autre, puisque la solidité de ces constructions n'importe pas moins à la sûreté générale que celle de tous les édifices riverains de ladite voie; que spécialement, le fait, par un entrepreneur, de n'avoir pas suffisamment pourvu aux réparations d'un pont, de l'entretien duquel il était tenu en qualité de concessionnaire, et d'avoir par là à s'imputer un accident causé à des chevaux par une rupture de poutres survenue au moment de leur passage constitue, non une contravention de voirie, mais la contravention que réprime l'art. 479, § 4, c. pén. (Crim. rej. 16 févr. 1855, aff. Escaraguel, D. P. 55. 1. 350).

On a soutenu au *Rép.* n°s 445 et suiv. que les mots « dans ou près les rues, chemins, places ou voies publiques » que renferme le paragraphe 4 de l'art. 479, ne sont pas applicables à la première des deux contraventions qu'il réprime; que, par suite, la proximité de la voie publique est indifférente au point de vue de la contravention résultant de la vétusté, de la dégradation, du défaut de réparation ou d'entretien des maisons ou édifices. Cette doctrine n'est pas admise par la cour de cassation, qui estime que la contravention relative aux accidents causés par le mauvais état des édifices n'existe qu'autant que ceux-ci sont situés sur la voie publique ou à proximité de cette voie.

260. Sur la seconde contravention prévue par le paragraphe 4 de l'art. 479, qui suppose que la mort ou les blessures des animaux d'autrui ont été occasionnées par un encombrement, une excavation ou telles autres œuvres, V. *Rép.* n° 452.

261. — II. PEINES. — Les diverses contraventions spécifiées dans les paragraphes 2, 3 et 4 de l'art. 479 sont passibles:... d'une amende de 11 à 15 fr. Il appartient aussi au tribunal de police de prononcer un emprisonnement de cinq jours au plus, s'il le juge à propos, mais seulement dans les cas prévus par le paragraphe 4 de l'art. 479, c'est-à-dire lorsque la mort ou la blessure des animaux d'autrui a pour cause soit l'emploi d'armes sans précaution ou avec maladresse, soit le jet de pierres ou d'autres corps durs (c. pén. art. 480). La peine de l'emprisonnement est encourue, en outre, dans le cas de récidive, comme dans tous les autres cas prévus par l'art. 479 (*Rép.* n°s 60 et suiv.).

§ 5 et 6. — Détention de faux poids ou de fausses mesures différents de ceux qui sont reconnus par la loi. — Vente du pain et de la viande au dessus de la taxe (*Rép.* n°s 453 et 454).

262. Le paragraphe 5 qui a rapport à la détention de faux poids ou de fausses mesures a été abrogé par l'art. 9 de la loi du 27 mars 1851. — Le n° 6-1° est relatif à l'emploi des poids ou des mesures différents de ceux qui sont établis par les lois en vigueur. Nous donnons les explications qu'il comporte, *infra*, v° *Poids et mesures*. L'étude du deuxième alinéa du n° 6 qui punit la vente au delà du prix fixé par la taxe de la viande et du pain est faite v^s *Boucher*, n° 40; *Boulanger*, n°s 61 et suiv. ; — *Rép.* v^s *Boucher*, n°s 73 et suiv.; *Boulanger*, n°s 58 et suiv.

§ 7. — Devins; Explication des songes (*Rép.* n°s 455 à 462).

263. L'art. 479, § 7, érige en contravention le fait de se livrer au métier de deviner et de pronostiquer ou d'expliquer les songes. On a indiqué au *Rép.* n°s 455 et suiv. quels sont les éléments constitutifs de cette contravention. Elle ne concerne que les gens qui font *métier* de pronostiquer ou d'expliquer les songes, ce qui implique l'idée de salaire. — La contravention dégénère en délit chaque fois que le prétendu devin emploie des manœuvres frauduleuses

pour persuader l'existence du pouvoir imaginaire qu'il s'attribue, si le résultat de ces manœuvres est, pour lui, de se faire délivrer de l'argent ou des effets mobiliers (*Rép.* n° 460). Il a été jugé qu'on ne peut voir le délit d'escroquerie dans le fait de pronostiquer l'avenir pour de l'argent, en consultant des cartes dont on indique la signification imaginaire à des personnes envers lesquelles on n'emploie aucune manœuvre frauduleuse, et qui se présentent spontanément pour recevoir cette divination ; ce fait constitue seulement la contravention réprimée par l'art. 479, § 7 (Toulouse, 10 févr. 1854, aff. Maillard, D. P. 55. 2. 45; Metz, 11 juill. 1855, aff. Hamon, D. P. 56. 2. 214 ; 23 déc. 1857, aff. Marionnelle, D. P. 59. 5. 156).

264. L'art. 480 permet au juge de prononcer un emprisonnement de cinq jours contre les interprètes de songes. On a soutenu au *Rép.* n° 461 que cette disposition n'est pas applicable aux devins et aux pronostiqueurs, puisqu'elle ne vise que des interprètes de songes. La doctrine et la jurisprudence ont adopté cette solution. Jugé que l'aggravation de peine que l'art. 480 c. pén. permet de prononcer, suivant les circonstances, contre les interprètes de songes, n'est pas applicable aux tireurs de cartes et aux devins ou pronostiqueurs (Metz, 23 déc. 1857, aff. Marionnelle, D. P. 59. 5. 156. V. en ce sens : Blanche, t. 7, n° 467).

§ 8. — Bruits ou tapages injurieux ou nocturnes (*Rép.* n°s 463 à 484).

265. — I. CARACTÈRES DE LA CONTRAVENTION. — Pour que la contravention prévue par l'art. 479, § 8, existe, il faut : 1° qu'il y ait un bruit ou tapage; 2° que ce bruit ou tapage soit injurieux ou nocturne (l'un ou l'autre de ces caractères suffit; les deux conditions n'ont pas besoin d'être réunies); 3° que le bruit ou le tapage injurieux ou nocturne ait troublé la tranquillité des habitants.

266. — *Première condition.* — Les mots « bruits et tapages » n'ont pas été définis par l'art. 479, § 8; la loi leur a laissé leur sens ordinaire, tel qu'il a été fixé par l'usage (*Rép.* n° 464). Les tribunaux n'ont pas un pouvoir discrétionnaire pour décider si tel fait constitue ou non un tapage. La cour de cassation a le droit de vérifier si les faits reprochés aux prévenus rentrent dans la classe de ceux que le législateur a voulu punir. Aussi les tribunaux doivent-ils préciser la nature et l'espèce des bruits qui font l'objet de la poursuite, afin de permettre à la cour suprême d'exercer pleinement son contrôle sur les décisions qui lui sont déférées. Une fois le fait qualifié justement bruit ou tapage, c'est au juge de police, au contraire, qu'il appartient de déclarer si le bruit ou le tapage est injurieux, question de fait; sa décision à cet égard est souveraine et échappe à la censure de la cour de cassation (Crim. rej. 5 juin 1862, aff. Grauby, D. P. 62. 5. 313).

267. — *Deuxième condition.* — Le mot *injurieux* doit être pris dans un sens large. Il n'est pas limité aux injures par paroles, aux grossièretés et invectives proférées contre quelqu'un ou échangées entre deux personnes, mais s'applique aussi aux démonstrations bruyantes, outrageantes pour celui à qui elles s'adressent, comme les charivaris (*Rép.* n° 467; Blanche, t. 7, n° 471). Il a été jugé que la contravention de tapage injurieux peut résulter d'invectives échangées entre époux dans l'intérieur de leur domicile (Crim. cass. 8 août 1856, aff. Rapebach, D. P. 56. 1. 380). Cet arrêt décide « que c'est à tort que le tribunal de police devant lequel de telles invectives sont poursuivies comme constituant la contravention dont il s'agit, refuse de leur reconnaître ce caractère, en déclarant, *en droit*, que des scènes de cette nature, alors qu'elles se passent en plein jour, n'ont rien d'offensant pour personne et ne causent pas à la tranquillité publique le trouble dont parle la loi, encore bien qu'elles auraient attiré l'attention des voisins et des passants. » En vertu de la règle exposée *supra*, n° 253, il appartient à la cour de cassation de reconnaître à ces scènes le caractère de bruit ou de tapage. — Il a été aussi jugé que l'art. 479, § 8, est applicable aux injures que deux femmes se sont adressées réciproquement sur la voie publique, alors qu'il est constaté que la tranquillité publique en a été troublée (Crim. rej. 19 nov. 1858, aff. Moineau et Texereau, D. P. 58. 5. 350). Mais il a été décidé que le fait de sonner du cor pendant les vêpres en imitant le chant des fidèles n'est pas nécessairement un tapage injurieux; que

dès lors, en l'absence d'un procès-verbal précisant le caractère du fait, le juge de police a pu décider qu'il n'était pas injurieux, sans que sa décision puisse, en cet état des faits, tomber sous la censure de la cour de cassation (Crim. rej. 5 juin 1862, aff. Grauby, D. P. 62. 5. 313); — Que le bruit causé par le jet violent de bûches sur un parquet est avec raison considéré comme ne constituant pas une contravention, lorsqu'il est déclaré qu'il n'avait aucun caractère injurieux (Crim. rej. 27 août 1858, aff. Perlot, D. P. 58. 5. 348). Décidé pareillement que le tapage causé par un individu qui, en état d'ivresse, jette ses meubles par la fenêtre de son logement, n'est pas un tapage punissable, alors même qu'il a été cause d'un grand rassemblement de personnes, s'il a eu lieu le jour, et si rien dans le procès-verbal n'indique qu'il ait eu un caractère injurieux (Crim. rej. 22 mars 1866, aff. Gourdin, D. P. 67. 5. 423). — Jugé encore qu'une apostrophe adressée par le prévenu au public pour annoncer que « la musique jouerait malgré la défense du maire » ne constitue pas, en dehors de toute autre circonstance, un tapage injurieux (Crim. rej. 27 févr. 1886) (1).

268. Lorsqu'à la contravention se joignent des faits d'un autre caractère, soit injures contenant l'imputation d'un vice déterminé, soit outrages de la nature de ceux que prévoient les art. 222 et suiv. c. pén., la contravention n'empêche pas le délit, pas plus que si des coups avaient été portés; chaque fait a ses caractères particuliers et aussi sa peine (Rép. n° 468). Mais lorsque le procès-verbal inculpe à la fois les prévenus de tapage injurieux et d'injures simples sur la voie publique, le tribunal peut déclarer que les injures se confondent avec le fait de tapage, et ne constituent pas un chef de contravention distinct et séparé (Crim. cass. 9 juill. 1874, aff. Blondiau, D. P. 76. 1. 457). De même, l'individu condamné pour tapage nocturne, ne peut être l'objet d'une seconde condamnation pour ivresse, lorsque l'état d'ivresse ne s'est manifesté que par le tapage réprimé. C'est ce qu'a décidé avec raison un jugement du tribunal de police de Paris, du 26 juill. 1873 (V. suprà, n° 30).

Le juge de police se déclare à bon droit incompétent, lorsque les cris ont un caractère séditieux (Crim. cass. 21 août 1873, aff. Delsart, D. P. 74. 1. 43); — Lorsque le fait incriminé consiste dans des chants nocturnes qui, tout en étant de nature à troubler la tranquillité des habitants, avaient un caractère obscène et, par suite, constituaient le délit d'outrage aux bonnes mœurs (Crim. rej. 14 juin 1884, aff. Petit, D. P. 85. 1. 220).

269. Le bruit ou tapage nocturne est celui qui est fait après le coucher et avant le lever du soleil, le temps légal de la nuit commençant après le coucher du soleil (Rép. n° 472). Jugé que le tapage par lequel on trouble la tranquillité publique à neuf heures et demie du soir, même dans les plus grands jours, est un tapage nocturne, dans le sens de l'art. 479, n° 8, c. pén. (Crim. cass. 29 août 1857, aff. Riss, D. P. 57. 1. 408). Le tribunal ne pourrait pas, pour écarter la circonstance de la nuit, se fonder sur des faits accidentels, par exemple, sur ce que le tapage aurait eu lieu avant l'heure fixée par les règlements pour la fermeture des établissements publics; l'époque où le jour fait place à la nuit varie suivant la saison des saisons, mais ne peut dans aucun cas être subordonnée aux règlements de l'autorité municipale. Par suite, est nul le jugement d'acquittement sur une prévention de tapage nocturne,

qui, après avoir déclaré qu'il était jour, ajoute qu'on voyait dans la rue que certains établissements obscurs étaient seuls éclairés comme réclame, et en tire la conséquence qu'il n'était pas nuit close (Crim. cass. 30 janv. 1874, aff. Boudon, D. P. 74. 1. 186). — Pareillement, la disposition d'un règlement qui prohibe certains bruits à partir d'une heure déterminée de la soirée (par exemple, de sonner du cor), ne dispense pas le juge de police, lorsque des bruits de l'espèce prévue, bien que produits avant l'heure fixée, se sont fait entendre après le coucher du soleil, de les réprimer comme constitutifs d'un tapage nocturne (Crim. cass. 30 août 1860, aff. Degniot et Tirouflet, D. P. 60. 1. 518).

270. — Troisième condition. — La troisième condition pour qu'il y ait lieu à l'application de l'art. 479, § 8, c'est que le bruit ou tapage injurieux ou nocturne ait troublé la tranquillité des habitants. Suffit-il que le bruit ou le tapage soit de nature à troubler la tranquillité des habitants? Est-il, au contraire, nécessaire qu'il l'ait effectivement troublé; et par suite, pour que la condamnation ait une base légale, faut-il que le juge déclare en termes exprès dans le jugement que le bruit ou le tapage a eu ce résultat? On a examiné au Rép. n° 473 cette question délicate, sur laquelle la cour de cassation a varié. Comme on l'a vu ibid., elle a d'abord admis que la circonstance qu'il y avait eu trouble apporté à la tranquillité publique devait y être mentionnée en termes formels dans le jugement. Ensuite elle a décidé que les bruits ou tapages, dont parle l'art. 479, § 8, ne peuvent pas exister, sans que la tranquillité des habitants du lieu qui en est le théâtre ne soit troublée, dans le sens de cet article, et qu'il suffit au ministère public de prouver que ces bruits ou tapages ont eu lieu pour que les tribunaux soient tenus d'en punir les auteurs ou complices (Adde, dans le même sens, Crim. cass. 30 nov. 1854, aff. Lavabre, D. P. 54. 5. 436). — La première solution rendait la preuve de l'existence de la contravention fort difficile. La seconde était contraire au texte. Aussi la jurisprudence et la doctrine ont-elles adopté un système mixte. Elles considèrent le trouble comme une conséquence nécessaire du tapage; et il n'est pas indispensable de prouver spécialement que l'acte incriminé a produit cet effet. Toutes les fois que des bruits ou tapages injurieux ou nocturnes ont été constatés, il y a présomption légale que la tranquillité des habitants a été troublée; mais cette présomption cède à la preuve contraire, et l'inculpé est admis à prouver que le bruit ou tapage qui lui est reproché n'a point eu pour résultat de troubler la tranquillité des habitants, et à obtenir ainsi son renvoi des fins de la plainte (V. Chauveau et Faustin Hélie, t. 6, n° 438; Morin, Répertoire du droit criminel, v° Bruits et tapages, n° 2, 2° al.; Blanche, t. 7, n° 471, p. 581). Il a été décidé : 1° que le juge ne peut se refuser d'appliquer la peine aux auteurs ou complices de scènes, de bruits ou tapages constatés par un procès-verbal, lorsque la présomption de trouble porté à la tranquillité publique n'a été détruite par aucune preuve contraire (Crim. cass. 26 août 1859, aff. Pouliquen et Scouarnée, D. P. 62. 5. 314); — 2° Que le juge de police saisi d'un procès-verbal dénonçant un fait de tapage par cris, vociférations et menaces proférées par deux individus qui se battaient au milieu d'un rassemblement, ne peut fonder l'acquittement des prévenus sur ce que le procès-verbal, non combattu par la preuve contraire, ne constate pas que le tapage incriminé a troublé la tranquillité des habitants (Crim. cass. 17 mars 1866, aff. Barbier et Villemin, D. P. 67. 5. 423); — 3° Que toutes les

(1) (Piquemil et Boutin.) — La cour; — Sur le moyen tiré de la violation de l'art. 479, § 8, en ce que le jugement a refusé de considérer les faits imputés à Robineau et Piquemil comme constituant un tapage nocturne : — Attendu que Robineau et Piquemil, chefs de deux musiques de la ville de Mirande, étaient poursuivis pour avoir donné deux concerts, dans la soirée du 13 août, l'un une promenade de cette ville, et pour s'être rendus ensuite en chantant, avec leurs exécutants, au lieu du concert dans l'intérieur de la ville et sur la place où avait lieu la fête locale; — Attendu que la musique et les chants ne constituent pas, par eux-mêmes, des bruits qui apportent nécessairement un trouble à la tranquillité publique; qu'ils ne tombent, en conséquence, sous l'application de l'art. 479 § 8, qu'autant que le juge déclare qu'ils ont, en fait, troublé la tranquillité publique; — Et attendu que le jugement attaqué constate que, lorsque la musique et les chants se sont fait entendre, la population de la ville de Mirande était en fête, qu'un feu d'artifice et un bal champêtre organisés par la municipalité

n'avaient pas encore eu lieu, et qu'il résulte des circonstances que la tranquillité publique n'a point été troublée par les faits incriminés; — Attendu que cette constatation souveraine de fait justifie le relaxe prononcé de ce chef contre les prévenus; — Sur le moyen tiré de la violation de l'art. 479, § 8, en ce que le jugement attaqué a refusé de considérer les faits imputés à Boutin comme constituant un tapage nocturne : — Attendu que le seul fait relevé à la charge de Boutin dans une apostrophe adressée par lui au public pour annoncer que la musique jouerait malgré la défense de la municipalité; — Attendu qu'en refusant de voir, dans cette simple apostrophe, et en dehors de toute autre circonstance, un tapage injurieux tombant sous le coup de l'art. 479, § 8, c. pén., le jugement attaqué, loin de violer cette disposition légale, en a fait, au contraire, une juste application; — Et, attendu, dès lors, que le jugement attaqué est régulier en la forme; — Par ces motifs, rejette, etc. —
Du 27 févr. 1886.-Ch. crim.-MM. Tanon, rap.-Loubers, av. gén.

fois que des bruits et tapages injurieux ou nocturnes ont été constatés, il y a présomption légale que la tranquillité des habitants a été troublée ; toutefois, cette présomption cède à la preuve contraire, et, dès lors, le juge de police a pu souverainement déclarer, après enquête, que les bruits et tapages injurieux dans un café, à raison desquels un prévenu était cité devant lui, n'avaient ni troublé la tranquillité des gens réunis dans l'établissement, ni été entendus du dehors (Crim. cass. 28 mars 1867, aff. Helle, D. P. 69. 5. 379. V. aussi Crim. cass. 10 févr. 1876, aff. Bayard, D.P. 76. 1. 437) ; — 4° Que le fait poursuivi comme bruit ou tapage nocturne manque d'un des éléments constitutifs de la contravention, lorsque la tranquillité des habitants n'a pas été troublée, et que la présomption légale de trouble, attachée au bruit ou tapage nocturne, peut être combattue et détruite par la preuve contraire (Crim. rej. 5 mai 1882, aff. Hapet, D. P. 82. 1. 487) ; — 5° Que lorsqu'il est constaté, en fait, que les prévenus ont été vus le soir sonnant de la corne à quelques pas d'un tiers et qu'il n'est pas établi que la tranquillité de ce tiers n'a pas été troublée, le juge de police ne peut refuser de reconnaître dans les faits ainsi constatés la contravention de tapage injurieux ou nocturne (Crim. cass. 21 juill. 1883 (1). V. aussi Crim. cass. 21 juill. 1883, aff. Crébessac C. Martel, Bull. crim., n° 186).

271. Il importe de remarquer que tous les bruits ne tombent pas sous l'application de l'art. 479, § 8, mais ceux-là seuls qui rentrent dans la classe des bruits que le législateur a voulu punir, qui sont de nature à troubler la tranquillité publique. Les chants, par exemple, ne sont pas, par eux-mêmes, de ces bruits ou tapages que punit notre article. La jurisprudence décide, avec raison, qu'ils ne deviennent passibles des peines qu'il édicte, que lorsqu'il s'y joint certaines circonstances qui en changent le caractère de manière à les rendre une cause de trouble. Il en est de même de la musique dans l'intérieur d'une maison. Elle ne constitue un bruit ou tapage, dans le sens légal du mot, que lorsqu'elle est faite dans des conditions telles qu'elle peut troubler le repos des voisins. Le juge de police doit constater ces circonstances,

et son appréciation, en fait, est souveraine, et échappe à la censure de la cour de cassation (Crim. rej. 27 févr. 1886, aff. Noé, Bull. crim., n° 76, p. 120 ; 27 févr. 1886, cité suprà, n° 267 ; 25 févr. 1887) (2). Il n'aura pas à établir qu'en fait la tranquillité publique a été troublée ; mais il est tenu de déclarer que le chant et la musique, dans les conditions où ils se sont produits, étaient de nature à la troubler. Il appartient à l'inculpé de détruire la présomption légale et de prouver que la tranquillité publique, en fait, n'a subi aucune atteinte. — Conformément à cette doctrine, il a été jugé : que le chant (d'un air d'opéra, notamment) à voix élevée la nuit dans une rue, ne constitue un bruit ou tapage punissable qu'autant qu'il s'y joindrait quelques circonstances qui en changeraient le caractère, de manière à le rendre une cause de trouble pour la tranquillité des habitants ; que, par suite, à défaut d'énonciation au procès-verbal de circonstances impliquant que le chant nocturne pour lequel un prévenu est poursuivi, a eu ce caractère, le juge de police a pu considérer la contravention comme n'étant pas établie (Crim. rej. 27 avr. 1866, aff. Quinissier, D. P. 66. 1. 368) ; — Que, faire de la musique chez soi, à 11 heures du soir, les fenêtres ouvertes, même lorsque c'est avec des instruments à vent, n'est pas nécessairement un tapage nocturne ; que par suite, en l'absence de constatation au procès-verbal que le bruit eût rien de discordant ou qu'il troublât le repos des voisins, le juge de police a pu, sur les explications des prévenus, et en vertu d'une appréciation souveraine, refuser d'y voir le tapage que la loi a entendu réprimer (Crim. rej. 21 juill. 1870, aff. Agostini, D. P. 72. 4. 431). Jugé encore que le chant, qui n'est point par lui-même un de ces bruits ou tapages punis par l'art. 479, § 8, c. pén.) devient passible des peines portées par cet article, lorsqu'il s'y joint certaines circonstances qui en changent le caractère, de manière à le rendre une cause de trouble pour la tranquillité des habitants ; qu'ainsi, il y a lieu à l'application de cette disposition, quand il est établi, par un procès-verbal non combattu par la preuve contraire, que les prévenus chantaient à tue-tête, qu'on entendait les

(1) (Crébessac C. Terles et autres.) — La cour ; — Statuant sur le pourvoi de Crébessac, plaignant et partie civile : — Sur le moyen pris de la violation des art. 479, n° 8, et 480 c. pén. : — Vu lesdits articles ; — Attendu qu'aux termes de la citation donnée à la requête de Crébessac de nommés Terles, Feilles et Larroche étaient inculpés d'avoir, à de nombreuses reprises, assailli et poursuivi le demandeur de bruits et tapages injurieux ou nocturnes, constituant la contravention prévue par les articles susvisés ; — Attendu que le jugement intervenu sur cette citation, après enquête régulière, constate que, dans le courant de l'année 1882, les prévenus *avaient été vus dans le village de Saint-Nicolas, vers dix heures ou dix heures et demie du soir, sonnant de la corne à quelques pas de Crébessac, soit qu'il fût seul, soit qu'il fût en compagnie ;* que ledit jugement déclare, néanmoins, que de l'ensemble des dépositions des témoins il résultait *que, si presque tous les habitants du village s'étaient plus ou moins amusés à sonner de la corne, jamais cet amusement n'avait atteint le caractère de bruit ou de tapage injurieux, troublant la tranquillité publique ;* — *Que les prévenus avaient pu corner comme bien d'autres personnes l'avaient fait,* mais que, la tranquillité des habitants n'ayant point été troublée, *ce fait ne réunissait pas les conditions nécessaires pour constituer la contravention visée par le plaignant ;* — Attendu que c'est en s'appuyant sur ces constatations et appréciations que le jugement a prononcé le relaxe des prévenus ; — Mais attendu que, s'il appartient aux tribunaux de répression d'apprécier souverainement l'existence des faits qui leur sont déférés, il n'en est pas de même des conséquences légales à tirer des faits par eux déclarés constants ; que leur appréciation à cet égard n'est souveraine et n'échappe au contrôle de la cour de cassation qu'autant qu'elle n'est pas en contradiction avec les faits qu'ils ont eux-mêmes constatés, ou avec le caractère légal qui appartient aux circonstances matérielles qu'ils ont appréciées ; — Attendu que les bruits et tapage nocturnes constituent, par le fait même de leur existence, une présomption de trouble apporté à la tranquillité des citoyens ; que la nature bruyante de l'instrument dont les trois prévenus se sont servis, l'heure à laquelle les faits se sont passés, la persistance à poursuivre le plaignant, soit qu'il fût seul, soit qu'il fût en compagnie, ne permettaient pas au juge du fond de méconnaître le caractère injurieux et nocturne des bruits et tapage dont il s'agissait ; qu'en admettant que ces bruits et tapage n'aient pas troublé la tranquillité et le repos de la généralité des habitants de la commune de Saint-Nicolas, qui y auraient même pris une part active, le jugement attaqué ne constate pas et ne pouvait pas constater

que la tranquillité du demandeur n'en eût pas moins été violemment troublée ; que cela suffirait cependant pour que la contravention existât ; que la loi protège la tranquillité de chaque habitant, aussi bien que celle de tous les habitants en général ; — Attendu, dès lors, que le jugement du tribunal de simple police du canton d'Astafort a méconnu le caractère légal des faits par lui constatés et appréciés ; et qu'en déclarant que le tapage injurieux ou nocturne imputé aux prévenus ne réunissait pas les conditions nécessaires pour constituer la contravention prévue et punie par les art. 479, n° 8, et 480 c. pén., en refusant, par suite, de faire aux prévenus application des dispositions pénales desdits articles, ledit jugement en a fait une fausse interprétation et les a expressément violés ;

Par ces motifs, casse et annule, mais au seul chef qui concerne les intérêts civils, le jugement du tribunal de simple police du canton d'Astafort, en date du 2 janv. 1883, qui a renvoyé les sieurs Terles et consorts de l'action dirigée contre eux, etc.

Du 21 juill. 1883.-Ch. crim.-MM. Etignard de Lafaulotte, rap.- Petiton, av. gén.-Sabatier et Roullier, av.

(2) (Vidal et autres). — La cour ; — Sur le moyen unique, pris de la violation de l'art. 479, § 8, c. pén. : — Attendu, en droit, que le trouble apporté à la tranquillité publique dans la commune où se produit un tapage injurieux ou nocturne est un élément essentiel de la contravention prévue par l'art. 479, § 8, susvisé ; — Que si des chants proférés la nuit, sur la voie publique, sont légalement présumés avoir porté atteinte au repos des habitants, cette présomption peut être combattue et détruite par la preuve du contraire ; — Attendu, en fait, qu'il résulte des constatations du jugement attaqué que dans la soirée du 18 septembre dernier, veille de la fête locale de Tresques, l'autorité municipale a fait tirer des boîtes d'artifice dont les détonations n'ont cessé que vers une heure du matin, et qu'avec son autorisation, un orchestre se faisait encore entendre à minuit par les fenêtres ouvertes d'un café ; — Attendu que le juge de police a déclaré que, dans ces circonstances, les inculpés n'avaient pas troublé par leurs chants la tranquillité des habitants de la ville de Tresques ; — Que cette décision, fondée sur une appréciation souveraine des résultats d'une enquête régulière, échappe au contrôle de la cour de cassation, et qu'elle ne renferme aucune violation de la loi ;... — Par ces motifs, rejette, etc.

Du 25 févr. 1887.-Ch. crim.-MM. Poux-Franklin, rap.-Loubers, av. gén.

chants, à plus de 500 mètres, et que la tranquillité des habitants en a été troublée (Crim. cass. 28 nov. 1884, aff. Vergeau, D. P. 85. 1. 219 ; Crim. rej. 27 févr. 1886, *suprà*, n° 267. V. aussi Crim. rej. 6 nov. 1868, aff. Masson, D. P. 68. 1. 511 ; Crim. cass. 2 déc. 1869, aff. Buchet, D. P. 70. 1. 190).

272. La jurisprudence, au contraire, considère comme bruits et tapages auxquels l'art. 479, § 8, est applicable indépendamment de toute autre circonstance : des roulements de tambour faits la nuit dans l'intérieur d'une ville (Crim. cass. 21 sept. 1854, aff. Clop, D. P. 55. 5. 432) ; — La sonnerie du cor pendant la nuit (Crim. cass. 24 déc. 1858, aff. Rojou, D. P. 58. 5. 348 ; 5 juin 1862, aff. Grauby, D. P. 62. 5. 313) ; — Des sons aigus produits à l'aide d'une corne (Crim. cass. 8 janv. 1859, aff. Antoine, D. P. 61. 5. 475). Mais il a été jugé que le fait de sonner sans nécessité à la porte d'une maison ne constitue pas la contravention prévue par l'art. 479, § 8, alors que le bruit n'a pas été entendu au dehors et que la tranquillité publique n'a pas été troublée (Crim. rej. 24 janv. 1868 (1). V. dans le même sens : Crim. rej. 28 oct. 1886, aff. Martial, *Bull. crim.*, n° 352).

273. Dans le procès-verbal par lequel un fonctionnaire ayant qualité (un gendarme, par exemple) dénonce un fait de tapage nocturne, l'énonciation formelle que les chants et cris constitutifs de ce tapage ont troublé la tranquillité des habitants est une de celles qui font foi jusqu'à preuve contraire. — Ce principe est indiscutable ; la cour de cassation l'a maintes fois proclamé (V. notamment Crim. cass. 4 nov. 1865, aff. Sautet, D. P. 66. 5. 457). Il y a donc lieu d'annuler : 1° le jugement qui, dans une affaire où le procès-verbal dressé contre des individus pour avoir chanté en chœur, la nuit, sur une place publique, constate que « cela faisait du bruit et troublait le repos public », relaxe les prévenus, malgré l'absence de preuve contraire régulièrement faite, sur ce motif que « les chants ont eu lieu sans éclats de voix, avec harmonie, et n'avaient rien de séditieux, ni de contraire à la morale publique (Crim. cass. 2 déc. 1869, aff. Buchet, D. P. 70. 1. 190) ; — 2° Le jugement qui, malgré la constatation par procès-verbal qu'un tapage fait à l'intérieur d'une habitation troublait la tranquillité des habitants des maisons voisines, articule, sans preuve contraire, que rien ne prouve que ce tapage ait été entendu par lesdits habitants, qui n'ont pas été appelés en témoignage (Crim. cass. 17 juill. 1862, aff. Aldebert, D. P. 63. 5.

368. V. aussi Crim. cass. 15 avr. 1853, aff. Crouzet, D. P. 53. 5. 439 ; 28 nov. 1884, aff. Vergeau, D. P. 85. 1. 219). En d'autres termes, le prévenu de bruit ou tapage nocturne, cité par un procès-verbal régulier, ne peut être acquitté sans que ce procès-verbal ait été combattu par la preuve contraire (Crim. cass. 10 févr. 1876, aff. Bayard, D. P. 76. 1. 457-458). Mais la dénonciation faite par un agent de police ne fait pas foi jusqu'à preuve contraire (Crim. rej. 26 mai 1854, aff. Delahaye, D. P. 54. 5. 376).

274. Lorsque la preuve contraire a été faite, le juge de police peut, malgré les énonciations contenues dans le procès-verbal, acquitter le prévenu qui a prouvé que la tranquillité n'avait pas été troublée. La déclaration qu'il prononce à cet égard est souveraine. Il appartient aussi au juge de police d'apprécier en fait s'il y a eu trouble, quand la poursuite ne s'appuie sur aucun procès-verbal. La cour de cassation a appliqué ces principes ; elle a décidé : 1° qu'une altercation élevée en plein jour, entre deux personnes, a pu être considérée par le juge de police comme ne constituant pas un tapage injurieux s'il lui est démontré, après que le procès-verbal a été débattu par la preuve contraire, que la tranquillité n'en a pas été troublée (Crim. rej. 17 nov. 1860, aff. Desjeunes, D. P. 60. 5. 376. V. aussi Crim. rej. 10 juill. 1875 (2) ; 10 nov. 1876, aff. Ganu, *Bull. crim.*, n° 214) ; — 2° Que, lorsque la poursuite pour tapage injurieux ou nocturne est fondée, non sur un procès-verbal, mais sur des déclarations de témoins, l'acquittement prononcé à raison de ce que le bruit incriminé n'aurait pas troublé la tranquillité des habitants, échappe, comme se justifiant par une appréciation souveraine des dépositions produites, à la censure de la cour de cassation (Crim. rej. 3 juin 1864, aff. Pactat, D. P. 65. 1. 322, et la note) ; — 3° Que le juge de police peut souverainement déclarer, après enquête, que les bruits et tapages injurieux, dans un café, à raison desquels un prévenu est cité devant lui, n'ont ni troublé la tranquillité des gens réunis dans l'établissement, ni été entendus du dehors (Crim. rej. 28 mars 1867, aff. Helle, D. P. 69. 5. 379) ; — 4° Que, nonobstant le procès-verbal régulier d'un garde champêtre constatant une contravention de tapage nocturne, le juge de police peut prononcer le relaxe des inculpés si, après enquête, il a constaté et déclaré que la tranquillité des habitants n'a pas été troublée (Crim. rej. 22 mars 1873, *Bull. crim.*, n° 77. V. aussi Crim. rej. 3 juill. 1879 (3) ;

---

(1) (Langer et Pillette.) — LA COUR ; — Attendu que, par suite d'un procès-verbal dressé, le 22 novembre dernier, par le commissaire de police de la commune de Longué, sur le rapport du garde champêtre de ladite commune, les filles Eugénie Langer et Émerance Pillette ont été traduites devant le tribunal de simple police du canton de Longué sous la prévention de tapage nocturne résultant de ce qu'elles auraient le 21 novembre dernier, à neuf heures et demie du soir, sonné par deux fois, sans nécessité, à la porte d'un habitant de la commune ; — Attendu que le juge de police a décidé, en fait, parties ouïes, « que si les deux prévenus avaient, en effet, sonné par deux fois, sans nécessité, à la porte d'une maison de la localité, la sonnette n'avait pas été agitée bruyamment... ; que le bruit n'en avait pas été entendu au dehors ; qu'il n'était pas établi que la tranquillité des habitants en eût été troublée, et qu'il n'en était résulté pour les habitants de la maison qu'un dérangement à l'intérieur consistant à faire inutilement ouvrir par deux fois la porte... » ; — Attendu qu'en prononçant, par suite de cette constatation des faits qui n'avait rien de contraire aux énonciations du procès-verbal, le relaxe des deux prévenus, le juge de police, loin de violer les dispositions du paragraphe 8 de l'art. 479, en a, au contraire, fait une juste application : — Rejette, etc.

Du 24 janv. 1868.-Ch. crim.-MM. Legagneur, f. f. pr.-Zangiacomi, rap.-Charrins, av. gén.

(2) (Olivier Connan et autres.) — LA COUR ; — En ce qui concerne Olivier Connan : — Sur le moyen tiré d'une prétendue violation de l'art. 154 c. instr. cr., en ce qu'Olivier Connan aurait été renvoyé des poursuites malgré le procès-verbal constatant qu'il faisait partie d'un rassemblement qui, dans la soirée du 7 janvier, à Lannion, avait proféré des cris et fait un tapage nocturne troublant la tranquillité publique : — Attendu que le juge a entendu deux témoins avec prestation régulière de serment ; qu'il a pu trouver dans leurs dépositions la preuve contraire aux assertions du procès-verbal, et qu'en décidant par les motifs indiqués, qu'Olivier Connan n'avait commis aucune contravention, le juge n'a fait qu'user du droit d'appréciation que lui donne la loi ; que, dès lors, il n'y a pas eu violation de l'art. 154 précité ;

En ce qui concerne les dix-huit autres inculpés : — Sur le premier moyen, tiré d'une prétendue violation de l'art. 55 c. pén., en ce que la solidarité prononcée entre les condamnés quant aux frais n'a pas été étendue aux amendes : — Attendu qu'à la différence de la loi des 19-22 juill. 1791, tit. 2, art. 42, qui déclarait expressément « solidaires entre les complices les amendes de la police correctionnelle et municipale, » l'art. 55 c. pén. porte seulement que tous les complices « condamnés pour un même crime ou pour un même délit seront solidaires des amendes ; » d'où il suit que la solidarité ne peut être étendue aux amendes de simple police, et que, dès lors, il n'y a pas eu violation de l'article précité ; ...

Par ces motifs, rejette, etc.

Du 10 juill. 1875.-Ch. crim.-MM. Camescasse, rap.-Desjardins, av. gén.

(3) (Girard.) — LA COUR ; — Sur l'unique moyen du pourvoi, tiré de ce que le juge de simple police de Cannes en renvoyant Girard père et Girard fils des fins de la poursuite dirigée contre eux, pour inculpation de tapage nocturne ayant troublé la tranquillité publique, aurait violé l'art. 161 c. instr. cr. : — Attendu que, après une enquête régulièrement faite à l'audience, dans laquelle ont été entendus les agents rédacteurs du rapport qui a motivé la poursuite, le maire de la ville, qui avait vu par lui-même une partie de la scène incriminée, et plusieurs autres témoins, le juge a pensé que le prétendu tapage nocturne imputé aux inculpés ne réunissait pas les conditions nécessaires pour constituer la contravention prévue et punie par l'art. 479, § 8, c. pén. ; — Attendu que, en cela, il n'a fait qu'user d'un droit qui lui appartient, le point de fait à décider dans l'espèce, étant de ceux que le législateur a laissés, par l'art. 159 c. instr. cr. à la libre et souveraine appréciation du juge de simple police ; — Attendu, en conséquence, que le jugement attaqué, en statuant comme il l'a fait, n'a violé ni l'art. 161 c. instr. cr. ni aucune disposition de la loi pénale ;

Par ces motifs, rejette, etc.

Du 3 juill. 1879.-Ch. crim.-MM. Henri Didier, rap.-Benoist, av. gén.

8 déc. 1882, aff. Saubusse, *Bull. crim.*, n° 270). — Il appartient également au juge de simple police de constater souverainement, en fait, que la contravention relevée contre le prévenu est exclusivement imputable à une autre personne (Crim. rej. 27 janv. 1877, aff. Rousselot, *Bull. crim.*, n° 35).

275. — II. Lieu dans lequel se produit le bruit ou le tapage; Mode; Bruits ou tapages qui ne sont pas constitutifs de la contravention. — Les bruits ou tapages injurieux ou nocturnes ne sont atteints par l'art. 479, n° 8, que lorsqu'ils se produisent sur la voie publique, ou dans les habitations particulières, de manière à troubler la tranquillité générale des habitants. La jurisprudence a confirmé cette doctrine qui a été exposée au *Rép.* n° 475 et suiv. Les tapages qui se produisent dans les lieux publics, tels que spectacles, concerts et bals, tombent exclusivement sous l'application des règlements pris par l'autorité municipale pour le maintien de l'ordre dans ces endroits (*Rép.* n° 475; Crim. cass. 13 juin 1863, aff. Laillet, D. P. 63. 1. 486. V. *supra*, v° *Commune*, n°s 636 et suiv.). Nous pensons, toutefois, que si le tapage qui se produit dans une salle de spectacle ou dans un bal est de nature à être entendu du dehors et à troubler la tranquillité des habitants, il peut être réprimé par l'art. 479, § 8, tout aussi bien et pour les mêmes motifs que le tapage qui a lieu dans l'intérieur d'une maison particulière ou dans un cabaret. — Il a été jugé : que des scènes bruyantes qui ont lieu pendant la nuit à l'intérieur des cabarets, et qui provoquent des rassemblements dans la rue, constituent la contravention prévue par l'art. 479, § 8 (Crim. cass. 28 juin 1858, aff. Landrin et Lessée, D. P. 58. 5. 349); — Que le tapage produit pendant la nuit à l'intérieur des habitations constitue la contravention prévue par l'art. 479, § 8, lorsqu'il est entendu du dehors et qu'il trouble ainsi la tranquillité du voisinage (Crim. cass. 24 févr. 1859, aff. Bourgeois, D. P. 59. 5. 367; 16 avr. 1864, aff. Roy, D. P. 67. 5. 422); — Que la circonstance que les portes de la maison étaient fermées n'enlève pas le caractère de tapage nocturne à des chants et bruits de voix produits à l'intérieur d'une habitation et qu'un procès-verbal constate avoir été entendus des maisons voisines (Crim. cass. 17 juill. 1862, aff. Aldebert, D. P. 63. 5. 368). — Le tapage injurieux ou nocturne, cause de trouble pour la tranquillité des habitants, que punit l'art. 479, § 8, doit s'entendre :... de celui qui a eu lieu en dehors comme au dedans des villes, partout où il y a des habitations (Crim. cass. 29 août 1857, aff. Riss, D. P. 57. 1. 408); ... mais non du tapage fait en dehors des lieux habités, par exemple, sur une grande route, même à ce moment fréquentée par des gens revenant d'une foire voisine (Trib. pol. Essarts, 15 déc. 1864, aff. Masson, D. P. 65. 5. 376).

276. Le tapage nocturne cesse-t-il d'être une contravention, lorsqu'il est la conséquence de l'exercice d'un droit légitime; et, spécialement, toute personne pouvant donner un bal dans son domicile, s'ensuit-il que les bruits qui peuvent en résulter ne tombent pas sous l'application de l'art. 479, § 8? L'affirmative a été adoptée par un arrêt de rejet de la cour de cassation du 28 avr. 1859 (aff. Bouquet, D. P. 59. 5. 367). — Cette opinion nous paraît en opposition avec le texte, qui ne fait aucune distinction. Une limite existe, même pour l'exercice du droit de se réunir et de s'amuser en famille, et si le mode de réjouissance employé a pour effet de produire un bruit assez intense pour que l'incommodité soit considérée comme existant même pour le public, ainsi que cela a lieu dans le cas où celui qui donne un bal fait danser au son d'instruments de cuivre, alors la contravention paraît certaine. — Jugé, en ce sens, que l'individu poursuivi pour s'être livré, la nuit, dans son domicile, avec d'autres personnes, à des

divertissements bruyants qui dégénéraient en tapages entendus du dehors et troublant la tranquillité des habitants, ne peut être acquitté sous prétexte que chacun est libre de se conduire dans sa demeure comme bon lui semble (Crim. cass. 1er mai 1863, aff. Fraud, D. P. 63. 5. 367). Tel est aussi l'avis de M. Blanche. « La question, dit cet auteur (t. 7, n° 476, p. 590), doit se résoudre par les circonstances particulières du bruit qui s'est fait à l'intérieur du domicile. S'il n'a rien d'étrange et d'insolite, il ne constituera pas la contravention; il la constituera, au contraire, s'il est exagéré et dégénère en turbulence. »

Quoi qu'il en soit, les bruits injurieux qui se produisent dans l'intérieur d'un hôtel ne sauraient, alors même qu'ils seraient entendus du dehors, constituer cette contravention, lorsqu'ils ne constituent que l'accomplissement d'une obligation. Il a été jugé, notamment, que les sonneries de clairons et les batteries de tambours dans l'intérieur de l'hôtel des pompiers, qui ont eu lieu pour un exercice nécessaire et obligatoire, ne tombent pas sous l'application de l'art. 479, § 8 (Crim. rej. 12 nov. 1885) (1).

277. Un arrêt, après avoir déclaré que la contravention de tapage nocturne existe par cela seul qu'il est constaté que durant la nuit un prévenu s'est livré dans l'intérieur de son domicile à un tapage qui a troublé la tranquillité des habitants, ajoute : « et il importe peu qu'une seule personne ait déclaré avoir été troublée dans sa tranquillité et ait seule porté plainte; la loi a eu pour objet de protéger la tranquillité de chaque habitant en particulier, comme celle de tous les habitants en général » (Crim. rej. 25 janv. 1878, aff. Chevallier, D. P. 79. 1. 385. V. dans le même sens : Crim. cass. 21 juill. 1883, *supra*, n° 270). — Il ne faut pas, croyons-nous, interpréter cette décision en ce sens que tout bruit, quel qu'il soit, dans quelque circonstance qu'il se produise, par cela seul qu'il a troublé la tranquillité d'une personne, tombe sous l'application de l'art. 479, § 8. Ce serait apporter une entrave inutile aux relations habituelles de la vie. Ainsi, le fait de donner une soirée de danse et de musique dans les conditions normales ne saurait constituer une contravention, et l'on ne pourrait baser une condamnation sur cette circonstance que le son du piano ou des voix a troublé la tranquillité du locataire de l'étage supérieur. Il en serait autrement si la réunion, au lieu d'avoir le caractère habituel de ces sortes de divertissements, était tapageuse et bruyante; si les cris et les chants étaient tels qu'ils pouvaient être entendus du dehors et troubler le repos des habitants. Nous appliquerions en ce cas la doctrine de l'arrêt du 25 janv. 1878 précité, et nous admettrions qu'il y a contravention alors même qu'en fait une seule personne aurait été gênée par le bruit; car le tapage était de nature à troubler la tranquillité publique, et la circonstance qu'il n'a incommodé qu'un seul habitant ne lui enlève pas son caractère. — MM. Sebire et Carteret, *Encyclopédie du droit*, v° *Bruits et tapages*, p. 284, expriment une opinion semblable en disant que la contravention existe toutes les fois qu'un dérangement réel, sérieux, aura été apporté dans les habitudes du pays, et que peu importe la fraction plus ou moins considérable d'habitants qui auront été incommodés.

278. Les bruits ou tapages sont punissables de quelque manière qu'ils aient été causés (*Rép.* n° 477) : provocations adressées à des chiens pour les faire hurler (Crim. rej. 15 avr. 1859, aff. Gazaretti, D. P. 61. 5. 475); cris poussés la nuit par un individu qui veut aller se disputer avec un autre et qu'on retient (Crim. cass. 28 juin 1858, aff. Landrin et Lessée, D. P. 58. 5. 350); altercations, charivaris, réjouissances bruyantes accompagnées de cris pour la célébration de fiançailles (Crim. cass. 24 févr. 1859, aff. Bourgeois-Delieuvre,

<hr />

(1) (Lampui et autres.) — La cour; — Sur le moyen unique, tiré de la violation, par refus d'application de l'art. 479, § 8, c. pén. : — Attendu que si des bruits ou tapages nocturnes, de nature à troubler la tranquillité des habitants, peuvent constituer la contravention prévue par l'art. 479, § 8, c. pén., lors même qu'ils se produisent dans l'intérieur d'un hôtel privé, s'ils sont entendus du dehors, c'est seulement à la condition que ces bruits ou tapages ne soient pas l'exercice d'un droit légitime ou l'accomplissement d'un devoir ou d'un ministère obligatoire; — Attendu qu'il résulte des constatations du jugement attaqué que

les inculpés ont agi comme clairons et tambours de la compagnie des sapeurs-pompiers de Dunkerque, et que les sonneries de clairons et les batteries de tambours qui leur sont reprochées ont eu lieu dans l'intérieur de l'hôtel des pompiers, pour un exercice nécessaire et obligatoire; — Attendu qu'en cet état des constatations le juge de police, en prononçant le relaxe des inculpés, n'a point violé l'article de la loi visé par le pourvoi : — Par ces motifs, rejette.

Du 12 nov. 1885.-Ch. crim.-MM. Sevestre, rap.-Roussellier, av. gén.

D. P. 59. 5. 366); disputes le soir dans la rue, la provocation réciproque n'étant pas exclusive des caractères constitutifs de la contravention (Crim. cass. 15 déc. 1864, aff. Bourdelle, D. P. 65. 1. 502; 17 août 1865, aff. Collet et Gillet, *ibid.*; 23 déc. 1875, aff. Beaulieu, D. P. 76. 1. 457). Tous ces tapages sont réprimés par l'art. 479, § 8.

Le bruit nécessairement produit par les travaux de certaines professions ne saurait être rangé dans la classe des bruits ou tapages troublant la tranquillité des habitants (*Rép.* n° 477). Il a été jugé que l'art. 479, § 8, ne saurait être applicable au chaudronnier qui a fait un travail de son état après onze heures du soir (Crim. rej. 26 mai 1854, aff. Delahaye, D. P. 54. 5. 376). Mais l'autorité municipale peut édicter des règlements à cet égard et fixer l'heure à laquelle devront cesser certains travaux. Les infractions à ces règlements sont passibles des peines portées par l'art. 471, § 15 (V. *supra*, v° *Commune*, n° 638 et suiv.). L'exception admise en faveur des bruits professionnels ne peut s'appliquer qu'aux bruits que cause nécessairement l'exercice de la profession. Ainsi les signaux faits la nuit au moyen de sons aigus et perçants tirés d'une corne, doivent, même dans les centres industriels où existent de nombreuses usines, être réprimés comme constitutifs d'un tapage nocturne ; et le juge de police se fonderait à tort, pour en excuser les auteurs, sur ce que ces signaux seraient autorisés par un long usage et sur ce qu'ils seraient une garantie de sécurité (Crim. cass. 8 janv. 1859, aff. Antoine, D. P. 61. 5. 475). — De même, le conducteur d'une voiture publique prévenu d'avoir, pendant la nuit, troublé le repos des habitants d'une ville et la tranquillité publique en sonnant du cor, ne saurait être excusé sous le prétexte que ce fait peut être considéré comme une nécessité de l'exercice de sa profession (Crim. cass. 21 août 1857, aff. Dantard et Petit, D. P. 57. 1. 413; 24 nov. 1865, aff. Muller, D. P. 67. 5. 421); alors surtout qu'il a sonné du cor depuis l'entrée de la ville jusqu'à l'écurie où il remise ses chevaux (Arrêt précité du 24 nov. 1865). Toutefois, il n'en saurait être ainsi pour les bruits et avertissements exigés par les règlements eux-mêmes dans un intérêt public, tels que les coups de sifflet que doivent produire les conducteurs de trains sur les chemins de fer. (V. *Tapage;* — *Rép.* eod. v°, n° 6).

279. Le bruit ou le tapage n'a le caractère d'une contravention que lorsqu'il provient d'un fait volontaire et personnel (*Rép.*, n° 477). Aussi l'art. 479, § 8, ne réprime-t-il les bruits ou tapages nocturnes émanés d'animaux, que lorsqu'ils sont imputables au maître. En ce sens, il a été jugé : 1° qu'un habitant ne peut être déclaré coupable de tapage nocturne, à raison de hurlements poussés par son chien pendant la nuit, qu'autant qu'il aurait lui-même provoqué ces hurlements. Par suite, il est avec raison acquitté s'il est constaté qu'aucun mauvais traitement n'a été exercé sur l'animal ni par lui, ni par les personnes de sa maison (Crim. rej. 15 avr. 1859, aff. Gazaretti, D. P. 61. 5. 475) ; — 2° Que la contravention de tapage nocturne ne pouvant résulter que d'un fait volontaire, le juge de police refuse avec raison de considérer comme coupable de cette contravention le propriétaire qui fait garder la nuit, ses marchandises par un chien dont les hurlements troublent la tranquillité des voisins (Crim. rej. 5 avr. 1867, aff. Sempé, D. P. 67. 1. 288) ; — 3° Que le cri d'un merle qui, avant quatre heures du matin, chante le refrain de la *Marseillaise*, de manière à troubler le repos public, ne constitue pas la contravention de tapage nocturne à la charge de son maître, si ce dernier ne l'a pas excité à chanter. Et il importe peu que la cage du merle fût placée sur une chaise près d'une fenêtre entr'ouverte donnant sur la rue, et que le maître eût la réputation de prendre plaisir à faire chanter son merle (Trib. pol. Montélimar, 26 juin 1875, aff. Ville, D. P. 76. 3. 88). — Du reste, les voisins n'en ont pas moins le droit de poursuivre devant la juridiction civile la cessation et la réparation du préjudice qu'ils éprouvent ; et en tous cas, il appartient au maire de faire droit aux plaintes élevées à raison de faits dont il s'agit, et de prendre des mesures réglementaires pour protéger efficacement le repos des familles. Mais alors les infractions aux règlements de cette nature sont réprimées par l'art. 471, § 15 (Décisions précitées des 5 avr.

1867 et 26 juin 1875. V. aussi *Tapage;* — *Rép.* eod. v°, n° 4).

280. — III. Personnes punissables ; Action ; Pénalité ; Excuses. — L'art. 479, § 8, atteint non seulement les auteurs des bruits ou tapages injurieux ou nocturnes qui troublent la tranquillité des habitants, mais aussi leurs complices. On a émis au *Rép.* n° 479 et suiv. l'opinion que les complices en matière de tapages injurieux et nocturnes sont non seulement ceux qui y participent activement, mais encore ceux qui se bornent à les faciliter par leur présence ou leur fait. La jurisprudence a consacré cette doctrine qui est également suivie par les auteurs (Blanche, t. 7, n° 469). Elle proclame que la complicité prévue et punie par l'art. 479, § 8, ne peut, conformément à l'art. 60 c. pén., s'affirmer que par un acte de provocation, d'aide ou d'assistance ; seulement elle fait consister l'aide ou l'assistance dans la présence volontaire au milieu du rassemblement. Cette présence fortifie et encourage les auteurs du bruit; elle constitue, par suite, en raison de la nature de l'infraction, une aide véritable, une assistance dans la consommation de l'action. — Conformément à cette théorie, il a été jugé qu'on doit considérer comme complices de tapage nocturne ou injurieux :... 1° l'individu qui a laissé faire dans son habitation un tapage nocturne (un charivari), encore qu'il n'ait pas pris part aux actes qui ont produit ce tapage (Crim. cass. 8 nov. 1855, aff. Audier, D. P. 55. 5. 431) ;... 2° le propriétaire qui a laissé sonner du cor dans son parc pendant la nuit (Crim. cass. 24 déc. 1858, aff. Rojou, D. P. 58. 5. 348);... 3° le cabaretier qui a laissé faire du tapage la nuit dans son établissement, alors qu'il a eu le tort de l'ouvrir à une heure indue à des individus déjà ivres et se livrant à une querelle bruyante (Crim. cass. 15 juin 1858, aff. Florent, D. P. 58. 5. 349). — Décidé, cependant, qu'une sentence d'acquittement peut être prononcée en faveur du cabaretier dans l'établissement duquel a eu lieu une scène de tapage nocturne, si le juge de police, après avoir entendu régulièrement des témoins à l'audience, déclare, en vertu de son appréciation souveraine, que le cabaretier est resté étranger au tapage, le procès-verbal n'affirmant rien de contraire (Crim. rej. 3 nov. 1865, aff. Robert, D. P. 66. 5. 456).

Aux termes de l'arrêt précité du 8 nov. 1855, on doit réputer complices des tapages nocturnes ou injurieux tous ceux qui, par leur présence ou par leur fait, ont favorisé ou facilité la perpétration de la contravention. Mais il a été décidé, avec raison, que le seul fait d'avoir été vu un instant parmi les auteurs d'un tapage injurieux ou nocturne ne constitue pas la complicité prévue et punie par l'art. 479, § 8, c. pén., laquelle ne peut, conformément à l'art. 60 du même code, s'affirmer que par un acte de provocation, d'aide ou d'assistance ; que, spécialement, ne peut être considéré comme complice d'un tapage injurieux ou nocturne l'individu qui, ayant passé fortuitement près d'un groupe de personnes faisant du tapage, s'est arrêté un instant pour boire un verre de vin que lui offrait une de ces personnes et s'est immédiatement retiré (Crim. cass. 26 mai 1882, aff. Thomas, Maillon et Pierre André, D. P. 82. 1. 438). Cette présence de quelques instants dans les conditions spéciales relevées par l'arrêt n'était pas de nature à fortifier et encourager les auteurs du tapage, et, par suite, ne pouvait constituer l'aide ou l'assistance, faits constitutifs de la complicité.

281. Les individus qui n'ont fait qu'occasionner le tapage sans avoir eu, d'ailleurs, l'intention de le faire naître, ne sauraient être inculpés de complicité. Jugé que le tapage nocturne qui a eu lieu à la suite du refus de représentation d'un spectacle annoncé ne peut donner lieu à des poursuites contre les artistes du théâtre, si le procès-verbal du commissaire de police se borne à émettre l'opinion que leur refus de jouer, motivé par la saisie de la recette, en serait la cause, sans faire peser l'imputation n'impliquant pas qu'ils aient pu se rendre complices du tapage par aide, assistance ou provocation volontaire, mais bien plutôt que le tapage a été dirigé contre eux (Crim. rej. 3 févr. 1865, aff. Giraud, D. P. 65. 1. 198). — Jugé, de même, que l'individu qui s'est borné à annoncer à un tiers une fausse nouvelle à l'intérieur de sa maison et par pure plaisanterie, ne peut, dans le cas où la communication de cette nouvelle à d'autres, sans sa participation, a amené des rassemblements, être déclaré

pénalement responsable du tapage qui en a été la suite imprévue (Crim. rej. 21 déc. 1866, aff. Boulet, D. P. 67. 1. 143 ; Blanche, t. 7, n° 471, p. 578).

282. Ainsi qu'on l'a exposé au *Rép.* n° 481, il n'est pas nécessaire pour que le ministère public puisse poursuivre devant le tribunal de simple police les individus coupables de bruits ou de tapages nocturnes ou injurieux, qu'il y ait plainte de la part des habitants dont la tranquillité a été troublée (V. conf. Crim. cass. 24 févr. 1859, aff. Bourgeois, D. P. 59. 5. 367 ; Crim. rej. 25 janv. 1878, aff. Chevallier, D. P. 79. 1. 385).

283. La contravention de bruits ou tapages injurieux ou nocturnes est passible d'une amende de 11 à 15 fr., qui constitue la peine principale, et d'un emprisonnement facultatif de cinq jours au plus. L'amende peut être moindre de 11 fr. en cas de circonstances atténuantes (*Rép.* n° 482). Mais il a été jugé que l'inculpé reconnu coupable du fait de tapage injurieux et nocturne, sans admission de circonstances atténuantes, ne peut être condamné à une amende moindre de 11 fr. (Crim. cass. 28 août 1873, aff. Laigné, D. P. 74. 1. 43). Décidé aussi qu'il y a lieu d'annuler le jugement qui, après avoir déclaré constant un fait de tapage injurieux, refuse de faire droit aux réquisitions du ministère public tendant à l'application de l'art. 479, § 8, c. pén., et applique les dispositions moins sévères de l'art. 471 du même code (Crim. cass. 24 déc. 1863, aff. Vallet, D. P. 67. 5. 422).—En cas de récidive, le prévenu doit être condamné à un emprisonnement de cinq jours, sauf l'admission des circonstances atténuantes (c. pén. art. 482).

284. Les motifs donnés par le jugement d'acquittement doivent permettre de reconnaître si l'acquittement est fondé sur les raisons de droit ou sur la non-existence du fait constaté par le procès-verbal qui a servi de base à la poursuite. Dès lors, est sujette à cassation pour insuffisance de motifs la sentence d'acquittement qui se borne à déclarer que, dans les circonstances de la cause, les faits constitutifs de la contravention imputés au prévenu ne sont pas suffisamment établis à sa charge (Crim. cass. 9 juill. 1874, aff. Blondeau, D. P. 76. 1. 457, et la note ; 10 févr. 1876, aff. Bayard, *ibid.*).

285. Le juge ne peut accueillir, pour se dispenser d'appliquer la peine, une excuse qui n'est point admise par la loi (*Rép.* n° 471). Ainsi doivent être écartées les excuses fondées sur la bonne foi des prévenus, et, spécialement, sur ce que le prévenu pouvait ignorer que le fait de tapage nocturne qui lui était reproché fût défendu et constituât une contravention (Crim. cass. 4 août 1853, aff. Vannooren Berghe, D. P. 53. 5. 439). Vainement aussi on alléguerait que le tapage n'était pas l'œuvre du prévenu seul et qu'il n'avait pu empêcher le tapage (Même arrêt) ; — Que les injures échangées entre les prévenus étaient le résultat de provocations réciproques (Crim. cass. 23 déc. 1875, aff. Beaulieu, D. P. 76. 1. 457); — Qu'il n'existe pas de règlement local interdisant les bruits ou tapages injurieux ou nocturnes (*Rép.* n° 474). — Décidé aussi : que le juge saisi de la répression d'une contravention de tapage nocturne résultant de scènes de dispute à l'intérieur d'un cabaret, excuserait à tort les auteurs de ce tapage, en se fondant « sur les habitudes des gens de la campagne, qui croient toujours se faire entendre en criant très fort, et ce que ces mauvais penchants, presque toujours tolérés, sont le résultat d'une éducation négligée » (Crim. cass. 28 juin 1858, aff. Lan-

drin et Lesséc, D. P. 58. 5. 349); — Que le propriétaire contre lequel procès-verbal a été rédigé pour avoir, la nuit, fait du bruit et du scandale chez son locataire de manière à faire former un rassemblement devant la porte de sa maison, ne peut être excusé:... ni par le motif qu'il ne paraissait pas jouir de la plénitude de ses facultés intellectuelles, si cette appréciation du juge est contraire aux énonciations non contredites du procès-verbal (Crim. cass. 13 mars 1863, aff. Caussin, D. P. 63.5. 367); ni par cet autre motif qu'il agissait comme propriétaire (Même arrêt). — Jugé encore qu'un bruit nocturne produit à l'occasion de l'arrosage d'un jardin, ne peut, s'il trouble la tranquillité publique, être considéré comme permis en raison de ce que le mode d'arrosage employé serait conforme à l'usage local (Crim. cass. 3 nov. 1859, aff. Casanova, D. P. 59. 5. 366).

§ 9. — Enlèvement ou lacération des affiches (*Rép.* n°s 485 à 493).

286. Le paragraphe 9 de l'art. 479 frappe d'une amende de 11 à 15 fr. ceux qui, méchamment, enlèvent ou déchirent les affiches apposées par ordre de l'Administration. Cette disposition qui a été étudiée au *Rép.* n°s 485 et suiv. se trouve aujourd'hui abrogée implicitement par l'art. 17 de la loi du 29 juill. 1881 sur la liberté de la presse, dont les dispositions ont été étudiées *suprà*, v° *Affiche*, n°s 49 et suiv.

§ 10. — Conduite de bestiaux dans des prairies artificielles, dans des vignes ou plants d'arbres (*Rép.* n°s 494 à 505).

287. — I. Caractères de la contravention. — La contravention prévue par l'art. 479, § 10, se distingue du délit rural de garde à vue de bestiaux dans les récoltes d'autrui puni de peines correctionnelles, au point de vue de la nature du terrain sur lequel a lieu le fait incriminé. Il y a contravention lorsque le terrain sur lequel sont menés les bestiaux n'est pas chargé d'une récolte ; délit rural dans le cas contraire (*Rép.* n° 498. V. *infrà*, v° *Droit rural*). Nous avons indiqué *suprà*, n° 138, le sens qu'il faut donner au mot « récoltes ». Il a été jugé que le fait de garder à vue des bestiaux dans une luzerne destinée à être récoltée constitue le délit rural prévu par l'art. 26, tit. 2, de la loi des 28 sept.-6 oct. 1791 (Crim. cass. 5 mai 1865, aff. Deville, D. P. 66. 5. 128). — Jugé, au contraire, que le fait d'avoir fait paître une vache ou un autre bétail dans un terrain herbé appartenant à autrui, ne constitue, même dans le cas où l'animal était gardé à vue, que la contravention prévue par l'art. 479, § 10, c. pén. ; que, par suite, on ne peut appliquer à cette infraction que la prescription annale, et non la prescription d'un mois établie par le code rural relativement au délit analogue qui résulte du fait d'avoir été trouvé gardant à vue des bestiaux dans les récoltes d'autrui (Crim. cass. 22 mars 1858, aff. Robert, et aff. Marchal, D. P. 58. 5. 125). Un terrain herbé ne peut servir, en effet, qu'au pâturage des animaux; son produit est consommé sur place. Il ne saurait être assimilé à un terrain portant une récolte. — Mais il a été décidé que celui qui a été trouvé gardant des bestiaux dans une prairie naturelle doit être puni comme coupable, non de la contravention prévue par l'art. 479, § 10, mais du délit réprimé par l'art. 26 de la loi des 28 sept.-6 oct. 1791, les prairies naturelles étant en état de production permanente, et devant être considérées, en tout temps, comme chargées de récoltes (Crim. cass. 6 mai 1887) (1).

(1) (Joseph Gallaud.) — La cour ; — Sur le moyen tiré de la violation des règles de la compétence et de la fausse application de l'art. 479, § 10, c. pén. :...—Vu l'art. 26 de la loi des 28 sept.-6 oct. 1791, ensemble l'art. 160 c. instr. crim.; — Attendu que le jugement attaqué constate en fait que, le 14 avr. 1886, Gallaud a été trouvé faisant paître son cheval et une vache dans un pré situé à Nantes, prairie de Biesse, et dont la jouissance a été concédée à un sieur Bernier, en qualité de locataire, par le séquestre judiciaire des biens dépendant d'une succession indivise entre la femme Gallaud et la dame Saillard sa sœur ; — Attendu que ce fait, ainsi constaté, constituait, non la contravention prévue par l'art. 479, § 10, c. pén., laquelle consiste à mener les bestiaux sur le terrain d'autrui, mais bien le délit prévu et réprimé par l'art. 26 de la loi des 28 sept.-6 oct. 1791, lequel punit d'une amende proportionnée au préjudice causé et d'un emprisonnement pouvant s'élever à une année « quicon-

que sera trouvé gardant à vue ses bestiaux dans les récoltes d'autrui »;
Attendu que les termes de cet article sont généraux et absolus et qu'ils s'appliquent à tout fait de garde à vue de bestiaux dans les récoltes d'autrui, quelle que soit la nature de ces récoltes; que les prairies naturelles étant en état de production permanente, doivent être considérées en tout temps comme chargées de récoltes, et ceux qui y font paître leurs bestiaux comme les faisant paître dans des récoltes;
Attendu qu'il suit de là que le juge de police, en déclarant que le fait déclaré constant à la charge de Gallaud constituait la contravention prévue par l'art. 479, § 10, c. pén., et en faisant au prévenu application dudit article, a violé les règles de sa compétence ainsi que les art. 160 c. instr. crim. et 26 de la loi des 28 sept.-6 oct. 1791 ;
Par ces motifs, casse et annule le jugement du tribunal correc-

288. On a examiné, au *Rép.* n° 500 la question de savoir si l'on doit, au point de vue de l'application de l'art. 479, § 10, regarder comme synonymes les expressions *mener* et *garder à vue*, ou s'il s'agit là de deux faits distincts, dont le premier seul serait passible de la peine prononcée par cet article, le second étant réprimé par l'art. 26, tit. 2, de la loi de 1791. La seconde opinion, ainsi qu'on l'a vu au *Rép. ibid.*, a été consacrée par plusieurs arrêts. Jugé dans le même sens qu'il y a lieu d'appliquer l'art. 26 précité, et non l'art. 479, § 10, c. pén. à l'individu qui a *gardé à vue* des bestiaux dans des oseraies. Mais nous persistons à préférer l'opinion contraire qui est partagée par M. Blanche ; cet auteur estime que « mener des bestiaux sur un terrain ou les garder à vue », sont des termes équivalents (t. 7, n° 483). Dans ce système, les infractions respectivement prévues par l'art. 479, § 10, c. pén. et l'art. 26, tit. 2, de la loi de 1791, ne diffèrent entre elles qu'au point de vue de la nature du terrain sur lequel s'accomplit le fait incriminé.

289. Il importe aussi de ne pas confondre la contravention spécifiée à l'art. 479, § 10 : soit avec celle que réprime le paragraphe 14 de l'art. 471, et qui consiste dans le fait du *passage* des bestiaux ou bêtes de trait, de charge ou de monture sur le terrain d'autrui avant l'enlèvement de la récolte (V. *suprà*, n°⁵ 152 et suiv.); — Soit avec la contravention prévue par le paragraphe 10 de l'art. 475, et qui consiste dans le fait du *passage* des bestiaux, animaux de trait, de charge ou de monture sur le terrain d'autrui, ensemencé ou chargé d'une récolte, en quelque saison que ce soit (V. *ibid.*); — Soit avec l'infraction qui fait l'objet de l'art. 147 c. for., et qui a pour objet l'introduction en forêt, en dehors des chemins ordinaires, de voitures, bestiaux et animaux de charge ou de monture; — Soit avec l'infraction que le législateur a en vue dans l'art. 199 c. for., lequel s'applique aux cas où des animaux sont trouvés en délit dans des bois; — Soit enfin avec la contravention aux règlements de pâturage intervenus dans les conditions fixées par la loi du 4 avr. 1882 relative à la restauration et à la conservation des terrains en montagne (V. *Forêts*; — *Rép.* cod. v°, n°⁵ 692 et suiv.; 712 et suiv.).

290. Dans les pays de parcours et de vaine pâture le fait de faire paître des bestiaux sur le terrain d'autrui ne constitue pas une contravention, lorsque l'usage n'est exercé que sous les conditions déterminées par la loi (*Rép.* n° 496. V. aussi *suprà*, v° *Commune*, n°⁵ 535 et suiv.). — Jugé que l'art. 479, § 10, est inapplicable à l'individu qui fait pacager des moutons sur une pièce de terre en chaume appartenant à un habitant de sa commune, alors que, dans cette commune, il est d'usage constant et immémorial de laisser paître des troupeaux de moutons dans les terres en chaume, après l'enlèvement de la récolte et après le temps suffisant pour permettre le glanage (Crim. rej. 3 janv. 1885) (1).

291. Trois conditions sont nécessaires pour que la contravention prévue par l'art. 479, § 10, existe.

292. — *Première condition.* — Il faut que les animaux dont l'introduction est défendue soient des bestiaux. Cette expression, comme on l'a dit au *Rép.* n° 504, comprend les chevaux et les mulets ; elle s'applique également aux ânes, et même aux vaches (Blanche, t. 7, n° 490).

293. — *Seconde condition.* — Il faut que les bestiaux aient été *menés* ou *conduits*. — Notre article suppose un fait positif de la part du prévenu et non une négligence (*Rép.* n° 502). Si les bestiaux laissés à l'abandon s'introduisent d'eux-mêmes sur le terrain d'autrui, le fait est puni par les art. 3 et 12 de la loi du 28 sept. 1791. De nombreuses décisions de la jurisprudence ont confirmé cette doctrine.

Ainsi il a été jugé que le propriétaire dont le bétail a été trouvé sur le terrain d'autrui, doit, si le fait a eu lieu à son insu et a causé du dégât, être puni d'une amende égale au moins à la valeur de trois journées de travail, en vertu des dispositions combinées des art. 3 et 12, tit. 2, c. rural de 1791 et 2 de la loi du 23 therm. an 4 (Crim. cass. 16 avr. 1864, aff. Filippi et aff. Orsati, D. P. 65. 1. 325 ; 29 déc. 1864, aff. Sansonetti et Guiseppolo, *ibid.* ; 2 juin 1865, aff. Maestracci et Tortora, D. P. 65.1.325. V. aussi Crim. cass. 13 avr. 1866, aff. Laurenti, D. P. 70. 5. 108). Jugé, dans le même sens, que le fait d'avoir laissé à l'abandon des bestiaux qui ont pénétré dans un enclos à l'insu de leur propriétaire, ne tombe pas sous l'application de l'art. 479, n° 10, c. pén., mais sous celle de l'art. 12, tit. 2, c. rur. de 1791 ; qu'en conséquence, c'est par un mois, et non par un an, que se prescrit l'action en répression de ce fait (Crim. rej. 20 mars 1874, aff. Orsini et Pizzini, D. P. 75. 1. 400. V. aussi Crim. rej. 26 août 1852, aff. Lefer, D. P. 52. 5. 194 ; Crim. cass. 10 sept. 1857, aff. Champs, D. P. 57. 1. 449 ; 29 janv. 1870, aff. Marchesi, D. P. 70. 1. 320 ; 4 juin 1875, aff. Vincenti, D. P. 78. 5. 186 ; 9 janv. 1879, aff. Caporassi, D. P. 81. 5. 116). Ce fait ne constitue pas davantage la contravention prévue par la loi du 22 juin 1854, qui prohibe la vaine pâture et le parcours en Corse ; car cette contravention suppose que le bétail a été conduit volontairement sur les terres (Arrêt précité du 9 janv. 1879. V. aussi Crim. rej. 31 janv. 1856, aff. Colona et Santorie, D. P. 56. 5. 20 ; 13 févr. 1857, aff. Casanova, D. P. 57. 1. 178 ; Crim. cass. 25 juill. 1884, aff. Agostini, D. P. 84. 5. 146). Décidé encore que le fait de laisser des volailles à l'abandon sur le terrain d'autrui ne tombe pas sous l'application de l'art. 479, § 10, c. pén., mais constitue un délit rural, passible des peines édictées par les lois des 28 sept.-6 oct. 1791 et du 23 therm. an 4, sans préjudice de l'indemnité de celui qui a souffert du dommage, et de son droit de tuer les volailles sur le lieu même au moment du dégat (Crim. cass. 7 nov. 1873, aff. Delaplesse, D. P. 74. 1. 96. V. en ce sens : Crim. cass. 16 août 1866, aff. Duquesne-Beauve, D. P. 66. 1. 463 ; 10 mai 1872, aff. Bouillon, D. P. 72. 1. 83) ; — Que les art. 471, § 14, et 479, § 10, c. pén. sont inapplicables aux dégâts causés par des bestiaux de toute espèce laissés à l'abandon sur les propriétés d'autrui ; mais que ces faits constituent une contravention prévue par les art. 3 et 12, tit. 2, de la loi des 28 sept.-6 oct. 1791, et par l'art. 3 de la loi du 23 therm. an 4, et punissable d'une amende qui ne peut être inférieure à trois journées de travail ; qu'en conséquence, le jugement qui décide qu'il n'y a aucune peine à prononcer contre l'auteur de cette contravention viole les articles de loi susvisés (Crim. cass. 7 nov. 1885, aff. Fourtine, D. P. 86. 1. 426). — La contravention d'abandon de volailles, qui ont causé du dommage à la propriété d'autrui, doit, lorsque ces volailles avaient été placées sous la surveillance d'un gardien, être déclarée à la charge de celui-ci et non du propriétaire, qui, en pareil cas, ne peut être condamné que comme civilement responsable de la négligence de son préposé (Crim. cass. 10 mai 1872, aff. Bouillon, D. P. 72. 1. 83). Mais le propriétaire est pénalement responsable lorsque c'est sur son ordre que le gardien a mené paître les bestiaux sur le terrain d'autrui (Conf. Crim. cass. 15 juill. 1859, aff. Caillon, D. P. 59. 1. 427).

294. — Il faut enfin que la peine applicable à l'infraction prévue par l'art. 12 de la loi de 1791 est celle prononcée par l'art. 2 de la loi du 23 therm. an 4, c'est-à-dire une amende de la valeur de trois journées de travail ou un emprisonnement de trois jours (Crim. cass. 13 avr. 1866, aff. Limonette, D. P. 72. 5. 135 ; 25 févr. 1876, aff. Bousquet, D. P. 78. 4. 45 ; 3 mai 1877, aff. Rouquet, D. P. 77. 1. 407; 7 nov. 1885, aff. Fourtine, D. P.

---

tionnel de Nantes, statuant comme tribunal d'appel de simple police, en date du 13 août 1886, etc.
Du 6 mai 1887.-Ch. crim.-MM. Sevestre, rap.-Rousselier, av. gén.

(1) (Delalain.) — LA COUR; — Attendu que Léon Delalain fils avait été assigné devant le tribunal de simple police du canton de Nangis, à la requête du sieur Robin pour avoir fait pacager des moutons sur une pièce de terre en chaume appartenant à ce dernier; que Delalain père avait été cité comme civilement responsable, et le ministère public avait demandé l'application de l'art. 479, n° 10, c. pén.; — Attendu que le jugement attaqué

constate que, « à Nangis, il est d'usage constant et de temps immémorial de laisser paître les troupeaux de moutons dans les terres en chaume, après l'enlèvement de la récolte et après le temps suffisant pour permettre le glanage; que c'est ainsi que la vaine pâture a été pratiquée de tout temps à Nangis » ; qu'il n'appert d'aucune conclusion que le ministère public ait offert d'établir par un mode de preuve quelconque que la vaine pâture n'existait pas à Nangis ; — Qu'en relaxant le prévenu dans ces circonstances, le jugement attaqué n'a aucunement violé la disposition de l'art. 479, n° 10, c. pén. ; — Par ces motifs, rejette.
Du 3 janv. 1885.-Ch. crim.-MM. Ronjat, pr.-Vételay, rap.-Loubers, av. gén.

86. 1. 426). — Jugé que l'amende encourue pour un fait d'abandon de volailles, qui ont causé du dommage à la propriété d'autrui ne peut, les circonstances atténuantes étant inadmissibles relativement à la répression de cette contravention, être inférieure à la valeur de trois jours de travail, et ne saurait, dès lors, être légalement réduite à 1 fr. (Crim. cass. 10 mai 1872, aff. Bouillon, D. P. 72. 1. 83). — Jugé aussi que le fait d'avoir laissé paître à l'abandon, pendant la nuit, des chevaux dans un terrain ensemencé et appartenant à autrui, est de la compétence du tribunal de simple police, alors même que, par suite de l'état de récidive de l'inculpé et de la circonstance que le fait aurait eu lieu pendant la nuit, l'amende devrait être portée au triple, cette amende, d'après la valeur de la journée de travail dans la commune où le fait a eu lieu, ne pouvant excéder le taux des amendes de simple police, et l'emprisonnement ne pouvant d'ailleurs en aucun cas, dépasser trois jours (Crim. cass. 2 janv. 1880(1). V. conf. vᵒ *Droit rural;* — *Rép.* eod. vᵒ, nᵒˢ 207 et suiv.; Blanche, t. 7, nᵒ 489; Chauveau et Faustin Hélie, t. 6, nᵒ 2874).

295. Lorsque l'animal trouvé en état d'abandon sur le terrain d'autrui (la loi ne distingue pas) est une chèvre, il convient d'appliquer l'art. 18 de la loi de 1791, lequel, probablement à raison de ce que les dégâts causés aux plantes par la chèvre sont plus sérieux que les dégâts causés par les autres espèces de bestiaux, veut qu'une amende soit prononcée par chaque chèvre trouvée sur le terrain d'autrui; le cumul des amendes est prononcé, dans ce cas, à titre d'aggravation (*Rép.* nᵒ 243). Jugé cependant, contrairement à cette opinion, que les peines prononcées par l'art. 479-10ᵒ c. pén. contre ceux qui mènent sur le terrain d'autrui des bestiaux de quelque nature qu'ils soient, sont seules applicables même dans le cas où les animaux conduits par le contrevenant sont des chèvres : on considérerait à tort comme encore subsistante la disposition de l'art. 18 du tit. 2 de la loi des 28 sept.-6 oct. 1791 qui, pour ce cas spécial, édictait une pénalité plus sévère (Crim. cass. 24 mars 1855, aff. Agren, D. P. 55. 1. 219).

296. Aux termes de l'art. 25, tit. 2, de la loi des 28 sept.-6 oct. 1791 toujours en vigueur, les conducteurs de bestiaux revenant des foires ou les menant d'un lieu à un autre, même dans les pays de parcours ou de vaine pâture, ne peuvent les laisser pacager sur les terres des particuliers ni sur les communaux, sous peine d'une amende de la valeur de deux journées de travail, en outre du dédommagement. L'amende sera égale à la somme du dédommagement, si le dommage est causé à un terrain ensemencé ou qui n'a pas été dépouillé de sa récolte, ou dans un enclos rural. A défaut de payement, les bestiaux pourront être saisis et vendus jusqu'à concurrence de ce qui sera dû pour l'indemnité, l'amende et autres frais; il pourra même y avoir lieu envers les conducteurs, à la détention de police municipale, suivant les circonstances.—Le fait prévu par l'article ne pouvait tomber sous l'application de l'art. 479, § 10, qui suppose nécessairement un acte positif de la part du prévenu, la conduite des bestiaux. Au reste, l'art. 25 de la loi de 1791, dont les termes sont généraux, prévoit et le cas

d'abandon et le cas de conduite. Dans ce dernier cas, il est vrai, on pourrait se demander si ce n'est pas plutôt l'art. 26 de la même loi, lequel prévoit et punit le délit de *garde à vue*, qui est applicable : en effet, mener pacager les bestiaux sur le terrain d'autrui dans les récoltes ou dans les enclos ruraux, c'est les garder à vue. Mais cette solution ne serait pas exacte: c'est l'art. 25 qu'il faut appliquer aux conducteurs de bestiaux; car le législateur ne voit dans le fait reproché à ces derniers qu'un délit d'occasion, qui ne peut se renouveler fréquemment sur les mêmes terres, et qui, pour cette raison, est moins grave que le même délit imputé à un habitant de la commune.

Il est impossible, d'ailleurs, de restreindre l'application de l'art. 25 au seul cas d'abandon. S'il en était autrement, dans l'hypothèse où les conducteurs des bestiaux revenant des foires les *mènent* sur des terres non chargées de récoltes, le fait serait puni par l'art. 479, § 10. On infligerait alors à celui qui a conduit volontairement ses bestiaux une peine moins forte qu'à celui qui n'a commis qu'une simple négligence en les laissant s'introduire d'eux-mêmes sur le terrain d'autrui (V. Clément et Lépinois, *Le code rural belge interprété*, p. 486; Blanche, t. 7, nᵒ 492).

297. — *Troisième condition.* — Il faut que les bestiaux aient été menés sur le terrain d'autrui et que ce terrain soit de la nature de ceux qu'énumère l'art. 479, § 10. — Il a été jugé que par terrain d'autrui il faut entendre, notamment, les propriétés communales lorsque le prévenu n'a sur elles aucun droit de parcours (Crim. cass. 9 janv. 1858, aff. Bettenbourg, D. P. 58. 5. 126). — Mais il a été décidé avec raison, relativement au délit rural d'abandon d'animaux, que ce délit n'existant, comme la contravention prévue par l'art. 479, § 10, qu'autant que le fait d'abandon a eu lieu sur le terrain d'autrui, on ne saurait voir un tel délit dans le fait, par les habitants d'une commune, d'avoir abandonné des animaux sur les biens communaux à la jouissance desquels ils étaient d'ailleurs autorisés par une délibération du conseil municipal, revêtue de l'approbation du préfet, qui leur permettait d'y faire pacager leurs bestiaux (Crim. cass. 5 janv. 1856, aff. Massoni, D. P. 56. 1. 107).

298. L'énumération, que fait l'art. 479, § 10, des terrains sur lesquels il est défendu de mener des bestiaux n'est pas limitative. L'art. 479, § 10, a été notamment appliqué aux terrains couverts de chaume (Arrêt du 9 janv. 1858 cité *suprà,* nᵒ 297. V. aussi Crim. cass. 28 août 1861, aff. Mivielle, D. P. 61. 5. 524). La jurisprudence, d'ailleurs, ne se conforme pas exactement aux indications fournies par cet article; c'est ainsi qu'elle applique l'art. 26 de la loi de 1791 au fait de garder à vue des bestiaux dans les oseraies et dans les prairies artificielles, alors que les terrains de cette nature sont compris dans l'énumération faite par l'art. 479, § 10, et sembleraient, dès lors, échapper à l'application de l'art. 26.

299. — II. Pᴇɪɴᴇs; Exᴄᴜsᴇs. — La contravention réprimée par l'art. 479, § 10, peut être poursuivie par le ministère public, d'office, alors même que le propriétaire lésé aurait déclaré renoncer à porter plainte. L'existence de la contravention n'est pas non plus subordonnée à la preuve qu'un dommage

---

(1) (Hénon.) — Lᴀ ᴄᴏᴜʀ; — Vu la demande en règlement de juge du procureur général de Nancy; — Vu l'art. 27, tit. 1ᵉʳ, de la loi des 19-22 juill. 1791; l'art. 4, tit. 2, de la loi des 28 sept.-6 octobre de la même année; les art. 600, 606, 607, code des délits et des peines du 3 brum. an 4; l'art. 2 de la loi du 23 thermidor, même année, et l'art. 466 c. pén.; — Attendu que par un premier jugement contradictoire du tribunal de simple police du canton de Renwez (Ardennes) en date du 14 août 1879, Hénon, voiturier, a été condamné, pour délit de dépaissance sur un terrain appartenant à autrui, à une amende de 3 journées de travail, soit à 1 fr. 80 cent. en argent; — Attendu que, cité de nouveau devant le même tribunal pour avoir laissé paître à l'abandon, pendant la nuit du 14 au 15 du même mois d'août 1879, deux de ses chevaux dans un terrain ensemencé d'avoine et appartenant également à autrui, Hénon a fait défaut, et que le juge, sur le motif que l'art. 607 c. 3 brum. an 4, dispose que, en cas de récidive en pareille matière, la peine ne peut être prononcée que par le tribunal correctionnel, s'est déclaré incompétent et qu'il n'y a pas eu appel de son jugement; — Attendu que ces deux décisions, devenues définitives, sont contraires entre elles, et qu'il en résulte une interruption du cours de la justice qu'il importe de faire cesser; — Attendu qu'aux termes de l'art. 27, tit. 1ᵉʳ, de la loi des 19-22 juill. 1791, et de l'art. 4, tit. 2, de celle des 28 sept.-6 oct. 1791, l'amende doit être double

en cas de récidive, et triple quand, en outre, le délit a été commis avant le lever ou après le coucher du soleil; — Attendu qu'il n'en est pas ainsi, en ce qui touche l'emprisonnement, qui, d'après l'art. 600 c. 3 brum. an 4, n'excède pas trois jours et ne peut dépasser cette mesure même lorsque le délit rural a été commis en récidive, ou pendant la nuit, ou avec ces deux circonstances réunies; — Et à supposer, contrairement aux principes à cet égard, que, à raison du premier jugement rendu le 14 août et du fait que, avant le lever du soleil du lendemain 15, se commettait le second délit, Hénon dût être considéré comme étant légalement en état de récidive et que, par suite, il y eût lieu non pas seulement de doubler mais de tripler l'amende encourue; — Attendu que cette amende ne pouvait s'élever au plus au chiffre de 5 fr. 40 cent., et que par cela même, le second délit constaté contre lui était encore, en vertu de la règle posée dans l'art. 466 c. pén. de la compétence exclusive du tribunal de simple police;

Par ces motifs, sans avoir égard au jugement du tribunal de simple police du canton de Renwez du 11 sept. 1879, lequel sera considéré comme nul et non avenu; — Renvoie Hénon avec les pièces du procès, devant le tribunal de simple police de Charleville, pour être statué sur le second délit rural dont il s'agit.

Du 2 janv. 1880.-Ch. crim.-MM. de Carnières, pr.-Henry Didier, rap.-Benoist, av. gén.

a été causé par les bestiaux, l'art. 479, § 10, n'exigeant pas cette condition (Crim. cass. 26 nov. 1858, aff. Arbaud, D. P. 61. 5. 145). Relativement au délit rural d'abandon, il a été jugé (ces décisions s'appliqueraient à la contravention prévue par l'art. 479, § 10) : 1° que la circonstance que la propriété à laquelle des bestiaux laissés à l'abandon ont causé du dégât, est un pré de minime valeur, enclavé en entier dans le domaine du propriétaire des animaux, et que divers arrangements proposés par celui-ci pour remédier aux inconvénients que cette situation présente pour la surveillance du bétail, ont été refusés par esprit de contrariété, est à tort considérée comme faisant disparaître la contravention qui résulte du tort causé par négligence au propriétaire du pré enclavé (Crim. cass. 13 avr. 1866, aff. Peretti, D. P. 66. 1. 129); — 2° Qu'en principe la réparation du préjudice résultant du délit ou la transaction avec la partie lésée, ne fait pas obstacle à l'action publique; que, par suite, la circonstance que les dégâts causés sur le terrain d'autrui seraient réparés par des animaux laissés à l'abandon par le propriétaire de ceux-ci avant sa comparution devant le tribunal de police, est à tort considérée comme étant de nature à motiver l'acquittement (Crim. cass. 9 janv. 1866, aff. Poli, et aff. Maestracci, D. P. 66. 1. 462); — 3° Que le délit rural d'abandon d'animaux sur le terrain d'autrui, constaté par un procès-verbal régulier, ne peut être excusé par l'unique motif que le prévenu n'a pas été mis à même de se défendre, en ce qu'il ne lui a pas été donné connaissance des immeubles dans lesquels ses bestiaux auraient été trouvés en délit, ni des noms des propriétaires de ces immeubles, une telle condition n'étant point exigée par la loi pour la validité des procès-verbaux et de la poursuite en cette matière (Crim. cass. 5 janv. 1856, aff. Massoni, D. P. 56. 1. 107). Jugé aussi que le propriétaire dont les bestiaux, en état d'abandon, ont été trouvés faisant des dégâts sur une terre d'autrui, doit être déclaré en contravention, dans le cas même où il n'est pas établi qu'il les ait laissés divaguer avec intention (Crim. cass. 24 févr. 1865, aff. Ciambonani, D. P. 65. 1. 402). — Il en serait autrement s'il y avait eu force majeure. Jugé que la circonstance que les bestiaux laissés par le propriétaire dans une pâture parfaitement close à lui appartenant, auraient franchi la haie en bon état, servant de clôture, pour s'introduire dans le champ du voisin, peut être considérée comme un cas de force majeure exclusif de toute contravention, sauf l'application de l'art. 1385 c. civ. (Crim. rej. 10 mars 1855, aff. Flameur, D. P. 55. 5. 201).

300. Lorsque le fait d'abandon s'est reproduit plusieurs jours de suite, il y a lieu d'appliquer autant d'amendes distinctes (Crim. cass. 16 avr. 1864, aff. Filippi, D. P. 65. 1. 325). La présence des poules d'un fermier sur deux champs contigus appartenant à deux propriétaires différents, bien qu'elle ait été simultanée et constatée du même coup d'œil, n'en constitue pas moins une double contravention donnant lieu à la prononciation de deux peines (Crim. cass. 20 mai 1854, aff. Moutarde, D. P. 54. 5. 27).

§ 11 et 12. — Dégradation des chemins publics, usurpation sur leur largeur. — Enlèvement de terres, gazons, etc., sur les chemins publics (*Rép.* n°s 506 à 514).

301. Les deux contraventions prévues par l'art. 479, § 11 et 12, rentrent dans la matière de la voirie (V. *Voirie par terre;* — *Rép.* eod. v°, n°s 1080 et suiv.), sauf la seconde disposition du paragraphe 12, qui concerne ceux qui sans y être dûment autorisés enlèvent dans les lieux appartenant aux communes, les terres ou matériaux. — Pour que cette disposition reçoive son application, il faut : 1° qu'il y ait un fait d'enlèvement (*Rép.* n°s 507 et suiv.). — Il a été jugé que l'art. 479, § 12, ne s'étend pas au fait d'avoir planté des arbres dans un terrain communal, alors qu'aucun enlèvement de terres n'a été constaté (Crim. rej. 27 févr. 1869, aff. Juette, D. P. 69. 1. 437); — 2° Que l'enlèvement ait pour objet des terres ou matériaux. — Le mot *matériaux* a une signification générale (*Rép.* n° 508). Décidé toutefois que l'enlèvement de gazon seulement sur un terrain communal, à la différence du même fait pratiqué sur un chemin public, ne constitue pas, par lui-même, une infraction punissable, sauf l'action civile en cas de dommage (Crim. rej. 25 juill. 1856, aff. Thonnel, D. P.

61. 5. 144). — En ce qui touche : l'enlèvement des matériaux dans les mines et carrières, V. *Mines;* — *Rép.* eod. v°, n° 770 ; l'enlèvement des fumiers, de la marne ou des autres engrais portés sur les terres, V. *Droit rural;* — *Rép.* eod. v°, n° 200; — 3° Que le terrain sur lequel a lieu l'enlèvement de terres ou matériaux soit un terrain communal. Si c'est un bois communal, ou un terrain soumis au régime forestier, il convient d'appliquer l'art. 144 c. for. (*Rép.* n° 507).

302. L'enlèvement de terres ou matériaux sur un bien communal ne constitue un fait punissable qu'autant qu'il n'existe pas un usage général qui l'autorise (*Rép.* n° 509). Il faut que l'usage ait un caractère non équivoque d'uniformité et de publicité; qu'il ait, en outre, été observé par le plus grand nombre des habitants, réitéré pendant un long espace de temps et constamment toléré par le législateur. — Jugé, conformément à ces principes, que pour que le juge de police puisse, ainsi que l'art. 479, § 12, c. pén. l'y autorise, refuser de punir, en considération de l'existence d'un usage local, le fait d'enlèvement de terres ou de matériaux dans les lieux appartenant à la commune, il faut qu'il s'agisse d'un usage général et que cet usage soit de nature à autoriser les extractions; qu'il n'en est pas ainsi et que l'acquittement est à tort prononcé, lorsque les extractions de terres dans les terrains communaux étant interdites par les règlements, sauf le cas d'autorisation du maire, le juge de police, pour excuser des extractions effectuées en violation de cette défense, se fonde sur ce que « de telles entreprises, évidemment nuisibles à l'intérêt de la commune, se sont souvent produites, et qu'on pourrait dire que c'est un usage » (Crim. cass. 9 août 1861, aff. Tabarly, D. P. 63. 1. 268, et la note). Au reste, l'usage général ne peut plus faire excuser le fait d'avoir effectué des enlèvements de terre ou de matériaux dans un terrain communal, lorsqu'un arrêté a été pris par l'autorité municipale en vue de faire cesser cet usage, et qu'il est déclaré dans ledit arrêté que désormais les enlèvements de matériaux seront interdits (Crim. cass. 7 déc. 1865, aff. Quelquejay, D. P. 66. 1. 142).

303. Une autorisation particulière peut être donnée par le maire, et, dans ce cas, la contravention n'existe pas. S'il s'agit d'enlèvement opéré dans un bois communal ou un terrain qui lui soit assimilé, l'autorisation du maire doit être suivie de l'approbation du conservateur des forêts. L'autorisation doit précéder le fait d'enlèvement (*Rép.* n°s 510 et suiv.). — Il a été jugé que l'individu qui a enlevé des boues dans des lieux appartenant à la commune après s'en être rendu acquéreur dans une adjudication régulière, ne saurait, par cela seul qu'il existerait entre la commune et lui une difficulté sur le montant du prix, être considéré comme ayant procédé à cet enlèvement sans y être dûment autorisé, et conséquemment en contravention, alors, d'ailleurs, que l'autorité municipale n'a fait aucune opposition (Crim. rej. 8 déc. 1870, aff. Méresse, D. P. 71. 1. 29).

304. Le juge de police, en fondant le relaxe de prévenus poursuivis pour enlèvement de matériaux dans un terrain communal, sur ce que, de temps immémorial, les habitants de la commune auraient exercé sans trouble des droits de propriété sur ledit terrain, résout une question qui n'est pas de sa compétence et qui doit être renvoyée préjudiciellement au juge civil (Crim. cass. 7 déc. 1865, cité *suprà*, n° 302). — Mais si l'exception de propriété est élevée relativement aux matériaux seulement et non relativement au terrain, ainsi que cela a lieu lorsque le prévenu prétend qu'il n'a fait que reprendre des pierres ou des matériaux tirés abusivement de sa propriété, le juge de répression est, à notre avis, compétent pour l'apprécier (V. *Rép.* v° *Voirie par terre*, n° 1117).

CHAP. 4. — Des matières de police non réglées par le code pénal (*Rép.* n° 515).

305. Les matières de police que le code pénal n'a pas réglementées et qui l'ont été par des lois spéciales sont traitées sous les diverses rubriques auxquelles elles appartiennent. Telles sont, notamment, les contraventions aux lois : des 23 janv.-4 févr. 1873 sur l'ivresse publique (V. *infrà*, v° *Ivresse publique*); 30 mai 1851 sur la police du roulage (V. *infrà*, v° *Voiture publique*); 15 juill 1845 sur la police des chemins de fer (V. *infrà*, v° *Voirie par chemin de fer*);

29 juill. 1881 sur la liberté de la presse (V. *infrà*, v° *Presse*) ; 23 déc. 1874 sur la protection des enfants du premier âge (V. *infrà*, v° *Minorité*) ; 15 mars 1850,

10 avr. 1867, 12 juill. 1875, 28 mars 1882 et 30 oct. 1886 sur l'enseignement (V. *infrà*, v° *Organisation de l'instruction publique*).

Table sommaire

des matières contenues dans le Supplément et le Répertoire.

(Les chiffres précédés de la lettre *S* renvoient au Supplément; les chiffres précédés de la lettre *R* renvoient au Répertoire.)

Abandon d'instruments S. 111 s.; R. 168 s.
— caractère général S. 112; R. 169 s.
— excuses S. 114; R. 170.
— jeux, nuit S. 111; R. 168.
— lieux publics S. 113 ; R. 171.
Abandon de matériaux. V. Voie publique.
Affiche
— enlèvement, lacération S. 286; R. 488 s.
— V. Publicité.
Afficheur S. 239 ; R. 400.
Age. V. Prévenu.
Amende. V. Peines.
Animaux.
— mort, blessure S. 256 s. ; R. 428 s.
— V. Course, Dommage, Garde, Terrain.
Animaux malfaisants
— canards S. 210.
— chiens S. 206 ; R. 339 s.; (excitation, passants) S. 213 ; R. 344 s.
— divagation S. 205 s.; R. 233 s.; (caractères) S. 211 ; R. 327 ; (excuses) S. 312; (lieux publics) S. 209 ; (règlements, qualité) S. 207 ; (responsabilité) S. 208.
— lapins S. 210.
— moutons S. 210.
— oies S. 210.
— pigeons S. 210.
— porcs S. 206; R. 337.
— volailles S. 210.
Armes
— emploi, usage S. 256 s. ; R. 428 s.
— V. Abandon d'instruments, Pièces d'artifice.
Arrêté. V. Règlement.
Aubergiste
— cumul de contraventions S. 177.
— excuses S. 176; R. 286.
— peines S. 178.
— registre S. 165 s.; R. 271 s.; (inscription) S. 165; R. 271 ; (obligation, étendue) S. 171 s.; R. 279 s.; (personnes obligées) S. 166 s.; R. 273 s.; (représentation) S. 175 ; R. 283 s.

Balayage. V. Nettoyage.
Bans de vendange S. 160 s.; R. 246 s.
— excuses S. 164.
— publication légale S. 161.
— règlement administratif (pouvoirs, étendue) S. 162; R.259 s.
— vignes closes S. 163; R. 263.
Bibliographie S. 2.
Billet de banque. V. Monnaie.

Boissons falsifiées S. 203; R. 322.
Bons obsidionaux. V. Monnaie.
Bonne foi. V. Prévenu, Voie publique.
Boues. V. Immondices.

Cabaretier. V. Aubergiste.
Calamité publique
— caractères S. 225 ; R. 387 s.
— médecins, réquisition S. 227; R. 391.
— refus de travaux ou de secours S. 227; R. 382 s.
— réquisition, droit S. 228.
Caractères généraux S. 18 s.
Carrières
— matériaux, enlèvement S. 301.
Cas fortuit. V.Prévenu.
Charivari. V. Tapage.
Charretier. V. Roulage.
Chasse. V. Peine, Terrain.
Chemin de fer. V. Voirie.
Chemins ruraux. V. Voie publique.
Cheminées. V. Fours.
Choses nuisibles
— caractères S. 103; R. 154 s.
— V. Exposition, Jet.
Circonstances atténuantes. V. Fours, Peines.
Commissaire — priseur. V. Officier public.
Compétence. V. Voie publique.
Complicité. V. Prévenu, Tapage.
Conducteur de voitures. V. Roulage.
Confiscation. V. Peines.
Contrainte par corps. V. Peines.
Contraventions de la première classe S. 52 s.; R. 72 s.
Contraventions de la seconde classe S. 160 s.; R. 246 s.
Contraventions de la troisième classe S. 246 s.; R. 414 s.
Contributions. V. Impôts.
Corps durs
— emploi, usage S. 256 s.; R. 428 s.
— V. Jet.
Corse. V. Garde.
Cours d'eau. V. Voie publique.
Course d'animaux-lieux habités S. 194 s.; R. 314.
— allure, règlement S. 195.
— caractères S. 194.
— excuses S. 197.
Crieur S. 239; R. 400.
Cumul. V. Peines.

Décès. V. Prévenu.
Délai. V. Peines, Rues.

Démence. V. Prévenu.
Dépôt. V. Voie publique.
Devins
— peines S. 214; R.461.
— songes, explication S. 253 s.; R.455 s.
Discernement. V. Prévenu.
Distributeur S. 239 ;
R. 400.
Divagation. V. Animaux, Fous.
Dommage S. 246 s.; R. 414 s.
- animaux S. 253 s.; R. 418.
- caractères S. 247; R. 416,419.
- légitime défense S. 248 s.
- propriété mobilière d'autrui S. 252 s.; R. 418 s.
- volonté de l'agent S. 248 s.; R. 417.

Echenillage S. 115 s.;
R. 174 s.
- bois, forêts S. 116;
R. 177 s.
- obligation, caractères S. 115; R. 176 s.;
R. 117; R.182.
Eclairage. V. Rues, Voie publique
Edifices
— réparations S. 256 s.;
R. 428 s.
Embarras. V. Voie publique.
Emprisonnement. V. Peines.
Enclave. V. Terrain.
Enfants du premier âge
— protection S. 305.
Enregistrement. V. Receveur.
Erreur. V. Prévenu.
Excuses légales. V. Prévenu.
Exécuteur des hautes œuvres
— logement, obligation S. 232.
Exposition de choses nuisibles S. 102 s.; R. 154 s.
— excuses S. 106 s.; R. 167 s.
— maisons sur la voie publique S. 105;
R. 164 s.
— permissions (maire) S. 109.
— personnes punissables S. 107; R. 160.

Flagrant délit
— appréciation souveraine S. 230.
— refus de travaux ou de secours S. 224 s.; R. 382 s.
— réquisition S. 229; (peines) S. 231; R. 392.
Force majeure. V. Prévenu.
Forêts
— matériaux, enlèvement S. 302 s.; R. 507 s.; (autorisation) S. 303; R. 510 s.; (droit immémorial, compétence) S. 304.
Fous
— divagation S. 204; R. 327 s.

Fours, cheminées, usines
— entretien, ramonage S. 52 s.; R. 72 s.; (circonstance atténuante) S. 53; (personnes obligées) R. 78 s.
Frais et dépens. V. Peines.
Fruits cueillis et mangés sur place S. 118 s.; R. 185 s.
— caractères S. 119.

Garde de bestiaux S. 287 s.; R. 494 s.
— bestiaux, énumération S. 292 s.
— caractères S. 291 s.
— conduite S. 293 s.; R. 502.
- Corse S. 293.
— délit d'occasion S. 296.
— excuses S. 299.
— foires S. 296.
— garde à vue S. 288;
R. 500.
— pacage S. 296.
— passage d'animaux S. 289.
— peines S. 294, 299.
— plants d'arbres S. 287 s.; R. 494 s.
— prairies artificielles S. 287 s.; R. 494 s.
— prairie naturelle S. 287.
— récidive S. 204, 300.
— terrains, caractères S. 297.
— vignes S. 287 s.; R. 404 s.
Glanage S. 121 s.; R. 193 s.
— champs récoltés S. 124, 126 s.; R. 205, 206.
— définition S. 121; R. 192.
— exercice, durée S. 128.
— indigents S. 123; R. 203.
— législation antérieure S. 122; R. 199 s.
— nuit S. 130.
— prairies artificielles S. 129; R. 210.
— propriétaire, troupeaux S. 125; R. 209.
Grappillage. V. Glanage.

Halles et marchés. V. Voie publique.
Historique S. 1 s.; R. 6 s.
Hôtelier. V. Aubergiste.
Huissier. V. Officier public.

Immondices
— enlèvement. V. Nettoyage.
— V. Jet.
Impôts directs. V. Percepteur.
Indigents. V. Glanage.
Injures S. 131; R. 213.
— V. Tapage.
Instruction publique S. 305.
Intention. V. Prévenu.

Ivresse publique S. 205; R. 515.

Jet de choses nuisibles S. 102 s.; R. 154 s.
— excuses S. 108 s.; R. 167 s.
— maisons sur la voie publique S. 105; R. 164 s.
— permissions, maire S. 109.
— personnes punissables S. 107; R. 166.
Jet de corps durs contre les maisons S. 214; R. 350 s.
Jet de corps durs contre les personnes S. 215; R. 350 s.
Jet d'immondices S. 132, 214 s.; R. 321.
Jeux S. 201; R. 321.
Jugement
— publicité. V. Peines.
Justification. V. Prévenu.

Législation S. 1 s.; R. 6 s.
— V. Glanage, Roulage.
Législation étrangère S. 3 s.
— Allemagne S. 4.
— Angleterre S. 5.
— Autriche S. 6.
— Belgique S. 7.
— Danemark S. 8.
— Espagne S. 9.
— Grèce S. 10.
— Hongrie S. 11.
— Italie S. 12.
— Luxembourg S. 7.
— Pays-Bas S. 13.
— Portugal S. 14.
— Russie S. 15.
— Suède S. 16.
— Suisse S. 17.
Législation défense. V. Prévenu.
Lieux habités. Course d'animaux.
Lieux publics. V. Animaux.
Logeur. V. Aubergiste.
Lois. V. Peines, Prévenu.
Loteries S. 201; R. 321.

Maladie. V. Prévenu.
Matériaux. V. Carrières, Mines, Voie publique.
Mines
— matériaux, enlèvement S. 301.
Mineur. V. Prévenu.
Monnaie nationale
— billets de banque, valeurs assimilées S. 223; R. 376.
— bons obsidionaux S. 223.
— caractères S. 221 s.; R. 375 s.
— réception, refus S. 217 s.; R. 364 s.

Nettoyage. V. Rues.

Officier ministériel. V. Voie publique.

Officier public. V. Voie publique.
Ordre de la loi. V. Prévenu.

Pacage. V. Garde, Terrain.
Partie civile. V. Peines.
Passages. V. Rues, Terrain.
Peines S. 27 s.; R.23 s.
— amende S. 33 s.; 37 s.; (attribution) 34 s.; 33 ; R. 34 s.; (individualité) S. 34; (percepteur des contributions directes) S. 33; (receveur de l'enregistrement) S. 33; (recouvrement) S. 33; (responsabilité civile) S. 34; (solidarité) S. 35; R. 37.
— circonstances atténuantes S. 47 s.; R. 62 s.; (appréciation souveraine) S. 48; (effets) S. 47; R. 62 s.; (lois spéciales) S. 50; (minimum) S. 49; R. 69.
— confiscation S. 37 s.; R. 49 s.; (caractère obligatoire) S. 37 ; R.49; (classe) S. 39; (décès du prévenu) S. 40; (saisie préalable) S. 38 s.; R. 50.
— contrainte par corps S. 36; R. 41 s.
— cumul S. 29 s.; R. 39 s.; (fait négatif) S. 31; (fait unique) S. 30; (pluralité de faits) S. 29; R. 39. V. Rues.
— emprisonnement S. 32; R. 31 s.
— frais de poursuite, solidarité S. 35.
— jugement, publicité S. 27 s.; R. 23 s.; (partie civile) S. 28; R. 25.
— peines établies par la loi S. 27; R. 23 s.
— prescription S. 51; R. 70.
— récidive S. 41 s.; R. 54 s.; (condamnation antérieure, caractères) S. 43; R. 57; (conditions) S. 41 s.; R. 54 s.; (délai) S. 42 ; R. 54 s.; 59;(effets) R. 60s.; (fait puni par une loi spéciale) S. 42 s., 55; (tribunal, ressort) S. 44; R. 58.
— tribunal de police, pouvoirs S. 27 s.; R. 33 s.
— V. Aubergiste, Devins, Echenillage, Flagrant délit, Garde, Roulage, Tapage, Voie publique.
Percepteur des contributions directes. V. Peines.
Petite voirie
— infractions S. 101; R. 153.

Table chronologique des Lois, Arrêts, etc.

6 mars. Crim. 42 c., 184 c. ;
10 avr. Crim. 82 c.
6 mai. Crim. 77 c., 96 c.
13 mai. Crim. 178 c., 176 c.
13 juin. Crim. 210 c.
27 juin. Crim. 69 c.
28 juin. Crim. 149 c., 151 c.
23 juill. Crim. 301 c.
8 août. Crim. 207 c.
14 nov. Crim. 101 c.
22 nov. Crim. 112 c., 180 c., 181 c.
28 nov. Crim. 95 c.
19 déc. Crim. 205 c., 206 c., 211 c.

1857

2 janv. Crim. 130 c.
22 janv. Crim. 136 c.
13 févr. Crim. 293 c.
20 févr. Crim. 18 c., 227 c.
14 mai. Crim. 87 c.
4 juin. Crim. 208 c.
2 juill. Crim. 109 c., 236 c.
21 août. Crim. 184 c.
20 août. Crim. 47 c., 269 c., 275 c.
10 sept. Crim. 158 c., 293 c.
6 nov. Crim. 124 c.
23 déc. Metz. 263 c., 264 c.

1858

7 janv. Crim. 118 c., 242 c., 244 c.
9 janv. Crim. 297 c., 298 c.
27 janv. Civ. 225 c., 233 c.
6 févr. Crim. 73 c., 92 c.
13 févr. Crim. 210 c.
19 févr. Crim. 72 c., 96 c., 97 c.
20 mars. Crim. 76 c., 113 c.
22 mars. Crim. 287 c.
26 mars. Crim. 195 c.
5 mai. Crim. 147 c.
15 juin. Crim. 280 c.
17 juin. Crim. 94 c.
23 juin. Crim. 275 c., 276 c., 285 c.
22 juill. Crim. 82 c.
29 juill. Crim. 18 c., 111 c., 112 c., 114 c.
10 août. Crim. 18 c., 89 c.
20 août. Trib. paix Damville. 127 c.
27 août. Crim. 207 c.
19 nov. Crim. 267 c.
20 nov. Crim. 210 c.
26 nov. Crim. 399 c.
8 déc. Crim. 110 c.
24 déc. Crim. 273 c., 280 c.

1859

7 janv. Crim. 180 c.
8 janv. Crim. 166 c., 271 c., 275 c.
14 janv. Crim. 114 c.
28 janv. Crim. 93 c., 210 c.
4 févr. Crim. 177 c.

24 févr. Crim. 275 c., 278 c., 282 c.
3 mars. Crim. 215 c.
3 mars. Pau. 242 c.
10 mars. Crim. 84 c.
15 avr. Crim. 276 c., 279 c.
28 avr. Crim. 181 c., 185 c., 276 c.
2 juill. Crim. 48 c.
9 juill. Crim. 171 c.
15 juill. Crim. 293 c.
22 juill. Crim. 72 c.
5 août. Crim. 82 c.
26 août. Crim. 270 c.
15 sept. Crim. 212 c.
13 oct. Crim. 73 c., 86 c.
3 nov. Crim. 18 c., 385 c.
4 nov. Crim. 237 c., c., 244 c.
24 déc. Crim. 95 c.
31 déc. Crim. 80 c.

1860

21 avr. Crim. 184 c., 191 c.
27 avr. Crim. 191 c., 192 c., 242 c.
10 mai. Crim. 171 c.
13 juill. Crim. 219 c.
18 août. Crim. 49 c., 74 c.
30 août. Crim. 103 c.
17 nov. Crim. 274 c.
23 nov. Crim. 20 c., 104 c.
30 nov. Crim. 254 c.
3 déc. Crim. 181 c.
20 déc. Nîmes. 255 c.
29 déc. Crim. 60 c.

1861

30 mars. Crim. 108 c., 100 c.
16 avr. Crim. 124 c.
2 mai. Crim. 153 c.
3 mai. Crim. 79 c.
4 mai. Crim. 191 c.
10 mai. Crim. 206 c., 213 c.
24 juin. Trib. paix Ville-en-Tardenois. 250 c.
9 août. Crim. 302 c.
20 août. Crim. 92 c.
20 août. Crim. 73 c., 184 c., 208 c.
9 nov. Crim. 60 c., 219 c., 220 c.
14 nov. Crim. 138 c.
21 nov. Crim. 83 c., 139 c., 140 c.
29 nov. Crim. 186 c., 137 c.
30 nov. Crim. 166 c.

1862

9 janv. Crim. 245 c.
14 févr. Crim. 205 c.
20 févr. Crim. 92 c.
28 avr. Crim. 153 c.
1er mars. Crim. 100 c.
15 mars. Crim. 194 c., 257 c.

22 mars. Crim. 228 c., 194 c.
27 mars. Crim. 166 c., 184 c., 191 c.
5 juin. Crim. 206 c., 267 c., 272 c.
17 juin. Crim. 273 c., 275 c.
10 juill. Crim. 82 c.
15 nov. Crim. 166 c.
12 déc. Crim. 73 c., 86 c., 92 c.

1863

24 janv. Crim. 166 c.
12 févr. Crim. 20 c.
28 févr. Crim. 107 c.
13 mars. Crim. 285 c.
4 avr. Crim. 253 c.
1er mars. Crim. 276 c.
13 juin. Crim. 275 c.
17 juill. Crim. 117 c.
31 juill. Crim. 104 c.
5 nov. Crim. 23 c.
7 nov. Crim. 100 c.
12 nov. Crim. 43 c.
13 nov. Crim. 242 c.
11 déc. Crim. 233 c., 238 c.
24 déc. Crim. 283 c.

1864

8 janv. Crim. 177 c.
5 févr. Crim. 73 c.
5 mars. Crim. 166 c.
13 avr. Crim. 76 c.
16 avr. Crim. 172 c., 275 c., 203 c., 300 c.
3 juin. Crim. 274 c.
9 juin. Crim. 252 c.
13 juin. C. cass. Belgique. 248 c., 249 c., 253 c.
23 juin. Crim. 152 c.
29 août. Trib. paix Sauve. 248 c.
24 sept. Trib. pol. Saintes-Maries. 181 c.
26 nov. Crim. 126 c., 128 c.
15 déc. Crim. 278 c.
15 déc. Trib. pol. Essarts. 275 c.
17 déc. Crim. 247 c., 249 c., 253 c.
28 déc. Crim. 293 c.
31 déc. Crim. 126 c., 128 c.

1865

3 févr. Crim. 280 c.
17 févr. Crim. 233 c.
23 févr. Crim. 72 c., 184 c.
11 mars. Crim. 205 c.
24 avr. Crim. 98 c.
7 mai. Crim. 249 c.
14 mai. Crim. 19 c., 245 c.
19 juin. Crim. 79 c.
11 juill. Crim. 69 c.
18 juill. Crim. 195 c.

28 juin. Crim. 53 c., 194 c.
29 juill. Crim. 98 c.
17 août. Crim. 278 c.
3 nov. Crim. 280 c.
4 nov. Crim. 373 c.
14 nov. Crim. 228 c., 229 c., 233 c.
17 nov. Crim. 249 c.
24 nov. Crim. 278 c.
7 déc. Crim. 302 c., 304 c.

1866

9 janv. Crim. 299 c.
12 janv. Crim. 206 c.
8 févr. Crim. 103 c., 108 c., 206 c.
22 févr. Crim. 34 c.
3 mars. Trib. paix Rambouillet. 249 c.
17 mars. Crim. 270 c.
22 mars. Crim. 267 c.
24 mars. Crim. 168 c.
13 avr. Crim. 203 c., 294 c., 299 c.
19 avr. Crim. 248 c., 253 c.
27 avr. Crim. 271 c.
1er juin. Crim. 134 c., 140 c., 155 c.
21 juin. Crim. 79 c., 70 c., 74 c.
14 juill. Loi. 220 c.
10 août. Crim. 58 c.
16 août. Crim. 293 c.
9 nov. Crim. 242 c., 244 c.
21 déc. Crim. 281 c.

1867

14 févr. Crim. 121 c., 123 c., 126 c.
1er mars. Crim. 95 c.
16 mars. Crim. 139 c., 149 c., 150 c.
28 mars. Crim. 270 c., 274 c.
5 avr. Crim. 53 c., 205 c., 279 c.
10 avr. Loi. 305 c.
27 avr. Crim. 149 c.
10 mai. Crim. 139 c.
11 juill. Crim. 236 c.
22 juill. Loi. 36 c.
24 juill. Loi. 36 c.
2 août. Crim. 156 c.
17 août. Crim. 137 c., 138 c., 153 c.
30 août. Crim. 84 c., 104 c.
7 nov. Crim. 67 c.
8 nov. Crim. 209 c.
14 déc. Crim. 107 c.

1868

24 janv. Crim. 272 c.
14 févr. Crim. 35 c.
20 mars. Crim. 35 c.
21 mars. Crim. 20 c.
24 avr. Crim. 98 c.
7 mai. Crim. 249 c.
14 mai. Crim. 19 c.
19 juin. Crim. 79 c.
11 juill. Crim. 69 c.
21 août. Crim. 268 c.

6 nov. Crim. 271 c.
20 nov. Crim. 206 c., 211 c.
28 nov. Crim. 66 c.
26 déc. Crim. 24 c., 240 c., 250 c.

1869

2 janv. Crim. 103 c.
8 janv. Crim. 153 c.
27 févr. Crim. 301 c.
3 avr. Crim. 35 c.
29 avr. Crim. 42 c.
10 juin. Crim. 69 c.
25 juin. Crim. 69 c.
27 nov. Crim. 138 c.
2 déc. Crim. 271 c., 273 c.
28 déc. Bourges. 38 c.

1870

28 janv. Crim. 231 c.
20 janv. Crim. 203 c.
21 avr. Crim. 83 c.
22 juill. Crim. 271 c.
28 juill. Crim. 27 c.
26 nov. Crim. 250 c.
8 déc. Crim. 303 c.

1871

1er avr. Trib. pol. Besançon. 223 c.
13 avr. Dijon. 223 c.
6 mai. Trib. pol. Besançon. 223 c.
12 mai. Crim. 225 c., 230 c.
22 juin. Crim. 35 c.
7 juill. Crim. 247 c., 240 c., 253 c.
14 août. Req. 38 c.
19 déc. Loi. 36 c.

1872

1er mars. Crim. 241 c., 242 c.
4 avr. Trib. pol. Bolbec. 87 c.
10 mai. Crim. 293 c., 294 c.
16 nov. Crim. 209 c.
30 nov. Crim. 189 c.
12 déc. Rouen. 35 c.

1873

2 janv. Crim. 253 c.
19 janv. Crim. 189 c.
3 mai. Crim. 29 c., 294 c.
23 janv. Loi. 50 c., 305 c.
25 janv. Crim. 247 c.
27 janv. Loi. 42 c.
22 mars. Crim. 274 c.
16 mai. Crim. 27 c.
24 mai. Crim. 138 c.
3 juin. Trib. corr. Complègne. 258 c.
26 juill. Trib. simp. pol. Paris. 30, 268 c.
31 juill. Crim. 115 c.

1874

17 janv. Crim. 83 c.
23 janv. Crim. 29 c., 71 c.
30 janv. Crim. 269 c.
20 mars. Crim. 293 c.
10 avr. Crim. 186 c.
17 avr. Crim. 36 c., 82 c.
7 mai. Crim. 86 c.
8 mai. Crim. 84 c., 100 c.
9 juill. Crim. 268 c., 284 c.
18 juill. Crim. 172 c.
23 déc. Loi. 50 c., 305 c.

1875

2 janv. Crim. 76 c.
15 janv. Crim. 36 c.
10 janv. Crim. 250 c.
12 mars. Crim. 171 c.
24 nov. Crim. 252 c.
30 mars. Toulouse. 247 c., 255 c.
26 juin. Trib. pol. Montélimar. 270 c.
10 juill. Crim. 274 c.
12 juill. Loi. 305 c.
14 août. Crim. 186 c., 192 c.
27 août. Crim. 173 c.
18 déc. Crim. 227 c.
23 déc. Crim. 278 c., 283 c.

1876

10 févr. Crim. 270 c., 273 c., 284 c.
17 févr. Crim. 20 c.
25 févr. Crim. 294 c.
3 mars. Toulouse. 247 c., 255 c.
24 mars. Crim. 58 c.
10 nov. Crim. 112 c., 113 c., 114 c., 274 c.
16 déc. Crim. 136 c.

1877

27 janv. Crim. 114 c., 130 c., 274 c.
4 mars. Crim. 166 c.
9 mars. Amiens. 254 c.
28 mars. Loi. 305 c.
4 avr. Loi. 235 c., 155 c., 280 c.
5 mai. Crim. 270 c.

1878

23 janv. Crim. 277 c., 282 c.
15 mars. Crim. 192 c.
22 avr. Crim. 60 c.
22 mai. Crim. 69 c.
25 juill. Nîmes. 252 c.

10 août. Crim. 83 c., 84 c.
7 nov. Crim. 293 c.
26 nov. Montpellier. 143 c.
29 déc. Loi. 33 c.

1879

2 janv. Crim. 18 c.
3 janv. Crim. 19 c., 73 c., 100 c.
9 janv. Crim. 293 c.
30 janv. Crim. 57 c., 110 c., 147 c.
11 févr. Civ. 18 c., 86 c.
14 mars. Bordeaux. 249 c.
14 mars. Crim. 73 c.
1er mai. Crim. 104 c., 105 c.
30 mai. Crim. 83 c.
3 juill. Crim. 274 c.
23 juill. Toulouse. 141 c., 144 c.
23 août. Crim. 107 c.
22 nov. Crim. 153 c., 268 c.
6 déc. Crim. 245 c.

1880

2 janv. Crim. 204 c.
3 janv. Crim. 152 c., 238 c.
31 janv. Rennes. 143 c.
5 mars. Crim. 63 c., 87 c.
24 avr. Crim. 172 c.
26 août. Crim. 113 c., 114 c.
4 nov. Crim. 244 c.
3 déc. Crim. 66 c.

1881

5 janv. Lyon. 18 c.
2 avr. Crim. 148 c., 150 c.
10 mai. Req. 143 c., 144 c.
10 mai. Montpellier. 242 c.
2 juin. Crim. 66 c.
28 juill. Crim. 23 c., 85 c.
10 juill. Loi. 1 c., 10 c., 90 c., 266 c., 305 c.
18 août. Crim. 103 c.
20 août. Loi. 120 c., 143 c.
10 nov. Crim. 112 c., 113 c., 114 c., 274 c.
17 nov. Crim. 184 c.

1882

10 févr. Crim. 230 c.
4 mars. Crim. 166 c.
9 mars. Amiens. 254 c.
28 mars. Loi. 305 c.
4 avr. Loi. 235 c., 155 c., 280 c.
5 mai. Crim. 270 c.
26 mai. Crim. 280 c.
15 juill. Crim. 37 c.
29 déc. Crim. 221 c.

1883

23 janv. Crim. 103 c., 105 c.
27 janv. Crim. 29 c.

10 mars. Crim. 74 c.
28 avr. Nîmes. 18 c.
21 juin. Crim. 175 c.
21 juill. Crim. 270 c., 270 c., 277 c.
24 août. Crim. 76 c., 76 c., 85 c.

1884

4 janv. Lyon. 18 c.
6 janv. Crim. 63 c.
19 janv. Crim. 78 c.
6 mars. Crim. 73 c., 76 c., 83 c., 86 c.
22 mars. Crim. 104 c.
5 avr. Loi. 1 c., 57 c., 60 c., 90 c., 92 c., 102 c., 150 c., 170 c., 174 c., 178 c., 198 c., 207 c., 235 c., 240 c.
21 mai. Crim. 103 c.
23 mai. Crim. 95 c.
14 juin. Crim. 252 c.
18 juill. Crim. 103 c.
24 juill. Crim. 227 c., 238 c.
23 juill. Crim. 293 c.
1er août. Crim. 78 c., 87 c.
29 nov. Crim. 64 c.
21 nov. Crim. 73 c., 76 c., 86 c., 93 c.
28 nov. Crim. 271 c.
9 déc. Civ. 121 c.

1885

3 janv. Crim. 73 c., 95 c., 290 c.
10 janv. Crim. 83 c., 87 c.
17 janv. Crim. 196 c.
20 janv. Crim. 31 c., 71 c.
24 avr. Crim. 228 c.
3 juill. Crim. 90 c.
10 juill. Crim. 87 c.
7 nov. Crim. 69 c., 293 c., 294 c.
12 nov. Crim. 276 c.
13 nov. Crim. 280 c., 254 c.
30 nov. Crim. 26 c., 35 c.

1886

27 févr. Crim. 257 c., 271 c.
27 mars. Crim. 82 c.
30 juill. Crim. 184 c.
6 août. Crim. 83 c.
28 oct. Crim. 272 c.

1887

25 févr. Crim. 271 c.
8 mai. Crim. 287 c.
1er juill. Crim. 93 c.
9 juill. Crim. 105 c.
5 août. Crim. 252 c.
6 août. Crim. 98 c.
21 oct. Crim. 83 c.
9 nov. Crim. 228 c.
26 nov. Crim. 251 c.

CONTREBANDE. — V. *infrà*, vᵢˢ *Douanes*; *Droit maritime*; *Traité international*.

CONTREDIT. — V. *Ordre entre créanciers*; — *Rép.* eod. vᵒ, nᵒˢ 662 et suiv.

V. aussi *infrà*, vᵢˢ *Désaveu*; *Faillite et banqueroute*.

CONTREFAÇON. — V. *suprà*, vᵢˢ *Brevet d'invention*, nᵒˢ 272 et suiv.; *Compétence crimininelle*, nᵒˢ 42, 271; *infrà*, vᵢˢ *Expert-expertise*; *Faux et fausse monnaie*; *Frais et dépens*; *Industrie et commerce*; *Propriété littéraire et artistique*.

CONTRE-LETTRE. — V. *Obligations*; — *Rép.* eod. vᵒ, nᵒˢ 3175 et suiv.

V. aussi *suprà*, vᵢˢ *Abus de confiance*, nᵒ 174; *Contrat de mariage*, nᵒˢ 99 et suiv.; *infrà*, vᵢˢ *Discipline judiciaire*; *Dispositions entre-vifs et testamentaires*; *Effets de commerce*; *Enregistrement*; *Faillite et banqueroute*; *Office*; *Privilèges et hypothèques*; *Société*; *Vente*.

CONTRIBUTION. — V. *infrà*, vᵒ *Distribution par contribution*.

CONTRIBUTION DE GUERRE. — V. *infrà*, vᵢˢ *Guerre*; *Impôts directs*; *Trésor public*.

CONTRIBUTION DES PORTES ET FENÊTRES. — V. *Impôts directs*; — *Rép.* eod. vᵒ, nᵒˢ 256 et suiv.

CONTRIBUTIONS DIRECTES. — V. *infrà*, vᵒ *Impôts directs*.

CONTRIBUTION FONCIÈRE. — V. *Impôts directs*; — *Rép.* eod. vᵒ, nᵒˢ 9 et suiv.

CONTRIBUTIONS INDIRECTES. — V. *infrà*, vᵒ *Impôts indirects*.

CONTRIBUTION PERSONNELLE ET MOBILIÈRE. — V. *Impôts directs*; — *Rép.* eod. vᵒ, nᵒˢ 171 et suiv.

CONTUMACE. — CONTUMAX.

Division.

Sect. 1. — **Historique et législation** (nᵒ 1).

Sect. 2. — **De l'état de contumace** (nᵒ 5).

Art. 1. — De l'instruction de la contumace (nᵒ 5).

Art. 2. — Du jugement de la contumace (nᵒ 23).

Art. 3. — Des voies par lesquelles les arrêts rendus par contumace peuvent être attaqués (nᵒ 34).

Art. 4. — De l'exécution des arrêts rendus par contumace (nᵒ 40).

Art. 5. — Des effets de la contumace (nᵒ 42).

§ 1. — Du séquestre (nᵒ 45).

§ 2. — De la capacité du contumax (nᵒ 64).

§ 3. — Effets particuliers des condamnations par contumace emportant mort civile. — Déchéances établies par la loi du 31 mai 1854 (nᵒ 83).

§ 4. — Autres effets de la contumace (nᵒ 87).

Sect. 3. — **De la comparution volontaire ou forcée du contumax** (nᵒ 95).

Art. 1. — Des effets de la comparution relativement au jugement et à l'instruction de la contumace (nᵒ 95).

Art. 2. — Devant quelle juridiction doit être traduit le contumax qui se présente après sa condamnation (nᵒ 115).

Art. 3. — De l'instruction et du jugement qui suivent la comparution du contumax (nᵒ 116).

Art. 4. — Des effets de la comparution du contumax (nᵒ 120).

Sect. 1ʳᵉ. — **Historique et législation** (*Rép.* nᵒˢ 2 à 10).

1. L'historique de la législation sur la contumace a été traité au *Rép.* nᵒˢ 2 à 6. Nous nous bornons ici à renvoyer, pour les développements et les détails, aux ouvrages suivants : — En ce qui concerne la procédure suivie à Rome contre les absents : Faustin Hélie, *Traité de l'instruction criminelle*, t. 1, nᵒˢ 82, 83 et 91; Rivière, *Esquisse historique de la législation criminelle des Romains*, p. 63; Laboulaye, *Essai sur les lois criminelles des Romains*, p. 140 et suiv.; Raoul Morise, *De la procédure criminelle à Rome depuis l'établis-*

sement de l'Empire jusqu'à la mort d'Alexandre Sévère, Paris, 1883, p. 110 et suiv.; — Pour la loi salique, à l'intéressant ouvrage de M. Thonissen sur *L'organisation judiciaire, le droit pénal et la procédure pénale de la loi salique*, liv. 3, chap. 5 et 6, pages 482 et suiv., et aussi Faustin Hélie, *op. cit.*, t. 1, nᵒ 116; — Pour notre ancien droit français, aux ouvrages suivants : Esmein, *Histoire de la procédure criminelle en France, et spécialement de la procédure inquisitoire depuis le 13ᵉ siècle jusqu'à nos jours*, notamment p. 60, 154, 230, 252; Allard, *Histoire de la justice criminelle au 16ᵉ siècle*, tit. 9, *Des défauts et contumaces*; L. Tanon, *Histoire des justices des anciennes églises et communautés monastiques de Paris*, p. 53; Faustin Hélie, *op. cit.*, t. 8, nᵒ 3869; — Pour le droit canonique : Paul Fournier, *Les officialités au moyen âge*, p. 252 et suiv.; — Pour la période révolutionnaire, Esmein, *op. cit.*, p. 438, 449 et 544.

2. La législation de la contumace n'a subi qu'une seule modification depuis la publication du *Répertoire*; elle est relative aux droits civils du contumax. On sait que la loi du 31 mai 1854 (D. P. 54. 4. 91) a aboli la mort civile, et abrogé les art. 22 à 33 c. civ. (V. *infrà*, vᵒ *Droits civils*). Cette loi a eu pour effet, en ce qui concerne la contumace, de remplacer par ses propres dispositions les art. 27 à 32 du code précité. On verra, *infrà*, nᵒˢ 83 et suiv., les conséquences de cette modification législative. — Quant à la procédure à suivre contre les accusés absents, elle n'a pas été modifiée, et continue à être réglée par les art. 465 à 478 c. instr. cr. Toutefois, par une suite nécessaire de l'abolition de la mort civile, le second alinéa de l'art. 476, qui se référait aux effets d'une condamnation « de nature à emporter la mort civile », s'est trouvé abrogé.

3. Ce n'est pas ici le lieu de traiter à fond la question de savoir si notre législation sur la contumace est bien rationnelle. Personne ne conteste que la rébellion du contumax contre la loi doive être punie, ni qu'il convienne de contraindre, par l'emploi de mesures rigoureuses et exceptionnelles, les accusés à se soumettre à l'action de la justice; mais on peut différer sur le choix des moyens à employer. Le système de notre loi consiste à faire juger l'accusé absent par la cour d'assises, sans assistance de jury et sans défenseur, après certains délais et notifications. S'il intervient une condamnation, celle-ci n'est que provisoire, et la représentation de l'accusé dans les délais de la prescription l'anéantit; en attendant, les biens du contumax sont placés sous séquestre, et celui-ci est frappé de diverses déchéances.

Ce système a été consacré par la législation belge, lors de l'élaboration du nouveau code pénal de 1867, et adopté aussi par le législateur italien, dans son code de procédure pénale du 20 nov. 1859, étendu à tout le royaume d'Italie par le décret du 26 nov. 1865. Mais il a été complètement abandonné par le législateur autrichien et par le législateur allemand. Partant de cette idée qu'un accusé ne doit pas être condamné sans être entendu, le code de procédure pénale autrichien de 1873 (art. 422 à 428) n'admet qu'exceptionnellement, et d'une manière très restreinte, le jugement par contumace. Ce jugement n'est possible que lorsque l'accusé a été cité personnellement. Encore faut-il qu'il s'agisse d'une infraction punie d'une peine privative de la liberté de cinq ans au maximum, et que l'accusé ait déjà été entendu dans l'instruction. En outre, la cour peut toujours arrêter les débats commencés quand elle estime que l'absence de l'accusé empêche que l'affaire soit complètement élucidée. (art. 427). Le contumax est d'ailleurs privé des droits civils pendant son absence (art. 425).

Le code de procédure pénale allemand de 1877, imitant en cela le code autrichien, interdit en principe aux tribunaux de juger un accusé contumax; sauf le cas exceptionnel où un accusé ayant déjà comparu et s'étant éloigné après avoir subi son interrogatoire, le tribunal estime que sa présence n'est pas indispensable (art. 230), aucun jugement ne peut être rendu contre un absent que s'il s'agit d'une infraction punie au maximum de la peine de l'amende, des arrêts ou de la confiscation (art. 229 et 231). Il s'ensuit que les poursuites contre l'absent demeurent suspendues dans les cas graves; toutefois il est permis à l'autorité judiciaire de faire les recherches et constatations propres à conserver les preuves intactes, et celle-ci peut encore,

comme mesure de précaution ou de contrainte, lorsque les circonstances susceptibles de justifier la délivrance d'un mandat d'arrêt se trouvent réunies, mettre en séquestre les biens que l'inculpé possède sur le territoire allemand. Au reste, quand il y a poursuite par contumace, l'accusé est toujours autorisé à se faire représenter par des parents ou par un défenseur (art. 322 et 328).

4. Quoi qu'il en soit du mérite ou des défauts du système de notre législation sur la contumace, il est incontestable que ses règles n'ont pas toute la précision désirable. Aussi cette matière a-t-elle soulevé, notamment depuis la publication du *Répertoire*, d'assez nombreuses difficultés, sur lesquelles a eu à statuer la jurisprudence. Quant à la doctrine, elle s'est aussi beaucoup occupée de la contumace. Nous citerons pour les traités généraux de code pénal : Faustin Hélie, *Traité de l'instruction criminelle*, t. 8, tout le chap. 5, n°s 3869 à 3881, et *Pratique criminelle des cours et tribunaux*, t. 1, n°s 561 à 563; Ortolan, *Éléments de droit pénal*, 5° éd., t. 2, n° 2339 ; Bertauld, *Cours de code pénal*, 12° et 13° leçons, et *Questions controversées sur la loi de 1854*, *Abolition de la mort civile* ; Mangin, *Traité de l'action publique et de l'action civile*, t. 2, n°s 278, 283, 340, 341, 395, 396, 397, 398 et 454; Boitard, *Leçons de droit criminel*, n°s 835 à 838 ; Trébutien, *Cours élémentaire de droit criminel*, 2° éd., revue par MM. Laisné-Deshayes et Guillouard, t. 2, n°s 645 à 652; Morin, *Répertoire de droit criminel*, v° *Contumace* ; Le Sellyer, *Traité de la compétence et de l'organisation des tribunaux chargés de la répression*, t. 1, n°s 494 à 497, et *Traité de l'exercice et de l'extinction de l'action publique et de l'action privée*, t. 2, n°s 534, 535, 539, 543, 685, 686, 687; Garraud, *Traité pratique et théorique du droit pénal français*, 1888, t. 2, n°s 49 et 50, et *Précis de droit criminel*, 2° éd., 1885, n°s 358, 523, 540, 733 à 742, 785, 840, 858 et 860; Villey, *Précis de droit criminel*, 3° éd., 1884, p. 400 à 402; — Et, parmi les ouvrages spéciaux : Humbert, *Des conséquences des condamnations pénales relativement à la qualité des personnes*, *passim* ; Hanin, *Des conséquences des condamnations pénales relativement à la capacité des personnes*, *passim* ; Nusse, *Étude sur les droits civils des condamnés aux peines du grand criminel*, deuxième partie de l'ouvrage, intitulée *Décisions par contumace* ; Griolet, *De la chose jugée*, *passim* ; Brun de Villeret, *De la prescription*, n°s 240 à 246, 392 et 446; Nouguier, *La cour d'assises*, t. 2, n°s 758 à 802, t. 4, 2° vol., n°s 3628 à 3648; Géraud, *Dictionnaire*

de comptabilité, domaines, hypothèque, manutention et procédure, v° *Contumace* ; Vuarnier, *Traité de la manutention des employés de l'enregistrement*, *passim*. On trouvera aussi des développements importants sur la contumace dans : Demolombe, *Jouissance et privation des droits civils*, t. 1, n°s 221 et suiv., et *Appendice relatif à la loi du 31 mai 1854*, et *Successions*, t. 1, n° 224 ; Aubry et Rau, *Cours de droit civil français*, t. 1, n° 84, p. 342 et suiv. Enfin plusieurs articles publiés dans les revues juridiques pourront être consultés avec fruit : *Revue pratique*, 1858, t. 5, p. 5 à 15, *Question d'interdiction légale*, par Frédéric Duranton; *Revue critique*, 1858, t. 6, p. 99, *De la présomption de vie ou de mort du contumax dont on n'a pas de nouvelles*, par Bertauld; *Revue critique*, 1878, t. 7, p. 369, *Questions pratiques sur la contumace*, par M. Garraud; *Revue critique*, 1879, t. 8, p. 16, *Du séquestre des biens des condamnés*, par M. Pascaud.

Sect. 2. — DE L'ÉTAT DE CONTUMACE (*Rép.* n°s 11 à 83).

Art. 1er. — *De l'instruction de la contumace* (*Rép.* n°s 11 à 23).

5. Aux termes de l'art. 465 c. instr. cr. « lorsqu'après un arrêt de mise en accusation, l'accusé n'aura pu être saisi, ou ne se présentera pas dans les dix jours de la notification qui en aura été faite à son domicile, ou lorsqu'après s'être présenté ou avoir été saisi, il se sera évadé, le président de la cour d'assises... rendra une ordonnance portant qu'il sera tenu de se représenter dans un nouveau délai de dix jours ; sinon, qu'il sera déclaré rebelle à la loi, etc. ». Nous ferons sur ce texte une première observation relative au cas d'*évasion*. La cour de cassation a jugé, avec raison selon nous, qu'alors même que l'évasion aurait eu lieu au cours des débats, et même après leur clôture, la procédure contre les évadés ne peut être contradictoire, et l'affaire doit être renvoyée pour qu'il soit procédé par contumace (Crim. cass. 19 janv. 1877 [1]. Dans cette affaire, les accusés s'étaient évadés *pendant la délibération du jury* ; ils furent jugés *contradictoirement* et suivant les formes de la procédure exceptionnelle de la loi du 9 sept. 1835 (art. 8 et 9), par la cour d'assises des Bouches-du-Rhône. L'arrêt de cette cour, en date du 18 mai 1876, fut cassé dans l'intérêt de la loi « attendu qu'il appartenait à la cour d'assises de disjoindre la cause des évadés d'avec celle des accusés présents, pour être plus

---

(1) (Moutonnet et Gautier.) — La cour; — Sur le moyen pris tant de la fausse application des art. 8 et 9 de la loi du 9 sept. 1835, que de la violation des art. 357, 363 et 371 c. instr. cr.: — Attendu que les nommés Moutonnet et Gautier avaient été traduits avec douze autres individus, devant la cour d'assises des Bouches-du-Rhône, sous l'accusation de vols qualifiés et d'association de malfaiteurs; — Attendu qu'il résulte du procès-verbal des débats qu'au moment où le président allait faire introduire les accusés pour que la lecture leur fût donnée de la déclaration du jury, ce magistrat fut informé que Moutonnet et Gautier s'étaient évadés pendant la délibération des jurés; — Attendu que, sur les réquisitions du ministère public, le président a, conformément à l'art. 8 de la loi du 9 sept. 1835, ordonné à un huissier par lui commis de faire sommation aux deux accusés de comparaître afin d'entendre la lecture du verdict du jury et d'assister aux formalités subséquentes; que cette sommation étant restée infructueuse, et l'huissier ayant constaté, par lecture de son procès-verbal à l'audience, l'absence desdits accusés résultant de leur évasion, également constatée par procès-verbal de la gendarmerie, le président, assimilant cette absence à un refus de comparaître, a, par application de l'art. 9 de la loi précitée de 1835, ordonné qu'il serait passé outre à la lecture du verdict du jury et à l'arrêt de condamnation, nonobstant l'absence desdits Moutonnet et Gautier; — Attendu qu'en exécution de cette ordonnance, le greffier a lu, en présence des autres accusés, la déclaration du jury, au vu de laquelle la cour a rendu un arrêt portant, entre autres dispositions, condamnation de Moutonnet à douze ans de travaux forcés, et de Gautier à huit ans de la même peine, avec assujettissement du premier à dix ans, et du second à cinq ans de surveillance; — Mais attendu que rien, dans la cause, ne justifiait l'application des articles préappelés de la loi de 1835; que cette loi suppose que les accusés absents de l'audience, malgré la sommation qui leur a été faite d'y comparaître, sont néanmoins sous la main de la justice; qu'ils ont, après chaque audience, reçu communication régulière de la partie des débats qui les concerne, des réquisitions du ministère public et des arrêts rendus par la cour, arrêts qui sont

légitimement réputés contradictoires, puisque les accusés ainsi avertis ont été mis en demeure de faire valoir les nullités qui leur feraient grief et de produire leurs moyens de justification; — Attendu, dans l'espèce, que ni l'un ni l'autre des accusés n'a pu profiter de ces garanties protectrices du droit de défense; que, par suite de leur fuite dûment constatée aucune des notifications qui leur ont été faites ne leur est parvenue, et qu'ignorant les mesures qui pouvaient provoquer l'exercice de leur droit, ils ont été dans l'impossibilité d'en faire usage; qu'en effet, la lecture de la déclaration du jury faite en leur absence ne leur a permis ni d'en contester la régularité ni d'en obtenir au besoin la rectification; que toute faculté leur a également été refusée, sur les réquisitions du ministère public, de s'expliquer sur l'application de la peine; qu'aucun avis enfin ne leur a été donné touchant le délai dans lequel ils pouvaient se pourvoir en cassation contre l'arrêt de condamnation; que de l'ensemble de ces circonstances, il résulte, d'une part, que l'ordonnance prérappelée du président de la cour d'assises a faussement interprété les articles susvisés de la loi du 9 sept. 1835, et, d'autre part, que l'arrêt attaqué a violé, en les appliquant aux, les art. 358, 363 et 371 c. instr. cr., *dont les dispositions sont substantielles au droit de défense*; — Attendu d'ailleurs que l'évasion des accusés ne pouvait faire obstacle à ce que la justice suivît régulièrement son cours; qu'il appartenait à la cour d'assises de disjoindre leur cause d'avec celle des accusés présents, pour être plus tard statué contre eux par voie de contumace, aux termes de l'art. 465, § 2, c. instr. cr.;

Par ces motifs, la cour, statuant sur le pourvoi dont elle est saisie par le procureur général sur l'ordre du ministre de la justice et y faisant droit;—Casse et annule, tant dans l'intérêt de la *loi que des condamnés*, l'ordonnance du président de la cour d'assises des Bouches-du-Rhône, du 18 mai 1876, l'arrêt de condamnation rendu à la même date, par ladite cour, contre les nommés Gautier et Moutonnet, ainsi que la décision du jury et les débats qui l'ont précédée, etc.

Du 19 janv. 1877.-MM. De Chenevière, rap.-Tappie, av. gén.

tard statué contre eux par voie de contumace, aux termes de l'art. 465, § 2, c. instr. cr. ».

6. Il résulte du même article 465 que le point de départ de la procédure de contumace est la notification de l'arrêt de mise en accusation. Aussi croyons-nous, qu'avant de parler de l'ordonnance de contumace, ainsi qu'on l'a fait au *Rép.* n°s 11 à 18, il est utile de résumer ici les principales règles de la jurisprudence concernant la signification de l'acte d'accusation aux accusés fugitifs.

7. Un premier point certain, c'est que, pour l'accusé contumax comme pour les accusés qui ont toujours été sous la main de justice, la notification de l'arrêt d'accusation est une formalité substantielle, dont l'inaccomplissement emporte nullité. La disposition impérative de l'art. 242 c. instr. cr. s'applique sans aucun doute à l'accusé fugitif comme à l'accusé détenu. « L'identité de situation entre ces divers accusés, dit Nouguier, t. 2, n° 773, est telle que l'identité du principe devant régir cette situation commune à tous, est au-dessus de toute contestation. » Les exemples d'annulations fondées sur l'absence ou l'irrégularité de la notification sont nombreux (Crim. cass. 7 juill. 1847, aff. Echard, D. P. 47. 4. 244, et tous les arrêts cités *infrà*, n°s 8 et suiv.).

8. La notification de l'acte d'accusation n'est pas moins indispensable que celle de l'arrêt (c. instr. cr. art. 242). Cette formalité, qui a pour objet de donner à l'accusé connaissance exacte de l'accusation, est substantielle et nécessaire au droit de défense; elle doit, dès lors, être accomplie sous peine de nullité (Crim. cass. 7 janv. 1847, aff. Coste, D. P. 47. 4. 300). Il s'ensuit que l'arrêt de renvoi ayant été régulièrement notifié au domicile de l'accusé avant que celui-ci fût sous la main de justice, il ne résultait d'aucune des pièces de la procédure que, soit avant, soit depuis son arrestation, l'acte d'accusation lui eût également été notifié, la condamnation prononcée devrait être annulée, alors même que lecture lui aurait été donnée dudit acte, lors de son interrogatoire devant le président de la cour d'assises, cette lecture ne pouvant tenir lieu de la signification prescrite par la loi (Même arrêt).

9. Quelles sont les formes de la signification de l'arrêt et de l'acte d'accusation aux accusés fugitifs? « En matière criminelle, a dit un arrêt, l'arrêt de renvoi et l'acte d'accusation sont pour l'accusé un véritable *ajournement* devant la cour d'assises où l'affaire sera jugée » (Crim. cass. 22 avr. 1832, aff. Huth, D. P. 52. 5. 257). Cette interprétation nous paraît très exacte. Or, le code d'instruction criminelle ne contenant aucune disposition spéciale sur les formes des ajournements, il faut recourir, pour déterminer ces formes, à la loi générale, c'est-à-dire, au code de procédure civile. Aussi a-t-il été jugé « que pour apprécier la régularité de la notification de l'arrêt de renvoi et de l'acte d'accusation faite à l'accusé contumax, il est nécessaire, — en l'absence

de dispositions sur les formalités de la signification des actes relatifs à la procédure criminelle, — de se reporter à celles prescrites par le code de procédure civile, qui forment le droit commun en ce qu'elles ont de substantiel » (Crim. cass. 7 juill. 1847, *suprà*, n° 8; Crim. rej. 11 sept. 1851, aff. Borne, D. P. 51. 5. 323. Conf. Nouguier, t. 2, n° 778).

10. Mais à quelles dispositions du code de procédure faut-il se reporter? Tantôt à l'art. 68, tantôt à l'art. 69, n° 8, suivant que l'accusé fugitif a un domicile connu en France, ou que son domicile n'est pas connu. — Dans le premier cas, la signification doit être faite à domicile (c. proc. civ. art. 68), à peine de nullité (c. proc. civ. art. 70) (Crim. cass. 25 juill. 1850, *infrà*, n° 12. Conf. Faustin Hélie, t. 5, n° 2254; Nouguier, t. 2, n°s 781 et 782); et l'exploit doit contenir l'indication du domicile auquel la signification a été faite, faute de quoi il y aurait une atteinte aux droits de la défense et une violation de l'art. 242 (Crim. cass. 22 juin 1848) (1).

11. Quel est le domicile auquel la signification doit être faite? Est-ce le domicile originaire? Est-ce la dernière résidence? La signification faite au domicile d'origine, quand l'accusé l'a quitté depuis longtemps, est une pure fiction. Il est clair, dit Faustin Hélie, t. 5, n° 2255, que, lorsque de longues années ont brisé tous les liens d'une personne avec le lieu de sa naissance, lui adresser une notification dans ce lieu, c'est supprimer la notification. C'est au dernier domicile, à la résidence que l'accusé a quittée en dernier lieu, qu'il est préférable de remplir la formalité. « A la vérité, ajoute le même auteur, il serait difficile peut-être d'annuler une notification faite au domicile originaire; mais il ne suffit pas qu'une procédure ne soit pas positivement irrégulière, il faut qu'elle remplisse, par l'accomplissement de toutes ses formes, la mission qui lui a été donnée; et la mission de la notification étant de faire parvenir à l'accusé les actes qui lui sont notifiés, il est évident qu'elle ne doit être faite que là seulement où il y a probabilité de le trouver ». — Spécialement, il a été jugé que la notification de l'arrêt de renvoi et de l'acte d'accusation à un accusé contumax est réputée avoir eu lieu à son domicile, quand elle a été faite en parlant au maître du garni où logeait cet accusé avant sa disparition (Crim. rej. 11 sept. 1851, aff. Borne, D. P. 51. 5. 323). — Jugé aussi que l'arrêt de renvoi est régulièrement notifié à l'auberge dans laquelle l'accusé avait son dernier domicile, s'il y avait conservé une chambre dans laquelle ses effets sont déposés, encore bien qu'il n'y réside plus (Crim. rej. 2 janv. 1874) (2). — Jugé encore que cette notification, dans le cas où l'accusé en fuite est un domestique, lui est régulièrement faite chez son maître, encore même que le crime qui lui est imputé serait un vol à l'égard de celui-ci (Crim. rej. 5 août 1858, aff. Guichard, D. P. 58. 5. 103. Conf. Faustin Hélie, t. 5, n° 2255; Crim. rej. 27 déc. 1873, aff. Madre, D. P. 74. 1. 231). — Jugé encore que la notification à l'accusé contumax sans domicile fixe, de l'arrêt qui le renvoie devant la

---

(1) (Ortali, dit Pisto.) — La cour; — Vu les art. 61, 68 et 70 c. proc. civ. et l'art. 242 c. instr. cr.; — Attendu que la notification à l'accusé de l'arrêt de renvoi qui ordonne son accusation, prescrite par l'art. 242 c. instr. cr., est un acte substantiel de la procédure, dont l'omission ou sa inaltérité la nullité des débats qui ont eu lieu et de la condamnation qui est intervenue; — Attendu qu'à défaut de dispositions du code d'instruction criminelle sur la forme des actes de notification exigés dans les procédures criminelles, on doit se reporter aux règles du droit commun; — Attendu que le paragraphe 2 de l'art. 61 c. proc. civ. exige, à peine de nullité, que l'exploit signifié par un huissier contienne la mention de la personne à laquelle la copie de cet exploit aura été laissée, et que, suivant l'art. 68 du même code, tous exploits doivent être faits à personne ou à domicile, ce qui, aux termes de l'art. 70, est prescrit aussi à peine de nullité; — Attendu que l'acte fait, le 21 octobre dernier, par Blaise Agostini, huissier exerçant près la justice de paix de Cervione, contenant notification à Philippe-Marie Ortali, dit Pisto, de l'arrêt de la chambre des mises en accusation de la cour de Bastia du 14 août 1847, ne mentionne pas la personne à laquelle a parlé l'huissier, et à qui a pu être laissée la copie dudit exploit, ainsi que l'arrêt du renvoi indiqué; que cet exploit ne mentionne pas même que l'exploit ait été fait au domicile dudit Ortali; — Que, dans cet état des faits, il n'y avait pas de signification régulière au demandeur de l'arrêt de renvoi du 14 août 1847, en vertu duquel il a été traduit devant la cour d'assises du département de la Corse; que ce défaut de notification régulière est une atteinte aux droits de la défense et constitue une violation manifeste de

l'art. 242 c. instr. cr.; d'où résulte la nullité de tout ce qui a suivi à partir dudit exploit de notification, et notamment des débats et de l'arrêt de condamnation; — Casse.

Du 22 juin 1848.-Ch. crim.-MM. Laplagne-Barris, pr.-Jacquinot-Godard, rap.-Sevin, av. gén.

(2) (Jamet). — La cour; — Sur le premier moyen, tiré de la violation des art. 242 c. instr. cr., et 69, § 8, c. proc. civ.: — Attendu que la notification de l'arrêt de renvoi a été faite au demandeur chez la dame veuve Belin, aubergiste à Nevers, porte de la Barre, où il avait demeuré en dernier lieu; — Attendu qu'il est constant, en fait, que, au début et au cours de l'instruction, Jamet, qui était clerc de notaire à Nevers et habitant cette ville depuis plusieurs années, demeurait dans l'auberge de ladite dame Belin; qu'il y avait reçu signification de divers actes de la procédure; que, au moment de la notification de l'arrêt de renvoi, il l'avait quittée sans qu'on connût le lieu de sa résidence nouvelle, il n'avait pas cessé d'y occuper une chambre dans laquelle ses effets étaient restés déposés; que, dans ces circonstances, c'est à cette demeure que la notification de l'arrêt devait être régulièrement faite, conformément à l'art. 68 c. proc. civ.; — Que la disposition de l'article précité, qui prescrit à l'huissier, en cas d'absence de la partie, de remettre la copie à un de ses parents ou serviteurs, a été satisfaite par la remise faite aux mains de la dame Belin, qui exploite l'auberge;

Par ces motifs, rejette.

Du 2 janv. 1874.-Ch. crim.-MM. Faustin Hélie, pr.-Baudouin, rap.-Dupré-Lasale, av. gén.

cour d'assises et de l'acte d'accusation, est régulièrement faite au lieu de la dernière résidence de cet accusé (Crim. rej. 13 oct. 1853, aff. Chausse, D. P. 53. 5. 260-261). — Mais l'irrégularité et l'insuffisance de la notification ne seraient pas douteuses, si cette notification avait été faite au domicile d'un accusé contumax qui, *la veille*, se serait constitué prisonnier. Une pareille irrégularité entraînerait la cassation des débats et de la décision qui a suivi (Crim. cass. 8 mars 1860, aff. Majorel, D. P. 60. 5. 201).

12. L'art. 68 c. proc. civ. ordonne que, si l'huissier ne trouve au domicile ni la partie, ni aucun de ses parents ou serviteurs, il remettra la copie à un voisin qui signera l'original. En conformité de cette disposition, la cour de cassation a annulé des notifications d'arrêts de renvoi et d'actes d'accusation faites à des accusés fugitifs, parce que ces notifications n'établissaient pas que l'huissier, suivant le vœu de l'art. 68, eût présenté la copie à un voisin (Crim. cass. 7 juill. 1847, aff. Echard, D. P. 47. 4. 244; 25 juill. 1850) (1).

Il résulte de la doctrine de l'arrêt précité du 25 juill. 1850 que, toutes les fois que les renseignements fournis par la procédure indiquent un dernier domicile, et c'est ce qui a lieu dans la plupart des cas, il importe d'employer les formes de l'art. 68. Ce n'est qu'à défaut de toute indication à ce sujet qu'il convient de recourir au mode indiqué par l'art. 69, n° 8; car si ce mode supplée à la formalité, c'est seulement lorsqu'il a été impossible de l'accomplir (Faustin Hélie, t. 5, n° 2255).

13. La deuxième hypothèse est celle où l'accusé n'a aucun domicile ni aucune résidence connus en France. Dans ce cas, il faut recourir, pour la notification, aux formes prescrites par l'art. 69, n° 8, c'est-à-dire qu'il y a lieu d'observer deux conditions : 1° une copie doit être affichée à la principale porte de l'auditoire du tribunal où la demande est portée; 2° une autre copie doit être remise au parquet du procureur de la République, qui vise l'original (Crim. rej. 25 sept. 1873, aff. Huguet, D. P. 74. 1. 132; Faustin Hélie, t. 5, n° 2256; Nouguier, t. 2, n° 784). Ces deux conditions doivent être distinctement suivies, sous peine de nullité. Un arrêt a annulé une procédure dans laquelle l'exploit constatait que l'accusé n'ayant plus de domicile ni de résidence connus en France, l'huissier s'était borné à remettre la copie au commissaire de police de son quartier (Crim. cass. 16 oct. 1843, aff. Ribierre, D. P. 43. 4. 316). Deux autres arrêts de cassation ont été rendus dans des espèces où le procureur impérial avait bien reçu sa copie, mais où aucune affiche n'avait été apposée, sur ce motif « que l'art. 70 attache la peine de nullité à l'inobservation des formalités

prescrites par l'article précédent; que l'affiche dont il s'agit, est expressément prescrite par le n° 8 de l'art. 69... qui, à défaut de disposition spéciale dans le code d'instruction, régit, comme droit commun, la procédure criminelle; que, dès lors..., l'accusé a été privé d'une des garanties accordées par la loi à sa défense... » (Crim. cass. 28 déc. 1854, aff. Boyer, D. P. 55. 5. 122; 14 sept. 1855, aff. Chrétien, D. P. 55. 1. 453. Conf. Nouguier, t. 2, n° 785).

14. A la porte de quel tribunal l'affiche de la seconde copie doit-elle être faite? *Le tribunal où la demande est portée* (c. proc. civ. art. 69, § 8), c'est la cour d'assises devant laquelle l'accusé est renvoyé, et c'est à la porte de l'auditoire de cette cour que l'affiche devra être apposée, quelque soit le siège où l'instruction s'est faite, et quel que soit celui dans lequel la notification a eu lieu. La cour de cassation l'a ainsi jugé par de nombreux arrêts (Crim. cass. 22 avr. 1852, aff. Huth, D. P. 52. 5. 257; 6 janv. 1853, aff. Hesse, *Bull. crim.*, n° 2; 2 avr. 1853, aff. Lasvignes, *ibid.*, n° 119; 1er juin 1854, aff. Félix, D. P. 54. 1. 257; 6 sept. 1855, aff. Malenfant, D. P. 55. 5. 123; 14 sept. 1855, aff. Chrétien, D. P. 55. 1. 453; 27 avr. 1865 (2); 7 oct. 1869, aff. Aubin, D. P. 70. 1. 380). — Mais lorsque le local dans lequel siège la cour d'assises dépend du même édifice que le local ou siège le tribunal civil, l'affiche de l'arrêt de renvoi rendu et de l'acte d'accusation dressé contre l'accusé contumax peut régulièrement être apposée à la porte du tribunal civil (Crim. rej. 1er avr. 1858, aff. Lebouchier, D. P. 58. 5. 103).

15. Quel est le procureur de la République auquel l'huissier devra s'adresser pour le visa de l'original et la remise de la seconde copie? D'après Nouguier, t. 2, n°s 789 et 790, une distinction est à faire, qui nous paraît justifiée. Ou bien l'accusé n'a laissé de trace nulle part, ou bien il a eu, jusqu'au moment du crime poursuivi, une résidence apparente, que l'on peut retrouver encore. Dans la première hypothèse, du moment qu'il est acquis que l'accusé n'a ni domicile ni résidence connus, l'officier du ministère public qui doit viser l'original et recevoir l'une des copies, c'est le chef du parquet de la cour d'assises. Dans la seconde hypothèse, des recherches sont nécessaires à l'ancienne résidence; or ces recherches ne peuvent être faites que par un huissier du siège, et c'est au procureur de la République du siège auprès duquel il exerce que l'huissier devra se transporter pour le visa et la remise de la copie. Il appartient alors à ce procureur de la République de transmettre les pièces à son collègue près la cour d'assises saisie, qui fera afficher la copie à la principale porte de l'auditoire de la cour d'assises.

16. Au reste, si la notification des arrêt de renvoi et acte d'ac-

---

(1) (Jean Buchon, dit Auguste.) — La cour; — Attendu que, lorsque l'accusé n'est pas sous la main de la justice, la notification doit être faite suivant les formes prescrites, soit par l'art. 68, soit par l'art. 69, n° 8, c. proc. civ., selon qu'il est constaté qu'il a ou qu'il n'a pas un dernier domicile connu; — Que, dans l'espèce, l'exploit de notification du 26 nov. 1845 constate que l'huissier s'est présenté au dernier domicile de l'accusé, et que n'ayant trouvé personne pour recevoir la copie, il s'est transporté à la mairie, où il a remis cette copie au maire, lequel a visé l'original; — Que les énonciations de l'exploit ne constatent pas suffisamment que les formes prescrites par l'art. 68 c. proc. civ., qui était applicable dans l'espèce, puisque le dernier domicile de l'accusé était connu, aient été appliquées; qu'il n'en résulte pas, en effet, que l'huissier, suivant le vœu de cet article, ait présenté la copie à un voisin; que ce n'est que sur le refus de ce dernier de la recevoir et de signer l'original qu'il doit la porter au maire; que les dispositions de cet article, prescrites à peine de nullité par l'art. 70 du même code, n'ont donc pas été observées; — Que, depuis la représentation de l'accusé à la justice, et dans la nouvelle procédure qui a précédé l'ouverture des débats, l'arrêt de renvoi et l'acte d'accusation n'ont pas été de nouveau signifiés; — Casse.

Du 25 juill. 1850.-Ch. crim.-MM. Faustin Hélie, rap.-Sevin, av. gén.

(2) (Henri Edouard.) — La cour; — Attendu que la signification de l'arrêt de renvoi et de l'acte d'accusation, prescrite par l'art. 242 c. instr. cr., est une formalité substantielle, qui a pour objet, en faisant connaître à l'accusé les faits qui lui sont imputés et les charges que l'instruction a produites contre lui, de le mettre à même de préparer sa défense; — Que l'inobservation de cette prescription de la loi doit donc avoir pour conséquence d'entraîner l'annulation des débats et de l'arrêt de condamnation;

— Qu'à défaut de dispositions spéciales du code d'instruction criminelle sur la forme des actes de signification exigés dans les procédures criminelles, on doit se reporter aux règles du droit commun; — Qu'aux termes de l'art. 68. proc. civ., tous exploits doivent être faits à personne ou domicile; — Que, dans l'espèce, l'arrêt de renvoi et l'acte d'accusation n'ont pas été notifiés à Henri Edouard personnellement, parce qu'il s'est évadé des prisons de Millau et qu'on ignorait ce qu'il était devenu; — Que la notification desdites pièces n'a pu être faite à son domicile, parce que l'huissier chargé de cette notification n'a pu le connaître et a constaté dans son exploit que toutes recherches faites pour le découvrir à Marseille, où il s'était dit domicilié, sont restées infructueuses; — Que, l'accusé se trouvant ainsi sans domicile ou résidence connus en France, il y avait lieu, conformément au paragraphe 8 de l'art. 69 c. proc. civ., d'afficher les pièces signifiées à la principale porte de l'auditoire du tribunal où la demande était portée, et de déposer une seconde copie au parquet du procureur impérial ; — Que, dans l'espèce, le tribunal où la demande était portée était la cour d'assises de l'Aveyron, où Henri Edouard était renvoyé par l'arrêt de mise en accusation de la cour de Montpellier, du 12 septembre dernier, et c'était au parquet du procureur impérial de Rodez que la seconde copie devait être déposée; — Qu'au lieu de procéder ainsi, l'huissier chargé de faire la signification, après avoir déclaré que l'accusé n'avait ni domicile ni résidence connus en France, a affiché une des copies des pièces à la porte du tribunal de Marseille et déposé l'autre copie au parquet de la même ville; — Que cette signification ne satisfait donc pas au vœu de l'art. 69, § 8, c. proc. civ.; qu'elle est donc nulle et non avenue; — Que, depuis que Henri Edouard a été repris, ce vice de procédure n'a pas été réparé

Par ces motifs, casse.

Du 27.avr. 1865.-Ch. crim.-MM. Auguste Moreau, rap.-Charrins, av. gén.

cusation a été irrégulièrement faite, le vice de cette notification peut être réparé au moment de l'arrestation. A l'exploit irrégulier on peut toujours, tant que les délais ne sont pas écoulés, substituer un exploit régulier. Aussi les arrêts de cassation qui précèdent ne prononcent la nullité de la procédure qu'en ajoutant aux motifs de l'annulation cette considération essentielle : « Et, attendu qu'il n'apparaît d'aucune pièce du procès qu'une nouvelle signification de l'arrêt et de l'acte d'accusation ait été faite à l'accusé en personne depuis son arrestation (Crim. cass. 2 avr. 1853, cité *suprà*, n° 14; 1er juin 1854, aff. Félix, D. P. 54. 1. 257). — « Si même le procureur général, dit Nouguier, t. 2, n° 791, éprouve simplement des doutes sur le plus ou moins de régularité de la notification, qu'il n'hésite pas et qu'il la fasse recommencer. Comment mettrait-il en balance le coût d'un exploit, inutile peut-être, avec un intérêt aussi grave que l'intérêt de la bonne et prompte administration de la justice? » Au reste, il a été jugé par deux arrêts que le contumax, qui a reconnu dans son interrogatoire avoir reçu la notification de l'arrêt de renvoi et de l'acte d'accusation, n'est pas fondé à prétendre que cette notification a été irrégulièrement faite avant son arrestation (Crim. rej. 25 sept. 1873, aff. Huguet, D. P. 74. 1. 132; 27 déc. 1873, aff. Madre, D. P. 74. 1, 231).

17. Lorsque, au contraire, la première notification a été régulièrement faite suivant les formes des art. 68 et 69, n° 8, il est inutile de la renouveler quand l'accusé fugitif se représente; tout au moins une nouvelle notification n'est pas obligatoire : « Attendu que l'art. 242 n'exige qu'une seule notification à l'accusé de l'arrêt de renvoi et de l'acte d'accusation, sans distinguer si cet accusé est contumax ou détenu; que cette formalité a été accomplie lorsqu'il résulte de la procédure que ces actes ont été notifiés à son dernier domicile, et que cette notification a été régulièrement faite (Crim. rej. 22 déc. 1853, aff. Feydel, *Bull. crim.*, n° 591. Conf. Crim. rej. 18 avr. 1850, aff. Sommerat, D. P. 50. 5. 94; 11 sept. 1851, aff. Borne, D. P. 51. 5, 323).

18. Peut-il être suppléé à l'original de l'exploit de notification par des preuves supplétoires? A défaut de jonction de cet original aux pièces de la procédure, la preuve de cette notification pourrait être faite soit par l'interrogatoire de l'accusé contenant la déclaration formelle qu'il a reçu la copie (Crim. rej. 7 janv. 1847 (1); Crim. cass. 7 juill. 1847, aff. Echard, D. P. 47. 4. 244), soit par la représentation de la copie à lui signifiée, car cette copie est la preuve la plus sûre de l'accomplissement de la formalité (Faustin Hélie, t. 5, n° 2259). Mais si l'une et l'autre preuve manquent, il ne peut y être suppléé ni par un extrait du répertoire de l'huissier, ni par un certificat du receveur de l'enregistrement (Crim. cass. 14 nov. 1850, aff. Jaubert, D. P. 50. 5. 287; 10 déc. 1857, aff. Perrot, D. P. 58. 1. 136); ni par la mention de l'enregistrement (Crim. cass. 4 nov. 1853, aff. Gaëtan, D. P. 53. 5. 261); car cet extrait, ce certificat, cette mention peuvent prouver que l'acte a existé, mais non qu'il a été régulièrement signifié (Faustin Hélie, *loc. cit.*).

19. Relativement à l'ordonnance de se représenter (ou ordonnance de contumace) que le président de la cour d'assises doit rendre contre l'accusé, dix jours au plus tôt après la notification faite à celui-ci de l'arrêt de renvoi (c. instr. cr. art. 465), la jurisprudence postérieure à la publication du *Répertoire* n'offre qu'un seul arrêt (V. *infrà*, n° 20). Aussi dirons-nous peu de chose de cette matière qui a fait au *Répertoire* l'objet des n°s 11 à 18. Ce qui est relatif aux effets de l'ordonnance de se représenter, quant aux droits et aux biens du contumax, trouvera, d'ailleurs, sa place *infrà*, n°s 42 et suiv. — Quant aux formalités de l'ordonnance, la loi en a prescrit trois qui doivent être observées à peine de nullité (c. instr. cr. art. 466 et 470), savoir : 1° la *notification* de l'ordonnance au domicile de l'accusé conformément aux règles ordinaires de la procédure (c. proc. civ. art. 68 et 69, n° 8); 2° l'*affiche* de l'ordonnance à la porte du domicile de l'accusé, si ce domicile est connu, à celle du maire de la commune, et à la porte de l'auditoire de la cour

d'assises; 3° sa *publication* à son de trompe ou de caisse dans la commune du domicile de l'accusé et, s'il n'est pas connu, du chef-lieu des assises.

20. On a dit au *Rép.*, n° 15 que la jurisprudence de la cour de cassation a varié sur la question de savoir si l'affiche de l'ordonnance faite à la porte du domicile de l'accusé vaut notification de l'ordonnance et suffit, dès lors, pour remplir le vœu de l'art. 470. Cette cour a jugé depuis, par un arrêt dont la doctrine n'a plus été contestée, que la notification au contumax est une formalité distincte de la publication de l'ordonnance, et qui doit, comme cette dernière, être observée à peine de nullité (Crim. rej. 17 janv. 1862, aff. Jud, D. P. 62. 1. 198. Conf. Faustin Hélie, t. 8, n° 3874; Nouguier, t. 4-2°, n° 3630; Morin, v° *Contumace*, n°s 6 et 7).

21. L'art. 467 c. instr. cr. dit : « après un délai de dix jours, il sera procédé au jugement de la contumace ». A partir de quel jour ce délai commence-t-il à courir, lorsque la notification à l'accusé et la publication n'ont pas eu lieu le même jour? Nous avons dit au *Rép.* n° 21 que le délai ne peut courir qu'à compter du jour de la dernière formalité. Nous persistons dans cette opinion qui est celle de Nouguier, t. 4-2°, n° 3634.

22. Nous signalerons à propos de l'instruction de la contumace un dernier arrêt rendu sur une question nouvelle. Il décide que la procédure à suivre, en cas de fuite de l'accusé, pour le faire condamner par contumace, n'est pas prescrite à peine de nullité, et que l'accusé, dans le cas où il est repris, n'est pas recevable, par suite, à se prévaloir de l'omission de cette procédure pour prétendre que les arrêt et acte d'accusation à lui notifiés en personne, s'en trouvent frappés de nullité (Crim. rej. 3 févr. 1870, aff. Ardilley, D. P. 71. 1. 269). En effet, dit avec raison cet arrêt, la procédure par contumace « a été édictée contre l'accusé et non en sa faveur; elle aggrave sa situation et il ne peut pas plus se prévaloir de ce quelle n'a pas été suivie, qu'il ne pourrait se plaindre des irrégularités dont elle aurait été l'objet ».

Art. 2. — *Du jugement de la contumace* (*Rép.* n°s 24 à 47).

23. Comme on l'a rappelé au *Rép.* n°s 24 à 25, aucun conseil, aucun avoué ne peut se présenter pour défendre l'accusé contumax (c. instr. cr. art. 468). Seulement, si l'accusé est absent du territoire européen de la France, ou s'il est dans l'impossibilité absolue de se rendre, ses parents ou ses amis peuvent présenter son excuse et en plaider la légitimité. Nous ajouterons, avec un arrêt (Crim. rej. 11 nov. 1847, aff. Liskenne, D. P. 47. 4. 61), qu'en plaidant sur la légitimité de l'excuse, les parents ou amis du contumax devront s'abstenir de toute discussion sur le fond de l'accusation, ce qui est d'ailleurs évident en présence des termes de l'art. 468.

24. La cour d'assises excéderait ses pouvoirs si, alors que l'excuse n'est pas alléguée, elle prononçait un sursis pendant lequel il serait informé sur les causes de la non-comparution (Crim. cass. 31 janv. 1839, *Rép.* n° 22). — Mais si aucun des parents ou amis ne se présente pour plaider l'excuse de l'art. 468, la cour, qui, d'après les pièces reconnaît qu'elle est légitime, peut-elle d'office accorder un délai? Faustin Hélie, t. 8, n° 3873, tient pour l'affirmative, et cette opinion paraît fondée. « S'il était constaté, dit-il, que l'accusé est absent du territoire ou qu'il se trouve par l'effet d'une maladie dans l'impossibilité de se rendre, on ne voit pas pourquoi la cour, si elle reconnaît la légitimité de l'excuse, n'accorderait pas d'office un délai. L'art. 469 ne subordonne pas la légitimité de l'excuse, ce qui serait absurde, à l'appui que peuvent lui donner les parents ou les amis. »

25. La marche à suivre à l'audience de la cour d'assises, pour le jugement de l'accusation portée contre le contumax, est tracée par l'art. 470. Les différentes dispositions ont été étudiées au *Rép.* n°s 34 à 47. — Il est aujourd'hui reconnu que la cour doit examiner l'accusation

(1) (Duñagou.) — La cour ; ... — Attendu que l'accusé, après sa translation dans la maison de justice, a été interrogé par le juge délégué à cet effet par le président des assises ; qu'interpellé de déclarer si, lors de son arrestation, l'arrêt qui le renvoyait devant les assises et l'acte d'accusation lui avaient été signifiés, il a répondu affirmativement; qu'ainsi il est constaté par son aveu exprès que la signification prescrite par l'art. 242 lui a été faite; — Rejette.
Du 7 janv. 1847.-Ch. crim.-MM. Laplagne-Barris, pr.-Barennes, rap.-Nicias-Gaillard, av. gén. de Saint-Malo, av.

avec le même soin que si l'accusé était présent, bien que son examen soit restreint à la procédure écrite. Elle peut donc : 1° se déclarer incompétente, si le fait incriminé lui semble devoir être qualifié autrement que ne l'a fait l'arrêt de renvoi (*Rép.* n° 38) ; 2° prononcer soit l'acquittement, soit l'absolution, soit la condamnation de l'accusé (*Rép.* n°s 39, 40, 42, 44).

26. La question de savoir si la cour d'assises est obligée de condamner le contumax, déjà résolue par la négative au *Rép.* n° 39, ne fait plus aucun doute. Les juges peuvent et doivent acquitter si l'accusation n'est pas établie (Faustin Hélie, t. 8, n° 3874 ; Le Sellyer, *Traité de la compétence*, t. 2, n°s 496 et 497 ; Trébutien, *Cours de droit criminel*, t. 2, n° 649 ; Nouguier, t. 4, 2° vol., n° 3637). — Toutefois il faut bien reconnaître que ce droit d'acquittement à l'égard du contumax est resté à peu près à l'état de principe théorique ; car de 1826 à 1880, deux acquittements, seulement, sur deux cent quarante-quatre accusés contumax ont été prononcés, soit 15 pour 1000 (Rapport sur l'administration de la justice criminelle de 1826 à 1880, présenté par le garde des sceaux au président de la République).

27. La cour peut soit acquitter, soit condamner seulement sur quelques-uns des chefs d'accusation, soit même dépouiller le fait de son caractère de crime et ne prononcer que des peines correctionnelles (Crim. cass. 21 avr. 1820, *Rép.* n° 38 ; Nouguier, t. 4, 2° vol., n° 3637 ; Garraud, *Précis de droit criminel*, n° 606 ; Faustin Hélie, t. 8, n° 3874).

28. La cour peut aussi admettre des faits d'excuse (Crim. rej. 4 oct. 1821, *Rép.* n° 44). Pourrait-elle admettre des circonstances atténuantes ? On a cité au *Rép. ibid.* un arrêt de cassation du 4 mars 1842 qui, se fondant sur ce que le droit de déclarer des circonstances atténuantes n'est accordé qu'au jury par les art. 341 c. instr. cr. et 463 c. pén., refuse ce pouvoir à la cour (Conf. cass. 14 sept. 1843, cité au *Rép.* v° *Instruction criminelle*, n° 2480 ; Nouguier, t. 4, 2° vol., n° 3639). Cette interprétation semble rigoureuse, et l'opinion contraire, soutenue par Ortolan, t. 2, n° 2339, p. 596, par Chauveau et Hélie, *Théorie du code pénal*, t. 6, n°s 2693 et 2694, par Morin, *Répertoire*, v°s *Contumace*, n° 8, et *Circonstances atténuantes*, n° 10, par Bertauld, *Cours de code pénal*, p. 375, par Le Sellyer, *Traité de la criminalité et de la pénalité*, t. 1, n° 324, nous paraît préférable. La cour, substituée au jury, doit en effet être substituée à sa mission. Le droit de décider de la culpabilité emporte le droit de la reconnaître telle qu'elle est, avec ses changements d'aggravation ou d'atténuation ; le changement de juridiction ne peut entraîner un changement de pénalité.

29. Comme on l'a dit au *Rép.* n° 42, si l'accusé est acquitté, l'arrêt qui le renvoie de l'accusation doit avoir les mêmes effets que s'il avait été rendu contradictoirement. En effet l'art. 360 c. instr. cr. ne distingue pas entre l'acquittement prononcé contradictoirement ou par contumace, et, d'autre part, l'art. 476 du même code n'anéantit, à la représentation de l'accusé, que le jugement rendu et les procédures faites *contre lui*, ce qui exclut les jugements rendus en sa faveur. Donc le contumax, se représentant, ne peut plus être repris ni accusé à raison du même fait sur lequel la décision lui a été favorable (Griolet, p. 304 ; Faustin Hélie, t. 2, n° 993 ; Le Sellyer, *Actions publique et privée*, n° 685 ; Mangin, *Action publique*, t. 2, n° 395 ; Nouguier, t. 2, n° 762, et t. 4, 2° vol., n° 3637 ; Morin, *Répertoire*, v° *Chose jugée*, n° 24). — La décision est nécessairement la même à l'égard des arrêts d'absolution.

Le contumax acquitté ne doit pas non plus être condamné aux frais de la contumace. Comme on l'a fait remarquer au *Rép.* n° 42, l'art. 378 c. instr. cr. ne les met à sa charge que lorsqu'il a déjà subi une condamnation par contumace (V. *infrà*, n° 89).

30. Quant aux arrêts de contumace qui prononcent une condamnation, ils n'ont qu'un caractère provisoire et précaire, puisqu'ils sont anéantis de plein droit, aux termes de l'art. 476 c. instr. cr., à la représentation volontaire ou forcée du condamné. Ils ne le constituent donc pas la chose souverainement jugée (Faustin Hélie, t. 2, n° 993 ; Mangin, *Action publique*, t. 2, n° 394). La cour de cassation a spécialement fait l'application de ce principe à un jugement par contumace rendu à l'étranger (Crim. cass. 21 déc. 1861, aff. Guy, D. P. 62. 1. 200). Toutefois, l'arrêt par contumace n'est pas sans une certaine autorité provisoire. Tant qu'il n'y a pas représentation volontaire ou forcée du condamné, il s'impose, en effet, à la juridiction civile, en ce qui concerne l'existence du fait reconnu constant. C'est ainsi qu'il a été jugé par la cour de Paris, le 22 déc. 1873 (aff. Damars, D. P. 74. 2. 147) que l'arrêt de la cour d'assises qui condamne par contumace pour crime de faux le souscripteur de billets par lui revêtus de la fausse signature de sa femme, met obstacle à ce que cette femme soit poursuivie en payement comme signataire desdits effets. La cour de Nîmes, le 31 déc. 1878(1) et la cour d'Orléans le 22 janv. 1880 (2) ont aussi jugé que les décisions rendues au criminel, même par contumace, ont

---

(1) (Aigon C. Doze.) — La cour ; — Attendu que, par exploit du 8 mars 1877, Doze a assigné Aigon devant le tribunal de Nîmes en payement de la somme de 4000 fr. à lui due, en vertu d'un acte d'obligation du 28 nov. 1876, de M° Dunal notaire ; — Attendu qu'Aigon soutient que ledit acte est faux ; qu'il n'a ni emprunté, ni reçu de Doze la somme réclamée ; qu'il invoque, à l'appui de son dire, un arrêt de la cour d'assises du Gard portant condamnation contre Dunal, notaire, à la peine des travaux forcés à perpétuité pour crimes de faux commis dans l'exercice de ses fonctions de notaire, et spécialement en constatant frauduleusement, dans un acte par lui rédigé le 28 nov. 1876, qu'Aigon reconnaît avoir reçu de Doze une somme de 5000 fr., et qu'il en confère hypothèque, alors qu'Aigon n'était pas présent à l'acte, qu'il n'a rien reçu, et que ledit acte écrit par Dunal, par dessus de la signature à lui remise en blanc par Aigon sur sa demande et obtenu par ruse ou surprise ; — Attendu qu'indépendamment de ses conclusions principales tendantes au payement de la somme de 4000 fr., Doze a posé en barre des conclusions subsidiaires pour le cas où l'acte du 28 nov. 1876 serait reconnu faux, tendantes à ce qu'il fût déclaré, aux termes de l'art. 1318 c. civ. valoir comme acte sous seing privé, et enfin tout au moins à ce qu'il fut reconnu par le tribunal qu'en remettant à Dunal, notaire, le blanc-seing dont il s'est servi, Aigon a commis une faute qui a eu pour conséquence la perte pour Doze de la somme par lui réclamée, et dont il doit, aux termes de l'art. 1382 c. civ., la réparation ; — Attendu qu'en l'état de ces conclusions, le tribunal devait, avant de statuer sur les conclusions subsidiaires, statuer sur les conclusions principales ; qu'il est évident que si l'acte du 28 nov. 1876 était déclaré valable, soit comme acte public, soit comme acte privé, les conclusions fondées sur l'application de l'art. 1382 n'auraient pas de raison d'être ; — Attendu, pour la validité de l'acte, que l'arrêt de la cour d'assises du Gard, en date du 2 mars 1878, déclare expressément que l'emprunt constaté par l'acte du 28 nov. 1876 n'a pas eu lieu, et que c'est frauduleusement et en dehors d'Aigon que l'officier public a rapporté, sur une feuille de papier revêtue de la signature de ce dernier, la convention dont s'agit ; — Attendu qu'il est de principe que les décisions rendues au criminel ont envers et contre tous l'autorité de la chose jugée, en ce sens qu'il n'est pas permis de remettre en question le fait qu'elles affirment ou qu'elles nient ; que des raisons d'ordre public s'opposent, en effet, à ce que, dans un intérêt privé, le juge civil puisse décider sur un même fait le contraire de ce qui a été jugé au point de vue social par la juridiction compétente ; que cette règle de droit est implicitement consacrée par les art. 3 c. instr. cr., 214, 239, 240 et 250 c. proc. civ. ; — Attendu, il est vrai, que, dans l'espèce, l'arrêt de la cour d'assises a été rendu par contumace, mais qu'il n'en constitue pas moins une décision définitive ; que du jour où il a été rendu, la prescription de l'action publique s'est arrêtée, et celle de la peine a commencé ; — Attendu, sans doute, que la condamnation prononcée n'est pas irrévocable, mais que, telle qu'elle est, elle constate que l'acte invoqué par Doze contre Aigon est un acte entaché de faux et qu'elle fait obstacle à ce que le juge civil décide le contraire ; qu'il y a lieu, dès lors, de déclarer, en conformité de l'arrêt de la cour d'assises opposé par Aigon à l'usage de l'acte du 28 nov. 1876, que ledit acte est faux et ne fournit aucune preuve de l'obligation d'Aigon envers Doze ; — Attendu qu'il n'y a pas lieu davantage de déclarer l'acte valable comme écriture privée ; que l'art. 1318 ne saurait recevoir son application en présence des circonstances de la cause et de la reconnaissance de la fausseté de l'acte ;... — Par ces motifs, réforme le jugement du tribunal civil de Nîmes ; déclare nulle comme entachée de faux et dépourvue de tout consentement de la part d'Aigon, la convention passée par l'acte du 28 nov. 1876 ; déclare également que ledit acte est sans valeur, comme une écriture privée... — Du 31 déc. 1878.-C. de Nîmes, 1re ch.-MM. Gouazé, 1er pr.-Clappier, av. gén.-Pascal et Manse, av.

(2) (Pecnard.) — La cour ; — En ce qui touche la validité de l'obligation reçue le 21 janv. 1875, en l'étude du notaire Boutard ; — Attendu que cet acte se trouvait compris dans les faits incriminés et qualifiés de faux, à raison desquels Boutard a été renvoyé devant la cour d'assises ; — Attendu que par son arrêt en date du 15 nov. 1878, portant condamnation par contumace,

à l'égard de tous, l'autorité de la chose jugée, en ce sens qu'il n'est pas permis de remettre en question, au civil, le fait qu'elles affirment ou qu'elles nient.

31. Après avoir prononcé sur l'accusation, la cour statue sur les intérêts civils (c. instr. cr. art. 470), c'est-à-dire qu'elle accorde, s'il y a lieu, aux parties civiles les dommages qui leur sont dus et la restitution des effets mobiliers qui peuvent leur avoir été enlevés (*Rép.* n° 35). — La question s'est élevée, depuis la publication du *Répertoire*, de savoir si, lorsque les demandes formées par la partie civile peuvent froisser les intérêts de tiers, ceux-ci sont recevables à intervenir, non plus pour prendre la défense du contumax, mais pour sauvegarder leurs propres droits? Par exemple, dans une poursuite en faux dirigée contre un accusé contumax, la femme de cet accusé pourrait-elle intervenir pour soutenir la sincérité de l'acte argué de faux? La cour de cassation a jugé « que les cours d'assises n'étant investies qu'exceptionnellement, et dans les limites qui leur sont conférées par les art. 358, 359 et 366 c. instr. cr., d'une compétence sur des intérêts civils, ne peuvent admettre dans un procès pour crime de faux ou pour tout autre crime, une intervention qui serait exercée dans des intérêts étrangers ou même contraires à celui de la partie lésée et en dehors de ceux dont la connaissance est limitativement attribuée à ces cours (Crim. rej. 24 janv. 1850, aff. Desesquelle, D. P. 50. 1. 55. V. *suprà*, v° *Compétence criminelle*, n° 358. Conf. Faustin Hélie, t. 8, n° 3874; Nouguier, t. 4, 2° vol., n° 3040).

32. On a dit au *Rép.* n° 47 que les militaires ne peuvent être condamnés par contumace pour cause de désertion. Le décret du 14 oct. 1811, sur lequel cette décision est fondée, est-il resté en vigueur depuis la promulgation du code de justice militaire de 1857? A cet égard l'exposé des motifs de ce code répond : « La loi n'admet pas comme une obligation le jugement par contumace ou par défaut des crimes ou délits contre l'insoumission ou la désertion. Il y a des circonstances, telles que celles qu'avait prévues le décret du 14 oct. 1811, où le grand nombre des désertions entraverait sans utilité l'action des tribunaux militaires et donnerait à ces jugements une notoriété dangereuse et pleine d'inconvénients ; sans les interdire, ainsi que l'avait fait le décret, on a pensé qu'il était plus sage de laisser à cet égard toute liberté d'action à l'autorité militaire, qui, dans tous les cas, n'en aura pas moins le devoir de prescrire des mesures pour que les déserteurs et les insoumis soient immédiatement recherchés et arrêtés ». Le loi nouvelle laisse donc l'obser-

vation du décret de 1811 facultative pour l'autorité militaire. — En ce qui concerne les déserteurs de l'armée de mer et la question de savoir s'ils peuvent être jugés par contumace, V. *Rép.* v° *Organisation maritime*, n° 1079.

33. On sait que le fait de la désertion quand il émane d'un officier, ne s'apprécie pas de la même manière que lorsqu'il est commis par un soldat ou un sous-officier. Sous la législation antérieure à 1857, c'était une question de savoir si un officier pouvait être considéré comme déserteur. Il est certain maintenant, que si la loi nouvelle ne prononce pas le mot de désertion lorsque l'absence de l'officier a lieu à l'intérieur en temps de paix, elle n'hésite pas, dans tous les autres cas, à qualifier de désertion cette absence des officiers (V. c. just. mil. de 1857, art. 233, 234, 237, 238 et 239). Nous croyons donc que la poursuite des officiers pour désertion et pour absence illégale peut être aussi exercée, suivant les cas, par contumace ou par défaut, si l'autorité militaire le juge nécessaire.

Art. 3. — *Des voies par lesquelles les arrêts rendus par contumace peuvent être attaqués* (*Rép.* n° 48 à 54).

34. Ainsi qu'on l'a dit au *Rép.* n° 48 et 49, le contumax ne peut attaquer par aucune voie l'arrêt qui le condamne. C'est un point hors de doute. Il ne peut se pourvoir en cassation contre cet arrêt (c. instr. cr. art. 473), même pour incompétence de la cour (V. outre l'arrêt du 28 janv. 1833, *Rép.* v° *Cassation*, n° 369 : Crim. rej. 11 nov. 1847, aff. Liskenne, D. P. 47. 4. 61. Conf. Nouguier, t. 4-2°, n° 3644). Tant qu'il ne s'est constitué prisonnier, tant qu'il ne s'est pas mis en état, conformément à l'art. 421 c. instr. cr., le contumax serait non recevable à se pourvoir en cassation contre l'arrêt de mise en accusation. C'est ce que a jugé par plusieurs arrêts (Crim. rej. 27 oct. 1815, *Rép.* v° *Cassation*, n° 369 ; 23 avr. 1846, aff. Terwagne, D. P. 46. 4. 51 ; 23 mai 1846, *Bull. crim.*, n° 129; 28 juin 1850) (1).

35. On s'est posé au *Rép.* n° 50 et 51 la question de savoir si les héritiers du contumax sont recevables à demander que le jugement rendu contre lui soit rapporté, lorsqu'ils justifient de son décès arrivé avant la condamnation, et la réponse a été affirmative (Conf. Nouguier, t. 4-2°, n° 3648 ; Faustin-Hélie, t. 8, n° 3873 ; Mangin, *Action publique*, t. 2, n° 278). Mais est-ce devant la cour d'assises qui a rendu l'arrêt, ou devant la cour de cassation que l'action doit être portée? La cour suprême a décidé, en cas pareil (Crim. rej.

---

contre cet officier ministériel, pour crime de faux, la cour d'assises de Loir-et-Cher a nécessairement purgé tous les chefs d'accusation compris dans l'arrêt de renvoi qui la saisissait ; qu'elle pouvait sans doute en écarter une partie; mais que ne l'ayant point fait, et ayant porté contre l'accusé une simple déclaration de culpabilité, cette condamnation, dans sa généralité, atteint tous et chacun des faits qui lui étaient déférés, suivant la qualification que l'arrêt de renvoi et l'acte d'accusation leur donnait; qu'autrement interprété, l'arrêt de la cour d'assises aboutirait à cette conséquence contradictoire, que chacun des faits qualifiés, pris isolément, ne constituerait point un faux en particulier, et que la condamnation manquerait de base; qu'il importe peu, d'ailleurs, que l'arrêt de la cour d'assises ait été prononcé par défaut; qu'une condamnation par contumace produit les mêmes effets qu'une condamnation contradictoire, au point de vue des nullités qui peuvent en résulter; qu'il s'ensuit que l'obligation du 21 janv. 1875 se trouvant spécifiée dans l'arrêt de renvoi de la cour d'assises de Loir-et-Cher, du 15 nov. 1878, s'est approprié cette obligation se trouve, *ipso facto*, frappée de nullité; qu'elle ne peut dès lors avoir aucune conséquence juridique, ni servir de base aux poursuites dont Pecnard a été l'objet; — En ce qui touche les conclusions subsidiaires de l'intimé; — Attendu que dans les conclusions subsidiaires, Loyau soutient qu'alors même que la nullité de l'acte du 21 janv. 1875 serait prononcée, Pecnard n'en resterait pas moins obligé envers lui, par le motif que l'existence de l'obligation résulterait de son propre aveu ; — Attendu, en effet, que le procès-verbal d'offre faisant l'objet de la demande introductive contient, de la part de Pecnard, la reconnaissance au moins partielle de la convention dont se prévaut Loyau; — Mais attendu qu'avant toute acceptation, les offres et l'aveu qu'ils la motivait ont été retirés par l'appelant, et, que dans ses conclusions en date du 25 janv. 1879, par lesquelles il signifie ce retrait, Pecnard se fonde sur son ignorance que l'acte du 21 janv. 1875 fût compris dans les chefs d'accusation retenus à la charge du notaire; — Attendu qu'au 28 mars 1878, jour de la signification des offres, Pecnard ne

pouvait connaître en effet le résultat de la procédure criminelle qui s'instruisait; qu'il a donc pu valablement retirer ses offres et rétracter son aveu, qui ne reposait que sur une erreur de fait ; qu'il s'ensuit que Loyau ne peut se prévaloir de cet aveu, pour prétendre qu'en dehors de l'acte frappé de nullité, il existe une preuve d'une convention par laquelle Pecnard serait obligé; qu'il n'est donc pas plus fondé à prétendre à un recours contre Pecnard soit par voie de subrogation conventionnelle, soit à titre de contrat de gestion d'affaires; que la subrogation ne résulte d'aucun acte qui puisse être opposé à Pecnard; que le prétendu contrat de gestion d'affaires n'est établi par aucun des documents du procès; que, en tous cas, Loyau ne prouve pas que le prétendu payement de 4000 fr., qu'il aurait fait à Breton ait produit pour Pecnard un résultat utile;

Par ces motifs, déclare nul, en vertu de la chose jugée par l'arrêt de la cour d'assises de Loir-et-Cher du 15 nov. 1878, l'acte du 21 janv. 1875 ; rejette comme mal fondées les conclusions subsidiaires de Loyau, etc.

Du 22 janv. 1880.-C. d'Orléans, 1re ch.-MM. Dumas, 1er pr.-Metman, subst., c. conf.-Carré et Desplanches, av.

(1) (Venel.) — La cour; — Attendu que Malo-Etienne Venel, que l'arrêt attaqué renvoie devant la cour d'assises des Côtes-du-Nord, sous l'accusation du crime de faux, était absent au moment de la signification de cet arrêt; que son pourvoi a été formé par un mandataire, et qu'il n'est constaté qu'il se soit mis en état; qu'il résulte du système général du code d'instruction criminelle et notamment des dispositions, d'une part, des art. 296, 297 et 298, et, d'une autre part, des art. 465, 468 et 473, que l'accusé n'a pas obéi aux mandements de justice décernés contre lui, et qu'il s'est dérobé, par la fuite, à leur exécution; que dès lors, il n'est pas recevable à se pourvoir en cassation contre l'arrêt qui prononce sa mise en accusation; — Déclare Venel non recevable dans son pourvoi.

Du 28 juin 1856.-Ch. crim.-MM. Faustin Hélie, rap.-d'Ubexi, av. gén.

25 oct. 1821; *Rép.* nº 50), « que l'arrêt ayant été rendu par contumace, et conséquemment par défaut, est soumis aux règles générales relatives aux jugements par défaut, et qu'ainsi il est susceptible d'être rapporté par les juges qui l'ont rendu ». Tel est aussi le sentiment général des auteurs (Legraverend, *Législation criminelle*, t. 1, chap. 1er, p. 66; Mangin, *loc. cit.*; Merlin, *Questions de droit*, vº *Contumace*, § 3; Faustin Hélie, t. 8, nº 3873 *in fine*).

36. On a enseigné au *Rép.* nos 50 et 51, en s'appuyant principalement sur l'art. 31 c. civ., que le décès du contumax avant le jugement anéantit celui-ci de *plein droit;* mais cet article a été abrogé par la loi du 31 mai 1854, et nous croyons que les héritiers doivent demander l'annulation à la cour d'assises qui a rendu l'arrêt, en produisant la preuve que le décès de l'accusé est antérieur à cet arrêt. Le droit de demander l'annulation appartient à la veuve comme aux héritiers. A défaut d'héritiers ou de veuve, Nouguier, t. 4, 2e vol., nº 3648, pense que, sur la connaissance qu'il aurait de ce fait, le procureur général pourrait requérir l'annulation d'office.

37. Si la question de l'existence de l'accusé se posait devant la cour d'assises au moment où elle va juger par contumace, celle-ci serait-elle compétente pour apprécier s'il y a preuve suffisante du décès de l'accusé dont on n'a pas de nouvelles? Oui, car ce décès entraînerait l'extinction de l'action publique, et la mission de la cour est précisément de statuer sur cette action. C'est ce qui a été décidé par un remarquable arrêt de cour d'assises (non déféré à la cour de cassation), qui a jugé qu'en supposant que les présomptions de mort du contumax, quoique très puissantes, ne suffisent pas pour déclarer l'action publique éteinte, la cour d'assises peut, tous moyens tenant, surseoir à statuer tant qu'il n'y a pas trace d'existence de l'accusé (C. d'ass. Manche, 11 sept. 1858)(1). Et cela est juste, car si la cour d'assises ne prononçait pas le sursis en cas pareil, elle s'exposerait à faire le procès à la mémoire (Conf. Bertauld, *Revue pratique*, année 1858, t. 6, p. 99).

38. Ajoutons que lorsqu'une erreur matérielle a été commise par la cour d'assises, jugeant par contumace, relativement à l'état civil d'un condamné, par exemple lorsque l'arrêt a attribué au contumax les prénoms et la date de naissance de son frère, il a été jugé, depuis la publication du *Répertoire*, que la rectification de l'erreur peut être opérée par un second arrêt de la cour d'assises, à la requête du ministère public (C. d'ass. Tarn-et-Garonne, 4 sept. 1874, aff. Carbonnel, D. P. 75. 2. 2). Cette solution est conforme au principe d'après lequel les rectifications des erreurs matérielles contenues dans les jugements ou arrêts doivent toujours être poursuivies devant la juridiction de laquelle émanent ces décisions.

39. Nous n'avons rien à ajouter à ce qui a été dit au *Rép.*

(1) (Sébire.) — La cour; — Considérant qu'en cas de contumace, la cour d'assises est investie tout à la fois des pouvoirs ordinaires d'une cour d'assises et des pouvoirs du jury; qu'elle a à statuer sur la recevabilité et sur le fondement de l'action publique; qu'elle a le droit et le devoir de suppléer, en office, les exceptions qui éteignent l'action répressive ou qui l'entravent; — Considérant qu'aux termes de l'art. 468 c. instr. cr. les parents et amis du contumax sont admis à invoquer la légitimité des causes qui expliquent la non-comparution; qu'à plus forte raison ils doivent être admis à établir un décès qui exclut la possibilité d'une condamnation et de tout jugement; — Considérant qu'un arrêt précédent de la cour d'assises a accordé à la dame Sébire un sursis pour faire juger par la juridiction civile que Jean-Joseph Sébire était décédé; — Qu'il résulte d'un jugement du tribunal d'Avranches, rendu sur requête, que s'il y a de puissantes présomptions du décès, elles n'offrent pas cependant le caractère de la certitude; que, sous ce rapport, il n'a pas été satisfait à l'arrêt du 16 déc. 1857;

Mais considérant que, d'une part, cet arrêt n'est pas rendu contradictoirement avec les enfants de l'accusé, qui soutiennent aujourd'hui qu'on ne saurait conclure de ce que la justice civile s'est refusée à constater, sans une preuve irréfragable, un décès qui eût alors été opposable à tous les intéressés, sans qu'il s'agit d'une contestation présente et déterminée, et en l'absence de tout contradicteur, que la juridiction répressive doive ne pas tenir compte des présomptions graves, précises et concordantes de mort, et s'exposer à faire un procès à la mémoire; — Que d'autre part la cour qui est aujourd'hui appelée à statuer sur l'accusation doit d'office, et indépendamment même de toute réquisition, vérifier si quelque obstacle d'ordre public ne rend pas le jugement impossible;

nº 54 concernant le droit qui-appartient au procureur général et à la partie civile de se pourvoir en cassation contre l'arrêt rendu par contumace.

Art. 4. — *De l'exécution des arrêts rendus par contumace* (*Rép.* nos 55 à 59).

40. Le mode d'exécution de l'arrêt de condamnation par contumace est réglé par l'art. 472 c. instr. cr. (V. texte modifié par la loi du 2 janv. 1850, *Rép.* nº 56, et D. P. 50. 4. 5). — Nous avons dit au *Rép.* nº 58 que l'exécuteur chargé d'afficher le jugement doit être assisté du greffier de la cour d'assises, sans toutefois que cette assistance du greffier soit exigée à peine de nullité. Nous pensons même, en présence des termes de l'art. 472 nouveau précité, que cette affiche peut être faite par un huissier seul. C'est ainsi que l'entend la pratique.

41. L'art. 176 du code de justice militaire pour l'armée de terre, relatif à la contumace devant les conseils de guerre (D. P. 57. 4. 115), contient la disposition suivante : « Le jugement est rendu dans la forme ordinaire, mis à l'ordre du jour, et affiché à la porte du lieu où siège le conseil de guerre et à la mairie du domicile du condamné. Le greffier et le maire dressent procès-verbal, chacun en ce qui le concerne. Ces formalités tiennent lieu de l'exécution du jugement par effigie » (V. une disposition analogue dans l'art. 228 du code de justice militaire pour l'armée de mer, D.P.58.4.101). Il a été jugé que, si le condamné par le conseil de guerre n'a plus de résidence connue en France, le jugement de contumace doit être considéré comme ayant reçu sa pleine et entière exécution lorsqu'il a été mis à l'ordre du jour, affiché à la porte du lieu où siégeait le conseil de guerre et signifié au parquet du procureur de la République du même lieu, encore bien qu'il n'ait pas été affiché à la mairie du domicile du condamné (Bourges, 23 mars 1875, aff. Gambon, D. P. 77. 2. 114). Dans ces circonstances, en effet, le condamné n'ayant plus de résidence en France, on ne peut que se conformer à l'art. 69, § 8, c. proc. civ., et signifier au parquet.

Art. 5. — *Des effets de la contumace* (*Rép.* nos 60 à 83).

42. Les effets de la contumace consistent surtout dans des incapacités destinées spécialement à combattre la désobéissance de l'accusé aux ordres de la loi. Tous les jugements de contumace, sans qu'il y ait lieu de distinguer entre les juridictions qui les ont rendus, pourvu que ce soient des juridictions françaises, entraînent ces incapacités. Ainsi celles-ci résultent non seulement des arrêts de contumace rendus par les cours d'assises, mais de ceux émanant de la haute cour de justice (Colmar, 27 avr. 1858, aff. Kœnig, D. P. 58. 2.

Considérant que c'est à la cour d'assises qu'il appartient de juger quel est le mode de preuve de toutes les causes d'extinction de l'action, en quoi cette règle ne fléchit pas même alors qu'elle a à résoudre des questions d'état, parce qu'elle ne les résout que dans l'intérêt et dans les limites des nécessités de l'appréciation qu'elle a à faire de la recevabilité ou du fondement de l'action publique;

Considérant qu'il résulte de l'enquête reçue par le vice-consul de France à Jersey et de tous les documents de la cause, les plus puissantes présomptions de décès; que pourtant elles ne permettent pas de le suppléer; qu'il serait dangereux de s'y arrêter d'une manière absolue, puisqu'elles pourraient compromettre définitivement l'action publique, dans le cas même où le ministère public découvrirait la trace de Jean-Joseph Sébire; mais qu'il est impossible, à cause de leur gravité, de ne pas en tenir compte, et de passer outre au jugement; — Qu'on peut sauvegarder l'action publique tant qu'elle ne sera pas prescrite, tout en respectant le principe qu'on ne saurait condamner un mort; — Qu'il y a donc lieu de surseoir à statuer, mais seulement en l'état, sur la procédure par contumace, et ce seulement tant qu'il n'apparaîtra pas de témoignages et de traces de vie de Jean-Joseph Sébire, postérieurs à la date du 14 mars 1855;

Par ces motifs, tous moyens tenant état, surseoit à statuer sur le point de savoir si l'action publique est éteinte à l'égard de Sébire, jusqu'à plus ample instruction; surseoit, en conséquence, au séquestre des biens.

Du 11 sept. 1858.-C. d'ass. de la Manche.-MM. Piquet, pr.-Bigard, subst.

179), ou de la cour d'appel d'Aix statuant sur les crimes commis dans les Echelles du Levant et de Barbarie (L. 28 mai 1836, art. 74, *Rép.* v° *Consuls*, p. 274, qui déclare applicables en pareil cas les art. 465 à 478 c. instr. cr.), ou du Sénat constitué en cour de justice (Loi relative à l'organisation du Sénat du 24 févr. 1875, art. 9). — Quant aux sentences des conseils de guerre, leurs effets relativement aux incapacités ne sont pas aussi étendus (V. *infrà*, n°s 62 et suiv.).

43. D'autre part, les condamnations par contumace présentent ce caractère spécial que, bien qu'elles ne soient pas irrévocables, elles sont, à certains égards, exécutoires par provision, par exemple en ce qui concerne la dégradation civique qui est encourue du jour où la condamnation sera devenue irrévocable (c. pén. art. 28), et les incapacités de disposer et de recevoir à titre gratuit qui frappent les condamnés à des peines afflictives perpétuelles, cinq ans après l'exécution par effigie (L. 31 mai 1854, art. 2, al. 3). Et toutefois il est certain que, dans le délai de la prescription de la peine, une condamnation par contumace ne peut être matériellement exécutée, parce qu'elle n'est pas irrévocable, et que, quant aux peines corporelles qu'elle prononce, elle a simplement un caractère comminatoire et de pure forme, puisque la représentation du condamné a pour effet d'anéantir l'arrêt de plein droit (c. instr. cr. art. 476).

44. Quel est donc le véritable caractère d'un arrêt par contumace? Il est nécessaire de le savoir pour déterminer les effets de cet arrêt, ainsi du reste que les conséquences de la comparution du condamné. Suivant nous, la condamnation par contumace est prononcée, non pas sous la condition suspensive de l'expiration des délais de prescription, mais sous la condition résolutoire de la comparution du condamné. Le contumax est condamné, non pas *sous la condition* que l'état de contumace se perpétue vingt ans, mais *sauf sa* représentation dans ce laps de temps. En un mot, ce n'est pas l'expiration des délais de prescription qui fait produire à l'arrêt de contumace les effets dont il est susceptible; c'est, au contraire, la comparution du condamné qui anéantit rétroactivement les effets produits par cet arrêt. Ce point de vue est évidemment celui de la loi, puisque l'art. 476 c. instr. cr. dit que « si l'accusé se constitue prisonnier ou s'il est arrêté avant que la peine soit éteinte par prescription, le jugement rendu par contumace et les procédures faites contre lui depuis l'ordonnance de prise de corps ou de se représenter, seront *anéantis de plein droit...* ».

D'autre part, le séquestre est acquis contre le contumax à partir de l'arrêt (c. instr. cr. art. 471); et enfin celui-ci peut prescrire sa peine, ce qu'il ne pourrait faire si elle était prononcée sous condition suspensive. Si l'on ajoute que, d'après les indications de la loi elle-même, rappelées au numéro précédent, la condamnation par contumace est exécutoire par provision en ce qui concerne la dégradation civique et les incapacités spéciales de la loi de 1854, il paraîtra démontré que l'arrêt par contumace est rendu sous condition résolutoire (Conf. Nusse, n° 846; Garraud, *Précis de droit criminel*, n° 607, et *Questions pratiques sur la contumace*, *Revue critique*, année 1878, t. 7, p. 369).

§ 1er. — Du séquestre (*Rép.* n°s 60 à 69).

45. Le séquestre ou mainmise du domaine sur les biens du contumax, à charge de restitution quand l'état de contumace a cessé, est apposé en vertu de l'ordonnance de se représenter (ou ordonnance de contumace) rendue par le président de la cour d'assises en exécution de l'art. 465 c. instr. cr. Il est obligatoire. C'est donc un devoir légal: 1° pour le président de la cour d'assises de rendre l'ordonnance de se représenter (même article); 2° pour le ministère public d'en donner avis au domaine (art. 466); 3° pour le domaine d'apposer le séquestre (Agen, 20 nov. 1855, aff. Bonnecaze, D. P. 56. 2. 250. Conf. Nusse, n° 259; Géraud, n° 2218; Merlin, *Répertoire*, v° *Annotation*).

46. Si le président ayant omis de rendre l'ordonnance, le séquestre pourrait-il néanmoins s'établir? L'arrêt du 20 nov. 1855, cité *suprà*, n° 45, a décidé l'affirmative, mais cette solution semble fort contestable. L'ordonnance de se représenter constitue, en effet, une dernière mise en demeure adressée par la loi au contumax avec menace de séquestre et de déchéance de certains droits; si le contumax n'y obéit

pas, comment serait-il réputé rebelle à un ordre inexistant? Nous croyons avec M. Nusse, n°s 564 et suiv., que si les juges de la cour d'assises constatent la lacune, ils devront s'abstenir de statuer jusqu'à ce que celle-ci soit comblée; que si l'erreur n'est découverte qu'après la condamnation, le procureur général devra se pourvoir contre l'arrêt; enfin que, si les délais du pourvoi sont expirés avant la découverte de l'omission, le séquestre ne pourra pas naître.

47. On a dit au *Rép.* n° 60 que la séquestration des biens est absolue, qu'elle embrasse la *totalité des biens* du contumax, meubles, immeubles, créances, rentes, titres et valeurs quelconques. Il y a cependant des exceptions à cette règle. Le séquestre ne peut porter sur les biens immeubles que le contumax aurait à l'*étranger*, car cette mesure toute pénale est de statut réel, et la puissance de la régie française s'arrête à la frontière. Mais les titres, valeurs, rentes sur des Etats étrangers pourraient être séquestrés s'ils étaient trouvés en France (Nusse, n°s 618 et 619).

Si la portion du territoire étranger où se trouve l'immeuble du contumax venait à être cédée à la France par voie d'annexion, il est évident que le domaine entrerait en possession; réciproquement, en cas de retranchements territoriaux, il abdiquerait ses droits sur l'immeuble du contumax.

48. Que faut-il décider dans le cas où le crime ayant été commis, avant l'annexion, sur le territoire nouvellement réuni à la France, le coupable s'est réfugié sur le territoire français, et a été condamné par contumace par les tribunaux de l'Etat démembré? Il a été jugé, après l'annexion de la Savoie à la France, que le chef du pouvoir exécutif de la nation cessionnaire exerce, même rétrospectivement, la répression territoriale et l'exécution des arrêts criminels, réunissant ainsi les droits de la souveraineté qui n'est plus et ceux de la souveraineté nouvelle qui la remplace en la continuant; d'où la conséquence que le gouvernement français a pu, après l'annexion, traduire devant une cour d'assises française, pour le faire juger contradictoirement, le contumax jugé avant l'annexion par un tribunal sarde (C. d'ass. Chambéry, 25 févr. 1863, aff. Falcou, D. P. 63. 2. 25; Crim. rej. 17 avr. 1863, même affaire, D. P. 63. 1. 389). Un arrêt en a conclu que le séquestre avait pu être légalement maintenu sur les immeubles qu'un contumax possédait en Savoie avant l'annexion française (Paris, 1re ch. du conseil, 9 juin 1874, cité par M. Nusse, n° 624).

49. Après l'annexion de l'Alsace-Lorraine à l'Allemagne, il a été stipulé par l'art. 3 du traité des 18-31 mai 1871 (D. P. 71. 4. 25) que « le gouvernement français remettrait au gouvernement allemand les archives, documents et requêtes concernant l'administration civile, militaire et judiciaire des territoires *cédés* ». Les dossiers judiciaires des contumax sont, dit M. Nusse, n° 628, implicitement mais certainement compris dans cette nomenclature, aussi bien que les dossiers administratifs des séquestres. D'autre part, l'art. 4 de la convention additionnelle du 11 déc. 1871 (D. P. 72. 4. 9), a réglé que les condamnés originaires des territoires cédés, alors détenus dans les établissements pénitentiaires de la France, seraient remis aux agents de l'autorité allemande, et que réciproquement le gouvernement allemand ferait remettre aux autorités françaises compétentes les condamnés français non originaires des territoires cédés qui se trouvaient détenus dans les prisons du pays cédé. — Ces textes conduisent à penser, relativement au séquestre des contumax: 1° que les contumax originaires des territoires cédés et condamnés avant le traité de Francfort par les juridictions criminelles jadis françaises des territoires annexés sont réputés en état de rébellion vis-à-vis de la souveraineté allemande substituée en ce qui les concerne à la souveraineté française; qu'en conséquence, le séquestre allemand a dû remplacer sur leurs biens meubles et immeubles le séquestre français, en tant que leurs biens seraient situés en Alsace-Lorraine; — 2° Que le jugement définitif des contumax condamnés avant le traité de Francfort par des juridictions criminelles autrefois françaises, et nés en France, mais ailleurs que sur ces territoires, appartient aux tribunaux français, et qu'en conséquence, le séquestre de leurs biens d'Alsace-Lorraine a dû être levé par le fisc allemand, celui de leurs biens en France maintenu par le fisc français.

50. On a dit au *Rép.* n° 60 que le séquestre comprend les arrérages des rentes viagères qui peuvent avoir été cons-

tituées au profit du contumax (Caen, 6 janv. 1845, aff. Cefray, D. P. 45. 2. 115). Il faut ajouter que le domaine ne peut percevoir les arrérages de ces rentes qu'autant qu'il justifie de l'existence du contumax, conformément aux prescriptions de l'art. 1983 c. civ. (Conf. Géraud, n° 2242). — Nous croyons aussi que le séquestre peut être apposé sur une rente sur l'État français, nonobstant le principe de l'insaisissabilité de ces sortes de rentes. La jurisprudence a admis qu'en cas de contestation sur la propriété d'une rente sur l'État, les tribunaux peuvent ordonner le séquestre de cette rente (V. les arrêts cités au *Rép.* v° *Trésor public*, n° 1166). A plus forte raison doit-il en être de même pour le séquestre de contumace, car ce que le juge peut ordonner, la loi a le droit de le prescrire; d'ailleurs les art. 465 et 471 c. instr. cr. ne font aucune restriction.

51. Le séquestre ne peut frapper l'indemnité que le Gouvernement accorde au cas de destitution d'un officier public ou ministériel, car, d'après la jurisprudence (*Rép.* v° *Office*, n°s 99 et suiv.), cette indemnité *n'entre pas dans les biens de* l'officier destitué (Conf. Géraud, n° 2242-4°). — Quant au capital dû en vertu d'une police d'assurance sur la vie, il paraît évident que s'il est payable en cas de vie à une époque comprise dans la durée du séquestre, il sera recueilli par le domaine, à la charge de prouver la vie du contumax (Nusse, n° 641).

52. Le séquestre porte non seulement sur les biens dont le contumax a la propriété, mais encore sur ceux dont il n'a que la jouissance (usufruit, antichrèse, emphytéose, etc.). Si le contumax est marié, le séquestre comprendra les fruits et produits des biens qu'il recevait comme chef de la communauté (Conf. Géraud, n° 2242). Un jugement du tribunal de Colmar du 15 janv. 1851, analysé au *Journal de l'enregistrement*, art. 15202-2°, a reconnu qu'en cas de contumace d'un homme marié sous le régime de la communauté, le séquestre doit s'étendre, par application des art. 1421 et 1428 c. civ., non seulement sur les biens propres du contumax, mais encore sur les biens dépendant de la communauté et sur les biens personnels de sa femme, dont il avait l'administration et dont il percevait les revenus (Conf. Nusse, n° 646; Géraud, n° 2242-1°). Inversement, ainsi qu'on l'a exposé au *Rép.* n° 61 (V. les arrêts cités *ibid.*), lorsqu'il s'agit de la contumace d'une femme mariée sous le régime de la communauté, le séquestre ne peut s'étendre sur aucun des biens dépendant de la communauté, puisque le mari est, pendant le mariage, propriétaire des fruits et revenus de tous ces biens. Le séquestre doit être restreint, dans ce cas, aux biens propres de la femme qui ne sont pas entrés en communauté et dont les fruits ou revenus ne font pas non plus partie de la communauté (Géraud, n° 2242-2°). D'une façon plus générale, ainsi qu'on l'a dit au *Rép.* n° 62, tous les biens dont la femme s'est réservé la jouissance exclusive doivent être placés sous séquestre lorsqu'elle est en état de contumace. — Quand les époux sont mariés sous le régime dotal, la contumace du mari entraîne le séquestre de la dot de la femme, puisque le mari en a la jouissance; mais la femme conserve la jouissance des paraphernaux (Nusse, n° 646). La contumace de la femme a pour effet, au contraire, de placer sous séquestre les paraphernaux, mais elle n'exerce aucune influence sur les biens dotaux, dont le mari conserve l'administration (Géraud, n° 2242-3°).

53. Que doit faire le domaine à l'égard du mobilier séquestré? Ainsi qu'on l'a dit au *Rép.* n° 63, le domaine a l'obligation de vendre les comestibles et provisions immédiatement après l'ordonnance qui autorise le séquestre. A l'égard de tout autre mobilier, il n'y a lieu de vendre que ce qui ne pourrait être facilement conservé. Si la vente est nécessaire, le domaine, étant tenu de régir les biens du contumax suivant les règles tracées par le code civil pour la régie des biens d'absents, doit, conformément à l'art. 126 de ce code, faire autoriser la vente par le tribunal (Géraud, n° 2244; Vuarnier, n° 606). Le mobilier qui n'est pas susceptible d'être vendu est confié, après description, à une personne choisie par le receveur des domaines, qui en

prend charge et s'engage à le représenter quand il y aura lieu.

54. De la disposition de l'art. 471 c. instr. cr. portant que si le contumax est condamné, ses biens seront *considérés et régis comme biens d'absent*, à partir de l'exécution de l'arrêt de contumace, il ne résulte pas que le séquestre de cette administration cesse à dater de cette époque, et que les héritiers présomptifs du condamné doivent être envoyés en possession de ces biens; au contraire, le séquestre continue, seulement le domaine est tenu de régir les biens du contumax comme s'il s'agissait de biens d'absents, c'est-à-dire qu'il rend compte des fruits aux condamnés ou à leurs héritiers, d'après les règles prescrites par le code civil pour les absents. Cette doctrine a déjà été admise au *Rép.* n° 64; elle ne fait plus de doute aujourd'hui (Aux autorités et arrêts cités *ibid.*, il faut ajouter : Demolombe, *Jouissance et privation des droits civils*, n° 225; Aubry et Rau, 4° éd., t. 1, § 84, p. 344, note 8; Humbert, *Des conséquences des condamnations pénales*, n° 361; Marcadé, *Explication du code civil*, sur l'art. 28 c. civ., III; Massé et Vergé sur Zachariæ, *Droit civil français*, t. 1, p. 90, § 66, note 5; Demante et Colmet de Santerre, *Cours analytique*, t. 1, n° 61 *bis* X et XI; Ortolan, n° 2339 *bis*; Nusse, n°s 660 et suiv.; Agen, 20 nov. 1855, aff. Bonnecaze, D. P. 56. 2. 250).

55. Il a été reconnu aussi au *Rép.* n° 64 que les biens des faillis contumax ne doivent pas être séquestrés, parce que la jouissance de ces biens a déjà été enlevée légalement à ceux-ci avant la condamnation, et que dès lors le séquestre n'a plus d'objet. La cour de Toulouse a consacré cette doctrine à l'égard d'un condamné contumax déclaré en faillite après l'apposition du séquestre (Toulouse, 17 janv. 1862, rapporté par Géraud, n° 2220, et cité dans l'instruction 2229 de l'administration des domaines. Conf. Aubry et Rau, *loc. cit.*, § 84, p. 343, note 3; Pardessus, *Droit commercial*, t. 4, 1301; Boulay-Paty, *Faillites*, n° 537; Renouard, *Faillites*, n° 500. V. aussi Nusse, n°s 721 et suiv.).

56. Le domaine étant chargé de régir et d'administrer les biens du contumax, il doit évidemment payer les dettes de celui-ci, quand elles sont dûment établies. Un avis du conseil d'État des 19 août-20 sept. 1809 porte... « que, dans le régime antérieur et postérieur au code civil, les droits des créanciers légitimes du contumax peuvent être exercés après avoir été reconnus par les tribunaux ». Il s'ensuit que la reconnaissance par justice des droits des créanciers est nécessaire pour que la régie soit à l'abri de toute critique (Géraud, n° 2251).

Est-ce une condition indispensable pour le créancier que d'avoir un titre muni d'une *date certaine* antérieure au dessaisissement du contumax? Il y a certainement un danger à craindre si l'on décide la négative, car un contumax pourrait, pour se procurer les ressources destinées à perpétuer sa rébellion, s'entendre avec des amis trop complaisants lesquels, à l'aide de pièces antidatées, feindraient d'être créanciers de sommes qui, en fin de compte, seraient peut-être remises au contumax lui-même. M. Nusse, n° 757, pense que l'Administration, en sa qualité de *tiers*, peut repousser, dans les termes de l'art. 1328 c. civ., tout acte sans date certaine antérieure au dessaisissement; mais il fait justement remarquer que la rigueur de cette règle peut être (et est, en effet) tempérée par la pratique du Domaine qui, lorsqu'il est appelé en justice, conformément à l'avis du conseil d'État des 19 août-20 sept. 1809, pour la vérification de la créance dont on lui demande le payement, peut, s'il est convaincu que la créance invoquée, bien que dénuée de date certaine, est antérieure au dessaisissement et sincère, ne pas conclure à l'application de l'art. 1328. Dès lors, et grâce à cet expédient, aussitôt que le jugement est prononcé, la régie est tenue *ex judicato* et non *ex contractu*, et elle peut payer valablement. — Mais dès que la régie conteste, l'art. 1328 doit être appliqué, et, par conséquent, l'action du créancier dont le titre n'a pas date certaine repoussée (V. conf. Pascaud, article sur *Le séquestre des biens des contumax*, *Revue critique*, 1879, t. 8, p. 18 et suiv. — *Contrà* : Trib. Sancerre, 5 mars 1877) (1).

---

(1) (Dumaige C. le Domaine.) — Le tribunal; — Attendu que Dumaige demande que l'administration de l'enregistrement et des domaines soit condamnée en qualité de séquestre des biens de Ferdinand Gambon à lui payer une somme de 9435 fr. 94 cent.,

savoir : 1° 1175 fr. 80 cent., montant d'un payement qu'il a effectué pour le compte de Gambon au sieur Génichek, tailleur de ce dernier à Paris;...
Attendu que l'administration de l'enregistrement et des

57. Au surplus, il est évident que les tiers ne peuvent jamais paralyser les droits de l'administration des domaines. C'est ainsi qu'il a été jugé que l'exercice du séquestre des biens du contumax ne saurait être arrêté soit par un acte quelconque de disposition que le contumax aurait consenti à des tiers, soit par l'état d'indivision où il se trouverait avec un tiers en vertu d'une association constituée antérieurement à la condamnation (Paris, 26 févr. 1876) (1).

58. L'art. 471 c. instr. cr. ne distingue pas, quant à la continuation du séquestre après le jugement de condamnation, suivant la nature de la peine prononcée. Il en résulte que le séquestre continuera même pour une condamnation à une peine correctionnelle, tandis qu'il n'est jamais attaché aux condamnations par défaut prononcées par les tribunaux correctionnels. Mais, comme le fait justement remarquer M. Trébutien, cette rigueur a sa compensation, car, tandis que la condamnation prononcée par les tribunaux correctionnels devient définitive après l'expiration des délais d'opposition, le contumax pourra toujours faire tomber la condamnation prononcée par la cour d'assises en se représentant avant que la prescription ne soit acquise. Nous dirons, avec le même auteur, que si la condamnation correctionnelle n'emporte qu'une peine pécuniaire, la raison conduit à décider que le séquestre doit cesser lorsque le montant de la condamnation est recouvré. Il est d'ailleurs douteux que le cas se soit jamais présenté.

59. Quelle est la durée du séquestre entre les mains de la régie? Ce régime ayant pour but de combattre la rébellion à la loi, il cesse nécessairement avec l'état de contumace; en conséquence, la représentation volontaire ou forcée, l'amnistie, le décès du condamné y mettent fin. Si aucun de ces événements ne se produit, le séquestre dure jusqu'à l'expiration de la vingtième année à compter de l'arrêt de condamnation par contumace (c. instr. cr. art. 471). Ce point, qui a donné lieu autrefois à des controverses résumées au Rép. n° 65, paraît devoir être aujourd'hui considéré comme incontestable (Aubry et Rau, t. 1, § 84, p. 346; Demolombe, Absence, t. 1, n° 230; Proudhon, Traité de l'usufruit, t. 4, n°s 2001 et suiv.; Coin-Delisle, Jouissance et privation des droits civils, p. 91, n° 5; Humbert, Conséquences des condamnations pénales, p. 396, n° 374; Nusse, n°s 854 et suiv.; Géraud, n° 2223; Marcadé, 7e éd., t. 1, p. 161, n° 196). Et il n'y a plus à distinguer, depuis que la loi du 31 mai 1854 a aboli la mort civile, entre les contumax morts civilement et ceux qui n'avaient pas encouru la mort civile. Nous admettrons seulement avec M. Nusse, n° 857, que si la contumace se compliquait d'une absence sérieuse et réelle, si l'existence du contumax était douteuse et problématique, l'art. 120 c. civ. pourrait être appliqué, de telle sorte qu'après quatre ans, date des dernières nouvelles du contumax, les héritiers présomptifs pourraient provoquer la déclaration d'absence, sauf au tribunal à surseoir, en ayant égard aux motifs présumés de l'éloignement et du défaut de nouvelles (Bertin, Chambre du conseil, t. 4, p. 348), et sauf à la régie à intervenir dans la procédure à l'effet d'examiner si l'absence n'est pas une simulation inventée pour faire cesser le

---

domaines repousse les conclusions de Dumaige en se fondant sur ce que devant être considérée comme un tiers, aux termes de l'art. 1328 c. civ., et non comme l'ayant cause de Gambon, les actes produits par le demandeur pour servir de base à ses prétentions n'ont acquis, quant à elle, date certaine que par leur enregistrement le 1er août 1876, c'est-à-dire à une époque où Gambon contumax ne pouvait plus, par ses engagements, porter atteinte au régime auquel sont assujettis ses biens depuis leur mise en séquestre; — Attendu que s'il est certain que si Gambon avait souscrit en réalité les actes produits par Dumaige le 1er août 1876, l'Administration serait bien fondée dans sa résistance, puisqu'il est impossible d'admettre qu'un contumax qui ne peut plus disposer directement de ses biens puisse arriver indirectement à ses fins en créant sur ces mêmes biens un gage actuel au profit de ses créanciers; mais que, des prémisses exposées, reste intacte la question de savoir si la date du 1er août 1876 doit être considérée comme étant la véritable au regard de l'Administration, ou si, au contraire, elle doit accepter comme sincères quant à elle les dates inscrites sur les actes produits, en d'autres termes si elle figure au procès en qualité de tiers (c. civ. art. 1328) ou comme étant l'ayant cause de Gambon; — Attendu que les tiers dont parle l'art. 1328 c. civ. sont ceux qui n'ont pas été parties aux actes sous seings privés, ni par eux-mêmes, ni comme étant aux droits des signataires; que le seul but de la loi est d'empêcher qu'un contrat puisse nuire à ceux qui n'ont pas été appelés à en contrôler la sincérité et dont les droits ne peuvent être modifiés au gré des contractants.

Attendu qu'il n'est pas exact de prétendre que l'administration ait des droits à faire valoir contre Gambon dans le sens de l'art. 1328 c. civ., c'est-à-dire un recours pécuniaire à exercer contre lui; qu'à la vérité on peut dire qu'elle a pour mission de faire respecter les conditions du séquestre, et que cette mission est d'ordre public, puisque la contrainte exercée contre les contumax a pour but de vaincre leur résistance aux ordres de justice; mais qu'il est également d'ordre public que les débiteurs payent leurs dettes et que, ces deux intérêts mis en présence, il s'agit de rechercher lequel des deux doit l'emporter; qu'il serait extrêmement rigoureux que des actes, valables au regard de celui contre qui ils devraient être invoqués, pussent cesser d'avoir tout à coup leur effet par la faute de celui-ci; — Que l'art. 471 c. instr. cr. dit positivement que « les biens du contumax seront considérés et régis comme biens d'absent »; que partant, l'Administration remplit dans la circonstance le rôle des envoyés en possession provisoire; que personne n'admettrait qu'un envoyé en possession provisoire pût opposer comme fin de non-recevoir à la demande d'un créancier de l'absent qu'il n'est pas l'ayant cause de celui-ci et non son ayant cause; qu'il est évident, au contraire, qu'il a pour mission légale de représenter l'absent et de gérer ses affaires comme celui-ci le ferait, si sa volonté ne le retenait ailleurs; que même, dans l'espèce, l'administration n'est pas seulement l'ayant cause de Gambon; qu'aucun des droits de celui-ci ne s'est détaché de la personne pour le profit de l'administration; qu'il est plus exact de dire qu'au regard des créanciers, elle est Gambon lui-même; — Attendu qu'il n'y a point à s'arrêter à cette objection que le système adopté par le présent jugement offrirait dans

tous les cas au contumax la possibilité, par le moyen des antidates, d'arriver à ce que les engagements produisent effet sur ses biens; que le séquestre aurait toujours la faculté d'arguer de la fraude, mais que cette démonstration doit rester à sa charge, et que, s'il ne la fait pas, il doit accepter comme sincères les titres qui lui sont opposés; qu'il serait souverainement injuste que la simple possibilité d'une fraude pût renverser les droits les mieux acquis;...

Condamne l'administration des domaines comme séquestre des biens du contumax Gambon à payer à Dumaige, etc.

Du 5 mars 1877.-Trib. civ. Sancerre.-M. Guillemot, pr.

(1) (Garette C. Adm. du Domaine.) — LA COUR; — Considérant que, le 19 déc. 1873, Maurice Lachâtre a été condamné par le conseil de guerre à la peine de la déportation; que cette condamnation ayant été prononcée par contumace, ses biens ont été soumis au séquestre, conformément aux art. 465 et 471 c. instr. cr.; que cependant les appelants concluent à ce qu'il plaise à la cour, ordonner que Quest, administrateur provisoire, nommé par ordonnance de référé du 26 sept. 1874, cessera immédiatement ses fonctions et leur remettra les biens avec compte de son administration; qu'ils fondent leurs prétentions : la femme Garette, sur ce qu'il existerait entre elle et Lachâtre, une société en nom collectif constituée par acte du 1er oct. 1867; Vernouillet et Franques sur ce que, par acte du 13 févr. 1873, Lachâtre leur aurait fait donation de la moitié dans la société par lui formée avec la femme Garette; — Considérant, à l'égard de Vernouillet et Franques, qu'il ne s'agit point, quant à présent, de décider si la donation qui leur a été faite émane d'un donateur capable ou incapable, et si Lachâtre ayant été condamné à la déportation par contumace sans qu'il se soit écoulé encore cinq ans depuis l'exécution par effigie, il est ou non déjà frappé d'interdiction légale et d'incapacité de disposer de ses biens par donation entre vifs; qu'il ne s'agit, dans le débat actuel, que d'assurer l'exercice des droits de l'administration en sa qualité de séquestre des biens du condamné, et par application des art. 465 et 471 c. instr. cr.; que tenant de lui-même ce droit de régie, sauf compte ultérieur, il ne saurait en voir l'usage arrêté entre ses mains par aucun acte de disposition que le contumax aurait consenti à des tiers, auxquels il ne peut transférer plus de droits qu'il n'en a lui-même; qu'il est, en conséquence, nonobstant la donation du 13 févr. 1873, recevable et fondé soit à retenir pour lui la gestion des biens qui y sont compris, soit à demander qu'elle soit continuée par l'administrateur provisoire précédemment nommé; — Considérant, à l'égard de la femme Garette, que le séquestre du domaine ne frappant que les biens du contumax, c'est précisément à raison de l'état d'indivision existant entre elle et son coassocié, que cet administrateur provisoire doit être maintenu ainsi que l'ont ordonné les premiers juges; qu'autrement le droit de l'administration deviendrait illusoire sur les biens indivis, et s'il n'était pas judiciairement pourvu à leur gestion dans l'intérêt commun des parties;...

Par ces motifs, met l'appel à néant...

Du 26 févr. 1876.-C. de Paris, 1re ch.-MM. Larombière, 1er pr.-Ducreux, av. gén.-Cellier et Lefranc, av.

séquestre, et déjouer au besoin cette manœuvre (Demolombe, t. 2, *De l'absence*, n° 53 ; Géraud, n° 2286). Mais si l'existence du contumax est certaine, attestée par les allées et venues de ses amis, de sa famille, par une correspondance, une suite d'affaires en pays étranger, etc., c'est l'art. 471 c. instr. cr. qui seul devra être appliqué, et la durée maximum du séquestre sera de vingt ans à dater de l'arrêt de contumace (Nusse, *loc. cit.*).

60. On a exposé au *Rép.* n° 66 que le domaine ne peut prétendre à la portion de fruits que la loi alloue aux envoyés en possession (c. civ. art. 127). Aucun texte ne lui donne, en effet, ce droit, et séquestrer n'est pas confisquer. Cette opinion est maintenant enseignée par la grande majorité des auteurs. Aux autorités citées au *Répertoire* comme l'ayant soutenue, il faut ajouter Aubry et Rau, t. 1, § 84, p. 347, texte et note 19 ; Valette sur Proudhon, *Traité de l'état des personnes*, t. 1, p. 146 ; Humbert, n°s 361 et 362 ; Rodière, *Procédure criminelle*, p. 323 ; Géraud, n° 2224 ; Nusse, n° 685 ; Pascaud, *Du séquestre des biens des contumax*, *Revue critique*, 1879, t. 8, p. 16. V. cependant en sens contraire : Paul Pont, *Petits contrats*, t. 1, p. 256.

61. Mais, contrairement à ce qui a été dit au *Rép.* n° 67, le domaine peut aujourd'hui réclamer du contumax dont il a géré les biens et qui a obtenu sa réintégration, non seulement ses dépenses justifiées, mais de plus un droit proportionnel de 5 p. 100 à titre de frais généraux de régie. En effet, d'après l'art. 16 de la loi des 5-15 mai 1855 (D. P. 55. 4. 70), « les frais de régie dus à l'administration des domaines sur le montant des sommes et des produits qu'elle recouvre pour *le compte des tiers* ou qui doivent lui être remis, seront prélevés et perçus au taux uniforme de 5 fr. par 100 fr., et à titre d'administration et perception » (V. conf. Aubry et Rau, t. 1, § 84, p. 348, note 20 ; Nusse, n° 686 ; Géraud, n° 2263).

62. L'art. 178 c. just. mil. pour l'armée de terre et l'art. 230 c. just. mil. pour l'armée de mer ont déclaré applicables aux jugements par contumace rendus par les conseils de guerre les art. 471, 474, 475, 476, 477 et 478 c. instr. cr. En conséquence, et conformément à la disposition de l'art. 471 de ce dernier code, les biens des condamnés contumax doivent être, *à partir de l'exécution du jugement* du conseil de guerre, placés sous le séquestre du domaine, et régis par lui comme biens d'absent. Un arrêt fait application de cette règle en décidant que la clause du cahier des charges dressé pour parvenir à la licitation d'immeubles indivis entre un contumax condamné par un conseil de guerre et un tiers, portant que les intérêts du prix de la licitation seront payés en l'étude d'un notaire, à supposer qu'elle ait pu être valablement stipulée et acceptée, est devenue lettre morte à la date de la signification du jugement de condamnation, l'administration des domaines s'étant trouvée investie ce jour-là du séquestre des biens du contumax ; et qu'en conséquence, l'acquéreur n'a pu se libérer valablement en d'autres mains que celles de l'administration des domaines, des intérêts de son prix échus postérieurement (Bourges, 23 mars 1875, aff. Gambon, D. P. 77. 2. 114).

63. Mais les codes de justice militaire n'ont pas rappelé les prescriptions finales des art. 466 et 472 c. instr. cr., aux termes desquels il doit être fait envoi au directeur des domaines, pour l'apposition du séquestre, de l'ordonnance de contumace et d'un extrait du jugement de condamnation. Ils ne renvoient pas non plus à l'art. 465, et ils observent un silence absolu sur la mise en séquestre pendant l'instruction. Faut-il en conclure que, si les condamnations par contumace émanant des conseils de guerre entraînent le séquestre, conséquence des condamnations qu'elles prononcent, elles ne sont pas précédées du séquestre d'instruction ; en d'autres termes, que les biens du militaire contumax ne sont frappés du séquestre qu'après le jugement, et non à partir de l'ordonnance rendue par le président du conseil de guerre, conformément à l'art. 178 c. just. mil. de l'armée de terre et à l'art. 227 c. just. mil. de l'armée de mer ? Nous le croyons, avec M. Nusse, n° 571, et notre opinion se fonde sur ce qu'il ne paraît pas possible d'admettre qu'une décharge aussi considérable puisse se produire sans un texte positif. Toutefois la pratique administrative repousse cette solution (Géraud, n° 2231) ; elle s'appuie sur une circulaire du ministre de

la guerre du 13 janv. 1864 et sur une autre du ministre de la marine du 11 mai 1864, qui ont cherché à combler la lacune législative qui vient d'être signalée en prescrivant aux commissaires du Gouvernement l'envoi d'extraits d'ordonnance conformément au droit commun, avec injonction aux préposés de l'enregistrement de donner à ces extraits la même suite qu'au cas de contumace ordinaire.

V. encore sur le mode d'administration des biens du contumax, v° *Droits civils* ; — *Rép.* eod. v°, n°s 637 et suiv.

§ 2. — De la capacité du contumax (*Rép.* n°s 70 à 82).

64. — I. Contumax accusé. — Il est hors de doute que l'accusé qui n'a pas obéi à l'ordonnance de se représenter, mais qui n'a pas été jugé, est, ainsi qu'on l'a exposé au *Rép.* n° 70, suspendu de l'exercice de ses *droits de citoyen* (c. instr. cr. art. 465). En d'autres termes, le contumax est, pendant l'instruction, privé de l'exercice des droits politiques. De plus, toute action en justice lui est interdite (Même article). Mais il n'est point privé de l'exercice de ses droits civils. A la vérité, ses biens sont placés sous séquestre, mais il en résulte seulement qu'il ne peut faire valablement aucun acte qui porte atteinte à la jouissance du domaine. L'accusé subit une simple dépossession de jouissance, il n'est point incapable ; d'où la conséquence que les obligations par lui souscrites, émanant d'une personne capable, seront exécutoires, sur les biens séquestrés, après la levée du séquestre (Nusse, n° 580).

65. — II. Contumax condamné ; Droits civils. — Quant au condamné par contumace, il est évident que, relativement à l'étendue de son incapacité, il n'y a plus lieu de distinguer aujourd'hui, comme on l'a fait au *Rép.* n° 71, entre l'hypothèse où la condamnation emporte mort civile, et l'hypothèse contraire, puisque la mort civile a été abolie par la loi du 31 mai 1854. D'autre part, on sait que les art. 22 à 33 c. civ. ont été abrogés par cette loi (V. *infrà*, n°s 83 et suiv.). Il s'ensuit que le contumax n'est pas plus privé de ses droits civils après la condamnation qu'il ne l'a été pendant l'instruction ; il continue de les exercer, parce que la loi ne l'en a point privé ; seulement, pendant la durée de la condamnation, l'exercice en est paralysé par le séquestre de la régie, et il lui est interdit de disposer des biens dont l'administration appartient à celle-ci.

66. Quant à la peine de l'interdiction légale, nous tenons pour certain, avec la presque unanimité de la doctrine (Demante, *Revue critique*, 1867, t. 1, p. 77 ; Demolombe, t. 1, *Appendice relatif à la loi de 1854*, n° 9 ; Berriat-Saint-Prix, *Exécution des jugements*, n° 9 ; Rodière, *Procédure criminelle*, p. 322 ; Trébutien, *Cours de droit criminel*, t. 1, n° 318 ; Aubry et Rau, t. 1, § 85, p. 353, texte et note 1 ; Nusse, n°s 148 et suiv. ; Hanin, *Conséquences des condamnations pénales*, n° 381 ; Duranton fils, *Revue pratique*, t. 9, p. 5 à 15. V. aussi *Rép.* v° *Peine*, n° 723. — *Contrà :* Bertauld, *Cours de code pénal*, 11e Leçon, p. 258 ; de Moly, *Traité des absents*, n°s 790 à 794 ; Villey, *Précis d'un cours de droit criminel*, p. 486), que les condamnations par contumace n'entraînent pas l'interdiction légale. Aux arrêts cités au *Répertoire* qui ont jugé dans ce sens (Civ. rej. 15 mai 1820, *Rép.* n° 79 ; Montpellier, 19 mars 1836, *ibid.* n° 64 ; 26 mars 1836, *ibid.* n° 73-2°), *adde :* Agen, 20 nov. 1855 (aff. Bonnecaze, D. P. 56. 2. 250) ; Trib. Seine, ch. du conseil, 30 oct. 1874 (aff. Desgages, cité par Nusse, n° 158).

Et nous pensons qu'il n'y a point de différence à faire, à cet égard, entre les condamnations perpétuelles et les condamnations temporaires. L'art. 2 de la loi du 31 mai 1854 dispose, il est vrai, que les condamnations à des peines afflictives perpétuelles emportent l'interdiction légale. Mais cet article a pris l'interdiction légale tout organisée dans l'art. 29 c. pén., et s'est contenté de la transporter dans le domaine des peines perpétuelles, il n'y a rien du cas de contumace. Au reste l'*Exposé des motifs* de la loi du 31 mai 1854 ne peut laisser aucun doute à cet égard. On y lit notamment : « L'état d'interdiction légale, constituée par les art. 29 et 31 c. pén., dont le projet s'approprie les dispositions, frappe les biens de la personne du condamné *pendant la durée de la peine...* Si la condamnation a été prononcée par contumace, comme le condamné n'expie pas sa peine et échappe, au contraire, à l'action de la loi,

l'interdiction légale ne reçoit pas son application » (D. P. 54. 1. 93) (Conf. Trib. Seine, 2e ch., 12 mai 1874, aff. Vatin, Droit du 29 août 1874; Trib. Béziers, 26 juin 1886 (1); Demolombe, t. 1, Appendice relatif à la loi de 1854, n° 9; Humbert, n°s 347 et 445; Valette, Explication sommaire du code civil, p. 20; Nusse, n°s 159 à 167; Frédéric Duranton, op. cit., p. 5; Aubry et Rau, t. 1, § 85, texte et note 12, p. 355, 356; Blanche, t. 1, n°s 146 et 149; Garraud, t. 2, n° 50. — Contra : Bertauld, 13e Leçon, p. 277; Trébutien, t. 1, n° 319; Villey, p. 486). — Dans le code pénal belge de 1867, la question a été tranchée par les textes. La condamnation à la peine de mort entraîne l'interdiction légale dans tous les cas, qu'elle soit prononcée contradictoirement ou par contumace. Les condamnations aux autres peines criminelles n'emportent l'interdiction légale que si elles sont contradictoires (c. pén. belge, art. 20 et 21).

67. Le contumace n'étant pas privé de ses droits civils, et n'étant dépouillé de l'exercice de ses droits que par le séquestre, il suit de là, sans difficulté, qu'il peut se marier, reconnaître un enfant naturel, tester (quand il n'est pas atteint de la prohibition qui s'ajoute aux peines perpétuelles d'après l'art. 3 de la loi du 31 mai 1854), disposer en maître absolu, soit à titre gratuit (sous la même réserve), soit à titre onéreux, des biens qu'il possède en pays étranger (Nusse, n° 579).

De plus, et quant aux biens séquestrés, le contumax conserve le droit de disposer à titre gratuit (s'il n'est pas atteint de peines perpétuelles) ou onéreux, soit directement, soit indirectement, par voie d'engagement de la nue propriété de ses biens. Cette nue propriété échappe, en effet, à l'action du séquestre, puisque le contumax subit non une confiscation, mais une simple dépossession de jouissance (Nusse, n° 579).

68. On a signalé au Rép. n° 79 une autre conséquence de cette règle que le contumax garde en principe l'exercice de ses droits civils, et se trouve dépossédé de l'exercice de son droit de propriété par le séquestre, plutôt que frappé d'incapacité : lorsque la régie du domaine n'a pris aucune mesure à l'égard des biens du contumax, celui-ci peut aliéner librement ces biens, sans préjudice toutefois du droit qui appartiendrait au fisc de faire annuler la vente s'il y avait fraude, notamment, si les actes de disposition avaient été faits dans le dessein évident de contrarier le but de la loi, et de conserver au contumax des ressources dont elle a voulu qu'il demeurât privé, afin de le forcer à se représenter (V. à cet égard les arrêts cités au Rép. n° 80. Conf. Géraud, n° 2242-5°. — Contra : Nusse, n°s 577 et 578).

69. — III. Droits politiques. — Le condamné par contumace est-il privé de l'exercice des droits politiques ? Oui, incontestablement; car il a été, à partir de l'ordonnance de se représenter (V. supra, n° 64), « suspendu de l'exercice de ses droits de citoyen » (c. instr. cr. art. 465), et cette

suspension continue après la condamnation pour durer pendant toute la contumace.

70. Au surplus, si l'arrêt de contumace a prononcé une peine criminelle, cette peine emporte nécessairement la dégradation civique (c. pén. art. 28; L. 31 mai 1854, art. 2), à dater du jour de l'exécution par effigie (même art. 28). On sait, d'ailleurs, que la dégradation civique n'est pas seulement une privation de l'exercice des droits, mais une véritable déchéance qui porte sur la jouissance même de ces droits, c'est-à-dire sur l'aptitude juridique à les posséder. — Cet effet de l'arrêt par contumace relatif à la dégradation civique est une exception à la règle du droit pénal suivant laquelle les condamnations à une peine quelconque, tant qu'elles ne sont pas devenues irrévocables, ne sauraient être exécutoires. Mais nous avons dit supra, n° 44, que, bien que facilement susceptible d'être rapportée puisqu'elle n'a pas été contradictoire, la condamnation par contumace produit des effets immédiats, sous condition résolutoire.

71. — IV. Actions en justice. — Toute action en justice est interdite au contumax (c. instr. cr. art. 465 et 471). La portée de cette prohibition est immense, dit avec raison M. Nusse, n° 587, car le droit est inerte sans sa mise en exercice. Elle entraîne l'impossibilité, pour le contumax, de poursuivre un débiteur, d'interrompre une prescription par une demande en justice, d'assigner un tiers détenteur en reconnaissance d'hypothèque, de saisir immobilièrement, même de procéder aux saisies de conservation (saisie-arrêt, saisie-conservation, saisie-brandon, saisie-gagerie), puisque leur validité est soumise à l'appréciation du juge, de faire une demande de collocation dans un ordre ou une contribution, de produire à une faillite. Elle embrasse toutes les juridictions, civile, commerciale, criminelle, administrative. Elle s'applique (Rép. n° 81) au compromis et, à plus forte raison, à l'arbitrage (Rép. v° Arbitrage, n° 280). — L'interdiction de toute action judiciaire au condamné contumax s'applique même aux instances commencées avant les poursuites, et fait obstacle, dès lors, à ce que l'adversaire saisisse le tribunal, même en défendant, par des conclusions prises contre le contumax personnellement (Trib. Lyon, 15 nov. 1865, aff. Lentillon, D. P. 66. 3. 16).

Il n'y a pas à distinguer, à cet égard, entre les deux périodes de la contumace, la période d'instruction et la période de jugement. A la vérité, l'art. 465 c. instr. cr. porte : toute action lui sera interdite pendant le même temps (le temps de l'instruction de la contumace), et l'art. 471 est muet sur l'impossibilité d'agir en justice. Mais il y a dans les termes dont se sert l'art. 465 un simple vice de rédaction (V. pour l'explication de ce vice : Nusse, n° 612); et, d'ailleurs, il serait étrange que la loi fût plus douce pour le contumax condamné que pour celui qui n'est qu'accusé. — Au reste la durée de l'instruction, ou pour mieux dire de la procédure de contumace, subsiste tant que le condamné ne s'est pas représenté (Limoges, 26 févr. 1847 (2); Agen, 20 nov. 1855, aff. Bonnecaze, D. P. 56. 2. 250; Trib. Lyon, 15 nov. 1865,

---

(1) (Tindel C. Tindel.) — Le tribunal; — Attendu que Frédéric Tindel oppose au demandeur une fin de non-recevoir tirée de ce que, condamné en mars 1849, par contumace, à la peine de mort, par la cour d'assises de Montpellier, il n'est rentré en France qu'après avoir prescrit par une absence de vingt ans la condamnation encourue; que, pour ces causes, il n'a pas le droit d'ester lui-même en justice; — Attendu qu'antérieurement à la loi du 31 mai 1854, et alors que les art. 22 et suiv. c. civ. étaient encore en vigueur, la condamnation à la mort naturelle emportait la mort civile, laquelle ne se prescrivait pas avec la peine; que, par suite, le condamné, qui ne pouvait plus être recherché à cause de la prescription, qui était libre au milieu de la société, n'en était pas moins mort civilement; qu'il ne pouvait, entre autres déchéances, ni posséder aucun bien, ni en disposer, ni recueillir aucune succession; qu'il ne pouvait procéder en justice que sous le nom et par le ministère d'un curateur spécial nommé par le tribunal où l'action était portée; — Mais attendu que la loi du 31 mai 1854 a abrogé les art. 22 à 33 c. civ., et aboli tant pour l'avenir que dans le passé la mort civile en y substituant la dégradation civique et l'interdiction légale; — Attendu que, sous l'empire de cette nouvelle loi, dont l'art. 2 comprend évidemment la condamnation à la peine de mort, la dégradation par contumace fait encourir aux termes de l'art. 28 c. pén. la dégradation civique; qu'il ne saurait être de même de l'interdiction légale; — Attendu, en effet, que l'art. 29 c. pén. dispose que c'est pendant la durée de la peine que le condamné est en état d'interdic-

tion légale, d'où la conséquence que le contumax qui ne subit pas sa peine ne saurait en être frappé; — Attendu que le doute ne peut subsister si l'on se reporte à l'opinion exprimée comme suit dans l'exposé des motifs de la loi de 1854 : « Si la condamnation a été prononcée par contumace, le condamné n'expie pas sa peine, et échappe, au contraire, à l'action de la loi, l'interdiction légale ne reçoit pas son application »; — Attendu que le législateur a pensé sans doute qu'il était inutile de faire encourir l'interdiction légale au condamné par contumace, dès lors que ses biens sont placés sous le séquestre de la régie en vertu des art. 465 et 471 c. instr. cr.;

Par ces motifs; — Sans s'arrêter ni avoir égard à la fin de non-recevoir opposée, laquelle est rejetée comme non fondée, ordonne qu'il soit plaidé au fond, etc.

Du 26 juin 1886.-Trib. civ. de Béziers.-M. Ucciani, pr.

(2) (M... et C... C. Y... et B...) — La cour; — Sur la question de savoir si C... est recevable en l'état devant la cour, soit par lui-même, soit par l'intermédiaire d'un curateur, à demander qu'il soit statué sur l'appel par lui interjeté du jugement du 2 août 1843 qui l'a déclaré en faillite : — Attendu qu'aux termes de l'art. 465 c. instr. cr., qui s'exprime en termes généraux, toute action en justice est interdite au contumax pendant l'instruction de la contumace; qu'évidemment l'intention du législateur a été de forcer le contumax à se présenter à la justice en lui refusant toute action devant elle tant qu'il se montre rebelle à la loi;

aff. Lentillon, D. P. 66. 3. 16 ; Trib. Seine, 2° ch., 12 mai 1874, aff. Vatin, *Droit* du 29 août 1874 ; Aubry et Rau, t. 1, § 84, p. 308, note 6 ; Nusse, n°s 612 et 613).

72. Par qui les actions du contumax doivent-elles être exercées ? On a constaté au *Rép.* n° 72, que la loi ne le dit pas formellement, mais que, le séquestre investissant la régie du domaine de tous ses droits mobiliers et immobiliers, c'est cette administration qui le représente, qui lui succède provisoirement *in universum jus*, et que c'est elle qui doit agir pour lui en justice, soit avant soit après la condamnation. — Aux décisions et autorités citées à cet égard au *Rép.* n°s 72 et 73, il faut ajouter plusieurs arrêts nouveaux. — Il a été jugé : 1° que l'administration des domaines, à titre de séquestre des biens d'un condamné par contumace, a qualité pour le représenter en justice dans toutes les instances où il ne s'agit que de ses biens (Caen, 8 mai 1866, aff. Sorel, D. P. 67. 2. 161) ; — 2° Que l'administration des domaines est le représentant légal de l'accusé contumax, et que c'est, dès lors, contre elle que les créanciers de celui-ci doivent diriger leurs poursuites (Agen, 20 nov. 1853, aff. Bonnecaze, D. P. 56. 2. 250) ; — 3° Que lorsqu'un contumax a interjeté appel depuis sa condamnation, cet appel est nul, mais que le domaine peut, en son nom, intervenir dans l'instance et ratifier cet appel, tant que la nullité n'en a pas été demandée (Caen, 6 janv. 1845, aff. Ceffray, D. P. 45. 2. 115).

73. L'incapacité *d'agir* en justice entraîne-t-elle celle d'y *défendre* ? Des arrêts, cités au *Rép.* n° 76-2°, ont décidé la négative et reconnu au contumax le droit de défense. Un autre arrêt (Toulouse, 14 déc. 1857) (1) a distingué entre les deux périodes de contumace, celle d'*instruction*, celle de *jugement*, accordant au contumax le droit de défense pendant la première période, le lui refusant pendant la seconde. — Une troisième opinion (Aubry et Rau, t. 1, § 84, p. 344, texte et note 7, p. 345, texte et note 13 ; Depeiges, *Étude sur les effets civils des condamnations pénales*, 1889, p. 56) ; reconnaît au contumax qualité pour défendre aux actions intentées contre lui à quelque époque que ce soit, même après que le jugement de contumace est devenu exécutoire, mais en supprimant, tant que dure le séquestre, l'effet des condamnations ainsi obtenues sur les biens dont le contumax est réellement dessaisi. — Nous persistons dans l'opinion exprimée au *Rép.* n° 72, à savoir qu'il appartient à la régie de représenter le contumax en justice, activement et passivement, soit avant,

soit après la condamnation (Conf. Trib. Lyon, 15 nov. 1865, aff. Lentillon, D. P. 66. 3. 16 ; Trib. Seine, 2° ch. 12 mai 1874 ; aff. Vatin, *Droit* du 29 août 1874 ; Nusse, n° 594).

74. Quelle est la sanction de la prohibition d'agir en justice qui pèse sur le contumax ? La nullité des actes faits en justice contrairement à cette prohibition, sans aucun doute. Mais cette nullité est-elle radicale et absolue, ou simplement relative ? D'après l'arrêt de la cour de Caen du 6 janv. 1845 (aff. Ceffray, D. P. 45. 2. 115, déjà cité au *Rép.* n° 77), elle est simplement relative, ayant été introduite non dans l'intérêt du contumax, mais contre lui. Les adversaires du contumax pourraient donc, à leur gré, s'en prévaloir ou l'abandonner. — Cette doctrine, combattue au *Rép.* n° 77, a été consacrée implicitement par la cour de cassation qui, saisie d'un pourvoi formé par un mari contumax contre un arrêt qui, sur la demande de sa femme, avait prononcé contre lui la séparation de corps, a rejeté le pourvoi par des moyens de fond, sans que ni la femme, ni le ministère public près la cour suprême, ni la cour elle-même d'office, aient soulevé aucune fin de non-recevoir résultant de la contumace du mari (Req. 14 mai 1872, aff. Besson, D. P. 73. 1. 18). M. Nusse, n° 598, cite dans le même sens un jugement (Trib. Seine, 2° ch., 10 juill. 1875, aff. Brunereau).

75. S'il ne s'agit ici que d'une nullité purement relative, on en doit conclure, semble-t-il, que le contumax n'est pas recevable à l'invoquer lui-même (V. en ce sens : Duranton, *Cours de droit français*, t. 1, n° 132 ; Nusse, n° 601. — *Contra :* Aubry et Rau, t. 1, § 84, note 24, p. 349). M. Nusse fait observer que l'opinion contraire entraînerait un grave inconvénient dans le système qui refuse au contumax le droit d'agir en justice même comme défendeur. « Si, dans les cas très rares, dit cet auteur, où l'administration des domaines ne peut représenter le contumax, nous accordions à ce rebelle la faculté de demander sa mise hors de cause, ce seraient les demandeurs qui seraient punis, et non le coupable. »

76. En principe le contumax est représenté en justice par le domaine. Mais s'il s'agit d'actions relatives à l'état des personnes, comme les demandes en séparation de corps, en divorce, en désaveu de paternité, par qui sera représenté le contumax, incapable d'agir lui-même en justice ? Sera-ce par un tuteur ? Non, puisque ce contumax n'est pas interdit. Un arrêt de Chambéry, du 28 janv. 1862 (2), rendu peu de

(1) (Dubuc.) — LA COUR ; ... — Attendu que Thomas Dubuc était en fuite lorsqu'il a été renvoyé devant les assises de l'Ariège pour crime de faux ; qu'il n'a pas obéi à l'ordonnance du président des assises du 27 janv. 1856 et qu'il a été condamné par contumace à une peine infamante par arrêt de la cour d'assises de l'Ariège rendu le 26 avril de la même année, et exécuté par effigie le 7 mai suivant ; — Attendu qu'une poursuite en folle enchère a été dirigée contre Thomas Dubuc pendant qu'il était dans cet état de contumace, et qu'elle s'est terminée par l'adjudication du 21 juin 1856, dont il demande la nullité par action

— Attendu que, s'il est vrai que l'art. 465 ne parle que du temps pendant lequel dure l'instruction de la contumace, on doit croire, par une conséquence nécessaire, que l'interdiction est la même après la condamnation par contumace, car on ne peut supposer que la loi ait voulu traiter le condamné plus favorablement que celui contre lequel il n'a été prononcé encore aucune condamnation, le motif qui a porté le législateur à refuser au contumax toute action en justice existant à plus forte raison après la condamnation prononcée qu'avant cette condamnation ; — Qu'il faut donc, en se pénétrant bien de l'esprit et de la portée de l'art. 465 précité, décider que durant l'instruction, comme après la condamnation, tant que le condamné n'obéit point à la loi, et tant que dure son état de contumace, il ne peut exercer aucune action en justice ; — Attendu qu'il ne peut le faire non plus par l'entremise d'un curateur, puisque ce serait éluder la loi et se soustraire par ce moyen à ses prescriptions, et que, de plus, le séquestre continuant d'exister sur les biens du condamné pendant le délai pour purger sa contumace, qui est de cinq ans, c'est à l'administration seule des domaines, qui régit ses biens tant que dure le séquestre, qu'appartient l'exercice des droits et actions du condamné ; — Que c'est ce qui résulte de la combinaison des art. 465, 466, 471 et 472 c. instr. cr. et 28 et 29 c. civ. ;
Déclare C... ou le curateur qui se présente en son nom dans la cause, non recevable en l'état à demander qu'il soit statué sur son appel.
Du 26 févr. 1847.-C. de Limoges, 3° ch.-MM. Garaud, pr.-Soubrebost, av. gén.

principale, en alléguant qu'il n'a été ni appelé, ni représenté dans cette instance ; — Attendu que la poursuite en folle enchère a été régulièrement dirigée, soit contre Thomas Dubuc, soit contre la régie des domaines ; que Thomas Dubuc ne s'étant pas représenté dans le délai de dix jours après l'ordonnance du président des assises, et il est vrai que toute action en justice lui a été interdite, et qu'il n'a pas conservé l'administration de ses biens, mais qu'il est demeuré exposé à toutes les actions que des tiers pouvaient avoir à intenter contre lui, et qu'il n'a pas été incapable d'y défendre ; — Qu'il n'est donc pas fondé à se plaindre de ce que, le 21 avr. 1856, il lui ait été fait notification à son domicile du commandement prescrit par l'art. 735 c. proc. civ. ; qu'à cette époque il a pu personnellement être mis en demeure de remplir ses obligations d'adjudicataire, tandis que le préfet de l'Ariège lui indique comme son représentant légal, n'avait réellement pas qualité pour le défendre ; — Attendu qu'après l'arrêt du 26 avr. 1856, Thomas Dubuc a été représenté par la régie des domaines, chargée du séquestre de ses biens ; que c'est donc avec raison que la signification exigée par l'art. 786 c. proc. civ. a été faite, le 5 juin 1856, au receveur de l'enregistrement de Castillon ; que, quelle que soit l'opinion qu'on adopte sur l'état du condamné contumax, il est certain que la régie avait capacité pour défendre aux actions formées contre lui, et qu'il était même nécessaire de l'appeler dans l'instance afin de pouvoir lui opposer l'adjudication des biens dont le séquestre lui était confié ; — Confirme.
Du 14 déc. 1857.-C. de Toulouse, 1re ch.-M. Piou, 1er pr.

(2) (Jacquemond C. Chambel.) — Le 24 avr. 1861, jugement du tribunal de Bonneville, ainsi conçu : — « Attendu que les défendeurs opposent à la double demande en désaveu de paternité introduite par le demandeur : 1° que le mandat du 26 juill. 1860 donné par Édouard Chambel est nul pour défaut de pouvoir de la part du mandant qui est en état d'interdiction légale ; 2° que le tuteur de l'interdit étant présent sur les lieux, devait agir dans le mois de la naissance des enfants, sous peine de déchéance ; 3° qu'au fond, les faits articulés pour prouver l'impossibilité de cohabitation sont inadmissibles ; — Attendu, sur les

temps après l'annexion française, a pourtant admis la représentation par le tuteur en matière de désaveu ; mais c'est que dans le droit sarde, la condamnation à une peine criminelle entraînait l'interdiction légale, même par contumace. Sera-ce par un curateur? Le tribunal de la Seine, le 30 oct. 1874 (aff. Desgages, cité par M. Nusse, n° 602), a admis aussi l'action du tuteur en matière de séparation de corps. Nous pensons avec ce dernier auteur, n° 603, que, pour l'exercice de droits personnels, exclusivement attachés à l'individu, le contumax ne peut être représenté par personne. S'il est demandeur, son adversaire pourra l'écarter par une fin de non-recevoir. S'il est défendeur, comme les tiers ne doivent pas souffrir de son incapacité, ils pourront l'actionner, mais il ne pourra se défendre. Il sera donc assigné sans pouvoir demander le renvoi tiré de son incapacité. « Et comme l'administration du domaine est exclue d'un débat personnel, que le demandeur seul avait qualité pour faire prononcer la nullité de l'assignation lancée à sa requête ; que le ministère public ne peut y conclure, ni le tribunal l'ordonner d'office, ce résultat sera obtenu sans violation de la loi » (Nusse, *loc. cit.*).

77. Il est pourtant un cas, déjà signalé au *Rép.* n° 74, où un curateur doit être nommé par justice au contumax : c'est celui où le domaine a des poursuites à exercer contre ce dernier. Il faut bien, en effet, donner au contumax un représentant autre que le domaine poursuivant. C'est ce qui a été reconnu par un arrêt de la chambre des requêtes du 6 déc. 1836 (*Rép.* n° 75), et admis par les instructions de l'Administration. Le directeur des domaines est alors tenu de présenter requête au tribunal civil du dernier domicile du contumax, à l'effet de faire nommer un curateur contre qui seront ensuite dirigées les poursuites (Géraud, n° 2271).

78. Les sentences par contumace émanant des conseils de guerre des armées de terre et de mer n'entraînent pas la déchéance du droit d'agir en justice, car, d'une part, les codes de justice militaire sont muets sur ce point, et, d'autre part, ces mêmes codes ne renvoient pas à l'art. 465 c. instr. cr. (Nusse, n° 614).

79. — V. INCAPACITÉS D'ÊTRE JURÉ, DE SERVIR DANS L'ARMÉE. — Aux termes de l'art. 2 de la loi du 21 nov. 1872 sur le jury, (D. P. 72. 4. 132), « sont incapables d'être jurés :... 6° ceux qui sont en état d'accusation ou de contumace ». D'autre part il a été jugé avec raison par le conseil d'État que l'incapacité prévue par l'art. 7, § 2 de la loi du 27 juill. 1872 (D. P. 72. 4. 55), qui exclut du service militaire tout condamné à une peine afflictive ou infamante, existe même lorsque la condamnation n'a été prononcée que par contumace (Cons. d'Ét. 16 déc. 1881, aff. Launay, D. P. 83. 3. 35). — Quelle sera la situation du jeune homme rayé comme indigne si, postérieurement, il purge sa contumace et est condamné à une peine n'entraînant pas l'exclusion de l'armée française, ou s'il est déclaré non coupable? Aucune disposition de loi ne prévoit cette hypothèse ; toutefois, comme il n'est pas admissible que la faute commise par l'accusé en ne se présentant pas immédiatement devant les juges l'exempte du service militaire, il semble qu'on doive procéder à son égard dans la forme indiquée par l'art. 12 de la loi de 1872 précitée pour les jeunes gens omis sur les listes, c'est-à-dire qu'on doit l'inscrire sur la liste de l'année qui suit celle où sa comparution, en anéantissant les effets de la condamnation par contumace (c. instr. cr. art. 472), a fait disparaître la cause à raison de laquelle il avait été retranché de la liste de sa classe.

80. — VI. REPRÉSENTATION DU CONTUMAX ; DÉCÈS. — Aux termes de l'art. 476, § 1er, c. instr. cr., le jugement de contumace est anéanti si l'accusé se constitue prisonnier ou s'il est arrêté avant que la peine soit éteinte par prescription. Les effets de cette comparution sont étudiés *infrà*, nos 95 et suiv.

81. Le décès du contumax avant la prescription opère-t-il

---

deux premières exceptions, qu'il ressort de la combinaison des art. 22 c. pén. et 392 c. civ. sardes, dont les dispositions sont du reste conformes au droit français, que l'interdit est assimilé au mineur pour sa personne et pour ses biens ; qu'un tuteur doit lui être donné pour agir en son nom et pour administrer ; qu'en un mot, les lois sur la tutelle des mineurs lui sont applicables ; qu'il suit de là que le tuteur a, non seulement le droit, mais encore le devoir de représenter l'interdit dans tous les actes civils, c'est-à-dire toutes les fois qu'une faculté ou un droit appartenant à un interdit peut donner lieu à un acte civil et, surtout à une action en justice ; qu'on ne peut, dès lors, contester au tuteur le droit d'exercer pour l'interdit d'action en désaveu de paternité, soit parce que la loi ne fait aucune exception à cet égard, soit parce que cette action n'est pas absolument personnelle au mari, puisqu'elle est, dans certains cas, transmissible à ses héritiers ; — Que vainement veut-on faire prévaloir un système intermédiaire, en accordant à l'interdit légal, parce qu'il est capable d'agir avec discernement, la faculté de faire valablement une déclaration de désaveu, faculté qu'on refuserait à l'interdit pour cause de démence ou d'imbécillité ; car c'est créer arbitrairement une distinction que la loi n'admet pas, donner naissance à un privilège là où elle a voulu, au contraire, donner lieu à une aggravation de peine, et violer ainsi ouvertement la loi ; — Attendu que le délai pour l'exercice de l'action en désaveu court contre toutes personnes, même contre les mineurs et les interdits, car il ne s'agit pas ici d'une prescription véritable, mais plutôt d'une déchéance que la loi prononce et qu'encourent de plein droit ceux qui n'ont pas agi dans le délai qu'elle a invariablement fixé ; qu'en effet, on ne peut admettre la suspension de l'action en désaveu sans s'exposer à des conséquences également dangereuses et déplorables, dont les principales sont : d'aller contre la volonté du législateur, qui veut évidemment que cette action soit exercée dans un bref délai ; de courir le risque inévitable de voir disparaître dans cet intervalle les éléments de preuve qu'il est déjà si difficile de réunir en pareille matière ; enfin, de laisser subsister une incertitude complète sur l'état des personnes ; — Attendu qu'il résulte des documents soumis au procès que c'est le 18 mars 1859 qu'il a été nommé un tuteur à l'interdit Chambel, en la personne de Jean Jacquemond ; que les deux enfants, objet du désaveu, sont venus au monde, savoir : Eugène-Hippolyte Chambel, le 29 oct. 1854, et Marie Chambel, le 29 août 1859 ; — Attendu que ce n'est que par exploits des 8 et 27 août 1860 que l'action de désaveu a été introduite ; que cependant il résulte d'une instance commencée en juin 1859 et d'un exploit d'appel du 21 mai 1860, que déjà alors le tuteur avait connaissance de la naissance des deux enfants dont on provoque actuellement le désaveu, puisqu'il concluait en appel que Julie-Adèle Hotte-Gindre fût déclarée tenue de garder à sa charge les deux enfants qu'elle a mis au jour depuis l'absence de son mari ; qu'ainsi il est constant au procès que le demandeur ne s'est pas pourvu dans le délai prévu par l'art. 154 c. civ. sarde ; — Attendu, cela posé, qu'il est superflu d'entrer dans l'appréciation des faits articulés par le demandeur ; — Par ces motifs, déclare le demandeur non recevable en ses conclusions ». — Appel. — Arrêt.

LA COUR ; — Attendu que, quelles que soient la nature et la portée des preuves tendant à constater l'illégitimité de l'enfant conçu pendant le mariage, elles ne peuvent, selon les principes du code civil sarde, conformes, sur ce point, à ceux du droit français, détruire le bénéfice de la possession d'état, ou la présomption de paternité, qu'autant qu'elles sont invoquées à l'appui d'une action en désaveu, régulièrement intentée dans les délais de l'art. 154 ; — Attendu que l'art. 52 c. civ. sarde, en se combinant avec les art. 45 du même code et 22 c. pén., alors en vigueur, étendait ses dispositions au condamné contumacialement à la réclusion ; que ce condamné était, d'après l'art. 22, frappé d'interdiction légale tant que durait la peine, c'est-à-dire, tant que cette peine n'avait pas été subie, ou n'était pas révoquée aux cas prévus par les art. 54 et 55 c. civ., ou prescrite ; — Attendu que l'art. 392 de ce dernier code identifie la situation de tout interdit avec celle du mineur, qui doit être représenté par un tuteur dans tous les actes civils ; — Attendu que le changement de législation n'a pu porter atteinte aux effets de la condamnation de Chambel, qui l'a précédé ; — Attendu que le droit de désavouer l'enfant conçu pendant le mariage, droit susceptible de passer même aux héritiers du mari, n'est pas plus excepté du nombre des actes que peut et doit exercer le tuteur en qualité de représentant de l'interdit que ne l'est celui de repousser par des preuves contraires, aux termes de l'art. 166 c. civ. sarde, les prétentions de l'enfant qui viendrait réclamer un état dans la famille de l'interdit ; — Attendu que le contumax Chambel, condamné à la réclusion par arrêt du 30 juin 1846 et frappé d'interdiction, n'a pu donner mandat pour exercer l'action en désaveu ; que l'acte du 26 juill. 1860 est sans efficacité légale, soit pour soustraire l'action intentée par le tuteur à la déchéance encourue, soit pour justifier la nouvelle qualité que ce tuteur a subsidiairement invoquée céans, en contradiction manifeste avec celle sous laquelle il avait constamment agi au procès et s'était porté appelant ; — Attendu que les délais établis par l'art. 154, à peine de déchéance, courent évidemment contre le tuteur chargé d'exercer les droits de l'interdit ;

Par ces motifs, adoptant, pour le surplus, les motifs des premiers juges, confirme, etc.

Du 28 janv. 1862.-C. de Chambéry, aud. sol.-MM. Girod, pr.-Jolibois, proc. gén.-Palluel et Bouvier, av.

aussi résolution de l'arrêt? Nous avons au *Rép.* n° 82 admis l'affirmative, avec un arrêt de la cour de Paris du 4 janv. 1840; mais cette solution basée sur la combinaison des art. 29, 30, 31 c. civ., 471, 476 et 365 c. instr. cr., nous paraît douteuse aujourd'hui, depuis la promulgation de la loi du 31 mai 1854. Cette loi a abrogé les art. 22 à 34 c. civ., et n'a laissé subsister, pour régler la matière, que le seul paragraphe 1er de l'art. 476 c. instr. cr. Or cet article ne mentionne pas la mort comme anéantissant les effets de la contumace. Nous en concluons que le seul événement résolutoire est la comparution du contumax. Comme le dit M. Nusse, n° 850, « la mort rend l'anéantissement du jugement de contumace impossible; elle surprend le contumax dans l'impénitence finale et définitive devant le droit » (V. aussi dans le même sens : Le Sellyer, *Traité de la compétence*, n° 1183; Sourdat, *Traité de la responsabilité*, t. 1, n° 282; Hoffmann, *Questions préjudicielles*, n° 61).

82. Sur l'effet de la comparution ou du décès du condamné relativement aux incapacités spéciales édictées par l'art. 3 de la loi du 31 mai 1854, V. *infrà*, n°s 84 et suiv.

§ 3. — **Effets particuliers des condamnations par contumace emportant mort civile** (*Rép.* n° 83). — **Déchéances établies par la loi du 31 mai 1854.**

83. Aucune condamnation n'emporte plus la mort civile, puisque celle-ci a été abolie par l'art. 1er de la loi du 31 mai 1854 (D. P. 54 4. 91), les observations placées au *Répertoire* sous la rubrique qui précède ne peuvent plus avoir d'application. Mais cette peine a été remplacée (art. 2 et 3 de la même loi) par un ensemble de déchéances et d'incapacités qui frappent, comme autrefois la mort civile, les condamnés à des peines afflictives perpétuelles, savoir : la dégradation civique et l'interdiction légale (art. 2); l'incapacité de disposer et de recevoir à titre gratuit et l'annulation du testament fait par le condamné antérieurement à sa condamnation (art. 3) (V. *infrà*, v° *Droit civil*). — Ces diverses peines sont-elles encourues par les condamnés par contumace à des peines afflictives perpétuelles? Nous avons déjà admis la négative en ce qui concerne l'interdiction légale, qui n'a lieu que pendant la *durée de la peine* (V. *suprà*, n° 66). Il est certain, au contraire, que les autres déchéances sont encourues par les contumaces, savoir : la dégradation civique à partir de l'exécution par effigie, suivant la règle générale de l'art. 28 c. pén., et l'incapacité spéciale de disposer et de recevoir à titre gratuit, créée par la loi de 1854, cinq ans seulement après l'exécution par effigie, aux termes de l'art. 3, al. 3, de ladite loi de 1854.

84. Pendant le délai de grâce de cinq ans qui suit l'exécution par effigie, le contumax n'est pas atteint, même conditionnellement, de l'incapacité de disposer et de recevoir. L'immunité, durant ce délai, est absolue. Par conséquent, si le condamné vient à mourir dans les cinq ans, il mourra *integri status*, ayant conservé la pleine jouissance du droit de disposer et de recevoir à titre gratuit. De même, s'il reparaît ou est arrêté avant l'expiration des cinq ans, aucune des incapacités décrétées par l'art. 3 de la loi de 1854 n'aura pu l'atteindre ; et, par conséquent, les donations entre vifs et les legs qui auraient été faits à son profit, seront valables, de même que son propre testament devra être exécuté (Demolombe, t. 1, *Appendice relatif à la loi du 31 mai 1854*, n° 19; Bertauld, 13e *Leçon*, p. 285; Nusse, n° 839; Garraud, *Traité de droit pénal français*, t. 2, n° 49).

85. Aux termes de l'art. 30 c. civ., lorsque le condamné par contumace à une peine emportant mort civile ne se représentait ou n'était arrêté qu'après les cinq ans à dater de l'exécution par effigie, fût-il absous par le nouveau jugement, il ne rentrait dans ses droits civils que pour l'avenir, et le premier jugement conservait, pour le passé, les effets que la mort civile avait produits dans l'intervalle écoulé depuis l'époque de l'expiration des cinq ans jusqu'au jour de sa comparution en justice. C'est ce qui résultait aussi du second alinéa de l'art. 476 c. instr. cr. Ces dispositions sont-elles aujourd'hui applicables au condamné par contumace à une peine afflictive perpétuelle, en ce qui concerne les incapacités spéciales décrétées par l'art. 3 de la loi nouvelle? Cette question est fort controversée. Plusieurs auteurs, se

fondant sur ce que l'art. 3 est un emprunt à l'ancienne organisation de la mort civile et aussi sur ce que le délai de grâce s'expliquerait peu si l'inobservation de ce délai n'avait pas pour sanction le maintien dans le passé de la déchéance, soutiennent que le paragraphe dernier de l'art. 3 s'incorpore à l'art. 476 c. instr. cr., et que les effets des incapacités produits jusqu'au jour de la comparution sont irrévocablement maintenus. « Pourquoi ce sursis de cinq ans, dit M. Bertauld, 13e leçon, p. 288, si l'application de l'art. 3 est en suspens tant que vingt années ne sont pas révolues? Est-ce que la loi nouvelle, dans ce paragraphe, ne s'est pas référée aux art. 29 et 30 c. civ., en infligeant des déchéances moins graves que celles résultant de la mort civile? (V. aussi Bertauld, *Questions controversées sur la loi abolitive de la mort civile*, p. 29 à 32 ; Ortolan, t. 2, n° 2339 *ter*; Garraud, *Traité du droit pénal français*, t. 2, n° 49). Mais nous ne saurions admettre une exception aussi exorbitante au droit commun sans un texte formel. La règle générale, dit très bien Demolombe, t. 1, *Appendice relatif à la loi du 31 mai 1854*, n° 20, règle de raison, de justice et d'humanité, c'est que si le contumax se constitue prisonnier, ou s'il est arrêté avant que la peine soit éteinte par prescription, le jugement rendu par contumace est anéanti de plein droit (c. instr. cr. art. 476, 1er al.). Or l'art. 30 c. civ. et le second alinéa de l'art. 476 c. instr. cr. apportaient à cette règle, en ce qui concernait les condamnés par contumace à une peine emportant mort civile, une exception exorbitante; rien n'indique que le législateur de 1854, en abolissant la mort civile, ait maintenu cette exception. Ajoutons que le sursis de cinq ans est, pour le contumax, une disposition de faveur, qui ne doit pas être retournée contre lui (Conf. Demante, *Revue critique*, 1857, t. 1, p. 78, § 3; Humbert, n° 443; Valette, *Explication sommaire du livre 1er*, n° 27; Nusse, n° 839; Villey, *Précis de droit criminel*, p. 489; Depeiges, *Étude sur les effets civils des condamnations pénales*, 1889, p. 224).

86. Si le condamné meurt après les cinq ans qui suivent l'exécution par effigie, sans s'être représenté, la condamnation devient irrévocable; les incapacités et la nullité de l'art. 3 de la loi du 31 mai 1854 sont encourues, et le décès survenu ne les efface pas rétroactivement par une sorte de condition résolutoire (Bertauld, 13e Leçon, p. 288; Garraud, *Traité du droit pénal français*, t. 2, n° 49 ; Nusse, n°s 849 et 850). — De même, si la peine vient à être *prescrite* par l'expiration d'un délai de vingt ans à compter de la date de la condamnation, les incapacités sont définitivement encourues, et aucun événement postérieur ne peut plus modifier la situation du condamné, puisque l'arrêt de contumace, d'où résulte la déchéance, est désormais irrévocable (Garraud, *loc. cit.*).

§ 4. — **Autres effets de la contumace.**

87. Le *Répertoire* s'est surtout attaché, dans l'étude de l'art. 5 aux effets de la contumace relatifs aux droits civils et politiques du contumax, et il a consacré à cet objet tous les paragraphes 1er et 2 de cet article (V. *ibid.* n°s 60 à 82). Mais la contumace produit d'autres effets importants, notamment, en ce qui concerne les peines pécuniaires et les condamnations civiles. Il nous a paru utile de réunir dans un paragraphe spécial les observations que nous devons présenter à cet égard.

88. Il est évident que l'arrêt rendu par contumace ne peut être exécuté sur la *personne* du condamné pendant les délais de la prescription de la peine, puisque, dès que celui-ci se représente ou est saisi, l'arrêt est anéanti de plein droit (c. instr. cr. art. 476). L'exécution des peines corporelles prononcées sur un arrêt de contumace est donc impossible. — En est-il de même des peines *pécuniaires*? En d'autres termes, le recouvrement des amendes prononcées par contumace pourrait-il s'effectuer par provision? Et, de son côté, la partie civile pourrait-elle, aussi par provision, recouvrer les dommages-intérêts auxquels l'arrêt aurait condamné le contumax à son profit? La solution de cette question dépend de celle qu'il convient de donner à la question plus générale de savoir quel est le véritable caractère de l'arrêt rendu par contumace. Or nous avons dit *suprà*, n° 44, que, d'après nous, l'arrêt par contumace, sans être irrévocable, est, en un certain sens, définitif ; que, tant que le condamné ne se

présente pas et n'est pas arrêté, cet arrêt doit produire les effets dont il est susceptible; « que ce qui est subordonné à une condition, c'est sa résolution, et non son existence ; que l'arrêt rendu par contumace a les effets d'un arrêt contradictoire, sauf en ce qui concerne les peines nécessitant une exécution matérielle et supposant par conséquent l'acceptation du prévenu. » (Garraud, *Questions pratiques sur la contumace, Revue critique*, 1878, t. 7, p. 382). En conséquence, nous estimons que les peines pécuniaires prononcées par contumace peuvent être exécutées pendant les délais de la prescription de la peine à la requête du ministère public, et que les condamnations à des dommages-intérêts peuvent être aussi, dans le même temps, recouvrées par la partie civile. C'est ce qui a été jugé, pour le recouvrement de l'amende, par un arrêt de la cour de Metz du 28 févr. 1856 (aff. Metzger, D. P. 57. 2. 49), et par un arrêt de la cour de Besançon du 30 août 1856 (aff. Sucillon, D. P. 57. 2. 51); et pour les dommages-intérêts, par l'arrêt de la cour de cassation du 27 juill. 1813 (cité au *Rép.* n° 99), auquel il faut ajouter : Colmar, 3 mars 1810 (*Rép.* v° *Instruction criminelle*, n° 100); Nîmes, 8 août 1849, et Trib. Senlis, 25 avr. 1850 (cités par Géraud, n° 2260). — Sur la question de savoir si le condamné, après sa comparution et son acquittement, pourrait répéter la somme ainsi payée, V. *infra*, n° 102.

89. Si la partie civile avait omis de saisir la juridiction criminelle qui a statué par contumace, pourrait-elle porter son action en dommages-intérêts devant le tribunal civil? Non, dit M. Géraud, n° 2260, parce que le jugement par contumace n'est pas exécutoire (conf. Trib. civ. Foix, 17 déc. 1855, et Trib. civ. Neufchâtel, 1er juill. 1864, cités par Géraud, *ibid.*). Oui, dirons-nous, au contraire, parce que ce jugement, bien que n'étant pas absolument irrévocable, n'en constitue pas moins une décision définitive, dont l'autorité, en ce qui touche l'existence du fait reconnu constant, s'impose à la juridiction civile (Paris, 22 déc. 1873, aff. Damars, D. P. 74. 2. 147). Le jugement rendu par contumace est aussi, d'après la jurisprudence, estimé définitif pour le recouvrement des dépens du procès (Arrêts de Metz et de Besançon cités *supra*, n° 88), sauf remboursement ultérieur en cas de représentation et d'acquittement (Conf. Nusse, n° 845 à 848). — Quant aux frais dits de contumace, résultant de la procédure spéciale occasionnée par la rébellion à la loi, frais dus par le contumax comme peine de sa désobéissance alors même qu'il serait définitivement acquitté (c. instr. cr. art. 478), ils peuvent *a fortiori* être recouvrés en vertu de l'arrêt de condamnation par contumace.

90. Aux termes de l'art. 232 c. civ. (texte modifié par la loi du 27 juill. 1884, D. P. 84. 4. 100) « la condamnation de l'un des époux à une peine afflictive et infamante sera pour l'autre époux une cause de divorce ». Une pareille condamnation peut-elle être invoquée comme cause de divorce (ou de séparation de corps) lorsqu'elle est prononcée par contumace? L'affirmative n'est pas douteuse, car les art. 232 et 306 c. civ. ne distinguent pas entre les condamnations contradictoires et les condamnations par contumace; mais c'est une question de savoir si la condamnation par contumace peut être invoquée immédiatement, ou s'il faut attendre qu'elle soit devenue définitive par l'expiration de vingt années depuis qu'elle est intervenue.

91. Relativement à la séparation de corps, il a été jugé, avant la loi du 8 mai 1816 qui a aboli le divorce (Crim. rej. 17 juin 1813, *Rép.* n° 82), et depuis cette loi (Paris, 6 août 1840, *Rép.* v° *Séparation de corps*, n° 82), que la condamnation par contumace n'est une cause de séparation de corps qu'après l'expiration du délai de vingt années depuis qu'elle a été prononcée (Conf. outre les auteurs cités au *Rép. ibid.*: Aubry et Rau, t. 5, § 491, p. 178; Massé et Vergé sur Zacharïæ, t. 1, p. 251, § 138, note 16; Valette, *Cours de code civil*, t. 1, p. 368, et *Explication sommaire*, p. 140; Delvincourt, *Cours de code civil*, t. 1, p. 347; Demante, *Cours analytique*, t. 2, n° 7 *bis* V; Allemand, *Du mariage*, t. 2, n° 1374; Frémont, *Traité pratique du divorce et de la séparation de corps*, n° 152; Carpentier, *Loi sur le divorce*, n° 54, p. 111; Le Senne, *Traité de la séparation de corps*, n° 102). —

Toutefois un arrêt plus récent a consacré la solution contraire, en décidant que la condamnation de l'un des époux à une peine infamante prononcée par contumace est, pour l'autre époux, une cause immédiate de séparation de corps (Dijon, 5 mai 1871; aff. Besson, D. P. 73. 1. 17). La cour de cassation, saisie d'un pourvoi formé contre cet arrêt pour fausse application des art. 232, 261 et 306 c. civ., ne s'est pas prononcée sur la question : « Attendu qu'en supposant que la femme ne puisse fonder une demande en séparation sur la condamnation par contumace de son mari à une peine afflictive ou infamante, qu'après un délai de vingt années depuis cette condamnation, l'arrêt attaqué contient deux catégories de faits sur lesquels il a admis la séparation... ; Rejette » (Req. 14 mai 1872, même affaire, D. P. 73. 1. 18). M. Garraud, dans ses *Questions pratiques sur la contumace, Revue critique*, 1878, t. 7, p. 380, et M. Nusse, n° 842, 846 et 847, ont soutenu la doctrine de la cour de Dijon, qui a été examinée et discutée dans une note sous cet arrêt (D. P. 73. 1. 17).

92. C'est une question résolue par l'affirmative en jurisprudence (Dijon, 28 déc. 1864, aff. Hild, D. P. 65. 2. 7; Caen, 13 mai 1867, aff. Launé, D. P. 67. 5. 393 ; Bordeaux, 11 août 1868, aff. Bonamy, D. P. 69. 2. 116; Dijon, 5 mai 1871, cité *supra*, n° 91; Caen, 29 janv. 1872, aff. Barré, D. P. 72. 2. 159), mais sur laquelle les auteurs sont fort divisés (V. *Rép.* v° *Séparation de corps*, n° 237. Adde : Aubry et Rau, t. 5, § 493, p. 189; Accollas, *Manuel de droit civil*, t. 1, p. 277; Bertin, *Chambre du conseil*, t. 2, n° 968 et suiv.; Frémont, *op. cit.*, n° 616 ; et note sous Bordeaux, 11 août 1868 précité), que celle de savoir si l'art. 261 c. civ., rédigé en vue du divorce, est applicable à la séparation de corps; et si celle-ci peut être prononcée sur la simple présentation d'une expédition en bonne forme de la décision portant la condamnation, avec un certificat du greffier constatant que cette décision n'est plus susceptible d'être réformée par les voies légales ordinaires (texte nouveau de l'art. 261, modifié par la loi du 27 juill. 1884).

Quand le jugement est rendu par contumace, la question est plus délicate encore. Suivant l'arrêt précité de la cour de Dijon, l'art. 261 cesse d'être applicable à la demande en séparation de corps fondée sur une condamnation de cette nature, et la demande doit, en pareil cas, être intentée dans les formes ordinaires (c. civ. art. 307). Soumise à la censure de la cour de cassation, cette doctrine n'a été ni approuvée ni improuvée (Req. 14 mai 1872, aff. Besson, D. P. 73. 1. 17). — M. Nusse, n° 847 estime que le conjoint pourra user de la procédure abrégée de la requête, « l'assignation étant moins nécessaire contre un contumax que contre un condamné contradictoirement, puisque le premier a perdu le droit d'agir en justice ». Quant au certificat (du greffier, d'après la loi de 1884, et non plus de la cour d'assises) constatant « que la décision n'est plus susceptible d'être réformée par les voies légales ordinaires », cet auteur pense que sa délivrance ne présentera pas de difficulté en cas de contumace, car « ce que veut la loi dans l'art. 261, c'est que le jugement ne soit plus susceptible du pourvoi en cassation que peuvent former le procureur général ou la partie civile, et le mot *réformé* ne peut faire allusion à l'anéantissement de la procédure résultant de la comparution éventuelle du contumax; il ne peut s'appliquer à l'hypothèse où cette sentence s'évanouirait *ipso jure*; on ne réforme pas le néant ». M. Garraud, article précité de la *Revue critique*, p. 382, partage cette opinion en se fondant sur la doctrine, par nous admise, que l'arrêt par contumace est définitif, mais prononce sous condition résolutoire (V. dans le même sens : J. Millevoye, *Des conséquences des condamnations pénales afflictives et perpétuelles sur la capacité du condamné*, p. 285, cité par Garraud). Nous nous rangeons à son avis.

93. En ce qui concerne le divorce, il a été jugé, depuis la loi du 27 juill. 1884, que la demande en divorce, fondée sur la condamnation de l'un des époux à une peine afflictive et infamante prononcée par contumace, est irrecevable, si vingt ans ne se sont pas écoulés depuis la condamnation (Trib. Limoges, 7 nov. 1884 [1]). Conf. Trib. Anvers, 23 mars

---

(1) (C... C.C...) — LE TRIBUNAL; — Attendu que l'effet de l'art. 232 nouveau c. civ., portant que la condamnation d'un des époux à

une peine afflictive et infamante sera pour l'autre une cause de divorce, est subordonné aux dispositions de l'art. 261 du même

1876, *Jurisprudence des tribunaux de 1re instance de Belgique*, Cloës et Bonjean, 1877-1878).

Au reste, si l'on peut contester la légalité du principe que toute condamnation par contumace à une peine afflictive et infamante soit immédiatement une cause nécessaire et forcée de divorce ou de séparation de corps, dès qu'elle est demandée par l'autre époux, il n'en faudrait pas conclure que le tribunal ne pourra jamais considérer cette condamnation par contumace comme un motif suffisant de prononcer de suite la séparation ou le divorce. Ainsi le tribunal pourrait considérer comme une injure grave pour l'autre époux le fait et les conséquences de la condamnation par contumace, lorsque la fuite du conjoint condamné a eu précisément pour but d'échapper à la cour d'assises, qu'il a laissé passer un long espace de temps sans revenir purger sa contumace, et que la prolongation volontaire de son absence constitue à la fois une reconnaissance tacite de sa culpabilité et l'abandon injurieux de son conjoint et de sa famille. C'est ce qui a été jugé par la cour de Dijon dans l'arrêt du 5 mai 1871, cité *suprà*, n° 91. — De même un jugement du tribunal d'Amiens en date du 10 mars 1886 (1) a reconnu avec raison qu'une condamnation par contumace à une peine afflictive et infamante peut constituer une injure grave de nature à faire admettre la demande en divorce quand elle a été prononcée contre le mari pour attentat à la pudeur, que le défendeur antérieurement avait été condamné deux fois pour vol, et que dès avant les faits qui ont motivé la procédure criminelle, il avait abandonné sa femme.

94. L'art. 727 c. civ. déclare indigne de succéder, et, comme tel, exclu de la succession celui qui serait condamné pour avoir donné ou tenté de donner la mort au défunt. Une condamnation par contumace suffira-t-elle pour produire cet effet d'indignité? Oui, car la loi ne fait aucune distinction parmi les condamnations, et nous n'hésitons pas à penser que le cohéritier du contumax indigne pourra intenter immédiatement l'action en rescision de saisine, soit au cours du procès criminel devant la cour d'assises, soit en saisissant après coup le juge civil (Nusse, n° 843 et 847). C'est encore une conséquence de la règle que l'arrêt de contumace est définitif, mais prononcé sous condition résolutoire. Demolombe, *Successions*, t. 1, n° 224, décide avec raison qu'en cas pareil, l'effet sera subordonné à la cause; c'est-à-dire, que l'exclusion résultant de l'indignité ne deviendra définitive qu'après l'expiration des vingt années, pendant lesquelles la représentation volontaire ou forcée du condamné ferait tomber l'arrêt de condamnation.

Sect. 3. — De la comparution volontaire ou forcée du contumax (*Rép.* n°s 84 à 127).

Art. 1er. — Des effets de la comparution relativement au jugement et à l'instruction de la contumace (*Rép.* n°s 84 à 106).

95. Ainsi qu'on l'a dit au *Rép.* n° 85, à partir de l'arrêt de condamnation par contumace, la prescription de l'action publique cesse de courir pour faire place à la prescription

---

code, qui veut que le divorce, qui est poursuivi pour cette cause, ne puisse être prononcé qu'autant que la décision qui prononce la condamnation n'est pas susceptible d'être réformé par les voies légales;

Attendu que, d'après les art. 476, 635 et 641 c. instr. cr., tout jugement rendu par contumace, portant condamnation à une peine afflictive et infamante, est anéanti et susceptible d'être réformé lorsque, pendant les vingt ans qui suivent la date du jugement, le condamné se constitue prisonnier, ou qu'il est arrêté; que, sous l'empire du code civil et antérieurement à la loi de 1816, abolitive du divorce, la cour de cassation avait décidé que le divorce ne pouvait être obtenu par l'épouse du condamné contumax avant l'expiration de ce délai de vingt ans; qu'une doctrine unanime a consacré une solution semblable au cas où la séparation de corps est poursuivie par l'épouse du condamné qui a été condamné par contumace à une peine afflictive et infamante;

Attendu, en fait, que d'après un arrêt de contumace du 8 mars 1874, rendu par la cour d'assises de la Haute-Vienne, Léopold C... a été condamné à la peine afflictive et infamante de dix ans de réclusion, pour abus de confiance qualifié; que, depuis la date de cet arrêt jusqu'au moment actuel, moins de vingt ans ne se sont

---

de la peine; d'où il suit que, tant que cette dernière prescription n'est pas acquise au condamné, celui-ci reste passible de la peine qu'entraîne contre lui le fait dont il est déclaré convaincu lors de sa représentation ou de son arrestation (Aux arrêts dans ce sens rapportés au *Rép.* n° 85, et v° *Prescription criminelle*, n° 33, *Adde:* Crim. cass. 1er avr. 1858, aff. Leboucher, D. P. 58. 5. 104; Crim. rej. 3 déc. 1861, aff. Sémonin, D. P. 62. 1. 399; 17 avr. 1863, aff. Guihoux, D. P. 63. 1. 389. Conf. Merlin, *Répertoire*, v° *Prescription*, sect. 3, § 7, art. 4, n° 3; Mangin, *Action publique*, t. 2, n° 340; Morin, *Répertoire*, v[i]s *Contumax*, n° 114; *Prescription*, n° 29; Nouguier, t. 4, n° 3643; Bertauld, *Cours de code pénal*, p. 545; Brun de Villeret, *Prescription criminelle*, n° 240; Trébutien, t. 2, n° 651; Le Sellyer, *Traité des actions publique et privée*, t. 2, n° 534; Sourdat, *Traité de la responsabilité*, t. 1, n° 393; Cousturier, *Traité de la prescription criminelle*, n° 61).

96. Le condamné par contumace ne pourrait pas invoquer la prescription de l'action publique, alors même qu'il contesterait la régularité soit des formes de l'arrêt de condamnation, soit des formes des actes qui l'ont suivi (Arrêts des 1er avr. 1858, 5 déc. 1861 et 17 avr. 1863, cités *suprà*, n° 95. Conf. Mangin, t. 2, n° 341, Merlin, *op. et loc. cit.*, n° 4; Brun de Villeret, n° 243; Cousturier, n° 64. — *Contrà :* Le Sellyer, *op. cit.*, t. 2, n° 535). Toutefois, quant à l'irrégularité concernant l'ordonnance de prise de corps ou de se représenter, elle peut évidemment, l'art. 465 c. instr. cr. le reconnaît d'une manière implicite, être invoquée par le condamné pour faire écarter complètement la condamnation par contumace et arriver par là à revendiquer le bénéfice de la prescription de l'action publique.

97. Au reste, il ne faut pas oublier que, d'après la doctrine de la cour de cassation, attestée déjà par les arrêts recueillis au *Rép.* n° 86, lorsque le fait incriminé n'a plus, après la décision du jury, que le caractère du délit, la prescription pénale que le ministère public peut opposer à l'accusé contumax, n'est plus que la prescription relative aux peines correctionnelles; en sorte que, dans le cas où la durée de cette prescription se trouve accomplie au jour du jugement, aucune peine ne peut plus être prononcée. Cette doctrine a été confirmée par plusieurs arrêts nouveaux (Crim. cass. 9 févr. 1854, aff. Rosel, D. P. 54. 1. 83; Crim. rej. 1er mars 1855, aff. Dumont, D. P. 55. 1. 192; 11 janv. 1861, aff. Rialland, D. P. 61. 5. 371; Crim. cass. 29 juin 1871, aff. Joyon, D. P. 71. 5. 101; C. d'ass. Moselle, 4 déc. 1867, aff. Wagner, D. P. 68. 2. 39-40. Conf. Faustin Hélie, t. 8, n° 4108; Morin, *Répertoire*, v° *Contumax*, n° 14; Bertauld, *Cours de code pénal*, p. 623; Van Hoorebeke, *Prescription en matière pénale*, p. 209; Dutruc, *Mémorial du ministère public*, t. 2, v° *Prescription criminelle*, n° 36; Le Sellyer, *op. cit.*, t. 2, n° 543. — *Contrà :* Brun de Villeret, *Prescription criminelle*, n°s 107 et 422; Cousturier, *op. cit.*, n°s 66 et 113).

98. On a examiné au *Rép.* n°s 91 et 92, la question de savoir jusqu'à quel acte remonte, en cas d'arrestation ou de comparution volontaire du condamné par contumace, l'effet d'extinction résultant de l'art. 476 c. instr. cr., aux termes duquel « le jugement rendu par contumace et les procé-

---

écoulés; que, d'un autre côté, C... ne s'est pas constitué prisonnier, ni n'a été arrêté; que, conséquemment, aujourd'hui, l'arrêt du 18 mai 1874 est encore susceptible d'être réformé par une voie légale ordinaire; que le certificat délivré le 26 août 1884 par le greffier de la cour d'appel de Limoges se borne à énoncer qu'il n'existe sur les registres du greffe aucune mention de déclaration constatant qu'un recours quelconque a été formé contre l'arrêt prédaté; que la vérité de cette attestation n'infirme nullement les propositions ci-dessus émises, desquelles il résulte que si, maintenant ou jusqu'au 8 mai 1894, le condamné se constituait prisonnier, ou était arrêté, l'arrêt de condamnation tomberait de plein droit;

Par ces motifs, etc.

Du 7 nov. 1884.-Trib. civ. de Limoges.-M. Gilbert, prés.

(1) (Ladoux C. Ladoux.) — Le tribunal ;... — En ce qui concerne la demande en divorce : — Attendu qu'il résulte des documents de la cause, et notamment d'une instruction criminelle terminée par un arrêt de la cour d'assises de la Somme rendu par contumace, le 27 avr. 1885, contre Ladoux, que ce dernier a commis des attentats à la pudeur sur la personne de plusieurs petites filles âgées de sept à neuf ans; — Que ces faits constituent une injure grave

dures faites *depuis l'ordonnance de prise de corps ou de se représenter* sont anéantis de plein droit ». L'annulation remonte-t-elle jusqu'à l'ordonnance de prise de corps, ou simplement jusqu'à l'ordonnance de se représenter qui constitue l'accusé en état de contumace? La jurisprudence, expliquant l'art. 476 par cette règle que l'ordonnance de se représenter doit faire mention de l'ordonnance de prise de corps (c. instr. cr. art. 465), décide que l'annulation ne remonte que jusqu'à *l'ordonnance de se représenter* et que les actes antérieurs, notamment la notification de l'arrêt de renvoi et de l'acte d'accusation, demeurent valables. Rien de plus juste à notre avis: on ne concevrait pas, en effet, que la représentation du condamné pût rétroagir sur des actes faits avant qu'il ne fût légalement contumax. D'autre part, l'esprit de la loi paraît commander cette solution, car, avant la loi du 17 juill. 1856, qui a supprimé les chambres du conseil et confié le soin de décerner les ordonnances de prise de corps aux chambres d'accusation elles-mêmes, l'ordonnance de prise de corps était contenue dans l'acte par lequel, en cas de présomption de crime, la chambre du conseil ordonnait de transmettre les pièces de la procédure à la chambre des mises en accusation. Si donc on avait pris à la lettre l'art. 476, on aurait annulé non seulement tous les actes postérieurs à l'arrêt d'accusation, mais cet arrêt lui-même, ce qu'évidemment la loi ne pouvait vouloir (Aux arrêts et autorités dans ce sens rapportés au *Rép.* n°s 91, 92 et 94, *Adde:* Crim. rej. 22 déc. 1853, *Bull. crim.*, n° 59; Nouguier, t. 2, n°s 766 et 767; Garraud, *Précis de droit criminel*, n° 607, p. 740. — *Contrà:* Faustin Hélie, t. 8, n° 3876). Ce dernier auteur estime qu'il y a lieu de notifier de nouveau l'arrêt de renvoi et l'acte d'accusation.

99. Nous persistons dans l'opinion exprimée au *Rép.* n° 95, que l'arrêt de condamnation par contumace n'est anéanti de plein droit que par la représentation volontaire ou forcée du contumax, et non par le simple fait de son arrestation, s'il est parvenu à s'évader avant d'avoir été livré à la justice (Conf. Legraverend, t. 2, p. 595; Marcadé, *Droit civil français*, t. 4, p. 152; Brun de Villeret, n° 244; Cousturier, n° 64. — *Contrà:* Merlin, *Répertoire*, v° *Contumace*, § 3, n° 5, et Carnot, t. 3, p. 351).

100. On a enseigné au *Rép.* n° 96, que si le condamné venait à être détenu par mesure de police administrative pour cause de démence, dans le cas d'impossibilité physique et morale pour lui de se soumettre à un nouveau jugement, l'arrêt de contumace devrait être réputé anéanti. Cette opinion nous paraît toujours exacte; toutefois elle est combattue par M. Nusse, n° 865.

101. Un arrêt de la cour de Colmar du 27 avr. 1858 (aff. Kœnig, D. P. 58. 2. 179), a jugé qu'il n'est pas absolument nécessaire, pour anéantir un arrêt rendu par contumace, que le condamné se constitue ou soit constitué prisonnier, qu'il suffit qu'il se présente volontairement et se tienne à la disposition de la justice. La condamnation par

contumace avait été, dans l'espèce, prononcée par la haute cour de justice; la convocation de cette haute juridiction dépendant de la volonté libre du souverain, il est évident que l'obligation imposée au contumax de se constituer prisonnier aurait pu avoir pour conséquence légale une détention indéfinie, même perpétuelle, qui n'est point entrée dans l'intention du législateur. Dans des circonstances exceptionnelles comme celles de l'arrêt, il paraît juste que le condamné qui cesse d'être en révolte contre la loi, qui s'offre à l'action de la justice, soit admis à jouir du bénéfice attaché à sa soumission. — Le même arrêt de Colmar a décidé qu'en admettant que, dans l'hypothèse d'une condamnation prononcée par la haute cour, le contumax soit dans l'obligation de se constituer prisonnier, il est au pouvoir du Gouvernement de l'en dispenser; et qu'ainsi la rentrée du contumax en France, en vertu d'un sauf-conduit qui lui a été accordé au nom du chef de l'Etat, avec l'autorisation de rester en liberté jusqu'à ce que l'autorité supérieure, en convoquant la haute cour, le mette à même de purger sa contumace, a eu pour effet d'anéantir la condamnation; alors surtout que, depuis sa rentrée, le contumax a, dans une lettre adressée au garde des sceaux, déclaré appeler de tous ses vœux le moment d'être mis en demeure de purger sa contumace par la convocation de la haute cour, offrant même de se constituer prisonnier (V. toutefois Nusse, n° 864; cet auteur critique l'arrêt de la cour de Colmar).

102. La représentation du contumax anéantit-elle les condamnations pécuniaires prononcées au profit de la partie civile? On doit l'admettre, si ces condamnations ont été prononcées par l'arrêt même de contumace, car cet arrêt, étant mis à néant, les dispositions accessoires qu'il pouvait renfermer perdent nécessairement tout leur effet. C'est ce que nous avons reconnu au *Rép.* n° 99, en citant un arrêt contraire de la chambre des requêtes du 27 juill. 1813, et c'est ce qui est admis par la doctrine (Demolombe, *Successions*, t. 1, n° 224; Nusse, n° 848; Garraud, *Questions pratiques sur la contumace, Revue critique*, 1878, p. 369). Les mêmes auteurs en tirent cette conséquence, très juridique, que le condamné qui purge sa contumace et qui est acquitté, peut répéter ce qui a été payé à la partie civile (Mêmes auteurs).

103. La solution serait la même, à notre avis, si la justice civile avait statué par un jugement distinct postérieur à l'arrêt de contumace. Sans doute ce jugement civil a une existence matériellement distincte de l'arrêt criminel, mais il a pour base cet arrêt; il a reçu de lui le vice de la condition résolutoire, et il en est entaché comme lui. Son dispositif est nécessairement conditionnel et subordonné à l'effet que la loi elle-même attache à la condamnation pénale qui sert de principe à la condamnation civile (Nusse, n° 848; Demolombe, *Successions*, t. 1, n° 224. — *Contrà:* Trib. Chaumont, 13 févr. 1878, et sur appel, Dijon, 2 janv. 1879) (1).

---

pour la demanderesse; — Que d'ailleurs Ladoux a été condamné deux fois pour vol; que non seulement il n'a apporté à sa femme que le déshonneur, mais que, dès avant les faits qui ont motivé la procédure criminelle suivie contre lui, il l'avait abandonnée; — Attendu que dans ces circonstances la demande de la dame Ladoux est justifiée et qu'il y a lieu d'y faire droit;

Par ces motifs, donné défaut contre le défendeur faute par lui d'avoir constitué avoué et pour le profit; — Prononce le divorce au profit de la demanderesse, l'autorise à se retirer devant l'officier de l'état civil compétent pour faire prononcer le divorce en présence du sieur Ladoux ou lui dûment appelé; etc.

Du 10 mars 1886.-Trib. civ. d'Amiens.-MM. Obry, pr.-Boutet, proc.-Matifas, av.

(1) (Petitjean *C.* veuve et héritiers Simon.) — Le 28 oct. 1856, un sieur Petitjean a été condamné, par contumace, aux travaux forcés à perpétuité par la cour d'assises de la Haute-Marne. Le jury l'avait déclaré coupable: 1° de deux tentatives de viol et d'un viol sur une fille Antoinette Simon; 2° d'un autre viol sur la fille Mélanie Prister. — Par le même arrêt, il a été alloué au sieur Pierre Prister, intervenant comme partie civile pour sa fille mineure, une somme de 5000 fr. à titre de dommages-intérêts. L'administration des domaines ayant placé sous séquestre les biens du contumax, ces biens ont été exercés contre elle par un créancier de Petitjean; les immeubles de ce dernier ont été vendus judiciairement à la barre du tribunal de Vassy moyennant un prix principal de 6545 fr. — A l'ordre ouvert sur

ce prix, le juge-commissaire a colloqué, d'abord provisoirement, puis définitivement, le sieur Pierre Simon, ancien huissier à Chaumont, cessionnaire de la créance Prister, pour la somme totale de 5733 fr. 15 cent., sur laquelle il a touché, effectivement, celle de 5597 fr. 39 cent., les fonds ayant manqué sur lui. Le contumax était représenté à cet ordre par la régie des domaines, et l'attribution a été signifiée le 12 juill. 1858. - Petitjean est venu purger sa contumace dans les délais légaux, et, par arrêt contradictoire du 25 juill. 1859, il a été condamné à la même peine des travaux forcés à perpétuité, mais pour tentative de viol et attentat à la pudeur sur la fille Simon seulement, la réponse du jury ayant été négative au chef de viol sur la fille Prister. — Dans ces conditions, Petitjean, libéré en 1877, a formé contre la veuve et les héritiers du sieur Pierre Simon une demande en répétition de la somme de 5597 fr. 39 cent., indûment touchée, suivant lui, par leur auteur, en vertu de l'arrêt de contumace du 28 oct. 1856 et du règlement définitif de l'ordre du 12 juill. 1858. — Le 13 févr. 1878, jugement du tribunal civil de Chaumont, ainsi conçu: « Attendu qu'il est sans intérêt, pour la solution du litige pendant, de rechercher, au point de vue des réparations civiles, les conséquences juridiques qu'a pu avoir, en vertu du 26 oct. 1856, le fait par Petitjean d'avoir purgé sa contumace; — Qu'en effet, en 1858, les biens de ce dernier ont été saisis et vendus à la barre du tribunal de Vassy; qu'un ordre a été ouvert et réglé définitivement sur le prix en provenant, et que Simon, cessionnaire de la partie civile, a été colloqué pour la somme de 5000 fr., montant de sa créance qu'il

D'après la doctrine du jugement précité du tribunal de Chaumont, approuvée par Garraud (article précité, p. 372), le jugement civil a, au contraire, l'autorité de la chose jugée, et peut être opposé à toute action en répétition. Mais, suivant ce dernier auteur, le contumax qui se représente et qui est acquitté, aurait un moyen de faire tomber l'autorité qui s'attache à la chose jugée : c'est de se pourvoir contre le jugement civil par requête civile, si toutefois le jugement est en dernier ressort (c. proc. civ. art. 480). Nous préférons la doctrine de MM. Demolombe et Nusse.

104. Au surplus, il est évident que le jugement civil conserverait toute son autorité malgré l'arrêt définitif d'acquittement, si le juge civil, au lieu de motiver uniquement

la sentence sur l'arrêt criminel de contumace, avait visé, soit un quasi-délit (Dijon, 2 janv. 1879, *suprà*, n° 103), soit une violation de contrat pouvant justifier la condamnation civile en dehors du fait criminel (Griolet, p. 348; Nusse, n° 848). Il en serait de même, et le contumax qui, s'étant représenté, a été acquitté ne pourrait pas répéter ce qui a été payé à la partie civile, si sa dette dérivait d'une obligation naturelle en même temps que d'une obligation légale (Trib. Chaumont, 13 févr. 1878, *suprà*, n° 103).

105. Les mêmes règles seraient applicables dans le cas d'une action en rescision de la saisine de l'héritier exercée pour indignité (c. civ. art. 727-1°), soit devant la cour d'assises lors du jugement de contumace, soit plus tard devant

---

a touchée; — Que Petitjean, alors frappé d'incapacité légale et privé de l'administration de ses biens par l'arrêt de contumace, a été légalement représenté à ces procédures par la direction des domaines, agissant conformément aux art. 471 et suiv. c. instr. cr.; qu'elles sont donc contradictoires avec lui; — Attendu que, lors du règlement provisoire, les parties intéressées avaient le droit de critiquer ce travail, mais que les délais fixés par la loi pour fournir ces contredits s'étant écoulés sans réclamation, elles sont présumées avoir reconnu la régularité des opérations en la forme et au fond; — Que, dans le règlement provisoire, le juge a déterminé le droit des parties, reconnu la légitimité de leurs prétentions et réglé le rang des créanciers devaient occuper; que le règlement définitif, qui est intervenu ensuite, n'a fait que donner à ces opérations le caractère de fixité qui leur manquait et les rendre authentiques et exécutoires; — Que si Petitjean ou son représentant légal s'étaient crus fondés à critiquer, pour quelque cause que ce fût, le règlement provisoire, ils devaient le faire dans le mois qui a suivi la dénonciation; mais qu'ayant laissé passer ce délai sans protestation, ils ont encouru la forclusion prononcée par l'art. 756 c. proc. civ.; — Attendu, au surplus, que cette décision a été exécutée par le créancier, qui a touché le montant de sa collocation, et par le débiteur, qui ne s'y est pas opposé; — Que le règlement définitif du 12 juill. 1858 a donc acquis l'autorité de la chose jugée et que les défendeurs sont bien fondés à opposer l'exception qui en dérive; — Sur le moyen tiré de la répétition de l'indu : — Attendu que si, aux termes des art. 1376 et 1377 c. civ., une action en répétition est ouverte au profit de celui qui, par erreur, a payé ce qu'il ne devait pas et contre la personne qui aurait, sciemment ou par erreur, reçu ce qui ne lui était pas dû, cette action n'existe que lorsque les payements sont faits sans cause, par erreur, ou reposent sur une cause fausse; — Attendu que Simon avait produit à l'ordre en vertu de l'arrêt de contumace, condamnant Petitjean à payer à Mélanie Prister 5000 francs de dommages-intérêts; — Que l'on pouvait sans doute contester le caractère définitif de ce titre donné à la collocation, mais qu'il était impossible au séquestre, en l'absence du contumax, de discuter le mérite du titre et la créance qu'il constatait; — Qu'en n'élevant pas de contredit, Petitjean, légalement représenté, ainsi qu'il est dit plus haut, a implicitement accepté le travail du juge en son entier; — Attendu que le payement effectué en exécution de cette collocation avait une cause légitime, c'est-à-dire la réparation d'un préjudice; — Que cette réparation pouvait être l'objet d'un compromis, d'une transaction ou d'une action judiciaire; — Que Petitjean avait intérêt à donner satisfaction à la partie civile avant de purger sa condamnation, parce que les tribunaux avaient la faculté, même en l'acquittant, de le condamner à des dommages-intérêts, et, en tous cas, d'élever le chiffre de ceux précédemment alloués; — Attendu, à un autre point de vue, qu'indépendamment des obligations légales, il en est d'autres qui, prenant leur source dans la conscience, dans des sentiments d'honnêteté ou d'honneur, constituent des dettes dites naturelles; que, bien que ces obligations ne donnent pas naissance à des actions en justice, leur acquittement volontaire est cependant valable sans que les sommes versées pour cette cause soient sujettes à restitution; que la dette de Petitjean envers Mélanie Prister dérivait au moins d'une obligation de cette espèce, de nature à motiver le silence gardé à l'ordre, et le payement qui en a été la conséquence; — qu'à quelque point de vue qu'on l'envisage, ce payement n'est donc pas entaché d'erreur; qu'il n'a pas été fait sans cause et qu'il ne repose pas sur une cause fausse; qu'en conséquence, la demande en répétition n'est pas fondée; — Attendu, enfin, qu'en laissant Simon toucher et conserver, pendant plusieurs années, sans réclamation, les dommages-intérêts alloués par l'arrêt de contumace, Petitjean a mis dans l'impossibilité de se constituer partie civile lors de l'arrêt définitif de la cour d'assises, et qu'avant d'intenter le procès actuellement pendant, il a attendu que l'action civile fût éteinte par la prescription; que cette tactique, assurément habile, a singulièrement compromis les intérêts des défendeurs et donné la mesure de la moralité de la demande; — Attendu, en conséquence, que l'action en répétition n'est ni recevable, ni fondée, et qu'il y a lieu de la repousser; — Par ces motifs, déclare Petitjean non recevable, en tous cas mal fondé en

la demande, l'en déboute et le condamne aux dépens. » — Appel du sieur Petitjean. — Arrêt.

LA COUR; — Considérant que l'action intentée par Petitjean contre les héritiers Simon est une action en répétition de l'indu fondée sur les art. 1235 et 1376 c. civ.; — Qu'il est, dès lors, tenu de démontrer que la somme réclamée a été touchée sans titre par Simon, et qu'elle est retenue sans droit par ses représentants; — Attendu qu'il est constant, en fait, que par arrêt de la cour d'assises de la Haute-Marne, du 28 oct. 1856, Petitjean avait été condamné par contumace, comme coupable d'un viol commis sur une fille Prister, et que le même arrêt accordait 5000 fr. à titre de dommages-intérêts à Prister père qui s'était porté partie civile, au nom de sa fille mineure; — Que les biens de Petitjean ayant été vendus judiciairement en 1857, un ordre avait été ouvert devant le tribunal de Vassy, pour la distribution du prix entre les créanciers; — Que dans cet ordre, le sieur Simon, cessionnaire de la créance Prister, avait produit et obtenu une collocation définitive en vertu de l'arrêt de contumace du 28 oct. 1856; — Qu'enfin un bordereau lui avait été délivré dont il avait reçu le montant des mains de l'adjudicataire;

Attendu qu'il résulte des faits ci-dessus qu'au moment où il encaissait la somme de 5000 fr., et les accessoires en procédant, Simon était nanti d'un titre régulier, et ne recevait que ce qui lui était légalement dû; — Attendu, il est vrai, que, postérieurement à ce payement, Petitjean se constituait prisonnier à l'effet de purger sa contumace et que, traduit devant la cour d'assises, il était déclaré non coupable par le jury, en ce qui concernait le viol commis sur la fille Prister, d'où il suivait qu'aux termes de l'art. 476 c. instr. cr., les condamnations par contumace étaient mises à néant; — Mais attendu que ce verdict du jury n'avait pas pour conséquence nécessaire de faire disparaître les causes de la créance cédée par la fille Prister à Simon, et dont celui-ci avait été payé dans l'ordre Petitjean; — Attendu, en effet, que l'arrêt du 28 oct. 1856 n'avait point créé, mais seulement déclaré et liquidé la créance dont il s'agit; qu'elle puisait son origine, non dans l'arrêt de la cour d'assises, mais dans le préjudice causé à la fille Prister par les faits dont Petitjean était l'auteur; — Attendu que l'existence de ces faits ne saurait être révoquée en doute; que les documents irrécusables mis sous les yeux de la cour, il résulte que, dans le courant de l'année 1856, Petitjean s'était livré sur la personne de Mélanie Prister, alors mineure, à des actes de brutalité et de lubricité dans lesquels le jury de la Haute-Marne n'avait pas reconnu les caractères légaux constitutifs du crime de viol, mais qui tombaient, sans contestation possible, sous l'application de l'art. 1382 c. civ.; — Attendu que ces faits auraient autorisé la fille Prister ou ses ayants droit à former contre Petitjean une action en dommages-intérêts, qui serait encore recevable aujourd'hui, car ayant pour objet la réparation, non pas d'un crime, ou d'un délit, mais d'un simple quasi-délit, elle ne serait prescrite qu'au bout de trente ans; — Attendu que si cette action n'a point été exercée, soit devant la cour d'assises au moment de la comparution de Petitjean, soit depuis devant les tribunaux civils, c'est parce que le payement effectué en 1858 la rendait inutile; — Attendu que les intimés, en leur qualité d'ayants droit de la fille Prister, pourraient encore, devant la cour, reconventionnellement conclure au payement des sommes qui leur sont réclamées, l'art. 464 c. proc. civ. permettant de formuler en cause d'appel toutes demandes, même nouvelles, qui tendent à une compensation, ou qui sont la défense à l'action principale; — Qu'à plus forte raison sont-ils fondés à retenir par voie d'exception ce qu'ils pourraient réclamer par voie d'action; — Attendu que de tout ce qui précède il résulte que le payement effectué entre les mains de Simon, à la suite de l'ordre de 1858, s'appliquait à une créance sérieuse et ne saurait dès lors donner ouverture à une action en répétition;

Par ces motifs; — Statuant sur l'appellation interjetée par Nicolas Petitjean, du jugement rendu par le tribunal civil de Chaumont, le 13 févr. 1878; — Met icelle à néant, et ordonne que ce dont est appel sortira effet...

Du 2 janv. 1879.-C. de Dijon.-MM. Cantel, 1er pr. Lebon, av. gén.-Lombart et Ally, av.

un tribunal civil. — Demolombe, *Successions*, t. 1, n° 224, dit fort bien à cet égard : « Tout événement qui aurait pour résultat d'anéantir la condamnation, anéantirait aussi, du même coup, la cause d'indignité qui en était la conséquence, de même qu'il ferait tomber, d'après la règle générale, les condamnations civiles pour réparations et dommages-intérêts, que la condamnation par contumace aurait prononcées. » Et l'éminent auteur ajoute que cette proposition est évidente dans le cas où l'indignité aurait été prononcée contre le contumax, par l'arrêt même de condamnation, sur la demande des autres héritiers, qui se seraient portés parties civiles, et qu'il faudrait l'appliquer aussi dans le cas où l'indignité aurait été prononcée par les tribunaux civils postérieurement à l'arrêt de condamnation par contumace.

« L'exclusion prononcée au civil serait nécessairement aussi, dans ce cas, conditionnelle et subordonnée à l'effet que la loi elle-même attache à la condamnation pénale, qui seule peut servir de base à la décision civile » (Comp. Demante, t. 3, n° 35 *bis* II ; Massé et Vergé sur Zachariæ, t. 2, p. 245, note 1).

106. On a dit *supra*, n° 91, que, d'après un arrêt de la cour de Dijon du 5 mai 1874 (aff. Besson, D. P. 73. 1. 17), dont la doctrine est approuvée par plusieurs auteurs, la condamnation de l'un des époux à une peine afflictive et infamante prononcée par contumace est, pour l'autre époux, une cause immédiate de séparation de corps. Si une séparation de corps a été ainsi prononcée, le contumax reparaissant pourrait-il assigner le conjoint en réintégration du domicile conjugal ? Oui, dit M. Nusse, n° 848, car l'événement qui anéantit l'arrêt de contumace doit aussi anéantir une condamnation qui n'a été que la conséquence. M. Garraud (article cité *supra*, n° 91), se prononce en sens contraire, par le motif que la séparation de corps résulte d'un jugement passé en force de chose jugée. Seulement, ajoute cet auteur, si ce jugement est en dernier ressort, c'est-à-dire si la séparation de corps a été prononcée par arrêt de la cour, le condamné qui a purgé sa contumace peut faire tomber la séparation de corps en attaquant, par la voie de la requête civile, la décision qui l'a accordée.

107. La même question ne paraît pas pouvoir se poser pratiquement en matière de divorce, puisque, d'après la jurisprudence (V. *supra*, n° 93), la demande en divorce fondée sur la condamnation de l'un des époux à une peine afflictive et infamante prononcée par contumace est irrecevable, si vingt ans ne se sont pas écoulés depuis la condamnation.

108. Comme on l'a dit au *Rép.* n° 100, la loi anéantit d'une manière si absolue la condamnation du contumax mis en état d'arrestation ou se représentant volontairement, que l'affaire doit être soumise à un nouvel examen, sans égard à l'acquiescement donné par l'accusé au jugement rendu sur sa contumace. L'acquiescement du condamné ne peut produire aucun effet à cet égard, puisqu'il s'agit d'une règle d'ordre public (Aux autorités citées au *Rép.* ibid., *Adde*, dans ce sens : Griolet, p. 305 ; Le Sellyer, *Actions publique et privée*, n° 687 ; Nouguier, t. 2, n° 65 ; Faustin Hélie, t. 2, n° 996).

109. Une application assez remarquable de la règle qui refuse tout effet à l'acquiescement du condamné a été faite par la cour de Colmar dans l'arrêt du 27 avr. 1858 (aff. Kœnig, D. P. 58. 2. 479). Condamné par la haute cour, le contumax était rentré en France au bout de quatre ans et s'était mis à la disposition de la justice ; mais le Gouvernement l'avait dispensé de se constituer prisonnier et, plus tard, sans nouveau jugement, l'avait, sur sa demande, gracié de sa peine ; néanmoins le domaine réclama les frais du procès au contumax, en se fondant sur ce que les lettres de grâce faisaient remise seulement de la peine et non des dépens. La cour a jugé que l'arrêt de contumace, anéanti de plein droit par la représentation du condamné, n'avait pu revivre par aucun acte postérieur, fût-ce par l'acquiescement du condamné, et que le domaine ne pouvait argumenter des lettres de grâce sollicitées et obtenues par celui-ci.

110. Ainsi qu'on l'a reconnu au *Rép.* n° 104, l'art. 476 ne s'applique qu'au jugement de condamnation, et non à l'absolution ou à l'acquittement d'un contumax. En cas d'acquittement, l'arrêt de contumace acquiert, au contraire,

force de chose jugée, car, d'une part, l'art. 360 c. instr. cr. ne distingue pas entre l'acquittement prononcé contradictoirement ou par contumace, et, d'autre part, l'art. 476 n'anéantit, à la représentation de l'accusé, que le jugement rendu et les procédures faites contre lui, ce qui exclut les jugements rendus en sa faveur. La décision est nécessairement la même à l'égard des arrêts d'absolution. (Aux autorités citées au *Répertoire* dans ce sens, *Adde* : Griolet, p. 304 ; Faustin Hélie, t. 2, n° 993, et t. 8, n° 3878 ; Le Sellyer, n° 685 ; Mangin, t. 2, n° 395 ; Nouguier, t. 2, n° 762 ; Morin, *Répertoire*, v° *Chose jugée*, n° 24).

111. Dans le cas où, l'accusation portant sur plusieurs crimes distincts, l'accusé a été acquitté des uns et condamné à raison des autres, quel sera le sort de l'arrêt, si le contumax vient à se représenter ? Il est hors de doute qu'on ne pourra procéder contre le contumax que relativement aux crimes qui ont motivé la condamnation intervenue, et que le bénéfice de l'acquittement lui demeurera assuré. On ne comprendrait pas, en effet, dit avec raison Mangin, *Action publique*, t. 2, n° 396, qu'il dût souffrir de ce que, au lieu d'être jugé sur chaque crime séparément, il a été jugé sur tous en même temps. C'est ce qui a été admis au *Rép.* n° 105, et la cour de cassation l'a aussi décidé par un arrêt du 15 nov. 1821 (*Rép.* n° 105) (Conf. Griolet, p. 304 ; Le Sellyer, n° 685, note 3 ; Faustin Hélie, t. 4, n° 994, et t. 8, n° 3877 ; Nouguier, t. 2, n° 763).

112. Si l'arrêt rendu par contumace s'est borné à écarter une ou plusieurs des circonstances aggravantes, en déclarant seulement l'accusé coupable du fait principal, cet arrêt doit-il avoir force de chose jugée en ce qui concerne ces circonstances ? La cour de cassation a jugé, le 27 août 1819 (aff. Guelfucci, *Bull. crim.*, n° 95), que l'accusation revit entière par l'arrestation ou la comparution. Cette doctrine, qui se fonde principalement sur ce que l'arrêt de contumace est, relativement au même fait, nécessairement indivisible, et sur ce que l'art. 476 c. instr. cr déclare le jugement anéanti d'une manière absolue en cas d'arrestation ou de représentation du contumax, a été appliquée par deux arrêts cités au *Rép.* n° 106. Elle a été combattue *ibid.*, mais la plupart des auteurs l'ont adoptée (V. Merlin, *Répertoire*, v° *Contumace*, § 3, p. 760 et 761 ; Morin, *Répertoire*, v° *Chose jugée*, n° 24 ; Mangin, t. 2, n° 397 ; Griolet, p. 304 ; Nouguier, t. 2, n° 764 ; Le Sellyer, *Action publique*, t. 2, n° 686 ; Haus, *Principes du droit pénal belge*, t. 2, n° 1281 et la note). — M. Faustin Hélie, t. 2, n° 995, propose de distinguer entre le cas où les circonstances, objet de la déclaration négative, peuvent être séparées de l'accusation principale, et le cas contraire. Dans le premier cas il maintient la déclaration négative quant à ces circonstances, parce qu'elle constitue un acquittement partiel, et doit, dès lors, profiter à l'accusé. Dans le second cas, la déclaration négative, n'ayant pu créer aucun droit en faveur de l'accusé, puisqu'elle était subordonnée au sort de l'accusation entière, M. Faustin-Hélie estime qu'elle tombe avec celle-ci.

113. Si l'arrêt par contumace, en écartant les circonstances aggravantes, a réduit le fait incriminé aux proportions d'un simple délit, l'accusé peut-il, par son acquiescement et en renonçant au bénéfice de l'art. 476, maintenir cet arrêt et en réclamer l'exécution ? Assurément non, car « ledit article ayant pour objet l'intérêt de la société comme celui des accusés, les parties ne peuvent, par leur acquiescement, donner à l'arrêt de contumace une existence que la loi ne lui accorde que dans le seul cas où il a été prononcé est prescrite. » (Crim. cass. 29 juill. 1813, *Rép.* n° 102. Conf. Crim. cass. 27 août 1819, cité *supra*, n° 112 ; Griolet, p. 305 et 306 ; Faustin Hélie, t. 2, n° 996 ; Mangin, t. 2, n° 398 ; Le Sellyer, n° 687 ; Nouguier, t. 2, n° 765).

114. Bien que nous n'ayons pas à traiter ici des jugements correctionnels (V. sur ce point *infrà*, v° *Jugement par défaut*), nous ne croyons pas inutile de faire remarquer que ces jugements, rendus par défaut, en ce qui touche l'action publique, ont, comme les jugements contradictoires, l'autorité de la chose jugée, lorsqu'ils sont devenus définitifs, alors même qu'ils n'ont été rendus que sur la poursuite d'une partie civile (Crim. cass. 3 mai 1860, aff. Paris, D. P. 60. 1. 519).

ART. 2. — *Devant quelle juridiction doit être traduit le contumax qui se présente après sa condamnation* (*Rép.* nos 107 à 111).

115. Ainsi qu'on l'a dit au *Rép.* n° 105, le contumax doit, après sa comparution, être traduit devant la juridiction qui l'a condamné. Cette juridiction sera, suivant les cas, la cour d'assises ou le conseil de guerre. Au temps où existait la haute cour de justice, le contumax condamné par cette cour devait être, en cas de comparution, traduit de nouveau devant cette haute juridiction. C'est ce qu'a reconnu la cour de Colmar par son arrêt du 27 avr. 1858 (D. P. 58. 2. 179) rendu dans l'affaire du sieur Kœnig, ancien représentant du peuple, condamné par contumace, par arrêt de la haute cour séant à Versailles, en date du 13 nov. 1849, à la peine de la déportation. « Considérant, a dit cette cour, que condamné politique par la haute cour de Versailles, réfugié en Suisse, l'appelant, s'il voulait user du droit appartenant à tout contumax de purger sa contumace, ne l'aurait pu que devant la même juridiction que celle qui l'avait condamné... » La décision devrait être la même aujourd'hui si le Sénat, appelé conformément à l'art. 12 de la loi constitutionnelle du 16 juill. 1875, à juger une personne prévenue d'attentat commis contre la sûreté de l'État, et constitué en cour de justice, avait prononcé une condamnation par contumace.

ART. 3. — *De l'instruction et du jugement qui suivent la comparution du contumax* (*Rép.* nos 112 à 124).

116. En cas d'arrestation du contumax, la première chose à faire est de constater son identité. A cet égard, nous noterons d'abord une importante circulaire du ministre de la justice, M. Dufaure, aux parquets, en date du 2 oct. 1875 (D. P. 77. 3. 40). Il arrive parfois qu'une personne portant le nom d'un individu condamné par contumace (ou par défaut) est arrêtée dans un arrondissement éloigné de celui où la condamnation a été prononcée. La circulaire a pour but de prévenir les confusions regrettables qui peuvent se produire en cas pareil. D'après ses prescriptions, tout individu arrêté en vertu d'une condamnation par contumace ou par défaut, dans un arrondissement éloigné de celui où la condamnation a été prononcée, doit être conduit sur-le-champ devant le procureur de la République de l'arrondissement où a eu lieu l'arrestation. Ce magistrat vérifie l'identité, consigne dans un procès-verbal les explications de l'individu arrêté, et décide si elles sont de nature à motiver sa mise en liberté de cet individu ou à faire ajourner son transfèrement jusqu'à ce que de nouveaux renseignements aient été obtenus.

117. En second lieu, nous devons signaler plusieurs arrêts nouveaux sur la question, déjà traitée au *Rép.* n° 115, de savoir si les art. 518 et 519 c. instr. cr., relatifs à *la reconnaissance de l'identité des individus condamnés, évadés et repris,* et d'après lesquels la reconnaissance est faite par la cour qui a *prononcé la condamnation seule,* et sans assistance de jurés, sont applicables à la reconnaissance du contumax dont l'identité est contestée. La jurisprudence, nous n'hésitation toutefois (V. en sens contraire : Crim. rej. 15 mars 1860, aff. Durand, D. P. 60. 5. 89), a résolu la question affirmativement, mais en déclarant tous moyens de défense réservés, et, notamment en donnant à l'accusé le droit de soutenir, lors même que les faits seraient constatés, qu'il n'en est pas l'auteur (Ch. réun. cass. 5 août 1834, *Rép.* vo *Évasion,* n° 69-3° ; Crim. cass. 1er juin 1854, aff. Félix, D. P. 54. 1. 257 ; Crim. rej. 29 juin 1854, aff. Aubert, D. P. 54. 1. 259 ; 4 nov. 1865, aff. Delorme ou Davies, D. P. 66. 5. 103. Conf. Faustin Hélie, t. 8, n° 3878 ; Garraud, *Précis de droit criminel,* n° 607, note 4, p. 740 ; Rodière, *Procédure criminelle,* p. 525 ; Villey, p. 402). — Il a été jugé toutefois par la cour d'assises des Ardennes, le 11 avr. 1861 (aff. Guéry, D. P. 62. 2. 63), que, lorsqu'un individu condamné par contumace, reconnaissant que toutes les désignations de l'arrêt de contumace s'appliquent bien à sa personne, invoque un alibi quant au fait qui a motivé la condamnation et prétend, par exemple, ne pas connaître le lieu où ce crime a été commis, il ne doit pas être procédé par la cour d'assises, sans assistance de jurés, à la reconnaissance préalable de son identité, et que cet individu doit être immédiatement soumis aux débats devant les jurés, ses juges naturels.

118. L'application de l'art. 477 c. instr. cr., aux termes duquel « si, pour quelque cause que ce soit, des témoins ne peuvent être produits aux débats, leurs dépositions écrites et les réponses écrites des autres accusés du même délit seront lues à l'audience », a donné lieu aussi à d'assez nombreux arrêts postérieurs à la publication du *Répertoire,* qui n'ont fait, d'ailleurs, que confirmer la doctrine exposée *ibid.* nos 117 à 120. — C'est ainsi qu'il a été jugé : 1° qu'il n'y a lieu de lire, en vertu de l'art. 477, que les dépositions des témoins assignés à la requête du ministère public ou de l'accusé, et non celles reçues dans l'information et que le ministère public a jugé inutile de faire reproduire devant le jury ; que, par suite, le défaut de lecture de ces dépositions n'est pas une irrégularité, si l'accusé n'a pas demandé que cette lecture fût faite (Crim. rej. 6 mai 1854, aff. Guilly, D. P. 54. 5. 199 ; 27 sept. 1866, aff. Forcioli, D. P. 68. 5. 109) ; — 2° Que la lecture, dans le débat engagé avec un ancien contumax repris, des dépositions écrites des témoins entendus dans l'instruction qui, pour une cause quelconque, ne peuvent être produits devant le jury, est une formalité essentielle, dont l'omission emporte nullité (Crim. cass. 3 avr. 1856, aff. Alvaro, D. P. 56. 5. 119), et cela encore bien que l'accusé ait déclaré consentir à ce qu'il fût passé outre aux débats, nonobstant l'absence de ces témoins, un tel consentement ne constituant point une renonciation à la lecture de leurs dépositions écrites (Même arrêt) ; — 3° Que l'omission, dans les débats engagés contradictoirement avec le contumax qui s'est représenté, de la lecture des réponses écrites de ses coaccusés, emporte nullité de ces débats et de la condamnation (Crim. cass. 7 juill. 1849, aff. Turpault, D. P. 49. 5. 71) ; — 4° Que l'omission de la lecture des déclarations écrites des témoins qui ne peuvent être produits, est une cause de nullité, encore que le ministère public ait renoncé à l'audition de ces témoins, et que l'accusé ait donné son consentement à ce qu'il fût passé outre aux débats, cette lecture ne cessant d'être exigée qu'en présence d'une renonciation expresse (Crim. cass. 19 mars 1853, aff. Christophe Hector, D. P. 53. 1. 114 ; 7 févr. 1855, aff. Ligeon, D. P. 55. 5. 123 ; 1er avr. 1858, aff. Lacoste, D. P. 58. 5. 105) ; et cela même dans le cas où le témoin n'a pu être cité, n'ayant pas été retrouvé par l'huissier porteur de la citation (Même arrêt du 7 févr. 1855) ; — 5° Qu'on ne doit pas considérer comme une renonciation expresse à cet égard la déclaration, par un accusé purgeant sa contumace, qu'il ne s'oppose pas à ce qu'un témoin défaillant, entendu dans la première instruction, soit excusé (Crim. cass. 13 juill. 1854, aff. Sécheyroux, D. P. 54. 5. 198-199). — Jugé toutefois : 1° que le défaut de lecture à l'accusé après une condamnation par contumace, de l'interrogatoire des autres accusés jugés dans une précédente session, ou des dépositions écrites des témoins qui ne peuvent être produites, n'est pas une cause de nullité, si l'accusé et le ministère public ont renoncé à cette lecture (Crim. rej. 15 sept. 1853, aff. Cossman, D. P. 53. 5. 113) ; — 2° Que l'exécution de l'art. 477 résulte suffisamment de la constatation, faite au procès-verbal, que le président *a donné connaissance* à l'accusé et au jury du contenu de ces dépositions (Crim. rej. 3 mars 1854, aff. Bonnet, D. P. 54. 5. 199). — Jugé aussi que lorsque l'inculpé de crime contre lequel il a été procédé par contumace est repris avant jugement, il n'y a pas nécessité, à peine de nullité, comme au cas de jugement intervenant après une condamnation par contumace, de lire aux débats les dépositions des témoins défaillant surtout si cette lecture n'est réclamée ni par le ministère public, ni par l'accusé (Crim. rej. 3 déc. 1869, aff. Javillet, D. P. 70. 1. 189). — Sur les différents cas d'application de l'art. 477 c. instr. cr., V. Faustin Hélie, t. 8, nos 3879 et 3880.

119. Nous n'avons rien à ajouter à ce qui a été dit au *Rép.* nos 122 à 124, sur les *frais* de la contumace, auxquels le contumax qui se représente doit toujours être condamné (c. instr. cr. art. 478).

ART. 4. — *Des effets de la comparution du contumax* (*Rép.* nos 125 à 127).

120. Après ce qui a été dit *supra,* nos 98 et suiv., nous n'avons qu'à rappeler ici que la comparution du contumax anéantit rétroactivement et complètement les effets du jugement de contumace. Il n'est plus question aujourd'hui de la

mort civile abolie par la loi du 31 mai 1854. Pour la position juridique du condamné par contumace à des peines afflictives perpétuelles, V. *supra*, nᵒˢ 83 et suiv. (V. aussi *infrà*, vᵒ *Droit civil*).

121. A l'égard des droits politiques (*Rép.* nᵒ 126), et spécialement de ceux qui avaient été enlevés par l'effet de la dégradation civique, il est évident que le condamné qui comparaît en reprend non seulement l'exercice, mais la jouissance. Quant aux effets produits dans le passé par les déchéances de cet ordre, ils consistent presque tous dans des faits accomplis sur lesquels il n'y a plus à revenir utilement et qu'il faut bien accepter. Pour les rares effets susceptibles de révocation, ils doivent disparaître avec la condamnation qui les avait produits (Ortolan, t. 2, nᵒ 2339 *ter*; Bertauld, *Cours de code pénal*, 12ᵉ leçon, p. 257).

Table sommaire

des matières contenues dans le Supplément et le Répertoire.

(Les chiffres précédés de la lettre S renvoient au Supplément; les chiffres précédés de la lettre R renvoient au Répertoire.)

— biens à l'étranger *S.* 47.
— caractère obligatoire *S.* 45.
— communauté légale *S.* 52; *R.* 62.
— conseil de guerre, sentence, procédure *S.* 62 s.
— dettes du condamné *S.* 56.
— droits des tiers *S.* 57.
— durée *S.* 59; *R.* 65.

— emphytéose *S.* 52.
— enregistrement, droit proportionnel *S.* 61; *R.* 67.
— faillite *S.* 55 ; *R.* 64.
— frais, dépenses, réclamation *S.* 61; *R.* 62.
— fruits *S.* 60 ; *R.* 66.
— obligations du domaine *S.* 53 s.; *R.* 63.

— officier ministériel, destitution, indemnité *S.* 51.
— omission de prononcer *S.* 46.
— peines, application *S.* 58.
— régime dotal *S.* 52;
— rente sur l'Etat *S.* 50.
— rente viagère, arrérages *S.* 50 ; *R.* 60.

— statut réel *S.* 47.
— usufruit *S.* 52.
Signification. V. Instruction.
Statut réel. V. Séquestre.
Succession
— indignité *S.* 94.
— V. Comparution.

Témoin. V. Comparution.

Usufruit. V. Séquestre.

Voies de recours *S.* 34 s.; *R.* 48 s.
— acte de l'état civil, erreur matérielle *S.* 38; *R.* 53.
— action publique, extinction *S.* 37.
— cassation, pourvoi *S.* 34, 39; *R.* 48 s.; 54.

— condamnation, décès antérieur, héritiers, rapport du jugement, compétence *S.* 35 s.; *R.* 52.
— condamné *S.* 34 s.; *R.* 48 s.
— héritiers *S.* 35 s.; *R.* 50, s.
— partie civile *S.* 39; *R.* 54.
— procureur général *S.* 39; *R.* 54.

Table chronologique des Lois, Arrêts, etc.

1809. 19 août. Av. Cons. d'Et. 56 c.
1810. 3 mars. Colmar. 88 c.
1811. 14 oct. Décr. 32 c.
1813. 17 juin, Crim. 91 c.
— 27 juill. Req. 88 c., 102 c.
— 29 juill. Crim. 113 c.
1815. 27 oct. Crim. 34 c.
1816. 8 mai. Loi. 91 c.
1819. 27 août. Crim. 112 c., 113 c.
1820. 21 avr. Crim. 27 c.
— 15 mai. Civ. 66 c.
1821. 4 oct. Crim. 28 c.
— 25 oct. Crim. 35 c.
— 13 nov. Crim. 111 c.
1833. 28 janv. Crim. 34 c.
1834. 5 août. Ch. réun. 117 c.
1835. 9 sept. Loi. 5 c.
1836. 19 mars. Montpellier. 66 c.
— 26 mars. Montpellier. 66 c.

—1er mai. Loi. 42 c.
—6 déc. Req. 77 c.
1839. 31 janv, Crim. 24 c.
1840. 4 juin, Paris. 81 c.
6 août. Paris, 91 c.
Crim. 28 c.
1843. 14 sept. Crim. 28 c.
1845. 6 janv. Caen. 50 c., 72 c., 74 c.
1846. 23 avr. Crim. 34 c.
—22 mai. Crim. 34 c.
1847. 7 janv. Crim. 8 c., 18.
—26 févr. Limoges. 81 c.
—7 juill. Crim. 6 c.,
9 c., 12 c., 18 c.
—11 nov. Crim. 23 c., 34 c.
1848. 12 juin, Crim. 10.
1849. 7 juill. Crim. 118 c.
—8 août. Nîmes. 88 c.
—13 nov. Haute cour just. Versailles. 115 c.
1850. 2 janv. Loi. 45 c.
—24 janv. Crim. 31 c.

—18 avr. Crim. 17 c.
—25 avr. Trib. Senlis. 88 c.
—25 juill. Crim. 10 c., 12.
—14 nov. Crim. 18 c.
1851. 15 janv. Trib. Colmar. 52 c.
—11 sept. Crim. 9 c., 11 c., 17 c.
1852. 22 avr. Crim. 9 c., 14 c.
—5 juin. Crim. 14 c.
—19 mars. Crim. 118 c.
—2 avr. Crim. 14 c., 14 c.
—15 sept. Crim. 118 c.
—13 oct. Crim. 11 c.
—4 nov. Crim. 18 c.
—22 déc. Crim. 17 c., 08 c.
1854. 9 févr. Crim. 97 c.
—3 mars. Crim. 118 c.
—6 mai. Crim. 118 c.
—31 mai. Loi 2 c., 36 c., 43 c., 44 c., 65 c., 66 c., 67

c., 70 c., 81 c., 82 c., 83 c., 85 c., 86 c., 120 c., 63 c.
14 c., 16 c., 117 c.
—29 juin. Crim. 117 c.
—13 juill. Crim. 118 c.
—28 déc. Crim. 13 c.
1855. 7 févr. Crim. 118 c.
—1er mars. Crim. 07 c.
—5 mai. Loi. 61 c.
—6 sept. Crim. 14 c.
—14 sept. Crim. 13 c., 14 c.
—20 nov. Agen. 45 c., 46 c., 54 c., 66 c., 71 c., 78 c.
—17 déc. Trib. Foix. 89 c.
1856. 28 févr. Metz. 88 c., 89 c.
—3 avr. Crim. 118 c.
—28 juin. Crim. 118 c.
—17 juill. Loi. 98 c.
—20 août. Besançon. 88 c., 89 c.

1857. 9 juin. C. just. mil. 32 c.
83 c., 41 c., 62 c., 63 c.
—10 déc. Crim. 18 c.
—14 déc. Toulouse. 73.
1858. 1er avr. Crim. 14 c., 95 c., 96 c., 118 c.
—27 avr. Colmar. 42 c., 101 c., 109 c., 115 c.
—4 juin. C. just. mar. 41 c., 62 c., 63 c.
—5 août. Crim. 11 c.
—11 sept. C. d'ass. Manche. 27.
1860. 8 mars. Crim. 11 c.
—15 mars. Crim. 117 c.
—5 mai. Crim. 114 c.
1861. 11 janv. Crim. 97 c.
—11 avr. C. d'ass. Ardennes. 117 c.
—5 déc. Crim. 35 c.
—21 déc. Crim. 30 c.
1862. 17 janv. Crim. 20 c.

—17 janv. Toulouse. 55 c.
22 c.
—28 janv. Chambéry. 76.
1863. 25 févr. C. d'ass. Chambéry. 42 c.
—17 avr. Crim. 48 c., 95 c., 96 c.
1864. 13 janv. Circ. 63 c.
—11 mai. Circ. 63 c.
—1er juill. Trib. Neufchâtel. 9 c.
—22 déc. Dijon. 92 c.
1865. 27 avr. Crim. 14.
—4 nov. Crim. 117 c.
—15 nov. Trib. Lyon. 71 c., 72 c.
1866. 8 mai. Caen. 72 c.
—27 sept. Crim. 118 c.
1867. 13 mai, Crim. 92 c.
—4 déc. C. d'ass. Moselle. 97 c.
1868. 11 août. Bordeaux. 92 c.
1869. 7 oct. Crim. 14 c.
—3 déc. Crim. 118 c.
42 c.
—23 mars. Bour-

1870. 2 févr. Crim. ges. 41 c., 62 c.
—10 juill. Trib. Seine. 74 c.
1871. 5 mai. Dijon. 91 c., 92 c., 93 c., 100 c.
1863. 25 mai. Traité. 49
—20 juin. Crim. 97 c.
1872. 29 janv. Caen. 92 c.
—14 mai. Req. 74
c., 91 c., 92 c.
—27 juill. Loi. 79 c.
1873. 23 sept.
Crim. 13 c., 16 c.
—22 déc. Paris. 30 c., 89 c.
—27 déc. Crim. 11 c., 16 c.
1874. 2 janv. Crim. 22 c.
—12 mai. Trib. Seine. 60 c., 71 c., 73
—6 juin. Paris. 48 c.
—4 sept. C. d'ass. Tarn-et-Garonne. 38 c.
—30 oct. Trib. Seine. 66 c., 76 c.
1875. 24 févr. Loi. 93.

ges. 41 c., 62 c.
—10 juill. Trib. Seine. 74 c.
—16 juill. Loi. 115 c.
—2 oct. Circ. 116 c.
1876. 26 févr. Paris. 57.
—23 mars. Trib. Anvers. 93 c.
—18 mai. C. d'ass. Bouches-du-Rhone. 5 c.
1877. 19 janv. Crim. 5.
—28 févr. Trib. Sancerre. 58.
1878. 13 janv. Trib. Chaumont. 103, 104 c.
1879. 2 janv. Dijon. 103, 104 c.
1880. 22 janv. Orléans. 30.
1881. 16 déc. Cons. d'Et. 79 c.
1884. 27 juill. Crim. 90 c., 92 c., 93 c.
—7 nov. Trib. Limoges. 93.
1886. 10 mars. Trib. Amiens. 93.
—26 juin. Trib. Béziers. 66.

CONVENTION. — V. *Obligations; — Rép.* eod. vº, nᵒˢ 41 et suiv.

CONVENTION DIPLOMATIQUE. — V. *Traité international; — Rép.* eod. vº, nº 78.

CONVENTIONS MATRIMONIALES. — V. *Contrat de mariage,* nᵒˢ 8 et suiv.; —*Rép.* eod. vº, nᵒˢ 2905 et suiv., 3009, 3043.

CONVERSION DES RENTES. — V. *Trésor public; — Rép.* eod. vº, nᵒˢ 342 et suiv.

CONVERSION DE SAISIE. — V. *Vente publique d'immeubles; — Rép.* eod. vº, nᵒˢ 1367 et suiv.

COPIE. — V. *Jugement; Obligations; Vente publique d'immeubles ; — Rép.* vᵒˢ *Jugement,* nº 260; *Obligations,* nᵒˢ 4266 et suiv.; *Vente publique d'immeubles,* nᵒˢ 367 et suiv.

COPIE DE PIÈCES.

Division.

§ 1. — Historique et législation (nº 1).

§ 2. — Dans quels cas y a-t-il lieu de signifier des copies de pièces ? (nº 2.)

§ 3. — Dans quelles formes doivent être les copies de pièces. — Contraventions. — Répression (nº 5).

§ 4. — Quels émoluments sont dus pour les copies de pièces ? — Par quels officiers doivent-ils être perçus ? (nº 10).

(1) 2-3 juill. 1862. — *Loi portant fixation du budget général ordinaire des dépenses et des recettes de l'exercice 1863 (Extrait)* (D. P. 62. 4. 68).
Art. 20. Les copies des exploits, celles des significations d'avoué à avoué et des significations de tous jugements, actes ou pièces,

§ 1ᵒʳ. — Historique et législation (*Rép.* nᵒˢ 2 à 6).

1. Depuis la publication du *Répertoire,* le dernier état du droit résultant de l'art. 65 du code de procédure civile et des décrets des 16 févr. 1807 et 29 août 1813 (*Rép.* nº 6), en matière de copies de pièces, a été complété par la loi du 2 juill. 1862 (1), qui indique comment doivent être écrites les copies de pièces ; par le décret des 30 juill.-1er août 1862, qui détermine le nombre de lignes et de syllabes que doivent contenir ces copies (D. P. 62. 4. 83. V. *infrà,* vº *Timbre*) ; par la loi de finances du 29 déc. 1873, relative au timbre des copies d'exploit et des significations de tous actes ou pièces (D. P. 74. 4. 26. V. *infrà,* vº *Timbre*) ; enfin par le décret du 27 août 1884 concernant les types de timbres destinés à timbrer le papier employé pour les copies d'exploits, les notifications d'avoué à avoué et les significations de tous jugements, actes ou pièces (D. P. 85. 4. 15. V. *infrà,* vº *Timbre*).

§ 2. — Dans quels cas y a-t-il lieu de signifier des copies de pièces ? (*Rép.* nᵒˢ 7 à 13).

2. Sur la disposition de l'art. 65 c. proc. civ., qui prescrit de donner, avec l'exploit d'assignation, copie des pièces ou de la partie des pièces sur lesquelles la demande est formée (*Rép.* nᵒˢ 7 et suiv.), V. *Exploit; — Rép.* eod. vº, nᵒˢ 600 et suiv.

3. En ce qui concerne la copie du titre qui sert de base à la saisie immobilière, laquelle doit être donnée en tête du

doivent être correctes, lisibles et sans abréviations. — Un règlement d'administration publique déterminera le nombre de lignes et de syllabes que devront contenir les copies. — Toute contravention aux dispositions du présent article et à celles du règlement d'administration publique est punie d'une amende de 25 fr.

commandement (*Rép.* n° 11), V. *Vente publique d'immeubles ;* — *Rép.* eod. v°, n°s 367 et suiv.

4. Ainsi qu'il a été dit au *Rép.* n° 12, il y a lieu de signifier des copies de pièces, outre les cas expressément prévus par la loi, toutes les fois que cela est utile tant pour éclairer la religion des magistrats, que pour la régularité des opérations de la procédure. — Décidé, à cet égard, que la copie d'un arrêt non suivi de signification à domicile, par suite du pourvoi formé contre cet arrêt avant sa signification, doit être admise en taxe, lorsqu'il est déclaré qu'elle était un acte utile au moment où elle a été faite (Req. 6 mai 1867, aff. Chédot, D. P. 68, 1, 173).

§ 3. — Dans quelles formes doivent être les copies de pièces. — Contraventions. — Répression (*Rép.* n°s 14 à 40).

5. — I. RÈGLES ÉTABLIES DANS L'INTÉRÊT DU FISC (*Rép.* n°s 15 à 26). — Ce sont celles qui sont relatives au timbre, à la taxe et au nombre de lignes que doit renfermer chaque page (*Rép.* n° 15). En ce qui concerne le nombre de lignes à la page, le principe était posé par l'art. 1er, *in fine*, du décret du 29 août 1813 (V. *Rép.* n°s 19 à 22). — Cette disposition a été modifiée par l'art. 20 de la loi de finances du 2 juill. 1862 (V. *supra*, n° 1) et le décret des 30 juill.-1er août 1862 (V. *supra*, n° 1) rendus en exécution de cette loi. D'après les nouvelles dispositions, la limitation ne porte plus seulement sur le nombre de lignes qu'il est permis d'insérer à la page, mais aussi sur le nombre de syllabes que chaque ligne peut contenir. Le nombre des lignes et des syllabes concédées varie suivant le format dont il est fait usage.

La loi du 2 juill. 1862 (art. 20) consacre une autre innovation ; tandis que le décret de 1813 ne concernait que les huissiers, elle s'applique, d'une façon générale, à toutes les copies, qui peuvent être faites par les officiers ministériels en général.

Toutes les questions que soulèvent ces dispositions fiscales seront étudiées *infrà*, v° *Timbre*.

6. — II. RÈGLES ÉTABLIES POUR L'UTILITÉ DES JUSTICIABLES (*Rép.* n°s 26 à 39). — Elles ont trait à l'incorrection et à l'illisibilité des copies, qui constituent une contravention distincte de l'infraction aux règles sur le nombre de lignes (*Rép.* n° 35) et sont édictées par le décret du 29 août 1813 et l'art. 20 de la loi de finances du 2 juill. 1862 (V. *supra*, n° 1). Les règles relatives à la correction et à l'illisibilité sont abandonnées à l'appréciation des magistrats, qui doivent s'inspirer avant tout de l'intérêt des justiciables (*Rép.* n° 26). Ainsi il a été jugé qu'on doit réputer illisible une copie de pièces autographiée écrite en caractère d'une finesse extrême et dans laquelle sont employées un grand nombre d'abréviations qui ne sont usitées ni dans les imprimés, ni dans les écrits ordinaires ; — Que, par suite, il y a lieu de condamner l'huissier qui en a fait la signification à l'amende prononcée par le décret du 29 août 1813, sauf son recours, s'il y a lieu, contre l'avoué qui a signé la copie (Req. 30 déc. 1856, aff. Hébert, D. P. 57. 1. 203). Aux termes du même arrêt, une copie n'est lisible, dans le sens du décret du 29 août 1813, que lorsqu'elle est écrite de manière à pouvoir être lue par tout le monde, et non pas seulement par les hommes d'affaires.

7. Les copies incorrectes doivent, comme les copies illisibles, être rejetées de la taxe (Décr. 29 août 1813) ; elles donnent également lieu à l'amende de 25 fr. Cette dernière disposition est, en ce qui concerne l'incorrection, une innovation de la loi de finances de 1862 ; le décret du 29 août 1813 (art. 2) ne prononçait une amende qu'au cas d'illisibilité (*Rép.* n° 36).

Sur les conditions nécessaires pour que l'amende puisse être prononcée, en cas d'illisibilité, V. *Rép.* n° 34 à 35. Ce qui a été dit à ce sujet doit s'appliquer également, au cas d'incorrection (*Rép.* n° 26).

8. L'art. 20 de la loi de 1862 n'innovant rien au sujet de la poursuite, on doit en conclure que les contrevenants ne peuvent être condamnés à l'amende que sur la réquisition du ministère public, suivant la règle en vigueur sous l'empire du décret du 29 août 1813 (art. 2 et 3).

9. Sur la peine encourue par les huissiers en cas de récidive, V. *Rép.* n° 39. Elle doit être prononcée aussi contre les autres officiers ministériels qui ont à faire des copies de pièces ; il y a même raison de décider (V. *infrà*, v° *Exploit*).

§ 4. — Quels émoluments sont dus pour les copies de pièces ? — Par quels officiers doivent-ils être perçus ? (*Rép.* n°s 41 à 60).

10. Le droit de copie, a-t-on vu au *Rép.* n° 41, varie selon la nature de la signification, et aussi avec celle de l'affaire, suivant qu'il s'agit d'une matière ordinaire ou d'une matière sommaire (V. sur ce point : v° *Exploit ;* — *Rép.* eod. v°, n°s 262 et suiv.).

11. Les difficultés que soulève la concurrence admise par les art. 28 et 72 du tarif de 1807 entre les *avoués* et les *huissiers* pour les copies de pièces signifiées avec les exploits ont été suffisamment exposées au *Rép.* n°s 46 et suiv. Il paraît résulter de la jurisprudence de la cour de cassation sur ce point que le droit de dresser et de certifier les copies de pièces signifiées avec la signification, et aussi avec celle de l'huissier, qui seul a reçu la mission de faire la signification de l'acte dont les pièces annexées ne sont que l'accessoire. — Cependant, mais par exception seulement, certaines copies de pièces tombent aussi dans le domaine de l'avoué, comme conséquence nécessaire du son droit de postulation : c'est-à-dire celles qui se rattachent à l'exercice de ce droit, ou, en d'autres termes, qui appartiennent à une instance engagée, conduite et terminée par le ministère d'un avoué. Relativement à ces copies, les avoués et les huissiers ont cumulativement qualité pour les faire ; les autres copies de pièces sont seules réservées aux huissiers (Req. 8 juin 1852, aff. Avoués de Saint-Lô, D. P. 52. 1. 132). C'est ainsi qu'il a été décidé que les avoués ont, concurremment avec les huissiers, le droit de faire la copie des jugements définitifs à signifier aux parties, et, dès lors, l'émolument leur en appartient, encore que la signification contienne le commandement tendant à l'exécution du jugement signifié (Civ. rej. 4 mai 1863, aff. Flambard, D. P. 63. 1. 317). Cette dernière circonstance, que l'arrêt précité, ne change pas la nature de l'acte, dont l'objet principal est la signification du jugement, faisant, en conséquence, partie intégrante de la procédure, et rentrant ainsi dans les attributions de l'avoué dont le mandat et le devoir sont de continuer jusqu'à la fin la procédure et d'en assurer les résultats. — Jugé également que l'attribution faite aux avoués du droit de dresser les copies de tous actes ou jugements qui seront signifiés avec les exploits des huissiers, découle, même à l'égard des jugements définitifs et contradictoires, des fonctions mêmes de ces officiers ministériels, lesquels, dès lors, ne peuvent être considérés comme simplement substitués aux huissiers, au point de vue, notamment, de la taxe des frais (Motif, Civ. cass. 23 avr. 1856, aff. Farel O'Reilly, D. P. 56. 1. 214).

Dans le même ordre d'idées, il a été jugé que, bien qu'en matière sommaire l'avoué qui a levé et signifié à avoué le jugement définitif n'ait droit à aucun émolument ni pour la copie des qualités, ni pour la copie du jugement, ni pour la signification de ce même jugement à personne ou domicile, il y a lieu cependant de lui allouer le droit de copie de pièces, s'il a dressé lui-même les copies du jugement à signifier, en vertu du droit de concurrence existant pour ces copies, entre les avoués et les huissiers, conformément à l'art. 28 du tarif du 16 févr. 1807 (Orléans, 12 mai 1846, aff. Brière, D. P. 47. 2. 99).

12. Des distinctions précitées, il résulte que les huissiers ayant seuls le privilège d'authentiquer par leur signature les copies de pièces signifiées en tête de leurs exploits et étant d'ailleurs responsables de ces copies tant au point de vue du fond qu'à celui de la forme, sont fondés à refuser d'authentiquer et de signifier les copies d'actes et de jugements qui leur sont remises, toutes préparées, par les parties ou leurs mandataires (Trib. Nimes, 13 mai 1861, aff. Bouchet, D. P. 62. 3. 13) ; ... Alors surtout que, faute d'avoir reçu en même temps les grosses ou expéditions, ils n'ont pu collationner ces copies et s'assurer de leur exactitude (Même jugement). Ils ont ce droit même à l'égard des avoués, en dehors des cas où les copies de pièces se rattachent à une instance civile dans laquelle le ministère de ces officiers ministériels est forcé ; et notamment, ils peuvent refuser de signifier les copies faites à l'occasion d'actes extrajudiciaires, ou se rattachant à une procédure commerciale dans laquelle un avoué figurerait comme

mandataire de la partie qui requiert la notification (Même jugement). — Toutefois le droit pour l'huissier de faire certaines copies n'est pas un obstacle à ce qu'il accepte de signifier celles qui lui sont remises toutes faites par des avoués, sans qu'on puisse voir dans ce fait, alors qu'il n'est accompagné d'aucune circonstance de fraude et qu'il est conforme à l'usage local, une pactisation illicite, susceptible d'une répression disciplinaire (Trib. Nîmes, 11 mai 1861, aff. N... D. P. 62. 3. 13).

13. Le droit respectif des avoués et des huissiers en matière de copies de pièces une fois établi, chacun d'eux doit se renfermer dans les attributions qui lui ont été réservées. Ainsi, est passible de peines disciplinaires l'avoué qui fait et authentique par sa signature des copies de pièces, dans les cas où la loi accorde exclusivement ce droit aux huissiers ; l'huissier qui consent à notifier ces copies se rend complice de cette infraction (Décis. gard. sceaux, 15 janv. 1847, aff. X..., D. P. 47. 3. 205). — En cas de difficultés, il a été jugé que la chambre de discipline des huissiers (ou des avoués) a qualité pour intervenir dans une contestation entre un avoué et un huissier, ayant pour objet de faire décider une question relative aux attributions des membres des deux compagnies, telle que celle de savoir qui a droit, de l'avoué ou de l'huissier, à l'émolument des copies de pièces signifiées (Orléans, 21 nov. 1844, aff. Avoués de Tours, D. P. 45. 2. 1, cité au *Rép.* n° 55). Mais la question n'est pas sans difficulté, et elle a été diversement résolue par la jurisprudence (V. *Rép.* v° *Intervention*, n°s 34 et suiv.).

Table sommaire

des matières contenues dans le Supplément et le Répertoire.

(Les chiffres précédés de la lettre S renvoient au Supplément ; les chiffres précédés de la lettre R renvoient au Répertoire.)

Table chronologique des Lois, Arrêts, etc.

CORPS CONSTITUÉ. — V. *Presse-outrage-publication ;* — *Rép.* eod. v°, n°s 893 et suiv.

CORRESPONDANCE. — V. *infrà*, v^is *Lettre missive ; Obligations.*

CORRUPTION. — V. *infrà*, v^is *Droits politiques ; Forfaiture ; Organisation militaire ; Presse-outrage-publication.*

CORSE. — **1.** Comme on l'a vu au *Rép.* n°s 2 et suiv., la Corse, qui depuis le sénatus-consulte du 19 avr. 1811, art. 1er (*Rép.* n° 3), forme un seul département, est actuellement soumise au point de vue politique, administratif et judiciaire, au même régime que le continent français.

Cependant la Corse n'est pas absolument sur tous les points régie par le droit commun. A la suite de la loi du 22 frim. an 9 (*Bulletin des lois*, 2° sér., LX, n° 435), un arrêté des consuls du 17 nivôse de la même année avait conféré les pouvoirs les plus étendus au conseiller d'Etat Miot, nommé administrateur général de la Corse. Les règlements et arrêtés pris en conséquence de cette disposition de loi devaient avoir force légale, et il a été reconnu, en effet, que ce n'est que par une loi formelle qu'ils pouvaient être abrogés (V. Crim. cass. 23 janv. 1875, aff. Costa, D. P. 76. 1. 331, et le rapport de M. le conseiller Dupré-Lasale, *ibid.*). Sur quelques points ces abrogations expresses ne se sont pas produites. De là un certain nombre de dérogations au droit commun, qui subsistent encore aujourd'hui.

2. C'est surtout en matière de timbre et d'enregistrement que l'on trouve des exceptions aux règles établies en France. Ainsi il a été jugé que l'art. 19 de la loi du 30 mai 1851 (D. P. 51. 4. 78) qui exige, à peine de nullité, l'enregistrement des procès-verbaux en matière de police du roulage, n'a pas abrogé les dispositions du règlement du 1er flor. an 9 et de l'arrêté du 21 prairial de la même année (*Rép.* v° *Enregistrement*, n° 46) qui, en Corse, exemptent du timbre et de l'enregistrement les actes de la compétence des tribunaux de police. Par suite, n'est pas nul faute d'enregistrement un procès-verbal de gendarmerie dressé en Corse pour constater une contravention à la police du roulage et produit devant un tribunal de simple police (Crim. cass. 23 janv. 1875, aff. Costa, D. P. 76. 1. 331).

Déjà une question identique avait été soulevée à propos de la promulgation du décret sur la gendarmerie du 1er mars 1854 (D. P. 54. 4. 40), qui soumettait dans son art. 491 les procès-verbaux dressés par les gendarmes à la formalité de l'enregistrement. Dans une dépêche adressée au procureur général de Bastia, le 16 févr. 1857 (D. P. 76. 1. 332), le garde des sceaux l'avait résolue dans le sens de la jurisprudence adoptée plus tard par l'arrêt précité du 23 janv. 1875. « ... Les pouvoirs exceptionnels, disait le ministre, dont avait été investi en l'an 9 le conseiller d'Etat Miot, ont fait considérer les actes de son gouvernement comme ayant un caractère législatif ; ses arrêtés ont été consacrés par l'adhésion tacite de tous les gouvernements qui se sont succédé en France depuis plus de cinquante ans ; ils ont sur-

vécu à toutes les chartes et à toutes les constitutions; ils ont conservé leur force originaire; ce sont toujours des lois spéciales et locales qui ne pourraient être abrogées que par une loi spéciale!.. » (V. au surplus *infrà*, v° *Enregistrement*).

3. Mais le régime spécial auquel est soumis la Corse sur bien des points ne prend pas seulement sa source dans les pleins pouvoirs accordés au conseiller d'État Miot. De tous temps et sous tous les régimes des exceptions nombreuses ont été créées à l'égard de ce département. Nous ne donnerons ici qu'une énumération rapide, par ordre chronologique, de ces exceptions, qui trouveront mieux leur place dans l'étude des matières générales auxquelles elles se rattachent.

4. L'art. 10 du décret du 24 avr. 1814 (*Bulletin des lois*, B. 365, n° 6699) sur les contributions indirectes dispense les habitants de la Corse des droits sur les tabacs et boissons. La liberté de la fabrication du tabac en Corse a été proclamée de nouveau dans ces dernières années, par le décret du 11 mars 1873 (D. P. 73. 4. 46).

5. En vertu d'une ordonnance du 4 juill. 1821 (*Rép.* v° *Cautionnement de fonctionnaires*, n° 22), les greffiers, notaires et autres officiers ministériels de la Corse sont autorisés à fournir en immeubles les cautionnements exigés par la loi du 28 avr. 1816 (tit. 9, *Rép.* v° *Cautionnement de fonctionnaires*, n° 19). Cette mesure, il est vrai, ne devait être que provisoire; mais elle n'a jamais été rapportée et, par conséquent, est demeurée en vigueur.

6. Une loi du 22 juin 1854 (D. P. 54. 4. 123) a supprimé la servitude de parcours et le droit de vaine pâture en Corse.

7. En ce qui concerne les délais de distance, on a vu au *Rép.* n° 5 les dispositions applicables à la Corse. Il faut ajouter à ces dispositions les modifications apportées à cet égard par la loi du 2 juin 1862 (V. *suprà*, v° *Cassation*, n° 114, et *infrà*, v° *Délai*).

8. L'art. 2 du décret du 16 sept. 1867 (D. P. 68. 4. 18) a créé une exception en faveur du trésorier-payeur général et des receveurs particuliers des finances de la Corse, en les admettant à verser un cautionnement fixe au lieu de celui exigé par l'art. 28 de la loi du 31 juill. 1867 (D. P. 67. 4. 146).

9. Enfin un décret du 28 oct. 1868 (D. P. 69. 4. 15) a modifié les traitements des receveurs conservateurs de l'enregistrement et des domaines en leur assurant un minimum fixe de remises et salaires.

V. au surplus, *suprà*, v° *Amnistie*, n° 5; *infrà*, v^is *Douanes*; *Droit rural*; *Forêts*; *Gendarmerie*; *Impôts directs*; *Impôts indirects*; *Postes*; *Privilèges et hypothèques*.

COSTUME. — V. *infrà*, v° *Uniforme costume*.
V. aussi *infrà*, v^is *Organisation des colonies*; *Souveraineté*.

COTE-D'OR. — V. *infrà*, v° *Organisation des colonies*.

COTON. — V. *infrà*, v° *Soie*; *laine et coton*.

COULEURS NATIONALES. — **1.** Les couleurs nationales n'ont pas subi de modifications depuis la publication du *Répertoire*. Elles se composent toujours des trois couleurs bleue, blanche et rouge, disposées dans l'ordre fixé par les décrets des 26 févr. 1848 (D. P. 48. 4. 36) et 7 mars 1848 (D. P. 48. 4. 40) (V. *Rép.* n° 6). — Mais, une fois élevé à la présidence de la République, le prince Louis-Napoléon Bonaparte, rappelant les promenades triomphales de l'aigle française à travers l'Europe sous le premier Empire, décréta le rétablissement de l'aigle au sommet de la hampe du drapeau national (Décr. 31 déc. 1851, D. P. 52. 4. 19). L'aigle fut conservée durant tout le second Empire, jusqu'au moment où la troisième République, au lendemain du désastre de Sedan, la fit disparaître pour la remplacer par une tête en forme de lance.

2. Pour les flammes et pavillons, V. *Organisation maritime; — Rép.* eod. v°, n°s 539 et suiv.; pour les étendards, fanions et drapeaux militaires, V. *infrà*, v° *Organisation militaire*.

COULISSIER. — V. *suprà*, v° *Bourse de commerce*, n°s 25, 62; *infrà*, v^is *Enregistrement*; *Trésor public*.

COUP D'ÉTAT DE 1851. — V. *infrà*, v^is *Pension*; *Souveraineté*.

COUPE DE BOIS. — V. outre les renvois mentionnés au *Rép.* eod. v°, *suprà*, v^is *Biens*, n° 10 et suiv.; *Commune*, n° 399; *infrà*, v^is *Enregistrement*; *Faillite et banqueroute*;

Forêts; Notaire; Privilèges et hypothèques; Succession; Timbre; Usage-usage-forestier; Vente.

COUPONS D'ACTIONS OU D'OBLIGATIONS. — V. *infrà*, v^is *Enregistrement*; *Timbre*; *Trésor public.*

COUPS ET BLESSURES. — V. *Crimes et délits contre les personnes*; — *Rép.* eod. v°, n°s 134 et suiv.
V. aussi *suprà*, v° *Chose jugée*, n°s 324, 469; *infrà*, v^is *Fonctionnaire public*; *Peine.*

COUR CRIMINELLE. — V. *infrà*, v° *Organisation des colonies.*

COUR D'APPEL. — V. *Organisation judiciaire*; — *Rép.* eod. v°, n°s 341 et suiv.
V. aussi *suprà*, v^is *Avocat*, n°s 217 et suiv.; *Compétence civile*, n° 155 et suiv.; *infrà*, v^is *Degré de juridiction*; *Désaveu*; *Expropriation pour cause d'utilité publique*; *Jugement*; *Ministère public*; *Prise à partie.*

COUR D'ASSISES. — V. *Instruction criminelle*; — *Rép.* eod. v°, n° 1367 et suiv.
V. aussi *suprà*, v^is *Cassation*, n°s 61 et suiv., 119 et suiv., 201, 318, 323, 491 et suiv.; *Chose jugée*, n° 321 et suiv., 334 et suiv.; *Compétence criminelle*, n°s 330 et suiv.; *infrà*, v^is *Défense-défenseur*; *Délit politique*; *Expert-expertise*; *Exploit*; *Faux*; *Fonctionnaire public*; *Frais et dépens*; *Ministère public*; *Organisation de l'Algérie*; *Organisation des colonies*; *Organisation judiciaire*; *Peine*; *Presse-outrage-publication*; *Règlement de juges*; *Responsabilité*; *Serment*; *Témoin*; *Vol et escroquerie.*

COUR DE CASSATION. — V. *Cassation*, n°s 19 et suiv.; — *Rép.* eod. v°, n°s 40 et suiv.
V. aussi *infrà*, v^is *Organisation judiciaire*; *Règlement de juges*; *Revision.*

COUR DES COMPTES.

Division.

ART. 1er. — *Aperçu historique sur l'origine de la cour des comptes. — Législation* (*Rép.* n°s 2 à 13).

1. L'importance du rôle attribué à la cour des comptes dans le fonctionnement général des institutions administratives et judiciaires a considérablement augmenté depuis la publication du *Répertoire*; l'accroissement progressif et à peu près incessant du chiffre des recettes et des dépenses effectuées pour le compte de l'État, l'augmentation, par un motif semblable, du nombre des communes et des établissements publics soumis, à raison du chiffre de leurs revenus, au contrôle de la cour des comptes, ont développé dans une proportion notable l'étendue des vérifications confiées à cette juridiction. — Vers le milieu du second Empire, elle devait déjà contrôler la régularité d'opérations de recettes et de dépenses s'élevant annuellement à plus de quatre milliards, contrôle qui nécessitait le dépouillement de plus de dix-huit millions de pièces comptables. Sans parler des difficultés qui sont résultées pour la cour des comptes, de l'incendie, pendant l'insurrection communale de 1871, de son palais et de ses archives, les chiffres que nous venons d'indiquer ont, dans ces dernières années, subi une nouvelle et importante élévation.

Dès 1875 la cour des comptes avait à vérifier environ cinq mille cinq cents comptabilités, exigeant le dépouillement de plus de vingt-huit millions de pièces justificatives. Depuis, l'accroissement a encore été considérable ; le nombre des comptabilités à vérifier approche actuellement de sept mille et celui des pièces justificatives atteint quarante-cinq millions. En 1885, notamment, les comptabilités soumises à la cour des comptes se sont élevées à six mille huit cent cinquante-huit, ainsi réparties :

Comptabilités du Trésor	. . . .	5151
Lycées	. . . .	98
Ecoles normales	. . .	133
France { Communes	. . .	866
France { Etablissements de bienfaisance	. .	499
Algérie { Communes	. . . . . .	101
Algérie { Etablissements de bienfaisance	. .	10
		6858

2. Cet accroissement progressif des travaux de la cour des comptes a donné lieu, à plusieurs reprises, à des augmentations de personnel qui étaient devenues nécessaires pour lui permettre de faire face aux exigences de son institution. Ces augmentations ont principalement porté sur le nombre des magistrats qui sont appelés à opérer la vérification directe des comptes et à préparer les arrêts qu'elle doit rendre dans chaque affaire qui lui est soumise. La législation régissant la cour des comptes a, par suite, reçu d'importantes modifications qui seront étudiées en détail aux articles suivants. Nous nous bornons ici à donner la nomenclature des décrets qui, depuis la publication du *Répertoire* jusqu'à ce jour, ont été rendus en la matière.

TABLEAU DE LA LÉGISLATION SUR LA COUR DES COMPTES.

23 oct.-9 nov. 1856. — Décret impérial qui crée une classe d'auditeurs près la cour des comptes (D. P. 56. 4. 146).

14-28 déc. 1859. — Décret impérial qui divise en deux classes les auditeurs près la cour des comptes (D. P. 59. 4. 132).

12-24 déc. 1860. — Décret impérial qui augmente le nombre des conseillers référendaires à la cour des comptes, et contient des dispositions concernant les auditeurs près ladite cour (D. P. 61. 4. 13).

19 mars 1864-11 oct. 1866. — Décret impérial concernant les auditeurs de première classe près la cour des comptes (D. P. 66. 4. 148).

25 déc. 1869-19 févr. 1870. — Décret impérial concernant les auditeurs près la cour des comptes (D. P. 70. 4. 27).

24 avr.-14 juin 1873. — Décret portant que la cour des comptes est dessaisie des comptes des receveurs municipaux et hospitaliers du département cédés à l'Allemagne (D. P. 73. 4. 69).

6 sept.-8 nov. 1876. — Décret qui autorise la cour des comptes à confier au même référendaire la vérification des opérations comprises dans les deux parties des comptes de gestion des comptables qui embrassent l'ensemble d'un exercice (D. P. 77. 4. 7).

17-18 juill. 1880. — Décret qui augmente le nombre des conseillers référendaires à la cour des comptes (D. P. 81. 4. 89).

17-18 juill. 1880. — Décret concernant les fonctions d'avocat général et de substitut près la cour des comptes (D. P. 81. 4. 89).

14-25 août 1880. — Décret concernant le costume du conseiller référendaire de première classe à la cour des comptes, délégué aux fonctions d'avocat général près ladite cour (D. P. 81. 4. 92).

20-24 oct. 1880. — Décret qui fixe le costume du conseiller référendaire à la cour des comptes délégué aux fonctions de substitut du procureur général près ladite cour (D. P. 81. 4. 109).

20 oct.-19 déc. 1884. — Décret concernant les attributions du procureur général près la cour des comptes (D. P. 84. 4. 19).

15-18 nov. 1886. — Arrêté concernant le programme de l'examen des candidats aux fonctions d'auditeur près la cour des comptes (D. P. 87. 4. 59).

12-16 juill. 1887. — Décret relatif à la notification des arrêts de la cour des comptes et des arrêts des conseils de préfecture, tant aux comptes des communes et des établissements assimilés (D. P. 87. 4. 91).

7-10 mai 1888. — Décret qui supprime les fonctions de substitut du procureur général près la cour des comptes (D. P. 88. 4. 44).

3. En *Italie* le contrôle financier est, comme en France, confié à une cour des comptes, dont l'organisation et les attributions ont fait l'objet d'une étude approfondie dans le discours prononcé à l'audience de rentrée de la cour des comptes, le 3 nov. 1882, par M. Biollay, substitut du procureur général. La cour des comptes du royaume d'Italie a été organisée par une loi du 14 août 1862. — Cette cour, en plus de ses attributions judiciaires à l'égard des comptables et de son contrôle sur les comptes des ministres et sur le compte général de l'administration des finances, est encore chargée d'un contrôle préventif sur les dépenses, Elle doit veiller aussi au recouvrement des revenus publics, s'assurer que la gestion des comptables de l'Etat est garantie par des cautionnements et dûment surveillée. Elle est, en outre, chargée de la liquidation des pensions, c'est-à-dire du rôle qui chez nous est confié au conseil d'Etat; elle donne son avis préalable sur tous les décrets, règlements ou actes rendus en matière de finances. Enfin elle est déléguée pour contrôler directement l'administration de la dette publique, celle de la caisse des dépôts et prêts, et celle des chemins de fer de l'Etat.

A côté de ces attributions, beaucoup plus étendues que celles de la cour des comptes française, la cour des comptes italienne a en outre un pouvoir de contrôle sur tous les décrets royaux qui, sans exception, sont soumis à son visa et doivent être enregistrés par elle. Lorsque celle des chambres de la cour des comptes à laquelle il est soumis, juge un décret contraire aux lois et règlements, elle est en droit de refuser son visa et de renvoyer le décret au ministre compétent. Si l'Administration persiste, la question doit être soumise au conseil des ministres ; si le conseil décide que l'acte doit être exécuté, la cour est appelée à se prononcer, toutes sections réunies, et si son opposition au décret persiste, elle doit néanmoins en ordonner l'enregistrement en y apposant un visa avec réserves. Le Parlement est appelé à se prononcer en dernier ressort.

4. Le contrôle préventif s'exerce au moyen du visa et de l'enregistrement des mandats des ministres, des actes portant nomination, promotion ou changement d'attributions des employés, des traitements et pensions supérieurs à 2000 lires une fois payées. Le contrôle des mandats se fait au point de vue de leur légalité et de la régularité de leur imputation sur les chapitres. Il est des cas où les ministres ne peuvent passer outre au refus de visa de la cour des comptes, notamment lorsque le mandat excède le crédit ouvert et qu'on n'y peut faire face au moyen du fonds de réserve qui, dans le budget italien, est voté chaque année pour pourvoir à l'insuffisance des crédits affectés aux dépenses obligatoires; il en est de même lorsque la cour des comptes juge que la dépense se réfère à un chapitre du budget déjà épuisé, et non à celui qui est indiqué au mandat. En dehors de ces cas, on procède comme pour l'enregistrement des décrets royaux que la cour refuse de viser sans réserves.

5. En *Belgique*, la cour des comptes est toujours régie par la loi du 30 déc. 1830, modifiée par la loi du 29 oct. 1846, et ses attributions sont à la fois judiciaires, puisqu'elle prononce des arrêts exécutoires et applique des peines, et administratives, puisqu'elle doit veiller à ce qu'aucun article de dépense ne soit dépassé et à ce qu'aucun virement de crédit ne se produise.

6. Le mode de contrôle des dépenses publiques en *Angleterre* a reçu, depuis 1866, de profondes modifications, qui ont fait l'objet d'une étude très développée de M. Arnauné, dans le *Bulletin de législation comparée*, de 1885, p. 270 et suiv. — Il existe actuellement en Angleterre, deux contrôles, distincts l'un de l'autre, des dépenses publiques : celui de la trésorerie, comme département responsable de la gestion des finances et dans l'intérêt du *leader*, et le contrôle exercé dans l'intérêt du Parlement par un officier indépendant, le *contrôleur général de l'échiquier de Sa Majesté et auditeur général des comptes publics*. Cet officier est aidé par un *assistant*: l'un et l'autre sont nommés par lettres patentes. Le contrôleur auditeur exerce un double contrôle, l'un préalable aux dépenses, dont il a hérité de l'ancien échiquier, l'autre postérieur, qui était dans les attributions de l'*audit*. Le premier porte sur les demandes de crédit adressées par la trésorerie au contrôleur général, qui est le titulaire du compte ouvert au gouvernement par la banque sous le nom d'échiquier ou de fonds consolidé. La banque ne peut opérer le transfert des crédits que la trésorerie ouvre au payeur général, sans une autorisation préalable du contrôleur général de l'échiquier.

Le contrôle postérieur aux dépenses, pour lequel le contrôleur auditeur général exerce les anciennes fonctions des commissaires de l'*audit* porte, à la fois, sur les droits des parties prenantes et sur l'emploi des crédits ouverts par le Parlement. — Ce contrôle est suivi d'un rapport au Parlement sur les irrégularités qui ont pu être révélées. Enfin la Chambre des communes charge de l'examen des comptes, dans lesquels des irrégularités sont ainsi relevées, un comité spécial qui prend le nom de *comité des comptes publics*, et qui procède à une enquête, dans laquelle, suivant le mode usité en Angleterre, les fonctionnaires ordonnateurs des dépenses signalées comme irrégulières sont appelés à comparaître. Un rapport est ensuite fait à la Chambre.

Art. 2. — *Organisation et composition de la cour des comptes* (*Rép.* nᵒˢ 14 à 20).

7. La plus importante des modifications qu'ait reçue l'organisation de la cour des comptes, telle qu'elle a été exposée au *Rép.* nᵒˢ 14 et suiv., résulte du décret des 23 oct.-9 nov. 1856 (D. P. 56. 4. 146), dont l'objet a été, pour employer les termes mêmes de son préambule « de placer auprès de la cour des comptes une classe d'auditeurs qui, par leurs études préparatoires, présenteraient des garanties spéciales d'aptitude aux fonctions de conseiller référendaire à cette cour, et qui devraient, en vue même de leur rôle futur, être adjoints par le premier président aux conseillers référendaires pour prendre part aux travaux d'instruction et de vérification confiés à ces magistrats ». Les auditeurs à la cour des comptes qui ne recevaient, au début de leur institution, aucun traitement, furent divisés en deux classes, et ceux de la première reçurent un traitement annuel de 2000 fr. (Décr. 14 déc. 1859, D. P. 59. 4. 132). Chaque classe comprenait dix auditeurs. En 1869, le nombre des auditeurs a été porté à vingt-cinq, savoir : quinze de première classe, dix de deuxième classe (Décr. 25 déc. 1869, art. 1ᵉʳ). Depuis, ce nombre n'a pas varié.

8. A la suite de l'annexion de la Savoie et du comté de Nice, en raison de l'augmention des comptes à vérifier, résultant de l'accession à la France de trois nouveaux départements, le nombre des conseillers référendaires fut élevé de quatre-vingts à quatre-vingt-quatre. De plus on décida que des auditeurs de première classe, dont le nombre toutefois n'excéderait pas dix, pourraient être désignés chaque année par décret pour faire directement des rapports aux chambres de la cour et signer les arrêts rendus sur leur rapport (Décr. 12 déc. 1860, art. 2 et 3, D. P. 61. 4. 13). En 1869, le nombre des auditeurs ainsi autorisés à faire directement des rapports, fut porté de dix à quinze, en même temps que celui des auditeurs de première classe était également augmenté comme on l'a dit *suprà*, nᵒ 7 (Décr. 25 déc. 1869, art. 2).

9. Les auditeurs de première classe, autorisés à faire directement des rapports aux chambres de la cour, jouissent, aux termes de l'art. 2 du décret du 12 déc. 1860, « des mêmes droits et sont soumis aux mêmes règles de discipline que les autres membres de la cour ». Il existe donc, sous ce rapport, entre eux et les autres auditeurs une différence sensible, puisque ces derniers peuvent, aux termes du décret du 23 oct. 1856 (D. P. 56. 4. 146), être révoqués par un décret, rendu sur la proposition du ministre des finances, d'après l'avis du premier président et du procureur général.

10. La nomination des auditeurs à la cour des comptes a été, d'origine (Décr. 23 oct. 1856), soumise à certaines conditions d'âge et d'aptitude, constatées par une commission d'examen désignée par le ministre des finances et composée d'un conseiller maître, de deux conseillers référendaires, l'un de première classe, l'autre de deuxième, et de deux fonctionnaires appartenant à l'administration centrale des finances. Le décret du 25 déc. 1869 (V. *suprà*, nᵒ 7), a complété les conditions exigées par le décret de 1856, en autorisant le ministre des finances à arrêter la liste des licenciés en droit définitivement admis à subir l'examen, et en lui imposant l'obligation de n'y comprendre que des candidats âgés de moins de vingt-huit ans. — Les conditions pour être nommé auditeur de deuxième classe (les auditeurs de première classe sont exclusivement pris parmi les auditeurs de seconde classe) sont donc : d'être âgé de vingt et un au moins et de moins de vingt-huit ans, d'être licencié

en droit, porté sur la liste arrêtée par le ministre des finances, et enfin d'avoir subi avec succès un examen sur des matières dont le programme fixé par le ministre des finances est actuellement réglé par un arrêté du 15 nov. 1886 (D. P. 87. 4. 59).

11. Les auditeurs de deuxième classe ont droit à la totalité des vacances qui se produisent dans la première classe. Ils y sont promus suivant l'art. 3 du décret du 14 déc. 1859, moitié au choix, moitié à l'ancienneté. Les auditeurs de première classe ont, depuis le décret du 25 déc. 1869, droit à la moitié des places vacantes dans l'ordre des conseillers référendaires de deuxième classe, tandis que sous le régime antérieur à ce décret, ils n'avaient droit d'abord qu'au quart (Décr. 23 oct. 1856, D. P. 56. 4. 146), et ensuite au tiers (Décr. 12 déc. 1860, D. P. 61. 4. 13) des vacances. Ils sont appelés à celles des places de conseillers référendaires qui leur sont attribuées moitié au choix et moitié à l'ancienneté (Décr. 19 mars 1864, D. P. 66. 4. 143).

12. Pour compléter les observations relatives aux auditeurs, nous signalerons la disposition de l'art. 2 du décret du 12 déc. 1860, suivant laquelle une somme annuelle est allouée pour être distribuée chaque semestre, à titre de préciput, aux auditeurs autorisés à faire directement des rapports.

13. Comme on l'a dit *suprà*, nᵒ 8, le nombre des conseillers référendaires a été porté de quatre-vingts (*Rép.* nᵒ 14, note 4) à quatre-vingt-quatre, dont quatre-vingt-quatre de première classe et soixante de deuxième. Le nombre des référendaires de première classe a, depuis lors, été fixé à quatre-vingt-six par le décret du 17 juill. 1880 (D. P. 81. 4. 89), pris en exécution d'une loi promulguée le même jour, et qui ouvrait sur le budget de l'exercice 1880 un crédit supplémentaire applicable au traitement de deux nouveaux conseillers référendaires de première classe.

14. Le ministère public près la cour des comptes qui, autrefois, ne comportait qu'un seul membre, le procureur général (V. *Rép.* nᵒ 14), est composé, en outre, depuis le décret du 17 juill. 1880, d'un avocat général et d'un substitut. La loi du même jour qui, ainsi qu'on l'a vu au numéro précédent, autorisait l'augmentation des conseillers référendaires, permettait de déléguer un conseiller de première classe pour remplir les fonctions d'avocat général, et un conseiller référendaire de deuxième classe pour remplir celles de substitut. Mais le décret du 7 mai 1888 (D. P. 88. 4. 44), a supprimé les fonctions du substitut; le ministère public ne se compose donc actuellement que du procureur général et d'un avocat général. Le conseiller référendaire qui remplit cette dernière fonction conserve son rang dans la classe à laquelle il appartient; il en était de même du substitut. Il remplace le procureur général en cas d'absence ou d'empêchement.

15. La cour des comptes est, en définitive, aujourd'hui composée d'un premier président, trois présidents, dix-huit conseillers maîtres, de quatre-vingt-six conseillers référendaires dont vingt-six de première classe et soixante de deuxième classe, et de vingt-cinq auditeurs, dont quinze de première classe et dix de deuxième classe. — Le parquet comprend le procureur général et un avocat général pris parmi les conseillers référendaires de première classe.

Art. 3. — *Des attributions ou de la compétence de la cour des comptes* (*Rép.* nᵒˢ 21 à 40).

16. Les attributions de la cour des comptes n'ont pas varié. Elles sont toujours, comme on l'a dit au *Rép.* nᵒ 21, *judiciaires* à l'égard des comptables, et *administratives* vis-à-vis des ministres et de leurs délégués. Ces attributions ont été énumérées dans l'art. 375 du décret réglementaire du 31 mai 1862 sur la comptabilité publique (D. P. 62. 4. 97), qui codifie en grande partie les règles jusqu'alors éparses dans un certain nombre de lois, d'ordonnances et de décrets. « La cour des comptes, dit cet article, est chargée de juger les comptes des recettes et des dépenses publiques qui lui sont présentés chaque année par les receveurs généraux des finances, les payeurs du trésor public, les receveurs de l'enregistrement, du timbre et du domaine, les receveurs des douanes, les receveurs des contributions indirectes, les directeurs comptables des postes, les directeurs

des monnaies, les comptables de l'Algérie et des colonies, le directeur comptable des caisses centrales du trésor et l'agent responsable des virements de comptes. — Elle juge aussi les comptes annuels de l'agent comptable du grand-livre et de celui des pensions, des agents comptables des transferts et mutations à Paris et dans les départements, du caissier de la caisse d'amortissement et de celle des dépôts et consignations, de l'imprimerie nationale, de l'agent comptable des chancelleries consulaires, du trésorier général des invalides de la marine, de l'agent comptable des traites de la marine, des économes des lycées nationaux, du caissier de la caisse des travaux de Paris, des receveurs des communes, hospices et établissements de bienfaisance dont le revenu atteint la limite fixée par les lois et règlements, enfin tous les comptes qui lui sont régulièrement attribués. Les comptes-matières sont aussi soumis au contrôle de la cour des comptes. — Elle statue, en outre, sur les appels formés, soit contre les arrêts rendus par les conseils de préfecture sur les comptabilités des receveurs des communes, hospices et établissements de bienfaisance, soit contre les règlements prononcés par les conseils privés des colonies à l'égard des comptes annuels des comptables soumis à la juridiction de ces conseils. » En résumé, comme le dit M. Aucoc, *Conférences sur le droit administratif*, 2° éd., t. 1, n° 356, la cour des comptes « a des attributions de diverses sortes à l'égard des comptables en deniers, à l'égard des comptables en matières, à l'égard des ordonnateurs eux-mêmes. A l'égard des comptables en deniers, elle a juridiction. A l'égard des comptables en matières, elle exerce un contrôle. A l'égard des ordonnateurs, elle n'a ni juridiction, ni contrôle ; mais elle fait des déclarations et des observations destinées à faciliter le contrôle du pouvoir législatif ».

17. La juridiction de la cour des comptes s'applique, d'après la loi du 16 sept. 1807, les art. 66 et suiv. de la loi du 18 juill. 1837, et aujourd'hui d'après les art. 155 et 157 de la loi municipale du 5 avr. 1884 (D. P. 84. 4. 2), aux comptables en deniers, c'est-à-dire d'espèces. Mais on admet que cette juridiction s'étend aussi à ceux qui gèrent *des valeurs tenant lieu d'espèces*, c'est-à-dire à tous les comptables de valeurs espèces monnayées, pouvant, comme ces dernières, être employées par le comptable et dilapidées par lui. Cette règle résulte d'une décision prise à propos de la vérification des comptes d'un employé spécial, qui avait été placé à la tête d'un service organisé par la ville de Paris pour le service de ses emprunts de 1869 et de 1871. Le service consistait : 1° dans l'échange des certificats provisoires contre des titres définitifs ; 2° dans l'échange des titres au porteur contre des titres nominatifs. Tout en regardant le chef de ce service comme un comptable de fait, la cour des comptes avait pensé qu'il ne pouvait pas être considéré comme ayant le maniement de deniers communaux, les titres dont il avait en la gestion ne pouvant, pensait-elle, être assimilés à des valeurs de caisse ou de portefeuille appartenant à la ville de Paris. La cour des comptes s'était, en conséquence, déclarée incompétente ; mais, sur le recours formé contre cet arrêt, le conseil d'Etat a jugé, au contraire, que les titres des emprunts de 1869 et de 1871, bien que destinés à être délivrés aux souscripteurs en représentation de leur créance, n'en constituaient pas moins, dans les caisses de la Ville et, par suite, entre les mains de l'employé qui en était chargé, avant toute remise aux souscripteurs, des valeurs dont cet employé pouvait faire emploi au préjudice de la Ville (ce qui avait eu lieu en fait), car ils étaient transmissibles, pour la plupart, par simple tradition et réalisables immédiatement en argent ; ils avaient donc incontestablement le caractère de deniers communaux et devaient, par suite, y être assimilés au point de vue du jugement des comptes (Cons. d'Et. 5 mai 1882, aff. Chasteau, D. P. 83. 3. 105).

§ 1er. — Vérification et jugement des comptes de recettes et de dépenses de l'Etat et de la gestion de tous les comptables publics (*Rép.* n°s 23 à 39).

18. Comme on l'a exposé au *Rép.* n° 23, la cour des comptes est tantôt juge en premier et dernier ressort, tantôt juge en dernier ressort seulement, suivant qu'elle vérifie et juge directement les comptes ou qu'elle statue sur l'appel des arrêtés des conseils de préfecture. Les art. 375

et 432 du décret du 31 mai 1862 (D. P. 62. 4. 97 et 99), qui renferment l'énumération des comptes que la cour doit juger directement (V. *suprà*, n° 16), consacrent à nouveau le droit d'appel contre les arrêtés rendus par les conseils de préfecture au profit des communes, des établissements publics et des comptables dont la gestion est soumise à la juridiction des conseils de préfecture.

19. Les comptabilités régulières ne sont pas seules soumises à la juridiction de la cour des comptes ; celle-ci s'étend également, soit en premier et dernier ressort, soit en dernier ressort seulement, aux gestions des comptables de fait (*Rép.* n° 26). C'est ainsi que les membres d'une commission municipale qui, pendant la guerre de 1870-1871, a opéré des recettes et des dépenses pour le compte d'une commune, sont justiciables de la cour des comptes, ces membres, en prenant part à ces opérations et en délivrant des quittances de taxe, étant devenus comptables de deniers communaux (Cons. d'Et. 20 mars 1874, aff. Duchemin, D. P. 75. 3. 21). Il en est de même de l'agent chargé d'opérations de comptabilité en vertu d'un arrêté irrégulièrement pris par l'autorité municipale (Cons. d'Et. 5 mai 1882, aff. Chasteau, D.P. 83. 3. 105). — Les principes exposés au *Rép.* n°s 27 et suiv. restent d'ailleurs entièrement applicables.

20. La cour des comptes n'a pas, aux termes de l'art. 18 de la loi du 16 sept. 1807, reproduits par l'art. 426 du décret du 31 mai 1862, qualité pour s'attribuer juridiction sur les ordonnateurs ni refuser aux payeurs l'allocation des payements qu'ils ont faits sur des ordonnancements réguliers. La détermination des pouvoirs de la cour des comptes a, d'ailleurs, été suffisamment faite au *Rép.* n° 30 et suiv. On a vu notamment (*ibid.* n°s 35 et suiv.), que la cour des comptes n'a pas le pouvoir de prononcer sur les questions qui peuvent être l'accessoire ou la conséquence de ses décisions. — Ainsi, non seulement elle doit rester étrangère aux questions de droit civil ou de droit criminel que l'examen des comptabilités pourrait faire naître, mais, même dans l'ordre administratif qui semblerait se rapprocher le plus de son institution, elle n'a le pouvoir ni de réformer les actes administratifs (*Rép.* n° 38), ni, comme on l'a dit *ibid.* n° 39, de créer un titre exécutoire contre l'Etat en déclarant un comptable en avance. En d'autres termes, elle ne peut faire, même en matière administrative, l'application des règles de la responsabilité, et même lorsque cette responsabilité découle de ses arrêts (V. à ce sujet les remarquables conclusions de M. le commissaire du Gouvernement Braun dans l'affaire Duchemin (Cons. d'Et. 20 mars 1874, D. P 75. 3. 21).

§ 2. — Contrôle public des comptes des ministres. — Déclaration annuelle de conformité. — Rapport au Gouvernement (*Rép.* n° 40).

21. Nous n'avons, sur ce point, rien à ajouter aux observations présentées au *Rép.* n° 40. Il nous suffira de dire que les règles à observer par la cour des comptes, tant pour le contrôle des comptes des ministres que pour les déclarations de conformité et le rapport au chef de l'Etat, sont aujourd'hui condensées dans le chap. 20, tit. 4, du décret du 31 mai 1862 (art. 435 à 447, D. P. 62. 4. 98).

Art. 4. — *Instruction et procédure. — Formes de la vérification: — Jugement des comptes* (*Rép.* n°s 41 à 48).

22. — I. AFFAIRES PORTÉES DIRECTEMENT DEVANT LA COUR. — La procédure qui doit être suivie pour la vérification des comptes portés directement devant la cour est toujours celle qui a été exposée au *Rép.* n°s 43 et suiv. Les règles déterminées à cet égard par la loi du 16 sept. 1807, le décret du 28 sept. 1807 et l'ordonnance du 31 mai 1838, ont été reproduites par les art. 405 à 415 du décret du 31 mai 1862. Toutefois un décret du 6 sept. 1876 (D. P. 77. 4. 7), relatif au mode de vérification de la gestion des comptables du trésor dont les comptes doivent être, d'après le décret du 12 août 1854 (D. P. 54. 4. 141), divisés en deux parties, a prescrit de soumettre à la vérification d'un même magistrat les deux parties des comptes embrassant l'ensemble des opérations d'une même exercice. Cette disposition, qui a pour but de donner au contrôle de la cour plus de rapi-

dité et de sûreté, a étendu aux comptes qu'il vise la règle que le décret du 27 janv. 1866 (D. P. 77. 4. 7-8) avait appliquée aux comptes des receveurs des communes et des établissements de bienfaisance ; c'est-à-dire qu'à partir de la distribution de la deuxième partie des comptes de 1875, la deuxième partie du compte de gestion, qui comprend les opérations de la première année de l'exercice, et la première partie du compte de la gestion suivante, comprenant les opérations complémentaires du même exercice, ont dû être vérifiées par le même conseiller référendaire ou par le même auditeur rapporteur. — Le même conseiller maître doit être également chargé du rapport des deux parties de l'exercice.

23. Les attributions du ministère public, qui ont été exposées au *Rép.* n° 44, ont été de nouveau réglementées par deux décrets. L'un du 17 juill. 1880 (D.P. 81. 4. 89) concerne les fonctions de l'avocat général et celles qui étaient attribuées au substitut, fonctions qui viennent d'être supprimées ainsi qu'on l'a vu *suprà*, n° 14, par le décret du 7 mai 1888. — Le second décret du 20 oct. 1884 (D. P. 85. 4. 19) règle l'exercice du droit de réquisition orale qui est reconnu au ministère public près la cour des comptes par l'art. 3 du décret du 17 juill. 1880 (D. P. 81. 4. 89).

D'après le décret du 20 oct. 1884, lorsque le procureur général veut être entendu devant une des chambres, il en informe le président, qui lui fait connaître le jour fixé pour la discussion. Le ministère public prend place à l'audience en face du président. Le conseiller référendaire ou l'auditeur rapporteur donne lecture des parties de son rapport sur lesquelles doivent porter les conclusions du ministère public. Le conseiller-maître désigné fait à la chambre un rapport dans lequel il examine les points de fait, et, s'il y a lieu, les points de droit, sans exprimer son opinion. Le ministère public développe oralement ses conclusions. Si le président juge que certains points doivent être éclaircis, il les précise et donne successivement la parole aux conseillers rapporteurs et au ministère public. Le ministère public dépose ensuite ses conclusions écrites, puis la chambre, hors de sa présence, passe à la délibération (art. 3). Si, au cours de la délibération, il se produit un fait nouveau, et que, pour ce fait ou pour tout autre motif, la chambre juge nécessaire de demander l'avis du ministère public, le président invite le conseiller référendaire ou l'auditeur rapporteur à rédiger un rapport supplémentaire contenant l'exposé des faits et des questions soulevées par la discussion. Ce rapport supplémentaire est communiqué au parquet, et il n'est statué définitivement par la cour qu'après que le ministère public a donné ses conclusions et a été entendu de nouveau, s'il en exprime le désir (art. 4). Les dispositions qui précèdent sont applicables aux affaires portées devant la chambre du conseil statuant disciplinairement. Lorsque la chambre du conseil statue par voie de déclaration générale, le ministère public prend part aux débats et aux délibérations. Il y prend également part, ainsi qu'au vote, lorsque la chambre du conseil délibère sur le rapport public, sur les questions générales de jurisprudence, ainsi que sur les affaires d'ordre intérieur (art. 5).

Aucune modification n'a été apportée aux attributions du procureur général en ce qui concerne la police générale, la surveillance qu'il doit exercer, et l'exécution des arrêts rendus par la cour.

24. Les rapports sur les comptes sont, en exécution du décret du 20 oct. 1884, art. 1er et 2, répartis en deux catégories ; pour l'une, la communication au ministère public est obligatoire, pour l'autre, cette communication reste facultative. — Tandis que les rapports concernant les pourvois, les comptabilités occultes ou exceptionnelles, ceux à fin de revision, compétence, débet, quitus et amende, sont nécessairement communiqués au procureur général avec pièces à l'appui, les autres rapports ne lui sont communiqués que lorsqu'il en fait la demande ou lorsque les présidents en prescrivent d'office la communication. Le procureur général fait rétablir au greffe les rapports communiqués et les pièces à l'appui. Il y joint ses conclusions écrites et revêt les rapports d'une mention indiquant qu'il assistera à l'audience ou qu'il n'a pas d'observations à ajouter.

25. Un décret du 12 juill. 1887 (D. P. 87. 4. 94) a organisé le mode de notification des arrêts rendus par la cour des comptes aux maires et aux administrateurs des établissements assimilés aux communes. Aux termes de l'art. 1er de ce décret, ces arrêts sont communiqués par le ministre des finances au préfet, dans un délai de quinze jours, à partir de la réception au ministère de l'expédition adressée par le procureur général près la cour des comptes. Dans un délai de huit jours, les préfets les notifient par lettres recommandées, avec demande d'avis de réception, aux maires et aux administrateurs des établissements assimilés. (Même article). Les préfets constatent, en outre, l'accomplissement de ces formalités, par un procès-verbal trimestriel, qui est adressé à la cour des comptes par l'intermédiaire du ministre des finances, et qui est accompagné des bulletins de dépôt et avis de réception. — Ces prescriptions s'appliquent à tous les arrêts émanés de la cour des comptes, sans distinction entre les affaires portées directement devant cette cour et celles qui ont été jugées en appel.

26. — II. AFFAIRES PORTÉES EN APPEL DEVANT LA COUR. — La procédure relative à l'examen des affaires portées en appel devant la cour des comptes est toujours celle qui a été exposée au *Rép.* n°s 47 et suiv. Les art. 530 et suiv. du décret du 31 mai 1862 (cité *suprà*, n° 16) n'ont apporté aucune innovation essentielle aux règles précédemment établies. — Les arrêtés de conseils de préfecture statuant sur les comptes présentés par les receveurs des communes sont adressés aux maires dans les quinze jours de leur date (art. 531), au moyen de lettres recommandées, avec demandes d'avis de réception (Décr. 12 juill. 1887, cité *suprà*, n° 25). L'art. 3 du décret précité du 12 juill. 1887 prescrit au préfet de constater dans un procès-verbal ouvert au commencement de chaque trimestre, l'envoi des arrêtés des conseils de préfecture aux maires et aux administrateurs des établissements assimilés, la date de la notification de chaque arrêté, et les numéros des bulletins de dépôt délivrés par la poste.

Les arrêtés doivent être notifiés par le maire dans les huit jours de la réception. — Cette notification est constatée par le récépissé du comptable et par une déclaration signée et datée par le maire au bas de l'expédition de l'arrêté. Pareille déclaration est faite sur la deuxième expédition qui reste déposée à la mairie avec le récépissé du comptable (Décr. 31 mai 1862, art. 532). Il n'est recouru à la signification par ministère d'huissier qu'au cas d'absence du comptable ou de refus par lui de donner récépissé (art. 533). La notification fait courir le délai du pourvoi devant la cour des comptes ; aussi lorsque l'Administration n'y procède pas dans les délais qui viennent d'être indiqués, est-il permis à toute partie intéressée de requérir une expédition de l'arrêté de compte et de la signifier par ministère d'huissier (art. 534).

27. La partie qui veut se pourvoir jouit d'un délai de trois mois à dater de la notification de l'arrêté de compte. Elle rédige pour cela une requête en double original ; l'un des doubles est remis à la partie adverse, qui en donne récépissé ; si elle refuse ou si elle est absente, la signification est faite par huissier (Décr. 31 mai 1862, art. 535).

L'autre original est adressé sur papier timbré accompagné de l'expédition notifiée de l'arrêt attaqué, à la cour des comptes (art. 535). — Les pièces, dit l'article, doivent parvenir à la cour au plus tard dans le mois qui suit l'expiration du délai de l'appel. Les art. 536 et suiv. reproduisent littéralement les dispositions exposées au *Rép.* n° 48-2°.

28. Le décret réglementaire du 31 mai 1862 a laissé subsister intégralement la procédure exposée au *Rép.* n° 48 en ce sens que la cour des comptes statue toujours sur les comptes dont le règlement est contesté, par deux arrêts dont l'un n'est pas précédé d'un débat contradictoire et est purement provisoire, tandis que le second n'est seul définitif, n'est rendu que lorsque le défendeur a été mis en demeure de débattre les éléments du compte et de fournir toutes les pièces justificatives dont il peut arguer.

29. L'appel des arrêtés rendus par les conseils de préfecture en matière de comptes (et aux colonies par les conseils privés) ne peut être porté que devant la cour des comptes ; il serait irrecevable devant le conseil d'État. Il en est ainsi, spécialement, de l'arrêté par lequel le conseil de préfecture déclare un receveur municipal quitte et libre (Cons. d'Et. 19 janv. 1877, aff. Commune de Bedouin, D. P. 77. 3. 39). — De même l'arrêté d'un conseil de préfecture qui, statuant

sur l'apurement des comptes d'un percepteur receveur municipal, déclare celui-ci en débet ne peut être, de la part du receveur d'arrondissement responsable de ce débet, l'objet d'un recours devant le conseil d'Etat, mais seulement d'un pourvoi devant la cour des comptes, encore bien que l'arrêté aurait enjoint à ce receveur d'arrondissement de verser immédiatement au mutuel du déficit dans la caisse communale (Cons. d'Et. 17 mars 1857, aff. Joly, D. P. 57. 3. 84).

30. Les décisions citées au numéro précédent se réfèrent au règlement proprement dit des comptes, et l'on a toujours été d'accord pour admettre que le conseil d'Etat ne pouvait connaître des difficultés auxquelles ce règlement peut donner lieu, alors même que le grief invoqué serait tiré d'une violation de la loi, la cour des comptes étant compétente pour connaître de ces dernières questions comme de toutes les autres. Ainsi encore le maire constitué comptable de fait des deniers communaux, qui soutient que le conseil de préfecture, en le mettant en demeure de produire son compte dans un délai déterminé, aurait violé la chose jugée par un précédent arrêté, doit se pourvoir, par voie d'appel, devant la cour des comptes et non devant le conseil d'Etat (Cons. d'Et. 21 déc. 1877, aff. Reveau, D. P. 78. 3. 43). Mais on a longtemps admis que lorsqu'il ne s'agit pas du règlement proprement dit du compte, mais de déclarer, par exemple, qu'un individu est devenu comptable de fait, l'arrêté du conseil de préfecture pouvait être déféré au conseil d'Etat pour excès de pouvoirs en vertu de la loi des 7-14 oct. 1790. Ainsi on a jugé qu'un arrêté par lequel un conseil de préfecture déclare qu'un maire, un curé, un simple citoyen sont devenus comptables de fait, est susceptible d'être déféré au conseil d'Etat (Cons. d'Et. 12 août 1848, aff. Antony, D. P. 50. 3. 23 ; 13 août 1850, aff. Brun, *Rec. Cons. d'Etat*, p. 761 ; 15 avr. 1857, aff. Chervaux, D. P. 58. 3. 1 ; 22 août 1868, aff. de Grammont, *Rec. Cons. d'Etat*, p. 965 ; 20 mars 1874, aff. Duchemin, D. P. 75. 3. 21, et les conclusions de M. Braun, commissaire du Gouvernement, *ibid.*). — Le conseil de préfecture, disait-on dans ce système, en statuant sur la situation d'un comptable de fait, agit en un double caractère. Lorsqu'il examine d'abord s'il y a comptabilité de fait, il agit comme autorité administrative, et relève dès lors, comme toute autorité administrative, du conseil d'Etat, juge des excès de pouvoirs. Au contraire, lorsqu'il statue sur les détails du compte, il agit comme tribunal financier soumis à la cour des comptes. Il est tout naturel que le conseil d'Etat puisse être saisi d'une question se rattachant à la comptabilité puisque la cour des comptes relève elle-même de ce conseil et n'est pas investie d'un pouvoir juridictionnel absolu sur les comptables pour le règlement de leurs comptes et des questions accessoires au règlement. L'appréciation du point de savoir si le justiciable a le caractère de comptable doit d'autant plus appartenir au conseil d'Etat qu'elle entraîne l'examen de questions que ce tribunal peut seul trancher en dernier ressort, notamment, celle de savoir si les deniers gérés sont publics, privés, communaux, etc.

31. Mais le conseil d'Etat a, depuis l'arrêt du 20 mars 1874 (cité *suprà*, n° 30), renoncé à cette doctrine, et sa jurisprudence a subi un revirement complet. De l'un des principaux inconvénients du système qu'il avait consacré jusqu'en 1874 était de rendre possibles des décisions contradictoires du conseil d'Etat et de la cour des comptes saisis en même temps du même litige. Il avait cet autre inconvénient de donner lieu à des distinctions fort subtiles, d'une solution très délicate, et qui exposaient les comptables et les communes à faire devant le conseil d'Etat des frais de procédure qui restaient fréquemment inutiles. Puis il établissait une différence que rien ne justifie entre les communes justiciables du conseil de préfecture, c'est-à-dire dont le revenu n'excède pas 30000 fr., et les communes dont la comptabilité est directement soumise à la cour des comptes. A l'égard de celles-ci, la cour des comptes, saisie directement de la gestion d'un comptable de fait par un simple arrêté préfectoral qui n'a pas le caractère de décision susceptible d'être déférée au conseil d'Etat, statuerait toujours la première sur la question de savoir s'il y a eu comptabilité de fait, tandis que, relativement aux autres communes, la question ne pourrait lui être soumise.

Ces considérations, qui ont été développées devant le conseil d'Etat par M. le commissaire du gouvernement Le Vavasseur de Précourt, dans de savantes conclusions insérées, D. P. 83. 3. 107-108, ne seraient toutefois pas assez puissantes pour faire abandonner le système exposé ci-dessus si elles n'étaient corroborées par d'autres motifs, qui ont une grande importance juridique et qui ont été également invoquées par M. le commissaire du gouvernement. Le système primitivement suivi par le conseil d'Etat repose sur cette idée que le conseil de préfecture, lorsqu'il déclare qu'il y a eu comptabilité de fait, agit comme autorité administrative ; or nous croyons, avec M. Le Vavasseur de Précourt, que c'est mal comprendre le rôle du conseil de préfecture en ces matières. « Le conseil de préfecture, a-t-il dit, n'est qu'une autorité financière dont les attributions se lient intimement à celles de la cour des comptes. Il statue dans des formes toutes spéciales, en audience non publique, examinant les comptes, même ceux qui ne sont pas contestés. La loi du 16 sept. 1807, en disposant que les comptes des communes dont les budgets sont directement approuvés par décret, seraient directement soumis à la cour des comptes, a voulu décharger cette cour d'un grand nombre d'affaires peu importantes ; l'ordonnance du 28 janv. 1815 attribue au préfet, en conseil de préfecture, le jugement des comptes des communes dont le revenu n'excède pas 10000 fr.; l'ordonnance du 23 avr. 1823 donne cette attribution au conseil de préfecture et la loi du 18 juill. 1837 étend la compétence de ce conseil aux comptes des communes ayant moins de 30000 fr. de revenus. Toutes ces dispositions, exclusivement financières, relient étroitement les conseils de préfecture à la cour des comptes, dont ils sont, en quelque sorte, des chambres départementales, et la logique conduit à l'un de ces deux systèmes, ou bien admettre que, dans aucun cas, la cour des comptes ne pourra examiner la question de savoir s'il y a eu comptabilité de fait, restreindre sa compétence à l'examen matériel des comptes, et alors refuser ce même pouvoir aux conseils de préfecture pour l'attribuer aux ministres ou aux préfets, ou bien reconnaître qu'il est impossible, en pratique, de distinguer ces deux questions qui sont connexes et pour l'examen desquelles le conseil de préfecture est qu'un tribunal financier de premier ressort soumis seulement à l'autorité du tribunal financier supérieur. Cette seconde opinion nous paraît la plus juridique. D'après la loi de 1807, les fonctions de la comptabilité nationale sont confiées à une cour chargée du jugement des comptes, et ce jugement implique nécessairement l'appréciation même de la qualité de comptable ; le conseil de préfecture a la même compétence, et ses arrêtés, dont un simple acte d'appel détruit la valeur, n'ont pas le caractère de décisions définitives susceptibles d'un recours en cassation ». Or, comme le constatait, en outre, M. Le Vavasseur de Précourt, le recours pour excès de pouvoirs n'est pas recevable lorsque la décision qui le renferme peut être réformée par une autre voie, et cette voie existe dans le cas actuel, c'est l'appel devant la cour des comptes. — Le conseil d'Etat a adopté dans un arrêt du 19 mai 1882 (aff. Commune de Berlaincourt, D. P. 83. 3. 107), ce second système en décidant que l'arrêté d'un conseil de préfecture qui déclare un maire comptable de fait n'est pas susceptible d'être déféré au conseil d'Etat pour excès de pouvoirs et doit être porté en appel devant la cour des comptes. Il a, depuis, confirmé cette nouvelle jurisprudence dans deux arrêts (Cons. d'Et. 25 janv. 1884, aff. Taillefer, D. P. 85. 3. 85 ; 4 avr. 1884, aff. Commune d'Escouloubre, *ibid.*).

ART. 5. — *Des voies de recours contre les décisions de la cour des comptes (Rép. n°s 49 à 59).*

32. Le décret du 31 mai 1862 reproduit, dans son art. 420, les dispositions de l'art. 14 de la loi du 16 sept. 1807 et de l'art. 374 de l'ordonnance du 31 mai 1838 consacraient le droit, pour la cour des comptes, de procéder à la révision d'un compte définitivement jugé, soit à la demande du comptable lorsque des pièces justificatives auraient été recouvrées depuis l'arrêt, soit d'office ou à la réquisition du procureur général, pour erreur, omission, faux ou double emploi. Cette consécration nouvelle laisse donc tout leur intérêt aux observations contenues au *Rép.* n°s 50 et suiv. — Le décret

de 1862 prend seulement soin de déclarer que « les demandes en révision sont soumises aux mêmes règles que les pourvois en ce qui concerne la notification de la demande à la partie adverse et la reddition de deux arrêts ou arrêtés statuant l'un sur l'admission de cette demande, l'autre sur le fond ».

Le même droit appartient, d'ailleurs, aux conseils de préfecture pour les comptes qu'ils ont à juger. En effet, nonobstant un premier arrêté par lequel il a jugé définitivement un compte, le conseil de préfecture peut procéder à la revision de ce compte sur la demande du comptable, accompagnée de pièces justificatives recouvrées depuis ledit arrêté; et alors le même conseil, en procédant à la revision, dont il s'agit, peut et doit rectifier les erreurs de toute espèce, même de droit, qui auraient été commises au préjudice du comptable (Cons. d'Et. 13 avr. 1870, aff. Commune de Combloux, D. P. 70. 3. 84).

33. Comme on l'a vu au *Rép.*, n° 52, les arrêts de la cour des comptes, lorsqu'ils statuent sur des questions de droit, sont susceptibles d'être déférés au conseil d'Etat pour violation des formes et de la loi. Ces arrêts peuvent également être déférés au conseil d'Etat pour excès de pouvoirs. En effet, comme l'a fort bien remarqué M. Serrigny, *Traité de l'organisation et de la compétence administrative*, 2° éd., t. 3, n° 1431, le recours au conseil d'Etat pour incompétence ou excès de pouvoirs est virtuellement compris dans ces termes de l'art. 17 de la loi de 1807 « *violation des formes ou de la loi* » (V. aussi dans ce sens : Dufour, *Droit administratif*, 2° éd., t. 2, n° 155; Aucoc, *Conférences sur le droit administratif*, 3° éd., t. 1, n° 358; Cons. d'Et. 13 avr. 1870, aff. Commune de Combloux, D. P. 70. 3. 84). Sans doute, toute violation de la loi ne constitue pas un excès de pouvoirs, mais tout excès de pouvoirs implique et constitue une violation de la loi. La cour des comptes, en procédant à l'apurement des comptes, peut, appliquer à tort, certaines règles de comptabilité et la loi de 1807 ouvre alors un recours devant le conseil d'Etat pour violation de la loi. Il doit évidemment en être de même, et cela *à fortiori*, si violant un principe supérieur, comme celui de la séparation des pouvoirs par exemple, la cour s'attribue compétence dans une matière qui échappe à sa juridiction; si, par exemple, elle se prononçait, à propos de l'apurement d'un compte, sur une question de droit criminel ou civil, etc. (V. en ce sens : Arrêt précité du 13 avr. 1870. V. aussi les conclusions de M. le commissaire du gouvernement Braun, dans l'aff. Duchemin, D. P. 75. 3.21-22).

34. Les arrêts de la cour des comptes peuvent être déférés au conseil d'Etat aussi bien quand ils sont rendus sur des matières que cette cour juge en premier et dernier ressort que lorsqu'ils statuent sur des comptes déjà apurés par les conseils de préfecture et dont elle ne connaît que par voie d'appel. Dans les deux cas la violation de la loi autorise le recours. — Mais, en revanche, les arrêts définitifs de la cour des comptes, à l'exclusion des arrêts provisoires de solution, sont seuls susceptibles d'être déférés au conseil d'Etat par application de l'art. 17 de la loi du 16 sept. 1807 (Cons. d'Et. 20 juill. 1883, aff. Monier, D. P. 85. 3. 36). Cette solution est en quelque sorte imposée par le caractère des arrêts rendus par la cour des comptes. L'arrêt provisoire notifié au comptable ne peut lui être opposé que s'il y donne son acquiescement; s'il réclame,

le débat est rouvert devant la cour des comptes. Comment admettre qu'un comptable, au lieu de recourir à cette voie normale et régulière pour faire valoir ses droits, puisse être admis à recourir au conseil d'Etat et à lui soumettre, pour faire tomber l'arrêt préparatoire, des moyens sur lesquels la cour, dans bien des cas, n'aurait pas même été appelée à délibérer lorsqu'elle a rendu son arrêt?

35. L'art. 17 de la loi du 16 sept. 1807 autorise, comme il a été dit au *Rép.* n° 52, les ministres à déférer au conseil d'Etat les arrêts qu'ils jugent rendus en violation des formes ou de la loi. Il appartient donc au ministre de l'intérieur de déférer au conseil d'Etat un arrêt rendu en matière de comptabilité communale. — Mais a-t-il seul qualité à cet effet, ou bien les communes sont-elles également recevables à se pourvoir devant le conseil d'Etat? Cette dernière solution est, à notre avis, incontestable; elle a été soutenue par M. le commissaire du Gouvernement Marguerie, dans les conclusions qu'il a présentées dans l'affaire Chasteau (D. P. 83. 3. 105). « Nous ne croyons pas, disait M. Marguerie, que l'art. 17, en ouvrant un recours devant vous aux comptables, d'une part, et aux ministres de l'autre, ait entendu priver les représentants légaux des établissements publics, dont la comptabilité est soumise à la cour des comptes, de la faculté de vous saisir directement ; l'art. 17 de la loi du 16 sept. 1807 nous paraît permettre le recours à toute partie intéressée, et nous pensons que le préfet de la Seine aurait pu vous adresser directement le mémoire qu'il a transmis au ministre de l'intérieur, qui en fait vous était destiné, et que M. le ministre a joint à l'appui de son recours. Notre sentiment sur ce point est conforme à la doctrine qui se dégage d'un arrêt rendu par le conseil d'Etat le 8 avr. 1842 (*Rép.* v° *Commune*, n° 596). » Ajoutons que, dans l'affaire de la commune de Combloux, citée *supra*, n° 32, le conseil d'Etat avait statué au fond sur le pourvoi formé par une commune contre un arrêt de la cour des comptes rendu sur l'appel d'un arrêté du conseil de préfecture.

36. On a exposé au *Rép.* n° 55 que le délai du recours au conseil d'Etat est de trois mois à dater de la notification de l'arrêt. Le décret du 31 mai 1862 (art. 423), en maintenant ce délai, ne détermine pas plus que les textes précédents, dans quelle forme la notification doit être faite. On se trouve donc toujours en présence des difficultés qui ont été signalées au *Rép. ibid.*, notamment en ce qui concerne la notification faite au comptable. Nous persistons à penser que cette notification ne peut faire courir le délai de trois mois si elle n'a lieu d'une manière régulière. La lettre recommandée ne nous paraît nullement suffisante, bien qu'elle soit admise par le décret du 12 juill. 1887, relatif à la notification des arrêts de la cour des comptes et des arrêtés des conseils de préfecture sur les comptes des communes et des établissements assimilés, pour la transmission, par le préfet, aux maires et aux administrateurs des établissements assimilés, des arrêts de la cour des comptes et des arrêtés des conseils de préfecture (V. *supra*, n° 26). En effet, ce décret n'apporte aucune modification aux règles antérieures en ce qui concerne la notification aux comptables, laquelle se fait toujours dans la forme administrative, par les soins du maire, conformément aux art. 530 et suiv. du décret du 31 mai 1862, ou par ministère d'huissier dans les formes que nous avons exposées *supra*, n° 26.

Table sommaire

des matières contenues dans le Supplément et le Répertoire.

Table chronologique des Lois, Arrêts, etc.

1790. 7 oct. Loi. 30 c.	1823. 23 avr. Ord. 31 c.	1854. 12 août. Décr. 22 c.	1860. 12 déc. Décr. 2 c., 8 c., 9 c., 11 c., 12 c.	1868. 22 août. Cons. d'Et. 30 c.	c., 20 c., 30 c., 31 c., 33 c.	—14 août. Décr. 2 c.	—4 avr. Cons. d'Et. 31 c.
1807. 16 sept. Loi. 17 c., 20 c., 22 c., 31 c., 32 c., 33 c., 34 c., 35 c.	1837. 18 juill. Loi. 17 c., 31 c.	—14 déc. Décr. 11 c.	1862. 31 mai. Décr. 16 c., 18 c., 20 c., 21 c., 22 c., 26 c., 27 c., 26 c., 32 c., 36 c.	1869. 25 déc. Décr. 2 c., 7 c., 33 c., 35 c.	1876. 8 sept. Décr. 2 c., 22 c.	—30 oct. Décr. 2 c.	—5 avr. Loi. 17 c.
—28 sept. Décr. 22 c.	1838. 31 mai. Ord. 22 c., 32 c.	1856. 23 oct. Décr. 2 c., 10 c., 11 c.	1864. 19 mars. Décr. 2 c., 11 c.	1870. 13 avr. Décr. 22 c., 26 c., 27 c., 33 c., 35 c.	1877. 19 janv. Cons. d'Et. 29 c.	1882. 5 mai. Cons. d'Et. 17 c., 19 c., 35 c.	—20 oct. Décr. 2 c., 23 c., 24 c.
	1848. 8 avr. Cons. d'Et. 35 c.	1857. 17 mars. Cons. d'Et. 29 c.		—21 déc. Cons.		—19 mai. Cons. d'Et. 31 c.	1886. 15 nov. Arrêté. 2 c., 10 c.
1815. 28 janv. Ord. 31 c.	1850. 12 août. Cons. d'Et. 30 c.	1858. 12 août. Cons. d'Et. 30 c.	1866. 27 janv. Décr. 22 c.	1873. 24 avr. Décr. 30 c.	1880. 17 juill. Décr. 2 c., 18 c., 14 c., 23 c.	1883. 20 juill. Cons. d'Et. 34 c.	1887. 12 juill. Décr. 2 c., 25 c.
	1850. 13 août. Cons. d'Et. 30 c.	1859. 14 déc. Décr. 2 c., 7 c.		1874. 20 mars. Cons. d'Et. 19		1884. 25 janv. Cons. d'Et. 31 c.	1888. 7 mai. Décr. 2 c., 14 c., 23 c.

COURS D'ADULTES. — V. infrà, v° *Organisation de l'instruction publique*.

COURS D'EAU. — V. infrà, v° *Eaux*; — Rép. eod. v°, n°s 35 et suiv., 208 et suiv.

V. aussi suprà, v° *Action possessoire*, n°s 57, 159; infrà, v¹s *Domaine public*; *Prescription civile*; *Servitude*.

COURS FORCÉ. — V. suprà, v° *Banque*, n°s 22 et suiv., 40; — Rép. eod. v°, n°s 62, 89.

COURSES DE CHEVAUX. — 1. On a dit au Rép. n°s 1 et suiv. que les courses de chevaux avaient pour unique objet l'amélioration de la race chevaline, et l'on a montré par les différents actes du pouvoir exécutif cités ibid., l'importance que le Gouvernement attachait à ces exercices. Non seulement il leur donnait toute sa protection, mais encore il les avait organisées lui-même d'une façon absolument exclusive jusqu'en 1833, époque où l'initiative privée commença à se développer en cette matière par la création de la société d'Encouragement pour l'amélioration des races de chevaux en France (V. l'exposé des principes sur lesquels repose la société d'encouragement, dans Urbain Desvaulx, *Les chevaux et les courses en France*, p. 55). L'élan était donné, et dès 1845 plus de cinquante sociétés s'étaient fondées en province, organisant à l'envi des concours hippiques (V. ibid., p. 57). Le mouvement s'est continué jusqu'à notre époque, et il n'existe pas actuellement de département qui n'ait sa société ou même ses sociétés de courses. Nous ne citerons que les plus importantes : la *société des steeple-chases de France*, créée en 1863, la *société pour l'amélioration du cheval français de demi-sang*, créée en 1864, et enfin la *société sportive d'encouragement*, fondée en 1887 par les organisateurs des réunions suburbaines.

2. Mais le Gouvernement n'abdiqua pas pour cela son autorité en matière de courses. Il continua sa faveur à cette œuvre utile, la couvrant d'une protection d'ailleurs intéressée, et réglementant lui-même les concours. Des arrêtés du ministre de l'agriculture et du commerce en date du 15 mars 1842, du 26 avr. 1849 et du 17 févr. 1853, et deux arrêtés du ministre d'État en date du 30 janv. 1862 fixèrent toutes les conditions des courses et nommèrent des commissions officielles chargées de recevoir les engagements et de statuer sur les contestations entre les concurrents avant et pendant les courses (V. *Journal des haras*, 1842, 1849, 1853 ; Urbain Desvaulx, *op. cit.*, p. 130 et suiv.). L'arrêté du 26 avr. 1849, avait particulièrement pour but de protéger l'élevage du midi de la France. Les éleveurs du nord, en effet, bien supérieurs aux éleveurs du midi, décourageaient les efforts de ceux-ci en envoyant concourir leurs chevaux dans tous les hippodromes. L'arrêté de 1849, rendu après examen du conseil général des haras, divisa la France en deux sections du nord et du midi, et porta défense aux éleveurs d'une section de concourir dans l'autre.

3. En 1866, une nouvelle phase commence pour les courses. Par arrêté du ministre de la maison de l'empereur et des beaux-arts, en date du 16 mars 1866, les règlements officiels parus jusqu'à ce jour sont abrogés notamment en ce qui concerne la division de la France en deux régions, et les hippodromes seront régis désormais pour les courses plates au galop, par le règlement de la société d'Encouragement pour l'amélioration des races de chevaux en France; pour les courses à obstacles, par le règlement de la société générale des steeple-chases de France; pour les courses au trot, par le règlement de la société pour l'amélioration du cheval français de demi-sang (art. 10). Ce même arrêté autorise les commissaires des courses, juges sans appel des réclamations ou contestations de toutes sortes depuis la suppression de la commission centrale des courses, à en déférer le juge-

ment aux comités de ces diverses sociétés lorsque la difficulté ou l'importance de la question leur paraît l'exiger (art. 7). Mais le Gouvernement conserve son droit de contrôle : l'arrêté réserve aux préfets la présidence des courses (art. 1er) et confie à l'administration supérieure des haras la nomination des commissaires. D'autre part, le grand écuyer de la maison de l'empereur approuve les programmes et possède une action disciplinaire pour la répression des délits et des fraudes commis par les entraîneurs ou les jockeys (V. le rapport du grand écuyer, général Fleury). Ce même arrêté autorisait l'admission au concours des chevaux purs sang étrangers, rapportant ainsi la disposition de l'art. 5 du règlement du 16 mars 1825 cité au *Rép.* n° 3, qui n'admettait à concourir que les chevaux nés et élevés en France.

4. Tels sont les règlements importants parus jusqu'à ce jour et qui constituent la législation spéciale à cette matière. L'arrêté précité du 16 mars 1866 est encore en vigueur dans presque toutes ses dispositions. En ce qui concerne les détails, dans lesquels nous ne saurions entrer ici, nous renvoyons au *Code des courses et règlement de la société d'Encouragement*, avril 1888, au *Code de steeple-chase*, 1887; au *Code des courses au trot*, 1879.

5. Nous avons dit *suprà*, n° 1, quel était le but des courses de chevaux. Mais, sans tenir compte de cet objet, nettement déclaré par toutes les sociétés de courses et officiellement consacré par les arrêtés de tous temps, l'Assistance publique a voulu à diverses reprises voir dans les réunions tenues dans les hippodromes un spectacle offert à la curiosité du public, et en conséquence a demandé à percevoir le droit des pauvres. Cette interprétation n'a pas été admise, et le conseil d'Etat a jugé que le droit des pauvres n'est pas dû sur les droits d'entrée payés par les personnes qui assistent aux courses de chevaux, ces courses étant organisées de concert avec l'Administration dans l'intérêt de l'amélioration de la race chevaline, et la totalité des recettes étant effectée par les statuts de la société des courses à cette œuvre d'utilité publique (Cons. d'Et. 13 juin 1873, aff. Bureau de bienfaisance de Saint-Etienne-de-Rouvray, D. P. 73. 3. 93). Dans un remarquable rapport, inséré *ibid.*, M. David, commissaire du Gouvernement, a nettement établi cette distinction.

6. Mais si les courses de chevaux doivent être, à raison de leur but, distinguées de tous autres spectacles, elles peuvent, à certains points de vue, rentrer dans la catégorie des jeux de hasard. On sait, en effet, que le jeu en matière de courses, a pris une extension considérable, et qu'en fait les réunions hippiques ont pour principal attrait les paris que l'on y peut faire sur les chances de tel ou tel cheval. Nous renvoyons donc pour tout ce qui concerne les paris à la cote, les bookmakers, et l'organisation du pari mutuel, *infrà*, v° *Jeu-pari*.

COURTAGE. — COURTIER. — V. outre les renvois mentionnés *Rép.* eod. v°, *suprà*, v^ls *Acte de commerce*, n°s 30, 272 et suiv., 366; *Bourse de commerce*, n°s 16 et suiv., 233 et suiv.; *Commerçant*, n°s 12 et suiv., 36; *infrà*, v^ls *Organisation de l'Algérie; Organisation des colonies; Patente; Trésor public; Vente; Vente publique de marchandises neuves; Vente publique de meubles.*

COUVERTURE. — V. *suprà*, v° *Bourse de commerce*, n°s 131 et suiv., 199; *infrà*, v^in *Nantissement; Trésor public.*

CRÉDIT FONCIER. — V. *Sociétés de crédit foncier et de crédit mobilier;* — *Rép.* cod. v°, n°s 4 et suiv.
V. aussi *infrà*, v^ls *Effets de commerce; Enregistrement; Industrie et commerce; Ordre entre créanciers; Organisation des colonies; Priviléges et hypothéques; Timbre.*

CRÉDIT FONCIER COLONIAL. — V. *infrà*, v° *Organisation des colonies.*

CRÉDIT LÉGISLATIF. — V. *Trésor public;* — *Rép.* eod. v°, n°s 674 et suiv.

CRÉDIT MOBILIER. — V. *Sociétés de crédit foncier et de crédit mobilier ;* — *Rép.* eod. v°, n°s 266 et suiv.

CRÉDIT OUVERT. — V. *Compte courant*, n°s 24 et suiv.; *Prêt à intérêts et à usure;* — *Rép.* v° *Compte courant*, n° 12; *Prêt à intérêts et à usure*, n°s 238 et suiv.
V. aussi *suprà*, v° *Acte de commerce*, n° 271; *infrà*, v^ls *Dépôt; Effets de commerce; Enregistrement; Faillite et ban-*

queroute; Obligations; Priviléges et hypothéques; Saisie-arrêt; Société; Vente; Vente publique d'immeubles.

CRIEUR PUBLIC. — V. *Droits politiques; Presse-outrage;* — *Rép.* v° *Affiche*, n° 147.

CRIMES ET DÉLITS CONTRE LA SURETÉ DE L'ÉTAT.

Division.

CHAP. 1er. — Historique et législation. — Délits politiques (peine de mort). — Compétence (*Rép.* n°s 2 à 7).

1. Depuis la publication du *Répertoire*, l'application des dispositions contenues dans le chap. 1er du liv. 3 c. pén. n'a pas été fréquente. Si les crimes que ces dispositions prévoient, présentent une gravité exceptionnelle, ils sont, heureusement, assez rares. Aujourd'hui surtout que la forme républicaine du Gouvernement a fait disparaître le caractère spécial du crime d'attentat contre le chef de l'Etat et contre les membres de sa famille, pour le faire rentrer dans le droit commun, ce n'est plus guère qu'aux époques profondément troublées que les textes du code pénal relatifs aux crimes contre la sûreté intérieure de l'Etat peuvent être invoqués et appliqués. La sévérité même de ces textes qu'ils édictent font hésiter souvent l'autorité à requérir l'application de ces articles dans des cas qui semblent bien ceux qu'ils ont prévu, et la portent à recourir de préférence à des textes édictant des peines moins rigoureuses. D'autre part, les crimes contre la sûreté extérieure de l'Etat sont devenus de plus en plus rares; depuis que l'idée de patrie est devenue plus nette pour tous les citoyens, la justice n'a eu que rarement l'occasion de rechercher et de poursuivre de semblables crimes. Cependant les circonstances si graves, au point de vue extérieur et intérieur, que la France a traversées depuis la publication du *Répertoire*, l'insurrection de 1871 notamment, n'ont pas laissé de donner lieu à un certain nombre de décisions importantes qui ont appliqué les pénalités édictées contre les crimes attentatoires à la sûreté intérieure de l'Etat, de même que la guerre de 1870 a motivé quelques applications des articles protecteurs de la sûreté extérieure de l'Etat.

2. Aucune modification n'a été apportée, depuis la publication du *Répertoire*, aux articles du code pénal compris dans le tit. 1er, chap. 1er du liv. 3. — Il est admis sans contestation

aujourd'hui que l'abolition de .a peine de mort en matière politique, consacrée par l'art. 5 de la constitution de 1848, s'étend à tous les cas où cette peine est prononcée par les articles du code pénal que nous avons à étudier, et que, si elle n'a pas disparu du texte des dispositions du même chapitre, elle est implicitement remplacée, dans toutes ces dispositions, par la déportation dans une enceinte fortifiée. En effet, les dispositions de la loi du 10 juin 1853 (D. P. 53. 4. 111) qui l'avaient rétablie dans le texte des art. 86 et 87 (Rép. n° 6), se trouvent aujourd'hui abrogées de fait par l'établissement du gouvernement républicain. — La peine de mort n'est donc applicable dans aucun des cas que nous avons à étudier.

3. Mais, à côté du code pénal, on a récemment édicté une loi, destinée à réprimer l'espionnage en temps de paix et certaines indiscrétions qui, tout en ne tombant pas sous l'application des articles du code pénal, n'en sont pas moins dangereuses pour la sécurité de l'État. Cette loi des 18-19 avr. 1886 (1) a eu pour objet de combler une lacune qu'on avait cru découvrir dans nos codes. Depuis plusieurs années, dans plusieurs organes de la presse et dans certains milieux, on reprochait à notre législation de n'avoir prévu, en dehors de certains crimes de haute trahison, aucun fait d'espionnage, alors que les pays voisins, notamment l'Italie, la Hongrie, l'Autriche, l'Allemagne, la Hollande poursuivent l'espionnage aussi bien lorsqu'il se produit en temps de paix qu'en temps de guerre. Nos lois, à l'encontre de celles de ces pays, ne pouvaient, disait-on, être invoquées que dans l'état de guerre déclarée; ainsi les art. 76 à 79 ne punissent que les manœuvres et intelligences avec l'ennemi; et, même dans les codes militaires (Lois du 9 juin 1857 pour l'armée de terre et du 4 juin 1858 pour l'armée de mer, D. P. 57. 4. 115 et 58. 4. 90), les dispositions peu nombreuses qui se rapportent à la matière ne s'appliquent également que devant l'ennemi. Les art. 80 à 82 c. pén. concernent bien la communication de certains secrets d'État à une puissance étrangère « ennemie ou non », mais seulement lorsqu'il s'agit des catégories suivantes de documents : secrets d'une négociation, d'une expédition, plans de fortifications,

arsenaux, rades et ports. Et encore faut-il que cette communication ait été faite par le fonctionnaire ou l'agent qui a été instruit officiellement du secret d'État, ou qui était chargé de la garde des plans. Enfin la loi reste muette sur les cas de communication aux particuliers et au public de documents ou renseignements dont la nature commande le secret le plus absolu, même quand cette communication aurait été faite par la voie de la presse, ou quand ces documents ou renseignements auraient été livrés par un fonctionnaire qui, à raison de ses fonctions, en serait le gardien ou le confident. A plus forte raison, est-elle muette sur les indiscrétions, sur les négligences, insignifiantes en apparence, mais qui peuvent entraîner à un moment donné des conséquences terribles pour le pays, et par exemple, la divulgation des plans de la mobilisation générale ou de la défense de telle ou telle partie du territoire. — On considérait encore la loi nouvelle comme nécessaire à un autre point de vue. « Des étrangers, disait le rapporteur à la Chambre des députés, des individus dissimulant, sous un déguisement, leurs noms, qualité, profession, nationalité, parcourent la France, lèvent des plans, prennent des croquis, se livrent à toute une série d'opérations d'autant plus dangereuses que les découvertes modernes les rendent plus faciles, interrogent les nationaux et recueillent, sans que nous ayons légalement rien à dire, des renseignements qui intéressent au plus haut degré la défense du territoire. Ils ont pour complices et intermédiaires des mauvais Français, des gens à sens moral peu développé, des étourdis, lesquels, en temps de guerre, craindraient peut-être d'entreprendre ou de favoriser une aussi coupable industrie, et qui, en temps de paix, spéculant sur l'impunité, ou n'étant pas suffisamment tenus au éveil contre des suggestions malsaines, se laissent aller à devenir les auxiliaires des plus odieuses tentatives. Un tel état de choses ne saurait être toléré plus longtemps. Il est bon d'avertir sévèrement les uns et de frapper fortement les autres. »

Le projet présenté par le gouvernement, et adopté presque sans discussion, frappe de la peine de l'emprisonne-

<hr>

(1) 18-19 avr. 1886. — Loi qui établit des pénalités contre l'espionnage (D. P. 86. 2. 58).

Art. 1er. Sera puni d'un emprisonnement de deux ans à cinq ans et d'une amende de 1000 à 5000 fr. : — 1° Tout fonctionnaire public, agent ou préposé du Gouvernement, qui aura livré ou communiqué à une personne non qualifiée pour en prendre connaissance ou qui aura divulgué, en tout ou en partie, les plans, écrits, ou documents secrets intéressant la défense du territoire ou la sûreté extérieure de l'État qui lui étaient confiés, ou dont il avait connaissance à raison de ses fonctions. La révocation s'ensuivra de plein droit ; — 2° Tout individu qui aura livré ou communiqué à une personne non qualifiée pour en prendre connaissance, ou qui aura divulgué, en tout ou en partie, les plans, écrits ou documents ci-dessus énoncés qui lui ont été confiés ou dont il aura eu connaissance soit officiellement, soit à raison de son état, de sa profession, ou d'une mission dont il aura été chargé ; — 3° Toute personne qui, se trouvant dans l'un des cas prévus dans les deux paragraphes précédents, aura communiqué ou divulgué des renseignements tirés desdits plans, écrits ou documents.

2. Toute personne autre que celles énoncées dans l'article précédent, qui, s'étant procuré lesdits plans, écrits ou documents, les aura livrés à d'autres personnes, ou qui, en ayant eu connaissance, aura communiqué ou divulgué des renseignements qui y étaient contenus, sera punie d'un emprisonnement de un à cinq ans et d'une amende de 500 à 3000 fr. La publication ou la reproduction de ces plans, écrits ou documents sera punie de la même peine.

3. La peine d'un emprisonnement de six mois à trois ans et d'une amende de 300 à 3000 fr. sera appliquée à toute personne qui, sans qualité pour en prendre connaissance, se sera procuré lesdits plans, écrits ou documents.

4. Celui qui, par négligence ou par inobservation des règlements, aura laissé sous traire, enlever ou détruire les plans, écrits, ou documents secrets qui lui étaient confiés à raison de ses fonctions, de son état ou de sa profession, ou d'une mission dont il était chargé, sera puni d'un emprisonnement de trois mois à deux ans et d'une amende de 100 à 2000 fr.

5. Sera punie d'un emprisonnement de un à cinq ans et d'une amende de 1000 à 5000 fr. : — 1° Toute personne qui, à l'aide d'un déguisement ou d'un faux nom, ou en dissimulant sa qualité, sa profession ou sa nationalité, se sera introduite dans une place forte, un poste, un navire de l'État ou dans un établissement

militaire ou maritime ; — 2° Toute personne, qui déguisée ou sous un faux nom ou en dissimulant sa qualité, sa profession ou sa nationalité, aura levé des plans, reconnu des voies de communication ou recueilli des renseignements intéressant la défense ou la sûreté extérieure de l'État.

6. Celui qui, sans autorisation de l'autorité militaire ou maritime, aura exécuté des levées ou opérations de topographie dans un rayon d'un myriamètre autour d'une place forte, d'un poste, ou d'un établissement militaire ou maritime, à partir des ouvrages avancés, sera puni d'un emprisonnement de un mois à un an et d'une amende de 100 à 1000 fr.

7. La peine d'un emprisonnement de six jours à six mois et d'une amende de 16 à 100 fr. sera appliquée à celui qui, pour reconnaître un ouvrage de défense, aura franchi les barrières, palissades ou autres clôtures établies sur le terrain militaire, ou qui aura escaladé les revêtements et les talus des fortifications.

8. Toute tentative de l'un des délits prévus par les art. 1er, 2 et 3 de la présente loi sera considérée comme le délit lui-même.

9. Sera puni comme complice toute personne qui connaissant les intentions des auteurs des délits prévus par la présente loi aura fourni logement, feu, lieu de retraite ou de réunion ou qui aura sciemment recelé les objets et instruments ayant servi ou devant servir à commettre ces délits.

10. Sera exempt de la peine qu'il aurait personnellement encouru le coupable qui, avant la consommation de l'un des délits prévus par la présente loi ou avant toute poursuite commencée, en aura donné connaissance aux autorités administratives ou de police judiciaire, ou qui, même après les poursuites commencées, aura procuré l'arrestation des coupables ou de quelques-uns d'entre eux.

11. La poursuite de tous les délits prévus par la présente loi aura lieu devant le tribunal correctionnel et suivant les règles édictées par le code d'instruction criminelle. Toutefois, les militaires, marins ou assimilés demeureront soumis aux juridictions spéciales dont ils relèvent conformément aux codes de justice militaire des armées de terre et de mer.

12. Indépendamment des peines édictées par la présente loi, le tribunal pourra prononcer, pour une durée de cinq ans au moins, et de dix ans au plus, l'interdiction de tout ou partie des droits civiques, civils et de famille énoncés en l'art. 12 c. pén.; ainsi que l'interdiction de séjour prévue par l'art. 10 de la loi du 28 mai 1885.

13. L'art. 463 c. pén. est applicable aux délits prévus par la présente loi.

ment et d'amendes, et facultativement de l'interdiction de tout ou partie des droits civiques, civils et de famille ainsi que de l'interdiction de séjour, prévue par l'art. 19 de la loi sur la rélégation du 27 mai 1885 (D. P. 85. 4. 45), les différents délits qu'elle prévoit, et qui seront étudiés ci-après en détail, *infrâ,* nos 16 et suiv.

4. Il ne sera pas inutile de signaler ici l'art. 24 de la loi sur la presse du 29 juill. 1881 (D. P. 81. 4. 65), qui punit de trois mois à deux ans d'emprisonnement et de 100 fr. à 3000 fr. d'amende, ceux qui par les moyens de publicité énoncés dans l'art. 23, auront directement provoqué à commettre l'un « *des crimes contre la sûreté de l'État, prévus par les art. 75 et suiv. jusques et y compris l'art. 100 c. pén.* » — Nous ferons remarquer aussi que la loi dite de sûreté générale, du 27 févr. 1858 (D. P. 58. 4. 14), qui autorisait le gouvernement, dans son art. 6, à faire interner, par voie administrative et par mesure de sûreté générale, dans un département ou en Algérie, ou à faire expulser du territoire français, les individus condamnés pour les crimes et délits prévus par les art. 86 à 101 c. pén., ceux, par conséquent, qui portaient atteinte à la *sûreté extérieure de l'État,* a été abrogée par le décret du 31 oct. 1870 (D. P. 70. 4. 98).

5. On a exposé au *Rép.* n° 7 quelles ont été successivement les juridictions compétentes pour juger les crimes, attentats ou complots contre le chef de l'État, et contre la sûreté intérieure et extérieure du pays : en dernier lieu c'était sous l'Empire la haute cour de justice prévue par l'art. 54 de la constitution du 14 janv. 1852. En vertu de la loi constitutionnelle du 24 févr. 1875 sur l'organisation du Sénat, celui-ci peut être constitué en cour de justice pour juger soit le président de la République, soit les ministres, et pour connaître des attentats commis contre la sûreté de l'État. — Le Sénat jusqu'à ce jour n'a pas eu à faire usage des droits et à remplir le rôle qui lui est ainsi attribué par la constitution. En fait, depuis la chute du second Empire, les faits rentrant par leur nature dans les crimes contre la sûreté de l'État ont été déférés aux conseils de guerre et aux cours d'assises, suivant les cas, et jugés par ces juridictions.

6. Lors du vote de la loi du 18 avr. 1886 sur l'espionnage (V. *suprà,* n° 3), la question s'est posée de savoir quelle serait la juridiction compétente pour statuer sur les poursuites intentées en vertu de cette loi. Seraient-elles déférées aux conseils de guerre ou aux juridictions criminelles ordinaires ? On s'est arrêté à ce dernier parti, par ce motif que notamment le fonctionnement des conseils de guerre, étendu à des civils d'une façon permanente, constituerait une sorte d'état de siège général qui serait peut-être difficilement accepté par l'opinion publique. Il ne parut pas d'ailleurs nécessaire pour obtenir une répression efficace, de recourir à des moyens exceptionnels, et l'application du droit commun parut devoir suffire pour atteindre le but qu'on poursuivait : assurer la sécurité extérieure de l'État (Rapport de M. Gadaud à la Chambre des députés, D. P. 86. 4. 58).

Quant aux peines à appliquer, on pensa que la loi proposée pouvant saisir un assez grand nombre de faits délictueux et faciles à définir, en dehors des crimes tombant déjà sous l'application du code pénal, il serait préférable d'infliger aux coupables des peines correctionnelles, pourvu que ces peines fussent assez sévères pour produire un effet d'intimidation et assez graduées pour pouvoir s'adapter aux différents cas ; mieux valait, en effet, qu'elles fussent modérées, afin de ne rencontrer dans la conscience du juge aucune répugnance à les prononcer. « Moins est de chercher à frapper fort, disait le rapporteur, qu'à frapper sûrement, d'autant plus qu'il ne s'agit pas ici de substituer une peine moins sévère à une peine plus sévère, mais au contraire, d'édicter des peines contre des faits jusqu'alors complètement impunis » (V. le rapport précité). C'est donc la juridiction correctionnelle qui doit statuer sur les poursuites intentées en vertu de la loi du 18 avr. 1886.

7. A l'étranger, les codes et lois pénales qui ont été mis en vigueur au cours des dernières années contiennent des dispositions analogues à celles qu'édicte notre législation. — Le code pénal de *l'empire allemand* (Annuaire de *législation étrangère,* 1872) punit de mort, de la détention ou de la réclusion à perpétuité les crimes de haute trahison dans lesquels il range : 1° l'assassinat ou la tentative d'assassinat sur la personne de l'empereur ou d'un souverain de la confé-

dération ; 2° les actes ayant pour but un changement violent de la constitution de l'Empire, des États qui le composent ou de l'ordre de succession au trône ; 3° tout acte ayant pour objet l'incorporation violente d'un territoire de l'Empire à un État étranger ou à un État de la confédération (art. 80 et suiv.). — Sous le nom de trahison (*Landesverrath*), qu'il punit de la réclusion à perpétuité ou au minimum pendant cinq ans (art. 87 et suiv.), le code pénal allemand range : 1° les intelligences avec un gouvernement étranger dans le but de l'engager à déclarer la guerre à l'Empire ; 2° le port d'armes contre l'Allemagne ou ses alliés ; 3° l'assistance volontaire prêtée à l'ennemi pendant une guerre ; 4° le fait d'avoir livré à l'ennemi des forteresses, défilés, places fortes, postes de défense occupés ; 5° d'avoir provoqué les soldats à la désertion ; 6° d'avoir communiqué à l'ennemi les plans d'opérations ou de positions et forteresses ; 7° d'avoir servi d'espion à l'ennemi. — Les art. 94 et suiv. du même code punissent également les offenses envers les souverains de la confédération ; ils infligent des peines plus ou moins graves suivant que le souverain est celui du pays de l'inculpé ou celui d'un autre pays de la confédération. Les art. 98 et suiv. édictent la détention depuis cinq ans jusqu'à perpétuité aux auteurs d'actes hostiles contre les États amis ; enfin les attentats contre les assemblées législatives sont punis de la détention ou de la réclusion.

8. Le code pénal des Pays-Bas du 3 mars 1881 punit de l'emprisonnement à perpétuité, ou à temps pour vingt ans au plus, les attentats dirigés contre la vie ou la liberté du roi, de la reine régnante ou du régent (art. 92), l'attentat ayant pour but de soumettre le royaume à la domination étrangère ou d'en détacher une partie. Les attentats contre la constitution, contre l'ordre de successibilité au trône sont punis de quinze ans d'emprisonnement. Le code réprime, en outre, les attentats contre les assemblées législatives ; il punit également, comme le code pénal allemand et notre code français, les relations avec les puissances étrangères en vue de les pousser à des actes d'hostilité contre les Pays-Bas ; la peine est celle de l'emprisonnement à temps, et à perpétuité si la guerre s'en est suivie (art. 97). Les services rendus à une puissance en guerre, ou sur le point de l'être, avec les Pays-Bas sont punis d'un emprisonnement de quinze ans au plus. Le fait de livrer les places, postes, et autres ouvrages de défense, de communiquer à l'ennemi des cartes, plans, dessins, etc., qui peuvent intéresser la défense, est puni de l'emprisonnement à perpétuité ou à temps pour vingt ans au plus (art. 102). Enfin, le code des Pays-Bas réprime le recel des espions et la provocation à la désertion.

9. Entre autres dispositions relatives à la sûreté de l'État, le code hongrois (art. 455 et suiv.) et le code pénal autrichien (art. 67 et suiv.) prévoient le fait de surprendre les dispositions militaires ou les renseignements destinés à être tenus secrets et de les livrer à l'étranger, comme le fait de divulguer par la voie de la presse les mouvements de troupes, les forces de l'armée, l'état des forteresses et du matériel de guerre, lorsqu'il a été fait défense de publier de tels renseignements et lorsque l'inculpé a pu prévoir le dommage qui en résulterait pour l'État.

CHAP. 2. — Des crimes et délits contre la sûreté extérieure de l'État (*Rép.* nos 8 à 74).

SECT. 1re. — PORT D'ARMES CONTRE LA FRANCE (*Rép.* nos 9 à 15).

10. Nous nous bornerons à faire remarquer, pour compléter les explications fournies au *Répertoire,* que le crime prévu par l'art. 75 est, à raison de son caractère politique, puni, non plus de la peine de mort édictée dans cet article, mais de la peine de la déportation dans une enceinte fortifiée, bien que le texte de l'art. 75 n'ait pas été revisé. Nous ajouterons qu'actuellement le fait de porter les armes contre la France qui prend, ainsi qu'il a été dit au *Rép.* n° 15, une gravité exceptionnelle lorsqu'il est commis par un individu faisant partie des armées de terre ou de mer, tombe en ce cas sous l'application du code de justice militaire du 9 juin 1857 (art. 204, 239, D. P. 57. 4. 125 et 126), et du code de justice militaire maritime du 4 juin 1858 (art. 262 et 316, D. P. 58. 4. 103 et 108) ; il est puni de mort avec dégradation militaire.

Sect. 2. —Machinations et intelligences pratiquées ou entretenues avec les puissances étrangères ou les ennemis de l'État (*Rép.* n°s 16 à 46).

11. Nous n'avons ici encore rien à ajouter aux observations qui ont été présentées au *Rép.* n°s 16 à 24, relativement au crime de trahison prévu par l'art. 76 du code pénal, et consistant dans la pratique de machinations et l'entretien d'intelligences avec les puissances étrangères ou leurs agents pour les engager à commettre des hostilités ou à entreprendre la guerre contre la France ou pour leur en procurer les moyens. Il nous suffira de rappeler, comme nous l'avons fait à la section précédente pour l'art. 75, que le crime prévu par l'art. 76 est, à raison de son caractère politique, puni, non plus de la peine de mort édictée dans cet article, mais de la peine de la déportation dans une enceinte fortifiée.

12. Les machinations, manœuvres et intelligences entretenues ou pratiquées avec l'ennemi, prévues par les art. 77, 78 et 79 c. pén.(*Rép.* n°s 25 et suiv.), ne tombent sous l'application de ces articles, comme on l'a vu au *Rép.* n°s 30 et 31, notamment, qu'autant qu'elles sont imputables à des individus n'appartenant pas à l'armée. Autrement le crime serait punissable des peines édictées par les lois militaires, actuellement par le code de justice militaire du 9 juin 1857 (art. 205 et suiv., D. P. 57. 4. 123) et par le code de justice militaire maritime du 4 juin 1858 (art. 263 et suiv., D. P. 58. 4. 104) (V. *Rép.* v^{is} *Organisation maritime,* n°s 902 et suiv.; *Organisation militaire,* n°s 755 et suiv.).

13. Il résulte des explications fournies au *Rép.* n°s 32 et suiv., que lorsqu'il s'agit de fournitures de vivres, la disposition de l'art. 77 doit être entendue avec certains tempéraments. — Cet article, disions-nous, ne peut recevoir application que sous cette condition essentielle que les fournitures de vivres ou de munitions aient eu lieu par suite d'intelligences avec l'ennemi, et de manœuvres tendant à le favoriser; car c'est un acte de conspiration, de trahison, que la loi punit, non pas un fait accidentel qui ne s'est produit que sous l'empire de la force ou de la crainte. Mais le fait de s'être mis notoirement en rapport avec un corps de troupes ennemies et d'être devenu l'un de ses fournisseurs de vivres et approvisionnements au moyen de relations directes avec ses agents, est, avec raison, considéré comme constitutif du crime d'intelligences avec les ennemis de l'État (Crim. cass. 8 juin 1872, aff. Besnard, D. P. 72. 1. 381), car ce fait présente bien le caractère légal du crime prévu par l'art. 77 c. pén. Un certain nombre de décisions dans le même sens ont d'ailleurs été rendues par les cours d'assises à la suite de l'invasion allemande de 1870 (V. toutefois Garraud, *Traité de droit pénal français,* t. 2, n° 327, p. 529 et note 14).

14. Il est aujourd'hui généralement admis, en doctrine comme en jurisprudence, que la nationalité de l'inculpé est indifférente lorsqu'il s'agit des crimes prévus par les art. 76 et suiv., et que l'application de ces articles peut aussi bien être poursuivie contre un étranger résidant en France que contre un Français. On a vu au *Rép.* n° 17 que cette conclusion découlait de l'expression générale de l'art. 76, « quiconque », qui est également employée par l'art. 77. Cet article s'applique donc à un étranger, à la condition que cet étranger se soit trouvé sur le sol français au moment où il s'est livré à ces actes criminels (Blanche, *Études pratiques sur le code pénal,* t. 2, n° 421). Il est certain, en effet, que les dispositions des art. 76 et suiv. du code pénal font partie des lois de police et de sûreté qui, aux termes de l'art. 3 du code civil, obligent tous ceux qui habitent le territoire (V. en ce sens : Chauveau et Faustin Hélie, *Théorie du code pénal,* 6e éd., t. 2, n° 425, p. 47, note 1; Blanche, t. 2, n° 419). — Enfin la cour de cassation a formellement consacré cette doctrine en décidant que l'individu de nationalité étrangère, domicilié en France, ne peut, pour échapper à l'inculpation d'intelligences avec l'armée ennemie, se prévaloir de sa nationalité (Crim. rej. 16 juill. 1874, aff. Jacob, D. P. 74. 1. 497). Et il en est ainsi, d'après cet arrêt, encore bien que cet étranger appartiendrait à la nation même qui est en guerre avec la France.

On soutiendrait en vain, comme on a tenté de le faire dans cette espèce, que la déclaration de guerre brise immédiatement le contrat tacite en vertu duquel l'étranger est tenu de respecter les lois du pays qu'il habite, et qu'ainsi, à partir de cette déclaration, il cesse d'être soumis aux obligations qu'établit en France le paragraphe 1er de l'art. 3 c. civ. Ce serait, comme l'a dit avec raison M. l'avocat général Reverchon, dans ses conclusions sur la même affaire (V. *ibid.*), mal comprendre les caractères de la guerre dans les temps modernes, tels qu'ils semblent reconnus par le droit des gens. Pour admettre cette théorie, il faudrait considérer la guerre comme une lutte de chacune des nations belligérantes, non seulement contre l'autre nation, mais contre les membres de cette nation individuellement considérés. Il faudrait admettre que, du jour de la déclaration de guerre, les lois et les autorités françaises ne devraient plus protection à la personne et aux biens des nationaux de la puissance avec laquelle la France est en guerre, et qui continueraient à habiter le territoire, de telle sorte, que si ces étrangers étaient victimes d'un attentat dans leur personne ou leurs propriétés, les autorités françaises n'auraient pas à le réprimer; or c'est là une conséquence qui suffit à condamner la théorie dont elle découle. Les étrangers, nationaux d'un pays avec lequel la France est en guerre, ont le droit à la protection des lois et des autorités françaises tant qu'ils restent sur le territoire, mais par une juste réciprocité, ils doivent respecter ces lois et ces autorités.

Dans l'espèce de l'arrêt du 16 juill. 1874, l'accusé avait encore invoqué l'arrêté pris, au nom du Gouvernement de la Défense nationale, le 16 sept. 1870, par le ministre de la justice (D. P. 70. 4. 111), et qui a disposé, sauf certaines restrictions, que les étrangers appartenant aux puissances avec lesquelles la France était alors en guerre, devraient, dans les trois jours de la publication de cet arrêté par chaque préfet, sortir du territoire français. — Pouvait-il se prévaloir d'une telle disposition pour prétendre qu'il n'était plus lié, et, d'une façon générale, un individu accusé des crimes prévus par l'art. 76 et suiv. pourrait-il exciper, le cas échéant, d'un arrêté d'expulsion pour prétendre que ces articles ne lui seraient pas applicables? On peut l'admettre, à la condition que l'arrêté, soit général, soit individuel, d'expulsion ait été exécuté contre l'accusé : mais à défaut d'exécution d'un arrêté général, ou même individuel d'expulsion, nous pensons que les art. 76 et suiv. seraient applicables aux étrangers visés par des arrêtés de cette nature. C'est ce qui a été jugé par l'arrêt du 16 juill. 1874, la cour de cassation ayant décidé que l'accusé ne pouvait exciper du décret qui avait ordonné l'expulsion des étrangers, alors que ce décret n'avait pas été appliqué à l'accusé, et même n'avait pas été publié dans le lieu de sa résidence (V. les conclusions précitées de M. Reverchon). V. aussi sur cette question : Garraud, *op. cit.,* t. 2, n°s 334 à 338).

Sect. 3. — Révélation des secrets d'état. — Communication de plans de fortifications, arsenaux, ports ou rades (*Rép.* n°s 47 à 61).

15. On a vu au *Rép.* n°s 47 et suiv. que le crime de félonie, prévu par l'art. 80 c. pén., c'est-à-dire celui de l'agent ou du fonctionnaire qui livre un secret qui lui a été confié à raison de son état ou de ses fonctions, exige : 1° l'existence d'un secret (*Rép.* n° 48); 2° que ce secret soit relatif à une négociation ou à une expédition (*Rép.* n° 49); 3° que la révélation soit le fait d'un fonctionnaire public, d'un agent du Gouvernement, ou de toute autre personne qui a été chargée ou instruite du secret, officiellement ou à raison de son état, de telle sorte qu'un simple particulier, quoique instruit d'un secret d'État, ne soit point passible de la peine édictée par l'art. 80, s'il n'a pas été officiellement porté à sa connaissance (*Rép.* n° 50). De même l'existence du crime de trahison, qui consiste, de la part d'un fonctionnaire ou de toute autre personne, à livrer à l'ennemi ou à une puissance neutre ou simplement étrangère, des plans de fortifications, arsenaux, ports ou rades (c. pén. art. 81 et 82) reste soumise à certaines conditions qui ont été examinées au *Rép.* n°s 56 et suiv. Comme nous l'avons exposé *suprà,* n° 3, ces dispositions ont paru insuffisantes et on a jugé nécessaire de se prémunir contre la divulgation de documents ou de renseignements qui, alors même qu'ils ne rentreraient pas dans les cas prévus par les art. 80 et suiv. c. pén., ne sauraient être rendus publics sans qu'il en résulte un sérieux dommage pour la sécurité de l'État.

Les dispositions nouvelles édictées dans ce but font l'objet des art. 1er, 2, 3 et 4 de la loi du 18 avr. 1886 (V. *suprà*, n° 3, et D. P. 86. 4. 88), relative à l'espionnage en temps de paix. Les dispositions contenues dans les quatre premiers articles de cette loi ne visent pas, en effet, des faits d'espionnage proprement dits, mais des actes de trahison, d'indiscrétion ou même de simple négligence qui, en raison de l'importance des documents sur lesquels ils portent, peuvent compromettre la défense nationale et, par suite, mettre en péril la sûreté de l'Etat.

16. L'art. 1er de la loi du 18 avr. 1886 punit d'un emprisonnement de deux ans à cinq ans et d'une amende de 1000 à 5000 fr. : 1° tout fonctionnaire public, agent ou préposé du Gouvernement, qui aura livré ou communiqué à une personne non qualifiée pour en prendre connaissance, ou qui aura divulgué, en tout ou en partie, les plans, écrits ou documents secrets intéressant la défense du territoire ou la sûreté extérieure de l'Etat, qui lui étaient confiés, ou dont il avait connaissance à raison de ses fonctions ; la révocation s'ensuivra de plein droit ; 2° tout individu qui aura livré ou communiqué à une personne non qualifiée pour en prendre connaissance ou qui aura divulgué, en tout ou en partie, les plans, écrits ou documents ci-dessus énoncés, qui lui ont été confiés ou dont il aura eu connaissance, soit offi-ciellement, soit à raison de son état, de sa profession ou d'une mission dont il aura été chargé ; 3° toute personne qui, se trouvant dans l'un des cas prévus dans les deux paragraphes précédents, aura communiqué ou divulgué des renseignements tirés desdits plans, écrits ou documents. — Ces diverses dispositions ont une portée générale. En ce qui concerne les personnes, les fonctionnaires publics, agents ou préposés du Gouvernement, et ceux qui n'ont été dépositaires ou n'ont eu connaissance de documents secrets, intéressant la défense du territoire, qu'en raison de leur état, de leur profession ou d'une mission dont ils auraient été chargés, sont frappés, les uns et les autres, de la même peine, la seule aggravation qui atteigne le fonctionnaire public, la révocation, n'ayant pas, à proprement parler, le caractère pénal ; — Quant à la nature des documents, la pénalité est la même également, qu'il s'agisse de plans ou d'autres écrits : la culpabilité n'est soumise qu'à cette seule condition que les documents qui seraient livrés ou divulgués soient secrets et intéressant la défense du territoire ou la sûreté extérieure de l'Etat. Il a même été jugé, par une décision récente, que le mot « document », dans l'art. 8 de la loi de 1886, a les sens le plus large, et qu'il s'applique même à une substance servant à l'usage d'une arme de guerre, telle que la « poudre Lebel. » (Trib. corr. Cahors, 24 janv. 1889) (1) ;

(1) (Salinié.) — LE TRIBUNAL ; — Attendu qu'il résulte de l'instruction et des débats : 1° qu'au commencement de novembre dernier, Salinié étant à sa fenêtre et voyant passer le caporal sapeur Michel du 7e de ligne, le pria de l'attendre et l'ayant rejoint, lui demanda contre un service de lui procurer trois ou quatre charges de la poudre Lebel, et sur le refus de ce militaire qui lui dit qu'il ne voulait pas s'exposer à être envoyé aux compagnies de discipline, ajouta : « Je compte sur vous pour m'en procurer » ; 2° que le 2 décembre dernier, au moment où le sergent Cauton du 7e de ligne entrait avec deux de ses camarades, un caporal, l'autre soldat, dans la salle à manger de l'hôtel tenu par Salinié, celui-ci l'emmena dans une salle voisine et, après avoir fermé la porte de communication, le pria de lui procurer un peu de poudre Lebel et l'engagea même à se concerter dans ce but avec le caporal sapeur ; que cette proposition fut énergiquement repoussée par le sergent Cauton ; — Attendu qu'à raison de ces faits Salinié est poursuivi devant le tribunal correctionnel pour avoir tenté de se procurer des plans, écrits ou documents secrets intéressant la défense nationale ou la sûreté extérieure de l'Etat, sans avoir qualité pour en prendre connaissance, tentative manifestée par un commencement d'exécution qui n'a manqué son effet que par des circonstances indépendantes de la volonté de son auteur ; — Attendu que le délit relevé à la charge de Salinié par l'ordonnance de renvoi du juge d'instruction est prévu et réprimé par les art. 1er, 3 et 8 de la loi du 18 avr. 1886 et 2 c. pén. ; — Attendu que les faits ci-dessus rapportés étant constants et n'étant point d'ailleurs contestés par Salinié, il y a lieu de rechercher si la poudre Lebel, dont il a tenté de se faire délivrer une petite quantité par le caporal sapeur Michel et par le sergent Cauton, rentre dans les qualifications de la loi ci-dessus visée et constitue un document secret intéressant la défense nationale ; — Attendu, à cet égard, qu'il a été soutenu à tort que la poudre Lebel ne saurait être considérée comme un document, ce mot ne pouvant s'appliquer qu'à des titres ou pièces écrites destinées à servir de preuve relativement à une convention ou à un fait quelconque ; — Attendu que cette interprétation est erronée parce qu'elle est trop spéciale et que le mot « document » a un sens beaucoup plus large, beaucoup plus compréhensif, qu'il s'applique à toutes sortes de choses ou d'objets qui sont de nature à enseigner ou à renseigner sur un fait ou une circonstance quelconque, et que cela ressort de son étymologie aussi bien que de l'usage constant qui en est fait, dans les sciences, soit même dans le langage courant ; — Attendu qu'à ce point de vue la poudre Lebel est évidemment un document, puisqu'elle est de nature à renseigner complètement sur la rapidité et la sûreté du fusil Lebel, en un mot sur les avantages et la supériorité incontestable de cette arme ; qu'elle est donc le document par excellence ; — Attendu d'ailleurs que le sens du mot « document » employé par la loi du 18 avr. 1886 doit être recherché dans cette loi elle-même et qu'il est évident que le législateur, en employant les termes : plans, écrits ou documents secrets, a manifesté son intention d'attribuer au dernier de ces termes, non le sens restreint qui en ferait un simple écrit, mais le sens le plus large, et que, loin de tomber dans une répétition inutile, il a entendu donner une énumération assez générale et assez large pour comprendre toutes choses secrètes qu'il voulait mettre à l'abri d'une divulgation aussi dangereuse que coupable ; — Qu'il est donc certain que la poudre Lebel, dont la composition tenue secrète intéresse à un si haut degré la défense nationale, rentre dans l'énumération de la loi de 1886, sous le terme générique de document ;

Attendu, à un autre point de vue, que Salinié prétend qu'il n'y a pas de délit sans intention criminelle, que cette intention dont la preuve, comme celle du fait lui-même, incombe au ministère public, ne saurait résulter que d'un concert établi entre le prévenu et une autre personne pour le compte de laquelle il aurait opéré, ou tout au moins d'un dessein mauvais auquel il aurait obéi, et que cette preuve n'est point faite ; — Attendu, il est vrai, qu'aucun concert n'a été établi ; — Attendu, quant au fait poursuivi par le prévenu, que des circonstances graves ont été révélées à sa charge par l'instruction et par les débats ; qu'interrogé sur l'emploi de la poudre demandée, il a répondu qu'il voulait s'en servir pour chasser, alors qu'il a reconnu lui-même qu'il n'est point chasseur et qu'il est établi par la déclaration de l'armurier Landrevie que son fusil n'a pas servi depuis longtemps ; que d'ailleurs la petite quantité de poudre demandée, ainsi que le danger qu'il pouvait y avoir à s'en servir, démontrent que l'explication donnée par le prévenu est mensongère ; qu'enfin il a prétendu avoir donné cette explication au caporal sapeur et au sergent, ce qui n'était point vrai, et qu'il a ajouté qu'il avait suivi les conseils de certains chasseurs de ses amis, qu'il n'a pu donner leurs noms et qu'il ne les a point fait entendre ; — Attendu toutefois qu'il faut reconnaître que la preuve certaine d'un dessein criminel parfaitement avéré n'a pu être faite à l'encontre du prévenu, mais que cette preuve n'était point nécessaire pour arriver à l'application de la loi de 1886 ; — Attendu, en effet, que cette loi n'a pas eu pour but de réprimer les complots contre la sûreté de l'Etat, mais simplement la divulgation de secrets intéressant la défense nationale ; qu'elle n'a point subordonné l'application des pénalités qu'elle édicte à la preuve d'un concert frauduleux ou d'un dessein formé de faire servir le document secret obtenu à des actes d'hostilité contre la France ; que la volonté du législateur à cet égard résulte clairement du texte des art. 1er et 2, qui, prévoyant le cas de la communication à un tiers du document secret, exige simplement que ce tiers n'eût point qualité pour prendre connaissance ; qu'elle résulte aussi de l'art. 4, qui punit de peines sévères celui qui, étant chargé de la garde, de ces plans, écrits ou documents secrets, aura par négligence rendu la possibilité de les soustraire ; qu'ainsi exiger pour la validité des poursuites une condition relative à l'usage qui devait être fait des plans, écrits ou documents secrets dont la remise aurait été obtenue, serait ajouter à la loi, ce qui est d'autant plus inadmissible que les difficultés de la preuve rendraient dans la plupart des cas ses dispositions illusoires ; — Attendu, dès lors, que l'intention frauduleuse nécessaire pour l'application de l'art. 8, résulte simplement de la connaissance qu'aura le prévenu du caractère secret du document dont il aura obtenu ou tenté d'obtenir la remise, avec la circonstance que ce secret intéresse la défense nationale ou la sûreté extérieure de l'Etat ; — Attendu, en fait, qu'il n'est personne en France qui ne sache que la poudre Lebel a ce caractère, et que le prévenu, quoique illettré, savait comme tout le monde, au moment où le délit a été commis, combien ce secret est précieux pour l'Etat et avec quel soin il est gardé ; qu'il n'est point de bonne foi lorsqu'il soutient qu'il ignorait ces circonstances, alors qu'il connaissait si bien les qualités de cette substance ; que les précautions qu'il a prises pour s'adresser aux militaires avec lesquels il s'est mis en rapport, prouvent qu'il n'avait rien à apprendre à cet sujet ; qu'il a même été forcé de reconnaître dans un de ses interrogatoires, qu'il sentait bien qu'il commettait un acte blâmable en excitant des militaires à enfreindre leur devoir ; qu'enfin, en supposant qu'il

— La loi ne distingue même pas entre le fait d'avoir livré ou communiqué les plans et autres documents à une personne sans qualité pour en prendre connaissance et celui de les avoir divulgués, c'est-à-dire rendus publics. Il y a lieu de remarquer ici que le mot *livré* ne paraît pas avoir, dans la loi du 18 avr. 1886, le même sens que dans les art. 80, 81 et 82 c. pén., où ce mot suppose une révélation faite avec intention criminelle, de telle sorte que celui qui aurait livré les secrets ou documents prévus par ces articles sans mauvais dessein, échapperait à toute pénalité (*Rép.* n⁰ˢ 52 à 57). Nous croyons, en effet, que le seul fait d'avoir remis à une personne sans qualité les documents secrets prévus par la loi de 1886 constitue le délit puni par l'art. 1ᵉʳ de cette loi, sans qu'on ait à rechercher en fait s'il y a eu ou non intention criminelle, cette intention étant présumée par le seul fait de la remise des documents secrets (c'est, d'ailleurs, ce qui résulte du rapport de M. Gadaud à la Chambre des députés). — Enfin, la loi ne fait pas davantage de distinction entre le fait d'avoir *livré, communiqué ou divulgué* la totalité des plans écrits ou documents secrets, ou seulement partie de ces documents, ou même de n'avoir *communiqué* ou *divulgué* que des renseignements extraits desdits plans, etc.

17. En revanche, les pénalités édictées par l'art. 1ᵉʳ, n⁰ 1, ne sont encourues par le fonctionnaire que si les plans et autres documents prévus par cet article lui ont été *confiés* ou ont été *portés à sa connaissance à raison de ses fonctions*, de même que les personnes visées au n⁰ 2 dudit article, ne tombent sous le coup des pénalités de cet article que si les plans et documents leur ont été confiés ou si elles en ont eu connaissance soit *officielle*, soit à raison de leur état, de leur profession ou d'une mission dont elles auraient été chargées. L'art. 1ᵉʳ n'est donc pas applicable au fonctionnaire qui n'a pas été dépositaire des plans et autres documents ou qui n'en a eu connaissance que par voie indirecte et non en raison de ses fonctions. Il ne peut non plus être appliqué à celui qui, n'étant pas fonctionnaire, n'a eu connaissance des documents divulgués que d'une manière officieuse, et non à raison de son état, de sa profession ou d'une mission qui lui aurait été conférée.

18. La loi du 18 avr. 1886 ne poursuit pas seulement les fonctionnaires ou ceux qui ont été en mesure de connaître les documents secrets à raison de fonctions qu'ils ont remplies; elle atteint aussi, quoique leur infligeant des pénalités moins fortes, toutes personnes que se seront procuré lesdits documents ou qui, en ayant eu simplement connaissance, les ont ensuite communiqués, ou divulgués, publiés ou reproduits. « Toute personne, dit l'art. 3, autre que celles énoncées dans l'article précédent, qui, s'étant procuré lesdits plans, écrits ou documents, les aura livrés ou communiqués en tout ou en partie à d'autres personnes, ou qui, en ayant eu connaissance, aura communiqué ou divulgué des renseignements qui y étaient contenus, sera punie d'un emprisonnement de un à cinq ans et d'une amende de 500 à 3000 fr. La publication ou la reproduction de ces plans, écrits ou documents sera punie de la même peine ».

19. D'ailleurs le fait, par une personne sans qualité pour en prendre connaissance, de s'être procuré les plans, écrits ou documents, dont la loi entend sauvegarder le caractère secret, est lui-même punissable indépendamment de toute divulgation ou publication. « La peine prononcée en pareil cas est un emprisonnement de six mois à trois ans et une amende de 300 fr. à 3000 fr. (art. 3). — D'ailleurs l'application de l'art. 3, de même que celle de l'art. 1ᵉʳ (V. *suprà*, n⁰ 16), n'est pas subordonnée à la preuve d'un concert frauduleux ou d'un dessein formé de faire servir le document secret obtenu à des actes d'hostilité contre la France; l'intention frauduleuse nécessaire pour l'application de cet article résulte de la seule connaissance qu'a le prévenu du caractère secret du document dont il aura obtenu ou tenté d'obtenir la remise, avec la circonstance que ce secret intéresse la défense nationale ou la sûreté extérieure de l'Etat (Trib. corr. Cahors, 24 janv. 1889, V. *suprà*, n⁰ 16).

20. Ces mesures de protection n'ont pas paru suffisantes au législateur de 1886; aux pénalités qui frappent ceux qui compromettraient le secret des documents intéressant la défense nationale ou la sûreté extérieure de l'Etat par des indiscrétions coupables, il a cru devoir en ajouter d'autres frappant ceux qui n'apporteraient pas une vigilance complète à la garde des dépôts qui leur sont confiés. Aux termes de l'art. 4 « celui qui, par négligence ou par inobservation des règlements, aura laissé soustraire, enlever ou détruire les plans, écrits ou documents secrets qui lui étaient confiés à raison de ses fonctions, de son état ou de sa profession, ou d'une mission dont il était chargé, sera puni d'un emprisonnement de trois mois à deux ans et d'une amende de 100 à 2000 fr. ». Cette disposition a été appliquée par le jugement du 24 janv. 1889, rapporté *suprà*, n⁰ 16. — Enfin l'art. 8 assimile au délit lui-même la tentative de l'un des délits prévus aux art. 1ᵉʳ, 2 et 3.

SECT. 4. — RECEL DES ESPIONS ET DES SOLDATS ENNEMIS ENVOYÉS A LA DÉCOUVERTE (*Rép.* n⁰ˢ 62 à 66).

21. La disposition de l'art. 83 qui punit le recel des espions ennemis envoyés à la découverte, n'est en réalité, comme nous l'avons dit au *Rép.* n⁰ 62, que l'application de l'art. 59 c. pén. qui punit les complices de la même peine que les auteurs principaux. En effet, le recel des espions n'est autre chose que la complicité la plus manifeste, la participation la plus directe au crime d'espionnage. La loi du 18 avr. 1886 renferme une disposition semblable lorsqu'elle déclare complice, et punit comme tel toute personne qui, connaissant les intentions des auteurs des délits prévus par la loi, « leur aura fourni logement, lieu de retraite ou de réunion, ou qui aura sciemment recélé les objets et instruments ayant servi ou devant servir à commettre ces délits » (art. 9). Cette disposition, quoiqu'elle semble par ses termes devoir être d'une application générale à tous les délits prévus par la loi, s'applique d'une manière spéciale aux faits d'espionnage proprement dits et qui sont l'objet des art. 5, 6 et 7 de la loi. C'est donc le recel des espions en temps de paix que poursuit l'art. 9, conformément au principe qui avait inspiré l'art. 83 c. pén., en considérant ce délit comme constituant la complicité du délit d'espionnage et le frappant de la même peine.

22. L'application de l'art. 9 de la loi du 18 avr. 1886 est soumise à plusieurs conditions analogues à celles que nous avons exposées au *Rép.* n⁰ˢ 63 et suiv. — Il est évidemment nécessaire, comme l'exprime d'ailleurs l'art. 9, que la personne prévenue de complicité ait fourni logement, lieu de retraite ou de réunion, ou recélé les objets ayant servi ou devant servir à commettre le délit. — L'art. 83 punit celui qui a *recélé ou fait recéler*, d'où on a conclu avec raison qu'il y a recel, dans le sens de cet article, aussi bien lorsque l'agent avait placé les espions dans son propre domicile, que lorsqu'il les avait placés dans un domicile étranger. L'art. 9 nous paraît devoir être entendu dans le même sens, bien qu'il ne se serve pas des mêmes expressions; en effet, le mot *fournir*, employé par cet article, implique, qu'on doit considérer comme complice celui qui procure à l'espion le logement ou le lieu de réunion chez autrui aussi bien que dans son propre domicile.

23. D'autre part, il faut que l'agent ait, comme le dit l'art. 9, connu les intentions des auteurs du délit d'espion-

eût pu avoir quelques doutes sur ce point, ces doutes avaient dû disparaître après son entretien avec le caporal sapeur et le refus motivé que ce dernier avait opposé à ses ouvertures; — Attendu que le délit reproché au prévenu présente une grande gravité à cause des conséquences qu'il pouvait entraîner, si la tentative avait abouti, et aussi des circonstances dans lesquelles il a été commis; que c'est à deux reprises et avec insistance que les sollicitations du prévenu se sont produites; qu'elles s'adressaient la seconde fois à un sous-officier que le prévenu connaissait pour l'avoir souvent vu fréquenter son hôtel, ce qui lui donnait plus d'espoir de réussir et plus de sécurité; qu'il a essayé d'aboucher ce sergent avec le caporal sapeur, dans le but de faciliter la remise de la poudre qu'il désirait avoir, et qu'il a ainsi tenté de détourner ces deux militaires de leur devoir en leur suggérant de commettre à la fois un vol ou un abus de confiance et le délit prévu par les art. 1ᵉʳ et 2 de la loi du 18 avr. 1886; qu'il y a donc lieu de lui faire une application sévère de la loi;

Par ces motifs, condamne Marcelin Salinié à un an d'emprisonnement, 300 fr. d'amende et à l'interdiction de ses droits civiques pendant dix ans.

Du 24 janv. 1889.-Trib. corr. de Cahors.-MM. Lurguée, pr.-Many, proc. de la Rép.-Cambres, av.

nage ou ait sciemment recélé les instruments du délit. Il ne serait donc pas plus punissable que celui qui n'aurait pas su que les personnes qu'il aurait recélées étaient des espions (*Rép.* n° 65) s'il n'avait connu ni les intentions des personnes qu'il aurait logées, ni l'emploi des instruments qu'ils lui auraient confiés. — Enfin l'intention criminelle est nécessaire, comme dans le cas prévu par l'art. 83 (*Rép.* n° 63). Au reste, cette intention est inhérente au délit lui-même ; cela résulte des expressions *connaissant les intentions* et *sciemment* employées par l'art. 9. En effet, quiconque ayant connaissance du but poursuivi par l'auteur d'un des délits prévus par la loi de 1886, lui prête sciemment assistance, est nécessairement animé d'une intention criminelle, et, d'un autre côté, celui qui ignore les intentions de l'espion et le rôle qu'il joue ne tombe pas sous le coup de la disposition de l'art. 9.

SECT. 5. — ACTES QUI PEUVENT EXPOSER L'ÉTAT A UNE DÉCLARATION DE GUERRE ET LES CITOYENS A DES RÉPRÉSAILLES (*Rép.* n°s 67 à 74).

24. Nous n'avons que de très courtes explications à ajouter à celles qui ont été fournies au *Rép.* n°s 67 et suiv. On y a dit *ibid.* n° 72 qu'il n'y a pas à tenir compte de l'intention de l'agent, lorsqu'il s'agit d'apprécier si les actes tombent sous l'application de l'art. 84 du code pénal, c'est-à-dire qu'on n'a pas à rechercher s'il a voulu amener une déclaration de guerre contre la France. — Il en est de même, à notre avis, au cas où il s'agit de l'application de l'art. 85, c'est-à-dire où l'agent a, par des actes non approuvés par le Gouvernement, exposé des Français à éprouver des représailles. En effet, la criminalité prévue par les art. 84 et 85 ne consiste pas dans le fait même d'avoir commis des actions hostiles ou des actes non approuvés par le Gouvernement, mais bien dans le fait d'avoir exposé l'État à une déclaration de guerre ou les Français à éprouver des représailles, et par conséquent ces actes, bien qu'ils aient été commis sans intention criminelle, n'en sont pas moins punissables. Ce que le législateur poursuit, c'est la légèreté de l'agent, qui ne tient aucun compte des intérêts de la France et s'en constitue juge sans aucun droit. Nous ne saurions donc admettre la doctrine d'un arrêt d'après laquelle des actes non approuvés par le Gouvernement et exposant nos nationaux à l'étranger à des représailles ne tombent sous l'application du code pénal que s'ils ont été accomplis dans la pensée de ces représailles (Douai, 15 mai 1873) (1).

SECT. 6. — FAITS D'ESPIONNAGE EN TEMPS DE PAIX. — PÉNALITÉS. — COMPÉTENCE.

25. On a vu *suprà*, n° 3, que la loi du 18 avr. 1886 a organisé un système complet de répression contre des faits qui jusque-là ne tombaient pas sous le coup des lois pénales. On a vu également *suprà*, n° 15, que les faits que cette loi prévoit et réprime peuvent être rangés en deux catégories ; ceux de la première offrant une certaine analogie avec les crimes prévus par les art. 80, 81 et 82 c. pén., c'est-à-dire la révélation des secrets d'État et la communication à l'ennemi des plans, des fortifications, arsenaux, ports et rades ; ceux de la seconde constituant des faits d'espionnage proprement dits. Les faits de la première catégorie ont été examinés *suprà*, n°s 16 et suiv., nous nous occuperons ici des faits de la seconde catégorie.

26. Aux termes de l'art. 5 de la loi du 18 avr. 1886 : sera

punie d'un emprisonnement de un à cinq ans et d'une amende de 1000 à 5000 fr. : 1° toute personne qui, à l'aide d'un déguisement ou d'un faux nom ou en dissimulant sa qualité, sa profession ou sa nationalité, se sera introduite dans une place forte, un poste, un navire de l'État ou dans un établissement militaire ou maritime ; 2° toute personne qui, déguisée ou sous un faux nom ou en dissimulant sa qualité, sa profession ou sa nationalité, aura levé des plans, reconnu des voies de communication ou recueilli des renseignements intéressant la défense du territoire ou la sûreté extérieure de l'État. L'art. 6 punit d'un emprisonnement d'un mois à un an et d'une amende de 100 à 1000 fr. « celui qui, sans autorisation de l'autorité militaire ou maritime, aura exécuté des levés ou opérations de topographie dans un rayon d'un myriamètre autour d'une place forte, d'un poste ou d'un établissement militaire ou maritime, à partir des ouvrages avancés ».

27. Deux conditions sont donc nécessaire pour que les pénalités du paragraphe 1er de l'art. 5 soient encourues : 1° la dissimulation de la personnalité de l'agent ; 2° le fait de s'être introduit dans une place forte, un navire, ou tout autre établissement ayant le caractère militaire ou maritime. Il n'y aurait donc pas lieu d'appliquer les pénalités édictées par l'art. 5 à celui qui se serait introduit dans une place forte, un navire de l'État ou dans un établissement militaire ou maritime, sans cacher sa personnalité à l'aide d'un déguisement ou d'un faux nom ou sans dissimuler sa qualité, sa profession ou sa nationalité. — De même il ne semble pas qu'on puisse appliquer les pénalités du même article dans le cas prévu par le paragraphe 2, c'est-à-dire à celui qui aurait levé des plans, reconnu des voies de communication ou recueilli des renseignements intéressant la défense du territoire ou la sûreté extérieure de l'État, s'il ne s'était déguisé, ou n'avait pas pris un faux nom, ou dissimulé sa qualité, sa profession ou sa nationalité. La seule pénalité qui pourrait lui être appliquée serait à notre avis celle de l'art. 6, si les opérations incriminées rentraient dans celles que cet article prévoit, c'est-à-dire, si elles avaient été exécutées dans un rayon de moins d'un myriamètre d'une place forte ou autre établissement militaire ou maritime, sans autorisation de l'autorité militaire. Il faudrait donc que les plans fussent levés, ou les voies de communication reconnues, dans un rayon de dix kilomètres autour d'une place forte, d'un poste, ou d'un établissement militaire ou maritime pour que celui qui n'aurait pas dissimulé sa personnalité, fût punissable, aux termes de la loi du 18 avr. 1886.

28. Il faut enfin conclure des dispositions combinées des art. 5 et 6 de la loi du 18 avr. 1886 que toute reconnaissance du terrain, tout levé topographique qui aurait été exécuté en dehors des limites déterminées par l'art. 6, sans dissimulation par l'agent de sa personnalité, ne tomberait pas sous le coup de la loi du 18 avr. 1886.

29. L'art. 7 de la loi complète le système de pénalités que la loi de 1886 organise ; cet article vise des faits moins graves que ceux qui ont été prévus aux articles précédents, mais qui ne sont pas moins de nature à compromettre la sûreté de l'État. Il ne s'agit plus ici de levés dressés, de croquis pris, ou même d'opérations de topographie, mais du fait seul de s'être approché assez près des ouvrages de défense que les clôtures établies par l'autorité militaire ne le permettent pas, et cela dans le but de reconnaître ces ouvrages. La peine prononcée par cet article est un emprisonnement de six jours à six mois et une amende de 16 à 100 fr.

(1) (Journal *la Vraie France*, Ducoulombier et Derély.) — LA COUR ; — En fait — Considérant que dans les numéros des 8, 9, 10, 11, 13, 15, 17, 18, 19, 21, 22 et 23 mars 1873, du journal *la Vraie France*, publié à Lille, dont Ducoulombier est gérant et Henry Derély l'un des rédacteurs, on lit une série d'articles signés, sauf les trois derniers, des initiales H. D., tous acceptés par Derély comme siens, annonçant et préconisant une souscription ouverte dans les bureaux de cette feuille en faveur de la prise d'armes des carlistes d'Espagne ; — Considérant que si cette ingérence du journal *la Vraie France*, par voie de polémique ardente dans la lutte politique, à main armée, d'un État limitrophe, avec lequel la France entretient des relations pacifiques et de bon voisinage, est regrettable, en ce qu'elle peut entraîner des préjudices ou même créer des dangers pour nos nationaux, la cour, saisie d'un fait qualifié crime et réprimé de la peine du

bannissement aux termes de l'art. 85 c. pén., a le droit et le devoir de rechercher quelle est *l'intention* qui y a présidé ; — Qu'en effet, l'élément moral (*malitia*) d'un acte poursuivi comme délictueux est aussi essentiel que la matérialité de ce fait pour en constituer le caractère légal et punissable ; — Considérant que sans rechercher si les faits incriminés répondent à la définition de l'art. 85 c. pén., il n'y a pas de présomption suffisante que dans les écrits dont il s'agit, soit entrée la pensée des représailles auxquelles par suite de leur publication, les Français pouvaient être exposés ; — Qu'il y a d'autant moins lieu d'admettre cette présomption que les inculpés n'ont cessé volontairement de poursuivre leurs agissements ; — Par ces motifs, déclare n'y avoir lieu à suivre.

Du 15 mai 1873. C. de Douai, ch. d'acc. M. Decaudavaine pr.

Le délit n'existe qu'à une double condition : 1° que l'agent ait franchi les barrières, palissades au autres clôtures établies sur le terrain militaire ou qu'il ait escaladé les revêtements et les talus des fortifications; 2° que ces actes aient eu pour but la reconnaissance des ouvrages. — Il en résulte que l'art. 7 ne saurait s'appliquer à celui qui aurait pénétré sur un terrain militaire autre que les talus et revêtements des fortifications, qui ne serait pas clôturé, et qu'on ne saurait non plus infliger les pénalités édictées par cet article à celui qui aurait franchi les clôtures ou escaladé les revêtements et les talus des fortifications, s'il était établi que cette escalade n'a pas été effectuée dans le but de reconnaître les ouvrages de défense, mais par suite d'erreur ou même de simple curiosité.

30. Aux termes de l'art. 8, ainsi qu'on l'a vu *suprà*, n° 20, toute tentative de l'un des délits prévus par les art. 1er, 2, 3 et 5 de la loi du 18 avr. 1886 est considérée comme le délit lui-même. C'est la disposition de loi spéciale qui, aux termes de l'art. 3 c. pén., est nécessaire pour que la tentative de délit soit punissable. La tentative des délits prévus par la loi du 18 avr. 1886 est donc punie des peines édictées par les art. 1er, 2, 3 et 5 de cette loi, lorsqu'elle n'a manqué son effet que par une circonstance indépendante de la volonté de son auteur. — Si la tentative n'avait pas été poursuivie, si elle avait été arrêtée par la volonté de son auteur, celui-ci échapperait évidemment à toute pénalité, en vertu du droit commun.

31. L'agent du délit pourrait encore échapper à toute pénalité en dénonçant lui-même le délit par lui commis ou en dénonçant ses complices (art. 10). C'est une prime à la dénonciation que le législateur de 1886 a cru pouvoir créer, soit que le dénonciateur se soit désigné lui-même, soit qu'il ait désigné d'autres coupables; mais il faut, lorsqu'il se dénonce lui-même ou dénonce simplement le délit, que celui-ci n'ait pas été encore consommé ou tout au moins qu'aucune poursuite n'ait été intentée; dans tout autre cas, c'est-à-dire après consommation des délits et poursuites commencées, le coupable ne serait exempt de la peine qu'il aurait encourue que s'il procurait l'arrestation des coupables ou de quelques-uns d'entre eux.

32. — I. PEINES ACCESSOIRES; CIRCONSTANCES ATTÉNUANTES. — Outre les peines de l'amende et de l'emprisonnement que les divers articles de la loi du 18 avr. 1886 appliquent aux délits qu'ils prévoient, le tribunal peut prononcer, pour une durée de cinq ans au moins et de dix ans au plus, l'interdiction de tout ou partie des droits civiques, civils et de famille énoncés en l'art. 42 du code pénal, ainsi que l'interdiction de séjour prévue par l'art. 19 de la loi du 27 mai 1885, qui supprime la surveillance de la haute police (D. P. 85. 4. 88). — En revanche, l'art. 13 de la loi déclare l'art. 463 c. pén. applicable aux délits qu'elle prévoit, c'est-à-dire, qu'il admet la délaration des circonstances atténuantes et l'abaissement de la peine qui en est la conséquence.

33. — II. COMPÉTENCE. — Enfin l'art. 11 de la loi du 18 avr. 1886 dispose que « la poursuite de tous les délits prévus par la présente loi aura lieu devant le tribunal correctionnel et suivant les règles édictées par le code d'instruction criminelle. Toutefois, les militaires, marins ou assimilés demeureront soumis aux juridictions spéciales dont ils relèvent conformément aux codes de justice militaire des armées de terre et de mer ». On a donné *suprà*, n° 6, les motifs de cette attribution de compétence.

34. Telles sont les dispositions nouvelles qui ont pour objet de combler les lacunes du code pénal. Répondent-elles complètement au but du législateur? Il est permis d'en douter. Sur certains points, le texte de la loi de 1886 est incomplet : c'est ainsi que, dans l'art. 1er, les mots : « plans, écrits ou documents », semblent laisser en dehors des prévisions de la loi la livraison d'objets matériels, tels que des armes ou des munitions de guerre (V. toutefois *suprà*, n° 16), et les renseignements de toute nature qui pourraient être communiqués au sujet des mesures intéressant la défense du pays. C'est ainsi également que la nomenclature contenue dans l'art. 5-1° n'est pas complète, et il eût été bon de spécifier que la loi s'appliquait à tous les ouvrages de défense quels qu'ils fussent. Il en est de même de l'énumération contenue dans le n° 2 du même article, des procédés employés pour commettre le délit, et qui paraît exclure les autres moyens

auxquels on peut avoir recours dans le même but. Enfin, il est des faits que la loi ne prévoit pas et qui cependant, offrent de sérieux dangers, tels, par exemple, que l'organisation ou l'emploi, dans un but d'espionnage, de moyens particuliers de correspondance. — Ces lacunes ontéveillé l'attention du législateur, et un projet de loi, ayant pour but de compléter les dispositions de la loi de 1886, est actuellement à l'étude ; il sera exposé, s'il aboutit, *infrà*, v° *Espionnage*.

CHAP. 3. — **Crimes et délits contre la sûreté intérieure de l'État.** — **Attentat-complot** (*Rép.* n°s 75 à 168).

SECT. 1re. — DE L'ATTENTAT (*Rép.* n°s 79 à 85).

35. V. *Rép.* n°s 79 et suiv.

SECT. 2. — DU COMPLOT (*Rép.* n°s 86 à 101).

36. V. *Rép.* n°s 86 et suiv.

SECT. 3. — PROPOSITION NON AGRÉÉE DE FORMER UN COMPLOT (*Rép.* n°s 102 à 108).

37. Il faut remarquer que la proposition non agréée de former un complot ayant pour but l'un des crimes prévus par l'art. 86 (attentat contre l'empereur ou les membres de la famille impériale) a cessé d'être punissable, depuis l'établissement du régime républicain, qui a fait disparaître ces crimes entant que crimes spéciaux d'attentats (V. *infrà*, n° 38). Quant à la proposition non agréée de former un complot ayant pour but l'un des crimes d'attentat prévus par l'art. 91, V. *infrà*, n°s 40 et suiv.

SECT. 4. — ATTENTAT CONTRE LE GOUVERNEMENT (*Rép.* n°s 109 à 119).

38. Les dispositions de l'art. 86 c. pén. relatives à l'empereur et aux membres de la famille impériale ont été abrogées implicitement par l'effet de l'avénement du régime républicain : le président de la République et les membres de sa famille (V. *suprà*, n° 37) sont, en ce qui touche les attentats contre la vie ou contre la personne, protégés uniquement par le droit commun. — Quant à l'offense au président de la République, on comprend sous cette dénomination l'outrage, la diffamation et l'injure, elle est aujourd'hui punie par l'art. 26 de la loi sur la presse du 29 juill. 1881 (D. P. 81. 4. 77. V. *infrà*, v° *Presse-outrage*).

39. Si l'art. 86 se trouve actuellement abrogé d'une manière virtuelle par le fait même de l'existence d'une forme de gouvernement incompatible avec ses dispositions, il est évident que la disposition de l'art. 87 qui punit l'attentat tendant à détruire ou changer l'ordre de successibilité au trône a de même perdu toute son application, puisqu'elle est également incompatible avec le régime républicain. Mais bien que l'art. 87 se réfère au régime monarchique, il ne s'ensuit pas qu'il ait été abrogé par l'établissement du gouvernement républicain, et que, par conséquent, il est applicable à l'attentat commis contre ce gouvernement. C'est ce que nous avions fait observer au *Rép.* n° 110, et cette solution nous paraît encore applicable aujourd'hui. — Il faut donc considérer comme ayant encore actuellement toute sa valeur la doctrine qui résulte des décisions exposées au *Rép.* n° 110 (Chauveau et Faustin Hélie, 6e éd., t. 2, n° 465).

SECT. 5. — DES CRIMES TENDANT A TROUBLER L'ÉTAT PAR LA GUERRE CIVILE, L'ILLÉGAL EMPLOI DE LA FORCE ARMÉE, LA DÉVASTATION ET LE PILLAGE PUBLIC (*Rép.* n°s 120 à 163).

§ 1er. — Attentats et complots ayant pour but d'exciter à la guerre civile ou de porter le massacre et la dévastation (*Rép.* n°s 121 à 137).

40. Les dispositions répressives des actes qui ont été rangés dans cette catégorie ont été exposées au *Rép.* n°s 121 et suiv. Les art. 91, 92, 93, 94 et 95 c. pén. qui les renferment n'ont pas fait naître depuis la publication du *Répertoire* de questions de principe qui n'y aient été suffisamment examinées. On a toutefois soulevé la question

de savoir si la substitution de la peine de la déportation dans une enceinte fortifiée à la peine de mort, ordonnée par la loi du 8 juin 1850, dans tous les cas où la peine de mort a été abolie par l'art. 5 de la constitution du 4 nov. 1848, doit s'étendre à tous les cas où les articles précités édictent cette dernière peine. Cette question a été posée surtout à propos de l'application de l'art. 91, qui punit l'excitation à la guerre civile, le pillage et la dévastation. On a tenté de faire admettre une distinction entre l'attentat qui a un but purement politique, exempt de tout mélange avec les crimes de droit commun, et l'attentat dirigé contre les personnes et les propriétés, en vue du massacre et du pillage. Mais cette distinction, bien difficile à établir pratiquement, est restée dans le domaine de la théorie; et il est généralement admis que l'abolition de la peine de mort s'applique à tous les crimes prévus dans les sect. 1re et 2e, liv. 3, c. pén. Spécialement, il a été jugé que les crimes tendant à troubler l'État par la guerre civile, contre lesquels les art. 91 et suiv. c. pén. prononcent la peine de mort, ne sont plus passibles, depuis l'abolition de cette peine en matière politique, que de la peine de la déportation. Ainsi la peine de mort a été à tort appliquée à l'accusé reconnu coupable d'avoir fait partie de bandes insurrectionnelles durant les événements de la Commune de Paris, en acceptant du service sur une canonnière tombée au pouvoir des insurgés (Cons. rév. 1re div. mil. 10 août 1871, aff. Vielle, D. P. 74. 5. 111. V. cependant: Crim. rej. 14 août 1873, infrà, n° 47). Ce point admis, et la peine de la déportation dans une enceinte fortifiée devant se substituer à la peine de mort, l'admission des circonstances atténuantes fait, aux termes de la disposition expresse de l'art. 2 de la loi du 8 juin 1850, dégénérer la peine en celle de la déportation simple ou en celle de la détention, de sorte que l'accusé déclaré coupable du crime d'attentat ayant pour but d'exciter à la guerre civile, et prévu par l'art. 91-1° c. pén., en faveur duquel des circonstances atténuantes ont été admises, n'est passible que de la peine de la déportation simple ou de celle de la détention (Crim. cass. 13 mars 1884, aff. Tang-Sim, D. P. 85. 1. 335).

41. On a exposé au Rép. n° 127 que le crime prévu par l'art. 92 c. pén. qui consiste à lever des troupes, à engager ou enrôler des soldats, ne doit pas être confondu avec le crime d'embauchage qui consiste à provoquer des militaires ou des individus au service de la marine à passer à l'ennemi ou aux rebelles armés, à leur en faciliter sciemment les moyens ou à faire des enrôlements pour une puissance en guerre avec la France. Ce crime est spécialement puni aujourd'hui par le code de justice militaire du 9 juin 1857 (art. 208, D. P. 57. 4. 115), et par le code de justice militaire maritime du 4 juin 1858 (art. 265, D. P. 58. 4. 90).

42. Comme on l'a vu au Rép. n° 128, certains auteurs, notamment MM. Chauveau et Faustin Hélie, ont pensé que l'art. 92 n'avait en vue que l'enrôlement dirigé contre le Gouvernement et ont critiqué la doctrine de l'arrêt de la cour de cassation du 13 févr. 1823, d'après laquelle il n'est pas nécessaire que le but de l'armement soit déterminé dans les questions posées au jury. Ces critiques se retrouvent également dans les éditions postérieures du même ouvrage, et notamment dans la 6e (t. 2, n° 487). La plupart des auteurs reconnaissent avec MM. Chauveau et Faustin Hélie que les enrôlements ou engagements que prévoit l'art. 92 ne sont punissables que s'ils ont été effectués dans une pensée criminelle (V. notamment : Blanche, t. 2, n° 506 ; Garraud, t. 2, n° 354). Mais, d'après M. Blanche, cette doctrine ne serait pas inconciliable avec celle de l'arrêt de la cour de cassation critiquée par M. Faustin Hélie. Il n'est pas nécessaire, selon M. Blanche, d'interroger le jury sur le but que l'accusé se proposait. « En lui demandant si l'accusé est coupable, dit-il, on lui demandera suffisamment si l'enrôlement ou l'engagement a eu lieu dans un bon ou mauvais dessein. »

43. Le crime prévu par l'art. 93 c. pén., c'est-à-dire l'exercice illégal d'un commandement militaire, est pour les non-militaires, à raison de son caractère politique, puni non plus de la peine de mort, édictée par l'art. 93, mais de celle de la déportation dans une enceinte fortifiée (V. suprà, n° 40), conformément à l'art. 1er de la loi du 8 juin 1850. On a vu généralement dans le crime prévu par cet art. 93 un crime purement militaire, et considéré que cet article serait uni-

quement applicable aux militaires. Nous avons rapporté à cet égard, au Rép. n° 130, l'opinion de Cambacérès. Toutefois M. Blanche, t. 2, n° 509, estime que cet article concerne aussi bien ceux qui ne sont attachés ni à l'armée de terre ni à l'armée de mer que ceux qui en font partie. « Est-ce que, pendant une guerre civile, dit cet auteur, et même pendant une insurrection, les individus étrangers aux armées de terre et de mer ne pourront pas prendre le commandement d'une troupe, d'un fort, d'un port ou d'une ville, etc.? » Cela est évident; et depuis que le savant auteur a écrit les lignes qui précèdent, de tristes exemples se sont chargés de confirmer son opinion. Nous croyons même qu'il faut aller plus loin, et que l'art. 93 ne s'applique pas aux militaires. Dans tous les cas, il semble certain que la peine de mort prononcée par l'art. 93 doit être maintenue, lorsque ce crime est commis par un militaire ou un marin. Il faut appliquer alors l'art. 228 c. just. mil. du 9 juin 1857 qui, reproduisant, en la résumant dans des termes plus succincts, la disposition de l'art. 93, porte : « Est puni de mort tout militaire qui prend un commandement sans ordre ou motif légitime, ou qui le retient contre l'ordre de ses chefs » (D. P. 57. 4. 115)' (V. aussi Code de justice militaire maritime du 4 juin 1858, art. 307, D. P. 58. 4. 90). Cette distinction est nettement établie dans les termes suivants par M. Garraud, op. cit., t. 2, n° 355. « Les faits dont il s'agit sont-ils commis par des militaires ? Ils sont punis de mort et justiciables des conseils de guerre. Sont-ils commis par des civils ? Leur caractère politique devient incontestable, la peine de mort, que prononce l'art. 93, doit être remplacée par la peine de la déportation dans une enceinte fortifiée. De plus, la juridiction de la cour d'assises est compétente pour en juger. »

44. Le crime prévu par l'art. 94 (Rép. n° 130), qui consiste dans le fait, par celui qui pouvait disposer de la force publique, d'en avoir requis ou ordonné, fait requérir ou ordonner l'action ou l'emploi contre la levée des gens de guerre légalement établie, n'a donné lieu à aucune application depuis la publication du Répertoire. Il est aujourd'hui admis, en tous les cas, que ce crime doit bénéficier de la disposition abolitive de la peine de mort de l'art. 5 de la constitution de 1848 (V. suprà, n° 40).

45. Il convient de rapprocher des textes qui viennent d'être examinés l'art. 25 de la loi du 29 juill. 1881 (D. P. 81. 4. 65), aux termes duquel toute provocation adressée à des militaires des armées de terre ou de mer dans le but de les détourner de leurs devoirs militaires et de l'obéissance qu'ils doivent à leurs chefs est punie d'un emprisonnement de un à six mois et d'une amende de 16 fr. à 100 fr. (V. infrà, v° Presse-outrage).

46. La question de savoir quelle est la portée de l'art. 95 du code pénal semble toujours diviser les auteurs. D'après M. Blanche, t. 2, n° 513, notamment, l'art. 95 s'applique à tous les cas de destruction, par l'emploi d'une mine, de propriétés publiques, l'art. 435 ne concernant que les cas de destruction, par le même moyen, des propriétés privées, et il n'y a pas à distinguer entre le cas où l'agent du crime a été mû par la haine politique et celui où il a cédé à l'entraînement d'une autre passion. D'autre part, d'après l'opinion soutenue dans les éditions successives de l'ouvrage de MM. Chauveau et Faustin Hélie, et notamment dans la 6e (t. 2, n° 490), le crime d'incendie par l'emploi de la mine n'est puni par l'art. 95 que si une intention politique a présidé à l'attentat. A défaut de cette condition, le crime de destruction de propriétés, par l'explosion d'une mine, rentre sous l'application de l'art. 435, qu'il s'agisse de propriétés publiques ou particulières. — La controverse signalée au Répertoire subsiste donc intégralement (V. aussi Garraud, t. 2, n° 357, note 3).

§ 2. — Existence de bandes armées (Rép. nos 138 à 163).

47. Dans les cas prévus par les deux premiers articles consacrés par le code pénal aux crimes des bandes armées contre la sûreté de l'État (art. 96 à 101), la pénalité encourue est, comme dans les cas précédemment examinés, au lieu de la peine de mort édictée par ces articles, celle de la déportation dans une enceinte fortifiée. Mais, tandis que cette substitution de pénalité résulte implicitement, pour tous les crimes punis de mort dans le chapitre auquel ap-

partiennent les art. 96 et 97, de l'abolition de la peine de mort en matière politique et de son remplacement par la déportation dans une enceinte fortifiée, elle a été ici formellement consacrée, pour les crimes spéciaux prévus par les art. 96 et 97, lors de la revision de 1863. — La loi du 13 mai 1863, en revisant l'art. 463 relatif aux circonstances atténuantes, après avoir posé en principe que, toutes les fois qu'il s'agira de crimes passibles de la déportation dans une enceinte fortifiée, la peine sera réduite à celle de la déportation simple ou de la détention, veut qu'il n'y ait de réduction qu'à un seul degré, c'est-à-dire que la déportation simple soit seule appliquée dans les deux cas prévus par les art. 96 et 97. Ces cas sont donc explicitement rangés par le code pénal lui-même au nombre de ceux où la déportation dans une enceinte fortifiée a remplacé la peine de mort; et, d'autre part, l'admission de circonstances atténuantes en faveur d'un accusé du crime prévu par l'art. 96 c. pén. ne permet pas, à peine de nullité, de ne prononcer contre lui que la peine de la détention (Crim. cass. 14 août 1873) (1).

Le commandement ou l'exercice d'une fonction dans la bande étant le caractère constitutif, et non pas seulement la circonstance aggravante du crime prévu par l'art. 96, il en résulte que, si le jury a écarté ces circonstances ou l'une d'elles, l'accusation n'a plus de base, et que le crime prévu par l'art. 96 disparaît (*Rép.* n° 144). Et comme, d'autre part, l'art. 98 ne s'applique qu'autant que l'accusé a été arrêté sur les lieux de la réunion séditieuse, l'accusé qui a été arrêté sans armes et sans résistance en dehors de ce lieu n'est pas punissable, ayant simplement fait partie de bandes armées (Crim. rej. 14 août 1873) (2).

48. Enfin il faut pour tomber sous l'application des art. 96 à 104, que les bandes aient été organisées et armées dans le but d'envahir des domaines, propriétés ou deniers publics, places, villes, forteresses, postes, magasins, arsenaux, ports, vaisseaux ou bâtiments appartenant à l'État; de piller ou partager des propriétés publiques ou nationales ou celles d'une généralité de citoyens (*Rép.* n° 142). C'est encore là

un caractère constitutif du crime prévu par l'art. 96 c. pén., de telle sorte que l'exercice du commandement de bandes armées ne constitue le crime insurrectionnel prévu et puni par cet art. 96 que dans le cas où ces bandes ont spécialement pour but l'envahissement de propriétés appartenant à l'État ou le pillage de propriétés publiques ou privées (Crim. cass. 23 janv. 1873, aff. Desoyer, D. P. 73. 1. 175). L'existence de cette dernière circonstance doit donc être constatée, aussi bien que celle de commandement, pour qu'il y ait lieu à application de l'art. 96; de sorte que, à défaut de mention d'un tel but dans la question posée au jury sur le fait de commandement desdites bandes, la condamnation prononcée par application de l'art. 96 manque de base légale (Arrêt précité du 23 janv. 1873).

49. On a vu au *Rép.* n°s 147 et suiv. que l'art. 97 s'occupe du cas des bandes mentionnées dans l'art. 96 ont été organisées et armées, non plus pour commettre contre les propriétés énumérées dans cet article l'un des attentats qui y sont prévus, mais pour exécuter les crimes réprimés par les art. 86, 87 et 91. Il résulte, d'autre part, des explications qui ont été données ci-dessus que deux des crimes auxquels renvoie l'art. 97 ont disparu depuis l'établissement du régime républicain: l'attentat contre la vie ou la personne du chef de l'État ou des membres de sa famille, et l'attentat dont le but est de détruire ou de changer l'ordre de successibilité au trône (V. *supra*, n° 38 et suiv.). L'art. 97 n'a donc plus d'application qu'aux bandes organisées ou armées en vue des crimes prévus par celles des dispositions de l'art. 87 qui sont encore en vigueur, et par l'art. 91, c'est-à-dire en vue des attentats ayant pour but : ... soit de détruire ou de changer le Gouvernement, soit d'exciter les citoyens ou habitants à s'armer contre l'autorité du chef de l'État, soit d'exciter à la guerre civile, en armant ou en portant les citoyens ou habitants à s'armer les uns contre les autres, ou de porter la dévastation, le massacre ou le pillage dans une ou plusieurs communes. — Il faut ajouter qu'à la différence du cas de bandes organisées et armées pour l'un des crimes prévus et punis par l'art. 96, l'art. 97 n'est applicable qu'autant qu'il y a eu un véritable atten-

---

(1 et 2) (Abdallah-ben-Abd-el-Kader et autres.)—La cour;... — Vu les art. 91, 96 c. pén., 5 de la constitution de 1848, 1er et 2 de la loi du 16 juin 1850 et 463, § 3, dudit code pénal; — Sur le moyen unique de cassation, tiré d'une violation des articles ci-dessus visés, en ce que l'arrêt attaqué a condamné Mohamed-ben-Mohamed-Amzian-ben-Cheik-el-Haddad, Abdallah-ben-Abd-el-Kader-el-Ouarani et Mohamed-Saïd-ben-Ali-Chérif à la peine de la détention, au lieu de leur appliquer celle de la déportation simple : — Attendu qu'en déclarant son pourvoi contre l'arrêt définitif du 19 avr. 1873, le procureur général l'a restreint au chef unique de la peine appliquée à ces trois accusés; — Attendu que lesdits trois accusés ont été déclarés coupables par le jury : 1° d'avoir participé à l'exécution d'un attentat dont le but était soit d'exciter à la guerre civile en armant ou en portant les citoyens ou habitants à s'armer les uns contre les autres, soit de porter la dévastation, le massacre et le pillage dans une ou plusieurs communes; 2° d'avoir fait partie de bandes armées, soit pour envahir des domaines, propriétés ou deniers publics, plans, villes, forteresses, etc., soit pour piller ou partager des propriétés publiques ou nationales, etc., soit pour faire attaque ou résistance envers la force publique agissant contre les auteurs de ces crimes, mais avec admission des circonstances atténuantes; — Que, relativement à Abd-el-Kader-el-Ouarani, le jury a écarté les circonstances sur lesquelles il avait été interrogé, « de s'être mis à la tête de ces bandes, ou d'y avoir exercé une fonction ou un commandement, ou fait lever, organisés ou fait organiser », et que sa déclaration ne constate pas que l'accusé ait été arrêté sur le lieu de la réunion séditieuse;

Attendu que le premier de ces faits constitue le crime prévu par l'art. 91 c. pén.; — Attendu que le second, tel qu'il est reconnu par le jury, ne peut donner lieu à l'application d'aucune peine et ne pourrait que motiver le renvoi de l'accusé sous la surveillance de la haute police;

Attendu, en effet, que, pour que l'art. 96, que l'arrêt attaqué a appliqué, soit légalement applicable, il faut que le jury déclare l'existence de tous les faits constitutifs du crime prévu par cet article; — Qu'il ne suffit pas qu'il soit déclaré que l'accusé a fait partie des bandes armées dans l'un des buts énoncés audit art. 96; que le législateur exige, de plus, qu'il soit en même temps déclaré si l'accusé s'est mis à la tête de ces bandes, ou s'il y a exercé une fonction ou un commandement, ou s'il les a levées ou fait lever, organisés ou fait organiser; — Qu'à l'égard de l'accusé, pour lequel aucune de ces circonstances caractéristiques

n'a été reconnue, et qui s'est borné à faire partie desdites bandes, il faut, aux termes de l'art. 98 c. pén., pour qu'une peine lui soit applicable, qu'il ait été arrêté sur le lieu de la réunion séditieuse; sinon, d'après l'art. 100 du même code, aucune peine ne peut être prononcée contre lui, s'il a été arrêté sans opposer de résistance et sans armes; il ne peut être que renvoyé sous la surveillance spéciale de la haute police;

Attendu, en conséquence, que, des deux faits dont Abd-el-Kader-el-Ouarani a été déclaré coupable, un seul constitue un crime, l'attentat prévu et puni de mort par l'art. 91 c. pén.;

Attendu que la peine de mort a été abolie en matière politique, et que l'art. 1er de la loi du 16 juin 1850 y a substitué celle de la déportation dans une enceinte fortifiée; — Que, dans les cas d'admission des circonstances atténuantes, l'art. 463, n° 3, c. pén., permet, en principe, si la peine prononcée est celle de la déportation dans une enceinte fortifiée, d'abaisser la peine de deux degrés, et d'appliquer celle de la déportation simple ou celle de la détention; qu'il ne fait d'exception à ce principe que dans les cas prévus par les art. 96 et 97, auxquels la peine de la déportation simple peut être appliquée; que cette exception ne comprend nullement les cas prévu par l'art. 91, qui reste, par conséquent, sous l'empire du principe général; — Attendu, dès lors, que la cour d'assises de Constantine a pu, à raison de l'admission des circonstances atténuantes, et sans violer l'art. 463, n° 3, ni aucune autre disposition pénale, ne condamner Abdallah-ben-Abd-el-Kader-el-Ouarani qu'à la détention; — Rejette le pourvoi du ministère public, en ce qui concerne ledit Abdallah-ben-Abd-el-Kader-el-Ouarani;

Attendu, au contraire, qu'en déclarant ben Cheik-el-Haddad et ben-Ali-Chérif coupables d'avoir fait partie des bandes armées précédemment spécifiées, le jury les a, en même temps, déclarés coupables soit d'avoir été à la tête desdites bandes ou d'y avoir exercé une fonction ou un commandement, soit de les avoir levées ou fait lever, organisés ou fait organiser; — Attendu que ce fait ainsi constaté réunit tous les caractères constitutifs du crime prévu par l'art. 96; que, dès lors, ces deux accusés se trouvent, à raison de l'admission des circonstances atténuantes, dans l'un des deux cas exceptionnels déterminés par l'art. 463, n° 3, c. pén.; — D'où il suit qu'en les condamnant qu'à la détention, l'arrêt attaqué a violé l'art. 1er de la loi du 16 juin 1850 et l'art. 463, n° 3, c. pén.; — Casse, etc.

Du 14 août 1873.-Ch. crim.-MM. Salneuve, rap.-Bédarrides, av.

tat dans le sens des art. 87 et 91 ci-dessus, ou qu'en d'autres termes, le crime pour lequel des bandes se sont organisées et armées, aura été exécuté ou tenté, selon la définition donnée à l'attentat par l'art. 88 c. pén.; que, par conséquent, l'art. 97 demeure étranger au simple complot ayant pour but les attentats mentionnés aux art. 87 et 91, bien que ce crime figure dans l'art. 91, visé par l'art. 97, le complot ne consistant que dans une simple résolution, qui n'a pas encore été suivie d'un commencement d'exécution, de l'attentat qui en est l'objet.

50. Remarquons enfin, pour terminer ce qui concerne les explications nouvelles que nous avons à fournir sur l'application de l'art. 97, que la substitution à la peine de mort de la déportation dans une enceinte fortifiée résulte non seulement de l'abolition de la première de ces peines en matière politique, et des dispositions du nouvel art. 463 (V. *suprà*, n° 47), mais encore de la loi du 10 juin 1853, qui l'a consacrée expressément, en modifiant dans ce sens le texte même de l'art. 87, auquel renvoie l'art. 97, et qui punit d'une manière générale l'un des attentats que ce dernier article suppose avoir été exécuté ou tenté par une bande armée. Or il est manifeste qu'il doit y avoir pour les deux faits, dont le second ne diffère du premier que par son mode particulier de perpétration, identité de peine. C'est donc à tort que la peine de mort a été appliquée à l'accusé reconnu coupable d'avoir fait partie de bandes insurrectionnelles, durant les événements de la Commune de Paris, en acceptant du service sur une canonnière tombée au pouvoir des insurgés (Cons. révis. 10 août 1871, aff. Vielle, D. P. 71. 5. 111).

51. L'art. 100 c. pén. établit, comme cela résulte des explications fournies au *Rép.* n°s 153 et suiv., une excuse qui n'efface pas entièrement la criminalité mais qui l'atténue considérablement. Des difficultés se sont élevées sur le point de savoir si la disposition de l'art. 100 est ou non d'une application générale à tous les faits constituant des crimes commis en bande, qui sont réprimés par la sect. 2 du liv. 3, tit. 1er, c. pén. Suivant un arrêt du 22 août 1833, le bénéfice de l'art. 100 serait applicable non seulement au cas de l'art. 96, mais également à ceux que prévoient les art. 86, 87 et 91 (*Rép.* n° 159).

Au contraire, d'après un arrêt du 28 sept. 1849 (aff. Aldebert, *Rép.* n° 158, et D. P. 49. 1. 263), l'excuse établie par l'art. 100 c. pén. ne pourrait être invoquée que par ceux qui, sans emploi, ni commandement quelconque, font partie de bandes organisées et armées en vue du crime prévu par l'art. 96; elle ne saurait être invoquée par le prévenu d'un attentat ayant pour but d'exciter à la guerre civile (art. 91). M. Blanche, t. 2, n° 552, émet un avis qui se rapproche de la première de ces opinions: il admet que l'accusé qui n'a à se reprocher que d'avoir fait partie d'une bande, et d'avoir par suite, participé à un attentat collectif, peut invoquer le bénéfice de l'excuse, même lorsqu'il s'agit d'un des crimes prévus par les art. 87 et 91. C'est aussi l'opinion de MM. Chauveau et Faustin Hélie, 6e éd., t. 2, n° 504. Il

semble, en effet, si on tient compte des motifs de l'indulgence de la loi, qu'il faille en étendre l'application à tous les cas de crimes politiques commis en bande et prévus à la sect. 2 du tit. 1er, liv. 3, c. pén. Un individu peut s'être joint à une bande par désœuvrement ou entraînement, avec la vague prévision que des désordres vont être commis, mais sans se rendre compte du caractère spécial de ces désordres. Comment établir des distinctions là où l'acte du délinquant paraît être, en ce qui le concerne, toujours le même, quel que soit le crime que la bande ait eu pour but de commettre, crime que le plus souvent elle dissimule à ceux qu'elle recrute en chemin? Cela nous paraît difficile et, en outre, peu conforme à l'esprit de l'art. 100 dont le but, tout de prudence et de politique, est d'ouvrir aux séditieux qui ne sont qu'égarés la voie du repentir et de la retraite par l'espoir du pardon s'ils ne participent pas au crime.

52. Mais il ne faut pas perdre de vue, comme on l'a d'ailleurs exposé au *Rép.* n° 153, que l'art. 100 n'exempte l'accusé de la peine que quant au fait de la sédition: il reste passible des peines qu'il peut avoir encourues à raison des crimes particuliers qu'il a personnellement commis. Il en résulte que l'art. 100 n'est applicable qu'à ces complices que le hasard donne, dans les jours d'émeute, aux bandes organisées pour commettre un attentat politique; à ceux qui se joignent par entraînement ou par crainte à la bande par laquelle ils sont rencontrés, et qui s'en retirent le plus souvent lorsqu'ils sont en présence de la force publique et que le moment de consommer le crime est venu. La disposition de l'art. 100 ne profite donc qu'aux individus qui se sont simplement adjoints à une bande, et ne s'étend pas à ceux qui, isolément ou dans une bande, se sont, par des actes personnels, constitués auteurs ou complices des crimes commis par la bande (Crim. rej. 15 nov. 1855, aff. Lapierre, D. P. 56. 1. 79. V. en ce sens: Blanche, t. 2, n° 552).

53. Il résulte encore de l'arrêt du 15 nov. 1855, cité *suprà*, n° 52, que l'excuse de l'art. 100 ne peut être proposée en matière de crimes et délits insurrectionnels prévus par la loi du 24 mai 1834 (*Contrà* : Chauveau et Faustin Hélie, 6e éd., t. 2, n° 505).

54. Rappelons, en terminant, que la surveillance de la haute police a été supprimée par la loi du 27 mai 1885 art. 19 (D. P. 85. 4. 45. V. *infrà*, v° *Peine*), et que, par conséquent, cette surveillance devra être remplacée, dans les cas prévus par l'art. 100, par l'interdiction de séjour dans certains lieux qui devront être signifiés au délinquant excusé, non pas avant sa *libération* comme dit l'art. 19, puisqu'il n'y a pas de condamnation, mais immédiatement après le jugement (Chauveau et Faustin Hélie, 6e éd., t. 2, n° 502, p. 153, note 1).

SECT. 6. — DE LA RÉVÉLATION ET DE LA NON-RÉVÉLATION DES CRIMES QUI COMPROMETTENT LA SURETÉ INTÉRIEURE OU EXTÉRIEURE DE L'ÉTAT (*Rép.* n°s 164 à 168).

55. V. *Rép.* n°s 164 et suiv.

Table sommaire

des matières contenues dans le Supplément et le Répertoire.

(Les chiffres précédés de la lettre S renvoient au Supplément; les chiffres précédés de la lettre R renvoient au Répertoire.)

Table chronologique des Lois, Arrêts, etc.

CRIMES ET DÉLITS CONTRE LES PERSONNES.

Division.

CHAP. 1. — Historique sur l'homicide. — Ses différentes modalités (n° 1).

CHAP. 2. — Du meurtre (n° 4).

§ 1. — Caractères et peine (n° 4).
§ 2. — Aggravation du meurtre par la concomitance d'un autre crime ou par sa corrélation avec un délit (n° 14).

CHAP. 3. — De l'assassinat. — Caractères. — Peines (n° 36).

CHAP. 4. — Du parricide. — Caractères. — Peines (n° 52).

CHAP. 5. — De l'infanticide. — Caractères. — Peine (n° 71).

CHAP. 6. — De l'empoisonnement (n° 86).

CHAP. 7. — Des menaces des crimes ci-dessus (n° 106).

CHAP. 8. — De la tentative des crimes qui précèdent (n° 123).

CHAP. 9. — Du suicide et de ses complices (n° 124).

CHAP. 10. — Blessures et coups volontaires non qualifiés meurtre, et autres crimes et délits volontaires (n° 134).

§ 1. — Coups et blessures qui, portés sans intention de donner la mort, l'ont pourtant occasionnée (n° 146).
§ 2. — Coups et blessures suivis de mutilation, privation de l'usage d'un membre ou autres infirmités permanentes (n° 153).
§ 3. — Blessures et coups ayant occasionné une maladie ou incapacité de travail personnel de plus de vingt jours (n° 162).
§ 4. — Blessures, coups ou autres violences ou voies de fait n'ayant pas occasionné une maladie ou incapacité de travail de plus de vingt jours (n° 175).
§ 5. — Voies de fait et violences légères (n° 198).
§ 6. — Circonstances aggravantes des coups et blessures. — Préméditation. — Parenté. — Bande ou réunion séditieuses. — Fonctionnaires publics (n° 205).

CHAP. 11. — Du crime de castration (n° 225).

CHAP. 12. — Administration de substances nuisibles à la santé. — Vente de boissons falsifiées (n° 227).

CHAP. 13. — Homicide, blessures et coups involontaires par maladresse, imprudence, inattention, négligence ou inobservation des règlements (n° 233).

§ 1. — Homicide involontaire (n° 233).
§ 2. — Blessures et coups involontaires (n° 288).

CHAP. 14. — Crimes et délits excusables ou non (n° 299).

CHAP. 15. — Homicides, blessures et coups non qualifiés crimes ni délits (homicide légal, homicide légitime) (n° 300).

CHAP. 16. — Des crimes et délits relatifs à l'état civil de l'enfant. — Enlèvement de mineurs (n° 350).

SECT. 1. — Crimes et délits envers l'enfant (n° 350).
§ 1. — Enlèvement, recélé, suppression d'un enfant (n° 353).
§ 2. — Supposition ou substitution de part. — Refus de représenter un enfant. — Dépôt dans un hospice (n° 381).
§ 3. — Exposition et délaissement d'enfants. — Lieu solitaire ou non solitaire. — Aggravation de peine (n° 390).

SECT. 2. — Enlèvement de mineurs (n° 404).

CHAP. 1er. — Historique sur l'homicide. — Ses différentes modalités (Rép. n°s 2 à 4).

1. Nous n'avons rien à ajouter aux détails très complets donnés au *Rép.* n°s 2 et 3 sur l'historique de l'homicide. La législation de cette importante matière, tout entière contenue dans vingt articles du code pénal (art. 295 à 304, 319, 321 à 329), n'a subi aucun changement depuis 1810, sauf l'art. 304, modifié en 1832; mais l'interprétation des textes a donné lieu à d'assez nombreux arrêts, que nous analyserons en étudiant les diverses modalités de l'homicide. — Quant à la doctrine, les seuls ouvrages nouveaux à consulter sont trois traités généraux de droit criminel: Blanche, *Études pratiques sur le code pénal*, 4e *Étude*; Garraud, *Traité de droit pénal français*, t. 4; Faustin Hélie, *Pratique criminelle des cours et tribunaux*, 2e part. V. aussi les nouvelles éditions de Chauveau et Hélie, *Théorie du code pénal*, 6e éd., revue

par Villey, t. 3, chap. 44 ; et Boitard, *Leçons de droit criminel*, 12° éd., 1889, t. 3. V. encore *passim*, Bertauld, *Cours de code pénal;* Ortolan *Éléments de droit pénal;* Le Sellyer, *Traité de la criminalité et de la pénalité;* Morin, *Répertoire de droit criminel*, vᵗ *Assassinat; Empoisonnement; Homicide; Infanticide; Meurtre; Parricide; Suicide*.

2. L'homicide (ou action matérielle de donner la mort à un homme) n'est pas toujours puni par notre loi pénale, et, quand elle le réprime, ce n'est pas toujours avec la même sévérité. Si l'homicide est volontaire, il constitue (à moins que la loi ne le commande ou ne le permette, V. *infrà*, nᵒˢ 304 et suiv.), un crime justiciable de la cour d'assises, et il s'appelle, suivant les cas, meurtre, assassinat, parricide, infanticide, empoisonnement (V. *infrà*, nᵒˢ 4 et suiv.). — Quand il est involontaire, il devient un délit correctionnel, s'il est le résultat d'une imprudence ou d'une négligence de son auteur ; dans le cas contraire, il n'est pas puni (V. *infrà*, nᵒˢ 223 et suiv.). — Le suicide ou meurtre de soi-même n'est pas incriminé non plus par le code pénal (V. *infrà*, nᵒˢ 124 et suiv.). — Sur le meurtre résultant d'un combat singulier, V. *infrà*, vᵒ *Duel*.

3. Les nouveaux codes criminels étrangers contiennent un certain nombre de dispositions intéressantes sur l'homicide. Nous aurons à citer plus d'une fois le code belge de 1867, le code allemand de 1870, le code hongrois de 1878, le code néerlandais de 1881. — L'Angleterre a tenté, en 1874, de codifier ses lois si compliquées sur l'homicide (V. un résumé de ces lois, d'après Blackstone, au *Rép*. n° 4); mais le projet préparé à cet effet par sir James Stephen n'a pas abouti. Toutefois, le statut 24, 25 Vict., chap. 100, a modifié la peine de l'homicide du second degré ou *manslaughter*. A la peine de la marque dans la main avec confiscation des biens ce statut a substitué la servitude pénale à vie ou à temps, ou la prison avec ou sans travail forcé, ou même une simple amende.

CHAP. 2. — Du meurtre (*Rép*. nᵒˢ 5 à 40).

§ 1ᵉʳ. — Caractères et peine (*Rép*. nᵒˢ 5 à 27).

4. Le meurtre est la première variété de l'homicide volontaire. C'est l'homicide volontaire simple, sans circonstances aggravantes. Défini par l'art. 295 c. pén., il se constitue, comme tous les autres crimes, d'un élément physique ou matériel, et d'un élément intellectuel ou moral. L'élément matériel du meurtre, c'est l'acte homicide ou pouvant donner la mort ; l'élément moral, c'est la volonté, ou l'intention de tuer. Au reste, comme on l'a dit au *Rép*. n° 5, il n'est pas nécessaire que le fait soit consommé. Si l'acte, capable de donner la mort, ne l'a pas occasionnée, il y a tentative, et l'on sait que toute tentative de crime, exécutée dans les conditions de l'art. 2 c. pén., est assimilée au crime même. Ces différents points ont été parfaitement mis en lumière par un arrêt de la cour de cassation du 26 nov. 1857 (aff. Descombes, D. P. 58. 1. 44). dans les motifs suivants : « Attendu que l'homicide volontaire se compose de deux éléments distincts, mais essentiels, l'acte et l'intention de donner la mort ; — Attendu que les coups portés volontairement avec l'intention de donner la mort constituent identiquement le crime d'homicide volontaire ; — Que si, par des circonstances indépendantes de la volonté de l'auteur de ces actes, l'effet intentionnel n'a pas été produit, il y a,

néanmoins, dans les deux cas, la tentative punissable, aux termes de l'art. 2 c. pén. ».

5. — I. FAIT MATÉRIEL. — C'est presque exclusivement en matière de tentative qu'ont été rendus les rares arrêts rendus, depuis la publication du *Répertoire*, au sujet du fait matériel. La cour de cassation a jugé que « la tentative de meurtre peut résulter de moyens multiples et successifs, employés pendant un temps plus ou moins long pour occasionner la mort de la victime » (Crim. rej. 1ᵉʳ juill. 1869, aff. Dumont, D. P. 70. 1. 380). Cette décision est fondée, car il n'y a pas de raison pour exiger que l'action meurtrière soit unique, et celle-ci ne change évidemment pas de nature parce qu'elle se divise en plusieurs actes concourant au même but et produisant, ou du moins pouvant produire, par leur réunion, le résultat homicide. — La même cour a décidé, contrairement à l'opinion générale des auteurs et à la jurisprudence de la majorité des cours d'appel, que le fait de tirer un coup de feu dans une chambre et à la place qu'occupait habituellement une personne, fortuitement absente à ce moment, constitue une tentative de meurtre (Crim. cass. 12 avr. 1877, aff. Charvey, D. P. 78. 1. 33, et la note). Mais la question résolue par cet arrêt se rapporte plutôt à la matière de la tentative qu'à celle du meurtre (V. *infrà*, vᵒ *Tentative*). — Elle a jugé enfin qu'est nulle, avec toute la procédure ultérieure, à raison de la complexité, la question posée en cour d'assises sur la culpabilité de l'accusé, qui comprend à la fois la tentative de trois meurtres commis dans une même scène sur trois personnes différentes (Crim. cass. 31 mai 1867, aff. Raffa-ben-Missoun, D. P. 69. 5. 13 et 104).

Signalons encore deux autres arrêts de la cour suprême dont le premier a décidé qu'il n'y a ni contradiction, ni ambiguïté dans la déclaration du jury, affirmative sur deux questions, l'une relative à une tentative de meurtre, l'autre relative à des coups et blessures volontaires, se rapportant toutes deux au même fait (Crim. rej. 24 juin 1858, aff. Pietri, D. P. 58. 5. 107), et le second, que la question au jury qui énonce l'attentat volontaire à la vie au moyen de violences de nature à donner la mort ne contient ni les éléments constitutifs du meurtre consommé, puisqu'elle ne mentionne pas la circonstance de la mort donnée, ni ceux de la tentative du même crime, puisqu'elle omet les caractères légaux de la tentative punissable, et que, par suite, cette question ne peut servir de base à une condamnation pour complicité d'homicide volontaire (Crim. cass. 14 févr. 1873) (1).

6. — II. ÉLÉMENT MORAL. — La volonté dont parle l'art. 295, c'est l'intention de donner la mort, *l'animus occidendi*. Comme on l'a dit au *Rép*. n° 15, elle est aussi indispensable que l'acte homicide. Aussi, par son arrêt du 26 nov. 1857, cité *suprà*, n° 4, la cour suprême a-t-elle déclaré « qu'il y a contradiction dans les réponses d'un jury qui déclare d'une part que des coups ont été volontairement portés sans intention de donner la mort, et, d'un autre côté, que ce même fait constitue une tentative d'homicide, qui implique nécessairement cette intention ».

7. On a examiné au *Rép*. n° 25 la question de savoir si l'intention de tuer suffit pour la criminalité du meurtrier, ou s'il faut, de plus, que l'agent ait agi méchamment, dans le dessein de nuire. Cette question ne s'est plus posée depuis longtemps devant les tribunaux, et on le comprend, car, en fait, comment un homme qui donne la mort à autrui pourrait-il, à moins d'être fou, ignorer la perversité de son action ?

---

(1) (Antoinette Dagazau, femme Larroutis.) — LA cour ; — Sur le moyen pris de la fausse application de l'art. 295 c. pén. : — Attendu que de la déclaration du jury il résulte que la demanderesse est reconnue coupable de s'être rendue complice du crime imputé à la fille Rochquette, dite Corentin ; — Attendu que la question relative au fait imputé à ladite fille Corentin, comme auteur principal, était ainsi conçue : « Rochquette (Angèle), dite Corentin, est-elle coupable d'avoir... volontairement attenté à la vie de Joseph-Auguste Corentin, son fils, en exerçant sur sa personne des violences qui étaient de nature à lui donner la mort ? » ; — Attendu que, des termes de la question ainsi posée et résolue affirmativement le jury, il résulte que l'accusée, comme auteur principal, a volontairement attenté à la vie de Joseph-Auguste Corentin, mais non pas qu'elle ait commis un homicide volontaire sur sa personne, puisque l'élément essentiel de l'homicide, c'est à-

dire le fait de donner la mort, n'y est nullement affirmé ; que, d'autre part, si la même réponse constate que l'attentat aurait eu lieu par l'exercice de violences qui étaient de nature à donner la mort, cette réponse n'implique virtuellement qu'une tentative d'homicide ; mais que le juge n'a point été interrogé sur les caractères légaux dont la constatation pourrait seule, aux termes de l'art. 2 c. pén., rendre la tentative d'homicide punissable comme le crime lui-même ; — Attendu, en conséquence, qu'en prenant pour base la déclaration du jury pour condamner la demanderesse comme complice du crime d'homicide volontaire, l'arrêt de la cour d'assises du Gers a faussement appliqué et, par conséquent, violé l'art. 295 c. pén. ;

Par ces motifs, casse.

Du 14 févr. 1873. Ch. crim. MM. Barbier, rap. Dupré-Lasale, av. gén.

Nous avons combattu (*loc. cit.*) l'opinion des auteurs de la *Théorie du code pénal*, t. 3, nᵒˢ 1238 et suiv. (Conf. Boitard, *Leçons de droit criminel*, nᵒˢ 335 et suiv.), opinion d'après laquelle le dol serait toujours une condition nécessaire du meurtre, et qui a conduit ces auteurs à cette conséquence, erronée, suivant nous, que le suicide exécuté sur un individu par la main d'autrui, avec le consentement de la personne homicidée, ne tombe pas sous le coup de la loi pénale (V. *infrà*, nᵒ 128).

8. Deux questions d'un intérêt plus pratique ont été agitées à diverses reprises devant les tribunaux. L'une est relative à l'erreur du meurtrier sur la personne homicidée; l'autre concerne la manière d'interroger le jury sur la volonté.

9. On a cité au *Rép.* nᵒ 19 deux arrêts de la cour de cassation qui ont décidé avec raison qu'il y a meurtre, alors même que l'homicide volontaire est exécuté sur une personne autre que celle que le meurtrier se proposait de tuer. La culpabilité du meurtre provient, en effet, comme le fait remarquer Blanche, 4ᵉ *Étude*, nᵒ 471, non pas de ce qu'on a volontairement homicidé une personne déterminée, mais de ce qu'on a donné la mort avec intention de tuer; or celui qui tue une personne autre que celle qu'il se proposait de tuer n'en a pas moins donné la mort avec intention, et c'est tout ce qu'exige l'art. 295. C'est vainement qu'on essaierait de soutenir que le fait présente, dans le cas d'erreur, les caractères de deux crimes distincts qui consisteraient, l'un dans des violences ayant entraîné la mort sans intention de la donner, et l'autre dans une tentative d'homicide volontaire sur la personne que l'agent se proposait de tuer. Une telle distinction serait en dehors de la réalité des faits: il n'y a pas deux crimes, mais un seul attentat. Ainsi jugé deux fois par la cour de cassation depuis la publication du *Répertoire*, d'abord en matière de meurtre simple (Crim. rej. 8 déc. 1853, aff. Favalelli, D. P. 53. 5. 247), puis en matière de meurtre avec préméditation, autrement dit d'assassinat (V. *infrà*, nᵒ 39).

En Belgique, depuis le code pénal de 1867, la question ne pourrait pas se poser en présence de l'art. 392 de ce code, ainsi conçu: « Sont qualifiés volontaires, l'homicide commis et les lésions causées avec le dessein d'attenter à la personne d'un individu déterminé ... *lors même que l'auteur se serait trompé dans la personne de celui qui a été victime de l'attentat* ».

10. La question de savoir si l'homicide a été intentionnel est une question de fait dont la solution, par conséquent, appartient au jury. La solution de cette question ne peut donc être soumise à la cour de cassation. C'est un point qui ne saurait faire difficulté (V. en ce sens: Crim. rej. 13 févr. 1873, aff. Gain, *Bull. crim.*, nᵒ 49).

11. Comment le jury doit-il être interrogé sur la volonté? Celle-ci étant, non une circonstance aggravante, mais un élément constitutif du crime, doit être comprise dans la question générale de culpabilité et énoncée en termes formels. On a cité et critiqué au *Rép.* nᵒ 25 un arrêt de rejet du 17 juin 1819, qui a décidé que la question de volonté se trouve nécessairement comprise dans cette question posée conformément à la formule de l'art. 337 c. instr. cr.: « L'accusé est-il coupable d'avoir commis tel meurtre? » Nous persistons à croire que l'existence de la volonté doit être affirmée en termes précis, positifs, ne prêtant à aucune équivoque. — Toutefois le mot *volontaire* n'est pas sacramentel, et des équivalents ont été admis par la jurisprudence. Ainsi il peut résulter *de l'ensemble des énonciations* comprises dans la question, que l'accusé a agi avec intention de tuer, comme l'a jugé une cour de cassation l'a jugé le 5 sept. 1844 (1). — L'intention de tuer peut résulter également des termes mêmes de la question sur la *tentative* du crime, car « toute tentative de crime, manifestée

par un commencement d'exécution, et qui n'a été suspendue ou n'a manqué son effet que par des circonstances indépendantes de la volonté de son auteur, emporte implicitement et nécessairement la volonté de commettre ce crime » (Crim. rej. 21 nov. 1850, aff. Herledan, D. P. 50. 5. 115: 14 mars 1861, aff. Louet, D. P. 61. 5. 235). En effet, « dire que l'accusé a tenté, c'est reconnaître qu'il a essayé, qu'il a fait effort, qu'il s'est appliqué à faire, et par conséquent qu'il a volontairement agi » (Chauveau et Hélie, t. 3, nᵒ 1191). — Quant au mot *meurtre*, M. Blanche, t. 4, nᵒ 478, conseille avec raison de ne pas l'employer dans la question, car c'est un terme complexe dont la cour de cassation a réprouvé l'usage (Crim. cass. 20 juin 1823, *Rép.* vᵒ *Instruction criminelle*, nᵒ 2801). De plus, c'est un terme juridique qui soumettrait incompétemment au jury une question de droit.

12. Ajoutons enfin que, pour que la déclaration du jury soit complète, il faut qu'elle constate, à la fois, la *criminalité* de la volonté et le caractère *volontaire* de l'homicide. La criminalité de la volonté résultera d'une déclaration de *culpabilité;* la constatation de volonté ne suffirait pas, à cet égard, un homicide, même volontaire, pouvant n'être pas punissable (c. pén. art. 227, 228, 229). D'autre part, une déclaration de culpabilité n'en laisse pas moins subsister la nécessité de déclarer en même temps que l'homicide est *volontaire;* car si une pareille déclaration implique, en principe, la réunion de la volonté criminelle au fait matériel, ce fait matériel, lorsqu'il s'agit d'homicide, peut être aussi bien un homicide involontaire qu'un homicide volontaire, tous deux étant incriminés par la loi. Il est donc indispensable de préciser la nature de l'homicide dont l'accusé est déclaré coupable, et, par conséquent, en cas de meurtre, de constater le caractère volontaire de l'homicide.

13. — III. Peine. — Nous n'avons que peu de chose à ajouter à ce qui a été dit au *Rép.* nᵒ 26, concernant la peine du meurtre simple. Cette peine est restée telle que le code de 1810 l'a fixée, c'est-à-dire, les travaux forcés à perpétuité (c. pén. art. 304, dernier alinéa). Plusieurs législations étrangères sont moins sévères. Le code pénal allemand de 1871 prononce la réclusion pour cinq ans au moins (art. 212); le code néerlandais de 1881 un emprisonnement de quinze ans au plus (art. 287), et le code hongrois *des crimes et des délits* de 1878, l'internement de dix à quinze ans dans une maison de force (art. 279).

§ 2. — Aggravation du meurtre par la concomitance d'un autre crime ou par sa corrélation avec un délit (*Rép.* nᵒˢ 28 à 40).

14. Quand le meurtre a précédé, accompagné ou suivi un autre crime, ou bien quand il a eu pour objet, soit de faciliter ou exécuter un délit, soit de favoriser la fuite ou d'assurer l'impunité des auteurs ou complices de ce délit, l'art. 304 c. pén. (texte revisé en 1832) substitue la peine de mort à celle des travaux forcés à perpétuité, qui aurait été encourue par l'auteur d'un meurtre simple.

Cet article prévoit deux hypothèses distinctes: la *concomitance* du meurtre avec un autre *crime*, et la *corrélation* du meurtre avec un *délit*.

15. — I. Concomitance du meurtre avec un autre crime. — L'aggravation de la peine pour cause de simultanéité du meurtre avec un autre crime est-elle bien justifiée? (V. *Rép.* nᵒ 29; Chauveau et Hélie, *Théorie du code pénal*, t. 3, nᵒ 1301). Il est permis d'en douter, puisque cette simultanéité n'altère pas le *caractère* du meurtre. Les législations étrangères n'admettent pas l'aggravation; les codes nouveaux des pays autrefois régis par notre code pénal l'ont repoussée (V. c. pén. belge de 1867; c. pén. néerlandais de 1881. V. aussi c. pén. allemand de 1871 et c. pén. hongrois de 1878). — Quoi qu'il en soit, l'application de cette disposition rigoureuse n'a

___

(1) (Marlot.) — La cour; — Attendu que le demandeur a été déclaré coupable d'avoir tenté de donner la mort à sa fille, laquelle tentative, manifestée par un commencement d'exécution, n'a été suspendue ou n'a manqué son effet que par des circonstances indépendantes de la volonté de son auteur; que si l'homicide ou la tentative d'homicide ne sont punissables de la peine du meurtre qu'autant qu'il est constaté qu'il y a eu, de la part de leur auteur, volonté de donner la mort, il résulte de l'ensemble des énonciations qui sont contenues dans la question résolue affirmativement par le jury, que cette volonté a été reconnue exister chez le demandeur; — Attendu, d'ailleurs, que les diverses parties de la déclaration du jury s'expliquent les unes par les autres, et qu'en décidant, sur la question de préméditation, que le demandeur avait, avant l'action, formé le dessein d'attenter à la vie de sa fille, le jury a confirmé, en tant que de besoin, ce qui résultait déjà de sa réponse à la question sur le fait principal. — Par ces motifs, rejette.

Du 5 sept. 1844.-Ch. crim.

pas cessé de donner lieu, après comme avant la publication du *Répertoire*, à un certain nombre de difficultés pratiques relatives, les unes aux conditions légales de la concomitance, les autres à la constatation de cette circonstance aggravante.

16. Au premier point de vue, on sait que, pour que l'art. 304 soit applicable, il faut, ainsi qu'on l'a dit au *Rép.* n° 29, le concours de deux crimes commis dans le même *trait de temps, in eodem tractu temporis*. S'ils avaient été accomplis à quelque intervalle, les deux actes isolés n'auraient plus ce caractère de simultanéité qui, aux yeux du législateur, en augmente la criminalité (V. sur ce point dans Chauveau et Hélie, t. 3, n° 1303, un résumé de la discussion aux Chambres lors de la revision de l'art. 304 en 1832). — C'est au jury qu'il appartient d'apprécier la durée du *trait de temps*. Il a été jugé, à cet égard, qu'un verdict peut, sans aucune contradiction, déclarer qu'un accusé est coupable d'un meurtre accompli le 26, ayant précédé, accompagné ou suivi un vol, et que le vol a été commis à la même date du 26 ou le lendemain 27 (Crim. rej. 19 avr. 1872) (1).

17. D'ailleurs la simultanéité suffit, et il n'est aucunement nécessaire qu'il y ait *corrélation* entre le meurtre et le second crime. Les auteurs de la *Théorie du code pénal* vont trop loin, suivant nous, quand ils disent (t. 3, n° 1304) qu' « en général les deux crimes ne doivent être considérés comme simultanés que lorsqu'ils sont l'exécution d'un *même projet*, la suite d'une même action, et s'ils sont commis dans le même temps et dans le même lieu ». La loi n'exige d'autre relation que celle du temps.

Mais, comme on l'a expliqué au *Rép.* n° 30, les deux crimes doivent être indépendants et *distincts* l'un de l'autre. S'ils se confondaient ou n'étaient pas indépendants, si, par exemple, l'un deux n'était qu'une circonstance de l'autre, l'art. 304 devrait être écarté.

18. Sauf nuances, la disposition de l'art. 304 est générale et absolue ; les mots *un autre crime* s'appliquent à tout crime distinct et séparé, *quelle que soit sa nature*. Par conséquent, le meurtre suivi d'un *autre meurtre* rentre dans les termes généraux et dans les prévisions de l'article précité ; c'est ce que décide l'arrêt de rejet du 31 déc. 1840, rapporté au *Rép.* n° 30. La cour suprême a consacré de nouveau la même règle par un arrêt de rejet du 6 juin 1878 (aff. Rossi, D. P. 79. 1. 482). « Les mots : *un autre crime*, porte cet arrêt, s'appliquent à tout crime distinct et séparé, quelle

que soit sa nature, puisque le premier alinéa de l'art. 304 ne contient aucune distinction à cet égard, et que, par conséquent, le meurtre suivi d'un autre meurtre rentre dans les prévisions de cet article » (V. aussi Sol. impl., Crim. cass. 20 avr. 1854, aff. Brun, D. P. 54. 1. 164. Conf. Blanche, 4ᵉ *Etude*, n° 528. — v. toutefois en sens contraire : Chauveau et Hélie, t. 3, n° 1304). « La culpabilité de l'homme, disent ces auteurs, qui, dans une rixe blesse deux de ses adversaires n'est pas plus grande que s'il n'en avait atteint qu'un seul ; ce ne sont même pas deux actes distincts ; c'est la même action. Il semble que la loi, en exigeant, pour constituer l'aggravation, la concomitance d'un autre crime, a entendu un crime d'une autre nature ; deux crimes commis à la fois et de diverses natures peuvent déceler dans leur auteur une perversité plus profonde, tandis que le même crime, commis plus d'une fois, ne révèle qu'une même passion, un même principe dirigeant, une même sorte d'immoralité. »

Il importerait peu que le crime concomitant fût un crime *politique*, « attendu, dit un arrêt de rejet du 10 avr. 1852 (aff. Millelot, D. P. 52. 1. 188), que la disposition de l'art. 304 ne distingue pas entre les crimes politiques et les crimes communs, pour refuser aux premiers et attribuer uniquement aux seconds le caractère légal de circonstance aggravante ».

19. Une soustraction commise dans le cas de l'art. 380 c. pén., c'est-à-dire entre époux ou parents au degré prévu par cet article, et par conséquent non punissable, suffirait-elle pour constituer l'*autre crime* dont la concomitance entraîne la peine de mort pour le meurtrier? On a vu au *Rép.* n° 34 que la question est délicate. Elle ne paraît plus s'être présentée devant les tribunaux depuis l'arrêt de la cour de cassation du 21 déc. 1837 (*ibid.*), qui l'a résolue affirmativement en faveur d'une fille et d'un gendre qui avaient tué leur père et beau-père pour exécuter ensuite une soustraction à son préjudice. Mais la majorité des commentateurs s'est prononcée en sens contraire. Aux auteurs déjà cités au *Répertoire*, il faut ajouter Blanche, 4ᵉ *Etude*, n° 536, et Le Sellyer, *Traité de la criminalité*, t. 1, n° 209. — Cette dernière opinion paraît préférable. La question a été traitée avec beaucoup de soin par Chauveau et Hélie, t. 5, n°ˢ 1935 et suiv. (V. aussi *Rép.* v° *Vol*, n°ˢ 159 et suiv. — V. toutefois Crim. cass. 7 juin 1888) (2). Ce dernier arrêt a décidé, en matière de tentative de parricide, qu'une chambre d'accusation

(1) (Jules-Charles Pécheux.) — LA COUR;... — Sur le deuxième moyen, tiré d'une fausse application du même art. 304, § 1ᵉʳ, c. pén., en ce que l'arrêt attaqué a appliqué cet article, bien que la circonstance de simultanéité du meurtre et du crime de vol ne fût pas établie par la déclaration du jury: — Attendu que le jury a déclaré que le demandeur est complice du meurtre de Bédé, commis le 26 août 1871, et que ce meurtre a accompagné, précédé, ou suivi un crime de vol; — Qu'il résulte de cette déclaration du jury, faite dans les termes de la loi, que le meurtre et le crime du vol ont été simultanés, concomitants, commis in eodem tractu temporis;
Attendu que si, relativement au chef du vol, le jury a déclaré que le vol a été commis *à la même date du 26 août ou le lendemain* 27, cette déclaration alternative n'a rien de nécessairement contradictoire avec la précédente, qui fixe le jour du meurtre au 26 et constate la concomitance des deux crimes; que dès lors, la déclaration du jury, d'ailleurs régulière et complète, ne saurait, aux termes de l'art. 350 c. instr. cr., être soumise à aucun recours; — Rejette, etc.
Du 19 avr. 1872.-Ch. crim.-MM. Salneuve, rap.-Bédarrides, av. gén.

(2) (Bessand.) — LA COUR; — Sur la violation des art. 304 c. pén. et 231 c. instr. cr., en ce que la chambre des mises en accusation sur une double accusation de tentative de parricide et d'incendie retenue à la charge de Bessand, a refusé de faire droit aux conclusions du ministère public, lesquelles tendaient à faire relever deux circonstances aggravantes, aux termes de l'art. 304: — Attendu que la chambre des mises en accusation de Limoges a déclaré qu'il y avait charges suffisantes contre Bessand : 1° d'avoir, dans la nuit du 29 au 30 janv. 1888, sur le territoire de Neuvic (Corrèze), tenté de donner volontairement la mort à Pierre Bessand, son père légitime, laquelle tentative manifestée par un commencement d'exécution, n'a manqué son effet que par des circonstances indépendantes de la volonté de son auteur; 2° d'avoir, dans le même temps, et au même lieu, volontairement mis le feu à un édifice appartenant à Bessand

père; — Attendu que le ministère public a demandé à la cour de reconnaître, en outre, à la charge de Bessand, l'existence de deux circonstances aggravantes, et de déclarer : 1° que la tentative de parricide avait précédé ou suivi le crime d'incendie; 2° que cette même tentative avait pour but de préparer ou faciliter une soustraction frauduleuse commise, le même jour, par l'accusé au préjudice de son père; — Attendu que la cour, sans dénier l'existence de ces circonstances, a refusé de les déclarer à la charge de l'accusé, par le motif qu'elles seraient sans objet, comme ne pouvant entraîner contre l'accusé aucune aggravation pénale, et que la seconde serait, en outre, illégale, comme contraire aux dispositions de l'art. 380 c. pén.; — Mais attendu qu'aux termes de l'art. 231 c. instr. cr., la chambre d'accusation est tenue, sur les réquisitions du procureur général, de statuer sur tous les chefs de crimes, délits et contraventions résultant de la procédure; — Qu'il suit de là qu'elle a le devoir de qualifier tous les faits résultant de l'accusation, avec toutes leurs circonstances légales; — Attendu que la connaissance des crimes de tentative de parricide et d'incendie était une de ces circonstances; — Que la cour ne pouvait se refuser à en tenir compte sous le prétexte qu'elle aurait été sans objet dans l'état des faits constitutifs de l'accusation principale par elle reconnus constants; — Attendu que se trouvant en présence d'une circonstance légale non déniée par elle, la cour n'avait point à se préoccuper de l'effet qui pourrait ressortir, relativement à cette circonstance, des déclarations ultérieures du jury sur les chefs principaux de l'accusation; — Attendu d'ailleurs, que la connaissance des deux crimes dont il s'agit, loin de constituer une circonstance inutile de l'accusation, pourrait, par suite de la division, toujours possible, de la question principale de tentative de parricide par le président, et de la négation par le jury du rapport de filiation entre l'accusé et la victime, devenir la source d'une aggravation pénale; — Attendu qu'il en est de même de la circonstance relative au vol imputé à Bessand; que l'art. 380 c. pén. ne s'opposait nullement à ce que cette circonstance fût retenue à la charge de l'accusé; que cet article ne met obstacle à l'exercice de l'action publique relativement aux soustractions commises par les descendants au préjudice de leurs

n'a pu, lorsque le ministère public lui demandait de déclarer que la tentative a eu pour but de préparer ou faciliter une soustraction frauduleuse commise le même jour par l'accusé au préjudice de son père (c. pén. art. 304, 2ᵉ al.), refuser de faire cette déclaration en se fondant sur ce motif qu'elle serait illégale, comme contraire aux dispositions de l'art. 360 c. pén. (Sur cet arrêt, V. *infrà*, nᵒ 29).

20. Enfin la tentative de crime étant considérée comme le crime lui-même, quand d'ailleurs elle présente les caractères déterminés par l'art. 2 c. pén., il s'ensuit que l'art. 304 est applicable soit qu'il n'y ait qu'une tentative de meurtre accompagnée d'un autre crime, soit que le meurtre n'ait été suivi que de la tentative d'un autre crime, soit même que les deux faits ne présentent que les caractères d'une tentative (Blanche, t. 4, nᵒ 530. Conf. Crim. rej. 10 oct. 1845, *Rép.* vᵒ *Tentative*, nᵒ 66; 15 avr. 1847, aff. Grimaldi, D. P. 47. 4. 145). C'est la confirmation de la doctrine enseignée au *Rép.* nᵒ 35.

21. L'art. 304, infligeant la peine de mort à raison de la concomitance, exige par là même que les éléments en soient constatés d'une façon claire et précise. M. Blanche a très bien résumé la mission du jury à cet égard en disant (t. 4, nᵒ 531) : « Pour que la condamnation repose sur une base légale, il est indispensable que le jury s'explique par questions distinctes et séparées sur le meurtre, sur les circonstances constitutives de l'autre crime et sur la concomitance des deux faits ». — Trois questions sont donc nécessaires, savoir : deux pour le meurtre et pour l'autre crime qui sont des faits principaux, et une troisième pour la concomitance qui constitue une circonstance aggravante (c. instr. cr. art. 334, 335; L. 13 mai 1836, art. 1ᵉʳ). — L'autre crime peut, d'ailleurs, être soumis au jury non seulement quand il est relevé par l'arrêt de renvoi, mais encore par une question posée comme résultant des débats, conformément à l'art. 338 du code précité (Crim. rej. 3 avr. 1845 (1); 15 avr. 1847, aff. Grimaldi, D. P. 47. 4. 145). Mais, dans ce cas, ce second crime n'est plus un fait principal ; il est réduit au rôle de circonstance aggravante, car la cour et

les jurés ne l'examinent qu'à ce titre. De là cette conséquence importante qu'on peut alors réunir dans la question relative à ce second crime tout à la fois les éléments qui le constituent et les liens de concomitance qui le rattachent au meurtre qu'il a précédé, accompagné ou suivi. En agissant ainsi, dans ce cas spécial, on ne viole pas la règle qui prohibe les questions complexes (V. l'arrêt précité du 3 avr. 1845 ; Nouguier, *De la cour d'assises*, t. 4, p. 359).

22. La règle d'après laquelle l'aggravation de peine appliquée par l'art. 304 au crime de meurtre précédé, accompagné ou suivi d'un autre crime, ne peut être prononcée qu'autant que l'arrêt de renvoi prononce précise et constate la matière et les éléments constitutifs de ce dernier crime, a déjà été posée au *Rép.* nᵒ 29 *in fine* (Crim. cass. 27 mars 1851, aff. Barka-bel-Hadj-ben-Yahia, D. P. 51. 1. 60). Le juge ne pourrait évidemment pas, par sa seule déclaration, imprimer le caractère de crime à un fait qui, par les circonstances du procès, ne constituerait qu'un délit, ou ne serait même passible d'aucune peine à l'égard de l'accusé. Aussi l'arrêt précité a-t-il jugé qu'un conseil de guerre ne peut se borner à déclarer, d'une manière générale, que le meurtre est accompagné *d'un autre crime*. Par application de la même règle, la condamnation à mort prononcée pour crime de meurtre accompagné ou suivi d'un crime concomitant (vol qualifié, par exemple), devrait être annulée comme manquant de base légale, si la déclaration du jury sur le crime concomitant se trouvait entachée de nullité (Crim. cass. 1ᵉʳ oct. 1863, aff. Maurice, D. P. 66. 5. 105).

Toutefois, après avoir déclaré un accusé non coupable comme auteur principal d'un meurtre accompagné de circonstances aggravantes (entr'autres celle de concomitance avec un autre crime), le jury peut répondre affirmativement à la question de complicité posée comme résultant des débats, et s'en référer, sans qu'il en résulte complexité, aux circonstances aggravantes déjà distinctement et séparément examinées et résolues affirmativement (Crim. rej. 2 janv. 1873) (2).

23. Quant à la relation de concomitance, il faut, de toute

---

ascendants, ou par les autres personnes qu'il énumère au préjudice les unes des autres, que lorsque ces soustractions forment l'objet principal de la prévention, mais qu'il ne s'oppose pas à ce qu'une soustraction semblable forme, dans les termes de l'art. 304, une circonstance accessoire aggravante de l'homicide contenue dans une accusation de parricide ; — Qu'il suit de là que c'est à tort, et en violation de l'art. 231 précité c. instr. crim., que la cour de Limoges a refusé de faire droit aux réquisitions du ministère public touchant les circonstances susvisées ; — Par ces motifs, casse et annule l'arrêt de la chambre des mises en accusation de la cour d'appel de Limoges, du 11 mai 1888 ; et pour être statué à nouveau, sur la qualification des faits imputés à Bessand et formant l'objet de la mise en accusation, renvoie ledit Bessand devant la cour d'appel de Poitiers (chambre des mises en accusation).

Du 7 juin 1888.-Ch. crim.-MM. Lœw, pr.-Tanon, rap.-Bertrand, av. gén.

(1) (Lachanelle.) — La cour ; — Sur le premier moyen, pris de la violation de l'art. 338 c. instr. cr. : — Attendu que cet article, d'après lequel le président doit interroger le jury sur les circonstances aggravantes non mentionnées dans l'acte d'accusation qui résultent des débats, ne fait aucune distinction, et doit recevoir son application, quand le fait aggravant révélé par les débats constitue par lui-même un délit, tout aussi bien que lorsqu'il n'a pas ce caractère ; — Attendu, d'un autre côté, que tout crime dont le meurtre est précédé, accompagné ou suivi, doit faire prononcer contre le meurtrier, aux termes de l'art. 304 c. pén., la peine de mort au lieu de celle des travaux forcés à perpétuité ; qu'il forme donc, à l'égard du meurtre, une circonstance aggravante, et peut être soumis au jury dans une question posée en vertu de l'art. 338 c. instr. cr. ; — Attendu, en conséquence, que le président de la cour d'assises de Saône-et-Loire, en posant au jury, comme résultant des débats, la question de savoir si le demandeur, accusé de meurtre sur la personne de Jeanne Descombes, était coupable d'avoir, avant le meurtre, commis le crime de viol ou tout autre attentat à la pudeur consommé ou tenté avec violence sur la même Descombes, n'a fait qu'une application légale dudit art. 338 ;

Sur le deuxième moyen, pris de la violation de l'art. 1ᵉʳ de la loi du 13 mai 1836 : — Attendu que la cour d'assises n'avait de compétence, pour connaître du fait de viol ou d'attentat à la pudeur avec violence, que dans sa relation avec le meurtre dont elle était saisie par l'arrêt de renvoi ; que ce fait ne pouvait

donc être soumis au jury que considéré comme circonstance aggravante de ce meurtre ; que c'est dans ce sens que la question a été posée, puisque le président a eu soin d'y indiquer que le jury n'aurait à s'en occuper qu'en cas de réponse affirmative sur le fait principal de meurtre ; — Que, dans cette position, en réunissant dans la question le fait de viol ou d'attentat à la pudeur avec la circonstance que ce fait a précédé le meurtre, on n'a pas réuni, contre le vœu de la loi, un fait principal et sa circonstance aggravante, mais bien les divers éléments constitutifs d'une circonstance aggravante du meurtre ; — Qu'ainsi il n'y a point eu violation des règles prohibitives de la complexité établies par la loi du 13 mai 1836 ; — Par ces motifs, rejette.

Du 3 avr. 1845.-Ch. crim.-MM. Vincent-Saint-Laurens, rap.-Quénault, av. gén.

(2) (Mohamed-ben-el-bou-Gadi et autres.) — La cour ; — Sur l'unique moyen tiré du vice de complexité existant dans la position des questions soumises au jury, relativement à la complicité de cet accusé dans l'assassinat commis sur Eugène Chassaing : — Attendu que, sur la question principale de meurtre commis sur ledit Eugène Chassaing, dont Mohamed-ben-el-bou-Gadi était accusé de l'auteur, le jury a répondu négativement ; — Qu'il a répondu affirmativement, au contraire, et séparément sur chacune des circonstances aggravantes de préméditation, de guet-apens dudit homicide volontaire, et sur celles de savoir si cet homicide avait précédé, accompagné ou suivi : 1ᵒ la tentative d'homicide volontaire sur la personne d'Esperanza Martinez, femme Durrieu ; 2ᵒ la soustraction frauduleuse commise au préjudice de cette dernière ; 3ᵒ le viol commis sur sa personne ; — Attendu que, sur la question de complicité posée par le président comme résultant des débats, en ces termes : « Mohamed-ben-el-bou-Gadi est-il au moins coupable d'avoir, le 23 avr. 1874, près El-Madhar, aidé ou assisté, avec connaissance, l'auteur ou les auteurs du meurtre commis sur Eugène Chassaing, ci-dessus spécifié et qualifié sous les nᵒˢ 10, 11, 12, 13, 14, 15 et 16, dans les faits qui l'ont précédé ou facilité, ou dans ceux qui l'ont consommé ? » le jury a répondu affirmativement ; — Que cette réponse, suffisante en ce qui concerne le fait principal du meurtre sur lequel le jury s'était déjà expliqué, était également suffisante en ce qui touche les circonstances aggravantes, puisqu'il en ressort que le jury, conformément à la loi du 13 mai 1836, a distinctement et séparément examiné et résolu affirmativement lesdites circonstances aggravantes ; — D'où il suit que la question posée au jury n'était point entachée du vice de complexité ; que la réponse du jury était régulière, et

nécessité, qu'elle soit établie et constatée, pour que la circonstance aggravante existe.; sans cela, il ne reste que deux crimes avec leurs caractères ordinaires, et non plus un crime aggravé par un autre crime (Crim. cass. 20 avr. 1854, aff. Brun, D. P. 54. 1. 164). Circonstance aggravante, cette relation de concomitance exige une question spéciale et distincte ; autrement, il y aurait complexité (Crim. cass. 5 juin 1845, aff. Sallessaud, D. P. 45. 4. 129 ; 3 juin 1852, aff. Valo-taire, D. P. 52. 5. 173 ; 13 juill. 1861, aff. Jacquet, D. P. 61. 1. 449). — Aussi a-t-il été jugé que, dans une accusation comprenant trois *meurtres concomitants*, le jury doit, à peine de nullité pour cause de complexité de la réponse, être interrogé par des questions distinctes et séparées sur la double circonstance résultant, pour chaque fait principal, de sa concomitance avec chacun des deux autres (Crim. cass. 27 janv. 1881, aff. Resgui-ben-Tahar, D. P. 81. 1. 232).

24. Au reste, il a été décidé avec raison que, bien qu'un accusé soit reconnu coupable d'un meurtre ayant précédé, accompagné ou suivi un crime de vol, il n'est pas passible de la peine de mort, s'il n'est pas, en outre, reconnu coupable comme auteur ou complice de ce vol ; et qu'en cas d'annulation, le renvoi doit être prononcé pour application de la peine seulement, la déclaration du jury et les débats restant maintenus (Crim. cass. 3 mai 1872) (1).

Ajoutons qu'il a été décidé par la cour de cassation que la contradiction qui pouvait exister dans le verdict du jury, affirmatif sur les questions de meurtre et de vol, négatif sur la concomitance de ces deux crimes, a disparu lorsque le jury, après renvoi dans la chambre de ses délibérations, a rapporté une réponse négative sur le vol ; et, dans ce cas, l'accusé ne peut se prévaloir d'une surcharge non approuvée

dans la question de concomitance, cette réponse devenant inutile par suite de la deuxième déclaration du jury qui exclut le vol (Crim. rej. 20 juin 1872) (2).

25. Si l'accusation pèse sur plusieurs accusés, la conco-mitance doit-elle être déclarée à l'égard de chacun d'eux dans une question particulière? Non, car c'est une circonstance aggravante purement matérielle, qui se rattache au fait lui-même, abstraction faite des personnes qui y ont pris part (Crim. rej. 11 juin 1868 (3); 7 juin 1877, aff. Déon, D. P. 77. 1. 409). — Mais si plusieurs crimes avaient précédé, accompagné ou suivi le crime principal, il y aurait complexité dans le cas où il ne serait pas posé une question distincte et séparée sur chacune des circonstances aggravantes de concomitance (Crim. cass. 24 févr. 1876, aff. Ahmed ben Zian, D. P. 77. 1. 409; 27 janv. 1881, aff. Resgui ben Tahar, D. P. 81. 1. 232).

Toutefois, la question de concomitance peut être posée par rapport à chacun des accusés, et cette manière de procéder aura ses avantages, car cette question de concomitance peut, dans certains cas, être résolue affirmativement à l'é-gard d'un accusé et négativement à l'égard d'un autre. C'est ainsi qu'il a été jugé que trois individus ayant été mis en accusation comme auteurs ou coauteurs d'un assassinat, et d'un vol qualifié, et de plus avec la circonstance aggravante que le meurtre ou l'assassinat avait été précédé, accompa-gné ou suivi de vol, le jury a pu, sans aucune contradiction, résoudre affirmativement la question de meurtre avec la circonstance aggravante de concomitance d'un vol, posée à l'égard de deux des accusés, et résoudre négativement à l'égard du troisième la question de concomitance (Crim. rej. 14 oct. 1858) (4).

Mais il est clair que, par rapport à la même personne (ou

---

qu'il n'y a point eu violation de l'art. 1er de la loi du 13 mai 1836 ; — Rejette.
Du 2 janv. 1873.-Ch. crim.-MM. Moignon, rap.-Dupré-Lasale, av. gén.

(1) (Mohamed-Saïd-ben-Mohamed-Areski et autres.) — La cour ; — Sur le troisième moyen présenté d'office et tiré de la violation de l'art. 304, § 1er, c. pén., en ce que Saïd ou Allal, second accusé, déclaré coupable d'un meurtre concomitant d'un vol avec violence, ne pouvait être condamné à mort, puisqu'il n'était pas en même temps déclaré coauteur ou complice du vol commis par Ali-Sghir-ben-Mohamed ou Allal, septième accusé, condamné aux travaux forcés à perpétuité : — Attendu que, par la réponse à la 25e question, Ali-Sghir a été déclaré coupable du meurtre de Maxime Rey; qu'il en est de même de Saïd par la réponse à la 27e question ; que à la 29e question, le jury a répondu que ce meurtre avait été précédé, accompagné ou suivi du vol ci-après spécifié, par les réponses aux 30e et 31e questions, relatives au seul Ali-Sghir, le jury a reconnu celui-ci coupable de vol avec violence au préjudice du même Maxime Rey ; — Attendu que si l'art. 304, § 1er, pro-nonce la peine de mort pour la concomitance d'un meurtre avec un autre crime, c'est à la condition que l'auteur d'un crime soit en même temps l'auteur ou le complice de l'autre crime, et que les deux culpabilités se réunissent sur la même personne ; qu'au-trement on punirait un accusé, ou du moins on aggraverait sa situation, pour un crime dont il n'aurait pas été déclaré coupable et qui doit, dès lors, être considéré comme lui étant étranger ; que Saïd, reconnu coupable d'un meurtre concomitant d'un vol avec violence commis par un autre, ne pouvait être condamné à mort comme s'il avait commis ce second crime ; qu'en consé-quence, la question de concomitance, quoique résolue affirmative-ment, devait être considérée comme non avenue à l'égard de Saïd; qu'ainsi il lui a été fait une fausse application de l'art. 304, § 1er, c. pén. ; — Casse et annule la disposition de l'arrêt de la cour d'assises d'Alger du 30 mars 1872 qui concerne Saïd ou Allal, et qui le condamne à la peine de mort pour meurtre ayant précédé, accompagné ou suivi le vol commis par Ali-Sghir-ben-Mohamed ou Allal, la déclaration du jury et les débats maintenus ; et pour être statué de nouveau conformément à la loi sur l'application de la peine, renvoie Saïd ou Allal, avec les pièces de la procédure, devant la cour d'assises de Constantine.
Du 3 mai 1872.-Ch. crim.-MM. Camescasse, rap.-Bédarrides, av. gén.

(2) (Jean Dérosier.) — La cour ; — Sur le second moyen, articulant la violation des art. 78, 345, 349 et 350 c. instr. cr., en ce que la déclaration du jury serait viciée d'une surcharge non approuvée, d'où résultait une contradiction ou incertitude devant faire renvoyer le jury à délibérer à nouveau : — Attendu que, s'il y avait contradiction, c'était avant l'arrêt incident qui ordonna le renvoi des jurés dans la chambre de leurs délibérations ; que cet

arrêt, motivé et dûment signé, a constaté que la contradiction consistait en ce que les jurés, répondant affirmativement sur le fait principal de vol et sur les circonstances aggravantes de vio-lences suivies de blessures et de contusions, avaient résolu néga-tivement les circonstances de concomitance du meurtre avec le vol; — Attendu qu'aucune contradiction ou incertitude n'existe dans la nouvelle déclaration du jury, qui a nié le vol et ses circons-tances aggravantes par trois réponses régulières ; que, s'il y avait une surcharge non approuvée dans la réponse à la question de concomitance, cette réponse a été considérée comme certaine-ment négative, d'abord par l'arrêt incident qui la prenait pour base du renvoi ordonné, puis par la nouvelle déclaration du jury niant le vol lui-même, et conséquemment la concomitance du meurtre et du vol ;... — Rejette.
Du 20 juin 1872.-Ch. crim.-MM. Faustin Hélie, pr.-Morin, rap.-Babinet, av. gén.-Bozérian.

(3) (Bel-Kassem et Ben-Dano.) — La cour ;... — Sur le qua-trième moyen, pris de la violation de l'art. 338 c. instr. cr., en ce que, la circonstance aggravante de la préméditation n'ayant pas été déclarée d'une manière distincte, la réponse de la cour se trouve entachée du vice de complexité: — Attendu, il est vrai, qu'après résolu affirmativement à l'égard de Bel-Kassem, et ensuite, par une réponse distincte, à l'égard de Ben-Dano, la question principale d'homicide volontaire, la cour, interrogée par une seule question sur la circonstance aggravante de la prémédi-tation, n'y a fait qu'une seule réponse, commune à l'un et à l'autre accusé ; que cette réponse ne satisfait pas, sous ce rap-port, aux prescriptions de l'art. 1er de la loi du 13 mai 1836, et est, en effet, entachée du vice de complexité; — Mais attendu que, si les circonstances aggravantes qui, comme celle de la prémédi-tation et du guet-apens, se rattachent à la culpabilité, doivent être affirmées distinctement à l'égard de chaque accusé, il en est autrement des circonstances aggravantes purement maté-rielles, qui se rattachent au fait lui-même, abstraction faite des personnes qui y ont pris part ; — Attendu qu'indépendamment de la préméditation, la cour, interrogée sur le point de savoir si l'homicide volontaire avait été précédé, accompagné ou suivi du vol ci-dessous spécifié et qualifié, a répondu affirmativement à cette question, et que sa réponse a été également affirmative, quant aux deux accusés, sur le vol dont il s'agit et sur les cir-constances aggravantes purement matérielles, qui lui impri-maient le caractère d'un crime;
Attendu que la concomitance de l'homicide volontaire et d'un autre crime, ainsi régulièrement déclarée, suffit, aux termes de l'art. 304, § 1er, c. pén., pour justifier la peine appliquée aux demandeurs; — Rejette, etc.
Du 11 juin 1868.-Ch. crim.-MM. Guyho, rap.-Bédarrides, av. gén.

(4) (Pornot et Aubry.) — La cour ;... — Sur le deuxième moyen, tiré d'une prétendue contradiction existant dans les diverses

par rapport aux mêmes personnes), la question de concomitance ne pourrait être résolue, par le même verdict, affirmativement et négativement, sans qu'il y ait contradiction manifeste, et, par conséquent, nullité. C'est ainsi qu'il a été jugé que lorsque, d'une part, le jury a répondu affirmativement à une première série de questions par lesquelles il lui était demandé si l'accusé était coupable de meurtre, si ce meurtre avait été accompagné de vol, et si sa femme et son fils étaient complices dudit meurtre, et, d'autre part, négativement à une deuxième et troisième série de questions portant sur le point de savoir si la femme et le fils de cet accusé étaient auteurs du meurtre au lieu d'être complices, et si ce meurtre avait été accompagné de vol, il en ressort que les réponses ainsi faites par le jury à la question de concomitance du meurtre avec le vol sont contradictoires et inconciliables entre elles et entraînent, par suite, la nullité de l'arrêt, de la déclaration du jury et des débats (Crim. cass. 2 sept. 1886) (1).

26. Pour ce qui est des termes à employer, la mention que le second crime a *suivi immédiatement* le premier donne toute satisfaction à la loi, car « les expressions a *suivi immédiatement*, présentent à l'esprit avec une grande exactitude le sens et l'idée de deux actions rapides, consécutives et distinctes, quoique commises dans un même lieu et dans un trait de temps fort court » (Crim. rej. 15 avr. 1847, aff. Grimaldi, D. P. 47. 4. 145). Aucune disposition de loi n'exige d'ailleurs la mention expresse que le second crime a suivi *immédiatement* le premier (Même arrêt). Si la question était expressément empruntée au texte de l'art. 304, comme celle-ci : « Tel meurtre a-t-il précédé, accompagné ou suivi tel autre crime ? » elle serait évidemment à l'abri de toute critique (Crim. rej. 19 avr. 1872, V. *suprà*, nᵒ 16 ; 6 juin 1878, aff. Rossi, D. P. 79. 1. 482). — A l'inverse, la concomitance ne serait pas suffisamment constatée par ce fait que le meurtre et l'autre crime ont été commis dans le même lieu et dans le même temps, car une semblable déclaration n'établit pas nécessairement que les deux crimes ont *concouru* l'un avec l'autre (Crim. cass. 20 mars 1835, *Rép.* nᵒ 31 ; 20 avr. 1854, aff. Brun, D. P. 54. 1. 164). A plus forte raison un simple rapprochement entre les réponses du jury, duquel il résulterait que les deux crimes ont été commis dans *la même soirée*, n'autoriserait-il pas la cour d'assises à

tenir la concomitance pour établie (Crim. cass. 13 juill. 1861, aff. Jacquet, D. P. 61. 1. 449).

27. L'erreur par laquelle une date inexacte aurait été assignée dans les questions à un vol poursuivi comme concomitant à une tentative de meurtre, pourrait-elle être présentée devant la cour de cassation comme contredisant l'existence de cette concomitance, d'ailleurs formellement affirmée par le jury ? La négative a été décidée par la cour suprême dans une espèce où le président des assises avait, par erreur de plume, écrit le mot *juin* au lieu du mot *avril*, alors qu'ailleurs que la contradiction prétendue résultant de cette erreur n'avait pas été relevée par l'accusé ou son défenseur, lors des réquisitions du ministère public tendant à l'application de la peine (Crim. rej. 3 nov. 1855, aff. Dumon, D. P. 56. 5. 122).

28. — II. CONCOMITANCE DU MEURTRE AVEC UN DÉLIT. — Dans la deuxième hypothèse de l'art. 304, le meurtre ne se rattache plus à un crime, mais à un simple délit. Il ne suffit pas que les deux incriminations soient simultanées ; il faut, ainsi qu'on l'a expliqué au *Rép.* nᵒ 37, qu'il existe entre elles une relation plus directe, c'est-à-dire un rapport de cause à effet. Quand ce rapport existe, la simultanéité de perpétration est-elle encore nécessaire ? Non, d'après un arrêt de rejet du 16 mai 1863 (aff. Verdet, D. P. 66. 5. 241). Cette solution paraît juridique. — Nous croyons aussi que la loi n'exige pas que le délit favorisé et le meurtre aient le même auteur. Il a été jugé par deux arrêts que le meurtre peut avoir pour but de préparer, faciliter, ou consommer un vol qui serait commis par d'autres que les auteurs mêmes du meurtre, ou de favoriser la fuite, ou d'assurer l'impunité des auteurs de ce vol (Arrêt précité du 16 mai 1863 ; Crim. rej. 28 déc. 1877) (2).

La *nature* du délit n'importe pas plus ici que celle du crime concomitant dans la première hypothèse. Tous les faits qualifiés délits peuvent concourir à l'aggravation, même les délits de chasse (Crim. cass. 21 mars 1850, aff. Jonveaux, D. P. 50. 5. 275 ; 4 sept. 1856, aff. Ponthieux, D. P. 56. 1. 414 ; Crim. cass. 12 janv. 1860, aff. Boitel, D. P. 60. 5. 192. Conf. Blanche, t. 4, nᵒ 535).

Mais, à notre avis, une soustraction entre conjoints ou parents aux degrés de l'art. 380 c. pén. ne suffirait pas pour cet objet, car, d'après la doctrine que nous avons adoptée *suprà*, nᵒ 19, ces sortes de soustractions ne constituent pas

---

(1) (Pasquet.) — LA COUR ; — Sur le moyen d'office tiré de la violation des art. 344, 345, 346, 347, et 350 c. instr. cr., en ce que la déclaration du jury serait contradictoire ; — Attendu que Pasquet, la femme et le fils Pasquet étaient accusés de meurtre, de vol et de faux ; — Qu'il a été demandé aux jurés dans une première série de questions si Pasquet était coupable de meurtre, si ce meurtre avait été accompagné de vol, et si la femme et le fils Pasquet complices dudit meurtre ; — Qu'il a été répondu à toutes ces questions affirmativement ; — Que dans une deuxième et une troisième série de questions, il a été demandé au jury, si la femme et le fils Pasquet étaient auteurs du meurtre au lieu d'être complices et si ce meurtre avait été accompagné de vol ; — Que toutes ces questions ont été répondues négativement ; — Attendu que les réponses ainsi faites par le jury à la question de concomitance du meurtre avec le vol sont contradictoires et inconciliables entre elles, puisque cette circonstance est affirmée dans la première série de questions et déniée

parties de la déclaration du jury, et qui infirmerait en entier le sens de celle-ci : — Attendu que l'accusé Aubry était, ainsi que les frères Pornot, mis en accusation tout à la fois comme auteur ou coauteur d'un assassinat commis sur la personne d'un nommé Postoly, et d'un vol qualifié, et de plus avec la circonstance aggravante que le meurtre ou l'assassinat avait été précédé, accompagné ou suivi de vol ; — Attendu que le jury, après avoir résolu négativement à l'égard d'Aubry les questions de meurtre et de préméditation, a également répondu d'une manière négative sur la circonstance du vol, en ce qui concerne ce condamné ; qu'en effet, dès que, relativement à Aubry, il n'existait pas de meurtre, le jury, pour être conséquent avec lui-même, devait déclarer aussi que, en ce qui concerne cet accusé, le meurtre n'avait pas été précédé, accompagné ou suivi de vol ; qu'il en est autrement, d'après les réponses du jury, à l'égard des frères Pornot ; qu'en ce qui les concerne, le meurtre et le vol ont été déclaré constants, et de plus concomitants ; que de telles réponses sont parfaitement conciliables entre elles, et n'ont, dès lors, entaché d'aucune contradiction la déclaration entière du jury ; — Rejette.
Du 14 oct. 1858.-Ch. crim.-MM. Bresson, rap.-Guyho, av. gén. Morin, av.

dans les deux autres ; — Qu'il suit de là que la condamnation à vingt ans de travaux forcés prononcée contre Pasquet et la femme Pasquet par suite de la combinaison des art. 304 et 463, § 1ᵉʳ, c. pén. manque de base légale ; — Attendu, d'ailleurs, que les faits constitutifs du vol et du faux présentent dans leur ensemble avec l'accusation de meurtre, sinon une indivisibilité absolue, du moins une corrélation tellement nécessaire, qu'il y a impossibilité morale de les séparer dans l'examen qui doit en être fait par le jury ; qu'ainsi la cassation doit être totale ; — Casse.
Du 2 sept. 1886.-Ch. crim.-MM. Tanon, rap.-Loubers, av. gén.

(2) (Huart.) — LA COUR ; — Sur le moyen tiré de la prétendue contradiction des réponses du jury, qui ne permettrait pas d'apprécier leur sens et leur portée : — Attendu qu'à la suite d'une première question d'homicide volontaire une seconde question était posée dans les termes suivants : « Ledit meurtre a-t-il précédé, accompagné, ou suivi le crime de vol ci-après spécifié » — Que cette question, répondue négativement, exclut la concomitance ; — Attendu que la troisième question était ainsi rédigée : « Ledit meurtre a-t-il eu pour objet, soit de préparer, faciliter ou consommer le fait de vol ci-après spécifié et qualifié, soit de favoriser la fuite ou d'assurer l'impunité de ses auteurs ? » et que le jury l'a résolue affirmativement à la majorité ; — Attendu que, si la réponse du jury a été négative sur le vol, dont Huart était accusé, il n'en résulte pas qu'un vol n'ait pas été commis, mais seulement que Huart n'en était pas l'auteur ; — Attendu que la troisième question, posée dans les termes de l'art. 304 c. pén., constitue par elle-même une circonstance aggravante ; — Qu'en effet, le meurtre peut avoir pour but de préparer, faciliter ou consommer un vol qui serait commis par d'autres que les auteurs mêmes du meurtre, ou de favoriser la fuite ou d'assurer l'impunité des auteurs de ce vol ;
Attendu que le fait de vol est affirmé dans cette question elle-même et que son existence n'est pas niée dans la réponse par laquelle Huart est déclaré ne pas en être coupable ; — Attendu, conséquemment, qu'il n'y a aucune contradiction entre les réponses du jury ; — Rejette.
Du 28 déc. 1877.-Ch. crim.-MM. Falconnet, rap.-Lacointa, av. gén.

des infractions pénales. Toutefois la doctrine contraire a été formellement consacrée par un récent arrêt de la cour de cassation. La chambre des mises en accusation, en renvoyant un accusé devant la cour d'assises pour tentative de parricide et crime d'incendie, avait refusé de relever la circonstance que cette tentative avait pour but de préparer ou faciliter une soustraction frauduleuse commise le même jour par l'accusé au préjudice de son père. Elle se fondait sur le double motif que cette circonstance serait sans objet, comme ne pouvant entraîner contre l'accusé (dans l'espèce) aucune aggravation pénale, et qu'elle serait en outre illégale comme contraire aux dispositions de l'art. 380 c. pén. La cour suprême, sur le pourvoi du ministère public, a cassé l'arrêt d'accusation « attendu que l'art. 380 c. pén. ne s'opposait nullement à ce que cette circonstance fût retenue à la charge de l'accusé; que cet article ne met obstacle à l'exercice de l'action publique relativement aux soustractions commises par les descendants au préjudice de leurs ascendants, ou par les autres personnes qu'il énumère au préjudice les uns des autres, que lorsque ces soustractions forment l'objet principal de la prévention; mais qu'il ne s'oppose pas à ce qu'une soustraction semblable forme, dans les termes de l'art. 304, une circonstance accessoire aggravante de l'homicide contenue dans une accusation de parricide (Crim. cass. 7 juin 1888, *supra*, n° 19).

30. Il n'est d'ailleurs pas nécessaire, pour l'application du deuxième paragraphe de l'art. 304, que le délit, objet du meurtre, ait été exécuté : il suffit, comme l'exprime formellement l'art. 304, que le meurtre ait eu pour objet de le faciliter et même de le préparer. Cette solution a déjà été donnée au *Rép.* n° 37. M. Blanche en faisant connaître avec plus de détails (t. 4, n° 537) les faits sur lesquels est intervenu l'arrêt cité *ibid.* du 14 avr. 1842. MM. Chauveau et Hélie, t. 3, n° 1307, paraissent ne pas approuver cet arrêt.

31. Une question nouvelle a été débattue assez récemment : c'est celle de savoir si un meurtre commis pour assurer l'impunité de l'auteur d'un vol n'en est pas moins passible de l'aggravation prononcée par l'art. 304-2°, lors même que le vol aurait été commis avec des circonstances aggravantes qui le font qualifier crime. Rigoureusement cette hypothèse est en dehors des termes du second alinéa de l'article précité, puisque celui-ci ne vise que le cas de corrélation du meurtre avec un *délit*; mais comment admettre, en raison, que l'aggravation dont l'art. 304-2° frappe le meurtre cesse de recevoir son application par cela seul que le délit serait entouré de circonstances aggravantes qui en feraient un *crime*? La cour de cassation a reculé devant une pareille interprétation, peu conforme d'ailleurs — l'examen des travaux préparatoires de la loi de réforme de 1832 le prouve — à l'intention du législateur (Crim. rej. 10 mars 1881) (1).

32. Le délit que le meurtre a pour objet de préparer, faciliter, exécuter ou cacher, constitue une circonstance aggravante de ce crime. La cour de cassation a récemment conclu que la prescription d'un délit de vol, qui pourrait être acquise s'il s'agissait d'un fait principal, cesse de l'être lorsqu'il n'est qu'une circonstance aggravante du meurtre; il suit dans ce cas le sort du meurtre, et la prescription n'en est acquise qu'en même temps que celle du meurtre (Crim. rej. 24 janv. 1887, aff. Kielwasser, D . P. 87. 1. 287).

33. Quant à la position des questions au jury, les règles, dans cette seconde hypothèse, sont à peu près les mêmes que dans le cas du crime concomitant. Les jurés doivent être interrogés sur les circonstances constitutives du délit que le meurtre a pour objet de préparer, faciliter, exécuter ou de cacher, sans quoi ils pourraient qualifier délit un fait qui n'en aurait pas les caractères, et leur réponse demeurerait sans contrôle, au grand détriment de l'accusé (Blanche, t. 4,

n° 539; Crim. cass. 24 mars 1850, aff. Jouveaux, *Rép.* n° 39; et D. P. 50. 5. 275). — De plus ils doivent être interrogés, par une autre question, distincte et séparée, sur la corrélation qui unit le meurtre au délit, car celle-ci est une circonstance aggravante du meurtre (Crim. cass. 16 août 1850, aff. Lafargue, D . P. 50. 5. 119); autrement, la déclaration du jury serait entachée du vice de complexité. — V. toutefois un arrêt (Crim. rej. 12 juill. 1855, aff. Scotto di Perto, D . P. 55. 1. 352), décidant qu'il suffit que la question ait été posée en ces termes : le meurtre a-t-il eu pour but de faciliter la perpétration *d'un délit de vol?* M. Blanche, *loc. cit.*, déclare qu'il n'admettrait que difficilement la doctrine de cet arrêt. Comme lui, nous considérons comme beaucoup plus exacte et correcte celle que la cour de cassation avait consacrée dans l'arrêt précité du 16 août 1850.

34. S'il y a plusieurs accusés, la corrélation doit-elle être déclarée à l'égard de chacun d'eux dans une question particulière? Oui, car c'est une circonstance d'un caractère moral et personnel. Le président des assises doit donc ici, à la différence du cas de simple concomitance, poser une question distincte à l'égard de chacun des accusés. — Jugé toutefois que, lorsque le président, dans une accusation portée contre quatre accusés pour cause de meurtre et délit de vol, avec la circonstance aggravante que le meurtre aurait eu pour objet de préparer, faciliter, ou exécuter ce délit, a compris la circonstance aggravante de corrélation dans une question commune à plusieurs accusés, si le jury, réparant le vice de complexité qui en résultait, y a répondu distinctement, d'une façon affirmative quant au premier accusé, et négative quant à chacun des trois autres, après les avoir déclarés coupables sur les chefs de meurtre et de vol, la déclaration du jury est claire, complète et concordante relativement aux faits de l'accusation sur lesquels il avait été interrogé; d'où il suit que la cour d'assises, en renvoyant le jury dans la chambre de ses délibérations, par le motif qu'il n'aurait pas dû scinder sa réponse à la question collective ainsi posée, excède ses pouvoirs, attente à l'irrévocabilité de la réponse du jury et viole l'art. 350 c. instr. cr. (Crim. rej. 27 mai 1886, aff. Lounès, D . P. 86. 1. 425).

De même que le crime concomitant, le délit corrélatif peut, d'ailleurs, puisqu'il constitue une circonstance aggravante, être soumis au jury comme résultant des débats, quand il n'est pas mentionné dans l'acte d'accusation (V. Crim. cass. 14 nov. 1822, *Rép.* v° *Instruction criminelle,* n° 2509).

35. Dirons-nous, comme nous l'avons fait pour le paragraphe 1er, qu'il est difficile de justifier rationnellement le paragraphe 2 de l'art. 304 et l'aggravation de peine qu'il édicte contre le meurtrier? Non, car la relation de causalité du meurtre avec le délit aggrave ici l'imputation. Il y a plusieurs violations de la loi sans doute; mais celles-ci se liant l'une à l'autre comme le moyen à la fin, elles s'unissent pour aggraver la responsabilité en augmentant la *quantité* du crime. Aussi retrouvons-nous avec certaines différences toutefois, l'aggravation du paragraphe 2 de l'art. 304 dans les codes étrangers nouveaux. Le code belge de 1867 l'admet en cas de meurtre commis soit pour faciliter le vol, l'extorsion, la destruction ou le dégât, soit pour en assurer l'impunité (art. 475 et 532). Le code néerlandais de 1881 contient même à son égard une disposition dont la rédaction est remarquable : « Art. 288. Le meurtre suivi, accompagné ou précédé d'un acte punissable, et commis dans le dessein de préparer ou de faciliter l'exécution de cet acte, ou, en cas de surprise en flagrant délit, de s'assurer pour soi-même ou pour d'autres complices soit l'impunité, soit la possession des objets illégalement appréhendés, est puni d'un emprisonnement à perpétuité ou à temps de vingt ans au plus » (2). (V. aussi c. allemand de 1871, art. 214).

<hr>

(1) (Barral.) — LA COUR;... — Sur le premier moyen, tiré d'une prétendue violation de l'art. 304, § 2, c. pén., en ce que l'arrêt attaqué aurait à tort relevé contre Barral, père la circonstance aggravante de meurtre ayant eu pour but d'assurer l'impunité des auteurs de divers vols, puisque ces vols constituaient des crimes et non de simples délits : — Attendu qu'un même vol qui, dépourvu de circonstances aggravantes, donnerait lieu à la position de la question résultant du deuxième paragraphe de l'art. 304 précité, ne peut rester sans effet à cet égard, parce qu'il serait devenu plus grave par les circonstances dont il aurait été accompagné; que l'art. 304, § 2, doit être entendu en ce

sens que, si un délit de vol peut aggraver un meurtre qui aurait eu pour but d'assurer l'impunité de l'auteur du vol, il en est de même si ce vol a été commis avec des circonstances aggravantes qui le feraient qualifier crime ; que, dès lors, il y a pas eu violation de l'article précité du code pénal;
Par ces motifs, rejette.
Du 10 mars 1881.-Ch. crim.-MM. Barbier, pr.-Camescasse, rap.-Ronjat, av. gén.

(2) Le meurtre simple n'est puni par ce code que d'un emprisonnement de quinze ans au plus par l'art. 287.

Il est à noter qu'aucune de ces législations ne distingue, comme la nôtre, entre le crime et le délit concourant avec le meurtre. Elles admettent toutes l'aggravation résultant de la corrélation de l'acte punissable, que celui-ci soit délictueux ou criminel; elles la repoussent, dans tous les cas, quand il y a simple concomitance. Cela est plus rationnel et beaucoup plus juridique.

CHAP. 3. — De l'assassinat. — Caractères. — Peines
(*Rép.* n°s 41 à 55).

36. Défini par l'art. 296 c. pén., l'assassinat est puni de mort (art. 302). La gravité de cette peine explique assez que plusieurs des questions déjà résolues, en cette matière, par la jurisprudence, aient été de nouveau, depuis la publication du *Répertoire*, portées devant les tribunaux.

37. — I. Caractères. — Ainsi qu'on l'a dit au *Rép.* n° 43, l'assassinat, aux termes de l'art. 296, se compose de deux éléments: le meurtre d'abord, puis la préméditation ou le guet-apens. Ce n'est pas un crime *sui generis*, mais un meurtre aggravé. Il s'ensuit que la préméditation et le guet-apens, quoique constitutifs de l'assassinat, ne sont que des circonstances aggravantes du meurtre. Ce principe, fécond en conséquences, est aujourd'hui hors de contestation (V. les arrêts cités *infrà*, n° 40. V. aussi Blanche, t. 4, n° 481).

38. — II. Préméditation. — Comme nous l'avons établi au *Rép.* n° 44, elle diffère essentiellement de la *volonté de tuer*, qui est l'élément du meurtre. « La préméditation, dit Faustin Hélie, *Pratique criminelle*, t. 2, n° 496, ne se borne pas à vouloir le crime, elle délibère avant l'action, elle mûrit son projet, elle le prépare. Elle imprime donc au fait ainsi médité de sang-froid, plus ou moins longtemps avant l'exécution, un plus haut degré de criminalité. » — C'est au jury qu'il appartient de déclarer la préméditation. La loi ne lui a pas donné à cet égard d'autre guide que la définition de l'art. 297. La préméditation est une question de fait dont l'appréciation est souverainement abandonnée à sa sagesse (V. Chauveau et Hélie, t. 3, n°s 1223 et 1224, et *Rép.* n° 45).

39. L'erreur dans la personne de la victime exclut-elle la préméditation? En d'autres termes, le fait d'avoir déchargé une arme sur une personne avec intention de tuer et préméditation, constitue-t-il le crime d'assassinat, lorsque la personne atteinte par le coup n'est pas celle que l'accusé voulait tuer? Cette question de l'erreur, déjà souvent résolue en matière de meurtre, on l'a vu *supra*, n° 9, et aussi en matière de blessures volontaires (Crim. cass. 7 avr. 1853, aff. Gabarrou, D. P. 53. 1. 174), s'est présentée pour la première fois devant la cour de cassation, dans une affaire d'assassinat, le 12 juin 1879 (1). Cette cour a décidé, avec raison, que l'erreur de l'agent ne saurait le soustraire à l'aggravation de la peine.

40. C'est principalement sur des difficultés relatives à la manière d'interroger le jury que les tribunaux ont eu à statuer en matière de préméditation. — En premier lieu, celleci étant une circonstance aggravante, il y a nécessité de la détacher du fait principal et d'en faire l'objet d'une question spéciale. Conséquemment, le jury doit être interrogé séparément, d'abord sur le meurtre, puis sur la préméditation; autrement, la question serait complexe (Aux arrêts dans ce sens cités au *Rép.* n° 43, *Adde*: Crim. cass. 13 juill. 1837, *Rép.* v° *Instruction criminelle*, n° 2859; 19 oct. 1837, aff. Blanquet, *Rép. ibid.*, n° 2944; 4 janv. 1839, *Bull. crim.*,

n° 5; 13 juin 1844, *Rép.* v° *Instruction criminelle*, n° 2859-12°; 18 déc. 1856, aff. Anquetin, D. P. 57. 5. 99). — Il y aurait aussi nullité si des questions séparées sur le meurtre et la préméditation ayant satisfait à l'obligation légale, le jury venait à les réunir en faisant une réponse cumulative (Crim. cass. 31 mai 1838, aff. Capdau, *Rép.* v° *Instruction criminelle*, n° 3202). — Toutefois, il a été jugé avec raison qu'après avoir déclaré un accusé non coupable comme auteur principal d'un meurtre accompagné des circonstances aggravantes de préméditation et de guet-apens, le jury peut répondre affirmativement à la question de complicité posée comme résultant des débats, et s'en référer, sans qu'il en résulte complexité, aux circonstances aggravantes déjà distinctement et séparément examinées, et résolues affirmativement (Crim. rej. 2 janv. 1873, *supra*, n° 22).

41. D'après ce qui précède, il ne suffrait pas de demander au jury si l'accusé est *coupable* d'assassinat. Ainsi qu'on l'a dit au *Rép.* n° 46, la jurisprudence décidait autrefois l'affirmative, en se fondant sur ce que cette expression renferme les caractères et les circonstances constitutives du crime; mais il n'en peut plus être ainsi depuis la loi du 13 mai 1836 qui ordonne au jury (art. 1er) « de voter par scrutins distincts et successifs sur le fait principal d'abord et, s'il y a lieu, sur chacune des circonstances aggravantes ». — De même il y aurait complexité prohibée dans la question qui demanderait au jury si l'accusé s'est rendu coupable de l'*homicide avec préméditation*. Cette question serait, d'ailleurs, à un autre point de vue, incomplète, car l'homicide, même prémédité, peut, dans certains cas, ne pas constituer l'assassinat, par exemple s'il est légitime (c. pén. art. 327) (Conf. Chauveau et Hélie, t. 3, n° 1225).

42. Les mots *préméditation* et *guet-apens* sont-ils sacramentels? MM. Chauveau et Hélie (t. 3, n° 1226), le pensent; ils estiment qu'« aucune déduction, quelque évidente qu'elle paraisse, qu'aucune expression, même équivalente, ne peut remplacer l'expression de *préméditation* que la loi a consacrée. Il est trop à craindre, disent-ils, que les jurés n'attachent ni le même sens ni la même valeur à des phrases équivalentes peut-être, mais qui ne traduisent pas la même pensée avec la même netteté et la même précision ». — Ce scrupule paraît excessif. Il conduit suivant nous, à une exigence qui n'est pas dans les termes de la loi. Il a été jugé par la cour de cassation que, « en se servant, dans la position des questions soumises au jury, *de la définition* que la loi en donne (c. pén. art. 297 et 298), on ne contrevient pas aux dispositions de la loi » (Crim. rej. 28 mars 1829, *Bull. crim.*, n° 69, *Rép.* v° *Instruction criminelle*, n° 2764). Et même ce mode, préférable à celui par lequel on demande simplement au jury si le crime a été commis avec préméditation, a l'avantage de le mettre à même de répondre en plus parfaite connaissance de cause (Crim. rej. 14 sept. 1843, *Rép.* v° *Instruction criminelle*, n° 2792). Ces deux arrêts sont cités par Blanche, t. 4, n° 483 (V. aussi même ouvrage, n° 486).

43. Si l'accusation pèse sur plusieurs accusés, la préméditation doit-elle être déclarée à l'égard de chacun d'eux dans une question particulière? La question a été indiquée au *Rép.* n° 49, mais seulement pour les *complices*. Elle n'y a pas été soulevée pour les *coauteurs*. A l'égard de ceux-ci il faut la résoudre par l'affirmative, car la circonstance de préméditation (ou de guet-apens) ne tient pas à des faits matériels qui ne peuvent exister quant à l'un des auteurs du crime

---

(1) (Ali-Naït-Baïch.) — La cour; — Sur le moyen tiré de la prétendue violation des art. 345 c. instr. cr. et 1er de la loi du 13 mai 1836, en ce qu'il y aurait eu complexité tant dans la question posée au jury sur le fait principal d'homicide volontaire que dans la question sur la circonstance aggravante de préméditation : — Attendu que les questions résolues affirmativement par le jury étaient formulées, dans les termes suivants : — 1° l'accusé est-il coupable d'avoir, du 11 au 12 août 1878, à Tizi-Medden, volontairement commis un homicide sur la personne d'Ali-ben-Ali, sans intention de tuer Ali-ben-Ali, mais dans l'intention de tuer El-Hadj-Amar-Naït-Ahmed? — 2° A-t-il agi avec préméditation? — Attendu que si de la déclaration du jury il résulte que l'accusé avait l'intention de tuer une personne autre que celle sur laquelle il a commis un homicide volontaire, le fait ainsi reconnu constant ne constitue néanmoins qu'un seul attentat et n'offre nulle-

ment les caractères de deux crimes distincts qui consisteraient l'un dans des violences ayant entraîné la mort de la victime sans intention de la lui donner, et l'autre une tentative d'homicide volontaire sur la personne que l'accusé s'était proposé de tuer ; qu'une telle distinction, en séparant et isolant les éléments d'un acte unique dans l'intention de l'agent comme dans l'exécution qu'il a reçue, en dénaturerait le caractère et serait en dehors de la réalité des faits, telle qu'elle a été constatée par la déclaration du jury; que, conséquemment, la question soumise au jury sur le fait principal, ne portant que sur un seul et même crime, ne présentait aucun vice de complexité ; — Attendu que la régularité à ce point de vue de la question principale a pour conséquence nécessaire la régularité de la question sur la circonstance aggravante, à raison de la référence qui existe entre les deux questions ; — Rejette.
Du 12 juin 1879.-Ch. crim.-MM. Gast, rap -Petiton, av. gén.

sans exister à l'égard des coauteurs (comme par exemple la nuit, la maison habitée, l'effraction); elle touche, au contraire, à des faits de l'ordre moral qui, propres à chaque individu, peuvent ne pas exister quant à l'un, alors qu'ils sont démontrés pour d'autres. Il suit de là qu'une interrogation spéciale à chaque coauteur doit être posée au jury quant à la préméditation (Crim. cass. 4 janv. 1839, *Bull. crim.*, n° 5; 13 juin 1844, *Rép.* v° *Instruction criminelle*, n° 2859-12°; 16 déc. 1854, aff. Lemeur, D. P. 55. 5. 133; 28 juin 1855, aff. Métas, D. P. 55. 5. 58 ; Crim. rej. 30 déc. 1864, aff. Planix, D. P. 65. 1. 323; 11 juin 1868, cité *supra*, n° 25; 3 juin 1869, aff. Pierre Nicolau, *Bull. crim.*, n° 125 ; Motifs, Crim. rej. 18 avr. 1873, aff. Rateau, D. P. 73. 1. 164; Motifs, Crim. rej. 28 mai 1875, aff. Maillot, D. P. 76. 1. 140; Crim. cass. 24 févr. 1876, aff. Ahmed-ben-Zian, D. P. 77. 1. 409; 7 juin 1877, aff. Déon, *ibid.; 23 déc. 1886 (1). Conf. Nouguier, t. 4, 1er vol., n° 2935; Faustin Hélie, t. 8, n° 3706).

44. Il n'en serait pas de même si les coaccusés étaient des complices et non des coauteurs. Aux termes de l'art. 59 c. pén., les complices sont punis de la même peine que les auteurs du crime, sauf le cas où la loi en aurait autrement disposé. Ils encourent, dès lors, l'aggravation de peine prononcée par la loi par cela seul qu'ils sont reconnus complices, et il suffit que la question de préméditation soit décidée contre l'auteur principal pour que la peine dont cet auteur est passible leur soit appliquée. On jugeait le contraire sous les codes de 1791 et de brumaire an 4 (V. *Rép.* n° 49 et les arrêts rapportés *ibid.* v° *Complice*, n° 39). Mais, depuis le code de 1810, de nombreux arrêts ont décidé que la « question de préméditation une fois résolue en ce qui concerne l'auteur du crime, détermine aussi le sort de l'accusation relativement au complice.» (Crim. cass. 14 avr. 1826 ; 19 janv. 1838; 27 juin 1839, rapportés au *Rép.* v° *Complice*, n° 40. Conf. Crim. cass. 8 juin 1843, *Rép.* v° *Instruction criminelle*, n° 2628-4°; Crim. rej. 18 mai 1865, aff. Arnault, D. P. 69. 1. 166-167; 23 août 1877 (2); 2 sept. 1886 (3); Faustin Hélie, *Traité de l'instruction criminelle*, t. 8, n° 3706; Nouguier, *La cour d'assises*, t. 4, 1er vol., n° 2979. V. aussi *supra*, v° *Complicité*, n°s 30 et suiv.).

45. La complicité a, d'ailleurs, ceci de particulier que certains faits de complicité emportent forcément la préméditation, parce que celle-ci s'y trouve implicitement comprise : par exemple, l'acte de provocation ou de préparation au crime. Il est clair, en effet, que celui qui a provoqué l'auteur du crime à le commettre, ou qui l'a assisté dans les actes préparatoires de ce crime, a agi avec préméditation. Dans ces cas et autres semblables, la cour de cassation a déclaré que « la question de préméditation était doublement inutile à l'égard du complice : 1° parce que les caractères de la complicité, tels qu'ils [étaient précisés par l'accusation, emportaient nécessairement et implicitement avec eux celui de la préméditation ou du dessein formé avant l'action; 2° parce que les questions de préméditation et de guet-apens, une fois résolues en ce qui concernait l'auteur du crime, déterminaient aussi le sort de l'accusation relativement au complice, celui-ci devant, aux termes de l'art. 59 c. pén., être puni de la même peine que l'auteur principal » (Crim. cass. 19 janv. 1838, *Rép.* v° *Complicité*, n° 40. Conf. Crim. rej. 30 sept. 1842, *Bull. crim.*, n° 253; 15 sept. 1843, aff. Bousquet, *ibid.*, n° 245; 9 juill. 1846, aff. Guyot, *ibid.*, n° 178; 23 août 1877, V. *supra*, n° 44; Nouguier, t. 4, 1er vol., n°s 2936, 2978 et 2979; Faustin Hélie, t. 8, n° 3706). Et non seulement la préméditation n'a pas besoin d'être déclarée à l'égard du complice; mais si, en fait, cette question venait à être posée au jury, il y aurait contradiction à la résoudre négativement quant au complice après l'avoir résolue affirmativement à l'égard de l'auteur principal, du moins lorsque les faits de complicité sont de telle nature qu'ils impliquent la préméditation, comme les actes de provocation, les instructions données pour le crime, et les actes de préparation (V. *supra*, v° *Complicité*, n° 31). — Jugé toutefois, en ce qui concerne les complices, que si la question de préméditation a été posée à leur égard, ni le complice pour qui elle a été reconnue, ni celui pour qui elle a été écartée, ne peuvent invoquer de nullité, aucune contradiction n'existant à l'égard du premier, et le second n'ayant éprouvé aucun préjudice (Crim. rej. 22 févr. 1872) (4).

46. Notons encore, sur cette matière de la complicité

(1) (Veuve Lecat et Guay, dit Poron.) — LA COUR; — Sur le moyen tiré de la violation des art. 337 c. instr. cr. et 1er de la loi du 13 mai 1836, en ce que les questions relatives à la préméditation et au guet-apens sont complexes: — Vu lesdits articles; — Attendu que la dame Laby, veuve Lecat, dit Poron, étaient accusés d'avoir, en juillet 1886, à Marizy-sur-Loire, volontairement commis un homicide sur la personne de Lecat (Napoléon-Louis), et que le jury a été appelé à se prononcer à cet égard par une question distincte et séparée concernant chacun des deux accusés ; — Qu'il a été ensuite interrogé par deux questions générales et communes aux deux accusés sur les circonstances aggravantes de préméditation et de guet-apens ; — Attendu qu'aux termes de l'art. 1er de la loi du 13 mai 1836, le jury doit voter par bulletins écrits et par scrutins distincts et successifs, sur le fait principal d'abord et, s'il y a lieu, sur chacune des circonstances aggravantes; que les formalités écrites par cet article sont substantielles, et que leur inobservation emporte nullité de la procédure; — Attendu qu'il s'agissait, dans l'espèce, d'une accusation portée contre deux personnes ; que les circonstances morales de préméditation et de guet-apens étaient personnelles à chacun des accusés ; — Que, cependant, le président de la cour d'assises a posé une seule question relative à l'existence de la première de ces circonstances et une seule relative à l'existence de la seconde, et que le jury n'a pas répondu distinctement, en ce qui concerne les circonstances, à l'égard de chacun des deux accusés déclarés coupables du crime de meurtre commis sur la personne de Lecat; — Qu'il en résulte que sa déclaration est, de ce chef, complexe et entachée de nullité; — D'où il suit qu'il y a eu violation formelle des articles susvisés; — Casse.
Du 23 déc. 1886.-Ch. crim.-MM. Vételay, rap.-Roussellier, av. gén.-Demonts et Defert, av.

(2) (Michel Maldès dit Joseph.) — LA COUR; — Sur le deuxième moyen tiré de la violation des art. 341, 347 et 346 c. instr. cr., et des art. 1er, 2 et 3 de la loi du 13 mai 1836, en ce que la question soumise au jury concernant le demandeur aurait été entachée de complexité : — Attendu que Maldès était accusé de s'être rendu complice d'une tentative d'assassinat sur Gouy, commise par Mauguine (Joseph), dit Badie, pour avoir provoqué à cette action par dons, promesses, machinations et artifices coupables, et donné des instructions pour la commettre; — Attendu qu'à cette question ainsi posée conformément à l'arrêt de renvoi et au résumé de l'acte d'accusation, il était inutile d'ajouter, en

ce qui concerne Maldès, deux questions spéciales portant sur la préméditation et le guet-apens, par la double raison : 1° que les caractères de complicité tels qu'ils étaient précisés par l'accusation, emportaient nécessairement et implicitement avec eux celui de la préméditation ou du dessein formé avant l'action; 2° parce que les questions de préméditation et de guet-apens, une fois résolues en ce qui concernait l'auteur du crime, déterminaient aussi et par voie de conséquence le sort de l'accusation à l'égard du complice, aux termes de l'art. 59 c. pén.; ... — Rejette.
Du 23 août 1877.-Ch. crim.-MM. Gast, rap.-Lacointa, av. gén.-Costa, av.

(3) (Albertoldi.) — LA COUR;... — Sur le troisième moyen, pris de la violation des art. 59 et 60 c. pén. et 2 de la loi du 13 mai 1836, en ce que la circonstance aggravante de préméditation étant une circonstance morale et personnelle, une question spéciale au demandeur pour la préméditation aurait dû être posée au jury: — Attendu qu'il a été demandé au jury par une question séparée si l'homicide volontaire avait été commis avec préméditation, et que la réponse du jury a été affirmative ; que cette réponse justifie la condamnation qui a été prononcée et qu'il n'était pas nécessaire qu'une question spéciale sur la préméditation fût posée sur la préméditation; — Qu'en effet, il a été déclaré coupable, non comme auteur principal, mais comme complice, et que la question de préméditation résolue en ce qui concernait l'auteur du crime, déterminait en même temps le sort de l'accusation relativement au complice, lequel, aux termes de l'art. 59 c. pén., doit être puni de la même peine que l'auteur principal ; — Rejette.
Du 2 sept. 1886.-Ch. crim.-MM. Sevestre, rap.-Loubers, av. gén.

(4) (Mathieu Giavannoni et autres.) — LA COUR ; — Sur le premier moyen, tiré de la contradiction qui existerait entre les réponses du jury portant que quatre des accusés auraient agi avec préméditation et que Poletti, coupable des mêmes faits, aurait agi sans préméditation, et de la contradiction que présenteraient également les unes avec les autres les réponses du jury concernant Poletti, ce qui constituerait une violation des art. 59 et 60 c. pén. : — Attendu que, par l'arrêt de renvoi, étaient accusés : 1° Ottavi et Giovannoni, de meurtre commis avec préméditation et guet-apens sur la personne de Paul-Jean Antousanti, et Césari, Poggi et Poletti, pour avoir procuré l'arme ayant servi à commettre le

d'assassinat, un arrêt rendu dans une circonstance particulière. Dans une accusation de meurtre avec préméditation dirigée contre un auteur principal et un complice, trois questions avaient été posées au jury, la première sur le meurtre, la seconde sur la préméditation, la troisième sur le point de savoir si le second accusé s'était rendu complice du crime *ci-dessus énoncé et circonstancié*. Le jury répondit négativement à la première question, ne résolut pas, dès lors, la seconde, et répondit affirmativement à la troisième. La cour de cassation a cassé cette déclaration par le motif que la troisième question ainsi posée était conséquemment nulle, comme ne comportant pas une réponse qui pût indiquer si le jury avait, conformément à la loi du 13 mai 1836, examiné distinctement la circonstance de préméditation, sur laquelle il ne s'était pas encore expliqué (Crim. cass. 18 déc. 1856, aff. Anquetin, D. P. 57. 5. 99). — Il y a lieu de signaler aussi un récent arrêt de la cour de cassation qui a jugé que si, dans une accusation de meurtre avec préméditation, la question de meurtre relative à l'auteur principal a été résolue affirmativement et celle de préméditation négativement, la question unique posée pour le complice ne saurait être considérée comme renfermant complexité ou contradiction, et la réponse affirmative qui y est faite ne présente aucune ambiguïté. C'est une application juridique de la règle d'après laquelle la référence aux questions posées à l'égard de l'auteur principal suffit pour le complice (Crim. rej. 3 juill. 1885) (1).

47. Ajoutons enfin que, puisque la préméditation est une circonstance aggravante du meurtre, elle peut être, à ce titre, soumise au jury comme résultant des débats, quand elle n'est pas mentionnée dans l'acte d'accusation (Crim. cass. 18 déc. 1856, cité *suprà*, n° 46; Crim. rej. 10 mars 1859, aff. Lehoux, D. P. 59. 5. 215). — Ce dernier arrêt a aussi décidé que le meurtre commis instantanément pour s'assurer l'impunité d'un délit peut avoir été également perpétré sous l'influence du dessein prémédité de se débarrasser de la victime lorsque l'occasion s'en présenterait, et que, dès lors, il n'y a rien de contradictoire à admettre l'existence simultanée des deux circonstances aggravantes de corrélation avec un délit et de préméditation. — Il n'y a pas non plus vice de contradiction dans la déclaration du jury qui, après avoir acquitté un accusé de meurtre avec préméditation, le déclare coupable de complicité de ce même meurtre, par

aide et assistance, avec préméditation (V. *suprà*, v° *Complicité*, n° 173).

48. — III. GUET-APENS. — On ne voit pas très bien pourquoi le code de 1810 a fait du guet-apens une circonstance distincte de la préméditation, car le guet-apens suppose nécessairement celle-ci, et n'en est, en définitive, qu'une espèce caractérisée par un fait extérieur. Le code belge a supprimé cette forme particulière de la préméditation. Ni le code allemand, ni le code néerlandais ne la connaissent. Quoiqu'il en soit, le guet-apens, tel qu'il est défini par l'art. 298 c. pén., impliquant forcément la préméditation, la cour de cassation a toujours considéré comme contradictoires les réponses du jury affirmant le guet-apens et niant en même temps la préméditation (Crim. cass. 4 juin 1812, *Rép.* n° 51; 15 sept. 1842, *Rép.* v° *Instruction criminelle*, n° 3502; 16 août 1844, *ibid.*; 4 mars 1847, aff. Dédenon, D. P. 47. 4. 125; 15 sept. 1853, aff. Déchaux, D. P. 53. 5. 122; 26 sept. 1867, aff. Cochet, D. P. 68. 5. 110. Conf. aussi Chauveau et Hélie, *op. cit.*, t. 3, n° 1222). — Au contraire, comme le guet-apens n'est qu'une espèce, un mode de préméditation, il est clair que, même en l'absence de guet-apens, il peut y avoir préméditation, puisque cette circonstance peut résulter de tout autre fait (Crim. cass. 3 juill. 1845, aff. Courtot, D. P. 46. 4. 141; 8 oct. 1852, aff. Vigouroux, D. P. 52. 5. 173. Conf. Blanche, 4ᵉ *Étude*, n° 486, p. 555).

Toutefois le guet-apens se distingue en deux points de la préméditation. D'une part, ainsi qu'on l'a dit au *Rép.* n° 52, il faut que l'attentat soit dirigé réellement contre l'individu que le criminel attendait, et l'erreur sur la victime ferait disparaître la circonstance aggravante du guet-apens, à la différence de la préméditation. En second lieu, le guet-apens imprime nécessairement à l'homicide dont il a été suivi le caractère d'assassinat, tandis que l'homicide même prémédité peut n'être pas criminel, par exemple dans le cas de l'art. 327 c. pén.

49. En ce qui concerne la position des questions au jury, le guet-apens étant, comme la préméditation, une circonstance aggravante du meurtre, il doit en être détaché comme celle-ci et devenir l'objet d'une interrogation spéciale.

A supposer — ce qui arrive souvent en pratique, — que les deux circonstances se présentent dans la même affaire, peut-on les réunir dans la même question, ou doivent-elles être, chacune, le sujet d'une interrogation distincte? La

---

crime; 2° Cesari et Poggi, de tentative de meurtre avec préméditation et guet-apens sur la personne de Jourdan Antousanti, et Ottavi, Giovannoni et Poletti, de complicité de ce crime par aide et assistance, et de plus Poletti, en procurant l'arme ayant servi à commettre le crime;

Attendu que le président de la cour d'assises, pour appeler le jury à se prononcer sur les accusations, a posé à tort la question de savoir si les complices avaient agi avec préméditation et guet-apens; — Que, sous l'empire du code de brumaire an 4, et en exécution de l'art. 274 de ce code, en matière d'assassinat, la question de préméditation devait être posée, tant à l'égard de l'auteur principal que relativement aux complices; mais qu'il en est autrement depuis le code pénal de 1810; que la question de préméditation ne doit plus être posée qu'à l'égard de l'auteur principal; qu'admise à l'égard de cet auteur principal, elle sert à qualifier le crime à l'égard du complice; qu'écartée pour l'auteur principal, elle ne pourrait être constatée envers le complice, encore bien que les faits qui lui sont personnels et qui constituent la complicité auraient été prémédités; — Attendu que les questions relatives à la préméditation et au guet-apens, posées à l'égard des complices, ont été résolues affirmativement pour Ottavi, Giovannoni, Cesari et Poggi, et négativement en ce qui concerne Poletti;

Attendu que ces solutions affirmatives et négatives sur la préméditation et le guet-apens ne présentent pas de contradiction; que les questions portant sur les faits de complicité, il est manifeste qu'il n'existe pas de contradiction entre des réponses constatant que certains complices ont agi avec préméditation dans les faits qui leur sont personnels, et les autres sans préméditation; que les réponses négatives sur la préméditation, relativement aux faits de complicité, n'impliquent pas non plus de contradiction avec les réponses établissant envers l'auteur principal qu'il a agi avec préméditation et guet-apens; — Attendu, en ce qui touche Poletti, que la réponse du jury portant qu'il s'est rendu complice par aide et assistance et en procurant l'arme qui a servi à commettre le crime, et la réponse énonçant qu'il a agi sans préméditation sont inconciliables; que l'aide et l'assistance dans les faits qui ont préparé, facilité et consommé le crime, et le fait

d'avoir procuré l'arme qui a servi à le commettre, supposent nécessairement la préméditation; que la préméditation est donc affirmée d'une part et niée de l'autre, ce qui emporte contradiction; — Mais attendu que la déclaration du jury a été interprétée par l'arrêt de la cour d'assises d'une manière favorable à l'accusé Poletti; qu'il a été tenu compte de la réponse négative à son égard sur la préméditation, et que, par suite, il n'a été déclaré coupable que de complicité de meurtre et de tentative de meurtre, tandis que, d'après la déclaration du jury, sainement entendue, il aurait dû être considéré comme coupable de complicité de meurtre, mais aussi comme coupable de tentative d'assassinat; qu'il n'a par conséquent éprouvé aucun préjudice; — Attendu que les peines prononcées contre tous les demandeurs en cassation sont justifiées par la déclaration du jury; qu'ainsi il n'existe aucune violation des art. 59 et 60 c. pén.; — Rejette.

Du 22 févr. 1872.-Ch. crim.-MM. Saillard, rap.-Bédarrides, av. gén.

(1) (Jean Jacob et autres.) — LA COUR; — Sur le premier moyen, tiré de la complexité qui existerait dans les questions 29 et 32, relatives à la complicité de Serprix, en ce qu'elles se réfèrent, par une formule unique, au crime et à la circonstance aggravante faisant l'objet d'une autre question; — Attendu que si, dans l'espèce, la question de meurtre, relative à l'auteur principal, a été répondue affirmativement, et celle de préméditation négativement, on ne saurait cependant trouver ni complexité ni contradiction dans la question unique posée pour le complice; qu'en effet, le crime est un avec toutes les circonstances qui s'y rattachent, et qu'il est conséquemment inutile d'interroger le jury, en ce qui concerne le complice, sur les circonstances aggravantes du crime; — Qu'il suffit que le lien de la complicité soit nettement établi par la référence de la question qui concerne le complice avec celles qui constituent le crime; — Que le jury, ainsi interrogé, a fait une réponse qui ne présente aucune ambiguïté;

Par ces motifs, rejette.

Du 3 juill. 1885.-Ch. crim.-MM. Falconnet, rap.-Loubers, av. gén.-Massénat-Déroche, av.

difficulté a été indiquée au *Rép.* n° 51. On y a cité un arrêt de rejet du 22 nov. 1838, dont le texte est rapporté *Rép.* v° *Instruction criminelle*, n° 2864, qui décide que les deux circonstances peuvent être réunies dans la même interrogation (Conf. Crim. cass. 19 juill. 1839, *Bull. crim.*, n° 237). Mais la cour suprême a jugé depuis (Crim. cass. 3 juill. 1845, aff. *Courtot*, D. P. 46. 4. 141 ; 8 oct. 1852, aff. *Vigouroux*, D. P. 52. 5. 173), que le jury doit être interrogé, par des questions distinctes, sur l'une et sur l'autre de ces deux circonstances (V. en sens contraire : Blanche, t. 4, n° 482).

50. — IV. PEINES. — Nous n'avons rien à ajouter à ce que nous avons dit au *Rép.* n° 53, sur la peine de l'assassinat. On trouvera sur cet objet des détails intéressants dans Chauveau et Hélie, t. 3, n° 1230. Toutes les législations qui ont conservé la peine de mort prononcent cette peine contre l'auteur d'un assassinat. Seul le nouveau code néerlandais se contente de punir d'un emprisonnement à perpétuité ou à temps, de vingt ans au plus, celui qui avec intention et préméditation ôte la vie à un autre (art. 289).

51. — V. ACTES DE BARBARIE. — Il est très probable que l'art. 303 c. pén., relatif aux actes de barbarie commis par des malfaiteurs, n'a plus été appliqué depuis la publication du *Répertoire* (V. *ibid.* n°⁸ 54 et 55). Le dernier arrêt rendu sur la matière, cité par Blanche, *op. cit.*, n° 521, a jugé que « l'art. 303 n'exige pas, comme l'une des conditions du crime qu'il prévoit et punit, que le coupable des tortures ou actes de barbarie fasse partie d'une association de malfaiteurs » (Crim. cass. 15 mai 1840, aff. *Sajaloli*, *Bull. crim.*, n° 133). L'art. 303, par la généralité de ses termes, s'applique donc, non seulement aux bandes de malfaiteurs, mais au malfaiteur isolé qui, pour exécuter son crime, emploie des tortures ou des actes de barbarie.

CHAP. 4. — Du parricide. — Caractères. — Peines
(Rép. n°⁸ 56 à 77).

52. — I. CARACTÈRES. — Le parricide, troisième modalité de l'homicide volontaire, n'est pas un meurtre accompagné d'une circonstance aggravante ; c'est un crime spécial et d'une nature déterminée, un crime *sui generis*. Il se constitue, à la vérité, de deux éléments qui sont : 1° le meurtre ; 2° la qualité de la victime ; mais cette qualité ne forme pas une circonstance aggravante du meurtre, elle est par elle-même un élément *constitutif* du crime de parricide. La jurisprudence a hésité sur ce point de doctrine (V. *Rép.* n° 62), mais il est maintenant consacré par une longue série d'arrêts de la cour suprême (Crim. rej. 5 avr. 1839, *Rép.* v° *Instruction criminelle*, n° 2876 ; 16 avr. 1840, *ibid.* ; 16 juill. 1842, *ibid.* ; 17 avr. 1844, *ibid.*, n° 2877 ; 2 juill. 1847, aff. *Lasnier*, D. P. 47. 4. 144 ; 10 mai 1850, aff. *Evrard*, D. P. 50. 5. 116 ; 27 déc. 1850, aff. *Huet*, D. P. 51. 5. 153 ; 11 sept. 1851, aff. *Olive*, D. P. 51. 5. 153 ; 11 mai 1866, aff. *Pernot et Protoy*, D. P. 70. 1. 381 ; 6 janv. 1870, aff. *Bellière*, *ibid.*). « Le parricide, a dit ce dernier arrêt, est un crime *spécial*, distinct de l'homicide volontaire et des circonstances qui peuvent l'aggraver, et qui emprunte ses éléments constitutifs, non aux art. 297 et 298, mais à l'art. 302 c. pén. La circonstance que la victime est le père de l'accusé est un élément principal et constitutif de ce crime, et non une circonstance aggravante. » Les commentateurs partagent cette manière de voir (Blanche, 4° *Etude*, n° 495 ; Nouguier, *La cour d'assises*, t. 4-1°, p. 297 et suiv., et 341. V. aussi Nypels, le *Code pénal belge interprété*, t. 2, sous l'art. 395, n° 8, p. 284 et suiv.). Ce dernier auteur est celui qui nous paraît avoir le mieux justifié la manière de penser dont s'agit : « Puisque, dit-il, p. 285, le mot *parricide* se trouve dans le code, il faut bien que ce mot ait une signification particulière ; si on voulait le définir, on ne le pourrait qu'en exprimant formellement dans la définition qu'un lien de parenté directe doit exister entre la victime et le meurtrier ; on dirait : « Est qualifié parricide l'homicide volontaire (le meurtre, si l'on veut) des père ou mère légitime ou naturel, etc. » Or, quand une circonstance doit nécessairement être comprise dans une définition, pour que cette définition ait un sens, cette circonstance forme, nécessairement aussi, un *élément essentiel*, c'est-à-dire, une circonstance constitutive du crime défini, et non une circonstance accessoire ou simplement aggravante. » — On trouvera plus loin, relativement à la manière de poser les

questions au jury, des applications de la règle qui vient d'être rappelée.

53. Ainsi qu'on l'a dit au *Rép.* n° 59, la préméditation ou le guet-apens qui, dans les meurtres ordinaires, servent à établir une gradation dans le crime, sont indifférents dans le parricide. Il s'ensuit que les circonstances aggravantes de préméditation et de guet-apens étant sans influence sur la peine, le président des assises peut s'abstenir d'interroger sur lesdites circonstances (Crim. rej. 6 janv. 1870, aff. *Bellière*, D. P. 70. 1. 381). Toutefois il a été jugé avec raison que, si le président n'est pas tenu de poser la question de préméditation et celle de guet-apens dans une accusation de parricide, il ne commet cependant pas en interrogeant le jury sur ces circonstances pour se conformer à l'arrêt de renvoi une irrégularité de nature à entraîner la nullité de l'arrêt (Crim. rej. 2 mars 1850, aff. *Bardet*, D. P. 50. 5. 117 ; 28 mars 1861, aff. *Denis*, D. P. 61. 5. 256. Conf. Chauveau et Hélie, t. 3, n° 1197. V. aussi Blanche, 4° *Etude*, n° 496 ; Nouguier, t. 4-1°, p. 341).

54. Le parricide exige la *volonté* de tuer. En conséquence, ainsi qu'on l'a établi au *Rép.* n° 61, le jury doit être interrogé sur la volonté (Conf. Chauveau et Hélie, t. 3, n° 1197).

— Il doit l'être aussi sur la *culpabilité*. Cette dernière condition, indispensable à toute accusation (c. instr. cr. art. 337), ne serait pas remplie si, dans une poursuite pour parricide, il était seulement demandé au jury si chacun des accusés a *volontairement* donné la mort à son père légitime, puisqu'il y a des cas (c. pén. art. 327 et 328) dans lesquels l'homicide, même volontaire, peut n'être pas criminel (Crim. cass. 29 mai 1879, aff. *Guessoum-ben-Guereïch*, D. P. 80. 1. 189, et la note). — Au reste, le mot *coupable* n'est pas sacramentel ; on peut le remplacer par des équipollents, à la condition, bien entendu, que la formule employée soumette au jury la solution de la question intentionnelle (Nouguier, t. 4, 1⁰ⁱ vol., n° 2811).

55. Le second des éléments constitutifs du parricide est la *qualité de la victime* du meurtre. On sait que l'art. 299 qualifie parricide non seulement le meurtre des père et mère légitimes, naturels ou adoptifs, mais encore celui de tout autre ascendant légitime. Quant aux alliés, il n'en est aucun dont le meurtre soit assimilé au parricide ; ces points ont été établis au *Répertoire* et ne pouvaient, d'ailleurs, faire aucun doute (*Rép.* n°⁸ 64 et 66, et les arrêts cités *ibid.*). — Il n'est pas douteux non plus que l'art. 86 c. pén., qui assimilait au parricide l'attentat contre la vie ou la personne de l'empereur (*Rép.* n° 65), soit aujourd'hui abrogé depuis l'avènement du régime républicain. Les crimes d'attentat contre la vie ou contre la personne du chef de l'Etat ont cessé d'être des crimes spéciaux. Ils ne sont punis qu'autant qu'ils rentrent, les premiers dans les art. 295 et suiv. c. pén., et les seconds dans les termes des art. 309 et suiv. du même code.

56. S'il s'agit des père et mère *naturels*, est-il nécessaire qu'il y ait eu, antérieurement au crime, une reconnaissance régulière, dans les formes ? En d'autres termes, le meurtre des père et mère naturels ne prend-il le caractère de parricide que s'il est commis par un enfant légalement reconnu ? On a dit au *Rép.* n° 68 que l'affirmative semble hors de doute, en thèse générale. La paternité n'est, en effet, certaine qu'à l'égard des enfants légalement reconnus, et la cour de cassation, en matière civile, ne considère comme légale que la reconnaissance faite dans un acte authentique lorsqu'elle n'a pas eu lieu dans l'acte de naissance (Civ. cass. 17 févr. 1851, aff. *Bonin*, D. P. 51. 1. 113 ; 16 déc. 1861, aff. *Hénault*, D. P. 62. 1. 29 ; 12 févr. 1868, aff. *Aguillon*, D. P. 68. 1. 60). Pourtant de graves auteurs estiment qu'en matière criminelle, la règle peut comporter des exceptions, et que, dans certains cas, la possession d'état pourra suffire pour établir la filiation naturelle, et par conséquent la qualité de la victime, qui forme le second élément constitutif du parricide. Ainsi Chauveau et Hélie, t. 3, n° 1204, pensent « que le fait devrait sans doute, dans certains cas, faire fléchir le droit, et l'enfant qui aura été inscrit sur les registres de l'état civil sous le nom de la femme dont il aura toujours porté le nom et avec laquelle il aura demeuré avec le titre de fils, pourra, suivant les circonstances, être considéré comme parricide ». M. Blanche, 4° *Etude*, n° 489, va plus loin, et se demande si la même règle ne doit pas être suivie lorsqu'il résulte de faits publics, constants, avoués par

le meurtrier lui-même, que la victime était le père naturel de celui-ci. « Dans cette hypothèse, dit le savant magistrat, la paternité n'est pas à rechercher, elle est prouvée. Cette preuve ne suffit-elle pas à l'art. 299, qui qualifie de parricide le meurtre des père et mère naturels, et ne restreint pas la qualification au cas où la paternité est établie suivant les formes de la loi civile ? » (V. l'intéressante dissertation de M. Blanche à ce sujet, surtout p. 560. Conf. Carnot, sur l'art. 299, n° 12, et Morin, *Répertoire du droit criminel*, v° *Parricide*, n° 8. — V. cependant *contrà* : Nypels, t. 2, sous l'art. 395, n° 5, p. 280). La question ne paraît pas s'être présentée devant les tribunaux répressifs.

57. Les enfants adultérins et incestueux peuvent-ils se rendre coupables de parricide? Il semble que non, en principe, puisqu'ils ne peuvent d'aucune manière être légalement reconnus, et c'est ce qu'on a dit au *Rép.* n° 69. Pourtant, si la filiation adultérine ou incestueuse se trouvait constatée par la force des choses, en dehors de toute reconnaissance volontaire ou de toute action judiciaire, et comme conséquence, notamment, d'un désaveu pour cause d'adultérinité, ou de l'annulation d'un mariage pour cause de bigamie ou de parenté au degré prohibé, le meurtrier pourrait être déclaré parricide. « Pour être adultérin ou incestueux, dit M. Blanche, t. 4, n° 490, l'enfant dont la filiation serait ainsi constatée n'en serait pas moins naturel, et l'art. 299 qualifie parricide le meurtre des père et mère naturels, sans aucune exception. » Ce sentiment est conforme à l'opinion exprimée au *Rép.* n° 69, mais combattu par Nypels, *loc. cit.*, p. 283.

58. Quant à la filiation adoptive, il n'y a rien à ajouter à ce qui a été dit au *Rép.* n°s 71, 72 et 73. On sait que les lois anciennes ne connaissaient pas le parricide fictif (*Rép.* n° 58 ; Chauveau et Hélie, t. 3, n° 1200), et que l'assimilation, faite par l'art. 299, de la filiation adoptive à la filiation légitime ou naturelle, est une disposition toute nouvelle. Il est permis de se demander si cette assimilation « que repousse la nature, dit Nypels, *loc. cit.*, n° 4, et qui base la peine de mort sur une simple fiction » est bien justifiée. Le nouveau code pénal belge l'a écartée, en refusant de punir comme parricide le meurtre des père et mère adoptifs.

59. S'il arrivait que l'accusé niât la filiation légitime, naturelle ou adoptive que l'accusation lui attribue, quel parti devra-t-on prendre ? Le juge criminel aurait-il compétence pour résoudre la difficulté ? ou bien devrait-il surseoir et en renvoyer le jugement aux tribunaux civils ? En d'autres termes, les questions de filiation incidentes à une accusation de parricide sont-elles *préjudicielles?* Cette question a été touchée incidemment au *Rép.* n° 71, à propos du meurtre du père adoptif. M. Blanche l'a traitée à fond dans sa 4e *Étude*, n° 494. La jurisprudence et la majorité des auteurs la résolvent dans le sens de la compétence des tribunaux criminels. Il est, en effet, de principe que tout juge qui est compétent pour statuer sur un procès dont il est saisi, l'est par là même (sauf les exceptions prévues par la loi), pour statuer sur les questions qui s'élèvent incidemment dans ce procès, quoique d'ailleurs ces questions soient hors de sa compétence lorsqu'elles sont proposées principalement. D'autre part, le jury est nécessairement seul compétent pour juger toutes les circonstances constitutives ou aggravantes de l'incrimination, et l'on sait que la qualité de la victime est une circonstance constitutive du parricide. La question incidente de filiation n'est donc pas préjudicielle ; elle appartient à la juridiction criminelle, qui la résoudra en pleine liberté, sans d'ailleurs que la solution donnée par le juge de répression, dans ses rapports avec le crime poursuivi, puisse être aucunement considérée comme ayant tranché la question au point de vue purement civil (Crim. rej. 27 nov. 1812, *Rép.* v° *Compétence criminelle*, n° 623 ; 15 janv. 1818, *Rép.* v° *Paternité et filiation*, n° 643 ; 19 sept. 1839, *Rép.* v° *Instruction criminelle*, n° 2454-6° ; C. cass. Belgique, 25 avr. 1864, aff. Verbruggen, *Pasicrisie belge*, 1864. 1. 227 ; Crim. rej. 16 janv. 1879, aff. Perrot, D. P. 79. 5. 116 ; 6 mars 1879, aff. Baloche, D. P. 79. 1. 316. Conf. Faustin Hélie, t. 2, n°s 852 et 853, t. 7, n°s 3566 et suiv.; Le Sellyer, *Traité de la compétence*, t. 2, n° 663 ; Bertauld, *Questions préjudicielles*, n°s 85 à 87; Chauveau et Hélie, t. 3, n° 1201; Merlin, *Répertoire de jurisprudence*, v° *Parricide*, n° 3 ; Mangin, *Action publique*, t. 1, n° 190 *in fine*; Bon-

nier, *Des preuves*, t. 1, n° 136 ; Haus, *Principes du droit pénal belge*, t. 2, n°s 1201 et 1202; Nypels, t. 2, p. 283, n° 7. — *Contrà:* Trébutien, *Cours de droit criminel*, t. 2, n° 277; Hoffman, *Questions préjudicielles*, t. 2, n°s 512 et suiv.).

60. La qualité de fils de la victime étant, en matière de parricide, un élément constitutif du crime, et non pas seulement une circonstance aggravante, on décide généralement, contrairement à l'opinion exprimée au *Rép.* n° 62, qu'il n'est pas nécessaire que cette qualité soit l'objet d'une question séparée au jury. Elle doit, au contraire, comme les autres éléments constitutifs, être comprise dans la question principale posée aux jurés. C'est l'application du principe posé *suprà*, n° 55 (V. les auteurs et les arrêts cités *suprà*, n° 52. *Adde:* Morin, *Répertoire*, v° *Questions au jury*, n° 29 ; Faustin Hélie, *Instruction criminelle*, t. 8, n° 3682).

61. Néanmoins, le président de la cour d'assises, lorsque la paternité de la victime a été contestée dans le débat, a la faculté de poser au jury deux questions séparées, l'une relative au fait de meurtre, et l'autre relative à la filiation du meurtrier, afin de rendre plus facile la délibération. Un tel mode de position de la question ne peut, depuis le décret du 18 oct. 1848 sur la majorité du jury, causer aucun préjudice à l'accusé puisque, sous l'empire de ce décret (comme sous l'empire de la loi, actuellement en vigueur, du 9 juin 1853), la décision du jury se forme à la même majorité tant sur la question principale que sur les circonstances aggravantes. De nombreux arrêts ont jugé que, dans ce cas, la division de la question est licite (Crim. rej. 24 mars 1853, aff. Lucta, D. P. 53. 1. 115; 6 août 1863, aff. Duvivier, D. P. 64. 5. 86; 6 janv. 1870, aff. Bellière, D. P. 70. 1. 381. Conf. Blanche, t. 4, n° 495 ; Nouguier, t. 4-1°, n° 2879, p. 297, et n° 2909, p. 342 ; Faustin Hélie, *Instruction criminelle*, t. 8, n° 3682, et *Pratique criminelle*, 2e part., n° 503).

62. Un récent arrêt a fait une application intéressante de la doctrine qui vient d'être formulée relativement à la faculté qui appartient au président de la cour d'assises de poser au jury deux questions séparées, l'une relative au fait de meurtre, l'autre relative à la filiation du meurtrier. Une chambre d'accusation, en renvoyant un accusé devant la cour d'assises sous la double accusation de tentative de parricide et d'incendie volontaire, avait refusé de faire droit aux conclusions du ministère public, lesquelles tendaient à faire relever deux circonstances aggravantes dans les termes de l'art. 304 c. pén., savoir : 1° la circonstance de concomitance entre la tentative de parricide et l'incendie; 2° la circonstance que cette même tentative avait eu pour but de préparer ou faciliter une soustraction frauduleuse commise la même jour par l'accusé au préjudice de son père. Sans dénier l'existence de ces circonstances, la cour avait refusé de les déclarer à la charge de l'accusé, par le motif qu'elles étaient sans objet, comme ne pouvant entraîner contre lui aucune aggravation pénale, et que la seconde eût, en outre, été illégale, comme contraire aux dispositions de l'art. 380 c. pén. Sur le pourvoi du procureur général, la cour de cassation a cassé l'arrêt de la chambre d'accusation par un double motif: en ce qui concerne la première circonstance (concomitance) que, se trouvant en présence d'une circonstance légale non déniée par elle, la cour n'avait point à se préoccuper de l'effet qui pourrait ressortir, relativement à cette circonstance, des déclarations ultérieures du jury, sur les chefs principaux d'accusation ; et, que, secondement, la concomitance des deux crimes dont il s'agit, loin de constituer une circonstance inutile de l'accusation, pouvait, par suite de la division toujours possible de la question principale de tentative de parricide par le président, et de la négation par le jury du rapport de filiation entre l'accusé et la victime, devenir la source d'une aggravation pénale (Crim. cass. 7 juin 1888, V. *suprà*, n° 19).

63. Au surplus, ainsi qu'on l'a fait remarquer au *Rép.* n° 63, il est certain que le parricide, s'il a été commis simultanément avec un meurtre sur d'autres personnes, doit nécessairement faire l'objet d'une question distincte. Il en est ainsi notamment, en cas d'accusation portant sur un fait unique d'empoisonnement dans lequel auraient péri, en même temps que les père et mère, des frères et sœurs du meurtrier (Crim. cass. 4 avr. 1845, aff. Lacomme, D. P. 45. 1. 245).

64. — II. PEINES. — Nous n'avons rien à ajouter à ce qui a été dit au *Rép.* n°ˢ 74 et 75 concernant l'historique de la pénalité du parricide et l'appréciation de la peine qui frappe actuellement ce crime dans notre législation (c. pén. art. 302). — En Belgique, il est puni aussi de la peine capitale (c. pén. belge de 1867, art. 395). D'autres législations sont moins sévères. C'est ainsi que le code pénal hongrois des crimes et des délits de 1878 ne punit le parricide que de la maison de force à perpétuité (art. 280); le code pénal allemand de 1871 ne le punit que de dix ans au moins de réclusion ou de la réclusion perpétuelle (art. 215).

65. Mais il nous paraît utile de revenir sur une question indiquée au n° 67, celle de savoir si le complice du parricide encourt la peine du parricide. En équité, il semble que la question devrait être résolue par la négative, puisque la cause d'aggravation de la peine encourue par l'auteur principal tient ici à une qualité qui lui est personnelle (qualité de descendant de la personne homicidée) (Chauveau et Hélie, t. 1, n° 305, et t. 3, n° 1202; Boitard, *Leçons de droit criminel*, n° 141; Legraverend, t. 1, chap. 3, p. 137; Garraud, t. 2, n° 281, p. 469 et suiv.). Mais la jurisprudence a depuis longtemps décidé le contraire, en présence des termes absolus de l'art. 59 c. pén., qui assimile, quant à la peine, les complices d'un crime à ses auteurs (V. les arrêts cités *suprà*, v° *Complicité*, n° 36). A l'appui de cette assimilation quant à la peine, Ortolan fait remarquer (*Éléments de droit pénal*, t. 1, n° 1285) que « celui qui aide un fils à tuer son père... s'associe à un plus grand délit, fait preuve de plus de perversité, et par conséquent est plus coupable lui-même que s'il s'associait à un délit analogue mais franc de cette circonstance » (Conf. Bertauld, *Cours de code pénal*, 23° leçon, p. 511; Le Sellyer, *Traité de la criminalité*, t. 2, n° 434; Rauter, n° 119, *in fine*). Et Blanche, *Études sur le code pénal*, t. 2, n° 16, ajoute : « la qualité du meurtrier est l'un des éléments constitutifs de l'incrimination; c'est elle qui transforme le meurtre en parricide. Il est donc évident que la peine du fait incriminé étant celle qui doit atteindre le fait de complicité, c'est la peine du parricide, et non celle du meurtre, qui, dans ce cas, est encourue par le complice ».

La jurisprudence a été plus loin. Elle applique la peine de mort non seulement au complice, mais au *coauteur* du parricide. « Lorsque le crime a été commis conjointement par deux délinquants, dit l'arrêt Olive, déjà cité au *Rép.* n° 67 (Crim. rej. 11 sept. 1851, D. P. 51. 3. 378), cette coopération mutuelle dans laquelle toutes deux se sont aidées et assistées dans les faits qui ont consommé le crime, s'assimile moralement et légalement à la complicité proprement dite, telle qu'elle est caractérisée par l'art. 60. » (V. *supra*, v° *Complicité*, n° 124. — Conf. Blanche, t. 2, n° 21; Chauveau et Hélie, t. 3, n°ˢ 1202 et 1203; Nouguier, t. 4, 1ᵉʳ vol., n° 2994. *Contra :* Boitard, *Leçons de droit criminel*, p. 172 et suiv.). M. Blanche fait remarquer de plus (n° 22) que « le coauteur important sa personnalité dans l'incrimination avec ce qu'elle peut avoir d'aggravant, il en résulte qu'elle constitue une circonstance aggravante, qu'elle élève le fait punissable dans l'échelle des crimes et délits, et que c'est la peine de ce fait modifié qui devient commune à tous ceux qui y ont concouru. Ainsi le meurtre se transforme en parricide, s'il a pour coauteur un descendant de la victime ». — En résumé, dans notre droit pratique, tous ceux qui ont participé au parricide soit comme auteurs, soit comme complices, sont passibles de la peine des parricides. « C'est, dit Nypels, *Code pénal belge interprété*, t. 2, p. 290, la conséquence logique, mais non équitable, de la disposition de l'art. 59 du code de 1810. »

66. Dans le cas inverse à celui du numéro précédent, quand les enfants ont agi non comme auteurs, mais comme complices, que décider? Subissent-ils l'aggravation de peine? Sont-ils punis comme parricides, alors que l'auteur principal n'encourt certainement que la peine du meurtre? MM. Chauveau et Hélie, t. 3, n° 1202, estiment que les enfants, qu'ils soient auteurs principaux ou seulement complices, devraient toujours être parricides, parce que leur qualité est indélébile, quelle que soit la part qu'ils aient prise au crime. Mais la cour de cassation a jugé le contraire (Crim. rej. 27 avr. 1815, *Rép.* v° *Complice*, n° 25-1°). Cette cour décide, du reste, invariablement, en toute matière, qu'il n'y a pas lieu de tenir compte, dans la détermination de la peine du complice, de la cause d'aggravation qui se rencontre dans la seule

personne du complice. C'est ce que l'on a exposé *suprà*, v° *Complicité*, n° 51, et telle est, comme on l'a vu *ibid.*, la doctrine enseignée par presque tous les auteurs.

67. Le complice du parricide doit-il subir la peine attachée à ce crime, bien qu'il ait ignoré que le meurtrier fût le fils de la victime? — Cette question n'est qu'un aspect particulier de la question plus générale, traitée *suprà*, v° *Complicité*, n°ˢ 32 et suiv., de savoir si les circonstances aggravantes admises à l'égard de l'auteur principal et tirées de la personne de celui-ci, peuvent être écartées à l'égard du complice par le motif qu'il les a ignorées. Ainsi que nous l'avons dit *suprà*, v° *Complicité*, n° 37, les arrêts qui font encourir au complice l'aggravation pénale produite par une qualité personnelle à l'auteur principal ne distinguent pas entre le complice qui a eu connaissance de cette qualité et celui qui ne l'a pas connue. Toutefois la question ne paraît pas s'être posée en matière de parricide, du moins dans les affaires où sont intervenus les arrêts rappelés *ibid.*, n° 36. Suivant nous, cette question est fort délicate. Sans doute, c'est une règle générale consacrée par la jurisprudence (V. *suprà*, v° *Complicité*, n° 37), que la déclaration affirmative d'une circonstance aggravante contre l'auteur principal s'étend virtuellement au complice, et est exclusive d'une déclaration négative en faveur de ce dernier. Mais, en raison, comment le complice ne bénéficierait-il pas d'une ignorance ou d'une erreur sur une cause d'aggravation aussi personnelle à l'auteur principal que la qualité de fils de celui-ci, lorsqu'il est certain que l'ignorance ou l'erreur dans laquelle se trouverait l'auteur d'un meurtre sur sa filiation avec la victime exclurait, en ce qui le concerne, le titre de parricide, parce que c'est une erreur essentielle? La justice ne commande-t-elle pas, dans les deux hypothèses, la même solution ? (V. dans ce sens : Garraud, t. 2, n° 281 ; Bertauld, 23° *Leçon*, p. 513 ; Villey, p. 175 ; Sourdat, *Traité de la responsabilité*, t. 1, n° 153. — *Contrà :* Ortolan, t. 1, n° 1305 ; Trébutien, t. 1, n° 713 ; Rauter, t. 1, n° 119).

68. Ce qui précède montre que la pénalité des participants au parricide n'est pas sans offrir des difficultés dans notre droit. Ces difficultés ne se rencontrent généralement pas dans les législations étrangères, parce que presque toutes admettent cette règle de droit très simple et rationnelle que toute circonstance personnelle, aggravante ou atténuante, reste à la charge exclusive de celui du participant, auteur ou complice, chez lequel elle se rencontre (Code pénal allemand de 1871, art. 50; Code pénal hongrois des crimes et des délits de 1878, art. 74 ; Code pénal néerlandais de 1881, art. 50; Code pénal génevois de 1874, art. 47).

69. On a rappelé au *Rép.* n° 76 que le parricide n'est jamais excusable (c. pén. art. 323). Il suit de cette disposition qu'on ne peut appliquer à ce crime aucune des excuses admises par les art. 321 et 322 pour le cas de meurtre. Mais l'art. 323 fait-il obstacle à ce que la peine soit réduite, conformément aux dispositions de l'art. 67, lorsque le parricide a été commis avec discernement par un mineur de seize ans? Nous ne le pensons pas. Nous croyons que l'art. 323, quelle que soit la généralité de ses termes, n'a eu d'autre but que de poser une exception aux articles qui le précèdent, et de déclarer que les excuses admises par les art. 321 et 322 ne sont point applicables au parricide; d'autre part, l'excuse de minorité est générale et ne peut, par sa nature même, recevoir aucune exception (Chauveau et Hélie, t. 4, n° 1443; Blanche, t. 4, n° 24; Garraud, *op. cit.*, t. 2, n° 137; Ortolan, t. 1, n° 1107).

70. L'art. 323 c. pén., ne mentionnant que le parricide, est inapplicable au cas de coups, blessures ou autres violences et voies de fait non qualifiés meurtre, exercés par un fils contre son père (Conf. Crim. rej. 10 janv. 1812, *Rép.* v° *Peine*, n° 474. — *Contrà :* Bruxelles, 16 mars 1815 et 28 sept. 1822, *ibid.*). Nous pensons aussi que l'homicide volontaire, commis sans intention de donner la mort, par un enfant sur ses parents (c. pén. art. 309, *in fine*), profiterait du bénéfice de l'excuse, s'il avait été provoqué : ce n'est pas là un parricide (Chauveau et Hélie, t. 4, n° 1442; Blanche, t. 5, n° 35; Garraud, t. 2, n° 137). En tout cas, il est certain que l'art. 323 ne s'occupe que des excuses, et non de la légitime défense, qui peut être invoquée contre le père aussi bien que contre un étranger. C'est ce que nous avons dit au *Rép.* n°ˢ 76 et 230, et ce qui est admis par tous les auteurs (Chau-

veau et Hélie, t. 3, n° 1208; Trébutien, t. 1, n° 592; Ortolan, t. 1, n° 1106; Blanche, t. 2, n° 499).

CHAP. 5. — De l'infanticide. — Caractères. — Peines
(*Rép.* n°⁵ 78 à 93).

71. Il résulte de la définition de l'art. 300 c. pén. que l'infanticide n'existe que par le concours de trois conditions. Il faut pour constituer ce crime: 1° le *meurtre d'un enfant;* 2° que *l'enfant ait vécu;* 3° que l'enfant soit *nouveau-né.*

72. — I. Meurtre. — L'infanticide étant une modalité de l'homicide volontaire, son premier élément constitutif est nécessairement l'existence d'un meurtre, c'est-à-dire d'un *homicide* accompagné de la *volonté criminelle de tuer.* On ne discute plus aujourd'hui la question traitée au *Rép.* n° 82, de savoir si l'infanticide avec l'aggravation de peine qu'il entraîne (c. pén. art. 300) n'est imputable qu'aux *père et mère* seulement de l'enfant, ou bien si tout individu, quel qu'il soit, qui a donné la mort à un enfant nouveau-né, se rend coupable de ce crime. L'opinion de Carnot et de Rauter, rappelée au *Rép. ibid.*, d'après laquelle les art. 300 et 302 ne sont applicables qu'au coupable qui tient à l'enfant par les liens de la maternité ou de la paternité, est complètement abandonnée, et il est reconnu en jurisprudence (Crim. cass. 8 févr. 1816, *Rép.* n° 82; 14 avr. 1837, *Rép.* n° 88-3°), et en doctrine (Chauveau et Hélie, *Théorie du code pénal*, t. 3, n° 1218; Blanche, t. 2, n° 509; Morin, *Répertoire*, v° *Infanticide*, n° 2), que *toute personne* peut être déclarée coupable d'infanticide.

73. Quant à la volonté de tuer (ou intention de donner la mort), on a fait remarquer au *Rép.* n° 83, qu'elle est souvent plus difficile à apprécier dans cette espèce d'homicide que dans les meurtres ordinaires (V. aussi Chauveau et Hélie, t. 3, n° 1212). Pour qu'il y ait infanticide, il faut qu'il résulte des faits constatés l'intention formelle de donner la mort, et c'est à l'accusation à prouver cette intention. Ainsi il ne suffirait pas d'une intention malveillante qui se manifesterait par un défaut de soins, par des actes imprudents et même de mauvais traitements. Si la volonté homicide n'est point établie, ces mauvais traitements pourront constituer le délit de coups volontaires ayant occasionné la mort sans intention de la donner (c. pén. art. 309); le défaut de soins ou les actes imprudents justifieront peut-être une prévention d'homicide involontaire commis par imprudence, inattention ou négligence, et réprimé par l'art. 319 du même code; il n'y aura pas crime d'infanticide. Toutefois, ainsi qu'on l'a dit au *Rép.* n° 83, le défaut de soins pourrait constituer le crime dans le sens de l'art. 300, s'il était prouvé que la mère se fût abstenue de donner ses soins avec l'intention arrêtée de faire périr ainsi son enfant. C'est ce que la médecine légale appelle l'infanticide *par omission.*

74. Si la volonté de tuer est indispensable, la préméditation n'est aucunement nécessaire. On a dit au *Rép.* n° 83 qu'elle est supposée. Il arrive souvent, en effet, que l'infanticide est prémédité, mais cela n'a pas toujours lieu. Il est possible (cela s'est vu plus d'une fois) qu'une fille-mère, égarée par le désespoir, forme et exécute dans un mouvement d'emportement la résolution criminelle de détruire l'enfant auquel elle vient de donner le jour; on a aussi des exemples d'infanticides commis par toute autre personne que la mère, et qui ont eu pour cause un accès de violente colère. Au reste, l'absence ou la présence de toute préméditation est indifférente aux yeux de la loi, qui n'en parle même pas, et la volonté actuelle suffit. — Il est permis de se demander si notre législation n'eût pas été mieux inspirée en établissant certaines distinctions à cet égard, comme, par exemple, le code néerlandais de 1881, dont l'art. 290 punit d'un emprisonnement de six ans au plus « la mère qui, sous l'impression de la crainte que son accouchement soit découvert, ôte avec intention la vie à son enfant, au moment de la naissance ou peu de temps après » ; — tandis que l'art. 291 frappe d'une peine plus forte (emprisonnement de neuf ans au plus) « la mère qui, pour exécuter une résolution prise sous l'impression de la crainte que son accouchement prochain soit découvert, ôte avec intention la vie à son enfant ».

75. La question de savoir si l'acquittement, en cour d'assises, de l'individu accusé du crime d'infanticide, met obstacle, par application de la maxime *non bis in idem* inscrite dans l'art. 360 c. instr. cr., à ce qu'il puisse être poursuivi de nouveau correctionnellement pour délit d'homicide involontaire par imprudence ou négligence, a été indiquée au *Rép.* n° 84 comme controversée. Elle ne l'est plus aujourd'hui, du moins en jurisprudence (V. *suprà*, v° *Chose jugée*, n° 323).

Une question d'homicide involontaire par imprudence ou négligence pourrait aussi, ainsi qu'on l'a dit au *Rép.* n° 85, être soumise aux jurés comme résultant des débats, car, par rapport à l'accusation d'infanticide, elle n'est qu'une modification de l'accusation, une modification du même fait (Crim. cass. 6 janv. 1837, *Bull. crim.*, n° 5; Crim. rej. 18 avr. 1857, aff. Pourquié, *Bull. crim.*, n° 161. Conf. Nouguier, t. 4-1°, n° 2776, p. 204).

De même, la femme accusée d'infanticide et acquittée de ce chef peut être ultérieurement poursuivie en police correctionnelle sous la prévention d'*exposition et de délaissement d'enfant* (V. *supra*, v° *Chose jugée*, loc. cit.).

Mais dans une accusation d'infanticide on ne pourrait poser, comme résultant des débats, la question de *suppression d'enfant* (Crim. cass. 20 août 1825, *Rép.* v° *Instruction criminelle*, n° 2505; 19 avr. 1839, *ibid.*; 17 juin 1853, aff. Cornette, D. P. 54. 1. 15.—V. cependant *contrà* : Crim. cass. 7 juill. 1837, *Rép.* v° *Instruction criminelle*, n° 2495), ni une question d'*avortement* (Crim. cass. 30 janv. 1851, aff. Belaman, D. P. 51. 5. 147), parce que les crimes de suppression d'état et d'avortement sont distincts du crime d'infanticide et ne sont pas seulement des faits modificatifs de ce crime.

76. Quant à la preuve du fait *matériel* du meurtre, il est évidemment indispensable qu'elle soit rapportée. Le code pénal a complètement répudié à cet égard les rigueurs de l'ancienne législation (rappelées au *Rép.* n°⁵ 79 et 80), qui concluait contre la mère à la preuve légale de l'infanticide, du seul *recel* de la grossesse et de l'accouchement, si l'enfant n'était pas représenté vivant ou avait disparu. — Ce recel peut constituer aujourd'hui, dans certains cas, la suppression d'enfant (V. *infrà*, n°⁵ 353 et suiv.).

77. — II. Enfant né vivant. — Le deuxième élément de l'infanticide que l'enfant soit *né vivant.* Ici s'applique la règle d'après laquelle tout homicide est subordonné à l'existence de la personne homicidée. — Par suite, ainsi qu'on l'a établi au *Rép.* n° 86, les violences exercées sur le cadavre d'un enfant *mort-né,* même avec l'intention de lui donner la mort, ne constituent pas un infanticide. Comme la mort ne pouvait pas être et n'a pas été la suite des violences, leur auteur n'est pas meurtrier. Les questions de grossesse et de vitalité de l'enfant sont de la compétence du jury, à qui il appartient de les résoudre en pleine liberté, quelles que soient, à cet égard, les constatations des hommes de l'art (*Rép.* n° 86). — Sous le code du 3 brum. an 4, quand il était soutenu par l'accusé qu'il n'y avait pas grossesse ou que l'enfant était mort-né, cette prétention devait, à peine de nullité de la condamnation, faire l'objet d'une question particulière (V. les arrêts cités *ibid.*). Aujourd'hui, ce moyen de défense serait compris dans la question principale, que le jury résoudrait affirmativement ou négativement, suivant qu'il admettrait ou repousserait ce moyen. Ainsi il a été jugé (Crim. rej. 26 janv. 1855, aff. Establie, D. P. 55. 1. 89) que l'allégation que l'enfant n'est pas né vivant constituant un simple moyen de défense et non pas une excuse, il n'est pas besoin de poser à cet égard au jury une question spéciale et distincte de celle de l'infanticide. Et cela est juste, car poser la question de savoir s'il y a eu infanticide, c'est demander par cela même si la vie a été retirée à un être qui en jouissait.

78. Faut-il, pour qu'il y ait infanticide, que l'enfant auquel la mort a été donnée soit *né viable?* Cette question, autrefois fort débattue, a été discutée au *Rép.* n° 87. L'affirmative qui avait été, comme on l'a vu, soutenue par plusieurs auteurs, est aujourd'hui complètement abandonnée. Cette doctrine se fondait sur ce que l'enfant qui n'est pas né viable, n'est par censé exister aux yeux de la loi ; on argumentait de l'art. 725 c. civ. qui déclare un tel être incapable de succéder. M. Blanche s'élève avec raison contre cette doctrine, dernier débris de la loi antique qui permettait l'homicide des enfants débiles. « Je repousse, dit l'éminent magistrat (t. 4, n° 505), les rapports que l'on veut établir entre la loi civile et la loi criminelle. La première a pu avoir d'excellentes raisons pour ne pas tenir compte, dans le règlement des intérêts de famille, de l'enfant qui doit suc-

comber prochainement; d'ailleurs, en prenant cette disposition, elle n'est pas sortie de son domaine. Quant à la seconde, au contraire, elle ne peut admettre une pareille distinction. Préoccupée d'intérêts plus sacrés, elle doit accorder une égale protection à tous les êtres humains qui jouissent, même temporairement, de la vie. Elle ne peut pas, sans méconnaître la loi naturelle, permettre à l'homme de mesurer une existence dont Dieu est le souverain dispensateur. Elle serait immorale et irréligieuse, si elle était ce que la suppose l'opinion que je combats. Mais elle ne l'est pas; l'art. 300 en fait foi: il punit indistinctement le meurtre de tout enfant nouveau-né » (Conf. Chauveau et Hélie, t. 3, n° 1213; Nypels, *Code pénal belge interprété*, t. 2, p. 237; Carrara, *Programme, part. spec.* t. 1, § 1234).

79. Puisque tout être humain, quelque frêle et chétif qu'il soit, a droit à la protection de la loi pénale pendant les heures ou les instants de vie qui lui sont donnés, il suffit que l'enfant ait existé pour que cette existence n'ait pu lui être ravie sans crime, et il n'est pas nécessaire qu'il ait vécu de la vie *extra-utérine*, c'est-à-dire que la respiration se soit effectuée. Sans doute, la pratique, le premier soin des magistrats instructeurs et des hommes de l'art est de vérifier si l'enfant a respiré; mais le fait de cette respiration n'est qu'un moyen de prouver l'existence; un mouvement, un vagissement attesteraient la vie. — Il en faut conclure que le meurtre de l'enfant naissant, commis in ipso partu, encore au sein de sa mère, est un infanticide (Blanche, t. 4, n° 505; Chauveau et Hélie, t. 3, n° 1213. Comp. les arrêts de Gand, du 1er févr. 1882, cité *infrà*, n° 249, et de Douai du 16 mai 1882, cité *infrà*, n° 250, rendus en matière d'homicide involontaire). La loi protège d'ailleurs l'enfant, quelle que soit l'origine de sa naissance. Aussi a-t-il été décidé que l'accusée ne peut être admise à proposer comme excuse qu'elle aurait été victime d'un viol au moment de la conception (Crim. rej. 30 août 1855, aff. Hortense Leroy, D. P. 55. 1. 428). En rejetant une demande tendant à la position d'une pareille question au jury, la cour d'assises ne viole ni l'art. 321 c. pén., ni l'art. 339 c. instr. cr.

80. — III. ENFANT NOUVEAU-NÉ. — La troisième condition du crime d'infanticide est que l'enfant soit *nouveau-né*. On a déjà fait remarquer au *Rép.* n° 88 que la loi, en employant cette expression, ne l'a point définie, mais la jurisprudence a donné jusqu'à un certain point cette définition. D'après elle, il y a infanticide tant que la vie de l'enfant n'est pas entourée des *garanties communes* et que le crime peut effacer jusqu'aux *traces de sa naissance* (Crim. cass. 24 déc. 1835, et 14 avr. 1837, *Rép.* n° 88). Au contraire, il n'y a plus d'infanticide, il y a meurtre, dès que la naissance est constatée, certaine, notoire. — La conséquence est qu'il ne saurait y avoir crime d'infanticide qu'à l'égard de l'enfant *non encore inscrit* sur les registres de l'état civil. Si la naissance a été déclarée, cette déclaration marque le passage de l'enfant dans la vie, place son existence sous la sauvegarde du droit commun, et met fin à la protection exceptionnelle édictée en sa faveur par l'art. 300.

Jugé en ce sens qu'il n'y a pas infanticide, mais crime de droit commun dans le meurtre d'un enfant inscrit sur les registres de l'état civil (C. cass. Liège, 20 juin 1822, *Rép.* n° 88-1°; Angers, 22 juill. 1847, aff. Moreau, D. P. 47. 4. 297). — Toutefois la cour de cassation a, le 13 mars 1856 (aff. Olivier, D. P. 56. 1. 224), rejeté le pourvoi d'un condamné à mort pour infanticide dans une affaire où l'enfant, victime du meurtre, né le 1er janvier, avait reçu la mort le 3 du même mois, après que sa naissance avait été inscrite sur les registres de l'état civil. La cour a jugé que l'appréciation du jury à cet égard était souveraine, et que la réponse affirma-

tive sur la question de savoir si l'accusé était coupable d'avoir volontairement donné la mort à son enfant nouveau-né rendait irréfragable la décision relative à la culpabilité.

Ce n'est pas à dire pourtant que l'absence d'inscription suffise pour que le meurtre tombe sous le coup de l'art. 300, quel que soit le moment où le meurtre a été commis. Puisque l'infanticide est le meurtre d'un enfant *nouveau-né*, ce crime n'existe que s'il est commis au moment où l'enfant vient de naître, ou dans un intervalle de temps très rapproché de sa naissance (*immédiatement après*, dit le code belge de 1867, art. 396; *peu de temps après*, disent le code néerlandais de 1881, art. 291, le code hongrois de 1878, art. 284, et le code allemand de 1871, art. 217.

81. Peut-on fixer un délai, un terme précis à l'expiration duquel le meurtre de l'enfant non inscrit ne sera plus infanticide? MM. Chauveau et Hélie, t. 3, n° 1214, indiquent le terme de trois jours, parce que, disent-ils « lorsque les délais requis par la loi pour la constatation de la naissance sont expirés, la naissance est alors censée connue, et la protection de la loi qui environne tous les membres de la cité veille sur l'enfant ». — Il est difficile de poser, dans le silence de la loi, une règle uniforme. On a vu au *Rép.* n° 89 que, lors de la révision du code pénal en 1832, la Chambre des députés a rejeté une proposition dans laquelle on demandait précisément qu'on ajoutât à l'art. 300, pour en fixer le sens, ces mots : « dans les trois jours qui suivront la naissance ». Cette proposition ne fut pas adoptée; aussi croyons-nous que la question de savoir quand un enfant est *nouveau-né* est, dans le système de notre législation, une question de droit, mais un point de fait, à abandonner à l'appréciation du jury. — M. Blanche, t. 4, n° 506, pense que « le délai variera selon que l'enfant aura pris, plus ou moins vite, place dans la famille et dans la société », et il estime que, « le fait qu'il importe d'étudier pour savoir si un enfant était encore nouveau-né au moment du crime dont il a été l'objet, c'est moins le temps qui s'est écoulé entre sa naissance et son décès, que la notoriété qui s'est faite ou le secret qui s'est conservé sur la naissance ».

82. Puisque c'est au jury d'apprécier souverainement si l'enfant était nouveau-né, il est clair, ainsi qu'on l'a déjà fait remarquer au *Rép.* n° 90, et comme l'avait décidé un arrêt cité *ibid.*, que la question posée au jury doit, à peine de nullité de la condamnation intervenue, énoncer expressément que le meurtre a été commis sur la personne d'un nouveau-né (Crim. rej. 13 mars 1845, aff. Jarreau, D. P. 45. 4. 125). — Jugé, par application du même principe, que la déclaration du jury que l'accusé est coupable d'avoir volontairement donné la mort à son enfant nouveau-né contient tous les éléments du crime prévu par l'art. 300 ; et cette déclaration étant irréfragable, il n'est pas permis à la cour de cassation d'examiner, en entrant dans les faits du procès, si l'enfant homicidé n'avait pas perdu sa qualité d'enfant nouveau-né par son inscription au registre de l'état civil ou par le délai écoulé depuis sa naissance (Crim. rej. 13 mars 1856, aff. Olivier, D. P. 56. 1. 224. Conf. Blanche, t. 4, n° 506). — Toutefois, « s'il est convenable et s'il est toujours mieux que le président des assises, en interrogeant le jury sur un crime d'infanticide, reproduise la définition légale de l'art. 300 c. pén., cette définition ne saurait être considérée comme absolument sacramentelle et exclusive de toute autre spécification réunissant les éléments essentiels et constitutifs du crime d'infanticide. » Il s'ensuit qu'il n'y a pas nullité parce que, dans une accusation de cette nature, « le président a demandé s'il y avait meurtre d'un enfant dont l'accusée était *nouvellement accouchée* » (Crim. rej. 11 mars 1870) (1).

(1) (Duchemin et femme Duchemin.) — LA COUR; — Sur le premier moyen du pourvoi, tiré d'une prétendue violation des art. 295, 300, 302 c. pén., et 1er de la loi du 13 mai 1836, en ce que le jury n'aurait pas été interrogé par des questions distinctes et séparées sur le fait principal d'homicide volontaire et sur la circonstance aggravante d'enfant nouveau-né qui appartenait aux victimes, d'où résulterait que les questions et les réponses y afférentes seraient entachées du vice de complexité; — Attendu que l'infanticide est un crime *sui generis* spécial et distinct de l'homicide volontaire; que la qualité d'enfant nouveau-né est constitutive de ce crime et non une circonstance aggravante; — Attendu qu'en interrogeant le jury, le président des assises peut sans doute, suivant le cas, décomposer les principaux élé-

ments du crime d'infanticide par une division de questions dont l'objet peut être de rendre plus faciles les appréciations et les réponses du jury; que, toutefois, cette division ne saurait faire une exception que la loi ne prohibe pas ou autorise, mais qu'il ne saurait résulter aucune nullité de ce qu'elle n'a pas été faite; — Sur le second moyen, pris de ce que, le jury ayant déclaré que les accusés étaient coupables comme auteur ou complice de meurtres sur la personne d'enfants, dont la fille Duchemin était nouvellement accouchée, cette spécification n'équivalait pas à celle de l'art. 300 c. pén. qui punit le meurtre d'un enfant nouveau-né, ne permettait pas d'appliquer la peine de l'infanticide: — Attendu qu'en demandant au jury si les accusés étaient coupables de meurtres sur la personne d'enfants dont la

83. La question, posée au *Rép.* n° 92, de savoir si le meurtre commis pendant l'accouchement même, *in ipso partu*, est un infanticide, ne fait plus difficulté. L'affirmative est admise par toute la doctrine (Chauveau et Hélie, t. 4, n° 1210; Blanche, 4e *Etude*, n° 505; Faustin Hélie, *Pratique criminelle*, t. 2, n° 507 *in fine*). « S'il n'y a pas d'infanticide, dans ce cas, dit justement Nypels, *Code pénal belge interprété*, t. 2, p. 296, note, il ne peut y avoir qu'avortement, à moins qu'on ne prétende que le fait n'est pas punissable. On ne peut pas, ce semble, soutenir sérieusement qu'il y ait avortement, et l'impunité du fait est tout à fait inadmissible. »

84. De ce que la qualité d'enfant nouveau-né est, comme nous l'avons dit *supra*, n° 80, une circonstance *constitutive*, et non pas seulement une circonstance *aggravante* du crime, il suit que cette qualité peut être enfermée dans la question principale posée au jury (Crim. rej. 21 août 1840, *Rép.* n° 94; 11 mars 1870, *supra*, n° 82; Sol. impl., Crim. rej. 13 mars 1856, aff. Olivier, D. P. 56. 1. 221). Mais cette qualité pourrait aussi être détachée de la question principale, puisque le fait principal a le caractère d'un crime (Même arrêt du 11 mars 1870), et cette division est préférable lorsqu'il y a contestation sur ladite qualité. On voit qu'il en est de l'infanticide comme du parricide relativement à la manière d'interroger le jury sur la qualité de la victime (V. *supra*, nos 59 et 60. Conf. Chauveau et Hélie, t. 3, n° 1217; Blanche, t. 4, n° 510; Duverger, *Manuel des juges d'instruction*, t. 3, p. 443, n° 686). Enfin il a été décidé avec raison que l'infanticide commis sur deux enfants jumeaux exige deux questions, parce qu'il en résulte deux crimes distincts. Ces deux faits principaux seraient illégalement réunis dans une question unique soumise au jury (Crim. cass. 18 juill. 1856)(1).

85. — II. PEINES. — L'infanticide, qu'il soit prémédité ou non, qu'il soit commis par la mère sur son enfant illégitime ou par toute autre personne, n'a pas cessé d'être frappé, dans notre législation (c. pén. art. 302) de la même peine que l'assassinat, c'est-à-dire de la peine de mort. Une déclaration de circonstances atténuantes peut, il est vrai, ainsi qu'on l'a rappelé au *Rép.* n° 93, autoriser la cour d'assises à substituer à la peine capitale celle des travaux forcés à perpétuité ou même celle des travaux forcés à temps. Nous ajouterons que, d'après la statistique, les circonstances atténuantes sont toujours admises par le jury (dans une proportion de 99,8 sur 100), et que les magistrats, s'associant à l'indulgence des jurés, abaissent 98 fois sur 100 la peine de deux degrés (*Rapport sur l'administration de la justice criminelle en France de 1826 à 1880, présenté en 1882 au président de la République par le garde des sceaux*, p. XL et XLVI).

En Angleterre, où l'infanticide est toujours passible de la peine de mort, cette peine, en fait, n'a plus été exécutée depuis de longues années (V. à cet égard la citation de James Fitzjames Stephen, *Coup d'œil général sur les lois criminelles d'Angleterre*, dans Nypels, t. 2, p. 294, note 1). — En Belgique, avant le code de 1867, qui a abaissé la pénalité, la proportion des femmes acquittées était de plus de la moitié des accusées. Aussi est-ce avec raison, croyons-nous, que la plupart des codes nouveaux ont adouci la peine de l'infanticide, du moins lorsqu'il est commis par la mère sur son enfant illégitime. Celle-ci est punie par le code belge de 1867 (art. 396) des travaux forcés de dix à quinze ans (quinze à vingt ans en cas de préméditation), par le code allemand de 1871 (art. 217) d'une simple réclusion de trois ans pou-

vant être réduite à deux ans s'il existe des circonstances atténuantes, par le code espagnol de 1848, révisé en 1850, puis en 1870 (art. 336), de la prison *mineure*, par le code suédois de 1866 (ch. 14, § 22) de quatre à dix ans de travaux forcés. D'après le projet anglais de sir Stephen (art. 138) « la femme qui donne la mort à son enfant pendant l'accouchement ou immédiatement après, ne sera plus coupable de *murder* (meurtre), mais seulement de *manslaughter* (homicide involontaire) si, au moment du crime, ses douleurs physiques ou mentales lui ont ôté une partie de son libre arbitre ». — Aux termes de l'art. 290 du code néerlandais de 1881, « la mère qui, sous l'impulsion de la crainte que son accouchement soit découvert, ôte avec intention la vie à son enfant, au moment de la naissance ou peu de temps après, est punie d'un emprisonnement de six ans au plus ». Mais l'art. 291 du même code frappe d'une peine plus forte (emprisonnement de neuf ans au plus) « la mère qui, pour exécuter une résolution prise sous l'impression de la crainte que son accouchement soit découvert, ôte avec intention la vie à son enfant ». — A l'égard des coupables autres que la mère illégitime, l'infanticide est, d'après le code belge (art. 396), et d'après le code néerlandais (art. 292), puni, suivant les circonstances (c'est-à-dire suivant qu'il y a ou non préméditation), comme assassinat ou comme meurtre (V. sur cette matière et sur la peine de l'infanticide : Chauveau et Hélie, t. 3, n° 1210; Nypels, t. 2, p. 292 et 293, et les notes).

CHAP. 6. — De l'empoisonnement (*Rép.* nos 94 à 109).

86. La matière de l'empoisonnement n'a donné lieu qu'à un petit nombre de décisions de jurisprudence depuis la publication du *Répertoire*. Tout entière contenue dans l'art. 301 c. pén. auquel il faut ajouter, pour la pénalité, l'art. 302, la législation ne s'est pas modifiée.

87. L'empoisonnement est-il un *assassinat* ? L'affirmative, enseignée par MM. Chauveau et Hélie, t. 3, n° 1282, a été admise au *Rép.* n° 94. M. Blanche, t. 4, n° 512, conteste cette doctrine en faisant remarquer qu'il y a entre les deux crimes cette différence essentielle que, dans l'assassinat, la préméditation est constitutive du fait légal, tandis que dans l'empoisonnement elle n'a aucune valeur juridique. « Sans doute, dit cet auteur, on la rencontre dans la plupart des empoisonnements, mais elle n'est pas une condition indispensable. L'incrimination ne change pas pour n'avoir pas été préméditée, pour n'être que le résultat d'une volonté instantanée et irréfléchie. » Blanche conclut de là, avec raison, croyons-nous, que l'empoisonnement est, comme le parricide et l'infanticide, un crime spécial, *sui generis*. — En tout cas, il est certain que la question de préméditation ne doit pas, ne peut pas être posée en cas d'empoisonnement; les deux circonstances de volonté et de préméditation sont inséparables par la nature du fait (V. *infra*, n° 88).

Quoi qu'il en soit, il est certain que l'empoisonnement entraîne toujours la peine de mort, sauf, bien entendu, le cas où des circonstances atténuantes viendraient à être admises. Toutes les législations ont jugé et jugent encore ce crime digne de la peine capitale. Seul le code néerlandais de 1881, qui ne fait pas de l'empoisonnement un crime spécial et qui passe même cette incrimination sous silence, frappe, par le fait, l'empoisonneur comme assassin ou comme meurtrier, suivant les cas, d'un emprisonnement à perpétuité ou à temps de vingt ans au plus (art. 287 et 289). Deux conditions sont exigées pour l'existence du crime d'empoisonnement : 1° qu'il y ait un attentat à la vie d'au-

---

fille Duchemin était nouvellement accouchée, le président des assises a posé les questions conformément à l'arrêt de renvoi dont il a reproduit les termes; — Attendu qu'il eût été convenable et qu'il serait toujours mieux que le président des assises, en interrogeant le jury sur un crime d'infanticide, reproduisit la définition légale de l'art. 300 c. pén; — Attendu que cette définition ne saurait être considérée comme absolument sacramentelle et exclusive de toute autre spécification réunissant les éléments essentiels et constitutifs du crime d'infanticide; — Attendu que, dans les circonstances de la cause, le texte des questions répondues affirmativement impliquant suffisamment l'existence du crime prévu par l'art. 300 c. pén; — D'où il suit que la peine d'infanticide a été légalement appliquée aux faits déclarés constants par le jury; — Rejette.

Du 11 mars 1870.-Ch. crim.-MM. de Gaujal, rap.-Bédarrides, av. gén.

(1) (Mayeras.) — LA COUR; ... — Attendu que, d'après l'art. 300 c. pén., un infanticide est le meurtre d'un enfant nouveau-né; — Que, dès lors, le meurtre de deux enfants nouveau-nés constitue nécessairement deux infanticides; d'où il suit que deux faits principaux ont été compris dans la question unique soumise au jury; que, conséquemment, cette question est entachée du vice de complexité; d'où résulte une violation formelle de l'art. 345 c. instr. cr. et des art. 1er, 2 et 3 de la loi du 13 mai 1836; — Casse.

Du 18 juill. 1856.-Ch. crim.-MM. Caussin de Perceval, rap.-d'Ubexi, av. gén.

trui ; 2° que l'attentat ait eu lieu au moyen d'une substance capable de donner la mort.

88. — I. ATTENTAT A LA VIE. — L'attentat à la vie par le poison suppose : la volonté de donner la mort, et l'exécution, consommée ou seulement tentée, de ce dessein. — La *volonté* de tuer, ainsi qu'on l'a rappelé au *Rép.* n° 97, est nécessaire dans l'empoisonnement comme dans le meurtre, le parricide et l'infanticide. Par conséquent, si le poison n'a été administré que par inattention, maladresse, erreur, le fait pourra présenter les caractères de l'homicide par imprudence, mais il ne sera pas qualifié empoisonnement (Blanche, t. 4, n° 343 ; Chauveau et Hélie, t. 3, n° 1284). — Du reste, en matière d'empoisonnement, la nature du crime implique nécessairement la volonté de son auteur (Chauveau et Hélie, t. 3, n° 1285; Morin, *Répertoire*, v° *Empoisonnement*, n°ˢ 1, 7, 9). — Comment, en effet, pourrait-on attenter à la vie sans volonté? Cette volonté n'a donc pas besoin d'être énoncée dans la question posée au jury. Mais de ce qu'elle y a été surabondamment mentionnée, alors qu'elle ne l'est pas dans l'arrêt de renvoi, il ne saurait en résulter nullité (Crim. rej. 20 mars 1862, aff. Gresse, D. P. 62. 5. 93. Conf. Nouguier, *Cour d'assises*, t. 4, 2° vol., n° 2710). Mais la volonté de tuer ne doit pas être confondue avec la préméditation. Celle-ci, nous l'avons dit *suprà*, n° 86, se rencontre le plus souvent dans l'empoisonnement, mais elle n'est pas de l'essence de cet acte criminel. L'accusation n'a donc jamais à la prouver en cette matière.

89. Il faut, pour constituer le crime d'empoisonnement, que la volonté criminelle se manifeste, comme dans toute autre incrimination, par des actes extérieurs, par des actes d'exécution. Mais il est remarquable que ce crime n'est pas subordonné à la condition d'un fait d'homicide consommé, et qu'il existe alors même que le poison ne produit pas ses effets. C'est ce que, en termes formels, l'art. 301, lorsqu'il appelle l'empoisonnement un attentat à la vie commis à l'aide de certains moyens, *quelles qu'en aient été les suites.*

90. On a vu au *Rép.* n°ˢ 100, 101 et 102, qu'il existe des difficultés particulières sur le point de savoir dans quels cas il y a soit préparation, soit tentative légale, soit consommation de l'attentat dont s'occupe l'art. 301. M. Blanche a parfaitement traité cette matière dans ses *Etudes sur le code pénal*, 2° *Etude*, n°ˢ 514, 515 et 516, et 1° *Etude*, n° 8. Nous résumerons sa doctrine et celle de MM. Chauveau et Hélie,

t. 3, n°ˢ 1286 à 1289, en disant : que si le poison a été administré, quelles que soient les suites de l'attentat, le crime est exécuté, consommé, irrévocablement commis ; l'empoisonneur lui-même ne l'effacerait pas en donnant à sa victime l'antidote qui lui conserve la vie ; que si le poison n'a pas été administré, il y aura, suivant les faits qui auront servi de manifestation criminelle, ou un acte profondément immoral que la justice humaine n'atteint pas, ou une tentative d'empoisonnement punissable.

91. Tout d'abord il est hors de doute que le fait de concerter l'empoisonnement d'une personne, l'apprêt du poison et la remise de ce poison à l'individu chargé de l'administrer ne sont que des actes préparatoires non punissables, car ils précèdent l'exécution et ne la commencent pas (C. d'ass. Seine, 11 mai 1811, *Rép.* n° 100 ; Amiens, 2 avr. 1840, *Rép.* v° *Tentative*, n° 65. Conf. Rossi, *Traité de droit pénal*, t. 2, p. 301). — Que faut-il donc pour qu'il y ait tentative punissable? Le premier acte d'exécution, c'est le mélange du poison dans un aliment ou le breuvage. « Le poison est versé, dit Rossi, *loc. cit.*, on va le présenter à la victime ; nous n'hésitons pas à affirmer qu'il y a tentative, et qu'elle dure tant que le coupable est encore en état d'empêcher la consommation du crime, ou qu'un événement quelconque peut la suspendre. » Mais pour que le mélange du poison aux aliments ou au breuvage soit plus qu'un acte préparatoire, pour qu'il constitue la tentative, il faut que ces aliments soient présentés ou tout au moins laissés à la disposition de la personne dont on veut la mort ; jeter du poison dans des aliments, c'est le cas de l'individu qui charge une arme pour tuer son ennemi ; tant qu'il est encore au pouvoir du coupable de commencer ou de ne pas commencer l'attentat, il n'y a qu'un acte préparatoire (Bertauld, *Cours de code pénal*, 10° *leçon*, p. 210, qui renvoie à un article de M. Calmètes, inséré dans la *Gazette des tribunaux*, numéros des 24 et 25 oct. 1831). — Au surplus la loi a laissé aux magistrats et au jury, chargés de prononcer sur la prévention ou l'accusation, l'appréciation des faits et circonstances nécessaires pour constituer la tentative (Crim. rej. 17 déc. 1874 (1) ; 2 juill. 1886) (2). La cour de cassation se montre fort large, lorsqu'à cet égard elle déclare, dans l'arrêt précité du 17 déc. 1874, « que le commencement d'exécution peut résulter notamment de ce que le poison aurait été jeté dans les aliments qui devaient servir à la personne qu'on voulait empoisonner » ; ce qui est incontestable si les aliments ont

---

(1) (Busnel.) — LA COUR ; — Sur l'unique moyen, tiré d'une fausse application des art. 2 et 301 c. pén., et, par suite, d'une violation desdits articles : — Attendu qu'il a été demandé au jury si « l'accusé Busnel était coupable d'avoir tenté d'empoisonner Marie Renault, par l'effet de substances pouvant donner la mort, tentative qui, manifestée par un commencement d'exécution, n'a été suspendue ou n'a manqué son effet que par des circonstances indépendantes de la volonté de son auteur ; » — Attendu qu'en posant en ces termes la question, conformément à l'acte d'accusation, le président a suffisamment caractérisé le crime ; qu'il eût été plus régulier, il est vrai, de rappeler les termes de l'art. 301 c. pén., et de demander si l'accusé était coupable d'avoir tenté de commettre un attentat à la vie de Marie Renault, par l'effet de substances pouvant donner la mort ; Mais attendu que mot *empoisonner* emporte virtuellement et nécessairement l'idée d'un attentat à la vie ; que la question, telle qu'elle a été posée, satisfait, dès lors, entièrement aux prescriptions de l'art. 347 c. instr. cr. ; — Attendu qu'il n'est pas exact de prétendre que la tentative d'empoisonnement ne peut constituer qu'un fait préparatoire, quand elle ne constitue pas le crime lui-même ; — Attendu, en effet, que l'art. 2 c. pén. est applicable à toutes les tentatives de crimes ; qu'il ne cesse de l'être qu'aux crimes pour lesquels il est ainsi ordonné par une disposition formelle ou tout au moins virtuelle de la loi ; Attendu que si, dans le cas où le poison a été employé ou administré, le crime d'empoisonnement est consommé, quelles qu'en aient été les suites, il n'en résulte pas nécessairement que la tentative de ce crime ne puisse se manifester par un commencement d'exécution, indépendant de l'emploi ou de l'administration du poison ; que ce commencement d'exécution peut résulter notamment de ce que le poison aurait été jeté dans les aliments qui devaient servir à la personne qu'on voulait empoisonner ; que c'est au jury qu'il appartient de reconnaître le commencement d'exécution, et que lorsqu'il a déclaré, comme dans l'espèce, qu'il y a tentative manifestée par un commencement d'exécution et n'ayant été suspendue ou n'ayant manqué son effet que par des circonstances indépendantes de la volonté de son auteur,

sa décision est définitive et irrévocable, nul n'a qualité pour la critiquer, elle n'est susceptible d'aucun recours ; — D'où il suit que, loin d'avoir violé les art. 2 et 301 précités, l'arrêt attaqué en a fait une juste et saine application ; — Rejette.
Du 17 déc. 1874.-Ch. crim.-MM. Salneuve, rap.-Thiriot, av. gén.

(2) (Michelle Garivier, dite Annette.) — LA COUR ; — Sur le moyen tiré de la violation des art. 2 et 301 c. pén. : — Attendu qu'il est constaté par l'arrêt attaqué, qu'après avoir fait infuser des allumettes phosphoriques dans de l'eau chaude et avoir mélangé ce poison à une tisane préparée longtemps, la demanderesse a remis à sa belle-sœur, chargée de la garde de sa fille, âgée de quinze mois, le flacon contenant le breuvage empoisonné, en le lui présentant comme contenant un médicament utile à la santé de l'enfant, et lui recommandant d'administrer tous les matins une cuillerée de ce médicament et de le donner par ; que la femme Garivier et son mari, frappés de l'odeur aliacée qui se dégageait du flacon, firent examiner le liquide qu'il contenait par un pharmacien et qu'il fut reconnu que ce liquide était mélangé de phosphore ; — Attendu, en droit, qu'en énumérant les caractères de la tentative du crime pour être assimilable au crime, la loi n'a pas déterminé en même temps les faits et les circonstances nécessaires pour constituer cette tentative ; qu'elle en a laissé l'appréciation aux magistrats chargés de prononcer sur la prévention ou l'accusation ; — D'où il suit que la cour d'appel de Lyon, en considérant la remise du flacon contenant le breuvage empoisonné à un tiers chargé de l'administrer comme un commencement d'exécution, en décidant, dans ces circonstances, que la demanderesse avait volontairement tenté de commettre un attentat à la vie de Jeanne Garivier, sa fille, à l'aide de substances pouvant donner la mort, et que cette tentative n'ayant manqué son effet ou n'ayant été suspendue que par des circonstances indépendantes de la volonté de son auteur, constitue un crime, loin d'avoir violé les art. 2 et 301 c. pén., en a fait, au contraire, une saine application ; — Rejette.
Du 2 juill. 1886.-Ch. crim.-MM. Vételay, rap.-Loubers, av. gén.

été mis ou laissés à la disposition de cette personne, mais ce qui serait douteux, suivant nous, tant que le poison n'a pas été mis à la disposition de la victime désignée. Elle a été plus loin encore, en rejetant le pourvoi formé contre un arrêt de la chambre des mises en accusation qui avait considéré la remise d'un flacon contenant un breuvage empoisonné à un tiers chargé de l'administrer comme un commencement d'exécution (Arrêt précité du 2 juill. 1886). — En tous cas il y a tentative punissable lorsque le poison est laissé à la disposition de la victime, quand même celle-ci ne devrait pas *nécessairement* l'absorber, par exemple, dans le cas où les substances vénéneuses ont été jetées dans une fontaine où le coupable *présume* que la personne qu'il veut empoisonner viendra lui-même (Crim. rej. 7 juill. 1814, cité par Carnot, *Commentaire du code pénal*, sur l'art. 301 ; Morin, *Répertoire*, v° *Empoisonnement*, n° 8).

92. En présence des termes de l'art. 301 c. pén., qui qualifie empoisonnement « tout attentat à la vie d'une personne par l'effet de substances qui peuvent donner la mort, *plus ou moins promptement, de quelque manière que ces substances aient été employées ou administrées et quelles qu'en aient été les suites* », on a agité la question de savoir si la tentative d'empoisonnement ne se confond pas avec le crime lui-même. La cour de cassation a consacré la négative (Crim. rej. 31 mai 1866 (1) ; Arrêt du 17 déc. 1874, rapporté *suprà*, n° 91). Suivant nous, il y a attentat à la vie ou empoisonnement quand les substances vénéneuses ont été *absorbées* par la victime, *quelles qu'en aient été les suites* (art. 301); « il y a simple tentative dans le cas où tout a été préparé, disposé pour atteindre le but que se proposait l'empoisonneur, sans que la victime se *soit ingéré* la substance toxique ou empoisonnée, de nature à donner la mort, qui lui a été destinée ou même présentée, mais dont elle n'a été préservée ou s'est abstenue, soit par hasard, par précaution, par défiance, soit à la suite d'indications ou d'avertissements » (Duverger, *Manuel des juges d'instruction*, t. 3, p. 308, note 4). Au reste, jusqu'à ce que le poison soit pris, l'agent qui l'a mis à la portée de celui qu'il veut empoisonner peut se désister et effacer le crime en détruisant l'instrument ; c'est l'application de la règle générale de l'art. 2 c. pén., suivant laquelle la tentative n'est punissable que lorsqu'elle a été suspendue ou n'a manqué son effet que par des circonstances indépendantes de la volonté de son auteur.

93. — II. ADMINISTRATION DE SUBSTANCES CAPABLES DE DONNER LA MORT. — Quelles sont ces substances ? Le législateur ne les a ni définies, ni énumérées ; il ne le pouvait pas. Il n'est donc aucunement nécessaire, ainsi qu'on l'a dit au *Rép.* n° 103, que ces substances appartiennent à la nomenclature des poisons ou substances vénéneuses établies par divers ordonnances ou décrets, au seul point de vue du commerce des poisons. Mais comme il s'agit ici du crime spécial de meurtre appelé *empoisonnement*, il faut, ce nous semble, pour mériter ce nom, que le meurtre ait été commis, ou tenté, au moyen d'une substance que les hommes de l'art rangent dans la catégorie des *poisons* proprement dits. « On désigne sous le nom de poison, dit Devergie, *Traité de médecine légale*, t. 1, p. 444, toute substance qui, prise à l'intérieur ou appliquée à l'extérieur du corps de l'homme, mais à petite dose, est capable d'altérer la santé ou de détruire la vie sans agir mécaniquement. »

Il suit de là que le meurtre commis au moyen d'une substance qui n'est pas considérée comme *poison*, qui n'aurait pas par elle-même, à un certain degré, une propriété vénéneuse, ne constituerait pas le crime d'empoisonnement. La cour de cassation a jugé le contraire, il est vrai, le 18 juin 1835 (*Rép.* n° 107): « Attendu que la loi répute empoisonnement tout attentat à la vie d'une personne, non pas seulement par l'effet de substances vénéneuses proprement dites, mais par l'effet de substances qui peuvent donner la mort ». Mais, plus récemment, deux cours d'appel ont décidé que si la substance pouvant donner la mort n'est pas vénéneuse, il peut y avoir tentative de meurtre, mais non tentative d'empoisonnement. Une femme, s'aidant de la passion alcoolique de son mari, lui fait boire, à dessein de le tuer, une quantité d'eau-de-vie assez considérable pour lui donner la mort. Ce fait, a dit la cour de Poitiers dans son arrêt du 14 janv. 1850 (aff. Moreau, D. P. 53. 2. 192), constitue le crime de meurtre et non celui d'empoisonnement ; car c'est bien plutôt l'*emploi excessif* de la substance ou de la liqueur qui a produit la mort, que la *substance elle-même*. De même, un individu avait volontairement mêlé au pain destiné à l'alimentation d'une famille une certaine quantité de verre plus ou moins grossièrement pilé, avec l'intention d'attenter à la vie des membres de cette famille. La chambre d'accusation de la cour de Riom a vu une tentative de meurtre dans ces faits que la chambre du conseil avait qualifiés de tentative d'empoisonnement, « attendu que la qualification d'*empoisonnement* est réservée à l'attentat à la vie commis par l'effet d'une substance *toxique* de nature à ôter la vie par ses *combinaisons chimiques* (Riom, ch. d'acc., 25 avr. 1855) (2). Conf. Blanche, t. 1, n° 8, p. 13, et t. 4, n° 517 ; Morin, *Répertoire de droit criminel*, v° *Empoisonnement*, n° 5.

94. Du principe que la substance vénéneuse doit avoir, par elle-même, la puissance de donner la mort, découlent plusieurs circonstances signalées au *Rép.* n°s 103 à 105 : en premier lieu, si la substance est inoffensive, quelle que soit l'intention de celui qui l'administre, il n'y a, ainsi qu'on l'a dit au *Rép.* n° 103, ni empoisonnement, ni tentative d'empoisonnement. « Cette disposition n'est que l'application d'une règle générale en matière d'incrimination. Il ne suffit pas,

---

(1) (Femme Leroux.) — LA COUR ; — Attendu que l'art. 301 c. pén. définit *empoisonnement* tout attentat à la vie d'une personne par l'effet de substances qui peuvent donner la mort ; — Attendu qu'aux termes de l'art. 2 du même code, toute tentative de crime, qui aura été manifestée par un commencement d'exécution, si elle n'a été suspendue ou si elle n'a manqué son effet que par des circonstances indépendantes de la volonté de son auteur, est considérée comme le crime même ; — Attendu qu'aucune disposition de loi ne fait exception aux règles de l'art. 2 c. pén. en matière d'empoisonnement ; — Attendu, dès lors, que la femme Leroux étant accusée d'attentat à la vie de la femme Sempité par l'effet de substances pouvant donner la mort, c'est-à-dire du crime d'empoisonnement, le président de la cour d'assises a pu poser, comme résultant des débats, une question subsidiaire de tentative du même crime, que cette question a été posée dans les termes de la loi ; — Attendu qu'il ne saurait y avoir contradiction résultant de la réponse négative sur la première et affirmative sur la seconde de ces questions ;

Par ces motifs, rejette.

Du 31 mai 1866.-Ch. crim.-MM. de Gaujal, rap.-Bédarrides, av. gén.

(2) (Dumas.) — LA COUR ; — Attendu qu'il est constant en fait et qu'il résulte de l'information que l'inculpé a volontairement mêlé au pain destiné à l'alimentation de la famille Pélissier une certaine quantité de verre, plus ou moins grossièrement pilé, avec l'intention d'attenter à la vie de cette famille ; que s'il peut arriver que l'ingestion de cette substance ne produise aucune lésion dans le tube intestinal lorsqu'elle est incorporée en poudre dans les aliments, il est évident que des fragments de verre du volume de ceux recueillis dans le pain de la famille Pélissier pouvaient, dans le travail de la digestion, léser, par leurs parties anguleuses, les parois de l'estomac ou des intestins, et, soit par suite de ces lésions, soit par suite du séjour de ces fragments de verre dans les replis de ces organes, devenir la cause d'une inflammation ou même d'une perforation de nature à donner la mort ; qu'ainsi dans le fait imputé à l'inculpé, on trouve réunies les deux circonstances d'un fait ou d'un acte volontaire et prémédité pouvant donner la mort avec l'intention de la donner ; — Attendu que la qualification d'empoisonnement est réservée par la jurisprudence à l'attentat à la vie commis par l'effet d'une substance toxique de nature à ôter la vie par ses combinaisons chimiques ; qu'ici la substance administrée, dénuée en elle-même de toute propriété toxique, est incapable de nuire comme poison, et ne peut tuer que comme instrument déchirant les tissus du tube intestinal ; qu'il suit de là que cette tentative criminelle constitue moins une tentative d'empoisonnement qu'une tentative d'assassinat ; — Par ces motifs, déclare qu'il résulte de l'information contre Jean Dumas charges suffisantes d'avoir, dans le courant de novembre 1854, volontairement tenté de donner la mort aux membres de la famille Pélissier, parmi lesquels se trouvait sa femme, tentative manifestée par un commencement d'exécution, et qui n'aurait manqué son effet que par des circonstances indépendantes de la volonté de son auteur ; avec cette circonstance que ledit Dumas avait, avant l'action, formé le dessein d'attenter aux personnes des membres de cette famille, crime prévu et puni par les art. 2, 295, 296, 297 et 302 c. pén. ; renvoie, en conséquence, ledit Jean Dumas en état d'accusation, devant la cour d'assises de la Haute-Loire.

Du 25 avr. 1855.-C. de Riom, ch. d'acc.

en effet, pour constituer l'empoisonnement, comme le meurtre et l'assassinat, de la volonté de donner la mort; il est nécessaire qu'un acte matériel d'homicide concoure avec cette volonté. Or, si la substance administrée se trouve, même à l'insu de l'agent, inoffensive, le fait matériel disparaît; il ne reste plus qu'une intention criminelle plus ou moins certaine et qui échappe à l'action de la loi pénale » (Chauveau et Hélie, t. 3, n° 1290. Conf. Blanche, t. 4, n° 517). V. dans ce dernier auteur, t. 1, n° 8, p. 10, la citation d'un arrêt de la cour de Rouen (date de l'arrêt non retrouvée par M. Blanche,) qui a jugé qu'on ne pouvait poursuivre pour tentative d'empoisonnement un mari qui, voulant empoisonner sa femme, s'était adressé à un médecin, en avait reçu une potion parfaitement inoffensive et avait ensuite été arrêté par la justice alors que déjà il avait fait prendre à sa femme la potion qu'il croyait mortelle.

95. En second lieu, ainsi qu'on l'a expliqué au *Rép.* n° 104, si l'empoisonneur mêle le poison à un autre agent qui le neutralise, alors même qu'il a certainement l'intention d'attenter à la vie de la victime, le fait ne constitue ni empoisonnement, ni tentative de ce crime, parce que la substance cessant d'être vénéneuse au moment où elle est administrée, l'élément physique de l'incrimination fait défaut. C'est un cas de tentative *absolument impossible* et, par conséquent, non punissable (Crim. rej. 20 nov. 1812, aff. Canesi; et 4 févr. 1814, aff. Verazuzzi, rapportés par Bourguignon, *Jurisprudence des cours criminelles*, t. 3, p. 271. Conf. Chauveau et Hélie, t. 3, n° 1290; Blanche, t. 4, n° 517. V. toutefois *contra*: Villey, note sous Chauveau et Hélie, *loc. cit.*, p. 559). — Une application intéressante de cette règle a été faite, dans des circonstances délicates, le 21 avr. 1863, par la cour d'assises des Côtes-du-Nord (V. *Gazette des tribunaux* du 19 mai). Rouillé était accusé de tentative d'empoisonnement sur la personne de son père; il avait jeté du sulfate de cuivre dans une marmite dans laquelle celui-ci préparait une potée au lard ; les premiers experts nommés avaient déclaré que la plus grande partie du sulfate de cuivre s'était transformée en sulfate de fer, dissous dans le bouillon, transformation opérée par la fonte de la marmite, et en cuivre métallique qui avait dû se porter sur les parois intérieures de celle-ci ; que c'était au sulfate de fer que le bouillon devait sa coloration particulière ainsi que son goût styptique; que, par suite de cette substitution du fer au cuivre, l'empoisonnement n'aurait probablement pas eu lieu, le fer étant indiqué comme particulièrement propre à combattre l'action des sels de cuivre sur l'économie animale. Une poursuite pour tentative d'empoisonnement aurait été difficile dans ces circonstances; mais il fut établi, par une nouvelle expertise, que la soupe contenait réellement un sel de cuivre et était, par conséquent, empoisonnée ; qu'on avait tort de conclure à été faite, dans ces circonstances délicates, le sel de cuivre par cela qu'il avait été jeté dans un récipient de fonte, qu'il fallait examiner auparavant si ce récipient se trouvait dans les conditions voulues pour que son action décomposante ne fût pas anéantie ; que les vases employés aux usages culinaires sous le nom de *marmites affranchies* se trouvent enduits d'une couche de matière grasse qui, en abritant la fonte, lui ôte la faculté de décomposer les sels de cuivre en empêchant leur contact mutuel ; que Rouillé père ayant employé un de ces vases, la décomposition n'avait pas eu lieu, et qu'en conséquence, il y avait réellement tentative d'empoisonnement. Rouillé fils fut condamné à dix ans de travaux forcés.

En sens inverse, si le mélange préparé dans l'intention de donner la mort se trouvait être d'abord inoffensif et ne devenait mortel que plus tard, par la combinaison des diverses substances qu'il contient, et s'il était pris en cet état, il y aurait crime d'empoisonnement, car il y a eu, dans ce cas, intention de donner la mort, et l'on a administré une substance de nature à la causer. Les auteurs citent comme exemple le mélange de l'antimoine métallique en poudre dans le vin; absorbée tout de suite, cette substance ne serait pas nuisible, mais si l'on attend quelque temps, elle se transforme en un composé toxique et, prise dans cet état, elle peut donner la mort (Chauveau et Hélie, t. 3, n° 1291). Il y aurait de même tentative d'empoisonnement ou, pour parler plus exactement, *crime manqué* d'empoisonnement, passible, aux termes de l'art. 2 c. pén., des peines portées contre le crime réalisé, si l'individu empoisonné avait pris, par hasard, à la

même heure, quelque substance, quelque médicament qui ait neutralisé les effets du poison; le crime, bien que sans résultat, n'en existerait pas moins. — En somme, pour qu'il y ait lieu à l'application des art. 301 et 302, *il faut et il suffit* que la substance telle qu'elle a été préparée et donnée volontairement par l'auteur de l'attentat, ait pu causer la mort.

96. Si la substance administrée est non pas mortifère, mais seulement nuisible à la santé, le fait, en cessant d'être un empoisonnement, devient, ainsi qu'on l'a fait remarquer au *Rép.* n° 105, un simple délit prévu par l'art. 317 c. pén. (V. *infrà*, n°s 227 et suiv.).

97. Est-il nécessaire, pour qu'il y ait crime d'empoisonnement, que la substance vénéneuse, de nature à donner la mort, ait été administrée en quantité suffisante pour la produire? La question est controversée, ainsi qu'on l'a dit au *Rép.* n° 106. A l'autorité des trois arrêts de la cour de cassation cités par Bourguignon, qui ont jugé qu'il suffit, pour l'existence du crime, que les substances administrées soient de nature mortifère sans qu'il soit besoin de se préoccuper de la question de savoir si la quantité était suffisante pour donner la mort, vient s'ajouter celle de Blanche, t. 4, n° 518. « Dans cette hypothèse, dit l'éminent auteur, les faits présentent tous les caractères de l'empoisonnement défini par l'art. 301. D'une part, le prévenu a eu la volonté de donner; d'autre part, il a administré des substances vénéneuses pouvant la donner. Il a tout fait pour que son projet reçût son exécution ; il est responsable, quelles qu'en aient été les suites. » Nous croyons plutôt avec MM. Chauveau et Hélie, t. 3, n° 1291, que les termes de l'art. 301 se prêteraient difficilement à cette rigoureuse interprétation. Du moment que cet article fait dériver l'empoisonnement de l'administration de substances *capables de donner la mort*, il faut que les substances aient elles-mêmes cette puissance effective et réelle ; autrement, c'est comme si elles avaient une complète innocuité. MM. Briand et Chaudé, *Manuel complet de médecine légale*, 10° éd., t. 1, p. 628, citent le cas d'une fille de ferme qui s'était procuré, en grattant une pompe de cuivre, du vert-de-gris, et l'avait mis dans la boisson d'une autre servante de la même ferme, qui éprouva tous les symptômes de l'empoisonnement, mais que sauvèrent de prompts secours ; la coupable déclara n'avoir pas eu l'intention de lui donner la mort, mais seulement de lui causer une maladie qui l'obligeât à sortir de la maison. « Dans l'hypothèse même, disait le défenseur, où l'accusée aurait eu l'intention de commettre un homicide, il ne suffit pas pour constituer un empoisonnement de la volonté de donner la mort, il est nécessaire qu'un acte matériel d'homicide concoure avec cette volonté; or, si la substance administrée s'est trouvée, même à l'insu de l'accusée, être inoffensive, le fait matériel disparaît, il ne reste plus qu'une intention criminelle plus ou moins incertaine et qui échappe à l'action pénale, à moins, toutefois, que la substance administrée, sans être capable de donner la mort, ait cependant occasionné une maladie, auquel cas il y a lieu d'appliquer l'art. 317. » Cette thèse, ajoutent les auteurs précités, appuyée sur l'opinion de MM. Chauveau et Hélie, fit impression sur la cour et sur le jury, et le président crut devoir poser, comme résultant des débats, la question subsidiaire de maladie occasionnée en administrant volontairement une substance nuisible. Déclarée sur la question subsidiaire seulement, l'accusée ne fut condamnée qu'à cinq ans d'emprisonnement (*Gazette des tribunaux*, du 24 juill. 1842).

98. Mais il y a certainement empoisonnement si la substance vénéneuse, au lieu d'être administrée en une seule fois, est partagée en petites doses et administrée à des intervalles plus ou moins longs, de manière à ne pas compromettre subitement la vie, mais à la miner, à la détruire lentement en simulant les effets et le cours d'une maladie. C'est ce qui est arrivé dans la célèbre affaire Lafarge, terminée par l'arrêt de rejet du 12 déc. 1840 (*Rép. v° Instruction criminelle*, n° 2837-4°; Chauveau et Hélie, t. 3, n° 1292). — Nous croyons, avec ces derniers auteurs, que, si l'empoisonnement dont il s'agit pourrait constituer une tentative du crime, pourvu qu'il fût constaté que l'agent avait le dessein de donner la mort, qu'il avait déjà administré plusieurs doses, et qu'une certaine quantité de ces doses pouvait être mortelle.

99. A qui appartient-il de décider si telle substance est ou non de nature à causer la mort? Au jury évidemment, ainsi qu'on l'a dit au *Rép.* n° 108, et non pas à la cour d'assises, puisque ce fait est un des éléments de l'accusation. C'est à une question de fait, de la compétence des jurés; pour la résoudre, ils s'éclaireront surtout des rapports faits à l'audience par les hommes de l'art (Chauveau et Hélie, t. 3, n° 1294; Bourguignon, *op. cit.*, t. 3, p. 272; Rauter, *Droit criminel*, n° 451; Nouguier, t. 4-1°, n° 2654-4°).

100. Comment le jury doit-il être interrogé sur le crime d'empoisonnement? Régulièrement, la question doit être posée au jury dans les termes mêmes de l'art. 301, par exemple, comme il suit : Le nommé... est-il coupable d'avoir (la date) volontairement attenté à la vie de telle personne, par l'effet de substances pouvant donner la mort? (Blanche, t. 4, n° 519). Cependant la cour de cassation a jugé que les termes de l'art. 301 ne sont pas sacramentels, et que le jury a pu être aussi interrogé dans des termes équivalents (V. les arrêts cités au *Rép.* v° *Instruction criminelle*). Depuis il a été jugé dans le même sens que la question peut être ainsi posée : « N... est-il coupable d'avoir tenté d'*empoisonner* N... par l'effet de substances pouvant donner la mort? » et cette expression suffit à caractériser le crime, « attendu que le mot *empoisonner* emporte virtuellement et nécessairement l'idée d'un attentat à la vie » (Crim. rej. 17 déc. 1874, *suprà*, n° 94). — Au reste, on a déjà fait remarquer *suprà*, n° 87, qu'en matière d'empoisonnement la nature du crime impliquant nécessairement la *volonté* de son auteur, il n'est pas nécessaire d'exprimer dans la question que l'attentat a été *volontaire*.

101. L'empoisonnement étant un crime *sui generis*, comme on l'a dit *suprà*, n° 87, il y aurait complexité si l'on comprenait dans une même question au jury l'empoisonnement commis sur la personne des père et mère, qui constitue le crime de parricide, et l'empoisonnement d'autres parents qui est un crime d'une autre nature (Crim. cass. 4 avr. 1845, aff. Lacomme, D. P. 45. 1. 245, cité au *Rép.* n° 63. Conf. Nouguier, t. 4, 1er vol., n° 2905, p. 333).

102. Si l'attentat se constituait d'empoisonnements successifs, comme dans la célèbre affaire Lafarge, la même interrogation pourrait les comprendre tous, ainsi que la cour de cassation l'a reconnu en rejetant le pourvoi de la condamnée, « attendu qu'il s'agissait d'un seul et même empoisonnement commis dans les mois de décembre et de janvier sur la même personne; que ce crime, bien que résultant d'actes répétés, ne formait qu'un seul chef d'accusation » (Crim. rej. 12 déc. 1840, *Rép.* v° *Instruction criminelle*, n° 2837-4°). — Dans ce cas, la question pourrait être posée de la façon suivante : « ... d'avoir, de telle époque à telle époque, à une ou plusieurs reprises, en tel endroit ou en tel et tels endroits, volontairement attenté à la vie de N..., par l'effet de substances pouvant donner la mort plus ou moins promptement? » Nous disons *à une ou plusieurs reprises*, et non pas seulement *à plusieurs reprises*, ou *à diverses reprises*, pour que l'articulation embrasse toutes les hypothèses et ne suscite aucune hésitation de la part du jury, dans le cas où les débats ne constateraient pas complètement la *pluralité* des actes, tout en prouvant l'existence de l'attentat (Duverger, *Manuel des juges d'instruction*, t. 3, p. 308, note 2).

103. On sait que le président des assises a le droit de poser comme résultant des débats toute question qui, bien que formulant une accusation distincte, en ce sens qu'elle est prévue par une autre disposition de loi, n'est toutefois que la reproduction du fait primitif envisagé sous un autre point de vue et présentant un autre caractère pénal (V. *infrà*, v° *Instruction criminelle*; — *Rép.* eod. v°, n°s 2503 et suiv.). Il a été jugé, par application de cette règle, que, sur une accusation de complicité du crime de parricide par l'empoisonnement, le président peut poser, comme résultant des débats, la question subsidiaire de savoir si l'accusé est coupable d'avoir attenté volontairement à la vie de la victime par l'effet de substances propres à donner la mort, et que le jury, après avoir écarté l'accusation de complicité de parricide à l'aide de substances propres à donner la mort, a pu sans contradiction déclarer l'accusé coupable d'empoisonnement (Crim. cass. 27 avr. 1876, aff. Garrigue, D. P. 77. 1. 92).

104. Dans une accusation d'empoisonnement, le président ayant cru devoir poser deux questions, la première, conforme à l'acte d'accusation, ainsi conçue : L'accusée est-elle coupable d'avoir attenté à la vie de... par l'effet de substances pouvant lui donner la mort plus ou moins promptement et qui l'ont en effet donnée? et la seconde, comme résultant des débats, portant : Est-elle coupable d'avoir attenté à la vie de... par l'effet de substances qui pouvaient lui donner la mort plus ou moins promptement? et le jury ayant répondu négativement à la première question, affirmativement à la seconde, une condamnation fut prononcée. Sur le pourvoi, on faisait observer que les deux questions ne différaient l'une de l'autre que parce que la première question contenait ces mots : *et qui l'ont en effet donnée*, qui ne se retrouvaient pas dans la seconde; que ces mots ne présentaient pas une circonstance constitutive du crime d'empoisonnement; qu'ils étaient inutiles, puisqu'il est certain que le crime d'empoisonnement ne change pas de nature quelles que soient les suites; qu'en conséquence, les deux questions étaient identiques et qu'il y avait contradiction entre les deux réponses; mais la cour rejeta le pourvoi : « Attendu que le jury, juge exclusif du fait, ne doit jamais se préoccuper du caractère légal des faits soumis à son appréciation ni de leur pénalité; que dans la première question, le crime d'empoisonnement était considéré *comme ayant occasionné la mort*, et que dans la deuxième question le même crime se représentait indépendamment de tout résultat obtenu; que le jury pouvait donc, sans contradiction, répondre « non » sur la première et « oui » sur la seconde (Crim. rej. 21 juin 1850, aff. Matet, D. P. 50. 5. 102).

105. Il n'est point de matière où le secours des experts soit plus indispensable aux magistrats instructeurs que dans les affaires d'empoisonnement. On consultera avec fruit, à cet égard, l'important *Manuel de médecine légale* de MM. Briand et Chaudé, 10e éd., t. 1, 1re part., sect. 2, chap. 3, p. 622 et suiv. (V. aussi Legrand du Saulle, *Traité de médecine légale*, p. 1124 et suiv.).

CHAP. 7. — Des menaces des crimes ci-dessus
(*Rép.* n°s 110 à 123).

106. Tous les articles du code pénal relatifs au délit de menaces (305, 306, 307 et 308) ont été revisés par la loi du 13 mai 1863. La peine des art. 305 et 306 a été atténuée; l'art. 307 a été l'objet d'un changement de rédaction; l'art. 308 a été remplacé par une disposition entièrement nouvelle. — D'autre part, la jurisprudence relative à cette sorte d'infractions s'est, depuis la publication du *Répertoire*, enrichie d'un assez grand nombre d'arrêts intéressants. Ainsi qu'on l'a dit au *Rép.* n° 111, les menaces étaient rangées par le code de 1810 en trois classes distinctes : 1° menaces par écrit, avec ordre ou condition (art. 305); 2° menaces par écrit également, mais sans ordre ni condition (art. 306); 3° menaces verbales avec ordre ou condition (art. 307). Il faut maintenant ajouter une quatrième classe à cette nomenclature, savoir : les menaces de *voies de fait ou violences*, faites verbalement ou par écrit, avec ordre ou sous condition.

107. — I. MENACES PAR ÉCRIT AVEC ORDRE OU SOUS CONDITION. — Aujourd'hui, comme avant la loi du 13 mai 1863, l'art. 305 exige, pour la consommation de l'infraction qu'il prévoit, le concours de trois circonstances ou conditions. Il faut : 1° que la menace ait eu lieu par *écrit anonyme ou signé* (*Rép.* n° 113); 2° qu'elle annonce un attentat contre les *personnes* (*Rép.* n° 114); 3° qu'elle ait été faite avec *ordre de déposer une somme d'argent* dans un lieu indiqué ou de remplir toute autre *condition* (*Rép.* n° 115). La peine, d'ailleurs, a été sensiblement abaissée : au lieu des travaux forcés à temps, celle-ci n'est plus qu'un emprisonnement de deux à cinq ans, et une amende de 150 à 1000 fr., auxquels les tribunaux peuvent ajouter l'interdiction des droits mentionnés en l'art. 42 du code, et la surveillance de la haute police (remplacée, depuis la loi du 27 mai 1885, art. 19, par l'interdiction de séjour) pendant cinq ans au moins et dix ans au plus. L'infraction, de crime qu'elle était, est donc devenue simple délit correctionnel.

108. Relativement à la première des trois conditions ci-dessus (menace *par écrit*), il a été jugé, depuis la publication du *Répertoire* : 1° que des menaces de mort contenues dans une lettre adressée à un tiers qu'elles ne concernent pas constituent le délit prévu par l'art. 305 c. pén., alors que le

prévenu écrivait dans l'intention que sa lettre fût communiquée aux personnes menacées et que cette communication a eu lieu en effet (Toulouse, 5 avr. 1873, aff. Vidal, D. P. 74. 2. 85) ; 2° que les menaces de mort faites par écrit, dans les conditions prévues par l'art. 305 (ou par l'art. 306) c. pén., sont punissables sans qu'il y ait à distinguer si l'écrit contenant des menaces a été adressé directement à la personne menacée ou à des tiers, alors surtout que les circonstances dans lesquelles les menaces ont été faites devaient nécessairement entraîner leur communication à celui contre lequel elles étaient dirigées (Crim. rej. 20 juill. 1882, aff. Castel, D. P. 83. 1. 46-47. V. anal. Crim. rej. 14 févr. 1874, aff. Dubarbier, D. P. 74. 1. 179).

109. Si la menace était faite d'une manière *hiéroglyphique*, c'est-à-dire à l'aide de signes ou de figures symboliques tracés sur le papier, l'art. 305 serait-il applicable? L'affirmative a été admise au *Rép.* n° 117, dans le cas où la signification des hiéroglyphes ou symboles serait évidente et ne pourrait permettre aucune méprise. Les signes ainsi tracés sur le papier sont, en effet, une véritable écriture. — En serait-il de même de la menace par *emblème*, dans le cas où une personne se serait bornée à envoyer à une autre un *objet* symbolique quelconque sans écrit, un poignard ou du poison, par exemple? Ou encore si quelqu'un avait mis à la porte d'une maison des insignes, des symboles contenant menace d'un crime (par exemple au seuil d'une ferme une boîte contenant des allumettes, du plomb, ce qui exprimerait évidemment la menace d'un incendie ou d'un coup de fusil)? La loi romaine punissait cette menace, connue sous le nom de Σκοπελισμον, même de la peine capitale (L. 9, D. *De extraord. crim.*, XLII, 11). Le nouveau code pénal belge de 1867 la frappe d'une peine correctionnelle (V. l'art. 329 de ce code sur la menace par *gestes et emblèmes*). Mais notre loi est muette à cet égard, et nous persistons dans l'opinion par nous émise au *Rép.* n° 117, à savoir qu'incriminer de pareils actes, ce serait appliquer une loi pénale par analogie et hors des cas prévus (V. toutefois *Rép.* v° *Dommage-destruction*, n° 128-4°).

110. Relativement à la seconde condition (annonce d'un attentat contre les personnes), l'art. 305 explique quels sont les attentats dont la menace motive son application. A la nomenclature des crimes indiqués dans cet article il faut ajouter la menace d'incendier une habitation ou toute autre propriété, que l'art. 436 c. pén. assimile à la menace d'assassinat.

111. Au reste, la loi n'exige pas que la menace soit faite dans les termes mêmes par lesquels elle a caractérisé l'attentat. Il appartient aux juges d'en interpréter les termes et la portée. C'est ce qui a été jugé dans une espèce où le prévenu avait proféré cette menace : « Tu sauras ce que c'est de moi ». La cour de Douai, après avoir rappelé ces paroles, avait déclaré que dans le pays où elles avaient été proférées (pays de *mauvais gré*), de pareilles menaces sont significatives et mettent constamment en péril la vie des propriétaires et des fermiers. La cour de cassation a jugé « que, pour être déguisée sous des expressions plus ou moins vagues, la menace ne perd rien de sa gravité et n'en produit pas moins son effet; que les juges ont à cet égard un pouvoir d'interprétation qui leur permet de rechercher le véritable sens du propos qui leur a été dénoncé et d'en déterminer la portée ; qu'en expliquant ainsi qu'ils l'ont fait le propos incriminé, les juges du fait ont usé du droit d'appréciation qui leur appartient, et qu'il est suffisamment exprimé qu'il s'agissait d'une menace de mort » (Crim. rej. 19 déc. 1863, aff. Hauwel, D. P. 64. 1. 454).

112. Le troisième élément est que la menace ait été faite avec l'ordre de déposer une somme d'argent dans un lieu déterminé, ou de remplir toute autre condition. La menace faite sous condition comprend dans sa généralité de ses termes la menace sous condition de ne pas faire, de s'abstenir aussi bien que celle de faire (Chauveau et Hélie, t. 4, n° 1313). Cette solution basée sur ce que, dans les deux cas, la menace renferme une atteinte à la liberté d'autrui, a déjà été admise au *Rép.* n° 120; elle trouve plus fréquemment son application pratique en matière de menaces *verbales* qu'en matière de menaces *écrites;* mais il n'est pas douteux qu'on doive l'étendre à celles-ci.

Il n'y a, d'ailleurs, pas lieu de distinguer si l'ordre était juste ou injuste, si la condition était préjudiciable ou non (*Rép.* n° 115); c'est la violence que là loi punit indépendamment des motifs, c'est l'oppression exercée sur la personne menacée. Ainsi, lors même que l'auteur d'une menace n'y aurait eu recours que pour la défense d'un droit légitime, son action est punissable, car elle porte atteinte à la liberté et à la sécurité des citoyens, et il n'est jamais permis de se faire justice à soi-même. La cour de cassation l'a jugé le 18 sept. 1851 (aff. Torre, D. P. 51. 5. 356); sa jurisprudence a été confirmée depuis par deux arrêts de cours d'appel rendus en matière de menaces verbales (Toulouse, 29 juill. 1874, aff. Rey, D. P. 72. 2. 47; Lyon, 14 mars 1884, aff. Pianelli, D. P. 85. 2. 262. Conf. Blanche, 4° *Étude*, n° 547). — Toutefois il a été jugé que la circonstance que le prévenu n'a eu recours à la menace que pour la défense d'un droit légitime, est une cause d'atténuation, et peut même, suivant les circonstances, être considérée comme exclusive d'une intention coupable (Même arrêt du 29 juill. 1871; Crim. cass. 18 sept. 1851, aff. Torre, D. P. 51. 5. 356).

113. En matière de menaces par écrit d'un attentat contre les personnes qui serait passible d'une peine perpétuelle (art. 305 c. pén.), ou d'un incendie (art. 436), l'ordre ou la condition est, en vertu des art. 305 et 306, une circonstance aggravante de la menace. Deux arrêts, antérieurs à la publication du *Répertoire* et à la loi du 13 mai 1863, en ont conclu qu'aux assises l'ordre ou la condition ne peut être comprise dans la question relative au fait principal (Crim. rej. 3 nov. 1848, aff. N..., D. P. 48. 5. 86; Crim. cass. 20 déc. 1850, aff. Nadaud, D. P. 52. 5. 173). La menace ne constituant plus maintenant qu'un simple délit correctionnel, cette jurisprudence ne paraît plus offrir d'intérêt.

114. — II. MENACES PAR ÉCRIT MAIS SANS ORDRE NI CONDITION. — Ici la menace, n'étant accompagnée d'aucun ordre ni condition, est frappée par l'art. 306 d'une peine moins sévère que dans le cas de l'art. 305. Depuis la revision du 13 mai 1863, elle n'est plus punie que d'un emprisonnement d'un an à trois ans, et d'une amende de 100 francs à 600 francs. Le coupable peut, en outre, être renvoyé sous la surveillance de la haute police (remplacée par l'interdiction de séjour depuis la loi du 27 mai 1885) pendant cinq ans au moins et dix ans au plus. — Tout ce qui a été dit ci-dessus relativement aux deux premières conditions de l'incrimination de l'art. 305 (menace *par écrit* d'un attentat contre les personnes) s'applique à cette seconde incrimination.

115. — III. MENACES VERBALES AVEC ORDRE OU SOUS CONDITION. — L'art. 307, qui punit les menaces verbales, n'a été modifié par la loi de 1863, ni dans l'incrimination qu'il définit, ni dans la peine qu'il inflige. Il n'a subi qu'un changement de rédaction, c'est-à-dire qu'on y a ajouté un paragraphe qui reproduit la disposition de l'ancien art. 308, et qui est ainsi conçu : « Dans ce cas, comme dans celui des précédents articles, la peine de la surveillance (l'interdiction de séjour depuis la loi du 27 mai 1885), pourra être prononcée contre le coupable ».

Il suit de là que, de même qu'avant la loi de 1863 (*Rép.* n° 119), la menace verbale de mort, qui a été proférée sans ordre ni condition, n'est pas punissable (Crim. cass. 22 août 1872, aff. Noiret, D. P. 72. 1. 282. Conf. Chauveau et Hélie, t. 4, n° 1310; Blanche, t. 4, n° 533). Mais quand elle est faite avec ordre ou sous condition, la menace verbale est punissable, sans que le juge ait à rechercher si l'auteur de cette menace a eu réellement l'intention de la mettre à exécution dans le cas où il n'aurait pas été tenu compte de ses injonctions (Bordeaux, 8 août 1867, aff. X..., D. P. 68. 2. 164; Toulouse, 29 juill. 1874, aff. Rey, D. P. 72. 2. 147; Lyon, 14 mars 1884, aff. Pianelli, D. P. 85. 2. 262). En effet, la loi veut punir dans la menace, ce n'est pas la manifestation de l'intention de commettre un crime, c'est l'atteinte à la *sécurité*, la contrainte morale produite par l'annonce d'un mal ; et cette atteinte à la sécurité publique, cette contrainte morale résulte aussi bien d'une menace qui tend faussement à faire croire à la résolution de commettre un acte de violence, que de la menace qui révèle une résolution réellement arrêtée (Conf. Morin, *Journal du droit criminel*, 1867, art. 8503, p. 320). — M. Pirmez, rapporteur

de la commission de la Chambre des représentants de Belgique, lors de la préparation du code pénal de 1867, a très justement dit à ce sujet dans son rapport : « La menace est un fait délictueux en soi, sans relation, au moins quant aux conditions de criminalité, avec un fait postérieur ; c'est un délit *sui generis*, non seulement au point de vue juridique, mais au point de vue du mal qu'elle produit. Il importe peu, dès lors, qu'il soit acquis que la menace n'a d'autre but que d'effrayer ; l'absence d'intention criminelle ne sera pas une cause d'excuse, parce que l'attentat à la sécurité publique n'existe pas moins » (*Législation criminelle de la Belgique*, t. 2, p. 788). — L'observation qui précède est générale et s'applique à tous les cas de menace avec ordre ou sous condition, par conséquent, aux cas de l'art. 305 et l'art. 308, aussi bien qu'à celui de l'art. 307.

116. De ce que la menace est punie à cause de l'atteinte à la sécurité, de la contrainte morale qu'elle produit, il suit que la menace sous condition, qui a été appuyée d'une mise en joue avec un fusil non chargé, n'en est pas moins un délit, lorsque, sérieusement faite, elle a pu intimider celui auquel on l'adressait. C'est ce qui a été jugé par les deux arrêts de Bordeaux du 8 août 1867, et de Toulouse, du 29 juill. 1871, cités *suprà*, n° 115. En effet, quand il s'agit d'une menace de mort, que l'arme employée ait été chargée ou non, cela importe peu ; il suffit que l'effet intimidateur ait été produit et que la personne menacée ait subi une violence morale, en étant amenée à croire que sa résistance pouvait l'exposer à un danger de mort. Notons que si la menace de faire feu n'avait pas eu pour objet précis d'exercer une contrainte morale en vue d'un acte ou d'une abstention imposée à la personne menacée, mais s'était produite au milieu d'une altercation comme moyen d'agression ou de provocation, on devrait voir dans cette menace, non le délit de l'art. 307, mais l'une des violences ou voies de fait que réprime l'art. 311 c. pén., modifié par la loi du 13 mai 1863 (Metz, 18 nov. 1863, aff. Gatelet, D. P. 64. 2. 101).

117. Si les menaces verbales avaient été faites *publiquement*, cette circonstance de publicité n'empêcherait pas l'art. 307 d'être seul applicable, et on ne pourrait songer à invoquer l'application des lois sur la presse, car la loi du 29 juill. 1881 sur la presse ne contient aucune disposition au sujet des menaces (Crim. cass. 8 févr. 1884, aff. Lissagaray, D. P. 84. 1. 305 ; Lyon, 14 mars 1884, aff. Pianelli, D. P. 85, 2. 262).

118. Nous avons dit *suprà*, n° 112, que c'est surtout en matière de menaces verbales que la jurisprudence applique la règle d'après laquelle la menace de s'abstenir aussi bien que lorsqu'elle commande de faire. Aux arrêts cités dans le sens de cette doctrine au *Rép.* n° 120, *Adde* : Lyon, 14 mars 1884, cité *suprà*, n° 115, et plusieurs arrêts de cours d'appel belges : Bruxelles, 13 nov. 1852 (1) ; Liège, 1er mars 1856, *Pasicrisie belge*, 1859. 2. 396 ; Gand, 12 janv. 1858, *ibid.*, 1858. 2. 354. Conf. Chauveau et Hélie, t. 4, n° 1313 ; Blanche, t. 4, n° 546. — V, toutefois *contrà* : Bordeaux, 28 janv. 1835, *Rép.* v° *Presse-outrage*, n° 802). Ce dernier arrêt a refusé de voir une menace sous condition dans ces paroles adressées à un fonctionnaire : « Si tu avances, je te tue », lesquelles constituent seulement d'après l'arrêt un outrage fait par gestes et menaces. On a rappelé au *Rép.* n° 121 l'opinion de MM. Chauveau et Hélie, t. 4, n° 1313, à cet égard ; ces auteurs estiment aussi qu'une telle menace doit être considérée comme pure et simple, la condition qui l'accompagne étant plutôt l'expression de la passion du moment que d'une résolution préméditée. Cette interprétation nous paraît un peu subtile. « En effet, dit Nypels, qui critique cet arrêt de Bordeaux (t. 2, p. 17),

dire à un fonctionnaire : *Si tu avances, je te tue*, c'est lui dire en réalité : *Je te tue, si tu remplis ton devoir*, ce qui est bien une menace ».

119. La condition de ne pas faire une chose *illicite* tombe-t-elle sous l'application des art. 305 et 307? On a cité au *Rép.* n° 122 deux jugements qui ont jugé la négative, en décidant que la menace de mort contre quelqu'un, dans le cas où il contreviendrait à un règlement de police, ne tombe pas sous le coup de la loi. La question ne paraît plus s'être présentée dans les mêmes termes devant les tribunaux ; mais puisque la jurisprudence a reconnu qu'il n'y a pas à distinguer si l'ordre qu'accompagne la menace est juste ou injuste, puisque le motif de l'incrimination de la menace, c'est l'atteinte qu'elle porte à la liberté et à la sécurité des citoyens, il est vraisemblable que la question ne recevrait plus aujourd'hui la même solution.

120. — IV. MENACES DE VOIES DE FAIT OU VIOLENCES AVEC ORDRE OU SOUS CONDITION. — Cette incrimination est, nous l'avons dit, absolument nouvelle. Le code pénal ne réprimait que les menaces d'attentats, punissables de la peine de mort, des travaux forcés à perpétuité ou de la déportation ; il laissait impunies les menaces des autres attentats contre les personnes. Il suffisait donc, pour échapper à toute peine, d'entourer la menace d'une forme un peu vague, ou de la faire porter sur un fait qui n'était puni que d'une peine inférieure à la peine de mort ou aux peines perpétuelles. « Or, a dit la commission du Corps législatif dans son rapport sur la loi de 1863, pense-t-on qu'un homme menacé, par exemple, d'être roué de coups ou d'être souffleté publiquement, s'il ne se soumet pas à telle ou telle exigence, ne puisse éprouver un trouble sérieux, et ne convient-il pas, même dans ce cas, de lui offrir la protection de la loi? Si on la lui refuse, il ne la demandera qu'à lui-même, il portera des armes, et de graves accidents pourront quelquefois s'ensuivre. » — Le nouvel art. 308 (texte de la loi du 13 mai 1863) est ainsi conçu : « Quiconque aura menacé, verbalement ou par écrit, de voies de fait ou violences non prévues par l'art. 305, si la menace a été faite avec ordre ou sous condition, sera puni d'un emprisonnement de six jours à trois mois et d'une amende de 16 fr. à 100 fr., ou de l'une de ces deux peines seulement ». Désormais donc, il n'y a plus que les menaces verbales ou écrites, mais sans ordre ni condition, qui, lorsqu'elles sont en dehors de l'art. 306, échappent à la loi pénale. Le législateur a pensé avec raison que de telles menaces n'avaient pas un caractère assez sérieux pour être poursuivies, si ce n'est à titre d'injures (Chauveau et Hélie, t. 4, n° 1320).

121. Il existe dans notre législation des cas assez nombreux où les menaces, sans constituer un délit distinct, forment l'un des éléments *constitutifs* de certains crimes ou délits (c. pén. art. 179, 184, 219, 223, 224, 260, 400, 412, 414) ou constituent une circonstance *aggravante* d'un autre crime ou délit (art. 276, 344 c. pén., et art. 14 de la loi du 3 mai 1844 sur la police de la chasse).

122. Les codes étrangers sont généralement moins sévères que le code français pour les menaces. Le code néerlandais de 1881 (art. 285) les punit d'un emprisonnement de deux ans au plus (4 ans si la menace a été faite par écrit et sous une condition déterminée). Le code allemand de 1871 prononce qu'un emprisonnement de six mois et une amende de cent thalers (art. 241). Le code hongrois de 1879 (code des contraventions) ne voit dans la menace qu'une contravention punissable au maximum d'un mois d'arrêt et de 200 florins d'amende. Mais la loi anglaise, d'après Chauveau et Hélie, t. 4, n° 1315, prononce une peine qui peut varier, suivant la volonté du juge, depuis un court emprisonnement jusqu'à la transportation à vie.

---

(1) (Min. publ. C. Vandersmessen.) — LA COUR; ... — Attendu qu'il est également établi que, le 17 juillet suivant, Vandersmessen a de nouveau chassé en la commune de Grandmetz sans permis de port d'armes, pendant la clôture de la chasse et avant le lever du soleil ; — Attendu qu'au moment où il était ainsi mis en contravention, le 17 juill. 1852, Vandersmessen a couché en joue le garde forestier qui l'avait trouvé en délit, disant à ce garde : « Retourne ou je fais feu », et qu'après cette menace il a ajouté, en s'adressant encore au garde : « Tu n'as qu'à rester au lit ou il t'en arrivera autrement » ; — Attendu que, dans ces

circonstances où ils ont été tenus, ces propos, du moins les premiers, étant de nature à porter la crainte dans l'esprit du garde forestier et à l'empêcher de remplir son devoir, reproduisent et caractérisent une menace d'attentat à la vie, menace dont l'auteur imposait en même temps la condition de s'abstenir d'un acte déterminé à peine de voir sa menace mise à exécution ; — Attendu qu'un tel acte rentre dans les termes des art. 305 et 307 c. pén. ; ... — Par ces motifs, déclare J. F. Vandersmessen convaincu d'avoir, etc.

Du 13 nov. 1852.-C. de Bruxelles, ch. corr.-M. Schollaert, av.

CHAP. 8. — De la tentative des crimes qui précèdent.

123. V. *Tentative*; — *Rép.* eod v°, n°s 51 et suiv.

CHAP. 9. — Du suicide et de ses complices (*Rép.* n°s 124 à 133).

124. A la différence de l'ancien droit français (V. à cet égard les développements historiques donnés au *Rép.* n°s 124 et 125, et aussi la *Théorie du code pénal* de Chauveau et Hélie, t. 3, n° 1232), nos lois ne punissent pas le suicide. Devraient-elles le punir? La question a été examinée au *Rép.* n° 126, et résolue par la négative; Depuis, la question a été de nouveau agitée par les criminalistes, et l'on a soutenu que l'obligation de conserver son existence ne constitue pas seulement un devoir envers soi-même et envers Dieu, qu'elle ne relève pas uniquement de la loi morale, mais qu'elle est socialement exigible, puisque, d'une part, le suicide blesse la justice absolue, et que, d'autre part, la société a le plus grand intérêt à ne pas perdre un de ses membres et à ce que cet effroyable exemple, dont la contagion est particulièrement dangereuse, ne soit pas suivi. Suivant Chauveau et Hélie, t. 3, n° 1233, « l'inscription du suicide parmi les délits aurait déjà un avantage, celui d'édicter une haute leçon, un avertissement moral pour les peuples... » Et « qui sait, ajoutent ces auteurs, si cette salutaire flétrissure ne détournerait pas de son accomplissement quelques esprits momentanément égarés? N'empêcherait-elle qu'une mort volontaire, la loi serait-elle inutile? Quelle voix oserait s'élever pour le dire? » Mais la difficulté est de savoir quelle peine on pourrait prononcer contre l'agent du suicide. « L'homme qui dispose lui-même de sa vie, a dit M. Bertauld, *Cours de code pénal*, 16° leçon, p. 370, se dérobe à la répression, et la loi doit s'arrêter devant un cadavre, ne pouvant faire reconnaître sa puissance à la mort. » Notre droit moderne, ainsi qu'on l'a dit au *Rép. loc. cit.*, défend avec raison les procès au cadavre ou à la mémoire, et il a justement supprimé la confiscation générale des biens qui frappe la famille plus que le coupable. De plus, si l'action publique, qui a pris naissance au moment du délit, s'éteint par la mort du prévenu (c. instr. cr. art. 2), cette action ne peut naître après la mort du prévenu. Il y a donc de fortes raisons, tirées des règles du droit positif, pour ne pas incriminer le suicide. Ces raisons peuvent ne pas suffire à satisfaire le philosophe (Carrara, *Programme du cours de droit pénal*, 3° éd., part. spéc., t. 1, p. 183 et suiv.; Nypels, *Le code pénal belge interprété*, t. 2, p. 262, note 2); mais elles suffisent au jurisconsulte pratique pour justifier l'impunité de cet acte.

125. La tentative de suicide doit-elle aussi échapper à toute peine? L'affirmative est incontestable dans notre droit français, qui ne punit que les tentatives d'actes pouvant constituer, quand ils sont consommés, des infractions punissables. Mais on conçoit qu'il en puisse être autrement en législation. Assurément il ne saurait être question d'assimiler la tentative de suicide à la tentative de meurtre, et personne ne proposerait de faire monter sur l'échafaud ni même d'envoyer au bagne l'homme qui a été tenté de mettre un terme à ses jours et qui survit; mais on s'est demandé pourquoi le pouvoir social n'incriminerait pas fait comme délit *sui generis*, frappé d'une peine correctionnelle, de quelques mois de prison, par exemple? En même temps qu'elle contiendrait une grande leçon morale, cette condamnation pourrait être un avertissement salutaire pour l'agent échappé à la mort et pour les personnes qui seraient tentées d'imiter son exemple (V. Morin, *Répertoire de droit criminel*, v° *Suicide*, n° 5).

126. Quant à la *complicité* du suicide, elle n'est pas possible légalement parlant, puisqu'il ne peut y avoir de complicité, dans le sens de la loi pénale, qu'accessoirement à un fait criminel ou délictueux. En conséquence, celui qui a concouru à un suicide par provocation, ou en fournissant les moyens de le commettre, ou même par aide ou assistance dans les faits qui l'ont préparé, facilité ou consommé, n'encourt pas plus de peine que le suicidé lui-même (Aux arrêts et autorités cités à cet égard au *Rép.* n° 127, *Adde :* Chauveau et Hélie, t. 3, n° 1234; Blanche, t. 2, n° 46). — Plus d'un code étranger punit l'aide ou l'assistance

à un suicide. Ainsi l'art. 196 c. du Brésil, reproduit par l'art. 548 c. de la Louisiane, porte la peine de deux à six ans d'emprisonnement contre toute personne « qui a aidé quelqu'un à se suicider ou lui en a fourni les moyens avec connaissance de cause. » Le code pénal espagnol de 1870 porte : « Art. 335. Celui qui aiderait un autre individu à se suicider sera puni de la prison majeure ». Le code néerlandais de 1881 : « Art. 294. Celui qui, avec intention, excite un autre au suicide, l'aide à le commettre ou lui en procure les moyens, est puni, si le suicide a lieu, d'un emprisonnement de trois ans au plus ». Le code hongrois de 1881 : « Art. 283. Sera puni de trois ans de prison au maximum celui qui détermine un tiers au suicide, ou lui procure sciemment à cet effet des moyens ou instruments. » En Angleterre, celui qui vient en aide à un suicidé est aujourd'hui traité comme un complice de *murder* (Blakstone, t. 4, p. 189). Le projet de Stephen, *A Digest of criminal Law*, considère, au contraire, son action comme un crime *sui generis* et le punit au maximum d'un emprisonnement avec travail forcé à perpétuité (Glasson, *Histoire du droit et des institutions de l'Angleterre*, t. 6, p. 858).

127. Mais si le tiers, ne se bornant pas à des actes d'assistance, a, sur la prière de la victime, porté lui-même à celle-ci le coup mortel, son acte n'est-il qu'une complicité du suicide, par conséquent un fait non punissable? N'est-il point, au contraire, un crime principal, un meurtre rentrant dans la définition de l'homicide volontaire donnée par l'art. 295 c. pén., et passible, dès lors, des peines de l'art. 304? La question a été traitée au *Rép.* n°s 128, 129 et 130. Nous persistons dans l'opinion alors exprimée, à savoir que le tiers est, dans ce cas, coupable de meurtre et passible des peines du meurtrier (Aux arrêts et autorités cités dans ce sens au *Rép. ibid.*, *Adde :* Blanche, 4° Étude, n° 46 ; Bertauld, *Cours de code pénal*, 16° leçon, p. 374 ; Morin, *Répertoire*, v° *Suicide*, n°s 6 et 7; Rauter, t. 1, n° 53; Haus, *Principes du droit pénal belge*, t. 1, n° 649). « L'homme tué, dit ce dernier auteur, bien qu'il ait sollicité sa mort, n'a joué dans ce drame qu'un rôle passif; l'auteur de l'action, l'agent principal est celui qui a donné la mort. » L'arrêt de la cour de cassation du 16 nov. 1827 (*Rép.* n° 128), avait jugé de même « que l'action par laquelle une personne donne volontairement la mort à autrui constitue un homicide volontaire ou un meurtre, et non un suicide ou acte de complicité de suicide; que le consentement, la provocation ou l'ordre de la personne homicidée ne constituent ni un fait d'excuse, ni une circonstance exclusive de la culpabilité de l'action ; que les lois qui protègent la vie des hommes sont d'ordre public, et que les crimes et délits contre les personnes ne blessent pas moins l'intérêt général de la société que la sûreté individuelle des citoyens, et qu'aucune volonté particulière ne saurait absoudre et rendre licite le fait que les lois ont déclaré punissable, sans autres conditions ni réserves que celles qu'elles ont expressément établies. » Cette opinion toutefois n'est pas unanimement adoptée (V. *contra :* Chauveau et Hélie, t. 3, n°s 1235 et suiv.; Boitard, *Leçons de droit criminel*, 12° éd., sur l'art. 295, n° 336, p. 333).

128. Au reste, il faut reconnaître que le consentement de la personne tuée modifie sensiblement la culpabilité du meurtrier, et doit par conséquent lui mériter une diminution considérable de peine. En effet, quelle que soit la gravité du crime, celui-ci a été commis sans violence, sans méchanceté; l'agent n'a pas voulu nuire en donnant la mort. La peine de l'art. 304, même abaissée, en vertu de l'art. 463, par suite d'une déclaration de circonstances atténuantes, paraîtra donc, le plus souvent, trop sévère. Il arrivera même parfois, en fait, que le jury, redoutant cette sévérité, hésitera à déclarer l'accusé coupable, et qu'ainsi le crime restera impuni. Nous croyons que le législateur eût agi plus prudemment en inscrivant le fait dans le code comme un délit *sui generis*, puni d'une peine modérée, ainsi que l'a fait le législateur allemand de 1871, en punissant d'un emprisonnement de trois ans au moins « celui qui se sera décidé à commettre un homicide volontaire, sur les instances expresses et sérieuses de la personne homicidée » (art. 216). Le code hongrois de 1878 punit le même fait (art. 282) de trois ans de réclusion; et le code néerlandais de 1881 porte, dans son art. 293 : « Celui qui ôte la vie à un autre pour satisfaire au désir exprès et sérieux de celui-ci est puni d'un

emprisonnement de douze ans au plus ». Le code danois de 1866 (art. 196) prévoit également le fait, et porte une peine qui peut descendre jusqu'à trois mois d'emprisonnement, en cas de circonstances *particulièrement atténuantes*.

129. Un autre fait qui a de l'analogie avec celui dont on vient de parler peut se présenter : deux personnes conviennent *de se donner mutuellement la mort ;* elles font usage de moyens préparés à cet effet ; l'une d'elles succombe, l'autre reste en vie. Le survivant peut-il être poursuivi comme meurtrier ? Cette hypothèse rentre dans le cas dont il a été parlé *suprà*, n° 127 ; c'est un individu qui a donné la mort à une personne qui y consentait. Suivant nous, cet individu s'est incontestablement rendu coupable de meurtre. C'est ce que la cour de cassation a jugé, sur le réquisitoire de M. le procureur général Dupin, par arrêt du 23 juin 1838 (*Rép*. n° 129) (Conf. Blanche, t. 2, n° 46. — *Contrà :* Chauveau et Hélie, t. 3, n°s 1236 à 1242].

130. L'homicide volontaire commis sur autrui, même du consentement de l'homicidé, constituant un crime, il en résulte que la *tentative* de cet homicide est punissable comme le crime même, suivant la disposition générale de l'art. 2 c. pén. — Et il peut y avoir tentative pareillement punissable de la part de ceux qui, par suite d'une résolution commune de mourir ensemble, ont tenté réciproquement de se donner la mort. Jugé, à cet égard, que la circonstance qu'une tentative de meurtre a été le résultat du désir manifesté par celui contre lequel cette tentative a eu lieu, et que, d'ailleurs, elle était réciproque, ne constitue pas une excuse, mais peut être seulement considérée comme une circonstance de fait, dont l'appréciation appartient exclusivement au jury (Crim. rej. 17 juill. 1851, *Bull. crim.*, n° 287 ; 21 août 1851, aff. Dénain, D. P. 51. 5. 237).

131. Mais, conformément à ce qui a été dit au *Rép.* n° 132, si l'individu qui a été frappé par un tiers, sur sa prière et ses sollicitations, échappe à la mort, il ne peut être poursuivi comme complice de la tentative de meurtre dont il a été personnellement l'objet, sous prétexte qu'il l'a provoquée, car ce serait le punir comme complice d'une action qu'il pourrait commettre lui-même sans encourir aucune peine.

132. Une dernière hypothèse, qui n'a pas été prévue au *Répertoire*, est celle où les deux personnes qui voulaient mourir ensemble auraient cherché la mort dans un *double suicide*, c'est-à-dire dans un double homicide à exécuter en commun, *par chacune d'elles*, sur elle-même. Si ce projet de *s'enlever simultanément la vie* venait à n'être exécuté que quant à l'une des personnes qui avaient formé ce projet, l'autre ayant *manqué son coup*, pourrait-on poursuivre celle-ci ? Non, sans aucun doute, à notre avis, car cette personne n'a commis qu'une tentative de suicide, tentative non punissable. C'est ce qu'a jugé un arrêt de la haute cour militaire des Pays-Bas, du 22 mars 1859, cité par Nypels, *op. cit.*, t. 2, p. 266.

133. Citons, en terminant, la disposition remarquable de l'art. 283, § 2, c. pén. hongrois de 1878 ainsi conçue : « Si deux personnes sont réciproquement convenues de faire dépendre du hasard, suivant un mode déterminé à l'avance, laquelle des deux devra se donner la mort, et qu'en exécution de cette convention tendant au suicide le projet ait été exécuté, toutes deux seront punies d'un an à cinq ans de prison d'État, si la mort n'en est pas résultée. Si la mort s'en est suivie, le survivant sera puni de cinq à six ans de prison d'État ».

CHAP. 10. — Blessures et coups volontaires non qualifiés meurtre, et autres crimes et délits volontaires (*Rép.* n°s 134 à 190).

134. Le *Répertoire* a fait ressortir (n° 135) les sérieuses difficultés que présente l'incrimination des coups, blessures et violences exercés volontairement sur les personnes, et il s'est associé dans une certaine mesure (*ibid*. n° 136) aux critiques formulées par MM. Chauveau et Hélie, t. 4, n° 1325, contre le système général de notre code, qui prend pour base le résultat matériel de la blessure, et classe les infractions d'après la gravité du préjudice causé. On peut remarquer cependant que le juge trouve non seulement dans la faculté de se mouvoir entre le maximum et le minimum légaux de la peine, mais surtout dans l'institution des circonstances

atténuantes, un double moyen de proportionner la peine à la gravité du fait et de la mettre en rapport avec la culpabilité intrinsèque de l'agent. En tous cas, il ne semble pas que, dans la pratique, le système du code pénal, surtout depuis les améliorations successives dont cette loi a été l'objet, ait entraîné de sérieux inconvénients. On sait que, dès 1832, une disposition a été ajoutée à l'art. 309 pour le cas où les blessures volontaires, faites sans intention de donner la mort, l'ont pourtant occasionnée. Depuis la publication du *Répertoire*, un crime nouveau a été créé par la loi du 13 mai 1863 : celui de violences suivies d'infirmités permanentes (V. *infrà*, n° 153).

La plupart des codes nouveaux ont suivi la même méthode. Le code hongrois de 1878 (art. 301 et 302) distingue trois classes de *lésions corporelles* (expression générale bien choisie, plus compréhensive que celles dont se sert notre code), suivant que la blessure, la maladie ou le trouble intellectuel qui sont résultés de voies de fait ont duré plus de vingt jours, plus de huit jours ou pas plus de huit jours. La peine est de cinq ans de réclusion au maximum « si la lésion corporelle a entraîné la perte d'un des membres principaux du corps, d'un sens, de la parole, de l'ouïe, de la vue ou de la faculté de génération ; ou si elle a eu pour résultat de rendre impossible l'usage d'un de ces membres, sens ou facultés, de rendre le blessé infirme, de troubler son intelligence ou de lui occasionner une maladie de longue durée probable, de continuer ses occupations habituelles, ou de le défigurer d'une manière apparente » (art. 303). — Le code allemand de 1871, en son titre XVII, des *Lésions corporelles*, prononce la réclusion pendant cinq ans au plus ou un emprisonnement qui ne pourra être au-dessous d'un an « si les voies de fait ont occasionné la perte d'un membre important, de la vue, même d'un œil seulement, de l'ouïe, de la parole ou de la faculté génératrice, ou si la personne lésée a été défigurée d'une manière grave et permanente, ou si elle est tombée dans un état de langueur, de paralysie ou d'affection mentale » (art. 224). Aux termes de l'art. 226 du même code, lorsque la lésion corporelle a occasionné la mort de la personne maltraitée, le minimum de la peine est de trois ans de réclusion ou d'emprisonnement. — Le code belge de 1867 distingue également si les coups ou blessures ont causé ou non une maladie ou incapacité de travail personnel (art. 398 et 399) ; s'il en est résulté soit une maladie paraissant incurable, soit une incapacité permanente de travail personnel, soit la perte de l'usage absolu d'un organe, soit une maladie grave (art. 400), et enfin s'ils ont causé la mort sans qu'il y ait eu intention de la donner (art. 401). — Enfin, dans le code néerlandais de 1881, la peine des *sévices* est sensiblement augmentée lorsque ceux-ci sont suivis d'une *grave lésion* corporelle ou de la mort (art. 300, 301, 302, 303) ; d'ailleurs ce code ne définit pas la lésion *grave*, il abandonne ce point à l'appréciation du juge.

135. Les ouvrages de doctrine à consulter sur la matière des coups et blessures volontaires en droit français sont les mêmes que ceux qui ont été signalés *suprà*, n° 1, pour l'homicide. Chauveau et Hélie traitent des coups et blessures volontaires au t. 4 de la *Théorie du code pénal*, chap. 48, n°s 1322 et suiv., et Blanche, *Études pratiques sur le code pénal*, t. 4, art. 309 à 312. V. aussi Boitard, *Leçons de droit criminel*, p. 345 et suiv. ; Dutruc, *Le code pénal modifié par la loi du 18 avr. 1863*, p. 134 et suiv.

136. La matière des « Blessures et coups volontaires non qualifiés meurtres » a été divisée au *Rép.* n° 137 en cinq paragraphes. Un paragraphe de plus est devenu nécessaire depuis la création, par la loi des 18 avr.-13 mai 1863, du crime de violences suivies d'infirmités permanentes. On traitera donc successivement : 1° des coups et blessures qui, portés sans intention de donner la mort, l'ont pourtant occasionnée ; 2° des coups et blessures suivis d'infirmités permanentes ; 3° des blessures qui ont causé une incapacité de travail personnel de plus de vingt jours ; 4° des blessures qui n'ont pas produit ce résultat ; 5° des circonstances aggravantes des blessures, suivant qu'il y a eu préméditation ou guet-apens, ou suivant la qualité des victimes ; 6° des voies de fait et violences légères. — Toute cette matière fait l'objet des art. 309 à 313 c. pén., auxquels il faut ajouter l'art. 605 c. brum. an 4, toujours en vigueur pour les voies de fait et violences légères.

Avant de passer en revue les diverses incriminations qui résultent de ces textes, il nous paraît indispensable de parler d'une condition qui leur est commune à toutes et qui a été examinée au *Rép.* n° 153 et suiv. : la volonté de l'agent.

137. En général, la volonté est une condition essentielle de tous les délits; mais ici le juge est particulièrement obligé de la reconnaître et de la déclarer, parce qu'il s'agit de distinguer les coups et blessures *volontaires* des mêmes faits qu'auraient occasionnés l'imprudence ou la maladresse. La section du code pénal dans laquelle se trouvent les art. 309 et suiv. a pour titre : *Blessures et coups volontaires*, et le mot *volontairement* a été introduit par le législateur dans les art. 309 et 312.

En quoi consiste cette volonté? Ce n'est ni la volonté de tuer, car les blessures et les coups constitueraient une tentative de meurtre, ni la volonté *déterminée* de produire le mal qui est résulté des coups ou des blessures. C'est la *volonté indéterminée de nuire*, la volonté *de faire le mal*. Un individu est sur le point d'être écrasé par une locomotive; un garde-barrière, témoin du danger, saisit violemment l'imprudent, le jette à terre et lui cause une blessure. Ce garde a agi volontairement, mais il n'a pas voulu faire le mal, au contraire. Un chirurgien fait une amputation reconnue nécessaire pour prévenir la mort du patient : cette blessure, il la fait volontairement, mais il n'y est déterminé par aucune intention de nuire ou de faire le mal. Dans ces deux cas, cités à titre d'exemples par Nypels, *Le code pénal belge interprété*, t. 2, sous l'art. 398, n° 3, il est certain qu'il n'y a pas culpabilité (V. aussi Chauveau et Hélie, t. 4, n° 1336).

138. Peu importe d'ailleurs le *motif* qui a déterminé l'agent, (car il ne faut pas confondre avec la volonté ou l'intention de commettre un délit le motif qui a déterminé l'agent à le commettre). On peut faire le mal par des motifs que l'on croit louables, et cette croyance n'exclut pas la culpabilité. « En droit pénal, pas plus qu'en morale, dit très bien Ortolan, la fin ne justifie les moyens ». Il a été jugé que, pour les violences volontaires pas plus que pour tout autre crime ou délit, il n'est besoin que l'action ait été commise par méchanceté, haine ou vengeance; il suffit que son auteur ait agi sans droit et en connaissance de cause : spécialement, qu'une blessure (piqûre chirurgicale) faite à un individu par un médecin en vue d'expérimenter une méthode curative nouvelle, au risque de nuire à cet individu, peut être déclarée punissable comme blessure volontaire, quoique l'agent ait eu simplement le dessein de faire une expérience scientifique (Trib. corr. Lyon, 15 déc. 1859, aff. Guyénot, D. P. 59. 3. 87).

Mais l'absence de toute intention coupable ferait disparaître le délit. C'est ainsi qu'il a été jugé par la cour de cassation que lorsqu'un surveillant de prison a pu se croire en droit de frapper de trois légers coups d'un bout de corde (qu'il est autorisé à porter dans l'exercice de ses fonctions), pour refus de travail et insulte à son égard, une femme attachée à un atelier de discipline, l'acquittement prononcé par le juge du fait se justifie par le motif tiré du défaut d'intention coupable (Crim. rej. 7 juin 1861, aff. Coyot, D. P. 61. 5. 329).

139. Au reste, la volonté étant une condition substantielle de l'incrimination, il faut qu'elle soit affirmée par le juge, c'est-à-dire, suivant les cas, par le jury ou le tribunal correctionnel. Et le mot *coupable* ne suffit pas pour déclarer cette condition, lorsque la question à laquelle ce mot se réfère est muette sur ce point (Aux arrêts de la cour de cassation des 27 févr. 1824, 10 mars 1826, 22 août 1828 et 12 janv. 1832, cités au *Rép.* n° 153, comme ayant consacré cette doctrine, il faut ajouter les suivants : Crim. cass. 2 juill. 1835, aff. Richard, *Bull. crim.*, n° 262; 18 juill. 1840, *Rép.* v° *Instruction criminelle*, n° 2563-1°; 23 déc. 1844, *ibid.*, n° 2563-2°; 26 déc. 1844, *Bull. crim.*, n° 413; 22 juin 1850, aff. Lesueur, D. P. 50. 5. 465; 3 sept. 1868 (1); 18 févr. 1876, aff. Sabaut, D. P. 77. 1. 413; 17 déc. 1886) (2).

Jugé aussi, en vertu du même principe, que la circonstance de la volonté doit, à peine de la nullité de la condamnation, être constatée dans le *dispositif* de la décision, et que les énonciations contenues dans les motifs ne sauraient suppléer à cette constatation (Crim. cass. 22 juin 1850, aff. Lesueur, D. P. 50. 5. 465).

140. Il n'est d'ailleurs pas moins certain que cette volonté doit être constatée dans les *motifs*; et il a été jugé que l'arrêt qui, pour éviter une prévention de meurtre avec préméditation, déclare que le prévenu était « affolé » lorsqu'il s'est rendu coupable du fait incriminé, et « qu'il ne se serait pas rendu coupable de cet acte de désespoir s'il n'avait été, en quelque sorte, privé de sa liberté d'esprit », puis relève contre ce prévenu, dans son dispositif, l'existence d'un délit de coups et blessures volontaires, renferme une contradiction en présence de laquelle, à défaut d'autres considérants, il doit être réputé non motivé (Crim. cass. 25 mars 1886) (3).

141. Toutefois, le mot *volontairement* n'est pas sacramentel, et la volonté du prévenu peut être constatée par des équipollents. Jugé qu'il en est ainsi lorsque l'arrêt, après avoir rappelé qu'une blessure *volontairement* faite constitue un délit aux termes de la loi, constate que celle qui a donné lieu aux poursuites a été faite dans un duel (au sabre) et

---

(1) (Guillemin.) — LA COUR; — Sur le premier moyen relevé d'office : — Vu les art. 309 et 311 c. pén.; — Attendu qu'il résulte de la combinaison de ces articles que les coups portés et les blessures faites ne sont punissables qu'autant que lesdits coups ont été portés et les blessures faites *volontairement*, parce que la *volonté* est seule constitutive de la criminalité du fait; — Attendu que, contrairement à ce principe, la question posée par le président de la cour d'assises, comme résultant des débats, n'a point interrogé le jury sur le point de savoir si les coups portés et les blessures faites par Charles Constant Guillemin à Trépied l'ont été *volontairement*; qu'il suit de là que la réponse affirmative faite par le jury à cette question ne constituait pas contre l'accusé une déclaration de culpabilité d'un fait qualifié crime ou délit par la loi, et ne pouvait, par conséquent, servir de base à l'application d'une peine; que, néanmoins, l'arrêt attaqué a condamné ledit Guillemin à la peine de deux années d'emprisonnement, par application de l'art. 311 c. pén., et qu'il a ainsi faussement appliqué ledit article; — Casse.
Du 3 sept. 1868.-Ch. crim.-MM. Salneuve, rap.-Charrins, av. gén.

(2) (Georges Lauvray.) — LA COUR; — Attendu que les coups portés et les blessures faites ne tombent sous l'application des art. 309 et 311 c. pén., que lorsque lesdits coups ont été portés et les blessures faites *volontairement*; — Attendu que, par la question posée comme résultant des débats, le président de la cour d'assises s'est borné à interroger le jury sur le point de savoir si Georges Lauvray était coupable d'avoir fait des blessures à la fille Louise Collowe, sans demander si lesdites blessures avaient été faites volontairement; — Attendu que la réponse affirmative faite par le jury à cette question ne constituait pas contre l'accusé une déclaration de culpabilité d'un fait qualifié crime ou délit par la loi pénale, et ne pouvait dès lors servir de base à

l'application d'une peine; — D'où il suit qu'en prononçant contre le demandeur une peine de trois mois d'emprisonnement par application de l'art. 311 c. pén., l'arrêt attaqué a faussement appliqué et par suite violé ledit article; — Casse.
Du 17 déc. 1886.-Ch. crim.-MM. Sallantin, rap.-Loubers, av. gén.

(3) (Rose-Ursule Magny.) — LA COUR; — Vu l'art. 7 de la loi du 20 avr. 1810; — Attendu que Rose-Ursule Magny était prévenue aux termes d'une ordonnance du juge d'instruction, d'avoir commis une tentative de meurtre sur la personne du sieur Baculard, son mari, et ce avec la circonstance aggravante de préméditation, fait prévu et puni par les art. 2, 295, 296, 297 et 302 c. pén.; que la chambre des mises en accusation de la cour d'appel d'Aix a déclaré, conformément aux réquisitions écrites du procureur général, qu'il résultait « des circonstances » à la charge de la prévenue un simple délit de coups et blessures, et a prononcé le renvoi de l'affaire devant la juridiction correctionnelle; — Mais attendu qu'on ne rencontre dans cette décision aucun motif qui ait directement trait à l'objet de la prévention retenue contre la femme Magny; qu'il y est dit seulement que cette femme était « affolée » lorsqu'elle s'est rendue coupable du fait imputé, « et qu'elle ne se serait pas livrée à cet acte de désespoir si elle n'avait été, en quelque sorte, privée de sa liberté d'esprit »; que ces constatations, exclusivement relatives à l'état mental de la femme et de nature à mettre en doute ou à faire disparaître sa responsabilité, se trouvent en contradiction manifeste avec le dispositif de l'arrêt, lequel relève contre la femme Magny l'existence d'un délit de coups et blessures volontaires; qu'en présence de cette contradiction et à défaut d'autres considérants l'arrêt attaqué doit être réputé non motivé; — Casse.
Du 25 mars 1886.-Ch. crim.-MM. de Larouverade, rap.-Loubers, av. gén.

avec *préméditation* (Crim. cass. 11 janv. 1856, aff. Richard de Lavergne, D. P. 56. 5. 490; Conf. Chauveau et Hélie, t. 4, n° 1337). La cour suprême a admis aussi, dans une espèce où une fille avait été déclarée coupable d'avoir porté des coups à sa mère *sans y avoir été provoquée*, « qu'il résulte suffisamment de cette déclaration, prise dans son ensemble, que la condamnée a porté ces coups volontairement » (Crim. rej. 5 août 1847, aff. Alzire.-MM. Vincent-Saint-Laurent, rap.-Nicias-Gaillard, av. gén.). Il nous paraît assez difficile cependant de comprendre pourquoi des coups portés sans provocation seraient *nécessairement* volontaires. Ne peut-on pas porter, en l'absence de provocation, un coup involontaire comme un coup volontaire ? (Nypels, t. 2, sous l'art. 398, n° 3, p. 319).

142. Pourrait-on voir un équivalent du mot *volontaire* dans cette mention que les coups avaient été portés à *différentes reprises* ou *réitérés plusieurs fois?* La question a été examinée au *Rép.* n° 154, où l'on a signalé les hésitations de la cour de cassation. D'accord avec le dernier arrêt de cette cour (Crim. cass. 23 déc. 1841, *Rép.* v° *Instruction criminelle*, n° 2563-2°), nous inclinons pour la négative. Il n'y a là, en effet, qu'une induction, et il nous paraît comme à MM. Chauveau et Hélie, t. 4, n° 1337, dangereux d'admettre comme base de la pénalité une interprétation qui n'est que probable, et qui n'a pas le caractère de certitude d'une déclaration explicite (Conf. Faustin Hélie, *Instruction criminelle*, t. 8, n° 3864; Blanche, t. 4, n°s 561 et suiv. ; Nouguier, *Cour d'assises*, t. 4, 1er vol., n° 2692). — En tous cas et d'une façon générale, nous dirons avec Blanche, n° 563, que le mieux est de constater et de déclarer, en employant l'expression même de la loi, que les coups ont été portés, que les blessures ont été faites, que les violences ont été commises volontairement.

143. La question de savoir si la personne qui a été l'objet des violences, en ce que l'agent avait l'intention de les exercer sur une autre personne, laisse subsister la culpabilité, se rattache à la condition de la volonté. La jurisprudence l'a résolue dans le sens de l'affirmative, comme au cas d'homicide volontaire (Crim. cass. 7 avr. 1853, aff. Gabarrou, D. P. 53. 1. 174. Conf. Chauveau et Hélie, t. 4, n° 1338; Blanche, t. 4, n° 565). — Sur la même question en matière d'homicide, V. *suprà*, n°s 8 et 9.

144. Pareillement, les actes de violence prévus par les art. 309 et 311 sont punissables encore qu'ils aient eu lieu du *consentement* de la personne qui en a été l'objet. Ce point de droit a été traité au *Rép.* n° 155. La question ne paraît plus s'être présentée devant les tribunaux depuis l'arrêt Roubignac du 2 juill. 1835 (*Rép.* n° 157. Conf. Blanche, t. 4, n° 567).

À cet égard, la loi du 21 mars 1832 (*Rép.* v° *Organisation militaire*, p. 1889) contenait, à l'époque de la publication du *Répertoire*, une disposition spéciale relativement aux mutilations que les jeunes soldats commettent sur eux-mêmes, dans le but de se rendre impropres au service militaire. L'art. 41 de cette loi punissait d'un emprisonnement d'un mois à un an les jeunes gens qui se sont rendus impropres au service militaire, sans préjudice de peines plus graves, dans les cas prévus par le code pénal. Les mêmes peines étaient prononcées (art. 45) contre les *complices* de ces mutilations ; et si ces complices étaient des médecins, chirurgiens, officiers de santé ou pharmaciens, la durée de l'emprisonnement pouvait s'élever à deux ans, indépendamment d'une amende de 200 fr. à 1000 fr. — Cette disposition a été reproduite dans l'art. 63 de la loi du 27 juill. 1872, sur le recrutement de l'armée (D. P. 72. 4. 68), ainsi conçu : « Art. 63. Tout homme qui est prévenu de s'être rendu impropre au service militaire, soit temporairement, soit d'une manière permanente, dans le but de se soustraire aux obligations imposées par la présente loi, est déféré aux tribunaux, soit sur la demande des conseils de revision, soit d'office, et, s'il est reconnu coupable, il est puni d'un emprisonnement d'un mois à un an. — Sont également déférés aux tribunaux et punis de la même peine, les jeunes gens qui, dans l'intervalle de la clôture de la liste cantonale à leur mise en activité, se sont rendus coupables du même délit. — La peine portée au présent article est prononcée contre les complices. — Si les complices sont des médecins, chirurgiens, officiers de santé ou pharmaciens, la durée de l'emprisonnement est de deux mois à deux ans, indépendamment d'une amende de 200 fr. à 1000 fr., qui peut aussi être prononcée, et sans préjudice de peines plus graves, dans les cas prévus par le code pénal » (V. *infrà*, v° *Organisation militaire*).

145. Une autre observation commune à tous les genres de coups, blessures et violences, déjà faite au *Rép.* n°s 147, 168, 169 et 170, c'est que les dispositions de loi qui les répriment sont générales, et que les peines qu'elles prononcent sont encourues, quels que soient le sexe, l'âge ou la qualité des victimes. Spécialement, les droits de la puissance *maritale* ou *paternelle* ne pourraient autoriser un mari ou un père à exercer des violences sur sa femme ou sur ses enfants. Il en faut dire autant des instituteurs et des maîtres ou patrons à l'égard de leurs élèves ou apprentis. On verra cependant quelques restrictions à cette règle pour l'application de l'art. 311.

§ 1er. — Coups et blessures qui, portés sans intention de donner la mort, l'ont pourtant occasionnée (*Rép.* n°s 138 à 144).

146. Nous constaterons d'abord que la loi du 13 mai 1863 n'a touché en rien à ce crime, prévu par le dernier paragraphe de l'art. 309 c. pén.; l'incrimination et la peine sont restées ce qu'elles étaient sous le code pénal revisé en 1832.

Le crime du dernier paragraphe de l'art. 309 n'existe qu'à la quadruple condition: 1° qu'il y ait eu des coups ou des blessures; 2° qu'il y ait eu volonté chez l'agent de porter ces coups ou de faire ces blessures, mais non de tuer; 3° que les coups ou les blessures aient été suivis de la mort; 4° qu'ils aient été la cause de la mort.

Sur la première condition et relativement à ce qu'on doit entendre par coups et blessures, V. *infrà*, n°s 178 et suiv. Le législateur de 1863 a introduit, par une mention spéciale, dans les deux premiers paragraphes de l'art. 309, les mots *toutes autres violences ou voies de fait*. Cette addition n'est pas faite dans le troisième, qui nous occupe. D'où la question de savoir si, pour l'application de ce troisième paragraphe, il faudra, comme par le passé, que les violences aient nécessairement pris le caractère de coups et blessures. La négative nous paraît certaine. Il résulte du rapport de la commission du Corps législatif qu'on a entendu faire l'addition à l'ensemble même de l'art. 309. Il serait d'ailleurs tout à fait irrationnel qu'une violence d'un certain genre entraînât la réclusion, si elle était suivie de mutilation, et ne fût punie que d'une peine correctionnelle, si elle avait occasionné la mort (Blanche, t. 4, n° 560). — Sur la seconde condition, c'est-à-dire la *volonté*, V. *suprà*, n°s 137 et suiv. Il est d'ailleurs évident que la volonté ne consiste pas ici dans l'intention de tuer; autrement, il y aurait meurtre. Le crime de l'art. 309 § 4, suppose que les coups, non la mort, ont été voulus. La troisième condition ne comporte aucune observation. Il n'en est pas de même de la quatrième, à savoir que les coups ou les blessures aient été la *cause de la mort*.

147. Le crime existe dès qu'il est constaté qu'il y a relation de cause à effet entre les violences exercées et la mort. Il n'y a pas à rechercher (on l'a dit au *Rép.* n° 141) si la blessure était mortelle par elle-même ou si elle l'est devenue seulement à raison de la constitution débile ou de la santé chancelante de la victime; et, par conséquent, le crime existera lorsque les coups et blessures n'auront fait que hâter la mort (Crim. cass. 12 juill. 1844, *Rép.* n° 141; Blanche, 4e *Etude*, n° 579; Chauveau et Hélie, t. 4, n° 1349). — Il n'y a pas à rechercher non plus si la blessure devait amener inévitablement la mort, ou si les secours de l'art, appliqués à temps, pouvaient écarter ce résultat, ni si la lésion était la cause unique ou seulement l'une des causes de la mort. Ce qu'il faut, et ce qui est seulement nécessaire, c'est que les coups et blessures soient la *cause première* ou *cause directe de la mort* (Nypels, *Le code pénal belge interprété*, t. 2, sous l'art. 401, n° 2, p. 341).

148. Mais l'agent n'est pas responsable des faits *postérieurs* accidentels qu'il n'a pu prévoir. Ainsi, quand la blessure, non mortelle par elle-même, l'est devenue par l'imprudence de la victime (Bruxelles, 17 mars 1813, *Rép.*

n° 142. V. aussi Liège, 22 juill. 1865) (1); par l'impéritie de l'homme de l'art, ou par d'autres accidents semblables. Ainsi encore, quand une maladie survenue plus tard et qui n'avait pas sa source dans la lésion a emporté la victime (Crim. rej. 18 mars 1854, aff. Brassier, D. P. 54. 1. 163). Dans tous ces cas, on ne peut pas imputer à l'agent le résultat que punit l'art. 309, § 4; ce résultat (la mort) n'est pas en rapport de causalité avec les coups et blessures; il est le résultat de circonstances et de faits auxquels l'agent est complètement étranger (Nypels, p. 342).

149. A qui appartient-il de juger la question de relation de cause à effet entre les violences et la mort? Au juge du fait évidemment, et par conséquent au jury, éclairé par l'appréciation des hommes de l'art. L'opinion de ceux-ci sur la cause de la mort n'est pas un jugement; elle n'a que la valeur d'un témoignage qui laisse au jury son libre arbitre et son indépendance souveraine. C'est ce qui a été reconnu au *Rép.* n° 143 (Conf. Chauveau et Hélie, t. 4, n° 1350).

150. Quel laps de temps doit-il s'écouler entre l'époque où la blessure a été volontairement faite et celle où le blessé a succombé, pour que le coupable soit atteint par l'art. 309, § 4, et responsable de cette mort? La loi est muette à cet égard, et il suffirait pour rendre applicable le paragraphe 4 de l'art. 309, que le jury eût décidé que les coups ont occasionné la mort, quel que fût le délai écoulé. La cour de cassation a décidé, le 9 juin 1853 (aff. Lenormand, D. P. 53. 1. 318), que la question de savoir si les coups et les blessures ont été la cause de la mort demeure abandonnée à la conscience du jury, et qu'il n'est pas nécessaire de l'interroger sur l'espace de temps qui s'est écoulé entre la blessure et la mort (Conf. Blanche, t. 4, n° 580). Cette décision paraît contredire l'opinion émise au *Rép.* n° 144, et partagée par Chauveau et Hélie, t. 4, n° 1351, suivant laquelle, après *quarante jours* écoulés depuis la blessure, la mort ne pourrait plus être imputée à l'agent.

151. La circonstance que les coups et blessures portés volontairement, mais sans intention de tuer, ont cependant amené la mort, est une circonstance aggravante et non une circonstance constitutive du fait principal de coups et blessures volontaires, et, par suite, elle doit faire l'objet d'une question séparée et distincte (Crim. cass. 19 avr. 1839, *Rép.* v° *Instruction criminelle*, n° 2895; 10 oct. 1839, *Bull. crim.* n° 132; 9 janv. 1840, *ibid.*, n° 9; 2 janv. 1841, *Rép.*

v° *Instruction criminelle*, n° 2859-10°; 30 déc. 1841, *Bull. crim.* n° 374; 7 janv. 1842, *Rép.* v° *Instruction criminelle*, n° 2591; 9 juin 1842, *Bull. crim.* n° 138; 4 août 1843, *ibid.*, n° 195; 25 août 1843, *ibid.*, n° 218; 18 janv. 1844, *ibid.*, n° 16; 25 sept. 1845, *ibid.*, n° 300; Crim. cass. 3 sept. 1846, aff. Perret, D. P. 46. 4. 136; 27 juill. 1848, aff. Goutorbe, D. P. 48. 5. 89; 9 nov. 1848, aff. Leport, D. P. 50. 5. 118; 3 oct. 1850, aff. Cendret, D. P. 50. 5. 118; 10 juin 1852, aff. Desbarres, D. P. 52. 5. 172; 30 nov. 1874 (2); 25 avr. 1872, aff. Raynal, *Bull. crim.*, n° 95). La nullité qui résulte de la position d'une question unique s'étend à celui qui est condamné comme complice (Même arrêt du 30 nov. 1871). — Et cela en Algérie (Crim. cass. 24 mars 1870, aff. Moïse-ben-es-Saïd, *Bull. crim.*, n° 71), et aux colonies (Crim. cass. 25 août 1871) (3) comme dans la métropole.

152. Ajoutons, pour terminer ce paragraphe, que la tentative du crime prévu par l'art. 309, § 4, n'est pas punissable. Cela est évident puisque ce crime n'existe que s'il a occasionné la mort et que si, par conséquent, il a été l'objet d'une perpétration complète, laquelle est inconciliable avec la criminalité d'une simple tentative. On ne peut tenter que *ce qu'on veut*, dit très bien Nypels, p. 346.

§ 2. — Coups et blessures suivis de mutilation, privation de l'usage d'un membre ou autres infirmités permanentes.

153. Cette incrimination (art. 309, § 3) date de la loi du 13 mai 1863. Le code de 1791 disposait déjà à cet égard d'une manière analogue. Les législations étrangères (on l'a vu *suprà*, n° 134), élèvent aussi la peine dans le cas de mutilation ou d'infirmités apparentes. Sous le code pénal revisé en 1832, ainsi qu'on l'a dit au *Rép.* n°s 159 et 160, la mutilation, quelque grave qu'elle fût, la perte même d'un organe, ne devenait une cause d'aggravation de la peine que si l'incapacité de travail avait duré plus de vingt jours, sauf les deux cas spéciaux prévus par l'art. 316 pour la castration (V. *infrà*, n°s 223 et suiv.), et par l'art. 44 de la loi du 21 mars 1832 sur le recrutement (remplacé depuis, comme on l'a dit *suprà*, n° 144, par l'art. 63 de la loi du 27 juill. 1872). Notre loi était défectueuse sous ce rapport, car il y a telle blessure qui sans entraîner aucune incapacité de travail, peut, à raison des traces perpétuelles qu'elle laisse, ou de la difformité qui en résulte, être considérée comme occa-

---

(1) (Birny C. Pierrard.) — LA COUR; — Attendu que le sieur André n'a succombé ni par l'effet unique ni même par le concours d'un coup que l'intimé lui aurait porté; que cela est démontré non seulement par les constatations des hommes de l'art, mais encore par l'usage qu'il a fait, après cet acte de violence, de toutes ses forces musculaires; — Attendu que les véritables causes de la mort du mari de l'appelante sont, tant d'après l'avis des médecins qui ont opéré l'autopsie que d'après les renseignements recueillis des témoins, la surexcitation excessive à laquelle il s'est abandonné et la violence extrême à laquelle il a eu recours, jointes à des dispositions à l'apoplexie; — Attendu que si cette irritation et ces voies de fait se sont produites à la suite d'injures d'abord et plus tard d'un coup de Pierrard, ce dernier fait était sans gravité et pas plus que les paroles blessantes qui l'ont précédé, ne justifiant et n'excusant même la conduite violente d'André; que, dans ces circonstances, il n'y a pas lieu de reporter sur l'intimé, même en partie, la responsabilité de la mort dudit André; — Par ces motifs, etc. ; — Confirme.
Du 22 juill. 1865.-C. de Liège, 3e ch.-MM. Wala, subst.-Ruys, Forgeur et Bury, av.

(2) (Félix Perrot et autres.) — LA COUR; — Vu les art. 309, 311 c. pén., 344, 345, 337 c. instr. cr. 1er, 2, 3 de la loi du 13 juin 1836; — Attendu que les dispositions combinées de ces articles imposent au président de la cour d'assises l'obligation de poser au jury des questions distinctes et séparées, d'abord sur le fait principal objet de l'accusation, et ensuite sur chacune des circonstances aggravantes; — Que cette division est indispensable pour que le jury puisse, conformément à la loi du 18 juin 1836, voter par scrutins distincts et séparés sur le fait principal d'abord, et, ensuite, s'il y a lieu, sur chacune des circonstances; — Attendu que, dans l'espèce, le jury a été interrogé par une seule et même question sur le fait de savoir si Perrot avait volontairement porté des coups et fait des blessures au nommé Rolin, et si les coups et blessures avaient occasionné la mort du même individu sans que Perrot eût eu l'intention de la lui donner; — Qu'il en a été de même à l'égard de la question posée au jury pour le nommé Commémorel; — Que le jury a été ainsi amené à résoudre par une

déclaration unique la question complexe qui lui avait été soumise; en quoi il y a eu violation des articles précités; En ce qui touche Devaux, déclaré coupable par le jury de complicité par aide et assistance du crime de coups et blessures volontaires, à raison duquel Perrot et Commémorel ont été condamnés; — Attendu que les conséquences de la nullité résultant du vice de complexité des questions sur le fait principal s'étendent nécessairement à celui qui est condamné comme complice du crime ainsi affirmé; — Casse.
Du 30 nov. 1871.-Ch. crim.-MM. Roussel, rap.-Bédarrides, av. gén.

(3) (Maïssa Daff, dit Maïssa Fal.) — LA COUR; — Vu l'art. 337 c. instr. cr. colonial, et l'art. 309, § 2, c. pén.; — Attendu que le demandeur était accusé du crime d'homicide volontaire avec préméditation, mais que cette accusation a été écartée par la réponse négative à la question de meurtre; — Attendu que la question posée a été sur une déclaration répondant affirmativement à chacune des deux questions posées comme résultant des débats, en ces termes : « L'accusé Maïssa Daff est-il coupable d'avoir à Rufirques, volontairement fait une blessure au nommé Amady Ngoni, sans intention de la donner, *mais qui l'a pourtant occasionnée*? Cette blessure a-t-elle été faite avec préméditation? » ; — Mais attendu qu'aux termes de l'art. 337 précité, le président de la cour doit poser distinctement et successivement les questions mêmes résultant des débats, qui comprennent un fait principal et une circonstance aggravante, afin d'assurer la sincérité de la déclaration des juges sur chacune de ces questions; — Attendu que, dans le crime prévu par l'art. 309, § 2, c. pén. colonial, il y a d'abord le fait des coups ou blessures volontaires, qui pourrait n'être qu'un délit, et la circonstance de la mort occasionnée, laquelle est aggravante et ce qu'elle érige le délit en crime; — Attendu, dès lors, qu'il y a vice de complexité dans la première question posée comme résultant des débats, ce qui entraîne nullité aux termes de l'art. 408 c. instr. cr. colonial; — Casse.
Du 25 août 1871.-Ch. crim.-MM. Achille Morin, rap.-Bédarrides, av. gén.

sionnant un préjudice plus grave qu'une maladie momentanée. La loi du 13 mai 1863 a fait cesser ce grief; elle ne frappe plus que d'un emprisonnement de deux à cinq ans, au lieu de la réclusion, l'auteur de blessures volontaires ayant entraîné une incapacité de travail de plus de vingt jours (V. *infrà*, n°s 162 et suiv.), mais elle prononce (art. 309, § 3) la réclusion, quand les violences ont été suivies de mutilation, amputation ou privation de l'usage d'un membre, cécité, perte d'un œil, ou autres infirmités permanentes. C'est là une incrimination nouvelle, qui doit s'appliquer alors même que cette perte d'un membre ou cette mutilation n'aurait entraîné aucune incapacité de travail.

154. Le crime prévu par l'art. 309, § 3, n'existe qu'à la quadruple condition : 1° qu'il y ait eu des coups, blessures ou violences; 2° qu'il y ait eu volonté chez l'agent; 3° que les violences aient été suivies de mutilation, privation de l'usage d'un membre, ou autres infirmités permanentes ; 4° qu'il y ait relation de cause à effet entre les violences exercées et la mutilation ou les infirmités.

155. Sur la première de ces conditions, et relativement à ce qu'on doit entendre par coups, blessures et violences, V. *infrà*, n°s 178 et suiv. — Nous constaterons toutefois ici: 1° que le législateur de 1863 a ajouté les *violences* ou *voies de fait* aux *coups et blessures* de l'ancien texte de l'art. 309 c. pén.; 2° que la *tentative* du crime prévu par le paragraphe 3 de l'art. 309 n'est pas punissable, puisque ce crime n'existe que s'il a été suivi d'infirmités permanentes, et, dès lors, que s'il a été suivi d'effet, ce qui exclut la possibilité d'en atteindre le mal par une simple tentative. La nature du crime met donc ici obstacle à l'application de la règle de l'art. 2 c. pén., d'après laquelle la tentative d'un crime est punie comme le crime lui-même.

156. A l'égard de la seconde condition, la *volonté*, tout ce que la loi exige, c'est que l'agent ait porté des coups *volontairement*. Il n'est aucunement nécessaire que le prévenu ait eu *l'intention* de mutiler la victime, de lui crever un œil ou de lui occasionner toute autre infirmité permanente. En effet, c'est une règle constante, en droit pénal, qu'on doit imputer à l'agent non seulement le mal qu'il a voulu *déterminément*, mais le mal qui pouvait résulter de son action et qu'il a pu prévoir.

157. Quant à la troisième condition, il y a lieu seulement de remarquer avec Blanche, t. 4, n° 576, que l'incrimination de l'art. 309, § 3, ne tient pas compte de la durée plus ou moins longue de la maladie ou de l'incapacité de travail. C'est, pour l'application de cet article, une circonstance tout à fait indifférente (V. aussi Chauveau et Hélie, t. 4, n° 1342).

158. Enfin, et en quatrième lieu, il est certain que les violences ne tombent sous l'application du paragraphe 3 de l'art. 309, comme étant suivies d'une infirmité permanente, que lorsqu'elles sont la *cause directe* de cette infirmité. L'expression *suivies*, dont se sert ce paragraphe, a le même sens que les mots *s'il est résulté*, employés dans le paragraphe 1er, à l'égard de la maladie ou incapacité de travail de plus de vingt jours (Exposé des motifs de la loi du 13 mai 1863, et Rapport, D. P. 63. 4. 83, note, n° 38; et p. 91, note, n° 101), aussi bien que l'expression *occasionnée* du paragraphe 4 du même article, relatif au cas de mort (V. *suprà*, n° 147).

159. La mutilation, l'amputation, la privation de l'usage d'un membre, la cécité, la perte d'un œil, et toute autre infirmité permanente, sont des circonstances aggravantes des coups, blessures et autres violences volontaires; elles doivent, par conséquent, être soumises à l'appréciation du jury, dans une question spéciale et distincte de l'interrogation principale, comme on le faisait avant la revision de la loi du 13 mai 1863, pour la maladie et l'incapacité de travail personnel de plus de vingt jours (Crim. cass. 16 janv. 1841, *Rép.* v° *Instruction criminelle*, n° 2859-9°. Conf. Blanche, t. 4, n° 577).

160. Lorsqu'un prévenu, traduit devant la police correctionnelle pour blessures volontaires, demande à être renvoyé devant le jury, en alléguant que la blessure a occasionné une infirmité permanente (par exemple, la perte d'un œil), le tribunal correctionnel ne peut se déclarer compétent qu'en affirmant, d'une manière formelle, que cette circonstance aggravante n'existe pas. La cour de Douai avait confirmé un jugement rejetant l'exception, parce qu'il n'était pas sûr

qu'il dût y avoir perte de l'œil ; que ce ne serait qu'après avoir essayé encore longtemps du traitement indiqué qu'il serait permis de se prononcer affirmativement sur la perte de la vue ; que les documents produits étaient tout au plus de nature à faire naître des doutes sur l'état visuel de l'organe ; que ni à la date du jugement, ni à celle où l'arrêt allait être rendu, il n'était justifié que la vision fût entièrement et irrévocablement perdue, et que, dans le doute, c'était à la juridiction la plus douce qui devait être préférée. Mais cet arrêt fut cassé par le motif que si le tribunal correctionnel, devant lequel le prévenu élève une exception d'incompétence fondée sur ce qu'il existe dans la cause une circonstance aggravante qui fait un crime du délit poursuivi, est souverain pour reconnaître et déclarer si cette circonstance existe ou non, il doit, s'il la repousse, la nier formellement ; que si, au contraire, il émet à cet égard son opinion en termes dubitatifs, spécialement, s'il reconnaît qu'il y a des indices suffisants pour croire à l'existence de la circonstance aggravante, il ne peut retenir la cause et doit se déclarer incompétent, le principe général étant que la cour d'assises est compétente, à l'exclusion de toute autre juridiction, dès qu'il y a indice suffisant d'un crime (Crim. cass. 12 févr. 1864, aff. Beauvais, D. P. 64. 1. 97).

§ 3. — Blessures et coups ayant occasionné une maladie ou incapacité de travail personnel de plus de vingt jours (*Rép.* n°s 145 à 163).

161. Ces sortes de violences étaient, à l'époque de la publication du *Répertoire*, punies de la réclusion. Depuis la loi du 13 mai 1863, elles ne constituent plus qu'un simple délit punissable, aux termes des paragraphes 1er et 2 de l'art. 309 c. pén., d'un emprisonnement de deux à cinq ans, et d'une amende de 16 fr. à 2000 fr. (avec privation *facultative* des droits mentionnés en l'art. 42 c. pén. pendant cinq ans au moins et dix ans au plus). — Les auteurs de la loi de 1863 ont considéré la circonstance d'incapacité de travail pendant plus de vingt jours comme une base trop incertaine pour une poursuite criminelle. « On peut trop facilement, dit l'exposé des motifs, p. 36, en procurer l'apparence et en prolonger la durée. Trop de causes étrangères, qui ne sont pas toutes de bon aloi, peuvent concourir à sa formation : l'erreur, l'inhabileté, l'imprudence, le défaut de soins, la fraude intéressée. Le fait principal même, hors les cas de préméditation, porte rarement avec lui un caractère marqué d'immoralité. Il y a dans ces actes de violence plus d'irréflexion et de colère que de volonté criminelle. Ce sont des faits de rixe et d'emportement, où le blâme n'est pas toujours du côté de la peine, et que le jury résiste à la punir comme des crimes ».

162. Pour constituer le délit réprimé par l'art. 309, § 1er, il faut : 1° des coups, blessures ou autres violences ou voies de fait; 2° la volonté de l'agent; 3° une maladie ou incapacité de travail personnel pendant plus de vingt jours ; à ces trois éléments, indiqués au *Rép.* n° 146, il y a lieu d'ajouter: 4° une relation de cause à effet entre les violences et cette maladie ou incapacité de travail.

163. En ce qui concerne la première condition, V. *infrà*, n°s 178 et suiv.

164. Sur la seconde condition, qui est la volonté, nous nous bornerons à dire qu'ici, comme dans le cas du paragraphe 3 de l'art. 309 (V. *suprà*, n° 155), tout ce que la loi exige, c'est que l'agent ait porté des coups *volontairement*, c'est-à-dire qu'il ait eu la volonté *indéterminée* de nuire, et qu'il n'est aucunement nécessaire que le prévenu ait eu l'intention d'occasionner à sa victime une maladie ou une incapacité de travail quelconque.

165. La troisième condition est spéciale au délit du paragraphe 1er de l'art. 309. Le *Répertoire* en a traité sous les n°s 156 à 161. — Qu'est-ce que la maladie dont il est ici question ? C'est l'altération de la santé; une douleur ne la constituerait pas (Blanche, t. 4, n° 571).

166. Que doit-on entendre par incapacité de travail personnel ? D'après la plupart des auteurs, ce n'est pas seulement l'incapacité d'un travail *habituel*; c'est l'impuissance de se livrer à un travail *corporel* (Blanche, t. 4, n° 572 ; Chauveau et Hélie, t. 4, n°s 1340 et 1341; Briand et Chaudé, *Traité de médecine légale*, 1re éd., t. 1, p. 422). Si on restreignait l'incapacité

au travail habituel de la personne lésée, avons-nous dit au *Rép.* n° 157, ce travail étant différent suivant les habitudes et la profession de cette personne, la qualification du fait dépendrait entièrement du hasard des circonstances. Toutefois, comme on l'a vu *ibid.*, la question a été diversement résolue.

167. De ce que la loi exige une incapacité de travail corporel, faut-il conclure que cette incapacité devra être *complète*, que la victime n'ait pu se livrer à aucune espèce de travail? Oui, suivant l'arrêt du 14 déc. 1820, cité au *Rép.* n° 157, et l'opinion de MM. Chauveau et Hélie, t. 4, n° 1341, à laquelle nous nous sommes ralliés au *Rép. ibid., in fine.* Cette interprétation est fort rigoureuse; elle a été repoussée par les auteurs du code pénal belge de 1867 (V. Nypels, *Le code pénal belge interprété*, t. 2, p. 334).

168. Mais, comme on l'a dit au *Rép.* n° 161, la maladie ou l'incapacité de travail ne devient une circonstance aggravante du fait principal que dans le cas où elle a duré plus de vingt jours, c'est-à-dire vingt et un jours au moins. On a reconnu au *Rép.* n° 159 que cette durée doit être effective et qu'il ne suffirait pas, pour appliquer l'art. 309, que les traces ou cicatrices eussent duré plus de vingt jours, si la maladie ou l'incapacité de travail n'a pas eu cette durée (Crim. cass. 17 déc. 1819, *Rép.* v° *Puissance paternelle*, n° 48; Chauveau et Hélie, t. 4, n° 1342).

169. Une première application de la règle que la durée de l'incapacité de travail doit être effective, application rappelée au *Rép.* n° 159, a été faite par l'arrêt du 17 déc. 1819 (cité *suprà*, n° 168), qui a décidé que la mutilation, quelque grave qu'elle soit, que la perte même d'un organe ne deviendrait une cause d'aggravation de peine, si cet acte n'avait été accompagné d'une incapacité de travail corporel de plus de vingt jours, puisque la loi n'a pris d'autre base de l'aggravation que cette incapacité. Cela était fort juridique sous l'empire du code pénal, même revisé en 1832, car la mutilation ne constitue évidemment pas par elle-même une incapacité; mais aujourd'hui, depuis la loi du 13 mai 1863, qui a introduit dans l'art. 309 un troisième et avant-dernier paragraphe visant précisément les « mutilation, amputation ou privation de l'usage d'un membre, cécité, perte d'un œil, ou autres infirmités permanentes », ces faits constituent, on le sait (V. *suprà*, n° 153), en dehors de toute incapacité de travail, un crime punissable de la réclusion.

170. Une autre conséquence de la règle que la durée de l'incapacité doit être effective, c'est que si, avant l'expiration du délai, le blessé atteint d'une fracture de la jambe, par exemple, meurt d'une maladie accidentelle, par exemple, le choléra, l'auteur des violences ne peut être poursuivi que pour le délit de coups et blessures ordinaires, quand même les hommes de l'art attesteraient que les accidents occasionnés étaient de nature à entraîner nécessairement une incapacité de travail de plus de vingt jours, car c'est à des résultats effectifs, et non à des avis d'hommes de l'art ou à des calculs plus ou moins incertains, que s'applique l'art. 309 (Crim. réj. 18 mars 1854, aff. Brassier, D. P. 54. 1. 163). « La *probabilité* que l'incapacité de travail personnel se prolongera au delà de vingt jours ne suffit pas, dit Nouguier, t. 4-1°, n° 2728, il faut la *certitude*, ou pour mieux dire, le *fait accompli* » (V. aussi Blanche, t. 4, n° 574; Chauveau et Hélie, t. 4, n° 1346).

171. Au reste, la loi ne trace aucune règle pour la constatation de la durée de l'incapacité de travail. Sans doute les magistrats agiront sagement en recourant, pour cet objet, aux hommes de l'art, mais ils n'y sont point obligés. La durée peut être aussi constatée par témoins, et, dans tous

les cas, le juge a tout pouvoir de contrôler, à cet égard, les données de l'accusation (Chauveau et Hélie, t. 4, n° 1346).

La durée de l'incapacité de travail doit être constatée et formellement déclarée par le juge du fait, pour motiver et justifier l'application de l'art. 309, § 3. A cet égard, il a été jugé que la constatation « que des coups violents avaient été portés à un vieillard infirme et incapable de se défendre, et que l'on craignait qu'ils ne fussent suivis d'un résultat funeste », est insuffisante pour établir la durée de l'incapacité de travail (Crim. cass. 11 juill. 1878) (1).

172. La quatrième condition du délit de l'art. 309, § 1, est la *relation de cause à effet* entre les violences et la maladie ou l'incapacité de travail. — Il faut, pour l'application de cet article, que la maladie ou l'incapacité soit le *résultat* des violences : le texte même l'exige. C'est ce qui a été expliqué au *Rép.* n° 156, et ce qui ne saurait faire de doute. V. à cet égard ce qui a été dit *suprà*, n°s 147 et suiv., pour le cas où les violences ont entraîné la mort. Toutes les observations faites pour ce cas trouvent aussi leur application dans l'hypothèse du paragraphe 1er de l'art. 309. — Si donc la maladie provient d'une cause étrangère, de l'imprudence du blessé, de l'ignorance du médecin, l'auteur des blessures ne pourra en être déclaré responsable; mais il n'est pas nécessaire que les blessures aient été la seule cause de l'incapacité, il suffit qu'elles l'aient déterminée. Spécialement il y aura lieu d'appliquer le paragraphe 1er de l'art. 309, comme nous avons vu *suprà*, n°. 147, qu'il y avait lieu d'appliquer le paragraphe 4, lorsque la maladie étant d'une santé chancelante, la maladie provient autant de sa mauvaise santé que des violences qu'elle a subies.

173. Quant à la juridiction compétente pour statuer sur les coups et blessures prévus par les deux premiers paragraphes de l'art. 309, il est inutile de dire que ce n'est plus, comme au temps de la publication du *Rép.* n° 163, à la cour d'assises qu'il appartient d'en connaître, mais au tribunal correctionnel, puisque les violences ne sont plus punissables que de peines correctionnelles. — Au cas où des faits de ce genre seraient néanmoins soumis à la cour d'assises, ce qui peut arriver aujourd'hui encore pour différents motifs, par exemple dans le cas de préméditation (art. 310, V. *infra*, n°s 206 et suiv.), ou encore parce que l'accusation était originairement d'un titre plus élevé et qu'elle a *dégénéré* à l'audience, la circonstance que les violences ont occasionné une maladie ou incapacité de travail de plus de vingt jours devrait être posée séparément dans la question au jury, car c'est une circonstance aggravante, et l'on sait que le fait principal doit être séparé de la circonstance aggravante dans l'interrogation au jury, à peine de voir la question entachée du vice de complexité. C'est ce qui a été décidé avant la loi du 13 mai 1863 (Crim. cass. 16 janv. 1841, *Rép.* v° *Instruction criminelle*, n° 2859-9°); il en serait de même aujourd'hui, les raisons de décider étant les mêmes (Nouguier, t. 4, 1er vol., n° 2949).

174. Il y a lieu de noter enfin que la *tentative* du délit de violences prévu et puni par les paragraphes 1er et 2 de l'art. 309 c. pén. n'est pas punissable, d'une part à défaut d'une disposition formelle de la loi (ce qui est exigé par l'art. 3 du code précité pour les tentatives de *délits*), et d'autre part à raison de la nature de l'infraction. En effet, ce délit n'existant qu'autant qu'il est résulté des violences une maladie ou incapacité de travail de plus de vingt jours, le caractère délictueux en est subordonné à une condition qui implique un délit consommé. Ce second motif avait déjà été donné au *Rép.* n° 152; le premier est, en tous cas, absolument décisif.

(1) (Villard, dit François.) — LA COUR; — Sur le moyen tiré de la violation de l'art. 7 de la loi du 20 avr. 1810, et de la fausse application de l'art. 309 c. pén., en ce que Villard, à raison de son état de récidive légale, aurait été condamné à dix années d'emprisonnement pour délit de coups et blessures volontaires en vertu de l'art. 309 c. pén.; bien qu'il n'ait été déclaré, ni dans l'arrêt, ni dans le jugement dont la cour adoptait les motifs, que l'incapacité de travail résultant des coups et blessures aurait duré plus de vingt jours : — Attendu que la durée de l'incapacité de travail est une circonstance constitutive du délit prévu et puni par l'art. 309; qu'elle doit donc être constatée et formellement déclarée par le juge du fait pour motiver et justifier l'application

dudit article; — Attendu, à la vérité, que le jugement dont la cour a adopté les motifs constate que des coups violents avaient été portés à un vieillard infirme et incapable de se défendre, et que l'on craignait qu'ils ne fussent suivis d'un résultat funeste; mais que ces constatations sont insuffisantes pour établir la durée de l'incapacité de travail qui seule pourrait justifier l'application de l'art. 309 c. pén.; — Attendu, en conséquence, que l'arrêt manque de base légale, et que la peine prononcée ne se trouve pas justifiée;

Par ces motifs, casse.

Du 11 juill. 1878.-Ch. crim.-MM. Bertrand, rap.-Lacointa, av. gén.

§ 4. — Blessures, coups ou autres violences ou voies de fait n'ayant pas occasionné une maladie ou incapacité de travail de plus de vingt jours (*Rép.* n°s 164 à 173).

175. Ce délit, qui est prévu et puni par l'art. 311 c. pén., et que la pratique appelle souvent coups et blessures *simples*, diffère du délit dont on a traité au paragraphe précédent, par le résultat des violences exercées. D'après le texte même de l'article précité, il faut, en effet, pour l'application de ses dispositions, que les coups ou les blessures n'aient « pas occasionné une maladie ou incapacité de travail de l'espèce mentionnée en l'art. 309 », c'est-à-dire de plus de vingt jours. L'art. 311 a été modifié depuis la publication du *Répertoire*. La loi du 13 mai 1863 a ajouté aux mots *blessures et coups* les mots : *ou autres violences et voies de fait*. On verra tout à l'heure les conséquences de cette modification.

176. Le délit de l'art. 311, comme on l'a indiqué au *Rép.* n° 165, se compose de deux éléments, l'un matériel, l'autre moral, savoir : 1° l'existence de *coups, blessures, ou autres violences ou voies de fait ;* 2° la *volonté*, l'intention coupable de l'agent.

177. En ce qui concerne la volonté, il suffit de renvoyer à ce qui a été dit *supr*), n° 137, concernant cette condition, qui est commune aux violences réprimées par l'art. 309 et à celles que régit l'art. 311.

178. Le fait matériel des *coups, blessures ou violences* exige, au contraire, des observations assez développées. Ainsi qu'on vient de le rappeler *supra*, n° 175, l'ancien texte de l'art. 311 ne réprimait que les *coups* et les *blessures*. On a expliqué au *Rép.* n°s 148 à 150 ce qu'il faut entendre par ces mots ; on a aussi (*ibid.* n°s 165 à 166), cherché à déterminer, à l'aide de la jurisprudence, les limites, la différence qui existent entre les *coups et blessures* proprement dits, et les *voies de fait ou violences légères* frappées de peines de simple police par le code de brumaire an 4. Aujourd'hui le nouveau texte prévoit les blessures les coups, les autres violences ou voies de fait ; il importe de préciser le sens de ces diverses dénominations.

179. Les *blessures* n'ont pas besoin d'être définies, en ce qu'elles laissent une trace matérielle de leur existence. Nous ne pouvons que répéter ce qui a été dit au *Rép.* n° 148 à cet égard : toutes les *lésions* produites sur le corps humain par le rapprochement ou le choc d'un instrument, d'une arme, d'un objet quelconque, sont des blessures. Telles sont les contusions, les plaies, les ecchymoses, les excoriations, les fractures, les brûlures même, bien que la médecine leur assigne une autre classification. Ainsi sont punies comme ayant produit les blessures et ne pouvant, dès lors, être qualifiées de violences légères passibles des peines de simple police du code de brumaire an 4 : 1° les voies de fait ou violences d'où sont résultées des *contusions* (Crim. cass. 12 août 1853, aff. Fraticelli, D. P. 53. 1. 338) ; 2° les voies de fait et les violences suivies d'*effusion de sang* (Crim. cass. 10 germ. an 9, *Rép.* v° *Compétence criminelle*, n° 408-2° ;

27 déc. 1806, *ibid.*, n° 408-5° ; 8 oct. 1807, *ibid.*, n° 408-7° ; 3 juin 1808, *ibid.*, n° 175-7°). — Jugé qu'il y a blessure par cela seul que l'acte de violence a déterminé une lésion intéressant le corps ou la santé, si légère qu'elle fût, telle qu'une piqûre chirurgicale (Trib. corr. Lyon, 15 déc. 1859, aff. Guyenot, D. P. 59. 3. 87).

Pareillement, rentrent dans la classe des actes de violence ayant causé des blessures, et non dans celle des voies de fait ou violences légères, les voies de fait par le résultat desquelles une personne, jetée à terre, s'est fait, dans cette chute, des blessures ou contusions (Crim. cass. 15 juill. 1882, aff. Dumas, D. P. 83. 1. 45 ; Crim. rej. 19 nov. 1885) (1).

180. En ce qui concerne les *coups* non accompagnés de blessures, il est plus difficile de déterminer avec précision le sens exact de cette expression. La première idée qui se présente à l'esprit quand on parle de coups est celle qu'indique le mot *frapper* (*verberare*). Or l'agent peut frapper la victime *immédiatement*, de la main, du pied, etc...; il peut aussi la frapper *médiatement*, c'est-à-dire au moyen d'un objet qu'il tient à la main ou qu'il trouve à sa disposition (Nypels, *Code pénal belge interprété*, t. 2, p. 322). Il y a coups dans l'un et l'autre cas. Ainsi ont le caractère de coups : le fait d'avoir frappé un individu à coups de pied (Crim. cass. 16 avr. 1864, aff. Colas, D. P. 67. 5. 466) ; — Le fait d'avoir renversé un individu à terre et de lui avoir porté des coups de poing (Crim. cass. 23 août 1867) (2) ; — Le fait d'avoir frappé un individu de plusieurs coups de poing (Crim. cass. 10 mars 1810, *Rép.* v° *Compétence criminelle*, n° 408-1° ; 7 mars 1817, *ibid.*, n° 408-1° ; Bordeaux, 26 août 1830, *Rép.* v° *Crimes et délits contre les personnes*, n° 166-2°. V. aussi motifs, Crim. cass. 13 mars 1862, aff. Moricard, D. P. 62. 3. 76). — Jugé aussi que le fait d'avoir frappé la tête d'une personne contre la terre constitue un délit de coups (Crim. cass. 19 déc. 1863, aff. Ory, D. P. 63. 5. 402). — Ajoutons que la réciprocité des coups ne saurait en effacer le caractère coupable ; c'est ce qui a été reconnu par l'arrêt précité du 16 avr. 1864.

181. Quant aux *soufflets*, les tribunaux les ont toujours considérés comme des violences graves qui doivent être réprimées à l'égal des coups (Crim. cass. 16 août 1810, *Rép.* n° 166-3° ; Crim. rej. 9 déc. 1819, *Rép.* n°s 148 et 166-3° ; 5 mars 1831, *Rép.* n° 184 ; Crim. cass. 24 janv. 1863, aff. Launay, D. P. 63. 5. 402). — Malgré le silence du rapporteur de la loi de 1863 sur ce genre de voies de fait, il n'est pas douteux qu'on doive aujourd'hui encore classer les soufflets parmi les coups. C'est ainsi qu'il a été jugé que le fait d'avoir donné un coup de poing ou un soufflet à un individu constitue le délit de l'art. 311 (Crim. cass. 25 juill. 1884) (3).

182. Ont aussi le caractère de coups justiciables de la police correctionnelle les violences exercées avec des bâtons, des cannes, des lanières, des pierres, des animaux. Ainsi l'acte d'une femme d'avoir frappé ou fait frapper par son petit garçon avec un bâton, une fille dont elle avait

---

(1) (De Trédern.) — LA COUR ; — ... Sur le second moyen, pris de la violation de l'art. 605 c. brum. an 4 et de la fausse application des art. 309 et 311 c. pén. — Attendu qu'il est souverainement constaté par l'arrêt de la cour de Paris que la dame de Trédern a été violemment jetée à terre par le demandeur, le 24 févr. 1885, dans son hôtel de la place Vendôme ; que dans sa chute elle a été blessée et contusionnée, et qu'il est établi par la déclaration du médecin, appelé immédiatement, que les blessures et contusions reçues par elle, dans ces circonstances, consistaient en une bosse sanguine à la tête et en des ecchymoses au genou et à la hanche ; — Que ces faits constituent, non la contravention de voies de fait et de violences légères, prévue par le code de brumaire an 4, mais le délit de coups et blessures volontaires prévu et puni par les art. 309 et 311 c. pén. ; — D'où il suit que l'arrêt attaqué, en déclarant le demandeur coupable de délit de coups et blessures volontaires, n'a ni violé, ni faussement appliqué les dispositions de lois susvisées ; — Rejette.
Du 19 nov. 1885.-Ch. crim.-MM. Vételay, rap.-Loubers, av. gén.

(2) (Gaillère.) — LA COUR ; — Vu les art. 600, 605, § 8, de la loi du 3 brum. an 4, et l'art. 311 c. pén. ; — Attendu que, dans la plainte de Vidal, dans les conclusions du ministère public, et dans le jugement attaqué lui-même, il est reconnu que Gaillère avait renversé Vidal par terre et lui avait porté des coups de poing ; —

Attendu que ces violences constituaient le délit prévu et réprimé par l'art. 311 c. pén. et qu'en appliquant l'art. 605, § 8 de la loi de brumaire an 4, qui ne prononce des peines de simple police que contre les auteurs de voies de fait et violences légères, lorsqu'ils n'ont blessé ou frappé personne, le juge de police a faussement appliqué cet article et méconnu les règles de la compétence ; — Casse.
Du 23 août 1867.-Ch. crim.-MM. Lezaud, rap.-Bédarrides, av. gén.

(3) (Pernot.) — LA COUR ; — Vu les art. 605 et 606 de la loi de brumaire an 4 et l'art. 311 c. pén. ; — Attendu qu'il résulte, tant de la plainte de Nicolas que des conclusions du ministère public et du jugement attaqué lui-même, que Pernot avait porté un coup de poing ou donné un soufflet à Nicolas ; — Attendu que Pernot a conclu à ce que le juge de police se déclarât incompétent ; que les actes de violence reprochés à Pernot ayant, à raison de leur nature même, un caractère incontestable de gravité, constituaient le délit prévu par l'art. 311 c. pén. et non la contravention prévue en la partie par les art. 605 et 606 de la loi de brumaire an 4 ; que le tribunal de simple police, en statuant sur la prévention, a donc excédé ses pouvoirs et méconnu les règles de sa compétence. — Casse.
Du 25 juill. 1884.-Ch. crim.-MM. Lescouvé, rap.-Chévrier, av. gén.

pris la tête entre ses jambes, est un délit de coups (Crim. cass. 19 déc. 1863, aff. Ory, D. P. 63. 5. 402). Il en est de même du fait de porter des coups de canne sur la tête (Crim. rej. 4 nov. 1864, aff. Guillerme, D. P. 66. 1. 354); et aussi du fait de jeter volontairement sur une personne un corps dur, tel qu'une pierre (Crim. rej. 21 mars 1868, aff. Cadiou, D. P. 69. 1. 262). Le même caractère doit être reconnu à des morsures faites par un chien sur l'excitation de son maître (Bruxelles, 6 janv. 1858, aff. Feuillet, *Pasicrisie belge*, 1858. 2. 209; Gand, 24 oct. 1859, *ibid.*, 1860. 2. 125). D'ailleurs les morsures produiront le plus souvent des blessures. — La cour de cassation n'avait vu qu'une contravention de violences légères dans le fait par une jeune fille de lancer sur un groupe de jeunes gens son fer à repasser, qui avait atteint plusieurs de ceux-ci (Crim. règl. jug. 29 sept. 1831, aff. Daubriac, *Bull. crim.*, n° 237, cité par Blanche, t. 4, n° 560); mais c'était là, dit M. Blanche, un arrêt d'espèce. En tous cas, il est hors de doute que, depuis la loi de 1863, un pareil acte devrait être regardé, sinon comme un coup, du moins comme une violence réprimée par l'art. 311 modifié.

183. Il est des actes violents qui, sans être précisément des coups, ont cependant un caractère de gravité punissable. « Ainsi le fait d'avoir saisi un individu au corps, de l'avoir jeté à terre, de l'avoir poussé contre un corps dur, de lui avoir arraché les cheveux, de lui avoir craché au visage » (Rapport sur la loi du 13 mai 1863, D. P. 63. 4. 91). Avant ladite loi de 1863, c'était une question de savoir si ces faits, et d'autres analogues, devaient être placés dans la catégorie des coups punissables par application des art. 309 et 311 (et non dans celle des violences réprimées par le code de brumaire). La jurisprudence, favorable à une large interprétation du mot *coups*, résolvait cette question par l'affirmative pour le fait de renverser une personne à terre, malgré sa résistance (Bourges, 10 sept. 1829, *Rép.* n° 166-1°), et pour celui d'avoir saisi quelqu'un au corps et de l'avoir lancé avec force à terre contre un corps dur (Crim. rej. 22 août 1834, *Rép.* n° 149). Elle avait également placé dans la catégorie des coups : le fait d'avoir traîné un individu par les cheveux (Crim. cass. 23 frim. an 7 et 7 mars 1817, *Rép.* n° 175-1°), et le fait de lui avoir arraché les cheveux (Crim. cass. 3 sept. 1807, *Rép.* v° *Compétence criminelle*, n° 408-6°). Mais quant au fait de cracher au visage de quelqu'un, fait qu'il n'était pas possible d'appeler coup, elle le rangeait parmi les violences légères du code de brumaire (Douai, 15 févr. 1844, aff. D..., D. P. 45. 4. 527, cité au *Rép.* n°174; Crim. cass. 9 mars 1854, aff. Colin, D. P. 54. 1. 259; Motifs, Crim. cass. 5 janv. 1855, aff. de Cheverry, D. P. 55. 1. 47).

184. La loi du 13 mai 1863, en assimilant aux blessures et aux coups toutes autres *violences* ou *voies de fait*, alors d'ailleurs qu'elles sont assez graves pour qu'il n'y ait pas lieu de les considérer comme des voies de fait ou des violences *légères*, constitutives de la simple contravention punie par l'art. 605 c. du 3 brum. an 4, dispense de l'obligation de rechercher si les actes énumérés *suprà*, n° 183, présentent le caractère de véritables coups. « Tous ces faits, d'après le texte même du rapport (D. P. 53. 4. 91, note, n° 103) tombent désormais sans contestation sous l'application de ces articles (309 et 311). » — Spécialement il a

été jugé, depuis la loi de 1863, que le fait de cracher au visage de quelqu'un constitue le délit de l'art. 311 (Trib. corr. Tours, 24 nov. 1877, aff. Wilson, D. P. 77. 5. 464).

— Jugé aussi que le fait d'avoir renversé violemment à terre un individu constitue l'une des violences que l'art. 311 modifié du code pénal punit de peines correctionnelles en les assimilant aux coups et blessures (Crim. cass. 30 avr. 1869, aff. Eve, D. P. 69. 5. 407-408; Crim. rej. 7 déc. 1872, aff. Thomas, D. P. 72. 1. 480).

185. Les expressions *autres violences et voies de fait* des nouveaux art. 309 et 311 ne doivent-elles s'entendre que des actes d'agression qui, bien qu'échappant à la qualification de coups proprement dits, s'exercent *directement* sur la personne de ceux contre qui ils sont dirigés? En d'autres termes, ces expressions impliquent-elles nécessairement un restrictivement un acte constitutif d'une atteinte *directe à la personne*? Un arrêt de cassation du 20 nov. 1847 (1) rendu sous l'empire de l'art. 311 non encore modifié, avait résolu affirmativement la question. Depuis la loi de 1863, un arrêt de la cour de Poitiers du 9 nov. 1872 (aff. Poitiers, D. P. 72. 1. 476), et un jugement du tribunal de Cholet du 8 févr. 1873 (même affaire, D. P. 73. 2. 222), ont aussi jugé que le contact *immédiat* est nécessaire, et spécialement qu'il n'y a point de délit dans le fait de tirer un coup de fusil sur un individu sans l'atteindre et dans le but de lui occasionner une émotion vive et d'agir sur lui par la frayeur.

186. Mais une interprétation plus large des nouvelles expressions des art. 309 et 311 a prévalu. En premier lieu il a été jugé que le fait d'avoir, à plusieurs reprises, levé la main sur une personne, de la lui avoir dirigée sur la figure dans l'intention avouée de lui donner un soufflet et d'avoir ainsi déterminé une chute de sa part, constitue, non pas le délit de violences légères prévu par l'art. 605 c. de brum. an 4, ni le délit d'injures prévu par l'art. 19 de la loi du 17 mai 1819, mais bien le délit puni par l'art. 311 c. pén. (Aix, 17 mai 1873, aff. Drancht-Bey, D. P. 74. 5. 540). De plus, d'après l'interprétation nouvelle, les expressions « autres violences ou voies de fait », ajoutées par la loi de 1863 aux mots « blessures et coups » des anciens art. 309 et 311, comprennent toutes violences ou voies de fait qui, sans atteindre directement la personne contre laquelle elles sont commises, seraient de nature à l'*impressionner aussi vivement* que des coups et blessures (Crim. cass. 6 déc. 1872, D. P. 72. 1. 476, qui casse l'arrêt de Poitiers du 9 nov. 1872, cité *suprà*, n°185; Angers, 24 mars 1873, D. P. 73. 2. 221, portant infirmation du jugement de Cholet, du 8 févr. 1873, cité *ibid.*). Ainsi les dispositions des articles susrappelés s'appliquent aux actes commis méchamment envers une personne dans le but de lui causer une émotion violente, quoiqu'ils ne l'aient pas atteinte, et, par exemple, à l'action de tirer sur elle pour l'effrayer un coup de feu dont la charge a passé près de cette personne (Mêmes arrêts). Jugé aussi par la cour de cassation que le fait d'avoir tiré deux coups de pistolet (ou de revolver, ou de fusil) sur une personne, sans intention de l'atteindre, mais dans le dessein de l'effrayer, constitue une voie de fait dans le sens de l'art. 311, modifié par la loi du 13 mai 1863 (Crim. cass. 25 mars 1882 (2); Crim. rej. 13 mars 1886, aff. Hubert, *Bull. crim.*, n° 114; 12 juin 1886, aff. Loyer, *ibid.*, n° 218).

Il a même été décidé que le fait de diriger un pistolet

---

(1) (Valery C. Valzi.) — LA COUR; — Vu les art. 309 et 311 c. pén.; — Attendu qu'il est établi en fait dans les motifs du jugement du tribunal de police correctionnelle de Bastia, motifs adoptés par l'arrêt attaqué, qui l'a confirmé, « que Valery, se croyant outragé par le capitaine Valzi, qui hiérarchiquement lui devait plus de respect, allongea le bras vers celui-ci en lui donnant en même temps l'ordre de sortir aussitôt du bureau; que le bras de Valery porta jusqu'à la tête de Valzi, sans cependant qu'il soit résulté de cet acte de violence la moindre contusion; que cette voie de fait commise par Valery a été saccée une telle violence à devoir être regardée comme un coup porté »;

Attendu qu'il est encore reconnu en fait dans les motifs « qu'il n'y a pas eu de soufflet donné; que d'ailleurs le prévenu a déclaré hautement à l'audience qu'il estimait trop le capitaine Valzi pour se permettre une pareille insulte envers lui, et que jamais il n'avait eu l'intention de l'offenser »;

Attendu que des faits ainsi établis il ne résulte point d'une manière nette et formelle qu'il y ait eu de la part de Valery un coup volontairement porté à Valzi, condition essentielle pour

constituer la criminalité spécifiée par les art. 309 et 311 c. pén.; que néanmoins ce dispositif du jugement confirmé par l'arrêt attaqué déclare le prévenu coupable d'avoir volontairement porté un coup avec la main au capitaine Valzi; que non seulement une telle déclaration ne présente point en droit la conséquence légale des faits constatés par les motifs, mais qu'elle est même contraire à la déduction naturelle et logique de ces faits; d'où il suit qu'en se fondant sur cette déclaration pour appliquer au demandeur les peines portées par les articles précités, la cour royale de Bastia a expressément violé ces articles; — Casse.

Du 20 nov. 1847.-Ch. crim.-MM. Barennes, rap.-Nouguier, av. gén.-Béchard et Cuenot, av.

(2) (Souques.) — LA COUR; — Sur l'unique moyen du pourvoi, pris de la violation de l'art. 311 c. pén., en ce que la chambre des mises en accusation de la cour d'appel de Pau, après avoir déclaré constants les faits relevés à la charge de Souques, aurait néanmoins dit n'y avoir rien à suivre contre ce prévenu par le motif que ces faits ne tomberaient pas sous l'application de la loi pénale ;

chargé vers la poitrine d'un individu, ou de le coucher en joue avec un fusil armé et chargé, constitue également le délit de voie de fait prévu par l'art. 311 (Metz, 18 nov. 1863, aff. Gatelet, D. P. 64. 2. 101); — Et même que le fait de coucher en joue un individu avec un pistolet chargé constitue le délit de voies de fait prévu par l'art. 311, sans qu'il y ait à distinguer si le pistolet était, ou non, armé d'une capsule (Trib. corr. Lisieux, 1er juin 1875, aff. Germain, D. P. 76. 5. 479). — Jugé encore que les mots *violences et voies de fait*, introduits dans le texte des art. 309 et 311 par la loi de 1863, comprennent tous les actes de nature à troubler la sécurité des personnes, encore qu'elles n'aient pas été matériellement atteintes; et que, spécialement, l'individu qui, après avoir excité un chien à attaquer des passants, et les avoir menacés, a tiré, dans leur direction, sans d'ailleurs les atteindre, un coup de fusil chargé à plomb, se rend coupable du délit prévu par l'art. 311 (Angers, 18 déc. 1876, aff. Guillochon, D. P. 78. 2. 80).

187. Enfin la cour de cassation a jugé qu'en cas de jet volontaire de pierres sur une voiture contenant plusieurs personnes, le juge doit rechercher si ce jet n'a pas été en réalité dirigé contre les voyageurs et n'a pas été de nature à leur causer une émotion violente, et si, par suite, le fait ne constitue pas tout au moins, à défaut du délit prévu par l'art. 311 c. pén., la contravention de l'art. 605 du c. de

brum. an 4; en conséquence, est sujet à cassation l'arrêt qui, pour relaxer le prévenu, se borne à énoncer que le jet des pierres a été effectué sur une voiture et ne s'est pas attaqué à la personne des voyageurs transportés dans ce véhicule (Crim. cass. 5 juin 1886, aff. Lavué ou Laoué, D. P. 88. 1. 47). — Sur renvoi de la cour de cassation, la cour de Bordeaux a jugé, dans la même affaire, le 18 nov. 1886 (1), que « l'art. 311, révisé en 1863, punit non seulement les blessures et les coups qui ont atteint la personne, mais aussi les violences et voies de fait assez graves pour occasionner indirectement un trouble sérieux, une chute, ou même une impression profonde de péril et d'effroi ».

188. La cour de Chambéry a été plus loin encore. Elle a jugé que « les violences exprimées par les dispositions de l'art. 311 c. pén. doivent s'entendre de tout fait de l'homme qui, volontairement, exerce sur la personne d'autrui une action anormale contraire aux lois et troublant celle-ci dans la libre possession d'elle-même; que le fait d'enfermer un citoyen malgré sa volonté, lui annoncer qu'on le tiendra ainsi retenu dans un lieu clos pendant un temps indéfini, tant qu'il n'aura pas payé une certaine somme d'argent, réaliser enfin cette entreprise pendant un quart d'heure, constitue un acte violent, affectant directement la personne, et lui infligeant une gêne, un trouble et même une souffrance aussi bien physique que morale » (Chambéry, 10 mars 1887) (2). —

— Attendu que l'arrêt attaqué constate que Souques a, le 29 juin 1881, tiré sur Dangreille deux coups de pistolet; que l'arrêt ajoute que le prévenu n'a pas voulu atteindre son adversaire, mais seulement l'effrayer, et qu'un tel acte n'est justiciable ni de la juridiction criminelle ni du tribunal correctionnel; — Attendu que si le fait, tel qu'il est constaté par l'arrêt attaqué, n'était pas susceptible de répression sous l'empire de l'ancien art. 311, il ne l'est plus ainsi depuis la modification apportée à cet article par la loi du 13 mai 1863, laquelle a assimilé les violences et voies de fait aux coups et blessures; que l'acte imputé au prévenu Souques était de nature à exercer une vive impression sur Dangreille et avait, dès lors, le caractère d'une voie de fait actuellement punie par l'art. 311 c. pén.; — Attendu que si la cour d'appel de Pau constate que Souques ne devait pas avoir agi avec une intention coupable, c'est uniquement au point de vue de la tentative de meurtre ou du délit de coups et blessures proprement dit dont le prévenu était primitivement inculpé; qu'en ce qui concerne la simple voie de fait, telle qu'elle était relevée dans les réquisitions du procureur général, l'arrêt attaqué, tout en reconnaissant que Souques avait commis un acte regrettable et blâmable, déclare n'y avoir lieu à suivre par le seul motif que cet acte ne tomberait pas sous l'application de la loi pénale; — Attendu qu'en statuant ainsi l'arrêt attaqué a méconnu le véritable sens de l'art. 311 c. pén. — Casse.

Du 25 mars 1882.-Ch. crim.-MM. Sallantin, rap.-Tappie, av. gén.

(1) (Lavué ou Laoué et Dupouy.) — La cour; — Attendu qu'il résulte de la procédure et des débats suivis devant le tribunal de Mont-de-Marsan que, le 2 oct. 1885, après une réunion électorale tenue à Luxay, MM. Loustalot et Jumel, candidats à la députation, furent l'objet d'une agression odieuse; qu'au moment où leur voiture passait vers onze heures du soir devant une ruelle de ce bourg, trois ou quatre grosses pierres furent violemment lancées sur la voiture, qui en conserve des marques profondes, notamment sur la portière de droite et à quelques centimètres de la glace; que la glace vivement effrayée arrêta ses chevaux, et que MM. Loustalot et Jumel, impressionnés d'une telle attaque, descendirent et furent protégés par leurs amis; — Attendu que, bientôt après, à la sortie du bourg, de grosses pierres furent trouvées sur la route, disposées de façon à faire verser la voiture, mais que ces moellons purent être enlevés avant le passage des candidats; — Attendu que le tribunal de Mont-de-Marsan a eu tort de considérer ces deux agressions distinctes comme un acte unique et indivisible; qu'il y a lieu, au contraire, de les envisager séparément, soit pour les qualifier, soit pour en rechercher les auteurs;

En ce qui touche Dupouy: — Attendu que ce prévenu n'avait à répondre que d'une prétendue participation au dépôt de moellons sur la route, et que l'arrêt de la cour de Pau, non cassé sur ce point, ayant justement déclaré qu'il n'y avait dans cet acte qu'une tentative non punissable d'après la loi pénale, il n'y a plus qu'à mettre Dupouy hors de cause;

En ce qui concerne Laoué: — Attendu, en droit, que la loi pénale, révisée en 1863, punit dans son art. 311, non seulement les blessures et les coups qui ont atteint la personne, mais aussi les violences et voies de fait assez graves pour occasionner indirectement un trouble sérieux, une chute, ou même une impression profonde de péril et d'effroi; — Attendu qu'il est

constaté que la voiture de MM. Loustalot et Jumel a été assaillie dans une obscurité complète par le choc violent de trois ou quatre grosses pierres, lancées avec vigueur et simultanément par plusieurs agresseurs; que ces pierres ont fortement atteint la voiture où l'on ne savait pas les deux candidats se trouvaient placés, et qu'elles y ont fait des marques profondes;

Attendu que cette attaque a effrayé le cocher, qui se précipita de son siège et réclama un revolver pour se défendre; qu'enfin les deux voyageurs, vivement émus par le choc et par les cris, descendirent aussitôt et furent escortés par plusieurs personnes amies; — Attendu que toutes ces circonstances caractérisent des violences graves, dont le jet de pierre a en raison d'y voir l'un des délits prévus et punis par l'art. 311 c. pén.;

Mais attendu, en fait, qu'il reste à examiner si la participation de Laoué à ce délit est suffisamment démontrée; — Attendu que si les charges relevées contre Laoué sont graves, elles laissent cependant subsister un doute dont tout prévenu doit bénéficier;

Par ces motifs, met Dupouy hors de cause; — Et quant au sieur Laoué, dit et déclare que les jets de pierre dont s'agit ont été à bon droit qualifiés par le tribunal de Mont-de-Marsan comme constitutifs du délit prévu par l'art. 311; mais dit que la participation du prévenu Laoué à ce délit n'est pas suffisamment démontrée; — En conséquence, le renvoie, etc.

Du 18 nov. 1886.-C. de Bordeaux; ch. corr.-MM. Boulineau, pr.-Réglat (du barreau de Bazas), av.

(2) (Mogenier.) — La cour; — En fait: — Attendu que le 16 septembre dernier, le prince Guillaume de Wied, accompagné de sa famille et de ses serviteurs, s'arrêtait à l'hôtel tenu par Mogenier à Sixt; il demandait à souper et à coucher; peu après, il demandait du lait, que Mogenier refusa, disant qu'il n'y en avait pas dans le pays; cependant un domestique du voyageur ne tardait pas à en trouver; en même temps les guides se plaignaient qu'on retardât indéfiniment la distribution du fourrage pour les chevaux. Mécontent de ce manque de soins, Guillaume de Wied déclara qu'il renonçait à coucher à l'hôtel et allait poursuivre sa route jusqu'au Chalet-des-Fonds. Mais alors Mogenier lui réclama 30 fr. pour le dérangement et les préparatifs que les voyageurs avaient occasionnés. Le prince de Wied, partie plaignante en cause, refusa tout d'abord, puis demanda une note détaillée de ce qu'il pouvait devoir. Mogenier répondit qu'il ne donnerait point de note; qu'il réclamait 30 fr. en bloc comme indemnité, et que le voyageur ne sortirait point de son hôtel, tant qu'il ne l'aurait pas payée. De fait, il ferma les deux portes ouvrant sur le dehors, et, secondé par son personnel, s'opposa énergiquement, quoique sans éclat et sans violence directement exercée, à la sortie du plaignant;

Attendu que ce dernier demeura ainsi pendant un quart d'heure dans la cuisine de l'hôtel, tenant son porte-monnaie à la main et offrant de payer, mais seulement: 1° contre remise d'une note et d'une quittance, et 2° après qu'on lui aurait rendu la liberté; que Mogenier persista pendant tout le temps durant son entreprise, et n'ouvrit la porte qu'alors que le plaignant, pour mettre fin à cette scène, lui eut remis les 30 fr., sans avoir reçu ni une note ni une quittance;

Attendu que ces faits nettement établis par tous les éléments d'information, ne sont point contestés par le prévenu, qui se borne à soutenir... qu'il n'a commis aucune voie de fait ni violence directement sur la personne du plaignant, et que dès lors l'art. 311 c. pén. ne lui est pas applicable;

V. dans le même sens Nîmes 31 janv. 1879 (*infrà*, n° 191). Mais comme on l'a vu au *Rép.* n° 151, les art. 309 et 311 sont inapplicables à des violences purement *morales* (V. aussi Crim. cass. 15 oct. 1813, *Rép.* v° *Compétence criminelle*, n° 664); — et aussi aux gestes, quelque menaçants qu'ils puissent être, dès qu'ils n'ont pas été suivis d'actes de violences effectifs (*Rép. ibid.* V. toutefois ce qui a été dit *suprà*, n° 186, en ce qui concerne le fait de coucher un individu en joue).

189. On a expliqué au *Rép.* n° 168, et nous avons rappelé *suprà*, n° 145, que la disposition de l'art. 311, comme celle de l'art. 309, est générale en ce sens qu'il n'y a point à distinguer l'âge, le sexe et la qualité des victimes, si ce n'est comme on le verra *infrà*, n°s 211 et suiv., pour aggraver la peine lorsque les coups et violences ont été dirigés sur les ascendants (c. pén. art. 312). Il suit de là que les articles précités sont applicables même aux actes de violences qui seraient commis par des personnes investies du droit de *correction* sur ceux qui en sont l'objet. Pour les infractions de l'art. 309 la chose est évidente, et ne viendra à l'esprit de personne qu'un père, une mère, un tuteur, un maître puisse infliger, sans délit, à son enfant, à son pupille, à son apprenti des coups ou blessures entraînant une incapacité de travail de plus de vingt jours ou infirmité permanente, ou même la mort. Il n'est pas douteux non plus que l'art. 311 doive être appliqué aux pères et mères et aux personnes ayant autorité sur les enfants, quand ils ont fait à ceux-ci des blessures; les actes de cette nature dépassent certainement le droit de correction.

190. En est-il de même des coups et autres violences ou voies de fait prévus par le même art. 311? L'ancienne jurisprudence (on l'a rappelé au *Rép.* n° 168), tolérait les violences *légères* exercées sur les enfants par leurs pères et mères, lesquels étaient réputés n'user en cela que du droit de correction dérivant de leur puissance paternelle; mais les violences *graves* leur étaient interdites, car, a dit la cour de cassation, « si la nature et les lois civiles

donnent aux pères sur leurs enfants une autorité de correction, elles ne leur confèrent pas le droit d'exercer sur eux des violences ou mauvais traitements qui mettent leur vie ou leur santé en péril » (Crim. cass. 17 déc. 1819, *Rép.* v° *Puissance paternelle*, n° 48). Cette distinction fort juste doit encore être suivie aujourd'hui. « Les parents, les maîtres, les tuteurs, disent MM. Chauveau et Hélie, t. 4, n° 1354, ne pourraient être poursuivis à raison des châtiments qu'ils infligent aux enfants, pourvu que ces châtiments n'excèdent point les bornes de la modération, et ne deviennent pas de mauvais traitements. Ce n'est même pas là, — ajoutent avec beaucoup de raison ces auteurs, — une exception aux règles; car les *coups portés modérément* en vue de la correction, ne feraient point constituer la volonté criminelle, qui est l'un des éléments du délit. » Nous concluons de là que, dans le système actuel de notre législation, tous les actes de violence incriminés par l'art. 311 (aussi bien les coups, les autres violences ou voies de fait que les blessures) sont interdits aux pères, mères, tuteurs et patrons à l'égard des enfants placés sous leur autorité, car s'ils sont incriminés par l'art. 311, c'est qu'ils sont *graves;* autrement, ils ne constitueraient que la contravention de violences légères. Quant à ces dernières, elles doivent être tolérées en ce qui concerne les instituteurs, *infrà*, n° 191). M. Blanche, t. 4, n° 594, décide que l'art. 311 est applicable aux pères et mères qui, exagérant les droits de la correction, se livrent à des voies de faits *excessives* sur la personne de leurs enfants. — Le code pénal hongrois offre à cet égard, dans son art. 313, une disposition remarquablement formulée : « Il n'y a lieu de prononcer aucune peine pour les lésions corporelles légères faites par une personne ayant le droit de correction domestique, dans l'exercice de ce droit ».

191. La jurisprudence nouvelle offre une décision intéressante au sujet des limites du droit de correction domestique. — La cour de Nîmes a décidé le 31 janv. 1879 (1) que

---

Au fond : — ... Attendu que les violences exprimées par les dispositions de l'art. 311 c. pén. doivent s'entendre de tout fait de l'homme qui, volontairement, exerce sur la personne d'autrui une action anormale contraire aux lois et troublant celle-ci dans la libre possession d'elle-même; que le fait d'enfermer un citoyen malgré sa volonté, lui annoncer qu'on le tiendra ainsi retenu dans un lieu clos pendant un temps indéfini, tant qu'il n'aura pas payé une certaine somme d'argent, réaliser enfin cette entreprise pendant un quart d'heure, constitue un acte violent, affectant directement la personne, et lui infligeant une gêne, un trouble et même une souffrance aussi bien physique que morale;

Attendu que les premiers juges ont considéré à tort que les violences visées par l'art. 311 c. pén. ne peuvent résulter que d'un choc quelconque dirigé contre le plaignant, et que Mogenier n'ayant « ni poussé ni bousculé » Guillaume de Wied n'a point commis un délit punissable; — Attendu qu'une telle théorie est contraire à l'esprit plus encore qu'au texte de la loi, puisqu'elle réserverait la répression pour les violences insignifiantes, telle qu'une simple poussée, et abandonnerait à l'arbitraire du premier venu le droit de violenter impunément, et d'une façon beaucoup plus grave et plus pénible, une personne, en la soumettant à un véritable emprisonnement, emprisonnement qui affecte si bien la personne elle-même, que la loi le qualifie de peine afflictive, quand il est par elle appliqué; — Attendu qu'un fait de cette nature ne peut constituer la séquestration prévue et punie par les art. 341 et 343 c. pén., que quand il présente certains caractères et d'une durée qui lui font défaut dans l'espèce, et que, dès lors, il ne constitue plus que l'acte de violence ci-dessus spécifié;

Attendu que ne voir dans le fait reproché au prévenu qu'un fait dommageable donnant seulement lieu à une action en réparation civile de la part du plaignant, c'est n'envisager la question que sous l'un de ses aspects; que si, en effet, tout acte qui porte préjudice à autrui donne ouverture à des dommages-intérêts, cet acte doit, en outre, indépendamment de la réparation qui peut être ou n'être pas demandée, tomber sous le coup d'une répression pénale, au cas où il serait délictueux et intéresserait, par conséquent, l'ordre public; que tel est précisément le cas dans la poursuite exercée contre Mogenier par le ministère public;

Par ces motifs; — Reçoit le procureur général en son appel interjeté contre le jugement rendu par le tribunal correctionnel de Bonneville, le 21 janvier dernier, dans la poursuite exercée contre Clément Mogenier; — Et l'y déclarant fondé, réforme et annule ledit jugement qui sera considéré comme nul et non avenu; — Faisant ce que les premiers juges auraient dû faire,

déclare le prévenu coupable d'avoir, le 16 septembre dernier, sur le territoire de la commune de Sixt, volontairement exercé des violences sur la personne de Guillaume, prince de Wied, et en réparation, le condamne à 30 fr. d'amende et aux frais.

Du 10 mars 1887.-C. de Chambéry, ch. corr.-MM. Auzias Turenne, pr.-Toubin, rap.-Molines, av. gén.-Descotes, av.

(1) (Philip.) — La cour; — Attendu qu'il résulte de l'information et des débats que, du 3 au 7 nov. 1878, la prévenue a renfermé la jeune Henriette Chambon, âgée de 12 ans, enfant infirme et rachitique qui était confiée à ses soins par l'administration des enfants assistés, dans une pièce complètement obscure, située au-dessous de sa cuisine; que pendant ce temps l'enfant est restée couchée sur un lit de feuilles sèches sans chemise et, recouverte d'une simple toile d'emballage; que pendant le même temps elle n'a reçu que deux soupes et deux morceaux de pain que la prévenue lui envoyait par la jeune Séraphine Caillet, et sans la visiter elle-même; que tout indique que ce mauvais traitement se serait prolongé si les voisins n'eussent informé l'adjoint qui avisa le maire et le maréchal-des-logis de gendarmerie, et aurait pu gravement compromettre la santé de la victime; — Attendu qu'un traitement aussi excessif, appliqué à un enfant de cet âge, est susceptible de lui causer les émotions physiques et morales les plus fâcheuses, et dépasse les bornes d'une juste et légitime correction; que, sans qu'il y ait lieu de décider que le fait ainsi caractérisé constitue la séquestration punie par les art. 341 et suiv. c. pén., et, par suite, sans examiner si, en ce cas, la cour serait compétente pour en connaître, il en résulte tout au moins le délit de violences et voies de fait prévu par l'art. 311 du même code; — Attendu, en second lieu, que depuis moins de trois ans, à plusieurs reprises, la prévenue a volontairement porté des coups à Henriette Chambon et à Séraphine Caillet, et que ces violences ont dépassé les limites du droit de correction; — Attendu que la prévenue a déjà été l'objet de plaintes semblables, notamment en 1868 et 1874; qu'elle est signalée par ses habitudes de brutalité; qu'elle a déjà été condamnée pour coups et blessures, que si, jusqu'à ce jour, elle a échappé aux poursuites qu'elle avait justement encourues pour les mauvais traitements de toute nature qu'elle faisait endurer aux petites filles confiées à sa garde, et qui ont donné lieu à plusieurs réclamations, plaintes et procès-verbaux, cette longue impunité n'a eu pour cause que l'appui abusif qu'elle a rencontré dans une personne de sa parenté; — Adoptant, en outre, les motifs du jugement non contraires à ceux du présent arrêt; — Par ces motifs, etc.

Du 31 janv. 1879.-C. de Nîmes, 3e ch.

l'art. 311 c. pén., punissant les blessures, coups ou autres violences ou voies de fait, est applicable aux parents qui, exagérant leur droit de correction, se livrent à des voies de fait excessives sur la personne de leurs enfants, et spécialement, que le fait de renfermer pendant plusieurs jours un enfant infirme et rachitique dans une pièce obscure, de le faire coucher sur un lit de feuilles sèches, de ne lui laisser en hiver pour se couvrir qu'une toile d'emballage, et de ne lui donner qu'une nourriture insuffisante, excède le droit de correction et constitue le délit de violences et voies de fait prévu par l'art. 311 c. pén.

En ce qui concerne le droit de correction de l'instituteur sur ses élèves, il a été jugé avec raison qu'il est nécessaire que le maître soit armé d'une certaine autorité pour maintenir l'ordre, et qu'il n'outrepasse pas les limites permises en donnant un petit coup, du revers de la main, à un enfant (Trib. corr. Seine, 1er mars 1886) (1). — Jugé de même par un arrêt récent que le fait, par une institutrice, d'asseoir

une enfant sur une chaise les mains attachées derrière le dos et les pieds reliés au bâton de la chaise, peut être considéré comme une de ces mesures que rend nécessaire la conduite d'une jeune élève et la bonne tenue d'une école, et comme échappant, dès lors, à l'application des art. 600 et 605, § 3, c. 3 brum. an 4 (Crim. rej. 18 janv. 1889) (2). — Mais d'après un autre arrêt rendu le même jour, ces dispositions sont, au contraire, applicables à l'institutrice qui a versé de l'eau froide sur le corps d'une élève, l'a liée les mains derrière un dos, lui a attaché les pieds à une table, et l'a ainsi laissée les vêtements mouillés pendant un temps prolongé (Crim. cass. 18 janv. 1889) (3). — Décidé aussi que le fait par une institutrice d'infliger fréquemment aux enfants confiés à sa garde des corrections manuelles légères, moins dans un but de nécessité que sous l'empire de la colère, est passible des peines prononcées par l'art. 605, § 3, c. 3 brum. an 4 (Trib. simpl. pol. Amiens, 20 mars 1885 (4). De cette jurisprudence, on peut conclure que les violences légères

---

(1) (Gallois.) — Le tribunal ; — Attendu que le 10 déc. 1885, les petites filles sortant du catéchisme étaient conduites par l'abbé Gallois ; — Qu'un certain tumulte s'étant produit dans les rangs, l'abbé Gallois fit une première observation ; — Que le bruit s'étant renouvelé presque aussitôt, et l'abbé Gallois le croyant occasionné par la jeune Bracchi placée près de lui, il se borna à lui appliquer, derrière la tête, un petit coup de revers de la main, puis la prenant par le bras, chercha à la faire passer à l'arrière des rangs ; — Que, d'après la plaignante, l'abbé Gallois lui aurait tout d'abord donné deux gifles, dont l'une lui aurait laissé trace sur la joue gauche ; qu'à ce moment, l'enfant étant tombée à raison de la violence du coup, l'abbé l'aurait frappée de nouveau, aussitôt relevée ; — Que si les enfants, témoins de la scène, confirment le dire de la plaignante, ils y ajoutent même certains détails qui permettent de considérer leur déclaration comme empreinte de quelque exagération ; — Que s'il est constant que l'enfant soit tombée, il est à présumer que ce n'est pas à raison de la violence des soufflets reçus, mais à la suite de la résistance opposée par la jeune Bracchi, lorsque l'abbé s'efforçait de lui faire quitter le rang pour passer à l'arrière ; — Que, dans sa chute, de même qu'elle s'est légèrement contusionné le genou, sa joue a pu rencontrer la porte et se trouver marquée d'un coup qui ne serait pas le fait de l'abbé Gallois ; — Qu'il faut tenir compte de l'esprit qui anime les enfants contre leurs maîtres, et qui les porte à les accuser le plus gravement possible, s'ils se croient soutenus ; — Qu'il est nécessaire, d'autre part, que le maître soit armé d'une certaine autorité pour maintenir l'ordre, et qu'il n'apparaît pas que l'abbé Gallois ait outrepassé les limites permises et se soit livré à des violences sur la jeune Bracchi ; — Par ces motifs, le relaxe des fins de la poursuite sans dépens.
Du 1er mars 1886.-Trib. corr. de la Seine, 11e ch.-MM. Poinsot de Chansac, pr.-Jambois, subst.-Bouchot, av.

(2) (Maria Boutin.) — La cour ; — Sur le moyen pris de la violation des art. 600 et 605, § 8, c. 3 brum. an 4, en ce que le juge de police a prononcé le relaxe bien que la contravention fût établie : — Attendu que la décision attaquée (Trib. pol. Toulouse, 4 août 1888) constate le fait relevé contre la demoiselle Boutin dans les termes suivants : « Marie Chopel a été assise sur une chaise, les mains attachées derrière le dos avec son foulard de cou et les pieds reliés au bâton de la chaise, à l'aide de son mouchoir de poche » ; que la même décision constate qu'il n'est résulté de là aucun dommage réel pour l'enfant ; — Attendu que dans l'état des faits ainsi constatés, le juge de police a pu considérer que la mesure prise par la défenderesse, directrice d'une école maternelle, était de celles que peut rendre nécessaire la conduite d'une jeune élève et la bonne tenue d'une école, et que dans ces circonstances il n'y avait pas lieu pour lui de faire application des articles susvisés du code de brumaire an 4 ; — Rejette, etc.
Du 18 janv. 1889.-Ch. crim.-MM. Lœw, pr.-Gonse, rap.-Loubers, av. gén.-Rambaud de Larocque, av.

(3) (Dame Darré.) — La cour ; — Sur le moyen pris de la violation des art. 600 et 605, § 8, c. 3 brum. an 4, en ce que le juge de police a prononcé le relaxe, bien que la contravention de violences légères ne fût pas méconnue : — Attendu qu'il résulte de la décision attaquée (Trib. pol. Toulouse, 4 août 1888) que la dame Darré, à deux reprises, a versé une notable quantité d'eau froide sur le corps de la jeune Marguerite Métairia ; qu'elle a lié les mains de cette enfant derrière son dos, lui a attaché les pieds à une table, et l'a ainsi laissée les vêtements mouillés pendant un temps prolongé jusqu'à ce que la dame Métairia, avertie, vînt détacher sa fille ; — Attendu que dans l'état des faits ainsi constatés, c'est à tort que le juge de police a considéré le traitement infligé par la maîtresse d'école à son élève, comme une mesure que pouvait rendre nécessaire la conduite de cette élève et la bonne tenue de l'école ; — Que ces faits constituent une voie de fait qui tombait

sous l'application des art. 600 et 605, § 8, c. 3 brum. an 4 ; que c'est donc à tort que ledit juge a prononcé le relaxe de la défenderesse ; — Par ces motifs, casse, etc.
Du 18 janv. 1889.-Ch. crim.-MM. Lœw, pr.-Gonse, rap.-Loubers, av. gén.

(4) (C...) — Le tribunal ; — Sur l'incompétence opposée dès le début par la prévenue : — Considérant que, si le juge de police est appelé actuellement à statuer, c'est parce qu'il a été saisi de faits de violences légères punies de simple police, aux termes de la loi du 3 brum. an 4 (art. 605) ; — Considérant que ces faits, niés d'une façon absolue par la femme C..., sont établis par les dépositions, et qu'ils ont bien le caractère de violences légères ; qu'en effet, à plusieurs reprises, depuis moins d'un an, (l'été dernier, disent la plupart des témoins), la femme C... commit à l'égard d'une partie de ses élèves des actes de brutalité, les poussant vivement, leur tirant les oreilles, leur donnant des coups de règle sur les doigts, leur administrant des claques avec la main, sur la joue ou sur la tête, leur prenant la tête et la faisant tourner ; — Considérant que si ces faits ont été l'objet de poursuites, et s'ils sont, en effet, punissables, ce n'est qu'à cause de leur répétition, et parce que, au moins à l'égard de certains enfants, ils paraissent constituer, à la charge de la femme C..., des habitudes de brutalité, qui ne peuvent être classées légalement que parmi les voies de fait et les violences légères ; que, prises isolément, aucun de ces faits n'aurait certainement motivé des poursuites ; que l'instituteur remplace momentanément le père, et que tant qu'il a les enfants sous sa garde, il se trouve investi de l'autorité paternelle, qui lui est indispensable pour maintenir le bon ordre et la discipline parmi eux ; que, de tout temps, les pères, les mères, les instituteurs et tous ceux qui ont charge d'enfants, se sont trouvés obligés d'avoir recours à certaines corrections manuelles légères, qu'il est impossible de qualifier « voies et blessures », à moins qu'elles n'aient un caractère de gravité exceptionnel ; — Considérant que, dans le cas actuel, sur les huit enfants au sujet desquels M. le commissaire de police a requis l'application de la loi, il y en a une, Marie Boulin, qui n'a été l'objet d'aucun acte de violence ; que sur les sept autres, il y en a quatre, Léonie Latier, Marie Pajou, Berthe Douillère et Louise Dumont, à l'égard desquelles, sans aucun doute, ont été exercés des actes tels que les corrections manuelles sans gravité indiquées plus haut, et que leur répétition trop fréquente sur les mêmes enfants permet seule de qualifier de violences légères, plusieurs des enfants disant que les actes de violence, les claques notamment, ne leur avaient pas fait de mal ; qu'enfin, pour les trois autres seulement, Gabrielle Miet, Léonie Raincheval, et Maria Soyez, il peut y avoir lieu d'examiner si, soit par elles-mêmes, soit par leurs conséquences, les violences, qu'il est certain qu'elles ont eu à subir plusieurs fois, n'ont pas revêtu un caractère plus grave que celui des corrections manuelles trop répétées qui appartient aux autres faits... ; — Considérant, en conséquence, que pour ces trois enfants comme pour les quatre autres nommées avant, les corrections administrées par la femme C... n'ont que le caractère de violences légères, et que le tribunal de simple police est compétent pour en connaître ;
Au fond : — Considérant qu'en ce qui concerne Maria Boulin susnommée, aucun fait de violence n'a été indiqué comme ayant été commis sur elle ; qu'à l'égard des sept autres enfants susnommées également, il a été établi qu'à diverses reprises, depuis moins d'un an, à des époques qu'aucun témoin n'a précisées, la femme C... a infligé des corrections manuelles, telles que celles qu'infligent souvent les parents et les instituteurs aux jeunes enfants à eux confiés ; que si c'est une nécessité que l'on peut admettre, et qui parfois s'impose quand il n'y a pas d'autre moyen de décider tel ou tel enfant à obéir, ceux qui en usent ne doivent le faire que très rarement, à titre d'exemple, et avec une grande modération ; que la femme C... n'a pas agi ainsi ; qu'au contraire elle a très souvent employé ce mode de punition à l'égard des mêmes

exercées par les instituteurs ou institutrices sur leurs élèves ne sont punissables que lorsqu'elles excèdent le droit de correction disciplinaire dont ils sont investis.

192. On a déjà dit au *Rép.* n° 170, et il est à peine besoin de le répéter, qu'à l'égard des violences commises par le *mari* sur sa *femme*, ou *réciproquement*, la distinction ci-dessus ne peut plus être admise. En effet, ce n'est assurément qu'avec une extrême réserve que l'action publique doit porter devant les tribunaux les violences de cette nature, car une telle poursuite ne tend qu'à mettre obstacle au rapprochement des époux ; mais il est évident que les dispositions générales de la loi pénale les comprennent comme toutes les autres, et qu'il n'y a aucun motif pour créer une distinction qu'elle n'a point établie (Chauveau et Hélie, t. 4, n° 1335. Conf. Crim. cass. 9 avr. 1825, 2 févr. 1827, 15 mars 1828, rapportés au *Rép.* n° 170). — Spécialement, l'art. 311 est applicable au mari qui se permet de porter des coups à sa femme (V. les arrêts précités des 9 avr. 1825 et 2 févr. 1827. Conf. Blanche, t. 4, n° 592) ; et même il nous paraît hors de doute que les voies de fait ou violences, même seulement *légères*, ne sont pas permises au mari sur sa femme, la puissance maritale n'impliquant pas le droit de correction.

193. Au reste, la réconciliation des époux ne ferait pas obstacle à l'action du ministère public : « Attendu, dit un arrêt de la cour de cassation, que les art. 272, 273 et 274 c. civ. ne s'appliquent qu'aux sévices et voies de fait, qui peuvent servir de base aux demandes en séparation de corps, et qui peuvent être effacés par la réconciliation des époux ; mais que ces articles ne peuvent mettre obstacle à l'action publique, fondée sur des délits prévus par l'art. 311 c. pén., ni atténuer les peines édictées par cet article ; que, par conséquent, la peine appliquée par l'arrêt l'a été légalement » (Crim. rej. 7 mai 1851, aff. Belland, D. P. 52. 5. 564).

194. A plus forte raison, l'art. 311 est-il applicable aux geôliers et gardiens, qui portent des coups, par mesure de correction, aux détenus confiés à leur surveillance. Cette mesure ne fait pas partie des moyens de correction que les gardiens sont autorisés à employer ; dès lors, elle constitue une voie de fait qui rentre dans les termes de la loi pénale (Chauveau et Hélie, t. 4, n° 1356). Blanche, t. 4, n° 595). Toutefois, dans une espèce où le gardien d'une prison (un surveillant d'atelier de discipline), qui avait frappé une détenue de quelques coups de corde, avait été renvoyé de la poursuite par la juridiction correctionnelle, le pourvoi formé contre cet arrêt par le procureur général a été rejeté ; mais le rejet fut fondé sur ce que le prévenu avait été déclaré exempt de toute intention coupable (Crim. rej. 7 juin 1861, cité *supra*, n° 138).

195. Notre code ne contient pas de dispositions spéciales sur les coups portés dans une *rixe* ; cela est fâcheux (surtout lorsque, dans la rixe, une personne a été tuée ou gravement blessée), et souvent embarrassant pour le juge, à qui l'on ne peut pas toujours désigner avec certitude l'agent qui a fait la blessure. Le code pénal allemand de 1871 porte : « Art. 227. Lorsque dans une rixe ou dans une attaque exécutée par plusieurs individus, une personne a été tuée ou gravement blessée, tout individu qui aura participé à la rixe ou à l'attaque sera puni, à raison de ce seul fait, de l'emprisonnement pendant trois ans au plus, à moins qu'il n'ait été entraîné malgré lui. — Si la mort ou la lésion grave est le résultat, non pas d'une seule blessure, mais de plusieurs des blessures, chaque individu auquel l'un de ces coups ou blessures pourra être imputé, sera condamné à la réclusion pendant cinq ans au plus. » — Le code néerlandais de

1881 (art. 306) et le code hongrois de 1878 (art. 308) contiennent des dispositions analogues.

196. Il n'y a pas de tentative punissable du délit de coups et blessures simples de l'art. 311, puisque cette tentative n'a pas été assimilée par le législateur au délit consommé, et qu'aux termes de l'art. 3 c. pén., les tentatives de délits ne sont considérées comme délits que dans les cas déterminés par une disposition spéciale de la loi. Cette règle, qui est incontestable, a été appliquée par la cour de cassation dans son arrêt du 5 juin 1886, cité *supra*, n° 187. La cour de Pau, dans l'arrêt contre lequel a été formé le pourvoi rejeté, avait constaté que des pierres avaient été placées sur la route que devaient suivre les plaignants dans le but de faire verser la voiture qui les transportait, mais qu'elles avaient été aperçues et enlevées avant l'arrivée de cette voiture à l'endroit où elles avaient été déposées, et que la route avait été déblayée avant le passage de la voiture et des voyageurs qu'elle contenait. La cour suprême a décidé que « le fait ainsi caractérisé, même s'il pouvait être considéré comme réunissant les éléments du délit de violence ou voies de fait, ne constituerait qu'une tentative du délit de coups et blessures, de violences ou de voies de fait volontaires, tentative qui, n'ayant pas été assimilée par le législateur au délit consommé, n'est pas punissable d'après la disposition de l'art. 3 c. pén. » (V. aussi Bordeaux, 18 nov. 1886, *supra*, n° 187).

197. Dans le cas de l'art. 311 (comme dans celui de l'art. 309), les tribunaux peuvent, aux termes de l'art. 315, « prononcer, outre les peines correctionnelles mentionnées en ces articles, le renvoi sous la surveillance de la haute police depuis deux ans jusqu'à dix ans ». — On sait que la surveillance de la haute police a été supprimée et remplacée par la défense faite au condamné de paraître dans les lieux dont l'interdiction lui aura été signifiée par le Gouvernement avant sa libération (L. 27 mai 1885, art. 19).

§ 5. — Voies de fait et violences légères (*Rép.* n°s 173 à 176).

198. La question de savoir si l'art. 605 du code du 3 brum. an 4 qui punit de peines de police les *auteurs de voies de fait et de violences légères pourvu qu'ils n'aient blessé ni frappé personne*, a survécu à l'art. 311 du code de 1810, qui ne s'occupait que du délit de coups et blessures (et que n'a point modifié, à cet égard, la loi de 1832), a été résolue au *Rép.* n° 173, dans le sens de l'affirmative, conformément à la jurisprudence alors unanime (V. outre les arrêts cités *ibid.* : Crim. cass. 12 août 1853, aff. Fraticelli, D. P. 53. 1. 338 ; 18 févr. 1854, aff. Cruaux, D. P. 54. 5. 168 ; 9 mars 1854, aff. Colin, D. P. 54. 1. 259). — L'article précité du code de brumaire a-t-il été abrogé depuis par la loi du 13 mai 1863, qui a étendu le nouvel art. 311 aux *violences et voies de fait* autres que les coups et blessures ? La négative n'est pas douteuse. Par de nombreux arrêts, la jurisprudence a décidé que les voies de fait et violences que l'art. 311, modifié par la loi du 13 mai 1863, punit de peines correctionnelles, ne sont pas toutes violences et voies de fait en général, mais seulement celles qui, à raison de leur *gravité*, sont assimilables aux coups et blessures. Les autres, les violences *légères*, demeurent régies par l'art. 605 du code de brumaire (Crim. rej. 7 janv. 1865, aff. Davenne, D. P. 65. 1. 103 ; 13 janv. 1865, aff. Courtot, *ibid.* ; Crim. cass. 26 janv. 1866, aff. Chedron, D. P. 66. 5. 89 ; 25 juin 1868, V. *infrà*, n° 202 ; Sol. impl., Crim. rej. 7 déc. 1872, *supra*, n° 184 ; Crim. cass. 7 janv. 1881, aff. Rovery, D. P. 81. 1. 278 ; Sol. impl., Crim. cass. 15 juill. 1882, *supra*, n° 179 ; 30 janv. 1885, aff. Marmier, D. P. 86. 1. 348 ; Bordeaux, 17 févr. 1887 (1). Conf. Chau-

---

enfants, paraissant procéder, non pas seulement par suite d'un système raisonné et par nécessité, mais sous l'empire de l'irritation à laquelle il se laissait aller, et de façon, la plupart du temps, à causer une certaine douleur et cette habitude et cette fréquence fait de l'application réitérée de ces punitions manuelles une contravention prévue et réprimée par les art. 600 et 605 de la loi du 3 brum. an 4 ;
Par ces motifs, se déclare compétent ; — Condamne, etc.
Du 20 mars 1885.-Trib. de simple police d'Amiens.-MM. Decaïeu, juge.-Crampon, av.

(1) (Roux C. de la Crouzille.) — La cour ; — Attendu que, par son assignation, le sieur Roux se plaint que le sieur de la Crouzille,

à la suite d'une altercation entre eux, tira son gant de la poche et le lança au visage du plaignant ; — Attendu que Roux a cru pouvoir qualifier cette voie de fait dans les termes prévus par l'art. 311 c. pén., et traduire le sieur de la Crouzille devant le tribunal correctionnel de Périgueux ; mais que les premiers juges, conformément au déclinatoire soulevé par le prévenu, se sont à bon droit déclarés incompétents ;
Attendu, en effet, que l'art. 311 c. pén., modifié par la loi du 13 mai 1863, qui punit les violences et voies de fait de peines correctionnelles, n'a point abrogé l'art. 605 c. brum. an 4, qui réprime les voies de fait et violences légères ; qu'il reste donc à examiner si le fait reproché au prévenu offre une gravité suffisante pour être assimilé à des coups et blessures, ou s'il ne pré-

veau et Hélie, t. 4, n° 1328. — V. cependant en sens contraire : Morin, *Journal de droit criminel*, art. 7994).

199. On peut donner comme exemples de violences qui doivent être réputées légères, et qui sont, à ce titre, passibles des peines de simple police prononcées par l'art. 605 c. brum. : 1° le fait, par un individu, de saisir une jeune fille, par derrière, sur la place publique, et de lui ouvrir la bouche pour la remplir de son (Crim. cass. 14 avr. 1821, *Rép.* n° 174) ; — 2° Le fait par un individu d'avoir arraché un objet, et, par exemple, une lanterne, des mains d'une personne qui portait cet objet (Trib. Lille, 5 avr. 1836, *Rép.* n° 173) ; — 3° Le fait de pousser plus ou moins brutalement hors d'un cabaret un individu en état d'ivresse manifeste, qui y occasionne du trouble (Crim. rej. 5 nov. 1875) (1) ; — 4° Le fait par un individu de décoiffer une jeune fille, dans un bal, pour se venger de ce que, après avoir refusé de danser avec lui, elle a dansé avec un autre (Crim. cass. 26 janv. 1877, aff. Coderch, D. P. 78. 1. 240) ; — 5° Le fait d'avoir, dans une discussion, poussé à plusieurs reprises une personne, et de lui avoir porté le poing à la figure (Crim. rej. 5 août 1881) (2) ; — 6° Le fait par un spectateur, au cours d'une représentation théâtrale, de lancer des pierres ou sa canne à un acteur en scène, sans toutefois l'atteindre (Crim. cass. 5 mars 1886) (3) ; — 7° Le fait de lancer un gant au visage d'une personne, s'il n'est pas allégué que cette agression ait été accomplie avec brutalité, et ait occasionné une lésion ou une douleur quelconque (Bordeaux, 17 févr. 1887, *suprà*, n° 198). — Mais il a été jugé que le tribunal de police devant lequel un individu est cité à raison de violences qui, d'après la plainte, auraient fait *beaucoup de mal* à la personne sur laquelle elles ont été commises, retient à tort la connaissance de la prévention, de telles violences ne pouvant, si elles étaient prouvées, être qualifiées de légères (Crim. cass. 1er juill. 1864, aff. Barase,

D. P. 64. 5. 381). — Décidé de même que les auteurs de voies de fait ou violences légères ne sont justiciables du tribunal de simple police qu'autant qu'ils n'ont blessé ni frappé personne ; si ces voies de fait ou violences ont produit des contusions, elles constituent un délit de la compétence du tribunal correctionnel (Crim. cass. 12 août 1853, aff. Fraticelli, D. P. 53. 1. 338).

200. Sur la question de savoir si les violences légères exercées sur les enfants, soit par leurs parents ou tuteurs, soit par les instituteurs, rentrent sous l'application de l'art. 605, § 3, c. 3 brum. an 4, V. *suprà*, n°s 189 et suiv.

201. Au reste, il appartient au juge du fait d'apprécier si le fait dont il est saisi constitue une violence légère punissable, et son appréciation à cet égard est souveraine. Décidé que le tribunal de police a pu, en vertu de son droit d'appréciation souveraine, refuser de voir un acte de violence punissable, même comme simple contravention, dans le fait d'une laveuse d'avoir écarté un enfant qui s'obstinait à salir de ses mains du linge étendu par elle (Crim. rej. 16 déc. 1859, aff. Sirguet, D. P. 59. 5. 404). — De même, le juge a pu décider qu'il n'y a pas contravention punissable dans le fait d'un prévenu d'avoir repoussé modérément, et sans lui faire de mal, un individu qui menaçait de le frapper avec son sabot, « attendu qu'il appartient au juge du fait d'apprécier s'il y a eu provocation ou nécessité de la légitime défense » (Crim. rej. 2 août 1866, aff. Hinderer, D. P. 66. 5. 493).

La cour de cassation a aussi décidé que le juge de police est souverain pour décider qu'il n'est pas suffisamment établi que l'individu prévenu de violences légères ait été l'agresseur, et, par suite, il peut l'acquitter par le motif qu'il n'est pas l'auteur de ces violences (Crim. rej. 26 mars 1857) (4).

202. Quand le juge de police a été compétemment saisi

---

sente, au contraire, que le caractère d'une voie de fait assez légère pour ne constituer qu'une contravention de police ; qu'en pareille matière, les arrêts invoqués de part et d'autre ne peuvent offrir que des indications peu décisives, les juges ayant, dans chaque espèce, à tenir compte des circonstances, qui ne sont jamais identiques ;

Attendu qu'il convient de remarquer d'abord que la voie de fait doit être envisagée en elle-même plutôt que dans ses conséquences plus ou moins directes ; — Attendu que le sieur Roux, en reprochant au sieur de la Crouzille de lui avoir jeté son gant au visage, n'articule même pas que cet acte ait été commis avec quelque brutalité ou ait produit une lésion quelconque, ou ait causé la moindre douleur ; qu'ainsi cette voie de fait n'a pu, à aucun de ces points de vue, être considérée comme assez grave pour être assimilée à un coup ou à une blessure ; qu'elle pourait, il est vrai, au point de vue moral et dans l'état de nos mœurs, être envisagée comme un outrage et soulever la juste susceptibilité de l'offensé ; que telle était si bien sa portée à raison de la situation des intéressés, qu'elle fut suivie d'une correspondance où le sieur Roux a réclamé une réparation par les armes ; que si cette solution a été écartée par des motifs que la cour n'a pas à apprécier, il n'en résulte pas moins que cette voie de fait n'a eu de gravité que par son caractère injurieux, mais qu'au point de vue du droit pénal, elle est restée à l'état de violence légère ; qu'elle ne pouvait donc être réprimée que par le tribunal de simple police ; — Par ces motifs, confirme.

Du 17 févr. 1887.-C. de Bordeaux, ch. corr.-MM. Boulineau, pr.-Habasque et Lassauve, av.

(1) (Leroy et consorts.) — La cour ; — Sur le premier moyen, tiré de la violation de l'art. 160 c. instr. cr. et des règles de la compétence, en ce que les faits dont les inculpés ont été déclarés coupables constitueraient, non les violences légères prévues et punies par les art. 605 et 606 c. 3 brum. an 4, mais les violences assimilées par les art. 309 et 311 c. pén. aux coups et blessures volontaires : — Attendu, d'une part, que, par ordonnance du juge d'instruction de Boulogne-sur-Mer, du 20 mars 1875, Rétaux père et fils, Leroy père et fils, Ducrocq, Magnier et Jolliet ont été renvoyés devant le tribunal de simple police pour violences légères et pour tapages injurieux et nocturnes troublant la tranquillité des habitants ; — Attendu, d'autre part, qu'il résulte des constatations du jugement attaqué que les prévenus n'ont fait que pousser plus ou moins brutalement Rétaux père et fils hors du cabaret de Leroy, où lesdits Rétaux, dans leur ivresse manifeste, occasionnaient du trouble ; que ces constatations de fait sont souveraines ; qu'il n'appartient pas à la cour de les contrôler, et que les faits ainsi constatés ne constituent que les contraventions prévues et punies de peines de simple police par les art. 605 et 606

c. 3 brum. an 4 ; — D'où il suit que le juge de police était compétent. — Rejette.

Du 5 nov. 1875.-Ch. crim.-MM. Salneuve, rap.-Thiriot, av. gén.

(2) (Brière.) — La cour ; — Attendu que le jugement attaqué déclare que Brière étant en marché à Beuzeville pour un porc et Letac étant mal à propos intervenu dans ce marché, ce dernier poussa Brière à plusieurs reprises, et que Brière porta son poing sur la figure de Letac ; — Attendu que le fait ainsi constaté constitue, non pas une voie de fait passible de peines correctionnelles, aux termes de l'art. 311 c. pén., mais une violence légère rentrant dans les prévisions de la loi de brumaire an 4 ; — Rejette.

Du 5 août 1881.-Ch. crim.-MM. Puget, rap.-Tappie, av. gén.

(3) (Paul Casanova.) — La cour ; — Attendu qu'il résulte d'un procès-verbal régulier dressé, le 13 août 1885, par les gendarmes d'Orléansville, que, pendant le cours d'une représentation qui avait lieu au théâtre de cette ville, Casanova a jeté des pierres à un acteur et à une actrice qui se trouvaient sur la scène ; que, l'acteur ayant demandé quel était l'imbécile qui jetait ainsi des pierres, Casanova lui a lancé sa canne à la tête sans toutefois l'atteindre ; qu'à l'acte suivant, Casanova a encore troublé la représentation et a dû se retirer devant les protestations des autres spectateurs ; qu'enfin étant sorti de la salle et se trouvant à l'entrée de la porte du théâtre, il a fait une querelle violente au directeur de cet établissement, et a été cause d'un rassemblement que les gendarmes ont dû dissiper ; — Attendu que deux ordres de faits ressortent de ce procès-verbal : 1° des actes de tapage injurieux commis soit dans l'intérieur de la salle de spectacle d'Orléansville, soit en dehors de cette salle, à la porte du théâtre ; 2° des voies de fait ou violences légères à l'égard d'un acteur et d'une actrice, faits constituant les contraventions prévues et punies par les art. 479, § 8, c. pén., 605 et 606 c. 3 brum. an 4 ; — Casse.

Du 5 mars 1886.-Ch. crim.-MM. Sallantin, rap.-Roussellier, av. gén.

(4) (Pioger.) — La cour ; — Attendu que le juge de police saisi d'une inculpation contre Pioger, pour violences légères, a déclaré, en fait, après avoir entendu trois témoins, qu'il n'était point établi que, dans la rixe survenue entre ledit Pioger et Lerouge, Pioger eût été l'agresseur ; qu'il ajoute même qu'il est possible d'admettre, d'après les débats, que ce dernier n'a fait que se défendre contre l'agression d'autrui ; qu'en décidant, dès lors, dans cet état des faits souverainement constatés et dont l'appréciation échappe, par suite, à tout contrôle, que Pioger n'est point auteur de violences légères, dans le sens de l'art. 605 c. 3 brum.

de la connaissance d'une contravention de violences *légères*, s'il estime, d'après les résultats de l'instruction faite à l'audience, qu'il y a lieu de se dessaisir parce que les faits auraient pris le caractère plus grave des violences et voies de fait définies par l'art. 311 c. pén., il doit avoir soin d'énoncer expressément, dans le jugement, les circonstances qui ont donné aux faits ce nouveau caractère. Autrement, la cour de cassation ne serait pas mise à même de contrôler la déclaration d'incompétence, et le jugement devrait être annulé comme manquant de base légale (Crim. cass. 25 juin 1868) (1).

203. On sait quelles sont les peines applicables à la contravention de violences légères. Ce ne sont pas celles édictées par les art. 464, 465 et 466 c. pén., mais celles que prononçait, en matière de simple police, l'art. 606 du c. du 3 brum. an 4, c'est-à-dire un emprisonnement de *trois jours* au plus, et une amende dont le taux ne peut excéder la valeur de trois journées de travail. Ainsi est nulle la condamnation pour voie de fait ou violence légère à une peine dépassant le maximum fixé par le code de brumaire an 4, quoiqu'elle ne dépasse pas celui déterminé par le code de 1810, et notamment à un emprisonnement de cinq jours (Crim. cass. 30 mars 1832, *Rép.* n° 173), ou à une amende de cinq francs, somme supérieure à celle représentée par la valeur de trois journées de travail (L. 21-28 avr. 1832, art. 10, *Rép.* v° *Impôts directs*, p. 269).

Le juge de simple police peut, d'ailleurs, prononcer *cumulativement* la peine de l'amende et celle de l'emprisonnement, dans les limites qui viennent d'être indiquées (Crim. rej. 15 nov. 1877) (2).

204. Ainsi qu'on l'a dit au *Rép.* n° 176, l'action civile pour voies de fait n'est de la compétence des juges de paix qu'autant que ces voies de fait ont le caractère de violences légères passibles de peines de simple police; si elles constituent un délit correctionnel en ce que, par exemple, elles sont qualifiées de coups et blessures, l'action civile doit être portée devant les tribunaux civils (Nancy, 6 août 1842, *Rép.* v° *Compétence civile des juges de paix,* n° 197; Limoges, 26 août 1845, aff. Graindelorge, D. P. 46. 2. 143; Nancy, 13 juin 1846, aff. Mangin, D. P. 47. 4. 95; Trib. Huy (Belgique), 16 mars 1853, aff. Meunier, D. P. 53. 3. 24; Trib.

---

(1) (Prigeant ou Prijan.) — La cour; — Vu l'art. 7 de la loi du 20 avr. 1810, l'art. 227 c. instr. crim. et le code de brumaire an 4; — Attendu que, même depuis la promulgation de la loi du 13 mai 1863, les voies de fait légères continuent à être prévues et punies par les dispositions du code de brumaire an 4; que le tribunal de simple police de Morlaix, saisi compétemment de la connaissance de cette contravention, ne pouvait s'en dessaisir qu'autant que, par le résultat de l'instruction faite à l'audience, les faits auraient pris le caractère plus grave des *violences et voies de fait* définies par l'art. 311 c. pén., et que, dans ce cas, le jugement devait énoncer expressément les circonstances qui avaient donné aux faits ce nouveau caractère; — Attendu que le jugement attaqué ne contient sur ce point aucune énonciation qui puisse mettre la cour de cassation à même de contrôler sa déclaration d'incompétence; d'où il suit que cette décision manque de base légale; — Casse.

Du 25 juin 1868.-Ch. crim.-MM. Guyho, rap.-Connelly, av. gén.

(2) (Marie-Marcelle Baudart, dite Fournelle.) — La cour; — Sur le moyen unique, tiré d'une prétendue violation des art. 600 et 605 du code de brumaire an 4, en ce que le juge de police aurait prononcé cumulativement la peine de 4 fr. 50 d'amende et celle de trois jours de prison pour le fait de violences légères; — Attendu que si l'art. 600 du code de brum. détermine la nature des peines de simple police en disant : « Les peines de simple police sont celles qui consistent en une amende de la valeur de trois journées de travail ou au-dessous, ou dans un emprisonnement qui n'excède pas trois jours », il ne précise ni ne limite l'application de ces peines ; — Attendu que l'art. 605 de la même loi est ainsi conçu : « Seront punis des peines de simple police : » 1°...; 2°... ; 8°... les auteurs de voies de fait ou de violences légères; qu'en s'exprimant ainsi, cet article laisse au juge de répression le droit d'approprier la rigueur de la peine au degré de gravité des faits imputés, sans lui interdire en aucune sorte de cumuler les

---

Annecy, 25 mars 1887 (3). V. aussi Crim. cass. 13 mars 1862, aff. Moricard, D. P. 62. 5. 76).

§ 6. — Circonstances aggravantes des coups et blessures. — Préméditation. — Parenté. — Bande ou réunion séditieuses. — Fonctionnaires publics (*Rép.* n°s 177 à 190).

205. Les coups et blessures volontaires, qui constituent soit un crime, soit un délit, s'aggravent suivant les circonstances qui les ont accompagnés, ou suivant la qualité des victimes. Cette distinction des causes d'aggravation en deux classes a été faite au *Rép.* n° 177. Elle est tout à fait étrangère à la matière des violences *légères*, qui ne comportent point de circonstances aggravantes.

206. — I. PRÉMÉDITATION ET GUET-APENS. — Cette hypothèse est réglée par l'art. 310 et par le paragraphe 2 de l'art. 311. Le premier de ces articles, qui se réfère à l'art. 309, c'est-à-dire aux cas où les blessures ont été suivies soit d'une incapacité de travail de plus de vingt jours, soit d'une infirmité permanente, soit de la mort, a été modifié par la loi du 18 avr. 1863. D'après l'ancien art. 310 (texte de 1832), lorsqu'il y avait préméditation ou guet-apens, la peine était, si la mort s'en était suivie, celle des travaux forcés à perpétuité, et si la mort ne s'en était pas suivie, celle des travaux forcés à temps. Le législateur de 1863 a maintenu cette aggravation de pénalité, mais il a réservé les travaux forcés à temps pour le cas où les violences ont été suivies de mutilation, amputation ou privation de l'usage d'un membre, cécité, perte d'un œil ou autres infirmités permanentes (incrimination nouvelle du paragraphe 3 de l'art. 309), et il a ajouté à la gradation des peines un degré de plus, la réclusion, pour l'hypothèse des violences ayant simplement entraîné une maladie de plus de vingt jours. Quant à l'art. 311, qui se réfère aux coups et blessures simples, son texte n'a pas changé; il dispose, comme avant 1863, que « s'il y a eu préméditation ou guet-apens, l'emprisonnement sera de deux ans à cinq ans, et l'amende de 50 fr. à 500 fr. ». — Il résulte de la combinaison des deux articles précités que les violences volontaires exercées avec préméditation ne sont un crime qu'autant que cette préméditation s'ajoute à l'incapacité de travail personnel de plus

---

différentes pénalités énumérées dans l'art. 600 ; — Attendu qu'en prononçant cumulativement la peine de l'amende et celle de l'emprisonnement, le juge de police, dans l'art. 600 et 605 du code du 3 brum. an 4, en fait une juste interprétation; — Rejette.

Du 15 nov. 1877.-Ch. crim.-MM. Roussel, rap.-Benoist, av. gén.

(3) (Darvey C. Viviant.) — Le tribunal; — Attendu, en droit, que la juridiction du juge de paix est essentiellement exceptionnelle, qu'elle ne peut s'appliquer qu'aux matières qui lui sont expressément attribuées ; — Attendu que l'art. 5, § 5, de la loi du 25 mai 1838 attribue aux juges de paix la connaissance des actions civiles pour rixes et voies de fait ; que cette disposition reproduit textuellement celle de la loi du 24 août 1790, tit. 3, art. 10, § 5 ; que le code de brumaire an 4, dans son art. 605, § 6, dispose que les auteurs de rixes, voies de fait et violences légères seront punis de peines de simple police pourvu qu'ils n'aient blessé ni frappé personne, d'où il suit que sous l'empire de la législation alors en vigueur, les juges de paix cessaient d'être compétents quand l'action civile était basée sur des coups et blessures ; — Attendu que le législateur de 1838 ayant emprunté textuellement les expressions de la loi de 1790, on doit admettre qu'il leur a conservé le sens qu'elles avaient sous l'empire de cette loi ; que s'il eût été dans sa pensée de changer le sens de l'expression « voies de fait » et de l'étendre notamment aux coups et blessures, cette intention se fût certainement révélée dans les éléments de la discussion qui a précédé la loi du 25 mai 1838 ; qu'aucune pensée d'un pareil changement ne s'y manifeste ; qu'ainsi il y a lieu de reconnaître que sous l'empire de la loi nouvelle, comme sous celui de la loi antérieure, le juge de paix n'a compétence pour statuer sur les actions civiles résultant des voies de fait qu'autant que les voies de fait ont le caractère de violences légères ne pouvant être réputées ni coups ni blessures ; — Attendu, dès lors, que le juge de paix n'était pas compétent pour connaître de l'action civile basée sur les violences qualifiées soit dans l'exploit introductif d'instance, soit dans l'articulation qui a été faite ensuite dans les conclusions ; — Par ces motifs, reçoit l'appel, etc.

Du 25 mars 1887.-Trib. civ. d'Annecy.-M. Vallier-Collombier, pr.

de vingt jours ou à l'une des deux autres circonstances de l'art. 309 (infirmité permanente ou mort occasionnée sans intention de la donner) qui, par elles-mêmes, rendent déjà le fait *criminel*. En l'absence de ces circonstances, la préméditation n'enlève pas au fait le caractère de simple délit, et motive seulement l'élévation des peines correctionnelles qui lui sont applicables. C'est ce qu'a reconnu un arrêt de la cour de cassation du 25 mai 1882 (aff. Humbert, D. P. 83. 1. 43), qui a cassé un arrêt de cour d'assises ayant prononcé la *réclusion* contre un accusé déclaré coupable de violences volontaires avec préméditation, mais à l'égard duquel la circonstance aggravante d'infirmités permanentes avait été écartée par le jury.

207. Les caractères légaux de la préméditation ou du guet-apens sont les mêmes en matière de violences non qualifiées meurtre, qu'en matière d'homicide volontaire (c. pén. art. 297 et 298). Ils ont été retracés au chap. 3 ci-dessus (V. nos 38 et suiv.).

208. Ainsi qu'on l'a dit au *Rép.* no 178, il importe de bien distinguer la préméditation et le dessein de tuer : la préméditation *aggrave* la peine applicable au crime ou délit de blessures, mais ne change point la nature ce le délit ou de ce crime ; le dessein de tuer, au contraire, le *transforme* en tentative de meurtre ou d'assassinat. Il a été jugé, conformément à cette distinction, « qu'il n'y a nulle contradiction dans deux réponses du jury, négative quant à l'intention de donner la mort, et affirmative quant à la préméditation de la volonté de porter des coups et blessures, puisque le code pénal, par ses art. 297 et 310, a formellement admis ces deux espèces de préméditation (Crim. rej. 14 janv. 1841, *Rép.* vo *Instruction criminelle*, no 3535).

209. Au reste, il a encore été jugé « que la préméditation ne constitue pas un fait distinct et indépendant des coups et blessures, qu'elle s'y rattache intimement et devient, lorsqu'elle est établie, un des éléments du délit » ; d'où l'on a conclu que lors même que la citation ou l'ordonnance de mise en prévention n'en fait pas mention, lors même que le juge de première instance n'a pas relevé cette circonstance, elle peut être relevée devant le juge d'appel sans qu'il y ait atteinte au principe du double degré de juridiction (Crim. rej. 29 juin 1855, aff. Célestine Doudet, D. P. 55. 1. 319. Conf. Chauveau et Hélie, t. 4, no 1352).

210. Mais, bien qu'étant « un des éléments du délit », la préméditation n'est qu'une circonstance aggravante de celui-ci. Il suit de là qu'aux assises elle doit faire l'objet d'une question spéciale, et que, le cas échéant, elle pourrait être soumise au jury comme résultant des débats quand elle n'est pas mentionnée dans l'acte d'accusation. La question relative à la préméditation doit aussi, comme en matière de meurtre, être séparée de la question relative au guet-apens. Tout ce qui a été dit sur ce point à l'occasion du meurtre (V. *suprà*, nos 40 et suiv.), s'applique à la matière des coups et blessures volontaires. — Jugé aussi, comme en matière de meurtre, que le guet-apens ne pouvant exister sans préméditation, est contradictoire la déclaration du jury qui, en matière de coups et blessures volontaires, résout négativement la question concernant la préméditation et affirmativement celle du guet-apens (Crim. cass. 29 mars 1877, aff. Lavillaureix, D. P. 77. 1. 335).

211. — II. QUALITÉ DES VICTIMES; PÈRES, MÈRES, ASCENDANTS. — L'art. 312 punit les violences exercées par un individu sur la personne de « ses *père* et *mère* légitimes, naturels ou adoptifs, ou autres *ascendants* légitimes ». Son texte a été modifié par la loi du 13 mai 1863. — On lit dans l'exposé des motifs de cette loi : « L'art. 312 établit une gradation analogue pour les cas de violence commis sur des ascendants légitimes. Toutes les peines prononcées dans les art. 309, 310, 311, sont élevées alors d'un degré, excepté celle des travaux forcés à perpétuité, qui reste le dernier terme de la progression. Le nouvel art. 312 serait conçu

dans le même esprit. Les changements qu'on y remarque proviennent de la même cause que ceux de l'art. 310 : seulement, comme la gradation compterait ici un degré de plus, pour l'arrêter à la peine des travaux forcés à perpétuité, il a fallu établir deux degrés dans la réclusion, qui est le point de départ. C'est un moyen autorisé par les précédents dans le code même ».

En résumé, la loi de 1863, ayant établi quatre degrés dans l'incrimination des coups et blessures volontaires, a dû, suivant la judicieuse remarque de M. Blanche, t. 4, no 598, organiser quatre aggravations de peine, correspondant chacune à chacun de ces degrés. Si la violence n'est punie que de l'emprisonnement de l'art. 311, la peine est la réclusion ; si elle est punie de l'emprisonnement de l'art. 309, la peine est le maximum de la réclusion ; si elle est punie de la réclusion, la peine est celle des travaux forcés à temps ; si elle est punie des travaux forcés à temps, la peine est celle des travaux forcés à perpétuité.

212. Le texte ancien de l'art. 312 renfermait deux graves anomalies, signalées au *Rép.* no 179, dans la gradation des peines qui s'y trouvaient édictées. La première consistait en ce que le paragraphe 2 de cet article, qui se référait aux coups et blessures punis par l'art. 311, en prononçant une même peine (la réclusion) pour les deux cas qui y étaient prévus, confondait dans la même criminalité deux séries de violences qui sont loin d'avoir la même gravité, savoir les coups et blessures portés avec *préméditation*, et ceux qui ont été commis sans cette circonstance. C'était là une confusion regrettable, justement critiquée au *Rép. ibid.* Elle ne se rencontre plus dans le nouvel article, qui frappe de la réclusion les violences n'ayant occasionné ni maladie, ni incapacité de travail de l'espèce mentionnée en l'art. 309, et du maximum de la réclusion, ces mêmes violences commises avec préméditation ou guet-apens. — Mais l'article actuel laisse subsister l'autre anomalie que présentait l'ancien art. 312. Pas plus que celui-ci, en effet, il ne prévoit le cas où les violences seraient passibles de la peine des travaux forcés à perpétuité, si elles avaient été exercées envers des personnes autres que les ascendants du coupable ; en sorte que, dans ce cas, qui est celui de violences exercées avec préméditation et suivies de mort, la peine, pour l'application de laquelle il faut recourir à l'art. 310, est la même quand la victime est un ascendant de l'agent, que si ces violences avaient été exercées sans préméditation, puisque, d'après l'art. 312 lui-même, ce sont les travaux forcés à perpétuité qui sont applicables à cette dernière hypothèse.

Nous diviserons en cinq points (un de plus qu'au *Répertoire*), les observations que nous devons présenter sur l'aggravation prévue par l'art. 312.

213. — 1o Ainsi qu'on l'a dit au *Rép.* no 180, les termes de l'art. 312 sont certainement limitatifs. Cet article ne s'applique qu'aux violences exercées par les descendants sur les ascendants ; celles qui seraient exercées soit par le père et mère sur leurs enfants, soit par un mari sur sa femme, ne rentrent point dans ses termes (Chauveau et Hélie, t. 4, no 1353 ; Blanche, t. 4, no 601, p. 684). Donc encore l'art. 312 n'est pas applicable aux coups et blessures dont un gendre se serait rendu coupable sur son beau-père ou sa belle-mère (Douai, 14 juin 1881) (1).

214. — 2o Avant la revision de la loi de 1863, la cour de cassation décidait, ainsi qu'on l'a vu au *Rép.* no 181, que l'art. 312 était inapplicable aux violences ou voies de fait *dans lesquelles il n'y avait ni blessures ni coups* (Crim. cass. 15 oct. 1813, *Rép.* vo *Compétence criminelle*, no 664) ; aux *mauvais traitements* qui n'étaient pas autrement caractérisés (Crim. règl. jug., 10 oct. 1822, *Rép.* no 181) ; aux violences qui ne présentaient pas le *caractère de voies ou blessures* (Crim. cass. 19 mars 1841, *Rép.* vo *Instruction criminelle*, no 3475-4o). En d'autres termes, il fallait, pour que l'art. 312 pût être appliqué, que, dans les violences commises, il y eût des *coups* ou *blessures* portés. En est-il de même depuis la loi de 1863 ?

---

(1) (Hubert.) — LA COUR ; — Attendu qu'Hubert conclut à ce que la juridiction correctionnelle se déclare incompétente parce que, en ce qui concerne sa belle-mère, les faits, objet de la prévention, seraient, aux termes de l'art. 312 c. pén., passibles de la réclusion, et, par conséquent, justiciables de la cour d'assises ; — Mais attendu que l'énumération que renferme ledit article est stric-

tement limitative, et que l'aggravation de peine qu'il prononce ne peut être étendue aux coups portés par un gendre à son beau-père ou à sa belle-mère ; — Par ces motifs, sans s'arrêter à l'exception d'incompétence, etc.

Du 14 juin 1881.-C. de Douai, ch. corr.-MM. Bottin, pr.-de Vaulx d'Achy, av. gén.-Vitrant, av.

215. L'art. 312 (nouveau) ne parle que de « l'individu qui aura volontairement *fait des blessures* ou *porté des coups* à ses ascendants »; il ne rappelle pas les *autres violences ou voies de fait* qui sont incriminées dans les articles précédents. De là on pourrait induire que ces autres *violences et voies de fait*, même quand elles sont exercées sur la personne des ascendants, trouvent une répression suffisante dans les peines édictées par les art. 309, 310 et 311. La cour de Nancy, le 12 août 1869 (aff. Dittgen, D. P. 69. 2. 220) l'a pensé; mais la cour de cassation n'a pas cru qu'une telle induction fût fondée « attendu que si l'art. 312 n'attache l'aggravation pénale qu'il édicte qu'aux coups portés et aux blessures faites par un fils à ses père et mère et autres ascendants, il n'y a pas lieu de restreindre son application à cette seule espèce de violence; qu'il ne fait, en effet, que prévoir une circonstance aggravante du délit prévu par les art. 309 et 311 auxquels il se réfère, et qu'il ne peut exister aucun motif d'appliquer cette aggravation aux coups et blessures et de ne pas l'appliquer aux autres violences; que, d'ailleurs, la loi du 13 mai 1863, qui a introduit dans les art. 309 et 311 les mots « ou toute autre violence ou voie de fait », a également ajouté à l'art. 309 un troisième paragraphe dans lequel le mot *violence* embrasse toutes les voies de fait et même les coups et blessures, d'où l'on doit inférer que, dans ces différents articles, les coups et blessures se confondent avec les violences et voies de fait et n'ont pas un caractère distinct » (Crim. rej. 7 déc. 1866, aff. Muller, D. P. 67. 1. 410. Conf. Colmar, 6 nov. 1866, même affaire, D. P. 67. 2. 113; Nancy, 19 juin 1887, aff. Laurain, D. P. 87. 5. 483. V. nos observations en note sous l'arrêt du 7 déc. 1866, Chauveau et Hélie, t. 4, n° 1357; Blanche, t. 4, n° 599; Dutruc, *Code pénal modifié*, n° 79. — Contra: Pellerin, *Commentaire de la loi du 13 mai 1863*, p. 168).

216. Au reste, la loi de soi que les coups portés à un ascendant, quelque légers qu'ils soient, entraînent l'aggravation de peine de l'art. 312 (V. les arrêts cités au *Rép.* n° 183). — Toutefois nous croyons que la cause d'aggravation résultant de l'art. 312 ne s'applique qu'aux voies de fait ou violences constitutives en elles-mêmes et, d'après les art. 309, 310 et 311, d'un *crime* ou d'un *délit*; elle est, à notre avis, sans application aux voies de fait ou violences *légères* qui sont demeurées soumises, comme simples contraventions, au code de brumaire an 4 (V. *supra*, n° 198); par conséquent, les voies de fait ou violences légères, même commises envers l'une des personnes énoncées dans l'art. 312, conservent leur caractère de contravention de police. En effet, la loi de 1863 est aussi étrangère aux violences légères du code de brumaire que l'était le code pénal de 1832.

217. De ce que les coups portés à un ascendant, quelque légers qu'ils soient, constituent un crime, il suit que la tentative de ces coups est punissable, puisque, aux termes de l'art. 2 c. pén., la tentative de crime est considérée comme le crime même (Crim. rej. 3 févr. 1821, *Rép.* v° *Instruction criminelle*, n° 2542).

218. — 3° La *volonté* de l'agent, ou intention de nuire, est manifestement indispensable pour constituer le crime de

l'art. 312, comme pour tous les crimes et délits de blessures quelconques. Si les violences exercées constituaient des actes *involontaires*, elles tomberaient, même lorsque la victime est l'une des personnes énumérées dans l'art. 312, sous l'application de l'art. 319 en cas de mort, et de l'art. 320, quand il n'y a pas eu mort, quelque graves qu'en aient été les résultats. Nous n'avons rien à ajouter à ce qui a été dit à cet égard au *Rép.* n° 185. — Sur cette condition de la volonté, qui est commune à tous les actes de violence non qualifiés meurtre. V. aussi *supra*, n° 137.

Au reste, la question de volonté doit être expressément posée et résolue, ainsi qu'on l'a établi au *Rép.* n°s 185, 186 et 187. Il n'existe point à cet égard d'arrêts plus récents que ceux cités au *Répertoire*, et nous nous bornerons à renvoyer aux règles qui ont été tracées *supra*, n° 139, sur la manière de constater la volonté en matière de coups en général.

219. — 4° Faut-il, pour qu'il y ait lieu à l'aggravation de peine, que les coups et blessures aient été portés par l'enfant lui-même, et cette aggravation pourrait-elle être prononcée, si l'enfant s'était seulement rendu *complice* du crime ou délit de coups portés à son père? On a signalé au *Rép.* n° 188 un arrêt de la cour de cassation du 21 mai 1844 (rapporté *Rép.* v° *Complicité*, n° 25-3°), qui a décidé que l'art. 312 n'est applicable que lorsque les violences ont été exercées par l'enfant lui-même. La jurisprudence n'offre pas de décision nouvelle à cet égard. La doctrine de l'arrêt précité de 1844 nous paraît devoir être suivie; elle est conforme à celle que la jurisprudence a consacrée et que la plupart des auteurs ont admise en matière de parricide (V. *supra*, n° 63).

220. — 5° *Compétence, questions au jury, peines.* — S'il arrivait que l'accusé niât la filiation, c'est le jury qui serait compétent pour résoudre la difficulté, car cette question incidente de filiation n'est pas préjudicielle (V. *supra*, n° 59), relativement au parricide. Tout ce qui a été dit à cet égard est applicable à la matière qui nous occupe.

221. La circonstance que les violences ont été exercées sur l'une des personnes dénommées en l'art. 312 constitue une circonstance aggravante qui doit faire l'objet d'une question séparée et distincte au jury (Crim. cass. 27 juin 1845, aff. Dague, D. P. 46. 4. 138; 5 mars 1846, aff. Lecourt, D. P. 46. 4. 137; 17 févr. 1849, aff. Rafin, D. P. 49. 5. 92; 9 août 1851, aff. David, D. P. 51. 5. 154; 10 juill. 1879, aff. Tillot, *Bull. crim.*, n° 142; 23 déc. 1886 (1). Conf. Blanche, t. 4, n° 602; Chauveau et Hélie, t. 4, n° 1358).

Au reste, il a été jugé avec raison que, dans une accusation de coups portés par un fils à son père et à sa mère, le président de la cour d'assises peut poser au jury une seule question relative à chacun d'eux, et qu'il n'est pas nécessaire qu'il y ait autant de questions qu'il y a eu d'actes distincts, tous ces actes formant les éléments d'un seul et même crime (Crim. rej. 3 juin 1859) (2).

222. Les peines portées contre les auteurs des crimes de l'art. 312 n'ont aucunement changé depuis la publication du *Répertoire*, sauf la surveillance prononcée facultativement par l'art. 315, laquelle est aujourd'hui remplacée par la défense faite au condamné de paraître dans les lieux

<hr>

(1) (Courtil.) — LA COUR ; — Vu les art. 1er 2 et 3 de la loi du 13 mai 1836 ; — Sur le moyen tiré de la violation des articles et des art. 309, 310 et 312 c. pén., à raison de la complexité de la deuxième question posée au jury et résolue par lui : — Attendu que cette question, posée comme résultant des débats, réunit dans un même contexte, indépendamment du fait principal de coups portés volontairement par l'accusé à Courtil père, celui de la qualité de père légitime dudit accusé, existant en la personne de la victime; — Attendu que la qualité de père légitime de la victime constituant une circonstance aggravante distinctement prévue par l'art. 312 c. pén., devait, aux termes des articles précités, donner lieu à deux questions distinctes, afin que les jurés délibérassent séparément sur chacune d'elles; que, cependant, la réponse à la seconde question réunit ce fait au fait principal et le comprend collectivement dans une seule affirmation; qu'il suit de là violation de l'art. 1er de la loi du 13 mai 1836 et de l'art. 312 c. pén. ; — Attendu que les questions posées au jury portent sur un acte unique; qu'il s'agit d'un même fait apprécié sous deux rapports différents ; que ces faits n'étant que des modifications de celui qui a servi de base à l'accusation, ne peuvent être divisés et doivent être soumis de nouveau en entier au jury; — Casse.

Du 23 déc. 1886.-Ch. crim.-MM. Chauffour, rap.-Roussellier, av. gén.

(2) (Gorin.) — LA COUR ; — Sur le moyen proposé, consistant dans la prétendue violation des art. 337 c. instr. cr. et 1er de la loi du 13 mai 1836, en ce qu'il n'y a eu division dans les questions posées au jury qu'entre les faits qui constituaient des crimes envers la mère et ceux qui constituaient des crimes envers le père du demandeur, et que, par conséquent, ces questions seraient complexes: — Attendu que les questions posées au jury l'ont été conformément au dispositif de l'arrêt de renvoi, qui n'avait été l'objet d'aucun pourvoi, et au résumé de l'acte d'accusation ; — Que les faits divers qui se trouvent spécifiés dans l'exposé que ce dernier acte contient des charges de l'accusation ne sont que des éléments du crime imputé au demandeur à l'égard d'abord de sa mère, et ensuite de son père légitime ; — Que les questions dont il s'agit et la réponse affirmative du jury sur chacune d'elles ne sont nullement entachées du vice de complexité, et ne présentent, dès lors, aucune violation des articles précités ; — Rejette.

Du 3 juin 1859.-Ch. crim.-MM. Rives; rap.-Martinet, av. gén.-Morin, av.

dont l'interdiction lui aura été signifiée par le Gouvernement avant sa libération (L. 27 mai 1885, art. 19).

223. — III. Bande séditieuse, rébellion, pillage. — L'art. 313 c. pén. qui prévoit les violences qui auraient été commises par des bandes ou réunions séditieuses, et qui déclare les crimes et délits prévus dans les art. 295 à 318, commis en réunion séditieuse, avec rébellion ou pillage, imputables aux chefs et provocateurs, lors même que ceux-ci n'y auraient pas personnellement coopéré, n'a pas été modifié depuis la publication du *Répertoire*. Pour l'application de cet article, qui déroge au principe de la *personnalité* des crimes et des délits, et aux règles ordinaires sur la *complicité*, puisque la peine atteint des individus qui n'ont participé aux faits incriminés ni comme auteurs ou coauteurs, ni par des actes constituant une complicité véritable et proprement dite, il faut, ainsi que cela a été dit au *Rép.* n° 189, le concours des trois conditions : 1° fait constaté d'une réunion séditieuse; 2° que cette réunion ait fait des actes de rébellion ou de pillage; 3° que les prévenus en soient déclarés les auteurs, instigateurs ou provocateurs (Conf. Chauveau et Hélie, t. 4, n° 1360). Au reste, cette incrimination paraît se produire rarement dans la pratique. Le *Répertoire* n'a cité aucune décision de jurisprudence relative à l'art. 313 ; nous n'avons non plus aucun arrêt à signaler.

224. — IV. Fonctionnaires publics. — Les violences et les outrages, lorsqu'ils ont eu lieu envers les dépositaires de l'autorité et de la force publique, sont une quatrième cause d'aggravation de la peine (c. pén. art. 222 et suiv.). Il en est parlé ailleurs (V. *Fonctionnaire public ; Presse*).

CHAP. 11. — Du crime de castration
(Rép. n°⁵ 191 à 194).

225. Nous n'avons rien à ajouter à ce qui a été dit au *Rép.* n°⁵ 191 à 194, concernant ce crime qui est devenu fort rare (de 1826 à 1880, il n'y en a eu qu'un en moyenne, par période quinquennale), et qui n'a donné lieu à aucune décision de jurisprudence méritant d'être signalée. La castration est toujours frappée de la grave pénalité portée par l'art. 316 c. pén., c'est-à-dire, des travaux forcés à perpétuité, et même de la peine de mort si la mort est résultée de la castration avant l'expiration des quarante jours qui auront suivi le crime.

226. Les codes criminels étrangers, récemment promulgués, ne contiennent pas, en général, de dispositions spéciales au sujet de la castration. Le code belge de 1867 et le code néerlandais de 1881 ne prononcent pas le nom de ce crime ; il rentre, dès lors, dans les *mutilations graves* que l'art. 400 du premier de ces codes punit, selon les cas, de l'emprisonnement de deux ans à cinq ans ou de la réclusion, et dans les *sévices graves* ayant entraîné une grave lésion corporelle, qui sont frappés par le second (art. 302 et 303) d'un emprisonnement de huit ans au plus, pouvant aller jusqu'à douze ans au plus en cas de préméditation. — Dans le code allemand de 1871 (art. 224) les voies de fait qui ont occasionné la perte de la *faculté génératrice* (expression préférable à celle de castration, parce que étant générale, elle comprend certainement la mutilation des organes sexuels de la femme, aussi bien que celle des organes de l'homme), sont assimilées aux violences qui ont entraîné la perte d'un membre important, de la vue, de l'ouïe, de la parole, et punies de la réclusion pendant cinq ans au plus ou d'un emprisonnement qui ne pourra être au-dessous d'un an. — L'art. 303 du code pénal hongrois des crimes et des délits de 1878 fait la même assimilation et prononce aussi la réclusion. En cas de mort, d'après ce dernier code (art. 306), la peine est de cinq à dix ans de maison de force. — Nulle part la castration suivie de mort n'est frappée, comme chez nous, de la peine capitale.

CHAP. 12. — Administration de substances nuisibles à la santé. — Vente de boissons falsifiées
(Rép. n°⁵ 195 à 197).

227. La législation, en ce qui concerne l'incrimination nouvelle introduite par la loi du 28 avr. 1832 dans l'art. 317 c. pén., 4°, 5° et 6° alin., n'a subi aucune modification depuis la publication du *Répertoire*. On sait que cette infrac-

tion consiste à occasionner à autrui une maladie ou une incapacité de travail personnel, en lui administrant volontairement des substances nuisibles à la santé, et qu'elle est, suivant la gravité des conséquences et la qualité de la victime, tantôt délit, tantôt crime. Elle diffère, d'ailleurs, essentiellement de l'empoisonnement en ce que, dans ce dernier crime, les substances administrées doivent être de *nature à donner la mort* (art. 301), tandis que l'art. 317 réprime l'administration de substances seulement *nuisibles à la santé*.

228. Ainsi qu'on l'a dit au *Rép.* n°⁵ 195 et 196, l'infraction se constitue de trois éléments nécessaires : 1° la volonté coupable de l'agent ; 2° l'administration de substances qui, sans être de nature à donner la mort, soient nuisibles à la santé ; 3° une maladie ou une incapacité de travail personnel occasionnée par l'absorption de ces substances. — A l'égard du premier élément, nous nous bornerons à rappeler que les peines de l'art. 317 ne sont encourues, ainsi que le porte cet article, que si les substances nuisibles à la santé ont été administrées volontairement, c'est-à-dire, *sciemment* ou avec *intention de nuire*. En dehors de cette intention, la volonté ne suffirait pas pour rendre l'art. 317 applicable, comme dans le cas, par exemple, où celui qui a administré à autrui une substance nuisible à la santé, n'en connaissait pas la nature (Chauveau et Hélie, t. 4, n° 1381).

229. Au second point de vue (*administration de substances nuisibles à la santé*), deux décisions sont à noter. En premier lieu, il a été jugé que l'art. 317, § 4, s'applique à celui qui remet sérieusement à une personne, en lui en conseillant l'usage (dans l'espèce en vue d'obtenir un avortement), des substances nuisibles que celle-ci emploie de son plein gré, alors même que les substances (qui en fait ont causé une maladie) n'auraient été prises qu'en dehors de sa présence ; celui qui a remis les substances, dans ces circonstances, ne doit pas moins être considéré comme les ayant *administrées* dans le sens attaché à cette expression par l'art. 317 (Montpellier, 6 déc. 1869, aff. Coudol, D. P. 70. 2. 179). — En second lieu, il a été reconnu que la nature de la substance administrée, et les effets plus ou moins nuisibles de cette substance, sont souverainement appréciés par les juges du fait ; que, par suite, on ne pourrait soutenir devant la cour de cassation que la substance administrée était de nature à causer la mort, et que dès lors il s'agissait d'un empoisonnement qui devait être soumis à la cour d'assises (Crim. rej. 2 mai 1867, aff. Libersat, D. P. 69. 5. 235).

230. Au troisième point de vue (*nécessité d'une maladie ou incapacité de travail personnel*), on a déjà fait remarquer au *Rép.* n° 195 que la loi offre une lacune importante, en ce qu'elle n'a pas prévu le cas où les substances administrées, quoique incapables par leur nature de donner la mort, l'auraient pourtant occasionnée à cause de circonstances casuelles ou du fait débile de la santé de la victime. Quelle peine sera applicable dans une hypothèse pareille ? Sera-ce la peine réservée au crime d'empoisonnement ? Mais il manquerait à ce crime deux de ses éléments : la volonté de donner la mort, et une substance de nature, en général, à la donner. Sera-ce l'une des deux peines portées par l'art. 317, al. 4 et 5 ? Mais cet article n'a prévu que la maladie et non la mort. MM. Chauveau et Hélie, t. 4, n° 1380, pensent qu'on ne pourrait l'étendre à cette hypothèse sans en forcer les termes. On pourrait objecter cependant que le cas de la mort se trouve compris implicitement, et même *a fortiori* dans les prévisions de la loi, et qu'il y a lieu, dès lors, d'appliquer la peine édictée par le paragraphe 5, c'est-à-dire, la réclusion.

Les législations étrangères se sont montrées plus prévoyantes que la nôtre. « Si les substances administrées volontairement, mais sans intention de donner la mort, l'ont pourtant causée, dit l'art. 404 du code pénal belge de 1867, le coupable sera puni des travaux forcés de quinze à vingt ans ». Le cas est également prévu par le code allemand de 1871. « Celui qui, dans l'intention de nuire à la santé d'autrui, lui aura administré des poisons ou autres substances de nature à détruire la santé, sera puni de la réclusion pendant dix ans au plus. — S'il en est résulté une lésion grave, la peine sera la réclusion pendant cinq ans au moins, et si le fait a occasionné la mort, la réclusion pendant dix ans au moins ou à perpétuité » (art. 229). Le code hongrois

de 1878 (art. 309) contient une disposition analogu . Il est regrettable que notre législateur n'ait pas songé à combler cette lacune lorsqu'il a modifié, par la loi du 13 mai 1863, plusieurs des articles de la section même dans laquelle se trouve notre art. 317. — On peut s'étonner aussi avec M. Blanche, t. 4, n° 627, que ce même législateur de 1863 qui, dans le premier paragraphe de l'art. 309 (coups et blessures ayant entraîné une maladie ou incapacité de travail personnel pendant plus de vingt jours) remplaçait la réclusion par l'emprisonnement, n'ait pas modifié de la même manière la pénalité de l'al. 5 de l'art. 317 (maladie ou incapacité de travail de plus de vingt jours occasionnée par l'administration volontaire de substances nuisibles), car les deux faits sont de la même nature et ont la même gravité. Mais il est clair que, puisque le changement n'a pas eu lieu, la peine continuera à être la réclusion.

Le deuxième alinéa de l'art. 317 prononce, outre l'emprisonnement et l'amende, la peine facultative de la surveillance de la haute police pendant deux ans au moins et dix ans au plus. La surveillance ayant été supprimée par la loi du 27 mai 1885 (art. 19), cette peine accessoire serait aujourd'hui, le cas échéant, remplacée par l'interdiction de séjour.

231. L'individu poursuivi pour empoisonnement et acquitté peut-il être ensuite traduit en police correctionnelle sous l'inculpation du délit prévu par l'art. 317? L'affirmative a été décidée par la cour de cassation (Crim. rej. 23 févr. 1853, aff. Polito, D. P. 54. 1. 136). Mais, pour que la seconde poursuite soit possible, il faut que les éléments de la seconde qualification diffèrent des circonstances constitutives de la première; si les éléments des deux qualifications restent les mêmes, s'il y a identité dans leur ensemble, l'art. 360 c. instr. cr. conserve toute son application et la chose jugée s'oppose à un second jugement (Même arrêt. Conf. Amiens, 28 avr. 1866, aff. Berthaut, D. P. 66. 2. 113).

232. En ce qui concerne la vente de boissons falsifiées (Rép. n° 197), V. infrà, v° Substances falsifiées et corrompues.

CHAP. 13. — **Homicide, blessures et coups involontaires par maladresse, imprudence, inattention, négligence ou inobservation des règlements** (Rép. n°s 198 à 216).

§ 1er. — Homicide involontaire (Rép. n°s 199 à 212).

233. Ainsi qu'on l'a exposé au Rép. n° 199, l'homicide involontaire peut être le résultat d'un accident ou d'une faute. Lorsqu'il est purement accidentel ou casuel, il ne constitue ni crime ni délit, et ne donne lieu même à aucune condamnation civile. Aux exemples d'homicides accidentels donnés au Rép. ibid. on peut ajouter le cas d'homicides causés par l'écroulement des tribunes d'un hippodrome, qu'aurait causé l'envahissement subit de la foule, au moment, par exemple, d'un orage, et cela, alors même que les organisateurs des courses auraient négligé de faire visiter préalablement les tribunes par l'architecte de la ville, s'il est constaté que cette omission n'a en rien contribué à cet accident (Req. 22 janv. 1872, aff. Hunebelle, D. P. 72. 1. 302).

Mais, comme on l'a dit au Rép. n° 200, si l'homicide résulte d'une faute, il forme un délit prévu par l'art. 319 c. pén. — Ce qui distingue essentiellement cet homicide involontaire, qui est la suite d'une faute, des diverses catégories d'homicide volontaire, prévues et punies par les art. 295 à 304 c. pén., c'est que son auteur n'a pas l'intention d'attenter à la personne lésée, intention qui est indispensable dans le meurtre, l'assassinat, l'infanticide, le parricide et l'empoisonnement. Une simple faute (c'est-à-dire un manquement à un devoir commis sans intention d'y manquer) suffit ici pour engager la responsabilité pénale de l'agent de l'homicide. « La culpabilité de l'agent ne consiste pas dans le dol, dans la volonté de faire le mal qu'il a causé, mais on peut justement lui reprocher un défaut de surveillance et de précaution; il est coupable d'une faute, et quand cette faute a eu pour résultat de ravir la vie à un homme, la conscience publique réclame une réparation. » (Chauveau et Hélie, t. 4, n° 1407).

234. Quelles sont les fautes qui peuvent constituer le délit de l'art. 319 c. pén.? En théorie, il y a faute lorsque, sans vouloir contrevenir à la loi, on néglige les soins qu'on est obligé de prendre, et l'on peut dire que le caractère distinctif de la faute est la négligence. Mais toute faute, une faute quelconque, suffit-elle pour rendre l'agent passible des peines de l'art. 319? Non, cet article est limitatif, ainsi qu'on l'a dit au Rép. n° 201, et l'homicide involontaire n'est punissable que lorsqu'il a été commis par « maladresse, imprudence, inattention, négligence ou inobservation des règlements », suivant les expressions mêmes de l'article. Ces sortes de fautes sont les seules qui puissent rendre l'agent passible d'une peine (Chauveau et Hélie, t. 4, n° 1408). A cet égard il n'en est pas de là pénale comme de la loi civile. Au civil, d'après le principe posé dans les art. 1382 et 1383 c. civ., tout fait quelconque de l'homme qui cause à autrui un dommage, engage celui par la faute de qui il est arrivé (quelle que soit cette faute). Au point de vue pénal, pour l'existence du délit, il faut quelque chose de plus, une faute plus grave est nécessaire, et la cour de cassation a déclaré par de nombreux arrêts « qu'à défaut du concours de l'une des cinq circonstances de l'art. 319, l'homicide purement involontaire ne constitue ni crime, ni délit, ni contravention, et ne donne lieu à l'application d'aucune peine » (Aux arrêts cités au Rép. n° 201, Adde : Crim. cass. 26 févr. 1863, aff. Schott, D. P. 64. 1. 193. V. aussi comme statuant implicitement dans le même sens: Crim. rej. 27 juin 1850, aff. Petit, D. P. 50. 5. 348; 20 avr. 1855, aff. Siraudin, D. P. 55. 1. 267; 23 août 1860, aff. Raspail, D. P. 60. 1. 449. Conf. Chauveau et Hélie, t. 4, n° 1410; Blanche, t. 5, n° 6; Morin, Dictionnaire de droit criminel, v° Homicide, n°s 8 et 9).

235. De là cette conséquence, signalée au Rép. n° 202, que la faute, quelle qu'elle soit, qui a causé l'homicide, doit nécessairement être constatée, soit par le jugement lorsque le délit d'homicide involontaire a été porté devant la juridiction correctionnelle, soit par la déclaration du jury lorsque la question relative à ce délit a été posée comme résultant des débats dans une accusation d'homicide volontaire. Il ne suffirait donc pas, pour motiver l'application de l'art. 319, que le juge correctionnel ou le jury se bornât à constater l'existence d'un homicide involontaire; il faut qu'il soit ajouté que le prévenu ou l'accusé s'en est rendu coupable par maladresse, imprudence, inattention, négligence ou inobservation des règlements (Crim. cass. 6 mars 1823, Rép. n° 202; 9 oct. 1823, ibid., et v° Instruction criminelle, n° 3296; 7 juill. 1827, Rép. n° 202; 16 oct. 1828, ibid., 28 juin 1832, ibid.). — Et si la question de maladresse, imprudence, etc., n'a pas été soumise au jury, qui a déclaré l'accusé simplement coupable d'homicide involontaire, cette circonstance ne peut être suppléée par la cour d'assises (Arrêts précités des 6 mars 1823, 7 juill. 1827 et 16 oct. 1828).

236. Au reste, il importerait peu que les faits ou quelques-uns des faits sur lesquels se fonde la prévention d'homicide involontaire constituassent, en même temps qu'une imprudence, négligence ou maladresse, des délits spéciaux, échappant à la compétence du tribunal correctionnel, par exemple des délits maritimes de la compétence du tribunal maritime commercial. Les juges correctionnels ne sont aucunement tenus, en pareil cas, de surseoir jusqu'à décision de la juridiction maritime sur les délits spéciaux, et il n'y a aucune irrégularité à ce qu'ils basent la condamnation sur ces faits, s'ils ne les envisagent que comme constituant une négligence, une maladresse ou une imprudence, au point de vue du droit commun, et en dehors des infractions spéciales qu'ils peuvent receler (Crim. rej. 11 déc. 1869, aff. Giaccobini, D. P. 70. 1. 287).

237. A qui appartient-il de reconnaître les faits constitutifs de l'une des fautes qui, d'après l'art. 319, sont de nature à servir de base au délit d'homicide prévu par cet article? De nombreux arrêts, presque tous postérieurs à la publication du Répertoire, ont déclaré que ces faits sont souverainement reconnus et constatés par les tribunaux (Crim. rej. 27 juin 1850, aff. Petit, D. P. 50. 5. 348; 20 avr. 1855, aff. Siraudin, D. P. 55. 1. 267; Crim. cass. 26 févr. 1863, aff. Schott, D. P. 64. 1. 193; Crim. rej. 31 mars 1865, aff. Bardon, D. P. 65. 1. 399; 26 juill. 1872, aff. Froschammer, D. P. 72. 1. 285; Crim. cass. 12 nov. 1875, aff. Jouan, D. P. 76. 1. 141; Crim. rej. 10 août 1878, aff. Folliet, D. P. 78. 1. 442; 6 mars 1879,

aff. Tétard, D. P. 80. 1. 43 ; 25 févr. 1886) (1). — Toutefois, l'appréciation des juges du fond sur le caractère légal des faits tombe sous le contrôle de la cour de cassation (Mêmes arrêts des 26 févr. 1863 et 12 nov. 1875).

238. Les juges du fond n'ont pas seulement l'obligation de constater, dans leur décision, les faits qu'ils considèrent comme caractéristiques de la faute, ils ont aussi celle de donner à ces faits l'une des qualifications légales auxquelles les art. 319 et 320 subordonnent l'existence du délit d'homicide ou de blessures involontaires. — Jugé, quant à cette constatation et à cette qualification : 1° que l'individu condamné pour homicide par imprudence ne peut soutenir, devant la cour de cassation, que le fait dont il est déclaré responsable échappait à toute prévoyance humaine, si la décision attaquée, dont les constatations à cet égard sont souveraines, déclare expressément que l'accident pouvait être prévu et que le condamné a eu le tort de ne pas prendre les précautions propres à le prévenir (Crim. rej. 31 mars 1865, aff. Bardon, D. P. 65. 1. 399) ; — 2° Que l'imprudence du prévenu est suffisamment constatée par les déclarations de l'arrêt, portant qu'au moment de l'accident sa voiture n'était pas éclairée, et que, passant dans un lieu fréquenté, il avait imprimé à son cheval une allure trop rapide (Crim. rej. 10 août 1878, aff. Folliet, D. P. 78. 1. 442) ; — 3° Que le jugement qui condamne un pharmacien « pour blessures occasionnées involontairement par imprudence, inattention ou négligence, résultant de ce qu'il a livré une substance indiquée pour une autre qui lui était demandée », s'explique suffisamment sur le mode de perpétration du délit (Crim. rej. 23 août 1860, aff. Raspail, D. P. 60. 1. 449).

239. L'homicide et les blessures ou coups doivent être constatés, aussi bien que la faute qui les a occasionnés. Il a été décidé que cette constatation résulte suffisamment, à la charge du condamné pour homicide involontaire résultant de fournitures faites à une maison centrale, de la déclaration qu'un grand nombre de détenus de cette maison ont succombé par l'effet des mauvais services de l'entreprise (Crim. rej. 27 juin 1850, aff. Petit, D. P. 50. 5. 348).

240. Au reste, l'homicide ou les blessures involontaires ne sont évidemment punissables qu'autant qu'il y a entre cet homicide (ou ces blessures) et la faute relevée à la charge du prévenu *une relation de cause à effet* : c'est ce qui résulte des expressions mêmes de l'art. 319. A cet égard, il faut et il suffit qu'il soit établi que la mort est bien le résultat direct de la faute constatée contre le prévenu. Il a été décidé, sur ce point, qu'un médecin ne peut être déclaré coupable d'homicide par imprudence, pour avoir causé la mort d'un de ses clients par un médicament prescrit à tort et sans une connaissance assez exacte de l'état du malade, lorsqu'il n'est point établi que la mort soit due à ce médicament (Rouen, 4 déc. 1845, *Rép.* v° *Responsabilité*, n° 132-5°). Mais la circonstance que le malade, dont la mort a été causée par une erreur dans la délivrance du remède, avait, eu égard à la nature de sa maladie, peu de chances de revenir à la santé, ne peut être opposée par le pharmacien

comme exception à la poursuite qui lui est intentée pour homicide par imprudence, le délit existant même dans le cas où la vie de la victime a été seulement abrégée (Rennes, 29 déc. 1869, aff. G... et D..., D. P. 72. 2. 38).

241. Ajoutons que les juges du fait décident souverainement, d'après l'ensemble des témoignages recueillis et les circonstances de la cause, le prévenu est *l'auteur* de l'homicide par imprudence faisant l'objet de la poursuite (Crim. rej. 10 août 1878, aff. Folliet, D. P. 78. 1. 442). — Il a été jugé par application de cette doctrine que, lorsque la mort d'un employé de chemin de fer provient *directement* de sa propre imprudence, et indirectement du défaut de surveillance de la compagnie, les juges peuvent décider que ce fait constitue un quasi-délit et non un homicide par imprudence (Req. 12 mars 1878) (2).

242. Que faut-il entendre par les divers actes qui, d'après l'art. 319, constituant une faute, sont la base du délit ? On a déjà fait remarquer au *Rép.* n° 204 que ces actes n'ont pas été définis, et qu'il appartient aux juges de reconnaître les faits que la loi ne fait que dénommer. Il est possible, cependant, de constater le sens et la valeur des termes que le législateur a employés, et la jurisprudence offre, à cet égard, un assez grand nombre d'arrêts rendus postérieurement à la publication du *Répertoire*.

Avant d'analyser ces arrêts, nous constaterons que l'art. 319 est applicable à toutes les professions et à tous les métiers, en un mot à quiconque « par maladresse, imprudence, inattention, négligence ou inobservation des règlements » commet involontairement un homicide, ou en est involontairement la cause (Blanche, t. 5, n° 8). Cette règle résulte de l'ensemble des arrêts qui vont être cités.

243. — I. MALADRESSE. — La première des fautes prévues par la loi est la *maladresse*, laquelle consiste tantôt dans un fait matériel, tantôt dans un fait moral dérivant de l'ignorance et de l'impéritie de son auteur. On a donné au *Rép.* n° 205 plusieurs exemples du premier cas. Le second concerne surtout les architectes et entrepreneurs, et aussi les personnes exerçant l'art de guérir.

Relativement aux cas de maladresse *morale*, la cour de cassation a jugé : 1° que les art. 319 et 320 c. pén. sont applicables à *l'entrepreneur* d'un édifice dont l'écroulement a causé la mort ou des blessures à une ou plusieurs personnes si cet écroulement provient, dans le sens de l'art. 1792 c. civ., d'un vice de construction ou d'un vice du sol (Crim. rej. 24 nov. 1865, aff. Deshayes, D. P. 67. 1. 459) ; — 2° Qu'une cour d'appel a pu faire résulter la culpabilité et la responsabilité pénale d'un *entrepreneur* de travaux publics, relativement à la mort d'un ouvrier, survenue dans l'accomplissement des travaux dont il l'avait chargé, de cette triple circonstance : que cet entrepreneur était absent au moment des travaux, où il devait être au moins représenté par un individu agréé par l'administration ; de ce qu'il n'avait pas fait ces travaux selon les règles de l'art ; enfin de ce que les plans n'avaient pas été faits par l'administration (Crim. rej. 22 nov. 1856) (3). — Et l'entrepreneur prétendrait en vain, en s'appuyant sur une clause de son cahier des charges, que

---

(1) (Théodore Labelle.) — LA COUR ; — Sur le premier moyen du pourvoi, tiré de la prétendue violation par non-application de l'art. 186 c. pén. : — Attendu que Labelle, gardien de la paix, a été renvoyé devant la cour correctionnelle pour homicide par imprudence, prévu et puni par l'art. 319 c. pén. ; — Que le jugement dont la cour a adopté les motifs, a constaté que Labelle ayant tiré en l'air deux coups de révolver pour effrayer les perturbateurs à la porte d'un bal public, ces deux premiers coups suivirent la direction donnée à son arme, mais que le troisième coup dévia par suite de la pression de la main gauche sur la gâche, et qu'au lieu de tirer en l'air la balle alla frapper à la tête le nommé Vorelle, et que Vorelle a succombé par suite de cette blessure ; — Attendu que, de ces faits, le jugement a conclu à l'imprudence, l'inattention ou la négligence de Labelle ; que cette constatation rentre dans les attributions accessoires du juge du fait et échappe au contrôle de la cour de cassation ; — Qu'ainsi les faits souverainement constatés justifient la qualification qui leur a été donnée ; — Attendu, d'ailleurs, que l'art. 186 c. pén. invoqué par le pourvoi, ne s'applique qu'aux fonctionnaires qui ont commis des violences ou se sont servis de leurs armes sans un motif légitime ; qu'il s'agit, dans cet article, d'un acte de volonté et non d'un acte d'imprudence, d'inattention ou de négligence ; — Rejette.

Du 25 févr. 1886.-Ch. crim.-MM. Falconnet, rap.-Loubers, av. gén.

(2) (Chemin de fer du Midi *C.* Citrain.) — LA COUR ; — Sur le moyen unique, tiré de la violation des art. 2, 637 et 638 c. instr. cr. et 319 c. pén., et de la fausse application des art. 1382 et 1384 c. civ. : — Attendu qu'il résulte des constatations de l'arrêt attaqué que Citrain a été victime de sa propre imprudence, mais que les suites de cette imprudence eussent été conjurées par une plus exacte surveillance du chef d'équipe chargé de diriger la manœuvre pendant laquelle Citrain a trouvé la mort ; — Attendu que ce défaut de surveillance, qui n'a été que la cause indirecte de la mort de Citrain, et n'a d'ailleurs motivé aucune poursuite correctionnelle, a pu être considéré par la cour d'appel de Pau comme un simple quasi-délit, et que, dès lors, en rejetant l'exception de prescription proposée par la compagnie, l'arrêt attaqué n'a violé, ni faussement appliqué aucune des dispositions légales ci-dessus visées ; — Rejette.

Du 12 mars 1878.-Ch. req.-MM. Bédarrides, pr.-Cantel, rap.- Robinet de Cléry, av. gén.-Devin, av.

(3) (Gaillot.) — LA COUR ; — Sur le moyen unique tiré de la fausse application de l'art. 319 c. pén., en ce que la cour de Tou-

la responsabilité de la mort de l'ouvrier incombe à l'ingénieur de la compagnie du chemin de fer (Même arrêt); — 3° Qu'un *architecte* qui avait fourni des matériaux défectueux, dont la mauvaise qualité était devenue l'une des causes occasionnelles de la mort d'un ouvrier, est passible des peines de l'art. 319, lorsqu'il a, d'ailleurs, malgré la présence d'un entrepreneur, gardé la surveillance des travaux (Crim. rej. 21 nov. 1856, aff. Deshayes, D. P. 56. 1. 474); — 4° Que la même responsabilité pénale s'étend à *l'architecte*, dans le cas où la chute de l'édifice en construction, qui a occasionné la mort et des coups et blessures, a eu pour cause principale les vices des plans et devis aussi bien que des défectuosités d'exécution (Crim. rej. 8 mars 1867, aff. Bernard, D. P. 67. 1. 461); sans qu'on puisse objecter que la surveillance dont l'architecte est habituellement chargé se bornerait à l'exécution du plan, mais ne comprendrait pas la direction des travaux, alors, d'ailleurs, qu'il est constaté, par le juge du fait, que la surveillance dont il a été investi lui imposait « l'obligation de conjurer, par une vigilance et par des soins spéciaux, les conséquences d'un projet de construction où l'on était allé jusqu'aux extrêmes limites du possible »; et encore bien que les plans et devis eussent été approuvés par l'autorité supérieure, s'il est établi que, s'agissant d'un monument public, ce contrôle administratif a eu surtout pour objet d'assurer les bonnes conditions monumentales et économiques de l'édifice à construire, et non de diminuer la responsabilité de l'architecte ou de l'en affranchir (Même arrêt); — 5° Que *l'architecte* qui a tracé le plan d'une voûte à arête dont la chute a amené la mort d'un ouvrier est coupable du délit de l'art. 319, alors que la voûte a été conçue

et exécutée par lui dans des conditions d'aplatissement excessif qui devaient en faire craindre la non-solidité (Crim. rej. 25 nov. 1875, aff. Petit, D. P. 76. 1. 461); — 6° Que la responsabilité pénale peut peser à la fois sur *l'architecte* et sur *l'entrepreneur*, lorsque l'écroulement provient d'une mesure imprudente d'exécution faite en présence du premier, sur les ordres du second (Crim. rej. 13 déc. 1867) (1).

Décidé aussi qu'en cas d'accident survenu à un train de voyageurs par suite de la mauvaise exécution des travaux de réfection de la voie ferrée, la responsabilité pénale de l'accident et des homicides ou blessures qui en ont été la conséquence incombe, au moins en partie, à *l'ingénieur* sous l'autorité duquel le règlement du chemin de fer plaçait cette exécution, s'il s'est abstenu de vérifier lui-même les travaux (Crim. rej. 7 mai 1868, aff. Perret, D. P. 69. 1. 72).

244. Quant au *propriétaire* pour le compte duquel l'ouvrage a été exécuté, il ne pourrait être pénalement responsable à raison des vices de la construction dirigée par son entrepreneur (Motifs de l'arrêt du 24 nov. 1865, cité *suprà*, n° 243) à moins que, par des actes personnels, il n'ait participé à la conduite des travaux et aux fautes qui ont amené l'accident; en ce cas le propriétaire serait associé avec raison à la responsabilité pénale (ou civile) de l'entrepreneur. — Mais il a été jugé que la responsabilité pénale peut atteindre le fondateur d'une entreprise de bateaux à vapeur, resté copropriétaire et dont la *participation effective et intéressée à la direction* est démontrée, lorsque l'accident qui a entraîné le naufrage d'un de ces bateaux et plusieurs morts d'hommes, a été causé par l'omission des précautions que étaient commandées par la nature des choses (Crim. rej. 13 janv. 1867) (2).

louse a fait peser sur un entrepreneur de travaux publics une responsabilité qui, d'après son cahier des charges, devait incomber à l'ingénieur de l'administration du chemin de fer : — Attendu que l'arrêt attaqué déclare, en fait, qu'il résultait de l'instruction et des débats à la charge de Caillot, que c'était par le fait de son imprudence et de sa négligence qu'un ouvrier du chemin de fer avait trouvé la mort au milieu des travaux dont le demandeur Caillot était l'entrepreneur ; — Attendu que la preuve de sa culpabilité résulte, selon l'arrêt attaqué : 1° de l'absence de cet entrepreneur au moment de ces travaux, où il devait au moins être représenté par un individu agréé par l'administration ; 2° de ce qu'il n'avait pas fait ces travaux selon les règles de l'art ; que l'arrêt constate, en outre, que les plans de ces travaux n'avaient pas été faits par l'administration ; — Attendu que de ces faits ainsi constatés, et dont la revision n'appartient pas à la cour de cassation, il résulte que l'arrêt attaqué a pu, comme il l'a fait, déclarer le délit comme imputable à l'entrepreneur Caillot, et qu'il lui a fait légalement application des peines de l'art. 319 c. pén. ; ... — Rejette, etc.
Du 22 nov. 1856.-Ch. crim.-MM. Isambert, rap.-d'Ubexi, av. gén.-Bosviel, av.

(1) (Achard et Gassend.) — Sur l'unique moyen fondé sur la fausse application des art. 319 et 320 c. pén., en ce que la cour impériale d'Aix aurait fait subir aux demandeurs la responsabilité des délits qui ne leur sont pas personnels : — Attendu que l'arrêt attaqué constate :
1° En ce qui concerne Gassend ; — Que ledit sieur Gassend, ingénieur directeur général de la voirie de Marseille, était chargé, en cette qualité, de surveiller, sous sa responsabilité personnelle, la construction d'une passerelle dont il avait inspiré le plan, visé, adopté et présenté les devis ; — Qu'il y a assisté, le 27 juin, à l'abaissement du cintre ; que cette opération, si elle n'a pas eu pour résultat immédiat et nécessaire l'écroulement de la voûte, offrait cependant, à raison du peu de temps écoulé depuis la dernière application du ciment, des périls dont l'homme de l'art aurait dû prévoir les éventualités ; que, néanmoins, tout danger n'était pas évité si l'on conservait sous la voûte le cintre dont l'enlèvement a été la cause principale de la catastrophe du 5 juillet ; que cet enlèvement a été effectué dans la journée du samedi 29 juin, en l'absence de Gassend ; mais que le décintrement complet avait été décidé dès le 27, d'après l'ordre de Latour, chef de service, placé sous l'autorité immédiate de Gassend ; qu'il résulte des déclarations de plusieurs témoins que celui-ci était présent, et qu'il a entendu l'ordre de décintrer donné par Latour ; qu'il avait le droit et le devoir de s'opposer à l'exécution d'une mesure si imprudente ; qu'il n'en a rien fait et que cette approbation tacite de sa part constitue une faute, une négligence dont il doit répondre ; — Attendu que l'absence de Gassend au moment du décintrement complet ne peut lui servir de justification, cette absence n'étant qu'un acte d'imprudence à ajouter à ceux déclarés constants par l'arrêt attaqué ;

2° En ce qui concerne Achard, entrepreneur des travaux de la passerelle : — Attendu qu'il résulte des termes de l'arrêt que, s'il s'est opposé, le 27 juin, à l'enlèvement du cintre, on peut lui reprocher avec juste raison d'avoir surchargé intempestivement la voûte complètement intimidée, en construisant, dès le 29 juin, les petites voûtes et les tympans, alors que le ciment, appliqué près de la clef depuis 48 heures seulement, ne pouvait avoir fait suffisamment prise ; qu'il devait avoir, et qu'il a eu, en effet, conscience du danger que présentaient ces travaux prématurés ;
Attendu que cette appréciation souveraine du juge du fait échappe à toute censure ; qu'elle établit à l'égard de Gassend et d'Achard des faits divers et personnels de négligence et d'imprudence ; que l'arrêt, dès lors, en prononçant contre eux la peine de l'emprisonnement pendant un mois pour Gassend et huit jours pour Achard, loin d'avoir violé les dispositions des art. 319 et 320 c. pén., en a fait, au contraire, une juste application; — Rejette.
Du 13 déc. 1867.-Ch.crim.-MM. Le Sérurier, rap.-Bédarrides, av. gén.

(2) (Jouvencel-Plasson.) — Vu le mémoire produit à l'appui du pourvoi ; l'art. 319 c. pén., la loi du 21 juill. 1856 et l'art. 7 de la loi du 20 avr. 1810 ; — Sur le premier moyen, tiré de la fausse application et de la violation de l'art. 319 c. pén., en ce que Jouvencel-Plasson, qui n'était pas personnellement concessionnaire ni chargé de la direction de l'entreprise des bateaux à vapeur *les Mouches*, ne peut répondre des conséquences qu'a pu avoir une inobservation de règlements qu'il n'a jamais eu l'obligation d'observer, et qu'aucun fait n'est relevé à sa charge qui ait eu une relation directe et immédiate avec l'accident survenu à Lyon le 10 juill. 1864, et dont vingt-sept personnes ont été victimes :
Attendu que le jugement dont les motifs de la culpabilité ont été adoptés par l'arrêt attaqué, établit, en fait, que la catastrophe du 10 juill. 1864 a eu diverses causes, non seulement certaines inobservations de règlements administratifs, mais aussi l'omission de précautions qui étaient commandées par la nature des choses, notamment l'absence, au jour de l'accident, d'une balise ayant précédemment existé au-devant de l'écueil sur lequel la *Mouche* n° 4 est venue se heurter le 10 juillet ; que, si la concession administrative des bateaux *les Mouches* est au nom de Chaize, Jouvencel-Plasson est le véritable fondateur et est resté copropriétaire de l'entreprise ; qu'il n'en a pas abandonné la direction ; qu'il donnait habituellement des ordres aux patrons, et que, par suite de sa participation effective et intéressée à la direction, il doit répondre comme Chaize des négligences et inobservations de règlements qui ont pu occasionner l'accident ; — Attendu que ce sont là des déclarations et constatations de faits qui sont du domaine exclusif du juge souverain et justifient suffisamment la responsabilité pénale et personnelle de Jouvencel-Plasson ; — Attendu qu'aux termes de l'arrêt attaqué, la catastrophe du 10 juillet ayant été occasionnée, non pas seulement par des contraventions aux règlements sur les appareils de bateaux à vapeur, mais aussi par d'autres causes, que la cause des homi-

245. Au reste, le délit n'est pas effacé par cette circonstance que les victimes peuvent s'imputer des faits d'inattention ou de témérité; l'art. 319 n'exige pas que les personnes atteintes par la chute des matériaux n'aient eu aucune part d'imprudence, pourvu que le fait de l'auteur de la maladresse soit formellement constaté (Crim. rej. 16 juin 1864, aff. Couvé, D. P. 65. 1. 198; 4 nov. 1865, aff. Urbain, D. P. 66. 5. 242).

246. La question de savoir si les personnes exerçant légalement *l'art de guérir* sont assujetties, en vertu des art. 319 et 320, à la responsabilité pénale de l'homicide involontaire ou des blessures involontaires dont leur impéritie ou leur maladresse a pu être la cause, a été examinée sommairement au *Rép.* v° *Responsabilité*, n° 132. Elle a donné lieu, depuis, à un grand nombre d'arrêts nouveaux. Nous croyons devoir résumer ici d'une façon plus complète la doctrine et la jurisprudence sur la matière. — MM. Chauveau et Hélie, t. 4, n°s 1416-1418, ont traité avec beaucoup de soin cette question de la responsabilité pénale des médecins, qui n'est délicate qu'à cause de la difficulté d'apprécier, dans les cas d'impéritie, les questions médicales qu'une telle prévention peut soulever. Suivant l'avis général, il faut distinguer entre la simple application ou théories ou de méthodes médicales appartenant exclusivement au domaine des controverses scientifiques, et l'inobservation des règles de prudence et de bon sens auxquelles est soumis l'exercice de toute profession. Dans le premier cas, la responsabilité de l'homme de l'art, soit civile, soit, à plus forte raison, pénale, ne saurait être engagée (Besançon, 18 déc. 1844, *Rép.* v° *Responsabilité*, n° 132-1°; Chauveau et Hélie, n° 1417; Sourdat, *Traité de la responsabilité*, t. 1, n° 677). Et elle ne le serait pas davantage si l'on n'avait à reprocher au médecin qu'une certaine inexpérience qui aurait eu, pour le malade, des conséquences dommageables qu'un praticien plus expérimenté eût peut-être conjurées : c'est du moins ce qui a été jugé en matière civile (Metz, 21 mai 1867, aff. Richert, D. P. 67. 2. 110) Dans le second cas, au contraire, « s'il y a eu de la part du médecin faute lourde, négligence, maladresse visible, impéritie ou ignorance des choses que tout homme de l'art doit savoir » (Arrêt précité du 18 déc. 1844), le principe de la responsabilité pénale est applicable à l'homme de l'art, et celui-ci sera soumis à l'application des art. 319 et 320 c. pén., s'il est résulté de sa maladresse un homicide ou des blessures involontaires. — C'est ainsi qu'il a été jugé : 1° que l'officier de santé qui, en soignant un malade, atteint l'artère brachiale, doit être puni conformément à l'art. 320, si la gangrène s'étant mise au bras, par suite de la maladresse avec laquelle l'opération a été faite et du

défaut d'emploi des moyens que l'art prescrivait, l'amputation est devenue nécessaire (Angers, 1er avr. 1833, *Rép.* n° 214-1°); — 2° Que le médecin qui prescrit à un malade une potion dans laquelle entraient 4 grammes de cyanure de potassium, et dont l'effet a été l'empoisonnement du malade dès la première cuillerée, doit être condamné comme coupable d'homicide involontaire (Rennes, 7 déc. 1842, *Rép.* v° *Responsabilité*, n° 132); — 3° Que le médecin, reconnu coupable de faute lourde, inattention ou maladresse dans les soins donnés à un malade, doit, suivant l'appréciation du tribunal, être déclaré responsable des suites du traitement par lui pratiqué (Colmar, 10 juill. 1850, aff. H. P..., D. P. 52. 2. 196); — 4° Que le médecin, pourvu à la fois du diplôme de docteur en médecine et du diplôme de pharmacien, qui a ordonné et livré à un malade une quantité considérable de teinture de colchique, sans en surveiller en aucune façon l'emploi, est pénalement responsable de la mort du malade occasionnée par ce médicament dangereux (Trib. corr. Seine, 21 juin 1865) (1); — 5° Qu'un médecin qui, après avoir pratiqué un accouchement pénible et douloureux, se retire aussitôt, en prescrivant des boissons froides, est responsable pénalement de la mort occasionnée par une hémorrhagie déclarée immédiatement après son départ, et survenue avant qu'on ait eu le temps d'aller chercher ledit médecin, attendu qu'il a commis la double faute de prescrire des boissons froides, et celle bien plus grave de n'avoir pas prévu l'hémorrhagie, et surtout de n'être pas resté auprès de la malade (Trib. corr. Seine, 11 août 1852, cité par Briand et Chaudé, *Traité de médecine légale*, t. 1, p. 79); — 6° Qu'un officier de santé qui, dans un accouchement difficile, a, par une traction violente et prolongée, arraché un bras de l'enfant et rendu plus difficile pour trois médecins qui l'ont effectuée plus tard la délivrance de la mère, s'est rendu, par ce procédé contraire à tous les principes de l'art et du simple bon sens, responsable pénalement de la maladie de la mère en déterminant des contusions internes, et encourt dès lors l'application de l'art. 320 c. pén. (Trib. corr. Nantes, 2 mai 1862 (2). Conf. Chauveau et Hélie, t. 4, n° 1418; Blanche, t. 5, n° 9; Briand et Chaudé, *Traité de médecine légale*, t. 1, p. 70; Dubrac, *Traité de jurisprudence médicale et pharmaceutique*, n°s 106 et suiv.). La distinction sur laquelle reposent les arrêts précités a été mise en relief et justifiée à l'aide de considérations saisissantes par M. le procureur général Dupin, dans ses conclusions qui ont précédé (dans une affaire purement civile, il est vrai) un arrêt de la chambre des requêtes du 18 juin 1835, rendu par application de l'art. 1383 c. civ. Ces conclusions sont rapportées *Rép.* v° *Responsabilité*, p. 317, note

---

cides constatés étant ainsi complexe et échappant au moins en partie à l'application de la loi spéciale du 21 juill. 1856, le droit commun, c'est-à-dire l'art. 319 c. pén., est applicable; ... — Rejette.

Du 13 janv. 1867.-Ch. crim.-MM. de Gaujal, rap.-Charrins, av. gén.

(1) (D...) — Le tribunal ; — Attendu que D..., cumulant à Paris la profession de médecin et celle de pharmacien, a prescrit et délivré à un de ses malades atteint de douleurs rhumatismales dans l'oreille, à un bras et à une jambe, savoir : 1° le 8 mars 1865, une potion composée notamment de 30 grammes de teinture de colchique, administrée dans les prescriptions dans l'espace de vingt-deux heures, du 8 au 9 mars ; 2° dans la soirée du 10 mars une deuxième potion contenant, selon toutes les présomptions, une quantité égale et, selon les dernières déclarations de D..., 15 grammes seulement de la même teinture; 3° dans la même soirée, un purgatif dans lequel il entrait encore 15 grammes de la même teinture, le purgatif administré dans la matinée du 11 et moitié seulement de la dernière potion dans l'après-midi du même jour, le malade qui se plaignait de violentes brûlures dans la gorge et dans la poitrine ayant énergiquement refusé d'en prendre davantage, que, contrairement aux règles de la plus vulgaire prudence, D... n'a pas visité une seule fois le malade pendant toute la durée de ce traitement, n'en a d'aucune manière surveillé les effets et n'avait pas même pris le soin d'en recommander la cessation ou la suspension pour le cas où, comme cela est arrivé, il surviendrait des vomissements ou des déjections alvines multipliées; que ces substances toxiques, dont il n'est jamais fait usage qu'à des doses beaucoup plus faibles et avec les plus grandes précautions et la plus active surveillance,

administrées dans les conditions qui viennent d'être indiquées, devaient nécessairement produire et ont en effet produit, chez le malade, une inflammation aiguë des organes digestifs, qui a déterminé la mort le 24 mars à minuit; que D..., a été ainsi, par imprudence et négligence, la cause involontaire de la mort de Lechat, ce qui constitue le délit prévu par l'art. 319 c. pén.

Attendu qu'il est pareillement établi que D... a négligé d'inscrire sur le registre des poisons de son officine les prescriptions par lui faites de cinq médicaments qui lui furent livrés à Lechat, et qui contenaient des substances vénéneuses, infraction prévue par les art. 5 et 6 de l'ordonnance du 29 oct. 1845 et punie par l'art. 1er de la loi du 19 juill. 1845, a condamné D... à six mois de prison et 50 fr. d'amende.

Du 21 juin 1865.-Trib. corr. de la Seine.

(2) (R...) — Le tribunal ; — Considérant que R..., officier de santé, a été appelé auprès de la femme Dauron pour procéder à un accouchement qui se présentait dans des circonstances difficiles; qu'après avoir inutilement tenté d'opérer la version de l'enfant, il a, par une traction violente et prolongée, arraché le bras gauche de cet enfant et rendu plus difficile pour trois médecins qui l'ont effectuée plus tard, la délivrance de la femme Dauron : que, suivant ces habiles praticiens, le procédé de R... était contraire à tous les principes de l'art et du simple bon sens, et que, d'après leur rapport écrit, confirmé par dépositions, les violentes manœuvres de R... sur le corps de l'enfant de la femme Dauron ont contribué à la production de la maladie de cette femme en déterminant des contusions internes; — Déclare R... coupable, etc.; — En conséquence, le condamne à six jours de prison et 25 fr. d'amende.

Du 2 mai 1862.-Trib. corr. de Nantes.

247. L'asphyxie causée par l'action du chloroforme fait-elle encourir une responsabilité au médecin, alors que l'emploi du chloroforme a eu lieu avec toutes les précautions prescrites en pareil cas, et que l'accident survenu était hors des prévisions de la science, bien qu'il se produise quelquefois? La négative a été jugée par la cour de Paris, le 30 juin 1853 (V. *Rép.* v° *Responsabilité*, n° 130, où la question est traitée en détail).

248. Manifestement l'officier de santé lui-même est, en cas « de faute lourde, négligence, maladresse visible, impéritie ou ignorance des choses que tout homme de l'art doit savoir » (texte de l'arrêt de la cour de Besançon du 18 déc. 1844, cité *suprà*, n° 246), passible de peines correctionnelles, comme le docteur en médecine. C'est contre des officiers de santé qu'ont été rendus trois des arrêts cités *suprà*, n° 246. Mais, de plus que le docteur, l'officier de santé est soumis à une responsabilité spéciale quand il pratique une grande opération chirurgicale. — V. sur cette responsabilité, *infrà*, n° 272.

249. Les sages-femmes sont tenues, d'après l'art. 33 de la loi du 19 vent. an 11, d'appeler un docteur toutes les fois qu'elles se trouvent dans la nécessité d'employer le forceps ou tout autre instrument pour terminer un accouchement. Si elles contreviennent à cette disposition de la loi, elles sont certainement responsables des accidents qui peuvent survenir. C'est ce que la cour de cassation a jugé le 18 sept. 1817 (V. *Rép.* n° 208); et la même solution résulte d'un arrêt de la cour de Gand du 1er févr. 1882 (1) (Conf. Chauveau et Hélie, t. 4, n° 1418; Blanche, t. 5, n° 9).

250. Quant aux personnes qui exerceraient illégalement l'art des accouchements, elles seraient pénalement responsables de l'homicide ou des blessures involontaires qui seraient la conséquence de leur intervention, même en dehors de toute maladresse constatée. Il y aurait là, de leur part, une inobservation des lois et règlements qui suffirait, à elle seule, pour motiver l'application des art. 319 et 320. A plus forte raison, l'impéritie ou la maladresse de ces personnes engagerait-elle leur responsabilité. Il a été jugé, à cet égard, que l'accoucheuse qui, par son impéritie au moment de l'accouchement, cause la mort de l'enfant né viable, commet un homicide par imprudence alors même que l'enfant n'a pas vécu de la vie extra-utérine (Douai, 16 mai 1882) (2).

251. Les *pharmaciens* sont également responsables, aux termes des art. 319 et 320, des accidents graves qui peuvent résulter, dans leurs officines, de leur *maladresse*, de leur *imprudence*, *inattention*, *négligence* ou *inobservation des règlements;* aucun doute ne peut s'élever à cet égard. Le fait qui engage le plus souvent la responsabilité des pharmaciens c'est le point de vue, est la méprise qui leur fait donner une substance pour une autre, un poison pour un remède. MM. Briand et Chaudé, *Traité de médecine légale*, t. 1, p. 86 et suiv. citent de nombreux exemples de décisions judiciaires rendues contre des pharmaciens en de semblables circonstances. Jugé spécialement, depuis la publication du *Répertoire*, que le pharmacien qui a eu le tort de laisser, en son absence, des substances vénéneuses (émétique) à la disposition de son élève, dont il connaissait l'insuffisance au point de vue des connaissances en chimie et en pharmacie, était pénalement responsable des sutes d'une erreur de celui-ci (émétique donné au lieu de tartrate de potasse) qui a causé la mort d'un malade, et est passible, ainsi que l'élève lui-même, à raison de ce fait, de poursuites pour homicide par imprudence ou inobservation des

---

(1) (Adam.) — Le tribunal correctionnel de Gand a rendu le jugement suivant : — « Attendu qu'il a été établi qu'en septembre 1880, Adélaïde Adam a été appelée par Pierre van Peteghem à l'effet d'opérer l'accouchement de sa femme Marie-Caroline Melsens; que, l'enfant se présentant par les pieds, et malgré les dispositions qu'offrait cette position anormale, la prévenue s'est opposée à ce que l'on allât demander un accoucheur, comme le conseillaient le mari et la garde-couches, Sophie Trève présente à l'accouchement, disant : « Tout ira bien, je connais mon métier »; qu'elle a alors exercé sur le corps de l'enfant des manœuvres si maladroites et des efforts de traction si violents, que non seulement les pieds, les genoux et les bras de l'enfant en ont été contusionnés et ecchymosés, et l'os humérus du bras gauche fracturé, mais que le cordon ombilical a été arraché et déchiré à son extrémité placentaire; que finalement le corps a été séparé par arrachement de la tête, laquelle est restée dans la matrice, et que la mère n'a été délivrée que plus tard, grâce à l'intervention d'un accoucheur; — Attendu qu'il a été établi par l'examen médico-légal auquel il a été procédé le 20 sept. 1880, que l'enfant était parvenu au terme de la gestation, et constituait de manière à présenter toutes les conditions requises pour vivre de la vie extra-utérine; que les poumons, encore à l'état fœtal, n'avaient pas respiré, mais qu'en fait l'enfant n'en a pas moins vécu jusqu'au moment où les manœuvres exercées ont empêché la circulation de s'effectuer, et que cette circulation existait encore au moment où la tête a été séparée vivante du corps par arrachement; qu'il est hors de doute que ce sont les actes posés par la prévenue qui ont été la cause de la mort de l'enfant; — Attendu qu'il résulte de ce qui précède qu'Adélaïde Adam s'est rendue coupable d'avoir, à la date ci-dessus indiquée, involontairement, par défaut de prévoyance ou de précautions, causé la mort de l'enfant de Marie-Caroline Melsens, fait prévu et puni par les art. 418 et 419 c. pén.; — Condamne, etc. ». — Appel par la femme Adam. — Arrêt.

La cour; — Adoptant les motifs du premier juge; — Et attendu... (le reste sans intérêt au point de vue de la législation française); — Confirme.

Du 1er févr. 1882.-C. de Gand, 3e ch.-MM. Tuncq, pr.-de Keyser, av.

(2) (B....) — La cour; — Attendu qu'il résulte de l'instruction et du casier judiciaire de la veuve B... que celle-ci se livre d'une façon persistante à l'exercice illégal de l'art des accouchements; qu'elle avoue même n'avoir guère d'autres moyens d'existence; que la femme V... qui devait bientôt devenir mère, s'était assuré d'avance les services de la veuve B...; que ressentant, le 25 janv. 1882, vers sept heures du matin, les premières douleurs de l'enfantement, elle n'appela ni médecin ni sage-femme, mais envoya chercher la prévenue qui, sans réclamer le concours d'une personne de l'art, procéda, environ une demi-heure après son arrivée, à la délivrance de la femme V... ; que bien loin que son intervention à ce premier accouchement fût excusable par la force majeure, il y a lieu d'affirmer sa détermination bien arrêtée à l'avance de procéder seule à l'accouchement, conformément à ses agissements habituels, et la possibilité de tout au moins appeler le médecin qui réside dans la commune même; — Attendu qu'il fut presque aussitôt reconnu qu'il y avait lieu de délivrer la femme V... d'un jumeau de ce premier-né; mais que ce second enfant se présenta dans une position vicieuse; que pendant vingt-quatre heures, la dame V... souffrit violemment, sans que l'impéritie de la veuve B... pût lui procurer aucun soulagement; qu'à différentes reprises, les époux V... insistèrent sur la nécessité d'appeler un médecin; que la prévenue s'y opposa obstinément; que c'est malgré elle et à son insu que V... alla, le 26 au matin, chercher le médecin; que celui-ci arrivant à neuf heures, trouva la femme V... délivrée de ce second enfant, lequel était mort, et la veuve B... dans un état d'ivresse proche de l'habitude; qu'elle voulut lui faire croire que la seconde délivrance s'était accomplie dans des conditions normales; — Attendu que des déclarations de la veuve et des constatations scientifiques de l'officier de santé Ryckelink et du docteur Durieux, il résulte que, si ce second enfant était mort quand il apparut en dehors de la vulve, et si par suite, il n'a pas respiré, il était néanmoins à terme et viable, et vivait encore quand il s'est engagé dans le vagin; il remuait encore une demi-heure avant son expulsion complète; que la mort de cet enfant est la conséquence de la présentation vicieuse dans laquelle a eu lieu l'accouchement, et du temps écoulé entre le premier et le deuxième accouchement, que l'intervention d'un homme de l'art opérant la version nécessitée en pareil cas eût amené la délivrance de la mère en quelques minutes; que c'est au défaut d'observance de cette pratique obstétricale, c'est-à-dire à l'ignorance de la veuve B..., que doit être attribuée la mort de l'enfant; qu'on ne saurait soutenir que l'homicide d'un enfant naissant, c'est-à-dire commis pendant l'accouchement même, ne tombe pas sous le coup de la loi; que cette doctrine, appliquée au crime d'infanticide, serait la source d'une impunité scandaleuse; que, pour n'avoir pas encore respiré, l'enfant n'en a pas moins vécu de la vie intra-utérine; que sa mort même est la preuve de son existence antérieure.

Attendu qu'il résulte de ce qui précède que la veuve B...s'est rendue coupable, le 25 janv. 1882, d'un délit d'exercice illégal de l'art des accouchements, et, le 26 janv. 1882, d'un second délit de même nature, ainsi que du délit d'homicide involontaire par maladresse, imprudence et inobservation des règlements; ...

Faisant droit à l'appel du ministère public, et réformant le jugement du tribunal de Dunkerque; — Déclare la veuve B...coupable de deux délits d'exercice illégal de l'art des accouchements, et du délit d'homicide involontaire; — Et lui faisant application des art. 35 et 36 de la loi du 19 vent. an 11 ainsi que des art. 319 c. pén. et 365 c. instr. cr., etc.

Du 16 mai 1882.-C. de Douai, ch. corr.-MM. Bottin, pr.-Berton, av. gén.

règlements (Rennes, 29 déc. 1869, aff. G..., D. P. 72. 2. 38). — Il avait été précédemment jugé que la constatation qu'une substance a été, par inattention, délivrée pour une autre, suffit pour motiver l'application de l'art. 319 c. pén. au pharmacien (Crim. rej. 23 août 1860, aff. Raspail, D. P. 60. 1. 419).

252. L'inobservation des règlements, notamment de la circulaire ministérielle du 25 juin 1855 qui prescrit que l'usage interne ou externe du médicament soit rappelé par l'étiquette, entraîne sans aucun doute, en cas d'accident, la responsabilité pénale du pharmacien (Nîmes, 6 juill. 1876)(1). Il en est de même de l'inobservation de l'ordonnance du 6 nov. 1846 (D. P. 47. 3. 8) qui prescrit dans son art. 11 que les substances vénéneuses soient toujours tenues dans un endroit sûr et fermé à clef (Arrêt du 29 déc. 1869, cité *suprà*, n° 251 ; Trib. corr. Seine, 2 août 1865) (2).

253. Quant à la responsabilité pénale de l'homicide ou des blessures et coups involontaires imputables au défaut d'adresse des exploitants de *mines*, et survenus aux ouvriers, V. *infrà*, n° 262.

254. — **II. Imprudence.** — La deuxième faute prévue par l'art. 319 est l'imprudence. L'homicide causé par imprudence, dit Jousse, t. 3, p. 250, est celui que son auteur aurait pu éviter s'il avait été prudent et prévoyant. Aux exemples de cette nature de faute, que l'on a cités au *Rép.* n° 206, on en peut ajouter plusieurs autres, fournis par la jurisprudence nouvelle.

Plusieurs de ces exemples sont relatifs à l'homicide de *jeunes enfants.* Il a été jugé : 1° que le fait d'avoir, par un froid rigoureux, emporté sans précaution, immédiatement après l'accouchement, un enfant dont on voulait dissimuler la naissance, constitue, dans le cas où l'enfant est mort des suites de ce défaut de précaution, le délit d'homicide par imprudence (Aix, 29 juin 1871, aff. Arnulf, D. P. 72. 2. 190); — 2° Que la nourrice qui, ne pouvant plus, par suite de grossesse, allaiter son nourrisson, a, sans avertir les parents, eu recours au lait de chèvre pour le nourrir, a causé la mort de l'enfant par l'effet de ce changement de régime, est coupable d'homicide par imprudence (Paris, 23 sept. 1869, aff. Faustin, D. P. 69. 5. 234) ; — 3° Que le seul fait, de la part d'une fille-mère, de s'abandonner à son inexpérience au moment de ses couches, en laissant son enfant privé de toute espèce de soins, alors que cette circonstance a suffi pour amener la mort, abstraction faite de toute entreprise criminelle, justifie suffisamment l'application de l'art. 319

(Crim. réj. 23 avr. 1859, aff. Barabino, D. P. 59. 5. 214). — On sait que l'acquittement sur l'accusation d'infanticide né met pas obstacle à une seconde poursuite pour homicide involontaire (V. *suprà*, v° *Chose jugée*, n° 323).

Un arrêt a jugé avec raison que l'*industriel* qui a dans son usine une chaudière en mauvais état dont il connaît les défauts, commet une imprudence en se servant d'un vaisseau dont l'usage est périlleux, et assume sur lui la responsabilité de tous les accidents qui pourraient s'ensuivre, notamment l'homicide d'un individu tué par l'explosion de la chaudière (Crim. réj. 4 nov. 1865, aff. Urbain, D. P. 66. 5. 242).

255. A l'égard des *entrepreneurs* de travaux de construction il a été jugé : 1° que l'entrepreneur contre lequel un arrêt relève des faits directs et personnels d'imprudence, est responsable pénalement de l'accident, et qu'il ne peut faire rejeter la responsabilité pénale sur ses chefs ouvriers auxquels il aurait donné des ordres pour les éviter, ordres qu'ils n'auraient pas exécutés (Crim. rej. 7 nov. 1863, aff. Leford, D. P. 64. 1. 102); — 2° Que les entrepreneurs de travaux de construction répondent, tant pénalement que civilement, de l'exécution des précautions de police prescrites relativement à l'éclairage sur la voie publique des dépôts de matériaux et excavations et à l'établissement de clôtures autour des chantiers, alors surtout que l'obligation d'y veiller leur a été formellement imposée par le cahier des charges de leur entreprise (Crim. rej. 1er mars 1862, aff. Farina, D. P. 64. 1. 102).

256. En ce qui concerne la responsabilité du *propriétaire*, il a été jugé : 1° que le propriétaire est responsable, même au point de vue pénal, des dangers que peut présenter le système suivant lequel ont été établies les latrines mises par lui à la disposition de ses locataires, et spécialement que, dans le cas où les défectuosités de ce système (rendant possible, par exemple, une chute dans la fosse d'aisances) ont amené un accident suivi de décès, le propriétaire est avec raison condamné pour homicide par imprudence (Colmar, 9 févr. 1859, aff. Klippel, D. P. 60. 2. 47) ; — 2° Que le propriétaire qui dirige personnellement une opération délicate et dangereuse (montage et remplissage d'une cuve), sans réclamer le concours d'hommes spéciaux pouvant puiser dans leurs connaissances techniques les moyens de prévenir les accidents à redouter, se rend personnellement coupable d'imprudence ou de négligence susceptible d'entraîner sa responsabilité pénale dans les termes de l'art. 319, surtout lorsque certaines circonstances avaient

---

(1) (X....)— Le tribunal de Tournon a rendu, le 9 juin 1876, un jugement ainsi conçu : — « Attendu qu'il résulte des débats la preuve que, le 20 févr. 1876, Pouchon a péri victime d'un empoisonnement ; que les témoignages des personnes venues au secours du mourant prouvent qu'une forte dose d'ellébore a été prise au lieu d'une dose de rhubarbe et a occasionné la mort au bout de deux ou trois heures ; que la méprise du prévenu ressort de toutes les circonstances de la cause ; — Attendu que le pharmacien, s'il eût exécuté les règlements professionnels, n'eût jamais vendu, même de l'ellébore en poudre, sans placer sur le papier qui le renfermait la double étiquette rouge orange et noire pour indiquer l'usage externe (Crim. min. 25 juin 1855); — Attendu qu'un pharmacien ne doit jamais vendre de poison, sans se préoccuper de l'emploi qu'en veut faire l'acheteur, et sans l'éclairer sur les dangers; que le prévenu n'a pas rempli ce devoir de prudence; — Attendu qu'à supposer que l'ellébore ait parfois pu servir à de mauvaises plaisanteries d'atelier, ce qui est dénié énergiquement par le patron, le prévenu n'aurait pas dû remettre à Pouchon une quantité d'ellébore (4 grammes au moins et peut-être 6 ou 8) telle que la dose eût suffi pour faire éternuer à la fois les deux mille ouvriers de la ville... suivant l'expression du docteur; que l'imprudence du prévenu est évidente; — Attendu enfin qu'appelé au secours de Pouchon et par deux fois, le prévenu ne s'est pas empressé de réparer sa méprise, son inobservation du règlement, et de sauver un homme; qu'il a froidement répondu à ces vives instances qu'il ne pouvait laisser son magasin sans représentant et qu'il n'avait personne pour le remplacer; — Attendu que ces faits sont prévus par l'art. 319 c. pén. ; — Déclare le prévenu, etc. » — Appel. — Arrêt. — La cour : — Adoptant les motifs des premiers juges, confirme. Du 6 juill. 1876.-C. de Nîmes, ch. corr.

(2) (M... et X....)— Le tribunal ; — Attendu que, le 12 mai, une ordonnance, prescrivant une potion composée de 5 grammes d'oxyde blanc d'antimoine et de 60 grammes de sirop de gomme, ayant été apportée dans la pharmacie de X..., le pharmacien remit l'or-

donnance à son élève M... pour préparer la potion prescrite et s'absenta quelques instants de son officine en laissant la clef sur la serrure de l'armoire aux poisons; que pendant son absence, et par suite d'une négligence et d'une inattention bien blâmables, l'élève M... qui cependant avait fait plus de deux années de stage dans diverses pharmacies, alla chercher dans l'armoire aux poisons du tartrate d'antimoine ou émétique au lieu de prendre sur les rayons de l'officine de l'oxyde blanc d'antimoine, conformément à l'ordonnance très lisiblement écrite, et qu'en substituant ainsi une substance toxique à une substance inoffensive, il composa une potion qui, destinée à un enfant de cinq mois, occasionna sa mort; que M... s'est donc rendu coupable de cet homicide involontairement, mais par une inattention et une négligence qui lui sont imputables, ce qui constitue le délit prévu par l'art. 319 c. pén. ;

— A l'égard du pharmacien X... : — Attendu que, si l'art. 34 de la loi de germinal an 11 a été abrogé par l'art. 2 de la loi du 19 juill. 1845, l'ordonnance rendue en exécution de cette dernière loi déclare, dans son art. 2, que les substances vénéneuses doivent toujours être tenues par les pharmaciens dans un endroit sûr et fermé à clef; que ces termes expriment clairement que la clef de l'armoire aux poisons ne doit pas être laissée sur la serrure, surtout lorsque le pharmacien s'absente de son officine; que X... a contrevenu à cette ordonnance, et qu'il est évident que s'il l'avait observée dans cette circonstance, la potion n'aurait pas été composée avec de l'émétique et n'aurait pas occasionné la mort de l'enfant ; que par cette inobservation des règlements de sa profession X... a donc aussi involontairement été la cause de cet homicide ; — Mais attendu que le bénéfice des circonstances atténuantes doit être accordé dans une très large mesure à ce pharmacien qui paraît entouré de l'estime et de la considération le mieux méritée ;

— Par ces motifs, condamne M... à trois mois de prison et à 50 fr. d'amende ; X... à 50 fr. d'amende, et les condamne solidairement aux amendes et aux dépens.

Du 2 août 1865.-Trib. corr. de la Seine.

révélé l'imminence du péril (Crim. rej. 10 août 1883, aff. Susini, D. P. 84. 1. 312).

257. Relativement à l'imprudence du *pharmacien* qui laisse en son absence des substances vénéneuses à la disposition de son élève; V. *supra*, n° 252.

258. Il y a aussi délit d'homicide par imprudence dans le fait des personnes qui, chargées provisoirement par le maire de veiller sur leur parent *aliéné*, ont causé sa mort par le manque de soins et par l'état de séquestration absolue dans lequel elles l'ont abandonné (séquestration dans une cellule complètement murée) (Poitiers, 31 juill. 1874, aff. Marteau, D. P. 75. 2. 68). Mais le même délit ne saurait être relevé contre le maire qui, après avoir ordonné l'arrestation provisoire de l'aliéné et en avoir prévenu l'autorité supérieure, n'a pas fait cesser la séquestration de l'aliéné dans ladite cellule, si, à raison de son instruction bornée, il a cru avoir atteint la limite de son droit et de son devoir en désapprouvant cet excès de précaution (Même arrêt). — Décidé aussi que le propriétaire d'un chien enragé, averti de l'état du chien par le maître de l'établissement auquel il l'avait confié, commet une imprudence dans les termes de l'art. 319 c. pén., en ne faisant pas abattre l'animal, et surtout en l'envoyant chercher par un individu inexpérimenté pour le conduire dans un autre établissement. Par suite, ce propriétaire est coupable d'homicide par imprudence lorsque le chien a fait à son conducteur une morsure des suites de laquelle ce dernier est mort (Bordeaux, 19 août 1880) (1).

259. Il a été jugé encore: 1° que si, après une altercation entre deux individus pris de boisson, l'un d'eux, remis par un témoin sur le chemin de son domicile, est revenu rapidement vers l'autre, alors reconduit par le même témoin, il y a imprudence passible des peines de l'art. 319 de la part de l'autre individu à quitter sans nécessité le bras de son compagnon pour aller appliquer ses mains sur la poitrine de son adversaire et le renverser sur le sol de toute sa hauteur, ce qui a occasionné la chute de celui-ci et sa mort par suite de la fracture du crâne (Crim. cass. 12 nov. 1875, aff. Jouan, D. P. 76. 1. 141); — 2° Que le fait d'avoir accepté un pari par lequel un individu s'engageait à boire une quantité excessive de liqueurs alcooliques peut constituer un homicide par imprudence, si la mort du buveur s'en est

---

(1) (Ferrand.) — Le 9 juin 1880, jugement du tribunal correctionnel de Bordeaux, ainsi conçu : — « Attendu que Ferrand est prévenu d'avoir, en décembre dernier à Bordeaux ; 1° par imprudence ou négligence, commis involontairement un homicide sur la personne du nommé Pradel ; 2° par la même imprudence, causé involontairement des blessures aux nommés Rodriguez et Rancoule ; — Attendu qu'il résulte de l'information et des dépositions des témoins entendus à l'audience que, le 21 novembre dernier, un chien de montagne appartenant au prévenu Ferrand était mordu par un chien terrier qui, trois jours après, était abattu comme enragé ; que Ferrand, informé de cet incident, laissa le 26 novembre conduire son chien dans l'établissement tenu par Rodriguez pour les soins à donner aux chiens malades ; que, le même jour, il faisait connaître à Rodriguez que son chien avait été mordu, et que, quelques jours après, il venait lui-même dire à ce dernier le motif pour lequel il lui avait confié son chien ; — Attendu que, le 16 décembre, commencèrent à se manifester chez cet animal des symptômes alarmants ; que, le 17, il se jeta sur Rodriguez, le terrassa, et le mordit atrocement aux bras et à la figure ; — Attendu que Rodriguez fit aussitôt prévenir Ferrand qui, dans la journée même, envoya le vétérinaire Cuassin ; que celui-ci ne put, à ce moment, examiner l'état du chien que l'on ne pouvait approcher ; que revenu le lendemain, 18 décembre, il trouva l'animal dans un calme rassurant, que cependant il le déclara suspect ; — Attendu que Rodriguez, ne partageant pas la confiance relative du vétérinaire, fit le jour même, vers deux heures, prévenir Ferrand qu'il abattrait son chien à quatre heures, et on n'était pas venu le prendre ; — Attendu que, vers trois heures, arrivaient pour le chercher le commis de Ferrand, le témoin Prost, un employé de son gendre, le nommé Pradel, et le témoin Rancoule, associé d'un autre établissement de chiens, qui s'était chargé de conduire le chien de Ferrand dans cet établissement ; que ces trois individus se mirent aussitôt à l'œuvre pour accomplir cette dangereuse opération, malgré les vives protestations de Rodriguez ; mais qu'au moment où ils ouvrirent la niche du chien, celui-ci se jeta sur Pradel qui tenait la chaîne et le mordit ; que, pris de peur, ils ouvrirent une porte par laquelle le chien s'échappa, et qu'il ne fut rattrapé que sur le cours de l'intendance où Rancoule, en voulant le mettre en charrette, fut mordu légèrement à la main ; — Attendu que si cette morsure n'a pas eu pour Rancoule de conséquences fâcheuses, celles reçues par Pradel et Rodriguez ont eu les suites les plus déplorables ; — Attendu que c'est dans cet état des faits que la prévention relève contre Ferrand une double imprudence : que la première résulterait de ce qu'il n'a pas abattu son chien, dès qu'il a su que le chien qui l'avait mordu avait été abattu comme enragé ; — Attendu que s'il y eût eu alors plus de prudence à abattre un chien qui était désormais suspect et paraît dangereux, il s'agit d'apprécier si le prévenu a manqué à la prudence la plus vulgaire, la seule qui puisse tomber sous le coup de la loi répressive ; qu'à cet égard, on peut douter qu'il y ait eu faute de la part de Ferrand à essayer d'un temps d'épreuve, d'autant qu'il trouvait dans Rodriguez un spécialiste exercé, qui, bien que prévenu du danger, n'hésitait pas cependant à en assumer les conséquences ; que c'était donc à Rodriguez exclusivement de prendre, dès lors, toutes les mesures que l'expérience lui commandait pour sa sauvegarde personnelle et pour celle des tiers ; que, suivant, dans cette première partie des faits, s'il y a eu, ce qui est douteux, quelque imprudence de la part de Ferrand, elle a été certainement couverte par les agissements de Rodriguez ; — Attendu qu'il n'en est pas de même pour la seconde imprudence qui est reprochée à Ferrand, pour n'avoir pas fait abattre son chien aussitôt après l'avis que Rodriguez lui faisait parvenir dans la journée du 18 décembre ; — Attendu, en effet, qu'il est certain qu'il n'y avait pas alors un moment à perdre ; que l'avertissement donné par Rodriguez était d'autant plus énergique et significatif que ce malheureux avait été la veille cruellement mordu ; que cependant le prévenu ne prend pas encore une mesure qui était commandée par la sécurité de tous ; qu'il se décide alors à faire conduire son chien dans un autre établissement encourant ainsi, de propos délibéré, des responsabilités indéfinies ; qu'il essaie vainement de se couvrir de l'opinion donnée par le vétérinaire Chassin ; que ce dernier avait déclaré le chien tout au moins suspect ; que cela ne pouvait autoriser à tenter une nouvelle épreuve, en présence des faits qui parlaient plus haut que toutes les opinions techniques ; qu'à peine peut-il atténuer sa faute en excipant du concours que lui donnait un autre spécialiste, le nommé Rancoule ; que la présence de ce dernier ne l'autorisait pas à lui adjoindre Prost et Pradel pour une opération dont le péril était évident ; — Attendu que si l'imprudence de Ferrand est dès lors certaine, du moins à l'égard de ces derniers, il faut bien reconnaître que les suites en ont été singulièrement aggravées par les agissements personnels tant de Rancoule que de Prost et de Pradel ; que Rodriguez vient de leur défendre de toucher à ce chien, qu'ils n'en persistent pas moins à préparer son transfert ; que c'est Rancoule qui dirige l'opération ; qu'on n'a qu'une muselière insuffisante ; que cependant, comme ce n'est pas par le défaut de la muselière que les accidents consécutifs se sont produits, c'est surtout à l'absence d'autres mesures qu'il faut s'arrêter, en admettant qu'il y eût d'autres mesures à prendre que celle d'abattre le chien sans retard ; que, dans tous les cas, l'imprudence de Rancoule doit couvrir celle du prévenu ; — Attendu que de ce qui précède, il résulte évidemment que, s'il n'y a pas eu de la part de Ferrand imprudence caractérisée à ne pas faire abattre son chien dès le 24 ou le 26 novembre, son imprudence devient certaine, alors qu'au lieu de le faire abattre le 18 décembre, il l'envoie chercher par Rancoule, Prost et Pradel ; que sa conduite dans cette circonstance le rend passible des peines portées par l'art. 319 c. pén. ; — Par ces motifs : — Relaxe Ferrand de la prévention d'avoir par son imprudence causé des blessures à Rodriguez et à Rancoule ; — Le déclare, au contraire, coupable d'avoir par son imprudence causé la mort du nommé Pradel ; — En réparation de quoi le condamne, etc. » — Appel par le sieur Ferrand. — Arrêt.

LA COUR : — Attendu que, le 24 nov. 1879, un grand chien de montagne appartenant à Ferrand fut mordu par un petit chien malade qui fut abattu ; que ce fait donna des inquiétudes à Ferrand, qui plaça son chien dans l'établissement du sieur Rodriguez, pour qu'il y fût surveillé pendant un certain temps ; — Attendu que, le 17 décembre, le chien se précipita sur Rodriguez qu'il mordit cruellement à la main et à la figure ; que ce dernier prévint immédiatement Ferrand de ce fait, l'invitant à venir reprendre son chien, faute de quoi il le ferait abattre ; — Attendu que la plus vulgaire prudence exigeait qu'il en fût ainsi ; que cependant Ferrand, au lieu de prendre ce parti, et après avoir consulté un vétérinaire qui examina à peine le chien, se décida à le placer dans un autre établissement ; qu'il commit alors une nouvelle imprudence en envoyant chercher son chien par des gens inexpérimentés, parmi lesquels se trouvait Pradel ; que le chien se précipita sur ce malheureux et le mordit à la main ; qu'alors Ferrand se décida enfin à abattre son chien, mais qu'il reconnut atteint d'hydrophobie ; — Attendu que Pradel tomba malade et mourut quelque temps après ; que tout indique qu'il est mort enragé, soit que la rage lui ait été inoculée par la morsure du chien de Ferrand, soit que son imagination surexcitée et son extrême inquiétude aient déterminé une maladie nerveuse qu'on a appelée rage spontanée ; mais que, dans tous les cas, il est certain que

suivie (Rouen, 10 mai 1860 (1). Comp. Bruxelles, 25 mars 1858, aff. Bal et Van Spitaël, *Pasicrisie belge*, 1858. 2. 279).

260. Plusieurs décisions ont été rendues relativement à des faits d'imprudence attribués à des *conducteurs de voiture.* De ce nombre est l'arrêt de la cour de cassation (Crim. rej. 10 août 1878, cité *suprà*, n° 238). — Un autre arrêt de la même cour a décidé qu'il y a imprudence et inobservation des règlements, suivant les termes de l'art. 319, dans le fait, par un conducteur de tramway, d'ouvrir la barrière du passage à niveau d'un chemin de fer et d'y faire entrer sa voiture sans attendre l'intervention du garde-barrière. Par suite, en cas d'accident occasionné par ce fait et ayant amené la mort d'une ou plusieurs personnes, le conducteur est passible des peines édictées par l'art. 319 (Crim. rej. 9 août 1878) (1).

261. Une question plus délicate est celle de savoir si, dans le cas où, un cheval attelé à une voiture s'étant emporté par la faute de son conducteur, qui l'avait abandonné sans précaution sur la voie publique, une personne qui s'était élancée au-devant de lui pour l'arrêter a reçu des blessures qui ont occasionné sa mort, le voiturier peut être considéré comme coupable d'homicide par imprudence. La cour de Metz s'est prononcée pour l'affirmative par arrêt du 6 août 1851 (aff. Hombourger, D.P. 63.2.153, note), en se fondant, avec raison, suivant nous, sur ce que « les blessures reçues ont eu *pour première cause l'imprudence du maître de la voiture* ». — Un arrêt de la même cour a jugé depuis que le voiturier ne peut être considéré comme coupable d'homicide par imprudence parce que, « s'il est vrai qu'en cas pareil la faute du conducteur a été l'occasion de la mort du blessé, on ne peut dire avec vérité qu'elle en a été la cause, même involontaire ; qu'on ne peut dire qu'il y ait eu entre cette faute et le funeste accident qui a donné la mort à X... une relation nécessaire et fatale ; car X... était à l'abri de toute atteinte quand la voiture a passé près de lui, et, s'il n'eût rien fait pour atteindre le cheval et pour l'arrêter, il n'eût certainement pas été

blessé. » (Metz, 29 janv. 1862, aff. Thuilleaux, 1er arrêt, D. P. 63. 2. 153). La cour, en conséquence, a déclaré le conducteur seulement passible des peines de simple police pour avoir contrevenu aux règlements qui lui prescrivaient de se tenir constamment à la portée de ses chevaux. — Nous inclinons à préférer la solution de l'arrêt de 1851. La généreuse résolution de celui qui s'est dévoué pour éviter un malheur, n'est-elle pas elle-même, en effet, la conséquence directe, et pour ainsi dire nécessaire, de la faute commise ? Or, en présence de la généralité des termes de l'art. 319, on doit admettre que la cause première, tout aussi bien que la cause immédiate des accidents, peut et doit être relevée au point de vue de la responsabilité pénale. C'est ce qui a été reconnu par la chambre criminelle de la cour de cassation, soit expressément, soit implicitement dans plusieurs arrêts (Crim. rej. 16 juin 1864, aff. Couvé, D. P. 65. 1. 198 ; 4 nov. 1865, aff. Urbain, D. P. 66. 5. 242 ; 26 juill. 1872, aff. Froschammer, D. P. 72. 1. 285). Il est vrai que, dans les espèces sur lesquelles la cour de Metz a statué par ses arrêts de 1851 et de 1862, il n'y avait pas de péril imminent pour telle ou telle personne ; mais des malheurs étaient à redouter, malheurs qui eussent été la conséquence directe de la faute du voiturier, et c'est en voulant prévenir ces malheurs possibles, probables même, que la victime a succombé ; n'est-il pas vrai de dire que, dans ce cas, c'est l'imprudence du voiturier qui a causé sa mort ? — Toutefois la question pourrait être résolue autrement si le fait s'était passé dans un lieu désert ou peu fréquenté, où nul accident ne fût à craindre, ou du moins ne fût probable. Dans ce cas, la tentative malheureusement faite pour arrêter le cheval emporté pourrait, selon les circonstances, être considérée comme une généreuse témérité plutôt que comme un acte de dévouement nécessaire.

262. Quant à la responsabilité pénale de l'homicide imputable à l'imprudence des exploitants de *mines*, et survenu aux ouvriers de ces mines, il faut noter ici que le

---

(1) (Dambreville, Moy et Caillouet.) — LA COUR ; — Considérant qu'il est résulté de l'instruction et des débats que, dans la matinée du 27 février dernier, en la commune de Chauvincourt et dans le débit de boissons tenu par le sieur Caillouet, maréchal-ferrant, le nommé François Dailly, connu dans le pays par ses habitudes d'intempérance et de gloutonnerie, se fit porter, en présence de plusieurs témoins, parmi lesquels se trouvaient les nommés Dambreville et Moy, de consommer une bouteille d'eau-de-vie, mêlée à du café et à 125 grammes de sucre, provoquant les assistants à payer le prix de cette consommation, qui, ajoutait-il, n'aurait rien d'extraordinaire, eu égard à ses habitudes ; — Considérant qu'après quelque temps d'hésitation et après avoir essayé de timides remontrances, Dambreville s'engagea à payer une partie de la dépense proposée, et que, sur ses instances, Moy consentit à prendre sa part de ce payement ; qu'alors et sur la demande de Dailly, le débitant Caillouet fit chauffer la quantité de quatre à cinq tasses de café et y joignit le sucre et l'eau-de-vie demandés, qui furent mêlés dans un seul bol ; — Considérant que Dailly, ayant lui-même préparé le breuvage, objet de sa gageure insensée, se mit en devoir de le consommer ; que, peu de minutes après avoir vidé le bol, il s'affaissa sur lui-même, tomba comme foudroyé, et que, porté sur un lit par les assistants, il expira, sans avoir repris connaissance, après une agonie d'environ seize heures ; — Considérant que du rapport, dressé le 28 février par un docteur-médecin, il résulte, jusqu'à l'évidence, que la mort de Dailly doit être attribuée à l'absorption trop considérable d'une quantité de liquide alcoolique ; — Considérant qu'on ne saurait se refuser à reconnaître que si Dailly a été, par son extrême témérité, au-devant du coup mortel qui l'a frappé, d'un autre côté, les nommés Dambreville et Moy, en consentant à accepter l'espèce de défi proposé par Dailly, et à payer en commun les frais d'une consommation, que celui-ci n'aurait pas été disposé à acquitter, ont été, par leur imprudence, la cause involontaire de la mort de Dailly ; que, néanmoins, une différence doit être faite, quant à la part de responsabilité de chacun d'eux, entre Dambreville, qui a pris l'initiative, et Moy, simple ouvrier, qui paraît s'être laissé entraîner par les paroles du premier et avoir cédé à une sorte de respect humain ; — Considérant,

sa mort a été la conséquence de la morsure qui lui avait été faite par le chien de Ferrand ; — Attendu que les imprudences dont s'est à plusieurs reprises rendu coupable ce dernier ne sauraient être sérieusement contestées et qu'il est responsable de leurs conséquences ; — Adoptant, d'ailleurs, les motifs des premiers juges ; — Confirme.
Du 19 août 1880.-C. de Bordeaux, ch. corr.-MM. Habasque, f.f. pr.-Calmon, av. gén.-Laroze, av.

en ce qui concerne Caillouet, que vainement il prétend n'avoir connu aucune des circonstances du fait déplorable survenu dans son établissement, occupé qu'il était aux travaux de sa forge ; qu'il connaisssait très bien les habitudes d'ivrognerie de Dailly, et qu'en lui fournissant, sur sa demande, 60 à 70 centilitres d'eau-de-vie, de café et de sucre, mélangés dans un seul bol, il s'est rendu coupable d'une imprudence qui devait avoir les conséquences les plus fatales ; — Réforme le jugement, etc.
Du 10 mai 1860.-C. de Rouen, ch. corr.-MM. Du Molin, pr.-Pinel, av. gén.-Pouyer et Lepieux, av.

(2) (Baduel.) — LA COUR ; — Sur le second moyen du pourvoi pris de la violation de l'art. 319 c. pén., en ce que les faits de la cause excluraient l'imprudence et l'inobservation des règlements qui sont des éléments constitutifs du délit prévu par cet article : — Attendu qu'il est constaté par l'arrêt attaqué que, le 22 janvier dernier, la voiture de tramway dont Baduel était le conducteur, allant de Paris à Montreuil, a trouvé fermé le chemin de fer de ceinture à l'endroit où la route de terre qu'elle suivait traverse à niveau ce chemin ; que Baduel a ouvert la barrière, sans qu'aucun employé du chemin de fer l'ait autorisé à le faire ; que la voiture est entrée sur la voie ferrée, et a été aussitôt heurtée et renversée par un train ; que cette collision a amené la mort de trois personnes ;
Attendu que l'acte de Baduel constituait à la fois une grave imprudence et une violation des dispositions légales qui interdisent à toute personne étrangère au service d'un chemin de fer de pénétrer dans son enceinte et d'y faire entrer des chevaux et des voitures ; qu'il importe peu qu'au moment où Baduel commettait ce délit, le train qui a causé l'accident fût en retard ou en avance, et que la circulation des trains sur le chemin de ceinture fût conforme ou contraire aux prescriptions des règlements, puisque la clôture d'un passage à niveau, aussi longtemps qu'elle dure et qu'elle qu'en soit la cause, a pour effet d'interdire au public la traversée de ce passage, et de l'avertir qu'elle est dangereuse ; qu'en vain encore Baduel se prévaut de ce qu'il avait vu à ce moment même la garde Lemoine ouvrir la barrière qui ferme le passage à niveau du côté de Montreuil, puisque la voiture de tramway venait de Paris, et que, de ce côté-là, le garde avait laissé la barrière fermée et maintenu ainsi l'interdiction de passer et l'obstacle matériel qui s'opposait au passage de Baduel ; qu'aucune de ces circonstances, ainsi que l'a déclaré l'arrêt attaqué, n'est de nature à enlever au fait déclaré constant à la charge de Baduel son caractère délictueux ; — Rejette.
Du 9 août 1878.-Ch. crim.-MM. de Carnières, pr.-Thiriot, rap.-Benoist, av. gén.-Renault-Morlière, av.

décret du 22 janv. 1813,en disposant dans son art. 22, qu'au cas d'accidents survenus à des ouvriers par suite de l'inobservation de ses prescriptions, les exploitants des mines pourront être condamnés aux peines prononcées par les art. 319 et 320 c. pén., relatifs à l'homicide et aux blessures involontaires, n'a pas entendu restreindre au seul cas d'inobservation des règlements l'applicabilité desdits articles en cette matière, ni par suite exonérer les exploitants des conditions de prudence, d'attention et de vigilance qui sont de droit commun (Crim. rej. 20 avr. 1855, aff. Siraudin, D. P. 55. 1. 267; 31 mars 1865, aff. Bardon, D. P. 65. 1. 399). Spécialement, il a été jugé que le directeur d'une mine qui, nonobstant l'avertissement à lui donné relativement au mauvais état de la voûte d'une galerie, a négligé de s'assurer par lui-même de l'importance du danger en résultant et a laissé continuer les travaux, est déclaré pénalement responsable de la mort d'ouvriers survenue dans cette galerie par suite du détachement du bloc, bien qu'il ait fait, avant l'accident, vérifier l'état de la voûte par son clerc et que les règlements ne lui fassent pas une obligation de la vérification personnelle (Même arrêt du 31 mars 1865).

263. Au surplus, et d'une manière générale, l'inculpé contre lequel une imprudence est constatée, à l'occasion d'un fait soumis à des règlements, ne pourrait pas, pour se soustraire aux conséquences pénales de l'art. 319, exciper de ce qu'il n'aurait enfreint aucune des dispositions de ces règlements. C'est ce qu'a décidé la cour de Colmar en jugeant, par un arrêt déjà signalé n° 256, que le propriétaire est responsable des dangers que peut présenter le système suivant lequel ont été établies les latrines mises par lui à la disposition de ses locataires (système qui a eu pour conséquence la chute et la mort d'un locataire), encore que ce système ne soit contraire à aucune prohibition des règlements concernant ce genre de travaux (Colmar, 9 févr. 1859, aff. Klipfel, D. P. 60. 2. 47). « Si, en effet, a dit cet arrêt, les règlements rappellent les préceptes de la prudence, ces préceptes existent indépendamment des règlements. »

264. Mais il n'y aurait pas faute, dans le sens de la loi pénale, si on ne pouvait reprocher au prévenu que d'avoir omis de prendre certaines mesures, lorsque celles-ci ne lui étaient prescrites par aucune loi ni par aucun règlement, ou d'avoir accepté une fonction de surveillance qui, dans les conditions où elle s'exerçait, était inefficace. Spécialement, le chef d'une gare de chemin de fer ne peut être déclaré pénalement responsable de la mort d'un individu tué dans la gare où il avait été admis, sans violation des règlements, s'il n'est articulé contre ce chef de gare d'autre grief que de n'avoir pas provoqué des mesures plus efficaces de la part de son administration, et d'avoir accepté d'exercer son emploi dans des conditions qui ne lui permettaient pas de prévenir les accidents avec certitude (Crim. rej. 26 févr. 1863, aff. Schott, D. P. 64. 1. 193. Conf. Blanche, t. 5, n° 19).

265. Au reste, l'homicide par imprudence peut résulter d'un ensemble indivisible de faits, tels que les conditions défectueuses, au point de vue sanitaire, de l'embarquement et du transport d'émigrants, et leur abandon dans une île

lointaine. Rien, en effet, dans l'art. 319, n'implique la nécessité d'un fait unique qui constitue le délit réprimé par cet article, et l'on comprend parfaitement, au contraire, que ce délit puisse résulter d'une succession de faits concourant au même résultat (Crim. rej. 11 août 1882, aff. du Breil de Rays, D. P. 83. 1. 96).

266. — III. NÉGLIGENCE OU INATTENTION. — Le troisième cas de faute est la *négligence* ou *l'inattention*. Ainsi qu'on l'a dit au *Rép.* n° 207, ces deux termes caractérisent à peu près la même faute, celle qui résulte de l'omission d'une précaution commandée par la prudence, et dont l'observation eût prévenu l'homicide. Tel est le cas : 1° du *maçon* ou *couvreur* qui laisse tomber des pierres ou des tuiles dont la chute a tué quelqu'un, sans avoir pris la précaution d'attacher un signal pour avertir du danger, et de crier aux passants de prendre garde à eux; — 2° du *propriétaire* qui aurait causé un homicide faute d'avoir éclairé, pendant la nuit, les matériaux déposés devant sa porte, ou l'excavation qu'il aurait fait pratiquer sur la voie publique; — 3° des personnes qui ont causé même accident en laissant circuler des *fous furieux* ou des *animaux malfaisants* confiés à leur garde; — 4° de la *nourrice* ou de toute autre personne qui, par sa négligence, a été cause de la mort de l'enfant confié à sa garde; — 5° des *conducteurs* de voitures qui ne se sont pas tenus constamment à la portée de leurs chevaux, lorsque cette négligence a eu pour résultat un homicide.

267. Il a été jugé aussi que l'*ingénieur* qui s'est chargé de la construction d'une voie ferrée en s'obligeant à la mettre en rapport avec un ancien matériel roulant que la compagnie du chemin de fer se proposait d'employer, de telle façon que la sécurité des voyageurs n'eût pas à en souffrir, peut être déclaré coupable d'homicide par négligence lorsqu'il est constaté, en fait, que ledit ingénieur n'a pas exécuté les obligations de son traité, et que l'accident, objet de la poursuite, a été causé par cette inexécution (Crim. rej. 1er févr. 1855, aff. Flachat, D. P. 55. 1. 189).

Décidé encore qu'il y a imprudence, inattention ou négligence, dans les termes des art. 319 et 320, de la part de l'*architecte* d'une ville qui, ayant été invité par un ordre de service du maire à vérifier la solidité des estrades et barrières destinées à recevoir le public dans les arènes, vérification à laquelle avait été subordonnée par l'autorité préfectorale l'autorisation des courses de taureaux, ne s'est livré à aucune vérification personnelle, s'est borné à approuver la transmission administrative de l'ordre de service à un sous-inspecteur, s'est contenté d'un rapport de cet agent manifestement incomplet, et a signé sans examen ni contrôle véritable ce document dont il a placé ainsi les conclusions sous sa propre responsabilité. Cet architecte est, en conséquence, pénalement responsable de l'accident causé par des vices grossiers de construction et par l'omission des précautions les plus élémentaires (Crim. rej. 30 juin 1882) (1).

Enfin il a été décidé que, à la Guyane, le patron qui, ayant embauché un ouvrier pour exécuter des travaux sur une place située à une distance considérable de sa résidence, en

(1) (Pangay.) — LA COUR; — Sur le moyen unique du pourvoi, tiré de la violation des art. 319 et 320 c. pén. : — Attendu qu'il résulte des constatations de l'arrêt attaqué que Pangay a, en sa qualité d'architecte de la ville de Marseille, la direction et le contrôle de tout le service des bâtiments communaux; que l'autorisation préfectorale sollicitée par l'organisateur des courses de taureaux du 14 août 1881, ayant été subordonnée à la visite préalable par un architecte commis par l'autorité municipale, des estrades et barrières élevées au Prado, pour recevoir le public, afin de s'assurer de leur solidité, le maire invita, par son ordre de service du 9 juin, l'architecte de la ville à procéder à cette vérification; que les circonstances dangereuses dans lesquelles s'opérait l'édification de ces arènes commandaient une vigilance et des précautions toutes particulières pour assurer la sûreté des spectateurs; que Pangay ne s'est cependant livré ni à aucune inspection personnelle de cette construction, ni à aucun contrôle véritable de la vérification à laquelle il a été procédé; sous ses ordres, par le sous-inspecteur Lacreusette; qu'il s'est borné à approuver la transmission administrative faite à ce sous-inspecteur de l'ordre de service susmentionné; qu'il s'est contenté d'un rapport de cet agent, manifestement incomplet, sans indications sérieuses, dénué de toutes justifications au point de vue de la solidité des constructions ou des mesures prises pour l'assurer;

qu'il a signé ce document sans demander aucune explication complémentaire et sans aucun autre examen, et qu'il en a placé ainsi les conclusions sous sa propre responsabilité personnelle et sous l'autorité de ses fonctions; — Attendu que l'arrêt attaqué a déclaré, non pas que Pangay s'était abstenu d'une simple faculté de surveillance et de contrôle, mais qu'il n'a pas rempli les obligations positives et les devoirs mêmes que sa fonction lui imposait en ne surveillant pas l'agent d'exécution chargé de la vérification des arènes sous ses ordres, et en ne contrôlant pas le rapport de cet agent, dont l'insuffisance manifeste devait nécessairement éveiller son attention; — Attendu enfin qu'il est constaté par l'arrêt attaqué que la catastrophe qui est survenue a été causée par les vices de construction les plus grossiers et par l'omission des précautions les plus élémentaires; — Attendu qu'en déclarant, dans ces circonstances, que Pangay a manqué à la prudence nécessaire et aux exigences du contrôle dont ses fonctions lui faisaient un devoir, et en le déclarant, à raison de ces faits, coupable d'homicide et de blessures involontaires par imprudence, inattention ou négligence, l'arrêt attaqué, loin d'avoir violé les dispositions des art. 319 et 320 c. pén., en a fait, au contraire, une juste application;

Par ces motifs, rejette. —

Du 30 juin 1882-Ch. crim.-MM. Tanon, rap.-Ronjat, av. gén.

s'engageait à pourvoir à tous ses besoins, a négligé, soit de faire donner audit ouvrier malade les soins qu'exigeait son état de santé, soit de le faire diriger sur un hôpital où il aurait trouvé les secours qui lui étaient indispensables, encourt les pénalités de l'art. 319, si ce défaut de soins a été suivi de mort (Crim. rej. 30 oct. 1885) (1).

268. Faut-il ajouter à ces hypothèses la négligence de l'hôtelier qui laisse mourir un de ses hôtes pris de maladie? Un arrêt de la cour de Lyon, du 10 nov. 1858 (aff. Gayte, D. P. 59. 1. 46), a décidé que l'aubergiste qui, après avoir reçu un voyageur gravement malade, arrivant de la campagne au milieu de la nuit, l'abandonne ensuite sur le banc extérieur de son établissement, commet ainsi une imprudence grave qui le rend responsable du décès de ce voyageur survenu par suite du défaut de secours. Et le pourvoi formé contre cet arrêt a été rejeté « attendu que, lorsqu'une personne malade a été admise dans une auberge, le maître de l'auberge est tenu, soit par lui-même, soit par ses domestiques, de lui donner tous les soins naturels et indispensables que comporte son état; que c'est là un principe d'humanité qui dérive des obligations que l'aubergiste contracte envers le voyageur auquel il doit assistance et protection; que, de sa part, un refus absolu de soins, lorsque ce refus est suivi de la mort de la personne qui avait le droit de les réclamer, doit lui faire encourir, non seulement la responsabilité résultant de l'art. 1382 c. civ., mais encore toutes les conséquences résultant de l'art. 319 » (Crim. rej. 7 janv. 1859, même affaire, D. P. 59. 1. 46). — Il résulte de ces décisions, et il est incontestable que d'une responsabilité pénale est encourue quand le malade n'a été privé de tous soins et n'est mort de l'abandon dont il a été l'objet, qu'après *avoir été admis dans* l'établissement où il s'était présenté, car le maître est alors tenu, en vertu d'une obligation *contractuelle*, de donner tous les soins indispensables. — Mais si le malade n'avait pas été *admis* dans l'hôtel ou auberge, l'hôtelier serait-il responsable? Cela est fort douteux, car la profession d'hôtelier est libre, et aucune loi n'impose aux aubergistes l'obligation de recevoir les malades, pas plus que les personnes en santé.

Toutefois le jugement de première instance, dans l'espèce sur laquelle ont statué les arrêts précités de la cour de Lyon et de la chambre criminelle, l'avait résolue affirmativement (Trib. corr. Montbrison, 4 oct. 1858, aff. Gayte, D. P. 59. 1. 47). Aux termes de ce jugement, le voyageur qui se présente est dans un état de maladie exigeant des secours immédiats, un refus de logement qui a plus tard pour conséquence des accidents graves ou mortels engage, au point de vue pénal, la responsabilité de l'aubergiste, surtout lorsqu'il a résisté inhumainement aux instances les plus vives tant du voyageur lui-même que d'autres personnes touchées de sa situation.

La même responsabilité civile (ou pénale) est encourue par le médecin qui a abandonné son malade, alors que le refus ou le défaut de continuation de ses soins a rendu nécessaire une amputation dont la négligence de ce médecin a seule été la cause (Req. 18 juin 1835, *Rép.* v° *Responsabilité*, p. 317, note).

269. — IV. INOBSERVATION DES RÈGLEMENTS. — Enfin la quatrième faute prévue par la loi est *l'inobservation des règlements*. Ces règlements dont l'inobservation entraîne, en cas d'homicide qui en est la conséquence, l'application de l'art. 319, sont les règlements administratifs ou de police, pris par l'autorité compétente, dans l'intérêt de la sûreté ou de la sécurité publique. Il y a faute engageant la responsabilité pénale à ne pas en observer les prescriptions, et cela indépendamment de tout fait particulier de maladresse, d'impru-

dence, d'inattention ou de négligence. Cette faute est distincte des autres fautes énumérées dans l'art. 319, et constitue, par elle-même et seule, une cause de responsabilité.

270. Puisqu'on ne doit entendre par *règlements*, dans le sens de l'art. 319, que ceux qui ont été pris dans l'intérêt de la sûreté ou de la sécurité publique, il s'ensuit qu'on ne doit pas considérer comme tel le devis général des clauses et conditions imposées aux entrepreneurs de travaux publics par la décision du directeur général des ponts et chaussées, en date du 25 août 1833, remplacé depuis par un nouveau cahier des charges du 16 nov. 1866 (D. P. 67. 3. 41). Aussi a-t-il été jugé que ce cahier des charges, ayant pour unique objet de régler les rapports particuliers entre l'Administration et l'entrepreneur concernant le mode d'exécution des travaux, ne peut être assimilé aux règlements mentionnés dans l'art. 319, et par suite, qu'en cas d'homicide involontaire résultant d'une infraction à ses dispositions, cet homicide n'est pas punissable, à défaut de constatation, en dehors de l'infraction commise, d'un fait quelconque de maladresse, imprudence, inattention ou négligence (Crim. rej. 12 mai 1848, aff. Maréchal, D. P. 51. 5. 527).

271. On a cité au *Rép.* n° 208, à titre d'exemples, divers cas dans lesquels l'inobservation des règlements donne lieu à l'application des peines de l'art. 319. Nous n'en rappellerons que trois qui sont relatifs, l'un aux sages-femmes, un autre aux officiers de santé, le troisième aux conducteurs de voitures. — En ce qui concerne les *sages-femmes* et la responsabilité pénale qu'elles encourent, en cas de mort de la mère ou de l'enfant, lorsque, au mépris des prescriptions de l'art. 11 de la loi du 19 vent. an 11, elles ont pratiqué un accouchement laborieux, sans appeler le secours d'un médecin, V. *suprà*, n° 249.

272. A l'égard des *officiers de santé*, qui ne doivent, aux termes de l'art. 29 de la loi précitée du 19 vent. an 11, pratiquer une grande opération chirurgicale que sous la surveillance et l'inspection d'un docteur, dans les lieux où celui-ci est établi (V. *Rép.* v° *Médecine*, n° 28 et suiv.), ces officiers peuvent-ils être poursuivis en vertu des art. 319 et 320 c. pén., toutes les fois qu'une grande opération pratiquée par eux, sans le concours d'un docteur, hors des cas où ils en avaient le droit, a été suivie d'accidents graves, attendu qu'ils ont été alors, par *inobservation des règlements*, la cause involontaire de la mort ou des blessures? Il est hors de doute que si l'on peut reprocher à l'officier de santé quelque fait particulier d'impéritie ou de négligence, il pourra être poursuivi; mais en serait-il de même s'il a été habile, prudent, attentif, et qu'on ne puisse lui faire d'autre reproche que de n'avoir point observé la prescription de la loi de ventôse? L'affirmative résulte d'un arrêt de la cour de Besançon qui, appelée à statuer sur une demande formée à la fois contre un docteur et un officier de santé, a indirectement déclaré que l'officier de santé qui a pratiqué une grande opération est responsable, même sans faute ni maladresse de sa part. Cet arrêt, en date du 18 déc. 1844 (*Rép.* v° *Responsabilité*, n° 132), renferme ce considérant « qu'il suit des dispositions de l'art. 29 de la loi du 19 vent. an 11, que l'officier de santé assez téméraire pour entreprendre seul une grande opération chirurgicale est en faute par ce fait et responsable, même sans maladresse ou faute grave, des accidents sérieux qui arrivent, et qu'auraient prévenus peut-être un concours éclairé et une opération plus tardive ». Cette doctrine nous paraît juridique: il n'est pas douteux, suivant nous, que la contravention aux dispositions dont il s'agit, ne constitue soit une inobservation des règlements tombant sous l'application des art. 319 et 320 soit un des genres de faute qui entraînent forcément et

---

(1) (Félicien Pointu.) — LA COUR; — Sur le troisième moyen, pris de la fausse application de l'art. 319 c. pén., en ce que l'arrêt attaqué aurait basé la condamnation des demandeurs sur des actes de négligence qui ne constitueraient de leur part que la violation d'une obligation purement morale: — Attendu qu'il résulte des constatations de l'arrêt attaqué: 1° que Vitalo a négligé, soit de faire donner au sieur Lavergue les soins qu'exigeait l'état de sa santé gravement atteinte; soit de le diriger sur un hôpital où il aurait trouvé les secours qui lui étaient indispensables; 2° que Pointu, dans des circonstances identiques, a eu les mêmes torts vis-à-vis du sieur Abasque; qu'enfin les fautes qu'ils ont ainsi commises ont eu pour conséquence la mort de ces deux indivi-

dus; — Attendu qu'en les embauchant pour exécuter des travaux sur une place située à une distance considérable de leur résidence, les prévenus avaient contracté l'engagement, non dénié d'ailleurs par eux, de pourvoir à tous leurs besoins; — Que, par suite, les circonstances de fait retenues par la cour d'appel de la Guyane justifient la condamnation qu'elle a prononcée, sans qu'il soit besoin de rechercher si, en droit, la violation d'une obligation purement morale et d'un devoir d'humanité peut donner ouverture à l'application de l'art. 319 c. pén.;

Par ces motifs, rejette.

Du 30 oct. 1885.-Ch. crim.-MM. Poux-Franklin, rap.-Loubers, av gén.

par eux-mêmes l'application de l'article précité (V. cependant en sens contraire : Briand et Chaudé, *op. cit.*, p. 72).

273. Toutefois, en cas d'urgence absolue, comme il arrive assez souvent dans la pratique des accouchements, il n'est pas toujours possible d'exécuter la prescription de la loi de ventôse an 11 ; quelquefois le moindre retard serait fatal à la mère et à l'enfant, et l'officier de santé qui applique alors lui-même le forceps, non seulement est excusable, mais serait répréhensible s'il ne le faisait pas. Nous devons donc reconnaître, avec Briand et Chaudé, p. 68, qu'il est des circonstances où, nonobstant la prohibition prononcée par la loi, le simple officier de santé *peut* et *doit* pratiquer certaines opérations du nombre de celles qui lui sont ordinairement interdites. Il a été jugé, en ce sens, que l'officier de santé, seul médecin de la localité, qui, pour sauver sa malade en danger imminent, a procédé avec succès, mais sans l'assistance d'un docteur, à l'opération de l'embryotomie, ne peut être poursuivi pour homicide par imprudence (Rouen, 29 juin 1843, *Rép.* v° *Médecine*, n° 30) ; — Et plus récemment, par la cour de cassation, que l'officier de santé prévenu d'avoir pratiqué un accouchement au forceps sans l'assistance d'un docteur en médecine, peut valablement invoquer l'excuse de la force majeure résultant de la nécessité d'extraire au plus tôt un fœtus mort dans le sein de sa mère et arrivé à l'état de décomposition (Crim. cass. 2 mai 1878, aff. Casimir, D. P. 78. 1. 336) ; — Mais l'officier de santé poursuivi est tenu de prouver que la force majeure existait réellement ; de simples présomptions de force majeure ne suffiraient pas à excuser l'acte, eût-il été commis dans un but d'humanité. C'est ce que la cour de cassation a jugé à propos d'un exercice irrégulier de l'art des accouchements (Crim. cass. 23 avr. 1858, aff. Beaudoin, D. P. 58. 5. 170) par un arrêt dont la doctrine devrait être appliquée sans hésitation, suivant nous, à la pratique d'une grande opération par un officier de santé. — Sur les droits et les devoirs des officiers de santé, V. *Rép.* v° *Médecine*, n° 28 et suiv.

274. À l'égard des pharmaciens, pour ce qui concerne la responsabilité pénale qu'ils encourent en cas d'homicide involontaire causé par inobservation des règlements, V. *supra*, n° 252.

275. Quant aux *conducteurs de voitures*, dont il a été parlé au *Rép.* n° 208-4°, nous nous bornerons à dire que ce n'est pas seulement l'infraction à l'obligation de se tenir constamment à la tête de leurs chevaux qui peut être, pour eux, le fondement d'une poursuite pour homicide involontaire, mais encore l'infraction aux autres obligations réglées par des règlements concernant le chargement, la rapidité ou la mauvaise direction des voitures (c. pén. art. 475, § 3 et 4 ; L. 30 mai 1851, sur la police du roulage, art. 2, § 3 et 6. V. *supra*, v° *Contravention*, n°s 179 et suiv., et *infra*, v° *Voiture*.)

276. On a fait remarquer au *Rép.* n° 209, qu'une autre application de la disposition de l'art. 319, en ce qui concerne l'inobservation des règlements, se trouve dans l'art. 22 du décret du 3 janv. 1813, relatif à l'exploitation des *mines*, ainsi conçu : « En cas d'accidents survenus dans les mines, qui auraient occasionné la perte ou la mutilation d'un ou plusieurs ouvriers, faute de s'être conformé à ce qui est prescrit *par les règlements*, les exploitants, propriétaires et directeurs, pourront être traduits devant les tribunaux pour l'application, s'il y a lieu, des dispositions des art. 319 et 320 c. pén., indépendamment des dommages-intérêts qui pourraient être alloués au profit de qui de droit ». — Cette cause spéciale de responsabilité pénale n'est, d'ailleurs, pas exclusive, ainsi qu'on l'a vu *supra*, n° 262, des autres cas de responsabilité prévus par l'art. 319.

Pareillement, les dispositions de l'art. 40 de la loi du 22 août 1790 et de l'art. 31 du décret du 12 déc. 1806, édictant une peine spéciale contre le *pilote côtier* qui a perdu ou échoué le bâtiment qu'il s'était chargé de conduire, n'excluent pas l'application de l'art. 319 c. pén., en cas

d'homicide causé par la perte ou l'échouement imputable à la négligence ou à l'imprudence du pilote (Crim. rej. 30 déc. 1876, aff. Kerkaren, D. P. 78. 1. 47).

277. — V. FAUTE IMPUTABLE A PLUSIEURS PERSONNES ; FAUTE COMMUNE A UN TIERS ET A LA VICTIME DE L'ACCIDENT. — Il est hors de doute que, si l'homicide ou les blessures involontaires sont imputables à plusieurs personnes dont elles engagent conjointement la responsabilité pénale, chacune d'elles encourt individuellement les peines des art. 319 et 320. — Décidé, à cet égard, que la responsabilité pénale d'un homicide involontaire reste entière pour tout individu qui l'a encourue, quoiqu'elle puisse s'étendre également à un tiers, par suite d'une faute ultérieurement commise par ce dernier, s'il est établi que, sans la faute primitive, l'accident ne serait pas arrivé (Crim. rej. 25 nov. 1875, aff. Petit, D. P. 76. 1. 461). Spécialement, l'architecte dont les plans vicieux ont déterminé la chute d'une voûte et amené la mort d'un ouvrier, demeure passible de la peine de l'art. 319, quoique des tiers aient commis, après cette chute, une imprudence de nature à engendrer également contre eux la responsabilité pénale édictée par ce même article, lorsqu'il est établi que, sans la faute antérieure dont l'architecte s'est rendu coupable, la mort de l'ouvrier n'aurait pas eu lieu (Même arrêt).

278. Mais que décider si la faute est commune à l'auteur de l'homicide et à la personne qui en a été victime ? La responsabilité pénale, qui ne saurait évidemment peser sur celle-ci, cesse-t-elle également d'être encourue par le premier ? Il est hors de doute que la faute de la victime de l'accident laisse subsister la responsabilité pénale de celui qui en est l'auteur ou la cause, et que la réciprocité des délits ne ferait pas disparaître davantage cette responsabilité. Par conséquent, l'inculpé poursuivi pour homicide par imprudence ne pourrait pas s'excuser sur ce que la victime aurait commis elle-même une imprudence. La faute de l'un ne fait pas disparaître la faute de l'autre (V. Conf. Chauveau et Hélie, t. 4, n° 1413 ; Blanche, t. 5, n° 19). C'est ainsi qu'il a été décidé : 1°, que le maître couvreur qui, ayant négligé de procurer à son ouvrier une échelle convenable pour l'exécution d'un travail par lui commandé, lui a laissé faire usage d'un échafaudage qu'il savait être défectueux, est responsable des blessures que la chute de l'échafaudage a occasionnées à cet ouvrier, bien que celui-ci ait concouru à sa construction (Crim. rej. 16 juin 1864, aff. Couvé, D. P. 65. 1. 198) ; — 2° Qu'un industriel peut être déclaré pénalement responsable de la mort de l'un de ses ouvriers, causée par l'explosion d'une chaudière en mauvais état, encore que la victime ait elle-même commis une imprudence, en s'introduisant la nuit dans l'usine, sans y être appelée par son service (Crim. rej. 4 nov. 1865, aff. Urbain, D. P. 66. 5. 242) ; — 3° Que le propriétaire d'un terrain non clos qui a négligé d'entourer, conformément aux prescriptions d'un règlement de police, un puits existant dans sa propriété, ne peut être exonéré de la responsabilité pénale de l'accident survenu à une personne qui est tombée dans ce puits, en traversant la propriété, quoiqu'elle y fût entrée sans droit, et qu'on pût, dès lors, lui reprocher à elle-même la faute résultant de cette violation de propriété (Crim. rej. 21 janv. 1870, aff. Seguéla, D. P. 70.1. 312. V. aussi Crim. rej. 22 févr. 1883, cité *infra*, n° 290).

Aux arrêts précités, il en faut ajouter un plus récent, rendu le 29 févr. 1884 (1), sur le pourvoi d'un braconnier condamné pour homicide involontaire sur la personne d'un garde champêtre qui l'avait surpris en délit de chasse. La cour de cassation a jugé que le prévenu ne pouvait se justifier par le motif que le garde aurait commis une imprudence en voulant conserver sans droit l'arme qu'il avait saisie et en résistant aux efforts du prévenu pour la reprendre ; car, à supposer que le garde eût agi sans droit et commis une imprudence, cette imprudence n'eût pas exonéré le prévenu.

279. — VI. FAIT D'AUTRUI. — Les peines étant *personnelles*, nul ne peut, en principe, être déclaré pénalement respon-

_____

(1) (Gaudard.) — LA COUR ; — Attendu qu'il résulte en fait des constatations de l'arrêt attaqué que Gaudard, surpris en délit de chasse, s'enfuit, et que, passant près de la demeure d'un voisin, il avait à la fois jeté son fusil et le gibier dont il était por-

teur ; — Qu'au moment où le garde champêtre se livrait à l'exercice de ses fonctions à l'effet de constater le délit de chasse qui venait d'être accompli, Gaudard a commis sur sa personne des violences et voies de fait pour reprendre son fusil ;

sable du fait d'autrui. Ainsi, le propriétaire qui a chargé un maçon de la construction d'une maison en lui laissant le soin de se procurer les matériaux nécessaires et de diriger les ouvriers, bien qu'il paye chaque semaine les achats de matériaux et les journées d'ouvriers sur une note fournie par ledit maçon, ne peut être déclaré pénalement responsable de l'accident arrivé par la faute de ce dernier dans la disposition d'un échafaudage, en supposant même que, dans un tel cas, il ait encouru une responsabilité civile. Peu importe que ce propriétaire soit un ancien entrepreneur de constructions qui, pendant longtemps, a employé comme ouvrier le maçon qu'il a chargé de la construction, si ce dernier, par sa qualité de maître-maçon, sa longue pratique et son expérience, semblait offrir toutes les garanties désirables (Aix, 28 nov. 1867, aff. Ugo, D. P. 68. 2. 223). ·

Il n'en serait autrement que si, par des actes personnels, le propriétaire avait participé à la conduite des travaux et aux fautes qui ont amené l'accident causé par des vices de la construction dirigée par son ingénieur ; en ce cas le propriétaire serait associé avec raison à la responsabilité pénale et civile de l'entrepreneur (Crim. rej. 24 nov. 1865, aff. Deshayes, D. P. 67. 1. 459) (V. aussi, en ce qui concerne l'*architecte* qui, *malgré la présence d'un entrepreneur*, a gardé la surveillance des travaux : Crim. rej. 21 nov. 1856, cité *suprà*, n° 243 ; *Adde* : Crim. rej. 8 mars 1867, *ibid.*).

280. Lorsqu'un pilote est à bord d'un navire, le capitaine, en cas d'échouement du navire, suivi de mort ou de blessures occasionnés par la faute du pilote, ne tombe pas sous le coup des pénalités établies par les art. 319 et 320 c. pén., car il a abdiqué le commandement effectif, et en ce qui concerne la direction nautique il est devenu le subordonné, l'intermédiaire du pilote auquel appartient le droit exclusif de la marche du navire ; d'où il suit qu'il demeure à l'abri de toute poursuite criminelle à raison des fausses manœuvres exclusivement imputables au pilote (Caen, 16 juill. 1879, aff. Lefèvre, D. P. 81. 2. 169).

281. Mais la responsabilité pénale de l'homicide, ou des blessures et coups involontaires, peut être engagée par le fait d'un tiers, à l'égard de l'individu qui, par une faute à lui propre, peut être considéré comme en ayant été la cause, quoiqu'il n'en soit pas personnellement l'auteur. C'est ce qui résulte des termes formels de l'art. 319, qui punit, non pas seulement celui qui, par sa faute, a *commis* volontairement un homicide, mais encore celui qui en a été involontairement *la cause*. Il n'est donc pas besoin, pour qu'un individu devienne passible des peines des art. 319 et 320, qu'il ait commis l'homicide ou donné les blessures et coups involontaires ; il suffit que ces actes, s'ils ont eu lieu par le fait d'autrui, soient la conséquence d'une faute qui puisse lui être imputée. — Ainsi il a été jugé qu'un entrepreneur de travaux et le surveillant des mêmes travaux peuvent être pénalement responsables des blessures causées à un de leurs ouvriers par les fausses manœuvres d'autres ouvriers, alors qu'à raison de la nature particulière du travail à effectuer, l'entrepreneur aurait dû donner des instructions spéciales, et le chef des travaux surveiller l'opération (Crim. rej. 6 mars 1879, aff. Tétard, D. P. 80. 1. 43) ; — Et il n'importe que l'entrepreneur se soit, ou non, trouvé sur les lieux (Même arrêt).

De même encore, le directeur d'une carrière est pénalement responsable de l'homicide involontaire causé dans l'exécution des travaux de découverture de cette carrière, bien qu'il eût confié ces travaux à un entrepreneur, si l'accident a eu lieu par suite d'une infraction à des règlements dont il était personnellement tenu d'assurer l'observation (Angers, 27 mai 1867, aff. Oriowski, D. P. 67. 2. 220, et sur pourvoi, Crim. rej. 16 août 1867, D. P. 68. 1. 47). — V. également Crim. rej. 7 mai 1868, cité *suprà*, n° 243.

282. La responsabilité pénale du délit d'homicide par imprudence frappe également les parents sur l'ordre desquels un enfant, dont on voulait dissimuler la naissance, a été, par un froid rigoureux, emporté sans précaution, immédiatement après l'accouchement, lorsque l'enfant est mort des suites de ce défaut de précaution (Aix, 29 juin 1871, cité *suprà*, n° 254).

Pareillement, le propriétaire d'un cheval qui, connaissant la vivacité ou le vice de cet animal, en a imprudemment confié la conduite à un tiers, est responsable des blessures que cet animal a causées pendant qu'il était sous la direction de ce tiers, et devient passible des peines prononcées par les art. 319 et 320 (Bordeaux, 28 janv. 1841, *Rép.* v° *Responsabilité*, n° 715-2°). De même encore, la responsabilité pénale édictée par les règlements sur les chemins de fer, à l'égard des aiguilleurs, pour tout fait de leur service, ne met pas obstacle à ce que le chef de gare soit aussi déclaré pénalement responsable des accidents causés par la négligence de ces aiguilleurs, s'il est constaté, en fait, qu'il aurait pu prévenir ces accidents, en exerçant, de son côté, le devoir que les règlements imposent aux chefs de gare, de surveiller d'une manière constante leurs employés et subordonnés, et qu'il a négligé de remplir ce devoir (Crim. rej. 26 juill. 1872, aff. Froschammer, D. P. 72. 1. 285. V. aussi Rennes, 29 déc. 1869, cité *suprà*, n° 251).

283. — VII. Responsabilité du propriétaire d'un animal. — On sait qu'aux termes de l'art. 1385 c. civ. « le propriétaire d'un animal, ou celui qui s'en sert, pendant qu'il est à son usage, est responsable du dommage que l'animal a causé, soit que l'animal fût sous sa garde, soit qu'il fût égaré ou échappé ». Le propriétaire est-il aussi responsable pénalement de l'homicide ou des blessures occasionnés par cet animal ? Oui, s'il y a eu de sa part quelque imprudence, inattention, négligence ou inobservation des règlements, dans les termes de l'art. 319 c. pén. ; autrement, non, car en droit pénal tout est de droit étroit, et il n'existe point d'autre texte applicable que l'article précité. — A cet égard, on a signalé au *Rép.* n° 208, comme exemple de responsabilité pénale, le cas des entrepreneurs de spectacles d'animaux sauvages, qui, faute d'avoir pris les *précautions prescrites par les règlements*, ont causé un homicide ou des blessures et coups involontaires. — On peut ajouter le cas, cité *suprà*, n° 283, du propriétaire d'un cheval qui, connaissant la vivacité ou le vice de cet animal, en a imprudemment confié la conduite à un tiers, sous la direction duquel ce cheval a causé des blessures à autrui (Bordeaux, 28 janv. 1841, *Rép.* v° *Responsabilité*, n° 715-2°).

284. — VIII. Accidents de chemin de fer. — Aux termes de l'art. 19 de la loi du 15 juill. 1845 « quiconque, par maladresse, imprudence, inattention, négligence ou inobservation des lois ou règlements, aura involontairement causé sur un chemin de fer, ou dans les gares ou stations, un accident qui aura occasionné des blessures, sera puni de huit jours à six mois d'emprisonnement, et d'une amende de 50 à 1000 fr. Si l'accident a occasionné la mort d'une ou plusieurs personnes, l'emprisonnement sera de six mois à cinq ans, et l'amende de 300 à 5000 fr. ». Cet article, tout en reproduisant le texte de l'art. 319 c. pén., en a aggravé les pénalités, à raison de l'importance des accidents de chemin de fer et de la vigilance plus active à laquelle sont tenus les employés. On remarquera aussi l'addition du mot *lois*, par l'effet de laquelle l'inobservation des *lois* engendre, en cette matière, la responsabilité, aussi bien que l'inobservation des *règlements*. — On trouvera analysée au *Rép.* v° *Voirie par chemin de fer*, n°s 552 et suiv., toute la jurisprudence, antérieure à 1864, relative aux accidents de chemins de fer ayant causé la mort ou des blessures. Il y a lieu d'y ajouter divers arrêts plus récents, que nous avons eu déjà l'occasion de citer, et qui se réfèrent également à ces accidents et à la responsabilité pénale qu'ils peuvent entraî-

---

Sur le moyen tiré de la violation de l'art. 319 c. pén., en ce que le garde champêtre aurait commis une imprudence en voulant conserver sans droit l'arme qu'il avait saisie, et que, par suite, le demandeur n'a pu être légalement déclaré passible de la mort involontaire qu'il a occasionnée : — Attendu que le garde champêtre, constatant un délit de chasse, et ayant saisi le fusil du délinquant, était tenu de le déposer au greffe du tribunal, et, par conséquent, de le conserver ; qu'il n'a donc légalement commis aucune imprudence en résistant aux efforts du demandeur pour le reprendre ; — Que, du reste, fût-il exact que le garde champêtre eût ainsi commis une imprudence, cette circonstance ne serait pas de nature à exonérer le demandeur de la responsabilité qu'il a encourue à raison de l'homicide involontaire reconnu à sa charge ; — Rejette.

Du 29 févr. 1884.-Ch. crim.-MM. Vételay, rap.-Rousseillier, av. gén.

ner (V. Crim. rej. 7 mai 1868, cité *suprà*, n° 243 ; 26 juill. 1872, *suprà*, n° 282; 9 août 1878, *suprà*, n° 260).

En outre, nous signalerons un arrêt (Grenoble, 8 févr. 1878, aff. B..., D. P. 79. 2. 111), qui a décidé qu'un ingénieur en chef, chargé de l'entretien, de la surveillance et des travaux neufs des lignes ou parties de ligne du chemin de fer comprises dans une circonscription déterminée, est tenu de faire acte effectif de surveillance dans certains cas, par exemple, lorsqu'il a des motifs sérieux de se préoccuper de l'état de la voie sur un ouvrage d'art, et que la même obligation est imposée, à plus forte raison, au chef de section qui doit exercer sa surveillance sur un périmètre plus restreint ; d'où il suit qu'en cas d'accident survenu à un train de voyageurs par suite du défaut d'entretien de la voie, la responsabilité pénale de cet accident incombe à l'ingénieur et au chef de section qui n'ont pas surveillé d'une manière suffisante l'état de la voie.

285. Sur la question indiquée au *Rép.* n° 210 de savoir si un individu acquitté, devant une cour d'assises, d'un meurtre, d'un infanticide, peut, malgré la maxime *non bis in idem* (c. instr. cr. art. 360), être poursuivi correctionnellement pour homicide involontaire, question qui n'est plus douteuse aujourd'hui, et que la jurisprudence et la doctrine s'accordent à résoudre par l'affirmative, V. *suprà*, v° *Chose jugée*, n° 323.

286. Rappelons, pour terminer la matière de l'homicide involontaire, la question posée au *Rép.* n° 211, de savoir si le délit d'homicide involontaire admet la *complicité*. Un arrêt de rejet, brièvement motivé, a déclaré « que rien n'implique contradiction à déclarer un accusé complice par promesses, menaces, instruction, aide ou assistance, de l'imprudence ou de la négligence qui ont occasionné un homicide involontaire. » (Crim. rej. 8 sept. 1831, *Rép.* v° *Complice*, n° 90). C'est aussi l'avis que nous avons exprimé au *Rép.* n° 211, conformément à l'opinion de MM. Chauveau et Hélie, t. 4, n° 1426 (V. toutefois *Contrà :* Nypels, t. 2, p. 439. V. aussi *suprà*, v° *Complice*, n° 148).

287. Quant à la tentative de délit d'homicide involontaire, on ne conçoit guère comment elle pourrait se produire. En tout cas, elle ne serait pas punissable, puisque l'art. 319 ne la prévoit pas, et qu'aux termes de l'art. 3 c. pén. les tentatives de délits ne sont considérées comme délits que dans les cas déterminés par une disposition spéciale de la loi.

§ 2. — **Blessures et coups involontaires** (*Rép.* n°s 213 à 216).

288. Bien que l'art. 320 c. pén. ne fasse mention que du défaut d'*adresse* ou de *précaution*, on a reconnu au *Rép.* n° 213 qu'il a la même portée que l'art. 319, et qu'il embrasse, comme lui, la négligence, l'imprudence et l'inobservation des règlements. Dans ces deux dispositions légales, le délit est le même quant à la faute qui le constitue ; il ne diffère que dans son résultat matériel, et, par conséquent, dans la pénalité. Il suit de là que toutes les règles du paragraphe précédent doivent s'appliquer au cas où la faute, quelle qu'elle soit, a causé des blessures, aussi bien qu'au cas où elle a eu pour résultat un homicide involontaire (Conf. Chauveau et Hélie, t. 4, n° 1426).

La jurisprudence a fait, depuis la publication du *Répertoire*, de fréquentes applications de la doctrine qui vient d'être rappelée. En premier lieu, un arrêt a déclaré qu'il n'y a pas de délit de blessures involontaires lorsqu'aucune maladresse, imprudence, négligence, inattention ou inobservation de règlements n'est relevée à la charge de l'inculpé, garde général des forêts, qui, portant un fusil de la main droite et le tenant horizontalement, a atteint fortuitement d'un coup de feu un délinquant poursuivi par lui dans les bois confiés à sa surveillance (Grenoble, 14 févr. 1881, aff. Tallavignes, D. P. 81. 2. 164). C'est la confirmation de l'arrêt de la cour de Paris du 16 janv. 1829 (cité au *Rép.* n° 215), aux termes duquel on ne peut considérer comme coupable de blessures involontaires punissables en vertu de l'art. 320 c. pén., le propriétaire d'un chien qui, en se plaçant fortuitement entre les jambes d'un passant, lui a occasionné une chute par suite de laquelle ce dernier aurait eu la cuisse cassée.

289. Outre les arrêts cités au *Rép.* n° 214, il a été jugé qu'il y a délit de blessures par imprudence : 1° dans le fait de cavaliers qui, même sur une grande route, pour rivaliser

de vitesse ou par pur agrément, ont lancé leurs chevaux à fond de train, amené la chute d'une voiture et occasionné des blessures aux voyageurs, en effrayant les chevaux de la voiture qui se sont emportés (Crim. rej. 7 nov. 1873, aff. Turin, D. P. 74. 1. 95); — 2° Dans le fait du conducteur dont la voiture a heurté et blessé un passant, lorsqu'il n'a pas pris les précautions rendues nécessaires par une disposition des lieux qui se prêtait aux accidents de cette sorte, et notamment lorsque, la voie se trouvant en pente et couverte de neige, il a négligé d'enrayer sa voiture (Liège, 21 juin 1860, aff. Lousberg, D. P. 71. 5. 405); — 3° A la charge du propriétaire d'un chien qui a mordu, dans la maison de son maître, une personne du dehors qui y avait été appelée par celui-ci, lorsque le propriétaire, connaissant les instincts féroces de cet animal, a eu le tort de ne pas l'attacher (Metz, 26 août 1868, aff. Charbonneaux, D. P. 69. 2. 10) ; — 4° A la charge du propriétaire d'un cheval qui, connaissant la vivacité ou le vice de cet animal, en a imprudemment confié la conduite à un tiers, a été ainsi rendu pénalement responsable des blessures que le cheval a causées pendant qu'il était sous la direction de ce tiers (Bordeaux, 28 janv. 1841, *Rép.* v° *Responsabilité*, n° 715-2°) ; — 5° A la charge du pharmacien qui a livré du sulfate de zinc au lieu de sulfate de magnésie qui lui avait été demandé (Crim. rej. 23 août 1860, aff. Raspail, D. P. 60. 1. 419); — 6° A la charge du conducteur d'une voiture qui abandonne la conduite de ses chevaux pour s'enfermer dans une voiture avec une femme, laquelle, pour échapper à ses propositions déshonnêtes, a sauté de la voiture et s'est blessée dans sa chute (Toulouse, 8 nov. 1871, aff. D..., D. P. 73. 2. 145).

290. Il est un genre particulier d'*imprudence* assez souvent reproché dans la pratique judiciaire à certains industriels ; c'est celle qui consiste à négliger de recouvrir, dans les ateliers, les parties dangereuses et pièces saillantes mobiles des machines, au moyen de couvre-engrenages, garde-main ou autres organes protecteurs. Les accidents causés par ce défaut de précautions donnent lieu à de fréquents procès en responsabilité civile et aussi à des poursuites correctionnelles par application des art. 319 et 320, et la responsabilité des industriels négligents ne peut guère être contestée en principe à ce double point de vue, soit qu'on la fasse découler du *défaut de précautions* (art. 320), soit de l'*imprudence*, *de la négligence*, ou de l'*inobservation des règlements* (art. 319). Un seul arrêt de la cour suprême paraît cependant avoir été rendu en cette matière. Il a cassé un arrêt de la cour d'Aix qui avait écarté la poursuite intentée contre un patron dont l'apprenti, âgé de moins de seize ans, avait été blessé par un arbre de transmission qui fonctionnait à découvert dans une imprimerie, au mépris des dispositions de l'art 14, § 3, de la loi du 19 mai 1874 sur le travail des enfants dans les manufactures, et de l'art. 2 du décret réglementaire du 13 mai 1875, rendu en exécution de cette loi (Crim. rej. 22 févr. 1883, aff. Olive, D. P. 83. 1. 487). Cet arrêt a, de plus, jugé, que l'imprudence de la victime ne fait point disparaître la responsabilité pénale du patron imprudent, alors surtout qu'il s'agit d'enfants que la loi a entendu protéger contre leurs propres imprudences en prescrivant l'adoption de dispositions matérielles de nature à écarter d'eux, dans la limite des prévisions possibles, toute cause de danger (Comp. *infrà*, n° 294).

291. Parmi les décisions qui ont eu à statuer sur les blessures involontaires causées par négligence, nous mentionnerons d'abord l'arrêt du 16 juin 1864, déjà cité *suprà*, n° 278, aux termes duquel le maître couvreur qui, ayant négligé de procurer à son ouvrier une échelle convenable pour l'exécution d'un travail par lui commandé, lui a laissé faire usage d'un échafaudage qu'il savait être défectueux, est pénalement responsable des blessures que la chute de l'échafaudage a occasionnées à l'ouvrier. — Un autre arrêt a décidé que l'entrepreneur des travaux de construction d'un édifice et le surveillant peuvent être pénalement responsables des blessures causées à un de leurs ouvriers par la fausse manœuvre des autres ouvriers, qui ont enlevé les étrésillons servant d'appui à la charpente sans prendre les précautions que rendait nécessaires le peu de solidité de l'édifice et la déliquescence du sol détrempé dans l'eau, alors qu'à raison de la nature particulière du travail à effectuer, l'entrepreneur aurait dû donner des instructions spécia-

les, et le chef des travaux surveiller l'opération (Crim. rej. 6 mars 1879, aff. Tétard, D. P. 80. 1. 43). — Enfin un arrêt de la cour d'Alger du 24 janv. 1879 (1) a décidé qu'il y a délit de blessures par négligence à la charge du propriétaire d'un chien d'un naturel dangereux, lorsque ce chien laissé en liberté dans un jardin attenant à une maison d'habitation a fait une blessure à une personne qui se rendait dans cette maison; peu importe que le jardin dont il s'agit fût clos, alors d'ailleurs que, pour parvenir à la maison, le visiteur devait nécessairement traverser le jardin, et était infailliblement exposé aux attaques du chien, si celui-ci n'était pas attaché.

292. En ce qui concerne *l'inobservation des règlements*, il y a lieu de rappeler l'arrêt Olive du 22 févr. 1883, cité *suprà*, n° 290, et l'arrêt Seguela (Crim. rej. 24 janv. 1870, D. P. 70. 1. 312) qui a décidé que le propriétaire d'un terrain non clos qui a négligé d'entourer, conformément aux prescriptions d'un règlement de police, un puits existant dans cette propriété, est responsable pénalement de l'accident survenu à une personne qui est tombée dans ce puits en traversant ledit terrain.

Le même arrêt Olive précité, du 22 févr. 1883, a aussi reconnu que l'inobservation des règlements est, indépendamment de toute intention, constitutive du délit de blessures involontaires. Cela ne saurait faire de doute, en présence du mot *involontaire*, qui se trouve tant dans l'intitulé de la section dont dépendent les art. 319 et 320, que dans le premier de ces articles.

293. En ce qui concerne les blessures involontaires faites par les *médecins*, V. *suprà*, n°s 246 et suiv.; par les *pharmaciens*, *suprà*, n°s 251 et suiv.; par les *sages-femmes*, *suprà*, n° 249. — Quant aux blessures involontaires résultant d'accidents de *chemins de fer*, V. *suprà*, n° 284.

294. La doctrine suivant laquelle, l'imprudence de la victime ne supprime pas la responsabilité pénale de l'auteur reconnu de l'homicide involontaire s'applique, sans difficulté, et par égalité de motifs, aux cas de *blessures involontaires*. Elle a été spécialement consacrée, en cette matière, par trois des arrêts qui viennent d'être cités dans le précédent paragraphe (Crim. rej. 16 juin 1864, aff. Couvé,

D. P. 65. 1. 198; 24 janv. 1870, aff. Seguela, D. P. 70. 1. 312; 22 févr. 1883, aff. Olive, D. P. 83. 1. 487).

295. La lésion *interne* constitue-t-elle une blessure dans le sens de l'art. 320 et rend-elle celui à qui elle est imputable passible des peines portées par cet article? L'affirmative a été admise par un arrêt de la cour de Paris, du 20 août 1841, cité au *Rép.* n° 214. Cette interprétation très large des textes a été, en quelque sorte, commandée par les nécessités de la justice pratique, et la doctrine n'a pas hésité à l'adopter (Chauveau et Hélie, t. 4, n° 1426, p. 138; Blanche, t. 5; n° 25). Mais il faut convenir qu'elle est singulièrement extensive, et que, suivant le sens naturel des mots, une lésion interne et surtout une *maladie* n'est pas une blessure. Suivant nous, le code de 1810 présente, à cet égard, une lacune qui n'existerait pas si notre législateur s'était servi comme le code belge (art. 418), le code néerlandais (art. 308) et le code allemand (art. 230) de l'expression plus générale et plus compréhensive de *lésion* involontaire. Quoi qu'il en soit, la jurisprudence de la cour de Paris a été récemment adoptée par un jugement du tribunal de la Seine aux termes duquel les parents qui, sachant leur enfant atteint d'une affection syphilitique contagieuse, l'ont confié à une nourrice à laquelle l'enfant a communiqué cette maladie encourent l'application des art. 319 et 320 c. pén. (Trib. corr. Seine, 27 juill. 1888) (1).

296. A un point de vue plus général — et pour achever la matière de l'homicide et des blessures involontaires, — nous signalerons comme préférable à la rédaction de notre code celle de l'art. 448 du code belge précité : « Est coupable d'homicide ou de lésion involontaire celui qui a causé le mal par défaut de prévoyance ou de précaution, mais sans intention d'attenter à la personne d'autrui ». La faute punissable nous paraît très bien caractérisée par ces deux formules : *défaut de prévoyance* ou *défaut de précaution*, lesquelles ont d'ailleurs une acception plus étendue que celle de notre art. 319 (V. à ce sujet : Nypels, *Le code pénal belge interprété*, t. 2, commentaire de l'art. 418, p. 434 et suiv.; Haus, *Principes du droit pénal belge*, t. 1, n°s 321 et suiv.).

---

(1) (Olivier.) — La cour ; — Attendu que le 16 juill. 1878, vers sept heures et demie du soir, le sieur Daube, huissier à Alger, s'est présenté chez le prévenu Olivier, propriétaire dans la banlieue d'Hussein-Dey, afin de lui signifier un acte de son ministère ; — Attendu que cet officier ministériel, ayant été mordu par un chien de garde appartenant à Olivier, a assigné ce dernier devant le tribunal correctionnel d'Alger, en réparation du préjudice que par son imprudence ou par sa négligence il lui avait causé ; — Attendu que ledit tribunal a relaxé Olivier, et que, dans les délais légaux, M. le procureur général a relevé appel de cette décision ; — Attendu que la maison d'habitation du prévenu est attenante à un jardin entièrement clos ; que, pour parvenir à la maison, le visiteur doit pénétrer dans le jardin, ouvrir une porte donnant sur la route de Kouba, porte qui n'est fermée qu'à l'aide d'un simple loquet et à laquelle est adaptée une sonnette dépourvue de cordon, qui, mise en mouvement par le seul fait de l'ouverture du battant de ladite porte, avertit les habitants de la maison de l'entrée d'un étranger ; — Attendu qu'Olivier possède un chien de garde tenu à l'attache pendant le jour et mis en liberté sitôt que la nuit est venue, conformément d'ailleurs à l'usage qu'un besoin de sécurité a fait généralement adopter ; — Attendu que du fait, ainsi précisé par le prévenu lui-même, il résulte que toute personne désirant le voir doit pénétrer dans le jardin, suivre une avenue de 60 mètres environ de longueur, et qu'elle est exposée aux attaques du chien, si celui-ci n'est pas attaché ; — Attendu que c'est de la sorte que l'huissier Daube a été assailli et mordu ; que cet accident, qui a eu pour conséquence une blessure qui n'était cicatrisée que le trente-quatrième jour, n'aurait pas eu lieu si le jardin avait été fermé à clef dès le moment que le chien n'était plus enchaîné ; que cette précaution était d'autant plus nécessaire que cet animal est d'un naturel très dangereux, ainsi que le prouvent les efforts vainement tentés par Olivier pour préserver son visiteur ; — Attendu qu'aux termes de la loi pénale, le fait d'une blessure involontaire n'est punissable que s'il a été causé par maladresse, imprudence, inattention, négligence ou inobservation des règlements; — Attendu que ces faits sont simplement énoncés ; que le législateur ne les a pas définis, et que la recherche de leur existence est abandonnée à la sagesse des tribunaux ; — Attendu que dans la cause un reproche de négligence est le seul qui puisse être élevé contre Olivier; que la négligence consiste dans l'omission d'une précaution d'autant plus indispensable dans l'espèce

qu'il était facile de prévoir que toute personne se rendant au domicile du prévenu était infailliblement exposée aux agressions du chien de garde laissé en liberté ; — Attendu, dès lors, que le prévenu a commis une faute que prévoient et répriment les art. combinés 319 et 320 c. pén. ;

Par ces motifs, déclare, etc.

Du 24 janv. 1879.-C. d'Alger, ch. corr.-MM. Carrère, pr.-Fau, av. gén.-Castelli, av.

(1) (M... C. B...). — Le tribunal ; — Attendu que le 13 juin 1885, la femme M... a reçu des époux B... un enfant pour l'allaiter, et que l'allaitement a eu lieu jusqu'au milieu du mois de juillet suivant, époque de la mort de l'enfant ; — Attendu qu'il résulte de l'instruction et des débats que l'enfant est mort atteint d'affection syphilitique, et que cette maladie a été communiquée par l'enfant à sa nourrice, dont l'état était sain et exempt de l'affection susdite au 13 juin 1885 ; que, depuis, la jeune fille de la femme M... a contracté cette maladie au contact de sa mère; — Attendu qu'au commencement de l'année 1884, les époux B... avaient déjà perdu un premier enfant des suites d'une syphilis qu'il avait aussi communiqué à sa nourrice, la femme L... habitant le département d'Eure-et-Loire, et qu'il ressort des circonstances de la cause et du témoignage de la femme L..., que les prévenus furent complètement édifiés sur la maladie, de nature complètement syphilitique, de ce premier enfant ; — Attendu que cette connaissance et l'état maladif de l'enfant qu'ils ont confié à la dame M... leur prescrivaient de le renseigner sur la maladie de cet enfant, avant d'exposer sa nourrice à un contact dangereux, et qu'en ne le faisant pas ils ont commis une imprudence grave; — Attendu, en droit, que les art. 319 et 320 c. pén., en visant les coups et blessures, ont entendu prévoir et punir les faits qui, par une analogie parfaite avec les coups et blessures, et comme dans l'espèce atteint matériellement les personnes, et ont, par cette atteinte, troublé gravement leur santé, et mis leur vie en danger ; — Attendu que le fait des époux B... a causé à la femme M... et à son enfant un préjudice dont il leur est dû réparation, et que le tribunal est à même d'apprécier l'importance de ce préjudice;

Par ces motifs, — Vu les art. 319 et 320 c. pén. ; — Condamne, etc.

Du 27 juill. 1888.-Trib. corr. de la Seine, 9e ch.-MM. Grehen, pr.-Cabat, subst.-Coulet et Lagasse, av.

297. Il y a lieu de signaler encore, dans les codes étrangers, les dispositions qui aggravent, avec raison, semble-t-il, la peine, « lorsque le coupable était, à raison de ses fonctions, de sa profession ou de son métier, tenu d'observer une attention toute particulière qu'il a négligée » (code allemand, art. 230, § 2. Anal. code néerlandais, art. 309, et code hongrois, art. 291). — Ce dernier code va jusqu'à autoriser, dans ce cas, le tribunal « à interdire au coupable pour toujours ou pour un temps déterminé, suivant son appréciation, l'exercice de sa profession ou de son industrie, et à faire dépendre l'autorisation de les exercer de nouveau d'un nouvel examen ou de quelque autre justification établissant qu'il a acquis la capacité nécessaire » (art. 291, § 2).

298. La loi du 23 déc. 1874 relative à la protection des enfants du premier âge (D. P. 75. 4. 79) punit d'un emprisonnement de simple police, c'est-à-dire d'un emprisonnement de un à cinq jours, toute contravention ou négligence de la part de la nourrice ou de la gardeuse, d'où sera résulté « un dommage pour la santé d'un ou plusieurs enfants » (art. 11, § 4). Il est manifeste que, pour le cas de dommage causé par des blessures ou coups involontaires qui sortiraient des limites d'un simple dommage à la santé, l'art. 320 c. pén. serait applicable malgré le silence de la loi spéciale, le délit prévu par cet article ne pouvant évidemment dégénérer en contravention de simple police, parce que la victime est un enfant de moins de deux ans.

CHAP. 14. — Crimes et délits excusables ou non
(c. pén. 321 à 326).

299. V. *infrà*, v° *Peine*; — *Rép.* eod. v°, n°s 461 et suiv.

CHAP. 15. — Homicides, blessures et coups non qualifiés crimes ni délits *(homicide légal, homicide légitime)* (*Rép.* n°s 217 à 239).

300. On a signalé (*Rép.* n° 217), les différences considérables existant entre les circonstances qui rendent les homicides, coups et blessures *excusables* et celles qui les *justifient*. Ces différences consistent : 1° en ce que les causes de justification effacent complètement l'imputabilité, tandis que l'excuse ne fait qu'atténuer et motive une simple diminution de peine ; 2° en ce que les faits justificatifs constituent des exceptions *péremptoires* de nature à mettre obstacle même à l'exercice de l'action publique et à motiver, dès lors, une ordonnance ou un arrêt de non-lieu, tandis qu'une simple excuse légale ne peut être appréciée et rejetée que par le juge de répression, sur les poursuites portées devant lui. — Les juridictions d'instruction (juge d'instruction et chambre d'accusation) sont donc, ainsi qu'on l'a dit au *Rép.* n°s 221 et 239, compétentes pour apprécier et admettre ces exceptions péremptoires. C'est même un devoir pour elles de faire cette appréciation. On trouvera *infrà*, n° 316, l'indication de plusieurs arrêts qui ont consacré cette obligation en matière de légitime défense. La question ne paraît pas s'être posée en justice pour les homicides par ordre de la loi ; mais la compétence des juridictions d'instruction est évidemment la même pour cette seconde cause de justification.

301. Si l'exception péremptoire du fait justificatif vient à être proposée par un accusé devant la cour d'assises, est-il besoin que la cause de justification invoquée soit l'objet d'une question séparée au jury ? La négative est certaine, par le motif que la question générale de culpabilité embrasse nécessairement toutes les causes de justification. C'est ce qui a été jugé plusieurs fois par la cour de cassation pour l'exception de légitime défense, « qui se lie au fait principal de la culpabilité ou de l'innocence de l'accusé, et qui implique contradiction avec le crime » (Crim. rej. 30 mai 1822, 19 mars 1835, 14 janv. 1841, *Rép.* v° *Instruction criminelle*, n° 2562 ; 12 sept. 1850, aff. Sabatier, D. P. 50. 5. 116 ; 25 mars 1886) (1). Conf. Nouguier, *Cour d'assises*, t. 4, 1er vol.,

n° 2820 ; Faustin Hélie, *Traité de l'instruction criminelle*, t. 8, n° 3642 ; Garraud, t. 4, n° 238). — Il en serait de même, suivant nous, si la cause de justification invoquée était non la légitime défense, mais l'ordre de la loi, car cet ordre exclut toute criminalité aussi bien que la légitime défense. Il n'y aurait donc pas lieu non plus, dans cette hypothèse, de poser une question spéciale au jury.

302. Les deux causes de justification des art. 327, 328 et 329 c. pén. sont essentiellement *objectives*, inhérentes au fait. Ayant pour effet d'effacer la criminalité de l'acte et de le rendre légitime, agissant *in rem*, elles se communiquent à toutes les personnes qui y ont pris une part quelconque, car on ne peut concevoir une participation criminelle à un fait justifié par la loi (Haus, *Principes du droit pénal belge*, t. 1, n° 602 ; Garraud, t. 1, n° 238). En conséquence, tous les participants, complices et coauteurs, peuvent invoquer ces circonstances justificatives. On sait que les causes *subjectives* de non-culpabilité, comme la démence, le non-discernement, ne peuvent, au contraire, être invoquées que par celui des codélinquants dans la personne duquel elles se sont rencontrées ; ce sont des circonstances qui agissent *in personam*, pour détruire, non la criminalité du fait, mais la culpabilité de l'agent (Garraud, *loc. cit.*). V. *supra*, v° *Complice*, n°s 17 et suiv.).

303. Les violences accomplies en exécution d'un ordre de la loi et de l'autorité, ou dans le cas de légitime défense, peuvent-elles engager la responsabilité civile de leur auteur ? La négative est incontestable pour le cas d'ordre de la loi, car il ne peut y avoir de faute à remplir un devoir commandé par la loi et prescrit par l'autorité. C'est ce que déclarait en termes exprès le code pénal de 1791 ; dont la disposition à cet égard a été rappelée au *Rép.* n° 217. À la vérité, cette disposition légale n'a pas été reproduite dans le code de 1810, mais la règle qu'elle consacre est encore certaine aujourd'hui. Toutefois nous sommes disposés à croire que si l'agent excédait les limites de ses devoirs et les exigences de la nécessité, il pourrait être déclaré civilement responsable à raison de cet excès, car il serait alors en faute et responsable dans les termes de l'art. 1382 c. civ. — La question posée sera traitée *infrà*, n°s 338 et suiv., en ce qui concerne la légitime défense.

304. — I. HOMICIDE LÉGAL ; ORDRE DE LA LOI ET COMMANDEMENT DE L'AUTORITÉ LÉGITIME. — À l'égard de la cause de justification prévue par l'art. 327 c. pén. la jurisprudence nouvelle n'offre que deux arrêts relatifs à deux points spéciaux et qui sont analysés plus loin. En doctrine, il est aujourd'hui universellement admis, conformément à ce qui était déjà enseigné au *Rép.* n° 217, que l'homicide et les blessures ne sont justifiés que quand ils ont été à la fois ordonnés par la loi *et* commandés par l'autorité ; l'ordre de la loi ne saurait suffire à lui seul, encore moins le seul commandement de l'autorité (Chauveau et Hélie, t. 4, n° 1474 ; Blanche, t. 5, n° 64 ; Le Sellyer, t. 1, n° 134 ; Garraud, t. 1, n° 249).

305. Si l'une ou l'autre de ces conditions, ordre de la loi ou commandement de l'autorité, fait défaut, il y a crime ou délit. — Ainsi d'une part, les militaires qui, en cas d'émeute, d'attroupements hostiles ou d'atteintes graves portées à la paix publique, recourent, sans ordre de leur chef, à l'emploi de la force, ou les chefs militaires qui, dans ces mêmes circonstances, ordonnent des actes de violence, sans réquisition de l'autorité civile, ou sans les sommations préalables prescrites par la loi, commettent des crimes ou des délits, à moins, bien entendu, que ces actes ne soient commandés par la nécessité actuelle de la défense des personnes ou des propriétés (Haus, t. 1, n° 606). — D'autre part, l'homicide ou les blessures ne perdent point leur caractère criminel ou délictueux, parce qu'ils sont commandés par l'autorité, s'ils ne sont pas ordonnés ou du moins autorisés par la loi ; « car un ordre illégal ne peut détruire la criminalité du fait par lequel il a été exécuté » (Haus, *loc. cit.*).

---

(1) (Jean Stoffel et autres.) — LA COUR ; — En ce qui concerne la légitime défense, — Attendu que celle qui constitue, aux termes de l'art. 328 c. pén. un moyen de justification péremptoire excluant la criminalité de tout acte de violence, qu'une réponse distincte n'était point nécessaire, puisqu'elle se trouvait implicitement résolue par la déclaration relative à la culpabilité des deman-

deurs qui, en portant volontairement des coups en faisant des blessures aux frères Jonannel, avaient, dit l'arrêt, commis le délit prévu et puni par l'art. 311 c. pén. ;

Par ces motifs, rejette.

Du 25 mars 1886.-Ch. crim.-MM. Hérisson, rap.-Loubers, av. gén.

Il est d'ailleurs évident que l'ordre de la loi produit son effet justificatif, alors même que la loi serait inique, car si la raison peut signaler dans l'exécution d'une loi inique un démérite moral, digne quelquefois de châtiment aux yeux de la justice absolue, elle refuse, dans tous les cas, d'admettre que la loi sociale puisse frapper elle-même l'acte qu'elle a elle-même ordonné (Ortolan, t. 1, n° 467).

306. Le principe en vertu duquel le fait, bien qu'il soit ordonné par la loi, constitue une infraction, s'il n'est pas commandé par l'autorité, admet des exceptions. Quelquefois la loi ordonne certains actes, incriminés dans d'autres circonstances, sans qu'il soit besoin pour les justifier, d'un commandement de l'autorité compétente. Ainsi tout dépositaire de la force publique, et même toute personne est tenue de saisir l'inculpé surpris en flagrant délit et de le conduire devant le procureur de la République, sans qu'il soit besoin de mandat d'amener (c. instr. cr. art. 106). De même, les agents chargés de mettre à exécution un jugement ou un mandat de justice ont le droit et même le devoir d'employer la force, pour assurer l'exécution du mandat ou du jugement. Les violences qu'ils exercent dans ce but, lorsque la nécessité les commande, sont pleinement justifiées, quoiqu'elles n'aient pas été spécialement ordonnées par l'autorité. C'est ainsi qu'aux termes de l'art. 297 du décret du 1er mars 1854 sur l'organisation et le service de la gendarmerie (D. P. 54. 4. 41), « les sous-officiers, brigadiers et gendarmes peuvent, en l'absence de l'autorité judiciaire et administrative, déployer la force de leurs armes dans les deux cas suivants : le premier, si des violences ou voies de fait sont exercées contre eux ; le second, s'ils ne peuvent défendre autrement le terrain qu'ils occupent, les postes ou les personnes qui leur sont confiés, ou enfin si la résistance est telle qu'elle ne puisse être vaincue autrement que par la force des armes ». — Ajoutons que lorsqu'une de ces deux circonstances se réalise, elle constitue évidemment le *motif légitime* prévu par l'art. 186 c. pén. qui enlève tout caractère pénal aux actes de violences des agents de la force publique. Spécialement, la cour de cassation a jugé qu'après avoir constaté que des voies de fait ayant été exercées contre deux gendarmes, l'un d'eux a tiré un coup de révolver qui a occasionné la mort de l'un des assaillants, un arrêt avait pu déclarer que ces agents de la force publique étaient à l'abri de toute responsabilité pénale, en se fondant sur l'art. 297 du décret précité, qui autorise, en certains cas, les gendarmes à recourir à la force des armes (Crim. rej. 1er août 1878, aff. Patricot, D. P. 79. 1. 390). — C'est aux juges du fait à apprécier souverainement les circonstances desquelles il résulte que l'emploi de la violence a un motif légitime (Blanche, 3e Etude, n° 464 ; Chauveau et Hélie, t. 3, n° 883).

307. C'est au mot *Peine*, *Rép.* n° 417, qu'on trouvera examinée et résolue la question, indiquée au *Rép.* n° 219, de savoir jusqu'à quel point la contrainte morale résultant du devoir de *l'obéissance hiérarchique* peut justifier les subordonnés qui exécutent des ordres illégaux de leurs supérieurs. Il suffira de rappeler ici que les art. 114 et 190 c. pén. reconnaissent *une excuse absolutoire* et non *une cause de justification*, au profit des fonctionnaires qui ont agi dans les cas prévus par ces articles, par l'ordre de leurs supérieurs hiérarchiques. Il s'agit, dans ces dispositions légales, « d'actes arbitraires ou attentatoires soit à la liberté individuelle, soit aux droits civiques d'un ou plusieurs citoyens, soit à la constitution ». Nul doute que si, au nombre de ces actes, se trouvaient des homicides ou des coups, leurs auteurs pourraient, en prouvant qu'ils ont reçu un ordre du supérieur hiérarchique auquel ils devaient obéissance, bénéficier de l'excuse légale.

308. Au reste, en dehors des faits prévus par les art. 114 et 190 c. pén., il est certain que les fonctionnaires publics ne peuvent être admis à invoquer comme *excuse* les ordres de leur supérieur, puisque, d'après l'art. 64 du même code, nul crime ou délit ne peut être *excusé* que dans le cas où la loi déclare le fait excusable. Il suit de là que l'homicide et les blessures commandés par le supérieur hiérarchique, sauf le cas des articles précités, ne pourront jamais être *excusés*, au sens légal du mot. Il est certain aussi que l'ordre du chef ne sera pas, pour le subordonné, une cause de *justification*, car aucun texte législatif ne lui reconnaît cette puissance, mais il pourra être une cause de non-culpabilité,

quand il aura conduit l'agent à la croyance raisonnée qu'il ne commettait pas de délit. C'est ce qu'un arrêt a décidé, à propos d'une arrestation illégale exécutée par un caporal de la garde nationale sur l'ordre du sergent, chef de poste (Bourges, 30 déc. 1870, aff. Bigot, D. P. 71. 2. 226).

309. Mais si, malgré l'ordre reçu, le subordonné a eu conscience qu'il servait d'instrument à un délit, il semble impossible de ne pas l'en déclarer responsable, sauf à admettre en sa faveur des circonstances atténuantes. Au reste, il est certain que la présomption de légitimité accompagne l'ordre du supérieur, et que cette présomption doit d'autant plus être favorable à l'inférieur, que le devoir de l'obéissance lui est plus rigoureusement imposé, comme par exemple aux militaires (Chauveau et Hélie, t. 1, n°s 377 et suiv. ; Garraud, t. 1, n° 250 ; Ortolan, t. 1, n°s 471 et suiv. ; Trébutien, t. 1, n° 542 ; Le Sellyer, *Traité de la criminalité*, t. 1, n° 136 ; Rossi, *Traité de droit pénal*, t. 2, p. 130 ; Morin, *Répertoire*, v° *Obéissance légitime*, n° 3 ; Bertauld, 16e leçon, p. 361 ; Carrara, *Programme du cours de droit criminel, partie générale*, § 316, note). — Nous signalerons, à ce point de vue, une intéressante disposition du code pénal des Pays-Bas de 1881. L'art. 43 de ce code s'exprime ainsi : « N'est pas punissable celui qui commet un fait en exécution d'un ordre officiel donné par l'autorité compétente. Un ordre officiel donné par une autorité incompétente ne supprime pas la criminalité, à moins que le subordonné n'ait de bonne foi considéré cet ordre comme étant donné par une autorité compétente, et que l'accomplissement de cet ordre ne rentrât dans ses devoirs de subordination. »

310. Pour que la violence accomplie par un agent de l'autorité, en exécution de l'ordre de la loi ou du commandement de l'autorité, soit légitime et justifiée, il faut évidemment que l'agent ait observé dans cet accomplissement les formalités prescrites par la loi ; car ce qui le justifie, c'est la légitimité du motif, qui est au fond l'accomplissement de la mission qu'il a reçue de la loi. Il faut, de plus, que l'acte ait été commis dans l'exercice des fonctions, puisque ce n'est que la nécessité de cet exercice qui a pu motiver les violences (Chauveau et Hélie, t. 1, n° 1473).

Il faut encore que, même dans l'exercice des fonctions et en observant les formalités requises, l'agent n'ait pas excédé les limites de ses devoirs, et les exigences de la nécessité ; car s'il a outrepassé en quelque manière que ce soit les limites dans lesquelles il devait agir, « il est responsable à raison de cet excès ; la légitimité du motif ne couvre pas cette portion de l'acte, l'agent est passible d'une peine à raison du délit qu'elle peut former » (Chauveau et Hélie, *loc. cit.*).

311. Si l'homicide ou les blessures et coups sont entachés d'illégalité, en ce qu'ils ont eu lieu de la part d'un agent de l'autorité en dehors des cas prévus par la loi, ou sans commandement de l'autorité légitime, ou sans l'accomplissement des formalités requises, ou encore s'il y a eu excès comme on l'a dit *suprà*, n° 310, l'agent tombera sous l'application de l'art. 186 c. pén. concernant tout fonctionnaire ou officier public, administrateur, agent ou préposé du Gouvernement ou de la police, exécuteur des mandats de justice ou jugements, commandant en chef ou en sous-ordre de la force publique, qui aura « sans *motifs légitimes*, usé ou fait user de *violences* envers les personnes, dans l'exercice ou à l'occasion de l'exercice de ses fonctions ». En conséquence, les peines alors encourues seront réglées conformément aux dispositions de l'art. 198 c. pén., qui leur fait subir une certaine aggravation, à raison du caractère public du coupable (Chauveau et Hélie, t. 3, n° 883).

312. L'homicide ordonné par la loi et commandé par l'autorité légitime étant pleinement justifié, il est évident qu'il cesse d'être criminel quoiqu'il ait été prémédité. Il est manifeste aussi que cet homicide est affranchi de toute peine, quelle que soit la qualité de la personne homicidée (ascendant ou époux de l'auteur de l'homicide). Cette qualité est également indifférente quand il s'agit de coups ou blessures couverts par l'exception péremptoire de légalité écrite dans l'article précité. Aux deux points de vue que l'on vient d'indiquer, l'hypothèse prévue par l'art. 327 diffère profondément du cas d'excuse ; l'homicide, en effet, ne peut être excusable que s'il a été commis sans préméditation ; en

outre, il ne l'est jamais en cas de parricide ni en cas de meurtre entre époux, sauf l'exception relative au cas de flagrant délit d'adultère de la femme dans la maison conjugale (V. infrà, v° Peine).

313. Encore bien que le texte de l'art. 327 ne s'occupe que de l'homicide et des coups et blessures, il est certain que le principe dont cet article fait l'application doit être généralisé. Sont légitimes les arrestations, détentions des prévenus, des accusés et des condamnés commandées par les magistrats compétents, les violations de domicile, dans les cas prévus par la loi, par les autorités ou les agents qui en ont reçu le pouvoir, les saisies et démolitions ordonnées par la justice, et généralement tous les faits commandés par l'autorité en vertu de la loi, quel que soit le préjudice qu'ils portent aux personnes qui en sont l'objet. Il est évident, en effet, que celui qui obéit à l'autorité commandant au nom de la loi, est justifié quel que soit l'acte qui lui a été commandé (Garraud, t. 1, n° 249 ; Villey, p. 82 ; Ortolan, t. 1, n° 483 ; Haus, t. 1, n° 605). C'est donc avec raison que le législateur belge de 1867, pour lever tout doute à cet égard, a dit en termes généraux, dans l'art. 70 du nouveau code pénal : « Il n'y a pas d'infraction, lorsque le fait était ordonné par la loi et commandé par l'autorité ». De même le code pénal des Pays-Bas de 1881 porte, art. 42 : « N'est pas punissable celui qui commet un fait en exécution d'une disposition de la loi ».

314. — II. Homicide légitime ; Légitime défense. — Sur la légitime défense de soi-même et d'autrui, qui est la seconde cause de justification de l'homicide et des blessures, nous signalerons comme pouvant être utilement consultés les ouvrages ci-après : Chauveau et Hélie, Théorie du code pénal, t. 4, n°s 1478 et suiv. ; Blanche, Études pratiques sur le code pénal, t. 5, n°s 66 et suiv. ; Bertauld, Cours de code pénal, 16° leçon, p. 362 et suiv. ; Garraud, Traité théorique et pratique de droit pénal français, t. 1, n°s 241 et suiv. ; Faustin Hélie, Pratique criminelle, t 2, n°s 572 et suiv. ; Trébutien, Cours de droit criminel, t. 1, n°s 550 et suiv. ; Villey, Précis de droit criminel, 3° éd., p. 83 et suiv. ; Ortolan, Éléments de droit pénal, t. 1, n°s 417 et suiv. ; Morin, Rép. v° Défense légitime ; Le Sellyer, Traité de la criminalité, t. 1, n°s 141 et suiv. ; Boitard, Leçons de droit criminel, 12° éd., n° 366 ; Carrara, Programme, traduction Baret, Partie générale, § 288 et suiv. ; Nypels, Le code pénal belge interprété, t. 2, p. 400 et suiv. ; Haus, Principes du droit pénal belge, t. 1, n°s 616 et suiv.

315. On a dit au Rép. n° 221 qu'il ne faut pas confondre la légitime défense qui est une cause de justification, excluant complètement la criminalité de l'acte, avec l'excuse de provocation (V. infrà, v° Peine). Pour marquer avec plus de précision la différence qui sépare ces deux situations juridiques, nous ajouterons que ce qui caractérise la défense légitime, c'est que les faits qu'elle justifie sont commandés par la nécessité de la défense personnelle, et inspirés par le

sentiment de la conservation, tandis que l'homme provoqué par des violences et qui y répond par l'homicide ou des coups et blessures, est excusé parce qu'il est réputé avoir agi sous l'impulsion d'un mouvement irréfléchi de colère ou de passion déterminé par les violences. D'un côté il y a nécessité de défense, de l'autre satisfaction d'un sentiment que la personne provoquée devrait dominer, mais qu'elle est excusable de n'avoir su maîtriser sur-le-champ. C'est pourquoi l'homme qui frappe en état de légitime défense ne commet ni crime, ni délit (c. pén. art. 328), tandis que celui qui est provoqué voit seulement diminuer sa peine. Au fond, ce qui fait la différence, c'est le péril encouru et sa gravité.

316. Nous avons déjà dit supra, n° 300, que la légitime défense étant une cause de justification, et non une excuse, peut être reconnue par les juridictions d'instruction (juges d'instruction et chambres d'accusation), et non pas seulement par les juges de répression. C'est ainsi que la cour de cassation a jugé plusieurs fois que les chambres d'accusation « ont le droit, et que même il est de leur devoir d'apprécier les circonstances qui peuvent caractériser l'état de légitime défense, puisque cet état exclut tout crime et délit, et par conséquent toute poursuite » (Crim. cass. 27 mars 1818 et 8 janv. 1819, Rép. v° Instruction criminelle, n° 1062 ; Crim. rej. 11 juill. 1844, Rép. v° Crimes et délits contre les personnes, n° 236 ; 9 avr. 1857 (1). Conf. Mangin, Traité de l'instruction écrite, t. 2, n° 16 ; Merlin, Questions de droit, v° Accusation, § 4 ; Morin, Répertoire, v° Défense légitime, n° 14 ; Faustin-Hélie, Traité de l'instruction criminelle, t. 5, n° 2070 ; Le Sellyer, Traité de la criminalité, t. 1, n° 166).

Spécialement il a été jugé, par l'arrêt précité du 9 avr. 1857, que la chambre des mises en accusation est compétente pour apprécier si une blessure qui a occasionné la mort a été faite par le prévenu dans le cas de légitime défense, et qu'elle peut, dès lors, décider souverainement, et sans qu'il y ait ouverture à cassation, que le prévenu injurié, menacé et attaqué, ainsi que sa femme, la nuit, sur une grande route, était en état de légitime défense lorsqu'il a repoussé l'auteur de cette agression par un coup qui a déterminé la mort de celui-ci.

317. La compétence des chambres d'accusation pour apprécier l'exception de légitime défense a encore été consacrée par trois autres arrêts de la cour de cassation. Ces arrêts, il est vrai, n'ont pas eu à la juger formellement dans la question, mais ils la supposent résolue dans le sens ci-dessus indiqué. Le premier (Crim. cass. 15 sept. 1864, aff. Antonioli, D. P. 65. 1. 200) a cassé un arrêt de la cour d'Alger qui avait refusé de mettre en accusation un individu poursuivi pour meurtre par le motif que celui-ci, mis illégalement en arrestation par un officier, s'était trouvé en droit, pour y résister, d'attenter à la vie de cet officier en lui tirant un coup de pistolet. La cour régulatrice, considérant que s'il n'appartient pas à la cour de cassation de reviser les faits déclarés constants par les arrêts de chambres des mises en

(1) (Flotté.) — Le 24 mars 1857, arrêt de la chambre des mises en accusation de la cour d'Angers, ainsi conçu : — « Considérant que de l'instruction et des documents de police il résulte que, le 6 mars 1857, vers les six heures et demie du soir, sur le chemin vicinal entre... et le bourg..., Joseph Flotté, accompagnant sa femme au-devant de laquelle il était allé, rencontra trois hommes en état d'ivresse, Ramon, Dudouet et Nicol ; — Que Ramon, au lieu de suivre ses deux compagnons, rebroussa chemin, poursuivit Flotté et sa femme, en traitant la femme de p... et le mari de m..., menaçant le mari de lui enlever sa femme ; que la femme Flotté effrayée se sauva en avant, priant son mari de hâter le pas ; que Flotté affirme avoir été assailli par Ramon ; — Qu'alors, pour se défendre de poursuites et d'attaques auxquelles il ne voyait pas de terme, et qui devenaient d'autant plus effrayantes que la nuit se faisait déjà, il saisit un morceau de bois à la barrière d'un champ et en porta un coup à la tête de Ramon, et qui a occasionné la mort de celui-ci ; — Considérant que les faits d'injures obscènes proférées par Ramon et les attaques auxquelles il s'est livré, ressortent même de la déposition de Dudouet, un de ses compagnons ; que si Flotté, dans le premier moment, a nié avoir frappé Ramon d'un coup de bâton, cette dénégation, dans laquelle au reste il n'a pas persisté, n'affaiblit en rien la réalité de l'attaque dirigée contre lui par Ramon et d'une lutte qui en aurait été la suite ; — Considérant l'ensemble des circonstances telles que celles-ci : un agresseur qui abandonne ses compagnons, retourne sur ses pas, profère les plus infâmes injures au mari, à la femme, les poursuit la

nuit, sur un chemin, menace de s'emparer de la femme, se jette sur le mari, engage une lutte, étaient de nature à faire penser à Flotté que son existence et celle de sa femme étaient compromises, et qu'elles constituent d'ailleurs les violences les plus graves envers les personnes ; — Par ces motifs, la cour déclare que Flotté, en portant un coup de bâton à Ramon, qui a occasionné la mort de celui-ci, se trouvait dans le cas de l'art. 324 c. pén. ; — Vu l'art. 225 c. instr. cr. ; la cour dit qu'il est excusable, le décharge des poursuites dirigées contre lui et ordonne qu'il soit mis en liberté s'il n'est retenu pour autre cause. » — Pourvoi du procureur général. — Arrêt.

La cour ; — Attendu qu'il résulte de l'ensemble de l'arrêt dénoncé que la chambre des mises en accusation s'est fondée, pour déclarer qu'il n'y a lieu à suivre contre Joseph-Ferdinand Flotté, dit Manny, et ordonner sa mise en liberté s'il n'est retenu pour autre cause, sur le motif qu'il était en état de légitime défense lorsqu'il frappa Ramon du coup qui a causé la mort de celui-ci ; — Que cette appréciation des faits résultant de l'instruction rentrait dans les attributions légales de cette chambre, aux termes de l'art. 229 c. instr. cr. ; — Qu'elle échappe, dès lors, à la censure de la cour de cassation ; — Qu'il suit de là que le dispositif de l'arrêt précité, bien qu'il soit fondé, par erreur, sur l'art. 324 c. pén. au lieu de l'être sur l'art. 328 de ce code, se trouve parfaitement conforme à ce dernier ; —

Par ces motifs, rejette.

Du 9 avr. 1857.-Ch. crim.-MM. Laplagne-Barris, pr.-Rives, rap.-d'Ubexi, av. gén.

accusation, il rentre essentiellement dans ses attributions d'appliquer à ces faits les qualifications légales qu'ils comportent, et qui en sont la conséquence légale et juridique, « a jugé que l'illégalité, même établie, de l'arrestation, ne pouvait être considérée par la chambre des mises en accusation comme un cas de légitime défense de nature à justifier le fait incriminé. Le second arrêt (Crim. rej. 3 juin 1869, aff. Frogier de Pontlevoy, D. P. 70. 1. 287) a décidé qu'un accusé ne peut fonder son pourvoi en cassation contre l'arrêt qui le met en accusation pour assassinat, sur ce que l'homicide à lui imputé aurait été commis en état de légitime défense, alors que la chambre d'accusation, usant du droit qui lui appartient d'apprécier les faits et l'intention, a déclaré qu'il y a charges suffisantes que l'accusé a commis ledit homicide volontairement, avec préméditation et guet-apens. — Le troisième arrêt (Crim. rej. 8 déc. 1871, aff. Casabonne, D. P. 72. 1. 193) a rejeté le pourvoi formé contre un arrêt de la chambre des mises en accusation de Pau, qui avait considéré comme ayant été commis en état de légitime défense, l'homicide commis par l'habitant d'une maison sur un individu de lui connu qui cherchait, après introduction par escalade dans son jardin, à pénétrer dans sa demeure pour y renouer des relations criminelles avec sa femme, et décidé, en conséquence, qu'il n'y avait lieu de mettre en accusation l'auteur de l'homicide.

On voit que ces trois arrêts que si le juge du fait doit jouir d'une certaine latitude dans l'appréciation des conditions de la légitime défense, ainsi qu'on l'a constaté au *Rép.* n° 228, sa déclaration à cet égard n'a pas un caractère souverain, puisque la cour de cassation se réserve de vérifier si l'homicide commis dans telles ou telles circonstances constatées par le juge du fait, rentre ou non dans le cas de légitime défense. Cette doctrine est contraire à celle que la cour elle-même avait formulée dans l'arrêt du 9 avr. 1857, cité *suprà*, n° 316, aux termes duquel l'appréciation des conditions de la légitime défense par une chambre d'accusation est souveraine et échappe au contrôle de la cour de cassation. Elle nous paraît plus juridique.

318. Il y a lieu de rappeler ici que la légitime défense, précisément parce qu'elle est une cause de justification et non une excuse, rentre dans la question générale de culpabilité, et que, dès lors, en cour d'assises, il n'y a pas lieu d'en faire l'objet d'une question spéciale au jury (V. les arrêts et autorités cités *suprà*, n° 308). Par suite, ainsi qu'on l'a dit au *Rép.* n° 234, l'accusé ne serait pas fondé dans sa demande tendant à faire poser cette question au jury (Crim. rej. 14 janv. 1841, *Rép.* v° *Instruction criminelle* ,n° 2362). — Toutefois la loi n'interdit pas cette question spéciale et, suivant une opinion qui nous paraît fondée, le jury peut déclarer que l'accusé était en état de légitime défense lorsqu'il a commis le fait poursuivi. Une telle déclaration devrait faire prononcer l'acquittement (Morin, *Répertoire*, v° *Défense légitime*, n° 15). Il a été jugé, dans ce sens, que si le jury, au lieu de se borner à une simple déclaration de non-culpabilité, répond que l'accusé est *coupable*, mais en y ajoutant l'affirmation de la cause justificative établie par l'art. 328 c. pén., il n'y a là ni contradiction, ni violation de la loi (Crim. rej. 11 janv. 1810, *Rép.* v° *Instruction criminelle*, n° 3530-1°; Crim. cass. 29 avr. 1819, *ibid.*, n° 3318-2°).

319. On a dit au *Rép.* n° 221, que, pour constituer l'état de légitime défense, il faut le concours des trois conditions suivantes : défense de soi-même ou d'autrui, nécessité actuelle de cette défense, agression injuste. — Relativement à la première condition (*défense de soi-même ou d'autrui*), nous persistons dans l'opinion déjà soutenue au *Rép.* n° 292, suivant laquelle il n'y a pas légitime défense lorsque l'agression est dirigée non contre une *personne*, mais contre une *propriété*, quelle que soit l'importance des pertes que cette agression fait redouter (Conf. Chauveau et Hélie, t. 4, n° 1480; Morin, *Répertoire*, v° *Défense légitime*, n° 9; Carnot, sur l'art. 539). « Mais il ne suit point de là, dirons-nous avec M. Haus, *Principes du droit pénal belge*, t. 1, n° 620, que le propriétaire doive patiemment souffrir qu'on lui enlève, que l'on détruise ou que l'on dégrade ses biens, sans pouvoir légitimement recourir à la force pour empêcher la consommation de l'attentat. Lorsque le délit est flagrant, chacun a le droit et même le devoir d'arrêter le coupable et de le livrer à la justice. Si ce dernier oppose la violence, on est

autorisé à employer la force pour vaincre sa résistance. Mais le frapper ou le blesser, non pour l'arrêter, mais pour lui faire restituer la chose soustraite ; faire feu sur lui lorsqu'il se met à fuir en emportant l'objet volé, c'est commettre un crime ou un délit, qui ne disparaît que lorsqu'il est le résultat d'une contrainte morale irrésistible. »

Au reste, ainsi que l'annoncent ces derniers mots, la culpabilité de l'homme menacé dans sa propriété pourrait même, dans certains cas, être complètement effacée. — Nous croyons avec Ortolan, t. 1, n° 422 ; Trébutien, t. 1, n° 554 ; Garraud, t. 1, n° 244 ; Le Sellyer, t. 1, n° 148 ; Haus, t. 1, n° 619, et la note, et Nypels, t. 2, p. 408 et suiv., que si l'on suppose un mal d'une grande importance, irréparable, ou du moins d'une réparation ultérieure très incertaine, par exemple, le cas d'un négociant à qui un voleur enlève un portefeuille contenant la majeure partie de sa fortune ou même toute sa fortune, le négociant qui blessera ou tuera le voleur, pour reprendre ses biens, pourra être légitimement acquitté par le jury. S'il est, en effet, une contrainte morale *irrésistible*, c'est celle que doit ressentir un citoyen témoin d'un crime qui lui enlève le fruit de ses veilles et de son travail pendant un grand nombre d'années, et le plonge dans la misère, lui et sa famille. Seulement, suivant nous, ce serait alors le cas d'appliquer l'art. 64 c. pén., et non l'art. 328. — En résumé, les textes ne rangent pas les attaques aux biens dans les cas de légitime défense ; mais ils ne les excluent pas : l'appréciation rentrera dans les pouvoirs généraux du juge chargé de statuer sur la culpabilité (Conf. Bertauld, 16° *leçon*, p. 366 ; Villey, p. 89). — Plusieurs codes étrangers admettent la légitime défense des biens. Ainsi le code des Pays-Bas, art. 42, § 1, s'énonce ainsi : « N'est pas punissable celui qui commet une action commandée par la défense nécessaire de la vie, de l'honneur ou des biens de soi-même ou d'autrui contre une attaque soudaine et illégale. » — Et le code pénal hongrois de 1878 porte, art. 79 : « La légitime défense est celle qui est nécessaire pour repousser une attaque ou une menace injuste, immédiate contre sa personne ou ses biens, ou contre la personne ou les biens d'un tiers ».

320. Le droit de défense suppose une attaque *violente*, puisque c'est le droit de repousser la force par la force. Les particuliers ne sont donc pas autorisés à employer la force pour repousser les *outrages* dont ils sont menacés et qui ne consistent pas en des violences envers les personnes, par exemple les *injures verbales* et par écrit. Ces injures ne serviraient pas même la force, ainsi qu'on le constate au *Rép.* n° 223. — Un *soufflet* n'autoriserait pas non plus l'emploi de la force, d'abord parce que cette offense ne cause point, en règle générale, un mal irréparable à l'offensé, qui peut s'adresser aux tribunaux pour en obtenir la réparation, et ensuite parce que dès que l'outrage est accompli, il ne peut plus être question de défense. L'offensé qui frappe, qui blesse ou qui tue, ne le fait que pour se venger d'une insulte et punir celui qui l'a outragé. Or la vengeance est illicite, et le droit de punir n'appartient qu'au pouvoir social. Le soufflet est une violence grave simplement provocatrice, qui peut excuser la réaction violente, mais non la justifier.

321. Est-il nécessaire, pour légitimer l'emploi de la défense individuelle, que le péril couru soit un péril de mort ? La négative est certaine. Rien, en effet, dans les expressions de l'art. 328, n'autorise à limiter le texte au seul cas de danger de la vie ; aussi les auteurs les plus graves admettent-ils que toute attaque faisant encourir à la personne un péril imminent, par exemple, une menace de *blessures graves* ou de *mutilation*, peut constituer celle-ci en état de légitime défense. « Comment, dit Le Sellyer, *Traité de la criminalité*, t. 1, n° 152, pourrait-on être obligé de se laisser mutiler, plutôt que d'employer, pour repousser l'attaque, des moyens extrêmes ? Qui sait, d'ailleurs, si l'agresseur s'arrêtera après la mutilation dont il menace ? » (Conf. Ortolan, t. 1, n° 441 ; Garraud, t. 1, n° 244 ; Nypels, t. 2, n° 9 ; Haus, t. 1, n° 622). Mais, évidemment, il n'y a pas de légitime défense sans un péril *grave*. Quel sera à cet égard le critérium ? La doctrine le trouve dans l'*irréparabilité* du mal qu'on veut infliger. Si le mal est réparable autrement que par les actes de défense, ces actes cessent d'être légitimes, car ils ne sont plus commandés par la « nécessité » (Garraud, Haus et Ortolan, *loc. cit. ;* Carrara, *Programme, partie générale*, traduction

Baret, § 299). C'est aux tribunaux qu'il appartient de trancher, suivant les circonstances, cette question d'irréparabilité, qui est une question de fait et d'appréciation.

322. Au surplus, qu'il s'agisse de péril de la vie ou de péril de l'intégrité du corps, il suffit que l'attaque soit de nature à créer la *possibilité* du péril: il n'est pas nécessaire que le péril soit annoncé ou manifeste; car, dit le rapport au Corps législatif (*Rép.* v° *Crimes contre les personnes*, p. 575, note) « une personne attaquée subitement ou maltraitée par un ou plusieurs assaillants ne peut *apprécier le danger*, ni calculer la mesure de la défense ». Encore moins est-il nécessaire que la menace se réalise, et que les voies de fait aient commencé, car le premier coup pourrait mettre la victime dans l'impossibilité de se défendre : « *Melius est occurrere in tempore quam post exitum vindicare* » disait avec raison la loi romaine (L. 1, C., *quando liceat*, 3, 27). Il a été jugé, à cet égard, que, dès que toutes les présomptions de la cause tendent à établir que l'auteur d'un meurtre n'a frappé la victime que parce que celle-ci l'ayant assailli, chez lui, à l'improviste, il avait cru sa vie sérieusement en danger, le juge du fait peut déclarer fondée l'exception de légitime défense (Crim. rej. 7 août 1873, aff. Cantau, D. P. 73. 1. 385).

323. Un attentat à la liberté individuelle, comme par exemple, une arrestation arbitraire, une séquestration illégale constituerait-il un cas de légitime défense de l'arrêt. La doctrine admet, en général, l'affirmative (Ortolan, t. 1, n° 441; Garraud, t. 1, n° 244; Haus, t. 1, n° 622; Villey, p. 87). Mais la cour de cassation a jugé que l'illégalité, même supposée établie, d'une arrestation ordonnée par un dépositaire de la force publique, en ce que, par exemple, elle aurait été prescrite dans un intérêt purement privé, sous prétexte de flagrant délit, ne peut être considérée comme étant de nature à couvrir l'exception de légitime défense l'homicide commis ou tenté sur ce fonctionnaire, et à autoriser, dès lors, un arrêt de non-lieu (Crim. cass. 15 sept. 1864, aff. Antonioli, D. P. 65. 1. 200). Il est à remarquer que, dans l'espèce de cet arrêt, il avait été répondu à l'ordre d'arrestation par un coup de pistolet tiré sur l'officier de la milice algérienne qui avait donné cet ordre, ce qui excédait évidemment la mesure des efforts nécessaires pour repousser l'agression. On peut se demander si la solution de la cour suprême eût été la même, sans cette circonstance.

324. Il n'a jamais été douteux pour personne qu'un outrage irréparable, tel que le viol ou la tentative de viol, place la femme qui en est l'objet en état de légitime défense. Nous n'avons rien à ajouter à ce qui a été dit au *Rép.* n° 223 à cet égard. En ce qui concerne l'*attentat violent à la pudeur*, les auteurs de la *Théorie du code pénal*, dont nous nous sommes approprié la doctrine sur ce point, estiment (t. 4, n° 1482), ainsi que Morin, *Répertoire*, v° *Défense légitime*, n° 8, que les attentats à la pudeur ne constituent qu'une simple provocation et peuvent seulement excuser l'homicide. Mais l'opinion contraire semble avoir prévalu (V. Ortolan, t. 1, n°s 424 et 441; Villey, p. 88; Le Sellyer, t. 1, n°s 149 et 150; Haus, t. 1, n° 622; Nypels, t. 2, p. 404 et suiv.; Garraud, t. 1, n° 244). On fait remarquer que la femme en butte aux brutalités d'un homme ne peut guère savoir, en présence d'un attentat *violent* (car il ne s'agit que d'attentat accompagné de *violences*) si son agresseur a simplement l'intention de *l'outrager*, ou s'il cherche à la violer. Est-ce qu'un attentat à la pudeur, ajoute-t-on, n'est pas une attaque contre la personne, et la femme qui cherche à se soustraire à cet attentat n'agit-elle pas, comme dans le cas de viol, *ob tutelam corporis sui*? L'homicide, les blessures ou les coups sont commandés ici par la *nécessité actuelle de la légitime défense d'elle-même*, et par conséquent, justifiés (Nypels, *loc. cit.*). A la vérité, l'attentat violent à la pudeur n'est admis que comme excuse atténuante dans le cas particulier de l'art. 325 c. pén.; mais il faut remarquer que ce dernier article suppose un attentat *consommé*, rendant excusable, par le sentiment de colère qu'il excite chez la femme outragée, le crime de castration; tandis que l'art. 328 permet de repousser la tentative au moment où elle se produit, et les actes que la femme menacée accomplirait dans ce but, les coups qu'elle porterait, l'homicide qu'elle accomplirait, seraient légitimes (Garraud et Villey, *loc. cit.*).

325. La seconde condition pour qu'il y ait légitime défense

est que le danger soit actuel. On a expliqué au *Rép.* n° 224 ce qu'il faut entendre par ces mots. Nous ajouterons qu'on doit considérer comme *actuelle* l'attaque *commencée* ou l'attaque *imminente*. Le péril passé, le droit de défense cesse. Les conditions de l'excuse de provocation pourront encore se rencontrer, mais non celles du fait justificatif de légitime défense, car les violences ne seraient évidemment plus commandées par la nécessité (Garraud, t. 1, n° 246; Chauveau et Hélie, t. 4, n° 1483; Trébutien, t. 1, n° 368; Morin, *Rép.* v° *Défense légitime*, n°s 10 et 11; Le Sellyer, t. 1, n°s 143 et suiv.; Nypels, t. 2, p. 403; Haus, t. 1, n° 623).

326. Il faut aussi qu'il y ait *nécessité* d'employer la force pour se soustraire à l'agression, ou en d'autres termes, que le danger soit *absolu*, c'est-à-dire qu'il ne puisse être évité *autrement*. C'est ce qu'expriment ces mots de l'art. 328: « commandés par la nécessité ». L'homicide, les coups et blessures, etc., ne deviennent légitimes que s'ils constituent l'unique ressource de la personne attaquée; en conséquence, lorsque nous pouvons échapper au danger en appelant au secours ou en arrêtant le malfaiteur, les violences que nous exerçons contre lui peuvent être excusables, mais elles ne sont pas justifiées, parce qu'elles n'étaient pas commandées par la nécessité.

327. La personne attaquée a-t-elle donc l'obligation de fuir quand elle en a la possibilité, et, si elle résiste, perd-elle le bénéfice de l'art. 328? C'est une question qui a été examinée au *Rép.* n° 225. Nous la résoudrons aujourd'hui comme alors par la négative, avec la majorité des auteurs: Chauveau et Hélie, t. 4, n° 1485; Blanche, t. 5, n° 67; Villey, p. 88; Le Sellyer, t. 1, n° 155; Nypels, t. 2, p. 402, estiment que le droit ne doit pas céder devant l'injustice (Garraud, t. 1, n° 246, note 14). Seul M. Haus (t. 1, n° 626, et la note) est d'un avis contraire, qu'il fonde sur les termes absolus de la loi : du moment qu'il y a possibilité de fuir, dit ce savant auteur, il n'y a plus « nécessité actuelle de la légitime défense de soi-même ou d'autrui ».

328. Il est d'ailleurs hors de doute, ainsi qu'on l'a dit au *Rép.* n° 225, que le péril qui constitue la légitime défense, c'est le péril tel qu'il s'est présenté aux yeux de la personne attaquée, et non le péril tel qu'il peut exister aux yeux du juge. La nécessité de la défense ne peut s'apprécier d'une manière générale et arbitraire (Chauveau et Hélie, t. 4, n° 1486; Le Sellyer, n° 158; Garraud, n° 247).

329. La troisième condition nécessaire pour légitimer la défense, c'est que l'agression soit *injuste*. — Cette troisième condition fait au *Répertoire* l'objet des n°s 226 à 232. — Si la résistance était opposée à un acte légal de l'autorité, elle constituerait, suivant les cas, le crime ou le délit de rébellion (c. pén. art. 209 et suiv.). Mais est-il permis de résister à un acte *illégal* de l'autorité? Cette résistance peut-elle constituer un état de légitime défense? La question est traitée au *Rép.* v° *Rébellion*, n°s 37 et suiv. Nous nous bornerons à dire ici que, suivant la jurisprudence de la cour de cassation, toute résistance à un ordre de l'autorité publique, si illégal qu'il soit, est un acte de rébellion (V. notamment: Crim. cass. 22 août 1866, *Bull. crim.*, n° 199; 22 août 1867, aff. Billot, D. P. 68. 1. 286; 29 févr. 1884, aff. Gaudard, *Bull. crim.*, n° 60). Les cours d'appel et les auteurs sont divisés sur la question (V. les arrêts cités au *Rép.* v° *Rébellion*, n°s 39 et 40). Nous pensons avec Chauveau et Hélie, t. 3, n°s 943 et suiv., que le principe général est l'obéissance aux ordres des pouvoirs publics, la soumission aux actes des agents de la force publique. Nous croyons que la présomption de légalité est en faveur des agents de l'autorité; mais nous estimons que cette présomption doit cesser de couvrir les actes de l'officier public, quand celui-ci se rend coupable d'un excès de pouvoirs évident, de la flagrante violation d'un droit, et il nous paraît résulter du texte de l'art. 209 c. pén. qu'il n'y aurait pas de rébellion et que la résistance serait légitime : 1° si elle était opposée à un fonctionnaire agissant manifestement hors de ses fonctions; 2° si elle était opposée à un fonctionnaire agissant sans ordre, ou refusant de produire l'ordre dont il se dit porteur; 3° si elle était opposée à un fonctionnaire voulant faire un acte défendu par un texte de loi précis (Garraud, t. 1, n° 245; Villey, p. 84 et suiv.; Le Sellyer, t. 1, n°s 187 et suiv.; Trébutien, t. 1, n°s 557 à 562).

330. Peut-on réputer en état de légitime défense l'indi-

vidu qui, après avoir provoqué ou attaqué une personne, se défend à son tour contre les violences que celle-ci exerce sur lui, et commet un homicide parce que ces violences mettaient sa vie en péril? La question a été traitée au *Rép.* n° 227 et résolue par une distinction que MM. Chauveau et Hélie ont proposée (t. 4, n° 1489) : ou l'agresseur a menacé la vie même de la personne attaquée, ou il n'a exercé qu'une provocation. Dans le premier cas, la personne attaquée se trouve en état de légitime défense ; en portant des coups à son adversaire elle ne fait qu'user d'un droit ; si l'agresseur, qui peut fuir, lutte et que dans le combat il commette l'homicide, cet homicide, conséquence de son agression, constitue avec celle-ci un fait indivisible et ne saurait dès lors être justifié. Dans la seconde hypothèse, si l'agresseur n'a voulu commettre qu'une insulte, un outrage, la loi n'autorisant point la personne attaquée à réagir par des actes violents, et se bornant à excuser ceux-ci sans les justifier, l'agresseur a le droit de se défendre contre ces actes, dès qu'ils excèdent la répression des voies de fait constitutives de l'outrage, et les premières violences qu'il a commises dans sa provocation lui seraient seules imputées. Cette distinction a été parfaitement justifiée et mise en lumière au moyen d'exemples bien choisis par M. Garraud, t. 1, n° 245 (Conf. Haus, t. 1, n°s 632 et 633. — Comp. Trébutien, t. 1, n° 567 ; Le Sellyer, t. 1, n° 162 ; Nypels, t. 2, p. 413).

331. Du principe que l'art. 328 est applicable dans le cas même où l'attaque a été provoquée par celui qui a tué ou blessé l'agresseur, résulte *juridiquement* cette conséquence qu'il peut y avoir légitime défense de la part de la femme et de son complice contre les attaques du mari, les surprenant en flagrant délit d'adultère dans la maison conjugale, et les mettant en péril de mort. Le meurtre que le mari pourrait commettre est, il est vrai, excusable (c. pén. art. 324, § 2) ; mais, puisque la loi punit ce meurtre, il est *injuste*, et il justifie des actes de défense. Tel est le sentiment de presque tous les commentateurs (Chauveau et Hélie, t. 4, n° 1490 ; Le Sellyer, t. 1, n° 163 ; Garraud, t. 1, n° 265 ; Haus, t. 1, n° 633. — *Contrà :* Bertauld, p. 363; Morin, n° 7). Il faut bien convenir toutefois, avec M. Villey, p. 86, que cette doctrine, ainsi que nous l'avons déjà fait remarquer au *Rép.* n° 229, n'est pas sans danger, et que son application froissera souvent, en fait, la conscience publique. En justice, il est probable que le fait dominerait le droit pur ; tout au moins, dans une situation où la femme et son complice sont en réalité *les agresseurs*, la légitime défense ne pourrait-elle être admise que si l'existence de toutes les conditions exigées par la loi était *strictement* reconnue par le juge.

332. Du moment que l'agression est injuste, il est permis d'y résister violemment, lors même que l'agresseur n'aurait pas la conscience de ses actes, que ce serait un fou ou un enfant agissant sans discernement. Ce point de doctrine, établi au *Rép.* n° 226, est hors de doute. La défense, en effet, comme l'a bien dit M. Garraud, t. 1, n° 245, n'est pas le *châtiment*, qui serait illégitime, dirigé contre un enfant ou un fou, mais la *protection*, qui est légitime, quel que soit l'auteur de l'agression, si l'agression est faite sans droit (Conf. Chauveau et Hélie, t. 4, n° 1487 ; Le Sellyer, t. 1, n° 156 ; Trébutien, t. 1, n° 156 ; Haus, t. 1, n° 631 ; Morin, *Répertoire*, v° *Défense légitime*, n° 4).

333. Le parricide, qui n'est jamais excusable (c. pén. art. 323), peut-il être justifié? En d'autres termes, l'exception de légitime défense peut-elle être invoquée par le fils qui a frappé son père? Le *Rép.* n° 230 penche pour la négative, qui est soutenue par un seul auteur, M. Morin, n° 6. Tous les autres commentateurs sont d'avis que l'instinct de la conservation de la vie l'emporte que les droits les plus saints et les devoirs les plus sacrés, et qu'un fils est autorisé à défendre son existence mise en péril par l'attaque de son père (Chauveau et Hélie, t. 4, n° 1501 ; Ortolan, t. 1, n° 1106; Le Sellyer, t. 1, n° 172 ; Garraud, t. 1, n° 245 ; Trébutien, t. 1, n° 566 ; Blanche, 5e *Etude*, n° 70 ; Villey, p. 87 ; Haus, t. 1, n° 631). Nous croyons avec ce dernier auteur (*ibid.*, et note 3) que les violences exercées par le fils pour repousser l'attaque dirigée contre lui par le père, ne sont justifiées que si l'*existence même* du fils a été mise en péril, et que tout autre attentat contre sa personne serait impuissant à légitimer le meurtre d'un père. Bien moins encore, à notre avis, le fils pourrait-il faire valoir une

cause de justification, s'il avait commis le fait pour la défense d'autrui. « En effet, si le meurtre commis par l'époux sur son épouse, ou par celle-ci sur son époux n'est pas même excusable, lorsque la vie du conjoint qui a commis le meurtre n'a pas été mise au moment même où le meurtre a eu lieu (c. pén. art. 324), à plus forte raison le parricide, qui n'admet aucune excuse, est-il un crime, quand le fils qui l'a commis n'était point placé dans ces mêmes circonstances » (Haus, *loc. cit.*).

334. Ainsi que cela a été admis au *Rép.* n° 231, la règle de l'art. 327 s'applique en faveur de celui des époux qui a tué l'autre en cas de légitime défense. Sauf l'opinion de Morin, qui soutient (*Répertoire*, v° *Défense légitime*, n° 7), que l'homicide commis dans ce cas sur la personne de l'un des époux serait seulement excusable, la doctrine est unanime à cet égard (Chauveau et Hélie, t. 4, n° 1501 ; Blanche, 5e *Etude*, n° 70 ; Le Sellyer, t. 1, n° 173 ; Villey, p. 87 ; Garraud, t. 1, n° 245).

335. Quelle est la *mesure* de la défense ? Cette mesure est donnée par le danger de l'agression ; le droit de défense légitime tout le mal nécessaire pour réduire l'agresseur à l'impuissance, rien de plus. En d'autres termes, la réaction défensive doit se proportionner à la gravité du danger qu'il s'agit d'écarter ; et si la mesure a été dépassée, tout le mal qui la dépasse est illégitime. Ainsi, ce n'est pas se défendre légitimement contre une attaque injuste, que de donner la mort à celui qui en est l'auteur, quand on pourrait y parer avec plus de modération. Ainsi encore, comme on l'a fait remarquer au *Rép.* n° 238, excède les bornes de la nécessité l'homme qui, après une première blessure, a mis l'agresseur hors d'état de nuire, et lui fait inutilement une blessure nouvelle. Faut-il conclure de là que l'auteur du mal qui excède la mesure devra nécessairement en porter la peine? Nullement ; le juge devra examiner si ces circonstances n'ont pas été de nature à *exclure* ou à *diminuer* la culpabilité. L'agent avait-il conservé sa liberté d'esprit pour mesurer le danger, l'éviter par d'autres moyens, proportionner la défense à l'attaque? Si le juge estime que les circonstances ont été telles qu'elles ont enlevé toute liberté à l'agent, il le renvera d'instance, en tenant compte de la contrainte morale qui a pu résulter des circonstances (Garraud, t. 1, n° 247. Conf. Ortolan, t. 1, n° 423 ; Villey, p. 89 ; Chauveau et Hélie, t. 4, n° 1498 ; Le Sellyer, t. 1, n°s 157 et 158 ; Trébutien, n° 568; Haus, t. 1, n°s 627 et 630.) Conf. c. pén. allemand, art. 53, de 1871, ainsi conçu : « L'agent ne sera pas punissable lorsque, dans le trouble, la crainte ou la terreur, il aura dépassé les bornes de la légitime défense » ; — c. pén. hongrois de 1878, art. 79 : « Le fait de dépasser, par crainte, effroi ou trouble, les bornes de la légitime défense, n'est pas punissable » ; — c. pén. des Pays-Bas de 1881, art. 41 : « N'est pas punissable l'acte qui a outrepassé les limites de la défense nécessaire, si cet acte a été la suite immédiate d'une émotion violente causée par l'attaque ».

336. Si la défense était illégitime parce que l'auteur de l'homicide ou des blessures se trouvait hors du cas de légitime défense, par exemple parce que l'agression n'était pas assez grave pour légitimer la réaction défensive, ou parce que, malgré la gravité du péril, l'agent pouvait s'y soustraire par d'autres moyens faciles, sûrs et évidents, ou parce que les violences auraient été exercées après un intervalle, l'acte serait certainement délictueux; mais, ainsi qu'on l'a dit au *Rép.* n° 238, il resterait à voir si son auteur n'est pas du moins fondé à invoquer l'excuse légale de provocation (Haus, t. 1, n° 630 ; Chauveau et Hélie. t. 4, n° 1497 ; Ortolan, t. 1, n° 430). Et même il pourrait arriver, malgré la criminalité de l'acte, que les conditions de l'imputabilité fissent défaut, comme, par exemple, dans le cas où le juge reconnaîtrait que l'accusé a agi de bonne foi et s'est trompé sur les limites de son droit (Ortolan et Haus, *iisd. loc.* Comp. Nypels, t. 2, p. 415).

337. Dans tous les cas, pour apprécier s'il y a eu excès de défense et quel doit en être le résultat, le juge se placera au point de vue de la personne attaquée. La mesure du besoin de défense, en effet, ce n'est pas celle qu'apprécie le juge à distance, de sang-froid, à l'abri du péril et sans émotion ; c'est la mesure telle qu'elle a dû ou pu même apparaître à l'offensé de bonne foi, dans les conditions que lui avait faites l'offense. Ce n'est pas le péril réel, mais tel qu'il a paru à la

personne attaquée, qui fait la légitimité de la défense (Bertauld, p. 362 ; Le Sellyer, t. 1, n° 158 ; Garraud, t. 1, n° 247 ; Chauveau et Hélie, t. 4, n° 1486).

338. Une question délicate est celle traitée au *Rép.* n° 238, de savoir si le prévenu qui a excédé, dans sa défense, les bornes de la nécessité, peut être actionné en dommages-intérêts comme ayant commis une faute, alors même qu'il serait pénalement irresponsable. D'une façon plus générale, la légitime défense exclut-elle la responsabilité civile ? Les principes d'après lesquels cette question doit être résolue paraissent assez faciles à dégager; mais leur application comporte des nuances qui, peut-être, n'ont pas toujours été suffisamment observées. Sans aucun doute, il est de règle que pour qu'il y ait lieu à dommages-intérêts, il faut qu'il y ait faute, et il n'est pas moins certain que la loi ne répute pas en faute celui qui, en causant du dommage, a fait ce qu'il avait droit de faire. Il suit de là qu'en principe, l'exercice du droit de légitime défense est exclusif de toute faute et ne peut faire naître une action en dommages-intérêts en faveur de celui qui, par son agression, a rendu cette défense nécessaire (Crim. cass. 19 déc. 1817, *Rép.* v° *Responsabilité*, n° 101-1° ; Rennes, 25 avr. 1836, *ibid.* ; Besançon, 22 févr. 1875, aff. C..., D. P. 76. 2. 116 ; Limoges, 24 juin 1884, aff. Marginier, D. P. 85. 2. 21, et sur pourvoi, Crim. rej. 24 févr. 1886, D. P. 86. 1. 438).

339. Mais si les bornes de la légitime défense ont été excédées, s'il y a eu excès dans la réaction défensive, pourquoi n'y aurait-il pas lieu à responsabilité *pro ratione excessus*, puisqu'il y a certainement faute à franchir les justes limites de la défense ? La doctrine est unanime à admettre cette responsabilité dans le cas d'excès, et dans la proportion de l'excès (Chauveau et Hélie, t. 4, n° 1499, et la note de M. Villey ; Sourdat, *Traité de la responsabilité*, t. 1, n°ˢ 368 et 422 ; Le Sellyer, t. 1, n° 168 ; Demolombe, *Contrats et obligations*, t. 7, n° 428 ; Laurent, *Principes de droit civil*, t. 20, n° 411 ; Garraud, t. 1, n° 238, et la note). Un arrêt de la cour d'assises de l'Aveyron du 13 nov. 1835 (rapporté au *Rép.* v° *Instruction criminelle*, n° 227-1°), a appliqué cette doctrine. Cet arrêt a admis l'action en dommages-intérêts contre un accusé d'homicide qui avait invoqué l'excuse de la légitime défense et que le jury avait déclaré non coupable, « considérant que le jury a pu, sans doute, sous le point de vue de la criminalité de l'action, trouver dans la cause des circonstances suffisantes pour justifier, à ses yeux, la conduite de B... et pour l'affranchir de l'application de la loi pénale; mais que l'accusé peut néanmoins n'être pas exempt de tout blâme; qu'il peut avoir agi avec imprudence ou trop de précipitation; qu'il peut ne pas avoir proportionné la résistance à l'attaque, etc. » — Cette décision nous paraît tout à fait juridique.

340. Ajoutons que l'action en responsabilité civile pour excès de défense ne saurait, suivant nous, rencontrer d'obstacle dans un verdict de non-culpabilité rendu par le jury, puisque la question de légitime défense n'étant point une excuse, ne doit pas être posée à celui-ci, et que, dès lors, il n'est jamais possible d'affirmer, en présence d'une déclaration de non-culpabilité, que le jury a entendu admettre l'exception de légitime défense, le verdict pouvant très bien s'expliquer, notamment, par l'absence d'intention criminelle. V. en ce sens : Crim. rej. 23 févr. 1865 (aff. Fabre, D. P. 68. 5. 69), qui a jugé que l'acquittement d'une accusation de coups et blessures ayant entraîné la mort, prononcé par le jury, sans qu'il résulte de sa déclaration qu'il ait admis une excuse péremptoire de légitime défense qui était proposée par l'accusé, ne fait pas obstacle à ce que la cour d'assises décide qu'il y a eu faute dans l'acte matériel, dont l'existence est suffisamment reconnue par le fait même que ladite excuse a été proposée, et condamne par suite l'accusé à des dommages-intérêts envers la partie civile. — Et si même, en fait, la question de légitime défense avait été formellement posée et résolue négativement, nous croyons que cette déclaration négative n'aurait pas l'autorité de la chose jugée au point de vue civil, car, comme le dit M. Griolet, *De l'autorité de la chose jugée*, p. 355, « les deux éléments qui constituent la légitime défense, la nécessité de se défendre et la nécessité de se défendre par les moyens qu'on a employés, doivent être diversement appréciés, suivant qu'on le considère au point de vue civil ou au point de vue criminel. L'homme

qui a tué en se défendant peut n'être pas coupable, bien que l'agression ne fût pas assez violente ou ne fût pas assez dangereuse pour qu'il ait pu donner la mort sans commettre une faute qui engage sa responsabilité. Il y a ainsi deux légitimes défenses, l'une considérée au point de vue criminel, l'autre au point de vue civil. Le juge criminel ne statue que sur la première. Il n'importerait même pas qu'il eût admis d'une manière absolue l'exception de légitime défense, qu'il eût voulu exclure même la faute civile. Le juge civil conserverait, dans tous les cas, le droit d'apprécier les faits au point de vue de la faute civile » (Conf. Ortolan, t. 1, n° 430).

341. — I. ATTAQUES NOCTURNES. — Le premier cas particulier de légitime défense, prévu par le code pénal (art. 329), est celui où l'homicide a été commis, où les blessures ont été faites ou les coups portés en repoussant, pendant la nuit, l'escalade ou l'effraction des clôtures, murs ou entrées d'une maison, ou d'un appartement habité ou de leurs dépendances. Il est traité de ce cas spécial au *Rép.* n°ˢ 235 et 236. C'est la circonstance de *nuit* qui distingue le fait dont il s'agit ici de celui que prévoit l'art. 322 c. pén., lequel déclare non pas *légitimes*, mais seulement *excusables* les violences commises en repoussant des attaques qui ont lieu le *jour*.

342. La première difficulté qui se présente au sujet de l'art. 329 est celle de savoir quel est le caractère de cette disposition. Ce texte (qui prévoit non seulement le cas d'attaques nocturnes, mais encore celui de vols avec violence dont il sera parlé *infrà*, n° 352), n'est-il qu'un exemple d'hypothèses dans lesquelles se rencontrent les conditions de la légitime défense, le développement, par voie d'application, du principe de l'art. 328 ? MM. Chauveau et Hélie le pensent (t. 4, n°ˢ 1492 et 1493), et, suivant leur opinion, adoptée au *Rép.* n° 235, la légitime défense est soumise, dans les deux cas prévus par l'art. 329, aux mêmes règles que dans les autres hypothèses laissées à l'appréciation du juge (Conf. Le Sellyer, t. 1, n° 185). Mais cette doctrine a été contestée. Pourquoi, a-t-on dit, le législateur aurait-il pris le soin de déterminer si nettement ces deux faits, s'ils devaient rester sous l'empire du droit commun ? Et puis le texte : *sont compris dans les cas de nécessité actuelle de la défense...* n'est-il pas clair et impératif? MM. Garraud, t. 1, n° 248, et Villey, p. 90, estiment, en conséquence, que la loi a entendu créer une double *présomption* de légitime défense, qui existe par cela seul que les circonstances, prévues par le texte, sont reconnues constantes par le juge, et conséquemment que l'accusé est à l'abri de toute responsabilité dès qu'il est établi qu'il s'est trouvé dans ces circonstances. C'est du reste dans ce sens que la jurisprudence paraît interpréter l'art. 329 (V. Limoges, 17 juin 1844, en sur pourvoi, Crim. rej. 11 juill. 1844, *Rép.* n° 236; Crim. rej. 8 déc. 1871, aff. Casabonne, D. P. 72. 1. 193). — Reste à savoir si cette présomption est *irréfragable*. M. Garraud, *loc. cit.*, ne l'admet pas. Lorsqu'il s'agit d'apprécier la culpabilité d'une personne, il n'y a point, suivant cet auteur, de présomption irréfragable pour ou contre l'inculpé. Tout l'effet de l'art. 329 consiste donc en ce que la loi, dans les deux hypothèses de l'art. 329, présume l'existence des conditions de la légitime défense, de sorte que c'est à l'accusation à prouver, si elle veut obtenir une condamnation, que les conditions de cette légitime défense n'existent pas.

343. Mais dans quels cas peut-on s'abriter derrière la présomption de l'art. 329-1°? Cette question, on l'a vu au *Rép.* n°ˢ 235 et 236, soulève plusieurs difficultés. — La première est de savoir si les violences commises envers un malfaiteur, surpris pendant la nuit dans l'intérieur d'une habitation, et après l'escalade ou l'effraction *consommée* (ou encore surpris au moment où il se dispose à entrer dans la maison, après escalade ou effraction des premières clôtures), rentrent dans les termes de l'article précité, ou si, au contraire, les violences envers l'habitant de la maison ne sont justifiées qu'*au moment même* où celui-ci *repousse* l'escalade ou l'effraction. La jurisprudence a consacré depuis longtemps l'interprétation extensive de l'art. 329. Aux arrêts déjà cités dans ce sens (*Rép.* n° 235) d'Amiens, du 16 mars 1843, et de Grenoble, du 6 avr. 1848 (aff. V..., D. P. 49. 2. 119), il faut ajouter un arrêt (Crim. rej. 8 déc. 1871, aff. Casabonne, D. P. 72. 1. 193), qui a jugé que l'homicide est commis en état de légitime défense, non seulement lors-

qu'on y recourt pour repousser de nuit l'escalade ou l'effraction des clôtures d'un lieu habité, mais encore lorsqu'on frappe un individu qui, après l'escalade desdites clôtures, se dispose à pénétrer dans l'habitation. La plupart des auteurs estiment aussi que le cas visé par les arrêts est implicitement compris dans l'art. 329. N'y a-t-il pas en effet même danger, et même le danger n'est-il pas encore plus grand, plus pressant? (Chauveau et Hélie, t. 4, n° 1339; Le Sellyer, t. 1, n° 197; Blanche, t. 5, n° 72; Haus, t. 1, n° 635). MM. Garraud, t. 1, n° 248, et Villey, p. 91, estiment qu'en cas pareil, il faudrait appliquer la disposition générale de l'art. 328 plutôt que l'art. 329. Au fond et pratiquement, le résultat est le même.

344. Si le malfaiteur, surpris pendant la nuit dans une maison où il s'est introduit à l'aide d'escalade, avait pris la fuite, et que le maître de la maison eût tiré un coup de fusil sur le fuyard et l'eût blessé ou tué, les violences seraient-elles justifiées? La cour d'Amiens a décidé l'affirmative par l'arrêt du 16 mars 1843, cité *suprà*, n° 343. Morin critique cette décision (*Répertoire*, v° *Défense légitime*, n° 13); nous avons exprimé au *Rép.* n° 235 les mêmes doutes que cet auteur. Il semble difficile, en effet, d'admettre qu'un homme qui s'enfuit d'une maison puisse être regardé comme mettant en péril la sûreté des habitants de cette maison; mais il en serait autrement, ainsi qu'on l'a dit au *Rép.* n° 235 *in fine*, si, en poursuivant les voleurs, les propriétaires venaient à être attaqués par ceux-ci; ils se trouveraient alors dans l'état de légitime défense.

345. La seconde question est de savoir s'il faut restreindre l'art. 329 au cas de danger pour la *sûreté des personnes* (comme dans l'hypothèse de l'art. 328), ou si, au contraire, la présomption légale de légitime défense justifie les actes accomplis dans les termes de la loi, quel qu'ait été le *but* de l'escalade ou de l'effraction, que l'auteur de l'agression en ait voulu à la vie des personnes habitant la maison, à leur propriété, ou même à leur honneur. En d'autres termes, l'art. 329 est-il applicable lorsque l'introduction par escalade ou effraction a eu lieu, non dans le but d'exercer des violences sur les personnes, mais en vue de voler, ou de commettre tout autre méfait, par exemple un adultère avec la femme du propriétaire ou du locataire de l'habitation? Il nous paraît certain que le droit de défense est *absolu*, quel que soit le dessein de l'auteur de l'escalade ou de l'effraction. Le texte ne distingue pas; et le seul fait de l'introduction nocturne par pareils moyens légitime, suivant nous, l'emploi de la violence. Quelles que soient les intentions de celui qui tente de violer notre domicile pendant la nuit, nous ne pouvons pas les connaître; nous avons le droit de les présumer hostiles, et de considérer cette tentative comme une attaque actuelle contre notre personne ou contre ceux qui se trouvent avec nous (Le Sellyer, t. 1, n° 196; Bertauld, p. 364; Blanche, t. 5, n° 72; Garraud, t. 1, n° 248; Chauveau et Hélie, t. 4, n° 1496; Haus, t. 1, n° 635).

346. Si cependant il était démontré, en fait, que l'habitant de la maison escaladée savait pertinemment que ni sa sûreté personnelle ni celle d'aucun des siens ne courait de danger, s'il savait, par exemple, que l'escalade avait uniquement pour but de dérober quelques fruits dans un jardin ou de courir quelque aventure amoureuse, la présomption légale qui couvre l'accusé serait, à notre avis, détruite, et les violences de celui-ci, inspirées par la colère, l'indignation, la vengeance paternelle, ne seraient pas justifiées. L'homme a le droit de se défendre, mais non celui de punir. (Comp. *Rép.* n° 236). Aussi ne saurions-nous approuver, au point de vue juridique, les acquittements prononcés par le jury de l'Eure et le jury de la Moselle dans les célèbres affaires de Jeufosse (1857) et Pochon (1858). Dans la première, un jeune homme s'étant introduit, la nuit, pour déposer au pied d'un arbre une lettre d'amour, dans un parc par une brèche, y a été fusillé par un garde sur les ordres donnés à l'avance et à dessein prémédités par le maître du garde. Dans la seconde, survenue presque immédiatement après, conséquence probable du retentissement et du résultat de la première affaire, un jeune homme, montant, la nuit, par escalade, à un rendez-vous dans la chambre d'une jeune fille, a été fusillé à bout portant, par la croisée de cette chambre, sur les ordres du père qui avait mis, à

l'avance et à dessein son fils en embuscade derrière cette croisée (V. le *Droit* du 15 au 19 déc. 1857, et du 3 mars 1858). Ainsi que le dit Ortolan, t. 1, n° 444, ce sont là des appréciations souveraines qui échappent à la discussion; mais juridiquement, dans de tels homicides prémédités, sans nécessité réelle de défense, on ne saurait voir la situation prévue par l'art. 329. La loi ne fait pas si bon marché de la vie humaine (Conf. Haus, t. 1, n° 639, et la note 17; Nypels, t. 2, p. 417). — A ce point de vue, le code pénal belge de 1867 a ajouté à l'art. 417, qui correspond à notre art. 329, cette restriction que nous voudrions voir introduire dans notre loi : « à moins qu'il ne soit établi que l'agent n'a pas pu croire à un attentat contre les personnes, soit comme but direct de celui qui tente l'escalade ou l'effraction, soit comme conséquence de la résistance que rencontreraient les desseins de celui-ci ».

347. Si l'agression nocturne était faite au nom de la loi et par des agents de la force publique, la défense cesserait-elle d'être légitime? Nous ne le croyons pas. L'inviolabilité de chaque maison pendant la nuit peut être considérée comme un principe absolu : nul, en effet, n'a le droit, aux termes de la loi, d'entrer pendant la nuit dans la maison d'un citoyen, si ce n'est dans le cas d'incendie, d'inondation ou de réclamation venant de l'intérieur de la maison. Il suit de là, dirons-nous avec MM. Chauveau et Hélie, t. 4, n° 1405, que l'attaque de la maison d'un citoyen pendant la nuit n'est jamais légale, et que, dès lors, la défense, sous ce rapport, est toujours légitime, lors même qu'elle serait exercée contre des agents de l'autorité publique, puisque ces agents méconnaîtraient leurs droits (Conf. Le Sellyer, t. 1, n° 192; Carnot, *Commentaire sur le code pénal*, sur l'art. 329, n° 4).

348. Enfin nous ajouterons avec Le Sellyer, t. 1, n° 183, et Carnot, *op. cit.*, sur l'art. 329, n° 3, qu'il faut regarder comme légitimes l'homicide, les blessures et les coups, dans les cas dont parle l'art. 329, non seulement quand ils ont pour auteurs les locataires ou les propriétaires de la maison attaquée, mais encore lorsqu'ils proviennent d'un étranger, puisque la défense d'autrui est mise par l'art. 328 sur la même ligne que la défense de soi-même.

349. — II. Vols et pillages avec violences. — Relativement à ce second cas particulier de légitime défense, prévu par l'art. 329 (*Rép.* n° 237), il convient de remarquer que la loi n'exige pas que le vol ou le pillage ait eu lieu pendant la nuit. Il suffit que les malfaiteurs fassent usage de violences envers les personnes, pour que la loi présume la nécessité de la défense. — Ajoutons que, suivant nous, la présomption de légitime défense existe dès que seul que les circonstances prévues par le texte sont reconnues constantes par le juge, et, en conséquence, que l'accusé est à l'abri de toute responsabilité dès qu'il est établi qu'il s'est trouvé dans les circonstances. Mais la présomption n'est pas irréfragable, et l'accusation pourrait être admise à prouver que les conditions de la légitime défense ne se rencontrent pas dans la cause (V. *suprà*, n° 342).

CHAP. 16. — Des crimes et délits relatifs à l'état civil de l'enfant. — Enlèvement de mineurs (*Rép.* n°s 240 à 304).

SECT. 1re. — CRIMES ET DÉLITS ENVERS L'ENFANT (*Rép.* n°s 243 à 284).

350. Sur la matière des crimes et délits envers l'enfant, on consultera utilement les ouvrages suivants : Chauveau et Hélie, *Théorie du code pénal*, 6e éd., annotée par M. Villey, t. 4, chap. LXI, n°s 1702 à 1725; Blanche, *Études sur le code pénal*, t. 5, n°s 247 à 278; Faustin Hélie, *Pratique criminelle des cours et tribunaux*, t. 2, n°s 633 à 649; Boitard, *Leçons de droit criminel*, 12e éd., n°s 390 à 393; Morin, *Répertoire*, v° *Enlèvement d'enfant*, et *Question préjudicielle*, § 2, Garraud, *Précis de droit criminel*, n°s 661 à 663; Dutruc, *Le code pénal belge modifié par la loi du 13 mai 1863*, p. 148 et suiv.; Haus, *Principes du droit pénal belge*, 1er vol., *Appendice sur la suppression d'enfant*, et t. 2, n°s 1227 et suiv.; Nypels, *Code pénal belge interprété*, t. 2, p. 101 et suiv.

351. La question posée au *Rép.* n° 241, de savoir si les enfants *naturels* doivent jouir de la protection des art. 345 et suiv. a été résolue affirmativement par la cour de cassation.

Cette cour a décidé (Crim. cass. 29 mai 1873, aff. Merlo, D. P. 73. 1. 386) « que le crime (de suppression d'état) existe également en cas de filiation naturelle, comme en cas de filiation légitime ; que l'état d'enfant naturel, qui confère des droits et impose des obligations à celui à qui il appartient, a besoin, comme celui d'enfant légitime, d'être protégé par la loi, qu'aussi l'art. 345 c. pén. ne distingue pas ». Elle a jugé, en conséquence, que le fait d'avoir attribué, dans l'acte de naissance, un faux nom à la mère naturelle d'un enfant, constitue le crime prévu par l'art. 345, « attendu que cette déclaration mensongère, par laquelle une filiation autre que celle de la nature, est attribuée à un enfant dans son acte de naissance, même en admettant l'attribution d'une mère imaginaire, a pour effet de supprimer son état ». Cette doctrine, déjà implicitement admise par les arrêts (Crim. rej. 25 nov. 1808, Rép. v° Faux, n° 272 ; 25 nov. 1809, ibid., v° Paternité et filiation, n° 369-4° ; C. d'ass. Haute-Garonne, 12 mai 1823, ibid., n° 369-2°), a reçu l'assentiment des auteurs (Mangin, Traité de l'action publique, t. 1, n° 187 ; Faustin Hélie, Traité de l'instruction criminelle, t. 2, n° 844 ; Bertauld, Questions et exceptions préjudicielles, n° 43 in fine ; Nypels, t. 2, p. 116 ; Hoffmann, Traité des questions préjudicielles, t. 2, n°s 295 et 296. V. aussi infra, n°s 355 et 358).

352. On sait que les art. 326 et 327 c. civ. établissent que la question d'état, en matière de filiation, est préjudicielle à l'action publique, et que l'action criminelle contre un délit de suppression d'état ne peut commencer qu'après le jugement définitif de la question d'état par le tribunal civil. Il est même vrai de dire que ces articles élèvent non seulement une question préjudicielle tant que les tribunaux civils n'ont pas statué définitivement sur la question d'état, mais une fin de non-recevoir contre la poursuite, d'où il suit que le prévenu ne peut pas être mis en arrestation et doit être mis en liberté. — Sur les importantes questions qui s'élèvent au sujet de ces dispositions, V. Paternité et filiation ; Question préjudicielle ; — Rép. v° Paternité et filiation, n°s 364 et suiv., 644 et suiv., et Question préjudicielle, n°s 72 et suiv.

§ 1er. — Enlèvement, recélé, suppression d'un enfant
(Rép. n°s 244 à 249).

353. L'art. 345 c. pén., texte de 1810, était ainsi conçu : « Les coupables d'enlèvement, de recélé ou de suppression d'un enfant, de substitution d'un enfant à un autre, ou de supposition d'un enfant à une femme qui ne sera pas accouchée, seront punis de la réclusion. — La même peine aura lieu contre ceux qui, étant chargés d'un enfant, ne le représenteront point aux personnes qui ont droit de le réclamer ». Ce texte a été modifié par la loi du 13 mai 1863. Par suite de l'addition de deux paragraphes, l'art. 345 est aujourd'hui conçu dans les termes suivants : « Les coupables d'enlèvement, de recélé ou de suppression d'un enfant, de substitution d'un enfant à un autre, ou de supposition d'un enfant à une femme qui ne sera pas accouchée, seront punis de la réclusion. — S'il n'est pas établi que l'enfant ait vécu, la peine sera de cinq ans d'emprisonnement. — S'il est établi que l'enfant n'a pas vécu, la peine sera de six jours à deux mois d'emprisonnement. — Seront punis de même ceux qui, étant chargés d'un enfant, ne le représenteront point aux personnes qui ont droit de le réclamer ».
Comme on le voit, le premier alinéa de l'art. 345 punit de la réclusion, aujourd'hui comme avant la loi de 1863 (car cette partie de l'article précité n'a reçu aucune modification), les personnes qui se rendent coupables d'enlèvement, de recélé ou de suppression d'un enfant, de substitution d'un enfant à un autre, ou de supposition d'un enfant à une femme qui n'est pas accouchée. C'est le crime qu'on appelait autrefois suppression de part, et au sujet duquel on trouve de suffisantes notions historiques au Rép. n° 244. — Le premier paragraphe de la présente section 1re est restreint, ici comme au Répertoire, au premier mode d'exécution de ce crime, à savoir à « l'enlèvement, le recélé ou la suppression d'un enfant ».

354. M. Blanche explique, t. 5, n° 254, le sens des différentes expressions employées par l'art. 345 : « L'enlèvement, dit cet auteur, est la suppression avec déplacement.

L'enfant est retiré de la maison où il se trouve, et déposé ailleurs, de façon à ce qu'on ne puisse pas le retrouver. Recéler un enfant est, en le recevant, se rendre complice de celui qui l'enlève. Supprimer un enfant c'est le faire disparaître, sans attenter à ses jours, et même sans le déplacer ; c'est le cacher à tous les yeux dans le lieu où il se trouve, et c'est faire que sa personne n'ait plus de place dans la société et dans la famille. »
Suivant le même auteur (t. 5, n° 255), le but capital de la première partie de l'art. 345 est de protéger l'enfant contre la destruction de la preuve de son état civil. C'est pour atteindre ce but que cet article punit l'enlèvement, le recélé, la suppression, qui séparent et isolent, en quelque sorte, l'enfant de cette preuve résultant de son acte de naissance ou de sa possession d'état. En d'autres termes, ainsi que nous l'avons dit au Rép. n° 245, le législateur a ici en vue la conservation de l'état civil des enfants. Tous les auteurs sont d'accord sur ce point (Chauveau et Hélie, t. 4, n° 1705 ; Nypels, t. 2, p. 110).
355. La première partie de l'art. 345 avait donné lieu, antérieurement à la loi du 13 mai 1863, à une difficulté sérieuse. On se demandait si cette disposition était applicable, même au cas où il s'agit d'un enfant mort-né, c'est-à-dire, déjà mort au moment où il est apparu au jour. On a vu, au Rép. n° 247, que la chambre criminelle de la cour de cassation avait décidé plusieurs fois que l'art. 345 du code de 1810 est conçu en termes généraux et doit être appliqué également à la suppression d'un enfant mort et à la suppression d'un enfant vivant ; mais cette jurisprudence, vivement critiquée (Chauveau et Hélie, t. 4, n°s 1706 et 1707 ; Bertauld, p. 21 ; Blanche, t. 5, n° 250), a été abandonnée à la suite d'un arrêt des chambres réunies du 1er août 1836 (Rép. n° 248) (Conf. Crim. rej. 8 nov. 1839 et 4 juin 1840, ibid. ; 6 juill. 1849, aff. Estienne, D. P. 52. 5. 233).
Cette dernière jurisprudence, quoique très juridique, aboutissait à laisser impunis certains faits qui pouvaient être condamnables. La disparition de l'enfant restait, en effet, sans poursuites, lorsqu'il n'était pas établi que l'enfant avait vécu et, à plus forte raison, lorsqu'il était établi qu'il n'avait pas eu vie. Spécialement, la femme récemment accouchée qui ne représentait pas son enfant n'encourait aucune peine ; la garantie sociale manquait donc à l'enfant qui vient de naître. « Nous ne savons pas, a dit l'exposé des motifs de la loi du 13 mai 1863, de tentation plus forte à commettre l'infanticide. La mère, qu'un sentiment de honte ou tout autre mobile sollicite à ce crime, peut s'assurer l'impunité par une suppression complète, car elle met la justice dans l'impossibilité de vérifier si l'enfant a vécu. » C'est pour combler ces lacunes que la loi du 13 mai 1863 a modifié l'art. 345. « La disparition d'un enfant, a dit le rapporteur de la commission du Corps législatif, peut bien n'avoir pour cause qu'une atteinte dirigée contre son état civil ; mais elle est aussi, le plus souvent, l'indice d'un crime commis sur sa personne. Le projet veut lui accorder la garantie qui lui manque, et donner une arme contre la femme qui, convaincue de l'avoir mis au monde clandestinement, ne peut pas, ou ne veut pas le représenter. Il propose, dans ce but, de punir l'enlèvement ou la non-représentation de l'enfant, même au cas où il n'est pas établi qu'il ait vécu, et même encore au cas où il est établi qu'il n'a pas vécu. Il varie seulement la peine applicable à chacun de ces deux cas... Nous acceptons cette incrimination nouvelle en faisant remarquer que le délit, qui sera poursuivi par application des deux paragraphes additionnels, ne se rattache pas essentiellement au principe des incriminations portées dans l'art. 345. En effet, si l'enfant n'a pas vécu, ou si seulement il n'est pas établi qu'il ait vécu, il n'y a pas de suppression dans le sens légal de ce mot ; car il n'y a pas d'atteinte possible à son état civil. C'est la non-représentation de l'enfant qui est à la base de la poursuite, et qui prend le caractère d'un délit. C'est pour mieux rendre cette pensée que nous avons retranché le mot supprimé de la rédaction proposée par le projet. L'enfant, dont il s'agit dans les paragraphes additionnels, sera donc bien alors tout enfant qui aura disparu, qui ne sera pas représenté et dont la disparition ne sera pas expliquée, quel que soit d'ailleurs le motif pour lequel on l'a fait disparaître. » — Les dispositions

nouvelles, introduites par la loi de 1863, ont donc pour but, non d'affaiblir la répression du crime de suppression d'enfant, mais d'assurer à l'enfant une protection nouvelle. La loi a voulu atteindre toute suppression d'enfant vivant ou mort-né, parce que cette suppression a pour effet de soustraire l'existence de l'enfant à la connaissance de tous, et d'empêcher que l'enfant, soit qu'il ait ou n'ait pas vécu, marque son passage dans la société et dans la famille et y prenne la place que lui assignent la nature et la loi (Crim. rej. 24 nov. 1865, aff. Plaise, D. P. 66. 1. 190. V. conf. Boitard, n° 390).

356. Aujourd'hui donc, lorsqu'il est prouvé que l'enfant enlevé, recélé ou supprimé a eu vie, la peine est celle de la réclusion; s'il n'est pas établi qu'il ait vécu, elle est d'un emprisonnement d'un mois à cinq ans; et s'il est établi qu'il n'a pas vécu, elle est d'un emprisonnement de six jours à deux mois. On voit qu'il y a crime dans la première hypothèse de l'art. 345 (texte nouveau), simple délit dans les deux autres (Crim. rej. 13 janv. 1881) (1). — Nous ajouterons avec M. Blanche, t. 5, n° 231, qu'il résulte de ces dispositions que le ministère public doit prouver que l'enfant a vécu, s'il entend donner au fait qu'il poursuit le caractère du crime puni de la réclusion par le premier paragraphe de l'art. 345, et que, d'un autre côté, il en résulte que, si l'inculpé entend n'encourir que la peine de six jours à deux mois d'emprisonnement, il doit prouver que l'enfant n'a pas vécu. D'où la conséquence qu'à défaut de ces deux preuves, c'est la peine intermédiaire, c'est-à-dire, celle d'un mois à cinq ans d'emprisonnement qui devient applicable (Arrêt du 24 nov. 1865, cité *suprà*, n° 355).

357. Avant d'étudier séparément les trois hypothèses de l'art. 345, il paraît utile de faire deux observations qui sont communes à ces trois hypothèses, et qui se rapportent au fait matériel de l'enlèvement de l'enfant. — En premier lieu, la dissimulation de la naissance de l'enfant constitue une suppression dès qu'elle est réalisée soit par l'enlèvement, soit par recélé, soit par suppression, et elle ne saurait perdre son caractère criminel ou délictueux parce que son auteur viendrait plus tard désigner, à la première réquisition des agents de l'autorité, l'endroit où le cadavre de l'enfant a été placé. C'est ce qui a été jugé par la cour de Caen, le 6 janv. 1875 (aff. Millois, D. P. 75. 2. 1), à l'égard d'une femme qui, ayant accouché clandestinement, avait caché sous la paillasse de son lit, avec l'intention de dissimuler la naissance, le cadavre de son enfant, et qui, le jour même de l'accouchement et à la première réquisition des agents de l'autorité, avait indiqué l'endroit où était le cadavre. De même, la cour de cassation a décidé qu'il y a suppression d'enfant dans le seul fait d'un enfouissement du cadavre de l'enfant sans déclaration préalable de la naissance et avec l'intention d'empêcher que cette naissance soit connue, si ce cadavre n'a été représenté qu'à la suite d'une information judiciaire fournissant la preuve du fait de l'accouchement, alors surtout qu'à ce moment son état de décomposition ne permettait plus de vérifier si l'enfant avait ou n'avait pas vécu (Crim. rej. 24 nov. 1865, aff. Plaise, D. P. 66. 1. 190). — A plus forte raison la femme qui, ayant fait disparaître, en le jetant dans un puits, le cadavre de l'enfant mort-né dont elle est accouchée, a reconnu, lors de la découverte de ce cadavre faite par des tiers, que cet enfant était le sien, ne peut être considérée comme l'ayant représenté, alors que cet

aveu n'a pas été spontané (Trib. corr. Angoulême, 28 juill. 1871, aff. Catherine J..., D. P. 71. 3. 71).

358. En second lieu, « l'art. 345 c. pén., indépendant de tout autre texte, et complet par lui-même, punit le fait de suppression sans aucune condition subordonnée à l'expiration des délais impartis par l'art. 55 c. civ. pour la présentation des enfants nouveau-nés » (Caen, 6 janv. 1875, cité *suprà*, n° 357). D'où il suit que le crime ou les délits d'enlèvement, de recélé ou de suppression d'enfant, prévus et punis par les paragraphes 1er, 2 et 3 dudit art. 345, sont réputés consommés, quoique la découverte de l'enfant ou de son cadavre, après ces faits établis, ait eu lieu à un moment où la naissance aurait pu encore être régulièrement déclarée à l'officier de l'état civil (Même arrêt).

359. — 1re HYPOTHÈSE : *Cas où l'enfant enlevé, recélé ou supprimé est né vivant* (art. 345, § 1er). — Ainsi qu'on l'a rappelé *suprà*, n° 353, le texte qui règle cette hypothèse n'a reçu aucun changement en 1863; son interprétation a donné lieu, toutefois, à de nombreux arrêts depuis la publication du *Répertoire*.

Il est demeuré certain, avant comme après la loi du 13 mai 1863, que ce qui caractérise le crime d'enlèvement, de recélé ou de suppression d'enfant, prévu par l'art. 345, § 1er, c. pén., est en forme la condition essentielle, c'est que cet attentat envers l'enfant soit de nature à *compromettre la preuve de son état civil*. En exposant les motifs de l'art. 345 du code de 1810, l'orateur du Gouvernement disait : « Les expressions du nouveau code ne laisseront point de doute que ceux-là seront condamnés à la peine de la réclusion, qui, par de fausses déclarations, donneront à un enfant une famille à laquelle il n'appartient point et le priveront de celle à laquelle il appartient, ou qui, par un moyen quelconque, lui feront perdre l'état que la loi lui garantissait » (Locré, t. 30, p. 483 et suiv.). Ces paroles témoignent de la préoccupation du législateur; elles prouvent qu'en édictant l'art. 345, il n'avait, ainsi qu'on en a fait la remarque au *Rép.* n° 245, qu'un but, *la conservation de l'état civil de l'enfant*. Or, le rapporteur de la loi de 1863 a pris soin de constater que l'art. 345 était conservé avec le sens et la portée qu'il avait auparavant (D. P. 63. 4. 92, note, n° 109). Donc la suppression *de l'état civil* de l'enfant est, aujourd'hui encore, l'élément essentiel du crime. C'est là une différence considérable avec les incriminations nouvelles des 2e et 3e paragraphes de l'art. 345, qui n'ont pour objet que le corps d'un enfant n'ayant jamais ou n'ayant jamais eu vie; il est clair qu'il n'y a pas d'atteinte possible à l'*état civil* d'un pareil enfant (Blanche, t. 5, n° 255; Chauveau et Hélie, t. 4, n° 1705; Morin, v° *Question préjudicielle*, n° 11; Hoffman, t. 2, n° 288).

360. Une première conséquence du caractère d'atteinte à l'état civil reconnu au crime de l'art. 345, § 1er, c'est que la circonstance que l'enfant enlevé, recélé ou supprimé est *né vivant* forme un élément *constitutif* du crime puni par l'art. 345, § 1er, et que cet article n'est pas applicable au cas où il s'agit d'un enfant *mort-né* (Chauveau et Hélie, t. 4, n°s 1706 à 1708; Blanche, t. 5, n° 258; Boitard, n° 390; Nouguier, *La cour d'assises*, t. 4, 1er vol., n° 2704). Il suit de là, au point de vue pratique, qu'il n'est pas nécessaire, aux assises, d'interroger le jury spécialement sur la question de savoir si l'enfant *a vécu* (C. d'ass. Loire-Inférieure, 19 mai

---

(1) (Fille Delatour, *dite* Mariette.) — LA COUR ; — Sur le premier moyen, tiré de la violation de l'art. 337 c. instr. cr., en ce que le président a posé au jury des questions qui ne reproduisaient pas celles résultant de l'acte d'accusation : — Attendu que l'arrêt d'accusation rendu contre la fille Delatour déclarait qu'elle était accusée « d'avoir supprimé son enfant nouveau-né, lequel avait vécu », et que le président des assises a posé ces deux questions : « 1° La fille Delatour est-elle coupable d'avoir supprimé son enfant nouveau-né ? 2° Est-il établi que ledit enfant avait vécu ? » — Attendu que l'art. 337 c. instr. cr. n'est que l'indicatif de la manière dont les questions doivent en général être soumises au jury; qu'il suffit, pour satisfaire à ses prescriptions, qu'elles reproduisent le fait retenu par l'arrêt de renvoi, avec toutes les circonstances qui sont énoncées comme s'y rattachant; — Attendu que le président des assises, en décomposant dans les deux questions ci-dessus indiquées, la question unique de l'arrêt de renvoi, a mis le jury à même de statuer séparément sur chacun des éléments contenus dans le fait incriminé ; — Et

qu'en agissant ainsi, loin de violer l'art. 337 c. instr. cr., il en a fait une saine application ;
Sur le deuxième moyen, tiré de la violation de l'art. 345 c. pén., en ce que l'arrêt attaqué n'aurait pas statué sur le crime retenu par l'arrêt de renvoi : — Attendu que le fait de suppression d'un nouveau-né, prévu et puni par l'art. 345 c. pén., constitue un crime ou un délit : un crime si l'enfant a vécu; un délit, s'il n'est pas établi que l'enfant ait vécu, ou s'il est établi qu'il n'a pas vécu ; — Attendu que, dans la cause, le jury ayant répondu aux questions posées séparément « 1° que la fille Delatour était coupable d'avoir supprimé son nouveau-né; 2° qu'il n'était pas établi que cet enfant eût vécu », a enlevé au fait son caractère de crime, et l'a ainsi fait dégénérer en un délit ; — Attendu que l'arrêt attaqué, en appliquant à la fille Delatour la peine correctionnelle prononcée par le paragraphe 2 de l'art. 345, a fait une saine application de cet article ; — Rejette, etc.
Du 13 janv. 1881.-Ch. crim.-MM. de Carnières, pr.-Falconnet, rap.-Ronjat, av. gén.

1853, aff. Cornette, D. P. 54. 1. 15; Crim. rej. 4 mars 1875, aff. Clément, D.P. 76. 1. 508). A la vérité, un arrêt de la cour de cassation du 14 mars 1873 (aff. Dumont, D. P. 73. 1. 161) a considéré la circonstance que l'enfant a vécu comme une simple *cause d'aggravation* du fait principal de non-représentation de l'enfant, et décidé que le jury doit être interrogé par une question spéciale et distincte sur cette circonstance ; mais c'était là méconnaître la pensée du législateur de 1863, qui a clairement voulu que l'attentat contre l'enfant né vivant gardât le caractère de crime principal et indépendant qu'il tenait de l'ancien art. 345. Au reste, la doctrine admise par l'arrêt du 14 mars 1873 a été expressément abandonnée par l'arrêt du 4 mars 1875, qui déclare que « l'existence de l'enfant est un des éléments essentiels et constitutifs du crime de suppression » et qu'il n'est pas nécessaire d'en faire l'objet d'une question distincte au jury. — La jurisprudence admet toutefois que la circonstance que l'enfant a vécu *peut* faire l'objet d'une question séparée (Crim. rej. 13 janv. 1881, cité *suprà*, n° 356).

361. Au reste, d'après l'arrêt du 4 mars 1875, cité *suprà*, n° 360, le mot *nouveau-né* indiquant nécessairement un enfant *né vivant*, peut à la rigueur suppléer, dans la question, cette dernière expression. — Et même il a été jugé plusieurs fois que la question posée dans les termes de l'art. 345 c. pén., suivie de la réponse affirmative du jury, sur le crime de suppression d'enfant implique nécessairement avec elle l'existence momentanée de l'enfant, et qu'ainsi il n'est pas nécessaire que la question énonce que l'enfant était *né vivant* (Crim. rej. 7 juill. 1837, *Rép.* v° *Instruction criminelle*, n° 2495; 9 janv. 1851, *Bull. crim.*, n° 15; 26 juill. 1849, aff. Estienne, D. P. 52. 5. 233; 25 sept. 1862) (1).

362. Une seconde conséquence du caractère *d'atteinte à l'état civil* des enfants, reconnu au crime de l'art. 345, § 1er, est que, si l'enlèvement, le recélé où la suppression ne doivent pas priver l'enfant de son état civil, les faits, qui pourront d'ailleurs constituer d'autres infractions, ne prendront pas le caractère du crime réprimé par cet article. C'est ce qui a été jugé dans les espèces où l'enfant avait été déposé dans un hospice avec des précautions propres à faire reconnaître son identité (V. *Rép.* n° 258; Conf. Blanche, t. 5, n° 255). — Mais il en serait autrement si le dépôt de l'enfant dans un hospice avait pour résultat de compromettre son état civil, comme dans les cas sur lesquels ont statué les arrêts rapportés au *Rép.* n° 259-1°, 259-2°, et v° *Question préjudicielle*, n° 72-1°.

363. Une troisième conséquence est que l'art. 345, § 1er, n'est applicable que dans le cas où l'enlèvement, le recélé, la suppression a eu pour objet un enfant *trop jeune* encore pour retrouver, par lui-même, la preuve de son état civil. Assurément il n'est pas nécessaire que l'enfant soit *nouveau-né*, la loi ne l'exige aucunement (Crim. rej. 18 nov. 1824, *Rép.* n° 249-3°; 4 mars 1875, aff. Clément, D. P. 76. 1. 508). Ainsi nous croyons avec Blanche, t. 5, n° 257, qu'on peut supprimer un enfant d'un an, de deux, de trois ans, etc. Ce fait rentrerait, à notre avis, dans les termes de notre article, si cet enfant n'avait pas été inscrit sur les registres de l'état civil. Mais on ne saurait admettre que l'article ait en vue tous les mineurs de vingt et un ans, sans distinction d'âge (Blanche, *loc. cit.*). Le nouveau code pénal belge de 1867 spécifie dans son art. 364 et 365 qu'on peut enlever ou recéler tout enfant « au-dessous de sept ans accomplis ».

364. Si le crime de suppression d'enfant par l'art. 345, § 1er, c. pén. suppose que l'enfant n'est pas *mort-né*, il n'est nullement exigé que l'enfant vécût encore au moment où la suppression a été commise; il suffit, comme le dit très bien M. Bertauld, n° 19, « que l'enfant ait eu vie, qu'il ait pu être un sujet de droits, pour qu'il soit considéré comme un être juridique dont la trace ne devait pas être dissimulée à la société ». C'est ce qui a déjà été

reconnu au *Répertoire*, où l'on a rapporté plusieurs arrêts de la cour de cassation dans ce sens (Crim. cass. 5 sept. 1834, *Rép.* n° 247-1°; 27 août 1835, *ibid.*; Crim. rej. 7 déc. 1838, *Rép.* n° 249-2°). Cette doctrine a été confirmée depuis par un arrêt de rejet du 20 mars 1862 (aff. Flocard, D. P. 67. 5. 163) (Conf. C. cass. Belgique, 21 sept. 1860, aff. Lamblin et Deswatin, *Pasicrisie belge*, 1861. 1. 258; Blanche, t. 5, n° 258; Chauveau et Hélie, t. 4, n° 1710; Nypels, t. 2, p. 121). — L'arrêt précité du 20 mars 1862 a spécialement jugé que la suppression du cadavre d'un enfant né vivant, qui a cessé de vivre, constitue le crime prévu par l'art. 345, § 1er, dans le cas où rien n'indique que la vie ait cessé par l'effet d'un autre crime. Au reste, ainsi que nous l'avons dit *suprà*, n° 362, c'est au ministère public de prouver que l'enfant enlevé, recélé ou supprimé, est né vivant, s'il veut faire appliquer à l'attentat le paragraphe 1er de l'art. 345 (Blanche, t. 5, n° 251).

365. Que décider si l'enfant, quoique né vivant, n'était pas né *viable* ? (V. sur ce point, *infrà*, n°s 374 et suiv.).

366. S'il est hors de doute que le crime de l'art. 345, § 1er, ne peut exister que lorsque l'enlèvement, le recélé ou la suppression d'enfant a pour *résultat* la suppression de son état civil, est-il nécessaire, en outre, que cette suppression d'état ait été la cause directe et déterminante de l'attentat exercé envers l'enfant? En d'autres termes, faut-il que le coupable, en faisant disparaître l'enfant, ait eu *l'intention de le priver de son état civil?* Que décider, par exemple, si l'enfant a été enlevé, recélé ou supprimé dans l'unique but, de cacher le déshonneur de la mère, ou de dissimuler un infanticide ou un homicide involontaire? Un arrêt de cassation du 19 déc. 1863 (aff. Billiet, D. P. 64. 1. 144), a jugé que le crime prévu par l'art. 345 n'est légalement caractérisé qu'autant que le fait matériel de recélé ou de suppression d'enfant a eu lieu *avec la pensée coupable d'arriver ainsi à la suppression de l'état civil de cet enfant.* Deux cours d'appel ont jugé aussi que le paragraphe 1er de l'art. 345 ne réprime pas la suppression commise dans l'unique but et pour le seul avantage, soit de cacher le déshonneur de la mère (Caen, 27 juill. 1864, aff. Vautier, D. P. 73. 1. 161, note 1), soit de faire disparaître avec les traces de la grossesse et de l'accouchement, le corps du délit d'un homicide involontaire (Paris, 20 mars 1874, aff. Lachaussée, D. P. 75. 1. 5). Cette doctrine est celle des plus graves auteurs (Blanche, t. 5, n° 253; Chauveau et Hélie, t. 4, n° 1709 et 1710; Hoffmann, t. 2, n°s 298 et 301; Le Sellyer, *Traité de la compétence*, t. 2, n°s 665 et 666; Nypels, t. 2, p. 118, qui cite dans le même sens des arrêts de la cour de cassation de Belgique des 25 sept. 1846 et 6 juill. 1857, de la cour d'appel de Gand du 19 avr. 1853, et de la cour d'appel de Bruxelles du 4 sept. 1858). Elle conduit à un déplorable résultat, puisqu'elle amène l'impunité de faits de la plus haute gravité, impunité qui paraît inadmissible surtout depuis que la loi de 1863 protège, par les dispositions des paragraphes 2 et 3 de l'art. 345, contre l'enlèvement, le recélé où la suppression, même la personne d'un enfant mort-né ou réputé mort-né, quoique de tels actes n'aient pas alors cette grave conséquence de compromettre un état civil dont l'enfant n'a, en pareil cas, jamais été investi. N'y a-t-il pas, en effet, une évidente anomalie à absoudre, à l'égard de l'enfant né vivant, un fait que la loi punit à l'égard de l'enfant qui n'a pas vécu ou qui est considéré comme n'ayant pas vécu ?

367. Par trois arrêts plus récents, la cour de cassation a décidé que l'existence du crime d'enlèvement, de recélé ou de suppression d'un enfant né vivant n'est pas subordonnée à la condition que ces actes aient eu pour cause directe et déterminante l'intention de priver cet enfant de son état civil (Crim. cass. 9 avr. 1874, aff. Lachaussée, D. P. 75. 1. 5; Crim. rej. 4 déc. 1879, aff. Lusson, D. P. 80. 1. 239; Crim.

---

(1) (Jalouneix.) — LA COUR ; — Sur le moyen pris de la fausse application de l'art. 345 c. pén., en ce que, dans une accusation de suppression d'enfant, le jury n'aurait pas été interrogé sur la question de savoir si l'enfant était né vivant : — Attendu que la question posée dans les termes de l'art. 345 c. pén., suivie de la réponse affirmative du jury, sur le crime de suppression d'*enfant*, implique nécessairement avec elle l'existence momentanée de l'enfant, que

l'on a fait disparaître et dont l'état est supprimé; — Qu'ainsi il n'est pas nécessaire d'interroger spécialement le jury sur le point de savoir si l'enfant était né non vécu, puisque l'existence de l'enfant, si courte qu'elle ait été, est un des caractères essentiels et constitutifs du crime de suppression; — Rejette.

Du 25 sept. 1862.-Ch. crim.-MM. Le Sérurier, rap.-Savary, av. gén.

cass. 2 sept. 1880, aff. Michel, D. P. 81. 1. 48). — Spécialement, elle a jugé que la suppression d'un enfant né vivant, mais mort après sa naissance, tombe sous l'application du paragraphe 1er de l'art. 345, encore que la mère n'ait caché le corps de son enfant que dans le but de se soustraire à des poursuites pour homicide par imprudence (Arrêt précité du 9 avr. 1874, portant cassation de l'arrêt de la cour de Paris du 20 mars 1874, cité *suprà*, n° 366); et que la chambre d'accusation, saisie d'une poursuite pour suppression du corps d'un enfant né vivant, et mort peu de temps après sa naissance, sans que cette naissance ait été déclarée à l'officier de l'état civil, n'a pas à relever, chez l'accusée, l'intention de supprimer l'état civil de l'enfant, cette suppression n'étant pas un des éléments constitutifs du crime poursuivi, et ne se rattachant qu'incidemment et accessoirement à la suppression de la personne, fait qui est l'objet principal de l'accusation (Crim. rej. 4 déc. 1879, aff. Lusson, D. P. 80. 1. 239; Crim. cass. 2 sept. 1880, aff. Michel, D. P. 81. 1. 48). — Et c'est à cette jurisprudence que s'est ralliée la cour de Caen dont est émané l'arrêt contraire du 27 juill. 1864 cité *suprà*, n° 366, en jugeant également, depuis, qu'il y a crime de suppression d'enfant, dans le sens du paragraphe 1er de l'art. 345, même de la part d'une mère qui en faisant disparaître le corps de son enfant mort après sa naissance non encore constatée, aurait agi, non pour priver son enfant de son état civil, mais pour dissimuler soit son déshonneur, soit un infanticide ou un homicide involontaire (Caen, 5 nov. 1872, aff. Dubost, D. P. 75. 2. 1).

En résumé, d'après la jurisprudence nouvelle, l'élément principal du crime de l'art. 345, § 1er, c'est la *dissimulation de la naissance de l'enfant*. Assurément cette dissimulation n'est punissable, comme crime, que si elle est de nature à compromettre l'état civil de l'enfant, c'est-à-dire que s'il s'agit d'un enfant né vivant. Mais la suppression d'état n'est renfermée que *virtuellement* dans l'attentat contre la personne, et l'accusation, dès qu'il s'agit d'un enfant forcément lésé dans son état civil par cela seul qu'il a vécu, n'a pas à se préoccuper du *motif* qui a déterminé l'attentat; il suffit que l'agent n'ait pu ignorer, en le commettant, qu'il privait l'enfant de son état civil, pour que le crime résultant de l'enlèvement, du recelé ou de la suppression d'un enfant ayant eu vie et non déclaré à l'officier de l'état civil, soit complètement caractérisé. M. Haus a traité à fond cette question de l'intention, en matière de suppression d'état dans sa *Dissertation sur la suppression d'enfant*, en *Appendice* au t. 1 de ses *Principes du droit pénal belge* (V. notamment les n°s 11, 12, 13). « La moralité de ce crime, dit cet auteur, n° 13, consiste dans l'intention de cacher la naissance de l'enfant ou de le faire passer pour mort. Le motif qui détermine l'agent est indifférent. Il peut spécialement vouloir supprimer l'état civil de l'enfant, ce qui a lieu lorsqu'il commet le crime pour se procurer une succession que l'existence de l'enfant l'empêche d'obtenir. Mais, pour constituer une suppression de part, il n'est point nécessaire que le fait ait été commis avec le dessein de frustrer l'enfant de la preuve légale de sa filiation. On peut commettre ce crime dans le but de cacher sa honte, de faciliter un mariage, de se soustraire aux soins que réclame l'enfant, ou à l'obligation de pourvoir à son entretien » (Conf. Garraud, p. 817).

368. On a déjà dit au *Rép.* n° 245, qu'il ne faut pas confondre le crime de suppression d'enfant avec celui de l'*infanticide*. Le but de l'infanticide est de *faire périr* l'enfant; celui de la suppression est seulement de *dissimuler sa naissance* ou de la *faire passer pour mort*. — Au reste, un enfant peut avoir été homicidé et supprimé; il en résulte que le même individu peut être à la fois mis en accusation et condamné pour ces deux crimes. C'est ce que la cour de cassation a reconnu par un arrêt du 20 sept. 1838 (*Rép.* n° 249-1°) (Conf. Blanche, t. 5, n° 262).

Mais, puisque les deux crimes sont distincts, il en résulte, ainsi qu'on l'a fait remarquer au *Rép.* n° 245, que, dans une accusation d'infanticide, la question de suppression d'enfant ne pourrait pas être posée comme résultant des débats. En effet, disent Chauveau et Hélie, t. 4, n° 1711, « la suppression d'état n'est point contenue dans l'infanticide, elle n'en est pas un fait dérivatif, une modification. Elle ne peut donc être posée dans les débats ouverts sur cette accusation comme une circonstance du fait principal ; elle peut seulement devenir la matière d'une accusation nouvelle ». Aux arrêts de cassation déjà cités dans ce sens au *Rép.* n° 245, il faut en ajouter un troisième rendu par la même cour (Crim. rej. 28 juin 1853, *Bull. crim.*, n° 324. Conf. Blanche, t. 5, n° 263 ; Nouguier, t. 4, 1er vol., n° 2764, p. 190). — Toutefois il pourrait en être autrement si l'infanticide était fondé sur la disparition de l'enfant. C'est du moins ce qui paraît résulter d'un arrêt (Crim. rej. 7 juill. 1837, rapporté au *Rép.* v° *Instruction criminelle*, n° 2495). M. Blanche qui cite cet arrêt (t. 5, n° 263), fait remarquer que, dans l'espèce sur laquelle il a statué, il était dit en l'acte d'accusation que l'accusée *avait fait disparaître* l'enfant dont elle était accouchée ; toutefois cette disparition ne formait pas un chef d'accusation. Il nous semble, comme à l'éminent auteur, que le fait, bien que constaté par l'acte d'accusation, n'ayant pas reçu de l'arrêt de renvoi le caractère d'un crime, le président des assises n'était pas autorisé à poser la question qui le concernait.

369. — 2° HYPOTHÈSE : *Cas où il n'est pas établi que l'enfant enlevé, recelé ou supprimé ait vécu* (c. pén. art. 345, § 2). — La nouvelle incrimination concernant cette hypothèse, ainsi que l'a fait observer le rapporteur de la commission du Corps législatif (V. *suprà*, n° 359) n'a pas, comme celle du paragraphe 1er de l'art. 345, pour objet de *protéger l'état civil de l'enfant*, puisque, quand il n'est pas établi que l'enfant ait vécu, il n'y a pas d'atteinte possible à son état civil; elle a plus spécialement en vue la *défense de sa personne* (Blanche, t. 5, n° 267). Ce que la loi punit ici, c'est la non-représentation de l'enfant.

370. Le crime de suppression est-il transformé en délit, dans le cas prévu par le paragraphe 2 de l'art. 345, ou, conservant son caractère criminel, ne trouve-t-il qu'une excuse légale dans la disposition de ce paragraphe? M. Blanche qui pose la question, t. 5, n° 268, la résout avec raison dans le premier sens. Il résulte, en effet, du rapport de la commission, rappelé *suprà*, n° 355, que la loi du 13 mai 1863 a entendu créer une incrimination nouvelle, et non une excuse légale. D'où la conséquence justement tirée par Blanche, *loc. cit.*, que la circonstance qui amoindrit le fait pénal peut être reconnue par le juge d'instruction et par la chambre de mises en accusation, et que ce fait est de la compétence de la juridiction correctionnelle. — Il en est de même évidemment dans l'hypothèse qui va suivre, qui est celle où il est établi que l'enfant n'a pas vécu (art. 345, § 3).

371. — 3° HYPOTHÈSE : *Cas où il est établi que l'enfant enlevé, recelé ou supprimé n'a pas vécu* (c. pén. art. 345, § 3). De même que dans l'hypothèse précédente, le législateur n'a pas en vue de protéger l'état civil de l'enfant; la disposition du paragraphe 3 de l'art. 345 n'est en réalité que prohibitive d'une inhumation clandestine (Blanche, t. 5, n° 267).

372. Puisque la suppression du cadavre d'un enfant qui n'a pas vécu est un délit correctionnel, prévu par l'art. 345, § 3, il faut en conclure, avec la cour de cassation, qu. le fait de suppression d'un enfant nouveau-né, déclaré constant par le jury, n'est passible que de la peine de six jours à deux mois d'emprisonnement, lorsque, sur une question posée comme résultant des débats, le jury a admis que l'enfant n'avait pas vécu (Crim. rej. 13 févr. 1873, aff. Loiseleur, D. P. 73. 1. 93).

373. Mais quel est le sens exact des expressions du paragraphe 3 de l'art. 345 « enfant *qui n'a pas vécu* » ? — Il n'y a point de doute que ce paragraphe s'applique à l'enlèvement, au recel, à la suppression d'un enfant qu'on a constaté être *mort-né* (Trib. corr. Angoulême, 28 juill. 1874, aff. Catherine J..., D. P. 74. 3. 74). S'applique-t-il au cas où l'enfant aurait respiré une ou deux minutes au plus? Au point de vue physiologique et médical, il est généralement admis que « vivre c'est respirer » ; toutefois, il peut arriver exceptionnellement qu'un fœtus ait respiré sans cependant avoir vécu après sa naissance (V. Briand et Chaudé, *Médecine légale*, 10e éd., p. 370). Un arrêt de la cour de Chambéry; 9 juin 1874 (aff. Marchand, D. P. 75. 2. 87) « s'attachant moins aux phénomènes de l'ordre scientifique qu'à l'intention de la femme prévenue de suppression d'enfant, » a considéré comme *n'ayant pas vécu* « l'enfant dont la vie ne s'est pas manifestée par une respiration (d'une ou deux minutes au

plus) assez apparente pour être remarquée par une personne étrangère à la médecine ». Cette solution peut être équitable; mais il faut reconnaître qu'elle paraît un peu arbitraire et qu'elle a l'inconvénient d'introduire, dans un article du code pénal, qui a déjà prévu trois hypothèses diverses, une nouvelle distinction à laquelle le législateur n'a probablement pas songé.

374. L'enfant qui n'est pas *né viable* doit-il être assimilé à celui « qui *n'a pas vécu* » ? Avant la loi de 1863 on l'assimilait à un enfant né vivant afin de soustraire l'enlèvement, le recélé ou la suppression de son corps à l'impunité qui aurait couvert ces faits si on l'avait confondu avec un enfant mort-né. C'est l'opinion qui a été exprimée au *Rép.* n° 249. Mais aujourd'hui que l'attentat envers l'enfant qui n'a pas vécu, ne reste plus impuni, il paraît difficile de ne pas faire rentrer dans ces dernières expressions l'enfant qui n'est pas né viable aussi bien que l'enfant mort-né. Sans doute l'enfant non viable, n'existant pas au point de vue des droits civils (c. civ. art. 725), n'a pas d'état civil et ne peut être l'objet d'une suppression d'état; mais l'incrimination de l'art. 345, § 3, n'a pas pour objet de protéger l'état civil de l'enfant; elle est simplement prohibitive d'une inhumation clandestine (Blanche, t. 5, n° 267).

375. Le délit de l'art. 345, § 3, est toutefois subordonné à la condition que le produit soit un être propre à la vie extra-utérine, un *embryon*, un *fœtus* incomplètement organisé. C'est là un point de doctrine qui a été consacré par de nombreux arrêts, et qui, en tant que principe, ne pourrait faire l'objet d'aucune difficulté (Grenoble, 10 févr. 1870, aff. Menéyroud, D. P. 71. 2. 35; Crim. rej. 7 août 1874, aff. Bohard, D. P. 75. 1. 5; Amiens, 29 juin 1876, aff. Labarre, D. P. 80. 2. 57; Dijon, 11 mai 1879, aff. Basset, *ibid.*; Angers, 31 mai 1880, aff. Leblanc, D. P. 82. 2. 139).

Mais la jurisprudence est divisée sur le point de savoir à quel degré de développement le fœtus doit être parvenu pour qu'on puisse le considérer comme un enfant, dans le sens attaché à ce mot par les paragraphes 2 et 3 de l'art. 345 c. pén. Les arrêts précités ont jugé que le produit de l'accouchement ne peut être qu'un *fœtus*, si l'accouchement a eu lieu avant *six mois* de gestation, conformément à la règle posée dans l'art. 312 c. civ. sur le *minimum* de la durée de la gestation en matière de désaveu d'enfant. « Attendu, a dit l'arrêt de rejet du 7 août 1874, que l'art. 345, § 3, c. pén. qui punit de six jours à deux mois de prison la suppression de l'enfant, lors même qu'il est établi qu'il n'a pas vécu, doit être combiné avec l'art. 312 c. civ., aux termes duquel l'enfant n'est réputé viable qu'après un minimum de cent quatre-vingts jours ou six mois de gestation ; que l'être qui vient au monde avant ce terme, privé non seulement de la vie, mais des conditions organiques indispensables à l'existence, ne constitue qu'un produit innommé, et non un enfant, dans le sens que le législateur a attaché à cette expression ; que ce n'est point en vue d'un pareil être qui, suivant que sa venue au jour se rapproche davantage de l'époque de sa conception, peut ne pas même présenter les signes distinctifs de la forme humaine, que le décret du 3 juill. 1806 a prescrit la présentation du cadavre de tout enfant mort-né à l'officier de l'état civil; — Qu'une telle présentation sans utilité pour l'intérêt social, pourrait, dans certains cas, blesser la pudeur publique. » — Spécialement, il a été décidé que le délit du paragraphe 3 de l'art. 345 n'existe pas de la part de la femme qui n'a pas présenté à l'officier

de l'état civil le fœtus dont elle est accouchée après quatre ou cinq mois au plus (ou même cinq mois et demi seulement) de grossesse (Arrêts précités des 10 févr. 1870 et 7 août 1874). — D'autres arrêts ont jugé, au contraire, que la non-représentation d'un fœtus formé dans ses organes essentiels tombe sous l'application de l'art. 345, § 3, bien que la grossesse n'ait eu qu'une durée de quatre à cinq mois (Dijon, 16 déc. 1868, aff. Bellemand, D. P. 69. 2. 35; Amiens, 20 déc. 1873, aff. Caron, D. P. 75. 5. 175; Agen, 6 août 1874, aff. Dardenne, D. P. 75. 5. 175; Douai, 10 avr. 1881) (1). Mais il est à remarquer que les cours d'Amiens et de Dijon se sont ralliées depuis, en 1878 et 1879, à la doctrine de la cour de cassation, qui semble, dès lors, prévaloir aujourd'hui (V. les arrêts des 29 juin 1876 et 11 mai 1879, précités). Nous croyons, avec la majorité des arrêts, que l'art. 345, § 3, c. pén. doit être combiné avec l'art. 312 c. civ., aux termes duquel l'enfant n'est réputé viable qu'après un minimum de cent quatre-vingts jours, ou six mois de gestation, et que, par suite, le délit de non-représentation n'existe pas quand l'accouchement a eu lieu avant six mois de gestation.

376. A qui incombe-t-il de prouver que le produit supprimé est resté assez longtemps dans le sein de sa mère pour mériter le nom d'enfant ? Assurément au ministère public, qui doit démontrer la culpabilité de celui qu'il accuse. Cette tâche sera parfois difficile, mais les principes du droit la lui imposent. Des témoignages et des constatations faites par les hommes de l'art sur la personne de la mère lui permettront le plus souvent, croyons-nous, d'établir, sinon d'une manière précise, au moins approximativement, la durée de la grossesse. Cette preuve une fois faite, le produit né après plus de six mois de gestation doit être présumé viable, et c'est à l'inculpée de détruire cette présomption en prouvant qu'elle est accouchée d'un fœtus incomplètement organisé (Chambéry, 29 févr. 1868, aff. Charlety, D. P. 71. 2. 34; Dijon, 16 déc. 1868, aff. Bellemand, D. P. 69. 2. 35; Poitiers, 31 août 1878, aff. Rault, D. P. 79. 2. 29; Angers, 31 mai 1880, aff. Leblanc, D. P. 82. 2. 139; Douai, 10 avr. 1881, *supra*, n° 375).

§ 2. — Supposition ou substitution de part. — Refus de représenter un enfant. — Dépôt dans un hospice (*Rép.* n°s 250 à 261).

377. — I. Supposition ou substitution de part. — Le premier alinéa de l'art. 345 c. pén. ne punit pas seulement le crime d'enlèvement, de recélé ou de suppression d'enfant; il prévoit aussi le crime de substitution d'un enfant à un autre et le crime de supposition d'un enfant à une femme qui n'est pas accouchée. A cet égard, la loi du 13 mai 1863 n'a apporté aucune modification au texte précité. Dans cette deuxième hypothèse du premier alinéa de l'art. 345, ainsi qu'on l'a dit au *Rép.* n° 250, le caractère principal du crime est le même que dans le cas de suppression d'enfant : il s'agit toujours de changer l'état civil de l'enfant. Seulement, comme le font remarquer très justement MM. Chauveau et Hélie, t. 4, n° 1714, « il s'agit moins ici de supprimer l'état de l'enfant que de le créer par la fraude ».

Il y a substitution d'un enfant à un autre quand un enfant est mis à la place de celui dont une femme est réellement accouchée, soit par cette femme, soit par un tiers. C'est un enfant auquel on donne la place, la qualité et, par conséquent, les droits d'un autre enfant. Cette fraude n'est qu'une

---

(1) (Duhautois.) — La cour ; — Attendu que les paragraphes 2 et 3 de l'art. 345 c. pén. en punissant le défaut de représentation de l'enfant dont une femme est accouchée, supposent que le produit non représenté de l'accouchement a été un être apte à la vie extra-utérine, et non un fœtus incomplètement organisé; qu'il incombe alors à la partie poursuivante d'établir, sinon que l'enfant est né vivant, du moins que la grossesse a eu une durée suffisante pour que le produit de la gestation présente les conditions exigées par la loi;

En fait : — Attendu que la fille Duhautois prétend que sa grossesse qu'elle a d'ailleurs dissimulée, n'a duré que trois mois environ ; que dans la nuit du 10 au 11 décembre elle a éprouvé une perte considérable, et qu'au milieu du sang, elle a remarqué une sorte de boule, qu'elle aurait jetée plus tard avec d'autres matières expulsées; — Attendu que ces allégations n'ont pu être contredites directement par les constatations médico-légales ; que les données recueillies par les médecins experts, le corps du délit

n'ayant point été retrouvé, n'ont pas permis de fixer nettement la durée de la gestation ; qu'il résulte même des déclarations de M. le docteur Planque que, dans son appréciation, l'inculpée a pu *accoucher soit d'un fœtus*, soit *d'une môle quelconque*; qu'en dehors des constatations médicales, les témoignages recueillis ne sont pas explicites sur la durée de la grossesse de la fille Duhautois ; que, parmi ces dépositions, les unes ne concernent que des bruits ou rumeurs, les autres ne contiennent que des faits peu significatifs et non probants. — Attendu que c'est seulement vers le mois de septembre, d'après les dires des témoins, que la grossesse peut être considérée comme ayant été certaine ; mais que l'intervalle qui s'est écoulé entre cette époque et la date du 10 au 11 décembre n'est pas suffisant pour que les conditions du délit prévu par l'art. 345 puissent être regardées comme remplies ; — Par ces motifs, etc.

— Du 10 avr. 1881.-C. de Douai.-MM. de Bossin, pr.-de Vaux d'Achy, av. gén.-Dubron, av.

supposition d'enfant par voie de substitution. — Il y a simple supposition d'enfant dans le fait d'attribuer à une femme un enfant dont elle n'est pas accouchée, que ce fait émane de la femme elle-même ou d'un tiers : ici la supposition d'enfant s'opère sans substitution. C'est la *supposition de part* proprement dite. Le caractère prédominant de ce crime, c'est l'introduction d'un enfant dans une famille à laquelle il n'appartient pas.

378. La substitution ou la supposition d'enfant présente toujours les caractères d'un *crime*, par assimilation avec le crime d'enlèvement, de recélé, ou de suppression d'un enfant né vivant, crime puni dans la même disposition de l'art. 345. Elles impliquent, en effet, que l'un au moins des enfants réciproquement substitués, ou que l'enfant supposé était capable d'avoir un état civil, et, dès lors, qu'il a vécu. Si donc il y a eu substitution d'un enfant né vivant à un enfant mort-né, c'est l'état civil mensonger donné au premier, qui caractérise le crime du paragraphe 1er de l'art. 345, sans qu'on puisse voir, à l'égard du second, le délit des paragraphes 2 et 3, délit qui implique la disparition du corps de l'enfant, et qui, en tous cas, s'absorberait dans le crime. Et s'il y a eu simple supposition d'un enfant mort-né, même enlevé à sa véritable mère, supposition dont on n'aperçoit pas d'ailleurs l'intérêt, les paragraphes 2 et 3 ne sauraient davantage recevoir leur application, ces dispositions de la loi de 1863 ayant été édictées dans le but de prévenir une suppression d'enfant, inconciliable avec une présentation du corps à l'officier de l'état civil.

379. La substitution d'enfant implique-t-elle toujours une suppression d'état? Nous ne le croyons pas. En effet, quand la filiation est constatée par un acte de naissance inscrit sur les registres de l'état civil, l'enfant substitué conserve, malgré la substitution, la preuve de son état. L'acte de naissance est, en effet, la preuve normale, régulière de la filiation, et, tant qu'il subsiste sans altération, il ne peut pas y avoir de suppression d'état. On peut faire perdre à l'enfant la trace de son état en lui donnant une possession d'état autre que celle qui lui convient d'après son titre, mais on ne l'a pas *supprimé*, légalement parlant. Si donc deux enfants régulièrement inscrits sur les registres de l'état civil ont été substitués, et, pour employer l'expression vulgaire, changés en nourrice, il y aura entre eux une question *d'identité* à débattre, mais aucune question de suppression d'état ne se posera (Haus, t. 2, n° 1236 ; Bertauld, n° 20 ; Garraud, p. 817 ; Villey, sur Chauveau et Hélie, t. 4, n° 1714, note 2).

380. Le crime de supposition d'enfant peut-il résulter de la supposition à une femme même d'un enfant *imaginaire*? L'affirmative a été enseignée au *Rép.* n° 251, et soutenue par MM. Chauveau et Hélie, t. 4, n° 1715, ainsi que par M. Bertauld, n° 15. Ces auteurs font remarquer qu'une supposition de ce genre peut avoir, dans certains cas, des conséquences fort graves, qu'elle peut servir de base à des actes d'usurpation et de spoliation, par exemple, entraîner la révocation d'une donation pour survenance d'enfant. La cour de cassation a consacré cette doctrine par un arrêt (Crim. rej. 7 avr. 1831, *Rép.* v° *Actes de l'état civil,* n° 505), sans d'ailleurs appuyer sa décision d'aucun motif. M. Haus, t. 2, n° 1239 et suiv., et M. Nypels, t. 2, n° 123, la combattent par le motif que, lorsque l'enfant est imaginaire, il ne peut y avoir atteinte à l'état civil de personne. Il peut bien y avoir faux, dans ce cas, mais non supposition d'enfant, car ce crime implique l'existence d'un enfant.

381. Au reste, la supposition d'un enfant à une femme qui n'est pas accouchée constitue le crime prévu par l'art. 345, encore que la mère désignée soit une *mère imaginaire*, la filiation n'en étant pas moins supprimée. C'est ce qui a été reconnu par la cour suprême (Crim. cass. 29 mai 1873, aff. Merlo, D. P. 73. 1. 386). Toutefois il n'en serait pas ainsi si le déclarant avait agi sans intention frauduleuse, comme le ferait, par exemple, une sage-femme qui, au lieu de taire à l'état civil, comme elle en a le droit, le véritable nom de la mère à l'accouchement de laquelle elle a assisté en sa qualité, et qui ne lui a révélé son nom que sous le sceau du secret, a désigné cette mère sous un nom imaginaire (Crim. rej. 1er août 1845, aff. Prévost, D. P. 45. 1. 363).

Ajoutons que ce crime peut résulter de la supposition d'un enfant à une femme mariée qui n'est pas accouchée. Des époux qui n'ont point d'enfants en prennent un étranger qu'ils supposent issu de leur mariage. Dans ces conditions, les auteurs de la supposition peuvent avoir été guidés par des motifs très avouables ; mais la supposition peut avoir été motivée aussi par la pensée de frustrer des collatéraux de la succession d'un des époux (Paris, 10 janv. 1851, aff. de Finfe, D. P. 51. 2. 27).

382. Mais, pour qu'il y ait crime de supposition de part, il est évidemment nécessaire que l'enfant soit attribué à une personne *autre* que celle qui en est accouchée. Par suite, l'art. 345, § 1, n'est pas applicable à l'individu qui a déclaré à l'officier de l'état civil, comme enfant légitime, l'enfant naturel né de lui et de la femme qui en est réellement accouchée et qu'il a désignée sous ses véritables noms, encore qu'il ait pris de faux noms dans l'acte de naissance de cet enfant (C. cass. Belgique, 20 janv. 1836, *Rép.* v° *Paternité et filiation,* n° 371) ; et cela alors même que le père aurait fait cette fausse déclaration pour dissimuler l'adultérinité de l'enfant (Crim. rej. 24 févr. 1870, aff. Valette, D. P. 71. 1. 181). — A plus forte raison l'art. 345 est-il inapplicable à l'individu qui a fait inscrire sur les registres de l'état civil, comme vivant, son enfant légitime mort dans l'accouchement (Crim. rej. 8 juill. 1824, *Rép.* v° *Paternité et filiation,* n° 371).

383. Au reste, il a été plusieurs fois jugé que le crime de supposition d'enfant peut avoir lieu au préjudice non pas seulement d'un enfant dont il tend à détruire l'état d'enfant légitime, mais encore envers l'enfant auquel il a pour but et pour résultat d'enlever les droits éventuels attachés à une filiation naturelle, et notamment à celle qui est susceptible d'être reconnue et recherchée en justice (Crim. rej. 25 nov. 1808, *Rép.* v° *Faux,* n° 272 ; Sol. impl., Crim. rej. 2 mars 1809, *ibid.* v° *Paternité et filiation,* n° 369-4° ; C. d'ass. Haute-Garonne, 12 mai 1823, *ibid.,* n°s 367 et 369 ; Crim. cass. 29 mai 1873, aff. Merlo, D. P. 73. 1. 386). — Ce dernier arrêt est particulièrement remarquable : il a jugé que le fait d'avoir attribué, dans l'acte de naissance, un faux nom à la mère naturelle d'un enfant constitue le crime prévu par l'art. 345, « attendu que cette déclaration mensongère, par laquelle une filiation autre que celle de la nature, est attribuée à un enfant dans son acte de naissance, même en admettant l'attribution d'une mère imaginaire, a pour effet de supprimer son état ». Cette solution n'est pas sans difficulté, si l'on considère que l'indication de la mère dans l'acte de naissance d'un enfant naturel, sans l'aveu de celle-ci, ne fait pas foi de la filiation. Mais l'arrêt répond « que si les déclarations de l'acte de naissance relatives à la filiation de l'enfant naturel ne font pas foi au même degré que celles relatives à la filiation légitime, elles servent néanmoins, lorsqu'elles sont faites dans les conditions déterminées par la loi, à établir les rapports naturels entre l'enfant présenté à l'état civil et la mère désignée par le déclarant ; que l'altération de cet élément de preuve de l'état civil de l'nfant serait donc de nature à lui porter un grave préjudice ».

384. On a fait remarquer au *Rép.* n° 252, qu'une substitution ou une supposition d'enfant, lorsque leurs auteurs les ont constituées au moyen de *fausses déclarations* faites à l'officier de l'état civil, peuvent constituer à la fois les crimes prévus par l'art. 345, § 1er, et le crime de faux en écriture authentique et publique, puni par l'art. 147 c. pén. En fait, tel est le procédé le plus ordinaire pour accomplir une supposition ou une substitution d'enfant. Dans ce cas, quoique le faux soit un moyen pour commettre un autre crime, il n'en conserve pas moins son caractère intrinsèque, et le coupable doit être simultanément poursuivi à raison de ce double fait, sauf l'application de l'art. 365 c. instr. cr. C'est ce qui a été jugé dans les affaires sur lesquelles ont statué les arrêts du 25 nov. 1808, cité *suprà,* n° 383, et du 7 avr. 1831, cité *suprà,* n° 380. Dans la première affaire, une femme avait fait inscrire sur les registres de l'état civil un enfant comme né d'elle, alors qu'elle n'en était pas accouchée ; dans la seconde, un mari avait déclaré à l'officier de l'état civil comme né de lui l'enfant dont une autre femme était accouchée. Il y a eu poursuite à la fois pour faux et pour supposition d'enfant.

385. La législation étrangère offre, en cette matière de la suppression, de la substitution et de la supposition d'enfant, plusieurs particularités remarquables. — Il n'est pas douteux, dans notre droit, que la *complicité* des actes réprimés par les trois premiers paragraphes de notre art. 345 soit punissable lorsqu'elle est caractérisée suivant l'un des modes de l'art. 60 c. pén., et spécialement que l'individu qui a provoqué à l'une de ces infractions par *dons, promesses, menaces, abus d'autorité ou de pouvoir, machinations ou artifices coupables*, ait encouru les peines dudit art. 345. — La loi belge a fait *davantage* : elle punit, par une disposition spéciale de l'art. 363 du c. pén. de 1867 « ceux *qui ont donné la mission* de commettre les faits, si cette mission a été exécutée », et, par conséquent, elle incrimine tout mandat, quels qu'en soient les termes ou les conditions, de supprimer, substituer ou supposer un enfant. C'est une extension des règles ordinaires de la complicité. — Cette même loi belge a, fort à propos, croyons-nous, distingué l'enlèvement et le recelé d'enfant (art. 364 et 365 c. pén. de 1867) des faits de suppression, de substitution et de supposition (art. 363 du code précité). En effet, un enfant peut être enlevé à sa famille, il peut être recelé, après que toutes les conditions pour constituer sa filiation ont été remplies, et, par conséquent, sans que l'enlèvement et le recelé impliquent une suppression d'état. Il est donc utile de faire la distinction de ces faits en législation. — D'autre part, l'art. 169 du code pénal impérial allemand de 1871 nous paraît avoir compris dans une rédaction heureuse et concise les crimes relatifs à l'état civil qui peuvent se présenter, quand il dit : « Celui qui aura supposé un enfant ou volontairement substitué un enfant à un autre, ou qui aura, d'une autre manière, altéré ou supprimé volontairement l'état civil, sera puni d'un emprisonnement de trois ans au plus ; et, si l'acte a été commis dans l'intention de se procurer un gain, de la réclusion pendant dix ans au plus ». L'aggravation de peine infligée au coupable qui a agi dans une pensée de lucre nous semble justifiée. — L'art. 236 du code pénal des Pays-Bas dit, encore plus simplement : « Celui qui, par un acte quelconque, avec intention, rend incertaine la filiation d'une autre personne, est puni, comme coupable de suppression d'état, d'un emprisonnement de cinq ans au plus ».

386. — II. Refus de représentation. — La loi du 13 mai 1863 n'a pas touché au dernier paragraphe de l'art. 345 c. pén. qui applique la peine de la réclusion « à ceux qui étant chargés d'un enfant, ne le représenteront point aux personnes qui ont le droit de le réclamer ». Ce crime, sorte d'abus de confiance très grave, est fort rare. — Nous n'ajouterons rien à ce qui a été dit à son sujet au *Rép.* n° 253, si ce n'est que, suivant nous, l'enfant que la loi protège par cette disposition doit, dans le silence de l'art. 345, et par analogie avec celui dont parlent les art. 348 et suiv., s'entendre de tout enfant qui n'a pas encore *sept ans* accomplis (V. sur ce crime Chauveau et Hélie, t. 4, n° 1718).

387. — III. Dépôt d'un enfant dans un hospice par des personnes auxquelles il a été confié. — L'art. 348 c. pén., dont le texte a été rappelé au *Rép.* n° 254, et qui n'a pas été modifié en 1863, prévoit un second abus de confiance relatif à l'enfant, moins grave cependant, puisque ses traces peuvent être retrouvées : c'est le fait de la personne à qui un enfant au-dessous de sept ans accomplis a été confié, de l'avoir porté à un hospice (V. outre les explications sur ce texte données au *Rép.* nos 254 et 255 : Chauveau et Hélie, t. 4, n° 1719 ; Blanche, t. 5, p. 327). — Cet article n'atteint-il la personne à laquelle l'enfant a été confié que lorsqu'elle a fait elle-même le dépôt, ou suffit-il qu'elle ait donné l'*ordre*

ou le *mandat* de le faire? On verra plus loin que, dans le cas d'exposition ou de délaissement en un lieu solitaire, le simple donneur d'ordre est punissable, mais les art. 349 et 350 contiennent à cet égard une disposition expresse qui ne se trouve pas dans notre texte. Nous croyons que, dans le silence de la loi, celui qui aurait donné l'ordre ou le mandat ne serait puni qu'autant que sa provocation se serait produite dans les termes de l'art. 60 c. pén., c'est-à-dire si elle s'était exercée par « dons, promesses, menaces, abus d'autorité ou de pouvoir, machinations ou artifices coupables ». C'est ce qui a été jugé par la cour de Grenoble le 5 mai 1838 (*Rép.* n° 267-1°). Le code belge de 1867 punit « ceux qui auront porté ou *fait porter* à un hospice un enfant au-dessous de l'âge de sept ans accomplis qui leur était confié » (art. 366).

388. — IV. Défaut de déclaration de naissance par des personnes qui ont assisté a l'accouchement (c. pén. art. 346). — Cette matière, qui a fait au *Répertoire* l'objet des n°s 256 à 259, est plus amplement traitée v° *Acte de l'état civil*, n°s 53 à 64 ; — *Rép.* eod. v°, n°s 219 et suiv., 510 (V. aussi Chauveau et Hélie, t. 4, n°s 1720 à 1724 ; Blanche, t. 5, n°s 270 à 274).

389. — V. Défaut de déclaration et de remise d'un enfant nouveau-né (c. pén. art. 347). — V. outre les n°s 200 et 201 du *Répertoire*, les développements donnés *ibid.* v° *Acte de l'état civil*, n°s 267 et suiv.; Chauveau et Hélie, t. 4, n° 1725 ; Blanche, t. 5, n° 275.

§ 3. — Exposition et délaissement d'enfants. — Lieu solitaire ou non solitaire. — Aggravation de peine (*Rép.* n°s 262 à 284).

390. Les art. 349 à 353 c. pén., qui prévoient et punissent l'exposition et le délaissement d'enfants, n'ont reçu aucune modification depuis la publication du *Répertoire*. On en trouvera les meilleurs commentaires dans les ouvrages suivants : Chauveau et Hélie, *Théorie du code pénal*, 6e éd., annotée par Villey, t. 4, chap. LXII, n°s 1726 à 1738 ; Faustin Hélie, *Pratique criminelle des cours et tribunaux*, t. 2, n°s 641 à 649 ; Blanche, *Études pratiques sur le code pénal*, t. 5, n°s 278 à 298 ; Boitard, *Leçons de droit criminel*, 12e éd., n° 294 ; Morin, *Répertoire de droit criminel*, v° *Abandon d'enfant* (V. aussi dans Nypels, *Le code pénal belge interprété*, t. 2, p. 90 et suiv., le commentaire des art. 354 à 360 du code pénal belge de 1867).

391. — I. Âge de l'enfant. — On sait que notre code (comme le code belge) ne punit que l'exposition et le délaissement d'*enfants* au-dessous de l'âge de sept ans (Chauveau et Hélie, t. 4, n° 1727 ; Blanche, t. 5, n° 285). Le code pénal allemand (art. 221), étend l'incrimination à l'exposition et au délaissement de *toute personne* qui ne peut se suffire à elle-même, soit à cause de son jeune âge, soit à cause d'infirmités ou de maladie.

392. — II. Exposition et délaissement. — A la différence du code belge, qui punit (art. 354) l'exposition simple non suivie du délaissement et le délaissement, qui n'a pas été précédé de l'exposition, notre code exige (art. 349), pour que le délit existe, qu'il y ait, tout à la fois, exposition *et* délaissement. Aux arrêts de la cour de cassation qui ont reconnu la nécessité de cette double circonstance, et qui ont été cités au *Rép.* n° 265, il faut ajouter plusieurs arrêts récents de cours d'appel (Caen, 10 mai 1876 (1) ; Poitiers, 2 déc. 1876, aff. Foucher, D. P. 77. 2. 87; Besançon, 5 févr. 1879) (2) (V. conf. Chauveau et Hélie, t. 4, n° 1729; Blanche, t. 5, n° 281 ; Morin, n° 40 ; Faustin Hélie, t. 2, n° 644).

393. Nous avons dit au *Rép.* n° 266 que l'*exposition* c'est

(1) (Vancan.) — La cour ; — Attendu que si l'exposition d'un enfant âgé de moins de sept ans, même dans un lieu non solitaire, est toujours un fait blâmable, il faut néanmoins, pour que ce fait constitue un délit aux termes de l'art. 352 c. pén., que l'enfant ait été *délaissé*, abandonné par celui qui l'a exposé ; — Attendu que ledit article a eu en vue d'empêcher et de punir les actes qui pourraient compromettre la santé ou la vie de l'enfant ; mais que lorsque l'abandon de l'enfant n'est pas un délaissement, mais plutôt la remise de l'enfant à des personnes étrangères, la répression dudit article n'est pas encourue ; — Attendu que la fille Vancan, en remettant son enfant, âgé de vingt-cinq jours, aux mains du sieur Debriouze, père de celui auquel

elle imputait la paternité de son enfant, a commis un acte que la morale et les lois de la nature réprouvent, mais qui ne trouve pas de sanction dans la loi pénale ; qu'il y a donc lieu de réformer le jugement du tribunal de Saint-Lô, qui a déclaré l'art. 352 c. pén. applicable à ces faits ; — Par ces motifs, réforme le jugement dont est appel ; renvoie la fille Vancan des poursuites dirigées contre elle. — Du 10 mai 1876.-C. de Caen, ch. corr.-MM. Pellerin, pr.-Tardif de Moidrey, av. gén.

(2) (Nicod.) — La cour ; — Attendu que, si l'exposition d'un enfant, âgé de moins de sept ans, même en un lieu non solitaire,

l'acte qui consiste à déposer un enfant dans un lieu quelconque. Il y a exposition, dit Blanche, t. 5, n° 282, lorsque l'enfant est déposé dans un lieu solitaire ou non solitaire. L'exposé des motifs du code pénal belge (cité par Nypels, t. 2, p. 93) est plus explicite : « Exposer un enfant, c'est déposer cet enfant dans un lieu autre que celui où se trouvent habituellement les personnes qui sont obligées de le soigner, ou dans un endroit autre que celui où il doit recevoir les soins que son état réclame ». Cette première condition n'offrira jamais de difficultés.

394. Il y a *délaissement* lorsque l'enfant exposé est laissé seul, et que, par ce fait d'abandon, il y a cessation, quelque courte qu'elle soit, des soins et de la surveillance qui lui sont dus. Cette formule donnée par deux arrêts de cassation du 7 sept. 1820 et 22 nov. 1828 rapportés au *Rép.* n° 266, adoptée par Blanche, t. 5, n° 283, par Boitard, n° 394, et par Nypels, t. 2, p. 93, nous paraît satisfaisante. Suivant Chauveau et Hélie, t. 4, n° 1729, le délaissement consiste à abandonner l'enfant dans un lieu où il s'est trouvé privé de toute assistance. Aux décisions citées à cet égard au *Rép.* n° 266, il faut ajouter deux arrêts, dont le premier a jugé que l'enfant doit être considéré comme exposé et délaissé lorsqu'il a été abandonné, dans un champ, derrière un tas de fumier, où on ne l'a découvert que par des circonstances fortuites (Crim. rej. 20 avr. 1850) (1) ; — Et le second, que le fait par une mère de confier un enfant de moins de sept ans à un adolescent de treize ans, en chargeant ce dernier de le conduire à un hospice d'enfants trouvés, ne constitue pas le délit d'exposition d'enfant (Nancy, 21 déc. 1857, aff. Maury, D. P. 58. 2. 120).

395. La *remise* d'un enfant à des personnes étrangères ne serait pas évidemment un délaissement. C'est ce qui a été jugé par l'arrêt de la cour de Caen du 10 mai 1876, rapporté *suprà*, n° 392, lequel a refusé de voir le délit de l'art. 352 c. pén. dans le fait, par une fille-mère, de remettre son enfant, âgé de vingt-cinq jours, aux mains du père de l'individu auquel elle attribuait la paternité de son enfant. L'arrêt de la cour de Poitiers du 2 déc. 1876, cité *ibid.*, a de même décidé avec raison qu'une fille-mère n'a pas *délaissé* son enfant « lorsqu'il est établi que ce n'est qu'après s'être approchée de l'aïeule et de la tante naturelles de son enfant qu'elle tenait sur les bras, enfant âgé alors de près de quatre mois, et après s'être entretenue avec ces deux femmes, lui avoir fait un lit sur le sol et l'y avoir déposé en leur présence, que l'inculpée s'est retirée en disant à l'aïeule : « Voici le fruit des œuvres de votre fils, je le reprendrai quand il me le rapportera »..., et alors qu'il est prouvé que cette inculpée ne s'est définitivement éloignée qu'après s'être assurée que l'enfant avait été recueilli par les personnes aux soins desquelles elle avait entendu le confier. Enfin, il a été jugé, par l'arrêt de Besançon du 5 févr. 1879, rapporté *ibid.*, qu'il n'y a point délit d'abandon d'enfant dans le fait de l'individu qui, pour ne pas se charger d'enfants déposés à sa porte, les fait conduire dans une maison en construction, après avoir pourvu à leur nourriture, prévenu le maire, et s'être employé à leur faire donner des secours. — Ces solutions nous paraissent juridiques.

396. Le fait d'exposer un enfant dans le tour d'un hospice constitue-t-il un délit? La question a été examinée au *Rép.* n°ˢ 267 et 268, et résolue en principe par la négative. Il nous semble encore que cette doctrine doit être suivie, par la raison que les tours étant disposés matériellement de manière que le simple poids de l'enfant met en mouvement une sonnette qui correspond à l'intérieur pour avertir les préposés de l'hospice, on ne peut jamais dire que le déposant abandonne l'enfant, privé de toute assistance (V. cependant les arrêts cités *Rép.* n° 267, qui exigent que le déposant se soit assuré que l'enfant a été *immédiatement recueilli par les préposés*). — Et il importe peu que le dépôt à l'hospice ait été fait par les père et mère de l'enfant. Nous avons donné au *Rép.* n° 268 les motifs de cette décision, qui est approuvée par Chauveau et Hélie, t. 4, n° 1731.

Mais il est manifeste que la solution ne serait pas la même si le déposant, au lieu de mettre l'enfant dans le *tour*, s'était contenté de le déposer à la *porte* de l'hospice et avait pris la fuite après avoir agité la sonnette. Et l'auteur de cet abandon opposerait vainement qu'il était resté dans le voisinage pour attendre que l'enfant fût recueilli par les religieuses desservant l'hospice, s'il n'a jamais indiqué le lieu où il se serait caché, et justifié que de ce lieu on pût facilement surveiller pendant la nuit les enfants déposés (Crim. rej. 30 juill. 1868, aff. Rieux, D. P. 72. 5. 175).

397. — III. Lieu solitaire. — La loi n'indique pas quand le lieu prendra le caractère de lieu solitaire : elle laisse cette appréciation entièrement à la discrétion du juge (Blanche, t. 5, n° 284 ; Chauveau et Hélie, t. 4, n° 1728 ; Boitard, n° 394). Elle ne recherche pas, comme le code autrichien (art. 134), « si l'enfant est exposé dans un lieu éloigné, ordinairement peu fréquenté, ou bien avec des circonstances telles qu'il ne peut être, avec facilité, promptement découvert et sauvé ». Evidemment la solitude du lieu est une circonstance purement relative. « Il était impossible, a dit Faure dans l'exposé des motifs du code de 1810, que la loi donnât une explication précise à cet égard; elle s'en rapporte aux juges, car le lieu le plus fréquenté peut quelquefois être solitaire, et le lieu le plus solitaire peut être très fréquenté. Cela dépend des circonstances. » Mais il paraît certain que toute exposition faite la nuit en n'importe quel lieu doit être réputée faite dans un lieu solitaire (Faustin Hélie, *Pratique criminelle*, t. 2, n° 643).

398. Ainsi qu'on l'a dit au *Rép.* n° 272, la disposition de l'art. 349, qui punit non seulement l'auteur de l'exposition de l'enfant, *mais ceux qui auront donné l'ordre de l'exposer ainsi, si cet ordre a été exécuté*, doit être entendue en ce sens que par *ordre* la loi entend, non seulement une injonction impérative, mais même le mandat, l'invitation de faire l'exposition. C'est un fait nouveau de complicité que la loi place, pour ce cas, à côté de ceux de l'art. 60 c. pén. (Blanche, t. 5, n° 286; Chauveau et Hélie, t. 4, n°ˢ 1734 et 1735). Mais, évidemment, cette dernière disposition n'en conserve pas moins toute son autorité, et il a été jugé spécialement que la complicité par *dons* s'applique au délit de l'art. 349, comme à tous autres, la disposition de l'art. 60 étant générale et applicable à tous les délits (Crim. rej. 30 juill. 1868, aff. Rieux, D. P. 72. 5. 175).

399. Au reste, ainsi qu'on l'a dit au *Rép.* n° 273, le mode spécial de complicité résultant de l'art. 349 pour les don-

est toujours un fait blâmable, il faut néanmoins pour que ce fait constitue un délit aux termes de l'art. 352 c. pén., non seulement que l'enfant ait été exposé, mais encore qu'il ait été délaissé, c'est-à-dire qu'il ait été laissé sans secours et privé des soins et de la surveillance qu'exige son jeune âge ; — Attendu qu'il résulte de l'instruction que le 28 novembre dernier vers midi la nommée Anna Nicod, femme Clerc, qui ne vit point avec son mari et qui se trouve dans la plus profonde misère, déposa ses deux enfants, l'un âgé de quatre ans, l'autre de seize mois, près de l'habitation de son frère le sieur Nicod, adjoint de la commune de Sapoise, et qu'elle s'éloigne pour se rendre à Champagnole afin d'y solliciter la charité publique; que le sieur Nicod averti de la présence de ces enfants, leur fit donner du pain, puis les fit conduire par sa fille âgée de dix-neuf ans et par sa nièce âgée de dix ans, dans une maison en construction, située à quarante mètres de la sienne, dépourvue des portes et des fenêtres, où ces enfants restèrent quelque temps exposés au froid et à l'humidité, jusqu'à ce que le maire de la commune averti par Nicod lui-même eût chargé une femme de les recueillir et de leur donner les soins nécessaires ; — Attendu que la conduite de Nicod est évidemment blâmable ; qu'elle ne peut s'expliquer que par la crainte qu'il avait de voir ces enfants tomber entièrement à sa charge s'il les recevait chez lui, puisque déjà il les avait recueillis précédemment avec leur mère pendant plusieurs jours et qu'il avait eu beaucoup de peine à les faire sortir de chez lui, mais qu'on ne saurait voir dans les faits qui lui sont imputés la réunion des caractères qui constituent le délit d'exposition d'enfants ; — Par ces motifs, réforme.

Du 5 févr. 1879.-C. de Besançon, ch. corr.-MM. d'Orival, pr.-Huart, av. gén.-de Plasman, av.

(1) (Levillain.) — La cour; — Vu les art. 349 et 350 c. pén.;... Sur le deuxième moyen : — Attendu que le tribunal en constatant que l'enfant avait été abandonné par sa mère dans un champ, derrière un tas de fumier, où il n'a été découvert que par des circonstances fortuites indépendantes de la volonté de la prévenue, a suffisamment caractérisé l'exposition dans un lieu solitaire, et que, les autres circonstances du délit ayant été également constatées par le jugement attaqué, la qualification légale est à l'abri de toute censure;
Par ces motifs, rejette.
Du 20 avr. 1850.-Ch. crim.-M. de Boicieux, rap.

neurs d'ordre n'a lieu qu'à l'égard de l'exposition dans un lieu solitaire; si le délit a été commis dans un lieu non solitaire, ceux qui l'ont ordonné peuvent être punis si leur participation réunit les caractères de la complicité légale; mais l'ordre seul, isolé de toute circonstance d'abus de pouvoir ou d'autorité, ne suffirait pas pour les rendre passibles de la peine édictée par l'art. 352 (Chauveau et Hélie, t. 4, n° 1734; Blanche, t. 3, n° 296). Aussi a-t-il été reconnu que, dans une accusation d'exposition dans un lieu solitaire, le procureur général n'avait pas le droit de formuler dans son acte d'accusation le fait de l'ordre donné d'exposer, non énoncé dans l'arrêt d'accusation. Il appartient au seul président des assises de poser, comme résultant des débats, la question subsidiaire de savoir si l'ordre d'exposer l'enfant a été donné par l'accusé (Crim. rej. 28 déc. 1860, aff. Larqué, D. P. 61. 5. 131).

400. — IV Aggravation de peine résultant de la qualité de l'agent. — La question, examinée au *Rép.* n° 279, de savoir si l'aggravation de peine dont les art. 350 et 353 c. pén. frappent les « tuteurs ou tutrices, instituteurs ou institutrices », atteint aussi les *père et mère*, est toujours discutée. Contrairement à la doctrine de l'arrêt du 4 mai 1843, qui a été adoptée au *Répertoire*, M. Blanche, t. 3, n° 289, décide l'affirmative, par analogie de même pour les père et mère et aussi pour les nourrices. En tous cas, il est hors de doute que si le père ou la mère qui a exposé et délaissé son enfant en a la *tutelle légale*, l'aggravation de peine attachée à la qualité de tuteur ou tutrice lui serait applicable comme aux autres tuteurs ou tutrices, et cela sans distinction entre les père ou mère naturels et les père ou mère légitimes. Il a été jugé, sur ce dernier point, que la mère naturelle est, comme tutrice légale de son enfant, passible de l'aggravation de peine prononcée par l'art. 350 (Crim. rej. 20 avr. 1850, aff. Levillain, D. P. 50. 5. 217).

401. — V. Mutilation. Mort de l'enfant. — Aux termes de l'art. 351 c. pén., celui qui a exposé l'enfant *dans un lieu solitaire* est déclaré responsable des suites de l'exposition. Si l'enfant demeure estropié ou mutilé, ou périt, le prévenu est considéré comme coupable, dans le premier cas, de blessures volontaires, dans le second, de meurtre, quoique rien ne prouve, d'ailleurs, qu'il ait eu l'intention de commettre l'une ou l'autre de ces infractions. Dans le premier cas, il ne nous paraît pas douteux qu'on doive lui appliquer aujourd'hui la disposition de l'art. 309, § 3, qui punit de la réclusion, depuis la loi du 13 mai 1863, les blessures d'où est résultée une *infirmité permanente*. Dans le second, nous appliquerons la peine du meurtre, c'est-à-dire celle des travaux forcés à perpétuité portée par l'art. 304, § 3, et même la peine de l'infanticide (art. 302) s'il s'agissait d'un enfant nouveau-né, et s'il était constaté qu'il ait été exposé et délaissé avec le dessein de le faire périr par un moyen, par exemple si cet enfant nouveau-né avait été laissé la nuit et pendant les froids d'hiver dépouillé de ses langes. C'est ce que nous avons déjà soutenu au *Rép.* n° 284 (Conf. Chauveau et Hélie, t. 4, n° 1737).

402. Il est certain que le délit d'exposition dans un lieu *non* solitaire, prévu par l'art. 352, n'est pas aggravé par les circonstances mentionnées dans l'art. 351, qui ne prévoit que le délaissement dans un lieu solitaire. Néanmoins il ne faudrait pas en conclure, d'une manière absolue, que celui qui a fait le délaissement dans un lieu *non* solitaire, sera toujours affranchi des conséquences ultérieures de son action. Si, en faisant l'exposition et le délaissement, il a volontairement exposé l'enfant à une blessure ou à la mort, il est responsable de l'un ou de l'autre de ces faits. S'il n'a pas eu cette volonté, on ne pourra lui imputer qu'un homicide ou des blessures involontaires. Cette doctrine, déjà soutenue au *Rép.* n° 282, est également professée par Blanche, t. 3, n° 296.

403. — VI. Questions au jury. — La solitude du lieu où l'exposition a été faite doit-elle être considérée comme une circonstance aggravante devant faire l'objet d'une question séparée, ou bien, au contraire, comme une circonstance constitutive, figurant à bon droit dans la question relative au fait principal? Il faut distinguer, avec Nouguier, t. 4, 1er vol., n° 2910. Quand le fait, n'ayant pas eu de conséquences fatales, reste à l'état de délit, alors la circonstance de solitude peut être simplement aggravante du délit que réprime l'art. 352. Cette solution a été admise par un arrêt de cassation du 31 août 1855 (aff. Bossé, D. P. 55. 1. 444). Elle recevra d'ailleurs rarement son application, le *délit* d'exposition d'enfant ne pouvant être soumis qu'exceptionnellement à la cour d'assises. Mais quand l'exposition ou le délaissement, ayant entraîné l'une des conséquences prévues par l'art. 351, a revêtu le caractère d'un crime et a pris la qualification de meurtre ou de blessures ayant entraîné une infirmité permanente, alors, le *crime* ne pouvant exister sans la circonstance de *solitude*, cette circonstance devient constitutive et ne comporte pas une question séparée (Crim. rej. 28 déc. 1860, aff. Larqué, D. P. 61. 5. 131).

Ajoutons que, d'après l'arrêt précité du 31 août 1855, l'exposition d'enfant peut, selon les circonstances de la cause, être considérée comme se rattachant au crime de tentative d'infanticide et de complicité de ce crime, d'où il suit qu'elle peut être comprise dans une question subsidiaire posée au jury comme résultant des débats.

Sect. 2. — Enlèvement de mineurs (*Rép.* n°* 285 à 304).

404. Les art. 354 à 357 c. pén. relatifs à l'enlèvement de mineurs n'ont pas été modifiés depuis la publication du *Répertoire*. Ils ont donné lieu à un assez grand nombre d'arrêts qui seront analysés dans les numéros suivants. Quant aux ouvrages de doctrine, V. Chauveau et Hélie, *Théorie du code pénal*, t. 4, tout le chap. 53, n°* 1739 à 1758 ; Blanche, *Études pratiques sur le code pénal*, t. 5, n°* 299 à 324 ; Morin, *Répertoire*, v° *Rapt et Enlèvement de mineur* (V. aussi dans Nypels, *Le code pénal belge interprété*, t. 2, p. 131 à 150, le commentaire des art. 368 à 371 du code pénal belge de 1867).

405. — I. Rapt par fraude ou violence. — Le rapt par *fraude ou violence* (autrefois appelé *raptus in parentes*), dont il a été traité au *Rép.* n°* 286 à 292, est puni par les art. 354 et 355 c. pén. La première condition du crime est le fait matériel de l'enlèvement, qui s'opère par la translation du mineur de l'asile où il était placé dans un autre lieu, à l'effet de le détourner de sa position, et qui se compose de deux circonstances distinctes : le déplacement du mineur du lieu où il avait été mis par ceux à l'autorité ou à la direction desquels il était soumis ou confié, et sa translation dans un autre lieu (Chauveau et Hélie, t. 4, n° 1742). A cet égard, il a été jugé que l'on doit classer parmi les personnes ayant *autorité* sur le mineur dans le sens de l'art. 354, la personne mentionnée dans son acte de naissance comme étant sa mère, quoiqu'elle y ait été déclarée femme légitime d'un individu avec lequel elle ne pouvait être mariée parce qu'il était engagé dans les liens du mariage avec une autre femme, un tel acte établissant, du moins pour la mère qui y est ainsi mentionnée, sa qualité de mère naturelle, alors surtout qu'il est accompagné d'une possession d'état conforme, connue de l'auteur de l'enlèvement (Crim. rej. 24 août 1851, aff. Collat, D. P. 66. 5. 160).

406. Y a-t-il enlèvement passible des peines des art. 354 et suiv. c. pén. dans le fait d'enlever ou de détourner le mineur d'un lieu autre que celui où la victime se trouvait mise par les personnes désignées dans l'art. 354, et, par exemple, de la voie publique? En principe, il n'est pas douteux que la loi a entendu protéger le mineur contre le rapt, même lorsqu'il se trouve momentanément sorti de la maison de ceux sous la garde desquels il est placé (Chauveau et Hélie, t. 4, n° 1742). Mais il a été jugé que l'enlèvement ne résulte pas du fait de celui qui, rencontrant une jeune fille sur une place publique, où elle attend son père, l'entraîne dans une maison voisine (une maison de tolérance), pour en abuser, et, sur son refus, la laisse aussitôt libre de retourner auprès de son père (Montpellier, 10 févr. 1846, aff. M..., D. P. 47. 2. 5); ni même du fait de celui qui rencontrant une fille mineure sur une promenade publique, la détermine à venir chez lui, et, après avoir abusé d'elle, la laisse sortir librement (Bastia, 5 juill. 1856, aff. O. W..., D. P. 57. 2. 26). En effet, il n'y avait dans ces deux espèces, ni déplacement ni translation de la mineure dans un autre lieu, mais simplement, un fait accidentel et passager de lubricité.

407. Il est indispensable que la question posée au jury

fasse connaître le lieu d'où le mineur a été enlevé ou détourné et la personne à l'autorité ou à la direction de laquelle il se trouvait soumis ou confié. C'est ce qui avait déjà été jugé en ce qui concerne la désignation de la personne dont l'autorité aurait été violée (Crim. cass. 19 mai 1844, *Rép.* v° *Instruction criminelle*, n° 2587-2°). Un arrêt plus récent l'a décidé pour la désignation du lieu en matière de rapt de séduction (Crim. cass. 22 juin 1872, aff. Mandret, D. P. 72. 1. 207. Conf. Blanche, t. 5, n° 308 ; Chauveau et Hélie, t. 4, n° 1742 ; Boitard, n° 394).

Il est également indispensable de mentionner dans la question au jury l'état de minorité de l'enfant détourné, état qui est aussi un des éléments essentiels du crime ; mais il suffit de constater que l'enfant était mineur de vingt et un ans, sans qu'il soit nécessaire de préciser son âge (Crim. rej. 30 mars 1850, aff. Soulet, D. P. 50. 5. 197).

408. Si le mineur avait été déplacé par une personne ayant autorité sur lui, l'art. 354 cesserait évidemment d'être applicable. Mais il faudrait que cette autorité fût réelle et donnât à celui qui opère le déplacement le droit de l'effectuer. Il a été jugé qu'en cas de second mariage d'une femme restée veuve avec un enfant encore mineur, le second mari n'ayant pas sur cet enfant une autorité absolue de déplacement, surtout s'il n'a rien été décidé relativement à la cotutelle (c. civ. art. 395), on doit considérer comme détournement de mineur le fait de ce second mari d'avoir, dans un but criminel, déplacé la fille de sa femme pour la soustraire à la surveillance et à la direction de celle-ci (Crim. rej. 14 déc. 1860, aff. Pillon, D. P. 61. 1. 234).

409. La jurisprudence nouvelle offre un assez grand nombre d'arrêts relatifs à la *fraude* du ravisseur. On sait que d'après le texte même de l'art. 354, l'enlèvement n'est criminel que quand il a été pratiqué par fraude ou par violence. A l'égard de la fraude, les arrêts ont développé la doctrine exposée au *Rép.* n° 288. Il a été jugé qu'il y a fraude, lorsque l'enlèvement ou détournement d'une fille mineure a été commis dans un but de spéculation immorale (Motif, Crim. rej. 8 avr. 1858, aff. Barbier, D. P. 58. 1. 292). — Jugé aussi que le consentement donné par la personne enlevée, entraînée, détournée ou déplacée, ne fait pas disparaître le crime de l'art. 354, si ce consentement a été obtenu par fraude (Crim. cass. 30 mars 1850, aff. Soulet, D. P. 50. 5. 197). — Mais le fait, par un homme marié, d'avoir, soit en promettant à une jeune fille, encore mineure, mais âgée de plus de seize ans, de la conduire à Paris, et de l'y établir comme sa maîtresse, soit, en lui montrant un billet de banque et en lui faisant quelques cadeaux, déterminé cette jeune fille à quitter, dans l'espérance de vivre avec lui, la maison de la femme même de cet individu où elle avait été placée par ses parents, ne constitue pas l'enlèvement par fraude prévu par l'art. 354 (Paris, 14 août 1849, aff. P..., D. P. 49. 2. 154).

Il a encore été jugé qu'il n'est pas nécessaire que la fraude soit exercée contre la personne qui a été enlevée ; il suffit qu'il y ait fraude à l'égard de ceux à l'autorité ou à la direction desquels cette personne était soumise ou confiée, la personne enlevée y eût-elle participé (Crim. rej. 6 août 1842 (1). Conf. Blanche, t. 5, n° 303. V. aussi sur la fraude en matière d'enlèvement de mineurs : Chauveau et Hélie, t. 4, n° 1744 ; Boitard, n° 395).

410. Il n'est pas douteux, ainsi qu'on l'a dit au *Rép.* n° 289, que l'art. 354, quand il punit l'enlèvement des *mineurs*, entend parler des individus de *l'un* et de *l'autre* sexe âgés de moins de vingt et un ans accomplis, quel que soit leur âge (Crim. rej. 16 janv. 1852, aff. Perron, D. P. 52. 5. 234. Conf. Chauveau et Hélie, t. 4, n° 1745). — Cet article s'applique-t-il au cas d'enlèvement d'une *femme mariée mineure* ? M. Blanche, t. 5, n° 306, critique l'arrêt du 1er juill. 1831, cité au *Rép.* n° 289, qui a décidé la négative, admise par nous ; il fait remarquer que l'art. 354 ne distingue pas entre les mineurs émancipés et les mineurs non émancipés, et que sa disposition les

concerne tous quelle que soit leur situation légale. Nous persistons à croire, avec Chauveau et Hélie, t. 4, n° 1745, que l'état de minorité légale cessant par le mariage, la mineure mariée cesse d'être l'objet des dispositions de l'art. 354.

411. Quant à l'âge et au sexe de l'agent, ils sont sans influence sur la criminalité du rapt *in parentes*. Il a été décidé, en ce sens, que le détournement ou enlèvement de mineurs par fraude ou violence est puni par l'art. 354 c. pén., sans égard au sexe de la personne qui s'en est rendue coupable, et, alors même, par exemple, qu'il s'agirait du détournement d'une jeune fille par une femme (Motifs, Crim. cass. 8 avr. 1858, aff. Barbier, D. P. 58. 1. 292).

412. Un arrêt a été rendu, depuis la publication du *Répertoire*, relativement à l'*intention* du ravisseur. Soustraire le mineur à l'autorité de ses parents, tel est, on l'a dit au *Rép.* n° 290, le véritable élément moral du crime d'enlèvement de mineur. Par arrêt de rejet du 24 août 1861 (aff. Collot, D. P. 66. 1. 160), la cour de cassation a décidé qu'il appartient au jury d'apprécier cette intention (Conf. Chauveau et Hélie, t. 4, n° 1746 ; Blanche, t. 5, n° 310).

413. Si la personne enlevée est une fille au-dessous de seize ans accomplis, dit l'art. 355 c. pén., la peine sera celle des travaux forcés à temps. — Les éléments et conditions de ce crime aggravé sont, ainsi qu'on l'a dit au *Rép.* n° 292, les mêmes que ceux du crime prévu par l'art. 354 (Chauveau et Hélie, t. 4, n° 1748). A cet égard, la cour de Liège a décidé avec raison que le ravisseur ne peut échapper à l'application de la peine aggravée en faisant valoir certaines circonstances desquelles on pourrait inférer qu'il a pu se tromper sur l'âge de la fille enlevée (Liège, 28 déc. 1866, aff. Schakhart, *Pasicrisie belge*, 1867. 2. 245).

414. — II. RAPT DE SÉDUCTION. — D'assez nombreux arrêts ont été rendus au sujet de ce fait, puni par l'art. 356 c. pén. — En premier lieu un arrêt d'Angers du 3 août 1849 (aff. Cailliau, D. P. 49. 2. 225) a jugé (ce qui ne pouvait guère faire de doute) que le rapt de séduction, à l'égard d'une mineure ayant seize ans ou plus, échappe à l'application de la loi pénale quand aucun fait de fraude ou de violence n'a été constaté, encore que la mineure ait suivi son ravisseur à l'insu de ses parents. — Deux autres arrêts, rendus par la cour de cassation, ont déclaré que si le verdict du jury qui, dans une accusation d'enlèvement de mineure au-dessous de seize ans, écarte la circonstance de fraude, a pour effet de soustraire l'accusé à l'application des art. 354 et 355 c. pén., elle le rend du moins passible des peines de l'art. 356, lequel ne comprend pas la fraude parmi les éléments du crime qu'il prévoit (Crim. rej. 16 août 1849, aff. Monvoy, D. P. 49. 5. 143 ; 26 mars 1857, aff. Laudat, D. P. 57. 1. 224).

415. D'autre part, il a été reconnu que l'art. 356 ne punit la séduction que lorsqu'elle a été exercée par un homme, ce qui a déjà été constaté au *Rép.* n° 296, et qu'en conséquence, l'enlèvement n'est pas punissable quand il a été commis par une femme (Crim. rej. 8 avr. 1858, aff. Barbier, D. P. 58. 1. 292 ; Crim. cass. 12 avr. 1861, aff. Mallet, D. P. 66. 5. 161. Conf. Blanche, t. 5, n° 315 ; Chauveau et Hélie, t. 4, n° 1751). L'arrêt précité du 12 avr. 1861 a fait une juste application du principe en jugeant que, dans le cas où un individu est déclaré *complice*, et non pas coauteur d'un enlèvement de ce genre, la déclaration du jury doit, à peine de nullité, constater que l'auteur principal est du sexe masculin, l'enlèvement n'étant punissable que ne comportant, dès lors, de complicité que sous cette condition.

416. Faut-il, pour l'application de l'art. 356, que la fille ait été enlevée, comme dans le cas de l'art. 354, des lieux où elle était mise par ceux à l'autorité ou à la direction desquels elle était soumise ou confiée ? Nous ne le croyons pas, par cette double raison donnée par Blanche, t. 5, n° 316, d'abord que cette disposition n'est pas rappelée dans le texte de l'art. 356, et secondement que ce dernier article a pour

(1) (Dufour.) — LA COUR ; — Attendu qu'il résulte de l'arrêt attaqué qu'il y a charge suffisante contre le demandeur d'avoir détourné par fraude du domicile de ses père et mère Alexandrine Chardonneret, mineure de vingt et un ans; — Attendu que l'art. 354 c. pén. qualifie crime le détournement par fraude ou par violence des mineurs des lieux où ils étaient mis par ceux à l'autorité desquels ils étaient soumis ou confiés ; — Attendu que cet article, dans le cas de consentement de la fille ainsi détournée,

n'admet aucune exception au principe général qu'il y est inscrit, lorsque la fraude ou la violence ont été employées pour effectuer l'enlèvement ; — Attendu qu'en le jugeant ainsi, la cour royale d'Orléans s'est conformée aux dispositions dudit art. 354, et n'a violé aucune loi ;

Par ces motifs, rejette, etc.

Du 6 août 1842.-Ch. crim.-MM. Crouseilhes, f. f. pr.-Jaquinot-Godard, rap.-Delapalme, av. gén.-Cotelle, av.

objet principal, non pas, comme l'art. 354, de protéger la puissance paternelle ou l'autorité de la famille contre l'atteinte résultant de l'enlèvement; mais surtout de défendre la fille contre l'entraînement de ses passions. Il semble donc que l'enlèvement est punissable, de quelque lieu que la fille ait été enlevée. Cette opinion a été consacrée par la cour de cassation dans son arrêt, cité *suprà*, nº 415, du 8 avr. 1858. Mais la même cour, revenant sur sa première jurisprudence, a jugé depuis que la condition exprimée dans l'art. 354 est un élément essentiel du crime de l'art. 356, et que, dès lors, la question posée au jury doit l'énoncer, comme circonstance de fait, par indication du lieu d'où la jeune fille a été enlevée et de la personne à l'autorité ou direction de laquelle elle était soumise ou confiée (Crim. cass. 22 juin 1872, aff. Mandret, D. P. 72. 1. 207. Conf. Chauveau et Hélie, t. 4, nᵒˢ 1569 et 1574).

417. Un arrêt de cour d'appel a jugé que le mineur qui part furtivement avec une jeune fille de moins de seize ans, accompagnant son père à une foire, se rend coupable du délit de rapt par séduction prévu par l'art. 356 c. pén., § 2, la jeune fille étant, dans ce cas, censée avoir été détournée d'un lieu où elle avait été mise par son père, suivant les termes de la loi (Bordeaux, 2 oct. 1876) (1). Ce même arrêt a décidé que l'individu qui entraîne, pour abuser d'elle, la jeune fille qu'il sait avoir été ainsi détournée, ne commet pas lui-même un nouveau délit de détournement; il n'est pas non plus coauteur du délit commis par le premier ravisseur, mais il peut être considéré et puni comme complice.

418. — III. Questions au jury. — Relativement à la position des questions au jury, la cour de cassation a jugé : 1º que le détournement par un majeur d'une mineure de seize ans étant punissable malgré l'abandon volontaire de la victime, les circonstances de fraude et de violence ne doivent pas, en pareil cas, être soumises à l'appréciation du jury (Crim. rej. 14 juin 1873) (2) ; — 2º Qu'en matière de détournement d'une jeune fille mineure de seize ans, la circonstance que le ravisseur est âgé de plus de 21 ans est une circonstance aggravante qui, à peine de nullité, doit faire l'objet d'une question au jury distincte et séparée (Crim. rej. 30 nov. 1849, aff. Marcotti, D. P. 49. 5. 96 ; Crim. cass. 24 juill. 1873) (3) ; — 3º Que dans une accusation d'enlèvement d'une mineure par violence, la question subsidiaire de savoir si la mineure, âgée de moins de seize ans, n'a pas consenti à l'enlèvement et volontairement suivi

---

(1) (Parceau et Gatinaud.) — La cour; — Attendu que les faits déclarés constants par le tribunal de Barbezieux, à l'égard de tous les prévenus, ont été complètement établis par les aveux explicites de ceux-ci, soit devant les premiers juges, soit devant la cour, ainsi que par l'information et les débats; — Que sur ce point, le jugement dont est appel ne peut être l'objet d'une critique sérieuse; qu'il y a lieu seulement d'examiner si ces faits tombent sous l'application de la loi pénale; — Attendu qu'il est avéré que Jean Parceau, âgé de dix-huit ans, et Eugénie Gauthier âgée de quinze ans, ont formé le projet de fuir ensemble dans le but de contraindre les parents de cette mineure à consentir à son mariage avec son amant; — Que le plan conçu par eux a reçu son exécution le 1ᵉʳ août dernier, à Barbezieux, où Pierre Gauthier avait conduit sa fille qui trompant sa surveillance, est partie furtivement avec Parceau, et n'est rentrée au domicile paternel qu'après une absence de cinq jours; — Attendu que le fait, ainsi précisé par les documents de la procédure et par les déclarations de l'inculpé lui-même, constitue manifestement l'infraction prévue et punie par les art. 354 et 356 c. pén., Parceau ayant enlevé ou détourné Eugénie Gauthier d'un lieu dans lequel elle se trouvait avec son père, sous l'autorité duquel elle n'a pas cessé d'être placée, jusqu'au moment où elle a volontairement suivi son ravisseur qui l'a pendant un certain temps dérobée aux recherches de ses protecteurs naturels; — Attendu, d'un autre côté, que la peine prononcée par le tribunal contre Parceau se justifie pleinement par la nature, la gravité et les conséquences de la faute commise; — Qu'il convient, dès lors, de confirmer purement et simplement le jugement en ce qui concerne ce prévenu; — En ce qui touche Gatinaud, actuellement âgé de vingt ans : — Attendu que, s'il est prouvé que le 3 août dernier, à Aubeterre, en appelant à son aide la ruse, le mensonge et l'intimidation, dans des circonstances qui impriment à sa conduite un caractère odieux, il est parvenu à séparer Parceau d'Eugénie Gauthier, et s'il a entraîné cette fille au domicile de ses parents, les époux Gatinaud, avec l'intention préconçue et réalisée ensuite par lui d'accomplir avec elle des actes de débauche, de ce fait qu'il avoue il ne résulte ni que cet inculpé se soit rendu coauteur du rapt de séduction dont Parceau est déclaré coupable, ni qu'il ait commis une infraction de même nature, distincte de celle qui a motivé la condamnation de ce dernier, car il n'a pas détourné la mineure d'un lieu où elle eût été placée par le père de famille, sous l'autorité duquel elle se trouvait; — Mais que, en participant ainsi spontanément au délit unique de détournement de mineure qu'on puisse relever dans la cause, et qui a été accompli par son coprévenu, Jules Gatinaud s'en est volontairement rendu complice; — Qu'en effet, il a, avec connaissance, aidé et assisté l'auteur principal de l'action dans les faits qui l'ont préparée, facilitée ou consommée; puisque l'atteinte portée à l'autorité paternelle et l'injure faite aux époux Pierre Gauthier ont été permanentes, pendant que la mineure de seize ans, soustraite à cette autorité, est restée éloignée de leur domicile; — Qu'il importe de rectifier en ce sens la qualification donnée par le tribunal aux faits dont l'existence est incontestable, et de maintenir aussi, à l'égard de cet appelant, la peine qui lui a été infligée qui n'a rien d'excessif; — Quant à François Gatinaud et à Marie-Rose Martin, sa femme : — Attendu que la décision ci-dessus, en ce qui concerne leur fils, efface la prévention de complicité dirigée contre eux relativement à un délit personnel et distinct imputé à Jules Gatinaud, il n'est pas reconnu coupable; — Que d'autre part, il n'est pas suffisamment démontré que les époux Gatinaud aient eu des rapports directs avec Parceau à l'occasion de l'enlèvement de la mineure Gauthier, et qu'ils aient eu connaissance de ce qui s'était passé entre cette fille et le ravisseur à Barbezieux, et à Bors-de-Montmoreau et à Aubeterre; — Qu'à la vérité, le rôle joué par les deux époux dans cette déplorable affaire et l'attitude qu'ils y ont prise dénotent en eux une dépravation profonde, un oubli coupable des lois de l'honneur et des devoirs de la famille, mais que, si ces faits constatés à leur charge doivent être hautement flétris, ils échappent à l'application de la loi pénale; — Qu'il y a lieu, par suite, de prononcer l'acquittement des prévenus; — Par ces motifs; — Déclare Parceau coupable d'avoir, étant mineur de vingt et un ans, enlevé ou détourné d'un lieu où elle se trouvait avec son père, à l'autorité duquel elle était soumise, la fille Marie-Eugénie Gauthier, mineure de seize ans, laquelle a consenti à son enlèvement; Jules Gatinaud de s'être rendu complice de ce délit, commis par Parceau, en aidant, en assistant ce dernier, avec connaissance dans les faits qui l'ont préparé, facilité, ou consommé; — Acquitte les époux Gatinaud, etc.
Du 2 oct. 1876.-C. de Bordeaux, ch. corr.-MM. Vouzellaud, pr.-Guillaumin, subst.-Lulé-Desjardin, av.

(2) (François.) — La cour;... — Sur le second moyen fondé sur une violation des art. 354 et 635 c. pén., en ce que la question posée au jury et répondue affirmativement aurait omis de mentionner la circonstance de fraude ou de violence nécessaire pour caractériser, dans tous les cas, le crime de détournement de mineure : — Attendu que l'accusé était poursuivi pour le crime prévu par l'art. 356 c. pén.; — Attendu que cet article, qui punit le détournement par un majeur d'une mineure de seize ans, même dans le cas où il y a consentement de la part de celle-ci et où elle a volontairement suivi son ravisseur, a prévu un fait distinct de celui auquel s'applique l'art. 354; que la fraude ou la violence, qui sont une des conditions du crime prévu par ce dernier article, ne sont plus comprises parmi les éléments du crime prévu par le premier, puisque cet article suppose l'action volontaire de la victime; — Par ces motifs, ... rejette, etc.
Du 14 juin 1873.-Ch. crim.-MM. de Carnières, rap.-Dupré-Lasale, av. gén.-Arbelet, av.

(3) (Barbier.) — La cour; — Sur le moyen relevé d'office et pris de la complexité de la question dont la solution affirmative a servi de base à la condamnation : — Vu les art. 344, 344, 345 c. instr. cr., 1ᵉʳ, 2, 3 de la loi du 13 mai 1836, 365 c. pén. ; — Attendu que du rapprochement de ces dispositions de lois il résulte que le jury doit être interrogé indistinctement sur le fait principal et sur chacune des circonstances qui l'aggravent; qu'autrement, dans une question complexe, on ne peut savoir à quelle partie de la question s'applique la réponse du jury; que ce mode de procéder est une garantie substantielle et d'ordre public ; — Attendu que, dans l'espèce, la question résolue affirmativement comprend à la fois le fait principal du détournement d'une fille mineure au-dessous de seize ans qui a suivi volontairement son ravisseur, et la circonstance que le coupable était majeur de vingt et un ans ou au-dessus; qu'en réunissant un fait qui, par lui seul, constituait un délit correctionnel et une circonstance qui lui imprimait le caractère de crime; elle a provoqué une solution unique, inconciliable avec la nécessité légale de deux décisions séparées ; — Qu'ainsi entachée de complexité, elle a été posée en violation des dispositions susénoncées du code d'instruction criminelle et de la loi du 13 mai 1836 ; — Casse, etc.
Du 24 juill. 1873.-Ch. crim.-MM. Baudouin, rap.-Babinet, av. gén.

le ravisseur, se rattache essentiellement au fait principal de l'accusation, et peut être posée comme résultant des débats (Crim. rej. 30 nov. 1849) (1).

419. — IV. MARIAGE DE LA FILLE ENLEVÉE. — L'application de l'art. 357 c. pén., relatif au cas où le ravisseur a épousé la fille enlevée (Rép. nos 298 à 304), n'a donné lieu à aucun arrêt nouveau. — Nous signalerons seulement que, sur la question, posée au Rép. no 301, de savoir si la plainte des parents de la fille enlevée est encore nécessaire lorsque la nullité du mariage de celle-ci avec le ravisseur a été prononcée, M. Blanche, t. 5, no 322, soutient l'affirmative, contrairement à l'opinion de Chauveau et Hélie, t. 4, no 1756, adoptée au Répertoire. L'action publique, dit M. Blanche, ne peut être exercée dans ce cas, parce que la loi ne l'autorise que sur la plainte même des personnes qui ont le droit de demander la nullité du mariage. Nous persistons à croire que, quand le mariage est annulé, rien ne peut plus arrêter l'action du ministère public puisque, si l'art. 357 subordonne la poursuite à la plainte, c'est qu'il suppose l'existence du mariage.

420. Il convient de citer, en terminant la disposition de l'art. 235 du code pénal allemand de 1871 qui aggrave avec raison, semble-t-il, la peine de celui qui a enlevé un mineur à ses père et mère ou à son tuteur « si le fait a été commis dans l'intention de se servir de la personne du mineur pour mendier, ou dans un but intéressé ou immoral ». L'art. 318 du code pénal hongrois de 1878 contient une disposition analogue.

---

(1) (Mariotti.) — LA COUR; — Sur le premier moyen, tiré de la violation ou fausse application des art. 337, 338 c. instr. cr. et 356 c. pén., en ce que, d'une part, le président des assises aurait posé au jury une question qui ne résultait pas de l'acte d'accusation, et en ce que, d'un autre côté, cette question était établie sur une erreur de fait matérielle : — Attendu, sur la première branche de ce moyen, que, soit dans l'arrêt de mise en accusation, soit dans le résumé de l'acte d'accusation, le premier chef d'accusation porté contre le demandeur est d'avoir enlevé par violence et entraîné sous lui la mineure Pasqualini ; que c'est ce fait d'enlèvement par violence qui est littéralement reproduit dans la première question soumise au jury ; qu'une question énoncée comme résultant des débats a été ensuite subsidiaire-ment établie pour le cas où la première question aurait été résolue négativement, ce qui a eu lieu en effet ; que cette question subsidiaire avait pour objet d'interroger le jury sur le point de savoir si la mineure Pasqualini, âgée de moins de seize ans, n'avait pas consenti à l'enlèvement et volontairement suivi le ravisseur, fait qui constitue le crime spécifié par l'art. 356 c. pén.; qu'une semblable question, loin d'être étrangère au fait de l'accusation, s'y rattachait essentiellement ; que seulement elle modifiait le caractère conformément au résultat des débats, et qu'en la posant au jury, le président des assises n'avait ni violé ni faussement appliqué les articles ci-dessus cités ; ... — Rejette, etc.
Du 30 nov. 1849.-Ch. crim.-MM. Barennes, pr.-Sévin, av. gén.-Nouguier, av.

Table sommaire
des matières contenues dans le Supplément et le Répertoire.

Les chiffres précédés de la lettre S renvoient au Supplément; les chiffres précédés de la lettre R renvoient au Répertoire.)

Table chronologique des Lois, Arrêts, etc.

1790

22 août. Loi. 276 c.

An 4

3 brum. Code. 77 c.; 178 c., 179 c., 183 c., 184 c., 180 c., 187 c., 191 c., 198 c., 200 c., 203 c., 216 c.

An 7

23 frim. Crim. 183 c.

An 9

10 germ. Crim. 179 c.

An 11

19 vent. Loi. 248 c., 249 c., 271 c., 272 c., 273 c.

1806

3 juill. Décr. 375 c.
12 déc. Décr. 276 c.
27 déc. Crim. 179 c.

1807

3 sept. Crim. 183 c.
8 oct. Crim. 179 c.

1808

3 juin. Crim. 179 c.
25 nov. Crim. 351 c.; 383 c., 384 c.

1809

2 mars. Crim. 383 c.
25 nov. Crim. 351 c.

1810

11 janv. Crim. 318 c.
10 mars. Crim. 180 c.
16 août. Crim. 181 c.

1811

11 mai. C. d'ass. Seine. 91 c.

1812

10 janv. Crim. 70 c.
4 juin. Crim. 48 c.
20 nov. Crim. 95 c.
27 nov. Crim 59 c.

1813

3 janv. Décr. 276 c.
22 août. Décr. 202 c.
15 oct. Crim. 188 c., 214 c.

1814

4 févr. Crim. 95 c.
7 juill. Crim. 91 c.

1815

16 mars. Bruxelles. 70 c.
17 mars. Bruxelles. 148 c.
27 avr. Crim. 66 c.

1816

8 févr. Crim. 72 c.

1817

7 mars. Crim. 180 c., 182 c.
18 sept. Crim. 249 c.
19 déc. Crim. 388 c.

1818

15 janv. Crim. 59 c.
27 mars. Crim. 316 c.

1819

8 janv. Crim. 316 c.
29 avr. Crim. 318 c.
17 juin. Crim 11 c.
9 déc. Crim. 181 c.
17 déc. Crim. 168 c., 169 c., 190 c.

1820

7 sept. Crim. 394 c.
14 déc. Crim. 167 c.

1821

3 févr. Crim. 217 c.
14 avr. Crim. 199 c.
30 mai. Crim. 301 c.
20 juin. C. cass. Liège. 70 c.
28 sept. Bruxelles. 70 c.
10 oct. Crim. 214 c.
14 nov. Crim. 34 c.

1823

6 mars. Crim. 285 c.
12 mai. C. d'ass. Haute-Garonne. 351 c., 383 c.
20 juin. Crim. 11 c.
9 oct. Crim. 235 c.

1824

27 févr. Crim. 139 c.
8 juill. Crim. 352 c.
18 nov. Crim. 363 c.

1825

9 avr. Crim. 192 c.
20 août. Crim. 75 c.

1826

10 mars. Crim. 139 c.
14 avr. Crim. 44 c.

1827

2 févr. Crim. 192 c.
7 juill. Crim. 235 c.

1828

15 mars. Crim. 192 c.
22 août. Crim. 139 c.
16 oct. Crim. 233 c.
22 nov. Crim. 394 c.

1829

16 janv. Paris. 288 c.
28 mars. Crim. 42 c.
10 sept. Bourges. 183 c.

1830

26 août. Bordeaux. 180 c.

1831

5 mars. Crim. 181 c.
7 avr. Crim. 380 c., 384 c.
6 sept. Crim. 286 c.
29 sept. Crim. 182 c.

1832

12 janv. Crim. 139 c.
21 mars. Loi. 144 c., 153 c.
30 mars. Crim. 203 c.
21 avr. Loi. 198 c., 203 c.
28 avr. Loi. 227 c.
28 juin. Crim. 235 c.

1833

1er avr. Angers. 246 c.
25 août. Décis. dir. gén. ponts-et-chaussées. 270 c.

1834

22 août. Crim. 183 c.
5 sept. Crim. 364 c.

1835

28 janv. Bordeaux. 118 c.
19 mars. Crim. 301 c.
20 mars. Crim. 20 c.
18 juin. Req. 246 c., 268 c.
2 juill. Crim. 139 c., 144 c.
27 août. Crim. 364 c.
18 nov. C. d'ass. Aveyron. 339 c.
24 déc. Crim. 80 c.

1836

20 janv. C. cass. Belgique. 382 c.
5 avr. Trib. Lille. 199 c.
25 avr. Rennes. 338 c.
13 mai. Loi. 21 c., 41 c., 40 c.

1er août. Ch. réun. 355 c.

1837

6 janv. Crim. 75 c.
14 avr. Crim. 72 c., 80 c.
7 juill. Crim. 75 c., 361 c., 366 c.
13 juill. Crim. 40 c.
8 oct. Crim. 40 c.
16 nov. Crim. 127 c.
21 déc. Crim. 19 c.

1838

19 janv. Crim. 44 c., 45 c.
5 avr. Crim. 52 c.
5 mai. Grenoble. 387 c.
31 mai. Crim. 40 c.
23 juin. Crim. 129 c.
20 sept. Crim. 368 c.
22 nov. Crim. 49 c.
7 déc. Crim. 364 c.

1839

4 janv. Crim. 40 c., 43 c.
19 avr. Crim. 75 c., 151 c.
27 juin. Crim. 44 c.
19 juill. Crim. 49 c.
19 sept. Crim. 59 c.
10 oct. Crim. 151 c.
8 nov. Crim. 355 c.

1840

9 janv. Crim. 151 c.
2 avr. Amiens. 91 c.
16 avr. Crim. 52 c.
4 juin. Crim. 355 c.
18 juill. Crim. 139 c.
21 août. Crim. 84 c.
12 déc. Crim. 98 c., 102 c.
31 déc. Crim. 18 c.

1841

2 janv. Crim. 151 c.
14 janv. Crim. 208 c., 301 c., 318 c.
16 janv. Crim. 159 c.
28 janv. Bordeaux. 282 c., 288 c.
19 mars. Crim.
20 août. Paris.
23 déc. Crim. 139 c., 142 c.
30 déc. Crim. 151 c.

1842

7 janv. Crim. 151 c.
14 avr. Crim. 30 c.
9 juin. Crim. 151 c.
16 juill. Crim. 52 c.
6 août. Crim. 409 c.
6 août. Nancy. 204 c.
18 sept. Crim. 48 c.

1843

16 mars. Amiens. 343 c., 344 c.
4 mai. Crim. 400 c.
8 juin. Crim. 44 c.
29 juin. Rouen. 273 c.
4 août. Crim. 343 c.
25 août. Crim. 151 c.
27 juill. Crim. 151 c.
14 sept. Crim.
15 sept. Crim. 45 c.

1844

6 janv. Crim. 151 c.
15 févr. Douai. 183 c.
17 avr. Crim. 52 c.
3 mai. Loi. 121 c.
19 mai. Crim. 407 c.
21 mai. Crim. 409 c.
3 juin. Crim. 40 c., 43 c.
17 juin. Limoges. 342 c.
11 juill. Crim. 316 c., 342 c.
12 juill. Crim. 147 c.
16 août. Crim. 48 c.
5 sept. Crim. 11 c.
16 déc. Besançon. 246 c., 248 c., 272 c.
26 déc. Crim. 139 c.

1845

13 mars. Crim. 82 c.
3 avr. Crim. 21 c.
4 avr. Crim. 63 c., 101 c.
5 juin. Crim. 23 c., 49 c.
15 juill. Loi. 284 c.
1er août. Crim. 381 c.
5 août. Crim. 141 c.
26 août. Limoges. 204 c.
25 sept. Crim. 151 c.
27 sept. Crim. 221 c.
10 oct. Crim. 20 c.
4 déc. Rouen. 240 c.

1846

10 févr. Montpellier. 406 c.
5 mars. Crim. 221 c.
17 juill. Crim. 130 c.
6 août. Metz. 261 c.
9 août. Crim. 221 c.
21 août. Crim. 180 c.
24 août. Crim. 403 c., 412 c.
11 sept. Crim. 52 c., 65 c.

1847

4 mars. Crim. 48 c.
7 déc. Rennes. 246 c.
15 avr. Crim. 20 c., 21 c., 26 c.
2 juill. Crim. 52 c.
22 juill. Angers. 80 c.
20 nov. Crim. 185 c.

1848

6 avr. Grenoble. 343 c.
12 mai. Crim. 270 c.
27 juill. Crim. 151 c.
2 déc. Crim.
8 nov. Crim. 113 c.
9 nov. Crim. 151 c.

1849

17 févr. Crim. 221 c.
26 juill. Crim. 355 c., 361 c.
8 août. Angers. 414 c.
14 août. Paris. 409 c.
18 août. Crim. 414 c.
30 nov. Crim. 418 c.

1850

14 janv. Poitiers. 93 c.
2 mars. Crim. 53 c.
21 mars. Crim. 29 c., 33 c.
30 mars. Crim. 407 c., 409 c.
20 avr. Crim. 394 c., 400 c.
10 mai. Crim. 52 c.
22 juin. Crim. 189 c.
27 juin. Crim. 234 c., 237 c., 239 c.
10 juill. Colmar. 246 c.
12 sept. Crim. 301 c.
3 oct. Crim. 151 c.
21 nov. Crim. 11 c.
20 déc. Crim. 52 c.

1851

9 janv. Crim. 361 c.
25 avr. Riom. 93 c.
25 juin. Circ. 252 c.
25 juin. Crim. 48 c.
29 juin. Crim. 209 c.
30 janv. Crim. 75 c.
27 mars. Crim. 221 c.
7 mai. Crim. 193 c.
6 août. Metz. 261 c.
9 août. Crim. 221 c.

1852

16 janv. Crim. 410 c.
10 avr. Crim. 18 c.
3 juin. Crim. 23 c.
10 juill. Crim. 151 c.
11 août. Trib. corr. Seine. 246 c.
8 oct. Crim. 48 c., 49 c.
15 nov. Bruxelles. 118 c.

1853

23 févr. Crim. 231 c.
16 mars. Trib. Huy. (Belgique). 204 c.
24 mars. Crim. 61 c.
7 avr. Crim. 39 c., 143 c.
19 avr. Gand. 366 c.
10 mai. C. d'ass. Loire-Inférieure. 360 c.
9 juin. Loi. 61 c.
17 juin. Crim. 75 c.
28 juin. Crim. 368 c.
30 juin. Paris. 247 c.
12 août. Crim. 179 c., 198 c., 199 c.

1854

18 févr. Crim. 198 c.
1er mars. Décr. 306 c.
9 mars. Crim. 183 c., 198 c.
18 mars. Crim. 148 c., 170 c.
20 avr. Crim. 18 c., 23 c., 26 c.
16 août. Crim. 33 c.
2 sept. Crim. 301 c.
3 oct. Crim. 151 c.
21 nov. Crim. 11 c.
20 déc. Crim. 52 c.

1855

5 janv. Crim. 183 c.
26 janv. Crim. 364 c.
1er févr. Crim. 267 c.
20 avr. Crim. 234 c., 237 c., 262 c.
25 avr. Riom. 93 c.
25 juin. Circ. 252 c.
25 juin. Crim. 48 c.
29 juin. Crim. 209 c.

1856

11 janv. Crim. 141 c.
1er mars. Crim. 118 c.
13 mars. Crim. 80 c., 82 c., 84 c.

1857

26 mars. Crim. 201 c., 414 c.
9 avr. Crim. 316 c., 317 c.
18 avr. Crim. 75 c.
5 juill. C. cass. Belgique. 366 c.
26 nov. Crim. 4 c., 6 c.
21 déc. Nancy. 394 c.

1858

6 janv. Bruxelles. 182 c.
12 janv. Gand. 118 c.
25 mars. Bruxelles. 359 c.
8 avr. Crim. 409 c.
22 avr. Crim. 411 c., 415 c., 416 c.
23 avr. Crim. 273 c.
24 juin. Crim. 5 c.
4 sept. Bruxelles. 366 c.
4 oct. Trib. corr. Montbrison. 268 c.
14 oct. Crim. 268 c.
10 nov. Lyon. 268 c.

1859

7 janv. Crim. 268 c.
9 févr. Colmar. 256 c., 263 c.
10 mars. Crim. 47 c.
22 mars. Haute cour imp. Pays-Bas. 132 c.
23 avr. Crim. 254 c.
24 oct. Gand. 182 c.
15 déc. Trib. corr. Lyon. 138 c., 170 c.
16 déc. Crim. 201 c.

1860

12 janv. Crim. 29 c.
10 mai. Rouen. 259.
21 juin. Liège. 289 c.
23 août. Crim. 234 c., 238 c., 251 c.
21 sept. C. cass. Belgique. 364 c.
14 déc. Crim. 408 c.
28 déc. Crim. 399 c., 403 c.

1861

14 mars. Crim. 11 c.
28 mars. Crim. 13 c.
4 avr. Crim. 415 c.
7 juin. Crim. 138 c., 194 c.
13 juill. Crim. 23 c.
16 déc. Civ. 56 c.

1862

29 janv. Metz. 261 c.

1er mars. Crim. 255 c.
13 mars. Crim. 180 c., 204 c.
20 mars. Crim. 88
2 mai. Trib. corr. Nantes. 246.
25 sept. Crim. 361.

1863
24 janv. Crim. 161 c.
26 févr. Crim. 234 c., 237 c., 264 c.
21 avr. C. d'ass. Côtes-du-Nord. 95 c.
13 mai. Loi. 106 c., 107 c., 113 c., 114 c., 115 c., 116 c., 118 c., 134 c., 135 c., 136 c., 146 c., 153 c., 158 c., 159 c., 161 c., 169 c., 173 c., 175 c., 182 c., 183 c., 184 c., 185 c., 186 c., 198 c., 206 c., 211 c., 214 c., 215 c., 230 c., 353 c., 355 c., 370 c., 374 c., 377 c., 378 c., 380 c., 387 c., 401 c.
16 mai. Crim. 28 c.
6 août. Crim. 61 c.
1er oct. Crim. 22 c.
7 nov. Crim. 255 c.
18 nov. Metz. 116 c., 186 c.
19 déc. Crim. 111 c., 180 c., 182 c., 366 c.

1864
12 févr. Crim. 100 c.
16 avr. Crim. 180 c.
25 avr. C. cass. Belgique. 59 c.
16 juin. Crim. 245 c., 261 c, 278 c., 291 c., 294 c.
1er juill. Crim. 200 c.

27 juill. Caen. 366 c., 367 c.
15 sept. Crim. 317 c., 323 c.
4 nov. Crim. 182 c.
30 déc. Crim. 43 c.

1865
7 janv. Crim. 198 c.
13 janv. Crim. 198
23 févr. Crim. 340 c.
31 mars. Crim. 237 c., 238 c., 262 c.
18 mai. Crim. 44 c.
21 juin. Trib. corr. Seine. 246.
22 juill. Liège. 148 c.
2 août. Trib. corr. Seine. 252.
4 nov. Crim. 245 c., 254 c., 261 c., 278 c.
24 nov. Crim. 243 c., 279 c., 355 c., 356 c., 357 c.

1866
26 janv. Crim. 198 c.
28 avr. Amiens. 231 c.
11 mai. Crim. 52 c.
31 mai. Crim. 92.
2 août. Crim. 201 c.
22 août. Crim. 329 c.
6 nov. Colmar. 215 c.
16 nov. Cab. charges. 270 c.
7 déc. Crim. 215 c.
28 déc. Liège. 413 c.

1867
13 janv. Crim. 244.
8 mars. Crim. 243 c., 279 c.
2 mai. Crim. 229 c.
21 mai. Metz. 246 c.
27 mai. Angers. c.
31 mai. Crim. 5 c.
8 août. Bordeaux.

115 c., 116 c. c.
16 août. Crim. 281 c.
22 août. Crim. 329

1871
29 juin. Aix. 254 c., 282 c.
28 juill. Trib. corr. Angoulême. 357 c., 373 c.
29 juill. Toulouse. 112 c., 115 c., 116 c.
25 août. Crim. 151.
8 nov. Toulouse. 289 c.
30 nov. Crim. 151.
8 déc. Crim. 317 c., 342 c., 343 c.

1872
9 janv. Crim. 367 43 c.
25 juin. Crim. 198 c., 202.
30 juill. Crim. 396 c., 398 c.
26 août. Metz. 289 c.
3 sept. Crim. 139.
16 déc. Dijon. 375 c., 376 c.

1869
30 avr. Crim. 184 c.
3 juin. Crim. 43 c., 317 c.
1er juill. Crim. 5 c.
12 août. Nancy. 215 c.
23 sept. Paris. 254 c.
6 déc. Montpellier. 259 c.
11 déc. Crim. 236 c.
29 déc. Rennes. 240 c., 251 c., 252 c., 282 c.

1870
6 janv. Crim. 52 c., 53 c., 61 c.
21 janv. Crim. 278 c., 292 c., 294 c.
10 févr. Grenoble. 375 c.
4 mars. Angers. 186 c.
14 mars. Crim. 182
24 mars. Crim. 151 c.

30 déc. Bourges. 308 c.

1871
29 juin. Aix. 254 c., 282 c.
14 juin. Crim. 418.
24 juill. Crim. 423.
7 août. Crim. 322 c.
7 nov. Crim. 289 c.
20 déc. Amiens. 371 c.

1874
14 févr. Crim. 108 c.
20 mars. Paris. 366 c., 367 c.
9 avr. Crim. 367 c.
19 mai. Loi. 290 c.
9 juin. Chambéry. 373 c.
31 juill. Poitiers. 258 c.
6 août. Agen. 375 c.
7 août. Crim. 375 c.
17 déc. Crim. 91, 92 c., 100 c.
23 déc. Loi. 298 c.

1875
6 janv. Caen. 357 c., 358 c.
22 févr. Besançon. 338 c.
4 mars. Crim. 360 c., 361 c., 363 c.
18 mai. Décr. 290 c.
28 mai. Crim. 43 c., 198 c.
1er juin. Trib. corr. Lisieux. 186 c.
5 nov. Crim. 199.
12 nov. Crim. 237 c.
25 nov. Crim. 243 c., 277 c.

1876
18 févr. Crim. 139 c.
24 févr. Crim. 25 c., 43 c.
27 avr. Crim. 103 c.
10 mai. Caen. 302, 395 c.
29 juin. Amiens. 375 c.

17 mai. Aix. 186 c.
29 mai. Crim. 351 c., 381 c., 383 c.
2 oct. Bordeaux. 417.
2 déc. Poitiers. 392 c., 395 c.
18 déc. Angers. 186

1877
26 janv. Crim. 199 c.
29 mars. Crim. 210 c.
12 avr. Crim. 5 c.
7 juin. Crim. 25 c., 45 c.
15 nov. Crim. 203, 284 c.
24 nov. Trib. corr. 258 c.
28 déc. Crim. 28.

1878
8 févr. Grenoble. 284 c.
8 mars. Req. 241.
2 mai. Crim. 372 c.
6 juin. Crim. 18 c., 26 c.
11 juill. Crim. 171.
1er août. Crim. 260, 284 c.
10 août. Crim. 237 c., 238 c., 241 c.
31 août. Poitiers. 376 c.

1879
5 nov. Crim. 199.
12 nov. Crim. 237 c.
24 janv. Alger. 391.
31 janv. Nîmes. 188 c., 191.
5 févr. Besançon. 393, 395 c.
9 mars. Crim. 59 c., 237 c., 281 c.
11 mai. Dijon. 375 c.
29 mai. Crim. 54 c.
12 juin. Crim. 39, 46 c.
10 juill. Crim. 221 c.

1883

6 juill. Nîmes. 252.
2 oct. Bordeaux. c.
2 déc. Poitiers. 382 c., 395 c.

1880
31 mai. Angers. 375 c., 376 c.
19 août. Bordeaux. 258.
2 sept. Crim. 367 c.

1881
7 janv. Crim. 198 c.
13 janv. Crim. 356 c., 360 c.
27 janv. Crim. 23 c., 25 c.
14 févr. Grenoble. 288 c.
10 mars. Crim. 31.
10 avr. Douai. 375, 376 c.
14 juin. Douai. 213.
29 juill. Loi. 117 c.
5 août. Crim. 199.

1882
1er févr. Gand. 79 c., 249.
25 mars. Crim. 186.
16 mai. Douai. 79 c., 250.
25 mai. Crim. 206 c., 238 c., 241 c.
30 juin. Crim. 267.
15 juill. Crim. 179 c., 198 c.
20 juill. Crim. 108 c.
11 août. Crim. 265 c.

1883
22 févr. Crim. 278 c., 290 c., 292 c., 294 c.
10 août. Crim. 256 c.

1884
8 févr. Crim. 177 c.
29 févr. Crim. 278, 199, 199 c.
14 mars. Lyon. 412 c., 115 c., 117 c., 118 c.

24 juin. Limoges. 336 c.
25 juill. Crim. 181.

1885
30 janv. Crim. 198
20 mars. Trib. simpl. pol. Amiens. 191.
27 mai. Loi. 107 c., 114 c., 115 c., 197 c., 222 c., 230 c.
3 juill. Crim. 46.
30 oct. Crim. 267.
19 nov. Crim. 179.

1886
24 févr. Crim. 338 c.
1er mars. Trib. corr. Seine. 199.
5 mars. Crim. 199.
13 mars. Crim. 186 c.
25 mars. Crim. 140, 301.
27 mars. Crim. 34 c.
5 juin. Crim. 187 c., 196 c.
12 juin. Crim. 180 c.
2 juill. Crim. 79 c.
2 sept. Crim. 25, 44.
18 nov. Bordeaux. 187, 196 c.
1er déc. Crim. 139 c.
23 déc. Crim. 43, 221.

1887
21 juin. Crim. 32 c.
17 févr. Bordeaux. 199, 199 c.
10 mars. Chambéry. 185.
25 mars. Trib. Annecy. 204.
19 juin. Nancy. 215 c.

1888
7 juin. Crim. 19 c., 29 c., 62 c.
27 juill. Trib. corr. Seine. 295.

1889
18 janv. Crim. 191

CRIS SÉDITIEUX. — V. infrà, vis *Instruction criminelle; Presse-outrage-publication.*

CULTE. — SÉPULTURES.

Division.

TIT. 1. — DES CULTES (no 1).

CHAP. 1. — **Notions préliminaires.** — **Historique et législation comparée** (no 1).

CHAP. 2. — **De la liberté de conscience et des cultes en général** (no 25).

SECT. 1. — De la liberté de conscience (no 25).
SECT. 2. — De la liberté des cultes (no 32).

CHAP. 3. — **Des cultes reconnus** (no 37).

SECT. 1. — Autorisation. — Protection des cultes reconnus (no 38).
ART. 1. — Autorisation générale accordée aux cultes reconnus (no 38).
ART. 2. — Protection des cultes reconnus (no 39).
§ 1. — Protection des dogmes (no 39).
§ 2. — Exercices du culte; Troubles à cet exercice (no 40).
§ 3. — Du sacrilège (no 58).
§ 4. — Discipline; Mariage des prêtres; Adoption; Commerce; Révélation des secrets (no 59).
§ 5. — Ministres du culte; Salaire; Serment; Costume; Délits (no 65).

SECT. 2. — Conditions de la protection accordée aux cultes reconnus (no 92).
ART. 1. — Des rapports des cultes reconnus entre eux (no 92).
ART. 2. — Des rapports des cultes reconnus avec l'Etat (no 108).
ART. 3. — Autorisation de certains actes relatifs aux cultes reconnus. — Brefs, bulles, décrets, conciles et synodes, légats, liturgie, etc. (no 130).
SECT. 3. — De l'appel comme d'abus (no 149).
ART. 1. — Historique (no 150).
ART. 2. — Des divers cas d'appel comme d'abus (no 151).
§ 1. — Du recours en matière d'abus contre les ministres du culte (no 151).
§ 2. — Du recours en cas d'abus de la part des fonctionnaires publics (no 174).
ART. 3. — Des personnes qui peuvent former le recours en matière d'abus. — De l'autorité qui doit en connaître et de ses formes (no 177).
SECT. 4. — Dispositions pénales concernant les ministres du culte (no 185).

CHAP. 4. — **Du culte catholique** (no 212).

SECT. 1. — Lois et hiérarchie de l'église catholique (no 212).
ART. 1. — Lois. — Droit canonique. — Recueils divers (no 212).
ART. 2. — Des personnes, des ordres et des offices ecclésiastiques (no 218).
§ 1. — Des personnes (no 218).
§ 2. — Des ordres mineurs (no 219).
§ 3. — Des ordres sacrés (no 220).

1. — I. NOTIONS PRÉLIMINAIRES ; HISTORIQUE ET LÉGISLATION. —
Le *Répertoire* a donné (nos 2 à 52) un exposé de l'histoire
des cultes et de la législation qui s'est succédé à leur égard
en France depuis les temps les plus reculés jusqu'à 1852.
On ne reviendra pas ici sur cet exposé et l'on renverra,
tant pour la législation abrogée que pour celle qui est
actuellement en vigueur, aux indications fournies, dans le
cours du présent traité, sous chacune des matières où chacun des points spéciaux qui concernent les dispositions
législatives relatives aux cultes et encore aujourd'hui appliquées. On se bornera, en conséquence, à citer ici, dans leur
ordre chronologique, les lois et décrets qui ont, depuis 1852,
modifié ou complété la législation française sur les cultes,
sauf à distinguer, dans les chapitres, articles et paragraphes
qui vont suivre, les actes du pouvoir législatif encore en
vigueur de ceux qui ont perdu leur autorité.

TABLEAU DE LA LÉGISLATION SUR LES CULTES.

13-22 janv. 1852. — Décret portant réception du décret pontifical qui autorise l'évêque de Beauvais et ses successeurs à
joindre à ce titre ceux des évêchés supprimés de Noyon et de
Senlis (D. P. 52. 4. 39).

14-22 janv. 1852. — Constitution faite en vertu des pouvoirs délégués par le peuple français à Louis-Napoléon Bonaparte,
par le vote des 20 et 21 déc. 1851 (art. 1er et 26) (D. P. 52. 4. 34
et 35).

22-27 janv. 1852. — Décret qui restitue au domaine de
l'Etat les biens meubles et immeubles qui sont l'objet de la donation faite, le 7 août 1830, par le roi Louis-Philippe (art. 8) (D. P.
52. 4. 38).

31 janv.-16 févr. 1852. — Décret sur les congrégations et
communautés religieuses de femmes (D. P. 52. 4. 45).

22 mars-6 avr. 1852. — Décret qui établit une communauté de prêtres pour desservir l'église de Sainte-Geneviève, à
Paris (D. P. 52. 4. 99).

25 mars-6 avr. 1852. — Décret relatif au chapitre de Saint-
Denis (D. P. 52. 4. 100).

26 mars-5 mai 1852. — Décret qui nomme les membres du
conseil central des églises réformées (D. P. 52. 4. 136).

26 mars-5 mai 1852. — Rapport et décret sur l'organisation des cultes protestants (D. P. 52. 4. 135).

31 mars-26 avr. 1852. — Décret sur l'organisation du
service des aumôniers de la flotte (D. P. 52. 4. 135).

10 nov. 1852-26 août 1853. — Décret réglant fixation
des circonscriptions consistoriales des églises protestantes et l'exécution de l'art. 4 du décret du 26 mars 1852 (D. P. 53. 4. 161).

8-17 janv. 1853. — Décret impérial qui autorise les archevêques et les évêques à tenir des conciles métropolitains et des
synodes diocésains pendant l'année 1853 (D. P. 53. 4. 1).

15-19 janv. 1853. — Décret impérial qui augmente les traitements des archevêques et des évêques de France (D. P. 53. 4. 2).

22-29 janv. 1853. — Décret impérial qui augmente les
traitements des vicaires généraux (D. P. 53. 4. 9).

22-29 janv. 1853. — Décret impérial portant réception du
décret pontifical qui autorise l'évêque de Fréjus et ses successeurs
à joindre à ce titre celui de l'évêché supprimé de Toulon (D. P.
53. 4. 9).

7 mars 1853. — Décret portant réorganisation du service
des édifices diocésains (Rec. circ. cult., t. 3, p. 416).

23 mars-16 avr. 1853. — Décret impérial relatif au logement des aumôniers à bord des bâtiments de la flotte (D. P. 53.
4. 68).

28 juin 1853-1er déc. 1858. — Rapport et décret impérial concernant les pensions à accorder aux prêtres âgés ou
infirmes (D. P. 58. 4. 168).

5-23 juill. 1853. — Décret impérial qui institue une décoration pour les membres du chapitre métropolitain de Paris (D. P.
53. 4. 155).

29 août 1853. — Arrêté ministériel sur l'enseignement religieux dans les lycées (V. *infra*, v° *Organisation de l'instruction
publique*).

31 oct.-11 nov. 1853. — Décret impérial qui transfère
dans la ville de Saint-Pierre le siège épiscopal de la Martinique,
précédemment établi à Fort-de-France (D. P. 54. 4. 3).

31 oct.-11 nov. 1853. — Décret impérial portant réception
de la bulle d'institution canonique pour l'évêché de la Basse-
Terre (Guadeloupe) (D. P. 54. 4. 3).

9-14 nov. 1853. — Décret impérial portant règlement
d'administration publique pour l'exécution de la loi du 9 juin
1853 sur les pensions civiles (art. 4) (D. P. 54. 4. 3).

5 déc. 1853-1er déc. 1858. — Décret impérial portant
réception du décret pontifical qui autorise l'évêque d'Autun et ses
successeurs à joindre à ce titre ceux des évêchés supprimés de
Mâcon et de Chalon (D. P. 58. 4. 169).

10-24 janv. 1854. — Décret impérial qui reconnaît comme
congrégation dirigée par une supérieure générale, l'association
des sœurs de la Providence à Arras, et l'autorise à fonder, à Gon-

nehem (Pas-de-Calais), un établissement de sœurs de son ordre (D. P. 54. 4. 19).

26 janv.-9 févr. 1854. — Décret impérial qui autorise, comme communauté dirigée par une supérieure locale, l'association des sœurs de Notre-Dame, existant au Puy (D. P. 54. 4. 29).

26 janv.-9 févr. 1854. — Décret impérial relatif à la construction d'un nouveau séminaire diocésain à Lyon (D. P. 54. 4. 29).

1er févr.-1er mars 1854. — Décret impérial qui autorise, comme congrégation dirigée par une supérieure générale, l'association des sœurs de Saint-Joseph à Saint-Félicien (Ardèche) (D. P. 54. 4. 33).

10 mars-1er avr. 1854. — Décret impérial portant que des aumôniers seront attachés à l'armée d'Orient (D. P. 54. 4. 40).

13-18 mars 1854. — Décret impérial portant réception du décret pontifical qui autorise l'évêque d'Arras et ses successeurs à joindre à leur titre ceux des évêchés supprimés de Boulogne et de Saint-Omer (D. P. 54. 4. 37).

13-18 mars 1854. — Décret impérial portant réception du décret pontifical qui autorise l'évêque de Quimper et ses successeurs à joindre à leur titre celui de l'évêché supprimé de Saint-Pol-de-Léon (D. P. 54. 4. 37).

31 juill.-4 sept. 1854. — Décret impérial relatif à la dotation affectée, par les décrets des 22 janv. et 27 mars 1852, à l'établissement d'une caisse de retraites en faveur des ecclésiastiques âgés et infirmes (D. P. 54. 4. 141).

28 oct.-15 nov. 1854. — Décret impérial portant réception du bref qui permet aux membres du chapitre de l'église métropolitaine de Tours et à leurs successeurs de porter une décoration sur l'habit de chœur (D. P. 54. 4. 183).

28 oct.-15 nov. 1854. — Décret impérial portant que les chanoines de l'église métropolitaine de Tours et leurs successeurs sont autorisés à porter sur l'habit de ville dans les limites du diocèse de Tours, la décoration ecclésiastique qui leur a été conférée par le décret pontifical du 31 janv. 1854 (D. P. 54. 4. 183).

11-23 nov. 1854. — Décret impérial portant réception du décret pontifical qui autorise l'évêque de Coutances et ses successeurs à joindre à leur titre celui de l'évêché supprimé d'Avranches (D. P. 55. 4. 1).

23 déc. 1854-6 janv. 1855. — Décret impérial portant réception de la lettre encyclique du 1er août 1854 qui a prescrit la célébration d'un jubilé universel (D. P. 55. 4. 9).

24-27 févr. 1855. — Décret impérial portant réception des lettres apostoliques données, le 8 déc. 1854, par Sa Sainteté le pape Pie IX, touchant la définition dogmatique de l'immaculée conception de la vierge mère de Dieu (D. P. 55. 4. 19).

5-9 mai 1855. — Loi sur l'organisation municipale (art. 5,10). (D. P. 55. 4. 57) (V. *suprà*, v° *Commune*.)

5-9 mai 1855. — Loi relative à la création d'un nouveau siège épiscopal à Laval, et à l'ouverture d'un crédit supplémentaire au budget du ministère de l'instruction publique et des cultes, exercice 1855 (D. P. 55. 4. 66).

18 mai-17 août 1855. — Décret impérial qui érige en chapelle vicariale l'église Saint-Paul, située au quartier dit de la Chaussée-d'Ocquet, commune d'Abbeville (Somme) (D. P. 55. 4. 81).

30 août-8 sept. 1855. — Décret impérial relatif à la création d'un évêché à Laval (D. P. 55. 4. 84).

9-24 janv. 1856. — Décret impérial portant réception du bref qui permet aux vicaires généraux et aux chanoines de l'église métropolitaine d'Aix et à leurs successeurs, de porter sur l'habit de chœur une croix dont les formes sont déterminées par ledit bref (D. P. 56. 4. 30).

9-24 janv. 1856. — Décret impérial portant réception du bref qui permet aux chanoines de l'église cathédrale de Nevers, et à leurs successeurs, de porter sur l'habit de chœur une croix dont les formes sont déterminées par ledit bref (D. P. 59. 4. 30).

10 mars-24 avr. 1856. — Décret impérial portant réception du bref qui permet aux vicaires généraux et aux chanoines de l'église cathédrale de Montpellier, et à leurs successeurs, de porter sur l'habit de chœur une croix dont les formes sont déterminées par ledit bref (D. P. 56. 4. 48).

16 juin-12 juill. 1856. — Décret impérial portant que l'association des religieuses hospitalières de l'Hôtel-Dieu de Vire, reconnue comme communauté purement hospitalière, est autorisée comme communauté hospitalière et enseignante (D. P. 56. 4. 82).

27 juill.-1 sept. 1856. — Décret impérial qui autorise, comme communauté dirigée par une supérieure locale, l'association des sœurs de Notre-Dame de Charité du Refuge, existant à Besançon (D. P. 56. 4. 135).

13 août-12 sept. 1856. — Décret impérial qui autorise, comme congrégation dirigée par une supérieure générale, la communauté des Filles de la Providence de Saint-Remy existant à Chartres (D. P. 56. 4. 135).

19 août-12 sept. 1856. — Décret impérial qui autorise, comme congrégation dirigée par une supérieure générale, l'association des Dames du Sacré-Cœur-de-Marie, existant à Béziers (D. P. 56. 4. 136).

19 août-12 sept. 1856. — Décret impérial qui autorise, comme congrégation dirigée par une supérieure générale, l'asso-

ciation des sœurs du Saint-Cœur-de-Marie, établie à Treignac (Corrèze) (D. P. 56. 4. 136).

19 août-12 sept. 1856. — Décret impérial qui reconnaît, comme établissement d'utilité publique, l'association religieuse des frères de Saint-François-Régis, établie au Puy et vouée à l'enseignement primaire (D. P. 56. 4. 136).

18 sept.-16 oct. 1856. — Décret qui reconnaît, comme congrégation dirigée par une supérieure générale, l'association religieuse des sœurs du Sacré-Cœur à Valence d'Albigeois (Tarn) (D. P. 56. 4. 143).

31 oct.-12 déc. 1856. — Décret impérial qui rend applicables aux colonies de la Martinique, de la Guadeloupe et de la Réunion, le décret du 30 déc. 1809 concernant les fabriques des églises, et l'ordonnance du 12 janv. 1825, relative aux conseils de fabrique (D. P. 56. 4. 156).

3 juin-1er juill. 1857. — Décret impérial portant réception du décret pontifical qui autorise l'évêque d'Aire et ses successeurs à joindre à leur titre celui de l'évêché supprimé de Dax (D. P. 57. 4. 103).

6-27 juin 1857. — Décret impérial concernant la maison de retraite dite *la Grande-Chartreuse* (D. P. 57. 4. 103).

17 juin-31 août 1857. — Décret impérial portant réception du bref d'institution canonique de la grande aumônerie (D. P. 57. 4. 172).

17 juin-31 août 1857. — Décret impérial portant réception du bref qui constitue canoniquement le chapitre impérial de Saint-Denis (D. P. 57. 4. 172).

12 (et non 2)-17 oct. 1857. — Décret impérial qui supprime le titre de succursale attribué à l'église de Saint-Valère, à Paris, et érige en cure de première classe l'église construite, place de Bellechasse, sous le vocable de *Sainte-Clotilde* (D. P. 57. 4. 191).

12-30 oct. 1857. — Décret impérial portant fixation du maximum des frais d'établissement qui peuvent être alloués aux membres de l'épiscopat (D. P. 57. 4. 193).

28 déc. 1857-20 janv. 1858. — Décret impérial qui augmente le traitement des évêques de France (D. P. 58. 4. 9).

29 juill.-6 sept. 1858. — Décret impérial qui augmente le traitement des desservants de succursales âgés de moins de cinquante ans (D. P. 58. 4. 153).

2 août-6 sept. 1858. — Décret impérial qui augmente le traitement des chanoines, autres que ceux du diocèse de Paris (D. P. 58. 4. 153).

13 oct.-1er nov. 1858. — Décret impérial qui ouvre un crédit extraordinaire pour la restauration de l'église Sainte-Anne, à Jérusalem, et l'appropriation de cet édifice à l'exercice du culte (D. P. 58. 4. 165).

19 mars-6 mai 1859. — Décret impérial concernant les autorisations demandées : 1° pour l'ouverture de nouveaux temples, chapelles ou oratoires destinés à l'exercice public des cultes protestants organisés par la loi du 18 germ. an 10 ; 2° pour l'exercice public de cultes non reconnus par l'État (D. P. 59. 4. 27).

14-18 mai 1859. — Loi concernant la création d'un archevêché à Rennes (D. P. 59. 4. 31).

26 mai-23 juin 1859. — Décret impérial qui : 1° érige l'église épiscopale de Rennes en métropole ; 2° reçoit la bulle portant érection canonique de l'évêché de Rennes en archevêché, et institution canonique de M. Brossays-Saint-Marc, sous le titre d'archevêque de Rennes (D. P. 59. 4. 55).

28 juill.-8 août 1859. — Décret impérial qui ouvre un crédit extraordinaire pour la restauration de l'église Sainte-Anne, à Jérusalem, et l'appropriation de cet édifice à l'exercice du culte (D. P. 59. 4. 74).

11 août-14 sept. 1859. — Décret impérial concernant l'érection, dans la cathédrale de Marseille, d'une chapelle funéraire, dédiée à la mémoire des officiers, soldats et marins morts au service de la patrie pendant les campagnes d'Afrique, d'Orient et d'Italie (D. P. 59. 4. 77).

10 févr.-10 mars 1860. — Décret impérial portant que des chanoines honoraires du second ordre au nombre de douze, au plus, sont adjoints au chapitre impérial de Saint-Denis (D. P. 60. 4. 20) (Un décret du même jour porte réception du bref pontifical instituant ces douze canonicats honoraires).

27 mars-17 avr. 1860. — Décret impérial portant que la somme de cinq millions qui a été affectée à la dotation de la caisse générale de retraites ecclésiastiques sera employée à l'achat de rentes sur l'État 3 p. 100 (D. P. 60. 4. 36).

28 avr.-31 mai 1860. — Décret impérial portant réception du bref pontifical qui place dans les attributions de la grande aumônerie une chapelle funéraire construite à Ajaccio (D. P. 60. 4. 63).

3-20 juill. 1861. — Décret impérial portant que les deux statues de marbre des rois Louis XIII et Louis XIV qui faisaient partie du monument élevé en exécution du vœu de Louis XIII, et qui sont déposées au musée du Louvre, seront replacées dans le sanctuaire de l'église métropolitaine de Paris (D. P. 61. 4. 110).

10 févr.-31 juill. 1862. — Décret impérial relatif à l'acceptation des dons et legs faits aux fabriques des églises (D. P. 62. 4. 81).

28 avr.-30 mai 1862. — Décret impérial portant réception et autorisant la publication des deux décrets pontificaux du 30 déc. 1861, qui appliquent au diocèse de Nice et aux quatre diocèses de la Savoie les dispositions de l'indult du 9 avr. 1802, relatives aux jours de fête en France (D. P. 62. 4. 42).

22 mai-31 juill. 1862. — Décret impérial concernant : 1° la communauté instituée pour desservir l'église de Sainte-Geneviève, à Paris ; 2° l'école des hautes études ecclésiastiques, établie rue de Vaugirard, n° 76 (D. P. 62. 4. 81).

16 août 1862-5 janv. 1863. — Décret impérial portant : 1° réunion de l'évêché de Nice à la métropole d'Aix ; 2° réception de la bulle donnée à Rome, le 9 des calendes d'août (24 juill. 1861) (D. P. 63. 4. 4).

29 août-7 oct. 1862. — Décret impérial portant réception du bref qui permet aux dignitaires et chanoines titulaires de la cathédrale de Châlons de porter la grande chape sur leurs habits de chœur et une croix dont les formes sont déterminées par ledit bref (D. P. 62. 4. 120).

29 août-14 nov. 1862. — Décret impérial modifiant l'organisation du culte israélite (D. P. 62. 4. 124).

6 juill.-31 août 1863. — Décret impérial portant réception de la bulle qui détache de la métropole de Chambéry le diocèse d'Aoste et l'incorpore à la métropole de Turin, et qui attribue à la province ecclésiastique de Chambéry les mêmes limites que celles qui ont été fixées entre le gouvernement français et celui de Piémont (D. P. 63. 4. 142).

14-31 août 1863. — Décret impérial qui fixe, pour l'année 1864, les traitements des desservants des succursales âgés de plus de soixante ans (D. P. 63. 4. 142).

20 déc. 1863-10 fév. 1864. — Décret impérial portant réception du décret consistorial ayant pour objet de réunir au diocèse de Nice deux paroisses qui avaient été incorporées par erreur au diocèse de Cuneo en Piémont (D. P. 64. 4. 24).

5 mars-23 août 1864. — Décret portant réorganisation du service de l'aumônerie de la marine (Bull. off. mar., 1864, n° 166).

13 août-9 sept. 1864. — Décret impérial sur l'augmentation du traitement des desservants qui ont atteint l'âge de soixante ans (D. P. 64. 4. 109).

5-26 janv. 1865. — Décret impérial portant réception de la dernière partie de l'encyclique donnée à Rome le 8 déc. 1864, commençant par ces mots : « Hisce... Litteris auctoritate nostra... », et annonçant un jubilé pour 1865 (D. P. 65. 4. 6).

14-28 févr. 1866. — Décret impérial concernant les aumôniers militaires (D. P. 66. 4. 18).

9 janv.-28 févr. 1867. — Décret impérial qui : 1° érige l'église épiscopale d'Alger en métropole ; 2° crée deux évêchés à Constantine et Oran ; 3° reçoit les trois bulles portant érection canonique de l'archevêché d'Alger et des évêchés de Constantine et d'Oran (D. P. 67. 4. 32).

5 fév. 1867. — Décret impérial complétant les dispositions du décret du 29 août 1862, relatives aux élections israélites (V. infrà, n° 786).

24 déc. 1869-14 févr. 1870. — Décret impérial portant organisation du personnel du service des prisons et établissements pénitentiaires (art. 2, 5 et 28) (D. P. 70. 4. 23 et 24).

30 juill.-17 sept. 1870. — Décret qui augmente l'indemnité allouée aux vicaires sur les fonds de l'État (D. P. 70. 4. 69-70).

14 sept.-10 nov. 1870. — Décret qui autorise le ministre des cultes à agréer, au nom du Gouvernement et par délégation, les nominations faites par les évêques, dans la limite de leur droit (D. P. 70. 4. 101).

11-18 nov. (et non 5 déc.) 1870. — Décret sur l'élection des rabbins (D. P. 70. 4. 131).

16-21 mai 1871. — Loi ayant pour objet de demander des prières publiques dans toute la France (D. P. 71. 4. 54).

29 nov.-1er déc. 1871. — Décret sur les circonscriptions synodales des églises réformées (Journ. off. 1er déc. 1871).

1er avr.-11 juill. 1872. — Loi qui fixe le traitement des aumôniers des écoles normales primaires (D. P. 72. 4. 109).

27 juill.-17 août 1872. — Loi sur le recrutement de l'armée (art. 20) (D. P. 72. 4. 47).

12 sept. 1872. — Décret modifiant l'organisation du culte israélite en France et rapportant celui du 11 nov. 1870 (V. infrà, n° 786).

21-31 mai 1873. — Loi relative aux commissions administratives des établissements de bienfaisance (D. P. 73. 4. 67).

23-29 juin 1873. — Décret concernant la réorganisation administrative du chapitre de Saint-Denis (D. P. 74. 4. 8).

23 juin-7 oct. 1873. — Décret portant réception du bref qui modifie la constitution canonique du chapitre de Saint-Denis (D. P. 74. 4. 8).

24-31 juill. 1873. — Loi qui déclare d'utilité publique la construction d'une église à Paris, sur la colline de Montmartre (D. P. 74. 4. 20).

4 oct.-10 déc. 1873. — Décret portant réception d'un décret consistorial qui modifie la circonscription des diocèses d'Angers et de Nantes (D. P. 74. 4. 22).

20 mai-3 juin 1874. — Loi sur l'organisation du service religieux dans l'armée de terre (D. P. 74. 4. 87).

10 août-18 oct. 1874. — Décret portant réception des décrets pontificaux qui modifient les circonscriptions des diocèses de Nancy, Saint-Dié, Strasbourg et Metz, et de la province ecclésiastique de Besançon (D. P. 75. 4. 52).

10 août-18 oct. 1874. — Décret qui modifie la circonscription de la province ecclésiastique de Besançon et des diocèses de Besançon, de Nancy et de Saint-Dié (D. P. 75. 4. 53).

13-28 mars 1875. — Loi relative à la constitution des cadres et des effectifs de l'armée active et de l'armée territoriale (art. 13) (D. P. 75. 4. 133).

16-18 juill. 1875. — Loi constitutionnelle sur les rapports des pouvoirs publics (art. 1er) (D. P. 75. 4. 115).

29-30 déc. 1876. — Loi portant fixation du budget général des dépenses pour l'exercice 1877 (art. 12 à 14) (D. P. 77. 4. 26).

4 oct.-5 déc. 1877. — Décret portant organisation de l'administration des cultes (D. P. 78. 4. 1).

10 juill.-19 oct. 1878. — Décret portant réception du bref relatif aux pouvoirs spirituels des aumôniers de la flotte (D. P. 79. 4. 5).

22 août-19 oct. 1878. — Décret qui autorise la publication du bref relatif aux pouvoirs et privilèges conférés au primicier du chapitre de Saint-Denis (D. P. 79. 4. 5).

3 déc. 1878-15 févr. 1879. — Décret portant réception de la bulle qui modifie la circonscription des diocèses d'Alger et de Constantine (D. P. 79. 4. 43).

1er-2 août 1879. — Loi qui modifie l'organisation de l'église de la confession d'Augsbourg (D. P. 80. 4. 7).

5-7 août 1879. — Loi relative à la nomination des membres des commissions administratives des hospices, des hôpitaux et des bureaux de bienfaisance (D. P. 80. 4. 1) (V. infrà, v° Secours publics).

3-4 sept. 1879. — Décret relatif au choix des chanoines du second ordre du chapitre de Saint-Denis (D. P. 80. 4. 61).

27-28 févr. 1880. — Loi relative au conseil supérieur de l'instruction publique et aux conseils académiques (D. P. 80. 4. 36) (V. infrà, v° Organisation de l'instruction publique).

12-14 mars 1880. — Décret portant règlement d'administration publique pour l'exécution de la loi du 1er août 1879, sur l'organisation de l'église de la confession d'Augsbourg (D. P. 81. 4. 94).

18-19 mars 1880. — Loi relative à la liberté de l'enseignement supérieur (art. 1er et 4) (D. P. 80. 4. 17) (V. infrà, v° Organisation de l'instruction publique).

29-30 mars 1880. — Rapport adressé au président de la République par le garde des sceaux, ministre de la justice (M. Cazot), et par le ministre de l'intérieur et des cultes (M. Lepère) sur les congrégations religieuses non autorisées (D. P. 80. 4. 23).

29-30 mars 1880. — Décret qui fixe à l'agrégation ou association non autorisée, dite de Jésus, un délai pour se dissoudre et évacuer les établissements qu'elle occupe sur la surface du territoire de la République (D. P. 80. 4. 23).

29-30 mars 1880. — Décret portant que toute congrégation ou communauté non autorisée est tenue, dans le délai de trois mois, de faire les diligences nécessaires à l'effet d'obtenir la vérification et l'approbation de ses statuts et règlements (D. P. 80. 4. 24).

3-4 avr. 1880. — Décret qui rend applicables aux colonies les décrets des 29 mars 1880 relatifs aux congrégations ou associations religieuses non autorisées (D. P. 80. 4. 36).

12-14 avr. 1880. — Décret portant règlement d'administration publique sur les inscriptions et opérations électorales dans les églises réformées de France (D. P. 81. 4. 96).

8-10 juill. 1880. — Loi qui abroge la loi des 20 mai et 3 juin 1874 sur l'aumônerie militaire (D. P. 81. 4. 26).

12-14 juill. 1880. — Loi qui abroge celle du 18 nov. 1814, sur le repos du dimanche et des fêtes religieuses (D. P. 80. 4. 92).

24-22 déc. 1880. — Loi sur l'enseignement secondaire des jeunes filles (D. P. 81. 4. 57) (V. infrà, v° Organisation de l'instruction publique).

28-29 déc. 1880. — Loi de finances portant fixation du budget des recettes de l'exercice 1881 (art. 3) (D. P. 81. 4. 97).

27 avr.-16 juin 1881. — Décret pour l'exécution de la loi du 8° juill. 1880, concernant les ministres des différents cultes qui doivent être attachés aux armées en campagne (D. P. 82. 4. 57).

7-8 mai 1881. — Décret qui partage entre les luthériens et les réformés les chaires de la faculté mixte de théologie protestante de Paris (D. P. 82. 4. 1).

29 juill.-2 août 1881. — Décret relatif à l'organisation des écoles normales (art. 10) (D. P. 82. 4. 99) (V. infrà, v° Organisation de l'instruction publique).

29 juill. 1881. — Loi de finances portant suppression de l'allocation attribuée aux chapelains de Sainte-Geneviève (Bull., n° 11049).

29-30 juill. 1881. — Loi sur la liberté de la presse (art. 47) (D. P. 81. 4. 84).

24-25 déc. 1881. — Décret relatif à l'enseignement et aux exercices religieux dans les établissements publics d'instruction

secondaire (D. P. 82. 4. 114) (V. *infrà*, v° *Organisation de l'instruction publique*).

25-28 mars 1882. — Décret portant règlement d'administration publique pour la réorganisation de l'église réformée de Paris (D. P. 83. 4. 16).

28-29 mars 1882. — Loi qui rend l'enseignement primaire obligatoire (art. 1er à 3) (D. P. 82. 4. 64) (V. *infrà*, v° *Organisation de l'instruction publique*).

25 mai-18 juin 1882. — Décret qui modifie celui du 3 juill. 1851 sur l'organisation des évêchés coloniaux (D. P. 83. 4. 39).

29-30 déc. 1883. — Loi de finances, qui dans l'intitulé du chap. 4 du budget des cultes, substitue le mot *allocation* à celui de *traitement*, usité jusque là pour les desservants, vicaires, chapelains, vicaires généraux (*Bull.*, n° 13922).

23 janv.-3 févr. 1884. — Décret portant organisation des églises protestantes dans les établissements français en Océanie (D. P. 86. 4. 10).

11 févr.-1er avr. 1884. — Décret qui place le séminaire protestant de Paris sous la surveillance d'un directeur et institue une commission chargée de la question administrative et financière de l'établissement (D. P. 84. 4. 84).

5-6 avr. 1884. — Loi sur l'organisation municipale (art. 70, 100, 101, 136, 167, 168) (D. P. 84. 4. 25).

14-15 août 1884. — Loi portant revision partielle des lois constitutionnelles (art. 4) (D. P. 84. 4. 113).

29-30 déc. 1884. — Loi portant fixation du budget des recettes de l'exercice 1885 (art. 9) (D. P. 85. 4. 40).

29 déc. 1884. — Loi de finances réduisant à 15000 fr. le traitement de l'archevêque de Paris, qui était de 50000 fr. (*Bull.*, n°s 15010 et 15277).

29 déc. 1884. — Loi de finances supprimant le traitement des professeurs des facultés de théologie (*ibid.*).

26-27 mai 1885. — Décret relatif au Panthéon (D.P.86.4.6).

27-28 juin 1885. — Loi relative au personnel des facultés de théologie catholique, et portant ouverture au ministre de l'instruction publique, des beaux-arts et des cultes, sur l'exercice de 1885, de crédits supplémentaires et extraordinaires s'élevant à la somme de 75335 fr. 23 cent. (D. P. 86.4. 37) (V. *infrà*, v° *Organisation de l'instruction publique*).

30-31 oct. 1886. — Loi sur l'organisation de l'enseignement primaire (D. P. 87. 4. 1).

11-12 déc. 1886. — Décret qui rattache l'administration des cultes au ministère de l'intérieur (D. P. 87. 4. 59).

18-19 avr. 1887. — Décret portant règlement d'administration publique pour l'organisation de la direction des cultes (D. P. 87. 4. 71).

30-31 mai 1887. — Décret qui rattache l'administration des cultes au ministère de l'instruction publique (D. P. 87. 4. 77).

21-26 juin 1887. — Décret portant réorganisation du culte catholique dans les établissements français de l'Inde (D. P.87.4.80).

2. — II. Législation comparée. — Nous complétons ici les détails fournis par le *Répertoire*, n°s 53 à 57, sur la législation des cultes chez les nations étrangères.

3. — 1° *Allemagne.* — Depuis 1815, la plupart des Etats d'Allemagne ont expressément reconnu le principe de la liberté religieuse. Ainsi, les constitutions de Bavière (1818), tit. 4, art. 9, de Bade (1818), tit. 2, art. 9 et suiv., de Wurtemberg (1819), art. 27, de Saxe (1831), art. 32, 56 et suiv., garantirent la liberté religieuse de l'individu, et proclamèrent la liberté de conscience. Mais elles réservèrent la profession extérieure, domestique ou publique, du culte. L'édit de religion bavarois, la constitution saxonne, celle du Hanovre de 1833 et de 1840, soumirent cette profession publique à l'autorisation préalable du Gouvernement, quand le culte n'était pas reconnu. En Prusse, la constitution du 31 janv. 1850, art. 12, 15, 18, se montra plus libérale et consacra l'indépendance des confessions catholique, évangélique et autres, orthodoxes ou dissidentes. Cependant, après la guerre de 1870, à la suite d'un conflit soulevé entre le Gouvernement et les évêques catholiques au sujet de l'excommunication prononcée contre un professeur du séminaire catholique de Braunsberg, des lois dites *de mai* furent votées les 11, 12 et 13 mai 1873, pour donner au Gouvernement le droit déjà reconnu implicitement par celle du 5 avril précédent, de surveiller les nominations ecclésiastiques, d'y imposer des conditions, pour créer une cour ecclésiastique chargée de juger les appels contre les oppositions à ces nominations et d'exercer un pouvoir disciplinaire sur le clergé, enfin pour régler le pouvoir disciplinaire des évêques sur leurs subordonnés (V. *Annuaire de législation comparée*, 1874, p. 137 et suiv.). Deux autres lois, des 20 et 21 mai 1874 (V. *ibid.*, 1875, p. 179 et 183), eurent pour objet de vaincre la résistance des ecclésiastiques; une troisième du 22 avr. 1875 suspendit tous les crédits affectés sur les fonds de l'Etat

au clergé qui ne s'engagerait point par écrit à obéir aux lois de l'Etat; une quatrième, du 31 mai 1875 (V. *ibid.*, p. 310), exclut du territoire prussien les ordres et congrégations catholiques, sauf ceux qui se vouaient exclusivement au soulagement des malades; enfin, le 20 juin de la même année (V. *ibid.*, p. 314), et le 7 juin 1876 (V. *ibid.*, 1877, p. 217), l'administration des paroisses et des diocèses fut réorganisée, et les biens ecclésiastiques furent, le 4 juill. 1875 (V. *ibid.*, 1876, p. 326), partagés entre les vieux catholiques et les romains. C'est ce qu'on appela le *Kulturkampf*. Ses rigueurs commencèrent à être adoucies avec la loi du 14 juill. 1880 (V. *ibid.*, 1881, p. 119), qui frappa seulement les ecclésiastiques récalcitrants d'une incapacité de remplir leurs fonctions, avec privation de traitement, mais sans que cette incapacité entraînât la vacance de l'emploi, et permit la réintégration dans les traitements suspendus. Elle autorisa aussi les communautés de femmes .vouées au soin des malades à s'occuper de l'instruction des enfants, non encore astreints par leur âge à fréquenter les écoles.

Les Etats secondaires de l'Allemagne suivirent, pour la plupart, la Prusse dans sa lutte contre le clergé catholique. Cependant la loi du 5 mars 1880 détendit un peu la situation dans le grand duché de Bade (*Annuaire de législation étrangère*, 1881, p. 167).

Des négociations ouvertes avec la cour de Rome et les dispositions actuelles du gouvernement et du parlement impérial ont amené, en 1887, la disparition du *Kulturkampf*, qui avait établi une profonde scission entre les partis politiques. (V. Janszewsky, *Histoire de la persécution catholique en Prusse*). Une loi du 21 mai 1886 a rendu aux évêques pleine liberté pour l'éducation du jeune clergé dans les séminaires, leur laisse le choix et la nomination provisoire des candidats aux bénéfices dans les paroisses et, enfin, a rouvert les frontières de l'Empire à tous les ordres religieux, sauf aux jésuites. Des lois de mai 1873, il ne demeure plus que l'obligation pour les évêques de soumettre au Gouvernement la liste des curés *définitifs* (*Annuaire de législation étrangère*, 1887, p. 160).

4. — 2° *Angleterre.* — L'anglicanisme est, dans ce pays, le culte officiel, l'Eglise *établie*, dont la reine (ou le roi) est le chef, et dont les affaires dogmatiques ou autres d'importance majeure sont de la compétence du Parlement.

L'organisation du culte anglican, ses dogmes, sa discipline, sa hiérarchie, sa liturgie, qui, d'ailleurs, se rapprochent assez du catholicisme, sont décrits par E. Fischel, *Die Verfassung Englands*, traduction Vogel, et par Glasson, *Histoire du droit et des institutions d'Angleterre*, *passim*. Le clergé participe aux élections et aux dépenses publiques, conformément au droit commun. Il a dans les deux provinces ecclésiastiques, York et Cantorbéry, des assemblées publiques, modelées sur celles du Parlement et divisées, comme lui, en deux chambres, celle des évêques de la province présidés par l'archevêque, et celle des doyens, archidiacres, représentants ou délégués des chapitres et des autres membres du clergé paroissial.

En Ecosse, c'est l'église presbytérienne ou calviniste qui est, en droit, l'église « établie »; elle se gouverne par ses délégués formant des assemblées; mais les ministres sont nommés par le gouvernement ou par les particuliers qui ont le droit de patronage, car le patronat des bénéfices existe encore dans le Royaume-Uni.

Jusqu'à la loi du 18 juill. 1869, l'Eglise anglicane « établie » en Irlande, jouissait dans cette île des mêmes prérogatives politiques que celle d'Angleterre. Mais elle a été *désétablie* par cette loi, et n'y forme plus qu'une corporation qui s'administre et se gouverne seule, comme tout culte dissident. Le catholicisme romain n'y est pas non plus investi d'une position légale, quoiqu'il y ait une puissante organisation et une hiérarchie qui répondent aux vœux de la grande majorité des Irlandais.

On a exposé au *Rép.* n° 55 les adoucissements qui ont été successivement apportés à la situation, autrefois très rigoureuse, des catholiques en Angleterre. Aujourd'hui, et depuis l'acte d'émancipation de 1829, le catholicisme y est dans la situation d'une religion autorisée, mais non reconnue par l'Etat. Toutefois l'exercice du culte catholique y est soumis à certaines restrictions : ainsi les cérémonies extérieures, telles que les processions, sont proscrites; il est

interdit aux ecclésiastiques de paraître en pubic revêtus du costume de leurs fonctions. Les moines étrangers ne peuvent s'établir en Angleterre, sans une permission de séjour révocable à volonté, sous peine de bannissement perpétuel; mais cette prohibition ne s'applique pas aux ordres de femmes, et elle n'est, d'ailleurs, pas strictement observée dans la pratique. Assimilés aux anglicans au point de vue politique, admissibles à tous les emplois publics, sauf au trône, aux trois cours de Westminster, à quelques fonctions du cabinet, éligibles au Parlement (à l'exception des prêtres), les catholiques « peuvent présenter aux bénéfices vacants, lorsqu'ils ont acquis le droit de présentation par possession ou tout autre mode légitime d'acquérir; la différence de religion s'oppose cependant à ce qu'ils exercent ce droit, dont ils n'ont que la jouissance; et la présentation est faite, au nom du titulaire catholique, par l'archevêque de Cantorbéry » (Batbie, *Droit public et administratif*, 2e éd., t. 2, n° 415). Les catholiques peuvent, depuis 1836, se marier selon leur rite dans l'édifice religieux qui leur plaît, pourvu qu'ils y appellent un officier de l'état civil, *registrar*, et deux témoins.

Les dissidents sont émancipés depuis les actes 7 et 8 Victoria : mais ils ne peuvent célébrer leur culte que publiquement; leurs ministres sont exempts du service du jury.

Les juifs, exclus des fonctions auxquelles les catholiques ne sont pas admissibles, peuvent être dispensés de la partie du serment « sur la vraie foi d'un chrétien », inconciliable avec leur religion, depuis les actes 21 et 22 Victoria, c. 49. Les quakers peuvent remplacer le serment par une affirmation solennelle.

5. — 3° *Autriche-Hongrie.* — La loi constitutionnelle du 21 déc. 1867 sur les droits généraux des citoyens, a consacré, en Autriche, le principe de la liberté religieuse (art. 14), le droit pour toute église ou association religieuse légalement reconnue de pratiquer son culte en commun et publiquement, de régler ses affaires intérieures, de jouir de ses biens et fondations, le tout sous l'empire des lois de l'Etat; et, pour les confessions religieuses non reconnues légalement, le droit d'exercer leur culte dans les maisons privées, pourvu qu'il n'ait rien de contraire aux lois ni aux bonnes mœurs (art. 15 et 16). Une autre loi, du 25 mai 1868, a déterminé et réglé les rapports des citoyens entre eux au point de vue religieux. Une troisième, du 7 mai 1874, a réglé les rapports juridiques extérieurs de l'église catholique; en abrogeant la patente du 5 nov. 1855 qui avait promulgué un concordat du 18 août de la même année conclu avec le Saint-Siège. Une autre loi du 20 mai 1874 a reconnu légalement l'existence des congrégations ou communions religieuses et déterminé les conditions et les formes des demandes en reconnaissance (*Annuaire de législation étrangère*, 1875, p. 240, 267, 282). Une loi du 25 mai 1868 a fixé les rapports de l'Eglise avec les écoles. Enfin, l'enseignement religieux a été réglé par la loi du 20 juin 1872.

La loi du 7 mai 1874 a établi en Autriche des dispositions qui ont quelque analogie avec celle des « lois de mai » en Prusse. Cette loi ne s'applique expressément qu'à l'église catholique. — Les art. 1er et 6 de cette loi soumettent à certaines restrictions l'indépendance du pouvoir ecclésiastique dans ses rapports avec l'Etat. Tout moyen de contrainte extérieur dans l'exercice de ce pouvoir est interdit par l'art. 19. En cas d'excès de pouvoir de la part des évêques, les tribunaux civils sont seuls compétents.

En Hongrie, une loi a été rendue sur les cultes en 1848. Déjà, la loi 26 de 1791 avait assuré définitivement la liberté religieuse et l'indépendance complète des cultes protestants. Elle avait été suivie de la loi 27, de la même année, sur les grecs non unis (V. E. Récsi, *Magyarország Kozjaga*; F. Boncz, *Magyar allamjog*, 1877).

6. — 4° *Belgique.* — Les cultes sont libres non seulement au point de vue du for intérieur et de la conscience, mais encore au point de vue de leur exercice public. Chacun peut manifester ses opinions religieuses sans autre restriction que la répression des délits de droit commun. Les associations religieuses sont implicitement autorisées par l'art. 20 de la Constitution. La séparation de l'Eglise et de l'Etat est complète (V. *Rép.* n° 57) ; de là double conséquence que les ministres du culte ont le droit de correspondre avec Rome sans l'autorisation du Gouvernement; et que les appels

comme d'abus sont supprimés (Arrêté du 16 oct. 1830). Telles sont les principales dispositions des art. 14, 15 et 16 de la constitution du 7 févr. 1831, qui refusent, en outre, à l'Etat le droit d'intervenir dans la nomination ou l'installation des ministres du culte. L'Etat paye néanmoins un traitement aux ministres du culte catholique (Arrêté du 28 mai 1863) et leur assure d'après les lois des 21 juill. 1844 et 17 févr. 1849, une pension de retraite après quarante ans de services et soixante-cinq ans d'âge (V. Thonissen, *Constitution belge annotée*, 1879. V. aussi *Documents législatifs concernant la rupture des relations diplomatiques entre le gouvernement belge et le Saint-Siège*, 1879). — Il convient d'ajouter que le code pénal de 1867 assure le libre exercice du culte et punit les infractions commises par ses ministres dans l'accomplissement de leurs fonctions (c. pén. art. 142 à 146, 267 et 268).

7. — 5° *Brésil.* — D'après la constitution du 25 mars 1824, art. 5, la religion catholique romaine est la religion de l'Empire. Mais toutes les autres religions peuvent y être pratiquées, avec leur culte privé et particulier, dans des édifices à ce destinés n'ayant pas la forme extérieure de temple (Dareste, t. 2, p. 558). La législation reconnaît, au Brésil, l'existence de tribunaux ecclésiastiques ou officialités.

8. — 6° *Bulgarie.* — La religion dominante en Bulgarie est la confession chrétienne orthodoxe d'Orient (Constitution du 16 avr. 1879, art. 37). Mais la liberté et la pratique extérieure de tous les cultes sont assurées aux Bulgares et aux étrangers, sans que la distinction des croyances religieuses puisse être une entrave, un motif d'exclusion ou d'incapacité pour la jouissance des droits civils et politiques, l'admission aux emplois publics, les fonctions et honneurs, etc. (Extrait du traité de Berlin du 13 juill. 1878, art. 5) (V. *Annuaire de législation étrangère*, 1880, p. 774).

9. — 7° *Confédération argentine.* — La religion catholique romaine est *soutenue* dans ce pays par le gouvernement fédéral (Constitution du 25 sept. 1860, art. 2).

10. — 8° *Danemark.* — La religion de ce pays est celle de l'église évangélique luthérienne, à laquelle doit appartenir le roi (Constitution du 5 juin-28 juill. 1866). L'église nationale danoise est régie par des dispositions anciennes amendées sur certains points par les lois récentes (V. *Rép.* n° 54). Une loi du 13 avr. 1851 a réglé la condition des cultes dissidents. Nul n'est privé, à raison de ses croyances religieuses, de la jouissance intégrale de ses droits civils et politiques, ni ne peut, pour ce motif, se soustraire à l'accomplissement de ses devoirs de citoyen (Constitution, art. 79).

11. — 9° *Espagne.* — La religion catholique romaine est celle de l'Etat. La nation s'oblige à entretenir le culte et ses ministres. Nul ne peut être inquiété sur le territoire espagnol pour ses opinions religieuses ni pour l'exercice de son culte, sauf le respect dû à la morale chrétienne. Mais toutes les manifestations et cérémonies publiques d'une religion autre que celle de l'Etat sont prohibées (Constitution du 30 juin 1876, art. 11).

12. — 10° *Etats-Unis.* — La constitution des Etats-Unis d'Amérique, de 1791, compte plusieurs articles additionnels, parmi lesquels l'art. 1er défend au congrès de faire aucune loi établissant une religion d'Etat, ou prohibant l'exercice d'une religion (Dareste, t. 2, p. 403). L'Eglise est complètement séparée de l'Etat (V. *Rép.* n° 57), ce qui livre chaque culte à ses propres ressources (Batbie, t. 2, n° 412).

13. — 11° *Grèce.* — La religion dominante en Grèce est la religion de l'église orientale orthodoxe dite *grecque*. Toute autre religion reconnue est tolérée, et le libre exercice de son culte est protégé par la loi, mais le prosélytisme est prohibé ainsi que toute autre entreprise au préjudice de la religion dominante (Constitution des 16-28 nov. 1864, art. 1er). L'église orthodoxe de la Grèce est autonome, elle exerce ses droits souverains indépendamment de toute autre église et est gouvernée par un synode d'évêques (art. 2) (V. *Rép.* n° 56). — Ajoutons que la juridiction spirituelle des chefs des communautés musulmanes (*Moufti*) a été reconnue par une loi du 4 juill. 1882. Ces chefs sont nommés par décret royal et sont rétribués par l'Etat (*Annuaire de législation étrangère*, 1883, p. 956).

14. — 12° *Italie.* — En ce royaume, la religion catholique romaine est la seule religion de l'Etat. Les autres cultes existants y sont tolérés conformément aux lois (Statut fondamental du 4 mars 1848). — Après l'occupation de Rome par

les Italiens, une loi du 13 mai 1871 a réglé les prérogatives du souverain pontife et du Saint-Siège et les rapports de l'Etat avec l'Eglise (V. *Annuaire de législation comparée*, 1872, p. 289). Mais cette loi n'a jamais été reconnue par le pape. Un décret royal du 25 juin 1871 (V. *ibid.*, p. 294), a édicté certaines dispositions sur l'*exequatur* et le *placet* royal que l'art. 16 de ladite loi du 13 mai avait déclarés abolis, ainsi que toute autre forme d'autorisation gouvernementale pour la publication et l'exécution des actes des autorités ecclésiastiques, tout en réservant de soumettre à cet *exequatur* et à ce *placet* les actes ayant pour but de disposer des biens ecclésiastiques. L'appel comme d'abus est supprimé. Les actes des autorités ecclésiastiques ne peuvent être exécutés par la force publique (L. 13 mai 1871, art. 17). Enfin, une loi du 19 juin 1873 (V. *Annuaire* précité, 1874, p. 299) a supprimé les corporations religieuses existant à Rome et ordonné la conversion en propriété nationale des biens immeubles du patrimoine ecclésiastique.

15. — 13° *Mexique.* — L'acte de réforme de la constitution, du 25 sept. 1873, a proclamé au Mexique l'indépendance réciproque de l'Etat et de l'Eglise (art. 1er) et défendu au congrès de faire des lois établissant ou prohibant aucune religion. Il a aussi interdit aux institutions religieuses d'acquérir des biens-fonds, ou capitaux à eux attachés, à l'exception des édifices affectés immédiatement et directement à l'usage ou à l'objet de ces institutions (Constitution du 12 févr. 1857, art. 27). Les ordres religieux sont prohibés (*Ibid.*, art. 19). Un acte du congrès du 14 déc. 1874 a développé les principes posés dans cet acte de réforme et réglementé leur application (V. *Annuaire de législation étrangère*, 1875, p. 742).

16. — 14° *Montenegro.* — La liberté et la pratique extérieure de tous les cultes sont assurées aux Monténégrins et aux étrangers sur le territoire de la principauté, par le traité de Berlin du 13 juill. 1878, art. 27 (Dareste, t. 2, p. 314). Un concordat vient d'être conclu en 1888 entre le Saint-Siège et le Montenegro.

17. — 15° *Pays-Bas.* — La constitution du 11 oct. 1848 garantit à chacun la libre profession de ses opinions religieuses (art. 164 et suiv.) ; toutefois l'exercice des différents cultes n'est permis qu'à l'intérieur des édifices et lieux fermés (art. 167). Les ministres des diverses religions peuvent recevoir un traitement de l'Etat (art. 168). Les communions religieuses correspondent avec leurs chefs sans aucune intervention du gouvernement (Dareste, t. 1, p. 105).

18. — 16° *Portugal.* — La religion catholique romaine est la religion de ce royaume. Toutes les autres religions sont permises aux étrangers, avec leur culte privé, dans des édifices à ce destinés n'ayant pas la forme extérieure de temple (Charte du 29 avr. 1826, art. 6) (V. *Rép.* n° 56).

19. — 17° *Roumanie.* — La liberté de conscience y est absolue. Celle de tous les cultes est garantie, tant qu'elle ne porte pas atteinte à l'ordre public ou aux bonnes mœurs. Néanmoins, la religion orthodoxe orientale ou grecque est la religion dominante de l'Etat roumain, et est indépendante de toute suprématie étrangère (Constitution des 30 juin-12 juill. 1866, art. 21). Une loi du 19 déc. 1872 a réglé les formes de l'élection des métropolitains et évêques diocésains et organisé le saint synode de l'église roumaine *autocéphale* (Dareste, t. 2, p. 269).

20. — 18° *Russie.* — La religion dominante est la religion chrétienne orthodoxe orientale, à laquelle le czar doit appartenir et dont il est le souverain protecteur et gardien, exerçant le pouvoir ecclésiastique suprême par un saint synode nommé par lui (*Svod* des lois de l'Empire, art. 40, 41, 42, 43) (V. *Rép.* n° 56). Les étrangers au service de la Russie ou en résidence temporaire dans ce pays et les sujets du czar appartenant à des cultes dissidents jouissent du libre exercice de leur religion (art. 44), même les juifs, mahométans et païens (art. 45). Les affaires ecclésiastiques des chrétiens dissidents ou non chrétiens sont administrées par les chefs spirituels de leurs cultes et par les autorités particulières instituées à cet effet par le souverain (art. 46). Les ukases impériaux règlent les limites de la tolérance religieuse (Dareste, t. 2, p. 251 ; Schnitzler, *Institutions de la Russie depuis les réformes d'Alexandre II*, 1866, t. 2). Les dissidents connus sous le nom de *raskolniks*, qui se séparent sur quelques points de l'église orthodoxe, ont été autrefois fort persécutés, mais ils semblent jouir aujour-

d'hui d'une assez large tolérance. Les cultes protestants ont des consistoires généraux à Saint-Pétersbourg, où un procureur général représente près d'eux le gouvernement. En quelques provinces, ils ont aussi des consistoires composés moitié de laïques et moitié d'ecclésiastiques. Malgré les déclarations officielles, la situation de l'église catholique dans l'empire russe, en Pologne surtout, est toujours des plus précaires. — Le culte israélite est l'objet d'une réglementation spéciale, à cause de la tendance des juifs, en Russie, à s'affranchir de leurs obligations envers l'Etat.

21. — 19° *Serbie.* — La religion dominante en Serbie est la religion orthodoxe orientale. L'exercice de tout autre culte reconnu est libre et placé sous la protection des lois ; mais personne ne peut se prévaloir de prescriptions religieuses pour se soustraire à l'accomplissement de ses devoirs de citoyen. Le prosélytisme est interdit (Constitution du 29 juin (11 juillet) 1869, art. 31). Le prince est le protecteur de toutes les religions reconnues dans l'Etat. Les autorités spirituelles de chaque culte sont placées sous la surveillance du ministre des cultes. L'église orthodoxe est administrée par le synode épiscopal, composé du métropolitain de Belgrade et de quatre évêques ; les autres églises sont administrées par leurs chefs canoniques (*ibid.*, art. 120). Les ministres du culte orthodoxe ne peuvent correspondre avec les autorités ecclésiastiques étrangères sans l'approbation du ministre du culte. Aucun acte émané d'une autorité spirituelle ou d'un synode du dehors ne peut être publié en Serbie sans l'autorisation du pouvoir civil (*ibid.*, art. 121). Les plaintes à raison d'abus, dirigées contre les ecclésiastiques de l'un des cultes reconnus, sont portées au ministre des cultes (*ibid.*, art. 122).

22. — 20° *Suède et Norvège.* — Jusqu'en 1860, ceux qui professaient un culte autre que celui de la religion évangélique ou luthérienne étaient punis de la confiscation, de l'exil et de l'amende. Deux ordonnances du 23 oct. 1860 abolirent ces dispositions barbares. Mais la liberté religieuse n'existe pas encore en Suède, puisque tous les autres cultes sont soumis à l'autorisation préalable du roi. C'est lui qui nomme l'archevêque d'Upsal et les autres évêques luthériens sur une liste de trois candidats dressée conformément à la loi ecclésiastique de 1686 (Constitution du 6 juin 1809, amendée en 1873, art. 29), les pasteurs et les curés (art. 30). — Tout culte autorisé peut être publiquement professé. Mais ses adhérents ne peuvent formuler publiquement des maximes contraires à la doctrine luthérienne sous peine d'emprisonnement et d'amende, ni même, sans les formuler publiquement, répandre des maximes hétérodoxes avec intention d'égarer les orthodoxes. Nul ne peut être promu à des fonctions ecclésiastiques, ou à un emploi d'instruction chrétienne, s'il ne fait profession de la pure doctrine évangélique (art. 28, modifié en 1840, 1853 et 1862). Il en est de même pour les charges de juge ou de fonctionnaire préposé aux affaires religieuses (*ibid.*). Les non-orthodoxes ne sont éligibles au Riksdag que depuis une loi de 1870 (Dareste, t. 2, p. 108, 141). — La constitution de la Norvège, du 4 nov. 1814, porte que le roi devra toujours faire profession de la religion luthérienne, la maintenir et la protéger (art. 4), et qu'il règle tout ce qui concerne le service divin et religieux public, les réunions religieuses et l'enseignement relatif à la religion (art. 5) (Dareste, t. 2, p. 165).

23. — 21° *Suisse.* — La constitution fédérale du 29 mai 1874 déclare (art. 49) que la liberté de conscience est inviolable, que nul ne peut être contraint de faire partie d'une association religieuse, d'accomplir un acte religieux ni encourir des peines pour des opinions religieuses ; que nul ne peut également, pour cause d'opinion religieuse, s'affranchir de l'accomplissement d'un devoir civique ; que nul n'est tenu de payer des impôts spécialement affectés aux frais d'un culte auquel il n'appartient pas. L'art. 50 garantit le libre exercice des cultes dans les limites compatibles avec l'ordre public et les bonnes mœurs, en confiant aux cantons et à la confédération le soin de prendre les mesures nécessaires pour le maintien de l'ordre et de la paix entre les diverses communautés religieuses, ainsi que contre les empiétements des autorités ecclésiastiques sur les droits des citoyens et de l'Etat. La création d'évêchés sur le territoire suisse ne peut avoir lieu sans l'approbation du conseil fédéral. L'ordre des jésuites et ses affiliés sont proscrits du territoire (art. 51).

Il est interdit de fonder de nouveaux couvents ou ordres religieux et de rétablir ceux qui ont été supprimés (art. 52) (*Annuaire de législation étrangère*, 1875, p. 430 et suiv.). Du reste, les constitutions cantonales varient entre elles à l'égard des cultes et de leur régime. V. celle de Berne, du 31 juill. 1846, art. 80, 82; celle d'Appenzel, du 15 oct. 1876, art. 4 et 5; celle de Genève, du 24 mai 1847, remaniée à ce point de vue par la loi du 25 mars 1874, et les lois des 19 févr. et 27 août 1873 qui ont organisé le culte catholique dans ce canton (V. *ibid.*, 1874, p. 412 et 414).

24. — 22° *Turquie.* — L'islamisme est la religion de l'État (Constitution du 23 déc. 1876, art. 11; *Annuaire de législation étrangère*, 1877, p. 707 et suiv.). Mais le libre exercice des autres cultes reconnus, c'est-à-dire le christianisme et le judaïsme, est protégé dans ce pays.

CHAP. 2. — De la liberté de conscience et des cultes en général (*Rép.* n°s 57 à 78).

Sect. 1re. — De la liberté de conscience (*Rép.* n°s 58 à 70).

25. La liberté de conscience a été définie au *Rép.* n° 59; on s'accorde généralement à la distinguer de la liberté des cultes. Toutefois quelques divergences sur ce point peuvent être signalées dans la doctrine. Dans une instruction aux préfets du 10 oct. 1854, le ministre des cultes disait : « La liberté religieuse comprend deux autres libertés qu'on a souvent affecté de confondre, mais qui sont profondément distinctes : la liberté de conscience et la liberté du culte » (*Rec. circ. cult.*, t. 2, p. 490). Dans son *Essai de philosophie morale*, p. 161, M. Vinet a attaqué cette distinction en disant que « la liberté de former et de suivre sa conviction s'appelle dans son principe liberté de conscience et dans ses effets liberté du culte » (V. aussi dans le même sens : Guizot, *Discours*, du 4 mai 1859, à la séance publique de la société biblique protestante). — En soumettant à l'approbation du chef de l'État le décret du 19 mars 1859 (D. P. 59. 4. 27) le ministre des cultes a reproduit la théorie qu'il avait émise en 1854 : « L'État, a-t-il dit, n'a point à demander compte des croyances personnelles, et nul ne peut être recherché ou inquiété à cause d'elles, si d'ailleurs il n'a offensé ni les règles de la morale, ni les lois du pays. Mais, lorsque, sortant du for intérieur et des prières ou pratiques individuelles, des citoyens se réunissent dans le but d'exercer ensemble et extérieurement le culte de leur choix, il s'agit moins de la liberté de conscience que d'une assemblée religieuse qui se constitue et agit ostensiblement pour la manifestation de ses rites et de ses doctrines et qui entre pour quelque sorte dans le domaine de la vie publique. On peut résumer notre législation en disant qu'elle a créé la liberté absolue de conscience, mais qu'elle n'a point admis la liberté illimitée de l'exercice public des cultes » (V. *infra*, n° 32, et *Rép.* n°s 71 et suiv.).

26. La loi du 18 nov. 1814 avait interdit les travaux ordinaires et extérieurs les dimanches et jours de fêtes reconnues par la loi (V. *Rép.* n° 64). La question de savoir si cette loi n'avait pas été implicitement abrogée par la Charte de 1830 a été vivement discutée (V. sur ce point : *Rép.* n° 65, et les auteurs cités. *Adde* : Renouard, *Comptes rendus de l'Académie des sciences morales*, t. 74, p. 5; Le Senne, *Condition des prêtres*, p. 271; Morin, *Répertoire criminel*, v° *Fêtes*, n° 4). La jurisprudence a persisté à considérer cette loi comme étant en vigueur (V. *Rép.* n° 65, et v° *Jour férié*, n° 17; Crim. cass. 21 déc. 1850, aff. Laviec, D. P. 51. 1. 260; 6 déc. 1851, aff. Vuillemin, D. P. 52. 1. 189; 16 févr. 1854, aff. Deschamps, D. P. 54. 1. 198; 2 juin 1854, aff. Blanchard, D. P. 54. 1. 260; 28 juill. 1855, aff. Wehrun, D. P. 55. 1. 360; Crim. rej. 20 avr. 1866, aff. Paris, D. P. 66. 1. 185; 19 déc. 1872, aff. Théroulde, D. P. 72. 5. 280).

En 1848, le Gouvernement se prononça d'abord contre cette jurisprudence (V. Circ. min. 4 mai 1848, D. P. 48. 3. 84). Mais il ne persista pas dans ce sentiment, et bientôt une autre circulaire disposait que les ateliers des travaux publics seraient fermés les dimanches et fêtes conformément à la loi de 1814 (Circ. min. trav. publ, 25 mars 1849, D. P. 49. 3. 46). — Toutefois, plusieurs journaux ayant, à cette époque, sollicité une mesure législative pour imposer l'obligation de chômer les jours fériés, une note insérée au *Moniteur* du 9 juin 1852 fit connaître les motifs qui déterminèrent le Gouvernement à refuser son intervention dans ce but. « Quelques journaux, dit cette note, ont attribué au Gouvernement le projet de proposer une loi pour interdire le travail et même la vente les dimanches et autres jours fériés. Jamais le Gouvernement n'a eu cette pensée. Il désire que la loi religieuse soit respectée; il a prescrit aux entrepreneurs des travaux qu'il fait exécuter de ne pas y employer les ouvriers pendant les jours que la religion consacre au repos; mais là s'arrêtent son devoir et son droit; il n'appartient au pouvoir civil d'intervenir que pour l'exemple qu'il donne dans une affaire de conscience. » Le 6 juill. 1854, une nouvelle note parut dans le même journal et était ainsi conçue : « Quelques personnes ont attribué au Gouvernement une intervention active dans la question de l'observation du dimanche. Jamais le Gouvernement n'a eu cette pensée. Il désire que la loi religieuse soit observée; il en donne partout l'exemple, mais il ne veut ni ne doit faire plus; c'est là pour chacun une question de libre conscience, qui n'admet ni contrainte, ni intimidation. » Ce langage fut attaqué (V. Gaudry, *Traité de la législation des cultes*, t. 1, p. 160; André, *Traité de la législation civile ecclésiastique*, 1868-1869, t. 2, p. 454); mais le Gouvernement ne céda point.

Cependant, une circulaire du ministre de l'intérieur, du 15 déc. 1851, avait prescrit, lorsqu'il s'agissait de travaux à entreprendre pour le compte des départements et des communes, d'insérer dans les cahiers des charges une clause formelle interdisant aux entrepreneurs de faire travailler le dimanche et les jours fériés, et ajoutant qu'il convenait même de rédiger l'acte de telle sorte que cette interdiction ne demeurât point une formule vaine et susceptible d'être éludée. Par une circulaire du 22 juin 1863, le même ministre recommanda l'observation des prescriptions relatives à l'interruption des travaux industriels, les dimanches et les jours de fêtes légales, dans les maisons centrales, de force et de correction, ainsi que dans les établissements de jeunes détenus (V. André, *op. cit.*, t. 2, p. 458). L'interruption du travail les dimanches et fêtes, sauf en cas d'urgence, fut également prescrite dans le cahier des clauses et conditions générales imposées aux entrepreneurs, en date du 16 nov. 1866 (art. 11).

Dans sa séance du 24 mai 1864, le Sénat fut saisi d'une pétition tendant à ce que la législation sur l'observation du repos dominical fût remise en vigueur, car, suivant les pétitionnaires, elle était en fait tombée en désuétude. Le Sénat passa à l'ordre du jour, par ce motif que le principe de la liberté de conscience se trouvait engagé dans la question et que, dans l'état actuel de la société moderne, c'était par l'exemple plus que par la puissance de la loi que l'on pouvait atteindre au résultat désiré par les pétitionnaires.

27. Une proposition de loi tendant à l'abrogation de la loi du 18 nov. 1814 fut, le 7 déc. 1877, présentée à la Chambre des députés et prise par elle en considération dans sa séance du 5 février suivant. Le 24 mai 1879, le rapport sur cette proposition fut déposé (*Journ. off.* du 14 juin 1879, annexe n° 1419), et de la discussion de ce projet sortit la loi du 12 juill. 1880 (D. P. 80. 4. 92), qui déclara abrogée celle du 18 nov. 1814, ainsi que toutes les lois et ordonnances rendues antérieurement sur la même matière; mais cette loi ajouta qu'il n'était porté aucune atteinte à l'art. 57 de la loi organique du 18 germ. an 10, fixant au dimanche le repos des fonctionnaires publics, et qu'il n'était rien innové aux dispositions des lois civiles ou criminelles qui règlent les vacances des diverses administrations, les délais et l'accomplissement des formalités judiciaires, l'exécution des décisions de justice, non plus qu'à la loi du 19 mai 1874 sur le travail des enfants et des filles mineures employés dans l'industrie (art. 5 et 6, D. P. 74. 4. 88) (V. *infra*, v° *Jour férié*).

Pour justifier la proposition d'admission du projet de loi, le rapporteur de la Chambre des députés se borna à invoquer le principe de la liberté de conscience et celui de la liberté du travail qui avaient, disait-il, été violés par la loi de 1814. Il invoqua les décisions de la jurisprudence, qui obligeait sous peine d'amende, par exemple, un protestant à chômer avec les catholiques deux fêtes que le protestantisme ne reconnaît pas, la Toussaint et l'Assomption (Crim. rej. 20 avr. 1866, cité *supra*, n° 26). Enfin, il soutint que les dissidents n'étaient nullement protégés dans leur culte par les dispositions de ladite loi. Cependant, comme on l'a fait

remarquer au *Rép.* n° 65, une loi ordonnant le repos du dimanche et promulguée par l'Etat dans un but purement social, une loi qui se borne, en dehors de toute prescription religieuse, à supprimer ou à limiter les manifestations publiques de l'agriculture, du commerce et de l'industrie, des travaux, n'a rien de contraire à la liberté des opinions, de la conscience (V. Ernest Naville, *La loi du dimanche,* Genève, 1877). En Angleterre, M. Gladstone a reconnu publiquement que, par une longue expérience d'une vie laborieuse, il s'était convaincu de la nécessité du repos dominical. Les Etats-Unis, l'Allemagne, l'Angleterre, la Suisse le pratiquent, bien que ces nations professent le respect de la liberté de conscience. L'Angleterre et les Etats-Unis limitent depuis longtemps la circulation sur les voies ferrées le dimanche et, par délibération du 21 déc. 1876, la chambre de commerce du Havre a appelé l'attention du ministre des travaux publics sur la situation des employés de chemins de fer à cet égard. En 1878, une conférence internationale des transports par chemins de fer, tenue à Berne, a exprimé le vœu que les délais de transport fussent augmentés d'autant de jours qu'ils comprennent de jours fériés.

Il faut remarquer d'ailleurs que la loi du 12 juill. 1880 n'a porté aucune atteinte à la règle édictée par l'art. 57 de la loi de germinal an 10, qui interdit aux fonctionnaires publics de se livrer, les dimanches et fêtes, a l'exercice de leurs fonctions (V. *infrà, v° Jour férié*).

28. On a examiné au *Rép.* n° 67, la question de savoir si le décret du 24 mess. an 12 sur les honneurs et préséances, en vertu duquel les militaires étaient requis d'assister à la procession et de rendre les honneurs militaires au Saint-Sacrement ou au viatique, lorsqu'il passait en vue d'une troupe sous les armes ou en marche, d'une garde ou d'un poste, n'impliquait pas une atteinte à la liberté de conscience, et si, par suite, il ne devait pas être considéré comme abrogé implicitement par la charte de 1830; et l'on a vu que la négative avait prévalu par le motif que les actes prescrits par ce décret avaient le caractère non pas d'actes individuels de croyance religieuse, mais d'actes publics de respect de la part d'un corps constitué envers la religion de la majorité des Français. La même controverse aurait pu s'élever sous l'empire du décret du 13 oct. 1863 sur le service des places de guerre, dont les art. 326 et 342 contenaient des dispositions analogues. Mais un décret du 23 oct. 1883 (*Bulletin des lois,* n° 14348), sur le service des places a modifié celui de messidor an 12, en enlevant aux honneurs militaires tout caractère religieux (V. *infrà,* v° *Préséance*). D'autre part le même décret ne reproduit pas les dispositions antérieures concernant les honneurs à rendre au Saint-Sacrement; enfin il porte que, désormais, les honneurs funèbres seront rendus aux militaires décédés (ou aux membres de la légion d'honneur), soit à la maison mortuaire, soit au cimetière, les troupes ne devant plus entrer dans les églises ou temples. Ces nouvelles dispositions ont rendu la question rappelée ci-dessus sans objet.

29. Quant à la question de savoir si le serment judiciaire prêté en présence et avec mention de la Divinité, peut porter atteinte à la liberté de conscience, V. *Rép.* n° 68, et *infrà,* v° *Serment.*

30. La liberté de conscience permet-elle à chacun de manifester sa croyance par des actes extérieurs *individuels?* (V. à ce sujet: *Rép.* n°s 69 et 70, et *infrà,* n° 32).

31. L'art. 4 de la loi du 14 août 1884, portant revision partielle des lois constitutionnelles (D. P. 84. 4. 113), a supprimé les prières publiques qui avaient été prescrites par la loi du 16 juill. 1875, art. 1er, § 3, à l'ouverture des Chambres. Cette suppression a été votée dans le Congrès réuni pour la revision de la constitution par 521 voix contre 180. On a considéré, d'après l'exposé des motifs, que la clause dont il s'agit était, par son caractère et sa nature, étrangère aux lois constitutionnelles et qu'elle ne devait plus y figurer.

SECT. 2. — DE LA LIBERTÉ DES CULTES (*Rép.* n°s 71 à 78).

32. De la liberté qui, aujourd'hui, appartient à chacun de faire profession extérieure de sa croyance (V. *Rép.* n° 74), résulte-t-il que l'exercice des cultes et de tous les actes compris dans ce mot de *culte* soit libre également? La question a été examinée au *Rép. loc. cit.,* où les mots « professer sa religion » employés par l'art. 5 de la charte de 1814, sont expliqués et interprétés. Elle s'est posée, notamment, à l'égard des associations formées pour l'exercice d'un culte (V. *Associations illicites,* n° 17; — *Rép.* eod. v°, n° 30), au sujet desquelles on soutint que les art. 291 à 294 c. pén. avaient été implicitement abrogés (*Rép.* n° 74)(V. aussi Vinet, *Liberté des cultes,* et *Essai sur la manifestation des convictions religieuses*). Ces articles prohibent, comme on sait, toute réunion de plus de vingt personnes, non autorisée par l'autorité compétente. La question, diversement envisagée par les auteurs (V. Dupin, *Réquisitoires et plaidoyers,* t. 2, p. 13; Chauveau et Faustin Hélie, *Théorie du code pénal,* t. 3, n°s 1170 et suiv.; Nachet, *Liberté religieuse,* p. 173; Rauter, *Droit criminel,* t. 1, p. 581 et suiv.; Dufour, *Police des cultes,* 2e éd., part., chap. 2, p. 388 et suiv.; Hello, *Régime constitutionnel,* 3e éd., t. 1, p. 163; Serrigny, *Droit public,* t. 1, tit. 4, chap. 2, p. 545 et 485; Foucart, *Droit public et administratif,* 4e éd., t. 1, n°s 259 et suiv.), fut tranchée dans le sens de la non-abrogation par un arrêt de la chambre criminelle du 7 janv. 1848 (cité au *Rép.* n° 74).

Après la révolution de Février, le nouveau Gouvernement essaya de supprimer les restrictions apportées à l'exercice du droit de réunion (Proclamation du 19 avr. 1848, D. P. 48. 4. 72). Le décret du 28 juill. 1848 sur les clubs (V. *Rép.* n° 74) vint de nouveau limiter ce droit. Mais son art. 19 ayant disposé que le décret ne s'appliquerait pas aux réunions ayant pour objet exclusif l'exercice d'un culte quelconque, la liberté des cultes fut de nouveau reconnue par l'Administration (V. Lettre du 27 févr. 1849, adressée par M. le ministre des cultes de Falloux au pasteur Pilatte), et proclamée par la jurisprudence (Crim. cass. 13 nov. 1851, aff. Lenoir, D. P. 52. 1. 127; Riom, 14 janv. 1852, même affaire, D. P. 52. 2. 172. V. *Rép.* n° 75), au moins quand il s'agissait d'un culte sérieux, professé et pratiqué de bonne foi (V. *Rép.* n° 91). Ce régime ne subsista pas longtemps. Le décret du 25 mars 1852 (D. P. 52. 4. 94), abrogeant celui du 28 juill. 1848 (V. *Rép.* n° 74), rendit aux art. 291 et suiv. c. pén., et à la loi du 10 mai 1834 qui les complète, leur ancienne force, et les étendit même aux réunions accidentelles et temporaires pour l'exercice d'un culte (V. *ibid.*). Depuis, le décret du 19 mars 1859 (1), concernant les autorisations demandées 1° pour l'ouverture de nouveaux temples, chapelles ou oratoires destinés à l'exercice public des cultes protestants organisés par la loi du 18 germ. an 10; 2° pour l'exercice

---

(1) 19 mars-6 mai 1859. — *Décret impérial concernant les autorisations demandées : 1° pour l'ouverture de nouveaux temples, chapelles ou oratoires destinés à l'exercice public des cultes protestants organisés par la loi du 18 germ. an 10; 2° pour l'exercice public de cultes non reconnus par l'Etat* (D. P. 59. 4. 27).

Art. 1er. L'autorisation pour l'ouverture de nouveaux temples, chapelles ou oratoires, destinés à l'exercice public des cultes protestants organisés par la loi du 18 germ. an 10, sera, sur la demande des consistoires, donnée par nous, en notre conseil d'Etat, sur le rapport de notre ministre des cultes.

2. Nos préfets continueront de donner les autorisations pour l'exercice public temporaire des mêmes cultes. En cas de difficulté, il sera statué par nous, en notre conseil d'Etat.

3. Si une autorisation demandée pour l'exercice public d'un culte non reconnu par l'Etat, cette autorisation sera donnée par nous en conseil d'Etat, sur le rapport de notre ministre de l'intérieur, après avis de notre ministre des cultes. — Les réunions ainsi autorisées pour l'exercice public d'un culte non reconnu par l'Etat sont soumises aux règles générales consacrées

par les art. 4, 32 et 52 de la loi du 18 germ. an 10 (articles organiques du culte catholique) et 2 de la même loi (articles organiques des cultes protestants). Nos préfets continueront de donner, dans le même cas, les autorisations qui seront demandées pour des réunions accidentelles de ces cultes.

4. Lorsqu'il y aura lieu de révoquer les autorisations qui seront données dans les cas prévus par l'art. 1er, et par l'art. 3, § 1, du présent décret, cette révocation sera prononcée par nous, en notre conseil d'Etat. — Toutefois, les ministres compétents pourront, en cas d'urgence, et pour cause d'inexécution des conditions ou de sûreté publique, suspendre provisoirement l'effet desdites autorisations. — La suspension cessera de plein droit à l'expiration du délai de trois mois, si, dans ce délai, la révocation n'a été définitivement prononcée, comme il est dit au § 1 du présent article.

5. Notre ministre secrétaire d'Etat au département de l'intérieur, et notre ministre secrétaire d'Etat au département de l'instruction publique et des cultes, sont chargés, chacun en ce qui le concerne, de l'exécution du présent décret, qui sera inséré au *Bulletin des lois.*

public de cultes non reconnus par l'Etat, rendu sur le rapport du ministre des cultes, a fait cesser tout débat à cet égard. Ce décret a, en effet, décidé que l'autorisation pour l'ouverture de nouveaux temples, chapelles ou oratoires destinés à l'exercice public des cultes protestants serait donnée en conseil d'Etat, par le chef de l'Etat, sur le rapport du ministre des cultes (art. 1er); que les préfets donneraient les autorisations pour l'exercice public temporaire des mêmes cultes (art. 2); et qu'à l'égard des cultes non reconnus, l'autorisation de les exercer publiquement devrait être donnée en conseil d'Etat, par le chef du pouvoir exécutif, sur le rapport du ministre de l'intérieur, après avis du ministre des cultes, les préfets continuant d'accorder les autorisations qui seraient sollicitées pour les réunions accidentelles de ces derniers cultes (art. 3). Les réunions ainsi autorisées, pour l'exercice public d'un culte non reconnu, sont soumises aux dispositions des art. 4, 32 et 52 de la loi du 18 germ. an 10 (articles organiques du culte catholique) et 2 de la même loi (articles organiques des cultes protestants) (Même article). — Le rapport qui précède ce décret (V. D. P. 59. 4. 27, note) rappelle expressément que les cultes non reconnus par l'Etat ou qui ne le reconnaissent pas sont soumis aux dispositions générales des art. 291 et suiv. c. pén. et du décret du 25 mars 1852, pour leurs réunions; c'est-à-dire au régime de l'autorisation préalable, parce que, quand des citoyens se groupent dans une nouvelle croyance, dont le culte n'est l'objet d'aucune convention organique entre eux et la puissance publique, l'Etat ne peut voir dans ceux qui pratiquent ce culte que les membres d'une association ou réunion religieuse, telle qu'elle est définie par ces dispositions, et soumise à la surveillance du ministre chargé de la police générale du pays. Il ajoute qu'il est, en outre, indispensable de déclarer que les règles fondamentales des lois organiques sur les cultes qui prescrivent au ministre d'un culte pratiqué en France par des nationaux, d'être Français ou naturalisé, qui soumettent toute assemblée délibérante des ministres des cultes à la permission du Gouvernement, qui défendent à aucune église, à aucun ministre d'un culte d'avoir des relations avec une puissance étrangère, ou de se permettre, dans leurs instructions, aucune inculpation directe ou indirecte contre les personnes ou les croyances d'un culte autorisé par l'Etat, doivent être observées par les réunions religieuses autorisées, à peine de déchéance de l'autorisation. Enfin, il déclare que le décret de 1859 n'entend porter aucun trouble dans les faits religieux qui se sont consommés sous les yeux et avec le consentement tacite de l'administration départementale; qu'en conséquence, partout où des réunions religieuses se sont formées et ont vécu publiquement, sans opposition de la part de l'autorité suffisamment informée, partout où des temples ou oratoires ont été ouverts et fréquentés dans les mêmes conditions, il n'y a pas lieu de solliciter l'autorisation, le décret ne statuant que pour l'avenir et respectant la possession acquise.

33. Les lois postérieures sur les réunions publiques, notamment celle du 30 juin 1881 (D. P. 81. 4. 104) ne s'appliquent pas aux réunions religieuses (V. infrà, v° Réunions publiques) et, d'ailleurs, les réunions publiques devant être distinguées des associations qui supposent entre les individus qui les composent un lien et une organisation en vue d'un but commun et permanent, il en résulte que la liberté des cultes se trouve encore aujourd'hui régie par les art. 291 à 294 c. pén. et par la loi du 20 juin 1834. Il est vrai que, depuis 1870, une certaine tolérance semblait en fait, s'être établie. Le 6 juin 1873, l'Assemblée nationale fut même saisie d'une proposition tendant à modifier les art. 291 et suiv. c. pén. dans un sens favorable à la liberté complète des cultes. — Dans la séance du 6 mars 1874, M. Bardoux déposa un rapport (Journ. off. du 2 avr. 1874), qui concluait à l'adoption d'un régime purement répressif, ne soumettant la liberté des réunions religieuses qu'à une double condition : 1° la publicité permettant la surveillance de l'autorité et le contrôle de l'opinion publique; 2° une déclaration signée par sept personnes domiciliées dans la commune et remise à la municipalité huit jours avant la première réunion. Ce projet n'aboutit pas. — Il fut repris le 23 mars 1876 et le 14 févr. 1879, dans une proposition qui donna lieu à un rapport inséré au Journal officiel du 3 avr. 1879. Mais, jus-

qu'à ce jour, aucune réforme n'a été opérée, et l'on en est resté aux termes des lois et décrets précités.

34. En ce qui concerne les projets de loi concernant les associations et visant principalement les congrégations religieuses, qui, au cours de ces dernières années, ont été soumis aux Chambres législatives, V. infrà, n° 302).

35. Pour nous résumer, il faut distinguer, quant à leur liberté, entre les cultes reconnus et les cultes non reconnus (V. Rép. n°s 74 et suiv.). — Les premiers, en principe, n'ont pas besoin d'autorisation pour leur exercice, leur reconnaissance par l'Etat valant autorisation (V. Rép. n° 83). Mais c'est à la condition que ces cultes resteront dans le cadre qui leur est tracé par la loi organique de germinal an 10, c'est-à-dire qu'ils s'exerceront dans les édifices publiquement consacrés à leur exercice, par des ministres officiellement reconnus par l'Etat et avec l'agrément de l'autorité ecclésiastique supérieure (V. infrà, n°s 98 et suiv.). S'ils essayent de sortir de ces barrières, ils tombent sous le coup des art. 291 à 294 c. pén. (V. Rép. loc. cit., et infrà, n°s 38 et suiv.). — Relativement aux cultes non reconnus, la règle est plus libérale encore. « La loi les saisit tous à l'état d'association, du moment qu'ils sortent du domaine de la conscience pour accomplir les actes du culte extérieur » (Ducrocq, Droit administratif, 6e éd., t. 1, n° 705). Dès qu'ils se manifestent au dehors leur existence par des réunions de plus de vingt personnes, les art. 291 à 294 c. pén., la loi du 10 avr. 1834, le décret de 1859 leur deviennent applicables. Aucune église libre ne peut, en conséquence, s'établir en France sans l'autorisation du Gouvernement (V. Association illicite, n° 17; — Rép. eod. v°, n° 35). Le décret de 1859, qui est une sorte de loi organique des églises libres non reconnues, leur fait une situation mixte entre les cultes reconnus et les associations purement privées. Il leur donne des garanties, mais leur impose des devoirs. Il leur assure plus de sécurité, mais se réserve sur elles une surveillance (V. le rapport de M. le conseiller Poitou, dans l'affaire jugée par la cour d'Angers, le 26 août 1867, aff. Rouxelot, D. P. 67. 2. 140). Il en résulte qu'à défaut d'autorisation obtenue dans les termes du décret du 19 mars 1859, elles encourent l'application des art. 291 et 294 c. pén. et de la loi de 1834.

36. En ce qui concerne la faculté, pour les étrangers résidant en France, d'y exercer leur culte, V. Rép. n° 75, et les décisions citées ibid.

CHAP. 3. — Des cultes reconnus (Rép. n°s 79 à 307).

37. On a indiqué au Rép. n°s 79 et 80 les caractères qui distinguent les cultes reconnus des cultes non reconnus (V. aussi suprà, n° 34). On y a également examiné la question de savoir si tous les cultes peuvent être aujourd'hui reconnus par une loi; si le mot reconnu est, dans ce cas, synonyme de salarié; enfin comment des cultes nouveaux se distinguent des cultes simplement autorisés. Il importe de rappeler à l'égard de ces derniers que le décret du 19 mars 1859 en a réglementé la situation. La promulgation de ce décret a donné aux cultes autorisés une place distincte dans la nomenclature des cultes pratiqués en France, ainsi qu'il a été dit suprà, n° 32; qu'on verra plus loin, lorsqu'il s'agira d'interpréter l'art. 260 c. pén., qui punit les empêchements apportés à l'exercice des cultes, que l'expression de « cultes autorisés », employée par cet article, doit être entendue dans le sens le plus large et qu'elle comprend non seulement les cultes auxquels la loi de germinal an 10 a créé une situation privilégiée, mais encore tous ceux que le législateur ou le pouvoir exécutif ont libéralement appelés au bénéfice de la vie publique.

SECT. 1re. — AUTORISATION. — PROTECTION DES CULTES RECONNUS (Rép. n°s 81 à 147).

ART. 1er. — Autorisation générale accordée aux cultes reconnus (Rép. n°s 83 à 87).

38. Comme on l'a vu au Rép. n° 83, et suprà, n°s 34 et suiv., les cultes reconnus, tant qu'ils se renferment dans les limites posées par la loi, ne sont pas soumis pour leur

exercice aux conditions imposées aux cultes non reconnus; en leur donnant l'existence légale, l'Etat a accordé virtuellement à leurs adhérents l'autorisation de se réunir au nombre de plus de vingt personnes. Mais il faut que ces réunions aient lieu sous la présidence des ministres reconnus et dans les lieux destinés à l'exercice de leur culte. Par suite, l'art. 291 c. pén. est applicable aux réunions religieuses d'un culte reconnu, lorsque ces réunions ne sont pas dirigées par un ministre lui-même reconnu par l'Etat (V. *Rép. ibid.*). En 1877, à propos de conférences faites par un laïque dans une église catholique, une circulaire du ministre des cultes, du 3 avril de cette année, exprime des doutes sur la légalité de ces réunions non autorisées (*Journ. off.* du 18 avr. 1877).

Mais que dire des *associations* particulières constituées en dehors de l'organisation générale des cultes reconnus et dont les réunions, loin d'appartenir à l'exercice officiel du culte, peuvent au contraire le troubler dans son organisation légale? Ces associations, comme on l'a établi au *Rép.* n° 84, tombent sous l'application des art. 291 et suiv. c. pén., notamment de l'art. 294, qui assujettit à une permission spéciale le fait, par tout individu, d'accorder ou de consentir l'usage de sa maison ou de son appartement, en tout ou en partie : 1° pour la réunion des membres d'une association, *même autorisée*, autres que celles formées pour l'exercice d'un culte; 2° pour l'exercice d'un culte. L'art. 294 c. pén. n'a pas, en effet, cessé d'être en vigueur, et il est applicable, sans qu'il soit nécessaire que les personnes réunies dans un but religieux soient au nombre de plus de vingt; le caractère de la réunion suffit pour rendre indispensable la permission de l'autorité municipale exigée par cet article, quel que soit d'ailleurs le nombre des personnes qui s'assemblent (V. *Rép.* v° *Association illicite*, n° 53 ; Chauveau et Hélie, t. 3, n° 1178; Blanche, *Etudes sur le code pénal*, t. 4, n° 425). Il a été jugé, spécialement, que des prières dites en commun dans une chapelle ou oratoire orné d'emblèmes religieux et accessible au public constituent l'exercice du culte (Dijon, 26 août et 30 déc. 1874, aff. Sauvestre, D. P. 76. 2. 192) ; que, par suite, les peines portées par l'art. 294 c. pén. sont applicables à l'individu qui, sans la permission de l'autorité municipale, a érigé dans son logement une chapelle à laquelle il se livre à des pratiques religieuses destinées à attirer le public par des guérisons imaginaires (Mêmes arrêts). — Sur les chapelles et oratoires domestiques, V. *Rép.* n°s 84 et 444, et *infrà*, n°s 320 et suiv.

Art. 2. — *Protection des cultes reconnus* (*Rép.* n°s 88 à 147).

§ 1er. — Protection des dogmes (*Rép.* n°s 88 à 92).

39. Les deux délits d'outrage à la morale publique et religieuse et aux religions reconnues par l'Etat, réprimés par l'art. 8 de la loi du 7 mai 1819 et par la loi du 25 mars 1822 (*Rép.* n°s 88 et 89. — V. aussi *ibid.*, v° *Presse-outrage*, n°s 616 et suiv.), ont été retranchés de notre législation pénale par la loi du 29 juill. 1881 (D. P. 81. 4. 65), qui n'a vu en eux que des délits d'opinion, non punissables par le législateur (V. *infrà*, v° *Presse-outrage*). Il est donc désormais sans intérêt de rapporter les diverses décisions qui sont intervenues depuis la publication du *Répertoire* sur l'application des art. 8 de la loi de 1819 et 1er de la loi de 1822.

§ 2. — Exercices du culte; Troubles à cet exercice (*Rép.* n°s 93 à 101).

40. On a vu au *Rép.* n° 93 qu'à l'exemple de la loi de vendémiaire an 4, qui complétait la constitution de l'an 3 par laquelle le libre exercice des cultes était proclamé, en édictant des pénalités contre les entraves apportées à cet exercice (V. *Rép.* p. 682), le code pénal de 1810 (art. 260 et suiv.) a couvert d'une protection spéciale les cultes réglementés par la loi de germinal an 10. L'art. 260 c. pén., qui s'applique sans difficulté aux cultes *reconnus* (V. *Rép.* n° 93 ; Blanche, t. 4, n° 272; D. P. 67. 2. 140, note), ne se sert que des mots : *cultes autorisés*. Quelle est la portée de ces expressions? Comprennent-elles non seulement les cultes en faveur desquels existe une reconnaissance légale, mais encore ceux qui sont couverts par une simple autorisation

du Gouvernement? En ce sens, on devrait entendre le mot « autorisé », dans le cas de cultes reconnus, de l'autorisation générale qui est une conséquence implicite et nécessaire de leur reconnaissance (V. *Rép.* n° 83), et, dans le cas de cultes non reconnus, de l'autorisation spéciale qui forme la condition essentielle de leur libre exercice (V. *Rép.* n° 79). Un jugement n'a pas admis cette interprétation. Il a restreint l'application des art. 260 et suiv. c. pén. au seul cas où il s'agit d'un culte légalement reconnu, et a refusé notamment d'en étendre le bénéfice aux églises libres dites *églises évangéliques*, régulièrement autorisées, par le motif que, lors de la promulgation du code pénal de 1810, il n'y avait, en fait, de cultes autorisés que les cultes légalement reconnus (Trib. corr. Angers, 29 juin 1867, aff. Rouxelot, D. P. 67. 2. 140). — Dans ce système, les associations formées pour l'exercice d'un culte non reconnu ne constituent que de simples associations privées, auxquelles l'autorisation donnée en vertu de l'art. 291 c. pén. ne saurait enlever ce caractère et qui, dès lors, n'ont droit qu'à la protection accordée à de simples particuliers. Mais, comme le fit observer le conseiller rapporteur à la cour d'Angers saisie de l'appel de ce jugement, du moment que l'Etat a autorisé ces cultes, n'ont-ils pas droit à la protection commune promise aux cultes autorisés? « Du moment qu'il les reconnaît comme cultes, ne peuvent-ils invoquer la loi de police générale qui garantit le libre exercice des cultes? Prétendre les traiter comme de simples associations privées, comme toutes les réunions particulières de plus de vingt personnes, pour lesquelles l'art. 291 c. pén. exige l'autorisation préalable, n'est-ce point tomber dans une exagération et méconnaître le vrai caractère des faits? Quand le Gouvernement autorise un culte, il l'autorise apparemment comme culte. Il sait bien qu'il n'autorise pas une académie ou une société coopérative, mais une église, c'est-à-dire une société religieuse ayant ses prières, ses rites, ses conditions propres et nécessaires d'existence. La loi pénale, comprenant que la manifestation du sentiment religieux est un des actes qui méritent le plus sa protection, a voulu la garantir par une disposition spéciale. Comment donc refuser le bénéfice de cette garantie aux cultes (même non privilégiés) dont l'Etat a reconnu, consacré l'existence par une autorisation formelle? Ce qu'ils demandent, ce n'est pas un privilège, c'est le droit commun des cultes. » Il y a encore un motif de plus en faveur de cette opinion depuis le décret du 19 mars 1859, par lequel la situation légale des églises libres en France a été profondément modifiée. On peut dire qu'elle a été, par ce décret, à la fois réglementée et affermie. C'est ce que fit observer le même magistrat. « Jusqu'alors, a-t-il dit, les églises libres n'avaient été réglementées que par les prescriptions générales de l'art. 291 c. pén., c'est-à-dire qu'elles n'avaient eu pour condition d'existence et pour garantie qu'une simple autorisation administrative : elles étaient soumises à la surveillance et, on peut le dire, à la volonté arbitraire du ministre de l'intérieur et des préfets. » Il a voulu leur accorder une garantie plus haute, une sécurité plus grande, ce sont les termes du rapport, et a décidé que désormais l'autorisation résultera aussi pour elles d'un décret rendu en conseil d'Etat. Ne sont-ce pas là des cultes *autorisés*? Aussi, sur ces observations, il a été décidé que les dispositions des art. 261 et 262 c. pén., qui punissent divers délits d'entrave au libre exercice des cultes, ne s'appliquent pas seulement aux cultes légalement reconnus : elles s'étendent aux cultes dont l'exercice public a été simplement autorisé (Angers, 28 août 1867, aff. Rouxelot, D. P. 67. 2. 140).

41. L'art. 260 c. pén. n'interdit pas seulement de troubler ou entraver l'exercice ou les actes extérieurs d'un culte légalement reconnu ou régulièrement autorisé; il défend aussi d'imposer cet exercice à ceux qui, dans la liberté de leur conscience, entendraient s'en abstenir (V. *Rép.* n° 60). On a indiqué au *Rép.* n° 93 quels sont les moyens de contrainte ou d'empêchement déclarés punissables par cet article. Ainsi, se rendent coupables du délit d'entrave au libre exercice du culte par voies de fait et menaces les individus qui, en se tenant devant la porte d'une église et en mettant la main sur le loquet de la serrure, ont opposé un obstacle matériel à l'entrée du prêtre dans cette église, en annonçant par leur nombre, leurs propos et leur attitude que, pour l'empêcher d'y pénétrer et d'y

dire la messe, ils auraient, au besoin, recours à la force (Orléans, 11 juill. 1864, aff. Bretton, D. P. 64. 2. 151). Bien entendu, il faut, comme pour tous les délits, qu'il y ait intention criminelle d'entraver ou de gêner la liberté religieuse de la personne qui est l'objet de la violence.

42. On a exposé au *Rép.* n° 93, que les lieux servant même momentanément à l'exercice du culte, tels que ceux où passent les processions, deviennent, momentanément aussi, des lieux où le culte s'exerce, et, par suite, rendent punissables les faits de trouble ou d'entrave à l'exercice du culte qui y sont commis (V. conf. Affre, *Traité de l'administration temporelle des paroisses*, 10° éd., p. 290). Et l'on a cité à cet égard un arrêt de Paris du 28 août 1846 (aff. David, D. P. 47 (et non 46). 4. 149). On peut y ajouter un jugement du tribunal correctionnel de Tournay, du 2 août 1862 (rapporté par Bost, *Encyclopédie des conseils de fabrique*, v° *Processions*, p. 664). Mais le fait de rester couvert au passage des insignes d'une procession, ne constitue ni le délit d'outrage par gestes envers les objets d'un culte autorisé, ni le délit de trouble ayant empêché, retardé ou interrompu les exercices de ce culte : il n'y a dans un tel fait qu'un défaut de témoignage extérieur de respect pour ces objets, c'est-à-dire un acte passif et négatif, qui échappe par sa nature au domaine de la loi pénale (Nîmes, 18 janv. 1855, aff. Guillaume, D. P. 55. 2. 103). En effet, la loi ne saurait exiger des citoyens la manifestation de sentiments qui ne s'imposent pas. Son intervention doit s'arrêter là où commence le domaine de la conscience.

43. L'exercice du culte est protégé par l'art. 261 c. pén. contre les troubles ou les désordres qui, dans les lieux où le culte est pratiqué, auraient pour effet d'empêcher, de retarder ou d'interrompre les actes et cérémonies qui le constituent (V. *Rép.* n° 93). L'expression : *exercice du culte*, employée dans les art. 261 et 262 c. pén., doit être entendue *lato sensu* (V. *Rép.* n° 97); elle comprend tous les exercices du culte quels qu'ils soient (Blanche t. 4, n° 273). Ainsi il y a entrave au libre exercice du culte, tombant sous l'application de la loi pénale, dans le fait de troubler une procession par des cris, huées ou sifflets, et de gêner ainsi la liberté des fidèles qui y prennent part (Liége, 14 janv. 1876, *Pasicrisie belge*, 1876. 2. 174). Jugé aussi que le délit prévu par l'art. 261 c. pén. existe quand les fidèles sont troublés dans leurs exercices de piété, même en l'absence du prêtre (Liége, 6 févr. 1865, aff. Vacheval, *Pasicrisie belge*, 1865. 2. 173). Nous avons dit (*Rép.* n° 96) que l'appréciation des faits que l'on doit considérer comme troubles et désordres, dans le sens de cet article, est abandonnée à la prudence du juge, sans qu'il puisse qualifier les faits d'une manière souveraine (V. *Rép.* v° *Cassation*, n° 1762 et suiv.). Il a été notamment décidé que le délit d'entrave au libre exercice d'un culte reconnu, que prévoient et punissent les art. 260 et 261 c. pén., n'existe qu'autant que l'inculpé aurait porté atteinte à la liberté religieuse des personnes en empêchant par des voies de fait ou des menaces un ou plusieurs individus, soit d'exercer leur culte, soit d'assister à l'exercice entier de ce culte, ou bien qu'il aurait empêché, retardé ou interrompu les exercices du culte par des troubles ou des désordres causés dans le temple (Colmar, 12 juin 1865, aff. Dreyfus, D. P. 66. 2. 139). Ainsi, le fait d'avoir, pendant une cérémonie religieuse, adressé des paroles injurieuses à un employé du temple, ne constitue pas le délit dont il s'agit, bien que ce fait ait déterminé la retraite d'un certain nombre d'assistants, si cette retraite, effectuée au moment où la cérémonie touchait à sa fin, a été toute volontaire et motivée par des scrupules personnels, et si, d'autre part, l'officiant, en qui se personnifie l'exercice du culte, a rempli sa mission jusqu'au bout et d'un seul trait (Même arrêt). Mais cette interprétation, à laquelle paraissent adhérer MM. Chauveau et Hélie, *Théorie du code pénal*, t. 3, n° 1078, semble être bien restrictive. L'exercice du culte doit être envisagé et par rapport au célébrant et par rapport aux assistants. Or, bien que cet exercice n'ait pas été empêché dans la personne du célébrant qui a pu achever sans interruption la cérémonie commencée, ne constitue-t-il pas, dans la personne des assistants par des cris, des injures ou des rixes entre leurs voisins, il y a là, par le fait même des auteurs de ce désordre, un obstacle à l'accomplissement complet et entier d'un devoir religieux (V. *Rép.* n° 97). —

Aussi a-t-il été jugé avec plus de raison que le scandale commis dans une église au moment de la célébration d'un office, bien qu'il n'ait pas rendu impossible la continuation de cet office, n'en doit pas moins être considéré comme un trouble ou une interruption dans le sens de l'art. 261 c. pén., si les conditions d'exécution convenable et décente que le législateur a entendu assurer ont momentanément fait défaut (Toulouse, 19 nov. 1868, aff. Franck-Michet, D. P. 69. 2. 77). Tel est le fait d'un individu, assistant aux vêpres, qui s'est amusé à intervenir dans le chant des psaumes avec des intonations grotesques et choquantes, jetant ainsi le trouble et le désordre dans l'auditoire; en pareil cas, il importe peu que le curé, au lieu de suspendre l'office, se soit borné à faire adresser audit individu l'invitation de cesser, surtout si celui-ci, au mépris de l'avertissement, a continué sa conduite inconvenante (Même arrêt); — ... Ou le fait par lequel un individu, agissant dans une intention malveillante, a causé dans une église un certain désordre parmi les fidèles assistant à une cérémonie religieuse : cet acte constitue le délit de trouble apporté à un exercice du culte, dans le cas même où l'incident est demeuré inaperçu pour l'officiant, qui a pu continuer les prières sans interruption (Douai, 24 févr. 1869, aff. Debreu, D. P. 69. 2. 62). Le délit existe encore, par exemple, dans le fait d'avoir, en vue d'une inconvenante plaisanterie, répandu, sur les vêtements de personnes arrivant à l'office, de la farine, que celles-ci ont dû secouer dans l'église avec l'aide de leurs voisins, alors que l'agitation qui en est résultée a distrait une partie des assistants des prières par lesquelles ils participaient à la cérémonie célébrée en ce moment (Même arrêt). Jugé de même que c'est, de la part d'un maire, troubler l'exercice du culte que de prendre la parole à haute voix dans l'église pour rectifier l'une des annonces que le curé vient de faire avant le prône, un tel acte étant de nature à distraire le ministre du culte et les fidèles du recueillement qui doit présider à l'instruction religieuse et à la suite de l'office (Trib. corr. Chambéry, 8 juin 1872, aff. Riguet, D. P. 72. 3. 84). Enfin il a été décidé que le fait d'enlever violemment d'une église le corps d'un défunt, malgré la défense du maire et du curé, au moment où l'office demandé par la famille allait être célébré conformément aux rites de la religion catholique, pour l'inhumer ensuite sans solennité religieuse, constitue le délit prévu et puni par l'art. 261 c. pén. (Orléans, 22 mars 1887, aff. Laisné, D. P. 89. 2. 29). Et le prévenu arguerait vainement de sa bonne foi, en invoquant un écrit informe signé du défunt et antérieur de plusieurs années à son décès, dans lequel il aurait exprimé le vœu d'être inhumé civilement, cet écrit ne pouvant prévaloir contre la volonté de la veuve, du frère et de la mère dudit défunt, déclarant que celui-ci était revenu, pendant sa dernière maladie, à d'autres sentiments et avait reçu la pleine connaissance les secours de la religion (Même arrêt). — Sur les troubles apportés à l'exercice du culte, V. Chauveau et Hélie, t. 3, n° 1073; Morin, *Répertoire*, v° *Culte*, n° 4; Blanche, *Etudes sur le code pénal*, t. 4, n° 273 et 274.

44. Il n'est pas besoin que les faits d'où sont résultés des troubles ou désordres dans un lieu affecté ou servant aux exercices du culte se soient eux-mêmes produits dans ce lieu. Ainsi, l'art. 261 c. pén., qui punit le fait d'interrompre les exercices du culte par des troubles ou des désordres dans le temple, s'applique même au cas où c'est par un tapage extérieur qu'un trouble ou un désordre a été produit dans l'intérieur du temple (Metz, 21 déc. 1853, aff. Antoine, D. P. 55. 2. 119). On lit dans les considérants de cet arrêt : « Attendu que cette interprétation du texte de l'art. 261 c. pén. est parfaitement conforme à l'esprit de la loi, qui a voulu atteindre, partout où ils peuvent se trouver, les auteurs de tous les genres de troubles ou désordres propres à empêcher, retarder ou interrompre les exercices du culte dans les lieux destinés ou servant à ces exercices; que la pénalité concernant ces délits deviendrait évidemment illusoire si les troubles ou désordres causés dans l'intérieur des temples demeuraient impunis toutes les fois que les agents de ces causes de trouble ou désordre seraient parvenus à les produire en se tenant personnellement à l'extérieur; que tels n'ont pu être assurément la pensée et le but de l'art. 261 c. pén., dont le texte aussi bien que l'esprit se

refusent à un pareil résultat » (V. dans le même sens : Liège, 14 déc. 1843, *Pasicrisie belge*, 1844. 2. 75; 29 janv. 1857, aff. Zirvès, *ibid.*, 1857. 2. 107, et le nouveau code pénal belge, art. 143; Rapport de M. Lelièvre à la Chambre des représentants, dans Nypels, *Législation criminelle de la Belgique*, t. 2, p. 100).

45. L'action publique tendant à obtenir la répression du délit prévu par l'art. 261 c. pén. ne peut évidemment appartenir qu'au ministère public. Mais le ministre du culte n'est-il pas admis à intervenir dans la poursuite en qualité de partie civile ? (V. dans le sens de l'affirmative : Liège, 14 janv. 1876, cité *suprà*, n° 43. — *Contrà* : Orléans, 22 mars 1887, aff. Laisné, D. P. 89. 2. 29). — Mais la veuve d'un défunt dont le corps a été enlevé violemment d'une église, au moment où la cérémonie religieuse allait commencer, est fondée, tant en son nom personnel qu'en qualité de tutrice de ses enfants mineurs, à se porter partie civile à raison de ce délit, comme étant de nature à porter atteinte, dans une certaine mesure, à la considération de la famille par une notoriété fâcheuse (Même arrêt du 22 mars 1887).

46. La volonté du législateur d'empêcher les troubles apportés aux exercices religieux dans les édifices consacrés au culte, s'est manifestée dans l'art. 781, § 3, c. proc. civ. qui défend de faire en matière civile aucune arrestation dans les édifices consacrés au culte, pendant les exercices religieux seulement. « Le débiteur, dit Boitard, *Leçons de procédure civile*, 14e éd., t. 2, n° 1050, à l'arrestation duquel on voudrait procéder, est protégé par la cérémonie religieuse qui s'accomplit dans l'édifice consacré au culte, quand même il ne prendrait pas part à cette cérémonie. Ainsi, on ne peut l'arrêter dans une église catholique, pendant qu'on y célèbre une messe, qu'il n'entend pas. La loi n'a pas voulu que l'arrestation d'un débiteur troublât, par la dispute ou les rixes qu'elle peut occasionner, les personnes qui participent à des exercices religieux dans un édifice consacré à leur culte. » Cette disposition est encore applicable aux cas pour lesquels la contrainte par corps a été maintenue (V. *suprà*, v° *Contrainte par corps*, n° 113).

C'est dans la même pensée d'éviter et de prévenir les troubles apportés du dehors aux cérémonies du culte dans l'intérieur des églises, qu'une circulaire du ministre des cultes, du 16 mars 1852 (*Rec. circ. cult.*, t. 2, p. 360), porte ce qui suit : « Il est regrettable que, dans quelques villes, les foires ou marchés se tiennent aux abords des édifices religieux. Si on ne peut absolument les déplacer, il faut faire en sorte, du moins, qu'ils ne s'installent qu'à une distance convenable, que les animaux, les voitures ou tous autres objets ne soient ni attachés ni appuyés contre les murs du temple, et que le bruit du dehors ne vienne pas se prolonger à l'intérieur et y troubler la célébration des saints mystères ».

47. La loi pénale ne protège pas seulement le libre exercice du culte; elle a édicté des dispositions spéciales pour réprimer les outrages envers les objets servant au culte ou les ministres qui l'exercent. Tel est l'objet de l'art. 262 c. pén. auquel sont consacrés, au *Répertoire*, les n°s 97 à 100. Il importe de revenir sur cet article, en traitant séparément de ce qui concerne : 1° les objets; 2° les ministres du culte.

48. — I. Outrages envers les objets d'un culte. — L'art. 262 c. pén. ne défend ces objets contre les outrages que pour assurer le respect dû au culte, en tant qu'institution sociale, abstraction faite de toute consécration légale d'une vérité religieuse, car le législateur de 1810 n'a pas dû se préoccuper de la vérité ou de la fausseté des religions ou des cultes reconnus ou autorisés. Il se borne à faire respecter les croyances et leur manifestation légale et régulière, sans les imposer au moyen de pénalités (V. *Rép.* n° 102; Nypels, t. 2, p. 153). L'article précité n'a donc pour but que de protéger les objets d'un culte dans les lieux où s'exerce ce culte soit d'une manière permanente, soit accidentellement, c'est-à-dire ces lieux eux-mêmes et les objets qui s'y trouvent, mais non les doctrines de morale ou de religion auxquelles ils se rattachent (V. *Rép.* n° 99). — Par *objets d'un culte*, on doit entendre les *symboles* qui sont exposés pendant son exercice et qui sont employés dans son service (Nypels, *op. cit.*, t. 2, p. 101). Il ne faudrait pas étendre l'expression à toutes les choses mobilières qui sont en usage dans les édifices destinés et affectés au culte.

L'art. 262 c. pén. réprime tous les outrages commis par paroles ou par gestes (V. *Rép.* n° 98). Le mot *geste*, pris en opposition au mot *parole*, s'entend de toute voie de fait commise sur un objet du culte, dans un but de dérision et d'outrage (Nîmes, 7 nov. 1851, aff. Rose Tamisier, D. P. 54. 2. 27). Ces outrages sont punissables, qu'ils aient été commis publiquement ou non publiquement (V. *Rép.* n° 99), à la différence de l'outrage à la religion qui était prévu par la loi du 25 mars 1822, et qui a cessé d'être réprimé depuis la loi du 29 juill. 1881 (D. P. 81. 4. 65 et suiv.). Ainsi il a été jugé, sous l'empire de l'art. 1er de la loi du 25 mars 1822, que le fait d'avoir, à diverses reprises, fait disparaître clandestinement des hosties, enfermées dans la custode d'une église, pour faire croire à une communion miraculeuse, et celui d'avoir maculé de sang un tableau placé au-dessus de l'autel, dans le but de faire croire à un miracle, constituent le délit d'outrage, par gestes, à des objets d'un culte, dans les lieux servant à son exercice, et non celui d'outrage public à la morale publique et religieuse ou à la religion (Nîmes, 7 nov. 1851, précité). — Que l'enlèvement clandestin d'hosties, enfermées dans la custode d'une église, est par lui-même exclusif de la circonstance de publicité, nonobstant le caractère et la destination de l'édifice (Même arrêt); — Qu'il en est de même de la maculation du tableau : pour rentrer sous l'application des art. 8 de la loi du 17 mai 1816 et 1er de celle du 25 mars 1822, ce n'est pas assez que cet acte clandestin ait été commis sur un tableau exposé dans un lieu public, et qu'il ait été rendu public ultérieurement par des dessins, peintures ou emblèmes exposés dans des églises si, d'ailleurs, cette maculation n'était pas de nature à éveiller par elle-même, et par le seul fait de son apparition, la pensée d'outrage à la religion (Même arrêt). On pourrait cependant se demander s'il n'y avait pas eu un délit d'outrage *public* à la religion (lorsqu'il était punissable), dans le fait d'exposer dans les églises des reproductions par le dessin du tableau maculé dont il est question dans l'arrêt précité, car cette exposition était de nature à scandaliser plus d'une conscience religieuse. — De même, le fait, par des individus, d'apporter dans l'église une bouteille de vin, et de la boire à l'aide de verres, en affectant de choquer les verres contre la bouteille, pendant que le prêtre officie à l'autel, constitue le délit d'outrage par gestes aux objets du culte catholique, puni par l'art. 262 c. pén. (Paris, 27 mai 1851, aff. Floquet, D. P. 54. 5. 226 ; Orléans, 26 févr. 1855, aff. Réveillon, D. P. 55. 5. 135), et non le délit de trouble et interruption de l'exercice du culte, alors qu'en fait cet exercice n'a été interrompu ni retardé (c. pén. art. 261), ni le délit d'outrage aux ministres du culte (Même arrêt du 27 mai 1851), si les auteurs de ce fait l'ont commis avec l'intention de parodier le symbole de la communion du prêtre au moment où il célèbre le sacrifice de la messe (Mêmes arrêts). Mais le fait de rester couvert au passage des insignes d'une procession ne constitue pas le délit d'outrages par gestes envers les objets d'un culte autorisé (Nîmes, 18 janv. 1855, cité *suprà*, n° 42).

Au point de vue de l'intention coupable, le juge de répression a un large pouvoir d'appréciation en ce qui concerne les faits caractéristiques du délit d'outrage envers les objets d'un culte. Ainsi, il peut induire cette intention d'actes accomplis et de paroles prononcées hors de l'église, avant ou après le fait même, objet des poursuites (C. cass. Belgique, 9 nov. 1875, aff. *Pasicrisie belge*, 1876. 1.51). — Décidé aussi, à cet égard, que l'individu qui emploie le prestige et le mensonge pour faire croire à de prétendus miracles, soit dans le désir de jouer un rôle et de se faire passer pour un saint, soit même en se persuadant faussement que le résultat de cette fraude pieuse sera avantageux à la religion, n'est pas justifié par son intention; et la profanation qu'il fait des objets du culte en les faisant servir à sa fraude, a tous les caractères de l'outrage puni par l'art. 262 c. pén. (Même arrêt). Par conséquent, l'art. 262 c. pén. est applicable à des opérations frauduleuses pratiquées sur des objets du culte, pour faire croire à l'accomplissement d'un miracle (V. Blanche, t. 4, n° 279).

49. — II. Outrages envers les ministres du culte. — En ce qui concerne les ministres du culte, il importe de bien préciser l'état de la législation, tel qu'il résulte des dispositions successivement édictées contre les outrages dont ils peuvent être victimes. L'art. 262 c. pén. réprimait les

outrages par paroles ou par gestes sans distinguer suivant qu'ils avaient eu lieu *publiquement*, ou non; mais il ne s'appliquait qu'au cas où ces outrages étaient commis contre les ministres du culte dans l'exercice de leurs fonctions. La loi du 25 mars 1822, art. 6, vise également cette dernière hypothèse, dans son 3ᵉ alinéa, et prononce une peine beaucoup plus forte que celle qu'édicte l'art. 262. Mais il ne s'applique qu'au cas où l'outrage a été commis publiquement. L'art. 262 a donc conservé son application dans le cas d'outrages commis non publiquement contre un ministre du culte. Le même art. 6 de la loi du 25 mars 1822, dans son 1ᵉʳ alinéa, prévoit une hypothèse dont le législateur de 1810 ne s'était pas occupé, c'est celle où l'outrage est fait à un ministre du culte, non pas dans l'exercice de ses fonctions, mais à raison de celles-ci; il exige, comme dans l'alinéa 3, que l'outrage soit public. — Cette dernière disposition a été reproduite, à peu près dans les mêmes termes, par le décret du 11 août 1848. Ce décret n'a, d'ailleurs, pas abrogé la disposition de l'alinéa 3 du même art. 5, qui est restée en vigueur; c'est du moins l'opinion qui a été émise au *Rép.* vᵒ *Presse-outrage*, nᵒ 714. Enfin est survenue la loi du 29 juill. 1881 sur la liberté de la presse, dont l'art. 31 a substitué au délit d'outrage public réprimé par l'art. 6, al. 1ᵉʳ de la loi de 1822 et par l'art. 5 du décret de 1848, le délit de diffamation, sous les conditions d'imputation d'un fait diffamatoire, de perpétration et de publicité, qui en sont les éléments constitutifs (V. *supra*, nᵒ 48). Ces dispositions, de même que celles qu'elle a remplacées, ne s'appliquent qu'aux outrages (ou plus exactement aux diffamations) atteignant le ministre du culte hors de l'exercice de ses fonctions. Elles sont étrangères à ceux qui sont commis alors que le prêtre exerce son ministère. Cette dernière sorte d'outrages reste donc, comme précédemment, régie par l'art. 262 c. pén. et 6, al. 3, de la loi du 25 mars 1822, et d'autre part, il faut remarquer que, de même que les art. 6, al. 1ᵉʳ, de la loi de 1822 et 5 du décret de 1848, l'art. 31 de la nouvelle loi exige la publicité du fait délictueux. — Il suit de là que l'outrage non public, commis seulement à raison des fonctions du prêtre, ne tombe sous l'application d'aucune des dispositions dont il vient d'être parlé. Faut-il en conclure qu'un tel outrage rentre simplement dans la catégorie des injures non publiques commises contre des particuliers, lesquelles ne sont punies qu'à titre de contraventions de police, aux termes de l'art. 38 de la loi du 29 juill. 1881? (V. sur ce point, *infrà*, vᵒ *Presse-outrage*).

50. Quelles sont précisément les personnes auxquelles s'applique la qualification « de ministres du culte » dans les diverses dispositions visées au nᵒ précédé? Cette qualification, dans l'art. 262 c. pén., a évidemment une portée très générale, car elle n'est accompagnée d'aucune expression de nature à la restreindre: on doit en conclure, semble-t-il, que la disposition de l'art. 262 s'étend à tout ecclésiastique exerçant un culte, alors même que ce culte ne serait pas reconnu, mais seulement autorisé par le Gouvernement. L'art. 5 de la loi du 25 mars 1822 s'exprime en termes moins généraux; il vise spécialement les ministres « de la religion de l'Etat ou de l'un des cultes dont l'établissement est légalement reconnu en France ». On trouve une expression analogue dans l'art. 5

du décret de 1848 et dans l'art. 31 de la loi du 29 juill. 1881, qui vise « les ministres de l'un des cultes salariés par l'Etat. » Il faut en conclure que ces dispositions ne s'appliqueraient pas à l'outrage commis contre le ministre d'un culte simplement autorisé.

51. L'art. 263 punit celui qui aura frappé un ministre du culte dans l'exercice de ses fonctions. On a vu au *Rép.* nᵒ 101 que l'art. 6 de la loi du 25 mars 1822 a également prévu le cas où des violences sont exercées contre un ministre de la religion. La coexistence de ces deux dispositions a soulevé quelques difficultés dans la doctrine (V. notamment: Chauveau et Hélie, *Théorie du code pénal*, t. 3, nᵒ 1082; Blanche, t. 4, nᵒ 280). Voici comment, d'après ce dernier auteur, les dispositions dont il s'agit doivent se combiner. « Si les violences, dit-il, ont eu lieu à raison de la qualité ou de la fonction, mais non dans l'exercice du ministère, elles sont réprimées par le premier paragraphe de l'art. 228 c. pén. C'est ce qui résulte de la combinaison de cet article et de l'art. 6 de la loi du 25 mars 1822. Si elles ont eu lieu dans l'exercice de la fonction, elles sont punies par l'art. 263. Enfin soit qu'elles aient eu lieu à raison de la qualité ou de la fonction, soit qu'elles aient eu lieu dans la fonction, si elles sont accompagnées de circonstances aggravantes, mentionnées dans les art. 231, 232, 233 du code, elles sont punies par l'une ou par l'autre de ces dispositions.

52. L'art. 262 c. pén. ne parle pas des outrages par *écrit* ou par *menaces* dirigés contre les ministres du culte. A cet égard, ils sont donc traités comme de simples particuliers (V. *Presse-outrage*; — *Rép.* eod. vᵒ, nᵒ 803).

Mais que décider si les menaces sont verbales? Il paraît manifeste que des paroles menaçantes ou des gestes menaçants se confondent, en présence de la disposition très générale de l'art. 262, avec des paroles outrageantes ou des gestes outrageants (V. *Rép.* vᵒ *Presse-outrage*, nᵒ 803).

53. L'art. 262 réprime tout outrage par paroles sans qu'il soit besoin, comme en ce qui concerne les magistrats de l'ordre administratif ou judiciaire, que l'outrage tende à inculper l'honneur ou la délicatesse du ministre du culte outragé. Cet article ne reproduit pas, en effet, les expressions de l'art. 222 c. pén. à cet égard (V. *Rép.* vᵒ *Presse-outrage*, nᵒ 790). Ainsi, le fait de crier *couac!* sur le passage d'un ecclésiastique constitue le délit d'outrage à un ministre du culte (Trib. corr. Poitiers, 20 nov. 1876) (1).

54. Le délit réprimé par l'art. 262 c. pén. peut être poursuivi sans plainte préalable du ministre du culte outragé (V. à ce sujet *Rép.* vᵒ *Presse-outrage*, nᵒ 1063; Blanche, t. 4, nᵒ 278). La loi de 1881 a bien rétabli la nécessité d'une plainte préalable, mais seulement à l'égard des délits de diffamation et d'injure commis contre les ministres dans les conditions de perpétration et de publicité prévus par elle. En dehors de ce cas, le droit commun reprend son empire (V. d'ailleurs, *infrà*, vᵒ *Presse-outrage*). — D'autre part, le ministre du culte est recevable à se porter partie civile, pour obtenir la réparation pécuniaire de l'outrage dont il a été l'objet dans l'exercice de ses fonctions (Orléans, 22 mars 1887, aff. Laisné, D. P. 89. 2. 29).

55. On a exposé au *Rép.* nᵒ 100 que les édifices consa-

(1) (Min. publ. *C.* François Cousson, Jean Cousson, Modéré Boyer et Louis Rossard.) — Le tribunal; — Attendu que l'art. 6 de la loi du 25 mars 1822 punit l'outrage fait publiquement d'une manière quelconque, à raison de leurs fonctions ou de leur qualité, aux ministres d'un culte reconnu par l'État; — Que l'expression « Couac! » proférée à l'encontre des personnes revêtues de l'habit ecclésiastique a reçu de l'usage abusif qui en a été ainsi fait une signification outrageante qui ne saurait être révoquée en doute; — Que cette signification était encore moins douteuse à Rouillé que partout ailleurs, puisque précédemment, à l'occasion de cris de même nature, proférés tant contre le curé de cette paroisse que contre d'autres personnes appartenant à divers ordres religieux, des poursuites commencées avaient été abandonnées par suite des excuses présentées par les auteurs de ces outrages; — Que cependant, le 12 nov. dernier, au moment où M. le curé Damelon, passant devant l'habitation de Cousson, venait de saluer les prévenus qui se trouvaient réunis dans la cour de cette maison, ceux-ci se mirent à crier à plusieurs reprises « Couac! » et qu'ils continuèrent à répéter ce cri avec plus de violence pendant que M. Damelon s'éloignait; — Que, vainement, les prévenus allèguent que ces cris ne s'adressaient

pas à ce dernier; — Que le contraire est manifestement établi par tous les faits de la cause, et notamment par cette circonstance que les cris injurieux qui avaient complètement cessé à l'instant même où M. le curé pénétrait dans une maison voisine, sous les yeux des prévenus dont trois reconnaissent l'avoir alors aperçu, ont redoublé d'intensité au moment de sa sortie, et cela malgré cette observation précédemment faite par un témoin à ceux qui vociféraient de la sorte, « que si M. le curé venait à passer, il se trouverait certainement offensé de ces cris »; — En ce qui touche Jean Cousson et Louis Rossard, âgé l'un de douze ans et l'autre de quatorze ans : — Que leur état de subordination vis-à-vis de Cousson François et de Boyer, ainsi que leur jeune âge, permettent de supposer qu'ils ne se sont pas suffisamment rendu compte de l'acte qu'ils ont commis; — En ce qui touche les deux autres prévenus: — Attendu que leur culpabilité résulte suffisamment de tout ce qui précède; — Par ces motifs, acquitte Jean Cousson et Rossard comme ayant agi sans discernement; condamne François Cousson et Boyer chacun à 100 fr. d'amende.

Du 20 nov. 1876.-Trib. corr. de Poitiers.-MM. Sachet, pr.-Dufour d'Astafort, subst.-Thézard, av.

crés au culte et les objets qu'ils renferment sont encore protégés d'une manière spéciale, contre les vols qui peuvent y être commis, par l'art. 386, § 1er, c. pén., et on a fait remarquer *ibid.* v° *Vol*, n° 345, que cette protection ne s'applique qu'aux édifices publiquement affectés aux cultes reconnus par l'Etat. On peut y ajouter les sacristies, qui sont des édifices consacrés au culte dans le sens de la loi (Affre, 10e éd., p. 287). Mais l'art. 386 ne s'applique pas aux lieux de réunion des cultes non reconnus et aux chapelles particulières (V. *ibid.*).

56. Il y a lieu d'appliquer les dispositions de l'art. 257 c. pén., aux monuments placés dans les églises ainsi qu'à ceux qui, ayant un caractère religieux, sont placés hors des églises et autorisés par l'autorité compétente (André, 4e éd., t. 2, p. 428; Affre, 10 éd., p. 287. V. *Rép.* v° *Dommage-destruction*, n° 148).

57. Les autres délits commis dans les églises n'entraînent pas de peines plus fortes que s'ils étaient commis hors de ces édifices (André, *op. et loc. cit.*; Affre, *op. et loc. cit.*). Cependant l'art. 385 c. pén., revisé par la loi du 13 mai 1863, a puni des travaux forcés à temps tout individu coupable de vol commis avec deux des trois circonstances suivantes : 1° si le vol a été commis la nuit; 2° s'il a été commis dans une maison habitée ou dans un des édifices consacrés aux cultes légalement établis en France; 3° s'il a été commis par deux ou plusieurs personnes; et si, en outre, le coupable ou l'un des coupables était porteur d'armes apparentes ou cachées. La loi du 13 mai 1863 a fait, à cet égard, disparaître une anomalie entre l'art. 385 et l'art. 386, pour le cas de vol dans une maison habitée ou dans un édifice consacré au culte. Elle a donné à la condition de lieu, dans l'art. 385, la même portée que dans le suivant. Elle applique au vol avec port d'armes la peine spéciale de l'art. 385, par cela seul qu'il est commis la nuit ou par plusieurs individus, si on y trouve, en outre, la circonstance de lieu prévue par l'art. 386, § 1er, à savoir qu'il a été commis dans une maison habitée ou dans un édifice consacré à l'un des cultes légalement établis en France. Cette circonstance peut remplacer désormais, dans les deux cas prévus par les art. 385 et 386, soit la condition de nuit, soit celle de la pluralité d'agents.

§ 3. — Du sacrilège (*Rép.* nos 102 à 108).

58. Nous n'avons rien à ajouter aux explications contenues dans le *Répertoire* sur la loi du 25 avr. 1825, qui réprimait le sacrilège et sur son abrogation par la loi du 10 oct. 1830.

§ 4. — Discipline; Mariage des prêtres; Adoption; Commerce; Révélation des secrets (*Rép.* nos 109 à 128).

59. — I. Discipline générale. — V. *Rép.* n° 109.

60. — II. Célibat des prêtres. — Les règles ecclésiastiques sur le célibat des prêtres de l'Eglise catholique ont été au point de vue historique exposées au *Rép.* nos 110 et suiv. (V. aussi rapport de M. le conseiller Lepelletier à la cour de cassation, D. P. 78. 1. 113, où sont cités les principaux canons des conciles sur ce point de discipline). Comme on l'a dit au *Rép. loc. cit.*, et n° 116, la prohibition du mariage, faite aux prêtres catholiques, est ancienne et se lie à d'importantes considérations. Nous ne reviendrons pas ici sur la question de savoir si l'engagement dans les ordres sacrés, qui canoniquement constitue un empêchement dirimant au mariage, peut avoir ce caractère et cet effet aux yeux de la loi civile; elle a été suffisamment étudiée au *Rép. loc. cit.* Nous rappellerons seulement les autorités qui se sont prononcées et les solutions qui se sont produites depuis 1848 en divers sens sur ce point.

A l'Assemblée constituante de 1848, deux pétitions soumirent la question du mariage des prêtres au comité des cultes. L'une d'elles demandait spécialement que, dans le cas où la faculté de contracter mariage ne serait pas accordée aux prêtres exerçant les fonctions du sacerdoce, elle fût du moins admise pour ceux qui auraient quitté leur état, sans leur imposer l'obligation de saisir les tribunaux. M. Grelier-Dufougeroux fit, au nom de la commission des pétitions, en 1849, un rapport concluant à l'ordre du jour qui fut adopté (V. ce rapport dans André, t. 3, p. 529). — En 1865, une nouvelle pétition fut présentée au Sénat pour demander que les prêtres catholiques pussent se marier civilement, lorsqu'ils ont renoncé au sacerdoce et changé de religion. La commission chargée de son examen proposa à l'unanimité de la repousser par la question préalable, ce qui fut adopté par le Sénat dans la séance du 15 juin 1865. Une proposition de loi tendant à autoriser le mariage des prêtres fut présentée à la Chambre des députés en 1879 (V. *Journ. off.* du 27 mars 1879), et M. Naquet, député, demanda que les officiers de l'état civil qui refuseraient de procéder au mariage d'ecclésiastiques fussent passibles de peines correctionnelles. Mais cette proposition n'eut pas de suite. — De son côté, la jurisprudence a pendant longtemps décidé que le prêtre catholique ne peut se marier, alors même qu'il a renoncé au ministère ecclésiastique et qu'il a été privé par son évêque de l'exercice de ses fonctions (V. *Rép.* n° 117). — V. toutefois en sens contraire : Trib. Périgueux, 31 juill. 1862 (1). — Antérieurement à la publication du *Répertoire* la question ne s'était présentée devant les tribunaux qu'à l'occasion de mariage qu'un prêtre voulait contracter et à la célébration duquel l'officier de l'état civil se refusait. En d'autres termes, il s'agissait seulement de savoir si l'engagement dans les ordres sacrés constituait ou non un empêchement prohibitif (*Rép.* n° 118). C'est également cette question qui a été résolue négativement par le jugement précité du tribunal de Périgueux, contrairement à toutes les décisions antérieures. Mais depuis, la jurisprudence était allée plus loin et un jugement du tribunal d'Agen du 6 juill. 1860 (2) a considéré la prêtrise comme un empêchement dirimant entraînant la nullité du mariage contracté au mépris de cet

---

(1) (Brou de Laurière.) — Le tribunal; — Attendu qu'aux yeux du code Napoléon, le mariage est un contrat purement civil auquel sont aptes tous les citoyens qu'il n'en a pas formellement déclarés incapables; — Qu'on chercherait en vain dans nos lois une prohibition contre le mariage du prêtre catholique, auquel son entrée dans les ordres sacrés ne fait perdre ni sa qualité, ni ses droits de citoyen; — Que la loi organique des cultes de germinal an 10 est tout aussi muette que le code sur ce point important; — Que là où le législateur se tait, il n'appartient pas aux magistrats de suppléer à son silence, en allant chercher dans des considérations morales et religieuses, respectables sans doute, mais sans racine dans la loi civile, une prohibition que celle-ci n'a pas édictée; — Par ces motifs, le tribunal, vidant son jugement de partage du 8 févr. 1862, et donnant acte à MM. les maires de Périgueux et de Cendrieux de ce qu'ils s'en remettent à justice; — Dit et ordonne que, par ces officiers de l'état civil, il sera procédé aux publications et célébration du mariage de Brou de Laurière avec Élisabeth Fressanges; — Ordonne, en outre, la mention du présent jugement sur les registres de l'état civil desdites communes de Périgueux et de Cendrieux, etc.

Du 31 juill. 1862.-Trib. civ. de Périgueux.-MM. Saintespès-Lescot, pr.-Bourgade, proc. imp., c. contr.-Mie, av.

(2) (Taillandier *C.* Herreros.) — Le tribunal; — Attendu qu'Héloïse Taillandier a contracté mariage en Angleterre avec le sieur Angel Herreros, Espagnol originaire de Morata dans l'ar-

---

chevêché de Tolède, ainsi que cela résulte de l'acte de la célébration dressé par le curé de l'église paroissiale de Saint-Mary-le-Bone, comté de Middlesex, le 21 avr. 1852, lequel a été transcrit sur les registres de l'état civil de la commune d'Agen à la date du 29 juin 1853; — Attendu qu'à l'époque où ce mariage a été célébré, Angel Herreros était engagé dans les ordres sacrés, et avait été ordonné prêtre catholique, ainsi que cela est justifié par le certificat délivré le 12 oct. 1858 par l'archevêché de Tolède, vu et légalisé par l'ambassadeur de France à Madrid le 6 novembre suivant, lequel constate que dans les ordinations célébrées le 13 juin 1844, quatre-temps de la très Sainte Trinité, par don Pedro-Gonzalès Valléjo, archevêque de Tolède, et gouverneur ecclésiastique de ce diocèse, ledit Angel Herreros, déjà diacre depuis le 17 avril 1840, a été promu à l'ordre sacré de la prêtrise; — Attendu qu'Héloïse Taillandier demande la nullité de ce mariage, parce que l'engagement dans les ordres sacrés constitue dans le droit français un empêchement dirimant, et qu'elle ne peut être contrainte à vivre dans un lien que sa conscience réprouve; — Qu'il importe peu qu'Angel Herreros soit étranger et que le mariage ait été contracté en pays étranger; qu'il suffit qu'Héloïse Taillandier eût la qualité de Française au moment de son mariage, pour que, en ce qui touche les conditions essentielles de sa validité, ce mariage soit régi par la loi française, aux termes de l'art. 3 c. nap.; qu'on ne saurait non plus lui opposer qu'elle est devenue étrangère par le fait seul de ce mariage, aux termes de l'art. 19 du même code, parce que le

empêchement. La même doctrine a été adoptée par le tribunal civil de la Seine, le 25 janv. 1865 (*Gazette des tribunaux* du 26 janv. 1865). Enfin, elle a été admise par la cour de Rennes, le 4 févr. 1876 (aff. Aupy, D. P. 78. 1. 113), et proclamée par la chambre des requêtes, le 26 févr. 1878 (*ibid.*), à la suite d'un rapport de M. le conseiller Lepelletier, et de conclusions conformes de M. l'avocat général Robinet de Cléry (V. *ibid.*). Cet arrêt déclare qu'il résulte des art. 6 et 26 de la loi organique du Concordat de germinal an 10, que les prêtres catholiques sont soumis aux canons qui étaient alors reçus en France, et, par conséquent, à ceux qui prohibaient le mariage aux ecclésiastiques engagés dans les ordres sacrés; et déclaraient nuls les mariages contractés au mépris de cette prohibition, et que le code civil et les lois constitutionnelles ne renferment aucune dérogation à cette loi spéciale. — Mais, par un arrêt récent, la cour de cassation est revenue sur sa jurisprudence en rejetant le pourvoi formé contre un arrêt de la cour d'Amiens, en date du 30 janv. 1886 (aff. Houpin, D. P. 86. 2. 42), qui avait déclaré les mariages des prêtres valables au même titre que ceux des autres citoyens, pourvu qu'ils eussent été célébrés avec les solennités requises: « Attendu, dit cet arrêt, que le mariage est permis à toute personne à qui la loi ne l'interdit pas, et qu'il n'existe, ni dans le code civil, ni ailleurs, aucune loi qui l'interdise au prêtre catholique au regard de l'autorité civile; que ce qui est vrai, c'est que l'interdiction dont s'agit se rencontrant dans les canons de l'Eglise reçus en France, et la loi du 18 germ. an 10 ayant admis ces mêmes canons comme règle des rapports entre l'Eglise et l'Etat, il en résulte qu'un prêtre catholique ne peut contracter mariage, non seulement sans avoir encouru les peines spirituelles que croira devoir prononcer contre lui l'autorité ecclésiastique, mais encore sans perdre, dans l'ordre civil, les droits, traitements et prérogatives attachés aux fonctions dont l'exercice lui aura été régulièrement interdit; — Attendu que là se bornent les effets de la loi de germinal an 10, suivant son intitulé, n'est relative qu'à l'organisation des cultes, et nullement à l'état civil des personnes; qu'elle s'applique donc seulement aux prêtres en tant que ceux-ci restent prêtres, et sont maintenus comme tels; mais qu'ils ne sont pas pour cela dépouillés de leurs droits d'homme et de citoyen, lesquels se retrouvent intacts le jour où ils sortent du ministère

ecclésiastique pour rentrer dans le droit commun; —Attendu que la volonté de ne pas subordonner la validité du mariage à l'observation des prescriptions purement ecclésiastiques et de n'admettre d'autres excuses de nullité que celles limitativement prévues par les lois civiles, a été, soit à l'occasion de la loi de germinal, soit lors de la discussion du code civil, exprimée par les organes officiels du Gouvernement ou du Tribunat en termes si formels qu'il est impossible de mettre de côté ces affirmations sans contredire les règles universellement admises pour l'interprétation des lois. Il résulte de ces motifs que d'après la nouvelle jurisprudence adoptée par la chambre civile, l'état de prêtre ne constitue même pas un empêchement prohibitif à la célébration du mariage (Civ. rej. 25 janv. 1888, aff. Houpin, D. P. 88. 1. 97, le rapport de M. le conseiller Merville, et les conclusions conformes de M. le procureur général Ronjat).

Les auteurs se sont divisés. Outre ceux qui sont cités au *Rép.* n° 117, on peut consulter, sur la question en général : Ferrère, dans les *Annales du barreau français*, t. 9, p. 210; Loiseau, *ibid.*, t. 6, p. 516, 2° sér.; Grégoire, *Histoire du mariage des prêtres*, 1826; Pernet, *Question sur le mariage civil des prêtres rentrés dans la vie civile*, 1844; De Brouard, *Mariage des prêtres*, 1846; De Beck, *Célibat et mariage des prêtres*, 1872; Fuzier-Herman, *Du mariage des prêtres français à l'étranger, Revue pratique*, 1876, p. 109; — en faveur de la validité du mariage : J..., *Un prêtre catholique peut-il se marier civilement ?*; Crémieux, *Dissertation*, Nîmes, 1828; Nachet, *Liberté du mariage des prêtres*, dans la *Liberté religieuse*, chap. 14, p. 320; Cotelle, *Question du mariage des prêtres*, 1846; J. Favre, Mie et Bourgade, *Débats sur la question du mariage des prêtres*, 1862; A. Plocque, *Du la condition juridique du prêtre catholique*, 1887, n°s 157 et suiv.; Tissot, *Le mariage, la séparation de corps et le divorce*, 1868; Demolombe, *Du mariage*, t. 1, n°s 131 et suiv.; — contre la validité : Guillon de Montléon, *Du célibat des prêtres*, 1833; Jauffret, *Du célibat des prêtres*, 1828; Loysen, *Le mariage des prêtres*, 1862; Le chanoine Allègre, *Le code civil commenté à l'usage du clergé*, 1888, t. 1, p. 143, 728 et suiv.; conclusions de M. le substitut Van den Peerboom à Gand, dans le *Journal du notariat*, 20 avr. 1850; — en faveur de l'empêchement prohibitif seulement, Aubry et Rau, *Droit civil français*, 4° éd., t. 5, § 464; — en faveur de l'empêchement

validité de ce mariage, suivant le statut français, qui seul pourrait lui faire perdre la qualité de française, est précisément la chose en question, et que les tribunaux français sont seuls compétents pour résoudre; que, d'ailleurs, l'examen et l'appréciation de cette question exigent des faits antérieurs au contrat ou simultanés; qu'Héloïse Taillandier doit donc jouir du bénéfice de l'état qu'elle avait au moment de la perpétration du son mariage, et peut recourir aux lois qui la couvraient alors de leur protection; qu'il n'y a donc plus qu'à examiner en droit si, dans la loi française, le mariage avec un prêtre est prohibé d'une manière absolue et frappé de nullité d'ordre public que rien ne peut couvrir;
Attendu qu'il en était ainsi dans l'ancien droit; que même tous les auteurs modernes, quoique très divergents sur la solution de la question du droit nouveau, sont unanimes pour la reconnaître, et que de nombreux arrêts rendus par les anciens parlements attestent une jurisprudence universelle sur ce point; qu'ainsi il est hors de doute que la neuvième canon de la session 24 du concile de Trente qui établit que l'engagement dans les ordres sacrés est un empêchement dirimant au mariage et qui frappe ce mariage d'une nullité absolue, était reçu en France avec toute la force et l'autorité d'une loi civile de la monarchie ; — Attendu que cette règle du droit canon, ainsi devenue une règle du droit français, a bien été abrogée momentanément par les lois constitutionnelles des 17 févr. 1790 et 3 sept. 1791, mais qu'elle a été rétablie par le Concordat du 26 mess. an 9 et la loi du 18 germ. an 10 ; qu'en effet, les art. 6 et 26 du Concordat rangent parmi les cas d'abus l'infraction des règles consacrées par les canons reçus en France, et placent les prêtres catholiques pour leur ordination sous l'empire des mêmes canons; que, par conséquent, ils rétablissent l'autorité du canon ci-dessus relaté du concile de Trente qui était reçu en France; qu'enfin la loi du 18 germ. an 10 porte en termes formels que les articles organiques seront promulgués et exécutés comme lois de la République ; — Attendu que cette législation spéciale n'a été abrogée ni par le code Napoléon, ni par une autre loi postérieure; qu'il en résulte donc que le mariage contracté par Héloïse Taillandier avec Angel Herreros, prêtre catholique, se trouve frappé d'une nullité d'ordre public; — Attendu que les paroles prononcées par

M. de Portalis, en présentant au Corps législatif la loi du 18 germ. au 10, n'expriment qu'une appréciation personnelle de l'intention du législateur; que cette intention peut être tout opposée, et qu'il n'y a pas d'autre interprète légitime et réel de la loi que la jurisprudence; que cette jurisprudence a consacré l'interprétation ci-dessus développée, et reconnu comme une règle du droit civil que l'engagement dans les ordres sacrés était un empêchement dirimant au mariage; que cela résulte, notamment, de deux arrêts rendus par la cour de cassation les 21 févr. 1833 et 23 févr. 1847; — Attendu qu'il ne saurait plus y avoir aujourd'hui aucun doute sur l'intention du législateur; qu'en effet, une proposition a été faite depuis 1848 à l'Assemblée nationale, ayant pour but de faire autoriser par la loi le mariage des prêtres et que l'Assemblée déclara maintenir la prohibition établie par les lois existantes, et rejeta formellement dans la séance du 23 janv. 1851 la proposition faite pour introduire dans nos lois des dispositions contraires ; que le vote est la meilleure des interprétations, si la loi, d'ailleurs, avait besoin d'être interprétée ; Attendu que la qualité de prêtre catholique serait encore, à un autre point de vue, une cause de nullité du mariage d'Héloïse Taillandier ; — Qu'en effet, celle-ci ignorait cette qualité au moment où il a été contracté ; qu'elle a donc été induite en erreur, et qu'aux termes de l'art. 180 c. nap., le mariage est nul, lorsqu'il y a eu erreur dans la personne ; — Attendu que si l'erreur dont parle cet article, n'est pas celle qui tombe sur la personne morale, c'est-à-dire sur le nom, le rang, la fortune, la famille, les mœurs, on ne doit pas non plus la limiter à celle qui tombe sur l'identité physique, et que les auteurs sont d'accord pour reconnaître que l'erreur sur la personne civile peut, selon les circonstances, être une cause de nullité du mariage ; que cette doctrine doit surtout être appliquée dans la cause, parce que la morale et le bon sens s'opposent à ce qu'une femme indignement trompée puisse être réduite à vivre d'après les principes religieux dans un adultère continuel, et à faire constamment à sa conscience une semblable violence ; que c'est aussi ce que la cour de Colmar a jugé le 6 déc. 1811 dans un cas pareil ;
Par ces motifs, casse et annule le mariage d'Héloïse Taillandier, etc.
Du 6 juill. 1860.-Trib. civ. d'Agen.

dirimant, le rapport et les conclusions précités. V. aussi Demolombe, *op.* et *loc. cit.*, n°s 131 et 340, qui fait remarquer que cette solution est plus logique que la précédente.

61. — III. Adoption. — Le prêtre catholique peut-il adopter ? Cette question a été examinée au *Rép.* n° 121, et v° *Adoption*, n°s 99 et suiv., et l'on a vu *suprà*, eod. v°, n° 17, qu'elle est généralement résolue aujourd'hui dans le sens de l'affirmative.

62. — IV. Commerce. — Le *Répertoire* a exprimé, n° 122, l'opinion que le Gouvernement peut, en vertu du droit que lui attribue le Concordat, interdire le commerce à un prêtre, mais que cette prohibition n'invalide pas à l'égard des tiers les actes commerciaux faits par lui. On sait que les canons de l'Eglise ont toujours défendu le commerce aux ecclésiastiques (V. *Rép. ibid.*), que cette règle fut admise en France et sanctionnée par la puissance civile (V. *ibid.*, et *suprà*, v° *Commerçant*, n° 35). Il en est encore de même aujourd'hui dans certains pays de l'Europe, notamment en Espagne, en Hongrie, en Portugal (Hœchster, *Manuel de droit commercial français et étranger*, p. 32). Plusieurs auteurs, se fondant sur l'art. 6 de la loi de germinal, sont d'avis que l'incapacité de faire le commerce résulte pour le prêtre des anciens canons reçus en France (Pardessus, *Droit commercial*, 1re part., t. 1, et t. 2, chap. 2, sect. 1). D'autres estiment, au contraire, que la prohibition ne subsiste plus que dans l'ordre religieux, en vertu des lois de l'Eglise et sous des peines purement spirituelles; qu'elle ne saurait exister dans l'ordre civil qu'à titre d'incompatibilité, de simple convenance (Massé, *Droit commercial*, 3e éd., t. 2, p. 171; Boistel, *Précis de droit commercial*, 3e éd., n° 62).

63. — V. Révélation du secret de la confession. — Les canons ecclésiastiques défendent sans restriction aux prêtres la révélation du secret de la confession; on ne saurait, ainsi que cela a été établi au *Rép.* n° 123, exiger d'eux cette révélation sans violer les règles de la discipline de l'Eglise. Aux autorités citées dans ce sens *ibid.* et v°s *Révélation de secrets*, n°s 19 et 20, et *Témoin*, n° 52, il faut ajouter Muteau, *Du secret professionnel*, n°s 421 et suiv.; André, p. 292; Gaudry, *Traité de la législation des cultes*, t. 2, p. 33. — Cette règle s'applique même aux confidences reçues par le prêtre en dehors du tribunal de la pénitence, pourvu qu'elles lui aient été faites par suite de l'exercice de ses fonctions sacerdotales (V. *Rép.* n° 124; Muteau, p. 426, 430, et les autres auteurs), et elle oblige non seulement les prêtres de la religion catholique, mais encore tous les ministres des autres cultes reconnus par l'Etat (Muteau, p. 432; Cubain, *Traité de la procédure devant les cours d'assises*, p. 460). Le premier de ces auteurs étend l'obligation du secret aux membres des congrégations religieuses auxquelles aurait été faite une confidence inspirée par leur caractère professionnel; mais cette opinion est combattue par Legraverend, *Droit criminel*, t. 1, p. 259 et suiv.

64. — VI. Monitoires. — Les publications judiciaires connues dans l'ancien droit sous le nom de *monitoires*, et qui avaient pour but « de découvrir des faits secrets, pour parvenir à la décision d'une affaire civile ou criminelle, en obligeant sous peine d'excommunication, ceux qui en avaient quelque connaissance à révéler à la justice ce qu'ils savaient » (*Rép.* n° 127; Rousseau de la Combe, *Lois ecclésiastiques*, p. 359), ont-elles été abrogées par la législation actuelle sur les cultes? La négative est enseignée par Vuillefroy (V. *Rép.* n° 128). Mais nous avons exprimé *ibid.* une opinion contraire qui a été adoptée par Gaudry, t. 1, p. 215; André, t. 3, p. 579, et M. Batbie, t. 2, p. 277, parce qu'une semblable pratique se concilierait difficilement avec le principe de l'indépendance et de la séparation des pouvoirs ecclésiastique et civil.

§ 5. — Ministres du culte; Salaire; Serment; Costume; Délits
(*Rép.* n°s 129 à 147).

65. — I. Traitement. — Ainsi qu'on l'a fait remarquer au *Rép.* n° 129, le traitement accordé aux ministres des divers cultes reconnus est une conséquence de leur reconnaissance par l'Etat et de la protection qu'ils reçoivent de lui. Mais, en ce qui concerne spécialement le culte catholique, comme on l'a dit au *Rép.* n° 132, en stipulant que le Gouvernement français assurerait aux évêques et aux curés *substantionem quæ cujuscumque statum deceat,* c'est-à-dire non pas seulement un traitement convenable, mais ce qui est nécessaire à la situation de chacun (E. Ollivier, *Nouveau manuel de droit ecclésiastique français*, p. 522 et 523), le Concordat de 1801 a reconnu une seconde origine au salaire ecclésiastique et en a fait une obligation positive pour l'Etat. « Entre la nation française et le clergé catholique, a dit M. Franck, *Philosophie du droit ecclésiastique*, p. 41, il s'agit ici d'une question de probité et de bonne foi, puisque l'Eglise ayant été dépouillée par la Révolution de toutes ses propriétés, c'est un devoir impérieux pour l'Etat de pourvoir à ses besoins avec une libéralité proportionnelle à la dignité de sa tâche, comme il pourvoit à l'entretien et à la rémunération de tous les services publics » (V. aussi *eod. op.*, chap. 6, et Beaussire, *La liberté dans l'ordre intellectuel et moral*, 2e éd., p. 245-248. V. *infrà*, n° 90). — On reviendra *infrà*, n°s 328 et suiv., sur les traitements et subventions des ministres du culte catholique, et sur les difficultés auxquelles a donné lieu, dans certaines circonstances, leur suppression par le Gouvernement.

66. — II. Serment. — Le *Répertoire* a indiqué, n° 135, que les articles organiques (18, 27) imposaient aux évêques et aux curés la prestation d'un serment dont la formule était déterminée par l'art. 6 du Concordat, mais que cette obligation tomba en désuétude. Un auteur a soutenu que le Concordat étant toujours en vigueur, le Gouvernement peut encore exiger des ecclésiastiques la prestation du serment (André, t. 4, p. 355 et suiv.). En 1855, en effet, le serment fut rétabli pour les évêques, mais avec le retranchement de la clause par laquelle ils promettaient de n'avoir aucune intelligence, de n'assister à aucun conseil, de n'entretenir aucune ligue, soit au dedans, soit au dehors, qui fût contraire à la tranquillité publique, et de révéler au Gouvernement les trames au préjudice de l'Etat qu'ils viendraient à connaître. A cette formule du Concordat, on en substitua une autre qui ne rendait plus la délation obligatoire (V. *Moniteur* du 26 nov. 1855). Mais, depuis le 4 sept. 1870 (Décr. 5 sept. 1870, D. P. 70. 4. 86), époque à laquelle le serment politique a été aboli, ni les évêques ni les curés n'ont été astreints à la prestation d'un serment quelconque. C'est ce qu'a constaté le garde des sceaux à la tribune de la Chambre des députés, dans la séance du 25 nov. 1876 (*Journ. off.* du 26 nov. 1876, p. 8706), et ce qu'a reconnu, pour les évêques, M. Paul Collet, président de la section de l'intérieur et des cultes au conseil d'Etat, dans son rapport sur le recours comme d'abus dirigé, en 1883, contre les évêques d'Annecy et de Langres (*Journ. off.* du 29 avr. 1883) et sur lequel le conseil d'Etat a statué le 28 avr. 1883 (D. P. 84. 3. 65). Il en est de même pour les ministres des cultes protestant et israélite.

67. Sur la nomination ou l'agrément des ministres du culte par le Gouvernement, V. *infrà*, n°s 221 et suiv.

68. — III. Costume. — La jurisprudence est bien fixée en ce sens que l'art. 259 c. pén. punit l'usurpation et le port illégal du costume ecclésiastique dont le caractère est officiel (V. *Rép.* v° *Usurpation de costume*, n° 9; André, t. 2, p. 364; Crim. rej. 24 juin 1852, aff. Lacan, *Rép.* n° 138-4°, et D.P. 52. 1. 170). Il faut conclure de là que la peine édictée par cet article est encourue non seulement par les laïques, mais encore par les ministres d'un culte non reconnu par l'Etat, qui se revêtent d'un costume ecclésiastique appartenant aux prêtres d'un culte reconnu, et, en outre, par les prêtres auxquels le port du costume ecclésiastique a été interdit disciplinairement par leur évêque (Aux arrêts intervenus sur ce dernier point et cités au *Rép.* n° 138, *Adde:* Bordeaux, 6 avr. 1870, aff. Gall, D. P. 71. 2. 196; Crim. rej. 10 mai 1873) (1). Cette interdiction comprend même le costume que la tradition a fait maintenir pour la tenue de ville,

---

(1) (Junqua.) — Lacour : — Sur le premier moyen pris de la fausse application de l'art. 259 c. pén., et de la violation de la loi des 6 et 7 sept. 1790, en ce que l'acte de l'abbé Junqua ne serait qu'une désobéissance aux injonctions de son évêque, et

non d'une infraction à la loi pénale : — Attendu, en droit, que les officialités ont été abolies par la loi des 6 et 7 sept. 1790, et que les évêques sont en possession du pouvoir disciplinaire à l'exclusion de toute autre juridiction ecclésiastique; — Attendu que

et peut être appliquée à tout ecclésiastique habitant le diocèse, quels que soient d'ailleurs son domicile et sa nationalité (Même arrêt). Il paraît, en effet, rationnel de reconnaître à l'évêque, qui accorde et retire tous les pouvoirs dans son diocèse (V. *Rép.* n° 698), la faculté de défendre le port du costume ecclésiastique, qui est comme le signe de la possession de ces pouvoirs (Bost, *Encyclopédie des conseils de fabrique*, v° *Évêque*, n° 2 et 4). Mais, s'il s'agit d'un prêtre étranger au diocèse, l'interdiction ne peut avoir d'effet à son égard. que dans l'étendue de ce diocèse, et. non au dehors.

69. Un évêque, qui peut défendre à un prêtre scandaleux, vicieux, immoral, de porter le costume ecclésiastique, ne pourrait, selon André, t. 2, p. 365, faire la même défense à un prêtre régulier, de bonnes vie et mœurs, irréprochable dans sa conduite, surtout si ce prêtre n'était pas soumis à sa juridiction. Mais c'est là un cas d'application abusive du droit qui appartient à l'évêque, et ce droit lui-même n'est pas contestable. — L'évêque pourrait-il défendre à un prêtre revêtu de la prélature romaine de porter le costume inhérent à sa prélature et les insignes de sa dignité? Le même auteur estime qu'il ne le peut, parce qu'il empiéterait sur la juridiction suprême du souverain pontife ; et, s'il recourait à la puissance séculière pour faire sanctionner sa défense, il commettrait un abus de pouvoir, encourant d'ailleurs de plein droit l'excommunication majeure. On peut hésiter à adopter cette solution, au moins de vue spirituel, mais au point de vue civil, car l'évêque est juge dans son diocèse et gardien de la discipline ecclésiastique. Au surplus, il est probable qu'avant de prendre une mesure semblable, le supérieur ecclésiastique aurait la prudence de consulter le Saint-Siège.

70. Le costume des ordres religieux légalement établis en France est un costume officiel, qui est également protégé par l'art. 259 c. pén. (V. *Rép.*, v° *Uniforme-costume*, n° 50 ; Blanche, t. 4, n° 249). Mais celui des ordres religieux non reconnus en France ne jouit pas de la même prérogative (V. *Rép.* n° 189). Par suite, la personne qui continue à porter le costume d'un ordre religieux non reconnu en France, dont elle a cessé de faire partie, ne tombe pas sous l'application de la pénalité édictée par l'art. 259 (Crim. rej. 9 déc. 1876, aff. Chevassu, D. P. 77. 1. 463. V. *Rép.* n° 139 et 422).

71. — IV. IMMUNITÉS. — Le *Répertoire*, n° 141, a énuméré diverses immunités dont jouissent les ministres des cultes reconnus en France. Ainsi, conformément à un des plus anciens privilèges accordés aux membres du clergé catholique et qui remonte jusqu'au capitulaire de Worms de 803 (Boutaric, *Institutions militaires de la France*, p. 87), conformément à l'usage suivi par plusieurs nations voisines, l'art. 20 de la loi du 27 juill. 1872 (D.P. 72.4. 47) dispense du *service*

militaire à titre conditionnel les élèves ecclésiastiques désignés à cet effet par les archevêques et par les évêques et les jeunes gens autorisés à continuer leurs études pour se vouer au ministère dans les cultes salariés par l'État, sous la condition qu'ils seront assujettis à ce service, s'ils cessent les études en vue desquelles ils auront été dispensés, ou si, à vingt-six ans, les premiers ne sont pas entrés dans les ordres majeurs et les seconds n'ont pas reçu la consécration. Cette dispense est plus large que celle qui était accordée par l'art. 14 de la loi du 21 mars 1832 (V. *Rép.*, *loc. cit.*), laquelle ne s'appliquait qu'aux élèves des grands séminaires, sous la condition d'entrer dans les ordres majeurs à vingt-cinq ans accomplis. On ne pouvait donc, d'après cette loi, accorder aux élèves des petits séminaires que des sursis d'appel par mesure administrative et exceptionnelle. La loi de 1872 parle au contraire des « élèves ecclésiastiques », sans distinction, comme de ceux auxquels les évêques peuvent donner des certificats destinés à les faire dispenser du service militaire par les conseils de revision (Circ. min. cult. 22 mars 1873, *Journal des conseils de fabrique*, 1873, p. 56). Une autre circulaire du ministre des cultes, du 25 févr. 1876, porte que pour obtenir du commandant du bureau de recrutement le certificat constatant qu'ils sont dégagés de leurs obligations militaires, « les élèves ecclésiastiques doivent justifier qu'ils ont rempli les conditions déterminées par la loi en produisant le certificat de l'évêque diocésain constatant qu'ils sont entrés dans les ordres majeurs » (*Bull. lois civ. ecclés.*, 1876, p. 66). — D'après un projet de loi militaire dont le Parlement est actuellement saisi, les immunités accordées au clergé et aux élèves ecclésiastiques seraient supprimées.

72. Les ministres des cultes reconnus étaient dispensés du service de la *garde nationale* par la loi du 22 mars 1831 (art. 12, *Rép.* n° 141), et celle du 13 juin 1851 (art. 8, D. P. 51. 4. 97). Mais les gardes nationales, un instant rétablies par le décret du 12 août 1870, conformément aux dispositions des lois précitées, ont été dissoutes par la loi du 25 août 1871 (D. P. 71. 4. 145), de telle sorte que cette exemption n'a plus lieu de s'appliquer.

73. Ils sont dispensés des *fonctions de juré* par la loi du 21 nov. 1872 (art. 3, D. P. 72. 4. 132). Mais cette dispense, que toutes les lois précédentes avaient consacrée, malgré la mobilité de notre organisation du jury (Rapport à l'Assemblée nationale, de M. Albert Desjardins, séance du 5 juill. 1872, *Journ. off.* du 11 juill. 1872), est plutôt une exclusion ou une incompatibilité absolue, puisque l'art. 1er de cette loi prononce la nullité des déclarations de culpabilité auxquelles aurait concouru le ministre du culte, assimilé ainsi aux fonctionnaires, dont la loi redoute l'influence sur le jury. Au surplus une semblable incompatibilité s'expli-

---

l'interdiction du port du costume ecclésiastique est une mesure canonique qui rentre dans les attributions disciplinaires de l'autorité diocésaine ; que ces attributions lui appartiennent en vertu de la loi organique du concordat du 18 germ. an 10, sauf, pour le cas d'abus, le recours ouvert à la partie lésée devant le conseil d'État par l'art. 6 de la même loi ; — Attendu que les décisions prises en cette matière par les évêques ne peuvent être discutées devant les tribunaux, et qu'elles conservent force et effet tant qu'elles n'ont pas été réformées par l'autorité compétente ; — Attendu que l'art. 259 c. pén. est général ; qu'il protège tous les ordres de citoyens qui exercent un ministère reconnu par la loi, et dont le costume est réglé ou approuvé par elle ; qu'il s'applique spécialement au port illégal du costume ecclésiastique, et qu'il doit atteindre tous ceux à qui ce costume n'appartient pas ou qui ont perdu le droit de s'en vêtir ; — Attendu, en fait, que par ordonnance en date du 23 mars 1872, l'archevêque de Bordeaux a enjoint au sieur Junqua de quitter l'habit ecclésiastique ; — Attendu que l'arrêt attaqué constate que Junqua, au mépris de cette ordonnance, a continué de porter cet habit publiquement ; — Attendu que le recours formé par Junqua contre cette ordonnance, conformément à l'art. 6 de la loi du 18 germ. an 10, a été rejeté par arrêté du conseil d'État, en date du 3 oct. 1872 ; — Attendu que, dans ces circonstances, l'arrêt attaqué a en prononçant contre Junqua les peines portées par l'art. 259 c. pén., loin de faire une fausse application de cet article et de violer la loi des 6 et 7 sept. 1790, a fait une saine application de ces dispositions légales ; —

Sur le second moyen, pris de la violation, sous un autre rapport, du même art. 259 c. pén., et des art. 457 c. proc. civ., ou 173 c. instr. cr. : — Attendu que le moyen repose sur le caractère suspensif que le pourvoi prétend appartenir au recours que Junqua avait formé devant le conseil d'État ; — Attendu, en

droit, que si l'appel proprement dit a un effet suspensif, soit en matière civile, soit en matière criminelle, aux termes des art. 457 c. proc. civ. et 173 c. instr. cr., invoqués par le pourvoi, c'est par le motif que l'instance d'appel remet en question la décision du premier juge, laquelle peut être réformée de par le juge supérieur investi du droit d'examiner le fond à nouveau ; — Que, d'ailleurs, cet effet suspensif est corrélatif à l'obligation, pour l'appelant, d'interjeter son appel dans un délai déterminé par la loi ; — Attendu que tel n'est pas le caractère du recours au conseil d'État, autorisé par l'art. 6 de la loi du 18 germ. an 10, contre les mesures disciplinaires prises par les évêques ; — Que le conseil d'État n'est point un juge du second degré ; — Qu'il n'est point investi du droit d'examiner au fond et de réformer pour cause de mal jugé la décision prise par l'évêque, mais qu'il a pour unique mission de vérifier s'il y a abus dans cette décision ; — Que tant qu'elle n'a point été annulée par le conseil d'État, provision lui est due ; — Qu'aucune disposition de loi ne détermine le délai dans lequel le recours devra être formé et n'attribue, par suite, à ce recours un effet suspensif ; — Qu'en conséquence, le second moyen n'a aucun fondement légal ; — Attendu d'ailleurs, que ce moyen manquerait en fait ; — Qu'il résulte, en effet, de l'arrêt attaqué que, postérieurement à la signification régulière qui lui avait été faite de l'ordonnance de son évêque, et avant tout recours contre cette ordonnance, Junqua lui avait désobéi en portant publiquement l'habit ecclésiastique, et que le même arrêt déclare avec raison que le recours ultérieur de Junqua n'a pu avoir pour résultat d'effacer les faits accomplis et constatés par des procès-verbaux réguliers ; — Attendu, enfin, que l'arrêt attaqué est régulier en la forme ; — Rejette, etc.

Du 10 mai 1873.-Ch. crim.-MM. Faustin Hélie, pr.-Barbier, rap.-Dupré-Lasale, av. gén.-Duboy, av.

que par le caractère même de l'ecclésiastique à qui les règles canoniques défendent de verser le sang, même justement, et qui ne pourrait, dès lors, sans les violer, exercer les fonctions de juré criminel dans les affaires pouvant donner lieu à l'application de la peine de mort.

74. Les ecclésiastiques desservant des cures ou des succursales, et tous ceux qui remplissent des fonctions du culte exigeant résidence et dans lesquelles ils ont été agréés par le Gouvernement, peuvent aussi, en vertu de l'art. 427 c. civ., s'exonérer de la *tutelle* dans les départements autres que ceux où ils remplissent leur ministère (V. *Rép.* n° 142). Les lois canoniques leur défendent même d'accepter les fonctions de tuteur et de curateur. D'où il suit qu'ils ont le droit de se décharger de la tutelle même de leurs enfants, s'ils en ont d'un mariage antérieur à leur entrée dans les ordres. Peuvent-ils leur choisir un tuteur pour le temps qui suivra leur propre décès? La même question se présente dans tous les cas où le survivant des père et mère a refusé la tutelle, ou a été dispensé de l'accepter, ou en a été soit exclu, soit destitué. Il est généralement admis, bien que ce point ait été controversé, que le survivant n'a pas le droit de choisir un tuteur chargé de remplacer celui qui se trouvera en exercice au moment de son décès (V. *Rép.* v° *Minorité*, n°s 135 et suiv.; Aubry et Rau, 4e éd., t. 1, § 100, note 6). Cette solution serait applicable aux ministres du culte, dans l'hypothèse que nous supposons. — La dispense dont il vient d'être parlé s'applique aussi à la tutelle de l'interdit, et à la subrogée tutelle; mais elle ne saurait s'étendre à la curatelle, ni aux fonctions de conseil judiciaire, ni à celles de membre d'un conseil de famille.

75. D'après deux avis du conseil d'Etat, des 8 vend. an 14 et 20 déc. 1810, cités au *Rép.* n°s 697 et 707, les curés et desservants peuvent donner gratuitement des *soins* et des *conseils* à leurs *paroissiens malades*, et non à d'autres, sans craindre d'être poursuivis par ceux qui exercent l'art de guérir (V. sur ce point v° *Médecine*; — *Rép.* eod. v°, n° 51).

76. Les archevêques et évêques, les curés et desservants, les vicaires généraux, les supérieurs des grands et petits séminaires jouissent dans une certaine mesure, et sous certaines conditions, de la franchise postale (V. *infrà*, v° *Postes*).

77. La loi du 7 juill. 1874 (D. P. 74. 4. 76), relative à l'électorat municipal, distinguait les électeurs qui devaient être inscrits d'office et ceux qui ne pouvaient l'être que sur leur demande (V. Circ. min. int. 12 juill. et 1er août 1874, interprétatives de l'art. 5 de cette loi, *Bull. min. int.*, 1874, p.397 et 447). Parmi les électeurs qui devaient être inscrits d'office se trouvaient les ministres du culte astreints par leurs fonctions à résider dans la commune. Une disposition analogue de la loi du 31 mai 1850, art. 5, consacrait pour eux le même avantage. Sous l'empire de cette dernière loi, on entendait à cet égard par *ministres du culte*, même les aumôniers de communautés religieuses et les professeurs des établissements d'instruction secondaire tenus par des ecclésiastiques, à la seule condition qu'ils occupassent ces postes avec l'autorisation et sous l'obédience de l'évêque diocésain (V. *infrà*, v° *Organisation administrative*). La question fut posée lors de la discussion de la loi de 1874 (séance du 6 juill. 1874, *Journ. off.* du 7 juill. 1874), et l'Assemblée sembla considérer que, pour jouir du bénéfice de l'art. 5, le ministre du culte devait remplir dans la commune des fonctions créées ou au moins reconnues par la loi. Depuis la loi du 5 avr. 1884 (D. P. 84. 4. 25), dont l'art. 14 déclare que l'on doit inscrire sur la liste électorale municipale ceux qui sont assujettis à une résidence obligatoire dans la commune en qualité de ministres des cultes reconnus par l'Etat, tous les ecclésiastiques qui sont obligés par leurs fonctions à une résidence fixe dans un lieu déterminé, comme les évêques, les vicaires généraux, les chanoines, les curés, les desservants, les vicaires, les aumôniers de lycées, de collèges communaux, de prisons, d'hôpitaux et d'hospices, n'ont pas besoin d'habiter depuis six mois dans la commune où ils exercent leurs fonctions pour se faire inscrire sur la liste électorale. Si tard qu'ils prennent possession de leur titre, pourvu que ce soit avant le dernier délai fixé pour la clôture de cette liste, ils peuvent exiger leur inscription sur celle de la commune où ils sont tenus de résider. Mais, pas plus que les autres citoyens, ils n'ont le droit de revendiquer leur inscription en dehors de la période réglementaire, qui commence le 15 janvier et finit le 4 février (V. *infrà*, v° *Organisation administrative*).

78. Les art. 18 et 44 de la loi du 15 mars 1850 avaient conféré aux ministres des cultes un droit d'inspection, de surveillance et de direction dans les écoles primaires publiques et les salles d'asile. L'art. 31, § 2, de la même loi, avait donné aux consistoires le droit de présentation pour les instituteurs appartenant aux cultes non catholiques. Mais ces droits n'existent plus depuis la loi du 28 mars 1882 (D. P. 82. 4. 64), dont l'art. 3 a abrogé ces dispositions (V. *infrà*, v° *Organisation de l'instruction publique*).

79. La loi du 19 mars 1873, art. 1er (D. P. 73. 4. 41), avait introduit dans le conseil supérieur de l'instruction publique (V. *infrà*, v° *Organisation de l'instruction publique*), des évêques et des membres du clergé des différents cultes. Cette disposition a été abrogée par la loi du 27 févr. 1880 (D. P. 80. 4. 36), qui a exclu de ce conseil les ministres des cultes, sauf un professeur titulaire des facultés de théologie catholique et un professeur titulaire des facultés de théologie protestante. Cette exception n'a d'ailleurs plus d'application en ce qui concerne les membres du clergé catholique depuis la suppression des facultés de théologie catholique par la loi du 27 juin 1885 (D. P. 86. 4. 37. V. *infrà*, v° *Organisation de l'instruction publique*). Mais les ministres des cultes, membres de l'enseignement libre secondaire ou primaire, peuvent être nommés membres de ce conseil (V. la loi précitée du 27 févr. 1880, art. 1er, *in fine*).

A la suite de la loi du 27 févr. 1880, un décret des 25 mai-18 juin 1882 (D. P. 83. 4. 39) a abrogé l'art. 13 du décret du 3 févr. 1851, qui donnait de droit aux évêques de la Martinique, de la Guadeloupe et de la Réunion, une place dans le conseil privé de ces colonies, toutes les fois que ce conseil avait à s'occuper d'affaires relatives à l'instruction publique. Mais ils continuent d'y siéger pour les affaires relatives au culte.

80. De même, les évêques ou leurs délégués et les ecclésiastiques désignés par eux pour siéger aux conseils académiques, aux termes de l'art. 10 de la loi du 15 mars 1850, ne sont aujourd'hui exclus par la loi du 27 févr. 1880 (D. P. 80. 4. 36). D'après le rapporteur de cette dernière loi, cette exclusion des représentants du clergé, qui contenait tous les ministres des cultes salariés par l'Etat était commandée par le principe de la liberté de conscience (V. rapport de M. Chalamet, D. P. 80. 4. 37, note). Un autre motif en a été donné par le même rapporteur, c'est l'antagonisme qui existerait entre les ministres des cultes et l'Université. « Il suffit, a dit le rapporteur, que ces ministres aient le droit de créer des établissements d'enseignement libre comme les autres citoyens » (V. *infrà*, v° *Organisation de l'instruction publique*).

81. Les curés ou desservants ont la faculté de donner *l'instruction secondaire* à quatre enfants se destinant à l'état ecclésiastique; ils n'ont pas besoin pour cela d'autorisation spéciale et ne sont pas assujettis aux droits payés par les maîtres de pension. A cet égard, l'art. 66 de la loi du 25 mars 1850 et le décret du 29 juillet de la même année ont remplacé l'ordonnance du 27 févr. 1821, art. 28 (citée au *Rép.* n° 143). Mais ils ne sauraient admettre plus de quatre élèves, sans se placer sous le coup des lois qui régissent l'ouverture des établissements libres d'instruction secondaire (Affre, 10e éd., p. 226. V. *infrà*, v° *Organisation de l'instruction publique*). — Cette faveur ne peut profiter aux ministres du culte interdits ou révoqués (V. *ibid.*). Mais tout prêtre catholique, même non attaché à une paroisse, peut en profiter.

82. D'après l'ordonnance du 31 oct. 1821, les plus anciens curés des villes non épiscopales avaient le droit de siéger comme membres des conseils de charité (art. 3) (V. *Rép.* p. 715). L'ordonnance du 2 avr. 1831 a supprimé ces conseils (*Rép.*, v° *Hospices*, p. 74). Par suite, cette disposition qui attribuait un privilège à certains membres du culte catholique n'est plus en vigueur. — D'après la loi du 21 mai 1873 (D. P. 73. 4. 67), le plus ancien curé de la commune faisait partie de droit des commissions administratives des hospices et des hôpitaux et de celles des bureaux de bienfaisance (art. 1er), et, dans les communes où siègent un conseil presbytéral ou un consistoire israélite, ces commissions comprenaient en outre un délégué de chacun de ces

conseils (même article). Mais, depuis la loi des 5-7 août 1879, art. 1er, (D. P. 80. 4. 1), qui a abrogé cette disposition ainsi que plusieurs autres, le curé le plus ancien de la commune et les délégués des conseils presbytéraux ou consistoires ne font plus de droit partie de ces commissions administratives (V. *infrà*, v° *Secours publics*). Toutefois, s'ils n'en font plus partie de droit, ils peuvent y être introduits, comme tous autres citoyens, à titre de membres renouvelables (Circ. min. int. 14 nov. 1879, D. P. 80. 4. 2). La désignation du curé comme délégué du conseil municipal dans la commission administrative de ces établissements doit être personnelle et nominative (Même circulaire). En cas de décès ou de changement dans les fonctions de délégué qu'autant qu'elles lui seraient confiées par un nouveau vote du conseil municipal (Même circulaire).

83. — V. Honneurs publics militaires et civils. — Le décret du 24 mess. an 12 (*Rép.* v° *Préséance*, p. 369) et celui du 13 nov. 1863, art. 318, déterminent les honneurs qui dans certaines circonstances doivent être rendus aux archevêques et évêques. Ces dispositions ont été modifiées par le tit. 7 du décret du 23 oct. 1883 sur le service des places (V. *infrà*, v° *Préséance*).

84. — VI. Préséances. — Sur le rang qui appartient aux cardinaux, archevêques et évêques, dans l'ordre des préséances, V. *infrà*, v° *Préséance*.

85. — VII. Incompatibilités et incapacités. — Ainsi que l'a dit *Rép.* n° 144, les ministres des cultes sont frappés de certaines incapacités et incompatibilités, dont les unes résultent de textes législatifs, les autres des mœurs et de la tradition, et le *Répertoire* en a indiqué les principales, notamment l'incapacité d'être conseiller municipal dans la commune où le ministre du culte exerce ses fonctions. Cette dernière incapacité, formulée par l'art. 18 de la loi du 21 mars 1831, a été renouvelée par l'art. 33 de la loi du 5 avr. 1884 (D. P. 84. 4. 25) (V. *suprà*, v° *Commune*, n° 101). Mais il faut remarquer, d'une part, que les ecclésiastiques qui ne sont pas astreints à une résidence fixe, tels que les missionnaires, les précepteurs, les prêtres retraités ou attachés à une maîtrise, à une école libre, peuvent être élus conseillers municipaux aussi bien dans la commune où ils habitent depuis plus de six mois que dans celle de leur domicile politique; de plus, que les ministres des cultes assujettis à la résidence peuvent être élus conseillers municipaux dans la commune où ils ont leur domicile légal ou politique, si elle est distincte de celle où ils sont tenus à résidence (Affre, 10e éd., *Supplément*, p. 11).

86. Quant à l'incapacité d'être juge, ou plutôt à l'incompatibilité qui existerait entre les fonctions ecclésiastiques et les fonctions judiciaires, qui résulterait non seulement de la loi des 25 août-2 sept. 1790 (V. *Rép.* n° 144), mais encore d'un avis du conseil d'Etat du 4 germ. an 11, non inséré au *Bulletin des lois* (V. *Rép.* p. 696), un auteur, M. Gaudry, t. 2, p. 8, a soutenu, contrairement à l'opinion exprimée au *Répertoire*, que le simple prêtre qui n'a ni fonction, ni juridiction, pourrait accepter les fonctions de juge, si ses supérieurs y consentaient. Mais cette opinion est isolée et peu admissible. — Quant à l'exercice des fonctions de juré, V. *suprà*, n° 73. — Sur la question de savoir si la profession d'avocat est incompatible avec le ministère ecclésiastique, V. *Rép.* v° *Avocat*, n° 168.

87. La loi du 30 nov. 1875, sur l'élection des membres de la Chambre des députés (D. P. 76. 4. 4) déclare que l'exercice des fonctions publiques rétribuées sur les fonds de l'Etat est incompatible avec le mandat de député, sauf pour les archevêques et évêques, pour le pasteur président de consistoire dans les circonscriptions consistoriales dont le chef-lieu compte deux pasteurs et au-dessus, pour le grand-rabbin du consistoire central et le grand-rabbin du consistoire de Paris. Il résulte de cette disposition que les ministres des cultes non exceptés ne peuvent être élus députés quand ils touchent un traitement de l'Etat (Comp. *Rép.* n° 144). — La même incompatibilité n'existait pas en ce qui concerne le mandat de sénateur. Mais elle a été récemment étendue à ce mandat par une loi du 26 déc. 1887 (D. P. 88. 4. 2). En outre, les archevêques et évêques ne peuvent être élus sénateurs par le département ou la colonie compris en tout ou en partie dans leur ressort, pendant l'exercice de leurs fonctions et pendant les six mois

qui suivent la cessation de leurs fonctions. (L. 2 août 1875, art. 21, D. P. 75. 4. 117). La même réserve est formulée, en ce qui concerne les mêmes ministres du culte, par l'art. 12 de la loi du 30 nov. 1875 (D. P. 76. 4. 4), sur l'élection des membres de la Chambre des députés (D. P. 76. 4. 4).

88. L'art. 8 de la loi du 10 août 1871 (D. P. 71. 4. 102), sur les conseils généraux, déclare que les ministres du culte ne peuvent être élus membres du conseil général dans le canton où ils exercent leurs fonctions, et la circulaire ministérielle du 19 septembre suivant explique cette inéligibilité en disant qu'elle frappe seulement « les ministres du culte ayant autorité dans les paroisses, et non les simples prêtres habitués » (*Bulletin du ministère de l'intérieur*, 1871, p. 509).

89. Nous avons mentionné au *Rép.* n° 145 l'incapacité de recevoir des libéralités, édictée par l'art. 909 c. civ. envers les ministres des différents cultes pendant leur dernière maladie (V. à cet égard : v° *Dispositions entre vifs et testamentaires*; — *Rép.* eod. v°, n°s 383 et s.).

90. La question de savoir si les ministres des cultes reconnus et salariés par l'Etat sont des *fonctionnaires publics* et pouvaient, avant le décret du 19-24 sept. 1870 (D. P. 70. 4. 91), invoquer la garantie accordée aux agents du Gouvernement par l'art. 75 de la constitution de l'an 8, a été vivement controversée avant 1870. Elle a été examinée en détail au *Rép* n° 146. Depuis, les auteurs se sont généralement prononcés dans le sens de la doctrine soutenue *ibid.*, d'après laquelle les ministres des cultes reconnus et salariés ne sont pas des fonctionnaires publics puisqu'ils ne tiennent aucune mission de la loi et ne sont dépositaires d'aucune portion de l'autorité civile, que leurs fonctions sont exclusivement religieuses, et que, s'ils touchent un traitement de l'Etat, cette allocation qui peut être considérée comme le payement d'une dette convertie (V. *suprà*, n° 65), ne leur donne pas plus le caractère de fonctionnaires que l'allocation attribuée sur le budget à tous les employés de l'Etat n'a cet effet à l'égard de ces derniers (V. rapport de M. Chapot à l'Assemblée nationale, du 15 juin 1848, dans André, t. 1, p. 565; Ducrocq, *Droit administratif*, 5e éd., t. 1, n°s 684, 692; E. Ollivier, p. 648; Mangin, 3e éd., t. 2, n° 253; André, 4e éd., t. 3, p. 120; Gaudry, t. 1, n° 335. V. conf. Trib. corr. Bagnères, 29 juin 1876, *Journal des conseils de fabrique*, 1876, p. 291; Trib. Loudéac, 4 mai 1877, *France judiciaire*, 1er mai 1879, p. 421). « Qu'est-ce on, considère le fonctionnaire, dit M. Laboulaye, *La liberté religieuse*, 4e éd., p. 67? Est-ce le salaire? Est-ce le service? Si c'est le service, cette qualité n'appartient pas au prêtre. Il est sans doute un ministre de morale, mais il enseigne au nom d'une autorité plus haute que celle de l'Etat; alors même que la loi cesserait de le reconnaître, il conserverait son mandat et son action. Reste donc le salaire : c'est là un fait accidentel, qui ne peut altérer le caractère du prêtre. Si, en 1790, l'Eglise de France avait sauvé une partie de ses biens; si, comme en Allemagne, on avait attaché un bénéfice à chaque presbytère pour la rémunérer le pasteur, il est évident qu'on ne regarderait pas le curé comme un fonctionnaire. Cependant qu'y aurait-il de changé dans son rôle? Ne nous payons pas de mots. Quand l'Etat salarie le culte, il n'est que l'intermédiaire et le caissier des fidèles; c'est ainsi seulement qu'on peut expliquer comment, sans se mettre en contradiction avec lui-même, l'Etat peut entretenir quatre religions diverses et opposées. » Du reste, aujourd'hui, la jurisprudence qui déclarait l'art. 75 de la constitution de l'an 8 inapplicable aux ministres des cultes, dont l'institution et le sacerdoce sont inconciliables avec toute délégation d'une portion quelconque de l'autorité comprise dans le pouvoir exécutif, n'a plus d'intérêt depuis l'abrogation de cet article par le décret du 19 sept. 1870. Mais cette solution, comme on l'a remarqué au *Rép. ibid.*, n'impliquait pas que les ministres du culte ne fussent pas garantis d'une manière spéciale contre les poursuites qui pourraient être exercées contre eux à raison d'actes commis dans l'exercice de leurs fonctions (V. sur ce point, *infrà*, n°s 192 et suiv.).

91. Les ministres des cultes reconnus et salariés par l'Etat, qui ne sont ni des agents du Gouvernement, ni des dépositaires de l'autorité publique (V. *Rép.* n° 146), doivent-ils être considérés comme de simples particuliers, eu égard aux diffamations dirigées contre eux à l'occasion de l'exer-

cice de leurs fonctions? Cette question, examinée au *Rép.* n° 147, et résolue diversement soit au point de vue des règles établies, pour le cas de diffamation envers des personnes revêtues d'un caractère public, sur la preuve de la vérité des faits diffamatoires, soit au même point de vue, sur la compétence du juge de l'action publique, soit enfin sur l'interdiction de porter l'action civile devant les tribunaux civils, est tranchée aujourd'hui par la loi du 29 juill. 1881, dont l'art. 31 assimile complètement les ministres de l'un des cultes salariés par l'Etat aux autres personnes publiques qu'il protège contre le délit de diffamation (V. *infrà*, v° *Presse-outrage*).

Sect. 2. — Conditions de la protection accordée aux cultes reconnus (*Rép.* n°s 148 à 209).

Art. 1er. — *Des rapports des cultes reconnus entre eux* (*Rép.* n°s 149 à 163).

92. — I. Tolérance réciproque. — En rappelant au *Rép.* n° 150 que la tolérance est la première des conditions sous lesquelles l'Etat peut autoriser l'exercice d'un culte, alors qu'il protège également toutes les religions reconnues par lui, mais que cette tolérance imposée réciproquement aux différents cultes ne va pas jusqu'à enlever à leurs ministres le droit de libre discussion et les légitimes efforts du prosélytisme, nous avons fait remarquer que l'art. 52 de la loi organique, qui interdit aux ministres des cultes toute inculpation directe ou indirecte soit contre les personnes, soit contre les autres cultes autorisés dans l'Etat, était complété par l'art. 1er de la loi du 25 mars 1822, qui réprimait l'outrage ou la dérision contre l'une des religions légalement établies en France. La loi du 29 juill. 1881 ayant supprimé ce dernier délit d'outrage ou de dérision, en abrogeant l'art. 1er de cette loi (V. *infrà*, v° *Presse-outrage*), il n'y a plus lieu de tenir compte de la remarque faite à ce sujet par le *Répertoire*. — Il n'a pu, du reste, entrer dans la pensée du législateur de prohiber les controverses utiles ou même nécessaires pour la défense de la vérité, toutes les fois qu'elles se bornent à la discussion des erreurs opposées à la religion, sans blesser la charité due aux individus. Signaler les doctrines erronées à son point de vue et en montrer les périls spirituels, ce n'est pas seulement pour le ministre du culte un droit, mais un devoir (Affre, p. 252).

93. — II. Cérémonies extérieures. — On a commenté, au *Rép.* n°s 151 et suiv., la disposition de l'art. 45 de la loi de germinal an 10 qui interdit les cérémonies religieuses extérieures dans les villes où il existe des temples consacrés aux différents cultes, et qui s'applique notamment aux processions. Ainsi qu'on l'a expliqué *ibid.*, ne suffit pas, pour l'application de cet article qu'un fait un des cultes dissidents soit pratiqué dans la commune; il faut que ce culte y soit légalement autorisé. En ce qui concerne les cultes protestants, cette règle a toujours été entendue, conformément à l'interprétation qui lui avait été donnée par Portalis lui-même, en ce sens que l'interdiction dont il s'agit n'était applicable que là où il existe une église consistoriale régulièrement établie. Pendant longtemps, en effet, l'église consistoriale était la seule qui eût une existence légale. Mais en 1852, cette situation a subi un notable changement. A côté des circonscriptions consistoriales et de leurs conseils presbytéraux qui ont pris le nom de *consistoires*, ont été créées des *paroisses* ressortissant à ces consistoires et administrées par des conseils presbytéraux, composés de membres laïques et présidés par le pasteur (V. *infrà*, n°s 711 et suiv.). Depuis lors, la prohibition édictée par l'art. 115 a dû, semble-t-il, s'étendre à toutes les communes qui sont le siège d'une paroisse protestante. Mais on ne saurait l'appliquer à celles où il n'existe qu'un *lieu de culte*, chapelle ou oratoire, sans pasteur, sans conseil presbytéral, sans administration propre. C'est ce qu'a décidé la cour de cassation (Crim. cass. 26 mai 1882, aff. George, D. P. 82. 1. 379).

94. Au reste, l'art. 45 n'ayant été édicté que dans l'intérêt des cultes dissidents, là où ces derniers ne réclament

pas, l'autorité civile ne doit pas se substituer à eux. C'est ce qu'avaient reconnu deux circulaires du ministre de l'intérieur des 3 mai 1849 et 28 mai 1872. Cette dernière se terminait par ces mots adressés aux préfets : « De nombreuses tolérances ont été consacrées par l'usage et se sont perpétuées depuis le Concordat jusqu'à nos jours dans un grand nombre de communes où les réclamait le vœu des populations. Il vous appartient d'apprécier si les mêmes tolérances ne pourraient pas être continuées, sans provoquer des troubles ou donner lieu à des protestations de la part des citoyens qui professent les cultes dissidents » (*Bull. lois civ. ecclés.*, 1872, p. 159). On trouve encore la même opinion exprimée dans une circulaire plus récente de M. Lepère, ministre de l'intérieur, adressée aux préfets le 20 mars 1879 : « Quant à présent, y est-il dit, je ne me croirais autorisé ni à déroger à la pratique administrative qui s'est établie dès l'an 11, et qui, depuis cette époque a été suivie par tous mes prédécesseurs, ni à mettre obstacle à des coutumes locales qui ont consacré l'usage des processions dans certaines villes qui sont le siège d'églises consistoriales » (*Ibid.*, 1879, p. 117).

95. Le maire peut-il, en vertu de ses pouvoirs de police générale interdire les processions et cérémonies extérieures d'un culte reconnu hors des localités prévues par l'art. 45 ? La question a été controversée, quoiqu'on admette généralement que le Gouvernement peut toujours limiter ou prohiber les processions catholiques, lorsqu'il y a lieu de craindre des troubles ou des désordres (V. *Rép.* n° 155). Mais certains auteurs tout en reconnaissant ce droit au Gouvernement, le dénient aux maires, agents inférieurs de l'Administration (Gaudry, t. 1, n° 133 ; Affre, p. 225). — Cependant, si l'on reconnaît au Gouvernement le pouvoir d'interdire, par mesure d'ordre public, les processions et autres cérémonies religieuses extérieures, on ne saurait lui refuser le droit d'exercer ce pouvoir par l'intermédiaire des agents qui le représentent. D'ailleurs l'art. 94 de la loi du 5 avr. 1884 (D. P. 84. 4. 25) autorise les maires à prendre des arrêtés à l'effet d'ordonner les mesures locales sur les objets confiés par les lois à leur vigilance et à leur autorité, et ces objets, définis par l'art. 97 de la même loi, se rapportent soit au bon ordre, soit à la sûreté, la tranquillité, et la salubrité publiques. Il faut en conclure que lorsque ces arrêtés sont exécutoires (V. art. 95 de la loi précitée) et devenus obligatoires (V. art. 96 de la même loi, *suprà*, v° *Commune*, n°s 214 et suiv., 467 et suiv.), c'est-à-dire lorsqu'ils ont été pris en vertu d'une délégation de l'autorité supérieure, ou approuvés par elle et publiés ou notifiés, les processions ne peuvent avoir lieu dans une commune quelconque, alors même qu'il ne s'y trouverait pas un seul protestant ou israélite (V. *Rép.* n°s 155 et 156 ; Batbie, t. 2, n° 291). — La jurisprudence est aujourd'hui fixée dans ce sens (Décr. Cons. d'Et. 23 mai 1879, aff. Evêque de Fréjus, D. P. 79. 3. 102 ; Crim. rej. 11 août 1881, aff. Laffitte, D. P. 81. 1. 393). Ainsi, décidé qu'il n'y a pas lieu à déclarer l'abus contre un maire qui a défendu une procession sur la voie publique partout où l'exigent la sécurité ou les besoins de la circulation, et d'ailleurs, dans une ville où il y a des temples destinés à différents cultes (Décr. Cons. d'Et. 27 juill. 1882, *infrà*, n° 175).

Un arrêt récent a statué d'une manière générale et décidé qu'en disposant que le culte catholique sera public, l'art. 1er de la loi du 18 germ. an 10 en a subordonné la publicité aux règlements de police que l'Administration peut juger nécessaire de prendre pour la tranquillité publique ; en conséquence, l'arrêté municipal qui interdit les processions et toutes autres manifestations extérieures du culte est légal (Crim. rej. 19 févr. 1887, aff. George, D. P. 87. 1. 192). La cour de cassation de Bruxelles a décidé également qu'on ne saurait attaquer comme inconstitutionnelle l'ordonnance de police par laquelle un bourgmestre, se fondant sur l'état des esprits et le maintien de l'ordre public, interdit provisoirement l'exercice public du culte catholique (C. cass. Belgique, 23 janv. 1879) (1).

96. Tout en autorisant la procession, le maire peut-il en

---

(1) (De Montpellier *C*. Héritiers Piercot.) — La cour ; — Sur le moyen unique, pris de la fausse application des art. 1er et 3 du tit. 11 de la loi des 16-24 août 1790 et de l'art. 94 de la loi com-

munale ; de la fausse interprétation de l'art. 19, § 2, de la Constitution et de la violation des art. 14 et 107 de ladite Constitution ; 1° en ce que le règlement de police de la ville de Liège, du 17 nov.

régler l'itinéraire, lui interdire le parcours de telle ou telle rue, déterminer le nombre des stations et des reposoirs? La solution affirmative résulte de ce qui précède. En ce qui touche les reposoirs, leur établissement est nécessairement subordonné à l'autorisation expresse ou tacite du maire, dans les attributions duquel rentre le droit de surveillance sur les obstacles apportés à la liberté de la circulation à travers les voies publiques. C'est ce qu'a jugé le conseil d'Etat, dans une espèce où le maire avait tracé l'itinéraire de la procession autorisée par lui, interdit de tapisser les maisons, et permis seulement l'érection de deux reposoirs (Cons. d'Et. 22 déc. 1876, aff. Badaroux, D. P. 77. 3. 33).

97. Il importe de remarquer, au surplus, que les mesures de ce genre, prises par l'autorité municipale, ne peuvent se justifier qu'autant que les processions auxquelles elles s'appliquent présenteraient de sérieux inconvénients, au point de vue de l'ordre public et de la circulation (V. *Rép.* n° 155). « Le maire, dit M. Bathie, t. 2, n° 291, manquerait à tous ses devoirs, s'il cachait une pensée irréligieuse sous les apparences de la crainte d'un péril imaginaire. » L'arrêté du maire, pourrait donc être l'objet d'un recours pour abus, par application de l'art. 7 de la loi du 18 germ. an 10, s'il n'avait pas été pris dans l'intérêt du bon ordre dont le maintien est placé sous la responsabilité de l'autorité municipale, car il constituerait alors une atteinte au libre exercice du culte (Arrêt du 22 déc. 1876, cité *suprà*, n° 96. V. *Rép.* n° 156). Mais d'après le même arrêt, il n'est pas susceptible d'être déféré au conseil d'Etat pour excès de pouvoir. — On pourrait objecter, contre cette dernière solution, que le droit commun permet à tout citoyen de déférer au conseil d'Etat l'arrêté municipal dont il conteste la légalité, et qu'un arrêté municipal, par cela seul qu'il est relatif au culte, n'est pas à l'abri de tout recours par la voie de l'excès de pouvoir. Si, par exemple, il résultait du texte d'un arrêté que les dispositions édictées par lui n'ont de base dans aucune des lois qui ont déterminé les attributions des autorités municipales, si un maire entendait imposer à un curé l'obligation de soumettre ses sermons à l'approbation préalable de la municipalité, le conseil d'Etat devrait annuler un semblable arrêté, parce qu'il serait intervenu dans une matière qui échappe au pouvoir du maire. Au surplus, dans l'espèce, le conseil d'Etat a pris soin de constater que l'arrêté avait été pris dans l'exercice des pouvoirs de police appartenant au chef de la municipalité, et cette constatation explique, comme elle limite expressément, la décision rendue sur la recevabilité de l'action pour excès de pouvoir.

98. Ainsi qu'il a été dit au *Rép.* n° 156, le tribunal de police n'est pas compétent pour connaître directement de l'exception tirée de l'illégalité d'un arrêté municipal dont l'application lui serait demandée en ce cas, lorsque l'illégalité prétendue consiste dans une atteinte portée par un arrêté au libre exercice d'un culte reconnu (Crim. cass. 5 déc. 1878, aff. Tiran, D. P. 79. 1. 185), parce qu'il est admis que le juge de police ne peut connaître d'une matière qui est de la compétence exclusive du conseil d'Etat (V. *infra*, n°s 203 et suiv.). C'est d'ailleurs ce qui a été décidé dans un cas où il y avait une question d'abus soulevée à propos d'une procession qu'un arrêté municipal avait interdite (Crim. cass. 25 juin 1863, aff. Charnier, D. P. 63. 1. 321). Aux termes de cet arrêt, l'infraction imputée à un curé qui, dans une commune où toute cérémonie extérieure est interdite par un règlement municipal, a conduit processionnellement de la cure à l'église l'évêque venu en visite pastorale, soulève, en ce qu'elle conduit à apprécier la régularité d'un acte des fonctions de cet ecclésiastique, une question d'abus, de la compétence exclusive du conseil d'Etat, avant la décision de laquelle il ne peut être statué sur le fond par l'autorité judiciaire. Par suite, c'est à tort que le tribunal de police, voyant dans cette infraction une contravention de droit commun commise dans l'exercice des fonctions ecclésiastiques, en retient la connaissance, nonobstant le déclinatoire proposé par le prévenu (V. au surplus : *Rép.* n°s 151 et suiv., et *infra*, n° 203).

99. Ce ne sont pas seulement les processions, mais, d'une manière générale, toutes les manifestations extérieures du culte qui peuvent être interdites par l'autorité municipale. — A cet égard, il a été jugé que l'arrêté municipal qui interdit les processions sur la voie publique, à raison de circonstances locales, de troubles à éviter ou à prévenir sur cette voie, un a caractère général et absolu, et s'applique à toutes les cérémonies religieuses (Crim. rej. 11 août 1881, aff. Laffitte, D. P. 81. 1. 393);... spécialement, au fait de l'ecclésiastique qui, revêtu de ses habits sacerdotaux, et accompagné d'un suisse et d'enfants de chœur en costume, a conduit processionnellement à l'église des enfants qui allaient faire leur première communion (Même arrêt). Il est évident, en effet, que, par ces mots : « Les processions sur la voie publique sont interdites », l'arrêté municipal n'avait point seulement visé les processions de la Fête-Dieu, mais toutes les cérémonies extérieures de même nature, entourées de l'appareil du culte.

100. La jurisprudence a eu à statuer sur des espèces où l'application de la règle qui reconnaît à l'autorité municipale le droit d'interdire, par mesure d'ordre public, les cérémonies extérieures du culte, pouvait paraître assez délicate. — Ainsi, d'après un arrêt, une cérémonie religieuse célébrée au haut d'une tour élevée sur une éminence, dans une propriété privée qui borde la voie publique, constitue une

---

1875, n'a pas été déclaré inconstitutionnel n'a pas été rejeté du débat comme portant atteinte à la liberté du culte et à celle de son exercice public; 2° en ce que l'arrêt dénoncé a décidé que la Constitution n'a pas voulu abroger complètement les lois de police en ce qui concerne la liberté des cultes; et 3° en ce que cet arrêt a assimilé les processions jubilaires, qui sont une manifestation du culte extérieur, aux rassemblements en plein air : — Considérant que l'art. 94 de la loi communale investit le bourgmestre du droit de faire seul des ordonnances de police en cas d'émeute, d'attroupements hostiles, d'atteintes graves portées à la paix publique ou d'autres événements imprévus, lorsque le moindre retard pourrait occasionner des dangers ou des dommages pour les habitants;

Considérant que le bourgmestre de la ville de Liège, usant du pouvoir qui lui est attribué par cette disposition, a pris, le 17 nov. 1875, un arrêté par lequel il interdit provisoirement, sous les peines de droit, dans sa commune, les processions dites jubilaires annoncées pour le lendemain 18 novembre ; — Que cet arrêté, après avoir indiqué les circonstances urgentes dans lesquelles il a été porté, énonce les motifs de sûreté et de paix publique qui justifient l'interdiction momentanée desdites processions et déclare qu'il y aurait imprudence grave, dans l'état actuel des esprits, à permettre semblable manifestation ;

Considérant que les décrets du 14 déc. 1789 (art. 50), des 16-26 août 1790 (tit. 11, art. 3) et des 19-22 juill. 1791 (tit. 1, art. 46) confient expressément et d'une manière générale au pouvoir municipal le soin de prendre les mesures préventives propres à empêcher le désordre de se produire sur la voie publique et à y maintenir, dans l'intérêt de tous, la paix et la tranquillité ; — Que le bourgmestre a donc agi dans le cercle de ses attributions;

Considérant que l'art. 94 précité de la loi communale confère virtuellement au premier magistrat de la commune le droit d'apprécier les circonstances, de caractériser les attroupements et

autres événements et de juger de l'opportunité des mesures à prendre sous le contrôle du conseil communal, du gouverneur, de la députation permanente, du roi et du pouvoir législatif (art. 108, n° 5, de la Constitution ; 86, 87, 94 de la loi communale) ; — Considérant que les principes qui régissent la séparation des pouvoirs s'opposent à toute immixtion à cet égard du pouvoir judiciaire;

Considérant que le demandeur soutient en vain les « défendeurs ne pouvaient exciper de l'arrêté du 17 nov. 1875, cet arrêté étant contraire à l'art. 14 de la Constitution, aux termes duquel la liberté des cultes, celle de leur exercice public ainsi que la liberté de manifester ses opinions en toute matière, sont garanties, sauf la répression des délits commis à l'occasion de l'usage de ces libertés ; — Que cet article, en effet, doit être mis en rapport avec l'art. 19, § 2, de la Constitution ; — Considérant que ledit art. 19, § 2, soumet aux lois de police tous les rassemblements en plein air ; — Que dans la généralité de ces termes, il comprend les processions jubilaires dont il s'agit dans la cause ;...

Considérant que l'art. 14 de la Constitution met sur la même ligne la liberté des cultes, celle de leur exercice public et la liberté de manifester ses opinions en toute matière ; — Qu'il est incontestable que si, pour manifester leurs opinions, les citoyens descendent dans la rue, ils ne peuvent se soustraire aux lois de police; — Qu'il est, dès lors, impossible, sans accorder aux cultes un privilège, contrairement à la volonté du Congrès, de permettre à leurs ministres de se soustraire à ces mêmes lois quand ils forment des rassemblements en plein air; — Qu'il suit de ce qui précède que le moyen proposé n'est pas fondé et que l'arrêt attaqué n'a pas contrevenu aux dispositions invoquées par le pourvoi;

Par ces motifs, rejette le pourvoi, etc.

Du 23 janv. 1879. — C. cass. de Belgique, 1re ch. — MM. le baron de Crassier, 1er pr. - Sanchez de Aguilar, rap. - Faider, proc. gén., c. conf. - De Becker, Leclercq, Dupont et Dereux, av.

manifestation extérieure du culte essentiellement publique lorsqu'elle a eu lieu en vue du public, et en présence d'une foule convoquée à l'avance, provoquée à se réunir pour cet objet, et encombrant les rues avoisinantes ; elle constitue, dès lors, une infraction à l'arrêté municipal qui interdit toutes manifestations extérieures du culte (Crim. rej. 26 mai 1882, aff. Hiou, D. P. 82. 1. 382). Cette décision semble au premier abord méconnaître la liberté du domicile, et on a peine à comprendre comment un arrêté pris pour prohiber les manifestations extérieures du culte peut s'appliquer à une cérémonie accomplie dans l'enceinte d'une propriété privée. Mais les circonstances de fait, relevées par l'arrêt, montrent que les organisateurs de cette cérémonie s'étaient manifestement proposé pour but d'éluder les dispositions de l'arrêté, et que, en réalité, elle avait eu le caractère d'une manifestation extérieure, tant par la nature du lieu où elle s'accomplissait que par la convocation des fidèles appelés à s'associer du dehors à la procession qui se faisait sur l'éminence au pied de laquelle ils s'étaient amassés. Dans d'autres conditions, la liberté du domicile protégerait assurément des cérémonies auxquelles on aurait voulu conserver un caractère privé. C'est ce que l'arrêt reconnaît expressément, en déclarant, d'une part, que l'arrêté « ne pouvait établir d'interdiction que pour les manifestations extérieures et publiques », d'autre part, « qu'il ne s'agissait pas, dans l'espèce, d'un acte du culte se produisant dans l'intérieur du domicile sans publicité ».

101. Il a été également jugé qu'une cérémonie religieuse célébrée sous le porche ouvert de la porte principale d'une église, en présence du public convoqué à l'avance à cet effet et stationnant sur la place, avec le concours d'une musique réunie sur cette place, constitue une manifestation extérieure du culte (Crim. rej. 10 mars 1883, aff. Bonnefoy, D. P. 83. 1. 430 ; 19 févr. 1887, aff. George, D. P. 87. 1. 192). Par suite, en présence d'un arrêté municipal qui interdit les manifestations extérieures du culte autres que les inhumations, cette cérémonie tombe sous le coup de l'art. 471-15e c. pén., et il y a lieu de considérer comme ayant participé à la cérémonie, non seulement l'ecclésiastique qui l'a dirigée et le chef de musique qui a provoqué les musiciens à jouer pendant la cérémonie, malgré l'injonction à lui faite par le commissaire de police, mais encore les personnes qui ont, de leur aveu, fait partie du public convoqué à l'avance pour assister à la cérémonie, et qui ont ensemble et de concert participé à sa célébration (Arrêt précité du 10 mars 1883). En ce qui concerne cette dernière catégorie d'inculpés, la décision peut paraître contestable ; il semble, en effet, qu'il y ait quelque exagération à considérer comme ayant participé à la cérémonie des personnes qui n'ont joué aucun rôle dans sa célébration et qui ont seulement répondu à la convocation dont elles avaient été touchées.

102. L'arrêté du maire qui interdit aux sociétés chorales ou musicales de la commune de faire de la musique sans son autorisation préalable dans un lieu ou un établissement public, concerne-t-il les cérémonies du culte accomplies dans une église ? Non, car d'une part, la police intérieure de l'édifice consacré au culte paroissial appartient au curé ou desservant de la paroisse (V. le rapport de M. le conseiller Sallantin, D. P. 89, 1re partie) et, de l'autre, c'est à celui-ci qu'il incombe d'ordonner la composition et la pompe des cérémonies du culte et de la liturgie. Il semble impossible d'admettre qu'un arrêté municipal défendant à tout musicien de jouer dans les rues ou les établissements publics sans l'autorisation du maire, arrêté rendu en thèse générale, puisse être considéré comme légal en tant qu'il s'appliquerait à la musique faite dans l'intérieur d'une église sur l'invitation du curé, organisateur de droit de la cérémonie religieuse, car, ainsi appliqué, cet arrêté apporterait une entrave à l'exercice du culte et ferait échec à la loi de germinal an 10 (Comp. D. P. 79. 1. 185, note 1). Bien mieux, si l'arrêté visait les cérémonies *intérieures* de l'église, il pourrait donner lieu à un recours pour abus, en vertu de l'art. 7 de cette loi (V. *infrà*, nos 174 et suiv.). On ne saurait opposer à cette solution le décret rendu en conseil d'État, le 30 janv. 1887 (aff. Préfet du Var, D. P. 88. 3. 129) qui a statué dans une espèce où l'arrêté municipal interdisait à toute musique de jouer *sur la voie publique* sans l'autorisation du maire (V. *infrà*, no 175).

103. Parmi les cérémonies extérieures du culte catholique figure le *transport de l'Eucharistie* au domicile des malades (V. *Rép.* no 158). Une décision ministérielle de l'an 10 déclare qu'on peut porter publiquement le viatique aux malades, en habits sacerdotaux, avec les cérémonies ordinaires (André, t. 4, p. 513). — Décidé à cet égard qu'un arrêté par lequel le maire interdit toute manifestation extérieure du culte sur la voie publique, ne visant pas le fait par un ecclésiastique de porter, revêtu de ses habits sacerdotaux, le viatique à un mourant, ne porte atteinte ni à l'exercice public du culte, ni à la liberté que la loi et les règlements garantissent à ses membres, et, par suite n'est entaché d'aucun abus (Décr. en Cons. d'Et. 17 août 1886, aff. Desservant de Lunay, D. P. 88. 3. 36. V. *infrà*, no 175).

104. De même, on ne peut considérer comme constituant une infraction à un arrêté municipal interdisant les processions, le fait de porter le viatique à des malades pendant les fêtes pascales, sans itinéraire indiqué d'avance, sans croix, sans bannières ou oriflammes, avec un petit dais à supports mobiles, encore que quelques personnes se soient groupées autour du prêtre, mais en usant de leur initiative propre, et sans se placer dans un ordre processionnel (Crim. rej. 26 févr. 1887, aff. Blanchard, D. P. 87. 1. 459).

105. L'*exposition d'objets extérieurs du culte* dans un lieu public est, comme on l'a dit au *Rép.* no 160, prohibée par les motifs qui ont inspiré l'art. 45 de la loi de germinal an 10. L'autorité municipale peut tolérer ou faire enlever ces objets extérieurs, selon qu'elle y voit ou non un inconvénient ou un péril pour la tranquillité et l'ordre public (V. *ibid.*). On a notamment discuté la question de savoir si on peut ériger un *calvaire* sur un chemin public ou un terrain communal ; mais il n'est pas douteux que l'assentiment préalable du conseil municipal et l'autorisation du préfet soient nécessaires à cet effet ; s'ils faisaient défaut, l'autorité locale serait en droit de faire enlever ou déplacer ce monument (André, t. 2, p. 20). Une croix plantée sur la place publique devient un monument communal : l'autorité municipale, qui en a toléré l'érection, peut y substituer un autre monument étranger au culte. Si elle jugeait à propos de la faire replacer à un autre endroit, elle devrait appeler le clergé, afin de donner à cet acte le caractère d'une cérémonie religieuse (André, *ibid.* ; *Journal des communes*, 1857, p. 180). Si l'on veut assurer à un calvaire la protection de la loi et lui donner le caractère d'un monument public, il faut en faire approuver l'érection par l'autorité administrative (André, *ibid.* V. au surplus, *op. cit.*, p. 22, *Consultation* sur l'érection des calvaires).

106. Au *Rép.* no 162, on a cité comme une preuve de la protection accordée à chaque culte reconnu et du désir qu'éprouve la loi de maintenir entre eux la tolérance extérieure, en évitant toute occasion de conflit, la disposition du décret du 23 prair. an 12 qui prescrit un lieu d'inhumation particulier pour chaque culte dans les communes où l'on en professe plusieurs, ou au moins une séparation par des murs, haies ou fossés avec une entrée particulière pour chacun d'eux dans le cimetière, s'il n'y en a qu'un affecté à tous les cultes. Mais la loi du 14 nov. 1881 (D. P. 82. 4. 47) a abrogé cette disposition (V. *infrà*, no 819).

107. Les tentatives de prosélytisme ont été parfois prohibées par le Gouvernement dans le but de faire respecter le principe de tolérance réciproque des cultes et de prévenir les occasions de conflit dont il vient d'être parlé. Plusieurs cas d'interdiction de propagande religieuse ont été cités au *Rép.* no 163. Sous l'empire de la loi du 27 juill. 1849, qui prescrivait l'autorisation administrative, non seulement pour les colporteurs, mais encore pour les simples distributeurs de livres ou d'écrits, encore bien que la distribution fût accidentelle, on a regardé comme un acte de colportage prohibé le fait de remettre à une personne une brochure intitulée : *Enseignement de l'Écriture sur la vénération de la Vierge Marie*, sans s'inquiéter du culte auquel cette personne appartenait, si ce fait était la suite d'habitudes de distribution contractées par son auteur, et la continuation d'une œuvre de propagande dont il s'était fait l'agent (Crim. rej. 29 avr. 1886, aff. Boesner, D. P. 59. 1. 235). Cet arrêt a, d'ailleurs, implicitement reconnu qu'il n'en serait pas de même, si la remise avait eu lieu à titre de communication officieuse et bienveillante (Sol. impl., Même arrêt). Mais il a ajouté

qu'il n'y avait pas violation du principe de la liberté de conscience dans la critique dirigée par le juge, contre l'esprit de propagande avec lequel cette brochure religieuse avait été distribuée, si ladite distribution a été condamnée comme un acte de colportage prohibé, à raison non du caractère de l'écrit distribué, mais de l'absence de l'autorisation exigée par la loi du 27 juill. 1849, art. 6.

Art. 2. — Des rapports des cultes reconnus avec l'Etat
(Rép. nos 164 à 171).

108. On a vu au *Rép.* n° 164 que la défense adressée aux curés par l'art. 53 de la loi organique de faire au prône des publications étrangères à l'exercice du culte, à moins qu'ils n'y soient invités par le Gouvernement, est une conséquence de la protection accordée par l'Etat aux cultes reconnus, qui doivent s'abstenir, par suite, de s'immiscer dans les affaires purement temporelles. Une circulaire ministérielle du 21 mess. an 12 a expliqué cette disposition en disant que les prêtres ne doivent pas faire entendre leur voix sur des objets étrangers à l'exercice du culte et que, d'un autre côté, les maires, qui doivent protéger le culte, ne peuvent l'interrompre par des discours étrangers à son exercice. Les actes de l'Administration ne doivent donc être lus à l'église ni par les prêtres, ni par les maires, dans les temps ordinaires, si ce n'est lorsque le Gouvernement l'ordonne. Les publications temporelles doivent être faites ou à la porte des églises, à l'issue des offices, ou à la mairie, ou sur les places publiques, selon l'usage des lieux. — Non seulement il appartient au Gouvernement seul d'ordonner, pour des causes graves, des publications relatives à des objets temporels, mais ni le maire, ni aucun autre fonctionnaire ne peut intimer un ordre semblable, ni surtout faire lui-même une telle publication. Il ne leur serait pas même permis de faire à haute voix une rectification pendant l'office, à la suite des annonces publiées par le curé (Trib. corr. Chambéry, 8 juin 1872, aff. Riguet, D. P. 72. 3. 84). D'autre part, un curé ne doit publier au prône que les promesses de mariage, avis de messe et d'offices religieux, mandements des évêques, etc., et pour toute publication étrangère au culte, il ne doit pas déférer aux ordres qui n'émaneraient pas directement du Gouvernement (André, t. 4, p. 186 ; Affre, p. 251 ; Champeaux, *Recueil du droit civil ecclésiastique*, t. 2, p. 36, note 3). Cela résulte de deux décisions ministérielles du 30 brum. an 14 et de 1808, rapportées par ce dernier auteur, *loc. cit.*

109. La bénédiction nuptiale ne peut être donnée par les ministres du culte, d'après l'art. 54 de la loi organique, qu'à ceux qui justifieront avoir contracté mariage devant l'officier de l'état civil. Cette disposition, ainsi que les art. 199 et 200 c. pén. qui la sanctionnent, ont été analysés et expliqués au *Rép.* n° 165 (V. *infrà*, nos 110 et suiv.). On ne reviendra pas ici sur les controverses auxquelles ont donné lieu à cet égard les prescriptions de la loi qui subordonne, en matière de mariage, les règles canoniques aux règles civiles, et qui a provoqué de vives réclamations de la part du Saint-Siège (V. lettre du cardinal Caprara à M. de Talleyrand, citée par E. Ollivier, p. 147 et suiv.). Mais il convient d'ajouter, d'une part, que la prohibition de l'art. 54 de la loi de germinal s'étend à tous les ministres des cultes reconnus (V. Arrêté 1er pluv. an 10, et ordonnance 25 mai 1844, art. 53, *Rép.* n° 721) ; d'autre part, que la peine édictée par le code pénal n'atteint que le ministre du culte, et ne s'étend pas aux personnes par lesquelles ou sous l'autorité desquelles le mariage a été contracté en contravention à l'art. 199 c. pén.

110. La défense faite par l'art. 54 de la loi de germinal est générale et s'étend aux mariages contractés *in extremis* (V. toutefois en sens contraire : André, t. 1, p. 486 et 487 ; Daniel, *Le mariage chrétien et le code civil*, p. 220).

111. Les certificats délivrés par l'officier de l'état civil pour justifier aux ministres des cultes de l'accomplissement des formalités du mariage civil et les autoriser à procéder au mariage religieux, doivent être écrits sur papier timbré (Décis. min. fin. 27 avr. 1839 ; Circ. min. just. 5 août 1848, D. P. 49. 3. 74. — *Contrà* : Décis. min. fin. 7 juin 1832 et 28 déc. 1833, *Journal de l'enregistrement*, 1833, n° 10739). Mais ces dernières décisions ne sont plus en vigueur depuis la circulaire précitée de 1848 (V. au surplus, L. 13 brum. an 7, art. 16).

112. Le mariage des militaires exige des formalités particulières prescrites par un décret du 16 juin 1809. Ainsi les officiers en activité ne peuvent se marier sans en avoir obtenu par écrit la permission du ministre de la guerre (art. 1er). Il est également défendu aux sous-officiers et soldats en activité de se marier sans la permission du conseil supérieur de leur corps (art. 2). Mais ces exigences qui s'adressent à l'officier de l'état civil, lequel ne peut procéder à la célébration du mariage sans s'être fait remettre lesdites permissions, et les joindre à l'acte de célébration, sous peine de destitution (art. 3), ne concernent pas les ministres des cultes.

113. Les ministres des cultes ne peuvent non plus, ainsi que l'a dit le *Répertoire*, n° 166, aller lever aucun corps ou l'accompagner hors des églises et des temples sans être munis de l'autorisation de l'officier de l'état civil (V. c. civ. art. 77, et *infrà*, nos 834 et suiv.).

Mais un maire n'a pas le droit de défendre à ses administrés de présenter aucun enfant à l'église avant de l'avoir présenté à la mairie, ou d'interdire au curé d'administrer le baptême à un enfant dont l'inscription sur les registres de l'état civil ne lui est pas justifiée (V. *Bulletin des lois civiles et ecclésiastiques*, 1875, p. 50, et 1884, p. 215 ; André, t. 1, p. 478).

114. Les registres tenus par les ministres du culte ne peuvent, dit l'art. 55 de la loi de germinal, suppléer en aucun cas les registres ordonnés par la loi pour constater l'état civil des Français (V. *Rép.* n° 167). Mais, comme ils ne sont pas prohibés et qu'ils peuvent être tenus, il n'est pas interdit d'y recourir en certaines circonstances pour chercher des indications que les registres de l'état civil disparus ne peuvent donner. Ainsi, après les événements de 1871, dans lesquels les actes de l'état civil du département de la Seine furent détruits, une loi des 10-12 juill. 1871 (art. 1er) (D. P. 71. 4. 136), et une autre loi des 12-25 févr. 1872 (art. 2) (D. P. 72. 4. 29), ordonnèrent que ces actes seraient rétablis... à l'aide des extraits des registres tenus par les ministres des différents cultes.

Plusieurs évêques ont prescrit à leur clergé de tenir des registres *de paroisse* destinés à recevoir la mention des faits remarquables intéressant les usages religieux de la localité : les ordonnances épiscopales, les reconstructions ou réparations des édifices paroissiaux, les achats d'ornements sacrés, etc. Mais ces registres n'ont aucun caractère officiel ou authentique.

115. La règle des rapports et des pouvoirs réciproques de l'autorité administrative et de l'autorité religieuse, relativement à la sonnerie des cloches, est écrite dans l'art. 48 de la loi organique du 18 germ. an 10, et a été expliquée au *Rép.* n° 168. Il a été dit *ibid.* qu'en principe, d'après le droit canonique, les cloches qui sont comprises parmi les choses nécessaires au service divin (V. *Rép.* n° 98), qui sont bénites par l'évêque ou par un prêtre autorisé par lui, ont une destination religieuse et ne peuvent être employées à un usage profane, à moins d'une grande nécessité, comme en cas d'incendie, d'inondation, d'invasion étrangère, etc., cas auquel on ne peut pas dire qu'elles sont détournées de leur destination religieuse, puisqu'elles servent à un devoir de charité en appelant les fidèles au secours des victimes menacées par une calamité publique. Régulièrement, disent les canonistes, les cloches ne doivent sonner que du traité et du consentement du curé (Boyer, *Principes sur l'administration temporelle des paroisses*, t. 1, p. 50 et suiv. ; *Dictionnaire canonique*, v° *Cloches* ; Affre, p. 37), et pour le service divin, quoiqu'il soit généralement admis que le curé peut les faire sonner pour les baptêmes, enterrements et autres cérémonies qui ne font pas strictement partie de ce service (Affre, p. 236).

Cette destination *spéciale* des cloches a été reconnue implicitement par un avis du conseil d'Etat cité au *Rép.* n° 168, et expressément par l'art. 100 de la loi du 5 avr. 1884. Lors de la discussion de cette dernière loi, un amendement proposa de substituer le mot *principalement* à celui de *spécialement* qui était employé dans le projet de cet article, mais il fut repoussé par la commission et ne fut pas pris en considération.

116. Le principe d'après lequel les cloches ont une destination spécialement religieuse n'est pas absolu ; l'art. 48,

de la loi de germinal an 10 y avait apporté une double restriction, à savoir : 1° que la manière d'appeler les fidèles au service divin par le son des cloches devait être réglée par l'autorité ecclésiastique de concert avec l'autorité civile; 2° que leur emploi pouvait avoir lieu « pour toute autre cause avec la permission de la police locale ». La loi du 5 avr. 1884 (art. 100, al. 2 et 3) renferme, avec plus de développement, des dispositions analogues : Néanmoins, dit cet article, elles (les cloches) peuvent être employées dans les cas de péril commun qui exigent un prompt secours, et dans les circonstances où cet emploi est prescrit par des dispositions de lois ou règlements, ou autorisé par les usages locaux (al. 2). Les sonneries religieuses, comme les sonneries civiles, feront l'objet d'un règlement concerté entre l'évêque et le préfet ou entre les préfets et les consistoires, et arrêté, en cas de désaccord, par le ministre des cultes (al. 3) » (V. *suprà*, v° *Commune*, n°s 646 et suiv. V. aussi Circ. min. int. 15 mai 1884, *Bull. min. int.*, 1884, p. 266).

117. Les restrictions contenues dans le deuxième alinéa de l'art. 100 ne font que confirmer des règles qui déjà antérieurement étaient admises sans difficulté (V. *Rép.* n° 168). Il convient seulement de remarquer que les circonstances auxquelles la loi fait allusion devront être précisées dans le règlement concerté entre les deux autorités civile et ecclésiastique, conformément à l'al. 3 de l'art. 100 (V. *infrà*, n° 119), ce qui préviendra toute difficulté sur le point de savoir si, dans chaque cas particulier, le maire a ou n'a pas le droit de faire sonner les cloches.

118. Un arrêt de la cour de cassation de Belgique, du 14 mai 1883 (aff. de Pooter, D. P. 85. 2. 7) a décidé, en se fondant sur l'art. 48 de la loi du 18 germ. an 10, que le curé qui, sans l'assentiment de l'autorité municipale, donne l'ordre de sonner les cloches pour une cause étrangère au culte commet une illégalité (V. conf. Gand, 3 avr. 1883, même affaire, *ibid.*). Cette solution qui ne pouvait soulever aucune difficulté sous l'empire de l'art. 48 précité, dont elle applique littéralement la disposition, serait encore exacte aujourd'hui. — A l'inverse l'autorité municipale, lorsqu'elle croit devoir faire sonner les cloches dans un but purement civil, peut-elle seule, et sans le concours de l'autorité ecclésiastique, donner les ordres nécessaires à cet effet? L'affirmative a été jugée par la cour de Gand, le 24 mai 1884 (aff. Commune de Calloo C. Fabrique de Calloo, *Pasicrisie belge*, 1884. 2. 235). Mais, en France, la question était très controversée avant la loi du 5 avr. 1884. Suivant un premier système, le maire était absolument indépendant de l'autorité ecclésiastique, lorsqu'il jugeait à propos de disposer des cloches dans un intérêt purement civil (V. Vuillefroy, *Traité de l'administration du culte catholique*, p. 143; Henrion de Pansey, *Du pouvoir municipal*, chap. 13; Av. Cons. d'Et. 21 juill. 1835, cité au *Rép.* n° 168; Cons. d'Et. 8 août 1882, aff. Pergod, D. P. 83. 3. 69). C'est ce qu'avait soutenu également une circulaire du ministre des cultes, du 13 juin 1882 (*Recueil des circulaires du ministère des cultes*, t. 4, p. 401), d'après laquelle les maires peuvent passer outre aux résistances des curés et desservants à faire sonner les cloches en signe de réjouissance publique (pour la fête nationale du 14 juillet), mais après avoir adressé au curé une réquisition écrite et avoir constaté par procès-verbal le refus du curé de déférer à cette réquisition. Les clefs de l'église, ajoutait cette circulaire, doivent être immédiatement après remises entre les mains du curé ou du président de la fabrique, seuls responsables des objets affectés au culte. Dans une autre opinion, on affirmait que la permission du maire n'était pas suffisante sans le concours de l'autorité ecclésiastique, en d'autres termes, que les cloches ne pouvaient être sonnées en vertu d'un ordre du maire, malgré le curé, et hors des cas de calamité et de péril publics (André, t. 2, p. 198 et suiv.; Affre, p. 237. V. *Rép.* n° 168). Mais, depuis l'art. 100 de la loi du 5 avr. 1884, il est impossible de contester à l'autorité municipale le droit non seulement d'autoriser, mais d'ordonner les sonneries pour un objet civil, lorsque, d'ailleurs, cet objet rentre dans les cas prévus par le règlement concerté entre les autorités civile et ecclésiastique (V. *infrà*, n° 119).

119. En ce qui concerne les règlements qui doivent être concertés entre l'autorité ecclésiastique et l'autorité civile relativement à la sonnerie des cloches, la loi du 5 avr. 1884

(art. 100) en a prescrit la rédaction tant pour les sonneries civiles que pour les sonneries religieuses, qui, sous l'empire de l'art. 48 de la loi de germinal, y étaient seules soumises. Le modèle de ces règlements a été communiqué aux préfets, à charge par eux de se mettre d'accord avec les autorités diocésaines (V. à cet égard : Circ. min. cult. 8 juill., 17 août et 28 nov. 1884, *Rec. circ. cult.*, t. 4, p. 525, 529 et 536). Il est annexé à la circulaire ministérielle du 17 août 1884 (Même recueil, t. 4, p. 530). Le règlement une fois édicté devient, dès lors, obligatoire pour tous. L'arrêté du maire qui le modifierait en tout ou en partie serait illégal. Il a été toutefois jugé, avant la loi de 1884, que si les sonneries des cloches pour les services religieux doivent être réglées de concert entre l'évêque et le préfet, il appartient aux maires, exerçant la police locale, de disposer des cloches pour les services civils, et que, lorsque, aux termes d'un accord intervenu entre l'autorité diocésaine et l'autorité préfectorale, il a été entendu que la grosse cloche d'une église ne serait plus affectée au service du culte, un arrêté municipal a pu être pris pour interdire de sonner cette cloche sans la permission du maire (Cons. d'Et. 8 août 1882, aff. Pergod, D. P. 83. 3. 69). — Décidé, au contraire, par la cour de cassation, et avec plus de raison, semble-t-il, que lorsque, en exécution de l'art. 48 de la loi du 18 germ. an 10, le préfet du département et l'évêque du diocèse ont, de concert, fait un règlement aux termes duquel « la grande cloche de l'église d'une commune ne doit plus servir dans les baptêmes ni dans les sépultures, et doit être réservée pour les grandes circonstances, telles que les fêtes, les réceptions des autorités supérieures, et dans les cas d'incendie ou tous autres sinistres », il n'appartient pas au maire de modifier ce règlement pour interdire de faire sonner la grande cloche sans sa permission, sauf pour le tocsin en cas d'incendie ou autres sinistres, ainsi que pour l'*Angelus*; que l'arrêté ainsi pris est illégal et ne peut servir de base à une condamnation pénale; que la circonstance qu'il aurait été pris pour réagir contre une mesure abusive du curé (le refus de laisser sonner la cloche le jour de la fête nationale du 14 juillet) ne saurait lui enlever son vice d'illégalité (Crim. cass. 17 nov. 1882, aff. Dunoyer, D. P. 83. 1. 321. V. aussi le rapport de M. le conseiller Falconnet, dans le même sens, *ibid.*).

Il n'appartient pas non plus aux conseils de fabrique de déroger aux règlements sur les sonneries régulièrement approuvés (Cons. d'Et. 9 mars 1883, aff. Fabrique de Lalandresse, D. P. 84. 3. 120). — Décidé par le même arrêt que le préfet a le droit de prendre les mesures nécessaires pour assurer l'exécution des lois et règlements en violation desquels le conseil de fabrique a établi, sans autorisation, entre les différentes catégories d'habitants, des distinctions que n'autorisaient pas lesdits règlements; et qu'il n'excède pas la limite des pouvoirs qui lui appartiennent en cette matière en interdisant complètement de faire usage de la cloche qui a donné lieu aux empiètements du conseil de fabrique. — Cette dernière solution n'est peut-être pas à l'abri de la critique; on peut se demander si l'interdiction prononcée par le préfet n'excédait pas la limite de ses pouvoirs. Les règlements diocésains sur les oblations et sur les sonneries ont un caractère général; ils s'appliquent à toutes les églises et à toutes les cloches, et il ne peut être dérogé à ces règlements généraux par des règlements spéciaux qu'autant que ceux-ci sont pris dans les mêmes formes. Il semble donc qu'une entente préalable entre le préfet et l'évêque aurait été nécessaire pour interdire à une fabrique de faire usage d'une cloche spécialement déterminée. — Les décisions que l'on vient d'analyser sont antérieures à la loi du 5 avr. 1884; mais elles peuvent encore aujourd'hui trouver leur application, car elles ont statué sur des points réglés par une législation à laquelle cette loi n'a pas dérogé.

120. Une autre innovation consacrée par la loi du 5 avr. 1884, c'est que, en cas de désaccord entre les autorités diocésaine et départementale sur les clauses à insérer dans les règlements des sonneries, il appartient au ministre des cultes de déterminer ces clauses et d'arrêter lesdits règlements (Circ. min. int. 15 mai 1884, citée *suprà*, n° 116). Cette disposition a été critiquée en vain par Mgr Freppel à la Chambre

des députés (*Journ. off.* du 28 oct. 1883) (V. D. P. 84. 4. 55, note 100).

121. Quant au règlement qui fixe les droits à percevoir sur la sonnerie des offices ou services religieux, il est fixé ou par le tarif du diocèse que l'évêque fait approuver par le Gouvernement, ou par l'évêque seul, s'il y est autorisé. Le décret du 9 oct. 1855, qui approuve le tarif général du diocèse d'Amiens, autorise l'évêque à fixer le tarif particulier de la sonnerie proposé par les marguilliers.

122. Qui doit faire la sonnerie et à qui incombe l'obligation de payer le sonneur, quand il s'agit de sonneries ayant un caractère et un but civils? La loi de 1884 n'a pas prévu ces questions, qui semblent résolues : 1° par la circulaire du ministre de l'intérieur du 17 août 1884 (*Rec. circ. min. cult.*, t. 4, p. 529), d'après laquelle « ces sonneries ne doivent pas avoir une durée supérieure à celle des grandes fêtes religieuses, et doivent être exécutées autant que possible, moyennant rétribution convenable, par le sonneur ordinaire. Ce n'est qu'en cas de refus de ce dernier que la municipalité peut nommer un délégué *ad hoc*; » 2° par le projet de règlement, préparé par le ministre et communiqué aux autorités préfectorales et diocésaines dont l'art. 6 est ainsi conçu : « Les sonneries ordonnées par le maire ou son délégué devront être exécutées par le sonneur attitré de l'église, qui recevra, de ce chef, une indemnité fixée par le conseil municipal. ».

123. Les maisons religieuses attachées à avoir des chapelles peuvent faire sonner les cloches aux heures de leurs exercices. Mais le règlement de la sonnerie doit être soumis à l'approbation du préfet, comme pour les cloches des églises (Av. com. int. Cons. d'Ét. 28 août 1822; André, t. 2, p. 204).

124. Les préfets ne sont pas fondés à apprécier et à régler avec les évêques le nombre et la dimension des cloches à placer dans les églises. Ils ne pourraient s'opposer à l'augmentation du nombre ou du poids des cloches que s'il pouvait en résulter un danger pour la solidité du clocher et la sûreté des sonneurs ou des fidèles (Lettre min. cult. 7 sept. 1858; André, t. 2, p. 214).

125. Avant la loi du 5 avr. 1884, le curé ou desservant avait seul la garde et le service des cloches, ainsi que le droit d'en régler la sonnerie (V. *Rép.* n° 168; *adde* : Lettr. min. int. 16 févr. 1834, André, t. 2, p. 187; Lettr. min. cult. 14 avr. 1835, *ibid.*; Trib. confl. 2 avr. 1881, aff. Beaupertuis, D. P. 82. 3. 74). Par suite, il devait avoir seul la clef du clocher, comme celle de l'église (V. *ibid.*), et le maire ne pouvait en avoir une seconde clef (V. *ibid.*). Ces solutions dérivaient du principe de la responsabilité du curé et de la fabrique en ce qui concerne le mobilier de l'église (D. P. 84. 4. 55, note 101). Toutefois, on décidait, avant cette loi, que l'horloge placée par l'administration communale dans le clocher d'une église est, à raison de sa destination utile, sous la direction et la surveillance particulières de l'autorité municipale (Lettre min. cult. 20 nov. 1857; André, t. 3, p. 176). Mais le droit du maire à cet égard devait se combiner avec le droit de police de l'intérieur de l'église, qui appartient exclusivement au curé. Par suite, le curé était fondé à exiger que le maire s'entendît avec lui pour confier le service de l'horloge communale à un agent que le curé pût agréer (Même lettre). Et quand le curé avait été consulté sur le choix de cet agent, il ne pouvait refuser les clefs du clocher nécessaires pour le service de l'horloge (Même lettre). En Belgique, il a été jugé que la commune peut, en vertu de son droit de propriété sur l'église et ses dépendances, poser et entretenir à ses frais une horloge dans le clocher sans l'intervention de l'autorité ecclésiastique (Gand, 21 mai 1884, aff. Commune de Calloo C. Fabrique de Calloo, *Pasicrisie belge*, 1884. 2. 235).

126. La loi du 5 avr. 1884, art. 101, a modifié cet état de choses, en ordonnant qu'une clef du clocher serait déposée entre les mains des titulaires ecclésiastiques, une autre entre celles du maire, mais en défendant la celui-ci d'en faire usage dans des circonstances autres que celles prévues par les lois ou règlements. L'art. 101 parle des *titulaires ecclésiastiques*, afin de prévoir le cas où, comme cela se produit dans quelques communes (V. *Rép.* n° 161), l'église paroissiale servirait successivement aux cérémonies du culte catholique et du culte protestant, ce qu'on nomme le *simultaneum*. Il ajoute que, si l'entrée du clocher n'est pas indépen-

dante de celle de l'église, une clef de la porte de l'église sera déposée entre les mains du maire. — Ces dispositions inspirées par le désir de mettre fin aux contestations qui avaient lieu parfois entre les curés et les maires au sujet de la sonnerie des cloches, et de permettre à ces derniers, dit la circulaire ministérielle du 15 mai 1884, d'user, conformément aux lois et règlements, du droit qui leur est attribué d'employer les cloches aux sonneries civiles, ont été vivement attaquées, lors de la discussion du projet de loi, ainsi qu'on l'a dit *suprà*, v° *Commune*, n° 648. On peut remarquer cependant qu'elles ont peu d'intérêt. En effet, tant que le règlement concerté entre l'autorité diocésaine et l'autorité préfectorale n'est pas intervenu, le maire qui doit user des cloches *conformément* à ce règlement n'a pas le droit de faire sonner les cloches; et quand le règlement arrêté par les pouvoirs compétents a paru, le curé ne peut se soustraire à l'obligation de laisser pénétrer dans le clocher chaque fois qu'il s'agira de sonner pour un des cas prévus par le règlement (Affre, *Supplément* à la 10e éd., p. 30).

Il résulte du texte et de la discussion de l'art. 101 que, dans le cas où l'église est séparée du clocher, le maire n'a droit qu'à la clef de celui-ci, et non à celle de l'église. Les mots « de l'église » ont été, en effet, retranchés de la rédaction définitive de l'art. 101 (V. D. P. 84. 4. 55, note 101). Il en résulte également que le maire peut faire usage de la clef du clocher, même dans le cas de péril commun exigeant un prompt secours, sans un avis préalable donné par écrit au curé. Mais il résulte aussi de la discussion que cet art. 101 n'a pas eu pour but de modifier les droits de garde qui appartiennent au curé à l'égard de l'église. La clef du clocher n'étant concédée au maire que dans le but de lui donner le moyen d'accéder librement au clocher, il ne peut en faire usage pour se servir de l'église comme d'un lieu profane. Le curé a le droit d'ordonner que l'agent chargé du service de l'horloge placée dans le clocher passe, pour se rendre dans celui-ci, s'il n'y a pas une entrée séparée, par telle ou telle porte de l'église, à l'exclusion de telle autre qu'il faudrait ouvrir pour lui livrer passage (Lettre min. cult. 20 nov. 1857; André, t. 3, p. 176). — La clef du clocher qui doit être déposée entre les mains du maire, est payée par la municipalité qui peut prendre l'empreinte de la serrure afin de la faire fabriquer (Circ. min. cult. 8 juill. 1884, *Rec. circ. min. cult.*, t. 4, p. 529).

127. On s'est récemment posé la question de savoir si les municipalités ont le droit d'exiger que le drapeau national orne la façade des églises et que cette façade soit illuminée à l'occasion de la fête du 14 juillet. Une circulaire du ministre des cultes, du 13 juin 1882 (citée *suprà*, n° 97), leur a reconnu ce droit à la condition de prendre la dépense à leur charge. Elle a également déclaré que les presbytères ne peuvent être illuminés, si les ecclésiastiques qui les habitent s'y opposent, mais qu'ils peuvent être pavoisés si l'apposition du drapeau peut avoir lieu sans qu'on pénètre dans l'immeuble (V. *infrà*, n° 420).

128. Les prières publiques que l'État peut, en sa qualité de protecteur des cultes, demander à leurs ministres, se divisent en prières ordinaires et prières extraordinaires. La formule des premières, fixée par l'art. 8 du Concordat (V. *Rép.* n° 169), a été en dernier lieu mise d'accord avec la forme de notre gouvernement actuel par le Saint-Siège, sur la demande du ministre des affaires étrangères en 1875, et la décision de la cour de Rome à ce sujet a été publiée dans une circulaire du ministre des cultes du 16 oct. 1875. Aucun doute ne peut s'élever sur le texte de cette formule. — Quant à la question de savoir par qui et combien de fois cette prière doit être récitée, on peut consulter deux circulaires du 26 déc. 1857, portant notification aux évêques et aux préfets d'une décision du Saint-Siège du 17 du même mois. Il en résulte que le verset *Dômine salvam fac Rempublicam* doit être chanté une fois par le célébrant ou le clergé et une fois par les fidèles, et que le célébrant non seulement n'est pas tenu, la seconde fois, de s'associer au chant des fidèles, mais que, même la première fois, il peut être remplacé pour le chant par le clergé ou le chœur (V. à ce sujet : Circ. min. cult. 11 nov. 1879, *Rec. circ. min. cult.*, t. 4, p. 23, et sur les articles organiques rappelant l'exécution de l'art. 8 du Concordat).

Le Gouvernement seul, ainsi qu'il a été dit au *Rép. ibid.*,

peut ordonner des prières publiques extraordinaires. Un maire ou un autre fonctionnaire n'a pas le droit d'en ordonner. Une circulaire ministérielle du 7 avr. 1856, *Rec. min. cult.*, t. 2, p. 529, a recommandé à cet égard l'observation de l'art. 49 de la loi organique. La loi du 16 mai 1871 a ordonné des prières publiques à la suite des désastres de l'invasion et de la guerre civile (D. P. 71. 4. 54). L'art. 1 de la loi constitutionnelle du 16 juill. 1875 a également ordonné que, le dimanche suivant la rentrée des Chambres, des prières publiques seraient adressées à Dieu dans les temples et les églises pour appeler son secours sur les travaux de ces assemblées (D. P. 75. 4. 115). Mais, comme on l'a vu *supra*, n° 31, cette disposition a été abrogée par l'art. 4 de la loi du 15 août 1884, portant revision partielle des lois constitutionnelles (D. P. 84. 4. 113).

129. Les affiches annonçant ces prières publiques ordonnées par le Gouvernement n'étaient pas soumises à l'impôt du timbre (L. 9 vend. an 8, art. 56; Décis. min. fin. 13 nov. 1882, *Bulletin des lois civiles ecclésiastiques*, 1883, p. 37). Il en est de même des affiches relatives à l'annonce des cérémonies ou exercices religieux organisés par les membres du clergé, lorsque ces affiches sont placardées sur les murs de l'église où les exercices auront lieu ou d'un autre édifice consacré au même culte, pourvu qu'elles se bornent à annoncer purement et simplement les exercices en question (Même décision).

Art. 3. — *Autorisation de certains actes relatifs aux cultes reconnus. — Brefs, bulles, décrets, conciles et synodes, légats, liturgie, etc.* (*Rép.* nos 172 à 209).

130. Les rapports que le clergé et les fidèles des diocèses de France ont avec le souverain pontife peuvent être *directs* ou *indirects*; les premiers résultent des correspondances échangées avec la cour de Rome et de la réception en France des actes pontificaux; les seconds se produisent par l'intermédiaire des délégués du Saint-Siège (V. *Rép.* nos 173 et suiv., 186 et suiv.).

D'après plusieurs publicistes, l'obligation de soumettre à l'autorisation du Gouvernement la publication de toutes les expéditions de la cour romaine est une conséquence nécessaire de la souveraineté de l'Etat. « Sans ce droit, dit M. Serrigny (*Traité de l'organisation et de la compétence en matière contentieuse administrative*,2eéd.,t.1,p.156),cette souveraineté ne serait qu'un vain mot ». — « L'Etat, dit Chaix d'Est-Ange, doit vérifier les actes venant du dehors, quelque haute et respectable que soit l'autorité dont ils émanent, n'empiètent pas sur ses droits. Maître chez lui, il ne partage le pouvoir temporel avec personne, et il est de sa dignité, de son droit et de son devoir de ne pas permettre des interventions étrangères, qui seraient pour lui une diminution et pour ses sujets une cause de trouble. Nul ne règne en France que la France ; Rome ne saurait donc s'y ingérer ; elle est une puissance extérieure dont les actes sont sans valeur, tant qu'ils n'ont pas reçu l'*exequatur* » (*Moniteur*, 23-27 févr. 1865). D'autres, au contraire, renouvelant les réclamations adressées au nom du Saint-Siège par le cardinal Caprara à M. de Talleyrand, le 18 août 1803, après la publication des articles organiques (V. E. Ollivier, *Nouveau manuel de droit ecclésiastique*, p. 134), ont regardé ce pouvoir attribué à l'Etat comme une atteinte à l'indépendance de l'autorité religieuse, qui est seule compétente en matière de foi (V. J. Simon, *La liberté de conscience*, p. 175). C'est ce qu'avait soutenu l'avocat général de Castillon lui-même dans son *Réquisitoire contre les actes de l'Assemblée du clergé en* 1765, ce qui est admis en Belgique, où les art. 1 et 3 de la loi du 18 germ. an 10 ont été implicitement abrogés par les art. 14 et 16 de la Constitution (V. *supra*, n° 6), et en Italie, où l'art. 16 de la loi dite des garanties, du 13 mars 1871, a aboli l'*exequatur* et le *placet* royal pour la publication et l'exécution des actes des autorités ecclésiastiques (V. *supra*, n° 14). C'est enfin la doctrine du concile du Vatican, de 1870, qui a déclaré que le pontife romain a le droit « de communiquer librement avec les pasteurs et les fidèles de l'Eglise entière ».

131. Tous les actes de la cour de Rome sont, en principe, soumis à la nécessité de cette vérification préalable qui a lieu en conseil d'Etat (V. *Rép.* nos 174 et suiv.), sauf les

brefs de pénitencerie pour le for intérieur seulement (V.*ibid.*). Ainsi, un décret des 4-15 févr. 1851 (D. P. 51. 4. 42) a autorisé la réception de l'acte pontifical du 25 juill. 1850, qui a prescrit la célébration d'un jubilé universel en 1850 ou 1851. Déjà, sous le gouvernement de Juillet, une ordonnance avait autorisé la publication de la lettre apostolique de Pie IX, indicative d'un jubilé universel (D. P. 47. 3. 40). Depuis, le gouvernement impérial suivit ce mode de procéder, qu'il appliqua par décret des 23 déc. 1854-6 janv. 1855 (D. P. 55. 4. 9) à la réception de l'encyclique du 1er août 1854, ordonnant un jubilé universel, et par décret des 5-26 janv. 1865 (D. P. 65. 4. 6) à la réception de la dernière partie de l'encyclique donnée à Rome, le 8 déc. 1864, et annonçant un jubilé pour 1865. Une circulaire du ministre de la justice et des cultes, du 1er janv. 1865, recommanda même aux archevêques et évêques de ne publier et de ne lire en chaire qu'une partie de cette encyclique, ce qui donna lieu de la part d'un certain nombre de prélats à des protestations, ou même à des publications illégales qui furent déférées au conseil d'Etat et déclarées abusives (V. *infrà*, n° 160). Cependant, le Gouvernement a laissé, sans autorisation spéciale, publier des lettres semblables en 1875 et en 1879 pour l'indication d'un jubilé universel, d'où l'on peut conclure qu'il a, depuis 1870, jugé l'inutilité de cette formalité pour les actes pontificaux relatifs à ces cérémonies religieuses.

132. Mais le pouvoir temporel a tenu à appliquer l'art. 1er de la loi du 18 germ. an 10 aux bulles ou brefs portant institution canonique d'archevêques ou évêques, même *in partibus* (Arrêté 2 oct. 1848, D. P. 48. 4. 177; Décr. 29 juill. 1851, D. P. 51. 4. 153 ; 18 oct. 1851, D. P. 51. 4. 216 ; 28 avr. 1852, D. P. 52. 4. 137 ; 14 juill. 1856, D. P. 56. 4. 135 ; 18 avr. 1857, D. P. 57. 4. 66 ; 17 oct. 1857, D. P. 57. 4. 193 ; 8 mai 1858, D. P. 58. 4. 36 ; 30 oct. 1858, D. P. 58. 4. 170 ; 31 oct. 1859, D. P. 59. 4. 94 ; 27 avr. 1861, D. P. 61. 4. 53 ; 18 août 1861, D. P. 61. 4. 116 ; 17 mai 1862, D. P. 62. 4. 52 ; 22 oct. 1862, D. P. 62. 4. 123 ; 11 avr. 1863, D. P. 63. 4. 51 ; 4 nov. 1863, D. P. 63. 4. 157 ; 20 févr. 1864, D. P. 64. 4. 26 ; 28 avr. 1865, D. P. 65. 4. 30 ; 19 juill. 1866, D. P. 66. 4. 139 ; 6 avr. 1867, D. P. 67. 4. 53 ; 27 avr. 1867, D. P. 67. 4. 53 ; 25 août 1867, D. P. 67. 4. 133 ; 23 oct. 1867, D. P. 67. 4. 144 ; 23 juill. 1871, D. P. 71. 4. 141 ; 29 janv. 1872, D. P. 72. 4. 40 ; 27 sept. 1872, D. P. 73. 4. 8 ; 6 févr. 1873, D. P. 73. 4. 28 ; 17 sept. 1883, *Bulletin des lois*, n° 13550 ; 13 déc. 1884, *ibid.*, n° 14944 ; 5 mai 1885, *ibid.*, n° 15485 ; 15 juill. 1886, *ibid.*, n° 16883 ; 8 août 1887, *ibid.*, n° 18219), ou conférant le titre de protonotaire apostolique *ad instar participantium* (Décr. 24 oct. 1853, D. P. 54. 4. 3 ; 15 nov. 1858, D. P. 58. 4. 169; 28 août 1859, D. P. 59. 4. 94 ; 22 sept. 1867, D. P. 67. 4. 135); ou de comte romain et d'évêque assistant au trône pontifical (Décr. 18 août 1861, D. P. 61. 4. 116 ; 4-15 mars 1865, D. P. 65. 4. 17) ; ou permettant aux membres de chapitres métropolitains ou cathédraux de porter une décoration sur leur habit de chœur (Décr. 28 oct. 1854, D. P. 54. 4. 183 ; 9 janv. 1856, D. P. 56. 4. 30 ; 10 mars 1856, D. P. 56. 4. 48 ; 29 août 1862, D. P. 62. 4. 120) ; ou instituant canoniquement la grande aumônerie sous l'Empire (Décr. 17 juin 1857, D. P. 57. 4. 172) ; ou commettant un prélat pour conférer l'institution canonique aux chanoines du premier ordre et au primicier du chapitre de Saint-Denis (Décr. 15 nov. 1858, D. P. 58. 4. 169 ; 4 mars 1865, D. P. 65. 4. 17) ; ou plaçant dans les attributions de la grande aumônerie une chapelle funéraire construite à Ajaccio (Décr. 28 avr. 1860, D. P. 60. 4. 63) ; ou modifiant la constitution canonique du chapitre de Saint-Denis (Décr. 23 juin 1873, D. P. 74. 4. 8); ou déclarant que le primicier de ce chapitre a tous les droits, pouvoirs et privilèges des évêques dans leur diocèse (Décr. 22 août 1878, D. P. 79. 4. 5); ou conférant des pouvoirs spirituels aux aumôniers de la flotte (Décr. 10 juill. 1878, D. P. 79. 4. 5) ; ou autorisant des évêques et leurs successeurs à joindre à leur titre ceux d'évêchés supprimés (Décr. 13 janv. 1852, D. P. 52. 4. 33 ; 22 janv. 1853, D. P. 53. 4. 9 ; 13 mars 1854, D. P. 54. 4. 37 ; 3 juin 1857, D. P. 57. 4. 103; 5 déc. 1853, D. P. 54. 4. 169 ; 11 nov. 1854, D. P. 55. 4. 1) ; ou réunissant un évêché à une métropole (Décr. 16 août 1863, D. P. 63. 4. 4 ; 6 juill. 1863, D. P. 63. 4. 142) ; ou réunissant à un diocèse des paroisses incor-

porées par erreur à un autre à l'étranger (Décr. 20 déc. 1863, D. P. 64. 4. 24); ou modifiant les circonscriptions des diocèses de Nancy, Saint-Dié, Strasbourg et Metz, et de la province ecclésiastique de Besançon (Décr. 10 août 1874, D. P. 75. 4. 52); ou modifiant celles de deux diocèses en Algérie (Décr. 3 déc. 1878, D. P. 79. 4. 45).

De même, en matière de dogme, le gouvernement impérial a tenu à autoriser expressément la réception et la publication en France des lettres apostoliques données le 8 déc. 1854 à Rome touchant la définition dogmatique de l'immaculée conception de la Vierge Marie (Décr. 21 févr. 1855, D. P. 55. 4. 19), bien que l'on pût soutenir qu'une telle autorisation était inutile à raison de la publicité reçue par ces lettres dans toute la catholicité, et que la promulgation d'un pur dogme religieux, tel que celui-ci, ne peut porter aucune atteinte aux droits de l'Etat. — Cette doctrine a été de nouveau consacrée le 8 févr. 1865 (aff. Evêque de Moulins, D. P. 65. 3. 7), par le conseil d'Etat qui a implicitement décidé que le droit du Gouvernement de s'opposer à la publication et à la mise à exécution en France, d'expéditions de la cour de Rome, telles que « bulle, bref, rescrit, décret ou mandat », s'applique même à la partie purement doctrinale d'une lettre encyclique du pape (V. infrà, n° 160). Une circulaire ministérielle, du 28 sept. 1885 (Rec. circ. cult., t. 4, p. 568), a rappelé récemment ces prescriptions à l'épiscopat.

133. On a transcrit au Rép. n° 176 la formule adoptée pour la rédaction des décrets d'autorisation, et qui est encore usitée aujourd'hui. — Quelquefois, outre la réserve qui y est exprimée en termes généraux, le décret renferme une réserve spéciale, motivée par quelques circonstances particulières. On en trouve des exemples dans divers décrets qui portent réception de bulles instituant des évêques, et dans lesquelles des restrictions ont été insérées au sujet de la formule employée par la cour de Rome, laquelle n'est pas entièrement conforme à l'usage (V. notamment : Décr. 23 juill. 1871, D. P. 71. 4. 141 ; 27 sept. 1872, D. P. 73. 4. 8). Une réserve expresse est insérée au sujet d'omissions ou d'expressions dérogeant où paraissant déroger à la convention du 26 mess. an 9, lesquelles expressions sont déclarées non avenues. C'est avec ces réserves que sont publiées toutes les bulles pontificales.

134. Le Gouvernement cherche à empêcher, par cette nécessité d'autorisation, la publication officielle des actes de la cour de Rome, mais non leur publicité. La liberté de la presse et l'état des relations internationales lui permettent pas en effet de s'opposer à cette divulgation, ainsi que les organes gouvernementaux l'ont reconnu eux-mêmes à plusieurs reprises (V. Discours du garde des sceaux Baroche, au Corps législatif, le 10 juill. 1868, et rapport de M. le conseiller Langlais sur l'affaire jugée par le conseil d'Etat le 8 févr. 1865 (aff. Evêque de Moulins, D. P. 65. 3. 7. V. aussi André, op. cit., t. 1, p. 548).

135. Une question peut se poser au sujet des actes de la cour de Rome qui n'ont été divulgués que par la voie de la presse, et n'ont pas été promulgués par une publication régulière. Ainsi, à l'encyclique Quanta cura, du 8 déc. 1864 (V. supra, n° 131), un Syllabus complectans præcipuos nostræ ætatis errores qui notantur in encyclicis, aliisque apostolicis litteris sanctissimi domini nostri Pii papæ IX, c'est-à-dire énumérant les principales erreurs du temps présent déjà censurées par le Saint-Siège dans les allocutions encycliques et lettres apostoliques, a été joint, sans avoir été adressé nominativement à personne, sans avoir été signé par aucun dignitaire de la cour de Rome, sans avoir été affiché solennellement aux portes de Saint-Pierre ; seulement, dans sa lettre circulaire adressée aux évêques de la catholicité, le cardinal Antonelli leur a annoncé que ce syllabus a été rédigé, imprimé et envoyé par l'ordre du Saint-Père, et, plus tard, en deux circonstances, le pape Pie IX l'a couvert de son autorité personnelle (Allocution du 17 juin 1867, et lettre du 11 déc. 1876 à M. Vernhes). Ce document n'était pas destiné au public, mais seulement aux évêques, « afin qu'ils eussent sous les yeux toutes les erreurs et les doctrines pernicieuses réprouvées et condamnées par le Saint-Siège ». Le Gouvernement français ne crut pas devoir le recevoir en France. Il n'autorisa du moins la publication de l'encyclique Quantâ curâ que pour sa dernière partie, commençant par ces mots : Hisce litteris auctoritate

nostrâ et annonçant un jubilé universel (V. supra, n° 128). Le Syllabus n'était pas compris dans cette autorisation. Néanmoins, plusieurs évêques français passèrent outre et le publièrent en chaire. Un recours comme d'abus fut exercé contre eux, et le conseil d'Etat décida qu'il y avait abus dans le fait d'avoir donné lecture en chaire de cette partie de l'encyclique qui n'avait pas été reçue en France et dont la publication et la mise à exécution n'avaient pas été autorisées par le Gouvernement, sur le territoire français (Décr. Cons. d'Et. 8 févr. 1865, aff. Evêque de Moulins, D. P. 65. 3. 7. V. infrà, n° 160).

Mais l'épiscopat français tout entier protesta et déclara qu'il acceptait comme sa règle l'acte doctrinal proscrit (Raulx, Encyclique et documents ; Ollivier, p. 548 ; Discours prononcés devant le Sénat à l'occasion de la discussion d'un paragraphe de l'adresse de 1865, séances des 10, 11, 14 et 15 mars 1865). Les évêques s'appuyaient sur diverses raisons dont l'exposé se trouve principalement dans l'ouvrage précité de M. Raulx. — Parmi ces raisons, deux surtout méritent d'être indiquées : d'après les réserves exprimées par la plupart des évêques dans leurs réponses au ministre des cultes, la loi organique du 18 germ. an 10 serait entachée d'illégalité, en ce qu'elle aurait dû, comme le Concordat du 26 mess. an 9, auquel elle se rattache, être, avant sa promulgation, acceptée par la cour de Rome. Ce premier grief n'est pas nouveau ; on trouvera une indication développée des éléments de la controverse dans le Traité de la législation des cultes, de M. Gaudry, t. 1, n°s 34 et suiv. (V. aussi les renseignements historiques donnés relativement au Concordat et à la loi organique Rép. n°s 46 et suiv.). Devant le Sénat, la thèse qui refuse à la loi organique du 18 germ. an 10 toute force obligatoire a été réfutée dans les discours de M. Rouland, ancien ministre des cultes, et de M. le président Bonjean (séances des 11 et 15 mars). — Une autre objection, qui a peut-être une plus grande valeur juridique, est celle-ci : de ce que l'art. 1er de la loi de germinal an 10 ne s'appliquerait pas aux bulles purement dogmatiques ; le Gouvernement aurait sans doute le droit de vérifier, préalablement à toute publication, le caractère de la bulle ; mais, étant une fois établi que la bulle ne renferme aucune décision où aucune prescription, il ne pourrait s'opposer à la publication. Il est vrai que les termes de l'art. 1er sont généraux et désignent les « bulles, brefs, rescrits, mandats, décrets, signatures servant de provisions, et autres expéditions de la cour de Rome » ; mais le même article, en exigeant l'autorisation du Gouvernement pour la publication ou autre mise à exécution, et en prévoyant ainsi que cette mise à exécution pourrait, dans certains cas, être inconciliable avec les lois françaises, semble ne s'être occupé en réalité que d'actes constituant, de la part de la cour de Rome, l'exercice d'un droit de juridiction ou de souveraineté. C'est ainsi que les lettres patentes de Louis-XI, du 8 janv. 1475, et celles du 8 mars 1772, portaient : « Bulles ne s'exécutent en France sans pareatis du roi ou de ses officiers » (V. Rép. n° 173). Et cette réserve des droits du souverain s'explique par les mêmes raisons qui ont fait subordonner l'exécution des jugements étrangers en France à une vérification par un tribunal français (V. Batbie, op. cit., t. 3, n° 17). Il est vrai encore que suivant une règle de l'ancienne jurisprudence, la vérification préalable s'appliquait même aux bulles dogmatiques ; mais la vérification avait pour objet de rechercher si les clauses que ces bulles pouvaient contenir n'avaient rien de contraire aux droits de la couronne. — La question reste donc au moins théoriquement dans le domaine de la controverse, et il a été soutenu, d'une manière générale, que le principe de la liberté des cultes ne permet pas d'étendre aux bulles purement dogmatiques l'application de l'art. 1er de la loi de germinal an 10. Telle est, notamment, l'opinion exprimée par M. Gaudry, t. 1, n° 60 : « Tant que l'Etat, dit cet auteur, acceptera le culte catholique, il ne pourra pas répudier ou modifier les décisions de l'Eglise en matière de foi. Mais la vérification exigée n'a pas pour objet des matières religieuses. »

136. On a dit supra, n° 131, que les brefs de la pénitencerie, pour le intérieur seulement, peuvent être reçus et exécutés sans autorisation, depuis le décret du 28 févr. 1810. Dans ces brefs, ainsi dispensés de l'examen du conseil d'Etat, il faut comprendre tous ceux qui concernent les dis-

penses accordées par la cour de Rome pour le ministère intérieur et spirituel des paroisses, les brefs de la Daterie, les induits renfermant des pouvoirs spirituels, etc. C'est du moins la latitude qu'a donnée un usage constant depuis 1810 (Affre, 10e éd., p. 230).

137. L'exception faite par le décret du 28 févr. 1810 (*Rép.* n° 174) en faveur des brefs de la pénitencerie pour le for intérieur seulement, ne saurait être étendue. Ainsi il a été jugé, par le conseil d'Etat, que les décisions de la cour de Rome, même rendues en matière contentieuse sur l'appel d'ordonnances archiépiscopales, ne peuvent produire d'effet en France, sans l'autorisation du Gouvernement. Par suite, un curé, frappé de déposition par une ordonnance archi-épiscopale, qui a été ensuite rendue exécutoire par un décret impérial, ne peut demander l'annulation de ce décret par le motif qu'une décision du Saint-Siège a annulé ladite ordon-nance, si cette décision n'a pas été vérifiée et enregistrée en France (Cons. d'Et. 20 juin 1867, aff. Roy, D. P. 67. 3. 65). — La doctrine contraire a été réfutée, à l'occasion de cette affaire, dans les conclusions de M. le commissaire du Gou-vernement Aucoc, rapportées *ibid.*, et en effet, elle est condamnée par l'esprit de la loi du 18 germ. an 10 non moins que par son texte. Rédigée sous l'influence des anciennes traditions du gallicanisme, préoccupée d'élever des barrières plus ou moins efficaces contre les envahisse-ments des doctrines ultramontaines, cette loi a rétabli, entre autres précautions, la nécessité de la vérification préalable des actes de la cour de Rome par le gouvernement français, et il est, dès lors, naturel à ce point de vue, qu'elle ait compris dans ses dispositions même ceux de ces actes qui, rendus ou non en matière contentieuse, ne concernent que des particuliers ; car un acte de ce genre peut, tout aussi bien qu'un acte d'un intérêt plus général, reposer sur des maximes ou contenir des prétentions inconciliables, soit avec le droit public français, soit avec les principes qui constituent ce que l'on appelle les libertés de l'Eglise galli-cane. — Du reste, le conseil d'Etat ne peut être saisi que sur le renvoi du Gouvernement des requêtes de particuliers tendant à obtenir l'enregistrement d'actes de la cour de Rome ; les parties intéressées ne sont pas recevables à demander à la section du contentieux le renvoi de semblables requêtes au conseil d'Etat. C'est ce qu'a décidé l'arrêt pré-cité du 20 juin 1867, contrairement à l'avis exprimé par le ministre des cultes. En effet, en dehors des matières con-tentieuses, le conseil d'Etat ne peut être saisi directement par les parties intéressées que dans certaines affaires d'une nature spéciale, telles que les prises maritimes, les deman-des en autorisation de plaider ; dans toute autre hypothèse, le gouvernement peut seul, en matière administrative, saisir le conseil d'Etat ; les intéressés n'ont que le droit d'inter-venir devant ce conseil, une fois qu'il est saisi.

138. Les sentences rendues par le Saint-Siège sur l'appel d'ordonnances archiépiscopales ne peuvent-elles être enregis-trées et déclarées exécutoires en France qu'autant qu'elles sont émanées, non pas seulement du pape, sur le rapport d'une des congrégations établies auprès du Saint-Siège, mais de commissaires français délégués par le pape et statuant en France ? La question avait été soulevée, dans l'affaire jugée par l'arrêt du 20 juin 1867, cité *suprà*, n° 137, par le minis-tre des cultes qui soutenait l'affirmative, en se fondant sur ce que telle était la règle consacrée par la tradition ; mais le conseil d'Etat n'a pas eu à la résoudre. Elle peut soulever des doutes ; car il ne paraît pas démontré que l'usage suivi à cet égard sous l'ancien régime, et qui avait surtout pour objet de faciliter et d'abréger les procédures de cette nature, fût véritablement obligatoire à cette époque, et, dans tous les cas, qu'il le soit encore aujourd'hui.

139. Quelle est la sanction du défaut d'autorisation ? Dans l'ancien droit, les imprimeurs étaient tenus, sous peine d'une amende de 300 livres, de mentionner l'arrêt qui auto-risait la publication des actes de la cour de Rome. La loi du 9 juin 1791 (V. *Rép.* p. 675) punissait de la dégrada-tion civique ceux qui, sans autorisation préalable, auraient publié ou exécuté un bref du Saint-Siège. Toutes ces dispo-sitions sont abrogées, et l'art. 2 du décret du 23 janv 1811 (V. *Rép.* p. 707), qui est un décret de circonstance, n'est pas plus applicable. Le fait n'est donc point punissable, à moins qu'il ne devienne l'élément d'un crime ou d'un délit réprimé

par le droit commun : il constitue seulement un acte justi-ciable du conseil d'Etat (Blanche, *Etudes pratiques sur le code pénal*, t. 4, n° 17), et ne comporte d'autre sanction que la déclaration d'abus à laquelle il peut donner lieu (V. *infrà*, n°s 149 et suiv.), et le refus, de la part du Gouvernement, de reconnaître à cet acte une force exécutoire en France (V. aussi *Rép.* n° 173, *in fine*).

140. Aux termes de l'art. 4 de la loi du 18 germ. an 10, aucun concile national, aucun synode diocésain ne peuvent s'assembler sans la permission expresse du Gouvernement. Cette disposition, examinée au *Rép.* n° 193, a été vivement attaquée par plusieurs publicistes, qui ont invoqué l'auto-rité de l'abbé Fleury, d'après lequel le droit pour les évêques de s'assembler en concile « tient à la juridiction essentielle à l'Eglise » (*Discours sur les libertés gallicanes*). Dans un mandement célèbre du 4 févr. 1845, le cardinal de Bonald, archevêque de Lyon, fit remarquer que les conciles géné-raux, celui de Nicée entre autres, qui ont prescrit la tenue des conciles provinciaux, sont reçus en France, et que, par suite, s'opposer à l'observation des canons de ces conciles œcuméniques, c'est violer les maximes de nos pères et ren-verser les libertés gallicanes (*Rép.* n°s 193 et 689). De 1849 à 1853, le Gouvernement crut devoir aller au-devant des désirs ou des intentions des archevêques et évêques de France, et autoriser à l'avance la tenue des conciles métro-politains et synodes diocésains qu'ils avaient déjà ouverts ou qui allaient s'ouvrir (V. *Rép. ibid.*). Depuis, des lettres minis-térielles ont rappelé plusieurs fois, surtout en ces derniers temps, les prescriptions de l'art. 4 à l'épiscopat français ; mais aucun décret d'autorisation n'a été sollicité et n'est intervenu. Plusieurs auteurs (V. notamment, André, t. 4, p. 425 ; Ollivier, p. 540), ont soutenu que cet art. 4 avait été implicitement abrogé par la Constitution de 1848, qui avait proclamé les principes de la liberté de conscience, de la liberté des cultes, de la liberté de réunion ; bien mieux, en 1873, les évêques de la province ecclésiastique de Bourges ont tenu au Puy un concile provincial sans l'auto-risation du Gouvernement. Du moins cette autorisation paraît n'avoir été que tacite. — Quoi qu'il en soit, il est cer-tain qu'aucune autorisation n'est nécessaire pour la réunion des *assemblées cantonales* ou *conférences ecclésiastiques*, qui ne sont défendues par aucune loi. Une circulaire du préfet de la Meurthe, du 7 mars 1837, signala aux sous-préfets les assemblées cantonales que l'évêque de Nancy avait établies dans son diocèse, et les engagea, dans le cas où elles pro-voqueraient l'attention publique, à en donner l'explication de manière à en faire comprendre l'esprit, le but et l'uti-lité (André, t. 2, p. 291).

141. L'art. 4 de la loi de germinal porte qu'aucun concile, « aucune assemblée délibérante » n'aura lieu sans une autorisation expresse du Gouvernement. Cette expres-sion *d'assemblée* s'applique-t-elle aux délibérations prises par les évêques sans qu'il y ait réunion ? La question a été résolue affirmativement par le conseil d'Etat dans un décret du 8 août 1863 (aff. Archevêque de Cambrai, D. P. 65. 3. 10), aux termes duquel les évêques ne peuvent délibérer ensemble et prendre des résolutions communes, même sur des matières politiques, sans une permission expresse du Gouvernement, et décident, par suite, qu'il y a lieu de considérer comme irrégulier et constitutif d'un cas d'abus le fait, par des évêques, d'avoir, à la suite d'une délibération prise en commun, publié un écrit contenant des instructions politiques en réponse à des questions qui leur étaient adres-sées en leur qualité d'évêques relativement à des élections prochaines. Dans cette affaire, les évêques signataires de l'écrit publié sans autorisation objectaient qu'aucune réunion n'avait eu lieu entre les auteurs de cet écrit. Mais le conseil d'Etat a jugé sans doute que les assemblées délibérantes n'étant soumises à une autorisation préalable du Gou-vernement que parce qu'il peut en sortir des décisions communes, l'art. 4 devait s'appliquer à une décision com-mune à plusieurs évêques, bien qu'elle n'eût pas été délibérée dans une réunion tenue par ces évêques. — Toutefois, la disposition de l'art. 4 doit être interprétée et appliquée *secundum subjectam materiam* ; elle ne s'applique évidem-ment qu'aux délibérations prises en qualité d'évêques et qui impliquent l'exercice des fonctions pastorales. Telle était, suivant l'opinion du ministre des cultes, le caractère de la

délibération que faisait connaître l'écrit déféré dans l'espèce au conseil d'État : « ... Si l'évêque, disait le ministre, sortant du domaine des choses religieuses pour se mêler aux luttes et aux agitations du monde politique, croit nécessaire de prêcher, sous sa responsabilité personnelle, le devoir électoral, il le prêche au troupeau dont il est le pasteur, mais il ne s'adresse pas aux autres diocèses en interpellant la France entière par le retentissement des journaux. Un pareil procédé, en effet, pourrait être considéré comme une véritable entreprise contre la liberté et la compétence des évêques qui, sans abdiquer leur direction spirituelle, ne jugent pas à propos d'entretenir leurs diocésains sous cette forme de publicité universelle... » (Lettre de M. Rouland, ministre des cultes, du 31 mai 1863). Peut-être, cependant, cette circonstance que l'écrit ne s'adressait à aucun diocèse déterminé était-elle plutôt de nature à rendre contestable la qualification d'écrit pastoral appliquée à une publication dans laquelle était simplement exprimé un avis, que les signataires déclaraient d'ailleurs n'avoir pas le droit d'imposer. — Quoi qu'il en soit, ce précédent, dont il importait de préciser la portée, laisse intact le principe que, dans l'évêque, le ministre du culte n'absorbe pas le citoyen, et que, pour les actes accomplis exclusivement en cette dernière qualité, l'évêque n'est soumis qu'aux dispositions du droit commun : *odia restringenda* (V. Sibour, *Inst. dioc.*, t. 2, p. 431).

142. En expliquant l'art. 2 de la loi organique du 18 germ. an 10, qui soumet à l'autorisation préalable du Gouvernement l'exercice en France des fonctions ecclésiastiques des nonces, légats, vicaires ou commissaires apostoliques, on a défini au *Rép.* nos 184, 185, 186, 187, le caractère de ces envoyés de la cour romaine et la nature des leurs fonctions. Pour compléter ces indications, il n'est pas inutile de faire connaître en même temps comment le Saint-Siège entend les pouvoirs qu'il leur confère, et l'étendue des attributions qu'il attache à leur qualité. — Le 13 avr. 1885, le sous-secrétaire d'État de S. S. a adressé au nonce apostolique à Madrid une dépêche qui, répondant indirectement à un article du journal espagnol *El Siglo futuro*, du 9 mars précédent, où l'on soutenait que l'autorité des évêques dépassait celle des nonces en grandeur et en étendue, a affirmé cette proposition, à savoir que le Souverain Pontife possédant, en raison de sa primauté, une autorité pleine et suprême sur l'Église universelle, a le droit d'envoyer partout où il lui plaît des légats et des représentants et de leur confier l'exercice de son autorité dans la mesure qu'il juge convenable : « Par conséquent, dit-il, si l'autorité des évêques doit être toujours soumise à celle du Pontife, s'ils ne peuvent jamais l'exercer contrairement à sa volonté et aux règles que lui-même a tracées, il est évident que l'autorité épiscopale ne peut s'exercer contrairement aux prescriptions du nonce apostolique... Affirmer... que le droit des évêques l'emporte en grandeur et en étendue sur celui du nonce, cela équivaut à dénier à celui-ci sa qualité de délégué et de représentant du Souverain Pontife, ou bien encore refuser au pape le droit de s'immiscer dans les affaires des diocèses, assertions qui répugnent non seulement à la doctrine catholique sur la primauté du Saint-Siège, mais aussi à la notion de la délégation... Par les brefs qui les concernent et par leurs instructions, on peut se convaincre que la mission confiée aux nonces apostoliques n'est pas purement diplomatique, mais qu'elle s'étend aux fidèles et aux matières religieuses. En outre, le nonce apostolique, comme représentant du Souverain Pontife, n'est soumis ni aux fidèles, ni aux évêques de la nation au milieu de laquelle il réside. Par conséquent, ni les uns ni les autres n'ont le droit de déterminer ses attributions, et bien moins encore d'émettre un jugement sur la légalité de ses actes » (V. E. Ollivier, p. 494 et suiv.).

143. Nous avons dit au *Rép.* nos 199 et 200 que l'art. 24 de la loi du 18 germ. an 10, qui prescrit l'enseignement de la célèbre déclaration de 1682 dans les séminaires, et le décret du 25 févr. 1810, qui déclare loi de l'État l'édit de mars 1682, par lequel il est défendu d'enseigner ou d'écrire aucune chose contraire à la doctrine de cette déclaration du clergé de France, ne sont plus appliqués, mais que, n'étant pas formellement abrogés, ils peuvent être remis en vigueur par le Gouvernement. Cette déclaration et cet édit de 1682 ont été attaqués vivement par plusieurs publicistes, depuis le mandement du cardinal de Bonald, archevêque de Lyon,

du 4 févr. 1845, qui a donné lieu à une déclaration d'abus (Décr. Cons. d'Ét. 9 mars 1845, aff. Archevêque de Lyon, D. P. 45. 3. 65, et *Rép.* n° 249). Ils se sont efforcés d'établir que la première était dépourvue de toute autorité ecclésiastique, puisque les évêques qui l'avaient souscrite en 1682 avaient protesté des regrets qu'elle leur inspirait, et que le second était une usurpation du pouvoir temporel sur la puissance spirituelle (V. André, t. 2, p. 411 et 412). M. E. Ollivier, p. 534, fait remarquer à ce sujet que depuis le concile du Vatican, de 1870, il n'est plus permis à un catholique de professer l'opinion formulée dans les trois derniers articles de la déclaration gallicane : qu'elle est notée d'hérésie, et que l'on ne peut, dès lors, contraindre les professeurs de séminaires à en faire le fonds de leur enseignement sans les retrancher eux-mêmes du sein de l'Église. Depuis cette époque, ni le Gouvernement, ni la jurisprudence n'ont eu à se prononcer sur la question.

144. L'établissement des fêtes ne peut avoir lieu sans l'autorisation du Gouvernement (L. 18 germ. an 10, art. 41; *Rép.* nos 205 et suiv.). On a exposé *ibid.* que ces fêtes entraînant, sous l'empire de la loi du 18 nov. 1814, la cessation du travail et celle des travaux intéressant l'État, leur établissement devait être concerté avec l'autorité civile, afin que celle-ci pût les faire respecter par cette interruption des travaux, qu'elle seule a le droit d'ordonner. Comme on l'a vu *suprà*, n° 27, la loi du 18 nov. 1814 sur le repos du dimanche et des fêtes religieuses a été abrogée par celle du 12 juill. 1880, ainsi que toutes les lois et ordonnances rendues antérieurement sur la même matière, quoique l'art. 57 de la loi du 18 germ. an 10, qui fixe au dimanche le repos des fonctionnaires publics, n'ait reçu aucune atteinte de cette abrogation. En 1864, une pétition a demandé au Sénat que la fête de l'Annonciation fût comprise au nombre des fêtes reconnues par la loi (Sur ces fêtes, V. *Rép.* n° 206). Le Sénat rendit justice aux sentiments élevés et religieux des auteurs de la pétition; mais, considérant que c'est chose grave que de toucher au Concordat, il passa à l'ordre du jour dans sa séance du 2 mars 1864. Depuis, sur la demande de commerçants et d'industriels, notamment de la chambre de commerce de Paris et de l'union des banquiers de Paris et de la province, une loi des 8-9 mars 1886 (D. P. 86. 4. 17) déclara jours fériés légaux le lundi de Pâques et celui de la Pentecôte (V. *infrà*, v° *Jours fériés*). Mais cette loi, purement d'ordre civil, ne se rattache pas aux matières religieuses réglées par le Concordat.

145. Lorsqu'une fête de cette nature, notamment une fête patronale, doit être célébrée le dimanche et n'entraîne aucun repos religieux, l'évêque a qualité pour l'établir dans une paroisse sans l'intervention du pouvoir civil. Si, au contraire, il s'agit d'établir une fête à jour fixe, c'est-à-dire à célébrer dans la semaine le jour même où elle arrive, l'autorité civile devrait intervenir pour accorder sa permission. — Mais il ne faudrait pas exagérer la portée de l'art. 41, en l'étendant aux autres solennités de l'Église. Ainsi, les cérémonies de la semaine sainte, l'office des morts, les processions des Rogations, là où elles existent encore, ne sont pas des fêtes proprement dites, et ne sauraient être interdites sous le prétexte qu'elles n'ont pas été autorisées par le Gouvernement. Ce sont de simples cérémonies pieuses qui sont conciliables avec les habitudes de la vie commune, d'une vie laborieuse, que le Concordat a voulu protéger contre la multiplicité des chômages (Gaudry, t. 1, n° 217).

146. L'art. 41 n'indique pas le mode d'autorisation nécessaire pour l'établissement de nouvelles fêtes. Une loi ou un décret est-il indispensable pour manifester la « permission » du Gouvernement? On est généralement d'accord pour reconnaître qu'une autorisation par décret suffit pour l'établissement d'une simple fête religieuse; mais il semble, bien que la question soit controversée (V. Gaudry, t. 1, n° 218), qu'un acte du pouvoir législatif est nécessaire pour l'établissement d'un jour férié légal, c'est-à-dire d'un jour pendant lequel les poursuites judiciaires, l'exécution des actes et l'action des tribunaux sont suspendues (V. L. 8-9 mars 1886, citée *suprà*, n° 144).

147. Nous avons dit au *Rép.* n° 204 que l'art. 39 de la loi de germinal an 10, d'après lequel il ne devrait y avoir qu'une liturgie et un catéchisme pour toutes les églises de France, n'a jamais reçu d'exécution en ce qui concerne la liturgie.

Les liturgies diocésaines ont continué de subsister et, si l'unité se fait aujourd'hui, c'est par l'introduction de la liturgie romaine qui a été adoptée successivement par presque tous les diocèses (Laboulaye, *Liberté religieuse*, p. 62). L'évêque, étant seul chef du culte dans son diocèse, a, par suite, le droit exclusif d'y régler la liturgie. Les dépenses auxquelles donne lieu l'exécution d'une ordonnance épiscopale substituant la liturgie romaine à celle du diocèse, rentrent dans les dépenses du culte qui sont à la charge des fabriques (*Bulletin officiel du ministère de l'intérieur*, 1865, p. 70, n° 17. V. *infrà*, n°s 525 et suiv.).

On a mentionné au *Rép.* n° 204 le décret du 7 germ. an 13, qui soumet à la permission des évêques diocésains l'impression ou la réimpression des livres d'église, des heures ou prières. Un auteur a soutenu que ce décret avait été abrogé par les chartes de 1814 et de 1830, et par le principe constitutionnel qui proclame la liberté de la presse (Renouard, *Traité des droits d'auteur*, t. 2, n° 68). Mais cette opinion est isolée, et l'on est généralement d'accord pour reconnaître que le décret du 7 germ. an 13 est encore en vigueur. Il s'applique à tous les livres destinés à contenir l'expression officielle de la doctrine et du culte dans le diocèse, et oblige ainsi les imprimeurs de ces livres à les soumettre à l'évêque afin d'obtenir la permission de les imprimer ou réimprimer. Si l'art. 1er de la loi du 29 juill. 1881 (D. P. 81. 4. 65), sur la liberté de la presse, a proclamé que l'imprimerie et la librairie sont libres, il l'a fait pour les affranchir de la tutelle administrative qui pesait jusqu'alors lourdement sur elles, et notamment de la nécessité de l'autorisation préalable qui était délivrée aux imprimeurs et aux libraires sous forme de brevet (Circ. min. just. 9 nov. 1881, n° 2, D. P. 81. 3. 106). Mais il n'a pas entendu porter atteinte au droit de surveillance qui appartient à l'évêque sur la doctrine et le culte, dans l'intérêt de l'uniformité de la foi et des pratiques religieuses.

148. Le décret du 7 germ. an 13 s'applique : 1° aux livres d'instruction religieuse connus sous le nom de catéchisme ; 2° aux livres liturgiques tel que le rituel, le missel, le bréviaire, le cérémonial, le processionnal, l'antiphonaire, et généralement à ceux qui contiennent, en tout ou en partie, les offices et les prières usités et consacrés par l'Eglise, comme les paroissiens, euologes et livres d'heures contenant seulement les extraits du missel à l'usage du diocèse. Mais il ne comprend pas les livres qui ne renferment que des prières, méditations ou explications composées *ad hoc*, extraites d'autres livres que le missel et contenant, par conséquent, autre chose que le propre du diocèse (Dumesnil, *Revue de droit français et étranger*, 1847, p. 182). Ainsi les livres de piété composés par de simples particuliers, et renfermant que des prières ou méditations non officielles, ne tombent pas sous l'application de ce décret. Ce n'est pas ici le lieu d'examiner la question de savoir si le décret du 7 germ. an 13, ainsi restreint dans son application, accorde aux évêques un droit de propriété sur les livres liturgiques, ou simplement leur donne un droit de haute censure. Cette question a été discutée au *Rép.* v° *Propriété littéraire*, n° 136 (V. *infrà*, eod. v°).

Sect. 3. — De l'appel comme d'abus (*Rép.* n°s 210 à 292).

149. Nous avons défini au *Rép.* n° 210 l'appel comme d'abus. C'est le recours dirigé contre les actes des supérieurs ecclésiastiques qui ont excédé leurs pouvoirs, entrepris sur la juridiction temporelle ou contrevenu aux décrets et constitutions canoniques reçus en France, aux libertés de l'Eglise gallicane ou aux lois de l'Etat. C'est également le recours contre les jugements des juges séculiers et les actes des fonctionnaires publics qui sont attentatoires à l'exercice public du culte ou à la liberté de ses ministres. Conséquence du régime de la protection dont les cultes sont l'objet de la part de l'Etat (*Rép.* n° 214), il en est aussi la sanction (*Rép.* n° 213). Cependant, s'il était autrefois considéré comme un obstacle nécessaire aux envahissements de l'Eglise sur les droits de l'Etat, il a été, de nos jours, vivement attaqué. On a dit qu'il n'avait aujourd'hui pas plus de raison d'être que l'*exequatur*. Il s'expliquait alors par le jugement de ce recours était rendu en la grand'chambre du Parlement, « lit et siège de la justice du royaume », composée non de personnes laïques seulement,

mais, en nombre égal, de personnes tant ecclésiastiques que non ecclésiastiques (Pithou, art. 80), alors que l'efficacité en était assurée par la saisie du temporel et l'emprisonnement du ministre du culte. Quelle autorité peut-il avoir maintenant qu'il est déféré au conseil d'Etat, tribunal administratif laïque, et alors qu'aucune sanction n'en impose plus le respect? (V. E. Ollivier, p. 532; Affre, *De l'appel comme d'abus*, 2e part., chap. 3). « Un appel comme d'abus ne peut pas même effleurer mon âme », écrivait le cardinal de Bonald. L'art. 6 du décret du 25 mars 1813 (*Rép.* p. 708) annonçait une loi « déterminant la procédure et les peines applicables en cette matière. Cette loi n'a jamais été faite. En 1838, M. de Villeneuve avait proposé d'ajouter au blâme du conseil d'Etat la saisie du temporel, comme le faisaient les parlements. Mais le clergé n'a plus, à proprement parler, de « temporel », puisqu'il ne possède plus de bénéfices. D'ailleurs, pour ce motif ou pour un autre, la proposition n'a eu aucune suite et est restée isolée. — Malgré ces attaques, l'appel comme d'abus est demeuré debout, et l'application des art. 6 et 8 de la loi de germinal an 10 est devenue de plus en plus fréquente en ces derniers temps. Cette institution peut, d'ailleurs, se justifier par de sérieuses considérations. La légitimité en a été soutenue notamment par M. Vivien, dans son rapport sur l'affaire qui a donné lieu à l'ordonnance en conseil d'Etat du 9 mars 1845 (aff. de Bonald, D. P. 45. 3. 65).

Art. 1er. — *Historique* (*Rép.* n°s 215 à 231).

150. V. *Rép.* n°s 215 et suiv.

Art. 2. — *Des divers cas d'appel comme d'abus* (*Rép.* n°s 232 à 284).

§ 1er. — Du recours en matière d'abus contre les ministres du culte (*Rép.* n°s 232 à 278).

151. Les cinq cas d'abus énumérés par l'art. 6 de la loi du 18 germ. an 10 et mentionnés au *Rép.* n° 232 peuvent être ramenés à trois idées principales et groupés en trois chefs différents : l'atteinte aux droits et à l'autorité de l'Etat, l'atteinte aux droits des inférieurs ecclésiastiques, l'atteinte aux droits des particuliers laïques. Nous les étudierons néanmoins successivement dans l'ordre et sous les qualifications adoptés par la loi organique.

152. — I. Usurpation ou excès de pouvoirs (V. *Rép.* n°s 233 et suiv.). — « Tout acte de l'autorité ecclésiastique, dit M. Batbie, *Doctrine et jurisprudence en matière d'appel comme d'abus*, p. 27, fait contrairement aux dispositions de la loi qui limitent son étendue, est un excès de pouvoirs. Il y a usurpation, lorsque le chef spirituel non seulement sort de ses attributions, mais aussi empiète sur une autre autorité. Ainsi, l'usurpation est un excès de pouvoirs ; mais la réciproque n'est pas exacte, car l'usurpation ne doit s'entendre que de l'entreprise juridictionnelle. L'usurpation la plus facile à concevoir est celle qui résulterait d'une entreprise de l'autorité spirituelle sur le temporel. Mais ces entreprises sont assez rares, quoiqu'on puisse en citer des exemples, notamment celui de l'évêque de Savone en 1810 (*Rép.* n° 243). Quant à l'usurpation dont un ministre du culte d'un ordre inférieur pourrait se rendre coupable vis-à-vis de son supérieur, elle n'est pas non plus de nature à se produire fréquemment. On peut citer comme exemple, le cas où un curé, usurpant les pouvoirs de l'ordinaire, prononcerait une condamnation contre le desservant d'une succursale de son canton, ou bien le cas de conflit entre deux autorités égales, tel que celui où un archevêque connaîtrait de l'appel interjeté contre une décision rendue par un évêque suffragant d'un autre archevêque. Dans de pareilles hypothèses, l'acte juridictionnel devrait sans doute être déféré au conseil d'Etat, par la voie du recours comme d'abus (Batbie, *op. cit.*, p. 36). — Mais les appels pour excès de pouvoirs sont plus fréquents. Il peut arriver, d'ailleurs, que le même acte soit à la fois entaché d'usurpation et d'excès de pouvoirs.

153. Plusieurs déclarations ont été prononcées, depuis la publication du *Répertoire*, à raison de faits rentrant dans cette première hypothèse. Ainsi il a été décidé : 1° que le fait par un évêque d'imposer à plusieurs curés

avant leur installation, une renonciation écrite et signée à se pourvoir devant l'autorité civile, dans le cas où il jugerait à propos de les destituer pour des causes graves et canoniques, constitue un excès de pouvoir donnant ouverture à appel comme d'abus et constituant un abus (Décr. Cons. d'Ét. 6 avr. 1857, aff. Evêque de Moulins, D. P. 57. 4. 61); — 2° Que le fait par un évêque de censurer dans un mandement ou une lettre pastorale la politique et les actes du Gouvernement, d'y offenser la personne du chef de l'Etat et d'y faire des rapprochements blessants pour lui, constitue un excès de pouvoir et un abus (Décr. en Cons. d'Et. 30 mars-7 avr. 1861, aff. Evêque de Poitiers, D. P. 61. 4. 48); — 3° Que le fait par un évêque d'avoir, dans une lettre rendue publique, quoiqu'en réponse aux critiques dirigées contre un de ses actes par le ministre des cultes, contesté les droits qui appartiennent au Gouvernement à l'égard des évêques et censuré certains actes attribués au Gouvernement et concernant la politique extérieure, constitue un abus par excès de pouvoir (Décr. Cons. d'Et. 8 août 1863, aff. Archevêque de Tours, D. P. 65. 3. 10); — 4° Qu'il y a également abus dans une instruction pastorale où un évêque critique et censure une loi et excite à y désobéir (Décr. Cons. d'Et. 28 avr. 1883, aff. Evêque de Valence, D. P. 84. 3. 65); dans une lettre pastorale contenant des critiques d'actes de l'autorité publique (Décr. Cons. d'Et. 16 mai 1879, aff. Archevêque d'Aix, D. P. 84. 3. 79). Dans cette dernière affaire, les critiques s'adressaient à certains actes des administrations locales, à la tendance générale du Gouvernement, à des projets en discussion devant le Parlement, plutôt qu'à des actes déterminés, tels que des lois ou décrets promulgués et exécutés. — Il a été également décidé qu'un évêque commet un excès de pouvoir et méconnaît l'autorité qui appartient au Gouvernement sur les établissements publics,... lorsque, pour s'opposer à l'exécution des mesures prises par le pouvoir civil à l'effet de contrôler la situation financière de la caisse de secours de son diocèse, il fait usage de son autorité épiscopale et recourt à une menace d'excommunication;... lorsqu'il menace de refuser son approbation aux comptes et budgets des fabriques qui ne s'associeraient pas à sa résistance;... enfin lorsqu'il provoque un concert entre les prêtres et présidents de conseils de fabrique à l'effet de s'opposer à l'exécution des actes de l'autorité civile (Décr. Cons. d'Et. 31 mars 1884, aff. Evêque d'Angers, D. P. 84. 3. 67).

154. Mais il a été jugé qu'il n'y avait pas abus dans le fait, par un évêque, de défendre l'usage ou la vente d'un paroissien, et de s'engager par traité à refuser l'autorisation épiscopale à tout autre éditeur que celui avec lequel le chef du diocèse a traité, parce qu'en ce cas l'évêque use de son droit (Cons. d'Et. 10 févr. 1859, aff. Archevêque d'Albi, Bathie, t. 2, n° 349, p. 262). En effet, quand les supérieurs ecclésiastiques agissent dans les limites de leur compétence, l'acte qu'ils accomplissent ne peut constituer un abus que dans le cas où il y aurait excès de pouvoir dans l'exercice des attributions ecclésiastiques (V. Rép. n° 235). Ainsi, la révocation d'un desservant de succursale par son évêque ne constitue pas un cas d'abus (Ord. Cons. d'Et. 16 juin 1846, aff. Brebion, D. P. 46. 3. 81; Décr. Cons. d'Et. 30 nov. 1868, aff. Faure, D. P. 69. 3. 101), parce que les desservants sont révocables ad nutum (V. Rép. ibid.). Quant aux curés archiprêtres, dont la cure a été réunie au chapitre cathédral, V. Rép. n° 239.

155. De même, l'interdit des fonctions sacerdotales, qui constitue une peine canonique dont l'application rentre dans les attributions de l'évêque, ne peut donner lieu, quand les formalités substantielles ont été remplies, à une déclaration d'abus (V. Rép. n° 236; Décr. en Cons. d'Et. 15 mai 1883, aff. Estève, Rec. Cons. d'Etat, p. 994), tant que la sentence épiscopale n'a pas été préalablement déférée au métropolitain (Décr. en Cons. d'Et. 24 avr. 1860, aff. Hersent, ibid., p. 683). — Un ecclésiastique ne peut, en principe, recourir au conseil d'Etat contre la décision épiscopale qui lui interdit, à titre de peine canonique, de continuer de porter le costume ecclésiastique, l'application de cette peine rentrant dans les attributions exclusives de l'évêque (Décr. Cons. d'Et. 5 nov. 1857, aff. Roquet, D. P. 58. 3. 61). A moins que cette décision ne renferme l'un des abus prévus par l'art. 6 de la loi du 18 germ. an 10 (Même arrêt). Il ne

pourrait non plus l'attaquer devant les tribunaux ordinaires (V. Rép. n°s 695 et 698). Par le même motif, la suppression par l'évêque du secours accordé à titre gracieux à un ecclésiastique sur la caisse diocésaine, n'est pas susceptible d'être attaquée par voie d'appel comme d'abus (Décr. précité du 5 nov. 1857). Le recours comme d'abus formé par un ecclésiastique contre une décision de son évêque, qui le déclare excorporé du diocèse, est mal fondé, si c'est sur la demande expresse du réclamant et en vue de son incorporation à un autre diocèse, que l'excorporation a été prononcée (Décr. Cons. d'Et. 30 déc. 1854, aff. Bordier, D. P. 55. 3. 62). Les actes d'une commission diocésaine de la caisse des retraites ecclésiastiques, et notamment la décision par laquelle elle exclut un prêtre excorporé du diocèse, de toute participation à la répartition des fonds de cette caisse, ne sont pas susceptibles d'être attaqués par voie d'appel comme d'abus devant le conseil d'Etat (Même arrêt).

156. L'acte incriminé doit avoir été accompli par le ministre du culte dans l'exercice de ses fonctions ecclésiastiques en rapport avec le culte. Par conséquent, l'évêque qui refuse d'interposer son autorité pour faire sortir du couvent une jeune personne réclamée par son père, ne peut être déféré au conseil d'Etat par appel comme d'abus. En effet, il refuse seulement d'exercer un droit de surveillance sur une maison d'éducation (le couvent étant voué à l'enseignement), et c'est là une matière étrangère au culte (Décr. en Cons. d'Et. 7 avr. 1855, aff. de Rochemur Saint-Cyr, Rec. Cons. d'Etat, p. 865; Bathie, t. 2, n° 337).

157. L'appel n'est pas recevable non plus, si l'acte n'a pas été commis par un ecclésiastique légalement investi d'une autorité propre (Bathie, t. 2, n° 337). Par suite, les actes des officialités, qui n'ont pas d'existence légale (V. infrà, n° 689) ne sont pas susceptibles de recours comme d'abus devant le conseil d'Etat (Décr. Cons. d'Et. 29 août 1854, aff. Bourrel, D. P. 55. 3. 62), à moins qu'ils n'aient été suivis d'exécution (Même décision. V. Rép. n° 692).

Une autre condition nécessaire pour la recevabilité de l'appel, c'est que la décision ne soit plus susceptible d'un autre recours, que tous les degrés de juridiction aient été épuisés (Rép. n°s 237 et 238). — Décidé dans le même sens que les réclamations élevées par un curé contre une décisions prise à son égard par l'évêque du diocèse, doivent être portées devant l'archevêque métropolitain, et ne sauraient être déférées directement au conseil d'Etat (Décret précité du 29 août 1854).

Enfin il faut que le réclamant ait été véritablement atteint dans ses droits. Ainsi il a été décidé qu'une lettre qui, n'émanant pas personnellement de l'archevêque, a été adressée de l'archevêché à un curé sous les fonctions par décision de son évêque, ne constitue pas, alors qu'elle laisse entier le droit de recours à l'archevêque contre ladite décision, un acte susceptible d'être déféré au conseil d'Etat (Même décision).

158. Il est à remarquer que le conseil d'Etat, tout en prononçant sur la régularité des décisions disciplinaires rendues par les supérieurs ecclésiastiques, s'abstient scrupuleusement d'entrer dans le détail des formalités substantielles dont l'accomplissement est exigé pour la validité de ces décisions (V. Rép. n° 237). — La même réserve doit être observée dans le cas où il s'agit de déterminer les effets qu'en cette matière une déclaration d'abus peut produire. Ainsi la sentence de déposition d'un curé par son évêque bien que déclarée abusive, n'en conservera pas moins tous ses effets au point de vue spirituel, mais elle n'en produira aucun au point de vue temporel, notamment à celui du traitement (Bathie, Appel comme d'abus, p. 75).

159. — II. Contravention aux lois et règlements de l'Etat (V. Rép. n° 242). — Cette disposition s'entend des contraventions au Concordat (V. ibid.), aux articles organiques (V. Rép. n° 246), aux autres lois qui règlent l'exercice du culte ou qui s'y rapportent mais entendues dans un sens restreint seulement (V. ibid.). Si en dehors de l'exercice de leurs fonctions et par des actes étrangers au culte, les ecclésiastiques contreviennent aux lois et règlements de l'Etat, ils sont soumis au droit commun et jugés par les tribunaux ordinaires.

Il convient de remarquer que l'excès de pouvoir emporte toujours une contravention aux lois et règlements de l'Etat,

mais la contravention peut exister sans concourir avec l'excès de pouvoir. C'est pour ce motif que le législateur a dû spécialement réserver le recours contre l'abus qui pourrait être fait de l'autorité religieuse pour attaquer les actes du pouvoir civil, les lois et les règlements (Dufour, *Droit administratif*, t. 5, n° 232).

160. Le conseil d'Etat a reconnu par application de cette seconde disposition qu'il y avait abus : 1° dans le fait par un évêque d'imposer à des curés, avant leur installation, une renonciation écrite et signée à se pourvoir devant l'autorité civile, dans le cas où il jugerait à propos de les destituer pour des causes graves et canoniques (Décr. Cons. d'Et. 6 avr. 1857, aff. Evêque de Moulins, D. P. 58. 3. 48) ; — 2° Dans le fait d'interdire, sous peine d'excommunication, et sans intimation préalable, le recours à la puissance séculière pour des faits qui seraient de sa compétence (Même décret) ; — 3° Dans le fait de modifier, sans autorisation du Gouvernement, la constitution du chapitre de l'église cathédrale, telle qu'elle avait été établie par statuts approuvés par des ordonnances ou décrets (Même décret) ; — 4° Dans le fait, par un évêque, d'adresser aux fidèles de son diocèse des lettres pastorales critiquant les actes du Gouvernement, ce fait étant considéré comme une contravention à la déclaration de 1682 qualifiée loi de l'Etat (Décr. Cons. d'Et. 30 mars-7 avr. 1861, aff. Evêque de Poitiers, D. P. 61. 4. 48) ; — 5° Dans celui d'avoir, par une lettre publique, quoiqu'adressée en réponse au ministre des cultes pour se défendre contre une critique de ses actes, censuré la politique extérieure du Gouvernement (Décr. Cons. d'Et. 8 août 1863, aff. Archevêque de Tours, D. P. 65. 3. 10) ; — 6° Dans le fait par des évêques d'avoir, à la suite d'une délibération prise en commun, publié un écrit contenant des instructions politiques en réponse à des questions qui leur étaient adressées en leur qualité d'évêques relativement à des élections prochaines (Décr. Cons. d'Et. 8 août 1863, aff. Archevêque de Cambrai, D. P. 65. 3. 10) ; — 7° Dans le fait, par des évêques, de lire en chaire la partie non autorisée d'une encyclique pontificale (Décr. Cons. d'Et. 8 févr. 1865, aff. Archevêque de Besançon et évêque de Moulins, D. P. 65. 3. 7, et 4. 16) ; — 8° Dans celui d'avoir publié, sans autorisation, un acte émané de la cour de Rome (Décr. Cons. d'Et. 28 avr. 1883, aff. Evêques d'Annecy, de Langres, de Viviers, archevêque d'Albi, D. P. 84. 3. 65 ; 9 juin 1883, aff. Evêque de Langres, D. P. 84. 5. 136), et notamment une encyclique (Décr. Cons. d'Et. 24 mars 1888, aff. Evêque de Saint-Dié, D. P. 88. 3. 35), et d'avoir donné autorité et exécution à cet acte dans leur diocèse (Mêmes décisions) ; — Dans l'exécution donnée par un évêque à des décisions de la cour de Rome relatives à l'érection d'une église en basilique mineure et au couronnement d'une statue, sans l'autorisation du Gouvernement (Décr. Cons. d'Et. 13 déc. 1879, aff. Evêque de Grenoble, D. P. 81. 3. 79) ; — Et l'abus doit être prononcé, alors même que l'évêque déclare avoir renvoyé le décret de la cour de Rome, et qu'il a, pour échapper à l'obligation de soumettre au Gouvernement un acte écrit, sollicité une autorisation verbale du Saint-Siège (Même décision). Il est à remarquer, d'ailleurs, que les décisions précitées des 6 avr. 1857, 30 mars 1861, 8 août 1863, relèvent, outre la contravention aux lois et règlements

---

(1) (Préfet de Maine-et-Loire *C.* Humeau, desservant de Chigné.) — LE PRÉSIDENT DE LA RÉPUBLIQUE FRANÇAISE ; — Vu l'arrêté du maire de Chigné, en date du 1er mai 1880 ; — Vu les procès-verbaux de contravention en date des 30 mai, 1er et 7 juin ; — Vu le rapport du ministre de l'intérieur et des cultes, en date du 5 juillet ; — Vu l'art. 1er de la convention du 26 mess. an 9, et les art. 6, 7, 8 et 45 de la loi du 18 germ. an 10 ;

En ce qui touche la déclaration d'abus : — Considérant qu'en prenant, à la date du 1er mai, un arrêté interdisant les processions publiques dans la commune pendant l'année 1880, le maire de Chigné a agi dans la limite des attributions de police qui lui sont conférées par la loi ; qu'en effet, si l'art. 45 de la loi du 18 germ. an 10 autorise implicitement les processions publiques dans les communes où il n'existe pas de temple affecté à un autre culte, cette disposition n'est pas obstacle aux mesures que les maires croient devoir prendre pour assurer la circulation ou prévenir des désordres ; que le droit de police de l'Administration a été expressément réservé par l'art. 1er de la convention

l'excès de pouvoir ; aussi ont-elles été citées à ce dernier point de vue, *suprà*, n° 153.

161. Il y a également abus dans le fait d'un évêque : 1° d'avoir adressé officiellement, et comme supérieur hiérarchique, aux membres de son clergé, une lettre ayant le caractère d'un écrit politique, dans laquelle il indique ce qu'il faut penser, faire et prescrire au sujet d'une décision ministérielle, et critique d'une manière injurieuse les actes du Gouvernement (Décr. Cons. d'Et. 16 mars 1886, aff. Evêque de Grenoble, D. P. 88. 3. 35) ; — 2° D'avoir envoyé une circulaire pastorale destinée à être lue au prône, dans laquelle les fidèles sont invités au mépris d'une loi, et renfermant une critique violente de cette loi et des paroles injurieuses pour le Gouvernement (Décr. Cons. d'Et. 16 mars 1886, aff. Evêque de Séez, D. P. 88. 3. 35) ; — 3° D'avoir dénaturé le caractère et la portée d'une décision ministérielle suspendant les traitements d'un certain nombre de curés et desservants et fait usage d'un procédé pouvant troubler arbitrairement les consciences en faisant naître dans l'esprit des fidèles la crainte de la suspension du service religieux, alors que toute paroisse légalement établie doit être desservie et qu'il appartient à l'évêque d'y pourvoir, suivant l'exigence des cas, lorsque, pour une cause quelconque, ce service ne peut être assuré par le titulaire (Décr. Cons. d'Et. 12 févr. 1886, aff. Evêque de Pamiers, D. P. 88. 3. 35). Antérieurement à la loi du 5 avr. 1884, d'après laquelle le maire a le droit d'avoir une clef du clocher (V. *suprà*, n° 126), le conseil d'Etat a déclaré qu'il y avait abus dans le refus, par un curé, de donner au maire l'accès du clocher à l'effet de sonner les cloches pour un service civil (Décr. Cons. d'Et. 16 nov. 1883, aff. Préfet du Gard *C.* abbé Michel, curé du Vigan, *Rec. Cons. d'Etat*, p. 989). Il y a également abus dans le fait de la part d'un desservant de faire sortir une procession de l'église nonobstant un arrêté municipal interdisant les processions sur la voie publique (Décr. Cons. d'Et. 17 août 1880 (1) ; 17 août 1880, aff. Préfet de Maine-et-Loire *C.* Pineau, desservant de Saint-Mélaine, *Rec. Cons. d'Etat*, p. 1099).

Mais un ecclésiastique peut, sans s'exposer à une déclaration d'abus, publier un ouvrage où une loi est appréciée et critiquée, car il use alors du droit commun, en matière de presse, qui lui est applicable comme aux autres citoyens, ou exercer le droit de pétition, et s'adresser au Gouvernement pour provoquer son initiative législative (Batbie, *Droit public et administratif*, t. 2, n° 351).

162. — III. INFRACTION AUX RÈGLES CONSACRÉES PAR LES CANONS REÇUS EN FRANCE (V. *Rép.* n° 248). — On a expliqué *ibid.* comment il faut entendre cette infraction et le pouvoir donné au conseil d'Etat, qui ne peut évidemment se livrer à l'interprétation des canons, mais qui a seulement le droit d'interpréter et d'appliquer les règles de discipline que ces canons consacrent. En général, les recours qui rentrent dans ce cas d'abus sont ceux qu'interjettent des prêtres frappés de peines ecclésiastiques, en soutenant que ces peines leur ont été appliquées au mépris des dispositions insérées dans ces canons reçus en France. Mais les pénalités qui touchent à la discipline extérieure sont les seules dont l'application puisse donner ouverture à l'appel comme d'abus prévu en ce troisième cas. Un ministre du culte qui,

---

du 26 mess. an 9, qui a admis la publicité du culte catholique ; qu'ainsi l'arrêté du 1er mai ne portait aucune atteinte à l'exercice public du culte, tel qu'il a été autorisé en France, et à la liberté que les lois et règlements garantissent aux ministres dudit culte ; qu'ayant été pris légalement, cet arrêté était obligatoire ; que, cependant, les dimanches 30 mai et 6 juin, le sieur Humeau, desservant de Chigné, a fait sortir une procession de l'église, s'est avancé sur la voie publique et n'a cédé qu'aux injonctions de l'autorité et à la menace d'employer la force ; qu'il a ainsi contrevenu aux règlements de la République et commis l'abus spécifié dans l'art. 6 de la loi du 18 germ. an 10 ; qu'antérieurement à cette contravention, il avait enfreint, du haut de la chaire, ses paroissiens à se trouver en grand nombre à la procession de la Fête-Dieu et à protester ainsi contre l'arrêté municipal, délit prévu et puni par l'art. 202 C. pén. ; ...

Décrète : — Art. 1er. Il y a abus dans les faits ci-dessus relatés et imputés au sieur Humeau, desservant de la paroisse de Chigné, etc.

Du 17 août 1880.-Décr. en Cons. d'Et.

sans souffrir dans les titres et avantages attachés par la loi civile à sa qualité de prêtre et de ministre du culte, et garantis par cette loi, aurait été frappé d'une peine spirituelle plus forte que celle dont les canons auraient édicté l'application, ne serait pas recevable à se pourvoir pour abus devant le conseil d'Etat, parce que le législateur civil n'a pas à s'immiscer dans le domaine spirituel, et qu'il n'est pas dépositaire de l'autorité juridique de l'Eglise (V. Affre, *De l'appel comme d'abus*, 2ᵉ part., chap. 3, art. 2; Dufour, t. 8, nᵒ 233). La mission du conseil d'Etat consiste donc uniquement à apprécier la consécration par les canons de la peine prononcée, la régularité de la décision, l'observation des formes, sans qu'il puisse toucher jamais au fond. D'après M. de Cormenin, *Encyclopédie du 19ᵉ siècle*, vᵒ *Concordat*, il doit seulement examiner si les conditions substantielles de tout jugement et les formalités compatibles avec l'ordre de choses actuel ont été observées. Ces formalités consistent dans une instruction discrète et éclairée, dans la pleine liberté de la défense et dans un jugement mûri (V. les exemples et décisions citées *supra*, nᵒˢ 160 et suiv., et *Rép.* nᵒˢ 109 et suiv.).

163. — IV. Attentat aux libertés, franchises et coutumes de l'Eglise gallicane (V. *Rép.* nᵒ 249). — On a exposé au *Rép.* nᵒ 29 ce que l'on entend par ces libertés, et cité une décision du conseil d'Etat, du 9 mars 1845 (aff. Archevêque de Lyon, D. P. 45. 3. 65), d'après laquelle nier, dans un mandement, la force obligatoire des quatre articles de la déclaration du clergé de France de 1682; attaquer l'autorité de l'édit du mois de mars de la même année, de l'art. 24 de la loi du 18 germ. an 10 et du décret du 25 févr. 1810, qui ont ordonné que cette déclaration serait tenue comme loi de l'Etat et que les quatre articles seraient enseignés dans les séminaires, constitue un attentat aux libertés, franchises et coutumes de l'Eglise gallicane, et, par conséquent, un abus. On peut consulter sur ce point le rapport de M. Vivien, *loc. cit.*, qui s'est attaché à défendre la valeur des maximes de droit ecclésiastique public connues sous le nom de libertés de l'Eglise gallicane et l'autorité de la déclaration de 1682. — Sur les exemples déjà donnés d'infractions de ce genre réprimées par des déclarations d'abus, V. *supra*, nᵒ 160, notamment le décret du 6 avr. 1857 (aff. Evêque de Moulins).

164. — V. Entreprise ou procédé qui, dans l'exercice du culte, peut compromettre l'honneur des citoyens; troubler arbitrairement leur conscience, dégénérer contre eux en oppression ou en injure; ou en scandale public. — Nous avons expliqué au *Rép.* nᵒ 251 cette formule, un peu trop générale et même vague, mais qui a été adoptée à dessein, pour laisser une plus grande liberté au conseil d'Etat (*Rép.* nᵒ 252), et nous avons indiqué les circonstances qui forment les éléments constitutifs de l'infraction prévue en ce cas. Ces éléments sont les suivants.

165. — 1ᵒ *Entreprise ou procédé dans l'exercice du culte* (*Rép.* nᵒ 254). — Dans ce cas de même que dans tous les autres, l'appel comme d'abus, lorsqu'il est dirigé contre les ministres du culte, ne s'applique qu'aux actes commis dans l'exercice des fonctions ecclésiastiques (Bathie, *Droit public et administratif*, 2ᵉ éd., t. 2, p. 248, nᵒ 337). Il ne s'applique, d'ailleurs, qu'aux cultes reconnus (*Ibid.*).

La question de savoir si l'entreprise a eu lieu dans l'exercice des fonctions ecclésiastiques, n'est pas sans difficulté, parce que les ministres du culte remplissent des fonctions qui, bien que connexes au culte, n'ont pas intrinsèquement un caractère ecclésiastique. La jurisprudence a été amenée à préciser les actes qui rentrent ou non dans l'exercice du culte (V. *Rép.* nᵒˢ 97, 254, 269, 270). Ainsi, il y a exercice du culte dans une procession (Décr. Cons. d'Et. 10 nov. 1862, aff. Aldebert, D. P. 63. 5. 107); dans un enterrement dirigé par le clergé paroissial (Crim. rej. 12 août 1882, aff. Juramy, D. P. 83. 1. 41); dans la cérémonie de conférer le baptême (Civ. cass. 11 févr. 1885, aff. Prat, D. P. 85. 1. 162); dans le fait, par un prêtre, revêtu de ses habits sacerdotaux, de présider une congrégation ou confrérie réunie à l'église pour procéder à une nouvelle formation de la liste des membres, et à la lecture du règlement, et pour entendre une instruction au sujet de cette lecture (Dijon, 16 déc. 1857, aff. Viard, D. P. 58. 2. 66); dans un discours prononcé à

l'église pendant le culte (Décr. Cons. d'Et. 13 déc. 1864, aff. Davoud, D. P. 65. 5. 106). Au contraire, ne constitue pas l'exercice du culte : le fait d'user d'une procuration confiée par un paroissien à son curé, alors que ce fait ne se rattache en aucune manière à l'exercice des fonctions ecclésiastiques (Cons. d'Et. 2 mai 1868, aff. Amblard, D. P. 69. 3. 101); ... Ni le fait, par un desservant, d'outrager par parole un maire dans une séance du conseil de fabrique, alors d'ailleurs que ce desservant avait reçu une délégation épiscopale à l'effet d'examiner et d'inspecter les comptes de la fabrique, car en ce cas il accomplissait un acte d'administration se rattachant à ses fonctions ecclésiastiques, mais non dans l'exercice du culte (Crim. rej. 8 mai 1869, aff. Constance, D. P. 70. 1. 93. V. Rouen, 6 janv. 1848, aff. Matte, D. P. 48. 2. 196); ... Ni le fait, par un desservant, d'avoir séquestré, pour défaut de payement de l'abonnement, les chaises apportées à l'église par un paroissien, et de l'avoir sommé à haute voix, dans l'église, d'acquitter le prix de ces chaises (Décr. Cons. d'Et. 22 avr. 1858, aff. Foret, D. P. 59. 3. 51). Un tel acte se rattache moins, en effet, à l'exercice même du culte qu'à l'exécution des décisions du conseil de fabrique (V. Décr. Cons. d'Et. 30 déc. 1854, aff. Bordier, D. P. 55. 3. 62); ... Ni le fait, par un ecclésiastique, d'arracher une affiche apposée par ordre de l'autorité municipale sur les murs de son église (Crim. rej. 25 mars 1880, aff. Aninard, D. P. 80. 1. 233).

166. — 2ᵒ *Entreprise ou procédé troublant arbitrairement la conscience des citoyens ou dégénérant contre eux en oppression, en injure ou en scandale public* (V. *Rép.* nᵒˢ 255 et suiv.). — Le procédé doit être public (V. *ibid.*). Mais la publicité ne suffit pas : il faut encore que le ministre du culte excède son pouvoir, qu'il commette un acte arbitraire et dégénérant en injure ou scandale (V. *Rép.* nᵒ 256). Par suite, le refus, même public, du sacrement de la communion, à moins de circonstances particulières, ne constitue pas un cas d'abus des fonctions de curé ou desservant (Décr. Cons. d'Et. 2 mai 1868, aff. Amblard, D. P. 69. 3. 101). Par circonstances particulières, il faut entendre des injures, des réflexions blessantes pour les particuliers, en un mot un scandale public (V. *Rép.* nᵒ 255; Batbie, t. 2, p. 305, nᵒ 394). — Jugé, également, que le fait d'avoir procédé à la cérémonie du baptême d'un enfant précédemment ondoyé avec le consentement du père, sans prévenir celui-ci, et sur la présentation d'un parrain non muni de procuration, et d'avoir donné à l'enfant des prénoms différents de ceux qui sont portés sur l'acte de l'état civil, ne rentre dans aucun des cas d'abus prévus par les articles organiques (Décr. Cons. d'Et. 3 mai 1886, aff. Dumas, D. P. 88. 3. 36). — Sur les appels comme d'abus formés à l'occasion des baptêmes, V. *Rép.* nᵒ 256; Civ. cass. 11 févr. 1885, aff. Prat, D. P. 85. 1. 162. — De même, le refus de sépulture ecclésiastique, qui a donné lieu à de vives controverses et à des débats passionnés (V. *Rép. ibid.* et nᵒ 257), lorsqu'il est pur et simple, ne constitue pas un cas d'abus (Décr. Cons. d'Et. 3 mars 1866, aff. Lasserre, D. P. 67. 3. 53). Le refus de prières peut, toutefois, à raison des circonstances, présenter un caractère injurieux. C'est alors le seul élément que l'opinion qui a prévalu admet la possibilité d'un recours au conseil d'Etat pour faire arbitrer (V. *Rép.* nᵒˢ 259 et 262. — *Contra* : Vuillefroy, *De l'administration du culte catholique*, p. 495).

167. Mais la menace de refus éventuel de sacrements peut constituer un abus, parce qu'elle trouble arbitrairement la conscience des citoyens (V. *Rép.* nᵒ 264). Une application de cette règle avait été faite, notamment, par une ordonnance rendue en conseil d'Etat, le 8 nov. 1843, citée au *Rép.* nᵒ 274. Depuis, la jurisprudence a vu un abus dans la menace de refus éventuel de sacrements adressée aux instituteurs, aux élèves et à leurs parents, pour le cas où des livres condamnés par la congrégation de l'*Index* seraient admis dans les écoles, et pour celui où l'enseignement serait imprégné de l'esprit de ces livres, cette menace étant de nature à troubler arbitrairement la conscience de ceux auxquels elle s'adresse (Décr. Cons. d'Et. 28 avr. 1883, aff. Evêque d'Annecy, aff. Evêque de Viviers, aff. Archevêque d'Albi, D. P. 84. 3. 65); dans la menace de refus de sacrement faite aux parents qui laisseraient entre les mains de leurs enfants, et ne remettraient pas immédiatement à leur curé, les livres condamnés par la

Congrégation, et dans la déclaration que les enfants ne pourraient pas même être reçus aux réunions du catéchisme (Décr. Cons. d'Et. 28 avr. 1883, aff. Evêque de Langres, D. P. 84. 3. 65); dans la lettre par laquelle un évêque, pour donner une sanction à la condamnation prononcée contre les livres mentionnés dans une ordonnance épiscopale, déclare que les instituteurs qui continueront à lire où à faire lire les livres condamnés, s'exposeraient à l'application rigoureuse des principes de la théologie et cesseraient d'être chrétiens, et dans la menace de refus de sacrements adressée aux enfants fréquentant les écoles où ces livres sont adoptés comme livres classiques (Décr. Cons. d'Et. 28 avr. 1883, aff. Evêque de Valence, D. P. 84. 3. 65).

168. L'injure adressée à un paroissien par un ministre du culte en chaire, ou plus généralement dans l'exercice du culte, peut incontestablement constituer un abus (V. Rép. n° 266). C'est ce que le conseil d'Etat a reconnu implicitement à diverses reprises en faisant droit à des demandes d'autorisation de poursuites qui lui étaient adressées à raison de faits semblables, notamment en autorisant, le 1er oct. 1858, une institutrice à poursuivre devant les tribunaux un desservant qui l'avait appelée *menteuse, voleuse, capable de tout* (aff. Dubois, Rec. Cons. d'Etat, p. 895 ; Batbie, t. 2, n° 396); en autorisant, le 27 déc. 1858, un particulier à se pourvoir devant les tribunaux répressifs pour obtenir la réparation de propos injurieux et *diffamatoires* tenus à l'église par un desservant contre lui (aff. Durand, D. P. 59. 3. 44). — De même, la jurisprudence des cours d'appel n'a jamais hésité à reconnaître l'injure adressée dans l'exercice du culte par un ecclésiastique à un particulier comme un cas d'abus (Dijon, 16 déc. 1857, aff. Viard, D. P. 58. 2. 66), surtout lorsque cette injure compromet l'honneur du plaignant (Même arrêt). Le fait d'un ecclésiastique d'avoir, dans un discours prononcé dans l'exercice du culte, adressé le reproche d'avoir vécu en concubinage à une personne mariée sans la présence du prêtre dans un pays où le concile de Trente n'a pas été publié, et où, par suite, le mariage ainsi célébré est valide au point de vue religieux, et cela, sans tenir compte d'une déclaration de l'évêque reconnaissant la validité de ce mariage au point de vue religieux et prescrivant audit ecclésiastique la rétractation de l'appréciation contraire par lui émise, est un cas d'abus qui peut être déféré au conseil d'Etat (Décr. Cons. d'Et. 13 déc. 1864, aff. Davoud, D. P. 65. 5. 106).

169. Pourrait-on considérer comme une injure l'expulsion d'un enfant du catéchisme ou d'une procession, et par suite, voir dans ce fait un cas d'abus? Non, car le ministre du culte exerce alors un droit ; il prend une mesure de discipline dans laquelle le pouvoir civil n'a pas à s'immiscer. Il a été décidé en ce sens que la mesure prise par un desservant à l'égard d'un jeune garçon, notamment dans l'exercice des droits de police et de surveillance qui lui sont conférés par les lois et règlements, ne peut être déférée à la censure du conseil d'Etat, lorsqu'elle n'excède pas la limite de ces droits (Décr. Cons. d'Et. 10 déc. 1868, aff. Drouin, D. P. 69. 5. 107). De même, en vertu du principe de l'indépendance des deux puissances spirituelle et temporelle, le curé a le droit d'exclure un paroissien d'une confrérie ; si cette exclusion n'est pas motivée de manière à produire du scandale, l'autorité civile n'a pas à intervenir (Batbie, t. 3, n° 34). En d'autres termes, pour donner lieu à un recours, il faut que l'expulsion soit abusive et dégénère en injure publique.

170. Même lorsque l'injure est grave, le conseil d'Etat rejette facilement le recours si le ministre du culte s'est rétracté ou a fait des excuses publiques parce qu'alors le plaignant a reçu une réparation suffisante (V. Rép. n° 268 ; Décr. Cons. d'Et. 12 août 1874, aff. Bessières C. Amadieu, Rec. Cons. d'Etat, p. 1049, Batbie, t. 2, p. 309). Ainsi, le recours comme d'abus exercé contre un desservant pour paroles injurieuses prononcées au prône contre le plaignant, peut être écarté en considération des excuses adressées par l'ecclésiastique poursuivi, alors surtout que les propos incriminés ont été prononcés dans une allocution par laquelle ledit ecclésiastique se proposait de se justifier contre de précédentes attaques (Décr. Cons. d'Et. 14 juin 1862, aff. Briand, D. P. 63. 5. 106).— Bien que des assistants

aient pu voir une injure ou une diffamation à leur égard dans des paroles prononcées en chaire par le desservant de la paroisse, il n'y a lieu, sur leur recours, quelque blâmables que soient ces paroles, de prononcer contre le desservant ni un renvoi devant les tribunaux, ni même une déclaration d'abus, si lesdites paroles ne renfermaient pas d'imputation nominative et directe, et si, d'ailleurs, elles ont été suivies d'une rétractation publique au prône de la messe paroissiale (Décr. Cons. d'Et. 26 déc. 1868, aff. Mérac, D. P. 69. 5. 107). V. aussi Décr. Cons. d'Et. 15 nov. 1858, aff. Corcinos, D. P. 59. 3. 45 ; 11 févr. 1879, aff. Abbé Bancoux, Rec. Cons. d'Etat, p. 897).

171. Quelquefois, le conseil d'Etat se contente d'un autre genre de réparation, par exemple, du déplacement du ministre du culte, ce qui rend l'intérêt nul. Il a été jugé que l'appel comme d'abus formé contre un ecclésiastique pour avoir, dans l'exercice du culte, proféré contre l'appelant des paroles injurieuses et diffamatoires, devient sans intérêt, et, par suite, ne peut plus être admis, lorsqu'il est justifié devant le conseil d'Etat qu'une autre destination sera assignée à cet ecclésiastique par l'évêché (Décr. Cons. d'Et. 3 mars 1857, aff. Grassin, D. P. 58. 3. 48), ou lorsque les mesures prises par l'autorité diocésaine contre le prêtre coupable d'injures ou de diffamation constituent une réparation suffisante (Décr. Cons. d'Et. 15 févr. 1876, aff. Quenza, Rec. Cons. d'Etat, p. 970). La provocation peut aussi, comme la rétractation, être une cause d'atténuation suffisante pour donner lieu au rejet du recours pour abus. Le plaignant a-t-il provoqué l'injure par des outrages ou des voies de fait envers l'ecclésiastique? Il n'y a plus lieu à déclaration d'abus (Décr. Cons. d'Et. 11 déc. 1875, aff. Berthelier C. Mahuet, Rec. Cons. d'Etat, p. 1072).

172. Enfin il n'y a pas lieu à déclaration d'abus : 1° lorsque les paroles injurieuses et diffamatoires reprochées à un desservant au prône de la messe paroissiale sont déniées formellement par lui, et contredites en outre tant par les affirmations des témoins que par les renseignements recueillis dans l'instruction (Décr. Cons. d'Et. 14 févr. 1877, aff. Abbé Porade, Rec. Cons. d'Etat, p. 1094) ; — 2° Lorsque les faits articulés ne rentrent pas dans les cas d'abus prévus par la loi de germinal et ne sont point, en outre, de nature à motiver un renvoi devant l'autorité judiciaire (Décr. Cons. d'Et. 16 avr. 1878, aff. Lapeyre, Rec. Cons. d'Etat, p. 1154) ; — 3° Lorsqu'ils ne renferment pas de motifs suffisants pour justifier cette déclaration (Décr. Cons. d'Et. 28 avr. 1879, aff. Commune de Daglan, Rec. Cons. d'Etat, p. 897); — 4° Lorsque les paroles prononcées en chaire n'ont pas le sens que leur attribue le plaignant (Décr. Cons. d'Et. 26 déc. 1878, aff. Abbé Carente, Rec. Cons. d'Etat, p. 1154).

173.—3° *Entreprise ou procédé dirigé contre des citoyens ou des corps ayant une existence légale* (Rép. n° 253, et *suprà*, n° 166).— Il a été décidé à cet égard que des paroles injurieuses prononcées en chaire contre les maire, adjoint et conseillers municipaux d'une commune constituent l'abus prévu par l'art. 6 de la loi de germinal (Décr. Cons. d'Et. 29 nov. 1879, aff. Abbé Henry, Rec. Cons. d'Etat, p. 898).

§ 2. — Du recours en cas d'abus de la part des fonctionnaires publics (Rép. n°s 279 à 281).

174. « L'appel comme d'abus est réciproque » disait la 80e proposition de Pithou. Nous avons exposé au Rép. n° 279 la raison de cette réciprocité qui a donné lieu à l'art. 7 de la loi du 18 germ. an 10, afin d'assurer l'indépendance de la puissance spirituelle vis-à-vis de la puissance publique. La disposition de cet article ne doit s'entendre que des atteintes portées par les autorités civiles à la liberté des cultes. Quant à celles qui auraient pour auteurs de simples particuliers, elles tombent sous l'application du droit commun (Note de M. le président Portalis rapportée par Dufour, t. 5, n° 240, p. 265; Batbie, t. 2, n° 398).

175. Le *Répertoire* a cité aux n°s 156, 279 et suiv. plusieurs exemples de recours comme d'abus dirigés contre des actes abusifs émanés de fonctionnaires publics, et portant atteinte aux droits de l'Eglise, à la puissance ecclésiastique ou à la liberté des cultes. Depuis, il a été jugé que l'arrêté pris par un maire dans l'exercice des pouvoirs qu'il tient des lois des 14-22 déc. 1789 et 16-24 août 1790, à l'effet de régler les

conditions dans lesquelles une procession pourra avoir lieu, peut être l'objet d'un recours pour abus, par application de l'art. 7 de la loi du 18 germ. an 10, lorsqu'il est allégué que cet acte a porté atteinte à l'exercice public du culte (Cons. d'Et. 22 déc. 1876, aff. Badaroux, D. P. 77. 3. 33); que, de même, l'arrêté de police par lequel un maire interdit les processions sur la voie publique peut être l'objet du recours pour abus qui compète à toute personne intéressée, en vertu des dispositions des art. 7 et 8 de la loi du 18 germ. an 10, contre tout acte de l'autorité civile qui peut porter atteinte à l'exercice public du culte (Cons. d'Et. 23 mai 1879, aff. Evêque de Fréjus, D. P. 79. 3. 182). — Mais les arrêtés municipaux pris dans de pareilles conditions ne sont pas susceptibles d'un recours pour excès de pouvoir (Mêmes arrêts. — V. toutefois supra, n° 98).

Dans le même ordre d'idées, il a été jugé qu'un arrêté par lequel le maire interdit toute manifestation extérieure du culte sur la voie publique, ne visant pas le fait par un ecclésiastique de porter, revêtu de ses habits sacerdotaux, le viatique à un mourant, ne porte atteinte ni à l'exercice public du culte, ni à la liberté que la loi et les règlements garantissent à ses membres et, par suite, n'est entaché d'aucun abus (Décr. Cons. d'Et. 17 août 1886, cité supra, n° 103). La même interprétation a été donnée par l'autorité judiciaire à un arrêté municipal, analogue à celui à l'occasion duquel est intervenu le décret ci-dessus (Crim. rej. 26 févr. 1887, aff. Blanchard, D. P. 87. 1. 439). Décidé, de même, qu'il n'y a pas abus dans l'interdiction faite par un maire à une fanfare de jouer sur la voie publique sans autorisation préalable, lorsque le maire a agi dans la limite des attributions de police qu'il tient de la loi et qu'il ne s'est immiscé à aucun degré dans l'organisation de la procession à laquelle cette fanfare devait prêter son concours (Décr. Cons. d'Et. 26 janv. 1880 (1); 17 août 1880) (2); dans l'interdiction d'une procession dans une commune où il n'existe pas de temple affecté à un culte autre que le culte catholique, si le maire a, de même, agi dans les limites des attributions de police qui lui sont conférées par la loi (Décr. Cons. d'Et. 17 août 1880, aff. Pineau, et aff. Humeau; V. supra, n° 161; 27 juill. 1882) (3). — Décidé de même que l'arrêté municipal interdisant à tout corps de musique de jouer sur la voie publique sans autorisation et l'arrêté préfectoral dissolvant la société qui avait contrevenu à cette défense, ne portent ni l'un ni l'autre atteinte à l'exercice public du culte catholique et à la liberté de ses ministres (Décr. Cons. d'Et. 30 janv. 1887, aff. Préfet du Var, D. P. 88. 3. 129). V. supra, n° 103.

176. Parmi les cas d'abus de fonctionnaires publics, le

(1) (Maire d'Hendaye.) — LE PRÉSIDENT DE LA RÉPUBLIQUE FRANÇAISE; — Vu le recours formé par le sieur Alphonse Durruty, desservant, et les sieurs Paul Imatz et autres, membres de la fanfare d'Hendaye, ledit recours enregistré au secrétariat général du conseil d'Etat le 29 nov. 1879, et tendant à ce qu'il plaise au conseil d'Etat déclarer qu'il y a abus, de la part du maire d'Hendaye, dans le fait de s'être, en interdisant à la fanfare locale de jouer dans les rues sans autorisation préalable, immiscé dans l'organisation d'une procession et d'avoir empêché cette procession de sortir; — Vu l'arrêté du maire d'Hendaye en date du 11 juin 1879, ensemble le refus adressé au desservant le 21 du même mois; — Vu les art. 7 et 8 de la loi du 18 germ. an 10; — Considérant qu'en prenant l'arrêté du 11 juin 1879, qui interdisait à la fanfare de jouer sur la voie publique sans autorisation préalable, et en répondant, le 21 juin, un refus au desservant qui sollicitait une exception aux dispositions de cet arrêté, le maire d'Hendaye a agi dans la limite des attributions de police qu'il tient de la loi; — Qu'il ne s'est, à aucun degré, immiscé dans l'organisation de la procession qui devait avoir lieu le 22 juin; — Qu'en conséquence, il n'a porté aucune atteinte à l'exercice public du culte, ni à la liberté que les lois et règlements garantissent à ses ministres; — Le conseil d'Etat entendu, — Décrète : — Art. 1er. Le recours formé par le sieur Durruty, desservant d'Hendaye, et par plusieurs membres de la fanfare de cette commune, est rejeté...
Du 26 janv. 1880. — Décr. en Cons. d'Et.

(2) (Préfet de l'Allier C. Ogerdias, curé de Souvigny.) — LE PRÉSIDENT DE LA RÉPUBLIQUE FRANÇAISE; — ... Vu le recours formé par le préfet de l'Allier, tendant à ce qu'il plaise au conseil d'Etat déclarer l'abus résultant de la conduite du sieur Ogerdias, curé de Souvigny, lequel a convoqué à une procession des musiciens à qui la voie publique était interdite par arrêté municipal; — Vu l'arrêté du maire de Souvigny, en date du 23 avr. 1879; — Vu le jugement du tribunal de simple police du 30 juin suivant; — Vu l'art. 1er de la convention du 26 mess. an 9 et les art. 6, 7, 8 et 45 de la loi du 18 germ. an 10; — Considérant que le maire de la ville de Souvigny a pris, à la date du 23 avr. 1879, un arrêté interdisant à toute société musicale de se réunir et de jouer sur la voie publique sans autorisation préalable; que cet arrêté, portant règlement permanent, est devenu immédiatement exécutoire par le fait de l'approbation préfectorale qui lui a été donnée; que, contrairement à ces dispositions, la société musicale des Frères a figuré à la procession publique du 11 mai 1879; que, cités à raison de ce fait devant le tribunal de simple police du canton de Souvigny, les trente musiciens placés dans les rangs de la procession ont excipé de l'invitation individuelle et par écrit qu'ils auraient reçue du curé, et du droit que celui-ci tient de la loi du 18 germ. an 10 de régler librement les cérémonies religieuses de sa paroisse; que, le 30 juin 1879, le tribunal de simple police, attendu que la question préjudicielle d'abus résultant des art. 6 et 7 de la loi du 18 germ. an 10 était encore à surséis à statuer sur le fond jusqu'après décision du conseil d'Etat sur la question de savoir s'il y avait eu abus de la part du maire; qu'à la suite de cette décision, le préfet de l'Allier s'est pourvu auprès du conseil d'Etat à l'effet de faire déclarer l'abus de la conduite du curé.
En ce qui touche la part du maire : — Considérant qu'en prenant l'arrêté du 23 avr. 1879, interdisant à toute société musicale de jouer sur la voie publique, le maire de Souvigny n'a pas eu pour but d'intervenir dans la composition d'une procession, mais simplement d'user des pouvoirs de police qui tient de la loi; qu'il a agi dans la limite des attributions à lui conférées; qu'en effet, si l'art. 45 de la loi du 18 germ. an 10 autorise implicitement les processions publiques dans les communes où il n'existe pas de temple affecté à un autre culte, cette disposition ne fait pas obstacle aux mesures que les maires sont en droit de prendre pour assurer la circulation ou prévenir des désordres; que le droit de police de l'administration a été expressément réservé par l'art. 1er de la convention du 26 mess. an 9, qui a admis la publicité du culte catholique; qu'il suit de là que l'arrêté du 23 avr. 1879 n'a porté aucune atteinte à l'exercice du culte catholique, qui a été autorisé en France, ni à la liberté que les lois et règlements garantissent aux ministres dudit culte; qu'avant été légalement pris et régulièrement approuvé, cet arrêté avait force obligatoire au 11 mai, jour de la procession;...
Le conseil d'Etat entendu; — Décrète : — Art. 1er. Il n'y a pas abus dans l'arrêté municipal du maire de Souvigny qui interdit à toute société musicale de se réunir et de jouer sur la voie publique sans autorisation préalable. — Art. 2. Il n'y a pas lieu de statuer sur le surplus des conclusions du recours.
Du 17 août 1880. — Décr. en Cons. d'Et.

(3) (Taillet.) — LE PRÉSIDENT DE LA RÉPUBLIQUE FRANÇAISE; — Vu le recours formé par MM. Taillet et consorts, habitants de la ville de Rouen, enregistré le 1er juin 1882 au conseil d'Etat, et tendant à faire déclarer qu'il y a abus dans l'arrêté par lequel le maire de cette ville a interdit les processions hors des édifices consacrés au culte; — Vu l'arrêté du maire de Rouen, en date du 4 févr. 1882; — Vu le décret du 10 nov. 1852, portant la fixation des circonscriptions consistoriales des églises protestantes; — Vu l'art. 1er de la convention du 26 mess. an 9, les art. 7, 8 et 45 de la loi du 18 germ. an 10, ensemble les autres pièces du dossier; — Considérant qu'aux termes de l'art. 1er de la convention du 26 mess. an 9, l'exercice du culte catholique n'a été autorisé en France qu'à la condition pour ses ministres de se conformer aux règlements de police que le Gouvernement juge nécessaires pour la tranquillité publique; — Considérant que les maires ont le droit de défendre les processions sur la voie publique, partout où l'exigent la sécurité et les besoins de la circulation; — Considérant d'ailleurs que le maire de la ville de Rouen, en prenant son arrêté du 4 févr. 1882, n'a fait que se conformer aux dispositions de l'art. 45 de la loi du 18 germ. an 10, lequel interdit les cérémonies religieuses hors des édifices consacrés au culte catholique dans les villes où il y a des temples destinés à différents cultes; — Considérant que, dans la lettre comme dans l'esprit de la loi, le mot temple s'entend de l'édifice même consacré au culte, et non d'une église ou agrégation de fidèles; que, au surplus, cette distinction est sans objet pour la ville de Rouen, qui, en même temps qu'elle possède des temples affectés à différents cultes, est le chef-lieu d'une des quatre églises consistoriales de la Seine-Inférieure, ainsi qu'il appert du tableau annexé au décret du 10 nov. 1852; qu'en conséquence, le maire de la ville de Rouen n'a porté aucune atteinte à l'exercice public du culte catholique tel qu'il a été autorisé en France; — Le Conseil d'Etat entendu; — Décrète :
Art. 1er. Le recours pour abus formé par MM. Taillet consorts est rejeté.
Du 27 juill. 1882. — Décr. en Cons. d'Et.

Répertoire comprend les actes des fonctionnaires administratifs ou judiciaires, d'un ordre quelconque, qui porteraient atteinte à la liberté des ministres du culte, soit en les empêchant de remplir les fonctions de leur ministère, soit en les obligeant à les remplir contrairement aux lois qui les régissent ou en dehors des règlements auxquels ils sont soumis (V. *ibid.* n° 281). On s'est demandé si le recours pour abus pourrait être dirigé contre les décisions judiciaires. Le rapport de Portalis semble conclure à l'affirmative. M. Batbie, t. 2, n° 399, est d'un avis contraire. « Ou le jugement, dit cet auteur, a été rendu contradictoirement avec le ministre du culte qui se plaint, ou bien le ministre n'a pas été partie au procès. Dans le premier cas, le ministre étant lié au procès peut épuiser toutes les voies de recours judiciaire jusqu'à la cour de cassation... Que si, au contraire, le ministre du culte n'a pas été partie, la décision judiciaire ne lui sera point opposable. Il lui appartient alors de déférer au conseil d'État, non pas l'arrêt ou le jugement, mais l'acte attentatoire à la liberté au sujet duquel l'arrêt a été rendu » (V. conf. Gaudry, t. 1, p. 421).

Art. 3. — *Des personnes qui peuvent former le recours en matière d'abus.* — *De l'autorité qui doit en connaître et de ses formes* (*Rép.* n°s 282 à 292).

177. L'action en abus est ouverte d'abord à toute personne intéressée, puis, à défaut de plainte particulière, au préfet qui l'exerce d'office (V. *Rép.* n° 282).

On ne peut considérer comme intéressé que celui que l'acte abusif frappe directement et personnellement dans ses droits ou son honneur (V. *Rép.* n° 283). Ainsi l'exécuteur testamentaire d'une personne défunte n'a pas qualité pour former, à ce titre, un recours pour abus (Décr. Cons. d'Et. 4 mai 1867 (1); Dufour, t. 5, n° 241, p. 266). Un maire ne peut se pourvoir par cette voie contre un évêque pour infraction à la loi sur la résidence ecclésiastique et pour le délit prévu par l'art. 201 c. pén., parce qu'il n'a pas d'intérêt propre et ne peut se plaindre au nom de la société (Décr. Cons. d'Et. 27 nov. 1859, aff. Albertini, et aff. Falconetto, *Rec. Cons. d'État,* p. 907; Batbie, t. 2, n° 403, p. 316). De même, un ancien maire n'a pas qualité, comme personne intéressée, pour former appel comme d'abus contre les actes d'un desservant qui constitueraient un empiétement sur les pouvoirs de l'autorité municipale et de l'autorité académique (Décr. Cons. d'Et. 27 janv. 1879, aff. Champeaux, D. P. 81.

3. 80). — Est également non recevable, l'appel comme d'abus formé par les administrateurs municipaux contre des paroles du desservant qui n'atteindraient ni leur personne, ni leur gestion (Décr. Cons. d'Et. 9 juin 1879, aff. Maire de Castel-Arrouy, D. P. 81. 3. 80). De même, un adjoint faisant fonctions de maire est sans qualité pour faire déclarer l'abus résultant de la violation de l'art. 43 de la loi de germinal an 10 (Décr. Cons. d'Et. 17 août 1882) (2).

178. Le ministre, supérieur hiérarchique du préfet, doit avoir le même droit que son subordonné. Ainsi, le ministre de la justice a introduit contre le cardinal de Bonald un recours qui a été jugé le 9 mars 1843 (D. P. 43. 3. 65) (V. *Rép.* n° 249; Batbie, t. 2, n° 403). Il est même des cas où, suivant M. Batbie, *ibid.*, l'appel ne pourrait émaner que du ministre, par exemple si un évêque publiait un bref ou une bulle de Rome non enregistrée. « Il s'agit là, dit cet auteur, d'une atteinte à la souveraineté et d'un conflit avec le Gouvernement. C'est le pouvoir central et non un préfet qui doit se pourvoir. »

179. A qui appartenait-il, sous l'empire de la jurisprudence autrefois en vigueur (V. *infrà,* n° 196) de former le recours au conseil d'État qui, d'après cette jurisprudence, devait précéder les poursuites exercées contre les ministres du culte? L'art. 8 de la loi de germinal an 10 n'avait pas prévu cette question qui d'ailleurs n'a plus d'intérêt aujourd'hui. Cette loi n'a pas résolu non plus la question analogue de savoir qui a qualité pour saisir le conseil d'État lorsqu'il doit être appelé, sur le sursis prononcé par un tribunal de répression, à apprécier si l'acte administratif dont la violation motive les poursuites est entaché d'abus. Il semble, d'une façon générale, que le ministère public doive être considéré comme partie intéressée. En ce qui concerne le recours qui autrefois devait précéder les poursuites contre les ministres du culte, la jurisprudence administrative avait implicitement reconnu aux procureurs généraux le droit de l'exercer. D'après un arrêt de la cour de cassation (Crim. rej. 25 mars 1880, aff. Maunier, D. P. 80. 1. 185), il peut être formé par le magistrat remplissant les fonctions de ministère public près le tribunal de simple police. Mais cette décision, qui est résultait déjà implicitement d'une ancienne décision du conseil d'État du 1er mars 1842 (*Rép.* n° 156) est contredite par une autre décision plus récente émanée de la même juridiction (Décr. Cons. d'Et. 17 août 1880) (3).

(1) (Peyre C. Lambert.) — Le conseil d'État ;... — Vu les recours comme d'abus formés par le sieur Peyre, les 22 et 26 déc. 1865, à l'effet d'obtenir, tant en son nom personnel que comme exécuteur testamentaire de la dame Ollivier, née Jeanne Puiségur, l'autorisation de poursuivre devant les tribunaux civils le sieur Lambert à raison des paroles prononcées par ce dernier dans l'église de Port-de-France, les 22 et 24 déc. 1865, lesquelles paroles constitueraient un outrage à la mémoire de la dame Ollivier et une atteinte à la considération du requérant ; — Vu la loi du 18 germ. an 10 ; — Considérant que le sieur Peyre, exécuteur testamentaire de la dame Ollivier, n'a pas qualité suffisante pour intenter une action de la nature de celle dont il s'agit au nom et et comme représentant de cette dame ; — Considérant qu'en ce qui le concerne personnellement il résulte de l'instruction qu'il n'a été ni nommé, ni suffisamment désigné par l'abbé Lambert ; — Considérant que, dans ces circonstances, et quelque regrettables que soient les paroles prononcées publiquement dans l'église par l'abbé Lambert, il n'y a lieu ni d'accorder l'autorisation de poursuites, ni de déclarer l'abus : — Art. 1er. Le recours comme d'abus formé par le sieur Peyre contre le sieur Lambert, curé de Port-de-France (Nouvelle-Calédonie), est rejeté.
Du 4 mai 1867.-Décr. en Cons. d'État.-M. Boinvilliers, rap.

(2) (Magné.) — Le Président de la République française ; — Vu le recours formé par M. Camille Magné, adjoint faisant les fonctions de maire de la commune de la Flotte (Ile de Ré), ledit recours enregistré au conseil d'État le 5 juill. 1882, et tendant à faire déclarer l'abus résultant de la violation, par le desservant Fabien, des dispositions de l'art. 43 de la loi du 18 germ. an 10 ; — Vu les art. 6, 8 et 43 de la loi du 18 germ. an 10 ; — Vu l'arrêté des consuls du 17 niv. an 12 ; — Considérant que l'art. 8 de la loi du 18 germ. an 10 porte expressément qu'à défaut de plainte particulière, le recours sera exercé d'office par le préfet ; que les termes de cette disposition sont formels et ne permettent pas de l'étendre à d'autres fonctionnaires publics ; qu'à défaut de texte précis, la nature toute spéciale de l'appel comme d'abus suffirait pour faire restreindre aux préfets le droit de recourir au conseil

d'État ; — Considérant, au surplus, que si l'art. 43 de la loi du 18 germ. an 10 prescrit à tous les ecclésiastiques de s'habiller à la française et en noir, l'arrêté des consuls du 17 niv. an 12 leur permet de continuer à porter « dans le territoire assigné à leurs fonctions », les habits convenables à leur état, suivant les canons, règlements et usages de l'Eglise ; — Le conseil d'État entendu ; — Décrète : — Art. 1er. Le recours formé par M. Camille Magné, adjoint faisant les fonctions de maire de la commune de la Flotte (Ile de Ré), est rejeté.
Du 17 août 1882.-Décr. en Cons. d'Et.

(3) (Commissaire de police des Ponts-de-Cé et préfet de Maine-et-Loire C. Pineau, desservant de Saint-Mélaine.) — Le Président de la République française ; — Vu le recours formé par le commissaire de police du canton des Ponts-de-Cé et par le préfet de Maine-et-Loire, lesdits recours enregistrés au secrétariat général du conseil d'État les 6 et 9 juill. 1880, et tendant à ce qu'il plaise au conseil d'État déclarer l'abus résultant de la conduite du sieur Pineau, desservant de la paroisse de Saint-Mélaine, qui, au mépris d'un arrêté du maire de ladite commune, a fait sortir la procession de l'église le jour de la fête de l'Ascension ; — Vu l'arrêté du maire de Saint-Mélaine en date du 3 mai 1880 ; — Vu le procès-verbal de contravention du 6 du même mois ; — Vu le jugement rendu par le tribunal de simple police du canton des Ponts-de-Cé le 7 juin ; — Vu l'art. 1er de la convention du 29 mess. an 9, et les art. 6, 7, 8 et 43 de la loi du 18 germ. an 10 ; — Considérant que le maire de Saint-Mélaine a pris, à la date du 3 mai 1880, un arrêté interdisant la sortie de la procession hors de l'église le jour de la fête de l'Ascension ; que, malgré cet arrêté, le sieur Pineau, desservant de la paroisse, a fait sortir la procession ledit jour ; que, cité à la requête du ministère public devant le tribunal de simple police, il a allégué pour sa défense que l'arrêté du maire, n'ayant pas été légalement pris, n'était pas obligatoire ; que le maire, en effet, ne pourrait, sans commettre un abus de pouvoirs, interdire, dans une commune où ne se trouve pas de temple affecté à un autre culte, une cérémonie extérieure du culte catholique autorisée par l'art. 45 de la loi du 18 germ.

180. — I. COMPÉTENCE. — On a exposé au *Rép.* n° 284 les motifs pour lesquels la loi de germinal a attribué compétence au conseil d'État pour statuer sur les appels comme d'abus. Cette compétence a été reconnue par l'art. 8, § 5, de l'ordonnance du 29 juin 1814, portant règlement de ce conseil (V. *Rép. ibid.*), et elle a été défendue depuis la rédaction du *Répertoire* par plusieurs jurisconsultes, notamment M. Blanche, *Dictionnaire d'administration*, v° *Appel comme d'abus*, p. 66; Batbie, t. 2, n° 402. Quant à la jurisprudence, elle s'est prononcée, sauf de rares exceptions, dans le même sens (V. *Rép.* n°s 285 et suiv.).

181. — II. FORMES ET DÉLAI DU RECOURS. — Le recours pour abus, étant une voie extraordinaire, ne doit être employé qu'à la dernière extrémité et lorsque toutes les autres voies, notamment le recours au métropolitain, dans le cas où il est admis pour inobservation des formes, sont épuisées ou fermées (Batbie, t. 2, n° 406. V. *suprà*, n° 155). Il n'est pas porté directement au conseil d'État (V. *Rép.* n° 289), qui rejetterait un recours par requête à lui adressée directement en la forme ordinaire (Batbie, *Appel comme d'abus*, n° 96), mais au ministre des cultes, sous la forme d'un mémoire, dont la remise est une sorte de préliminaire de conciliation, et à défaut duquel le recours est irrecevable (V. *Rép.* n° 290). Il en serait de même si le mémoire n'était pas détaillé ou ne portait pas de signature (Batbie, t. 2, n° 408). Cette signature est exigée à peine de nullité: toutefois les personnes qui ne savent pas signer peuvent employer le ministère d'avocats au conseil d'État ou de notaires qui attesteraient leur déclaration (*Ibid.*). D'une façon générale, il a été décidé que le recours pour abus doit, à peine de nullité, être présenté dans les formes prescrites par l'art. 8 de la loi organique (Décr. Cons. d'Ét. 29 août 1854, aff. abbé Bourrel, D. P. 55. 3. 62).

182. La loi n'a pas stipulé de délai pour le recours comme d'abus. On a soutenu que le délai de trois mois, fixé par le décret du 22 juill. 1806, art. 11, pour les pourvois contentieux, et par la loi du 18 juill. 1837, art. 50 (aujourd'hui deux mois, d'après l'art. 126 de la loi du 5 avr. 1884) pour les autorisations de plaider demandées par les communes, devrait, par analogie, être appliqué, à peine de déchéance, aux recours des particuliers (l'appel formé d'office par le préfet, étant fondé sur des motifs d'ordre public, ne saurait être soumis à une déchéance encourue par une abstention dans un laps de temps aussi court, abstention qui suppose une renonciation tacite à se pourvoir). En sens contraire, on a répondu que l'on ne pouvait établir une déchéance non édictée par la loi, que les parties devaient être recevables pendant trente ans à interjeter l'appel; — Il semble qu'il est préférable de laisser au conseil le droit d'apprécier suivant les circonstances, si les parties ont renoncé à se pourvoir, et de lui permettre de prononcer la déchéance selon les cas. En d'autres termes, il pourra juger si le laps de temps a été assez long pour qu'on puisse voir dans l'abstention de l'intéressé la volonté de renoncer

à l'appel (Batbie, t. 2, n° 407). — M. Dufour, t. 5, n° 243, estime que les particuliers n'ont d'autre déchéance à craindre que celle qui résulterait de leur acquiescement, ce qui revient à la même solution. On peut ajouter qu'en fait la déchéance n'a jamais été appliquée par la jurisprudence du conseil d'État.

De ce que l'appel comme d'abus n'est assujetti à aucun délai, il résulte que cet appel n'est pas suspensif (Crim. rej. 10 mai 1873, *suprà*, n° 68).

183. Après avoir recueilli tous les renseignements nécessaires sur le mémoire qui lui est présenté, le ministre des cultes l'envoie avec toutes les pièces au président du conseil d'État (V. *Rép.* n° 289). L'affaire est soumise à l'examen de la section de l'intérieur, des cultes, de l'instruction publique et des beaux-arts, qui peut ordonner un supplément d'instruction par un avis signé du président et du rapporteur ou de ce dernier seulement. Si l'instruction est complète, la section arrête un projet de décret qui est soumis à l'Assemblée générale du conseil d'État où la rédaction définitive est arrêtée (Régl. Cons. d'Ét. 2 août 1879, art. 7, n° 2). L'affaire est instruite et jugée dans la forme administrative, sans publicité, sans frais ni constitution d'avocat (V. *Rép.* n° 289).

184. Nous avons indiqué au *Rép.* n° 292 les formules de solution employées en cette matière par le conseil d'État, qui peut renvoyer devant les supérieurs ecclésiastiques, selon les circonstances, s'il écarte le recours. Il convient de remarquer que la déclaration d'abus étant une mesure disciplinaire et, par conséquent, personnelle, ne peut être prononcée contre « l'autorité ecclésiastique » en général, sans désignation d'un ministre du culte déterminé (Batbie, t. 2, n° 410).

SECT. 4. — DISPOSITIONS PÉNALES CONCERNANT LES MINISTRES DU CULTE (*Rép.* n°s 293 à 307).

185. Les art. 199 à 208 c. pén. répriment les crimes et délits contre la paix publique commis par les ministres du culte dans l'exercice de leur ministère (V. *Rép.* n° 293). On a exposé (V. *ibid.*) que c'est la sanction pénale ajoutée par le législateur à la sanction administrative de l'appel comme d'abus; et l'on a montré que les expressions « ministres des cultes » employées par ces articles, ne comprennent que les ministres des cultes reconnus en France. Les ministres des cultes non reconnus sont placés sous l'empire du droit commun (V. *Rép.* n° 294. Aux autorités citées *ibid.* en ce sens, il faut joindre: Locré, t. 30, p. 170 et suiv.; Blanche, *Études sur le code pénal*, n° 1).

186. — I. CONTRAVENTIONS PROPRES A COMPROMETTRE L'ÉTAT CIVIL DES PERSONNES. — Les art. 199 et 200 c. pén., qui interdisent aux ministres d'un culte de procéder aux cérémonies religieuses d'un mariage sans qu'il leur ait été justifié d'un acte de mariage préalablement reçu par les officiers de l'état civil, s'appliquent aux ministres du culte catholique et à

an 10; que le tribunal de simple police a rendu, le 7 juin, un jugement par lequel il s'est déclaré compétent pour connaître de l'action intentée contre le sieur Pineau, mais a sursis à statuer au fond jusqu'à ce qu'il ait été prononcé par le conseil d'État sur la question de savoir s'il y a eu abus, soit de la part du curé, soit de la part du maire; qu'à la suite de cette décision, le conseil d'État a été saisi de la question préjudicielle d'abus à la diligence du commissaire de police, remplissant les fonctions de ministère public; qu'un recours pour le même fait a été formé postérieurement par le préfet de Maine-et-Loire;

Sur le recours formé par le commissaire de police : — Considérant que la loi du 18 germ. an 10 dit expressément qu'à défaut de plainte particulière, le recours sera exercé d'office par les préfets; que les termes de cette disposition sont formels et ne permettent pas d'en étendre le sens à un autre fonctionnaire public; qu'à défaut de texte précis, la nature toute spéciale de l'appel comme d'abus suffirait pour faire restreindre aux préfets le droit de recourir au conseil d'État;

Sur le recours formé par le préfet : — En ce qui touche l'abus de la part du maire : — Considérant qu'en prenant l'arrêté du 3 mai 1880, le maire de Saint-Mélaine a agi dans la limite des attributions de police qui lui ont été conférées par la loi; qu'en effet, si l'art. 48 de la loi du 18 germ. an 10 autorise implicitement les processions publiques dans les communes où il n'existe pas de temple affecté à un culte autre que le culte catholique, cette disposition ne fait pas obstacle aux mesures que les maires croient

devoir prendre dans l'intérêt de la circulation ou pour prévenir des désordres; que le droit de police de l'Administration a été expressément réservé par l'art. 1er de la convention du 26 mess. an 9, lequel a admis la publicité du culte catholique; qu'ainsi l'arrêté municipal du 3 mai n'a pas porté atteinte à l'exercice public du culte, tel qu'il a été autorisé en France, et à la liberté que ces lois et règlements garantissent à ses ministres; que cet arrêté, ayant été légalement pris, était obligatoire;

En ce qui touche l'abus de la part du desservant : — Considérant que, le desservant Pineau étant poursuivi devant le tribunal de simple police à la requête du ministère public, il n'est pas besoin, pour que le juge statue sur l'action ainsi introduite, d'une déclaration préalable d'abus par le conseil d'État; qu'il appartient au tribunal de simple police du canton des Ponts-de-Cé d'apprécier le fait de la contravention commise par le desservant Pineau à un arrêté municipal légalement obligatoire, ainsi qu'il résulte des motifs ci-dessus exposés; — Le conseil d'État entendu; — Décrète : — Art. 1er. Le recours formé par le commissaire de police du canton des Ponts-de-Cé est déclaré non recevable. — Art. 2. Il n'y a pas d'abus dans l'arrêté municipal qui a interdit la procession publique du jour de l'Ascension dans la commune de Saint-Mélaine. — Art. 3. Il n'y a pas lieu de statuer sur le surplus des conclusions formulées dans le recours du préfet de Maine-et-Loire. — Art. 4. Le ministre de l'intérieur et des cultes et le garde des sceaux, ministre de la justice, sont chargés, etc. Du 17 août 1880.-Décr. en Cons. d'Ét.

ceux des autres cultes reconnus en France (V. *Rép.* n° 295). Ils régissent tous les mariages célébrés en France par un ministre du culte (D. P. 71. 5. 259, note), notamment le mariage exclusivement religieux qui aurait été contracté en France entre une Française et un étranger, conformément aux lois du pays de cet étranger, le mariage étant, même en ce cas, frappé de nullité (V. *Rép.* v° *Mariage*, n° 384; D. P. 71. 5. 259, note), ou le mariage entre étrangers appartenant à un pays où le mariage civil se confond avec le mariage religieux (C. cass. Belgique, 19 janv. 1852, aff. Grenier, D. P. 71. 5. 259) ; et la contravention ne peut, en pareil cas, être excusée par la bonne foi du ministre du culte qui l'a commise et des parties contractantes (Même arrêt). Mais lorsque le mariage civil existe, il importe peu, semble-t-il, que ce mariage soit atteint d'un vice qui le rende annulable ; le ministre du culte peut, en pareil cas, procéder à la bénédiction nuptiale sans commettre aucun délit. C'est du moins ce qui a été jugé par un arrêt de la cour de cassation de Belgique, du 5 juill. 1880 (1). Peu importe qu'il s'agisse d'un mariage civil célébré à l'étranger, en l'absence d'actes respectueux, et sans qu'il ait été procédé aux publications prescrites par l'art. 63 c. civ. (Même arrêt).

187. Nous avons démontré au *Rép.* n° 295 que les art. 199 et 200 c. pén. ne sont pas applicables au cas où, l'acte de mariage ayant été préalablement dressé par l'officier de l'état civil, le ministre du culte n'a à se reprocher que de n'en avoir pas exigé la justification (Conf. Blanche, t. 4, n° 4, p. 27). Ils ne sont pas non plus applicables aux baptêmes et inhumations (Locré, t. 30, p. 218 ; Blanche, *Etudes sur le code pénal,* t. 2, n° 5).

188. — II. Critiques, censures ou provocations dirigées contre l'autorité publique dans un discours pastoral prononcé publiquement (V. *Rép.* n°s 296 à 298). — Les dispositions des art. 201, 202, 203 c. pén. n'ont rien perdu de leur autorité (Circ. min. just. 9 nov. 1884, art. 75, D. P. 81. 3. 112). Elles ne sont applicables qu'aux ministres des cultes reconnus : les autres sont régis par le droit commun. D'ailleurs, si, hors les cas prévus par ces articles, les ministres des cultes reconnus commettent quelque infraction punissable, par la voie de la presse ou par tout autre moyen de publication, ils tombent sous l'application de la loi commune (Blanche, t. 4, n° 8, p. 30).

189. — III. Critiques, censures, ou provocations dirigées contre l'autorité publique dans un écrit pastoral (V. *Rép.* n°s 299 à 300). — Les dispositions des art. 204, 205, 206 c. pén., qui punissent ces critiques et censures, sont encore en vigueur (Blanche, t. 4, n° 12, p. 33). Elles considèrent comme *écrit pastoral* tout écrit contenant des *instructions pastorales,* mandement, catéchisme ou autre (V. *Rép.* n° 299). Mais, comme l'a dit M. Suin devant le conseil d'Etat, le 27 mars 1861, « l'art. 204 ne peut avoir été rédigé, malgré ses termes généraux, que contre les évêques, puisque ces prélats seuls ont le droit de publier des instructions pastorales, et c'est là, sans doute, l'une des sources de l'élévation

des peines édictées par cet article, parce que ces membres du haut clergé, plus éclairés et plus puissants, se rendent plus coupables quand ils publient, dans l'exercice de leur ministère, des écrits hostiles au Gouvernement » (V. Décr. Cons. d'Et. 30 mars 1861, aff. Evêque de Poitiers, D. P. 61. 4. 48, et Blanche, t. 4, n° 13).

190. Avant la revision opérée par la loi du 28 avr. 1832, sous le code de 1810, la loi punissait le ministre du culte comme complice du crime qui avait suivi la provocation, lorsque la peine applicable à ce crime était plus forte que celle de la déportation (V. *Rép.* n° 299). Depuis la loi de 1832, qui a converti la peine de la déportation en celle de la détention, il eût été rationnel que le ministre du culte eût été soumis à la peine du crime que l'écrit pastoral a provoqué et qui a été effectivement commis, quand cette peine est plus forte que celle de la détention. Mais le législateur a omis de mettre sur ce point l'art. 206 c. pén. en harmonie avec la nouvelle peine substituée, en 1832, à la déportation. Il en résulte que le ministre du culte demeure passible de la détention, si la peine encourue par un ou plusieurs des individus coupables du crime qu'il a provoqué est seulement celle des travaux forcés à temps ou de la déportation, dernière peine qui ne doit s'entendre que de la déportation *simple* (V. L. 8 juin 1850, art. 2, n° 2, D. P. 50. 4. 129). La peine de la provocation ne cesse d'être celle de la détention que si le crime dont elle a été suivie est puni d'une peine plus forte que la déportation simple, à savoir : de la déportation dans une enceinte fortifiée (V. L. 8 juin 1850, art. 1er), des travaux forcés à perpétuité ou de la mort (Conf. Blanche, t. 4, n° 14).

191. — IV. Correspondance des ministres des cultes avec des cours ou puissances étrangères sur des matières de religion. — Les art. 207 et 208 c. pén. qui punissent cette correspondance ont été expliqués au *Rép.* n°s 301 à 303 (V. aussi Locré, t. 30, p. 251, 291, 316 ; Blanche, t. 4, n°s 16 et 17). Ces articles ne s'appliquent pas aux ministres des cultes qui auraient mis à exécution une bulle ou un bref du pape sans qu'il ait été admis et enregistré au conseil d'Etat (V. auteurs précités). Le décret du 23 janv. 1811 (V. *supra,* n° 136), dont l'art. 2 punit des peines portées par les art. 91 et 103 c. pén. ceux qui auraient par voie clandestine provoqué, transmis ou communiqué un bref, étant un décret de circonstance, ne saurait non plus être appliqué aujourd'hui (Blanche, t. 4, n° 17). On ne peut pas davantage faire revivre l'art. 22 de la loi du 7 vend. an 4 (V. *Rép.* n° 683), qui punit tout ministre d'un culte ayant, hors de l'enceinte de l'édifice destiné aux cérémonies religieuses du culte, lu ou fait lire dans une assemblée publique, affiché ou fait afficher, distribué ou fait distribuer un écrit émané ou annoncé comme émané de tout autre ministre du culte ne résidant pas en France, ou même y résidant, qui se dirait délégué d'un autre n'y résidant pas. Cette loi a été abrogée par le Concordat (V. *Rép.* n° 303).

192. — V. Recours préalable au conseil d'Etat en cas de poursuite contre des ministres du culte. — On a exa-

(1) (Procureur général à Gand *C.* Vyncke.) — La cour ; — Sur le moyen de cassation déduit de la violation des art. 16, § 2, de la constitution, 267 c. pén., 63, 178, 146, 151, 152, 170 c. civ , en ce que l'arrêt attaqué renvoie des fins de la poursuite le défendeur, alors qu'il était justement inculpé d'avoir contrevenu aux deux premières dispositions précitées ; — Attendu qu'il est constaté par l'arrêt attaqué, et d'ailleurs non contesté, que, quelques jours avant de recevoir la bénédiction nuptiale, constituant le fait de la prévention mise à la charge du défendeur, Montangie et Marie de Gelder avaient contracté mariage en Angleterre dans les formes usitées dans ce pays ; — Attendu que l'art. 267 c. pén. ne peut recevoir une interprétation extensive, et que, suivant son texte, en aucun cas, il n'y a lieu à son application si un mariage civil a été contracté et existe au moment du mariage religieux ; — Attendu, d'ailleurs, que les termes de cette disposition répondent exactement à la pensée qui l'a dictée ; — Qu'il appert des discussions dont elle a été l'objet, notamment, que le prêtre qui, avant la cérémonie religieuse, n'a pas exigé l'accomplissement des formalités légales, est à l'abri de poursuites si, à l'instant où la bénédiction nuptiale a été donnée, en réalité, les parties étaient unies civilement ; — Attendu que vainement l'on soutient qu'à elle seule, cette union est insuffisante si le mariage a été contracté à l'étranger sans que les formes de la loi belge aient été observées, et spécialement en l'absence d'actes respectueux et sans qu'il ait

été procédé aux publications prescrites par l'art. 63 c. civ. ; — Que cette distinction ne trouve appui ni dans la lettre de la loi, ni dans dans aucun des documents législatifs qui s'y rapportent ; que, pas plus le mariage contracté à l'étranger, le mariage contracté en Belgique n'est nul de plein droit, à défaut desdites formalités ; — Que, nonobstant ces irrégularités, l'un et l'autre produisent effet aussi longtemps que la nullité n'en a pas été judiciairement prononcée et discutée, par conséquent, au même titre, aux yeux de la loi générale, le ministre du culte qui, dans cet état de faits, a procédé au mariage religieux ; — Attendu, enfin, que ce qui vient d'être dit au sujet de l'omission des publications s'applique également et avec plus de raison encore à la non-légalisation des signatures de l'acte de mariage passé à l'étranger et au défaut de transcription de ce même acte sur les registres de l'état civil ; qu'en effet, ces formalités sont de simples mesures d'ordre, postérieures au mariage, et partant sans influence sur sa validité ; — Attendu qu'il suit de ce qui précède qu'en reconnaissant l'inapplicabilité au défendeur des pénalités comminées par l'art. 267 précité, l'arrêt attaqué donne à cet article une juste interprétation et ne contrevient à aucun des autres textes invoqués ; — Par ces motifs, rejette... — Du 5 juill. 1880.-C. cass. de Belgique, 2e ch.-MM. Vandenpeereboom, pr.-Bayet, rap.-Mesdach de ter Kiele, 1er av. gén., c. conf.

miné au *Rép.* n°⁵ 304 et suiv. la question de savoir si des poursuites judiciaires peuvent être exercées contre les ministres du culte sans que le conseil d'Etat ait été appelé à connaître préalablement des faits qui motivent ces poursuites. Comme on l'a fait remarquer *ibid.*, trois hypothèses peuvent se présenter. Ou le fait incriminé ne constitue qu'un abus pur et simple : en pareil cas, il y a lieu évidemment de saisir le conseil d'Etat ; celui-ci n'a, d'ailleurs, pas à rendre une décision *préalable*, et l'affaire doit nécessairement se terminer dans la forme administrative. Ou bien ce fait constitue seulement un crime, un délit, ou une contravention de droit commun : il est certain alors que l'action en justice peut être intentée directement sans aucune intervention de l'autorité administrative. Il en est évidemment ainsi lorsque l'acte reproché au ministre du culte n'a pas été commis par lui dans l'exercice de ses fonctions ecclésiastiques (*Rép.* n°⁵ 306 et 307 ; Ducrocq, *op. et loc. cit.* ; Crim. rej. 8 mai 1869, aff. Constance, D. P. 70. 1. 93). Dans cette dernière affaire, il a été jugé spécialement que le délit commis par un membre du clergé ne doit être déféré au conseil d'Etat, par le particulier qui s'en plaint, que lorsqu'il a été commis dans l'exercice même du culte, et non dans l'exercice d'une fonction d'administration ecclésiastique, telle que celle ayant pour objet de vérifier, en qualité de délégué de l'évêque, les comptes d'une fabrique, et que, dans ce dernier cas, les tribunaux peuvent être saisis directement de la plainte. Décidé, de même, qu'il n'y a lieu de statuer sur une demande en autorisation de poursuite dirigée contre un ecclésiastique à raison de faits d'ordre administratif. (Cons. d'Et. 18 mars 1865, aff. Laroche C. Mathieu, *Rec. Cons. d'Etat*, p. 1186) ;... De l'enlèvement et de la plantation d'arbres dans le cimetière (Décr. Cons. d'Et. 27 juill. 1867, aff. Gallouin, *ibid.*, p. 1115) ;... D'actes concernant l'appropriation de matériaux de démolition de l'église, l'emploi du produit d'une loterie, la lacération d'une affiche électorale (Décr. Cons. d'Et. 29 avr. 1872, aff. Husnot, *ibid.*, p. 764) ;... Du fait par un vicaire d'arracher, sur le mur extérieur de l'église, une affiche apposée par ordre de l'autorité municipale et contenant une déclaration d'abus, faite par le conseil d'Etat, contre l'archevêque du diocèse, ce fait ne rentrant pas dans l'exercice du culte (Crim. rej. 25 mars 1880, aff. Aninard, D. P. 80. 1. 233). Il semble que cette dernière solution serait inapplicable et que l'exception d'abus serait fondée, si l'affiche avait été apposée à l'intérieur de l'église : en pareil cas, l'ecclésiastique qui l'a arrachée pourrait soutenir utilement qu'en la faisant disparaître, il a accompli un acte de ses fonctions ecclésiastiques.

193. Alors même que le fait incriminé a été commis par le ministre du culte à l'occasion de ses fonctions religieuses, le préalable administratif n'est pas applicable, si ce fait ne constitue ni un acte du culte, ni un acte se confondant avec l'exercice du culte (Crim. cass. 16 avr. 1880, aff. Huas, D. P. 80. 1. 234). Il en est ainsi, notamment, dans le cas où le ministre du culte, qui dirigeait une procession dans une rue longeant les halles, a quitté le cortège et la voie où il se développait, pour rejoindre sous lesdites halles un jeune homme resté couvert, mais tournant le dos à la rue et à la procession, et a saisi et jeté à terre le chapeau de celui-ci, en s'écriant : « Chapeau bas ! Assez de scandale public ! » (Même arrêt) ;... Ou lorsqu'un prêtre a exercé des violences, pendant le catéchisme, sur un des enfants qui y assistaient, le fait incriminé constituant un délit de droit commun essentiellement distinct de la fonction ecclésiastique (Bordeaux, 27 mars 1862, aff. Poitevin, D. P. 62. 5. 97. V. encore : Montpellier, 21 déc. 1840, *Rép.* n° 270-3° ; Trib. corr. Draguignan, 30 sept. 1844, *ibid.* n° 306).

194. A quelle autorité appartient-il d'apprécier si l'acte poursuivi a été ou non commis par le ministre du culte dans l'exercice de ses fonctions ? Plusieurs arrêts ont reconnu que les tribunaux ordinaires étaient compétents à cet effet (Rouen, 6 janv. 1848, aff. Matte, D. P. 48. 2. 196 ; Crim. rej. 8 mai 1869, aff. Constance, D. P. 70. 1. 93). Et cette jurisprudence a été confirmée par une décision du tribunal des conflits aux termes de laquelle la loi du 18 germ. an 10 n'ayant pas réservé au conseil d'Etat le droit exclusif de statuer préjudiciellement sur la question de savoir si le fait incriminé a été commis dans l'exercice du culte, il n'y a pas lieu d'élever le conflit au cas où le tribunal ayant des doutes sur ce point

de fait, en ordonne la vérification (Trib. confl. 1er mai 1875, aff. B..., D. P. 76. 3. 1).

195. Mais une troisième hypothèse peut se présenter. C'est celle où le fait imputé à un ministre du culte renferme à la fois un abus des fonctions ecclésiastiques, selon les termes de la loi de germinal, et un crime, un délit ou une contravention. Le conseil d'Etat ne doit-il pas alors être saisi préjudiciellement de l'appréciation du fait, par appel comme d'abus, et ne doit-il pas être appelé avant toutes poursuites criminelles, correctionnelles ou de police, à terminer l'affaire par voie administrative ou à la renvoyer aux tribunaux compétents ? Cette question a donné lieu à de graves controverses. — On a fait connaître au *Répertoire* les deux doctrines opposées qui ont été soutenues par les auteurs ; l'une qui considère la poursuite devant les tribunaux comme étant complètement indépendante du recours pour abus devant le conseil d'Etat, et n'est jamais subordonnée à l'exercice préalable de ce recours (*Rép.* n° 272), l'autre, suivant laquelle le conseil d'Etat, étant seul juge des cas d'abus, peut seul vérifier préalablement s'il y a abus dans le fait poursuivi, et, en suite de son examen, décider si la poursuite doit être autorisée ou s'il y a lieu de terminer l'affaire administrativement (*Rép.* n° 271). Aux auteurs déjà cités *ibid.*, il y a lieu d'ajouter, en faveur du premier système : Serrigny, *Compétence administrative*, t. 1, n° 132 ; et dans le sens de la seconde opinion, qui a rallié le plus grand nombre de partisans : Foucart, *Droit public et administratif*, 4ᵉ éd., t. 1, n° 494 ; Laferrière, *Cours de droit public et administratif*, 5ᵉ éd., t. 1, p. 260 ; Gabriel Dufour, *Droit administratif appliqué*, 3ᵉ éd., t. 5, n° 247 ; Batbie, *Appel comme d'abus*, n°⁵ 36 et suiv. — Quant à la jurisprudence, elle a varié suivant les époques, et, à une même époque, la question n'a pas toujours été résolue d'une façon uniforme par le conseil d'Etat et par la cour de cassation. Pour éviter toute confusion, il convient de distinguer deux périodes, l'une antérieure, l'autre postérieure à 1880.

196. — 1° *Jurisprudence antérieure à 1880.* — Durant cette première période, le conseil d'Etat a constamment appliqué la doctrine, exposée au *Rép.* n° 304, d'après laquelle le fait reproché à un ministre du culte doit, toutes les fois qu'il présente les caractères de l'abus, être déféré préalablement à cette haute juridiction. Aucune distinction n'était faite suivant qu'il s'agissait de poursuites exercées par des particuliers lésés par l'acte, ou d'une action intentée par le ministère public. Le conseil d'Etat, d'ailleurs, ne s'attribuait pas seulement le droit d'examiner si l'acte incriminé offrait les caractères d'une infraction susceptible d'être poursuivie devant les tribunaux, mais encore celui de juger la convenance ou l'opportunité des poursuites. Il se réservait, en outre, dans le cas où l'autorisation de poursuites n'était pas accordée, d'apprécier s'il y avait lieu ou non de déclarer l'abus.

L'application de ce système a été faite par de nombreuses décisions, tant antérieures que postérieures à la publication du *Répertoire*, et dans lesquelles le conseil d'Etat a exercé les pouvoirs d'appréciation dont il se considérait comme investi. C'est ainsi que le renvoi devant la juridiction compétente a été prononcé à diverses reprises dans des espèces où le ministre du culte poursuivi avait tenu en chaire des propos injurieux ou diffamatoires (Décr. Cons. d'Et. 27 déc. 1858, aff. Durand, D. P. 59. 3. 44 ; 1er juin 1867, aff. Fieux, *Rec. Cons. d'Etat*, p. 1115 ; 12 déc. 1876, aff. Maréchal, *ibid.*, p. 970), ou prononcé des paroles contenant le délit d'outrage à des magistrats de l'ordre administratif dans l'exercice de leurs fonctions (Décr. Cons. d'Et. 1er déc. 1860, aff. Delcroix, *Rec. Cons. d'Etat*, p. 939). Au contraire, il a été jugé qu'une scène de violence dans une église, quelque blâmable qu'elle pût être, n'avait pas un caractère de gravité suffisante pour donner lieu à un renvoi devant les tribunaux ou même à une déclaration d'abus (Décr. Cons. d'Et. 10 avr. 1861, aff. Maire, *Rec. Cons. d'Etat*, p. 1063). Dans une autre espèce, le conseil d'Etat s'est fondé simplement, pour refuser l'autorisation de poursuites, sur ce que, à raison des circonstances de l'affaire, il convenait de la terminer administrativement, et, pour cette, de déclarer qu'il y avait abus. Décidé également, à plusieurs reprises, que la déclaration d'abus, prononcée contre un ecclésiastique à raison d'un acte de violence commis, ou

de propos injurieux ou diffamatoires tenus à l'égard d'un particulier par un ministre du culte dans l'exercice de ses fonctions, pouvait être considérée, suivant les circonstances, comme une réparation suffisante, de nature à faire écarter la demande d'autorisation de poursuites intentée par ce particulier devant l'autorité judiciaire à raison du même fait (Ord. Cons. d'Et. 18 mars 1841, Rép. n° 268; Décr. Cons. d'Et. 10 nov. 1862, aff. Aldebert, D. P. 63. 5. 107; 13 déc. 1864, aff. Davoud, D. P. 65. 5. 206). Dans un grand nombre de cas, l'autorisation a été refusée par le motif que les paroles délictueuses reprochées au ministre des cultes avaient été l'objet d'une rétractation publique ou de réparations suffisantes (V. notamment: Ord. Cons. d'Et. 23 nov. 1818, Rép. n° 267-2°; 16 déc. 1830, ibid. n° 247; 8 mai 1841, ibid. n° 268-3°; Décr. Cons. d'Et. 26 déc. 1868, aff. Mérac, D. P. 69. 5. 107). Plusieurs décisions ont considéré comme des réparations de nature à motiver le refus d'autorisation les mesures prises par l'autorité diocésaine à l'effet de réprimer les écarts commis par le ministre du culte (Décr. Cons. d'Et. 25 févr. 1867, aff. Pécaut, Rec. Cons. d'Etat, p. 1114; 20 nov. 1867, aff. Desmons, ibid., p. 1115; 15 févr. 1876, aff. Quenza, ibid., p. 970).

Il est à remarquer que, parmi les décisions que l'on vient de citer, toutes celles dont la date est postérieure à 1861 ont été rendues sur le recours formé par des particuliers. Depuis cette époque, le conseil d'Etat n'a eu à statuer sur aucune demande invoquer le bénéfice de l'art. 75 de la constitution de l'an 8, qui subordonnait à l'autorisation préalable du conseil d'Etat la recevabilité des poursuites dirigées contre les agents du Gouvernement. L'abrogation de cet article par le décret du 19 sept. 1870 n'a donc pu apporter aucune modification aux règles que l'on vient d'exposer. Aussi la nécessité d'un renvoi prononcé par l'autorité administrative préalablement aux poursuites dirigées contre les ministres du culte a continué, après comme avant le décret précité, à être admise par la jurisprudence du conseil d'Etat (Crim. rej. 25 mars 1880, aff. Maunier, D. P. 80. 1. 185).

198. La jurisprudence de la cour de cassation, pendant la période que nous examinons, présente moins d'uniformité, et il est nécessaire, pour l'exposer nettement, de faire des distinctions. En ce qui concerne les poursuites exercées par des particuliers, cette jurisprudence n'a subi aucune variation; elle a toujours admis la nécessité du recours préalable au conseil d'Etat. Telle est la doctrine consacrée par les décisions rapportées au Rép. n° 269 (V. aussi Agen, 27 févr. 1840, Rép. n° 270-2°); d'autres arrêts plus récents l'ont également appliquée (V. Dijon, 16 déc. 1857, aff. Viard, D. P. 58. 2. 66; Trib. Nevers, 15 juin 1876, aff. Pochon, D. P. 77. 3. 63).

199. C'est la solution contraire qui avait prévalu à l'égard des poursuites exercées par le ministère public. Toutefois la jurisprudence, sur ce point, ne s'est pas tout d'abord affirmée très nettement, et elle a offert pendant longtemps quelque incertitude. — Un certain nombre d'arrêts, rapportés au Rép. n° 247, avaient décidé que la poursuite pouvait être intentée par la partie publique, directement et sans recours préalable au conseil d'Etat, dans des espèces où il s'agissait d'actes qui auraient pu être commis par tout autre qu'un ministre du culte, tels que des crimes ou délits contre la sûreté de l'Etat, le délit d'excitation à la haine et au mépris du Gouvernement, etc. — Mais d'autres décisions postérieures semblaient s'être écartées de cette jurisprudence. C'est ainsi que dans une affaire où un adjoint, dans l'exercice de ses fonctions, avait été outragé dans l'église par le prêtre officiant, la cour suprême avait cassé l'arrêt de la cour d'appel qui avait refusé de surseoir à statuer jusqu'à ce que le conseil d'Etat eût déclaré l'abus (Crim. cass. 12 mars 1840, et sur renvoi, Orléans, 11 juin 1840, Rép. n° 270-1°). Un autre arrêt avait décidé qu'un prêtre, ayant procédé à un mariage religieux sans qu'il eût été préalablement justifié de la célébration du mariage

civil, et à une inhumation sans autorisation de l'officier public, ne pouvait être poursuivi à raison de ces délits par application des art. 199 et 358 c. pén., sans autorisation du conseil d'Etat (Crim. cass. 29 déc. 1842, Rép. n° 244-2°). Ces décisions semblaient assez difficiles à concilier avec les précédents arrêts de la cour de cassation, et la jurisprudence de cette cour offrait ainsi quelque indécision, lorsque, la question ayant été de nouveau portée devant elle, un arrêt de la chambre criminelle déclara très nettement que la poursuite, par le ministère public, d'un délit imputé à un ecclésiastique, n'est pas subordonnée, dans le cas même où le fait incriminé se rattache aux fonctions dont son auteur est investi, et a été commis dans l'exercice du culte, à un recours préalable au conseil d'Etat (Crim. rej. 10 août 1861, aff. Lhémeaux, D. P. 61. 1. 348). Le même arrêt ajoute, ce qui d'ailleurs n'avait jamais été contesté, que ce recours est nécessaire lorsque l'ecclésiastique se trouve sous le coup de la plainte d'un particulier, relative à un acte de la fonction. — Conformément à cette nouvelle jurisprudence, il a été décidé que le ministre du culte, inculpé d'avoir prononcé en chaire un discours contenant la censure et la critique du Gouvernement, et d'avoir, dans les mêmes circonstances, commis le délit d'offenses envers le président de la République, peut être poursuivi correctionnellement par le ministère public sans recours préalable au conseil d'Etat (Chambéry, 29 nov. 1879, aff. B..., D. P. 81. 2. 184).

Un arrêt de la chambre criminelle rendu peu de temps après celui du 10 août 1861 semble, au premier abord, en contredire la décision. Aux termes de cet arrêt, l'infraction imputée à un curé qui, dans une commune où toute cérémonie extérieure du culte est interdite par un règlement municipal, a conduit processionnellement de la cure à l'église l'évêque venu en visite pastorale, soulève, en ce qu'elle conduit à apprécier la régularité d'un acte des fonctions de cet ecclésiastique, une question d'abus de la compétence exclusive du conseil d'Etat (Crim. cass. 25 juin 1863, aff. Charnier, D. P. 63. 1. 321). Par suite, c'est à tort que le tribunal de police, saisi par le ministère public d'une poursuite à raison de la contravention à l'arrêté municipal, voit dans cette infraction une contravention de droit commun, commise dans l'exercice des fonctions ecclésiastiques, et statue au fond avant la décision du conseil d'Etat (Même arrêt). Mais cette décision tient sans doute à ce que le fait incriminé dans l'espèce était en même temps un acte du culte dont il était impossible de le séparer intellectuellement : la solution consacrée par l'arrêt de 1861 pouvait difficilement s'appliquer à cette hypothèse, et l'on conçoit qu'en pareil cas la cour de cassation ait exceptionnellement admis l'obligation, pour le ministère public, de surseoir jusqu'à ce que le conseil d'Etat eût déclaré que cet acte du culte, qui constituait en même temps et d'une manière indivisible, une infraction pénale, avait les caractères d'un abus au sens de la loi de germinal an 10. — La même explication pourrait peut-être s'appliquer à l'arrêt précité du 29 déc. 1842.

200. — 2° Période postérieure à 1880. — En 1880, un revirement complet s'est produit dans la jurisprudence administrative. Elle a commencé par admettre, contrairement à ses anciennes décisions (V. suprà, n° 196), que l'action de la partie publique pouvait s'exercer sans être assujettie au recours préalable devant le conseil d'Etat. C'est ce qui résulte de deux décrets, en date du 17 août 1880, cités suprà, n° 161, dont le premier a rejeté les conclusions d'un préfet, tendant à faire autoriser des poursuites à fins pénales contre un desservant, en se fondant sur ce que la loi du 18 germ. an 10, en spécifiant, dans ses art. 6 et 7, les divers cas d'abus, n'a eu ni pour but ni pour effet de créer des garanties spéciales en faveur des ecclésiastiques, pour ceux de leurs actes tombant sous l'application des lois pénales; et le second, que le tribunal de simple police, saisi, à la requête du ministère public, d'une poursuite pour contravention contre un ministre du culte, n'était pas tenu d'attendre pour statuer sur la poursuite, que le conseil d'Etat eût décidé s'il y avait abus.

201. Le conseil d'Etat ne s'en est pas tenu là; il n'a pas tardé à étendre au cas où l'action est intentée par un particulier la jurisprudence nouvelle qu'il venait d'établir en ce

qui concerne les poursuites exercées par le ministère public, et il a décidé « que la nécessité d'une autorisation ne résultait d'aucun texte de loi ; que les particuliers avaient, aussi bien que le ministère public, le droit de poursuivre directement les ministres du culte devant les tribunaux de droit commun » (Décr. Cons. d'Et. 17 mars 1881, aff. Bertheley, D. P. 84. 3. 65, note). A l'occasion d'une autre affaire, jugée le 28 avr. 1883 (aff. Evêque de Valence, D. P. 84. 3. 65), où le conseil d'Etat était saisi d'un recours comme d'abus formé par le ministre, le rapporteur a posé la question de savoir s'il y avait lieu, après avoir prononcé l'abus, d'ordonner le renvoi devant l'autorité compétente, et il l'a résolue négativement en se fondant sur la nouvelle jurisprudence, adoptée par le conseil, qui reconnaît non seulement au ministère public, mais même aux particuliers, le droit d'intenter les poursuites sans autorisation préalable : le renvoi était donc inutile. Au surplus, il n'était pas demandé dans l'espèce, et comme l'a fait observer le rapporteur, il ne pouvait appartenir au conseil d'Etat d'ordonner d'office une poursuite criminelle. Ces conclusions ont été implicitement adoptées et la conseil d'Etat, en déclarant l'abus, s'est abstenu de renvoyer l'affaire devant la juridiction compétente. — La nouvelle jurisprudence inaugurée par le décret du 17 mars 1881 a été expressément confirmée par une nouvelle décision en date du 3 août 1884 (aff. Bac, Rec. Cons. d'Etat, p. 980), qui reconnaît à l'autorité judiciaire le droit de statuer sur une action en dommages-intérêts intentée par un particulier contre un ecclésiastique à raison d'une diffamation dont il se serait rendu coupable dans l'exercice de ses fonctions, sans renvoyer le défendeur devant le conseil d'Etat, pour faire déclarer préjudiciellement si le fait incriminé constitue un abus.

202. La cour de cassation s'est d'abord refusée à suivre la jurisprudence du conseil d'Etat dans la nouvelle voie où elle était entrée, et, pendant quelques années, elle a persisté dans la doctrine qu'elle avait consacrée antérieurement. Ainsi elle a décidé, conformément à cette doctrine, 1° que la poursuite, par le ministère public, d'un délit de droit commun reproché à un ecclésiastique, n'est pas, lorsque le cas où le fait se rattache à ses fonctions et a été commis dans l'exercice du culte, subordonnée à une décision préalable du conseil d'Etat sur l'abus que ce fait peut constituer ; mais que l'autorisation administrative est nécessaire quand il s'agit d'actions intentées par des particuliers (Crim. cass. 23 févr. 1883, aff. Gilède, D. P. 83. 1. 483 ; Crim. cass. 23 févr. 1884, aff. Ferraud, D. P. 85. 1. 44) ; — 2° Qu'ainsi, le fait d'accorder ou de refuser le sacrement du baptême constituant, de la part des ministres du culte catholique, un acte d'exercice de ce culte, la partie qui se plaint d'un refus semblable doit, avant de saisir le juge civil d'une demande en dommages-intérêts contre le ministre du culte à raison du préjudice causé à sa famille par ledit refus, déférer le fait au conseil d'Etat, seul compétent pour décider s'il constitue une infraction aux règles canoniques reçues en France et, par suite, un abus (Civ. cass. 11 févr. 1885, aff. Prat, D. P. 85. 1. 162). — Mais bientôt la cour suprême s'est ralliée à la nouvelle doctrine consacrée par la jurisprudence administrative. Par deux arrêts récents, elle a décidé que l'action dirigée contre un ministre du culte, pour un délit commis dans l'exercice de ses fonctions, peut être portée devant la justice répressive, soit par le ministère public, soit par une partie civile, sans que le conseil d'Etat ait été préalablement saisi d'un recours en abus (Crim. rej. 2 juin 1888, aff. abbé Cuilhé, D. P. 88. 1. 441 ; Crim. cass. 3 août 1888, aff. Chantereau, ibid.) ; et qu'il en est ainsi, notamment, de l'action exercée pour diffamation et injures commises en chaire par un ministre du culte catholique (Mêmes arrêts).

Cette double décision consacre un revirement absolu dans la jurisprudence de la chambre criminelle, car elle condamne la distinction qu'elle avait depuis longtemps admise entre les poursuites dirigées d'office par le ministère public contre des ecclésiastiques pour délits ou contraventions relatifs à leurs fonctions, et celles intentées dans la même hypothèse par des particuliers, en étendant à celles-ci une immunité qui jusqu'alors n'avait été reconnue par la cour suprême qu'à l'action intentée par la partie publique. Dans l'arrêt du 2 juin 1888, la cour, rejetant le pourvoi formé contre un arrêt de la cour de Pau du 15 mars 1888 qui n'avait pas admis

le recours préalable au conseil d'Etat, s'exprime ainsi : — « ...Attendu, en droit, que la loi organique du 18 germ. an 10 a eu pour objet, dans ses art. 6, 7 et 8, de créer une juridiction chargée de connaître des cas d'abus imputés aux supérieurs et autres personnes ecclésiastiques ; mais qu'aucune disposition des articles susénoncés ne porte que les ecclésiastiques ne pourront être traduits, soit par le ministère public, soit par les particuliers, pour des délits relatifs à leurs fonctions, devant les tribunaux ordinaires de répression, sans avoir été préalablement déférés au conseil d'Etat ; — Qu'on objecterait vainement qu'il suffit que l'abus soit contenu dans le délit pour que le fait doive être soumis à la juridiction chargée de déclarer les abus ; qu'il est impossible d'admettre que, lorsqu'un fait constitue à la fois un manquement disciplinaire et un délit, le tribunal disciplinaire doive connaître du fait préalablement et préférablement au tribunal chargé de statuer sur le délit ; — Qu'il faudrait une disposition spéciale et formelle qui, par dérogation au droit commun, imposât ce recours préalable en cas de délit ; que cette disposition n'existe ni à l'égard du ministère public, ni en ce qui concerne l'action de la partie civile... ». — Dans l'arrêt précité du 3 août 1888, la cour suprême, cassant un arrêt de la cour de Rennes du 30 nov. 1887 qui avait statué conformément à la jurisprudence en vigueur, déclare que les art. 6, 7 et 8 de la loi organique du 8 germ. an 10 « confèrent à l'autorité publique ainsi qu'à toute personne intéressée le droit de déférer au conseil d'Etat tous les faits constitutifs d'abus, même lorsque ces faits constituent, en même temps des délits caractérisés par les lois pénales ; que, dans ce dernier cas, le conseil d'Etat a le pouvoir, selon l'exigence des cas, soit de terminer définitivement l'affaire dans la forme administrative, par une déclaration d'abus, soit de la renvoyer devant les autorités compétentes ; que c'est là tout le système répressif ou disciplinaire des articles susénoncés ; — Mais qu'aucune disposition de ces articles ne porte que les ecclésiastiques ne pourront jamais être traduits, soit par le ministère public, soit par les particuliers, pour des délits relatifs à leurs fonctions, devant les tribunaux ordinaires de répression, sans avoir été préalablement déférés au conseil d'Etat ; — Qu'on objecterait vainement qu'il suffit que l'abus soit contenu dans le délit pour que le fait doive être soumis à la juridiction chargée de déclarer les abus ; — Qu'il est contraire à tous les principes que, lorsqu'un fait constitue tout à la fois un manquement disciplinaire et un délit, le tribunal disciplinaire doive connaître du fait préalablement et préférablement au tribunal chargé de réprimer le délit ; — Qu'il faudrait une disposition spéciale et formelle qui, par dérogation au droit commun, imposât ce recours préalable en cas de délit ; que cette disposition n'existe ni en ce qui concerne l'action du ministère public, ni en ce qui concerne celle de la partie civile, et que rien ne peut la suppléer... ».

Depuis lors, la cour de Nîmes, conformément à cette nouvelle jurisprudence, a décidé que l'action dirigée contre un ministre du culte pour un délit commis dans l'exercice de ses fonctions peut être portée devant la justice répressive, soit par le ministère public, soit par la partie lésée, sans que le conseil d'Etat ait été préalablement saisi d'un recours en abus (Nîmes, 29 juin 1888, aff. Guibourdanche, D. P. 88. 2. 296). Il en est ainsi notamment, de l'action exercée pour diffamation commise en chaire par un ministre du culte catholique (Même arrêt). « Attendu, porte cet arrêt, que les art. 6, 7 et 8 de la loi organique du 18 germ. an 10 ont eu pour objet de créer une juridiction chargée de connaître des cas d'abus imputés aux supérieurs et autres personnes ecclésiastiques ; mais qu'aucune de ses dispositions ne porte que les ecclésiastiques ne pourront être traduits, soit par le ministère public, soit par des particuliers, pour des délits relatifs à leurs fonctions, devant les tribunaux ordinaires de répression, sans avoir été préalablement déférés au conseil d'Etat ; qu'il faudrait une disposition spéciale et formelle qui, par dérogation au droit commun, imposât ce recours préalable en cas de délit ; que cette disposition n'existant ni à l'égard du ministère public, ni en ce qui concerne l'action de la partie civile, il n'appartient pas aux magistrats de la suppléer. »

203. La question de savoir si les poursuites intentées contre un ministre du culte sont subordonnées à un recours

préalable au conseil d'Etat se présente encore à un autre point de vue, et dans une hypothèse entièrement distincte de celle dont on vient de traiter : c'est celle où un ecclésiastique étant traduit devant la juridiction répressive pour contravention à un acte administratif (spécialement, un arrêté municipal) soutient que cet arrêté est contraire à la liberté et à l'exercice public du culte, et qu'en conséquence, il a pu l'enfreindre sans s'exposer à aucune poursuite ; l'exception ainsi soulevée oblige-t-elle le tribunal à surseoir, et le conseil d'Etat doit-il être préalablement appelé à apprécier si l'acte administratif auquel il a été contrevenu constitue un abus dans le sens des articles organiques ? — Cette question n'est d'ailleurs pas spéciale aux poursuites exercées contre les ministres du culte ; elle peut également se poser dans le cas où c'est un particulier qui est poursuivi (V. *infrà*, n° 205). La jurisprudence, tant du conseil d'Etat que de la cour de cassation, l'a constamment résolue par l'affirmative : elle a toujours admis que l'exception soulevée ainsi par le prévenu constitue une question préjudicielle, dont la connaissance appartient exclusivement au conseil d'Etat. Cette doctrine, déjà appliquée par un arrêt (Crim. cass. 25 sept. 1835) rapporté au *Rép.* n° 156, a été, depuis, consacrée par de nombreuses décisions. Ainsi il a été décidé que le tribunal de police ne peut statuer, tant qu'il n'a pas été décidé par le conseil d'Etat si l'arrêté qui sert de base à l'action est entaché d'abus, sur une poursuite intentée contre un ministre du culte :... pour avoir conduit processionnellement de la cure à l'église l'évêque venu en tournée pastorale, dans une commune où un arrêté municipal interdit toute cérémonie extérieure (Crim. cass. 25 juin 1863, aff. Charnier, D. P. 63. 1. 321, déjà cité *suprà*, n° 99);... Pour avoir contrevenu à un arrêté municipal interdisant les processions sur la voie publique (Crim. rej. 31 mars 1881, aff. Humeau, D. P. 81. 1. 393 ; Crim. cass. 26 mai 1882, aff. Lacroix, D. P. 82. 5. 147). Il en est surtout ainsi, dans le cas où il résulte des faits de la cause que l'ecclésiastique avait dirigé une cérémonie du culte catholique et qu'il y avait présomption que le pèlerinage religieux qu'il accomplissait avec les fidèles de sa paroisse avait été autorisé par ses supérieurs hiérarchiques (Arrêt précité du 26 mai 1882). — Jugé, de même, que le tribunal de police n'est pas compétent pour connaître de l'exception prise de l'illégalité d'un arrêté municipal dont l'application lui est demandée, lorsque l'illégalité prétendue consiste dans une atteinte que cet arrêté aurait portée, par abus, dans le sens de l'art. 7 de la loi du 18 germ. an 10, au libre exercice d'un culte reconnu par l'Etat (Crim. rej. 25 mars 1880, aff. Maunier, D. P. 80. 1. 185). Spécialement lorsqu'un arrêté municipal défend de faire de la musique en corps dans les rues et sur les places, sans la permission du maire, et qu'une société musicale conduite par son chef s'est fait entendre sur la voie publique, au cours d'une procession, en vertu d'une invitation du curé, la question de savoir si, dans ces circonstances, ledit arrêté est légalement applicable au chef de musique, soulève une question d'abus qui relève exclusivement de la compétence du conseil d'Etat (Même arrêt). En conséquence, le tribunal de police devant lequel ce chef de musique est traduit pour infraction au règlement municipal doit, en présence de l'exception d'illégalité soulevée par le défendeur et fondée sur ce que ce règlement, en tant qu'applicable aux processions, constituerait un abus, surseoir à l'examen du fond, et déclarer que l'action publique est irrecevable en l'état faute par le conseil d'Etat d'avoir été appelé à statuer sur la question d'abus liée à celle de la légalité de l'arrêté (Même arrêt).

204. L'exemple fourni par ce dernier arrêt fait nettement ressortir la nécessité du sursis et d'une décision préalable du conseil d'Etat toutes les fois que des difficultés de ce genre sont soulevées devant la juridiction répressive.

Les processions sur la voie publique, avec la composition et le cérémonial réglés par le clergé, constituent un acte licite du culte extérieur catholique, dans les communes où les autres cultes ne possèdent pas d'église consistoriale. L'arrêté municipal qui défend aux sociétés musicales de jouer dans les rues sans autorisation est donc de nature, si on veut l'appliquer à la musique faite dans une procession, à porter atteinte à l'exercice du culte tel qu'il est consacré par la loi. Il ne peut y avoir lieu de distinguer si, avant la pro-

cession, le maire a été ou non mis en demeure d'accorder l'autorisation aux musiciens : l'atteinte consiste dans ce fait même que ceux-ci se trouvent astreints, par l'arrêté, à solliciter une permission spéciale de l'autorité municipale, alors que la loi n'impose pas la nécessité d'une sollicitation de cette nature pour participer, sur l'invitation du curé, à la pompe d'une cérémonie licite du culte extérieur. Mais l'atteinte dont il s'agit à l'exercice public du culte est-elle portée *abusivement*, au sens de l'art. 7 de la loi du 18 germ. an 10, ou bien, au contraire, pourrait-elle se justifier comme n'étant, eu égard à des circonstances locales, qu'un usage légitime du droit de police qui appartient aux maires ? C'est là un point qui ne peut évidemment être examiné que par le conseil d'Etat, puisque ce point n'est autre chose qu'une question d'abus en matière de culte. Il suit de là que le tribunal de police devant lequel sont poursuivis, pour contravention à l'arrêté municipal, les musiciens qui se sont fait entendre sur la voie publique dans le cortège organisé par le clergé, ne peut procéder à l'examen de l'exception d'illégalité soulevée contre l'arrêté municipal, et fondée sur ce que cet acte, en tant qu'applicable aux processions, constituerait une entrave à la liberté religieuse. En effet, déclarer l'arrêté légal, ce serait affirmer indirectement que ce règlement administratif ne renferme pas un abus ; le déclarer illégal serait, au contraire, proclamer implicitement qu'il constitue l'abus prévu par l'art. 7 de la loi de l'an 10. Dans l'un et l'autre cas, en tranchant la question de légalité, le tribunal de police trancherait nécessairement celle d'abus, qui doit être soumise à l'assemblée générale du conseil d'Etat. En cette situation, le juge de police ne peut donc pas procéder au jugement de la contravention. Il doit non seulement surseoir, mais déclarer formellement, en l'état, l'action publique irrecevable, le point de savoir si l'affaire reviendra à sa barre demeurant incertain (V. *Rép.* n° 202).

205. L'arrêt du 25 mars 1880, cité *suprà*, n° 203, décide que le droit d'exciper des attributions du conseil d'Etat en matière d'abus est ouvert non seulement à l'ecclésiastique dont la mesure administrative peut entraver la liberté, mais aussi à toute personne intéressée au point de vue de la liberté religieuse, et spécialement, dans l'espèce sur laquelle a statué cet arrêt, au chef de musique qui avait légalement la faculté de se rendre, sans être astreint à solliciter aucune permission, à une cérémonie licite du culte extérieur, sur la convocation du curé. C'est ce qui résultait déjà de plusieurs décisions antérieures (V. notamment : Crim. cass. 5 déc. 1878, aff. Trian, aff. Maunier, D. P. 79. 1. 185 ; Crim. rej. 12 août 1882, aff. Juramy, D. P. 83. 1. 41). Cette solution ne pouvait, d'ailleurs, soulever aucun doute, car les dispositions protectrices contenues dans l'art. 7 de la loi de germinal an 10 sont établies tant dans l'intérêt des particuliers que dans celui des ecclésiastiques, et dès lors le simple citoyen entravé dans sa liberté religieuse par un acte administratif doit pouvoir les invoquer comme pourrait le faire un ministre du culte.

206. L'exception d'abus peut-elle être soulevée à l'occasion d'un enterrement dirigé par le clergé paroissial, lorsqu'elle est opposée à une poursuite dirigée pour contravention à un arrêté municipal ? Il a été décidé qu'on ne peut écarter, par le motif qu'un enterrement est une cérémonie civile à laquelle le clergé n'assiste que comme invité de la famille et à titre purement accessoire, l'exception d'abus opposée à une poursuite, dirigée pour contravention à un arrêté municipal ayant interdit à tout corps de musique de jouer avec instruments dans les rues et les établissements publics sans l'autorisation du maire, contre des musiciens qui, sur la convocation du curé, ont joué de leurs instruments sur la voie publique, en tête d'un convoi funèbre (Crim. rej. 12 août 1882, aff. Juramy, D. P. 83. 1. 41). Mais la décision du conseil d'Etat qui, à l'occasion d'une poursuite identique, a, non sur une plainte particulière, mais sur le recours du préfet, déclaré en termes généraux que ce même arrêté municipal a été légalement pris et n'a porté aucune atteinte à l'exercice du culte catholique, a un caractère absolu et d'ordre public qui le rend opposable à tous et ne permet pas de soulever l'exception d'abus (Même arrêt). Cette dernière solution semble, au premier abord, blesser les principes qui régissent l'autorité de la chose jugée. Mais

il faut remarquer que la légalité de l'arrêté municipal à propos duquel était élevée à nouveau l'exception d'abus, avait déjà été appréciée par le conseil d'Etat, à un point de vue identique, non pas sur un recours exercé par des particuliers, mais sur le recours exercé d'office par le préfet, conformément à l'art. 8 de la loi du 18 germ. an 10. Dans ces conditions, la décision du conseil d'Etat ne constituait pas, à vrai dire, une décision contentieuse, intéressant simplement un droit particulier; prise à la requête du préfet agissant en dehors de toute plainte particulière, elle avait résolu d'une façon générale une seule question, la légalité de l'arrêté du maire. Rien de personnel à telle ou telle partie; affirmation pure et simple de la légalité de l'arrêté municipal. C'était bien là une décision de principe, générale, absolue, ayant revêtu un caractère obligatoire non seulement pour le cas à l'occasion duquel elle était intervenue, mais encore pour tous les cas où la légalité de cet arrêté serait mise en question. Admettre le contraire, c'eût été dire qu'il pouvait y avoir contre cet arrêté des recours au conseil d'Etat à l'infini, chaque fois que des poursuites seraient dirigées contre des corps de musique ayant, sur la demande du clergé de la paroisse, pris part aux cérémonies des processions ou des convois funèbres. La décision rendue dans cette espèce est donc parfaitement juridique.

207. Des doutes peuvent s'élever sur le point de savoir si l'illégalité imputée par l'inculpé à l'acte administratif auquel il a contrevenu a réellement les caractères d'une atteinte à l'exercice du culte et à la liberté garantie à ses ministres, et si, par suite, l'appréciation de cette illégalité appartient au conseil d'Etat. C'est à l'autorité judiciaire qu'il appartient de trancher la question. Cette solution résulte implicitement d'un arrêt de la chambre criminelle qui décide qu'en faisant apposer sur les murs extérieurs de l'église une affiche relatant une décision par laquelle le conseil d'Etat a déclaré l'abus commis par l'archevêque du diocèse, l'autorité municipale ne porte pas à l'exercice du culte et à la liberté garantie à ses ministres l'atteinte prévue par l'art. 7 de la loi de germinal an 10; qu'en conséquence, il n'y a pas lieu de subordonner la poursuite contre l'ecclésiastique qui a enlevé cette affiche à un recours pour abus devant le conseil d'Etat contre l'acte du maire (Crim. rej. 25 mars 1880, aff. Maunier, D. P. 80. 1. 233). — Dans cette affaire, il avait été établi, devant le juge du fait, que le maire, en faisant apposer l'affiche sur le mur de l'église, avait méconnu un arrêté municipal qui avait formellement interdit tout affichage en ce lieu dans l'intérêt de l'exercice paisible du culte. Mais cette circonstance ne suffisait pas pour donner à l'acte du maire la portée d'une entrave caractérisée à la liberté religieuse telle que l'exige la loi de germinal an 10 pour qu'il y ait abus administratif, d'autant plus que, dans un grand nombre de communes, le mur extérieur de l'église reçoit les affiches de l'autorité. On ne pouvait donc prétendre qu'en jugeant la contravention, le tribunal de police s'exposait à connaître indirectement d'une question d'abus.

208. Il importe de déterminer avec précision la nature et les effets de l'exception d'abus invoquée en cas de poursuites pour contravention à un acte administratif. Cette exception est préjudicielle au fond, mais non à l'action elle-même, c'est-à-dire qu'elle n'entraîne qu'un simple sursis; dès lors, le tribunal de répression n'est point dessaisi, et a le droit et le devoir de statuer sur le fond après que la déclaration d'abus a levé l'obstacle qui avait suspendu l'exercice de l'action publique (Crim. rej. 31 mars 1881, aff. Humeau, D. P. 81. 1. 393). Et il importe peu que le conseil d'Etat, en déclarant l'abus, se soit abstenu de renvoyer l'affaire au tribunal de répression (Même arrêt).

209. D'autre part, l'exception d'abus ne peut être soulevée que par le prévenu; elle ne peut, s'il garde le silence, être suppléée d'office, et elle ne saurait être invoquée pour la première fois devant la cour de cassation (Crim. rej. 11 août 1881, aff. Laffitte, D. P. 81. 1. 395). Décidé, en conséquence, que le juge de police saisi d'une poursuite contre un curé prévenu d'avoir fait sortir une procession dans un lieu où existerait un temple protestant, n'a pas dû surseoir au jugement du fond jusqu'après décision du conseil d'Etat, lorsque, sans exciper de l'illégalité d'une ordonnance ou arrêté

rappelant la défense de célébrer extérieurement des cérémonies religieuses dans des lieux où se trouvent des temples destinés à des cultes différents, l'inculpé s'est borné à soutenir que cette ordonnance n'était pas applicable dans la commune où le fait imputé s'était produit (Crim. cass. 26 mai 1882, aff. George, D. P. 82. 1. 379). — Il a été jugé également qu'il n'y a pas lieu à l'exception préjudicielle d'abus lorsque le prévenu se borne à soutenir que la cérémonie religieuse décrite par le procès-verbal dressé contre lui ne constituait pas une procession au sens propre du mot, et conclut subsidiairement à une enquête sur ce point (Crim. rej. 27 mai 1882, aff. Bent, D. P. 82 1. 381).

210. Enfin, alors même que le prévenu demande le sursis, le tribunal n'est pas tenu de le prononcer si, sans examiner si l'acte administratif est entaché d'abus, il reconnaît que cet acte ne s'applique pas au fait incriminé. Ainsi, dans une affaire récente, un chef de musiciens, condamné pour avoir dirigé des chants dans une église en contravention à un arrêté municipal interdisant à tout groupe de musiciens de chanter dans un lieu public sans autorisation spéciale, avait déféré le jugement à la cour de cassation par le double motif que le tribunal avait à tort rejeté ses conclusions à fin de sursis jusqu'à ce que le conseil d'Etat ait déclaré si l'arrêté municipal n'était pas entaché d'abus et que cet arrêté ne s'appliquait pas aux églises, dont la police appartient au curé : la cour a annulé ce jugement en se fondant uniquement sur ce second moyen, et en déclarant qu'il n'y avait pas lieu de statuer sur l'autre moyen (Crim. cass. 15 déc. 1888, aff. Saint-Grégoire, D. P. 89, 1. 169).

211. Remarquons, en terminant, que les modifications qu'a subies dans ces dernières années la jurisprudence sur la question de savoir si les ministres du culte peuvent être poursuivis, sans recours préalable devant le conseil d'Etat, à raison de faits se rattachant à leur ministère, n'ont pu exercer aucune influence sur la règle d'après laquelle en cas de doute si un acte administratif est entaché d'abus, le tribunal de répression doit surseoir à statuer jusqu'à ce que la juridiction administrative ait prononcé sur cette question préjudicielle. C'est ce qui résulte implicitement de plusieurs décisions par lesquelles le conseil d'Etat, postérieurement au changement de jurisprudence résultant des décrets précités du 17 août 1880 (V. supra, n° 200) a statué sur la légalité d'actes administratifs qui étaient argués d'abus devant la juridiction répressive. C'est ainsi qu'à la suite de l'arrêt du 25 mars 1880, cité supra, n° 203, le conseil d'Etat, siégeant en matière administrative, a déclaré que le maire, en prenant un arrêté portant défense aux musiques locales de jouer dans les rues et dans les établissements publics sans autorisation préalable, était resté dans la limite des pouvoirs qu'il tient de la loi, et que le droit de police de l'administration a été expressément réservé par l'art. 1er de la convention du 26 mess. an 9, qui a admis la publicité du culte catholique. De même, sur le renvoi ordonné par l'autorité judiciaire qui avait sursis à statuer sur un procès-verbal de contravention à un arrêté municipal, interdisant à toute musique de jouer sans autorisation sur la voie publique, et à un arrêté préfectoral ordonnant la dissolution d'une société qui avait contrevenu à cet arrêté, le conseil d'Etat a décidé que ces actes administratifs ne portaient aucune atteinte à l'exercice public du culte catholique, ni à la liberté de ses ministres (Décr. Cons. d'Et. 30 janv. 1887, aff. Préfet du Var, D. P. 88. 3. 129). De même encore, sur le sursis prononcé dans des conditions semblables par un tribunal de simple police, il a jugé que l'arrêté par lequel un maire interdit toute manifestation extérieure du culte sur la voie publique, ne visant pas le fait par un ecclésiastique de porter revêtu de ses habits sacerdotaux le viatique à un mourant, n'apporte atteinte ni à l'exercice public du culte, ni à la liberté que la loi et les règlements garantissent à ses ministres, et, par suite, n'est entaché d'aucun abus (Décr. Cons. d'Et. 17 août 1886, aff. Desservant de Lunay, D. P. 88. 3. 36). — V. au surplus le rapport de M. le conseiller Sallantin sur l'affaire jugée par l'arrêt du 15 déc. 1888 (cité supra, n° 210) où il est nettement établi que l'obligation de surseoir en présence de l'exception d'abus soulevée devant lui, n'a pas cessé de s'imposer au juge sous l'empire de la jurisprudence actuelle.

CHAP. 4. — **Du culte catholique** *(Rép.* n°s 308 à 703).

Sect. 1re. — Lois et hiérarchie de l'Église catholique *(Rép.* n°s 309 à 426).

Art. 1er. — *Lois.* — *Droit canonique.* — *Recueils divers (Rép.* n°s 309 à 315).

212. Le *Répertoire* a indiqué les sources principales du droit canonique qui, outre la loi organique du 18 germ. an 10, régit en France le culte catholique. A ces sources principales qui sont : 1° les préceptes de Jésus-Christ et des apôtres consignés dans l'Ecriture sainte ou transmis par la tradition orale ; 2° les canons des conciles (V. les collections de Sirmond, Rome, 1608-1612; *Collectio regia*, Paris, 1644; du P. Labbe, continuée par le jésuite Cossart et par Baluze, Paris, 1674-1683 ; du P. Hardouin, Paris, 1715; de N. Coleti, Venise, 1728-1734; de Mansi, qui s'arrête au milieu du 15e siècle, Venise, 1759-1798, le supplément de Mansi à l'édition de Coleti (1748-1752) avec deux volumes qui y furent ajoutés postérieurement, 1768-1798; *Collectio Lacensis*, ou des conciles modernes, édition donnée par les jésuites de Maria-Laach, Fribourg en Brisgau, et l'*Histoire des conciles*, d'Hefele, 1869-1878); 3° les décrétales des papes, auxquelles il faut joindre les lettres des souverains pontifes ou *Bullaires* (V. *Bullaire* de Cocquelines, Rome 1739-1857; *Epistolæ romanorum pontificum*, de Constant et Mopinot, Paris, 1721; *Epistolæ romanorum pontificum*, de Thiel, Brumberg, 1867, et les *Regesta pontificum romanorum*, de Jaffé et Potthast, Berlin, 1851, 1874-1875); les *Registres d'Innocent IV*, de M. Elie Berger); 4° les concordats (V. *Ordonnances des rois de France*, t. 1 et 13, et Walter, *Fontes juris eccles.*, Bonn, 1862) ; 5° les statuts des synodes diocésains et les privilèges concédés par les papes et les souverains aux diverses églises (V. Ad. Tardif, *Privilèges accordés à la couronne de France par le Saint-Siège*), il faut joindre les livres pénitentiaux et tarifs de la pénitencerie apostolique, qui réglementent les pénalités ecclésiastiques pour certaines fautes déterminées (V. entre autres *Liber pœnitentialis* de saint Columban rédigé avant 615; *Pœnitentiale romanum*, réuni à la collection canonique d'Halitgar de Cambrai; *Capitulare* de l'évêque Théodulf d'Orléans, dans Mansi, t. 13 ; *Liber pœnitentium*, de Hraban Maur, de 841; le recueil composé de l'aide du *Pœnitentiale romanum*, par saint Charles Borromée au 16e siècle, sous le nom de *Canones pœnitentiæ*. V. aussi sur ces livres, Kunstmann, *Die lateinischen pœnitenti albücher der Angelsachsen*, Mayence, 1844), et les règles de la chancellerie apostolique, qui n'ont pas été toutes acceptées en France, mais dont quelques-unes ont été pourtant expressément admises dans la pratique canonique parmi nous (V. Riganti, *Commentaria in regulas cancellariæ apostol.*, 1744, et Philips, *Kirchenrecht*, ou *Droit ecclésiastique dans ses sources*, trad. de l'abbé Crouzet, 1852, p. 333 et suiv.].

213. Les corps du droit canonique, ou recueils divers de ce droit antérieurs au décret de Gratien, ont été indiqués en partie au *Répertoire*. On peut y ajouter la *Collectio Anselmo dicata*, de 888-897, inédite; celle d'Abbo, abbé de Fleury au 10e siècle, dans Mabillon, *Vetera analecta*, 1723; celle d'Anselme de Lucques, du 10e siècle, antérieure à 1086; celle du cardinal Deusdedit, de la fin du 11e siècle; enfin celle du cardinal Grégorius, inédite et compilée avant 1119 (V. Theiner, *Disquisitiones criticæ*, 1836, p. 341 et suiv. ; Paul Viollet, *Précis de l'histoire du droit français*, 1er fascicule, p. 50 et suiv. ; H. Beaune, *Introduction à l'étude historique du droit coutumier*).

214. Quant au *Corpus juris canonici*, dont le décret de Gratien forme la base primitive, et dont l'édition officielle, dite des *Correctores romani*, a été publiée en 1582 par les ordres du pape Grégoire XIII, plusieurs travaux y ont été ajoutés et y ont à peu près conquis droit de cité. Ce sont les *Institutes* de Lancelot, de 1563, et le *Liber septimus* de Pierre Matthieu, de 1590. Il a été commenté, dans ses diverses parties, par plusieurs canonistes, notamment par Paucapalea, disciple de Gratien, et Cardinalis, à la fin du 12e siècle ; par Tancrède de Bologne, au commencement du 13e siècle; par Henri de Séguise, surnommé Hostiensis au 13e; par Guillaume Durant ou Duranti ou *Speculator*, l'auteur du *Speculum judiciale*, qu'il ne faut pas confondre avec son neveu, du même nom, au même siècle ; par le cardinal Pierre d'Ailly, mort en 1425 ; par le célèbre Jean Gerson, décédé en 1429 ; par Nicolas de

Tudeschis, archevêque de Palerme, d'où son surnom de *Panormitanus*, mort en 1453 ; par Jean de Turrecremata, cardinal en 1439 ; par le jurisconsulte Duaren, 1509-1559 ; par l'archevêque d'Aix, Genebrard, en 1593 ; par Pierre Pithou, les jésuites Sirmond et Denis Petaud, d'Hautesserre, l'oratorien Thomassin, Claude Fleury, Baluze et enfin le pape Benoit XIV. Les controversistes Pierre de Marca, Febronius (pseudonyme de Hontheim), Van Espen, le jésuite Zaccaria, Pierre Ballerini et le dominicain Mamachi se sont tour à tour livrés à de savantes polémiques pour ou contre le pouvoir du Saint-Siège dans ses rapports avec les Etats temporels. Spinosa, Hobbes, Rousseau ont, de leur côté, sans parler de Lamennais, dans ses derniers écrits, et M. Laurent, dans l'*Eglise et l'Etat*, soutenu le système de l'absorption de l'Eglise par l'Etat, tandis que des canonistes modernes, à l'exemple du cardinal Bellarmin, *De romano pontifice*, ont théoriquement attribué à l'Eglise un pouvoir direct dans l'ordre civil et politique, en se fondant sur ses lois spirituelles (V. Joseph de Maistre, Lamennais, dans ses premières œuvres, le P. Liberatore, dans *la Chiesa e lo Stato*, Gosselin, dans le *Pouvoir du pape au moyen âge*). Dans son *Discours pour le sacre de l'électeur de Cologne*, Fénelon n'accorde au contraire à l'autorité spirituelle dans l'ordre temporel qu'une sorte de pouvoir directif d'une nature assez vague et assez mal définie.

215. Depuis l'époque à laquelle le *Répertoire* a été rédigé, la nature et le caractère propre des concordats en général ont été de nouveau l'objet de vives controverses, sur lesquelles il n'est pas inutile de revenir en quelques mots, qui compléteront ce qui en a été dit déjà au *Rép.* n°s 26, 27, 46, 47, 48, 49, 312. Envisagée à un point de vue théorique, cette question de la nature des concordats a donné lieu à trois systèmes différents.

216. — 1° Quelques jurisconsultes ont pensé qu'il y avait un seul pouvoir souverain et indépendant, l'Etat, dont la souveraineté et les droits sont inaliénables. Si l'Etat traite avec une autre puissance, par exemple avec l'Eglise, qui est simplement, aux yeux de ces auteurs, une association dont les droits sont également, reconnus ou limités par l'Etat, celui-ci ne saurait traiter avec elle d'égal à égal. « Dans nos idées actuelles, dit un publiciste belge, M. de Laveleye, l'Etat ne peut accorder ni au représentant d'une opinion religieuse, ni au souverain d'un pays étranger, le droit de nommer des fonctionnaires publics, de régler les actes civils des citoyens, de gouverner ses écoles. Un contrat de ce genre serait nul de soi, comme contraire à l'ordre public... Un Etat ne peut pas plus concéder à n'importe qui le droit de régler ses affaires intérieures qu'un homme ne peut s'engager à ne pas suivre les commandements de sa conscience. Quiconque stipule de pareilles conditions prouve seulement par là qu'il n'a pas une notion claire de ce qui est licite... La nation redevenue libre jugera, dans sa pleine souveraineté, quels sont ceux de ces prétendus engagements qu'il lui conviendra de respecter et de rompre » (*Revue des deux mondes*, 1er juin 1869, t. 80, p. 702 et 717). De là cette conséquence qu'à l'Etat seul il appartient d'interpréter ou d'abolir un concordat. L'Etat rentre, quand il lui plaît, dans la plénitude de droits qu'il n'a pu entendre limiter, sous forme diplomatique, que pour un temps dont la fixation et la durée dépendent de lui seul. — Un autre auteur, M. Prévost-Paradol, a soutenu tout au moins qu'un « pareil traité ne saurait subsister entre l'Etat d'une part et un pape de l'autre, si ce pape devient soit le sujet d'un prince étranger, soit une espèce d'apôtre émigrant de territoire en territoire » (*La France nouvelle*, p. 239).

— 2° La théorie diamétralement contraire a été exposée par des théologiens et des publicistes contemporains. A la suite de Suarez, *Defensio*, lib. 4, c. 34, n°s 22 et suiv., de Tarquini, *Defensio*, p. 79 et suiv., 82, et *Juris ecclesiastici*, lib. 1, c. 2, 73, le P. Liberatore, *La Chiesa e lo Stato*, c. 3, art. 13 et 14, a regardé les concordats comme des lois particulières édictées par le pape en faveur d'un pays déterminé, sur les instances du prince qui s'oblige à les respecter fidèlement, des privilèges, des *indults*, selon le langage canonique, accordés pour établir la concorde. Cette thèse a été reprise par M. de Bonald, *Deux questions sur le concordat de 1801*, qui soutient qu'un concordat n'est pas un contrat synallagmatique, mais une concession temporaire, révocable

ad nutum par le pape, qui conserve toujours l'intégrité de ses droits et demeure juge de l'opportunité d'élargir, de restreindre ou même de retirer les privilèges concédés par lui ou ses prédécesseurs. Dans un concordat, le prince laïque ne figure que comme un sujet du souverain pontife, législateur suprême et absolu. Or, un législateur absolu peut, non par caprice, mais lorsque l'intérêt dont il est gardien l'exige, abroger ou modifier la loi. Le sujet n'a qu'à obéir. Par suite, l'Etat ne peut briser un concordat, mais le pape en a le pouvoir. Ce qui le prouve, c'est qu'il n'existe aucune juridiction supérieure à la sienne et qui puisse statuer sur les différends auxquels peut donner lieu l'exécution du concordat.

— 3° Fénelon, *Œuvres*, t. 9, p. 54, Léon X, dans le concordat avec François Iᵉʳ, Pie VII dans celui de 1801, Pie IX, dans une allocution prononcée le 17 déc. 1850 à propos du concordat de Bâle, violé sans le consentement du Saint-Siège, n'ont été ni les uns ni les autres de ce dernier avis. La commission ecclésiastique, nommée en 1809 par Napoléon, a reconnu que le concordat était un véritable contrat que le pape n'avait pas le droit d'enfreindre (De Pradt, *Les quatre concordats*, t. 3, *Appendice*). Dans leur instruction pastorale de mai 1874 sur le concile du Vatican, les évêques d'Allemagne ont dit : « Le Saint-Siège s'est engagé par des traités solennels et publics à maintenir le droit qui résulte de ces conventions; il s'est donc, par là, dépouillé du droit d'y apporter des changements sans le consentement de l'autre partie, et l'on sait par expérience que ce n'est pas lui qui rompt les traités internationaux et les concordats ». En d'autres termes, un concordat est une transaction, un véritable contrat qui lie les deux parties, et dans lequel elles *peuvent*, elles *veulent* s'obliger. » — Cette thèse est adoptée par les publicistes, les jurisconsultes, les théologiens; les plus considérables, sans distinction d'opinions politiques; elle a été soutenue par le professeur de Angelis, dans son cours de la sapience à Rome; par un canoniste de Louvain, M. Labis, *Revue catholique de Louvain*, janvier 1872; par le chanoine Moullard, *L'Eglise et l'Etat*, p. 573 et suiv.; par M. Mancini, dans un discours à la Chambre des députés d'Italie, du 21 mars 1871; par M. de Chabaud-Latour, au Sénat (Séance du 20 févr. 1879), à propos des cultes protestants; par M. Beaussire, *La liberté dans l'ordre intellectuel et moral*, 2ᵉ éd., p. 241; par M. Chesnelong, dans un discours au Sénat (Séances des 24 févr. et 1ᵉʳ mars 1880) (V. aussi *Journ. off.* du 3 févr. 1879, p. 739; Castejon, *Naturaleza y caracter de los concordatos*, Madrid, 1874). Enfin, elle a été développée par le Saint-Siège lui-même, à propos du concordat conclu le 18 août 1855 avec l'Autriche et abrogé par le gouvernement impérial, dans une protestation adressée à ce dernier le 27 mai 1868 par le nonce Falcinelli.

217. Mais l'on ne saurait en dire autant des articles organiques qui suivent le Concordat et auxquels le pape n'a eu aucune part (Rép. n° 6). Rome n'est pas liée par ces articles, qui ne sont pas une loi pour elle, puisqu'ils ont été rédigés sans sa participation. Tandis que le Concordat est un traité, ils ne sont, selon l'expression de Portalis lui-même « qu'une loi d'exécution ». (V. *ibid.*). Pour le souverain pontife, le Concordat ne compte et ne comprend que les dix-sept articles de la convention signée par les plénipotentiaires de Pie VII et ratifiée par lui (V. E. Ollivier, p. 529). Défendus par Dupin, dans son *Manuel de droit civil ecclésiastique*, par M. Thiers, dans un discours du 2 mai 1845 à la Chambre des députés, par M. Vivien, devant le conseil d'Etat (D. P. 45. 3. 65) et par M. Langlais devant la même juridiction (D. P. 65. 3. 7), par M. Bonjean, devant le Sénat, le 15 mars 1865, attaqués au contraire même dans leur légalité et leur caractère de loi française par l'évêque de Digne en 1844 (*Institutions diocésaines*, t. 2, p. 433 et 473), par l'archevêque de Paris, dans un discours rapporté par le *Moniteur* du 16 mars 1865, p. 273, ils constituent sans doute un règlement de police toujours en vigueur (André, 4ᵉ éd., t. 1, p. 244); mais ils ne participent nullement au caractère de contrat synallagmatique reconnu du Concordat. Par suite, ils pourraient être abrogés par le pouvoir législatif français seul, sans l'intervention du Saint-Siège qui a protesté contre plusieurs d'entre eux.

Art. 2. — *Des personnes, des ordres et des offices ecclésiastiques (Rép.* n°ˢ 316 à 426).

§ 1ᵉʳ. — *Des personnes (Rép.* n°ˢ 316 à 318).

218. V. *Rép.* n°ˢ 316 et suiv.

§ 2. — *Des ordres mineurs (Rép.* n° 319).

219. V. *Rép.* n° 319.

§ 3. — *Des ordres sacrés (Rép.* n°ˢ 320 à 324).

220. V. *Rép.* n°ˢ 320 et suiv.

§ 4. — *Des évêques (Rép.* n°ˢ 325 à 343).

221. Après avoir exposé les formes successives de la nomination des évêques dans la primitive Eglise et dans l'ancien droit (*Rép.* n°ˢ 325 et suiv.), ainsi que sous la constitution civile du clergé français (*ibid.* n° 328), le *Répertoire* a précisé (*ibid.* n° 329) les règles suivies depuis le Concordat pour cette nomination. La nomination des archevêques et évêques appartient toujours au chef de l'Etat, mais elle n'a de valeur que par l'institution canonique réservée au pape (V. *Rép.* n° 331), et que celui-ci peut refuser quand il lui plaît, sans même en donner de motifs. Mais en quels termes cette nomination doit-elle intervenir, et comment l'institution canonique doit-elle être donnée ? Divers incidents survenus après le 4 sept. 1870 nous apprennent à cet égard quelle est l'interprétation donnée par le Gouvernement français à l'art. 4 du Concordat (V. Ducrocq, t. 1, n° 723, note).

En 1871, la bulle d'institution canonique donnée à Rome, le 6 mars de la même année, en faveur de M. l'abbé Fava, pour l'évêché de Saint-Pierre et Fort-de-France (Martinique), ayant omis de faire mention de la nomination de cet ecclésiastique par le Gouvernement français, le décret du 23 juill.-18 août 1871 qui portait réception de cette bulle la déclara reçue « sous toutes réserves » au sujet de cette omission (D. P. 74. 4. 141). Il en fut également ainsi du décret de la même date portant réception du bref d'institution canonique donné à Rome, le 24 mai 1871, en faveur de M. Legain pour l'évêché de Montauban, bref qui renfermait une omission semblable et s'écartait des formes ordinaires (D. P. 74. 4. 141). L'année suivante, la bulle d'institution canonique accordée à l'abbé Nouvel pour l'évêché de Quimper, ayant contenu ce passage : « Cum ipse dilectus filius noster Adulphus (Thiers) te Nobis ad hoc per suas patentes litteras nominaverit..., te *Nobis* per suas patentes litteras *præsentaverit* », le Gouvernement français adressa une demande d'explications à la cour de Rome sur l'emploi de ces expressions *nobis* et *præsentaverit*. Le cardinal Antonelli ayant répondu qu'elles n'avaient été employées que par inadvertance, le décret des 29 janv.-3 avr. 1872 reçut la bulle, mais en faisant mention expresse des réserves du Gouvernement au sujet de cet emploi (D. P. 72. 4. 40). Il en fut de même lors de l'enregistrement de la bulle d'institution canonique accordée le 6 mai 1872 à M. Delannoy pour l'évêché de Saint-Denis (Ile de la Réunion). Le décret des 27 sept.-20 nov. 1872, qui reçut cette bulle, fait mention d'une correspondance échangée entre le ministre des affaires étrangères et le cardinal Antonelli, par l'entremise de l'ambassadeur français à Rome, au sujet des expressions contenues dans ladite bulle, notamment du mot *Nobis*, du formulaire dressé par le cardinal Caprara pour l'institution canonique de nouveaux prélats, en exécution du bref du 29 nov. 1801, qui lui donnait le pouvoir d'instituer de nouveaux évêques, formulaire où se trouve la phrase suivante : « Constito Nobis de fidei doctrinæ ac morum integritate deque vera idoneitate tui quem inclyto Napoleon Bonaparte, Primus Consul dictæ Gallicanæ Reipublicæ, ad hanc ecclesiam nominavit; » les questions adressées à l'épiscopat français au sujet des formules jusqu'alors employées dans les bulles d'institution canonique et les réponses de cet épiscopat; et il se termine par les motifs qui suivent : « Vu la circulaire du ministre des cultes, en date du 19 juillet dernier; — Vu les réponses de l'épiscopat,

ensemble les extraits des bulles certifiés conformes par les évêques de chaque diocèse ; — Considérant qu'il résulte du texte de la convention du 26 mess. an 9 et de tous les actes exécutoires de cette convention, que la nomination des évêques appartient exclusivement au Gouvernement, et que l'institution canonique est seule réservée au Souverain Pontife ; que, dès lors, la formule *nominavit*, souvent employée dans les bulles pontificales, est rigoureusement conforme au Concordat et plus exacte que la formule *Nobis nominavit ;* — Considérant que cette dernière formule, qui a été le plus habituellement employée dans les bulles depuis 1803, n'avait pas été considérée, jusqu'en 1872, comme pouvant contredire au droit du Gouvernement ; — Considérant que les explications fournies par la chancellerie pontificale ont suffisamment éclairci l'incident qui avait provoqué les observations du Gouvernement français ; qu'il résulte de ces explications que le droit du pouvoir civil n'est nullement contesté, et que la formule *Nobis nominavit* est employée dans un sens qui ne peut y préjudicier en rien ; — Considérant, d'ailleurs, que la réserve insérée à l'art. 2 de tous les décrets de publication de bulles, brefs et autres actes de la cour de Rome, sauvegarde tous les droits et permet de recevoir et publier la bulle d'institution canonique de M. Delannoy pour l'évêché de Saint-Denis. » En conséquence, le décret ne reçut la bulle que sous toutes réserves (D. P. 73. 4. 8). La formule : *Nobis nominaverit* ayant été encore employée dans la bulle du 23 déc. 1872, qui donnait l'institution canonique à M. de Leseleuc de Kerouara pour l'évêché d'Autun, le décret des 6 févr.-29 mars 1873, qui la reçut, mentionna les mêmes réserves (D. P. 73. 4. 28). Depuis, le mot *Nobis* a disparu des bulles d'institution canonique adressées aux prélats français.

222. Le serment prescrit par le Concordat (V. *Rép.* n° 332) est-il encore aujourd'hui exigé des évêques? (V. *suprà*, n° 66).

223. Chef de la religion dans son diocèse, investi de la plénitude du sacerdoce, l'évêque y exerce des pouvoirs qui sont définis et classés par les canonistes (V. Van Espen, *Jus ecclesiasticum universale*, t. 1, p. 167), et dont l'énumération est donnée au *Répertoire*, n° 334 et suiv., qui divise les fonctions épiscopales en extérieures et intérieures. Nous ne reviendrons ici que sur quelques-uns de ces pouvoirs et certaines de ces fonctions, qui nécessitent ou suggèrent des observations nouvelles.

224. C'est l'évêque qui confère les ordres sacrés aux clercs de son diocèse (V. *Rép.* n° 334 et 336). Le clerc qui veut se faire ordonner dans un autre diocèse et par un évêque étranger doit obtenir des *lettres dimissoires*, qui n'enlèvent pas au prêtre la qualité et les droits de diocésain conférés par la naissance, mais sont un simple passeport ou une permission provisoire accordée par l'évêque pour l'ordination (V. André, t. 2, p. 468). Il ne faut pas confondre les *lettres dimissoires* avec les lettres *d'excorporation*, qui transportent à un autre évêque les droits du pasteur diocésain sur la personne et les services du prêtre excorporé, qui sont pour celui-ci comme des lettres de naturalisation par lesquelles il est placé au sein d'un autre diocèse, ou avec l'*exeat*, permission donnée par l'évêque à un prêtre pour sortir de son diocèse et aller exercer son ministère dans un autre (V. *Rép.* n° 694).

225. Les évêques règlent la police ecclésiastique et exercent sur leur clergé un pouvoir de direction et de discipline, en même temps qu'ils donnent et surveillent l'enseignement religieux dans leur diocèse (V. *Rép.* n° 335). De là le droit pour eux de faire les statuts, mandements, et de publier les instructions et les ordonnances qu'ils jugent nécessaires, pourvu qu'ils se conforment en cela à la discipline générale de l'Eglise et aux lois de l'Etat (V. *ibid.*), et que ces mandements ou lettres pastorales n'aient pour objet que d'instruire les fidèles de leurs devoirs religieux (Décr. Cons. d'Et. 30 mars 1861, aff. Evêque de Poitiers, D. P. 61. 4. 48). Diverses circulaires ministérielles (V. notamment celles du 4 mars 1812, et du 3 avr. 1848, *Rec. circ. cult.*, t. 1, p. LIX et t. 2, p. 161), avaient prescrit aux évêques d'adresser leurs mandements et, instructions pastorales au ministre des cultes en deux exemplaires.

Sous l'empire de la loi du 21 oct. 1814, art. 14 (V. *Rép.* v° *Presse-outrage*, p. 404), qui exigeait un dépôt préalable de l'écrit imprimé et une déclaration de l'imprimeur, on avait agité la question de savoir si l'imprimeur de mandements et de lettres pastorales était soumis à cette obligation du dépôt et de la déclaration, et une circulaire du ministre de l'intérieur, du 8 juill. 1836, l'avait résolue négativement, à moins que ces mandements ou lettres ne fussent publiés comme œuvres purement littéraires ou chrétiennes. Cette jurisprudence fut modifiée par une circulaire du ministre de l'intérieur, du 10 nov. 1860, qui déclara soumis au dépôt « les écrits qui, quel que soit leur titre, prenant pour franchir l'enceinte du sanctuaire le format de la brochure, vont trop souvent se mêler à la polémique temporelle », tout en exemptant de cette formalité « les mandements et lettres pastorales qui, ne sortant pas du domaine spirituel, s'impriment en placards pour être affichés ou lus dans les églises ». Sur les réclamations de l'épiscopat, notamment de l'évêque de Nîmes (Lettre du 6 janv. 1861), le ministre des cultes fit connaître qu'il ne réclamerait plus des évêques eux-mêmes l'envoi de leurs mandements, qu'ils semblaient ne pas considérer comme obligatoire, mais qu'il y avait lieu de rétablir, à la charge des imprimeurs, la formalité du dépôt préalable dont ils avaient été dispensés, lorsque les mandements et lettres pastorales étaient faits séparément et comme actes de la juridiction épiscopale. « Cette formalité du dépôt, dit le ministre, doit rester ce qu'elle est en réalité ; jamais elle n'a constitué autre chose qu'un moyen d'assurer à l'autorité la prompte connaissance des imprimés destinés au public. Le préfet qui reçoit le dépôt ne fait en cela aucun acte de censure ; il ne limite par son intervention, ni la liberté des personnes, ni celle des écrits » (Circ. min. cult. 2 janv. 1861, D. P. 61. 3. 7; Circ. min. int. 19 janv. 1861, *ibid.* V. aussi Décr. Cons. d'Et. 30 mars 1861, aff. Evêque de Poitiers, D. P. 61. 4. 48). Un jugement du tribunal correctionnel de Poitiers, du 15 avr. 1861, rapporté par André, t. 3, p. 517, condamna, en vertu de ces règles nouvelles, l'imprimeur d'un mandement de l'évêque de Poitiers (V. Décr. Cons. d'Et. 30 mars 1861 précité), qui n'avait pas été déposé. Depuis, l'art. 3 de la loi du 29 juill. 1881 sur la liberté de la presse (D. P. 84. 4. 65) ayant reproduit pour l'imprimeur l'obligation du dépôt administratif de tout ouvrage imprimé, obligation de police déjà formulée par le décret du 5 févr. 1810 et la loi du 21 oct. 1814, et cet article n'ayant excepté de cette formalité que les bulletins de vote, les circulaires commerciales ou industrielles et les ouvrages de ville dits bilboquets, il semble que l'imprimeur d'un mandement épiscopal soit toujours astreint à en déposer deux exemplaires à la préfecture (V. *infrà*, v° *Presse-outrage*).

226. Les évêques sont tenus, aux termes de l'art. 20 de la loi de germinal an 10, de résider dans leur diocèse. Ils ne peuvent en sortir sans en avoir prévenu d'avance le Gouvernement et avoir obtenu sa permission (V. *Rép.* n° 336). Cette nécessité d'obtenir l'autorisation gouvernementale leur a été rappelée par plusieurs circulaires, des 28 janv. 1830 et 9 juin 1841, et tout récemment par celles des 11 avr. 1879 et 5 déc. 1881 (V. *Rec. circ. cult.*, t. 1, p. 125, t. 2, p. 21, t. 4, p. 25 et 384).

227. L'art. 22 de la loi de germinal an 10 prescrit aux évêques de visiter annuellement en partie, et en entier dans l'espace de cinq ans, leur diocèse (V. *Rép.* n° 336). Une somme de 1000 fr. ou de 1500 fr., suivant que le diocèse comprenait un ou deux départements, leur était allouée chaque année pour leurs frais de tournée pastorale (Circ. min. 10 févr. 1834, *Rec. circ. cult.*, t. 1, p. 251. V. L. de finances, 29 déc. 1882, D. P. 83. 4. 81). Mais cette allocation a été supprimée (V. *infrà*, n° 329).

Lorsqu'un évêque, en cours de tournée pastorale, arrive dans une commune, les autorités civiles, et notamment les maires, sont tenus de lui faire une visite officielle (Lett. min. cult. 17 juin 1844, D. P. 47. 4. 108. V. *infrà*, v° *Préséances*).

228. On a dit au *Rép.* n° 335 qu'il appartenait à l'évêque de dispenser de l'observation des canons, dans les cas où ces canons le permettent, sauf ceux qui sont réservés au Saint-Siège. Des tentatives ont été faites à diverses époques par le Gouvernement français pour obtenir que le pape autorisât les évêques à donner des dispenses pour les cas

réservés. Le souverain pontife a consenti quelquefois à donner le pouvoir d'accorder ces dispenses à ses légats, et même aux évêques ; mais les pouvoirs conférés à ces derniers n'ont jamais été qu'annuels, et la cour de Rome n'a jamais voulu se dépouiller, pour aucun motif, de ce droit de surveillance, conforme aux principes et à l'unité de la discipline ecclésiastique (Lettre de l'ambassadeur de France à Rome, du 1er août 1818). Le pape se réserve, pour la France, quant aux mariages entre parents, les dispenses du premier degré, du deuxième, et du deuxième au troisième; il est dans l'usage de déléguer aux évêques le droit de donner les dispenses pour les degrés inférieurs, mais encore cette délégation n'est qu'annuelle, ou même pour trois mois (Ibid). La demande d'une dispense doit être adressée à l'évêque. Il faut préciser dans la demande les noms, prénoms, l'âge, et constater l'état de pauvreté, si l'on veut obtenir la dispense sans frais. S'il y a nécessité de recourir à Rome, l'évêque y adresse la demande, sous son contreseing, par l'intermédiaire de l'ambassade française (Circ. min. mars 1822, Rec. Circ. cult., t. 1, p. CVI). Toute demande adressée au pape ou aux tribunaux ecclésiastiques romains doit être revêtue du contreseing de l'évêque (Lett. min. 5 août et 5 déc. 1816).

229. On a vu au Rép. nos 316 et suiv., 337, que, dans les premiers temps de l'Eglise, l'évêque administrait seul les biens offerts par la piété des fidèles, soit afin de nourrir les pauvres, soit afin de contribuer à la célébration et à la pompe du culte, et qu'il n'était comptable qu'au concile provincial de cette gestion. Lorsque de nouvelles églises se fondèrent hors de la ville épiscopale, l'évêque demeura toujours le maître de ce qui s'y offrait, parce que ces nouvelles paroisses étaient des démembrements de sa cathédrale (Thomassin, Discours de l'Eglise, 2e part., liv. 4, ch. 17). L'évêque est donc resté le tuteur né des intérêts temporels de la religion dans son diocèse (Gaudry, t. 1, p. 155). C'est pour ce motif qu'il concourt à la composition des conseils de fabrique (V. infrà, nos 458 et suiv.), à l'acquisition et à l'administration des biens ecclésiastiques (V. notamment infrà, nos 437 et suiv., 572 et suiv.), qu'il règle, de concert avec les préfets et sous l'approbation du Gouvernement, le nombre et l'étendue des circonscriptions paroissiales (V. infrà, nos 312 et suiv.), qu'il collabore avec les mêmes fonctionnaires à l'instruction des demandes de secours pour acquisitions ou travaux aux églises et presbytères (V. infrà, nos 540 et suiv.), etc. — Lorsqu'un évêque, agissant non en son nom propre, mais en sa qualité d'évêque, a traité des intérêts temporels de son diocèse, par exemple, lorsqu'il a traité avec une commune pour l'administration et la direction d'un collège communal qui lui sont confiées par cette commune, l'exécution de ce traité peut être demandée et les actions y relatives peuvent être intentées par ses successeurs (Trib. Roanne, 28 août 1873, aff. Archevêque de Lyon, D. P. 76. 2. 18); ceux-ci ont, notamment, qualité pour demander les dommages-intérêts à la commune qui a brusquement rompu le contrat sans avoir reçu l'approbation de l'autorité supérieure (Même jugement). En effet, dans ce cas, l'évêque traite pour tous ses successeurs.

230. On a dit au Rép. no 338, que l'art. 10 de la loi organique, déclarant aboli tout privilège portant exemption ou attribution de la juridiction épiscopale, est toujours en vigueur, bien que la cour de Rome ait particulièrement protesté contre cet article (V. Lettre du cardinal Caprara, dans E. Ollivier, p. 143), comme touchant à une matière purement spirituelle, excédant, dès lors, la compétence du législateur civil. Une exception y fut pourtant faite, depuis la loi du 10 germ. an 10, en faveur du chapitre de Saint-Denis (V. infrà, no 264). — Il semble, d'ailleurs, importer peu à l'Etat que la discipline soit maintenue dans un couvent par un supérieur ou par un évêque, puisque tous deux sont également soumis à Rome. Peut-être est-ce pour ce motif qu'en pratique la disposition de l'art. 10 n'est plus guère observée. En 1865, du moins, on prétendit au Sénat que deux ordres religieux, invoquant leurs privilèges d'exemption, avaient refusé de recevoir les délégués de l'ordinaire qui voulaient faire chez eux la visite juridictionnelle (Moniteur des 12 et 16 mars 1865), et le Gouvernement n'a pas donné suite à l'incident. Cependant, il faut reconnaître que les décrets des 29-30 mars 1880 sur les congrégations religieuses non autorisées semblent avoir implicitement reconnu que

l'art. 10 n'avait pas cessé d'être en vigueur, en visant la loi du 24 mai 1825, qui exige que les statuts des congrégations religieuses de femmes contiennent la clause de la soumission de ces congrégations à la juridiction de l'ordinaire.

231. On a vu supra, no 90, et au Rép. no 146, que, considérés comme ministres du culte, les évêques ne sont pas des fonctionnaires publics, et qu'ils ne peuvent être assimilés à ceux-ci. Toutefois, les évêques sont des fonctionnaires dans le sens de la loi du 16 févr. 1872 (D. P. 72. 4. 41), qui interdit le cumul de l'indemnité législative aux fonctionnaires de tous ordres élus députés (V. supra, no 87). En conséquence, ils ne peuvent cumuler leur traitement avec leur indemnité de député (Cons. d'Et. 23 nov. 1883, aff. Evêque d'Angers, D. P. 85. 3. 45).

232. La fonction des coadjuteurs, c'est-à-dire des évêques adjoints à d'autres évêques ou archevêques pour les aider dans l'administration de leur diocèse, a été expliquée au Rép. no 341. Ajoutons qu'ils ne reçoivent aucun traitement de l'Etat, mais que les frais de leurs bulles d'institution sont payés sur les fonds du budget des cultes. Une indemnité leur est allouée pour frais d'établissement (Décisions ministérielles des 22 janv. 1841, 26 sept. 1842 et 19 janv. 1853. V. au surplus infrà, no 330).

233. Outre les coadjuteurs, il peut y avoir des évêques purement auxiliaires, qui sont choisis par les évêques titulaires pour les aider accidentellement et pour un temps limité, selon les besoins, dans leur ministère spirituel, mais dans celui-là seulement, et qui, en conséquence, ne sont pas à la nomination du chef de l'Etat. Ces auxiliaires distribuent les sacrements, prêchent, visitent les établissements religieux, mais avec une délégation spéciale du titulaire de l'évêché. Ils ne correspondent pas, en leur qualité, avec le ministre des cultes et ne font aucun acte d'administration temporelle ; en un mot, ils remplissent le rôle de vicaire général non reconnu, avec le caractère épiscopal qu'ils tiennent de leur titre d'évêque in partibus ou d'évêque démissionnaire d'un autre diocèse. Leur qualité et leurs fonctions étant uniquement spirituelles, ils n'ont besoin que de l'agrément et de l'autorisation du chef du diocèse. Il est arrivé quelquefois que ce titre d'évêque auxiliaire a été donné par le Gouvernement à des prélats adjoints à des évêques pour les aider dans l'exercice de leurs fonctions : tels ont été les cas de l'ordonnance du 23 avr. 1832 et du décret du 29 juill. 1851 (D. P. 51. 4. 153). Alors, l'évêque auxiliaire peut recevoir un traitement de l'Etat (Décr. 28 févr. 1855. V. Blanche, Dictionnaire général d'administration, p. 1117, note).

234. Les ecclésiastiques français nommés par le pape à un évêché in partibus infidelium ne peuvent recevoir la consécration épiscopale avant que leurs bulles aient été examinées en conseil d'Etat (V. Rép. no 343). Il leur faut, en outre, l'autorisation du Gouvernement français pour accepter celles-ci (V. ibid.). Lorsque le serment politique était exigé des évêques, ils étaient de plus assujettis à la prestation de ce serment. En 1832, M. l'abbé de Mazenod, vicaire général de l'évêque de Marseille depuis 1824, fut sacré à Rome, sans avoir obtenu l'autorisation du Gouvernement, évêque in partibus d'Icosie. Par suite de ce fait, et par application du décret du 7 janv. 1808 (V. Rép. ibid.), une décision du ministre des cultes déclara M. de Mazenod privé de sa qualité de Français et déchu de son titre de vicaire général. En 1834, le préfet des Bouches-du-Rhône le raya, en conséquence, de la liste électorale. L'évêque d'Icosie demanda, l'année suivante, que sa bulle d'institution fût reçue et publiée dans les formes légales, ce qui eut lieu (Ord. 17 déc. 1835), et le prélat prêta serment le 25 juill. 1836. Plus tard, l'abbé Guillon, nommé évêque in partibus du Maroc, prêta également serment.

Le décret du 7 janv. 1808 a été attaqué comme contraire à la liberté religieuse et au Concordat (André, t. 2, p. 584) ; mais il est encore considéré comme étant en vigueur (V. Rép. no 343, et vo Droit civil, no 536).

§ 5. — Des titres et offices ecclésiastiques. — Des archevêques, des primats, du pape et des cardinaux (Rép. nos 344 à 351).

235. Après avoir exposé les règles relatives à la nomination, à l'institution canonique et aux attributions des archevêques (Rép. nos 344, 345), après avoir expliqué ce

qu'on entend par patriarche, primat et métropolitain (n° 346), après avoir défini les pouvoirs suprêmes du souverain pontife, chef visible de l'Eglise catholique, et les règles relatives à son élection (n°ˢ 347, 348, 349), le *Répertoire* a étudié le rôle et les fonctions des cardinaux (n°ˢ 350 et 351). — Il suffit d'ajouter que, depuis la loi de finances du 28 déc. 1880, les cardinaux français ne reçoivent plus d'indemnité supplémentaire sur les fonds de l'Etat (V. *infrà*, n° 328), et qu'ils sont réduits à leur traitement ordinaire d'archevêque ou d'évêque ; que, depuis le 4 sept. 1870, ils ne font plus partie de droit du Sénat et ne touchent plus, dès lors, le traitement de 30000 fr. afférent au titre de sénateur sous l'Empire ; qu'ils n'ont plus droit de sépulture dans l'église de Sainte-Geneviève, qui a cessé d'être affectée au culte (V. *infrà*, n° 265) ; mais qu'ils ont toujours le rang de préséance qui leur a été accordé par le décret du 24 mess. an 12, art. 16, et le décret du 20 févr. 1811 (V. *infrà*, v° *Préséance*). — Les cardinaux français jouissaient autrefois de certains privilèges qui ont cessé d'exister ; ainsi de même que les autres archevêques et évêques, ils ne peuvent plus quitter leur diocèse sans l'autorisation du Gouvernement. Le prélat qui accepterait la dignité de cardinal sans l'assentiment du Gouvernement, perdrait la qualité de Français, par application de l'art. 17 c. civ.

236. En 1883, la hiérarchie catholique comprenait en nombre les titulaires suivants, sans y comprendre, bien entendu, les membres du clergé inférieur séculier ni ceux des congrégations religieuses : — *Sacré Collège :* sièges suburbicaires : 6 ; églises titulaires : 50 ; diaconies : 14. — *Sièges patriarcaux :* rite latin : 7 ; rite arménien : 1 ; rite grec-melchite : 1 ; rite syrien : 1 ; rite syrien-chaldéen : 1 ; rite syrien-maronite : 1. — *Sièges archiépiscopaux :* rite latin : 149 ; rite arménien : 6 ; rite grec-rumène : 1 ; rite grec-ruthène : 1 ; rite grec-melchite : 4 ; rite syrien : 1 ; rite syrien-chaldéen : 5 ; rite syrien-maronite : 6. — *Sièges épiscopaux :* rite latin : 663 ; rite arménien : 12 ; rite grec-rumène : 3 ; rite grec-ruthène : 7 ; rite grec-melchite : 8 ; rite syrien : 8 ; rite syrien-chaldéen : 6 ; rite syrien-maronite : 3. — *Sièges titulaires :* archevêchés : 74 ; évêchés : 329. — *Sièges nullius diocœseos :* abbayes : 12 ; archiabbayes : 1 ; archimandritat : 1 ; archiprêtré : 1 ; prieuré : 1 ; prélatures : 2. — *Propagande :* délégations apostoliques : 6 ; vicariats apostoliques : 115 ; préfectures apostoliques : 34. — Total des titres hiérarchiques : 1544. — Tous ces titres ne sont pas actuellement occupés.

§ 6. — Des titres et offices ecclésiastiques (suite)
(*Rép.* n°ˢ 352 à 365).

237. — I. Archidiacres. — On a vu au *Rép.* n° 352 ce qu'étaient à l'origine les *archidiacres*, nommés par l'évêque, et qui n'avaient d'abord que les pouvoirs à eux conférés sur les diacres par le chef du diocèse, mais qui étendirent bientôt leurs attributions et s'élevèrent, par suite de leur influence, au premier rang dans le diocèse, après l'évêque, dont ils étaient les intendants et les premiers ministres dans les affaires temporelles. Ils avaient une juridiction déléguée et des émoluments considérables. Mais, depuis 1789, l'archidiaconat n'est plus qu'une dignité honorifique dans la plupart des diocèses, dignité qui est conférée par l'évêque à ceux qu'il revêt de sa confiance et auxquels il n'attribue que les pouvoirs jugés par lui utiles. Les archidiacres, révocables *ad nutum* par l'évêque, portent le titre de l'église à laquelle ils sont attachés ; ainsi l'on dit : l'archidiacre de Notre-Dame, de Saint-Denis, etc. Autrefois, l'archidiacre devait visiter tous les lieux soumis à sa juridiction pour connaître particulièrement des affaires peu importantes et urgentes. Il y avait un archidiacre de l'Eglise romaine, mais le pape Grégoire VII supprima cet office. Il y a encore des archidiacres-cardinaux, c'est-à-dire principaux, mais qui n'ont nullement le titre de cardinal. Il ne faut pas confondre l'archidiacre avec l'*archiprêtre*, titre de dignité ecclésiastique qui donne à certains curés une prééminence honorifique sur les autres curés ou desservants, ou avec le dignitaire qui autrefois, en l'absence de l'évêque, remplaçait celui-ci dans ses fonctions administratives, ou bien encore avec l'*archichapelain*, qui portait le titre d'archiprêtre à la cour des rois de la première race.

238. — II. Vicaires généraux. — Les fonctions et le mode de nomination des vicaires généraux ont été décrits au *Rép.* n° 353. L'ordonnance du 29 sept. 1824, citée *ibid.*, relative au traitement des vicaires généraux qui ont perdu leur titre après avoir exercé leurs fonctions pendant trois années consécutives, est encore en vigueur. Le chiffre de ce traitement (1500 fr.) a servi de base à la fixation du montant des secours à d'anciens vicaires généraux, qui ont été inscrits au budget des dépenses dans les lois de finances de ces dernières années (V. notamment L. 29 déc. 1888).

Le choix et l'élection des *vicaires généraux capitulaires*, qui administrent le siège épiscopal pendant sa vacance, sont faits par le chapitre cathédral sous l'agrément du Gouvernement (V. *Rép.* n° 354). En 1872, la presse ayant répandu le bruit que la cour de Rome voulait appliquer à l'Eglise de France les dispositions du concile de Trente, qui prescrivent de ne nommer qu'un seul vicaire capitulaire, une circulaire du ministre des cultes, du 16 février de la même année (*Bull. lois civ. ecclés.*, 1872, p. 337), fit connaître aux évêques qu'il ressortait d'une note verbale transmise à ce sujet à l'ambassadeur de France par S. E. le cardinal secrétaire d'Etat de Rome, que la légitimité de l'élection de deux ou plusieurs vicaires capitulaires est reconnue par le Saint-Siège dans les diocèses de France, où de toute antiquité cet usage a été toléré.

239. — III. Curés et desservants. — Les *curés*, dont le mode de nomination a été indiqué au *Rép.* n° 355, ne prêtent pas plus aujourd'hui le serment prescrit par le Concordat qu'ils ne le prêtaient au moment de la rédaction du *Répertoire*. La prestation de ce serment est, en effet, une précaution superflue, puisque la nomination des curés étant soumise à l'agrément du Gouvernement, celui-ci peut refuser cet agrément au candidat qui ne semble pas lui offrir des garanties suffisantes au point de vue politique. Les curés ne sont pas non plus aujourd'hui soumis à l'obligation de produire un diplôme de licencié ou de bachelier en théologie, ou de justifier de l'exercice des fonctions de curé ou de desservant pendant quinze ou dix ans, pour pouvoir être nommés curés dans une ville chef-lieu de département ou d'arrondissement ou curés de chef-lieu de canton (L. 23 vent. an 12, art. 4 et 5 ; Ord. 25 déc. 1830, art. 2 et 3. V. *Rép.* n° 355). Cette exigence n'a pas cessé d'être en désuétude.

Il ne faut pas confondre l'installation canonique des curés avec la prise de possession dont il est parlé dans l'ordonnance du 13 mars 1832. La première est un acte de juridiction ecclésiastique ; la seconde est une formalité qui a pour objet de faire courir le traitement ecclésiastique, et résulte seulement du procès-verbal dressé par le bureau des marguilliers. Un curé nouvellement nommé et agréé, et que la maladie rend momentanément incapable de prendre en personne possession de son poste, peut en prendre possession par un fondé de pouvoirs (Décis. min. cult. 11 déc. 1877, *Bulletin des lois civiles ecclésiastiques*, 1878, p. 202). Le bureau des marguilliers ne peut refuser de dresser procès-verbal de cette prise de possession ainsi effectuée, et, dans le cas où il s'y refuserait, le procès-verbal devrait au moins mentionner la date de la présentation du fondé de pouvoir, afin de faire courir le traitement du titulaire (Même décision). Ce procès-verbal serait inutile si l'ecclésiastique n'était pas salarié par l'Etat. — La prise de possession doit être ainsi constatée non seulement dans le cas de première nomination, mais aussi dans tous les cas de mutation. Il est important de ne pas négliger de transmettre à la préfecture l'expédition du procès-verbal, qu'il faut produire pour avoir droit à la délivrance des mandats de payement. Le certificat de prise de possession, sur papier simple, doit être signé par les membres du bureau des marguilliers. Les autres fabriciens, le maire, et les membres du conseil municipal ne doivent pas intervenir dans cet acte d'installation, à moins qu'ils ne fassent partie du bureau des marguilliers.

240. Nous n'avons pas à revenir ici sur les fonctions spirituelles des curés qui ont été énumérées au *Rép.* n° 355. Mais il est nécessaire d'insister sur leur droit de police dans l'intérieur de l'église, droit qui leur est attribué par l'art. 9 de la loi organique. Le curé ayant la direction de l'exercice du culte dans sa paroisse, il en résulte qu'il a le droit de régler tout ce qui est nécessaire pour ce plein et entier exercice, sous la surveillance de l'évêque, à qui seul

il doit compte de son ministère (V. Affre, 10ᵉ éd., p. 76; Fedou, *Traité pratique de la police du culte*, p. 1 et suiv.; Gaudry, t. 1, nᵒ 122, p. 219, et nᵒ 244, p. 345), sauf le cas où il viendrait à proférer en chaire des injures ou des diffamations, ou commettrait un délit prévu et caractérisé par la loi (V. *supra*, nᵒˢ 192 et suiv.). En conséquence, la police intérieure de l'église lui appartient exclusivement, sous cette surveillance (Décis. gouv. 21 pluv. an 13; Décis. min. 30 avr. 1806, 27 juin 1807, 16 mars 1809, 22 mars 1831, 21 sept. 1869, 6 août 1870). Ce droit de police s'étend non seulement à l'intérieur de l'église, mais à ses dépendances, comme la sacristie, le vestibule, etc. (Même décision du 21 pluv. an 13). — Il a été décidé, avant la loi du 5 avr. 1884, que le curé, ayant la police et la garde de l'église, ainsi que des bâtiments en dépendant et servant à l'exercice du culte, avait le droit exclusif de détenir les clefs de l'église (Trib. confl. 2 avr. 1884, aff. Beaupertuis, D. P. 82. 3. 74. V. *supra*, nᵒˢ 125 et suiv.); et, depuis la loi de 1884, que le desservant auquel appartient la surveillance des objets du culte est fondé à s'adresser à l'autorité judiciaire pour se faire remettre les clefs de l'église, quoiqu'il n'ait sur cet édifice aucun droit réel ni personnel (Toulouse, 24 déc. 1885, aff. Dussol, D. P. 86. 2. 265). En effet les nouvelles dispositions édictées par l'art. 101 de la loi précitée n'ont porté aucune atteinte aux droits du curé, qui a toujours la garde et la police de l'église (V. *supra*, nᵒ 126).

241. Le curé ayant la police et la garde de l'église, il n'appartient qu'à lui seul de dresser un règlement pour la police de l'église; toute initiative prise en pareille matière par l'autorité municipale serait irrégulière (Décis. min. cult. 21 sept. 1869, *Bulletin des lois civiles ecclésiastiques*, 1876, p. 302). Si les autorités ecclésiastique et civile sont d'accord, le règlement sur la police intérieure de l'église, dressé par le curé, peut être approuvé par le maire pour avoir force obligatoire et être ensuite soumis au visa du préfet (Même décision. V. un modèle de ces règlements dans André, t. 4, p. 109). Il résulte de ce droit de police qui appartient au curé que les suisses ou bedeaux n'obéissent qu'à lui et doivent, sous ses ordres, empêcher dans l'église tout ce qui aurait trouble, aucune irrévérence commise dans l'intérieur de l'église. Il en est de même dans les lieux servant actuellement à l'exercice du culte, c'est-à-dire, selon quelques auteurs (V. notamment: André, t. 4, p. 98), dans les lieux où passent des processions, ce qui ne peut s'entendre évidemment que des personnes qui font partie de ces processions, car le curé ne pourrait, par exemple, forcer un individu à se retirer de la rue où passe une procession. Par suite, il a été décidé qu'il n'y a pas abus dans le fait d'un curé qui enjoint publiquement à un fidèle, pendant l'office des vêpres, de quitter la place qu'il occupe dans l'église, et le costume qu'il porte comme membre d'une confrérie formée dans la paroisse (Ord. Cons. d'Et. 19 août 1829, aff. Duhay, *Rec. Cons. d'État*, p. 757; Affre, p. 76), ou dans le fait d'un curé ou desservant de séquestrer, pour défaut de payement de l'abonnement, les chaises apportées par un paroissien, et de le sommer, à haute voix, dans l'église, d'acquitter le prix de ces chaises, dans le cas même où la prétention du curé serait dépourvue de tout fondement (Décr. Cons. d'Et. 22 avr. 1858, V. *supra*, nᵒ 165).

242. Le curé a le droit d'ordonner que telle porte de l'église soit fermée, ou que l'on ne puisse accéder à une tribune, s'il le juge convenable pour le maintien du bon ordre

(André, t. 4, p. 104), et d'interdire l'entrée de l'église à certaines personnes, notamment aux enfants attaqués de la petite vérole (*Ibid.*, p. 109). Le même droit appartient au vicaire, ou à tout autre prêtre qui a reçu du curé une délégation spéciale à cet effet. Mais il ne résulte pas de ce droit de police appartenant au curé dans l'église qu'il puisse infliger des amendes (V. *Rép.* nᵒ 592, et *infra*, nᵒ 244).

243. Les curés ou desservants n'ont pas le droit de changer l'heure des offices religieux. Si l'heure fixée est incommode aux paroissiens, le curé et les marguilliers doivent s'adresser à l'évêque dont le règlement a déterminé les heures de ces offices, et celui-ci, après une enquête, ordonnera ce qu'il jugera le plus convenable. Par suite, il n'appartient ni aux marguilliers ni à d'autres personnes de contraindre les curés ou paroissiens à changer les heures du service divin (Boyer, p. 53, 55, 64). — Mais c'est au curé qu'il appartient de fixer l'heure à laquelle les prêtres habitués doivent dire la messe (Jousse, *Gouvernement temporel des paroisses*, p. 9).

244. Jusqu'à la loi du 5 avr. 1884, sur l'organisation municipale, il était admis que les maires ne pouvaient s'immiscer dans la police intérieure de l'église, et qu'ils n'avaient à cet égard aucune attribution (Décis. min. 30 avr. 1806, 27 juin 1807; André, t. 4, p. 105); qu'ils ne pouvaient, en conséquence, obliger les curés à laisser l'église ouverte durant toute la journée, lorsque ceux-ci ont des motifs pour la tenir fermée hors des heures de la célébration des offices religieux, parce que toutes les fois qu'un curé prend une mesure de police intérieure qui se concilie avec le règlement approuvé par l'évêque diocésain, il n'en doit aucun compte au maire et ce maire n'a pas le droit d'interposer son autorité. Mais l'art. 97 de la loi du 5 avr. 1884 ayant confié aux maires le « maintien du bon ordre... dans les cérémonies publiques... églises et autres lieux publics », il en résulte que ces magistrats municipaux peuvent intervenir, pour ce maintien, dans les cérémonies publiques purement religieuses et dans l'intérieur des églises et lieux consacrés au culte (V. D. P. 84. 4. 53). Ce n'est pas à dire que la police intérieure de l'église leur appartienne; car l'art. 9 de la loi de germinal an 10, qui confère exclusivement ce droit au curé, n'a pas été abrogé, et le rapporteur de la loi de 1884 a déclaré formellement que l'art. 97, § 3, de cette loi ne contient aucune innovation, qu'il n'enlève pas notamment au curé le droit spécial de réglementation des affaires intérieures de l'église (V. D. P. 84. 4. 53, note 97, nᵒ 3). Mais ce droit, purement sacerdotal, puisant sa force dans le consentement des fidèles, n'a aucun rapport avec le droit de police, tel que l'entend la loi civile. Il ne comporte ni le droit de dresser procès-verbal, ni le droit de faire sanctionner par les magistrats les règlements intérieurs ainsi édictés. Le maire seul a ce droit de police que sanctionne la loi de 1884 (*ibid.*). — De plus, le législateur de 1884 a prévu le cas où l'église deviendrait le théâtre de désordres graves, dont les employés au service du culte ne pourraient avoir raison. Dans ce cas, le maire doit, surtout s'il en est requis par le curé, intervenir et, s'il est nécessaire, user de la force publique dont il dispose pour rétablir l'ordre (Affre, *Supplément* à la 10ᵉ édition, p. 27). — Quant à la sonnerie des cloches, V. *supra*, nᵒˢ 116 et suiv.

En Belgique, il a été jugé : que les églises sont des lieux publics soumis comme tels à l'autorité des corps municipaux pour le maintien du bon ordre (C. cass. Belgique, 27 mars 1882 (1); Gand, 28 juin 1882) (2); et que

---

(1) (*Procureur général de Liège C. Goffinet.*) — LA COUR; — Attendu que l'arrêt attaqué constate que le commissaire de police de Marche, se trouvant dans l'église de cette ville d'après les instructions du bourgmestre, pour empêcher le désordre qui pouvait se produire par suite de la prétention de Désiré Goffinet, percepteur du droit de chaises, d'exiger la rétribution des instituteurs communales, et celui-ci ayant retiré la chaise d'une institutrice qui refusait de payer le prix de la location; le commissaire a saisi la chaise et a enjoint à Goffinet de la restituer à la personne qui l'occupait, mais que le percepteur a résisté à cette injonction, s'est maintenu de force en possession de la chaise, et est parvenu à ne pas se la laisser enlever, malgré *les efforts* du commissaire; Attendu qu'à raison de ces faits, le défendeur était poursuivi du chef de rébellion, délit dont l'art. 271 c. pén. détermine la peine; ...

Attendu que les commissaires de police, au vœu de l'art. 3, tit. 11, de la loi des 16-24 août 1790 sont, en qualité d'officiers de la police administrative locale, spécialement chargés de main-

tenir le bon ordre dans les endroits où se font de grands rassemblements, et notamment dans les églises; que cette charge leur impose le devoir non seulement de réprimer le désordre, mais aussi et surtout de le prévenir en empêchant les actes de nature à le provoquer; — Attendu que le commissaire de police de Marche agissait donc, dans l'occurrence, pour l'exécution de la loi, et qu'il n'avait, dès lors, à faire connaître à personne les ordres à lui transmis de cette fin par le bourgmestre; — Attendu qu'il suit de ces considérations que l'arrêt dénoncé, en renvoyant le défendeur des poursuites dirigées contre lui, par les motifs énoncés au pourvoi, contrevient aux art. 269 et 271 c. pén. et à l'art. 3, tit. 11, de la loi des 16-24 août 1790;

Par ces motifs, casse...

Du 27 mars 1882.-C. cass. de Belgique, 2ᵉ ch.-MM. Vandenpeereboom, pr.-le chevalier Hynderick, rap.-Mélot, av. gén., c. conf.-Lefebvre, av.

(2) (*Goffinet.*) — Sur le renvoi prononcé par l'arrêt du 26

les ministres du culte n'ont qu'une autorité ou direction d'ordre intérieur et un pouvoir de pure discipline (Même arrêt du 28 juin 1882).

245. En vertu de son droit de police, le curé ou desservant est maître de s'opposer à un embellissement quelconque projeté dans l'église, à l'intérieur, s'il y avait des inconvénients aux décorations qui y auraient été placées sans son agrément (André, t. 4, p. 107).

246. Les curés, à la différence des desservants et des vicaires, sont inamovibles (V. *Rép.* n° 356), c'est-à-dire qu'ils ne sont pas révocables *ad nutum*, mais ils peuvent être interdits ou déposés canoniquement (V. *ibid.*), en d'autres termes, pour des faits prévus par les canons et après une instruction régulière. Une des causes de révocation du curé ou de cessation de son inamovibilité est indiquée au *Rép.* n°s 239, 356, 357. C'est l'union de la cure au chapitre cathédral par ordonnance épiscopale approuvée par décret. Elle enlève au titulaire de la cure le privilège de l'inamovibilité si, l'ordonnance de réunion ayant disposé que l'archiprêtre chargé des fonctions curiales serait révocable par l'évêque, l'ancien curé a accepté le titre et les fonctions d'archiprêtre

(Ord. Cons. d'Et. 24 juill. 1845, aff. Savin, D. P. 46. 3. 17). Les unions de cure au chapitre cathédral d'un diocèse paraissent avoir été de tout temps considérées par les canonistes comme une atteinte portée au caractère et à l'inamovibilité des curés (Van Espen, *de Beneficiis*, t. 3, p. 132 ; Rousseau de Lacombe, *Jurisprudence canonique*, v° *Union*, p. 266 ; Durand de Maillane, *Dictionnaire de droit canonique*, v° *Union*). Néanmoins, les nécessités du culte et l'inconvénient que présente l'existence au sein d'une même église cathédrale d'une cure distincte et indépendante du chapitre, ont motivé cette exception à la règle de l'inamovibilité des curés (V. *Rép.* n° 357). Le droit de révocation de l'archiprêtre chargé des fonctions curiales appartenant à l'évêque, en vertu de la délégation donnée par le décret approbatif de l'union, il ne paraît pas que l'usage fait par l'évêque du pouvoir ainsi délégué puisse donner lieu à un recours au conseil d'État. Tel semble être le sens de l'avis du conseil d'État inséré par M. de Cormenin, mais sans indication de date, dans la 5e édition de son *Droit administratif*, v° *Appel comme d'abus*, n° 4, p. 233, et reproduit D. P. 46. 3. 17.

mars 1882, rapporté ci-dessus, la cour d'appel de Gand a rendu l'arrêt suivant : — Attendu que Désiré Goffinet, collecteur de la taxe des chaises en l'église paroissiale de Marche, a été poursuivi devant le tribunal correctionnel pour avoir, le 24 juill. 1881, dans ladite église, résisté avec violences, envers un dépositaire ou agent de la force publique, agissant pour l'exécution des ordres de l'autorité publique, savoir : M. Michel, commissaire de police de cette ville, agissant pour l'exécution des ordres de M. le bourgmestre de la même commune; — Attendu que, par un jugement en date du 5 janvier dernier, et par application des art. 269, 271 et 85 c. pén., le tribunal l'a condamné à une amende de 5 fr. et aux dépens; — Attendu que, sur l'appel interjeté par le condamné, la cour de Liège a, par un arrêt du 22 février suivant, mis à néant la décision du premier juge, et renvoyé le prévenu des fins de la poursuite, sans frais; — Attendu que cet arrêt, objet d'un pourvoi formé par M. le procureur général près la même cour, a été cassé par un arrêt de la cour suprême du 27 mars 1882, et que la cause et les parties ont été renvoyées, en cet état, devant la cour d'appel de céans; — En fait : — Attendu qu'il a été établi devant le premier juge, et qu'il est devenu constant devant la cour *quo*, le dimanche 24 juill. 1881, pendant l'office de la messe, à l'église paroissiale de Marche, le prévenu Désiré Goffinet s'est approché des demoiselles Henrotin et Dewez, institutrices à l'école communale de cette ville, et les a menacées à diverses reprises de leur enlever leurs chaises, si elles ne consentaient pas à en payer la taxe; qu'à ce moment le commissaire de police Michel, qui, par ordre du bourgmestre, se trouvait là pour prévenir le renouvellement des voies de fait auxquelles ces personnes avaient été déjà différentes fois en butte, intervint pour mettre un terme à ce différend; que, sans égard pour les recommandations et les instances de ce fonctionnaire, qui l'engageait à faire valoir ses prétentions par les moyens légaux, le prévenu réitéra sa menace aux institutrices, et la mit aussitôt à exécution, malgré la défense du commissaire, en saisissant la chaise sur laquelle se trouvait alors agenouillée la demoiselle Henrotin; que, de son côté, le commissaire de police s'empara de la chaise et s'efforça de la maintenir, de telle façon que, tirée en sens contraire, elle se brisa en deux endroits, et que, par les efforts déployés par cette lutte, le commissaire fut entraîné à une distance de cinq à six mètres; ...

Attendu qu'on objecte vainement que le bourgmestre et le commissaire n'avaient, dans les circonstances présentes, aucun titre à vouloir exercer la police dans l'église de Marche, et que la police intérieure de cet édifice appartient, en principe, au curé, ce qui implique que ce lieu est soustrait à l'action et à la vigilance ordinaire de la police générale ou locale; — Attendu que l'on s'efforce ainsi de ressusciter les règles et les traditions du droit ancien, en alléguant, au surplus, que le décret des 16-24 août 1790, qui confiait la police de l'église au maire de la commune, et faisait partie d'un système de législation ôtant toute liberté aux cultes, n'a jamais eu pour but d'enlever, d'une façon absolue, la police aux curés, et que, dans tous les cas, il doit demeurer aujourd'hui sans application relativement aux églises, ou être restreint dans des limites fort étroites, vu les lois et les dispositions qui l'ont suivi; — Attendu qu'on ne saurait, il est vrai, méconnaître aux ministres de chaque culte le droit de régenter et de surveiller au mieux l'ordre intérieur des lieux où ces cultes se pratiquent, et que l'on comprend même que, sous le régime concordataire auquel notre pays a été soumis, la puissance publique ait réglementé ce droit; mais qu'on ne saurait admettre que l'autorité dérivant de ce droit ait, dans ces derniers temps, été autre chose qu'une action ou un pouvoir disciplinaire: qu'on s'appuie bien, à la vérité, pour affirmer le contraire, sur une décision du gouvernement français du 21 pluv.

an 13, énonçant en termes formels, suivant l'abbé André, que la police intérieure de l'église appartient à l'autorité ecclésiastique; mais qu'en fût-il ainsi, on n'aperçoit là rien qui heurte véritablement le principe d'autorité publique dont l'empereur Napoléon se montrait à bon droit si jaloux; qu'on invoque d'ailleurs aussi, toujours en vue de cette même démonstration, quelques articles du décret du 30 déc. 1809, dans lesquels il est simplement question du placement des chaises, de la nomination et de la révocation de l'organiste, des sonneurs, des bedeaux, suisses, ou autres serviteurs de l'église; mais qu'il en résulte, au contraire, la preuve que le gouvernement et le législateur français n'ont jamais entendu conférer aux curés qu'une autorité ou une direction d'ordre intérieur et un pouvoir de pure discipline; — Attendu que c'est même moins de fondement encore que l'on essaye d'abriter ces prétentions et cette théorie entièrement neuve aujourd'hui, sous la sanction de notre loi constitutionnelle; — Attendu qu'en garantissant la liberté des cultes, en assurant à chacun d'eux une protection légale, en les plaçant à tous égards sur la même ligne, au point de vue de leur exercice public, ou de leur manifestation intérieure ou extérieure, la constitution belge a effacé les derniers vestiges des privilèges qui pouvaient avoir survécu aux régimes antérieurs; qu'il ne se concevrait pas pourquoi, sous notre régime actuel, le clergé catholique, se plaçant sous la protection des dispositions concordataires qu'il répudie en d'autres points, jouirait, par rapport aux droits de police, et de préférence au clergé de tout autre culte rétribué ou non par l'État, d'une faveur exclusive et exceptionnelle; — Attendu que, loin d'interdire à l'autorité publique de s'immiscer dans la police des églises, l'art. 14 de notre constitution lui impose, au contraire, d'une manière générale, le devoir de veiller à la répression des délits qui pourraient se commettre à l'occasion de l'exercice des différents cultes;

Attendu, d'autre part, que les églises sont des lieux publics soumis comme tels, aux termes de l'art. 4, n° 3, tit. 11, de la loi des 16-24 août 1790, à l'autorité des corps municipaux pour tout ce qui regarde le maintien du bon ordre et de la tranquillité; que la constitutionnalité de cette disposition, qui prend sa source dans le décret du 14 déc. 1789, relatif à l'organisation des municipalités, est hors de doute : qu'elle a été maintes fois proclamée par la cour de cassation, et que, de plus, elle a été consacrée à nouveau, bien qu'implicitement, il est vrai, par l'arrêt qui a renvoyé la prévenu devant cette cour;

Attendu que c'est dans cette disposition de la loi de 1790, que l'on soutient, à tort, être inapplicable aux églises comme faisant prétendûment partie d'un système de législation ôtant toute liberté aux cultes, que le commissaire de police de Marche a puisé le droit d'intervenir pour le maintien de l'ordre et de la paix publique dans l'église paroissiale de cette ville; — Attendu qu'en procédant ainsi, le commissaire de police, officier de la police administrative et judiciaire, et chargé en cette double qualité de prévenir les désordres comme de les réprimer, avait d'autant moins à faire connaître au prévenu en vertu de quel ordre il se présentait dans l'occurrence, qu'il avait le droit et le pouvoir d'agir directement et de son propre chef en exécution de la loi; qu'il n'est donc pas permis au prévenu de prétendre, que s'étant conduit régulièrement selon les art. 36, 64 et 33 du décret du 30 déc. 1809, il lui appartenait de résister à des injonctions illégales; — Par ces motifs, et vu les dispositions légales invoquées par le premier juge; — Reçoit l'appel interjeté en cause, et y statuant; — Réforme le jugement *à quo*, en tant qu'il n'a condamné le prévenu qu'à une amende de 5 fr.; — Emendant, condamne Désiré Goffinet, etc.

Du 28 juin 1882.-C. de Gand, 3e ch.-MM. Tuncq, pr.-Vandenheuvel, av.

247. Lorsqu'un curé a été déposé, pour un motif canonique, par son évêque, le décret par lequel le chef de l'Etat donnant force et effet à l'ordonnance de déposition, a rapporté la nomination de ce curé, peut être attaqué devant le conseil d'Etat au contentieux (Cons. d'Et. 20 juin 1867, aff. Roy, D. P. 67. 3. 65), alors d'ailleurs que le curé déposé prétend que le décret est entaché d'excès de pouvoir (Même décret). En effet, tous les actes administratifs, y compris les décrets rendus en matière d'administration, peuvent être attaqués devant le conseil d'Etat au contentieux pour excès de pouvoir (V. suprà, v° Conseil d'Etat, n°s 90 et suiv. ; — Rép. eod. v°, n°s 138 et suiv.), et l'on ne saurait faire exception à cette règle en ce qui concerne les décrets rapportant la nomination d'un curé (V. Rép. v° Culte, n° 241, et l'ordonnance du 22 févr. 1837 rapportée ibid., qui admet positivement, en ce cas, la recevabilité du recours). Mais il est bien évident que le curé frappé de déposition par une ordonnance archiépiscopale, qui a été ensuite rendue exécutoire par un décret, ne peut demander l'annulation de ce décret par le motif qu'une décision du Saint-Père aurait infirmé ladite ordonnance, si cette décision n'a pas été vérifiée et enregistrée en France (Même arrêt du conseil d'Etat, du 20 juin 1867). En effet, comme on l'a vu suprà, n°s 130 et suiv., l'art. 1er de la loi de germinal an 10 ne comporte aucune exception et s'applique, notamment, aux décisions contentieuses émanées de la cour de Rome.

248. L'obligation de la résidence est, comme on l'a vu au Rép. n° 358, imposée aux curés. Elle résulte non seulement de l'art. 29 de la loi de germ. an 10, mais encore d'un avis du conseil d'Etat, du 20 nov. 1806, qui dispense de la tutelle les curés et desservants, attendu que leurs fonctions exigent résidence (V. Rép. v° Minorité, n° 325), et du décret du 30 déc. 1809 sur les fabriques, art. 92, qui oblige les communes à fournir aux curés et desservants un logement et, à défaut, une indemnité pécuniaire (Circ. min. aff. ecclés. 28 janv. 1830, Rec. circ. cult., t. 1, p. 125) ; d'où il suit qu'aucune exception touchant l'obligation de résider au chef-lieu de la paroisse et de la desservir ne saurait être reconnue (Même circulaire). Toute absence non autorisée (V. Rép. n° 358) donne lieu à décompte sur le traitement, sans préjudice de l'application des peines canoniques et même de la révocation.

Pour assurer l'exécution de cette obligation, l'art. 13 de la loi de finances du 29 déc. 1876 (D. P. 77. 4. 23), appliqué aux pasteurs, rabbins et ministres officiants des autres cultes salariés par l'Etat, comme aux curés, desservants et vicaires du culte catholique, exige que le mandat de traitement des ministres du culte soit accompagné : 1° d'un certificat d'identité, ou plus exactement d'exercice de fonctions, émanant de l'autorité diocésaine ; 2° d'un certificat de résidence délivré par le maire de la commune et visé par le préfet ou le sous-préfet (Circ. min. cult., 24 févr. 1877, D. P. 77. 4. 26, note 3).

Cette règle a dû cependant recevoir quelques exceptions. En rendant compte de l'exécution de la loi du 29 déc. 1876, le ministre des cultes disait à la Chambre des députés, le 19 févr. 1878 (Journ. off. du 20 févr. 1878, p. 1759) : « Nous faisons les trois exceptions suivantes, qu'une jurisprudence constante a consacrées : d'abord nous délivrons des congés aux curés et aux prêtres qui, aux termes de l'art. 4 de l'ordonnance du 13 mars 1832, ont des motifs sérieux de s'absenter. Nous délivrons aussi des dispenses de résidence aux desservants auxquels les communes ne donnent pas de logement convenable. Enfin, en vertu du décret du 17 nov. 1811, nous accordons des dispenses de résidence aux prêtres desservants que leur âge ou leurs infirmités mettent hors d'état de remplir leurs fonctions ».

249. Le décret du 17 nov. 1811 détermine l'indemnité à payer aux remplaçants des titulaires de cures ou de succursales, en cas d'absence de ceux-ci pour cause de maladie ou de mauvaise conduite (V. Rép. n° 358). D'après une circulaire du 1er avr. 1823, explicative de ce décret, quand le titulaire a été éloigné de la paroisse pour cause de mauvaise conduite, l'indemnité de son remplaçant est fixée ainsi qu'il suit : dans une succursale, à la moitié du traitement dont jouissait le titulaire ; dans une cure de seconde classe, aux trois cinquièmes, et dans une cure de première, aux deux tiers (André, t. 1, p. 9).

En cas d'absence des titulaires de cures ou de succursales pour cause de maladie, le même décret a également déterminé la portion de leur traitement à allouer, sous titre d'indemnité, à leurs remplaçants provisoires (V. Rép. n° 358 ; Décr. 17 nov. 1811, ibid. p. 707). L'art. 27 du décret du 6 nov. 1813 (V. Rép. p. 709), a confirmé la disposition du décret de 1811 à cet égard. — Ces deux décrets, qui ont évidemment force de loi, eu égard à la date à laquelle ils ont été rendus, semblent avoir identiquement le même objet. Toutefois, le premier n'est applicable qu'au cas où le curé est réellement absent de sa paroisse, soit par l'effet de sa propre volonté, soit par une mesure de l'autorité épiscopale qui l'en a éloigné pour cause de mauvaise conduite (V. Gaudry, t. 2, p. 292). Le second est plus général et s'applique à tout curé ou desservant éloigné du service par suspension, peine canonique, maladie ou voie de police, c'est-à-dire, pouvant encore résider dans la paroisse, mais sans y remplir son ministère.

250. Une question qui s'élève au sujet des décrets de 1811 et 1813 est celle de savoir si les dispositions de ces deux décrets doivent être étendues de plein droit au logement, à la jouissance du presbytère, dont elles ne se sont pas occupées. Peut-on dire que le logement n'est qu'un élément du traitement ecclésiastique, et que, d'ailleurs, il est indispensable de s'assurer au prêtre qui fera désormais les fonctions de curé ? Il a été décidé, dans le sens de la négative, que lorsqu'il y a lieu de remplacer provisoirement un curé qui, sans être absent de sa paroisse, a été éloigné du service pour l'une des causes prévues par l'art. 27 du décret du 6 nov. 1813, notamment pour cause de maladie, le remplaçant a droit au casuel et à la portion du traitement déterminée par les art. 8 et 11 du décret du 17 nov. 1811 ; mais que le titulaire ainsi remplacé a le droit de conserver, s'il continue à résider dans la paroisse, la jouissance du presbytère (Cons. d'Et. 4 avr. 1861, aff. Guerret, D. P. 61. 3. 29). Il s'agissait dans cette affaire d'un curé de canton, et non d'un simple desservant, que l'âge et les infirmités rendaient incapable de poursuivre ses fonctions sacerdotales. — Jugé, de même, que lorsqu'un procuré est nommé pour remplacer provisoirement un curé, dans le cas prévu par le décret du 17 nov. 1811, ce procuré a droit aux deux tiers du traitement du curé et à la jouissance du casuel ; mais il n'a pas droit à la jouissance du presbytère, qui doit être exclusivement réservé au curé tant que son titre ne lui a pas été retiré (Cons. d'Et. 20 juin 1867, aff. Roy, D. P. 67. 3. 65). — La question résolue par ces arrêts n'est pas sans difficulté, et, dans la première de ces affaires, le ministre des cultes avait soutenu que la jouissance du presbytère est, comme le casuel, un avantage attaché, non au titre, mais à l'exercice des fonctions. Si le décret du 17 nov. 1811 a gardé le silence sur la jouissance du presbytère, tandis qu'il s'explique sur le casuel et sur la portion du traitement que le titulaire à laquelle il droit le remplaçant, c'est, disait-il, que le décret réglait le cas où un titulaire est absent de la paroisse, et où, par conséquent, il a cessé d'occuper le presbytère, qui sert alors sans difficulté au logement du remplaçant. Mais le décret du 6 nov. 1813 ayant assimilé, par son art. 27, le cas où le titulaire, sans être absent de la paroisse, est cependant éloigné du service pour cause de maladie, et le cas où il est réellement absent pour cette cause, il faut bien reconnaître au ministre le droit de disposer du presbytère en faveur du remplaçant.

251. Une autre question peut se présenter : c'est celle de savoir si le décret de 1813, dont il vient d'être parlé, pourrait encore aujourd'hui recevoir son application dans la disposition de son art. 27, qui prévoit le cas de l'éloignement d'un curé ou desservant de son service sacerdotal par voie de police. Il est vrai que, sous le premier Empire, plusieurs évêques et ecclésiastiques furent l'objet de mesures de haute police, saisis et enfermés, sans procès, dans des maisons d'Etat. Mais ces mesures se rattachaient au pouvoir discrétionnaire de l'empereur (Thibaudeau, Histoire de l'Empire, t. 2, p. 215), et un décret de 1810 avait même autorisé la détention de tout individu qu'on ne pourrait ni mettre en liberté, ni mettre en jugement sans exposer la sûreté de l'Etat, et qui serait à cet égard l'objet d'une décision rendue en conseil privé, conforme au rapport du grand juge ou du ministre de la police. Quelle serait aujourd'hui l'application possible de

ces mots : *par voie de police ?* Nul ne peut arrêter ou éloigner par voie de police un citoyen, et par conséquent un prêtre français. Il faut donc admettre que ces mots sont effacés du décret, ou du moins qu'ils demeurent aujourd'hui sans application (V. E. Ollivier, p. 640).

252. Si l'absence du curé ou du desservant était forcée, par exemple, si elle était le résultat d'un acte de violence, la retenue de son traitement serait illégitime, car l'absence serait justifiée par l'acte de violence lui-même. De même, un mandat d'amener délivré contre un curé ou un desservant, dans une information judiciaire, ne saurait motiver la retenue de son traitement, parce que l'information et le mandat ne suffisent pas pour faire établir la culpabilité d'un inculpé, ni, par conséquent, pour le faire considérer comme dépouillé de ses fonctions (André, t. 1, p. 11).

253. Après avoir défini les fonctions des curés et les règles de leur nomination, ainsi que les obligations qui leur sont imposées, le *Répertoire* a exposé, n° 360, celles qui concernent les *desservants* amovibles. A ce sujet, trois circulaires du ministre des cultes, des 31 juill. 1882, 15 mai 1883 (*Rec. circ. cult.*, t. 4, p. 422, 545), et 8 févr. 1886 (1) ont rappelé aux préfets et aux évêques les prescriptions de l'art. 6 du décret du 11 prair. an 12, portant que les évêques doivent donner avis de la nomination des desservants au conseiller d'Etat chargé de la direction des cultes et aux préfets. Elles décident qu'un avis officiel de cette nomination sera à l'avenir exigé avant leur prise de possession et que les mandats de traitement ne leur seront délivrés qu'après l'exécution de cette formalité. En transmettant ces avis de nomination au ministère, les préfets devront, dans un rapport motivé, communiquer les objections que pourraient leur suggérer certains choix (V. au surplus, sur ce point, le résumé de la circulaire du 8 févr. 1886).

254. — IV. VICAIRES PAROISSIAUX. — On a exposé au *Rép.* n° 361 les règles qui concernent les *vicaires* paroissiaux. Il a été rappelé, ce sujet, que les évêques établissent ces vicaires et en fixent le nombre, après délibération du bureau des marguilliers ou du conseil de fabrique et sur l'avis du conseil municipal de la commune. L'établissement de nouveaux vicaires est une affaire mixte qui touche à la fois aux intérêts religieux des fidèles et aux intérêts financiers de la commune, toutes les fois au moins que la fabrique ne peut suffire, à elle seule, à la totalité de ses dépenses (V. Champeaux, t. 2, p. 407; Vuillefroy, p. 520; Affre, p. 129, 135, 146); car, bien que, depuis la loi du 5 avr. 1884, les communes ne soient plus obligées, comme sous le régime de la loi de 1837, art. 30, de donner des secours aux fabriques, pour les frais du culte, en cas d'insuffisance prouvée de leurs revenus, rien ne s'oppose à ce que le conseil municipal prenne à sa charge cette dépense non obligatoire. D'ailleurs, le conseil municipal étant appelé par l'art. 70 de cette loi à donner son avis sur les budgets et les comptes des fabriques, et ayant ainsi un contrôle sur leurs dépenses et leur comptabilité, il y a convenance à le consulter sur le nombre des vicaires qui peut grever le budget de l'établissement. — Enfin l'art. 38 du décret du 30 déc. 1809, qui règle le mode d'établissement des vicaires et exige l'avis du conseil municipal, n'a pas été abrogé par l'art. 168 de la loi du 5 avr. 1884. De là, cette conséquence que l'observation des formalités prescrites à ce sujet par l'art. 38 du décret du 30 déc. 1809 est toujours de stricte obligation (V. à cet égard : *Rép.* n° 361; Arrêté min. cult., 2 sept. 1848, D. P. 48. 3. 89; et les auteurs précités). Ainsi jugé, sous l'empire de la loi du 18 juill. 1837, que l'on ne peut inscrire d'office au budget de la commune, en cas d'insuffisance des revenus de la fabrique, le traitement d'un

vicaire sur l'établissement duquel le conseil municipal n'a pas été préalablement consulté (Cons. d'Et. 24 janv. 1873, aff. Ville de Moulins, D. P. 73. 3. 57); mais qu'il appartient à l'évêque d'établir un vicaire dans une paroisse après que le conseil municipal a donné son avis (Cons. d'Et. 7 août 1875, aff. Commune de Dompierre, D. P. 76. 3. 23), avis dont la demande est prescrite à peine de nullité (Décis. précitée du 24 janv. 1873; V. *infrà*, n° 257; Cons. d'Et. 14 juin 1878, aff. Ville de Moulins, D. P. 78. 3. 84).

255. L'art. 38 du décret du 30 déc. 1809 n'indique pas dans quelles formes l'avis du conseil municipal doit être provoqué. Aussi il a été décidé que cet avis a été régulièrement donné, bien que la demande de création d'un vicariat ait été soumise au conseil municipal par un de ses membres subsidiairement à la délibération d'une subvention de la fabrique, et non directement par le préfet ou par l'évêque (Cons. d'Et. 7 août 1875, cité *suprà*, n° 254). Toutefois, l'avis doit être formel : une délibération portant refus de concourir au traitement, quand même elle serait fondée sur l'inutilité ou l'inopportunité de la création du vicariat, ne pourrait en tenir lieu. Il convient de remarquer qu'aux termes de l'art. 70 de la loi du 5 avr. 1884, « lorsque le conseil municipal, à ce régulièrement requis et convoqué, refuse ou néglige de donner son avis, il peut être passé outre ». Dans sa circulaire du 15 mai 1884, le ministre de l'intérieur reconnaît, d'une part, que les avis des conseils municipaux sont purement consultatifs, et nullement obligatoires pour l'administration supérieure, de l'autre, que, si le conseil refuse ou néglige de se prononcer, la mesure sur laquelle il est consulté peut être prise valablement. Cela revient à dire, dans le cas présent, qu'à l'évêque seul il appartient de décider finalement de l'utilité ou de l'inutilité d'un vicaire, et qu'il prononce seul, tandis que les marguilliers et le conseil municipal ne donnent qu'un avis (V. Affre, p. 129, note 1). — Ajoutons enfin que la procédure indiquée par les art. 93 à 101 du décret du 30 déc. 1809 et décrite au *Rép.* n° 361, n'est plus aujourd'hui applicable, l'art. 168 de la loi du 5 avr. 1884 ayant abrogé ces articles (V. du reste *infrà*, n° 549).

256. Les curés ou desservants ne peuvent être portés comme vicaires, même dans d'autres communes ou paroisses, et jouir, cumulativement avec leur traitement, de l'indemnité attribuée aux vicaires (Circ. min. 12 déc. 1820, *Rec. circ. cult.*, t. 1, p. 71).

257. L'évêque pourrait-il conférer à des prêtres attachés à une paroisse le titre de *prêtres-administrateurs* de cette paroisse ? Il ne s'agit ici que d'un titre purement spirituel, et la collation du titre n'excède pas les pouvoirs du chef spirituel du diocèse, lorsque, bien entendu, elle n'engage pas le temporel de la fabrique (V. D. P. 48. 3. 89, note ; Dieulin, p. 414). — Il semble également qu'il aurait le droit de donner à ces prêtres le titre de *vicaires* dans les mêmes conditions, c'est-à-dire sans grever en rien le budget de la fabrique (V. D. P. *ibid.*). Toutefois, un arrêté du ministre de l'instruction publique et des cultes, du 2 sept. 1848, cité au *Rép.* n° 593, et rapporté D. P. 48. 3. 89, a annulé, pour excès de pouvoir, une ordonnance archiépiscopale qui conférait aux prêtres administrateurs des églises de Paris le titre de vicaire, et qui leur assignait un traitement sur le produit des oblations, par ce motif qu'il ne peut être créé de vicaires qu'après délibération des marguilliers et sur l'avis du conseil municipal, qu'il n'appartient qu'aux fabriques de fixer le traitement des vicaires, et que le tarif des oblations et la répartition de ces offrandes entre les prêtres qui concourent aux cérémonies du culte ne peuvent être modifiés sans l'approbation du Gouvernement (Sur ce dernier

_____

(1) Le ministre rappelle de nouveau aux préfets les prescriptions de l'art. 6, § 2, du décret du 11 prair. an 12. Les évêques sont tenus de faire connaître le nom et les prénoms des titulaires, la date et le lieu de la naissance, le diocèse d'origine, les fonctions antérieures, le nom du prêtre qui occupait le poste ainsi pourvu, la destination qu'il a reçue, la mise à la retraite ou son décès. Les préfets doivent faire parvenir en même temps et confidentiellement au ministère leurs appréciations sur le caractère, l'attitude politique, la moralité des sujets transférés ou nommés, ainsi que sur les motifs et l'opportunité des nominations ou mutations effectuées. Ces avis doivent être régulièrement transmis tous les trois mois pour assurer un contrôle indispensable des

changements opérés dans le personnel ecclésiastique et tenir à jour les fiches individuelles classées à la direction des cultes. Les préfets sont invités à cet égard à user des mesures coercitives dont ils disposent aux termes de la circulaire du 15 mai 1885. Le décret du 11 prair. an 12 s'applique non seulement aux desservants, mais encore aux prêtres habituels et aux aumôniers relevant des ministères de la guerre, de la marine et de l'intérieur, qui peuvent temporairement quitter le service paroissial dans lequel ils reprennent ensuite des fonctions actives, bien qu'en ce qui les concerne spécialement les renseignements soient échangés de ministère à ministère.

Du 8 févr. 1886.-Circ. min. des cultes.

point, V. *infrà*, n° 514). Le même arrête a ajouté que les vicaires généraux capitulaires ne devant se permettre aucune innovation dans les usages du diocèse, dont l'administration intérimaire leur est confiée, n'ont pas le droit de confirmer, par une ordonnance personnelle, la collation du titre de vicaire abusivement attribuée par une ordonnance archiépiscopale antérieure. — Il semble que cet arrêté ministériel ait donné à la disposition de l'ordonnance annulée comme entachée d'excès de pouvoir une portée qu'elle n'avait pas, et appliqué le décret du 30 déc. 1809, sur lequel il s'appuie, à un cas qu'il n'est pas destiné à régir. En effet, l'ordonnance archiépiscopale ne concernait nullement l'établissement de nouveaux vicaires dans le sens du décret de 1809, et il n'était pas question de réclamer aucune subvention aux fabriques ni au conseil municipal pour cet établissement. L'archevêque, sans aggraver en rien le budget de la fabrique ni celui de la commune, sans demander aucun sacrifice nouveau aux fidèles, s'était borné à décorer du titre de vicaire des ecclésiastiques déjà attachés à une paroisse. Comment lui contester ce droit, puisque ses pouvoirs spirituels lui permettent de donner une dignité cléricale aux prêtres de son diocèse, lui qui est le curé universel de ce diocèse et le pasteur né de toutes ses églises?

258. — V. Vicaires chapelains. — V. *Rép.* n°s 362, 437.

259. — VI. Aumôniers. — La définition des *aumôniers* et la nomenclature des corps ou établissements auxquels ces ministres du culte étaient attachés jusqu'en 1852 ont été données au *Rép.* n°s 363, 364 et 365. Depuis, plusieurs dispositions législatives ont modifié soit le rôle, soit la condition de ces aumôniers, soit surtout la liste des corps ou des établissements auxquels ils étaient attachés. Elles ont été en partie exposées au *Répertoire* à l'occasion des diverses matières auxquelles se rattachent les différentes catégories d'aumôniers. Cet exposé sera complété dans les articles du *Supplément* consacrés aux mêmes matières. — V. en ce qui concerne : les aumôniers de l'armée de terre, des pénitenciers militaires et des écoles spéciales militaires, v° *Organisation militaire* ; — *Rép.* eod. v°, n° 102;... Les aumôniers de la flotte ou de la marine, v° *Organisation maritime* ; — *Rép.* eod. v°, n° 140;... Les aumôniers des hospices civils, v° *Hospices* ; — *Rép.* eod. v°, n°s 271 et suiv.; ... Les aumôniers des lycées, collèges et écoles normales, v° *Organisation de l'instruction publique* ; .... Les aumôniers des maisons centrales de force et de correction, des établissements assimilés, ceux des maisons d'arrêt, de justice et de correction, des pénitenciers agricoles et des colonies publiques de jeunes détenus, v° *Prisons* ; — *Rép.* eod. v°, n°s 23 et 102.

Nous ajouterons seulement ici quelques indications concernant certains aumôniers qui ne rentrent dans aucune de ces catégories.

260. Un service religieux célébré par un chapelain a été institué à Marseille par décret du 11 août 1859 (D. P. 59. 4. 77), dans une chapelle dédiée à la mémoire des officiers, soldats et marins morts au service de la France pendant les campagnes d'Afrique, d'Orient et d'Italie.

261. La grande aumônerie de France, qui était autrefois la première dignité ecclésiastique du royaume (V. *Rép.* n° 365), et qui, rétablie sous le premier Empire, avait été supprimée en 1830 (V. *ibid.*), fut canoniquement restaurée par un bref du 31 mars 1857, dont la réception et la publication en France furent autorisées par décret du 17 juin de la même année (D. P. 57. 4. 172). Mais cette institution a disparu avec le second Empire.

262. Le traitement des aumôniers des derniers prêtres dans les cimetières de Paris institués par décret du 21 mars 1852 a été supprimé en 1881.

§ 7. — Des chapitres (*Rép.* n°s 366 à 377).

263. On a dit au *Rép.* n° 370 qu'outre les chanoines titulaires, il y a des chanoines honoraires nommés par l'évêque seul, et dont il n'a pas même à faire connaître les noms au Gouvernement, malgré une décision ministérielle du 12 oct. 1811 et un projet de règlement arrêté en juin 1814, qui n'a d'ailleurs reçu aucune suite. Une circulaire ministérielle du 18 janv. 1849 (*Rec. circ. cult.*, t. 2, p. 18 et

191), a prescrit aux évêques la production de la liste des chanoines honoraires nommés par eux, mais cette exigence a été combattue par plusieurs auteurs (V. notamment André, t. 2, p. 88). — Indépendamment des chanoines honoraires, les archevêques et évêques donnent le titre de chanoines d'honneur, dont la dignité est plus élevée, à des prélats qu'ils veulent honorer aux yeux de leur clergé, soit évêques, soit protonotaires apostoliques, soit autres dignitaires ecclésiastiques de France ou de l'étranger. C'est un titre purement honorifique. — Plusieurs chapitres de l'Église de France ont obtenu, depuis quelques années, pour leurs membres, l'autorisation de porter une décoration sur l'habit de chœur, et des décrets ont autorisé la réception des brefs pontificaux qui leur accordaient cette permission en déterminant les formes de la décoration ou du costume ajouté à l'habit de chœur (V. *suprà*, n° 132).

264. Le chapitre collégial de Saint-Denis, établi par décret du 20 févr. 1806, en dehors des chapitres métropolitains et cathédraux, et qui fait l'objet des n°s 373, 374, 375 du *Répertoire*, a subi plusieurs modifications depuis le décret du 6 avr. 1852, cité *ibid.* D'une part, un bref du 31 mars 1857 ayant constitué canoniquement ce chapitre, ce bref fut reçu et publié en France par le décret des 17 juin-31 août 1857 (D. P. 57. 4. 172). En 1860, un nouveau bref pontifical institua douze canonicats nouveaux dans le second ordre du même chapitre, et un décret des 10 févr.-10 mars du la même année (D. P. 60. 4. 20), après avoir reçu ce bref, ordonna l'adjonction de ces douze chanoines honoraires au plus au chapitre de Saint-Denis. En 1872, sur la demande du Gouvernement français, un nouveau bref du 12 octobre de cette année modifia encore une fois la constitution canonique du chapitre, et un décret des 23 juin-7 oct. 1873 (D. P. 74. 4. 8), porta réception dudit bref.

Un autre décret du 23 juin de la même année (D. P. 74. 4. 8), réorganisa complètement, en conséquence, le chapitre de Saint-Denis. Aux termes de ce décret, ledit chapitre est institué pour desservir la basilique de Saint-Denis et assurer une retraite honorable aux évêques démissionnaires, ainsi qu'aux anciens aumôniers des armées de terre et de mer et des établissements publics (art. 1er). Mais cette dernière disposition, relative aux aumôniers, a été supprimée par un décret postérieur des 3-4 sept. 1879 (D. P. 80. 4. 61). Le chapitre est composé d'un primicier, de chanoines-évêques ou du premier ordre, et de chanoines-prêtres ou du second ordre, chaque ordre comptant au plus douze membres (art. 2), qui sont nommés par décret, sur la proposition du ministre des cultes (art. 3). Les chanoines du premier ordre sont exclusivement choisis parmi les archevêques et évêques français démissionnaires (art. 4); d'après le même article, les chanoines du second ordre devaient être choisis parmi les anciens aumôniers des armées de terre et de mer et des établissements publics, ayant au moins dix années d'exercice de leurs fonctions; mais cette dernière disposition a été rapportée par le décret des 3-4 sept. 1879 précité, dont l'art. 1er a décidé qu'ils seraient choisis parmi les vicaires généraux et les chanoines, les curés de première classe, les aumôniers des armées de terre et de mer ayant au moins six ans d'exercice de leurs fonctions; et les ecclésiastiques qui se sont distingués dans l'exercice de leur ministère. Le primicier est choisi parmi les chanoines du premier ordre ou les archevêques en fonctions (art. 5). Tous les membres du chapitre reçoivent l'institution canonique, conformément au bref du 12 oct. 1872 (art. 6). Aux termes d'un autre bref du 7 juin 1878, publié par le décret du 22 août 1878 (D. P. 79. 4. 5), le primicier a tous les droits, pouvoirs et privilèges des évêques dans leur diocèse. C'est lui, d'après le décret du 23 juin 1873, art. 7, qui règle le service de l'église et du chapitre, qui nomme les auxiliaires ecclésiastiques et laïques attachés au chapitre et à l'église, et qui présente à l'approbation du ministre des cultes le budget et les comptes. En cas de vacance du primiciérat, le chapitre élit, dans la huitaine, au scrutin secret, à la majorité absolue des suffrages exprimés, un vicaire capitulaire choisi parmi les chanoines du premier ordre, pour remplir temporairement les fonctions de primicier. A défaut d'élection dans le délai fixé, l'archevêque de Paris ou, en cas de vacance de son siège, l'évêque le plus âgé de la province ecclésiastique de Paris

désigne un membre du chapitre pour remplir les fonctions d'administrateur provisoire, avec l'agrément du chef de l'Etat (art. 8). Les chanoines-évêques ne sont pas astreints à la résidence. Mais les chanoines-prêtres le sont, et on les répute démissionnaires s'ils ne justifient pas de leur résidence à Saint-Denis dans les six mois de leur nomination (art. 9). Ils ne peuvent prendre plus de trois mois de vacances, ni s'absenter sans la permission du primicier, à peine de retenue sur leur traitement (Même article). Le décret de 1873 règle ensuite le traitement des chanoines des deux ordres, leurs insignes et la nomination, comme le traitement, de leur trésorier (art. 11, 12). Enfin, il abroge tous les décrets et ordonnances antérieurs (art. 13). Ce décret est encore aujourd'hui en vigueur, sauf, comme on l'a dit plus haut, l'art. 1er in fine et l'art. 4, § 2, qui ont été abrogés et remplacés par le décret des 3-4 sept. 1879. — Il y a lieu d'ajouter que le crédit spécial du chapitre de Saint-Denis a été supprimé à partir du 1er janv. 1885 par la loi des finances du 21 mars 1885 (D. P. 85. 4. 41, note 2). Il a été décidé, lors de la discussion de cette loi, que des pensions viagères équivalentes aux traitements que recevaient les chanoines leur seraient allouées sur le chapitre des Pensions et secours ecclésiastiques. Ces pensions ont été concédées par un décret du 24 mars 1885.

265. Depuis le décret du 6 déc. 1851 (Rép. n° 376), qui l'avait rendue au culte, l'église Sainte-Geneviève à Paris était desservie par une communauté de chapelains, recrutée au concours avec traitement alloué par l'Etat (Décr. 22 mars 1852, D. P. 52. 4. 99). — A la suite de la loi de finances du 29 juill. 1881 (D. P. 82. 4. 86), qui supprima l'allocation faite à ces chapelains, le chapitre de Sainte-Geneviève cessa de se compléter lors des vacances, et il ne contenait plus, en 1885, que trois membres qui ne recevaient aucun traitement de l'Etat. Mais l'église Sainte-Geneviève a cessé d'être consacrée au culte, depuis le décret des 26-27 mai 1885 (D. P. 86. 4. 6), dont l'art. 1er porte que « le Panthéon est rendu à sa destination primitive et légale », et que « les restes des grands hommes qui ont mérité la reconnaissance nationale y seront déposés », et dont l'art. 3 déclare rapportés tous les décrets, ordonnances et dispositions réglementaires contraires à cette affectation. En conséquence, le chapitre qui continuait de la desservir a disparu. On a discuté la légalité de ce décret soit à la Chambre des députés (discours de M. de Mun, à la séance du 28 mai 1885), soit au Sénat (discours de M. Lucien Brun, à la séance du 30 mai de la même année), soit dans la presse (V. lettre du cardinal archevêque de Paris, du 29 mai 1885), au point de vue du droit public ecclésiastique (V. infrà, n° 396) ; mais la mesure prise a été maintenue et appliquée dans toute son étendue.

§ 8. — Des séminaires et des facultés de théologie
(Rép. nos 378 à 391).

266. Les séminaires, ou maisons d'instruction ouvertes à ceux qui se destinent à l'état ecclésiastique, ont été décrits au Rép. nos 378 et suiv., où nous en avons exposé l'origine, la nécessité et le rétablissement à la suite du Concordat. On ne reviendra ici sur les séminaires métropolitains (V. Rép. nos 380 et 381), qui sout, depuis la création de l'Université, devenus des facultés de théologie, que pour faire remarquer la disparition récente de ces facultés de théologie catholique. En effet, lors de la discussion du budget des dépenses de l'exercice 1885, la Chambre des députés ayant supprimé dans le tableau A du projet du Gouvernement les crédits relatifs au personnel et au matériel de ces facultés, le Sénat proposa d'abord le rétablissement de ces crédits; mais la Chambre des députés refusa de les rétablir, et le Sénat finit par céder en adoptant le projet tel qu'il lui avait été renvoyé par la Chambre (Séance du 22 mars 1885). Les facultés de théologie catholique demeurèrent donc, en fait, supprimées, et une loi des 27-28 juin 1885 (D. P. 86. 4. 37) dut ouvrir au ministre des cultes un crédit supplémentaire et extraordinaire pour accorder aux anciens professeurs de ces facultés, auxquels n'était pas applicable l'art. 11, § 4, de la loi du 9 juin 1853, sur les pensions de retraite, une allocation annuelle qui leur tînt lieu de la pension à laquelle ils n'auraient pas eu droit, faute d'âge ou d'un nombre suffisant

d'années de services (V. au surplus infrà, v° Organisation de l'instruction publique).

267. Depuis la tentative faite sous la Restauration pour créer une maison centrale de hautes études ecclésiastiques (V. Rép. n° 383), l'archevêque de Paris fonda dans cette ville, rue de Vaugirard, n° 76, l'école dite des Carmes, destinée aux hautes études ecclésiastiques, et un décret du 22 mai 1862 (D. P. 62. 4. 81) décida que la communauté instituée pour desservir l'église Sainte-Geneviève se composerait désormais : 1° du supérieur de cette école qui prendrait le titre de doyen ; 2° de six chapelains pris parmi les élèves boursiers de la même école. Cette organisation n'existe évidemment plus depuis que la communauté des chapelains de Sainte-Geneviève a elle-même cessé d'exister. L'école des hautes études ecclésiastiques de Paris n'est plus qu'une institution ecclésiastique privée. — Nous mentionnerons ici les facultés libres de théologie, qui se sont organisées en France à la suite et en exécution de la loi du 12 juill. 1875 (D. P. 75. 4. 137), sur la liberté de l'enseignement supérieur, loi dont l'explication trouvera sa place ailleurs, infrà, v° Organisation de l'instruction publique.

268. Les séminaires diocésains ou grands séminaires sont, avec les petits séminaires, les seuls établissements d'instruction et d'éducation ecclésiastique que les lois relatives aux cultes reconnaissent aujourd'hui (V. Rép. n° 384). On a considéré comme un abus de pouvoir les art. 11 et 23 de la loi organique qui subordonnent à l'autorisation du Gouvernement l'établissement des séminaires, abus de pouvoir, dit M. E. Ollivier, p. 536, d'autant plus grand que les séminaires sont un rouage essentiel de l'organisation catholique et que l'art. 11 du Concordat les autorise en principe.

Nous avons dit au Rép. n° 386 que l'art. 24 de la loi organique, qui prescrit dans les séminaires l'enseignement de la célèbre déclaration de 1682, n'est pas exécuté et est tombé en désuétude. Le Gouvernement l'a lui-même reconnu publiquement dans deux circonstances à la tribune de la Chambre des députés, par l'organe de M. Dufaure, garde des sceaux, le 25 nov. 1876 (Journ. off. du 26 nov. 1876), et de M. Bardoux, ministre des cultes, le 21 févr. 1878 (Journ. off. du 22 févr. 1878). « De deux choses l'une, disait ce dernier en parlant de la déclaration de 1682 : ou ces articles sont acceptés par les catholiques, et alors pourquoi voulez-vous que nous nous mêlions de l'enseignement des dogmes ? Ou ils sont schismatiques, et quels moyens aurions-nous de les imposer à des consciences libres ? » Il paraît difficile, en effet, que le Gouvernement songe aujourd'hui à imposer un enseignement qui serait en opposition directe avec les décisions du concile du Vatican, de 1870, sur l'infaillibilité pontificale. — Quant aux conditions imposées aux élèves des grands séminaires pour être dispensés du service militaire, V. suprà, n° 72. — Il y a aujourd'hui en France quatre-vingt-quatre séminaires diocésains, non compris ceux d'Algérie et des colonies.

269. En ce qui concerne les écoles secondaires ecclésiastiques ou petits séminaires, les explications données au Rép. n° 389, et Organisation de l'instruction publique, nos 325 et suiv., seront complétées infrà, v° Organisation de l'instruction publique.

§ 9. — Communautés de prêtres, oratoriens, missionnaires
(Rép. n° 392).

270. V. Rép. n° 392.

§ 10. — Des communautés religieuses. — Historique
(Rép. nos 393 à 426).

271. « On ferait, dit M. Jules Simon, un recueil immense des édits, ordonnances, arrêts, proclamations, circulaires, décrets ou lois qui concernent les congrégations religieuses; monuments législatifs dus aux époques les plus différentes, aux régimes les plus opposés, ne visant le plus souvent qu'un détail ou une espèce, inspirés par la circonstance, par un besoin pressant, par un péril, par une rancune, d'une authenticité douteuse, d'une légalité contestable, d'une application difficile ou impossible » (Rapport au nom de la commission du Sénat chargée d'examiner la proposition de M. Dufaure sur le droit d'association). Ce sont ces monu-

ments législatifs dont on a donné au *Rép.* n°ˢ 393 et suiv. une analyse sommaire, après avoir indiqué l'origine et les développements des communautés religieuses. Nous ne revieudrons pas sur l'histoire des principaux ordres monastiques, ni sur les caractères de la vie religieuse en commun, qui y ont été décrits, non plus que sur les œuvres et les services de ces congrégations en France (V. E. Keller, *Les congrégations religieuses en France*, 1880). Nous ajouterons seulement, à propos des vœux prononcés par les membres de ces ordres religieux (V. *Rép.* n° 409), qu'en Savoie les vœux simples suffisaient, avant le code civil du 1ᵉʳ janv. 1838 pour constituer la profession religieuse, et les jésuites en particulier étaient frappés de mort civile dès qu'ils avaient prononcé ces vœux, bien que le titre de profès ne leur soit accordé qu'après l'émission des vœux solennels, et qu'il soit au pouvoir du supérieur de l'ordre de les relever de leurs vœux simples (Chambéry, 26 août 1863) (1).

272. La loi de finances du 29 déc. 1876 (art. 12, D. P. 77. 4. 23), ayant prescrit de dresser un état de toutes les communautés et associations religieuses, autorisées ou non autorisées, existant en France, cet état officiel a été dressé et publié en 1878. Mais il ne distingue pas entre les congrégations autorisées et celles qui ne le sont pas. Déjà, en 1861, un semblable recensement avait été opéré. V. à ce sujet, mais pour les congrégations non autorisées seulement, l'étude comparative de ces deux recensements, qui a été publiée à Paris en 1879, Dufrenoy, éditeur. Lors de la discussion qui eut lieu au Sénat en 1880 (V. *Journ. off.* du

26 juin 1880), il fut dit qu'il y avait alors en France soixante-quinze congrégations d'hommes non reconnues, comptant environ sept mille membres, et cent quatre-vingt-quinze congrégations de femmes, composées de quatorze mille personnes. D'après un rapport fait par M. Brisson à la Chambre des députés en 1880, au nom de la commission du budget de l'exercice 1881, il y aurait en ce moment six cent soixante douze congrégations reconnues dont trente-trois d'hommes et six cent trente-neuf de femmes (Annexe, n° 3239). Mais il importe de remarquer que la plupart de ces congrégations ont été simplement autorisées, par des décrets postérieurs à 1817, à fournir des instituteurs primaires à tel ou tel département, ce qui n'a pu leur donner la personnalité civile (V. *infra*, n° 275). Aujourd'hui, les communautés d'hommes régulièrement autorisées et jouissant de cette personnalité sont : les prêtres des missions étrangères, les prêtres du Saint-Esprit et du Sacré-Cœur de Marie, les frères des écoles chrétiennes, les prêtres de Saint-Sulpice, les lazaristes. On discute encore la question de savoir si les chartreux établis dans le monastère de la Grande-Chartreuse sont ou non autorisés, quoique leur établissement en ce lieu ait été autorisé par l'Etat (V. *Rép.* n° 409. V. aussi Ducrocq, t. 2, n°ˢ 1540 et 1546).

273. — I. Existence légale des congrégations ou associations religieuses. — C'est une règle constante que les congrégations religieuses ne peuvent avoir d'existence légale en France qu'à la condition d'être reconnues ou autorisées (*Rép.* n° 417). — Sur la question de savoir quelles

---

(1) (Chantain *C.* Ailloud.) — La cour; — Attendu que Marguerite Sevez a, comme sa fille Jeanne-Marie Ailloud, un intérêt majeur à ce qu'il soit décidé que la succession du jésuite Ailloud, son fils, n'a été ouverte que sous l'empire du code civil sarde mis en vigueur en 1838, et non antérieurement; qu'il lui importe donc de se prémunir contre une décision qui préjudicierait à ses droits; — Attendu que, suivant la jurisprudence consacrée par la cour de cassation, cet intérêt suffit pour lui donner le droit d'intervenir, même en appel, dans la cause où cette question préjudicielle serait décidée, sauf à faire déterminer ultérieurement la quotité à laquelle elle pourrait avoir droit dans la succession;

Sur le fond : — Attendu que, suivant les principes consacrés par le droit canonique, la profession religieuse peut être expresse ou tacite; que la profession expresse est celle qui se fait par l'émission des vœux qui lient celui qui les fait à un ordre religieux approuvé; et que la profession tacite est celle qui résulte de circonstances de nature à démontrer que l'on a voulu embrasser pour toujours la vie religieuse suivant la règle de l'ordre dans lequel on est entré; qu'il suffit pour cela, que, pendant plus d'un an après le noviciat et après l'âge de quatorze ans accomplis, l'on ait vécu dans le monastère, suivi la règle et porté l'habit religieux profès de cet ordre (liv. 3 des Décrétales, tit. 21, chap. 22 et 23; liv. 3 *in-sexto*, tit. 14, chap. 1ᵉʳ; inst. liv. 1ᵉʳ, tit. 30, § 8); — Attendu que par relation à ces dispositions du droit canonique, que le règlement particulier pour la Savoie, approuvé par les lettres patentes du 13 août 1773, a disposé d'une manière générale et absolue que les religieux de tous ordres seraient réputés morts civilement après leur profession expresse ou tacite; — Attendu que les jésuites qui ont fait la profession expresse par l'émission des vœux exigés dans tous les ordres monastiques, qui sont liés par ces vœux à la société pour le reste de leurs jours, et qui sont par là même de véritables religieux, comme le porte textuellement la bulle de Grégoire XIII, qui approuve les statuts de l'ordre, sont donc nécessairement atteints par la disposition du règlement précité; — Attendu, en effet, que le jésuite relevé de ses premiers vœux par son supérieur se trouve dans la même situation que le membre de tous autres ordres monastiques qui est relevé de ceux qu'il a faits par le pape lui-même; — Attendu que, par le même motif, l'on ne saurait avoir plus d'égard à la disposition de la bulle *Ascendente Domino*, aux termes de laquelle les jésuites qui ont fait les premiers vœux conservent la propriété de leurs biens, comme l'on pouvait concilier ce droit avec un vœu perpétuel de pauvreté; — Attendu que l'on ne peut plus s'arrêter à cette considération que, dans l'ordre des jésuites, l'on ne donne le titre de *profès* qu'à ceux-là seuls qui ont prononcé les derniers vœux; — Attendu, en effet, que cette circonstance étant bien connue lorsque le règlement particulier de 1773 a été publié, et que c'est assurément pour ne laisser aucun doute sur la véritable intention du législateur que l'on a, sans faire aucune distinction entre les vœux simples et les vœux solennels, substitué dans ce règlement les mots « après leur profession expresse ou tacite » à ceux *depuis qu'ils seront profès exprès ou tacitement*, qui se trouvaient dans l'édit d'Emmanuel-Philibert du 2 mars 1563, antérieur à l'établissement des

jésuites en Savoie; — En ce qui touche l'argument tiré de ce que l'édit du 3 mai 1702, qui déclarait explicitement que les religieux qui avaient fait profession expresse ou tacite par vœux solennels ou simples étaient réputés morts civilement, a été, en vertu d'ordre souverain et, sur la réclamation des jésuites, retiré par manifeste du Sénat du 28 av. 1703 : — Attendu que cet édit contenait plusieurs autres dispositions relatives aux ordres religieux, et qu'il résulte de la correspondance qui fut échangée alors entre le Sénat et le gouvernement du duc de Savoie, que la disposition qui avait surtout donné lieu aux réclamations des jésuites était autre que celle rappelée ci-devant; — Attendu, d'ailleurs, qu'il résulte des termes dans lesquels est conçue cette disposition, que, dans l'esprit du législateur civil et contrairement à ce qui a été soutenu par l'appelante et par l'intervenante, l'émission des vœux simples ne constituait pas moins la profession religieuse que l'émission des vœux solennels; d'où l'on doit conclure que c'est avec intention, comme il a été dit ci-devant, que, dans le règlement particulier de 1773, l'on a employé l'expression générale *de profession expresse*, comme comprenant les vœux simples et les vœux solennels; — Attendu, d'autre part, que les arrêts cités de 1744 et 1745, outre qu'ils ont été rendus dans des espèces bien différentes de celle qui fait l'objet du procès, s'expliquent tout naturellement par la différence de la législation en vigueur à l'époque où ils ont été rendus; — Attendu, en effet, que l'édit d'Emmanuel-Philibert, dont le règlement particulier de 1730 n'avait fait que reproduire les termes, déclarait seulement les religieux profès incapables de succéder et de disposer de leurs biens, tandis que le règlement de 1773, pour couper court à toute controverse et sur la profession religieuse et sur la capacité civile des religieux, les déclare textuellement morts civilement, comme l'avait fait l'édit de 1702; — Attendu que l'on ne peut rien induire de contraire aux considérations qui précèdent de la distinction qui a été faite dans l'ordonnance du 4 oct. 1773, qui a permis l'exécution de la bulle de suppression, des jésuites, entre ceux qui avaient fait les premiers vœux seulement, et ceux qui avaient fait les derniers; car, s'il était vrai que, nonobstant l'émission des premiers vœux les jésuites eussent conservé leur capacité civile et la propriété de leurs biens, comment pourrait-on expliquer la réserve insérée dans ladite ordonnance, qu'ils n'auront par l'établissement desdits vœux, aucun droit ou partie de ceux qui peuvent leur compéter suivant les usages du pays et la disposition du droit commun;

Attendu, enfin, que l'opinion de Pothier et celle de quelques autres auteurs qui se sont occupés de la capacité civile des jésuites en France avant l'édit de septembre 1603, ne peuvent être d'aucune influence dans la présente cause, par la considération qu'aux termes de l'art. 35 de l'ordonnance de Moulins de 1566, l'on n'admettait en France que la profession expresse et solennelle; tandis que la législation en vigueur en Savoie depuis l'édit d'Emmanuel-Philibert jusqu'à la publication du code civil en 1838, ne faisait aucune distinction entre la profession expresse et la profession tacite; — Confirme, etc.

Du 26 août 1863.— C. de Chambéry, 1ʳᵉ ch.-MM. Dupasquier, pr.-Maurel, 1ᵉʳ av. gén.-Goybet, Greyfier et Perrier de Labathie, av.

---

sont les associations ou communautés auxquelles cette règle est applicable, V. Rennes, 22 mars 1888 (aff. Hamard, D. P. 89. 2. 25, et la note). — De quel pouvoir l'autorisation doit-elle émaner? Il y a lieu de distinguer, à cet égard, entre les congrégations d'hommes et celles de femmes.

274. Quant aux congrégations d'hommes, il est certain qu'un décret a suffi pour les autoriser pendant la période comprise entre le 3 mess. an 12 et le 2 janv. 1817; l'opinion contraire, d'après laquelle une loi aurait été nécessaire déjà avant cette dernière époque n'était pas fondée (*Rép.* n° 418). La question s'est même élevée de savoir si la période durant laquelle l'autorisation pouvait résulter d'un acte du pouvoir exécutif ne s'était pas prolongée jusqu'à la loi du 24 mai 1825. On a émis, au *Rép. ibid.*, l'avis que la loi du 2 janv. 1817, qui n'a trait qu'à la faculté d'accepter les dons ou legs faits aux établissements ecclésiastiques, n'exigeait *peut-être* une loi que pour conférer la capacité légale de recevoir aux congrégations d'hommes, et que ce serait seulement à partir de la loi du 24 mai 1825 qu'une *loi* aurait été nécessaire pour leur conférer l'existence légale; mais, depuis, la doctrine et la jurisprudence semblent s'être définitivement fixées dans le sens de la nécessité d'une *loi* pour reconnaître l'existence des congrégations d'hommes, à partir du 2 janv. 1817 (V. note sous Req. 15 déc. 1856, aff. Rochouze, D. P. 57. 1. 97; Civ. rej. 3 juin 1861, aff. Moreau, D. P. 61. 1. 218, et la note; Nancy, 15 juin 1878, aff. Tabellion, D. P. 79. 2. 236; Lyon, 12 juill. 1878, aff. Ovize, D. P. 80. 1. 148; note sous Paris, 21 févr. 1879, aff. Champion, D. P. 79. 2. 225. V. aussi Paris, 10 janv. 1863, et Civ. cass. 19 déc. 1864, aff. Daudé, D. P. 65. 1. 116; Demolombe, *Donations et testaments*, t. 1, n° 597; Demante, *Cours analytique*, t. 4, n° 31 *bis*; Laferrière, *Droit public et administratif*, 5° éd., t. 2, p. 319; Batbie, t. 2, p. 424). Par suite, dans cette opinion, les congrégations d'hommes autorisées seulement par une simple *ordonnance* du 2 janv. 1817 au 24 mai 1825 n'ont pas d'existence légale, car il faut une loi non seulement pour leur donner la capacité de recevoir, mais encore pour les reconnaître. — Une observation de fait peut toutefois affaiblir la portée de ces décisions, c'est que, dans presque toutes les espèces sur lesquelles s'est prononcée la récente jurisprudence, il s'agissait de savoir si les congrégations en litige avaient capacité de recevoir et d'acquérir, ce qui motivait l'application de la loi du 2 janv. 1817. Néanmoins, l'arrêt de cassation précité, du 19 déc. 1864, décide explicitement que « le droit attribué au chef de l'État d'autoriser ces établissements (par décret) a persisté jusqu'aux lois des 2 janv. 1817 et 24 mai 1825 », et l'arrêt de Lyon, du 12 juill. 1878, a posé le même principe « qu'une ordonnance royale ne peut pas conférer à une congrégation d'hommes la personnalité civile, au moins depuis la loi du 2 janv. 1817 ». Du reste, les termes de la circulaire ministérielle du 16 avr. 1817, et des avis du conseil d'État des 4 mars 1817, 9 juill. 1832 et 19 avr. 1836 paraissent confirmer cette solution.

275. Nous avons dit *suprà*, n° 272, qu'un grand nombre de congrégations d'hommes ont été simplement autorisées, par des décrets postérieurs à 1817, à fournir des instituteurs primaires à tel ou tel département; plusieurs d'entre elles même ont été, par des actes du pouvoir exécutif, reconnues comme établissements charitables

d'utilité publique. Quelle est la situation légale de ces congrégations? Peut-on faire, en leur faveur, une exception à la règle que les communautés religieuses d'hommes n'ont d'existence légale et de capacité civile que lorsqu'elles ont été reconnues par une loi? Non. Ces décrets ne leur ont pas donné la personnalité civile. C'est du moins ce qui résulte de l'arrêt du 3 juin 1861 (aff. Moreau, D. P. 61. 1. 218), qui décide qu'une autorisation de ce genre a seulement pour effet de régulariser la situation de la congrégation au point de vue de la police des associations, et d'autoriser ses services pour l'enseignement primaire, mais qu'elle ne lui confère pas la personnalité civile et la capacité de recevoir des dons et legs. Le conseil d'État a également consacré cette doctrine, contrairement à une longue pratique administrative, par un avis du 16 juin 1881 (aff. Société de Marie, D. P. 82. 3. 24) (V. conf. Vuillefroy, p. 165 et suiv.; Demolombe, *Donations et testaments*, t. 1, n° 597). Cependant M. Vuillefroy avait reconnu lui-même que les associations de frères autres que ceux des écoles chrétiennes, qui ont une existence légale, étaient admises, en fait, à jouir de la capacité civile et que de nombreuses ordonnances avaient autorisé des associations de ce genre comme établissements d'utilité publique; la légalité de cette pratique avait été examinée par le conseil d'État en 1839, à l'occasion d'une question relative à l'institut des frères des écoles chrétiennes et soutenue de la manière la plus expresse par le rapporteur, M. Pérignon, dont les conclusions avaient été admises implicitement. Ajoutons que la loi du 15 mars 1850, art. 31 et 79, et celle du 27 juill. 1872, sur le recrutement de l'armée (art. 20), semblent confirmer cette interprétation donnée par la pratique aux décrets ou ordonnances qui autorisaient, depuis 1817, des congrégations religieuses comme établissements charitables d'utilité publique. Enfin un arrêt de la cour de Toulouse du 6 mars 1884 (aff. Frères de Paradis, D. P. 85. 2. 145) reconnaît à une congrégation enseignante, simplement reconnue par ordonnance royale comme association charitable en faveur de l'enseignement primaire, le droit de réclamer en justice les salaires qui lui sont dus pour services scolaires, ce qui semblerait impliquer que cette congrégation constituait une personne juridique (V. toutefois la note sur cet arrêt, *ibid.*).

276. En ce qui concerne les congrégations de femmes, on a vu au *Rép.* n° 418 qu'un décret (ou une ordonnance) suffisait pour les autoriser non seulement avant la loi du 24 mai 1825, mais aussi postérieurement, pourvu qu'elles eussent avant cette loi une existence de fait. — La législation relative à la reconnaissance des communautés religieuses de femmes a été complétée par un décret du 31 janv. 1852 (1), qui a autorisé l'établissement de ces communautés par décret, alors même qu'elles se seraient fondées postérieurement à la loi de 1825, pourvu qu'elles déclarent adopter des statuts déjà vérifiés et enregistrés au conseil d'État, et approuvés pour d'autres communautés religieuses (art. 1er). Une loi n'est donc plus nécessaire que s'il s'agit d'une congrégation qui adopte des statuts nouveaux, ou dont l'origine est postérieure au 1er janv. 1825. D'après le même décret (art. 1er-2°), la preuve que la communauté existait antérieurement à cette époque résulte de la seule attestation de l'évêque diocésain. Enfin un décret suffit encore, soit lorsqu'il y aura nécessité de réunir plusieurs communautés qui

---

(1) 31 janv.-16 févr. 1852. — *Décret sur les congrégations et communautés religieuses de femmes* (Bull., n° 3600) (D. P. 52. 4. 45).

Louis-Napoléon, président de la République française; — Sur le rapport du ministre de l'instruction publique et des cultes; — Vu les décrets des 18 févr. 1809 et 26 déc. 1810; la loi du 2 janv. 1817; — Vu la loi du 24 mai 1825; — Considérant qu'il importe, dans l'intérêt du peuple, de faciliter aux congrégations religieuses de femmes, qui se consacrent à l'éducation de la jeunesse et au soulagement des malades pauvres, les moyens d'obtenir leur reconnaissance légale; — Considérant, d'ailleurs, qu'il est équitable d'appliquer à toutes les communautés religieuses de femmes, qui se trouvent dans des conditions analogues, les règles précédemment adoptées pour plusieurs établissements de même nature; — Décrète :

Art. 1er. Les congrégations et communautés religieuses de femmes pourront être autorisées par un décret du président de la République : — 1° Lorsqu'elles déclareront adopter, quelle que soit l'époque de leur fondation, des statuts déjà vérifiés et enre-

gistrés au conseil d'État et approuvés pour d'autres communautés religieuses ; — 2° Lorsqu'il sera attesté par l'évêque diocésain que les congrégations (qui) présenteront des statuts nouveaux au conseil d'État existaient antérieurement au 1er janv. 1825 ; — 3° Lorsqu'il y aura nécessité de réunir plusieurs communautés qui ne pourraient plus subsister séparément ; — 4° Lorsqu'une association religieuse de femmes, après avoir été d'abord reconnue comme communauté régie par une supérieure locale, justifiera qu'elle était réellement dirigée, à l'époque de son autorisation, par une supérieure générale, et qu'elle avait formé, à cette époque, des établissements sous sa dépendance.

2. Les modifications des statuts vérifiés et enregistrés au conseil d'État pourront être également approuvées par un décret.

3. Dans les cas prévus par les articles précédents, l'autorisation ne sera accordée aux congrégations religieuses de femmes qu'après que le consentement de l'évêque diocésain aura été représenté et que les formalités prescrites par les art. 2 et 3 de la loi du 24 mai 1825 auront été remplies.

ne pourraient plus subsister séparément, soit lorsqu'une association, après avoir été d'abord reconnue comme communauté régie par une supérieure locale, justifiera qu'elle était réellement dirigée, à l'époque de son autorisation, par une supérieure générale, et qu'elle avait formé à cette époque des établissements sous sa dépendance (art. 1er-3° et 4°). Suivant M. Batbie, t. 2, n° 477, le décret du 31 janv. 1852 ne s'applique pas à toutes les communautés de femmes quelles qu'elles soient, mais seulement à celles qui ont pour objet l'éducation de la jeunesse, le soulagement des enfants pauvres ou tout autre objet analogue. C'est, en effet, ce qui paraît résulter des considérants qui précèdent le dispositif du décret. Au reste, comme le fait remarquer le même auteur, la disposition est très large et comprend la plupart des congrégations de femmes.

277. Les formalités nécessaires pour obtenir l'autorisation ont été indiquées au *Rép.* n°s 418 et 419. Des prescriptions nouvelles à ce sujet ont été insérées dans le second décret du 29 mars 1880, qui a enjoint à toutes les congrégations non autorisées de faire, dans un délai de trois mois, les diligences nécessaires pour obtenir la vérification et l'approbation de leurs statuts et règlements (V. *infrà*, n° 286). En ce qui concerne les congrégations qui peuvent être autorisées par décret, aux termes de l'art. 2 de la loi du 24 mai 1825 et par le décret du 31 janv. 1852, il déclare (art. 4) qu'il y a lieu d'observer les formalités prescrites par l'art. 3 de ladite loi de 1825 à laquelle il n'est rien innové. Pour les autres congrégations il exige, notamment, les justifications suivantes : 1° désignation du supérieur ou des supérieurs; détermination du lieu de leur résidence, laquelle doit être et rester fixée en France; 2° production de la liste nominative des membres de l'association avec indication de l'origine et de la nationalité de chacun d'eux; d'un état de l'actif et du passif ainsi que des revenus et charges de l'association; 3° approbation des statuts par les évêques des diocèses où l'association a des établissements; 4° soumission de la congrégation dans les choses spirituelles à la juridiction de l'ordinaire.

278. Après avoir rappelé ces règles générales, il convient de mentionner les principales décisions judiciaires qui, depuis la publication du *Répertoire*, ont, par application de ces règles, reconnu ou dénié la personnalité civile à diverses congrégations.

L'existence légale des lazaristes, dont il a été parlé au *Rép.* n°s 409 et 410, a été contestée par le motif que cette congrégation n'avait été l'objet que d'une ordonnance du 3 févr. 1816, qui constatait seulement son existence de fait (V. Troplong, *Donations et testaments*, t. 2, n°s 670 et suiv.; Demolombe, *Donations et testaments*, t. 1, n° 597). Mais il a été établi ensuite que les lazaristes avaient été autorisés par le décret du 7 prair. an 12, c'est-à-dire durant la période comprise entre le Concordat et la loi du 2 janv. 1817, ce qui tranchait la question en leur faveur. C'est ce qu'a reconnu M. Demolombe, dans la seconde édition de son *Traité des donations*. En conséquence, il a été décidé que cette communauté jouit de la personnalité civile en France (Paris, 10 janv. 1863, aff. Daudé, D. P. 63. 2. 110, et sur pourvoi, Civ. cass. 19 déc. 1864, D. P. 65. 1. 116).

279. La question s'est également posée à l'égard des frères des écoles chrétiennes, mais elle ne pouvait faire de difficulté, car leur existence légale a été consacrée avant la loi de 1817, par plusieurs décrets, notamment par celui du 17 mars 1808, qui a fondé l'Université de France (V. Demolombe et Troplong, *loc. cit.*; Demante, *Cours analytique*, t. 4, n° 31 *bis* IV; Laferrière, *Droit public et administratif*, 5e éd., t. 2, p. 348, 321; conclusions de M. le procureur général Dupin dans l'affaire jugée par l'arrêt du 3 juin 1861, aff. Moreau, D. P. 61. 1. 218, et du commissaire du Gouvernement dans l'affaire jugée par le conseil d'État le 17 juin 1887, aff. Ville de Paris, D. P. 88. 3. 81). Cette solution s'applique, d'ailleurs, non seulement aux établissements des frères fondés avant la loi de 1817, mais à ceux mêmes qui ont été institués postérieurement, car c'est la congrégation elle-même qui a été autorisée d'une façon générale, et non les communautés ou maisons isolées qui en dépendent (V. en ce sens : Demolombe, Troplong et Demante, *op. et loc. cit. — Contrà* : Vuillefroy, p. 168, n° 7,

note; Saintespès-Lescot, *Donations et testaments*, t. 1, n° 267). — C'est, d'ailleurs, à tort que l'on a prétendu que la loi du 15 mars 1850 sur l'enseignement a eu pour effet d'enlever aux frères des écoles chrétiennes l'existence légale dont ils jouissaient. Rien dans cette loi ne justifiait une semblable prétention; l'art. 31 réserve, au contraire, aux municipalités le droit de choisir leurs instituteurs parmi les membres des congrégations vouées à l'enseignement et reconnues par la loi, et il n'est pas douteux que cette disposition ne vise spécialement les frères des écoles chrétiennes.

280. Le caractère de congrégations reconnues a, au contraire, été dénié : 1° à l'association des frères de Saint-Joseph, du Mans, autorisée comme association charitable vouée à l'enseignement comme par une simple ordonnance du 25 juin 1823, c'est-à-dire postérieure à la loi de 1817 (V. Demolombe et Troplong, *loc. cit.*; Civ. rej. 3 juin 1861, cité *suprà*, n° 274); — 2° A la communauté des frères de la doctrine chrétienne de Saint-Charles, reconnue dans les mêmes conditions par une ordonnance du 17 juill. 1822 (Sol. impl., Nancy, 15 juin 1878, aff. Tabellion, D. P. 79. 2. 236); — 3° A celle des frères de Saint-Viateur, reconnue par ordonnance du 10 janv. 1830 (Sol. impl. Lyon, 12 juill. 1878, aff. Ovize, D. P. 80. 1. 148); — 4° A la société des frères du Saint-Sacrement, fondée à Paris le 5 janv. 1857, canoniquement constituée le 8 mai 1863, et dont les statuts ont été approuvés par le Saint-Siège le 18 mars 1875 (Sol. impl., Paris, 21 févr. 1879, aff. Champion, D. P. 79. 2. 225).

281. Cette question de l'existence juridique et de la reconnaissance légale des congrégations s'est encore posée récemment au sujet d'ordres religieux existant en Savoie, depuis l'annexion de cette province à la France. L'ordre de Saint-François remonte à 1209. Une branche de cet ordre, connue sous le nom de mineurs capucins, créé au commencement du 16e siècle, a détaché plusieurs de ses rameaux en Savoie à la fin du même siècle. Elle y fonda, de 1576 à 1649, seize maisons, qui étaient encore debout en 1792, au moment de l'occupation française. Après 1814, quatre de ces couvents sortirent de leurs ruines et reçurent des souverains de la Savoie diverses exemptions et concessions d'où ils induirent la reconnaissance de leur personnalité civile; notamment un édit du 9 févr. 1816, enregistré au Sénat de Chambéry, à leur égard les prohibitions d'un règlement de 1773 et des autres lois savoyardes remises en vigueur, qui faisaient obstacle à la reconstitution de la propriété au profit des corporations religieuses dites de mainmorte. En 1842, des lettres-patentes du roi Charles-Albert, enregistrées au Sénat le 10 janv. 1843, autorisèrent les PP. capucins de Savoie à établir un couvent de leur ordre à Albertville. Mais vint la loi du 29 mai 1855, dite d'*incamération*, qui supprima dans les États sardes un certain nombre de maisons religieuses reconnues, dont elle *incaméra* ou confisqua les biens au profit de l'État, représenté par une caisse ecclésiastique. Au nombre des ordres religieux ainsi atteints se trouvaient les mineurs capucins, ainsi que les augustines de Pont-de-Beauvoisin, les carmélites de Chambéry, les cisterciens de Hautecombe (V. *Mémoire sur la position des couvents de la Savoie*, par le comte Greyfié de Bellecombe; Arminjon, *Mémoire pour les frères mineurs capucins*, 2e éd., p. 84). Après l'annexion, le décret du 21 nov. 1860 (art. 3, D. P. 60. 4. 158), transféra à la France, à partir du 14 juin 1860, la propriété des biens attribués à la caisse ecclésiastique, conformément à la loi d'incamération, et ayant appartenu à des maisons religieuses dans la Savoie et l'arrondissement de Nice, mais en mettant à la charge du Gouvernement français les pensions, allocations ou revenus alloués, en exécution de ladite loi, aux religieux vivant en commun ou séparément. — Cette loi du 29 mai 1855 et ce décret du 21 nov. 1860 ont-ils privé les mineurs capucins de Savoie de la personnalité civile et de l'existence légale qu'ils auraient possédées auparavant? Et cette existence légale, en admettant qu'elle ne pût être contestée, aurait-elle survécu à l'annexion? La question a été vivement débattue au sujet des poursuites dirigées contre des frères mineurs capucins qui, suivant un usage séculaire et les statuts de leur ordre, faisaient des quêtes pour les besoins de leur couvent, et le second des mémoires cité plus haut fut publié dans le dessein d'établir que les capucins de Savoie avaient joui, comme personne morale

civilement autorisée, de cette existence légale de 1576 à 1792, de 1816 à 1860, et de 1860 à 1884 (V. dans le même sens, pour les capucins de Chambéry : Morlot, *Les congrégations religieuses, Revue de l'Ecole libre des sciences politiques*, 1887, p. 92). Néanmoins, un arrêt de la cour de Chambéry du 7 févr. 1884 (aff. Triquet, D. P. 86. 2. 22), déclara, d'une part, que, sous l'ancienne législation de Savoie, nul ordre religieux ne pouvait être publiquement reconnu ou institué civilement sans un arrêt du Sénat visant directement son établissement et son institution, et que les mineurs capucins n'avaient jamais été autorisés conformément à cette règle; d'autre part, que cette situation de personne morale autorisée, eût-elle existé, avait pris fin avec la loi dite d'incamération confirmée par un décret du 20 déc. 1860, stipulant que les mineurs capucins ne pourraient s'autoriser des termes dudit décret pour se prévaloir d'une reconnaissance par le Gouvernement français de leur existence civile; en conséquence, cet arrêt décida que lesdits capucins n'avaient pas, au moment de l'annexion, la situation d'une personne morale civilement autorisée. Déjà, antérieurement, la cour de cassation de Turin (Arrêts des 20 mars 1857, 1er mars et 18 juill. 1858, rappelés dans celui du 7 févr. 1884, V. *Mémoire* de M. Arminjon, p. 19), avait souverainement décidé que la loi d'incamération du 29 mai 1855 s'appliquait à tous les ordres religieux énumérés dans le décret y annexé, et par conséquent aux mineurs capucins.

282. Enfin il y a lieu de noter d'intéressantes décisions intervenues en Belgique, au sujet des *béguinages* qui existaient dans les provinces belges antérieurement à la réunion de ces provinces à la France en l'an 4, et qui ont été supprimés par la loi du 18 août 1792, promulguée en Belgique après la réunion, et par les lois des 15 fruct. an 4 et 5 frim. an 6 (Trib. Hasselt, 3 janv. 1878, aff. Hospices civils de Hasselt, D. P. 81. 2. 41, et sur appel, Liège, 20 juill. 1880, *ibid.*). On n'était pas bien fixé, à la fin du 18e siècle, sur le caractère des établissements connus en Belgique sous ce nom. Tantôt on les considérait comme des corporations exclusivement religieuses, tantôt comme des institutions de bienfaisance. C'est ce dernier caractère qui leur fut reconnu par deux arrêtés consulaires des 16 fruct. an 8 et 9 frim. an 12. Par suite, on ne doit plus les classer parmi les communautés religieuses, mais parmi les établissements de bienfaisance, pendant la période qui précéda immédiatement leur suppression (V. la note jointe aux décisions précitées, D. P. 81. 2. 41)

283. — II. EFFETS DE L'AUTORISATION. — Le *Répertoire* a énuméré aux nos 419, 668, 675, les effets de la reconnaissance légale des congrégations religieuses. Nous ne reviendrons sur cet exposé que pour rappeler que les congrégations reconnues ont néanmoins besoin d'une autorisation spéciale donnée par décret pour les aliénations d'immeubles ou rentes, les échanges, les acquisitions d'immeubles, les achats et transferts d'inscriptions de rentes sur l'Etat, les cessions ou transports, les constitutions de rentes sur des particuliers, et les transactions (V. L. 24 mai 1825, art. 4; Ord. 14 janv. 1831, art. 1er et 2. V. aussi *infrà*, nos 656 et suiv.). — Mais elles restent libres d'accomplir tous les actes pour lesquels l'autorisation du Gouvernement n'est pas requise par une disposition de loi ou de règlement. Elles peuvent donc, sans autorisation spéciale, faire tous actes de gestion de leurs biens, passer des baux, toucher des revenus, employer leurs fonds à la construction de bâtiments, à l'entretien et à la réparation de leurs immeubles, tenir leur comptabilité comme elles l'entendent, etc. En effet, elles ne sont pas, comme les fabriques ou les communes, soumises à la tutelle de l'Etat. Par suite, elles n'ont pas besoin de l'autorisation du conseil de préfecture pour ester en justice (Av. Cons. d'Et. 6 juill. 1864).

Des subventions annuelles étaient allouées, depuis 1809, sur le budget de l'Etat, à un certain nombre de congrégations religieuses enseignantes ou hospitalières reconnues;

mais le chiffre de ces subventions a beaucoup diminué, s'il n'a même été complètement supprimé en ces derniers temps. — Quant à la révocation de l'autorisation générale d'une communauté ou de l'autorisation particulière accordée à une maison dépendante d'une congrégation reconnue, V. *Rép.* n° 419. Enfin, sur la question de savoir si la dissolution d'une communauté religieuse légalement reconnue peut être demandée par les personnes qui en font partie, et suivie du partage des biens qui en dépendent, V. *infrà*, nos 670 et suiv.

284. Après avoir rappelé que l'autorisation accordée aux communautés religieuses n'affecte pas, comme autrefois (V. H. Beaune, *La condition des personnes*, p. 166 et suiv.; P. Viollet, *Précis de l'histoire du droit français*, p. 240), l'état civil de leurs membres, on s'est demandé au *Rép.* n° 415, si les statuts de ces congrégations dûment autorisées n'ont, à l'égard de leurs membres, aucune force obligatoire, notamment en ce qui concerne leurs vœux (V. *ibid.* n° 419). Il est certain que des statuts exprimant la perpétuité des vœux, étant contraires à la loi qui ne reconnaît que des vœux de cinq ans, ne recevraient pas l'approbation du Gouvernement (Instr. min. 17 juill. 1825, art. 11). Par suite, il a été décidé que les vœux perpétuels et ceux dont la durée dépasserait cinq années ne peuvent avoir aucune conséquence légale ni produire aucune obligation civile. — Quant aux effets légaux que produisent les vœux de cinq ans, V. *Rép.* nos 419 et suiv.; Montpellier, 24 déc. 1868 (cité par André, t. 4, p. 532).

285. Les formalités prescrites par le décret du 18 févr. 1809 (V. *Rép.* n° 421) pour la prononciation des vœux de cinq ans, notamment la présence de l'officier civil, doivent-elles être observées à peine de nullité? La négative est enseignée par André, t. 4, p. 533. Dans tous les cas, il a été jugé que ces formalités ne sont établies que dans l'intérêt de la liberté des engagements religieux, et que, par suite, il n'appartient pas aux tiers de se prévaloir dans un intérêt personnel de leur omission (Civ. rej. 23 mai 1849, aff. Marie de Sainte-Céleste Hermon, D. P. 49. 1. 161). Décidé de même que, si, par les expressions de l'art. 8 du décret du 18 févr. 1809 : « l'engagement devra être pris, » etc., on était conduit à induire que la présence de l'officier de l'état civil et la rédaction de l'acte sont exigées à peine de nullité, cette nullité ne serait, dans tous les cas, que relative et ne pourrait jamais être opposée par les tiers (Trib. Niort, 29 juill. 1844, aff. Dames Blanches de la Rochelle, et sur appel, Poitiers, 29 mai 1845, même affaire, D. P. 46. 2. 198). Le dernier arrêt constate, d'ailleurs, que les dispositions du décret de 1809 sont tombées en désuétude.

286. — III. CONSÉQUENCES DU DÉFAUT D'AUTORISATION. — Quelles sont, pour les congrégations non autorisées, les conséquences du défaut d'autorisation? Cette question, déjà examinée au *Rép.* nos 422 et suiv., où elle ont été indiquées les précédents législatifs et judiciaires, a acquis une nouvelle importance et a soulevé de vifs débats depuis les décrets du 29 mars 1880 (D. P. 80. 4. 23). A la suite du rejet de l'art. 7 du projet de loi relatif à la liberté de l'enseignement supérieur (V. D. P. 80. 4. 22, col. 3, note), et d'une déclaration faite par le président du conseil des ministres, devant le Sénat et la Chambre des députés, déclaration par laquelle le Gouvernement affirmait son droit et sa résolution d'appliquer les lois existantes aux congrégations non autorisées auxquelles, en repoussant l'art. 7, le Parlement semblait vouloir maintenir le droit d'enseigner, la Chambre des députés adopta, à la majorité de 324 voix contre 153, dans la séance du 16 mars 1880, un ordre du jour ainsi conçu : « La Chambre, confiante dans le Gouvernement, et comptant sur sa fermeté pour appliquer les lois relatives aux congrégations non autorisées, passe à l'ordre du jour (D. P. 80. 4. 23, note). » Quelques jours après, le 29 mars 1880, sur un rapport des ministres de l'intérieur et de la justice, furent rendus deux décrets, l'un fixant à l'agrégation ou association non autorisée dite de *Jésus*, un délai pour se dissoudre et évacuer les établissements qu'elle occupait sur la surface du territoire français (1), l'autre portant que toute congréga-

---

(1) 29-30 mars 1880. — *Décret fixant à l'agrégation ou association non autorisée dite de Jésus, un délai pour se dissoudre et évacuer les établissements qu'elle occupe sur la surface du territoire de la République* (D. P. 80. 4. 23).

LE PRÉSIDENT DE LA RÉPUBLIQUE FRANÇAISE; — Sur le rapport du ministre de l'intérieur et des cultes, du garde des sceaux, ministre de la justice; — Vu l'art. 1er de la loi des 13-19 févr. 1790 portant : « La loi constitutionnelle du royaume ne recon-

tion ou communauté non autorisée serait tenue, dans le délai de trois mois, de faire les diligences nécessaires à l'effet d'obtenir la vérification et l'approbation de ses statuts et règlements, ainsi que la reconnaissance légale par une loi à l'égard des congrégations d'hommes, et par une loi ou par un décret rendu en conseil d'Etat, suivant les distinctions résultant de la loi du 24 mai 1825 et du décret-loi du 31 janv. 1852 à l'égard des congrégations de femmes, pour chacun de ses établissements actuellement existant de fait (1). Ces décrets visaient la loi du 13 févr. 1790, art. 1er, la loi du 18 août 1792, tit. 1er, art. 1er, l'art. 11 du Concordat, l'art. 11 de la loi du 18 germ. an 10, le décret-loi du 3 mess. an 12, la loi du 24 mai 1825, le décret-loi du 31 janv. 1852, les art. 291 et 292 c. pén. et la loi du 10 avr. 1834. Spécialement, en ce qui concernait la société de Jésus, on y rappelait les dispositions prohibitives de l'ancien droit, notamment l'arrêt du parlement de Paris du 6 août 1762, l'arrêt du mois de nov. 1764, l'arrêt du parlement de Paris du 9 mai 1767 et l'édit de mai 1777, enfin l'arrêt de la cour de Paris du 18 août 1826 (V. Rép. n° 422). De plus, le 2 avr. 1880, le

naîtra plus de vœux monastiques solennels des personnes de l'un ni de l'autre sexe; en conséquence, les ordres et congrégations réguliers, dans lesquels on fait de pareils vœux, sont et demeurent supprimés en France, sans qu'il puisse en être établi de semblables à l'avenir »; — Vu l'art. 1er, tit. 1er, de la loi du 18 août 1792; — Vu l'art. 11 du Concordat; — Vu l'art. 11 de la loi du 18 germ. an 10, portant : « Les archevêques et évêques pourront avec l'autorisation du Gouvernement, établir dans leurs diocèses des chapitres cathédraux et des séminaires. Tous autres établissements ecclésiastiques sont supprimés »; — Vu le décret-loi du 3 mess. an 12, qui prononce la dissolution immédiate de la congrégation ou association, connue sous les noms de Pères de la Foi, d'Adorateurs de Jésus ou Paccanaristes, et porte que « seront pareillement dissoutes toutes autres agrégations ou associations formées sous prétexte de religion et non autorisées »; — Vu les art. 291 et 292 c. pén. et la loi du 10 avr. 1834; — Considérant qu'antérieurement et sous l'édit et décret susvisés la société de Jésus a été supprimée en France, sous l'ancienne monarchie, par divers arrêts et édits, notamment l'arrêt du Parlement de Paris du 6 août 1762, l'édit du mois de novembre 1764, l'arrêt du Parlement de Paris du 9 mai 1767, l'édit de mai 1777; — Qu'un arrêt de la cour de Paris du 18 août 1826 rendu « toutes les chambres assemblées » déclare que l'état actuel de la législation s'oppose formellement au rétablissement de la société dite de Jésus, sous quelque dénomination qu'elle se présente, et qu'il appartient à la haute police du royaume de dissoudre tous établissements, toutes agrégations ou associations qui sont ou seraient formés au mépris des arrêts, édits, loi et décrets susénoncés; — Que le 21 juin 1828, la Chambre des députés a renvoyé au Gouvernement des pétitions signalant l'existence illégale des jésuites; — Que le 3 mai 1845, la Chambre des députés a voté un ordre du jour tendant à ce qu'il leur fût fait application des lois existantes, et que le Gouvernement se mit en devoir de réaliser leur dispersion; — Que le 16 mars 1880, à la suite de débats dans l'une et l'autre Chambre, qui avaient plus particulièrement visé l'ordre des jésuites, la Chambre des députés a réclamé l'application des lois aux congrégations non autorisées; — Qu'ainsi, sous les divers régimes qui se sont succédé, tant avant qu'après la Révolution de 1789, les pouvoirs publics ont constamment affirmé leur droit et leur volonté de ne pas supporter l'existence de la société de Jésus, toutes les fois que cette société, abusant de la tolérance qui lui avait été accordée, a tenté de se reformer et d'étendre son action; — Décrète:

Art. 1er. Un délai de trois mois, à dater du présent décret, est accordé à l'agrégation ou association non autorisée, dite de Jésus, pour se dissoudre, en exécution des lois ci-dessus visées, et évacuer les établissements qu'elle occupe sur la surface du territoire de la République. — Ce délai sera prolongé jusqu'au 31 août 1880 pour les établissements dans lesquels l'enseignement littéraire ou scientifique est donné, par les soins de l'association, à la jeunesse.

2. Le ministre de l'intérieur et des cultes et le garde des sceaux, ministre de la justice, sont chargés, chacun en ce qui le concerne, de l'exécution du présent décret qui sera inséré au Bulletin des lois et au Journal officiel.

(1) 29-30 mars 1880. — Décret portant que toute congrégation ou communauté non autorisée est tenue, dans le délai de trois mois, de faire les diligences nécessaires à l'effet d'obtenir la vérification et l'approbation de ses statuts et règlements (D. P. 80. 4. 24).

Le Président de la République française; — Sur le rapport du ministre de l'intérieur et des cultes, et du garde des sceaux, ministre de la justice; — Vu l'art. 1er de la loi du 13-19 févr. 1790, portant : « La loi constitutionnelle du royaume ne reconnaîtra plus de vœux monastiques solennels des personnes de l'un ni de l'autre sexe; en conséquence, les ordres et congrégations réguliers dans lesquels on fait de pareils vœux sont et demeurent supprimés en France, sans qu'il puisse en être établi de semblables à l'avenir »; — Vu l'art. 1er, tit. 1er, de la loi du 18 août 1792; — Vu l'art. 11 du concordat; — Vu l'art. 11 de la loi du 11 germ. an 10, portant : « Les archevêques et évêques pourront, avec l'autorisation du Gouvernement, établir dans leurs diocèses des chapitres cathédraux et des séminaires. Tous autres établissements ecclésiastiques sont supprimés »; — Vu le décret-loi du 3 mess. an 12, décidant que « seront dissoutes toutes congrégations ou associations formées sous prétexte de religion et non autorisées »; que « les lois qui s'opposent à l'admission de tout

ordre religieux dans lequel on se lie par des vœux perpétuels, continueront d'être exécutées selon leur forme et teneur »; qu' « aucune agrégation ou association d'hommes ou de femmes ne pourra se former à l'avenir sous prétexte de religion, à moins qu'elle n'ait été formellement autorisée par un décret impérial, sur le vu des statuts et règlements selon lesquels on se proposerait de vivre dans cette agrégation ou association »; que, néanmoins, les agrégations y dénommées continueront d'exister en conformité des arrêtés qui les ont autorisées, « à la charge par lesdites agrégations de présenter, sous le délai de six mois, leurs statuts et règlements pour être vus et vérifiés en conseil d'Etat, sur le rapport du conseiller d'Etat chargé de toutes les affaires concernant les cultes »; — Vu la loi du 24 mai 1825, portant qu' « aucune congrégation religieuse de femmes ne sera autorisée qu'après que les statuts, dûment approuvés par l'évêque diocésain, auront été vérifiés et enregistrés au conseil d'Etat, en la forme requise pour les bulles d'institution canonique »; — Que « ces statuts ne pourront être approuvés et enregistrés s'ils ne contiennent la clause que la congrégation est soumise, dans les choses spirituelles, à la juridiction de l'ordinaire »; — Qu'« après la vérification et l'enregistrement, l'autorisation sera accordée par une loi à celles de ces congrégations qui n'existaient pas au 1er janv. 1825 »; — Qu'à l'égard de celles de ces congrégations qui existaient antérieurement au 1er janv. 1825, l'autorisation sera accordée par une ordonnance du roi »; — Qu'enfin « il ne sera formé aucun établissement d'une congrégation religieuse de femmes déjà autorisée, qu'il n'a été préalablement informé sur la convenance et les inconvénients de l'établissement, et si l'on ne produit, à l'appui de la demande, le consentement de l'évêque diocésain et l'avis du conseil municipal de la commune où l'établissement devra être formé, et que l'autorisation spéciale de former l'établissement sera accordée par ordonnance du roi, laquelle sera insérée dans la quinzaine au Bulletin des lois »; — Vu le décret-loi du 31 janv. 1852, portant que « les congrégations et communautés religieuses de femmes pourront être autorisées par un décret du président de la République : 1° Lorsqu'elles déclareront adopter, quelle que soit l'époque de leur fondation, des statuts déjà vérifiés et enregistrés au conseil d'Etat et approuvés pour d'autres communautés religieuses; 2° lorsqu'il sera attesté par l'évêque diocésain que les congrégations qui présenteront des statuts nouveaux au conseil d'Etat existaient antérieurement au 1er janv. 1825; 3° lorsqu'il y aura nécessité de réunir plusieurs communautés qui ne pourraient plus subsister séparément; 4° lorsqu'une association religieuse de femmes, après avoir été d'abord reconnue comme communauté régie par une supérieure locale, justifiera qu'elle était réellement dirigée, à l'époque de son autorisation, par une supérieure générale, et qu'elle avait formé, à cette époque, des établissements sous sa dépendance; et qu'en aucun cas, l'autorisation ne sera accordée aux congrégations religieuses de femmes qu'après que le consentement de l'évêque diocésain aura été représenté »; — Vu les art. 291 et 292 c. pén. et la loi du 10 avr. 1834; — Décrète:

Art. 1er. Toute congrégation ou communauté non autorisée est tenue, dans le délai de trois mois à dater du jour de la promulgation du présent décret, de faire les diligences ci-dessous spécifiées, à l'effet d'obtenir la vérification et l'approbation de ses statuts et règlements et la reconnaissance légale pour chacun de ses établissements actuellement existant de fait.

2. La demande d'autorisation devra, dans le délai ci-dessus imparti, être déposée au secrétariat général de la préfecture de chacun des départements où l'association possède un ou plusieurs établissements. Il en sera donné récépissé. Elle sera transmise au ministre de l'intérieur et des cultes, qui instruira l'affaire.

3. A l'égard des congrégations d'hommes, il sera statué par une loi. A l'égard des congrégations de femmes, suivant les cas et les distinctions établies par la loi du 24 mai 1825 et par le décret du 31 janv. 1852, il sera statué par une loi ou par un décret rendu en conseil d'Etat.

4. Pour les congrégations qui, aux termes de l'art. 2 de la loi du 24 mai 1825 et du décret du 31 janv. 1852, peuvent être autorisées par décret rendu en conseil d'Etat, les formalités à suivre pour l'instruction de la demande seront celles prescrites par l'art. 3 de la loi précitée de 1825, auquel il n'est rien innové.

5. Pour toutes les autres congrégations, les justifications à produire à l'appui de la demande d'autorisation seront celles énoncées ci-dessous.

ministre de l'intérieur adressait aux préfets une circulaire destinée à assurer l'exécution de ces décrets (1).

Les conséquences du défaut d'autorisation peuvent être envisagées à deux points de vue, au point de vue civil et au point de vue pénal et administratif.

287. — 1° *Conséquences du défaut d'autorisation au point de vue civil.* — Il a toujours été admis que les congrégations religieuses non autorisées n'ont, au point de vue civil, ni existence, ni capacité juridique ; qu'elles sont, par suite, incapables d'acquérir, même à titre onéreux, de posséder, d'aliéner, de contracter ou d'ester en justice (V. *Rép.* n° 679). Elles n'existent pas comme personnes civiles distinctes de leurs membres. On pourrait concevoir un système législatif dans lequel la personnalité civile serait accordée d'avance à toute association, comme elle l'est de nos jours aux sociétés commerciales et, sous certaines distinctions, aux sociétés civiles ; on peut soutenir que le droit de

créer des personnes civiles est une conséquence tout aussi légitime de la liberté des individus que le droit de s'associer (Accolas, *Manuel de droit civil*, t. 1, p. 544 ; Séligmann, *Revue critique*, 1879, t. 8, p. 376 ; Bertauld, *Rapport à l'Assemblée nationale sur le projet de loi relatif à la liberté des associations*, 1871. V. aussi *Rapport* de M. Dufaure au Sénat, et projet de loi déposé par lui sur les associations auxquelles ce projet n'accorde pas de droit la personnalité civile dont la concession est réservée à une loi spéciale, mais auxquelles il reconnaît certaines aptitudes. Cependant, en fait, le législateur n'a jamais admis chez nous une pareille doctrine (V. note sous Req. 15 déc. 1856, aff. Rochouze, D. P. 57. 1. 97, et sous Paris, 21 févr. 1879, aff. Champion, D. P. 79. 2. 225 ; L. Deshayes, *Du régime légal des communautés religieuses*, p. 16 et suiv.). Il considère que l'État est intéressé à « ce qu'il ne se forme pas sans son concours des corporations dont la nature est de se perpétuer et qui se

---

6. La demande d'autorisation devra contenir la désignation du supérieur ou des supérieurs, la détermination du lieu de leur résidence et la justification que cette résidence est et restera fixée en France. Elle devra indiquer si l'association s'étend à l'étranger ou si elle est renfermée dans le territoire de la République.

7. A la demande d'autorisation devront être annexés : 1° la liste nominative de tous les membres de l'association ; cette liste devra spécifier, pour chaque membre, quel est le lieu de son origine et s'il est Français ou étranger ; 2° l'état de l'actif et du passif, ainsi que des revenus et charges de l'association et de chacun de ses établissements ; 3° un exemplaire des statuts et règlements.

8. L'exemplaire des statuts dont la production est requise devra porter l'approbation des évêques des diocèses dans lesquels l'association a des établissements, et contenir la clause que la congrégation ou communauté est soumise, dans les choses spirituelles, à la juridiction de l'ordinaire.

9. Toute congrégation ou communauté qui, dans le délai ci-dessus imparti, n'aura pas fait la demande d'autorisation avec les justifications prescrites à l'appui, encourra l'application des lois en vigueur.

10. Le ministre de l'intérieur et des cultes, et le garde des sceaux, ministre de la justice, sont chargés, chacun en ce qui le concerne, de l'exécution du présent décret, qui sera inséré au *Journal officiel* et au *Bulletin des lois*.

(1) Monsieur le préfet, au moment où la publication des deux décrets en date du 29 mars 1880 soulève dans la presse une si vive polémique et suscite de la part des adversaires de nos institutions républicaines des attaques les plus violentes et les plus injustes, j'estime qu'il est de votre devoir d'éclairer les populations sur le sens et la portée de ces actes et de les prémunir contre certaines calomnies que les partis hostiles s'efforcent de propager. Toutes les calomnies, si l'on cherche à les analyser, sont faciles à ramener à deux chefs principaux, à deux assertions dont il vous sera aisé de faire bonne et prompte justice. D'une part, on accuse le Gouvernement de porter atteinte aux droits et prérogatives de la religion catholique ; de l'autre, on lui reproche de persécuter une classe de citoyens. Aucune de ces deux inculpations ne résiste à un examen sérieux ; mais, présentées avec ruse et perfidie, elles pourraient, si elles ne savent n'était pas suffisamment en éveil sur ce point, s'accréditer auprès des populations rurales. En rappelant les congrégations non autorisées au respect des lois, le Gouvernement, dit-on, porterait atteinte aux droits de l'Église catholique. Rien de moins exact que cette assertion. Les droits de l'Église catholique, en France, sont déterminés par le Concordat, par les lois organiques et par les règlements et décrets rendus en exécution de ces lois. Le Gouvernement ne veut porter aucune atteinte à la situation résultant de ces différents actes. Vous pouvez, au contraire, déclarer hautement que le seul but qu'il poursuit en cette matière, c'est leur stricte et sincère exécution. Ni le Concordat, ni les lois organiques ne prévoient l'existence de congrégations religieuses en France. Les congrégations, en effet, ne sont pas de l'essence de l'Église. Leur présence ou leur absence ne présente aucune connexité avec le libre exercice du culte. Portalis était le fidèle écho des vraies doctrines en cette matière lorsque, dans le rapport qui a précédé le décret du 3 mess. an 12, il disait : « Les évêques et les prêtres sont établis de Dieu pour instruire les peuples et pour prêcher la religion aux fidèles et aux infidèles. Les ordres religieux ne sont point de la hiérarchie ; ce ne sont que des institutions étrangères au gouvernement fondamental de l'Église ». Puis il ajoutait : « Aujourd'hui, le grand intérêt de la religion est de protéger les pasteurs destinés à porter le poids du jour et de la chaleur, au lieu de laisser établir à côté d'eux et sur leurs têtes des hommes qui puissent les opprimer ». La mesure prise par le Gouvernement à l'égard des congrégations non autorisées n'at-

teint donc à aucun degré la religion. C'est une mesure d'ordre purement politique. Tous les droits des congrégations déjà reconnues et autorisées sont intégralement maintenus. Celles des congrégations non autorisées qui paraissent susceptibles de pouvoir régulariser leur situation sont mises en mesure de faire toutes diligences à cet effet. Que fait donc le Gouvernement ? Il se borne à rappeler les congrégations au respect de ce principe dont Pasquier disait : « Il y a ici plus qu'une loi ; c'est un principe éternel et indépendant des lois positives que celui qui ne permet pas qu'une société quelconque se forme dans un État, sans l'approbation des grands pouvoirs de la nation ». Et Dupin concluait : « Qu'il appartienne au souverain pontife d'instituer un ordre religieux dans l'Église, cette opinion n'a rien que de naturel ; mais c'est assurément par la puissance temporelle et par elle seule que cet ordre peut exister dans l'État. S'il pouvait y être institué ou maintenu malgré elle, ce serait véritablement elle-même qui cesserait d'exister ». Ainsi la décision du Gouvernement n'a rien d'opposé aux droits et à la constitution de l'Église ; elle est au contraire dictée par le sentiment des besoins de l'ordre et de la tranquillité dans l'Église comme dans l'État. J'arrive au second grief soulevé contre les décrets du 29 mars dernier. Ces décrets sont attentatoires à la liberté individuelle, disent les ennemis du Gouvernement ; ils constituent des mesures de persécution. Je n'aurai pas besoin de longs développements pour établir que cette accusation n'est pas mieux justifiée que la précédente. Pour y répondre, il suffit de faire remarquer que les membres des congrégations non autorisées, le lendemain du jour où la dissolution de leur association aura été prononcée, se trouveront exactement dans la même situation que tous les autres citoyens français ; qu'ils jouiront des mêmes avantages et des mêmes prérogatives à la seule condition de se soumettre aux lois qui nous commandent à tous, et de ne faire aucun acte d'affiliation à la corporation supprimée. Obliger les gens à rentrer sous l'empire du droit commun, cela n'a jamais été appelé persécuter, et ceux qui se refuseraient à obéir à cette mise en demeure ne mériteraient pas la qualification de victimes, mais celle de rebelles. Il ne m'appartient pas de préjuger ici quelles peuvent être les résolutions ultérieures du législateur sur la grave question du droit d'association ; je n'ai pas à rechercher dans quelle mesure les congrégations religieuses pourraient être appelées à bénéficier des dispositions moins restrictives qui seraient ultérieurement édictées par les pouvoirs publics. Mais je sais qu'aujourd'hui les associations qui comprennent plus de vingt membres sont interdites, alors même que ces associations se diviseraient en sections d'un nombre moindre. Je sais aussi que plusieurs arrêts ont jugé que les associations religieuses tombent comme les autres sous l'application de ces dispositions, alors même qu'il s'agit de cultes reconnus (V. arrêts des 3 août 1826, 12 sept. 1828, 19 août 1830, 18 sept. 1830, *Rép.* n° 74, et v° *Association illicite*, n°s 31 et suiv.). Il ne sera plus permis aux anciens membres des congrégations dissoutes de faire ce qui est défendu aux autres citoyens : voilà la seule atteinte à la liberté individuelle que la presse hostile ait pu, jusqu'à ce moment, relever contre le Gouvernement. Cela ne suffira pas à intéresser la pitié publique, à laquelle elle fait appel. Le bon sens général fera vite raison de ces clameurs, dès que vous aurez fait ressortir le caractère véritable de la situation. Je croirais superflu d'insister auprès de vous, monsieur le préfet, sur les deux points qui font l'objet de la présente communication. Je compte sur votre expérience pour suppléer à ce que ces instructions présentent de sommaire et sur votre zèle pour porter à la connaissance de tous vos subordonnés. J'estime qu'il y aura intérêt à ce que vous en fassiez la matière des entretiens que vous trouverez l'occasion d'avoir avec vos administrés et avec vos collaborateurs de tout ordre. Vous arriverez ainsi à déjouer l'effort de la calomnie, qui tentera, par tous les moyens, de s'insinuer dans l'esprit des populations.

Du 2 avr. 1880.-Circ. min. int. (M. Lepère).

placent dans une position particulière, soit par leur but et leurs règles intérieures, soit par l'immobilité et l'accumulation de leurs propriétés » (Paris, 20 mai 1851, aff. de Schulembourg, D. P. 52. 2. 289; Troplong, *Donations*, n° 681). — La jurisprudence est aujourd'hui bien fixée sur ce point, et, par suite, elle refuse, notamment, aux congrégations non autorisées la capacité d'acquérir et celle d'agir en justice (V. Req. 2 déc. 1845, aff. Chambon, D. P. 46. 1. 164; Civ. rej. 20 avr. 1847, aff. Larrey, D. P. 47. 1. 269; Req. 26 févr. 1849, aff. Onfroy, D. P. 49. 1. 44; 15 déc. 1856, aff. Rochouze, D. P. 57. 1. 97; Paris, 8 mars 1858, aff. de Guerry, D. P. 58. 2. 49; Civ. cass. 9 nov. 1859, aff. Trouillet, D. P. 60. 1. 70; Civ. rej. 3 juin 1861, aff. Moreau, D. P. 61. 1. 248; Paris, 10 janv. 1863, aff. Daudé, D. P. 63. 2. 110; Lyon, 23 févr. 1867, aff. M..., D. P. 67. 2. 111; 18 janv. 1868, aff. Terenos, D. P. 79. 2. 236, note 4; Nancy, 15 juin 1878, aff. Tabellion, D. P. 79. 2. 236; Caen, 19 août 1882, aff. Brostin, D. P. 84. 2. 243. V. aussi *infrà*, nᵒˢ 680 et suiv.). Ce serait donc en vain qu'une congrégation non autorisée prendrait, dans l'acte qui la fonde, le titre de société civile pour se donner la capacité d'acquérir qui lui est absolument refusée (V. *Rép.* n° 679), quoique ses membres puissent former une société civile entre eux (V. *infrà*, n° 293). Mais quelle est la situation ou la condition des congrégations non autorisées en tant qu'associations de particuliers au point de vue civil ? Plusieurs systèmes se sont produits à cet égard.

288. D'après un premier système, les congrégations non autorisées sont, à raison de leur caractère même, des associations illicites qui n'existent qu'au mépris des lois, par la faiblesse du Gouvernement (V. Ed. Laboulaye, *De l'Eglise catholique et de l'Etat, Revue de législation*, 1845, t. 1, p. 480; Vivien, *Etudes administratives*, t. 2, p. 305; Laferrière, *Cours de droit public*, 5ᵉ éd., t. 1, p. 265 et suiv.; Vuillefroy, p. 156; Clamageran, *Des communautés religieuses non autorisées, Revue pratique*, 1857, t. 3, p. 40; E. Ollivier, *Des congrégations religieuses non autorisées, Revue pratique*, 1858, t. 5, p. 100; Postel, *Etude sur le régime légal des communautés religieuses en France*, p. 23; Batbie, *Traité de droit public et administratif*, 2ᵉ éd., t. 2, p. 422 et suiv., et *Précis de droit public et administratif*, 6ᵉ éd., p. 19; Trochon, *Traité du régime légal des communautés religieuses en France*, p. 290; Filon, *Du pouvoir spirituel dans ses rapports avec l'Etat*, p. 145, 238; Séligmann, *Revue critique*, 1879, p. 369; Jeanvrot, *De l'application des décrets du 29 mars 1880 sur les congrégations religieuses*, p. 5 et suiv.; Calmette, *Traité de l'administration temporelle des congrégations*, p. 22; Ducrocq, *Cours de droit administratif*, 6ᵉ éd., t. 2, n° 1538, p. 618; Ch. Constant, *France judiciaire*, 1880, p. 301; Graux, *Les congrégations religieuses devant la loi*, p. 66, 71 et suiv.; Morlot, *Annales de l'école des sciences politiques, op. et loc. cit.* V. aussi *Journ. off.* 1880, p. 2639 et suiv., 4819 et suiv.). Par suite, si les actes qui réalisent véritablement leurs effets en la personne des membres de la communauté considérés comme particuliers, sont valables, il en est autrement de ceux qui paraissent devoir profiter à la congrégation dont l'existence est illégale; ces derniers actes sont nuls, comme ayant une cause illicite (c. civ., art. 1131 et 1133). Les tribunaux ont, à cet égard, pour déterminer le caractère et le but desdits actes, un pouvoir souverain d'appréciation (V. Trib. Seine, 1ᵉʳ févr. 1878, aff. Champion, D. P. 79. 2. 225; V. aussi Trochon, Clamageran, Séligmann, E. Ollivier, *op. et loc. cit.*, et *infrà*, nᵒˢ 294 et suiv., où la question est de nouveau examinée au point de vue pénal et administratif).

289. D'après un second système, développé par M. Beudant, dans une dissertation jointe à un arrêt de la cour de Paris, du 24 févr. 1879 (aff. Champion, D. P. 79. 2. 225), l'établissement d'une communauté sans autorisation ne constitue pas un fait illicite, mais les auteurs qui soutiennent le contraire en s'appuyant sur la loi du 18 août 1792, méconnaissent la pensée qui a animé la législation postérieure, sans parler des conséquences extrêmes auxquelles ils aboutissent. Mais les communautés non autorisées ne peuvent se constituer en sociétés civiles ou commerciales (V. *suprà*, n° 287), à moins, bien entendu, qu'elles ne se livrent à une entreprise agricole, industrielle ou commerciale (V. Req. 26 févr. 1849, cité *supra*, n° 287; Comp. Civ. rej. 12 mars 1866, aff. Trouillet, D. P. 66. 1. 193; Trochon, *op. cit.*, p. 307 et suiv.; Ch. Gide, *Du droit d'association en matière*

religieuse, p. 388; Piébourg, *De quelques questions sur les personnes civiles*, p. 79; *Contrà*: Ravelet, *Traité des congrégations religieuses*, nᵒˢ 208 et suiv.). D'autre part, elles ne peuvent être considérées comme formant des sociétés de fait, car une société de fait n'est possible que là où une société peut être légalement établie. D'où cette double conséquence que les communautés non autorisées n'ont pas, sous quelque forme qu'elles se présentent, des droits distincts de ceux qui appartiennent légitimement à leurs membres; que le fait de l'association ne modifie en rien la condition civile des membres de ces congrégations et ne saurait influer sur la validité des actes faits par eux en leur nom personnel, car la qualité de religieux ne leur confère ni ne leur enlève aucun droit (V. Motifs, Paris, 21 févr. 1879, aff. Champion, D. P. 79. 2. 225); ces membres ont, comme citoyens, au même titre que tous les Français, la plénitude de leurs droits, mais à une condition, c'est d'accepter le droit commun des particuliers et de ne pas exciper de leur qualité pour faire sortir de leurs actes les effets de la personnalité civile.

290. La jurisprudence a consacré un troisième système. Elle admet bien, sans contestation, que tous les actes de la vie civile, accomplis par les congrégations non autorisées ou à leur profit, soit par leurs membres agissant *ut universi*, soit par leurs représentants ou directeurs en cette qualité, sont frappés de nullité. Mais elle voit en elles des sociétés de fait, non illicites, qui se sont formées par la volonté libre des individus réunis, qui subsistent jusqu'à ce que ceux-ci se séparent ou soient dispersés; quoique dépourvues de toute individualité corporative, ces sociétés de fait ont, comme telles, des droits qui sont la conséquence et la condition de leur existence même, du but auquel elles tendent; les tiers sont tenus de respecter l'état de fait qui en résulte. Ainsi, les actes faits par elles sont valables quand les associés y ont figuré en leur nom personnel, ou quand l'un d'eux est intervenu individuellement, auquel cas les autres peuvent en réclamer les effets (Civ. rej. 12 mars 1866, aff. Trouillet, D. P. 66. 1. 193). Ainsi, les contrats à titre onéreux passés par la supérieure d'une communauté religieuse non autorisée, même en vue des intérêts collectifs de cette communauté, sont valables et obligatoires, lorsque la supérieure a pris le soin d'y stipuler et de s'y engager personnellement, pour donner aux parties avec lesquelles ces contrats sont intervenus la sécurité qui leur aurait manqué si elle avait traité en sa qualité de directrice de la communauté non autorisée (Même arrêt). — Et spécialement, lorsque la directrice d'une communauté religieuse non autorisée stipule d'une personne qui veut être admise aux avantages de la vie commune dans la congrégation, le payement d'une certaine somme en retour de son engagement personnel de pourvoir aux dépenses d'entretien, logement, nourriture et maladie de la partie avec laquelle elle contracte, elle a une action pour obtenir le payement de cette somme, sans qu'on puisse se prévaloir de la nullité des engagements qu'elle a eu l'intention de créer au profit du couvent lui-même (Même arrêt); — Sauf réduction de la somme stipulée à la valeur représentative de l'obligation ainsi souscrite par la directrice, lorsqu'il est constaté qu'une portion de la somme promise présente, pour l'excédant, les caractères d'une libéralité en faveur de la communauté non autorisée (Même arrêt). Jugé également qu'une communauté religieuse non autorisée, si elle n'a pas d'existence légale, constitue, entre ceux qui l'ont formée, une société de fait, responsable vis-à-vis des tiers des engagements par elle pris, soit que ces engagements résultent de contrats ou de quasi-contrats, soit qu'ils dérivent de délits ou de quasi-délits (Civ. rej. 30 déc. 1857, aff. Communauté de Picpus, D. P. 58. 1. 21; Paris, 8 mars 1858, aff. de Guerry, D. P. 58. 2. 49). Et cette responsabilité doit atteindre tous les associés dans la mesure, équitablement appréciée par les tribunaux, de leur participation aux affaires de la communauté; elle frappe, notamment, et plus particulièrement, ceux qui, sous le titre de supérieurs, ont pris la direction de la communauté, ou qui en détiennent les biens (Mêmes arrêts). Ainsi, l'action en restitution des sommes d'argent que des membres de la communauté ont obtenues de la faiblesse d'un autre membre, et qui ont tourné au profit de cette communauté, est régulièrement dirigée contre sa supérieure, jusqu'à concur-

rence du profit qu'elle en a tiré (Même arrêt du 30 déc. 1857). Elle peut être également exercée contre le supérieur général de la communauté, s'il est constaté qu'il n'en est pas seulement le chef spirituel, mais qu'il prenait également part à l'administration de son temporel (Même arrêt).
— De même, il a été jugé que les communautés peuvent stipuler, par l'intermédiaire de l'un de leurs membres, qu'une personne qui demande à être admise dans leur sein payera une certaine somme comme condition d'admission (Grenoble, 27 mars 1857, aff. Trouillet, D. P. 58. 2. 119). Toutefois, cette décision a été cassée le 9 nov. 1859 (D. P. 60. 1. 70), par un arrêt décidant que les congrégations et communautés religieuses non autorisées, étant sans existence comme personnes civiles, sont incapables de contracter et d'ester en justice, et que l'incapacité dont elles sont frappées s'applique même au contrat d'entrée en religion, c'est-à-dire à la convention par laquelle la communauté religieuse stipule d'une personne qui veut être admise aux avantages de la vie commune dans cette congrégation, le payement d'une somme fixe, à titre de dot et trousseau; qu'en conséquence, ce contrat est nul, et la communauté est non recevable à en poursuivre l'exécution en justice.
Par application des mêmes principes, il a été jugé : 1° qu'une congrégation religieuse peut, quoique non reconnue, exister comme association de particuliers, et, comme telle, n'est pas illicite; que les membres d'une telle congrégation sont recevables à exercer, dans les termes du droit commun, les droits résultant d'actes par eux faits en leur nom personnel; que, par suite, les acquéreurs d'un immeuble, fussent-ils membres de la congrégation, ont qualité pour ester en justice à fin de surélévation d'un mur mitoyen, quand même cet immeuble serait affecté au service de la congrégation dont ils font partie (Paris, 21 févr. 1879, aff. Champion, D. P. 79. 2. 225); — 2° Que les membres des congrégations religieuses non reconnues, conservant ut singuli la jouissance de tous leurs droits civils et pouvant malgré les vœux monastiques qu'ils prononcent acquérir et posséder en leur nom personnel, sont présumés agir dans leur intérêt propre, tant que le contraire n'est pas établi; spécialement qu'on ne saurait prétendre qu'un religieux a agi au nom de la communauté sous le prétexte qu'il a pris le titre de « procureur du couvent », titre qui lui appartient hiérarchiquement, dans la vie conventuelle, mais qui n'implique pas l'idée d'un mandat à l'effet d'exercer les droits et actions du couvent; qu'en conséquence, ce religieux est recevable à poursuivre personnellement la réparation des atteintes portées à sa propriété par des actes de concurrence déloyale (Bruxelles, 7 juill. 1883) (1).

291. D'autres arrêts sont allés plus loin, et semblent avoir implicitement reconnu à la société de fait un patrimoine indépendant de celui des associés. L'abbé Parabère, jésuite et aumônier de l'armée d'Afrique, ayant obtenu une concession de terres à Constantine, ses héri-

tiers réclamèrent les biens acquis par leur auteur: l'ordre des jésuites soutint que, bien qu'il eût agi en son nom personnel, il avait été leur représentant. La cour d'Alger décida, le 27 mai 1868, que l'immeuble n'avait jamais fait partie du patrimoine de l'abbé Parabère, et, par suite, que les héritiers de celui-ci n'y avaient aucun droit, « attendu qu'à côté de la non-existence légale des congrégations dépourvues d'autorisation, il y a leur existence de fait...; que les tribunaux ne sauraient admettre qu'une association religieuse non reconnue, mais existant au grand jour et avec la tolérance de l'État, puisse être dépossédée par tout venant des biens qu'elle détient... ». Les héritiers ayant déféré cet arrêt à la cour de cassation, celle-ci rejeta le pourvoi en déclarant que le litige se réduisait au point de savoir si l'acte de concession avait eu réellement pour but et pour effet d'attribuer personnellement au concessionnaire apparent la propriété de l'immeuble concédé; que cette question était du nombre de celles que le juge du fait apprécie souverainement d'après l'examen des éléments de la cause et, notamment, des écrits émanés des parties; que, par suite, l'action en revendication intentée, après le décès du concessionnaire apparent, par les héritiers de ce concessionnaire contre le détenteur de l'immeuble, était dépourvue de fondement, encore bien que ce détenteur (un acquéreur sous seing privé) appartînt à la même congrégation (Req. 1er juin 1869, aff. Tondeur, D. P. 69. 1. 313. Même solution dans un cas analogue : Trib. Seine, 11 juin 1879, V. Le Droit du 28 juin). Décidé de même que l'héritier qui revendique contre les membres d'une congrégation religieuse non autorisée des immeubles qu'il prétend avoir appartenu à son auteur, doit être déclaré mal fondé dans son action, s'il est établi que les immeubles n'ont pas été la propriété personnelle de l'auteur du revendiquant, mais qu'ils ont été acquis, à titre gratuit ou à titre onéreux, par ledit auteur du revendiquant pour le compte de la congrégation (Toulouse, 24 janv. 1868, et sur pourvoi, Civ. rej. 30 mai 1870, aff. Lacordaire, D. P. 70. 1. 277). Aux termes des mêmes arrêts, cet héritier n'a pas même un droit de copropriété indivise à faire valoir, du chef de son auteur, puisque celui-ci est déclaré n'avoir été qu'un simple dépositaire n'ayant jamais eu aucune part dans la propriété des immeubles revendiqués; en conséquence, les conclusions par lesquelles il a réclamé tout au moins un droit de copropriété indivise peuvent être rejetées sans autres motifs. Jugé également que, bien qu'une congrégation religieuse non autorisée ne puisse recevoir ni contracter valablement, néanmoins ses membres peuvent former entre eux un contrat commutatif et s'engager à verser et à consommer en commun, dans cette société de fait, leurs revenus, même ceux provenant de leurs talents personnels (Req. 19 juill. 1882, aff. Lacordaire, D. P. 82. 1. 451. V. Jacquier, Condition légale des communautés religieuses, p. 509).

292. Dégageant à son tour de l'association une sorte de

---

(1) (Caumontat C. Grezier.) — La cour; — Sur la fin de non-recevoir : — Attendu que le législateur, tant en France qu'en Belgique, a placé les congrégations religieuses sous l'empire du droit commun, de telle sorte qu'elles ne constituent plus des personnes juridiques, mais de simples agrégations d'individus jouissant ut singuli de tous les droits civils; — Attendu qu'à ce point de vue, les vœux monastiques ne confèrent aucun lien, légal et laissent à ceux qui les prononcent la plus entière liberté d'acquérir et de posséder en leur nom personnel, sauf le for intérieur qui n'est pas du domaine de la loi; — Attendu que les membres de ces communautés, usant ainsi de leur capacité juridique, faisant valoir les droits qui en résultent, assumant sur eux-mêmes les conséquences et la responsabilité de leurs engagements, sont présumés agir dans leur intérêt propre; — Attendu que la thèse contraire conduit à des conséquences injustes et dangereuses; qu'elle tend à retrancher de la vie civile toute une catégorie de citoyens, livre leurs biens sans défense aux entreprises les plus illégales et favorise la mauvaise foi de ceux qui se sont obligés envers eux; — Attendu que les considérations qui précèdent écartent la fin de non-recevoir opposée à l'action de Grezier; — Attendu que ce moyen de défense ne pourrait être accueilli que si Caumontat démontrait que Grezier est la prête-nom des Chartreux, illégalement reconstitués en France comme personne civile; — Attendu que pareille preuve n'est pas rapportée et n'est pas même offerte; — Attendu que la qualification prise par Gre-

zier de « procureur du couvent de la Grande-Chartreuse » est le titre qui lui appartient hiérarchiquement dans la vie conventuelle; qu'elle n'implique donc pas l'idée d'un mandat à l'effet d'exercer les droits et actions du couvent; — Attendu qu'il est constant que Grezier est le seul légitime propriétaire des marques de fabrique de la chartreuse et qu'il en fait les dépôts en Belgique, conformément à la loi du 1er avr. 1879 et à l'arrêté royal du 7 juillet de la même année; qu'il est donc recevable à poursuivre la réparation des atteintes portées à sa propriété par des actes de concurrence déloyale; — Au fond : — Attendu que les marques de fabrique déposées au greffe du tribunal de commerce de Bruxelles, au nom de Grezier, se composent de deux éléments, une étiquette et une bouteille; — Attendu que les faits de la cause prouvent, à suffisance de droit, que Caumontat, pour la liqueur de sa fabrication, a fait usage de bouteilles identiques au type déposé par le mandataire de Grezier; — Attendu que, si ses étiquettes diffèrent à certains égards de celles de la chartreuse, elles s'en rapprochent néanmoins par des emblèmes et des analogies évidemment combinées pour faire naître une confusion entre les produits des deux fabrications; — Attendu que c'est là une atteinte au droit de propriété de la marque et un acte de concurrence déloyale qui a dû porter préjudice à Grezier; — Par ces motifs; — Rejette la fin de non-recevoir et met l'appel à néant, etc.
Du 7 juill. 1883.-C. de Bruxelles, 4e ch.-M. Demeure, pr.

personne distincte des associés, la cour d'Aix a reconnu que les jésuites, détenteurs d'immeubles dont ils justifient par actes authentiques avoir personnellement la propriété, ont qualité pour exercer une action en indemnité contre les auteurs de dégradations causées à ces immeubles; et que les auteurs ou les personnes civilement responsables du dommage ne sont pas recevables à opposer une exception tirée de la circonstance que les demandeurs seraient les prête-noms et les dépositaires d'une communauté religieuse non autorisée à acquérir et à posséder en France (Aix, 2 mars 1874, aff. Ville de Marseille, D. P. 74. 2. 217). — En vertu du même principe, il a été admis : 1° qu'une communauté non reconnue peut être actionnée dans la personne de ceux qui la dirigent; que ses obligations n'affectent que les biens conventuels; que, dès lors, les membres qui la composent ne peuvent être poursuivis sur les biens qu'ils détiennent à titre de prête-noms (Orléans, 30 mai 1857, aff. Boulnois, D. P. 79. 2. 228, note a); — 2° Que les associations non autorisées sont tenues de remplir leurs engagements vis-à-vis des tiers comme si elles étaient autorisées, et qu'elles peuvent et doivent, à cet égard, être représentées par leurs dignitaires chargés habituellement de leur direction et de l'administration de leurs affaires; qu'on ne saurait exiger que le créancier d'une pareille société s'adresse individuellement à chacun de ses membres pour lui demander le payement de sa quote-part de la dette; qu'en conséquence, la réclamation des créanciers peut être dirigée contre le prieur, syndic, secrétaire et trésorier de la congrégation; mais que ces derniers sont tenus seulement pour leur part virile et sans solidarité (Aix, 7 avr. 1863) (1); — 3° Qu'une société civile, même composée de membres appartenant à une congrégation religieuse non autorisée, peut valablement acquérir un immeuble (Trib. Châtillon-sur-Seine, 13 juill. 1881, aff. Faucillon, D. P. 82. 3. 94); que, par suite, les membres de cette société sont recevables à exercer en leur nom personnel les actions relatives à la conservation de l'immeuble commun (Même jugement); qu'en tout cas, les tiers qui ne prétendent à aucun droit réel sur cet immeuble sont sans qualité pour contester le droit de propriété des associés (Même jugement); — 4° Que les stipulations par lesquelles des religieuses appartenant à une congrégation non autorisée sont convenues que l'immeuble acheté et les constructions qui y seraient élevées par la suite appartiendront exclusivement à la survivante d'entre elles, chaque communiste devant perdre tous ses droits par le seul fait de son décès ou de sa sortie volontaire de la communauté, sont valables (Orléans, 14 juin 1883, aff. Bazin, D. P. 84. 2. 108); et qu'une semblable association, ne constituant point une tontine, n'est pas soumise à l'autorisation du Gouvernement (Même arrêt).

293. Cette jurisprudence a été vivement combattue par MM. E. Ollivier, *op.* et *loc. cit.* ; Beudant, *loc. cit.* ; Morlot, *op. cit.*, p. 100 : ce dernier lui reproche d'avoir fini par établir au profit des congrégations non reconnues une sorte de personnalité civile mal définie, mais indépendante de celle des membres composant la communauté. Nous avons

dit *suprà*, n° 290, qu'une congrégation non autorisée ne peut prendre, dans l'acte qui la fonde, le titre de société civile pour se dérober à l'incapacité qui la frappe, et pour faire ainsi fraude à la loi. Mais si, comme l'on s'accorde à le reconnaître, ses membres conservent individuellement la jouissance et l'exercice de leurs droits civils, pourquoi ne pourraient-ils pas former une société civile, acheter ou vendre, soit individuellement, soit en commun? On ne saurait frapper d'une incapacité, à plus forte raison d'une déchéance, le citoyen qui jouit de la plénitude de ses droits, sous le prétexte qu'il est affilié à une congrégation non autorisée. Il faudrait au moins établir que l'acte suspecté (soit constitution de société civile, soit acquisition en commun) a pour but exclusif de constituer une association non autorisée et de lui conférer, par artifice, une existence civile que la loi lui dénie. On peut remarquer, au surplus, que la loi du 28 déc. 1880 (D. P. 81. 4. 97) portant fixation du budget des recettes pour 1881, art. 3 et 4, en réglementant les rapports fiscaux du trésor public avec les sociétés ou « *associations de fait* » existant entre tous ou quelques-uns des membres des associations reconnues ou *non reconnues* », admet elle-même l'existence licite de ces associations de fait (V. au surplus, les conclusions de M. l'avocat général Dubois sur l'arrêt de la cour de Paris du 21 févr. 1879, cité *suprà*, n° 290, dans le *Droit* du 22 févr. 1879). D'ailleurs, comme on le verra *infrà*, n° 676, cette même jurisprudence, s'inspirant du principe qu'on ne peut faire indirectement ce qu'il est interdit de faire directement, n'hésite pas à annuler toutes acquisitions faites par les membres d'une congrégation non reconnue, quand il est établi que ces membres n'ont agi que comme prête-noms de la communauté elle-même, et que les ventes, dons ou legs sont, en réalité, destinés à l'être moral seul, et non aux associés pris individuellement ou agissant en commun, mais en dehors de cet être moral.

294. — 2° *Conséquences du défaut d'autorisation au point de vue pénal et administratif.* — Les décrets du 29 mars 1880 ont sinon provoqué, du moins développé et accentué gravement sur ce point la controverse dont les premiers éléments sont exposés au *Rép.* n°ˢ 422 et suiv. Deux systèmes se sont produits à cet égard.

295. Le premier consiste à dire que les congrégations religieuses non autorisées sont illicites et, dès lors, interdites sous une sanction, soit pénale, soit même administrative (V. dans ce sens les autorités citées *suprà*, n° 288). Toutefois, les auteurs indiqués *ibid.*, ne s'accordent pas sur les textes législatifs applicables en cette matière. Certains d'entre eux s'appuient sur les édits et les maximes de l'ancienne monarchie indiqués D. P. 80. 3. 73, note 2, 1ʳᵉ col., bien qu'ils aient cessé d'être en vigueur. D'autres invoquent les lois et décrets de 1790 qui, après avoir réduit le nombre des congrégations et interdit d'en établir à l'avenir, permettaient cependant aux religieux de continuer à vivre en commun sous leur règle, avec faculté de reprendre leur liberté (V. *Rép.* n° 666). On s'est encore fondé sur la loi de 1792, portant suppression absolue des couvents, mais dont les dispositions ne sont plus en vigueur aujourd'hui (V. *Rép.*

---

(1) (Barquin et autres *C.* Dubernardy.) — La cour ; — Sur l'appel principal : — Attendu que les associations, comme les sociétés non autorisées, mais ayant réellement existé et fonctionné, ne sauraient se prévaloir de ce que leur constitution n'a pas été connue ou est illégale pour se soustraire aux obligations qu'elles ont contractées ; — Que le vice de leur constitution, ignoré du public, serait un moyen trop facile pour tromper les tiers, qui ne peuvent apprécier que les apparences et les faits antérieurs ; — Que c'est donc avec raison que la jurisprudence a admis que les associations non autorisées étaient tenues de remplir leurs engagements vis-à-vis des tiers, comme si elles étaient autorisées, et qu'elles peuvent et doivent à cet égard, être représentées par leurs dignitaires chargés habituellement de leur direction et de l'administration de leurs affaires ; — Qu'exiger que le créancier d'une pareille société s'adresse individuellement à chacun de ses membres pour lui demander le payement de sa quote-part de la dette équivaudrait souvent à un rejet de la demande, par l'impossibilité dans laquelle le tiers se trouverait de les connaître et par le nombre infini de procès qu'il serait au cas d'intenter pour obtenir le payement d'une somme bien minime; — Qu'il y aurait dans les résultats auxquels on arriverait quelque chose qui blesse trop l'équité, pour que les tribunaux soient obligés de les sanctionner ; — Attendu qu'il est convenu dans la cause que l'association des frères pénitents blancs du Saint-

Esprit, à Marseille, existe de fait; qu'elle fonctionne par les soins et la diligence d'officiers ayant les titres de prieur, syndic, secrétaire et trésorier ; — Que cette confrérie a obtenu de Dubernardy, pour les besoins de sa chapelle, des livraisons de marchandises dont le montant ne fait l'objet d'aucune discussion, et qui, par suite d'un acompte payé, est réduit à 2309 fr. ; — Attendu que ces dépenses ont été naturellement faites par les fonctionnaires chargés par la société de diriger les affaires, et que ce sont eux qui doivent être responsables vis-à-vis des tiers ; — Attendu, dès lors, que c'est avec juste raison que les appelants principaux, prieur, syndic, secrétaire et trésorier de la confrérie, ont été assignés par Dubernardy pour qu'ils aient à payer le montant de la fourniture qu'il a faite à la société; qu'il y a lieu de les condamner à en payer le montant, sauf leur recours contre qui de droit;

Sur la solidarité réclamée par Dubernardy : — Attendu que la solidarité entre les débiteurs doit, aux termes de la loi, être expressément stipulée ou résulter d'une disposition de la loi; que celle réclamée par Dubernardy n'a pas été stipulée, et qu'elle ne résulte d'aucun texte de la loi ; — Qu'il n'y a pas lieu de la prononcer, mais de décider que les cinq défendeurs seront tenus personnellement et chacun à raison d'un cinquième des condamnations prononcées contre eux; — Par ces motifs, etc. —

Du 7 avr. 1863.-C. d'Aix, 4ᵉ ch.-MM. Marquesy, pr.-Desjardins, av. gén.-Paul Rigaud et Tassy, av.

nº 406), quoique le contraire ait encore été décidé (V. *Rép.* nº 422). Enfin, et principalement, on s'est appuyé sur le décret du 3 mess. an 12 (V. *Rép.* p. 697). Ce décret, dit-on, n'a pas été abrogé par les chartes de 1814 et de 1830 (V. Req. 26 févr. 1849, aff. Onfroy, D. P. 49. 1. 44; Trib. Toulouse, 2 août 1880, aff. Pères de la compagnie de Jésus, D. P. 80. 3. 73, note, col. 3); il n'est pas entaché d'excès de pouvoir, puisqu'il a été rendu par application des lois des 19 févr. 1790, 18 août 1792, et 18 germ. an 10; d'ailleurs, en admettant qu'il ait statué sur une matière non attribuée au pouvoir exécutif, il a obtenu force de loi comme n'ayant pas été attaqué dans les délais fixés par la constitution de l'an 8 pour inconstitutionnalité (V. *Rép.* vº *Lois*, nºs 56 et suiv., 554); enfin, il n'a pas été rendu *ab irato*, mais fut l'œuvre d'une volonté longuement mûrie par de sérieuses réflexions (Trochon, p. 292), de la part de l'auteur de la restauration de la religion catholique en France. Ce décret, ajoute-t-on, n'a pas été abrogé par l'art. 291 c. pén. et la loi complémentaire de 1834, qui ne s'occupe que des associations proprement dites, et non des congrégations dont le but essentiel, qui est de constituer un corps de mainmorte, les distingue profondément de ces associations (Trochon, p. 295 et suiv. V. *Rép.* nº 422). Il ne l'a pas été non plus par les lois du 2 janv. 1817 et du 24 mai 1825, complétées par le décret du 31 janv. 1852, qui se sont bornées à déterminer l'autorité compétente pour autoriser les congrégations et régler les formes et les effets de cette autorisation au point de vue de la capacité civile (Clamageran, p. 15 et 16 ; E. Ollivier, p. 190 et suiv.; Ducrocq, t. 2, nº 1538; Graux, p. 83 ; Jeanvrot, p. 36). Il n'est pas contraire au principe de la liberté des cultes, l'existence des congrégations n'étant pas de l'essence du culte, et les ordres religieux ne faisant point partie de la hiérarchie catholique, mais étant des institutions étrangères au gouvernement fondamental de l'Eglise (Filon, p. 254 ; Clamageran, p. 5; E. Ollivier, p. 112; Ducrocq, t. 2, nº 1537; Trochon, p. 298; Postel, p. 59; Graux, p. 38 ; Jeanvrot, p. 101. V. *Rép.* nº 422), ni à la liberté d'association consacrée par l'art. 8 de la constitution de 1848, les congrégations ne devant pas être confondues avec les associations, cette disposition de la constitution qui, elle aussi, a laissé subsister l'art. 291 c. pén. pour les associations proprement dites, n'ayant pu dès lors porter aucune atteinte à la condition d'autorisation écrite dans le décret de messidor an 12 (V. *Rép.* nº 423; Laferrière, t. 1, p. 272 ; Postel, p. 60). Quant à la loi du 15 mars 1850 sur la liberté de l'enseignement secondaire (D. P. 50. 4. 52), et à celle du 12 juill. 1875 sur la liberté de l'enseignement supérieur (D. P. 75. 4. 137), si elles ont implicitement laissé aux congrégations religieuses non autorisées la faculté d'ouvrir des établissements d'instruction secondaire ou supérieure, c'est qu'elles n'ont pas voulu résoudre la question d'existence des congrégations religieuses en France à propos d'une matière qui ne s'en rapprochait qu'indirectement (V. Rapport de M. Beugnot sur la loi de 1850 ; Discours de M. Thiers à l'Assemblée nationale, du 24 févr. 1850 ; Lettre de M. Rouland, ministre de l'instruction publique, du 6 mars 1860, au recteur de l'académie de Rouen, dans laquelle il dit : « La loi de 1850 n'a point eu pour but d'éluder les prohibitions qui frappent les congrégations religieuses d'hommes » ; Laferrière, *loc. cit.* ; Ducrocq, t. 2, nº 1546 ; Trochon, p. 345 ; Postel, p. 91 ; Graux, p. 89 ; Jeanvrot, p. 53 ; Morlot, p. 97). Aussi, en fait, les divers gouvernements qui se sont succédé en France ont considéré les congrégations religieuses non autorisées comme n'existant que par tolérance et ont exercé à leur égard le droit de les dissoudre par mesure de haute police (V. *Rép.* nº 425). Le 29 déc. 1853, le gouvernement impérial fit fermer le collège des jésuites de Saint-Michel à Saint-Etienne. Il interdit toute création nouvelle de maisons d'éducation dirigées par les jésuites (Circ. min. instr. publ. 13 janv. 1869). Il dispersa en 1861 les capucins d'Hazebrouck et les rédemptoristes de Douai. La jurisprudence de quelques tribunaux a d'ailleurs, à propos de l'exécution des décrets du 29 mars 1880, reconnu que le décret de messidor, en vertu duquel cette exécution avait lieu, était encore en vigueur (Trib. Toulouse, 2 août 1880, aff. Pères de la compagnie de Jésus, D. P. 80. 3. 73; Trib. Castres, 8 août 1880, aff. Abbadie, cité en note *ibid.*). Toutefois, il faut observer que ces deux jugements ont été rendus dans des causes où le

juge était appelé à statuer non sur l'autorité ou la non-autorité du décret de messidor, mais sur la question fort différente de savoir si le juge compétent pour déclarer ledit décret abrogé ou non abrogé était le pouvoir judiciaire ou le pouvoir administratif, et que la question sur ce point a dû être ramenée à ses véritables termes par le tribunal des conflits le 5 nov. 1880 (V. *suprà*, vº *Compétence administrative*, nº 57).

En admettant que le décret du 3 mess. an 12 soit toujours en vigueur, quelle en sera la sanction ? L'art. 6 de ce décret prescrit contre les contrevenants des poursuites, *même par la voie extraordinaire*. Quel est le sens de ces expressions? On s'est divisé à cet égard. — Selon les uns, elles doivent être entendues en ce sens que les grands pouvoirs publics ont la faculté de procéder, soit par voie de dissolution administrative et, comme conséquence de cette dissolution, par voie d'expulsion *manu militari*, soit par voie de poursuites devant les tribunaux (Discours de M. le garde des sceaux Hébert à la Chambre des députés le 3 mai 1845, *Moniteur*, 1845, p. 1183). Dans ce dernier cas, les tribunaux ont le droit de dissoudre les congrégations non autorisées et prononcent en même temps les pénalités édictées par l'art. 291 c. pén. et la loi du 10 avr. 1834, pénalités qu'il y aurait également lieu d'appliquer au cas de résistance à la dissolution par voie administrative, sauf l'application de peines criminelles, si la résistance se traduisait par des actes plus graves (*Ibid.*). — Selon d'autres, le décret de messidor, se préoccupant surtout de la dissolution par voie administrative, se référait : 1º en ce qui touche la voie *ordinaire*, aux peines de simple police édictées par le code des délits et des peines du 3 brum. an 4, art. 605 et 606, comme l'a fait plus tard l'art. 471, § 15, c. pén. revisé en 1832, contre tous ceux qui se constitueraient les violateurs des actes de l'autorité légale ; 2º en ce qui touche la voie *extraordinaire*, aux poursuites criminelles que pourraient motiver des actes de résistance plus graves, et auxquelles l'art. 247 c. pr. civ. applique encore de nos jours, en matière de faux incident, cette qualification de poursuites par voie extraordinaire, bien qu'elles soient exercées devant les juges de droit commun. L'art. 291 et la loi du 10 avr. 1834 n'auraient fait que substituer au cas de poursuites devant les tribunaux, soit directes, soit après dissolution par l'Administration, des peines correctionnelles à des peines de simple police (Discours de M. le garde des sceaux Cazot à la Chambre des députés, le 3 mai 1880, *Journ. off.* du 4 mai 1880, p. 4819). — D'après M. Jeanvrot, p. 20 et 114, le décret de messidor supposant toujours, mais exclusivement, une dissolution administrative, aurait pour unique sanction : 1º des peines de simple police, s'il y a résistance, et non celles de l'art. 291 c. pén. et de la loi de 1834, inapplicables aux congrégations ; 2º contre la seule compagnie de Jésus, la poursuite par voie extraordinaire devant la juridiction criminelle pour lui faire appliquer la peine infamante du bannissement que lui infligeait la législation en vigueur à l'époque du décret de messidor, c'est-à-dire l'édit du 5 janv. 1595, celui de 1764 et l'arrêt du parlement de Paris du 9 mai 1767.

Toutefois, la plupart des partisans du système qui voit dans les associations illicites dans les congrégations non autorisées pensent que les art. 291 et suiv. c. pén. et la loi du 10 avr. 1834 ne sont pas applicables en principe à ces congrégations, du moins ils varient à ce sujet. L'un d'eux distingue : d'après lui, l'art. 291 ne saurait les atteindre, parce qu'elles n'ont pas de réunions temporaires et périodiques; mais elles tombent sous l'application de la loi de 1834 qui vise les associations se réunissant à moins de vingt et une personnes et les associés mêmes qui ne se réunissent pas (Jeanvrot, p. 96 et suiv.). M. Bertauld estime que les art. 291 et suiv. c. pén. et surtout la loi de 1834 peuvent atteindre les jésuites qui sont coupables du délit d'affiliation, prévu par cette dernière loi, mais non les membres des autres congrégations, que le Gouvernement peut seulement dissoudre, sans recourir pour cela à la force publique (Discours au Sénat, le 5 mars 1880, *Journ. off.*, 1880, p. 2639). Il insiste particulièrement sur ce point que l'emploi de la *manus militaris* n'est plus possible, parce que l'existence des congrégations non autorisées n'est pas délictueuse (*Journ. off.*, 1880, p. 2642). Enfin, selon MM. Vuillefroy, p. 161 et suiv., et Trochon, p. 292, l'unique sanction du décret de messidor an 12 est la dissolution administrative, avec expulsion *manu militari*

mais sans aucune pénalité. C'est ce que semblent avoir reconnu l'arrêt de Paris du 18 août 1826 (V. Rép. n° 422) et les jugements précités de Toulouse et de Castres de 1880; mais il convient de remarquer qu'en 1826 la cour de Paris n'était saisie que d'une question de dissolution, en dehors de toutes poursuites pénales (V. Rép. n° 425), et que les tribunaux de Toulouse et de Castres n'avaient non plus à statuer sur aucune action répressive; qu'en conséquence, leurs décisions n'ont pas tranché explicitement la question de savoir quelle est la sanction du décret de messidor, et n'impliquent pas nécessairement l'irrecevabilité de poursuites à fins pénales. — D'autres tribunaux, dont les décisions ont, d'ailleurs, été annulées pour incompétence par le tribunal des conflits (V. suprà, v° Compétence administrative, n° 57), sans s'expliquer sur le caractère licite ou illicite des congrégations non autorisées, et sur l'abrogation ou la non-abrogation du décret de messidor, ont adopté une interprétation contraire aux opinions qui viennent d'être exposées, et ont jugé que ce décret, subsistât-il encore, ne comporterait qu'une sanction judiciaire, puisque les poursuites prescrites par lui devaient être exercées à la diligence des procureurs généraux ou de la République, et qu'en conséquence, le Gouvernement ne pouvait puiser dans ledit décret aucun droit de dissolution par voie administrative (Ord. réf. Lille, 1er juill. 1880, aff. Marquigny, D. P. 80. 3. 87; Trib. Nantes, 1er juill. 1880, aff. Jésuites, D. P. 80. 3. 80. V. aussi Ord. réf. Angers, 3 juill. 1880, aff. Jésuites; Avignon, 6 juill. 1880, aff. Jésuites; Lyon, 6 juill. 1880, aff. Jésuites; Le Puy, 8 juill. 1880, aff. X...; Grenoble, 10 juill. 1880, aff. Nolhac; Aix, 12 juill. 1880, aff. Jésuites; Marseille, 13 juill. 1880, aff. Jésuites; Pau, 13 juill. 1880, aff. Jésuites; Quimper, 21 juill. 1880, aff. Jésuites; Angers, 21 juill. 1880, aff. Jésuites; Trib. Douai, 23 juill. 1880, aff. Binet, cités D. P. 80. 3. 57 et 73, notes; Trib. Bourges, 9 juill. 1880, aff. Jésuites; Paris, 9 juill. 1880, aff. Dominicains, Oblats, etc.; Nancy, 15 juill. 1880, aff. Jésuites; Lille, 16 juill. 1880, aff. Dominicains, Rédemptoristes, etc.; Quimper, 27 juill. 1880, aff. Jésuites; Rouen, 4 août 1880, aff. Jésuites; Douai, 5 août 1880, aff. Jésuites; Troyes, 11 août 1880, aff. Jésuites; Limoges, 19 août 1880, aff. Jésuites, également cités D. P. 80. 3. 57 et 73, notes).

Quoi qu'il en soit, en écartant momentanément cette divergence de la jurisprudence qui se rattache à la seconde opinion (V. infra, n°s 296 et suiv.), il résulte de ce qui précède que, dans le premier système, sauf quelques dissidences isolées et quelques réserves formulées par certains de ses partisans, les congrégations religieuses non autorisées constituent des associations illicites, qu'elles sont susceptibles d'être dissoutes par le Gouvernement, par mesure administrative ou de haute police, et que cette dissolution prononcée par le Gouvernement peut être opérée par ses agents administratifs, même manu militari, avant toute poursuite ou toute décision judiciaire (V. notamment sur ce dernier point, Graux, p. 192; Jeanvrot, p. 22; Cazot, loc. cit.; Morlot, loc. cit.). On peut également consulter à propos de ce système: Dupin, Manuel de droit ecclésiastique, passim; Lapierre, De la capacité civile des congrégations non autorisées; Jean d'Ayme, Un peu d'impartialité sur les décrets du 29 mars; la pétition du sieur Billy au Sénat, en 1860, pour demander la suppression des congrégations religieuses; l'adresse impériale en 1865; l'interpellation de M. Besson en 1872 à l'Assemblée nationale contre les congrégations religieuses; la discussion de la loi du 12 juill. 1875 sur l'enseignement supérieur et celle de la loi du 18 mars 1880 sur cet enseignement (D. P. 80, 4. 17).

296. Le second système soutient que les congrégations religieuses non autorisées ne sont pas illicites et que, si le défaut d'autorisation les empêche de constituer des personnes morales, il ne les expose du moins ni à une répression pénale, ni à une dissolution (V. en ce sens: Nachet, De la liberté religieuse en France, p. 182 et suiv.; Delahaye, De la liberté des cultes, p. 296; André, t. 2, p. 311 et suiv.; Gaudry, t. 1, n° 226 et suiv.; Champeau, Recueil général de droit civil ecclésiastique, p. 332 et suiv.; Dieulin, Guide des curés et des ordres religieux, 4° éd., t. 2, p. 163 et suiv.; Ravelet, Congrégations religieuses, passim; Foucart, Éléments de droit public et administratif, 4° éd., t. 1, p. 329; Dupanloup, Des associations religieuses, passim; Chaulin, État civil des religieux en France; Ch. Lenormant, Des associations religieuses dans le catholicisme; Laisné-Deshayes, Régime légal dès

communautés religieuses en France, p. 70, 300; Orts, De l'incapacité civile des congrégations non autorisées, p. 78; Jacquier, op. cit., p. 375, 410; Vatimesnil, Lettre au P. de Ravignan, p. 24 et 81, et Consultation, p. 61, 105, 118, et Journal des conseils de fabrique, t. 9, p. 308; Consultation sur les décrets du 29 mars 1880, rédigée par M. Rousse, et à laquelle ont adhéré la plupart des barreaux de France, p. 11 et suiv.; Mémoire pour la défense des congrégations religieuses, suivi de notices sur les instituts visés par les décrets du 29 mars; Dieu, Consultation sur l'illégalité des décrets du 29 mars 1880, p. 8 et suiv.; E. Keller, Les congrégations religieuses, passim; Demolombe, Consultation, jointe à celle de M. Rousse, p. 481; P. Rouvier, La Révolution maîtresse d'école, 2° éd., p. 209; Mgr Perraud, Les décrets du 29 mars et les lois existantes; Paul Besson, Droit de vivre en communauté sans autorisation administrative, Assemblées des catholiques, 9° année, p. 61; Lastaignant, Théry, Sengler, Touzaud, articles dans la Revue des institutions et du droit, 1881-1882; Jules Auffray et Crouzaz-Crété, Les expulsés devant les tribunaux, 1881. V. enfin dissertation D. P. 80. 3. 73 et suiv.). — D'après ce système, les précédents de l'ancien régime ne sont pas applicables, parce que les édits et lois antérieurs à 1789 s'expliquaient par la nécessité de faire rentrer dans l'obéissance de la communauté, alors placée sous la protection du pouvoir civil, tous ceux qui voulaient s'affranchir des vœux solennels dont la force obligatoire était subordonnée à l'intervention de l'État, et que l'abolition des vœux solennels a mis fin aux pénalités qui sanctionnaient ce régime des congrégations (Nachet, p. 176; Rousse, p. 16; Dieu, p. 8; Demolombe, p. 481 de la consultation Rousse; Laisné-Deshayes, p. 74; Jacquier, p. 379). Les lois de 1790 n'ont pas prohibé l'existence de fait des congrégations religieuses; elles n'ont entendu statuer que sur leur personnalité civile (V. Rapport de Treilhard sur cette loi; Vatimesnil, p. 64; Rousse, p. 23; Demolombe, p. 184; Foucart, t. 1, p. 326; Dieulin, p. 163). La loi du 18 août 1792 anéantit, il est vrai, les communautés religieuses en tant que corporations; mais elle ne prohiba point la vie en commun des religieux. Elle interdit le costume religieux, non la réunion des moines (Lamy, Discours à la Chambre des députés, 3 mai 1880, Journ. off. du 4 mai; Nachet, p. 175; Foucart, op. et loc. cit.; Laisné, p. 76; Consultation délibérée à Caen, 27 sept. 1845, par MM. Bertauld, Thomine-Desmasures et autres, dans la Consultation de M. Rousse, p. 62 et suiv., et 141; Orts, p. 52). D'ailleurs, cette loi était inconstitutionnelle, puisqu'elle n'a pas été revêtue de la sanction royale (V. Rép. n° 422, et auteurs précités). Ni la Concordat, ni les articles organiques n'ont prohibé les congrégations religieuses non autorisées, au moins dans leur existence de fait; ils les ont ignorées, sauf en ce qui touche la personnalité civile qu'ils leur refusent (V. auteurs précités et Trochon, p. 290). Restent le décret de messidor an 12 et les art. 291 et suiv. c. pén. avec la loi de 1834. Or, le décret de messidor a été rendu ab irato (V. discours de Berryer à la Chambre des députés le 3 mai 1845, Moniteur, 1845, p. 1481), en dehors des attributions conférées au pouvoir exécutif par la constitution de l'an 8, art. 25, 26, 44, 46, 47, et il est tombé en désuétude. Au surplus, il manque de sanction. En effet, s'il semble avoir entendu prohiber même l'existence de fait des congrégations non autorisées, il a pour unique sanction des poursuites confiées au ministère public, c'est-à-dire exclusivement judiciaires, qui, d'un côté, sont incompatibles, dans le silence de la loi, avec la possibilité d'une dissolution administrative, et qui, d'un autre côté, ne pourraient aboutir devant les tribunaux à une condamnation pénale quelconque, le décret de messidor n'édictant aucune pénalité; il n'y aurait pas même lieu d'appliquer les peines de simple police établies contre ceux qui contreviennent aux arrêtés valablement pris par l'autorité administrative, par la double raison que l'Administration n'est pas investie du droit de prendre contre les congrégations non autorisées des arrêtés de dissolution, et que, d'ailleurs, le code de brumaire an 4, en vigueur lors du décret de l'an 12, n'établissait plus de peines pour l'infraction à de tels arrêtés (Vatimesnil, p. 69; P. Rouvier, p. 213; Dieu, p. 38). Et il n'y a pas lieu non plus d'appliquer à ces congrégations la disposition actuelle de l'art. 471, § 15, c. pén.; introduite dans le code pénal par la loi du 28 avr. 1832, cet article ne protégeant que les règle-

ménts ou arrêtés administratifs légalement pris, et le décret de messidor n'accordant pas à l'Administration le droit de dissolution (Rousse, p. 69, note 1). — Sans doute, les congrégations religieuses sont encore soumises au régime de l'autorisation ; mais elles ne sont pas tenues de la demander (Discours de M. Dufaure au Sénat, 9 mars 1880 ; Rapport de M. J. Simon au Sénat, D. P. 80. 4. 21). Elles n'ont besoin que de la reconnaissance légale à laquelle les lois des 2 janv. 1817 et 24 mai 1825 subordonnent au civil leur constitution en corps de mainmorte, si elles veulent acquérir la capacité de recevoir. Cette reconnaissance a un tout autre caractère que l'autorisation prescrite par le décret de messidor dont elle a pris la place ; elle ne doit pas émaner de la même autorité et n'a ni les mêmes effets ni la même fonction (Rousse, p. 55 ; Foucart, t. 1, p. 329). On dirait vainement que toute congrégation, même n'aspirant pas à la situation de corps moral dans le sens des lois de 1817 et de 1825, ne saurait du moins se soustraire, si elle est composée de plus de vingt personnes, à la nécessité de l'autorisation imposée par l'art. 291 c. pén., avec dissolution judiciaire, à toute association excédant ce nombre qui s'occupe d'objets religieux ; d'où la conséquence que les congrégations seraient tenues de se pourvoir, pour devenir corps moral ou de mainmorte, de la reconnaissance légale prescrite par les lois de 1817 et de 1825, et, pour n'être pas délictueuses, même en tant que simples communautés dénuées de toute existence collective, de l'autorisation exigée par l'art. 291. En effet, cet article est étranger aux congrégations religieuses, parce qu'elles ne sont pas de véritables associations, et parce que, le fussent-elles, elles seraient affranchies de l'obligation de se faire autoriser, l'art. 291 c. pén. exceptant de ses prescriptions les associations composées de personnes ayant un domicile commun. Or les congrégations imposent la cohabitation à leurs membres (Demolombe, op. cit., p. 182; Consultation précitée de M. Rousse, p. 78). Reconnue licite par l'art. 291, la cohabitation n'a pas changé de caractère depuis la loi du 10 avr. 1834, qui réprime l'affiliation entre associations sans s'occuper du nombre des membres de chacune d'elles prise isolément, si l'ensemble de ces associations comprend plus de vingt personnes. La loi de 1834 ne reçoit, en effet, d'application que pour les associations de la nature de celles qui sont énoncées dans l'art. 291, et reste, dès lors, subordonnée, lorsqu'elles se divisent en fractions, à la condition que chaque fraction séparée sera formée de membres ne vivant pas en commun. L'affiliation entre associations où se rencontre l'immunité tirée de la cohabitation est donc licite, aussi bien que les associations diverses qui la constituent (Discours de M. Lamy à la Chambre des députés, 3 mai 1880, Journ. off. du 4 mai 1880, p. 4813; Demolombe, p. 183; Consultation de 1845, citée par M. Rousse, p. 78, 79; Dieulin, p. 164; Foucart, p. 327; Ducrocq, t. 1, nos 758 et suiv. ; Dieu, p. 31; Calmette, p. 22, note ; Jacquier, p. 83; Batbie, Précis de droit public et administratif, 5e éd., p. 19, et Traité de droit public, 2e éd., t. 2, p. 421). C'est pourquoi les auteurs de la loi de 1850 sur l'enseignement primaire et secondaire, de celles de 1875 et de 1880 sur l'enseignement supérieur, ont repoussé toute proposition tendant à enlever aux congrégations non autorisées ou à leurs membres le bénéfice de la liberté d'enseignement. Sans doute, l'Assemblée nationale de 1850, comme celles qui ont voté les lois de 1875 et de 1880, ont réservé la solution définitive de la question de l'existence légale des congrégations non autorisées (V. discours de M. Thiers, du 24 févr. 1850, précité; Séances du Sénat des 9 et 15 mars 1880, D. P. 80. 4. 22), jusqu'au moment où l'on ferait une loi sur les associations (Ibid.). Mais jusque-là les congrégations existent de fait et sont licites. Le Gouvernement l'avait reconnu lui-même puisque, jusqu'en 1880, il n'a jamais dissous aucune congrégation, mais seulement quelques groupes isolés dont la dispersion n'a constitué que des mesures d'un caractère accidentel, et n'a pu fonder une jurisprudence administrative régulière. On peut ajouter à ces motifs le texte d'une réponse faite, le 13 juill. 1865, par le ministre des cultes à un préfet qui lui avait signalé la création récente d'une congrégation de femmes dans son département et lui demandait des instructions à ce sujet : « Il existe, en France, un certain nombre de congrégations et de communautés de femmes qui ne sont pas légalement reconnues, et jamais le Gouvernement n'a

cru devoir ordonner leur dissolution. La loi du 24 mai 1825, après avoir déterminé les conditions de l'autorisation de ces établissements, s'est bornée à attacher des avantages à la reconnaissance légale, sans atteindre par aucune disposition les congrégations ou communautés qui ne régulariseraient pas leur position. La privation des droits conférés aux institutions reconnues est la seule conséquence du défaut d'autorisation ».

De ces arguments il faut conclure, dans le second système, que les congrégations religieuses non autorisées ne jouissent pas de la personnalité civile, mais ont une existence de fait licite, qui ne permet d'appliquer à leurs membres aucune peine ; qu'elles ne peuvent être dissoutes par voie administrative ou de haute police, et que, spécialement, cette dissolution ne peut être opérée manu militari, avant toute poursuite ou décision judiciaire (V. suprà, n° 295, les nombreux jugements rendus depuis le 1er juill. 1880).

297. Quelle que soit l'opinion que l'on adopte à cet égard, il est admis, même par les défenseurs du premier système et à plus forte raison par ceux du second, que les congrégations pourvues d'une autorisation gouvernementale insuffisante pour leur conférer la personnalité civile, par exemple les communautés d'hommes qui, postérieurement à 1817, ont été autorisées par une simple ordonnance ou un décret (V. suprà, nos 274 et suiv.), ou les communautés de femmes qui ont été autorisées par décret sans faire la preuve qu'elles existaient en France avant 1825 (V. suprà, nos 276 et suiv.), ne doivent pas être assimilées aux congrégations non reconnues, que le Gouvernement ne pourrait les dissoudre sans rapporter le décret d'autorisation et ne pourrait pas faire appliquer à leurs membres une pénalité quelconque. Ces congrégations assez nombreuses (un auteur, M. Morlot, p. 98, en compte vingt-quatre), ne jouissent pas de la personnalité et de la capacité civiles ; mais, quant à leur existence, elles sont assimilées aux congrégations autorisées. Elles occupent, en conséquence, une place intermédiaire entre celles qui sont reconnues et celles qui ne le sont pas.

298. Le Sénat n'ayant pas voulu consentir à enlever aux membres des congrégations religieuses le droit d'enseigner (V. suprà, n° 286), le Gouvernement crut devoir en 1880 dissoudre les congrégations enseignantes et non enseignantes. Tel fut, comme on l'a vu ibid., l'objet des deux décrets du 29 mars cités plus haut. Ils furent mis à exécution, à partir du 30 juin de la même année, par la voie administrative et manu militari, mais à l'égard des congrégations d'hommes seulement, car, par un tempérament qu'expliquent peut-être des négociations diplomatiques intervenues dans l'intervalle du 30 juin au mois de septembre 1880 et qui n'aboutirent pas d'ailleurs, les congrégations de femmes, visées dans le second décret du 29 mars, ne furent pas atteintes. A la date du 31 déc. 1880, deux cent soixante et un couvents furent ouverts par la force et, cinq mille six cent quarante-trois religieux expulsés ; quatorze cent cinquante trappistes, visés par le décret, furent, toutefois, momentanément laissés dans leurs monastères. D'après une statistique publiée par le Gouvernement le 31 déc. 1880, les congrégations dissoutes étaient celles des jésuites, des barnabites, des capucins, des dominicains, des camaldules, des carmes, des bénédictins, des basiliens, des bernardins, des chanoines de Latran, des cisterciens, des pères de Saint-Bertin, des pères réguliers de Saint-Sauveur, des pères de Saint-Thomas, des pères des enfants de Marie, des eudistes, des frères de Saint-Jean de Dieu, des pères du refuge de Saint-Joseph, des frères de Saint-Pierre ès liens, des pères missionnaires, des pères des hospices et des missions, des pères de l'Assomption, des oblats, des pères de la compagnie de Marie, des pères de Saint-Irénée, des maristes, des pères de Notre-Dame de Sion, des pères dits de la Sainte-Face, des pères de l'Immaculée-Conception, des religieux de Saint-Edme, des missionnaires de Saint-François-de-Sales, des rédemptoristes, des franciscains, des minimes, des passionnistes, des camilliens, des trinitaires, des pères de la doctrine chrétienne, des pères somasques.

299. A la suite de l'exécution des décrets du 29 mars, à laquelle le ministre de l'intérieur avait fait procéder par les préfets et les commissaires de police, avec l'assistance de la force armée, sans recourir à l'action du ministère public, diverses instances furent portées soit devant les

tribunaux civils, en référé ou au principal, à l'effet d'obtenir la remise en possession des immeubles qu'occupaient les congrégations expulsées, soit devant la juridiction répressive dans le but de faire condamner les agents de l'Administration à des dommages-intérêts pour attentat à la liberté individuelle et violation de domicile. Ces instances ont soulevé des questions de compétence très délicates, qui ont été diversement résolues et ont donné lieu à un grand nombre de décisions judiciaires. Elles ont été examinées : 1° en ce qui concerne les actions portées devant des tribunaux civils, *suprà*, v° *Compétence administrative*, nᵒˢ 54 et suiv.; 2° les poursuites exercées devant les tribunaux de répression, *suprà*, v° *Conflit*, nᵒˢ 46 et suiv.

300. Sur la fermeture des chapelles et des oratoires appartenant aux congrégations religieuses dissoutes, V. *infrà*, nᵒˢ 323 et suiv.

301. On a vu *suprà*, n° 286, que les décrets du 29 mars 1880 étaient intervenus à la suite du refus par le Sénat de voter une disposition qui retirait aux congrégations religieuses le droit d'enseigner, et avaient eu indirectement pour but d'atteindre les établissements d'instruction secondaire ouverts par elles. Après la dissolution des congrégations non autorisées et la dispersion de leurs membres, ces établissements passèrent entre d'autres mains; mais quelques religieux appartenant aux communautés dissoutes et vivant désormais isolément furent admis dans ces maisons à titre de professeurs ou de surveillants et prirent part à l'enseignement dans les termes de la loi du 15 mars 1850, sans se croire obligés de se pourvoir d'une autorisation, puisqu'il ne s'agissait plus de la congrégation dont ils étaient membres et qui était dispersée, mais seulement d'individus exerçant un droit individuel conformément à la loi de 1850 (Décis. min. 21 avr. 1821; Av. com. int. Cons. d'Ét. 10 juill. 1833). La vie commune ayant cessé, l'autorisation cessait également, par suite, d'être nécessaire. Le Gouvernement vit pourtant dans ce fait de participer à l'enseignement donné par les collèges ou établissements libres précédemment tenus par les congrégations dissoutes, une reconstitution plus ou moins déguisée de celles-ci; et comme, d'un côté, l'art. 68 de la loi du 15 mars 1850 prévoit l'inconduite ou l'immoralité des professeurs des établissements libres, qu'il punit de l'interdiction temporaire ou perpétuelle du chef de l'établissement et, de l'autre, que l'art. 11 de la loi du 27 févr. 1880 (D. P. 80. 4. 36), décide qu'en cas d'interdiction le conseil académique peut prononcer l'exécution provisoire du jugement nonobstant appel, des poursuites disciplinaires furent dirigées dans les conseils académiques contre plusieurs chefs d'établissements libres d'instruction secondaire qui avaient reçu chez eux des professeurs appartenant à des congrégations dissoutes, le fait de contrevenir aux décrets de dissolution étant considéré comme un cas d'inconduite ou d'immoralité (V. *infrà*, v° *Organisation de l'instruction publique*). Sans entrer dans l'examen de la question soulevée, et pour laquelle nous renvoyons *loc. cit.*, il suffit de dire ici que les conseils académiques de Besançon, Bordeaux, Caen, Douai, Poitiers, Rennes, Toulouse et plusieurs autres furent saisis, en 1880 et 1881, de poursuites de cette nature, et que, sur l'appel des chefs d'établissement condamnés à la peine de l'interdiction ou de la suspension, le conseil supérieur de l'instruction publique confirma la plupart des sentences prononcées, par ce motif que lesdits directeurs inculpés avaient contrevenu à l'art. 68 de la loi du 15 mars 1850 en laissant reconstituer dans leur maison des congrégations dissoutes, et en y admettant des anciens membres de ces communautés « dans des conditions qui caractérisaient non l'exercice d'un droit individuel, mais la persistance de l'action commune et du but commun » (Décisions du 8 janv. 1881, aff. Villars, *Journ. off.* du 9 janv. 1881; du 10 janv. 1881, aff. Labitte, *Journ. off.* du 11 janv.1881; du 11 janv. 1881, aff. Pillon, *Journ. off.* du 12 janv. 1881; du 25 juill. 1881, aff. Thibault, *Journ. off.* du 26 juill. 1884. V. *infrà*, v° *Organisation de l'instruction publique*).

302. Depuis l'exécution des décrets du 29 mars 1880, le Parlement a été saisi de plusieurs projets de loi sur les associations, visant spécialement les congrégations religieuses. D'après un premier projet, déposé à la Chambre des députés par M. Waldeck-Rousseau, membre de cette Chambre, et sur lequel M. de Lanessan a fait un rapport

sommaire (*Journ. off.* 1882, *Documents parlementaires*, Chambre des députés, p. 811), qui fut pris en considération le 13 mai 1882, aucune distinction n'existerait plus désormais entre les congrégations reconnues et les congrégations non reconnues, entre celles d'hommes et celles de femmes; elles seraient toutes prohibées, en vertu de l'art. 3, stipulant que toute convention ayant pour but ou pour résultat, soit au moyen de vœux, soit par un engagement quelconque, d'emporter renonciation partielle ou totale au libre exercice des droits attachés à la personne, ou de subordonner cet exercice à l'autorité d'une tierce personne, est illicite comme contraire à l'ordre public, et placée sous la sanction des peines correctionnelles des art. 291 et suiv. c. pén., modifiés en conséquence par le projet. — Un autre projet déposé par M. Jules Roche, et pris en considération le 16 mai 1882 (*Journ. off.* 1882, *Documents parlementaires*, p. 62), déclare illicites dans l'avenir et dissoutes dans le présent toutes congrégations religieuses, quelles qu'elles soient, où l'on fait des vœux temporaires ou perpétuels. — Le 23 oct. 1883, M. Waldeck-Rousseau, devenu ministre de l'intérieur, a déposé au Sénat, au nom du Gouvernement, un nouveau projet de loi sur les associations, qui tendait à faire prononcer l'abrogation pure et simple du régime de l'autorisation préalable. Ce projet distingue trois formes d'associations : 1° les associations ordinaires, constituées par simple déclaration au greffe du tribunal civil publiée dans cinq journaux du département, et ne jouissant pas de la personnalité civile, mais dont les membres peuvent mettre des valeurs en commun; 2° les associations reconnues, qui jouissent de la personnalité civile en vertu d'un décret rendu en conseil d'État; 3° les associations internationales et les congrégations religieuses, qui ne peuvent se former sans une autorisation préalable donnée par le pouvoir législatif. Ce projet répute illicite toute association entre Français et étrangers et toute association dirigée par un chef étranger ou résidant à l'étranger (V. *Documents parlementaires*, Sénat, 1883, p. 1018. V. aussi Gairal, *Les associations entre Français et étrangers et le projet de loi sur les associations*, 1884). — Enfin un dernier projet, conçu dans le même esprit, a été présenté au nom du Gouvernement, le 2 juin 1888, à la Chambre des députés par M. Floquet, président du conseil des ministres. Comme le précédent, il proclame en principe, la complète liberté en matière d'association ; mais il n'en contient pas moins des restrictions très importantes en ce qui concerne les congrégations religieuses. C'est ainsi que l'art. 16 soumet à une autorisation gouvernementale, toujours révocable, la formation de toute association dans laquelle il entre des étrangers; Que l'art. 17 permet au pouvoir exécutif de prononcer purement et simplement, sans enquête, la dissolution de toute association établie en France qui dépendrait d'une autre association ayant son siège à l'étranger, ce qui vise presque exclusivement les communautés religieuses, dont plusieurs ont un supérieur général résidant à Rome. — Aucun de ces projets n'a encore abouti.

303. Sur les congrégations religieuses aux colonies, V. *infrà*, v° *Organisation des colonies*.

304. — III. CONFRÉRIES. — On a exposé au *Rép.*, n° 426 l'origine des *confréries* et leur situation avant la Révolution de 1789. — Ainsi qu'on l'a vu *ibid.*, les confréries qui se sont formées depuis le Concordat n'ont jamais obtenu le caractère de personnes civiles, mais elles sont simplement tolérées et constituent seulement des associations de fait. Elles ne peuvent donc ni recevoir, ni posséder. Mais leurs membres peuvent posséder indivisément. Jugé en ce sens qu'une confrérie de charité, instituée pour rendre aux morts les derniers devoirs, n'a aucune existence légale et ne constitue ni une société civile, ni une société commerciale; mais elle est tolérée comme une association de fait dont les membres peuvent posséder indivisément certains biens, valeurs ou objets mobiliers, et lorsqu'une association de ce genre vient à être dissoute, les membres qui la composent sont fondés à faire cesser l'état d'indivision existant entre eux et à se partager les biens qui en dépendent (Trib. Andelys, 17 juin 1884, aff. dès Vosseaux, D. P. 85. 3. 38).

On admettait par une circulaire du ministre des cultes du 2 avr. 1862 que « les confréries n'ayant plus d'existence légale, les donations qui leur seraient faites ou qui seraient attribuées à des fabriques sous la condition de créer des confré-

ries ne sont pas susceptibles d'être autorisées. Toutefois, si des libéralités étaient faites à des associations de cette nature, soit pour la célébration de services religieux, soit pour la réparation d'une chapelle de l'église, ou pour tout autre objet intéressant le culte, le préfet devrait, en portant à la connaissance des donateurs le motif qui s'oppose à la délivrance de l'autorisation demandée, leur faire savoir que leurs libéralités pourraient être utilement attribuées sous les mêmes conditions à la fabrique de l'église, chargée du soin de faire célébrer les services religieux et de veiller à la conservation de l'église. En effet, si des dons et legs ne peuvent être faits directement à des confréries, ils peuvent être utilement faits à la fabrique de l'église dont les confréries dépendent, à la charge d'en faire profiter celles-ci, et la fabrique peut être autorisée à accepter de tels dons ou legs. Le 24 avr. 1861, un décret a autorisé la fabrique de Saint-Remy (Bouches-du-Rhône) à accepter un legs fait à la confrérie de Saint-Joseph de ce lieu (André, t. 2, p. 300. V. en ce sens : Lentz, *Dons et legs*, t. 1, n° 304). — En cas de dissolution, le mobilier et les valeurs de la confrérie se partagent entre les sociétaires et ne peuvent être revendiqués par le Domaine comme biens vacants et sans maîtres (V. Gaudry, t. 2, p. 440; *Journal des conseils de fabrique*, cité par André, *loc. cit.*, p. 303; *Contrà* : Dieulin, *Guide des curés*, 3e éd., p. 548, qui attribue à la fabrique le mobilier et les capitaux d'une confrérie dissoute).

305. Les confréries de pure dévotion ne peuvent être érigées que par l'évêque ou avec son agrément, car elles dépendent spirituellement de lui. Mais, dans l'intérieur de l'église, elles sont soumises à l'autorité du curé, qui a la police du temple. C'est à l'évêque, et non aux fabriques, qu'elles rendent leurs comptes, s'il y a lieu, et c'est au curé qu'il appartient de vérifier ceux-ci. Sous aucun prétexte, les confréries ne peuvent faire intervenir les fabriques dans les dépenses qui les concernent, et celles-ci ne peuvent rien leur accorder volontairement de ce chef. Ni les vases sacrés, ni les ornements, ni les cloches, s'ils appartiennent aux fabriques, ne sont à l'usage des confréries ; si on leur en permet l'usage; ce ne peut être que moyennant rétribution équitable au profit de la fabrique. Du reste, les bannières d'une confrérie n'appartiennent pas à la fabrique, bien qu'elles portent un emblème religieux, qu'elles aient été bénites et qu'elles servent aux cérémonies du culte (C. cass. Belgique, 4 déc. 1839, Brixhe, *Dictionnaire des fabriques*, 2e éd., p. 247).

Sect. 2. — Des circonscriptions ecclésiastiques. — Métropoles. — Diocèses. — Paroisses. — Succursales. — Chapelles. — Annexes. — Oratoires (*Rép.* n°s 427 à 450).

306. I. — Métropoles et diocèses. — On a fait connaître au *Rép.* n° 427 le nombre des provinces ecclésiastiques ou diocèses, qui existaient en France en 1789, et celui qui a été fixé par le Concordat, ainsi que les créations d'archevêchés ou d'évêchés nouveaux qui ont eu lieu depuis 1801 jusqu'en 1851. On a également indiqué les circonscriptions des diocèses rétablis en 1801, telles qu'elles furent déterminées par le Saint-Siège de concert avec le Gouvernement français en exécution de l'art. 2 du Concordat. Depuis 1851, ce nombre et ces circonscriptions ont subi plusieurs modifications.—Un décret du 31 oct. 1853 (D. P. 54. 4. 3) transféra dans la ville de Saint-Pierre le siège épiscopal de la Martinique, précédemment établi à Fort-de-France. Une loi du 5 mai 1855 (D. P. 55. 4. 66), créa un nouveau siège épiscopal à Laval et ouvrit, à cet effet, un crédit supplémentaire au budget du ministère de l'instruction et des cultes; un décret du 30 août 1855 reçut la bulle pontificale qui érigeait ce siège (D. P. 55. 4. 84). Une loi du 14 mai 1859 (D. P. 59. 4. 31) autorisa la création d'un nouveau siège métropolitain ou archiépiscopal à Rennes, et ouvrit, à cet effet, un crédit supplémentaire de 20400 fr. au ministère de l'instruction publique et des cultes ; le décret du 26 mai 1859 (D. P. 59. 4. 55), donna à la nouvelle métropole pour suffragantes les églises épiscopales de Vannes, de Saint-Brieuc et de Quimper. Un décret du 9 janv. 1867 (D. P. 67. 4. 32), rendu en exécution de la loi de finances du 18 juill. 1866, qui portait ouverture et allocation de crédits à cet effet, et conformément aux bulles pontificales du 25 juill. 1866, érigea l'évêché d'Alger en métropole et donna au nouvel archevêché

pour suffragantes les églises épiscopales de Constantine et d'Oran, créées par le même décret. Il est à remarquer que ce décret d'érection et création ne contrevenait point au principe constant qu'une loi est nécessaire pour créer des archevêchés ou des évêchés (V. *Rép.* n° 430), puisqu'il visait la loi de finances qui avait ouvert des crédits pour l'érection de l'évêché d'Alger en archevêché et la création de deux nouveaux sièges épiscopaux à Constantine et Oran : le pouvoir législatif avait ainsi concouru à la création et ne s'était pas borné à la ratifier (V. *ibid.*). Il y a aujourd'hui en France dix-huit archevêchés et soixante-douze évêchés, y compris ceux de l'Algérie et des colonies. Récemment on a demandé au Parlement la suppression des évêchés non concordataires, et il a même été fait droit à cette réclamation par une réduction de crédit. Toutefois, en fait, le Gouvernement continue de pourvoir à toutes les vacances sans distinction (V. *Journ. off.* du 6 déc. 1888).

307. Les circonscriptions des diocèses ont également subi des modifications depuis la même époque, à raison des changements opérés dans l'étendue et les frontières du territoire français. En 1863, après l'annexion de la Savoie à la France, une bulle pontificale, reçue par décret des 6 juill.-31 août 1863 (D. P. 63. 4. 142), détacha de la métropole de Chambéry le diocèse d'Aoste qui en était suffragant et l'incorpora à celle de Turin en Italie ; elle attribua en même temps à la province ecclésiastique de Chambéry les mêmes limites que celles qui avaient été fixées pour la Savoie entre le Gouvernement français et celui du Piémont. Un autre décret des 16 août 1862-5 janv. 1863 (D. P. 63. 4. 4), réunit à la métropole d'Aix l'évêché de Nice, qui dépendait de celle de Gênes en Piémont, et porta réception de la bulle pontificale du 24 juill. 1861 qui opérait ce changement, en enlevant à l'évêché de Nice, pour les incorporer à celui de Cunéo, en Piémont, les bourgs et paroisses de Briga, Marignola, Realdo, Carlino, Piaggia, Upega, Tenda, Granile, Moliéras, Bosiejas et Prato, ensemble leurs plans adjacents et les terrains respectifs environnants. Un décret des 4 oct.-10 déc. 1873 (D. P. 74. 4. 22) enleva, conformément à un décret consistorial rendu à Rome le 2 mai 1872, les territoires de l'île Poulas et de l'île aux Bergères (commune du Marillais, Maine-et-Loire) au diocèse de Nantes, pour les réunir à celui d'Angers. Un décret des 10-18 oct. 1874 (D. P. 75. 4. 53) modifia, à la suite du traité de paix conclu le 10 mai 1871 entre la France et l'Allemagne, la circonscription de la province ecclésiastique de Besançon, dont la métropole eut désormais pour suffragantes les églises épiscopales de Verdun, Belley, Saint-Dié, et Nancy, réunit au diocèse de Besançon diverses paroisses ou fractions de paroisse des cantons de Belfort, Delle, Fontaine, Giromagny, et des anciens cantons de Dannemarie et de Massevaux, situés sur le territoire français et faisant précédemment partie du diocèse de Strasbourg, sépara du diocèse de Nancy les paroisses qui en faisaient partie avant la guerre de 1870 et étaient depuis devenues allemandes, enfin réunit au même diocèse les paroisses ou fractions de paroisse des cantons de Briey, Audun-le-Roman, Chambley (ancien canton de Corze), Conflans, Longuyon et Longwy, situées sur le territoire français et faisant précédemment partie du diocèse de Metz. Ces modifications avaient été préalablement convenues avec le Saint-Siège qui y avait donné son adhésion par des décrets pontificaux des 10-14 juill. 1874, portant que les circonscriptions des diocèses seraient ainsi changées, et reçus en France par décret des 10 août-18 oct. 1874 (D. P. 75. 4. 52). Enfin, la circonscription des diocèses d'Alger et de Constantine a été modifiée récemment de concert entre le Saint-Siège et le Gouvernement français (Décr. 3 déc. 1878-15 févr. 1879, D. P. 79. 4. 45). Le cercle de Bou-Saada a été distrait du diocèse de Constantine pour être rattaché à celui d'Alger.

308. On a dit au *Rép.* n° 431 que les archevêchés et évêchés avaient une existence distincte de celle de la métropole et du diocèse, et étaient des établissements publics aptes à recevoir des dons et legs, à acquérir et à posséder (V. *Rép.* n° 431). C'est la disposition formelle des art. 1er et 3 de l'ordonnance du 2 avr. 1817, ainsi que du décret du 6 nov. 1813, tit. 2. Mais le diocèse lui-même, c'est-à-dire l'étendue de pays placée sous la juridiction d'un évêque, est-il aussi un établissement public, ayant la personnalité

civile, susceptible de contracter, de posséder, d'acquérir à titre gratuit ou à titre onéreux? On s'accorde à reconnaître qu'une disposition législative est nécessaire pour assurer l'existence d'un établissement public. C'est, en effet, une règle fondamentale de notre droit public et administratif, et qui a été consacrée notamment par la loi du 2 janv. 1817 (V. Observ. D. P. 79. 2. 225 et suiv.). Il s'agit donc de savoir s'il existe un texte qui ait conféré explicitement ou implicitement la personnalité civile aux diocèses (V. *Rép.* n° 432).

309. Dans un premier système, on invoque pour l'affirmative l'art. 19 de l'ordonnance de Blois de 1579, l'art. 80 de l'édit d'avril 1695, l'art. 18 de l'édit d'août 1749, qui parlent des diocèses non seulement comme de circonscriptions administratives, mais encore comme d'établissements ayant une personnalité distincte (V. Gaudry, t. 2, p. 113, et Ch. de Franqueville, *Personnalité civile des diocèses*, p. 13 et suiv.). Cette interprétation semble confirmée, dit-on, par l'art. 6 du décret du 15 oct. 1790 et les art. 14 et suiv. du décret du 14 avr. 1791, qui assimilent les diocèses aux autres établissements religieux. D'ailleurs, ajoute-t-on, le Concordat et les articles organiques supposent au diocèse une existence indépendante de la circonscription ecclésiastique, avec laquelle on ne saurait le confondre (Lettre de M. Jules Simon, ministre de l'instruction publique et des cultes, du 29 nov. 1872, citée *Journal des conseils de fabrique*, 1874, p. 141 et suiv., et Vouriot, *Propriété et administration des biens ecclésiastiques*, 2e éd., *Appendice*, p. 66 et suiv.) « L'établissement du diocèse, dit M. J. Simon, doit précéder sa circonscription »; par conséquent, il ne faut pas confondre le premier avec la seconde (V. aussi art. 14 du Concordat et art. 2 de la loi 4 juill. 1821 sur les pensions ecclésiastiques, *Rép.* p. 714). Sans doute, « aucun texte de loi ne confère explicitement et formellement l'existence civile » au diocèse; mais il n'y en a pas non plus qui la confère « à la commune, à la cure ou à la succursale, aux chapitres, menses épiscopales, cathédrales et séminaires, et pourtant aucun doute ne s'élève sur la capacité civile de ces établissements ». Le diocèse réunit toutes les conditions auxquelles on les reconnaît : le caractère général et perpétuel, le siège déterminé et fixe, l'organisation sanctionnée par la loi, l'administration par un administrateur nommé ou institué par le Gouvernement ; et des ressources propres (Gaudry, t. 2, n° 432, et t. 3, n°s 1144, 1462; Piébourg, *Revue de législation*, 1876, p. 104 ; Vouriot, p. 58).

310. Dans un système opposé, on nie que les textes invoqués de l'ancien droit soient probants, parce qu'à supposer même qu'autrefois les diocèses aient joui de la faculté d'acquérir et de contracter, cette faculté leur aurait été enlevée sous la Révolution par le décret du 12 juill. 1790 sur la constitution civile du clergé. Le Concordat et les articles organiques ne sauraient davantage être invoqués, car s'ils avaient entendu reconnaître la capacité juridique des diocèses, ils auraient réglé le mode d'administration de leurs biens, au moins pendant la vacance des sièges épiscopaux (Béquet, *Personnalité civile des diocèses*, p. 11). Est-il vrai de dire que les diocèses tiennent de la loi des ressources propres ? L'art. 73 de la loi de l'an 10 paraît, au premier abord, en autorisant les fondations, constituer un patrimoine destiné à des besoins généraux et collectifs et reconnaître implicitement l'existence civile du diocèse; mais, pour déterminer la véritable portée de cette disposition, il faut se rendre un compte exact de la nature et du caractère des fondations qui peuvent être acceptées par les évêques. Le premier consul ne voulait pas permettre le rétablissement des anciennes fondations qui avaient donné lieu à de grands abus avant la Révolution. Aussi l'art. 15 du Concordat se bornait-il à stipuler que « le Gouvernement prendrait des mesures pour que les catholiques français pussent faire des fondations en faveur des églises ». Ces mesures ont été déterminées par l'art. 73 de la loi de l'an 10, aux termes duquel les fondations doivent avoir exclusivement pour objet l'entretien des ministres ou l'exercice du culte, et ne consister qu'en rentes sur l'Etat. Les expressions « entretien des ministres et exercice du culte » sont assurément très vagues et très générales; mais, en l'an 10, la propriété et l'administration des biens des établissements ecclésiastiques n'étaient pas encore soumises à des règles spéciales. L'art. 73 autorisait, en principe, les fondations pour certains

objets spéciaux ; mais rien n'indique de la part du législateur l'intention de statuer sur la question de savoir à qui ces libéralités devront être attribuées. Il faut donc écarter du débat la loi du 18 germ. an 10 et consulter les décrets postérieurs. Or, le décret du 30 déc. 1809 sur les conseils de fabrique, après avoir décidé que les donations faites aux fabriques doivent être acceptées par les trésoriers des conseils (art. 59), dispose, dans le titre relatif aux fabriques des églises cathédrales, que les fondations, donations ou legs faits aux églises cathédrales « seront acceptés, ainsi que ceux faits aux séminaires, par l'évêque diocésain, sauf notre autorisation donnée en conseil d'Etat sur le rapport du ministre des cultes » (art. 113). Plus tard, le décret du 6 nov. 1813 a reconnu au profit des titulaires des cures et des évêchés un droit de jouissance sur les biens composant les menses curiales ou épiscopales, et il a été admis que les titulaires pouvaient accepter les libéralités destinées à former ou accroître ces dotations. Du rapprochement de ces deux décrets avec la loi de l'an 10, ne doit-on pas conclure que les fondations pour l'exercice du culte sont celles faites en faveur des fabriques épiscopales ou paroissiales, les fondations pour l'entretien des ministres, celles destinées à former ou à accroître les dotations des menses épiscopales et curiales à l'exclusion des fondations faites, d'une façon générale, au profit d'un diocèse ? Cette interprétation explique clairement le texte des décrets de 1809 et de 1813, et de l'ordonnance du 2 avr. 1817, pris dans son sens littéral; elle est conforme à celle qui a été donnée plus haut de l'art. 73 de la loi de l'an 10, au système adopté pour les biens des fabriques et du clergé (V. en ce sens, outre Vuillefroy cité *Rép.* n° 432, trois articles du journal *le Temps* des 19, 20 et 21 juin 1875 ; Béquet, p. 6 et suiv.; Bouchené-Lefer, *Droit public et administratif*, p. 329; Ducrocq, t. 2, n° 1530; André, t. 2, p. 469; Blanche, *Dictionnaire d'administration*, v° *Evêché*; Block, *Dictionnaire de l'administration française*, 2e éd., v° *Evêché*, p. 922, et D. P. 80. 3. 65, note 1).

311. Quant à la jurisprudence, elle a varié sur cette question selon les époques. Après avoir, de 1808 à 1841, admis la personnalité du diocèse (V. *Rép.* n° 432), elle l'a repoussée depuis 1841 (V. *ibid.*), en admettant toutefois que les libéralités faites aux diocèses pouvaient produire effet quand elles étaient susceptibles de profiter à des établissements diocésains légalement reconnus, désignés soit par les disposants, soit par les évêques. Un avis du conseil d'Etat du 13 mai 1874 (D. P. 75. 3. 86) a ensuite décidé que les diocèses ont la personnalité civile ; en conséquence, ils peuvent posséder, recevoir, acquérir, et c'est aux évêques qu'il appartient d'accepter les libéralités faites à leur diocèse (V. à ce sujet la discussion sur l'art. 2 de la loi du 12 juill. 1875, relative à la liberté de l'enseignement supérieur, D. P. 75. 4. 131, note 1). Enfin un dernier avis du conseil d'Etat, du 6 avr. 1880 (D. P. 80. 3. 65), est revenu sur cette décision, en déclarant que les diocèses n'ont pas la personnalité civile et ne peuvent recevoir des dons ou legs. En Belgique, la même solution a été adoptée (Liège, 20 juill. 1880, aff. Hospices civils de Hasselt, D. P. 81. 2. 41. V. en ce sens, Lentz, *Dons et legs*, t. 1, n°s 316 à 328). Déjà, un arrêt de la cour de Bruxelles, du 4 août 1860 (aff. Evêque de Tournay, *Pasicrisie belge*, 1861. 2. 128), avait jugé que les évêques n'avaient pas le droit d'ester en justice pour les intérêts de leur diocèse.

312. — II. Paroisses et succursales. — On a vu au *Rép.* n° 433 qu'il est de principe, dans notre législation, qu'une cure ne peut être établie sans qu'on lui assigne une circonscription. Cette circonscription a un double objet : elle fixe les limites du territoire sur lequel le curé a le droit d'exercer ses fonctions; elle indique en même temps aux catholiques la paroisse dont dépend le lieu de leur domicile. Chaque cure comprend, en général, tout le territoire d'un canton. Mais la loi ne dit pas que cette cure doit être placée au chef-lieu de la justice de paix ; elle peut donc être placée dans une autre commune, quoiqu'il soit préférable de la mettre au chef-lieu (Lett. min. 17 niv. an 11, André, t. 2, p. 389). On peut même faire entrer dans la circonscription de la même paroisse curiale des villages appartenant à des cantons différents (Circ. min. 10 mess. an 12, *ibid.*).

Les circonscriptions paroissiales sont, comme les circonscriptions diocésaines, fixées et modifiées par le concours des

deux autorités ; la puissance spirituelle est alors représentée par l'évêque, et l'autorité civile par le chef de l'État pour les cures, par le préfet pour les succursales (V. *Rép.* nᵒˢ 434, 435, 436). En principe, dit Affre, p. 16, l'érection des paroisses sous le rapport spirituel appartient à l'évêque seul, parce qu'il n'y a que lui qui puisse distraire de la juridiction d'un curé une partie des habitants de sa paroisse. Mais, comme elle a aussi des rapports avec l'autorité civile, celle-ci doit être également appelée à y concourir (V. *Rép.* nᵒ 434). Il en est de même de la suppression des cures et succursales et des modifications apportées à leurs circonscriptions (Décis. min. 5 avr. 1809; André, t. 2, p. 389 ; Vuillefroy, p. 512; D. P. 84. 3. 113, note). Cependant, il a été récemment décidé par le conseil d'État qu'il appartient au chef de l'État d'ériger et de supprimer les succursales après une instruction confiée aux évêques et aux préfets (Av. Cons. d'Et. 21 déc. 1882, aff. Section de l'Orbehaye, D. P. 84. 3. 113, en note; Cons. d'Ét. 11 mai 1883, aff. Fabrique du Pescher, D. P. 84. 3. 113). Dans un rapport ou une note présentée par le directeur général des cultes à l'appui du projet de décret qui a donné lieu à l'avis du 21 déc. 1882, et résumée D. P. 84. 3. 113 et note, il est dit que la circonscription paroissiale n'a d'effet que d'après le consentement du Gouvernement; si ce consentement n'est jamais intervenu, la paroisse n'a jamais existé; s'il est retiré, la paroisse cesse d'exister : ainsi le veulent l'art. 9 du Concordat, les art. 60, 61 et 62 de la loi du 18 germ. an 10. L'évêque est appelé à donner son avis à la suite d'une instruction à laquelle il procède de concert avec le préfet; mais c'est au Gouvernement seul qu'appartient la décision. Il a été décidé, en conséquence, que le chef de l'État peut, sans excès de pouvoirs, lorsqu'il a été procédé régulièrement à l'instruction par l'autorité diocésaine et l'autorité préfectorale, prononcer la suppression d'une succursale, nonobstant l'avis contraire de l'évêque (Mêmes décisions).

Cette solution récente a soulevé de nombreuses objections, tirées, d'une part, de l'incompétence de l'autorité civile, qui ne peut donner aux titulaires ecclésiastiques le pouvoir d'exercer leur ministère et déterminer les limites territoriales dans lesquelles ils auront juridiction, de l'autre, des art. 9 du Concordat, d'après lequel les évêques *font* les circonscriptions des paroisses, et 61 de la loi organique, aux termes duquel l'évêque *règle*, de concert avec le préfet, le nombre et l'étendue des succursales. On ajoute que l'art. 62 de la même loi exige seulement l'*autorisation* du Gouvernement pour ériger une cure ou une succursale, ce qui suppose son concours, mais non son droit exclusif de décider, et que l'ordonnance du 25 août 1819 déclare que les nouvelles succursales seront érigées par ordonnance sur la *proposition* des évêques, terme indiquant qu'une succursale ne peut être supprimée sans la même *proposition*. Enfin, on objecte que, si le Gouvernement peut supprimer une succursale, malgré la résistance ou sans l'adhésion de l'évêque, qui seul peut donner juridiction à un autre desservant sur le territoire de la paroisse supprimée, celle-ci se rap mise, et en interdit est sera privée des secours religieux (V. D. P. 84. 3. 113, note. Comp. Affre, p. 22, et *Revue d'administration*, 1883, t. 1, p. 416). Il faut ajouter que déjà, par des circulaires du 24 févr. 1835, du 12 août 1836 et du 14 août 1840, le ministre des cultes avait manifesté l'intention, dans des circonstances particulières, de procéder à des suppressions de succursales, mais sans indiquer s'il se passerait de l'assentiment de l'autorité diocésaine (D. P. 84. 3. 113, note). En fait, aucun cas de ce genre ne s'était présenté jusqu'en 1882. Si un décret des 12-17 oct. 1857 (D. P. 57. 4. 191) a supprimé le titre de succursale attribué à l'église de Sainte-Valère, à Paris, et érigé en cure de première classe l'église construite, place Bellechasse, sous la dénomination de Sainte-Clotilde, c'était sur la proposition de l'autorité diocésaine.

313. Les canons prescrivent que l'érection d'une cure nouvelle soit précédée d'une enquête (*Rép.* nᵒˢ 435 et 436); l'utilité de cette formalité est si évidente, lorsqu'il s'agit de mesures par lesquelles il importe, au plus haut point, de ne pas froisser les sentiments des populations, qu'en fait, l'autorité civile ne manque presque jamais de la remplir. Mais la loi ne la prescrit pas ; et, dès lors, lorsque cette formalité est omise, le recours devant le conseil d'État, par application de la loi des 7-14 oct. 1790, n'est pas ouvert

aux parties (Cons. d'Et. 8 févr. 1878, aff. Sortais, D. P. 78. 3. 66). Il en est de même pour les décrets qui approuvent des modifications de circonscriptions paroissiales (Cons. d'Et. 8 févr. 1878 précité). Une cure peut aussi descendre de la 1ʳᵉ à la 2ᵉ classe, lorsque la localité où elle est établie a diminué d'importance. Mais il y a lieu, dans ce cas, de prendre des mesures transitoires en ce qui concerne les titulaires (Circ. min. cult. 25 sept. 1832, *Rec. circ. cult.*, t. 1, p. 209).

Des succursales peuvent demander à être érigées en cures, soit de première, soit de seconde classe (André, t. 2, p. 390). Ainsi, toutes les fois qu'une nouvelle justice de paix est établie, il y a lieu à l'établissement d'une nouvelle cure, à moins que, le territoire de l'ancienne justice de paix contenant deux cures, après le partage de ce territoire il s'en trouve une dans la circonscription de la nouvelle justice de paix et une dans celle de l'ancien canton. Une succursale est fondée à réclamer son érection en cure lorsqu'elle satisfait aux conditions d'après lesquelles la loi accorde le titre de cure de première classe, ou quand la localité où elle est établie a acquis une importance plus grande que celle dans laquelle est placée la cure dont elle dépend.

314. Parmi les pièces à joindre à la demande d'érection d'une succursale, on a cité au *Rép.* nᵒ 436 l'avis du conseil municipal (V. Circ. min. cult. 12 août 1841 et 26 août 1842, *Rec. circ. cult.*, t. 2, p. 37 et 64). En effet, ce conseil doit être appelé à exprimer son opinion sur le projet de création (Cons. d'Et. 21 févr. 1873, aff. Commune de Mustapha, D. P. 73. 3. 72 ; 12 mai 1876, aff. Ville de Clamecy, D. P. 76. 3. 86). Mais le Gouvernement n'est pas tenu de s'y conformer (Mêmes décisions), quoique cette formalité soit essentielle (V. en ce sens : Vuillefroy, p. 512; Gaudry, t. 2, p. 259 et suiv.). En fait, le nombre des communes en instance pour obtenir une succursale étant toujours très supérieur à celui que le crédit ouvert au budget permet de créer annuellement, le Gouvernement, sauf des cas exceptionnels, n'accorde cette faveur qu'aux populations qui la réclament par l'organe de leurs conseils élus. Si l'évêque n'ordonne pas l'enquête *de commodo et incommodo* prévue et indiquée au *Rép.* nᵒ 436, la demande faite par les habitants de la commune devra contenir tous les documents qui y auraient pris place. On y joindra le budget de la commune ; dans le cas où quelque objet nécessaire manquerait à l'église ou au presbytère, les habitants s'obligeront à le fournir (Affre, p. 17). S'il s'agit de distraire une partie du territoire d'une cure, il faudra demander l'avis du curé et de la fabrique de cette cure ; mais leur consentement n'est pas indispensable. Le consentement du curé ne serait pas non plus requis dans le cas où un évêque, de concert avec le chef de l'État, réunirait la cure de la cathédrale au chapitre (V. Ord. Cons. d'Et. 14 juill. 1834, aff. Évêque de Chartres, et *supra*, nᵒ 249). Il faut remarquer que, si les nouvelles paroisses ont été autrefois propriétaires de biens encore existants et possédés par l'église dont elles sont distraites, elles rentrent, au moment de leur érection, dans la propriété de ces biens (Ord. 28 mars 1820, V. *Rép.* p. 714). — Si la demande d'érection de succursale n'est pas accueillie, il n'est aucun moyen de contraindre le Gouvernement à y faire droit. On ne peut que la renouveler par voie de pétition ou en former une nouvelle. Si le Gouvernement croit, au contraire, devoir l'accueillir, un décret autorise l'érection qui ne peut être attaquée de la part des particuliers par voie contentieuse. — Lorque l'érection est accordée, l'évêque confère le titre que le Gouvernement a autorisé, car son autorisation n'est qu'une simple permission d'ériger (Instr. min. 10 mess. an 12).

315. Quand il s'agit de transférer le titre de succursale d'une église à une autre de la même commune, la translation peut être ordonnée par l'évêque, de concert avec le préfet, en vertu des art. 75 et 77 de la loi du 18 germ. an 10, sans l'intervention du Gouvernement (Av. Cons. d'Et. 24 oct. 1834; Décis. min. 2 sept. 1835 et 31 mai 1845). Mais un décret serait indispensable s'il y avait lieu de transférer une succursale dans une autre commune.

316. III. — Chapelles, annexes et obatoires. — Le *Répertoire* a exposé, aux nᵒˢ 437, 438, 439 et 443, ce qu'il fallait entendre par *chapelles vicariales* et *annexes* (V. à ce sujet : Affre, 10ᵉ éd., p. 15 et suiv. ; André, t. 2, p. 95 et suiv.). Il a aussi indiqué *ibid.* nᵒ 441, les formalités à remplir pour obtenir l'érection de ces chapelles. Comme exemple d'érec-

tion de chapelle vicariale, on peut citer l'église Saint-Paul à Abbeville, érigée par le décret des 18 mai-17 août 1855 (D. P. 55. 4. 81).

Il résulte des explications du *Répertoire* que l'annexe diffère essentiellement des établissements paroissiaux. Elle est créée dans l'intérêt et pour la commodité de particuliers qui prennent à leur charge tous les frais de la célébration du culte, tandis que les établissements paroissiaux, tels que les chapelles dont il vient d'être parlé, sont fondés dans un intérêt général et collectif, et que le traitement des prêtres qui les desservent à titre de titulaires est acquitté, soit par l'Etat, soit par les fabriques ou les communes. A raison même de ce caractère distinctif, la desserte de l'annexe est subordonnée à la durée des engagements des souscripteurs, engagements qui doivent être constatés par acte notarié (Av. Cons. d'Et. 12 mars, 4 août et 5 nov. 1840). Les annexes sont le plus souvent érigées dans une section de commune ; mais rien ne s'oppose à ce qu'elles le soient dans une commune entière (V. *Rép.* n°s 437, 443). On ne doit pas assigner une circonscription à l'annexe, parce qu'elle ne constitue pas une paroisse (Av. Cons. d'Et. 4 août, 12 nov. et 11 déc. 1840). Aucun secours n'est accordé sur les fonds du budget des cultes pour les réparations des églises érigées en annexes. C'est aux souscripteurs à les supporter (Circ. min. 29 juin 1841; Rec. circ. cult., t. 2, p. 23).

317. Les *chapelles de secours*, qu'on a aussi appelées *oratoires publics* (V. Vuillefroy, p. 439 ; Affre, p. 15) et même autrefois *annexes* (V. *ibid.*, et *Rép.* n° 439), n'ont ni circonscription territoriale, ni personnalité civile (V. *Rép.* n° 440); l'autorisation qui leur est accordée par décret est une simple permission ne pouvant grever d'aucune charge légale ni les fabriques, ni les communes (Av. Cons. d'Et. 5 janv. 1867, D.P. 69. 3. 66). Dès lors, il y a lieu d'énoncer, dans le décret qui autorise une chapelle de secours, que les ressources propres de cette chapelle seront administrées par le conseil de fabrique, qui les comprendra dans un état annexé au budget de la paroisse, sans que ni la fabrique, ni la commune soient obligées légalement de suppléer à l'insuffisance de ces ressources (Même avis). Ces propositions ont été formulées par la section de l'intérieur, de l'instruction publique et des cultes, du conseil d'Etat, sur le renvoi qui lui a été fait, par le ministre de la justice et des cultes, de plusieurs projets de décret autorisant des chapelles de secours, pour être soumis à son examen. Il a été décidé que le décret qui autorise une commune à accepter une libéralité étant un acte administratif, l'autorité administrative est seule compétente pour déclarer si un décret autorisant l'acceptation d'une libéralité destinée à la construction d'une chapelle et au payement de l'ecclésiastique appelé à la desservir a autorisé implicitement l'exercice du culte dans ladite chapelle (Trib. confl. 20 mai 1882, aff. Rodier, D. P. 83. 3. 114).

318. La chapelle de secours n'a pas le droit, au moment de son érection, de réclamer à la cure ou à la succursale dont elle dépend les biens qui lui auraient autrefois appartenu; elle n'a pas de fabrique, mais les biens, si elle en possède, sont administrés par quelques habitants que l'évêque désigne (Circ. min. 11 mars 1809, *Rec. circ. cult.*, t. 1, p. L); elle ne peut recevoir des dons et legs qu'indirectement seulement, par l'entremise de la fabrique qui administre la paroisse dont elle relève et qui peut seulement accepter ces libéralités, à la condition toutefois de les affecter à la destination voulue par le donateur (Av. Cons. d'Et. 28 déc. 1819). C'est aussi cette fabrique qui doit, lors de l'érection, prendre l'engagement de se charger de l'administration temporelle de la chapelle. Les chapelles de secours, du si non sont, à proprement parler, que des oratoires particuliers ou ordinaires, placés dans des édifices publics et non restreints au service des habitants d'une maison privée (V. Bost, *Encyclopédie des conseils de fabrique*, p. 268), sont principalement établies dans les sections de commune, les faubourgs, les hameaux isolés. Elles peuvent cependant être autorisées dans les communes dénuées de ressources, qui sont dans l'impossibilité de remplir les conditions requises pour obtenir une chapelle vicariale (Av. Cons. d'Et. 20 mai 1842. V. *Rép.* n° 440).

319. Une circulaire du ministre des cultes, du 8 oct. 1880 (Rec. circ. cult., t. 4, p. 161), a rappelé les formalités à remplir et les justifications à produire pour obtenir l'autorisation d'ouvrir les chapelles de secours et les oratoires

où le public est admis. Aux termes de cette circulaire, la demande d'autorisation doit émaner du conseil de fabrique de la paroisse, et de lui seul. L'avis du conseil municipal, celui de l'évêque et celui du préfet doivent être présentés à l'appui. L'oratoire est ensuite autorisé par décret délibéré en conseil d'Etat sur le rapport du ministre des cultes. Les pièces qui doivent être produites sont : 1° la justification que le lieu où s'exercera le culte appartient à la commune ou à la fabrique ou qu'il leur a été loué ; que l'administration, la perception des recettes et l'ordonnancement des dépenses sont confiés à la fabrique; que le culte y est célébré sous l'autorité et la surveillance du curé ou du desservant; 2° un certificat de l'ingénieur de la circonscription constatant la distance de la chapelle à ériger à l'église paroissiale ou succursale et les difficultés que le mauvais temps et l'état des lieux peuvent apporter aux communications; 3° les comptes et budgets de la commune et de la fabrique pour les trois dernières années; 4° un état approximatif des dépenses qu'occasionnera l'exercice public du culte dans l'oratoire à créer; 5° un état de la population certifié par le sous-préfet. Aucune demande ne sera accueillie en cas d'inobservation de ces règles, et le Gouvernement ferait fermer les lieux du culte qui ne resteraient pas dans les strictes conditions de leur autorisation.

320. Les *chapelles domestiques* et les *oratoires particuliers* dont la définition a été donnée au *Rép.* n° 444, sont placés, ainsi qu'on l'a vu *ibid.*, sous un régime particulier d'autorisation préalable, déterminé par l'art. 44 de la loi du 18 germ. an 10 et le décret du 22 déc. 1812. Le premier de ces articles ne reçut dans l'origine qu'une exécution très incomplète : certains prêtres assermentés, d'une part, quelques prêtres qui considéraient comme illégitimes les concessions faites par le concordat, d'autre part, cherchaient à échapper à la direction des évêques et groupaient leurs adeptes dans des maisons particulières où ils célébraient le culte. Le décret du 22 déc. 1812 fut rendu pour mettre fin à ces abus, que l'on considérait comme attentatoires non moins à l'autorité civile qu'aux droits de l'épiscopat (V. D. P. 80. 2. 177, note ; Bosviel, Sabatier et C. de Baulny, *Consultation pour la société civile de Saint-Germain*, 1880, p. 17). L'autorité civile ayant, pendant longtemps, cessé de tenir rigoureusement la main à l'exécution de ce décret, on a soutenu qu'il était tombé en désuétude, et même que l'art. 44 de la loi de germinal ainsi que le décret de 1812 n'ont plus aujourd'hui force de loi, parce qu'ils sont contraires au droit public actuel, les chartes de 1814 et de 1830 ayant proclamé et garanti la liberté des cultes et de conscience, et abrogé toute législation contraire, la constitution de 1848 ayant assuré protection à chaque citoyen pour l'exercice de son culte propre, et les lacunes des lois constitutionnelles de 1875 devant, sous ce rapport, être comblées par les dispositions formelles de cette constitution républicaine (Brac de la Perrière, *Revue des institutions et du droit*, juin 1886). Mais la jurisprudence n'a pas confirmé cette opinion et elle considère le décret de 1812 comme étant encore en vigueur (Nancy, 31 juill. 1880, aff. Godfroy, D. P. 80. 2. 177; Crim. cass. 23 oct. 1886, aff. d'Espinassy, D. P. 87. 1. 505. V. aussi note sous l'arrêt précité de Nancy). On peut constater de plus que, jusque dans ces derniers temps, des projets de décret tendant à autoriser des chapelles et oratoires ont été soumis au conseil d'Etat par application du décret de 1812, et, d'autre part, qu'il ne s'est produit contre la légalité des mesures de fermeture de chapelles non autorisées que des protestations isolées. Une circulaire du ministre des cultes, du 8 oct. 1880, citée *suprà*, n° 319, a même rappelé expressément les formalités à suivre et les justifications à produire pour obtenir l'autorisation d'ouvrir un oratoire particulier. Elle ajoute que la demande doit nécessairement émaner de l'autorité épiscopale, qu'elle doit être accompagnée de l'avis du maire et de celui du préfet; qu'en attendant l'autorisation définitive accordée par décret sur le rapport du ministre des cultes, la section compétente du conseil d'Etat entendue, le préfet peut, à titre provisoire, et en cas d'urgence, autoriser le maire à accorder des permissions temporaires conformément à l'art. 294 c. pén., et qu'en aucun cas l'oratoire particulier ne doit être ouvert au public, en dehors du personnel de la maison. Mais l'application de l'art. 44 de la loi organique et du décret de 1812

qui a déterminé les formes à suivre et les conditions à remplir pour obtenir la permission exigée par cet art. 44, a soulevé plusieurs questions dont la solution paraît fort délicate, notamment au point de vue de la sanction dudit décret et de la compétence à cet égard.

321. Il faut d'abord remarquer que l'art. 44 et le décret de 1812 comprennent toutes les chapelles particulières, même domestiques, même attachées à une habitation privée, où l'on se livre à l'exercice du culte. Or, l'exercice du culte ne s'entend pas seulement des offices religieux, de la distribution des sacrements, mais encore des prières adressées devant un autel (*Contrà* : Block, *Dictionnaire de l'administration*, p. 388, v° *Chapelle*, n° 50). Il a été jugé que le fait d'ériger d'une manière permanente, dans un lieu dépendant du logement d'un particulier, un autel sur lequel est placée une statue de saint, entourée de fleurs, d'ex-voto, de tableaux de piété, de flambeaux, d'une lampe et d'un cierge constamment allumés, même d'y réciter des prières en commun, constitue l'exercice du culte (Dijon, 26 août et 30 déc. 1874, aff. Sauvestre, D. P. 76. 2. 192). La loi de germinal et le décret de 1812 atteignent donc jusqu'aux oratoires de dévotion, jusqu'aux chapelles privées destinées seulement à l'usage des habitants d'une maison (V. Gaudry, t. 1, n° 144), disposition que cet auteur trouve fort rigoureuse, mais qui résulte explicitement des termes mêmes de l'art. 8 du décret de 1812.

322. Mais la contravention aux prescriptions de l'art. 44 et du décret de 1812 comporte-t-elle l'application d'une peine ? L'art. 8 dudit décret n'en indique aucune. Il se borne à déclarer que les oratoires ou chapelles dont le propriétaire ne représenterait pas l'autorisation gouvernementale seront fermés. Il en résulte que le propriétaire d'une chapelle non autorisée s'expose uniquement à la fermeture de cet édifice, quand il y fait célébrer le culte pour lui-même ou pour les habitants de sa maison (Motifs, Nancy, 34 juill. 1880, cité *suprà*, n° 320). Jugé en ce sens que la loi du 18 germ. an 10 et le décret du 22 déc. 1812, ne prononçant pas de peine applicable à la violation de la prohibition d'ouvrir les chapelles domestiques et des oratoires particuliers sans l'autorisation du Gouvernement, ce fait échappe à toute répression (Crim. cass. 23 oct. 1886, cité *suprà*, n° 320). Il est d'ailleurs évident que le propriétaire de la chapelle non autorisée ne commet pas le délit prévu par l'art. 294 c. pén., lequel ne réprime que la location ou le prêt d'un appartement ou d'une maison devant servir à une association de plus de vingt personnes ou à l'exercice d'un culte (Même arrêt du 31 juill. 1880). D'autre part, la résistance à l'arrêté de fermeture ne pouvait, aux yeux du législateur de 1812, être considérée comme donnant lieu aux poursuites de simple police pour contravention à un arrêté légalement pris par l'autorité administrative (Même arrêt). En effet, les règlements émanés du chef de l'État, d'après une jurisprudence constante, ne sont regardés comme légalement faits dans le sens de l'art. 471, § 15, c. pén., que lorsqu'ils ont été pris en vertu d'une délégation spéciale de la loi, ou lorsqu'ils statuent sur des objets de police municipale déterminés par les lois des 16-24 août 1790 et du 5 avr. 1884 ou enfin lorsqu'ils statuent dans le cercle des matières de police attribuées à l'autorité préfectorale. Or, le décret du 22 déc. 1812 n'a pas été rendu en vertu d'une délégation spéciale de la loi : l'art. 44 de celle de germinal an 10 ne contient aucune sorte de délégation. Il ne touche pas aux matières faisant l'objet de la police municipale, puisque la police des églises n'appartient à l'autorité municipale qu'au point de vue du maintien du bon ordre et en tant que ces églises constituent des lieux publics. Enfin, il n'a aucune relation avec les matières de police attribuées à l'autorité préfectorale, puisque c'est au Gouvernement seul que le décret de 1812 réserve le droit d'autoriser les chapelles privées. Si l'art. 8 dudit décret dispose que les chapelles ouvertes sans autorisation seront fermées à la diligence des préfets et autres officiers de police, cela ne veut pas dire que les préfets auront le droit de statuer sur les demandes d'autorisation. S'il ajoute qu'elles seront également fermées à la diligence des procureurs près les cours et tribunaux, on ne peut induire de cette énumération et de cet appel à l'autorité judiciaire que le législateur a voulu ériger en une véritable contravention l'infraction aux prescriptions du décret de 1812. En tout cas, cette

intention serait dépourvue d'effet, aucune peine n'ayant été édictée (V. Rapport de M. le conseiller Tanon dans l'affaire jugée par l'arrêt précité du 23 oct. 1886). Il faut donc en conclure, avec l'arrêt précité du 23 oct. 1886, qu'aucune peine ne peut atteindre le propriétaire d'une chapelle privée non autorisée, qui y fait célébrer le culte pour lui ou les habitants de sa maison.

Il n'en est autrement que si l'oratoire ou la chapelle cesse d'avoir, quant à son usage, un caractère privé, et si elle est ouverte au public. Outre l'autorisation prescrite pour l'érection même de cette chapelle par l'art. 44 de la loi de germinal et le décret de 1812, il faut, en ce dernier cas, la permission de l'autorité municipale exigée par l'art. 294 c. pén., qui punit d'une peine correctionnelle celui qui, sans cette permission, accorde ou consent l'usage de sa maison ou de son appartement, en tout ou en partie, pour la réunion des membres d'une association même autorisée, ou pour l'exercice d'un culte. Des prières dites en commun dans une chapelle constituent, en effet, comme on l'a dit *suprà*, l'exercice d'un culte dans le sens de l'art. 294 (Arrêts des 26 août et 30 déc. 1874, cités *suprà*, n° 321. V. *suprà*, v° *Associations illicites*, n° 30). Ainsi, l'individu qui, sans la permission de l'autorité municipale, a érigé, dans son logement, un autel pour s'y livrer à des prières auxquelles le public est admis, encourt la peine édictée par cet art. 294 (Mêmes arrêts).

323. La fermeture des chapelles ou oratoires privés est-elle du ressort exclusif de la police administrative ? Cette question a également donné lieu à de graves difficultés. Il n'était pas douteux, en présence de l'art. 8 du décret de 1812 et dès lors que les dispositions de ce décret étaient considérées comme encore en vigueur, que les agents de l'Administration, les préfets, notamment, eussent la faculté de poursuivre la fermeture des chapelles non autorisées ; aussi cette faculté ne leur a-t-elle pas été contestée en principe. Est-ce à dire qu'il leur était loisible d'employer, à cet effet, telles mesures qu'ils jugeraient à propos, sans que les particuliers auxquels ces mesures seraient appliquées pussent, en aucun cas recourir à l'autorité judiciaire pour faire réprimer les atteintes qui, à cette occasion, auraient été portées à leurs droits ? — La question s'est élevée à l'occasion de l'exécution des décrets du 29 mars 1880 sur les congrégations religieuses (V. *suprà*, n°s 294 et suiv.). Comme conséquence de ces décrets, l'autorité administrative a ordonné la fermeture des chapelles dont les congrégations dissoutes se servaient pour l'exercice du culte. Mais elle ne s'est pas bornée à signifier cet ordre aux propriétaires de ces chapelles. Elle a fait immédiatement procéder à la fermeture matérielle des lieux consacrés au culte, au moyen d'une apposition de scellés. Une pareille mesure qui, pour peu qu'elle se prolongeât, impliquait une violation manifeste du droit de propriété, n'était-elle point de nature à motiver un recours devant l'autorité judiciaire ? L'affirmative pouvait s'appuyer sur des considérations très sérieuses ; elles ont été exposées dans une dissertation insérée D. P. 80. 2. 177. On a fait remarquer, notamment, que la fermeture d'une chapelle ne constitue pas à proprement parler une mesure administrative ; la preuve en est que l'art. 8 du décret de 1812 en confie l'exécution aux procureurs près les cours et tribunaux, concurremment avec les préfets. Or, il est de règle, en toute matière autre que celles qui ont un caractère essentiellement administratif, que l'incompétence de la juridiction civile ne peut résulter que d'un texte formel, et ce texte n'existe pas dans le cas actuel : on ne le trouve ni dans l'art. 8 du décret de 1812, ni dans aucune autre disposition. D'ailleurs l'acte dont la répression était demandée à l'autorité judiciaire constituait-il réellement la *fermeture* des chapelles, prévue par le décret de 1812 ? Dans le langage juridique, *fermer* un établissement, c'est interdire la continuation de l'usage auquel l'immeuble où il existe était affecté, sauf bien entendu, en cas de résistance, le droit de recourir aux moyens légaux propres à faire cesser la contravention ; ce n'est pas interdire matériellement l'accès de cet immeuble et en rendre tout usage impossible au propriétaire pendant une période plus ou moins longue. De pareils agissements ne constituent qu'une violation de la propriété, une atteinte aux droits consacrés par l'art. 544 c. civ. et qu'il appartient aux tribunaux de réprimer, sans qu'il puisse en résulter aucune contravention au principe de la séparation des pou-

voirs. — Ces considérations n'ont pas prévalu; la jurisprudence, comme on l'a vu *suprà*, v° *Compétence administrative*, n°s 46 et suiv., a refusé de reconnaître la compétence des tribunaux civils à l'effet de statuer sur les demandes en levée de scellés et en réintégration intentées par les propriétaires des chapelles dont la fermeture avait été ordonnée par l'autorité administrative; et cette solution a été appliquée même au cas où les intéressés avaient formellement exprimé l'intention de renoncer à tout exercice du culte dans lesdites chapelles (V. *Rép.*, *ibid.* n° 48).

324. Il est évident que les chapelles particulières, qui peuvent être utiles dans quelques paroisses à une partie de la population à laquelle le propriétaire en consent l'accès, et qui, faute de ce secours, serait privée des offices religieux, ne peuvent et ne doivent nuire en rien à l'exercice du culte dans la paroisse. Il faut donc, pour éviter cette conséquence, que le propriétaire de la chapelle s'entende à cet égard avec le clergé paroissial. Mais, l'autorisation ne pouvant être accordée que sur la demande de l'évêque (V. *Rép.* n° 445), celui-ci réglera d'avance ce point délicat. — Le produit des quêtes qui seraient faites dans des chapelles de ce genre, ne peut appartenir à la fabrique de la paroisse, à moins de règlement formel contraire (V. Affre, p. 120). Il n'y a, d'ailleurs, aucun lieu d'y organiser un conseil de fabrique (Décis. min. 10 mai 1839). Dès lors, un legs fait soit à un particulier pour augmenter la dotation d'une chapelle domestique, soit à cette chapelle même, n'est pas assujetti à l'autorisation du Gouvernement (Décis. min. 6 mai 1843). Il en serait autrement si le legs était directement attribué à une fabrique paroissiale pour être consacré à l'entretien d'une chapelle domestique ou à la célébration de services religieux dans cette chapelle. Toutefois, l'autorisation de l'accepter ne pourrait être accordée à la fabrique qu'autant qu'un décret spécial aurait conféré, avec l'acceptation, au propriétaire l'autorisation d'ouvrir cette chapelle (Av. Cons. d'Et. 6 août 1860).

325. On ne peut ériger une chapelle domestique que dans l'intérieur de la maison ou de la propriété close de celui qui demande l'autorisation de l'ouvrir. Si le local qui doit être affecté ne dépendait pas de son habitation, s'il était placé à une distance plus ou moins grande de l'enceinte de sa propriété, ou dans un cimetière, l'autorisation ne lui serait pas accordée (Av. Cons. d'Et. 5 déc. 1843 et 6 août 1860).

326. Pour terminer cette matière, il convient de citer les dispositions et instructions contenues dans une circulaire récente du ministre des cultes, du 4 juill. 1882 (*Rec. circ. cult.*, t. 4, p. 407), qui résume les règles principales relatives aux titres des lieux consacrés au culte et à leur circonscription. Le ministre y rappelle aux préfets que chaque lieu de culte catholique doit être autorisé par décret, de manière à obtenir simultanément avec son institution canonique un véritable état civil. Les titres que les décrets confèrent à chaque lieu de culte varient selon ses besoins; ce sont : 1° la *cure*, qui correspond en principe au chef-lieu de canton; 2° la *succursale*, qui comprend une ou plusieurs communes rurales, un ou plusieurs quartiers de ville; 3° la *chapelle*, accordée à la commune qui, réunie à une autre pour le culte, désire recouvrer ou acquérir l'autonomie religieuse ; 4° l'*oratoire public* (annexe autrefois, et aujourd'hui *chapelle de secours*), accordé à une section, un hameau ou un quartier de ville distant du chef-lieu paroissial; 5° l'*oratoire privé*, accordé à une agrégation d'habitants réunis dans un intérêt commun, industriel, scolaire, etc. Aux trois premiers titres seuls correspondent : une circonscription territoriale distincte, dite circonscription paroissiale; une personnalité civile propre; une administration ecclésiastique permanente; une administration temporelle particulière confiée à un conseil de fabrique. — Les chapelles sont dites *vicariales*, quand l'État concourt au payement du desservant, *simples* dans le cas contraire. — Les chapelles de secours, oratoires ou chapelles domestiques, sont placés, au spirituel, sous la surveillance et la direction des titulaires des paroisses ; au point de vue du temporel, les chapelles de secours sont confiées à la gestion du conseil de la fabrique paroissiale. Or, aucun de ces titres ne peut être déplacé sans l'autorisation du pouvoir civil, autorisation accordée par arrêté préfectoral, s'il y a accord entre les autorités civile et religieuse, et sinon par décret. Tout autre lieu de culte

n'est que toléré et peut être fermé par mesure administrative conformément à la jurisprudence de la cour de cassation, si des plaintes s'élèvent contre son existence illégale (V. *suprà*, n°.323). L'approbation préfectorale ne doit être accordée aux plans et devis de tous les travaux d'églises ou de chapelles nouvelles qui lui sont soumis qu'au cas où il serait justifié de l'obtention d'un des titres rappelés ci-dessus, et où ces travaux auraient été reconnus nécessaires par l'art. 95 du décret du 30 déc. 1809, les devis se maintiennent dans une juste proportion avec l'importance des localités auxquelles ils s'adressent.

327. — IV. Le culte catholique aux colonies. — Cette matière, à laquelle se réfèrent au *Répertoire* les n°s 449 et 450, a été traitée de nouveau *ibid.* v° *Organisation des colonies*, n°s 90 et suiv. On y reviendra *infrà*, eod. v°.

Sect. 3 — Dotation du culte catholique ; Traitements ; Biens (*Rép.* n°s 451 à 685).

Art. 1er. — *Des traitements et subventions des ministres du culte catholique* (*Rép.* n°s 464 à 475).

328. — I. Traitement des archevêques et évêques. — D'après le dernier état de la législation, indiqué au *Rép.* n° 464, les traitements des évêques et archevêques de France étaient : de 50000 fr. par an pour l'archevêque de Paris, de 20000 fr. pour ceux des autres diocèses, de 12000 fr. pour les évêques. Tels étaient les chiffres fixés par le décret du 15 janv. 1853 (D. P. 53. 4. 2). Depuis, le traitement des évêques avait été porté à 15000 fr. (Décr. 28 déc. 1857, D. P. 58. 4. 9). — Ces traitements ont été notablement réduits dans ces dernières années. La loi de finances du 24 déc. 1879 les fixa à 15000 fr. pour les archevêques, et à 10000 fr. pour les évêques, chiffres primitivement stipulés par le Concordat. Toutefois, des exceptions furent admises par la même loi : le traitement de l'archevêque de Paris fut fixé à 45000 fr., celui de l'archevêque d'Alger à 20000 fr., et ceux des évêques d'Oran et de Constantine à 12000 fr. Mais ces exceptions ont disparu : la loi de finances du 24 mars 1885 (D. P. 85. 4. 41) a, en effet, réduit le traitement des archevêques de Paris et d'Alger à 15000 fr., et celui des évêques d'Oran et de Constantine à 10000 fr.

Un décret du 21 juin 1849 (D. P. 51. 4. 175) a affecté l'hôtel situé à Paris, rue de Grenelle, 121, au logement de l'archevêque de Paris.

Les archevêques et évêques revêtus de la pourpre de cardinal recevaient autrefois un supplément de traitement de 5000 fr. Mais ce supplément, porté ensuite à 10000 fr., a été supprimé par la loi de finances du 28 déc. 1880.

329. Des frais d'établissement pouvaient être alloués aux membres de l'épiscopat. Aux termes du décret du 12 oct. 1857, art. 1er (D. P. 57. 4. 193), ces frais de premier établissement ne devraient pas dépasser 15000 fr. pour les archevêques nouvellement institués, 10000 fr. pour les évêques dans la même condition, 5000 fr. pour les archevêques et 4000 fr. pour les évêques transférés à un autre siège. Ces règles ne s'appliquaient pas à l'archevêque de Paris, à l'égard duquel le gouvernement s'était réservé de statuer, suivant les circonstances, par des décrets spéciaux (Même décret, art. 2). La loi de finances du 29 déc. 1883 (D. P. 83. 4. 81) a supprimé l'allocation pour frais d'établissement, et aussi celle que recevaient les évêques et archevêques pour frais d'expédition des bulles d'institution canonique et frais de tournées pastorales (V. *Rép.* n° 464). En résumé, la tendance actuelle du pouvoir législatif qui vote les budgets est de réduire de plus en plus les subsides alloués aux cultes et à ramener les traitements « au taux concordataire ».

330. Sur le traitement des évêques coloniaux, V. *infrà*, v° *Organisation des colonies*. — Quant aux évêques coadjuteurs, ils ne reçoivent aucun traitement. Autrefois, ils avaient droit, comme les évêques titulaires, à des frais de premier établissement, dont le chiffre était de 10000 fr. d'après le décret du 12 oct. 1857, cité *suprà*, n° 329. Mais on a vu *ibid.* que cette allocation a été supprimée par la loi de finances du 29 déc. 1883.

331. — II. Traitement des vicaires généraux. — V. *Rép.* n° 466 (V. aussi *suprà*, n° 238).

332. — III. Traitement des curés. — Les dernières lois de finances ont apporté quelques changements aux chiffres du traitement des curés, tels qu'ils sont indiqués au *Rép.* n° 467. Ces chiffres sont ainsi fixés actuellement : un curé archiprêtre à Paris, 2400 fr.; soixante-cinq curés archiprêtres des autres diocèses, 1600 fr.; cinq cent quatre-vingts curés de première classe de droit, 1600 et 1500 fr.; deux cent soixante-dix curés de seconde classe admis à jouir du traitement de première classe, 1500 fr.; deux mille cinq cent vingt et un curés de deuxième classe, 1300 fr. et 1200 fr.; ces chiffres varient, parce qu'un supplément de 100 fr. est payé aux septuagénaires (V. Décr. 13 août 1864, D. P. 64. 4. 109). En Algérie, il y a deux archiprêtres à 2400 fr. et quinze desservants de première classe 2400 fr. également. — Lorsque la cure d'une cathédrale est réunie au chapitre, le titulaire, étant chanoine, touche le traitement canonial. — Sur le traitement des curés aux colonies, V. *infrà*, v° *Organisation des colonies*.

333. — IV. Traitement des chanoines. — Un décret du 2 août 1858 (D. P. 58. 4. 153) a fixé le traitement des chanoines autres que ceux du diocèse de Paris à 1600 fr. (V. *Rép.* n° 473). L'obligation de produire pour toucher le traitement des certificats d'identité et de résidence (V. *infrà*, n° 349), s'applique aux chanoines, avec cette différence que le préfet, si le siège épiscopal est au chef-lieu du département, et le sous-préfet, s'il est au chef-lieu ou dans un canton de l'arrondissement, délivrent ces certificats, au lieu du maire (Circ. min. cult. 9 juin 1881, *Rec. circ. cult.*, t. 4, p. 359). — Nous devons ajouter ici que la loi de finances du 22 mars 1885 a décidé la suppression du traitement des chanoines par voie d'extinction (*Bulletin des lois*, n° 15277), et qu'une réduction de ce chef a été votée pour les budgets de 1887 et 1888 (*ibid.*, n° 17675, et 19123).

334. — V. Traitement des desservants. — Depuis l'an 12 jusqu'à nos jours, comme l'a fait remarquer le *Rép.* n° 468, le traitement des desservants a beaucoup varié. A partir du 1er janv. 1859, le traitement des desservants de succursales âgés de moins de cinquante ans fut fixé à 900 fr. (Décr. 29 juill. 1858, D. P. 58. 4. 153). En 1863, il fut fixé ainsi qu'il suit : 1250 fr. pour les desservants de soixante-quinze ans et au-dessus; 1150 fr. pour les desservants de soixante-dix à soixante-quinze ans; 1050 fr. pour les desservants de soixante à soixante-dix ans (Décr. 14 août 1863, D. P. 63. 4. 142). L'année suivante, ces chiffres furent augmentés de 50 fr. (Décr. 13 août 1864, D. P. 64. 4. 109). La loi de finances du 29 déc. 1873 (*Bull. lois civ. cccles.*, 1874, p. 27 et suiv.) a porté en outre de 900 fr. à 1000 fr. le traitement de cinq cents desservants âgés de cinquante à soixante ans. Le même bénéfice a été étendu par celle du 29 déc. 1876 (*Ibid.*, 1877, p. 43), à deux mille autres desservants au-dessous de soixante ans (Circ. min. cult. 9 avr. 1874, *ibid.*, 1874, p. 114; 11 déc. 1874, *ibid.*, p. 311; Décr. 5 mars 1877, *ibid.*, 1877, p. 117). Le tiers environ du crédit alloué dans ce but par la dernière de ces lois (soit dix augmentations par diocèse) doit être affecté aux paroisses les plus pauvres, sans préoccupation du chiffre de la population, et les deux autres tiers aux paroisses au-dessous de trois cents habitants, répartis au prorata de toutes ces paroisses dans toute la France d'abord, puis dans chaque diocèse (Décret précité du 5 mars 1877). Les deux catégories ainsi créées successivement ont été réunies en une seule par la loi de finances du 22 déc. 1878 (Circ. min. cult. 29 nov. 1879, *Rec. circ. cult.*, t. 4, p. 49 et 50). La loi de finances du 21 déc. 1879 (D. P. 80. 4. 88) a alloué, dans le même but, un nouveau crédit de 200000 fr. qui a été réparti, d'après les mêmes bases, par un décret du 28 janv. 1880 (Circ. min. cult. 31 janv. 1880, *Rec. circ. cult.*, t. 4, p. 65). Cette répartition ayant donné lieu à des interprétations erronées, une circulaire du ministre des cultes, du 10 mai 1881 (*Rec. circ. cult.*, t. 4, p. 353), a décidé que cette augmentation de traitement est attachée à la personne et non à la paroisse du desservant, qui ne peut en être dépossédé au profit d'un autre, en cas de déplacement, et qui y a droit jusqu'à ce qu'il atteigne sa soixantième année ou soit pourvu d'un titre inamovible (Circ. min. cult. 10 mai 1881 précitée). — En Algérie les desservants, autres que ceux de première classe (V. *suprà*, n° 332), ont un traitement de 1800 fr. (V.

notamment loi de finances du 29 déc. 1888, D. P. 89, 4° partie).

335. En fixant le traitement des desservants selon leur âge, les lois de finances créent un droit absolu au taux fixé par elles (Circ. min. cult. 2 sept. 1881, *Rec. circ. cult.*, t. 4, p. 370). Par suite, les préfets doivent eux-mêmes élever d'office le chiffre des traitements ecclésiastiques dont les titulaires auraient droit, par leur âge dûment constaté, à une augmentation (Même circulaire). Pour mieux permettre la constatation du droit de l'ecclésiastique à un chiffre quelconque de traitement, il convient d'exiger la production de l'acte de naissance de tout ecclésiastique qui entre dans le service paroissial (Même circulaire).

336. Les desservants peuvent recevoir un supplément de traitement sur les fonds communaux (V. *Rép.* n° 468). Mais ce supplément de traitement ne constitue qu'une dépense facultative pour la commune. Les conseils municipaux sont libres de le voter ou non ; ils peuvent en fixer le montant comme ils l'entendent, l'augmenter ou le diminuer chaque année, même le supprimer totalement (André, t. 4, p. 460). Autrefois le préfet pouvait, quand un conseil municipal avait voté un supplément de traitement en faveur du curé ou desservant de la paroisse, soit rayer cette allocation du budget, soit la réduire à la somme qu'il jugeait convenable, et le curé n'avait, en ce cas, d'autre ressource que de s'adresser, par voie de pétition, au ministre pour obtenir la réformation de cette décision (*Ibid.*).

Diverses circulaires ministérielles, en 1818, 1826, 1830, avaient fixé, en le réduisant successivement (en dernier lieu, jusqu'à 200 fr.) le taux du supplément de traitement qui pouvait être accordé au desservant. — D'après la nouvelle loi municipale du 5 avr. 1884 (art. 145, al. 2, D. P. 84. 4. 65. V. aussi *suprà*, v° *Commune*, n° 408 et 409), le supplément voté par le conseil municipal ne peut plus être réduit par l'administration supérieure, pourvu qu'aucune recette extraordinaire n'ait été affectée à cette dépense.

337. Sur l'indemnité accordée aux ecclésiastiques nommés par les évêques pour remplacer provisoirement les curés ou desservants absents de leurs paroisses, V. *Rép.* n° 358. V. aussi Affre, p. 219.

338. Outre le traitement fixe, un supplément est alloué aux ecclésiastiques chargés du service de deux succursales et qui *binent* ainsi (V. Décr. 15 mars 1814, *Rép.* p. 711; Ord. 6 nov. 1814, *ibid.*). Biner, c'est, de la part d'un ecclésiastique, dire deux messes le même jour de dimanche dans deux paroisses différentes, l'une dans celle à laquelle appartient le desservant ou vicaire autorisé à biner, et l'autre dans une paroisse vacante (Circ. min. 12 avr. 1823, *Rec. circ. cult.*, t. 1, p. CXIV ; Vuillefroy, p. 90). Telle fut, jusqu'en 1827, la seule acception que reçut le mot *binage* à l'Administration des cultes. Mais, à ce moment, on l'entendit dans le sens de *double service*. Depuis lors, il ne fut plus nécessaire que le prêtre autorisé à biner dît deux messes le même jour ; il suffit qu'il desservît réellement une seconde paroisse en y disant la messe le dimanche ou tout autre jour de la semaine (Instr. min. 30 juin 1827, *Rec. circ. cult.*, t. 1, p. 71 ; Circ. min. 2 août 1833, *ibid.*, t. 1, p. 236 ; 1er févr. 1843, *ibid.*, t. 2, p. 80 ; Vuillefroy, p. 91 ; Affre, p. 220).

Le binage donne droit, tant qu'il est régulièrement exercé : 1° à la jouissance du presbytère et dépendances de la succursale vacante; 2° à une indemnité ou supplément de traitement de 200 fr., sur les fonds de l'État. En 1883, ces indemnités se sont élevées à une somme de 205600 fr. L'indemnité est payée sur l'attestation du curé ou desservant du canton, chargé par l'évêque de s'assurer que le double service a réellement eu lieu. Cette attestation, transmise par l'évêque au préfet, est annexée au mandat de payement comme une pièce justificative. L'ecclésiastique qui réclame l'indemnité doit être desservant de succursale, curé ou vicaire de curé ; d'où il suit que les vicaires des desservants sont exclus du droit à cette indemnité, et que si quelqu'un d'entre eux est appelé à faire le service, il est censé ne le faire que pour le desservant lui-même, qui seul peut être porté sur l'état (Circ. min. 22 juill. 1816, 10 juin 1825, 27 juin 1826, 2 août 1833 ; *Rec. circ. cult.*, t. 1, p. LXXVII, 38, 64 et 236 ; Affre, p. 220 ; André, t. 1, p. 513; Vuillefroy, p. 92). Il faut que le desservant ait été autorisé par l'évêque à biner (Affre,

ibid.) et qu'il produise les attestations nécessaires pour justifier la réalité de son double service. Sous aucun prétexte, un desservant ou vicaire, binant dans plusieurs succursales alternativement, ne peut recevoir plus d'une fois, pour une année, l'indemnité de binage (Circ. 27 juin 1826 et 2 août 1833 précitées).

Un ecclésiastique bine quelquefois dans un autre département que celui où il exerce son ministère comme titulaire. Si ces deux départements dépendent de deux diocèses, c'est le préfet de celui où le binage a lieu qui délivre le mandat de payement (Circ. min. juin 1815, et 12 avr. 1823, *Rec. circ. cult.*, t. 1, p. LXIX et CXIV ; Vuillefroy, p. 93).

La paroisse où a lieu le binage doit avoir été érigée en succursale (Circ. 10 juin 1825 et 2 août 1833 précitées) ; d'où la conséquence qu'il n'est rien accordé pour les chapelles et les annexes. Elle doit être vacante, c'est-à-dire absolument dépourvue de titulaire ; l'absence prolongée du titulaire d'une paroisse peut bien donner lieu à ce que le binage y soit autorisé, mais non au payement de l'indemnité (Circ. min. 12 avr. 1823). Cependant, le binage peut avoir lieu, bien que la paroisse ne soit pas vacante, quand un vicaire a été demandé par un desservant âgé et infirme, conformément à l'art. 45 du décret du 17 nov. 1811, et autorisé dans les formes réglées par le décret du 30 déc. 1809.

Une circulaire ministérielle du 31 janv. 1884 (*Rec. circ. cult.*, t. 4, p. 493) a étendu au cas de binage l'art. 13 de la loi de finances du 29 déc. 1876 (D. P. 77. 4. 23), qui dispose (V. *infra*, n° 348) qu'à l'avenir les mandats de payement du traitement des desservants et des vicaires seront accompagnés d'un certificat d'identité émanant de l'autorité diocésaine et d'un certificat de résidence délivré sans frais par le maire de la commune et visé par le sous-préfet et le préfet. — Les mandats d'indemnité de binage ne devront donc plus à l'avenir être délivrés par les préfets ni payés par les comptables des deniers publics que s'ils sont accompagnés, outre le certificat ecclésiastique précité, d'une attestation du maire de la commune où le binage a lieu, témoignant que l'ecclésiastique bineur a fidèlement rempli sa mission. Toutefois, en cas de refus non motivé du maire, il pourra être suppléé à cette attestation par une déclaration semblable du sous-préfet ou du préfet (Même circulaire).

339. — VI. TRAITEMENT DES VICAIRES. — Le traitement des vicaires paroissiaux est, ainsi que l'a dit le *Rép.* n° 469, fourni principalement par la fabrique, ou dans le cas où les ressources de la fabrique seraient insuffisantes, par la commune (V. *infra*, n° 527). Mais il faut remarquer que, depuis la loi du 5 avr. 1884, la dépense occasionnée par le traitement à fournir aux vicaires n'est plus obligatoire pour la commune. Ce qui a été dit *supra*, n° 336, au sujet de la faculté qu'avait autrefois le préfet, de réduire le supplément de traitement alloué aux desservants par le conseil municipal, s'applique également au traitement des vicaires. Ce traitement peut varier entre un minimum de 300 fr. et un maximum de 500 fr. Il avait été jugé, avant la loi de 1884, que l'obligation pour la commune de pourvoir au traitement des vicaires, en cas d'insuffisance des revenus de la fabrique, n'était pas limitée à la somme de 300 fr. (Cons. d'Et. 17 avr. 1874, aff. Ville du Mans, D. P. 75. 3. 31) ; que, par suite, on devait regarder comme obligatoire dans les limites de 500 fr. au plus à 300 fr. au moins, le payement de ce traitement, tel qu'il a été fixé dans les formes prescrites par le décret du 30 déc. 1809, art. 40, pour déterminer les dépenses du culte (Même décision). Déjà un avis du conseil d'Etat, du 19 mai 1811, avait décidé que la quotité du traitement des vicaires était au maximum de 500 fr. et au minimum de 300 (D. P. 75. 3. 31, note), et une circulaire ministérielle du 15 mai 1813 avait indiqué que, dans les communes au-dessus de 5000 âmes, le traitement des vicaires serait de 300 fr., de 400 jusqu'à 10000 âmes, de 450 fr. jusqu'à 15000 et de 500 dans les villes d'une population supérieure (*Ibid.*). Une autre circulaire du 18 mai 1848 (*Rec. circ. cult.*, t. 1, p. LXXXIII), considérée comme toujours en vigueur, fixe à 500 fr. le maximum du traitement que les vicaires peuvent recevoir sur les fonds communaux.

Cette allocation insuffisante est complétée, comme on l'a vu au *Rép. loc. cit.*, par une indemnité supplémentaire accordée par l'Etat. Le chiffre de cette indemnité a été porté de 350 à 400 fr. par un décret du 30 juill. 1870 (D. P. 70. 4. 69), puis à 450 fr. par un décret du 23 mars 1872, conformément au principe posé dans le décret du 27 juill. 1872 (V. Circ. min. cult., 23 mars 1872). La loi des finances du 29 déc. 1882 (D. P. 83. 4. 81) a maintenu ce chiffre de 450 fr. L'indemnité ainsi accordée par l'Etat ne vient pas en déduction du traitement dû au vicaire par la fabrique ou, en cas d'insuffisance des ressources de la fabrique, par la commune (Cons. d'Et. 22 mai 1874, aff. Ville de Firminy, D. P. 75. 3. 43. V. Arrêté min. cult. 31 déc. 1841, art. 187). Le nombre des vicaires admis à recevoir une indemnité de l'Etat était, d'après le budget de 1878, de neuf mille deux cent soixante-dix-neuf ; il a été augmenté de vingt-cinq dans le budget de 1879. Mais, depuis, il a été successivement réduit par les lois de finances.

En principe, l'indemnité n'est allouée qu'aux vicaires des communes de moins de cinq mille habitants, c'est-à-dire de celles dont les ressources peuvent être insuffisantes (Circ. min. cult., 5 nov. 1884, *Rec. circ. cult.*, t. 4, p. 535). Le Gouvernement avait eu l'intention d'attribuer également une indemnité aux vicaires des villes de plus de cinq mille âmes, insuffisamment rétribués par les fabriques ou les communes ; cette indemnité aurait varié de 500 à 800 fr. (*Rec. circ. cult.*, t. 4, p. 85). Mais des difficultés budgétaires n'ont pas permis de donner suite à ce projet. Au contraire, les Chambres ayant réduit le nombre des vicaires rétribués sur les fonds de l'Etat, une circulaire du ministre des cultes du 7 mai 1885 (*Rec. circ. cult.*, t. 4, p. 543), a prescrit de faire porter la réduction d'abord sur ceux de ces vicariats qui auraient été établis dans les villes de plus de cinq mille âmes contrairement à l'ordonnance du 5 juin 1846.

Les curés et desservants ne peuvent être portés comme vicaires dans d'autres communes que celles où ils exercent leur ministère, et cumuler leur traitement avec l'indemnité allouée aux vicaires par l'Etat (Circ. min. cult. 12 déc. 1820 ; *Rec. circ. cult.*, t. 1, p. CI).

340. Les vicaires ont, outre leur traitement et le casuel de leurs messes, une portion des droits casuels, c'est-à-dire qu'ils touchent un droit d'assistance aux convois funèbres, l'honoraire du baptême qu'ils célèbrent, les offrandes qui leur sont faites pour la première communion et pour les catéchismes, quand ils en sont personnellement chargés, la rétribution fixée par l'usage sur le droit curial alloué au curé pour les mariages célébrés par eux. Ils reçoivent, en un mot, le prix de leur collaboration personnelle. Ces oblations sont réglées par un tarif qui ne peut être modifié sans l'approbation du Gouvernement (Arrêté min. instr. publ. et cult. 2 sept. 1848, D. P. 48. 3. 89). La commune ne doit pas de logement aux vicaires (Circ. dir. gén. compt. 14 avr. 1812, et Circ. min. cult. 7 juill. 1812, *Rec. circ. cult.*, t. 1, p. LX et LXI).

341. — VII. TRAITEMENT DES CHAPELAINS VICAIRES. — V. *Rép.* n° 437.

342. — VIII. TRAITEMENT DES AUMÔNIERS. — V. *infra* les divers articles auxquels il est renvoyé *supra*, n° 259, pour tout ce qui concerne l'institution des aumôniers.

343. — IX. NON-CUMUL ET INSAISISSABILITÉ DES TRAITEMENTS. — Sur le non-cumul des traitements ecclésiastiques, V. Ord. 28 avr. 1816, art. 78, l'art. 11 du Concordat et l'art. 3 de la loi du 18 germ. an 10. — Sur leur insaisissabilité, V. *Rép.* n° 470. — La question de savoir si le casuel est une partie du traitement de l'ecclésiastique s'est présentée à l'occasion d'autres difficultés et nous a paru devoir être résolue affirmativement (V. *Rép.* n° 593) ; et, en effet, l'impossibilité de distinguer, au point de vue de l'insaisissabilité du traitement des ecclésiastiques, entre les différents éléments de ce traitement, semble bien résulter du décret du 5 niv. an 13 qui, peu de temps après l'arrêté du 18 niv. an 11, disposait dans son art. 3 : « Sur la demande des évêques, les préfets régleront la quotité de ce payement (du traitement dû aux desservants et succursalistes) et détermineront les moyens de l'assurer, soit par les revenus communaux et les octrois, soit par la voie de souscriptions, abonnements et prestations volontaires, ou de toute autre manière convenable ». — Mais les revenus personnels des ecclésiastiques sont saisissables (V. *Rép.* v° *Saisie-arrêt*, n° 173). Il a été jugé que le trésorier de la fabrique étant étranger à la perception du casuel des ecclésiastiques de la paroisse, qui n'est pas un revenu de la

fabrique, le créancier de l'un des vicaires n'a pas le droit de former entre ses mains une saisie-arrêt sur le montant du casuel revenant à celui-ci, et que cette saisie-arrêt, nulle comme pratiquée entre les mains d'un tiers saisi non débiteur, n'est point validée par cette circonstance postérieure que le trésorier de la fabrique aurait remis au prêtre trésorier de la paroisse l'opposition qui lui avait à tort été adressée à lui-même (Trib. Seine, 17 avr. 1877, aff. Médard, D. P. 77. 3. 111).

344. — X. Point de départ des traitements. — Ce point de départ a été indiqué au *Répertoire* pour le traitement des archevêques et évêques, n° 464, pour celui des vicaires généraux, n° 466, pour celui des curés; n° 467, pour celui des desservants, n° 468. Le certificat de prise de possession des desservants, délivré sur papier simple par le bureau des marguilliers, doit être signé par les trois membres de ce bureau. Ni le maire ni les membres du conseil municipal, s'ils ne font point partie du bureau, ne doivent y intervenir pas plus que les autres fabriciens (André, t. 2, p. 401). Ce certificat est inutile, si l'ecclésiastique n'est pas salarié par l'Etat. Le jour de la prise de possession doit toujours être compté aux titulaires ecclésiastiques, ainsi que celui du décès ou de la cessation des fonctions (Comp. *Rép.* v° *Traitement*, n° 69).

345. — XI. Suspension ou suppression des traitements. — Le Gouvernement a-t-il le droit de suspendre ou de supprimer les traitements ou allocations ecclésiastiques par mesure administrative et disciplinaire? Et ce droit, s'il existe, s'applique-t-il indistinctement à tous les ministres des cultes salariés par l'Etat, aux curés comme aux desservants et aux vicaires, aux évêques comme aux curés? La question s'est récemment posée à l'occasion de suspensions semblables de traitements ecclésiastiques prononcées administrativement contre des ministres du culte dont la conduite avait déplu au Gouvernement et auxquels il tenait à témoigner sa désapprobation. Elle peut se formuler ainsi : l'autorité civile est-elle armée à cet égard d'un pouvoir discrétionnaire? Divers précédents ont été invoqués dans le sens de l'affirmative. Sous la Restauration, plusieurs ecclésiastiques s'étant montrés favorables, dans le diocèse de Strasbourg, au régime impérial déchu, des commissaires nommés par les vicaires capitulaires de ce diocèse furent chargés d'écarter de leurs places les prêtres les plus compromis, et, en les écartant, de les priver de leur traitement d'une manière permanente et définitive (*Mémoires historiques sur les affaires ecclésiastiques de France*, t. 3, p. 107). Le gouvernement de Juillet usa de la suspension administrative. Dès le 7 nov. 1830, le directeur des cultes proposa ce système en indiquant la procédure à suivre : « Il paraît naturel, dit-il, de penser que, si le clergé se montre antinational, l'Etat ne lui doit pas certainement un traitement à ce titre et que, les intérêts temporels des ecclésiastiques étant entre les mains du Gouvernement, il peut traiter les prêtres selon la conduite qu'ils tiennent. Voici comment on pourrait procéder : un préfet désigne un ou plusieurs ecclésiastiques comme ayant tenu une conduite blâmable... Avant toute décision, la partie inculpée doit être entendue ; l'évêque est invité à la mettre à même de présenter sa justification ; si elle n'est pas satisfaisante, le ministre enjoint à l'évêque de changer ou de révoquer le desservant, selon la nature des griefs, et de répondre courrier par courrier. Si l'évêque fait une réponse évasive ou s'il n'annonce pas qu'il a déféré à l'invitation du ministre, celui-ci prend un arrêté pour appliquer le décret du 17 nov. 1811 (V. *infrà*, n° 346), et la partie du traitement qui cesse d'être payée fait retour au trésor. Pour un curé de chef-lieu de canton, après l'avoir entendu seulement, et sans besoin d'invitation préalable à l'évêque, puisqu'il n'est pas au pouvoir de l'évêque de le changer ou de le révoquer, le ministre applique immédiatement, s'il y a lieu, le décret précité... » (Rapport cité dans une note du directeur des cultes de 1883). Cette procédure fut appliquée et approuvée à la Chambre des députés, par MM. Odilon Barrot et Dupin, dans la séance du 15 févr. 1832, et par M. Portalis à la Chambre des pairs. « Il importe, a dit ce dernier, de consacrer en principe que le salaire public des ministres d'un culte est accordé dans l'intérêt de l'Etat plus que dans l'intérêt du culte lui-même... Ce salaire constitue un contrat synallagmatique entre la société religieuse et la société politique, au

moyen duquel cette dernière promet sa tutelle et l'autre sa soumission ». — Le Gouvernement de 1848 n'eut pas le temps d'exercer ces rigueurs : du reste, lors de la discussion de la constitution du 4 nov. 1848, art. 7, on inséra dans cet article, sur la proposition de M. Dufaure, malgré la demande d'un représentant, M. Marchal, que les ministres des cultes reconnus avaient le « droit » de recevoir un traitement de l'Etat, ce qui enchaînait le pouvoir exécutif (V. *Moniteur* du 1er juin 1848, p. 2497).—Sous le second Empire, on recourut parfois au procédé indiqué et appliqué en 1830, mais sans affirmer résolument le droit de l'Etat à cet égard (V. discours de MM. Baroche et Rouland au Sénat, séance du 3 mai 1861), et pour atteindre seulement, en 1861, quelques prêtres qui manifestaient en faveur de la papauté menacée. D'ailleurs, l'affaire n'eut pas de suite et les traitements suspendus furent postérieurement payés. — Mais en 1882, la question fut de nouveau agitée devant les Chambres, et plusieurs ecclésiastiques ayant eu leur traitement suspendu par mesure disciplinaire, dans la forme indiquée ci-dessus, un avis du conseil d'Etat, formulé le 26 avr. 1883, après des débats prolongés à la Chambre des députés et au Sénat, déclara, sur la demande du ministre de la justice et des cultes, que « l'Etat possède, sur l'ensemble des services publics, un droit supérieur de direction et de surveillance qui dérive de sa souveraineté ; qu'en ce qui concerne les titulaires ecclésiastiques, ce droit a existé à toute époque et s'est exercé, dans l'ancien régime, par voie de saisie du temporel ; qu'il n'a pas été abrogé par la législation concordataire et que son maintien résulte de l'art. 16 de la convention du 26 mess. an 9, qui a formellement reconnu au chef de l'Etat les droits et prérogatives autrefois exercés par les rois de France ; que, depuis, il n'a été dérogé à cette législation traditionnelle par aucune mesure législative ou réglementaire ; que, ni dans les discussions auxquelles le principe a donné lieu, ni dans les applications qui en ont été faites, il n'y a eu de distinction entre les différents titulaires ecclésiastiques ; qu'en conséquence, le droit du Gouvernement de suspendre ou de supprimer les traitements ecclésiastiques par mesure disciplinaire s'applique indistinctement à tous les ministres du culte salariés par l'Etat. »

346. Cette doctrine, défendue par le rapporteur au conseil d'Etat, M. Castagnary, par une note du directeur des cultes de 1883, et par le ministre des cultes à la séance du Sénat du 5 mai 1883, a été combattue à la Chambre des députés par Mgr Freppel (séance du 14 nov. 1882); au Sénat par M. Batbie (Séances du 30 nov. 1882 et du 5 mai 1883), par M. Théry, *Univers* de juin 1883; par M. Paul Besson, *De la suppression par mesure administrative des traitements ecclésiastiques;* par M. Batbie, t. 2, p. 215, n° 294, et par M. E. Ollivier, p. 629 et suiv. On a d'abord soutenu que, les traitements ecclésiastiques étant insaisissables dans leur totalité, d'après l'arrêté du 18 niv. an 11, ils ne pouvaient être suspendus ou retenus (*Univers* du 31 oct. 1882, et *Moniteur universel* du 2 mai 1883). Mais cet argument doit être écarté, parce qu'on ne peut logiquement conclure de l'insaisissabilité à l'impossibilité de la retenue administrative, ces deux situations étant distinctes. — De plus solides raisons ont été invoquées contre l'avis du 26 avr. 1883, cité *suprà*, n° 345. D'une part, cet avis s'appuie sur le droit supérieur de direction et de surveillance qui appartient à l'Etat sur l'ensemble des services publics, en vertu de sa souveraineté. Mais l'Etat n'a aucune souveraineté sur l'Eglise. Celle-ci n'est pas un service public qu'il dirige. Le prêtre n'est pas un fonctionnaire public ; il n'agit ni pour le compte du Gouvernement, ni par ses ordres. Le salaire qui lui est donné constitue à son profit une créance reconnue par le Concordat, qui promet à tout curé *sustentationem quæ deceat*. L'Etat est obligatoirement tenu de fournir la subsistance au clergé catholique en vertu de ce traité, donc le salaire qu'il paye ne saurait être facultatif. Si, dans l'ancien droit, le pouvoir civil pouvait saisir le temporel des ecclésiastiques, ce droit a disparu avec le régime dont il était une des conséquences; d'ailleurs, il ne pouvait s'exercer que par voie judiciaire, et non administrativement. C'est en vain que l'avis du conseil d'Etat argumente de l'art. 16 du Concordat, qui reconnaît au chef de l'Etat les droits et prérogatives autrefois exercés par les rois de France. Cet article est étranger au règlement des pouvoirs que l'autorité civile peut exercer à

l'égard du culte et de ses ministres; les droits et prérogatives auxquels il se réfère sont ceux dont l'ancien gouvernement jouissait *près du Saint-Siège*, *apud sanctam sedem*, c'est-à-dire, certains privilèges et droits honorifiques; et la saisie du temporel ecclésiastique par voie de police n'était certainement pas au nombre de ces droits. D'autre part, le conseil d'État s'est fondé sur les décrets du 17 nov. 1811 et du 6 nov. 1813. Mais ces décrets statuent sur l'indemnité à allouer au remplaçant du titulaire d'une cure éloigné temporairement de sa paroisse pour mauvaise conduite ou pour maladie, et déterminent les effets de cet éloignement temporaire. Ils imposent alors au titulaire éloigné de son service l'obligation d'indemniser son remplaçant provisoire; mais ils ne retiennent nullement son traitement au profit du trésor. Quant à l'art. 27 du décret de 1813, qui suppose qu'un curé peut être éloigné de sa paroisse par *voie de police*, il appartient à la période dictatoriale de l'Empire et ne saurait, en cette partie, être remis en vigueur aujourd'hui (V. Reverchon, *Revue critique de législation et de jurisprudence*, 1864, p. 268). Actuellement, la police ne peut plus éloigner un prêtre de son service. Du reste, si ces décrets supposent un éloignement quelconque, ils sont inapplicables au cas où le ministre du culte reste dans sa paroisse, y continue d'exercer ses fonctions, ce qui est le cas actuel. On soutiendrait en vain, a-t-on dit, que la suspension du traitement ecclésiastique est un acte du Gouvernement qui échappe à la compétence du conseil d'État. L'acte du Gouvernement étant un acte destiné à pourvoir au salut public ou à l'intérêt général, et pris *en dehors* de la loi, ne peut jamais suspendre ni restreindre un droit consacré au profit d'un citoyen par une loi formelle. Or, le traitement ecclésiastique est consacré formellement par l'art. 66 de la loi du germinal an 10 (V. Plaidoirie de M. A. Morillot dans l'aff. Sailhol, *Gazette des tribunaux* du 26 janv. 1889). Au contentieux, d'ailleurs, le conseil d'État a déjà plusieurs fois admis le recours de magistrats qui avaient été illégalement suspendus de leurs fonctions et, dès lors, privés de leur traitement (Cons. d'Ét. 7 mai 1852, aff. Saléta, D. P. 52. 3. 26 ; 4 (ou 8) mai 1861, aff. Mérilhou, D. P. 62. 3. 19). Quelle que soit la valeur de ces arguments, l'avis du conseil d'État du 26 avr. 1883 ne fut pas rapporté, et les suspensions de traitements ecclésiastiques continuèrent depuis cette date. — Enfin le conseil d'État, statuant au contentieux, a récemment décidé que le ministre des cultes, exerçant au nom du Gouvernement le pouvoir de haute police qui lui appartient sur les membres du clergé, peut prononcer, à titre disciplinaire, la suspension du traitement, soit d'un curé de canton, soit d'un desservant (Cons. d'Ét. 1er févr. 1889, aff. Sailhol, D. P. 89, 3e partie). Il est à remarquer, d'ailleurs, que des divers arguments invoqués dans l'avis du 26 avr. 1883, cet arrêt n'en a retenu qu'un seul ; il s'est appuyé exclusivement sur le pouvoir de haute discipline dont le Gouvernement serait investi à l'égard des membres du clergé et qui s'exercerait aujourd'hui, comme sous l'ancien régime, au moyen tant de l'appel comme d'abus que de la saisie du temporel. — Un autre arrêt du même jour a, d'ailleurs, décidé ce pouvoir ne peut être exercé que par le ministre des cultes personnellement (Cons. d'Ét. 1er févr. 1889, aff. Gléna, D. P. 89, 3e partie) ; en conséquence, on doit annuler pour empiètement illégal sur les attributions exclusives du ministre, l'arrêté par lequel un préfet a prononcé lui-même la suspension du traitement d'un desservant (Même arrêt). Cette dernière solution ne pouvait faire difficulté. En effet, les curés et desservants ne sont pas à l'égard des préfets dans la situation de fonctionnaires subordonnés ; et, à supposer que leurs traitements puissent être supprimés, cette suppression ne peut émaner que du Gouvernement, auquel appartient le droit de prescrire les mesures qu'il croit nécessaires pour assurer l'observation des règles qui régissent les rapports de l'Église et de l'État (V. au surplus les questions résolues par le conseil d'État, la note jointe à ces arrêts et les conclusions de M. le commissaire du Gouvernement Gauwain, rapportées *ibid.*).

347. — XII. Payement du traitement des ecclésiastiques. — Les traitements des ecclésiastiques sont payés tous les trois mois (V. *Rép.* no 471). Les traitements acquis ne doivent être subordonnés, pour leur payement, à aucune dépendance ou condition, les mandats étant la propriété des parties prenantes (Circ. min. cult, 2 avr. 1832; André, t. 4, p. 451).

Les receveurs d'arrondissement ou les trésoriers-payeurs généraux n'ont rien autre chose à exiger, en principe, à l'appui des mandats délivrés pour traitements, indemnités du secours, que les quittances des créanciers réels, sauf les formalités prescrites pour les mandats délivrés à des héritiers (V. *Rép.* no 471), et sauf le certificat d'identité exigé par la loi du 29 déc. 1876 (V. *infrà*, no 348). Une grande célérité doit être apportée dans la production de ces certificats et dans le service de la comptabilité des préfectures pour l'ordonnancement des mandats de payement. S'il y a lieu, les préfets doivent élever, d'office, le traitement des prêtres septuagénaires à qui l'augmentation de traitement due à raison de leur âge aurait été par oubli ou erreur refusée dans le mandat (Circ. min. cult. 10 août 1876; 2 sept. 1881, *Rec. circ. cult.*, t. 4, p. 370). Lorsqu'une augmentation de traitement est attachée à l'âge de l'ecclésiastique qui le perçoit, celui-ci doit justifier de cet âge par la production de son acte de naissance (Circ. min. 28 avr. 1848; *Rec. circ. cult.*, t. 2, p. 164; André, t. 4, p. 453). Les secrétariats des archevêchés et évêchés doivent fournir les états de situation du clergé dix jours avant l'échéance trimestrielle. Aussitôt que ces pièces sont produites, les préfets arrêtent le bordereau des sommes à payer et les mandats individuels qui y sont annexés et remettent le tout au trésorier-payeur général qui, dans les vingt-quatre heures, renvoie les mandats revêtus de son visa pour *bon à payer*. Les préfets les adressent aux parties prenantes avant le 5 du mois qui suit l'échéance trimestrielle, et celles-ci, sur la présentation de leur mandat, reçoivent leur traitement du receveur particulier de l'arrondissement ou du percepteur de leur commune (Circ. min. cult. 12 mai 1868, 10 août 1876, 24 févr. 1877, D. P. 77. 4. 26, notes 3 et 4). Les trésoriers-payeurs généraux doivent mettre la plus grande célérité dans l'apposition de leur visa sur les mandats (Circ. min. 27 juin 1868, 10 août 1876; Circ. dir. gén. compt. publ. 8 mai 1877, *Bull. des lois civ. ecclés.* 1877, p. 119; Circ. min. cult. 2 sept. 1881 précitée).

348. Mais d'autres conditions ont été exigées récemment par l'Administration pour le payement des mandats de traitements ecclésiastiques. D'une part, les préfets doivent exiger du secrétariat des évêchés, pour le payement des desservants nommés à l'avenir, la remise à la préfecture, avant leur prise de possession, d'un avis officiel de leur nomination, et ne délivrer à ces ecclésiastiques les mandats du traitement attaché à leur titre qu'autant que cette formalité a été remplie. Ils ne doivent pas se contenter de la production des états de situation fournis par les secrétaires des archevêchés et évêchés, dix jours avant chaque échéance trimestrielle, pour l'exécution de l'art. 13 de la loi de finances du 29 déc. 1876 (D. P. 77. 4. 26), ni de l'expédition du procès-verbal d'installation délivré par le bureau des marguilliers (Circ. min. cult. 31 juill. 1882, *Rec. circ. cult.*, t. 4, p. 422). D'autre part, l'état de situation du clergé, que le secrétariat de l'évêché doit fournir au préfet dix jours avant chaque échéance trimestrielle, doit contenir le montant du traitement, l'âge, la date de prise de possession et l'époque de cessation des fonctions de chaque titulaire ecclésiastique (Circ. min. cult. 1er juill. 1882, *Rec. circ. cult.*, t. 4, p. 407). Cet état doit être transmis avec les pièces annexées par le préfet au trésorier-payeur général pour être produit par celui-ci devant la cour des comptes, à titre de justification de sa gestion (Même circulaire).

349. La loi de finances du 29 déc. 1876 ayant décidé que « le mandat de traitement des desservants et des vicaires doit être accompagné d'un certificat d'identité émanant de l'autorité diocésaine et d'un certificat de résidence, délivré sans frais par le maire de la commune et visé par le sous-préfet ou le préfet », la circulaire du ministre des cultes du 24 févr. 1877, citée *suprà*, no 347, a réglé l'application et l'exécution de cette loi. Elle déclare que ces mesures doivent s'appliquer aussi aux curés, pasteurs, rabbins et ministres officiants; que le certificat d'identité (ou d'exercice de fonctions) sera délivré par l'autorité ecclésiastique au pied des états de situation du personnel du clergé, qu'elle adresse vers la fin de chaque trimestre à la préfecture ; — que la préfecture délivrera et joindra à chaque mandat de payement un extrait de ce certificat collectif ; — que le maire délivrera sans frais et d'office le certificat de résidence et l'en-

verra au sous-préfet le 1er des mois de mars, juin, septembre et décembre ; — que les sous-préfets viseront les certificats et les adresseront à la préfecture, le 5 de chacun de ces mêmes mois, après les avoir visés ; — que les préfets les viseront à leur tour et les joindront aux mandats adressés au trésorier-payeur général chargé de viser pour le payement ; qu'en cas d'omission ou de refus non motivé de la part des maires, les préfets y suppléront conformément à l'art. 15 de la loi du 18 juill. 1837 ; — que les certificats pourront être suppléés par une expédition des autorisations de congé dans les formes de l'ordonnance du 13 mars 1832, ou des arrêtés ministériels approuvant des dispenses de résidence exceptionnelle accordées à titre provisoire et permanent. — Une autre circulaire du 17 févr. 1881 (*Rec. circ. cult.*, t. 4, p. 316), a rappelé aux préfets que l'art. 14 de la loi du 29 déc. 1876 prescrit une enquête administrative, afin de constater si les desservants et vicaires résident et exercent de fait dans la commune à laquelle les attache leur titre de nomination, et les invita à procéder avec soin à cette enquête, afin de prévenir tout « abus » de certificats de complaisance ou de dispenses de résidence accordées à titre provisoire et devenues permanentes. — Enfin une circulaire ministérielle du 9 juin 1881 (*Rec. circ. cult.*, t. 4, p. 359), a déclaré ces prescriptions applicables aux traitements des chanoines.

350. Pour recevoir le montant des bourses qui leur étaient accordées (V. *Rép.* n° 474), les directeurs des séminaires remettaient, à chaque payement, avec leur acquit, un état certifié par eux des élèves titulaires des bourses et présents aux séminaires : cet état servait à constater l'exactitude de la somme faisant l'objet du mandat. Quant à l'emploi de ces fonds, c'était aux évêques seuls à le surveiller (Affre, p. 221). Mais ces bourses n'existent plus aujourd'hui (V. *infrà*, n° 357).

351. — XIII. Pensions, secours et maisons de retraite ecclésiastiques. — On a exposé au *Rép.* n° 472 que jusqu'aux décrets du 22 janv. 1852 (D.P.52.4.37) et du 28 juin 1853 (D. P. 58. 4. 168), complété par celui du 31 juill. 1854 (D. P. 54. 4.141), les ecclésiastiques n'avaient pas droit à une pension de retraite, mais pouvaient seulement recevoir des secours temporaires, sur une somme portée chaque année au budget des cultes, répartie entre tous les départements et mise à la disposition des préfets (Affre, p. 224). Lors de la discussion de la loi du 9 juin 1853 sur les pensions civiles (D. P. 53. 4. 98), on s'est demandé si les dispositions de cette loi ne devaient pas leur être appliquées. M. de Parieu, commissaire du Gouvernement, a expliqué que la question devait être résolue négativement par le motif que les ecclésiastiques ne sont pas des fonctionnaires (*Ibid.*, note 1). Le décret du 28 juin 1853 ayant établi une caisse générale de retraites en faveur du clergé, et ayant déterminé les ressources de cette caisse sans opérer de retenues sur les traitements déjà insuffisants du clergé, la somme de 5 millions, affectée à la dotation de cette caisse par le décret du 22 janv. 1852, a été employée en rentes sur l'État 3 p. 100 (Décr. 27 mars 1860, D. P. 60. 4. 36), ce qui permet, avec les subventions prélevées annuellement sur le budget des cultes et le produit des dons ou legs qui sont faits à la caisse, de servir une pension aux prêtres âgés ou infirmes, qui sont proposés à cet effet par leur évêque au ministre des cultes. Mais le décret du 28 juin 1853 n'a pas créé en faveur de tous les prêtres qui ont trente ans de services un droit à une pension de retraite : il leur ouvre seulement les voies et moyens pour l'obtenir (Circ. min. cult. 30 nov. 1853, *Rec. circ. cult.*, t. 2, p. 460). L'Administration est libre de l'accorder ou de la refuser (Même circulaire ; Circ. min. cult. 2 mars 1881, *Rec. circ. cult.*, t. 4, p. 343). Chaque pension concédée étant une libéralité du Gouvernement, aucun recours à ce sujet devant le conseil d'État ou toute autre juridiction ne peut être admis (Même circulaire du 30 nov. 1853).

352. Trois conditions sont exigées pour obtenir une pension de retraite ecclésiastique ; il faut : 1° que le prêtre âgé ou infirme soit dans les ordres depuis plus de trente ans ; 2° qu'il n'ait pas de ressources suffisantes ; 3° qu'il soit présenté par l'évêque de son domicile (Circ. 30 nov. 1853, et 2 mars 1881, citées *suprà*, n° 351). Les trente ans courent du jour de la réception, constatée par l'évêque diocésain, de l'ordre du sous-diaconat (Même circulaire du 30 nov. 1853). Aucune pension de retraite ne peut être accordée sans la réserve que le pensionné demeurera subordonné à la juri-

diction de l'évêque (Même circulaire). La pension n'est pas un droit, c'est une allocation consolidée par un titre, et qui n'est accordée qu'eu égard aux besoins réels et à la conduite des pétitionnaires. On doit réserver les pensions d'abord aux ecclésiastiques les plus âgés, les plus infirmes et les plus nécessiteux ; ils ont la préférence sur les autres (Même circulaire). Les prêtres aliénés n'y ont pas droit ; on leur vient, d'ailleurs, en aide par des secours annuels. Elles ne peuvent être accordées qu'à des prêtres français, et non à des étrangers non naturalisés (Circ. 12 août 1854, *Rec. circ. cult.*, t. 2, p. 485).

353. Le taux de la pension est de 500 fr. pour les anciens desservants, de 600 fr. pour les anciens curés et assimilés ; elle ne peut être cumulée avec aucun autre traitement de l'État. Elle est acquittée par trimestre (Décr. 9 nov. 1853, art. 4, D. P. 54. 4. 3). En 1863, le chiffre total des pensions ecclésiastiques s'élevait à 400000 fr.

354. Chaque proposition de pension faite par l'évêque doit être accompagnée de : 1° de la demande autographe du prêtre ; 2° d'un acte de naissance, au besoin sur papier libre ; 3° d'un état des services ecclésiastiques du postulant. L'intéressé doit, en outre, indiquer le lieu où il désire toucher les arrérages. — Le double avis des autorités diocésaine et départementale étant indispensable, il est recommandé, pour plus de célérité, de faire l'envoi des demandes par l'intermédiaire de la préfecture (Circ. min. cult. 23 juin 1881, *Rec. circ. cult.*, t. 4, p. 361). — L'évêque doit donner au ministre des cultes avis des décès survenus parmi les pensionnés de son diocèse, aussitôt qu'il en est informé (Circ. min. cult. 12 août 1854, citée *suprà*, n° 352).

355. Des secours momentanés, si le budget réserve des fonds disponibles à cet égard, peuvent être accordés aux prêtres qui sont obligés par des infirmités à résigner leurs fonctions avant d'avoir accompli trente ans d'exercice dans le ministère sacerdotal (Circ. min. cult. 30 nov. 1853). Les fonds réservés disponibles à cet égard servent, en outre, au payement de subventions à d'anciens vicaires généraux, à d'anciens prêtres sans fonctions, à d'anciennes religieuses et à des prêtres en activité, quand ces derniers sont signalés par l'évêque au ministre des cultes (Même circulaire). Les secours temporaires peuvent aussi être accordés à des prêtres étrangers, non naturalisés, sur l'avis de l'évêque de leur domicile actuel, quand, établis depuis longtemps en France, ils se trouvent dans le besoin (Circ. min. cult. 12 août 1854, citée *suprà*, n° 352). Ils ne peuvent être accordés que sur une proposition spéciale et individuelle, un dossier distinct étant fourni pour chaque candidat (Même circulaire). Quand l'évêque transmet au ministère des cultes une proposition ou un avis relatif à une demande de secours de ce genre, il doit y joindre la demande du candidat qui sollicite l'allocation ou un renouvellement (Circ. min. cult. 10 mars 1879, *Rec. circ. cult.*, t. 4, p. 18). Toutefois, cela n'est pas applicable au cas où le pétitionnaire se trouverait, par suite d'infirmités, hors d'état de s'adresser lui-même au ministre des cultes. La demande du pétitionnaire ne doit point parvenir directement ni instamment à l'administration des cultes (Même circulaire). L'évêque doit adresser au ministre des cultes une lettre séparée pour chaque demande de secours (Circ. min. 2 janv. 1833 ; 25 avr. 1848 ; 12 août 1854 citée *suprà*, n° 352) ainsi que pour chacun des avis et renseignements qui lui sont réclamés (Mêmes circulaires). En 1883, le chiffre des secours accordés à des prêtres âgés ou infirmes sans fonctions s'est élevé à 397000 fr.; celui des secours accidentels à des prêtres en activité, à 60000 fr.

356. Outre les pensions de retraite ecclésiastique, il existe en certains diocèses des maisons de retraite pour les prêtres âgés ou infirmes (V. Ord. 31 oct.-15 déc. 1842, *Rép.* p. 720, qui a autorisé, à titre d'établissement d'utilité publique, une maison de ce genre à Grenoble). Un décret du 6 juin 1857 (D. P. 57.4.103), interprétant et confirmant une ordonnance du 27 avr. 1816, qui affectait les bâtiments de la Grande-Chartreuse (Isère) à une maison de retraite, a réglé les possessions et dépendances de cet établissement, ses charges et les concessions faites par l'État à son profit (D. P. 57.4.103). Mais, en fait, l'établissement de la Grande-Chartreuse est occupé par une congrégation religieuse.

Il existe aussi dans plusieurs diocèses des caisses de secours ou de retraites ecclésiastiques (V. D. P. 84. 3. 67, note 1). En ce qui concerne ces caisses, le Gouvernement

paraît avoir hésité sur la qualification à leur donner. Ainsi, le décret du 22 mars 1850, qui avait approuvé la caisse de secours du diocèse d'Angers, la dénommait établissement public; un second décret, en date du 24 janv. 1859, qui en modifiait les statuts et y annexait une maison de retraite, employait, au contraire, l'expression d'établissement d'utilité publique. Mais il a été décidé, à l'occasion d'un appel comme d'abus, que les caisses de secours et maisons de retraite en faveur des prêtres âgés et infirmes, quoique placées sous l'autorité directe des évêques, sont des établissements publics soumis à la tutelle du Gouvernement (Décr. en Cons. d'Et. 31 mars 1884, aff. Evêque d'Angers, D. P. 84. 3. 67). De ce droit de tutelle découle, pour le Gouvernement, l'obligation de prescrire les mesures nécessaires pour la conservation des biens de ces établissements, la garantie de leur gestion et la régularité de leur comptabilité (Même décret). Dans cette affaire, l'abus a été prononcé par le motif que l'évêque avait contesté ce droit et fait usage de son autorité pour empêcher l'exécution d'un acte du Gouvernement; mais, dans le rapport présenté au conseil d'Etat, il a été reconnu que l'évêque, s'il considérait comme excessives les mesures prises par le Gouvernement, pouvait soit faire valoir ses réclamations par la voie administrative, soit même se pourvoir devant le conseil d'Etat par la voie du recours pour excès de pouvoir (D. P. 84. 3. 67; ad notam). La recevabilité de ce recours a, d'ailleurs, été reconnue sans difficulté dans une affaire où le conseil d'Etat a déclaré n'y avoir lieu à statuer parce que le Gouvernement, à la suite du pourvoi, avait modifié son précédent décret, dans le sens des déclarations de l'évêque, par un nouveau décret contre lequel aucun pourvoi n'avait été formé (Cons. d'Et. 9 févr. 1883, aff. Evêque de Versailles, D. P. 84. 3. 68). — Décidé, par ce dernier arrêt, qu'il appartient au chef de l'Etat, en attendant l'organisation du nouveau conseil d'administration de la caisse de secours, de prescrire qu'un administrateur provisoire, chargé de gérer l'établissement et de se faire rendre compte par l'administration précédente sera nommé par le ministre des cultes (V. sur cette dernière solution les observations en note, ibid.).

357. Le Répertoire a indiqué aux nos 474 et 475 les subventions accordées au culte catholique en dehors des traitements de ces ministres, notamment les bourses allouées aux séminaires diocésains. Dans le budget de 1880, le chiffre des bourses de séminaires diocésains atteignait 1032200 fr., sur un total de dépenses générales pour les cultes qui s'élevait à 53433666 fr. Mais ces bourses ont été complètement supprimées lors du vote de la loi de finances du 21 mars 1885 (D. P. 85. 4. 41). Les pensions ecclésiastiques, les secours annuels à divers établissements religieux, l'entretien des édifices diocésains, leur construction et grosses réparations, les crédits spéciaux pour diverses cathédrales, les secours pour églises et presbytères, qui figurent au chapitre du budget des cultes ont tous subi des réductions importantes dans les dernières lois de finance.

358. Aux termes de la loi du 10 août 1871 (art. 68, D. P. 71. 4. 102), les secours pour travaux aux églises et presbytères ne peuvent être alloués par le ministre des cultes que sur la proposition du conseil général du département, qui dresse à cet effet un tableau collectif de ses propositions, en les classant par ordre d'urgence à titre de simple renseignement. Les préfets doivent transmettre au ministre cet état de classement immédiatement après chaque session, en joignant au dossier de chaque proposition un extrait du procès-verbal des délibérations touchant l'affaire, et leur appréciation personnelle (Circ. min. cult. 30 juin 1885, Rec. circ. cult., t. 4, p. 557). Ce n'est plus aujourd'hui l'avis de l'architecte diocésain, mais celui du conseil départemental des bâtiments civils qui doit éclairer le conseil général sur la valeur technique des travaux projetés et se trouver par conséquent au nombre des pièces qui lui sont soumises (Même circulaire). Sur les travaux d'entretien des édifices diocésains, V. aussi Circ. min. cult. 20 mai 1882, Rec. circ. cult., t. 4, p. 399.

359. Il existe près des cathédrales, et aussi près de certaines églises paroissiales, des établissements connus sous le nom de maîtrises ou bas-chœurs, destinés à l'enseignement du plain-chant et à la formation des enfants de chœur ou des jeunes gens auxquels est confiée l'exécution des chants

pendant les offices. L'organisation de ces maîtrises ou bas-chœurs dans les cathédrales remonte à une circulaire du ministre des cultes, du 9 avr. 1813 (V. André, t. 3, p. 504). Après avoir été, comme les dépenses nécessitées par l'entretien des édifices diocésains, laissés à la charge des départements, les frais de ces établissements créés près des cathédrales ont été, plus tard, supportés par l'Etat, comme toutes les autres dépenses diocésaines.

Les états, ainsi que les demandes de secours, sont présentés par l'évêque au ministre des cultes par l'intermédiaire du préfet et accompagnés du budget de la fabrique et de l'avis du préfet (V. Circ. min. cult. 25 févr. 1882, Rec. circ. cult., t. 4, p. 392). C'est également à l'évêque qu'il appartient de dresser les règlements intérieurs des maîtrises. D'après une circulaire du ministre des cultes, du 4 juill. 1882 (Ibid., t. 4, p. 409), tous les établissements entretenus par les fabriques cathédrales et paroissiales, sous le nom de maîtrises, sont astreints aux dispositions des lois scolaires, notamment, à l'inspection académique, à moins qu'ils ne comprennent que de simples classes de plain-chant. Les ecclésiastiques qui les dirigent sont de véritables instituteurs et, comme tels, doivent se munir de diplômes ou cesser des fonctions que les instituteurs peuvent seuls remplir (Même circulaire).

Le crédit afférent aux maîtrises ou aux bas-chœurs, après avoir été réduit (V. circ. min. cult. 4 janv. 1881, Rec. circ. cult., t. 4, p. 289), a été complètement rayé du budget par les Chambres en 1883, et il n'a pas été rétabli depuis (Circ. min. cult. 29 déc. 1882, Rec. circ. cult., t. 4, p. 441).

Art. 2. — De la propriété ecclésiastique (Rép. nos 476 à 493).

§ 1er. — De la propriété des églises (Rép. nos 479 à 487).

360. Relativement à la propriété des églises, on a distingué au Rép. nos 478 et 479 entre les églises consacrées au service public du culte dans les circonscriptions ecclésiastiques établies en vertu du Concordat lui-même ou en conséquence du Concordat, et les églises, chapelles ou oratoires des établissements publics, des congrégations religieuses, même reconnues, et des particuliers: ces derniers édifices appartiennent sans contredit aux établissements ou aux particuliers qui les ont construits ou acquis. On a en outre distingué entre les églises anciennes rendues au culte en vertu du Concordat et de la loi organique, et celles qui ont été construites postérieurement au Concordat; ces dernières appartiennent évidemment à celui qui les a construites, que ce soit l'Etat, les fabriques ou les communes. Enfin, on a distingué, parmi les anciennes églises mises en 1801 à la disposition du clergé, entre les églises métropolitaines ou cathédrales et les églises paroissiales. Nous ne comprenons point parmi celles-ci les églises qui existaient au moment de la réorganisation du culte et qui ne furent pas de nouveau affectées à celui-ci. Ceux de ces édifices qui n'étaient pas employés en 1814 furent attribués par le décret du 30 mai 1806 (Rép. p. 698), aux fabriques des paroisses nouvelles dans la circonscription desquelles ils se trouvaient situés, et, d'après le décret du 17 mars 1809 (Rép. p. 702); il en fut de même des églises qui avaient été aliénées par l'Etat, mais qui étaient rentrées dans le Domaine pour cause de déchéance des acquéreurs. Ces églises appartiennent sans aucun doute aux fabriques. Restent donc seulement les églises métropolitaines ou cathédrales et les églises paroissiales rendues au clergé en 1801 et affectées alors au culte.

361. Les églises métropolitaines ou cathédrales de cette catégorie appartiennent à l'Etat (V. Rép. n° 479; Vuilléfroy, p. 303; Gaudry, t. 2, p. 497; Ducrocq, t. 2, n° 956). C'est l'Etat qui subvient à leur entretien et à leurs réparations (V. Rép. n° 479). Quant aux règles relatives à la conservation matérielle ou artistique de ces édifices, aux devoirs de leurs architectes, à la démarcation des pouvoirs des autorités civile et ecclésiastique à cet égard, V. Circ. min. 25 juill. 1848 (D. P. 48. 3. 85); Instr. min. 26 févr. 1849 (D. P. 49. 4. 27); Circ. min. 20 avr. 1849 (D. P. 49. 3. 32), et autres citées infra, nos 409 et suiv.

362. Une loi des 24-31 juill. 1873 (D. P. 74. 4. 20), ayant déclaré d'utilité publique la construction d'une église à Paris

sur la colline de Montmartre, pour exécuter un vœu fait au moment de la guerre de 1870, a affecté cette église à perpétuité à l'exercice public du culte catholique et a implicitement reconnu qu'elle serait la propriété incommutable des archevêques de Paris (V. D. P. 74. 4. 20, la lettre de l'archevêque de Paris, du 5 mars 1873, qui expose la nature et le but de cette construction). Cet archevêque a été substitué aux droits de l'administration pour acquérir soit à l'amiable, soit par voie d'expropriation, les terrains nécessaires à la construction de cette église (V. le discours de M. Bertauld à la séance du 22 juill. 1873 de l'Assemblée nationale. V. aussi, dans le même sens, le discours de M. Bardoux à la séance du 24 juill. 1873).

363. A qui appartiennent les églises paroissiales? La controverse à cet égard a été exposée au *Rép.* n°s 480 et suiv. On y a vu que, d'après une opinion, la propriété des églises est « une propriété d'une nature particulière, assujettie à des règles spéciales, déposée cumulativement entre les mains des communes et des fabriques, dans l'intérêt exclusif et perpétuel du culte » (Gaudry, *Traité de la législation des cultes,* t. 2, p. 510. V. en ce sens les arrêts cités au *Rép.* n° 485). On a indiqué *ibid.* pour quel motif ce système ne saurait être admis. — Selon une autre opinion développée par M. Affre, *Traité des biens ecclésiastiques,* mais qu'il semble avoir abandonnée dans son *Traité de l'administration temporelle des paroisses,* 10° éd., p. 81, pour se rallier à la précédente, l'église est la propriété des paroissiens; mais la paroisse n'est pas une personne morale et ne peut être propriétaire. Restent donc trois systèmes qui ont été exposés au *Répertoire.*

364. Le premier système consiste à dire que l'Etat n'a pas fait abandon complet des églises, qu'il les a simplement affectées aux besoins du culte, mais qu'il en a gardé la propriété. Aux autorités citées dans ce sens par le *Rép.* n° 484 et 485, *adde :* Gaudry, *Traité du Domaine,* p. 614; Appert, *Revue critique,* 1877, p. 737.

365. Le second attribue la propriété de l'église à la fabrique représentant le corps paroissial (V. *Rép.* n° 480 et suiv. V. en ce sens : Foucart, 4° éd., t. 3, p. 571; Vouriot, *Propriété et administration des biens ecclésiastiques,* 2° éd., p. 130 et suiv.). — Ce système n'a jamais été admis par la jurisprudence française; mais il a été consacré par plusieurs décisions rendues en Savoie, par application de la loi qui régissait la Savoie avant son annexion à la France, et d'après laquelle la majorité des églises et de leurs dépendances formaient le temporel des fabriques (V. C. cass. Turin, 15 et 18 déc. 1858, *Jurisprudence savoisienne,* t. 9, p. 156 et suiv., et Selosse, *Traité de l'annexion,* p. 218 et suiv.). Ainsi il a été décidé que les églises paroissiales sont la propriété exclusive des paroisses représentées par les conseils de fabrique, et que les communes n'y peuvent prétendre aucun droit, même de nue propriété, encore bien qu'elles aient participé à l'achat du terrain sur lequel les églises ont été bâties, ainsi qu'aux frais de construction; que la commune qui a ainsi concouru à la construction d'une église paroissiale est réputée n'avoir agi qu'avec les fonds et pour le compte de la paroisse (C. d'app. de Savoie, 30 mai 1856, aff. Fabrique du Bourg-Saint-Maurice, D. P. 57. 2. 112); — Qu'en Savoie, sous l'empire des lois sardes, les églises et leurs dépendances appartenaient aux fabriques et non aux communes, et que l'annexion de la Savoie au territoire français n'a porté aucune atteinte aux droits acquis des fabriques; qu'en conséquence, une fabrique a le droit de faire élaguer des arbres qui se trouvent sur une place dépendant de l'église paroissiale et construite antérieurement à 1860, alors même que le terrain sur lequel l'église a été construite, et dont une partie a servi à former la place a été donné à la commune, si l'abandon de ce terrain a été fait dans le but précis et déterminé de le faire servir à la construction de l'église (Trib. Chambéry, 4 févr. 1880, aff. Fabrique de Sonnaz, D. P. 80. 3. 81-82).

La même doctrine a pendant longtemps prévalu en Belgique, bien que ce pays soit encore régi, comme la France, par le Concordat et les lois organiques. — La principale considération invoquée dans l'intérêt des fabriques par les tribunaux belges, c'est la non-publication au *Bulletin des lois* des avis du conseil d'Etat, des 3 niv. et 2 pluv. an 13, déclarant propriétés communales les églises consacrées au culte :

« Cette publication, dit un arrêt de la cour de cassation de Belgique du 20 juill. 1843, était d'autant plus nécessaire que pareils avis ne pouvaient acquérir force de loi qu'à défaut d'avoir été attaqués pour inconstitutionnalité par le Sénat dans le délai fixé, et que ce délai ne pouvait courir que par une connaissance officielle » (V. aussi Bruxelles, 3 juin 1869, et Liège, ch. réun. 5 juill. 1871, arrêts cités par Brixhe, *Dictionnaire des fabriques d'église,* 2° éd., v° *Eglise,* p. 342 et suiv.). Cet argument a été souvent reproduit; mais, dans ces dernières années, M. Aucoc l'a réfuté d'une manière décisive (*Revue critique,* 1878, p. 171 et suiv.) « D'après un avis du conseil d'Etat, approuvé par l'empereur, le 25 prair. an 13, et inséré au *Bulletin des lois,* a dit M. Aucoc, les décrets impériaux qui ne sont pas insérés à ce *Bulletin* sont obligatoires du jour qu'il en est donné connaissance aux personnes qu'elles concernent par publication, affiche, notification, signification ou envois faits ou ordonnés par les fonctionnaires publics chargés de l'exécution. Cette formalité a été observée à l'égard des avis de l'an 13, car, le 30 pluv. an 13, le ministre de l'intérieur en a transmis des ampliations aux préfets en les invitant à les notifier aux communes et à en assurer l'exécution » (*Recueil des lettres circulaires émanées du ministre de l'intérieur en l'an 12 et l'an 13,* t. 5, p. 323). C'est, d'ailleurs, par une série d'arrêtés consulaires et de décrets impériaux dont plusieurs n'ont pas été insérés au *Bulletin des lois* (V. notamment: Arrêté 7 therm. an 11; Décr. 15 vent. an 13; 28 mess. an 13; 31 juill. 1806; 17 mars 1809, *Rép.* p. 697 et suiv.), et n'en ont pas moins été exécutés, que les biens entrés dans le domaine de l'Etat par suite des confiscations révolutionnaires ont été mis à la disposition des communes, des départements et des fabriques.

366. D'après un troisième système, la propriété des églises appartient aux communes. Ce système est aujourd'hui généralement adopté par la doctrine (V. Dufour, t. 6, n° 248; Laferrière, *Droit administratif,* 5° éd., t. 2, p. 444; Aucoc, *Journal de l'école des communes,* 1855, p. 199 et 253, et *Revue critique,* 1878, p. 170 et suiv.; Clérault, *Revue de droit français et étranger,* 1847, p. 533; A. Desjardins, *De l'aliénation des biens de l'Etat et des communes,* p. 393; Ducrocq, t. 2, n° 1441 et suiv., et *Des églises et autres édifices du culte catholique,* p. 21 et suiv.), et par la jurisprudence (V. outre les décisions rapportées ou citées au *Rép.* n° 481 : Paris, 18 févr. 1851, aff. Strapart, D. P. 51. 2. 73; Pau, 12 août 1851, et sur pourvoi, Civ. cass. 15 nov. 1853, aff. Fabrique de Saint-Jean de Tarbes, D. P. 53. 1. 343; Rouen, 23 avr. 1866, aff. Fabrique de Saint-Jacques, D. P. 66. 1. 160; Paris, 12 juill. 1879, aff. Préfet de la Seine, D. P. 80. 2. 97; 13 mars 1880, aff. Commune du Breuil, *ibid.*).

La plus récente jurisprudence belge a également adopté cette opinion. Elle décide aujourd'hui qu'en Belgique, la propriété des anciennes églises a été transférée aux communes par les lois de la Révolution, qui ont reconnu l'existence d'un domaine public communal (Bruxelles, 25 mai 1880, aff. Fabrique de l'église de Pont-à-Celles, D. P. 81. 2. 11; 21 juin 1880, aff. Fabrique de Marchiennes-au-Pont, *ibid.*). Les droits des communes, à cet égard, ont été virtuellement consacrés et généralisés par la loi du 18 germ. an 10, qui a rendu définitivement au culte un édifice anciennement destiné à son usage, à raison d'un édifice par cure et par succursale (Arrêt précité du 25 mai 1880). — La doctrine de ces derniers arrêts ne saurait, d'ailleurs, être admise sans restriction; il n'est pas exact de dire que les communes sont propriétaires des églises depuis la promulgation des lois qui ont reconnu l'existence du domaine public municipal, car ni le décret du 14 déc. 1789, art. 50, ni celui des 5-10 avril 1791, art. 2, ni le décret du 10 juin 1793, sect. 1re, art. 5, ni le décret des 24 août-14 sept. 1793, art. 94, invoqués par la cour de Bruxelles, ne résolvent la question. Ils admettent sans doute l'existence d'un domaine public municipal, mais aucun d'eux ne range les églises dans ce domaine. Ce sont les décrets des 11 prair. an 3 et 7 niv. an 8, qui ont restitué « aux citoyens des communes » l'usage des églises. Jusqu'à cette époque, ces édifices ne pouvaient donc être regardés comme des biens communaux.

367. De ce que les églises sont la propriété des communes, il ne faudrait pas conclure que les fabriques n'ont

aucun droit sur ces édifices, alors que le décret du 30 déc. 1809 leur impose l'obligation de veiller à leur entretien et à leur conservation. On s'accorde à leur reconnaître sur les églises des droits d'une nature spéciale, que l'on a quelquefois assimilés à un droit d'usufruit, mais qui en diffèrent a plusieurs points de vue. En effet, comme le dit très justement M. Ducrocq, t. 2, n° 1405, « les églises échappent, par leur nature légale, aussi bien aux règles de la propriété privée qu'à celles de l'usufruit. Dépendances du domaine public communal, elles ne peuvent qu'être l'objet d'une mission de conservation et de surveillance dans l'intérêt public, mission qu'il appartient à la commune et à la fabrique d'exercer parallèlement, dans une mesure égale ». Pour accomplir cette mission d'une manière sérieuse et effective, ajoute le même auteur, il faut que la fabrique soit armée d'un droit plus étendu que celui de l'usufruitier de la loi civile ; il faut qu'elle ait le pouvoir d'empêcher par elle-même et par toutes les voies légales, les usurpations dont le temple peut être menacé. Ce droit sui generis des fabriques est généralement reconnu par les auteurs (V. Blanche, Dictionnaire général d'administration, éd. 1882, v° Fabriques, p. 1129 ; Dufour, Droit administratif, 3e éd., t. 6, n° 249 ; Chauveau et Tambour, Instruction administrative, 5e éd., t. 1, n° 112 ; Aucoc, Revue critique, 1878, p. 174. V. aussi Pau, 22 nov. 1886, aff. Fabrique de Trie, D. P. 87. 2. 62 ; 29 mars 1887, aff. Ville de Dax, D. P. 88. 2. 238). « En même temps que les églises étaient restituées au culte, dit le premier de ces arrêts, la loi du 18 germ. an 10, dans son art. 76, instituait des conseils de fabrique chargés de l'entretien et de la conservation des temples. Ces dispositions législatives ont eu pour conséquence de créer, au profit des fabriques des églises, des droits sur les immeubles qui leur étaient remis ; ces droits, s'ils sont d'un caractère particulier et s'ils ne peuvent être absolument assimilés à ceux de l'usufruitier, ont cependant avec ceux-ci la plus grande analogie. » — Le droit ainsi reconnu aux fabriques impliquait la faculté d'exercer les actions relatives aux églises. Cette faculté semblé d'abord leur avoir été contestée par la jurisprudence (V. les arrêts cités au Rép. n° 481, et v° Commune, n°s 441 et 442). Mais la solution contraire a depuis longtemps prévalu, et de nombreux arrêts ont décidé que les fabriques ont, aussi bien que les communes, le droit d'agir en justice, en vue de protéger contre les usurpations les édifices consacrés au culte. Ainsi il a été décidé que les conseils de fabrique ont qualité pour exercer toutes actions réelles, concernant les églises (Paris, 24 déc. 1857, aff. de Vedel, D. P. 58. 2. 29) ; — Que les fabriques, étant usufruitières des églises et chargées, à ce titre, de veiller à leur entretien et à leur conservation, ont une action directe et personnelle, indépendamment de celle qui, de son chef, appartient à la commune comme propriétaire ; qu'en conséquence, est recevable l'appel, interjeté par la fabrique, d'un jugement, rendu sur la demande collective de la commune et de la fabrique, en suppression d'ouvrages établis entre les bâtiments de l'église et ses dépendances, bien que la commune n'ait pas été appelée et reste étrangère à l'instance d'appel (Agen, 2 juill. 1862, aff. Fabrique de Mirande, D. P. 62. 2. 150. V. également dans le même sens : Civ. rej. 7 juill. 1840, Rép. n° 485 ; Civ. cass. 15 nov. 1853, aff. Fabrique de Saint-Jean de Tarbes, D. P. 53. 1. 343 ; Req. 29 mars 1882, aff. Alcime Roch, D. P. 82. 1. 225). — Le droit de la commune elle-même reste d'ailleurs à l'abri de la discussion. Ainsi il a été jugé que la surveillance confiée par la loi aux fabriques, pour la conservation et l'entretien des édifices consacrés au culte catholique, n'est pas exclusive de celle qui appartient aux communes, obligées de pourvoir aux grosses réparations, et que doivent exercer en leur nom le maire et le conseil municipal ; qu'ainsi le maire a qualité pour intenter l'action en revendication d'un terrain contigu à l'église et qui en forme une dépendance, contre le voisin qui l'a usurpé (Paris, 25 févr. 1860, aff. Meunier, D. P. 60. 5. 168).

368. Ce n'est pas seulement pour faire réprimer les usurpations des tiers que les fabriques peuvent ester en justice : le même droit leur appartient lorsque l'usurpation a été commise par la commune elle-même ; car il ne saurait être permis à celle-ci de porter atteinte au droit de jouissance qui appartient à la fabrique et d'amoindrir d'une

manière quelconque la chose dont elle jouit. — Décidé, en ce sens, que les droits de la fabrique et de la commune sur les édifices consacrés au culte sont parallèles et de telle nature que la commune propriétaire ne peut porter atteinte au droit de jouissance de la fabrique en amoindrissant d'une manière quelconque la chose dont elle jouit, soit en la grevant de servitudes, soit en rendant plus difficile l'obligation imposée à la fabrique de veiller à l'entretien et à la conservation de l'édifice (Pau, 22 nov. 1886, aff. Fabrique de Trie, D. P. 87. 2. 62) ; qu'en conséquence, la fabrique est recevable à demander l'enlèvement de constructions élevées par la commune et adossées au mur de l'église, de manière à rendre difficile et peut-être impossible d'accéder à cette partie de l'édifice pour y exécuter les réparations nécessaires. — Décidé également que le droit de propriété de la commune est limité par le droit de jouissance appartenant à la fabrique, de telle sorte que la commune ne peut modifier cette jouissance que du consentement de la fabrique (Pau, 29 mars 1887, aff. Ville de Dax, D. P. 88. 2. 238).

369. Les communes étant propriétaires des églises paroissiales, l'autorité municipale peut exiger que les armoiries et le chiffre du desservant sculptés sur les murs de l'église et apposés sur les vitraux soient enlevés aux frais de l'architecte qui a ordonné ce travail sans devis (Cons. d'Ét. 26 nov. 1880, aff. Briant, D. P. 82. 3. 17).

370. Si l'on admet avec la majorité des auteurs et la jurisprudence actuelle que les églises rendues au service religieux sont des propriétés communales, il en résulte nécessairement que leurs dépendances et, notamment, les meubles qui étaient unis et incorporés à ces édifices au moment de leur restitution au culte, qui y étaient attachés à perpétuelle demeure conformément aux dispositions de l'art. 525 c. civ., appartiennent aux communes. Le caractère d'immeubles par destination ne peut être contesté aux objets suivants : autels fixes, boiseries scellées dans les murs, et faisant corps avec le monument, stalles fixes, chaires, tribunes, jeux d'orgues élevés sur des maçonneries et entrant dans la décoration générale du monument ; tableaux et ornements encadrés dans la boiserie et faisant corps avec elle, objets scellés en plâtre ou à chaux ou à ciment, qui ne peuvent être enlevés sans être fracturés ou détériorés ou sans briser ou détériorer la partie de l'édifice à laquelle ils sont fixés (Gaudry, t. 2, n° 725). — Mais des difficultés peuvent s'élever sur le point de savoir si certains objets remplissent les conditions requises par l'art. 525 c. civ. On s'est demandé, notamment, si les cloches peuvent être considérées comme des meubles, lorsqu'elles sont installées dans un clocher au moyen d'une charpente isolée et sans adhérence à la maçonnerie. La question a été résolue affirmativement par un arrêt de la cour de Rouen, du 13 avr. 1866 (aff. Fabrique de Saint-Jacques, D. P. 66. 2. 160). « En principe, dit cet arrêt, les cloches sont meubles ; elles ne peuvent cesser de l'être, pour devenir immeubles, par destination que dans les cas exceptionnels énumérés aux art. 524 et 525 c. civ. » — Il a été décidé, d'autre part, que l'on doit considérer comme des immeubles par destination, faisant partie de l'église, les statues placées dans des niches, sur un piédestal ou sur un socle ainsi que pour les recevoir, ainsi que les monuments, mausolées ou pierres tombales, édifiés dans les églises, ou qui sont engagés soit dans le sol, soit dans les murailles. En résumé, lorsqu'il est constaté qu'un objet mobilier est devenu immeuble par destination dans les conditions prescrites par l'art. 525 (V. supra, v° Biens, n°s 28 et suiv.), antérieurement à la restitution de l'église au culte, cet objet est une propriété communale (Paris, 13 mars 1880, aff. Commune de Breuil, D. P. 80. 2. 97).

371. Mais à qui appartiennent les objets mobiliers qui se trouvaient dans les églises à l'époque où ces édifices ont été rendus au culte et qui ne font pas corps avec le monument ? Ainsi qu'on l'a établi, note jointe aux arrêts de la cour de Paris, des 12 juill. 1879 et 13 mars 1880 (D. P. 80. 2. 97 et suiv.), les dispositions du paragraphe 1er de l'art. 524 c. civ. ne sont pas applicables à ces meubles (V. D. P. 80. 2. 97, note). C'est dans les lois et décrets relatifs aux biens ecclésiastiques qu'il faut rechercher l'intention du législateur en ce qui concerne l'attribution de la propriété de ces objets. Ces textes, analysés ibid., peuvent être divisés en deux catégories, ceux qui ont fait

passer les propriétés ecclésiastiques dans le domaine de l'Etat, et ceux qui les ont rendues aux communes; or, les textes attribuant à l'Etat les biens ecclésiastiques assimilent complètement les meubles aux immeubles et déclarent ces deux catégories de biens propriétés nationales tandis que les dispositions transférant aux communes les droits de l'Etat mentionnent exclusivement les immeubles. Du rapprochement de ces divers actes, du silence gardé par les lois de restitution sur les meubles, on a conclu que cette dernière espèce de biens n'a pas cessé d'appartenir à l'Etat (V. Gaudry, *loc. cit.*). Cependant, il a été jugé que les objets d'art consacrés à l'exercice du culte ou se rattachant à des souvenirs religieux, qui se trouvaient dans les églises avant la Révolution, font partie du domaine public municipal (Paris, 12 juill. 1879, et 13 mars 1880, précités); — Que, par suite, dans une instance relative à la propriété d'un objet précieux qui se trouvait dans l'église au moment de la restitution de l'édifice au culte et qui a été depuis aliéné par la commune, l'Etat ne peut agir comme propriétaire (Même arrêt du 12 juill. 1879). Toutefois, le préfet représentant l'Etat peut être reçu comme intervenant à raison de l'intérêt qui existe pour l'Etat de maintenir la destination donnée à l'objet précieux au moment où il a été restitué au service religieux (Même arrêt).

D'après une autre opinion, soutenue par André, t. 3, p. 558, tous les meubles qui se trouvent dans les églises, ceux même qui existaient lors de la restitution de ces édifices au culte, appartiendraient aux fabriques. Cette opinion s'appuie sur l'art. 37 du décret du 30 déc. 1809, qui charge les fabriques « de fournir aux frais nécessaires du culte, savoir les ornements, les vases sacrés, le linge, le luminaire, le pain, le vin, l'encens », et qui impliquerait nécessairement le droit de disposition des fabriques pour tous les objets mobiliers (V. aussi Gaudry, t. 2, n° 774). Mais cette interprétation paraît exagérée. Le décret de 1809 ne statue que pour l'avenir, et ne se réfère, semble-t-il, qu'au mobilier acquis par les fabriques après leur constitution régulière. On peut admettre qu'il confère implicitement aux fabriques la faculté de remplacer les objets mobiliers dépréciés ou détériorés qui se consomment par l'usage, et par suite, de disposer de ces objets, même de ceux qui existaient dans l'église au moment de la restitution au culte; mais il est difficile d'en conclure que le législateur ait entendu investir les fabriques, d'une façon générale, de la propriété de tous les objets mobiliers qui s'y trouvaient à cette époque. C'est en ce dernier sens que s'est prononcée la cour de Paris, dans ses arrêts précités des 12 juill. 1879 et 13 mars 1880. Aux termes de ces arrêts, les fabriques ont, en vertu des art. 37 et 55 du décret du 30 déc. 1809, la faculté de disposer seulement des meubles susceptibles de détérioration qui ne peuvent plus servir à leur destination; elles ne peuvent prétendre aucun droit de propriété sur les œuvres d'art ayant une individualité propre, laissées par l'Etat dans les églises au moment de leur restitution au culte; et notamment, d'après l'arrêt du 12 juill. 1879, sur des tentures qui, par le mérite du travail comme par leur date, sont des modèles précieux de l'art de la tapisserie, alors surtout qu'elles ne peuvent justifier de la délivrance de ces objets par l'autorité administrative. — Décidé, de même, qu'est nulle la vente par une fabrique d'un tableau donné à une commune par l'Etat et placé dans l'église à perpétuelle demeure à la suite de ce don, quoique cet objet ne soit pas immeuble par destination (Lyon, 19 déc. 1873, aff. Commune de Nantua, 1er arrêt, D. P. 76. 2. 89). Et la nullité de cette vente, prononcée sur la demande de la commune, ne donne pas à l'acheteur qui connaissait l'origine et le caractère du tableau et qui l'a acquis à ses risques et périls, le droit d'obtenir du conseil de fabrique ni des dommages-intérêts, ni le remboursement des frais de la vente et de ceux qui en sont la conséquence (Même arrêt, et Lyon, 30 juill. 1874, même affaire, 2e arrêt, D. P. 76. 2. 91).

372. Quant aux objets mobiliers placés dans les églises depuis leur restitution au culte, il faut distinguer. Lorsque l'église n'a pas été bâtie par la fabrique et constitue une propriété communale, les objets mobiliers acquis par la commune qui ne se consomment pas par l'usage et ont une individualité propre, ne cessent pas de lui appartenir; il en est ainsi des objets précieux ou artistiques, tels que

tableaux, statues, orgues, ornements, présentant une certaine valeur, dont l'affectation au service religieux ne peut pas impliquer la renonciation de la commune à son droit de propriété. Mais la fabrique devient évidemment propriétaire des meubles acquis de ses deniers ou provenant de libéralités, à moins, dans cette dernière hypothèse, que le donateur n'ait expressément manifesté une volonté contraire (V. Gaudry, liv. 3, tit. 1er, chap. 2, Dufour, t. 6, n° 279; André, t. 5, v° *Tableaux*; Lettr. min. just. et cult. au préfet de l'Aude, du 25 août 1847). Toutefois, d'après un arrêt (Lyon, 19 déc. 1873, aff. Commune de Nantua, 1er arrêt, D. P. 76. 2. 89), les dons provenant de l'Etat seraient soumis à des règles spéciales et devraient être considérés comme faits à la commune et non à la fabrique (V. *infrà*, n° 382).

373. Les matériaux provenant de la démolition de l'église ou de partie de l'église, propriété communale, appartiennent en principe à la commune. Mais il est d'usage dans la pratique administrative de les attribuer à la fabrique, lorsque celle-ci fait les frais de la reconstruction ou de la réparation de l'édifice (12 juill. 1879, cité *suprà*, n° 371; Décis. min. 19 nov. 1853, 29 juill. et 5 août 1873; André, t. 3, p. 538). S'il y a eu concours pécuniaire de la commune et de la fabrique dans les travaux, le prix des matériaux ne doit pas être réparti entre elles proportionnellement à leur contribution respective dans la dépense; la commune doit d'abord être désintéressée et, si ce remboursement laisse un excédent, alors seulement la fabrique peut y prétendre. En effet, l'obligation de la commune n'étant que subsidiaire à celle de la fabrique, il est juste qu'elle soit remboursée la première (Mêmes décisions). — Il a, d'ailleurs, été jugé qu'une pierre sculptée ayant une certaine valeur artistique ne saurait être assimilée à des matériaux ordinaires, et que la commune ne peut être réputée avoir perdu ses droits sur cette pierre par cela seul qu'elle a été séparée de l'édifice; cet objet, tout en cessant d'être immeuble par destination, n'en a pas moins continué d'appartenir à la commune (Paris, 13 mars 1880, aff. Commune de Breuil, D. P. 80. 2. 97).

Aux termes d'une lettre du ministre de l'intérieur, adressée au préfet de la Seine-Inférieure, le 12 juill. 1819, les bois, pierres et autres matériaux d'un édifice démoli et appartenant à la fabrique, ne peuvent être vendus que de l'avis de l'évêque et avec l'autorisation du préfet (Affre, p. 165). Une circulaire du ministre des cultes, du 15 mai 1879, a engagé les préfets à veiller « à ce qu'aucun travail d'entretien, de réparation ou de reconstruction ne puisse être exécuté aux églises et presbytères en dehors de l'approbation de l'autorité diocésaine et de la permission formelle de l'autorité préfectorale ou de l'autorité ministérielle, lorsque la dépense atteint le chiffre réglementaire. » La circulaire ajoute que l'Administration examinera avec bienveillance toutes les demandes d'autorisation et qu'elle est disposée à allouer des fonds sur le budget des cultes pour les travaux régulièrement reconnus utiles (*Rec. circ. cult.*, t. 4, p. 21).

374. On vient de voir *suprà*, n°s 364 et 366, que les églises cathédrales sont classées dans le domaine public national et les églises paroissiales dans le domaine public communal. Il faut maintenant indiquer les conséquences qui résultent de ce caractère domanial ainsi reconnu à ces édifices.

375. — I. Désaffectation. — Tout d'abord il convient de remarquer que le droit de l'Etat ou des communes ne va pas jusqu'à leur donner la faculté de retirer *ad nutum* les églises au culte catholique pour les employer à un autre culte ou à tout autre objet (Circ. min. cult. 6 août 1841, *Rec. circ. cult.*, t. 2, p. 28). En effet, la destination de ces édifices a été réglée par les lois concordataires. Sans doute, l'affectation est un acte de pure faveur (V. *Rép.* v^is *Concession administrative*, n° 57; *Domaine de l'Etat*, n° 93). Ces affectations sont, en général, essentiellement temporaires, révocables par de simples actes administratifs, en ce qui concerne les biens de l'Etat sans que l'affectataire puisse invoquer aucune prescription, quand même il serait une personne privée; nul ne prescrit contre son propre titre, et ici le titre transfère seulement une jouissance précaire (Gaudry, *Traité du Domaine*, t. 2, p. 530 et 531), principe qui a été reconnu et appliqué par la jurisprudence constante du conseil d'Etat. Mais, pour une église affectée

au culte par la loi organique, en vertu de l'art. 12 du Concordat, il en est autrement. La destination n'en peut être changée que par une décision régulière de l'autorité compétente, et il a été même décidé, par un avis du conseil d'Etat, que cette destination ne saurait être modifiée que par la suppression régulière du titre curial attaché à l'église (V. *Rép.* n° 486).

376. Quelle est l'autorité compétente pour prononcer la désaffectation d'un immeuble communal affecté à l'exercice du culte en exécution du Concordat? Cette question n'a jamais été tranchée jusqu'à ce jour par aucune décision contentieuse et, récemment encore, le conseil d'Etat l'a réservée (V. Cons. d'Et. 21 nov. 1884, aff. Conseil de fabrique de Saint-Nicolas-des-Champs, D. P. 86, 3, 49).

Il est à peine besoin de remarquer que le droit de désaffecter un édifice consacré à l'exercice du culte paroissial ne peut appartenir à la commune; cette règle a été expressément consacrée par l'art. 167 de la loi du 5 avr. 1884, qui excepte du nombre des édifices dont les conseils municipaux peuvent prononcer la désaffectation ceux qui ont été consacrés au culte en vertu « de la loi organique du 18 germ. an 10 ». Ces derniers mots ont été substitués par la commission du Sénat, principalement dans l'intérêt du culte protestant, à ceux du projet primitif de la loi : « en vertu des lois concordataires ». La circulaire ministérielle du 15 mai 1884 sur l'application de la nouvelle loi municipale (*Bull. min. int.*, 1884, p. 314), précise le sens de l'art. 167 de la loi de 1884 à cet égard : « Il ressort, dit-elle, de la discussion aux Chambres qu'il ne s'agit ni des immeubles concordataires affectés au culte protestant ou au culte israélite, en vertu des dispositions relatives à ces cultes, ni des immeubles qui, postérieurement au Concordat et à la loi du 18 germ. an 10, ont été affectés aux cultes par suite des obligations résultant du Concordat et des lois organiques », d'aucun de ceux, par conséquent, qui ont été régulièrement affectés au culte jusqu'au 5 avr. 1884, jour de la promulgation de la loi. « Les conseils municipaux ne sauraient, dès lors, se prévaloir de l'art. 167 pour poursuivre la désaffectation des immeubles compris dans ces diverses catégories ». L'intention du législateur a été, en effet, que la loi n'ait pas d'effet rétroactif (Réponse de M. E. Lenoël, rapporteur du projet de loi, à M. Batbie, dans la discussion au Sénat, *Journ. off.* des 16 et 17 févr. 1884, Sénat, séances, p. 400 à 402, et 410 à 417). Les conseils municipaux ne peuvent donc désaffecter que les immeubles ou parties d'immeubles consacrés au culte en dehors des prescriptions des lois organiques et qui ont été concédés depuis la promulgation de la nouvelle loi (V. *suprà*, v° *Commune*, n° 986). Un avis de la section de l'intérieur, relatif à la commune de Vancey, a précisé la situation légale des églises paroissiales, en déclarant que la propriété en a été conférée aux communes par l'Etat, avec la condition expresse de les affecter au culte catholique et que cette affectation ne peut être changée que par la suppression régulière du titre d'église catholique qui leur a été attribué (Vuillefroy, p. 305. V. *Rép.* n° 486).

377. Le ministre des cultes est également incompétent pour prononcer cette désaffectation (V. conclusions du commissaire du Gouvernement dans l'affaire jugée par l'arrêt du 21 nov. 1884, cité *suprà*, n° 376). Cette incompétence a été, d'ailleurs, implicitement reconnue par le ministre lui-même dans la même affaire, où il n'a pas cru devoir prendre une décision expresse pour prononcer la désaffectation poursuivie, et dans deux autres affaires (aff. Fabrique de Pézenas et aff. Eglise de Saint-Martin de Marseille), où il a soumis au conseil d'Etat des projets de décrets tendant à désaffecter des édifices ou dépendances d'édifices affectés au culte. — Mais ce point admis, à quelles conditions la désaffectation peut-elle être prononcée? — Un avis de la section de l'intérieur, en date du 5 déc. 1882 (aff. Fabrique de Pézenas), avait admis que l'intervention du pouvoir législatif était nécessaire à cet effet. Telle est aussi l'opinion émise implicitement par le continuateur de Mgr Affre, M. l'abbé Pelge, 10° éd., *Supplément*, p. 19. Lors du décret du 26 mai 1885 (D. P. 86. 4. 6), qui a enlevé l'église Sainte-Geneviève au culte catholique, le ministre des cultes, en réponse aux interpellations de MM. de Mun à la Chambre des députés (Séance du 28 mai 1885), de Ravignan et Lucien Brun au

Sénat (Séance du 30 mai), a soutenu que « tous les actes d'affectation ou de désaffectation concernant les édifices affectés à des services publics font l'objet de simples décrets, qu'il n'est pas besoin d'une loi en pareille matière; c'est l'Administration qui agit, car c'est un acte administratif que de désaffecter d'un service, pour l'affecter à un autre service public, un domaine appartenant à l'Etat ». Le commissaire du Gouvernement a également soutenu cette opinion, dans l'affaire précitée de l'église de Saint-Nicolas-des-Champs, en s'appuyant sur l'art. 12 du Concordat, les art. 72, 75 de la loi du 18 germ. an 10, et l'ordonnance du 3 mars 1825 combinée avec le décret du 25 mars 1852 sur la décentralisation administrative. Conformément à cette doctrine, un décret rendu, le conseil d'Etat entendu a, le 21 janv. 1886 prononcé sous certaines conditions, la désaffectation de l'église de Saint-Martin, à Marseille. — Ce décret a été déféré au conseil d'Etat, et l'on a soutenu, à l'appui du recours un autre système d'après lequel ni une loi, ni un décret ne seraient suffisants : la désaffectation ne pourrait résulter que d'un accord intervenu entre le pouvoir civil et le pouvoir ecclésiastique. Cette opinion se fonde sur ce que l'art. 12 du Concordat ayant remis les églises, non aliénées et nécessaires au culte, à la disposition des évêques, a réalisé une véritable restitution, dont l'effet ne saurait être détruit sans le concours des deux autorités entre lesquelles cet acte est intervenu (V. en ce sens : P. Besson, *Revue des institutions et du droit*, septembre 1885). — Le conseil d'Etat a, par un récent arrêt, rejeté le recours et décidé que la désaffectation pouvait être régulièrement prononcée par décret (Cons. d'Et. 12 avr. 1889, aff. Evêque de Marseille, D. P. 89, 3° partie).

378. Lorsqu'un décret a déclaré d'utilité publique l'ouverture d'une voie de communication qui doit rencontrer sur son parcours un édifice consacré au culte et nécessiter la démolition d'une partie de l'édifice, ce décret ne peut recevoir son exécution, en ce qui touche l'édifice religieux, tant que les parties de l'édifice atteintes par le projet de voirie n'ont pas perdu le caractère de domanialité publique qui leur appartient, c'est-à-dire tant qu'un acte de désaffectation spéciale n'a pas fait disparaître l'indisponibilité absolue qui les protège aussi bien au regard de l'Administration qu'au regard des particuliers. En effet, cette indisponibilité a été établie par le législateur pour garantir la célébration du culte, considérée comme service public, contre toutes les atteintes, de quelque côté qu'elles puissent se produire. Il a été décidé, à ce sujet, que l'injonction, faite par le préfet et par le ministre des cultes à un conseil de fabrique, de procéder à l'évacuation de la sacristie de l'église dans un délai déterminé, à l'expiration duquel cette mesure recevra son exécution, constitue non une simple mise en demeure, mais une décision susceptible d'être déférée au conseil d'Etat (Cons. d'Et. 21 nov. 1884, aff. Conseil de fabrique de Saint-Nicolas-des-Champs, D. P. 86. 3. 49); que la déclaration d'utilité publique de travaux communaux à exécuter sur l'emplacement actuellement occupé par les dépendances d'une église paroissiale, n'a pas, par l'effet de son seul décret, pour effet de conférer à l'Administration chargée d'exécuter ce service municipal, le droit d'occuper immédiatement l'immeuble affecté au service du culte (Même décision); mais que l'église faisant partie du domaine public communal, il n'y a pas lieu, pour la commune, de suivre, à l'égard de la fabrique, la procédure de l'expropriation pour cause d'utilité publique (Sol. impl. ; même décision et conclusions du commissaire du Gouvernement dans la même affaire); et que l'immeuble peut être distrait du service religieux, après que l'autorité compétente pour en prononcer la désaffectation a préalablement statué sur cette mesure et sur les conditions auxquelles elle peut être soumise (Même décision).

379. Quant aux édifices consacrés, *en dehors* des prescriptions de la loi organique du 18 germ. an 10 et des dispositions relatives au culte israélite, soit aux cultes, soit à des services religieux ou à des établissements ecclésiastiques, la loi du 5 avr. 1884, art. 167, reconnaît aux conseils municipaux le droit d'en prononcer la désaffectation totale ou partielle. Cette désaffectation, aux termes du même article, doit être prononcée dans la même forme que l'affectation elle-même. Par conséquent, si c'est une loi, ou un décret, ou une

décision ministérielle, ou un arrêté préfectoral qui a affecté un immeuble à telle ou telle destination religieuse, c'est également une loi, ou un décret, ou une décision ministérielle, ou un arrêté préfectoral qui prononce la désaffectation (Circ. min. int. 15 mai 1884; Affre, 10ᵉ éd., *Appendice*, p. 19).

L'exercice des pouvoirs attribués au conseil municipal par l'art. 167 soulève des questions délicates lorsqu'il s'agit d'une affectation à laquelle un tiers se trouve intéressé (V. sur ce point *suprá*, vᵒ *Commune*, nᵒˢ 989 à 992).

380. — II. INALIÉNABILITÉ. — Les édifices légalement consacrés aux cultes, faisant partie du domaine public de l'État ou des communes, sont, en conséquence, inaliénables (V. *Rép.* nᵒ 486). Ils ne sont pas susceptibles de propriété privée, tant qu'ils conservent leur destination (V. *Rép.* vᵒ *Domaine public*, nᵒ 23); ils ne peuvent être l'objet ni d'une servitude, ni d'un droit de mitoyenneté (V. *Rép. ibid.*, nᵒ 44). Décidé que l'escalier affecté au service d'une église est une dépendance nécessaire de cet édifice, et, par suite, ne constitue pas une partie de la voie publique; qu'en conséquence, un voisin ne peut pratiquer sur cet escalier des ouvertures ou fenêtres d'aspect (Montpellier, 11 févr. 1875, aff. Fabrique d'Arles-sur-Tech, D. P. 76. 2. 179). — Cette règle s'applique aux chapelles qui sont inhérentes à des églises et en forment une dépendance absolue (V. *Rép.* nᵒ 568-2ᵒ, et vᵒ *Prescription civile*, nᵒ 198), aux cloîtres adhérents aux églises (V. *infrá*, nᵒ 383); aux bancs des églises (V. *Rép.* nᵒ 568, et vᵒ *Prescription civile*, nᵒ 200); aux piliers extérieurs ou contreforts accessoires de l'église (Paris, 18 févr. 1851, aff. Strapart, D. P. 51. 2. 73; Riom, 19 mai 1854, aff. Sibert-Pacros, D. P. 57. 2. 38; Agen, 2 juill. 1862, aff. Fabrique de Mirande, D. P. 62. 2. 150).

Il n'en est pas de même des terrains dépendant des églises, s'ils n'en sont pas une dépendance nécessaire et ne sont pas indispensables à leur destination publique (V. *infrá*, vᵒ *Domaine public*). Mais le terrain qui donne accès à une église, et sur lequel a frappé la mainmise nationale constitue une dépendance nécessaire de cette église et est comme elle inaliénable et imprescriptible, lorsque celle-ci a été restituée au culte (Liège, 12 avr. 1876, aff. Bartholomé et Lhoist, *Pasicrisie belge*, 1876. 2. 271).

381. Sont, au contraire, aliénables, soit les chapelles qui ont été mises hors de la disposition des évêques et consacrées par la commune ou la fabrique à un service non religieux (V. *Rép.* vᵒ *Action possessoire*, nᵒ 330), ou qui ont été vendues nationalement à un particulier (V. *Rép.* vᵒ *Servitudes*, nᵒ 451), soit les églises ou chapelles particulières ou appartenant à un établissement, quoique le culte y soit célébré publiquement (V. *Rép.* nᵒ 487, et vⁱˢ *Action possessoire*, nᵒ 330, et *Domaine public*, nᵒ 60). — Décidé que le principe en vertu duquel les édifices légalement consacrés à l'exercice public du culte sont hors du commerce, et, dès lors, non susceptibles de propriété privée, est inapplicable à une chapelle qui, bien que communiquant avec une église, a été construite hors de l'enceinte de cette église, par un particulier, sur son propre terrain : une telle chapelle, antérieure par exemple à 1789, est la propriété de celui qui l'a édifiée (Req. 17 mars 1869, aff. Commune d'Aizenay, D. P. 69. 1. 205); et n'importe que la chapelle dont il s'agit n'ait pas été régulièrement autorisée, l'omission des formalités requises pour son établissement laissant à l'édifice son caractère de propriété privée (Même arrêt).

382. La question de savoir si les meubles, tels que vases sacrés et autres accessoires du culte, sont inaliénables, comme les édifices religieux dans lesquels ils se trouvent, n'est pas sans difficulté. On a exprimé au *Rép.* vᵒ *Prescription civile*, nᵒ 202, l'opinion que ces objets sont aliénables. Toutefois, la solution contraire résulte de deux arrêts de la cour de Paris des 12 juill. 1879 et 13 mars 1880, cités *infrá*, nᵒ 385. — Décidé, de même, que les objets d'art qui ont été achetés par l'État dans un intérêt public et pour encourager les beaux-arts, font aussi partie du domaine public et sont, par conséquent, inaliénables ; le don qui en est fait aux églises ne leur en confère que la jouissance sous la condition implicite qu'ils resteront à perpétuelle demeure dans les édifices religieux auxquels ils sont affectés (Lyon, 19 déc. 1873, aff. Commune de Nantua, D. P. 76. 2. 89). Il en est ainsi, notamment, d'un tableau destiné à être placé dans l'église et qui a été adressé par le ministre de l'intérieur

au préfet sur la demande d'un député nouvellement élu, avec avis que les frais d'envoi seraient à la charge de la commune, au profit de qui le don était censé fait (Même arrêt). — Cette jurisprudence a été contestée, et de sérieux arguments ont été invoqués pour soutenir que les objets mobiliers appartenant à l'État et placés dans les églises sont aliénables; qu'il en est de même des meubles destinés au service du culte et qui, placés dans une église paroissiale depuis l'an 10, appartiennent aux communes, les objets affectés à un service public municipal ne pouvant, à raison de cette seule affectation, être considérés comme présentant les caractères de la domanialité publique (V. D. P. 80. 2. 97, note. V. aussi observations sur l'arrêt précité du 19 déc. 1873).

Les difficultés qui s'élevaient à cet égard ont disparu, en partie du moins, par suite de la nouvelle loi du 30 mars 1887 (D. P. 87. 4. 57), relative à la conservation des monuments et objets d'art ayant un intérêt historique et artistique. Après avoir disposé, dans son art. 8, qu'il sera fait, par les soins du ministre de l'instruction publique et des beaux-arts, un classement des objets mobiliers appartenant à l'État, aux départements, aux communes et aux fabriques, dont la conservation présente, au point de vue de l'histoire ou de l'art, un intérêt national, cette loi (art. 10) déclare inaliénables et imprescriptibles les objets ainsi classés et appartenant à l'État et ajoute (art. 11) que les objets classés appartenant aux départements, aux communes, aux fabriques ou autres établissements publics, ne pourront être restaurés, réparés, ni aliénés par don, vente ou échange, qu'avec l'autorisation du ministre de l'instruction publique et des beaux-arts. — Ces dispositions déterminent nettement la condition juridique des objets mobiliers placés dans les églises et classés conformément à l'art. 8. Mais la difficulté subsiste en ce qui concerne les objets non classés.

383. À diverses époques, des mesures de précaution avaient été déjà prises, dans la pratique administrative, pour assurer la conservation des objets d'art qui se trouvent dans les églises. Plusieurs circulaires, décisions ou lettres ministérielles avaient interdit aux fabriques d'aliéner les reliquaires, les objets d'art précieux ou vénérés sans une autorisation spéciale de l'évêque et du préfet (Circ. min. 20 et 29 déc. 1834; 27 avr. 1839, *Rec. circ. cult.*, t. 1, p. 264, 274 et 332; Décis. min. 20 août 1856; 8 févr. 1869, V. André, t. 2, vᵒ *Objets d'art*; Block, *Dictionnaire de l'administration française*, 2ᵉ éd., vᵒ *Fabrique*, nᵒ 62).

Plus récemment, une circulaire ministérielle du 22 déc. 1882 (*Rec. circ. cult.*, t. 4, p. 430), a décidé qu'aucune partie du mobilier des églises ne peut être aliénée par les fabriques sans le concours des conseils municipaux et l'autorisation du Gouvernement ou de son délégué. « Les objets, porte cette circulaire, qui garnissaient les édifices religieux au moment du Concordat, comme ceux qui y sont venus s'y joindre par voie d'acquisition, de donation ou de prêt, qu'ils soient la propriété des communes, de l'État ou des fabriques, sont confiés par le décret du 30 déc. 1809 (art. 1ᵉʳ et 37, § 4) à la garde du conseil de fabrique dont la responsabilité collective est assurée administrativement par l'art. 5 de l'ordonnance du 12 janv. 1825, et judiciairement par les dispositions du code civil (art. 1383, 1992 et 2121). » Le conseil municipal est également responsable, subsidiairement; il en est de même du maire, en sa qualité de membre des deux assemblées. Le maire doit empêcher des aliénations à vil prix. « Aux termes de l'art. 55 du décret de 1809, il doit être fait un inventaire général et un récolement annuel de tous les objets mobiliers contenus dans l'édifice religieux, et aucun de ces objets ne peut, dès lors, être aliéné sans un accord préalable des assemblées fabricienne et communale et une autorisation du Gouvernement ou de son délégué. » Un double de cet inventaire doit être déposé à la mairie. En cas d'aliénation consentie en violation de ces règles, les préfets doivent mettre le conseil de fabrique et le conseil municipal en demeure d'intenter une action en revendication contre les détenteurs des objets soustraits, et, en cas de refus, avertir le Gouvernement qui interviendrait en traduisant les coupables devant les tribunaux. Les notaires, commissaires-priseurs et autres officiers ministériels qui prêteraient leur concours à des échanges, cessions ou ventes non autorisées tombent sous le coup de la prohi-

bition de l'art. 2 de l'ordonnance du 14 janv. 1831, et il y aurait lieu de les dénoncer à leurs supérieurs hiérarchiques. Ces principes s'appliquent aux matériaux des édifices en démolition quand ils présentent quelque valeur (Même circulaire). — La circulaire du 22 déc. 1882 a soulevé des critiques au point de vue de sa légalité. On a soutenu que, si les art. 1er et 37-4° du décret du 30 déc. 1809 sur les fabriques, visés dans cette circulaire, chargent les fabriques de pourvoir à l'entretien des églises (V. infrà, n° 530), ils ne sauraient leur interdire l'aliénation des objets mobiliers qui les garnissent, surtout lorsque ces objets ne sont point immeubles par destination et que leur aliénation peut offrir en outre certains avantages. De plus, l'art. 55 précité du même décret de 1809, qui prescrit l'inventaire annuel du mobilier de l'église, ne prévoit nullement le cas d'une aliénation.

Enfin la loi du 30 mars 1887, citée suprà, n° 382, renferme des prescriptions édictées dans le même but. Dans son art. 13, elle dispose que l'aliénation faite en violation de l'art. 11 analysé ibid. est nulle, et que la nullité en est poursuivie par le propriétaire vendeur ou par le ministre de l'instruction publique et des beaux-arts, sans préjudice des dommages-intérêts qui pourraient être réclamés contre les parties contractantes et contre l'officier public qui aura prêté son concours à l'acte d'aliénation. Les objets classés, qui auraient été aliénés irrégulièrement, perdus ou volés ajoute le même article, pourront être revendiqués pendant trois ans par les propriétaires ou, à leur défaut, par le ministre de l'instruction publique et des beaux-arts.

384. — III. Imprescriptibilité. — L'imprescriptibilité s'applique-t-elle à toutes les églises cathédrales et paroissiales? M. Troplong, Prescription, t. 1, n° 173, a proposé une distinction qui est généralement repoussée. Il se demande si la prescription pourrait conduire à l'acquisition d'une servitude sur une église, c'est-à-dire à l'aliénation partielle de cet édifice, et il répond : « Si cette église ou cette chapelle étaient des monuments d'art élevés ou conservés, non seulement pour les cérémonies du culte, mais encore pour l'ornement de la cité, l'intérêt public réclamerait sans cesse contre ce qui pourrait les dégrader... Mais, si cette église n'a rien de monumental, si, par exemple, dans la partie qui ne fait pas façade, elle est en contact avec les habitations privées, la servitude n'a rien qui blesse la destination publique de la chose. » Cette distinction est contraire au texte de l'art. 2226 c. civ., qui déclare d'une manière générale les choses publiques imprescriptibles. La condition juridique des églises ne dépend pas de leur valeur artistique ou de leur caractère monumental (V. Marcadé, Prescription, 7e éd., sur l'art. 2227, n° 63).

385. Les églises, qui sont inaliénables (V. suprà, n° 381), sont également imprescriptibles (V. Rép. vis Action possessoire, n° 329; Prescription civile, n° 197; Servitudes, n° 451), du moins tant qu'elles conservent leur destination (V. ibid.), et cette règle s'étend aux parties accessoires de l'édifice, telles que piliers extérieurs ou contre-forts, aux cloîtres adhérents aux églises (Nancy, 5 janv. 1855, aff. Ville de Toul, D. P. 55. 2. 137; Troplong, Prescription, n°. 173), et les protège, ainsi que l'édifice, contre toute prescription de propriété ou acquisition de droits de servitude au profit des particuliers. En conséquence, si des constructions ont été élevées contre cette église, même depuis plus de trente ans, la démolition peut en être requise, alors surtout que ces constructions portent sur les fondements de l'église (Paris, 18 févr. 1851, aff. Strapart, D. P. 51. 2. 73. V. D. P. 74. 2. 161, note).

L'imprescriptibilité ne s'étend pas aux parties en dehors de l'édifice, qui forment une propriété utile de la fabrique (V. infrà, v° Prescription civile). Ainsi, est prescriptible le sol compris entre les piliers extérieurs d'une église et les constructions qu'ils supportent (V. ibid., et D. P. 74. 2. 161, note). — Mais la fabrique qui prétend avoir prescrit au préjudice de la commune la propriété d'un terrain dépendant d'une église, ne peut pas invoquer, à l'appui de cette prétention, les actes de possession et de jouissance émanés du curé, lequel n'est pas son représentant (Agen, 22 févr. 1870, aff. Fabrique de Marmande, D. P. 74. 2. 161). Elle ne peut non plus se prévaloir des constructions par elle faites pour compléter le cloître situé sur un des côtés du terrain liti-

gieux, alors que ce cloître fait partie, comme dépendance de l'église, des bâtiments affectés au service du culte (Même arrêt).

386. La règle de l'imprescriptibilité des édifices consacrés au culte ne s'applique pas aux églises ou chapelles particulières ou appartenant à un établissement quelconque (V. Rép. vis Action possessoire, n° 330 ; Domaine public, n° 60). Mais il a été jugé que la mise à la disposition du culte d'une chapelle dépendant d'un béguinage supprimé par application des lois de la Révolution sur les corporations religieuses, et appartenant aux hospices, ne peut servir de titre, à la prescription au profit de la fabrique de l'église paroissiale qu'autant que cette fabrique a exercé une possession trentenaire et exclusive des droits des hospices (Liège, 20 juill. 1880, aff. Hospices civils de Hasselt, D. P. 81. 2. 41. V. infrà, v° Etablissements publics). Dans cette espèce, la chapelle litigieuse avait été concédée, en vertu des lois sur les biens des corporations religieuses, avant 1809, aux hospices civils. La fabrique ne pouvait donc invoquer l'art. 3 du décret du 17 mars 1809 (Rép. p. 702), qui attribue aux fabriques les chapelles des congrégations et les églises des monastères non aliénées ni concédées pour un service public et alors disponibles.

Quant aux vases sacrés, ornements et autres objets accessoires du culte, on a vu suprà, n° 382, que la question de savoir si ces objets sont inaliénables (et, par suite, imprescriptibles), n'est pas sans difficulté. Il a été jugé que les objets d'art consacrés à l'exercice du culte ou se rattachant à des souvenirs religieux, qui se trouvaient dans les églises avant la Révolution, font partie du domaine public municipal et sont, à ce titre, imprescriptibles (Paris, 12 juill. 1879, aff. Préfet de la Seine, D. P. 86. 2. 97; 13 mars 1880, aff. Commune de Breuil, ibid.); en conséquence, la fabrique n'est pas fondée à prétendre qu'elle est devenue propriétaire de pareils objets par la prescription de trente ans (Arrêt précité du 12 juill. 1879); et, s'ils ont été vendus, la commune a le droit de les revendiquer sans être tenue de rembourser à l'acheteur le prix par lui payé (Même arrêt). Mais la fabrique, dans le cas où elle a profité du prix d'acquisition par elle reçu, peut être condamnée à le rembourser (Arrêts précités des 12 juill. 1879 et 13 mars 1880).

387. Sur les conséquences du principe d'inaliénabilité et d'imprescriptibilité des édifices consacrés au culte, V. Rép. vis Action possessoire, n° 329, 330; Domaine public, n° 58 et suiv.

388. — IV. Isolement des églises. — Les communes étant propriétaires des églises paroissiales, il est de leur intérêt de les préserver contre les dégradations, et par suite de les isoler. Assurément, aucune disposition de loi ni de règlement ne prescrit l'isolement des églises, et, par suite, la décision par laquelle le ministre de l'intérieur et des cultes autorise une commune à adosser provisoirement une construction aux murs d'une église lui appartenant n'est pas susceptible d'être déférée au conseil d'Etat, par application de la loi des 7-14 oct. 1790 et de l'art. 9 de la loi du 24 mai 1872 (Cons. d'Et. 2 déc. 1881, aff. Fabrique d'Annonay, D. P. 83. 3. 33). La seule disposition générale relative au maintien d'un chemin de ronde autour des églises est l'avis du conseil d'Etat, en date du 20 déc. 1806, qui n'a pas été inséré au Bulletin des lois, mais qui paraît avoir été approuvé par l'empereur (Rép. p. 699). Le conseil d'Etat, saisi d'un projet de décret tendant à faire décider qu'à l'avenir, dans les communes rurales, il serait réservé une place et un chemin de ronde devant et autour des églises, sur le terrain des anciens cimetières qui seraient aliénés ou affermés, émit l'avis qu'il n'y avait pas lieu de rendre sur cette matière un décret général, et qu'il suffisait que le ministre ordonnât aux maires de ne vendre aucun ancien cimetière sans lui soumettre le projet d'aliénation, afin qu'il décidât quelles seraient les parties de ces anciens cimetières qui pourraient être aliénées et celles qu'on devrait réserver pour laisser aux églises l'air, le jour nécessaire, une libre circulation et de faciles communications. — Quelle que soit la valeur légale de cet avis, il résulte clairement de son texte que le conseil d'Etat a repoussé le projet de faire intervenir le pouvoir réglementaire du chef de l'Etat, même pour le cas spécial où les églises sont situées au milieu d'anciens cimetières, et qu'il a entendu laisser à l'Administration supérieure l'appréciation

des mesures à prendre dans l'intérêt des édifices religieux; d'autre part, il s'est borné à inviter l'Administration supérieure à assurer, dans les meilleures conditions que permettraient les circonstances locales, l'isolement des édifices religieux. — Cette règle de conduite a été constamment observée (V. Av. com. int. Cons. d'Et. 3 avr. 1835; Lett. min. 27 déc. 1836; Circ. min. cult. 16 mai 1852; Décr. 4 avr. 1866; Lett. min. cult. 16 mai 1877, cités D. P. 83. 3. 33, note).

§ 2. — Des presbytères (*Rép.* nos 488 à 493).

389. — I. Palais épiscopaux. — Les palais épiscopaux qui existaient au moment de la Révolution furent, par la loi du 2 nov. 1789, placés dans le domaine de l'Etat. Depuis le Concordat, c'est seulement par une affectation volontaire de sa part que le Gouvernement a rendu à leur première destination un certain nombre de ces édifices encore existants et disponibles (V. *Rép.* n° 488). Quoique la question ait été controversée (V. *ibid.*), on est aujourd'hui généralement d'accord pour admettre que les anciens palais épiscopaux remis à la disposition des évêques appartiennent à l'Etat (Chauveau, *Journal du droit administratif*, t. 10, p. 479; Bressolles, *ibid.*, t. 11, p. 119; Ducrocq, *Traité des édifices publics*, p. 65; *Cours de droit administratif*, t. 2, nos 1024 et 1531, et dissertation de M. Ducrocq, D. P. 83. 2. 169).

390. Mais ce point établi, il reste à déterminer à quel titre les évêques détiennent les bâtiments affectés à leur logement, et s'ils n'ont point sur ces bâtiments un droit analogue à celui qui appartient aux curés sur les presbytères. — Il a été jugé, sur ce point, que les ministres du culte ne détiennent point les bâtiments affectés à leur logement à titre précaire ; ils ont, sur ces bâtiments, sinon un droit ayant tous les caractères légaux de l'usufruit ordinaire, du moins un droit spécial de jouissance qui en est l'équivalent ; et, à cet égard, il n'y a aucune distinction à faire entre le curé et l'évêque (Angers, 25 janv. 1883, aff. Evêque d'Angers, D. P. 83. 2. 174); qu'en conséquence, un préfet n'a pas le droit de faire pavoiser et illuminer pour une fête nationale un palais épiscopal, sans le consentement de l'évêque, pas plus qu'il ne le pourrait s'il s'agissait d'un édifice appartenant en propriété ou en jouissance à un particulier (Même arrêt); et qu'il appartient, d'ailleurs, à l'autorité judiciaire de résoudre la question de savoir si le préfet a ce pouvoir (Même arrêt). Mais cette solution a été contestée. On a fait remarquer : 1° qu'il n'y a eu aucune affectation primitive des palais épiscopaux, aux termes du Concordat et des articles organiques ; 2° qu'il y a une différence essentielle à cet égard entre les curés, auxquels sont remis les presbytères, et les évêques pour lesquels aucune remise ni restitution n'est prévue. Cette différence ressort très nettement du rapprochement des art. 71 et 72 de la loi de germinal, dont le premier, relatif au logement des évêques, garde le silence sur la remise des palais épiscopaux, tandis que le second stipule en termes formels la remise aux curés des presbytères et jardins non aliénés, et n'autorise les communes à fournir à ces ecclésiastiques un logement nouveau que dans le cas où les anciens n'existeraient plus dans le domaine public. La comparaison de ces deux articles prouve manifestement que, dans la pensée du législateur de l'an 10, les palais épiscopaux n'étaient pas réservés. D'autres textes postérieurs ont été invoqués dans le même sens; on a cité notamment la circulaire ministérielle du 21 germ. an 10, qui, au lendemain de la loi organique, a prescrit aux préfets de faire procéder aux réparations nécessaires pour recevoir les nouveaux évêques dans les anciennes maisons épiscopales, mais sans indiquer qu'il y eût restitution ou affectation quelconque de ces maisons ; le décret du 30 déc. 1809, qui a imposé aux communes l'obligation de fournir un logement aux curés et desservants, tandis qu'il ne dit rien des évêques et n'impose, à leur égard, aucune obligation aux départements ; enfin le décret du 6 nov. 1813, sur les biens des cures et ceux des menses épiscopales, qui ne comprend pas dans ces derniers les palais épiscopaux ; d'où il résulte que l'usufruit des menses ne peut s'étendre à ces palais. Ainsi il n'existe au profit des évêques, sur l'immeuble domanial affecté à leur logement, ni droit réel d'usufruit ou d'habitation, ni droit personnel résultant d'un contrat de bail. Le droit civil n'est pas applicable. Il n'y a là qu'une affectation administrative dont les règles échappent à la compétence de l'autorité judiciaire. Aussi, le Gouvernement a-t-il constamment agi comme propriétaire des anciens palais épiscopaux. Tantôt il a rendu ces édifices à leur ancienne destination, tantôt il les a consacrés à d'autres services; mais, lors même qu'il les a affectés au logement des évêques, il l'a toujours fait spontanément, non pas à titre de restitution, mais en vertu d'une disposition nouvelle toujours révocable et qui, en fait, a quelquefois été révoquée. Tel est le système soutenu par M. Ducrocq dans la dissertation citée *suprà*, n° 389, et il a été confirmé par le tribunal des conflits, auquel la question a été déférée à l'occasion de l'affaire jugée par l'arrêt précité de la cour d'Angers. Ce tribunal a décidé, en effet, que les palais épiscopaux sont affectés administrativement à l'évêque pour son habitation personnelle, et que l'autorité judiciaire est incompétente pour connaître des droits et obligations qui résultent de cette affectation spéciale ; qu'en conséquence, aucune action ne peut être intentée devant la juridiction civile à raison d'arrêtés préfectoraux qui, conformément aux ordres ministériels, prescrivent le pavoisement et l'illumination d'un palais épiscopal le jour de la fête nationale (Trib. confl. 14 avr. 1883, aff. Evêque d'Angers, D. P. 83. 3. 85. V. *ibid.*, les conclusions du commissaire du Gouvernement dans cette affaire).

391. Là où les palais épiscopaux avaient été aliénés ou n'étaient pas disponibles, l'art. 71 de la loi de germinal an 10 autorisait les conseils généraux à procurer un logement convenable aux évêques. C'est aujourd'hui l'Etat qui a pris cette charge, et c'est sur le budget des cultes qu'il est maintenant pourvu à la construction, à l'entretien et aux réparations des palais épiscopaux. C'est avec ces mêmes fonds que, dans les villes où il n'y a pas de palais épiscopal, l'Etat loue les édifices qu'il met à la disposition des évêques. Ainsi, une somme de 5920 fr. est affectée à payer le loyer de l'évêché d'Ajaccio. Il a été observé devant le tribunal des conflits, dans l'affaire jugée le 14 avr. 1883 (V. *suprà*, n° 390), que l'art. 71 doit être entendu en ce sens que les conseils généraux (aujourd'hui l'Etat) *peuvent* fournir un logement aux archevêques et évêques, mais non qu'ils le *doivent* (Conclusions du commissaire du Gouvernement dans cette affaire).

Les palais épiscopaux sont meublés par l'Etat. Tout ce qui concerne le mobilier, son récolement et son entretien est réglementé par les ordonnances des 7-23 avr. 1819 et 4 janv.-1er févr. 1832 (*Rép.* p. 713 et 719) et les circulaires du ministre des cultes des 6 mai 1867, 30 nov. 1880 et 9 nov. 1886 (*Rec. circ. cult.*, t. 1, p. 295, et t. 4, p. 284 et 591).

392. — II. Presbytères. — On a vu au *Rép.* n° 489 que les presbytères et leurs dépendances, dont l'Etat était devenu propriétaire par suite de lois de la période révolutionnaire, durent, en exécution du Concordat et des articles organiques, être rendus aux curés ou desservants, s'ils n'avaient pas été aliénés. Avant d'examiner la question de savoir quel est le droit du curé sur le presbytère et à qui appartient celui-ci, il faut se demander ce que les lois révolutionnaires entendaient par dépendances de la maison presbytérale. D'après les art. 7 et 9 du décret du 18 oct. 1790, les curés devaient conserver la jouissance des terrains attenant aux presbytères et qui étaient en nature de jardin six mois avant le décret du 2 nov. 1789, et ils pouvaient demander, si le sol n'était pas encore appliqué à cet usage, la distraction de la portion nécessaire pour en former un jardin d'un demi-arpent. La question s'est posée devant la cour de cassation, dans une espèce sur laquelle a statué la chambre des requêtes, le 4 févr. 1879 (aff. Commune de Mesnil, D. P. 79. 1. 221); elle n'a pas été résolue par la cour, mais un arrêt antérieur de la même chambre du 21 janv. 1868 (aff. Reynaud, D. P. 68. 1. 77) semble avoir admis l'affirmative. Ce dernier arrêt a décidé que l'art. 27 de la loi du 18 germ. an 10 qui a ordonné la restitution aux curés des presbytères et des jardins attenants non aliénés, ne s'applique, quant aux jardins, qu'aux fonds rentrant dans la définition écrite aux art. 9 et 10 de la loi du 18 oct. 1790 et l'art. 20 de la loi du 20 décembre suivant, c'est-à-dire, aux terrains qui, avant la loi du 2 nov. 1789 portant réunion à l'Etat des biens ecclésiastiques, dépendaient du presbytère et dont le sol était alors en nature de jardin, ou, si le sol

n'était pas encore en nature de jardin, à une étendue d'un demi-arpent à prendre sur une plus grande contenance ; qu'en conséquence, un curé ne peut, en vertu de cette loi, revendiquer, comme dépendance du presbytère, un terrain qui n'a jamais été cultivé en jardin, et qui dépasse l'étendue d'un demi-arpent (Même arrêt) ; qu'il ne peut davantage limiter sa revendication au demi-arpent dont la loi de 1790 lui donnait le droit de demander la distraction, si, d'une part, il ne rapporte la preuve d'aucun fait ou d'aucun acte d'une autorité quelconque qui en ait opéré la distraction, et si, d'autre part, il est établi que, depuis la loi du 2 nov. 1789, il n'a possédé aucune parcelle du terrain revendiqué (Même arrêt). Cependant, une décision ministérielle du 11 avr. 1807, citée par Vuilfefroy, p. 452, note a, a déclaré que le décret du 18 oct. 1790 a été abrogé par les lois postérieures.

Quand le jardin de l'ancien presbytère a été aliéné, le curé n'a pas le droit d'en exiger un autre, ou, à défaut, une indemnité pécuniaire (Décis. min. int. 1835; Bost, p. 563). Mais, dans la pratique, aux termes d'une décision ministérielle insérée au *Bulletin du ministère de l'intérieur* de 1858, p. 65, l'Administration encourage les communes qui ont des ressources suffisantes à acheter un jardin pour le joindre à la cure.

393. La question de la propriété des presbytères a, comme celle de la propriété des églises paroissiales (V. *suprà*, nos 363 et suiv.), donné lieu à de vives controverses, qui ont été exposées au *Rép.* nos 489 et suiv. D'après une opinion, les presbytères appartiendraient aux cures et succursales : cette opinion se fonde sur le texte de l'art. 72 de la loi organique, qui déclare que les presbytères non aliénés seront rendus aux curés. D'après une autre, ils sont la propriété des fabriques : elle s'appuie sur l'arrêté du 7 therm. an 11 qui met les fabriques en possession des biens non aliénés et des rentes des anciennes fabriques, sur le décret du 30 mai 1806 qui attribue aux fabriques les églises et presbytères supprimés, sur l'ordonnance du 3 mars 1825 qui leur attribue le produit de la location des presbytères, enfin sur plusieurs décisions ministérielles des 7 févr. 1807, 20 déc. 1822 et 6 juill. 1823 qui ont repoussé les prétentions élevées par quelques communes sur la propriété des presbytères. M. Gaudry et le *Journal des fabriques*, qui soutiennent cette opinion, citent en sa faveur un arrêt de Nancy, du 31 mai 1827, un jugement du tribunal de Vendôme, du 13 déc. 1835, et l'arrêt de la chambre des requêtes du 6 déc. 1836 (V. *Rép.* no 483). Mais ces décisions concernent plutôt les églises que les presbytères (V. sur les citations qui précèdent : André, t. 4, p. 132). Aujourd'hui, la question est unanimement résolue dans le sens de la propriété des communes. Aux autorités citées en ce sens au *Rép.* nos 489 et suiv., il faut ajouter : C. d'appel Savoie, 30 mai 1854, aff. Mugnier, D. P. 55. 2. 243 ; Trib. Grenoble, 4 juill. 1865, avec Req. 21 janv. 1868, aff. Goncelin, D. P. 68. 1. 77 ; Agen, 28 févr. 1870, aff. Fabrique de Marmande, D. P. 71. 2. 161 ; Crim. rej. 16 févr. 1883, aff. Chincholle, D. P. 83. 1. 361 ; Trib. confl. 15 déc. 1883, aff. Fonteny, D. P. 85. 3. 57. V. aussi dissertation de M. Ducrocq, D. P. 83. 2. 169 ; Lett. min. cult. 20 mars 1877, *Journal des fabriques*, 1878, p. 42). Ainsi, il a été jugé que les presbytères acquis aux communes sont la propriété de celles-ci, bien qu'ils soient administrés par le conseil de fabrique ; et que les communes peuvent acquérir cette propriété par la prescription, en invoquant, soit leur propre possession (accomplie, par exemple, par le recteur, qui les représente à cet effet), soit celle de la fabrique qui les représente également pour cette partie du temporel de l'église (Arrêt précité du 30 mai 1854) ; — Que, dans l'ancien droit, aussi bien que sous l'empire de la législation actuelle, les presbytères étaient réputés appartenir aux communes (Arrêt précité du 28 févr. 1870). En conséquence, lorsqu'une fabrique revendique un terrain anciennement occupé en partie par les bâtiments d'un presbytère et en partie par un cimetière public, elle doit faire tomber la présomption de propriété existant au profit de la commune, en établissant que ce terrain lui appartenait en 1789 (Même arrêt). — En Belgique, l'administration et la jurisprudence ont longtemps admis que les presbytères appartenaient aux fabriques (V. Bruxelles, 3 avr. 1876, aff. Presbytère du béguinage de Bruxelles, *Pasicrisie belge*, 1876. 2. 157). Mais depuis, la solution contraire semble avoir prévalu. Ainsi il a été jugé que la loi du 18 germ. an 10 a investi les communes de la

propriété des presbytères, comme conséquence de l'obligation qu'elle leur impose de procurer le logement aux curés et aux desservants (Trib. Bruxelles, 20 mars 1880, aff. Commune de Watermaël-Boitsfort, D. P. 81. 3. 29; Bruxelles, 25 mai 1880, aff. Fabrique de Pont-à-Celles, D. P. 81. 2. 11).

La règle consacrée par la jurisprudence que l'on vient d'exposer ne doit pas être interprétée dans un sens trop absolu. En effet, les presbytères ne sont pas toujours la propriété des communes. Ils leur appartiennent lorsqu'ils ont été acquis ou construits par elles, ou bien lorsqu'ils leur ont été remis par l'Etat en exécution de la loi du 18 germ. an 10; mais ils peuvent appartenir aux fabriques, de même qu'ils peuvent dépendre des biens de la cure, en vertu du décret du 6 nov. 1813 (V. Riom, 2 août 1881, aff. Commune de Trévol, D. P. 82. 2. 124, et la note). — En outre, lorsqu'une succursale vient à être supprimée, la fabrique de la paroisse à laquelle elle est réunie pour le culte devient propriétaire du presbytère de cette succursale (V. *Rép.* no 491. Conf. Bordeaux, 17 avr. 1871, aff. Fabrique de Saint-Jean-d'Eyraud, D. P. 72. 2. 126). Mais la commune qui a cessé d'être succursale peut acquérir par prescription la propriété de son presbytère (Même arrêt). L'autorité judiciaire est compétente pour statuer sur la question de propriété d'un presbytère, élevée entre une commune et une fabrique (Même arrêt).

394. Il peut arriver aussi que la commune n'ait sur le presbytère qu'un droit de jouissance : c'est ce qui a lieu, par exemple, dans le cas où l'Etat propriétaire d'une église et d'un hôtel y attenant et servant de presbytère a concédé à une ville l'usage de ces édifices sous la condition d'y faire célébrer le culte catholique et de fournir une habitation au curé de cette paroisse. En pareil cas, la commune n'a évidemment pas le droit de disposer du presbytère. Mais il a été jugé que si elle vient à l'aliéner et à acquérir une autre maison qu'elle affecte au logement du curé, on ne saurait assimiler cette commune à un usufruitier qui, par abus de jouissance, encourt la perte de son droit d'usufruit (Orléans, 28 nov. 1884; aff. Ville de Tours, D. P. 86. 2. 285). — L'Etat est d'ailleurs fondé à réclamer la réparation du préjudice que lui cause l'aliénation faite par la commune (Même arrêt). — Toutefois, comme il n'a conservé que l'immeuble qu'un droit de nue propriété, il ne lui est dû qu'une indemnité équivalente à la nue propriété du prix de la vente de cet immeuble, et, par suite, l'indemnité à laquelle il a droit ne deviendrait exigible qu'au cas où la ville, n'exécutant plus les conditions de l'acte de concession relativement à la célébration du culte, serait tenue de restituer l'église (Même arrêt).

395. Les communes étant propriétaires des presbytères restitués au culte peuvent expulser de ces presbytères les personnes qui les occupent à raison d'une cession faite par le curé. En effet, contrairement à l'opinion de quelques auteurs (Dieulin, *Guide des curés*, t. 1, p. 66 ; Gaudry, t. 2, no 742 ; Bost, p. 648), l'Administration n'admet pas que le curé ou desservant puisse louer à son profit le presbytère ou ses dépendances (Décis. min. int. 8 oct. 1858), tout en reconnaissant qu'il y peut loger les membres de sa famille et les gens attachés à son service. — Les communes ont-elles aussi qualité pour réclamer l'expulsion du curé ou du desservant lui-même dans le cas, notamment, où elles prétendraient que, par suite d'une révocation ou de toute autre cause, il n'a plus le droit d'occuper le presbytère? Cette question, qui se rattache à celle de savoir quelle est la nature du droit du curé ou du desservant sur le presbytère sera examinée *infrà*, nos 423 et suiv., en même temps que cette dernière question.

396. On a vu *suprà*, no 367, que, d'après l'opinion qui a prévalu dans la jurisprudence, les fabriques ont, concurremment avec les communes, qualité pour intenter ou soutenir devant les tribunaux les actions relatives aux édifices consacrés au culte. La même solution s'applique aux presbytères (*Rép.* no 492). — Il a été décidé, spécialement sur ce dernier point, que le conseil de fabrique, chargé par la loi de veiller à l'entretien et à la conservation du presbytère, a qualité pour ester en justice dans le but de faire reconnaître les droits réels afférents à cet immeuble, et de faire condamner à des dommages-intérêts ceux qui y ont porté atteinte (Req. 29 mars 1882, aff. Roch, D. P. 82. 1. 225). Spécialement, quand le maire de la commune et le

propriétaire d'un immeuble voisin du presbytère communal ont muré par voie de fait, et malgré la résistance du curé, une fenêtre de ce presbytère dans le but d'empêcher l'usage de la vue, le conseil de fabrique peut agir contre eux devant les tribunaux, afin de les faire condamner, avec dommages-intérêts, au rétablissement des lieux dans leur état primitif (Même arrêt).

397. Aux termes de l'ordonnance du 3 mars 1825, art. 1er (Rép. n° 716), aucune distraction de partie superflue d'un presbytère pour un autre service ne peut avoir lieu sans autorisation spéciale du chef de l'Etat, le conseil d'Etat entendu. Il n'est pas nécessaire que la délibération du conseil d'Etat soit prise en assemblée générale; la mesure peut être prise sur l'avis d'une section (Cons. d'Et. 22 mai 1865, aff. Fabrique de l'église d'Arrentières, D. P. 86. 3. 124. V. supra, v° Conseil d'Etat, n° 46, et la note sur l'arrêt précité). Aujourd'hui l'autorisation du chef de l'Etat n'est plus exigée que lorsqu'il y a opposition de l'autorité diocésaine ; en l'absence d'opposition, elle est donnée par le préfet (Décr. 25 mars 1852, art. 1er).

398. Les dispositions de l'ordonnance du 3 mars 1825 doivent être observées alors même que la distraction ne porte que sur des dépendances du presbytère, par exemple, sur un pré et une bruyère qui forment un seul enclos avec la cour et le jardin attenant au presbytère lui-même. Par suite, l'amodiation de ces terrains au profit d'un tiers ne peut être autorisée par le préfet, si l'autorité diocésaine y forme opposition (Cons. d'Et. 29 juill. 1858, aff. David Faure, D. P. 71.5. 315).

399. Les prescriptions de l'ordonnance de 1825 sont-elles applicables au cas où, en disposant pour un autre objet de l'édifice servant de presbytère, l'administration municipale affecterait, en même temps, un autre local au logement du curé? Cette hypothèse ne paraît pas rentrer dans les prévisions de l'ordonnance, qui suppose qu'une partie d'un presbytère en est détachée pour recevoir un autre emploi, sans qu'il soit pourvu au remplacement de la portion distraite. La question s'est posée devant le conseil d'Etat, sur le recours formé par une fabrique contre un décret qui avait autorisé la commune à aliéner l'édifice servant de presbytère, et à transférer le logement du curé dans un autre immeuble. La fabrique soutenait que le décret était illégal, attendu que l'ordonnance du 3 mars 1825 ne permet que la distraction des parties superflues, et non une affectation à un service entièrement différent de la totalité du presbytère par son transfèrement dans un autre local. Le ministre a exprimé un avis tout à fait opposé : « La translation du logement d'un desservant d'un immeuble dans un autre, a-t-il dit, constitue un simple changement d'affectation, et l'on pourrait soutenir que la commune n'avait à ce propos aucune autorisation à demander, puisque toutes les mesures d'affectations rentrent dans les attributions propres des administrations municipales. Toutefois, le conseil de fabrique et l'autorité diocésaine ayant soutenu qu'il n'y avait pas équivalence entre les deux immeubles, et que l'échange projeté était défavorable au desservant et constituait une véritable diminution de son bien-être, on a cru devoir, par excès de légalité, procéder comme en matière de distraction. » Le conseil d'Etat ayant déclaré le recours non recevable, comme ayant été tardivement interjeté, n'a pas eu à se prononcer sur la question (Cons. d'Et. 17 juin 1881, aff. Fabrique de Nailloux, Rec. Cons. d'Etat, p. 620).

400. La distraction ne doit être autorisée qu'autant que la partie à distraire est superflue au curé ou desservant, et nécessaire à un autre service (Vuillefroy, p. 456). La séparation des parties superflues doit être faite de manière à laisser au curé une habitation indépendante et sans communication avec la portion distraite (Vuillefroy, p. 457). Un avis du conseil d'Etat du 6 avr. 1880 (Bulletin des lois civiles ecclésiastiques, 1880, p. 170) décide qu'il n'y a pas lieu d'autoriser une commune à distraire du jardin du presbytère une portion de terrain destinée à l'agrandissement de celui de l'instituteur, lorsqu'il est constant que le jardin presbytéral n'a qu'une petite étendue et que la commune peut se procurer ailleurs le terrain dont elle a besoin.

401. En principe, la distraction des parties superflues des presbytères est ordonnée sans indemnité pour les fabriques (Av. Cons. d'Et. 3 nov. 1836; André, t. 4, p. 134), ni pour le desservant (Av. Cons. d'Et. 10 oct. 1827; Vuillefroy,

p. 456). D'autre part, la fabrique ne peut exiger que la distraction soit subordonnée à la condition que le local distrait redeviendrait partie intégrante du presbytère dans le cas où il cesserait de servir à sa nouvelle destination (Av. Cons. d'Et. 18 nov. 1834; Vuillefroy, ibid.).

402. L'ordonnance du 3 mars 1825, après avoir interdit toute distraction, pour un autre service, de parties superflues d'un presbytère sans l'autorisation du Gouvernement, ajoute qu'il n'est pas dérogé aux emplois et dispositions régulièrement faits jusqu'à ce jour. — Il a été jugé que cette disposition ne peut être invoquée par une commune à l'effet de faire distraire une pièce du presbytère, sous prétexte que cette pièce avait été affectée, antérieurement à 1825, à un service municipal, si, d'une part, il n'est pas établi que cette affectation ait été régulièrement faite, et si, d'autre part, lors de l'acquisition, postérieure à 1825, de la maison jusque-là louée par la commune, la délibération du conseil, l'ordonnance d'autorisation et l'acte d'acquisition ne contiennent aucune réserve relativement à la pièce en question (Riom, 2 août 1881, aff. Commune de Trévol, D. P. 82. 2. 124); et la jouissance que la commune aurait eue de cette pièce, postérieurement à 1825, ne peut créer une possession utile, les parties superflues d'un presbytère ne pouvant être distraites que conformément aux dispositions de l'ordonnance de 1825 (Même arrêt); il en est ainsi surtout lorsque, après la construction d'une mairie, le maire alors en fonctions a mis le curé en possession de la chambre objet du litige, encore bien que, pour ce fait, il n'aurait pas été autorisé par le conseil municipal (Même arrêt).

403. Un avis du conseil d'Etat, du 1er avr. 1873 (Bull. lois civ. ecclés., 1873, p. 255) déclare que les lois relatives à l'élargissement et à l'ouverture des chemins vicinaux « n'ont pas pour résultat de permettre aux conseils généraux de désaffecter les presbytères du service public auquel ils sont attribués; que la déclaration d'utilité publique tendant à l'occupation d'immeubles affectés à un service public ne peut produire d'effet que sous la réserve que l'autorité compétente, pour prononcer sur la désaffectation, aura été préalablement appelée à statuer »; et, cet avis décide, en conséquence, « que les conseils généraux ou les commissions départementales, avant de statuer définitivement sur l'incorporation aux chemins vicinaux de parcelles de terrains dépendant des presbytères, doivent provoquer, conformément à l'ordonnance du 3 mars 1825 et au décret du 25 mars 1852, la distraction des parcelles dont il s'agit par les autorités compétentes ». D'autre part, aux termes de la circulaire ministérielle du 15 mai 1884, relative à l'application de la loi municipale du 5 avril de la même année (Bull. min. int., 1884, p. 314), il n'est pas dérogé par l'art. 167 de cette loi aux prescriptions de l'ordonnance du 3 mars 1825 en ce qui concerne la distraction, au profit des communes, des parties superflues des presbytères.

404. Les prescriptions édictées par l'ordonnance de 1825 doivent être observées dans le cas même où la prise de possession, soit totale, soit partielle, d'un presbytère, a lieu pour l'exécution d'un travail d'utilité publique (Trib. confl. 18 mars 1882, aff. Daniel, D. P. 83. 3. 16; 16 déc. 1882, aff. Appert, D. P. 83. 3. 116). Et si le presbytère, au lieu d'appartenir à la commune, était la propriété de la fabrique, il serait nécessaire de recourir à une expropriation (Décision précitée du 18 mars 1882). Ces solutions sont applicables, notamment, au cas où un travail de canalisation pour le passage des eaux a été établi dans le sous-sol d'un presbytère, cet établissement constituant une prise de possession permanente et définitive (Même décision. V. aussi Cons. d'Et. 16 avr. 1886, aff. Daniel, D. P. 87. 3. 100); mais qu'il en est autrement, s'il s'agit seulement de la suppression d'une servitude active, laquelle ne constitue qu'un dommage permanent (Décision précitée du 16 déc. 1882). — Ainsi, d'après la jurisprudence du tribunal des conflits, l'accomplissement des conditions prescrites par l'ordonnance n'est exigé que dans le cas où l'expropriation serait nécessaire à l'égard d'une propriété privée. S'il s'agit d'un dommage permanent, la seule condition nécessaire est l'accomplissement des formalités requises pour autoriser l'exécution du travail public projeté. — Cette jurisprudence n'est peut être pas à l'abri de la critique, et elle est de nature à entraîner certains inconvénients, qui ont

été signalés dans la note sur la décision précitée du 16 déc. 1882.

ART. 3. — *Des biens des divers établissements ecclésiastiques* (*Rép.* nos 494 à 509).

1er. — *Des biens des évêchés et archevêchés* (*Rép.* nos 495 à 502).

405. On a vu *supra*, n° 308, que l'archevêché ou l'évêché est un établissement public capable de posséder, d'acquérir et de transmettre des biens. Sous la dénomination de *mense* épiscopale ou archiépiscopale, il constitue un établissement ecclésiastique ayant une existence propre, jouissant de la personnalité civile, et il est capable à ce titre, soit d'ester en justice, soit de concourir aux divers actes de la vie civile par l'intermédiaire de son mandataire légal, l'évêque (V. *Rép.* n° 501). « La mense épiscopale, dit un arrêt récent (Limoges, 13 août 1888, aff. De Luze, D. P. 89. 2. 57), est assimilée par la loi à un établissement public, légalement autorisé, placé sous la tutelle administrative, ayant son individualité pour posséder, recevoir, acquérir, aliéner des biens meubles et immeubles. L'évêque, lorsqu'il est en pleine possession de son siège et des biens de la mense, est à la fois l'usufruitier et l'administrateur du patrimoine de la mense. » — En ce qui concerne le droit d'agir en justice, il a été jugé que l'action intentée par un évêque qui, dans l'exploit introductif d'instance, déclare agir en qualité d'*évêque*, doit être formée en tant que représentant légal de l'évêché (Req. 23 avr. 1883, aff. Ville de Mont-de-Marsan; D. P. 84. 1. 251). En cette qualité, l'évêque peut poursuivre en justice, soit l'exécution, soit la réalisation avec dommages-intérêts, d'un contrat par lequel un de ses prédécesseurs en abandonnant à une ville le montant d'un legs régulièrement recueilli par lui, a stipulé de cette ville l'engagement d'acheter une maison et de l'affecter à l'établissement de l'école des Frères (Même arrêt). L'obligation prise par la ville de laisser les Frères jouir de la maison ainsi achetée et affectée au service spécial de leur enseignement, ne contient pas une constitution d'usufruit : la jouissance promise n'est que l'accessoire de la destination donnée à l'immeuble acquis et le moyen de réaliser l'œuvre d'instruction en vue de laquelle l'acquisition avait eu lieu (Même arrêt); par suite, la demande de l'évêque qui invoque cette concession de jouissance n'implique aucune revendication de droit foncier, et peut, dès lors, être intentée sans autorisation préalable (Même arrêt), à la différence des actions qui ont pour objet des droits de cette nature (V. *Rép. loc. cit.*).

406. On sait ce qu'on entend par *droit de régale* (V. *Rép.* nos 30 et 498). Le caractère du droit de régale est essentiellement temporaire. Il naît au décès de l'évêque auquel appartient la mense (V. *Rép.* n° 452) et par le fait même de son décès; il s'éteint le jour où le successeur nommé par le Gouvernement se met en possession de l'évêché. Ce droit est exclusivement un droit de jouissance, qui comporte des devoirs comme des avantages. Les devoirs de l'Etat sont l'acquittement des charges de la mense et les réparations urgentes (V. Décr. 6 nov. 1813, art. 38 et 41). Ses avantages sont les fruits et revenus de cette mense (V. même décret, art. 40). L'existence de ce droit est reconnue par la jurisprudence. Aux termes de l'arrêt du 13 août 1888, cité *supra*, n° 405, quand le siège épiscopal devient vacant, le droit de régale, tel qu'il existait sous l'ancien régime, s'exerce au profit de l'Etat; conséquence de la souveraineté de la nation transmise par celle-ci au chef de l'Etat, il s'ouvre par la vacance du titre ecclésiastique, et ne prend fin que par la prise de possession de l'évêque nommé suivant les formes déterminées. Et quoique l'évêque ait, à partir de sa nomination, la jouissance des revenus de la mense, les effets de la régale subsistent jusqu'à sa prise de possession.

L'art. 37 du décret du 6 nov. 1813 prescrit au juge de paix du lieu de la résidence d'un archevêque ou d'un évêque d'apposer d'office les scellés sur le palais épiscopal ou les maisons occupées par le prélat, dès qu'il a connaissance de son décès. Les prescriptions de cet article ont été impérieusement rappelées aux juges de paix, comme constituant une mesure d'urgence, par une circulaire du ministre de la justice, du 8 janv. 1884 (*Rec. circ. cult.*, t. 4, p. 488).

407. Comme on l'a vu au *Rép.* n° 498, c'est par un commissaire administrateur nommé par le chef de l'Etat que sont gérés, durant la vacance, les biens de la mense épiscopale. C'est là une conséquence nécessaire du droit de régale qui appartient à l'Etat. — Décidé, en conséquence, que, pendant la vacance de l'évêché, l'administration de la mense n'appartient pas aux vicaires capitulaires, même nommés par le chapitre, si le Gouvernement ne leur a pas spécialement confié cette administration; ils sont donc sans qualité pour intenter, au lieu et place de l'évêque, une action relative aux biens de la mense (Arrêt du 13 août 1888, cité *supra*, n° 405). Mais des difficultés se sont élevées sur l'étendue des pouvoirs qui appartiennent à ce commissaire-administrateur.

On s'est demandé, spécialement, s'il a le pouvoir de procéder à l'aliénation de biens meubles ou immeubles dépendant de la mense. Pour soutenir la négative, on a fait remarquer que le droit de régale avait toujours été considéré, sous l'ancienne monarchie comme limité à la jouissance des revenus temporels de l'évêché vacant et à la collation des bénéfices que l'évêque aurait pu conférer s'il avait occupé son siège; qu'un pareil droit ne saurait impliquer la faculté d'aliéner. D'autre part, cette faculté, a-t-on dit, est implicitement déniée à l'administrateur de la mense par le décret du 6 nov. 1813, qui détermine avec précision les droits de cet administrateur, et ne mentionne aucunement les actes d'aliénation. Telle paraît être l'opinion de M. Batbie, *Droit administratif*, t. 5, n° 215. « Les commissaires, dit cet auteur, ne peuvent faire que les actes d'administration provisoire. Ainsi le renouvellement des baux dépasse leurs pouvoirs, et ils ne peuvent ni couper aucun arbre futaie en masse de bois ou épars, ni entreprendre au delà des coupes ordinaires des bois taillis. » La même doctrine a été soutenue dans une dissertation publiée dans le *Bulletin des lois civiles ecclésiastiques*, 1884, p. 203. Néanmoins la solution contraire a été admise, récemment et à deux reprises différentes, par l'autorité administrative. Ainsi en 1884, pendant la vacance de l'archevêché de Tours, un décret a autorisé le commissaire-administrateur à poursuivre l'aliénation d'immeubles dépendant de la mense, et a prorogé ses pouvoirs à cet égard jusqu'après l'entrée en possession du nouvel archevêque (V. *Bull. lois civ. eccles.*, 1884, p. 203). Un autre décret semblable a été pris au sujet de l'évêché de Limoges, le 3 juill. 1888, à la suite du décès du titulaire de ce siège. Ce décret autorisait le commissaire-administrateur des biens dépendant de la mense épiscopale à vendre divers immeubles qu'il désignait. L'évêque nouvellement nommé se pourvut en référé, à l'effet de faire surseoir à la vente, déjà annoncée, jusqu'à ce que le conseil d'Etat, auquel il déférait en même temps le décret du 3 juill. 1888 eut statué. Le sursis demandé fut ordonné par le tribunal de première instance. Mais, sur l'appel du préfet, la cour de Limoges a, par l'arrêt du 13 août 1888 déjà cité *supra*, n° 405, décidé, au contraire, que l'autorité judiciaire était incompétente pour connaître de la mesure qui lui était demandée. Aux termes de cet arrêt, la régale étant un droit inhérent à la puissance publique, la juridiction civile n'a aucune compétence pour en contester ou en régler l'exercice. En conséquence, le juge des référés n'a pas qualité pour retarder ou entraver soit directement, soit par voie indirecte, l'exécution d'un semblable décret. La doctrine ainsi consacrée par la cour de Limoges, qui refuse tout caractère civil au droit de régale, et n'admet pas que l'autorité judiciaire puisse prononcer sur les difficultés auxquelles son exercice peut donner lieu, n'est pas à l'abri de la critique (V. la note sur l'arrêt précité, et dans le sens de cette doctrine, les conclusions de M. le procureur général Baudouin, rapportées D. P. 89, 1. 58 et suiv.).

408. En énumérant au *Rép.* n° 496 les biens qui composent la mense épiscopale, nous avons dit que ces biens comprennent les meubles ou immeubles acquis par l'évêché à titre gratuit ou onéreux avec l'autorisation du Gouvernement. Le compte rendu des travaux du conseil d'Etat publié par le ministère de la justice établit que, dans la période quinquennale du 31 août 1872 au 31 déc. 1877, les dons et legs faits aux évêchés se sont élevés à 5134899 fr.

409. Le *Répertoire* ayant traité au n° 497 des réparations aux palais épiscopaux, par suite le lieu d'examiner comment se font les réparations aux églises cathédrales, ainsi qu'aux

palais épiscopaux, qui sont des établissements diocésains. Les cathédrales étant, en général, des monuments d'une grande importance dont la conservation intéresse la richesse de l'État, et les palais épiscopaux étant également souvent des propriétés considérables, le Gouvernement a donné, à plusieurs reprises, des instructions très détaillées pour leur conservation, leur construction et leur ornementation (V. *Moniteur* du 23 mai 1849).

Les formes de procéder dans le cas de réparation ou de reconstruction des églises cathédrales, des palais épiscopaux et des séminaires diocésains, qui étaient tracées par les art. 107 à 110 du décret du 30 déc. 1809 (*Rép.* p. 705), ont été modifiées par des dispositions ultérieures qui ont placé les dépenses des édifices diocésains dans les budgets généraux de l'État. De nombreuses instructions ministérielles avaient fixé des règles pour régulariser ces dépenses (V. Circ. 22 oct. 1812, 12 sept. 1820, 4 févr. 1826, 22 déc. 1834, 27 et 28 nov. 1835, 28 nov. 1836, 27 déc. 1837, 8 déc. 1838, 14 déc. 1839, *Rec. circ. cult.*, t. 1, p. LXII, XCIX, 57, 267, 294, 313, 327, 43 et 363). En voici le résumé : afin de déterminer les sommes qui doivent figurer au budget de l'État, pour les travaux des cathédrales et des édifices diocésains, le ministre adresse aux préfets des tableaux ou cadres contenant divers renseignements à donner sur les ressources du diocèse et du département et sur les travaux à faire. Le préfet se concerte avec l'évêque pour remplir ces tableaux. S'il s'agit de dépenses d'entretien excédant 3000 fr., toute demande doit être appuyée d'un devis ou rapport d'architecte. S'il s'agit de travaux extraordinaires, un projet régulier doit être dressé par un architecte : il est soumis à l'évêque et même, selon le cas, il est rédigé d'après un programme dressé par le préfet. Les tableaux, avec les pièces justificatives, sont adressés par le préfet au ministre avant le 15 janvier de chaque année. Sur ces tableaux, le ministre compare les demandes et les besoins des cathédrales et propose à la Chambre des députés un chiffre total, ensuite réparti entre les diverses églises.

410. Ces règles, adoptées jusqu'en 1848, ont subi à cette époque une grave modification, en ce qui concerne les travaux à faire aux cathédrales. Un arrêté du ministre de l'instruction publique, du 7 mars 1848, ordonna que les demandes d'allocation ou de subvention pour entretien ou acquisition d'édifices diocésains seraient renvoyées à l'examen d'une commission (D. P. 48. 3. 59); une seconde commission fut nommée par un autre arrêté, du 20 juin 1848 (D. P. 48. 3. 79), pour donner son avis sur la répartition des subventions demandées pour la reconstruction ou la réparation des orgues placées dans les églises. Une circulaire du ministre des cultes, du 25 juill. 1848 (D. P. 48. 3. 85), rappela que la conservation matérielle et artistique des édifices diocésains exige qu'il ne soit entrepris, dans ces monuments, aucun travail autre que celui de simple entretien, sans une autorisation ministérielle. Par suite, il est interdit d'y exécuter, sans cette autorisation, toute espèce de travaux de restauration, de consolidation ou d'agrandissement, prohibition qui s'étend aux travaux intérieurs, dits d'embellissement ou de décoration, et qui consistent dans le grattage ou le débadigeonnage de ces édifices, aux modifications à apporter aux orgues, bancs d'œuvres, chaires, dressoirs, vitraux et autres ornements faisant corps avec l'église, et cela, sans distinguer si les fonds employés aux travaux proviennent d'une subvention administrative ou des ressources de l'établissement religieux que le bâtiment intéresse. Les administrations locales doivent mettre un grand discernement dans le choix des architectes chargés de la conservation des édifices diocésains, et les devis dressés par ces architectes doivent présenter une indication sincère des dépenses présumées, à peine de voir le projet ajourné et même de révocation de l'architecte. Postérieurement à cette circulaire, un arrêté du président du conseil chargé du pouvoir exécutif, du 16 déc. 1848 (D. P. 49. 3. 25), constitua une commission chargée de donner son avis sur l'établissement et la conservation des édifices diocésains, et un autre arrêté de la même date (D. P. 49. 3. 27), détermina les honoraires des architectes chargés des travaux d'entretien de ces édifices. Un tableau de la circonscription des diocèses (V. *ibid.*, note) fut dressé par le ministre des cultes en exécution de cet arrêté, pour assurer l'entretien annuel des édifices diocésains. Tous les diocèses étaient répartis en trente-cinq conservations, à chacune desquelles un architecte fut attaché. Aux termes d'une circulaire du ministre des cultes, du 12 mars 1849 (D. P. 49. 3. 27), l'attention des architectes chargés de la direction des travaux exécutés aux édifices diocésains doit se porter principalement sur la conservation, la consolidation et l'entretien de ces monuments. Leurs études doivent présenter un système complet de conservation et de réparation graduées. Le rétablissement de la statuaire et de l'ornementation n'entre pas dans leurs attributions, quoiqu'ils doivent apporter la plus grande vigilance à la conservation des sculptures ou ornements existants. Il est désirable qu'ils puissent fixer leur résidence au siège de leurs travaux; en cas d'impossibilité, ils doivent y être représentés d'une manière permanente par des inspecteurs rétribués sur les 5 pour cent qui leur sont accordés. Ils doivent prendre, de concert avec les évêques, les mesures propres à éviter tout trouble à l'exercice du culte, et aider de leurs conseils les évêques et les fabriques, pour arriver à mettre les autels, chaires et retables en harmonie avec l'architecture de l'église. Les vases anciens ou les objets d'art existant dans les églises ou palais épiscopaux doivent être soigneusement inventoriés.

Les dispositions réglementaires que l'on vient d'analyser ayant soulevé des réclamations de la part de quelques membres de l'épiscopat, auxquels elles avaient paru empiéter sur les droits attachés à leurs fonctions, le ministre des cultes a répondu à ces réclamations dans une circulaire en date du 20 avr. 1849 (D. P. 49. 3. 32), dont voici le résumé : Les architectes conservateurs des édifices diocésains doivent dresser, dans la première année de leur installation, un inventaire de tous les objets, stalles, autels, bancs d'œuvre, buffets d'orgues, tabernacles, tableaux, etc., existant dans les cathédrales ; une copie de cet inventaire doit être envoyée à l'Administration, après avoir été collationnée par l'évêque. Il est procédé de la même manière en ce qui concerne les objets anciens composant le trésor de la cathédrale (Instr. min. 26 févr. 1849, D. P. 49. 3. 27, note). — Les mesures prises par cette circulaire n'ont pour effet, ni de porter atteinte aux droits de propriété existant sur les édifices, ni de déroger à la législation existante sur les droits des évêques, des fabriques et des administrations de séminaire, ni d'affaiblir le droit d'initiative des évêques relativement aux propositions qui intéressent les édifices diocésains, ni d'abroger le droit de visa de l'évêque sur les propositions émanant de l'initiative des architectes, ni de supprimer le droit de correspondance directe de l'évêque avec le ministre des cultes (Circ. min. cult. 20 avr 1849 précitée). L'inventaire des objets d'art. existant. dans les trésors des églises et évêchés n'a d'autre but que d'assigner à ces objets leur véritable valeur artistique et scientifique. L'ornementation des églises et la disposition du mobilier, tels qu'autels, chaires, etc., doivent être appropriées aux convenances du culte. La question d'art est secondaire et l'arbitraire ministériel est exclu d'un pareil domaine.

411. Un décret du 7 mars 1853 (*Rec. circ. cult.*, t. 2, p. 416), a réorganisé le service des travaux diocésains, en décidant que ces travaux seraient dirigés par des architectes locaux nommés par le ministre des cultes, sur l'avis des évêques et des préfets (V. André, t. 1, p. 227). Ce décret a aussi institué des inspecteurs généraux des édifices diocésains, qui, réunis en comité sous la présidence du directeur général des cultes, examinent définitivement les plans et devis fournis par les architectes et donnent leur avis sur toutes les questions d'art et de comptabilité se rattachant aux travaux, qui, enfin, préparent un projet de répartition des crédits ouverts. Un décret du 17 nov. 1857 (*Rec. circ. cult.*, t. 2, p. 416, note), a adjoint à ce comité le chef de la deuxième division de l'administration des cultes, qui le préside, en cas d'empêchement du directeur général. Le secrétaire dudit comité est pris parmi les employés de cette deuxième division (Arrêté min. cult. 17 nov. 1857). — Plusieurs circulaires ministérielles ont rappelé que l'Administration n'admet pas en liquidation des sommes supérieures à celles qu'elle a allouées (Circ. min. cult. 26 août 1867, 26 août 1868). D'autres circulaires du même ministre ont rappelé et étendu les dispositions précédentes, soit au point de vue de la conservation et de l'inventaire des objets d'art contenus dans les établissements diocésains (Circ. 5 oct. 1876, 22 déc. 1882, *Rec. circ. cult.*, t. 4, p. 430; V. d'ailleurs L. 30-31

mars 1887, D. P. 87. 4. 57, et *suprà*, n° 382); soit au point de vue des travaux à faire aux édifices consacrés au culte (Circ. 15 mai 1879, *Rec. circ. cult.*, t. 4, p. 21 ; 15 juin 1881, *ibid.*, p. 360; 12 janv. 1882, *ibid.*, p. 387; 20 mai 1882, *ibid.*, p. 399); soit au point de vue de leur comptabilité (Circ. 20 janv. 1881, *ibid.*, p. 292). Sur la comptabilité des travaux diocésains, V. aussi Règl. 1er avr. 1854 ; Circ. min. cult. 4 avr. 1854 (*Rec. circ. cult.*, t. 2, p. 470); 12 janv. 1856 (*ibid.*, p. 524) ; 15 oct. 1856 (*ibid.*, p. 539), et 18 déc. 1856 (*ibid.*, p. 540). Sur le cahier des charges générales pour l'exécution des constructions ou réparations des édifices diocésains, V. Circ. min. cult. 21 déc. 1857 (*ibid.*, p. 555).

412. Les réparations d'entretien ordinaires faites dans les édifices diocésains ne doivent pas être exécutées par une seule et même personne, mais bien par des entrepreneurs particuliers, selon chaque nature d'ouvrage (Circ. min. cult. 5 août 1882, *Rec. circ. cult.*, t. 4, p. 423 ; 12 août 1884, *ibid.*, p. 528).

§ 2. — Des biens des cures (*Rép.* n°s 503 à 506).

413. On a exposé au *Rép.* n° 503 que les curés et les succursales étant des titres ecclésiastiques reconnus par la loi sont, en cette qualité, capables de posséder, d'acquérir et de transmettre des biens. On a également énuméré *ibid.* les biens dont se compose la dotation des cures, savoir : la jouissance du presbytère et du jardin non aliénés qui ont dû être rendus aux curés et desservants en vertu de l'art. 72 de la loi de germinal an 10, ou qui doivent leur être procurés par les communes, et les biens qui leur sont attribués par l'État ou qui ont été acquis par les cures à titre gratuit ou onéreux, avec l'autorisation et dans les conditions prescrites par le décret du 6 nov. 1813, la loi du 2 janv. 1817 et l'ordonnance du 2 avr. 1817. De 1872 à 1877, les dons et legs faits aux cures et soumis à l'autorisation du conseil d'État se sont élevés à 3190059 fr.

414. Quelle est précisément la nature juridique du droit qui appartient aux curés ou desservants sur les presbytères? Pendant longtemps aucun doute ne paraît s'être élevé sur ce point. L'art. 6 du décret du 6 nov. 1813 (*Rép.* p. 709), n'attribue à ces ecclésiastiques les avantages et les charges de l'usufruit que sur les biens des cures, et l'on en concluait que les presbytères n'appartenant pas aux cures (du moins en général), les curés et desservants ne possédaient pas à leur égard un véritable droit d'usufruit. Toutefois la question a été, à diverses reprises, soumise à l'examen des tribunaux depuis la publication du *Répertoire*, et elle a été diversement résolue. — La première décision qui s'y réfère est un arrêt de la cour de Grenoble du 27 juin 1866 (aff. Reynaud, D. P. 68. 1. 77), qui décide que l'action en revendication des biens qui font l'objet de la restitution ordonnée par la loi de germinal an 10 ne peut être exercée par le curé lui-même, qui n'est ni propriétaire, ni usufruitier de ces biens, mais n'a qu'un droit personnel contre les personnes civiles chargées de subvenir aux frais du culte et au logement de ses ministres : cette action, suivant ledit arrêt, appartient exclusivement à la commune, propriétaire du presbytère et de ses dépendances sous la charge du logement du curé. La cour de Grenoble, en statuant ainsi, semblait bien dénier l'existence d'un droit réel d'usufruit au profit du curé ou du desservant. Son arrêt a été déféré à la cour de cassation ; mais la chambre des requêtes n'a pas eu à se prononcer sur la question ; elle a rejeté le pourvoi en se bornant à déclarer que les immeubles revendiqués n'ayant été, en aucun cas la propriété, soit de la fabrique, soit de la commune, comme

affectés aux besoins du culte ou au logement du curé, c'était à bon droit que l'action en revendication exercée par le curé en sa *prétendue* qualité d'usufruitier, avait été repoussée comme mal fondée (Req. 21 janv. 1868, aff. Reynaud, D. P. 68. 1. 77). — Vient ensuite un arrêt de la cour de Dijon, du 11 août 1869) (aff. Chauvelot, D. P. 69. 2. 190), qui, à l'occasion de l'action intentée par un desservant contre une commune en revendication de la jouissance du presbytère et de son jardin, et pour justifier la compétence de la juridiction civile à l'effet de connaître d'une pareille demande, déclare que le droit du desservant (ou du curé) sur le presbytère ou ses accessoires, constitue un droit d'usufruit régi par la loi civile. La même théorie est nettement affirmée dans un arrêt plus récent de la cour de Caen, du 26 déc. 1877, dans l'arrêt de la chambre des requêtes, qui a statué sur le pourvoi formé dans la même affaire (Req. 4 févr. 1879, aff. Commune de Mesnil-Rainfray, D. P. 79. 1. 221). La cour de Caen assimile les presbytères aux biens des cures et déclare même qu'ils forment la partie principale de ces biens, et la cour de cassation déclare « qu'en vertu des art. 6, 13, 14 et 21 du décret du 6 nov. 1813, les curés et desservants ont *l'usufruit* des biens des presbytères ».

415. Toutefois la jurisprudence n'a pas persévéré dans le système qu'elle avait admis dans ces dernières décisions. Déjà un arrêt de la chambre criminelle, du 9 juin 1882 (aff. Maury, D. P. 82. 1. 311) s'en écarte assez sensiblement, en décidant « que les curés et desservants n'ont sur les presbytères qu'un droit d'usufruit *spécial* et d'habitation », et que ce droit ne reçoit aucune atteinte lorsque le maire fait apposer, le 14 juillet, le drapeau national à la presbytère, malgré l'opposition du curé. La cour établit ainsi une différence entre le droit d'usufruit ordinaire, tel qu'il est réglé par le code civil, et le droit d'habitation garanti aux curés et desservants ; elle admet implicitement que ceux-ci ne peuvent pas se prévaloir de l'art. 578 c. civ. aux termes duquel l'usufruit est le droit de jouir des choses dont un autre a la propriété comme le propriétaire lui-même; car si les curés étaient des usufruitiers de droit commun, ils pourraient s'opposer à ce qu'on décore la façade des presbytères, de même qu'un particulier aurait qualité pour empêcher le propriétaire de la maison dont il a l'usufruit d'y apposer aucune décoration extérieure.

Des décisions postérieures ont affirmé et précisé la doctrine qui se dégageait de l'arrêt du 9 juin 1882. Ainsi dans un arrêt du 11 nov. 1882 (aff. Bergerat, D. P. 83. 1. 361) la chambre criminelle déclare « que le droit des curés n'a pas les caractères légaux d'un usufruit, c'est un droit spécial de jouissance qui en est l'équivalent. » Un autre arrêt du 16 févr. 1883 (aff. Chincholle, D. P. 83. 1. 361) qualifie également de jouissance *sui generis* le droit qui appartient aux desservants sur les presbytères, telle est également la qualification du 15 déc. 1883 (aff. Fonteny, D. P. 85. 3. 57 et 13 mars 1886, aff. Gléna, D. P. 87. 3.85); et par un arrêt de la cour de Toulouse du 24 déc. 1885 (aff. Dussol, D. P. 86. 2. 265) (V. aussi Trib. corr. Langres, 26 oct. 1883) (1).

416. La jurisprudence paraît ainsi fixée en ce sens que le droit des curés ou desservants sur les presbytères ne constitue pas un usufruit proprement dit, ni même un droit d'habitation dans le sens des art. 632 et suiv. c. civ. Toutefois la doctrine contraire semble avoir encore été admise par deux arrêts de la cour de Poitiers, du 29 juin 1883 (aff. Ribert et aff. Vigneron, D. P. 83. 2. 169). Ces arrêts décident que le desservant a sur le presbytère un droit d'usufruit spécial qui lui confère sur la chose et sur ses dépendances nécessaires des droits de jouissance absolus, exclusifs, ne

(1) (Parmentier.) — LE TRIBUNAL ; — Considérant que l'abbé Parmentier, desservant de Cusay, est prévenu d'avoir dans ce village, le 14 juillet dernier, abattu un drapeau que le maire avait fait arborer sur l'un des murs du presbytère communal, et d'avoir ainsi commis le délit que réprime l'art. 257 c. pén. ; — Considérant que le prévenu reconnaît le fait qu'on lui impute; mais qu'il prétend que ce fait n'est point un délit : 1° parce que le maire aurait agi illégalement, d'abord en violant le domicile de l'inculpé, puis en pavoisant le presbytère sans l'assentiment de ce dernier qui, comme desservant, en est l'usufruitier, et qui à ce titre pouvait seul arborer un drapeau ; 2° parce que, en fût-il autrement, il n'y a pas eu intention coupable, le prévenu n'ayant voulu ni outrager le drapeau national, ni faire mépris de l'autorité, mais seulement

protester contre un fait qu'il considérait comme une atteinte portée à ses droits; — Sur le premier moyen : — Considérant que les tribunaux correctionnels sont compétents pour apprécier la légalité des actes d'un fonctionnaire public, lorsque, comme dans l'espèce, cette légalité est un des éléments constitutifs d'un délit que ces tribunaux sont appelés à réprimer; — Considérant que si, d'après l'art. 6 du décret du 6 nov. 1813, les desservants sont usufruitiers des presbytères appartenant aux cures, il en est autrement des presbytères communaux tels que celui de Cusay, presbytères, qui, d'après le dernier paragraphe de l'art. 72 de la loi du 18 germ. an 10, sont seulement affectés au logement des prêtres, comme le serait un appartement loué par la commune pour loger le desservant, appartement dont celui-ci ne serait

laissant place à aucune jouissance promiscue de la part de la commune, et ils en concluent que le curé ou desservant a le droit de faire enlever les drapeaux qui auraient été placés, contre son gré, sur les murs du presbytère, par l'autorité municipale, ce qui semble indiquer que, dans la pensée de la cour d'appel, il s'agit là d'un véritable droit d'usufruit auquel sont attachés tous les avantages qui appartiennent à l'usufruitier d'après la loi civile. Mais dans l'état actuel de la jurisprudence, ces arrêts doivent être considérés comme des décisions isolées.

417. Au reste, si la jurisprudence la plus récente dénie au curé ou desservant un droit proprement dit d'usufruit ou d'habitation, elle lui reconnaît néanmoins, comme il résulte des décisions citées au numéro qui précède, un véritable droit de jouissance qui, bien que d'une nature spéciale, peut être utilement invoqué devant les tribunaux soit à l'encontre des tiers, soit contre la commune elle-même (V. *infrà*, n° 418). — D'après une opinion, soutenue par M. Ducrocq, dans une dissertation insérée D. P. 83. 2. 169, le curé ou desservant n'aurait, sur le presbytère, ni un droit d'usufruit ou d'habitation, ni même un droit de jouissance *sui generis ;* le presbytère serait seulement l'objet, à son profit, d'une *affectation administrative,* de même nature que celle dont les palais épiscopaux sont grevés au profit des évêques ou archevêques (V. *suprà,* n°s 389 et suiv.). Mais cette théorie, qui a été implicitement condamnée par la jurisprudence exposée ci-dessus, ne paraît pas fondée. Comme l'a dit M. le commissaire du Gouvernement Gomel dans ses conclusions sur l'affaire jugée par le tribunal des conflits le 15 déc. 1883 (aff. Fonteny, D. P. 83. 3. 57), « nulle analogie n'existe entre l'affectation des presbytères au logement des curés et desservants et celle des palais épiscopaux au logement des évêques. Tandis que ces palais ont été mis, par des décisions administratives purement gracieuses, à la disposition des évêques, la restitution des presbytères a été faite aux communes par le législateur lui-même, avec la condition formelle qu'ils serviraient à loger les titulaires des cures... Le caractère des affectations administratives n'est-il pas, d'ailleurs, de ne pas constituer de droit au profit de ceux qui bénéficient de l'affectation et, par suite, d'être révocables au gré de l'Administration? Au contraire, l'art. 72 de la loi du 18 germ. an 10 ordonne que les presbytères confisqués seront rendus, il décide que les curés et desservants en auront la jouissance, et c'est par un abus de langage qu'on voit dans ces dispositions une affectation. Les dispositions dont il s'agit consacrent un état de choses définitif, et elles ont créé un droit à la propriété au profit des communes, un droit à l'habitation au profit des ecclésiastiques ».

418. Dans l'exposé qui précède, on n'a envisagé les décisions de la jurisprudence qu'en tant qu'elles appréciaient d'une façon générale et théorique en quelque sorte, les caractères légaux du droit des curés ou desservants sur les presbytères. Il reste à exposer les solutions pratiques qu'elles ont consacrées relativement à la portée et aux effets de ce même droit.

Une des questions qui se sont élevées le plus souvent devant les tribunaux est celle de savoir si les titulaires ecclésiastiques ont le droit d'agir devant la juridiction civile, conformément au droit commun, pour faire respecter la jouissance qui leur appartient sur le presbytère et ses dépendances. Ce droit semble n'avoir pas été admis par les arrêts de la cour de Grenoble du 27 juin 1866, et de la chambre des requêtes, du 21 janv. 1868, cités *suprà,* n° 414; mais depuis il a été consacré par un grand nombre de décisions. Ainsi il a été jugé : 1° que les tribunaux civils sont compétents

pour connaître de l'action intentée par le desservant d'une commune contre cette commune, en revendication de la jouissance du presbytère et de son jardin; qu'il en est ainsi malgré l'existence d'une délibération du conseil municipal contraire à la prétention du demandeur, cette délibération constituant l'exercice du droit de propriété de la commune, et n'ayant point les caractères d'un acte administratif (Dijon, 11 août 1869, aff. Poinsot, D. P. 69. 2. 190); — 2° Que les curés ou desservants ont, pour faire respecter ou revendiquer la jouissance qui leur appartient sur les presbytères, une action qu'ils peuvent exercer de leur propre mouvement et sans l'intervention de la fabrique (Caen, 26 déc. 1877, et sur pourvoi, Req. 4 févr. 1879, aff. Commune de Mesnil-Rainfray, D. P. 79. 1. 221); — 3° Que les curés et desservants ont, en vertu de leur droit de jouissance, une action propre et absolument indépendante de la commune contre tout individu qui sans titre ni qualité occupe les locaux à eux destinés comme titulaires ecclésiastiques, et qu'il appartient exclusivement à l'autorité judiciaire de connaître des actions de cette nature fondées sur un droit de libre disposition que les communes ne peuvent atteindre ni restreindre, sans qu'il y ait lieu de distinguer entre les presbytères rendus lors du Concordat et ceux qui ont été postérieurement constitués en exécution de l'art. 92 du décret du 30 déc. 1809 (Toulouse, 24 déc. 1885, aff. Dunol, D. P. 86. 2. 265); — 4° Que cette action leur appartient à l'encontre de la commune, propriétaire de l'immeuble, dans le cas où cette dernière prétendrait distraire de sa destination une partie des dépendances du presbytère (Cons. d'Et. 29 juill. 1858, aff. David Faure, D. P. 71. 5. 315); — 5° Que l'action en réintégrande intentée par le desservant contre le maire qui a pénétré de vive force dans le presbytère est de la compétence de l'autorité judiciaire (Civ. cass. 17 déc. 1884, aff. Dupont, D. P. 85. 1. 289. — V. encore Trib. confl. 18 mars 1882, aff. Daniel, D. P. 83. 3. 83; Req. 29 mars 1882, aff. Alcime Roch, D. P. 82. 1. 225; Décr. en Cons. d'Et. 1er juill. 1882, aff. Forcès, D. P. 85. 3. 58, note 1).

419. Parmi les arrêts que l'on vient de citer, il en est (Dijon, 11 août 1869; Caen, 26 déc. 1877, et Req. 4 févr. 1879) dont la décision est fondée sur l'existence d'un droit d'usufruit proprement dit qu'ils ont reconnu au curé ou desservant. Mais la plupart n'admettent, au profit de ces derniers, suivant la doctrine qui a prévalu, ainsi qu'on l'a vu *suprà,* n° 415, qu'un droit de jouissance d'une nature particulière sans analogie avec les droits réels réglementés par la loi civile. En le sanctionnant néanmoins par une action en justice, susceptible d'être exercée devant les tribunaux ordinaires, la jurisprudence lui attribue un caractère profondément différent de celui de la simple affectation administrative telle qu'elle est admise à l'égard des palais épiscopaux (V. *suprà,* n° 417). On a vu, en effet, *suprà,* n° 390, que, cette affectation ne constituant aucun droit pour les évêques, ceux-ci ne peuvent exercer aucune action en justice relativement aux édifices qui en sont l'objet.

420. Une autre question qui, dans ces dernières années, s'est posée plusieurs fois devant les tribunaux est celle de savoir si l'autorité municipale a le droit de disposer des murs extérieurs des presbytères, soit pour y apposer des affiches, soit pour les décorer à l'occasion d'une fête nationale. Deux arrêts de la cour de Poitiers cités *suprà,* n° 416, l'ont résolue négativement, et décidé, en conséquence, que le desservant ne viole pas l'art. 257 c. pén. en faisant enlever les drapeaux qui avaient été placés, contrairement à sa volonté, sur le mur du presbytère par l'autorité municipale. Comme on l'a vu *ibid.,* cette décision repose sur l'idée que

assurément pas usufruitier, bien qu'il l'occupe au même titre qu'il habiterait le presbytère communal; — Considérant que la différence de ces deux situations ressort nettement de la différence de rédaction des deux textes précités, et qu'il faut en conclure: 1° que l'usufruit du desserrant s'étendant à tout le presbytère dépendant de la mense curiale, le maire ne peut pas en pavoiser même les parties extérieures sans l'assentiment du desservant; 2° mais que la commune, de ses droits de propriétaire n'ayant perdu que le droit au logement du prêtre qui la dessert, le maire peut, sans l'assentiment de ce prêtre, et même malgré lui, pavoiser un presbytère communal si, comme l'a fait le maire de Cusay, ne pénétrant point dans l'intérieur de ce presbytère, il n'a pas troublé le desservant dans l'exercice de son

droit au logement; — Considérant que le droit commun prête à cette doctrine l'appui d'un argument d'analogie tiré de l'art. 633 c. civ. qui restreint la mesure du droit d'habitation aux besoins de celui auquel il a été concédé et de sa famille ;
Sur le second moyen: — Considérant que, quel qu'ait été la mobile de l'abbé Parmentier, il n'en a pas moins commis sciemment et volontairement un acte que prohibe la loi pénale, ce qui suffit pour constituer l'intention coupable; — Considérant que de ce qui précède il résulte que le prévenu a commis le délit prévu par l'art. 257 c. pén.;
Par ces motifs, etc.
Du 26 oct. 1883.-Trib. corr. de Langres.-MM. Durand, pr.-Guenot, proc. de la Rép.-Perrin, av.

le titulaire ecclésiastique aurait sur le presbytère un droit exclusif de toute jouissance au profit de la commune. Mais la jurisprudence a, comme on sait, abandonné cette doctrine et elle a admis que le droit de jouissance *sui generis*, qui appartient au curé ou desservant, ne lui donnait pas le droit de s'opposer aux actes de disposition dont il s'agit. Ainsi il a été jugé : 1° que, bien que les desservants aient sur les presbytères un droit de jouissance *sui generis*, qu'ils peuvent faire respecter par les simples particuliers, cependant, au regard de l'autorité municipale, procédant en vertu du droit de propriété de la commune et après l'accomplissement des formalités prescrites par la loi, ils n'ont pas le droit de s'opposer à l'apposition à l'extérieur des presbytères des affiches des lois et autres actes de l'autorité (Crim. rej. 16 févr. 1883, aff. Chincholle, D. P. 83. 1. 361) ; — 2° Que le curé ou desservant ne peut s'opposer à ce que l'autorité municipale fasse pavoiser les murs extérieurs du presbytère à l'occasion de la fête nationale, du moment où l'exercice du droit de jouissance du desservant n'en est ni gêné ni restreint (Crim. cass. 11 nov. 1882, aff. Bergerat, D. P. 83. 1. 361-362) ; — 3° Que, à l'occasion de la fête nationale, le maire peut se passer du consentement du desservant pour faire pavoiser de drapeaux le presbytère communal, pourvu qu'il ne pénètre pas dans l'intérieur de la maison (Trib. corr. Langres, 26 oct. 1883, *suprà*, n° 415) ; — 4° Que le droit de jouissance du curé ou desservant sur le presbytère appartenant à la commune ne fait pas obstacle à ce que le maire ordonne valablement la décoration extérieure des presbytères,

à l'occasion de la fête nationale, et que l'arrêté pris par le maire à cette fin constitue un acte administratif échappant à la compétence de l'autorité judiciaire (Trib. conf. 15 déc. 1883, aff. Fonteny, D. P. 85. 3. 57).

421. La question de savoir quelle est la nature du droit du curé ou desservant sur le presbytère, et les difficultés qui se rattachent à cette question (V. *suprà*, n°s 414 et suiv.), n'existent que dans le cas, d'ailleurs de beaucoup le plus fréquent, où il s'agit d'un presbytère qui, en vertu de l'art. 72 de la loi du 18 germ. an 10, a été attribué à la commune, sous la réserve d'un droit de jouissance au profit du curé ou desservant. Deux autres hypothèses peuvent se présenter. Il peut arriver, d'abord, que le presbytère appartienne à la commune d'une façon absolue, sans être grevé d'aucun droit en faveur du titulaire ecclésiastique. En pareil cas il est certain que ce dernier n'a aucune espèce de droit à faire valoir soit contre les tiers, soit contre la commune ; il n'a qu'une jouissance de fait qui ne saurait être protégée par aucune action en justice. C'est ce qui a lieu lorsque la commune a acquis le presbytère depuis la loi de l'an 10, notamment en vertu d'une disposition à titre gratuit. — Toutefois ses droits pourraient alors être restreints par l'effet d'une clause de la donation ou du legs qui affecterait expressément le presbytère au logement du desservant. Tel est le cas sur lequel a statué une arrêt de la cour de Metz du 8 mai 1866 (1).

Aux termes de cet arrêt, le conseil de fabrique est chargé d'administrer l'immeuble donné avec toutes ses dépendances à une commune avec affectation expresse de loge-

(Commune de Grosbliederstroff *C.* Fabrique de Grosbliederstroff.) — La cour ; — Sur la recevabilité de l'action : — Attendu que l'ancienne paroisse de Grosbliederstroff possédait proprement pour le logement de son curé un presbytère offrant de vastes dépendances en cour, jardin et bâtiments pour remiser la dîme ; — Attendu que ce bien, vendu en vertu des lois révolutionnaires, et passé aux mains d'un sieur Lerminière, fut, en 1809, acheté par plusieurs habitants de Grosbliederstroff, qui en firent ensuite donation à la commune, alors représentée par son adjoint, suivant acte notarié du 27 nov. 1813 ; — Attendu que cet acte contient les stipulations ci-après : « Ils (les donateurs) sont propriétaires d'une maison, grange, écurie, aisances et dépendances et du jardin y attenant, entouré de murs, et de la cour aussi attenante, faisant l'ancienne maison curiale de Grosbliederstroff, que ces mêmes comparants, pour maintenir dans la commune le culte catholique, se sont décidés à donner par les présentes dans la meilleure forme que donation puisse valoir... pour servir de logement du prêtre desservant l'église de Grosbliederstroff et les paroissiens, à charge par l'adjoint de la même commune de faire *opter* ladite donation par S. M. I. et R. conformément aux dispositions de l'art. 937 c. nap., et ce uniquement pour le logement du prêtre desservant, les donateurs se réservant de révoquer les présentes dans le cas contraire, cette condition étant de rigueur et sans laquelle les présentes n'auraient pas eu lieu ; » — Attendu que ce contrat, complété par l'acceptation ultérieure de la commune de Grosbliederstroff dûment autorisée, a eu pour effet de conférer à cette commune la nue propriété de l'immeuble donné, et au desservant de la paroisse l'usage du même immeuble ; — Attendu que le droit d'usage est un droit réel ; que, d'autre part, en reposant d'une manière permanente sur la tête du prêtre desservant, quel qu'il soit, il constitue une affectation spéciale à l'exercice du culte, et rentre ainsi dans la catégorie des biens dont l'administration et la conservation sont confiées au conseil de fabrique ; — Attendu qu'il importe peu à la fabrique de Grosbliederstroff n'ait pas été partie dans la donation du 27 nov. 1813 ; qu'il lui a suffi pour en rendre les dispositions irrévocables de déclarer qu'elle entendait en profiter, et qu'elle a valablement fait connaître sa volonté à cet égard en prenant possession de la maison curiale par les divers ecclésiastiques qui l'ont successivement occupée ; — Attendu qu'à tous ces points de vue la demande de la fabrique est recevable ;

Au fond : — Attendu que la commune a fait, en 1820 et 1821, des travaux au moyen desquels elle a substitué à la portion des anciens bâtiments du presbytère qui n'était pas habitée, une construction nouvelle, comprenant à côté d'un local attribué au curé une salle d'école de garçons, un logement d'instituteur et certaines dépendances pour le service de la municipalité, avec de nombreuses vues directes sur le reste de la maison curiale ; — Attendu que la commune était sans droit pour opérer une semblable innovation, qui violait dans ses clauses fondamentales le contrat de 1813 ; qu'en effet, en se reportant aux termes précis de la donation, aux circonstances dans lesquelles elle est intervenue, notamment au contenu d'une délibération du conseil municipal de Grosbliederstroff, du 9 pluv. an 11, on demeure convaincu que les donateurs et les donataires acceptants ont eu en vue l'intérêt exclusif du culte ; qu'ils ont voulu éviter les inconvénients inhé-

rents aux destinations multiples, et créer pour le presbytère une situation indépendante et avantageuse, en l'isolant de toute possession juxtaposée à la sienne ; — Attendu qu'un droit d'usage ainsi réglé par le titre qui le constitue ne peut subir aucune restriction, à moins du consentement valable des parties intéressées ; — Attendu que les actes émanés de l'autorité administrative, au moment des premières entreprises de la commune, ont eu simplement pour but de régulariser les actes de celle-ci au point de vue de sa propre administration et de ses dépenses ; qu'ils sont complètement étrangers à la fabrique, qui n'a pas été consultée et n'a pris aucune délibération à ce sujet ; qu'ainsi ils ne peuvent préjudicier à ses droits ; — Attendu que le consentement tacite ou exprès, qui pourrait avoir été donné par le desservant de l'époque serait sans effet, aux termes de l'art. 8 du décret du 6 nov. 1813 ; — Attendu que si l'on allait jusqu'à admettre que la fabrique aurait, par son adhésion tacite, ratifié les faits survenus en 1821, cette circonstance serait encore inopérante par le motif que, s'agissant de la distraction d'une partie d'immeuble presbytéral, il aurait fallu, dans tous les cas, provoquer l'avis de l'autorité diocésaine, en observant les formalités prescrites par l'arrêté consulaire du 4 niv. an 11 ; — Attendu que la commune excipe en vain d'une série de faits nouveaux accomplis vers 1837, et consommés par une ordonnance rendue en conseil d'État le 26 septembre de cette année ; — Attendu que cette décision, intervenue dans les conditions indiquées par l'ordonnance royale du 6 mars 1825, a seulement autorisé la réunion aux dépendances de la maison d'école d'une parcelle de 4 ares 40 centiares, distraite du presbytère ; qu'elle ne fournit pas matière à interprétation ; qu'il suffit d'en examiner le texte pour reconnaître qu'elle est étrangère à tout autre objet et qu'elle ne saurait porter en elle-même la consécration des actes de 1820 et de 1821 ; — Attendu qu'on n'est pas plus fondé à prétendre que ces actes, irréguliers dans leur principe, auraient été ratifiés par l'évêché de Metz, qui se serait entendu, soit avec la commune, soit avec la fabrique de Grosbliederstroff, et aurait fait avec elles une convention sanctionnée ensuite par l'autorité royale, le 26 sept. 1837 ; — Attendu, en effet, que lorsque l'autorité diocésaine a donné son avis concernant la distraction réalisée en dernier lieu, elle n'a pas été appelée à s'expliquer sur les faits antérieurs ; que, d'autre part, rien n'établit que le contenu et examiné la véritable teneur de la fabrique et les clauses particulières de l'acte du 27 nov. 1813 ; qu'à ce moment même, la commune, se basant sur des énonciations erronées, se présentait comme ayant acquis à titre onéreux le presbytère qu'elle avait reçu par voie de donation, avec une destination spéciale et exclusive ; — Attendu que de toutes ces circonstances on ne peut tirer une ratification certaine et valable dans le sens de l'art. 1338 c. nap. ; — Attendu que la fabrique ne réclame pas contre les conséquences de l'ordonnance royale du 26 sept. 1837, qui doit recevoir sa pleine et entière exécution ; que, dès lors, son action n'est fondée sur un droit incontestable ;

Par ces motifs, confirme le jugement du tribunal civil de Sarreguemines, du 10 août 1865, en tant qu'il déclare la fabrique intimée recevable et bien fondée dans son action, et il prononce les condamnations qui sont la conséquence de la demande, etc. — Du 8 mai 1866. — C. de Metz, ch. civ. — MM. Alméras Latour, 1er pr. — Roy de Pierrefitte, av. gén. — Rémond, Dommanget et Maguin, av.

ment au desservant. La commune ne reçoit par cette donation que la nue propriété de l'immeuble, la jouissance demeurant exclusivement réservée d'une manière permanente au desservant, quel qu'il soit. Et il suffit que le conseil de fabrique ait pris possession par les divers prêtres occupants de l'immeuble donné, pour qu'on considère comme manifestée son intention d'accepter la donation, bien qu'il n'ait pas pris part à l'acte. Par suite, ce conseil de fabrique est fondé à réclamer l'entière observation de la condition contre les restrictions apportées par la commune au droit d'usage du desservant, et les actes de l'Administration supérieure qui auraient pour objet de consacrer les atteintes de la commune lui demeurent étrangers, s'ils ont été accomplis sans consultation préalable de la fabrique, quand même le desservant aurait donné son adhésion à ces actes. On ne pourrait même pas arguer du consentement tacite du conseil de fabrique, l'autorité diocésaine devant donner son avis sur tout ce qui concerne la distraction d'une partie d'immeuble presbytéral. Il importerait peu même que cette consultation eu lieu et que l'autorité diocésaine ait consenti à la distraction, s'il est établi que ce consentement a été surpris et que l'autorité diocésaine n'a pas été entièrement éclairée sur la situation véritable et ignorait les charges de la donation du presbytère dont la commune a tort acquéreur à titre onéreux.

422. Une autre hypothèse, inverse de la précédente, est celle où le presbytère ferait partie de la mense curiale, ou en d'autres termes des biens formant le patrimoine de la cure, soit qu'il ait été donné ou légué à cette mense, soit qu'il ait été construit à ses frais sur un terrain lui appartenant. Dans ce cas, qui en fait se présente rarement, le curé ou le desservant a sur les autres biens de la cure un véritable droit d'usufruit, en vertu de l'art. 13 du décret du 13 nov. 1807, et ce droit lui assure la jouissance entière et exclusive de l'immeuble. C'est ce qu'a reconnu le jugement du tribunal de Langres, du 26 oct. 1883, rapporté *suprà*, n° 415. De là cette conséquence, relevée dans les motifs du même jugement, que le maire ne pourrait, à la différence de ce qui a lieu quand le presbytère appartient à la commune, en pavoiser les murs sans le consentement du desservant. Cette distinction avait, d'ailleurs, été formulée par M. le procureur général Barbier dans l'affaire jugée par la cour de cassation le 9 juin 1882 (V. *suprà*, n° 415), et elle a été de nouveau mise en relief par M. le commissaire du Gouvernement Gomel, devant le tribunal des conflits, à l'occasion de la décision rendue par ce tribunal le 15 déc. 1883 (V. *suprà*, n° 415).

423. On a réservé *suprà*, n° 395, la question de savoir si l'autorité municipale a le droit d'expulser le curé ou desservant du presbytère qu'il occupe. La jurisprudence ne paraît pas avoir eu à statuer sur cette question, du moins en tant qu'elle se pose à l'égard d'un titulaire actuellement dans l'exercice de ses fonctions. Les principes exposés ci-dessus, en ce qui concerne les droits du curé ou desservant sur le presbytère, en fournissent la solution et paraissent conduire à la distinction suivante : le droit d'expulsion ne saurait appartenir à la commune, non seulement dans le cas exceptionnel où le presbytère fait partie des biens de la cure, mais alors même que la commune en est propriétaire, si son droit de propriété résulte de l'abandon qui lui a été fait en vertu de l'art. 72 de la loi de germinal an 10 ; en ce cas, en effet, le droit de jouissance qui appartient au curé s'oppose à ce que la possession du presbytère qu'il occupe lui soit enlevée. Au contraire, l'expulsion serait possible, à charge bien entendu, par l'autorité municipale, de pourvoir autrement au logement du curé, si le presbytère était devenu la propriété de la commune autrement que par la restitution faite en l'an 10. — Quoi qu'il en soit, d'ailleurs, il ne saurait appartenir, dans aucun cas, à l'autorité administrative d'ordonner l'expulsion du curé ou desservant. Décidé, en ce sens, que le juge des référés a le droit de maintenir le curé en possession provisoire du presbytère, nonobstant la délibération du conseil municipal, approuvée par le préfet, qui ordonne son expulsion (Nîmes, 20 mars 1871, aff. Maire de Lauris, D. P. 72. 2. 95). Est illégal, aux termes du même arrêt, l'arrêté par lequel le préfet enjoint à un curé d'avoir à quitter le presbytère, sous peine d'être expulsé par la force publique.

424. Lorsque les fonctions du curé ou desservant viennent à cesser par une cause quelconque, son droit de jouissance sur le presbytère prend fin par là même dès ce moment, et la commune est fondée à exiger son expulsion. Il en est ainsi, notamment, lorsqu'il est révoqué de ses fonctions. — Décidé, à cet égard, qu'en cas de révocation d'un curé par un décret, rendu à la suite d'une ordonnance de déposition émanée de l'autorité diocésaine, le maire de la commune propriétaire du presbytère peut demander en justice à être mis en possession, sans attendre la nomination d'un nouveau titulaire (Paris, 27 juin 1868, aff. Roy, D. P. 68. 2. 189). Jugé, dans le même sens, que le desservant révoqué n'est pas autorisé à conserver la jouissance du presbytère, et qu'il ne peut se prévaloir des dispositions des art. 8 et 11 du décret du 17 nov. 1811 et de l'art. 27 du décret du 6 nov. 1813, exclusivement applicables en cas de maladie, d'absence ou de suspension (V. *infrà*, n° 425) (Toulouse, 24 déc. 1885, aff. Dussol, D. P. 86. 2. 265). — L'action à fin d'expulsion peut, d'ailleurs, être intentée par la commune seule ; il n'est pas nécessaire que la fabrique agisse ou intervienne (Req. 10 mai 1869, aff. Roy, D. P. 69. 1. 250). — Il faut, bien entendu, pour que l'expulsion du curé ou desservant puisse avoir lieu, que sa révocation soit définitive. Une difficulté a été soulevée à cet égard dans l'espèce sur laquelle a statué l'arrêt précité du 10 mai 1869. Le curé dont l'expulsion était demandée par la commune avait été déposé par une ordonnance de son évêque qui avait été déclarée exécutoire, quant à ses effets civils, par un acte du Gouvernement, lequel était devenu définitif par le rejet du pourvoi dont il avait été frappé devant le conseil d'État. Dans cette situation, on prétendait que l'autorité judiciaire n'avait pu ordonner l'expulsion sans qu'une nouvelle décision de l'autorité diocésaine eût spécialement et préalablement ordonné ou autorisé cette mesure ; et l'on se prévalait, en outre, de ce que l'ordonnance de déposition avait été annulée par le pape. Mais la cour de cassation, devant laquelle ces prétentions étaient formulées pour la première fois, n'a pas eu à les examiner, le moyen ayant été écarté comme nouveau. — V. sur ce point la note jointe à l'arrêt du 10 mai 1869.

425. Aux termes de l'art. 27 du décret du 6 nov. 1813, dans le cas où il y aurait lieu de remplacer provisoirement un curé ou desservant qui se trouverait éloigné du service, soit par suspension prononcée à titre de peine canonique, soit par maladie, ou par voie de police, il est pourvu à l'indemnité du remplaçant provisoire conformément au décret du 17 nov. 1811, c'est-à-dire que le casuel et le tiers du traitement du titulaire seront attribués au remplaçant. On s'est demandé si, en pareil cas, le titulaire temporairement remplacé devait conserver la jouissance du presbytère. Un arrêt du conseil d'État du 4 avr. 1861 (aff. Guerret, D. P. 61. 3. 29), a décidé que cette jouissance ne cesse pas de lui appartenir s'il continue à résider dans la commune. — Cette décision paraît très juridique : l'art. 27 précité ne se réfère qu'au traitement du curé ; il ne s'occupe nullement de la jouissance du presbytère, et cette jouissance constitue d'ailleurs un émolument distinct, et les dispositions relatives au traitement ne sauraient s'y appliquer implicitement. Il a été jugé, de même, que lorsque un procuré est nommé pour remplacer provisoirement un curé, dans le cas prévu par le décret du 17 nov. 1811, ce procuré a droit aux deux tiers du traitement du curé et à la jouissance du casuel ; mais il n'a pas droit à la jouissance du presbytère, qui doit être exclusivement réservée au curé tant que son titre ne lui a pas été retiré (Cons. d'Ét. 20 juin 1867, aff. Roy, D. P. 67. 3. 65). Décidé, dans le même sens, que le droit de jouissance du presbytère ne doit pas être considéré comme un émolument faisant partie du traitement du desservant ; qu'en conséquence, celui-ci peut le réclamer quoiqu'il n'ait pas encore été légalement installé (Toulouse, 24 déc. 1885, aff. Dussol, D. P. 86. 2. 265).

426. Le curé ou desservant n'est tenu que des réparations locatives du presbytère (V. *Rép.* n° 503). Les grosses réparations sont une charge de la commune, mais sauf l'application préalable des revenus et ressources de la fabrique à ces réparations (L. 5 avr. 1884, art. 136, § 12). Quant aux réparations d'entretien, qui ne sont pas purement locatives ou de menu entretien, elles sont, depuis la même loi,

à la charge des fabriques, puisque les communes ne sont aujourd'hui tenues que des grosses réparations (V. *infrà*, n° 531). Mais, si la dépense de ces réparations n'est pas obligatoire pour la commune, rien ne s'oppose à ce qu'elle soit facultativement supportée par celle-ci.

427. En tant qu'usufruitier, le curé a le droit d'embellir, d'améliorer le jardin qui lui est fourni par la commune; mais il lui est interdit d'altérer en rien sa substance, par exemple de modifier la forme, de changer complètement la nature des cultures, de transformer en carré de luzerne un jardin potager ou fruitier (Affre, p. 144).

428. On a dit au *Rép.* n° 503, que le curé ou le desservant n'est pas tenu de payer la contribution foncière du presbytère et du jardin y attenant (L. 3 et 4 frim. an 7; Décis. min. fin. 22 mars 1808). Les presbytères sont, d'ailleurs, affranchis de cet impôt comme établissement d'utilité générale, soit qu'ils appartiennent aux communes, soit qu'ils soient la propriété des fabriques (Cons. d'Et. 12 déc. 1851, aff. Fabrique de Frelinghien, D. P. 52. 3. 28); et il en est de même du jardin, qu'il soit ou non contigu à la maison curiale (Cons. d'Et. 28 janv. 1869, aff. Commune de Joinville, D. P. 70. 3. 95). Mais il n'en serait pas ainsi d'un bâtiment particulier alloué, même gratuitement, à usage de presbytère (Cons. d'Et. 31 janv. 1855, aff. Clicquot, D. P. 55. 3. 67), ou de terrains mis en culture et susceptibles de revenus (Bost, p. 388 et 650), ou d'une maison appartenant à l'évêché et à laquelle l'évêque a donné la destination de presbytère (Cons. d'Et. 31 mars 1859, aff. Archevêque de Bordeaux, D. P. 59. 3. 73. V. aussi Affre, p. 207).

429. Le curé doit-il l'impôt personnel, l'impôt mobilier et celui des portes et fenêtres? (V. *Rép.* n° 503). Les ecclésiastiques ont toujours payé l'impôt personnel, dont les art. 5 et 11 de la loi du 3 niv. an 7 portent le montant au prix d'une journée de travail. Un ecclésiastique logé dans le presbytère par le curé auquel il prête son concours doit l'impôt mobilier pour le logement meublé qu'il occupe (Cons. d'Et. 11 juill. 1879, afl. Boubals, D. P. 80. 3. 2). Sous la Restauration, le clergé était exempt de l'impôt mobilier; mais il le doit aujourd'hui, d'après la valeur locative des parties des bâtiments appartenant à l'Etat, aux

départements, aux communes ou aux hospices, que les ecclésiastiques occupent gratuitement et qui sont affectées à leur habitation personnelle (L. 21 avr. 1832, art. 15). L'art. 27 de la même loi les soumet également à l'impôt des portes et fenêtres. Ces contributions sont dues, non seulement pour le temps pendant lequel le titulaire est resté dans la paroisse, mais encore pour toute l'année, s'il vient à changer de résidence après l'émission des rôles (Bost, p. 650). Une porte formant clôture entre le jardin d'un presbytère et les propriétés voisines, ne peut être imposée à la contribution des portes et fenêtres. La circonstance que le curé peut, en passant sur les propriétés voisines, se rendre par cette porte de son jardin à l'église, n'autorise pas l'imposition (Cons. d'Et. 11 févr. 1857, aff. Maretheu, *Rec. Cons. d'Etat*, p. 115).

Un curé, desservant ou vicaire valide et âgé de moins de soixante ans, est soumis, comme les autres habitants de la commune, à la prestation en nature établie pour l'entretien des chemins vicinaux par la loi du 21 mai 1836, art. 2 et 3 (V. *Rép.* v° *Voirie par terre*, n° 730). Il n'en est exempt qu'autant que les répartiteurs consentiraient à ne pas le porter sur les rôles. Comme tout autre contribuable, il a le choix d'acquitter la taxe en nature ou en argent.

430. Le curé entre en jouissance des biens de la cure du jour de sa nomination (V. *Rép.* n° 504), et non du jour de sa prise de possession, comme le dit Affre, p. 209. Cependant l'action personnelle qu'il intenterait en revendication d'une ancienne dotation de sa cure serait non recevable, s'il ne s'était pas fait envoyer en possession au préalable selon la forme prescrite par l'avis du conseil d'Etat du 25 janv. 1807 (Grenoble, 30 mai 1866) (1). — Dans le cas où il y a lieu à remplacer un curé infirme ou interdit, ni lui ni son remplaçant ne peuvent administrer les biens : le trésorier de la fabrique en demeure chargé (Décr. 6 nov. 1813, art. 27).

431. Le curé doit jouir des biens de la cure en bon père de famille (V. *Rép.* n° 504); il a les droits et les charges imposés à l'usufruitier par le code civil, sauf les modifications et restrictions indiquées *ibid.* Parmi ces modifications, il y a lieu de remarquer celles qui concernent

---

(1) (Curé de Goncelin C. Faure Durif et autres.) — Le 4 juill. 1865, jugement du tribunal de Grenoble ainsi conçu : — « Attendu que les lois des 2 nov. 1789, 19 août 1792 et 13 brum. an 2 ont réuni au domaine de l'Etat la totalité des biens ecclésiastiques, sans exception ; que l'ancienne dotation de la cure de Goncelin n'a pu échapper, à aucun titre, à cette mesure générale, et qu'il faut seulement rechercher si la contenance revendiquée a été rendue ou sa possession recouvrée ; — Attendu que l'art. 72 de la loi du 18 germ. an 10 a rendu aux curés et aux desservants des succursales les presbytères et les jardins attenants, non aliénés ; mais que la restitution prescrite par cette loi ne s'applique qu'aux presbytères et à d'autres biens immobiliers ; qu'au contraire, l'art. 74 interdit l'affectation à des titres ecclésiastiques et la possession par les ministres du culte, à raison de leurs fonctions, d'autres immeubles que les édifices destinés au logement et les jardins attenants ; qu'il n'y a pas de doute sur ce que l'on doit entendre par jardin attenant au presbytère, la définition en ayant été précédemment donnée en termes exprès dans les art. 9 et 10 de la loi du 18 oct. 1790, et 1er de la loi du 20 décembre suivant ; que, notamment, la loi du 18 octobre désigne sous le nom de biens du culte, avant le 2 nov. 1789, dépendaient du presbytère, et dont le sol était en nature de jardin, en quelque endroit de la paroisse qu'ils fussent situés et de quelque étendue qu'ils fussent ; et encore, si le sol n'était pas en nature de jardin, une étendue d'un demi-arpent à prendre sur plus grande contenance ; que l'immeuble litigieux n'a jamais été cultivé en jardin et n'atteint pas l'étendue d'un demi-arpent, et que, par suite, il n'a pas été compris dans la restitution ordonnée par la loi du 18 germ. an 10 ; que le demandeur objecte vainement qu'au 1790, le sol en était sans valeur et aurait par ce motif été adjugé en entier à la cure pour tenir lieu du demi-arpent ; — Qu'en droit, les lois précitées ont limité le jardin presbytéral à raison de la superficie et non de la valeur du sol ; qu'en fait l'adjudication supposée n'a jamais eu lieu ; — Attendu qu'en vertu de l'art. 10 de la loi du 18 oct. 1790, le curé Goncelin avait le droit de réclamer la distraction d'un demi-arpent dudit immeuble pour en former son jardin ; mais que, d'une part, le demandeur ne rapporte preuve d'aucun fait ni d'aucun acte émané d'une autorité quelconque, qui ait opéré la distraction ; que, d'autre part, il résulte de la demande faite en 1791, par le curé Colombet à la commune de Goncelin et encore du rapport adressé par le receveur des domaines à Goncelin à son directeur, le 20 juill. 1818, que le curé

de Goncelin a complètement cessé de posséder aucune parcelle de la contenance prétendue depuis le 2 nov. 1789, soit parce que l'immeuble était couvert par les eaux de l'Isère, soit à raison de la saisie de l'Etat, soit pour toute autre cause ; qu'au surplus, le droit réservé par la loi de 1790 ne peut être confondu avec celui de revendication que le curé de Goncelin voudrait exercer aujourd'hui à l'encontre de tiers possesseurs de l'immeuble ; — Attendu qu'en effet, le logement et le jardin attenant, rendus aux curés et aux desservants, ne sont pas restés attribués au même titre qu'avant 1789, que la propriété en est restée, soit aux communes, soit aux fabriques, et que la jouissance seule leur a été restituée ; que l'avis du conseil d'Etat, du 2 pluv. an 13, interprétant la loi du 18 germ. an 10, considère les presbytères comme propriétés communales, et que toute la législation relative aux cultes, à dater de cette époque, leur a maintenu ce caractère ; que, par suite, le logement du curé et son jardin forment une propriété spéciale et distincte des autres biens que le curé pourrait posséder à titre de biens de cure et auxquels seulement s'applique le décret du 6 nov. 1813 ; que d'après l'avis du conseil d'Etat du 25 janv. 1807, un certain nombre d'immeubles ecclésiastiques non aliénés avaient été exceptionnellement rendus par l'autorité administrative à diverses curés ou même usurpés par les anciens propriétaires ou par leurs successeurs, et ces recouvrements exceptionnels respectés ; qu'à l'égard de ces biens, le curé a tous les droits de l'usufruitier, mais que le demandeur ne peut les invoquer dans l'espèce, l'immeuble dont il s'agit ne lui ayant pas été restitué exceptionnellement, et ses prédécesseurs ne l'ayant aucunement usurpé, pas même possédé depuis 1789 ; — Attendu qu'ainsi l'immeuble revendiqué ne pouvant être réclamé comme bien de cure, mais seulement pour partie à titre de jardin presbytéral, le curé de Goncelin est sans action contre les tiers possesseurs ; que l'action en revendication compète seulement au propriétaire ou à l'usufruitier, mais que le curé de Goncelin n'est ni l'un ni l'autre ; que le droit du curé, dérivant de la loi du 18 oct. 1790, d'obtenir un jardin d'un demi-arpent sur les biens aliénés, tient à sa qualité, ne repose sur aucun immeuble déterminé et ne peut s'exercer contre les tiers, mais seulement contre les personnes civiles chargées par la loi de subvenir aux frais du culte et au logement de ses ministres ; que les droits du propriétaire et de l'usufruitier, quant aux biens ecclésiastiques non aliénés, sont restés, à défaut de restitution officielle et légale ou de prise de possession dès avant le 25 janv. 1807 par les titulaires anciens possesseurs, soit

les réparations des biens de la cure. L'art. 13 du décret du 6 nov. 1813 met à la charge du curé toutes les réparations quelles qu'elles soient (sauf les restrictions énoncées dans le même article pour le cas où les fonds provenant de la cure seraient insuffisants), et non pas seulement les réparations d'entretien, qui incombent seules à l'usufruitier aux termes de l'art. 605. Jugé à cet égard que lorsqu'un immeuble appartient, non à une fabrique, mais à une cure, les dépenses d'entretien ou de réparation des digues destinées à protéger cet immeuble contre un cours d'eau sont à la charge du titulaire de la cure et non à celle de la fabrique ou de la commune (Cons. d'Et. 1er sept. 1865, aff. Reynaud, D. P. 66. 3. 66). Il faut ajouter qu'en ce qui concerne les baux des biens curiaux, la loi du 25 mai 1835 (V. *Rép.* v° *Louage administratif*, n° 25) a permis aux établissements publics d'affermer leurs biens ruraux pour dix-huit ans et au-dessous, sans autres formalités que celles qui sont prescrites pour les baux de neuf années, et qu'elle semble devoir appliquer implicitement aux cures, quoiqu'elle ne les comprenne pas dans son énumération, puisqu'elle a pour but de favoriser l'amodiation des biens ruraux en général.

432. Aux termes de l'art. 14 du décret du 6 nov. 1813, les curés et desservants ne peuvent plaider, soit en demandant, soit en défendant, lorsqu'il s'agit des biens fonciers de la cure, sans l'autorisation du conseil de préfecture et l'avis du conseil de fabrique (V. *Rép.* n° 504). Cette disposition s'applique exclusivement aux biens qui, aux termes de ce décret, sont possédés par la cure; et l'on ne saurait l'étendre ni au presbytère qui appartient à la commune, ni au droit de jouissance sur ce presbytère que la loi confère non à la cure, mais au curé en exercice (V. conf. Riom, 2 août 1881, aff. Commune de Trévol, D. P. 82. 2. 124; Civ. cass. 17 déc. 1884, aff. Dupont, D. P. 85. 1. 289; Dijon, 20 mai 1887, aff. Lavocat, D. P. 88. 2. 246). — Aucun texte n'a modifié l'art. 14 du décret du 6 nov. 1813 (V. Reverchon, *Autorisation de plaider*, 2e éd., n° 134, p. 353; Chauveau et Tambour, t. 2, n° 1141).

433. La dérogation admise en faveur des communes par la loi du 18 juill. 1837 n'est pas applicable aux autres établissements publics, ni, par conséquent, aux cures (V. *Rép.* n°s 504 et 628, et v° *Organisation administrative*, n° 460). Par suite, l'autorisation préalable du conseil de préfecture est nécessaire pour l'exercice de toutes les actions concernant les biens curiaux (Req. 4 févr. 1879, aff. Commune de Mesnil-Rainfray, D. P. 79. 1. 224; Civ. cass. 25 mars 1879, aff. Riou, D. P. 79. 1. 160). Et la dispense d'autorisation admise par l'art. 55 de la loi du 18 juill. 1837 pour les actions possessoires exercées par les maires dans l'intérêt des communes ne s'applique pas aux actions possessoires intentées par les curés ou desservants relativement aux biens des cures. Spécialement, le recteur d'une succursale n'est pas recevable à intenter une action en complainte à l'effet d'être maintenu en possession d'une servitude d'aqueduc existant au profit de dépendances de la mense de son rectorat, s'il n'y a été préalablement autorisé par le conseil de préfecture (Même arrêt du 25 mars 1879). Mais l'autorisation préalable du conseil de préfecture, exigée par le décret du 6 nov. 1813, n'est pas nécessaire lorsque le desservant poursuit simplement la reconnaissance de son droit personnel sur les biens curiaux, sans que le litige soit de nature à compromettre les droits fonciers de la cure (Toulouse, 24 déc. 1885, aff. Dussol, D. P. 86. 2. 265. V. aussi dans le même sens: Civ. cass. 17 déc. 1884, cité *supra*, n° 432) Il en est ainsi surtout lorsqu'il s'agit d'une

instance en référé qui a les caractères d'une mesure conservatoire et qui doit être régie par les mêmes règles que les actions possessoires (Même arrêt).

434. On a vu *supra*, v° *Commune*, n° 885, que, suivant l'opinion qui nous a paru la plus juridique, et qui semble d'ailleurs avoir prévalu, il appartient à l'autorité judiciaire de vérifier si l'autorisation de plaider accordée à un établissement par le conseil de préfecture a été accompagnée des formalités et conditions prescrites par les lois et règlements. La question s'est posée spécialement en ce qui concerne l'autorisation accordée à un curé pour un procès relatif aux biens de la cure sans que le conseil de fabrique ait été appelé à donner préalablement son avis. La cour de cassation, saisie de cette question, ne l'a pas résolue dans son arrêt de la chambre des requêtes du 18 janv. 1869 (aff. Commune de la Chavanne, D. P. 69. 1. 121), parce qu'elle a admis une fin de non-recevoir. Mais, conformément à la doctrine rappelée ci-dessus, il ne semble pas douteux que l'autorité judiciaire, dans le cas même où le conseil de préfecture aurait décidé que l'avis du conseil de fabrique lui était inutile, aurait pu et dû juger, sur l'exception opposée par l'adversaire, que l'action introduite par le curé, sans cet avis, n'était pas recevable.

435. Nous avons dit au *Rép.* n° 505 qu'en cas de décès (et non de mutation) du curé, le juge de paix doit d'office apposer les scellés sur la cure. Cependant, aux termes d'une circulaire ministérielle, du 8 janv. 1884, ce magistrat doit, en général, attendre que cette mesure conservatoire soit demandée par les représentants de la fabrique de la commune ou par l'autorité supérieure (*Bulletin des lois civiles ecclésiastiques*, 1884, p. 191; *Rec. circ. cult.*, t. 4, p. 488).

§ 3. — Des biens des chapitres (*Rép.* n°s 507 et 508).

436. Les chapitres ont, ainsi qu'il a été dit au *Rép.* n° 507, une dotation composée des biens et rentes non aliénés des anciens chapitres, et qui ont été affectés à ceux des diocèses où ces biens sont situés ou les rentes payables, et des biens par eux acquis à titre gratuit ou onéreux. De 1872 à 1877, les dons et legs faits aux chapitres ont atteint le chiffre de 253209 fr. — Nous répéterons au sujet des baux des biens ruraux appartenant aux chapitres l'observation qui a été faite *supra*, n° 431, pour les baux des cures: l'art. 57 du décret du 6 nov. 1813 a été modifié par la loi du 25 mai 1835, en ce que les chapitres peuvent affermer leurs biens ruraux pour dix-huit ans et au-dessous, sans autres formalités que pour les baux de neuf ans (Comp. *supra*, n° 431).

§ 4. — Des biens des séminaires (*Rép.* n° 509).

437. Comme on l'a vu au *Rép.* n° 509, l'Etat a doté les grands séminaires des maisons nationales qui se trouvaient libres au moment où l'organisation de ces établissements fut consommée, et plusieurs d'entre eux furent ainsi pourvus d'édifices qui devinrent la propriété de l'Etat. La loi du 23 vent. an 12, art. 7, qui mettait à la charge de l'Etat les édifices affectés aux séminaires métropolitains, depuis supprimés, n'a pas été modifiée par le décret du 9 avr. 1811 (V. *Rép.* v°s *Commune*, n° 1937; *Domaine de l'Etat*, n° 146; *Organisation administrative*, n° 205), portant concession aux communes des bâtiments nationaux occupés à cette époque pour le service de l'instruction publique; ce décret ne s'applique qu'aux immeubles affectés à l'instruction publique

---

à l'Etat, soit aux communes, soit aux fabriques, sauf les droits contraires acquis par les tiers; que le curé de Goncelin ne peut agir ni au nom de l'Etat, ni au nom de la commune et de la fabrique; que l'Etat paraît avoir renoncé à exercer son action, ainsi que la commune de Goncelin, et que la fabrique, en ayant usé, a succombé dans sa poursuite; — Qu'ainsi le curé de Goncelin est sans droit sur la contenance litigieuse, et que toutes ses conclusions doivent être rejetées, etc. ». — Appel par le curé de Goncelin. — Arrêt.

La cour; — Adoptant les motifs des premiers juges; — Attendu, au surplus en terme résumé de ces motifs, que l'immeuble revendiqué peut être considéré comme bien de fabrique ou provenant d'une ancienne dotation de la cure, le curé de Goncelin serait sans qualité ou non recevable, soit parce que la fabrique,

ayant déjà exercé la revendication, a succombé dans cette action aux termes d'un jugement du 24 févr. 1858 passé en force de chose jugée, soit parce que le curé ne pouvait personnellement agir contre les tiers sans avoir été préalablement envoyé en possession dans la forme prescrite par l'avis du conseil d'Etat du 25 janv. 1807, formalité qui n'a jamais été remplie; — Attendu que si le même immeuble est revendiqué à titre de dépendance du presbytère, le curé est encore sans qualité, l'action appartenant à la commune seule propriétaire; — Attendu que la solution principale qui dérive de ces motifs rend inutile l'examen des conclusions subsidiaires ou accessoires de l'appelant; — Par ces motifs, confirme.

Du 30 mai 1866. -C. de Grenoble, 1re ch.-MM. Charmeil, pr.- Gautier, 1er av. gén.-Cantel et Giraud, av.

rentrant dans les attributions municipales et dont l'établissement et l'entretien étaient à la charge des communes ; il ne comprend pas les maisons alors consacrées au service des grands séminaires et qui sont restées la propriété de l'Etat (Req. 7 avr. 1869, aff. Ville d'Avignon, D. P. 69. 1. 415). Depuis cette époque, l'Etat a fait à plusieurs reprises construire des édifices destinés aux grands séminaires diocésains (V. comme exemple : Décr. 26 janv.-9 févr. 1854, D. P. 54. 4. 29). Jusqu'à ces derniers temps, l'Etat affectait chaque année, sur le budget des cultes, une somme destinée à l'entretien de ces bâtiments. Mais une circulaire ministérielle des cultes, du 26 janv. 1885, a informé les évêques que le Parlement ayant réduit de moitié les crédits destinés à l'entretien et aux grosses réparations des édifices diocésains, l'administration diocésaine devra désormais faire face elle-même à la conservation des bâtiments affectés aux grands séminaires. Ce ne sera d'ailleurs, dit-elle, qu'une compensation de la jouissance purement gratuite que l'Etat lui concède sur ces immeubles. Les travaux n'en devront pas moins être exécutés sous la surveillance et la direction des architectes diocésains (Rec. circ. cult., t. 4, p. 540).

438. On a fait connaître au *Rép.* n° 509 l'organisation et les fonctions du bureau d'administration des biens des grands séminaires : elles ont été déterminées par le décret de 1813. Une circulaire du ministre de la justice du 21 déc. 1863 (D. P. 64. 3. 44), relative aux fonctions du trésorier, a décidé que les trésoriers des séminaires, comme ceux de tous les autres établissements ecclésiastiques, doivent, sans avoir besoin à cet effet d'aucune autorisation, et à peine d'être déclarés responsables en cas d'inaccomplissement, faire tous actes nécessaires pour interrompre la prescription trentenaire, notamment faire dresser, après l'expiration du délai de vingt-huit années, les actes authentiques qui peuvent être exigés en renouvellement des titres de rentes.

Le bureau d'administration n'a point pour mission de restreindre ou de contrôler l'exercice de l'autorité légitime de l'évêque sur son séminaire. Le ministre des cultes le déclarait lui-même dans une circulaire du 4 déc. 1813 (Rec. circ. cult., t. 1, p. LXV), qui suivit de près le décret : mais tous les établissements publics, sans exception, doivent être soumis à un mode de comptabilité uniforme et régulier. Du reste, l'administration des séminaires, qui de la part des évêques est toute de bienveillance et de charité, n'a pas besoin d'être secrète, il suffit que les personnes qui leur font des libéralités ne soient pas nommées, si elles le désirent. Au surplus, la comptabilité reste entre les mains des évêques et du ministre, et le préfet n'y a qu'une part très secondaire. Au fond, malgré les termes de cette circulaire, le but du décret de 1813 a été de placer les grands séminaires, comme d'ailleurs tous les établissements publics dont ils font partie, sous la haute tutelle et la surveillance du Gouvernement. Quoiqu'on ait contesté son autorité, il a force de loi et n'a jamais cessé d'être en vigueur (Av. Cons. d'Et. 25 févr. 1835 ; Vuillefroy, p. 484).

Il importe, dans l'intérêt des séminaires eux-mêmes, que les évêques exécutent avec exactitude les dispositions du décret de 1813, notamment en ce qui concerne les trésoriers des bureaux d'administration, puisque d'un côté, faute d'y avoir satisfait, les personnes qui exerceraient ces fonctions de trésorier, en dehors des prescriptions de l'art. 62, n'auraient aucun caractère légal pour faire les actes de comptabilité ainsi que les poursuites qui leur compètent, et que, d'un autre côté, elles ne pourraient être assujetties à la responsabilité imposée par ces fonctions (Circ. min. cult. 19 avr. 1819 ; 8 janv. 1824, 26 juill. 1831, 30 avr. 1835 ; Vuillefroy, ibid.). — La formation du bureau d'administration a été rappelée par une nouvelle circulaire ministérielle du 7 oct. 1884 (Rec. circ. cult., t. 4, p. 374), qui a invité les évêques à faire connaître au ministre des cultes sa composition dans une forme qu'elle indique. — La même circulaire exige que les comptes des grands séminaires soient toujours exactement rendus dans la forme prescrite par les art. 79 et 80 du décret de 1813, qu'ils soient transmis en double au ministre et qu'ils soient signés du trésorier et de l'économe, civilement responsables de la gestion de l'établissement.

439. C'est l'économe qui est chargé de toutes les dépen-

ses (V. Rép. n° 509) ; mais il faut l'avis du bureau et l'autorisation de l'évêque pour celles qui sont extraordinaires ou imprévues. Ainsi, un séminaire diocésain n'est pas tenu des emprunts qu'a pu contracter son directeur, sans le concours du bureau d'administration et sans autorisation, alors d'ailleurs que cet établissement n'a tiré aucun profit dudit emprunt, dont le produit n'a été employé à aucun de ses services (Bordeaux, 6 févr. 1882, aff. Montméjean, D. P. 84. 2. 79).

440. Les dispositions de l'art. 1er du décret du 4 mess. an 13, qui oblige les receveurs des revenus des établissements publics et les dépositaires des registres et minutes d'actes concernant ces établissements à communiquer, sans déplacement, à toute réquisition, aux préposés de l'enregistrement, leurs registres et minutes d'actes, pour que ces préposés s'assurent de l'exécution des lois sur le timbre et l'enregistrement, avaient été déclarées applicables aux séminaires diocésains par les décisions ministérielles des 7 nov. 1825 et 17 mars 1828. Une décision ministérielle du 16 sept. 1858 en suspendit l'application aux grands et petits séminaires et aux fabriques d'église. Mais une décision du ministre des finances du 8 oct. 1879 et de nouvelles circulaires ministérielles des 23 déc. 1879 et 18 sept. 1882 (Rec. circ. cult., t. 4, p. 54 et 425), les ont remises en vigueur pour les documents d'une date postérieure au 15 janv. 1880 (V. infra, n° 606). — Dans la première de ces circulaires, le ministre rappelle aux évêques les termes de l'instruction adressée aux préposés de l'enregistrement et d'après laquelle les actes de la nature de ceux désignés dans l'art. 78 de la loi du 15 mai 1818, le double des comptes des trésoriers, et les quittances à l'appui, lorsqu'elles excéderont 10 fr., ont continué à être assujettis au timbre. Les communications demandées aux fabriques et séminaires pourront comprendre les divers documents énumérés dans les art. 22 de la loi du 23 août 1871 (D. P. 71. 4. 54) et 7 de la loi du 21 juin 1875 (D. P. 75. 4. 107), qui sont de plein droit applicables à tous les dépositaires assujettis aux vérifications des agents de l'enregistrement par la législation antérieure. Ces communications seront requises par les employés supérieurs dans les localités où ils se rendent pour procéder à des vérifications chez des officiers publics ou ministériels : dans les autres communes, la vérification ne sera faite que si elle a été spécialement prescrite par le directeur ou reconnue utile par l'employé supérieur, à raison de circonstances particulières.

441. Il est nécessaire de faire remarquer que l'art. 67 du décret du 6 nov. 1813, qui oblige les notaires recevant un acte de donation entre vifs ou testamentaire au profit d'un séminaire, à en instruire l'évêque diocésain, a été modifié par les lois des 16-17 juin 1824, art. 7, et 18-25 avr. 1831, art. 17, et que l'art. 69 du même décret relatif aux baux des biens ruraux des séminaires, a été également modifié par la loi du 25 mai 1835 (Comp. supra, n°s 431, 436).

442. L'art. 70 du décret de 1813 exige l'autorisation du conseil de préfecture pour que les séminaires diocésains puissent plaider soit en demandant, soit en défendant (V. Rép. n° 509). C'est l'évêque, représentant le séminaire pour les actes civils (Ord. 2 avr. 1817, art. 3), qui doit demander l'autorisation et qui représente le séminaire en justice (V. Rép. v° Organisation administrative, n° 460). Il en est ainsi tant pour les grands que pour les petits séminaires. Le moyen de cassation pris de ce qu'un petit séminaire a esté en justice sans l'autorisation du conseil de préfecture, est d'ordre public, et peut être proposé pour la première fois devant la cour de cassation (Civ. cass. 27 mai 1862, aff. Bardou, D. P. 62. 1. 215) ; et l'arrêt intervenu sur l'instance, viciée par ce défaut d'autorisation, doit être cassé, même au profit des parties à l'égard desquelles l'autorisation n'était pas nécessaire, s'il y a indivisibilité entre les dispositions de l'arrêt rendu contre ces parties et celles attaquées par le petit séminaire (Même arrêt). Ainsi, lorsque, sur une instance à fin d'annulation d'une donation faite à un petit séminaire par interposition de personnes, l'arrêt intervenu déclare, vis-à-vis du donataire apparent, l'existence de l'interposition, et en conclut, quant au petit séminaire, que la donation est nulle, comme faite en fraude de la condition d'autorisation du Gouvernement à laquelle elle était soumise, la cassation basée sur ce que le petit sémi-

naire n'avait pas été autorisé à ester en justice, doit s'appliquer même au chef déclarant l'interposition de personne, quoique la procédure ait été régulière à l'égard de la partie avec laquelle cette question s'était agitée, ce chef de l'arrêt, et celui qui annule la donation contre le petit séminaire, par voie de conséquence, étant indivisibles (Même arrêt). — Dans une autre affaire (Civ. rej. 10 août 1881, aff. Evêque de Rodez, D. P. 81. 1. 476), la question s'était posée de savoir si le jugement qui a condamné un évêque poursuivi en qualité de représentant légal d'un petit séminaire, est nul pour avoir été rendu sans que cet établissement ait reçu du conseil de préfecture l'autorisation préalable. La cour n'a pas statué sur la question; mais la solution n'en est pas douteuse : elle ne peut qu'être affirmative en présence du décret du 6 nov. 1813, art. 70, et de l'arrêt précité du 27 mai 1862.

443. Les écoles secondaires ecclésiastiques, ou petits séminaires, sont placées directement par le décret de 1813, art. 64, sous l'administration du bureau du grand séminaire (V. *Rép.* n° 309). En conséquence, des comptes séparés doivent être dressés par ce bureau pour chacune de ces écoles existant dans le diocèse et envoyés en double au ministre des cultes (Circ. min. cult. 7 oct. 1881, citée *suprà*, n° 438). Les petits séminaires, étant des établissements d'utilité générale, sont exemptés de la contribution foncière et de celle des portes et fenêtres (Cons. d'Et. 6 juin 1856, aff. Asseline, D. P. 57. 3. 11). Il en est de même de l'impôt de la patente, bien que des difficultés se soient élevées sur ce point (V. Cons. d'Et. 20 juill. 1877, aff. Evêque de Montauban, D. P. 77. 3. 90. V. aussi *infrà*, v° *Patente*).

Art. 4. — Des fabriques (*Rép.* n°ˢ 510 à 660).

444. Ainsi qu'il a été dit au *Rép.* n° 510, le mot *fabrique* a deux significations; il désigne : 1° le corps des administrateurs chargés de gérer les biens et les revenus d'une église, succursale, cure, cathédrale, ou chapelle vicariale, les seuls titres ecclésiastiques auxquels corresponde une administration temporelle particulière (V. *Rép.* n° 513); 2° les biens et les revenus de cette église. Aux termes de l'art. 76 de la loi du 18 germ. an 10, il devait être établi des fabriques pour veiller à l'entretien et à la conservation des temples ainsi qu'à l'administration des aumônes. Comme on l'a vu au *Rép.* n° 511, il existait, par suite de l'arrêté du 7 therm. an 11, deux sortes de fabriques : les fabriques *extérieures*, chargées d'administrer les biens et rentes productifs des revenus, qui avaient antérieurement appartenu aux fabriques et n'avaient pas encore été aliénés, et les fabriques *intérieures*, dont la seule fonction consistait à recueillir les aumônes et offrandes faites pour la décoration des églises (V. sur ce point D. P. 81. 2. 11, note 6). — Ces dernières n'avaient aucune qualité pour posséder des immeubles. Jugé, en ce sens, que la capacité de posséder des biens immobiliers n'a été accordée par l'arrêté de l'an 11 qu'aux fabriques dites extérieures, dont la gestion était confiée à des administrateurs laïques (Bruxelles, 25 mai 1880, aff. Fabrique de Pont-à-Celles, D. P. 81. 2. 11; 21 juin 1880, aff. Fabrique de Marchiennes-au-Pont, *ibid.* V. Affre, p. 7).

Le décret du 30 déc. 1809 abrogea les trois derniers articles de l'arrêté du 7 therm. an 11, et réunit ces deux sortes de fabriques en une seule (V. *Rép.* n° 513), dont il régla les attributions et la composition en s'inspirant surtout des anciens usages administratifs et des règlements appliqués par l'ancienne jurisprudence, car, il est bon de le remarquer, le décret de 1809 a été, en général, rédigé avec l'intention de maintenir ou de s'approprier les dispositions de l'ancien droit qui n'étaient pas, en cette matière, en opposition avec le droit public ou privé, admis en France depuis 1789 (V. Affre, p. 12, note), quoiqu'il ait supprimé les règlements faits par les évêques, antérieurement au 30 déc. 1809, pour les fabriques des églises paroissiales ou autres (Av. Cons. d'Et. 22 févr. 1813).

Comme on le verra plus loin (V. *infrà*, n°ˢ 620 et suiv.), les fabriques ont la personnalité civile; mais cette personnalité est de droit strict, elle n'attribue pas aux fabriques la disposition absolue des églises qu'elles sont chargées d'administrer; leur mission consiste uniquement, à cet

égard, à veiller à l'entretien et à la conservation de ces édifices (Gand, 3 févr. 1883, aff. Fabrique de Saint-Servais de Liège, D. P. 84. 2. 113).

445. On a vu *suprà*, n° 444, que les fabriques ne peuvent exister que près des églises cathédrales, paroissiales ou des chapelles vicariales. Quant aux *annexes*, érigées pour l'utilité de quelques particuliers, sans existence indépendante, et tenant à une église principale, elles procèdent en justice et dans les actes par la fabrique de cette église principale, et reçoivent les dons et legs qui leur sont faits par son intermédiaire. Leur administration intérieure est confiée par l'évêque à certaines personnes qui prennent bien le nom de fabriciens de l'annexe, et c'est à l'évêque que le compte de leur gestion doit être rendu; mais elles n'ont pas de véritable fabrique (Circ. min. 11 mars 1809, *Rec. circ. cult.*, t. 1, p. L; Affre, p. 20-21).

Un décret du 31 oct. 1856 a rendu applicable aux colonies de la Martinique, de la Guadeloupe et de la Réunion, le décret du 30 déc. 1809, concernant les fabriques des églises, et l'ordonnance du 12 janv. 1825, relative aux conseils de fabrique (D. P. 56. 4. 156).

§ 1er. — Du conseil de fabrique et du bureau
(*Rép.* n°ˢ 514 à 535).

446. — I. Conseil de fabrique. — La composition du conseil de fabrique a été exposée au *Rép.* n° 514. — On y a vu que lorsque, par suite de la diminution de la population d'une paroisse, le conseil de fabrique, jusque-là composé de neuf membres, ne doit plus l'être que de cinq, cette réduction doit s'opérer successivement, lors seulement des élections triennales. Une mesure analogue doit être prise, si la population de la paroisse, au lieu de diminuer, s'est accrue et élevée au-dessus de cinq mille âmes et, s'il y a, par conséquent, lieu d'augmenter le nombre des membres du conseil de fabrique. Les nouveaux conseillers doivent être nommés par l'évêque et par le préfet, conformément à l'art. 6 du décret du 30 déc. 1809 (V. *infrà*, n° 465); mais, en ce cas, l'évêque et le préfet ne peuvent user de leur droit de nomination qu'à l'expiration du triennal ordinaire et courant (V. *Journal des conseils de fabrique*, t. 17, p. 197 et suiv. ; Décis. min. cult. 19 avr. 1870, *Bull. lois civ. ecclés.*, 1870, p. 272).

447. D'après ce qui a été dit au *Rép.* n° 514, trois conditions sont exigées pour être éligible au conseil de fabrique; il faut être : 1° catholique; 2° domicilié dans la paroisse; 3° notable.

La première condition doit être entendue en ce sens, qu'il faut n'avoir pas renoncé à la religion catholique et vivre en son sein, quoiqu'il ne soit pas nécessaire d'en remplir exactement les devoirs extérieurs (Décis. min. 21 août 1812; 19 oct. 1813; Lettr. min. cult. 9 oct. 1851; André, t. 3, p. 66).

448. Le candidat doit, à peine de nullité de l'élection, avoir son domicile réel dans la paroisse. Il s'agit là du domicile civil, et non du domicile politique. Une simple résidence de fait ne suffirait pas; une élection de domicile serait également insuffisante. — D'autre part, il est nécessaire qu'au moment de droit se joigne le domicile de fait (Décis. min. cult., 10 mai 1847). — Tout conseiller de fabrique ne doit pas seulement avoir son domicile dans la paroisse au moment de son élection, mais encore il doit l'y conserver pendant toute la durée de ses fonctions (André, t. 2, p. 482). De cette nécessité du domicile, il résulte que nul ne peut être membre de plusieurs conseils de fabrique à la fois (*Journal des conseils de fabrique*, t. 1, p. 173), et que, si le conseiller quitte la paroisse, il peut être regardé comme déchu de son mandat et remplacé par un nouveau membre (Ord. 12 janv. 1825, art. 3; Bost, p. 370).

Si l'église n'est que chapelle vicariale, les membres du conseil de fabrique doivent être choisis dans la circonscription spirituelle, fixée à cette chapelle par l'autorité compétente (Affre, p. 24). — Lorsqu'une paroisse est composée de plusieurs communes, le choix des fabriciens n'est pas limité aux habitants de la commune chef-lieu; ils peuvent être choisis parmi ceux qui sont domiciliés dans les autres communes réunies (Décis. min. cult. 21 déc. 1838; André, t. 3, p. 79). Mais, s'il n'y a qu'une section de commune

dans la paroisse, on ne peut les prendre en dehors de cette section (Affre, *loc. cit.*).

449. La qualité de *notable*, pour l'élection aux fonctions de fabricien, est reconnue aux personnes exerçant ou ayant exercé soit des fonctions publiques, soit des fonctions libérales, aux propriétaires les plus imposés de la paroisse, et à celles qui possèdent des titres de noblesse, pourvu que ces personnes jouissent d'une bonne réputation (Sol. min. cult. 24 févr. 1870, D. P. 71. 3. 90; Bost, p. 370). — D'ailleurs, le mot *notable* doit être interprété largement, surtout dans les paroisses rurales. Ainsi un cabaretier pourrait être élu fabricien (André, t. 3, p. 8). Il en serait autrement d'un homme ne sachant ni lire ni écrire.

450. D'autres conditions encore sont exigées par les dispositions réglementaires de ceux qui se portent candidats au conseil de fabrique. Ainsi ne peuvent faire partie de ce conseil les individus qui ont subi une condamnation correctionelle ou même une condamnation civile, portant atteinte à l'honneur ou simplement à la considération; les fabriciens élus qui se trouveraient dans ce cas pourraient être individuellement révoqués par un arrêté ministériel (Arrêté min. cult. 10 avr. 1826, 28 mai 1858; André, t. 3, p. 10, 11, 12). Mais une condamnation de simple police, à 24 heures de prison, pour injure à un garde particulier, n'est pas une cause d'indignité qui exclut un membre du conseil de fabrique, si cette condamnation est fort ancienne et n'a pas empêché celui qui l'a encourue de jouir constamment de l'estime publique (Décis. min. 14 juin 1848; André, *ibid.*). Sont exclues également les personnes qui se livrent à une profession contraire aux lois de l'Eglise et de la religion, bien qu'elle soit tolérée par l'administration laïque et qu'elle ne soit pas atteinte par les lois.

Bien que les étrangers ne soient pas déclarés incapables par le décret du 30 déc. 1809, on admet qu'ils ne peuvent être nommés membres d'un conseil de fabrique (Sol. min. cult. 24 févr. 1870, D. P. 71. 3. 90. — *Contra* : Bost, v° *Conseil de fabrique*, n° 7).

Le maire ne peut être élu membre du conseil de fabrique, puisqu'il en fait partie de droit (Décr. 30 déc. 1809, art. 4). — Il y a incompatibilité entre les fonctions de fabricien et celle de chantre ou de sacristain de l'église (Décis. min. cult. 30 août 1848 et 2 juin 1864 ; André, t. 3, p. 12), mais non entre ces fonctions et celles de secrétaire de la mairie (*Ibid.*). En Belgique, les gouverneurs et les membres des députations permanentes ne peuvent faire partie d'un conseil de fabrique (Brixhe, p. 258).

451. Les règles concernant l'élection des membres du conseil de fabrique ont été exposées au *Rép.* n°s 518 et 519. Nous compléterons cet exposé par les indications suivantes. — S'il y a partage, on procède à un second tour de scrutin ; si le partage continue, le concurrent le plus âgé est réputé élu : on ne doit jamais tirer au sort entre deux candidats (Av. Cons. d'Et. du 9 juill. 1839 ; Décis. min. cult. 2 avr. 1849; André, t. 4, p. 157). — L'élection des conseillers destinés à remplacer les membres sortants n'est pas soumise à la sanction soit du préfet, soit de l'évêque : elle confère directement aux conseillers élus le droit de siéger (Vuillefroy, p. 336). Pour que l'élection soit valide, il suffit qu'elle soit faite par quatre fabriciens dans les paroisses de cinq mille âmes et par trois dans les autres, y compris les membres de droit (V. *Rép.* n° 518 ; Décis. min. 23 juin 1852 et 3 avr. 1860, D. P. 78. 3. 65, note 2. V. aussi Av. com. lég. Cons. d'Et. 8 févr. 1844). — Un conseil de fabrique peut procéder au remplacement des membres manquants, bien que, sur sept membres dont il doit se composer, il ne compte plus que trois membres en exercice (Sol. impl., Cons. d'Et. 17 mai 1878, aff. Fauverteix, D. P. 78. 3. 65). — Le scrutin n'est formellement prescrit que pour la nomination du président, du secrétaire du conseil de fabrique et des membres du bureau des marguilliers (Décis. min. cult. 25 déc. 1871, Bull. lois civ. ecclés., 1874, p. 154). Pour le renouvellement triennal des conseils de fabrique, l'élection peut avoir lieu soit au scrutin secret, soit à haute voix (Même décision). — Les élections sont constatées par un procès-verbal, inscrit sur le registre des délibérations par le secrétaire et signé de tous les membres présents.

452. Le maire et le curé sont membres de la fabrique pendant tout le temps qu'ils conservent leurs fonctions (V.

Rép. n° 516). Quand le curé bine, il est membre de droit du conseil de fabrique de chacune des paroisses où il bine (Bost, p. 373). Les autres membres le sont pour six ans, excepté à l'époque de la première formation, dans le cas où, tous les membres étant révoqués, le conseil serait entièrement renouvelé, et dans celui où, tous les membres exerçant depuis plus de six ans, le même renouvellement aurait lieu (V. *Rép.* n° 518). C'est une règle générale que, trois ans après la première formation ou après le renouvellement total, tel qu'il a lieu dans les cas indiqués ci-dessus, une partie des membres cessent leurs fonctions. On a indiqué *ibid.* comment il est procédé au renouvellement. Le curé peut se faire remplacer au conseil par un vicaire (V. *Rép.* n° 516), mais non par un simple prêtre habitué. — Le maire, absent ou empêché, peut être remplacé dans les réunions du conseil : 1° par les adjoints, dans l'ordre de leur nomination ; 2° par le conseiller municipal ou, selon les cas, les conseillers municipaux désignés par le conseil municipal ; 3° par les conseillers municipaux pris dans l'ordre du tableau (L. 5 mai 1855, art. 4; 5 avr. 1884, art. 82, 84). Ces remplacements sont facultatifs et, si le conseil ne le maire ne se font point remplacer, le conseil peut néanmoins se tenir en leur absence. Toutefois, le remplacement est obligatoire, lorsque le maire n'est pas catholique; en ce cas, on doit nécessairement convoquer à toutes les assemblées la personne désignée pour le remplacer d'une manière permanente. Si tout le conseil municipal était composé de membres d'un culte dissident, la place du maire ne serait pas remplie (*Journal des conseils de fabrique*, t. 3, p. 122). — L'adjoint chargé de remplacer le maire aux séances du conseil de fabrique, et le conseiller municipal qui peut le remplacer lui-même en cas d'absence ou d'empêchement, doivent justifier de leur qualité pour être admis à la séance du conseil (Lett. min. cult. 13 mai 1864, André, t. 1, p. 81).

453. Bien qu'un conseil de fabrique n'ait pas été renouvelé aux époques fixées, ses membres en exercice n'en doivent pas moins continuer leurs fonctions et délibérer sur les affaires de la fabrique qui leur sont soumises jusqu'à leur remplacement (V. *Rép.* n° 519 ; Affre, p. 27; Ord. 12 janv. 1825, art. 4; Cons. d'Et. 18 juill. 1873, aff. Fabrique d'Allauch, *Rec. Cons. d'Etat*, p. 671). Par suite, l'engagement pris par eux, dans ces conditions, de payer à la commune une somme déterminée pour la restauration de l'église paroissiale est valable et doit être exécuté (Cons. d'Et. 18 juill. 1873 précité). En tout cas, la fabrique ne saurait se soustraire à cet engagement en contestant le caractère obligatoire de la délibération dans laquelle il aurait été pris, alors même qu'elle n'aurait pas été approuvée par l'évêque ou par le préfet (Même décision).

454. Quoique le décret du 30 déc. 1809 et l'ordonnance du 12 janv. 1825 qui l'a complété ne s'expliquent pas sur le point de savoir si les élections ou les nominations des fabriciens peuvent être attaquées, il est certain que l'on peut recourir contre ces élections et ces nominations quand la loi a été violée soit dans la forme, soit dans le droit des électeurs, soit enfin dans la capacité des personnes élues (V. D. P. 78. 3. 65, note). Les élections peuvent être annulées notamment : 1° si les électeurs n'étaient pas fabriciens, c'est-à-dire membres de droit, ou nommés par l'autorité compétente ; 2° si l'on a nommé fabricien ou conseiller une personne non éligible d'après les règles exposées *suprà*, n° 447; 3° si l'élection a eu lieu, sans autorisation spéciale, un autre jour que le dimanche de *Quasimodo* (V. *Rép.* n° 518), ou, quand il s'agit de pourvoir à une vacance accidentelle, un autre jour que celui de la réunion ordinaire suivante (V. *Rép.* n° 519). Un arrêté ministériel, du 12 juin 1843 (André, t. 3, p. 88), a déclaré nulles et irrégulières les élections faites dans un conseil de fabrique sans l'autorisation spéciale de l'évêque et du préfet, le second ou troisième dimanche après Pâques, et non le dimanche de *Quasimodo*. De même, aux termes d'une décision ministérielle de mai 1847, le renouvellement triennal d'un conseil de fabrique dans une séance extraordinaire tenue le dimanche après *Quasimodo*, en vertu d'une autorisation spécialement accordée pour régler les comptes et le budget (André, *ibid.*), est irrégulier, à moins qu'il ne résulte des faits et circonstances la preuve que, dans la pensée de ceux qui ont demandé et accordé l'autorisation, celle-ci pouvait s'appli-

quer à toutes sortes de mesures à prendre dans la séance extraordinaire (Lett. min. cult. 6 juill. 1847).

455. Jusqu'en 1845, la jurisprudence a décidé que le recours devait être formé devant le chef de l'Etat, en conseil d'Etat (Av. Cons. d'Et. 11 oct. 1833, 24 oct. 1834, 7 oct. 1841, 8 févr. 1844, D. P. 78. 3. 65, note 1 ; Lett. min. 6 oct. 1840, *Journal des conseils de fabrique*, t. 7, p. 50). Depuis l'avis du conseil d'Etat, du 15 janv. 1845, ce recours doit être formé par un mémoire remis au préfet, qui le transmet au ministre des cultes, sauf ensuite à déférer au conseil d'Etat la décision du ministre (Décis. min. 15 nov. 1845, 27 janv. 1849, 9 nov. 1849, 24 août 1852, 12 nov. 1868; Cons. d'Et. 17 mai 1878, aff. Fauverteix, D. P. 78. 3. 65, note 1).

456. On a exposé au *Rép.* n° 518 que, si les membres d'une fabrique, par négligence ou par mauvaise volonté, n'opéraient pas le renouvellement du conseil au temps marqué, le curé en préviendrait l'évêque, qui, un mois après, pourrait pourvoir au remplacement des conseillers sortants. L'art. 8 du décret du 30 déc. 1809 était ainsi conçu : « Les conseillers qui devront remplacer les membres sortants seront élus par les membres sortants. Lorsque le remplacement ne sera pas fait à l'époque fixée, l'évêque ordonnera qu'il y soit procédé dans le délai d'un mois, passé lequel délai, il y nommera lui-même et pour cette fois seulement». Sous l'empire de cette disposition, il n'est pas douteux que la mise en demeure qui devait être adressée par l'évêque aux membres du conseil de fabrique, était une condition essentielle du droit de nomination qui lui était conféré à lui-même. Mais l'article précité a été remplacé par l'art. 4 de l'ordonnance du 12 janv. 1825 qui est ainsi conçu : « Si, un mois après les époques indiquées dans les deux articles précédents, le conseil de fabrique n'a pas procédé aux élections, l'évêque diocésain nommera lui-même ». Il n'y a pas là un simple changement de rédaction. La circulaire du 30 janv. 1825 (*Rec. circ. cult.*, t. 1, p. 25), rédigée par le ministre qui venait de préparer l'ordonnance du 12 du même mois, explique que l'art. 2 remet au dimanche de *Quasimodo* la séance du conseil dans laquelle les élections doivent être faites, afin de mieux fixer l'attention par une date remarquable, et d'empêcher que le conseil de fabrique laisse passer, par inadvertance, l'époque après laquelle le droit d'élection ne lui appartiendrait plus. Ainsi une mise en demeure n'est plus nécessaire.

457. Mais à partir de quelle époque court le délai d'un mois? D'après les art. 2, 3 et 4 de l'ordonnance du 12 janv. 1825, ce délai court du dimanche de *Quasimodo*, quand il s'agit du renouvellement périodique du conseil, et du jour de la première séance du conseil qui suit la vacance, en cas de décès ou de démission. L'application de ces dispositions ne présente de difficulté qu'en cas de démission. En règle générale, une démission ne produit ses effets qu'autant qu'elle est acceptée (Cons. d'Et. 10 mars 1864, aff. Darnaud, D. P. 64. 3. 26 ; 13 févr. 1869, aff. Tirard, D. P. 70. 3. 36 ; 6 juin 1873, aff. Lambert, *Rec. Cons. d'Etat*, p. 504; 23 févr. 1877, aff. Electeurs de Ribécourt, D. P. 77. 3. 64 ; Block, 2° éd., v° *Fonctionnaire*, n° 105). La démission d'un membre du conseil de fabrique peut être acceptée, soit par le conseil lui-même, et alors le fait même de l'acceptation fera courir le délai, soit par les supérieurs hiérarchiques (le préfet ou l'évêque) et, dans ce cas, l'acceptation ne produit d'effet à l'égard du conseil qu'autant qu'elle a été portée officiellement à sa connaissance (Bost, p. 376). Cependant, il a été décidé, par le conseil d'Etat, que lorsque les membres d'un conseil de fabrique ont négligé de se réunir aux époques auxquelles devaient avoir lieu trois séances ordinaires, il appartient à l'évêque de remplacer les membres démissionnaires depuis plus d'un mois, bien que, par suite de l'absence de réunion, les démissions n'aient pas été portées à la connaissance du conseil, et bien qu'il n'ait pas été mis en demeure de procéder à de nouvelles nominations (Cons. d'Et. 17 mai 1878, aff. Fauverteix, D. P. 78. 3. 65). En d'autres termes, la mise en demeure de procéder à l'élection résulte des termes mêmes de l'ordonnance de 1825 ; les conseils de fabrique, devant se réunir à des époques déterminées, ne peuvent arguer des irrégularités ayant pour cause la faute qu'ils auraient commise en s'abstenant de tenir aucune séance. Dans une décision du 12 nov. 1868 (aff. Fabrique d'Amfreville), le ministre des cultes a mis en évidence les motifs pur lesquels, en cas de non-réunion, les membres

des conseils ne peuvent rejeter ni sur le desservant, ni sur l'Administration les conséquences de leur négligence et de leur mauvaise volonté : « Il est de principe, disait le ministre, que l'annonce en chaire, bien que généralement adoptée, n'est nullement indispensable. ... La séance ordinaire du conseil de fabrique du dimanche de *Quasimodo* dans laquelle doivent être faites, tous les trois ans, les élections de renouvellement, non plus que les séances ordinaires de juillet, d'octobre et de janvier, n'ont pas besoin de convocations spéciales ; elles ont lieu de plein droit aux époques spécialement déterminées par l'art. 10 du décret du 30 déc. 1809 et l'art. 2 de l'ordonnance du 12 janv. 1825. Les membres du conseil de fabrique peuvent s'y rendre d'eux-mêmes et spontanément pour y exercer leurs droits d'élection. Dans le cas où, par un motif quelconque, la réunion de *Quasimodo* serait ajournée, il est du devoir de chacun des membres du conseil de fabrique de ne pas laisser passer le délai. Tout fabricien peut, à l'effet d'obtenir l'autorisation de se réunir, s'adresser à l'évêque ou au préfet, et même, s'il y a lieu, se pourvoir devant le ministre des cultes » (V. aussi, dans le même sens, Décis. min. cult. 25 oct. 1878, *Bulletin des lois civiles ecclésiastiques*, 1879, p. 79).

458. Nous avons dit au *Rép.* n° 518 que, dans le cas où il y a lieu à la réorganisation ou au renouvellement complet du conseil de fabrique, la nomination doit être faite concurremment par l'évêque et par le préfet. Cette solution a été adoptée par une lettre ministérielle du 2 mars 1833 (*Journal des conseils de fabrique*, t. 4, p. 243, 245). Mais elle a été contredite (V. Affre, p. 27). Il appartient aussi aux autorités diocésaine et préfectorale, et non aux fabriciens eux-mêmes, de nommer les membres nouveaux du conseil, lorsque ce conseil doit être augmenté par suite de l'accroissement de la population de la paroisse (Décis. min. cult. 19 avr. 1870, *Bulletin des lois civiles ecclésiastiques*, 1870, p. 272. V. *suprà*, n° 446).

459. Lorsqu'après des renouvellements omis ou irrégulièrement opérés, un conseil de fabrique s'est plusieurs fois régulièrement renouvelé sans observation de la part des autorités ecclésiastiques et civile, les omissions et irrégularités des renouvellements précédents sont considérées comme couvertes, et le conseil lui-même doit être regardé comme légalement constitué (Av. com. int. Cons. d'Et. 7 avr. 1837 ; Décis. min. cult. 20 janv. 1845 ; *Bulletin des lois civiles ecclésiastiques*, 1884, p. 176). Il en est de même en Belgique (Arrêté royal, 19 nov. 1839, *Journal belge des fabriques d'église*, t. 1, p. 71).

460. Dans le cas où, par suite de mésintelligence existant dans une paroisse entre le maire et le curé, le préfet et l'évêque ne peuvent parvenir à constituer un conseil de fabrique, il n'y a pas lieu, tant que dure cet état de choses, à statuer sur l'autorisation des dons et legs faits à la paroisse non légalement représentée. Mais rien ne s'oppose à ce que les autorités diocésaine et départementale se concertent pour l'organisation et la reconstitution du conseil, sans demander au curé ni au maire des listes de présentation de candidats (Décis. min. cult. 1er févr. 1877, *Bulletin des lois civiles ecclésiastiques*, 1879, p. 43).

461. On a vu au *Rép.* n° 520 que le ministre des cultes a le droit de révoquer le conseil de fabrique et l'on a indiqué dans quels cas il exerce ce droit. — Comme on l'a exposé *ibid.*, la décision du ministre des cultes qui révoque un conseil de fabrique est susceptible d'être attaquée devant le conseil d'Etat par la voie contentieuse. Cette dernière solution doit être entendue en ce sens que la décision du ministre qui prononce la révocation en s'appuyant sur une des causes prévues par l'ordonnance de 1825 ne saurait être attaquée par le motif qu'en fait cette cause n'existerait pas. Ainsi, lorsqu'un conseil de fabrique a été révoqué par le ministre des cultes dans les formes établies par l'art. 5 de l'ordonnance du 12 janv. 1825 et sur le vu de lettres du préfet et de l'évêque, signalant à ce ministre des faits graves de nature à motiver ladite révocation, les membres de ce conseil ne peuvent soutenir que les faits dont il s'agit n'étaient pas graves, et qu'en conséquence, la décision attaquée est entachée d'excès de pouvoir (Cons. d'Et. 27 mai 1863, aff. Lauthier, D. P. 63. 3. 49). De même, lorsque le ministre des cultes, sur la demande de l'évêque

et l'avis du préfet, a prononcé pour cause grave la révocation d'un conseil de fabrique, la question de savoir si les faits allégués (dans l'espèce, l'irrégularité de la composition du conseil) étaient de nature à justifier cette mesure, n'est pas susceptible d'être portée devant le conseil d'Etat par la voie contentieuse (Cons. d'Et. 30 janv. 1874, aff. Martin, D. P. 75. 3. 15). Mais en présence du texte de l'art. 5 de l'ordonnance du 12 janv. 1825, qui accorde le droit de dissolution au ministre « pour défaut de présentation du budget, de reddition des comptes ou autre cause grave », l'arrêté de dissolution serait entaché d'excès de pouvoir, s'il était établi que le préfet, en prenant cette mesure, n'avait pas eu en vue de réprimer une faute commise par le conseil; et en effet, dans toutes les espèces où il a été appelé à statuer, le conseil d'Etat a constaté que le ministre s'était fondé, pour prononcer la dissolution du conseil de fabrique, sur l'existence d'une cause grave, dont l'appréciation échappait à tout contrôle par la voie contentieuse.

Au reste, le conseil d'Etat n'exige pas que l'arrêté de dissolution porte en lui-même la preuve qu'il a été pris dans les conditions prescrites par l'art. 5 précité; cette preuve peut résulter d'autres documents émanés du ministre des cultes. Décidé, en conséquence, que les membres du conseil dissous ne peuvent se prévaloir des termes de la lettre par laquelle le ministre des cultes a communiqué sa décision à l'évêque, pour soutenir que le ministre ne s'est pas fondé, pour prendre cette mesure, sur l'existence d'un fait grave, ainsi que l'exige l'art. 5 de l'ordonnance du 12 janv. 1825, lorsque cette même lettre contient la déclaration que les irrégularités signalées ne permettaient pas de différer la réorganisation du conseil (Cons. d'Et. 5 août 1881, aff. Conseil de fabrique de Châteaugiron, D. P. 83. 3. 14).

462. Le ministre est-il tenu de mettre les membres du conseil de fabrique en demeure de fournir leur défense, avant de prononcer sur la demande de l'évêque tendant à la révocation de ce conseil? L'ordonnance du 12 janv. 1825 ne lui impose pas cette obligation. C'est donc à la nature même de cette révocation qu'il faut s'attacher pour décider si cette formalité est nécessaire. Si la révocation est un acte purement administratif, comme la dissolution d'un conseil municipal, la question doit être tranchée dans le sens de la négative; elle doit l'être au contraire, dans le sens de l'affirmative, si on y attache le caractère d'une sorte de peine disciplinaire. La question a été soulevée devant le conseil d'Etat dans une espèce où l'on demandait l'annulation d'une décision ministérielle portant dissolution d'un conseil de fabrique, parce que les membres de ce conseil n'avaient pas été mis à même de répondre aux reproches formulés contre eux. Mais le conseil n'a pas eu à la résoudre, le grief ayant été rejeté comme mal fondé en fait, parce qu'il était établi que la décision avait été précédée d'une instruction dans laquelle les requérants avaient pu fournir leurs explications (Cons. d'Et. 5 août 1881, cité supra, n° 461).

463. Ainsi qu'il a été dit au Rép. n° 520, l'art. 5 de l'ordonnance de 1825, en indiquant que le ministre des cultes peut révoquer un conseil de fabrique pour toute autre cause grave, a eu en vue toute sorte d'omissions, de négligences ou d'infractions de la part de ce conseil. Ainsi, le fait par un conseil de fabrique de laisser par négligence dépérir et tomber en ruines les bâtiments paroissiaux faute d'entretien, et de s'abstenir de pourvoir aux réparations urgentes dont ils ont besoin, est suffisant pour motiver contre lui une demande de révocation (Bulletin des lois civiles ecclésiastiques, 1883, p. 185). — Il en serait de même si, à défaut de ressources propres, le conseil de fabrique avait négligé, pour les entretien et réparations des bâtiments paroissiaux, de s'adresser au conseil municipal, comme l'y autorise la loi du 5 avr. 1884, art. 136.

464. Un arrêt récent a décidé que le ministre des cultes peut révoquer un conseil de fabrique dans les cas prévus par l'art. 5 de l'ordonnance du 12 janv. 1825, alors même que cette mesure n'a pas été proposée par l'évêque (Cons. d'Et. 19 mars 1886, aff. Costes, D. P. 87. 3. 65). Cette solution est conforme à un avis du conseil d'Etat du 16 nov. 1831, aux termes duquel l'art. 5 de l'ordonnance de 1825 n'a pas entendu donner à l'évêque une initiative exclusive et a réservé au Gouvernement l'appréciation des causes

graves pouvant rendre indispensable une révocation (Conclusions de M. le commissaire du Gouvernement Marguerie devant le conseil d'Etat, D. P. 87. 3. 65). Telle est l'opinion de la plupart des auteurs. M. Gaudry s'exprime ainsi : « Qu'arriverait-il, si une fabrique se rendait coupable de faits graves et que l'évêque ne voulût pas prononcer la révocation? Le ministre pourrait-il d'office la prononcer? Nous le pensons : la proposition de l'évêque et l'avis du préfet ont pour unique objet de prévenir et d'éclairer l'autorité; mais un droit de juridiction est donné au ministre par la loi; il serait donc légitimement exercé si la révélation des faits lui était directement acquise. D'ailleurs, l'autorité supérieure statue sur tout ce qui intéresse l'ordre public, lors même que les chefs administratifs inférieurs garderaient le silence » (Traité de la législation des cultes, t. 3, p. 247). « Il est vrai, dit aussi André, t. 3, v° Fabrique, p. 89, que l'ordonnance ne parle que du cas où la révocation serait demandée par l'évêque, mais nous ne pensons pas que la demande de l'évêque soit une condition expresse et indispensable pour l'exercice du droit de révocation; nous estimons, au contraire, que le ministre peut également prononcer cette révocation soit d'office, soit sur la demande de toute partie intéressée ». Enfin on trouve dans le Journal des conseils de fabrique, t. 1, p. 31, une consultation dans le même sens, délibérée par MM. Berryer, Hennequin, Odilon Barrot, Dupin, Duvergier, Crémieux, Aristide Boué et Millot. A l'appui de cette doctrine, on a fait remarquer que si l'art. 5 de l'ordonnance de 1825 devait être interprété en ce sens que l'évêque peut seul provoquer la révocation, il attribuerait à l'évêque, au point de vue de la mise en mouvement de l'autorité ministérielle, un droit d'initiative qui n'appartiendrait pas au préfet : or, toutes les dispositions de lois qui ont prévu un désaccord possible entre l'évêque et le préfet sur la solution des questions ressortissant à la fois de l'autorité diocésaine et de l'autorité préfectorale, ont placé ces deux autorités sur un pied d'égalité absolue. Entendu dans le sens contraire, l'art. 5 serait en contradiction avec l'esprit général de la législation ecclésiastique.

On peut se demander si ces considérations sont suffisantes pour justifier une interprétation qui, en attribuant aux mots demande et avis dont se sert l'ordonnance de 1825 une portée identique, prête au législateur une confusion peu vraisemblable. Au surplus, la date même où est intervenue cette ordonnance explique à elle seule une disposition conçue dans un esprit opposé à celui qui régnait lors de la rédaction du décret du 30 déc. 1809. Cette explication historique a d'autant plus d'autorité que les autres dispositions de la même ordonnance ont pour but de fortifier l'autorité ecclésiastique dans ses rapports avec les fabriques; c'est ainsi que l'art. 4 donne à l'évêque le droit de nommer les membres du conseil de fabrique, quand le renouvellement n'a pas eu lieu aux époques réglementaires, et que l'art. 7 transfère au curé, dans les communes rurales, le droit de nommer et révoquer certains agents qui dépendaient antérieurement du conseil de fabrique. Il est à remarquer que, nonobstant l'avis émis dans la forme administrative en 1831, le conseil d'Etat, lorsqu'il a été saisi au contentieux de pourvois contre les décisions ministérielles provoquant les révocations de conseils de fabrique, a presque toujours relevé cette circonstance que les mesures avaient été prises sur la demande de l'évêque (Cons. d'Et. 27 avr. 1850, aff. Fontan, D. P. 50. 3. 60; 14 juin 1852, aff. Fondani, D. P. 52. 3. 44; 27 mai 1863, aff. Lauthier, D. P. 63. 3. 49; 30 janv. 1874, aff. Issartier, D. P. 75. 3. 15. V. en ce sens : Affre, 10e éd., p. 29).

465. La révocation peut-elle être prononcée individuellement contre un ou plusieurs des membres du conseil de fabrique? Cette question controversée a été examinée au Rép. n° 520. Aux autorités qui y sont citées en faveur de l'affirmative, il faut ajouter les arrêtés ministériels des 10 avr. 1826 et 28 mai 1858; André, t. 3, p. 11; Affre, p. 29. V. supra, n° 479). — La question de savoir si un membre révoqué est rééligible a été résolue dans le sens de la négative par certains auteurs (V. notamment Bost, p. 384), et l'administration des cultes a adopté ce système. Le conseil d'Etat, saisi d'un recours contre une décision ministérielle qui déclarait expressément inéligibles les membres d'un conseil

dissous, s'est refusé à sanctionner cette opinion; mais, suivant un procédé dont il use assez fréquemment, au lieu d'annuler la décision dont il s'agit, il l'a interprétée dans un sens qui ne paraît pas avoir été celui dans lequel le ministre l'avait édictée, mais qui permettait de la considérer comme régulière ; il a décidé qu'elle devait être entendue en ce sens que le ministre avait voulu faire connaître son intention d'exercer de nouveau son droit de révocation, si les membres révoqués étaient appelés à faire partie du conseil reconstitué (Arrêt du 19 mars 1886, cité suprà, n° 464). « Si le ministre des cultes a le pouvoir de frapper une collectivité, a dit, dans cette affaire, le commissaire du Gouvernement, il n'a pas celui d'atteindre les individus. Il peut révoquer un conseil de fabrique, il n'a pas le droit de révoquer un, plusieurs, ou tous les membres d'un conseil de fabrique : les membres d'un conseil de fabrique révoqué ne sont atteints d'aucune déchéance personnelle... Si le ministre veut obtenir la formation d'un nouveau conseil, il doit procéder par application de l'art. 5, et ce texte emploie le mot *révocation;* il spécifie formellement qu'en cas de révocation, il est procédé à une nouvelle formation de ce conseil, de la manière prescrite par l'art. 6 du décret du 30 déc. 1809. Or, l'application de cet article empêche que le nouveau conseil soit composé identiquement de la même manière que l'ancien, si le ministre donne des instructions dans ce sens au préfet;... la révocation permettra au préfet de nommer, selon les cas, quatre ou deux nouveaux membres qui viendront assister le maire dans le sein du conseil de fabrique. Le droit de révocation n'est donc pas illusoire, alors même que les anciens membres ne seraient pas privés de la faculté d'être renommés, parce qu'il permet de réintroduire dans un conseil de fabrique l'élément administratif résultant des nominations faites à l'origine par le préfet, et qui peut avoir complètement disparu... Les pouvoirs généraux de police qui appartiennent au Gouvernement sur l'organisation des établissements publics ne donnent pas au ministre autorité sur la composition des conseils de fabrique, puisqu'un texte spécial, l'ordonnance de 1825, a été nécessaire pour l'armer du droit de révocation, et que le pouvoir de révocation lui est accordé sous certaines conditions qui ne permettent pas d'en étendre les effets ». — Cette solution est parfaitement justifiée. En droit, lorsque la loi veut rendre impossible la réélection des fonctionnaires révoqués, elle s'en explique toujours formellement; c'est ainsi que l'art. 86 de la loi sur l'organisation municipale, du 5 avr. 1884, reproduisant la législation antérieure, déclare non rééligibles, avant un délai déterminé, les maires et adjoints révoqués par mesure administrative (V. aussi L. 7 juin 1873, art. 3, D. P. 73. 4. 73). En fait, l'expérience démontre combien, dans les petites communes rurales, il est difficile de trouver des citoyens remplissant les conditions nécessaires pour faire partie du conseil de fabrique, et qui consentent à accepter ces fonctions, spécialement celles de trésorier. L'exclusion absolue de tous les membres ayant siégé dans l'assemblée dissoute peut mettre non seulement l'évêque, mais aussi le préfet dans l'impossibilité de désigner, en nombre suffisant, des citoyens remplissant les conditions nécessaires pour faire partie du conseil, et paralyser ainsi, d'une manière absolue, l'administration temporelle de la paroisse. Le conseil d'État a toujours reconnu que les incapacités ne peuvent être créées que par voie de jurisprudence administrative. — L'arrêt précité, en interprétant la décision déférée au conseil d'État comme un simple avertissement par le ministre que c'eût qu'en usant de nouveau de son droit de révocation, donne au ministre la faculté de laisser fonctionner le nouveau conseil, si ceux des membres du conseil révoqué qui seraient appelés à en faire partie lui paraissent pouvoir y siéger sans inconvénient; il jouit, à cet égard, d'un pouvoir discrétionnaire, la réélection n'étant pas considérée comme constituant, par elle-même, une illégalité.

466. Si la révocation n'est que partielle, comment sont remplacés les membres révoqués? Il faut, selon Bost, *loc. cit.,* distinguer. La révocation frappe-t-elle plus de la moitié des fabriciens? Le conseil n'a plus d'existence légale et doit être en entier renouvelé par l'évêque et le préfet. La révocation laisse-t-elle subsister plus de la moitié des membres ?

Ceux-ci remplacent par voie d'élection les révoqués. Si la majorité du conseil persistait à réélire les membres révoqués, il y aurait là, selon le même auteur, un motif suffisant pour révoquer non seulement les membres réélus, mais encore ceux qui les auraient nommés (V. toutefois, suprà, n° 465).

467. Chaque membre du conseil peut en être élu président (V. *Rép.* n° 522; André, t. 4, p. 132), à l'exception du curé de la paroisse et du maire de la commune, qui, étant membres de droit du conseil de fabrique, ne peuvent être portés à la présidence (V. *Rép. ibid.;* Décis. min. 2 et 13 oct. 1810; 24 déc. 1841; 24 août 1842; Sol impl., Cons. d'Et. 10 avr. 1860, aff. Commune de Chassey-les-Montbozon, D. P. 60. 3. 46; Av. Cons. d'Et. 7 févr. 1867, aff. Fabrique de Saint-Médard de Lizy, D. P. 67. 3. 53. V. toutefois, André, t. 4, p. 152; Affre, p. 30; Brixhe, p. 264). Mais à supposer que la présidence du conseil de fabrique ne puisse être attribuée au curé ou desservant, la délibération émanée d'un conseil de fabrique sous cette présidence, pour demander une subvention afférente à une dépense du culte, ne peut pas être critiquée par le conseil municipal à l'appui de son refus de voter la subvention dont il s'agit, si, d'un côté, il n'est pas allégué que la part ainsi prise par le curé ou desservant à la délibération ait eu pour résultat de modifier l'opinion du conseil de fabrique, et si, d'un autre côté, l'élection du desservant comme président de ce conseil n'avait pas été préalablement attaquée comme irrégulière (Décision précitée du 10 avr. 1860). — Si le conseil de fabrique n'a procédé ni dans la séance de *Quasimodo,* ni dans le mois qui a suivi, après avoir toutefois obtenu l'autorisation, à l'élection d'un président, l'évêque n'a pas le droit, quel que soit le délai écoulé, de nommer directement à ces fonctions; il doit se borner à provoquer, en ce cas, la nomination de ce président par le conseil (*Journal des conseils de fabrique,* t. 3, p. 282).

468. Le président peut être remplacé, en cas d'absence ou d'empêchement, non par un vice-président, dont la nomination, effectuée d'avance et pour l'année, serait nulle, mais, d'après une opinion, par le membre le plus âgé du conseil qui est présent à la séance, et, d'après une autre, par le curé (André, t. 4, p. 158). — Le président du conseil entre en fonctions immédiatement après sa nomination (André, t. 4, p. 159). — La voix du président du conseil de fabrique n'est prépondérante en cas de partage que lorsqu'il s'agit de délibérations relatives à la gestion des intérêts de la paroisse. Mais, en matière d'élections pour remplacer les membres sortants ou décédés, le candidat le plus âgé, quand il y a égalité dans le nombre des suffrages, doit, suivant la règle générale, être déclaré élu, alors même que le président aurait voté pour le moins âgé (Av. com. int. Cons. d'Et. 9 juill. 1839 et juin 1853; Vuillefroy, p. 337; Cons. d'Et. 11 août 1859, aff. Lagineste, D. P. 72. 5. 235; Circ. min. 6 et 23 déc. 1871; Bost, *op. cit.,* v° *Conseil de fabrique,* n° 10. — *Contra:* Gaudry, t. 3, n° 984).

469. Le maire ou le curé peut être élu secrétaire du conseil (V. *Rép.* n° 523; Décis. min. cult. 25 déc. 1871, *Bulletin des lois civiles ecclésiastiques,* 1874, p. 154).

470. Les fonctions de secrétaire ne donnent droit à aucune place de distinction ni à l'église, ni au conseil : le secrétaire prend place suivant son rang de nomination (André, t. 4, p. 341). — Sur les attributions du secrétaire, V. les art. 10, 19, 43, 48, 64 du décret du 30 déc. 1809 (Rép. p. 702).

471. Si le conseil de fabrique ne peut, d'après l'art. 9 du décret de 1809, délibérer que lorsqu'il y a plus de la moitié des membres présents à l'assemblée, il faut interpréter cette disposition en ce sens que la délibération peut être prise quand il y a plus de la moitié des membres actuellement en exercice présents à la séance, quand même, par suite des vacances, ce nombre serait inférieur à la moitié des membres devant légalement composer le conseil (Av. Cons. d'Et. 8 févr. 1844, aff. Fabrique de Saint-Prix, D. P. 78. 3. 65, notes 1 et 2; Lettr. min. 23 juin 1852 et 3 avr. 1860, ibid.). — Le conseiller qui s'abstient dans une délibération ne doit pas être considéré comme absent, mais compte pour former le nombre exigé pour la validité de la délibération. Cependant la question est controversée (V. André, t. 2, p. 417). — Si, avant de signer une délibération, mais après qu'elle a été discutée et arrêtée, il se retire un

nombre de conseillers suffisant pour que les membres restants ne forment plus la moitié plus un du conseil de fabrique, la délibération n'en est pas moins valide, pourvu que les membres restants forment la majorité de ceux qui se sont rendus à la séance et ont pris part à la discussion (André, t. 2, p. 418).

Tous les membres présents signent la délibération, alors même qu'ils ne sont pas de l'avis de la majorité sur quelques points (V. Rép. n° 525; Décis. min. cult. 21 déc. 1850; André, t. 2, p. 419). Toutefois, ils ne sont pas réputés démissionnaires pour refus de signer le procès-verbal (Arrêté min. cult. 9 nov. 1849; André, t. 2, p. 419). Mais ils peuvent refuser de signer une délibération, sans que celle-ci cesse d'être valide (Affre, p. 31). — Une lettre collective émanée du bureau des marguilliers et relative à des difficultés survenues entre ce bureau et un tiers, sur l'exécution d'un legs dont ce tiers serait débiteur, n'a pas le caractère d'une délibération. En conséquence, elle ne peut pas être transcrite sur le registre des délibérations et, si elle l'a été, il y a lieu de la radier comme illégale (Décis. min. cult. 23 nov. 1850; Bost, p. 676).

472. Il y a quatre assemblées qui sont de droit (V. Rép. n° 524), et, en outre, des assemblées extraordinaires (ibid.). Les assemblées de droit n'ont pas besoin de convocations spéciales. Elles ont lieu aux époques déterminées par l'art. 10 du décret de 1809 et l'art. 2 de l'ordonnance du 12 janv. 1825 (Décis. min. 12 nov. 1868, aff. Fabrique d'Amfreville, D. P. 78. 3. 65, note 1). Elles ont lieu à l'église, ou à la sacristie ou au presbytère (André, t. 4, p. 320; Affre, p. 32). A défaut, il faut choisir un lieu décent, libre et sûr, et faire mention, dans le procès-verbal de la séance, des motifs qui ont empêché le conseil de se réunir ailleurs (André, t. 4, p. 321). Si, dans certaines circonstances, il peut résulter de la réunion du conseil à l'église des inconvénients graves, l'évêque serait en droit de la défendre, puisque le conseil peut toujours se réunir à la sacristie ou au presbytère (André, t. 4, p. 322). Toute délibération prise en dehors des époques fixées ou d'une autorisation régulière est nulle (V. Rép. n° 524), et, depuis l'avis du conseil d'État du 15 janv. 1845, la nullité en est prononcée par le ministre des cultes (Arrêté min. cult. 4 sept. 1849).

Quand une réunion extraordinaire du conseil est autorisée, le procès-verbal de la séance en doit faire mention. Une délibération ne peut être régulièrement prise dans une séance extraordinaire non autorisée (Arrêté min. cult. 9 nov. 1849; André, t. 4, p. 323). Lorsque l'évêque a donné au conseil l'autorisation de se réunir extraordinairement sans en prévenir le préfet, ce défaut d'avis n'est pas une cause de nullité de la délibération; il en est de même si c'est le préfet qui a donné l'autorisation sans avertir l'évêque (Nouveau Journal des conseils de fabrique, t. 11, p. 330). — Les réunions extraordinaires ne peuvent être autorisées par les sous-préfets, à moins que ceux-ci n'agissent sur l'ordre et par délégation du préfet. — C'est régulièrement au président du conseil qu'il appartient de convoquer les assemblées; dans l'usage, la convocation est souvent faite par le curé; quant au maire, il n'a pas qualité de cet égard et, par suite, la délibération prise dans une séance extraordinaire convoquée par le maire et dans laquelle le conseil se serait occupé d'objets autres que ceux pour lesquels il était autorisé à se réunir, est nulle (Arrêté min. cult. 4 sept. 1849 précité).

473. Nous avons indiqué au Rép. n° 526 les attributions du conseil de fabrique, qui sont d'ailleurs précisées dans les art. 7, 12, 17, 41, 45, 53, 62, 63, 64, 66, 67, 70, 77, 78, 85, 86, 92, 93 du décret de 1809 et dans l'art. 3 de l'ordonnance du 12 janv. 1825. D'après l'art. 12 du décret de 1809, il autorise les dépenses extraordinaires au delà de 50 fr. dans les paroisses au-dessous de mille âmes et de 100 fr. dans celles d'une population plus grande. Par dépense de 50 ou de 100 fr., on doit entendre, dans le sens de cet article, celles qui sont définitives et totales pour un objet, et non celles qui, restreintes à ces sommes dans le moment, obligent à une dépense plus considérable dans l'avenir (Gaudry, t. 3, p. 250). Mais, en exigeant le vote du conseil sur les dépenses excédant 50 ou 100 fr., le décret de 1809 ne limite pas son droit de délibérer. Il peut voter des dépenses, quel qu'en soit le chiffre, sans avoir besoin de ratification ultérieure, sauf, lorsqu'il s'agit de dépenses pour réparations à faire aux bâtiments, à remplir les formalités exigées par les art. 42 et 43 du décret de 1809. On verra, d'ailleurs plus loin, plusieurs cas dans lesquels le conseil de fabrique doit nécessairement intervenir, et qui s'ajoutent aux attributions définies par le Rép. loc. cit.

474. Les membres du conseil de fabrique ne sont pas des fonctionnaires publics (V. Rép. n°s 533 et 535), ni dans le sens de l'art. 75 de la constitution du 22 frim. an 8 (aujourd'hui abrogé, D. P. 70. 4. 94), ni dans celui de la loi du 17 mai 1819 ou de l'art. 6 de la loi du 25 mars 1822, lois également abrogées (Décis. min. 12 juin 1833 et 14 août 1855; Girod, Traité de l'administration des fabriques, p. 24). — Décidé, avant l'abrogation de l'art. 75, que les membres du conseil de fabrique n'étant point agents du Gouvernement, les poursuites exercées contre un maire pour des faits commis par lui en sa qualité de fabricien ne sont pas soumis à la nécessité de l'autorisation préalable (Cons. d'Ét. 21 mars 1857, aff. de Courvol, D. P. 58. 3. 42; 14 avr. 1860, aff. Jarry, D. P. 62. 3. 12). Jugé également, d'une manière générale, que les fabriciens n'étant pas des agents du Gouvernement ne sont pas protégés par la garantie administrative (Aix, 10 févr. 1870, aff. Blanc, D. P. 73. 1. 461). — Toutefois, bien que n'étant pas fonctionnaires publics, les membres d'un conseil de fabrique n'en doivent pas moins, dans l'exercice de leurs fonctions, être considérés comme agissant avec un caractère public (Bruxelles, 10 mars 1879 (1). Conf. Liège, 3 juill. 1874, aff. T..., Pasicrisie belge, 1874. 2. 401). Les fabriciens, qui, également une lettre du ministre des cultes du 24 févr. 1870 (D. P. 71. 3. 90), ne sont pas individuellement des fonctionnaires, mais ils ont collectivement certaines attributions, une certaine somme de pouvoirs; ils exercent dans leurs réunions des fonctions publiques. — Décidé de même que les membres des conseils de fabrique, bien qu'ils ne soient dépositaires d'aucune partie de l'autorité publique, doivent cependant être considérés comme des fonctionnaires publics dans le sens de l'art. 197 c. pén., cet article devant être entendu dans un sens large et comprenant tout citoyen chargé d'un mandat de gestion d'un établissement public placé sous la tutelle de l'État (Crim. rej. 30 oct. 1886, aff. Rogat, D. P.

---

(1) (Coeckelbergs C. Petit-Teurlings.) — La cour; — Attendu qu'il résulte de l'article incriminé, ainsi que des faits constants et reconnus dans le cours des débats, que l'appelant a été calomnié ou diffamé dans cet article, ce n'est pas en sa qualité de ministre du culte, mais à raison de faits relatifs à ses fonctions de membre et secrétaire du conseil de fabrique de l'église de Notre-Dame de Laeken; — Attendu que ce conseil avait été autorisé à construire un bâtiment devant servir de garde-meuble, et que, par sa délibération du 17 déc. 1876, il avait indûment changé la destination de ce bâtiment, dont il avait cédé la jouissance à l'association de Saint-François-Xavier, pour lui servir de lieu de réunion et d'agrément; — Attendu que c'est à raison de cet excès de pouvoir et à l'occasion de la patente de maître de billard et de débitant de boissons dans le local de la fabrique qui a été prise par le concierge Serneels, que l'intimé a dirigé contre l'appelant les imputations incriminées; — Attendu que les conseils de fabrique sont des établissements publics, chargés, dans un intérêt général, de l'administration du temporel des paroisses; que, si les membres de ces conseils ne sont pas des fonctionnaires publics, ils doivent tout au moins être considérés, lorsqu'ils exercent leurs fonctions, comme agissant dans un caractère public; — Attendu que l'acte d'appel porte la date du 29 déc. 1877; que la cause a été introduite dans le courant du mois de janvier 1878 et que, depuis son introduction, elle a été laissée sans suite jusqu'au 2 décembre suivant, date de sa mise au rôle; qu'il s'est écoulé ainsi plus de trois mois sans qu'il ait été posé aucun acte judiciaire; — Attendu que, pour écarter l'exception de prescription, l'appelant s'est borné à alléguer que les imputations de l'intimé doivent être envisagées comme des faits simplement dommageables; mais qu'il ne peut être fait abstraction du caractère délictueux qu'il a lui-même attribué, dans son exploit introductif d'instance, aux faits précis articulés par l'intimé, en déclarant qu'ils sont calomnieux et diffamatoires; —

Par ces motifs et vu le jugement de disjonction du 7 nov. 1877, dit que l'action du demandeur, telle qu'elle a été intentée du chef de l'article visé dans son acte d'appel du 29 déc. 1877, est éteinte par prescription; met hors appel au néant et le condamne aux dépens d'appel. — Du 10 mars 1879. — C. de Bruxelles, 1re ch. — MM. de Prelle de la Nieppe, 1er pr.-Laurent, subst. proc. gén., c. conf. — Desmeth aîné et Huysmans, av.

87. 1. 507). Par suite, les membres d'un conseil qui, révoqués par arrêté du ministre des cultes, ont persisté à se réunir, malgré la notification qui leur a été faite de cet arrêté, sont passibles des peines portées par ledit art. 197 (Même arrêt). La qualification de *fonctionnaire public* a un sens susceptible de varier selon les matières dans lesquelles le fonctionnaire public est appelé à jouer un rôle. Mais il est clair que, d'après les termes et l'esprit de l'art. 197 c. pén., elle embrasse tous ceux qui, chargés d'un mandat public, sont soumis à l'autorité du Gouvernement. Or, les membres des conseils de fabrique sont certainement dans cette situation, puisque le ministre des cultes est armé vis-à-vis d'eux d'un droit de révocation (Ord. 12 janv. 1825, art. 5). — Les membres des conseils de fabrique participent d'ailleurs, dans une certaine mesure, à l'administration de la chose publique, le budget des fabriques comprenant les sommes qui, en cas d'insuffisance de leurs autres ressources, leur sont attribuées sur les fonds des communes (L. 5 avr. 1884, art. 136) (Comp. Crim. rej. 29 mai 1886, aff. Labrugère, D. P. 87. 1. 238. V. *infrà*, v° *Fonctionnaire*).

475. — II. Bureau des marguilliers. — Les trois membres du bureau du conseil de fabrique, nommés les *marguilliers*, élus par le conseil pour trois ans, excepté dans le cas de la première formation (V. *Rép.* n° 526), tirent au sort à la fin de la première année de leur formation le nom de celui d'entre eux qui doit cesser ses fonctions, car il ne sort qu'un marguillier chaque année, et il en est ainsi la seconde année : les suivantes, c'est toujours le plus ancien qui cesse de droit ses fonctions. — Le conseil doit choisir les marguilliers dans son sein : il ne pourrait pas élire des personnes étrangères à la fabrique (Cons. d'Et. 11 oct. 1833, *Journal des conseils de fabrique*, t. 1, p. 180). Si les fabriciens laissent passer le jour fixé par l'ordonnance du 12 janv. 1825 (le dimanche de *Quasimodo*) pour la formation du bureau, ils ne peuvent plus réparer ensuite leur omission (Même décision). — Les marguilliers sont indéfiniment rééligibles (Lettr. min. cult. 19 mai 1853 et 4 nov. 1869; Brixhe, p. 166).

476. Sur les incompatibilités pour cause de parenté ou alliance, V. *Rép.* n° 527. Comme il n'existe pas de lien légal entre l'allié et les parents des alliés, deux beaux-pères et les maris de deux sœurs peuvent être membres du même bureau (Gaudry, t. 3, p. 283). Si deux parents ou alliés sont nommés ensemble membres du bureau, les deux élections sont nulles. Cependant, si l'un d'eux renonce à son élection, la nomination de l'autre ne doit pas être annulée (Cons. d'Et. 26 févr. et 7 mars 1832, *ibid.*).

477. Le maire n'est pas membre de droit du bureau des marguilliers, et il ne peut même en faire partie (V. *Rép.* n° 527; Décis. min. cult. 4 avr. 1811; 25 mars 1831; 28 déc. 1833; 13 mai 1865; 3 août 1870, D. P. 71. 3. 90; Bost, v° *Conseil de fabrique*, n° 16). Il suit de là qu'au cas où le maire ne peut siéger au conseil de fabrique, soit parce qu'il n'est pas catholique, soit par suite d'un empêchement momentané (V. *supra*, n° 452), il ne peut être remplacé par un membre du bureau des marguilliers. Ne pouvant faire partie du bureau des marguilliers, le maire ne serait pas incapable de se rendre adjudicataire des biens aliénés par la fabrique de l'église de sa commune (Même décision du 3 août 1870). Le curé ou desservant, qui est le premier membre du bureau après le président, ne peut le présider (Décis. min. cult. 16 mars 1846, D. P. 47. 3. 16). En effet, aux termes des art. 55 et 56 du même décret, le concours simultané du curé ou desservant et du président du bureau est nécessaire, soit pour signer le récolement des inventaires des meubles et ornements de l'église et des titres et papiers de la fabrique, soit pour certifier conforme à l'original la transcription, sur le registre sommier de la fabrique, des actes de fondation, des baux à ferme ou loyer, etc. Si le curé ou desservant pouvait être nommé président du bureau, ces formalités ne seraient plus remplies par deux personnes, et le double contrôle que la loi a exigé n'existerait plus ; les prescriptions de l'art. 50 ne pourraient plus également être exécutées en ce qui concerne le dépôt des trois clefs de la caisse ou armoire de la fabrique (Même décision). Il n'a donc pas le droit de conserver, *à ce titre*, la troisième clef de l'armoire de la fabrique (Même décision). Mais il peut concourir, avec les autres membres, aux élections du bureau (Décis. min. cult.

25 déc. 1871, *Bulletin des lois civiles ecclésiastiques*, 1874, p. 154).

478. Il y a incompatibilité entre les fonctions de président et celles de secrétaire ou de trésorier du bureau, mais ces fonctions ne sont pas incompatibles avec celles de secrétaire du conseil de fabrique (*Journal des conseils de fabrique*, t. 3, p. 184). Le secrétaire du bureau peut, comme le président, ne pas être le secrétaire du conseil. Mais il est d'usage que la même personne soit investie de ces deux fonctions (Gaudry, t. 3, p. 305).

479. On a vu au *Rép.* n° 529 que, d'après une circulaire ministérielle du 14 nov. 1817, un conseiller municipal ne peut remplir les fonctions de trésorier du bureau des marguilliers. L'opinion contraire est soutenue dans le *Journal des conseils de fabrique*, t. 4, p. 214. Cette dernière paraît devoir être admise tout au moins lorsque la commune n'accorde pas de secours à la fabrique ou qu'elle ne lui en accorde qu'accidentellement et pour un objet déterminé, cas auquel le conseiller municipal élu trésorier pourrait conserver ces dernières fonctions (Gaudry, t. 3, p. 315). La même incompatibilité a été admise en ce qui concerne l'adjoint de la commune (Décis. min. int. 14 nov. 1837 ; Vuillefroy, p. 344, note 2. — *Contrà* : *Bulletin des lois civiles ecclésiastiques*, 1855, p. 71). Au reste cette dernière question ne peut plus se présenter aujourd'hui, l'adjoint faisant toujours partie du conseil municipal. — Il n'y a pas incompatibilité entre les fonctions de trésorier du bureau et des fonctions judiciaires, militaires ou civiles.

Les fonctions de trésorier sont honorifiques : nul traitement ne peut lui être accordé (Gaudry, t. 3, p. 310 ; André, t. 4, p. 494). Il a même été déclaré, dans une lettre ministérielle, que si le trésorier demande un agent pour la tenue de ses écritures ou un caissier adjoint, le conseil de fabrique excède ses pouvoirs en allouant une indemnité à cet auxiliaire (Lett. min. cult. 4 oct. 1834). Mais cette solution rigoureuse ne s'appuie sur aucune disposition législative. De ce que le trésorier n'est pas et ne doit point être payé, il ne s'ensuit pas qu'il soit interdit à la fabrique de lui donner un auxiliaire rétribué, lorsque l'intérêt du service l'exige. En fait, dans les paroisses importantes où la comptabilité des fabriques est très compliquée, on désigne souvent, en dehors même du conseil, un agent salarié pour ce genre de travail. Agir autrement serait rendre souvent impossible l'administration des fabriques dans les grandes paroisses. Cette manière de procéder d'ailleurs avait été consacrée, au moins implicitement, par une décision ministérielle antérieure, d'après laquelle les trésoriers, n'étant pas rétribués, ne peuvent déduire de la recette des frais de perception, *à moins qu'il n'y ait des sommes à recouvrer hors de leur portée et pour la recette desquelles ils soient obligés de salarier des agents locaux* (Décis. min. 15 juin 1811, Vuillefroy, p. 363).

480. Le trésorier n'est pas un *agent comptable* dans le sens de l'ordonnance du 20 nov. 1822, qui établit une incompatibilité entre la profession d'avocat et certaines fonctions (Gaudry, t. 3, p. 312). La nomination du trésorier doit être consignée sur les registres des délibérations du bureau. Elle peut être attaquée pour irrégularité devant le ministre, sauf recours au conseil d'Etat (D. P. 78. 3. 65, note 1). — Lorsqu'il ne se trouve dans la paroisse aucun paroissien qui consente à accepter les fonctions de trésorier de la fabrique et à remplir les devoirs de cette charge, il y a lieu pour le Gouvernement à supprimer la succursale et à en transférer le titre à une autre localité (Décis. min. cult. 24 févr. 1835, *Bulletin des lois civiles ecclésiastiques*, 1873, p. 51).

481. En ce qui concerne les fonctions du trésorier (V. *Rép.* n° 534), elles seront examinées ultérieurement sous les paragraphes de la *comptabilité* des procès des fabriques.

482. Le bureau s'assemble à la sacristie, au presbytère ou dans un lieu attenant à l'église (V. *Rép.* n° 532 ; Affre, p. 40). Mais il n'y aurait pas irrégularité s'il se réunissait chez le président ou tout autre membre du bureau (Gaudry, t. 3, p. 285).

Les fonctions du bureau sont de deux sortes : les premières qu'il remplit par lui-même, les secondes qu'il remplit par l'entremise du trésorier. Quelles qu'il remplit lui-même ont été indiquées par le *Rép.* n° 531. Mais il importe d'en compléter l'énumération. En général, d'abord, le bureau exerce à peu près, dans la fabrique, les fonctions

confiées par la loi au tuteur sur le mineur. — Il doit donc prendre soin des intérêts de la fabrique, comme le tuteur prend soin de la personne du mineur (c. civ. art. 450). Cependant ses obligations ne vont pas jusqu'à soumettre ses membres à l'hypothèque légale qui grève les biens du tuteur (V. Rép. n° 533). Mais elles entraînent à leur égard certaines incapacités destinées à protéger les biens de la fabrique (V. infrà, n° 573). — Le bureau fait seul les dépenses inférieures à 50 ou à 100 fr., selon l'importance de la population. Si elles sont supérieures à ce chiffre, il a besoin d'une autorisation spéciale du conseil à moins qu'elles n'aient été déjà portées au budget pour un chiffre fixe et un emploi déterminé, le conseil ayant déjà délibéré à cet égard (Gaudry, t. 3, p. 294). Il veille à l'acquittement des fondations pieuses (V. Rép. n° 531, et infrà, n° 562).

483. Le bureau nomme les prédicateurs, mais seulement ceux qui viennent par extraordinaire prêcher une station du Carême, de l'Avent ou autres solennités. Il n'intervient dans cette nomination que parce qu'il est appelé à fixer les honoraires des prédicateurs, le curé restant seul juge de leur aptitude morale et religieuse, sous l'autorisation de l'évêque (V. ibid.). Cependant, il a été décidé que les prédicateurs doivent être agréés par le bureau, lors même qu'ils ne demandent aucune rétribution (Décis. min. cult. 17 févr. 1812, Vuillefroy, v° Prédications, p. 450, note a); mais la question reste controversée (V. Nouveau Journal des conseils de fabrique, t. 12, p. 26 ; Gaudry, t. 2, p. 263, et t. 3, p. 297 et 327). De ce que la nomination des prédicateurs appartient au bureau sur la présentation du curé, il résulte qu'une donation faite à une fabrique, pour assurer le payement annuel des honoraires d'un prédicateur, avec cette clause que le curé seul aura le choix et la nomination de ce prédicateur, n'est pas susceptible d'être approuvée (Av. sect. int. Cons. d'Et. 23 déc. 1852, André, t. 4, p. 124 ; Lettr. min. cult. 3 avr. 1861, ibid.) ; et, s'il s'agit d'un legs, la condition portant attribution au curé seul du droit de nomination du prédicateur est nulle, comme contraire à la loi, le legs subsistant (Mêmes décisions).

484. Dans les villes, le bureau nomme et révoque, sur la proposition du curé, les organistes, sonneurs, sacristains, bedeaux, suisses et autres serviteurs de l'église, ainsi que les maîtres de chapelle et les musiciens (V. Rép. n° 531 ; Gaudry, t. 2, p. 335 ; Lettr. min. cult. 6 août 1849, Bull. lois civ. ecclés., 1884, p. 358), et il peut refuser son approbation aux propositions qui lui sont faites dans ce sens (Même lettre). Cependant, il convient, en général, qu'il suive les indications du curé à cet égard (Gaudry, t. 3, p. 299). S'il y a dissentiment entre le bureau et le curé, on en réfère au conseil de fabrique (V. Rép. n° 531), ou à l'autorité supérieure (Lettre précitée du 6 août 1849). Dans les communes rurales, au contraire, le curé peut seul nommer et révoquer les chantres, sonneurs et sacristains (V. Rép. ibid.). — Le curé nomme et révoque aussi, à lui

seul, le sacristain prêtre qui veille aux soins de la sacristie, et le chantre prêtre, qui dirige le chant des offices : au surplus ces fonctions n'existent que dans les grandes paroisses. Enfin, dans toutes les paroisses, il désigne les enfants de chœur.

485. Quant aux prêtres habitués, c'est-à-dire aux ecclésiastiques agréés par le curé ou desservant pour venir en aide aux vicaires légalement institués, mais qui n'ont d'autre traitement que l'indemnité qu'il est souvent d'usage de leur allouer sur les fonds de la fabrique, ils ne sont pas à la nomination du bureau des marguilliers, mais à celle de l'évêque (V. Rép. n° 597). Quand le prêtre habitué est autorisé par l'évêque à dire la messe dans une église pour l'utilité des habitants de la paroisse, la fabrique doit lui fournir les objets de consommation pour le Saint-Sacrifice (Décis. min. 30 avr. 1873, Bull. lois civ. ecclés., 1884, p. 213), sans distinction entre les dimanches et fêtes légales et les autres jours de l'année (Décis. min. 15 juill. 1828, citée ibid.). Mais, si l'autorisation ne provient que de l'évêque et si la messe dite par le prêtre n'est pas d'utilité pour les habitants, la fabrique peut se dispenser de lui faire des fournitures. C'est en ce cas à l'évêque à statuer sur le point de savoir si la messe est utile ou non aux habitants (ibid.). Quant aux ecclésiastiques autres que le curé, les vicaires et les prêtres habitués, ces fournitures peuvent leur être refusées par le bureau (Décis. min. 15 mars 1843 et 30 avr. 1873, citées ibid.).

§ 2. — Des biens des fabriques (Rép. n°s 536 à 561).

486. — I. Biens et rentes restitués ou affectés aux fabriques. — Il s'agit ici des immeubles et des rentes non aliénés et qui formaient la propriété de la fabrique avant qu'ils fussent confisqués par les lois des 24 août et 3 nov. 1793, et ces autres biens, également non aliénés, qui sont énumérés au Rép. n° 537. Le principe de cette restitution est contenu dans l'arrêté du 7 therm. an 11 (V. Rép. n° 537, et infrà, n° 487). L'application de ce principe a donné lieu à d'intéressantes décisions depuis la publication du Répertoire. — Il a été jugé : 1° que, si une paroisse supprimée a été réunie à plusieurs paroisses, aucune de ces paroisses ne peut prétendre avoir un droit exclusif aux biens de celle qui a été supprimée, mais que ces biens doivent être partagés, d'après l'avis des autorités diocésaine et départementale, entre les différentes paroisses auxquelles appartient aujourd'hui le territoire dépendant autrefois de l'église ou de la paroisse supprimée, à la charge d'acquitter proportionnellement les services religieux, s'il y en a, et ce, suivant les réductions faites par voie administrative et de l'avis des évêques (Cons. d'Et. 8 juill. 1818, Rép. n° 637 ; Affre, 10e éd., p. 90 et 91) ; — 2° Que, si la paroisse supprimée est rétablie, à titre de succursale ou de cure, les biens doivent lui être restitués en pleine propriété (C. cass. Belgique, 16 juin 1871) (1). En cas de séparation, les biens donnés ou légués à la fabrique

---

(1) (Fabrique de Saint-Sauveur C. Fabrique de Meulestede.) — En 1843, un arrêté royal détacha de la paroisse de Saint-Sauveur, à Gand, la chapelle succursale de Meulestede, ne faisant en cela que lui restituer son ancienne existence de paroisse distincte et séparée. Le 10 mai 1862, la fabrique de l'église de Meulestede assigna, devant le tribunal de première instance de Gand, la fabrique de l'église de Saint-Sauveur afin de se faire restituer tous les biens, meubles et immeubles, qui étaient la propriété privée de l'église de Meulestede, en vertu du décret du 18 pluv. an 11, avant la réunion des deux paroisses ; de faire procéder au lotissement et au partage de tous les autres biens quelconques, proportionnellement au chiffre de la population des deux paroisses. Le 11 janv. 1864 le tribunal de Gand rendit un jugement aux dépens de la demanderesse, qui fit droit à la réclamation de l'église de Meulestede. Sur l'appel de la défenderesse, la cour de Gand ayant, par arrêt du 15 janv. 1870, confirmé la décision des premiers juges, la fabrique de Saint-Sauveur s'est pourvue en cassation. — Arrêt.

LA COUR ;... — Attendu, quant aux biens ayant appartenu à l'église de Meulestede avant sa suppression, qu'il résulte de l'art. 2 de l'arrêté du 7 therm. an 11 et du décret du 31 juill. 1806, que la réunion des deux églises a été le seul motif de la concession de ces biens à l'église concessionnaire, et que cette concession ne lui a été faite qu'en vue d'y laisser continuer le service de l'église supprimée, et pour que les intentions des donateurs ou des fondateurs fussent remplies ; que dès lors le titre et la cause de cette concession venant à disparaître par la séparation des deux églises, ces

biens doivent faire retour, dans l'espèce, à l'église de Meulestede qui a été légalement rétablie ; — Qu'il est constaté, au surplus, tant par le jugement de première instance que par l'arrêt attaqué que la fabrique demanderesse n'a pas contesté ce principe et qu'elle s'est bornée à méconnaître qu'elle ait été mise en possession de biens de cette nature ; — Attendu, quant aux biens acquis, donnés ou légués pendant la réunion des deux églises ; que celles-ci ont été représentées au même titre pour le temporel du culte, par la fabrique de l'église mère, qui a géré et administré pour et au nom des deux églises ; que les acquisitions effectuées par cette fabrique pendant la durée de cette réunion, et les donations ou fondations qu'elle a été autorisée à accepter, doivent être considérées comme ayant été faites dans l'intérêt commun ; à moins d'une attribution spéciale en faveur de l'une des deux églises ; que sauf cette circonstance, la fabrique de l'une d'elles ne peut donc, en cas de séparation, réclamer, au préjudice de l'autre, des avantages particuliers ; — D'où il suit que c'est avec raison que l'arrêt attaqué décide que la partie demanderesse ne peut s'opposer au partage en sa qualité de propriétaire exclusif desdits biens ; — Attendu d'ailleurs que ces biens étaient destinés à assurer dans les deux églises le service public du culte ; que la séparation de l'une d'elles entraîne donc nécessairement la division et le partage des biens qui y étaient affectés ; — Attendu qu'un principe analogue a été reconnu par l'arrêté du 7 therm. an 11, qui, en exécution du Concordat, a rendu à leur destination les biens des fabriques non aliénés, ainsi que les rentes dont elles jouissaient et dont le transfert n'avait pas été fait, et que ce principe

de l'église principale durant la réunion sont, en l'absence de toute clause spéciale, partagés proportionnellement à la population des deux paroisses (Même arrêt. Conf. Bruxelles, 11 mai 1868, aff. Fabrique de l'église de Woluwe Saint-Pierre, *Pasicrisie belge*, 1871. 2. 454). — Dans le cas où la paroisse supprimée est rétablie à titre de simple chapelle, les biens ne lui sont restitués qu'en simple jouissance, pourvu cependant qu'il soit reconnu que cette distraction laissera à la fabrique, possesseur actuel, les ressources suffisantes pour l'acquittement de ses dépenses (Ord. 28 mars 1820) ; — 3° Que les biens des fabriques, même aliénés et réunis au domaine de l'Etat, par suite de la déchéance des acquéreurs, et encore disponibles, doivent être restitués à ces établissements, nonobstant toutes décisions contraires, à la charge par les fabriques de verser dans la caisse du domaine, pour être remis à l'acquéreur déchu, les acomptes qu'il aurait payés (Décis. min. fin. 26 sept. 1818, Affre, p. 94, note) ; — 4° Que le décret du 30 mai 1806, qui a réuni aux biens des fabriques les presbytères et églises supprimés par suite de la nouvelle organisation ecclésiastique, n'est applicable qu'à ceux de ces immeubles qui étaient restés entre les mains de l'Etat ; qu'en conséquence, une fabrique ne saurait invoquer le bénéfice de ce décret à l'égard d'un presbytère qui a été compris dans les biens abandonnés à une hospice par le décret du 1er jour complém. an 13, en remplacement de ses immeubles et rentes aliénés nationalement: ce presbytère est devenu, par la loi du 9 sept. 1807, confirmative du décret précité de l'an 13, la propriété irrévocable dudit hospice (Cons. d'Et. 29 mai 1850, aff. Fabrique d'Octeville, D. P. 57. 3. 1) ; — 5° Que, lorsque les biens d'une église, supprimée avant 1789, ont été attribués, non pas à l'église métropolitaine, mais au chapitre de celle-ci, à la charge par lui d'acquitter les dépenses nécessaires pour ajouter à la décence et à la majesté du culte dans la cathédrale, la fabrique de ladite cathédrale n'est fondée à réclamer aujourd'hui que la part de ces biens non encore aliénés correspondant à la partie des revenus qui était affectée aux dépenses du culte proprement dit (Cons. d'Et. 13 févr. 1868, aff. Fabrique cathédrale de Bourges, D. P. 70. 3. 11) ; — 6° Que les biens de fondations destinés, antérieurement à la mainmise nationale, aux dépenses du culte, ou chargés de messes anniversaires ou services religieux, ont été seuls restitués aux fabriques par les arrêtés du 7 therm. an 11 et du 28 frim. an 12 ; la restitution n'a point porté sur les biens attribués aux curés pour leur entretien (Bruxelles, 25 mai 1880, aff. Fabrique de Pont-à-Celles, D. P. 81. 2. 11. Comp. Gand, 11 juill. 1872, aff. Fabrique de l'Eglise de Saint-Sauveur, *Pasicrisie belge*, 1872. 2. 356 ; Bruxelles, 25 févr. 1879, aff. Fabrique de l'Eglise Notre-Dame d'Anvers, *Pasicrisie belge*, 1879. 2. 148). En effet, les biens de ces cures n'ont été restitués aux fabriques que dans le cas où ils étaient chargés de fondations. En l'absence de fondations, des arrêtés, décisions ou décrets spéciaux émanés du Gouvernement seraient nécessaires pour établir les droits des fabriques sur ces biens (V. Instr. min. fin. 22 juill. 1807, Affre, p. 95). Toutefois, un arrêt du conseil d'Etat du 14 janv. 1876 (aff. Desservant de Blaslay, D. P. 76. 3. 55) permet aux curés et desservants de demander à être envoyés en possession des biens curiaux non grevés de fondations et qui n'auraient pas été aliénés par l'Administration des Domaines. — Les biens des confréries de pénitents (qui existent en grand nombre dans le midi de la France) appartiennent à la fabrique de la paroisse sur laquelle les confréries sont établies (Trib. Aix, 17 juill. 1878, *France judiciaire*, 1879, p. 40. V. *supra*, n° 304).

487. Quels ont été précisément les effets de l'arrêté du

7 therm. an 11, qui a restitué aux fabriques leurs anciens biens non aliénés ? Les fabriques ont-elles recouvré la pleine propriété de ces anciens biens, ou n'est-ce que la jouissance qui leur en a été rendue, jouissance toujours révocable ? La première solution a été consacrée récemment par le conseil d'Etat ; il a été décidé que l'arrêté par lequel un préfet, en exécution de l'arrêté consulaire du 7 therm. an 11, envoie une fabrique en possession d'un bien lui ayant anciennement appartenu et non aliéné par le Domaine, a pour effet l'abandon au profit de la fabrique des droits de propriété appartenant à l'Etat (Cons. d'Et. 1er avr. 1887, aff. Fabrique de Saint-Roch, D. P. 88. 3. 65). Cette solution est conforme à l'avis des auteurs qui ont examiné la question (V. notamment : *Rép.* n° 539 ; Cormenin, *Droit administratif*, t. 2, p. 248 et suiv.; Gaudry, *Traité de la législation des cultes*, t. 2, p. 483 et suiv.; Dufour, *Traité général de droit administratif*, t. 6, p. 253 ; Vuillefroy, *Administration du culte catholique*, p. 351 et suiv.; Affre, *Administration temporelle des paroisses*, 9e éd., p. 73, et 10e éd., p. 91, 92). Au reste, dans de nombreux arrêts antérieurs, le droit transmis aux fabriques par l'envoi en possession est qualifié de droit de propriété (Rennes, 5 avr. 1824, *Rép.* n° 538 ; Bourges, 7 mai 1838 ; Civ. cass. 13 août 1839, *ibid.* n° 539 ; Civ. cass. 3 avr. 1854, aff. Caron, D. P. 54. 1. 148).

488. On a vu au *Rép.* n° 538 que les fabriques ne sont considérées comme réellement investies de la propriété des biens à elles restitués que par un envoi en possession. Ainsi, il a été décidé qu'elles sont sans qualité pour revendiquer les biens dont la restitution a été ordonnée à leur profit par l'arrêté du 7 therm. an 11, tant qu'elles n'ont pas obtenu du pouvoir exécutif l'envoi en possession (Av. Cons. d'Et. 30 janv. 1807 ; Civ. cass. 26 juin 1850, aff. Roy et d'Albon, D. P. 50. 1. 200.; Civ. cass. 3 avr. 1854, aff. Caron, D. P. 54. 1. 148 ; Bastia, 18 avr. 1855, aff. Romani, D. P. 57. 5. 166; Grenoble, 27 juin 1866, aff. Raynaud, D. P. 68. 1. 77 ; Cons. d'Et. 23 nov. 1849, aff. Fabrique de Rouans ; 9 mars 1850, aff. Fabrique de Chalus ; 6 mai 1853, aff. Fabrique de Tours ; 6 avr. 1854, aff. Commune de Tocqueville-Bénarville, citée dans la note sous Agen, 28 févr. 1870, aff. Fabrique de Marmande, D. P. 71. 2. 161. Conf. Orléans, 19 avr. 1845, *Rép.* n° 539). En effet, le décret du 13 brum. an 2, en incorporant au domaine national tout l'actif affecté aux fabriques des églises, a produit, à l'encontre de ces fabriques, les effets d'une expropriation, et l'arrêté du 7 therm. an 11, qui a prescrit, en principe, que les biens non aliénés des fabriques seraient rendus à leur destination, a subordonné le bénéfice de cette disposition à l'obligation, pour les fabriques, de demander préalablement leur envoi en possession, qu'il est facultatif au Gouvernement d'accorder ou de refuser (Req. 31 mai 1886, aff. Guédeau, D. P. 87. 1. 58. V. conf. les arrêts cités au *Rép.* n° 539, notamment: Civ. cass. 13 août 1839 et Civ. rej. 23 janv. 1843 ; Civ. cass. 26 juin 1850, aff. Roy, D. P. 50. 1. 200 ; Cormenin, *Questions de droit administratif*, v° *Fabrique d'église*; et en sens contraire, Bordeaux, 6 févr. 1838, *Rép.* n° 485; Carré, *Gouvernement des paroisses*, n° 256). Par suite, les fabriques qui n'ont pas accompli cette condition se sont trouvées définitivement et légalement dessaisies des droits qu'elles pouvaient avoir à prétendre sur un de leurs anciens biens (dans l'espèce, un cimetière) resté disponible (Même arrêt du 31 mai 1886). Il en est ainsi, même à l'égard de biens dont l'Etat n'a jamais eu la possession, et que les fabriques auraient conservés entre leurs mains en en dissimulant l'existence. Ainsi, la fabrique n'a pas qualité pour exiger le payement des arrérages d'une rente, à l'égard de laquelle elle n'a pas obtenu d'envoi en possession, alors

---

a également été appliqué par le décret du 31 juill. 1806 à tous les cas où le territoire d'une église supprimée a été réuni au territoire d'une église conservée; — Attendu, d'un autre côté, que le partage ordonné a uniquement pour effet de mettre à la disposition de la fabrique défenderesse une partie de ces biens tels qu'ils étaient possédés par la fabrique de l'église de Saint-Sauveur; — Qu'il suit de là, et des considérations ci-dessus, qu'il est sans intérêt pour la solution du litige de rechercher, si c'est la paroisse, l'église, ou la fabrique, qui en est propriétaire, ni par conséquent quels sont les droits que l'Etat, qui d'ailleurs n'est pas en cause, pourrait avoir sur ces biens ; que partant il devient inutile d'apprécier les motifs de l'arrêt attaqué qui ont trait à

ces questions, le dispositif tel qu'il est libellé se trouvant justifié par les autres motifs de cet arrêt et par ceux qui sont ci-dessus énoncés; — Attendu qu'il résulte de tout ce qui précède que l'arrêt dénoncé n'a contrevenu à aucun des articles de lois et des décrets invoqués par la partie demanderesse, lesquels sont inapplicables à l'espèce, et qu'en statuant comme il l'a fait par son dispositif, il s'est conformé aux principes du droit en cette matière;

Par ces motifs, rejette le pourvoi, etc.

Du 16 juin 1871.-C. cass. de Belgique, 1re ch.-MM. Bosquet, f. f. pr.-Bonjean, rap.-Cloquette, 1er av. gén., c. conf.-de Becker, Voeste et Orts, av.

même qu'elle les aurait touchés pendant un certain nombre d'années (Civ. cass. 3 avr. 1854, aff. Caron, D. P. 54. 1. 148). Il ne suffirait même pas, pour la recevabilité de l'action que l'envoi en possession fût intervenu en cours d'instance (Civ. rej. 26 juin 1850, aff. Roy, D. P. 50. 1. 200; Bastia, 18 avr. 1855, aff. Romani, D. P. 57. 5. 166).

489. L'envoi en possession ne peut être suppléé par l'approbation préfectorale donnée au budget de la fabrique à l'actif duquel ces arrérages se trouvaient portés (Civ. cass. 3 avr. 1854, aff. Caron, D. P. 54. 1. 148), non plus que par l'autorisation de plaider accordée à la fabrique (Bastia, 18 avr. 1855, aff. Romani, D. P. 57. 5. 165).

490. L'exception tirée du défaut d'envoi en possession peut être opposée aux fabriques par les tiers détenteurs des immeubles revendiqués, comme elle pourrait l'être par le domaine de l'Etat lui-même (Même arrêt). L'inobservation des formalités de l'envoi en possession peut être opposée aux fabriques qui demandent l'autorisation d'aliéner d'anciens biens dont elles ont été ainsi mises irrégulièrement en possession (Lett. min. cult. 27 juin 1877, Journal des conseils de fabrique, 1878, p. 39). Mais le défaut d'envoi en possession ne saurait être opposé que par l'Etat seul à une fabrique déjà réellement en possession (Bruxelles, 14 août 1851, aff. Fabrique de l'église d'Antoing C. Ville d'Antoing, Pasicrisie belge, 1852. 2. 176).

491. Le défaut d'envoi en possession n'empêche pas les fabriques de faire tous les actes conservatoires de leurs droits, notamment en ce qui concerne les interruptions de prescription (C. cass. Belgique, 7 nov. 1851, aff. Fabrique de l'église de Rouvroy C. Ministre des finances, Pasicrisie belge, 1852. 1. 73).

492. Cette formalité de l'envoi en possession doit être restreinte à l'hypothèse prévue par l'arrêté du 7 therm. an 11; elle ne s'applique qu'aux biens restitués par l'Etat. Ainsi, une fabrique, demanderesse en revendication d'un terrain, n'est pas obligée d'établir qu'elle a obtenu un pouvoir exécutif l'envoi en possession de ce terrain, si elle se fonde, pour justifier de son droit de propriété, non pas sur les dispositions de l'arrêté du 7 therm. an 11, prescrivant que les biens des fabriques non aliénés soient rendus à leur destination, mais exclusivement sur la prescription trentenaire (Req. 23 janv. 1877, aff. Magnaschi, D. P. 78. 1. 70). D'ailleurs, la fabrique qui demande contre un tiers le délaissement d'un immeuble transmis à celui-ci par l'Etat, en se fondant, non sur l'arrêté du 7 therm. an 11, mais sur la prescription par elle acquise contre l'Etat, n'est recevable dans cette demande qu'autant qu'elle met en cause l'Etat, seul contradicteur légitime en pareil cas (Arrêt du 18 avr. 1855, cité supra, n° 489).

493. Si la rentrée en possession ne peut avoir lieu qu'en vertu d'un arrêté du préfet (V. Rép. n° 543), le préfet n'est pas compétent pour statuer sur la demande d'une fabrique tendant à se faire envoyer en possession, par application du décret du 30 mai 1806, d'un presbytère dont un hospice a été lui-même mis en possession, en vertu du décret du 1er jour compl. an 13, cette demande nécessitant l'interprétation des décrets précités, interprétation qui n'appartient qu'au chef de l'Etat en conseil d'Etat (Cons. d'Et. 29 mai 1856, aff. Fabrique d'Octeville, D. P. 57. 3. 1). Mais l'instance administrative engagée devant le préfet, à fin de remise des biens restitués aux fabriques, est interruptive de prescription à l'encontre des détenteurs de ces biens, lorsqu'ils y sont intéressés (Civ. rej. 24 avr. 1850, aff. Fabrique protestante de Boffsheim, D. P. 50. 1. 200).

494. Le Répertoire a indiqué au n° 545 quels sont, d'après la jurisprudence du conseil d'Etat, les biens qui ont pu être restitués aux fabriques. — Il a été décidé, à ce sujet, que l'arrêté du 7 therm. an 11, qui a rendu aux fabriques leurs anciens biens, n'est pas applicable aux cimetières publics supprimés ou abandonnés, dont les communes ont seules été autorisées à disposer suivant un certain délai et en se conformant aux conditions prescrites par la loi (Agen, 28 févr. 1870, aff. Fabrique de Marmande, D. P. 71. 2. 161).

495. — II. Biens, rentes ou immeubles que les fabriques ont été ou peuvent être autorisées a accepter (V. Rép. n° 559, et infrà, v° Dispositions entre vifs et testamentaires). — De 1872 à 1877, les dons et legs faits aux fabriques et autorisés se sont élevés à 26929138 fr. Une circulaire du garde

des sceaux du 3 nov. 1888 (V. infrà, ibid.), rappelle les prescriptions à observer par les notaires, dépositaires d'un testament fait en faveur d'un établissement public charitable. Rappelons ici seulement, sans entrer dans les détails qui seront exposés ibid., que, contrairement à la jurisprudence inaugurée par un avis du 6 mars 1873 (aff. Fabrique de Villegnon, D. P. 73. 3. 97), et revenant à une jurisprudence antérieure, le conseil d'Etat décide aujourd'hui qu'aucune loi n'ayant accordé aux fabriques d'église (et aux conseils presbytéraux) le droit de fonder ou d'entretenir des écoles, ces établissements n'ont pas capacité pour accepter des libéralités destinées à créer ou à entretenir des établissements scolaires et, dès lors, ne peuvent être autorisés à recevoir des libéralités qui leur sont faites avec cette destination (Av. Cons. d'Et. 13 avr. 1881, aff. Fabrique de Poudis, et aff. Conseil presbytéral de Saint-Germain-en-Laye, D. P. 82. 3. 21); qu'ils ne peuvent non plus être autorisés à accepter des legs qui leur ont été faits pour le service des pauvres (Av. Cons. d'Et. 7 juill. 1881, aff. Fabrique de Saint-Jean-Baptiste de Belleville, D. P. 82. 3. 23).

496. — III. Biens et rentes célés au domaine et dont les fabriques ont été autorisées a se mettre en possession (V. Rép. n° 560). — Sur ce qu'il faut entendre par biens ou rentes, célés au domaine, V. ibid. — Depuis le décret des 27 juill.-24 oct. 1864 (D. P. 64. 4. 118), les révélations de biens célés ne sont plus autorisées, et les allocations accordées aux révélateurs par l'ordonnance du 21 août 1816, art. 3 (V. Rép. v° Hospices, p. 71) sont supprimées.

§ 3. — Des revenus des fabriques (Rép. n° 562 à 596).

497. Parmi les revenus des fabriques qui sont énumérés au Rép. n° 562, il en est un qui n'existe plus aujourd'hui : c'est le produit spontané des terrains servant de cimetières. L'art. 168 de la loi municipale du 5 avr. 1884 a abrogé le paragraphe 4 de l'art. 36 du décret du 30 déc. 1809, qui rangeait au nombre des revenus de la fabrique le produit spontané des terrains communaux affectés aux inhumations, à la charge de veiller à l'entretien du cimetière (art. 37, § 4); désormais, en vertu du paragraphe 9 de l'art. 133 de la même loi, le produit des terrains communaux affectés aux inhumations appartient à la commune (V. Circ. min. cult. 15 mai 1884, Rec. circ. cult., t. 4, p. 519). — Néanmoins les fabriques sont tenues de pourvoir à l'entretien des cimetières, alors même qu'elles ne tirent aucun bénéfice de l'exploitation du monopole des pompes funèbres, et la disposition de l'art. 133 de la loi du 5 avr. 1884 (D. P. 84. 4. 60) ayant un caractère privé, au profit des communes, des produits spontanés des cimetières, n'a pas eu pour effet de les exonérer de cette obligation. C'est du moins ce qui a été jugé par un arrêt de la cour d'Amiens du 29 avr. 1885 (aff. Ville d'Amiens, D. P. 86. 2. 212) et par un arrêt de la cour de cassation, rendu dans la même affaire (Civ. rej. 30 mai 1888, D. P. 88. 1. 257). Mais la question n'est pas sans difficulté (V. la note sur cet arrêt, ibid.).

Nous allons parcourir la liste de ces revenus déjà indiqués au Répertoire, en relevant, pour quelques-uns, les solutions nouvelles qui les concernent.

498. — I. Prix de la location des chaises. — On sait que des bancs et des chaises sont placés dans les églises pour la commodité des fidèles. D'après l'art. 30 du décret du 30 déc. 1809, le placement de ces bancs et chaises ne peut avoir lieu que du consentement du curé ou desservant, sauf recours à l'évêque. Cette disposition s'applique à toutes les modifications que, dans un intérêt d'ordre ou de convenance, le curé juge à propos d'apporter à ce placement (Civ. cass. 22 avr. 1868, aff. Fabrique de Dommartin, D. P. 68. 1. 301. V. supra, n° 244). — Au curé seul appartient le droit de juger si l'exercice du culte n'est pas gêné par le placement de ces bancs et chaises (Décis. min. cult. 25 janv. 1812; André, t. 1, p. 442). Et l'autorité judiciaire n'est pas compétente, soit pour statuer sur le placement (Cons. d'Et. 12 déc. 1827; André, t. 1, p. 443), soit pour décider si le curé peut déplacer les bancs et réduire le nombre des places qu'ils contiennent (Arrêt précité du 22 avr. 1868). — De même, l'autorité administrative n'a pas compétence pour intervenir dans ces questions de déplacement, réduction ou suppression des bancs (Décis. min. 3 avr. 1806, 27 juin 1807; André,

t. 1, p. 446). Par suite, il appartient à la fabrique, et non au conseil municipal, d'apprécier s'il convient de placer dans l'église des bancs ou des chaises et d'adopter celui de ces deux modes qui lui paraît le plus avantageux (Décis. min. int. 8 juill. 1868, *Bull. lois civ. ecclés.*, 1874, p. 150). Ce droit est absolu et s'applique non seulement quand la fabrique peut supporter la dépense des bancs ou des chaises, mais encore lorsque, pour y pourvoir, elle est forcée de réclamer le concours de la commune (Même décision). — Il a été décidé pourtant que les contestations concernant la distribution, l'emplacement et la forme des bancs et chaises dans les églises, sont de la compétence administrative (V. *Rép.* v° *Compétence administrative*, n° 149, *in fine*).

499. Les fabriques ont le droit de louer des chaises ou des bancs mobiles, quoique les fidèles aient celui d'assister aux offices religieux sans être soumis à l'acquittement d'une taxe d'entrée (Décr. 18 mai 1806), et que, dans le but de maintenir ce droit intact, une place doive être réservée dans l'église pour que les fidèles qui ne louent ni chaises, ni bancs, puissent *commodément* entendre les instructions ou suivre les offices, laquelle place est ordinairement délimitée dans les bas-côtés ou nefs extérieures (V. *Rép.* n° 565). En se servant de l'expression *commodément*, le décret de 1806 n'a pas entendu que la place serait garnie de bancs ou de chaises (Campion, *Manuel de droit civil ecclésiastique*, p. 40).

Un particulier a le droit d'apporter pour sa commodité une ou plusieurs chaises à l'église, à moins que le conseil de fabrique ne l'ait défendu (Décis. min. 3 déc. 1864, 18 mars 1865, 30 juill. 1868, *Bull. lois civ. ecclés.*, 1884, p. 356). Celui qui, contrairement à une défense légale et régulière, a apporté à l'église une chaise dont il se sert, doit la rétribution fixée pour les chaises louées (Mêmes décisions. V. *Rép.* n° 567).

500. L'évêque diocésain a-t-il le droit de réduire le prix de location des chaises dans les églises au-dessous du taux déterminé par les conseils de fabrique? Cette question a été résolue implicitement dans le sens de la négative par une circulaire de l'archevêque de Paris, du 20 janv. 1847 (D. P. 47. 3. 79), et explicitement par une note ministérielle, du 19 nov. 1848. En tous cas, les curés doivent veiller : 1° à ce que l'espace qui doit rester libre dans les églises, pour être gratuitement occupé par les fidèles, soit maintenu dans la proportion indiquée au décret du 30 déc. 1809 ; 2° à ce que le prix des places soit affiché dans les églises ; 3° à ce que les fidèles ne soient jamais contraints à occuper deux chaises ; 4° à ce que le prix des chaises ne soit pas exigé deux fois, pour deux offices qui se succèdent sans interruption.

501. Aucun paroissien n'est légalement dispensé de payer à l'église le prix de sa chaise. Mais des exemptions peuvent être accordées par le conseil de fabrique (Champeaux, *Code des fabriques*, t. 2, p. 213, n° 18). Il n'est pas dû de places gratuites aux enfants du culte catholique conduits à l'église par les instituteurs ou institutrices primaires les jours de dimanches et fêtes ; par suite, les fabriques peuvent leur retirer les bancs dont ils avaient joui jusqu'alors sans rétribution (Décis. min. cult. 19 sept. 1872, *Bull. lois civ. ecclés.*, 1873, p. 89).

502. Le décret du 13 therm. an 13, qui autorise le prélèvement d'un sixième sur le produit de la location des chaises pour venir au secours des prêtres infirmes, est encore en vigueur (V. Décr. 20 et 22 déc. 1812, 22 juin 1813, qui ont approuvé des règlements faits pour l'emploi de ce prélèvement par l'évêque de Rennes et par les archevêques de Paris et de Toulouse, *Journal des conseils de fabrique*, t. 3, p. 239). A Paris la retenue n'est que du dixième (Affre, p. 112). Le décret du 12 juin 1885 qui a réorganisé la caisse de secours des prêtres âgés ou infirmes du diocèse d'Angers a autorisé (art. 2) un prélèvement annuel de 7 pour 100 au profit de cet établissement sur la location des bancs, chaises et places dans les églises (*Rec. circ. cult.*, t. 4, p. 552).

Ce prélèvement autorisé au profit des prêtres âgés ou infirmes doit être effectué après déduction des sommes dépensées par les fabriques non seulement pour l'établissement des bancs et chaises, mais encore pour leur renouvellement total ou partiel (Lett. min. cult. 24 avr. 1878, *Bull. lois civ. ecclés.*, 1881, p. 47 ; Affre, p. 112).

503. Dans le cas où la perception de la location des chaises est mise en ferme (V. *Rép.* n° 566), il n'est pas nécessaire de recourir au ministère d'un notaire pour l'adjudication ; il n'est pas indispensable non plus de procéder par soumissions écrites et cachetées (Gaudry, t. 2, p. 594). Il appartient au bureau des marguilliers de surveiller la perception, afin qu'il ne soit pas exigé un prix supérieur au tarif (V. *supra*, n° 500). Le régisseur ou receveur des chaises est soumis à la patente (Cons. d'Et. 24 avr. 1874, aff. Durand, *Rec. Cons. d'État*, p. 462), s'il est adjudicataire ou concessionnaire du produit de la location des bancs et chaises qu'il perçoit à ses risques et périls, mais non, s'il ne le perçoit que comme simple employé ou préposé salarié de la fabrique (Affre, p. 112). C'est au conseil de fabrique qu'il appartient, dans les communes rurales, de nommer ou révoquer cet agent de perception (*Ibid.*). Si un receveur ne paraissait pas au curé digne de cet emploi, ou s'il donnait lieu à des plaintes, le curé pourrait demander au conseil de fabrique, et, en cas de refus, s'adresser à l'évêque. On ne peut opérer sur des états dressés par le maire et rendus exécutoires par le sous-préfet le recouvrement de la location des chaises (Lett. min. cult. 1er mars 1857, Bost, p. 258). — Le droit des pauvres perçu au profit des bureaux de bienfaisance sur le produit des fêtes et spectacles publics ne peut être réclamé sur le prix de la location des chaises dans une église où une cérémonie religieuse ordinaire a fait élever accidentellement ce prix (Cons. d'Et. 25 nov. 1806, aff. Bertin et autres, *Rec. Cons. d'État*, t. 1, p. 78 ; Bost, p. 259).

504. — II. Concession des bancs, places, chapelles et monuments dans l'église. — Nous avons expliqué au *Rép.* n° 568 que les bancs patronaux et seigneuriaux ont disparu à la Révolution, en tant qu'ils constituaient des privilèges honorifiques, mais que des concessions de bancs peuvent être faites aux particuliers par les fabriques. Ainsi, il a été jugé que la loi du 13 avr. 1791, en disposant que les ci-devant seigneurs justiciers et les patrons seront tenus de faire retirer des chœurs des églises et chapelles publiques, les bancs ci-devant patronaux et seigneuriaux qui peuvent s'y trouver, n'a point entendu prohiber les conventions qui pourraient être faites entre les administrateurs et les particuliers relativement aux concessions de bancs ; elle n'a supprimé ces bancs qu'à l'égard de ceux qui en jouissaient à titre de droit féodal, seigneurial ou de patronage, exercé en vertu d'anciens titres ou d'anciens privilèges (Req. 30 juill. 1855, aff. Fabrique de Saint-Ouen-de-Mimbré, D. P. 55. 1. 420). Par suite, une concession de bancs faite, depuis cette loi, par l'administrateur d'une église à un particulier, et notamment au fondateur de cette église, et dans l'acte de fondation, est licite (Même arrêt). — Le décret du 30 déc. 1809, qui ne permet de concéder au donateur d'une église qu'un seul banc dans cette église, est inapplicable aux concessions antérieures à ce décret. Par suite, ces concessions, fussent-elles de trois bancs, doivent être maintenues (Arrêt précité du 30 juill. 1855). — La concession d'un banc, dans une église, tant pour le fondateur de cette église que pour ses successeurs propriétaires de la maison et terre alors possédées par ce fondateur dans la commune où est l'église, a pu être invoquée par un héritier du fondateur, devenu propriétaire du domaine désigné, alors même qu'il n'aurait pas acquis à titre héréditaire, mais par suite de la vente que lui a faite le cohéritier dans le lot duquel il avait été placé (Même arrêt).

505. Comme on l'a vu au *Rép.* n° 575, les concessions de bancs ne peuvent avoir lieu que pour la vie de ceux qui les obtiennent, sauf les bancs prévus par l'art. 72 du décret du 30 déc. 1809. Toute autre concession faite à perpétuité par une fabrique est nulle, et ne fait pas obstacle à ce que l'on procède immédiatement à une autre concession du même banc, régulièrement autorisée (Ord. en Cons. d'Et. 31 déc. 1837 ; André, t. 1, p. 425).

L'exception admise par l'art. 72 en faveur du donateur ou du bienfaiteur d'une église, qui peut obtenir une concession de banc pour lui et sa *famille*, tant qu'elle existera, doit s'entendre de la femme, des enfants, des domestiques et des hôtes du donateur, mais que de ses autres héritiers en ligne directe, si la réserve ou concession est perpétuelle. Mais on ne saurait comprendre dans la famille tous les

parents jusqu'au douzième degré (Lett. min. 15 déc. 1849; André, t. 1, p. 427), ni les ayants cause du donateur (Même lettre). — Le droit réservé à un individu non marié, pour lui et sa famille, devient, après le mariage, commun à son conjoint et à ses enfants (c. civ. art. 630). La veuve restant dans la famille conserve le droit réservé par le mari, à moins qu'elle ne convole à de secondes noces. A la mort du concessionnaire, s'il laisse plusieurs héritiers chefs de famille eux-mêmes, il y a lieu à licitation, et le droit reste à l'acquéreur pour lui et les siens (Comp. Nancy, 2 févr. 1850, aff. Saladin, D. P. 51: 2. 35; Rép. n° 575).

506. Le concessionnaire ne peut fermer son banc de manière à empêcher le curé d'y pénétrer pour les besoins du culte. Il n'a le droit d'en user que suivant la destination de l'église (Rép. n° 571). Au surplus, le concessionnaire, qui doit être considéré moins comme un locataire que comme un usager, est assujetti aux obligations déterminées par les art. 625, 627, 630, 635.

Quant à la fabrique, en concédant un banc, elle se trouve astreinte à toutes les obligations d'un bailleur. Si donc elle ne pouvait pas remplir ses obligations, le concessionnaire aurait le droit de demander soit la réduction du prix de la concession, soit même la résiliation de cet acte (Journal des conseils de fabrique, t. 8, p. 367, et t. 9, p. 24).

507. — III. Droit de chapelle. — V. Rép. n°s 585 et suiv.; Bost, p. 267.

508. — IV. Monuments et inscriptions. — Les termes de l'art. 73 du décret du 30 déc. 1809 (V. Rép. n° 589), sont si généraux qu'ils rendent inutile d'examiner si les armoiries et chiffres sont des inscriptions dans le sens usuel de ce mot. Presque au lendemain du décret de 1809, un avis du conseil d'État du 26 juin 1812, approuvé par l'empereur le 31 juillet suivant, décidait que, par application de l'art. 73, le placement d'armoiries dans les églises pouvait être autorisé, mais seulement sur les monuments funèbres que les familles auraient obtenu l'autorisation d'y ériger; que, toutefois, l'apposition d'armoiries aux voûtes, sur les murs ou sur les vitraux d'une église, tendrait à indiquer des droits de propriété ou de patronage au profit de tierces personnes et serait, dès lors, inconciliable avec les principes de la législation actuelle (V. en ce sens : Lettr. min. cult. 11 févr. 1864; Bost, p. 498). A l'époque où cet avis a été rendu, le conseil d'État avait compétence pour interpréter les lois, d'après l'art. 52 de la Constitution du 22 frim. an 8 et l'art. 11 du règlement du 5 nivôse suivant; mais n'ayant pas été inséré au Bulletin des lois, il ne peut être considéré comme promulgué, ni, par suite, comme obligatoire. La jurisprudence administrative a répondu affirmativement (V. Rép. v° Lois, n° 63). — Quoi qu'il en soit, il a été jugé que l'interdiction de placer dans les églises aucune inscription de quelque genre que ce soit, sans la permission du ministre des cultes accordée sur la proposition de l'évêque, s'applique à des chiffres et armoiries, et qu'il appartient au ministre des cultes d'ordonner la suppression des chiffres et armoiries apposés sans autorisation (Cons. d'Ét. 26 nov. 1880, aff. Briant, D. P. 82. 3. 17). Mais le conseil de préfecture est compétent pour décider à la charge de qui doit être mise la suppression, lorsque l'apposition a fait partie de l'exécution d'un travail public (Arrêt précité 26 nov. 1880). — D'après le même arrêt, la commune, à raison des droits de garde et de surveillance sur l'édifice, a qualité pour poursuivre contre qui de droit le payement des frais auxquels donne lieu la suppression des inscriptions. Elle peut, en outre, alors même que l'architecte qui a fait apposer les inscriptions n'a pas traité directement avec elle, agir contre cet architecte à raison des obligations qu'il a contractées à son égard en exécutant des travaux sur un immeuble lui appartenant ; et l'architecte peut être condamné personnellement à rembourser à la commune les frais de la suppression effectuée d'office, alors même qu'il avait conduit les travaux à titre gratuit et que ces travaux avaient été exécutés sous la direction de la fabrique. — Mais ces dernières solutions ne sont pas à l'abri de la critique (V. les observations en note, D. P. 82. 3. 17).

509. Il ne peut être placé dans les églises d'inscriptions en l'honneur de personnes vivantes (Décis. min. 24 juill. 1851; André, t. 3, p. 247). On ne saurait accorder l'autorisation de faire placer dans une église une inscription qui n'aurait d'autre but que d'exprimer l'affection de son auteur pour le défunt (Décis. min. 11 déc. 1812), ou de célébrer des dons faits aux pauvres et les services administratifs, gratuits ou honorables, de ce défunt (Lettr. min. cult. 25 juill. et 7 nov. 1842). — Il n'est pas d'usage de constater les fondations pieuses au moyen de plaques commémoratives placées dans les églises. En conséquence, il n'y a pas lieu d'autoriser le placement de semblables plaques destinées à perpétuer le souvenir de fondations de cette nature (Décis. min. 24 juill. 1851 précitée; Bost, p. 498).

Une décision ministérielle de mars 1821 autorise cependant les fabriques à concéder gratuitement le droit de placer une inscription destinée à honorer la mémoire de ceux qui se sont signalés par de grands services à la religion ou à l'État; mais il faut, en ce cas, une délibération spéciale de la fabrique, et l'avis du conseil municipal destiné à faire connaître le vœu des paroissiens (Bost, p. 497). La délibération est alors envoyée à l'évêque, qui propose, s'il y a lieu, au ministre des cultes de donner l'autorisation. Le décret qui autorise le conseil de fabrique d'une paroisse à placer dans l'église une inscription destinée à honorer la mémoire d'une personne bienfaitrice de cette église, et la décision prise par le ministre pour régler la forme et le lieu de l'inscription, ne sont pas susceptibles, même de la part des héritiers portant le même nom, d'un recours au conseil d'État par la voie contentieuse (Cons d'Ét. 26 avr. 1855, aff. Bobée, D. P. 55. 3. 60).

L'interdiction d'apposer aucune inscription dans les églises sans une autorisation spéciale du ministre des cultes est générale et absolue ; elle s'applique même à la devise liberté, égalité, fraternité (Affre, p. 116).

510. — V. Quêtes et produit des troncs pour les frais du culte. — On a indiqué au Rép. n° 590 quelles sont les quêtes dont le produit appartient aux fabriques. — La matière des quêtes, sur laquelle on est revenu au Rép. v° Secours publics, n°s 331 et suiv., soulève des questions diverses et parfois délicates, qu'il convient de réserver pour les étudier dans leur ensemble (V. infra, v° Quête).

511. Quant aux fondations faites dans l'intérêt de l'église, elles appartiennent à la fabrique. Mais on ne saurait y comprendre les sommes remises par des fidèles à un curé pour dire des messes ou accomplir d'autres œuvres pies. La fabrique est sans droit, ni qualité, pour exiger du curé (ou de ses héritiers, après son décès), la remise des sommes dont la libre disposition lui appartient, à la charge de les employer selon le vœu des donateurs (Grenoble, 23 août 1851, aff. Carles, D. P. 54. 2. 20).

512. On a vu au Rép. n° 591 qu'indépendamment des troncs dont les produits sont destinés aux frais du culte, et appartiennent aux fabriques, les bureaux de bienfaisance ont également le droit de faire placer dans les églises des troncs dont ils recueillent l'émolument (V. aussi sur ce point : Rép. v° Secours publics, n° 342). — Les confréries et autres associations ont-elles le droit d'avoir des troncs dans les églises ? V. dans le sens de la négative le Nouveau Journal des fabriques, t. 3, p. 30. En tout cas, ces troncs devraient être autorisés par l'évêque et par la fabrique (André, t. 4, p. 502). — Mais le curé a le droit de placer un tronc dans l'église pour ses pauvres, dont il peut en recueillir le produit (Nouveau Journal des fabriques, t. 3, p. 32). — Le conseil de fabrique n'a aucun droit sur le produit des troncs placés dans l'église pour recevoir les aumônes consacrées à faire prier pour les âmes du purgatoire; le curé, seul, a la comptabilité et la responsabilité de ces aumônes, et doit, seul, en toucher le produit (André, t. 4, p. 370).

Les offrandes déposées dans le tronc d'une chapelle privée (servant, dans l'espèce, de but de pèlerinage), ne peuvent être revendiquées par la fabrique de la paroisse dans le territoire de laquelle se trouve cette chapelle, s'il n'y a pas eu accomplissement des formalités destinées à faire de celle-ci un oratoire public, et si elle a continué, en fait, d'être possédée et administrée par celui qui s'en prétend propriétaire, sauf le cas de convention contraire entre le propriétaire de la chapelle et l'autorité ecclésiastique (Trib. Corbeil, 12 avr. 1877, aff. Fabrique de Sainte-Geneviève-des-Bois, D. P. 79. 3. 16. V. en ce sens Affre, p. 120). Cet auteur ajoute : « Si la chapelle est reconnue propriété de la paroisse, il nous

semble que l'édifice, les quêtes et le produit des troncs doivent être administrés par la fabrique. Si la chapelle, quoique ouverte au public, est une propriété privée, nous ne voyons pas à quel titre la fabrique serait chargée de l'administrer ; mais l'existence de pareilles chapelles peut n'être pas sans inconvénient, et, dans le cas où l'ouverture au public serait autorisée par l'évêque, il y aurait lieu d'exiger qu'elle se fît sous la condition que la chapelle serait administrée par la fabrique pendant tout le temps qu'on y célébrerait l'office divin ». — Sur les chapelles privées ou domestiques, V. *Rép.* nos 444 et suiv., et *supra*, n° 320.

513. — VI. OBLATIONS. — Nous avons distingué au *Rép.* n° 592, entre les oblations libres et les oblations tarifées. Les premières appartiennent à la fabrique, quand elles lui sont attribuées par l'usage ou par la volonté formelle ou présumée des donateurs (V. *ibid.* et *infrà*, n° 515). Quant aux obligations tarifées, elles sont réglées par l'évêque dont le règlement ne peut être obligatoire sans l'approbation du Gouvernement (V. *Rép.* n° 593). Le tarif comprend trois espèces de droits : celui de la fabrique, celui du clergé, curé, vicaires et autres prêtres, celui des chantres et autres serviteurs de l'église. Le droit du curé et des autres prêtres est perçu par le curé ou par un membre du clergé, à moins que le trésorier de la fabrique ne consente à le recevoir. Le droit de la fabrique est perçu par le trésorier ; celui des serviteurs de l'église l'est ou par eux-mêmes ou, s'ils le préfèrent, par le trésorier. En général, il vaut mieux que le clergé évite de détenir les fonds destinés à la fabrique ou aux serviteurs de l'église.

514. Les curés et les fabriques doivent s'en tenir rigoureusement à ce qui est réglé par le tarif : si ceux-ci présentent quelque obscurité, ils doivent en référer à l'évêque (Affre, p. 124). Les fabriques ne peuvent établir des droits et honoraires par des règlements particuliers. D'autre part, le trésorier ne peut faire des remises sur les droits de la fabrique ; il est tenu de les percevoir en entier. Il a été décidé qu'un conseil de fabrique ne peut déroger aux tarifs des oblations régulièrement approuvées pour le diocèse (Cons. d'Ét. 9 mars 1883, aff. Fabrique de Lalandusse, D. P. 84. 3. 120). Et le préfet a le droit de prendre les mesures nécessaires pour assurer l'exécution des lois et règlements en violation desquels un conseil de fabrique a établi sans autorisation, entre les différentes catégories d'habitants, des distinctions que n'autorisaient pas les tarifs (Même arrêt). Décidé aussi qu'il y a abus dans le fait, par un desservant, de subordonner la célébration de services religieux demandés par une commune à la remise d'une somme supérieure à celle fixée par le tarif diocésain et au payement d'une créance contestée par ladite commune (Décr. Cons. d'Ét. 30 janv. 1887, aff. Commune de Meulin, D. P. 88. 3. 132). « L'art. 69 des organiques, dit ce décret, en prévoyant pour chaque diocèse la rédaction d'un tarif des oblations, approuvé par le Gouvernement, a eu pour but de prévenir, sur des choses placées en dehors du commerce, toute discussion pécuniaire de nature à compromettre la religion et la dignité de ses ministres. » On a vu au *Rép.* n° 593 que les tarifs autorisés ne peuvent être modifiés sans l'approbation du Gouvernement. Ainsi, l'ordonnance archiépiscopale qui change le tarif des oblations en vigueur, pour y substituer, de la seule autorité du prélat, un autre règlement, est illégale, comme contraire à l'art. 69 des articles organiques du Concordat et aux anciennes traditions du clergé. Sans doute, l'évêque a le droit d'intervenir dans ces règlements, en vertu de son pouvoir spirituel qui s'étend sur toutes les églises du diocèse. Mais s'il exerce, en matière d'oblations, un droit de préséance et de haute administration qui l'autorise à intervenir dans la répartition du casuel, il ne peut exercer cette intervention que conformément aux lois de l'État, c'est-à-dire avec l'approbation du Gouvernement.

515. Il est d'usage d'attribuer aux curés et desservants les oblations libres faites dans le chœur et d'abandonner les autres à la fabrique (Lett. min. cult. 4 sept. 1832 ; André, t. 4, p. 24). Ainsi, les oblations faites à l'autel appartiennent au curé ou desservant (Gaudry, t. 2, p. 611). Il en est de même des oblations reçues pour l'adoration de la croix ou la distribution des cendres à l'autel, pour le baiser de paix, la première communion, pour des prières ou des services spirituels, ou celles qui accompagnent le pain bénit

(Gaudry, t. 2, p. 613). Les oblations qui sont faites au banc d'œuvre, dans la nef ou dans les chapelles, appartiennent à la fabrique (Décis. min. cult. 18 sept. 1835, 16 juin 1845 ; André, t. 4, p. 24 ; *Journal des conseils de fabrique*, t. 2, p. 54).

516. En ce qui concerne les oblations tarifées pour le service des inhumations, V. *Rép.* n° 594 (V. *infrà*, nos 890 et suiv.).

517. Les actions intentées pour payement des oblations tarifées sont de la compétence du juge de paix, à qui il appartient de prononcer les poursuites et de condamner les débiteurs récalcitrants (V. *Rép.* n° 593 ; Trib. paix Sancerre, 20 mars 1874, aff. Gravelet, D. P. 75. 1. 475). En cas de contestation sur le payement ou le règlement de ces oblations, on ne doit jamais prendre en considération un autre tarif que celui qui a reçu l'approbation du Gouvernement (Av. com. int. Cons. d'Ét. 17 juin 1838, André, t. 4, p. 25).

518. Le casuel est, en réalité, un supplément de traitement destiné à améliorer la condition matérielle des ministres du culte. Mais ce n'est pas un revenu de la fabrique et le trésorier de celle-ci est étranger à sa perception (Trib. Seine, 17 avr. 1877, aff. Médard, D. P. 77. 3. 111). Le créancier d'un vicaire n'aurait donc pas le droit de former entre les mains du trésorier un saisie-arrêt pour le montant du casuel revenant à son débiteur (Même jugement). — Quant aux oblations tarifées qui profitent aux fabriques, elles représentent le prix de services rendus.

519. La suppression du casuel a été plusieurs fois demandée au pouvoir législatif. En 1865, une pétition adressée au Sénat proposait de le remplacer par un supplément de traitement que payeraient les communes aux curés ou desservants. Mais le Sénat prononça l'ordre du jour dans la séance du 1er avr. 1865. Rien ne s'oppose, d'ailleurs, à l'homologation d'un traité passé entre la commune et le curé pour la suppression de ce casuel moyennant un supplément de traitement (Décis. min. rapportée au *Bulletin du ministère de l'intérieur*, 1859, p. 108).

520. — VII. SUPPLÉMENT DONNÉ PAR LA COMMUNE LE CAS ÉCHÉANT. — D'après l'art. 36 du décret du 30 déc. 1809, le supplément dû par la commune en cas d'insuffisance des ressources de la fabrique formait aussi une des sources du revenu de celle-ci (V. *Rép.*, n° 596). Les art. 92 et 103 du même décret et l'art. 30-14° de la loi du 18 juill. 1837 permettaient, en effet, à la fabrique de recourir à la commune, lorsque ses ressources étaient insuffisantes pour subvenir non seulement aux réparations des églises et presbytères, mais encore aux divers frais du culte. Mais la loi du 5 avr. 1884, sur le régime municipal, art. 168, a modifié ces dispositions. Elle a notamment abrogé l'art. 39 du décret de 1809, d'après lequel, si dans le cas de nécessité d'un vicaire reconnu par l'évêque, la fabrique n'était pas en état de payer le traitement de ce vicaire, la décision épiscopale devait être adressée au préfet qui procédait comme dans le cas de l'art. 49 du même décret, afin que la commune suppléât à l'insuffisance des ressources de la fabrique. Aujourd'hui il n'est plus obligatoire, mais simplement facultatif pour les communes de voter une subvention destinée à rémunérer les vicaires. — Le même art. 168 a abrogé l'art. 49 précité, qui permettait, en cas d'insuffisance justifiée des ressources de la fabrique, l'inscription d'office au budget communal d'un crédit destiné à faire face aux dépenses énumérées dans cet art. Rien ne s'oppose néanmoins aujourd'hui à ce que le conseil municipal vote des fonds à cet effet. Le préfet peut, d'ailleurs, supprimer le crédit porté, de ce chef, au budget communal, dans le cas où la loi lui attribue le droit de supprimer de ce budget les dépenses facultatives qui y sont portées (V. *supra*, v° *Commune*, n° 408). Cet article a enfin abrogé les art. 92 à 103 du décret de 1809, qui réglaient les charges de la commune et déterminaient le mode de recours de la fabrique à la commune dans le cas où ses revenus étaient insuffisants pour certaines dépenses. Le supplément donné par la commune à la fabrique est donc purement facultatif pour ces dépenses et n'entre qu'à titre bénévole dans le revenu de celle-ci, sauf ce qui sera dit *infrà*, au n° 537. — On peut ajouter que la loi du 14 févr. 1810, dont il est parlé au *Rép.* n° 596, et permettait de pourvoir aux dépenses du culte paroissial par des impositions extraordinaires, en cas d'insuffisance des

revenus de la fabrique et de ceux de la commune, a été aussi abrogée par celle du 5 avr. 1884. — Bien avant cette dernière loi, il avait été décidé que les propriétaires forains sont aussi bien que ceux qui habitent la commune, passibles des impositions extraordinaires votées par le conseil municipal pour couvrir les dépenses annuelles de célébration du culte, et notamment pour acquitter la somme destinée à compléter le traitement du curé ou du desservant; à cet égard il avait été dérogé aux dispositions de l'art. 1er de la loi du 14 févr. 1810 par celles de la loi de finances du 15 mai 1818 (Av. Cons. d'Et. 2 juin 1818; Cons. d'Et. 10 mai 1855, aff. Noguès, D. P. 55. 3. 76; 27 janv. 1859, aff. Marcotte, D. P. 59. 5. 177). D'après le nouveau régime établi par la loi de 1884, l'obligation pour les communes de subvenir à l'insuffisance des ressources des fabriques ne s'applique plus qu'aux réparations à faire aux édifices religieux et au logement des ministres du culte (V. *infrà*, n°s 530 et suiv.).

521. — VIII. Des secours accordés par le conseil général. — Les conseils généraux peuvent voter, en faveur des églises et des presbytères, des secours variables et dont la quotité dépend des ressources du département et des besoins de la commune. Mais ces secours, accordés pour subvenir aux grosses réparations, n'entrent pas dans le budget des fabriques.

522. — IX. Des secours accordés par l'Etat. — Il faut en dire autant des secours que parfois l'Etat accorde pour aider les communes dans la restauration des églises et des presbytères (V. Circ. min. cult. 30 juin 1885, *Rec. circ. cult.*, t. 4, p. 557, et *supra*, n° 358). L'Etat peut aussi accorder aux fabriques des subventions pour des dépenses mobilières. Lorsqu'il s'agit de travaux à exécuter à l'église ou au presbytère, les demandes doivent être soumises, conformément à l'art. 68 de la loi du 10 août 1871, et comme on l'a vu *supra*, n° 358, au conseil général qui fixe la quotité du secours à demander à l'Etat. Le dossier doit comprendre un devis des travaux projetés; un plan d'ensemble de l'édifice, avec coupe et élévation; un plan de l'état actuel des bâtiments, avec mémoire explicatif; l'avis du conseil des bâtiments civils; la délibération du conseil de fabrique; les derniers comptes et budgets de la fabrique, visés par le préfet; la délibération du conseil municipal; le dernier budget de la commune; l'avis de l'évêque; l'avis du préfet en forme d'arrêté. Il est statué sur la demande par arrêté ministériel (V. d'ailleurs, *supra*, *loc. cit.*). Quant aux demandes de subvention pour achat d'objets mobiliers, elles ne sont pas soumises au conseil général. Elles sont adressées au ministre, accompagnées des mêmes pièces que pour les demandes de subvention en vue de travaux, moins les plans et devis et l'avis du conseil des bâtiments civils. On n'accorde jamais plus de 300 fr. Toute demande de secours ou de subvention adressée au ministère des cultes avec des documents financiers irréguliers devra être repoussée (Circ. min. cult. 21 nov. 1879, *Rec. circ. cult.*, t. 4, p. 27).

523. En terminant cette matière, il n'est pas inutile d'ajouter que les revenus des fabriques, comme ceux des communes, sont insaisissables (Amiens, 29 avr. 1885, aff. Ville d'Amiens, D. P. 86. 2. 212). En effet, il appartient à l'autorité administrative seule d'assigner les fonds sur lesquels les dettes des fabriques peuvent être acquittées; ayant l'administration de leurs biens et revenus, elle doit seule régler le mode de payement des dettes et celui d'exécution des jugements qui les condamnent au payement de sommes ou frais mis à leur charge (Décr. en Cons. d'Et. 24 juin 1808, *Rép.* n° 635). Mais, lorsque la créance ayant été reconnue et liquidée, des fonds ont été assignés sur les revenus de la fabrique par l'autorité compétente, les tribunaux peuvent, s'il y a refus de payement de la part du conseil de fabrique, valider la saisie-arrêt des revenus de la fabrique (V. *Rép.* n° 635).

§ 4. — Des charges des fabriques (*Rép.* n°s 597 à 602).

524. Les charges de la fabrique concernent : 1° les frais du culte; 2° les embellissements de l'église; 3° l'entretien et les réparations de l'église, du presbytère, et, d'après une jurisprudence qui paraît devoir s'établir, les frais d'entretien du cimetière; 4° le logement du curé ou desservant; 5° les fondations (V. *Rép.* n° 597).

525. — I. Frais du culte. — La fabrique étant tenue de supporter les frais nécessaires du culte, il lui appartient d'acheter et réparer les ornements d'église. Il doit y avoir un ornement de chacune des cinq couleurs adoptées par la liturgie. L'art. 37 du décret de 1809 parle du luminaire, du pain, du vin, de l'encens : ces divers objets sont donc à la charge de la fabrique, et non du curé (Affre, p. 134). Par le mot *pain*, cet article entend le *pain d'autel* pour la célébration de la messe, et non le *pain bénit*, offert par les paroissiens (André, t. 4, p. 44, 46). Tous les frais du service paroissial sont à la charge de la fabrique, non seulement pour les dimanches et fêtes, mais encore pour les offices et messes basses de la semaine et de tous les jours de l'année (Décis. min. 16 avr. 1828, André, t. 4, p. 47). Les frais de célébration des services religieux ordonnés par le Gouvernement constituent des dépenses obligatoires du culte qui tombent à la charge des fabriques (Av. com. int. Cons. d'Et. 21 juill. 1838; Lett. min. cult. 13 sept. 1838; Champeaux, t. 2, p. 35, note 2). La fabrique doit acheter les vases sacrés, un calice, un ostensoir, un ciboire, une custode ou petite boîte d'argent pour porter le Saint-Sacrement, les burettes, l'encensoir, la navette, les chrémières, le vase pour l'eau bénite et son goupillon, la lampe pour le Saint-Sacrement. Quand le calice ou le ciboire perdent leur dorure, la fabrique est obligée de les faire restaurer. Beaucoup d'autres objets ou meubles sont nécessaires au culte, tels que les chandeliers, les croix d'autel ou de procession, les canons d'autel, etc. ; ils sont tous fournis par la fabrique, qui doit, à cet égard, se conformer, pour leur achat, aux statuts diocésains et aux prescriptions de l'évêque (Affre, p. 134). Un *dais* est une fourniture nécessaire à l'église (Décis. min. cult. 13 nov. 1849, André, t. 2, p. 405. V. Cons. d'Et. 10 avr. 1860, aff. Commune de Chassey, D. P. 60. 3. 46). L'acquisition de nouveaux livres liturgiques, rendue nécessaire par un changement dans la liturgie, constitue une dépense obligatoire pour la fabrique (V. conclusions du commissaire du Gouvernement sur Cons. d'Et. 10 févr. 1869, aff. Commune de Tromarey, D. P. 69. 3. 52). Les livres qui font partie indispensable du mobilier de l'église sont le missel, le graduel, l'antiphonaire, le psautier, le rituel et les canons de la messe. Le nombre indispensable de ces livres est fixé par l'évêque, selon l'importance de la paroisse (Gaudry, t. 2, n° 792). — Les cloches sont rangées parmi les objets nécessaires au culte (André, t. 2, p. 214). C'est à la fabrique qu'il appartient d'en fixer le nombre et le poids, d'en payer la dépense et de les remplacer, s'il y a lieu, d'acquitter, en un mot, tous les frais qu'elles exigent, sous l'approbation préalable de l'évêque (Lett. min. cult. 7 sept. 1858). Par suite, l'intervention du préfet n'est nécessaire ni pour refondre les cloches, ni pour en augmenter le nombre, lorsque la fabrique a les ressources nécessaires pour en acquitter la dépense ou lorsque cette dépense est couverte par les libéralités des fidèles (Même lettre). Le préfet, comme on l'a vu *supra*, n° 116, a seulement le droit de s'opposer à l'établissement d'une nouvelle sonnerie, dans le cas où l'augmentation du poids ou du nombre des cloches lui paraîtrait susceptible de compromettre la solidité de l'église ou d'altérer le caractère de l'édifice dans ses conditions essentielles, ou de menacer la sûreté des sonneurs ou des fidèles (Même lettre).

Avant la loi de 1884, les diverses dépenses que l'on vient d'énumérer étaient à la charge des communes en tant qu'elles excédaient les ressources des fabriques; aujourd'hui elles ne constituent plus pour elles qu'une charge facultative (V. *supra*, n° 520).

526. Il avait été jugé, avant la loi du 5 avr. 1884, que les frais des prédications extraordinaires rentraient dans les dépenses auxquelles les communes étaient tenues de pourvoir, en cas d'insuffisance des revenus des fabriques, et dont elles n'étaient pas recevables à contester le montant devant le conseil d'Etat, lorsqu'il avait été fixé dans les formes prescrites par les art. 96 et 97 du décret du 30 déc. 1809 (Cons. d'Et. 12 mai 1876, aff. Ville de Moulins, D. P. 76. 3. 86). — De même, des décisions ministérielles des 21 déc. 1874 et 14 janv. 1875, déclaraient, avant la même loi, que le traitement de l'organiste de l'église constituait, en cas d'insuffisance des revenus de la fabrique, une dépense obligatoire pour la commune (*Bull. lois civ. ecclés.*, 1876, p. 21 et suiv.).

527. D'après l'art. 37 du décret de 1809, la fabrique doit payer le traitement des vicaires (*Rép.* n° 597). — V. sur ce traitement, *suprà*, n° 339, et en ce qui concerne l'établissement des vicaires dans une paroisse, *suprà*, n° 254.

Sous l'empire de la législation antérieure à la loi du 5 avr. 1884, la jurisprudence avait eu fréquemment à statuer sur les difficultés qui s'élevaient entre les fabriques et les communes au sujet de l'obligation incombant à celles-ci, quant au traitement des vicaires. — Nous ne relèverons pas ici toutes les décisions qui ont été rendues en cette matière; elles n'ont, en effet, plus d'intérêt aujourd'hui, la loi du 5 avr. 1884 ayant rendu la charge de ce traitement purement facultative pour la commune, même en cas d'insuffisance des ressources de la fabrique. On trouvera *infrà*, n°s 547 et suiv., où il est traité des dépenses obligatoires des communes pour le culte lorsque les ressources des fabriques sont insuffisantes, celles de ces décisions qui peuvent encore être utiles à connaître au point de vue de l'application des nouvelles dispositions, et notamment de l'art. 149 de la loi de 1884. — Sur les modifications qui résultent, en cette matière, des dispositions nouvelles édictées par la loi du 5 avr. 1884, V. *suprà*, n°s 254 et 255.

528. Après avoir indiqué les objets que la fabrique doit fournir pour le culte, il convient d'indiquer ceux qu'elle ne doit pas. Dans le cas où des personnes pieuses font des dons, tels que lampes, couronnes, reliquaires, tableaux, à l'église, la fabrique peut se refuser à les entretenir (Affre, p. 136); elle ne doit pas les ornements d'église aux confréries, à moins qu'elle ne reçoive de celles-ci une redevance ou un loyer de ces objets (Boyer, *Administration des paroisses*, t. 1, p. 476 et 477); elle n'est tenue de fournir les vases et ornements sacrés aux prêtres non attachés à l'église que dans le cas où ils disent, à une heure fixée, une messe pour la paroisse (Affre, p. 136).

529. — II. EMBELLISSEMENTS DE L'ÉGLISE. — La nature de ces embellissements et des décorations que comporte l'église est abandonnée à l'appréciation du bureau des marguilliers (*Rép.* n° 597), sauf, faut-il ajouter, le droit qui appartient au curé de s'opposer à ces décorations, s'il y voit des inconvénients (André, t. 2, p. 534, et t. 4, p. 107; V. *suprà*, n° 248). La direction des travaux d'appropriation intérieure et d'embellissement de l'église appartient à la fabrique (Décis. min. int. et cult. 23 juill. 1854, D. P. 55. 3. 19; Affre, p. 146). — Il a été jugé que lorsqu'une promesse de souscription a été faite pour concourir à l'exécution des travaux de restauration d'une église, et que cette promesse a été acceptée par le conseil de fabrique, la commune ayant déclaré qu'elle voulait rester étrangère à ces travaux, les modifications qui peuvent être ultérieurement apportées aux conditions de la souscription doivent être également soumises à l'approbation du conseil de fabrique (Décr. 30 déc. 1809, art. 59); si cette approbation n'a pas été obtenue, la fabrique n'est pas tenue d'exécuter les conditions résultant desdites modifications, et notamment de rembourser, conformément à la stipulation qui en aurait été faite, les sommes qui ont pu être dépensées par les souscripteurs pour les travaux dont il s'agit (Cons. d'Et. 6 juill. 1863, aff. Neyret, D. P. 64. 3. 12. V. les observations en note sous cet arrêt).

530. — III. ENTRETIEN ET RÉPARATIONS DE L'ÉGLISE, DU PRESBYTÈRE ET DES CIMETIÈRES. — Nous avons vu au *Rép.* n° 598 que les fabriques étaient, avant la loi du 5 avr. 1884, chargées de toutes les réparations grosses ou d'entretien des églises et presbytères; que ces réparations incombaient aux communes dans le cas d'insuffisance de leurs revenus disponibles. Ce point n'était pas contesté : Mgr Affre, que nous avions cité en sens contraire, *ibid.*, avait abandonné sa première opinion, dans sa 10e édit., p. 148. Ainsi, aux termes de l'art. 30-16° de la loi du 18 juill. 1837, combiné avec les art. 43, 92-3° et 94 du décret de 1809, les communes étaient obligées, dans ce cas d'insuffisance, de payer les grosses réparations et même celles d'entretien faites aux édifices religieux, que ces édifices leur appartinssent ou non, lorsque, d'ailleurs, les formalités prescrites par les art. 93 et suiv. du décret de 1809 avaient été régulièrement remplies.

Il avait été jugé en ce sens : 1° que les dépenses d'entretien ou de reconstruction du presbytère étaient à la charge

de la commune, en cas d'insuffisance des revenus de la fabrique, encore que la commune ne fût point propriétaire de ce presbytère (Décr. Cons. d'Et. 24 août 1849, aff. Commune d'Hallignicourt, D. P. 50. 3. 11); — 2° Que, lorsque la nécessité de grosses réparations a une église avait été constatée et le devis des travaux approuvé conformément au décret du 30 déc. 1809, le payement de ces réparations, en cas d'insuffisance des revenus de la fabrique, constituait pour la commune une dépense obligatoire; mais que la commune n'était pas tenue de contribuer aux dépenses de travaux qui n'auraient pas été compris dans ce devis (Cons. d'Et. 24 juin 1870, aff. Commune de Cormenier, D. P. 71. 3. 106). — Décidé, par le même motif, que dans le cas où les formalités prescrites par les art. 95 et 98 du décret du 30 déc. 1809 n'avaient pas été remplies, la commune n'était pas tenue de contribuer aux frais des travaux de grosses réparations qu'une fabrique avait fait exécuter à l'église paroissiale (Cons. d'Et. 22 févr. 1878, aff. Ville de Mielan, *Rec. Cons. d'État*, p. 191; 1er avr. 1881, aff. Commune de Pontcharra, D. P. 82. 3. 82); que, par suite, il y avait lieu d'annuler l'arrêté par lequel le préfet avait inscrit d'office, au budget de la commune, la somme nécessaire pour couvrir le déficit résultant de ces travaux dans les comptes de la fabrique, sans qu'il y eût à examiner si en fait les travaux étaient nécessaires et si les ressources de la fabrique étaient insuffisantes pour y pourvoir (Mêmes arrêts).

531. Les obligations des communes en ce qui concerne les réparations aux édifices religieux ont été atténuées à divers points de vue par la loi du 5 avr. 1884. — D'une part, les réparations d'entretien ne sont plus, dans aucun cas, à la charge des communes. — En ce qui touche les grosses réparations, les communes n'en sont plus tenues qu'autant que les édifices religieux leur appartiennent. Aucune obligation ne leur incombe à ce sujet, lorsque ces édifices sont la propriété des fabriques (V. Morgand, *Loi municipale* de 1884, t. 2, p. 374, 373). D'ailleurs cette obligation ne leur incombe que subsidiairement, et seulement en cas d'insuffisance des ressources des fabriques ou autres administrations préposées aux cultes. Sous ce rapport la législation n'a pas changé. — Quant à la distinction entre les grosses réparations et les réparations d'entretien, il y a lieu d'appliquer les règles du droit commun. D'après une décision ministérielle du 29 nov. 1875 (*Bull. lois. civ. ecclés.* 1880, p. 338), l'établissement d'un puits dans le presbytère doit être considéré comme une grosse réparation, et, par suite, est à la charge de la commune, en cas d'insuffisance des revenus de la fabrique.

532. Les art. 93 et suiv. du décret du 30 déc. 1809 imposaient à la fabrique l'observation de certaines formalités dans le cas où elle avait besoin du concours financier de la commune pour les réparations à faire aux édifices consacrés au culte, et l'on a vu *suprà*, n° 520, que, si ces formalités n'étaient pas remplies, la commune ne pouvait être tenue de contribuer à la dépense. — Bien que les art. 93 et suiv. du décret précité soient expressément abrogés par l'art. 168-5° de la loi du 5 avr. 1884, le ministre des cultes, dans une décision du 17 sept. 1884, citée par Morgand, *op. cit.*, n° 374, note 1, a émis l'avis qu'il y avait toujours lieu de se conformer à ces dispositions. Mais en cas de réparations urgentes, par exemple, quand un bâtiment est menacé d'une ruine immédiate, l'observation des art. 93 et suiv. du décret de 1806 n'est plus de rigueur : le conseil de fabrique, après avoir prévenu le maire, peut faire tous les travaux indispensables, sauf à se pourvoir durant leur cours ou même après leur exécution, dans les formes légales (Gaudry, t. 3, p. 109).

533. Lorsque la commune a voté une subvention déterminée pour concourir aux dépenses des travaux entrepris par la fabrique, elle ne peut se prévaloir de l'inobservation des formalités prescrites par les art. 95 à 98 du décret du 30 déc. 1809 pour soutenir qu'elle n'est pas tenue de contribuer aux travaux exécutés pour la réparation de l'église (Cons. d'Et. 9 juin 1882, aff. Commune de Conand, D. P. 83. 3. 119). — Dans cette même hypothèse, la commune peut, comme toute personne qui a souscrit pour l'exécution d'un travail public, se refuser à payer la somme promise lorsque les conditions dans lesquelles le travail devait s'exécuter ne sont pas remplies. Mais elle ne saurait user de ce droit lorsque les modifications portent sur des points qui

sont pour elle sans intérêt, notamment sur des augmentations de dépense qui, devant rester à la charge exclusive de la fabrique, ne peuvent accroître sa part de dépense. (Cons. d'Et. 9 juin 1882, aff. Commune de Conand, D. P. 83. 3. 119). Toutefois la commune ne peut être tenue de payer, avant la réception des travaux, la totalité de la subvention promise, alors que des malfaçons ont été commises et qu'il n'a pas encore été statué sur la question de savoir à qui incombe la responsabilité de ces malfaçons ; et, dans ce cas, la somme dont le payement est exigible doit être fixée, en tenant compte, d'une part, de l'importance des malfaçons, des dépenses nécessaires pour les réparer, et du montant des acomptes auxquels l'entrepreneur a droit, et, d'autre part, de l'état d'avancement des travaux (Même arrêt). Il va de soi, d'ailleurs, que le vote, par le conseil municipal, d'une certaine somme en faveur de la fabrique, pour l'aider à supporter les travaux relatifs à la reconstruction ou la réparation de l'église, n'autorise pas l'entrepreneur, qui n'a contracté qu'avec la fabrique, à poursuivre, en tout ou en partie, de ce qui lui est dû contre la commune (Cons. d'Et. 19 déc. 1867, aff. Commune de Sainte-Foy, Rec. Cons. d'Etat, p. 940). — Décidé aussi que le curé, qui a commandé directement, sans la participation de la commune ni de l'administration supérieure, les travaux du presbytère et a payé ces travaux, ne peut réclamer à la commune le remboursement de ses débours (Cons. d'Et. 13 févr. 1880, aff. Mercier, Rec. Cons. d'Etat, p. 183). — V. au surplus, infra, v° Travaux publics.

534. De l'obligation imposée aux fabriques de pourvoir à l'entretien et aux réparations des églises lorsqu'elles possèdent des fonds suffisants (V. Rép. n° 598), la jurisprudence administrative a conclu qu'elles ont le droit d'exécuter les travaux sans le concours de la commune. Ainsi il a été décidé qu'une fabrique peut être autorisée à exécuter les travaux d'agrandissement d'une église, reconnus nécessaires aux besoins du culte, et même contracter un emprunt à cet effet, malgré l'opposition du conseil municipal, lorsque cette autorisation ne doit avoir pour effet ni de porter atteinte aux droits de propriété de la commune sur l'église, ni d'engager ses finances (Cons. d'Et. 7 mai 1863 (1) ; 17 juill. 1874, aff. Commune d'Astaffort, D. P. 75. 3. 74 ; 4 juin 1880, aff. Ville d'Issoudun, D. P. 81. 3. 46), ni de soustraire l'édifice à son droit de surveillance, et qu'il est constaté que les travaux ne peuvent nuire à la solidité de la construction (Arrêts précités des 17 juill. 1874 et 4 juin 1880). Il ne faut pas perdre de vue cette dernière condition : l'obligation résultant pour les communes de pourvoir aux grosses réparations en cas d'insuffisance des ressources de la fabrique, donne, en effet, un droit, incontestable, à l'autorité municipale de s'opposer à toute entreprise qui pourrait avoir pour effet de rendre son concours ultérieur nécessaire, sans qu'elle ait donné son consentement aux travaux, ou sans que la nécessité de les exécuter ait été constatée (Cons. d'Et. 24 juin 1870, aff. Commune de Cormenier, D. P. 71. 3. 106).

535. A qui appartient la direction des travaux de réparation qui sont faits aux édifices consacrés au culte? Une décision ministérielle du 23 juill. 1854 (D. P. 55. 3. 19) trace à cet égard les règles suivantes : la direction des travaux d'entretien, d'appropriation intérieure et d'embellissement appartient à la fabrique ; celle des travaux de construction ou de grosses réparations appartient à la commune dans le cas où elle doit payer la totalité de la dépense, sauf le droit de surveillance de la fabrique. Lorsque, au contraire, la plus forte partie de la dépense, sinon la totalité, est supportée par la fabrique, c'est celle-ci qui doit diriger ces travaux sous la surveillance de l'autorité municipale. Dans le cas où la fabrique et la commune contribuent à la dépense

pour une somme égale, il appartient au maire, sous la surveillance du conseil de fabrique, de diriger ces mêmes travaux. Le choix de l'architecte est exercé exclusivement par celle des deux administrations qui dirige les travaux. — Lorsque la fabrique a préparé les plans et recueilli les fonds nécessaires pour la reconstruction de l'église, le préfet peut décider que la fabrique aura la direction des travaux (Cons. d'Et. 26 févr. 1870, aff. Commune de Sentaraille, D. P. 71. 3. 47). Jugé de même que le préfet peut remettre la direction des travaux de reconstruction d'une église à la fabrique, alors que celle-ci recueille des souscriptions importantes. (Cons. d'Et. 9 juin 1882, aff. Commune de Conand, D. P. 83. 3. 119). Au reste il a été décidé que le produit des souscriptions ouvertes ou recueillies exclusivement au nom des fabriques paroissiales pour la restauration des églises et presbytères appartient aux fabriques et non aux communes. (Av. Cons. d'Et. 16 mars 1868, D. P. 68. 3. 23).

536. Alors même que le concours de la commune ne lui est pas nécessaire, la fabrique n'est pas, dans tous les cas, libre de procéder aux travaux de réparations sans le contrôle et l'intervention de l'autorité administrative. On a vu au Rép. n° 598 que, d'après les art. 41 et 42 du décret du 30 déc. 1809, l'autorisation du préfet ou du Gouvernement est nécessaire quand le devis des travaux excède 200 fr. Une ordonnance du 8 août 1821 (Bulletin des lois, 7e série, n° 471), a décidé que les travaux pourraient être autorisés par le préfet toutes les fois que la dépense n'excéderait pas 20000 fr.; qu'au-dessus de ce chiffre l'autorisation serait donnée par le ministre. — D'après une circulaire ministérielle du 6 août 1841 (Rec. circ. cult. t. 2, p. 28), le préfet aurait le droit d'interdire ou de faire suspendre les travaux entrepris par les fabriques, quelque minimes que soient ces travaux, toutes les fois qu'il reconnaît « qu'elles s'égarent, qu'elles font un mauvais emploi des fonds dont elles disposent, qu'elles mutilent ou dégradent les monuments qu'elles ont mission de conserver ». Les fabriques sont alors tenues d'obtempérer aux injonctions du préfet, sauf leur recours à l'autorité supérieure. La circulaire déclare, en conséquence, que les fabriques agiront prudemment en communiquant préalablement leurs projets de travaux au préfet, même dans les cas où l'autorisation administrative ne leur est pas nécessaire d'après les dispositions du décret de 1809.

537. Les grosses réparations ne peuvent s'entendre de la réfection complète et entière de l'édifice (c. civ. art. 606) (V. Gand, 3 févr. 1883, aff. Fabrique de Saint-Servais de Liège, D. P. 84. 2. 113). Une fabrique a-t-elle le droit de démolir et de reconstruire l'église? Si celle-ci lui appartient, l'affirmative n'est pas douteuse ; mais si, ce qui est le cas le plus général, elle n'est pas propriétaire, elle ne peut trouver un pareil droit dans le texte de l'art. 37 du décret du 30 déc. 1809, qui, la charge de veiller à l'entretien et à la conservation de l'église? Les auteurs ne se sont pas prononcés d'une manière explicite à cet égard ; ils reconnaissent bien que l'Etat a concédé, soit aux communes, soit aux fabriques, un droit de jouissance illimité et sans réserve sur les églises que le Concordat a mises à la disposition des évêques ; mais ils ne vont pas plus loin. M. Gaudry ajoute seulement, comme nous l'avons dit supra, n° 363, que ce n'est pas là un simple droit de jouissance, mais « une nature de propriété particulière, assujettie à des règles spéciales, déposée cumulativement entre les mains des communes et des fabriques, dans l'intérêt exclusif et perpétuel du culte » (t. 2, p. 510). Faut-il conclure de là que la fabrique a le droit de démolir et de reconstruire une église qui menace ruine, afin de lui conserver son affectation au culte auquel elle est destinée exclusivement? En Belgique, un arrêt royal du 16 août 1824 semble s'y opposer, car il défend de bâtir

(1) (Commune de Meudon.) — Considérant qu'il résulte de l'instruction et de la teneur même de notre décret du 25 mai 1862, que ce décret a été rendu au vu de la délibération en date du 19 févr. 1860, par laquelle le conseil municipal de la commune de Meudon s'est refusé à l'exécution des travaux d'agrandissement de l'église de Bellevue, dont l'Administration avait reconnu la nécessité, et a donné son avis sur l'autorisation, demandée par la fabrique de cette église, de contracter un emprunt pour la payement desdits travaux ; — Que le décret et la décision de notre ministre de l'intérieur, en date du 13 juill. 1861, n'ont eu

ni pour but ni pour effet de porter atteinte aux droits de propriété de la commune de Meudon sur l'église succursale de Bellevue, ou de conférer à la fabrique aucun droit de propriété sur les constructions nouvelles, et qu'ils n'ont pas pour résultat d'engager les finances de ladite commune ; qu'ils ont été rendus uniquement dans le but de pourvoir aux besoins du culte dans la circonscription de la succursale de Bellevue.
Art. 1er. Le pourvoi de la commune de Meudon est rejeté, etc.
Du 7 mai 1863. —Cons. d'Et.—MM. David, rap.—Chamblain, concl.—Beauvais, Devaux et Dareste, av.

de nouvelles églises ou de nouveaux édifices destinés à l'exercice du culte public, de reconstruire ceux qui existent et d'en changer l'ordonnance sans avoir, au préalable, obtenu l'autorisation du roi. En France, une seule loi fait allusion à la reconstruction des églises : c'est celle du 14 févr. 1810, art. 2, qui détermine les formalités à remplir pour subvenir aux dépenses exigées par la réparation ou la reconstruction des édifices du culte, lorsque les revenus de la fabrique ou de la commune font défaut (V. *Rép.* p. 703, col. 2). Mais cette loi a été abrogée par celle du 5 avr. 1884 (V. *suprà*, n° 520). La question n'est donc aujourd'hui résolue par aucun texte ; mais si l'on considère la nature du droit attribué aux fabriques, il semble difficile de leur reconnaître la faculté de démolir et reconstruire l'église qui menace ruine sans le concours de la commune. Sans doute, la fabrique a pour mission d'assurer la conservation de l'édifice consacré au culte ; sans doute, elle a une action pour faire cesser les usurpations commises sur le temple dont elle a la garde, mais, si le temple ne peut plus servir au culte, s'il a perdu ainsi, en fait, sa destination ou l'affectation qui lui avait été donnée, il n'existe plus en tant que temple ; c'est une église nouvelle qu'il faut reconstruire, et cette reconstruction excède les attributions de la fabrique. C'est la commune qui en est chargée. C'est également à elle qu'il appartient de pourvoir, pendant les travaux de réfection, à l'exercice du culte dans la paroisse, et, par conséquent, à la location des lieux où ce culte sera célébré. Il en serait ainsi, même dans le cas où la fabrique aurait recueilli, par souscription ou autrement, les sommes nécessaires pour la reconstruction de l'église et où la commune ne serait pas appelée à supporter les frais de cette réédification, parce que cette circonstance ne déchargerait pas celle-ci de l'obligation d'assurer l'exercice du culte pendant la durée des travaux de réfection, dont la fabrique aurait d'ailleurs la direction (Cons. d'Et. 26 févr. 1870, cité *suprà*, n° 335).

Il a été jugé, dans ce sens, en Belgique, qu'une fabrique n'a pas le droit de faire démolir et reconstruire une église qui ne peut plus être utilement réparée ; que la reconstruction de cette église sur son ancien emplacement ne saurait être considérée comme une grosse réparation ; qu'en conséquence, une fabrique n'est pas recevable à assigner l'Etat en remboursement des sommes nécessaires à la démolition et à la reconstruction de l'église dont elle a la garde, et à la location d'un local provisoire pour l'exercice du culte pendant cette reconstruction, sous le prétexte que des travaux exécutés dans le voisinage par l'Etat ont rendu ladite réfection indispensable (Arrêt précité du 3 févr. 1883).

538. Du texte et de l'esprit des art. 75 et 77 de la loi du 18 germ. an 10, il résulte qu'il appartient au préfet de prendre, de concert avec l'autorité diocésaine, toutes les mesures nécessaires pour que la célébration du culte ait lieu dans des édifices convenables (Girod, p. 160 ; Instr. min. cult. 12 déc. 1862, Bost, p. 466). Il suit de là que, lorsque la construction ou la reconstruction d'une église est indispensable, ces autorités ont à apprécier quel est l'emplacement qui doit être choisi : le conseil municipal et le conseil de fabrique doivent être appelés à donner leur avis (Décis. min. int. juin 1860, Bost, p. 466). En cas de désaccord entre l'évêque et le préfet, l'affaire doit être portée devant le ministre des cultes qui statue (Girod, p. 161). Lorsque l'emplacement est choisi, l'Administration peut contraindre la commune soit à lui donner la destination indiquée, soit à l'acquérir, s'il n'est pas à sa disposition, en cas d'insuffisance légalement reconnue des ressources de la fabrique. C'est ce qui résulte de diverses décisions ministérielles citées par Bost, p. 466 (*Bull. min. int.*, 1859, p. 108 ; 1860, p. 120 ; 1861, p. 308 ; 1862, p. 162 et 195). Toutefois, « ces mesures coercitives étant tout à fait exceptionnelles, on ne doit y recourir, dit la décision précitée de juin 1860, qu'en cas de nécessité absolue ; et, pour peu que la restauration de l'église soit possible, c'est à ce dernier projet qu'il faudrait s'arrêter » (V. *ibid.*). — Même dans le cas où la nouvelle église doit être construite à l'aide de souscriptions ou de dons volontaires, les autorités civile et ecclésiastique ne doivent jamais se dessaisir du droit de fixer l'emplacement sur lequel elle devra être bâtie (Décis. min. cult. 10 avr. 1845, Bost, p. 466). En cas d'impossibilité d'acquérir de gré à gré

l'emplacement convenable, même lorsque l'église est située dans une section de commune qui la fait bâtir à ses frais, il est permis de recourir à la voie de l'expropriation pour cause d'utilité publique (Même décision). — Une autre décision du ministre de l'intérieur de 1866 a déclaré qu'on ne peut autoriser la reconstruction d'une église sur l'emplacement d'un cimetière abandonné qu'après l'expiration des dix ans qui ont suivi les dernières inhumations (Bost, p. 466).

539. C'est également à l'autorité préfectorale, de concert avec l'autorité diocésaine, sauf recours à l'Administration supérieure, qu'il appartient de statuer sur la question de savoir si l'église peut être utilement réparée ou si les besoins du culte nécessitent la reconstruction de cet édifice. En ce dernier cas, il convient de n'obliger la fabrique à exécuter à l'église que les travaux strictement indispensables pour que le culte puisse y être célébré jusqu'à l'achèvement du bâtiment nouveau (Décis. min. int. 14 févr. 1864). Au cas de reconstruction, il a été décidé qu'une fabrique peut être autorisée, malgré le conseil municipal, à acquérir, soit à l'amiable, soit par expropriation, concurremment avec la commune ou séparément, le terrain sur lequel doit être bâtie une nouvelle église en remplacement de l'ancienne devenue insuffisante, et qui ne peut être ni agrandie, ni réparée, et à affecter à cette construction le produit de souscriptions privées, celui d'un emprunt à ce destiné et ses ressources disponibles (Av. Cons. d'Et. 29 janv. 1873, *Bull. lois civ. ecclés.*, 1874, p. 158).

540. L'art. 37, § 4, du décret du 30 déc. 1809 met l'entretien des cimetières à la charge des fabriques. L'art. 30, § 17, de la loi du 18 juill. 1837 a fait, il est vrai, figurer aussi cet entretien parmi les dépenses obligatoires de la commune ; mais, ainsi que l'a reconnu un avis du conseil d'Etat du 21 août 1839 (*Rép.* n° 811), cette disposition n'a eu pour but que de contraindre les communes à venir en aide, pour des dépenses de cette nature, à l'insuffisance des ressources des fabriques et n'a point pour effet d'exonérer celles-ci (V. aussi Décis. min. cult. 23 juill. 1840, 29 sept. 1841, 15 avr. 1882, *Bull. lois civ. ecclés.*, 1883, p. 183, et 1884, p. 318). La cour de cassation a, dans un arrêt récent, confirmé cette interprétation en déclarant que sous les régimes successifs du décret du 30 déc. 1809, et de la loi municipale du 18 juill. 1837, les fabriques étaient tenues de pourvoir à l'entretien des cimetières, les communes n'ayant l'obligation de subvenir à cette dépense que lorsque les fabriques justifiaient de l'insuffisance de leurs revenus (Civ. rej. 30 mai 1888, aff. Fabrique des églises d'Amiens, D. P. 88. 1. 237). D'après le même arrêt, cette insuffisance de revenus devait s'entendre, d'après les termes généraux de la loi, de l'insuffisance des revenus pris dans leur ensemble, en sorte que l'obligation des fabriques subsistait quand même le produit du monopole des pompes funèbres, à elles conféré par la loi, ne couvrait pas à lui tout seul les dépenses d'entretien des cimetières ; la commune ne doit avoir aucune charge à supporter du chef de l'entretien du cimetière, alors même que le rendement des produits spontanés et des pompes funèbres ne suffit pas à cette dépense, si elle peut être acquittée au moyen d'autres revenus de la fabrique d'origine différente.

541. Sur quel motif reposait l'interprétation d'après laquelle la charge de l'entretien du cimetière incombait principalement à la fabrique ? On s'appuyait, en général, pour la justifier, sur ce que la fabrique ayant le profit des fruits spontanés du cimetière, l'entretien devrait lui incomber comme une charge de cette jouissance (V. notamment : Vuillefroy, t. 1, p. 357, note c). S'il en est ainsi, les fabriques ne devraient plus en être tenues depuis que la jouissance des produits spontanés des lieux d'inhumation leur a été retirée par l'art. 136, § 13, de la loi du 5 avr. 1884 (V. *suprà*, v° *Commune*, n° 326). Telle paraît, en effet, avoir été l'intention des auteurs de la loi de 1884, telle qu'elle se manifeste dans les travaux préparatoires de cette loi. Ainsi le rapport présenté au Sénat déclare formellement que les fabriques doivent être déchargées de toutes les dépenses d'entretien des cimetières, parce que le cimetière ne constitue plus une dépendance de l'église, mais « une propriété communale dans toute la force du terme, dont il faut que la commune ait la police, les bénéfices et les

charges ». On trouve la même opinion très nettement exprimée dans la circulaire adressée aux préfets par le ministre de l'intérieur, le 15 mai 1884, « sur l'ensemble des modifications apportées par la loi du 5 avril à la législation municipale » (*Bull. min. int.*, 1884, p. 213 et suiv.). Voici dans quels termes s'exprime le ministre relativement au paragraphe 13 de l'art. 136 : « Dépenses concernant les cimetières. Aux termes de l'art. 136, § 13, sont obligatoires pour les communes les dépenses concernant les cimetières, leur entretien, et leur translation, dans les cas déterminés par les lois et règlements d'administration publique. Ces dispositions reproduisent celles du paragraphe 17 de l'art. 30 de la loi du 18 juill. 1837. La jurisprudence s'appuyait sur les art. 36, § 4, du décret du 30 déc. 1809, qui comprend au nombre des revenus de la fabrique les produits spontanés des lieux de sépulture, et 37, § 4, du même décret, qui la chargeait de l'entretien des cimetières, et considérait cette dépense comme devant être acquittée en première ligne par les fabriques et subsidiairement par les communes. Les fabriques en trouvaient la compensation dans la perception des produits spontanés. La loi du 5 avr. 1884 attribuant ces produits aux communes par son art. 133, et abrogeant par ses dispositions finales l'art. 36, § 4, du décret précité, l'entretien des cimetières cesse d'incomber aux établissements religieux » M. Morgand, *Commentaire de la loi municipale du 5 avr.* 1884, t. 2, p. 382, reproduit, comme ne soulevant aucune difficulté, la solution de la circulaire (V. aussi Daniel-Lacombe, *Régime des sépultures*, p. 132).

Cependant, il a été décidé, depuis la loi du 5 avr. 1884, que la disposition de cette loi, qui prive les fabriques d'église, au profit des communes, des produits spontanés des cimetières, n'a pas eu pour effet de les exonérer de cette obligation; qu'elles sont tenues de pourvoir à l'entretien des cimetières, alors même qu'elles ne tirent aucun bénéfice de l'exploitation du monopole des pompes funèbres (Amiens, 29 avr. 1885, aff. Ville d'Amiens, D. P. 86. 2. 212). La même doctrine a été adoptée par la chambre civile de la cour de cassation, dans l'arrêt du 30 mai 1888, cité *supra*, n° 540, qui rejette le pourvoi formé contre la décision de la cour d'Amiens. Aux termes de cet arrêt, l'art. 136-13° de la loi municipale du 5 avr. 1884 n'a pas modifié la situation respective des communes et des fabriques en ce qui touche l'entretien des cimetières, et la commune continue, sous le régime de cette loi, à n'être tenue de subvenir à cette dépense qu'à la condition d'une justification régulière, par la fabrique, de l'insuffisance de ses revenus. Si certaines parties des travaux préparatoires de cette loi et la circulaire ministérielle du 15 mai 1884 peuvent être invoquées dans un sens opposé, ces documents ne sauraient prévaloir contre la loi elle-même, dont le texte est identique à celui

de la loi du 18 juill. 1837, et qui ne contient pas l'abrogation de la disposition correspondante du décret du 30 déc. 1809 (Même arrêt).

La cour d'Amiens, dans son arrêt du 29 avr. 1885, a considéré que la véritable contre-partie de la charge d'entretien des cimetières est, pour les fabriques, le monopole des pompes funèbres, et que ce monopole n'ayant pas été aboli par la loi de 1884, comme le voulait la rédaction votée par la Chambre des députés, les dispositions de l'art. 37 du décret de 1809 restent en vigueur. Un projet de loi, actuellement soumis aux délibérations des Chambres, tend à enlever aux fabriques le monopole des pompes funèbres (V. *infra*, n° 824). Si cette disposition doit être définitivement adoptée, l'argument principal sur lequel s'appuie l'arrêt ci-dessus se trouvera mis à néant, et l'on pourrait se demander si la suppression du monopole des fabriques ne devrait pas en traîner logiquement et virtuellement l'abrogation de l'art. 37 du décret de 1809, tout en reconnaissant qu'il résulte de la loi municipale du 5 avr. 1884 et des dispositions de l'art. 37 du décret du 30 déc. 1809, combinées avec l'art. 30, § 17, de la loi du 18 juill. 1837 et l'art. 168 de la loi du 5 avr. 1884, par lequel l'art. 92 du décret de 1809 a été abrogé, que toutes les dépenses d'entretien des cimetières sont désormais obligatoires pour les fabriques, sans pouvoir être diminuées par le concours des communes. M. Daniel-Lacombe, *op. et loc. cit.*, remarque qu'une telle anomalie a dû échapper au législateur de 1884, et exprime le vœu qu'elle vienne promptement à disparaître (V. aussi la note sur l'arrêt du 30 mai 1888, D. P. 88. 1. 257).

542. Nous avons dit au *Rép.* n° 600 que les fabriques ne jouissant, avant la loi du 5 avr. 1884, que du produit spontané des cimetières, c'est-à-dire des fruits, herbes et émondes des arbres qui y croissent sans culture, on ne saurait mettre à leur charge les grosses réparations. Cette solution semble *à fortiori* devoir être admise depuis que la loi du 5 avr. 1884 leur a retiré ce produit. Néanmoins, si le motif donné par l'arrêt de la cour d'Amiens, cité *supra*, n° 541, était adopté, il faudrait reconnaître qu'il peut s'appliquer aux grosses réparations comme à l'entretien.

543. — IV. Logement des curés ou desservants. — On a vu *supra*, n° 413, que, lorsqu'il existe dans la commune un presbytère non aliéné pendant la Révolution, la commune est obligée de le mettre à la disposition du curé, et alors ce presbytère ne peut être employé à un autre usage (Décis. min. 25 brum. an 14, 24 août 1806; Gaudry, t. 2, p. 652). Dans le cas contraire, il est certain que la commune n'est pas tenue de fournir au curé un logement en nature, soit dans un bâtiment communal à ce spécialement affecté, soit dans un autre immeuble pris en location (Bruxelles, 6 janv. 1881) (1). Elle n'est, d'ailleurs, pas obli-

---

(1) (Juste C. Lefebvre et Mauroit.) — La cour ; — Attendu, en fait, qu'il résulte des documents de la cause comme des explications des parties, que le 28 oct. 1880, l'intimé Lefebvre, appelé aux fonctions de curé de la paroisse de Houdeng-Aimeries, se présenta en cette qualité à l'appelant, Juste, bourgmestre de cette commune ; — Que le même jour, le collège des bourgmestre et échevins l'avisa de son intention de proposer d'urgence au conseil communal de changer la destination du bâtiment servant alors de cure, et de transformer celle-ci en école, en allouant à l'intimé une indemnité de logement, le priant en conséquence de ne faire transporter à la cure aucun de ses meubles ; qu'en même temps, le collège informait le sieur Mauroit, l'ancien curé, et de cette décision et de l'avertissement donné à l'intimé ; — Que le 30 octobre, le conseil communal de Houdeng-Aimeries, considérant que la nomination d'un nouveau curé permettrait « d'affecter le bâtiment de la cure, soit au service de l'enseignement, soit de toute autre façon plus le plus grand avantage de la commune », décida que, pour remplir les obligations à lui imposées par l'art. 92 du décret du 30 déc. 1809, il serait alloué à l'intimé une indemnité annuelle de logement de 450 fr., et que cette résolution serait portée par le collège à la connaissance de ce dernier, qui en reçut copie le surlendemain 1er novembre ; — Que le 3 novembre, le collège prévint le sieur Mauroit qu'il pourrait continuer provisoirement son occupation, moyennant un loyer mensuel de 41 fr. 16 cent., sauf à mettre les lieux à la disposition de l'administration, après un avertissement préalable d'un mois ; — Que le lendemain, 4 novembre, le sieur Mauroit et sa sœur, devant s'absenter pour la journée, refusèrent de laisser la clef de leur maison à l'intimé, qui y avait été accueilli par eux ; — Qu'après leur départ, une tapissière renfermant les meubles de l'intimé étant arrivée à

la porte du presbytère, celui-ci fit appeler un serrurier pour la crocheter ; qu'informé de ces faits, l'appelant, accompagné du commissaire de police et du garde champêtre se rendit sur les lieux ; que la porte ayant été refermée, procès-verbal fut dressé et que la clef donnant accès au jardin fut saisie, clef qui avait été remise au serrurier par l'intimé et qui fut ultérieurement, au dire de l'appelant, transmise au parquet du tribunal de première instance de Mons ; — Que, le 6 novembre, l'appelant Juste et les intimés Mauroit et sa sœur furent assignés en référé pour le même jour, aux fins de s'entendre condamner à restituer à l'intimé Lefebvre, le premier la clef donnant accès au jardin du presbytère, le deuxième et troisième, la clef donnant accès au presbytère lui-même ; — Que l'ordonnance dont est appel accueillit cette demande ; — Que le 6 novembre encore, le collège décida qu'il serait fait défense par exploit d'huissier auxdits Juste et Mauroit de se dessaisir des clefs qu'ils pourraient détenir, sauf à les remettre au collège, et que le lendemain le conseil communal confirma cette décision ; — Que le 9 novembre suivant, la députation permanente du Hainaut approuva la délibération précitée du 30 octobre précédent, remplaçant par une indemnité annuelle l'obligation de fournir un presbytère à l'intimé ;

Attendu qu'aux termes de l'art. 92 du décret du 30 déc. 1809, les communes sont tenues de fournir au curé un presbytère ou, à défaut de presbytère, un logement, ou à défaut de presbytère et de logement, une indemnité pécuniaire ; — Attendu que la propriété dont il s'agit n'étant point affectée à titre de fondation à servir de presbytère, la commune de Houdeng-Aimeries était en droit d'en disposer avec l'approbation de la députation permanente, en allouant au curé une indemnité annuelle de logement ;...

Attendu que, l'intimé se prévaudrait en vain d'une prétendue

gée de reconstruire le presbytère, lorsqu'il vient à être détruit, ni de le réparer s'il tombe en ruine (Décis. min. int. 28 sept. 1874, *Bull. lois civ. ecclés.*, 1875, p. 40 ; C. cass. Belgique, 19 nov. 1885) (1). En l'absence de presbytère, le curé ou desservant n'a droit qu'à une indemnité de logement.

544. Mais à la charge de qui retombe l'indemnité de logement? La commune en est-elle tenue d'une manière absolue et sans restriction, ou est-ce à la fabrique qu'elle incombe à titre principal, la commune n'étant assujettie qu'en cas d'insuffisance des ressources de la fabrique? Nous avons indiqué *suprà*, v° *Commune*, n° 322, les décisions et les auteurs qui se sont prononcés en faveur de chacune de ces solutions, et nous avons dit que la question est aujourd'hui tranchée en faveur de la commune par l'art. 136 de la loi du 5 avr. 1884, aux termes duquel la charge de l'indemnité de logement, attribuée par la loi au curé d'une paroisse, incombe à la fabrique comme obligé principal et, en cas d'insuffisance de ses ressources seulement, à la commune (Req. 3 nov. 1885, aff. Ville d'Alger, D. P. 86. 1. 364). Mais le curé n'ayant pas à s'immiscer dans la désignation de la personne de qui il reçoit cette indemnité, n'est pas tenu de restituer les sommes qu'il a, à ce titre, légitimement reçues de la commune, l'un de ses deux débiteurs, et celle-ci n'est pas recevable à exercer contre lui l'action en répétition de l'indu, alors même que l'insuffisance des ressources de la fabrique n'aurait pas été constatée (Arrêt précité du 3 nov. 1885).

545. D'après la doctrine qui a prévalu (V. le numéro qui précède), le curé doit donc s'adresser, pour les réparations qu'il croit nécessaires, à la fabrique et subsidiairement à l'autorité municipale. S'il commandait directement, sans la participation de la commune et de l'administration supérieure, les travaux du presbytère, et les payait lui-même, il ne pourrait réclamer à la commune (ni même à la fabrique) le remboursement des sommes avancées par lui (Cons. d'Et. 13 févr. 1880, aff. Mercier, D. P. 80. 3. 112 ; *Bull. lois civ. ecclés.*, 1881, p. 42).

546. Au reste, quelle que soit l'opinion qu'on adopte dans la question examinée *suprà*, n° 544, l'obligation de pourvoir au logement du curé ou desservant incomberait à la commune, non pas subsidiairement, mais à titre principal, dans le cas où elle aurait aliéné le presbytère qui lui appartenait, et où elle n'aurait été autorisée à faire cette aliénation qu'à la condition qu'elle continuerait à fournir ledit logement. C'est

ce qui résulte d'un arrêt du conseil d'Etat, aux termes duquel il appartient en pareil cas au préfet d'assurer l'exécution de l'obligation mise ainsi à la charge de la commune, en inscrivant d'office au budget l'indemnité de logement, sans qu'il y ait lieu à renvoi devant l'autorité judiciaire (Cons. d'Et. 28 janv. 1876, aff. Commune de Beaujeu, D. P. 76. 3. 53).

547. — V. Règles concernant la contribution de la commune aux charges de la fabrique. — Ces règles étaient communes, pour la plupart, aux diverses hypothèses où la législation admettait autrefois l'obligation, pour les communes, de suppléer à l'insuffisance des ressources des fabriques. Elles conservent, en général, leur application sous l'empire de la loi du 5 avr. 1884, qui a réduit cette obligation au cas où il s'agit soit de réparations à faire aux édifices consacrés au culte, soit de fournir une indemnité de logement au curé ou desservant (V. *suprà*, n° 544). La jurisprudence que nous avons à analyser ci-après conserve donc, en grande partie du moins, son intérêt, bien que la plupart de ses décisions soient antérieures à la loi précitée.

548. Une première question à résoudre est celle de savoir à quelles conditions les ressources de la fabrique pourront être considérées comme insuffisantes. Elle se présente à plusieurs points de vue. Ainsi, la fabrique est, d'après la législation actuelle, chargée de pourvoir seule aux frais du culte et à l'entretien des bâtiments ; faut-il, pour apprécier si les dépenses afférentes soit aux grosses réparations, soit à l'indemnité de logement, excèdent ou non ses ressources, tenir compte de ce qu'elle aura à payer pour ces frais et cet entretien? Comme on l'a vu *suprà*, v° *Commune*, n° 324, c'est cette dernière solution qu'a entendu consacrer la loi du 5 avr. 1884, en prescrivant dans son art. 136 « l'application préalable des revenus et ressources *disponibles* des fabriques à ces réparations. » La circulaire du 15 mai 1884 (*Rec. circ. cult.*, t. 4, p. 516) s'exprime très-nettement à ce sujet : «Les fabriques peuvent employer, y est-il dit, d'abord leurs revenus aux dépenses justifiées par les exigences du service des cultes et l'entretien des bâtiments paroissiaux ; l'excédent de leurs revenus disponibles seul doit être nécessairement appliqué aux grosses réparations et à l'indemnité de logement. Le modèle de budget et de compte en vigueur pour les établissements ecclésiastiques distingue leurs dépenses en obligatoires et facultatives, et leurs ressources disponibles sont celles qui résultent de la

---

prise de possession du presbytère, puisqu'il est constant, d'une part, que la commune propriétaire s'y était toujours opposée et, d'autre part, que le sieur Mauroit et sa sœur, seuls occupants légitimes du presbytère, lui en avaient refusé les clefs ; que, dans ces circonstances, les faits articulés avec offre de preuve par l'intimé sont sans portée au point de vue d'une prise réelle de possession et qu'on ne saurait en admettre la preuve ; — Attendu que l'intimé n'est pas mieux fondé à invoquer un droit absolu d'occupation d'une propriété communale non affectée par fondation à l'usage de presbytère, et malgré l'opposition de la commune et son offre d'une indemnité pécuniaire de logement; qu'il se borne, sans le justifier, à alléguer ce prétendu droit, nonobstant l'art. 92 du décret du 30 déc. 1809, qui n'impose à la commune qu'une obligation alternative, dont l'art. 1190 c. civ. lui laisse le choix;...

Par ces motifs,... met à néant l'ordonnance de référé dont est appel; etc.

Du 6 janv. 1881.-C. de Bruxelles, 4ᵉ ch.-MM. Jamar, pr.-Laurent, av. gén., c. conf.-Bockstael, Van Meenen, De Lantsheere et De Bert (du barreau de Mons), av.

(1) (Niffle *C.* Commune d'Havré.) — Le sieur Niffle, desservant de la paroisse d'Havré, a formé contre la commune une action tendant à contraindre celle-ci à faire des travaux de réparation que rendait indispensables l'état de vétusté du presbytère affecté à son habitation. De son côté, la commune a assigné le sieur Niffle en déguerpissement de ce presbytère, déclarant qu'elle tenait à sa disposition un autre édifice destiné à lui servir de logement. Le tribunal de Mons, saisi de ces deux demandes, a jugé que la commune était tenue de conserver au presbytère son ancienne destination, et a rejeté, en conséquence, sa demande, à fin de déguerpissement ; mais elle a déclaré non recevable l'action du desservant par le motif que la fabrique seule avait qualité pour intenter une pareille réclamation. Le 26 juill. 1884, arrêt de la cour de Mons qui, confirmant le jugement sur ce dernier point, le réforme sur le premier chef, décide qu'en offrant au desservant une autre habitation, la commune n'a fait qu'user de son

droit, et condamne le sieur Niffle à quitter le presbytère qu'il occupait. — Pourvoi en cassation par le sieur Niffle. — Arrêt.

La cour ; — Attendu qu'il est constaté en fait par l'arrêt dénoncé que le presbytère dont il s'agit n'est pas un presbytère de fondation ; — Que le demandeur a réclamé du collège échevinal d'Havré une maison convenable ou une indemnité pécuniaire, en invoquant l'avis des experts qui avaient déclaré que le presbytère menaçait ruine et n'était plus habitable ; — Que, pour pouvoir servir au logement du demandeur, la maison curiale aurait dû être reconstruite ; — Que la nouvelle maison curiale offerte au demandeur n'a soulevé, de sa part, aucune critique ; — Attendu que la loi du 18 germ. an 10 confère aux curés et desservants aucun droit réel sur les presbytères restitués ; — Qu'elle ne leur assure que le droit au logement dans ces presbytères, à titre de supplément de traitement ; — Que si des travaux d'entretien ne suffisent plus pour rendre habitable un presbytère ancien, qui est sujet à démolition et à reconstruction, il y a défaut de presbytère dans le sens de l'art. 92 du décret du 30 déc. 1809, puisque la maison affectée au logement du curé ne peut plus servir à cette destination et qu'aucune loi n'oblige la commune à la reconstruire sur le même emplacement ; — Attendu que l'arrêt attaqué ne décide pas que l'autorité communale peut modifier arbitrairement la destination spéciale des anciens presbytères ; — Qu'il constate que, pour ne pas devoir reconstruire le presbytère du demandeur, le conseil communal d'Havré a décidé de construire une école sur l'emplacement de cette maison et de faire l'acquisition d'une autre maison à usage de presbytère ; que ses décisions ont été approuvées par les autorités compétentes, conformément aux art. 76, n° 4, et 77, n° 1, de la loi communale ; — Qu'en décidant, dans l'état des faits constatés, que la défenderesse avait le droit de changer la destination du presbytère litigieux et d'offrir au demandeur une autre habitation, l'arrêt dénoncé n'a contrevenu à aucune des dispositions invoquées ; — Par ces motifs, rejette...

Du 19 nov. 1885.-C. cass. de Belgique, 1ʳᵉ ch.-MM. De Longé, 1ᵉʳ pr.-Casier, rap.-Mesdach de ter Kiele, 1ᵉʳ av. gén., c. conf.-Woeste, Duvivier et Convert, av.

différence entre l'ensemble de leurs ressources de toute nature et le total de la première catégorie de dépenses ».

549. On peut se demander ce que signifie cette expression : « l'ensemble de leurs ressources de toute nature. » Faut-il l'étendre aux capitaux? Non : une commune ne saurait contraindre une fabrique à aliéner, pour les objets dont il vient d'être parlé, des capitaux provenant de legs autorisés (Décis. min. cult., 22 mars 1870, *Bull. lois civ. ecclés.*, 1872, p. 152. V. aussi *Bull. min. int.*, 1864, p. 319, n° 39). Deux avis du conseil d'Etat des 2 juill. et 6 août 1884 ont également déclaré « que la vente d'un immeuble ou d'un titre de rente non grevé de charges ne saurait être considérée comme une ressource disponible de la fabrique; qu'on ne doit entendre par ressources disponibles que les excédents de recettes sur les dépenses nécessitées par l'exercice du culte et par l'entretien des édifices paroissiaux ou le montant des libéralités spécialement affectées aux réparations desdits édifices. » Par suite, une fabrique n'aurait ni le devoir, ni le droit, pour faire face à des dépenses de grosses réparations, de grever ses immeubles d'emprunts hypothécaires ou autres.

550. Lorsqu'il s'agissait, avant la loi du 5 avr. 1884, de régler les subventions communales pour insuffisance de revenus, le conseil d'Etat ne tenait compte que des dépenses prévues par les lois et règlements sur les fabriques, et écartait toutes les dépenses ayant un caractère purement facultatif, à moins, cependant, que le payement n'en fût assuré par des affectations spéciales (V. notamment : Cons. d'Et. 4 juin 1880, cité *suprà*, n° 534; 18 juin 1880, aff. Ville de Paris, D. P. 81. 3. 61). C'est cette règle qui, d'après la circulaire ministérielle du 15 mai 1884, doit être suivie pour apprécier si la fabrique a des ressources disponibles pouvant être affectées aux grosses réparations ou à l'indemnité de logement. Cette interprétation du mot *disponibles* nous paraît fondée, bien qu'elle ait été contestée par le motif qu'elle serait contraire aux déclarations faites devant le Sénat par le rapporteur du projet de loi (Rapport du 26 mars 1883), et à la pensée exprimée devant le même corps par le ministre de l'intérieur, dans la séance du 29 du même mois, lorsqu'il réservait aux dépenses du culte les sommes qui doivent lui être *raisonnablement* affectées (V. Morgand, *La loi municipale*, t. 2, p. 375 et 376).

551. Le déficit qui ressort du budget de la fabrique n'est opposable à la commune qu'autant que le budget est régulièrement établi, au point de vue soit des recettes qui y figurent, soit des dépenses qui y sont portées. Ainsi les sommes employées par la fabrique à des dépenses non autorisées ne peuvent être prises en considération pour le calcul du déficit auquel la commune est tenue de pourvoir (Cons. d'Et. 14 juin 1878, aff. Ville de Moulins, D. P. 78. 3. 81). Décidé, de même, que lorsqu'une dépense effectuée par la fabrique, et qu'une décision du conseil d'Etat a déclaré ne pouvoir retomber à la charge de la commune, a été portée dans le compte approuvé par la fabrique, la commune est fondée à demander que, pour déterminer le résultat de ce compte, il soit fait déduction du montant de ladite dépense; qu'il en est de même si la dépense a été engagée sans l'avis préalable du conseil municipal, dans les cas où cet avis est obligatoire, mais que la commune ne peut soutenir que l'avis du conseil municipal n'a pas été demandé lorsque, s'agissant d'une dépense payable par annuités, ce conseil a approuvé un compte antérieur où figurait la première annuité, sans contester le principe de la dette, ni sa légitimité (Cons. d'Et. 4 juin 1880, aff. Ville de Moulins, D.P.81.3.45). — D'autre part il a été jugé que le conseil de fabrique n'est pas tenu de porter en recette, dans son budget, un excédent de recettes provenant des comptes approuvés pour l'année précédente, alors que cet excédent provient de subventions dues par la commune pour des années antérieures et a été employé à éteindre le déficit des années auxquelles ces subventions s'appliquaient (Cons. d'Et. 14 juin 1878, aff. Ville de Moulins, D. P. 78. 3. 81); que la situation financière d'une fabrique qui réclame de la commune une subvention, à raison de la prétendue insuffisance de ses ressources, doit être déterminée en portant au budget de l'année pour laquelle la demande est faite, soit en recette, soit en dépense, le boni ou le débet, constaté par le dernier compte, c'est-à-dire, par exemple, au compte de 1875 pour le budget de 1877 (Arrêt précité du 4 juin

1880). — Suivant plusieurs arrêts, la fabrique est admise à réclamer le concours de la commune même après la clôture de l'exercice pendant lequel l'insuffisance des ressources s'est produite (Cons. d'Et. 16 juill. 1875, aff. Ville de Toulon, D. P. 76. 3. 21; 7 août 1875, aff. Ville de Chambéry, *ibid.*). Et dans le cas où le concours de la commune est demandé après l'expiration de cet exercice, le conseil municipal peut discuter les recettes et les dépenses dans les mêmes conditions où il aurait discuté le budget s'il lui avait été soumis, (Arrêt précité du 7 août 1875). Mais, faute d'avoir signalé lors du compte qui lui était soumis, les articles qui lui paraissent excessifs, le conseil municipal ne peut en contester le montant devant le conseil d'Etat par la voie contentieuse (Même arrêt). Décidé aussi que, lorsque la somme nécessaire pour subvenir à l'insuffisance des ressources de la fabrique pendant l'année courante et l'année antérieure a été inscrite au budget de la commune, et que les comptes de l'année pendant laquelle a eu lieu l'inscription se soldent en déficit, la commune n'est pas fondée à critiquer cette inscription en se fondant sur ce que, pendant la première année, il y aurait eu un excédent (Arrêt précité du 16 juill. 1875).

552. La commune, n'étant tenue de contribuer aux charges de la fabrique qu'autant que les ressources de celle-ci sont réellement insuffisantes, doit être mise en état de contrôler efficacement les allégations de la fabrique à cet égard. Dans le cas où son droit de contrôle n'aurait pu s'exercer, elle serait fondée à refuser la subvention. Décidé, ce sens, qu'une commune ne peut être tenue de pourvoir à l'insuffisance des revenus d'une fabrique, si aucune demande de subvention ne lui a été adressée lors de l'établissement du budget de la fabrique, et si, par suite, elle n'a pas été mise en demeure de constater cette prétendue insuffisance (Cons. d'Et. 15 févr. 1884, aff. Commune de Ballans, D. P. 85. 3. 123). — En conséquence, la toujours été admis que la fabrique était obligée de communiquer ses budgets et ses comptes au conseil municipal toutes les fois que cette commune est appelée à compléter ses ressources, et que cette communication doit comprendre les pièces justificatives à l'appui (*Rép.* n° 599; Cons. d'Et. 10 avr. 1860, aff. Commune de Chassen, D. P. 60. 3. 46; 24 mars 1873, aff. Commune de la Motte-Servolex, D. P. 73. 3. 57). Aucune disposition n'indique quelles sont les pièces que la fabrique est tenue de produire. Il résulte d'un arrêt du conseil d'Etat qu'il suffit que ces pièces, quelles qu'elles soient, établissent l'insuffisance des ressources de la fabrique (Cons. d'Et. 22 mai 1874, aff. Ville de Firminy, D. P. 75. 3. 43; 14 juin 1878, aff. Ville de Moulins, D. P. 78. 3. 81; 16 janv. 1880, aff. Fabrique d'Astaffort, D. P. 80. 3. 49). On s'est demandé seulement dans quelle forme devaient être fournies les justifications exigées de la fabrique; si celle-ci était tenue, sur la réquisition du conseil municipal, de lui remettre les documents qu'il voulait vérifier, ou s'il suffisait que la fabrique en offrit la communication *sur place*. C'est cette dernière solution qui avait prévalu (V. D. P. 78. 3. 81, note). — Sous la législation actuelle, le conseil municipal a le droit de procéder aux mêmes vérifications que par le passé; ce droit lui appartient d'une façon générale, et non pas seulement dans le cas où une subvention lui est demandée pour insuffisance des ressources de la fabrique. L'art. 70, § 5, de la loi du 5 avr. 1884 dispose, en effet, que le conseil municipal est appelé annuellement à donner son avis sur les comptes et budgets de la fabrique. Une circulaire du ministre des cultes, du 18 mai 1885, a réglé la communication qui doit être faite aux assemblées municipales pour l'application de cet article. D'après cette circulaire, la communication doit précéder l'approbation épiscopale. Elle doit avoir lieu aussitôt après la séance de Quasimodo. Il en est de même des comptes de l'exercice clos arrêtés dans la même séance. Toutefois, la communication de ces deux documents financiers n'est accompagnée de pièces justificatives qu'au cas où elle concorderait avec un recours à la caisse municipale. Les administrations municipales peuvent se faire renseigner exactement sur la légitimité des dépenses de l'établissement ecclésiastique, grâce à la présence, au sein de l'assemblée fabricienne, du maire ou fait partie de droit. Ce contrôle annuel n'est destiné qu'à fournir aux administrations municipales une appréciation permanente des ressources que les fabriques et consistoires doivent em-

ployer en première ligne à toutes leurs dépenses et à les éclairer pour le cas où une demande de subvention leur serait ultérieurement présentée. Il reste dépourvu de sanction autre que l'appel à l'évêque, par l'intermédiaire du préfet, tant que cette demande de subvention n'est pas formulée (*Rec. circ. cult.*, t. 4, p. 546).

Le droit de vérification du conseil municipal n'est, d'ailleurs, pas absolu : il a toujours été reconnu que cette vérification ne pouvait s'étendre aux dépenses relatives au culte (V. Lett. min. cult. 4 oct. 1872, D. P. 78. 3. 81, note). Il a été décidé à cet égard que, si les conseils municipaux appelés à voter les subventions réclamées par les fabriques peuvent demander la réduction de celle de ces dépenses qui leur paraissent exagérées, ils n'ont pas le droit de vérifier la nécessité des dépenses approuvées par l'évêque (Cons. d'Et. 10 avr. 1860, aff. Commune de Chassen, D. P. 60. 3. 46. — V. toutefois les observations en note sur cet arrêt).

553. Il reste à examiner de quelle manière sont tranchées les difficultés qui peuvent surgir entre la commune et la fabrique au sujet de la subvention qui est réclamée par celle-ci à raison de l'insuffisance de ses ressources. Si la commune refuse cette subvention, à quelle autorité appartient-il de vider le débat? L'art. 93 du décret du 30 déc. 1809 disposait, à cet égard, que la délibération prise par le conseil municipal serait adressée au préfet, puis communiquée à l'évêque, qui donnerait son avis, et que, dans le cas où l'évêque et le préfet seraient d'avis différents, il pourrait en être référé, soit par l'un, soit par l'autre, au ministre des cultes. — Si le préfet était d'accord avec l'évêque, il lui appartenait d'inscrire d'office la dépense au budget de la commune sauce soumettre la difficulté au ministre (Arrêt du 10 avr. 1860, cité *supra*, n° 552).

554. La décision prise, soit par le préfet d'accord avec l'évêque, soit par le ministre des cultes, était-elle susceptible d'être déférée par la voie contentieuse au conseil d'Etat? Il est une hypothèse où la jurisprudence n'admettait pas ce recours : c'est celle où la difficulté portait sur l'évaluation des dépenses relatives au culte, que la fabrique avait inscrites à son budget (V. Cons. d'Et. 22 mai 1874, aff. Ville de Moulins, D. P. 75. 3. 43; 21 mai 1875, aff. Ville de Moulins C. Fabrique de Saint-Pierre, *Rec. Cons. d'Etat*, p. 496; 12 mai 1876, aff. Ville de Clamecy et aff. Ville de Moulins, D. P. 76. 3. 86; 15 mars 1878, aff. Ville de Mustapha, D. P. 78. 3. 69; 4 juin 1880, aff. Ville de Moulins, D. P. 81. 3. 43). Elle considérait que, par la disposition de l'art. 93 du décret du 30 déc. 1809, le législateur avait entendu substituer une sorte d'arbitrage administratif à la juridiction contentieuse, afin d'éviter des débats qui, dans cette matière délicate, n'eussent pas été sans inconvénient. Mais si la difficulté portait sur d'autres points, par exemple, si l'insuffisance des ressources de la fabrique était contestée, ou si la commune critiquait soit le mode d'évaluation des recettes, soit l'inscription au budget de la fabrique de dépenses non prévues par le décret de 1809, la décision du préfet était susceptible d'un recours au conseil d'Etat qui se reconnaissait le droit de vérifier au fond la valeur des griefs invoqués. Décidé notamment : qu'il appartient au conseil d'Etat, sur le recours contre l'arrêté par lequel le préfet a inscrit d'office le crédit nécessaire pour pourvoir à l'insuffisance des ressources de la fabrique, de vérifier si les recettes ont été régulièrement évaluées, si la fabrique a fait figurer au budget les fonds dont elle a la disposition, et si les dépenses proposées rentrent dans les prévisions de l'art. 37 du décret du 31 déc. 1809 (Cons. d'Et. 22 mai 1874, aff. Ville de Moulins, D.P.75.3.43); — Qu'à l'appui d'un recours pour excès de pouvoir formé par une commune contre un arrêté qui a inscrit d'office à son budget une somme destinée à subvenir à l'insuffisance des ressources d'une fabrique, cette commune est recevable à demander au conseil d'Etat de rectifier le résultat du compte du dernier exercice clos, en ajoutant à ce compte les recettes omises, et en retranchant les dépenses non réellement effectuées et celles qui auraient été faites contrairement aux prévisions du budget sur lequel avait été calculée la subvention (Cons. d'Et. 12 mai 1876, aff. Ville de Moulins, D. P. 76. 3. 86. V. aussi Cons. d'Et. 16 janv. 1880, aff. Fabrique d'Astaffort, D. P. 80. 3. 49).

Il y a lieu de remarquer que l'arrêté par lequel le préfet s'était borné à refuser l'inscription d'office au budget de la

commune de la subvention réclamée par la fabrique n'était pas susceptible d'un pareil recours. C'est, en effet, une règle constante que l'Administration, dans les cas où il lui appartient d'inscrire une dépense au budget d'une commune, a le pouvoir d'apprécier, à raison des circonstances, s'il y a lieu d'opérer ou non cette inscription. Mais dans le cas où le préfet, tout en refusant l'inscription d'office, se prononçait au fond sur l'existence du droit de la fabrique et sur l'obligation de la commune, son arrêté pouvait, de ce dernier chef, être déféré au conseil d'Etat. Cette distinction a été formellement consacrée par plusieurs arrêts (V. *supra*, v° *Commune*, n° 420.

555. On a vu *supra*, v° *Commune*, n° 324, que la loi du 5 avr. 1884 a édicté de nouvelles dispositions pour le cas où la commune et la fabrique sont en désaccord ; qu'aux termes de l'art. 136, § 12, de cette loi, c'est au chef de l'Etat qu'il appartient de statuer en pareil cas, par un décret rendu sur la proposition des ministres de l'intérieur et des cultes. On s'est demandé si ce décret peut être l'objet d'un recours au contentieux dans les cas où un pareil recours était admis autrefois contre les décisions du préfet ou du ministre des cultes relatives au même objet. M. Morgand, *op. cit.*, t. 2, p. 377 résout négativement la question ; il estime que la loi nouvelle a voulu laisser au Gouvernement un pouvoir absolu d'appréciation. Toutefois, ce point nous paraît très délicat ; il n'a, d'ailleurs, pas encore été soumis à l'examen du conseil d'Etat.

556. Une commune peut comprendre plusieurs paroisses, de même qu'à l'inverse, une seule paroisse comprend parfois plusieurs communes. Dans ces deux hypothèses, l'application de la règle qui autorise les fabriques dont les ressources sont insuffisantes à réclamer une subvention pour certaines dépenses, soulève des questions spéciales.

557. Au premier cas, si le recours n'est nécessaire qu'à l'une des paroisses, la charge en incombe-t-elle à la commune entière, ou seulement à la portion de la commune qui constitue cette paroisse? Cette dernière solution a longtemps prévalu dans la pratique administrative, et plusieurs avis du conseil d'Etat s'étaient prononcés dans le même sens (V. sur ce point : Aucoc, *Traité des sections de commune*, n°s 112 et suiv.). Mais, depuis, cette jurisprudence a été abandonnée et, le 9 déc. 1858, le conseil d'Etat a émis un avis aux termes duquel, en cas d'insuffisance des revenus de la fabrique, ce n'est pas sur la section exclusivement, mais sur la commune entière que doit être levée l'imposition extraordinaire que le conseil municipal a déclarée nécessaire pour le payement des frais du culte dans la paroisse formée par la section, sans qu'il y ait, d'ailleurs, à distinguer suivant qu'il s'agit de dépenses facultatives ou de dépenses obligatoires (aff. Section de Nieulle, D. P. 59. 3. 81. V. la note sur cet avis, *ibid.*). La même solution a été adoptée ensuite par le conseil d'Etat statuant au contentieux (Cons. d'Et. 23 juin 1864, aff. Commune des Riceys, D. P. 65. 3. 4).

558. Lorsqu'une même paroisse comprend plusieurs communes, celles-ci doivent toutes contribuer à la subvention ; celle-ci doit être votée par chacun des conseils municipaux intéressés ; s'ils refusaient les crédits afférents à leur part contributive dans cette charge, les allocations nécessaires seraient inscrites d'office à leur budget (Décr. en Cons. d'Et. 4 nov. 1876, aff. Communes de Nuaillé et de Blanzay, D. P. 78. 3. 51). Et lorsque, pour en assurer le payement, il y a lieu d'établir sur chaque commune une imposition extraordinaire, que les conseils municipaux refusent de voter, cette contribution doit être établie par un décret du chef de l'Etat (Même décret). — Décidé, à cet égard, qu'une commune faisant partie de la même paroisse qu'une autre commune sur le territoire de laquelle est située l'église paroissiale, ne peut se soustraire à l'obligation de contribuer aux frais de reconstruction de cette église, en se fondant sur ce qu'elle possède elle-même une église où se célèbrent quelques offices religieux, si cette dernière église n'est pas régulièrement consacrée à l'exercice public du culte (Cons. d'Et. 12 juill. 1866, aff. Commune de Marigny-les-Reullée, D. P. 67. 3. 68).

559. A qui appartient-il de répartir entre les diverses communes intéressées la subvention mise à leur charge? On a dit au *Rép.* v° *Commune*, n° 443, qu'il appartenait au préfet

d'opérer cette répartition. Ce fonctionnaire ne pouvait, d'ailleurs, statuer qu'après avoir pris l'avis du conseil d'arrondissement et celui du conseil général (Cons. d'Et. 7 févr. 1856, aff. Commune de Buxerulles, D. P. 56. 3. 71; 12 juill. 1866, aff. Commune de Marigny-les-Reullée, D. P. 67. 3. 69). Le préfet pouvait ensuite, en cas de résistance, procéder à l'inscription d'office au budget des conseils municipaux. — Mais la législation, sur ce point, a été modifiée par la loi du 10 août 1871, sur les conseils généraux, dont l'art. 46, § 23, a transféré aux conseils généraux le droit de statuer définitivement sur la répartition des dépenses qui intéressent plusieurs communes. C'est donc au conseil général qu'il appartient aujourd'hui de répartir la subvention entre les diverses communes intéressées, alors du moins qu'il s'agit de travaux faits aux édifices religieux (Cons. d'Et. 25 janv. 1878, aff. Communes de Nuaillé et de Blanzay, D. P. 78. 3. 51); le préfet n'intervient que pour ordonner l'inscription d'office. Mais il semble que sa compétence ne subsiste pour le cas où il s'agit de l'indemnité de logement (V. suprà, v° Commune, n° 324).

560. Les décisions prises par le préfet, et aujourd'hui par le conseil général (en ce qui concerne les travaux), sont-elles susceptibles de recours? En ce qui concerne les arrêtés du préfet, la jurisprudence a fait une distinction : elle a déclaré ces arrêtés susceptibles de recours dans le cas où ils portaient inscription d'office des sommes mises à la charge des communes pour leur part contributive (Cons. d'Et. 23 juin 1864, aff. Commune des Riceys, D. P. 65. 3. 4). Au contraire, elle a décidé que les actes administratifs portant répartition de la dépense, sans prescrire aucune mesure d'exécution, n'étaient pas susceptibles d'être attaqués pour excès de pouvoir (Cons. d'Et. 29 nov. 1851, aff. Commune de Lorige, Rec. Cons. d'Etat, p. 705; 23 mars 1872, aff. Commune d'Esbray, D. P. 73. 3. 2). Cette distinction s'explique facilement; en effet, lorsque le préfet tient de la loi le droit de reconnaître le caractère obligatoire d'une dépense et d'en fixer le montant, la volonté de faire usage de ce droit, par voie coercitive, ne se manifeste que par l'inscription d'office et, dès lors, le recours n'aurait aucune raison d'être tant que cette inscription n'est pas effectuée. — Dans le cas où c'est le conseil général qui a fixé la répartition, sa décision est susceptible soit d'un recours par la voie administrative, soit d'un recours au contentieux. Décidé, en ce sens, que la délibération par laquelle le conseil général a décidé que plusieurs communes réunies pour le culte sont tenues de contribuer au marc le franc de leurs contributions foncières et mobilières aux dépenses de reconstruction de l'église paroissiale, constitue une décision susceptible d'être déférée au conseil d'Etat pour excès de pouvoir (Cons. d'Et. 3 juill. 1885, aff. Communes de Chemin d'Aisey et autres, D. P. 87. 3. 27). Au contraire, l'arrêté du préfet portant inscription d'office au budget d'une commune de la somme mise à sa charge par le conseil général ne peut être déféré au conseil d'Etat (Arrêt du 25 janv. 1878, cité suprà, n° 559). Cet arrêté ne constitue, en effet, que l'exécution de la décision antérieurement prise par le conseil général; il ne statue à aucun titre sur les droits de la commune intéressée. Il en serait autrement dans le cas où le conseil général aurait simplement fixé les bases de la répartition, et où le préfet aurait déterminé les sommes devant être mises à la charge de chaque commune ; en ce cas, l'arrêté préfectoral aurait les caractères d'une véritable décision et pourrait être attaqué par la voie contentieuse (Arrêt précité du 3 juill. 1885).

561. Les solutions qui précèdent n'ont pas été modifiées par la loi du 5 avr. 1884 sur le régime municipal. Sans doute la disposition de l'art. 136-12°, al. 2, paraît applicable même au cas où la subvention due à une fabrique doit se répartir entre plusieurs communes. Mais le décret qui doit être rendu en cas de contestation se borne alors à fixer le montant total de cette subvention; il est toujours soit par le conseil général, soit par le préfet, suivant les cas, que la répartition doit être faite (Morgand, op. cit., t. 2, p. 374-375), sauf le recours auquel les décisions peuvent donner lieu suivant les distinctions établies ci-dessus.—Sur deux points seulement la loi du 5 avr. 1884 a apporté des modifications aux règles antérieurement en vigueur. D'une part, la jurisprudence considérait les formalités prescrites par les art. 93 et suiv. du décret de 1809 comme obligatoires lorsque la

subvention due à la fabrique pour les travaux à faire aux édifices religieux devait se répartir entre plusieurs communes, aussi bien que dans le cas où cette subvention n'incombait qu'à une seule commune (Cons. d'Et. 12 juill. 1866, aff. Commune de Marigny-les-Reullée, D. P. 67. 3. 68; 5 août 1866, aff. Commune d'Esbez, D. P. 67. 3. 68). Elle reconnaissait, en conséquence, aux communes le droit de faire annuler la délibération du conseil général qui avait mis la dépense desdits travaux à leur charge, ainsi que l'arrêté qui avait ordonné d'office l'inscription de cette dépense à leur budget (Cons. d'Et. 1er avr. 1881, aff. Commune de Pontcharra, D. P. 82. 3. 82; 3 juill. 1885, aff. Commune du Chemin d'Aisy, D. P. 87. 3. 27). Les formalités dont il s'agit ne sont plus exigées aujourd'hui, les art. 92 à 103 du décret de 1809 ayant été abrogés par la loi du 14 févr. 1810 (art. 168-5°). Aux termes de l'art. 136, n° 12, de la même loi, les communes exécutent les grosses réparations, qui sont à leur charge, sans autres formalités que celles du droit commun pour les travaux communaux, et sauf application à ces travaux des revenus et ressources disponibles des fabriques. — D'autre part, la loi du 14 févr. 1810, dont l'art. 5 (Rép. p. 705) indiquait les bases d'après lesquelles la répartition devait être faite a été abrogée par la loi du 5 avr. 1884. Le conseil général n'est donc plus obligé de répartir la subvention entre les communes intéressées au marc le franc de leurs contributions respectives ; mais il est évidemment libre d'adopter ces mêmes bases, s'il le juge convenable.

562. — VI. Fondations. — Il est une charge des fabriques, qui n'est pas mentionnée dans l'art. 37 du décret du 30 déc. 1809, mais dont le Répertoire s'est occupé au n° 602, c'est l'obligation de veiller à ce que les fondations dont elles perçoivent les revenus soient acquittées (Décr. 30 déc. 1809, art. 26). — On a vu au Rép. loc. cit., que le débiteur d'une rente faite pour un service religieux ne peut en refuser le payement sous prétexte que la fondation n'est pas acquittée (V. aussi Affre, p. 135, qui cite en ce sens, outre l'arrêt rapporté au Répertoire (Civ. cass. 13 prair. an 9), un autre arrêt de cassation du 14 frim. an 8). Mais ceux qui ont le service pécuniaire de la fondation ont le droit d'exiger que celle-ci soit acquittée ; ils ont même une action à cet égard devant les tribunaux (Affre, p. 135). L'exécuteur testamentaire ou celui que le fondateur a chargé de veiller à l'exécution de la fondation peut le réclamer, s'il y a lieu, contre la négligence des marguilliers (Affre, p. 257). — On ne peut rien distraire d'une somme léguée à une fabrique à charge de fondation, à moins que le service de la fondation ne reste suffisamment garanti après le prélèvement fait (Lettr. min...cult. 11 nov. 1843).

563. Un extrait du sommier des titres relatifs aux fondations doit être affiché dans la sacristie, au commencement de chaque trimestre, avec les noms du fondateur et de l'ecclésiastique chargé de desservir chaque fondation (Décr. 30 déc. 1809, art. 26). Aux termes d'une circulaire du ministre des cultes du 20 nov. 1879 (Bull. lois civ. ecclés., 1880, p. 29; Rec. circ. cult., t. 4, p. 26), pour obtenir l'autorisation d'accepter des fondations de services religieux, on doit produire le budget de la fabrique sur lequel figurent les rentes ou autres biens grevés de services religieux, l'extrait du sommier des titres relatifs aux fondations tel qu'il doit être affiché dans la sacristie, et l'énonciation du nombre des vicaires ou des prêtres habitués attachés à la paroisse par l'autorité diocésaine. Dans tous les cas où l'évêque croira devoir user des droits que lui confère l'art. 29 du décret du 30 déc. 1809, il devra joindre, en outre, au dossier l'ordonnance portant réduction ainsi qu'une expédition du tarif des oblations. Ces mesures sont prescrites afin que l'on puisse savoir si les fabriques ont la possibilité de remplir leurs engagements.

564. Nous avons dit au Rép. n° 531 que lorsqu'une fondation est acceptée, il appartient au bureau des marguilliers, au nom de la fabrique, de veiller à ce qu'elle soit acquittée et à ce qu'elle reçoive son exécution. Le droit d'exécuter la fondation appartient au prêtre indiqué par la disposition et agréé par l'évêque. S'il n'est pas indiqué, l'évêque le désigne. Un arrêté ministériel du 10 fruct. an 13 reconnaît aux évêques le droit absolu de désigner le prêtre qui doit remplir les charges des fondations, lorsqu'il s'agit d'actes antérieurs à

1789, qui avaient réservé ce droit aux fondateurs (*Journal des conseils de fabrique*, t. 11, p. 357. V. Av. Cons. d'Et. 2 frim. an 14, *Rép.* p. 698). — Les fondations doivent être acquittées par les ecclésiastiques qui en sont chargés, aux lieux et heures indiqués et de la manière prescrite par la disposition ou par l'évêque, à moins d'impossibilité sur laquelle le curé statue provisoirement, sauf à provoquer un nouveau règlement s'il y a lieu (Gaudry, t. 3, p. 33. V. Av. Cons. d'Et. 2 frim. an 14 précité).

565. Lorsque l'évêque autorise la fondation, il doit fixer l'honoraire qui sera payé au prêtre chargé de la desservir, déduction faite d'une portion pour les dépenses à la charge de la fabrique. En principe, on doit donner au prêtre chargé du service l'honoraire entier que le titre de la fondation, ou le règlement épiscopal qui l'a réduite, a déterminé ; la fabrique ne doit retenir que la somme qui lui est assignée par le titre ou le règlement susdits (V. Décr. 30 déc. 1809, art. 26 ; Affre, p. 256). — Il a été jugé que dans le cas d'une ancienne fondation de services religieux faite avec attribution du revenu des biens au prêtre chargé de célébrer les messes, si ces biens ont été sécularisés pendant la Révolution française, puis rendus à leur destination et replacés sous l'administration de la fabrique, l'ecclésiastique qui célèbre les services a droit, non pas au revenu des biens affectés à la fondation, mais seulement à l'honoraire fixé par les tarifs diocésains (Haute cour Pays-bas, 28 nov. 1873, aff. Fabrique de Holtum, D. P. 74. 2. 239). Cette décision s'appuie sur le décret du 22 fruct. an 13 (*Rép.* p. 697), qui fut rendu à la suite d'une difficulté sur laquelle le ministre de l'intérieur et le ministre des cultes se trouvaient en désaccord, et qui avait été soumise au conseil d'Etat. Devant le corps l'opinion de Portalis, favorable aux prêtres chargés des services des fondations, fut repoussée, et M. de Champagny fit prévaloir le système favorable aux fabriques. Plus tard, un avis du conseil d'Etat, approuvé par l'empereur le 24 frim. an 14, se prononça formellement dans ce dernier sens (*Journal des conseils de fabrique*, t. 8, p. 298 et suiv., et t. 11, p. 376). Si le fondateur a déclaré qu'il entendait faire profiter de sa fondation l'ecclésiastique seul, chargé des devoirs religieux, cette disposition ne s'oppose pas à ce que la fabrique prélève le montant de ces dépenses suivant l'appréciation de l'évêque, car elle ne peut être contrainte à des services onéreux pour elle.

566. Si les services imposés par la fondation deviennent trop lourds ou si la fabrique se trouve dans l'impossibilité de les acquitter, ils peuvent être réduits ou changés en services de nature équivalente. Mais le droit de faire cette réduction ou ce changement n'appartient ni aux marguilliers, ni à la fabrique elle-même, qui peut seulement les provoquer. Il appartient exclusivement à l'évêque (Jousse, *Gouvernement des paroisses*, p. 52; Trib. Seine, 18 mai 1839, et Paris, 24 janv. 1840, cités par Gaudry, t. 3, p. 38). Dans le cas où le revenu éprouverait une réduction par suite d'événements ne provenant pas du fait de l'établissement fondataire, l'autorité ecclésiastique peut réduire le service en proportion de ce revenu réduit (Av. com. int. Cons. d'Et. 30 mai 1832, Vuillefroy, p. 283). — Si la fondation consiste en biens-fonds ou en rentes qui viennent à périr, la perte provenant de la nature même de la chose, ou du fait des fondateurs, ou de leurs héritiers, libère la fabrique en détruisant le contrat. Mais la perte qui provient de la faute ou du fait de la fabrique, par exemple, du défaut de réparations, ne la libère pas et ne peut préjudicier à l'exécution de la fondation (Jousse, *op. cit.*, p. 43). Le service de la fondation doit continuer, quoique les objets aient disparu, si ces objets ont été employés par la fabrique à un autre usage (*Ibid.*, p. 44).

567. Le curé est toujours admis au service et à la rétribution des fondations faites dans son église, s'il n'en a pas été nommément exclu par le fondateur. Les marguilliers sont tenus de préférer, pour l'acquittement des messes, le curé et les prêtres habitués de la paroisse. Le curé a même le choix des messes dont il veut se charger (Arrêt du parlement de Rouen, 26 juill. 1751; Affre, p. 257). Cette solution est confirmée par l'art. 31 du décret du 30 déc. 1809.

568. Lorsqu'une commune, un hospice, un bureau de bienfaisance a reçu une libéralité à charge de services religieux fondés à perpétuité, l'établissement gratifié est tenu

de payer à la fabrique les sommes allouées par le tarif diocésain pour les messes de fondation ; il ne peut, en s'adressant au curé personnellement, pour faire dire ces messes, s'affranchir du payement de la rétribution due à la fabrique (Lettr. dir. gén. cult., 15 déc. 1848 ; Bost, p. 519).

569. Il faut avant tout, dans l'exécution des fondations, se conformer à l'intention du fondateur (Rousseau de La Combe, vᵒ *Fondations;* Affre, p. 258). Cependant, si, par exemple, la chapelle désignée par la fondation n'existe pas, ou si, existant, elle est trop éloignée pour que les ecclésiastiques de la paroisse puissent s'y rendre, l'évêque est autorisé à désigner, en ce cas, l'église paroissiale ou un autre lieu pour faire le service de la fondation.

570. Les titres de rente, afférents à des fondations, doivent toujours être nominatifs, c'est-à-dire immatriculés au nom de la fabrique. C'est le seul moyen d'assurer à perpétuité l'exécution des volontés du fondateur. — Toutes les libéralités qui instituent des fondations perpétuelles de services religieux doivent être constatées par acte notarié (Lettr. min. cult. 22 déc. 1852, André, t. 3, p. 126).

§ 5. — De la régie des biens des fabriques (*Rép.* nᵒˢ 603 à 611).

571. L'administration des biens de la fabrique est, en général, assujettie aux mêmes règles que celle des biens de la commune (V. *Rép.* nᵒˢ 603 et suiv.). Elle comprend : 1ᵒ les baux et locations ; 2ᵒ les aliénations et échanges ; 3ᵒ les transactions ; 4ᵒ les emprunts ; 5ᵒ les remboursements de capitaux et leur emploi ; 6ᵒ les acquisitions ; 7ᵒ les actes conservatoires.

572. Avant de s'occuper spécialement de chacun de ces actes, il convient d'abord de rappeler une règle générale édictée par l'art. 61 du décret du 30 déc. 1809, non seulement pour les baux, mais aussi pour les ventes, marchés, constructions des biens de la fabrique. C'est celle qui défend aux membres du bureau des marguilliers de se rendre adjudicataires ou associés de l'adjudicataire de ces baux ou ventes (V. *Rép.* nᵒ 603). Cette prohibition est fondée sur le même principe que l'art. 1596 c. civ., qui défend à tous administrateurs d'acquérir les biens confiés à leurs soins, et de l'art. 450 du même code, qui interdit au tuteur de prendre à ferme ou d'acheter les biens du mineur, ou d'accepter la cession d'aucun droit, créance ou autre contre son pupille. Mais la nullité n'a jamais lieu de plein droit. Elle doit être demandée par la fabrique. — L'art. 61 ne s'appliquerait pas au cas où un marguillier s'associerait, depuis la vente, à l'acquéreur d'une propriété de la fabrique (*Contrà :* Affre, p. 165). — Il ne s'étend pas aux membres du conseil de fabrique autres que les marguilliers ; en effet, ces membres ne sont pas des administrateurs dans le sens de l'art. 1596 c. civ. (Décis. min. cult. 3 août 1870, D. P. 71. 3. 90. V. en sens contraire : Affre, p. 165). En conséquence, le maire d'une commune, quoique membre de droit du conseil de fabrique, peut se rendre acquéreur des biens aliénés par la fabrique (Même décision). — Les marguilliers peuvent se rendre adjudicataires d'une place ou d'un banc à l'église, pour leur usage personnel ou celui de leur famille (André, t. 1, p. 439), mais non pour les sous-louer ensuite aux paroissiens (*Ibid.*). — Les membres du bureau ne peuvent accepter la cession de droits et créances contre la fabrique. Cette prohibition, quoique non édictée par l'art. 61, résulte de ce que les marguilliers sont en général soumis aux obligations des tuteurs à l'égard de leurs pupilles (Gaudry, t. 3, p. 288).

573. — I. Baux. — Tout ce qui concerne les baux des fabriques et les formalités qui doivent précéder ou accompagner ces actes a été exposé au *Rép.* nᵒˢ 603, 604, et vᵗˢ *Commune,* L. 25 mai 1835, nᵒˢ 2520 et suiv. ; *Etablissement public; Louage administratif,* nᵒˢ 25 et suiv. (Affre, p. 169 et suiv.; Bost, vᵒ *Baux,* p. 158 et suiv.). Il convient toutefois d'insister sur quelques-unes des règles applicables en cette matière. — On a vu au *Rép. loc. cit.* que le décret de 1809, art. 62, a réglé les conditions auxquelles sont soumis les baux des biens des fabriques, lorsqu'ils excèdent neuf ans. En ce cas, les conditions du bail sont fixées par le conseil de fabrique; l'évêque donne son avis et le dossier est adressé au préfet qui statue (Décr. 30 déc. 1809, art. 62,

et 25 mars 1852, tabl. A, § 51, combinés). Au reste, comme on l'a vu *ibid.* depuis la loi du 25 mai 1835, les baux de biens ruraux ne sont soumis aux formalités ci-dessus que s'ils excèdent dix-huit ans; les fabriques peuvent donc affermer leurs biens ruraux, pour dix-huit ans et au-dessous, sans autres formalités que celles qui sont prescrites pour les baux de neuf ans (Lettr. min. cult. 22 mai 1854; Bost, p. 161).

574. La procédure à suivre pour les baux ruraux de moins de dix-huit ans et pour les baux d'autres biens de moins de neuf ans est celle qui est suivie pour les baux des biens communaux. Or, aux termes de l'art. 68 de la loi du 5 avr. 1884, les baux de biens communaux n'excédant pas une durée de dix-huit ans, rentrent dans la compétence des conseils municipaux, sans que les délibérations qu'ils prennent à ce sujet aient besoin d'être approuvées (V. *suprà*, v° *Commune*, n° 1234). Il faut en conclure que les baux des fabriques sont régulièrement passés par le bureau des marguilliers, lorsqu'ils ont une durée inférieure à dix-huit ans pour les biens ruraux, et à neuf ans, pour les autres biens. La loi du 5 avr. 1884 ne distingue plus, il est vrai, entre les biens ruraux et les autres; mais cette distinction doit être maintenue pour les fabriques, puisqu'on se trouve en présence des termes formels de l'art. 62 du décret du 1809 (Girod, p. 54). On a soutenu que les baux de moins de dix-huit ans, pour les biens ruraux, et de moins de neuf ans, pour les autres, devaient être soumis à l'approbation du préfet. Cela a pu se faire en pratique, mais il n'y a là aucune obligation (*Ibid.*).

575. L'original du cahier des charges, rédigé administrativement par le bureau est soumis, s'il y a lieu, à l'autorité supérieure, est exempt de timbre et, par suite, n'est pas soumis à l'enregistrement; mais la copie de ce cahier, annexée à la minute du procès-verbal d'adjudication, fait partie intégrante de cette minute, et, est, dès lors, assujettie à ces formalités (Instr. min. fin. 29 juin 1818).

576. Les baux doivent être passés devant notaire; l'adjudication n'est définitive qu'en vertu de l'approbation du préfet; le bail doit être enregistré dans les vingt jours qui suivent la date de cette approbation (Affre, p. 171).

577. Pour les coupes ordinaires de bois appartenant aux fabriques, V. *Forêts*; — *Rép.* eod. v°, n° 1749 et suiv. Nous remarquerons seulement ici que les fabriques peuvent avec l'autorisation du préfet vendre, même à l'amiable, s'ils n'ont que très peu de valeur, les arbres abattus sur la lisière de leurs propriétés, les fascines provenant de l'élagage des haies, les chablis dans leurs forêts, les bois provenant des recépages, essartements, etc.

En ce qui concerne les gardes particuliers que les fabriques entretiennent pour la conservation de leurs bois, V. *ibid.* et *Rép.* n° 1917 et suiv.

578. La fabrique peut mettre les bancs et les chaises de l'église en régie sans autorisation (Décr. 30 déc. 1809, art. 66); mais elle ne le peut pas pour des immeubles, excepté peut-être le cas où elle posséderait un champ, une vigne ou un jardin attenant au presbytère et dont elle abandonnerait l'exploitation au curé; encore, dans ce cas, vaudrait-il mieux qu'elle se fît autoriser (Affre, p. 178). L'autorisation exigée pour la mise en régie des biens appartenant à des établissements publics est destinée à prévenir les abus qui naîtraient de ce mode de procéder, à l'aide duquel il serait facile de dissimuler les produits (V. *infrà*, v° *Etablissements publics*).

579. — II, Aliénations et échanges. — Nous avons dit au *Rép.* n° 605 qu'il ne s'agit ici que des aliénations à titre onéreux; les fabriques étant incapables de disposer par donation entre vifs ou testamentaire, et qu'elles ne peuvent aliéner qu'en cas de nécessité ou du moins de grande utilité. Les causes légitimes d'aliénation qui peuvent être invoquées par elles dans la délibération prise et la demande formée à ce sujet sont, par exemple, l'obligation de payer une dette, de faire une construction indispensable, l'utilité particulière de l'église, si l'avantage d'aliéner surpasse les inconvénients de cette mesure. — L'aliénation faite sans nécessité ou utilité peut-elle être résiliée ou annulée? La négative ne paraît pas douteuse bien que le contraire ait été soutenu (V. *Rép.* n° 605), lorsque l'aliénation a été régulièrement autorisée (V. André, t. 1, p. 163). Aux aliénations volontaires il faut

joindre les expropriations pour cause d'utilité publique (V. *Rép.* n° 605).

580. On a indiqué au *Rép.* n° 606 les formalités à remplir pour l'aliénation de biens immeubles de la fabrique. Il est bon d'ajouter dans les contrats : que le payement se fera dans les mains du trésorier; si le prix consiste en constitution de rente, que les arrérages seront payés à telle époque, que la rente ne pourra être remboursée qu'à charge de prévenir quelque temps d'avance, et que les frais de l'inscription hypothécaire à prendre dans l'intérêt de la fabrique seront à la charge de l'acquéreur; s'il s'agit d'une vente pour un capital une fois payé, que le prix, payable à tel jour, sera productif d'intérêts, et que le non-payement entraînera les conséquences légales, la rescision de l'adjudication, etc. — La vente ne saurait être rescindée pour cause de lésion des sept douzièmes, puisque, l'aliénation étant précédée d'une expertise, il y a présomption que l'immeuble a été vendu à sa juste valeur (V. *infrà*, v° *Vente*). — Le projet d'aliénation de biens immeubles doit toujours être soumis au conseil municipal (L. 5 avr. 1884, art. 70). — La vente a lieu aux enchères, à l'extinction des feux, ou par soumissions cachetées (Circ. min. 29 janv. 1831, *Rec. circ. cult.*, t. 1, p. 140 et suiv.; Av. Cons. d'Et. 3 avr. 1833, 30 mars 1834, 10 févr. 1835). Cependant il peut être dérogé à cette règle pour des motifs qu'il appartient au Gouvernement d'apprécier, par exemple : 1° quand l'immeuble à aliéner est d'une valeur minime; 2° en cas d'avantage évident, ce qui rendrait la formalité des enchères inutile et même préjudiciable à l'établissement vendeur; 3° en cas de vente faite par la fabrique à un autre établissement public (Av. Cons. d'Et. 27 janv. 1833; 18 déc. 1835; Circ. min. 20 mai 1863). — Les églises qui cessent d'être affectées à l'exercice du culte et les presbytères qui ne sont plus en état peuvent être aliénés par les fabriques, propriétaires de ces édifices, après leur changement de destination (Décis. min. 17 nov. 1868).

581. L'autorisation du Gouvernement est nécessaire pour l'aliénation des immeubles. Il en est de même pour l'aliénation de rentes sur l'Etat. Cette autorisation est donnée par décret, sur le rapport du ministre des cultes, le conseil d'Etat entendu. Nul transfert ne peut être effectué sans une autorisation spéciale, que l'agent de change doit présenter au directeur du grand-livre de la dette publique. Cette disposition s'applique à toutes les rentes sur l'Etat possédées par les fabriques, quelle que soit leur quotité (Circ. min. 5 sept. 1840, *Journal des conseils de fabrique*, t. 7, p. 271). L'avis du conseil municipal est nécessaire pour l'aliénation de ces rentes (L. 5 avr. 1884, art. 70). — L'autorisation du Gouvernement est également indispensable pour l'aliénation de créances mobilières, en d'autres termes pour les cessions ou transports de droits incorporels appartenant aux fabriques, lors même que le titre constatant ces créances serait sous seing privé. Le transport est, en effet, une aliénation et diminue le patrimoine de la fabrique.

582. Quant à l'aliénation du mobilier des fabriques, elle n'est réglée par aucune disposition législative : il est généralement admis qu'elle a lieu valablement sans autre formalité que le consentement du conseil de fabrique (Décis. min. cult. 24 janv. 1842; 19 juill. 1844; 16 mars 1848; 20 août 1856, citées par Affre, p. 165). — Toutefois cette solution ne saurait s'appliquer aux objets mobiliers qui se trouvent dans les églises, et qui, dans certains cas au moins, appartiennent aux fabriques (V. *suprà*, n° 370 et suiv.); on décide que ces objets ne peuvent être vendus sans l'avis du conseil municipal et sans l'autorisation de l'évêque et du préfet (V. les décisions précitées; *Adde* : Circ. min. cult. 20 déc. 1834; 27 avr. 1839, citées par Affre, *loc. cit.*).

583. L'autorisation est aussi nécessaire aux fabriques pour les échanges (*Rép.* n° 605, 607). Quand une fabrique se propose d'échanger un immeuble, elle doit ajouter aux pièces à produire pour obtenir l'autorisation une estimation contradictoire de l'immeuble à échanger, fait par deux experts, l'un de la fabrique et l'autre du coéchangiste (Circ. min. 12 avr. 1819, 29 janv. 1831; *Rec. circ. cult.*, t. 1, p. LXXXVI et 140). Un échange entre une commune et une fabrique n'est valable qu'autant qu'il a eu lieu dans les formes prescrites par les lois qui déterminent le mode

d'aliénation des biens communaux et des biens des fabriques (Civ. cass. 27 juin 1853, aff. Fabrique de Saint-Joseph, D. P. 53. 1. 293). En conséquence, est nul un échange d'immeubles qui n'a été autorisé que par le conseil de fabrique, d'une part, et de l'autre par le conseil municipal, sans l'intervention des autorités supérieures compétentes (Même arrêt. V. *suprà*, v° *Commune*, n°s 1211 et 1212).

584. — III. Transactions. — Les fabriques ne peuvent transiger sans y être autorisées (*Rép.* n° 608). L'autorisation est donnée par décret. Pour l'obtenir, il faut produire : 1° la délibération du conseil de fabrique demandant l'autorisation ; 2° le projet de transaction ; 3° toutes les pièces de nature à permettre l'examen de la demande, telles que copies d'actes, etc. ; 4° l'avis du conseil municipal (L. 5 avr. 1884, art. 70) ; 5° l'avis de l'évêque ; 6° l'avis du préfet, en forme d'arrêté. L'avis de trois jurisconsultes, autrefois demandé en vertu de l'arrêté du 21 frim. an 12, n'est plus nécessaire, cet arrêté ayant été expressément abrogé par l'art. 168 de la loi du 5 avr. 1884. La transaction est passée par-devant notaire (Affre, p. 167). — Quant aux compromis et arbitrages, ils sont absolument interdits aux fabriques comme à tous les autres établissements publics, afin que le ministère public puisse sauvegarder leurs intérêts (c. proc. civ. art. 1003).

585. — IV. Emprunts. — On a vu au *Rép.* n° 607 que les fabriques ne peuvent emprunter sans l'autorisation du Gouvernement. Les formalités à remplir par une fabrique pour contracter un emprunt sont celles qui sont imposées à une commune (V. *Rép.* n°s 603 et suiv., et *suprà*, v° *Commune*, n° 1229). A la délibération du conseil établissant la nécessité de l'emprunt, sa quotité, ses conditions et son emploi, il faut joindre les comptes et budgets des derniers exercices, l'avis de l'évêque et celui du conseil municipal. Les pièces adressées au préfet sont transmises par lui, avec son avis, au ministre des cultes chargé de provoquer le décret d'autorisation, qui fixe les conditions dans lesquelles l'emprunt sera effectué. — Sur la question de savoir si les actes d'emprunts des fabriques sont assujettis aux droits d'enregistrement, de timbre, de transmission, etc., V. *infrà*, v°s *Enregistrement; Transmission (droit de); Timbre.*

586. L'emprunt fait par une fabrique, sans autorisation de l'Administration, est nul et ne peut être déclaré obligatoire, sous prétexte que la fabrique en aurait tiré profit, l'autorité judiciaire n'étant pas compétente pour apprécier l'utilité de cet emprunt (Civ. cass. 18 juill. 1860, aff. Fabrique de Cellieu, D. P. 60. 1. 309) ; spécialement, l'emprunt fait par une fabrique, sans autorisation administrative, pour la construction d'un presbytère, ne crée pas d'action contre la fabrique, tant que cette autorisation n'est point intervenue, alors même qu'il serait allégué que les deniers empruntés ont reçu la destination à laquelle ils étaient affectés, l'autorité judiciaire étant incompétente pour procéder à la vérification soit des besoins de la fabrique, soit aussi des ressources de la commune qui doit suppléer à l'insuffisance des revenus de la fabrique, lorsqu'il s'agit de fournir un presbytère au curé ou desservant (Même arrêt). — Aux termes de la loi du 26 févr. 1862 (D. P. 62. 4. 26), les dispositions de la loi du 6 juill. 1860 (D. P. 60. 4. 81), concernant les prêts que le Crédit foncier de France est autorisé à faire aux départements, aux communes et aux associations syndicales, sont applicables aux prêts à faire aux hospices et, en général, aux établissements publics. Les fabriques peuvent, en conséquence, contracter des emprunts auprès de cette société. Elles peuvent aussi en contracter auprès de la Caisse des dépôts et consignations (V. Girod, p. 138 et 139 ; Bost, *op. cit.*, v° *Emprunt*, p. 503). Les fabriques ont, d'ailleurs, le droit d'emprunter à qui bon leur semble (V. *ibid.*).

587. Un conseil de fabrique pourrait-il obtenir l'autorisation d'hypothéquer ses immeubles ? Cette question a été résolue négativement par une lettre du ministre de l'intérieur du 30 janv. 1835 (André, t. 3, p. 191 ; *Journal des conseils de fabrique*, t. 3, p. 150. — V. toutefois, en sens contraire : Girod, p. 135).

Avant la loi du 5 avr. 1884, il était admis que les fabriques pouvaient, comme les communes, donner mainlevée des hypothèques inscrites à leur profit, après y avoir été autorisées par un arrêté du préfet statuant en conseil de préfecture, conformément à l'ordonnance du 15 juill. 1840. Cette ordonnance ayant été abrogée par l'art. 168 de la loi du 5 avr. 1884, le conseil d'Etat a émis, le 28 juill. 1885, l'avis que les fabriques ne peuvent donner mainlevée des hypothèques prises à leur profit sans y avoir été autorisées par un décret. Une circulaire du 21 août 1885 exige que la demande d'autorisation soit accompagnée de la délibération du conseil de fabrique prise à ce sujet, de l'état de l'actif et du passif de la fabrique, de l'avis du conseil municipal, de l'avis de trois jurisconsultes, de celui de l'évêque et de celui du préfet (*Rec. circ. cult.*, t. 4, p. 561 et 563). — Les fabriques ne seraient fondées à faire faire des inscriptions hypothécaires en débet que dans le cas d'hypothèque légale sur les biens de leurs trésoriers. Dans tous les autres cas, elles ne peuvent se dispenser de payer les droits habituels (V. Girod, p. 136 et 137).

588. Les membres des conseils de fabrique sont-ils personnellement responsables des conséquences d'un emprunt irrégulièrement contracté ? A cet égard, il a été jugé que l'ordonnance du 31 janv. 1690, d'après laquelle les fabriciens étaient tenus personnellement et solidairement du remboursement des emprunts irrégulièrement contractés par les fabriques d'église (V. Héricourt, *Lois ecclésiastiques*, 4e partie, chap. 4, n° 38), a été abrogée par la suppression de ces fabriques en 1792, et n'est plus aujourd'hui en vigueur. Par suite, à défaut d'une faute de droit commun établie à leur charge, les membres du conseil de fabrique ne sont pas personnellement responsables de l'emprunt contracté par la fabrique sans autorisation préalable de l'autorité compétente ; alors surtout que le prêteur était informé par eux de l'irrégularité de l'emprunt, et qu'il l'a consenti exclusivement dans le but de retirer un intérêt plus élevé (Lyon, 13 janv. 1888, aff. de Rivoyre, D. P. 88. 2. 277). Cette solution paraît juridique. La loi du 18 germ. an 10, en disposant, par son art. 76, qu'il serait établi des fabriques pour veiller à l'entretien et à la conservation des temples, et le décret du 7 therm. an 11, en instituant des marguilliers investis d'attributions spéciales, prouvent que le législateur moderne a entendu créer de toutes pièces une organisation nouvelle des conseils de fabrique, sans rien emprunter à la législation précédente. Le décret du 30 déc. 1809 est conçu dans le même esprit, il forme un code complet des fabriques, il innove et ne se réfère à aucun monument législatif antérieur à la Révolution (V. à cet égard : Affre, *Traité de l'administration temporelle des paroisses*, 10e éd., p. 7 ; C. de Baulny, *Des projets de désorganisation des conseils de fabrique*, 1880, p. 31 et suiv.). Aujourd'hui, si les fabriques ne peuvent emprunter sans autorisation préalable, comme sous l'ancien régime (V. L. 5 avr. 1884, art. 70, § 5), rien n'indique que la pénalité édictée par la déclaration de 1690 soit encore en vigueur, puisque le décret de 1809 n'en parle pas et qu'il se réfère à une organisation entièrement nouvelle. — La question n'a été prévue expressément par aucun auteur. Cependant M. Bost, *Encyclopédie des conseils de fabrique*, v° *Emprunt*, p. 502, émet une opinion qui, au premier abord, semble contraire à la décision de l'arrêt précité ; il enseigne que dans le cas d'un emprunt irrégulièrement contracté, les prêteurs ont, à défaut d'une action contre la fabrique, la faculté de poursuivre individuellement chacun des fabriciens qui ont concouru à l'acte. Mais le même auteur reconnaît ailleurs que, si les marguilliers sont pécuniairement responsables du dommage causé par leur faute, ils le sont personnellement et non solidairement (*Ibid.*, v° *Bureau des marguilliers*, p. 226. V. aussi Brixhe, *Dictionnaire des fabriques d'église*, 2e éd., v° *Responsabilité*, p. 575). N'est-ce pas à dire que, pour rendre les fabriciens responsables d'un emprunt contracté irrégulièrement par la fabrique, il faut prouver qu'il y a eu faute de leur part, d'après le droit commun. — Or c'est précisément ce qu'a décidé la cour de Lyon.

589. — V. Remboursements de capitaux et leur emploi. — Diverses dispositions ont modifié ou complété en cette matière les règles en vigueur lors de la publication du *Répertoire* (V. n° 609). — L'emploi des capitaux remboursés aux fabriques peut se faire aujourd'hui non seulement en rentes sur l'Etat, mais aussi en obligations du Crédit foncier (Décr. 28 févr. 1852, art. 46 ; Circ. min. cult. 6 mai 1881, *Rec. circ. cult.*, t. 4, p. 352). Le placement est autorisé par

un arrêté du préfet (Décr. 13 avr. 1861, art. 4, § 2, D. P. 61. 4. 49 ; Circ. min. 20 août et 2 déc. 1861). — Cette dernière circulaire autorise les fabriques à réunir en un seul titre plusieurs inscriptions de rente de même nature, en s'adressant directement au directeur de la dette inscrite. — Sur cette obligation imposée aux fabriques d'acheter des rentes sur l'Etat, V. observations critiques dans le *Bulletin des lois civiles ecclésiastiques*, 1883, p. 319. — Une lettre du ministre des cultes du 7 juill. 1865 exprime l'avis qu'une fabrique ne saurait être autorisée par le préfet à souscrire à un emprunt départemental (Bost, *op. cit.*, p. 528). — Quant au placement en rentes sur particuliers, il ne peut être autorisé que par le chef de l'Etat (Circ. min. 24 avr. 1869). L'art. 4, § 2, du décret du 13 avr. 1861 ne s'applique qu'aux sommes provenant de rachats de rentes ou de remboursements de capitaux. — Quand les fabriques veulent placer en rentes nominatives sur l'Etat ou en obligations du Crédit foncier des sommes ayant une autre origine, elles doivent suivre les règles édictées par l'ordonnance du 14 janv. 1831 (*Rép.* p. 718), qui exige l'autorisation du Gouvernement pour tous les transferts de rentes au nom des établissements ecclésiastiques. L'art. 1er de cette ordonnance n'est pas abrogé, il est simplement modifié par l'art. 4 du décret du 13 avr. 1861, en ce qui concerne les capitaux, provenant de remboursements ou de rachats de rentes.

Lorsque les fonds disponibles proviennent de libéralités non autorisées, il doit être statué simultanément sur l'acceptation de ces libéralités et l'emploi de leur montant, au moyen soit d'un arrêté préfectoral, soit d'un décret (Lettr. min. cult. 7 avr. 1864, Bost, p. 528). Les pièces à produire pour obtenir l'autorisation sont : une délibération du conseil de fabrique sollicitant cette permission, une expédition du budget de la fabrique et l'avis de l'évêque. — Les trésoriers des fabriques doivent justifier aux préfets de la réalité des emplois faits par eux des libéralités accordées aux fabriques (Circ. min. cult. 6 mai 1881, *Rec. circ. cult.*, t. 4, p. 352).

590. — VI. Acquisitions a titre onéreux. — On a indiqué au *Rép.* n° 610 les formalités à remplir par les fabriques pour obtenir l'autorisation d'acquérir des biens immobiliers. Une circulaire ministérielle du 10 avr. 1862 enjoint aux préfets de ne plus transmettre à l'avenir à l'Administration supérieure, pour être soumis à l'approbation du chef de l'Etat, des dossiers d'acquisitions faites au mépris des dispositions de la loi du 2 janv. 1817 et de l'ordonnance du 2 avril de la même année, à moins qu'il ne s'agisse d'acquisitions effectuées aux enchères publiques et pour lesquelles il n'aurait pas été possible, en raison de l'urgence, de se pourvoir d'une autorisation préalable (Dufour, *Droit administratif appliqué*, t. 6, p. 308, n° 278). — La même circulaire a réglé les formes de l'enquête à laquelle les projets d'acquisition doivent être soumis : les sous-préfets nomment un commissaire enquêteur, lequel, aux termes de circulaires plus récentes, ne peut plus être le juge de paix. L'enquête est annoncée huit jours à l'avance, un dimanche, par voie de publications et d'affiches placardées au lieu principal de réunions publiques. Elle est ouverte à la mairie, à l'heure la plus convenable : tous les habitants de la commune, indistinctement, y sont admis. Il faut des déclarations individuelles, signées ou certifiées conformes à la déposition orale par le commissaire enquêteur, qui les a reçues et en dresse procès-verbal, lequel est clos, signé et transmis par lui, avec son avis, au sous-préfet. — Lorsque l'acquisition est autorisée, l'acte est passé devant notaire ou dans la forme administrative. Les frais, à moins de stipulation contraire, sont à la charge de l'acquéreur. Le refus d'autorisation constitue un acte de tutelle administrative qui n'est pas susceptible de recours au conseil d'Etat, par la voie contentieuse (Bost, p. 27). Mais rien ne s'oppose à ce que la fabrique reproduise sa demande en l'appuyant sur des motifs nouveaux et sérieux. — Les fabriques n'ont capacité pour acquérir, recevoir et posséder que dans l'intérêt de la célébration du culte et dans la limite des services qui leur sont confiés par les lois et règlements ; par suite, une fabrique ne saurait être autorisée à acquérir une maison à titre onéreux pour être affectée à une école (Décis. min. cult. 4 avr. 1813, D. P. 55. 3. 20).

591. L'expropriation pour cause d'utilité publique étant elle-même un moyen d'acquisition, une fabrique ne peut,

comme tous les autres établissements publics, y avoir recours qu'au cas où elle a été spécialement autorisée à cet effet (Comp. Req. 25 juin 1883, aff. Hospice de Sainte-Menehould, D. P. 83. 1. 479). — Les formalités à remplir sont les mêmes que celles qui sont usitées pour les expropriations faites par les communes (V. *infra*, v° *Expropriation publique*).

592. Les acquisitions d'objets mobiliers par les fabriques ne sont pas soumises à ces formalités (V. *Rép.* n° 531), à moins que ces fabriques ne veuillent employer en achat d'objets mobiliers tout ou partie de leurs ressources extraordinaires. En ce cas, elles ont besoin d'une autorisation (Av. Cons. d'Et. 21 déc. 1808 ; 16 juill. 1810 ; Bost, p. 16 et 17. V. *supra*, n° 589).

593. Tous les contrats dont il vient d'être parlé, quelle qu'en soit la forme, sont des actes du droit commun, dont l'appréciation et l'application n'appartiennent qu'aux tribunaux ordinaires (Cons. d'Et. 24 mars 1849, aff. Fabrique de Sainte-Soulle C. Commune de Sainte-Soulle, *Rec. Cons. d'Etat*, p. 173).

594. Tout ce qui concerne les libéralités entre vifs ou testamentaires faites aux fabriques, ainsi que les formes pour accepter ces libéralités et la capacité des fabriques, sera examiné *infra*, v° *Dispositions entre vifs*.

595. — VII. Actes conservatoires. — Une des plus importantes fonctions du trésorier de la fabrique, c'est de faire les actes conservatoires (Décr. 30 déc. 1809, art. 78. V. *Rép.* n° 611). Par actes conservatoires, il faut entendre ici tous ceux qui ont pour objet de conserver un droit de la fabrique, sans qu'il soit besoin d'intenter une action devant les tribunaux. Il y en a de plusieurs sortes : tels sont : une sommation de payement, une surenchère, une apposition de scellés, le renouvellement d'un titre, toute espèce de saisie mobilière et généralement tout acte judiciaire qui a pour effet de conserver un droit (V. *supra*, v° *Acte conservatoire*, n° 1). Le trésorier n'a pas besoin d'autorisation pour ces actes. — Un avis du conseil d'Etat du 28 mars 1821 le dispense même, en cas de donation faite à la fabrique, de se munir de l'autorisation du conseil de préfecture pour ester en jugement sur les difficultés auxquelles des actes conservatoires accomplis par lui en attendant le décret d'autorisation peuvent donner lieu. Par suite, le trésorier peut, sans autorisation préalable, conclure au maintien d'un testament contenant un legs en faveur de la fabrique, lorsque ce testament est attaqué par les héritiers : il ne s'agit en ce cas que d'un acte conservatoire (Req. 5 mai 1856, aff. Morel, D. P. 57. 1. 37). — Cependant, comme certains actes conservatoires peuvent entraîner des frais considérables, le trésorier fera bien pour mettre à couvert sa responsabilité de demander préalablement l'avis du bureau.

596. Aux termes d'une circulaire du ministre de la justice du 21 déc. 1863 (D. P. 64. 3. 44), les trésoriers des fabriques doivent, sans avoir besoin à cet effet d'aucune autorisation, et à peine d'être déclarés responsables en cas d'inaccomplissement, faire tous actes nécessaires pour interrompre la prescription trentenaire, notamment faire dresser, après l'expiration du délai de vingt-huit années, les actes authentiques qui peuvent être exigés en renouvellement des titres de rente (c. civ. art. 2263). Toutefois, si l'acte interruptif est une citation en justice, il paraît nécessaire que l'autorisation administrative intervienne postérieurement pour régulariser l'exercice de l'action.

597. L'art. 78 du décret du 30 déc. 1809, qui prescrit au trésorier de faire des actes conservatoires pour le maintien des droits de la fabrique, n'attache au caractère conservatoire de ces actes aucune présomption légale d'urgence qui les fasse nécessairement rentrer dans la compétence exceptionnelle des juges de référé (Civ. rej. 13 juill. 1871, aff. Fabrique de Saint-Ferdinand-des-Ternes, D. P. 71. 1. 83).

§ 6. — De la comptabilité des fabriques (V. *Rép.* n°s 612 à 616).

598. Quoique le décret du 30 déc. 1809 ait placé sous la rubrique *de la régie des biens des fabriques* les art. 50 et suiv., qui prescrivent à toute fabrique d'avoir une caisse ou armoire pour conserver les deniers à elle appartenant, il convient de rappeler ici les prescriptions du décret à cet égard, parce qu'elles concernent plus exclusivement le trésorier chargé de la comptabilité (V. *Rép.* n°s 534, 613 et suiv.).

599. S'il n'y a pas d'armoire fermant à trois clefs, c'est-à-dire à trois serrures, pour recevoir les deniers de la fabrique et les clefs des troncs, le trésorier doit en faire construire une. L'art. 54 du décret de 1809 semble supposer qu'il y aura une armoire exclusivement destinée à recevoir les titres et les papiers, sans exiger, pour celle-ci, qu'elle ait trois clefs. Mais on peut admettre que ces deux exigences se réduisent à une seule, et que les fabriques ne sont tenues que d'avoir une seule armoire (Lett. min. cult. 24 sept. 1842; André, t. 2, p. 6).— Le décret de 1809 n'indique pas le lieu où la caisse doit être placée. Elle peut donc être déposée soit chez le trésorier, soit chez le curé, soit chez un membre du bureau, soit dans tout autre lieu désigné par ce bureau (Gaudry, t. 3, p. 339). Les évêques et les préfets doivent tenir la main à l'exécution de l'art. 50; ils peuvent exiger que la caisse soit déplacée, si le lieu où elle se trouve ne paraît pas offrir des conditions suffisantes de sécurité, et le trésorier peut demander qu'elle soit déposée en son domicile plutôt qu'ailleurs (*Ibid.*). On ne doit point placer dans la caisse les billets à échéance et au nom de la fabrique ou de son trésorier. Ce sont des titres qui doivent rester à la disposition de ce dernier pour en surveiller l'encaissement.

L'art. 52 dispose qu'aucune somme ne doit être extraite de la caisse sans un récépissé. En général, c'est le trésorier qui donne ce récépissé, parce que les fonds sont déposés entre ses mains. La loi ne l'exige cependant pas, et le récépissé peut être donné par le membre du bureau ou l'officier public à qui les fonds sont confiés (Gaudry, t. 3, p. 341. V. *Rép.* n° 616).

600. La confection des inventaires prescrite par l'art. 55 du décret de 1809 (V. *Rép. loc. cit.*) appartient exclusivement aux fabriques (Lett. min. cult. 21 juill. 1843, André, t. 3, p. 418). Ces inventaires sont simples, et rien n'oblige les fabriques à ajouter à chaque article son estimation (André, t. 3, p. 414). On décidait autrefois que la commune n'a pas le droit d'exiger qu'il lui soit fourni un double de l'inventaire du mobilier de l'église (Lettre précitée du 21 juill. 1843). Mais une circulaire du ministre des cultes, du 22 déc. 1882, a invité les préfets à veiller à ce qu'un double de cet inventaire soit déposé à la mairie en même temps que le compte (*Rec. circ. cult.*, t. 4, p. 430).

Les inventaires et récolements se font sur papier libre, et non sur papier timbré (André, t. 3, p. 416. V. L. 13 brum. an 7, art. 16, n°ˢ 1 et 2). Il doit être fait un récolement du mobilier et des ornements toutes les fois qu'un nouveau curé ou desservant est installé (André, t. 3, p. 417). Si le bureau fait dresser les inventaires par un notaire, les frais restent à la charge de la fabrique (Champeaux, *Code des fabriques*, t. 1, p. 383). — Le registre sommier, sur lequel le secrétaire du bureau doit transcrire, aux termes de l'art. 56, les actes de fondation, les baux à loyer, etc., est exempt du timbre de dimension (art. 81) et peut être sur papier libre; mais on ne pourrait y porter, sans contravention, les minutes d'actes qui, de leur nature, sont soumises au timbre ou à l'enregistrement.

601. On a exposé au *Rép.* n° 612 comment et à quelle époque doit se dresser le budget de la fabrique. D'après une circulaire du ministre des cultes, du 21 nov. 1879 (*Bull. lois civ. ecclés.*, 1880, p. 11), les dépenses d'une fabrique se divisent, comme ses recettes, en dépenses ordinaires et en dépenses extraordinaires. Toutefois, il est bon, tout en maintenant cette classification, d'observer, autant que possible, dans l'établissement du budget, la distinction en dépenses *obligatoires* et en dépenses *facultatives*. Suivant la même circulaire, les dépenses obligatoires sont : 1° toutes les dépenses ordinaires résultant des charges énumérées dans les art. 37 et 92, § 1ᵉʳ et 2, du décret de 1809 (ce dernier article est aujourd'hui abrogé); 2° toutes les dépenses ordinaires et extraordinaires votées par le conseil de fabrique et admises, après avis du conseil municipal, par l'évêque, d'accord avec le préfet, ou par le ministre, le conseil d'État entendu en cas de désaccord (aujourd'hui par décret du chef de l'État) (L. 5 avr. 1884, art. 136, V. *supra*, n° 553). Toute autre dépense est facultative. Toutefois, par ce mot *facultative*, il ne faut pas entendre que la fabrique puisse se refuser à payer des dépenses qui, quoique figurant au chapitre des dépenses ordinaires facultatives,

n'en sont pas moins des charges résultant de biens que le conseil de fabrique a été régulièrement autorisé à accepter sous conditions, ou de dispositions légales, telle que la dotation de la caisse des ecclésiastiques âgés ou infirmes, instituée par le décret du 13 therm. an 13. Ces dépenses ne sont facultatives qu'en ce sens qu'elles s'imposent seulement aux fabriques, qui sont tenues de les prélever sur les revenus correspondants sur leurs ressources disponibles, et qui ne peuvent faire appel aux communes pour y suppléer (Circ. min. cult. 17 janv. 1880, *Rec. circ. cult.*, t. 4, p. 61). — Il faut aujourd'hui concilier les termes de ces circulaires avec les dispositions de la loi du 5 avr. 1884, qui n'a placé à la charge des communes que les grosses réparations et l'indemnité de logement du curé ou desservant, et ne les oblige plus à concourir aux dépenses du culte, en cas d'insuffisance des revenus des fabriques.

602. Le budget de chaque exercice doit toujours être arrêté dans l'année qui précède l'exercice auquel il s'applique; le bureau en dresse le projet dans sa séance du premier dimanche de mars; le conseil le discute et le règle dans sa séance de Quasimodo, pour qu'il soit ensuite transmis à l'évêque qui, après l'avoir approuvé et arrêté, le renvoie au bureau des marguilliers, chargé d'en assurer l'exécution (V. *Rép.* n° 612). La loi a déterminé, pour la formation du budget de la fabrique, une époque antérieure à celle du vote du budget communal, afin que si la fabrique se trouve dans le cas de demander le concours de la commune, son budget arrêté puisse être remis au maire avant la discussion du budget municipal (Circ. min. 22 avr. 1841; André, t. 1, p. 553). — Au reste la communication du budget et des comptes de la fabrique au conseil municipal est toujours obligatoire aujourd'hui (V. L. 5 avr. 1884, art. 70, et Circ. min. cult. 18 mai 1885, rappelée *supra*, n° 552). Il n'y a plus lieu aujourd'hui d'appliquer l'art. 49 du décret du 30 déc. 1809, qui est abrogé par l'art. 168 de la loi du 5 avr. 1884. Si le conseil municipal n'alloue pas les fonds exigés pour une dépense obligatoire des cultes, ou s'il n'alloue qu'une somme insuffisante, il est procédé aujourd'hui, non plus comme l'indiquait cet article, mais ainsi que l'a réglé l'art. 149 de la loi de 1884. L'allocation est inscrite au budget par décret pour les communes dont le revenu est de 3 millions et au-dessus, et par arrêté du préfet en conseil de préfecture pour celles dont le revenu est inférieur (V. *supra*, v° *Commune*, n° 417). Par suite, les observations présentées au *Rép.* n° 612, *in fine*, ne sont plus applicables.

603. Le conseil de fabrique discute séparément chacun des articles du budget. Il peut modifier les évaluations, ajouter certains articles et en supprimer d'autres; il consigne, dans une colonne destinée à cet effet, les observations qu'il croit nécessaires (André, t. 1, p. 561). Les résolutions sont prises à la majorité des voix; mais les membres de la minorité peuvent demander que leur avis soit consigné dans la colonne des observations du conseil, ou dans le procès-verbal de la séance, afin que l'évêque puisse y avoir tel égard que de droit (André, *ibid.; Affre*, p. 49).

604. Le budget doit être approuvé par l'évêque (*Rép.* n° 612). Suivant une opinion exprimée au *Journal des fabriques*, t. 1, p. 114, l'approbation épiscopale ne peut être considérée comme une pure formalité, et, par suite, l'évêque a le droit d'apporter à ce budget les modifications qu'il juge convenable. Quand il a prononcé, on ne peut se pourvoir contre sa décision, sauf à réclamer par voie de pétition, et par la voie contentieuse, soit d'abord devant le métropolitain, et ensuite devant le ministre des cultes, soit directement devant ce dernier (*op. et loc. cit.*).— L'approbation de l'évêque est nécessaire pour rendre le budget exécutoire, que la fabrique demande des fonds à la commune ou ne lui en demande pas (André, t. 1, p. 559).

605. — I. RECETTES ET DÉPENSES. — Pour avoir une comptabilité bien réglée, le trésorier doit tenir deux registres. Le premier est un journal de recettes et de dépenses, où il porte jour par jour les sommes qu'il a reçues et dépensées (V. *Rép.* n° 613; André, t. 3, p. 429). Le second, qui n'est pas obligatoire, dispense le trésorier de parcourir les titres de créances; il contient une analyse de ces titres, les noms des débiteurs, les sommes dues annuellement et celles qui sont payées. Quoique l'art. 74 du décret de 1809 impose

au trésorier l'obligation d'inscrire jour par jour le produit des revenus de la fabrique sur le registre à ce destiné, l'usage a prévalu, en ce qui concerne celui des quêtes, de le verser dans un coffre ouvert à certaines époques en présence des membres du bureau (V. *Rép.* n° 590).

606. Les registres de recettes et de dépenses et celui des délibérations sont exempts du timbre de dimension (V. Décr. 30 déc. 1809, art. 81; *Rép.* n° 613). La disposition de cet article n'a pas cessé d'être en vigueur (Instr. dir. gén. enreg., 28 sept. 1858, n° 2131; Circ. min. cult. 23 déc. 1879, *Bull. lois civ. eccls.*, 1879, p. 312. — V. *infrà*, v° *Enregistrement*). Il importe, à cet égard, de remarquer qu'un arrêté ministériel du 16 sept. 1858 avait dispensé de toute vérification des préposés de l'enregistrement les établissements ecclésiastiques placés sous la surveillance et l'autorité des évêques, et par suite, les fabriques. Une décision du ministre des finances, du 8 oct. 1879, notifiée par la circulaire du ministre des cultes précitée, du 23 décembre de la même année, assimilant les fabriques aux établissements publics, et non à de simples établissements d'utilité publique, les a assujetties à la vérification de ces préposés à partir du 1er janv. 1880, et pour tous les documents postérieurs au 15 janvier de cette année. Les trésoriers des fabriques doivent donc communiquer, sans déplacement, aux préposés de l'enregistrement les pièces de comptabilité et les minutes des actes concernant les fabriques, et ce, à peine de 100 à 1000 fr. d'amende. Mais cette vérification ne saurait comporter de la part des fonctionnaires du fisc aucune ingérence dans l'administration des fabriques. C'est une mesure purement fiscale, dont l'exécution ne peut avoir lieu qu'au point de vue de l'application des lois sur le timbre et l'enregistrement. Elle ne doit, en conséquence, porter que sur les pièces et les actes qui sont soumis à ces lois, notamment sur le compte annuel et sur les pièces à l'appui. Le registre des délibérations et celui de l'inventaire du mobilier de l'église, ainsi que celui des abonnements aux places des chaises et bancs, ne sont pas sujets à la vérification. Celle-ci s'applique aux divers documents énumérés dans les art. 22 de la loi du 23 août 1871 et 7 de celle du 21 juin 1875, applicables de plein droit à tous les dépositaires assujettis aux vérifications des agents de l'enregistrement par la législation antérieure (Circulaire précitée du 23 déc. 1879). — On pourrait soutenir que le registre courant des recettes et des dépenses étant exempt du timbre n'est pas soumis à la vérification. Néanmoins, les trésoriers feront bien de ne point se refuser à le communiquer, en produisant en même temps les titres et le compte annuel avec les pièces de recettes et de dépenses à l'appui, qui sont sujettes au timbre et à l'enregistrement. Les communications sont requises par les employés supérieurs de l'enregistrement dans les localités où ils se rendent pour procéder à des vérifications chez les officiers publics ou ministériels. Dans les autres communes, la vérification n'est faite que si elle a été spécialement prescrite par le directeur de l'enregistrement, ou reconnue utile par l'employé supérieur, à raison de circonstances particulières (Même circulaire).

607. — II. COMPTES DU TRÉSORIER. — On a vu au *Rép.* n° 614 que, tous les trois mois, le trésorier est tenu de présenter au bureau des marguilliers un bordereau, signé de lui et certifié véritable, de la situation active et passive de la fabrique. Ce bordereau doit contenir : 1° le détail des recettes et des dépenses faites depuis le premier jusqu'au dernier jour du trimestre pour lequel il est formé, en ayant soin, pour celui du premier trimestre, de distinguer les recettes et les dépenses propres à l'exercice qui a achevé sa période pendant le trimestre, de celles qui appartiennent au nouvel exercice; 2° le total des diverses colonnes du bordereau; 3° une récapitulation destinée à faire ressortir l'excédent des recettes sur les dépenses (André, t. 1, p. 529). A cet effet, le trésorier rapporte en première ligne du cadre destiné à cette récapitulation, l'excédent des recettes sur les dépenses du trimestre précédent. Il y ajoute les recettes faites pendant le trimestre. La différence qui en résulte écoulé le nouvel excédent de recettes au dernier jour du trimestre. Quant au compte annuel, V. *Rép.* n° 614.

608. — II. La forme du compte à rendre chaque année doit être analogue à celle du budget de la fabrique. Il doit partir du 1er janvier pour finir au 31 décembre de l'année écoulée, en comprenant toutes les opérations finan-

cières effectuées au nom de la fabrique pendant cet intervalle (Circ. min. cult. 22 août 1811; André, t. 2, p. 267, 268). La fabrique ne peut se dispenser de reporter en tête des ressources de chaque compte la totalité du *boni* résultant de l'exercice clos. Elle ne peut en former un fonds spécial, destiné à éteindre des dettes antérieures ou à payer des menues dépenses non autorisées (Circ. min. cult. 24 nov. 1879, citée *supra*, n° 601). Il en est de même du déficit, qui doit, comme le *boni*, prendre place dans le compte de l'exercice suivant, en tête du chapitre des dépenses; et il s'agit, dans ces deux cas, non du compte qui sera présenté deux années plus tard, mais de celui qui suit immédiatement l'exercice dont les reliquat ou déficit proviennent (Même circulaire). — Chaque trésorier n'étant comptable que des actes de sa gestion personnelle doit, en cas de mutation, rendre compte séparément des faits qui le concernent; en conséquence, lorsque la mutation s'opère dans le cours d'une année, le compte de cette année doit être divisé suivant la durée de la gestion de l'ancien et du nouveau comptable (André, t. 2, p. 272).

609. L'art. 83 du décret de 1809 prescrit au trésorier de faire certaines mentions en regard de chacun des articles de recettes. Ces mentions ont pour effet de tenir l'attention des fabriciens éveillée sur les prescriptions à interrompre : leur insertion est donc d'une inconstestable utilité, et toujours obligatoire (Circ. min. cult. 21 déc. 1863). Les renseignements exigés par les art. 83 et 84 du décret de 1809 (V. *Rép.* n° 614) doivent être fournis en marge du compte (Circ. 24 nov. 1879 citée *supra*, n° 601). Ainsi, on doit toujours rappeler en marge du budget les autorisations accordées pour des dépenses extraordinaires, et tout budget non dressé dans les formes prescrites doit être privé du visa du préfet sur son expédition (Même circulaire).

610. Si le trésorier refuse de percevoir les fonds qui doivent revenir à la fabrique, celle-ci doit faire ses réserves à l'époque de la reddition du compte et sommer le trésorier de les recouvrer (Décr. 30 déc. 1809, art. 86). Si cela ne suffit pas, il y a lieu de prévenir l'évêque, qui nommera un commissaire à l'effet d'examiner les comptes et de constater les non-recouvrements (art. 87). Les comptes sont alors définitivement arrêtés s'il n'y a pas de débats, et la fabrique recourt au ministère public pour faire poursuivre le comptable négligent (V. *infrà*, n° 643). — Sur le cas où le compte donne lieu à des contestations entre la fabrique et le trésorier, V. *infrà*, n°s 645 et suiv. —

611. La fabrique doit déposer le double de ses comptes à la mairie, même alors qu'elle ne sollicite pas de subvention municipale; ce qui a été dit sur ce point au *Rép.* n° 614 *in fine* n'a plus d'application aujourd'hui (Décis. min. 10 févr. et 18 mars 1872; Circ. min. cult. 24 nov. 1879, citée *supra*, n° 601; 18 mai 1885; Décr. Cons. d'Et. 13 mars 1880, aff. Commune de Saint-Sauves, *Rec. cons. d'Etat*, p. 1091). Ce dépôt est obligatoire et ne souffre pas d'exceptions : il incombe au conseil de fabrique, collectivement et, par suite, soit au président, soit au trésorier, sous peine d'exposer le conseil à une révocation collective (Même circulaire du 21 nov. 1879). — Aucun des doubles du compte annuel du trésorier n'est soumis au timbre. La copie du compte qui serait remise au trésorier, sur sa demande, pour lui servir de décharge personnelle, y serait seule assujettie (Décis. dir. gén. enreg. 8 juin 1880, *Bull. lois civ. eccles.*, 1881, p. 29). — Le président ou le trésorier du conseil de fabrique qui remet à la mairie le budget et les comptes de l'établissement ecclésiastique peut-il exiger un récépissé? L'affirmative ne semble pas douteuse, malgré le silence de la loi, les art. 37, 62, 66, 95 et 124 de la loi du 5 avr. 1884 donnant aux parties intéressées le droit d'un récépissé dans des cas analogues (*Bull. lois civ. eccles.*, 1884, p. 323).

612. Une observation qui se rattache à la comptabilité des trésoriers de fabriques doit trouver sa place ici : c'est celle qui concerne l'obligation pour eux de justifier de la réalisation et de l'emploi des libéralités qui ont été faites aux fabriques et qui ont été acceptées. D'après une circulaire ministérielle, du 6 mai 1881 citée *supra*, n° 589, il résulterait de l'examen des budgets des fabriques, tant cathédrales que paroissiales, que les administrateurs de ces établissements donnent trop souvent aux libéralités qu'ils sont appelés à recevoir un emploi différent de celui spécifié dans les décrets

ou arrêtés d'autorisation. Le ministre déclare qu'à l'avenir les décrets et les arrêtés devront contenir une clause portant expressément que les trésoriers des fabriques seront tenus de justifier de la réalisation des emplois qui auront été prescrits. Les préfets sont invités à rappeler aux fabriciens et marguilliers qu'ils peuvent être, pour ces faits, révoqués et tenus, en vertu de l'art. 1383 c. civ., d'une action civile de la part de leurs successeurs élus ou nommés, des représentants des bienfaiteurs, et des procureurs près les cours et les tribunaux chargés de veiller sur les biens des mineurs. Le ministre invite aussi les préfets à rappeler aux maires les devoirs que leur impose leur qualité de membre de droit des conseils de fabrique.

Il y a lieu de mentionner aussi une circulaire du ministre des cultes, du 30 janv. 1880 (*Rec. circ. cult.*, t. 4, p. 63), qui indique un projet de réforme sur la comptabilité des fabriques, et se relie par conséquent aux matières ci-dessus traitées. Le ministre, projetant de soumettre aux conseils de préfecture et à la cour des comptes le jugement des comptes des fabriques paroissiales comme en matière de deniers communaux ou charitables, craint pourtant de donner à ces tribunaux un accroissement de travail trop considérable. D'un autre côté, comme les trésoriers de fabrique ne donnent ni cautionnement, ni hypothèque sur leurs biens, ils ne peuvent être chargés en débet, et les décisions des conseils de préfecture ou de la cour des comptes n'auront pas de sanction directe : il vaudrait donc mieux peut-être recourir à l'intervention des tribunaux judiciaires, conformément à l'art. 90 du décret du 30 déc. 1809. Cette réforme, dit la circulaire, peut d'ailleurs empêcher le recrutement des conseils de fabrique et des personnes de bonne volonté disposées à remplir les fonctions gratuites de trésorier. Il y aurait bien les receveurs municipaux que l'on pourrait charger soit intérimairement, soit à titre définitif, des attributions de trésoriers dans les fabriques, mais les remises qu'ils exigeraient évidemment n'augmenteraient-elles pas trop les charges des fabriques et des communes ? Le ministre des finances pense, du reste, que ce serait les engager la responsabilité du Trésor, et qu'en outre il y aurait pour un seul comptable de bien grandes difficultés pour percevoir directement la plupart des revenus fabriciens dans les villes qui comprennent plusieurs paroisses. — Le ministre demande, en conséquence, l'appréciation personnelle des préfets sur ces diverses observations.

613. — III. Action en reddition de comptes contre le trésorier. — Le trésorier est un véritable comptable dont la gestion relève à la fois de l'autorité diocésaine, de l'autorité administrative et du pouvoir judiciaire. Le décret du 30 déc. 1809 a organisé en cette matière une procédure de reddition de comptes spéciale, dont les règles diffèrent de celles du droit commun : 1° quant à la compétence des juridictions qui doivent en connaître ; 2° quant aux personnes à qui est conférée l'action.

614. En ce qui concerne la compétence, le décret de 1809 distingue entre le juge à qui il appartient d'ordonner la reddition de compte, ou seulement le débat des articles contestés, et l'autorité qui doit connaître du débat lui-même. C'est le tribunal civil qui est compétent pour ordonner la reddition du compte ; mais ce n'est pas lui qui statue sur les difficultés auxquelles les articles du compte peuvent donner lieu : ces difficultés doivent être soumises à l'autorité administrative, c'est elle qui procède au règlement du compte entre les parties. Puis, ce règlement une fois effectué, la juridiction civile est de nouveau saisie, à l'effet de prononcer la condamnation au payement du solde dont le trésorier peut se trouver débiteur. — Ce système diffère essentiellement de celui qui régit les comptes des communes et les établissements de bienfaisance, lesquels sont exclusivement de la compétence des conseils de préfecture. Le législateur a voulu éviter de faire de l'action en reddition de compte du trésorier un contentieux administratif ou ecclésiastique, il a entendu en laisser la connaissance aux juges du droit commun (V. *Rép.* n° 644 ; Cons. d'Et. 24 juill. 1862, aff. Reynaud, D. P. 66. 3. 57 ; Montpellier, 11 févr. 1870, aff. Balzan, D. P. 72. 5. 234 ; 15 juill. 1871, aff. Andrieu, D. P. 71. 2. 141). Décidé en ce sens, que le conseil de préfecture n'est pas compétent pour connaître de contestations relatives à la gestion du trésorier d'un conseil de

fabrique ; que, par suite, c'est à tort qu'un conseil de préfecture statue sur une demande en règlement de compte formée par un trésorier qui est en dissidence sur ce règlement avec le conseil de fabrique (Cons. préf. Lot-et-Garonne, 30 janv. 1866, aff. Ducros, D. P. 66. 3. 90). De même, il ne lui appartient pas de connaître d'une demande en remboursement d'avances que le trésorier prétend avoir faites comme mandataire légal ou conventionnel de la fabrique, à l'effet d'acquitter diverses dépenses du culte (Arrêt précité du 24 juill. 1862). — Toutefois, il n'en est pas moins certain que les fonds dont l'administration est confiée aux conseils des deniers publics rentrent dans la catégorie des deniers publics et sont soumis aux règles qui régissent la comptabilité publique (Toulouse, 16 juill. 1884, aff. Genebès, D. P. 85. 2. 212). En conséquence, la disposition de l'art. 90 du décret du 30 déc. 1809, qui autorise le procureur de la République à poursuivre en reddition de compte, devant le tribunal, le trésorier de la fabrique, doit être également appliquée aux personnes qui ont usurpé les fonctions de trésorier (Même arrêt). C'est, en effet, une règle générale, que toute personne qui sans autorisation légale, s'ingère dans le maniement des deniers publics est, par ce seul fait, constituée comptable, et que les gestions occultes sont soumises aux mêmes juridictions et entraînent la même responsabilité que les gestions patentes et régulières (V. *infrà*, v° *Trésor public*).

L'incompétence des tribunaux civils pour connaître des débats sur le compte du trésorier a été contestée par certains auteurs. Carré, *Gouvernement des paroisses*, p. 354, et Chauveau, *Principes de compétence*, t. 3, p. 976, ont soutenu que ces tribunaux sont compétents pour régler entre la fabrique et le trésorier les comptes de celui-ci. Mais cette opinion, combattue, notamment, par M. Aucoc, *Revue critique de législation*, t. 22, p. 481 et suiv., et Rapport, D. P. 66. 3. 58, a été condamnée par la jurisprudence du conseil d'Etat (V. outre l'arrêt cité au *Rép.* n° 645 : Cons. d'Et. 18 juin 1846, aff. Bilh, D. P. 47. 5. 19 ; 24 juill. 1862, aff. Reynaud, D. P. 66. 3. 57 ; 15 déc. 1865, aff. Fabrique de Saint-Martin de Berthecourt, *ibid.*). Deux arrêts de cours d'appel ont également affirmé la compétence exclusive de l'autorité administrative pour juger les contestations qui peuvent s'élever sur les articles du compte (Montpellier, 11 févr. 1870, aff. Balzan, D. P. 72. 5. 234 ; 15 juill. 1871, aff. Andrieu, D. P. 71. 2. 141).

615. La portée du système, généralement admis, qui dénie à la juridiction civile le droit de s'immiscer dans l'examen du compte, ne doit pas être exagérée : il peut arriver, en effet, que la nature du litige oblige le juge à apprécier indirectement le compte à certains points de vue. Il en serait ainsi, par exemple, dans le cas où le défendeur à l'action en reddition de compte exciperait de l'existence d'un compte antérieurement accepté par la fabrique, et où l'existence de ce compte serait contestée. On ne saurait refuser au tribunal le pouvoir, non seulement d'examiner si ce compte existe réellement, mais encore d'en contrôler la régularité extrinsèque. Comme le dit M. Dramard, D. P. 84. 2. 73, note, si « l'existence légale, la régularité du compte sont contestées devant lui, c'est une exception préjudicielle dont il a la connaissance en vertu de la règle que le juge de l'action est le juge de l'exception. Il appartient au tribunal seul d'ordonner que le trésorier rendra son compte ; il ne peut le faire qu'en connaissance de cause, et ce n'est pas parce qu'il l'ordonne que l'autorité administrative se trouve saisie du débat du compte. Ne s'ensuit-il pas que celle-ci ne pourrait avoir qualité pour décider s'il y a, ou s'il n'y a pas compte, ou si le compte est régulier ou, non en la forme, et que ce point appartient au tribunal seul ? » Conformément à cette doctrine, la cour de Limoges s'est reconnue compétente pour décider que le compte de gestion rendu devant un conseil de fabrique déclaré par un arrêté ministériel irrégulièrement constitué, est nul et non avenu, encore bien que, par suite de l'acceptation de ce compte par le conseil irrégulier, le trésorier sortant se soit dessaisi entre les mains de son successeur de ses pièces comptables et lui ait versé le reliquat de son compte (Limoges, 19 déc. 1883, aff. Lally, D. P. 84. 2. 73). Dans le même ordre d'idées, des auteurs ont enseigné que le tribunal civil peut, en certains cas, entrer dans l'examen du compte ou statuer sur les contestations qui s'élèveraient

entre la fabrique et le trésorier, non pas au sujet du règle-ment des comptes, mais à l'*occasion* de ce règlement. Ainsi, suivant M. Aucoc, *Revue critique*, t. 22, p. 488, il appartien-drait, par exemple, aux tribunaux civils de décider si le tré-sorier devrait être responsable d'un vol commis dans la caisse de la fabrique, ou d'une perte de fonds résultant d'un cas de force majeure : en effet, ce n'est pas une question qui rentre, à proprement parler, dans le règlement des comptes, bien qu'elle tende à en faire rejeter un article. M. Champeaux, *Code des fabriques*, t. 2, p. 457 et suiv., soutient même d'une façon générale que la contestation appartient exclusivement à l'autorité judiciaire toutes les fois qu'elle porte sur des questions de droit civil, de responsabilité et de restitution par le trésorier.

Il reste à examiner quelle est, parmi les autorités admi-nistratives, celle qui est compétente pour statuer sur les débats relatifs au règlement du compte. C'est une question qui a été très discutée. D'après un arrêt du conseil d'Etat du 18 juin 1846 (aff. Rihl, D. P. 47. 3. 19), c'est au conseil de préfecture qu'il appartiendrait de statuer, en cas de contes-tation sur les comptes du trésorier. Telle est également l'opinion soutenue par plusieurs auteurs (Gaudry, t. 3, p. 244; Serrigny, *Traité de l'organisation et de la compé-tence administrative*, 2ᵉ éd., t. 3, nᵒˢ 1201 à 1204; Dufour, *Traité de droit administratif*, 2ᵉ éd., nᵒˢ 629 et 630). Ces auteurs ne sont, d'ailleurs, pas d'accord sur la juridiction qui serait compétente pour connaître du recours contre la décision du conseil de préfecture; les deux premiers esti-ment que ce recours devrait être porté au conseil d'Etat, tandis que le dernier est d'avis qu'il devrait être soumis à la cour des comptes. M. Vuillefroy, p. 367, enseigne au contraire, en s'appuyant sur une décision rendue en 1842 par le ministre des cultes, qu'il appartient à l'évêque de statuer, entre la fabrique et son trésorier, sur les difficultés auxquelles donnent lieu les comptes de celui-ci; c'est la solution admise par un arrêt du conseil d'Etat du 24 juill. 1862, (aff. Reynaud, D. P. 66. 3. 57), qui exclut nettement, quant aux débats sur le règlement proprement dit des comptes, la compétence attribuée aux conseils de préfecture par l'arrêt précité de 1846; et qui est d'autant plus significatif à cet égard que cette question de compétence avait été soulevée d'office par le conseil d'Etat. On peut citer encore, dans le même sens, un autre arrêt du conseil d'Etat du 15 déc. 1865 (aff. Fabrique de Saint-Martin de Berthecourt, D. P. 66. 3. 58), qui semble reconnaître la compétence de l'évêque, le recours au ministre des cultes contre la décision de l'évêque, et implicitement le recours au conseil d'Etat contre la décision du ministre; c'est en ce sens, du reste, que s'est prononcé M. le commissaire du Gouvernement Aucoc, dans les conclusions qu'il a données à l'occasion de cette affaire. D'après le même arrêt, les mêmes solu-tions sont applicables à la demande formée par le con-seil de fabrique contre son trésorier en révision de comptes précédemment arrêtés. — Au reste, il convient d'ajouter avec M. Aucoc, que la décision rendue par l'évêque, par le ministre des cultes, ou par le conseil d'Etat, ne saurait avoir force de chose jugée qu'entre le trésorier et la fabrique, et que si, par suite de l'admission dans les comptes d'une dépense irrégulièrement faite, la fabrique prétendait obliger la com-mune à lui allouer une subvention, la question ne serait nullement préjugée à ce point de vue et devrait être résolue dans les formes spéciales tracées par la loi pour le règlement des rapports entre les fabriques et les communes.

616. A qui appartient l'action en reddition de compte ? Deux personnes peuvent poursuivre le trésorier sortant (V. *Rép.* nᵒ 615): 1ᵒ le trésorier nouveau; 2ᵒ à son défaut, le procureur de la République. Celui-ci peut agir, soit d'office, soit sur l'avis qui lui est donné par un membre du bureau

ou du conseil, soit sur une ordonnance de l'évêque. Il n'y a pas, à cet égard, de limitation au droit d'action du minis-tère public. Dès que l'attention du procureur de la Répu-blique a été appelée sur une situation irrégulière dans les termes de l'art. 90, il est de son devoir de déférer au tri-bunal non seulement l'irrégularité qui lui serait particulière-ment signalée, mais encore toutes celles que l'examen de la situation lui révélerait. L'avis qu'il reçoit ne restreint pas plus son droit d'action que ne le ferait la dénonciation d'un fait délictueux. Une délibération du conseil de fabrique ne pourrait paralyser le droit du ministère public d'agir d'office et sans tenir compte de la restriction qu'il pourrait être dans l'intention, soit du conseil, soit de l'évêque, soit même du trésorier, de donner à l'objet des poursuites; le ministère public, tout en agissant sur la demande du trésorier, peut user du droit de poursuivre d'office, en vertu d'un pouvoir à lui attribué directement et personnellement. Jugé en ce sens que, aux termes du décret du 30 déc. 1809, art. 90, les offi-ciers du ministère public ont une action directe et personnelle à l'effet de contraindre les trésoriers de fabrique à rendre leur compte de gestion; il n'est pas nécessaire que cette action soit provoquée par le conseil de fabrique ou par le trésorier entrant en fonctions (Limoges, 19 déc. 1883, aff. Lally, D. P. 84. 2. 73); et le jugé qu'est compétent pour statuer sur l'action ainsi intentée par le ministère public et pour fixer, en cas de résistance du trésorier, la somme qui doit être payée provisoirement à la fabrique (Même arrêt). Cet arrêt décide, en outre, que, lorsqu'aucun compte n'a été rendu depuis plusieurs années par le trésorier de la fabrique, la contrainte qu'il y a lieu de prononcer contre lui doit être évaluée par le juge d'après la recette ordinaire moyenne résultant de documents de la cause et qu'elle ne peut dépasser la moitié de la recette d'une seule année. (Comp. Décr. 30 déc. 1809, art. 90 *in fine*).

617. Mais, si le trésorier use directement de son droit d'action, s'il prend l'initiative, ce droit d'action est-il épuisé de telle sorte que celui du procureur de la République soit éteint et ne trouve plus à s'exercer ? La question devient déli-cate. Les termes de l'art. 90 semblent bien absolus; s'il ordonne au ministère public d'agir, c'est à défaut du tréso-rier de le faire. On a dit que, dans ces sortes d'affaires, ce n'est plus le ministère public qui est en cause, ce sont les personnes juridiques qu'il représente accidentellement et pour le compte desquelles il est simplement chargé de saisir les tribunaux, car les actes de procédure une fois accom-plis, il recouvre sa liberté d'appréciation sur le procès (Al-glave, *Action du ministère public*, p. 17). Toutefois, cette solution paraît très contestable. « Ne serait-ce pas, comme on l'a remarqué avec raison, aller à l'encontre des intérêts confiés au ministère public? Si l'action est incomplète, mal intentée, si elle doit conduire à l'échec d'une cause juste, n'est-ce pas comme si elle n'existait pas, et n'est-il pas dans l'esprit, dans le vœu de l'art. 90, que le magistrat du parquet use alors de son droit? ... » (V. Dissertation de M. Dramard, sous l'arrêt du 19 déc. 1883 (aff. Lally, D. P. 84. 2. 73). Nous croyons donc que l'exercice de l'action par le trésorier ne peut avoir pour effet de paralyser celle du ministère public (V. *ibid.*). — Par des raisons identiques, il faudrait décider de la même façon dans l'hypothèse inverse, celle où le trésorier, jugeant nécessaire d'étendre ou de com-pléter la demande dont le procureur de la République aurait pris l'initiative, interviendrait à cet effet dans l'instance. Selon que l'un ou l'autre a pris les devants, chacun d'eux complète l'autre suivant les cas, et l'omission ou l'inaction de l'un peut être utilement réparée par l'intervention de l'autre. Décidé, en ce sens, que le droit d'action conféré au mi-nistère public par l'art. 90 du décret de 1809 n'est pas exclusif du droit d'action du trésorier (Chambéry, 4 mai 1870) (1).

(1) (Félix C. Desjacques.) — LA COUR; — Attendu qu'un ar-rêté du ministre des cultes du 13 nov. 1869 a révoqué le conseil de fabrique de Villard-sur-Boëge, et ordonné la formation d'un nouveau conseil, qui successivement a été nommé par les auto-rités ecclésiastique et civile; — Que le nouveau trésorier s'est pourvu, en référé devant le président du tribunal civil contre l'appelant, ancien trésorier, pour, en renvoyant au principal les parties à se pourvoir, le dire tenu de lui remettre contre récépissé les titres de la fabrique, la clef de l'armoire et celle d'un tronc, et une somme de 1000 fr. qu'il aurait reconnu avoir entre les

mains; — Que le jugement dont est appel a ainsi prononcé, sauf, quant à la somme, le renvoi à le déclarer tenu de verser toute somme dont il serait détenteur; — Attendu que l'appelant sou-tient à tort que le juge des référés n'était pas compétent pour statuer sur l'action intentée; — Que, sans examiner si cette juri-diction d'urgence peut s'étendre aux matières qui ressortiraient au fond aux juridictions administratives, il suffit de remarquer que les art. 30 et 90 du décret du 30 déc. 1809 attribuent aux tribunaux civils les questions de propriété et la condamnation en principe des trésoriers à tenir compte et à payer le reliquat;

618. Le trésorier est-il soumis à la règle .générale d'après laquelle les biens des administrateurs comptables des établissements publics sont grevés d'une hypothèque légale pour la sûreté de leur gestion? L'affirmative est enseignée au *Rép.* n° 534, et v° *Privilèges et hypothèques*, n°ˢ 558 et suiv. Une circulaire ministérielle du 6 mai 1881 paraît s'être prononcée dans le même sens (V. *Bull. lois civ. ecclés.*, 1881, p. 143); mais la négative est généralement admise (Gaudry, t. 3, p. 352 ; Bost, p. 347 ; Trib. civ. Langres, 19 mars 1864. même *Bulletin*, 1864, p. 222. — *Contrà :* Girod, p. 171). Dans tous les cas, étant assujetti à l'action du ministère public pour la reddition de son compte, il est, soumis à l'hypothèque judiciaire, conséquence nécessaire de toute condamnation prononcée par justice. Il était autrefois passible de la contrainte par corps pour le reliquat de son compte. Mais cette voie d'exécution ne peut plus être employée depuis la loi du 22 juill. 1867, art. 5 (V. *suprà*, v° *Contrainte par corps*, n° 9).

619. Le trésorier n'est pas tenu, comme les receveurs des autres établissements publics, de verser un cautionnement ; mais il demeure personnellement responsable des dépenses qu'il ferait sans l'autorisation du bureau des marguilliers ou du conseil de fabrique, et des dommages qu'il causerait par sa négligence dans ses fonctions (Circ. min. 21 déc. 1833 ; Décis. min. 14 déc. 1868).

§ 7. — **Des procès des fabriques et des autorisations de plaider** (*Rép.* n°ˢ 617 à 636).

620. — I. Autorisation de plaider. — Les règles qui ont été exposées v° *Commune*, n°ˢ 867 et suiv. ; — *Rép.* eod. v°, n°ˢ 1504 et suiv., en ce qui concerne l'autorisation de plaider donnée aux communes, ont, pour la plupart, une portée générale et sont également applicables, aux autres personnes morales qui ont besoin de cette autorisation. Nous n'avons donc, sauf quelques exceptions, qu'à signaler l'application qui a été faite de ces règles aux fabriques.

621. Le décret du 30 déc. 1809 impose au trésorier l'obligation de défendre devant les tribunaux les droits de la fabrique (art. 79). Il doit exposer au conseil de fabrique les motifs que celui-ci peut avoir de soutenir un procès et provoquer de sa part une délibération dans laquelle (s'il juge à propos de plaider) seront déduits ces motifs ou d'autres, si la fabrique en découvre de nouveaux (art. 77). Cette délibération est adressée au préfet qui fait décider par le conseil de préfecture s'il est avantageux ou non pour la fabrique de soutenir le procès (V. *Rép.* n° 617).

Ce n'est pas au nom du trésorier, mais au nom de la fabrique qu'il est soutenu ; mais c'est au trésorier qu'il appartient de faire toutes les diligences.

Lorsque le trésorier refuse de suivre un procès pour lequel la fabrique a reçu l'autorisation de plaider, le préfet peut-il nommer un commissaire spécial en son lieu et place? Un arrêt de la cour de Colmar, du 31 juill. 1823 (V. *Rép.* n° 633) a décidé l'affirmative, qui est enseignée par plusieurs auteurs, notamment : MM. Affre, p. 55 ; Bost, p. 689 ; Defooz, *Droit administratif belge*, t. 4, tit. 4 ; Brixhe, p. 48. Cette solution est conforme à celle qui est admise pour les communes (V. *suprà*, v° *Commune*, n° 825).

622. On a dit au *Rép.* n° 617 que l'autorisation de plaider est nécessaire à la fabrique, même lorsqu'il s'agit d'une demande de peu d'importance. Cette opinion a été combattue par Affre, mais elle a pour elle la majorité des auteurs (V. Bost, p. 657 ; Brixhe, p. 43). Conformément à la doctrine qui a prévalu en ce qui concerne les communes (V. *suprà*, v° *Commune*, n° 871), on admet aussi qu'une fabrique qui veut plaider contre l'Etat doit, comme pour toute autre instance, demander au conseil de préfecture l'autorisation de plaider, quoiqu'elle ait à adresser au préfet le mémoire exigé par la loi du 5 nov. 1790 de toute personne qui plaide contre le domaine, car les deux productions sont distinctes (Bost, p. 658). Il convient même qu'elle attende l'autorisation du conseil pour adresser son mémoire (*Ibid.*).

623. On a vu *suprà*, v° *Commune*, n°ˢ 895 et suiv., que lorsqu'il s'agit d'actions possessoires intéressant les communes, l'autorisation du conseil de préfecture n'est pas exigée. En est-il de même en ce qui concerne les fabriques? D'après Bost, p. 52, Girod, p. 28, et un arrêt du conseil d'Etat du 17 nov. 1863 (aff. Fabrique de Luperce, *Rec. Cons. d'Etat*, p. 1003), l'autorisation ne serait pas nécessaire. La solution contraire a été adoptée par un arrêt de la chambre civile du 25 mars 1879 (aff. Riou, D. P. 79. 1. 160) et un jugement du tribunal civil de Lorient du 28 févr. 1884 (*Bull. lois civ. ecclés.*, 1884, p. 280. V. Brixhe, p. 44). En tout cas, pour intenter une action possessoire, il faut au moins une délibération préalable du conseil de fabrique (V. par analogie Civ. cass. 2 mars 1880, aff. Jumeau, D. P. 80. 1. 208 ; Girod, p. 28).

624. De même que les communes (V. *suprà*, v° *Commune*, n° 902), les fabriques n'ont pas besoin de l'autorisation du conseil de préfecture pour introduire un référé. Cette juridiction est, en effet, instituée pour tous les cas d'urgence sans distinction (Paris, 17 nov. 1868 (1). V. en ce sens : Cons. d'Et. 20 janv. 1886, aff. Fabrique de Breloux,

---

— Que l'action intentée rentre évidemment dans cet ordre de matières, et, par conséquent, dans la juridiction civile;

Attendu qu'on ne n'est pas avec plus de raison que l'appelant repousse l'action du trésorier par le motif que, d'après l'art. 90 précité, le procureur impérial devait l'intenter et en avait été saisi ; — Que l'immixtion du ministère public dans ces poursuites ne prive pas la fabrique du son représentant du droit d'exercer elle-même une action qui lui appartient naturellement, et que la loi n'accorde au procureur impérial qu'à défaut, par le trésorier, de s'en être prévalu ;

Attendu que la fin de non-recevoir tirée du défaut de délibération du conseil de fabrique et d'autorisation du conseil de préfecture est écartée par la disposition des art. 78 et 90 qui chargent le trésorier de faire les actes conservatoires et les diligences nécessaires ; — Que les mesures réclamées en référé ont évidemment ce caractère, puisqu'elles ne statuent rien au principal et tendent seulement à faire rentrer provisoirement dans les mains de la fabrique des objets qui n'auraient pas dû en être distraits ; — Par ces motifs, etc.

Du 4 mai 1870.-C. de Chambéry.

(1) (Hugony C. Fabrique de Saint-Ferdinand des Ternes.) — Sur la demande du conseil de fabrique de l'église de Saint-Ferdinand des Ternes, le président du tribunal civil de la Seine a rendu, le 20 juin 1868, contre le sieur Hugony, curé de cette église, une ordonnance par défaut ainsi conçue : « Attendu qu'il résulte des documents fournis par Vanizac que l'abbé Hugony a contrevenu aux dispositions contenues aux art. 25, 26, 33, 36, 65. du décret du 30 déc. 1879 ; — Par ces motifs, faisons défense à l'abbé Hugony de s'immiscer à tort et sans droit dans l'administration temporelle de la paroisse de Saint-Ferdinand des Ternes, et notamment de continuer à percevoir ou faire percevoir le prix des chaises, lequel ne sera reçu

que par des employés de la fabrique, et de choisir tout fournisseur lui seul ; — Disons que l'abbé Hugony sera tenu de retirer au sieur Lacombe l'emploi qu'il lui a donné dans le service de l'église, de retirer le service de blanchissage de l'église à la dame Trinqueneau et de rendre ce service aux sœurs de Saint-Vincent de Paul, qui en ont été chargées par la fabrique ; — Disons que l'abbé Hugony devra faire afficher dans la sacristie de l'église Saint-Ferdinand des Ternes le tableau des fondations, conformément à l'art. 26 du décret précité ; — Faisons défense à l'abbé Hugony de se servir à l'avenir d'un autre tronc que celui qui sera désigné par la fabrique, et disons qu'il sera tenu d'y verser le montant des quêtes faites par l'église ; — Et pour le cas où l'abbé Hugony contreviendrait aux dispositions de la présente ordonnance, autorisons Vanizac es noms à faire expulser, avec l'assistance du commissaire de police et au besoin avec l'assistance de la force publique, toute personne non désignée par le bureau des marguilliers, qui voudrait sous une forme quelconque percevoir la rétribution des chaises ; l'autorisons également à faire retirer tous les troncs autres que ceux autorisés par la fabrique; disons que, dans le cas où le sieur Lacombe continuerait à exercer dans l'église l'emploi à lui donné par l'abbé Hugony, comme aussi dans le cas où la dame Trinqueneau ou toute autre blanchisseuse non désignée par la fabrique se présenterait pour prendre le linge, Vanizac sera autorisé à les expulser ; autorisons en tant que de besoin Vanizac à afficher ou faire afficher dans la sacristie de l'église Saint-Ferdinand des Ternes le sommier des fondations prescrit par l'art. 26 du décret du 30 déc. 1809. » — Appel par l'abbé Hugony, qui a présenté contre la demande formée par la fabrique une fin de non-recevoir tirée du défaut d'autorisation préalable. — Arrêt.

La cour, — En ce qui touche le défaut d'autorisation : — Considérant que, dans le cas de péril en la demeure, les fabriques, comme les communes, peuvent se pourvoir en référé sans auto-

D. P. 88.3.38. Conf. Req. 10 avr. 1872, aff. Commune de Gattidi Vivario, D. P. 73. 1. 12. V. *Rép.* v° *Référé*, n° 15). La même solution est également admise en Belgique (V. en ce sens : Liège, 12 juill. 1871, Brixhe, p. 44; Trib. civ. Bruxelles, 20 mars 1880, aff. Commune de Waterwaël-Boitsfort, D. P. 81. 3. 29).

625. Au surplus, l'obligation pour les fabriques, comme pour les communes (V. *suprà*, v° *Commune*, n° 903), d'obtenir, pour plaider, l'autorisation du conseil de préfecture, ne s'applique qu'aux actions à porter devant les tribunaux, et non à celles qui sont de la compétence administrative (Ord. 16 févr. 1806; Cons. d'Et. 13 févr. 1868, aff. Fabrique de la cathédrale de Bourges, D. P. 70. 3. 11. V. en ce sens : Reverchon, *Des autorisations de plaider*, 2° éd., n° 28 ; Chauveau, *Code d'instruction administrative*, 5° éd., t. 2, n°s 1084, 1138 et 1140; Girod, p. 28). Par suite, la fabrique n'est pas tenue, pour se pourvoir devant le conseil d'Etat, de prendre préalablement l'avis du conseil de préfecture (Décis. min. cult. 23 sept. 1869, *Bull. lois civ. ecclés.*, 1872, p. 150). — L'autorisation n'est pas non plus nécessaire, suivant Affre, p. 194, si l'action est prescrite par une loi ou un décret.

626. L'autorisation donnée à un conseil de fabrique de défendre à une action comprend nécessairement celle de défendre à une demande d'interprétation et d'exécution de l'arrêt rendu sur cette matière (Lyon, 30 juill. 1874, aff. Commune de Nantua, 2° arrêt, D. P. 76. 2. 89). Mais l'autorisation accordée à une fabrique pour former une demande en justice ne suffit pas pour l'habiliter à défendre à une demande reconventionnelle (Toulouse, 27 déc. 1867 (1). V. Dufour, t. 6, n° 286, note). De même la fabrique d'une église, autorisée à intervenir dans une instance en revendication d'immeuble, pour réclamer un sursis jusqu'à ce que ses droits à cet immeuble aient été administrativement reconnus, est non recevable à conclure immédiatement au fond, encore que les membres du chapitre aient déclaré prendre à leur charge les frais du procès (Req. 12 avr. 1847, aff. Fabrique de Tours, D. P. 48. 1. 30). Cette décision pose donc en principe qu'on ne peut suppléer à l'accomplissement de la formalité de l'autorisation par un engagement personnel des membres de la fabrique d'acquitter les frais. Il en serait autrement, s'ils s'engageaient à payer personnellement la somme qui est l'objet du litige (V. *Rép.* n° 619).

627. L'obligation imposée à toute personne qui veut intenter une action contre une commune, de remettre préalablement un mémoire au préfet ou au sous-préfet (V. *suprà*, v° *Commune*, n° 875), s'étend-elle au cas où il s'agit d'introduire une demande contre une fabrique? La négative est enseignée avec raison semble-t-il, par M. Bathie, t. 2, n° 327. En effet, l'art. 77 du décret du 30 déc. 1809 ne prescrit cette remise; or c'est là une mesure exceptionnelle qui ne doit pas être exigée en dehors des cas où la loi l'impose formellement.

628. Nous avons dit au *Rép.* n°s 620 et 621 que la question de savoir si une autorisation nouvelle était nécessaire aux fabriques, de même qu'aux communes, pour interjeter appel avait été, jusqu'à la loi du 18 juill. 1837, résolue diversement par la jurisprudence. Depuis cette loi, et *à fortiori* depuis la loi du 5 avr. 1884, art. 122, il est certain que l'autorisation donnée soit à une commune, soit à une fabrique, de soutenir une action en première instance ne lui permet pas, si elle perd son procès, d'interjeter appel du jugement (V. *suprà*, v° *Commune*, n° 872). Elle doit revenir devant le conseil de préfecture, qui examine si elle a intérêt à courir les chances de l'appel ou s'il est préférable pour elle d'acquiescer au jugement (Girod, p. 28). Cette solution a toujours été admise par la jurisprudence belge (Bruxelles, 2 nov. 1821.; Liège, 13 juill. 1824; Gand, 23 juin 1866 ; Brixhe, p. 45). — Mais, si la fabrique a obtenu gain de cause en première instance, et que son adversaire forme appel, elle n'a pas besoin d'une autorisation nouvelle pour défendre à cet appel. C'est ce que l'on a admis à l'égard des communes (V. *suprà*, v° *Commune*, n° 879), et il n'y a aucune raison pour décider autrement en ce qui concerne les fabriques.

629. Les mêmes règles s'appliquent au pourvoi en cassation (V. pour les communes, *suprà*, v° *Commune*, n°s 873 et 880). La fabrique qui a perdu un procès en premier ressort, ne peut donc se pourvoir en cassation qu'en vertu d'une nouvelle autorisation (Arg. par analogie tiré des art. 121, § 2, et 122, § 2, de la loi du 5 avr. 1884). Mais si elle a obtenu gain de cause en dernier ressort, elle peut, sans autorisation nouvelle, défendre au pourvoi formé par son adversaire (Bost, p. 161 ; Girod, p. 29).

630. On a vu au *Rép.* n°s 628 et 659 que l'autorisation du conseil de préfecture est une condition qui intéresse l'ordre public; l'exception résultant du défaut d'autorisation peut donc, comme pour les communes (V. *suprà*, v° *Commune*, n°s 969 et suiv.), être proposée en tout état de cause et doit même être suppléée d'office. Mais les juges du fond ne sont pas tenus de relever d'office la nullité invoquée et provenant de ce que le conseil de préfecture aurait accordé l'autorisation sans exiger la production préalable de l'avis du conseil de fabrique, si la partie intéressée n'en a pas excipé devant eux; et, par suite, cette partie n'est pas recevable à invoquer ce grief devant la cour de cassation (Req. 18 janv. 1869, aff. Commune de la Chavanne, D. P. 69. 1. 121 ; Reverchon, *Autorisation de plaider*, n° 105). — Au reste, la nullité peut être couverte en certains cas (*Rép.* n° 625); et il a été jugé, notamment, conformément à l'arrêt déjà cité en ce sens au *Rép. ibid.*, que l'autorisation de procéder en appel, donnée à une fabrique, couvre la nullité résultant de l'absence d'autorisation d'ester en justice devant le premier degré de juridiction (Req. 5 nov. 1860, aff. Legras, D. P. 61. 1. 300). — Enfin il suffit que l'autorisation intervienne au cours de l'instance (V. *Rép.* n° 624, et *suprà*, v° *Commune*,

---

risation préalable ; que la nécessité de cette autorisation et des ormalités qu'elle entraîne rendrait impossible l'obtention des mesures provisoires et d'urgence en vue desquelles cette juridiction est établie;

En ce qui touche la compétence : — Considérant qu'aux termes de l'art. 80 du décret du 30 déc. 1809, la compétence des tribunaux ordinaires ne s'applique qu'à ce qui concerne les droits de propriété ou le recouvrement des revenus de la fabrique ; — Que l'énonciation limitative dudit article et l'ensemble des autres dispositions du décret démontrent que les difficultés relatives à la nomination ou au service des bedeaux et autres serviteurs, au blanchissage ou à l'exécution des fondations, sont des questions d'ordre et de police intérieurs dont la solution appartient, soit par la nature même des faits, soit par les dispositions du décret, à l'autorité diocésaine ou à l'autorité administrative ; — Que les tribunaux ordinaires, incompétents pour en connaître au principal, le sont également pour statuer au provisoire; — Considérant qu'en admettant que ces tribunaux aient compétence pour ce qui regarde les perceptions irrégulièrement faites et ordonnées par le curé, comme se rattachant au gouvernement des revenus de la fabrique, le juge des référés ne pourrait intervenir qu'autant qu'il y aurait urgence ; — Considérant que, dans l'espèce, cette urgence n'existait pas ; que les faits imputés à l'appelant concernant la rétribution des chaises, les troncs et les quêtes ne peuvent donner lieu qu'à l'établissement d'un compte entre la fabrique et le curé; — Qu'aucune circonstance n'était de nature à motiver le recours au juge des référés; — Sans avoir égard au

moyen tiré du défaut d'autorisation, lequel est rejeté, dit qu'il n'y avait lieu à référé, etc.

Du 17 nov. 1868.-C. de Paris, 1re ch.-MM. Devienne, 1er pr.-Dupré-Lasale, 1er av. gén.-Victor Lefranc et Magnier, av.

(1) (Querre C. Fabrique de Saint-Etienne.) — La cour; ... — Sur la demande reconventionnelle en 10000 fr. de dommages-intérêts, formée par le sieur Querre : — Attendu que la fabrique de Saint-Etienne n'a pas été autorisée à plaider sur cette demande; que l'autorisation qui lui fut accordée le 16 janv. 1867 ne se rapportait taxativement qu'aux billets d'enterrement; que cette autorisation ne saurait être étendue aux billets de neuvaine et d'anniversaire dont le sieur Querre se plaint que la fabrique ait fait illégalement opérer l'impression et la distribution, ce qui lui aurait causé un préjudice ; d'où il suit que sur ce point, l'appel relevé par le sieur Querre doit être rejeté, sous la réserve de tous ses droits et actions qu'il fera valoir ainsi et comme il avisera.

Attendu que le sursis demandé ne saurait être accordé, car il serait peut-être sans objet dans le cas où la fabrique ne serait pas autorisée, et il viendrait, d'ailleurs, retarder l'évacuation d'une instance principale dont la solution judiciaire est urgente, car elle se rattache à une matière qui intéresse l'ordre public;

Par ces motifs, etc.

Du 27 déc. 1867.-C. de Toulouse, 2° ch.-MM. Blaja, f. f. pr.-Bellet, av. gén.-Tournaye et Piou, av.

n° 906). Jugé, en ce sens, que la nullité résultant de ce qu'un jugement par défaut a été rendu entre un particulier et une fabrique non autorisée est couverte par l'autorisation intervenue avant le jugement définitif (Req. 13 mars 1878, aff. Pitre-Merlaud, D. P. 79. 1. 38).

631. Nous avons dit au *Rép.* n° 623 qu'une fabrique ne peut, sans autorisation, se désister de l'appel qu'elle a interjeté (Comp. *suprà*, v° *Commune*, n° 884). Pour se désister d'une action mobilière ou immobilière que la fabrique ne croit pas devoir soutenir, celle-ci doit adresser au préfet, pour être soumis au conseil de préfecture : 1° une délibération motivée du conseil de fabrique énonçant les causes du désistement ; 2° l'avis du conseil municipal ; 3° celui de l'évêque.

632. — II. Actions judiciaires des fabriques. — L'autorisation d'ester en justice étant obtenue, le soin de suivre le procès est remis au trésorier, qui seul a le droit d'agir au nom de la fabrique. Il serait contraire à la loi que le président du conseil ou le président du bureau, ou le bureau tout entier se substituât au trésorier pour faire les actes de la procédure (Décis. min. cult. 4 mars 1861, Bost, p. 659 ; V. *Rép. d'Etat*, n° 534). Cependant, le recours au conseil d'Etat introduit au nom des membres du conseil de fabrique, au lieu de l'être au nom du trésorier, ne doit pas être rejeté comme non recevable, alors que l'ordonnance de soit-communiqué a été notifiée sur les poursuites et diligences du trésorier (Cons. d'Et. 21 mai 1875, aff. Fabrique de Martillac, D. P. 75. 5. 237). Le conseil d'Etat a même statué au fond, sans soulever aucune fin de non-recevoir sur des pourvois introduits par le président du conseil (Cons. d'Et. 10 mars 1862, aff. Fabrique de l'église de Saint-Paterne d'Orléans, *Rec. Cons. d'Etat*, p. 175), ou par les membres du bureau des marguilliers (Cons. d'Et. 5 déc. 1873, aff. Fabrique de l'église de Sainte-Madeleine de Besançon, *Rec. Cons. d'Etat*, p. 894) ; ces légères irrégularités ne présentaient, en fait, aucun inconvénient sérieux. — Mais on ne saurait admettre que le desservant puisse agir au nom de la fabrique, sauf à faire ratifier ses actes par celle-ci. Le principe fondamental du décret du 30 déc. 1809 est de confier l'administration temporelle des intérêts des paroisses à un corps dans la constitution duquel l'autorité ecclésiastique a sans doute une part considérable, mais qui est néanmoins composé de laïques, à l'exception d'un seul membre (*Rép.* n° 516). Cette combinaison dégage le curé de la responsabilité et des difficultés de cette administration, et le place au-dessus des conflits auxquels elle peut donner lieu, soit avec la commune, soit avec les paroisses. Aussi a-t-il été décidé que le desservant d'une paroisse n'a pas qualité pour agir au nom de la fabrique (Cons. d'Et. 29 juin 1850 (1) ; Dufour, t. 6, n° 286) ; et qu'il n'est pas recevable à introduire un pourvoi devant le conseil d'Etat au nom du conseil de fabrique. Et la nullité du pourvoi ainsi introduit n'est pas couverte par la ratification contenue dans une délibération ultérieure du conseil de fabrique (Cons. d'Et. 15 mars 1878, aff. Fabrique de Cadenac, D. P. 78. 3. 86).

633. En ce qui concerne les significations qu'il y a lieu de faire aux fabriques, V. *Exploit* ; — *Rép.* eod. v°, n° 413.

634. Quant aux moyens auxquels les créanciers des fabriques peuvent recourir pour faire exécuter les condamnations qu'ils ont obtenues contre ces établissements, V. *Rép.* n° 635. — Il a été jugé, à cet égard, qu'aucune disposition de loi ou de règlement ne donne au préfet le droit d'affecter une somme due à une fabrique au payement d'une créance réclamée à celle-ci par la commune (Cons. d'Et. 6 août 1881, aff. Fabrique d'Eymet, D. P. 83. 3. 18). — D'autre part, lorsque le conseil de préfecture a autorisé une fabrique à plaider sur l'action intentée contre elle par un de ses créanciers, le préfet ne peut, avant le jugement à intervenir, contraindre la fabrique à payer (Affre, p. 191, note 3).

635. Est-ce à la commune ou à la fabrique qu'il appartient d'intenter en justice les actions concernant les églises et les presbytères ? On a vu, *suprà*, n°s 367 et 396, que d'après l'opinion qui a prévalu dans la doctrine et la jurisprudence, l'une et l'autre ont qualité pour exercer ces actions.

§ 8. — De la compétence en matière de fabrique
(*Rép.* n°s 637 à 656).

636. — I. Compétence judiciaire. — Nous avons dit au *Rép.* n° 637 que les tribunaux ordinaires sont compétents pour connaître : 1° des contestations relatives à la propriété des biens des fabriques ; 2° des poursuites à fin de recouvrement de leurs revenus. Cette compétence de l'autorité judiciaire a lieu même dans le cas où la contestation (dans l'espèce, la propriété d'un presbytère) est soulevée entre la fabrique et la commune (Bordeaux, 17 avr. 1871, aff. Fabrique de Saint-Jean d'Eyraud, D. P. 72. 2. 126). Ainsi, il a été jugé : 1° que les contestations relatives à la possession d'une servitude de prise d'eau et d'aqueduc au profit d'une prairie dépendant du presbytère doivent être portées devant les tribunaux ordinaires (Décr. en Cons. d'Et. 1er juill. 1882, aff. Forcés, D. P. 85. 3. 58, note) ; — 2° Que l'autorité judiciaire est compétente pour connaître d'une contestation entre une commune et une fabrique sur la propriété d'une maison, alors que la commune demanderesse invoque exclusivement des moyens de droit commun. Il en est ainsi, alors même que la fabrique allègue être rentrée en possession de l'immeuble, en vertu de l'arrêté du 7 therm. an 11 et du décret du 30 mai 1806, sauf au tribunal à surseoir jusqu'à ce que les parties aient fait statuer sur cette question par l'autorité administrative (Trib. confl. 15 déc. 1883, aff. Commune de Templeuve, D. P. 85. 3. 58). Du reste, le renvoi à l'autorité administrative serait sans objet, si le juge trouvait un des éléments de décision, soit dans les moyens de droit commun invoqués par l'adversaire, soit dans la prescription à l'aide de laquelle la fabrique aurait pu acquérir l'immeuble litigieux, même en l'absence de tout acte administratif d'envoi en possession (Req. 23 janv. 1877, aff. Magnaschi, D. P. 78. 1. 70) ; — 3° Que l'autorité judiciaire est seule compétente pour décider si une commune est fondée à demander la démolition de constructions entreprises par la fabrique sur un terrain joignant l'église, à raison soit de ce que ce terrain serait communal, soit de ce que les constructions auraient pour effet de compromettre la solidité de l'église (Cons. d'Et. 29 janv. 1886, aff. Fabrique de Saint-Wulfran d'Abbeville, D. P. 87. 3. 71) ; en conséquence, le préfet commet un excès de pouvoir en ordonnant que les travaux soient démolis par la fabrique, ou, en cas de refus, à ses frais, par les soins du maire (Même arrêt) ; — 4° Qu'il appartient à la juridiction civile de statuer sur la demande d'une fabrique tendant à obtenir l'enlèvement de constructions élevées par une commune sur un terrain lui appartenant et adossées à l'église, alors que ces travaux pouvaient rendre plus difficile l'accès de cette partie de l'église pour y exécuter les réparations nécessaires (Pau, 22 nov. 1886, aff. Ville de Dax, D. P. 88. 2. 238).

637. De même il a été jugé : 1° qu'il n'appartient pas au préfet de statuer sur une contestation, entre une commune et une fabrique, sur la question de savoir si une parcelle de terrain est ou non comprise dans les dépendances du presbytère (Cons. d'Et. 29 juill. 1887, aff. Fabrique de Saint-Pierre de Clairac, D. P. 88. 3. 112). Par suite, l'arrêté par lequel le préfet ordonne qu'il sera procédé à la démolition

---

(1) (Hugony.) — Le sieur Hugony, desservant de l'église du Pré-Saint-Gervais, a formé devant le conseil d'Etat un recours tendant à faire annuler deux décisions ministérielles qui avaient rejeté sa demande, intentée par la fabrique de ladite église à l'effet d'obtenir de la commune le payement de l'indemnité de logement due au desservant ; et à faire déclarer que cette indemnité serait entièrement à la charge de la commune. — Arrêt.

Au nom du peuple français, le conseil d'Etat ; — Vu le décret du 30 déc. 1809, art. 79 ; — Considérant que les décisions attaquées par le sieur Hugony sont intervenues sur une demande de subvention présentée par le conseil de fabrique de l'église du Pré-Saint-Gervais ; qu'il n'appartiendrait donc qu'à ladite fabrique de se pourvoir, s'il y avait lieu, contre lesdites décisions, et que le sieur Hugony est sans qualité pour les déférer au conseil d'Etat ;

Art. 1er. La requête du sieur Hugony est rejetée ; etc.

Du 29 juin 1850.-Cons. d'Et.-MM. Maigne, rap.-Cornudet, concl.-de Saint-Mâlo et Jagerschmidt, av.

d'un mur de clôture comprenant la parcelle litigieuse dans les dépendances du presbytère, par les soins du maire, et aux frais de la fabrique, doit être annulé pour excès de pouvoir (Même arrêt) ; — 2° Que la prétention d'une fabrique qui revendique, comme affecté au culte et servant de dépendance à l'église, un bâtiment de la commune qu'elle soutient avoir formé une dépendance de l'ancien presbytère et dont elle aurait droit de reprendre la disposition par suite de la construction d'un presbytère nouveau, n'est pas de la compétence du conseil de préfecture (Cons. d'Et. 26 août 1858, aff. Commune de Saint-Zacharie, D. P. 65. 5. 189). — C'est également à l'autorité judiciaire qu'il appartient exclusivement de connaître des contestations qui peuvent s'élever au sujet du recouvrement de droits perçus, pour les inhumations, par les fabriques et par les curés, en vertu d'un tarif diocésain. En conséquence, il n'appartient pas au conseil d'Etat, saisi par la voie du recours pour excès de pouvoir, de statuer sur la légalité d'un décret approuvant ce tarif (Cons. d'Et. 23 avr. 1875, aff. Gravelet, D. P. 78, 3. 106). Plusieurs décisions rendues dans le même sens seront citées, infrà, nos 640 et suiv.

638. L'autorité judiciaire est seule compétente pour statuer sur la demande de remboursement intentée contre une fabrique par le donateur qui a obtenu la concession d'une chapelle dans une église communale à la condition de construire et d'entretenir cette chapelle à ses frais, et dont la concession a été révoquée par l'autorité supérieure (Req. 24 janv. 1871, aff. Fabrique de Poujols, D. P. 75. 5. 457). Décidé aussi que le juge des référés est compétent pour statuer sur l'action intentée par le nouveau trésorier d'une fabrique d'église contre son prédécesseur pour obtenir de celui-ci la remise des titres de la fabrique et de valeurs dont il était resté détenteur, et que la demande dont il s'agit n'ayant pour objet qu'un acte conservatoire, peut être intentée par le trésorier sans délibération préalable du conseil de fabrique ni autorisation du conseil de préfecture (Chambéry, 4 mai 1870, V. suprà, n° 616). — Mais l'art. 80 du décret du 30 déc. 1809, portant que toutes contestations relatives à la propriété des biens des fabriques et toutes poursuites à fin de recouvrement de leurs revenus seront portées devant les juges ordinaires, ne s'applique pas à l'action intentée par un conseil de fabrique contre le curé à l'effet de faire déclarer : 1° qu'un individu chargé par le curé de veiller à la conservation et à l'entretien des objets du culte, et qu'une blanchisseuse, à laquelle le soin du linge de l'église a été confié, cesseront de s'acquitter de ces services ; 2° que l'affichage du tableau des fondations dans la sacristie, prescrit par le décret de 1809, sera effectué par le curé, et dans ce cas, le juge du référé, pas plus que le tribunal, ne peut connaître de cette action qui, relative à la police intérieure de l'église, ne relève que de l'autorité diocésaine (Paris, 17 nov. 1868, suprà, n° 624, et sur pourvoi, Civ. rej. 13 juill. 1871, aff. Fabrique de Saint-Ferdinand des Ternes, D. P. 71. 1. 83. V. Gaudry, t. 3, n° 950). — On a dit au Rép. n° 642 que l'autorité judiciaire est compétente pour connaître des contestations auxquelles donnent lieu les concessions de bancs ou locations de chaises à l'église. Le juge de paix serait également compétent pour statuer sur la question de redevance en matière de bancs (Lettr. min. just. 5 déc. 1807; Affre, p. 189).

639. On a vu suprà, n° 617, que les tribunaux civils sont compétents pour ordonner la reddition des comptes par le

trésorier de la fabrique, pour le forcer à rendre ces comptes, à faire régler les articles débattus et à payer le reliquat, mais que la juridiction administrative est exclusivement compétente pour régler les contestations qui s'élèvent sur les articles de ce compte.

640. — II. COMPÉTENCE ADMINISTRATIVE. — La compétence des tribunaux ordinaires cesse lorsqu'il s'agit de l'interprétation des ventes nationales, ou de litiges élevés à l'occasion de l'administration des biens des fabriques, par exemple, de difficultés relatives au transfert des rentes restituées à la fabrique par l'Etat, cette restitution découlant d'actes administratifs (V. Rép. n° 646), ou à la préférence d'attribution de ces biens ou rentes ayant appartenu à des églises supprimées (V. Rép. n° 647), ou à l'exécution des actes administratifs concernant l'abandon à la fabrique de biens réunis au domaine de l'Etat (V. ibid.), ou des actes administratifs qui ont mis à la disposition de la fabrique des biens non aliénés. Ainsi, c'est à l'autorité administrative qu'il appartient de statuer sur l'action par laquelle une commune revendique contre une fabrique la propriété d'un terrain dépendant du presbytère, en se fondant : 1° sur les lois et décrets qui ont mis à la disposition des communes les biens du clergé et des fabriques non aliénés par l'Etat pendant la mainmise nationale ; 2° sur un acte du Gouvernement qui a érigé en succursale l'église de la commune demanderesse (Cons. d'Et. 23 mars 1867, aff. Commune de Monoblet, D. P. 68. 3. 35). Il ne suffit pas, dans ce cas, que le tribunal saisi réserve à l'autorité administrative l'interprétation des actes émanés d'elle dont le sens pourrait être douteux ; cette autorité est, en effet, exclusivement compétente pour connaître du fond même de la contestation (Même arrêt. V. aussi, dans le même sens : Cons. d'Et. 17 mai 1866, aff. Fabrique de la cathédrale de Grenoble, D. P. 67. 3. 40 ; Gaudry, t. 2, p. 485 ; Dufour, t. 6, n° 239). Il faut remarquer, d'ailleurs, que même dans ces hypothèses, où l'autorité administrative est compétente pour prononcer sur les prétentions contraires de la fabrique et de la commune, aucune disposition de loi ou de règlement n'autorise le préfet à s'attribuer le droit, non seulement de statuer sur le litige, mais encore de prescrire les mesures d'exécution forcée destinées à triompher de la résistance de la partie dont il a déclaré les prétentions mal fondées.

La contestation doit-elle être portée directement devant le conseil d'Etat, ou doit-elle être soumise d'abord au conseil de préfecture ? (V. sur ce point, dans le premier sens : Ord. en Cons. d'Et. 26 août 1846, aff. Fabrique de Martinville, Rép. n° 647-2°, et D. P. 47. 3. 98).

641. C'est au conseil de préfecture, à l'exclusion de l'autorité judiciaire, qu'il appartient de statuer sur les contestations qui peuvent surgir entre une commune et une fabrique par suite de l'inexécution de l'engagement que celle-ci avait contracté de concourir aux dépenses concernant la réparation de l'église (Cons. d'Et. 24 juill. 1870) (1). En effet, la convention par laquelle l'Etat, un département, une commune ou une autre personne civile, ou un particulier, promet son concours pour l'exécution de travaux publics, est un contrat relatif à cette exécution, et le conseil de préfecture est dès lors, compétent pour connaître des difficultés auxquelles il donne lieu (V. infrà, v° Travaux publics).

642. On doit également ranger parmi les affaires de la

(1) (Ville de Carcassonne C. Fabrique de Saint-Vincent.) — Par arrêté du 22 mai 1868, le conseil de préfecture de l'Aude a, d'une part, condamné la ville de Carcassonne à payer au sieur Villebrun et aux héritiers du sieur Marquier, entrepreneurs des travaux de réparation de l'église de Saint-Vincent, le solde de ce qui était dû à ces derniers, et, d'autre part, réservé les droits de la ville contre la fabrique de l'église, à raison de certains engagements pris par celle-ci en vue desdits travaux, pour faire valoir ces droits devant qui il appartiendra ; — Pourvoi contre cette décision par la ville de Carcassonne soutenant, notamment, que le conseil de préfecture aurait dû statuer sur son recours contre la fabrique.

NAPOLÉON, etc.; — Vu les délibérations du conseil municipal de la ville de Carcassonne, en date des 22 mars et 4 août 1860, et du conseil de fabrique de l'église de Saint-Vincent, en date des 20 mai et 4 août de la même année, portant que la ville et

la fabrique s'engagent à contribuer, chacune jusqu'à concurrence de 4000 fr., aux frais de réparation du clocher de ladite église ; — Vu la loi du 28 pluv. an 8, art. 4 ; — Sur la compétence : — Considérant que la contestation portée devant le conseil de préfecture avait pour objet de faire décider si les sieurs Marquier et Villebrun, entrepreneurs des travaux de réparation du clocher de l'église de Saint-Vincent à Carcassonne, étaient fondés à demander le solde de leur entreprise à la ville exclusivement, ou s'ils devaient s'adresser simultanément, et jusqu'à concurrence de 4000 francs, à la fabrique de l'église, en vertu de l'engagement pris pour l'exécution des travaux par son conseil, dans ses délibérations en date des 20 mai et 4 août 1860 ; — Considérant que les contestations qui s'élèvent à l'occasion d'engagements pris pour concourir à l'exécution de travaux publics, vis-à-vis de l'Etat, des départements ou des communes, et qui ont pour objet de déterminer le sens et la portée de ces engagements,

compétence administrative : 1° les contestations entre les fabriques et leurs entrepreneurs au sujet des travaux exécutés soit à l'église, soit au presbytère, car ce sont là des travaux publics ; 2° l'action intentée par des tiers en indemnité pour torts et dommages résultant de l'exécution de ces travaux ; 3° les contestations entre les fabriques et leurs architectes relativement à leurs honoraires ou à leur responsabilité. Mais, d'après Affre, p. 188, le conseil de préfecture ne saurait connaître d'un litige entre la fabrique et un ouvrier pour la construction d'un autel que la première aurait fait élever. — Le conseil de préfecture est compétent pour statuer sur la question de savoir si le payement d'une souscription faite pour concourir à un travail public entrepris par une fabrique dans un édifice consacré au culte a été effectué (Cons. d'Et. 30 nov. 1883, aff. Pelletier, D. P. 85, 3. 48), et pour statuer sur les difficultés auxquelles donne lieu ce payement (Cons. d'Et. 23 nov. 1883, aff. Malgrain, D. P. 85. 3. 53. V. au surplus *infrà*, v° *Travaux publics*).

643. Ainsi qu'on l'a dit au *Rép.* n° 651, et qu'on l'a vu *suprà*, n° 498, les contestations sur la distribution, l'emplacement des bancs et chaises, en ce qui concerne la police de l'église, échappent à la compétence de l'autorité judiciaire ; celle-ci commettrait donc un excès de pouvoir en appréciant la décision du curé qui, en vertu de son droit de police, ordonne le déplacement ou la suppression d'un banc ou d'une chaise, cette décision devant d'abord être soumise à l'évêque, sauf recours à l'autorité administrative. Ainsi il a été jugé que les contestations relatives à l'emplacement des bancs sont placées, pour ce qui intéresse l'exercice du culte et la police intérieure des églises, en dehors des attributions de l'autorité judiciaire (Cons. d'Et. 14 déc. 1857, aff. Lalaune, D. P. 58. 3. 46). De même, les tribunaux sont incompétents pour connaître de l'action exercée par un paroissien à l'effet de faire rétablir à son ancien emplacement le banc qui lui a été concédé, lorsque d'ailleurs le conseil de fabrique, loin de contester la concession, prétend seulement assigner au concessionnaire un autre emplacement (Même arrêt). De même encore les tribunaux civils ne peuvent, sans excès de pouvoir, statuer sur la question de savoir si un curé a pu, en vertu de son droit de police intérieure, ordonner la suppression d'une place sur un des bancs de son église (Civ. cass. 22 avr. 1868, aff. Fabrique de Dommarien, D. P. 68. 1. 301. V. en ce sens Dufour, t. 6, n°s 282 et suiv.). — On a vu, d'ailleurs, *suprà*, n° 498, que l'autorité administrative n'est pas non plus compétente pour statuer sur ces questions, qui sont du ressort exclusif de l'autorité religieuse.

644. Les difficultés relatives à la délimitation des circonscriptions paroissiales sont de la compétence administrative (V. *Rép.* n° 643). — L'autorité judiciaire est également incompétente pour apprécier l'utilité d'un emprunt fait par une fabrique avec l'autorisation administrative (Civ. cass. 18 juill. 1860, aff. Fabrique de Cellieu, D. P. 60. 1. 309) ; pour procéder, dans ce cas, à la vérification soit des besoins de la fabrique, soit aussi des ressources de la commune qui doit suppléer à l'insuffisance des revenus de la fabrique, lorsqu'il s'agit de fournir un presbytère au curé ou desservant (Même arrêt).

645. Dans le cours de nos explications relatives aux fabriques, on a vu que l'évêque est investi de certaines fonctions administratives. Il intervient tantôt comme conseil, pour donner un simple avis qui n'engage pas l'autorité supérieure, tantôt d'une manière plus directe et plus effective, en vertu d'attributions qui lui sont conférées par la loi. Les décisions des évêques peuvent-elles donner lieu à un recours administratif ? S'il s'agissait de décisions purement disciplinaires ou d'ordre essentiellement religieux, l'Administration n'aurait aucun droit à s'immiscer dans ces contestations, et le recours, s'il y en avait un, devrait s'exercer hiérarchiquement par-devant les autorités ecclésiastiques. Mais le conseil d'Etat admet que lorsqu'il s'agit de l'exercice des pouvoirs purement administratifs qui ont été délégués à l'évêque par le Gouvernement, les réclamations peuvent être l'objet d'un recours devant l'autorité administrative. Ainsi, dans le cas où l'évêque nomme lui-même les membres du conseil de fabrique, la nomination faite par l'évêque qui aurait négligé de se conformer aux conditions prescrites par l'art. 8 du décret du 30 déc. 1809 serait susceptible d'être attaquée devant le conseil d'Etat par la voie contentieuse (Batbie, t. 5, n° 182. V. dans ce sens : Décr. en Cons. d'Et. 8 mars 1844) (1). Dans certains cas, le recours doit être formé devant le ministre des cultes, notamment, comme nous l'avons vu *suprà*, n° 604, lorsque l'évêque a apporté des modifications au budget de la fabrique (*Journal des conseils de fabriques*, t. 1, p. 114), ou encore lorsqu'il s'agit de contestations relatives aux comptes du trésorier (Cons. d'Et. 24 juill. 1862, 15 déc. 1863, cités *suprà*, n° 615 ; Batbie, t. 5, n° 206. V. encore : Gaudry, t. 2, p. 154). Ces exemples suffisent à démontrer la possibilité du recours contre les décisions épiscopales, sans qu'il soit nécessaire de passer en revue tous les cas différents où l'évêque est appelé à statuer administrativement.

§ 9. — Des fabriques des églises métropolitaines et cathédrales (*Rép.* n°s 657 à 660).

646. Comme on l'a vu au *Rép.* n° 657, les fabriques des églises métropolitaines ou cathédrales sont organisées et administrées conformément aux règlements particuliers proposés pour chaque diocèse et approuvés par décret (Décr. 30 déc. 1809, art. 104). Ces règlements doivent indiquer le nombre des membres des conseils de fabrique, celui des membres qui composeront le bureau des marguilliers, le temps pendant lequel ils resteront en exercice, le mode et l'époque des renouvellements (Av. Cons. d'Et. 24 juill. 1840). Les fabriques de ces églises sont donc dans une situation exceptionnelle sous le rapport de leur composition ; le préfet n'y prend aucune part et le maire n'en est pas membre de droit (Girod, p. 200). Mais elles constituent des établissements publics comme les fabriques paroissiales.

647. Dans quelques cathédrales, le chapitre forme à lui seul le conseil de fabrique et le bureau. Dans d'autres, le chapitre forme le conseil, le bureau est nommé par l'évêque. Enfin, les fonctions à exercer, soit dans le conseil, soit dans le bureau, sont confiées par l'évêque à tels membres qu'il choisit à son gré (V. Ord. 15 mai 1836, qui approuve le règlement du conseil de fabrique de la cathédrale d'Ajaccio, André, t. 2, p. 41). — Sur les règlements épiscopaux à cet égard, V. *Rép.* n° 657. — Il suit du régime particulier adopté par le décret de 1809 pour les fabriques des églises cathé-

---

rentrent dans les difficultés dont la connaissance est attribuée aux conseils de préfecture par l'art. 4 de la loi du 28 pluv. an 8;

Au fond : — Considérant que les travaux ont été adjugés, etc. ;

Art. 1er. L'arrêté du conseil de préfecture de l'Aude, du 22 mai 1868, est réformé dans la disposition par laquelle il a renvoyé la ville de Carcassonne et la fabrique de l'église de Saint-Vincent devant l'autorité judiciaire pour faire déterminer le sens et la portée de l'engagement pris par le conseil de la fabrique en ce qui concerne les travaux de réparation de l'église.

Du 24 juill. 1870.-Cons. d'Et.-MM. Mayniel, rap.-Bayard, concl.-Diard et Duboy, av.

(1) (Baron Freteau de Peny et consorts.) — En 1839, le conseil de fabrique de l'église de Saint-Louis-d'Antin à Paris, avait procédé à la nomination de cinq nouveaux fabriciens. L'archevêque de Paris considérant cette nomination comme irrégulière par le motif que les pouvoirs du conseil dont elle émanait étaient expirés, a, par une décision en date du 2 oct. 1842, nommé lui-même cinq autres membres en remplacement de ceux qu'avait élus le conseil de fabrique. Ces derniers ont attaqué la décision de l'archevêque par la voie de l'appel comme d'abus.

Louis-Philippe, etc. ; — Vu la loi du 18 germ. an 10 ; — Vu le décret du 30 déc. 1809 ; — Vu l'ordonnance royale du 12 janv. 1825 ; — Considérant que l'ordonnance du 2 oct. 1842 a été rendue par l'archevêque de Paris dans l'exercice de pouvoirs administratifs qui lui ont été conférés par les lois sous le contrôle et l'autorité du Gouvernement ; — Qu'à supposer qu'elle eût fait une fausse application des lois, décrets et ordonnances relatifs à la nomination des membres des conseils de fabrique, cette fausse application ne rentre point dans les cas d'abus prévus et déterminés par l'art. 6 de la loi du 18 germ. an 10 ; — Que les réclamants peuvent, s'ils le jugent convenable, se pourvoir contre ladite ordonnance par les voies ordinaires ;

Art. 1er. Le recours des sieurs baron Freteau de Peny, baron de Montgardé, baron de Saint-Geniès, Alletz et de Blinières, est rejeté.

Du 8 mars 1844.-Décr. en Cons. d'Et.-M. Raulin, rap.

drales qu'il n'y a pas d'élections dans ces fabriques; c'est l'évêque qui remplace les membres en cas de vacance. Il est libre d'y appeler des laïques ou des ecclésiastiques, à son choix, à la condition, pourtant, que les personnes choisies par lui soient domiciliées au lieu où se trouve la cathédrale (André, *op. et loc. cit.*). — Un évêque peut-il révoquer le conseil de fabrique d'une église cathédrale, sans recourir au ministre des cultes? La question est controversée. Le *Journal des conseils de fabrique* a soutenu la négative, mais Mgr André, qui rapporte l'opinion de ce journal adopte l'affirmative (t. 2, p. 42) en vertu de la maxime : *Qui potest instituere, potest destituere*.

648. Une question peut se poser à l'égard des règlements faits par les évêques pour les fabriques des cathédrales, comme à l'égard de tous ceux qu'ils ont le droit de dresser, d'après la loi du 18 germ. an 10, le décret du 30 déc. 1809 et le décret du 23 prair. an 12, sur les perceptions du casuel, sur les quêtes, sur la célébration du culte et, en général, la police intérieure des églises : ces règlements ont force légale au point de vue des intérêts privés qui peuvent en naître ; mais ont-ils une sanction pénale que les tribunaux répressifs puissent appliquer? Cette question n'a pas été résolue par la jurisprudence ; mais un auteur ecclésiastique, M. Vouriot, *De la propriété et de l'administration des biens ecclésiastiques*, p. 216, estime qu'à défaut d'une sanction spéciale, les règlements épiscopaux, faits conformément aux lois et dans le cercle des attributions épiscopales trouvent cette sanction dans l'art. 471, n° 15, c. pén., qui punit les contraventions aux règlements légalement faits par l'autorité administrative. En effet, d'après cet auteur, il s'agit bien là de règlements administratifs pris par les évêques en vertu du droit de direction qui leur est reconnu par l'art. 9 des articles organiques, et qui doivent être assimilés à ceux des préfets et des maires.

649. L'art. 105 du décret du 30 déc. 1809 assimile, pour leur administration intérieure, les fabriques cathédrales aux fabriques paroissiales (V. *Rép.* n° 659). Mais il ne faudrait pas en conclure que les fabriques cathédrales et les fabriques paroissiales aient un seul compte et un seul budget. Il y a lieu de distinguer avec soin les recettes et les dépenses de la fabrique cathédrale et celles de la fabrique paroissiale existant dans la même église, ou, si les deux fabriques sont réunies, d'établir un budget et un compte séparés pour chaque service (Circ. min. cult. 22 août 1822, 8 avr. 1881, *Rec. circ. cult.*, t. 1, p. CIV, et t. 4, p. 345. V. Girod, p. 205). Le compte et le budget de la paroisse doivent être soumis au conseil municipal, conformément à la loi du 5 avr. 1884. Quant au compte de la fabrique métropolitaine ou cathédrale, il est soumis au contrôle immédiat de l'évêque et à celui du ministre des cultes.

650. Les inventaires prescrits aux fabriques ordinaires par l'art. 55 du décret de 1809 sont aussi exigés des fabriques cathédrales (V. *Rép.* v° *Domaine de l'Etat*, n° 99). — Sur la forme de ces inventaires et leur récolement (V. *ibid.* (V. à cet égard : Circ. min. cult. 5 oct. 1876 et 22 déc. 1882, *Rec. circ. cult.*, t. 4, p. 430).

651. Quand les ressources des fabriques cathédrales ne leur permettent pas d'acquitter les dépenses mobilières ou d'entretien et l'achat des objets destinés au culte, il peut leur être accordé sur le budget de l'Etat des subventions particulières, qui peuvent s'appliquer aussi à d'autres dépenses, telles que celles du bas-chœur, aux locations nécessaires à l'évêché, etc. (Circ. min. 10 févr. et 19 déc. 1834, 29 nov. 1835, 29 nov. 1836, 6 déc. 1836, *Rec. circ. cult.*, t. 1, p. 251, 263, 295, 314 et 343; Gaudry, t. 3, p. 399. V. aussi Circ. min. cult. 25 févr. 1882, *Rec. circ. cult.*, t. 4, p. 392). — Les demandes de ces subventions sont formulées dans des états présentés par l'évêque au ministre des cultes, par l'intermédiaire du préfet, accompagnés du budget de la fabrique et de l'avis du préfet. Il faut y joindre un devis de la dépense en double expédition, un bordereau des allocations antérieures et, quand il s'agit de l'achat d'ornements ou autres objets mobiliers, achat qui ne peut être effectué qu'en vertu d'une décision ministérielle lorsque l'Etat concourt au payement de la dépense (Règl. 31 déc. 1841), un inventaire du mobilier et des ornements de la fabrique (Circ. min. 14 déc. 1840, *ibid.*, t. 2, p. 10). Les fonds fournis par le Gouvernement pour les

dépenses mobilières ou d'entretien des édifices diocésains ne doivent être employés, en ce qui concerne les cathédrales, que pour le service du chœur et du maître-autel. Ils ne peuvent être appliqués aux besoins du culte paroissial uni au service diocésain (Circ. min. 12 janv. 1840, *ibid.*, t. 2, p. 363; Gaudry, t. 3, p. 400). — Outre les subventions accordées par l'Etat, les établissements diocésains peuvent recevoir des allocations du conseil général (Circ. min. 18 juin et 8 juill. 1825, *ibid.*, t. 1, p. 38; Champeaux, 2e éd., t. 2, p. 38, note). Dans tous les cas, les fonds alloués doivent être appliqués à l'objet pour lequel ils ont été demandés (Circ. min. 10 déc. 1839, *ibid.*, t. 1, p. 363). Depuis 1883, tout crédit a été supprimé au budget des cultes par les lois de finances tant pour les maîtrises et bas-chœur des cathédrales que pour les fabriques des cathédrales elles-mêmes (V. Circ. dir. gén. cult. 29 déc. 1882, *Rec. circ. cult.*, t. 4, p. 441).

652. Lorsqu'il devient nécessaire de faire des travaux de réparation ou de reconstruction aux métropoles ou aux cathédrales, l'évêque doit en donner avis au préfet du département dans lequel est le chef-lieu de l'évêché ; il fournit en même temps un état complet des revenus et des dépenses de la fabrique, et des ressources qui restent libres après les dépenses ordinaires du culte. Le préfet fait dresser un devis estimatif des travaux à faire, devis qui est communiqué à l'évêque pour recevoir ses observations. Les pièces sont ensuite transmises au ministre des cultes par le préfet, qui joint au dossier son avis en forme d'arrêté. Avant toute exécution, les travaux doivent être autorisés par le ministre des cultes (Girod, p. 202). Les constructions neuves et les grosses réparations sont exécutées par entreprise et sur adjudication. Il ne peut être fait aucun changement au projet en cours d'exécution sans une autorisation ministérielle. Les travaux de simple entretien se font ordinairement sur mémoires (Règl. 31 déc. 1841). — Les architectes diocésains ne doivent appliquer aucune partie du crédit mis à leur disposition pour l'entretien des édifices diocésains à des appropriations intérieures qui n'intéressent pas cet entretien proprement dit (Circ. min. cult. 20 mai 1882, *Rec. circ. cult.*, t. 4, p. 399). — Sur l'organisation du service des travaux des édifices diocésains, qui a été réglé par un décret du 7 mars 1853 et un arrêté du ministre des cultes, du 20 mai 1853, V. *supra*, n° 411.

Art. 5. — *Des biens des congrégations religieuses*
(Rép. nos 661 à 685).

§ 1er. — *Des congrégations reconnues (Rép. nos 662 à 678).*

653. — I. Acquisition et possession des biens. — Ainsi que l'a dit le *Rép.* n° 662, les congrégations religieuses ne sont capables d'acquérir et de posséder des biens qu'autant qu'elles sont régulièrement autorisées ou reconnues. — Sur les actes d'où peut résulter cette autorisation ou cette reconnaissance, et qui varient suivant qu'il s'agit de congrégations d'hommes ou de femmes, V. *supra*, nos 274 et suiv.

654. On a exposé aux *Rép.* nos 665 et 666. Que l'autorisation accordée à une congrégation religieuse rend valides les actes d'acquisition faits par elle antérieurement à la reconnaissance légale et, d'autre part, que la loi du 24 mai 1825 n'a pas subordonné la validité des actes antérieurs à cette reconnaissance aux conditions qui sont, depuis cette loi, devenues nécessaires pour rendre valables les acquisitions faites par les communautés. Il semble, en effet, résulter du discours prononcé par le ministre, lors de la discussion de la loi de 1825, que le but de l'art. 5 de cette loi a été de placer les congrégations dans la même situation que si elles avaient eu une existence légale et avaient traité directement comme communautés à l'époque où elles ont fait les actes dans lesquels elles auraient eu recours à des personnes interposées, afin de prévenir la nullité qui affectait leurs acquisitions par suite du défaut de reconnaissance légale. C'est dans ce sens que se sont prononcés plusieurs arrêts cités *ibid.* Il faut toutefois remarquer que, dans les espèces de ces arrêts, les biens litigieux avaient été acquis, avant l'autorisation donnée à la congrégation, par des personnes qui en faisaient partie ou qui y étaient attachées, et qui, depuis l'autorisation accordée, avaient fait donation de ces

biens à la communauté autorisée régulièrement à accepter la libéralité (V. notamment : Req. 11 déc. 1832; *Rép.* n° 666). En ce cas, les héritiers naturels de l'acquéreur apparent ou de la personne interposée n'étaient évidemment pas fondés à revendiquer des biens en arguant de nullité l'acte d'acquisition. Depuis, il a été jugé que l'autorisation-légale accordée à une communauté religieuse n'a pas d'effet rétroactif; que, dès lors, elle ne peut valider les acquisitions que cette communauté aurait antérieurement faites par personnes interposées; que le décret du 31 janv. 1852, qui détermine les conditions auxquelles les communautés religieuses de femmes, quelle que soit l'époque de leur fondation, pourront désormais obtenir la reconnaissance légale, n'a statué que pour l'avenir et sans toucher aux droits acquis; que, par suite, il n'a pu enlever aux tiers le droit qui leur appartenait de faire prononcer la nullité des actes antérieurs d'une communauté qui n'a été reconnue que depuis ce décret (Angers, 28 janv. 1863, aff. Communauté de la Salle de Vihiers, D. P. 63. 2. 190). — Sur le principe de la non-rétroactivité des lois qui régissent l'état et la capacité des personnes, V. *Lois;* — *Rép.* eod. v°, n° 207 et suiv.

655. Ainsi qu'on l'a vu au *Rép.* n° 667, les biens des communautés religieuses peuvent provenir de sources diverses : des acquisitions à titre gratuit ou à titre onéreux faites par ces communautés, des dots ou aumônes dotales apportées par leurs divers membres, enfin des pensions, subventions ou secours accordés par le Gouvernement à certaines congrégations.

656. — *1° Biens acquis.* — On a vu au *Rép.* n° 668 que l'autorisation générale accordée à une congrégation religieuse ne suffit pas pour qu'elle puisse acquérir de toute manière, et qu'il lui faut une autorisation spéciale pour accepter toute libéralité entre vifs ou testamentaire, ainsi que pour acquérir à titre onéreux des immeubles ou des rentes. — Il a été jugé que les acquisitions faites sans l'autorisation du Gouvernement par une congrégation religieuse même légalement autorisée sont radicalement nulles, comme faites par un incapable; qu'elles ne peuvent être assimilées aux donations déguisées sous la forme d'actes à titre onéreux (Paris, 10 janv. 1863, aff. Daudé, D. P. 63. 2. 110). Au reste, l'autorisation ne paraît nécessaire qu'en ce qui concerne les acquisitions d'immeubles ou de rentes ; les acquisitions de meubles corporels n'y sont pas assujetties; elles sont considérées comme des actes de simple administration (Calmette, *Traité de l'administration temporelle des congrégations,* p. 109; Paris, 10 janv. 1863, aff. Daudé, D. P. 63. 2. 110; Lyon, 18 janv. 1866, aff. Terenos, D. P. 79. 2. 236, note; Nancy, 15 juin 1878, aff. Tabellion, D. P. 79. 2. 236; Grenoble, 6 avr. 1881, aff. héritiers Sorel, D. P. 82. 2. 9).

L'autorisation doit-elle nécessairement précéder l'acte d'acquisition? L'affirmative n'est pas douteuse en ce qui concerne les acquisitions à titre gratuit (V. *infrà,* v° *Dispositions entre vifs).* — Quant aux acquisitions à titre onéreux, la question est plus délicate. Cependant la jurisprudence paraît généralement la résoudre dans le sens de la nécessité d'une autorisation préalable. Décidé cependant, en sens contraire, que la vente consentie à une communauté religieuse reconnue n'est pas nulle pour n'avoir été autorisée par le Gouvernement que postérieurement à sa conclusion (Grenoble, 6 avr. 1881, aff. Héritiers Sorel, D. P. 82. 2. 9). — En tout cas, la nullité doit être prononcée si au moment où la validité de l'acte est contestée en justice, l'autorisation n'a pas encore été obtenue; il n'y a pas lieu, en pareil cas, de renvoyer la congrégation à se pourvoir en autorisation devant l'autorité administrative (Paris, 10 janv. 1863, aff. Daudé, D. P. 63. 2. 110).

657. L'aliénation d'un immeuble (ou d'une rente) faite au profit d'une communauté religieuse autorisée est-elle nulle quand elle a eu lieu par interposition de personne? La question ne peut guère se poser si l'on adopte l'opinion généralement admise, d'après laquelle l'autorisation du Gouvernement doit précéder l'acquisition : en effet, l'interposition de personne ne se conçoit guère avant que l'autorisation a été obtenue; et si elle ne l'est pas encore au moment de l'acte, cela suffit, d'après ce système, pour faire obstacle à la validité de l'acquisition. Mais dans le système contraire, que faut-il décider? La cour de Grenoble, dans

son arrêt du 6 avr. 1881, cité *suprà,* n° 656, a jugé que l'interposition de personne n'entraîne pas la nullité de l'aliénation lorsqu'elle n'a pas un caractère frauduleux, et cette solution paraît juridique, car c'est une règle générale qu'un acte peut être fait par personnes interposées sans que sa validité en soit aucunement atteinte (V. *infrà,* v° *Dispositions entre vifs et testamentaires).* Il est à remarquer que dans l'espèce sur laquelle a été rendu cet arrêt, l'autorisation avait été obtenue postérieurement à l'acte, ce qui écartait tout soupçon de fraude. — Des arrêts antérieurs ont, au contraire, considéré l'interposition de personne comme une cause de nullité parce qu'en fait il était constaté que cette interposition avait eu pour but d'éluder la nécessité d'une autorisation gouvernementale (Civ. rej. 15 nov. 1852, aff. Drilhon, D. P. 53. 1. 126; Montpellier, 24 août 1854, aff. Pascal, D. P. 55. 2. 114). — V. au surplus la note jointe à l'arrêt précité du 6 avr. 1881 (D. P. 82. 2. 9).

658. Pour obtenir l'autorisation d'acquérir à titre onéreux un immeuble, la congrégation autorisée doit produire : 1° la délibération du conseil d'administration, conseil dont, il est vrai, ne font mention ni la loi du 24 mai 1825, ni le décret du 31 janv. 1852 pour les communautés de femmes, ni la loi du 2 janv. 1817, pour celles d'hommes, mais dont la formation est ordinairement prescrite par un article spécial des statuts soumis à l'approbation du Gouvernement. Cette délibération doit relever : 1° la date de l'acte législatif qui a autorisé la congrégation ; 2° le procès-verbal d'estimation de l'immeuble à acquérir, procès-verbal dressé sur papier timbré ; 3° un plan figuré et détaillé des lieux ; 4° une promesse de vente acceptée en double exemplaire et sur papier timbré, faite par le supérieur ou la supérieure de la communauté ; elle doit contenir l'engagement de vendre, l'indication de la nature, de la situation et de l'étendue de l'immeuble, du prix, de l'époque de payement et des conditions accessoires de la vente, enfin la proposition d'acquérir, après autorisation, faite par le supérieur au nom de sa communauté ; 5° l'état de l'actif et du passif de la congrégation ; 6° un certificat du conservateur des hypothèques constatant la situation hypothécaire de l'immeuble à acquérir ; 7° le procès-verbal de l'enquête *de commodo* et *incommodo* ; 8° l'avis du commissaire enquêteur, désigné par le sous-préfet ; 9° l'avis du sous-préfet, sous forme d'arrêté; 10° l'avis de l'évêque ; 11° celui du préfet sous forme d'arrêté. — S'il s'agit d'un immeuble qui doit être vendu par adjudication en justice, comme il serait le plus souvent impossible d'obtenir avant l'adjudication un décret qui accorde l'autorisation, le ministre des cultes peut, sur la proposition du préfet, autoriser le supérieur à enchérir jusqu'à un chiffre déterminé ; mais cette autorisation ne serait donnée qu'autant que l'acquisition projetée présenterait un grand intérêt pour la communauté. Cette règle, adoptée avant le décret du 23 mars 1852 pour les établissements de bienfaisance, paraît devoir s'appliquer par analogie aux établissements religieux (Calmette, p. 105).

Quant aux acquisitions de rentes sur l'Etat, aux termes de la loi du 2 janv. 1817, combinés avec ceux de l'art. 6 de l'ordonnance du 14 janv. 1831, aucune inscription de rente ne peut être effectuée qu'autant qu'elle a été autorisée par un décret que la communauté produit par l'intermédiaire d'un trésorier payeur général, ou d'un agent de change, sous forme d'expédition sur papier timbré, au directeur du grand-livre de la dette publique. — En ce qui touche les acquisitions de rentes sur les particuliers, très rares d'ailleurs et peu encouragées par l'Administration, le décret qui les autorise doit être inséré en entier dans l'acte notarié qui les constate.

659. En ce qui concerne les acquisitions faites à titre gratuit par les communautés religieuses, V. *infrà,* v° *Dispositions entre vifs.*

660. — *2° Aumônes dotales.* — Le *Rép.* n° 671 a examiné la question de savoir quelle est la nature juridique des aumônes dotales ou des dots apportées par les religieuses lors de leur entrée dans la congrégation et la jurisprudence qui s'est formée sur ce point. Il a été notamment cité deux arrêts de la cour d'Agen, des 22 mars et 12 juill. 1836, et un arrêt de la cour de Lyon, du 18 mai 1844, rapportés avec un arrêt de la chambre des requêtes du 2 déc. 1845 (aff. Pitrat, D. P. 46. 1. 113), qui ont refusé de voir dans l'acte contenant dotation d'une religieuse une donation au

profit de la communauté. Peu importe, d'après l'une de ces décisions, que la religieuse dotée ait figuré à l'acte pour en approuver les clauses, et que l'expression de *donation* ait été employée par les parties. Un rapport de M. Troplong, reproduit en tête de l'arrêt précité de la chambre des requêtes, s'exprime dans un sens favorable à cette jurisprudence. Il semble résulter de là que l'acte de dotation intervenu entre les parents d'une religieuse et la communauté représentée par la supérieure, doit être considéré comme un contrat commutatif *do ut des*. Depuis, il a été décidé que l'acte par lequel, pour faire admettre leur fille dans une communauté religieuse, des parents s'engagent, vis-à-vis de la supérieure, au payement d'une somme déterminée à titre de dotation, constitue un bail à nourriture passible d'un droit de 2 pour 100, et non une donation, non plus qu'un acte de société (Trib. Castres, 19 août 1853, aff. Peyrusse, D. P. 54. 3. 6. V. dans le même sens : Trib. Limoges, 3 mars 1848, aff. B..., D. P. 48. 5. 135). — Une opinion contraire, exposée dans le *Contrôleur de l'enregistrement*, et qui a pour elle une solution de la Régie du 19 mars 1851 (D. P. 51. 3. 48), ainsi qu'un jugement du tribunal de Mauriac du 21 juill. 1847 (aff. A..., D. P. 48. 5. 134), voit dans l'acte par lequel une communauté accepte la dotation donnée à une religieuse nouvellement admise, un simple acte de société passible d'un droit fixe de 3 fr. La communauté est, dit-on, une association, et la dotation constitue l'apport du nouveau membre admis (V. *Rép.* vᵒ *Enregistrement*, nᵒ 3540). Le jugement précité du tribunal de Castres n'avait pas résolu la question de savoir si les communautés religieuses constituent des sociétés ordinaires, et si la dotation exigée de la religieuse nouvellement admise doit être considérée comme son apport dans la société. Mais, à la suite d'un jugement du même tribunal, du 31 août 1854 (aff. Delmas, D. P. 55. 1. 436), la cour de cassation a rendu, le 7 nov. 1855 (V. *ibid.*), un arrêt décidant que l'engagement pris par une religieuse, lors de son admission dans une congrégation de femmes, de payer une certaine somme à la supérieure de cette congrégation, emporte, une mutation de propriété, passible du droit de bail à nourriture, et ne peut être considéré comme un apport en société, soumis à un simple droit fixe.

661. Nous avons dit au *Rép.* nᵒ 672 que les sommes données ou promises pour fournir à l'entretien ou à la nourriture des religieuses dans les congrégations, ne tombent pas sous la prohibition faite aux communautés religieuses de recevoir des dons sans l'autorisation du Gouvernement. Cette solution est généralement admise (V. Calmette, p. 35 et. suiv. ; Raoul Postel, *Etudes sur le régime légal des communautés religieuses en France*, p. 71 ; Civ. rej. 22 déc. 1851, aff. Leroy, D. P. 52. 1. 37 ; 10 févr. 1868, aff. Lahaye, D. P. 68. 1. 179, V. aussi Trib. Figeac, 30 déc. 1844, aff. Gaillard, D. P. 45. 3. 128). La religieuse qui entre dans une communauté autorisée doit, en effet, être entretenue, nourrie, soignée en cas de maladie, et la somme qu'elle verse dans la caisse commune est la représentation des charges que la congrégation supporte par sa présence dans son sein. Il en serait autrement si cette somme était manifestement en disproportion avec ces charges, parce qu'alors on pourrait y voir une libéralité atteinte par les dispositions restrictives de la loi du 24 mai 1825. — Comme les charges peuvent varier selon la condition sociale et la fortune de la religieuse, il convient de tenir compte de ces dernières circonstances. Ainsi, une religieuse professe ou une dame de chœur apporte, en général, une dot plus importante qu'une simple converse, parce qu'elle impose à la congrégation une charge plus considérable d'entretien. C'est aux tribunaux à apprécier les faits et à déterminer, en conséquence, si la dot constituée revêt ou non le caractère d'une libéralité. Dans le premier cas, il y aura lieu à autorisation et à l'observation des formes prescrites pour la validité des donations ; dans le second, au contraire, la constatation de l'existence d'un contrat commutatif rendra cette autorisation et ces formalités inutiles. — La législation moderne a aboli la déclaration royale du 28 avr. 1693, qui exigeait que les dots des religieuses fussent constituées par acte notarié. Il suffit que les parties aient manifesté leur volonté et qu'elles soient d'accord (V. Rapport de M. Troplong, sous Req. 2 déc. 1845, aff. Pitrat, D. P. 46. 1. 113, et *infra*, vᵒ *Dispositions entre vifs et testamentaires*). — Il a été jugé que la dot apportée par une religieuse à la

congrégation autorisée dont elle fait partie n'est pas fournie à titre gratuit, mais à titre onéreux, lorsqu'elle est en rapport avec les charges qui y correspondent, la fortune de la constituante et la situation de sa famille ; dès lors, elle ne tombe ni, quant à la forme, sous la nécessité de l'autorisation, sous l'application des art. 910 c. civ. et 4 de la loi du 24 mai 1825, ni, au point de vue de la forme, sous celle des art. 931 et 932 c. civ. (Paris, 26 janv. 1881, aff. Congrégation de la Nativité, D. P. 82. 2.. 105 ; Civ. rej. 10 févr. 1868 précité).

662. — 3ᵒ *Pensions et secours.* — V. à cet égard *Rép.* nᵒ 674. — Les secours annuels accordés autrefois par l'Etat aux congrégations autorisées de femmes ont presque entièrement disparu du budget aujourd'hui.

663. — II. Administration des biens des congrégations. — Les congrégations religieuses sont placées sous l'autorité de l'évêque qui en est le véritable supérieur : en effet, leurs statuts ne seraient pas approuvés si elles ne se soumettaient à la juridiction de l'ordinaire (L. 24 mai 1825, art. 2). L'approbation de l'évêque est donc nécessaire pour leurs actes d'administration (Batbie, t. 5, nᵒ 244, p. 231. V. *Rép.* nᵒ 675). Nous avons dit, *ibid.*, que les associations religieuses légalement reconnues forment, comme les fabriques paroissiales, des corps dits de *mainmorte*, qui ne peuvent acquérir ou aliéner sans l'accomplissement des formalités imposées par la loi. Il y a lieu de remarquer, toutefois, lesquels constituent des établissements d'*utilité publique* et non pas des établissements *publics ;* en conséquence, elles ne sont pas assimilées, en ce qui concerne la gestion de leurs biens, aux établissements, fabriques et autres personnes juridiques qui appartiennent à cette dernière classe d'établissements, et demeurent, aux termes d'un avis du conseil d'Etat du 13 janv. 1835 cité au *Rép. ibid.*, libres de faire tous les actes pour lesquels une disposition légale ou réglementaire n'a pas expressément exigé l'autorisation du Gouvernement (Calmette, p. 74, 251). Les préfets sont sans qualité pour s'immiscer dans l'administration de leurs biens. Jugé, en ce sens, que le Gouvernement ne peut s'ingérer dans l'administration des biens des communautés religieuses de femmes en dehors des cas déterminés par l'art. 4 de la loi du 24 mai 1825 ; que par suite et spécialement, un préfet excède ses pouvoirs en chargeant un tiers (un avoué) d'administrer les biens d'une communauté momentanément privée de supérieure, jusqu'à l'élection d'une supérieure définitive (Cons. d'Et. 18 août 1856, aff. de Meillac, D. P. 57. 3. 19). Mais il peut, dans un intérêt d'ordre et de justice, prendre les mesures qu'exige la situation exceptionnelle de cette communauté (Motifs, Même arrêt).

664. En ce qui concerne la responsabilité des mandataires chargés de l'administration des biens appartenant aux congrégations religieuses, il a été jugé que la supérieure d'une communauté religieuse peut être poursuivie devant les tribunaux civils en reddition de compte de sa gestion : la juridiction de l'ordinaire, qui, en donnant son approbation au compte, a le pouvoir de dégager la supérieure de toute responsabilité au regard de la communauté, n'est investie de ce pouvoir que lorsqu'il s'agit de compte amiables (Civ. rej. 18 janv. 1859, aff. de Meillac, D. P. 59. 1. 70). — La circulaire ministérielle du 21 déc. 1863, citée *supra*, nᵒ 596, relative aux obligations des trésoriers des fabriques en ce qui concerne les actes interruptifs de prescription, vise aussi, d'une façon générale, les représentants des établissements ecclésiastiques, et s'applique, par conséquent, aux administrateurs des congrégations religieuses.

665. Les congrégations religieuses ne sont pas soumises à l'autorisation du conseil de préfecture pour ester en justice (Batbie, t. 5, nᵒ 245 ; Bost, p. 655 ; Sol. impl., Av. cons. Cons. d'Et. 13 janv. 1835 ; Av. Cons. d'Et. 6 juill. 1864, André, t. 2, p. 351). Un autre avis du conseil d'Etat du 21 mai 1841 (V. *Rép.* vᵒ *Organisation administrative*, nᵒ 457), avait décidé le contraire ; mais cette jurisprudence est abandonnée. Jugé, il est vrai que, d'après le décret du 18 févr. 1809, art. 14, les revenus et biens des congrégations « ne pourront être administrés que conformément aux lois et règlements sur les établissements de bienfaisance ». Mais, comme le remarque M. Batbie, *loc. cit.*, « cette assimilation n'est pas générale, elle ne l'est que pour les congrégations religieuses dont parle le décret du 18 févr. 1809. Il faudrait donc distinguer entre les communautés religieuses

et exiger l'autorisation du conseil de préfecture pour celles qui sont mentionnées dans le décret, tandis que les autres communautés en seraient dispensées (V. en ce sens, Reverchon, *Autorisation de plaider*, p. 365 et 366). Cette solution aurait pour résultat d'attribuer à la législation sur cette matière une grande incohérence; car sans qu'il y eût aucun motif de différence, quelques communautés seraient libres de plaider et d'autres auraient à se pourvoir de l'autorisation du conseil de préfecture. Pour quel motif, après tout, les congrégations ont-elles été soumises à l'approbation du Gouvernement? Est-ce par sollicitude pour leur prospérité? N'est-ce pas plutôt pour prévenir un développement excessif de leurs biens? Or les actions en justice ne présentant de danger que pour la congrégation, la loi n'avait pas à craindre que les procès fussent pour les communautés un moyen d'acquérir une puissance extraordinaire »(V. dans le même sens : Serrigny, *Organisation, compétence et procédure*, t. 1, n° 499, p. 614, et par analogie : Req. 3 avr.1854, aff. Caisse d'épargne de Caen, D. P. 54. 1. 244).

666. Dans les congrégations religieuses de femmes,dont les membres sont astreints par les statuts à se dessaisir de la jouissance et de la gestion de leur biens au profit de la communauté, seule investie du droit d'en percevoir les revenus et de les administrer à son gré, il y a présomption que la communauté a touché, à la charge d'en rendre ultérieurement compte, toutes les valeurs reçues par chacune des personnes qui en font partie (Req.8 mai 1861, aff.Kœnig, D. P. 61. 1. 279); mais, cette présomption est susceptible d'être combattue par des présomptions contraires, dont l'appréciation appartient souverainement aux juges du fond, et desquelles il résulte que les biens de l'un des membres de la communauté n'ont jamais cessé d'être administrés par lui, et qu'il en a même fait un emploi déterminé,en les affectant, par exemple, aux besoins de sa famille : dans ce cas, aucun compte desdits biens ne peut être demandé à la communauté (Même arrêt).

667. On a vu au *Rép.* n° 675 que les congrégations religieuses ne doivent aliéner leurs immeubles qu'en cas de nécessité et avec l'autorisation du Gouvernement. En principe, la vente doit être faite par adjudication publique et aux enchères (Circ. min. 29 janv. 1831). Mais il est des circonstances dans lesquelles la vente aux enchères deviendrait matériellement impossible ou serait préjudiciable aux intérêts du vendeur. Aussi cette doctrine absolue n'est plus suivie par l'administration (Av. Cons. d'Et. 27 févr. 1833, 18 déc. 1835; Calmette, p. 110 et 111).

La prohibition de vendre sans autorisation, imposée aux établissements religieux, cesse lorsqu'il s'agit d'expropriation pour cause d'utilité publique. Il suffit alors d'une simple délibération du conseil d'administration accompagnée de l'avis de l'évêque, et approuvée par le préfet en conseil de préfecture (L. 3 mai 1841, art. 13).

L'aliénation des rentes sur l'Etat et des créances ne peut non plus avoir lieu sans l'autorisation du Gouvernement (V. *Rép.* n° 675); mais cette autorisation n'est pas exigée pour l'aliénation d'objets mobiliers de peu de valeur. — Bien que l'art. 2 de l'ordonnance du 14 janv. 1831 n'ait pas expressément compris les emprunts parmi les actes qu'il est défendu aux notaires de recevoir sans qu'il soit justifié d'un décret qui les autorise, on doit admettre qu'ils ne peuvent être contractés sans autorisation; car l'emprunt peut conduire indirectement à une aliénation. Un emprunt non autorisé n'engagerait donc que le religieux qui l'aurait contracté, et c'est contre lui seul que le prêteur pourrait recourir (Calmette, p. 121). — Les règles applicables aux emprunts faits par les congrégations religieuses sont celles qui régissent les emprunts des communes et des autres établissements publics. Il peut y être procédé par adjudication ou de gré à gré, soit avec la Caisse des dépôts et consignations, soit avec le Crédit foncier, soit avec les particuliers (*Ibid.*). La clause par laquelle l'administration des hospices, en rétrocédant divers immeubles à une association religieuse de femmes, a stipulé tout à la fois le service d'une rente annuelle représentative des revenus de ces immeubles, et le droit de rentrer, en cas de dissolution de l'association, dans la propriété des biens cédés, libres de toutes hypothèques et charges, conserve son effet quant au droit de retour, malgré l'extinction de la rente par voie de rachat

(Civ. rej. 10 janv. 1855, aff. Ursulines de Vitré, D. P. 55. 1. 93).

668. Les traités intervenus entre les communes et les congrégations religieuses pour assurer le service de l'enseignement ont donné lieu à de nombreuses difficultés, notamment sur le point de savoir si les contestations que soulèvent ces conventions doivent être soumises à l'autorité administrative ou à l'autorité judiciaire. Une jurisprudence constante décide que les tribunaux civils sont compétents pour connaître de pareilles conventions tant qu'il ne s'agit pas d'apprécier ou d'interpréter des actes administratifs qui ont pu intervenir relativement à la direction ou au personnel de l'enseignement (V. Dijon, 10 avr. 1873, aff. Ville de Mâcon, D. P. 74. 2. 49; Toulouse, 10 août 1873, aff. Ville de Toulouse, *ibid.*; Req. 1er déc. 1873, aff. Ville de Toulouse, D. P. 74. 1.59; Civ. cass. 18 août 1874, aff. Sœurs de la charité de Nevers, D. P. 75.1. 257; Trib. confl. 28 déc. 1878 et 11 janv. 1879, aff. Frères des écoles chrétiennes, D. P. 79. 3. 65-66; 27 déc. 1879, aff. Sœurs de l'instruction chrétienne de Nevers, D. P. 80. 3. 91 ; Req. 23 mars 1885,aff. Ville de Prades,D. P. 85. 1. 309. V. *suprà*, v° *Compétence administrative*, n° 255). — Il a été décidé, au sujet de la rupture d'un engagement entre une commune et une congrégation enseignante, qu'il y avait lieu de se référer, pour apprécier les conséquences de cette rupture, aux règles du contrat de louage d'ouvrage (V. Nîmes, 27 déc. 1880, aff. Cazaneuve, D. P. 81. 2. 132, et *infrà*, v° *Louage d'ouvrage; Organisation de l'instruction publique*). Mais en admettant que ces conventions puissent être assimilées à des louages d'ouvrage, l'art. 1780 c. civ. ne saurait s'y appliquer. Cette disposition ne vise, en effet, que les domestiques et gens de travail, et ne peut être étendue aux personnes qui exercent chez autrui une profession libérale (V. *Rép.* v° *Louage d'ouvrage et d'industrie*, n° 16). Ainsi, jugé que l'art. 1780 c. civ., qui interdit les louages de services perpétuels, ne s'applique qu'aux domestiques et gens de service dans la classe desquels on ne peut faire entrer des religieuses vouées à l'enseignement et aux œuvres de charité (Req. 17 août 1880, aff. Ville de Foix, D. P. 81. 1. 453); qu'en conséquence, les obligations contractées par une congrégation religieuse qui a été mise en possession par une commune de bâtiments et d'enclos avec autorisation d'y établir une maison d'éducation particulière, mais à la charge d'y tenir pour le compte de la commune l'école gratuite des filles, ainsi qu'une salle d'asile, et de distribuer les secours accordés aux indigents par le bureau de bienfaisance, ne tombent pas, même en admettant qu'elles aient un caractère absolu de perpétuité, sous l'application de cet article; que ces obligations, si elles participent à certains égards de celles que crée le contrat de mandat, doivent être, à raison des engagements divers pris par les parties les unes envers les autres, considérées comme résultant d'un contrat innommé; qu'il appartient au juge du fond d'interpréter les accords des parties et d'en déterminer les effets par des appréciations de fait et d'intention, sans tenir compte des règles spéciales au louage de services et au mandat (Même arrêt). Par suite, lorsque dans le contrat relatif à la prise de possession de l'immeuble communal par une congrégation religieuse, il a été stipulé que la commune et la congrégation se réservaient pour cause grave la faculté de résiliation, l'arrêt déclarant que la demande en délaissement de l'immeuble formée par la commune contre la congrégation ne repose pas sur des motifs d'une gravité suffisante pour qu'elle soit admise, échappe au contrôle de la cour de cassation (Même arrêt).

669. Sur les droits d'enregistrement qui atteignent les congrégations religieuses, V. *infrà*, v° *Enregistrement*.

670. —III. DISSOLUTION DES CONGRÉGATIONS RELIGIEUSES AUTORISÉES ET EXCLUSION D'UN OU PLUSIEURS DE LEURS MEMBRES. — Le *Rép.* n° 678 a examiné le cas d'extinction ou de suppression d'une congrégation religieuse autorisée. Y aurait-il extinction si tous les membres de la congrégation abandonnaient la maison? L'art. 7 de la loi du 24 mai 1825 prévoit le cas d'extinction d'une association religieuse de femmes, et en détermine les conséquences en ce qui concerne les biens; mais il n'indique pas les circonstances qui peuvent la faire considérer comme éteinte et ne règle pas la manière de constater officiellement cette extinction. Un

avis du conseil d'Etat, cité par Calmette, p. 70, décide seulement qu'une congrégation n'est pas éteinte tant qu'il existe des religieuses. D'après Calmette, loc. cit., et Gaudry, cité ibid., l'abandon de la maison par toutes les religieuses en même temps l'anéantit bien en fait, mais non en droit; et l'évêque a la faculté de recevoir de nouveaux membres de l'établissement, soumis aux mêmes règles et jouissant des mêmes avantages. — Quant à la suppression de la congrégation, comme le consentement permanent de l'évêque est une des conditions de l'existence légale des communautés religieuses, si, à un moment donné l'évêque du diocèse vient à retirer son consentement, la congrégation cesse d'exister aussi légalement que si la loi ou le décret d'autorisation était abrogé par un acte législatif (Morlot, Annales de l'école libre des sciences politiques, 1887).

La loi de 1825 n'a prévu que le cas de disparition d'une communauté de femmes, pour régler le partage de ses biens (V. Rép. n° 678). S'il s'agit donc de la suppression d'une communauté d'hommes, la loi de 1825 cesse de s'appliquer. Mais, en ce cas, la loi nécessaire pour retirer l'autorisation et dissoudre la congrégation réglerait en même temps sa succession, soit en adoptant les principes de la loi de 1825, soit en créant des règles spéciales.

671. Aux termes de l'art. 6 de la loi du 24 mai 1825, l'autorisation accordée par le Gouvernement à une congrégation ou à une communauté religieuse indépendante ne peut être révoquée que par une loi; mais un décret suffirait pour supprimer un établissement dépendant d'une congrégation. Toutefois, la suppression ne pourrait, en aucun cas, être prononcée qu'après l'accomplissement de certaines formalités. L'avis de l'évêque et celui du conseil municipal, ainsi qu'une enquête de commodo et incommodo, devraient précéder la décision. Il peut en effet arriver, dit à ce sujet un avis du conseil d'Etat, du 3 oct. 1837, qu'une commune ait fait des sacrifices pour l'établissement d'une communauté religieuse dans son sein ; que des donateurs ou leurs ayants cause aient le droit de réclamer le bénéfice du droit de retour ouvert à leur profit par l'art. 7 de la loi de 1825 ; que des créanciers voient leurs intérêts compromis par la dispersion des membres de cette communauté, à raison de l'attribution que cet art. 7 fait des biens des associations religieuses éteintes. Il est nécessaire que ces différents intérêts puissent se manifester avant que la dissolution soit prononcée. La loi ne distingue pas entre le cas où la suppression a lieu d'office et celui où elle serait demandée par les membres eux-mêmes de la congrégation. Du reste, les congrégations religieuses légalement reconnues formant bien un corps moral, mais ne constituant pas une société civile, dans le sens de l'art. 1832 c. civ., la dissolution ne peut en être demandée par les personnes qui en font partie, et les biens qui en dépendent ne sont pas susceptibles d'être partagés (V. Rép. v° Société, n° 98. Conf. Trib. Limoges, 8 mars 1848, aff. B..., D. P. 48. 5. 135 ; Trib. Castres, 19 août 1853, aff. Peyrusse, D. P. 54. 3. 6 ; Civ. rej. 7 nov. 1855, aff. Delmas, D. P. 55. 1. 436. — Contra : Délib. adm. enreg. 24 juill. 1827, Rép. v° Enregistrement, n° 3541 ; Trib. Mauriac, 21 juill. 1847, aff. A..., D. P. 48. 5. 134 ; Sol. adm. enreg. 19 mars 1851, D. P. 51. 3. 48. V. aussi Trib. Valence, 10 août 1842, cité au Rép. v° Enregistrement, n° 3540, et supra, n° 669).

672. Lorsqu'une association religieuse est légalement dissoute, il faut distinguer à l'égard de ses biens, suivant qu'il s'agit soit d'une communauté entière ou d'une maison indépendante, soit d'un établissement particulier dépendant d'une congrégation. — La première hypothèse est régie par l'art. 7 de la loi du 24 mai 1825, dont les dispositions ont été analysées au Rép. n° 678. Dans le second cas, les biens de la maison dissoute continuent d'appartenir à la maison mère. Tant que la congrégation existe, ces biens ne sauraient être considérés comme vacants, et s'ils proviennent d'une donation, ils ne peuvent être revendiqués par le donateur ou ses héritiers, sous prétexte que la maison donatrice serait dissoute, car l'association religieuse se maintient encore bien qu'un de ses établissements particuliers ait cessé d'exister. Cependant, si l'acte de donation contenait la condition que l'établissement particulier profiterait seul de la libéralité, on devrait respecter à cet égard la volonté du donateur.

673. — IV. COMPÉTENCE. — Toutes les questions qui s'élèvent sur la propriété des biens des communautés religieuses, à l'occasion de l'application de l'art. 7 de la loi du 24 mai 1825, sont de la compétence des tribunaux ordinaires (Av. Cons. d'Et. 17 févr. 1832 ; Calmette, p. 73).

Les questions d'ordre conventuel et de discipline intérieure des congrégations religieuses ne peuvent être déférées à l'appréciation des tribunaux de l'ordre judiciaire, auxquels il n'appartient pas de s'immiscer dans l'application des règles monastiques. Cela est inconstestable, surtout lorsque les statuts de la congrégation reconnaissent expressément, quant à ce, une compétence exclusive à certains dignitaires, auxquels est attribué le pouvoir de prononcer même l'exclusion par voie de mesure disciplinaire. Lorsque ces statuts ont été soumis à l'approbation de l'autorité publique et sanctionnés par elle, on ne pourrait pas même alléguer que de pareilles stipulations sont excessives et que les tribunaux ne doivent point les respecter. A cet égard, il est certain qu'à la première règle à suivre est l'observation des statuts civils de la congrégation approuvés par le conseil d'Etat. En conséquence, si ces statuts renvoient pour certaines hypothèses, telles que les cas d'expulsion, aux statuts religieux approuvés par l'évêque, ceux-ci auront par la même force obligatoire devant les tribunaux et seront légalement opposables aux divers membres de la congrégation. Mais cette règle doit-elle être entendue en ce sens que les tribunaux ne devront jamais intervenir dans les différends qui peuvent s'élever entre les associations religieuses et les membres qui les composent ? Si ces difficultés n'ont pas été prévues par le titre constitutif de l'association et qu'elles constituent des débats d'intérêt privé, la compétence de l'autorité judiciaire serait difficilement contestable : on peut citer à titre d'exemple le cas où une religieuse expulsée du sein de la congrégation réclamerait des dommages-intérêts en se fondant sur la violation des conventions intervenues entre elle et l'établissement dont elle faisait partie. Il semble donc que les tribunaux pourraient s'arrêter à la distinction suivante : se déclarer incompétents dès qu'il leur serait justifié de l'existence d'une décision rendue dans les formes et pour les motifs énoncés dans les statuts de la congrégation ; retenir, au contraire, l'affaire, du moment que les questions civiles et pécuniaires, agitées entre des membres d'une communauté religieuse, n'ont pas été soustraites à la juridiction du droit commun, au moins implicitement, par les statuts de la congrégation, revêtus de l'approbation de l'autorité administrative et de l'autorité judiciaire. C'est en ce sens que se prononcent les auteurs. D'après M. Ravelet, Traité des congrégations religieuses, p. 48 et suiv., qui s'occupe spécialement de l'hypothèse qu'on vient de citer à titre d'exemple, il est nécessaire au gouvernement d'une communauté qu'elle puisse renvoyer de son sein les religieuses qui y introduisent des éléments de désordre, et les causes de renvoi ne peuvent être appréciées par les tribunaux civils. Mais l'expulsion ne doit pas moins être prononcée régulièrement par l'autorité religieuse compétente, dans les formes prescrites par le droit canonique et par les statuts. Une religieuse expulsée violemment, sans formes et sans motifs, pourrait saisir les tribunaux civils de sa plainte et intenter contre la communauté une action en dommages-intérêts. Les tribunaux, saisis d'une demande de cette nature, devront donc rechercher d'abord ce que les statuts décident ; si une clause de ces statuts permet à la communauté de renvoyer les religieuses sans motif, de rompre le contrat à son gré, le renvoi sera licite et ne devra donner lieu à aucune demande en dommages-intérêts. Si le renvoi ne peut avoir lieu que pour des causes et suivant des formes déterminées, mais qu'il y ait été procédé pour une de ces causes et en observant ces formes, et si l'on se trouve en présence d'une décision régulière, émanée de l'autorité canonique compétente, l'autorité judiciaire n'aura pas non plus à intervenir. — Suivant M. Gaudry, t. 2, n° 600, si le cas d'expulsion n'avait pas été prévu par les statuts et si le membre expulsé se croyait lésé, il serait impossible de lui refuser une action en réparation devant les tribunaux civils. Comment concevoir, en effet, qu'une personne qui aurait consacré à un établissement religieux une partie de sa vie, souvent même sa fortune personnelle, pût être expulsée sans motifs, lorsque son âge et ses infirmités la

laisseraient peut-être exposée à l'indigence? Il appartiendrait aux tribunaux de réprimer un tel abus, comme aussi de rejeter l'action intentée contre la congrégation, si celle-ci avait de justes motifs à faire valoir pour justifier l'expulsion (Conf. Jacquier, *Condition légale des communautés religieuses en France*, p. 345).

674. La jurisprudence paraît avoir admis les distinctions établies ci-dessus, malgré quelques divergences plus apparentes que réelles. D'une part, elle a décidé que lorsque les réglements intérieurs d'une congrégation religieuse autorisent certains dignitaires à prononcer l'exclusion d'un des membres de la communauté, les tribunaux ne peuvent contrôler l'exercice de ce pouvoir, s'il est, d'ailleurs, établi que cette mesure n'a point été prise pour exonérer la communauté de la charge de lui donner des soins en état de maladie, et si elle n'est point entachée de dol ou de fraude (Req. 18 juill. 1881, aff. Renaud, D. P. 81. 1. 377). De même, il a été jugé que l'exclusion d'une religieuse de la congrégation à laquelle elle avait été agrégée est une peine disciplinaire qui ne peut être prononcée que par la juridiction de l'ordinaire (Riom, 27 avr. 1856, aff. Crouzet, D. P. 76. 2. 86); — Et que le tribunal civil est incompétent pour statuer sur la demande de pension viagère formée contre la congrégation par la religieuse exclue. Il en est ainsi spécialement dans le cas où les statuts de la congrégation, approuvés par le conseil d'Etat, renvoient pour le régime intérieur aux règles approuvées par l'évêque diocésain, et reconnaissent à la communauté le droit d'exclure les religieuses pour inconduite (Même arrêt); ... alors surtout que le renvoi a été ordonné en suivant les règles et les formes des statuts approuvés par l'évêque (Même arrêt). — Mais, d'autre part, il a été jugé que les tribunaux civils, incompétents pour connaître des questions relatives au régime intérieur et aux devoirs professionnels des congrégations religieuses ayant une existence légale ou de fait, peuvent, au contraire, statuer sur les engagements civils réciproques de leurs membres, sauf à examiner dans les statuts de la congrégation les dispositions applicables à l'engagement litigieux dont il y aurait à apprécier le sens et la portée (Chambéry, 28 juin 1875, aff. Grandchamp, D. P. 76. 2. 86). — Spécialement, il leur appartient de statuer sur la demande de dommages-intérêts formée par une religieuse contre la supérieure du couvent dont elle a été exclue, alors que l'expulsion, motivée, suivant la demanderesse, sur son état de maladie, est attribuée par la supérieure à son esprit de révolte (Même arrêt).

§ 2. — Des congrégations non autorisées (*Rép.* n⁰ˢ 679 à 685).

675. Nous avons exposé *suprà*, n⁰ˢ 287 et suiv., les difficultés auxquelles a donné lieu la question de savoir quelle est exactement la situation juridique des congrégations religieuses qui ne sont pas reconnues ou autorisées par le Gouvernement. Sans reprendre cette question dans tous ses détails, il convient d'insister ici sur certains points spéciaux qui font particulièrement l'objet des explications contenues au *Rép.* n⁰ˢ 679 et suiv.

676. Comme on l'a vu, *suprà*, n⁰ 287, il est incontestable que les acquisitions faites par une congrégation non autorisée sont frappées de nullité. L'application de cette règle ne peut donner lieu à aucune difficulté quand l'acte d'où résulte l'acquisition a été conclu soit par les membres de la communauté, agissant *ut universi*, soit par ses mandataires ou représentants. Mais que faut-il décider, au cas où un ou plusieurs membres de la congrégation ont figuré dans la convention, *ut singuli*, en leur propre et privé nom? Il est possible, en pareil cas, que l'acquisition ait eu lieu en réalité au profit de la communauté; en d'autres termes, qu'il y ait interposition de personnes. Quelles conséquences juridiques doit-on en tirer au point de vue de la validité du contrat? Faut-il appliquer la règle qui frappe de nullité les actes faits au profit d'incapables par voie d'interposition de personnes? Certains auteurs ont nié d'une façon absolue que cette règle pût recevoir ici son application, et soutenu que l'acte ne pouvait dans aucun cas être attaqué par le motif que le bénéfice en devrait être recueilli par la congrégation elle-même. En droit, a-t-on dit, autre chose est l'incapacité, autre chose l'inexistence. Une interposition n'est possible que là

où il existe une personne pouvant acquérir par voie détournée, eu égard à laquelle il y aurait interposition; or, les communautés non autorisées ne sont pas des incapables dans le sens juridique du mot; elles n'existent pas; dès lors la loi, qui n'admet pas la validité des dispositions faites à leur profit, ne sera jamais violée, il est même impossible qu'elle le soit : les membres de la communauté, donataires, légataires ou acheteurs, sont et resteront inévitablement propriétaires des choses léguées, données ou achetées, puisque la congrégation à laquelle on supposerait qu'ils doivent ou veulent les remettre ne peut pas posséder, puisque, quoi qu'ils fassent, ils ne peuvent rien lui communiquer de ce qu'ils ont acquis, faute de personnalité juridique (V. en sens : Laisné-Deshayes, *op. cit.*, p. 93. V. aussi Grenoble, 13 janv. 1841, *Rép.* n⁰ 683; Trib. Hasselt, 3 janv. 1878, aff. Hospice civil de Hasselt, D. P. 18. 2. 41). — Ce raisonnement n'est que spécieux. Sans doute il n'y a pas dans le cas actuel interposition de personne dans le sens exact et juridique du mot. La nullité de l'acte ne saurait être motivée, en droit, sur l'incapacité du bénéficiaire, mais elle peut l'être sur son inexistence en tant que personne pouvant être sujet d'un droit; ce qu'on appelle à tort une interposition de personne, c'est simplement une simulation pour faire fraude à la loi, et une telle simulation a toujours été regardée comme une cause suffisante de nullité.

Dans un sens contraire, M. E. Ollivier, *Revue pratique*, t. 5, p. 112, a soutenu que les dispositions faites au profit des membres d'une communauté non reconnue doivent être jusqu'à preuve contraire présumées faites à la communauté elle-même, et comme telles annulées (V. aussi Orts, *op. cit.*, n⁰ˢ 113, 200; Postel, p. 117; Trochon, p. 325 et suiv.). Mais un pareil système dont la conséquence serait de frapper d'une incapacité absolue toute personne affiliée à une congrégation religieuse, est également inadmissible. Pour qu'un acte soit annulé comme entaché de simulation, il faut que la fraude soit caractérisée et prouvée. Aussi la jurisprudence s'est, en général, arrêtée à une solution intermédiaire, qui consiste à annuler les ventes, dons ou legs consentis à un des membres de la congrégation, mais seulement lorsqu'il est *établi* que le bénéficiaire de l'acte a joué le rôle d'un prête-nom, d'une personne interposée, et qu'en réalité l'acquisition a été faite au profit de la communauté elle-même. C'est en ce sens qu'ont été rendus les arrêts rapportés au *Rép.* n⁰ˢ 681 et suiv. — Depuis il a été jugé, dans le même sens : 1⁰ d'une part, que l'acquisition faite en commun par des religieuses appartenant à une congrégation non autorisée est valable, s'il n'est pas prouvé que ces religieuses ont acheté comme personnes interposées pour le compte de la communauté dont elles font partie (Orléans, 14 juin 1883, aff. Bazin, D. P. 84. 2. 108); — 2⁰ D'autre part, que les contrats passés avec les membres d'une communauté religieuse non autorisée sont nuls, s'il est constaté en fait que, sous le nom du membre qui y a figuré, ces contrats ont été, en réalité, passés dans l'intérêt et au nom de la communauté elle-même (Civ. cass. 9 nov. 1859, aff. Trouillet, D. P. 60. 1. 70. Conf. Caen, 19 août 1882, aff. Brostin, D. P. 84. 2. 213). Pour cette raison, à plus forte raison, le contrat de vente consenti au profit de certains membres d'une communauté religieuse, alors qu'il est établi non seulement que le véritable acquéreur est la communauté elle-même, mais encore que cette prétendue vente ne constitue au fond qu'une libéralité déguisée (Grenoble, 6 avr. 1881, aff. Sorel, D. P. 82. 2. 9).

677. Quant à la preuve de la simulation, elle peut être faite par tous les modes légaux, et même au moyen de présomptions graves, précises et concordantes (Nancy, 15 juin 1878, aff. Tabellion, D. P. 79. 2. 236. V. aussi Paris, 27 juin 1830, aff. Bonamie, D. P. 30. 2. 170; Req. 28 mars 1859, aff. Beurier, D. P. 59. 1. 442; Arrêt du 9 nov. 1859, cité *suprà*, n⁰ 676 ; Agen, 1ᵉʳ avr. 1867, aff. Delbos, D. P. 68. 2. 9). — D'après M. Beudant, *Dissertation*, D. P. 79. 2. 225, la simulation ne résulterait pas nécessairement de ce que la chose acquise est affectée au service de la communauté, même de ce qu'on l'aurait acquise dans le dessein de l'y affecter. « En effet, dit-il, l'art. 544 c. civ. définit la propriété le droit de jouir et de disposer des choses de la

manière la plus absolue, pourvu qu'on n'en fasse pas un usage prohibé par les lois ou par les règlements ; dès que l'établissement d'une communauté ne fait fraude à aucune loi, rien ne s'oppose à ce qu'un particulier affecte un bien lui appartenant au service de cette communauté, ni même à ce qu'il acquière un bien avec intention de l'y affecter ; rien ne s'oppose davantage à ce qu'un donateur ou un testateur donne ou lègue un immeuble à une personne sachant quel emploi elle en fera, peut-être à cause de l'emploi qu'il prévoit qu'elle en fera : l'usage des choses est libre. » Toutefois, il faut reconnaître que la jurisprudence ne semble pas aller jusque-là, puisqu'elle annule les actes d'acquisition faits par personnes interposées dès qu'il est prouvé qu'ils ont été faits dans l'intérêt de la communauté. Il est possible, d'ailleurs, de concilier cette jurisprudence avec l'opinion précitée, en disant que la question d'interposition doit surtout se résoudre par l'intention du contractant au moment du contrat. C'est dans cette intention que la preuve de la simulation doit être cherchée. S'agit-il d'actes à titre onéreux, d'une vente par exemple, il faut savoir si l'acheteur a entendu acquérir pour lui, pour que la chose entrât vraiment dans son patrimoine, ou en vue de l'intérêt collectif et pour la communauté ; s'agit-il d'actes à titre gratuit, il faut rechercher si le disposant a entendu gratifier le bénéficiaire désigné ou par lui la communauté. En un mot, si l'acte apparaît comme sincère, il doit recevoir son exécution ; s'il apparaît entaché de simulation, il doit être annulé. — Il s'agit là, au surplus, d'une question de fait, qu'il appartient aux tribunaux de trancher par une appréciation souveraine des faits de la cause, et qui échappe au contrôle de la cour de cassation (Req. 13 déc. 1856, aff. Rochouze, D. P. 57. 1. 97. V. aussi Req. 21 déc. 1852, aff. Boulnois, D. P. 54. 1. 346).

678. Les actes d'acquisition faits par les congrégations non autorisées étant nuls, qu'ils aient été conclus par leurs membres agissant ut universi ou par l'intermédiaire d'un prête-nom, il y a lieu de se demander quelle est la nature de cette nullité. Cette question sera examinée en ce qui concerne les libéralités, infrà, v° Dispositions entre vifs et testamentaires. En ce qui touche les actes à titre onéreux, il suffira de rappeler ici que la nullité est absolue et que l'acte n'est pas seulement annulable. — Sur la distinction établie entre les conventions valables, nulles et annulables, V. Obligations ; — Rép. eod. v°, n°° 2862 et suiv., 4470 et suiv. (V. aussi Beudant, Dissertation, D. P. 80. 1. 145).

679. Les congrégations non autorisées étant dépourvues d'existence légale, il est manifeste que les dispositions concernant les conditions auxquelles est subordonnée la validité des faits par les communautés légalement reconnues (V. suprà, n°° 658, 667 et suiv.) sont sans application en ce qui les concerne. — Il a été jugé, en conséquence, qu'une communauté religieuse de femmes ne peut demander la nullité d'une cession par elle consentie en se fondant sur ce que cette cession n'avait pas été autorisée par le Gouvernement conformément à l'art. 4 de la loi du 24 mai 1825, alors qu'elle ne justifie pas de sa qualité de congrégation régulièrement constituée.

680. On a dit au Rép. n° 685 que les congrégations religieuses non autorisées ne peuvent ester en justice soit en demandant, soit en défendant. — Qu'une action en justice ne puisse être intentée au nom de la communauté non reconnue, c'est un point qui n'a jamais fait l'objet d'aucun doute. Mais si les congrégations religieuses ne sont pas recevables à ester en justice en qualité de demanderesses, faut-il admettre également qu'elles ne peuvent être actionnées par les tiers ? — Cette dernière solution, admise par un arrêt de la cour d'Aix du 27 janv. 1825 (V. Rép. n° 685), a encore été adoptée par un jugement du tribunal de la Seine du 3 avr. 1857 (aff. de Guerry, D. P. 58. 2. 49). « Attendu, dit ce jugement, qu'il s'agit dans l'espèce, d'une congrégation religieuse dont l'établissement n'est pas autorisé ; ... que n'ayant pas d'existence civile, elle ne pourrait être reçue à former une action judiciaire, et que, par cela même, elle ne peut être appelée en justice ni conséquemment y être représentée. » Mais cette solution semble aujourd'hui abandonnée ; de nombreux arrêts ont, en effet, décidé que les communautés non reconnues ne peuvent opposer à l'action dirigée contre elles une fin de non-recevoir tirée de

ce que leur supérieur n'a pas qualité pour les représenter, parce qu'elles n'ont pas d'existence civile ; elles peuvent être assignées en la personne de leurs représentants de fait et l'exécution des condamnations obtenues peut être poursuivie sur les biens qui font, en réalité, partie du fonds commun (Civ. rej. 30 déc. 1857, aff. Communauté de Picpus, D. P. 58. 1. 21 ; Paris, 8 mars 1858, aff. de Guerry, D. P. 58. 2. 49 ; Civ. rej. 12 mars 1866, aff. Trouillet, D. P. 66. 1. 193 ; Trib. Seine, 1er févr. 1878, aff. Champion, D. P. 79. 2. 225 ; Lyon, 12 juill. 1878, aff. Ovize, D. P. 78. 1. 145. V. aussi D. P. 77. 2. 229, note, et Angers, 28 janv. 1863, aff. Communauté de la Salle de Vihiers, D. P. 63. 2. 190 ; Aix, 7 avr. 1865, suprà, n° 292. V. dans le même sens : Aubry et Rau, t. 1, § 54, p. 190 ; Laurent, Principes de droit civil, t. 6, n° 158). — Il a, d'ailleurs, été décidé que la communauté religieuse non autorisée, actionnée en nullité d'un acte fait par elle ou à son profit, ne doit être admise ni à demander un sursis pour se pourvoir en autorisation, cette autorisation, en supposant qu'elle fût accordée, ne pouvant avoir d'effet rétroactif à l'égard des tiers, ni à opposer à l'action une fin de non-recevoir tirée de ce que le supérieur n'a pas qualité pour représenter une association dépourvue d'existence civile, une telle association ne pouvant se prévaloir du vice de sa constitution pour échapper aux actions dirigées contre elle (Req. 5 mai 1879, aff. Ovize, D. P. 80. 1. 145).

681. La règle qui interdit aux congrégations non reconnues toute action en justice est si absolue qu'elle ne saurait fléchir dans le cas même où la communauté serait actionnée par des tiers. Elle ne saurait se prévaloir alors de ce que la faculté d'ester en justice lui a été reconnue par son adversaire lui-même pour intenter à son tour une action contre celui-ci. Décidé, en ce sens, que la supérieure d'une congrégation non autorisée, n'ayant pas en cette qualité d'action en justice, ne peut opposer à la demande dirigée contre elle une demande en exécution d'une obligation, si cette obligation n'a pas été contractée envers elle personnellement (Grenoble, 6 avr. 1881, aff. Sorel, D. P. 82. 2. 9).

682. L'interdiction d'agir en justice cesse du moment où il s'agit d'actions intentées par des membres de la congrégation, non pas au nom de celle-ci, mais en vertu de droits qui leur appartiennent personnellement. C'est ainsi qu'il a été jugé que la supérieure d'une communauté religieuse non autorisée est recevable à poursuivre devant les tribunaux l'exécution d'une obligation résultant d'une convention qu'elle a contractée en son nom personnel (Civ. rej. 12 mars 1866, cité suprà, n° 290). Le principe sur lequel repose cette décision est incontestable ; mais on peut critiquer l'application qui en a été faite dans l'espèce, parce qu'il semble que malgré les termes dans lesquels la convention était conçue, c'était la congrégation elle-même, et non sa supérieure qui en réalité y avait figuré comme partie contractante.

683. L'action serait également recevable, alors même que le membre qui l'intenterait agirait non pas seulement pour lui-même, mais comme représentant des intérêts individuels de chacun des membres de la communauté, en vertu d'un mandat qui lui aurait été conféré par ceux-ci. La règle : « Nul ne plaide par procureur » ne s'y opposerait nullement, à la condition toutefois que tous les intéressés fussent nominativement désignés dans la procédure (V. suprà, v° Action, n°° 46 et suiv.).

Sect. 4. — De la juridiction ecclésiastique
(Rép. n°° 686 à 703).

684. La jurisprudence n'a apporté aucun complément ni aucune modification aux règles exposées sur ce point dans le Répertoire depuis sa rédaction. Nous n'avons donc pas à revenir sur cette matière qui ne peut être étudiée ici que dans ses rapports avec la législation civile. Deux questions au plus semblent devoir être examinées, et encore se réduisent-elles à une seule ; c'est celle de l'autorité reconnue par notre législation aux décisions de la congrégation de l'Index à Rome et à celle de l'autorité des officialités diocésaines en France.

Art. 1er. — *Nature de la juridiction ecclésiastique*
(*Rép.* nos 687 à 688).

685. V. *Rép.* nos 687 et 688.

Art. 2. — *A qui appartient la juridiction ecclésiastique*
(*Rép.* nos 689 à 693).

686. La congrégation de l'*Index*, chargée d'examiner les livres et publications qui peuvent porter atteinte à la foi catholique ou aux bonnes mœurs, a été établie en vertu d'une décision du concile de Trente, sess. 25. Le 24 mars 1564, le pape Pie IV publia une bulle ordonnant de dresser le catalogue connu sous le nom d'*Index tridentinus*, et laissant aux évêques et inquisiteurs toute autorité pour interdire même les livres non compris dans cet *Index*. Pie V, et, après lui, Benoit XIV, dans la bulle *Sollicita*, de 1753, déterminèrent l'organisation de la congrégation à qui ce dernier pontife traça les règles d'une véritable procédure. Elle n'est pas habituellement présidée par le pape, quoique celui-ci puisse s'y rendre, comme le firent une fois Benoit XIV, et Pie IX le 3 juill. 1854. Ses décisions sont soumises à l'approbation du saint-père avant d'être publiées. Cette approbation est ainsi conçue : *Et facta per me infra scriptum relatione Sanctissimo Sanctissimus confirmavit.* Les formules consacrées sont les suivantes : *Dimittatur*, pour déclarer l'ouvrage indemne ; *Prohibeatur*, pour l'interdire ; *Prohibeatur donec corrigatur*, pour le défendre jusqu'à correction ; *Dilata*, *scribat alter*, pour suspendre le jugement jusqu'à plus ample information. Aucune proposition d'un livre prohibé n'est spécialement visée. Par suite, une mise à l'index n'équivaut pas à une condamnation théologique. Lorsque le pape veut condamner, il procède lui-même par acte séparé. Tel fut le cas de la bulle du 21 août 1602, par laquelle Clément XIII interdit et anathématisa les écrits et commentaires de Ch. Dumoulin. D'autres fois, le pape commet la congrégation du Saint-Office pour censurer tout ou partie d'un ouvrage. Ainsi furent condamnées les *Lettres provinciales*, le 6 sept. 1657 (Zaccaria, *Delle prohibizioni de libri*, p. 386 ; E. Ollivier, p. 652 et suiv.). Les sentences de la congrégation de l'*Index* ont moins pour but de réprouver les ouvrages que de mettre les fidèles en garde contre le péril de certaines lectures jugées pernicieuses (Liguori, *Theol. mor.*, *de legibus appendix*, 3-15-26). Par suite, un livre erroné peut n'être pas prohibé ; de même une œuvre théologique irréprochable peut l'être parce qu'elle constitue un danger. Ce sont de simples jugements humains qui ne partagent pas le privilège de l'infaillibilité pontificale, sauf en cas de mandat spécial, et qui peuvent être rétractés ou révoqués. Aussi une décision de renvoi, *dimittatur*, ne s'oppose pas à ce que la doctrine d'un ouvrage soit ensuite contestée (Zigliara, p. 46). Néanmoins, d'après les canonistes, ces jugements obligent en conscience, et les fidèles doivent s'y soumettre dès qu'ils sont connus par la publication à Rome, celle de ce chef de chaque diocèse étant superflue (Zaccaria, p. 389), ce qui n'interdit pas aux évêques de frapper des livres non interdits par l'*Index* (V. Lettre de Pie IX, du 24 août 1864).

687. Les décrets de la congrégation de l'*Index*, que les anciens canonistes français regardaient comme n'ayant pas de force exécutoire chez nous sont aujourd'hui généralement acceptés *en fait*, en France, par les catholiques (Bouix, *De curia romana*, part. 3, sect. 2, chap. 4, prop. 5 ; Gury, *De censuris appendix*, 986). Il a été décidé, en conséquence, que la mise à l'index d'un ouvrage français destiné à des ecclésiastiques était une cause suffisante de résiliation des contrats intervenus entre l'éditeur et l'imprimeur pour la publication (Trib. com. Seine, 2 oct. 1852 ; Gury, *loc. cit.* ; Ollivier, p. 659). Cependant à la suite d'un décret de la congrégation de l'*Index*, du 15 déc. 1882, approuvé par le pape, et publié à Rome, qui prohibait certains manuels d'enseignement civique en usage dans les écoles primaires, quelques évêques ayant publié dans leur diocèse cette décision, le Gouvernement forma un recours comme d'abus contre eux, et le conseil d'Etat déclara qu'il y avait abus dans le fait d'avoir publié sans autorisation ce décret et de lui avoir donné autorité dans le diocèse (Décr. Cons. d'Et. 28 avr. 1883, aff. Evêque d'Annecy, D. P. 84. 3. 65. V. *supra*, nos 159 et 166). Il décida, en outre, que l'autorité et la juri-

diction des congrégations qui se tiennent en cour de Rome et notamment les décrets de la congrégation de l'*Index* ne sont pas reconnus en France, et que les décrets de ladite congrégation de l'*Index* ne peuvent être considérés comme dispensés de toute promulgation locale dans une province ecclésiastique, par ce motif qu'un concile provincial aurait déclaré qu'ils obligent par eux-mêmes dès qu'ils sont connus certainement, ce concile n'ayant ni qualité, ni pouvoir pour autoriser une dérogation à l'art. 1er de la loi du 18 germ. an 10, et la décision du Saint-Siège qui aurait approuvé les déclarations de ce concile provincial n'ayant jamais été reçue en France. Voici comment s'exprimait à cet égard le rapporteur, M. le président Collet, devant le conseil d'Etat, quant à la publication : « La publication que prohibe la loi n'est pas évidemment le fait de reproduire et de faire connaître d'une façon quelconque la décision ou l'acte venant de la cour de Rome. La publication prohibée est celle qui a pour objet de rendre cet acte exécutoire. En France, il n'existe aucune autorité investie du droit de rendre exécutoires pour le pays tout entier les décisions du Saint-Siège. Le Gouvernement, sur l'avis du conseil d'Etat, peut autoriser la publication ; il n'a pas qualité pour la faire. A l'autorité ecclésiastique, chargée d'assurer l'exécution de l'acte, il appartient de la notifier officiellement au clergé et aux fidèles. On ne regarde comme lois ecclésiastiques en France, dit d'Héricourt, *Lois ecclésiastiques*, chap. 15, les bulles et constitutions des papes que lorsqu'elles ont été publiées solennellement par les archevêques et les évêques, chacun dans son diocèse. C'est d'ailleurs l'opinion exprimée par un des mandements qui vous sont déférés, celui de l'évêque de Viviers. Parlant de la publicité donnée par les journaux à la condamnation des livres précités, il rappelle que cette publicité est dépourvue de tout caractère officiel. La publicité déjà donnée à la décision ne peut donc servir de raison, ni d'excuse à la publication faite par l'évêque d'Annecy. Il donne, dans son mandement, la date de la décision prise, la liste des livres condamnés : il ordonne aux fidèles de se soumettre à cette décision ; il la publie dans le sens légal du mot ». Cette doctrine est analogue à celle qui avait été developpée dans le rapport à la suite duquel est intervenue une déclaration d'abus du 8 févr. 1865 (D. P. 65. 3. 9. V. *supra*, no 160-7°). — Quant à l'autorité des décrets de la congrégation de l'*Index*, le rapporteur ne se fondait pas seulement sur ce que la publication de ces décrets n'aurait pas été autorisée par le Gouvernement ; il allait plus loin : il voyait dans ce fait une violation des libertés et franchises de l'Eglise gallicane, par le motif qu'à aucune époque, l'autorité des congrégations siégeant à Rome n'aurait été reconnue en France (V. en ce sens, les observations du ministre des cultes dans une affaire jugée par le conseil d'Etat au contentieux le 20 juin 1867, aff. Roy, D. P. 67. 3. 65. V. aussi, dans le même sens : Fleury, *Institution du droit ecclésiastique*, t. 2, p. 229 ; d'Héricourt, *Lois ecclésiastiques*, p. 62. — V. *contra* : Gousset, *Exposition des principes du droit canonique*, p. 116 ; Ollivier, p. 660).

Il résulte, en somme, de ces décisions et de ces explications que le Gouvernement français persiste à considérer les sentences de la congrégation de l'*Index* comme sans autorité en France, lors même qu'elles sont approuvées par le pape, dont la décision à cet égard n'a pas été reçue chez nous.

688. On a dit au *Rép.* nos 691 et 692 que la juridiction contentieuse des anciennes officialités (V. P. Fournier, *Les officialités au moyen âge*, 1880) s'étendait à la fois sur les matières spirituelles qui appartiennent de droit divin à la juridiction épiscopale, et sur certaines matières temporelles dont la connaissance avait été accordée par la royauté aux tribunaux d'Eglise. Ce serait une erreur de croire que le décret des 6-7 sept. 1790 a complètement aboli les officialités. Si l'on se reporte à l'art. 13, tit. 14, de ce décret, on y voit que tous les tribunaux de privilège ou d'attribution, tels que les officialités, sont supprimés et abolis. Mais cette disposition n'a enlevé aux officialités diocésaines que la juridiction civile dont elles étaient investies à l'égard de certaines matières temporelles, et sur certaines personnes qui jouissaient du privilège de cléricature ; elle n'a pu retirer aux officialités le droit de statuer en matière purement spirituelle, qui échappe au domaine de la loi civile. A son tour,

le Concordat de 1801 ne les a pas maintenues ou rétablies, au moins en tant que juridictions : leurs actes n'ont que le caractère de simples avis destinés à préparer les décisions des évêques en matière de discipline ecclésiastique (Décr. Cons. d'Et. 29 août 1854, aff. Bourrel, D. P. 55. 3. 62). Mais leur existence n'a rien de contraire à la loi : l'arrêt précité le reconnaît, conformément à la doctrine de la majorité des auteurs (V. Serrigny, *Compétence administrative*, t. 1, n° 119 ; Bost, p. 608 ; André, t. 4, p. 29 ; *Rép.* n° 691) et à la jurisprudence citée *ibid.* Si, comme le dit la cour de Montpellier, dans son arrêt du 12 févr. 1851 (aff. F..... D. P. 51. 2. 35), les officialités supprimées par les lois de la Révolution n'ont pas été rétablies en France, et si elles qui peuvent exister en fait, n'ont aucun caractère public et légal, on ne saurait contester à un évêque le droit d'en instituer. En effet, du moment que le Concordat reconnaissait un pouvoir disciplinaire ecclésiastique et qu'il en attribuait l'exercice aux évêques, il admettait implicitement que ceux-ci pouvaient, pour l'instruction des affaires disciplinaires, se faire assister par des commissions ; cette assistance revenait naturellement aux officialités dans les diocèses où elles ont été conservées ; si le caractère exécutoire n'est reconnu qu'aux décisions de l'évêque, il ne saurait être dénié aux sentences des officialités revêtues de l'approbation épiscopale. C'est ce qu'a admis l'arrêt précité de la cour de Montpellier, en décidant que la justice ordinaire répressive est tenue d'assurer l'exécution de la sentence rendue par l'official, lorsque l'évêque l'a approuvée, et, en l'approuvant, se l'est appropriée. Il est, d'ailleurs, censé se l'approprier quand il préside le tribunal de l'official (V. *Rép.* n° 692 ; Vuillefroy, p. 403 ; Dufour, t. 5, n° 203 ; Av. Cons. d'Et. 22 mars 1826, visé dans les motifs du jugement du tribunal de Montpellier du 31 déc. 1850, aff. F..., D. P. 51. 2. 35 ; et une décision du même conseil sans date, citée par Vuillefroy, *loc. cit.*). La loi ne demandant pas compte au juge des voies suivies par lui pour s'éclairer, il est satisfait à ses prescriptions du moment que la sentence peut être considérée comme l'œuvre de l'évêque lui-même. C'est l'opinion qui a été soutenue par le ministre des cultes dans l'avis qu'il fut appelé à émettre sur le recours d'un sieur Régnier contre une destitution prononcée par l'évêque de Blois. (Décr. 18 août 1856, Dufour, t. 5, p. 219, note). Toutefois, d'après une autre décision du 2 nov. 1835 (V. *Rép.* n° 692), et l'arrêt précité du 29 août 1854, il semble que l'approbation implicite ne devrait pas être assimilée à l'approbation expresse, nécessaire pour rendre exécutoire par l'autorité civile la sentence rendue par l'official.

Art. 3. — *Des personnes et des choses soumises à la juridiction ecclésiastique (Rép. n°s 694 à 695).*

689. V. *Rép.* n°s 694 et 695.

Art. 4. — *Des peines et de la procédure canonique (Rép. n°s 696 à 700).*

690. On a énuméré au *Rép.* n°s 696 et suiv. les diverses peines canoniques qui sont en usage en France. D'après les canons de l'Église, la juridiction de l'évêque comprend le droit de frapper les curés d'interdiction. La suspension *à divinis*, c'est-à-dire la privation du droit de célébrer les saints mystères, est la plus grave ; vient ensuite l'interdiction de confesser et de prêcher, et enfin celle de prêcher (V. *Rép.* n° 698). Ces interdictions ne peuvent, dit M. Vuillefroy, p. 407, être prononcées contre un curé inamovible que pour des faits extrêmement graves et lorsque les causes en ont été régulièrement prouvées et jugées. L'évêque est tenu d'observer tout ce qui est de la substance des jugements ; en conséquence, il est procédé à une enquête par un commissaire nommé par l'évêque pour aller sur les lieux faire l'information, suivant les formes usitées en pareil cas et indiquées par les canons ; les témoignages sont recueillis, tous les renseignements nécessaires sont pris, le prévenu est cité et entendu ; enfin, la décision doit constater les documents qui la déterminent ; elle doit être motivée et exprimer les causes de l'interdiction de manière à la justifier, s'il y a plainte ou réclamation (Décis. min. 20 pluv. an 11, 12 déc. 1814, 13 mars 1820. V. *Rép.* n° 700).

691. De ce qu'un curé est inamovible, il ne s'ensuit pas qu'il ne puisse, en aucun cas, être déposé. Mais il ne peut être privé de ses fonctions et de son titre que par une sentence de déposition rendue selon les formes canoniques (Décr. 30 mai 1851, aff. Bégoule, *Rec. Cons. d'Etat*, p. 851 ; Dufour, t. 5, n° 207). On ne saurait aujourd'hui exiger des évêques l'accomplissement des formalités de l'ancienne procédure ecclésiastique. Aussi le conseil d'Etat se borne-t-il à vérifier, de même que pour les interdits, si les formalités *substantielles* ont été remplies (Décr. en Cons. d'Et. 29 juill. 1864, aff. Chenal, *Rec. Cons. d'Etat*, p. 1161). Protégé seulement, dans la sphère spirituelle, par le recours comme d'abus, qui a peu d'efficacité, puisque la déclaration d'abus n'entraîne pas la réformation de la sentence abusive, le curé est au contraire, garanti jusqu'à un certain point par la loi civile, lorsqu'il est destitué. En effet, le concours du Gouvernement qui a participé à sa nomination est nécessaire pour sa destitution (*Rép.* n° 356). L'évêque adresse la sentence de déposition, avec toutes les pièces de l'instruction, au ministre des cultes, et un décret l'approuve quant aux effets civils : c'est seulement à partir de ce décret que les curés déposés cessent de jouir de leur traitement et des autres avantages attachés à leur titre (Décis. min. 9 févr. et 24 sept. 1850 ; 8 févr. 1851). Cette approbation du Gouvernement n'implique pas une appréciation de la régularité de la sentence et de ses motifs. Elle ne fait que la déclarer exécutoire au point de vue temporel (Décr. en Cons. d'Et. 29 mars 1851, aff. Audierne, *Rec. Cons. d'Etat*, p. 224 ; Dufour, t. 5, n° 209). D'où il suit que le décret ne saurait faire obstacle à l'appel devant le métropolitain (Même décret). C'est également vrai pour le recours comme d'abus. L'approbation gouvernementale n'empêcherait pas, à elle seule, le recours, en ce sens que le conseil d'Etat n'aurait aucun compte à en tenir, s'il était saisi d'un appel pour abus, sous prétexte, par exemple, de violation des canons reçus en France. On comprend toutefois que cette approbation par le Gouvernement et l'exécution de la déposition qui en est la suite, peuvent beaucoup gêner l'exercice du droit d'appel au métropolitain et même le recours comme d'abus, car à quoi bon se pourvoir contre une sentence exécutée ? Aussi, dans un avis du 19 juin 1851 (rapporté par Dufour, t. 5, n° 210), le conseil d'Etat avait exprimé le désir qu'un délai fût fixé, pendant lequel le titulaire déposseédé aurait le droit de se pourvoir et pendant lequel, également, la mesure que le Gouvernement croirait devoir prendre au sujet de la déposition serait ajournée. Quant à la question de savoir si le décret qui donne force exécutoire à l'ordonnance de déposition rendue contre un curé par son évêque est susceptible de recours au contentieux devant le conseil d'Etat, V. *suprà*, n° 247 (V. cependant : Décr. 29 mars 1851 précité).

692. Les vicaires et les desservants sont, comme nous l'avons vu *suprà*, n°s 249, 255, révocables *ad nutum*. Leur révocation ne peut donner lieu au recours pour abus, ni même à l'appel devant le métropolitain (V. *Rép.* n° 235). A leur égard, de même qu'à celui des simples prêtres, l'évêque a le droit d'interdit, pour la prédication et la confession, car le droit de prêcher ou de confesser ne leur appartient qu'en vertu d'une délégation de juridiction spirituelle, sur laquelle l'évêque peut revenir sans même motiver sa décision (V. *Rép.* n° 236). Mais il en est autrement de l'interdit *à sacris* ; en effet, le droit de célébrer la messe procède de l'ordination ; il est inhérent au caractère de prêtre et ne peut être retiré que par une sentence rendue dans les cas et selon les formes déterminés par les canons.

Art. 5. — *De l'appel du jugement des évêques (Rép. n°s 701 à 703).*

693. Nous avons dit au *Rép.* n°s 689 et 701 que les archevêques sont les juges immédiats des sentences des évêques, qu'ils sont saisis par l'appel porté contre ces sentences, et que le recours comme d'abus n'est pas recevable contre elles, tant qu'elles n'ont pas été attaquées devant le métropolitain (Aux autorités citées au *Rép.* n° 701, il faut ajouter : Décr. en Cons. d'Et. 6 août 1850, aff. Audierne, *Rec. Cons. d'Etat*, p. 1106 ; Dufour, t. 5, n° 205).

CHAP. 5. — Des cultes protestants (*Rép.* nos 704 à 722).

694. Le culte protestant se subdivise en une multitude de branches ou sectes; mais deux confessions seules, celle du culte *réformé* ou *calviniste* et celle du culte *luthérien* dit *de la confession d'Augsbourg*, sont reconnues en France (V. *Rép.* n° 704), a plusieurs sources de son droit ecclésiastique, qui ont été énumérées au *Rép.* n° 705. On peut compléter l'énumération qui en a été donnée en indiquant, outre la loi organique du 18 germ. an 10 et le décret du 26 mars 1852, les arrêtés ministériels des 10 sept.-10 nov. 1852 et 20 mai 1853, le décret du 19 mars 1859, ceux des 12-14 mars 1880 et 12-14 avril de la même année, la loi du 1er août 1879 et le décret des 25-28 mars 1882, qui régissent actuellement les deux communions protestantes reconnues en France; les décrets du 14 sept. 1859 et du 12 janv. 1867, qui ont organisé les cultes protestants en Algérie, et celui du 23 janv. 1884, qui les a organisés en Océanie (*Journ. off.* du 3 févr. 1884); la *confession de foi* et l'*ancienne discipline* rédigées à Paris par le premier synode national, du 25 au 29 mai 1559; la *confession de foi* dite *de la Rochelle*, rédigée en trois exemplaires dans cette ville par le synode national du 2 au 11 avr. 1571, et qui ramena à un texte uniforme la *confession de foi* établie par le premier synode de 1559; c'est à partir de cette revision que l'on identifia la *confession* à la *discipline*, comme règle textuelle, car, si la seconde était obligatoire, la première ne l'était pas; la *confession d'Ausgbourg*, ou le formulaire contenant la profession de foi des luthériens, composé de vingt-huit articles, rédigé par Mélanchton et lu à Charles-Quint, en 1530, à la diète d'Augsbourg, convoquée par cet empereur dans l'espoir de mettre fin aux dissensions religieuses soulevées dans l'Empire par la réformation, ainsi que le recueil officiel des actes du consistoire supérieur et du directoire de cette confession.

La *confession de foi réformée* se composait, à l'origine, de quarante articles contenant l'expression de la doctrine dogmatique et des croyances religieuses des protestants français au 16e siècle. Elle est suivie d'une seconde partie, intitulée *discipline ecclésiastique*, divisée en quatorze chapitres et renfermant les règles principales de l'administration intérieure des églises réformées de France, soit au point de vue du ministère sacré, soit au point de vue des exercices des fidèles. C'est ce qu'on appelle à proprement parler l'*ancienne discipline*, que l'on confond parfois, à tort, avec la *confession de foi* proprement dite, et c'est dans cette *discipline* qu'il faut chercher principalement la source du droit qui a régi pendant 250 ans les églises réformées de France. Dans cette seconde partie se trouvent également les règles d'organisation du culte réformé au 16e siècle, qui était alors réparti en *églises* (actuellement les paroisses ou plutôt *sections* d'église consistoriale), en *consistoires* (actuellement les conseils presbytéraux), et en *colloques* (actuellement les consistoires). Le culte réformé ne connaissait pas alors l'église consistoriale, création de la loi du 18 germ. an 10. La circonscription de ces colloques était déterminée par le *synode provincial*, placé au dessus. Les synodes provinciaux étaient eux-mêmes soumis à l'autorité du *synode national*, convoqué annuellement dans une province désignée par lui à l'avance et qui avait la charge de la convocation (V. chap. 5 à 9 de la 2e partie). Enfin, on rencontre dans même la *discipline* la détermination des peines disciplinaires usitées tant à l'égard des ministres que des fidèles, et les règles de juridiction propres à chaque corps ecclésiastique, ainsi que le mode d'élection ou de formation de ces corps. Ainsi, la confession de foi de 1559 a déterminé la constitution de l'église réformée française; les synodes postérieurs à celui de la Rochelle ont retouché en quelques points la discipline primitive, et ces remaniements, qui étaient alors du ressort exclusif des synodes nationaux, se sont maintenus non seulement jusqu'au dernier synode officiel de Loudun, de 1659, mais même dans les réunions extralégales du « Désert »; toutefois, l'organisation définitive de cette église, avec sa discipline ecclésiastique, ne date à vraiment parler que de la loi de germinal an 10, ou plutôt n'a été fixée que par cette loi qui, en visant la *discipline* de 1571, semble en avoir consacré les termes, sans tenir compte des modifications qu'elle avait subies dans l'intervalle.

695. C'est là cependant une question délicate. D'après l'art. 5 de la loi du 18 germ. an 10, relatif aux cultes protestants, aucun changement dans la *discipline* ne peut avoir lieu sans l'autorisation du Gouvernement. Est-ce à dire que l'*ancienne discipline* seule est protégée par cet article contre tout changement non autorisé? Selon M. le commissaire du Gouvernement Le Vavasseur de Précourt, dans les conclusions qui ont précédé la décision du conseil d'Etat du 23 juill. 1880 (aff. Electeurs de Viane, D. P. 81. 3. 65), la *discipline* visée et maintenue par la loi de l'an 10 est l'ensemble des règles qui ont présidé à l'organisation primitive de l'église réformée et qui ont été conservées sous ce nom même de *discipline* à la suite du synode de la Rochelle; c'est un acte inséparable de la confession de foi qui remonte à la même époque. C'est également à elle que paraît se référer le décret du 26 mars 1852 en visant dans son préambule « la discipline ecclésiastique des églises réformées et les règlements et coutumes de la confession d'Augsbourg mentionnés aux art. 5 et 44 de la loi du 18 germ. an 10 ». Si l'on entend le mot *discipline* dans ce sens spécial et restreint, on ne peut pas dire que l'art. 5 de cette loi interdit les changements opérés sans l'autorisation gouvernementale à une quelconque des règles relatives à l'organisation de l'église réformée, encore bien que ces règles ne se trouvent pas dans la *confession de foi* ou dans l'*ancienne discipline*, et lui soient postérieures (V. en ce sens D. P. 81. 3. 65, note). — Mais le conseil d'Etat, dans la décision précitée, n'a pas partagé cette opinion; il a refusé d'entendre le mot *discipline* dans ce sens restrictif, et il a adopté une interprétation qui peut se résumer ainsi : « Cette expression a, dans le culte réformé, une signification constante qui remonte aux premiers temps de la réforme. Elle désigne l'ensemble des principes fondamentaux sur lesquels reposent l'organisation et le gouvernement de l'église. Ces principes ont été fixés par le premier synode national, tenu en 1559, et codifiés dans une sorte de charte ou de constitution qui a reçu de ses rédacteurs mêmes le nom de *discipline*. Cette constitution contient un certain nombre de dispositions incompatibles avec les mœurs et même avec la législation actuelle. Aucun protestant ne l'admet aujourd'hui dans toutes ses parties. Le législateur de l'an 10 n'avait aucune raison pour s'écarter de la terminologie en usage et, par le mot *discipline*, il n'a pas entendu autre chose que l'ensemble des règles relatives à l'organisation de l'église, telle qu'elle résultait soit de l'acte de 1559, soit des innovations qu'il y introduisait lui-même. C'est ainsi également que le décret de 1852, en modifiant sur des points importants les règles relatives à la constitution des corps qui participent au gouvernement de l'église, et, spécialement, les conditions de l'électorat, a entendu que les mesures qu'il proscrivait avaient directement trait à la discipline dans le sens traditionnel du mot. Il faut donc tenir pour constant que l'art. 5 qui exige l'autorisation du Gouvernement pour les changements à la discipline comprend, sous cette dénomination, toutes les modifications à l'organisation intérieure de l'église, telle que cette organisation existe au moment où ces changements sont effectués ». L'arrêt du 23 juill. 1880 a décidé, spécialement, que le fait de subordonner la capacité électorale à de nouvelles conditions constitue un changement à la discipline qui ne peut être obligatoire sans l'autorisation du Gouvernement, et que la décision du synode général des églises réformées qui avait ainsi réglé à nouveau cette capacité des électeurs protestants en exigeant certaines conditions qui n'étaient pas imposées à ceux-ci sous le régime antérieur, n'avait aucune validité, ni aucune force, à défaut de cette autorisation (V. *infrà*, n° 718). Du reste, le seul fait d'opérer officiellement un choix parmi les articles de la confession de foi et les règles de la discipline constitue une des modifications pour lesquelles l'art. 5 de la loi de germinal exige l'autorisation préalable du Gouvernement (Lett. min. cult. 2 sept. 1853, Lehr, *Dictionnaire d'administration ecclésiastique à l'usage des deux églises protestantes de France*, 1869, p. 88. V. Décr. 12 avr. 1880, art. 2).

696. Un caractère commun des communions protestantes est, comme l'a fait remarquer le *Rép.* n° 706, de ne point admettre de hiérarchie entre leurs ministres, de ne pas avoir de chef visible, et de faire résider l'ensemble des pouvoirs dans le commun consentement des fidèles, dans la société chrétienne tout entière (Conclusions de M. le commissaire du Gouvernement de Belbeuf sur Cons. d'Et. 22 déc. 1869, aff.

Consistoire de Caen, D. P. 70. 3. 17). C'est sur cette base de l'autorité émanée de l'universalité des fidèles, que le protestantisme a fondé, sous la forme représentative, son organisation ecclésiastique. — Il est un autre point commun aux deux confessions, également indiqué au *Rép. ibid.*, c'est qu'elles reconnaissent l'intervention de l'autorité civile dans leurs affaires religieuses. Sans doute, le faisait observer dans les conclusions précitées le commissaire du Gouvernement, le ministre n'a pas le droit de réformer une décision émanée d'un synode ou d'un consistoire sur une matière doctrinale ou purement religieuse ; le principe de la liberté des cultes, l'interdiction de toute ingérence de l'autorité civile dans les choses de l'ordre exclusivement spirituel, le pouvoir de réformation circonscrit aux actes des autorités subordonnées au ministre s'y opposent manifestement. Admettre en cette matière l'ingérence du pouvoir civil, cela reviendrait à dire que l'Etat exerce un empire absolu sur les âmes, qu'il dispose à son gré des doctrines et des croyances. Mais le Gouvernement lui-même a, de l'aveu des deux communions, quoique dans une mesure un peu différente, le droit de s'ingérer dans l'organisation de leurs églises. — En ce qui concerne notamment les protestants de la confession d'Augsbourg, ils ont montré, en acceptant les modifications apportées par le législateur de 1879 aux articles du projet d'organisation délibéré et présenté à l'agrément du Gouvernement par le synode luthérien et au frontispice duquel figurait une déclaration de foi, qu'ils ne considèrent pas l'autorité de ce synode comme indépendante de l'Etat, même en matière dogmatique, bien que le ministre lui-même qui saisit le Sénat du projet de loi en 1878 ait cru devoir, dans un esprit de libéralisme, le présenter comme l'œuvre du synode général luthérien de 1872, formant un tout indivisible, qui devait être en bloc et dans son texte intégral approuvé ou rejeté par le Parlement, mais sans recevoir d'amendement (V. Rapport de M. Seignobos à la Chambre des députés, D. P. 80. 4. 7, note). La commission du Sénat ne crut pas devoir accepter ce point de vue, malgré les protestations faites, au nom de la liberté religieuse par M. Chesnelong (Séance du 20 févr. 1879), et traita le projet comme un projet ordinaire, en lui faisant subir des modifications qui furent acceptées sans hésitations ni réserves par les représentants légitimes de l'église luthérienne. A cette occasion donc, l'Etat n'a point traité avec cette Eglise de puissance à puissance, bien que la question de savoir s'il y avait eu, à l'origine, entre elle et lui, un véritable concordat, qui ne peut être modifié sans l'accord des deux parties contractantes, n'ait pas été agitée, au moins à la Chambre des députés (Même rapport). Dans la pensée des législateurs de 1879, l'Etat ne peut homologuer purement et simplement, sans examen, un projet élaboré sans sa participation par un corps ecclésiastique et qui tranche des questions mixtes dont la solution regarde aussi le pouvoir civil. Il a le droit d'intervenir librement, souverainement, dans l'organisation administrative des églises protestantes. Mais il ne saurait, sans les consulter, sans même les avertir, modifier brusquement cette organisation et leur en imposer une autre qu'elles repousseraient (Même rapport). C'est ce que reconnaissait déjà, en 1840, la section de législation du conseil d'Etat, qui déclarait que pour changer la hiérarchie ancienne du culte protestant, il faut au moins consulter un synode national et avoir son assentiment (Conclusions de M. le commissaire du Gouvernement sur Cons. d'Et. 22 déc. 1869 précité). Enfin, d'après le même rapporteur, l'Etat n'aurait pas à intervenir dans les questions de croyances religieuses, et ce serait pour ce motif qu'on aurait écarté de la loi de 1879 la déclaration de foi présentée par l'Eglise luthérienne. Mais cette phrase du rapport a donné lieu à la déclaration suivante de M. Seignobos lors de la discussion du projet de loi à la Chambre des députés : « Avant que la Chambre ne passe au vote sur l'ensemble de la loi, a dit M. le rapporteur, je crois devoir faire une déclaration rendue nécessaire par une observation que vient de m'adresser M. le ministre de l'intérieur des cultes. Nous sommes parfaitement d'accord avec le Gouvernement sur tous les points, tant sur les principes que sur les détails de la foi. Seulement, il y a une phrase de mon rapport qui, aux yeux du Gouvernement, a paru porter atteinte aux droits de l'Etat. Cette phrase est ainsi conçue : « La déclaration de foi, manifestation intime de la croyance

de l'église, ne saurait figurer dans un acte législatif, exclusivement et essentiellement civil ; l'Etat ne saurait intervenir dans des questions de cet ordre qui échappent à sa compétence et à son autorité ». Le Gouvernement a pensé que cette phrase pourrait faire croire de la part de la commission à l'intention d'abroger implicitement l'art. 4 de la loi de germinal an 10. Telle n'a pas été l'intention de la commission, qui a entendu, au contraire, réserver expressément tous les droits de l'Etat. Elle entend formellement maintenir cet art. 4 de la loi de germinal que j'ai cité du reste dans mon rapport comme étant toujours en vigueur, et qui est ainsi conçu : « Aucune décision doctrinale ou dogmatique, aucun formulaire, sous le titre de « confession » ou sous tout autre titre, ne pourront être publiés ou devenir la matière de l'enseignement avant que le Gouvernement en ait autorisé la publication ou promulgation » (Chambre des députés, séance du 24 juill. 1879).

697. Les articles organiques de la loi du 18 germ. an 10 pour les cultes protestants contiennent des dispositions générales qui sont communes aux deux confessions reconnues en France. Avant de passer à l'examen du régime particulier à chacune de ces deux églises, il convient donc d'indiquer les solutions qui sont intervenues depuis la rédaction du *Répertoire* sur les questions que soulève l'application de ces dispositions générales.

698. D'après l'art. 1er de la loi organique, nul ne peut exercer les fonctions du culte, s'il n'est Français. La qualité de Français est indispensable pour être nommé pasteur d'une église réformée (V. *Rép.* n° 709), ou d'une église de la confession d'Augsbourg (V. L. 1er août 1879, art. 3). La prohibition faite aux étrangers par la loi organique d'exercer les fonctions de ministre des cultes protestants n'est pas sanctionnée par aucune peine, sauf le droit d'expulsion que le Gouvernement peut toujours exercer le cas échéant (Crim. cass. 13 nov. 1851, aff. Lenoir, D. P. 52. 1. 127, et sur renvoi, Riom, 14 janv. 1852, D. P. 52. 2. 172). Les étrangers ne peuvent être nommés à une fonction du culte qu'à titre provisoire (Lehr, p. 200).

699. Comme pour le culte catholique, il est défendu aux églises protestantes ou à leurs ministres d'avoir des relations avec aucune puissance ni autorité étrangère (art. 2) (V. à cet égard *suprà*, n° 191).

700. Les ministres des diverses communions protestantes doivent prier et faire prier, dans la récitation de leurs offices, pour la prospérité de la France et de son Gouvernement (art. 3). Sur la formule de ces prières publiques généralement adoptée par les églises protestantes des deux communions, V. Lehr, p. 216, et *Recueil officiel des actes du directoire et du consistoire de la confession d'Augsbourg*, t. 10, p. 62. L'art. 1er, § 3, de la loi constitutionnelle des 16-18 juill. 1875, qui prescrivait de faire des prières publiques le dimanche qui suit la rentrée des chambres législatives étant aujourd'hui abrogé, ces prières n'ont plus lieu dans les temples protestants (V. *suprà*, n° 128).

701. Aucune décision doctrinale ou dogmatique, aucun formulaire, sous le titre de *confession* ou autre, ne peuvent être publiés ou devenir la matière de l'enseignement sans que le Gouvernement en ait autorisé la publication ou la promulgation (art. 4). Cette prohibition a été rappelée par l'art. 15 du décret du 12 mars 1880 (D. P. 81. 4. 94), en ce qui concerne l'église de la confession d'Augsbourg. Ce droit d'approbation ainsi réservé au Gouvernement est une garantie que toutes les dispositions législatives et réglementaires relatives à l'organisation des cultes seront toujours exactement et impartialement exécutées et appliquées (Circ. min. cult. 24 juill. 1880, *Rec. circ. cult.*, t. 4, p. 90. V. *Rép.* n° 192, et le rapport sur la loi du 1er août 1879, D. P. 80. 4. 8, note, n° 7, duquel il résulte que l'art. 4 de la loi organique n'a pas été abrogé. V. aussi *suprà*, n° 699).

702. La voie du recours comme d'abus (V. *suprà*, n°s 151 et suiv.) est ouverte contre les entreprises des ministres des cultes protestants (art. 6) ou lorsque des dissensions s'élèvent entre eux (Même article). Parmi les cas d'abus résultant de l'emploi de procédés qui, dans l'exercice des cultes, peuvent compromettre l'honneur des citoyens, troubler arbitrairement leur conscience, dégénérer contre eux en oppression ou en injure, on peut citer spécialement le refus public de sacrements, le refus arbitraire de

bénir un mariage ou de célébrer un enterrement (Lehr, p. 40), si, bien entendu, le défunt appartient au culte du ministre et meurt dans sa circonscription paroissiale (Décis. min. 18 pluv. an 13 ; Lehr, p. 180). — Quant aux faits attentatoires au culte commis par de simples particuliers, ils tombent sous le coup de la loi pénale ordinaire (V. *suprà*, n°s 40 et suiv.). C'est le conseil d'Etat qui juge les appels comme d'abus : la décision ne saurait, en aucun cas, appartenir au ministre chargé de l'administration des cultes (V. rapport de M. le commissaire du Gouvernement sur Cons. d'Et. 22 déc. 1869, cité *suprà*, n° 696). — Si les entreprises reprochées à un simple ministre du culte ne peuvent être réprimées que par un décret rendu en conseil d'Etat, à plus forte raison il doit en être ainsi, alors qu'il s'agit d'un acte émané d'une autorité religieuse plus élevée telle qu'un consistoire (Même rapport, et note, D. P. 70. 3. 17).

Sect. 1re. — Des églises réformées (*Rép.* n°s 707 à 712).

703. Comme on l'a vu *suprà*, n° 696, l'église réformée de France a pour base le régime presbytérien-synodal (Rapport sur le décret du 26 mars 1852, D. P. 52. 4. 135, note 1), c'est-à-dire l'absence de hiérarchie entre les pasteurs qui sont tous égaux, et le pouvoir ecclésiastique résidant exclusivement dans la société des fidèles. — Avant 1852, le suffrage universel n'était pas appliqué dans l'église réformée. Il n'y a été introduit qu'à cette époque (Conclusions de M. le commissaire du Gouvernement Le Vavasseur de Précourt, dans l'affaire jugée par le conseil d'Etat le 17 avr. 1885, aff. Consistoire de Paris, D. P. 86. 3. 105). La *paroisse* ou commune ecclésiastique est la base de ce système. On appelle paroisse un groupe de protestants habitant une ou plusieurs communes et pour lesquels l'Etat rétribue un ou plusieurs pasteurs (V. *Rép.* n° 708). Chaque paroisse a un *conseil presbytéral* (V. *infrà*, n° 708). Après avoir déterminé un groupe de paroisses destinées à former une circonscription consistoriale, le Gouvernement désigne l'une d'elles pour chef-lieu et y institue un *consistoire* (V. *Rép.* n° 710). Au dessus des consistoires, la loi de germinal an 10 a placé des *synodes* (V. *Rép.* n° 711, et *infrà*, n° 743). En outre, le décret de 1852 a établi à Paris un *conseil central des églises réformées* ayant pour mission de représenter ces églises auprès du Gouvernement et de s'occuper des questions d'intérêt général dont il serait chargé par l'Administration ou par les églises elles-mêmes (V. *Rép.* n° 712, et *infrà*, n° 744), et dont un autre décret de la même date a nommé les membres. Ce conseil a été reconstitué par décret du 3 juill. 1879 (V. *infrà*, *ibid.*), à raison, dit le rapport du ministre des cultes qui a précédé ledit décret (*Journ. off.* du 4 juill. 1879), des vacances nombreuses qui s'étaient produites dans son sein et auxquelles il n'avait pas été régulièrement pourvu depuis 1870, et des doutes qui s'élevaient sur la légalité de ses délibérations. Enfin un *synode général* a été convoqué par un décret du 29 nov. 1871, dans un but transitoire de conciliation et d'apaisement comme on le verra *infrà*, n° 745.

Art. 1er. — *Pasteurs* (*Rép.* n°s 708 et 709).

704. On a dit au *Rép.* n° 709, et *suprà*, n° 699, qu'il n'existe entre les pasteurs des églises réformées ou calvinistes aucune hiérarchie, aucune distinction d'ordre. Comme les ministres du culte catholique, ils peuvent remplir les fonctions d'aumôniers dans les armées ou près des établissements civils dans lesquels des aumôniers sont institués (V. à ce sujet les divers articles auxquels il est renvoyé *suprà*, n° 259). — De même que les ministres des autres cultes, les pasteurs des cultes protestants sont autorisés à donner des soins et des conseils gratuits à leurs paroissiens (Av. Cons. d'Et. 20 déc. 1810. V. *suprà*, n° 75). — Le pasteur est exempté de droit du service militaire (V. *suprà*, n° 71). — Il y a incompatibilité entre les fonctions et celles de juré (L. 4 juin 1853, art. 3 ; 21 nov. 1872, art. 2) (V. *suprà*, n° 73). — Il est dispensé de la tutelle, à moins qu'il ne l'ait acceptée postérieurement à sa nomination (Av. Cons. d'Et. 4-20 nov. 1806, V. *suprà*, n° 74). — Il a le droit de porter, dans l'exercice de ses fonctions, certains insignes dont l'usurpation tombe sous l'application de l'art. 259

c. pén. (V. *infrà*, v° *Usurpation de costume*). — Il correspond en franchise avec toute une série de fonctionnaires (V. *infrà*, v° *Postes et télégraphes*).

705. Les conditions de capacité nécessaires pour être nommé pasteur ont été indiquées au *Rép.* n° 709 (V. art. 1er, 12, 13 de la loi organique du 18 germ. an 10 pour les cultes protestants, et le décret du 24 mars 1807 ; Circ. min. cult. 28 mai 1885, *Rec. circ. cult.*, t. 4, p. 549). On ne peut être élu pasteur sans produire le diplôme de bachelier en théologie ni sans être âgé de vingt-cinq ans, à moins de dispenses accordées par le ministre des cultes (Circ. min. cult. 29 oct. 1832 ; 24 août 1839, *ibid.*, t. 1, p. 214 et 358 ; 15 oct. 1860 ; 28 mai 1885 précitée. V. A. Lods, *Revue de droit et de jurisprudence*, juill. 1885, p. 129). On a aussi indiqué *ibid.* le mode de nomination des pasteurs, l'art. 26, § 1er, des articles organiques protestants ayant été modifié par l'art. 5 du décret du 26 mars 1852 et les art. 1er et 7 de l'arrêté ministériel du 20 mai 1853. Mais le second paragraphe de cet art. 26 est au contraire encore en vigueur, et le Gouvernement doit être mis à même d'approuver l'élection des pasteurs, dont le titre d'élection lui est, à cet effet, présenté (V. *Rép.* n° 709). Quand la nomination est faite par le consistoire, celui-ci transmet son arrêté au ministre des cultes par l'entremise du préfet du département où s'est produite la vacance (Circ. min. cult. 8 flor. an 11 ; 25 avr. 1806, *Rec. circ. cult.*, t. 1, p. XXIX et XXXVII), avec les pièces justifiant de l'accomplissement des conditions légales que doit réunir le pasteur ; mais cet envoi est inutile si l'élu est déjà pasteur titulaire en France ; il peut être utile d'y joindre son acte d'acceptation et, au besoin, un acte constatant de la part du consistoire qu'il quitte, la réserve ou l'abandon du droit que lui donne l'art. 3 du décret du 10 brum. an 14, de retenir pendant six mois, dans son ancienne paroisse, le pasteur démissionnaire qui ne serait pas remplacé avant ce terme (Circ. min. cult. 29 oct. 1832, *ibid.*, t. 1, p. 214 et 215 ; Lehr, p. 202). — Au décret de confirmation de l'élection succède l'installation officielle par le consistoire ou les pasteurs délégués par lui à cet effet (Circulaire précitée du 29 oct. 1832), installation constatée par un procès-verbal transmis par la voie hiérarchique au préfet du département pour servir à la formation des états de payement (Même circulaire). — Le serment exigé des pasteurs par l'art. 26 de la loi organique est tombé en désuétude. — Il a été jugé, sous l'empire de l'art. 19 de la loi du 18 germ. an 10, qu'un ministre du culte réformé peut, avec la seule autorisation du consistoire, exercer son ministère dans l'étendue de la circonscription de ce consistoire, sans avoir besoin d'y être autorisé par l'administration : les art. 291 et 292 c. pén. sont ici sans application (Ordonn. Cons. d'Et. 30 mars 1846, aff. Pertuzon, D. P. 46. 3. 129). Mais ce ministre encourt l'application de l'art. 294 c. pén., s'il exerce, sans permission de l'autorité municipale, un culte dans un local non agréé par elle (Même arrêt). — Ces solutions sont encore vraies aujourd'hui, surtout depuis que le décret du 26 mars 1852 a implicitement modifié le régime de la loi organique. Lorsqu'il s'agit simplement d'adjoindre à un pasteur un suffragant ou un pasteur auxiliaire, il suffit que le ministre des cultes en soit informé par l'envoi de la délibération consistoriale (Circ. min. cult. 15 oct. 1860. V. Lehr, p. 35).

706. C'est aux consistoires qu'il appartient de prononcer la destitution des pasteurs. Mais, comme on l'a vu au *Rép.* n° 709, *in fine*, ils ne peuvent, aux termes de l'art. 25 de la loi du 18 germ. an 10, prendre une pareille mesure qu'à la charge d'en soumettre les motifs au Gouvernement qui a le droit de les approuver ou de les rejeter (V. aussi Cons. d'Et. 1er févr. 1878, aff. Bruniquel, D. P. 78. 3. 53). — Dans cette dernière affaire, on soutenait que le consistoire ne peut prononcer la révocation d'un pasteur que sur la proposition ou tout au moins sur l'avis du conseil presbytéral, le pasteur dûment appelé et entendu. Mais cette prétention n'était pas fondée. Le décret du 26 mars 1852, en créant les conseils presbytéraux, a limitativement déterminé leurs attributions, qui se bornent à l'administration des paroisses sous l'autorité des consistoires. L'art. 5 donne seulement à ces conseils le droit de présenter une liste de trois candidats au consistoire, à qui le droit de nommer le pasteur est réservé ; aucune disposition du décret ne touche aux révocations. Il est donc impossible d'admettre que l'art. 25 de la loi de

germinal an 10 ait subi aucune modification par suite de l'établissement des conseils presbytéraux. C'est ce qu'a reconnu le conseil d'Etat, dans son arrêt précité du 1er févr. 1878, qui déclare « qu'aucune disposition du décret du 26 mars 1852, portant réorganisation des cultes protestants, ne confère aux conseils presbytéraux institués par ce décret le droit de proposer la destitution d'un pasteur, non plus que de donner leur avis sur cette mesure » (V. en ce sens : *Revue générale d'administration*, 1878, t. 1, p. 423).

Dans la même affaire, la décision du consistoire prononçant la révocation avait été déférée au synode général, et le décret qui approuvait cette décision avait été rendu avant que le synode eût statué ; or, le pasteur révoqué se fondait sur cette circonstance pour attaquer le décret comme illégalement rendu. Le conseil d'Etat n'a pas tenu compte de ce grief qui, en effet, n'était pas fondé. Les actes du pouvoir exécutif par suite desquels le synode général s'était réuni, n'avaient pu avoir pour conséquence de modifier une disposition législative telle que l'art. 25 de la loi de l'an 10. On ne saurait donc considérer comme remis actuellement en vigueur l'art. 30 de l'*ancienne discipline*, qui, après avoir donné autorité aux synodes provinciaux de changer les ministres pour certaines considérations, leurs églises ouïes, ajoutait : « En cas de discord, le tout sera vidé au synode national, pendant lequel temps rien ne sera innové ». C'est, du reste, en ce sens que le synode général, à l'occasion de cette même affaire, avait interprété l'état actuel de la législation. Il s'était borné, en effet, à exprimer le vœu que, conformément à la discipline des églises réformées et au projet qu'il avait arrêté en 1872, aucune mesure disciplinaire ne pût, à l'avenir, être prise contre un pasteur, sans que celui-ci eût été autorisé à se faire entendre par le corps ayant pouvoir pour la prononcer, et qu'aucune révocation ne fût définitive qu'après qu'elle aurait été approuvée par le synode général. Quant à la réclamation présentée par le sieur Bruniquel, le synode avait passé à l'ordre du jour, par le motif que la question était résolue par un décret du chef de l'Etat.

La destitution prononcée contre un pasteur protestant peut-elle être attaquée par voie d'appel comme d'abus ? Cette question a été résolue négativement (Cons. d'Et. 17 sept. 1844, aff. Schrumpf, D. P. 45. 3. 72).

707. L'arrêt du conseil d'Etat du 1er févr. 1878, cité *suprà*, n° 706, a en encore à statuer sur une autre question. Il s'agissait de savoir si le ministre des cultes avait pu, sur l'avis conforme du synode d'arrondissement, suspendre de ses fonctions un pasteur, non régulièrement privé de son titre, en lui substituant un pasteur suffragant, et lui retirer une partie des émoluments attachés à son emploi. Le conseil d'Etat s'est prononcé pour la négative, attendu qu'aucune disposition de loi ne conférait au ministre un pareil droit, et il a annulé sa décision comme entachée d'excès de pouvoir. Cette solution ne pouvait faire difficulté, les pasteurs n'étant pas des fonctionnaires placés sous l'autorité du Gouvernement ; et, dans la matière si délicate des rapports de l'Etat avec les cultes, l'intervention du pouvoir civil n'est que une exception qui doit résulter de dispositions formelles. Quant à l'intervention du synode, elle ne pouvait suffire à valider la mesure prise par le ministre. Il est vrai

que d'après les art. 19 et 50 de l'*ancienne Discipline* des églises réformées, la peine de la suspension pouvait être prononcée par les consistoires colloques ou synodes provinciaux, non seulement contre les ministres convaincus de crimes notoires, ou qui auraient prêché des doctrines hérétiques, mais encore contre ceux qui se seraient laissé distraire de leur charge pour vaquer avec trop de zèle à la médecine, à la jurisprudence ou même à l'éducation de la jeunesse ; et l'art. 50 ajoutait : « En attendant que le synode provincial ait décidé, toutes sentences de suspension, pour quelque cause que ce soit, tiendront nonobstant appel jusqu'au jugement définitif ». Mais aucune disposition semblable n'a été insérée dans les actes qui régissent actuellement l'organisation des cultes protestants. A supposer, d'ailleurs, que les synodes d'arrondissement aient encore aujourd'hui, en vertu des anciennes règles sur la discipline, le droit de suspendre un pasteur de ses fonctions, l'acte par lequel le ministre des cultes était intervenu pour donner à l'acte du synode le concours de son autorité n'en était pas moins illégal. Il semble que le droit de prononcer une peine de cette nature ne puisse appartenir qu'à un pouvoir compétent pour prononcer la mesure plus grave de la destitution, c'est-à-dire au consistoire, sauf l'approbation du Gouvernement.

Art. 2. — *Conseils presbytéraux* (Rép. n° 701).

708. Nous avons dit *suprà*, n° 703, qu'il y a une paroisse partout où l'Etat rétribue un ou plusieurs pasteurs. Le décret du 26 mars 1852 (D. P. 52. 4. 135) a constitué dans la paroisse un conseil presbytéral chargé de l'administrer. Depuis la loi du 1er août 1879, art. 28 (V. *infrà*, n° 746), les dispositions de l'art. 1er de ce décret, qui étaient communes aux deux confessions calviniste et luthérienne, ne s'appliquent plus qu'à la première (V. *infrà*, n° 747).

709. Indépendamment des paroisses établies par le Gouvernement et pourvues d'un pasteur rétribué par l'Etat, certaines localités où il existe un groupe de protestants d'une certaine importance ont été pourvues, par les soins du consistoire dont elles dépendent, d'un conseil presbytéral officieux et d'un pasteur auxiliaire, rétribué au moyen d'une subvention particulière et d'un secours de l'Etat. Ces paroisses sans caractère officiel avaient été assimilées aux autres sections et avaient un conseil presbytéral avec un délégué au consistoire (Circ. min. cult. 10 nov. 1852, *Rec. circ. cult.*, t. 2, p. 392 et suiv.). Mais cette disposition a été rapportée par la circulaire des ministres des cultes, du 28 févr. 1881 (*Ibid.*, t. 4, p. 318 et suiv.). L'administration des cultes n'intervient à aucun degré dans la formation de ces corps ecclésiastiques officieux dont elle ne reconnaît pas l'existence (Même circulaire du 28 févr. 1881) ; par suite, les prescriptions relatives aux élections des conseils presbytéraux et des consistoires, contenues dans le décret du 12 avr. 1880 (V. *infrà*, n°s 713 et 714), ne s'appliquent pas à ces corps officieux que les consistoires organisent comme bon leur semble (Même circulaire).

710. — I. Attributions du conseil presbytéral. — Ces attributions ont été réglées par un arrêté ministériel du 20 mai 1853 (1). Le conseil presbytéral maintient l'ordre et

<hr/>

(1) Le ministre, secrétaire d'état au département de l'instruction publique et des cultes ; — Vu les dispositions du décret du 26 mars 1852, et spécialement les art. 1er et 2 ; — Vu l'arrêté du 10 sept. 1852 ; — Vu les propositions du conseil central des églises réformées ; — Considérant que la définition des attributions et des rapports des conseils presbytéraux et des consistoires proposés par le conseil central est le complément indispensable de l'arrêté du 10 sept. 1852 portant règlement du mode d'élection de ce corps ; — Considérant que si le conseil central a proposé, en outre, de déterminer d'une manière explicite les attributions des conseils qui pourraient être appelés à le remplacer lui-même, il résulte des observations présentées par les consistoires et des renseignements recueillis par l'Administration que les églises sont loin d'être d'accord entre elles sur ce point important ; — Attendu que, le Gouvernement, qui entend respecter l'indécision des églises, alors même que la connaissance qu'il a de leurs véritables intérêts l'empêcherait de la partager, est bien convaincu, en outre, que les attributions du conseil central sont assez largement définies dans le décret du 2 mars 1852, pour que cette institution produise, dès à présent, et sans développements nouveaux la plu-

part des fruits qu'on pouvait s'en promettre, à l'avantage réciproque des Eglises et de l'Etat ; — Arrête :

Chap. 1er. — *Attributions des conseils presbytéraux.*

Art. 1er. Le conseil presbytéral maintient l'ordre et la discipline dans la paroisse. Il veille à l'entretien des édifices religieux, et administre les biens de l'église. Il administre également les deniers provenant des aumônes. — Il présente des candidats aux places de pasteurs qui viennent à vaquer ou à être créées. — Il nomme, sous réserve de l'approbation du consistoire, les pasteurs auxiliaires, et agréé, sous la même réserve, les suffragants proposés par les pasteurs. — Il accepte, sous l'approbation de l'autorité supérieure, les legs ou donations faits aux églises de son ressort.

2. Le conseil presbytéral soumet au consistoire les actes d'administration et les demandes qui, par leur nature, exigent l'approbation ou la décision de l'autorité supérieure. Sont également soumises au consistoire toutes difficultés entre les pasteurs et les conseils presbytéraux.

la discipline dans la paroisse. Il veille à l'entretien des édifices religieux et administre les biens de l'Eglise. Il administre également les deniers provenant des aumônes. Il présente les candidats aux places de pasteurs qui viennent à vaquer ou à être créées. Il nomme, sauf l'approbation du consistoire, les pasteurs auxiliaires et agréc, sous la même réserve, les suffragants proposés par les pasteurs. Il accepte, sous l'approbation de l'autorité supérieure, les legs ou donations faits aux églises de son ressort (Arrêté min. 20 mai 1853, art. 1er). Il soumet au consistoire les actes d'administration et les demandes qui, par leur nature, exigent l'approbation ou la décision de l'autorité supérieure, ainsi que toutes difficultés entre les pasteurs et le conseil presbytéral (art. 2). Il est présidé par le plus ancien pasteur de la paroisse. Il nomme, à la majorité absolue parmi ses membres laïques, un secrétaire et un trésorier (art. 3). Le premier rédige les procès-verbaux des séances, est chargé de la tenue des registres, de la garde et de la conserva-

tion des archives, et signe avec le président tous les actes qui émanent du conseil. Le second est chargé du recouvrement des deniers de l'église et paye toutes les dépenses régulièrement autorisées (art. 4). Le conseil dresse, au mois de novembre de chaque année, pour l'année suivante, le budget de ses recettes et de ses dépenses. Il vérifie et arrête les comptes, qui sont rendus, à l'expiration de chaque année, par le trésorier. Ces budgets et comptes sont soumis à l'approbation des consistoires (art. 5). Aucun acte d'administration du conseil presbytéral n'est valable qu'après examen et visa du consistoire; les conseils presbytéraux ne représentent les paroisses et ne sont leurs organes qu'auprès des consistoires: ils n'ont pas qualité pour correspondre directement avec l'autorité supérieure (Circ. min. cult. 26 mai 1853, *Rec. circ. cult.*, t. 2, p. 425).

711. — II. Composition et réunion du conseil presbytéral. — Les règles sur ce point sont contenues dans le chap. 1er d'un arrêté ministériel du 10 sept. 1852 (1), qui

3. Le conseil presbytéral est présidé par le plus ancien des pasteurs de la paroisse. Il nomme à la majorité absolue, parmi ses membres laïques, un secrétaire et un trésorier.

4. Le secrétaire rédige les procès-verbaux des séances du conseil. Il est chargé de la tenue des registres, de la garde et de la conservation des archives; il signe avec le président tous les actes qui émanent du conseil. Le trésorier est chargé du recouvrement des deniers de l'église et paye toutes les dépenses régulièrement autorisées.

5. Le conseil presbytéral dresse, au mois de novembre de chaque année, pour l'année suivante, le budget de ses recettes et de ses dépenses. — Il vérifie et arrête les comptes qui sont rendus à l'expiration de chaque année par le trésorier. — Ces budgets et ces comptes sont soumis à l'approbation du consistoire.

Chap. 2. — *Attributions des consistoires.*

6. Le consistoire transmet au Gouvernement, avec son avis, les délibérations des conseils presbytéraux mentionnées en l'art. 2 ci-dessus. Il veille à la célébration régulière du culte, au maintien de la liturgie et de la discipline et à l'expédition des affaires dans les diverses paroisses de son ressort. — Il surveille l'administration des biens des paroisses et administre les biens consistoriaux. — Il accepte, sous l'approbation de l'autorité supérieure, les legs et donations faits au consistoire ou indivisément aux églises de son ressort. — Il arrête les budgets, vérifie et approuve les comptes de ces conseils.

7. Le consistoire nomme, conformément aux dispositions de l'art. 5 du décret du 26 mars 1852, aux places de pasteurs qui viennent à vaquer dans les églises de son ressort, et propose au Gouvernement la création de places nouvelles.

8. Le consistoire élit à chaque renouvellement son président parmi les pasteurs de la consistoriale, et parmi ses membres laïques un secrétaire et un trésorier. Le secrétaire et le trésorier du consistoire remplissent des fonctions analogues à celles qui ont été déterminées par l'art. 4 pour le secrétaire et le trésorier des conseils presbytéraux. — Les fonctions de trésorier du consistoire peuvent être confiées au trésorier du conseil presbytéral du chef-lieu.

9. Le consistoire dresse, au mois de décembre de chaque année, le budget de ses recettes et de ses dépenses pour l'année suivante. Il vérifie et arrête les comptes qui sont rendus à l'expiration de chaque année par son trésorier.

Disposition générale.

10. En cas de partage dans les délibérations des conseils presbytéraux ou des consistoires, le président a voix prépondérante. Du 20 mai 1853. — Arrêté du ministre secrétaire d'Etat au département de l'instruction publique et des cultes.

(1) Le ministre de l'instruction publique et des cultes; — Vu les dispositions du décret du 26 mars 1852, et spécialement l'art. 14; — Vu les avis des consistoires et des parties intéressées, ensemble les propositions du conseil central des églises réformées et du directoire du consistoire supérieur de la confession d'Augsbourg; — Arrête:

Chap. 1er. — *Des conseils presbytéraux et des consistoires.*

Art. 1er. Les conseils presbytéraux, institués par l'art. 1er du décret du 26 mars 1852 seront composés ainsi qu'il suit: — 1° Dans les églises réformées, il y aura cinq membres laïques pour les paroisses n'ayant qu'un pasteur; sept pour deux pasteurs; sept pour trois pasteurs et au-dessus. Néanmoins, il n'y aura que quatre membres dans les communes n'ayant que 400 âmes de

population totale; — 2° Dans les églises de la confession d'Augsbourg, il y aura quatre membres laïques pour les paroisses au-dessous de 800 âmes; cinq, de 800 à 1500 âmes; six, de 1500 à 2000 âmes; sept pour les paroisses de 2000 âmes et au-dessus.

2. Pour que les conseils presbytéraux des chefs-lieux de circonscription consistoriale puissent délibérer comme consistoire, en exécution de l'art. 2 du décret du 26 mars, le nombre des membres laïques, dont ils se composent, devra être porté au double, en observant les proportions indiquées dans l'art. 1er du présent règlement.

3. Les membres ainsi appelés à compléter les consistoires devront être élus dans les diverses paroisses, de manière à ce que chaque section n'envoie pas un nombre total de représentants laïques inférieur à celui des pasteurs qu'elle a le droit d'y faire siéger. — Les membres laïques que chaque paroisse sectionnaire pourra élire au consistoire, en sus du délégué laïque qui lui est accordé par le paragraphe 3 de l'art. 1er du décret du 26 mars, seront, autant que possible, choisis au chef-lieu consistorial.

4. Les ascendants et descendants, les frères et alliés au même degré ne peuvent être membres du même conseil presbytéral. Des dispenses pourront être accordées par le ministre des cultes, sur l'avis du conseil central des églises réformées ou du directoire de la confession d'Augsbourg, dans les paroisses ayant moins de soixante électeurs.

5. Les pasteurs auxiliaires et suffragants à divers titres, les aumôniers des lycées ou collèges, des hospices et prisons, peuvent être admis, sur l'autorisation du ministre, à siéger dans le conseil presbytéral et dans le consistoire, desquels ils relèvent, avec voix consultative.

6. Les conseils presbytéraux sont présidés par le pasteur le plus ancien dans la paroisse, et les consistoires par un président qu'ils élisent, à chaque renouvellement consistorial, parmi les pasteurs et leur circonscription. — Un des membres laïques est chargé des fonctions de secrétaire. — En cas d'empêchement temporaire des pasteurs, le plus âgé des membres laïques ou anciens remplit provisoirement les fonctions de président. — Dans les églises de la confession d'Augsbourg, le directoire peut, sur la demande du consistoire ou du conseil presbytéral, nommer le président. — Le président du directoire, ou un membre délégué à cet effet, et l'inspecteur ecclésiastique peuvent présider les séances des conseils presbytéraux et des consistoires.

7. Les conseils presbytéraux et les consistoires sont convoqués par leurs présidents au chef-lieu de leurs circonscriptions respectives, en séances ordinaires, au moins une fois par trimestre. Ils peuvent être convoqués extraordinairement, suivant les besoins du service et sur la demande motivée de deux membres pour les conseils presbytéraux pour les consistoires, de trois membres ou d'un conseil presbytéral pour les consistoires. — Tout ancien ou délégué laïque qui, sans motifs agréés, aura manqué à trois séances consécutives, sera réputé démissionnaire.

8. Les conseils presbytéraux ne peuvent délibérer que lorsque la moitié au moins de leurs membres assistent à la séance. Pour que les consistoires puissent délibérer, il faut non seulement que la moitié au moins des membres assistent à la séance, mais encore que la moitié au moins des pasteurs des sections et de leurs délégués laïques soient présents. — Les membres présents signent au registre des délibérations, et leurs noms sont rapportés en tête des extraits du procès-verbal, lesquels sont signés par le président et le secrétaire.

Chap. 2. — *Du registre paroissial et des électeurs.*

9. Conformément aux dispositions de l'art. 2 du décret du 26 mars 1852, les conseils presbytéraux sont nommés par les électeurs inscrits au registre paroissial. Pour être membre d'un conseil presbytéral, il faut être électeur.

a eu pour objet de régler, en vertu d'une délégation émanée du chef de l'Etat, l'exécution du décret du 26 mars 1852. — Le conseil presbytéral est composé de quatre membres laïques au moins et de sept au plus, présidés par le pasteur ou l'un des pasteurs (art. 1er). Le chiffre de quatre est applicable aux circonscriptions paroissiales où l'ensemble de la population *protestante* n'excède pas 400 âmes (Av. cons. centr. 19 mars 1880; Circ. min. cult. 28 févr. 1881, V. *supra*, n° 708). A défaut de renseignements officiels, ce chiffre est déterminé à l'aide de documents paroissiaux, sous le contrôle des consistoires (Même circulaire). Les ascendants et descendants, les frères et alliés au même degré ne peuvent être membres du même conseil presbytéral. Des dispenses peuvent être accordées par le ministre des cultes, sur l'avis du conseil central des églises réformées, dans les paroisses ayant moins de soixante électeurs (art. 4). Les pasteurs auxiliaires et suffragants à divers titres, les aumôniers des lycées, des collèges, des hospices et prisons, peuvent être admis, sur l'autorisation du ministre, à siéger dans le conseil presbytéral et dans le consistoire dont ils relèvent, avec voix consultative (art. 5). Le pasteur le plus ancien de la paroisse préside le conseil presbytéral, ou, à défaut de pasteurs, le plus âgé des membres laïques (art. 6). Le conseil est convoqué par son président au chef-lieu de la circonscription, en séance ordinaire, au moins une fois par trimestre, sauf à être réuni extraordinairement, selon les besoins du service, sur la demande motivée de deux membres (art. 7). Tout ancien ou laïque qui, sans motifs agréés, manque à trois séances consécutives, est réputé démissionnaire (*Ibid.*). Le conseil ne peut délibérer que lorsque la moitié au moins de ses membres assiste à la séance. Les membres présents signent au registre des déli-

10. Sont inscrits sur le registre paroissial, sur leur demande, les protestants français qui, ayant trente ans révolus et deux ans de domicile dans la paroisse, établissent qu'ils appartiennent à l'église réformée ou à celle de la confession d'Augsbourg par les justifications que le conseil central et le directoire ont déterminées, en conformité avec les vœux de la majorité des consistoires. — Les étrangers, après trois ans de résidence dans la paroisse, sont admis à se faire inscrire au registre paroissial aux mêmes conditions que les nationaux.

11. Toutes les incapacités édictées par les lois et entraînant la privation du droit électoral politique ou municipal font perdre le droit électoral paroissial.

12. En cas d'indignité notoire, la radiation ou l'omission du nom est prononcée par le conseil presbytéral au scrutin secret, sans discussion, et seulement à l'unanimité des voix. En cas d'appel, le consistoire dans les églises réformées, et dans celles de la confession d'Augsbourg, le directoire décident en dernier ressort. — Toute réclamation pour cause d'omission ou de radiation est d'abord adressée au conseil presbytéral. Elle n'est prise en considération que si elle est personnelle, directe, et formulée par écrit.

13. Le registre paroissial est ouvert le 1er janvier et clôs le 31 décembre pour servir aux élections de l'année suivante. Il est revisé tous les ans, au mois de décembre, en conseil presbytéral. Il est tenu en double, et l'un des exemplaires est déposé aux archives, l'autre chez le pasteur président. — Les pasteurs et les membres de l'église peuvent toujours en prendre communication, sans que jamais le registre puisse être déplacé.

14. Tout membre de l'église inscrit au registre paroissial, qui a transféré son domicile dans une autre paroisse, peut requérir l'extrait de son inscription. — Cette pièce, signée du président et du secrétaire, est adressée au conseil presbytéral de la nouvelle résidence, et elle tient lieu des justifications exigées, hormis celle du domicile. — Dans les églises de la confession d'Augsbourg, cette transmission se fera par l'intermédiaire du directoire.

15. Les élections ont lieu au scrutin secret et à la majorité absolue des suffrages. Si la majorité absolue n'est pas acquise au premier tour de scrutin, une seconde élection a lieu, et, dans ce cas, la majorité relative suffit.

16. S'il y a partage égal de voix entre les candidats, le plus âgé est déclaré élu. En cas de nomination de deux ou plusieurs parents ou alliés aux degrés prohibés, celui qui a réuni le plus de voix est élu.

17. Le vote a lieu sous la présidence d'un pasteur, ou, à défaut, d'un ancien désigné par le conseil presbytéral. Deux électeurs, désignés également par le conseil presbytéral, complètent le bureau. L'un d'eux remplit les fonctions de secrétaire.

18. Les bulletins seront écrits à la main, dans le lieu même du vote, soit par l'électeur, soit par un tiers qu'il en chargera. Ils contiendront autant de noms qu'il y aura d'anciens à élire.

19. Le consistoire statue sur la validité des élections, informe

bérations et leurs noms sont rapportés en tête des extraits du procès-verbal signés par le président et le secrétaire (art. 8).

712. — III. ÉLECTION DES MEMBRES DU CONSEIL PRESBYTÉRAL. — Les principales règles ou les bases de cette élection ont été posées par le décret du 26 mars 1852. Le ministre des cultes a, dans son arrêté du 10 sept. 1852 (chap. 2, V. *supra*, n° 711) fixé les conditions d'inscription sur le registre paroissial. Depuis, un décret des 12-14 avr. 1880, portant règlement d'administration publique sur les inscriptions et opérations électorales dans les églises réformées de France (D. P. 81. 4. 96), a apporté plusieurs changements et compléments à l'arrêté de 1852, dont il a abrogé plusieurs dispositions, notamment, les art. 12, § 3, 13, 18, 19 et 22. C'est dans la combinaison de cet arrêté et de ce dernier décret que se trouvent toutes les règles concernant l'électorat et l'éligibilité des membres des conseils presbytéraux et des consistoires dont il sera parlé ci-après. Deux circulaires ministérielles du 30 août 1880 et du 28 févr. 1881 (*Rec. circ. cult.*, t. 4, p. 134 et 318), ont enfin développé et appliqué ces règles (V. Armand Lods, *Du droit électoral dans les églises protestantes*).

La légalité du décret du 12 avr. 1880 a été mise en doute; on a prétendu que les dispositions de ce décret, notamment, celles qui ont institué la juridiction des consistoires, des tribunaux civils et de la cour de cassation pour connaître d'une partie du contentieux relatif à l'électorat paroissial excédaient les attributions du pouvoir exécutif. Il est certain que de pareilles innovations sont de celles qu'il n'appartient, en principe, qu'au législateur lui-même de consacrer. Mais on sait que le décret-loi du 26 mars 1852 avait délégué au ministre des cultes le pouvoir de régler dans ses détails toutes les questions relatives à l'organisation du culte réformé : or cette délé-

le préfet du résultat et adresse au ministre des cultes une ampliation du procès-verbal. — Dans les églises de la confession d'Augsbourg, le consistoire statue sous la réserve de l'approbation du directoire. Les procès-verbaux sont envoyés à l'inspecteur ecclésiastique, qui les transmet au directoire. Après chaque renouvellement, le directoire adresse au ministre un tableau général.

20. Les conseils presbytéraux sont renouvelés tous les trois ans, par moitié. — Le renouvellement dans les paroisses où le nombre des anciens est impair, porte alternativement sur la plus forte et la plus faible moitié, en commençant par la plus forte.

21. Les membres sortants des conseils presbytéraux et des consistoires peuvent toujours être réélus.

22. Si une ou plusieurs places d'anciens deviennent vacantes au conseil presbytéral, le consistoire décide s'il y a lieu de faire procéder à une élection partielle. Dans la confession d'Augsbourg, c'est le directoire qui décide sur l'avis du consistoire. — L'élection ne peut être ajournée si le conseil presbytéral a perdu le tiers de ses membres.

CHAP. 3. — *Dispositions générales et transitoires.*

23. Pour la première fois, le registre paroissial sera dressé : — Dans l'église du chef-lieu par le consistoire actuel qui s'adjoindra, à cet effet, un nombre de membres de l'église égal à celui des anciens ; — Dans les paroisses sectionnaires, par le pasteur, assisté de quatre membres au moins de l'église désignée par le consistoire. — On se conformera, d'ailleurs, en tout aux dispositions du présent règlement.

24. La première élection des conseils presbytéraux aura lieu le premier dimanche et le premier lundi du mois de décembre prochain. — Les conseils, lorsqu'ils seront constitués, procéderont immédiatement à la nomination des délégués laïques mentionnés au paragraphe 3 de l'art. 2 du décret du 26 mars.

25. La première élection des délégués laïques appelés à doubler le nombre des membres des conseils presbytéraux des chefs-lieux, conformément au paragraphe 2 de l'art. 2 du décret précité, aura lieu un mois après l'élection des conseils presbytéraux. — Jusqu'à cette époque, les consistoires actuels continueront à remplir leurs fonctions, et exerceront les attributions indiquées dans l'art. 20 du présent règlement.

26. Lors du premier renouvellement triennal des conseils presbytéraux, le sort désignera les membres sortants.

27. En exécution de l'art. 2 du décret du 26 mars, les chefs-lieux actuels de consistoriale sont maintenus, sauf délimitations ultérieures des circonscriptions. — Les conseils presbytéraux de ces chefs-lieux seront, sous les conditions ci-dessus établies, reconnus comme consistoires et en auront les pouvoirs.

Du 10 sept. 1852. — Arrêté du ministre de l'instruction publique et des cultes.

gation n'a jamais été retirée depuis lors, et ce que le ministre des cultes aurait pu faire, pouvait résulter à plus forte raison d'un décret rendu dans la forme des règlements d'administration publique. C'est ce qu'a reconnu la chambre civile de la cour de cassation, dans un arrêt de rejet du 19 juin 1883 (aff. Vizeric, D. P. 84. 1. 113. V. aussi sur ce point les conclusions de M. l'avocat général Desjardins dans la même affaire, *ibid.*).

713. — 1° *Registres paroissiaux.* — La première règle, c'est que les conseils presbytéraux sont nommés par les électeurs inscrits au registre paroissial, et que pour être membre d'un conseil presbytéral, il faut être électeur (Arrêté 10 sept. 1852, art. 9). Les registres électoraux des paroisses sont permanents et tenus en double, l'un de ces doubles étant déposé aux archives du conseil presbytéral et l'autre à celles du consistoire (Décr. 12 avr. 1880, art. 1er). Chaque année, du 16 octobre au 15 novembre, après l'expiration du temps accordé aux membres de la paroisse pour demander leur inscription, le conseil presbytéral doit faire la revision des registres auxquels, une fois clos le 31 décembre, aucun changement ne peut être apporté, sauf les cas exceptionnels prévus (V. Décr. 12 avr. 1880, art. 5 et 7, § 2). Les registres électoraux des paroisses doivent être distincts de celui sur lequel les pasteurs ont coutume d'inscrire, sans distinction d'âge ni de sexe, les noms des membres de la communauté, ainsi que la liste des votants dressée au cours des opérations du scrutin (Circ. min. 30 août 1880, V. *supra*, n° 712). L'absence de registre électoral permanent régulièrement tenu aurait pour conséquence nécessaire l'annulation de toute opération électorale (*Ibid.*). Un simple répertoire des noms des membres actifs de la paroisse ne saurait en tenir lieu (*Ibid.*). Sont nulles et non avenues toutes modifications, omissions ou radiations opérées sur les registres paroissiaux en vertu de la résolution synodale du 27 nov. 1873 (*Ibid.*). Par suite, tous changements opérés en vertu de cette résolution sur les registres doivent disparaître (*Ibid.*).

714. — 2° *Inscriptions.* — Sont inscrits sur le registre paroissial, sur leur demande, les protestants français qui, ayant trente ans révolus et deux ans de domicile dans la paroisse, établissent qu'ils appartiennent à l'église réformée par les justifications que le conseil central a déterminées, en conformité avec les vœux de la majorité des consistoires. Un protestant ne peut compter pour obtenir son inscription sur la liste électorale de la paroisse où il est domicilié que le temps écoulé depuis qu'il a été admis dans l'église réformée (Cons. d'Et. 17 avr. 1885, aff. Consistoire de Paris, D.P. 86. 3. 105). Les étrangers, après trois ans de résidence dans la paroisse, sont admis à se faire inscrire au registre paroissial aux mêmes conditions que les nationaux (Arrêté 10 sept. 1852, art. 10). Toutes les incapacités édictées par les lois et entraînant la privation du droit électoral politique ou municipal font perdre le droit électoral paroissial (Même arrêté, art. 11). Les demandes d'inscription doivent être expresses, sauf en ce qui concerne les pasteurs titulaires ou auxiliaires ayant droit de séance au conseil presbytéral, leur qualité les dispensant de toute autre justification pour prétendre aux droits d'électeur (Circ. min. 10 nov. 1852, et 30 août 1880, V. *supra*, n°s 709 et 712); elles doivent être individuelles; ici ne s'applique pas la règle qui autorise tout électeur inscrit à réclamer l'inscription d'un individu omis (Même circulaire du 30 août 1880). Elles sont formulées verbalement ou par écrit au président du conseil presbytéral, sans déplacement, avant le 16 octobre de chaque année, terme de rigueur, que doivent rappeler en chaire les pasteurs tous les ans (Même circulaire). Quand la demande est verbale, son auteur a le droit d'exiger un récépissé qui la constate. Les électeurs, une fois inscrits, n'ont pas besoin de renouveler leur demande chaque année. Celui qui a transféré son domicile dans une autre paroisse peut requérir l'extrait de son inscription, qui, signé du président et du secrétaire, est envoyé au conseil presbytéral de la nouvelle résidence, et tient lieu des justifications exigées, hormis celle du domicile (Arrêté 10 sept. 1852, art. 14; Décr. 12 avr. 1880, art. 2). Pour éviter que le même électeur ne figure à la fois sur le registre de son ancienne paroisse et sur le registre de la nouvelle, il doit être fait mention en l'un et l'autre, ainsi que dans l'extrait d'inscription, de la déclaration faite par le requérant de son changement de domicile (Circ. min. cult. 15 nov. 1861).

715. Les personnes qui demandent à être inscrites comme électeurs doivent justifier à la fois et tout ensemble qu'elles jouissent des qualités *civiles* et *religieuses* requises (Circ. min. 30 août 1880). Les premières ont été déterminées par les art. 9, 10 et 11 de l'arrêté du 10 sept. 1852. Ce sont les suivantes : être Français, sauf l'exception admise pour les étrangers après trois ans de résidence; 2° avoir la jouissance des droits électoraux, politiques et municipaux; 3° être âgé de trente ans révolus; 4° être domicilié depuis deux ans dans la paroisse. — Le décret du 25 mars 1882, concernant la réorganisation de l'Eglise réformée de Paris (D. P. 83. 4.16) (V. *infrà*, n° 742), contient des prescriptions particulières quant aux conditions d'inscription sur les registres électoraux des églises de Paris et de Versailles (art. 6 et 11).

716. Quant aux conditions religieuses, elles consistent, aux termes de l'art. 10 de l'arrêté du 10 sept. 1852, à établir que l'on appartient à l'Eglise réformée par les justifications que le conseil central a déterminées, en conformité avec les vœux de la majorité des consistoires. Dans une circulaire en date du 14 sept. 1852 (*Rec. circ. cult.*, t. 2, p. 382; le ministre des cultes a expliqué cette disposition en déclarant qu'il y avait lieu de « demander à ceux qui voudraient jouir du droit électoral, de justifier qu'ils ont été admis dans l'Eglise conformément aux règles établies, qu'ils participent aux exercices et aux obligations du culte et en cas de mariage, qu'ils ont reçu la bénédiction nuptiale protestante ». D'après une autre circulaire, du 10 nov. 1852 (V. *supra*, n° 709), l'admission dans l'Eglise résulte de la première communion ou d'un acte équivalent; la participation à la Sainte-Cène dans l'Eglise réformée est attestée par un certificat d'admission ou par la déclaration d'un pasteur signée au registre. D'après la même circulaire, la participation aux frais du culte n'est pas nécessaire; il suffit de prendre part aux exercices du culte. Conformément à cette règle, le ministre des cultes a récemment décidé « que la participation aux obligations du culte ne peut être entendue comme impliquant la participation aux frais du culte » (Arrêté du 2 févr. 1889).

717. Une grave question s'est élevée au sujet des conditions religieuses de l'électorat : c'est celle de savoir si ces conditions, telles qu'elles ont été déterminées lors de la réorganisation des cultes protestants constituaient une règle fixe et obligatoire pour les églises, ou s'il appartenait à celles-ci de s'en écarter à leur gré et sans l'approbation du Gouvernement. A l'appui de cette dernière solution, on a invoqué deux arrêts du conseil d'Etat, l'un du 11 août 1866 (aff. Fabre, D. P. 68. 3. 70), l'autre du 22 déc. 1869 (aff. Consistoire de Caen, D. P. 70. 3. 17). Mais ces décisions ne paraissent pas avoir la portée qu'on leur a attribuée. Elles déclarent, il est vrai que, si l'autorité civile peut déterminer en cette matière, les conditions civiles et administratives de l'électorat, les églises ont seules le pouvoir de régler et de reconnaître les justifications et les garanties religieuses. Mais ce n'est pas à dire que les églises aient la faculté d'apporter à ces conditions tels changements qu'elles jugeraient convenables, sans que leurs décisions soient susceptibles d'aucun recours. Dans l'affaire jugée le 22 déc. 1869, le consistoire de Paris avait cru devoir subordonner l'inscription sur les registres électoraux à l'obligation de déclarer que l'on adhérait à la foi évangélique résumée dans le symbole des apôtres. Le conseil d'Etat a annulé, comme entachée d'excès de pouvoir la décision du ministre des cultes qui avait mis à néant la délibération du consistoire ; mais il ne s'est pas fondé pour statuer ainsi sur ce que cette délibération, constituait une dérogation manifeste aux règles établies en cette matière, n'excédait pas les pouvoirs appartenant à l'autorité religieuse ; il a considéré qu'à supposer qu'il y eût là un changement dans la discipline de l'église réformée, ou une entreprise sur les consciences, ce n'était pas au ministre qu'il appartenait de prononcer l'annulation. L'arrêt n'indique point, d'ailleurs, quelle est l'autorité qui eût été compétente à cet effet ; mais il n'est pas douteux que, dans sa pensée, c'est le conseil d'Etat qui aurait dû être saisi en vertu de l'art. 6 de la loi du 18 germ. an 10 (V. les conclusions du commissaire du Gouvernement dans cette affaire, et la note, D. P. 70. 3. 17). — Quoi qu'il en soit, des

décisions plus récentes ont expressément dénié aux églises réformées le droit de modifier les conditions religieuses de l'électorat paroissial sans le concours et l'agrément du Gouvernement (Cons. d'Et. 16 et 23 juill. 1880, aff. Elections du conseil presbytéral de Viane, et aff. Elections des conseils presbytéraux de Bédarieux et autres, D. P. 81. 3. 65). Dans les espèces qui ont donné lieu à ces arrêts, des opérations électorales avaient été annulées par le ministre des cultes par le motif que les églises où elles avaient eu lieu s'étaient refusées à tenir compte des conditions religieuses imposées à l'électorat par le synode général (V. *infrà*, n° 745), et notifiées aux consistoires par une circulaire ministérielle du 22 déc. 1873. Par une résolution en date du 27 nov. 1873, le synode avait ajouté aux conditions antérieurement exigées des électeurs, à titre de condition nouvelle, l'obligation de déclarer « qu'ils restent attachés de cœur à l'église réformée de France et à la vérité révélée telle qu'elle est contenue dans les livres sacrés de l'ancien et du nouveau Testament ». Le conseil d'Etat a déclaré que « le fait de subordonner la capacité électorale à de nouvelles conditions constitue un changement à la discipline qui, aux termes de l'art. 5 de la loi du 18 germ. an 10, ne peut être obligatoire sans l'autorisation du Gouvernement; que cette autorisation ne peut résulter que d'un décret rendu en conseil d'Etat et non de simples instructions ministérielles; qu'en conséquence, c'était à tort que le ministre des cultes avait annulé les opérations électorales des églises qui avaient procédé à l'élection conformément aux conditions anciennes, sans tenir compte des changements opérés auxdites conditions par la résolution et la circulaire des 27 nov. et 22 déc. 1873 ».

718. La circulaire ministérielle du 30 août 1880 citée *suprà*, n° 712, renferme des indications précises sur les caractères des conditions religieuses de l'électorat et sur les règles à suivre en ce qui les concerne. Aux termes de cette circulaire, les conditions religieuses de l'électorat forment un élément essentiel de la constitution d'une église basée sur le principe du suffrage universel et font partie intégrante de l'œuvre de la réorganisation accomplie par le décret du 26 mars 1852, à l'exclusion de toutes dispositions contraires que contiendrait l'ancienne discipline des églises réformées de France. La fixation des conditions religieuses, telle qu'elle a été faite en 1852, a eu pour objet, non pas d'introduire sous une forme indirecte dans l'église protestante le principe d'autorité en procurant aux majorités le moyen d'exclure, sous couleur de dissidence, les minorités de la participation aux droits et avantages que l'Etat garantit à cette église, mais de permettre à l'Etat de distinguer toujours, dans l'ensemble des citoyens, ceux d'entre eux qui ont qualité pour participer à ces avantages (Même circulaire). Il s'ensuit que les conditions dites *synodales* ne peuvent, en aucun cas, être exigées des membres des communautés réformées qui prétendent aux droits d'électeurs paroissiaux, et que les conditions auxquelles la qualité d'électeur dans les églises protestantes de France est subordonnée sont celles qui ont été fixées par l'art. 10 de l'arrêté ministériel du 10 sept. 1852 (V. aussi Cons. d'Et. 17 avr. 1885, cité *infrà*, n° 724). Les conditions religieuses de l'électorat paroissial doivent donc et ne peuvent être qu'*externes;* elles doivent être *uniformes* dans l'universalité des églises établies sur le territoire français, et enfin *stables*. Le ministre des cultes rappelle ensuite les conditions déterminées par la circulaire du 14 sept. 1852 et celle du 10 nov. 1852 (V. *suprà*, n°° 716 et 709), et il ajoute que ces conditions sont seules nécessaires, que toutes autres sont exclues. Quant aux conditions d'inscription sur les registres électoraux de Paris et Versailles, V. Décr. 25-28 mars 1882 (art. 6 et 11, D. P. 83. 4. 16).

719. Le conseil presbytéral peut, s'il le juge convenable, appeler devant lui, par décision individuelle, les demandeurs en inscription, sans que le défaut de comparaître puisse entraîner le refus d'inscription (Décr. 12 avr. 1880, art. 3). Il prononce sur les demandes par des décisions individuelles et motivées, qui sont notifiées aux requérants le 20 novembre au plus tard par le président (Même article). Tout rejet de demande d'inscription faite par écrit, qui alléguerait uniquement le refus de se rendre à l'invitation du conseil presbytéral de comparaître devant lui, doit être annulé, comme insuffisamment motivé, par les consistoires

et, au besoin, par le ministre des cultes (Circ. 30 août 1880 citée *suprà*, n° 712).

720. En cas de rejet de la demande d'inscription, ou à défaut de décision notifiée dans le délai prescrit, cette demande peut être portée devant le consistoire jusqu'au 30 novembre, par écrit ou verbalement. Les formes à suivre pour ce recours sont celles qui sont prescrites par l'art. 2 pour la demande d'inscription (Décr. 12 avr. 1880, art. 4). Le consistoire prononce par des décisions individuelles et motivées qui doivent être notifiées à l'intéressé ainsi qu'au président du conseil presbytéral le 30 décembre au plus tard, sinon l'inscription est de droit (Même décret, art. 5). Le consistoire appelé à délibérer sur un recours en matière d'élections au conseil presbytéral, pour être légalement composé, doit comprendre, non pas nécessairement la moitié des pasteurs des sections et la moitié des délégués laïques des sections, mais la moitié de ces pasteurs et de ces délégués laïques réunis en un seul nombre (Cons. d'Et. 11 août 1866, aff. Fabre, D. P. 68. 3. 70). Le défaut de décision dans le délai d'un mois équivalant non au rejet, mais à l'admission de la demande, l'électeur, porteur du récépissé de sa demande adressée au consistoire, doit être admis à voter, à moins qu'il ne soit justifié d'une décision contraire. Avant le 1er février qui suit la clôture des registres paroissiaux, les présidents des consistoires doivent adresser au ministre des cultes un tableau récapitulatif (Circ. min. cult. 30 août 1880, citée *suprà*, n° 712; 28 févr. 1881, citée *suprà*, n° 709). Il suffit que les registres soient parafés par le président du consistoire. Ils peuvent n'être soumis aux vérifications de ce corps que dans une séance ultérieure qui est tenue au plus tard dans la première quinzaine de janvier (Même circulaire du 28 févr. 1881).

721. L'appel contre les décisions des consistoires prononçant refus d'inscription est porté devant le tribunal civil de l'arrondissement du domicile du demandeur lorsque le refus d'inscription, opposé dans la décision motivée qui doit être notifiée par écrit à l'intéressé, est fondé sur le défaut d'âge, de résidence ou de capacité civile. Ces décisions sont en dernier ressort. Le recours doit être porté devant le tribunal civil dans les dix jours de la notification; l'affaire est introduite et jugée comme matière sommaire, sur simple acte, sans autres procédures ni formalités. Le pourvoi en cassation n'est recevable que s'il est formé dans les vingt jours de la signification du jugement (Décr. 12 avr. 1880, art. 6 ; Circ. min. 30 août 1880, citée *suprà*, n° 720). — Le décret du 12 avr. 1880 n'a pas résolu la question de savoir dans quelle forme doit être interjeté l'appel contre la décision du consistoire : il se borne à décider qu'il y sera statué comme en matière sommaire. La question reste donc controversée. Il a été décidé que cet appel ne peut être formé que par voie d'assignation (Trib. Bergerac, 24 janv. 1883, aff. Vizerie, D. P. 84. 1. 113); — alors du moins que l'appelant a un adversaire auquel l'exploit puisse être signifié, tel que l'électeur dont il demandait au consistoire d'ordonner la radiation (Résolu par les conclusions de M. l'avocat général dans l'arrêt du 19 juin 1883, cité *infrà*, n° 723). Dans le cas contraire, le recours doit être formé au moyen d'une déclaration au greffe du tribunal civil (*Ibid*.). Décidé toutefois que, conformément à l'art. 22 du décret du 2 juin 1852 sur les élections politiques, cet appel doit toujours être formé par déclaration au greffe (Trib. Périgueux, 2 févr. 1883, aff. Garcin, D. P. 84. 1. 113).

722. Autrefois l'appel contre les décisions des consistoires prononçant refus d'inscription devait être porté dans tous les cas devant le ministre des cultes, sauf recours au conseil d'Etat statuant au contentieux (Cons. d'Et. 11 août 1866, aff. Fabre, D. P. 68. 3. 70, V. Serrigny, t. 3, n° 1145 ; Batbie, 1re éd., t. 5, p. 276). Le décret du 12 avr. 1880 a introduit sur ce point une innovation essentielle, en ce qu'il distingue selon que la décision attaquée porte sur les conditions civiles ou sur les conditions religieuses de l'électorat.

723. Les décisions rendues par les consistoires en exécution du décret de 1880 constituent de véritables jugements et, dès lors, les membres qui ont concouru ne peuvent figurer comme parties, soit spontanément, soit sur la provocation d'un tiers, ni dans l'instance d'appel, ni devant la cour de cassation (Même arrêt; Civ. rej. 19 juin 1883, aff.

Garcin, *ibid.*). En conséquence, l'appel d'une pareille décision est nul, s'il a été relevé contre le président du consistoire qui a statué en qualité de juge du premier degré (Mêmes arrêts). De même que les membres d'une commission municipale qui statue en premier ressort sur les demandes d'inscription ou de radiation sur les listes électorales, ne peuvent figurer à un titre quelconque, soit spontanément, soit sur la provocation d'un tiers, dans l'instance d'appel devant le juge de paix, de même les présidents des consistoires chargés de statuer en premier ressort sur les contestations auxquelles donne lieu la revision des listes électorales protestantes ne peuvent être mis en cause devant le tribunal civil appelé à connaître, en appel, de ces contestations (D. P. 84. 1. 113, note). Le décret du 12 avr. 1880 a assimilé à cet égard le rôle des consistoires à celui qui appartient aux commissions municipales en matière d'élections politiques (Circ. min. 30 août 1880). Les consistoires font également office de juge au premier degré lorsqu'ils statuent sur les conditions religieuses auxquelles doivent satisfaire les électeurs protestants (D. P. 84. 1. 113, note 2).

724. Lorsque la décision du consistoire porte sur les conditions religieuses de l'électorat, le recours doit être formé, dans les dix jours de la notification, devant le ministre des cultes. La décision du ministre peut, dans le délai ordinaire, c'est-à-dire dans les trois mois, être déférée par la partie intéressée au conseil d'État, statuant au contentieux (Décr. 12 avr. 1880, art. 6, al. 5 et 6). — Il a été jugé que le ministre des cultes, étant compétent pour statuer sur les conditions religieuses de l'électorat, peut, sans excéder la limite de ses attributions, décider si l'admission à la Sainte-Cène, dont un protestant entend se prévaloir pour obtenir son inscription sur la liste électorale, est régulière (Cons. d'Et. 17 avr. 1885, aff. Consistoire de Paris, D. P. 86. 3. 105). Au termes dudit arrêt, il y a lieu de considérer comme appartenant à l'église réformée, dans le sens de l'art. 10 de l'arrêté ministériel du 10 sept. 1852, celui qui a été admis à la Sainte-Cène par un pasteur exerçant son ministère dans ladite église, alors même que la réception de la Sainte-Cène s'est accomplie dans un lieu de culte qui n'est pas rattaché officiellement au service du culte de cette église et qui est placé sous la direction d'un pasteur dissident. — Décidé aussi qu'il appartient au ministre des cultes, et non pas au tribunal civil, de statuer sur le recours dirigé contre une décision du consistoire portant refus d'inscription sur la liste électorale, alors que la question à juger porte non sur le fait du domicile du réclamant dans la paroisse, mais sur le point de savoir si le réclamant peut compter, pour l'électorat, le temps où il a été domicilié sur le territoire de la paroisse avant son admission dans l'église réformée (Arrêt précité du 17 avr. 1885). En effet, comme l'a dit M. le commissaire du Gouvernement dans ses conclusions sur cette affaire (D. P. 85. 3. 107), « il ne s'agit pas alors d'une question réelle de domicile ; aucune contestation ne s'élève sur la durée du domicile, c'est en réalité d'une condition religieuse nouvelle la condition de stage préalable à l'inscription sur les listes électorales dont il s'agit ; la question n'est pas de savoir si les demandeurs en inscription électorale ont deux ans de domicile, mais si la condition religieuse de l'électorat doit être accomplie préalablement à la condition civile, qui ne pourrait être remplie que par une personne régulièrement affiliée à l'église protestante depuis deux ans ».

725. Tous les délais fixés par les art. 2, 3, 4, 5 et 6 du décret du 12 avr. 1880 sont de rigueur (Circ. min. 30 août 1880). Par suite, l'on ne peut plus faire application de la disposition de la circulaire ministérielle, du 9 déc. 1867, qui autorisait l'admission des réclamations jusqu'au deuxième dimanche de janvier inclusivement (Même circulaire).

726. — *3° Radiations.* — Nous avons dit que toutes les incapacités édictées par les lois et entraînant la privation du droit électoral politique ou municipal font perdre le droit électoral paroissial (Arrêté min. 10 sept. 1852, art. 10. V. *suprà*, n° 716). — En cas d'indignité notoire, la radiation ou l'omission du nom est prononcée par le conseil presbytéral au scrutin secret, sans discussion et seulement à l'unanimité des voix (Même arrêté, art. 12 ; dépêche min. cult. 19 mai 1882 ; A. Lods, *Du droit électoral*, etc., p. 19). La radiation est de droit et doit être opérée à toute époque,

soit d'office par le conseil presbytéral, soit sur la demande d'un ou plusieurs électeurs, chaque fois que l'incapacité résulte d'une condamnation judiciaire ou d'une décision ayant acquis l'autorité de la chose jugée, ou lorsque l'électeur inscrit est décédé (Décr. 12 avr. 1880, art. 7 ; Circ. 30 août 1880, citée *suprà*, n° 712). Parmi les incapacités, il faut comprendre celles qui résultent des art. 3 et 6 de la loi du 23 janv. 1873, sur l'ivresse publique, et de l'art. 6 de la loi électorale du 7 juill. 1874 (Même circulaire). Les autres radiations ne peuvent être opérées par le conseil presbytéral qu'au moment de la revision annuelle, et elles ne peuvent plus avoir lieu après la clôture des registres. Les décisions sont rendues dans les mêmes formes et donnent lieu aux mêmes recours en matière de radiation qu'en matière d'inscription (Décr. 12 avr. 1880, art. 8). La majorité des voix est nécessaire pour la radiation, celle du président étant prépondérante en cas de partage (Arrêté min. 20 mai 1853, art. 10).

727. — *4° Élections.* — Les élections pour le renouvellement triennal des conseils presbytéraux et des consistoires ont lieu de plein droit le second dimanche du mois de février (Décr. 12 avr. 1880, art. 3). La date fixée par cet article est qui forme le point de départ des opérations nécessitées par chaque renouvellement triennal, est de rigueur. Ce n'est qu'exceptionnellement et par mesure transitoire que l'art. 17 du même décret a accordé au ministre des cultes la faculté de reculer lors de la première application du décret (Circ. min. 28 févr. 1881, V. *suprà*, n° 709). L'ajournement accidentel que les élections générales ont pu antérieurement éprouver n'a jamais eu pour effet d'altérer le principe de la périodicité triennale. Nonobstant le retard qui a dû être mis aux élections générales faites en exécution du décret de 1880, elles doivent être réputées avoir eu lieu dès le commencement de l'année 1880, de telle sorte que les périodes subséquentes écherront de plein droit tous les trois ans au mois de février (Même circulaire). Tout renouvellement triennal des corps ecclésiastiques comprend à la fois : 1° le renouvellement par moitié des conseils presbytéraux de chaque paroisse ; 2° le remplacement des membres laïques décédés ou démissionnaires, dont le mandat n'est pas expiré ; 3° le renouvellement par moitié des représentants des paroisses aux consistoires et le scrutin intégral des délégués des conseils presbytéraux. La règle du renouvellement de la moitié des membres de tout conseil presbytéral, au début de chaque période triennale, ne souffre aucune exception ; elle s'applique à tous les corps indistinctement, si récente qu'en ait été la formation ou la reconstitution ou le renouvellement intégral (Même circulaire). Les membres sortants sont désignés par la voie du sort. Le renouvellement fixé par un premier tirage au sort doit être indéfiniment observé, d'un renouvellement à l'autre. Dans les paroisses où le nombre des anciens est impair, le renouvellement porte alternativement sur la plus forte et sur la plus faible moitié, en commençant par la plus forte.

Aux termes de l'art. 1er de l'arrêté du 10 sept. 1852, le nombre des membres laïques de chaque conseil presbytéral doit être de cinq pour les paroisses n'ayant qu'un pasteur, six pour deux pasteurs, sept pour trois pasteurs et au-dessus ; il n'y aura que quatre membres dans les communes n'ayant pas quatre cents âmes de *population protestante.* — Lors de chaque renouvellement triennal, il doit être pourvu à tous les sièges de membres laïques, devenus vacants par une autre cause que celle d'expiration de mandat et dont les titulaires n'auraient pas été remplacés : les électeurs devront être préalablement avertis et mention spéciale en sera faite au procès-verbal de l'élection. Les membres ainsi nommés ne le sont que pour la durée qui restait à courir au mandat de celui auquel ils succèdent (Même circulaire). Contrairement à la décision d'une circulaire ministérielle du 26 nov. 1855, n° 3 (*Rec. circ. cult.*, t. 2, p. 520), les sièges devenus vacants pour l'une de ces causes ne doivent pas être compris dans le calcul des sièges à pourvoir, par voie d'élections générales, pour cause d'expiration du mandat (Circ. min. 28 févr. 1881 ; Arrêté min. 10 sept. 1852, art. 7).

Les deux élections pour le renouvellement du consistoire et du conseil presbytéral ont lieu le même jour et dans le même local, mais par scrutins séparés, et avec des procès-

verbaux distincts (Circ. min. 28 févr. 1881). En cas de vacance par décès ou démission dans l'intervalle de deux élections générales, les électeurs peuvent être convoqués par une décision du consistoire. Si le conseil presbytéral a perdu le tiers de ses membres laïques ou si une section de paroisse n'est plus représentée au sein du conseil presbytéral, l'élection a lieu dans le délai de deux mois (Décr. 12 avr. 1880, art. 10). — Pour des motifs analogues, la même règle devra être suivie en cas de vacance du siège du représentant d'une paroisse au consistoire (Même circulaire du 28 févr. 1881).

Les représentants des paroisses appelés à doubler le conseil presbytéral du chef-lieu sont en nombre égal à celui des membres laïques du conseil presbytéral du chef-lieu, nombre qui est déterminé par celui des pasteurs titulaires de la paroisse du chef-lieu. Il peut donc arriver que le nombre des représentants à envoyer soit inférieur à celui des paroisses comprises dans la circonscription : d'où une répartition équitable et des règles d'alternance à poser sous l'autorité du ministre par les consistoires intéressés. — La paroisse du chef-lieu concourt à ces élections. — Rien ne s'oppose à ce qu'une même paroisse élise plusieurs représentants, si cela est nécessaire ; mais deux paroisses ne peuvent être réunies pour concourir à la fois à l'élection d'un même représentant. — Le roulement destiné à fixer l'ordre de renouvellement triennal par moitié est établi par voie de tirage au sort sur l'ensemble des membres doublants de chaque circonscription consistoriale, sans égard aux paroisses qui ont droit à des élections multiples (Même circulaire). Il convient de choisir de préférence les représentants au chef-lieu de la paroisse (Même circulaire).

Comme on l'a vu *suprà*, n° 709, les prescriptions relatives à l'élection des conseils presbytéraux ne s'appliquent pas aux paroisses *officieuses* organisées par les consistoires et non reconnues par l'État. En conséquence, la constitution et le renouvellement des conseils presbytéraux établis dans les paroisses sont affaires d'ordre purement intérieur et, par suite, étrangères à l'Administration ; en conséquence, les opérations électorales de ces corps officieux ne doivent pas figurer dans le procès-verbal adressé au ministère (Même circulaire).

728. — 5° *Éligibilité*. — L'inscription sur le registre paroissial est la condition essentielle et primordiale pour pouvoir élire valablement élu ; au cas contraire, l'élection est nulle (Circ. min. 28 févr. 1881). Le défaut d'âge, notamment, ne peut être couvert par aucune dispense. La circonstance qu'un élu non porté au registre remplit d'ailleurs toutes les conditions requises pour pouvoir réclamer son inscription, ne suffit pas à valider son élection ; c'est le fait même de l'inscription que la loi considère uniquement (Même circulaire). L'inscription sur le registre électoral d'une paroisse étant subordonnée à la condition de domicile, il en résulte que l'éligibilité est subordonnée à la même condition, en d'autres termes, que nul n'est éligible que dans la paroisse à laquelle il appartient comme électeur (Circ. min. 30 août 1880 et 28 févr. 1881). Il résulte de cette règle que nul ne peut être membre de plusieurs conseils presbytéraux. Les électeurs paroissiaux qui ont profité de la dispense de domicile soit comme fonctionnaires, soit comme n'ayant changé de domicile que dans la limite de la même circonscription territoriale, sont immédiatement éligibles dans leur nouvelle paroisse, au même titre que tout autre électeur inscrit (Circ. min. 15 nov. 1861, 9 déc. 1867, 30 août 1880, 28 févr. 1881). Spécialement, les militaires et marins jouissant de la qualité d'électeurs, sont aptes à remplir le mandat d'ancien ou de représentant d'une paroisse, en tant que les lois et règlements spéciaux qui les régissent ne s'y opposent pas (Même circulaire du 28 févr. 1881).

729. Le principe que tout électeur paroissial est en même temps éligible s'est soumis à diverses exceptions pour cause d'incompatibilité. Ces incompatibilités résultent : 1° du caractère ecclésiastique de l'élu ; 2° de l'exercice de certaines fonctions ; 3° de sa parenté ou de son alliance avec des membres siégeant déjà dans le conseil (V. Arrêté min. 10 sept. 1852).

Les membres élus des conseils presbytéraux et des consistoires doivent être des *laïques*. Par suite, toute personne ayant reçu la consécration au ministère et ayant profité, à raison de son intention régulièrement manifestée de se vouer au service de l'Église, des immunités accordées par les lois et règlements à ceux qui se vouent à cette carrière, est inéligible (Circ. min. 28 févr. 1881). L'inéligibilité persiste, de chef, soit qu'il y ait eu renonciation à la carrière pastorale, soit même que la personne consacrée n'ait jamais encore exercé, en fait, aucune fonction ecclésiastique (Circ. min. 9 déc. 1867 et 28 févr. 1881), quel que soit, d'ailleurs, le lieu où la consécration a été conférée, par une église nationale ou par une église étrangère. L'inéligibilité entraîne nullité de l'élection de l'inéligible (Même circulaire du 28 févr. 1881).

Sont incompatibles avec l'exercice du mandat de membre d'un conseil presbytéral ou d'un consistoire : 1° les fonctions d'instituteur *communal* (Circ. min. cult. 15 nov. 1861 ; 28 févr. 1881). Cependant M. Lods, *op. cit.*, p. 28, pense que depuis la loi du 28 mars 1882 (art. 3, D. P. 82. 4. 64), qui enlève aux consistoires le droit de présentation pour les instituteurs appartenant aux cultes non catholiques, ceux-ci sont éligibles ; — 2° tous les emplois subalternes dans l'église, tels que ceux de chantre, sacristain, bedeau, etc.; — 3° les fonctions de receveur consistorial ou d'église *salarié* ; mais non celles de receveur lorsqu'elles sont exercées gratuitement (Même circulaire du 28 févr. 1881). L'incompatibilité résultant de ces fonctions cesse par la démission de celles-ci.

L'incompatibilité résultant des liens de parenté ou d'alliance s'applique également aux alliés pour compléter le consistoire et aux parents ou alliés des pasteurs (Arrêté min. 10 nov. 1852 et Circ. min. 28 févr. 1881). Mais cette incompatibilité est limitée au conseil presbytéral et aux membres ecclésiastiques ou laïques représentant au consistoire une même paroisse. Ainsi, des parents ou alliés au degré prohibé peuvent siéger dans le même consistoire au nom de paroisses différentes, quoiqu'ils ne puissent y siéger ensemble pour la même paroisse (Décis. min. 15 avr. 1857 ; Même circulaire du 28 févr. 1881). Ainsi rien ne s'oppose, par exemple, à ce qu'un électeur de la paroisse du chef-lieu, dont le beau-père est membre du conseil presbytéral de cette même paroisse et dont le frère représente déjà ladite paroisse au consistoire, puisse être choisi par une paroisse sectionnaire de la circonscription pour la représenter à ce consistoire. Toutefois, il convient d'éviter, autant que possible, qu'une même paroisse soit représentée au consistoire par des personnes ecclésiastiques ou laïques, que des liens de parenté ou d'alliance empêcheraient de siéger dans le même conseil presbytéral (Même circulaire). — Les ascendants et descendants, les frères et alliés au même degré ne peuvent être membres du même conseil presbytéral (Arrêté min. 10 sept. 1852, art. 4). En ligne directe, l'empêchement résultant de la parenté est indéfini, que celle-ci soit naturelle ou adoptive (Même circulaire du 28 févr. 1881). En ligne collatérale, au contraire, il n'y a empêchement qu'entre frères et beaux-frères : par ce mot, il ne faut pas entendre les maris de deux sœurs. Entre alliés, l'empêchement cesse par le décès de la personne qui avait produit l'alliance, sauf, entre beau-père et gendre devenu veuf, quand il existe des enfants du mariage (Même circulaire). — Quand l'empêchement survient postérieurement à l'élection, il faut distinguer selon qu'il se produit entre membres laïques ou entre ecclésiastique et laïque ; au premier cas, la préférence se détermine par la voie du sort, à défaut de renonciation volontaire de l'un des alliés ; au second, c'est le laïque qui doit être remplacé (Même circulaire).

730. — 6° *Opérations électorales*. — Qu'il s'agisse d'élections générales ou d'élections partielles, c'est à chaque consistoire qu'il appartient de prendre, en temps utile, les mesures propres à assurer la régularité des opérations. Le consistoire détermine, s'il y a lieu, les localités d'une même paroisse dans lesquelles un scrutin sera ouvert, indépendamment de celui du chef-lieu paroissial, et fixe, pour chaque section de vote, les heures d'ouverture et de clôture du scrutin. Il en donne avis quinze jours au moins à l'avance au maire de la commune où celui-ci a lieu (Circ. min. 28 févr. 1881.) — Le président a seul la police de l'assemblée électorale. Il veille à y maintenir l'ordre et à

interdire toute délibération dans le lieu du vote. Le scrutin ne peut être suspendu ni interrompu tant que la clôture n'en est pas prononcée à l'heure déterminée par le consistoire (Même circulaire). — Nul n'est admis à voter, s'il n'est inscrit sur la liste électorale paroissiale close par le consistoire, conformément au décret du 12 avr. 1880, sauf les électeurs réintégrés en vertu d'une décision, jugement ou arrêt dans les cas prévus par l'art. 6 de ce décret, et ceux auxquels la décision consistoriale portant radiation ou refus d'inscription n'aura pas été notifiée à temps (Même circulaire). Tout membre de l'Église qui n'a été inscrit sur la liste électorale que postérieurement à la clôture officielle des registres ne peut être admis à exercer ses droits d'électeur qu'à partir de l'année qui suit la prochaine opération de revision et de clôture des registres (Circ. min. 30 août 1880 et 28 févr. 1881). — Tout électeur doit comparaître et voter en personne. Son vote est constaté sur la liste électorale en marge de son nom, par la signature ou le parafe d'un des membres du bureau. Le vote a lieu au scrutin secret. Les électeurs doivent apporter leur bulletin préparé en dehors de l'assemblée. Le papier des bulletins doit être blanc et sans signes extérieurs. Les bulletins imprimés ou écrits à la main sont valables (Décr. 12 avr. 1880, art. 11; Circ. min. 30 août 1880 et 28 févr. 1881). L'élection se fait au scrutin de liste pour toute la paroisse, quand il y a à élire plus d'un membre d'un même corps. Néanmoins, si des localités comprises dans la même circonscription paroissiale sont autorisées par le consistoire à ouvrir un scrutin particulier, indépendamment de celui du chef-lieu, le consistoire peut répartir le nombre total des membres à élire entre les diverses sections ou annexes (Circ. min. 14 sept. 1852 et 28 févr. 1881). Mais, en aucun cas, le consistoire ne peut imposer aux électeurs l'obligation de ne choisir leurs candidats que dans les limites mêmes de la section, à l'exclusion du reste de la circonscription paroissiale (Même circulaire du 28 févr. 1881). — Après la déclaration de clôture du scrutin faite par le président, chaque bulletin dépouillé est lu en entier, à haute voix; les bulletins valables, bien qu'ils portent plus ou moins de noms qu'il n'y a de membre à élire, les derniers noms inscrits au delà du nombre n'étant pas comptés; les bulletins blancs ou illisibles, ceux qui ne contiennent pas une désignation suffisante ou dans lesquels les votants se sont fait connaître ne sont pas comptés, mais restent annexés au procès-verbal (Même circulaire).

731. La circonstance que, dans une élection pour le renouvellement d'un conseil presbytéral, on aurait compté à tort un certain nombre de bulletins irréguliers ou remis par des individus n'ayant pas droit de voter, ne peut faire annuler les élections, si, déduction faite d'un nombre égal de voix, le candidat élu conserve la majorité exigée (Cons. d'Et. 11 août 1866, aff. Fabre, D. P. 68. 3. 70). La majorité se calcule sur le nombre des suffrages exprimés, défalcation faite des votes nuls ci-dessus spécifiés; d'autre part, il n'est pas nécessaire, pour la validité des élections paroissiales, que le quart au moins des électeurs inscrits ait pris part au scrutin. Si le nombre des bulletins déposés est supérieur à celui des votants, il faut déduire, pour le calcul de la majorité absolue et du nombre des suffrages obtenus, autant de suffrages qu'on a trouvé dans l'urne de bulletins en sus du nombre des émargements (Circ. min. 28 févr. 1881). A moins que le consistoire n'en ait décidé autrement, le second tour de scrutin a lieu le dimanche suivant (Ibid.). En cas de partage égal de voix entre deux candidats, le plus âgé est déclaré élu. En cas de nomination de deux ou plusieurs parents ou alliés aux degrés prohibés, celui qui a réuni le plus de voix est déclaré élu. — Quand il y a eu lieu de procéder par un même scrutin au renouvellement triennal et au remplacement des membres décédés ou démissionnaires dont le mandat n'est pas expiré, sont réputés élus pour la plus longue période ceux qui auront obtenu le plus de voix (Ibid.).

Les résultats sont proclamés publiquement par le président aussitôt après le dépouillement, et sont en outre proclamés le dimanche suivant, du haut de la chaire, à l'issue du service religieux (Décr. 12 avr. 1880, art. 12; Circ. min. 28 févr. 1881). Il est fait mention au procès-verbal de toute réclamation ou protestation intervenue au cours des opérations électorales, et les pièces à l'appui, y compris les bulletins de vote déclarés nuls ou douteux, y sont annexées,

après avoir été parafées par les membres du bureau (Même circulaire).

732. Toutes opérations électorales ecclésiastiques sont soumises à la vérification du consistoire de la circonscription qui se réunit à cet effet dans un délai de quinze jours à partir de la réception des procès-verbaux (Décr. 12 avr. 1880, art. 12). C'est le consistoire renouvelé, et non l'ancien, qui procède à cette vérification (Circ. min. 28 févr. 1881). Tout électeur a le droit de critiquer ou d'arguer de nullité les opérations électorales de l'assemblée dont il a fait partie, quoiqu'il n'ait point participé au vote (Même circulaire). Les réclamations, lorsqu'elles n'ont pas été consignées au procès-verbal, doivent être adressées, à peine de nullité, au consistoire dans les dix jours de la proclamation du scrutin. — Les décisions doivent être rendues dans le délai d'un mois à dater de leur réception. Elles doivent être motivées et signifiées à tous les intéressés, candidats ou réclamants. En l'absence de protestation, le consistoire peut valider ou annuler d'office tout ou partie des opérations électorales dans le délai de quinze jours à partir de la réception du procès-verbal; en cas d'annulation il indique dans quel délai elles seront recommencées.

733. Les décisions du consistoire peuvent être déférées au ministre des cultes dans les quinze jours qui suivent leur notification. Si, dans le délai d'un mois qui lui est accordé pour statuer sur la réclamation, le consistoire ne s'est pas prononcé, celle-ci est considérée comme rejetée et peut être alors portée directement devant le ministre des cultes dans un nouveau délai de quinze jours. — Le ministre statue, soit d'office, sur les décisions rendues d'office par les consistoires et sujettes à annulation, soit sur les réclamations des parties intéressées. Au premier cas, la décision ministérielle est rendue dans un délai de deux mois à partir de la réception des procès-verbaux (Décr. 12 avr. 1880, art. 12, al. 2). Ce délai n'est pas suspendu par une décision du ministre qui a ordonné une enquête (Cons. d'Et. 17 avr. 1885, aff. Consistoire de Besançon, D. P. 86. 3. 105). Au second cas le ministre doit statuer dans les quatre mois à dater de la réception des réclamations au ministère (Décret précité, art. 15, al. 1er). Si la décision n'est pas intervenue dans les quatre mois, la demande est considérée comme rejetée (art. 15, al. 3).

La décision du ministre est susceptible d'être attaquée devant le conseil d'Etat par la voie contentieuse; le conseil d'Etat peut également être saisi lorsque le délai de quatre mois s'est écoulé sans que le ministre ait prononcé. — Il avait été jugé, antérieurement au décret du 12 avr. 1880, que la décision par laquelle le ministre des cultes prescrit la revision du registre paroissial d'une église réformée pour être procédé sur cette liste à l'élection d'un conseil presbytéral, n'est pas susceptible d'être déférée au conseil d'Etat, sauf aux intéressés à exercer leur recours que de droit, soit contre la liste électorale, soit contre la validité de l'élection (Cons. d'Et. 1er févr. 1878, aff. Bruniquel, D. P. 78. 3. 53).

L'art. 16 du décret du 12 avr. 1880 porte que les dispositions de l'art. 1er du décret du 2 nov. 1864 (V. suprà, v° Conseil d'Etat, n° 341) seront applicables aux recours portés devant le conseil d'Etat en vertu du même décret. Ces recours sont donc assimilés aux recours pour incompétence ou excès de pouvoir; ils sont, en conséquence, exempts de tous autres frais que ceux de timbre et d'enregistrement, et dispensés du ministère d'avocat. Mais les frais de timbre et d'enregistrement leur sont applicables (Cons. d'Et. 17 avr. 1885, aff. Consistoire de Paris, D. P. 86. 3. 105). Décidé, par le même arrêt, que les recours de cette nature ne rentrent dans aucune des contestations à raison desquelles l'art. 2 du décret du 2 nov. 1864 permet de demander à l'Etat le remboursement des frais exposés.

734. La décision du ministre des cultes peut-elle être attaquée devant le conseil d'Etat par le consistoire lui-même, dont elle a annulé la délibération? La question est assez délicate. Sous le régime de l'arrêté ministériel du 10 sept. 1852, le conseil d'Etat avait admis sans difficulté les pourvois des consistoires contre les décisions ministérielles intervenues sur les recours formés contre les décisions de ces consistoires en matière électorale (Cons. d'Et. 11 août 1866, et 22 déc. 1869, cités suprà, n° 717). La cour de

cassation a, au contraire, déclaré, comme on l'a vu *supra*, n° 723, que les consistoires font acte de juridiction du premier degré, lorsqu'ils ordonnent des inscriptions ou radiations sur la liste électorale, et que, par suite, les membres de ces assemblées ne peuvent figurer dans les instances portées devant l'autorité judiciaire dans les cas prévus par l'art. 6 du décret du 12 avr. 1880. La question a été soulevée de nouveau devant le conseil d'Etat à l'occasion de deux affaires jugées le 17 avr. 1885 (aff. Consistoire de Paris, et aff. Consistoire de Besançon, D. P. 86. 3. 105); et M. le commissaire du Gouvernement Le Vavasseur de Précourt, dans ses conclusions sur cette affaire (V. *ibid.*), a soutenu le système contraire à celui qu'a consacré la cour de cassation (V. aussi la note jointe à l'arrêt précité). C'est en ce sens que le conseil d'Etat s'est implicitement prononcé : il résulte de ses décisions qu'un consistoire est recevable à déférer au conseil d'Etat une décision du ministre des cultes qui a statué sur la réclamation dirigée contre un acte dudit consistoire refusant l'inscription d'un protestant sur les listes électorales, ou qui a prononcé d'office l'annulation des élections que le consistoire avait déclarées valables.

735. — 7° *Installation des conseils presbytéraux.* — L'installation des conseils presbytéraux a lieu à l'issue du service divin, les dimanches qui suivent les nominations, par le président du consistoire ou par un pasteur qu'il a délégué (Circ. min. cult. 4 sept. 1852, V. *supra*, n° 716). Toutefois, en pratique, cette cérémonie n'a plus guère lieu, sauf dans le cas de renouvellement intégral ou de création de paroisse nouvelle (Circ. min. 28 févr. 1881, citée *supra*, n° 709).

ART. 3. — *Consistoires* (*Rép.* n° 710).

736. — I. COMPOSITION DES CONSISTOIRES ET FONCTIONS DE LEURS DIGNITAIRES. — On a vu au *Rép.* n° 710 que le décret du 26 mars 1852 a modifié les art. 16, 18 et 19 de la loi organique en ce qui concerne les consistoires. Les dispositions de ce décret ont été complétées par un arrêté ministériel du 10 septembre de la même année. Les conseils presbytéraux des chefs-lieux de circonscription consistoriale forment les consistoires avec des membres laïques en nombre double (Décr. 26 mars 1852, art. 1er; Arrêté min. 10 sept. 1852, art. 1 et 2). — Les membres laïques ainsi appelés à compléter les consistoires, les *doublants*, comme on les nomme, sont élus dans les diverses paroisses, de manière à ce que chaque section n'envoie pas un nombre total de représentants laïques inférieur à celui des pasteurs qu'elle a le droit d'y faire siéger. Les membres laïques que chaque paroisse sectionnaire peut ainsi élever au consistoire en sus du délégué laïque qui lui est accordé par le paragraphe 2 de l'art. 2 du décret du 26 mars 1852, sont, autant que possible, pris au chef-lieu consistorial (Même arrêté, art. 3). Les églises consistoriales composées d'une seule paroisse et qui, par conséquent, n'ont pas de sections, n'ont pas un conseil presbytéral distinct du conseil consistorial. La même assemblée ayant un nombre double de celui des conseils presbytéraux, doit faire les fonctions des deux corps dont elle réunit les attributions (Circ. min. cult. 10 nov. 1852, V. *supra*, n° 709).

737. Le consistoire est renouvelé, comme le conseil presbytéral, tous les trois ans (V. *Rép.* n° 710). Il est présidé par un membre élu parmi les pasteurs de la circonscription, et, autant que possible, parmi ceux qui résident au chef-lieu de la circonscription (Arrêté min. 10 sept. 1852, art. 6). En cas d'empêchement temporaire des pasteurs, le plus âgé des membres laïques ou anciens remplit provisoirement les fonctions de président (Même article). Un secrétaire et un trésorier sont élus parmi les membres laïques (Arrêté min. cult. 20 mai 1853, art. 8). Les fonctions de trésorier du consistoire peuvent être confiées au trésorier du conseil presbytéral du chef-lieu (Arrêté du 10 sept. 1852, art. 8). En cas de partage, dans les délibérations, le président a voix prépondérante. Quoique l'élection du président soit soumise à l'agrément du Gouvernement, il peut entrer immédiatement en fonctions après son élection (Circ. min. 28 févr. 1881). — L'agent comptable, quel que soit son titre, trésorier ou receveur, est chargé de recevoir, contre quittance signée de lui, les divers revenus des biens qu'il

gère. Il est tenu de faire, sous sa responsabilité personnelle, les diligences nécessaires pour la perception des revenus, legs, donations et autres ressources affectées aux églises, de poursuivre les débiteurs, d'avertir les présidents de l'expiration des baux, d'empêcher les prescriptions, de veiller à la conservation des domaines, droits, privilèges, hypothèques, d'en requérir l'inscription, de tenir le registre des inscriptions et de faire autres poursuites et diligences. D'autre part, il ne peut toutes les dépenses de la caisse qu'il gère, mais ne peut effectuer aucun payement qu'après ordonnancement par le président ou son délégué, et sur un crédit régulièrement ouvert.

738. — II. ATTRIBUTIONS DES CONSISTOIRES. — Les attributions des consistoires, déterminées par l'arrêté ministériel du 20 mai 1853, ont une analogie naturelle avec celles des conseils presbytéraux (V. art. 20, 25, 26 de la loi du 18 germ. an 10 et art. 5 du décret du 26 mars 1852). Le consistoire transmet au Gouvernement, avec son avis, celles des délibérations des conseils presbytéraux qui doivent lui être soumises. Il veille à la célébration régulière du culte, au maintien de la liturgie et de la discipline, et à l'expédition des affaires dans les diverses paroisses de son ressort. Il surveille l'administration des biens des paroisses et administre les biens consistoriaux. Il accepte, sous l'approbation de l'autorité supérieure, les legs et donations faits au consistoire ou indivisément aux églises de son ressort. Il arrête les budgets, vérifie et approuve les comptes de ces conseils (Arrêté min. 20 mai 1853, art. 6). Il nomme, conformément aux dispositions de l'art. 5 du décret du 26 mars 1852, aux places des pasteurs qui viennent à vaquer dans son ressort, et propose au Gouvernement la création de places nouvelles (Même arrêté, art. 7). Il dresse, au mois de décembre de chaque année, le budget de ses recettes et de ses dépenses pour l'année suivante. Il vérifie et arrête les comptes qui sont rendus, à l'expiration de chaque année, par son trésorier (Même arrêté, art. 7. V. du reste, art. 20 et 22 de la loi du 18 germ. an 10). — Quant à la discipline ecclésiastique, confiée à la surveillance des consistoires, et qui consiste en la répression chez les membres du corps pastoral d'actes contraires aux règlements de l'église ou à la dignité du ministère, elle n'a été réglementée d'une manière expresse qu'en ce qui concerne les églises de la confession d'Augsbourg (V. *infra*, n°° 746 et suiv.; Arrêté min. cult. 10 nov. 1852, art. 5 et 24) (V. L. 1er août 1879, art. 5, 14; Décr. 12 mars 1880, art. 18 et suiv.). Mais ces dispositions pénales peuvent s'appliquer, par analogie, aux ecclésiastiques de la communion réformée, sauf les modifications relatives à la compétence des autorités supérieures (Lehr, p. 113). — D'après une circulaire du ministre des cultes du 1er juin 1885, relative à l'exécution de l'art. 100 de la loi municipale du 5 avr. 1884 (*Rec. circ. cult.*, t. 4, p. 550), les consistoires doivent régler de concert avec le préfet du leur département la sonnerie des cloches des temples et oratoires de leur circonscription. A cette circulaire était joint un modèle de règlement, conçu dans le même esprit et presque entièrement semblable à celui du culte catholique (V. *supra*, n° 119). — Pour les sonneries civiles, les dispositions arrêtées sous ce rapport entre les autorités préfectorale et diocésaine du département sont étendues aux temples protestants (Même circulaire).

739. — III. ASSEMBLÉES ET DÉLIBÉRATIONS CONSISTORIALES. — L'art. 3 du décret du 26 mars 1852 a remplacé sur ce point l'art. 21 de la loi du 18 germ. an 10; mais il n'a pas touché à l'art. 22 de cette loi. Les consistoires sont convoqués par leurs présidents au chef-lieu de leurs circonscriptions respectives, en séances ordinaires, au moins une fois par trimestre. Ils peuvent être convoqués extraordinairement, selon les besoins du service, et sur la demande motivée de trois membres ou d'un conseil presbytéral (Arrêté min. 10 sept. 1852, art. 7). Tout ancien ou délégué laïque qui, sans motifs agréés, manque à trois séances consécutives, est réputé démissionnaire (Même article). Pour qu'un consistoire puisse délibérer valablement, il faut non seulement que la moitié au moins des membres titulaires assistent à la séance, mais encore que la moitié au moins des pasteurs des sections et de leurs délégués laïques soient présents (Même arrêté, art. 8). Les membres présents signent au registre des délibérations, et leurs noms sont

rapportés en tête des extraits du procès-verbal, lesquels sont signés par le président et le secrétaire (Même article). Chaque objet de délibération distinct porte, dans le registre des procès-verbaux, un numéro spécial que l'on reproduit en tête des extraits. Le même extrait ne doit jamais concerner qu'un seul objet (Circ. min. cult. 26 mai 1853, *Rec. circ. cult.*, t. 2, p. 425).

740. — IV. Circonscriptions consistoriales. — Avant 1852, les circonscriptions des différents consistoires n'étaient pas nettement délimitées : la loi organique de germinal an 10 (art. 16) s'était bornée, en effet, à déclarer qu'il y aurait une église consistoriale par six mille âmes de la même communion, et aucune disposition postérieure n'avait statué à cet égard. Cette lacune a été comblée par le décret du 10 nov. 1852 rendu en exécution de celui du 26 mars 1852 (D. P. 53. 4. 161), qui a fixé les circonscriptions consistoriales des églises réformées. — Il a été jugé que ce décret, ayant été rendu en vertu de la délégation comprise dans l'art. 14 du décret-loi du 26 mars précédent, participe de la nature de ce décret et qu'il a, par suite, les caractères d'une loi dont l'interprétation appartient aux tribunaux (Civ. rej. 29 juill. 1885, aff. Rabiez, D. P. 85. 1. 337). Les tableaux de ces circonscriptions se trouvent au *Bulletin des lois*, 1853, p. 205 et suiv. Quant aux paroisses, comprises dans le ressort d'un même consistoire, elles n'ont jamais été délimitées par aucune disposition émanée de l'autorité administrative. L'art. 1er du décret du 26 mars 1852 dispose simplement qu'il y a une paroisse partout où l'État rétribue un ou plusieurs pasteurs; et le décret du 10 novembre ne s'occupe aucunement de la délimitation des paroisses; les tableaux annexés à ce décret se bornent à déterminer les limites des consistoires. Les circonscriptions paroissiales ne sont fixées, en général, que par l'usage ou par un règlement intérieur de l'autorité ecclésiastique; l'Administration n'intervient que pour déterminer le nombre des pasteurs et leur résidence.

741. Aux termes de l'art. 4 du décret du 26 mars 1852 (D. P. 52. 4. 135), les protestants d'une localité où le Gouvernement n'a pas institué de pasteur rétribué par l'État, sont rattachés administrativement au consistoire le plus voisin. Mais ces protestants sont-ils nécessairement membres d'une des paroisses comprises, d'après le tableau annexé au décret du 10 nov. 1852, dans la circonscription du consistoire auquel ils sont rattachés ? Cette question, qui avait été soulevée dans l'espèce sur laquelle l'arrêt du 29 juill. 1885, cité *suprà*, n° 740, n'a pas été résolue par la cour de cassation. Cet arrêt s'est borné à déclarer que le décret du 10 nov. 1852 n'ayant déterminé que les circonscriptions des consistoires et non celles des paroisses, on ne pouvait au moyen des énonciations du tableau annexé audit décret, décider si les protestants dont il s'agit font partie de l'une ou de l'autre des paroisses de cette circonscription. Mais le tribunal de Périgueux avait, dans cette même affaire, résolu la question dans le sens de l'affirmative par jugement du 2 août 1884 (*Ibid.*), et, dans une autre instance se rattachant à la première, il a reproduit sa décision antérieure, dans un nouveau jugement en date du 13 août 1886 (aff. Rabiez et Garrigat, D. P. 88. 1. 457). — Cette solution n'est pas à l'abri de la controverse, et l'on a indiqué en note *ibid.* les graves raisons qui permettent de soutenir, au contraire, que le territoire de chaque consistoire n'est pas nécessairement réparti tout entier entre les diverses paroisses officielles qu'il contient, et qu'en dehors de ces paroisses, il peut exister des groupes religieux qui ne se rattachent à aucune d'elles, bien qu'ils dépendent du consistoire lui-même. — Sur le pourvoi, formé contre ce jugement du 13 août 1886, la cour de cassation a pu encore se dispenser de statuer sur ce point, la décision du tribunal ayant encouru la cassation pour d'autres motifs. Aux termes de son arrêt (Civ. cass. 12 juill. 1887, aff. Rabiez et Garrigat, D. P. 88. 1. 457), la juridiction civile est incompétente pour décider si un groupe de protestants, rattaché administrativement à un consistoire, fait ou non partie de telle paroisse déterminée, comprise dans le ressort de ce consistoire : il y a là une question de délimitation, à la fois territoriale et ecclésiastique, dont la solution appartient exclusivement à l'autorité administrative et, lorsque cette question n'a été résolue que par des actes administratifs

dont les dispositions sont contradictoires et inconciliables, le tribunal devant lequel elle est soulevée, à l'occasion d'une demande d'inscription sur les registres électoraux de ladite paroisse, doit surseoir à statuer jusqu'à ce que l'autorité compétente ait donné l'interprétation de ces actes.

742. Le décret du 25 mars 1882 (D. P. 83. 4. 16) a réorganisé l'église de Paris. Antérieurement à ce décret, plusieurs dispositions avaient été successivement édictées au sujet de cette église. C'est ainsi qu'un décret du 17 sept. 1859 y avait annexé une paroisse comprenant dans sa circonscription le département d'Eure-et-Loir; qu'un autre, en date du 1er janv. 1860 (Lods, *La législation des cultes protestants*, p. 150), avait réuni l'église des Batignolles à l'église réformée de Paris et fixé le nombre des membres du conseil presbytéral de Paris; que plusieurs décrets des 26 avr. 1854, 1er juin 1870 et 12 mars 1879 avaient créé des places de pasteur dans certaines paroisses comprises dans le ressort de la même église consistoriale.

Le décret du 25 mars 1882 a formé du département de la Seine une circonscription consistoriale dont le chef-lieu est la paroisse de l'Oratoire. D'après le même décret, les départements de Seine-et-Oise, de l'Oise et d'Eure-et-Loir forment une autre circonscription territoriale qui a pour chef-lieu la paroisse de Versailles. Il a déterminé le nombre des paroisses de chacune de ces circonscriptions, fixé la composition des consistoires, réparti les électeurs, arrêté le mode des opérations électorales et l'époque du renouvellement des corps constitués, enfin réglé le partage des biens indivis entre les deux consistoires de Paris et de Versailles.

Art. 4. — Synodes (*Rép.* n° 711).

743. Les synodes dont les attributions et la composition ont été indiquées au *Rép.* n° 711 peuvent s'occuper d'affaires autres que celles qui sont prévues par l'art. 30 de la loi organique de germinal (Conclusions de M. le commissaire du Gouvernement Le Vavasseur de Précourt dans l'affaire jugée par le conseil d'État le 23 juill. 1880, aff. Électeurs de Viane, D. P. 81. 3. 65), à la condition que leurs décisions, de quelque nature qu'elles puissent être, soient soumises à l'approbation du Gouvernement (Mêmes conclusions), et qu'elles ne soient exécutées qu'après cette approbation (V. *Rép. ibid.*).

Art. 5. — Conseil central (*Rép.* n° 712).

744. Comme on l'a exposé au *Rép.* n° 712, le conseil central a été créé par le décret du 26 mars 1852. Déjà, à diverses reprises, notamment en 1819 et 1839, on avait eu recours accidentellement à une institution semblable pour répondre à certains besoins temporaires (Rapport sur ce décret, D. P. 52. 4. 135, note 1). Un autre décret du 26 mars 1852 (D. P. 52. 4. 136), avait réglé les membres du conseil central. Ce corps a été réorganisé et reconstitué par un décret du 3 juill. 1879, qui a pourvu aux vacances produites dans son sein, afin de lever les doutes qui s'élevaient sur la légalité des délibérations prises par un corps dont le personnel était réduit. — On a indiqué au *Rép.* n° 711 la composition et les attributions de ce corps. Nous ajouterons : 1° que les notables protestants, choisis par le Gouvernement, qui doivent en faire partie, sont au nombre de douze; 2° que le conseil central donne son avis sur les dispenses de parenté ou d'alliance qui peuvent être accordées par le ministre aux membres d'un même conseil presbytéral (Arrêté min. 10 sept. 1852, art. 4).

Art. 6. — Synode général.

745. Une des institutions les plus importantes des anciennes églises réformées telles qu'elles étaient organisées par la *discipline* de 1559, était, avant la loi du 18 germ. an 10, le synode général. Cette loi la passa sous silence, mais il est difficile de supposer qu'elle ait eu pour effet de supprimer, par voie de prétérition, une organe aussi considérable dont, avant la révocation de l'édit de Nantes, l'histoire peut citer vingt-neuf réunions. En 1840, la section de législation du conseil d'État, saisie d'un projet de loi relatif aux cultes protestants, émit un avis où elle faisait observer que les chan-

gements projetés ne pourraient être accomplis sans entente avec un synode général (V. sur ce sujet les conclusions du commissaire du Gouvernement dans l'affaire jugée le 22 déc. 1869, aff. Consistoire de Caen, D. P. 70. 3. 17). Dans le rapport qui précède le décret du 26 mars 1852 (D. P. 52. 4. 135, note 1), sur l'organisation des cultes protestants, le ministre des cultes constate « que les églises réformées sont régies par le gouvernement presbytérien-synodal qui, depuis longtemps, n'a pas fonctionné dans son ensemble », et il propose l'établissement d'un conseil central « pour remédier, autant que possible, au défaut de représentation des consistoires ».

C'est sans doute avec la pensée de renouveler, au moins transitoirement, cette ancienne institution que, pour mettre fin à des dissensions qui s'étaient produites au sein du calvinisme, autant que pour arriver à une entente entre le Gouvernement et l'église réformée « sur un partage plus libéral de leurs attributions respectives et un règlement précis de leurs rapports. » (Circ. min. cult. 12 mars 1872), un décret du 29 nov. 1871 (1), visant la loi de germinal an 10 ainsi que les décrets des 26 mars et 30 nov. 1852, répartit les cent trois consistoires des églises réformées de France et d'Algérie en vingt et une circonscriptions synodales (art. 1er), et décida que chaque consistoire élirait un pasteur et un laïque pour le représenter au synode de sa circonscription (art. 2). Ces représentants étaient appelés à se réunir, du 1er au 15 mars 1872, pour élire des délégués à un synode général qui serait ultérieurement convoqué à Paris (art. 3). Le nombre de ces délégués était fixé d'après celui des pasteurs de chaque circonscription synodale (un délégué par six pasteurs); la moitié desdits délégués serait laïque en cas de nombre pair, la moitié plus un en cas de nombre impair (art. 4). La circulaire ministérielle du 12 mars 1872 admit que les opérations électorales ne seraient terminées qu'en avril et que le synode général ne se réunirait qu'au mois de mai. Le Gouvernement se déclarait à l'avance prêt à sanctionner les avis de ce synode et en cas de rupture de l'Eglise réformée en deux fractions, à traiter la minorité avec la même faveur que les autres communions protestantes (Lett. min. cult. 1872).

Réuni à Paris le 6 juin 1872, le synode général porta son attention sur trois points principaux : 1° les garanties à exiger des pasteurs ; 2° la *déclaration de foi* qu'il publia en résumant celle de la Rochelle ; 3° les nouvelles conditions à exiger des électeurs. Ses résolutions donnèrent lieu aux plus vives controverses entre les protestants *orthodoxes* et les *libéraux*. — D'abord, sa légalité fut attaquée. Mais elle fut reconnue par un avis du conseil d'Etat du 15 nov. 1873 (cité en note, D. P. 81. 3. 65). — Les protestants *libéraux* soutinrent ensuite que la déclaration de foi dressée par le synode, le 20 juin 1872, était caduque et procédait d'une assemblée incompétente (V. Jalabert, *Pourquoi nous refusons d'obéir au synode*, 1875), ce fut en vain qu'un décret du 28 févr. 1874, rendu après le conseil d'Etat entendu, autorisa la publication de cette déclaration, et en ordonna la transcription sur les registres du conseil d'Etat. Les libéraux persistèrent à lui nier son caractère obligatoire, en déclarant que le synode de 1872 n'avait pu succéder aux

anciennes assemblées connues sous le nom de synodes nationaux avant 1685 (V. en sens contraire, *suprà*, n° 693, et note 4 sous l'arrêt précité du 23 juill. 1880). — Le décret du 29 nov. 1871 ne réussit donc pas à rétablir l'ordre dans le sein des églises réformées. Sur ces entrefaites, le synode général ayant décidé, le 27 nov. 1873, que désormais seraient « seuls inscrits ou maintenus au registre paroissial, sur leur demande, les protestants français qui, remplissant les conditions actuellement exigées et faisant élever leurs enfants dans la religion protestante, déclarent rester attachés de cœur à l'église réformée de France et à la vérité révélée, telle qu'elle est contenue dans les livres sacrés de l'ancien et du nouveau Testament, les élections qui devaient se faire d'après les registres paroissiaux ainsi modifiés durent être ajournées, retardées ou suspendues (V. Circ. min. cult. 27 déc. 1874 et 9 déc. 1876), après l'annulation par le ministre des cultes, le 11 janv. 1875, des premières élections faites postérieurement au 31 mars 1874 (V. Même circulaire). Quoi qu'il en soit, le conseil d'Etat a décidé, par son arrêt du 23 juill. 1880 (aff. El. cons. presby. de Viane, D. P. 81. 3. 65), que le synode général des églises réformées, tel qu'il fonctionne actuellement, avait été constitué régulièrement et que, par suite, il pouvait prendre des délibérations susceptibles de modifier, sauf l'approbation du Gouvernement, la discipline de ces églises ; mais que des élections ne sauraient être annulées par le motif qu'on y aurait procédé sans tenir compte d'une décision de ce synode général non approuvée par le Gouvernement, subordonnant l'inscription sur les listes électorales à l'acceptation d'une déclaration de foi. L'approbation, qui eût été nécessaire pour donner force obligatoire à la déclaration du synode, n'avait pu, d'ailleurs, résulter du décret du 28 févr. 1874, qui en avait autorisé la publication, non plus que des instructions ministérielles qui avaient prescrit aux églises de s'y conformer. En conséquence, le conseil d'Etat a, par l'arrêt précité, annulé la décision du ministre des cultes du 11 janv. 1875, qui avait cassé les premières élections faites au mépris de la décision du synode du 27 nov. 1873 (V. *suprà*, n° 717).

M. le commissaire du Gouvernement Le Vavasseur de Précourt avait invoqué, à l'appui de cette solution, l'art. 30 de la loi du 18 germ. an 10 qui soumet à l'approbation du Gouvernement toutes les délibérations des synodes et qui, suivant lui, s'applique aux délibérations du synode général. — Le conseil d'Etat n'a pas eu à se prononcer sur ce point; mais l'opinion de M. le commissaire du Gouvernement paraît hors de discussion.

SECT. 2. — DES ÉGLISES DE LA CONFESSION D'AUGSBOURG (*Rép.* n°s 713 à 718).

746. L'organisation des églises luthériennes ou de la confession d'Augsbourg, telle qu'elle existait au moment de la rédaction du *Répertoire* et qu'elle résultait de la loi organique du 18 germ. an 10, ainsi que du décret du 26 mars 1852, a été profondément remaniée et modifiée par la loi du 1er août 1879 (2) et le décret du 12 mars 1880 portant règle-

---

(1) 29 nov. 1871. — *Décret sur les circonscriptions synodales des Eglises réformées* (Journ. off. du 1er déc. 1871).

LE PRÉSIDENT DE LA RÉPUBLIQUE FRANÇAISE ; — Sur le rapport du ministre de l'instruction publique et des cultes ; — Vu la loi du 18 germ. an 10 ; — Vu les décrets du 26 mars et du 10 nov. 1852 ; — DÉCRÈTE :

Art. 1er. Les cent trois consistoires des églises réformées de la France et de l'Algérie sont répartis en vingt et une circonscription synodales, conformément au tableau annexé au présent décret.

2. Chaque consistoire élira un pasteur et un laïque qui seront ses représentants au synode de sa circonscription.

3. Ces représentants se réuniront, du 1er au 15 mars, dans l'un des chefs-lieux consistoriaux de leur circonscription synodale, pour élire des délégués à un synode général qui sera ultérieurement convoqué à Paris.

4. Le nombre des délégués à élire pour le synode général est fixé d'après le nombre des pasteurs de chaque circonscription synodale, à raison d'un délégué par six pasteurs et selon la progression suivante : deux délégués pour tout nombre de six à douze pasteurs inclusivement ; trois délégués pour tout nombre de treize à dix-huit pasteurs inclusivement, etc., conformément au tableau annexé au présent décret. — La moitié de ces délégués,

si leur nombre est pair ; la moitié plus un, si leur nombre est impair, seront laïques.

5. Le ministre de l'instruction publique et des cultes est chargé de l'exécution du présent décret.

(2) 1er-2 août 1879. — *Loi qui modifie l'organisation de l'église de la confession d'Augsbourg* (D. P. 80. 4. 7).

DISPOSITIONS GÉNÉRALES.

Art. 1er. — L'église évangélique de la confession d'Augsbourg a des pasteurs, des inspecteurs ecclésiastiques, des conseils presbytéraux, des consistoires, des synodes particuliers et un synode général. Elle a aussi une faculté de théologie.

TIT. 1er. — DES PASTEURS ET DES INSPECTEURS ECCLÉSIASTIQUES.

2. Chaque circonscription paroissiale a un ou plusieurs pasteurs.

3. Pour être nommé pasteur, il faut remplir les conditions suivantes : — 1° Etre Français ou d'origine française ; — 2° Etre âgé de vingt-cinq ans ; — 3° Etre pourvu du diplôme de bachelier en théologie, délivré par une faculté française, et d'un acte de consécration.

ment pour l'exécution de ladite loi (D. P. 81. 4. 94). Il faut combiner les dispositions de cette loi et de ce décret avec celles du décret de 1852 et les articles organiques qui n'y sont pas contraires pour connaître le régime actuel de ces églises. La loi du 1er août 1879 a été précédée, à la distance de plusieurs années, d'un projet de réorganisation de l'église luthérienne, dressé par un synode général tenu en 1872 à Paris, et dans lequel ce synode avait inséré une déclaration de foi (Rapport de M. Seignobos sur la loi du 1er août 1879, D. P. 80. 4. 8, n° 1). Ce projet fut soumis à l'agrément du Gouvernement (Même rapport). La déclaration de foi qu'il contenait, manifestation intime de la croyance de l'Eglise de la confession d'Augsbourg, a été écartée par le législateur, non par le motif que l'Etat ne saurait intervenir dans une question de l'ordre purement dogmatique et de foi,

mais parce qu'il ne lui a point paru convenable d'enchaîner pour l'avenir la liberté de cette Eglise et de la condamner pour toujours à une formule de foi immuable, incompatible avec le principe de liberté qui est la base du protestantisme (Même rapport, n° 7). Par suite, on ne saurait dire qu'en écartant cette déclaration de foi, l'Etat a entendu renoncer au droit qui lui est attribué par l'art. 4 de la loi organique des cultes protestants, d'après lequel aucune profession doctrinale ou dogmatique ne peut être publiée ou devenir la matière de l'enseignement dans les églises protestantes sans l'autorisation du Gouvernement (Même rapport, n° 7, note a). — La loi du 1er août 1879 a été la conséquence de la cession de territoire consentie à l'Allemagne dans le traité de Francfort, et par laquelle l'Eglise française de la confession d'Augsbourg a perdu son centre historique et

4. Les pasteurs sont nommés par le consistoire sur la présentation du conseil presbytéral. — La nomination est soumise à l'agrément du Gouvernement. — Dans le cas où le choix du consistoire donne lieu à une réclamation, il est procédé comme il est dit à l'art. 21.

5. Les pasteurs peuvent être suspendus ou destitués par le synode particulier, conformément à la discipline ecclésiastique. Les motifs de la suspension ou de la destitution sont présentés au Gouvernement, qui les approuve ou les rejette.

6. Les inspecteurs ecclésiastiques sont chargés de la consécration des candidats au saint ministère, de l'installation des pasteurs, de la consécration des églises. — Ils ont la surveillance des pasteurs et des églises de leur ressort, ils veillent à l'exercice régulier du culte et au maintien du bon ordre dans les paroisses. — Ils sont tenus de visiter périodiquement les églises. Ils font chaque année au synode particulier un rapport général sur leur circonscription. — Ils siègent, en leur qualité, au synode général et sont membres de droit de la commission synodale prévue à l'art. 20 ci-dessous, mais ils ne la président pas. — Ils sont nommés pour neuf ans par le synode particulier et rééligibles. Ils ne peuvent être révoqués que par le synode général.

TIT. 2. — Des conseils presbytéraux.

7. Chaque église qui ne forme pas à elle seule un consistoire a un conseil presbytéral, composé du pasteur ou des pasteurs de la paroisse et d'un nombre d'anciens déterminé par le synode particulier, mais qui ne pourra être moindre de huit.

8. Le conseil presbytéral est élu par les fidèles selon les règles actuellement en vigueur. Il est renouvelé par moitié tous les trois ans.

9. Le pasteur ou le plus ancien des pasteurs est président du conseil presbytéral.

10. Le conseil presbytéral est chargé de veiller à l'ordre, à la discipline et au développement religieux de la paroisse, à l'entretien et à la conservation des édifices religieux et des biens curiaux. Il administre les aumônes et ceux des biens et revenus de la communauté qui sont affectés à l'entretien du culte et des édifices religieux, le tout sous la surveillance du consistoire. — Il délibère sur l'acceptation des legs et donations qui peuvent lui avoir été faits. Il propose au choix des consistoires trois candidats pour les fonctions de receveur paroissial. — Il pourra y avoir un receveur collectif pour la totalité des paroisses d'une même consistoriale ou pour plusieurs d'entre elles.

TIT. 3. — Des consistoires.

11. Le consistoire est composé de tous les pasteurs de la circonscription et d'un nombre double d'anciens délégués par les conseils presbytéraux. — Dans le cas où il existerait dans une paroisse un titre de pasteur auxiliaire, le synode particulier pourra exceptionnellement attribuer au titulaire droit de présence et voix délibérative au consistoire.

12. Le consistoire est renouvelé par moitié tous les trois ans. Les membres sortants sont rééligibles.

13. A chaque renouvellement, il élit un président ecclésiastique et un secrétaire laïque.

14. Le consistoire veille au maintien de la discipline, il contrôle l'administration des conseils presbytéraux, dont il règle les budgets et arrête les comptes. Il nomme les receveurs des communautés de son ressort, il délibère sur l'acceptation des donations et legs faits au consistoire ou confiés à son administration. Il donne son avis sur les délibérations des conseils presbytéraux qui ont pour objet les donations ou legs faits aux communautés de la circonscription.

TIT. 4. — Des synodes particuliers.

15. Les circonscriptions réunies de plusieurs consistoires forment le ressort d'un synode particulier.

16. Le synode particulier se compose de tous les membres des consistoires du ressort.

17. Il se réunit une fois chaque année et nomme son bureau. — Les églises de l'Algérie peuvent s'y faire représenter par des délégués choisis dans la mère patrie.

18. En cas d'urgence, la commission synodale peut le convoquer en session extraordinaire.

19. Le synode délibère sur toutes les questions qui intéressent l'administration, le bon ordre ou la vie religieuse, sur les œuvres de charité, d'éducation et d'évangélisation établies par lui ou placées sous son patronage. Il statue sur l'acceptation des donations ou legs qui lui sont faits. — Il veille au maintien de la constitution de l'église, à celui de la discipline et à la célébration du culte. — Il prononce sur toutes les contestations survenues dans l'étendue de sa juridiction, sauf appel au synode général.

20. Dans l'intervalle de ses sessions, le synode est représenté par une commission synodale prise dans son sein et nommée par lui. Elle se compose de l'inspecteur ecclésiastique, d'un pasteur et de trois laïques. Ces quatre derniers sont nommés pour six ans. — La commission synodale se renouvelle par moitié tous les trois ans. Les membres sortants sont rééligibles. — La commission synodale nomme son président.

21. La commission est chargée de la suite à donner aux affaires et aux questions qui ont fait l'objet des délibérations du synode. — Elle transmet au Gouvernement les nominations de pasteurs faites par les consistoires, lorsque, dans les dix jours de la nomination, il n'est survenu aucune réclamation. — En cas de réclamation, la commission synodale en apprécie le bien ou mal fondé et la soumet, s'il y a lieu, au synode particulier, qui décide.

TIT. 5. — Du synode général.

22. Le synode général est l'autorité supérieure de l'église de la confession d'Augsbourg. Il se compose : — 1° De pasteurs et d'un nombre de laïques double de celui des pasteurs, élus par les synodes particuliers ; — 2° D'un délégué de la faculté de théologie. — Les membres laïques peuvent être choisis en dehors de la circonscription du synode particulier.

23. Les députés au synode général se renouvellent par moitié tous les trois ans dans chaque circonscription de synode particulier. Les membres sortants sont rééligibles.

24. Les synodes particuliers sont représentés au synode général en raison de la population de leur ressort. Toutefois, un synode ne pourra pas être représenté par moins de quinze membres.

25. Le synode général veille au maintien de la constitution de l'église ; il approuve les livres ou formulaires liturgiques qui doivent servir au culte et à l'enseignement religieux. — Il nomme une commission exécutive qui communique avec le Gouvernement ; cette commission présente, de concert avec les professeurs de théologie de la confession d'Augsbourg, les candidats aux chaires vacantes et aux places de maître des conférences. — Il juge en dernier ressort les difficultés auxquelles peut donner lieu l'application des règlements concernant le régime intérieur de l'église.

26. Le synode général se réunit au moins tous les trois ans, alternativement à Paris et à Montbéliard, ou dans telle autre ville désignée par lui. Il peut, pour un motif grave et sur la demande de l'un des synodes ou du Gouvernement, être convoqué extraordinairement.

27. Le synode général peut, si les intérêts de l'église lui paraissent l'exiger, convoquer un synode constituant. La majorité des deux tiers au moins du nombre des membres du synode est nécessaire pour cette convocation. — Le synode constituant sera composé d'un nombre double de celui des membres du synode général.

28. La loi du 18 germ. an 10 (articles organiques des cultes protestants) et le décret-loi du 26 mars 1852, portant réorganisation des cultes protestants, sont abrogés en ce qu'ils ont de contraire aux modifications ci-dessus arrêtées.

légal, Strasbourg. Elle a eu aussi pour but de lui donner une autonomie plus grande et un régime vraiment représentatif (Rapport min. cult. 14 nov. 1879, *Rec. circ. cult.*, t. 4, p. 99 et suiv.).

747. L'innovation principale de la loi de 1879 consiste en ce que le Gouvernement n'a plus à intervenir que pour confirmer ou rejeter les grands choix faits par le corps électifs ou les résolutions qu'ils ont prises : il ne peut leur imposer ses décisions en se substituant à eux (Circ. min. cult. 24 juill. 1880, *Rec. circ. cult.*, t. 4, p. 90 et suiv.). Enfin, il n'a plus, au sein de l'Église de la confession d'Augsbourg, aucun représentant directement nommé par lui (Même circulaire). Aux termes de l'art. 1er de la loi du 1er août 1879, l'église évangélique de la confession d'Augsbourg a des pasteurs, des inspecteurs ecclésiastiques, des conseils presbytéraux, des consistoires, des synodes particuliers et un synode général.

Art. 1er. — Pasteurs (Rép. n° 714).

748. Le pasteur est le ministre du culte préposé à l'exercice du culte dans une circonscription paroissiale (L. 1er août 1879, art. 1er). Les ministres de la confession d'Augsbourg ne forment qu'un seul ordre, quoiqu'il existe entre eux une différence quant aux fonctions (V. *Rép.* n° 714). Dans les cas où l'ancienneté relative confère certaines prérogatives, ils prennent rang du jour de leur nomination dans l'église (Décr. 4 mai 1807; de Bray, *Annales administratives des églises chrétiennes évangéliques de France*, 1842, p. 164). Il y a des pasteurs titulaires, des pasteurs auxiliaires et des vicaires (V. Décr. 26 mars 1852, art. 11; L. 1er août 1879, art. 11). Ces pasteurs peuvent être appelés à remplir les fonctions d'aumônier dans les armées en cas de mobilisation, ou dans les établissements civils qui sont pourvus d'aumôniers (V. *suprà*, n° 259).

749. Pour être nommé pasteur, il faut être Français ou d'origine française ; être âgé de vingt-cinq ans et être pourvu du diplôme de bachelier en théologie, délivré par une faculté française, et d'un acte de consécration (Décr. 24 mars 1807; L. 1er août 1879, art. 3). Il peut être accordé des dispenses d'âge aux candidats qui, réunissent les autres conditions requises, n'auraient pas encore atteint l'âge de vingt-cinq ans (Décr. 12 mars 1880, art. 26). La consécration par les inspecteurs ecclésiastiques étant la condition essentielle de l'exercice officiel du ministère pastoral, la justification en est rigoureusement exigée de tout candidat à une place de pasteur titulaire (Décr. 24 mars 1807, art. 2). Dans l'Eglise de la confession d'Augsbourg, nul ecclésiastique ne reçoit même le titre officiel de vicaire ou d'auxiliaire avant son ordination (Circ. min. cult. 15 oct. 1860). Sur la consécration des pasteurs, V. Circ. min. 28 mai 1885 (*Rec. circ. cult.*, t. 4, p. 549), et A. Lods, *De la consécration au ministère évangélique*, *Revue de droit et de jurisprudence*, juillet 1885, p. 129.

750. Aux termes de l'art. 4 de la loi de 1879, les pasteurs sont nommés par le consistoire sur la présentation du conseil presbytéral. Le législateur a pensé que la paroisse à pourvoir, étant principalement intéressée au choix du nouveau pasteur, devait avoir le droit de le présenter par l'organe de son conseil presbytéral (V. Rapport sur la loi précitée, D. P. 80. 4. 8, n° 8). Aucune nomination, même à titre provisoire, ne peut être faite hors de cette présentation. Cependant le consistoire a le droit d'examiner la doctrine et la science du candidat, de faire une information sur ses mœurs (*Rép.* n° 714), et il peut refuser son approbation à la présentation faite par le conseil presbytéral. — Les formes à suivre pour la nomination des pasteurs ont été réglées par le décret du 12 mars 1880.

Toute vacance ou création de cure est rendue publique par les soins de la commission synodale. Un délai de quarante jours est fixé, pendant lequel les candidats à la cure vacante adressent leur demande écrite au président de la commission synodale, qui en informe immédiatement le président du conseil presbytéral intéressé. Le délai susdit court du jour où la vacance a été annoncée en chaire dans toutes les paroisses de la circonscription consistoriale (Décr. 12 mars 1880, art. 23). A l'expiration du délai, le conseil presbytéral arrête une liste portant les noms de trois candidats, classés par ordre alphabétique. Le consistoire choisit le pasteur parmi les candidats présentés. Ce choix doit

être fait dans les deux mois qui suivent la présentation (Même décret, art. 24). Si le consistoire n'a pas nommé le pasteur dans le délai de deux mois, la commission synodale, soit d'office, soit sur l'initiative du conseil presbytéral, réunit le synode particulier qui arrête les mesures propres à pourvoir provisoirement aux besoins religieux de la paroisse vacante, mesures qui sont soumises à l'approbation du Gouvernement. Il est procédé dans la même forme si aucun candidat ne s'est présenté à la place vacante (Même décret, art. 25).

La nomination des pasteurs est soumise à l'approbation du Gouvernement, par la transmission qui en est faite à la diligence de la commission synodale (L. 1er août 1879, art. 4 et 21), lorsque, dans les dix jours de la nomination, il n'est survenu aucune réclamation. Si une réclamation s'est produite, la commission en apprécie le bien ou le mal fondé et la soumet, en cas de doute, au synode particulier qui décide (L. 1er août 1879, art. 21).

751. Le serment des pasteurs, exigé par la loi organique, est tombé en désuétude. — Les pasteurs peuvent être suspendus ou destitués par le synode particulier, conformément à la discipline ecclésiastique. Les motifs de la suspension ou de la destitution sont soumis au Gouvernement qui les approuve ou les rejette (L. 1er août 1879, art. 5). Cet article n'a pas abrogé l'art. 25 de la loi organique. Il s'est borné à attribuer au synode particulier le droit de suspension ou de destitution.

Art. 2. — Inspecteurs ecclésiastiques (Rép. n° 716).

752. La loi du 18 germ. an 10 avait déjà soumis les églises de la confession d'Augsbourg à des inspections qu'a maintenues le décret du 26 mars 1852, art. 12. Depuis la loi de 1879, l'inspection ne forme plus un corps, mais il y a des inspecteurs ecclésiastiques, dont les attributions sont multiples. Ce sont eux qui consacrent les églises de leur ressort, les pasteurs délivrent à ceux-ci l'acte d'ordination, les installent, les surveillent, ainsi que les églises qu'ils visitent, et adressent chaque année au synode particulier un rapport sur leur situation ; ils siègent au synode général et à la commission synodale qui représente le synode particulier (L. 1er août 1879, art. 6). Pour leur permettre d'accomplir convenablement ces fonctions ou afin qu'ils puissent se faire assister dans leurs fonctions pastorales, une indemnité leur est allouée à titre de frais d'administration et de déplacement (V. Décr. 26 mars 1852, art. 12). Ces inspecteurs sont élus pour neuf ans par le synode particulier, et le synode général peut seul les révoquer. Ils sont rééligibles. Ils ne prêtent pas le serment exigé par la loi organique et qui est tombé en désuétude.

Art. 3. — Conseils presbytéraux (Rép. n° 715).

753. Chaque église qui ne forme pas à elle seule un consistoire a un conseil presbytéral, composé du pasteur ou des pasteurs de la paroisse et d'un nombre d'anciens déterminé par le synode particulier, et qui ne peut être moindre de huit (L. 1er août 1879, art. 7). Cet article a ainsi modifié la composition des conseils presbytéraux, telle qu'elle était réglée par l'art. 1er du décret du 26 mars 1852 (Circ. min. cult. 24 juill. 1880, citée *suprà*, n° 701).

754. Le conseil presbytéral, renouvelable par moitié tous les trois ans, est élu par les fidèles, conformément aux règles et conditions édictées par le décret du 26 mars 1852 et les règlements faits pour son exécution, ainsi que par le décret de 1852 sur les élections au Corps législatif (Rapport sur la loi de 1879, art. 8, D. P. 80. 4. 9, n° 10). Ainsi, en ce qui touche les conditions civiles de capacité, pour être électeur des conseils presbytéraux, il faut consulter les règles édictées par les lois générales en matière électorale (Même rapport, n° 10). Ces conditions sont les seules qu'il appartienne au Gouvernement de régler (Circ. min. cult. 14 sept. 1852, V. *suprà*, n° 716). — V. à ce sujet, ainsi que sur les incapacités en matière d'électorat ecclésiastique, *suprà*, n°s 716 et suiv., ce qui concerne les églises réformées. — Quant aux conditions religieuses de capacité exigées pour être électeur, elles ont été fixées d'un commun accord entre les églises et le Gouvernement (Rapport précité. V. également le décret

de 1852, art. 1er, et les arrêtés ministériels pris à la suite, *suprà*, no 718 et suiv.). « En ce qui concerne l'élection des conseils presbytéraux, qui est la base de tout système d'organisation de l'église, a dit le rapporteur de la loi du 1er août 1879, le projet primitif laissait au synode général le soin d'établir les règles qui présideraient à cette élection et de fixer comme il l'entendrait les conditions d'inscription sur le registre électoral de la paroisse. Du reste, aucune base légale ; le synode était souverain : il semblait même investi du droit de régler les conditions civiles de l'électorat, d'adopter à son gré le suffrage universel, direct ou à deux degrés, le suffrage restreint, même le suffrage censitaire usité dans l'église de 1802 à 1852. Le Sénat n'a pas cru, et non sans raison, devoir accorder au synode un pouvoir aussi illimité. Par l'art. 8, il a maintenu les règles actuelles, c'est-à-dire le suffrage universel, avec les conditions d'âge, de résidence, de capacité légale, établies par le décret de 1852. Ces conditions civiles, qui sont essentiellement du ressort du pouvoir législatif, ne peuvent être modifiées que par lui. Quant aux conditions religieuses, en principe, elles doivent être fixées par l'église, avec l'approbation du Gouvernement. Cette fixation a été faite d'un commun accord, il y a plus de vingt ans, après avis des consistoires et de toutes les autorités ecclésiastiques. Les conditions ainsi déterminées ont suffi pendant un quart de siècle et ont maintenu partout la paix, la concorde et l'union ; nulle part on n'a éprouvé le besoin de les modifier. Ce sont, du reste, les seules que l'on puisse admettre, si l'on ne veut introduire dans l'église une inquisition incompatible avec ses principes, pénétrer au fond des consciences et contraindre chaque fidèle à venir, à l'instant choisi, et sur une injonction comminatoire, signer solennellement devant témoins une formule imposée par une majorité et qui pourra varier avec elle. Ces conditions ne peuvent consister que dans des faits extérieurs, visibles, faciles à constater, tels que la naissance, le baptême, la confirmation, la bénédiction nuptiale, l'éducation des enfants, la participation au culte : hors de là commencerait l'inquisition, l'invasion dans l'intimité de la conscience, et le Gouvernement ne pourrait donner sa sanction à un pareil abus d'autorité. Il va sans dire, du reste, que ces conditions ne pourraient être changées sans son agrément ; la loi de germinal an 10 conserve sur ce point toute sa force. Mais l'esprit libéral et tolérant, que n'a jamais cessé de montrer l'église de la confession d'Augsbourg, ne permet pas un seul instant de lui prêter des intentions aussi étroites, aussi exclusives, aussi contraires à son principe et à ses tendances. Elle maintiendra ses traditions, qui sont sa gloire et son honneur, et auxquelles la commission est heureuse de rendre un hommage mérité. »

La détermination des conditions religieuses de l'électorat, auxquelles fait allusion le rapport qui précède, a été faite par un arrêté du consistoire supérieur du 26 oct. 1854. Ces conditions se résument en ce qui suit : 1o avoir été admis au nombre des membres actifs de l'Eglise par la confirmation ou, pour les prosélytes, par un acte équivalent ; 2o si l'on est marié, avoir reçu la bénédiction nuptiale selon le rite de l'église évangélique, et, si le mariage est mixte et que cette bénédiction n'ait pu avoir lieu, faire élever au moins une partie de ses enfants dans la religion luthérienne (*Recueil officiel des actes du directoire et consistoire de la confession d'Augsbourg*, de 1840 à 1871, t. 12, p. 136).

Cet arrêté a été maintenu par un règlement du synode général du 21 mai 1881 qui ajoute que « pour l'application de l'art. 12 de l'arrêté ministériel du 10 sept. 1852, seront considérés comme notoirement indignes : notamment ceux qui vivent en état de concubinage ; ceux qui se livrent à l'ivrognerie ; ceux qui, dans les lieux publics, auront tenu des propos outrageants contre la religion ; ceux qui par une abstention permanente de toute participation aux actes du culte public, auront publiquement témoigné de leur indifférence religieuse (*Recueil officiel des actes du synode général de l'Eglise évangélique de la confession d'Augsbourg*, t. 1, p. 82).

Un règlement d'administration publique devait déterminer le mode de confection des registres paroissiaux et des listes électorales. Mais ce règlement n'étant pas encore fait ou publié, il faut s'en référer sur ce point aux dispositions du décret du 26 mars 1852 et des arrêtés qui l'ont suivi.

755. Sur les incompatibilités, V. *suprà*, no 729, ce qui concerne les églises protestantes réformées (V. aussi Décr. 12 mars 1880, art. 21).

756. Le conseil presbytéral est présidé par le pasteur ou le plus ancien des pasteurs (L. 1er août 1879, art. 9). Il est chargé de veiller à l'ordre, à la discipline et au développement religieux de la paroisse, à l'entretien et à la conservation des édifices religieux et des biens curiaux. Il administre les aumônes et ceux des biens et revenus de la communauté qui sont affectés à l'entretien du culte et des édifices religieux, le tout sous la surveillance du consistoire. Il délibère sur l'acceptation des legs et donations qui peuvent lui être faits. Il propose au choix du consistoire trois candidats pour les fonctions de receveur paroissial. Il peut, du reste, y avoir un receveur collectif pour la totalité des paroisses d'une même église consistoriale ou pour plusieurs d'entre elles (L. 1er août 1879, art. 10). V. sur les attributions des conseils presbytéraux en général, Décr. 26 mars 1852, art. 1er. — Les conseils presbytéraux ont des réunions ordinaires qui ont lieu une fois au moins par trimestre, et des réunions extraordinaires, qui sont convoquées suivant les besoins du service. Dans leurs séances ordinaires et périodiques, ils peuvent s'occuper de tous les objets rentrant dans leurs attributions légales ; mais, en cas de séance extraordinaire, ils ne peuvent que s'occuper des objets portés à leur ordre du jour (Rapport min. 14 nov. 1879. V. par analogie Décr. 12 mars 1879, art. 8, paragraphe dernier). La loi de 1879 a eu cependant pour objet de donner aux conseils presbytéraux, comme aux consistoires, plus d'indépendance et une plus grande autonomie. Leur responsabilité s'accroît en proportion de cette indépendance, à l'égard des affaires courantes paroissiales dans lesquelles les commissions permanentes ne peuvent plus intervenir, comme autrefois le directoire (Circ. min. 24 juill. 1880, citée *suprà*, no 701).

Art. 4. — *Consistoires* (*Rép.* no 715).

757. Le consistoire est composé de tous les pasteurs de la circonscription et de délégués laïques de chaque paroisse, choisis par le conseil presbytéral, à raison de deux délégués par chaque pasteur (L. 1er août 1879, art. 11). Dans le cas où il existerait dans une paroisse un titre de pasteur auxiliaire, le synode particulier peut exceptionnellement attribuer au titulaire droit de présence et voix délibérative au consistoire (*ibid.*). — Les circonscriptions consistoriales des églises de la confession d'Augsbourg ont été fixées par le décret du 10 nov. 1852 (D. P. 53. 4. 161), et le tableau de ces circonscriptions et des paroisses qu'elles comprennent a été publié dans le *Bulletin des lois* de 1853, p. 205 et suiv. Mais, depuis le traité de Francfort, ces circonscriptions ont dû être remaniées.

Le consistoire est renouvelé par moitié tous les trois ans. Les membres sortants sont rééligibles (L. 1er août 1879, art. 12. V. Décr. 26 mars 1852, art. 3). A chaque renouvellement, il élit un président ecclésiastique et un secrétaire laïque (art. 13. V. même décret de 1852, *ibid.*).

Les attributions du consistoire consistent dans le maintien de la discipline, le contrôle de l'administration des conseils presbytéraux, le règlement des budgets et des comptes de ces conseils. C'est lui qui nomme les receveurs des communautés de son ressort ; il délibère sur l'acceptation des dons et legs qui lui sont faits ou qui sont confiés à son administration, et donne son avis sur les délibérations des conseils presbytéraux qui ont pour objet les libéralités faites aux communautés de sa circonscription (L. 1er août 1879, art. 14). Il administre enfin les biens indivis des églises de son ressort (Décr. 12 mars 1880, art. 22).

Art. 5. — *Synodes particuliers* (*Rép.* no 716).

758. Les circonscriptions réunies de plusieurs consistoires forment le ressort d'un synode particulier (L. 1er août 1879, art. 15). Il y a deux synodes particuliers, celui de Montbéliard, qui comprend les départements du Doubs, du Jura, de la Haute-Saône et le territoire de Belfort ; celui de Paris, qui comprend tous les autres départements de France et d'Algérie (Décr. 12 mars 1880, art. 16). Ces synodes particuliers remplacent les assemblées d'inspection qui comprenaient dans leur arrondissement cinq consistoires, d'après l'art. 36

de la loi du 18 germ. an 10 (V. *Rép.* n° 716). Ils ont un rôle beaucoup plus utile et plus étendu que celui des anciennes assemblées d'inspection (Rapport de la commission synodale sur la loi de 1879). Ce rôle est surtout pondérateur (Circ. min. 24 juill. 1880, *Rec. circ. cult.*, t. 4, p. 90). Les membres laïques de la commission synodale des synodes particuliers (V. *infrà*, n° 760), remplacent les inspecteurs laïques du régime antérieur. Il suit de là qu'à côté des inspecteurs ecclésiastiques, il n'y a plus d'inspecteurs laïques proprement dits (Rapport précité sur la loi de 1879).

759. Le synode particulier se compose de tous les membres des consistoires du ressort (L. 1er août 1879, art. 16). Les églises de l'Algérie peuvent y envoyer des délégués choisis dans la mère-patrie. La composition particulière des consistoires de l'Algérie semble conférer par elle-même aux seuls membres luthériens de ces corps le choix de ces délégués (Rapport sur la loi du 1er août 1879).

Le synode particulier se réunit tous les ans par an et nomme son bureau. En cas d'urgence, la commission synodale peut le convoquer en session extraordinaire (L. 1er août 1879, art. 17 et 18). Il délibère sur toutes les questions qui intéressent l'administration, le bon ordre ou la vie religieuse, sur les œuvres de charité, d'éducation et d'évangélisation établies par lui ou placées sous son patronage. Il statue sur l'acceptation des dons ou legs qui lui sont faits. Il prononce sur toutes les contestations survenues dans l'étendue de sa juridiction, sauf appel au synode général. Il veille au maintien de la constitution de l'église, à celui de la discipline et à la célébration du culte (L. 1er août 1879, art. 19).

En matière disciplinaire, le synode particulier, substitué par la loi de 1879 à l'ancien directoire, applique les peines de la suspension ou de la destitution (V. L. 1er août 1879, art. 5), sauf également l'approbation du Gouvernement (V. L. 18 germ. an 10, art. 25) (Rapport min. cult. 14 nov. 1879). En cette matière, le synode particulier est saisi soit par la commission synodale, soit par le ministre des cultes. L'inspecteur ecclésiastique procède aux enquêtes et instructions. Tout inculpé doit être entendu dans ses moyens de défense oraux et écrits (Décr. 12 mars 1880, art. 18). La commission synodale peut saisir le synode particulier soit de son propre mouvement, soit en suite de la notoriété publique, soit sur la plainte d'une partie lésée, d'un consistoire, d'un conseil presbytéral ou d'un inspecteur ecclésiastique (Rapport du 14 nov. 1879). Suivant la gravité des cas, la commission synodale renvoie l'inculpé soit devant le synode particulier pour qu'il lui soit fait application, s'il y a lieu, des peines de la suspension ou de la destitution, soit devant le consistoire, pour y subir la réprimande simple ou la réprimande avec censure (Décr. 12 mars 1880, art. 19). — Conformément à l'art. 20 du décret du 12 mars 1880, un règlement synodal du 21 mai 1881 a réglé la procédure à suivre devant le synode particulier et devant le synode général en matière contentieuse (*Recueil officiel des actes du synode général*, t. 1, p. 87).

760. La commission synodale dont il a été parlé à diverses reprises, *suprà*, n° 758 et 759, est une commission permanente qui représente, dans l'intervalle de ses sessions, le synode particulier; elle est prise dans son sein et nommée par lui. Elle se compose de l'inspecteur ecclésiastique, membre de droit, d'un pasteur et trois laïques, nommés pour six ans. Elle se renouvelle par moitié tous les trois ans, les membres sortants étant rééligibles. C'est elle qui nomme son président (L. 1er août 1879, art. 20), parce que l'inspecteur ecclésiastique ne peut la présider (Même loi, art. 6). Cette commission est chargée de la suite à donner aux affaires et aux questions qui ont fait l'objet des délibérations du synode; elle transmet au Gouvernement les nominations de pasteurs faites par les consistoires, lorsque, dans les dix jours de la nomination, il n'est survenu aucune réclamation, et, en cas de réclamation, en apprécie le bien ou mal fondé (Même loi, art. 21).

Art. 6. — *Synode général* (Rép. n° 717 et 718).

761. La loi organique avait placé à la tête des églises de la confession d'Augsbourg des consistoires supérieurs ou généraux, qui étaient en quelque sorte investis d'un pouvoir législatif et de haute surveillance, et un directoire, chargé

du pouvoir administratif (V. *Rép.* n° 717, 718). Réorganisé par le décret du 26 mars 1852, le consistoire supérieur de Strasbourg a été remplacé aujourd'hui par le synode général, qui est l'autorité supérieure de l'église de la confession d'Augsbourg (L. 1er août 1879, art. 22). En même temps, le directoire institué par l'art. 43 de la loi organique et par l'art. 11 du décret du 26 mars 1852 a été remplacé par une commission exécutive (Même loi, art. 25).

762. Le synode général se compose de trente-six membres titulaires, savoir: 1° des inspecteurs ecclésiastiques, membres de droit; 2° de cinq pasteurs et de dix laïques, élus par le synode particulier de Paris; 3° de six pasteurs et de douze laïques, élus par le synode particulier de Montbéliard; 4° d'un délégué élu pour six ans par les professeurs de la faculté de théologie de Paris appartenant à l'église de la confession d'Augsbourg. Ces membres laïques peuvent être pris en dehors de la circonscription du synode particulier (L. 1er août 1879, art. 22; Décr. 12 mars 1880, art. 4). Ils ne prêtent pas plus serment que ne le prêtaient les présidents des consistoires supérieurs. En outre, sont élus, en qualité de membres suppléants: 1° trois pasteurs et cinq laïques, par le synode particulier de Paris; 2° trois pasteurs et six laïques par le synode particulier de Montbéliard (*Ibid.*). Le nombre des députés à élire peut être changé par une délibération du synode général, soumise à l'approbation du Gouvernement (Décr. 12 mars 1880, art. 5). — Les députés du synode général se renouvellent par moitié tous les trois ans dans chaque circonscription de synode particulier, les membres sortants étant rééligibles (L. 1er août 1879, art. 23). Les synodes particuliers sont représentés au synode général en raison de la population de leur ressort. Toutefois un synode ne peut être représenté par moins de quinze membres (Même loi, art. 24).

763. Le synode général a les mêmes attributions que le consistoire supérieur réorganisé par le décret du 26 mars 1852, art. 10 (V. L. 1er août 1879, art. 25). Toutefois, d'après cette loi, les comptes des administrations consistoriales, la discipline, les règlements concernant le régime intérieur ne sont plus soumis au synode général que comme à un juge en dernier ressort, qui ne peut se saisir lui-même des questions relatives à ces matières et qui doit attendre que les difficultés et les plaintes soient portées jusqu'à lui (Rapport min. du 14 nov. 1879). Le synode n'est plus chargé de faire ou d'approuver ni, par conséquent, de modifier les règlements concernant le régime intérieur; il doit se borner, dans chaque cas qui lui est déféré, à en régler souverainement l'application (Même rapport). Le pouvoir de modifier les règlements est réservé au synode constituant (V. *infrà*, n° 766) et au Gouvernement, l'un décidant une réforme par ses délibérations, l'autre l'approuvant et la consacrant par voie de règlement d'administration publique (Même rapport). — Les principales matières réglées par des règlements d'ordre intérieur émanant du consistoire supérieur et encore en vigueur sont les suivantes: 1° *Actes cusuels*, c'est-à-dire actes qu'un pasteur peut être appelé à faire dans une paroisse autre que la sienne (*Recueil officiel des actes du directoire et du consistoire*, t. 21, art. 22, 29, 52, 109); 2° *Agende*, règlement qui détermine l'ordre des cérémonies du culte, par opposition à la liturgie qui comprend le texte même des prières ou des formules à prononcer pour le baptême, la bénédiction nuptiale et la confirmation des catéchumènes; 3° *Annexe*, c'est-à-dire la commune où ne réside pas un pasteur titulaire, mais qui est rattachée pour le culte à un chef-lieu de paroisse voisin; les annexes se divisent en deux catégories, celles qui ont un lieu de culte et celles qui en sont dépourvues; 4° *Autorisation de monter en chaire*, qui peut être accordée aux futurs ministres non encore consacrés (*Recueil* précité, t. 14, art. 77); 5° *Baux concernant les biens d'église* (*Ibid.*, t. 13, n° 73); 6° *Biens curiaux* (*Ibid.*); 7° *Caisses d'église* ou fabriques locales (Règlement du directoire et Circ. 18 oct. 1864); 8° *Caisses de prévoyance en faveur des pasteurs, de leurs veuves et de leurs orphelins* (*Recueil* précité, t. 13, n° 130); 9° *Cession de la chaire* (*Ibid.*, t. 13, n° 5); 10° *Comptabilité ecclésiastique* (*Ibid.*, t. 20, n° 123); 11° *Contributions* dues par les biens d'église; 12° *Costume* (Instruction du directoire, 23 févr. 1848 et arrêté du consistoire général, 9 oct. 1844); 13° *Elections paroissiales* (*Recueil* précité, t. 10,

n°s 22 et 44); 14° *Frais d'installation* (Arrêté précité 9 oct. 1844); 15° *Pasteurs* (*Recueil* précité, t. 2, n° 164; t. 12, n° 120; t. 13, n° 130); 16° *Receveurs* des caisses et établissements ecclésiastiques (*Ibid.*, t. 13, n° 73; t. 23, n° 167). V. le rapport du 14 nov. 1879.

764. Le synode général se réunit au moins tous les trois ans, alternativement à Paris et à Montbéliard, ou dans telle autre ville désignée par lui. Il peut être convoqué extraordinairement, pour un motif grave, soit d'office par le ministre des cultes, soit par la commission exécutive, sur la demande d'un des synodes particuliers. Dans tous les cas, la convocation est faite par les soins de la commission exécutive, en exécution d'un arrêté ministériel qui fixe le jour d'ouverture et la durée de la session (L. 1er août 1879, art. 26; Décr. 12 mars 1880, art. 7). A chaque session, le synode général nomme son bureau (*Ibid.*). Dans ses sessions ordinaires, indépendamment des attributions qui lui sont dévolues par l'art. 25 de la loi de 1879, le synode général exerce ceux des pouvoirs du consistoire supérieur qui n'ont pas été attribués par ladite loi à d'autres corps ecclésiastiques; mais, en cas de session extraordinaire, il ne peut s'occuper que des objets pour lesquels il a été spécialement convoqué (Décr. 12 mars 1880, art. 8). — Ses délibérations sont prises à la majorité absolue des voix, celle du président étant prépondérante en cas de partage. Elles ne sont valables que si la moitié des membres en exercice assiste à la séance. Lorsqu'après deux convocations successives les membres du synode ne sont pas réunis en nombre suffisant, la délibération prise après la troisième convocation est valable, quel que soit le nombre des membres présents (Même décret, art. 9). — Cette dernière règle s'applique aux délibérations de tous les corps élus dans la confession d'Augsbourg.

765. Le directoire institué par la loi organique et le décret de 1852 a été, avons-nous dit *suprà*, n° 761, remplacé en 1879 par la commission exécutive qui représente le synode général près du Gouvernement. Nommée par ce synode, et prise dans son sein, pour six ans, elle se compose d'un nombre de membres titulaires à déterminer par le synode, mais qui varie de six à neuf, et trois membres suppléants : les deux tiers doivent être laïques (Décr. 12 mars 1880, art. 10). Elle est renouvelée par moitié tous les trois ans ou intégralement lorsque, dans cet intervalle, elle a perdu plus des deux tiers de ses membres, les survivants étant indéfiniment rééligibles; elle nomme à chaque renouvellement son président et son secrétaire (Même décret, art. 11). Elle siège à Paris : la majorité de ses membres titulaires et la totalité de ses suppléants doivent résider en cette ville (art. 12). Elle s'y réunit toutes les fois que l'exigent les besoins du service, sur la convocation de son président ou, à défaut, du plus âgé de ses membres (art. 13). Elle est l'agent permanent du synode général auprès du Gouvernement et des églises (V. Décr. 12 mars 1880, art. 2, 7, 13, 14), elle présente au Gouvernement les candidats aux chaires vacantes de la faculté mixte de théologie protestante et aux places de maître de conférences (Rapport de M. Seignobos sur la loi de 1879, D. P. 80. 4. 8, n°s 8 et 9). Toutes ses délibérations sont soumises à l'approbation du Gouvernement (Décr. 12 mars 1880, art. 15). — Ce droit d'approbation que l'art. 15 réserve au Gouvernement soit sur les décisions doctrinales, dogmatiques ou disciplinaires, soit sur les *confessions* ou formulaires, soit sur les délibérations de tous les corps institués dans l'Eglise luthérienne, est, pour cette Eglise et chacun de ses membres, une garantie que toutes les dispositions législatives et réglementaires de la nouvelle organisation seront toujours exactement et impartialement exécutées et appliquées (Circ. min. cult. 24 juill. 1880 (V. *suprà*, n° 758).

Art. 7. — *Synode constituant.*

766. Si les intérêts de l'Eglise lui paraissent l'exiger, le synode général peut convoquer un synode constituant (L. 1er août 1879, art. 27). C'est une des innovations de cette loi. Pour décider cette convocation, il faut la majorité des deux tiers au moins des membres du synode général (*Ibid.*). Le synode constituant se compose des inspecteurs ecclésiastiques, de deux délégués élus par les professeurs de la faculté de théologie de Paris appartenant à l'église de la confession d'Augsbourg, et de députés tant ecclésiastiques que laïques, choisis par les synodes particuliers, en nombre double de celui des délégués appel-s à faire partie du dernier synode général (Décr. 12 mars 1880, art. 1er). Le nombre des inspecteurs ecclésiastiques, qui siègent en leur qualité au synode constituant comme au synode général, ne peut être doublé (Rapport du 14 nov. 1879). Les membres laïques peuvent être choisis en dehors de la circonscription du synode particulier. Des membres suppléants sont désignés à l'avance pour remplacer, comme dans le synode général des Eglises réformées, les titulaires empêchés.

C'est la commission exécutoire du synode général qui convoque les membres composant le synode constituant, en exécution d'un arrêté ministériel qui approuve le jour, le lieu et l'objet de la réunion (Décr. 12 mars 1880, art. 2). Quand le synode général a décidé qu'un synode constituant est nécessaire, celui-ci est virtuellement convoqué (Rapport min. du 14 nov. 1879), et le Gouvernement n'a pas à en délibérer (*Ibid.*). Si les questions qui doivent être soumises au synode constituant et qui sont portées à la connaissance du ministre des cultes, soulèvent à ses yeux quelques objections, il peut s'entendre, à ce sujet, soit avec la commission exécutive du synode général, soit même, si le désaccord est grave, convoquer d'office le synode général en session extraordinaire. En tout cas, quand l'entente est établie, le ministre rend un arrêté pour approuver la réunion du synode constituant (Rapport du 14 nov. 1879). — Le synode se réunit à Paris. Il nomme son bureau et délibère exclusivement sur les questions qui lui sont soumises par la décision du synode général approuvée. L'assemblée ne peut se prolonger au delà de dix jours, à moins d'autorisation spéciale du Gouvernement, auquel le président transmet les délibérations prises (Décr. 12 mars 1880, art. 3).

Sect. 3. — Des séminaires et facultés de théologie protestants (*Rép.* n° 719).

767. — I. Séminaires. — Le culte réformé a un seul séminaire placé, comme on l'a vu au *Rép.* n° 719, à Montauban. Ce séminaire est dirigé par un directeur que le ministre des cultes choisit parmi les professeurs de la faculté de théologie protestante établie au même lieu, par une commission administrative et une commission de patronage (Arrêté min. cult. 3 déc. 1866; Lehr, p. 232). Pour être admis à ce séminaire, il faut être inscrit sur les registres de la faculté. Chaque élève est placé sous l'autorité de la commission dite de patronage et sous la surveillance générale du directeur. Il peut être atteint de peines disciplinaires, l'avertissement, la censure, la privation temporaire ou définitive de la bourse ou de la demi-bourse qui lui est accordée par le Gouvernement, l'exclusion (Arrêté min. cult. 30 oct. 1867; Lehr, p. 233).

768. L'ancien séminaire du culte luthérien, placé à Strasbourg (V. *Rép.* n° 719), a été transféré à Paris depuis les événements de 1870-1871 (Décr. 27 mars et 1er oct. 1877). Il était, à l'origine, régi par des statuts approuvés le 30 flor. an 11, qui attribuaient au président du consistoire général la direction du séminaire ou de l'académie. Pour y être admis comme élève, il fallait produire son acte de naissance, un certificat d'assiduité et de bonne conduite, délivré par le chef de l'établissement où l'élève avait fait ses études antérieures, une délibération du consistoire constatant la moralité du postulant, le consentement de ses parents ou tuteur en cas de minorité et le diplôme de bachelier ès lettres (Décr. 9 avr. 1809, art. 1er), sinon subir un examen d'admission à la suite duquel on n'était inscrit qu'à titre provisoire (Lehr, p. 236). Chaque élève était placé sous le patronage spécial de l'un des professeurs. Il était passible, en cas d'infraction au règlement, de peines disciplinaires prononcées, selon leur gravité, par le directeur du séminaire ou le directoire (Règlement sur la discipline et les études du séminaire, 23 oct. 1855, *Recueil officiel des actes du directoire et du consistoire de la confession d'Augsbourg*, de 1840 à 1871, t. 14, p. 75). Au séminaire était annexé un internat, nommé *pensionnat de Saint-Guillaume*, dont le séjour était obligatoire pour tous les boursiers (Ord. 13 févr. 1838) et facultatif pour les autres (Lehr, p. 238). Aujourd'hui, la commission exécutive nommée par le synode géné-

ral exerce les attributions du directoire quant à la haute surveillance de l'enseignement et de la discipline ecclésiastique de ce séminaire (Décr. 12-14 mars 1880, art. 14, D. P. 81. 4. 95). Elle s'adjoint les professeurs de la faculté de théologie appartenant à l'église de la confession d'Augsbourg pour examiner les propositions des consistoires relatives aux bourses vacantes et désigner les candidats au Gouvernement. Un décret du 11 févr. 1884 (D. P. 84. 4. 84), qui a réorganisé le séminaire protestant, a confié sa gestion administrative et financière à une commission administrative composée du doyen de la faculté de théologie de Paris et du directeur du séminaire, sous la présidence du directeur général des cultes ou de son délégué (Ibid.).

Les élèves des séminaires protestants jouissent de plusieurs prérogatives : 1° dispense des frais du baccalauréat ès lettres, sur la justification de leur inscription sur les registres du séminaire et de leur vocation ecclésiastique; 2° exemption du service militaire, à charge de justifier par un certificat du consistoire, de leur destination ecclésiastique et de leurs études sous la condition d'être consacrés dans le délai d'un an après leur vingt-cinquième année révolue ou la date de la dispense d'âge qui leur serait accordée. Cette dispense conditionnelle du service militaire peut être réclamée non seulement par les élèves déjà inscrits des séminaires, mais encore par tout élève ecclésiastique régulièrement autorisé par son consistoire à se préparer à la carrière pastorale (Instr. min. cult. 20 janv. 1874. V. Lehr, p. 239). — Mais le projet de loi sur le recrutement de l'armée actuellement en discussion devant les Chambres supprime toute dispense en faveur des élèves ecclésiastiques, à quelque culte qu'ils appartiennent (V. suprà, n° 71).

769. Des bourses étaient autrefois accordées par le Gouvernement aux élèves des séminaires protestants (V. Décr. 1er oct. 1877, 28 oct. 1878, 5 nov. 1879 et 16 oct. 1880). En 1883, il y avait seize bourses de 800 fr. et seize demi-bourses de 400 à celui de Paris; quatorze bourses de 400 fr. et vingt-huit demi-bourses de 200 fr. à celui de Montauban. Ces bourses étaient réservées aux élèves des cours d'études théologiques proprement dites (Circ. min. int. 27 avr. 1820, Rec. circ. cult., t. 1, p. XCV; Lehr, p. 241). La jouissance en cessait de plein droit à l'expiration de la troisième année d'inscription des titulaires en théologie, le 30 juin ou le 31 décembre, suivant qu'ils avaient été admis en théologie dans le deuxième ou le premier semestre de leur première année. En conséquence, les présentations devaient être faites en mai ou novembre (Arrêté min. cult. 2 nov. 1846). Le payement courait de la date du décret qui nomme à la bourse vacante (Ord. 2 nov. 1835). L'élève qui quittait temporairement la faculté pour autre cause que la maladie perdait la bourse dont il était titulaire (Décis. min. 16 déc. 1857). La bourse pouvait aussi être temporairement retirée à celui qui avait perdu deux inscriptions ou dont l'examen était ajourné par mesure disciplinaire; elle l'était définitivement quand il échouait deux fois au même examen (Arrêté min. cult. 5 déc. 1866. V. Lehr, ibid.). — La loi de finances du 21 mars 1885 (D. P. 85. 4. 41) a supprimé les bourses des séminaires en réduisant de 59000 à 26500 fr. le crédit affecté à ces établissements (Ministère de la justice et des cultes, chap. 15). Cette somme de 26500 fr. correspond aux frais d'administration (V. suprà, n° 357).

770. — II. FACULTÉ DE THÉOLOGIE. — L'enseignement de la théologie pour l'église réformée est donné à la faculté de Montauban (V. Rép. n° 719), et pour l'église luthérienne, à la faculté mixte de théologie protestante de Paris, qui, depuis le décret du 27 mars 1877 (D. P. 77. 4. 48), a remplacé la faculté de Strasbourg, en partageant ses chaires, selon le vœu exprimé en 1872 par le synode général, entre les réformés et les luthériens. Un décret du 7 mai 1881 (D. P. 82. 4. 1) a disposé que les chaires de cette faculté mixte seraient partagées en nombre égal entre les deux confessions, chacune ayant forcément une chaire de dogme. La faculté de Montauban compte sept chaires et celle de Paris onze. — On sait que le décret de 1808 avait institué à Genève une autre faculté pour le culte calviniste (V. Rép. n° 719), et que cette ville ayant cessé d'appartenir à la France, sa faculté avait été transférée à Montauban. Les aspirants au ministère évangélique sont néanmoins autorisés, en vertu d'une tolérance que justifie la loi de germi-

nal an 10 à faire les études réglementaires à la faculté suisse de Genève, bien qu'elle ne soit pas un établissement français, mais à charge de prendre leurs grades à Montauban ou à Paris (Lehr, p. 153). Depuis 1872, la faculté de Genève a même été provisoirement autorisée à conférer le grade de bachelier en théologie, seize inscriptions prises à cette faculté ne comptant toutefois que comme douze à Montauban. La faculté de Genève ne possède que cinq chaires.

La nomination aux chaires vacantes dans les facultés de théologie protestante françaises est faite par décret du chef de l'État (Décr. 26 mars 1852, art. 7; L. 1er août 1879, art. 25). Pour les chaires de théologie de la communion réformée, elle a lieu sur la présentation de tous les consistoires réformés de France, dont le conseil central recueille et transmet les votes au ministre des cultes avec son avis (Décr. 26 mars 1852, art. 7). La faculté et le conseil académique n'ont ni présentation à faire, ni avis à formuler (Rapport de M. Seignobos sur la loi du 1er août 1879, D. P. 80. 4. 9, n° 9). — Pour les chaires de théologie de la confession d'Augsbourg, quand une chaire de professeur ou une place de maître de conférences a été déclarée vacante par le ministre de l'instruction publique, les candidats sont invités, dans les formes ordinaires, à déposer leurs titres à la faculté. Le délai de vingt jours expiré, les professeurs de cette faculté appartenant à la confession d'Augsbourg dressent une liste de trois candidats. Ils se réunissent ensuite à la commission exécutive du synode général pour lui donner lecture du rapport où sont appréciés les titres de ces aspirants. Après discussion, une liste de trois candidats est arrêtée par la réunion. Le président de la commission transmet au ministre de l'instruction publique, avec toutes les pièces à l'appui, cette liste et le rapport des professeurs (Décr. 12 mars 1880, art. 30). — Les professeurs de théologie des deux facultés françaises ne sont nommés titulaires qu'autant qu'ils ont trente ans d'âge et le diplôme de docteur (Décr. 9 mars 1852, art. 2). Ceux qui n'ont pas ce diplôme ne peuvent être que chargés de cours (V. le règlement sur la discipline et les études des élèves de la faculté de Strasbourg du 14 nov. 1827).

Un arrêté ministériel du 21 déc. 1882 a autorisé les licenciés et docteurs en théologie protestante de l'Université de France à donner des cours à la faculté de théologie de Paris sous certaines conditions (A. Lods, Législation des cultes protestants, p. 228).

SECT. 4. — DOTATION DES CULTES PROTESTANTS (Rép. n°s 720 à 722).

771. — I. TRAITEMENT DES MINISTRES PROTESTANTS. — Comme on l'a vu au Rép. n° 720, la loi organique du 18 germ. an 10 s'était bornée, dans son art. 7, à poser le principe de la dotation des ministres protestants, mais n'en avait pas fixé la quotité. Celle-ci a été déterminée successivement par plusieurs ordonnances, décrets et arrêtés, et, en conséquence, a été variable (V. Arrêté 15 germ. an 12; Décr. 13 fruct. an 13; Ord. 28 juill. 1819, 22 mars 1827, 12 oct. 1842; Décr. 2 oct. 1863, 24 et 29 janv. 1877 et 7 févr. 1880) (V. A. Lods, Législation des cultes protestants, p. 56, 65, 97, 101, 113, 152, 177 et 188). Divisés en trois classes quant à leur traitement, selon l'importance de la population des villes où l'église est établie, Paris étant hors classe (Décr. 3 mess. an 11), les pasteurs de l'église réformée reçoivent aujourd'hui à Paris 3000 fr., ceux de la première classe 2200 fr., ceux de la seconde 2000 fr., et ceux de la troisième 1800 fr. (Loi de finances du 29 déc. 1882). Le décret du 24 janv. 1877, sans apporter de modification au taux du traitement, range dans la première classe les pasteurs des chefs-lieux de préfecture, et dans la seconde, les pasteurs des chefs-lieux de sous-préfectures, sans avoir égard au chiffre de la population. — Les mêmes règles s'appliquent aux pasteurs de l'église de la confession d'Augsbourg. En Algérie, les pasteurs ont 4000 ou 3300 fr. de traitement (V. Décr. 3 mars 1877), et peuvent recevoir des frais de déplacement.

772. L'art. 7 de la loi organique déclare que l'on doit imputer sur le traitement des ministres des cultes protestants le revenu des biens que les églises possèdent et le produit des oblations établies par l'usage et les règlements.

Ainsi, on impute sur leur traitement la portion, applicable à leur rétribution, du revenu des biens dont la loi leur a conservé la propriété dans les départements du Doubs, des Vosges et des fractions du Bas-Rhin et du Haut-Rhin qui sont restées françaises depuis 1871 (Lehr, p. 247). Aucun traitement n'est payé, quand le taux en est égal ou inférieur au revenu conservé. L'évaluation du revenu des biens curiaux et de fabrique, ainsi que la fixation de la part applicable aux traitements, sont arrêtées par le ministre, sur la proposition des préfets et sur l'avis de la commission synodale de la confession d'Augsbourg et des consistoires réformés (Règlement ministériel sur la comptabilité des cultes, 31 déc. 1841, art. 214). Enfin les ministres des cultes protestants peuvent recevoir des oblations, comme ceux du culte catholique (V. art. 12 du Concordat, 68, 69 des articles organiques du culte catholique).

Cette imputation de revenus ou de prestations sur le traitement des pasteurs protestants a donné lieu, en pratique, à quelques difficultés. Ainsi, dans une espèce qui a été soumise au conseil d'Etat, un hospice avait refusé de payer les prestations qu'il avait servies jusque-là aux pasteurs et qui avaient été déduites chaque année, conformément à la loi, du montant des traitements de ces derniers. Le ministre de l'intérieur ayant refusé d'inscrire d'office ces prestations au budget de l'hospice, il a été jugé que, dans ces circonstances, et jusqu'à ce que les prestations contestées fussent de nouveau servies par l'hospice, l'Etat était tenu de pourvoir au traitement des pasteurs, tous droits réservés et sauf recours, s'il y avait lieu, contre qui de droit; et que cette obligation n'était pas subordonnée à la condition que le directoire fournirait la preuve judiciaire que l'hospice était dégagé de l'obligation de continuer le payement des prestations (Cons. d'Et. 1er déc. 1859, aff. Directoire de la confession d'Augsbourg, Rec. Cons. d'Etat, p. 685).

773. Il est interdit, soit à un consistoire qui a à pourvoir à une vacance, soit à un pasteur qui songerait à se démettre de ses fonctions, d'imposer aux aspirants à sa place la condition préalable qu'ils renoncent à une partie de leurs émoluments au profit de la veuve ou des enfants de leur prédécesseur ou au profit de ce prédécesseur lui-même. Le traitement ne peut être grevé d'aucune charge, même du consentement du nouveau titulaire (Circ. min. cult. 21 déc. 1839, Rec. circ. cult., t. 1, p. 364).

774. Le traitement des ministres protestants est insaisissable comme celui des ministres du culte catholique (V. Arrêté 18 niv. an 11, art. 1er; 15 germ. an 12, art. 6. V. suprà, n° 343).

D'après l'avis du conseil d'Etat, du 26 avr. 1883, le Gouvernement a le droit de suspendre ou de supprimer, par mesure disciplinaire, le traitement des ministres des cultes protestants, comme celui des autres cultes salariés (V. suprà, nos 345 et suiv.).

775. On a vu au Rép. n° 720 que les communes peuvent accorder un supplément de traitement aux ministres des cultes protestants. En général, ce supplément ne doit pas excéder la moitié du traitement qui leur est assigné sur les fonds de l'Etat (Circ. min. int. 18 mai 1818, Rec. circ. cult., t. 1, p. LXXXIII). Le décret du 5 niv. an 13 (Rép. p. 697) chargeait les préfets de régler, sur la demande des évêques, les augmentations que les communes seraient dans le cas de faire au traitement de leurs desservants. Cette disposition était encore en vigueur, lorsque fut promulgué le décret du 5 mai 1806 (V. Rép. p. 698), qui entendit incontestablement appliquer le même principe aux cultes protestants. Le supplément de traitement qu'il y aurait lieu d'accorder aux ministres, dit l'art. 2, les frais de construction, réparation, entretien des temples et ceux du culte protestant seront également à la charge des communes, lorsque la nécessité de venir au secours des églises sera constatée. La corrélation de ces deux articles est si étroite que, le décret du 5 niv. an 13 ayant cessé d'être en vigueur, on s'étais demandé si l'art. 2 du décret du 5 mai 1806 pouvait encore être appliqué. La section de l'intérieur du conseil d'Etat, par un avis en date du 30 juill. 1828, s'est avec raison prononcée pour l'affirmative par les termes suivants : « Considérant que l'art. 2 du décret du 5 mai 1806 a statué que le supplément de traitement qu'il y aurait lieu d'accorder aux ministres protestants, les frais de construc-

tion et de réparation des temples, ainsi que les frais du culte seraient à la charge des communes, lorsque la nécessité de venir au secours de ces églises serait constatée; que, s'il semble résulter de l'art. 4 du décret du 11 prair. an 12, et des art. 2 et 6 du décret du 30 sept 1807 que le payement des suppléments de traitement des curés et desservants catholiques n'est plus que facultatif pour les communes, ces décrets étaient spéciaux pour le culte catholique, et celui du 5 mai 1806, relatif au culte protestant, n'ayant été ni rapporté, ni modifié, les obligations des communes n'ont point changé ».

Le caractère obligatoire des dépenses mises à la charge des communes par le décret précité avait été confirmé par l'art. 30 de la loi du 18 juill. 1837. Si on peut soutenir que le n° 14 de cet article, qui range parmi les dépenses obligatoires les secours aux administrations préposées aux cultes dont les ministres sont salariés par l'Etat, en cas d'insuffisance de ces leurs revenus justifiée par leurs comptes et budgets, ne s'applique pas, d'une manière précise, aux suppléments de traitement alloués directement aux ministres du culte, il est incontestable qu'il y avait lieu d'appliquer la disposition finale du même article déclarant obligatoires toutes les dépenses mises à la charge des communes par une disposition de loi. Ainsi il a été jugé, avant la loi du 5 avr. 1884, que les communes sont tenues de fournir aux ministres des cultes protestants des suppléments de traitement, lorsque la nécessité d'allouer ce supplément a été constatée et que les ressources des églises sont insuffisantes pour pourvoir à cette dépense (Cons. d'Et. 18 juin 1880, aff. Ville de Paris, D. P. 81. 3. 61); que la commune n'est pas juge de la nécessité d'allouer un supplément de traitement et ne peut contester, devant le conseil d'Etat, par la voie du recours pour excès de pouvoir, le montant de l'allocation fixée par l'autorité supérieure; mais qu'elle peut contester, par cette voie, que les ressources du consistoire soient insuffisantes pour pourvoir à la dépense; qu'avant de recourir aux subventions de la commune, les consistoires doivent affecter au payement du supplément de traitement des ministres du culte les fonds libres de leurs budgets (Même arrêt); que les allocations volontaires accordées par les consistoires aux ministres du culte, en dehors des suppléments de traitement réglés par l'autorité supérieure, étant facultatives, le montant de ces allocations doit être déduit des dépenses de ces établissements pour déterminer si leurs ressources sont insuffisantes pour subvenir au payement des suppléments de traitement. Cette décision était la première qui traçait la marche à suivre pour l'application de l'art. 2 du décret du 5 mai 1806. Les principes qu'il posait étaient les mêmes que ceux qui réglaient alors les rapports des fabriques avec les communes. Mais, depuis, est intervenue la loi du 5 avr. 1884, dont l'art. 136, atténuant les obligations des communes à l'égard des fabriques d'église, a réduit ces obligations à deux, l'indemnité de logement aux ministres des cultes salariés par l'Etat, et les grosses réparations aux édifices communaux consacrés aux cultes, seulement en cas d'insuffisance des ressources de la fabrique (V. suprà, nos 530 et suiv.). Il faut donc concilier les solutions admises par le conseil d'Etat dans la décision précitée avec les dispositions nouvelles de la loi municipale de 1884, qui a supprimé le caractère obligatoire des secours à donner aux fabriques et consistoires par les communes dans les cas qui sont ci-dessus indiqués.

776. Le traitement des pasteurs ne peut être acquitté que sur leur quittance personnelle (Circ. min. cult. 1er frim. an 14) (Rec. circ. min. int., t. 1, p. 427). Il est payable par trimestre (V. à cet égard, suprà, n° 347, ce qui concerne les traitements des ministres du culte catholique). Les pasteurs doivent justifier de l'exercice, en fait, du ministère dans le lieu où ils sont pasteurs (V. suprà, n° 349). Les pasteurs et ministres officiants sont obligés de produire un certificat d'identité et un certificat de résidence à l'appui du mandat de payement de leur traitement (V. suprà, ibid.). Le certificat d'identité ou plus exactement d'exercice du culte et des fonctions est délivré par l'autorité ecclésiastique au pied des états de situation du personnel du clergé qu'elle adresse, vers la fin de chaque trimestre, à la préfecture (Circ. min. cult. 24 févr. 1877, D. P. 77. 4. 26, note 3 et 4). Un extrait de ce certificat collectif est délivré et joint à chaque mandat de

payement. Le certificat de résidence de chaque titulaire, dans la circonscription qui lui est assignée, est délivré sans frais et d'office par le maire de la commune habitée par le pasteur et envoyé au sous-préfet de l'arrondissement le premier des mois de mars, juin, septembre et décembre. Le sous-préfet vise ce certificat et l'adresse à la préfecture le cinq de chacun de ces mêmes mois. Le préfet vise à son tour le certificat et le joint au mandat de payement. En cas d'omission de la part du maire ou du refus non motivé de délivrer le certificat de résidence, le préfet y supplée. — Ces certificats peuvent être suppléés par une expédition des autorisations de congés accordées dans les formes prescrites par l'art. 4 de l'ordonnance du 13 mars 1832 (Rép. p. 719), ou des arrêtés ministériels approuvant les dispenses de résidence exceptionnellement accordées aux titulaires ecclésiastiques. Ces dispenses peuvent être accordées, notamment, lorsqu'une commune, chef-lieu de paroisse, est hors d'état de fournir un presbytère ou d'assurer un logement au pasteur. Tout mandat non acquitté avant le 31 octobre de la seconde année de l'exercice est périmé, et le ministre retardataire ne peut en obtenir le montant que grâce à un réordonnancement (Lehr, p. 247). Ces mandats sont délivrés par le préfet au vu d'un état sur papier libre, en double expédition, qui lui est transmis, le dernier jour du trimestre, par les présidents de consistoire dans l'Église réformée, par les autorités qui ont remplacé le directoire dans l'Eglise de la confession d'Augsbourg (Ibid.).

777. Comme on l'a vu au Rép. n° 720, nul pasteur ne peut s'absenter de son poste sans autorisation préalable, à défaut de laquelle son absence entraîne la privation de son traitement pendant la durée de cette absence. Toute demande de congé doit être motivée et indiquer comment il sera pourvu au service pendant l'absence du titulaire (Instr. min. 21 juill. 1846 ; Arrêté du directoire, 28 mai 1861 ; Lehr, p. 90, 91). Tout congé de plus de quinze jours doit être notifié au préfet, qui n'a pas à autoriser l'absence, mais qui pourrait s'y opposer, s'il ne la trouvait pas justifiée (Arrêté min. 8 janv. 1833 ; Lehr, ibid.). Tout congé de plus d'un mois doit être demandé au ministre des cultes par une délibération motivée du consistoire compétent (Ibid.) ; sauf les cas d'urgence, toute demande doit être formée par écrit autant de temps avant le jour fixé comme point de départ que l'absence elle-même doit se prolonger (Décis. min. 7 mai 1861). Les congés de moins d'un mois sont délibérés par le consistoire dans l'église réformée, et par les autorités remplaçant le directoire dans celle de la confession d'Augsbourg (Même décision).

778. — II. Logement des ministres protestants. — On a dit au Rép. n° 720 que les communes devaient aux pasteurs un presbytère ou logement convenable, ou tout au moins une indemnité de logement; qu'elles étaient, en outre, autorisées à leur procurer un jardin (V. supra, n° 412). Le montant de cette indemnité était fixé par le préfet sur l'avis des corps intéressés (Ord. 7 août 1842, art. 1er) (Rép. p. 454). Quoique les communes s'acquittassent strictement de leur obligation par l'allocation d'une simple indemnité, elles devaient chercher à acquérir un presbytère présentant au ministre une habitation plus décente et moins susceptible de changement (Av. Cons. d'Et. 10 juin 1835 ; Vuillefroy, p. 454). Une circulaire du ministre des cultes du 1er sept. 1842 (Rec. circ. cult., t. 2, p. 67) avait décidé que, lorsque deux ou plusieurs communes étaient réunies pour le culte, elles contribueraient toutes à l'indemnité de logement dans une proportion qu'il appartiendrait au préfet de déterminer souverainement, après avoir pris l'avis des conseils municipaux intéressés et de l'autorité ecclésiastique compétente, soit d'après le principe général posé quant au clergé catholique par la loi du 14 févr. 1810, c'est-à-dire au centime le franc des contributions respectives de ces communes, soit en tenant compte du chiffre de la population protestante comparé à celui de la population catholique et en combinant, suivant les circonstances, ces différentes bases d'appréciation sur le mode de répartition (V. toutefois supra, n°s 543 et suiv., 556 et suiv., ce qui a été dit à cet égard au sujet du culte catholique, et infra, n° 780). — Aujourd'hui, aux termes de la loi du 5 avr. 1884 sur le régime municipal (art. 136), l'indemnité de logement du pasteur n'est plus, pour la commune, une dépense obligatoire que lorsque l'adminis-

tration préposée au culte ne peut elle-même pourvoir au payement de cette indemnité, et justifie de l'insuffisance de ses ressources (Comp. supra, n°s 544 et suiv.). L'ordonnance du 7 août 1842 a été abrogée par la loi précitée (art. 168-9°). Toutefois les art. 3 et suiv. de cette ordonnance peuvent encore servir de guide pour la répartition de l'indemnité de logement, quand le service d'un pasteur embrasse plusieurs communes et que celles-ci sont tenues de contribuer à ces dépenses à raison de l'insuffisance des ressources dont dispose l'administration ecclésiastique.

Afin de permettre aux églises protestantes d'exercer efficacement le recours éventuel contre les communes qui leur est ouvert par les paragraphes 11 et 12 de l'art. 136 de la loi du 5 avr. 1884, il serait désirable que la comptabilité des conseils presbytéraux et des consistoires fût soumise à une réglementation obligatoire. En mai 1884, le ministre des cultes soumit à l'examen du conseil d'Etat un projet de décret qui réglementait cette comptabilité. Mais ce projet, ayant soulevé des réclamations de la part des représentants des églises, fut abandonné de telle sorte que la comptabilité reste régie par les principes généraux du décret du 30 déc. 1809, applicables aux cultes protestants (A. Lods, Législation des cultes protestants, p. 245, note 3).

779. — III. Secours aux pasteurs, a leurs veuves, et pensions de retraite. — Le principe de ces secours a été exposé au Rép. n° 720. Pour les obtenir, il faut produire, outre la pétition du postulant, une délibération motivée du consistoire dont celui-ci relève, et indiquant toutes les circonstances qui militent en faveur du secours. Ces renseignements doivent être fournis à nouveau toutes les fois qu'il se produit, d'une année à l'autre, des modifications dans la situation du pasteur ou de la veuve (Circ. directoire 18 nov. 1856 ; 4 août 1868 ; Lehr, p. 229). Les demandes doivent parvenir au ministre des cultes par l'intermédiaire du préfet de la résidence du postulant, avant le quatrième ou le neuvième mois de l'exercice (Circ. min. cult. 26 mai 1853, Rec. circ. cult., t. 2, p. 425). Quand la personne qui a obtenu un secours meurt avant la délivrance du mandat y relatif, la décision ministérielle qui l'allouait devient nulle de plein droit (Règlement ministériel sur la comptabilité des cultes, 31 déc. 1841, art. 198). — Des indemnités peuvent aussi être accordées aux pasteurs pour services extraordinaires (V. Loi de finances du 29 déc. 1882, D. P. 83. 4. 81). — Il existe, en outre, des caisses de prévoyance en faveur des pasteurs, de leurs veuves et de leurs orphelins. Ces caisses , purement privées, sont destinées à apporter un secours annuel aux pasteurs sociétaires que l'âge ou des infirmités graves empêchent de remplir leurs fonctions, à fournir une pension à ceux qui sont amenés à renoncer définitivement à l'exercice du ministère et à procurer des secours annuels aux personnes dont le mari ou le père a été membre de l'association. Mais ce sont là des associations particulières auxquelles l'affiliation est facultative (Lehr, p. 67).

780. — IV. Frais de construction, réparations et entretien des temples protestants. — Au Rép. n° 720 on avait indiqué que ces frais étaient à la charge des communes, en cas d'insuffisance justifiée des ressources des églises réformées. Mais, depuis la loi du 5 avr. 1884, art. 136, § 11, s'étant bornée à mettre au nombre des dépenses obligatoires des communes les grosses réparations des édifices communaux consacrés au culte, sauf l'application préalable des revenus et ressources disponibles des fabriques à ces réparations (V. supra, n°s 547 et suiv.), il en résulte que la subvention aux dépenses d'entretien des temples protestants, en cas d'insuffisance des revenus des églises ou consistoires, est devenue simplement facultative pour les communes (V. D. P. 84. 4. 63, note). Quant aux grosses réparations de ces temples ou aux reconstructions totales ou partielles, la commune n'est tenue de pourvoir aux dépenses qu'elles exigent qu'en cas d'insuffisance des revenus des églises, consistoires ou caisses ecclésiastiques. Dans ce cas, la subvention de la commune est obligatoire, si l'église ou le consistoire justifie de l'insuffisance de ses ressources et revenus. S'il y a désaccord entre ces établissements et la commune, quand le concours financier de cette dernière est réclamé par l'église ou le consistoire dans le cas prévu par l'art. 136, § 12, de la loi du 1884, il est statué par décret sur les propositions des ministres de l'intérieur et des cultes.

Ayant cette loi de 1884, ou du moins dans des litiges antérieurs à cette loi, il avait été jugé que le refus du préfet d'inscrire d'office au budget une somme dont un consistoire ou une fabrique se prétend créancier, ne fait pas obstacle à ce que cet établissement religieux fasse trancher par l'autorité compétente le désaccord existant entre lui et la commune sur le point de savoir si la dépense dont il réclame le payement est de celles qui, d'après la législation en vigueur, ont, pour les communes, un caractère obligatoire (Cons. d'Et. 17 avr. 1885, aff. Consistoires de Nîmes et de Paris, D. P. 86. 3. 131 ; 1er mai 1885, aff. Consistoire de Lyon et conseils de fabrique d'Aix, *ibid.*). Cette solution conserve son intérêt pour les cas où les préfets restent chargés de reconnaître les dettes des communes à l'occasion des inscriptions d'office qui leur sont demandées. — Dans tous les cas, lorsque les ressources locales de la commune ou de l'église ou consistoire font défaut ou sont insuffisantes, et qu'à défaut de revenus publics les cotisations volontaires des habitants ne permettent pas de faire face à l'intégralité de la dépense projetée, les intéressés peuvent se pourvoir devant les ministres de l'intérieur et des cultes pour obtenir un secours sur les fonds de l'Etat (Circ. min. cult. 28 janv. 1839, *Rec. circ. cult.*, t. 1, p. 347). Mais la demande n'est susceptible d'être accueillie qu'autant que les plans et devis ont été préalablement soumis à l'autorité compétente, c'est-à-dire au préfet et, par son entremise, à la commission des édifices religieux, instituée près du ministère des cultes (Même circulaire). Lorsqu'une paroisse comprend plusieurs communes renfermant un nombre de protestants assez élevé pour qu'elles aient un intérêt réel à la dépense projetée, leurs conseils municipaux sont appelés à délibérer séparément (V. *suprà*, n° 778).

781. — V. FRAIS DES CULTES PROTESTANTS. — Avant la loi du 5 avr. 1884, les frais des cultes protestants étaient à la charge des communes, quand la nécessité de venir au secours des églises était constatée par les comptes et budgets de celles-ci (V. Rép. n° 720). Ainsi les communes étaient obligées de subvenir, pour ces frais, à l'insuffisance des ressources des consistoires (Cons. d'Et. 18 juin 1880, aff. Ville de Paris, D. P. 81. 3. 61). Un conseil presbytéral pouvait réclamer le concours de la commune pour subvenir à l'insuffisance de ses ressources, même après la clôture de l'exercice pendant lequel le déficit s'est produit (Sol. impl., Cons. d'Et. 11 févr. 1881, aff. Ville d'Alger, D. P. 82. 3. 92) ; mais c'était au conseil presbytéral à justifier du montant de l'insuffisance de ses recettes, et, à défaut de justifications précises, la commune ne pouvait être obligée à payer une somme supérieure à celle qui avait été reconnue nécessaire pour une année postérieure (Même arrêt). — Depuis la loi du 5 avr. 1884, les secours aux églises, consistoires et autres établissements ecclésiastiques, en cas d'insuffisance des revenus de ces établissements pour les frais du culte, sont simplement facultatifs pour les communes (D. P. 84. 4. 63, note). — Quant aux justifications à fournir pour obtenir ces secours, V. *supra*, n° 552.

782. — VI. BIENS DES ÉGLISES PROTESTANTES. — Le *Répertoire* a énuméré au n° 721 les biens que les églises réformées et de la confession d'Augsbourg peuvent posséder et qui sont administrés par les consistoires. Dans la circonscription ecclésiastique de Montbéliard, il existe, sous le nom de *caisse ecclésiastique*, une caisse qui pourvoyait autrefois, à elle seule, à l'entretien du culte et de ses ministres, au soulagement des veuves et orphelins de pasteurs, etc. Elle n'a conservé depuis la Révolution que de faibles revenus qui servent aujourd'hui à payer quelques menus frais d'administration. Elle est administrée par un receveur, sous la surveillance d'une commission (Lehr, p. 57). — On désigne sous le nom de *biens constitués d'aumônes*, dans l'église de la confession d'Augsbourg, certains biens à destination charitable, qui sont gérés par les receveurs consistoriaux et le conseil presbytéral, sous la surveillance du consistoire, à l'exclusion des receveurs des aumônes proprement dits, lesquels, n'étant ni cautionnés ni rétribués, ne peuvent être chargés de la gestion de capitaux (V. L. 1er août 1879, art. 10). Ces biens constitués comprennent : 1° les immeubles, les rentes foncières et les capitaux donnés autrefois à l'église pour le soulagement des pauvres et autres causes pies de même nature ; 2° les reliquats actifs que peuvent

présenter annuellement les comptes de la caisse d'aumône, au delà d'une certaine somme qu'il appartient au conseil presbytéral de fixer et qui reste dans ladite caisse à titre de fonds de roulement (Lehr, p. 52). Le receveur paroissial en rend annuellement un compte spécial au conseil presbytéral, sous le contrôle et la surveillance du consistoire (V. L. 1er août 1879, art. 10). La quote-part de revenus que l'autorité compétente juge devoir appliquer aux besoins courants de cette caisse est remise par lui au receveur des aumônes à titre de subvention. Le reste est directement capitalisé par ses soins et sous sa responsabilité, tout comme les excédents de recette qui lui seraient reversés par le receveur des aumônes (Lehr, p. 52).

783. On appelle *biens curiaux* certains biens meubles ou immeubles donnés aux églises à une époque où les pasteurs n'étaient pas encore salariés par l'Etat, dans l'intention des donateurs ou testateurs, à concourir au traitement de ces ministres. Le caractère qui distingue les biens curiaux de tous les autres biens d'église, est que le revenu en est imputé sur le traitement des pasteurs, conformément à une évaluation faite de concert entre le Gouvernement et l'autorité ecclésiastique (V. *supra*, n° 771). Il résulte de là, notamment, que ces biens et revenus ne peuvent être confondus avec ceux qui, constitués depuis que les pasteurs reçoivent un traitement de l'Etat, sont spécialement destinés à *augmenter* ce traitement (Lehr, p. 53).

L'administration des biens curiaux appartient aux receveurs consistoriaux ou, à leur défaut, aux receveurs paroissiaux, à l'exclusion des pasteurs usufruitiers, et se trouve soumise aux règles concernant les autres biens d'église (Lehr, p. 53). Les conseils presbytéraux sont spécialement chargés de veiller à la conservation de ces biens (Arrêté min. 10 nov. 1852, art. 1er ; L. 1er août 1879, art. 10). Il doit en être dressé, tous les dix ans, en double exemplaire, un état détaillé, dont copie reste déposée dans les archives du conseil presbytéral et du consistoire (Lehr, p. 53). Chaque nouveau pasteur entrant en jouissance de biens curiaux est tenu de faire dresser cet état, certifié véritable par le maire de la commune, et de signer au bas une déclaration portant qu'il a été réellement mis en possession des biens y énumérés (Arrêté min. 8 janv. 1833 ; Lehr, p. 54).

784. — VII. CAPACITÉ DES ÉTABLISSEMENTS ECCLÉSIASTIQUES PROTESTANTS AU POINT DE VUE DES BIENS. — Nous avons vu au Rép. n° 722, que les séminaires, les consistoires, les paroisses ou annexes reconnues par le Gouvernement sont des établissements publics, capables, par suite, d'acquérir, de posséder et de transmettre des biens ; mais que les actes faits par eux à cet égard sont soumis aux mêmes règles que ceux des autres établissements publics, notamment des fabriques. Depuis la loi du 10 août 1879 (art. 19) (V. *supra*, n° 759), les synodes particuliers de l'Eglise de la confession d'Augsbourg forment des personnes morales capables de recevoir des dons et legs. — Les conseils presbytéraux acceptent, sous l'approbation de l'autorité supérieure, les dons ou legs faits aux églises de leur ressort (Arrêté min. 20 mai 1853, art. 1er). Les consistoires acceptent de même, sous l'approbation de l'autorité supérieure, les dons ou legs à eux faits ou indivisément aux églises de leur ressort (Même arrêté, art. 6). Ces libéralités peuvent-elles être faites à ces établissements à charge d'être employées pour le service des pauvres, ou affectées à la création ou à l'entretien d'écoles (V. *supra*, n° 495, et *infra*, v° Dispositions entre vifs et testamentaires). — Sur les pièces à fournir pour obtenir l'autorisation d'accepter des dons ou legs, sur l'autorité qui accorde cette autorisation, sur les acquisitions ou échanges d'immeubles par ces établissements et les pièces à produire dans ce but, V. *supra*, n°s 579 et suiv. (V. aussi A. Lods, *Des dons et legs en faveur des conseils presbytéraux et des consistoires*).

Les établissements ecclésiastiques protestants ne peuvent faire de placements en rentes sur l'Etat, ou en lettres de gage du Crédit foncier (Décr. 28 févr. 1852, art. 46), qu'avec l'autorisation du Gouvernement. Cette autorisation est donnée par le préfet, sans limitation de chiffre, pour tous les placements qui ne se rattachent pas à un accroissement de patrimoine de l'établissement et ne constituent en réalité qu'un virement de fonds, c'est-à-dire pour les emplois de fonds provenant du remboursement de capitaux précédem-

ment placés d'une manière différente, ou du rachat de rentes foncières, ou enfin, par assimilation, de reliquats de comptes successivement accumulés (Décr. 13 avr. 1861, art. 4-2°). — Sur la manière d'effectuer des placements hypothécaires, V. les instructions détaillées données, les 20 mai 1851 et 28 juill. 1857, par le directoire de la confession d'Augsbourg, dans le *Recueil officiel* de ses actes, t. 8, p. 146, et t. 13, p. 188. — Tous autres placements en valeurs mobilières, publiques ou industrielles, en fonds d'Etats étrangers, en obligations de chemins de fer et, à plus forte raison, les placements chirographaires, fussent-ils simplement provisoires, sont rigoureusement interdits à tous les établissements ecclésiastiques (Lehr, p. 209). Les fonds disponibles des caisses d'église ne peuvent être déposés à titre provisoire que dans les caisses d'épargne ou au Trésor public (*Ibid.* et Décis. min. 22 oct. 1844).

785. Les consistoires et autres établissements publics reconnus ne peuvent, comme on l'a dit au *Rép.* n° 722, et v° *Organisation administrative*, n° 458, plaider sans l'autorisation du conseil de préfecture (V. *supra*, n°s 623 et suiv.). L'autorisation doit être demandée par une délibération motivée, transmise au préfet par la voie hiérarchique, avec l'avis des diverses autorités intermédiaires et une feuille de

papier timbré d'expédition en blanc pour la transcription de l'arrêté du conseil de préfecture. Quant à la délibération elle-même, elle peut être sur papier libre (Lehr, p. 149).

CHAP. 6. — Du culte israélite (*Rép.* n°s 723 à 738).

786. Le culte israélite, sur lequel le *Rép.* n° 723, a fourni des renseignements historiques à partir de 1806, est actuellement régi en France par l'ordonnance des 25 mai-14 juin 1844, les décrets des 15 juin 1850 et 9 juill. 1853, le décret du 29 août 1862 (1), le décret du 5 févr. 1867 (2), et celui du 12 sept. 1872 (3). Il a, comme on l'a dit au *Rép.* n° 724 : 1° un *consistoire central;* 2° des *consistoires départementaux;* 3° des *ministres du culte*. Ceux-ci se distinguent en : 1° *grands rabbins;* 2° *rabbins communaux;* 3° *ministres officiants;* 4° des *sous-rabbins*. Enfin, il y a des *mohels* et des *schohets*, officiers subalternes qui sont chargés de fonctions accessoires. Depuis un arrêté ministériel du 20 août 1829, il existait une école rabbinique à Metz. Cette école a été transférée à Paris par décret du 1er juill. 1859, sous le nom de *séminaire israélite.*

- En ce qui concerne le culte israélite en Algérie, V. *Organisation de l'Algérie; — Rép.* eod. v°, n°s 243 et suiv.

---

(1) 29 août-14 nov. 1862. — *Décret impérial modifiant l'organisation du culte israélite* (D. P. 62. 4. 124).

NAPOLÉON, etc. ; — Sur le rapport de notre ministre secrétaire d'Etat au département de l'instruction publique et des cultes : — Vu les décrets des 17 mars et 11 déc. 1808 et le règlement du 10 déc. 1806, y annexé; — Vu la loi du 8 févr. 1831 : — Vu les ordonnances royales du 25 mai 1844 et du 9 nov. 1845 ; — Vu les décrets des 15 juin 1850 et 9 juill. 1853 ; — Vu les dispositions du consistoire central et les observations des consistoires départementaux ; — Notre conseil d'Etat entendu ; — Avons décrété, etc.

Art. 1er. Dans les communautés israélites desservies par un ministre officiant rétribué sur les fonds de l'Etat, il peut être établi par arrêté de notre ministre des cultes, sur la proposition du consistoire central, un sous-rabbin à la place du ministre officiant.

2. Les sous-rabbins doivent être âgés de vingt-cinq ans au moins. — Ils sont nommés par les consistoires départementaux. — Les conditions d'études pour le titre de sous-rabbin, les fonctions et les attributions des sous-rabbins sont réglées par le consistoire central, sous l'approbation de notre ministre des cultes. — Les règles de discipline établies pour les ministres officiants sont applicables aux sous-rabbins. — Il peut leur être accordé des dispenses d'âge.

3. Les diplômes du premier degré pour l'exercice des fonctions rabbiniques sont, comme les diplômes supérieurs ou du second degré, délivrés par le consistoire central.

4. La durée des fonctions des membres des consistoires départementaux est de huit ans, comme celle des membres du consistoire central. — Le renouvellement a lieu par moitié, tous les quatre ans. — Les membres sortants peuvent être réélus. — Le consistoire départemental nomme pour quatre ans son président et son vice-président.

5. Dans chaque circonscription consistoriale, les membres laïques du consistoire départemental, le membre laïque du consistoire central et les deux délégués pour l'élection du grand rabbin du consistoire central sont élus par tous les israélites âgés de vingt-cinq ans accomplis et qui appartiennent à l'une des catégories suivantes : 1° Ceux qui exercent des fonctions relatives au culte ou qui sont attachés, soit à titre d'administrateurs, soit à titre de souscripteurs annuels, aux établissements placés sous l'autorité des consistoires ; — 2° Les fonctionnaires de l'ordre administratif, ceux de l'ordre judiciaire, les professeurs ou instituteurs dans les établissements et écoles fondés par l'Etat, par les communes ou par les consistoires, et tout israélite pourvu d'un diplôme obtenu dans les formes établies par les lois et règlements ; — 3° Les membres des conseils généraux, des conseils d'arrondissement et des conseils municipaux ; — 4° Les officiers de terre et de mer en activité et en retraite ; — 5° Les sous-officiers, les soldats et les marins membres de la Légion d'honneur ou décorés de la médaille militaire ; — 6° Les membres des chambres de commerce et ceux qui font partie de la liste des notables commerçants ; — 7° Les titulaires d'offices ministériels ; — 8° Les étrangers résidant dans la circonscription depuis trois ans et compris dans l'une des catégories ci-dessus, sans que, toutefois, la qualité d'électeur leur confère l'éligibilité ;

6. La liste des électeurs est dressée par le consistoire départemental et arrêtée par le préfet.

7. Dans chaque communauté, il est procédé, par les soins du commissaire administrateur ou de la commission administrative, à la formation de la liste partielle comprenant tous les électeurs

israélites de la circonscription. — Les électeurs israélites habitant dans des communes qui ne feraient point partie du ressort d'un rabbin ou d'un ministre officiant se font inscrire sur la liste dressée dans la communauté la plus voisine de leur domicile. — Les listes partielles sont affichées pendant un mois au parvis du temple. — A l'expiration du délai porté au paragraphe précédent, les listes partielles et les réclamations auxquelles elles ont donné lieu sont adressées au consistoire départemental. — Il est procédé sur le tout selon ce qui est prescrit dans l'art. 29 de l'ordonnance du 25 mai 1844.

8. La liste des électeurs est permanente. — Elle est revisée tous les quatre ans. — Néanmoins, lorsque, dans l'intervalle d'une révision à l'autre, il y a lieu de faire une nomination, le consistoire ajoute à la liste les israélites qu'il reconnaît avoir acquis les qualités requises, et il en retranche ceux qui ont perdu. — Le tableau des additions et des retranchements est affiché au temple du chef-lieu consistorial un mois avant la convocation de l'assemblée des électeurs ; il est en même temps adressé au préfet. Les demandes en inscription ou en radiation doivent être formées dans les dix jours, à compter du jour de l'affiche.

9. Les grands rabbins des consistoires départementaux sont nommés par le consistoire central sur la liste des trois rabbins présentés par le consistoire départemental. — La nomination est soumise à notre agrément.

10. Nul ne peut exercer les fonctions de mohel et de schohet, s'il n'a obtenu une autorisation spéciale du consistoire de la circonscription, accordée sur l'avis conforme du grand rabbin. En outre, le mohel doit être pourvu d'un certificat délivré par un docteur en médecine ou en chirurgie désigné par le préfet, et constatant que l'impétrant offre, au point de vue de la santé publique, toutes les garanties nécessaires. — Le schohet doit, dans toute commune où il veut exercer ses fonctions, faire viser par le maire l'autorisation à lui donnée par le consistoire départemental. — Les autorisations peuvent être révoquées.

11. Les attributions du consistoire central, telles qu'elles sont réglées par l'ordonnance du 25 mai 1844 et le présent décret, comprennent la haute surveillance des intérêts du culte israélite en Algérie. — Le consistoire central devient l'intermédiaire entre le ministre du culte et le consistoire algérien, qui sera représenté dans son sein par un membre laïque choisi parmi les électeurs résidant à Paris, et agréé par nous.

12. Continueront à être observées, dans toutes les dispositions qui ne sont pas contraires au présent décret, les ordonnances du 25 mai 1844 et du 9 nov. 1845, et nos décrets des 15 juin 1850 et 9 juill. 1853.

(2) 5 févr. 1867. — *Décret complétant les dispositions du décret du 29 août 1862, relatives aux élections israélites.*

Art. 1er. Les élections israélites ont lieu au scrutin secret et à la majorité absolue des suffrages. Le nombre des votants doit être au moins du tiers des électeurs inscrits. — Si la majorité n'est pas acquise, les électeurs sont convoqués pour un second tour de scrutin, et, dans ce cas, la majorité relative suffit, quel que soit le nombre des votants.

(3) 12 sept. 1872. — *Décret modifiant l'organisation du culte israélite en France et rapportant celui du 11 nov. 1870.*

LE PRÉSIDENT DE LA RÉPUBLIQUE FRANÇAISE ; — Vu l'ordonnance du 25 mai 1844 et les décrets des 9 juill. 1853 et 29 août 1862 ;

Sect. 1re. — Des synagogues et des consistoires
(*Rép.* nos 725 à 727).

787. — I. Synagogues et circonscriptions consistoriales.
— On a indiqué au *Rép.* n° 725 la distinction qui doit
être faite entre les synagogues consistoriales et les synagogues communales, ainsi que les autorités sous l'administration desquelles elles sont placées. Sur l'autorisation
nécessaire pour l'établissement de ces synagogues ainsi
que celui des oratoires particuliers, V. *Rép. ibid.* — L'art. 3
de l'ordonnance du 25 mai 1844 reproduit les art. 1er, 2 et
3 du décret du 17 mars 1808. Cependant, la disposition de
l'art. 2 de ce décret, portant que le siège de la synagogue
consistoriale serait toujours placé dans la ville dont la population israélite serait la plus nombreuse, a été modifiée par
l'art. 4 de la même ordonnance de 1844, décidant que, dans
le cas où il y aurait lieu de former un ou plusieurs consistoires nouveaux, l'acte du pouvoir exécutif qui en prononcera la création désignera en même temps la ville où ils seront
établis. — Pour établir les consistoires et fixer les départements où ils doivent être placés, comme pour déterminer le
traitement des rabbins ou ministres officiants, il a été fréquemment procédé au recensement de la population israélite
(V. par exemple : Circ. min. cult. 3 oct. 1840, *Rec. circ. cult.*,
t. 2, p. 5). Aujourd'hui, il y a neuf consistoires, à Paris,
Bordeaux, Nancy, Marseille, Bayonne, Lyon, Lille, Vesoul,
Besançon, plus ceux d'Alger, de Constantine et d'Oran (Décr.
24 août 1853 ; 1er avr 1861 ; 16 sept. 1867 ; 12 sept. 1872).

788. — II. Consistoire central. — Nous avons vu au
Rép. n° 726 quel est le siège et quelle est la composition du
consistoire central. Les membres laïques de ce consistoire
sont élus par les notables des circonscriptions consistoriales.
Le décret du 29 août 1862 (art. 5, D. P. 62. 4. 124) a déterminé les éléments qui doivent composer la liste de ces
notables et les catégories de personnes qui jouissent du
droit d'électorat. Il a ainsi modifié les art. 26 et 27 de
l'ordonnance de 1844 (V. *infrà*, n° 790). — Les membres
laïques du consistoire central doivent toujours être choisis
parmi les notables *résidant* à Paris. L'ordonnance du
20 août 1823 (art. 11, *Rép.* p. 715) exigeait qu'ils y fussent
domiciliés. Mais il suffit actuellement qu'ils y résident. La
nomination des membres laïques du consistoire central
est soumise à l'agrément du chef de l'Etat (Premier Décr.
17 mars 1808, art. 16 ; Ord. 1844, art. 24). — Sous l'empire
du décret du 17 mars 1808, les trois rabbins qui faisaient
partie du consistoire central avaient été nommés pour la
première fois par le chef de l'Etat, et ils étaient, à leur
sortie, remplacés par voie d'élection. Mais leur élection était
exclusivement abandonnée aux membres sortants du consistoire central (art. 16). Aujourd'hui, le grand rabbin de ce
consistoire est élu par des délégués des notables des diverses
circonscriptions, joints aux membres du consistoire central (V. *Rép.* n° 726) ; ces délégués sont au nombre de deux
par chaque circonscription (Ord. 1844, art. 40).
Aux termes de l'ordonnance de 1844, les membres laïques
du consistoire central sont élus pour huit ans et renouvelés
par moitié tous les quatre ans (V. *Rép. ibid.*). Cette durée,
ramenée à quatre ans par le décret du 11 nov. 1870 (art. 6,
D. P. 70. 4. 131), est actuellement de nouveau fixée à huit
ans, depuis le décret du 12 sept. 1872 (art. 3, V. *suprà*,
n° 786), qui a abrogé celui de 1870. L'art. 9 de l'ordonnance des 25 mai-14 juin 1844, d'après lequel le consistoire
central nomme son président et son vice-président pour
quatre ans, avait été modifié par le décret du 11 nov. 1870,
art. 7, lequel décidait que ces président et vice-président

seraient élus annuellement. Mais ce décret, comme on l'a dit
ci-dessus, a été rapporté par celui du 12 sept. 1872. — Aux
termes de l'art. 12 de l'ordonnance du 20 août 1823, en cas
d'égalité des suffrages, la voix du président est prépondérante.

789. On a indiqué au *Rép.* n° 726, d'après l'art. 10 de l'ordonnance de 1844, les attributions du consistoire central. Cet article et les art. 11 et 12 qui le suivent ont remplacé l'art. 17 du
décret du 17 mars 1808 qui déterminait les fonctions dudit
consistoire et ils ont accru ses attributions qui le constituent
dépositaire d'une très grande autorité. Mais ils n'ont pas
abrogé toutes les dispositions de cet art. 17, puisque, d'après
l'art. 66 de l'ordonnance de 1844, les décrets antérieurs conservent leur force sur tous les points où ils ne sont pas contraires
à l'ordonnance. Par suite, le consistoire central demeure chargé de veiller à l'exécution du règlement de 1808, dans celles
de ses parties qui ne sont pas abrogées, et de déférer à l'autorité compétente toutes les atteintes portées à cette exécution.
Aux termes de l'art. 18 de l'ordonnance du 20 août 1823,
il ne peut être employé dans les écoles primaires aucun
livre non approuvé par le consistoire central, du consentement des grands rabbins. Cette prohibition peut encore
s'appliquer dans les écoles libres israélites.
Outre les fonctions ou les attributions déterminées par
l'art. 10 de l'ordonnance de 1844, le consistoire central a
encore la mission de régler, sous l'approbation du ministre
des cultes, les conditions d'études pour le titre de sous-rabbin,
les fonctions et les attributions des sous-rabbin (Décr. 29 août
1862, art. 2). Il surveille aussi le culte israélite en Algérie
(Même décret, art. 11). C'est lui qui délivre les diplômes du
second et du *premier* degré pour l'exercice des fonctions rabbiniques (Ord. 1844, art. 12, 47 ; Décr. 29 août 1862, art. 3).

790. — III. Consistoires départementaux. — L'art. 3 de
l'ordonnance de 1844 a déterminé les lieux où sont placés
ces consistoires (V. *Rép.* n° 727), et l'art. 14 en a fixé la
composition. Sous l'empire du décret du 17 mars 1808
(art. 8, 9 et 18), le grand rabbin et les membres laïques du
consistoire départemental étaient élus par une assemblée
des notables de la circonscription. — L'ordonnance du
20 août 1823 avait appliqué aux notables les conditions
d'éligibilité imposées aux membres du consistoire départemental par l'art. 11 du décret du 17 mars 1808 (V. *Rép.* p. 715).
Les art. 26 et 27 de l'ordonnance de 1844 abrogèrent l'art. 8
du décret du 17 mars 1808 ; mais ils furent eux-mêmes remplacés par l'art. 5 du décret du 29 août 1862 (V. *suprà*, n° 788).
Aux termes de cet article, dans chaque circonscription
consistoriale, les membres laïques du consistoire départemental, le membre laïque du consistoire central et les deux
délégués pour l'élection du grand rabbin du consistoire
central sont élus par tous les israélites âgés de vingt-cinq
ans accomplis et qui appartiennent à l'une des catégories
suivantes : 1° ceux qui exercent des fonctions relatives au
culte ou qui sont attachés, soit à titre d'administrateurs, soit
à titre de souscripteurs annuels, aux établissements placés
sous l'autorité des consistoires ; 2° les fonctionnaires de
l'ordre administratif, ceux de l'ordre judiciaire, les professeurs ou instituteurs dans les établissements et écoles fondés
par l'Etat, les communes ou par les consistoires, et tout
israélite pourvu d'un diplôme obtenu dans les formes établies
par les lois et règlements ; 3° les membres des conseils généraux,
des conseils d'arrondissement et des conseils municipaux ;
4° les officiers de terre et de mer en activité et en retraite ;
5° les sous-officiers, les soldats et les marins membres de la
Légion d'honneur ou décorés de la médaille militaire ;
6° les membres des chambres de commerce et ceux qui font
partie de la liste des notables commerçants ; 7° les titulaires

---

— Vu les observations présentées, le 11 avr. 1872, par le consistoire central des israélites, tant sur l'irrégularité des mesures
prises le 11 nov. 1870, sans consulter les autorités compétentes,
que sur la nécessité d'introduire quelques modifications dans les
principes qui régissent actuellement la nomination des grands
rabbins et des rabbins ; — Décrète :
Art. 1er. Les grands rabbins des circonscriptions consistoriales
ecclésiastiques seront nommés par le consistoire central sur une
liste de trois candidats. — Cette liste sera présentée par le consistoire départemental auquel s'adjoindra une commission composée :
1° d'un délégué nommé par les électeurs inscrits de chaque communauté ayant un ministre du culte rétribué par l'Etat ; 2° d'un
nombre égal de délégués choisis par les électeurs du chef-lieu

consistorial. — La nomination des grands rabbins sera soumise
à l'approbation du chef de l'Etat.
2. Les rabbins seront nommés par le consistoire départemental assisté d'une commission composée de délégués élus au scrutin
de liste moitié par le chef-lieu de la circonscription rabbinique,
moitié par les autres communautés de cette circonscription. Le
nombre total de ces délégués ne pourra dépasser six. — La nomination des rabbins sera soumise, par l'intermédiaire du consistoire central, à l'approbation du ministre des cultes.
3. Le décret du 11 nov. 1870 est rapporté.
4. Continueront à être observés, dans toutes les dispositions
qui ne sont pas contraires au présent décret, l'ordonnance du
25 mai 1844 et le décret du 29 août 1862.

d'offices ministériels ; 8° les étrangers résidant dans la circonscription depuis trois ans et compris dans l'une des catégories ci-dessus, sans que, toutefois, la qualité d'électeur leur confère l'éligibilité.

791. Une instruction du consistoire central, du 13 oct. 1862, a développé les règles posées par le décret de 1862 pour l'électorat. D'après cette instruction, on doit admettre dans le corps électoral, à titre de fonctionnaire du culte : les rabbins communaux, les sous-rabbins et même les élèves sortis du séminaire israélite avec leur diplôme et qui ne sont pas encore placés ; les ministres officiants salariés ou non salariés par l'État ; les chefs de chœur, et tous les employés des temples qui ont été chargés ou autorisés par l'administration de ces temples d'officier les jours de la semaine, ou temporairement pendant les jours de fête. On doit y admettre, à titre d'administrateurs : les membres des commissions administratives des temples, les membres de la commission administrative du séminaire israélite, ceux des commissions des sociétés de bienfaisance et établissements religieux relevant directement des consistoires ; les secrétaires desdites administrations, des établissements de bienfaisance et des établissements religieux. On y admet à titre de contribuables : les souscripteurs annuels aux établissements religieux ou de bienfaisance placés sous l'autorité des consistoires à l'exclusion des sociétés de secours mutuels. — Une autre instruction du consistoire central du 20 nov. 1862 renferme les règles suivantes : les locataires des places dans les temples sont inscrits sur la liste électorale comme souscripteurs à un établissement religieux. — Les *Hebroth* ne sont exclues du droit électoral que lorsqu'elles ont uniquement pour but l'assistance mutuelle de leurs membres. S'il est, parmi ces sociétés de secours mutuels, quelques-unes qui consacrent annuellement une certaine somme à la caisse de la communauté pour les besoins généraux du culte, leurs membres acquièrent par là le droit électoral à titre de contribuables. Quant aux confréries ou *Hebroth* qui ont un but purement religieux ou de bienfaisance, et qui sont approuvées par les consistoires, leurs membres jouissent du droit électoral. En général, le décret de 1862 doit, à cet égard, être interprété dans le sens le plus large. Tous ceux qui, d'une manière quelconque, font acte de judaïsme et interviennent soit moralement, soit pécuniairement dans les affaires du culte, jouissent du droit électoral. On n'exclut de ce droit que ceux qui se placent entièrement en dehors de la communauté et refusent toute participation à ses intérêts, et les indigents qui reçoivent des secours des comités israélites de bienfaisance.

792. L'art. 5 du décret de 1862 a également modifié l'art. 28 de l'ordonnance de 1844. L'ordonnance de 1844 exigeait que les notables jouissent de la qualité de Français : le décret de 1862 autorise les étrangers à prendre part aux élections désignées dans l'art. 25 de l'ordonnance de 1844, modifié par l'art. 5 du décret de 1862, lorsqu'ils résident dans la circonscription depuis trois ans.

L'art. 29 de l'ordonnance des 25 mai-14 juin 1844 a aussi été modifié par le décret du 29 août 1862, art. 6, 7. La liste électorale est dressée par le consistoire départemental et arrêtée par le préfet (art. 6). Dans chaque communauté, il est procédé, par les soins du commissaire administrateur ou de la commission administrative, à la formation de la liste partielle comprenant tous les électeurs israélites de la circonscription. Les électeurs israélites habitant dans des communes qui ne feraient point partie du ressort d'un rabbin ou d'un ministre officiant se font inscrire sur la liste dressée dans la communauté la plus voisine de leur domicile. Ils doivent se rendre, pour voter, au bureau électoral de cette communauté (Instr. consist. centr. 3 juin 1873). Les listes partielles sont affichées pendant un mois au parvis du temple. À l'expiration du délai porté au paragraphe précédent, les listes partielles et les réclamations auxquelles elles ont donné lieu sont adressées au consistoire départemental. Il est procédé sur le tout selon ce qui est prescrit dans l'art. 29 de l'ordonnance du 23 mai 1844 (art. 7). La liste est dressée par le consistoire et arrêtée par le préfet. L'exposition de la liste générale au chef-lieu consistorial est nécessaire (Circ. consist. centr. 21 janv.1867).

793. La liste électorale arrêtée par le préfet ne sert plus aujourd'hui pour un an seulement, comme sous l'empire de l'ordonnance de 1844 ; elle est permanente (Décr. 29 août 1862, art. 8). Cet article a modifié à la fois l'art. 29 et l'art. 30 de l'ordonnance. La liste est révisée tous les quatre ans. Néanmoins, lorsque, dans l'intervalle d'une révision à l'autre, il y a lieu de faire une nomination, le consistoire ajoute à la liste les israélites qu'il reconnaît avoir acquis les qualités requises, et il en retranche ceux qui les ont perdues. Le tableau des additions et des retranchements est affiché au temple du chef-lieu consistorial un mois avant la convocation de l'assemblée des électeurs ; il est en même temps adressé au préfet. Les demandes en inscription ou en radiation doivent être formées dans les dix jours, à compter du jour de l'affiche. Les électeurs dont l'inscription sur la liste électorale aurait été omise, peuvent y être inscrits à l'approche des élections ou même pendant celles-ci (Lettr. min. cult. 12 déc. 1872). Le droit qui, en matière d'élections politiques, est attribué, en ce cas, au juge de paix, est exercé par le président du consistoire départemental (Même lettre) ; mais les nouvelles inscriptions doivent être constatées par un procès-verbal spécial, qui est soumis au préfet du département (*Ibid.*).

794. L'art. 31 de l'ordonnance de 1844 dispose que l'assemblée des notables est convoquée par le consistoire départemental, sur l'autorisation du préfet du département, pour procéder aux élections, et l'art. 32 de la même ordonnance voulait que les élections eussent lieu à la majorité absolue des membres présents. Pour mettre les élections israélites en harmonie avec les principes de la loi organique du 15 mars 1849 sur les élections politiques, il avait été décidé, le 24 avr. 1850, que l'art. 32 de l'ordonnance de 1844 cesserait d'être appliqué et que les membres laïques des consistoires seraient désormais élus à la majorité relative des votes exprimés. Cette règle, suivie pendant plusieurs années, a été abolie, en pratique, depuis le décret du 29 août 1862, et les élections de ces membres laïques ont lieu aujourd'hui à la majorité absolue, comme l'exigeait l'art. 32 de l'ordonnance de 1844 (Circ. min. cult. 4 janv. 1867). Un décret du 5 févr. 1867 a, d'ailleurs, renouvelé à cet égard les prescriptions de l'art. 32. D'après ce décret, les élections israélites ont lieu au scrutin secret et à la majorité absolue des suffrages. Le nombre des votants doit être au moins du tiers des électeurs inscrits. Si la majorité n'est pas acquise, les électeurs sont convoqués pour un second tour de scrutin, et, dans ce cas, la majorité relative suffit, quel que soit le nombre des votants.

795. Le bureau se compose des membres du consistoire départemental (Ord. 25 mai-14 juin 1844, art. 33). Il prononce sur les difficultés qui s'élèvent touchant les opérations électorales. En cas de partage, la voix du président est prépondérante. Les réclamations contre la décision du bureau ne sont pas suspensives. Elles sont portées, par la voie administrative, devant le ministre des cultes qui prononce définitivement (art. 34). En conséquence, la décision du ministre ne peut être attaquée devant le conseil d'État par la voie contentieuse (Cons. d'Et. 10 janv. 1867, aff. Lunel, D. P. 67. 3. 94).

796. La nomination des membres des consistoires départementaux est, comme celle des membres du consistoire central, subordonnée à l'agrément du chef de l'État (Ord. 25 mai-14 juin 1844, art. 24). Mais le chef de l'État ne peut user du pouvoir discrétionnaire qui lui appartient à cet égard qu'après que les opérations électorales qui ont amené lesdites nominations ont été déclarées valables (Cons. d'Et. 5 juin 1862, aff. Lang, D. P. 67. 3. 94). Est, dès lors, fondé le recours dirigé, pour cause d'excès de pouvoir, contre un décret qui, en présence de réclamations formées contre les opérations de cette nature, a agréé la nomination de membres laïques d'un consistoire israélite, sans qu'il ait été préalablement statué sur lesdites réclamations par le ministre des cultes, seul compétent à cet égard (Même arrêt). — Mais l'acte par lequel le chef de l'État, agissant en vertu de l'art. 24 de l'ordonnance du 25 mai 1844, donne ou refuse son agrément à la nomination des membres laïques des consistoires israélites, ne peut être attaqué devant le conseil d'État au contentieux (Arrêt du 10 janv. 1867, cité *suprà*, n° 795).

797. D'après l'art. 4 du décret du 29 août 1862 (V. *suprà*, n° 788), la durée des fonctions des membres des consistoires

départementaux est de huit ans, comme pour celles des membres du consistoire central, et leur renouvellement a lieu par moitié tous les quatre ans, avec faculté de réélection. Le consistoire départemental nomme également pour quatre ans son président et son vice-président, qui sont rééligibles.

798. Les attributions du consistoire départemental telles qu'elles étaient déterminées par l'ordonnance de 1844, ont été énumérées au *Rép.* nos 727 et 738. — Mais elles ont été un peu modifiées par le décret du 29 août 1862. Il convient donc d'y revenir en indiquant ces modifications. — Outre l'administration et la police des temples de sa circonscription et des établissements et associations pieuses qui s'y trouvent, y compris celle de leurs biens, comme des biens appartenant aux synagogues consistoriales qui sont des établissements publics capables de posséder et d'acquérir, le consistoire a, dans ses attributions, la représentation en justice des synagogues de son ressort dont il exerce les droits (Ord. 1844, art. 64). Mais une autorisation de plaider lui est nécessaire à cet effet (Même article). Il a été jugé, à cet égard, qu'un consistoire israélite, soit de la métropole, soit de l'Algérie, pourvu de l'autorisation de plaider à laquelle l'assujettit l'art. 64 de l'ordonnance de 1844, peut, sans autorisation nouvelle, interjeter appel du jugement de première instance (Civ. rej. 27 déc. 1864, aff. Pionnier, D. P. 65. 1. 213. V. à ce sujet : Décr. 6 nov. 1813, art. 14). — Dans les instances où figure un consistoire israélite, c'est au consistoire seul qu'il appartient de se pourvoir auprès de l'Administration à fin d'autorisation de plaider, sans qu'il y ait à distinguer si le consistoire est demandeur ou défendeur (Trib. Seine, 2 janv. 1877, aff. Girod, D. P. 79. 3. 23); par suite, l'individu qui intente une action contre un consistoire israélite n'est pas tenu de faire les diligences pour obtenir que l'Administration autorise le consistoire à défendre à la demande (Même jugement). En pareil cas, le tribunal peut impartir au consistoire un délai dans lequel il devra se pourvoir de l'autorisation nécessaire (Même jugement). V. Chauveau et Tambour, *Code d'instruction administrative,* 4e et 5e éd., t. 2, no 1138, p. 267). — Il a été jugé, conformément aux mêmes principes, que l'action en payement du prix de travaux exécutés pour une synagogue doit être dirigée contre le consistoire départemental représentant cette synagogue, et non contre la commission administrative à laquelle le consistoire aurait délégué le droit de faire exécuter les travaux (Cons. d'Et. 28 juin 1855, aff. Consistoire du Bas-Rhin, D. P. 56. 3. 26). Mais le consistoire ne peut se plaindre de ce que la demande n'a pas été directement formée contre lui, s'il a été mis en cause sur l'action dirigée contre la commission administrative (Même arrêt). Le consistoire qui a délégué à une commission administrative le droit de faire exécuter des travaux pour une synagogue, n'est pas fondé à refuser le payement de travaux supplémentaires exécutés sur les ordres de cette commission et avec l'approbation de l'architecte, bien que ces travaux n'aient pas été préalablement approuvés par le préfet, si d'ailleurs leur utilité a été reconnue par l'administration (Même arrêt).

799. Le consistoire départemental assisté d'une délégation d'électeurs élus *ad hoc,* au nombre de six au maximum, nomme les rabbins (Ord. 25 mai 1844, art. 48; Décr. 12 sept. 1872, art. 2, V. *suprà,* no 786), les commissions destinées à l'élection des ministres officiants (Ord. 25 mai 1844, art. 51), et donne son avis sur les élections au consistoire central (V. *Rép.* no 727). Il nomme directement le ministre officiant du chef-lieu consistorial (Ord. 25 mai 1844, art. 51), les sous-rabbins (Décr. 29 août 1862, art. 2). Il nomme également le *mohel* et le *schohet* pour le chef-lieu consistorial et les autres communes, et a le droit de les révoquer (V. *Rép.* no 727). — Il suspend les ministres officiants et propose leur révocation au consistoire central (V. *Rép.* no 727). Comme conséquence de la mission qui lui est confiée de choisir le *schohet,* il a le droit de passer des marchés avec des des bouchers à l'effet de concentrer chez ces derniers le débit de la viande dite *kasher* destinée à la consommation des israélites (Civ. rej. 27 déc. 1864, aff. Pionnier, D. P. 65. 1. 213). Et la stipulation de ces marchés autorisant les bouchers avec lesquels ils sont passés à vendre la viande *kasher* aux israélites de la localité pour un prix supérieur à celui de la taxe, à la charge de payer au consistoire une redevance déterminée, est valable : une telle stipulation ne saurait être annulée, ni comme blessant l'ordre public ou les bonnes mœurs, ni comme contraire à la liberté de l'industrie et à la liberté de conscience, ni comme établissant un supplément illégal de taxe, alors d'ailleurs qu'elle a obtenu l'approbation de l'autorité municipale (Même arrêt). Le consistoire nomme les autres desservants et agents des temples de la circonscription consistoriale (Ord. 20 août 1823, art. 6). Il dresse la liste des électeurs qui prennent part à l'élection des membres laïques des consistoire central et départemental et des délégués pour l'élection du grand rabbin de ce premier consistoire (Décr. 29 août 1862, art. 6). Mais il ne délivre plus les diplômes du premier degré pour les fonctions rabbiniques : cette délivrance est aujourd'hui réservée au consistoire central (Décr. 29 août 1862, art. 3). — Il veille à l'observation, dans les instructions religieuses, des décisions doctrinales de l'assemblée de 1806 (V. *Rép.* no 727), et à ce qu'il ne se forme, sans autorisation, aucune assemblée de prières (V. *ibid.*). Mais les infractions à l'ordonnance du 25 mai 1844, qui règle l'organisation du culte israélite, ne tombent pas sous l'application de l'art. 471, no 15, c. pén. Et spécialement, la peine établie par cet article ne peut être infligée à celui qui a fait partie d'une assemblée de prières prohibée par les règlements approuvés dans cette ordonnance (Crim. cass. 23 août 1851, aff. Cahen, D. P. 51. 5. 339). — Le consistoire fait les règlements relatifs à l'exercice du culte dans les temples de son ressort, par exemple, en ce qui concerne la circoncision, et aux cérémonies religieuses qui accompagnent les inhumations (V. *Rép.* no 727). Il institue par délégation, auprès de chaque temple, selon les besoins, un commissaire administrateur ou une commission administrative qui agit sous son autorité (Ord. 25 mai 1844, art. 21). La commission administrative instituée dans chaque communauté israélite a la mission de dresser la liste partielle des électeurs israélites de la circonscription pour l'élection des membres laïques des consistoires central et départemental et des deux délégués chargés de procéder à l'élection du grand rabbin du consistoire central (Décr. 29 août 1862, art. 7). — Enfin le consistoire départemental adresse chaque année au préfet un rapport sur la situation morale des établissements de charité, de bienfaisance ou de religion destinés aux israélites (V. *Rép.* no 727). Les israélites possèdent, en effet, plusieurs établissements spéciaux de bienfaisance ou de religion. On peut citer parmi ces établissements, outre le séminaire israélite (V. *infra,* no 805), l'école de travail pour les jeunes filles, la société de patronage des apprentis et ouvriers, l'alliance israélite universelle, l'hôpital et la maison de retraite Rothschild, l'orphelinat israélite, l'école préparatoire orientale, l'œuvre des femmes en couches, la maison de refuge, la société pour l'établissement des jeunes filles israélites, le comité central de secours pour les écoles de Jérusalem, l'œuvre des missions rabbiniques, la société des études talmudiques, celle de la Terre promise et celle du Repos éternel, enfin plusieurs sociétés de secours mutuels. Tous ces établissements ont leur siège à Paris. Il existe également des comités de bienfaisance et des sociétés de bienfaisance ou de secours mutuels, et des maisons de refuge dans la plupart des consistoires.

800. Un décret du 19 oct. 1808 (V. *Rép.* p. 701) avait disposé que les membres des consistoires israélites prêteraient serment au moment de leur installation, et fixé la formule de ce serment. Cette formule fut modifiée après 1830 et définitivement assimilée, par l'ordonnance de 1844, art. 36, à celle du serment que prêtaient les fonctionnaires publics (V. *Rép.* vo *Serment,* p. 7, L. 31 août 1830). Mais le serment politique est aujourd'hui aboli par le décret du 5 sept. 1870 (D. P. 70. 4. 86).

SECT. 2. — DES MINISTRES (*Rép.* nos 728 à 733).

801. On a exposé au *Rép.* no 728 les diverses catégories que forment les ministres du culte israélite, les privilèges qui leur sont accordés, les obligations qui leur incombent les prohibitions et qui leur sont faites sous peine de recours pour abus ou sous la sanction de certaines pénalités. Nous ne reviendrons ici que sur les points qui ont été modifiés par la législation postérieure à l'ordonnance de 1844.

802. En ce qui concerne le *grand-rabbin du consistoire central* (*Rép.* n° 729), il y a lieu de noter seulement que la composition du corps électoral qui nomme les délégués chargés de procéder, conjointement avec les membres du consistoire central, à l'élection de ce grand-rabbin, a été modifiée par l'art. 5 du décret du 29 août 1862 (V. *suprà*, n° 790).

803. D'après l'art. 15 de l'ordonnance de 1844, les *grands rabbins des consistoires départementaux* étaient élus par l'assemblée des notables de la circonscription (*Rép.* n° 730). Ce régime a été modifié par le décret du 29 août 1862, qui a prescrit que la nomination de ces rabbins serait faite par le consistoire central sur une liste de trois rabbins présentée par le consistoire départemental (art. 9). Le décret du 11 nov. 1870 (art. 1er, D. P. 70. 4. 131) a décidé qu'ils seraient élus par une assemblée de vingt-cinq délégués désignés par les électeurs de la circonscription consistoriale. Mais ce décret a été abrogé par celui du 12 sept. 1872 (V. *suprà*, n° 786) qui est revenu au système adopté par le décret de 1862, avec quelques modifications. Il a prescrit que les grands rabbins des circonscriptions consistoriales ecclésiastiques seraient nommés par le consistoire central sur une liste de trois candidats, présentée par le conseil départemental auquel s'adjoint une commission composée: 1° d'un délégué nommé par les électeurs inscrits de chaque communauté ayant un ministre du culte rétribué par l'Etat; 2° d'un nombre égal de délégués choisis par les électeurs du chef-lieu consistorial, et il a exigé que la nomination des grands rabbins fût soumise à l'approbation du chef de l'Etat. Les conditions d'éligibilité fixées par l'art. 45 de l'ordonnance de 1844 sont toujours exigées.

804. Les *rabbins communaux*, institués par l'ordonnance de 1844, ont succédé aux rabbins des synagogues particulières dont parlait l'art. 4 du premier décret du 17 mars 1808. L'art. 46 de l'ordonnance de 1844, qui détermine leurs fonctions, n'a pas abrogé l'art. 21 de ce décret de 1808, qui indique les attributions des rabbins en général. Nous avons décrit au *Rép.* n° 731 les fonctions des rabbins communaux, qui desservent les temples ou synagogues de la circonscription à la tête de laquelle ils sont placés. Comme les ministres des autres cultes, ces rabbins sont autorisés à donner des soins et des conseils gratuits à leurs coreligionnaires dans leurs circonscriptions (V. *suprà*, n° 75). Il peut être établi des rabbins ou aumôniers près des armées en cas de mobilisation (V. L. 8 juill. 1880, D. P. 81. 4. 26, et *suprà*, n°s 259 et suiv.). — Les conditions d'âge et de capacité pour être nommé rabbin communal ont été exposées au *Rép. ibid.*; il suffit d'ajouter que les dispenses d'âge peuvent leur être accordées dans les mêmes formes qu'aux autres rabbins (V. *suprà*, n° 803), et que le diplôme du premier degré, qui leur est nécessaire, est aujourd'hui délivré par le consistoire central (Décr. 29 août 1862, art. 3). Ce diplôme du premier degré remplace l'attestation de capacité exigée des candidats par l'art. 20 du décret du 17 mars 1808.

L'art. 48 de l'ordonnance de 1844 qui réglait le mode d'élection des rabbins, en s'appropriant une partie des dispositions de l'ordonnance du 20 août 1823, n'est plus aujourd'hui en vigueur. Les rabbins sont nommés aujourd'hui par le consistoire départemental, assisté d'une commission composée de délégués dont le nombre ne peut dépasser six, élus au scrutin de liste, moitié par le chef-lieu de la circonscription rabbinique, moitié par les autres communautés de cette circonscription, et leur nomination est soumise, par l'intermédiaire du consistoire central, à l'approbation du ministre des cultes (Décr. 12 sept. 1872, art. 2). Il n'y a pas lieu d'augmenter le nombre des délégués qui doivent, conformément à cet article, concourir à la nomination d'un rabbin communal, quand il n'existe pas autour du chef-lieu de la circonscription rabbinique de communautés selon la véritable acception de ce mot, ou quand il n'y a que des israélites agglomérés représentant un petit nombre d'électeurs. Mais ces électeurs peuvent se rendre au chef-lieu de la circonscription rabbinique pour participer à la nomination des délégués avec les électeurs de cette communauté (Décis. consist. centr. 15 juin 1874).

805. Pour former les rabbins, un arrêté ministériel, du 20 août 1829, avait créé une école rabbinique à Metz. Le décret du 1er juill. 1859 a transféré cette école à Paris sous le nom de *séminaire israélite*. Cet établissement est administré par le consistoire de Paris, sous la surveillance du consistoire central (Décr. 1er juill. 1859, art. 2), et d'une commission administrative (Règl. 1er déc. 1860, art. 1er). Ses règlements sont soumis à l'approbation du ministre des cultes (Même décret de 1859, art. 3), et son organisation a été fixée par un règlement approuvé, le 1er déc. 1860, par le ministre des cultes. D'après ce règlement, le nombre des élèves internes jouissant d'une gratuité est de dix (art. 2). Pour être admis à une bourse gratuite, il faut être Français, âgé de dix-huit ans, avoir un certificat d'aptitude religieuse et morale délivré par le consistoire de sa circonscription, avoir été vacciné et être bachelier ès lettres, à moins que la commission du séminaire n'accorde au candidat un délai d'un an au plus pour l'obtention du diplôme, posséder les principes de la langue hébraïque et être en état de lire un texte hébreu avec la prononciation orientale, de traduire et d'expliquer la Bible, ainsi qu'un texte du Talmud avec le commentaire de Tosaphoth (art. 3). Il y a tous les deux ans, à Paris, un concours pour l'admission aux bourses gratuites (art. 4). Indépendamment des élèves internes gratuits, il peut être admis au séminaire des pensionnaires et des externes remplissant les conditions précédentes (art. 6). Le nombre des élèves externes est fixé par le consistoire de Paris (art. 7). Celui-ci peut accorder des bourses d'externes gratuites ou faire remise aux internes payants d'une somme annuelle fixée par la commission (art. 8). L'enseignement donné par le séminaire dure six ans (art. 11). Au bout de quatre ans d'études, le titre de *Haber* ou licencié en théologie peut être accordé aux élèves qui ont répondu d'une manière satisfaisante à tous les examens semestriels (art. 13). A la fin des études, les élèves subissent un examen général, à la suite duquel il leur est délivré, selon leur degré d'instruction, un certificat d'aptitude ou le titre de sous-rabbin, de rabbin ou de grand-rabbin (art. 16).

806. Le décret du 29 août 1862 (art. 1er et 2) a institué des charges de *sous-rabbins*, qui peuvent être placés par arrêté du ministre des cultes, sur la proposition du consistoire central, à la place des ministres officiants, dans les communautés religieuses israélites desservies par un ministre officiant rétribué sur les fonds de l'Etat. Ces sous-rabbins doivent être âgés de 25 ans au moins. Ils sont nommés par les consistoires départementaux. Les conditions d'études pour le titre de sous-rabbin, les fonctions et les attributions des sous-rabbins sont réglées par le consistoire central, sous l'approbation du ministre des cultes. — Les règles de discipline établies pour les ministres officiants sont applicables aux sous-rabbins. Il peut leur être accordé des dispenses d'âge.

807. On a défini au *Rép.* n° 732 les fonctions et les conditions d'aptitude des *ministres officiants*, et au n° 733, celles du *mohel* et du *schohet*. A cet égard, l'art. 52 de l'ordonnance de 1844 a été modifié par l'art. 10 du décret du 29 août 1862. Aux termes de cet article, nul ne peut exercer les fonctions de mohel et de schohet, s'il n'a obtenu une autorisation spéciale du consistoire de la circonscription, accordée sur l'avis conforme du grand rabbin. En outre, le mohel doit être pourvu d'un certificat délivré par un docteur en médecine ou en chirurgie désigné par le préfet, et constatant que l'impétrant offre, au point de vue de la santé publique, toutes les garanties nécessaires. Le schohet doit, dans toute commune où il veut exercer ses fonctions, faire viser par le maire l'autorisation à lui donnée par le consistoire départemental. Les autorisations peuvent être révoquées. Il a été jugé que l'exercice des fonctions de schohet ou sacrificateur du culte hébraïque, sans autorisation du consistoire ou malgré le retrait de cette autorisation, ne tombe pas sous l'application de l'art. 471, n° 15, c. pén. (Crim. rej. 20 févr. 1851, aff. Dennery, D. P. 51. 5. 340).

808. Il peut aussi être établi des *oratoires particuliers* (V. *Rép.* n° 725). Les dispositions du décret du 22 déc. 1812, art. 8, relatives à la fermeture des chapelles domestiques et des oratoires particuliers ouverts sans autorisation, s'appliquent aux oratoires israélites (V. *Rép.* n° 84). L'arrêté préfectoral par lequel le préfet ordonne et fait exécuter la fermeture d'une ancienne synagogue ouverte sans autorisation comme oratoire de famille, est pris dans la limite des pouvoirs qui appartiennent à ce fonctionnaire (Cons. d'Et. 3 juin 1858, aff. Ben-Haim, *Rec. Cons. d'Etat*, p. 405).

SECT. 3. — DOTATION DU CULTE ISRAÉLITE (V. *Rép.* n°ˢ 734
            à 738).

809. — I. TRAITEMENT; SECOURS. — On a vu au *Rép.*
n° 734 comment les ministres du culte israélite étaient rétribués avant la loi du 8 févr. 1831, qui, la première, posa
le principe d'un salaire à eux payé par l'Etat. Depuis cette
époque, ce salaire a varié. Aujourd'hui, les traitements de
ces ministres sont fixés ainsi qu'il suit : celui du grand rabbin du consistoire central à 12000 fr.; celui du grand rabbin
du consistoire de Paris à 5000 fr.; celui des grands rabbins
des autres consistoires départementaux à 4000 fr.; celui des
rabbins communaux à 2500, 2100, 2000, 1950, 1900, 1850 et
1750 fr.; celui des ministres officiants à 2000, 1000, 900,
700 et 600 fr. (L. de finances pour 1883). Ces traitements
sont insaisissables et courent du jour de l'installation du
titulaire dans ses fonctions (V. *Rép.* n° 735). — Les rabbins
doivent produire, comme les ministres des autres cultes, un
certificat d'identité ou de résidence à l'appui du mandat de
payement de leur traitement (Circ. min. cult. 24 févr. 1877,
D. P. 77. 4. 26, note 3 et 4). — En outre, un fonds est
réservé sur le budget des cultes pour accorder des secours
aux ministres du culte israélite âgés ou infirmes. En 1883,
ce fonds était de 8000 fr. Enfin des indemnités, dont le
total s'élevait en 1883 à 14300 fr., sont accordées au consistoire central et à plusieurs consistoires départementaux
pour frais d'administration.

810. — II. LOGEMENT DES MINISTRES. — Sous l'empire de
la loi du 18 juill. 1837 et de l'ordonnance du 7 août 1842
(V. *Rép.* p. 719), l'indemnité de logement due aux ministres
du culte, lorsqu'il n'existe pas de bâtiment affecté à leur
logement, était une dépense obligatoire pour les communes,
sans qu'il y eût à rechercher si le consistoire avait ou non
des ressources suffisantes pour y subvenir (Cons. d'Et.
23 nov. 1888, aff. Consistoire israélite d'Alger, D. P. 89,
3ᵉ partie). Depuis la loi du 5 avr. 1884, cette dépense n'incombe plus aux communes qu'en cas d'insuffisance des
ressources du consistoire (Comp. *suprà*, n°ˢ 543 et suiv.). En
cas de désaccord entre le consistoire et la commune dont le
concours est réclamé, il doit être statué par décret rendu
sur les propositions des ministres de l'intérieur et des cultes
(L. 5 avr. 1884, art. 136, § 11 et 12); le ministre de l'intérieur ne pourrait, sans excès de pouvoir, trancher le
différend (Arrêt précité du 23 nov. 1888).

811. — III. SUBVENTIONS ACCORDÉES AUX CONSISTOIRES. —
Les consistoires peuvent recevoir des subventions des communes; mais ces subventions sont facultatives (L. 5 avr.
1884, art. 136) (V. *Rép.* n° 737). Les grosses réparations aux
édifices communaux consacrés au culte israélite sont obligatoires pour les communes, sauf l'application préalable des
revenus et ressources disponibles des consistoires à ces réparations (L. 5 avr. 1884, art. 136, § 12). S'il se produit un
désaccord entre le consistoire et la commune dont il réclame
le concours financier, il est statué comme dans le cas où il
s'agit de l'indemnité de logement due aux ministres (V. *suprà*, n° 810. Comp. *suprà*, n°ˢ 547 et suiv.). — Le Gouvernement alloue des secours pour contribuer aux travaux
d'entretien ou de reconstruction des édifices consacrés au
culte israélite. En 1883, ces secours s'élevaient en totalité
à 20000 fr.

812. — IV. BIENS ET CAPACITÉ DES CONSISTOIRES. — Les
synagogues consistoriales, étant des établissements publics
reconnus par la loi, sont capables de posséder, d'acquérir et
de transmettre (V. *Rép.* n° 738). — En ce qui concerne les
acquisitions, notamment, par dons et legs, elles sont
soumises en général aux mêmes règles que les fabriques
d'églises et les consistoires ou conseils presbytériaux. Sur
l'administration de leurs biens, V. *suprà*, n°ˢ 571 et suiv.

813. — Avant la législation qui a donné une organisation
régulière au culte israélite en France, les juifs formaient
des communautés religieuses soumises à l'autorité de syndics qui les représentaient légalement. Ainsi, à Metz, au
18ᵉ siècle, d'après des règlements particuliers, l'existence
de ces communautés était reconnue par le pouvoir civil,
qui les autorisait à contracter des engagements, par exemple
des emprunts. Il a été jugé, à cet égard, que les engagements contractés par les syndics de la communauté juive
de Metz avant les lois nouvelles pèsent sur tous les juifs de
la communauté, non par un lien d'hérédité, mais par un lien
de filiation et d'origine, et doivent être acquittés par eux
à titre de charge publique, par voie de répartition et en
proportion de leurs facultés; qu'en conséquence. ces juifs
ne sont pas fondés à former opposition à la contrainte décer-
née contre eux par le percepteur en exécution d'une ordonnance royale (du 18 juill. 1843), qui a approuvé l'état,
dressé par le syndic de la communauté en 1842, des
débiteurs primitifs ou exhérentes d'emprunts contractés par ces syndics en
1782 et 1786 (Paris, 6 janv. 1849, aff. Fould, D. P. 49. 2. 204).

TIT. 2. — DES SÉPULTURES (*Rép.* n°ˢ 739 à 834).

SECT. 1ʳᵉ. — HISTORIQUE ET LÉGISLATION. — DROIT COMPARÉ
            (*Rép.* n°ˢ 740 à 758).

814. — I. HISTORIQUE ET LÉGISLATION. — Sous le titre
« des sépultures » nous étudions tout ce qui touche à
l'inhumation et l'exhumation des corps, aux enterrements
et pompes funèbres, aux cimetières et aux tombeaux. On
a fait au *Rép.* n°ˢ 740 à 755 l'exposé des coutumes suivies
dans l'antiquité et notamment en Egypte où le culte
des morts était fort en honneur, ainsi que de la législation en vigueur à Rome et dans notre ancien droit. On a
également analysé le décret du 23 prair. an 12 qui est
encore la loi fondamentale en matière de sépulture, et les
divers actes législatifs qui ont été promulgués jusqu'en 1852.
Depuis cette époque, la législation a subi quelques importantes modifications. Des questions nouvelles sont nées à la suite
des enterrements civils devenus plus fréquents depuis 1870.
Après avoir soulevé d'ardentes discussions, elles ont été
résolues par le Parlement. D'autre part, le Gouvernement
désireux d'établir sa neutralité en matière religieuse et peu
disposé à soutenir les privilèges des fabriques, s'est associé
aux propositions de lois qui tendaient à séculariser les lieux
de sépulture et à supprimer le monopole des inhumations.
A côté de ces actes législatifs importants, nous avons à
signaler un certain nombre de lois ou décrets édictés sur
divers points depuis la publication du *Répertoire*.

815. — Parmi les décrets promulgués sous le second
Empire, nous devons mentionner : le décret du 18 déc.
1858, qui a consacré l'église Saint-Denis à la sépulture des
empereurs et décidé qu'elle serait desservie par un chapitre
qui prendrait le nom de chapitre impérial de Saint-Denis
(D. P. 59. 4. 1) (Sur l'organisation de ce chapitre et les
dispositions qui l'ont successivement modifiée, V. *suprà*,
n° 264); le décret du 4 nov. 1859 relatif au service des
pompes funèbres dans la ville de Paris (D. P. 59. 4. 122);
enfin le décret du 13 oct. 1863, dont les art. 359 et suiv.
règlent les honneurs funèbres militaires (D. P. 64. 4. 4).

816. — Une question qui présente un certain intérêt a été
résolue par le Sénat le 23 févr. 1866. Se fondant sur le respect
dû à la dernière volonté d'un homme, il a décidé qu'il n'y
avait pas lieu d'envoyer de députation officielle aux obsèques
d'un fonctionnaire ou haut dignitaire qui avait exprimé
dans son testament la volonté d'être enterré sans les honneurs dus à son rang ou à sa fonction (D. P. 66. 5. 426,
Moniteur du 24 févr. 1866, p. 203).

817. La première loi relative aux sépultures, votée depuis
1870, a été la loi du 4 avr. 1873 qui a pour but la conservation des tombes des soldats morts pendant la dernière guerre
(D. P. 73. 4. 56). Cette loi a mis à la charge de l'Etat
l'acquisition des terrains dépendant des cimetières communaux qui servent à l'inhumation des soldats français ou
allemands morts pendant la guerre de 1870 et a autorisé
l'Etat à acquérir, par voie d'expropriation pour cause d'utilité publique, les terrains non clos, situés en dehors des
cimetières, dans lesquels se trouvent une ou plusieurs
tombes militaires et les terrains nécessaires pour les exhumations et les chemins d'accès. Les terrains avoisinant les
tombes ne sont pas soumis, de plein droit, aux servitudes
établies par les décrets du 23 prair. an 12 et du 7 mars
1808 en vue de la salubrité publique. Les inhumations ne
devant pas se renouveler dans le même sol, on n'avait pas à
redouter les inconvénients que présentent les cimetières
ordinaires. Toutefois, et afin d'assurer le respect des tombes,
les préfets fixent, par des arrêtés qui doivent être approuvés par le ministre, une zone de servitude dans laquelle il

n'est pas permis d'élever des habitations. Les propriétaires des terrains environnant les cimetières atteints par les dispositions des décrets de 1808 et de l'an 12 n'ont droit à aucune indemnité. La loi du 4 avr. 1873 a reconnu ce droit aux propriétaires des terrains situés à proximité des tombes qui seraient frappées de servitude par l'arrêté du préfet; ces propriétaires ne pouvaient prévoir la création de lieux consacrés aux sépultures dans le voisinage de leurs propriétés (Rapport de M. Mazeau, *Journ. off.* des 21 et 31 janv. 1873, annexe, n° 1690). Le jury chargé de régler les indemnités est le jury de la loi de 1836 (D. P. 73. 4. 56).

818. Le décret du 27 oct. 1875 a créé un conseil d'administration destiné à représenter les fabriques des églises paroissiales et les consistoires des cultes non catholiques de la ville de Paris pour l'exercice de leurs droits relativement au service des pompes funèbres (D. P. 76. 4. 73).

Un autre décret du 17 févr. 1881 a édicté des dispositions semblables à l'égard des fabriques des églises paroissiales de Bordeaux (D. P. 82. 4. 23).

819. La loi du 14 nov. 1881 a abrogé l'art. 15 du décret du 23 prair. an 12, qui établissait des catégories dans les cimetières entre les différents cultes (D. P. 82. 4. 47). Aux termes de cet article, dans les communes où l'on professait plusieurs cultes, chaque culte devait avoir un lieu d'inhumation particulier ; et, dans le cas où il n'y avait qu'un seul cimetière, on devait le partager par des murs, haies ou fossés, en autant de parties qu'il y avait de cultes différents. Le législateur, désireux de respecter les sentiments des populations catholiques, avait fait fléchir devant ce grand intérêt les principes de la liberté et de l'égalité des cultes. Sous le second Empire une pétition fut adressée au Sénat demandant l'abrogation de l'art. 15. Mais le 24 janv. 1864, sur le rapport de M. de Royer, le Sénat passa à l'ordre du jour. L'affaire de la demoiselle Tamelier, au mois de décembre 1869 (D. P. 72. 3. 9) ranima la discussion sur la disposition du décret de prairial (D. P. 72. 3. 9). Le 29 avr. 1871 une proposition de loi tendant à supprimer dans les cimetières les catégories entre les différents cultes était soumise à l'Assemblée nationale. Elle fut reprise le 22 févr. 1879, votée à la Chambre des députés le 7 mars 1881 et au Sénat le 29 octobre suivant. Le but de la loi, a dit le rapporteur du Sénat, M. Xavier Blanc, est de restituer au cimetière le caractère de propriété communale et neutre qui lui appartient, de maintenir dans leur intégrité les attributions respectives de l'autorité municipale et de l'autorité ecclésiastique (D. P. 82. 4. 47).

La disposition de la loi du 14 nov. 1881 a été confirmée par la loi sur l'organisation municipale du 5 avr. 1884 (art. 97), qui a, en outre, déterminé d'une façon précise les rapports respectifs de l'autorité municipale et de l'autorité supérieure en ce qui concerne la police des sépultures, le transport des corps et les inhumations (art. 85).

820. On a vu *suprà*, n° 377, qu'en vertu d'un décret du 26 mai 1885 (D. P. 86. 4. 6), le Panthéon a cessé d'être consacré au culte et qu'il est destiné désormais à recevoir les restes des grands hommes qui ont mérité la reconnaissance de la patrie.

Un autre décret du 26 mai 1885 (*Ibid.*)a ordonné que le corps de Victor Hugo serait déposé au Panthéon.

821. La loi du 15 nov. 1887 (1) sur la *liberté des funé-*

railles fut présentée à la Chambre des députés par M. Chevandier en 1880, sous le titre de « loi sur les enterrements civils. » M. Chevandier se bornait à réclamer l'application aux funérailles qui n'avaient pas un caractère religieux du décret de messidor an 12 sur les honneurs funèbres, avec interdiction aux maires de prendre des prescriptions particulières pour les enterrements civils. Cette double proposition était inspirée par des faits récents. Deux ministres de la guerre le général du Barrail en 1873, le général Berthauld en 1877, ne voulant pas que l'armée fût mêlée à des manifestations anti-religieuses, avaient prescrit, en s'appuyant sur les art. 374 et 375 du décret du 13 oct. 1863 sur le règlement des places, des mesures spéciales aux enterrements civils. Les troupes allaient à la maison mortuaire, rendaient les honneurs à la sortie du corps et se retiraient aussitôt sans faire cortège au convoi. D'autre part, des maires avaient pris des arrêtés pour fixer les heures auxquelles devaient se faire les enterrements civils, déterminer l'itinéraire des convois, exigeant des familles, avec la déclaration de décès, une autre déclaration faisant connaître si l'inhumation aurait lieu avec ou sans l'assistance des ministres du culte. La légalité de ces mesures avait, d'ailleurs, été reconnue par un arrêt de la cour de cassation du 23 janv. 1874 (aff. Camescasse, D. P. 74. 1. 225) (V. Arrêté du préfet du Rhône du 18 juin 1873, *Journ. off.* du 25 juin 1873). — Le projet de M. Chevandier s'étendit à la suite des discussions dont il fut l'objet. Le Sénat en modifia le titre et lui donna le nom qu'il a conservé de « loi sur la liberté des funérailles ». D'ardentes controverses avaient eu lieu au sujet de la réglementation des funérailles. Le Parlement voulut les faire cesser et inscrivit dans la loi des dispositions relatives au règlement des obsèques. Elles en constituent la partie la plus importante (Prise en considération, *Journ. off.*, Chambre des députés, 31 janv. 1882, annexe n° 143, *Journ. off.* 1883; *Journ. off.*, Débats parl., Sénat, 10 mai et 14 juin 1883 ; 15 févr. et 30 mars 1886 ; 1er févr. et 30 oct. 1887).

822. L'art. 1er de la loi du 15 nov. 1887 porte que toutes les dispositions légales relatives aux honneurs funèbres seront appliquées quel que soit le caractère des funérailles, civil ou religieux. — L'art. 2 défend d'établir, même par voie d'arrêté, des prescriptions particulières applicables aux funérailles en raison de leur caractère civil ou religieux (V. *infrà*, n° 848). — Les art. 3, 4 et 5 concernent la réglementation des funérailles (V. *infrà*, n°ˢ 853 et suiv.) et l'art. 5 édicte des peines qui sanctionnent leurs dispositions. Enfin l'art. 6 déclare la loi applicable à l'Algérie et aux colonies.

823. Aux termes de l'art. 3, al. 4, « un règlement d'administration publique déterminera les conditions applicables aux divers modes de sépulture. Toute contravention aux dispositions de ce règlement sera punie des peines édictées par l'art. 5 de la présente loi ». Le décret, qui n'est survenu qu'à la date du 27 avr. 1889 (V. *Journ. off.* du 4 mai, et D. P. 89, 4ᵉ partie) renferme d'importantes dispositions sur les sépultures en général, sur les inhumations et sur l'incinération.

824. Un projet de loi tendant à enlever aux fabriques et consistoires le monopole des inhumations a été déposé sur le bureau de la Chambre en 1882 par M. Lefebvre. — Le service des inhumations fut donné au clergé dans les pre-

(1) 15-18 nov. 1887. — *Loi sur la liberté des funérailles* (D. P. 87. 4. 101).

Art. 1er. Toutes les dispositions légales relatives aux honneurs funèbres seront appliquées, quel que soit le caractère des funérailles, civil ou religieux.

2. Il ne pourra jamais être établi, même par voie d'arrêté, des prescriptions particulières applicables aux funérailles, en raison de leur caractère civil ou religieux.

3. Tout majeur ou mineur émancipé, en état de tester, peut régler les conditions de ses funérailles, notamment, en ce qui concerne le caractère civil ou religieux à leur donner et le mode de sa sépulture. — Il peut charger une ou plusieurs personnes de veiller à l'exécution de ses dispositions. — Sa volonté, exprimée dans un testament ou dans une déclaration faite en forme testamentaire, soit par devant notaire, soit sous signature privée, a la même force qu'une disposition testamentaire relative aux biens ; elle est soumise aux mêmes règles quant aux conditions de la révocation. — Un règlement d'administration publique

déterminera les conditions applicables aux divers modes de sépulture. Toute contravention aux dispositions de ce règlement sera punie des peines édictées par l'art. 5 de la présente loi.

4. En cas de contestation sur les conditions des funérailles, il est statué, dans le jour, sur la citation de la partie la plus diligente, par le juge de paix du lieu du décès, sauf appel devant le président du tribunal civil de l'arrondissement, qui devra statuer dans les vingt-quatre heures. — La décision est notifiée au maire, qui est chargé d'en assurer l'exécution. — Il n'est apporté par la présente loi aucune restriction aux attributions des maires en ce qui concerne les mesures à prendre dans l'intérêt de la salubrité publique.

5. Sera punie des peines portées aux art. 199 et 200 c. pén., sauf application de l'art. 463 dudit code, toute personne qui aura donné aux funérailles un caractère contraire à la volonté du défunt ou à la décision judiciaire, lorsque l'acte constatant la volonté du défunt ou la décision du juge lui aura été dûment notifié.

6. La présente loi est applicable à l'Algérie et aux colonies.

miers temps de l'Eglise chrétienne; il devait être gratuit. Au moyen âge, l'usage s'établit de faire payer des droits aux familles. La Révolution dépouilla le clergé de son privilège et proclama la liberté des funérailles. Ce système amena les plus graves désordres. Napoléon, par le décret du 23 prair. an 12, attribua aux fabriques et aux consistoires seuls le droit de fournir les ornements et les autres objets nécessaires pour les enterrements, pour la décence ou la pompe des funérailles, rétablit, en un mot, à leur profit le monopole des inhumations. Ce décret fut modifié ou complété par le décret organique du 18 mai 1806 sur les pompes funèbres, et par les décrets des 18 août 1811 (*Rép.* p. 930 et 931), 4 nov. 1839 (D. P. 59. 4. 122) et 27 oct. 1875 (D. P. 76. 4. 73) spéciaux à la ville de Paris.

Le projet de M. Lefebvre a été soumis à la Chambre des députés le 12 nov. 1883, et, après l'urgence déclarée, adopté le même jour sauf quelques modifications de détail. La Chambre supprimait absolument le monopole attribué aux fabriques et aux consistoires, voulant empêcher que les enterrements des libres penseurs enrichissent les églises ou que des fabriques pussent refuser de pourvoir aux enterrements purement civils. Elle transportait ce monopole aux communes, qu'elle obligeait à se procurer le matériel nécessaire aux inhumations dans un délai de trois mois à partir de la promulgation de la loi. La commune pouvait exercer son droit soit directement, soit par adjudicataire. Mais, aux termes de l'art. 2, les fabriques, consistoires ou établissements religieux ne pouvaient devenir adjudicataires. Les fabriques et consistoires conservaient seulement la fourniture des objets destinés à la célébration des cérémonies du culte dans les édifices religieux et la décoration intérieure et extérieure des églises. — Le Sénat n'a pas voté ce projet de loi que sa commission avait, avant lui, repoussé. Il a pensé qu'il serait injuste d'enlever aux fabriques les services des pompes funèbres qu'elles avaient parfaitement organisé et qui, notamment dans les grandes villes, était dirigé avec un très grand esprit de tolérance; qu'on imposerait, d'un autre côté, aux petites communes une charge très lourde en leur attribuant le monopole. Il a écarté également le système de liberté absolue qui existe en Angleterre et en Allemagne et qui ne garantit ni la salubrité publique, ni la décence des convois; enfin, il a repoussé un contre-projet de M. Allou, tendant à conserver aux fabriques le monopole sous cette restriction : que la municipalité, si la fabrique se refusait à faire une inhumation, aurait le droit de réquisitionner son matériel, et que, dans ce cas, le bénéfice serait versé dans la caisse du bureau de bienfaisance (*Journ. off.*, Sénat, séance du 17 nov. 1883).

825. Voici la solution adoptée par le Sénat : le monopole accordé aux fabriques et aux consistoires est supprimé (dans quelques grandes villes, notamment à Saint-Étienne et à Lyon, les fabriques et consistoires n'usent pas de leur privilège; le matériel des transports funèbres appartient à la ville). Le droit de posséder et de fournir un matériel pour les inhumations et de faire le service extérieur des enterrements n'est pas enlevé aux fabriques et aux consistoires, mais il appartient également : aux communes; aux familles dans les localités où les familles pourvoient elles-mêmes au transport de leurs morts; aux sociétés de secours mutuel et aux confréries, mais avec l'autorisation et sous la surveillance du maire sauf approbation du préfet; enfin aux églises autorisées non salariées par l'État et aux sociétés constituées régulièrement dans le but spécial de pourvoir aux funérailles de leurs membres. Les familles sont libres de choisir le service qui leur convient le mieux. Si les fabriques et consistoires n'exercent pas le droit qui leur est conféré, le service des funérailles devient obligatoire pour les communes, sauf dans celles où les familles font elles-mêmes les enterrements. Dans le cas, au contraire, où les communes n'ont pas de matériel, elles ont le droit de réquisitionner celui des fabriques et consistoires toutes les fois que ceux-ci se refuseraient à faire une inhumation sous un prétexte quelconque. Tout refus de déférer à ces réquisitions est puni d'une amende de 50 à 2000 fr. En cas de réquisition, le bénéfice réalisé par l'enterrement est versé au bureau de bienfaisance (art. 1er à 11). Les tarifs, lorsqu'il s'agit du service communal, sont réglés par le conseil municipal, sous l'approbation du préfet; s'il s'agit du service des fabriques

et consistoires, par leur conseil d'accord avec le conseil municipal aussi sous l'approbation du préfet. Les tarifs pour le service intérieur des églises sont réglés par les préfets d'accord avec les évêques ou les consistoires. Dans tous les cas, le ministre décide, s'il y a litige. Les indigents peuvent choisir le service des fabriques ou des consistoires; la commune, ou le bureau de bienfaisance, paye alors une indemnité fixée par le tarif. — Les fabriques et consistoires conservent le droit de fournir les objets destinés au service des funérailles dans les édifices religieux et à la décoration intérieure ou extérieure de ces édifices.

Afin d'éviter que la nouvelle loi ne porte un grave préjudice aux entrepreneurs qui ont passé des traités avec les fabriques ou consistoires, le Sénat a décidé qu'elle ne serait appliquée qu'à partir de l'expiration des traités en cours d'exécution au 1er janv. 1886, sans que toutefois ce délai puisse être supérieur à deux ans. Ce délai permettra aux entrepreneurs dont les contrats ont une durée plus longue de se remanier ou de se désister (*Journ. off.*, Débats parl., Sénat, séances des 21 et 26 janv. 1886).

826. Au moment où se publie ce volume du *Supplément*, le projet de loi n'est pas revenu encore en discussion devant la Chambre des députés. L'ancienne loi reste donc en vigueur.

TABLEAU DE LA LÉGISLATION SUR LES SÉPULTURES.

22 juin-23 juill. 1853. — Décret portant que le corps de monseigneur Garibaldi sera inhumé dans les caveaux de l'église métropolitaine de Paris (D. P. 53. 4. 154).

18 déc. 1858.-1er janv. 1859. — Décret portant que l'église de Saint-Denis est consacrée à la sépulture des empereurs, et qu'elle est desservie par un chapitre qui prend la dénomination de *Chapitre impérial de Saint-Denis* (D. P. 59. 4. 1).

4 nov.-5 déc. 1859. — Décret relatif au service des pompes funèbres dans la ville de Paris (D. P. 59. 4. 122).

13 oct.-29 déc. 1863. — Décret sur le service dans les places de guerre et les villes de garnison (art. 374 et suiv.) (D. P. 64. 4. 4).

4-15 avr. 1873. — Loi relative à la conservation des tombes des soldats morts pendant la dernière guerre (D. P. 73. 4. 56).

27 oct. 1875.-6 janv. 1876. — Décret qui crée un conseil d'administration destiné à représenter les fabriques des églises paroissiales et des consistoires de la ville de Paris, pour l'exercice de leurs droits relativement aux pompes funèbres (D. P. 76. 4. 73).

17 févr.-4 avr. 1881. — Décret qui organise un conseil d'administration chargé de représenter les fabriques des églises paroissiales de Bordeaux pour l'exercice de leurs droits en ce qui concerne les pompes funèbres du culte catholique (D. P. 82. 4. 23).

14-15 nov. 1881. — Décret sur l'art. 15 du décret du 23 prair. an 12, relatif aux cimetières (D. P. 82. 4. 47).

23 oct.-8 nov. 1883. — Décret portant règlement sur le service dans les places de guerre et les villes de garnison (art. 328 et suiv.) (D. P. 84. 4. 119).

5-6 avr. 1884. — Loi sur l'organisation municipale (art. 93 et 97) (D. P. 84. 4. 52-53).

26-27 mai 1885. — Décret relatif au Panthéon (D. P. 86. 4. 6).

26-27 mai 1885. — Décret portant que le corps de Victor Hugo sera transporté au Panthéon (D. P. 86. 4. 6).

15-18 nov. 1887. — Loi sur la liberté des funérailles (D. P. 87. 4. 101).

827. Un assez grand nombre de traités spéciaux ont été publiés sur les sépultures. Nous citerons : Hornstein, *Les sépultures;* Roux, *Le droit en matière de sépulture*, 1875; Gaubert, *Traité théorique et pratique de législation, de doctrine et de jurisprudence sur le monopole des inhumations et des pompes funèbres*, 1875; André, *La sépulture au point de vue du droit et de la foi*, 1876; Rousset, *Code annoté de la législation civile concernant les églises, presbytères, cimetières, inhumations, pompes funèbres, etc.*, 3e éd., 1876; Ridan, *Faut-il brûler nos morts? La crémation devant le respect des morts, l'hygiène et la médecine légale*, 1876; Martin, *Les cimetières et la crémation*, 1881; Pietra-Santa et de Nansouty, *La crémation, sa raison d'être, son historique, etc.*, 1881; Chareyre, *Des inhumations, des lieux de sépulture, des exhumations*, 1884; Daniel Lacombe, *Le régime des sépultures*, 1886; Fay, *Traité pratique de la législation sur les cimetières et la police des inhumations et exhumations*, 1887; Bertoglio, *Les cimetières au point de vue de l'hygiène et de l'administration*, 1889. — Plusieurs questions intéressant les sépultures ont été traitées dans les ouvrages généraux suivants :

Gaudry, *Des cultes*, 1856, t. 2, nᵒˢ 559, 744 à 754, 806 à 819; Dufour, *Traité général de droit administratif appliqué*, 3ᵉ éd., 1869-1870, t. 7, nᵒˢ 715 à 763, p. 620 et suiv.; Blanche, *Dictionnaire général d'administration*, nouv. éd., 1878, vᵒ *Sépulture*, p. 1770 et suiv., 1ᵉʳ suppl., 1884-1885; Block, *Dictionnaire de l'administration française*, 2ᵉ éd., p. 470 et suiv.; 1094 et suiv., 1520 et suiv.; Ducrocq, *Cours de droit administratif*, 6ᵉ éd., 1881, t. 2, nᵒˢ 1418 et suiv.; Morgand, *La loi municipale, Commentaire de la nouvelle loi sur l'organisation et les attributions des conseils municipaux*, 5ᵉ éd., 1884-1885, t. 2, p. 71 et suiv.; Blanche, *Études sur le code pénal*, 1861-1872, t. 5, nᵒˢ 326 à 351; Chauveau et Faustin Hélie, *Théorie du code pénal*, 6ᵉ éd., 1888, t. 4, nᵒˢ 1759 et suiv.; Boitard, *Leçons de droit criminel*, 12ᵉ éd., revue par Faustin Hélie, 1880.

828. — **II. Droit comparé.** — On a donné au *Rép.* nᵒ 756 quelques détails sur les règles qui régissent, en *Angleterre*, la matière des sépultures. Certains changements se sont produits depuis cette époque. Une loi de 1852 interdit d'ouvrir, sans autorisation du ministre de l'intérieur, un cimetière à moins de deux milles (3218 mètres) de la métropole. Pour les autres localités, le ministre de l'intérieur est autorisé à provoquer un ordre en conseil pour interdire l'ouverture de nouveaux cimetières à l'intérieur ou trop près d'une ville. Les cimetières appartenant aux paroisses sont administrés par un comité (*burial board*) nommé par les habitants. — L'inhumation ne peut avoir lieu que sur un ordre du *coroner*, ou sur un certificat du *registrar* constatant qu'il a inscrit le décès ou du moins reçu tous les renseignements nécessaires. Toute contravention à ces dispositions est punie d'une amende qui peut s'élever jusqu'à dix livres. La loi prend des précautions particulières pour l'inhumation des enfants morts-nés. — Une loi fort importante et qui a les plus grandes analogies avec notre loi du 14 nov. 1881 (V. *supra*, nᵒ 819), a été votée en 1880 en Angleterre. D'après la législation antérieure, aucune inhumation ne pouvait avoir lieu, dans les cimetières paroissiaux situés autour des églises (*churchyards*), sans que le clergé anglican procédât aux rites de sa religion. Les dissidents, les non-conformistes devaient, lorsqu'il n'y avait pas de terrain spécialement affecté à leur secte dans la localité, subir les cérémonies d'une confession qui n'était pas la leur. Ils se plaignaient de cette situation. En 1880, après de longues discussions, une loi a été votée qui autorise l'inhumation des dissidents dans les cimetières publics et qui permet aux parents et aux amis du défunt de faire célébrer sur sa tombe les cérémonies de son culte, pourvu que le service soit chrétien. Il suffit d'avertir l'ecclésiastique préposé au lieu du culte dont dépend le cimetière que l'enterrement se fera sans l'accomplissement du rituel de l'église anglicane; cet avis décharge l'ecclésiastique de toute responsabilité ultérieure (Ernest Lehr, *Éléments de droit civil anglais*, p. 16). Cette clause de la loi a pour effet d'en rendre les dispositions inapplicables aux juifs et aux libres penseurs. La loi de 1880 n'est applicable ni en Écosse, ni en Irlande; elle ne concerne que l'Angleterre, le duché de Galles et les îles du Canal.

Une société s'est fondée en 1874 en Angleterre dans le but de favoriser l'incinération des corps. Elle a fait construire un *crematorium* à Wolking. Le Gouvernement tolère, en fait, la crémation, mais ne veut pas qu'elle soit légalement autorisée. Une proposition de loi tendant à permettre ce mode de sépulture a été repoussée (Chambre des communes, 30 avr. 1884) (*Revue générale d'administration*, 1884, t. 11, p. 217). Le monopole des pompes funèbres n'existe pas en Angleterre : les fournitures des ornements et des objets nécessaires aux enterrements sont abandonnées à l'industrie particulière (*Rép.* nᵒ 756).

829. En *Allemagne*, une partie des cimetières sont des propriétés communales, les autres appartiennent aux paroisses. L'autorité locale et l'autorité supérieure peuvent prendre, chacune en ce qui la concerne, les mesures de police sanitaire nécessaires. La question, souvent discutée, de la nature du droit qui appartient au concessionnaire d'un terrain a été récemment tranchée par la cour de cassation de Leipzig. Ce droit est un droit réel qui permet au concessionnaire de décorer le terrain, d'y planter des arbres, d'y construire des monuments, et le rend propriétaire des produits des plantations (C. cass. Leipzig, 18 sept. 1883).

C'est en Allemagne que la question de la crémation a été discutée et posée pour la première fois. L'incinération des corps est autorisée et appliquée dans quelques villes, notamment, dans la ville de Gotha, à Hambourg. Le monopole des pompes funèbres n'existe pas en Allemagne. Le soin d'enterrer les morts est laissé à la libre concurrence (*Rép.* nᵒ 758).

830. En *Autriche*, il est interdit d'enterrer dans les églises et les chapelles (Ord. 30 janv. 1751; 9 oct. 1783 spéciale à Vienne; 24 août 1784 commune aux provinces autrichiennes). Les cimetières doivent être établis hors des lieux habités et au moins à cinq toises de toute habitation (Décr. 24 mai 1825). Ce décret a prescrit de fermer et de vendre les anciens cimetières. Le prix de vente devait être employé à la création de nouveaux lieux de sépulture. Si cette aliénation ne donnait pas des ressources suffisantes, les frais d'installation étaient mis à la charge des fabriques, des patrons des églises ou des personnes à qui était attribuée la perception des taxes d'inhumation; les corvées d'hommes et de chevaux nécessaires devaient être effectuées par les communes. — Les tombes doivent avoir au moins six pieds de profondeur et quatre de largeur; elles doivent être distantes les unes des autres de quatre pieds (Décr. 23 août et 13 sept. 1784; 6 sept. 1787). Les cimetières doivent avoir une étendue suffisante pour qu'il ne soit pas nécessaire de fouiller à nouveau le terrain ayant servi à des inhumations avant un laps de temps de dix ans (Décr. 24 janv. 1875). — Les cadavres des personnes mortes de la petite vérole ou d'une maladie contagieuse ne peuvent être exposés (Ord. 13 oct. 1798; 11 mars 1806). — Les corps doivent être portés à l'église et au cimetière dans des cercueils fermés. Le transport des corps dans des cercueils ouverts est interdit même aux noncatholiques (Décr. 11 juin 1785). Le transport des corps d'un lieu à un autre ne peut avoir lieu qu'avec l'autorisation de l'administration (Ordonnance pour la Basse-Autriche du 15 sept. 1849). Le montant de la taxe d'inhumation est fixé par les règlements des fabriques. Les indigents doivent être inhumés gratuitement (Ord. 11 juin 1785) (V. *Bulletin de la société de législation comparée*).

831. En *Belgique*, le décret du 23 prair. an 12 est toujours en vigueur. Une circulaire du ministre des cultes du 6 janv. 1880, s'appuyant sur la jurisprudence de la cour de cassation (V. *infra*, nᵒ 913), indique que dans les communes où l'on ne professe pas plusieurs cultes, aucune subdivision de cimetière ne peut être autorisée, aucun emplacement spécial ne peut être désigné pour les personnes appartenant à un culte déterminé, ou décédées en dehors de toute religion. — La question de réglementation des funérailles n'est pas expressément tranchée par la loi. La jurisprudence décide qu'en principe le survivant des époux est préféré aux membres de la famille du défunt pour le règlement des obsèques; que, toutefois, ceux-ci, en tant qu'ils représentent le défunt comme parents ou à titre de disposition de dernière volonté, ont le droit de s'opposer à un mode d'enterrement qui ne serait pas conforme aux intentions expresses ou présumées du défunt en tenant compte de ses sentiments religieux et des convenances; que l'autorité judiciaire est seule compétente pour statuer sur la contestation principale par cette opposition (V. *infra*, nᵒ 867 et suiv.). — Un arrêté du roi des Pays-Bas du 19 avr. 1828, qui remplace le décret du 7 mars 1808, porte : « Art. 1ᵉʳ. Sans autorisation préalable, il ne pourra être élevé aucun bâtiment, ni creusé aucun puits à une distance moindre de 35 à 40 aunes (mètres) des cimetières établis hors des communes. Art. 2. Les propriétaires des bâtiments actuellement situés endéans cette distance, et qui voudront les agrandir ou les renouveler, seront tenus d'en donner connaissance à l'administration » (*Pasicrisie*, t. 9, 2ᵉ sér., p. 170; Milcamps, *Législation en matière de cimetières*). — Le règlement de police d'Anvers porte qu'à moins d'une autorisation spéciale du collège des bourgmestres et échevins, les cercueils ne peuvent être portés que par les préposés de l'administration des hospices civils.

En 1882, le ministre de l'intérieur a fait connaître au Gouvernement que la législation actuelle (Décr. 23 prair. an 12) n'autorise pas la crémation.

832. En *Russie*, le 13 du *Svod* (*Recueil des lois*) comprend trois règlements : le règlement sur l'alimentation publique, le règlement sur l'assistance publique et le règlement médi-

cal. C'est dans ce dernier que se trouvent insérées les dispositions concernant les cimetières (Liv. 2 de la police médicale, chap. 5, des règles de police relatives à l'inhumation des morts; sect. 1re, de l'organisation des cimetières). Huit articles se réfèrent aux cimetières dans les villes et villages. Ils règlent la distance à laquelle les lieux de sépulture doivent être établis des maisons habitées; ils déterminent la manière dont ils doivent être clôturés et décident que leur établissement est à la charge des communes. — La section 2 du même chapitre concerne les inhumations. Elle contient douze articles qui déterminent le délai qui doit s'écouler entre le décès et l'inhumation, imposent à la police locale l'obligation de faire procéder à l'enterrement des inconnus, fixent les devoirs du clergé et règlent la translation des corps précédemment inhumés. — Le service des pompes funèbres est abandonné à des entreprises privées. Ce sont généralement les fabricants de cercueils qui se chargent des convois (*Bulletin de la société de législation comparée*).

833. En *Suisse*, l'ordonnance de police du 28 juin 1826 règle ce qui concerne les sépultures dans le canton de Berne. Les cimetières sont des propriétés communales. Les longs discours et les repas funéraires sont prohibés. Toutefois les personnes venues de loin peuvent prendre des consommations jusqu'à concurrence de la somme de 10 fr. L'aubergiste, en cas de contravention à ces prescriptions, est puni d'une amende. — Il s'est formé à Zurich une société dont les membres s'engagent à ne pas faire enterrer leurs corps, mais à les faire brûler.

Sect. 2. — Des inhumations (*Rép.* nos 759 à 766).

834. On a étudié au *Rép.* n° 759 la disposition de l'art. 77 c. civ. qui veut qu'aucune personne ne soit inhumée sans une autorisation de l'officier de l'état civil. Cette disposition s'applique à l'enfant mort-né venu à terme. La doctrine et la jurisprudence sont d'accord sur ce point, qui ne pouvait être sérieusement discuté en présence du décret du 4 juill. 1806, qui règle ce qui doit être fait pour les enfants sans vie, en ce qui concerne les déclarations et inscriptions sur les registres de l'état civil (Crim. cass. 10 sept. 1847, aff. Arrix, D. P. 47. 1. 302; Metz, 24 août 1854, aff. Feiss, D. P. 54. 5. 431. — V. *supra*, v° *Acte de l'état civil*, n° 69). — La question est plus délicate si l'enfant est né avant terme. Elle se confond avec celle de savoir si l'art. 345, § 3, c. pén. est applicable en pareil cas (V. sur ce point *supra*, v° *Crimes et délits contre les personnes*, où l'on indique les divergences qui se sont produites dans la jurisprudence, et le système qui paraît avoir prévalu).

835. L'art. 77 porte aussi que le permis d'inhumer ne peut être délivré qu'après que l'officier de l'état civil s'est transporté auprès de la personne décédée pour s'assurer du décès. On a fait remarquer au *Rép.* n° 759 que cette prescription n'était pas suivie dans la pratique; que les maires se faisaient remplacer par un médecin ou se contentaient de l'attestation délivrée par celui qui a soigné le malade. Aucune loi nouvelle n'est intervenue. Mais une circulaire ministérielle du 24 déc. 1866 (D. P. 67. 3. 48) a comblé sur ce point les lacunes de la législation et organisé un service de constatation des décès. Les prescriptions de cette circulaire ont été exposées *suprà*, v° *Acte de l'état civil*, nos 68 et 69. Nous ajouterons seulement qu'elles ne modifient en rien les prescriptions des art. 18 et 19 du décret du 3 janv. 1813 sur la constatation des décès arrivés dans les mines (*Rép.* n° 762, et v° *Acte de l'état civil*, n° 77). La circulaire indique que, dans certains cas, l'inhumation peut avoir lieu avant les vingt-quatre heures écoulées. L'art. 4, § 3, de la loi du 15 nov. 1887 (V. *supra*, n° 721), confirme cette disposition.

836. L'obligation de ne procéder à une inhumation qu'après l'autorisation de l'autorité municipale est absolue. Même en cas de nécessité urgente, il n'est pas permis de se passer de cette autorisation. L'art. 77 c. civ. n'admet aucune excuse. — Si le maire refuse d'autoriser l'inhumation et si ce refus ne paraît pas justifié, on peut recourir au sous-préfet ou au préfet qui ont seuls le pouvoir d'autoriser directement les inhumations (V. *infra*, n° 851). Le permis d'inhumer peut donc, à défaut du maire, émaner soit du préfet, soit du sous-préfet (Poitiers, 30 mai 1884, aff. Tort, D. P. 84. 2. 185, note, § 5).

837. On a exposé au *Rép.* n° 764 que la disposition de l'art. 1er du décret du 23 prair. an 12 qui défend d'inhumer dans les églises, temples, hôpitaux et généralement dans aucun des édifices clos et fermés où les citoyens se réunissent pour l'exercice du culte, n'était pas strictement observée; que des décrets rendus sur le rapport du ministre des cultes avaient maintes fois autorisé l'inhumation d'archevêques, d'évêques, de curés et même de simples particuliers dans les églises. Un décret en date du 9 janv. 1872 a autorisé l'inhumation du sieur Despérier de Lagelouze dans un caveau de l'église de Cauneille; cette autorisation avait été donnée, d'accord avec les autorités locales, à raison des libéralités de la famille du défunt à l'égard de la paroisse. Un pourvoi a été formé devant le conseil d'État par un habitant de la commune, fondé sur ce que l'art. 1er du décret du 23 prair. an 12, portant interdiction de toute inhumation dans les églises, aurait le caractère d'une disposition législative à laquelle il ne pouvait appartenir au chef de l'État de déroger par une autorisation individuelle. Ce pourvoi fut rejeté par ce motif que celui qui l'avait formé, simple habitant de la commune, n'avait pas un intérêt personnel à l'annulation du décret. Dans ses observations sur le pourvoi, le ministre des cultes a fait connaître qu'à toute époque le Gouvernement a dérogé à l'art. 1er du décret du 23 prair. an 12, non seulement pour l'inhumation de tous les évêques sans exception, mais encore d'un assez grand nombre de particuliers, et qu'on a retrouvé dans les archives de son administration quatre-vingt-dix-huit décisions de ce genre qui datent de tous les régimes, relevé qui est encore évidemment incomplet (Cons. d'Ét. 8 août 1873, aff. Delucq. D. P. 74. 3. 44).

838. Le droit d'autoriser les inscriptions, cénotaphes, etc. dans les églises appartient au ministre, sur la proposition de l'évêque diocésain (Décr. 30 mars 1809, art. 72, *Rép.* n° 764). Les maires, sur l'avis des administrateurs, autorisent la construction des monuments funéraires dans les hôpitaux (Décr. 23 prair. an 12, art. 13) (V. *Revue générale d'administration*, 1883, t. 3, p. 416).

839. L'art. 19 du décret du 23 prairial an 12 établit les droits et les devoirs de l'autorité civile en cas de refus de sépulture ecclésiastique. La circulaire du ministre des cultes du 15 juin 1847 et celle du ministre de l'intérieur du 16 juin 1847 (D. P. 47. 3. 173; D. P. 47. 3. 128), ont fixé le sens de cet article qui avait reçu, à plusieurs reprises, une fausse interprétation. Elles ont été analysées au *Rép.* nos 765 et 766. Depuis, l'application de l'art. 19 n'a plus soulevé de difficultés.

840. — I. **Pouvoirs des maires; Voies de recours contre leurs décisions.** — Les pouvoirs des maires, en ce qui touche les sépultures, sont déterminés par les art. 16, 17 et 21 du décret de l'an 12, dont les dispositions ont été confirmées par l'art. 97, § 4, de la loi du 5 avr. 1884. Les lieux de sépulture sont soumis à leur autorité et à leur surveillance. La police municipale, dont ils sont chargés, comprend le mode de transport des personnes décédées, les inhumations et exhumations, le maintien du bon ordre dans les cimetières.

841. L'administration municipale délivre les permis d'inhumer (c. civ. art. 77). — En cas d'épidémie ou lorsque les circonstances l'exigent, elle peut ordonner l'inhumation immédiate des corps (L. 15 nov. 1887, art. 4, § 3).

Elle réglemente, permet ou interdit les inhumations dans les propriétés privées. Ce pouvoir lui a été contesté par quelques auteurs. L'art. 14 du décret de prairial an 12, a-t-on dit, confère à toute personne le droit absolu d'être enterré dans sa propriété, à la seule condition que cette propriété soit hors de la distance légale de l'enceinte des villes et bourgs. Il ne soumet pas l'exercice de ce droit à une autorisation préalable. On ne saurait imposer une obligation qui n'est pas écrite dans la loi (De Champagny, *Traité de la police municipale*, t. 2, p. 584; Foucart. *Éléments de droit administratif*, 4e éd., t. 3, nos 1803 et suiv.; Vuillefroy et Monnier, *Principes d'administration*, p. 63). Cette opinion a été repoussée par la jurisprudence et par la plupart des auteurs. La loi en autorisant l'inhumation en propriété privée, malgré les nombreux inconvénients qu'elle présente, n'a pu la laisser entièrement libre et la mettre hors d'atteinte de l'autorité municipale. Au point de vue du respect dû à la mémoire des morts, de l'hygiène, de la salubrité

publique, cette liberté eût offert les plus graves dangers. L'art. 14 doit être rapproché de l'art. 16, avec lequel il est intimement lié et qui fixe sa portée exacte. Or, cet art. 16 soumet à l'autorité, police et surveillance des administrations municipales, les lieux de sépulture, soit qu'ils appartiennent aux communes, soit qu'ils appartiennent aux particuliers. Ce texte est bien clair. Il est certain que cette autorité accordée aux maires, ces pouvoirs de police et de surveillance seraient illusoires et ne pourraient s'exercer efficacement et assurer, ce qu'a voulu la loi, la sécurité publique, s'ils ne donnaient à l'administration municipale le droit de permettre ou d'interdire suivant les circonstances et avec un pouvoir discrétionnaire, les inhumations en propriété privée; s'ils ne soumettaient, en un mot, ces inhumations à l'autorisation préalable. Il a été jugé que le droit d'inhumer en propriété privée ne peut être exercé qu'en vertu d'une autorisation préalable de l'autorité administrative, à laquelle il appartient de réglementer les conditions sous lesquelles elle croit pouvoir autoriser l'inhumation et même de l'interdire s'il y échet (Crim. cass. 11 juill. 1856, aff. Bosc, D. P. 63. 5. 344. V. aussi Cons. d'Et. 27 déc. 1860, aff. Masson, D. P. 61. 3. 9; Ducrocq, *Dissertation*, D. P. 84. 2. 185, note, § 2).

842. Les règlements municipaux par lesquels le maire peut, dans chaque commune, limiter ou même interdire les inhumations en propriété privée, ont pour sanction l'art. 471-15°. Mais l'art. 16 du décret du 23 prair. an 12 est une disposition réglementaire protégée, à défaut d'autres, par cette sanction commune de tous les règlements. Aussi, même à défaut de règlement municipal, lorsque le maire refuse, même verbalement, l'autorisation d'inhumer en propriété privée, et que l'on passe outre, cette infraction à l'art. 16 du décret de l'an 12 constitue l'infraction à l'art. 471-15° » (V. Crim. cass. 14 avr. 1838, *Rép.* n° 827; Blanche, t. 5, n° 337; Chauveau et Faustin Hélie, *Théorie du code pénal*, 6e éd., t. 4, n° 1765, p. 447).

843. Le maire peut ordonner, par arrêté, qu'aucune inhumation n'aura lieu dans le cimetière de la commune sans son autorisation (Crim. cass. 19 juin 1874, aff. Febvay, D. P. 75. 1. 88). Il a également le droit d'interdire les inhumations dans un cimetière autre que celui de la commune du décès. Dans bien des circonstances, en temps d'épidémie notamment, il y a de graves inconvénients à ne pas enterrer immédiatement les morts et à les transporter à travers la commune. Il est nécessaire qui l'administration municipale, à qui est confié le soin de la santé publique, soit toujours avertie. L'obligation juridique de l'autorisation découle de l'autorité que confère au maire l'art. 16 du décret de l'an 12 et des pouvoirs de police qui lui sont attribués par l'art. 97 de la loi du 5 avr. 1884. Cette doctrine a été admise par l'autorité administrative et par le conseil d'Etat. Un maire ayant refusé d'autoriser le transport d'un corps dans le cimetière d'une commune voisine, et ce refus ayant été confirmé par le préfet, le ministre de l'intérieur a, par une décision du 2 nov. 1859, rejeté le recours dont il avait été saisi. Cette décision était fondée sur ce que les inhumations constituent un service essentiellement municipal; qu'en principe, tout individu doit être inhumé dans la commune où il est décédé; qu'il n'appartient qu'aux maires et aux préfets, sous l'autorité du ministre, d'apprécier dans quels cas il convient de faire exception à cette règle; « qu'il résulte d'une circulaire du ministre de l'intérieur du 26 mess. an 13, que les particuliers ont non pas le droit mais la faculté de se faire enterrer dans le cimetière d'une commune autre que celle où le décès a eu lieu; que l'exercice de cette faculté est subordonné à l'autorisation des administrations municipales ». Sur le pourvoi formé contre la décision du ministre, le conseil d'Etat a décidé: que les lieux de sépulture étant soumis à l'autorité des administrations municipales, un maire peut, sans excès de pouvoir, refuser l'autorisation d'exhumer le corps d'un habitant enterré dans le cimetière communal pour le transporter dans le cimetière d'une autre commune, et cela, alors même que le cimetière de cette commune serait, d'après de nouvelles circonscriptions paroissiales établies par l'autorité religieuse, celui de la paroisse du défunt, si les circonscriptions nouvelles n'ont pas été consacrées par décision de l'autorité civile (Cons. d'Et. 23 févr. 1861, aff. Chaussavoine, D. P. 61. 3. 22). La même doc-

trine a été consacrée par la cour suprême. Un arrêt de cassation de la chambre criminelle, du 28 mars 1862 (aff. Donat, D. P. 62. 1. 255), décide que l'autorité municipale peut interdire, sous les peines prononcées par l'art. 471-15° c. pén., que le corps d'un habitant décédé dans la commune soit enlevé pour être dirigé hors du territoire de celle-ci. Et il y a contravention, dans ce cas, à effectuer l'inhumation dans le cimetière d'une commune limitrophe, alors même que l'usage s'en serait établi à raison des difficultés de communication qui existeraient entre la partie du territoire de la commune qu'habitait le défunt et le cimetière communal (Même arrêt).

844. Le transport des corps, lorsque l'administration municipale n'a pas défendu l'inhumation hors du cimetière communal, est autorisé: dans les limites de la commune, par le maire; d'une commune à l'autre par le sous-préfet; d'un arrondissement à l'autre par le préfet qui délivre également des autorisations pour le transport d'un département à l'autre, et même pour le transport à l'étranger. Dans tous ces cas le maire ou le commissaire de police dresse procès-verbal de l'état du corps au moment où on l'enlève; il délivre ensuite un passeport motivé à la personne chargée de conduire le corps; enfin il adresse directement au maire du lieu où le corps doit être inhumé (et ce, aux frais des parents du décédé), une expédition de l'acte de décès et du procès-verbal de l'état du corps, afin que ce maire veille à l'inhumation. Des prescriptions spéciales règlent les conditions dans lesquelles doivent être établis les cercueils (Circ. min. 10 mai 1856, 28 janv. 1857, 3 août 1859).

845. Le maire, ou à son défaut, le sous-préfet pourvoit d'urgence à ce que toute personne décédée soit ensevelie décemment, sans distinction de culte ni de croyance (L. 5 avr. 1884, art. 93). Le plus souvent le maire n'a pas à intervenir: c'est à la famille qu'incombe le devoir de pourvoir à l'inhumation de ses membres. C'est elle qui prend les mesures qu'elle juge convenables, et qui fixe le caractère plus ou moins solennel des funérailles. S'il s'élève des difficultés entre les parents, c'est aux tribunaux et non au maire qu'il appartient de les trancher (*Journ. off.*, Séance du 26 févr. 1883, Déclaration de M. de Marcère). Le maire agit: si l'inhumation est différée du fait de la famille ou pour une cause quelconque, et si ce retard peut compromettre la santé publique, ou si l'individu décédé est inconnu, n'a pas de famille. La loi lui impose alors l'obligation de faire procéder à l'inhumation, de veiller à ce qu'elle ait lieu avec décence. Elle ajoute « sans distinction de culte, ni de croyance », voulant faire respecter le principe de sécularisation consacré par la loi du 14 nov. 1881 (V. *infrà*, n° 848) et de l'égalité des citoyens devant la loi. Mais elle n'a jamais entendu permettre aux maires de porter atteinte au droit des familles de recourir aux cérémonies religieuses. Si le défunt n'a pas de famille, et s'il n'a pas pris de dispositions contraires, il est du devoir du maire de le faire enterrer avec les cérémonies du culte auquel il appartenait (V. Circ. min. int. 15 mai 1884, *Bull. off. min. int.*, 1884, p. 261; Ducrocq, *Etudes sur la loi municipale*, p. 51 et suiv.; Morgand, *La loi municipale*, t. 2, p. 25). — V. aussi *supra*, v° *Commune*, nos 593 et 594.

846. Si le maire néglige ou refuse de procéder à l'inhumation, le sous-préfet agit à sa place (L. 5 avr. 1884, art. 93). En principe, c'est le préfet qui agit au lieu et place du maire (L. 5 avr. 1884, art. 85). Mais les mesures relatives aux inhumations ont un caractère spécial d'urgence, et il y avait lieu d'attribuer la compétence au sous-préfet qui, en général, est plus rapproché de la commune que le préfet. En cas d'inaction du sous-préfet, le préfet prescrit les mesures utiles.

847. Le maire est chargé de régler le mode de transport des personnes décédées (*Rép.* n° 780) (L. 5 avr. 1884, art. 97, § 4, D. P. 84. 4. 53). Il lui appartient aussi de maintenir le bon ordre et la décence dans les cimetières (L. 5 avr. 1884, art. 97, § 4). — Ce soin lui est dévolu, à l'exclusion du conseil municipal. En conséquence, il a été décidé que le préfet déclare avec raison nulle de plein droit une délibération par laquelle le conseil municipal a enjoint au maire de prendre un arrêté sur une matière concernant la police des cimetières (Cons. d'Et. 15 juill. 1887, aff. Conseil municipal de Chaudenay, D. P. 88. 3. 119).

848. L'art. 2 de la loi du 15 nov. 1887 sur la liberté

des funérailles (V. *suprà*, n° 821), défend au maire d'établir, même par voie d'arrêté, des prescriptions particulières applicables aux funérailles en raison de leur caractère civil ou religieux. Plusieurs arrêtés municipaux, notamment un arrêté du préfet du Rhône du 18 juin 1873, avaient fixé des heures spéciales et un itinéraire particulier pour les enterrements civils, et exigeaient une déclaration faisant connaître à l'avance si l'inhumation devait se faire avec ou sans l'assistance des ministres du culte. Il avait été jugé, la cour de cassation que ces arrêtés, pris dans un intérêt général, afin de maintenir sur la voie publique, dans les églises et cimetières, l'ordre et la décence qui doivent présider aux inhumations, d'éviter des rencontres entre les convois des cultes différents et le froissement même de toute susceptibilité légitime, ne blessaient ni le principe d'égalité à cause de la généralité de leurs dispositions, ni le principe de liberté de conscience, et exigeaient parfaitement légaux (Crim. rej. 23 janv. 1874, aff. Camescasse, D. P. 74. 1. 225. — Comp. *suprà*, n° 821). Ces arrêtés seraient aujourd'hui annulés comme contraires à l'art. 2 précité. Au reste, la nouvelle loi n'a nullement enlevé au maire le pouvoir qui lui appartenait de régler comme il le juge utile, les inhumations. « Cet article, dit M. Chevandier, rapporteur, a été établi dans les termes les plus restrictifs, afin que, au point de vue de l'hygiène ou de de la voirie, l'autorité municipale ne fût gênée en rien dans son action » (*Journ. off.*, Chamb. déput., 7 mai 1882). La loi lui défend seulement d'établir des prescriptions différentes pour les funérailles à raison de leur caractère civil ou religieux; elle veut que toutes soient soumises aux mêmes règles.

849. Il était nécessaire que la loi donnât aux citoyens des garanties contre les erreurs ou les abus de pouvoir des administrations municipales. « Cette nécessité s'impose surtout, a dit M. David, commissaire du Gouvernement, dans les conclusions remarquables qu'il a prises dans l'affaire Hallé (Cons. d'Et. 11 juin 1875, D. P. 76. 3. 17), en ce qui touche la police des lieux de sépulture qui ne s'arrête pas seulement aux intérêts d'ordre matériel, mais qui embrasse les intérêts les plus élevés de l'ordre religieux et de l'ordre moral. Il s'agit, à ce point de vue, de veiller à l'observation prescrite par la loi dans l'intérêt de la liberté des cultes et du respect dû à la mémoire des morts. Ici le maire n'agit plus comme simple officier de la police municipale, il agit comme délégué de l'autorité civile dans l'acception la plus élevée du mot, pour assurer le respect des droits que la loi a établis soit au profit des divers cultes, soit au profit des citoyens. » L'art. 15 de la loi du 18 juill. 1837 qui était ainsi conçu : « Dans le cas où le maire refuserait ou négligerait de faire un des actes qui lui sont prescrits par la loi, le préfet, après l'en avoir requis, pourra y procéder d'office par lui-même ou par un délégué spécial ». L'art. 85 de la loi municipale du 5 avr. 1884 reproduit textuellement cette disposition. La jurisprudence antérieure à cette loi conserve donc toute son application. Bien plus, dit M. Ducrocq dans une note sur un arrêt de la cour de Poitiers du 30 mai 1884 (aff. Favre, D. P. 84. 2. 185), la place que l'art. 85 occupe dans la loi nouvelle où il précède également et domine en quelque sorte les textes relatifs aux fonctions du maire, soit comme chef de l'association communale, soit comme représentant de l'administration centrale, démontre que le législateur n'a pas voulu introduire une règle différente de celle consacrée par la longue jurisprudence antérieure (V. aussi Cons. d'Et. 20 avr. 1883, aff. de Bastard, D. P. 84. 3. 106, notes 1 et 2).

Les voies de recours ouvertes aux parties contre les décisions de l'autorité municipale sont de deux sortes; ce sont : 1° le recours hiérarchique du maire au préfet et du préfet au ministre; 2° le recours au conseil d'État.

850. Dans les cas où l'action du maire est obligatoire, les droits de l'administration supérieure sont nettement établis par l'art. 85 de la loi du 5 avr. 1884, et aucune difficulté ne peut s'élever sur la légalité du recours. Un maire néglige ou refuse de faire ensevelir une personne étrangère ou inconnue morte dans sa commune, contrairement aux dispositions de l'art. 93 de ladite loi; le sous-préfet (ou le préfet à son défaut) a le droit de pourvoir à l'inhumation (V. *suprà*, n° 846. V. aussi Poitiers, 30 mai 1884, cité *suprà*,

n° 849). Antérieurement à la loi du 14 nov. 1881, le conseil d'État avait jugé qu'en cas de refus du maire d'établir dans le cimetière communal des lieux d'inhumation particuliers pour chaque culte, le préfet pouvait d'office pourvoir à la division du cimetière (Cons. d'Et. 8 févr. 1868, aff. Gousseaume, D. P. 68. 3. 9). Il ressort d'un arrêt postérieur à cette loi que le préfet a le droit d'annuler l'arrêté d'un maire qui établit, en violation de la loi nouvelle, des divisions dans le cimetière pour les différents cultes (Cons. d'Et. 20 avr. 1883, aff. de Bastard, D. P. 84. 3. 106).

851. La question des droits de l'administration supérieure est plus délicate, lorsqu'il s'agit d'actes que la loi n'a pas expressément prescrits au maire et qu'en vertu de ses pouvoirs de police, il a le droit d'autoriser ou d'interdire; tels sont : la sépulture dans les propriétés privées; le transport des corps dans une autre commune; la concession d'emplacement dans les cimetières, etc. Deux grands intérêts sont en présence. D'une part, il est nécessaire de laisser à l'administration municipale le libre exercice d'une autorité, qui, surtout en matière de police, se résume en une appréciation d'opportunité qu'elle est mieux que personne en situation de faire; d'autre part, il importe de ne pas enlever aux familles dans une matière qui touche à de si graves intérêts, le recours hiérarchique contre les passions locales, les abus de pouvoir dont peuvent être affectés les actes de l'autorité municipale. C'est dans l'interprétation de l'art. 85 de la loi du 5 avr. 1884, reproduisant l'art. 15 de la loi de 1837, qu'on doit chercher la solution de la question. Nous croyons que ce texte s'applique aux actes qui nous occupent dans une mesure qu'il faut préciser. — La loi a donné au maire des pouvoirs fort étendus, en lui permettant d'accorder ou de refuser, suivant qu'il le juge utile, des autorisations auxquelles les familles, par des sentiments profondément respectables, attachent souvent le plus grand prix. Elle l'a fait uniquement pour lui permettre d'accomplir la mission dont il est chargé, et qui consiste à maintenir le bon ordre, à assurer la salubrité publique. Il est le juge, l'appréciateur des mesures à prendre. Ses décisions sont inattaquables lorsqu'elles sont motivées par l'intérêt général. Ainsi, s'il a refusé d'autoriser une inhumation en propriété privée ou dans le cimetière d'une commune voisine par le motif qu'elle offrait un danger sérieux pour la santé publique, s'il a refusé la concession d'un emplacement déterminé dans le cimetière, estimant qu'une sépulture à l'endroit demandé nuirait au bon aménagement des tombes, le préfet ne saurait, sans excéder ses pouvoirs, substituant sa décision à celle du maire, autoriser d'office l'inhumation ou accorder l'emplacement. La situation est bien différente, lorsque la décision du maire n'est justifiée par aucune raison d'intérêt général, qu'elle est purement vexatoire et arbitraire. Son refus est alors illégal; et l'on peut dire, en prenant dans un sens large les expressions de l'art. 85, qu'en n'accordant pas une autorisation qui ne compromettrait ni le bon ordre, ni la santé des habitants, et que, par suite, la partie est en droit d'obtenir, le maire refuse de faire un acte qui lui est prescrit par la loi. On se trouve donc, suivant nous, dans les conditions prévues par l'art. 85, et la partie intéressée peut s'adresser au préfet qui donnera d'office l'autorisation demandée (V. conclusions de M. David, commissaire du Gouvernement, Cons. d'Et. 11 juin 1875, aff. Hallé, D. P. 76. 3. 17, note 1; Ducrocq, note sur Poitiers, 30 mai 1884, cité *suprà*, n° 849; note sur Cons. d'Et. 20 avr. 1883, cité *suprà*, n° 849).

La jurisprudence paraît fixée dans ce sens. La cour de cassation dans ses arrêts du 14 avr. 1838 (*Rép.* n° 827), du 11 juill. 1856 (aff. Bosc, D. P. 63. 5. 344), du 28 mars 1862 (aff. Donat, D. P. 62. 1. 255), le conseil d'État dans ses décisions du 27 déc. 1860 (aff. Masson, D. P. 61. 3. 9), et du 23 févr. 1861 (aff. Chaussavoine, D. P. 61. 3. 22), réservent formellement à l'administration supérieure le droit de réformer les décisions des maires relatives aux inhumations dans les propriétés privées ou dans les cimetières d'autres communes. — Un arrêt du conseil d'État du 20 avr. 1883 décide que le refus de concéder à un particulier un emplacement déterminé dans un cimetière rentre dans l'exercice des pouvoirs conférés au maire par l'art. 16 du décret du 23 prair. an 12, alors que ce refus n'a pas pour objet d'établir, en violation de la loi du 14 nov. 1881, des divisions

d'après les cultes professés par les défunts, et qu'il a pour motif de ne pas nuire au bon aménagement des tombes ; que, par suite, dans ces circonstances, le préfet ne peut, sans excéder les pouvoirs qui lui sont conférés par l'art. 15 de la loi du 18 juill. 1837, procéder d'office à la concession du terrain refusée par le maire. Cette décision ne nous paraît pas, comme à certains auteurs, en contradiction avec la jurisprudence antérieure. Dans l'espèce, le maire avait refusé l'emplacement demandé par ce motif qu'il nuirait au bon aménagement des tombes, et il avait offert d'autres terrains au demandeur. Le préfet estima que le but du maire était de maintenir la distinction prohibée par la loi du 14 nov. 1881 et concéda directement l'emplacement. Si tel avait été le motif de la décision du maire, il n'est pas douteux que le conseil d'Etat eût proclamé le droit du préfet d'agir d'office. Mais l'arrêt constate, en fait, que le refus était fondé sur une cause d'intérêt général, le bon aménagement des tombes ; que, par suite, il n'était ni arbitraire, ni contraire à la loi, et que dès lors, le préfet ne pouvait procéder d'office à la concession du terrain. Cette décision n'est pas contraire à la jurisprudence précitée (Cons. d'Et. 20 avr. 1883, aff. de Bastard, D. P. 84. 3. 106).

852. L'art. 99 de la loi du 5 avr. 1884 donne au préfet le droit de prescrire pour les communes de son département toutes mesures relatives au maintien de la salubrité, de la sûreté et de la tranquillité publiques. En vertu de ce texte, il peut interdire l'établissement de cimetières de famille, dans les bourgs et villages, dans les cours et jardins, s'il le juge utile et de bonne administration.

853. Lorsque le maire a agi en vertu de ses pouvoirs de police et dans la limite de ces pouvoirs, ses décisions, fondées sur des motifs d'ordre public, de salubrité, de convenance, ne sont pas susceptibles d'un recours au fond devant le conseil d'Etat. L'administration municipale a un pouvoir discrétionnaire pour l'appréciation des faits qui déterminent son action ou son abstention ; cette appréciation échappe au contrôle de la juridiction administrative. Mais si le maire a excédé ses pouvoirs, si ses décisions ont été prises en violation de la loi, la partie lésée est incontestablement recevable à exercer un recours pour excès de pouvoir devant le conseil d'Etat. Cette doctrine, admise par les auteurs, soutenue par M. David, commissaire du Gouvernement, dans l'affaire Hallé (Cons. d'Et. 11 juin 1875, D. P. 76. 3. 17), est consacrée par plusieurs arrêts du conseil d'Etat. Elle est contraire à un arrêt du 20 janv. 1882 (aff. Lafaille, D. P. 83. 3. 47), reproduisant presque textuellement un arrêt du 24 févr. 1870 (aff. Doizi, D. P. 70. 3. 81) qui décide, d'une façon absolue, que le refus d'ordonner une exhumation rentre dans l'exercice des pouvoirs de police qui appartiennent à l'Administration, et que la décision de celle-ci n'est pas susceptible d'être déférée au conseil d'Etat par la voie contentieuse. — Nous ne saurions admettre que le conseil d'Etat, qui a pour mission de garantir les droits des citoyens contre les excès de pouvoir des autorités locales, ne puisse annuler des décisions qui sont manifestement contraires aux prescriptions de la loi. La distinction établie dans l'arrêt du 11 juin 1875 nous semble plus prudente et plus juridique. Le refus d'un maire de concéder à un particulier un emplacement déterminé dans un cimetière, s'il a pour objet d'établir des divisions d'après les cultes professés par le défunt, constitue une violation de la loi du 14 nov. 1881 ; par suite, le recours devant le conseil d'Etat est ouvert à la partie intéressée, si le préfet n'agit pas d'office. Il en serait de même d'un arrêté qui fixerait les heures spéciales ou un itinéraire particulier pour les enterrements civils ; d'un refus d'exhumation si l'inhumation avait été ordonnée dans des conditions illégales, par exemple, dans un terrain déjà concédé et occupé (Ducrocq, note sur Poitiers, 30 mai 1884, cité *suprà*, n° 849 ; Cons. d'Et. 16 avr. 1880, aff. Dehargues, D. P. 84. 3. 10 ; 20 janv. 1882, aff. Lafaille, D. P. 83. 3. 47, notes 1 et 2 ; Lacombe, *Le régime des sépultures*, p. 212).

854. En principe, l'autorité judiciaire est incompétente pour statuer sur les actions en dommages-intérêts formées contre un maire à raison des décisions qu'il prend dans la limite de ses pouvoirs, et notamment à raison du refus de délivrer un permis d'inhumer et de remettre la clef du cimetière (Paris, 18 juill. 1879, aff. Crosse, D. P. 81. 2. 200).

Mais elle est compétente pour statuer sur les réclamations formées contre les fonctionnaires de l'ordre administratif, lorsqu'aux actes que ceux-ci ont pour mission d'accomplir se mêlent des faits personnels ayant le caractère de faute et pouvant ainsi donner lieu à des réparations civiles. Spécialement, un arrêt peut, sans violer le principe de la séparation des pouvoirs, condamner à des dommages-intérêts un maire pour avoir pris des mesures, non justifiées par la nécessité d'assurer l'ordre public ou la sécurité des habitants, qui tendaient à interdire l'entrée par la porte du cimetière d'un corps devant être inhumé civilement et qui avaient rendu nécessaire l'ouverture d'une brèche pour y faire passer le cercueil (Req. 4 août 1880, aff. Delcasse, D. P. 81. 1. 454).

855. — II. Réglementation des funérailles. — Cette matière a suscité de vives controverses dans la doctrine et a donné lieu à de nombreuses décisions de jurisprudence. Elle n'était l'objet, dans notre droit, d'aucune disposition spéciale avant la loi du 15 nov. 1887, sur la liberté des funérailles, qui a résolu quelques-unes des difficultés qu'elle avait fait naître.

856. Aux termes de l'art. 3, § 1er, de la loi nouvelle « tout majeur ou mineur émancipé, en état de tester, peut régler les conditions de ses funérailles, notamment, en ce qui concerne le caractère civil ou religieux à leur donner et le mode de sa sépulture ». Ce principe, que tout homme a le droit de disposer de sa dépouille mortelle et de réglementer ses funérailles, était reconnu par tous les auteurs. « La volonté de l'homme, a dit M. Troplong, quand elle a été idéalisée par la mort, est une des grandes puissances morales de ce monde ». Mais la doctrine était divisée sur le point de savoir à quel âge on pouvait user de ce droit. Tandis que dans une opinion on exigeait l'âge de 16 ans, qui est l'âge où l'enfant a la capacité de tester et où le code pénal le considère comme agissant avec discernement (Roux, *Le droit en matière de sépulture*, p. 247), un autre système ne fixait aucune époque précise et laissait au tribunal le soin d'apprécier si le défunt s'était rendu compte de ce qu'il faisait lorsqu'il avait exprimé sa volonté (Lacombe, p. 20). La proposition de loi donnait au mineur qui avait commencé sa seizième année le droit d'ordonner ses funérailles. Elle fut repoussée, ainsi qu'un amendement tendant à ne conférer ce droit qu'au majeur. On le reconnaît au mineur émancipé (*Journ. off.*, Sénat, séance du 15 févr. 1886).

857. Si l'on admet que l'interdit peut tester valablement dans les intervalles lucides, on doit considérer comme valables les dispositions qu'il a prises relativement à ses obsèques lorsqu'on établit qu'il a fait à un moment où il était sain d'esprit (*Rép.*, v° *Dispositions entre vifs et testamentaires*, n° 220). — La femme mariée a assurément le droit de régler ses funérailles. La généralité des termes de l'art. 3 ne permet aucun doute à cet égard. Ce droit lui avait été, d'ailleurs, reconnu antérieurement par de nombreux arrêts (Lyon, 5 avr. 1851, aff. Delermoy, D. P. 55. 2. 17, et la note ; Trib. Villefranche, 28 déc. 1883, aff. Greppo, D. P. 85. 3. 102).

858. Ce n'est pas seulement le caractère civil ou religieux à donner aux funérailles, mais toutes les autres conditions des obsèques, le lieu, la nature, l'époque, etc., que le majeur ou le mineur émancipé a le droit de régler (*Journ. off.*, mai 1883, Rapport de M. Labiche, annexe, n° 143, p.731).

859. La volonté exprimée dans un testament ou dans une déclaration faite en forme testamentaire, soit par-devant notaire, soit sous signature privée, a la même force qu'une disposition testamentaire relative aux biens (art. 3, § 3). Des controverses s'étaient engagées sur la question de savoir si une disposition testamentaire dans laquelle on n'avait pas introduit une disposition de biens quelconque était valable. Elle était résolue affirmativement par beaucoup d'auteurs et de nombreux arrêts (V. *infrà*, v° *Dispositions entre vifs et testamentaires*). L'art. 3 sanctionne cette doctrine. Il permet de régler les funérailles non seulement par testament, mais encore par une déclaration en forme testamentaire ne contenant pas de dispositions de biens. Dans les deux cas, la loi veut que la volonté ainsi exprimée soit respectée. La déclaration doit être faite d'après les règles tracées par la loi pour les testaments. Elle est sujette aux mêmes causes

de nullité et, notamment, peut être attaquée pour cause de dol, d'erreur, de violence, de suggestion ou de captation frauduleuse.

860. La volonté du défunt ne constitue vis-à-vis des héritiers une obligation légale, aux termes de l'art. 3, § 3, qu'à la condition d'être exprimée dans un testament ou dans une déclaration en forme testamentaire. La jurisprudence et la doctrine étaient fort divisées sur la question que tranche la nouvelle loi. Dans une opinion, la volonté du défunt, de quelque façon qu'elle se fût manifestée, par écrit ou verbalement, liait le juge; elle pouvait être prouvée par tous modes de preuve, même par témoins (Lyon, 5 avr. 1851, aff. Delermoy, D. P. 55. 2. 17; Trib. Lille, aud. réf., 11 nov. 1874, aff. Thomas, D. P. 75. 3. 49; Trib. Amiens, 17 déc. 1881 (1); Lacombe, op. cit., p. 18). Un autre système repoussait l'admission de la preuve testimoniale, mais donnait à la volonté exprimée dans un mandat écrit ou dans une convention la même force qu'à celle contenue dans un testament (V. Paris, 10 déc. 1850, aff. Collet, D. P. 51. 2. 1; Angers, 7 avr. 1884, aff. Hutteau d'Origny, D. P. 85. 2. 125. Conf. Trib. Lille, aud. réf., 17 juin 1883) (2). Une troisième opinion consacrée par la cour de cassation ne reconnaissait une force légale à la volonté du défunt que si elle était exprimée dans un acte testamentaire (Angers, 7 avr. 1884, aff. de la Tour-Landry, D. P. 85. 2. 125; et sur pourvoi, Civ. rej. 31 mars 1886, aff. de la Tour-Landry, D. P. 86. 1. 451-452, et la note. Conf. Roux, op. cit., p. 288). — La proposition de loi soumise à la Chambre permettait de régler les conditions de ses funérailles non seulement par une déclaration olographe ou notariée, en forme testamentaire, mais encore, soit par une déclaration écrite au bas de laquelle le déclarant aurait simplement apposé sa signature, soit par une déclaration portant les signatures légalisées de deux témoins affirmant l'impossibilité physique de signer du déclarant. Cette proposition a été rejetée. Le législateur n'a pas voulu qu'une simple déclaration, faite parfois dans un moment d'entraînement, ancienne, oubliée au moment de la mort, et que son auteur eût désavouée, pût être opposée à la famille et mettre obstacle à ses revendications légitimes (Journ. off. du 21 janv. 1882, Rapport de M. Peulevey, annexe, n° 332, p. 203).

A plus forte raison, l'engagement que prend d'avance le membre d'une société de se faire enterrer civilement ou suivant tel ou tel rite n'a-t-il aucune force obligatoire vis-à-vis des héritiers. Un tel pacte, d'ailleurs, serait nul, comme portant atteinte à la liberté humaine (V. Rép. v° Obligations, n° 604; Roux, op. cit., p. 257; Lacombe, p. 17).

861. Celui qui règle ses funérailles peut charger une ou plusieurs personnes de veiller à l'exécution de ses dispositions (art. 3, § 2). Ces personnes sont investies des pouvoirs conférés par l'art. 1031, § 4, c. civ. aux exécuteurs testamentaires. Elle sont le droit de veiller à l'entier accomplissement des dispositions du testateur; et il a été jugé que ce droit subsiste même après l'année de la saisine (Trib. Lyon, 30 juin 1877, aff. Jouve, D. P. 78. 3. 88). Il ne semble pas qu'on doive exiger d'elles les conditions de capacité imposées aux exécuteurs testamentaires. Elles n'ont pas de biens, de valeurs en leur possession; il n'est donc pas utile qu'elles puissent s'obliger. Un mineur, une femme mariée seront donc valablement chargés du soin de veiller à l'exécution des prescriptions d'un défunt relativement à ses funérailles. — La nomination de ces exécuteurs spéciaux doit être faite dans un testament ou dans une déclaration en forme testamentaire. Le paragraphe 3, qui décide que la volonté du défunt n'est obligatoire que sous cette condition, s'applique évidemment aux deux paragraphes précédents. — Il a été jugé que le choix, comme exécuteur testamentaire, d'une personne avec laquelle le testateur entretenait des relations illicites, est valable; et que cette personne a le droit de faire exécuter, même contre la volonté de la famille, les dispositions du défunt relatives au lieu de sa sépulture (Trib. Seine, 20 juill. 1882) (3). — La commission en 1883 avait proposé de décider que « tout porteur d'un acte passé dans les formes prescrites par le paragraphe 3 ait qualité pour en poursuivre l'exécution ». Le Sénat a retranché cette disposition; elle n'était pas juridique. La nomination, en effet, ne peut se déléguer (Journ. off., Sénat, 13 juin 1883).

862. La volonté du défunt, exprimée dans les formes de l'art. 3, § 3, est soumise, quant aux conditions de la révocation, aux mêmes règles que les testaments (art. 3, § 3, in fine). — Cette question de la révocation a été l'objet, à la Chambre et au Sénat, des plus ardentes discussions. Le projet primitif n'admettait que la révocation expresse, écrite dans un testament ou dans une déclaration en forme testamentaire. Si elle n'avait pas été faite, les dispositions prises par le défunt, conformément à l'art. 3, devaient être exécutées alors même que les actes de sa vie ou de sa dernière

---

(1) (Cailly C. Daigny.) — Le tribunal ; ... — Au fond : — Attendu que si la loi est muette sur les questions que peut susciter une mort dans les familles le choix du lieu de sépulture, la jurisprudence a tracé certaines règles qui forment une sorte de doctrine suppléant à l'absence d'un texte; — Attendu qu'il faut d'abord reconnaître que c'est la volonté du défunt qui fait loi, de quelque façon qu'elle ait été manifestée; ... — Par ces motifs, etc.
Du 17 déc. 1881.-Trib. civ. d'Amiens.-MM. Obry, pr.-Durand, subst.

(2) (Guignies C. Héritiers Honoré.) — Nous, Président ; ... — Attendu, au surplus, qu'il est d'ordre public que toute personne décédée soit inhumée suivant le rite de la religion à laquelle elle appartenait, à moins qu'elle n'ait librement et valablement manifesté une volonté contraire; — Attendu, en fait, qu'Amand-Joseph-François Honoré est décédé à Tourcoing, le 14 juin courant, à l'âge de soixante-deux ans; qu'on produit un écrit, en date du 7 juin, revêtu d'une signature informe, qu'on prétend être la sienne, et dans lequel il aurait déclaré sa volonté d'être enterré civilement et en libre penseur, et confie l'exécution de cette volonté à la Société de la libre pensée de Roubaix; — Mais attendu que cet acte est écrit en entier d'une main étrangère, et que la signature seule émanerait d'Honoré; qu'en conséquence, et aux termes de l'art. 970 c. civ., il est nul et absolument sans valeur comme acte testamentaire; que, d'une autre côté, il peut d'autant moins être considéré comme exprimant la volonté libre et irrévocable du défunt, que celui-ci, à la date du 8 juin, c'est-à-dire le lendemain, a dicté ses dernières dispositions dans un acte reçu par Me Théry, notaire à Tourcoing, et qu'aucune de ses dispositions ne reproduit la prétendue volonté qu'il aurait manifestée la veille; — Attendu qu'il résulte des documents produits qu'Amand-Joseph-François Honoré appartenait au culte catholique; que les demandeurs, ses parents, sont donc en droit, en l'absence de volonté contraire librement et valablement exprimée par lui, de le faire inhumer, malgré l'opposition des défendeurs, avec les prières et les cérémonies de ce culte; — Par ces motifs; — Autorisons les demandeurs à faire procéder aux funérailles et à l'inhumation d'Amand-Joseph-François Honoré, avec le concours des ministres du culte catholique; les autorisons, à cet effet, à requé-

rir l'assistance de tous commissaires de police et à se faire prêter main-forte par tous commandants et agents de la force publique; — Et attendu l'extrême urgence; — Ordonnons l'exécution des présentes sur minute et avant enregistrement, etc.
Du 17 juin 1883.-Trib. civ. Lille, aud. réf.-M. Le Roy, pr.

(3) (Mondoux C. Vivien.) — Le tribunal; — Attendu que la demoiselle Maria Mondoux est décédée à Paris, le 21 juill. 1880, laissant un testament olographe en date du 1er juin 1868, dans lequel, après avoir institué pour légataire universel Henri Vivien, cultivateur à Bichain (Yonne), elle ajoute : « Je désire reposer au cimetière de Bichain (Yonne), et confie le soin d'accomplir ce vœu suprême à M. Henri Vivien, l'autorisant, en quelque endroit que je meure et sois inhumée, à venir chercher mes restes pour les déposer au cimetière de Bichain » ; — Attendu que les époux Mondoux, père et mère, qui ont fait inhumer leur fille au cimetière du Mont-Parnasse, à Paris, s'opposent à l'inhumation à laquelle veut faire procéder Vivien, en prétendant que la clause susrelatée du testament est nulle comme immorale, à raison des relations qui, suivant eux, avaient existé entre le demandeur et la demoiselle Mondoux ; — Mais attendu que le commerce illicite n'a pas été admis par la loi comme cause de nullité des dispositions ayant le caractère de libéralité, le législateur dans le but d'éviter des investigations de nature à porter atteinte à la morale publique et à troubler le repos des familles n'ayant pas reproduit sur ce point les prohibitions de l'ancien droit ; que le même motif d'ordre public doit faire repousser la demande en nullité de cette disposition testamentaire qui ne constituerait pas une libéralité, alors que le moyen de nullité est fondé également sur l'allégation d'un commerce illicite dont il s'agissait de faire preuve; que la volonté de la demoiselle Mondoux, quant à sa sépulture, doit, en conséquence, recevoir effet ; qu'il est de principe, d'ailleurs, en cette matière, que le vœu du défunt doit prévaloir et s'impose à sa famille ; — Par ces motifs ; — Autorise Vivien à faire procéder à l'exhumation de la demoiselle Mondoux pour l'exécution de la clause susrelatée du testament, sauf l'accomplissement des formalités de droit ; etc.
Du 20 juill. 1882.-Trib. civ. de la Seine.-MM. Flogny, pr.-Banaston, subst.-Binder et Tessier, av.

heure fussent inconciliables avec elles et eussent manifesté clairement un changement de volonté (*Journ. off.*, Discours de M. Bouvrattier, Chamb. déput., 15 févr. 1886). Cette proposition fut repoussée par le Sénat. — Deux systèmes restaient en présence. Le premier laissait au juge le droit de statuer, avec un pouvoir discrétionnaire, sur les circonstances de fait qui pouvaient impliquer la révocation des dispositions antérieures. Il devait, avant tout, s'attacher à faire respecter la dernière volonté du défunt sous quelque forme qu'elle se fût manifestée, et il pouvait trouver la preuve de la révocation dans les dernières paroles du mourant, dans un acte religieux accompli par lui, en dehors de tout écrit. Tous les modes de preuve étaient admis. Ce système ne limitait pas les cas de révocation tacite, comme en matière testamentaire. M. de Lamarzelle fit observer que si le droit commun était appliqué en cette matière, il arriverait que, dans de nombreux cas, malgré la volonté formelle et bien prouvée du défunt d'avoir un enterrement religieux, on lui imposerait un enterrement civil. « Je citerai, dit-il, seulement deux hypothèses. Supposez d'abord qu'on présente une seconde déclaration qui en révoque une précédente, et que cette révocation soit nulle pour vice de formes : ici la volonté du défunt n'est pas douteuse, et cependant le juge est tenu d'appliquer le premier testament. Ou encore, devant de nombreux témoins, le défunt a déclaré qu'il voulait être enterré religieusement. Ici encore, le juge est dans l'impossibilité de faire exécuter une volonté certaine, mais qui n'aura pas été revêtue de la forme testamentaire. Comment, d'ailleurs, dans les vingt-quatre heures, procéder à une vérification d'écritures ? Et puis, en dehors de la vérification d'écritures, le droit commun n'offre-t-il pas d'autres moyens d'attaquer un testament ? Je peux l'attaquer pour captation. Eh bien, est-ce qu'en vingt-quatre heures le juge aura le temps de savoir si, oui ou non, la volonté du défunt aura été captée ! » (Séance du 15 févr. 1886, V. *Journ. off.* du 15 juin 1883, Sénat, amendement de M. Marcel Barthe; *Journ. off.* du 18 févr. 1886, Chamb. déput., amendement de M. Theillier de Poncheville). — La seconde opinion, qui a prévalu, applique aux dispositions relatives aux funérailles les règles auxquelles sont soumis les testaments quant aux conditions de la révocation. Le juge n'a donc pas un pouvoir absolu d'appréciation. Il doit faire exécuter les dispositions prises par le défunt conformément à l'art. 3, à moins que dans un testament ou dans un acte en forme testamentaire, celui-ci ne les ait révoquées expressément; ou bien qu'il résulte d'un ensemble de faits précis, concordants, qu'il a eu la volonté de les révoquer; qu'on se trouve, en un mot, dans une de ces situations où la loi, telle qu'elle est interprétée par la doctrine et la jurisprudence, voit la révocation tacite. La cour de cassation a décidé qu'une disposition est incompatible avec une autre ou lui est contraire, non seulement lorsque leur exécution simultanée est matériellement impossible, mais encore lorsqu'il résulte de l'intention clairement manifestée du testateur qu'il a entendu abroger la disposition par lui précédemment faite (V. Req. 10 mars 1851, aff. Miquel, D. P. 51. 1. 73; Montpellier, 17 mars 1869, aff. d'Espouss, D. P. 69. 2. 97, et la note; Aubry et Rau, *Droit civil français*, 4e éd., t. 7, p. 516 et suiv., § 725; Laurent, *Principes de droit civil*, t. 14, p. 223, et *infrà*, vo *Dispositions entre vifs et testamentaires*). Cette doctrine a été rappelée dans la discussion au Sénat, le 14 févr. 1887 : « Il est important de constater, a dit le rapporteur, qu'il a été également reconnu, aussi bien par le représentant du Gouvernement que par le rapporteur, et sans qu'il se soit élevé une objection, que la révocation tacite doit être admise toutes les fois que le changement de volonté peut être établi par un ensemble de faits précis et concordants, démontrant que les dispositions testamentaires sont inconciliables avec les actes postérieurs du défunt ». De même, M. Bernard, sous-secrétaire d'Etat, a rappelé en ces termes, dans la séance du 18 février, les principes généraux du droit en cette matière : « La révocation d'une disposition testamentaire est expresse ou tacite. Elle est expresse lorsque le testateur déclare dans un acte postérieur ne pas persister dans la volonté dont le testament était l'expression. Elle est tacite ou indirecte (je prends ici les termes mêmes des arrêts consacrés par la jurisprudence), lorsque le testateur fait de nouvelles dispositions incompatibles avec les premières, ou bien encore lorsqu'il intervient

de sa part certains faits qui démontrent l'intention de révoquer les dispositions précédentes. Ce que le Gouvernement entend maintenir, ce sont les déclarations qui ont été faites à la tribune du Sénat par l'honorable M. Labiche, déclarations qui sont absolument conformes, je le répète, aux principes du droit commun, sanctionnés plusieurs fois par les cours et les tribunaux ».

863. On a cité, au Sénat, l'exemple d'un homme qui ayant fait dans sa jeunesse un testament par lequel il déclarait vouloir être enterré civilement entre plus tard dans les ordres, et meurt prêtre, sans avoir songé à le révoquer; c'est un cas évident de révocation tacite. Il en est de même du fait d'un homme qui, ayant déclaré dans son testament vouloir être enterré civilement, reçevait avant de mourir les derniers sacrements, s'il est prouvé qu'il était à ce moment en possession de sa raison, qu'il y a eu un acte libre et raisonné de sa volonté (c. civ. art. 1036). Il y a, en effet, incompatibilité intentionnelle, impossibilité de concilier les dispositions testamentaires avec la conduite du testateur (V. *Journ. off.* du 14 juin 1883, Sénat, discours de M. Labiche). En résumé, le juge, appréciateur des faits et des circonstances, peut admettre la révocation tacite toutes les fois que le changement de volonté du testateur lui apparait d'une façon claire et certaine (Grenoble, 17 mars 1853, aff. Périer, D. P. 55. 2. 331; Laurent, t. 14, p. 224).

864. La Chambre avait voté le 30 mars 1886 un amendement de M. de Mortillet reconnaissant à tout majeur ou mineur émancipé en état de tester la faculté de léguer son corps à des établissements d'instruction publique, à des sociétés savantes. La commission du Sénat n'a pas admis cet amendement qui n'a pas pris place dans la loi. Le rapporteur, M. Labiche, en a donné les motifs. « Personne n'ignore, dit-il, que même sans disposition testamentaire des défunts, le cœur, le cerveau, la tête d'un certain nombre de personnages sont conservés par les sociétés savantes ; et que les corps des personnes décédées dans les hôpitaux sont mis à la disposition des établissements d'instruction publique, lorsqu'ils ne sont pas réclamés par les familles. Aucune disposition légale ne fait obstacle à ces pratiques ; il suffit que les règlements de police soient observés. L'amendement de M. de Mortillet peut avoir la valeur d'une manifestation en faveur des dispositions testamentaires qu'il désire sans doute encourager, mais son adoption n'ajouterait rien à la pratique qui existe aujourd'hui. On doit même se demander si une disposition qui n'autoriserait la remise des cadavres humains aux établissements d'instruction publique, qu'autant que cette remise serait prescrite par testament, ne devrait pas avoir pour conséquence de faire considérer comme illégale la pratique existante en vertu de laquelle des milliers de corps servent chaque année aux études médicales. L'honorable M. de Mortillet serait, sans doute, le premier à déplorer cette conséquence de l'adoption de son amendement » (*Journ. off.*, Sénat, 1er févr. 1887).

865. La Chambre des députés avait adopté également dans la séance du 30 mars 1886 un amendement de M. Blatin qui donnait au testateur la faculté de déterminer le mode de sa sépulture et d'opter pour l'inhumation ou l'incinération. — L'idée de brûler les morts apparut sous le Directoire. Un projet de loi dans ce sens fut soumis au Conseil des Cinq-Cents le 21 brum. an 5, mais il n'y fut pas donné suite. Le ministre de l'intérieur chargea l'Institut, le 5 vent. an 8, d'ouvrir un concours sur les cérémonies à faire pour les funérailles et le règlement à adopter pour la sépulture. Deux mémoires sur l'incinération furent couronnés. Le 18 brumaire vint, et il ne fut plus question de ce mode de sépulture qui avait été préconisé moins à cause des avantages qu'il pouvait présenter au point de vue hygiénique que parce qu'il se prêtait mieux à la reproduction des scènes de l'antiquité (Lacombe, p. 247). Depuis, et dès 1848, la crémation fit l'objet de nombreuses discussions dans les sociétés savantes. Des essais furent tentés à l'étranger. En 1874, le conseil municipal de Paris, entre vota la création du cimetière de Méry-sur-Oise, annonça l'intention de solliciter une loi autorisant l'usage facultatif de la crémation dans la ville de Paris. Le 7 août 1879, il décida qu'un concours serait ouvert dans le but de rechercher le meilleur mode d'incinération des corps. En 1880, le préfet de la Seine communiqua au conseil une lettre

du ministre de l'intérieur qui exposait, s'appuyant sur le décret du 23 prair. an 12, rapproché des art. 77 et 81 c. civ. et de l'art. 358 c. pén., que la législation actuelle mettait obstacle à l'autorisation par arrêté ou décret, même à titre d'essai, de la crémation, et qu'une loi était indispensable pour permettre son emploi. Quelques mois auparavant, le 18 févr. 1880, M. Lepère, ministre de l'intérieur, paraissait admettre l'opinion contraire. Il répondait à une délibération du conseil municipal de Paris en faveur de l'établissement d'appareils d'incinération : « Dans l'état actuel de la question, l'affaire est exclusivement du ressort de M. le préfet de la Seine qui n'a pas besoin de mon autorisation comme vous le supposez, pour donner suite au vote du conseil municipal ». L'Administration finit par adopter cet avis et autorisa l'incinération. En 1884, le préfet de police notifia au conseil municipal de Paris que le ministre de l'intérieur ne s'opposait pas à ce que des appareils crématoires fussent installés à titre d'expérience pour l'incinération des débris d'hôpitaux. Par une nouvelle lettre du 25 mars 1885, M. le préfet de police constata que « le comité consultatif d'hygiène publique, adoptant la conclusion du rapport présenté au conseil d'hygiène, estime que le choix des parties élevées du cimetière de l'Est pour l'établissement de fours crématoires, et le mode d'incinération adopté par la préfecture de la Seine, n'offrent pas de danger pour la salubrité publique ». Il y a lieu d'ajouter que l'Eglise, tout en combattant l'idée de l'incinération des corps, n'avait pas prohibé d'une façon formelle ce mode de sépulture. Mais un décret du saint-office rendu en mai 1886 condamne expressément la crémation (Lacombe, p. 252). Tel était l'état de la question lorsque le Parlement en fut saisi par l'amendement précité de M. Blatin. Cet amendement, voté, comme on l'a vu, par la Chambre des députés, ne passa point dans la loi. La commission du Sénat pensa qu'il y avait des inconvénients à introduire dans la loi ce mot « d'incinération », à autoriser d'ores et déjà le choix de ce mode de sépulture avant qu'il ne fût intervenu une réglementation indispensable pour prévenir les abus et que les villes eussent fait les appropriations matérielles nécessaires. Mais la commission dont la proposition a été adoptée, a entendu autoriser l'incinération. On a ajouté à l'art. 3 le paragraphe 4 (V. suprà, nº 823), en indiquant qu'il avait pour résultat de rendre licites tous les modes de sépulture (Journ. off., Débats parlem., Ch. des députés, 30 mars 1886; Sénat, 1ᵉʳ févr. 1887), et le décret du 27 avr. 1889, mentionné suprà, ibid., réglemente, en effet, l'incinération des corps.

866. En cas de contestation sur les conditions des funérailles, il est statué, dans le jour, sur la citation de la partie la plus diligente, par le juge de paix du lieu du décès, sauf appel devant le président du tribunal civil de l'arrondissement qui devra statuer dans les vingt-quatre heures (art. 4, § 1ᵉʳ). Ces dispositions sont nouvelles. La compétence en cette matière appartenait, antérieurement, au président des référés pour ordonner des mesures provisoires, et au tribunal de première instance pour juger sur le fond (Roux, op. cit., p. 380 ; Trib. Lille, aud. réf., 11 nov. 1874, aff. Thomas, D. P. 75. 3. 49). La compétence du juge de paix fut admise, mais non sans discussion, à cause du caractère d'urgence que présentent les questions relatives aux inhumations. La commission de la Chambre proposait de porter l'appel devant le tribunal tout entier. Son avis ne fut pas suivi. Toujours à cause de l'urgence et parce qu'il eût été souvent difficile de réunir le tribunal dans les vingt-quatre heures, le Parlement décida que l'appel serait porté devant le président du tribunal civil de l'arrondissement.

867. La question de savoir à quel membre de la famille appartient le droit de régler les funérailles du défunt lorsque celui-ci n'a pas manifesté sa volonté, et sur quels principes le juge doit s'appuyer pour résoudre les contestations qui s'élèvent à ce sujet, a été l'objet de controverses dans la doctrine et a donné lieu à de nombreuses décisions.

Il est généralement admis par les auteurs et par la jurisprudence qu'il appartient au conjoint, que ce soit le mari ou la femme, de régler souverainement la question des funérailles de son conjoint décédé sans avoir manifesté sa volonté à cet égard, qu'il a un droit prépondérant sur celui des autres membres de la famille, même de ses père et mère. Cette règle, en faveur de laquelle témoignent les plus antiques traditions, découle de l'institution même du mariage. Le mariage établit entre les époux les liens les plus étroits et leur impose les plus hautes obligations. Ils se doivent aide, secours et assistance. La femme abandonne sa famille pour suivre son mari. N'est-il pas juste, en raison de l'intimité qu'amène le mariage, des devoirs et des obligations qu'il fait naître, de l'identité d'existence qu'il crée, de dire qu'en même temps que le conjoint a le devoir de veiller aux obsèques de son conjoint, de lui donner une sépulture convenable, il a le droit de réclamer le privilège de régler toutes les conditions des funérailles? Quelque respectable que puisse être le droit de la mère, dit un arrêt, il se trouve primé par celui du mari, qui, dans l'état de nos mœurs et sous l'empire d'une législation essentiellement spiritualiste, participe de l'indissolubilité du lien conjugal; on ne comprendrait pas que ce lien, réputé indissoluble pendant la vie, perdît au décès toute sa puissance, pour rendre en quelque sorte étrangers l'un à l'autre ceux que la nature, la religion et la loi avaient étroitement unis. En consentant au mariage de sa fille, la mère abdique ses droits personnels au profit de son gendre; d'un autre côté, en acceptant ou en choisissant celui qui va devenir son époux, la fille ne s'oblige pas seulement à l'aimer plus que sa mère, à l'honorer, sinon comme un maître, du moins comme un protecteur, comme un appui, comme un guide, et à l'aider toujours dans la mesure de ses ressources, de ses aptitudes, de ses forces; elle s'oblige encore à n'avoir plus d'autre domicile que le sien, et cette obligation de le suivre partout où il voudra se rendre implique l'idée nécessaire qu'il restera le maître de déterminer le lieu de sa sépulture, puisque le lieu de la sépulture est ordinairement le lieu du décès, et le décès celui du domicile du mari (Nancy, 14 août 1869, aff. Bétrilly, D. P. 69. 2. 233). L'association conjugale, dit un arrêt, crée à chacun des époux à l'égard de l'autre, un état exceptionnel qui prime les affections de tous ordres et devant lequel toutes les considérations d'ordre moral doivent s'effacer (Montpellier, 27 juill. 1887) (1). On peut ajouter une autre considération qui

---

(1) (Bertrand C. Bertrand.) — La cour; — Attendu que la question soumise à l'appréciation de la cour échappe par sa nature à toute disposition législative, et qu'elle doit être résolue en équité par des considérations d'un ordre purement moral; — Attendu que Germain Bertrand, propriétaire à Luc-sur-Orbien, venait de perdre son unique enfant, âgé de seize ans (Gaston Bertrand), quand il demanda et obtint la concession à perpétuité d'une certaine étendue de terrain dans le cimetière communal, à l'effet d'y fonder une sépulture particulière pour sa famille; — Attendu que ledit Germain Bertrand décéda lui-même peu de temps après avoir obtenu cette concession, et même avant d'en avoir acquitté le prix; qu'il mourait à la survivance de sa mère, la dame Marie Raymond veuve Henri Bertrand, et de sa femme, la dame veuve Bertrand née Rougeant; — Attendu que la dame Marie Raymond, mère du défunt concessionnaire, paya de ses deniers le terrain concédé et y fit établir à ses frais un caveau qu'elle destinait à recevoir le corps de son fils et celui de son petit-fils; — Attendu que, dans l'intervalle, la veuve Bertrand, née Rougeant, connaissant les intentions de son défunt mari, et désireuse de les réaliser, obtint à son tour dans le même cimetière et pour le même objet, une nouvelle concession où elle fit construire à ses frais un autre caveau. — Attendu que, les deux caveaux étant terminés, la mère de Germain Bertrand et sa veuve réclament l'une et l'autre les corps des deux défunts, et qu'il s'agit au procès de décider à laquelle des deux ces corps doivent être attribués; — Attendu, en ce qui concerne le corps de Gaston Bertrand, fils et petit-fils des parties en cause, que la décision du premier juge est absolument inexplicable, car on conçoit difficilement la possibilité de contester à une mère veuve un droit privatif sur la dépouille mortelle de son enfant non marié; — Attendu que la mère veuve aurait eu la tutelle de son enfant vivant; que son influence aurait seule réglé et dirigé sa vie jusqu'au jour de sa majorité, et que la mort de son enfant n'a pu avoir pour effet de rompre les liens indissolubles qui le rattachaient à lui; — Attendu que ce droit, fondé sur la loi naturelle, emprunte une nouvelle énergie à la puissance affective dont il est la conséquence; et que, d'ailleurs, même en se plaçant au point de vue des intérêts purement matériels et considérant le corps du défunt comme une partie de son propre héritage, la dépouille de Gaston Bertrand appartiendrait de droit à sa mère, laquelle est en l'état son unique héritière; qu'il

a son importance. La loi veut en cette matière qu'on respecte avant tout la volonté du défunt. Or, il est certain que l'époux est présumé connaître mieux que tout autre les dernières volontés de son conjoint (Roux, *op. cit.*, p. 315 et suiv.; Audibert, *De la liberté des funérailles et des sépultures*, p. 131 et suiv.; Lacombe, *op. cit.*, p. 37).

Dans une autre opinion, la préférence pour le règlement des funérailles doit être donnée aux héritiers, surtout quand parmi eux se trouve la mère du défunt, par ce motif que l'amour conjugal est nécessairement inférieur à la tendresse maternelle. Cette appréciation, qui pourrait être discutée et à laquelle, en tous cas, on peut opposer l'intimité qui naît du mariage, est appuyée de cette double raison de droit : « que la mort de l'un des époux met fin au mariage et par suite à ses droits et obligations; que, d'autre part, les frais funéraires étant à la charge des héritiers, ce sont ceux qui doivent régler les conditions des obsèques » (Bastia, 17 juill. 1865, aff. Blasini, D. P. 66. 2. 177, et la note). Mais la mort du conjoint, nous l'avons dit, ne met pas fin à toutes les obligations du conjoint survivant. Au surplus l'argument, s'il est exact, peut aussi bien être invoqué contre les membres de la famille ; la mort a brisé le lien qui les attachait au défunt. Il n'est pas juste non plus de dire que celui qui paye les frais des obsèques est par cela seul maître de les régler, de les rendre à son gré religieuses ou civiles, de choisir le lieu de l'inhumation. Ces questions sont étrangères à la transmission des biens ; elles doivent être réglées par des considérations d'une autre nature, qui militent, à notre avis, en faveur du conjoint survivant.

868. Dans le sens de l'opinion qui nous paraît préférable, il a été jugé que le droit de désigner le lieu de sépulture d'une personne décédée appartient en principe, et sauf le cas où le défunt aurait exprimé une volonté contraire, au conjoint survivant, à l'exclusion des héritiers et même de la mère appelée à la succession ; qu'il a le choix du lieu de l'inhumation, et que les autres parents, même ses père et mère, n'ont pas qualité pour engager une contestation sur ce choix. Spécialement, les parents du défunt, surtout lorsqu'ils n'ont fait aucune opposition à l'inhumation au lieu du décès, sont sans droit pour réclamer contre le conjoint survivant l'exhumation des restes du défunt pour les transporter dans une sépulture située dans la commune qu'ils habitent, alors que les faits par eux allégués ne sont pas suffisants pour motiver une mesure de cette gravité (Nancy, 14 août 1869, aff. Bétrilly, D. P. 69. 2. 233). Jugé aussi que le droit du conjoint survivant est, en thèse générale, préférable aux droits des héritiers lorsqu'il s'agit de la sépulture de l'époux prédécédé (Rouen, 21 mars 1884, aff. Chandelier, D. P. 85. 2. 80). Jugé également que c'est à la femme veuve qu'il appartient, à l'exclusion de la mère du défunt, de choisir le lieu de la sépulture de son mari décédé, alors surtout qu'en choisissant le lieu de la sépulture, elle s'est conformée à la volonté présumée du mari (Montpellier, 27 juill. 1887, *suprà*, n° 867. Conf. Lyon, 5 avr. 1851, aff. Delermoy, D. P. 55. 2. 17; Trib. Seine, 1ᵉʳ janv. 1852, aff. Apperl, D. P. 55. 5. 410; Trib. Limoges, 7 mars 1852, aff. Lizet-Puex, D. P. 53. 2. 17; Trib. Seine, 3 avr. 1857, aff. Dagincourt, D. P. 58. 3. 54; Bruxelles, 16 juin 1876, aff. Rousseau, D. P. 80. 5. 338; Trib. Saint-Quentin, 24 déc. 1884, *infrà*, n° 870; Paris, 19 août 1881, *infrà*, n° 878; Trib. Amiens, 17 déc. 1881, *infrà*, n° 878; Toulouse, 2 févr. 1889, *infrà*, n° 872). — Qu'à défaut d'une volonté formellement exprimée par le défunt le droit de désigner sa sépulture appartient à l'époux survivant, par préférence à tout autre parent (Trib. Seine, 9 mars 1887 (1); 16 mai 1888, *infrà*, n° 882. V. aussi Bruxelles, 16 juin 1876, aff. Rousseau,

---

y a donc lieu sur ce premier point de réformer le jugement entrepris ; — Attendu, quant au corps de Germain Bertrand, que la législation est également muette; mais qu'il est facile de suppléer au silence de la loi par des considérations empruntées à l'état de nos mœurs et à l'organisation de notre ordre social; — Attendu, en effet, que, si les droits de la mère sur le corps de son enfant non marié paraissent indiscutables, la situation se modifie alors que cet enfant s'isole du foyer paternel pour fonder une nouvelle famille dont il devient le chef; — Attendu que cette situation nouvelle crée à l'enfant marié de nouveaux droits et lui impose des devoirs nouveaux, sans le dégager toutefois des liens d'affectueuse déférence qui le rattachent à ceux auxquels il doit le jour; — Attendu qu'à l'autorité paternelle la loi substitue pour l'enfant émancipé par le mariage l'influence de celle qui va devenir la compagne de sa vie; que cette identité d'existence et la participation commune aux intérêts moraux et matériels de l'association conjugale crée à chacun des époux, à l'égard de l'autre, un état exceptionnel qui prime les affections de tout ordre et devant lequel toutes les considérations d'ordre moral doivent s'effacer ; — Attendu que le tribunal ne méconnaît pas ce principe, mais qu'il en écarte l'application se fondant sur le droit reconnu toujours au défunt de régler par une manifestation de sa volonté les conditions de sa sépulture ; — Attendu que la volonté de Germain Bertrand n'a jamais eu le caractère précis et délimité que lui attribue le premier juge, et que du moins ce caractère ne s'évince pas, de fait, des circonstances de la cause; — Attendu que le seul désir de Germain Bertrand, qui s'affirme clairement par l'achat d'une concession au cimetière de Luc-sur-Orbien, c'est celui de reposer à jamais auprès de l'enfant qu'il vient de perdre, et que ce vœu suprême est largement et complètement rempli par la fondation pieuse de la veuve Bertrand née Rougeant; — Attendu, au surplus, que, le droit de ladite dame sur le corps de son enfant ne pouvant être contesté, on arriverait fatalement à transgresser la volonté du défunt en l'isolant de l'enfant dont il n'a pas voulu être séparé même par la mort ; qu'au point de vue de Germain Bertrand, le jugement doit donc encore être réformé; — Par ces motifs; — Disant droit à l'appel de la dame Bertrand, née Rougeant; — Déclare que les dépouilles mortelles de Germain et Gaston Bertrand appartiennent à la dame Bertrand, née Rougeant, veuve de l'un et mère de l'autre; dit que, par suite, ladite dame est en droit de faire transporter les deux corps du caveau de la veuve Bauviel dans celui qu'elle a fait construire au cimetière de Luc-sur-Orbien; l'autorise à faire à cet effet toutes les diligences nécessaires; lui donne acte de ce qu'elle reconnaît à la dame Raymond, veuve Bertrand, sa belle-mère, la faculté d'accéder au tombeau, librement et selon ses convenances, comme aussi à y être inhumée à son décès, etc. Du 27 juill. 1887. - C. de Montpellier, 2ᵉ ch.-M. de la Baume, pr.

(1) (Prévost C. Avenel.) — LE TRIBUNAL; — Attendu que la question qui s'agite est celle de savoir où seraient définitivement inhumés, par suite de la désaffectation de l'ancien cimetière de Palaiseau, les restes de la dame Prévost née Avenel, et de ses enfants; — Sur la prétention de Prévost de les faire déposer dans le cimetière de Villebon : — Attendu que, si l'on doit reconnaître au mari et au père un droit prépondérant pour le choix du lieu où doivent reposer les dépouilles mortelles de sa femme et de ses enfants, c'est à la condition que ce droit soit entier et qu'aucun accord avec d'autres parties ne soit intervenu pour le modifier; — Attendu qu'à la suite du décès de la dame Prévost, arrivé à Paris pendant le siège, Prévost a fait inhumer sa femme dans le cimetière de Palaiseau où se trouvait déjà enterré un de leurs enfants; que, plus tard, le second enfant étant décédé à Palaiseau, chez les époux Avenel, ses grands-parents, ses restes ont été réunis à ceux de sa mère et de son frère par les soins de Prévost; qu'en faisant choix du cimetière de Palaiseau, bien qu'il fût originaire de Villebon, commune voisine, Prévost obéissait à un sentiment de pieuse convenance envers la famille de sa femme; que dans la commune intention des parties intéressées, ce choix était définitif; que Prévost l'entendait si bien ainsi qu'il avait chargé son beau-père, pour le cas où la mort le surprendrait avant ce dernier, de veiller à ce qu'il fût enterré près de sa femme et de ses enfants; que Prévost n'est donc plus le maître de modifier un état de choses convenu avec les parents de sa femme ; que, dès lors, sa demande de faire inhumer les restes de celle-ci ainsi que ceux de ses enfants dans le cimetière de Villebon où il ne possède aucune concession, ne saurait être accueillie; — Sur la demande des époux Avenel de faire déposer ces restes dans le caveau qu'ils ont récemment fait construire dans le cimetière de Palaiseau : — Attendu que cette prétention, si elle était admise, aurait pour effet de porter atteinte au droit du père et du mari, en l'empêchant d'honorer librement, par telles manifestations extérieures qu'il jugerait convenables, la mémoire de sa femme et de ses enfants ; que l'intention des époux Avenel d'exclure Prévost de toute participation aux devoirs résulte de ce qu'ils ne lui font aucune offre quant au libre accès dudit caveau, de même qu'ils ne prennent aucun engagement de lui réserver, après sa mort, une place à côté de sa femme ; que le convoi de Prévost ne saurait avoir pour effet de lui faire perdre son droit à la possession des restes précieux qu'il entend honorer ; — Mais attendu qu'il résulte des faits et documents de la cause que, depuis l'instance engagée, Prévost a acquis dans le nouveau cimetière de Palaiseau la concession à perpétuité du n° 320, sur laquelle il offre de faire construire un caveau destiné à recevoir les restes de sa femme et de ses enfants ; que la réalisation de cette offre aura pour effet de donner satisfaction à tous les intérêts en maintenant l'état de choses ancien; — Par ces motifs ; — Déclare Prévost mal fondé en ses conclusions relatives à l'inhumation de sa femme et de ses enfants dans le cimetière de Villebon, et l'en déboute ; lui donne acte, toutefois, de son offre de les faire déposer

D. P. 80. 5. 338 ; Trib. Saint-Quentin, 24 déc. 1884, *infrà*, n° 870; Aix, 9 juin 1886, *Bulletin des arrêts de la cour d'Aix*, 5. 1887). — En tout cas, il a été décidé que, lorsqu'il s'agit de déterminer le lieu de l'inhumation, si un débat peut s'é- lever entre le conjoint survivant et les héritiers du défunt, d'autres parents ne sauraient puiser dans un sentiment d'af- fection qualité pour engager une contestation ou y interve- nir, et spécialement, que l'action des père et mère, qui ne sont pas les héritiers du défunt, quelque respectable qu'en soit le mobile, ne peut s'appuyer sur aucun droit (Paris, 27 juin 1862, aff. Vignier, D. P. 66. 2. 177, note).

869. Il a été jugé qu'en cas de désaccord entre le mari de la défunte et ses héritiers, l'inhumation doit se faire dans le cimetière de la commune où a eu lieu le décès (Trib. Villefranche, 28 déc. 1883, aff. Greppo, D. P. 85. 3. 102). Mais aucun texte de loi ne contient une prescription sem- blable, et elle ne résulte, ni expressément, ni implicitement, soit des décrets du 23 prair. an 12 et du 5 therm. an 13, soit de l'art. 77 c. civ.

870. Le droit de l'époux de régler les conditions des funérailles de son conjoint n'est pas absolu. Il repose sur des considérations d'intimité et d'affection et sur la pré- somption que le conjoint est l'interprète le plus fidèle des intentions du défunt. Si ces considérations ne peuvent être invoquées, si la présomption tombe d'elle-même devant les faits, par exemple, en cas de mésintelligence notoire des époux, d'indignité du survivant, les tribunaux ne sont plus liés par la volonté du conjoint. Il a été jugé : 1° que c'est au père et à la mère de l'épouse défunte, et non au mari, qu'il appartient de choisir le lieu de la sépulture, lorsque le mari a été condamné pour avoir assassiné sa femme (Trib. Lis- bonne, 31 août 1874, aff. Guimaraães, D. P. 75. 3. 49); — 2° Que la règle, d'après laquelle le conjoint survivant a, de préférence au père et à la mère du défunt le droit de régler les funérailles de celui-ci, peut fléchir lorsqu'il a existé entre les époux, durant leur mariage, des dissentiments de nature à exclure la présomption d'affection et d'union sur laquelle repose cette règle (Motif, Trib. Saint-Quentin, 24 déc. 1884) (1). — Décidé aussi que, bien que le droit du conjoint survivant soit, en thèse générale, préférable à celui des héri- tiers lorsqu'il s'agit de la sépulture de l'époux prédécédé, ce droit n'est cependant pas absolu et doit être subordonné aux

circonstances spéciales de chaque espèce ; et notamment, que les héritiers copropriétaires du terrain dans lequel a été inhu- mée la personne décédée, sont fondés à réclamer la suppres- sion d'une inscription apposée malgré eux par le mari sur le monument funèbre et de nature à blesser leurs croyances reli- gieuses (Rouen, 21 mars 1884, aff. Chandelier, D. P. 85. 2. 80).

871. Le droit qui appartient au conjoint de régler les funérailles de son conjoint décédé a d'ailleurs pour limite la volonté du défunt. Le fait, par une personne qui a anté- rieurement exprimé dans un testament la volonté d'être enterrée civilement, d'avoir librement demandé et reçu les secours de la religion avant sa mort, permet au juge, nous l'avons dit *suprà*, n° 863, de décider qu'il y a eu révocation tacite de la disposition testamentaire, et d'ordonner que les funérailles aient un caractère religieux. A plus forte raison a-t-il ce pouvoir, lorsque le défunt n'a jamais manifesté la volonté d'être enterré sans les prières de l'église et, au con- traire, a reçu en mourant, sur sa demande, les derniers sacrements. La famille a le droit, lorsque le conjoint méconnaît la volonté de son conjoint décédé, de s'adresser au juge de paix, compétent pour statuer sur ces contesta- tions, en vertu de l'art. 4 de la loi de 1887 (V. *suprà*, n° 866); et de lui demander de faire respecter cette volonté. — Décidé en ce sens : 1° que, lorsqu'une femme mariée n'a pas, avant de mourir, manifesté l'intention d'être inhumée sans les prières et les cérémonies de la religion à laquelle elle appartient, l'enterrement doit, sur la demande de la famille et nonobs- tant l'opposition du mari, avoir lieu avec le concours des ministres de ce culte (Trib. Lille, aud. réf., 11 nov. 1874, aff. Thomas, D. P. 75. 3. 49); — 2° Que les membres de la famille du défunt, ceux tant qu'ils représentent celui-ci comme parents ou en vertu d'une disposition de dernière volonté, ont le droit de s'opposer à un mode d'enterrement qui ne serait pas conforme aux intentions expresses ou présumées du défunt, en tenant compte de ses sentiments religieux et des convenances; mais l'autorité judiciaire est seule compétente pour statuer sur la contestation soulevée par cette opposition (Bruxelles, 16 juin 1876, aff. Rousseau, D. P. 80. 5. 338); — 3° Que toute personne décédée doit être inhumée d'après les rites de la religion à laquelle elle appartenait, à moins qu'elle n'ait librement et formellement manifesté une volonté contraire; que, notamment, une

---

Du 9 mars 1887.-Trib.civ. Seine.-MM. Flogny, pr.-Quérenet et Houel, av.

(1) (Ravin-Burier C. Ravin.) — LE TRIBUNAL ; — Attendu qu'Al- bert Ravin est décédé le 23 févr. 1881; que ses restes ont été inhumés dans un tombeau provisoire, d'où sa veuve les a fait exhumer le 18 juillet suivant pour les réunir à ceux de leur enfant dans un caveau construit spécialement dans ce but par ses soins et à ses frais; — Attendu que les époux Ravin-Burier, père et mère du défunt, demandent aujourd'hui que celle-ci soit tenue de leur rendre le corps de leur fils pour le transporter dans un caveau de famille; — Attendu que, pour justifier leur demande, les époux Ravin-Burier entendent se prévaloir de leur qualité d'héritiers du défunt; — Mais attendu qu'aucune disposition de la loi n'attribue expressément à l'héritier le droit de choisir le lieu de sépulture du *de cujus*; que l'assimilation que les deman- deurs prétendent établir entre les dépouilles mortelles du défunt et les biens de sa succession répugne au droit comme à la rai- son ; d'une part, en effet, la dépouille mortelle est une chose inaliénable qui ne saurait appartenir à personne ; d'autre part, l'esprit ne saurait accepter sans révolte un principe dont la consé- quence serait de donner à l'héritier du douzième degré ou au légataire universel, étranger à la famille, le droit de disposer, à l'exclusion du conjoint, des cendres du défunt ; — Attendu, au surplus, que les demandeurs ont, en fait, par acte du 15 juill. 1881, cédé tous leurs droits successifs à la veuve de leur fils, moyennant un forfait de 25000 fr.; qu'en acceptant un instant comme possible l'assimilation qu'ils proposent, il faudrait alors reconnaître qu'ils ont par cette cession abandonné leurs droits sur les cendres de leur enfant en même temps que leurs préten- tions sur son héritage; — Mais attendu que le privilège de pré- sider aux funérailles et de choisir le lieu de sépulture d'un mort relève d'un tout autre ordre d'idées ; qu'il est conforme à la saine raison et à la justice de l'accorder à celui qui, durant la vie du défunt, lui était le plus étroitement uni, et à qui ce dernier, à défaut de volonté formellement exprimée, doit être présumé avoir

confié ses dernières intentions ; qu'à ce titre, le droit du conjoint survivant doit primer tous les autres ; qu'aucun lien n'est en effet plus étroit et plus puissant que celui que créent dans l'union conjugale la nature, la loi et pour le plus grand nombre aussi la religion, et que la mort, quoi qu'on prétende, est impuissante à rompre entièrement ; — Attendu que, sans doute, cette règle peut fléchir, dans le cas par exemple où les époux auraient donné durant leur mariage le spectacle de dissentiments de nature à exclure la présomption d'affection et d'union sur laquelle elle repose ; — Mais attendu que, dans l'espèce, les demandeurs n'al- lèguent rien de semblable; qu'il est au contraire constant que l'union des époux Ravin-Lemaire a toujours été parfaite ; que leur affection n'a pas un instant faibli, que la demanderesse a, jusqu'à la dernière minute et durant le cours de sa longue et pénible maladie, entouré son mari des soins les plus empressés et du dévouement le plus admirable ; — Attendu, à un autre point de vue, que les demandeurs ont attendu trois années pour intenter leur action; qu'ils ont ainsi, par leur silence, accepté le choix qu'a fait la veuve et approuvé les mesures qu'elle a prises ; qu'ils ne sauraient tout au moins être recevables à obtenir aujour- d'hui la modification d'un état de choses devenu définitif, qu'en justifiant leur demande par les motifs les plus graves et les plus décisifs; — Mais attendu qu'ils ne peuvent en apporter d'autres que le second et récent mariage de la veuve de leur fils; que l'usage que celle-ci a fait de sa liberté, après plus de trois années de veuvage, en dehors de toute circonstance de nature à faire injure à la mémoire de son mari, ne peut suffire pour la priver rétroactivement d'un droit qu'elle a légitimement et définitive- ment exercé, et encore moins pour donner aux demandeurs le pouvoir de séparer les restes du père et de l'enfant pieusement réunis dans le même tombeau ; qu'il appartient enfin à la justice d'assurer le respect et la paix aux morts, en tenant leurs cen- dres à l'abri des caprices, des pensées haineuses ou des rancunes mesquines des vivants ;

Par ces motifs ; — Déclare les époux Ravin-Burier non recevables et mal fondés en leur demande ; — Les en déboute, etc.

Du 24 déc. 1884.-Trib. civ. de Saint-Quentin.-MM. Vainker, pr.-Breul, f. f. subst.-Laporte et Riestch, av.

femme appartenant à la religion catholique, qui n'a pas manifesté la volonté d'être enterrée civilement, mais qui, au contraire, a demandé et reçu avant la mort les secours de la religion, doit être, sur la demande de sa mère, inhumée avec le concours du culte catholique, malgré l'opposition du mari (Ord. réf. pr. Trib. Lille, 22 juin 1883) (1). — Ces solutions devraient encore être adoptées sous l'empire de la loi du 15 nov. 1887.

872. Le conjoint peut aussi renoncer expressément ou tacitement à son droit. Il appartient au juge d'apprécier les circonstances de fait d'où l'on peut induire la renonciation (Lacombe, *op. cit.*, p. 42). Il a été jugé que le droit de désigner le lieu de sépulture d'une personne décédée peut être l'objet d'une convention et que le conjoint peut notamment y renoncer en faveur de la mère de l'époux défunt, une telle renonciation ayant pour objet non la dépouille mortelle de la personne décédée, mais une obligation de faire ; qu'en conséquence, un mari qui, cédant aux supplications de sa belle-mère, a consenti à ce que sa femme soit inhumée au lieu de sa naissance, ne peut s'opposer ensuite à ce que l'inhumation soit faite à cet endroit (Nancy, 14 août 1869, aff. Bétrilly, D. P. 69. 2. 223; Trib. Amiens, 17 déc. 1881, *infrà*, n° 878). Jugé aussi que le mari est irrecevable à transporter les restes de sa femme et de ses enfants hors du cimetière où il avait été convenu avec la famille de sa femme qu'ils seraient placés (Trib. Seine, 9 mars 1887, *suprà*, n° 868; Toulouse, 2 févr. 1889) (2). — Il a été décidé que le payement des frais d'inhumation par le mari constitue la preuve de son assentiment au choix du lieu de la sépulture de la femme ; que dès lors, il n'est plus recevable à demander l'exhumation et le transport du corps dans une autre cimetière, alors que les père et mère de celle-ci s'y opposent (Lyon, 5 avr. 1851, aff. Delermoy, D. P. 55. 2. 17).

873. Le droit du conjoint subsiste en principe, malgré le nouveau mariage qu'il a contracté, ce mariage ne pouvant avoir pour effet de lui faire perdre son droit à la possession des restes précieux qu'il entend honorer (Trib. Seine, 9 mars 1887, *suprà*, n° 868). Toutefois, il y a lieu de tenir compte des circonstances, et notamment de l'intention du défunt. Il a été jugé que le second mariage d'une veuve est l'abdication volontaire de ses droits d'épouse sur les restes de son premier mari, et qu'elle ne peut s'opposer à l'exhumation que demande la mère du corps de son fils et à son transport dans le tombeau de famille. Dans l'espèce, le mari avait déclaré dans son testament que sa femme en cas de convol serait privée de l'usufruit qu'il lui laissait. L'arrêt relève cette circonstance et y trouve la volonté du défunt de frapper sa femme, en cas de convol, de la déchéance des droits qu'elle avait sur sa sépulture (Grenoble, 9 juin 1862; aff. Givord, D. P. 63. 5. 343. Conf. Bastia, 17 juill. 1865, aff. Blasini, D. P. 66. 2. 177, et la note).

874. Le jugement de séparation de corps met fin à la vie commune, et fait tomber la présomption sur laquelle est basé le pouvoir du conjoint. L'époux séparé n'a donc pas pour le règlement des funérailles de son conjoint un droit prépondérant. Il en est de même, à plus forte raison, de l'époux divorcé (Roux, *op. cit.*, p. 320; Lacombe, *op. cit.*, p. 43).

875. Les père et mère ont le droit de régler les funérailles de leur enfant mineur, à moins qu'étant émancipé il n'ait manifesté régulièrement sa volonté à ce sujet. C'est une conséquence de la puissance paternelle. En cas de conflit entre le père et la mère, c'est, en principe, la volonté du père qui doit prévaloir. — Il a été jugé que lorsque deux époux ont fait célébrer leur mariage et baptiser leur enfant selon le rite d'un culte, la femme peut être autorisée par le juge des référés à faire enterrer cet enfant mineur avec les cérémonies de ce culte, malgré l'opposition du mari (Trib. Douai, 6 avr. 1875, aff. Orville, D. P. 75. 3. 49, et la note). La décision du juge des référés s'appuie sur le double motif :

---

(1) (Mabillote.) — Nous, Président ; — Au provisoire et vu l'urgence, les funérailles ne pouvant être différées ; — Attendu qu'il est d'ordre public et conforme aux principes qui garantissent la liberté de conscience, que toute personne décédée soit inhumée suivant le rite de la religion à laquelle elle appartenait, à moins qu'elle n'ait formellement manifesté une volonté contraire ; — Attendu que Marie-Thérèse Duhal, femme Mabillote, décédée le 21 juin courant à Lille, appartenait à la religion catholique ; que non seulement à aucun moment de sa vie elle n'a manifesté la volonté d'être enterrée suivant les prières et les cérémonies de cette religion, mais qu'il est établi que peu de temps avant sa mort elle a demandé et reçu les derniers sacrements de l'Église ; qu'à bon droit, par conséquent, Sophie Six, veuve Duhal en premières noces, et aujourd'hui femme Pottier, sa mère, demande qu'elle soit inhumée avec le concours des ministres du culte catholique ; qu'il n'y a pas à s'arrêter à l'opposition qui pourrait être faite par le mari de la défunte, la puissance maritale ne donnant au mari aucun pouvoir en ce qui concerne les croyances et les pratiques religieuses de la femme, et le décès de celle-ci ayant mis fin à cette puissance ; — Par ces motifs ; — Autorisons la demanderesse à faire procéder aux funérailles et à l'inhumation de Marie-Thérèse Duhal, femme Mabillote, avec le concours des ministres du culte catholique ; l'autorisons, à cet effet, à requérir l'assistance de tous commissaires de police et à se faire prêter main-forte par tous commandants et agents de la force publique ; — Et attendu l'extrême urgence : — Ordonnons l'exécution des présentes sur minute et avant l'enregistrement, etc.

Du 22 juin 1883.-Ord. réf. pr. trib. civ. Lille.-M. Le Roy, pr.

(2) (Bourhoumieu C. Bourthoumieu.) — La cour ; — Attendu que Louis Bourthoumieu est décédé le 29 août 1887 à Colomiers, sans enfants, à la survivance de jeune veuve et de sa mère ; — Qu'il n'a pas exprimé sa volonté relativement au lieu de sa sépulture dans son testament olographe du 25 sept. 1883, aux termes duquel voulant donner à sa mère une preuve de son affection toute filiale et reconnaître ses soins dévoués, il l'institue sa légataire générale et universelle ; — Attendu qu'à défaut de manifestation de l'intention, et dans le silence de la loi, la jurisprudence reconnaît en principe au conjoint survivant un droit supérieur à celui des héritiers ou membres de la famille, pour choisir le lieu de sépulture du conjoint prédécédé ; que celui-ci est basé sur la présomption d'affection entre époux ; qu'il faut, en effet, rechercher avant tout, en pareil cas, l'intention du défunt, et que le conjoint lui étant attaché par le lien le plus intime, créé par la religion, la nature et la loi, est par suite considéré comme le meilleur interprète de cette intention ;

Mais attendu que la règle n'est pas absolue et peut fléchir devant certaines circonstances ; — Attendu que, dans l'espèce, la mère et la veuve, unies par le sentiment d'une douleur commune, ont été d'accord pour faire inhumer le corps de Louis Bourthoumieu à côté de celui de son père, au lieu de son décès, dans la commune où il était né et domicilié ; — Que depuis le jour des obsèques jusqu'à l'introduction de l'instance, c'est-à-dire pendant plus de huit mois, la veuve n'a élevé aucune prétention et s'est bornée à renoncer à son droit d'usufruit dans la succession de son mari, par acte au greffe du 28 févr. 1888 ; — Que c'est seulement à la suite d'un conflit d'intérêts et de la mésintelligence survenue, qu'elle a songé à réclamer le corps, qu'elle a demandé et obtenu l'autorisation administrative pour l'exhumer et le transférer à Pujaudran, dans le caveau de sa famille ; — Que la mère ayant fait opposition, il faut statuer sur la difficulté ; — Attendu que c'est vainement que la veuve, après avoir consenti à l'inhumation et avoir ainsi usé de son droit, voudrait l'exercer autrement ; — Qu'elle soutient à la vérité avoir cédé aux supplications de la mère en laissant faire, à Colomiers, l'inhumation à condition que celle-ci serait provisoire et que, quelques jours après, elle pourrait être transféré à Pujaudran le corps qui, d'ailleurs, aurait été placé dans un double cercueil en chêne et en plomb ; qu'elle prétend même qu'à cet égard une convention serait intervenue, et qu'elle offre de prouver par témoins ses allégations ;

Mais attendu qu'en cette matière une pareille preuve est irrecevable quant à l'intention du défunt, et que fût-elle admissible quant à la prétendue convention, elle ne doit pas être ordonnée dans les circonstances de la cause ; — Qu'en effet, de ces circonstances il résulte que l'inhumation serait devenue définitive au cas même où la veuve aurait fait, lors de ses obsèques, les réserves qu'elle allègue et dont ensuite elle n'a plus entendu se prévaloir ; — Qu'en agissant actuellement, elle paraît être poussée par un autre mobile que le désir d'exécuter fidèlement les prétendues volontés de son mari et de mieux honorer sa mémoire ; — Attendu qu'il importe que le lieu de sépulture déjà fixé ne soit pas changé capricieusement et qu'il convient que la paix des morts ne soit pas troublée par les divisions des vivants ; — Qu'après le temps qui s'est écoulé depuis l'inhumation, après le choix si convenable qui a été fait du lieu de la sépulture, la seule qualité de veuve, d'ailleurs sans enfants, ne suffit pas à justifier une demande d'exhumation contre laquelle s'élève l'affection de la mère ; — Attendu que les dépens sont à la charge de la partie qui succombe ;

Par ces motifs, disant droit sur l'opposition de la mère, rejette l'offre de preuve de la veuve et la déboute de sa prétention.

Du 2 févr. 1889.-C. de Toulouse, 2e ch.-MM. Nolé, pr.-Virenque et Mercié, av.

d'une part, que les époux ont fait consacrer leur union par un prêtre de l'église catholique; d'autre part, que l'enfant a été baptisé. « Le mariage religieux que le mari a accepté, sachant bien les obligations qui en découlent, dit un auteur à propos de cette décision, surtout le baptême de l'enfant qui lui a conféré la qualité de chrétien et les droits qui y sont attachés, renferment un engagement tacite de donner à l'enfant la sépulture religieuse. Ces faits créent au profit de l'enfant un droit que le père ne peut méconnaître » (Roux, *op. cit.*, p. 327). Ces motifs ne sembleront pas suffisants si l'on admet avec la majorité des auteurs (V. *suprà*, v° *Contrat de mariage*, n° 17), que l'engagement que les époux prennent l'un envers l'autre de faire élever leurs enfants dans les dogmes de telle ou telle religion est destitué d'efficacité civile. La décision du 6 avr. 1875 peut, suivant nous, se justifier par d'autres raisons. Le droit de puissance paternelle, dans notre législation, est loin d'être absolu. Le père, notamment, ne peut sans commettre un délit ou un crime infliger de mauvais traitements à son enfant; il est tenu, en vertu de lois spéciales, de lui donner une certaine instruction, etc. Lorsqu'un père a fait baptiser son enfant, que cet enfant meurt quelques mois après, sa prétention de lui imposer l'enterrement d'un libre penseur ne s'explique pas. Ce n'est pas un acte raisonnable de puissance paternelle, un acte qui ait sa justification dans une conviction arrêtée, puisque peu de temps avant le père a fait embrasser à son enfant la religion catholique; c'est un acte de faiblesse, d'obéissance à de mauvaises passions, à des sentiments de vanité ou de respect humain, c'est un abus d'autorité paternelle. Le juge avait le droit d'apprécier ainsi la prétention du père, par suite de n'en pas tenir compte et d'accueillir la légitime demande de la mère.

876. Si les père et mère sont séparés ou divorcés, celui d'entre eux qui a obtenu la garde de l'enfant, décide la question de ses funérailles.

877. La mère veuve a le choix de la sépulture de son fils mineur, à l'exclusion de tous autres parents, et notamment de la grand'mère (Montpellier, 27 juill. 1887, *suprà*, n° 867).

878. Lorsque le défunt était majeur et non marié, il y a controverse sur le point de savoir à qui appartient la direction de ses funérailles. D'après un premier système, c'est la loi de succession qui doit servir de guide, c'est à ceux qui héritent du défunt, qui continuent sa personne et le représentent, qui payent les frais des funérailles, que revient le droit de régler ses obsèques. Si donc le défunt laisse son père et sa mère et des frères et sœurs, tous ces parents étant héritiers, les père et mère n'ont aucun droit de préférence. Si le défunt n'a pas d'héritier réservataire, c'est le légataire universel qui décide (Roux, *op. cit.*, p. 335 et suiv.; Trib. Seine, 3 avr. 1857, aff. Dagincourt, D. P. 58. 3. 54; Lyon, 29 juill. 1874, cité par Roux, p. 350). — On soutient, dans une seconde opinion, que le droit de régler les funérailles doit être réservé au parent le plus rapproché du défunt, à l'exclusion des héritiers. Si le défunt laisse des ascendants et des descendants, les ascendants chefs de la famille, plus aptes à connaître l'intention de leur enfant, statuent seuls; s'il n'a que des collatéraux, c'est le plus proche en degré, lors même qu'il n'est pas héritier et que tous les biens sont entre les mains d'un légataire universel. Cette doctrine nous paraît fondée. Le premier système aboutirait à ce résultat qu'un parent du onzième ou du douzième degré, qu'un légataire universel étranger à la famille seraient préférés au conjoint survivant. L'héritier continue la personne du défunt, mais seulement en ce qui concerne la transmission des biens. Le droit de diriger les funérailles, nous l'avons dit, doit être réglé par d'autres considérations; il appartient à ceux qui, plus rapprochés du défunt par les liens de parenté et d'affection, sont présumés mieux connaître et pouvoir faire plus fidèlement exécuter sa volonté. Ce droit, d'ailleurs, n'est pas absolu. Le juge, qu'aucun texte de loi ne lie, n'est pas tenu de suivre l'avis du parent le plus proche, s'il résulte des circonstances de la cause qu'il soit contraire à la volonté du défunt (Daniel Lacombe, *op. cit.*, p. 44 et suiv.; Audibert, *op. cit.*, p. 149). Jugé qu'en l'absence d'une manifestation expresse de la volonté du défunt, et à défaut d'époux, le droit de régler les funérailles et de choisir le lieu de la sépulture appartient aux père et mère, à leur défaut aux enfants, et ensuite aux plus proches héritiers (Trib. Amiens, 17 déc. 1881) (1). La même théorie est admise par le tribunal civil de Plaisance (Italie), 4 avr. 1881 (2). — Jugé aussi qu'à défaut de conjoint et du père, il appartient à la mère de présider aux funérailles de

---

(1) (Cailly C. Daigny.) — Le tribunal; — Sur la compétence : — Attendu, que dans le dernier état de la cause, la demande de Cailly n'empiète nullement sur le domaine administratif, et qu'ayant pour objet unique d'obtenir la mainlevée d'une opposition faite par la défenderesse entre les mains du maire d'Amiens, elle est incontestablement de la compétence du tribunal; — Attendu qu'en l'absence d'une manifestation expresse, on présume que le conjoint survivant, dans les cas ordinaires, et à moins de circonstances destructives de cette présomption, a été le confident de son conjoint et le dépositaire de ses dernières intentions; qu'on arrive donc ainsi à reconnaître au conjoint un droit prépondérant sur le vœu de la famille du prédécédé, droit qui, à défaut d'époux, appartient aux père et mère, à leur défaut aux enfants et ensuite aux plus proches héritiers; — Attendu que ce droit peut être l'objet d'une convention; qu'il peut être abandonné par le mari à la famille de la femme, et que, d'ailleurs, basé sur la reconnaissance présumée de la volonté du défunt, il doit s'épuiser par son exercice même, puisque le choix de la sépulture est supposé être l'exécution de cette volonté suprême; qu'aussi ne serait-ce que dans les circonstances les plus graves et les mieux justifiées que les tribunaux pourraient à la rigueur autoriser une modification à un état de choses définitivement établi à la condition de s'inspirer toujours des intentions présumées du défunt; — Attendu, en fait, qu'en novembre 1866, la femme du sieur Cailly, née Marie Daigny, et son très jeune enfant moururent, et que leurs corps furent placés dans une concession de quinze ans au cimetière de la Madeleine; qu'en mars 1884, le sieur Cailly perdit le second fils né de son premier mariage, et qu'il le fit inhumer dans un terrain concédé à perpétuité par la ville dans le même cimetière à la demoiselle Daigny, depuis 1875; que, peu de jours après, il faisait procéder à l'exhumation de sa femme et de son fils morts en 1866 et à leur inhumation dans le même terrain; — Attendu qu'à raison de l'exiguïté de cette concession, on dut recourir à la construction d'un caveau parisien et superposer les corps; qu'Octave, décédé en 1881, fut enterré le premier; que la dame Cailly et son jeune enfant, morts en 1866, furent déposés au-dessus, et qu'une place fut réservée pour la demoiselle Daigny; — Attendu que les travaux nécessaires pour le caveau et le monument, quoiqu'ils fussent inutiles à cette dernière, qui déjà payait seule le prix de.a concession,.furent cependant exécutés à frais communs; — Attendu que cet ensemble de faits démontre l'existence d'une convention intervenue entre les parties dont l'objet était de régler définitivement le lieu de la sépulture de la dame Cailly, née Daigny, et ses deux enfants, en faisant succéder un dépôt définitif dans une concession à perpétuité au dépôt provisoire dans la concession de quinze ans, arrivée d'ailleurs à terme; — Attendu que, dès le mois de juin dernier, moins de deux mois après son installation faite d'un commun accord, Cailly voulut détruire les effets de cette convention; qu'il n'a, sur ses conclusions, ni à l'audience, donné aucun motif sérieux pouvant justifier son désir de procéder à une nouvelle exhumation, et qu'il n'a pas même essayé d'établir qu'il se soit fait concéder par la ville un terrain dans le cimetière; — Attendu qu'en dehors de la convention qui le lie, Cailly doit être présumé, d'après le caractère définitif de la sépulture qu'il a choisie, avoir exécuté la suprême volonté de sa femme et de son fils; — Attendu que la justesse de cette présomption est démontrée par les faits de la cause, notamment par les soins attentifs et maternels dont Octave a été l'objet de la part de sa tante, par son affection pour elle et par le sentiment de convenance qui, en présence d'un second mariage, a inspiré au sieur Cailly la pensée de réunir dans une même sépulture, en même temps que les enfants et la mère, toute la famille de sa femme; — Attendu enfin que la sépulture est parfaitement convenable; que, librement choisie par une convention passée avec la demoiselle Daigny, elle doit être maintenue, et que ce serait manquer au respect des morts que de permettre de troubler leur repos sur un simple changement de volonté des vivants que rien ne justifie; — Par ces motifs; — Déclare Cailly mal fondé dans sa demande, l'en déboute; — Donne acte à la demoiselle Daigny de l'offre de payer comme il a été convenu la moitié des frais occasionnés par la construction du caveau et du monument, etc.

Du 17 déc. 1881.-Trib. civ. d'Amiens.-MM. Obry, pr.-Durand. subst., c. conf.-Gustave Dubois et Deberly, av.

(2) (Ceresa C. Scotti.) — Le tribunal; — Attendu qu'il y a lieu d'examiner si le docteur Pietro Ceresa, héritier du comte Giacomo Costa, a le droit d'exhumer et de transférer dans le tombeau de ce dernier les restes de la comtesse Anna Bianchi, sa mère et aïeule de la comtesse Guiseppina Scotti Anguissola, sans le consentement de celle-ci, et si la comtesse Scotti est ou non fondée

son fils, alors même qu'il existe un testament antérieur de trois ans au décès, portant : « J'institue légataire universel et exécuteur testamentaire mon vieil ami X... qui connaît mes dernières intentions, qui sont toujours restées les mêmes », ces termes n'étant pas assez explicites pour qu'on en déduise le droit pour l'exécuteur testamentaire de régler à sa volonté la cérémonie des funérailles du défunt (Paris, 19 août 1881) (1).

à s'opposer à cette translation ; — Attendu que le procès n'offrant qu'un intérêt moral et non prévu par une disposition législative spéciale, la question doit se résoudre par les principes généraux du droit ; — Attendu qu'il est constant d'après les faits de la cause : 1° que la famille Costa ne possède pas de caveau destiné à recevoir les restes de ses membres ; 2° qu'en mourant, la comtesse Bianchi Costa n'a pas choisi de sépulcre spécial ; 3° que son corps a été provisoirement déposé dans le caveau du comte Luigi Giacommetti situé dans le cimetière public de Plaisance ; que le texte du testament du comte Costa dans lequel il est dit que le cadavre de sa mère se trouve pour l'instant dans la chapelle du comte Luigi Giacommetti, grâce à la généreuse amitié de celui-ci indique le caractère provisoire du dépôt de ce cadavre ; — Attendu qu'il ne peut être également tenu pour certain (ce fait étant contesté par les parties et n'étant d'ailleurs pas prouvé) ni qu'au décès de la comtesse Bianchi, la défenderesse ait reconnu au comte Costa, son oncle, à l'exclusion de tous autres, le droit de régler à son gré l'inhumation du cadavre, ainsi que le prétend le docteur Ceresa, ni que le dépôt définitif du corps dans le caveau de famille des comtes Scotti ait été résolu d'un commun accord entre la comtesse Scotti et son oncle, ainsi que le soutient la défenderesse ; — Attendu que Ceresa réclame la translation du corps non comme héritier du comte Giacomo Costa, mais comme en ayant été spécialement chargé par le testateur ; qu'il reste dès lors à se demander si le comte Costa avait le droit d'ordonner cette translation par testament et de faire déposer son corps dans le tombeau de son héritier et non dans celui de sa nièce à qui le droit du sang et de l'hérédité crée un titre pour s'opposer à l'exécution des dernières volontés de son oncle en offrant son propre caveau pour recevoir les restes de son aïeule ; — Attendu que le comte Costa, fils de la comtesse Bianchi et la comtesse Guiseppina Scotti étant tous deux héritiers, le premier pour la quotité disponible et le second en ce qui concerne la réserve, il lui appartenait non seulement de lui rendre les derniers devoirs, mais aussi de choisir après sa mort le lieu de sa sépulture ; — Attendu que bien que l'on ne puisse concevoir une idée de propriété et de possession reposant sur un cadavre humain, tous les peuples civilisés ne le considèrent pas moins comme une chose sacrée objet d'un culte pieux, d'où l'on peut conclure qu'il est placé sous une sorte de tutelle dévolue principalement à ceux qui tenaient au de cujus soit par le sang, soit par les liens de la reconnaissance, comme ayant été ses héritiers ; que cette tutelle doit, par la nature même des choses et par le droit naturel, être dévolue au parent le plus proche, celui-ci étant présumé avoir pour le défunt une affection plus grande que le parent du degré le plus éloigné ; — Attendu que si le comte Giacomo Costa a la tutelle du cadavre de sa mère, il doit avoir également le choix du lieu de la sépulture par préférence à la petite-fille, non seulement comme plus étroitement uni à la défunte par les liens du sang, mais aussi comme héritier de la plus grande partie de ses biens, d'où résulte de la part de la mère pour son fils une prédilection qui s'est manifestée également dans le testament par lequel elle confie à lui seul l'exécution de ses dernières volontés, ce qui suppose un devoir plus étroit d'affection et de reconnaissance du fils envers sa mère ; — Attendu que la tutelle du cadavre et le choix du tombeau appartiennent, en outre, d'autant plus au fils par préférence à la petite-fille, que la mère et le fils, membres de la même famille, avaient toujours habité ensemble, alors que la petite-fille née Scotti, mariée au comte Anguissola, n'avait jamais fait partie de la famille Costa ; — Attendu que le droit de choisir le caveau où doivent reposer définitivement les cendres de sa mère constitue incontestablement l'acte le plus grand et le plus noble de la tutelle dont s'agit ; qu'il était toujours loisible au comte Costa de s'acquitter de ce devoir pendant sa vie sans le consentement de sa nièce ; mais que le droit à cette tutelle et le choix du lieu de la sépulture ne sont pas censés finir avec la vie du fils ; qu'il n'y a pas là un droit subordonné à l'existence de la personne, aucune loi n'interdisant de charger un héritier de l'exécution d'un acte de bienséance et d'affection relatif à notre propre sépulture et à celle de nos ancêtres ; que si le testateur peut confier à son héritier l'exécution d'une obligation morale ou l'exercice d'un devoir civil qui ne soit pas exclusivement attaché à sa personne, on ne comprendrait pas qu'il lui fût interdit d'enjoindre à son héritier de faire transporter dans son propre caveau la dépouille de sa mère, ce qui se réduit en somme à une charge pieuse révélant le désir naturel à chacun de nous de reposer après sa mort près de ceux que nous avons le plus aimés ; — Attendu que la disposition du comte Costa relativement à la translation dont s'agit n'étant contraire ni à l'ordre public ni aux bonnes mœurs doit être réputée valable ; qu'elle est même éminemment morale, étant l'expression la plus élevée de la mémoire du comte envers sa mère dont il à partagé les joies et

les douleurs durant sa vie ; que la translation dont il est question est, d'autre part, conforme au bon ordre de la famille, parce qu'il est convenable que le fils repose dans la tombe de sa mère, laquelle, aux termes des dispositions du testateur, cesserait sans cela d'être leur propre caveau pour devenir la sépulture commune des familles Costa et Ceresa ; — Attendu, d'ailleurs, qu'aucun motif légitime ou raisonnable ne justifie l'opposition de la comtesse Scotti ; que le tribunal ne saurait s'arrêter à l'objection tirée de l'antipathie de la comtesse Bianchi pour les époux Ceresa, les actes produits n'apportant aucune preuve à l'appui de cette allégation, preuve qui ne saurait se déduire du silence que la comtesse Bianchi aurait observé dans son testament à l'égard des époux Ceresa ; que l'on ne saurait davantage accueillir l'objection tirée de ce que le comte Costa aurait simplement prié son héritier de faire faire la translation de son cercueil, sans le lui ordonner expressément ; qu'un ordre du testateur est inutile pour rendre efficace et valable une disposition testamentaire ; qu'il suffit que l'intention du testateur soit clairement exprimée ; que les termes dont s'est servi le comte Costa sont extrêmement clairs et indiquent son intention de faire transporter près de lui, dans le tombeau des Ceresa, les cendres de sa mère par les soins de son héritier ;

Par ces motifs, etc.

Du 4 avr. 1881.-Trib. civ. de Plaisance (Italie).-M. Paviol, pr.

(1) (Gallot C. Boulangé).—En 1881, le sieur Henri Boulangé mourait à l'hôpital d'Auxerre laissant, à la date de 1877, un testament ainsi conçu : « Au moment de partir pour l'Afrique et pouvant mourir d'un instant à l'autre, je dresse l'acte de mes dernières volontés. J'institue pour mon exécuteur testamentaire et pour légataire universel mon vieil ami Gallot, qui connaît mes intentions qui sont toujours restées les mêmes ». Boulangé était brouillé depuis longtemps avec sa famille, et avait même formé contre sa mère une demande en pension alimentaire. Il avait abondonné toute pratique religieuse et se proclamait libre penseur. Son exécuteur testamentaire, le sieur Gallot, prétendit avoir le droit exclusif de s'occuper des obsèques de son ami, dont il voulait écarter toute idée religieuse. Le défunt n'ayant laissé aucune fortune, disait-il, son testament ne pouvait avoir pour but que de confier à son exécuteur testamentaire la mission de procéder à ses funérailles. La dame Boulangé mère protesta contre cette prétention, et le président du tribunal civil d'Auxerre saisi de la question, comme juge des référés, rendit le 29 juill. 1881 l'ordonnance suivante:—«Attendu que,si respectable que puisse être le droit de la mère, ce droit ne saurait cependant se substituer à la personnalité du défunt, se survivant à elle-même dans la manifestation de ses volontés ; que la loi et la jurisprudence assurent, avec une vigilante sollicitude, l'exécution des dispositions de dernière volonté, en tout ce qu'elles n'ont point de contraire aux lois et aux bonnes mœurs ; — Attendu que, quelque obscur que soit le testament olographe du 20 oct. 1877 sur les formalités qui doivent présider à l'inhumation du disposant, cet acte acquiert une signification claire et précise en tant qu'il élève, en opposition au droit de la famille, un droit rival et supérieur ; que ce droit, le sieur Gallot l'a puisé dans sa qualité d'exécuteur testamentaire, investi, suivant les termes du testament, de la pleine confiance du défunt ; — Attendu que, par cette institution, le testateur a ouvertement manifesté ses préférences en faveur d'un ami contre les membres de sa famille ; que, si dure que soit ce résultat, pour la mère notamment, il ne saurait cependant la surprendre ; que la mésintelligence qui depuis longtemps avait remplacé l'affection, des luttes judiciaires encore récentes avaient créé entre le fils et la mère des ressentiments que le juge ne peut que constater, tout en les déplorant ; — Attendu que de cette situation de droit et de fait, il résulte que c'est au sieur Gallot seul qu'il appartient de faire procéder aux formalités que nécessite l'inhumation du sieur Boulangé ; — Attendu qu'il y a urgence extrême à ce que ces formalités soient accomplies au plus vite ; — Par ces motifs, etc. ». — Appel par la dame Boulangé réclamant le corps de son fils et demandant en outre 500 fr. de dommages-intérêts. — Arrêt.

La cour ; — Considérant que le testament de Henri Boulangé, du 20 oct. 1877, antérieur de plus de trois ans à son décès, contient seulement la disposition suivante : « J'institue pour mon légataire universel et exécuteur testamentaire, mon vieil ami Albert Gallot, qui connaît mes dernières intentions qui sont toujours restées les mêmes » ; — Considérant que, ces termes qui précèdent, on ne saurait inférer le droit pour l'exécuteur testamentaire de régler à sa volonté la cérémonie des funérailles du défunt ; qu'en effet, si Henri Boulangé avait eu réellement l'intention bien arrêtée de laisser ce soin à la discrétion de Gallot, à l'exclusion de sa famille, avec laquelle il vivait d'ailleurs en mauvais rapports, il

879. Le parent à qui il appartient de désigner le lieu de sépulture d'un parent décédé peut-il exercer ce droit même par testament et charger son héritier, à l'exclusion des autres parents plus rapprochés du défunt, de transférer dans un lieu déterminé les restes du parent prédécédé? Le tribunal civil de Plaisance a jugé l'affirmative (Jugement du 4 avr. 1881, *suprà*, n° 878). Cette solution ne saurait faire difficulté, dans le système qui admet que le droit reconnu à la famille de régler la sépulture du défunt dérive du droit de l'héritage, les parents héritant du corps du défunt comme de ses autres biens. Elle doit aussi être adoptée, dans le système que nous soutenons (V. *suprà*, n° 878). Le droit attribué aux parents les plus proches de régler les funérailles a pour base, avons-nous dit, la connaissance qu'ils sont présumés avoir de la volonté du défunt. Une personne non mariée meurt. Il appartient à son père de présider à ses obsèques. Mieux que tout autre il est réputé connaître les intentions du défunt. Il paraît équitable, s'il ne peut exercer le droit qui lui est accordé, de lui permettre de le céder à un tiers qui a sa confiance. Ce droit à un certain point de vue a un caractère personnel, mais il n'a aucun des caractères des droits dont la délégation est prohibée, tels que celui de tutelle.

880. Si les parents ayant des droits égaux ne s'accordent pas, le juge de paix tranche la question (Conf. Angers, 7 avr. 1884, aff. Hutteau d'Origny, D. P. 85. 2. 125).

La décision du juge de paix ou du président du tribunal civil statuant sur l'appel est notifiée au maire qui est chargé d'en assurer l'exécution (L. 15 nov. 1877, art. 4, § 2). — Pour résoudre la difficulté, le juge doit s'inspirer notamment de l'intention présumée du défunt (V. en ce sens : Ord. réf. prés. Trib. Bruxelles, 16 févr. 1887) (1).

881. Toute personne qui donne aux funérailles un caractère contraire à la volonté du défunt ou à la décision judiciaire lorsque l'acte constatant la volonté du défunt ou la décision du juge lui a été notifié est passible des peines portées aux art. 199 et 200 c. pén., sauf application de l'art. 463 dudit code (L. 15 nov. 1887, art. 5) (V. *suprà*, n° 824).

882. Le respect dû au morts et la paix qu'il convient d'assurer à leurs cendres exigent que les lieux de sépulture ne soient pas arbitrairement changés. Cependant les tribunaux ont le droit d'ordonner l'exhumation et la translation des corps qui ont été placés dans un lieu autre que celui que le défunt (ou le parent le plus proche si le défunt n'avait pas exprimé sa volonté) avait choisi (Trib. Seine, 20 juill. 1882, *suprà*, n° 861 ; 16 mai 1888) (2).

n'eût pas manqué de s'en expliquer d'une manière précise, afin de ne laisser subsister aucun doute sur sa volonté; que cette explication était d'autant plus nécessaire que le silence de son testament rendait plus incertaine la mission de l'exécuteur testamentaire, et qu'il s'agissait de dépouiller la mère de famille du droit que la nature même lui confère de présider aux funérailles de son fils et de s'acquitter envers son cadavre d'une devoir pieux; — Considérant que l'exécution provisoire qu'a déjà reçue l'ordonnance de référé ne fait pas disparaître l'intérêt de l'appelante à en poursuivre la réformation; mais que, quant à la question des dommages-intérêts réclamés par elle, il suffit de la réserver au principal; — Faisant droit à l'appel et réformant; — Dit qu'à tort le juge de référé a autorisé Gallot à faire procéder à l'enterrement d'Henri Boulangé; — Autorise la mère, la veuve Boulangé, à la charge par elle de se conformer aux prescriptions administratives, à reprendre le corps de son fils et à procéder à ses funérailles ainsi qu'elle avisera.

Du 19 août 1881.-C. de Paris, 1re ch.-MM. Larombière, 1er pr.-Robert, av. gén., c. conf.-Remacle et Ducuing, av.

(1) (Héritiers Delacre.) — Le 14 févr. 1887, le sieur Delacre est décédé sans avoir fait de testament et laissant comme parents les plus proches une tante et un oncle. Ce dernier prétendit faire enterrer le défunt civilement. De son côté, la tante du défunt introduisit un référé tendant à faire ordonner que l'inhumation aurait lieu suivant le rite catholique. — Ordonnance.

NOUS PRÉSIDENT;... — Attendu que, à défaut par le défunt d'avoir exprimé sa volonté au sujet du règlement de ses funérailles, il y a lieu, pour la famille et le juge, de se conformer à sa volonté présumée; — Attendu que les deux parties en cause sont les plus proches parents du défunt et au même degré; — Attendu qu'il est constant que le défunt est mort subitement; — Attendu qu'il est établi que le *de cujus* a été baptisé; qu'il a fait sa première communion, qu'il a été confirmé, qu'il a fait ses études au collège Saint-Louis à Bruxelles, et qu'il a été préfet d'une congrégation religieuse jusqu'en 1877; — Attendu que rien ne prouve que le défunt a voulu rompre avec ses idées religieuses, qu'il doit être présumé y avoir persévéré; — Par ces motifs; — Disons que le corps de Charles-Norbert Delacre sera inhumé suivant le rite catholique; faisons défense au défendeur de procéder autrement à l'inhumation, etc.

Du 16 févr. 1887.-Trib. civ. de Bruxelles, aud. réf.-MM. Van Morcel, pr.-Bonnevie, av.

(2) (Veuve Taroni C. époux Taroni.) — LE TRIBUNAL; — Attendu que Francis Taroni est décédé à Paris le 27 janv. 1888 et qu'il a été inhumé le 30 du même mois dans une concession temporaire du cimetière de Pantin; — Que le 10 mars suivant, les époux Taroni, père et mère du défunt, ont fait procéder, à l'insu de la veuve, à l'exhumation du corps, qui a été transporté dans une sépulture de la famille Taroni à Saint-Hélier, île de Jersey; — Attendu que la veuve Taroni, invoquant à la fois ses droits de veuve et de propriétaire de la concession, demande que la dépouille mortelle de son mari soit ramenée dans le cimetière de Pantin, et que la tombe de celui-ci soit rétablie dans son état primitif; — Attendu que le droit de désigner le lieu de la sépulture d'une personne décédée appartient en général à l'époux survivant, par préférence à tout autre parent; — Qu'en effet, à défaut d'une volonté formellement exprimée par le défunt, son conjoint étant la personne qui lui était attachée par les liens les plus intimes et les plus étroits, doit être considéré comme le confident naturel de

ses dernières pensées et de ses intentions suprêmes; — Que sans doute cette règle n'a rien d'absolu et qu'elle doit fléchir, notamment, toutes les fois que la présomption d'affection et de communauté de sentiments sur laquelle elle repose se trouve contredite par les faits; — Qu'en outre, lorsque le lieu de l'inhumation a été choisi d'un commun accord entre les différents membres d'une famille, le respect dû aux morts et la paix qu'il convient d'assurer à leurs cendres exigent que ce lieu de sépulture ne soit pas arbitrairement changé; — Attendu que les époux Taroni n'établissent pas et n'allèguent même pas qu'un accord de cette nature soit intervenu entre eux et la demanderesse, et que le transport du corps et son inhumation dans la sépulture de Saint-Hélier avaient eu lieu du consentement de celle-ci; — Mais que Taroni père se prétend lui-même titulaire de la concession temporaire du cimetière de Pantin et soutient qu'elle a été prise en son nom et sur son compte, afin précisément de lui permettre de procéder à la prochaine exhumation de son fils; — Qu'en outre les défendeurs articulent et offrent de produire une série de faits tendant à prouver que Francis Taroni avait manifesté à divers reprises le désir d'être inhumé à Jersey, et dans les circonstances spéciales de la cause, c'est à ses parents, de préférence à sa veuve, qu'il appartenait de désigner le lieu de sa dernière demeure; — Attendu qu'il est constant que toutes les démarches nécessaires pour l'inhumation au cimetière de Pantin, et pour l'obtention de la concession temporaire, ont été faites par les parents et les mandataires de la veuve Taroni ni pour son compte; que le prix de la concession a été payé de ses deniers et que c'est seulement depuis l'introduction de l'instance que les époux Taroni ont offert d'en rembourser le montant; que la demanderesse est restée en possession de tous les reçus, bulletins et autres pièces concernant soit l'inhumation, soit la concession; — Que, par suite, si lors de la substitution de nom de Taroni à celui de Voisin, mandataire de la demanderesse, qui avait été inscrit tout d'abord sur le bulletin émanant de l'administration et relatif à la concession, la rectification n'a pas porté en même temps sur la lettre M qui précédait le nom, il n'en est pas moins constant que c'est la veuve qui est titulaire de ladite concession; — Que le titre porte, en effet, avec le nom de Taroni, l'indication du domicile, rue de Flandre, 173, qui était celui de la demanderesse et où les défendeurs n'ont jamais demeuré; — Qu'au surplus on ne s'expliquerait pas pour quel motif les époux Taroni auraient sollicité une concession de cinq ans au cimetière de Pantin, puisqu'ils avaient, dès le principe, l'intention avouée de transporter le corps à Saint-Hélier; — Qu'il était naturel, dans ce cas, de conserver le corps dans un caveau provisoire, jusqu'à ce que les autorisations nécessaires pour le transport eussent été obtenues; — Qu'il est facile, au contraire, de comprendre l'intérêt de la veuve à réclamer une concession qui assurait le maintien auprès d'elle de la dépouille mortelle de son mari; — Attendu que les faits articulés contre elle sont de simples allégations se référant pour la plupart à une époque antérieure au mariage et dès lors manquant de pertinence; — Que les autres faits ne sont pas personnels et qu'ils ne présentent aucune précision ou sont dès à présent démentis par les documents de la cause; — Qu'il est constant, en effet, que si Francis Taroni a mis fin prématurément à ses jours, c'est à raison du mauvais état de ses affaires et non à cause d'un dissentiment quelconque entre les époux, dont l'union n'a jamais été troublée; — Attendu, enfin, que si la volonté du défunt doit être avant tout respectée en ce qui concerne le lieu de sépulture, c'est à la condition que cette volonté se soit manifestée d'une façon précise et certaine par des dispositions

SECT. 3. — DES EXHUMATIONS (*Rép.* nᵒˢ 767 à 770).

883. On a dit au *Rép.* nᵒˢ 767 et suiv. que les exhumations ne pouvaient être faites qu'en vertu de l'autorité de justice, ou d'une permission spéciale du maire, et en accomplissant les mesures de salubrité et de sûreté publiques prescrites par lui. La loi du 5 avr. 1884 (art. 97, § 4) confirme les pouvoirs de l'autorité municipale.

884. Si le maire investi du droit d'assurer la salubrité publique et de veiller au maintien du bon ordre dans les cimetières, peut légalement interdire de procéder aux exhumations et réinhumations sans son autorisation et en dehors de la présence du commissaire de police, il ne lui appartient pas d'imposer aux familles, dans son règlement, l'obligation de rédiger sur papier timbré les demandes en autorisation d'exhumation et de réinhumation, car il n'a pas le droit de réglementer les matières fiscales régies par des lois particulières (Crim. rej. 16 janv. 1868, aff. Paudot, D. P. 68.1.354).

885. L'exhumation pratiquée sans autorisation du maire constitue d'après la jurisprudence une violation de sépulture (V. *infra*, nᵒ 968).

886. Il est d'usage d'allouer au commissaire de police qui assiste à l'exhumation une rétribution dont le chiffre varie suivant les localités. Un arrêté du préfet de la Seine du 10 avr. 1827 dit que cette allocation constitue un véritable droit. Tel a été aussi l'avis du ministre de l'intérieur consulté sur ce point en 1859. Nous ne croyons pas cette opinion fondée. Les commissaires de police n'ont droit à aucune rétribution à l'occasion de l'exercice de leurs fonctions. Or la surveillance des exhumations rentre dans leurs attributions. La cour de cassation a proclamé ce principe en jugé qu'il n'appartient pas au maire de faire payer des indemnités à titre de vacations, au profit des agents de l'administration qui concourent à l'exécution des arrêtés municipaux (Crim. rej. 16 janv. 1868, aff. Paudot, D. P. 68. 1. 354; Lacombe, p. 211).

887. Le fossoyeur a droit à un salaire pour chaque exhumation. En l'absence d'un tarif municipal, et en cas de contestation, ce salaire est fixé par le juge de paix (Req. 21 mars 1876, aff. Arnaud Coffin, D. P. 77. 1. 128).

888. On a indiqué *suprà*, nᵒˢ 848 et suiv., les voies de recours ouvertes contre les arrêtés du maire qui refuse les autorisations d'exhumer.

SECT. 4. — DES DÉPENSES ET FOURNITURES RELATIVES AUX SÉPULTURES ET AUX POMPES FUNÈBRES (*Rép.* nᵒˢ 771 à 782).

889. La proposition de loi sur le monopole des inhumations soumise au Parlement et dont nous avons analysé les dispositions (V. *suprà*, nᵒ 824) n'étant pas encore votée, et pouvant être abandonnée, l'exposé des décisions de jurisprudence qui ont interprété les décrets du 23 prair. an 12 et du 18 mai 1806 qui règlent encore actuellement la matière, conserve son utilité. Cette étude conserverait, d'ailleurs, un intérêt même sous l'empire de la loi nouvelle qui tend à modifier, mais non à abroger complètement la législation en vigueur.

890. On a exposé au *Rép.* nᵒ 771 que les frais et rétributions à payer aux ministres des cultes et aux individus attachés aux églises, tant pour leur assistance au convoi que pour les services requis par les familles, sont réglés par le

Gouvernement sur l'avis des évêques et des préfets et sur la proposition du ministre des cultes (Décr. 23 prair. an 12; 18 mai 1806). Quant aux règlements et tarifs concernant le transport des corps, qui étaient soumis à l'autorisation du chef de l'Etat (V. Circ. préf. Seine, 29 nov. 1847, D.P. 48.3. 69), ils sont approuvés par le préfet depuis le décret de décentralisation du 25 mars 1852 (Tabl. A, nᵒ 46). Un arrêt du conseil d'Etat du 10 avr. 1867 (V. *infra*, nᵒ 906) indique comment les tarifs doivent être dressés ; « S'il appartient aux fabriques de dresser les tarifs des fournitures à faire, dans l'intérieur des églises, sauf à communiquer ces tarifs aux conseils municipaux pour avoir leur avis, les tarifs des fournitures nécessitées par le transport des corps hors de l'église et par la pompe funèbre donnée à ce transport doivent être proposés par les conseils municipaux, communiqués ensuite aux fabriques intéressées pour avoir leur avis et approuvés par le préfet par application du décret du 25 mars 1852. » Dans les villes où les fabriques n'usent pas du monopole, les tarifs et traités relatifs aux pompes funèbres sont approuvés par le préfet ou par décret, suivant la distinction établie par l'art. 115 de la loi du 5 avr. 1884.

891. Le préfet ne peut, sans excès de pouvoir, rapporter l'arrêté par lequel il avait approuvé les tarifs et règlements adoptés par un conseil municipal, pour le service extérieur des pompes funèbres et d'après lesquels les fabriques et consistoires étaient autorisés à faire toutes les fournitures par eux-mêmes ou par entreprise, alors que, par cet arrêté, le préfet ne s'était réservé le droit de modifier ces tarifs et règlements qu'après une période de cinq années. La délibération du conseil municipal, approuvée régulièrement, produit les conséquences qui résulteraient d'un contrat. Les fabriques, en vertu de cette délibération, sont tenues d'organiser un personnel et un matériel suffisants pour pourvoir au service dans les conditions que prescrit ou autorise le règlement; et elles ont un droit acquis à percevoir, pendant la durée déterminée par le règlement, les rémunérations correspondant aux dépenses ainsi engagées ; il ne peut dépendre du préfet de transformer l'exercice de ce droit en une jouissance purement précaire (Cons. d'Et. 18 nov. 1881, aff. Conseil d'administration des fabriques d'Amiens, D. P. 83. 3. 28; et la note).

892. Il n'appartient pas aux fabriques de conclure, sans l'intervention des conseils municipaux, des traités pour le service des pompes funèbres. Les conseils municipaux peuvent refuser de tenir compte des marchés que les fabriques auraient contractés seules. Mais l'irrégularité peut être couverte par la participation de la commune à l'exécution du traité, et, dans ce cas, la commune ne peut plus mettre obstacle à la continuation du marché et traiter, par exemple, avec une autre personne sans indemniser l'entrepreneur (Cons. d'Et. 6 juin 1872, aff. Société des pompes funèbres générales, D. P. 73. 3. 54).

893. Il a été jugé que les oblations dues au clergé pour son assistance au convoi et pour les services religieux ne s'appliquent qu'aux actes du ministère ecclésiastique, et non aux dépenses que le curé aurait faites soit pour inviter à leur domicile les prêtres étrangers, soit pour décorer exceptionnellement l'église. Ces dépenses devraient être réglées à part d'après les principes du mandat salarié (Req. 9 juill. 1877) (1).

---

tions testamentaires, par exemple, et en vue d'un décès qu'on pouvait prévoir ; — Qu'il importerait peu, dès lors, que Francis Taroni eût manifesté à une certaine époque l'intention de se retirer à Jersey et d'y être inhumé, puisque sa volonté a pu se modifier depuis, et que sa veuve offre d'établir qu'il avait témoigné à maintes reprises d'être inhumé dans le lieu où il mourrait ; — Qu'ainsi aucun des faits articulés n'est de nature à priver la veuve Taroni du droit de conserver auprès d'elle la dépouille mortelle de son mari, dans des conditions qui lui permettent de la faire honorer plus tard par son enfant ; — Attendu que les époux Taroni objectent, en dernier lieu, que la décision sollicitée par la demanderesse ne tendrait à rien moins qu'à ordonner un acte d'exécution sur un territoire étranger ; — Mais attendu que s'il appartient au tribunal de déterminer le droit des parties, d'imposer à l'une d'elles une obligation particulière, sous une astreinte pénale, et de prescrire toutes mesures nécessaires pour rendre sa décision efficace, l'exercice de ce pouvoir n'entraîne aucune dérogation à la règle suivant laquelle l'exécution du jugement à

l'étranger ne peut être poursuivie que conformément aux lois du pays ; — en ce qui concerne le préfet de police, qu'à raison de l'inexactitude qui a été commise dans l'acte de concession et pour prévenir toute équivoque et surprise à l'avenir, il importe de le maintenir en cause ; — Par ces motifs, etc.
Du 16 mai 1888.-Trib. civ. Seine.

(1) (Dejean C. Belaygue.) — LA COUR ; — Sur le deuxième moyen, pris de la violation des art. 2 de l'ordonnance royale du 9 déc. 1827, 5 et 69 de la loi du 13 germ. an 10, 20 du décret du 23 prair. an 12, 6 de la loi du 18 mai 1806 et 7 de la loi du 20 avr. 1810 : — Attendu que le jugement attaqué déclare que Dejean, ayant voulu faire célébrer des services de 1ᵉʳ classe dans la petite paroisse de Fauroux, a occasionné au desservant Belaygue des soins accessoires pour faire venir des prêtres qui devaient concourir à ces cérémonies et pour prendre, dans son église, les dispositions nécessaires ; — Attendu que les attributions du curé ou du desservant, en ce qui regarde les prêtres étrangers, se bor-

894. Les oblations sont-elles dues au clergé du lieu du décès lorsque l'inhumation et le service religieux sont faits dans une autre paroisse ? Pour l'affirmative, on soutient que l'oblation est due à la cure et qu'il ne peut dépendre des paroissiens d'en dépouiller le curé (Gaudry, *Législation des cultes*, t. 2, p. 619 et suiv.; Téphany, *De l'administration des paroisses*, t. 1, p. 317 ; Trib. just. paix Sancerre, 20 mars 1874, aff. Gravelet, D. P. 75. 1. 475). L'opinion contraire s'appuie sur ce motif qu'aucun texte spécial n'autorise la double perception d'un droit pour une seule inhumation ; que le décret qui approuve le tarif diocésain ne saurait, d'ailleurs, exiger le payement de deux oblations pour un service unique (Civ. cass. 25 févr. 1852, aff. Raffard, D. P. 52. 1. 83. V. Conclusions de M. l'avocat général Reverchon dans l'affaire Gravelet, Req. 5 juill. 1875, D. P. 75. 1. 475, et la note).

895. Les fabriques des églises et consistoires jouissent seules, aux termes de l'art. 22 du décret du 23 prair. an 12, du droit de fournir les tentures, voitures, ornements, et de faire généralement toutes les fournitures quelconques nécessaires pour les enterrements et pour la décence ou la pompe des funérailles. L'art. 25 du même décret prescrit de dresser des tarifs destinés à fixer les frais à payer pour les billets d'enterrements, le prix des tentures, les bières et le transport des corps. — Ce décret ayant soulevé des contestations entre les fabriques et les entreprises de convois, un nouveau décret du 18 mai 1806 vint régler la matière. L'art. 7 porte : « Les fabriques feront par elles-mêmes, ou feront faire par entreprise aux enchères toutes les fournitures nécessaires au service des morts dans l'intérieur des églises, et toutes celles qui sont relatives à la pompe des convois. Elles dresseront à cet effet des tarifs et des tableaux gradués par classe; ils seront communiqués aux conseils municipaux et aux préfets ». On a soutenu que ce décret a abrogé les dispositions du décret de l'an 12, et que, notamment, puisqu'il ne mentionne pas les billets d'enterrement, ces billets ne sont pas compris dans le monopole. Cette opinion a été développée par Me Leberquier, avocat du barreau de Paris, dans une consultation à laquelle ont adhéré plusieurs jurisconsultes... « La question est, dit la consultation qui relève les termes de l'art. 7 du décret de 1806, de savoir si les billets d'enterrement sont nécessaires soit au service des morts dans l'intérieur des églises, soit à la pompe des convois, ou du moins, si le législateur les a considérés comme tels. Or ce qui s'est passé à Paris peut jeter quelque jour sur cette question. En 1811 expirait le bail fait à l'adjudicataire du service des pompes funèbres de Paris. Les nouveaux tarifs, qui furent annexés au décret du 18 août 1811, distinguent les fournitures nécessaires, divisées en six classes, et les fournitures non nécessaires qu'il pouvait convenir aux familles de demander également à l'entreprise des convois... Or, au nombre de ces derniers objets (non nécessaires) que chacun peut se procurer vû et comme bon lui semble, mais qu'il est défendu à l'entreprise de livrer à des prix plus élevés que ceux indiqués au tarif, figurent précisément les billets d'enterrement, et à côté de ces billets, les habillements de deuil pour maîtres et domestiques, les crêpes, les gants noirs, blancs, fins, communs, etc... Depuis cette époque, le service des pompes funèbres à Paris a été plusieurs fois remis en adjudication. D'après le cahier des charges annexé à l'ordonnance royale du 25 juin 1832, l'objet de l'entreprise comprend le service ordinaire et le service extraordinaire, et le tarif qui suit détermine les fournitures qui rentrent dans chacune de ces deux catégories. Mais, en outre, il comprend sous cette désignation !

Objets non déterminés, des fournitures qui ne font partie ni du service ordinaire, ni du service extraordinaire, et au nombre desquelles figurent les billets d'enterrement, et comme ce sont là des fournitures en dehors de celles pour lesquelles l'entreprise, substituée aux fabriques, jouit du monopole, le cahier des charges a soin de déclarer (art. 34) qu'à raison de ces fournitures il n'est dû aucune remise aux fabriques. — En 1859, nouveau changement. A chaque classe ont été ajoutés un certain nombre d'objets supplémentaires, dans lesquels on a fait entrer la plupart des fournitures désignées auparavant comme faisant partie des objets non déterminés. Dans ce nouveau cahier des charges, les objets supplémentaires ont été compris dans le privilège de l'entreprise, et dès lors, le droit des fabriques a dû frapper ces objets (V. l'art. 36). Mais les billets d'enterrement n'ont point été mis au nombre des objets supplémentaires ; il n'en est question ni dans le cahier des charges, ni dans le tarif. Ils ont, en conséquence, continué de rester dans le droit commun. — Or il est à remarquer que toutes les ordonnances, tous les décrets rendus pour la concession du service des pompes funèbres à Paris visent et le décret du 23 prair. an 12, et le décret du 18 mai 1806, et celui du 18 août 1811, comme règlements organiques, preuve manifeste qu'ils n'entendent point s'écarter des règles que ces décrets ont tracées mais plutôt en donner développement. N'est-il pas évident, dès lors, que le décret du 18 mai 1806 ne comprenait pas les billets d'enterrement parmi les fournitures nécessaires au service des morts dans l'intérieur des églises ou relatives à la pompe des convois, et que le décret du 23 prair. an 12, lorsque dans son art. 25 il parlait des billets d'enterrement, voulait seulement tarifer les objets que les familles avaient la faculté, mais n'étaient pas obligées de demander aux fabriques, ou aux entreprises qui les représentaient ? »

Cette opinion n'a pas prévalu. La doctrine contraire, admise par la cour de cassation dans un premier arrêt du 27 août 1823 (*Rép.* no 774), a été presque constamment suivie depuis par la jurisprudence. Le décret du 18 mai 1806 a été rendu pour assurer l'exécution et le développement des règles posées par le décret de l'an 12, et il ne contient aucune dérogation explicite à ces règles. L'art. 25 du décret de l'an 12 mentionne les billets d'enterrement au premier rang des objets qui doivent être tarifés. Le législateur indique clairement par là qu'à ses yeux ils sont compris dans le monopole concédé aux fabriques. Le décret du 18 août 1811 n'a apporté aucune modification à cet état de choses. Il établit un service supplémentaire pour les objets non déterminés dans la distribution des classes, c'est-à-dire pour les objets que les familles peuvent demander ou ne pas demander. Mais ces objets, lorsqu'ils sont réclamés, doivent être fournis exclusivement par l'entreprise et ne peuvent être livrés par tout industriel. Le décret du 23 prair. an 12 a conféré aux fabriques et consistoires pour leur assurer des ressources, mais aussi dans un intérêt d'ordre public, de respect envers les morts, et de salubrité, le droit exclusif de faire toutes les fournitures qui ont trait aux enterrements. Ce droit leur est attribué sans restriction et d'une manière absolue ; il comprend donc toutes les fournitures sans qu'il y ait lieu de distinguer entre celles qui sont absolument indispensables et celles qui ne l'étant pas se rapportent néanmoins au service des inhumations, entre celles qui sont et celles qui ne sont pas mentionnées dans le tarif. Le tarif n'est pas la condition indispensable de l'exercice du privilège ; aucun texte de loi ne l'indique ; il n'a d'autre but que de prévenir les contestations qui peuvent naître entre la régie des inhumations et

nent à autoriser leur participation à une cérémonie religieuse ayant lieu dans son église et à les y présider, mais ne comprennent pas la charge de les faire inviter à leurs domiciles respectifs ; — Que le curé ou desservant n'est point davantage astreint ni à effectuer par lui-même les travaux matériels nécessaires pour décorer une église, ni à payer de ses deniers les ouvriers qui les exécutent ; — Attendu, en conséquence, que les faits constatés par le jugement ne consistant pas en des actes du ministère ecclésiastique et n'étaient pas de nature à être prévus par le tarif des oblations dues au clergé; que ces faits, à raison desquels la fabrique de l'église n'élevait, dans l'espèce, aucune prétention, rentraient sous l'empire des règles du mandat salarié ou du louage d'ouvrage, et qu'en l'absence d'une stipulation expresse, il appar-

tenait aux tribunaux de fixer le chiffre de la dette; — D'où il suit que les juges du fond, en arbitrant la somme due pour ces soins exceptionnels, et en l'ajoutant au total des oblations, n'ont ni étendu les dispositions du tarif à des actes qu'il ne prévoit pas, ni augmenté les honoraires des curés qu'il prévoit, mais reconnu un principe d'obligation dans les termes du droit commun et déterminé le montant de cette dette; qu'en statuant ainsi, ils ont donné une base légale à leur sentence, en même temps qu'ils ont accompli le devoir de la motiver et n'ont violé aucune loi;

Par ces motifs, rejette, etc.

Du 9 juill. 1877.-Ch. req.-MM. Almeras-Latour, f. f. pr.-Connelly, rap.-Godelle, av. gén., c. conf.-Rigot, av.

les familles relativement au prix des fournitures. La non-existence d'un tarif régulier, pas plus que la simple omission dans le tarif légal de certains articles, ne saurait infirmer le droit exclusif accordé aux fabriques (Rouen, 31 janv. 1862, aff. Roquencourt, D. P. 62. 2. 83 ; Toulouse, 4 janv. 1868, aff. Querre, D. P. 68. 2. 54 ; Aix, 13 juin 1872, aff. Audibert, D. P. 73. 2. 190). Toutefois il a été jugé récemment, en sens contraire, que le monopole accordé aux fabriques des églises, et, par suite, à l'entreprise des pompes funèbres, quand elle est leur cessionnaire, ne s'appliquant qu'aux fournitures nécessaires pour les enterrements et pour la décence ou la pompe des funérailles, ne s'étend pas aux billets d'enterrement; et l'entreprise des pompes funèbres essaierait vainement d'invoquer pour faire porter son monopole sur les billets d'enterrement, les termes du traité conclu avec les fabriques, ce traité n'ayant pu conférer plus de droits que n'en possédaient les fabriques elles-mêmes, et le principe de la liberté du commerce et de l'industrie ne pouvant, par cela même qu'il tient à l'ordre public, être restreint que par un texte de loi clair et précis (Trib. Havre, 24 déc. 1886, aff. Delevoye, D. P. 87. 2. 247).

896. Coformément à la jurisprudence qui avait prévalu en ce qui concerne les billets d'enterrement (V. *suprà*, n° 895), il a été jugé que le droit exclusif qui appartient à l'entrepreneur du service des pompes funèbres de la ville de Paris de faire toutes les fournitures nécessaires pour les inhumations et la pompe des funérailles, s'étend même aux objets non indispensables compris dans le tarif supplémentaire annexé à l'ordonnance du 11 sept. 1842, tels que cercueils, plaques, gants, crêpes et voiles ; qu'en conséquence, nul ne peut, contrairement à ce privilège, annoncer au public et exécuter une entreprise de fournitures de ces sortes d'objets, à peine de dommages-intérêts envers l'entrepreneur des pompes funèbres (Paris, 11 avr. 1850, aff. Barbier, D. P. 55. 2. 18). « Attendu, dit un considérant du jugement du tribunal de la Seine, confirmé par la cour, qu'après les tarif et tableau qui comprennent les bières et tous les objets déterminés et indispensables aux familles, viennent immédiatement les tarif et tableau des objets supplémentaires non déterminés dans la distribution des classes, et qui ont été laissés, comme objets non indispensables, à la faculté des familles ; qu'il faut conclure de ce rapprochement où de cette réunion que ces dispositions sont indivisibles, inséparables ; qu'elles doivent avoir les mêmes effets, et qu'elles constituent pour les églises et consistoires, ou leur représentant, le droit absolu, à l'exclusion de tout entrepreneur, de fournir les objets compris dans lesdits tableau et tarif réunis, tout en réservant aux familles la faculté de prendre ou de ne pas prendre les objets désignés. » — Il a été décidé aussi que le monopole comprend les cercueils, même ceux destinés à recevoir les corps exhumés. Et il en est ainsi alors même que l'exhumation doit être suivie du transport des corps au delà des limites du département où a eu lieu cette exhumation, l'entreprise des pompes funèbres ne conservant son seul privilège que pour le transport, puisqu'il est exercé en dehors de sa circonscription, mais le conservant pour la fourniture du cercueil qui est faite dans un cimetière où elle exerce ses droits (Civ. rej. 21 nov. 1859, aff. Ballard, D. P. 59. 1. 467). — Décidé encore que le monopole attribué aux fabriques par le décret du 23 prair. an 12, en ce qui concerne les fournitures nécessaires au service et à la pompe des funérailles, s'applique même aux objets non compris dans le tarif dressé en exécution de l'art. 25 de ce décret et de l'art. 7 du décret du 18 mai 1806; que ce privilège est d'ordre public et n'est pas subordonné à l'existence d'un tarif approuvé ; notamment, que si le tarif d'une ville n'a pas réglé les prix à payer par les familles pour les voitures employées au transport des corps et pour d'autres objets accessoires, il résulte bien de là, pour les parties intéressées, la faculté de débattre ces prix avec la régie des inhumations, mais qu'on ne peut en induire une exception aux prohibitions formulées dans l'art. 24 du décret du 23 prair. an 12, et que les fabriques représentées par l'entreprise dont il s'agit n'en sont pas moins fondées à revendiquer, quant à ce, le privilège qui leur est expressément conféré par la loi (Req. 29 juill. 1873, aff. Audibert, D. P. 75. 1. 69). Le pourvoi était formé

contre un arrêt de la cour d'Aix du 13 juin 1872 (D. P. 73. 2. 190).

897. Le monopole porte sur les voitures destinées au transport du cadavre, sur celles qui accompagnent le cortège pour donner plus de pompe aux funérailles et sur les voitures louées par la famille qui doivent servir aux personnes qui font partie du convoi. Nous ne croyons pas qu'il puisse s'appliquer aux voitures que les invités ont pris eux-mêmes, soit que ces voitures leur appartiennent, soit qu'elles aient été louées par eux; et que les fabriques aient le pouvoir d'exiger de la famille un droit en raison de leur présence. Si la pompe du cortège s'en trouve augmentée, ce n'est pas par le fait de la famille et elle ne peut en subir les conséquences. On ne saurait, d'autre part, soutenir qu'une personne qui se sert de sa propre voiture pour assister à un enterrement fait une concurrence aux fabriques et lèse leur droit (Daniel Lacombe, *op. cit.*, p. 78). Il a été jugé qu'il n'y a pas atteinte au monopole attribué à l'administration des pompes funèbres pour la fourniture des voitures de deuil, dans le fait de cochers de fiacre d'avoir, sans s'être immiscés dans le service d'un convoi, suivi ou précédé ce convoi avec leurs voitures, à une distance plus ou moins grande, alors qu'ils ont agi sur la réquisition d'invités qui voulaient s'assurer des voitures pour le retour (Crim. rej. 23 nov. 1877, aff. Bertrand, D. P. 78. 1. 93). La décision de la cour de cassation eût été différente si les cochers, d'eux-mêmes, avaient pris place dans le convoi et avaient cherché à transporter des personnes dans leurs voitures ; il y aurait évidemment, dans ce fait, une atteinte portée au monopole.

898. Les billets d'invitation pour neuvaine ou anniversaire ne peuvent être considérés comme des fournitures nécessaires pour les enterrements et, dès lors, ils ne sont pas, suivant nous, soumis au monopole. Il en est de même des fleurs et des couronnes dont on orne le cercueil.

899. Dans certaines villes, notamment à Bordeaux, les invitations à assister aux enterrements sont faites par les journaux qui annoncent l'heure du convoi et de la cérémonie religieuse. Les fabriques traitent avec les journaux qui, en raison de ces annonces, leur payent une redevance. Elles ne perçoivent aucun droit pour les remerciements adressés, dans ces mêmes journaux, de la part de la famille, aux personnes qui ont assisté à l'enterrement ou pour l'annonce des messes de huitaine ou d'anniversaire qui doivent être dites. — Les journaux donnent l'avis, dans toutes les villes, des décès de personnages connus. Ces avis ont pour but de renseigner les lecteurs et non de remplacer les lettres d'invitation. Aucun droit n'est dû, pour ce fait, aux fabriques; il ne constitue pas une atteinte au monopole (Lacombe, p. 79).

900. Dans quelques villes, à Lyon, à Saint-Etienne, les fabriques n'usent pas de leur privilège. Dans d'autres, au Havre par exemple, elles fournissent seulement les tentures et les autres ornements placés dans l'église; le matériel du transport des corps appartient à la commune. Dans la plupart des villes, à Paris, notamment, le privilège n'est pas appliqué aux billets d'enterrement. — Cette situation de fait peut être modifiée au gré des fabriques qui sont libres de reprendre, quand elles le veulent, l'exercice de leur droit.

901. Le droit exclusif des fabriques de faire les fournitures nécessaires pour la pompe et la décence des funérailles s'étend même aux cérémonies funèbres commandées et payées par l'Etat en l'honneur de hauts fonctionnaires, tels que les maréchaux. Et cela, qu'il s'agisse d'un service commémoratif ou d'une inhumation. En conséquence, le ministre chargé de pourvoir à Paris à l'exécution de semblables cérémonies, n'est pas fondé à déduire, au profit de l'Etat, dans le marché conclu avec l'entrepreneur des pompes funèbres, les remises payées ordinairement aux fabriques; et il doit, dès lors, garantir l'entrepreneur des condamnations que les fabriques ont obtenues contre lui pour le payement de ces remises. Les remises dues aux fabriques de la ville de Paris à l'occasion des services commémoratifs célébrés dans l'église des Invalides en l'honneur des maréchaux décédés, sont celles qui sont allouées par le tarif pour les services anniversaires (Cons. d'Et. 18 mars 1858, aff. Pector, D. P. 59. 3. 10, et la note).

902. Le privilège des fabriques s'applique aux enterrements d'individus n'appartenant à aucun culte reconnu ou de personnes auxquelles les cérémonies du culte sont refusées, aussi bien qu'aux enterrements religieux (Aix, 18 août 1873, aff. Audibert, D. P. 74. 5. 446).

903. Le décret du 23 prair. an 12, qui réserve aux fabriques des églises et des consistoires le droit de faire toutes les fournitures nécessaires pour les sépultures et la pompe des funérailles, est un règlement général de police, légalement rendu par le pouvoir exécutif et applicable dans toute la France; et l'interdiction, prononcée par l'art. 24 de ce décret contre les personnes autres que les fabriques et consistoires ou les adjudicataires subrogés à leurs droits, de s'immiscer dans le service des pompes funèbres, trouve sa sanction dans l'art. 471, § 15, c. pén. Lorsqu'un arrêté municipal a concédé à un particulier l'entreprise des pompes funèbres d'une ville, les tiers qui ont établi une entreprise rivale ne peuvent se soustraire aux conséquences pénales de la contravention qu'ils ont commise, en alléguant que l'arrêté contenant la concession primitive est illégal comme n'ayant pas été précédé d'une adjudication publique. Le décret du 18 mai 1806 veut que la concession de l'entreprise des pompes funèbres ait lieu aux enchères publiques et qu'il soit dressé des tarifs et des tableaux gradués par classes; mais l'inobservation de ces règles ne saurait avoir pour effet de replacer dans le commerce et d'abandonner à la libre concurrence les fournitures nécessaires pour les sépultures et la pompe des funérailles, le monopole établi par le décret du 23 prair. an 12 étant d'ordre public (Crim. cass. 24 mars 1881, aff. Chamonard, D. P. 81. 1. 331. V. aussi Crim. rej. 18 mai 1872, aff. Audibert, D. P. 72. 1. 143).

904. La fabrique a une action civile en dommages-intérêts contre celui qui porte atteinte au monopole. Il a été jugé que le concessionnaire du service des pompes funèbres pour le culte catholique exclusivement est fondé à demander que le concessionnaire du service des inhumations pour un culte non catholique déterminé (dans l'espèce celui de l'église évangélique vaudoise) soit tenu d'effacer de son enseigne portant : *service spécial pour les cultes non catholiques*, le mot *spécial* qui tendrait à le présenter au public comme adjudicataire des pompes funèbres pour tous les cultes non catholiques. Les consistoires des cultes non catholiques n'exerçant pas, en fait, leur privilège, les personnes appartenant à ces cultes pouvaient s'adresser pour le service des enterrements au concessionnaire pour le culte catholique; celui-ci avait donc intérêt à agir. — D'autre part en ce cas, le concessionnaire pour le culte évangélique vaudois était fondé à obtenir la suppression des mots *pour tous les cultes*, apposés sur l'enseigne de l'adjudicataire du service des inhumations catholiques (c. civ. art. 1382) (Civ. rej. 12 mai 1885, aff. Martin, D. P. 86. 1. 20).

905. Les contestations entre les fabriques et les familles au sujet du recouvrement des droits, si ces droits ont été perçus en vertu d'un tarif régulièrement approuvé, doivent être soumises à l'autorité judiciaire, seule compétente pour prononcer sur la légalité de ce tarif et sur l'application qui en a été faite. Les arrêtés des préfets ou les décrets qui approuvent les tarifs ne sont pas, en effet, des actes administratifs proprement dits, car ils règlent les rapports de particuliers entre eux et non les rapports entre les citoyens et l'Administration. Ces sortes de règlements sont dans le domaine de la loi (Cons. d'Et. 26 juin 1874, aff. Lacampagne, D. P. 75. 3. 50, et conclusions de M. David, commissaire du Gouvernement, *ibid.*; 23 avr. 1875, aff. Gravelet, D. P. 75. 3. 106).

906. Les fabriques, ainsi qu'on l'a indiqué au *Rép.* n° 773, si elles ne veulent pas exercer elles-mêmes leur monopole, peuvent le donner en régie intéressée ou en entreprise. Leur droit d'option est absolu. Toutefois il peut y avoir qu'un seul entrepreneur pour la même ville, et si toutes les fabriques ou quelques-unes des fabriques d'une ville veulent affermer leur droit, elles doivent s'entendre pour choisir le même fermier (Décr. 23 prair. an 12, art. 22; 18 mai 1806, art. 7 et 8). Il a été jugé que, bien que la majorité des fabriques d'église d'une ville aient décidé qu'elles feraient elles-mêmes les fournitures des pompes funèbres, d'autres fabriques n'en ont pas moins le droit d'affermer, en ce qui les concerne, le service de ces fournitures, pourvu qu'elles traitent avec un seul et même entrepreneur (Cons. d'Et. 10 avr. 1867 (1). Conf. Cons. d'Et. 28 janv. 1876, aff. Fabriques de Marseille, D. P. 76. 3. 72, et la note). L'entreprise des pompes funèbres ne peut se prétendre substituée aux droits des fabriques qu'autant qu'elle produit un traité de cession régulièrement approuvé par l'autorité supérieure. — En conséquence, à défaut d'un semblable traité, elle est sans qualité pour agir en justice comme investie du monopole attribué par la loi aux fabriques (Rouen, 8 avr. 1886, aff. Administration des pompes funèbres du Havre, D. P. 87. 2. 247).

907. Le décret de 1806 ne prévoit pas l'exploitation des pompes funèbres en régie simple. Mais elle n'est contraire à aucun principe, et il y a avantage pour les fabriques qui veulent exploiter directement le monopole à se réunir en syndicat et à constituer un service chargé de centraliser et de diriger tout ce qui concerne les inhumations. Ce système est en usage dans beaucoup de grandes villes; ainsi il fonctionne depuis longtemps à Marseille, et il a été établi à Paris. La régie, ainsi instituée, a une existence propre et peut ester en justice; elle est représentée valablement par son trésorier, qui peut se faire assister par l'agent général de l'Administration (Aix, 13 juin 1872, aff. Audibert, D. P. 73. 2. 190. V. aussi Req. 29 juill. 1873, même affaire, D. P. 75. 1. 69).

908. Les fabriques qui exploitent leur monopole elles-mêmes ne sont pas considérées comme se livrant à une spéculation commerciale. Leurs opérations sont faites en vue d'un service d'intérêt public et les sommes qu'elles perçoivent ont un emploi déterminé (Décr. 23 prair. an 12, art. 23).

---

(1) (Fabrique de Saint-Etienne et autres.) — Napoléon, etc.; — Vu le décret du 23 prair. an 12 et celui du 18 mai 1806; — Vu le décret du 25 mars 1852, tabl. A, n° 46; — Considérant que, en vertu des art. 22 du décret du 23 prair. an 12, et 10, 11 et 12 du décret du 18 mai 1806, les fabriques jouissent du droit exclusif de fournir les voitures, tentures, ornements, et de faire généralement toutes les fournitures quelconques nécessaires pour les enterrements et pour la décence et la pompe des funérailles, tant à l'extérieur qu'à l'intérieur des églises; qu'elles peuvent exercer ce droit par elles-mêmes; qu'elles peuvent également l'affermer; mais que, dans les villes où il existe plusieurs paroisses, toutes les fabriques qui ne font pas elles-mêmes les fournitures précitées et les font faire en régie intéressée ou par entreprise, doivent affermer ce droit à un seul régisseur ou entrepreneur; — Qu'enfin, s'il appartient aux fabriques de dresser les tarifs des fournitures à faire dans l'intérieur des églises, sauf à communiquer ces tarifs aux conseils municipaux pour avoir leur avis, les tarifs des fournitures nécessitées par le transport des corps hors de l'église et pour la pompe funèbre donnée à ce transport, doivent être proposés par les conseils municipaux, communiqués ensuite aux fabriques intéressées pour avoir leur avis, et approuvés par le préfet par application du décret, ci-dessus visé, du 25 mars 1852; — Considérant, dans l'espèce, qu'il résulte de l'instruction que le tarif qui a été approuvé par l'arrêté du 23 févr. 1865 n'est relatif qu'aux fournitures à faire pour le transport des corps hors des églises et pour la pompe funèbre de ce transport, et que, préalablement à l'approbation donnée par le préfet, il a été soumis aux fabriques des diverses paroisses de la ville de Toulouse, qui ont émis leur avis; — Que, d'autre part, si les fabriques requérantes avaient le droit de faire elles-mêmes les fournitures dont il s'agit, les fabriques des trois autres paroisses avaient également le droit d'affermer le service de ces fournitures, pourvu que, comme dans l'espèce, le service fût affermé à un seul et même entrepreneur, et qu'aucune disposition de loi ou de règlement n'obligeait les fabriques des trois paroisses à se conformer à ce qui avait été décidé par le plus grand nombre des fabriques de la ville et, par suite, à faire elles-mêmes les fournitures ci-dessus énoncées; — Que, dans ces circonstances, les fabriques requérantes ne sont pas fondées à prétendre que le préfet, en approuvant, par l'arrêté attaqué, le tarif qui avait été proposé par le conseil municipal et notre ministre de l'intérieur, en confirmant cet arrêté et en refusant d'obliger les fabriques des trois autres paroisses de Toulouse à faire elles-mêmes les fournitures comprises dans le tarif précité, ont excédé les pouvoirs qu'ils tenaient des décrets, ci-dessus visés, du 23 prair. an 12 et du 18 mai 1806 :

Art. 1er. La requête des fabriques des paroisses de Saint-Etienne, de Saint-Nicolas, de la Dalbache, de Saint-Jérôme, du Taur, de Saint-Pierre, de Saint-Aubin, de Saint-François de Paule et de Saint-François-Xavier, est rejetée.

Du 10 avr. 1867.-Cons. d'Et.-MM. Perret, rap.-de Belbeuf, concl.-Morin, av.

Lorsqu'elles sont représentées par un conseil d'administration qui agit dans leur intérêt collectif, le caractère des opérations ne change pas. Le droit de connaître des contestations qui s'élèvent entre les fabriques agissant dans ces conditions et les particuliers appartient donc aux tribunaux ordinaires et non aux tribunaux de commerce. Il en est autrement lorsqu'il y a régie intéressée, ou entreprise; le régisseur ou entrepreneur agit dans un but de spéculation et doit être réputé commerçant (Lacombe, p. 85; Paris, 3 mai 1881, aff. Fabrique de Paris, D. P. 84. 2. 193).

909. Les contestations qui s'élèvent entre les fabriques et les entrepreneurs des pompes funèbres sur les marchés existants sont, d'après la jurisprudence, qui assimile ces marchés aux marchés de travaux publics, soumises aux conseils de préfecture, sauf recours au conseil d'Etat (V. supra, v° *Compétence administrative*, n° 374; *Adde* : Ducrocq, *Droit administratif*, 5e éd., t. 1, n° 325). Mais il a été jugé par un arrêt de la cour d'Aix du 27 avr. 1887 (1) que si, aux termes de l'art. 15 du décret du 18 mai 1806, les contestations entre les autorités civiles, les entrepreneurs et les fabriques sur les marchés existants doivent être tranchées par l'autorité administrative, il n'en saurait être de même des difficultés soulevées à propos d'une réquisition adressée par un maire à l'administration des inhumations pour l'organisation d'un service de nuit à l'occasion d'une épidémie cholérique, alors surtout que la demande pendante ne tend en rien à faire échec à cette réquisition et ne met en question ni la légalité ni le mérite de cette mesure, mais a simplement pour objet le payement d'un service rendu. L'appréciation d'une pareille demande ne comporte aucun empiètement sur le domaine administratif, et est du ressort des tribunaux civils.

910. Le traité administratif par lequel un entrepreneur de pompes funèbres s'engage à faire, sous la surveillance et la direction des fabriques, en fournissant le matériel et le personnel, le service des cérémonies funéraires, la fabrique se réservant une part dans les bénéfices de l'entreprise et le monopole de certaines fournitures, constitue un marché dans le sens de l'art. 1787 c. civ. (Req. 19 juill. 1876, aff. Compagnie des pompes funèbres, D. P. 77. 1. 364). Quant au traité relatif à la régie simple du service des pompes funèbres, il constitue un louage de services. Dans l'une et l'autre hypothèse, les conseils de préfecture ne sont pas compétents pour statuer sur les contestations auxquelles peut donner naissance un pareil traité, car elles ne rentrent pas dans les difficultés dont l'art. 4 de la loi du 28 pluv. an 8 a attribué la connaissance à cette juridiction (V. Cons. d'Et. 2 févr. 1877, aff. Letèvre Deumier, D. P. 77.3. 48; note sur l'arrêt du 3 mai 1881, cité supra, n° 908).

911. Le décret du 18 mai 1806, qui veut que la concession par entreprise des fournitures nécessaires au service et à la pompe des funérailles ait lieu aux enchères publiques, et qu'à cet effet il soit dressé des tarifs et des tableaux gradués par classes (V. Rép. n° 773), ne soumet pas la validité des conventions intervenues entre les fabriques et les entrepreneurs à l'observation rigoureuse de ces formalités. En tout cas, l'irrégularité qui résulte de leur inobservation peut être couverte par l'exécution volontaire et l'approbation de l'autorité supérieure (Rép. 10 mai 1870, aff. Société des pompes funèbres de Paris, D. P. 71. 1. 10). La cour de Paris, dont l'arrêt a été confirmé par la cour de cassation, appuie sa décision sur ce motif que, si le décret du 18 mai 1806, conforme en cela aux dispositions réglementaires habituelles en matière de marchés concernant l'Etat, les communes ou les établissements publics, a indiqué la forme des enchères et de l'adjudication publique comme celle qui devait être employée pour la concession des entreprises des pompes funèbres, il ne résulte ni du texte, ni de l'esprit du décret qu'il ait entendu en faire une formalité substantielle dont l'omission entraînât la nullité de la concession et laissât l'entrepreneur sans défense contre ceux qui empiéteraient sur ses droits; que ces prescriptions réglementaires comportent certaines exceptions abandonnées à l'appréciation de l'administration supérieure; que, dans l'espèce, l'approbation donnée par le préfet au traité passé entre la fabrique et l'entrepreneur satisfaisait pleinement aux dispositions combinées des décrets de prairial an 12 et du 18 mai 1806.

912. La loi du 5 avr. 1884 (art. 97, § 4) reconnaît à l'autorité municipale le droit de déterminer le mode de transport des corps (Rép. n° 780).

SECT. 5. — DES CIMETIÈRES ET DES LIEUX DE SÉPULTURE (Rép. n°s 783 à 822).

913. On a exposé au Rép., n° 783 qu'aux termes de l'art. 15 du décret de l'an 12, chaque culte devait avoir un lieu d'inhumation particulier, dans les communes où l'on professe plusieurs cultes. Cette obligation constituait une règle d'ordre public (Cons. d'Et. 17 juill. 1861, aff. Caratsch, D. P. 61. 3. 51). Mais dans les communes où il n'est professé qu'un seul culte, il n'était pas permis à l'autorité municipale d'assigner un emplacement à part, dans le cimetière, pour les individus qui n'auraient professé aucune foi religieuse. C'est du moins en ce sens que l'art. 15 précité a été interprété en Belgique (C. cass. Belgique, 6 juin 1879) (2). La loi des 14-15 nov. 1881 (D. P. 82. 4. 47) a abrogé l'art. 15 du décret de prairial an 12 (V. supra, n° 819). Elle a été confirmée par la loi du 5 avr. 1884, art. 97 § 4,

---

(1) (Ville de Marseille C. Administration des inhumations de Marseille.) — L'administration des inhumations de Marseille a assigné la ville de Marseille en payement de la somme de 27717 fr., montant des dépenses extraordinaires à elle occasionnées par le service d'inhumations de nuit organisé au cours de l'année et de l'épidémie cholérique de 1884 sur l'ordre et les réquisitions de M. le maire de Marseille; le tribunal civil de Marseille, par jugement du 8 avr. 1886, s'est déclaré incompétent pour connaître de cette action. — Appel par la ville de Marseille. — Arrêt.
— LA COUR; — Attendu que l'art. 15 du décret du 18 mai 1806 ne régit que les contestations existantes à la date de ce décret; — Attendu que les rapports de la ville de Marseille avec l'administration des inhumations ne sont point régis par un marché, étant établi et reconnu que, par la loi cette administration accomplit un service imposé aux fabriques et consistoires dont elle est la représentation et exerce un monopole sous le régime d'un tarif, ce qui exclut l'idée et même la possibilité de l'existence d'un contrat; que l'art. 4 de la loi du 28 pluv. an 8 est donc sans application dans la cause;
Attendu que l'ordre, invitation ou réquisition de M. le maire de Marseille, dont l'administration des inhumations se prévaut, constitue sans doute un acte d'autorité qui échappe à l'appréciation des tribunaux, mais que cet ordre a été exécuté; que la demande pendante ne tend en rien à y faire échec et ne met en question ni la légalité, ni le mérite de cette mesure, cette demande n'ayant pas même pour objet une allocation de dommages-intérêts, ce qui impliquerait qu'il s'agit de réparation d'un préjudice causé à tort, mais simplement le payement d'un service rendu ou la compensation pécuniaire des charges que l'accomplissement par elle de la mesure aurait imposées à l'administration appelante; que quelle que soit au fond la valeur d'une pareille prétention, son

appréciation ne comporte aucun empiètement sur le domaine administratif;
Attendu que la ville de Marseille oppose, il est vrai, à cette prétention une exception consistant en ce que l'administration des inhumations n'aurait fait que remplir en cela son obligation de fournir certains services gratuits, obligation imposée par le tarif en vigueur; que sans doute pour apprécier un pareil moyen le juge du fond, s'il n'en trouve pas la solution nette, claire et précise dans les documents administratifs invoqués, peut avoir à s'abstenir de se livrer à une interprétation ou de combler une lacune qui lui paraîtrait exister; mais que la nécessité de semblables recours à l'autorité ou à la justice administrative n'entraîne pas le dessaisissement des tribunaux qui doivent seulement s'il y échet, surseoir à statuer jusqu'à la solution du doute par les pouvoirs compétents; — Sur les conclusions subsidiaires de la ville de Marseille : — Attendu qu'elles tendent précisément à ce sursis, lequel ne peut être ordonné que par le juge du fond s'il estime qu'il y a lieu; que la cour n'est saisie que du déclinatoire; qu'aucune partie ne conclut au fond devant elle et ne demande l'évocation qu'ailleurs ne devrait pas être ordonnée;
Par ces motifs; — Met l'appellation et ce dont est appel au néant; émendant, rejette l'exception d'incompétence admise par les premiers juges, dit que l'autorité judiciaire est compétente pour statuer sur la demande, et sans s'arrêter aux fins subsidiaires de la ville de Marseille dont elle est, en l'état, démise et déboutée comme n'étant pas recevables dans la cause, renvoie les parties devant le tribunal civil de Toulon pour être dit droit...
Du 27 avr. 1887.-C. d'Aix.-MM. Grassi, av. gén.-Boissard et Auguste Arnaud, av.

(2) (Meyers et ville de Tongres C. Sampermans.)—LA COUR ; —

qui défend aux maires d'établir dans les cimetières des distinctions ou des prescriptions particulières à raison des croyances ou du culte du défunt et des circonstances qui ont accompagné sa mort. Le maire violerait donc la loi s'il fixait des endroits spéciaux dans le cimetière pour les juifs, les protestants, les libres penseurs, les enfants morts sans baptême, les suicidés, etc. Il conserve le droit de désigner la partie du cimetière dans laquelle telle inhumation doit être faite, mais sa décision ne doit avoir pour cause que le bon aménagement du terrain, la nécessité de séparer les concessions perpétuelles et les concessions temporaires, ou toute autre considération d'ordre général étrangère aux questions religieuses. Nous avons déjà rapporté *suprà*, n° 849, la décision de conseil d'État du 20 avr. 1883 qui porte que le maire peut refuser une concession dans tel endroit du cimetière, si sa décision n'a pas pour but d'établir des divisions à raison des cultes, mais est inspirée par la nécessité de maintenir la partie du cimetière où l'inhumation doit être faite et le bon aménagement des tombes (Cons. d'Et. 20 avr. 1883, aff. de Bastard, D. P. 84. 3. 106).

914. Les cimetières publics sont, en général et sauf preuve contraire, la propriété des communes, sans qu'il y ait à distinguer entre ceux dont la création est postérieure au décret du 23 prair. an 12 et ceux dont l'établissement est antérieur à ce décret. Cette doctrine, consacrée, ainsi qu'on l'a vu au *Rép.* n° 784, par la jurisprudence constante du conseil d'Etat a été combattue par Mgr Affre, *Traité de la propriété ecclésiastique*, p. 209 à 220, et *Administration des paroisses*, 10° éd., p. 85. L'opinion de cet auteur a rencontré des partisans. M. Lacombe, n°s 124 et suiv., tout en reconnaissant que le décret du 7 therm. an 11 n'a pas abrogé la loi du 13 brum. an 2 et fait revivre purement et simplement l'ancien état de choses, remarque que cette loi, si elle a déclaré les biens confisqués « propriétés nationales », n'en a pas fait la répartition; qu'aucun texte ne consacre l'attribution des cimetières au profit des communes; que, dès lors, les cimetières font partie des biens et rentes des anciennes fabriques, confisqués et non aliénés dont le décret du 7 therm. an 11 a composé le patrimoine des fabriques. Mais ce système n'a pas prévalu, et l'on persiste à admettre qu'en principe les cimetières appartiennent aux communes (V. Gaudry, *Traité de la législation des cultes*, t. 2, n° 744; Agen, 23 févr. 1870, aff. Fabrique de Marmande, D. P. 71. 2. 161).

915. Les tribunaux civils sont compétents pour connaître des contestations qui s'élèvent au sujet du droit de propriété des cimetières, lorsque les parties invoquent des titres privés, comme une donation. S'il s'agit d'examiner à quel établissement le cimetière a été vendu, d'interpréter une loi ou un acte de restitution, ce sont les tribunaux administratifs qui

doivent en connaître (Lettr. min. cult. 9 nov. 1844; Téphany, *op. cit.*, p. 335).

916. Les cimetières dépendent-ils du domaine public ou du domaine privé communal ? La théorie de la domanialité publique déjà repoussée par plusieurs jurisconsultes a été combattue dans ces dernières années par M. Ducrocq, dans son *Traité des édifices publics*, n°s 90 et suiv., et dans son *Cours de droit administratif*, 5° éd., t. 2, n°s 1418 et 1419; par M. Batbie, *Droit public administratif*, t. 5, n° 343 (V. aussi Lacombe, *op. cit.*, p. 118). L'opinion de ces savants auteurs a été examinée d'une façon complète et réfutée dans une dissertation sur un arrêt de la cour de Lyon du 4 févr. 1875 (aff. Triomphe, D. P. 77. 2. 161). Il est certain que, par leur nature physique, les cimetières sont susceptibles de propriété privée. Mais pour qu'un bien domanial appartienne au domaine public, il suffit, comme l'enseigne M. Ducrocq lui-même, qu'il soit placé hors du commerce. Or, les cimetières sont inaliénables tant que dure leur affectation au service des inhumations; après que cette affectation a pris fin, l'inaliénabilité avec l'interdiction de louer persiste pendant cinq ans ; et même, après ce laps de temps, l'aliénation et la location ne sont permises qu'avec certaines restrictions (Décr. 23 prair. an 12, art. 8 et 9 ; Av. Cons. d'Et. 13 niv. an 13). Si les cimetières sont inaliénables, ils sont par cela même imprescriptibles par application de l'art. 2226 c. civ. Cette imprescriptibilité résulte, en outre, pour le plus grand nombre d'entre eux, des dispositions de loi qui ordonnent qu'ils seront clos de murs (Décr. 23 prair. an 12, art. 3); qui prescrivent leur translation à la distance de 35 à 40 mètres de l'enceinte des villes et bourgs (Même décret, art. 2), et qui défendent d'élever aucune habitation à moins de 100 mètres des nouveaux cimetières (Décr. 7 mars 1808, art. 1er). Ils sont donc hors du commerce. — Il est vrai que la commune perçoit les produits du cimetière. Mais, en fait, ces produits sont d'une valeur insignifiante, et en droit, jamais la circonstance qu'un bien national, départemental ou communal est productif de revenus, n'a été considérée comme devant le faire classer parmi les dépendances du domaine privé. Au contraire, il a toujours été reconnu que l'Administration avait le droit de tirer parti des choses du domaine public, soit en percevant leurs produits en nature, soit en les donnant à bail. « Ce pouvoir, dit M. Serrigny, *Revue critique*, 1871-1872, p. 645, est la suite et la conséquence du droit de garde, de conservation et d'aménagement de la loi des 22 déc. 1789-janv. 1790, sect. 3, art. 2, n°s 5 et 6, donne à l'Etat sur les propriétés publiques, les rivières, chemins et choses communes ». Il a été établi, pour certaines dépendances du domaine public, par des lois spéciales qu'il serait superflu de rappeler, et pour toutes les dépen-

dances de ce domaine, par des lois générales, savoir : d'une part, pour le domaine public national, par la loi du 11 frim. an 7, qui dispose que « les recettes générales de l'Etat se composent du produit des propriétés nationales de toute nature, etc. », et par toutes les lois annuelles de finances, notamment par celle du 20 nov. 1872, dont l'art. 5, Etat B, classe parmi les perceptions autorisées au profit de l'Etat pour 1873, les redevances à titre d'occupation temporaire ou de location et les produits de toute nature du domaine public, des quais, plages et toutes autres dépendances de ce domaine ; et, d'autre part, pour les dépendances du domaine public municipal, par l'art. 7 de la loi déjà citée du 11 frim. an 7, suivant lequel « les recettes communales se composent : 3° du produit de la location des places... sur les rivières les ports et les promenades publiques », et par l'art. 31 de la loi du 18 juill. 1837, qui range parmi les recettes ordinaires des communes : « 7° le produit des permis de stationnement et des locations sur la voie publique, sur les ports et rivières et autres lieux publics ». Il est donc parfaitement certain, ainsi d'ailleurs que l'enseignent tous les auteurs, qu'on bien peut être productif de revenus, tout en conservant sa qualification de dépendance du domaine public, si cette qualification lui appartient à raison de sa destination (Rép. v° Domaine public, n° 11 ; Ducrocq, Droit administratif, 5° éd., t. 2, n° 959; Serrigny, Revue critique, 1871-1872, p. 637-651). On ne saurait non plus tirer argument de la nature du droit des concessionnaires dans les cimetières que l'on établira plus loin. Les choses du domaine public sont insusceptibles de tout droit réel qui serait contraire à leur destination, elles comportent, au contraire, l'établissement de tous les droits réels compatibles avec leur destination naturelle (Rép. v° Voirie par terre, n° 122). — Il faut donc admettre, avec le plus grand nombre des auteurs et la jurisprudence, que les cimetières, dans toute leur étendue, font partie du domaine public et non du domaine privé communal. Aucune servitude, contraire à leur destination, ne peut y être établie, et notamment, le propriétaire d'un héritage voisin ne pourrait même en justifiant d'une possession plus que trentenaire conserver une porte donnant accès de sa propriété dans le cimetière (Crim. cass. 20 juin 1863, aff. Hue, D. P. 63. 1. 381). Un voisin ne pourrait, non plus, se rendre acquéreur de la mitoyenneté d'un mur du cimetière (V. Civ. cass. 10 janv. 1844, Rép. v°, Action possessoire, n° 332; Trib. Coutances, 9 déc. 1846, aff. Cabaret-Duperron, D. P. 47. 3. 206; Trib. paix de Crèvecœur, 26 août 1861, aff. Lefèvre, D. P. 64. 1. 366; Trib. Lyon, 4 avr. 1865, aff. Pitrat, D. P. 67. 3. 63; 24 janv. 1866, aff. Fège, D. P. 67. 3. 43 ; Lyon, 7 juill. 1883, aff. Nique, D. P. 85. 2. 34 ; Aubry et Rau, Cours de droit civil français, 4° éd., t. 2, § 169, p. 44; Bourbeau, De la justice de paix, p. 621, n° 363 ; Chauveau, Journal de droit administratif, t. 10, p. 479 ; Maurice André, La sépulture, p. 308 et suiv.; Rép. v° Culte, n° 784 ; Domaine public, n° 23; Prescription civile, n° 197.

917. L'art. 14 du décret du 23 prair. an 12 permet à toute personne de se faire enterrer sur sa propriété pourvu que ladite propriété soit hors et à la distance prescrite des bourgs et villages. On a indiqué au Rép. n° 785 et suiv. qu'on ne pouvait donner à cet article une extension illimitée, et que ce serait changer son but et sa portée que de permettre aux habitants d'une section de commune de se constituer un cimetière commun à titre de propriété indivise. Ce cimetière ne serait plus le cimetière que la loi autorise pour donner satisfaction à ce sentiment de la famille qui, comme le dit M. Ducrocq, trouve dans le rapprochement et la solidarité de la tombe l'une de ses manifestations les plus puissantes et les plus respectables. La demande

d'un lieu de sépulture spécial par un grand nombre de personnes, que des liens de parenté n'unissent pas, ne peut avoir pour cause que d'éluder les règles de l'inhumation dans le cimetière communal. La loi ne permet pas d'y faire droit. Il en est de même de la prétention d'un individu qui a acquis un emplacement dans le cimetière d'une famille à laquelle il est étranger et qui veut s'y faire enterrer (Rép. n° 786 ; Cons. d'Et. 27 déc. 1860, aff. Masson, D. P. 61. 3. 9 ; Trib. corr. Marennes, 11 oct. 1881, aff. Tort, D. P. 84. 2. 485, et la note de M. Ducrocq, ibid.; Lacombe, n°s 234 et suiv.).

Si l'on ne doit pas donner à l'art. 14 du décret de prairial une extension abusive, il ne faut pas non plus l'interpréter d'une façon restrictive, et décider : soit que pour être enterré sur une propriété privée, il faut avoir été propriétaire du terrain ; soit que la sépulture en terrain privé doit être individuelle. Le texte n'autorise pas cette interprétation étroite, qui ne répondrait pas au vœu du législateur. Il autorise les cimetières de famille, c'est-à-dire qu'il admet l'inhumation dans la propriété privée, alors même qu'elle n'est pas la propriété exclusive du défunt, lorsque cette copropriété prend sa source dans la transmission héréditaire des tombeaux et du lieu de sépulture.

918. La portion de terrain affectée dans une propriété privée à une sépulture de famille est, en raison de sa nature, placée en dehors des règles ordinaires du droit de propriété. Il a été jugé que, comme objet d'utilité commune, elle est grevée d'indivision pour toute la durée des droits des propriétaires indivis sur la propriété ; que, notamment, des héritiers ne peuvent imposer à d'autres héritiers le partage du terrain auquel sont confiés les restes mortels de leurs parents (Montpellier, 18 mai 1858, aff. Contizou, D. P. 59. 2. 481). Mais lorsque l'intérêt d'affection, qui exige le respect du cimetière de famille, disparaît, lorsque le terrain, par exemple, a été vendu à un étranger, il peut être affecté à une nouvelle destination, sauf l'observation des mesures de police sanitaire.

919. L'inhumation sur la propriété privée est subordonnée à l'autorisation de l'autorité municipale (V. supra, n° 841). L'autorisation est nécessaire au décès de chacun des membres de la famille. Le maire ne peut donner, d'avance, une permission générale. Il doit rester maître de sa décision, des obstacles pouvant se présenter qui n'existaient pas antérieurement. D'après la jurisprudence du conseil d'Etat, les congrégations religieuses ne peuvent être autorisées d'une manière générale à ouvrir un cimetière particulier. Toutefois, une décision ministérielle du 1er oct. 1851 porte qu'une congrégation religieuse peut recevoir du maire l'autorisation d'inhumer ses membres dans un même terrain ; mais l'autorisation est nécessaire au fur et à mesure des décès (Journal de droit administratif, t. 5, p. 126 ; t. 9, p. 603 ; Lacombe, n° 241. — Comp. infra, n° 962).

920. L'art. 1er du décret de prairial an 12 défend les inhumations dans les églises, hôpitaux, chapelles, etc. (V; supra, n° 837). Décidé que l'inhumation dans une chapelle privée ne saurait être permise, quand bien même cette chapelle se trouverait en dehors d'un bourg ou d'une village et à la distance légale, si, lors de l'inhumation, il se tenait dans cette chapelle des réunions pour la célébration d'un culte (C. cass. Belgique, 5 déc. 1881) (1).

921. Les conditions auxquelles sont soumis l'établissement, l'agrandissement et la translation des cimetières, les formalités qui doivent précéder ces opérations, l'étendue des pouvoirs des préfets en cette matière sont réglées par la loi du 18 juill. 1837, l'ordonnance du 6 déc. 1843 et la circulaire du ministre de l'intérieur du 30 déc. 1843, dont

***

(1) (Comte de Stolberg.) — La cour; — Vu le pourvoi formé par le comte de Stolberg-Vernigerode, contre l'arrêt rendu par la cour d'appel de Bruxelles le 27 juill. 1881 ; — Attendu que l'art. 1er du décret du 23 prair. an 12, placé au titre I, traitant spécialement des sépultures et des lieux qui leur sont consacrés, défend d'une manière absolue qu'une inhumation se fasse dans une chapelle publique et « généralement dans un édifice clos et fermé où les citoyens se réunissent pour la célébration de leur culte » ; — Attendu que l'art. 14 du même décret, qui autorise l'enterrement de toute personne sur sa propriété, pourvu que ladite propriété soit hors et à distance prescrite de l'enceinte des villes et des bourgs, a pour but unique d'autoriser les sépultures en dehors

des cimetières, sans déroger à la prohibition générale de l'art. 1er inspirée par des considérations de salubrité publique qui préoccupaient surtout le législateur, et dont il n'avait aucun motif de se départir dans le cas prévu par l'art. 14 ; que de cet article on ne peut donc induire que l'inhumation soit permise dans une chapelle privée, à la seule condition que celle-ci soit hors et à la distance prescrite de l'enceinte d'une ville ou d'un bourg ; — Attendu que, la disposition de l'art. 1er s'appliquant à toute réunion de citoyens pour la célébration de leur culte, il importe peu que la réunion s'opère en vertu d'un droit ou par pure tolérance ; que, dans l'un et dans l'autre cas, le soin de veiller à la salubrité publique justifie la prohibition ; — Attendu que l'arrêt attaqué

les dispositions ont été indiquées au *Rép.* n°s 788 et suiv. La loi du 5 avr. 1884 n'y a apporté aucune modification.

922. L'arrêté par lequel le préfet ordonne la translation d'un cimetière peut contenir des dispositions d'un caractère provisoire. Notamment, le préfet peut permettre de faire certaines inhumations dans les terrains concédés de l'ancien cimetière, jusqu'au complet établissement du nouveau, pourvu que l'ancien remplisse les conditions exigées par les règlements (Cons. d'Et. 17 juin 1881, aff. Davaine, D. P. 82. 3. 113). Mais le préfet ne peut ordonner, même à titre provisoire, la translation d'un cimetière sur le terrain proposé tant que ce terrain n'a pas été acquis définitivement. Si l'acquisition n'avait pas lieu, il faudrait exhumer les corps. Le respect dû aux morts défend qu'on prenne de pareilles mesures (Cons. d'Et. 3 janv. 1873, aff. de Bussière, D. P. 73. 3. 60). Dans les communes où s'exerce l'autorité du préfet de police, ce n'est pas à ce fonctionnaire, mais au préfet du département, qu'il appartient d'autoriser la translation des cimetières (Même arrêt).

923. L'emplacement du nouveau cimetière, qui est choisi par le préfet, peut être situé sur une commune voisine. Ni le décret de l'an 12, ni l'ordonnance de 1843 ne prescrivent expressément d'établir le cimetière sur le territoire de la commune. Il est des cas où cet établissement présenterait de graves inconvénients (Cons. d'Et. 29 mai 1867, aff. Commune d'Oissery, D. P. 68. 3. 81, et la note ; 4 déc. 1874, aff. Commune de Villemoutiers, D. P. 75. 3. 85).

924. Les décisions du préfet relativement à la translation des cimetières sont des actes administratifs inattaquables par la voie contentieuse. On a établi ce principe au *Rép.* n° 792. Mais elles peuvent être déférées au conseil d'État pour excès de pouvoir : s'il y a eu violation de la loi, et des règles concernant l'établissement des lieux de sépulture ; si le terrain désigné ne remplit pas les conditions voulues ou si les formalités légales n'ont pas été observées. Le conseil d'Etat, à maintes reprises, a annulé des arrêtés préfectoraux autorisant l'établissement ou l'agrandissement d'un cimetière sur un terrain situé à moins de 35 ou 40 mètres soit des habitations agglomérées, soit même des jardins qui font partie de ces habitations (Cons. d'Et. 10 janv. 1856, aff. Renout, D. P. 56. 3. 43 ; 4 août 1870, aff. Lemoine, D. P. 72. 3. 12 ; 16 avr. 1880, aff. Dantier, D. P. 81. 3. 10). — Il a été jugé que, si le préfet peut, en vue de prévenir un péril imminent, prescrire provisoirement la fermeture d'un cimetière, il ne peut donner à cette mesure un caractère définitif qu'après avoir pris l'avis du conseil municipal ; qu'en conséquence, il y a entaché d'excès de pouvoir l'arrêté par lequel, sans avoir consulté le conseil municipal et en dehors de tout péril imminent, un préfet décide que le cimetière d'une commune sera supprimé à partir d'une époque déterminée (Cons. d'Et. 12 juill. 1866, aff. Caune, D. P. 67. 3. 71) ; — Qu'est entaché d'excès de pouvoir l'arrêté qui rapporte un arrêté antérieur prescrivant, après l'accomplissement des formalités légales, la translation d'un cimetière, alors que ce second arrêté n'a été précédé ni de l'avis du conseil municipal, ni de l'enquête exigés par l'ordonnance du 6 déc. 1843. — L'arrêté ainsi pris irrégulièrement peut être rapporté, sans qu'il soit nécessaire de remplir préalablement les formalités prescrites par ladite ordonnance (Cons. d'Et. 13 déc. 1878, aff. Anty, D. P. 79. 3. 33).

925. Le recours pour excès de pouvoir appartient aux intéressés. Au nombre des intéressés, il faut comprendre la commune, les propriétaires avoisinant, et même les habitants agissant en leur nom personnel, comme étant intéressés directement à ce que les sépultures de leurs parents ne soient pas illégalement troublées (Lacombe, p. 108 ; Dufour, *Droit administratif*, 2° éd., t. 2, n°s 244

et suiv. Conf. Cons. d'Et. 12 juill. 1860, aff. Bayne, D. P. 62. 3. 1, et la note ; Cons. d'Et. 4 avr. 1861, aff. Richard d'Aulnay, *ibid.* ; 13 déc. 1878, aff. Anty, D. P. 79. 3. 35 ; 17 juin 1881, aff. Davaine, D. P. 82. 3. 113 ; 29 janv. 1863, aff. Humblot-Caille, D. P. 67. 5. 396).

926. Si le terrain destiné à l'établissement du nouveau cimetière ou à l'agrandissement de l'ancien peut être acquis à l'amiable, le conseil municipal est appelé à voter la dépense. S'il consent, le maire passe l'acte d'achat. On suit les règles prescrites pour les acquisitions communales. Si le conseil refuse de voter les fonds, après une mise en demeure restée sans résultat, l'allocation pour cette dépense est inscrite d'office au budget (L. 5 avr. 1884, art. 68 et 149) (André et Marin, *op. cit.*, p. 144 et 282). — Si le terrain ne peut être acheté à l'amiable, on a recours à l'expropriation (*Rép.* n° 793). Un préfet commettrait un excès de pouvoir en ordonnant la prise de possession d'un terrain et son affectation à des sépultures, sans l'accomplissement des formalités à fin d'expropriation pour cause d'utilité publique. Le tribunal civil serait seul compétent, dans ce cas, pour statuer sur la demande d'indemnité formée par le propriétaire du terrain : on ne se trouve pas dans un des cas prévus par l'art. 4 de la loi du 28 pluv. an 8. La commune ne serait pas fondée à repousser cette demande à raison de ce que, par suite de l'inaccomplissement des formalités d'expropriation pour cause d'utilité publique, il n'y a pas eu dépossession légale du propriétaire de l'immeuble : il y a eu une dépossession de fait qui donne droit à des dommages-intérêts. Elle ne serait pas davantage fondée à réclamer un sursis motivé sur l'espoir d'obtenir dans un délai prochain un décret autorisant l'expropriation du terrain. Alors même que l'expropriation serait prononcée, le propriétaire n'en aurait pas moins droit à une indemnité en raison de l'occupation non autorisée de son terrain (Paris, 24 févr. 1874, aff. Commune de Sèvres, D. P. 74. 2. 204).

927. Il n'appartient à l'autorité judiciaire : ni d'apprécier si une commune a été régulièrement autorisée à agrandir son cimetière : ni, dans le cas de la négative, d'interdire les sépultures dans la terrain contiguë à l'habitation du demandeur et de prescrire la translation des sépultures dans un délai déterminé. Le principe de la séparation des pouvoirs s'y oppose. Le conseil de préfecture est également incompétent ; aucune loi ne lui donne pouvoir pour statuer sur les questions de cette nature. C'est le conseil d'Etat qui a mission d'examiner si les prescriptions de la loi ont été observées ; et, si elles ne l'ont pas été, d'annuler les actes administratifs (Trib. confl. 7 mars 1874, aff. Mingam, D. P. 75. 3. 3).

928. Les travaux de terrassement et de maçonnerie qu'une commune fait exécuter pour l'établissement d'un cimetière ont le caractère de travaux publics ; par suite, c'est à l'autorité administrative qu'il appartient de prononcer sur les contestations élevées entre l'administration communale et l'entrepreneur, relativement à l'exécution et au payement de ces travaux (Cons. d'Et. 30 juin 1853, aff. Lambert, D. P. 54. 3. 12).

929. Les cimetières de Paris sont soumis à des règles particulières inscrites dans l'ordonnance du 6 déc. 1843 (V. *Rép.* n° 795). Ces règles sont encore en vigueur. — Il y a lieu de rappeler ici qu'aux termes de l'art. 10 de la loi du 16 juin 1859 (D. P. 59. 4. 84), sur l'extension des limites de Paris, les dispositions qui interdisent les inhumations dans l'enceinte des villes ne sont pas devenues, par le fait de l'annexion, applicables aux cimetières alors existants dans l'intérieur de la nouvelle enceinte de Paris (V. *Rép.* v° *Ville de Paris*, n° 15).

930. On a indiqué au *Rép.* n°s 796 et 797 les conditions dans lesquelles les communes peuvent affermer ou aliéner les anciens cimetières abandonnés. Ces conditions n'ont pas

---

constate que le caveau dans lequel la comtesse de Robianon a été inhumée d'après les instructions données par le demandeur est établi sous une chapelle privée attenante à un château ; qu'il est situé hors et à la distance prescrite de l'enceinte d'une ville ou d'un bourg ; que depuis quelques. années avant l'inhumation de la comtesse, jusque deux mois après cette inhumation, la chapelle réservée auparavant à l'usage exclusif des habitants du château a été ouverte à ceux du voisinage ; que l'on y disait tous les jours plusieurs messes annoncées par le son de la cloche ; que la chapelle était quelquefois si encombrée que les assistants devaient se tenir à l'extérieur ; qu'elle servait donc, à l'époque où l'inhuma-

tion s'est faite, de lieu de réunion à des citoyens pour la célébration de leur culte ; — Attendu que, dans ces circonstances qui accusent une contravention au décret du 23 pluv. an 12, l'arrêt attaqué, en condamnant le demandeur aux peines édictées par les art. 345 et 40 c. pén., a fait de la loi une juste application ; — Attendu, au surplus, que toutes les formalités soit substantielles, soit prescrites sous peine de nullité, ont été observées ; — Rejette, etc.

Du 5 déc. 1881.-C. cass. de Belgique, 2° ch.-MM. Vandenpeereboom, pr.-le chevalier Hynderick, rap.-Mélot, av. gén., c. conf.

pas été modifiées (V. Lacombe, *op. cit.*, nᵒˢ 113 et suiv.). Rien n'est innové, non plus, en ce qui concerne les dispositions relatives aux fosses (*Rép.* nᵒ 798).

931. — I. Concessions. — Toute commune qui possède un cimetière d'une étendue suffisante pour contenir au moins cinq fois le nombre présumé des morts pour chaque année, avec un espace libre pour les cas extraordinaires, tels que les épidémies, peut accorder des concessions soit perpétuelles, soit temporaires. Les demandes sont adressées au conseil municipal qui a la liberté de les accueillir ou de les rejeter. Ces principes sont exposés au *Rép.* nᵒˢ 799 et suiv. (V. Décr. 23 prair. an 12, art. 10; Av. Cons. d'Et. 29 nov. 1833 ; Ord. 6 déc. 1843). La loi du 24 juill. 1867 avait modifié la disposition de l'ordonnance de 1843 en ce qui touche l'établissement des tarifs de concession. Aux termes de l'art. 68, § 7, de la loi municipale du 5 avr. 1884, le conseil municipal vote les tarifs; mais sa déclaration n'est exécutoire qu'après avoir été approuvée par le préfet. La loi nouvelle reproduit dans la distinction que faisait la loi du 18 juill. 1837 entre les communes jouissant d'un revenu supérieur ou inférieur à 100000 fr. — La loi de 1884 n'apporte aucune modification à la disposition du décret de prairial relative à la répartition du prix de la concession. Deux tiers appartiennent à la commune, le troisième tiers est attribué aux pauvres ou aux établissements de bienfaisance (*Rép.* nᵒ 803). La part attribuée à la commune constitue un bien communal dont le maire, simple administrateur, n'a pas le droit de disposer à titre gratuit. Ce principe a été reconnu par un arrêt (Civ. cass. 9 août 1887, aff. Commune de Combs-la-Ville, D. P. 89, 1ʳᵉ partie), aux termes duquel le concessionnaire d'une sépulture de famille qui, dans l'exécution d'un caveau, dépasse les limites de la concession qu'il a obtenue, est tenu de payer à la commune l'excédent de terrain dont il s'est indûment emparé. Et le concessionnaire ne peut se prévaloir, pour échapper à cette obligation, ni de l'approbation tacite que lui aurait donnée le maire, ce magistrat n'ayant pas le droit d'aliéner gratuitement une portion quelconque du domaine communal ; ni d'un usage conforme à ses prétentions, qui se serait établi dans les cimetières de Paris, alors qu'il s'agit d'une concession faite dans une autre localité, l'usage ne pouvant servir à déterminer le sens d'une convention (c. civ. art. 1159), qu'autant qu'il existe dans le pays même où le contrat a été passé. Au surplus, la commune ayant droit à une rétribution, d'après le tarif, pour tout emplacement occupé dans le cimetière, le concessionnaire ne peut alléguer qu'elle n'a éprouvé aucun préjudice par le motif que le terrain dont il s'est emparé se trouverait placé sous les sentiers de séparation des tombes (Même arrêt). — D'autre part, il a été décidé que les conditions prescrites pour la concession d'un terrain dans un cimetière par l'art. 3 de l'ordonnance du 6 déc. 1843 ne font pas obstacle à ce que les propriétaires qui cèdent à une commune, pour la création ou l'agrandissement d'un cimetière, des terrains leur appartenant, stipulent la réserve d'une sépulture pour eux et leur famille (Req. 26 avr. 1875, aff. Commune de Massar, D. P. 75. 1. 474). Et, en admettant que le traité de concession n'ait pas été passé régulièrement, la commune ne peut restreindre l'effet de cette irrégularité à la réserve de la sépulture privée, en prétendant maintenir l'abandon du terrain dont elle persiste à conserver l'annexion à son cimetière (Même arrêt). Mais, en pareil cas, la commune doit verser aux pauvres le tiers de la valeur de la parcelle retenue, la réserve de cette parcelle équivalant à une véritable concession (Comp. Téphany, *op. cit.*, p. 356 ; Lacombe, nᵒ 168; Req. 26 avr. 1875, aff. Commune de Massat, D. P. 75. 1. 474).

932. Le contrat de concession est un contrat à titre onéreux. La part attribuée aux pauvres est essentielle à la validité de la convention. L'acte de concession doit être enregistré (Lacombe, nᵒ 170). Il ne doit pas être transcrit ; aucun texte de loi ne prescrit la transcription dans cette hypothèse et l'on ne voit pas, d'ailleurs, quelle pourrait être en pareille matière, l'objet de cette formalité (Lacombe, nᵒ 171).

933. La demande de concession d'un terrain dans le cimetière d'une commune et l'arrêté du maire accordant cette concession, forment entre les deux parties un contrat parfait qui, si la demande est pure et simple, oblige le concessionnaire à s'en rapporter, quant à l'emplacement du terrain concédé, à la désignation de l'autorité administrative, et quant à la fixation du prix, au tarif de la commune. L'individu qui a demandé une concession dans un cimetière, demande accueillie favorablement par l'Administration sous certaines conditions, ne peut refuser la concession, dans le cas où les conditions sont accomplies, s'il n'a pas notifié auparavant le retrait de sa demande (Req. 31 janv. 1870, aff. Galpin, D. P. 70. 1. 247).

934. On a traité au *Rép.* nᵒ 806 la question fort discutée de savoir quelle est la nature juridique du droit du concessionnaire. La jurisprudence et la doctrine l'ont examinée depuis. Mais aucune solution ne s'est imposée. Les auteurs et la jurisprudence restent divisés. Le système qui voit dans la concession, du moins dans la concession perpétuelle, la translation d'un véritable droit de propriété (propriété *sui generis*, il est vrai, à raison de l'affectation spéciale du terrain et de la surveillance réservée à l'Administration, mais aussi absolue que le comporte la nature des choses) et qui a été d'abord soutenu (Instr. gén. nᵒˢ 439, du 3 janv. 1810), puis abandonné par l'administration de l'Enregistrement, a été admis par un jugement du tribunal civil de la Seine, du 24 déc. 1856 (aff. L..., D. P. 58. 3. 53); il a été soutenu par M. le commissaire du Gouvernement l'Hôpital, dans ses conclusions devant le conseil d'Etat sur une affaire Castangt (Cons. d'Et. 19 mars 1863, D. P. 63. 3. 35), et il est enseigné par M. Ducrocq, qui paraît même l'étendre aux concessions purement temporaires (*Edifices publics*, nᵒˢ 93, 94; *Droit administratif*, 5ᵉ éd., t. 2, nᵒ 1449). — Nous ne saurions nous rallier à cette opinion. La propriété est le droit de jouir et de disposer des choses de la manière la plus absolue. Or, le droit du concessionnaire, même à titre perpétuel, est un droit limité : limité quant à la jouissance, puisque le concessionnaire ne peut changer l'affectation du terrain, ni faire aucun acte incompatible avec la destination du cimetière et qu'il est soumis au droit de police de l'Administration; limité quant à la disposition, puisqu'il ne peut être ni hypothéqué, ni affermé, ni aliéné, pendant la vie du concessionnaire; limité enfin quant à la durée, puisqu'il appartient à l'autorité administrative d'ordonner la translation du cimetière et de déposséder, par suite, les concessionnaires. Il est vrai que, dans ce cas, on leur donne un terrain de même étendue dans le nouveau cimetière. Mais la dépossession n'en existe pas moins. Elle s'opère en vertu du contrat même de concession qui réserve à la commune le pouvoir de reprendre les terrains concédés. Le droit du concessionnaire se trouve, dès qu'il naît, grevé d'un droit de retour incompatible avec le caractère de perpétuité qui est de la nature du droit de propriété.

935. Une opinion considère les concessions perpétuelles et les concessions temporaires faites avec faculté de renouvellement indéfini, comme des baux à durée illimitée, les concessions temporaires faites sans faculté de renouvellement comme des baux à durée limitée (Instr. gén. Régie, nᵒ 1757, 30 juin 1846, D. P. 46. 3. 127; Trib. Lyon, 4 avr. 1863, aff. Pitrat, et Trib. Clermont-Ferrand, 5 févr. 1857, aff. Poncillon, D. P. 67. 3. 63, et les autorités citées en note). Cette assimilation ne nous paraît pas absolument exacte. Dans le contrat de louage, le prix est payé périodiquement et par fractions successives; dans le contrat de concession, il est payé en une seule fois. Le bailleur ne peut enlever la chose louée au preneur avant l'expiration du bail et lui en donner une autre à la place; la commune, au contraire, en cas de translation de cimetière, reprend le terrain concédé et en livre un nouveau. Le droit des concessionnaires, à notre avis, est plus qu'un droit de bail et moins qu'un droit de propriété ; c'est un droit d'usage et de jouissance avec affectation spéciale (Angers, 5 mai 1869, aff. Galpin, D. P. 69. 2. 128), et qui, portant sur un terrain, est de sa nature immobilier (Même arrêt). Il comporte l'exercice sur le terrain conféré des actes compatibles avec la destination du cimetière, établissement de clôtures, de plantations, de caveaux, et participe à cet égard de la nature des droits réels, mais il ne réunit pas les éléments constitutifs du droit de propriété ; il ne peut être aliéné par le concessionnaire de son vivant, soit à titre gratuit, soit à titre onéreux, et à ce point de vue, il constitue un droit personnel. On

a indiqué au *Rép.* n° 806 les conséquences de cette doctrine (Trib. Lyon, 24 janv. 1866, aff. Fège, D. P. 67. 3. 45 ; Lyon, 4 févr. 1875, aff. Triomphe, D. P. 77. 2. 161, et la note ; 7 juill. 1883, aff. Nique, D. P. 85. 2. 34).

936. Le principe d'après lequel les concessions dans les cimetières ne sont pas susceptibles de rétrocession est fondé sur une raison d'ordre et de morale publics. Il ne comporte donc pas d'exceptions. La cour de Lyon a cependant admis que le droit de sépulture peut être l'objet d'une cession lorsqu'un usage local l'autorise et que le contrat de concession ne l'interdit pas (Lyon, 17 août 1880, aff. Frère, D. P. 81. 2. 16, et la note). Les usages locaux ne sauraient, à notre avis, prévaloir sur une règle qui a été édictée par des considérations d'ordre public, et qui n'a pas besoin d'être écrite dans un contrat pour demeurer en vigueur. — Mais si la transmission, à titre onéreux ou gratuit, du terrain, objet inaliénable, est prohibée, le concessionnaire peut, de son vivant, autoriser l'inhumation dans le terrain concédé de telle ou telle personne qu'il désigne, et qui lui est unie par des liens de parenté ou d'affection. Cette autorisation est, toutefois, soumise à l'approbation de l'autorité municipale, qui devra apprécier les mobiles auxquels aura obéi le concessionnaire et veiller à ce que l'autorisation accordée ne soit pas le résultat d'un trafic illicite et contraire au respect dû aux sepultures (Trib. Seine, 1er avr. 1882, aff. Guérand, D. P. 83. 3. 30 ; Bordeaux, 9 mai 1883, aff. Cors, D. P. 85. 2. 120).

937. Le concessionnaire a également le droit de disposer de sa concession par acte testamentaire (Décr. 11 prair. an 12, art. 11). Le droit est même plus étendu pour les concessions que pour les autres biens. Les concessions de terrain, conférant un simple droit de jouissance personnel et inaliénable, n'ont pas de valeur appréciable en argent, et ne doivent pas être comprises dans la masse de l'hérédité du concessionnaire pour le calcul de la quotité disponible et de la réserve. Il a été jugé que le concessionnaire d'un tombeau de famille peut le léguer à l'un de ses enfants, à l'exclusion des autres, alors même qu'il aurait épuisé la quotité disponible par des dispositions antérieures (Lyon, 19 févr. 1856, aff. Dupont de Chavagneux, D. P. 56. 2. 178 ; Req. 7 avr. 1857, même affaire, D. P. 57. 1. 311 ; Lyon, 7 juill. 1883, aff. Nique, D. P. 85. 2. 34). — A plus forte raison lui est-il permis de conférer

à l'un de ses héritiers le pouvoir de désigner les personnes auxquelles appartiendra ce droit d'inhumation (Arrêt précité du 7 avr. 1857). — Les mêmes raisons ont fait décider qu'une place dans un caveau n'entre pas dans les objets susceptibles d'aliénation ou de partage, et que sa valeur ne peut être comptée dans un lot (Trib. Seine, 7 mai 1870, aff. Duhannau, D. P. 70. 5. 323).

938. Les tombeaux de famille appartiennent aux héritiers dans la proportion de leur part héréditaire ; par suite, chaque cohéritier a le droit d'y faire inhumer tous les siens, sous la double condition de se conformer aux prescriptions de l'autorité et de respecter les droits de ses cohéritiers. Ainsi il a été jugé : que l'inscription qui figure sur un tombeau de famille ne peut être modifiée par un des héritiers du concessionnaire primitif sans le consentement de tous ses cohéritiers ; que, notamment, la fille du concessionnaire ne peut ajouter au nom de famille inscrit sur le tombeau le nom de son mari et les mots « A perpétuité » (Bordeaux, 27 févr. 1882, aff. Landreau, D. P. 83. 2. 158 ; Rouen, 21 mars 1884, aff. Chandelier, D. P. 85. 2. 80) ; — Qu'une sépulture concédée à une famille ne doit être affectée qu'aux membres de cette famille ; que cette règle ne souffre exception que lorsque tous les propriétaires de la sépulture consentent à l'inhumation des personnes étrangères ; que l'un des copropriétaires d'un caveau de famille n'a pas le droit d'y faire inhumer son beau-père malgré les autres copropriétaires ; et que, faute par lui d'obtenir le consentement de ceux-ci, il appartient aux tribunaux d'ordonner l'exhumation (Trib. Marseille, 14 avr. 1880) (1) ; — Que le tombeau sur lequel est gravée cette inscription : « Tombeau de la famille X... » est affecté exclusivement à la sépulture des membres de cette famille, encore bien qu'il ait été exécuté sous la surveillance d'un seul des fils et payé par lui, s'il est établi qu'au moment de la construction du tombeau, le fils vivait en communauté d'intérêts avec ses parents et qu'il n'a agi que comme mandataire de ses père et mère et de ses frères et sœurs ; qu'en conséquence, si la veuve de ce fils a le droit comme épouse, d'avoir sa sépulture dans ce tombeau, elle ne saurait y faire inhumer un enfant né d'un second mariage, cet enfant étant étranger à la famille de son mari (Bordeaux, 9 févr. 1887) (2). Il a été jugé aussi qu'un des héritiers ne peut, sans le consentement de ses cohéritiers,

(1) (Grangé *C.* Grangé.) — Le tribunal : — Attendu qu'il est de règle qu'une sépulture, concédé à une famille, ne doit être affectée qu'aux membres de cette famille ; que cette règle ne souffre d'exception que lorsque tous les propriétaires de la sépulture consentent à l'inhumation de personnes étrangères ; — Attendu que, dans l'espèce, le sieur Joseph Grangé, l'un des copropriétaires du tombeau de la famille Grangé, a fait inhumer dans ce tombeau, le 25 août 1879, le corps de son beau-père, Antoine Schiez ; que si ce dernier se rattachait aux défendeurs par un lien d'alliance, ce lien n'existait pas vis-à-vis des autres copropriétaires ; — Attendu qu'il n'y a eu de la part de deux d'entre eux au moins aucun consentement exprès, ni tacite ; qu'on ne peut le faire résulter pour le demandeur, le sieur Jean-Baptiste Grangé, de cette circonstance qu'il ne se serait pas opposé, le jour de l'enterrement, à ce que le corps d'Antoine Schiez fût placé dans le caveau de famille ; car il est constant que le dit Jean-Baptiste Grangé ne se trouvait pas à cette époque à Marseille, et qu'il n'a pas assisté aux funérailles ; que, dès lors, l'inhumation d'Antoine Schiez ne saurait être considérée comme régulière ; — Par ces motifs ; — Ordonne que dans le mois qui suivra la prononciation du présent jugement, Joseph Grangé sera tenu de faire exhumer le corps de son beau-père du caveau de la famille Grangé ; — A défaut de ce faire, autorise le demandeur à faire procéder à cette exhumation et à l'inhumation du corps dans un autre lieu, le tout aux frais de Joseph Grangé, qui sera tenu de lui rembourser le montant de ses frais sur le vu et la production des quittances régulières. Du 14 avr. 1880.-Trib. civ. Marseille, 3e ch.-MM. Brésillion, pr.-Charles Tisserie et Delobre, av.

(2) (Picard *C.* Larousse.) — Le 24 nov. 1885, le tribunal civil de Bordeaux a rendu un jugement ainsi conçu : — Attendu que l'inscription gravée sur la tombe dont s'agit au procès est ainsi conçue : « Tombeau de la famille Philippe Picard » ; que cette sépulture est donc affectée à l'inhumation de Philippe Picard et de sa descendance directe ; — Attendu que feu Louis Picard, l'un des fils de Philippe Picard et l'époux de la défenderesse, a sans doute commandé et fait exécuter sous sa surveillance le tombeau susindiqué, et qu'il a acquitté le coût de travaux relatifs à sa construction et son entretien ; mais qu'il n'en résulte

pas la preuve de son droit exclusif de propriété sur cette sépulture ; qu'il ne paraît, en effet, avoir agi que comme mandataire et dans l'intérêt commun de ses père et mère et de ses frères et sœurs ; que d'ailleurs, Marie Picard, l'une de ses sœurs, a fait procéder à des travaux d'entretien de la tombe et en a personnellement acquitté le montant ; — Attendu que Louis Picard n'avait, en conséquence, qu'un droit qui se serait transmis à ses descendants directs comme continuant la famille de Philippe Picard ; que la dame veuve Louis Picard puise elle-même dans sa qualité d'épouse le droit d'être inhumée dans la même tombe que son mari, mais qu'elle ne peut l'étendre aux membres de sa famille sans lien direct avec Louis Picard et la famille paternelle de celui-ci ; spécialement à la descendance qui s'est créée par un autre mariage que celui qui l'unissait à Louis Picard ; — Par ces motifs ; — Dit et déclare que la dame Larousse, née Marie Picard, est seule propriétaire du tombeau érigé au cimetière catholique de Bordeaux, série 24, n° 36, pour les membres de la famille Philippe Picard ; — Dit, en conséquence, que la veuve Louis Picard née Guilhem sans droit d'y faire inhumer des personnes étrangères à la famille de Philippe Picard ; lui fait inhibition et défense de faire à l'avenir de telles inhumations ; reconnaît à ladite veuve Louis Picard le droit d'être personnellement inhumée dans ledit tombeau, etc. ». — Appel par la dame veuve Louis Picard. — Arrêt.

La cour ; — Attendu qu'il résulte des faits reconnus et des pièces versées aux débats qu'au moment où au mois de décembre 1852, il obtient la concession du terrain affecté à la sépulture en litige, Louis Picard vivait dans la même maison, en communauté d'intérêts avec ses père et mère et avec ses sœurs ; que l'industrie prospère exercée par l'une de ses sœurs, et la situation qu'avait Louis Picard dans la famille, tout indique que l'achat du terrain fut fait dans l'intérêt et avec l'argent communs ; que cette communauté d'intérêts et de droits est plus clairement affirmée encore par l'inscription gravée sur le tombeau, et qui indique que la propriété appartient à la famille Picard ; qu'enfin l'affectation qu'a reçue cette sépulture, par suite des inhumations successives qui y ont été faites des divers membres de la famille de Philippe Picard, ne laisse aucun doute sur l'origine et sur le caractère de cette propriété ; qu'il s'agit bien là d'un tombeau de famille,

faire ériger à l'une des extrémités de la tombe un mausolée destiné par sa forme et son ornementation à attirer les regards et consacré exclusivement à la mémoire d'un des membres de la famille (Trib. Seine, 16 mai 1887) (1).

939. Le tombeau doit rester à la famille, lors même qu'elle serait écartée de la succession. Ainsi un légataire universel ne peut réclamer aucun droit sur le tombeau du *de cujus;* ce tombeau reste à la famille (Lyon, 4 févr. 1875, aff. Triomphe, D. P. 77. 2. 161 ; Trib. Seine, 9 mai 1883) (2).

940. La circulaire du ministre de l'intérieur du 30 déc. 1843 met à la charge des communes, en cas de translation d'un cimetière, le transport, l'exhumation et la réinhumation des restes, mais décide que les dépenses accessoires des pompes funèbres sont supportées par les familles (*Rép.* n° 806). D'après un arrêté du conseil de préfecture du Nord du 8 sept. 1869, rapporté par le *Journal des conseils de fabrique,* 1870, p. 164, la commune n'est pas obligée, en cas de fermeture du cimetière, à la réédification des tombeaux érigés sur les terrains concédés, ni au remboursements des frais de reconstruction de ces tombeaux dans le nouveau cimetière. — En sens contraire, il a été décidé

qu'en cas de translation d'un cimetière, la commune est tenue envers les concessionnaires de faire, à ses frais, exhumer, transporter et réinhumer les restes que contient le tombeau dans un autre tombeau exactement pareil, sauf à utiliser les matériaux du monument primitif (Trib. Agen, 1er juill. 1870, aff. Pribat, D. P. 74. 3. 80; Lacombe, n° 154). Cette dernière solution nous paraît mieux fondée que les précédentes : la commune est, en effet, liée par le contrat de concession, et il est juste qu'elle répare entièrement l'atteinte que la translation porte aux droits du concessionnaire.

941. Les tribunaux ordinaires sont seuls compétents pour statuer soit sur les contestations qui s'élèvent entre deux concessionnaires au sujet d'anticipations, soit sur l'action en garantie dirigée contre la commune pour faire respecter la concession qu'elle a accordée, soit sur les difficultés relatives au payement du terrain concédé. L'acte de concession est un véritable contrat de droit civil passé entre le maire et le concessionnaire et qui confère à ce dernier un droit réel d'une nature spéciale (V. *suprà,* n° 934); c'est, par suite, à l'autorité judiciaire qu'il appartient de connaître

---

(1) (Ollivier *C.* Dondalle.) — Le tribunal ; — Attendu qu'Ambroise Dondalle, auteur commun des parties en cause, a acquis en 1882 dans le cimetière de Maisons-Alfort une concession à perpétuité sur laquelle il a fait établir un caveau surmonté d'une pierre tombale avec croix sculptée en relief; qu'après la mort d'Ambroise Dondalle, cette tombe est devenue la propriété commune de ses héritiers, Arthur Dondalle et la dame Ollivier ; qu'aucune modification n'y pouvait dès lors être apportée par l'un des communistes sans le consentement de l'autre ; — Attendu qu'une croix verticale en pierre reliée par des chaînes à deux flambeaux renversés a été ajoutée au monument primitif; mais qu'il est sans intérêt de rechercher si c'est l'auteur commun ou la dame Ollivier qui l'avait fait ériger; qu'en effet, cet état de choses. qui, d'après les dires de la veuve Dondalle elle-même, remonterait à 1869, a duré jusqu'en 1884 ; — Attendu que dans cet espace de temps il a été certainement connu d'Arthur Dondalle qui, à la date du 2 nov. 1877, après une visite au cimetière, protestant par une lettre écrite à ses sœurs contre le dépôt fait sur la tombe commune d'une couronne de violettes qu'il considérait comme un emblème contraire à ses convictions personnelles, laquelle lettre sera enregistrée en même temps que le présent jugement; qu'il est mort en 1883 sans avoir jamais fait aucune réclamation au sujet de la croix verticale et que ce silence indique qu'il ne se croyait pas en droit de faire disparaître cette adjonction ou tout au moins qu'il l'avait tacitement acceptée ; — Attendu que sa veuve ne pourrait, ni de son chef, ni comme exerçant les droits de son fils mineur, aujourd'hui seul propriétaire de la tombe, procéder à l'enlèvement de la croix pour y substituer une ornementation différente; mais qu'il résulte de la déclaration signée du maire de Maisons-Alfort, en date du 16 déc. 1886, remise par lui à la veuve Dondalle, que la croix verticale a été enlevée par ordre de l'autorité municipale comme se trouvant placée sur le terrain communal ; — Attendu que les protestations de la veuve Ollivier, tant contre cet acte du maire que contre l'exactitude du motif par lui invoqué, n'ont point leur place dans la présente instance où la veuve Dondalle a seule été mise en cause; que celle-ci à qui, en présence du document précité, l'enlèvement de la croix ne peut être directement imputé, ne saurait être tenue de la rétablir;

Mais attendu que ladite veuve Dondalle a fait ériger à l'une des extrémités de la tombe de famille un monument à la mémoire de son mari qui y a été enseveli ; que les documents versés par elle aux débats, et notamment un plan dressé par un architecte de Nogent-sur-Marne et qui sera enregistré, établissent que cette construction repose sur le sol même de la concession et empiète sur l'ancienne pierre tombale ; qu'aucune des inscriptions et aucun des emblèmes qui y sont sculptés ne peuvent être considérés comme attentatoires aux convictions religieuses de la veuve Ollivier ni aux sentiments dans lesquels sont mortes la plupart des personnes ensevelies dans le caveau; mais que le nouvel état de choses change complètement l'aspect et le caractère simple et discret de la tombe collective, pour faire réellement place à un mausolée destiné, par sa forme et son ornementation, à attirer les regards et consacré exclusivement à la mémoire d'un membre de la famille ; — Attendu qu'une semblable transforma-

tion excède le droit d'un des communistes qui ne peut ainsi faire seul, et sans concours de l'autre, acte de propriété sur la chose commune ; — Attendu qu'aucune autorisation n'a été demandée à la veuve Ollivier qui, dès qu'elle a été informée des agissements de la veuve Dondalle, a protesté contre l'abus commis et réclamé le rétablissement de la tombe dans l'état primitif ; que, sous la réserve de ce qui a été plus haut au sujet des faits accomplis sur l'ordre du maire, la demande de la veuve Ollivier est fondée en droit ; qu'il y a donc lieu d'ordonner la suppression de l'édifice élevé par la veuve Dondalle, sous réserve du droit qu'elle peut avoir de le rétablir partout ailleurs sur la concession dont la veuve Ollivier est propriétaire ;

Par ces motifs, dit et ordonne que, dans le mois de la signification du présent jugement, la veuve Dondalle sera tenue de faire enlever le monument élevé par ses ordres à l'extrémité de la concession et appartenant à sa famille Dondalle, et de rétablir la tombe dans son état primitif, consistant en une pierre tombale avec croix horizontale sculptée en relief ; dit qu'elle sera également tenue de faire toutes les réfections et restaurations nécessaires pour faire disparaître toute trace du monument enlevé ; et, faute par elle de ce faire dans ledit délai et icelui passé, autorise la veuve Ollivier à faire exécuter les travaux ci-dessus ordonnés, mais sous la surveillance d'Étienne, architecte, etc.

Du 16 mai 1887.-Trib. civ. Seine, 1re ch.-MM. Thureau, pr.-Oscar Falateuf et Georges Laguerre, av.

(2) (Campagne *C.* Nicolas.) — Le tribunal ; — Attendu que Pierre et Alexis Campagne ont, en mai 1870, obtenu conjointement la concession à perpétuité d'un terrain dans le cimetière de Montreuil-sous-Bois, et y ont fait édifier, à frais communs, une chapelle et un caveau dans lequel reposent aujourd'hui les corps de plusieurs membres de la famille, et notamment celui d'Alexis Campagne ; que la demoiselle Nicolas, légataire universelle d'Alexis Campagne, réclame en cette qualité le droit de pénétrer dans la chapelle, et demande que la chapelle soit séparée en deux parties égales ayant chacune une entrée particulière ; que Pierre Campagne revendique la possession et jouissance entière, tant de la chapelle que du caveau ; — Attendu que les tombeaux sont hors du commerce, et par caractère sacré échappent aux règles ordinaires du droit sur la propriété et la libre disposition des biens ; qu'ils ne peuvent être ni licités, ni partagés, ni transmis par donation ou par legs à des tiers étrangers aux familles auxquels ils sont consacrés ; que par suite la demoiselle Nicolas n'a recueilli dans le legs universel fait à son profit aucun droit, ni sur le caveau, ni sur la chapelle qui ne peut en être séparée ; que le droit indivis d'Alexis Campagne s'est éteint au décès de celui-ci pour se réunir au droit de son frère désormais seul chef de la famille ; que le droit de Pierre Campagne est absolu et sans partage pour la jouissance à un degré quelconque comme pour la propriété indivisible du caveau et de la chapelle ; qu'il implique, en conséquence, à l'égard de la demoiselle Nicolas, l'interdiction de pénétrer dans la chapelle sans l'autorisation du chef de la famille, aussi bien que d'être inhumée dans le caveau et qu'au surplus elle n'allègue aucun fait d'abandon ou de négligence de la sépulture de celui qu'elle prétend représenter ; — Par ces motifs ; — Dit que le demandeur a seul droit à la concession du terrain, du caveau et de la chapelle dont s'agit ; — Autorise le demandeur à faire exécuter tous les travaux et changements qu'il jugera nécessaire pour la possession exclusive desdits caveau et chapelle ; — Déclare la demoiselle Nicolas mal fondée dans ses demandes et conclusions.

Du 9 mai 1883.-Trib. civ. Seine, 2e ch.-MM. Mulle, pr.-Martinet, subst.-Morillot et Delacourtie, av.

---

appartenant aux descendants de Philippe Picard; que conséquemment, Louis Picard n'a pu ni transmettre à sa veuve un droit exclusif de propriété, ni l'autoriser à faire inhumer dans ce caveau des personnes étrangères à sa famille; — Par ces motifs et ceux des premiers juges qu'elle adopte, confirme, etc.

Du 9 févr. 1887.-C. de Bordeaux, 1re ch.-MM. Delcurrou, 1er pr.-Boué et Peyrecave, av

de toutes les difficultés relatives à son exécution (Cons. d'Et. 19 mars 1863, aff. Castangt, D. P. 63. 3. 35; Paris, 4 juill. 1884, aff. Préfet de la Seine, D. P. 85. 2. 211). Dans le même sens, il a été décidé que, dans le jugement d'une contestation privée portant sur l'exécution d'une transaction passée entre une commune et un particulier qui s'est réservé dans le cimetière une certaine portion de terrain, l'autorité judiciaire a le droit de confier à un expert le soin de déterminer, au point de vue de cette exécution, le lieu où doit être pris le terrain litigieux; qu'une pareille mesure ne dépasse pas les attributions de l'autorité judiciaire et ne porte aucune atteinte au pouvoir de police sur les cimetières qui appartient à l'autorité municipale (Req. 26 avr. 1875, aff. Commune de Massat, D. P. 75. 1. 474). — Décidé aussi qu'il n'appartient pas au ministre des cultes de statuer sur une contestation relative au sens et à l'exécution d'une convention par laquelle un consistoire israélite, propriétaire d'un cimetière, a accordé à un particulier, moyennant payement d'une certaine somme, le droit de disposer d'un certain nombre de places déterminées dans ledit cimetière ; que l'acte par lequel le ministre des cultes a refusé d'inviter le consistoire à accueillir une réclamation de ce genre ne constitue pas une décision et ne fait pas obstacle à ce que ce particulier porte sa réclamation devant l'autorité compétente (Cons. d'Et. 10 déc. 1875, aff. Iffla Osiris, D. P. 76. 3. 41).

Mais les tribunaux ne peuvent ordonner aucune mesure d'exécution qui soit de nature à porter atteinte au droit de police du maire. Ils sont aussi incompétents pour interpréter le sens et la portée de l'acte de concession; cette interprétation ne peut être faite que par l'autorité même de laquelle l'acte émane. Il a été jugé, notamment, que la désignation de l'emplacement des concessions temporaires ou perpétuelles dans les cimetières dépend essentiellement de l'autorité administrative, chargée de la police et de la surveillance des lieux consacrés aux sépultures, et que les arrêtés qu'elle prend à cet égard ne peuvent être interprétés que par elle; qu'en conséquence, les tribunaux civils sont incompétents pour statuer sur l'action d'un particulier tendant à la revendication d'un terrain dans un cimetière, concédé à un autre particulier, terrain que le demandeur prétend lui avoir été antérieurement concédé à lui-même (Poitiers, 17 févr. 1864, aff. Bonneau, D. P. 64. 2. 38). Cette décision est aussi la conséquence du principe que les concessions ne confèrent pas un droit réel de propriété en faveur du concessionnaire.

942. Les communes sont responsables envers les concessionnaires de terrains dans les cimetières communaux, du mauvais état des concessions imputable à l'organisation défectueuse de la police des cimetières. — Spécialement, lorsque les restes d'une personne inhumée dans un terrain concédé temporairement à la famille se sont trouvés, avant l'expiration de la concession, confondus avec d'autres ossements dont il était impossible de les distinguer, la commune doit indemniser la famille des frais faits en prévision d'une translation dans une sépulture définitive, et de ceux d'achat de la concession temporaire que l'événement a démontré avoir été inutile (Lyon, 16 mai 1877, aff. Perrichon, D. P. 79. 2. 19).

943. — II. Produits. — Aux termes du décret du 30 déc. 1809, art. 36, § 4, les produits spontanés du cimetière appartenaient aux fabriques, ceux dus au travail de l'homme appartenaient à la commune (*Rép.* n° 809). L'art. 133, § 9, de la loi municipale du 5 avr. 1884 attribue sans distinction aux communes les produits des cimetières. On leur accorde également, pour l'entretien et l'amélioration des cimetières, les objets et matériaux non réclamés provenant des tombes, à l'expiration des concessions temporaires et en cas de désaffectation des lieux de sépulture (*Rép.* n° 810).

944. La loi du 5 avr. 1884 (art. 136, § 13) reproduit la disposition de la loi du 10 juill. 1837 (art. 30, § 17), concernant l'entretien des cimetières. On peut se demander cependant si les fabriques ne doivent point, par voie de conséquence, être exemptées de la charge d'entretien qui leur incombait antérieurement. — V. sur ce point *supra*, n° 541. Aucune modification n'est apportée en ce qui touche la clôture des cimetières (*Rép.* n° 812).

945. — III. Servitudes. — La jurisprudence a eu souvent

à interpréter, depuis la publication du *Répertoire*, les dispositions du décret du 23 prair. an 12 et du décret du 7 mars 1808 relatives à la distance qui doit séparer les habitations des cimetières (*Rép.* n°s 813 et suiv.).

Conformément à la doctrine exposée au *Rép.* n° 814, *in fine*, il a été décidé : 1° que la prohibition d'établir des cimetières à moins de 35 mètres de l'enceinte des villes et bourgs doit s'entendre en ce sens que cette distance doit exister entre le cimetière et la *masse des habitations* de la commune (Cons. d'Et. 10 janv. 1856, aff. Renout, D. P. 56. 3. 43) ; — 2° que la prohibition d'agrandir les cimetières à moins de 35 mètres de l'enceinte des villes ou communes ne s'applique pas aux cimetières qui sont dans le voisinage de maisons isolées, situées en dehors de la masse des habitations agglomérées (Cons. d'Et. 7 janv. 1869, aff. Riom, D. P. 70. 3. 76 ; 13 avr. 1881, aff. Lalouette, D. P. 82. 3. 84; 23 déc. 1887, aff. Toret, D. P. 89. 3. 13); — 3° Qu'un cimetière transféré anciennement hors de l'enceinte d'une ville et demeuré en dehors de l'agglomération des habitants peut être agrandi, sans excès de pouvoir de la part de l'Administration, alors même que certaines habitations se sont récemment élevées à une distance de moins de 33 mètres du mur de clôture de ce cimetière (Cons. d'Et. 23 déc. 1884, aff. Jugy, D. P. 83. 3. 38). — Il a été décidé, d'autre part, que la prohibition d'agrandir les cimetières, situés à moins de trente-cinq mètres des habitations agglomérées, s'applique aux cimetières situés à une moindre distance des jardins compris dans la même clôture que les maisons, et qui, à raison de leurs dimensions restreintes, peuvent être considérés comme partie intégrante des habitations (Cons. d'Et. 16 avr. 1880, aff. Dantier, D. P. 81. 3. 10. V. en ce sens : Cons. d'Et. 12 juill. 1860, aff. Bagne, D. P. 62. 3. 1 ; 4 avr. 1861, aff. Richard d'Aulnay, *ibid.* ; 28 mai 1866, aff. Blondeau, D. P. 67. 3. 39). Mais, pour apprécier si un cimetière est situé à trente-cinq mètres au moins des habitations agglomérées et si, par suite, un décret a pu en autoriser l'agrandissement sans excès de pouvoir, il y a lieu de compter la distance à partir du bâtiment le plus rapproché, et non à partir seulement de l'extrémité du jardin attenant à ce bâtiment, lorsqu'à raison des conditions où le bâtiment se comporte, ce jardin ne constitue pas une partie intégrante de l'habitation (Cons. d'Et. 4 févr. 1887, aff. Duclos, D. P. 88. 5. 436). De même, la prohibition n'est pas applicable s'il s'agit de vastes jardins, de parcs, d'enclos d'une superficie considérable et dont la plus grande partie est occupée par une exploitation agricole. Dans ces hypothèses, les considérations de salubrité sur lesquelles repose l'exigence du décret de l'an 12 ne sauraient être utilement invoquées (Cons. d'Et. 21 janv. 1869, aff. Lesbros, D. P. 72. 3. 12 ; 2 juill. 1875, aff. Olivier, D. P. 76. 3. 30 ; 13 avr. 1881, aff. Lallouette, D. P. 82. 3. 84, et les notes sous les arrêts précités des 12 juill. 1860 et 16 avr. 1880).

946. L'art. 1er du décret du 7 mars 1808, aux termes duquel nul ne peut, sans autorisation, élever des habitations et creuser des puits à moins de cent mètres des nouveaux cimetières, ne fait pas obstacle à ce qu'un cimetière soit établi à moins de cent mètres des habitations ou des puits déjà existants, pourvu qu'il soit placé à trente-cinq ou quarante mètres des habitations agglomérées. Les trente-cinq mètres sont requis comme condition nécessaire de l'établissement d'un cimetière. L'Administration est forcée d'observer cette distance (Cons. d'Et. 29 janv. 1863, aff. Humblot-Caille, D. P. 67. 5. 396). Mais elle n'est pas tenue d'observer la distance de cent mètres prescrite par le décret de 1808. Si ce décret interdit d'élever des habitations ou de creuser des puits à moins de cent mètres des nouveaux cimetières, l'Administration n'est pas tenue, par une réciprocité que le texte ne lui impose nullement, de respecter la même distance dans l'établissement de ces cimetières. Il y a là deux points de vue différents. D'abord, l'établissement de nouveaux cimetières serait souvent très difficile s'il fallait appliquer nécessairement la distance fixée par le décret de 1808; ensuite, ce décret n'interdit pas absolument de creuser des puits ou de construire ; il exige seulement l'autorisation de l'Administration (Cons. d'Et. 11 mars 1862, aff. Chapot, D. P. 67. 3. 39, et la note ; Ducrocq, *Droit administratif*, 5e éd., t. 2, n° 865; Lacombe, p. 171).

947. La circulaire du ministère de l'intérieur du 30 déc. 1843 exige que l'établissement des nouveaux cimetières soit précédé d'une enquête *de commodo et incommodo*. C'est là une formalité substantielle ; mais l'enquête ne doit porter que sur le choix du terrain. — Il a été décidé, d'ailleurs, qu'à supposer que l'omission de cette formalité puisse enlever à une mesure d'agrandissement du cimetière communal, autorisée par ordonnance et réalisée par une délibération du conseil municipal à laquelle le préfet a donné son approbation, le caractère légal qui doit soumettre les propriétaires voisins du cimetière agrandi à la servitude *non ædificandi*, il ne peut appartenir qu'à l'autorité administrative de déclarer si l'exécution de l'agrandissement du cimetière est entachée d'irrégularité (Crim. cass. 27 avr. 1861, aff. Bartel, D.P. 61. 1. 498).

948. La prohibition d'élever des *habitations* sans autorisation dans la zone des servitudes des nouveaux cimetières, fixée par le décret du 7 mars 1808, s'applique, non pas seulement aux constructions destinées à l'habitation de jour et de nuit, mais à tout bâtiment dans lequel se rencontre le fait de la présence habituelle, quoique non permanente, de l'homme (Crim. cass. 27 avr. 1861, aff. Bartel, D. P. 61. 1. 498 ; Crim. rej. 10 juill. 1863, aff. Joubert, D. P. 63. 1. 482). — Décidé, notamment, que le mot *habitation*, dans le décret de 1808, comprend la cheminée d'une usine annexe des ateliers, et que desservent habituellement des ouvriers (Crim. rej. 23 févr. 1867, *infrà*, n° 965).

949. Des difficultés se sont élevées sur le point de savoir si, dans le cas où le cimetière transféré *extra muros* n'a été établi qu'à une distance de 35 à 40 mètres du mur d'enceinte, conformément au décret du 13 prair. an 12, la servitude *non ædificandi* dont le décret du 7 mars 1808 frappe les terrains compris dans la zone de 100 mètres s'applique aux propriétés situées dans l'enceinte de la ville. On a soutenu que, dans cette hypothèse, la servitude était limitée, du côté de l'agglomération existant antérieurement au cimetière, à la distance fixée par le décret de l'an 12 ; mais cette distinction ne trouvait aucune base dans les dispositions absolues du décret de 1808, et elle a été repoussée par un avis du conseil d'État du 28 déc. 1840 (*Rép.* n° 815). — Jugé, dans le même sens, que lorsqu'une commune a établi un cimetière à trente-cinq mètres de l'agglomération des habitations, l'interdiction de bâtir sans autorisation à moins de cent mètres du cimetière s'applique même aux propriétés comprises dans l'intérieur de l'agglomération (Cons. d'Ét. 2 juill. 1886, aff. Dusouchet, D. P. 88. 3. 5). Toutefois, les instructions administratives recommandent, en pareil cas, de ne refuser l'autorisation de bâtir dans l'intérieur de l'agglomération, que dans les cas où l'intérêt de la salubrité publique exige cette interdiction (Circ. 30 déc. 1843, citée *ibid.*) ; mais l'appréciation des circonstances qui peuvent déterminer l'octroi ou le refus de l'autorisation rentre dans le pouvoir discrétionnaire de l'Administration et ne peut donner lieu à un pourvoi devant le conseil d'État (V. Lacombe, n° 198 ; Bost, *Encyclopédie des conseils de fabrique*, v° *Cimetières*, n° 21 ; Crim cass. 27 avr. 1861, aff. Bartel, D. P. 1. 498). — A plus forte raison, le seul fait du déplacement du mur d'enceinte d'une ville et de son rapprochement du cimetière n'a-t-il pas pour conséquence de faire cesser sur les terrains nouvellement ajoutés à la ville la servitude *non ædificandi* qui grève la zone de 100 mètres autour du cimetière : cet affranchissement ne pourrait être édicté que par une loi (Crim. cass. 27 avr. 1861, aff. Bartel, D. P. 61. 1. 498).

950. Comme on l'a dit au *Rép.* n° 813, les distances prescrites par le décret de 1808 ne s'appliquent pas aux cimetières qui se trouvent encore dans l'enceinte des villes, bourgs ou communes rurales (Conf. Lacombe, n° 185). — Jugé, en ce sens, que la prohibition de construire dans le voisinage des cimetières à une distance moindre de 100 mètres ne concerne que les cimetières *extramuros*, et non ceux qui, contrairement aux prescriptions du décret de prairial an 12, ont été conservés dans l'intérieur des villes (Crim. rej. 17 août 1854, aff. Malrie, D. P. 54. 1. 371).

Mais en déclarant que nul ne pourrait, sans autorisation, élever aucune habitation ni creuser aucun puits à moins de 100 mètres des nouveaux cimetières transférés hors des

communes en vertu des lois et règlements, le décret du 7 mars 1808 a entendu disposer, non pas seulement à l'égard des cimetières transférés hors des villes depuis et en exécution du décret du 23 prair. an 12, mais aussi à l'égard des cimetières établis hors des villes en exécution des règlements antérieurs, et notamment de la déclaration de 1776, qui prescrivait déjà cette translation (Crim. cass. 27 avr. 1861, aff. Bartel, D. P. 61. 1. 498).

951. Il a été jugé que l'alignement délivré par le préfet pour construire le long d'une voie publique dépendant de la grande voirie, ne peut, après que le propriétaire a commencé à en faire usage, être retiré à celui-ci à raison de ce que le terrain serait situé à moins de cent mètres d'un cimetière voisin, sous prétexte que l'autorisation de bâtir ne vaudrait à cet égard qu'autant que le préfet y aurait spécialement déclaré que les constructions pourraient être élevées malgré ce voisinage. L'autorisation de construire, sans réserve, est censée être donnée tant au point de vue du voisinage du cimetière que de la voirie (Cons. d'Ét. 5 avr 1862, aff. Guy, D. P. 62. 3. 49). Dans l'espèce, il s'agissait d'un alignement délivré à Paris par le préfet de la Seine compétent pour accorder les deux autorisations. — Mais le défaut d'opposition du préfet de la Seine, dans les vingt jours qui suivent le dépôt des plans, à l'érection d'une construction projetée, ne permet de procéder au commencement des travaux et ne met le propriétaire en règle que relativement à l'exécution des règlements de voirie, et non en ce qui concerne l'exécution du décret du 7 mars 1808, ce défaut d'opposition ne pouvant être considéré comme une autorisation tacite de bâtir à moins de cent mètres du cimetière (Crim. cass. 17 janv. 1863, aff. Roze, D. P. 66. 5. 427).

952. Il n'est pas dû d'indemnité à raison des servitudes résultant de l'établissement des cimetières. Ce principe qui a été établi au *Rép.* n° 816 n'est pas contesté. Si le code civil accorde une indemnité lorsque l'expropriation a pour résultat l'anéantissement du droit de propriété (c. civ. art. 545 et 649), aucun texte n'en attribue à raison de l'établissement d'une servitude d'utilité publique (Lacombe, p. 174 et suiv.). Mais la jurisprudence décide avec raison qu'une indemnité peut être réclamée lorsque le dommage éprouvé provient, non pas de la servitude elle-même, mais de causes différentes comme par exemple des exhalaisons malsaines du cimetière. L'Administration est en faute de ne pas prendre les précautions nécessaires et elle doit supporter les conséquences de sa négligence. Les tribunaux civils connaissent de ces actions en dommages-intérêts. Le préjudice, en effet, ne peut être considéré comme un dommage direct et matériel occasionné par l'exécution d'un travail public. Il provient du voisinage du cimetière et surtout du défaut de soins ou du choix de l'emplacement. Les conseils de préfecture ne sont donc pas compétents (Cons. d'Ét. 8 mars 1855, aff. Ville de Paris, D. P. 55. 3. 52 ; 22 déc. 1876, aff. Laurent, D. P. 77. 3. 26).

953. Le décret de 1808 défend de restaurer et d'augmenter sans autorisation les bâtiments existants situés à moins de cent mètres des cimetières. Il réserve même à l'Administration le droit de supprimer les puits après enquête et visites d'experts. Quant aux habitations qui sont dangereuses pour la salubrité publique, elles peuvent aussi être supprimées en vertu de la loi du 13 avr. 1850 sur les logements insalubres (Lacombe, p. 181 et suiv.).

954. — IV. POLICE DES CIMETIÈRES ET LIEUX DE SÉPULTURE. — L'art. 17 du décret de l'an 12 soumet les lieux de sépulture à l'autorité, police et surveillance des administrations municipales (*Rép.* n°s 817 et suiv.). L'art. 97, § 4, de la loi du 5 avr. 1884 confie au maire chargé de la police municipale, le soin de maintenir le bon ordre et la décence dans les cimetières. Nous avons fait connaître *suprà*, n°s 840 et suiv., les pouvoirs généraux du maire en ce qui touche les inhumations et les exhumations, son autorité sur les cimetières publics ou privés, les obligations que lui impose la loi du 14 déc. 1881, et les voies de recours ouvertes contre ses décisions. — Les objets qui rentrent dans ses attributions en vertu de son droit de police sont fort nombreux. C'est au maire qu'il appartient, notamment, d'empêcher la réouverture des fosses avant cinq années depuis l'inhumation, et à l'expiration de ce laps de temps de fixer la réouverture.

Mais le droit de l'autorité municipale de faire rouvrir les fosses après cinq années n'emporte pas celui de toucher aux sépultures et de faire retirer les cercueils et autres objets qui seraient restés intacts dans ces fosses; de tels faits ne peuvent être accomplis qu'en vertu d'arrêtés spéciaux, notifiés administrativement aux personnes connues pour y avoir intérêt (Crim. cass. 3 oct. 1862, aff. Chapuy, D. P. 62. 1. 446). Au maire appartient aussi le droit de commander les travaux d'entretien et d'aménagement du cimetière, d'y faire planter des arbres et de nommer le fossoyeur (*Rép.* n° 820).

955. L'autorité municipale a le droit d'enjoindre au propriétaire d'un enclos contigu au cimetière communal de faire murer une porte donnant accès de sa propriété dans le cimetière. Peu importe que la communication existe de temps immémorial; on ne peut acquérir par prescription le droit de conserver des communications prohibées par une loi d'ordre public (Crim. cass. 20 juin 1863, aff. Hue, D. P. 63. 1. 381. Comp. *suprà*, n° 916). Il a été jugé aussi que le maire, en vertu de ses pouvoirs de police, peut prescrire l'ouverture d'un chemin dans un cimetière pour assurer, au moyen d'une circulation plus libre, la conservation des sépultures; qu'une telle mesure ne peut pas être déférée à la juridiction civile, et notamment, servir de base à une action possessoire, de la part du particulier troublé dans la possession de la grille d'un monument funéraire dont la création du nouveau chemin a nécessité le déplacement. C'est une conséquence du principe, exposé *suprà*, que les actes accomplis par l'autorité administrative dans un intérêt public échappent au contrôle et au pouvoir d'appréciation ou de répression de l'autorité judiciaire (Civ. rej. 24 août 1864, aff. Lefèvre, D. P. 64. 1. 366, et la note). — Jugé aussi, conformément à cette doctrine, que l'autorité judiciaire est incompétente pour connaître des contestations soulevées par l'exécution d'une désaffectation totale ou partielle; qu'au contraire, elle est appelée à statuer sur les contestations dans lesquelles se débat uniquement l'intérêt privé de la commune, spécialement sur les difficultés relatives à l'exécution du contrat de concession ou au mode d'exercice du droit concédé (Trib. Seine, 17 févr. 1888) (1).

956. Le maire a le droit d'interdire les fouilles dans le cimetière pour sauvegarder l'hygiène publique, le respect dû aux morts, ou pour tout autre motif d'intérêt général. Il

a même été décidé que l'acte par lequel un maire, se fondant sur ce qu'un terrain compris dans le cimetière communal et dans lequel un particulier veut faire pratiquer des fouilles n'a pas été délivré à ce particulier, s'oppose à ce que les ouvriers pratiquent ces fouilles, est un acte qui rentre dans le cercle des attributions du maire, en vertu du pouvoir de police et de surveillance que l'art. 16 du décret du 23 prair. an 12 confère à l'autorité municipale sur les lieux de sépulture, comme déléguée de la puissance publique; qu'il suit de là que cet acte est essentiellement administratif et que l'autorité judiciaire est incompétente pour connaître de la demande intentée contre le maire par ce particulier et tendant à ce qu'il soit personnellement condamné à des dommages-intérêts; que le conseil de préfecture est également incompétent pour connaître de ladite demande (Trib. confl. 26 mars 1881, aff. Aymen, D. P. 82. 3. 59). Cette décision ne nous paraît pas à l'abri de toute critique. Le maire n'invoquait pas, dans l'espèce, pour s'opposer aux fouilles, une raison d'ordre public; il s'appuyait uniquement sur ce fait contesté par le demandeur que le terrain dans lequel il voulait entreprendre des fouilles ne lui avait pas été délivré; dans ces circonstances, il semble que l'autorité judiciaire, au lieu de se déclarer incompétente, aurait dû surseoir à statuer jusqu'à ce que l'autorité administrative eût vérifié si le maire avait effectivement agi dans l'exercice de ses pouvoirs de police (V. la note sous la décision précitée).

957. Le maire a la clef du cimetière (*Rép.* n° 817). — Il prend les mesures que commande la salubrité publique, notamment, en cas d'épidémie (L. 5 avr. 1884, art. 97, § 6).

958. L'art. 2 de la loi sur la liberté des funérailles (V. *suprà*, n° 821) défend au maire d'établir des prescriptions particulières applicables aux funérailles en raison de leur caractère civil ou religieux. Mais le maire conserve le droit, s'il juge ces mesures utiles et à la condition de ne pas créer de distinction contraire à la loi, de fixer les heures des convois, l'itinéraire qu'ils doivent suivre, d'interdire dans le cimetière tous rassemblements susceptibles de compromettre l'ordre, de défendre même les discours sur les tombes s'ils sont de nature à provoquer des troubles (Lacombe, n° 208).

959. On a dit au *Rép.* n° 819 que les inscriptions tumu-

---

(1) (Consorts Collet C. Préfet de la Seine.) — Le tribunal; — Statuant sur le déclinatoire présenté par le préfet de la Seine, en vertu de l'art. 6 de l'ordonnance du 1er juin 1828, ensemble sur les conclusions à fin d'incompétence signifiées par la ville de Paris; — Attendu que la demande des consorts Collet, telle qu'elle résulte de l'exploit introductif d'instance du 9 sept. 1887, tend à faire ordonner que la ville de Paris ne pourra, sans leur assentiment ou sans qu'il ait été procédé à une expropriation régulière, s'emparer de la sépulture qu'ils possèdent au cimetière du Nord, à titre de concession perpétuelle, et la transporter dans une autre partie du cimetière ou y apporter un changement quelconque; — Attendu en fait, qu'un décret du 11 août 1867 a déclaré d'utilité publique l'ouverture d'une rue qui doit former aujourd'hui le prolongement de la rue Caulaincourt et traverser le cimetière du Nord, sur un pont viaduc, en réservant expressément l'application des lois et règlements relatifs à l'inhumation ou à la suppression des cimetières, notamment des art. 8 et 9 du décret du 28 prair. an 12 sur les sépultures; que, le 4 sept. 1868, un arrêté du préfet de la Seine interdit pour l'avenir toute inhumation dans la partie du même cimetière visée par le décret du 11 août 1867, sauf aux titulaires de concessions perpétuelles, dont les droits seraient atteints, à réclamer des concessions semblables et le rétablissement de leurs sépultures, aux frais de la ville de Paris, dans une autre partie du cimetière, conformément à l'art. 5 de l'ordonnance du 6 déc. 1843; — Attendu que la sépulture des consorts Collet se trouvant dans la zone qui était ainsi frappée d'interdiction et sur le parcours de la voie qui était projetée, un nouvel arrêté préfectoral du 16 avr. 1887 a prescrit qu'elle serait transférée sur un autre emplacement d'égale contenance et réédifiée aux frais de la Ville; qu'enfin, à la suite d'une opposition en forme notifiée par les consorts Collet au préfet de la Seine, un dernier arrêté du 7 juin 1887, pris en vertu de l'art. 16 du décret du 23 prair. an 12, a ordonné qu'il serait procédé d'office à l'exécution de la mesure prévue par l'arrêté précédent, ce qui a eu lieu effectivement le 17 janv. 1888; — Attendu, en droit, qu'aux termes de l'art. 16 du décret du 23 prair. an 12, les lieux de sépulture, soit qu'ils appartiennent aux communes ou aux particuliers, sont soumis à l'autorité, police et surveillance des administrations municipales; que cet article a en vue tous les actes qui sont accomplis par les municipalités dans l'enceinte des cimetières, pour la sauvegarde

d'un intérêt général, lesquels rentrant aussi dans le cercle de leurs attributions, constituent à proprement parler des actes administratifs; qu'il s'applique spécialement au cas que prévoient les art. 8 et 9 du décret du 23 prair. an 12, lorsqu'un cimetière est transféré complètement d'un lieu dans un autre, et par une conséquence nécessaire, lorsqu'il est simplement frappé d'une interdiction partielle; que, dans ce dernier cas, l'administration a notamment le pouvoir d'apprécier si les sépultures qui occupent la partie désormais interdite doivent en être déplacées ou peuvent y être maintenues sans inconvénient; — Attendu qu'on ne saurait revendiquer en pareille matière l'application absolue du principe de compétence que réserve à l'autorité judiciaire la décision de tout litige dans lequel le droit de propriété ou ses démembrements se trouvent directement engagés; que si le droit qui découle de la concession perpétuelle d'une sépulture doit être assimilé sous certains rapports au droit de propriété, son exercice est soumis, à certains égards, au contrôle de l'Administration et peut être limité par elle dans des conditions qui lui impriment une véritable précarité; qu'il y a donc lieu de distinguer encore suivant que l'Administration procède à l'encontre du concessionnaire en vertu de ses pouvoirs généraux, ou pour la sauvegarde d'un intérêt particulier; que, dans le second cas, lorsqu'il s'agit par exemple de l'exécution du contrat de concession, l'autorité judiciaire est seule compétente, l'intérêt privé de la commune étant seul en jeu et la municipalité agissant exclusivement pour la gestion du patrimoine communal; qu'il en est différemment dans le premier cas, lorsque l'Administration exerce les pouvoirs généraux qui lui sont attribués par la loi, en vue d'un intérêt public, et qu'alors ses actes ne sauraient à aucun titre relever de la juridiction ordinaire; — Attendu que dans la cause, les arrêtés des 10 avr. et 7 juin 1887 qui feraient grief aux demandeurs ont été pris par le préfet de la Seine, à la fois en exécution du décret du 11 août 1867 et de l'arrêté préfectoral du 4 sept. 1868 et en vertu de l'art. 16 du décret du 23 prair. an 12 et qu'il ont pour but d'assurer l'exécution d'un travail public dans le cimetière du Nord, c'est-à-dire un intérêt d'ordre général; qu'ils constituent donc les actes administratifs dont l'appréciation échappe à l'autorité judiciaire.

Par ces motifs, etc.

Du 17 févr. 1888.-Trib. civ. de la Seine.

laires doivent être soumises au contrôle du maire, qui les apprécie souverainement et a plein pouvoir pour les faire modifier ou les interdire. Une inscription qui a été autorisée et placée peut, d'ailleurs, en certains cas, être supprimée en vertu d'une décision de justice (V. notamment Rouen, 21 mars 1884, cité suprà, n° 868). — L'autorisation n'est pas nécessaire pour faire placer une pierre sépulcrale ou ériger un mausolée. Mais si le mausolée avait une forme ou une ornementation inconvenantes, il n'est pas douteux que le maire puisse en ordonner la suppression ou le faire modifier en vertu de son droit de police (Lacombe, n° 213). — Il a été jugé aussi que le maire a le pouvoir de réglementer non seulement les inscriptions placées sur les tombes, mais encore les dimensions des monuments funèbres et notamment des croix; que si un arrêté municipal a prescrit pour les monuments funèbres une hauteur maxima, on ne peut dépasser cette hauteur pour une croix, sans s'exposer à l'application de l'art. 471 c. pén.; qu'il importe peu que la croix ait été élevée sur une concession de terrain à perpétuité et qu'elle n'empiète pas sur les concessions voisines (Trib. simpl. pol. Gacé, 28 mai 1886, Recueil de Rouen, 1887. 2. 182). — Mais jugé que la commune reste propriétaire des sentiers d'isolation qui, aux termes de l'art. 5 du décret du 23 prair. an 12 et de l'art. 4 de l'ordonnance du 6° déc. 1843, doivent exister entre les fosses; qu'elle peut demander une indemnité, au cas d'occupation de ces sentiers par un concessionnaire riverain, à moins qu'il n'y ait un usage consistant à construire les murs de soutènement des caveaux, au dehors du terrain concédé et notamment sous lesdits sentiers; que lorsque les termes de la convention sont nets et précis à l'égard des empiètements, on ne saurait invoquer la tolérance du maire, ce magistrat ne pouvant sortir des limites strictes de son mandat (Trib. Fontainebleau, 29 mars 1888) (1).

SECT. 6. — DES CONTRAVENTIONS, DÉLITS ET CRIMES RELATIFS AUX INHUMATIONS ET LIEUX DE SÉPULTURE (Rép. n°ˢ 823 à 835).

960. L'art. 358 c. pén. punit de six jours à deux mois d'emprisonnement et d'une amende de 16 fr. à 50 fr. ceux qui ont fait inhumer un individu décédé sans l'autorisation préalable de l'officier public. La jurisprudence applique

cette disposition à l'inhumation de l'enfant mort-né venu à terme; elle doit être également appliquée, suivant nous, à l'enfant mort-né venu avant terme, pourvu qu'il soit né viable. Cette question a été traitée au Rép. n° 823 (V. suprà, n°ˢ 834 et 845, et les arrêts cités ibid.).

961. La nécessité de l'autorisation préalable est absolue. Il a été jugé que le fait de procéder à une inhumation sans permis d'inhumer constitue le délit prévu par l'art. 358 c. pén., alors même que le prévenu a réclamé plusieurs fois le permis, que la mairie était fermée, le maire et le secrétaire absents, et que, d'autre part, le corps de la défunte était en état de putréfaction. Ces circonstances permettent au juge de faire au prévenu l'application dans une large mesure de l'art. 463 c. pén., mais elles ne peuvent enlever à l'acte son caractère délictueux et justifier l'acquittement de celui qui l'a commis (Trib. corr. Marennes, 11 oct. 1881, aff. Tort, D. P. 84. 2. 185). Une décision en sens contraire a été rendue par le même tribunal le 7 avr. 1884 (aff. Favre, D. P. 84. 2. 185). — Dans une espèce identique, il a été jugé que l'art. 358 c. pén. n'est applicable que dans le cas d'inhumation dissimulée à l'autorité, c'est-à-dire clandestine; que le prévenu, ayant averti et sollicité le maire et n'ayant pu obtenir le permis d'inhumer, avait pu passer outre et qu'il devait être renvoyé des fins de la poursuite. Cette décision fut réformée par la cour, sur l'appel du ministère public. L'arrêt déclare que l'infraction prévue par l'art. 358 c. pén. est une contravention matérielle qui ne peut être excusée par la bonne foi du prévenu ou par la nécessité pressante de donner la sépulture à une personne décédée depuis plusieurs jours; et que le refus persistant du maire de délivrer le permis d'inhumer ne saurait avoir pour conséquence de permettre à celui qui le réclame d'agir sans cette autorisation (Poitiers, 30 mai 1884, même affaire, ibid.). La doctrine de la cour de Poitiers est approuvée par les auteurs. « Ce n'est pas seulement, dit M. Ducrocq, l'inhumation clandestine qui est défendue et punie par la loi, c'est l'inhumation sans permis préalable. Le motif en est, d'ailleurs, bien évident et bien fondé. Il est double. Il s'agit d'éviter en cas de léthargie, de catalepsie, en cas de mort apparente, l'affreux malheur de l'ensevelissement des vivants. Il s'agit aussi de recueillir les preuves d'un crime possible, au cas de signes ou indices de mort violente. La loi doit être et

(1) (Commune de Combs-la-Ville C. Papillon.) — LE TRIBUNAL; — Statuant comme tribunal de renvoi, attendu que la commune de Combs-la-Ville demande que Papillon soit condamné à lui payer la somme de 88 fr. 15 pour l'occupation dans le cimetière de ladite commune d'un mètre 50 de terrain en sus des deux mètres qui lui ont été concédés par acte du 21 avr. 1883; — Attendu que Papillon ne méconnaît pas qu'il ne lui a été concédé dans le cimetière et qu'il ne lui appartient qu'un terrain de 2 mètres carrés; qu'il reconnaît également qu'il n'est pas propriétaire du terrain de 1 mètre 50 pris autour et en dehors de sa concession sur les sentiers d'isolation des fosses et sur lequel il a fait construire les murs de soutènement du caveau de famille qu'il a fait établir dans le terrain à lui concédé; mais qu'il prétend qu'en construisant ces murs de soutènement en dehors du terrain à lui concédé, il s'est conformé à l'esprit même de la convention intervenue entre lui et le maire de la commune, à l'autorisation tacite du maire, au su et vu duquel les travaux ont été exécutés, notamment à Paris et dans la commune elle-même; qu'il prétend enfin que la demande de la commune est sans intérêt; qu'il n'éprouve aucun préjudice puisque les murs sont souterrains; qu'ils ont été construits sous les sentiers d'isolation qui sont respectés; — Attendu que les termes de la convention intervenue entre Papillon et le sieur Carnot, alors maire de Combs-la-Ville, sont nets et précis et ne peuvent donner lieu à aucune interprétation; qu'il y est énoncé que le maire, autorisé par arrêté préfectoral du 18 mars 1855, vend et concède à Papillon dans le cimetière communal 2 mètres carrés de terrain pour y établir une sépulture de famille; que rien dans l'acte ne fait prévoir que Papillon doive établir sur ce terrain soit une fosse nue, soit une fosse maçonnée; qu'il est même énoncé sous l'art. 3 que l'entrepreneur choisi par le concessionnaire pour la pose de tout signe funéraire devra faire les fouilles dans le terrain et éviter tous empiètements sur les terrains voisins; — Attendu que le maire, simple administrateur de la commune, agissant en vertu des délibérations du conseil municipal approuvées par l'autorité préfectorale, devait se renfermer strictement dans les limites de son mandat; que Papillon ne saurait donc prétendre que, dans la commune intention des parties, le terrain concédé devant être insuffisant pour y établir un caveau de famille, il avait été convenu que

les murs de soutènement qu'il devait construire seraient édifiés en dehors du terrain concédé; que par suite Papillon ne saurait davantage se prévaloir d'une autorisation tacite du maire qu'il ne prouve pas et que le maire du reste n'aurait pu donner sans y être formellement autorisé; — Attendu que Papillon ne prouve pas davantage qu'il est d'usage dans la commune de Combs-la-Ville de construire les murs de soutènement des caveaux en dehors du terrain concédé et notamment sous les sentiers d'isolation; que le règlement de la commune du 8 mars 1855 est muet à cet égard; que si cet usage existe dans un certain nombre de villes, notamment à Paris, il n'est point applicable à la commune de Combs-la-Ville, et Papillon ne saurait l'invoquer; — Attendu qu'il ne saurait non plus soutenir avec quelque raison que le terrain d'isolation sous lequel il a construit, devant être fourni par la commune qui ne peut l'aliéner, elle n'éprouve aucun préjudice, et que, par suite, sa demande est sans intérêt; — Attendu, en effet, que si, aux termes de l'art. 5 du décret du 23 prair. an 12 et de l'art. 4 de l'ordonnance du 6 déc. 1843, il doit exister entre les fosses un terrain d'isolation que la commune doit fournir, ce terrain, dont la largeur a été fixée à cinquante centimètres par l'art. 4 du règlement du 18 mars 1855 n'en reste pas moins sa propriété et qu'elle ne peut en être dépouillée sans en éprouver un préjudice; — Attendu qu'il résulte de ce qui précède que c'est donc à bon droit que la commune de Combs-la-Ville qui, aux termes de l'art. 555 c. civ., pouvait exiger de Papillon qu'il enlevât les murs qu'il a fait construire sur son terrain, demande qu'il soit condamné à lui payer pour l'occupation indue qu'il s'est permise, non comme prix du terrain qu'elle n'a pas aliéné, mais à titre d'indemnité, une somme de 88 fr. 15 basée sur le tarif des concessions des terrains qu'elle fait dans son cimetière; — Attendu qu'en payant ladite somme Papillon pourra continuer à occuper pendant tout le temps que durera sa concession les 1 mètre 50 de terrain dont il s'agit, sans toutefois pouvoir jamais élever au-dessus du niveau du sol les murs de son caveau qu'il a fait construire et qui seront toujours souterrains et avec l'obligation de respecter les sentiers d'isolation qui entourent sa concession et d'établir exclusivement sur le terrain à lui concédé les clôtures ou autres signes funéraires qu'il voudra faire élever; — Par ces motifs, etc.

Du 29 mars 1888.-Trib. civ. de Fontainebleau.

elle est générale. Les familles, les particuliers ne peuvent être juges des circonstances ; les tribunaux ne peuvent pas l'être davantage. Il s'agit au premier chef d'une mission de police directement confiée par la loi aux administrations municipales. Le fait matériel de l'inhumation sans permission suffit pour constituer l'infraction, malgré l'absence d'intention coupable et la bonne foi des parties » (Ducrocq, note sur l'arrêt précité ; Chauveau et Faustin Hélie, *Théorie du code pénal*, 4ᵉ éd., t. 4, nᵒ 1586, et 6ᵉ éd., t. 4, nᵒ 1760 ; Blanche, *Études pratiques sur le code pénal*, t. 5, p. 370, nᵒ 330 ; D. P. 84. 2. 185).

962. Toute inhumation dans une propriété privée doit être autorisée préalablement par le maire. L'absence d'autorisation, lorsqu'un règlement municipal limite ou interdit les inhumations en propriété privée, constitue une contravention punie par l'art. 471-15ᵒ c. pén. La jurisprudence, dont nous avons cité plusieurs décisions, *suprà*, nᵒ 841, est absolument fixée en ce sens.— L'art. 471 c. pén. est aussi applicable lorsque la défense d'inhumer dans la propriété privée est faite verbalement par le maire. Aucun texte de loi n'oblige les maires à constater leur refus dans un arrêté. C'est ce qui a été jugé par la cour de Paris dans un arrêt du 18 juill. 1879 (aff. Crosse, D. P. 81. 2. 200). Un jugement du tribunal correctionnel de Marennes a décidé, au contraire, que la contravention n'existe pas si le maire n'a pas pris un arrêté ; mais cette décision ne nous paraît reposer sur aucune base juridique (Trib. corr. Marennes, 7 avr. 1884, aff. Favre, D. P. 84. 2. 185).

Lorsque le permis d'inhumer a été délivré purement et simplement sans mention du lieu où doit se faire l'inhumation, qu'il n'y a pas de règlement municipal interdisant les sépultures dans les propriétés privées et que le maire n'a fait verbalement aucune défense particulière à celui qui a demandé le permis, l'inhumation faite dans ces conditions en un terrain privé ne constitue pas une contravention. Si l'inhumation faite au mépris d'une défense du maire constitue une infraction, c'est qu'il existe une disposition réglementaire, celle de l'art. 16 du décret de l'an 12, qui soumet tous les lieux de sépulture à l'autorité du maire, et qui, par suite, lui confère le droit de faire des défenses et d'imposer des ordres. L'inhumation sans permis est formellement punie par l'art. 358 c. pén. Mais aucun texte ne prescrit expressément de demander une autorisation préalable pour pratiquer l'inhumation dans une propriété privée (Lacombe, nᵒˢ 239 et suiv.).

963. Le maire, en vertu de ses pouvoirs de police, peut ordonner, par arrêté, qu'aucune inhumation n'aura lieu dans le cimetière de la commune sans une autorisation de l'administration municipale, et l'inhumation faite sans cette autorisation, au mépris de l'arrêté municipal, constitue une infraction qui tombe sous l'application de l'art. 471, nᵒ 15, c. pén. Il en est ainsi, bien que celui qui a opéré l'inhumation ait reçu un permis d'inhumer du maire de la commune de son domicile : ce maire n'a ni titre ni qualité pour exercer un acte de disposition quelconque dans le cimetière de la commune voisine où a lieu l'inhumation. Il importe peu que cette commune soit rattachée pour les besoins du service paroissial à la commune du domicile, la mesure prise par l'autorité diocésaine dans l'intérêt du culte ne pouvant porter atteinte au règlement légalement pris par le maire (Crim. cass. 19 juin 1874, aff. Febvay, D. P. 75. 1. 88). — Le maire a également le droit d'interdire les inhumations dans un cimetière autre que le cimetière de la commune du décès (V. *suprà*, nᵒ 843). Il en a été décidé autrement par le tribunal de Saint-Flour dans un jugement rapporté au *Rép.* nᵒ 828. Ce jugement pose en principe que « les maires n'ont pas le droit d'ordonner que l'inhumation soit faite dans tel cimetière ». Cette décision fut consacrée par un arrêt de la cour de cassation du 12 juill. 1839 (*Ibid.*). L'opinion contraire a depuis prévalu. La cour de cassation, par un autre arrêt, a jugé que l'arrêté municipal qui interdit de procéder à toute inhumation ailleurs que dans le cimetière commun, est légal et obligatoire sous les peines de simple police (Crim. rej. 10 oct. 1856, aff. Bosc, D. P. 56. 1. 431). Jugé aussi qu'est obligatoire, sous les peines de police, la défense faite par un maire de faire transporter le corps d'un défunt dans le cimetière d'une commune limitrophe, alors même que l'usage s'en serait

établi à raison des difficultés de communication qui existeraient entre la partie du territoire habitée par le défunt et le cimetière communal. — La cour donne à l'injonction particulière la même force qu'à un arrêté (Crim. cass. 28 mars 1862, aff. Donat, D. P. 62. 1. 255). — Mais le fait de procéder dans le cimetière d'une commune à l'inhumation d'une personne décédée dans une autre commune, sans protestation du maire de la commune dans laquelle a eu lieu l'inhumation, avec un permis d'inhumer délivré par le maire du lieu du décès et en l'absence d'un arrêté municipal enjoignant l'inhumation dans le cimetière de la commune, ne constitue point une infraction à la loi pénale et spécialement aux prescriptions du décret du 4 therm. an 13 (Crim. cass. 11 juill. 1885, aff. Bach, D. P. 86. 1. 232).

964. Un tribunal, en condamnant un prévenu pour avoir, sans autorisation, inhumé dans un terrain autre que le cimetière communal, ne peut ordonner à titre de réparation civile l'exhumation et la translation du corps. Il y aurait ingérence, de sa part, dans le domaine de l'autorité administrative à qui seule appartient le droit de prescrire les mesures qui rentrent dans la police des sépultures, et cette ingérence serait une atteinte au principe de la séparation des pouvoirs. Il a été jugé que dans le cas de poursuite exercée par des parents survivants contre un tiers qui a inhumé une personne de sa famille dans la sépulture de leur parent défunt, le tribunal civil est incompétent pour ordonner l'exhumation de cette personne et le rétablissement de la fosse et du monument dans leur ancien état. Il ne peut qu'allouer des dommages-intérêts, s'il y a lieu (Poitiers, 11 août 1873, aff. Boutelau, D. P. 74. 2. 206, et la note. Conf. Crim. cass. 24 août 1835, *Rép.* vᵒ *Commune*, nᵒ 740 ; Crim. rej. 10 oct. 1856, aff. Bosc, D. P. 56. 1. 431. V. *suprà*, nᵒ 963). — Cette opinion est combattue par plusieurs auteurs. Assurément, il n'appartient qu'à l'autorité administrative d'autoriser le déplacement des corps pour satisfaire aux désirs des familles ; mais, dans d'autres cas, pour les nécessités de l'instruction criminelle, en cas de meurtre, d'infanticide, etc., l'exhumation est ordonnée par l'autorité judiciaire. « Pourquoi, se demande M. Ducrocq, Dissertation sur l'arrêt de la cour de Poitiers du 30 mai 1884, aff. Favre, D. P. 84. 2. 185, § 4, le transport du corps ordonné par le jugement du tribunal de simple police qui condamne le contrevenant pour avoir fait l'inhumation ailleurs que dans ledit cimetière, serait-il plus contraire au principe de séparation des autorités, que l'exhumation ordonnée par l'officier de police judiciaire dans le but de la recherche des preuves au cours d'une instruction criminelle ? Dans le premier cas, il y a de plus la certitude de l'harmonie des volontés et des actes entre l'autorité administrative et l'autorité judiciaire. Le jugement de la seconde vient donner l'application et la sanction au refus d'autorisation de la première, méconnu par le contrevenant. L'autorité administrative demande que ce transport soit effectué ; la contravention consiste en ce que sa volonté est à cet égard a été méconnue ; elle seule reste maîtresse de désigner la place dans le cimetière communal. Ces deux circonstances désintéressent le principe de séparation des autorités, ou plutôt il trouve dans cette application de l'art. 161 c. instr. cr. une de ses manifestations ordinaires. L'autorité judiciaire fait l'application des actes de l'autorité administrative et leur donne leur plus efficace sanction. La cour de cassation a jugé (V. entre autres arrêts : Crim. cass. 19 août 1841, *Rép.* vᵒ *Contravention*, nᵒ 128 ; 17 juin 1858, aff. Martin, D. P. 58. 5. 384), que le tribunal de simple police qui condamne un individu à l'amende pour avoir déposé des matériaux sur la voie publique, doit, à peine de nullité, le condamner en même temps à les enlever. Nous n'avons garde de comparer des matériaux le cadavre enseveli. Mais si le principe de séparation des autorités ne fait pas obstacle à ce que le tribunal ordonne l'enlèvement dans le premier cas, bien que la police de la voie publique appartienne à l'autorité administrative, pourquoi le même principe ferait-il obstacle à ce que le tribunal ordonne la translation d'un corps dans le second, parce que la police des lieux de sépulture appartient à l'autorité administrative ?» L'intervention de l'autorité judiciaire a une grande utilité, ajoute le savant auteur. Si l'autorité administrative était laissée aux seuls moyens d'action qui lui sont propres, comment ferait-elle pour faire

payer par les contrevenants les frais de l'exhumation, du transport au cimetière qui peut être très éloigné du terrain privé où le corps a été indûment inhumé, et enfin, de l'inhumation définitive? Comment aussi triompherait-elle de la résistance du propriétaire, pour opérer cette inhumation dans une propriété privée? Sans doute, l'administration municipale a la police et l'autorité sur tous les lieux de sépulture. Mais il s'agit de pénétrer dans une propriété privée, et puisqu'il y a une condamnation prononcée pour contravention, le même jugement ne doit-il pas mettre les moyens d'action, dont dispose l'autorité judiciaire pour la réparation, entre les mains de l'autorité administrative, dans ce cas comme dans tous les autres admis par la jurisprudence de la cour suprême. » (V. aussi Lacombe, *op. cit.*, nos 227 et suiv.).

965. Le tribunal de police est compétent pour connaître des infractions commises contre les prescriptions du décret du 7 mars 1808 (Crim. rej. 23 janv. 1863, aff. Fontaine-Liénard, D.P.65.5.349). Il a le droit, en vertu de l'art. 471, § 15, c. pén., d'ordonner en sus de l'amende la démolition des constructions élevées ou des puits creusés au mépris des défenses de la loi. — Il a été jugé que le tribunal de police, compétent pour statuer sur une contravention à la défense de creuser des puits et d'élever des habitations, sans autorisation, à moins de cent mètres des nouveaux cimetières transférés hors des communes, est aussi compétent, en vertu du principe que le juge de l'action est juge de l'exception, pour apprécier si les constructions à l'occasion desquelles le prévenu est poursuivi, sont de celles pour l'érection desquelles l'autorisation préalable de l'Administration est nécessaire. Et, à cet égard, il appartient à la cour de cassation de vérifier si le juge saisi d'une contravention commise en cette matière, a exactement qualifié, au point de vue du décret du 7 mars 1808, les constructions qui ont donné lieu à la poursuite, la constatation de la composition de ces constructions étant seule dans le domaine de l'appréciation souveraine du juge du fait. Spécialement, il y a lieu pour la cour de cassation d'annuler, comme non suffisamment motivé, le jugement qui, pour renvoyer un prévenu d'une prévention de contravention à ladite loi, s'est fondé sur ce que les constructions élevées par lui consistent, non en bâtiments d'habitation ni en puits creusé, mais en celliers et caves, sans rechercher si l'emploi par le prévenu de ces celliers et caves pour un commerce de vins, a dans une localité dont ce commerce constitue l'industrie principale, ne comporte pas la présence habituelle d'ouvriers (Crim. cass. 27 avr. 1861, aff. Bartel, D. P. 61. 1. 498. V. *supra*, n° 949). — Il a été également décidé : 1° que le juge de police saisi de poursuites contre un propriétaire pour établissement de constructions à une distance prohibée d'un cimetière, a pu, bien qu'il n'y eût encore d'élevé que les fondations, en prononcer la démolition, sous la forme d'amende, s'il résulte du procès-verbal et d'une déclaration faite à la mairie par le propriétaire que ces fondations étaient le commencement d'une maison d'habitation (Crim. rej. 23 janv. 1863, aff. Fontaine-Liénard, D. P. 65. 5. 349); — 2° Que l'infraction à la disposition du décret du 7 mars 1808, qui interdit de construire ou réparer des habitations sans auto-

risation dans un rayon déterminé, tombe sous l'application de l'art. 471, n° 15, c. pén.; que la démolition des ouvrages construits sans autorisation doit être ordonnée sur la simple réquisition du ministère public, représentant naturel et légal des intérêts de la salubrité publique; qu'il appartient à la cour de cassation de vérifier, si, d'après les faits constatés, c'est à bon droit que le juge de police a considéré la construction élevée au mépris de la disposition de l'art 1er du décret du 7 mars 1808, comme constituant une habitation, dans le sens de ce décret, et devant, dès lors, être démolie (Crim. rej. 23 févr. 1867) (1).

966. Le propriétaire poursuivi pour avoir construit sans autorisation dans la zone de servitude d'un cimetière, ne doit pas être condamné par le juge de répression à démolir celles des constructions à l'égard desquelles la contravention est prescrite. L'action en suppression n'est plus, dans ce cas, de la compétence de la juridiction pénale (Sol. impl., 10 juill. 1863, aff. Joubert, D. P. 63. 1. 482). Mais le juge d'appel, devant lequel le bénéfice de la prescription est invoqué pour la première fois, fait suffisamment droit aux conclusions relatives à cette exception, lorsqu'il décide, sans infirmer le jugement du premier juge, que la démolition totale ordonnée par celui-ci sera restreinte aux constructions élevées à telle époque déterminée, et distinctes de celles couvertes par la prescription (Même arrêt). — Il faut, d'ailleurs, supposer que les constructions les plus récentes sont distinctes de celles couvertes par la prescription ; car, dans le cas contraire, l'injonction de démolir, à défaut de distinction possible, comprendrait régulièrement l'ensemble des constructions (Comp. Crim. rej. 19 févr. 1859, aff. Douin, D. P. 61. 5. 538).

967. Comme on l'a exposé au *Rép.* n° 830, l'art. 359 c. pén. punit de peines correctionnelles le délit de recel du cadavre d'une personne homicidée ou morte des suites de coups et blessures, recel qui peut avoir des conséquences dangereuses pour l'ordre public. Un arrêt de la cour de cassation décide que, pour que le fait de recéler ou cacher un cadavre constitue le délit puni par l'art. 359 c. pén., il n'est pas nécessaire que la mort soit le résultat d'un crime, ainsi qu'on l'induirait à tort des termes de la disposition finale de cet article, mais seulement que la personne ait été homicidée ou ait succombé aux suites de coups et blessures; et que spécialement, est passible des peines de l'art. 359 c. pén., celui qui fait disparaître le cadavre d'un enfant nouveau-né qu'il sait avoir été victime d'un homicide par imprudence (Crim. cass. 26 mai 1855, aff. Morin, D. P. 55. 1. 224). Jugé aussi que l'art. 359 c. pén., qui punit le fait d'avoir recélé ou caché le cadavre d'une personne homicidée ou morte des suites de coups ou blessures, est applicable même au cas d'homicide involontaire (Limoges, 8 mai 1861, aff. Martial Brissaud, D. P. 61. 2. 128). Nous avons rapporté au *Rép.* n° 830 un arrêt en sens contraire de la cour de Bourges du 6 mai 1841. La décision de la cour de Limoges nous paraît plus juridique. L'art. 359 c. pén. ne fait aucune distinction, et l'ordre public est intéressé à empêcher le recel de cadavres dans le cas d'homicide involontaire comme dans le cas d'homicide volontaire.

968. On a indiqué au *Rép.* nos 832 et suiv. que la jurispru-

(1) (Ruffin.) — LA COUR ; — ... Sur le deuxième moyen, tiré de ce que le jugement attaqué a illégalement appliqué au demandeur les peines portées en l'art. 471, § 15, c. pén., parce que le décret de 1808, qui prévoit la contravention, n'édicte lui-même aucune peine : — Attendu que le décret du 7 mars 1808 a eu pour objet de réglementer un point intéressant essentiellement la police et la salubrité publiques ; — Attendu que les infractions aux décrets ou règlements de police, alors même qu'elles ne sont pas textuellement punies par ces décrets ou règlements, trouvent aujourd'hui leur sanction pénale dans le paragraphe 15 de l'art. 471 c. pén., tout comme elles la trouvaient dans les dispositions générales des art. 600 et 606 c. brum. an 4, antérieurement à la révision du code pénal faite en 1832 ;
Sur le troisième moyen, tiré de ce que le jugement attaqué aurait faussement appliqué les art. 3 et 161 c. instr. crim., en ordonnant que les bâtiments réparés ou construits par Ruffin seraient démolis à titre de réparation du dommage causé à la salubrité publique, alors que la salubrité n'était pas représentée par une partie civile, et qu'ainsi la démolition n'a pu être ordonnée qu'à titre de peine : — Attendu, d'une part, que les contraventions au décret du 7 mars 1808, tout en justifiant l'ap-

plication de la peine édictée par l'art. 471, §.15, c. pén., entraînent, en outre, l'obligation de démolir la besogne mal plantée, non comme peine, mais comme réparation du dommage causé à la salubrité publique ; — Attendu, d'autre part, que le ministère public est, devant les tribunaux de répression, le représentant naturel et légal des intérêts de la salubrité publique ;
Sur le quatrième moyen, tiré de la fausse application du décret du 7 mars 1808, en ce que le jugement attaqué, tout en ordonnant la démolition des bâtiments d'habitation réparés ou reconstruits sans autorisation, a, en outre, ordonné la démolition d'une cheminée élevée par Ruffin, quoique cette cheminée ne puisse être réputée bâtiment d'habitation : — Attendu que la cheminée dont s'agit fait partie des bâtiments ou ateliers réparés ou construits par Ruffin, et qu'elle en est l'annexe nécessaire ; — Attendu, d'ailleurs, que cette cheminée exige, pour son service, la présence d'un ou plusieurs ouvriers ; qu'elle doit, dès lors, être rangée dans la classe des bâtiments servant à l'habitation, sinon permanente, du moins temporaire, de l'homme, et qu'elle rentre ainsi dans les prévisions du décret précité ; — Rejette, etc.
Du 23 févr. 1867.-Ch. crim.-MM. Vaïsse, pr.-Lascoux, rap.-Bédarrides, av. gén.

dence et les criminalistes étaient d'accord pour donner l'application la plus large à la répression du délit de violation de sépulture prévu et puni par l'art. 360 c. pén. Cette doctrine a été confirmée depuis par de nombreux arrêts et adoptée par les auteurs. Il était admis que les expressions *tombeaux* ou *sépultures* de l'art. 360 s'appliquent aux restes de l'homme dès qu'ils sont ensevelis dans le cercueil. Un arrêt décide qu'on doit aussi considérer comme une sépulture le lit où sont couchés les restes d'un mort, alors surtout que le cadavre est enseveli dans les linges funéraires et entouré d'insignes religieux et de flambeaux ; et qu'en conséquence, des actes de profanation commis sur le corps d'une femme ainsi ensevelie constituent le délit de violation de sépulture (Paris, 8 juill. 1875, aff. Lenne, D. P. 76.2.113.). Nous ne pouvons qu'approuver cette décision. Les restes de l'homme doivent être protégés contre toute profanation et toute injure dès l'instant même de la mort. C'est ce que la loi a voulu, comme l'ont indiqué les rédacteurs du code pénal lors de la discussion de la loi. Le lit où repose le cadavre, la chambre mortuaire ont droit au même respect que le cercueil ou le tombeau (V. Lacombe, nᵒ 251 ; et note sur l'arrêt précité du 8 juill. 1875). — Pour les mêmes motifs, l'art. 360 c. pén. s'applique non seulement aux actes matériels commis contre les tombeaux et sépultures, mais encore aux actes qui tendent à violer le respect dû aux morts. C'est ainsi qu'il a été jugé : 1ᵒ que le fait de verser du vin et de jeter du pain sur un cercueil, en se servant d'expressions blasphématoires, constitue non le délit d'outrage aux objets du culte, mais celui de violation de sépulture (Rennes, 16 janv.1878, aff. Ménard, D.P.79.2.48) ; — 2ᵒ Que le fait de se livrer, dans un lieu de sépulture, à des manipulations de vin et au remplissage de fûts, constitue un acte contraire au respect dû à la mémoire des morts, prévu et réprimé par l'art. 17 du décret du 23 prair. an 12 et l'art. 471-15ᵉ c. pén., encore bien que l'auteur de ces faits n'ait point participé au dépôt des fûts dans le cimetière (Crim. cass. 19 août 1882, aff. Flamand, D.P.84.5.443) ; — 3ᵒ Qu'il y a un délit de violation dans le fait d'arracher des fleurs entretenues sur une tombe comme signe indicatif de sépulture, alors même que ce serait seulement dans une intention malveillante pour la personne qui a planté ces fleurs, et non en vue d'un outrage à la mémoire du mort. L'outrage existe sur la sépulture (Caen, 25 nov. 1868, aff. Clain, D.P.71.2.150). — Mais il n'y a pas délit, si l'acte incriminé n'implique pas, par sa nature et les circonstances dans lesquelles il s'est accompli, un outrage ou une irrévérence envers les morts. C'est donc avec raison que la cour de cassation a décidé qu'on ne peut faire tomber sous l'application de l'art. 360 c. pén. le fait, par les parents d'une personne inhumée dans un tombeau de famille, d'avoir supprimé dans des couronnes placées sur le monument par des tiers agissant sans mandat du défunt et sans l'assentiment des concessionnaires ou de leurs héritiers, des inscriptions ou des emblèmes en désaccord avec les croyances des membres de cette famille (Crim. rej. 5 juill. 1884, aff. Saint-Jean, D. P. 85. 1. 222). De simples paroles outrageantes, sans aucune voie de fait, ne sauraient constituer le délit de violation de sépulture, qui suppose nécessairement un acte matériel (Lacombe, nᵒ 256 ; Chauveau et Faustin Hélie, *Théorie du code pénal*, t. 4, 6ᵉ éd., nᵒˢ 1769 et suiv.).

969. La violation de sépulture, outre la sanction pénale, peut donner lieu à une action civile. Les parents de la personne dont le tombeau a été violé sont en droit de réclamer au coupable des dommages-intérêts ; et leur demande peut être portée, soit par voie principale devant le tribunal civil, soit accessoirement à l'action publique devant la juridiction de répression (Poitiers, 11 août 1873, aff. Boutelau, D. P. 74. 2. 206 ; Lacombe, nᵒ 253).

970. Le délit de violation de sépulture existe quelle que soit l'intention qui ait dirigé l'auteur de l'acte. L'art. 360 punit un fait matériel, il n'admet pour excuse ni l'intention, ni le but. Cette doctrine, proclamée déjà par les criminalistes et la jurisprudence lors de la publication du *Répertoire* (V. *Rép.* nᵒ 833), a été consacrée depuis par de nombreux arrêts. Jugé que le fait de soustraire des objets déposés dans un cercueil constitue le délit de violation de sépulture, lors même que le prévenu n'avait pas eu l'intention de profaner le cadavre et n'avait voulu que commettre un vol (C. d'appel de Trani, 4 févr. 1881, *infrà*, nᵒ 972). La

jurisprudence applique même l'art. 360 c. pén. aux exhumations illégales, faites sans autorisation, encore bien qu'elles aient été pratiquées sans aucune pensée outrageante pour le défunt et même dans le but de lui rendre des honneurs funèbres (Crim. cass. 10 avr. 1845, aff. Graziani, D. P. 45. 1. 252. V. Merlin, *Répertoire*, vᵒ *Cadavre*, nᵒ 8 ; Carnot, *Commentaire sur le code pénal*, t. 2, art. 360, p. 151 et suiv. ; Chauveau et Faustin Hélie, t. 4, nᵒˢ 1769 et suiv.). C'est ainsi qu'il a été jugé : 1ᵒ qu'une exhumation pratiquée pour transporter un corps de l'ancien cimetière dans le nouveau constitue, si elle a eu lieu sans l'autorisation du maire, une véritable violation de sépulture, alors même que le fils de l'individu dont la dépouille a été ainsi déplacée, y aurait lui-même procédé et aurait agi dans une intention pieuse (Trib. corr. Issoudun, 31 déc. 1862, aff. Gibert, D. P. 63. 3. 80) ; — 2ᵒ Que le maire qui, après l'expiration du délai de cinq ans fixé pour la réouverture des fosses, et sans qu'aucun arrêté spécial, autorisant les exhumations et en réglant les conditions ait été pris et notifié aux parties intéressées, fait retirer de terre et ouvrir violemment des cercueils, puis, après que les restes qui y étaient contenus ont été rejetés au fond de la fosse, fait enlever ces cercueils au profit de la commune, commet le délit de violation de sépulture (Angers, 18 nov. 1862, aff. Chapuy, D. P. 63. 2. 31 ; Crim. cass. 3 oct. 1862, même affaire, D. P. 62. 1. 446). L'arrêt de la cour de cassation est ainsi motivé : « Attendu que la violation de tombeaux et la violation de sépultures forment des délits distincts eu égard aux objets différents auxquels le fait s'applique ; — Que cette distinction résulte du sens propre des mots comme de la nature des choses ; — Attendu que les exhumations sont expressément prohibées ; qu'elles ne deviennent licites que lorsqu'elles sont autorisées conformément aux lois et règlements ; qu'autrement elles constituent le délit de violation de sépultures ; — Que s'il en est ainsi du déplacement des cercueils, il en est de même, il a plus forte raison, de leur ouverture et de l'extraction des cadavres pour les rejeter dépouillés dans la terre ; — Attendu que l'art. 6 du décret du 23 prair. an 12 n'autorise ni explicitement ni implicitement l'exhumation de plein droit comme conséquence de la faculté d'ouvrir d'anciennes fosses pour de nouvelles sépultures ; — Que si, par des causes légales, l'autorité municipale croit opportun de déroger à l'inviolabilité des sépultures, elle ne le peut que par un arrêté spécial pris en vertu des art. 16 et 17 du décret du 23 prair. an 12, et 11, nᵒ 1, de la loi du 18 juill. 1837, arrêté qui doit, conformément au droit commun, être notifié administrativement à la personne connue pour y avoir intérêt ; — Qu'on ne saurait reconnaître à l'autorité municipale le pouvoir exercé arbitrairement et sans contrôle, après cinq ans, de fouiller toutes les sépultures, d'enlever les cercueils et les autres objets conservés ; que ce serait là une grave atteinte à la morale publique, aux intérêts, aux sentiments les plus respectables des familles ». Peut-être serait-on fondé à critiquer l'application de l'art. 360 c. pén. faite par la première de ces décisions et à soutenir qu'il s'agit là d'une simple contravention aux lois sur les exhumations punie par l'art. 475 c. pén. et non du délit de violation. La jurisprudence a elle-même proclamé que si l'on doit considérer comme constituant le délit de violation de sépulture, non seulement les atteintes directes à la cendre des morts, mais encore tout acte matériel s'attaquant à un tombeau ou à une sépulture, sans qu'il y ait lieu de s'occuper de l'intention qui a inspiré l'auteur de cet acte ou du but qu'il s'est proposé, c'est à la condition, toutefois, que l'acte incriminé ait été de nature à violer le respect dû aux tombes et implique un outrage ou une irrévérence envers les morts (Crim. rej. 5 juill. 1884, aff. Saint-Jean, D. P. 85. 1. 222). Ne paraît-il pas étrange de décider qu'une exhumation faite pieusement, avec le respect dû aux morts, constitue un outrage ou une irrévérence, par cela seul qu'elle n'a pas été autorisée par le maire ? (V. en ce sens : Bastia, 20 déc. 1844, aff. Graziani, D. P. 45. 1. 252 ; Lacombe, nᵒˢ 257 et suiv. V. aussi la note sous le jugement du 31 déc. 1862, D. P. 63. 3. 80). — Nous n'hésitons pas, au contraire, à voir le délit de violation de sépulture dans l'exhumation faite sans autorisation, lorsqu'elle a été accomplie d'une façon irrespectueuse et outrageante envers le mort, comme dans l'espèce sur laquelle la cour d'Angers et la cour de

cassation ont statué en 1862 (V. les arrêts précités). Le maire qui avait prescrit l'exhumation, avait fait verser au fond de la fosse le contenu des cercueils sans égard pour les dépouilles qu'ils contenaient. Il y avait assurément, dans ce fait, un outrage aux morts.

971. La cour de Nîmes a décidé qu'il n'y a pas délit de violation de sépulture dans le fait d'un mari qui, avec l'autorisation du maire, emporte chez lui une partie des ossements de sa femme exhumés par le fossoyeur et rapporte ensuite ces ossements sur le sol duquel il les dépose (Nîmes, 6 juill. 1878, aff. Sabde, D. P. 79. 2. 247). Le dépôt du crâne abandonné sur le sol du cimetière pouvait seul être relevé comme constituant la violation de sépulture puisque l'exhumation avait été autorisée. La cour n'a pas jugé que le fait eût ce caractère. Elle a eu soin, d'ailleurs, de constater, dans les motifs, l'absence de toute intention outrageante de la part du prévenu.

972. Si la violation du tombeau est accompagnée d'un autre délit tel que le vol, ou d'un crime, il y a lieu d'appliquer la peine la plus forte. L'art. 360 déclare, il est vrai, que la peine sera prononcée « sans préjudice des peines contre les crimes ou délits qui seraient joints à celui-ci ». Mais ces termes ne sont pas assez précis pour qu'on puisse y voir une dérogation au principe du non-cumul des peines. La loi n'a voulu énoncer qu'une réserve pour la poursuite d'un délit plus grave (Chauveau et Faustin Hélie, t. 4, n° 1772; Blanche, *Études pratiques sur le code pénal*, t. 5, n° 349; Lacombe, n° 252). — Il été jugé, en Italie, que le délit de violation de sépulture résulte de la soustrac-

traction de certains objets déposés dans un cercueil, lors même que l'intention de profaner le cadavre fait défaut, et que, le vol ne préjudiciant dans ce cas à personne, ce dernier délit ne peut être retenu que comme circonstance aggravante pour la détermination de la peine, et non comme fait unique ou principal (C. cass. Naples, 15 nov. 1880) (1). La théorie de la cour de cassation de Naples relative au vol ne nous paraît pas exacte. Le vol est la soustraction de la chose d'autrui; et celui qui s'empare d'objets volontairement abandonnés, destinés à devenir la propriété du premier occupant, ne tombe que sous le coup de l'art. 379 c. pén. Mais les objets placés dans un tombeau ne peuvent être considérés comme des objets abandonnés; ils y ont été placés par la famille du défunt dans un but pieux, et ils lui appartiennent. Le législateur, d'ailleurs, a prévu qu'il pouvait y avoir un vol joint à la violation de sépulture; puisque, dans l'art. 360 c. pén., après avoir énoncé les peines de la violation de sépulture, il ajoute « sans préjudice des peines contre les crimes ou délits qui seraient joints à celui-ci ». En ce sens, il a été jugé que la soustraction d'objets placés dans un cercueil ne constitue pas seulement le délit de violation de sépulture, mais encore le délit de vol au préjudice des héritiers du mort; que le vol existe en dépit de l'intention de l'agent de ne tirer aucun profit personnel des objets soustraits; et qu'il importe peu, notamment, que dans la pensée du prévenu ces objets aient dû servir à l'ornement et à la décoration de l'église (C. d'appel de Trani, 4 févr. 1881 (2). V. aussi Chauveau et Faustin Hélie, *op. cit.*, t. 5, n° 1923 et suiv.).

---

(1) (De Stefano.) — LA COUR, — En fait : — Attendu que Giovanni de Stefano, fossoyeur communal de Vallata, ayant soustrait les vêtements et chaussures d'un cadavre après l'inhumation, est poursuivi sous la double inculpation de violation de sépulture et de vol; — Attendu que, s'en tenant à l'intention et ne considérant que le vol, mobile de la profanation, la chambre du conseil du tribunal d'Ariano a abandonné le premier chef de la poursuite...; En droit: — Attendu qu'aux termes très précis de l'art. 519 de notre code, la chambre du conseil du tribunal d'Ariano a commis une erreur flagrante en qualifiant simplement de vol une violation de sépulture sous le prétexte qu'elle n'a pas eu pour but premier et unique la profanation du cadavre inhumé; — Attendu que, dans l'espèce, l'inculpé a manifestement commis deux délits distincts donnant lieu à deux qualifications distinctes; — Mais attendu qu'il est impossible de retenir isolément le vol qui n'a lésé aucun intérêt direct, et que la soustraction des vêtements et chaussures doit seulement être considérée comme une circonstance aggravante et en vue de l'application de la peine; — Par ces motifs, etc. —
Du 15 nov. 1880.-C. cass. de Naples.-M. Narici, pr.

(2) (Cognetti.) — Giovetti Cognetti, gardien de l'église de Bari, avait révélé à Francesco Capriati son intention de soustraire un christ en argent contenu dans le cercueil de l'archevêque Clary, pour en orner l'autel de la Vierge. Malgré les observations de Capriati il se fit, par-devant témoins, aider des préposés à l'entretien de l'église, et, le 11 oct. 1880, il enleva non seulement le christ en argent, mais tous les autres objets, tels que croix, anneaux pastoraux, etc., qui se trouvaient dans les cercueils des archevêques Clary et Casamassina. Le fait s'étant découvert, Cognetti allégua comme excuse que le vol avait été commis par lui dans l'intérêt de l'église pour l'orner et l'embellir. — Arrêt.
LA COUR, — Attendu qu'il ressort de l'enquête et de l'instruction orale faite à l'audience que la soustraction dont il s'agit a réellement été commise; — Attendu que la culpabilité de Cognetti

résulte nettement des éléments de la cause, particulièrement des révélations faites à Capriati, des déclarations des témoins par-devant lesquels l'opération fut commandée aux hommes dépendant de Cognetti, enfin et surtout de l'aveu de Cognetti lui-même; — Considérant que l'intention de Cognetti de s'emparer des objets en question a été de commettre un vol au préjudice des héritiers de Clary et de Casamassina puisqu'il n'a pas restitué les anneaux enlevés par lui dans les cercueils, et qu'il a de reste nié à nombre de personnes, à l'archevêque Pédicini entre autres, qu'il eût pris autre chose que les objets contenus dans le cercueil de Clary, et qu'il a soumis à l'évaluation de l'orfèvre Gatta une croix et un anneau dont il s'est gardé d'avouer l'origine; — Considérant qu'il suffirait pour établir sa culpabilité de s'en rapporter à son inclination au vol à ses habitudes d'avarice, certifiées par les témoins; — Considérant, d'ailleurs, qu'il ne saurait mettre à couvert sa responsabilité en alléguant, comme il l'a fait au cours de son interrogatoire, que son intention était de faire servir à l'ornement de l'église, les croix, anneaux et crucifix contenus dans les cercueils de Clary et de Casamassina ; que le délit de vol existe, bien que l'agent n'ait pas la volonté de tirer profit de l'objet soustrait; qu'il peut consister simplement dans le fait d'une soustraction opérée en fraude des droits d'autrui quelle que soit l'intention du coupable : comme disaient les Romains « le vol n'est même pas excusable chez celui qui vole pour faire l'aumône, *nec etiam furari liceat ad effectum faciendi eleemosynam* (Glossa in leg. 54, § 1er, D. de furtis); — Considérant qu'en outre du vol qualifié Cognetti est accusé de violation de sépulture; que la loi protectrice de l'homme depuis sa naissance jusqu'à sa mort lui continue sa protection au delà du tombeau; que le trouble matériel apporté aux cendres du défunt constitue le second délit, et que, sans considérer l'intention du prévenu, ni le vol qui en a été la conséquence, son acte tombe sous le coup de l'art. 360 c. pén.: —
Par ces motifs, etc.
Du 4 févr. 1881.-C. de Trani.-M. Gigli, pr.

Table sommaire

des matières contenues dans le Supplément et le Répertoire.

(Les chiffres précédés de la lettre S renvoient au Supplément; les chiffres précédés de la lettre R renvoient au Répertoire.)

Table chronologique des Lois, Arrêts, etc.

1475	**1776**	3 frim. Loi.428 c.	784 c., 758 c.,	21 pluv. Décis.	4 nov. Cons. d'Et.
8 janv. Lett. pat. 135 c.	.. Déclar. 950 c.	4 frim. Loi. 428 c. 11 frim. Loi. 916 c. 8 niv. Loi. 429 c.	750 c., 761 c., 770 c., 771 c., 772 c.	240 c. 30 pluv. Lettr. 365 c.	704 c. 20 nov. Av. Cons. d'Et. 348 c.
1559	**1777**	21 germ. Circ. 390		15 vent. Décr. 365 c.	25 nov. Cons. d'Et. 503 c.
.. Discipline. 745 c.	.. mai. Edit.286 c. **1789**	9 vend. Loi.129 c. 14 frim. Cass. 552	**An 8** **An 11**	17 germ. Décr. 147 c.; 148 c.	29 déc. Cons. d'Et. 388 c.
1564	2 nov. Décr. 389	22 frim.Const.90 c., 197 c., 295 c.,	17 niv. Lett. 312 c. 18 niv. Arrêté.343 c.,346 c.,774 c.	25 prair.Av. Cons. d'Et. 365 c.	**1807**
24 mars. Décis. Concile Trente. 686 c.	c., 392 c. 14 déc. Décr. 175 c., 366 c. 22 déc. Loi. 916 c.	296 c., 474 c., 936 c. 5 niv. Règl. 508 c. 7 niv.Décr. 366 c.	20 pluv. Décis. 890 c. 4 germ.Av.Cons. d'Et. 86 c.	4 mess. Décr. 440 c. 26 mess.Circ.843 c. 28 mess. Décr. 365 c.	25 janv. Av. Cons. d'Et. 430 c. 30 janv. Av. Cons. d'Et. 488 c.
1579	**1790**	28 pluv.Loi. 910 c.,	8 flor. Circ.705 c.	4 therm. Décr.	7 févr. Décis. 393
.. Ord. Blois. 309 c.	13 févr. Loi. 286 c. 19 févr. Loi. 295 c., 296 c.	936 c. 16 fruct. Arrêté 771 c.	30 flor. .... 768 c. 3 mess. Décr. 503 c., 601 c.	962 c. 5 therm. Décr. 869 c.	c. 24 mars. Décr. 705 c., 749 c. 11 avr. Décis. 392
1595	12 juill. Décr. 310	7 therm. Arrêté. 365 c.; 393 c.,	10 fruct. Arrêté. 564 c.	c. 4 mai. Décr. 748	c.
5 janv. Edit. 295 c.	c. 16 août. Loi. 175 c., 322 c. 25 août. Loi. 86 c.	444 c., 486 c. 13 prair. Civ. 562 c. 26 mess. Conv. 133	13 fruct. Décr. 771 c.	22 juin. Décis. 240 c., 244 c., 498	c. 27 juin. Décis. 240 c.
1602	6 sept. Décr.688 c. 7 oct. Loi. 313 c.,	c., 135 c., 211 c., 221 c., 343 c.	22 fruct. Décr. 565 c. 1er jour complém.	c. 22 juill. Instr. 486	**1808**
21 août. Bulle. 686 c.	388 c. 15 oct. Décr. 309 c. 18 oct. Décr. 392 c.,	**An 10**	Décr. 486 c., 498 c.	c. 9 sept. Loi. 486	... Décis. 108 c. 7 janv. Décr. 284
1682	8 nov. Loi. 632 c. 20 déc. Loi. 392 c.	.. Décis. 103 c. 1er pluv. Arrêté.109	**An 14**	c. 30 sept. Décr. 775	c. 7 mars. Décr. 817
.. Déclaration. 143 c., 163 c.,	**1791**	c. 18 prair.Av. Cons. 32 c.,34 c.,37 c.	8 vend.Av.Cons. d'Et. 75 c.	c. 13 nov. Décr.422 c.	c., 915 c., 945 c., 946 c., 949
268 c. .. mars. Edit. 143 c.	13 avr. Loi. 504 c. 14 avr. Décr. 309 c.	40 c.,60 c.,62 c. 65 c., 93 c., 94	10 brum. Décr. 705 c.	**1808**	c., 950 c., 951 c., 953 c., 965 c.
1690	9 juin. Loi. 129 c. 5 août. Décr. 366	c., 497 c. 102 c.,105 c.,108	25 brum. Décis. 543 c.	21 janv. Av. Cons. d'Et. 565 c.	12 févr. Code 40 c., 190 c.
31 janv. Ord. 588 c.	**1792**	c., 109 c., 110 c., 114 c., 115 c.	30 brum. Décis. 108 c.	17 mars. Loi. 804	14 févr. Loi. 520 c.
1693	18 août. Loi. 282 c., 286 c., 289	116 c.,118 c.,119 c., 128 c., 130 c.	1er frim.Circ.776 c. 2 frim. Av. Cons.	c. 17 mars. Décr. 279 c., 770 c., 787 c.,	25 févr. Décr. 143 c.
28 avr. Déclar. royale. 601 c.	c., 295 c., 296	132 c., 135 c. 137 c., 140 c., 141 c., 142 c.,	d'Et. 564 c. 21 frim. Av. Cons. d'Et. 565 c.	790 c., 804 c. 22 mars. Décis.428	28 févr. Décr. 136 c., 798 c.
1695	**1793**	143 c.,144 c.,145 c., 146 c., 147	**1801**	c. 24	in. Décr. en	16 juill. Av. Cons. d'Et. 592 c.
.. avr. Edit. 309 c.	10 juin. Décr. 366 c.	c., 149 c.; 151 c., 155 c., 163	29 nov. Bref. 221 c.	Cons. d'Et. 523 c.	2 oct. Décis. 466
1749	24 août. Décr. 366 c., 486 c.	c., 174 c., 175 c.,177 c.,179 c., 180 c., 181 c.	**1806**	20 févr. Décr. 264 c.	13 oct.Décis. 466 c. 20 déc. Av. Cons. d'Et. 75 c.,704 c.
.. août. Edit. 309 c.	3 nov. Loi. 486 c.	192 c., 194 c., 207 c.,212 c., 226	16 févr. Ord. 625 c.	19 oct. Décr.800 c. 21 oct. Av. Cons. d'Et. 592 c.	**1809**
1751	**An 2**	c.,227 c., 230 c., 240 c., 244 c.,	20 févr. Décr. 264 c.	3 avr. Décis. 498	18 févr. Décr. 285
26 juill. Parlem. Rouen. 567 c.	13 brum.Décr.488 c., 914 c.	247 c., 248 c., 268 c., 286 c., 303 c., 310 c.	4 avr. Décis. 498 c.	c. 25 avr. Circ. 705 c.	c., 665 c. 5 mai. Décr. 775 c.
1762	**An 3**	312 c., 318 c., 320 c., 321 c.	25 avr. Circ. 705 c.	3 mess. Décr. 274 c., 344 c.	11 mars. Circ. 318 c., 445 c.
6 août. Parlem. Paris. 286 c.	11 prair. Décr. 366 c.	323 c., 343 c., 346 c., 360 c.,	3 mess. Décr. 274 c., 296 c.	9 mess. Décr. 296 c.	16 mars.Décis. 240 c.
1764	**An 4**	376 c., 377 c., 379 c., 390 c., 391 c., 392 c.	10 mess. Circ. 312 c., 914 c.	10 mess. Circ. 312 c., 914 c.	4 avr. Décis. 477 c.
.. nov. Edit. 286 c., 295 c.	7 vend. Décr. 40 c., 191 c.	393 c., 413 c. 414 c., 417 c.	24 mess.Circ.108 c. 24 mess. Décr. 26	24 mess. Décr. 26 c., 83 c., 235	9 avr. Décr. 437 c.
1767	3 brum. Code.295 c., 296 c. 15 fruct. Loi. 282 c.	421 c., 422 c., 444 c., 538 c., 588 c., 648 c., 681 c., 694 c.	c., 821 c. **An 13**	c., 821 c. 30 avr. Décis. 240 c.	.. Décr. 886 c. 828 c.
9 mai. Parlem. Paris. 286 c., 295 c.	**An 6**	695 c., 698 c. 697 c., 698 c.	3 niv. Av. Cons. d'Et. 365 c.	c., 493 c., 636 c.	10 mai. Av. Cons. d'Et. 365 c.
1772	5 frim. Loi. 282 c.	701 c., 703 c. 703 c., 705 c.	13 niv. Av. Cons. d'Et. 916 c.	4 juill.Décr. 334 c.	15 juin. Décis. 479 c.
6 mars. Lett. pat. 135 c.	**An 7**	706 c., 717 c. 736 c., 728 c.	5 niv. Décr. 343 c., 775 c.	22 juill. Décr. 182 c.	18 août. Décr. 824 c., 895 c.
	13 brum. Loi. 111 c., 600 c.	739 c., 740 c. 743 c., 745 c. 746 c., 751 c. 752 c., 753 c.	2 pluv. Av. Cons. d'Et. 365 c. 18 pluv. Décis. 702 c.	31 juill. Décr. 365 c. 24 août. Décis. 543 c.	22 août. Circ. 608 c.
					1810
					.... Décr. 251 c.
					1811
					23 janv. Décr. 139
					1812
					.. Décis. 615 c.
					1813
					1814
					1815
					1816

1817

2 janv.Loi.274 c., 278 c., 279 c., 295 c., 296 c., 308 c., 413 c., 590 c., 658 c.
4 mars. Av. Cons. d'Et.274 c.
2 avr. Ord.308 c., 310 c., 416 c., 442 c., 590 c.
16 avr. Circ. 274.

1818

15 mai.Loi.440 c., 520 c.
18 mai.Circ.339 c., 775 c.
2 juin. Av.Cons. d'Et. 520 c.
29 juin. Instr. 575 c.
8 juill.Cons.d'Et. 486 c.
1er août. Lett. 228
26 sept. Décis. 486 c.
23 nov. Ord. Cons. d'Et. 196 c.

1819

7 avr. Ord. 391 c.
12 avr. Circ. 583 c.
19 avr. Circ. 438 c.
17 mai. Loi. 39 c., 474 c.
12 juill.Lett. 373 c.
28 juill.Ord.771 c.
25 août.Ord.312 c.
28 déc.Av. Cons. d'Et.318 c.

1820

13 mars. Décis.690 c., 486 c.
28 mars. Ord. 314 c., 486 c.
27 avr. Circ. 769 c.
7 sept.Circ.409 c.
12 déc.Circ.256 c., 339 c.

1821

17 févr. Ord.81 c.
.. mars.Décis.509 c.
28 mars. Av.Cons. d'Et. 595 c.
21 avr.Décis.304 c.
4 juill. Loi. 809 c.
8 août. Ord. 536 c.
31 oct. Ord. 82 c.
2 nov. Bruxelles 628 c.

1822

.. mars. Circ. 228
25 mars. Loi. 39 c., 48 c., 49 c., 50 c., 51 c., 92 c., 474 c.
17 juill. Ord.280 c.
22 août.Circ.649 c.
28 août. Av. Cons. d'Et. 123 c.
26 nov. Ord.480 c.
20 déc. Décis. 393 c.

1823

1er avr.Circ. 249 c.
12 avr.Circ. 338 c.
25 juin. Ord. 280
6 juill. Décis. 393 c.
31 juill. Colmar. 621 c.
20 août.Ord.788 c., 789 c., 790 c., 799 c., 804 c.

1824

3 janv. Circ. 438 c.
5 avr. Rennes. 487 c.
16 juin. Loi. 441 c.
13 juill. Liège. 628 c.
29 sept.Ord. 238 c.

1825

12 janv. Ord. 383 c., 445 c., 448 c., 453 c., 454 c., 456 c., 457 c., 461 c., 463 c., 454 c., 465 c., 473 c., 474 c., 476 c.
27 janv. Aix. 680
30 janv. Circ. 456

1826

3 mars. Ord. 877 c., 393 c., 397 c., 399 c., 402 c., 403 c.
25 avr. Loi. 58 c.
24 mai.Loi. 230 c., 274 c., 276 c., 277 c., 283 c., 288 c., 295 c., 296 c., 654 c., 658 c., 661 c., 663 c., 670 c., 671 c., 672 c., 678 c., 679 c.
10 juin.Circ. 338 c.
16 juin. Circ. 651 c.
6 juill. Circ.651 c.
17 juill. Instr. 284
7 nov. Décis.440

1826

4 févr.Circ.409 c.
22 mars. Av. Cons. d'Et. 688 c.
10 avr. Arrêté. 450 c., 485 c.
27 juin.Circ.338 c.
13 août.Ord.Paris. 285 c., 295 c.

1827

22 mars. Ord. 771 c.
10 avr. Arrêté. 886 c.
31 mai. Nancy. 398
30 juin.Instr.938 c.
24 juill. Délib. adm.enreg. 674
d4 nov.Règl..770 c.
12 déc.Cons.d'Et. 498 c.

1828

17 mars. Décis. 440 c.
16 avr. Décis. 595
15 juill. Décis. 485
30 juill. Av. Cons. d'Et. 775 c.

1829

19 août.Ord.Cons. d'Et. 241 c.
20 août.Arrêté.786 c., 805 c.

1830

10 janv.Ord.280 c.
28 janv. Circ. 526 c., 248 c.
14 août. Charte.
28 c., 147 c., 295 c., 320 c.
31 août.Loi.800 c., 248 c.
10 oct. Loi. 58 c.

16 déc.Ord. Cons. d'Et. 196. c.
25 déc.Ord. 239 c.

1831

14 janv. Ord. 288 c., 383 c., 589 c., 658 c., 667
29 janv. Circ. 580 c., 583 c., 667 c.
21 mars.Loi. 809 c.
22 mars. Loi.72 c.
22 mars. Décis. 240 c.
25 mars.Décis. 477
2 avr. Ord. 82 c.
3 avr. Loi. 441 c.
26 juill.Circ.438 c.
4 oct.Lett. 479 c.
16 nov. Av. Cons. d'Et. 464 c.

1832

4 janv.Ord.391 c.
17 févr. Av. Cons. d'Et. 673 c.
26 févr. Cons.d'Et. 476 c.
7 mars. Cons. d'Et.476 c.
10 mars.Ord..339 c., 348 c., 349 c., 776 c.
22 mars. Loi. 74 c.
2 avr. Circ. 837 c.
21 avr. Loi. 429 c.
25 avr.Ord.233 c.
28 avr. Loi.190 c., 296 c.
30 mai. Av. Cons. d'Et. 556 c.
7 juin. Décis. 111 c.

1833

2 janv. Circ. 255 c.
8 janv. Arrêté. 777 c., 783 c.
27 janv. Av. Cons. d'Et. 580 c.
27 févr. Av. Cons. d'Et. 667 c.
2 mars. Lett. 458 c.
3 avr. Av. Cons. d'Et.580 c.
12 juin. Décis. 474
2 août. Circ. 338
11 oct. Cons. d'Et. 455 c., 475 c.
29 nov. Av. Cons. d'Et. 931 c.
21 déc. Circ. 618
28 déc. Décis. 111 c., 477 c.

1834

10 févr. Circ. 227 c., 651 c.
16 févr. Lett. 125 c.
30 mars. Av. Cons. d'Et. 580 c.
10 avr. Loi. 32 c., 35 c., 285 c., 295 c., 296 c.
20 juin. Loi. 33 c.
14 août.Ord. Cons. d'Et. 314 c.
24 oct. Cons. d'Et. 315 c.
24 oct. Cons. d'Et. 455 c.

18 nov. Av. Cons. d'Et. 401 c.
19 déc. Circ. 651 c.
20 déc. Circ. 383 c., 582 c.
22 déc. Circ. 409

1835

... Décis. 392 c.
13 janv. Av. Cons. d'Et. 663 c., 665 c.
30 janv. Lett. 587
10 févr. Av. Cons. d'Et. 580 c.
24 févr. Circ. 312
24 févr. Circ. 489
25 févr. Av. Cons. d'Et. 438 c.
3 avr. Av. Cons. d'Et. 888 c.
14 avr. Lett. 125 c.
30 avr. Circ. 438 c.
25 mai. Loi. 421 c., 426 c., 441 c., 573 c.
10 juin. Av. Cons. d'Et. 778 c.
10 juill. Av. Cons. d'Et. 304 c.
21 juill. Av. Cons. d'Et. 118 c.
21 août. Crim. 964
2 sept. Décis. 315
18 sept. Décis. 515
25 sept. Crim. 203
2 nov. Ord. 769 c.
2 nov. Décis. 688
27 nov. Circ. 409 c.
28 nov. Circ. 409 c.
30 nov. Circ. 651 c.
13 déc. Trib. Vendôme. 393 c.
16 déc. Ord. 234 c.
17 déc. Ord. 580 c.
21 déc. Circ. 778

1836

22 mars. Agen. 660
19 avr. Av. Cons. d'Et. 274 c.
15 mai. Ord. 647
21 mai.Loi. 429 c., 817 c.
12 juill. Agen. 660
12 juill. Circ. 312
23 nov. Av. Cons. d'Et. 401 c.
28 nov. Circ. 409
29 nov. Circ. 651 c.
21 déc. Circ. 618
27 déc. Lett. 386

1837

18 janv.Circ.705 c.
... mars. Circ. 140
7 avr. Av. Cons. d'Et. 459 c.
20 avr. Loi. 944 c.
18 juill. Loi. 182

3 oct. Av. Cons. d'Et. 401 c.
14 nov. Décis. 479
27 déc. Circ. 409 c.
31 déc. Ord. Cons. d'Et. 505 c.

1838

6 févr. Bordeaux. 488 c.
13 févr. Ord.768 c.
14 avr. Crim. 842 c., 851 c.
7 mai. Bourges. 487 c.
21 juin. Av. Cons. d'Et. 517 c.
21 juill. Av. Cons. d'Et. 525 c.
13 sept.Lett.525 c.
6 déc. Circ. 409 c.
8 déc.Circ.409 c.
21 déc.Décis.448 c.

1839

28 janv. Circ. 780
27 avr.Circ.383 c., 582 c.
27 avr.Décis.111 c.
10 mai.Décis.32 c.
18 mai. Trib. Seine. 566 c.
9 juill. Av. Cons. d'Et. 451 c., 468 c.
12 juill. Crim. 963 c., 488 c.
13 août. Civ. 487 c., 488 c.
7 août. Ord. 778 c., 810 c.
16 août. Av. Cons. d'Et. 540 c.
24 août. Circ. 705 c.
4 déc. C. cass. Belgique. 205 c.
10 déc. Circ. 651 c.
14 déc. Circ. 409 c.
21 déc. Circ. 778

1840

... Circ. 651 c.
24 janv. Paris. 566 c.
27 févr.Agen. 198
12 mars. Crim. 199 c.
12 mars. Av. Cons. d'Et. 316 c.
10 avr. Av. Cons. d'Et. 804 c.
11 juin. Orléans. 199 c.
11 juill. Civ. 867 c.
21 juill. Av. Cons. d'Et. 646 c.
23 juill. Décis. 540 c.
4 août. Av. Cons. d'Et. 316 c.
14 août. Circ. 312
21 juill. Lett. 600 c.
1 nov. Ord. Cons. d'Et. 167 c.
11 nov. Lett. 502 c.
5 déc. Av. Cons. d'Et. 325 c.
6 déc. Ord. 921 c., 923 c., 924 c., 929 c., 931 c., 959 c.
14 déc. Liège. 44
31 déc. Montpellier. 193 c.
28 déc.Av. Cons. d'Et. 949 c.

1841

13 janv. Grenoble 676 c.
22 janv. Décis. 232 c.
18 mars. Ord. Cons. d'Et. 196.
22 avr. Circ. 602 c.
3 mai. Loi. 667 c.
6 mai. Bourges. 967 c.
8 mai.Ord. Cons. d'Et. 196 c.
22 mai. Circ. 226
29 juin. Circ. 316
6 août. Circ. 273 c., 536 c.
12 août. Circ. 314 c.
19 août. Crim. 964
29 sept. Décis. 340 c.
7 oct. Cons. d'Et. 455 c.
24 déc. Décis. 466 c.

1842

31 déc. Règl. 389 c., 651 c., 652 c., 582 c.

1843

23 janv. Civ. 488 c.
15 mars. Décis. 485 c.
5 mai. Décis. 324
20 juill. C. cass. Belgique. 365
22 juill. Lett. 600 c.
15 nov. Décis. 455 c.
2 déc. Req. 287 c., 660 c., 661 c.

1844

10 janv. Civ. 916 c.

1845

15 janv. Av. Cons. d'Et. 455 c., 472 c.
4 févr. Mandement. 148 c.
9 mars. Ord. Cons. d'Et. 143 c., 149 c., 163 c., 178 c.
10 avr. Décis. 538 c.
19 avr. Orléans. 488 c.
29 mai. Poitiers. 285 c.
26 sept. Décis. 232 c.
12 oct.Ord. 771 c.
31 oct. Circ. 356
7 nov. Lett. 509 c.
13 déc. Crim. 199 c.

1846

16 mars. Décis.477 c.
30 mars. Cons. d'Et.705 c.
16 juin.Ord.Circ.154 c.
18 juin.Cons.d'Et. 614 c., 615 c.
30 juill. Instr. 777 c.
26 août.Ord. d'Et. 640 c.
2 nov.Arrêté. 769 c.
9 déc. Trib. Coutances. 916 c.

1847

30 janv.Circ.500 c.
12 avr. Req. 526 c.
20 avr. Circ. 287 c., 942 c.
10 mai. Décis. 448 c.
15 juin.Circ. 839 c.
16 juin. Circ.839 c.
6 juill. Lett.454 c.
8 févr. Av. Cons. d'Et. 455 c., 471 c.
8 mars. Décr. Cons. d'Et. 645.
18 mai.Ord. 109 c., 786 c., 787 c., 788 c., 789 c., 790 c., 792 c., 793 c., 794 c., 795 c., 796 c., 798 c., 799 c., 800 c., 801 c., 803 c., 804 c., 807 c.
17 juin. Lett. 227
25 août.Lett. 372 c.
10 sept. Crim. 884
29 nov. Circ.890 c.

1848

5 janv.Rouen.165 c., 194 c.
7 janv.Crim.32 c.
23 févr. Instr. 763
7 mars. Arrêté. 410 c.
8 mars. Trib. Limoges. 660 c., 671 c.
16 mars. Décis. 582 c.
8 avr. Circ. 225 c.
19 avr. Procl. 32 c.
22 avr. Circ. 347 c.
4 mai. Circ. 26 c.
14 juin. Décis. 450 c.
20 juin.Arrêté. 410 c.
25 juill. Circ. 361 c., 410 c.
28 juill. Décr.82 c.
3 oct. Circ. 111 c.
11 août.Décr.49 c., 50 c.
30 août.Décis. 450 c.

1849

6 janv. Paris. 813 c.
18 janv. Circ. 263 c.
27 janv. Décis. 455 c.
26 févr.Req.287 c., 290 c., 294 c.
26 févr. Instr. 410 c.
27 févr. Lett.32 c.
12 mars. Circ. 410 c.
15 mars.Loi.794 c.
24 mars. Circ. 26 c.
2 avr. Décis. 451 c.
20 avr. Circ. 361 c., 410 c.
30 avr. Circ. 94 c.
23 mai. Civ. 285 c.
21 juin. Décr. 326 c.
27 juill. Loi. 107 c., 225 c.
10 août. Lett. 484 c.
24 août. Cons. d'Et. 580 c.
4 sept.Arrêté. 472 c.
9 nov.Arrêté.471 c., 472 c.
9 nov. Cons. d'Et. 488 c.
15 déc. Lett. 505 c.

1850

2 févr. Nancy. 505 c.
9 févr. Décis. 691 c.

9 mars. Cons.
d'Et. 488 c.
15 mars. Loi. 78 c.,
80 c., 275 c.,
279 c., 295 c.,
301 c.
22 mars. Décr. 356
c.
25 mars. Loi. 81 c.
11 avr.Paris. 896 c.
13 avr. Loi. 953 c.
24 avr. Civ. 493 c.
27 avr. Cons. d'Et.
464 c.
31 mai. Loi. 78 c.
8 juin. Loi. 190 c.
15 juin. Décr. 786
c.
26 juin. Civ. 488 c.
27 juin. Paris. 677
c.
29 juin. Cons. d'Et.
632.
29 juill. Décr. 81 c.
6 août. Décr. en
Cons. d'Et. 693
c.
24 sept. Décis. 691
c.
23 nov. Décis. 471
c.
10 déc. Paris. 860
c.
21 déc. Crim. 26
c.
21 déc. Décis. 471
c.
31 déc.Trib. Mont-
pellier. 688 c.

1851

3 févr.Décr. 79 c.
4 févr. Décr. 131
c.
8 févr. Décis. 691
c.
12 févr. Montpel-
lier. 688 c.
18 févr. Paris. 306
c., 380 c.,385 c.
20 févr.Crim.807 c.
10 mars. Req.
862 c.
19 mars. Sol. 660
c., 671 c.
29 mars. Décr.
Cons. d'Et. 691
c.
5 avr. Lyon. 857
c., 860 c., 808
c., 872 c.
20 avr. Paris. 287
c.
20 mai. Instr. 784
c.
27 mai.Paris.48 c.
30 mai. Décr. 691
c.
13 juin. Loi. 72 c.
19 juin. Av. Cons.
d'Et. 691 c.
21 juill. Décis. 509
c.
29 juill. Décr. 132
c., 233 c.
12 juill. Pau. 366
c.
14 août. Bruxelles.
490 c.
23 août. Crim. 709
c.
23 août. Grenoble.
811 c.
1er oct. Décis. 919
c.
9 oct. Lett. 447 c.
18 oct. Décr. 132 c.
7 nov. C. cass.
Belgique. 491 c.
7 nov. Nîmes. 48
c.
13 nov. Crim. 32
c., 698 c.
29 nov.Cons. d'Et.
560 c.
6 déc. Décr. 265
c.
6 déc. Crim. 26 c.
12 déc. Cons. d'Et.
428 c.
15 déc. Circ. 26 c.
22 déc. Civ. 661 c.

1852

1er janv. Trib. Sei-
ne. 868 c.
14 janv. Const. 1 c.
13 janv. Décr. 1 c.,
132 c.
14 janv. Riom. 32
c., 693 c.
19 janv. C. cass.
Belgique. 186 c.
22 janv. Décr. 1 c.,
351 c.
31 janv. Décr. 276,
277 c., 286 c.,
295 c., 654 c.,
658 c.
23 févr. Civ. 894 c.
23 févr. Décr. 589
c., 784 c.
7 mars. Limoges.
808 c.
9 mars.Décr.770c.
16 mars. Circ. 46 c.
21 mars.Décr.262c.
22 mars. Décr. 1 c.,
205 c.
25 mars.Décr.1 c.
32 c.,377 c.,397
c., 403 c., 578
c., 658 c.,890 c.
26 mars.Décr. 1 c.,
694 c.,695 c.,703
c.,705 c., 708c.,
711 c., 712 c.,
718 c., 736 c.,
738 c., 739 c.,
740 c., 741 c.
744c.,745c., 746
c., 748 c., 752
c., 753 c. 754
c., 756 c., 757
c., 761 c., 762
c., 763 c., 765
c., 770c.
26 mars. Rapp. 1 c.
31 mars.Décr.132 c.
6 avr.Décr. 264 c.
7 mai.Cons. d'Et.
346 c.
14 juin.Cons.d'Et.
464 c.
23 juin.Décis.431c.
23 juin.Lett.471 c.
24 juin. Crim.66 c.
24 août. Décis. 435
c.
16 sept.Arrêté. 694
c.,711,712c.,718
c.,714 c.,715 c.,
716 c.,718 c.,724
c.,726 c., 727 c.,
729 c.,734 c.,736
c., 737 c., 732
c., 744 c., 754 c.
14 sept.Arrêté.785
c.
14 sept.Circ.716c.,
718 c., 730 c.,
732 c.
2 oct. Trib. com.
Seine. 687 c.
10 nov. Décr. 1 c.,
740 c., 741 c.,
757 c.
10 nov. Arrêté. 729
c.,788c.,733 c.
10 nov. Circ. 709
c., 714 c., 716
c., 736 c.
29 nov. Décr.
Cons. d'Et. 157
c.,181 c., 668 c.
21 déc.Req. 577 c.
23 déc. Lett. 570 c.
23 déc. Av. Cons.
d'Et. 483 c.

1853

3 janv. Décr. 1 c.
15 janv. Décr. 1 c.
323 c.
19 janv. Décis. 232
c.
23 janv. Décr. 1 c.,
132 c.
7 mars.Décr. 1 c.,
411 c., 652 c.
17 mars. Grenoble.
863 c.

4 avr. (et non
1812) Décis.
590 c.
23 mars. Décr. 1 c.
6 mai.Cons. d'Et.
488 c.
19 mai.Lett. 475 c.
20 mai.Arrêté. 652
c., 694 c., 705
c., 710, 726
c., 737 c., 738
c., 784 c.
26 mai. Circ. 710
c.,739 c., 779 c.
juin. Av. Cons.
d'Et. 466 c.
4 juin.Loi. 704 c.
9 juin.Loi. 266 c.,
351 c.
22 juin.Décr.826 c.
27 juin. Civ. 583 c.
28 juin. Décr. 1 c.,
351 c.
23 juin. Rapp. 1 c.
30 juin.Décr.786 c.,
926 c.
5 juill. Décr. 1 c.
19 août. Trib. Cas-
tres. 671 c.
29 août.Arrêté.1 c.
2 sept. Lett. 695 c.
24 oct. Décr.132 c.
31 oct. Décr. 1 c.,
306 c.
15 nov. Civ. 866
c., 867 c.
19 nov.Décis.373c.
30 nov. Circ. 351
c.,353 c.,355 c.
5 déc. Décr. 1 c.,
132 c.
21 déc. Metz.44 c.

1854

10 janv. Décr. 1 c.
26 janv. Décr. 1 c.,
437 c.
14 févr. Décr. 1 c.
16 févr. Crim. 26 c.
13 mars.Décr. 1 c.
1er avr. Régl.411 c.
3 avr. Req. 665 c.
3 avr. Civ. 487
c., 488 c.,489 c.
6 avr. Circ. 411 c.
6 avr. Cons. d'Et.
488 c.
26 avr.Décr. 742 c.
19 mai.Riom.380c.
22 mai. Lett. 573 c.
30 mai. C. d'appel
Savoie. 393 c.
2 juin. Crim. 26 c.
23 juill. Décis.
338 c.
31 juill. Décr. 1 c.,
351 c.
12 août. Circ. 352
c., 854 c.,855 c.
17 août. Crim. 950
c.
24 août.Metz.834c.
24 août. Montpel-
lier. 657 c.
29 août. Décr.
Cons. d'Et. 157
c.,181 c., 668 c.
20 août.Décis. 383
c.
10 oct. Instr.25 c.
10 oct.Crim.963 c.,
964 c.
15 oct. Circ. 411 c.
31 oct. Décr. 1 c.,
445 c.
18 nov. Circ. 779 c.
15 déc.Req.274 c.,
267 c., 677 c.
18 déc. Circ. 411 c.
24 déc.Trib.Seine.
934 c.

1855

5 janv. Nancy.
385 c.

10 janv. Civ. 667 c.
18 janv. Nîmes.
42 c., 48 c.
31 janv. Cons.
d'Et. 428 c.
21 févr. Décr. 1 c.,
132 c.
26 févr. Orléans.
48 c.
28 févr. Décr. 233
c.
8 mars. Décr.
Cons. d'Et. 952 c.
7 avr. Décr. Cons.
d'Et. 156 c.
18 avr. Bastia.
486 c., 489 c.,
492 c.
26 avr. Cons. d'Et.
509 c.
5 mai. Loi. 1 c.,
306 c., 452 c.
10 mai. Av. Cons.
d'Et. 520 c.
18 mai. Décr. 1 c.
315 c.
26 mai. Crim. 907
c.
28 juin. Cons.
d'Et. 798 c.
28 juill. Crim. 26
c.
30 juill. Req. 504
c.
14 août. Décis.
474 c.
30 août. Décr. 1
c., 306 c.
9 oct. Décr. 121 c.
23 oct. Régl. 768
c.
7 nov. Civ. 660 c.,
671 c.
26 nov. Circ. 727 c.

1856

9 janv. Décr. 1
c., 132 c.
10 janv. Cons.
d'Et. 924 c.,
945 c.
12 janv. Circ. 411
c.
7 févr. Cons.
d'Et. 559 c.
19 févr. Lyon. 937
c.
18 mars. Décr. 1
c., 132 c.
26 mars. Paris. 357
c.
27 avr. Riom. 674
c.
5 mai. Req. 595
c.
10 mai. Circ.844 c.
29 mai.Cons. d'Et.
486 c., 493 c.
30 mai. C. d'app.
Savoie. 365 c.
6 juin.Cons.d'Et.
443 c.
11 juin. Décr. 1 c.
11 juill. Crim. 841
c., 851 c.
14 juill. Décr. 132
c.
27 juill. Décr. 1 c.
30 juill. Décr. 1 c.
18 août. Décr. 688
c.
18 août.Cons.d'Et.
663 c.
20 août. Décr. 1 c.
26 août.Décis. 383
c.
9 sept. Décr. 1 c.
15 oct. Circ. 411 c.
31 oct. Décr. 1 c.,
445 c.

1857

28 janv.Circ.844c.
29 janv.Liège.44c.

5 févr. Trib. Cler-
mont - Ferrand.
935 c.
11 févr.Cons. d'Et.
429 c.
1er mars. Lett. 303
c.
8 mars. Décr.
Cons.d'Et.171c.
20 mars. C. cass.
Turin. 281 c.
21 mars. Cons.
d'Et. 474 c.
27 mars.Grenoble.
290 c.
3 avr.Trib.Seine.
680 c., 868 c.,
878 c.
6 avr.Décr. Cons.
d'Et. 153 c.,160
c. 163 c.
4 avr. Req. 937 c.
15 avr. Décr. 132 c.
18 avr. Décr. 132 c.
30 mai. Orléans.
292 c.
3 juin. Décr. 1 c.,
132 c.
6 juin. Décr. 1 c.,
356 c.
17 juin. Décr. 1 c.,
132 c., 261 c.,
264 c.
28 juill. Instr. 784
c.
2 oct. V. 12 oct.
12 (et non 2) oct.
Décr. 1 c., 312
c.
12 oct. Décr. 1 c.,
329 c.,330 c.
17 oct. Décr. 132 c.
7 nov. Décr.Cons.
d'Et. 135 c.
17 nov. Décr. 411
c.
17 nov. Arrêté. 411
c.
20 nov. Lett. 125
c.,126 c.
14 déc.Cons.d'Et.
643 c.
16 déc. Dijon. 163
c., 166 c., 198
c.
18 nov. Décr. 1
c., 132 c.
21 déc. Circ.411 c.
24 déc. Paris. 357
c.
26 déc. Circ.128 c.
28 déc. Décr. 1 c.,
328 c.
30 déc. Civ.290c.,
680 c.

1858

1er mars. C. cass.
Turin. 281 c.
8 mars. Paris.287
c., 290 c., 680
c.
18 mars. Cons.
d'Et. 901 c.
22 avr. Décr. Cons.
d'Et.165 c., 241
c.
8 mai. Décr. 132 c.,
264 c.
22 mai. Montpel-
lier. 488 c.
22 mai. Arrêté. 450
c., 465 c.
8 juin.Cons. d'Et.
308 c.
9 sept. Décr. 1 c.,
c., 563 c.
19 sept. Nîmes. 1 c.
18 juill. C. cass.
Turin. 281 c.
29 juill. Décr. 1 c.,
334 c.
29 juill. Cons.d'Et.
398 c., 418 c.
2 août. Décr. 1 c.,
238 c., 333 c.
26 août.Cons.d'Et.
637 c.
7 sept. Lett. 124
c., 525 c.
16 sept. Décis. 440
c., 606 c.
28 sept.Instr.606 c.

1859

18 janv. Civ. 664
c.
24 janv. Décr. 356
c.
27 janv. Av. Cons.
d'Et. 520 c.
10 févr.Cons. d'Et.
154 c.
19 févr. Crim. 966
c.
19 mars. Décr. 1
c., 25 c., 32,
35 c., 37 c., 40
c., 694 c.
28 mars. Req. 677
c.
31 mars. Cons.
d'Et. 428 c.
29 avr. Crim. 107
c.
14 mai. Loi. 1 c.,
306 c.
c., 225 c.
26 mai. Décr. 1 c.,
806 c.
1er juill. Décr. 786
c., 805 c.
23 juill. Décr.132
c.
8 août.Circ.844 c.
26 août. Décr. 1 c.,
260 c.
28 août. Décr. 132
c.
6 sept. Décr. 694
c.
17 sept. Décr. 742
c.
18 oct. Décr.132 c.
2 nov. Décis. 843
c.
4 nov. Décr. 815
c., 824 c., 820 c.
9 nov. Civ. 287
c., 290 c., 676
c., 677 c.
21 nov. Civ. 896 c.
13 oct.Décr.Cons.
d'Et. 177 c.
1er déc.Décr.Cons.
772 c.

1860

1er janv. Décr. 742
c.
23 févr. Paris. 367
c.
6 mars. Lett. 295
c.
7 mars.Décr.1 c.,
351 c.
3 avr. Décis. 451
c.
10 avr. Cons. d'Et.
460 c., 525 c.,
552 c., 553 c.
10 avr.Décr.Cons.
474 c.
27 avr.Décr. Cons.
d'Et.155 c.
7 juin.Décis. 538
c., 851 c., 963
c.
6 juill. Loi. 586 c.

6 juill. Agen. 60.
12 juill. Cons.
d'Et. 925 c.,
945 c.
18 juill. Civ. 586
c., 644 c.
4 août. Bruxelles.
311 c.
6 août. Av. Cons.
d'Et. 324 c., 325
c.
15 oct. Circ. 705 c.,
749 c.
5 nov. Req. 630
c.
10 nov. Circ. 225
c.
21 nov.Décr.281 c.
1er déc. Régl. 805
c.
20 déc. Décr. 280
c.
27 déc.Cons. d'Et.
841 c., 851 c.,
917 c.

1861

2 janv. Circ. 225
c.
6 janv. Lett. 225
c.
19 janv. Circ. 225
c.
23 févr.Cons.d'Et.
843 c., 851 c.,
4 mars.Décis. 632
c.
30 mars. Décr. en
Cons. d'Et. 153
c., 160 c., 189
c., 225 c.
28 mars. Décr. 787 c.
3 avr. Lett. 483 c.
4 avr. Cons. d'Et.
250 c., 435 c.,
c., 525 c., 945 c.
10 avr.Décr.Cons.
d'Et. 196 c.
13 avr. Décr. 589
c., 784 c.
15 avr. Trib. corr.
Poitiers. 225 c.
26 avr. Décr.304 c.
27 avr. Décr. 133 c.
27 avr. Circ. 947
c., 948 c., 949
c., 950 c., 965
c.
4 mai. Décr. 132
846 c.
7 mai. Décis. 777
c.
8 mai.Req. 666c.
8 mai. Limoges.
967 c.
28 mai. Arrêté. 777
c.
2 juin.Civ.274 c.,
275 c., 279 c.,
280 c., 287 c.
22 juill. Décr. 1 c.
13 mai. Loi. 57 c.
30 mai.Circ.580 c.
461 c., 464 c.
31 mai.Lett.141c.
20 juin. Crim. 906
c., 955 c.
22 juin. Circ. 26 c.
22 juin. Crim. 98
c., 169 c., 203
c.
6 juill. Décr. 1 c.,
132 c., 307 c.
6 juill.Cons.d'Et.
520 c.
10 juill. Crim. 948
c., 966 c.
8 août. Décr.
Cons. d'Et. 141
c., 153 c., 160
c.
14 août. Décr. 1
c., 334 c.
16 août. Décr. 132
c.
29 août. Chambé-
ry. 271.
2 oct. Décr.771c.
18 oct. Décr.28 c.,

1862

31 janv. Rouen.895
c.
10 févr. Décr. 1 c.
10 févr. Loi. 586 c.
10 mars. Cons.
d'Et. 632 c.
11 mars. Cons.
d'Et. 946 c.
16 août. Bor-
deaux. 193 c.
28 mars.Crim. 843

2 avr. Circ. 304 c.
5 avr. Cons. d'Et.
951 c.
10 avr. Circ. 590 c.
23 avr. Décr. 1 c.
17 mai. Décr. 132
c.
22 mai. Décr. 1 c.,
267 c.
4 mai. Civ. 442 c.
5 juin.Cons.d'Et.
796 c.
9 juin. Grenoble.
878 c.
14 juin.Décr.Cons.
d'Et. 170 c.
27 juin. Paris. 868
c., 873 c.
2 juill. Agen. 867
c., 380 c.
24 juill.Cons.d'Et.
614 c., 615 c.,
31 juill. Trib. Pé-
rigueux. 60.
2 août. Trib.corr.
Tournay. 42 c.
16 août. Décr. 1 c.,
307 c.
29 août.Décr. 1 c.,
132 c., 786, 788
c., 789 c., 790
c., 791 c., 792
c., 793 c., 794
c., 797 c., 798
c., 799 c., 802
c., 803 c., 804
c., 806 c., 807
c.
3 oct. Crim. 954
c., 970 c.
12 oct. Instr. 791
c.
22 oct. Décr. 132 c.
10 nov.Décr.Cons.
d'Et. 165 c.,
196 c.
18 nov. Angers.
970 c.
20 nov. Instr. 791
c.
26 déc.Instr.538 c.
31 déc.Trib. corr.
Issoudun. 970 c.

1863

10 janv. Paris. 274
c., 278 c., 287
c., 656 c.
17 janv. Crim. 961
c.
23 janv. Crim. 965
c.
28 janv. Angers.
854 c., 680 c.
29 janv.Cons.d'Et.
925 c., 946 c.
19 mars. Cons.
d'Et. 934 c.,
941 c.
11 avr. Décr.132c.
7 mai.Cons.d'Et.
534.
13 mai. Loi. 57 c.

815 c., 821 c.
826 c.
4 nov. Décr. 132
c.
13 nov. Décr. 83
c.
17 nov.Cons. d'Et.
623 c.
20 déc. Décr. 1 c.,
132 c.
21 déc. Circ. 438
c., 596 c., 609
c., 664 c.

1864

11 févr. Lett. 508
c.
14 févr. Décis. 539
c.
17 févr. Poitiers.
941 c.
20 févr.Décr.132 c.
5 mars. Décr. 1 c.
10 mars. .Cons.
d'Et. 457 c.
19 mars. Trib.
Langres. 618 c.
7 avr. 589 c.
13 mai. Lett. 452 c.
2 juin. Décis.450
c.
23 juin. Cons.
d'Et. 557 c.,
560 c.
6 juill. Av. Cons.
d'Et. 283 c.,
565 c.
11 juill. Orléans.
41 c.
27 juill. Décr. 496
c.
19 juill. Décr. en
Cons. d'Et. 691
c.
13 août. Décr. 1
c., 332 c., 334
c.
24 août. Civ. 955 c.
24 août. Lett. 686
c.
18 oct. Circ. 763 c.
2 nov.Décr.733 c.
3 déc. Décis. 499
c.
8 déc. Encycli-
que. 135 c.
13 déc.Décr.Cons.
d'Et. 165 c.,168
c., 196 c.
19 déc.Civ. 274 c.,
273 c.
27 déc.Civ.798 c.,
799 c.

1865

1er janv.Circ.131 c.
5 janv. Décr. 1 c.,
131 c.
25 janv. Trib. Sei-
ne. 60 c.
6 janv. Liège. 43
c.
8 févr. Cons.
d'Et. 132 c.,134
c.,135c.,160 c.,
687 c.
4 mars. Décr. 132
c.
16 mars. Décis.499
c.
18 mars. Cons.
d'Et. 192 c.
4 avr. Trib.Lyon.
916 c., 985 c.
7 avr.Aix.292,680
c.
28 avr. Décr. 132
c.
13 mai. Décis. 477
c.
4 juill.Trib. Gre-
noble. 393 c.
7 juill.Lett.589 c.
13 juill.Lett.296 c.
17 juill. Bastia. 867
c., 873 c.
1er sept.Circ.1 c.
431 c.
15 déc.Cons.d'Et.
614 c., 615 c.,
645 c.

1866

24 janv. Trib.
Lyon. 916 c.,
985 c.
27 janv. Grenoble.
414 c.
14 févr. Décr. 1 c.
23 févr. Résol. Sé-
nat. 816 c.
3 mars. Décr.
Cons.d'Et.166 c.
12 mars. Civ. 289
c., 290 c., 680
c., 682. c.
13 mars. Rouen. 370
c.
20 avr.Crim. 26 c.,
27 c.
8 mai. Metz. 421.
17 mai. Cons. d'Et.
640 c.
28 mai. Cons. d'Et.
945 c.
30 mai. Grenoble.
430.
12 juin. Colmar.
43 c.
23 juin. Gand. 628
c.
27 juin. Grenoble.
414 c., 418 c.,
488 c.
12 juill.Cons.d'Et.
558 c., 559 c.,
561 c., 924 c.
18 juill.Loi. 306 c.
19 juill.Décr.132 c.
5 août.Cons.d'Et.
561 c.
11 août.Cons.d'Et.
717 c., 720 c.,
722 c., 731 c.,
734 c.
5 déc.Arrêté. 767
c., 769 c.
24 déc.Circ. 885 c.

1867

4 janv.Circ.794 c.
5 janv. Av. Cons.
d'Et. 317 c.
9 janv. Décr. 1 c.,
306 c.
19 janv.Cons.d'Et.
795 c., 796 c.
12 janv. Décr. 694
c.
21 janv.Circ.792 c.
5 févr. Décr. 1 c.,
786, 794 c.
7 févr. Av. Cons.
d'Et. 467 c.
23 févr. Crim. 948
c., 965.
25 févr.Décr.Cons.
640 c.
1er avr.Agen.577 c.
10 avr. Cons. d'Et.
890c.,906.
4 mai. Décr.Cons.
d'Et. 132 c.
11 mai. Circ.391 c.
22 mai. Cons. d'Et.
933 c.
17 juin.Décr.Cons.
d'Et. 196 c.
17 juin. Allocu-
tion. 135 c.
20 juin. Cons.
d'Et.137 c., 138
c.,247 c.,280c.,
c.,247 c., 687 c.
29 juin.Trib. corr.
Angers. 40 c.
24 juill. Loi. 931 c.
27 juill.Décr.Cons.
d'Et. 192 c.
25 août. Décr. 132
c.
26 août. Angers.
35 c., 40 c.
26 août. Circ.411 c.

16 sept. Décr. 787
c.
22 sept. Décr. 132
c.
23 oct.Décr.182 c.
30 oct. Arrêté. 767
c.
20 nov. Décr.Cons.
d'Et. 196 c.
9 déc. Circ. 725
c., 728 c.,729 c.
19 déc. Cons.
d'Et. 533 c.
27 déc. Toulouse.
626.

1868

4 janv. Toulouse.
895 c.
16 janv. Crim.884
c., 886 c.
18 janv. Lyon. 287
c.,656 c.
21 janv. Req. 392
c., 393 c., 414
c., 418 c.
24 janv. Toulouse.
291 c.
10 févr. Civ.601 c.
18 févr. Cons.d'Et.
486 c., 625 c.
16 mars. Av.
Cons. d'Et. 535
c.
22 avr. Civ. 498 c.,
643 c.
2 mai. Décr.
Cons. d'Et.165
c., 166 c.
11 mai. Bruxelles.
486 c.
12 mai.Circ.347 c.
27 mai. Alger.291
c.
27 juin. Paris. 404
c.
8 juill. Décis. 498
c.
30 juill. Décis.
499 c.
4 août. Circ. 779
c.
26 août.Circ.411 c.
12 nov. Décis. 455
c.,457c.,472 c.
17 nov. Paris. 624,
638 c.
19 nov. Toulouse.
43 c.
25 nov. Caen. 968
c.
26 nov.Décr.Cons.
d'Et. 154 c.
10 déc.Décr.Cons.
d'Et. 169 c.
18 déc. Décis. 618
c.
24 déc. Montpel-
lier. 284 c.
24 déc.Décr.Cons.
. d'Et. 170 c., 196
c.

1869

7 janv.Cons.d'Et.
945 c.
12 janv. Circ. 295
c.
18 janv. Req. 434
c., 530 c.
21 janv.Cons.d'Et.
945 c.
22 janv.Cons.d'Et.
428 c.
27 janv.Décis.383
c.
10 févr.Cons.d'Et.
525 c.
13 févr.Cons.d'Et.
457 c.
14 févr. Douai. 43
c.
17 mars. Req. 381
c.
17 mars. Montpel-
lier. 862 c.

7 avr. Req.437 c.
24 avr. Circ. 589 c.
5 mai.Angers.935
c.
8 mai. Crim. 165
c.,192 c.,194 c.
10 mai. Req.424 c.
1er juin;Req.291 c.
8 juin. Bruxelles.
865 c.
11 août. Dijon, 414
c., 418 c.,419 c.
14 août.Nancy.867
c., 866 c.,672 c.
8 sept.Cons. préf.
Nord. 940 c.
21 sept. Décis. 240
c., 241. c.
6 déc. Circ.468 c.
22 déc. Cons. d'Et.
696 c., 702 c.,
717 c., 734 c.,
745 c.
24 déc. Décr. 1 c.

1870

81 janv. Req. 933
c.
10 févr. Aix. 474 c.
11.févr. Montpel-
lier. 614 c.
23 févr. Agen. 914
c.
24 févr. .Cons.
d'Et. 853 c.
29 févr. Sol. 449
c.
24 févr. Lett. 474
c.
26 févr. Cons. d'Et.
535 c., 537 c.
28 févr. Agen.885
c., 393 c., 488
c., 494 c.
22 mars. Décis.
549 c.
6 avr. Bordeaux.
68 c.
19 avr. Décis. 446
c., 458 c.
4 mai.Chambéry.
617, 638 c.
7 mai. Trib.
Seine. 937 c.
10 mai. Req.911 c.
30 mai. Civ. 291 c.
24 juin.Cons. d'Et.
530 c., 534 c.
1er juill. Trib.
Agen. 940 c.
21 juill. .Cons.
d'Et. 641.
30 juill.Cons.d'Et.
339 c.
3 août.Décis. 477
c., 572 c.
4 août. Cons.
d'Et. 924 c.
8 août.Décis. 240
c.
12 août. Décr. 72
c.
5 sept. Décr. 66
c., 800 c.
14 sept. Décr.90 c.,
197 c.
11 nov. Décr. 1
c., 781 c.,803 c.

1871

24 janv. Req. 638
c., 221 c.
30 mars. Nîmes.
423 c.
17 avr. Bordeaux.
393 c., 636 c.
10 mai. Traité. 307
c.
16 mai. Loi. 1 c.,
128 c.
16 juin. C. cass.
Belgique. 486.
5 juill. Liège. 865
c.

10 juill. Loi. 114 c.
12 juill. Liège. 624
c. T
13 juill. Civ.597 c.,
638 c.
15 juill. Montpel-
lier. 614 c.
23 juill. Décr. 132
c., 133 c., 221 c.
10 août. Loi. 88 c.,
559 c.
26 août.Loi.440 c.,
606 c.
25 août. Loi. 72 c.
29 nov. Décr. 1 c.,
703 c., 745.
23 déc.Circ.468 c.
25 déc. Décis. 451
c., 469 c.,477 c.

1872

9 janv. Décr. 837
c.
20 janv. Décr. 132
c., 221 c.
10 févr. Décis. 611
c.
12 févr. Loi. 114 c.
16 févr. Loi. 231 c.
16 févr. Circ. 238 c.
12 mars. Circ. 743
c.
18 mars.Décis. 611
c.
23 mars. Cons.
d'Et. 560 c.
23 mars. Circ. 339
c.
26 févr. Cons. d'Et.
535 c.
29 avr. Décr.|Cons.
d'Et. 192 c.
18 mai.Crim.903 c.
16 mai. Loi. 388 c.
6 juin.Cons.d'Et.
892 c.
6 juin. Trib. corr.
Chambéry. 43
c., 108 c.
3 juin. Aix. .895
c., 896 c.,907 c.
11 juill. Gand. 486
c.
27 juill. Loi. 1 c.,
71 c., 275 c.
12 sept. Décr. 1 c.,
786, 787 c., 788
c., 799 c., 803
c., 804 c.
17 sept. Décr. 132
c., 133 c.,291 c.
4 oct. Lett. 552 c.
10 nov. Loi. 916 c.
21 nov. Loi. 73 c.
29 nov. Lett. 309 c.
19 déc. Crim. 26 c.

1873

3 janv.Cons. d'Et.
922 c.
14 janv. Loi. 726 c.
24 janv.Cons.d'Et.
254 c.
29 janv. Av. Cons.
d'Et. 539 c.
6 févr. Décr. 132
c., 221 c.
12 févr.Cons. d'Et.
314 c.
5 mars.Lett.362 c.
6 mars. Av. Cons.
d'Et. 495 c.
19 mars. Loi. 79 c.
24 mars. Circ.71 c.
24 mars. Cons.
d'Et. 403 c.
4 avr, Loi. 817 c.,
825 c.

10 avr. Dijon. 668
c.
30 avr. Décis. 485
c.
10 mai. Crim. 68,
182 c.
21 mai. Loi. 1 c.,
82 c.
3 juin.Instr.792 c.
6 juin.Cons. d'Et.
457 c.
18 juin.Arrêté.821
c.
c., 845 c.
23 juin. Loi. 385 c.
10 oct. Décr. 307
c.
11 nov. Trib. Lille.
360 c., 866 c.,
871 c.
4 déc. Cons. d'Et.
923 c.
11 déc. Circ. 334
c.
21 déc. Décis. 526
c.
27 déc.Circ. 745 c.
30 déc.Dijon. 36 c.,
321 c., 322 c.

1875

11 janv. Décis.
745 c.
14 janv. Décis.
326 c.
4 févr. Lyon. 916
c., 935 c.,989 c.
11 févr. Montpel-
lier.880 c.,385 c.
25 févr. Loi. 320 c.
6 avr.Trib.Douai.
875 c.
23 avr.Cons.d'Et.
637 c., 905 c.
26 avr.Req.931 c.,
941 c.
1er mai.Trib. confl.
194 c.
21 mai.Cons.d'Et.
554 c., 632 c.
11 juin.Cons.d'Et.
849 c., 851 c.,
872 c., 882
21 juin.Loi. 440 c.,
606 c.
22 juin.Chambéry.
674 c.
2 juill.Cons.d'Et.
945 c.
5 juill. Req. 894
c.
18 juill. Paris. 368
c.
12 juill. Loi. 267
c.,265 c.,311 c.
16 juill. Loi. 1 c.,
31 c., 128 c.,
700 c.
16 juill.Cons.d'Et.
551 c.
2 août. Loi. 87
c.
9 août.Cons.d'Et.
254 c., 255 c.,
551 c.
17 oct. Circ. 128 c.
27 oct.Décr.818 c.,
824 c., 826 c.
9 nov.C.cass.Bel-
gique. 486.
29 nov. Décis. 531
c.
30 nov.Loi. 87 c.
11 déc. Décr. Cons.
d'Et. 171 c.

1876

19 juin. Crim. 843
c., 963 c.
26 juin. Cons.
d'Et. 905 c.
3 juill. Liège.
474 c.
19 juill. Loi. 77 c.
17 juill.Cons.d'Et.
334 c.
29 juill. Lyon. 878
c.
30 juill. Lyon. 371
c., 626 c.
10 août. Décr. 1
c., 132 c.,307 c.

12 août.Décr.Cons.
d'Et. 170 c.
18 août.Civ. 568 c.
26 août. Dijon. 36
c., 321 c., 322
c.
31 août. Trib. Lis-
bonne. 870 c.
28 sept. Décis. 543
c.

1877

2 janv. Trib.
Seine. 798 c.
23 janv. Req. 492
c., 636 c.
24 janv. Décr. 771
c.
29 janv. Décr. 771
c.
1er févr. Décis.
400 c.
2 févr. Cons.d'Et.
910 c.
14 févr.Décr.Cons.
172 c.
24 févr. Circ. 248
c.,247 c., 349 c.,
809 c.
3 mars. Décr. 771
c.
5 mars. Décr. 334
c.
27 mars. Décr. 768
c.
3 avr. Circ. 36 c.
12 avr. Trib. corr.
beil. 512 c.
17 avr.Trib.Seine.
343 c., 518 c.
4 mai. Trib. Lou-
déac. 90 c.
16 mai.Circ. 347 c.
16 mai.Lyon.942 c.
18 mai.Lett. 388 c.
30 juin.Trib.Lyon.
861 c.
9 juill. Req. 893 c.
20 juill.Cons.d'Et.
443 c.
1er oct.Décr.768 c..
760 c.
6 déc.Cons. d'Et.
1 c.
23 nov. Crim. 897
c.
11 déc. Décis. 239
c.

1878

26 déc. Canc. 414
c., 418 c., 419
c.
14 janv.Cons.d'Et.
486 c.

1878

3 janv.Trib.Has-
selt. 282 c.,676
c.
16 janv. Rennes.
968 c.
25 janv.Cons.d'Et.
559 c., 560 c.
1er févr.Cons.d'Et.
1 c.
4 avr. Bruxelles.
705 c., 707 c.,
733 c.

12 avr. Liège. 380
c.
12 mai.Cons.d'Et.
314 c., 526 c.,
554 c.
15 juin. Trib. Ne-
vers.198 c.
16 juin. Bruxelles.
868 c., 871 c.
20 juin. Trib. corr.
Bagnères. 90 c.
19 juill. Req. 910
c.
10 août. Circ. 347
c.
5 oct.Circ.411 c.,
650 c.
4 nov.Décr.Cons.
d'Et. 558. c.
20 nov. Trib. corr.
Poitiers. 53.
9 déc. Crim. 70 c.
16 déc. Lett. 135 c.
12 déc.Décr.Cons.
d'Et. 196 c.
22 déc. Cons.d'Et.
96 c., 97 c.,175
c., 953 c.
20 déc. Loi. 1 c.,
348 c.

1er févr. Trib. Seine. 288 c., 680 c.
8 févr. Cons. d'Et. 318 c.
22 févr. Cons. d'Et. 530 c.
26 févr. Req. 630 c.
13 mars. Req. 630 c.
15 mars. Cons. d'Et. 554 c., 632 c.
16 avr. Décr. Cons. d'Et. 172 c.
24 avr. Lett. 502 c.
17 mai. Cons. d'Et. 451 c., 455 c., 457 c.
14 juin. Cons. d'Et. 254 c., 551 c., 552 c.
15 juin. Nancy. 274 c., 280 c., 287 c., 656 c., 677 c.
6 juill. Nîmes. 971 c.
10 juill. Décr. 1 c., 132 c.
12 juill. Lyon. 274 c., 280 c., 680 c.
17 juill. Trib. Aix. 486 c.
22 août. Décr. 1 c., 132 c., 260 c.
25 oct. Décis. 457 c.
28 oct. Décr. 769 c.
3 déc. Décr. 1 c., 132 c., 307 c.
5 déc. Crim. 98 c., 205 c.
13 déc. Cons. d'Et. 924 c., 925 c.
22 déc. Loi. 334 c.
26 déc. Décr. Cons. 172 c.
28 déc. Trib. confl. 668 c.

1879

11 janv. Trib. confl. 668 c.
23 janv. C. cass. Belgique. 95.
27 janv. Décr. Cons. d'Et. 177 c.
4 févr. Req. 392 c., 414 c., 418 c., 419 c., 433 c.
11 févr. Décr. Cons. d'Et. 170 c.
21 févr. Paris. 274 c., 280 c., 287 c., 289 c., 290 c., 293 c.
25 févr. Bruxelles. 486 c.
10 mars. Bruxelles. 474.
10 mars. Circ. 355 c.
12 mars. Décr. 742 c., 756 c.
20 mars. Circ. 94 c.
25 mars. Civ. 433 c., 623 c.
11 avr. Circ. 226 c.
28 avr. Décr. Cons. d'Et. 172 c.
5 mai. Req. 680 c.
15 mai. Circ. 373 c., 411 c.
16 mai. Décr. Cons. d'Et. 153 c.
23 mai. Décr. Cons. d'Et. 95 c., 175 c.
6 juin. C. cass. Belgique. 913.
9 juin. Décr. Cons. d'Et. 177 c.
11 juin. Trib. Seine. 291 c.
3 juill. Décr. 703 c., 744 c.
11 juill. Cons. d'Et. 429 c.
12 juill. Paris. 366 c., 371 c., 373 c., 382 c., 386 c.
18 juill. Paris. 854 c., 962 c.
1er août. Loi. 1 c., 694 c., 698 c., 701 c., 706 c., 738 c., 746, 747 c., 748 c., 749 c., 750 c., 751 c., 752 c., 753 c., 754 c., 756 c., 757 c., 758 c., 759 c., 760 c., 761 c., 762 c., 763 c., 764 c., 765 c., 766 c., 770 c., 782 c., 783 c.
2 août. Règl. Cons. d'Et. 188 c.
5 août. Loi. 1 c., 82 c.
10 août. Loi. 784 c.
3 sept. Décr. 1 c., 264 c.
8 oct. Décis. 440 c., 606 c.
5 nov. Décr. 769 c.
11 nov. Circ. 128 c.
14 nov. Circ. 82 c.
14 nov. Rapp. 746 756 c., 759 c., 763 c., 766 c.
20 nov. Circ. 563 c.
21 nov. Circ. 522 c., 601 c., 608 c., 609 c., 611 c.
29 nov. Chambéry. 199 c.
29 nov. Décr. Cons. d'Et. 178 c.
29 nov. Circ. 334 c.
13 déc. Décr. Cons. d'Et. 160 c.
21 déc. Loi. 328 c., 334 c.
23 déc. Circ. 440 c., 606 c.
27 déc. Trib. confl. 668 c.

1880

16 janv. Cons. d'Et. 552 c., 554 c.
17 janv. Circ. 601 c.
26 janv. Décr. Cons. d'Et. 175.
28 janv. Décr. 334 c.
30 janv. Circ. 612 c.
31 janv. Circ. 334 c.
4 févr. Trib. Chambéry. 365 c.
7 févr. Décr. 771 c.
13 févr. Cons. d'Et. 533 c., 545 c.
27 févr. Loi. 1 c., 79 c., 80 c., 801 c.
2 mars. Civ. 623 c.
12 mars. Décr. 1 c., 694 c., 701 c., 738 c., 746 c., 749 c., 750 c., 755 c., 757 c., 758 c., 759 c., 762 c., 764 c., 765 c., 766 c., 768 c., 770 c.
13 mars. Paris. 366 c., 370 c., 371 c., 373 c., 382 c., 386 c.
18 mars. Décr. Cons. d'Et. 611 c.
18 mars. Loi. 1 c., 295 c., 296 c.
19 mars. Av. cons. centr. 711 c.
20 mars. Trib. Bruxelles. 393 c., 624 c.
25 mars. Crim. 165 c., 179 c., 197 c., 199 c., 200 c., 202 c., 203 c., 204 c., 205 c., 206 c., 207 c., 211 c.
29 mars. Décr. 1 c., 230 c., 277 c., 286 c., 294 c., 295 c., 296 c., 298 c., 299 c., 301 c., 302 c., 323 c.
29 mars. Rapp. 1 c.
2 avr. Circ. 286.
3 avr. Décr. 1 c.
6 avr. Av. Cons. d'Et. 311 c., 400 c.
12 avr. Décr. 1 c., 694 c., 695 c., 709 c., 712 c., 713 c., 714 c., 719 c., 720 c., 721 c., 722 c., 723 c., 724 c., 725 c., 726 c., 727 c., 730 c., 731 c., 732 c., 733 c., 734 c.
14 avr. Trib. Marseille. 938.
16 avr. Crim. 193 c.
16 avr. Cons. d'Et. 853 c., 924 c., 945 c.
25 mai. Bruxelles. 366 c., 393 c., 444 c., 486 c.
4 juin. Cons. d'Et. 534 c., 550 c., 551 c., 554 c.
8 juin. Décis. 611 c.
18 juin. Cons. d'Et. 550 c., 775 c., 781 c.
21 juin. Bruxelles. 366 c., 444 c.
1er juill. Ord. réf. Lille. 295 c.
1er juill. Trib. Nantes. 295 c.
3 juill. Ord. réf. Angers. 295 c.
5 juill. C. cass. Belgique. 186.
6 juill. Ord. réf. Avignon. 295 c.
6 juill. Ord. réf. Lyon. 295 c.
8 juill. Loi. 1 c., 804 c.
8 juill. Ord. réf. le Puy. 295 c.
9 juill. Paris. 295 c.
9 juill. Trib. Bourges. 295 c.
10 juill. Ord. réf. Grenoble. 295 c.
12 juill. Loi. 1 c., 27 c., 144 c.
12 juill. Ord. réf. Aix. 295 c.
13 juill. Ord. réf. Marseille. 295 c.
13 juill. Ord. réf. Pau. 295 c.
15 juill. Nancy. 295 c.
16 juill. Lille. 295 c.
16 juill. Cons. d'Et. 717 c.
20 juill. Liège. 282 c., 311 c., 386 c.
21 juill. Ord. réf. Angers. 295 c.
21 juill. Ord. réf. Quimper. 295 c.
23 juill. Cons. d'Et. 695 c., 717 c., 743 c., 745 c.
23 juill. Trib. Douai. 295 c.
24 juill. Circ. 701 c., 747 c., 753 c., 756 c., 758 c., 765 c.
27 juill. Quimper. 295 c.
31 juill. Nancy. 320 c., 322 c.
2 août. Trib. Toulouse. 295 c.
4 août. Req. 854 c.
4 août. Rouen. 295 c.
5 août. Douai. 295 c.
8 août. Trib. Castres. 295 c.
11 août. Troyes. 295 c.
17 août. Décr. 200 c.
17 août. Req. 668 c.
17 août. Lyon. 936 c.
17 août. Décr. Cons. d'Et. 161, 161 c., 175, 175 c., 179.
19 août. Limoges. 295 c.
30 août. Circ. 712 c., 713 c., 714 c., 715 c., 718 c., 719 c., 720 c., 722 c., 723 c., 725 c., 726 c., 728 c., 730 c.
8 oct. Circ. 319 c., 320 c.
16 oct. Décr. 769 c.
5 nov. Trib. confl. 295 c.
15 nov. C. cass. Naples. 972.
26 nov. Cons. d'Et. 369 c., 508 c.
30 nov. Circ. 391 c.
21 déc. Loi. 1 c.
27 déc. Nîmes. 668 c.
28 déc. Loi. 1 c., 235 c., 293 c., 328 c.

1881

4 janv. Circ. 359 c.
6 janv. Bruxelles. 543.
8 janv. Décis. 301 c.
10 janv. Décis. 301 c.
11 janv. Décis. 301 c.
20 janv. Circ. 411 c.
26 janv. Paris. 661 c.
4 févr. C. d'appel de Trani. 970 c., 972.
11 févr. Cons. d'Et. 781 c.
17 févr. Décr. 818 c., 826 c.
17 févr. Circ. 349 c.
28 févr. Circ. 709 c., 711 c., 712 c., 720 c., 727 c., 728 c., 729 c., 730 c., 731 c., 732 c., 735 c., 737 c.
2 mars. Circ. 351 c., 352 c.
17 mars. Décr. Cons. d'Et. 201 c.
24 mars. Crim. 903 c.
26 mars. Trib. confl. 956 c.
31 mars. Crim. 203 c., 208 c.
1er avr. Cons. d'Et. 530 c., 561 c.
2 avr. Trib. confl. 125 c., 240 c.
4 avr. Trib. Plaisance (Italie) 878, 879 c.
6 avr. Grenoble. 656 c., 657 c., 676 c., 681 c.
8 avr. Circ. 649 c.
18 avr. Cons. d'Et. 945 c.
13 avr. Av. Cons. d'Et. 495 c.
27 avr. Décr. 1 c.
3 mai. Paris. 908 c., 910 c.
6 mai. Circ. 589 c., 612 c., 618 c.
7 mai. Décr. 1 c., 770 c.
10 mai. Circ. 334 c.
21 mai. Règl. 754 c., 759 c.
9 juin. Circ. 333 c., 349 c.
15 juin. Circ. 411 c.
16 juin. Av. Cons. d'Et. 275 c.
17 juin. Cons. d'Et. 309 c., 922 c., 925 c.
23 juin. Circ. 354 c.
30 juin. Loi. 33 c.
7 juill. Av. Cons. d'Et. 495 c.
13 juill. Trib. Châtillon-sur-Seine. 292 c.
18 juill. Req. 674 c.
25 juill. Décis. 301 c.
29 juill. Loi. 1 c., 39 c., 48 c., 49 c., 50 c., 54 c., 91 c., 92 c., 147 c., 225 c., 265 c.
29 juill. Décr. 1 c.
2 août. Riom. 398 c., 402 c., 432 c.
5 août. Cons. d'Et. 461 c., 462 c.
6 août. Cons. d'Et. 634 c.
10 août. Civ. 442 c.
11 août. Crim. 95 c., 99 c., 209 c.
19 août. Paris. 868 c., 878.
2 sept. Circ. 335 c., 347 c.
7 oct. Circ. 438 c., 443 c.
11 oct. Trib. corr. Marennes. 917 c., 961 c.
9 nov. Circ. 147 c., 188 c.
14 nov. Loi. 106 c., 819 c., 826 c., 845 c., 850 c., 851 c., 853 c., 918 c.
18 nov. Cons. d'Et. 891 c.
2 déc. Cons. d'Et. 388 c.
5 déc. C. cass. Belgique. 920.
5 déc. Circ. 226 c.
14 déc. Loi. 954 c.
17 déc. Trib. Amiens. 860, 868 c., 872 c., 878.
23 déc. Cons. d'Et. 945 c.
24 déc. Décr. 1 c.

1882

12 janv. Circ. 411 c.
20 janv. Cons. d'Et. 853 c.
6 févr. Bordeaux. 439 c.
25 févr. Circ. 359 c., 651 c.
27 févr. Bordeaux. 938 c.
18 mars. Trib. confl. 404 c. 418 c.
25 mars. Décr. 1 c., 694 c., 715 c., 718 c., 742 c.
27 mars. C. cass. Belgique. 244.
28 mars. Loi. 1 c., 78 c., 729 c.
29 mars. Req. 367 c., 396 c., 418 c.
1er avr. Trib. Seine. 936 c.
15 avr. Décis. 540 c.
19 mai. Dépêche. 726 c.
20 mai. Trib. confl. 317 c.
20 mai. Circ. 358 c., 411 c., 652 c.
25 mai. Décr. 1 c., 79 c.
26 mai. Crim. 93 c., 100 c., 203 c., 209 c.
27 mai. Crim. 209 c.
9 juin. Crim. 415 c., 422 c.
9 juin. Cons. d'Et. 533 c.
13 juin. Circ. 96 c., 118 c., 127 c.
28 juin. Gand. 244.
1er juill. Décr. Cons. d'Et. 418 c., 636 c.
1er juill. Circ. 348 c.
4 juill. Circ. 326 c., 359 c.
19 juill. Req. 291 c.
20 juill. Trib. Seine. 861, 882 c.
27 juill. Décr. Cons. d'Et. 95 c., 175.
31 juill. Circ. 253 c., 348 c.
5 août. Circ. 412 c.
8 août. Cons. d'Et. 118 c., 119 c.
12 août. Crim. 165 c., 205 c., 206 c.
17 août. Cons. d'Et. 177.
19 août. Crim. 968 c.
19 août. Caen. 287 c., 676 c.
18 sept. Circ. 440 c.
11 nov. Crim. 415 c., 420 c.
13 nov. Décis. 129 c.
17 nov. Crim. 119 c.
5 déc. Av. Cons. d'Et. 377 c.
15 déc. Décr. 687 c.
16 déc. Trib. confl. 404 c.
21 déc. Av. Cons. d'Et. 312 c.
21 déc. Arrêté. 770 c.
22 déc. Circ. 383 c., 411 c., 600 c., 650 c.
29 déc. Loi. 227 c., 238 c., 339 c., 771 c., 779 c.
29 déc. Circ. 359 c., 651 c.

1883

.... Loi. 809 c.
24 janv. Trib. Bergerac. 721 c.
25 janv. Angers. 390 c.
2 févr. Trib. Périgueux. 721 c.
3 févr. Gand. 444 c., 537 c.
9 févr. Cons. d'Et. 356 c.
16 févr. Crim. 393 c., 415 c., 420 c.
16 févr. Décr. Cons. d'Et. 161 c.
9 mars. Cons. d'Et. 119 c., 514 c.
10 mars. Crim. 101 c.
3 avr. Gand. 118 c.
14 avr. Trib. confl. 390 c., 391 c.
19 avr. Crim. 202 c.
20 avr. Cons. d'Et. 849 c., 850 c., 851 c., 913 c.
23 avr. Req. 405 c.
26 avr. Av. Cons. d'Et. 345 c., 346 c., 774 c.
28 avr. Décr. Cons. d'Et. 153 c., 160 c., 167 c., 201 c., 687 c.
9 mai. Bordeaux. 936 c.
9 mai. Trib. Seine. 939.
11 mai. Cons. d'Et. 312 c.
14 mai. C. cass. Belgique. 118 c.
15 mai. Décr. Cons. d'Et. 155 c.
9 juin. Décr. Cons. d'Et. 160 c.
14 juin. Orléans. 292 c., 676 c.
17 juin. Trib. Lille. 860.
19 juin. Civ. 712 c., 721 c., 723 c.
22 juin. Ord. réf. pr. trib. Lille. 871.
25 juin. Req. 591 c.
29 juin. Poitiers. 416 c.
7 juill. Bruxelles. 290.
7 juill. Lyon. 916 c., 935 c., 937 c.
17 sept. Décr. 132 c.
18 sept. C. cass. Leipzig. 829 c.
23 oct. Décr. 28 c., 826 c.
26 oct. Trib. corr. Langres. 415, 420 c., 422 c.
23 nov. Cons. d'Et. 231 c., 642 c.
30 nov. Cons. d'Et. 642 c.
15 déc. Trib. confl. 393 c., 415 c., 417 c., 420 c., 422 c., 686 c.
19 déc. Limoges. 615 c., 616 c., 617 c.
28 déc. Trib. Villefranche. 857 c., 869 c.
29 déc. Loi. 1 c., 329 c., 330 c.

1884

8 janv. Circ. 406 c., 435 c.
23 janv. Décr. 1 c., 694 c.
31 janv. Circ. 338 c.
7 févr. Chambéry. 281 c.
11 févr. Décr. 1 c., 768 c.
15 févr. Cons. d'Et. 552 c.
23 févr. Crim. 202 c.
28 févr. Trib. Lorient. 623 c.
6 mars. Toulouse. 275 c.
21 mars. Rouen. 868 c., 870 c., 871 c., 938 c., 959 c.
31 mars. Décr. Cons. d'Et. 153 c., 356 c.
5 avr. Loi. 1 c., 77 c., 85 c., 95 c., 115 c., 116 c., 117 c., 118 c., 119 c., 122 c., 125 c., 126 c., 161 c., 182 c., 240 c., 244 c., 254 c., 255 c., 322 c., 336 c., 339 c., 376 c., 379 c., 403 c., 426 c., 452 c., 463 c., 465 c., 474 c., 497 c., 520 c., 525 c., 526 c., 527 c., 530 c., 531 c., 532 c., 537 c., 541 c., 542 c., 544 c., 547 c., 548 c., 550 c., 552 c., 555 c., 561 c., 574 c., 580 c., 581 c., 584 c., 587 c., 588 c., 601 c., 602 c., 605 c., 611 c., 628 c., 629 c., 649 c., 738 c., 775 c., 778 c., 780 c., 781 c., 810 c., 811 c., 819 c., 826 c., 840 c., 843 c., 845 c., 846 c., 847 c., 849 c., 850 c., 851 c., 852 c., 883 c., 890 c., 912 c., 913 c., 921 c., 926 c., 931 c., 943 c., 944 c., 954 c., 957 c.
7 avr. Angers. 860 c., 880 c.
7 avr. Trib. corr. Marennes. 961 c., 962 c.
15 mai. Circ. 116 c., 120 c., 126 c., 255 c., 376 c., 379 c., 403 c., 497 c., 541 c., 548 c., 549 c., 845 c.
21 mai. Gand. 118 c., 125 c.
30 mai. Poitiers. 836 c., 849 c., 850 c., 851 c., 853 c., 961 c., 964 c.
17 juin. Trib. Andelys. 304 c.
2 juill. Av. Cons. d'Et. 549 c.
4 juill. Paris. 941 c.
5 juill. Crim. 968 c., 970 c.
8 juill. Circ. 119 c., 126 c.
16 juill. Toulouse. 614 c.
2 août. Trib. Périgueux. 741 c.
3 août. Décr. Cons. d'Et. 201 c.
6 août. Av. Cons. d'Et. 549 c.
12 août. Circ. 412 c.
14 août. Loi. 1 c., 31 c.
15 août. Loi. 128 c.
17 août. Circ. 119 c., 122 c.
17 sept. Décis. 532 c.
5 nov. Circ. 339 c.
21 nov. Cons. d'Et. 376 c., 377 c., 378 c.
28 nov. Orléans. 394 c.
28 nov. Circ. 119 c.
13 déc. Décr. 132 c.
17 déc. Civ. 418 c., 432 c., 433 c.
24 déc. Trib. Saint-Quentin. 868 c., 870.
29 déc. Loi. 1 c.

1885

26 janv. Circ. 437 c.
11 févr. Civ. 165 c., 166 c., 202 c.
21 mars. Loi. 264 c., 328 c., 357 c., 709 c.
22 mars. Loi. 333 c.
23 mars. Req. 668 c.
24 mars. Décr. 264 c.
17 avr. Cons. d'Et. 703 c., 714 c., 718 c., 724 c.,

732 c., 733 c., 734 c., 780 c.	560 c., 561 c. 4 juill.Alger. 544 c.	30 janv. Amiens. 60 c.	29 mai. Crim. 474 c.	Cons. d'Et. 102 c., 175 c., 211 c., 514 c.	16 mai. Trib. Seine. 938. 881 c.	871 c., 880 c., 881 c.	29 juin.Nîmes. 202 c.
29 avr. Amiens.497 c., 523 c., 541 c., 542 c.	11 juill. Crim. 963 c.	8 févr. Circ. 253. 12 févr. Décr. c.	31 mai. Req. 488 c.	4 févr.Cons. d'Et. 945 c.	20 mai. Dijon. 432 c.	30 nov. Rennes. 202 c.	3 juill.Décr.407 c. 3 août.Crim.202c.
1er mai. Cons.d'Et. 780 c.	28 juill. Av. Cons. d'Et. 587 c.	Cons. d'Et. 161 c.	9 juin.Aix. 868 c.	9 févr. Bordeaux. 938.	30 mai. Décr. 1 c.	28 déc. Cons. d'Et. 946 c.	13 août. Limoges. 405 c., 406 c., 407 c.
5 mai.Décr.182 c. 7 mai.Circ. 339 c.	29 juill.Civ.740 c., 741 c.	8 mars. Loi. 144 c., 146 c.	15 juill. Décr. 132 c.	16 févr. Ord. réf. pr. trib. Bru- xelles. 880 c.	17 juin. Cons. d'Et. 379 c.	26 déc. Loi. 87 c.	17 août.Décr.211c. 3 nov.Circ. 495 c.
12 mai.Civ. 904 c. 15 mai.Circ.253 c.	21 août.Circ.587 c. 28 sept.Circ. 132 c.	13 mars. Trib. conf. 415 c.	13 août. Trib. Pé- rigueux.741 c.	19 févr. Crim. 95 c., 104 c.	21 juin. Décr. 1 c. 12 juill. Civ. 741 c.	**1888**	23 nov. Cons. d'Et. 810 c.
18 mai. Circ. 552 c., 602 c., 611 c.	3 nov.Req. 544 c. 10 nov. Circ.718 c.	16 mars. Décr. Cons.d'Et.161c.	17 août.Décr.Cons. d'Et. 103 c., 175 c., 211 c.	26 févr. Crim. 104 c., 175 c.	15 juill.Cons.d'Et. 847 c.	13 janv. Lyon. 588	15 déc. Crim. 210 c., 211 c.
22 mai.Cons.d'Et. 897 c.	19 nov. C. cass. Belgique. 543.	19 mars. Cons. d'Et. 464 c., 465 c.	23 oct. Crim. 320 c., 322 c.	9 mars. Trib. Seine. 868.	27 juill. Montpel- lier. 867,868 c., 877 c.	25 janv. Civ. 60 c. 17 févr. Trib. Seine. 935.	29 déc.Loi. 238 c., 384 c.
26 mai. Décr. 1 c. 265 c., 377 c., 820 c., 826 c.	24 déc. Toulouse. 240 c., 413 c., 424 c., 425 c., 433 c.	24 mars. Décr. Cons. d'Et. 160 c.	30 oct. Loi. 1 c. 30 oct.Crim.474c.	872 c., 873 c. 22 mars. Orléans. 43 c., 45 c., 54 c.	29 juill.Cons.d'Et. 637 c.	22.mars. Pau.202c.	**1889**
28 mai.Circ.705 c., 749 c.	**1886**	31 mars.Civ.860 c. 8 mars.Rouen. 906 c.	9 nov. Circ. 391 c.	29 mars. Pau. 367 c., 368 c.	8 août.Décr.132c. 9 août.Civ.931 c.	22.mars. Rennes. ne. 868 c., 882.	1er.févr. Cons.d'Et. 846 c.
29 mai.Lett. 265 c. 12 juin.Décr.502 c.	20 janv.Cons.d'Et.	16 avr.Cons. d'Et. 404 c.	22 nov. Pau. 367 c., 368 c., 636 c.	30 mars. Loi. 382 c., 383 c., 411 c.	15 nov. Loi. 830, 822 c., 823 c.,	30 mai. Civ. 497 c.,540 c., 541 c.	2 févr. Toulouse 868 c., 872.
1er juin.Circ. 736 c. 27 juin. Loi. 1 c., 79 c., 266 c.	21 janv. Décr. 624 c.	3 mai.Décr. Cons. d'Et. 166 c.	11 déc. Décr. 1 c. 24 déc. Trib. Ha- vre. 895 c.	1er avr. Cons. d'Et. 487 c.	826 c., 835 c., 841 c., 848 c., 855 c., 856 c.,	2 juin. Crim. 202 c.	2 févr.Arrêté. 716 27 avr. Décr. 823 c., 865 c.
30 juin. Circ. 858 c., 522 c. 3 juill.Cons.d'Et.	29 janv.Cons.d'Et. 636 c.	simpl.pol.Gacé. 959 c.	**1887** 30 janv. Décr.	18 avr. Décr. 1 c. 27 avr. Aix. 909.	857 c., 858 c., 859 c., 860 c., 861 c., 862 c., 868 c., 864 c., 865 c., 866 c.,		

CUMUL. — Sur le cumul du pétitoire et du possessoire, V. *supra*, v° *Action possessoire*, n°s 183 et suiv.

Sur le cumul des peines, V. *Peine*; — *Rép.* eod. v°, n°s 122 et suiv. — V. aussi *infra*, v°s *Douanes; Impôts indirects; Presse-outrage-publication; Voitures-voitures publiques.*

Sur le cumul des traitements et des pensions, V. *Traitement*; — *Rép.* eod. v°, n°s 197 et suiv.

CURAGE. — V. *Eaux*; — *Rép.* eod. v°, n°s 107 et suiv. V. aussi *supra*, v° *Conseil d'État*, n°s 139, 244; *infra*, v°s *Règlement administratif; Servitude; Taxe; Travaux publics; Voirie par eau.*

CURATEUR. — V. *Interdiction-conseil judiciaire; Minorité-tutelle-émancipation*; — *Rép.* v°s *Interdiction-conseil judiciaire*, n°s 5 et suiv.; *Minorité-tutelle-émancipation*, n°s 790 et suiv.

V. aussi *infra*, v°s *Enregistrement; Organisation de l'Algérie; Organisation des colonies; Peine; Priviléges et hypothèques; Succession; Vente.*

CURE.-CURÉ. — V. *Culte*, n°s 239 et suiv., 413 et suiv.; — *Rép.* eod. v°, n°s 433 et suiv., 503 et suiv.

V. aussi *infra*, v°s *Dispositions entre vifs et testamentaires; Dommage-destruction-dégradation; Organisation administrative; Question préjudicielle; Travaux publics.*

DATE. — Nous n'ajouterons rien à ce qui est dit au *Répertoire*, et nous nous bornerons à renvoyer aux mots principaux sous lesquels rentre tout ce qui a trait à la date.

V. notamment en ce qui concerne :... 1° l'effet de la date en matière d'arbitrage et de compromis, v° *Arbitrage*, n°s 71, 104; — *Rép.* eod. v°, n°s 422, 768, 1065 et suiv., 1116 et suiv.;

... 2° l'erreur sur la date dans les questions posées au jury, dans l'écrit qui lui est remis par le président des assises, ou dans la déclaration du président du jury, v° *Instruction criminelle*; — *Rép.* eod. v°, n°s 2774 et suiv.;

... 3° l'erreur ou l'omission de la date dans un exploit d'assignation, v° *Exploit*; — *Rép.* eod. v°, n°s 57 et suiv.;

... 4° L'effet de la comparution dans l'exception soulevée pour erreur de date dans l'assignation, *infra*, v° *Exceptions*;

... 5° L'importance de la date de la saisine, pour déterminer le tribunal compétent en matière de litispendance, *infra*, v° *Exploit*;

... 6° La validité d'une disposition testamentaire, v° *Dispositions entre vifs et testamentaires*; — *Rép.* eod. v°, n°s 2652 et suiv.;

... 7° Le moment où s'est conclu le contrat d'assurances maritimes, v° *Droit maritime*; — *Rép.* eod. v°, n°s 1478 et suiv.;

... 8° L'effet de la date dans les obligations en général, v° *Obligations*; — *Rép.* eod. v°.

V. encore *supra*, v° *Appel civil*, n°s 136 et 137; *Cassation*, n° 234; *infra*, v°s *Enregistrement; Procès-verbal.*

DATION EN PAYEMENT. — V. *Obligations*; — *Rép.* eod. v°, n°s 1744 et suiv.

V. aussi *supra*, v°s *Caution-cautionnement*, n°s 102 et suiv.; *Contrat de mariage*, n° 969; *infra*, v°s *Dispositions entre vifs et testamentaires; Enregistrement; Faillite et banqueroute; Nantissement; Succession; Vente.*

DÉBET. — V. *Compte; Trésor public*; — *Rép.* v°s *Compte*, n° 1; *Trésor public*, n°s 951 et suiv.

Sur l'enregistrement de certains actes en débet, V. *Enregistrement*; — *Rép.* eod. v°, n°s 4845 et suiv.

DÉBIT. — V. *Compte courant*, n° 17; — *Rép.* eod. v°, n° 3.

DÉBIT DE BOISSONS. — V. *Commune*, n°s 692 et suiv.; *Liberté de l'industrie; Règlement administratif*; — *Rép.* v°s *Commune*, n°s 4140 et suiv.; *Liberté de l'industrie*, n° 181; *Règlement administratif*, n° 72.

V. aussi *infra*, v°s *Impôts indirects; Jeu-pari; Organisation de l'Algérie; Organisation des colonies; Procès-verbal; Vente; Vol et escroquerie.*

DÉBIT DE TABAC. — V. *Impôts indirects*; — *Rép.* eod. v°, n°s 547 et suiv.

V. aussi *Acte de commerce*, n°s 58 et 59; — *Rép.* v° *Commerçant*, n° 22.

DÉBITANT. — V. *Impôts indirects*; — *Rép.* eod. v°, n°s 164 et suiv.

DÉCÈS. — V. ce qui est dit au *Répertoire*.

V. en outre en ce qui concerne :... 1° la constatation, la déclaration du décès et la rédaction de l'acte déclaratif, v° *Acte de l'état civil*, n°s 67 et suiv.; — *Rép.* eod. v°, n°s 281 et suiv.;

... 2° Les règlements sur l'inhumation du décédé, v° *Cultes*, n°s 855 et suiv.; — *Rép.* eod. v°, n°s 759 et suiv.;

... 3° La dissolution du mariage et la liquidation du régime adopté par les époux, v° *Contrat de mariage*, n°s 586 et suiv.; — *Rép.* eod. v°, n°s 1554 et suiv.;

... 4° La cessation de la parenté, v° *Mariage*; — *Rép.* eod. v°, n°s 219 et suiv.;

... 5° Les suites du décès quant aux biens, v° *Succession*; — *Rép.* eod. v°, n°s 42 et suiv.;

... 6° Les droits de mutation à payer par les héritiers au Trésor, v° *Enregistrement*; — *Rép.* eod. v°, n°s 3960 et suiv.;

... 7° L'effet du décès sur la déclaration de faillite, v° *Faillite*; — *Rép.* eod. v°, n° 57 et suiv.;

... 8° L'extinction du compromis en cas d'arbitrage, v° *Arbitrage*, n° 57; — *Rép.* eod. v°, n°s 584 et suiv.;

... 9° La dissolution de la société, v° *Société*; — *Rép.* eod. v°, n°s 692 et suiv.;

... 10° La cessation du mandat, *infra*, v° *Mandat*; — *Rép.* eod. v°, n°s 451 et suiv.;

... 11° La cessation du dépôt, v° *Dépôt*; — *Rép.* eod. v°, n°s 89 et suiv.;

... 12° L'extinction de l'action publique, v°s *Cassation*, n°s 251 et suiv.; *Contumace*, n°s 35 et suiv., 81 et suiv.; *Ins-*

truction criminelle ; *Péremption d'instance ;* — *Rép.* v¹ˢ *Cassation,* nᵒˢ 361 et suiv. ; *Contumace,* nᵒˢ 50 et suiv., 95 et suiv. ; *Instruction criminelle,* nᵒˢ 203, 220 et suiv. ; *Péremption d'instance,* nᵒˢ 207 et suiv.

V. encore *suprà,* v¹ˢ *Absence,* nᵒˢ 51, 76, 84, 106 ; *Assurances terrestres,* nᵒˢ 272 et suiv. ; *infrà,* v¹ˢ *Dispositions entre vifs et testamentaires ; Divorce et séparation de corps ; Droit maritime ; Droit politique ; Enquête ; Expropriation pour cause d'utilité publique ; Frais et dépens ; Hospice ; Instruction civile ; Interdiction ; Jugement ; Lois ; Médecine ; Notaire ; Obligations ; Office ; Ordre entre créanciers ; Patente ; Paternité-filiation ; Priviléges et hypothèques ; Rente viagère ; Saisie-arrêt ; Timbre ; Usage ; Usufruit ; Vente ; Vente publique d'immeubles.*

DÉCHARGE. — V. *Caution-cautionnement,* nᵒˢ 81 et suiv. ; *Impôts directs ;* — *Rép.* v¹ˢ *Caution-cautionnement,* nᵒˢ 260 et suiv. ; *Impôts directs,* nᵒˢ 432 et suiv.

V. aussi *infrà,* v¹ˢ *Enregistrement ; Patente ; Timbre.*

DÉCHÉANCE. — V. ce qui est dit au *Répertoire.* Au surplus, la déchéance n'étant qu'une exception qui peut être opposée en de nombreuses matières, nous renverrons purement et simplement aux différents mots sous lesquels elle est étudiée spécialement dans chacun des effets qu'elle produit.

V. notamment v¹ˢ *Appel civil,* nᵒˢ 109, 112, 132, 203 ; *Appel en matière criminelle,* nᵒˢ 46, 53 ; *Assurances terrestres,* nᵒ 162 ; *Brevet d'invention,* nᵒ 220 et suiv. ; *Cassation,* nᵒˢ 119 et suiv., 152 et suiv., 182 et suiv. ; *Caution-cautionnement,* nᵒˢ 43, 48, 91 et suiv. ; *Commissionnaire,* nᵒ 286 et suiv. ; *Concession administrative,* nᵒˢ 46, 57 ; *Contrat de mariage,* nᵒˢ 591, 762 et suiv. ; — *Rép.* v¹ˢ *Appel civil,* nᵒˢ 156, 254, 491, 533, 728, 803 et suiv., 1094 et suiv., 1131 et suiv., 1280 et suiv. ; *Appel en matière criminelle,* nᵒˢ 184, 208 et suiv., 308 et suiv. ; *Assurances terrestres,* nᵒ 196 ; *Brevet d'invention,* nᵒˢ 256 et suiv. ; *Cassation,* nᵒˢ 458 et suiv., 648 et suiv., 808 et suiv., 428 et suiv. ; *Caution-cautionnement,* nᵒˢ 337 et suiv. ; *Commissionnaire,* nᵒˢ 461 et suiv. ; *Concession administrative,* nᵒˢ 20, 103 ; *Contrat de mariage,* nᵒˢ 1613, 2193 et suiv.

V. en outre *infrà,* v¹ˢ *Délai ; Discipline ; Dispositions entre vifs et testamentaires ; Droit civil ; Droit maritime ; Droit politique ; Exceptions ; Expropriation pour utilité publique ; Faillite ; Forêts ; Impôts indirects ; Jugement par défaut ; Louage ; Louage d'industrie ; Mines ; Obligations ; Ordre entre créanciers ; Organisation de l'Algérie ; Organisation des colonies ; Mariage ; Office ; Paternité-filiation ; Péremption d'instance ; Prescription civile ; Presse-outrage ; Priviléges et hypothèques ; Succession ; Surenchère ; Usage ; Usufruit ; Vente ; Vente publique d'immeubles ; Voirie par terre ; Voirie par chemin de fer.*

DÉCIME DE GUERRE. — V. *Enregistrement ; Impôts indirects ;* — *Rép.* v¹ˢ *Enregistrement,* nᵒ 29 ; *Impôts indirects,* nᵒ 415.

DÉCISION MINISTÉRIELLE. — V. *Organisation administrative ;* — *Rép.* eod. vᵒ, nᵒ 141.

V. aussi *suprà,* v¹ˢ *Concession administrative,* nᵒ 57 ; *Conseil d'État,* nᵒˢ 67 et suiv., 167 et suiv. ; *infrà,* v¹ˢ *Notariat-notaire ; Pension ; Travaux publics.*

DÉCLARATION. — V. ce qui est dit au *Répertoire.*

V. encore en ce qui concerne :... 1ᵒ les déclarations de naissance ou de décès, vᵒ *Acte de l'état civil,* nᵒˢ 53 et suiv., 67 et suiv. ; — *Rép.* eod. vᵒ, nᵒˢ 207 et suiv., 280 et suiv. ;

...2ᵒ Les déclarations à faire dans l'acte de mariage, vᵒ *Mariage ;* — *Rép.* eod. vᵒ, nᵒˢ 567 et suiv. ;

... 3ᵒ Les déclarations de domicile, v¹ˢ *Domicile ; Domicile élu ;* — *Rép.* vᵒ *Domicile,* nᵒˢ 31 et suiv. ;

... 4ᵒ L'action confessoire en déclaration de servitude, vᵒ *Servitude ;* — *Rép.* eod. vᵒ, nᵒˢ 1273 et suiv. ;

... 5ᵒ La déclaration d'acceptation pure et simple d'une succession, ou d'acceptation bénéficiaire, vᵒ *Succession ;* — *Rép.* eod. vᵒ, nᵒˢ 447, 712 et suiv. ;

... 6ᵒ La déclaration de renonciation à une succession, vᵒ *Succession ;* — *Rép.* eod. vᵒ, nᵒˢ 578 et suiv. ;

...7ᵒ La déclaration de succession vacante, vᵒ *Succession ;* — *Rép.* eod. vᵒ, nᵒˢ 976 et suiv. ;

...8ᵒ La déclaration du testateur qu'il ne peut ou ne sait pas signer, vᵒ *Dispositions entre vifs ou testamentaires ;* — *Rép.* eod. vᵒ, nᵒ 2719 et suiv. ;

... 9ᵒ La déclaration de renonciation à la communauté, vᵒ *Contrat de mariage,* nᵒˢ 761 et suiv. ; — *Rép.* eod. vᵒ, nᵒˢ 2184 et suiv. ;

... 10ᵒ La déclaration de remploi, vᵒ *Contrat de mariage,* nᵒˢ 508 et suiv. ; — *Rép.* eod. vᵒ, nᵒˢ 1401 et suiv. ;

... 11ᵒ La déclaration à faire par le vendeur pour éviter l'action en garantie, vᵒ *Vente ;* — *Rép.* eod. vᵒ, nᵒˢ 788, 900 et suiv. ;

... 12ᵒ La déclaration d'ami ou de command, v¹ˢ *Enregistrement ; Surenchère ; Vente publique d'immeubles ;* — *Rép.* v¹ˢ *Enregistrement,* nᵒˢ 2578 et suiv. ; *Vente publique d'immeubles,* nᵒˢ 1700 et suiv. ;

... 13ᵒ L'action en déclaration d'hypothèque, vᵒ *Priviléges et hypothèques ;* — *Rép.* eod. vᵒ, nᵒˢ 1784, 1994-1ᵒ, 2515-2ᵒ et suiv. ;

... 14ᵒ La déclaration de faillite, vᵒ *Faillite ;* — *Rép.* eod. vᵒ, nᵒˢ 77 et suiv. ;

... 15ᵒ Les déclarations à faire par ceux qui introduisent des produits soumis à un droit fiscal, v¹ˢ *Douanes ; Octroi ;* — *Rép.* v¹ˢ *Douanes,* nᵒˢ 264 et suiv. ; *Octroi,* nᵒˢ 189 et suiv. ;

... 16ᵒ La déclaration imposée aux débitants de boissons, vᵒ *Commune,* nᵒˢ 693 et suiv. ; — *Rép.* eod. vᵒ, nᵒˢ 1140 et suiv. ;

... 17ᵒ La déclaration du jury, vᵒ *Instruction criminelle ;* — *Rép.* eod. vᵒ, nᵒ 3054 et suiv.

V. encore *suprà,* v¹ˢ *Appel criminel,* nᵒ 60 et suiv ; *Affiche,* nᵒˢ 71 et 72 ; *Cassation,* nᵒˢ 175 et suiv. ; *infrà,* v¹ˢ *Droit civil ; Droit politique ; Enregistrement ; Expropriation pour utilité publique ; Faux ; Forêts ; Impôts directs ; Impôts indirects ; Intervention ; Louage ; Place de guerre ; Presse-outrage ; Procès-verbal ; Propriété ; Récusation ; Renvoi ; Saisie-arrêt ; Vente publique d'immeubles ; Voirie par chemin de fer.*

DÉCLINATOIRE. — V. *Conflit ; Exceptions et fins de non-recevoir ;* — *Rép.* v¹ˢ *Conflit,* nᵒˢ 21 et suiv., 90 et suiv. ; *Exceptions et fins de non-recevoir,* nᵒ 4.

V. aussi *suprà,* vᵒ *Compétence criminelle,* nᵒˢ 8 et suiv. ; *infrà,* v¹ˢ *Frais et dépens ; Jugement ; Règlement de juges.*

DÉCOMPTE. — V. *Travaux publics ;* — *Rép.* eod. vᵒ, nᵒˢ 581 et suiv.

DÉCONFITURE. — V. *Obligations ;* — *Rép.* eod. vᵒ, nᵒˢ 398 et suiv., 955, 1296 et suiv.

V. aussi *suprà,* v¹ˢ *Caution-cautionnement,* nᵒˢ 54 et 68 ; *infrà,* v¹ˢ *Dépôt-séquestre, Faillite et banqueroute ; Louage ; Nantissement ; Priviléges et hypothèques ; Société.*

DÉCORATION. — V. *infrà,* vᵒ *Ordres civils et militaires.*

DÉCRET. — V. *Lois ;* — *Rép.* eod. vᵒ, nᵒˢ 56 et suiv, 479.

DÉFAILLANT. — **DÉFAUT.** — V. *infrà,* vᵒ *Jugement par défaut.*

DÉFAUT-CONGÉ. — V. *Jugement par défaut ;* — *Rép.* eod. vᵒ, nᵒˢ 179 et suiv.

DÉFAUT PROFIT-JOINT. — V. *Jugement par défaut ;* — *Rép.* eod. vᵒ, nᵒ 56 et suiv.

DÉFENDEUR. — V. *Exploit ; Instruction civile ;* — *Rép.* v¹ˢ *Exploit,* nᵒˢ 171 et suiv. ; *Instruction civile,* nᵒ 21.

V. aussi *suprà,* vᵒ *Cassation,* nᵒˢ 86 et suiv., 230 et suiv. ; *infrà,* v¹ˢ *Degré de juridiction ; Exceptions et fins de non-recevoir.*

DÉFENDS. — **DÉFENSABILITÉ.** — V. *Forêts ;* — *Rép.* eod. vᵒ, nᵒ 1422.

V. aussi *infrà,* vᵒ *Usage-usage forestier.*

DÉFENSE. — **DÉFENSEUR.**

Division.

CHAP. 1. — De la défense en matière criminelle (nᵒ 1).

ART. 1. — Historique et législation. — Droit comparé (nᵒ 1).
ART. 2. — Des caractères généraux du droit de défense (nᵒ 10).
ART. 3. — De l'exercice du droit de défense (nᵒ 11).

CHAP. 1er. — De la défense en matière criminelle
(Rép. n°s 2 à 163).

ART. 1er. — Historique et législation. — Droit comparé
(Rép. n°s 2 à 16).

1. Depuis la publication du *Répertoire*, il n'a été apporté aucune modification aux textes législatifs qui assurent le respect du principe de la liberté de la défense en matière criminelle et dont l'exposé a été fait au *Rép.* n° 14. Les dispositions du code d'instruction criminelle, notamment, qui règlent les communications entre l'accusé et son défenseur, et qui donnent à l'instruction le caractère secret, sont restées en vigueur et, aujourd'hui encore, la mission du défenseur ne commence que lorsque l'accusé ou le prévenu est renvoyé devant la juridiction qui prononce définitivement sur sa culpabilité. Depuis longtemps cependant, les attaques les plus vives ont été dirigées contre ce mode d'instruction : on lui reproche son caractère secret et inquisitorial, et en même temps l'inégalité qui résulte des dispositions du code d'instruction criminelle entre la défense et la poursuite pendant toute la durée de l'information. Aussi est-il depuis longtemps déjà question d'importantes réformes en cette matière (V. *infrà*, n° 6).

2. Au reste, ce n'est plus guère qu'en Italie, où en ce moment même une réforme de la législation pénale est à l'étude et en Suisse, que le système d'instruction, adopté par le code de 1808 soit en vigueur. La plupart des autres nations de l'Europe ont, quoique à des degrés différents, reconnu à l'inculpé le droit de contrôler les actes de l'instruction. Dans les divers codes ou lois pénales, le nouveau code allemand de procédure pénale du 1er oct. 1879, le code autrichien du 1er janv. 1874, la loi belge du 20 avr. 1874, le système de l'instruction contradictoire a été admis.

3. Le code allemand de procédure pénale permet à l'inculpé de se faire assister d'un défenseur dès le début de la procédure pénale (art. 137). Son choix peut se porter sur les avocats-avoués (*Rechtsanwalt*), admis à exercer auprès du tribunal, ou sur les professeurs de droit des universités allemandes, sans cependant que ce choix soit limité à ces seules personnes. L'inculpé peut, en effet, choisir pour défenseur telle personne qui lui convient, à la condition que celle-ci soit autorisée à l'assister par le tribunal et, dans le cas où l'assistance d'un défenseur est obligatoire, que cette personne soit elle-même assistée d'un défenseur appartenant à l'une des catégories de défenseurs agréés qui viennent d'être signalées. — L'assistance d'un défenseur est obligatoire dans les affaires qui sont soumises en première instance au tribunal de l'Empire ou qui sont portées devant la cour d'assises (art. 140). Elle est encore obligatoire pour les affaires qui sont en première instance du ressort des tribunaux régionaux, dans certains cas déterminés, notamment, lorsque l'inculpé est atteint de surdité ou de mutisme, qu'il est âgé de moins de seize ans, etc. — L'obligation de désigner d'office un défenseur à l'accusé qui n'en a pas lui-même choisi, prescrite seulement en France pour les affaires du grand criminel, est également imposée au président en Allemagne, lorsqu'on se trouve dans un des cas où la présence du défenseur est obligatoire. Cette désignation qui doit être faite dès le début de l'instance n'empêche pas l'inculpé de choisir lui-même ultérieurement tel défenseur qu'il lui convient. Le choix du président doit, en première ligne, s'exercer parmi les avocats-avoués du tribunal, mais il peut porter sur les fonctionnaires de l'ordre judiciaire qui ne sont pas investis des fonctions de juges et sur les jurisconsultes ayant subi le premier examen pour les fonctions judiciaires. Enfin un seul défenseur peut être désigné pour plusieurs inculpés et le président doit remplacer le défenseur désigné qui ne se présenterait pas aux débats ou n'y remplirait pas son rôle (art. 145). Bien que le défenseur puisse assister l'inculpé dès le début de l'instruction, il ne peut prendre communication des pièces de la procédure qu'après la clôture de l'instruction préalable ou, s'il n'y en a pas eu, après la remise de l'acte d'accusation au tribunal. Auparavant il n'y est autorisé que si le juge n'y voit pas d'inconvénient ; mais on ne peut lui refuser la communication des procès-verbaux d'interrogatoire et des procès-verbaux des opérations judiciaires auxquelles il a droit d'assister (art. 147). Il peut communiquer verbalement ou par écrit avec l'inculpé détenu, mais le juge peut interdire toute communication écrite dont on ne lui permettrait pas de prendre connaissance. Enfin le mari d'une accusée peut être admis à prendre part aux débats en qualité de conseil et être entendu s'il le demande ; il en est de même du père adoptif et du tuteur d'un accusé mineur (art. 149).

4. Le code d'instruction criminelle autrichien, mis en vigueur en 1874 dans les pays qui envoient des représentants au Reichsrath, assure, comme notre code d'instruction criminelle, l'assistance de l'inculpé par un défenseur, soit que l'inculpé le choisisse lui-même, soit qu'il doive être désigné d'office. La désignation d'un défenseur d'office est faite lorsque l'acte d'accusation est notifié à l'inculpé, s'il est renvoyé devant la cour d'assises et s'il refuse de désigner lui-même un défenseur (art. 41). Le choix de l'inculpé peut s'exercer avec une certaine latitude, car il peut porter sur les personnes inscrites sur la liste des défenseurs d'un des pays représentés au Reichsrath (art. 39), liste qui est composée de telle façon qu'elle comprend des personnes résidant dans les différents ressorts de justice : au contraire, la désignation d'office ne peut se faire que parmi les défenseurs résidant dans la localité où siège le tribunal auquel l'inculpé est renvoyé. Cette désignation n'est pas exclusive du droit de l'inculpé de choisir lui-même, dans la suite, un nouveau défenseur : le code autrichien (art. 44), reproduit sur ce point la règle admise par notre code d'instruction criminelle ; tout ce que la loi exige, c'est que ce changement ne retarde pas la marche de la procédure. Mais ce n'est pas seulement après l'instruction et pour les débats publics que le code d'instruction criminelle autrichien assure la défense de l'inculpé. Pendant l'instruction même, l'accusé est formellement autorisé à se choisir un défenseur qui, s'il ne peut assister à l'interrogatoire de l'accusé pendant l'instruction (art. 97), est néanmoins admis à le soutenir de ses conseils durant cette partie de la procédure ; le droit de prendre communication des pièces de l'instruction lui est formellement reconnu (art. 45).

5. En Belgique, une loi du 20 avr. 1874 (*Moniteur* du 22 avr. 1874), relative à la détention préventive, règle l'exercice du droit de défense au cours de l'instruction. Cette loi autorise l'inculpé, dès qu'il a subi un premier interrogatoire, à communiquer librement avec son conseil. Toutefois, lorsque les nécessités de l'instruction l'exigent, le juge peut interdire toute communication par une ordonnance motivée qui doit être transcrite sur les registres de la prison. Cette interdiction, qui ne saurait être renouvelée, ne peut être étendue au delà de trois jours (art. 3). — L'inculpé doit être interpellé sur le point de savoir s'il désire être assisté d'un conseil, et cette interpellation est mentionnée au procès-verbal de l'interrogatoire. Au cas de réponse affirmative, le président de la chambre appelée à statuer doit faire indiquer, au moins vingt-quatre heures à l'avance, sur un registre spécial tenu au greffe, les lieux, jour et heure de

la comparution. Le greffier en donne avis par lettre recommandée au conseil désigné.

6. En France, une commission extra-parlementaire fut chargée en 1878 par M. Dufaure, alors garde des sceaux, d'élaborer une réforme du code d'instruction criminelle qui donnât, autant que possible, satisfaction aux critiques formulées contre le système d'instruction du code de 1808. Le 27 nov. 1879, un projet de revision du code d'instruction criminelle dans ses dispositions relatives à l'instruction préalable au jugement fut déposé sur le bureau du Sénat par le Gouvernement. Ce projet, qui portait surtout sur le livre 1er du code d'instruction criminelle et sur les art. 247 à 250 du livre 2 relatif aux mises en accusation, s'efforçait d'instituer le contrôle de l'information en la rendant contradictoire, dès le début, par l'assistance du prévenu et de son conseil à l'audition des témoins et du conseil aux interrogatoires. Le Sénat n'adopta pas intégralement ce projet, bien qu'il en admit le principe : il lui substitua, dans sa séance du 5 août 1882, un contre-projet élaboré par sa commission qui, transmis à la Chambre des députés, ne put être soumis qu'à une première lecture avant l'expiration des pouvoirs de la Chambre de 1881.

Il a été soumis de nouveau, le 28 janv. 1886, à la Chambre élue en 1885 et n'a pas jusqu'à présent abouti. La commission chargée par la Chambre de l'examen du projet voté par le Sénat et de celui que le Gouvernement avait proposé en 1879 a seulement préparé un nouveau projet, dont le rapport a été déposé à la séance du 20 janv. 1887. Nous n'avons pas à examiner l'ensemble de ce projet; nous n'aurons à en étudier que les dispositions qui ont trait à l'exercice du droit de défense dans l'instruction préparatoire, c'est-à-dire à l'intervention du conseil de l'inculpé à cette instruction.

7. Les trois projets aujourd'hui en présence partent tous de ce principe que, dès l'ouverture de l'information, l'inculpé peut se faire assister du conseil auquel il ne peut aujourd'hui prétendre qu'à la veille du débat public. Les trois projets consacrent également la conséquence directe du principe fondamental de la nouvelle législation, à savoir, la libre communication de l'inculpé avec son conseil afin que celui-ci puisse l'éclairer et le diriger dans la préparation de ses moyens de défense. — Mais des différences profondes les séparent lorsqu'il s'agit de déterminer le rôle du conseil dans l'instruction. Dans le système du projet du Gouvernement, le prévenu était assisté de son conseil dès le début de l'information et aussitôt après un interrogatoire de pure forme. L'inculpé pouvait assister à l'audition des témoins, assisté de son conseil; mais le projet n'autorisait cette assistance qu'à titre facultatif; le juge d'instruction était libre d'accorder ou de refuser l'autorisation nécessaire à cet effet. — L'inculpé et son conseil pouvaient assister aux actes matériels de l'instruction, et il était permis au conseil d'être présent aux interrogatoires. En d'autres termes, hors le cas spécial où l'intérêt de la société exige une interdiction formelle de communiquer, cas prévu par le projet, le conseil devait participer aux actes de l'instruction.

8. Le projet adopté par le Sénat admet la présence de l'inculpé et de son conseil aux constatations matérielles de l'information, mais non à l'audition des témoins, non plus que l'assistance du défenseur aux interrogatoires; il en est de même pour les confrontations. En revanche, le conseil peut, au cours de l'information, prendre connaissance de la procédure si le juge estime cette communication compatible avec les nécessités de l'instruction.

9. Enfin, d'après le projet rédigé par la commission de la Chambre des députés, tout citoyen poursuivi aurait le droit de se faire assister soit d'un avocat inscrit au tableau ou admis au stage, soit d'un avoué (art. 148 à 152 du projet). Le juge d'instruction, si l'inculpé n'avait pas choisi de conseil, lui en désignerait un d'office. Si l'inculpé était détenu, aussitôt après la première comparution, il communiquerait librement avec son conseil. A partir de la même époque, chaque fois qu'il devrait être interrogé ou confronté, le juge d'instruction devrait convoquer le conseil vingt-quatre heures à l'avance par lettre chargée sauf le cas d'urgence (art. 138 du projet). L'avocat, enfin, serait autorisé à accompagner l'inculpé, détenu ou libre, lorsqu'il serait appelé dans le cabinet du juge d'instruction, mais il ne serait admis à prendre la parole qu'avec la permission du juge, qui pourrait la lui refuser en faisant mention de ce refus au procès-verbal.

Art. 2. — Des caractères généraux du droit de défense (Rép. nos 17 à 30).

10. Les règles fondamentales du droit de défense ont été exposées au Rép. nos 17 et suiv. d'une manière suffisamment complète pour que nous n'ayons pas à y insister. Ces règles n'ont d'ailleurs pas varié. L'obligation d'avertir tout inculpé des poursuites dirigées contre lui, celle de lui faire connaître les faits qu'on lui impute et les charges qui pèsent sur lui, celle encore de l'avertir du jour où il sera jugé et de lui donner les moyens de présenter sa justification, tiennent à l'essence du droit de défense et, si elles étaient méconnues, la nullité de toute condamnation prononcée devrait s'ensuivre. — La défense, dit Faustin Hélie, *Traité de l'instruction criminelle*, 2e éd., t. 7, nos 3323 et 3324, est à la fois un droit pour l'accusé, un moyen d'instruction et une forme essentielle de la procédure. Elle est instituée à la fois dans l'intérêt des accusés et dans l'intérêt de la société. — Comme on l'a dit au *Rép.* no 20, non seulement la loi ne veut pas qu'une condamnation intervienne contre un individu qui n'a pas été cité, mais aucune condamnation ne peut être prononcée pour un fait autre que celui pour lequel le condamné a été cité. Enfin il doit lui être laissé toute liberté pour exercer sa défense. On a cité au *Répertoire* un certain nombre d'espèces dans lesquelles ces principes ont été appliqués. Les nouvelles décisions rendues seront analysées, *infrà*, vis *Instruction criminelle; Jugement par défaut*, etc.

Art. 3. — De l'exercice du droit de défense (Rép. nos 31 à 163).

§ 1er. — Du choix et de la nomination d'office d'un conseil ou défenseur devant les diverses juridictions criminelles (*Rép.* nos 31 à 91).

11. — I. Cour d'assises. — L'accusé doit, ainsi qu'il a été dit au *Rép.* no 32, être pourvu d'un défenseur. Mais les dispositions des art. 294 et 311 c. instr. cr. ne sont cependant pas applicables par cela seul qu'un accusé est appelé devant la cour d'assises. La cour de cassation a confirmé, notamment, la jurisprudence de ses arrêts des 10 déc. 1831 et 27 févr. 1832 (*Rép.* no 33), suivant laquelle la désignation d'office d'un défenseur à l'accusé qui n'en a point choisi, n'est obligatoire pour le président des assises qu'à l'égard des accusés de crimes pouvant entraîner une peine afflictive ou infamante, et non à l'égard des prévenus de délits ou de contraventions, et, par exemple, des prévenus de délits de presse (Crim. rej. 6 déc. 1830, aff. Nefftzer, D. P. 51. 1. 258).

12. Le principe de la liberté de la défense comporte aussi, pour l'accusé, le droit de choisir librement son défenseur, pourvu qu'il exerce ce choix parmi les personnes qui ont qualité pour exercer la défense des parties devant les juridictions criminelles, aux termes de l'art. 295 c. instr. cr. ou en dehors de ces personnes, avec l'autorisation du président. Comme nous l'avons exposé au *Rép.* no 30, l'accusé reste toujours maître de choisir son défenseur parmi les avoués, sans avoir besoin d'une autorisation du président, soit en matière criminelle, soit en matière correctionnelle (Rouen, 5 août 1858, aff. Bricard, D. P. 71. 5. 107). C'est aussi l'opinion de Bioche, *Dictionnaire de procédure*, vo *Avoué*, no 102; Glandaz, *Encyclopédie du droit*, vo *Avoué*, no 40; Faustin Hélie, *Traité de l'instruction criminelle*, 2e éd., t. 7, no 3331; Nouguier, *La cour d'assises*, t. 1, nos 216 et suiv.

13. L'accusé a le droit de choisir un ami pour le défendre avec l'autorisation du président. Il en résulte que si l'avocat dont l'accusé a été assisté devant la cour d'assises a été choisi par lui, il ne saurait se faire un moyen de cassation de ce que cet avocat ne remplissait pas certaines conditions réglementaires, le conseil choisi par l'accusé pouvant même n'avoir pas le titre d'avocat (Crim. rej. 28 févr. 1857, aff. Hermel, D. P. 57. 1. 410).

14. L'obligation qui incombe au président de la cour d'assises en vertu de l'art. 294 c. instr. cr. de désigner à l'accusé un défenseur d'office lorsque celui-ci n'en a pas lui-même choisi un (*Rép.* nos 45 et suiv.), est toujours rigou-

reusement imposée par la cour de cassation. Le simple vœu exprimé par l'accusé d'être défendu par telle ou telle personne ne saurait dispenser le président de cette désignation; il est indispensable que l'accusé ait formellement désigné son conseil, et que l'assistance de ce dernier lui soit assurée. On doit en conclure à notre avis, que le conseil désigné doit avoir accepté la mission que l'accusé veut lui confier. — Il ne suffirait donc pas qu'à la question du président, s'il avait fait choix d'un conseil, l'accusé ait répondu qu'il désirait avoir telle personne pour avocat (Crim. rej. 21 nov. 1850, aff. Herledan; D. P. 50. 5. 124-125; Faustin Hélie, t. 7, n° 3328). — Mais comme on l'a dit au *Rép.* n°s 47 et suiv., l'inobservation de l'art. 294 ne produit pas une nullité si rigoureuse qu'elle ne puisse être couverte si aucun préjudice n'en est résulté pour l'accusé. Ainsi le défaut de désignation d'un conseil, bien que l'accusé n'en ait point choisi lors de son interrogatoire, n'est pas une cause de nullité, si l'accusé s'est postérieurement choisi un conseil et si ce choix a eu lieu avant l'ouverture des débats (Même arrêt du 21 nov. 1850). Et la nullité édictée par l'art. 294 est couverte par la désignation d'un défenseur à l'accusé, postérieurement à l'interrogatoire (Crim. rej. 12 févr. et 3 avr. 1818, cités par Nouguier, *La cour d'assises,* t. 1, n° 285, et 23 déc. 1875) (1); — Alors surtout que l'accusé a été assisté de ce défenseur depuis le tirage au sort du jury de jugement, jusqu'au moment de l'application de la peine (Même arrêt du 23 déc. 1875). — Faustin Hélie, t. 7, n° 3330, estime toutefois que cette désignation postérieure à l'interrogatoire doit être faite plus de cinq jours avant l'examen, les accusés devant jouir d'un délai de cinq jours au moins pour préparer leur défense, et ce délai ne pouvant courir que du jour de la communication avec le défenseur, lorsque, par le fait du président, elle a été retardée.

15. La désignation faite par le président n'a d'ailleurs rien d'obligatoire pour l'accusé qui, on l'a dit au *Rép.* n° 52, ne perd pas le droit soit de confier ensuite ses intérêts à la personne qui lui inspirera le plus de confiance, soit de se défendre lui-même. L'accusé peut même user de ce dernier droit lorsqu'il n'y a pas eu de désignation d'office. Il peut enfin se faire défendre à l'audience par un conseil autre que celui qu'il avait choisi lors de son interrogatoire (Crim. rej. 23 août 1849, aff. Martin, D. P. 49. 5. 101). Il n'y a rien qui soit contraire à la loi et qui puisse être considéré comme une violation de l'art. 294 c. instr. cr. (V. Faustin Hélie, t. 7, n° 3327; Nouguier, t. 1, n° 267).

16. La disposition de l'art. 294 a pour but de ne pas laisser l'accusé abandonné à ses propres forces et de lui assurer l'assistance d'un conseil d'une manière constante durant tout le cours des débats. Aussi la cour de cassation avait-elle déjà jugé, le 4 janv. 1821 (*Rép.* n° 61), que lorsque le défenseur de l'accusé est appelé à déposer comme témoin, il y a lieu, à peine de nullité, de pourvoir à son rempla-

cement pendant tout le temps nécessaire à son audition. Il ne suffit donc pas, suivant la doctrine de cet arrêt, que l'accusé soit, au moment de son interrogatoire, pourvu d'un conseil désigné, il faut que l'assistance de ce conseil lui soit assurée pendant toute la durée des débats. — Cette doctrine, qui nous avait paru trop rigoureuse si on l'appliquait d'une manière absolue (*Rép.* n° 61), et que d'ailleurs la cour de cassation n'a pas toujours suivie, doit cependant être observée lorsque, par suite des circonstances, la défense de l'accusé se trouverait compromise et que la comparution comme témoin de son conseil l'avait mis dans l'impossibilité de faire valoir soit par lui-même, soit par la voix de ce conseil, tous ses moyens de défense. Ainsi il a été jugé que les débats sont nuls lorsque le défenseur désigné d'office à l'accusé, sur le refus du président de lui donner le conseil de son choix, à cause de la qualité de témoin de ce conseil, a été excusé sans être remplacé, et que, par suite, l'accusé a été dépourvu de défenseur pendant une grande partie des débats (Crim. cass. 13 juill. 1849, aff. Massy, D. P. 49. 5. 101). — Mais il est évident que le président a entièrement satisfait à l'obligation qui lui est imposée par l'art. 294 lorsqu'il a désigné un défenseur d'office, et que l'accusé ne peut se faire un grief de ce que son défenseur nommé d'office ne s'étant pas présenté à l'audience, un autre avocat a été désigné et a présenté sa défense (Crim. rej. 10 août 1877) (2). .

17. Le vœu de l'art. 294 est suffisamment rempli lorsque la défense de chaque accusé est assurée. Aussi n'est-il pas nécessaire de désigner à chacun des accusés impliqués dans une même affaire un défenseur spécial : le président peut valablement charger un seul défenseur des intérêts de plusieurs accusés, pourvu toutefois que leurs intérêts ne soient pas en opposition (*Rép.* n° 57). Le président n'est donc tenu de nommer plusieurs défenseurs, lorsqu'il y a plusieurs accusés, que s'il existe entre ceux-ci des oppositions d'intérêts (Crim. cass. 31 mai 1867, aff. Raffa-ben-Missoun, D. P. 68. 5. 120). Et dans le cas où le président a désigné un défenseur commun à plusieurs accusés, que ceux-ci n'ont élevé aucune réclamation, et que l'avocat commis a cru pouvoir, dans sa conscience, accepter la mission qui lui est confiée, on doit présumer que les intérêts des accusés sont communs (Même arrêt. V. Faustin Hélie, t. 7, n° 3329; Nouguier, t. 1, n° 283).

18. La loi en prescrivant d'assurer à l'accusé l'assistance d'un défenseur a suffisamment pourvu à ses intérêts; elle a ainsi, autant qu'il est possible, garanti à l'accusé que tous les moyens de fait et de droit qu'il peut faire valoir seront invoqués; aussi un inculpé ne pourrait-il prétendre que les droits de la défense ont été violés en sa personne par le fait que, détenu, il n'aurait pas eu à sa disposition dans la prison les codes et recueils de loi nécessaires pour préparer sa défense : dès l'instant que l'inculpé a un défenseur et qu'il

---

(1) (Cécillon.) — La cour; — Sur le moyen relevé d'office et tiré d'une violation de l'art. 294 c. instr. cr., en ce que l'accusé, après avoir déclaré, dans son interrogatoire, qu'il n'avait pas fait choix d'un conseil, n'a pas été pourvu d'un conseil par le président : — Attendu que le premier paragraphe de l'article précité porte, que « l'accusé sera interpellé de déclarer le choix qu'il aura fait d'un conseil, pour l'aider dans sa défense, sinon le juge lui en désignera un sur-le-champ, à peine de nullité de tout ce qui suivra »; mais que le deuxième paragraphe du même article contient une exception à cette règle, en déclarant que la nullité sera couverte, si l'accusé choisit un conseil, et que la jurisprudence admet également que la même exception doit exister quand le président, postérieurement à l'interrogatoire, désigne un défenseur à l'accusé; — Attendu que, s'il est constant en fait que lors de l'interrogatoire, en date du 10 nov. 1875, le président ait omis de désigner un défenseur à l'accusé Cécillon, qui déclarait n'en avoir point choisi, cette omission, quelque regrettable qu'elle soit, n'a pas nui à la défense de l'accusé; — Qu'en effet, il est constaté par le procès-verbal que, dès le tirage au sort du jury de jugement et jusqu'au moment de l'application de la peine, Cécillon a été assisté de Me Fressanges-Dubort, avocat, et qu'ainsi ce conseil, qu'il ait été choisi ou désigné après l'interrogatoire, mais avant l'ouverture des débats, lui a prêté son ministère sans interruption, depuis le commencement jusqu'à la fin des débats; — Attendu qu'il est vrai, d'autre part, que l'art. 302 c. instr. cr. permet au conseil de communiquer avec l'accusé après l'interrogatoire, et qu'on pourrait, le conseil n'étant ni choisi, ni désigné dans cet interrogatoire, craindre que l'accusé ne jouisse pas de la plénitude du délai à lui accordé pour préparer

sa défense; — Attendu que la méconnaissance de ce droit de communication ou les entraves apportées à son exercice doivent être sévèrement prohibées; — Qu'elles permettraient à l'accusé de se plaindre au président avant les débats ou de protester à l'audience, et même de demander le renvoi de l'affaire à une autre session; mais que lorsque, comme dans l'espèce, aucune réclamation ne s'est élevée, soit avant, soit pendant les débats, la présomption est que les prescriptions de l'art. 302 ont été observées, et que le délai que la loi accorde à l'accusé pour préparer sa défense ne se trouve pas amoindri;... — Rejette, etc.

Du 23 déc. 1875.-Ch. crim.-MM. Lascoux, rap.-Desjardins, av gén.

(2) (Caprezio.) — La cour; — Sur la prétendue violation de l'art. 294 c. instr. crim. et du droit de la défense, en ce que Caprezio n'aurait pas été assisté par son défenseur nommé d'office : — Attendu que le moyen manque en fait; qu'en effet, le procès-verbal des débats constate que les trois accusés ont été assistés de leurs conseils au tirage du jury, et qu'après que l'avocat général a eu développé les charges de l'accusation, les défenseurs de Girony, de Gilberton et de Caprezio ont présenté dans cet ordre les moyens des accusés, lesquels, sur l'interpellation de M. le président, ont ainsi été entendus les derniers; — Attendu que Caprezio n'a fait aucune observation relative à sa défense ou à la personnalité de son défenseur; — Attendu, d'ailleurs, qu'en admettant comme constants les faits allégués par Caprezio, et dont le procès-verbal des débats ne porte aucune trace, et qui consisteraient en ceci, que l'avocat qui lui avait été nommé d'office par le président ne s'étant pas présenté à l'audience, un autre avocat lui

est défendu à l'audience, le vœu de la loi est respecté (Crim. rej. 13 févr. 1880) (1).

19. — II. TRIBUNAUX DE POLICE CORRECTIONNELLE. — Comme on l'a exposé au *Rép.* n° 68, l'obligation de désigner d'office un défenseur n'est pas prescrite à peine de nullité devant la juridiction correctionnelle (V. Faustin Hélie, t. 6, n° 2839 et 2840). L'art. 294 même, comme on l'a vu *suprà*, n° 11, n'est rigoureusement applicable que lorsqu'il s'agit de crimes pouvant entraîner une peine afflictive ou infamante et non de simples délits ou de contraventions. — Quant à l'interprétation que nous avons donnée, au *Rép.* n° 77, de l'art. 185 c. instr. cr., elle a été, comme on l'a vu *suprà*, n° 12, admise par un arrêt de la cour de Rouen, du 5 août 1858 (aff. Bricard, D. P. 74. 3. 107). D'après cet arrêt, les avoués ont aussi bien le droit de plaider pour les prévenus en matière correctionnelle que pour les accusés en matière criminelle. L'art. 185 c. instr. cr., en se bornant à défendre aux avoués de représenter les prévenus de délits emportant la peine de l'emprisonnement, a laissé dans toute leur force les lois qui avaient antérieurement reconnu aux avoués le droit de plaider devant les tribunaux correctionnels, c'est-à-dire les lois des 29 janvier, 20 mars 1791, 27 vent. an 8 et 29 pluv. an 9. D'ailleurs, les observations que nous avons présentées au *Rép.* n° 75 et suiv. n'ont été contredites par aucune décision et ont, par conséquent, conservé toute leur valeur.

20. — III. TRIBUNAUX DE SIMPLE POLICE. — V. *Rép.* n° 80 et suiv.; Faustin Hélie, t. 6, n° 281 et suiv.

21. — IV. CONSEILS DE GUERRE. — Le droit de défense devant les conseils de guerre mérite au moins autant de faveur que devant les cours d'assises ; la gravité des peines encourues rend plus nécessaire, s'il est possible, que devant toute autre juridiction, l'observation des règles protectrices de la liberté de la défense et l'application du principe que toute atteinte portée à ce droit entache le jugement d'un vice radical. Aussi la cour de cassation a-t-elle fréquemment jugé que la sentence criminelle prononcée soit par un conseil de guerre, soit par un conseil de revision, contre un accusé non pourvu de défenseur, est nulle (Crim. cass. 3 janv. 1845, aff. Gravié, D. P. 46. 1. 37 ; 2 mai 1846, aff. Pitoux, *Rép.* n° 22, et D. P. 46. 1. 221). — Quant au droit de l'accusé de choisir son défenseur aussi bien dans l'armée qu'au dehors, il ne saurait plus faire de doute aujourd'hui ; la pratique constante des conseils de guerre en ferait foi, s'il était besoin.

22. — V. SÉNAT. — Le droit, pour l'accusé, de choisir son défenseur et d'être défendu même d'office, est expressément consacré par l'art. 9 de la loi du 10 mai 1889, qui en a tracé la procédure à suivre devant le Sénat, constitué en haute cour de justice, pour juger toute personne inculpée d'attentat commis contre la sûreté de l'État (D. P. 89. 4. 36).

23. — VI. COUR DE CASSATION. — Quant au droit de défense devant la cour de cassation, il est toujours réglé suivant les principes exposés au *Rép.* n° 90. V. *suprà*, v° *Cassation*, n° 177.

§ 2. — De la défense soit avant les débats, soit à l'audience, et pendant les phases diverses des débats (*Rép.* n° 91 à 163).

24. — I. DÉFENSE AVANT LES DÉBATS. — On a vu au *Rép.* n° 93 et suiv. que le législateur, dans l'intérêt de la société, n'a pas accordé la faculté au citoyen qui est l'objet d'une poursuite de déployer immédiatement tous les moyens propres à prouver son innocence et qu'il a cru devoir ne les lui laisser tout entiers qu'après l'arrêt de mise en accusation et même après l'interrogatoire du président des assises. Encore

que cette restriction ait donné lieu aux plus vives protestations, et qu'il soit question dans les projets de revision du code d'instruction criminelle de la faire cesser (V. *suprà*, n° 6 et suiv.), elle a été appliquée par la jurisprudence avec une grande rigueur (V. *infrà*, v° *Instruction criminelle*; Nouguier, *Cours d'assises*, t. 1, n° 325 ; Faustin Hélie, t. 4, n° 1629). La cour de cassation décide, notamment, que le droit de communiquer avec un avocat n'est absolu qu'après l'interrogatoire du président des assises, et ce droit eût-il antérieurement subi une restriction qu'il n'en résulterait pas un moyen de cassation (Crim. rej. 24 févr. 1883, aff. Pivert, D. P. 84. 1. 92).

25. Cependant si la communication de l'accusé avec son conseil a été autorisée, elle doit être affranchie de toute entrave et de toute restriction, et l'accusation serait mal venue à se faire une arme des révélations que ces communications viendraient à faire naître. En en faisant usage, elle violerait les droits de la défense. « La défense n'est pas libre, dit M. Nouguier, *La cour d'assises*, t. 3, n° 2159, si l'accusé ne peut, sans péril, éclairer son conseil par les révélations les plus secrètes, par les aveux les plus complets. Elle n'est pas libre si le conseil transformé en témoin est contraint à la divulgation publique de ce qu'il n'a su que sous le sceau du secret ». « Le droit du juge, dit, à son tour, M. Faustin Hélie, *Instruction criminelle*, t. 4, n° 1818, trouve ici une limite qu'il ne peut franchir. L'intérêt de la défense, qui est un des éléments de la justice elle-même, et qui constitue, par conséquent, un intérêt général, lui interdit la visite des lettres et papiers déposés par le prévenu dans le cabinet de son défenseur. Ces lettres et papiers se confondent avec les confidences qu'il a pu faire ; ils constituent les éléments de sa défense ; ils ne peuvent être saisis... Ne serait-il pas contradictoire que le juge reconnût, d'une part, le droit du défenseur de garder le silence et pût, d'un autre côté, fouiller et saisir ses papiers ? Si, en s'abstenant de l'interroger, il maintient les droits de la défense, ne les enfreindrait-il pas par ses perquisitions ? Il est évident que le principe qui soustrait l'avocat à l'obligation du témoignage ne peut être restreint au témoignage de sa parole ; il est évident que son cabinet doit être à l'abri des recherches qui auraient pour objet d'y découvrir les indices ou les preuves des délits imputés à ses clients ».

Il faut même aller plus loin et reconnaître que le principe de la libre défense s'oppose non seulement à la saisie, au domicile des avocats, des papiers et lettres missives qu'ils ont reçus de leurs clients, mais encore à la saisie des lettres qui leur sont adressées mais ne leur sont pas encore parvenues. Ces lettres, en effet, partent sous la protection inviolable de la libre défense ; elles commencent la communication qui doit être respectée aussi bien que si elle était faite verbalement. Aussi le fait par le juge d'instruction de joindre au dossier copie d'une lettre écrite par l'accusé à son avocat constitue-t-il une violation des droits de la défense ; et la présence de cette copie parmi les pièces de la procédure remises au jury dans la chambre des délibérations porte atteinte au même principe et entraîne la nullité du verdict sur lequel elle a pu exercer une influence illégale (Crim. cass. 12 mars 1886, aff. Laplante, D. P. 86. 1. 345. V. aussi *infrà*, v° *Instruction criminelle*).

26. Le droit de prendre communication des pièces est régi, comme on l'a vu au *Rép.* n° 96, par l'art. 302 c. instr. cr., applicable aussi bien en matière criminelle que correctionnelle. Ce droit implique, pour le prévenu ou l'accusé et son conseil, celui de prendre non seulement des notes et des extraits des pièces, mais aussi des copies littérales lorsqu'ils

---

avait été désigné, il n'en résulterait pas une nullité ; — Qu'en effet, le procès-verbal constate que Caprezio a été défendu, et que son défenseur comme ceux des autres accusés a été entendu le dernier ; qu'il a donc été ainsi satisfait aux prescriptions de l'art. 294 c. instr. cr., et que le droit de la défense n'a reçu aucune atteinte ;... — Rejette.
Du 10 août 1877.-Ch. crim.-MM. Falconnet, pr.-Desjardins, av. gén.-Langrie, av.

(1) (Jules Morel, *dit* Robert.) — LA COUR ;... — Sur le quatrième moyen, tiré d'une violation des art. 190, 197 et 310 c. instr. cr., ainsi que des droits de la défense, en ce que le demandeur n'aurait pas eu à sa disposition, dans la prison, les codes et recueils de lois qui lui étaient nécessaires pour préparer sa défense, et en ce

que la cour d'appel aurait refusé de surseoir jusqu'à ce que cette communication lui ait été donnée : — Attendu que le demandeur avait eu un défenseur devant le tribunal correctionnel et qu'il ne tenait qu'à lui d'en avoir un devant la cour d'appel ; que cette cour lui avait accordé un premier sursis qu'il avait demandé pour préparer sa défense, qu'elle a pu lui en refuser un second, et que sa décision à cet égard est motivée ; et qu'enfin l'arrêt attaqué constate que le demandeur a été entendu en ses moyens de défense ; d'où il suit que la défense n'a pas été entravée, et que les dispositions de lois ci-dessus visées n'ont pas été violées ;
Par ces motifs, rejette, etc.
Du 13 févr. 1880.-Ch. crim.-MM. Dupré-Lasale, rap.-Petiton, av. gén.

le jugent à propos pour les droits de la défense (Metz, 23 mai 1866, aff. Huber, D. P. 66. 2. 119. V. *infrà*, v° *Instruction criminelle*). Mais il n'est ouvert qu'après l'arrêt de mise en accusation : aussi la chambre d'accusation peut-elle refuser toute communication des pièces de l'information sans violer les droits de la défense (Crim. rej. 13 août 1863, aff. Armand, D. P. 64. 1. 407).

27. — II. DÉFENSE A L'AUDIENCE ET PENDANT LES DIVERSES PHASES DES DÉBATS. — On traitera ici sommairement comme on l'a fait au *Répertoire* et pour les motifs qui y ont été indiqués n° 100, les points qui rentrent essentiellement dans le domaine de la défense et qui la constituent (V. pour les développements que ces questions comportent *infrà*, v° *Instruction criminelle*).

28. — 1° *Publicité de l'audience.* — V. *Rép.* n°s 101 et 102.

29. — 2° *Récusation et liberté des accusés ou prévenus, avertissement au défenseur.* — On a vu au *Rép.* n° 103 que toute entrave au droit de récusation des jurés, droit qui forme une partie essentielle de celui de défense, annule de plein droit la procédure. Il en résulte que le droit du défenseur de l'accusé d'assister au tirage au sort des jurés est absolu même lorsque ce défenseur est nommé d'office. Le défenseur peut, en outre, exercer, comme l'accusé lui-même, telles récusations qu'il juge à propos. C'est là toutefois une pure faculté, de telle sorte que l'absence du conseil pendant les opérations du tirage ne saurait opérer nullité qu'autant que cette absence serait du fait ou du ministère public ou de la cour d'assises ; sans cela, il faudrait supposer que la loi aurait voulu laisser aux conseils des accusés la faculté de faire annuler tous les arrêts de condamnation par une absence toute volontaire (Crim. rej. 13 janv. 1853, aff. Rigault, D. P. 53. 5. 143 ; 9 déc. 1869, aff. Altemeyer, D. P. 70. 5. 97. V. également v° *Instruction criminelle*; — *Rép.* cod. v°, n°s 1878 et suiv.; Faustin Hélie, t. 7, n° 3257).

30. — 3° *Exposé et lecture des pièces.* — V. *Rép.* n°s 104, 105 et 106.

31. — 4° *Interrogatoire de l'accusé ou du prévenu.* — V. *Rép.* n°s 107 à 109.

32. — 5° *Témoins ; Audition.* — V. *Rép.* n°s 110 à 113.

33. — 6° *Droits et latitude du défenseur et de la défense, interruption ; Pièces nouvelles.* — Le droit de défense, quelque respect qu'il mérite, comporte cependant, ainsi qu'on l'a exposé au *Rép.* n°s 114 et suiv., certaines limites qu'il ne doit pas dépasser. Si, comme nous l'avons fait remarquer, le juge doit se garder d'interrompre sans motifs sérieux la plaidoirie, de *rabrouer* l'avocat, etc., celui-ci, de son côté, ne saurait oublier le respect qu'il doit aux lois et à la magistrature. S'il vient à méconnaître ce devoir, il n'y a nulle violation du droit de défense de la part du président qui l'y rappelle et exerce même le pouvoir disciplinaire que la loi lui confère (c. instr. cr. art. 311). On ne saurait donc considérer comme une atteinte au droit de défense une observation adressée à l'avocat au cours de l'audience, alors même que cette observation renfermerait la censure d'un acte de l'avocat ; non plus que la prononciation, par la cour d'assises, d'une peine disciplinaire contre l'avocat d'un accusé pour manquement commis à l'audience (Crim. rej. 3 mars 1860, aff. Alem-Rousseau, D. P. 60. 1. 192). Spécialement, il n'y a pas violation du droit de défense dans la condamnation disciplinaire prononcée contre un avocat, non pas à raison du but et du dispositif de ses conclusions, mais à raison de leur libellé et des termes dans lesquels il les a développées, ainsi que de son attitude, de ses apostrophes et de ses gestes à l'audience, les écarts en cette matière constituant non l'exercice, mais l'abus du droit de la défense (Crim. rej. 23 avr. 1875, aff. Mie, 1er arrêt, D. P. 75. 1. 441). Le droit de défense ne va pas, en effet, jusqu'à permettre l'offensive et autoriser le défenseur à diriger de véritables attaques contre les membres de la cour, du tribunal ou du ministère public. Les défenseurs peuvent certainement, dans leur discussion, opposer avec une entière latitude aux moyens de l'accusation ou de la prévention tous les arguments qui ne sont contraires ni à la conscience de l'avocat, ni à la décence, ni au respect dû aux lois, mais la personne, les actes et les intentions du ministère public doivent être laissés hors du débat. Il n'est pas admissible que le défenseur ait la liberté, sous prétexte de défense, de

prendre à partie le fonctionnaire qui représente le ministère public à l'audience, de se faire juge de sa conduite et de s'arroger le droit de censurer soit ses actions, soit ses paroles, soit surtout ses intentions, et de leur infliger un blâme public (Paris, 13 janv. 1860, aff. Ollivier, D. P. 60. 1. 99, et sur pourvoi, Crim. rej. 7 avr. 1860, D. P. 60. 1. 146). Et ce n'est pas seulement le tribunal que le défenseur doit respecter, mais aussi les règles fondamentales de la morale. Si le droit de libre défense est de l'essence de la justice, ce droit change de caractère lorsqu'il dégénère en agression contre les principes inviolables qui sont le fondement de toute société. Ainsi, l'accusé d'une tentative d'insurrection qu'il soutient avoir été provoquée par la violation de la constitution du pays, sort des limites du droit de la défense, lorsqu'il se propose, non pas seulement de soutenir sa croyance à cette violation, mais d'en faire dériver la légitimité de l'insurrection. C'est ce qui a été jugé par un arrêt de la Haute cour de justice du 10 nov. 1849 (aff. Guinard, D. P. 49. 1. 290), dont la doctrine eut l'approbation du conseil de discipline des avocats de Paris. Ce conseil déclara alors que la haute cour de justice, saisie des poursuites dirigées contre les prévenus d'une tentative d'insurrection, avait pu interdire au défenseur de soutenir la légitimité de cet attentat, en présentant le recours à l'insurrection comme une conséquence légale de toute violation de la constitution (Cons. ord. avoc. Paris, 19 déc. 1849, aff. Crémieux, D. P. 50. 3. 13. V. aussi *suprà*, v° *Avocat*, n°s 98 et suiv.; Faustin Hélie, t. 7, n° 3350 ; Nouguier, t. 3, n°s 2567 et suiv.).

34. L'abus des droits de la défense offre matière à appréciation de la part des juges devant lesquels cet abus se produit et, lorsqu'ils ont fait régulièrement cette appréciation, leur décision sur le fond ne peut donner prise à cassation (Crim. rej. 23 avr. 1875, aff. Mie, D. P. 75. 1. 441).

35. Si le principe de la liberté de la défense exige que le président n'use qu'avec une très grande réserve de son pouvoir discrétionnaire lorsqu'il croit devoir limiter la durée de la plaidoirie du défenseur (*Rép.* n° 115), on ne saurait cependant trouver dans l'exercice de ce pouvoir une cause de nullité. Il en a été décidé ainsi, notamment, en matière de simple police par un arrêt du 18 nov. 1852 (aff. Follin, D. P. 52. 5. 185), rendu dans une espèce où la défense usait de moyens évidemment dilatoires. Un contrevenant, traduit devant le tribunal de police, après s'être présenté à l'audience, avait refusé de faire connaître ses moyens de défense ; un avocat s'étant alors levé pour les présenter, le juge l'invita à se renfermer dans des conclusions motivées, verbales ou écrites, ou à procéder par voie de dire et soutiens, en citant à l'appui les textes de loi ou les autorités doctrinales qu'il jugerait utiles, et lui accordant une demi-heure pour développer ses moyens, sauf, après le résumé du ministère public, à présenter de nouvelles observations. Le défenseur ayant pris des conclusions pour être maintenu dans le droit de présenter sa défense comme il le jugerait convenable, et sans limitation de temps, le juge de paix rendit un jugement ordonnant au défenseur de se conformer à l'avis qu'il lui avait donné. Un deuxième avocat s'étant alors présenté comme porteur d'une procuration spéciale de l'inculpé et ayant reproduit l'incident, le juge, par un deuxième jugement, maintint sa première décision. Le nouveau conseil, tout en réservant son droit de se pourvoir en cassation contre ces décisions, déposa alors des conclusions écrites contenant les moyens de défense de l'inculpé sur le fond. Après les conclusions du ministère public, il se contenta de renouveler ses réserves de se pourvoir en cassation, sans présenter aucune autre observation. La cour de cassation a décidé qu'en semblables circonstances et en présence des faits constatés, le juge, loin de violer le droit de défense et spécialement les art. 152 et 153 c. instr. cr., avait fait une saine application de ces articles.

36. Toutefois, le pouvoir de limiter la durée de la plaidoirie du défenseur ne saurait aller jusqu'à permettre au président de la réduire de telle façon que la défense ne pût être complète et n'eût pas la possibilité de faire valoir les moyens sur lesquels elle s'appuie. Le juge ne peut, en effet, sous un prétexte quelconque, supprimer une défense qui ne porte aucune atteinte au respect dû aux lois, à la magistrature ou à la morale. Il a été jugé, en ce sens, que le prévenu dont on a refusé d'entendre le défenseur pour

des motifs personnels à celui-ci, peut se faire de ce refus un grief d'appel contre le jugement qui l'a condamné ; mais, dans ce cas, il doit attaquer le jugement même de condamnation, et non celui qui a interdit la parole à son défenseur, alors, du reste, qu'il n'est intervenu dans le débat qui a précédé ce dernier jugement, ni par lui-même, ni par personne en son nom (Bourges, 3 avr. 1851, aff. Lecherbonnier, D. P. 53. 2. 86).

37. Comme on l'a vu au *Rép.* n° 116-3°, le jury n'étant pas juge des questions de droit, le droit de la défense n'est nullement atteint lorsqu'il est fait défense à l'avocat de discuter une question de cette nature devant les jurés, sauf à en réserver l'examen et à la soumettre à la cour après la déclaration du jury sur le point de fait (Crim. rej. 1er août 1851, aff. Huet, D. P. 51. 5. 162; Faustin Hélie, t. 7, n° 3602). Mais la cour d'assises ayant toujours (même aux colonies) la faculté de modifier, d'après le résultat des débats, la qualification donnée par l'accusation au fait incriminé, ne peut, sans violer les droits de la défense et vicier par suite des débats, ordonner « qu'il sera plaidé uniquement sur le fait, tel qu'il est qualifié par l'acte d'accusation » ;... et cela, encore bien que la qualification proposée par l'accusation n'aurait été, au cours de l'instruction, l'objet d'aucune protestation de l'accusé (Crim. cass. 18 mars 1858, aff. Lamine, D. P. 58. 1. 229).

38. Lorsque l'accusé ou le prévenu présentent eux-mêmes leur défense, ils jouissent de la même latitude que les avocats, mais ils sont soumis à la même réserve (*Rép.* n° 117). Les attaques qu'ils dirigeraient contre la loi, la morale, la magistrature, pourraient leur faire retirer la parole sans que, pour cela, le principe de la liberté de la défense fût violé. Ainsi, l'inculpé auquel la parole est retirée à raison de son état d'exaspération ne peut se plaindre, car il ne doit imputer qu'à lui-même l'obstacle apporté à son droit de défense (Crim. rej. 27 avr. 1860, aff. Avenel, D. P. 60. 1. 291). Nous n'avons d'ailleurs pas à revenir sur les explications très complètes que nous avons déjà fournies au *Répertoire* sur ces différents points.

39. La manière dont l'avocat présente la défense d'un inculpé ne tombe sous le contrôle des juges que lorsqu'elle enfreint les limites que nous avons indiquées ; dès l'instant que l'accusé a été assisté d'un défenseur pendant toute la durée des débats, le juge n'a pas à s'occuper de la manière dont l'avocat s'est acquitté de sa mission. C'est ainsi que l'accusé ne peut se faire un moyen de cassation de l'insuffisance de la défense présentée par l'avocat qui a été désigné pour l'assister (Crim. rej. 5 août 1856, aff. Guichard, D. P. 58. 5. 120). C'est du reste ce que nous avions déjà exposé au *Rép.* n° 186.

40. Le ministère public peut, ainsi qu'il a été dit au *Rép.* n° 139, faire usage contre l'accusé de tous les moyens résultant de l'instruction, à la condition que la défense ait eu connaissance des documents qu'il invoque. Cette règle ne souffre exception, on l'a dit au *Rép.* n° 141, que lorsque le système de défense de l'accusé nécessite la production de pièces nouvelles ; il n'est pas en ce cas fondé à se plaindre qu'il ne lui en ait pas été donné communication. — Il suffit, d'ailleurs, que la défense ait été en mesure de prendre connaissance des documents invoqués. Jugé, par exemple, que la jonction à la procédure, postérieurement à l'interrogatoire préalable, d'une lettre de renseignements qui s'est trouvée ainsi comprise, plus tard, parmi les pièces remises au jury, ne peut servir de grief à l'accusé, lorsqu'elle a eu lieu à une époque où elle a dû ou pouvait être à la connaissance du défenseur par l'effet de la prise de communication du dossier (Crim. rej. 12 août 1858, aff. Perdrizet, D. P. 58. 5. 120).

41. Pour que la défense soit réputée avoir eu connaissance d'une pièce, il n'est pas nécessaire qu'il lui en ait été donné copie. Ainsi l'accusé ne peut se faire un moyen de cassation de ce qu'il n'a pas reçu copie d'une pièce qui a dû être connue de lui et débattue à l'audience sur la déposition d'un témoin, s'il ne l'a pas réclamée devant la cour d'assises (Crim. rej. 12 janv. 1854, aff. Cohen, D. P. 54. 5. 228 ; 16 mars 1854, aff. Cœuret, D. P. 54. 5. 245).

De même, en matière correctionnelle, le prévenu ne peut se plaindre de ce qu'il n'aurait pas eu préalablement communication de lettres produites par le ministère public dans son réquisitoire, s'il en est reconnu l'auteur et s'il a été sommé de s'expliquer (Crim. rej. 25 avr. 1873, aff. Chadeuil, D. P. 73. 1. 220) ; il ne peut en effet, dans ce cas prétendre que les lettres produites n'étaient pas connues de lui (V. Faustin Hélie, t. 6, n° 2842).

42. Il en est de même en matière de simple police : le juge ne peut chercher en dehors des débats les motifs de sa conviction et baser sa décision sur des pièces que le prévenu n'a pu ni connaître, ni discuter : mais il suffit que ce dernier ait eu connaissance des pièces dont le juge fait état et qu'il ait pu les discuter au cours des débats. Ainsi le prévenu ne peut se faire un moyen de cassation de ce qu'un procès-verbal dont il a été fait état dans la condamnation prononcée contre lui ne lui a pas été communiqué, si ce procès-verbal a été porté à sa connaissance au moment de sa rédaction, circonstance qui lui permettait d'en critiquer le contenu à l'audience (Crim. rej. 10 juill. 1863, aff. Joubert, D. P. 63. 1. 482).

43. La défense peut produire toutes les pièces et tous les documents propres à assurer son succès ; toutefois, il ne s'ensuit pas que le tribunal ou la cour d'assises soient forcés de les admettre sans distinction. Tout en étant tenue de statuer sur toutes les demandes de preuves ou de productions de pièces qui lui sont proposées, la juridiction criminelle n'est pas obligée d'y accéder nécessairement ; aux termes des art. 154 et 190 c. instr. cr., elle est maîtresse de n'autoriser la production des pièces étrangères à la procédure qu'autant qu'elle les juge utiles à la défense et à la découverte de la vérité ; et elle doit les écarter, au contraire, comme inutiles, toutes les fois qu'elle juge que ces mesures n'exerceraient aucune influence sur la cause. Ainsi, bien que le prévenu soit fondé sur les besoins de sa défense une demande en communication de pièces saisies à son domicile, les juges ont le droit de la refuser, s'ils estiment que cette mesure n'exercerait aucune influence sur la cause (Crim. rej. 4 févr. 1858, aff. Bernard, D. P. 58. 5. 121. — V. Faustin Hélie, t. 6, n° 2640, et t. 7, n° 3349).

44. De même, la communication d'une lettre anonyme contenant dénonciation de faits imputés à l'accusé a pu être refusée par le président de la cour d'assises, alors que cette lettre ne faisait pas partie de la procédure (Crim. rej. 11 janv. 1851, aff. Bachelet, D. P. 51. 5. 161). Jugé aussi que le président des assises peut refuser de communiquer aux jurés une lettre à lui remise par le défenseur vers la fin du résumé, s'il motive son refus sur le défaut d'intérêt de ce document, et s'il n'a pas conclu à la réouverture des débats pour le soumettre à une appréciation contradictoire (Crim. rej. 3 févr. 1853, aff. Courtès, D. P. 54. 5. 228). — Le pouvoir du juge en cette matière est tout d'appréciation et, par conséquent, souverain. Il y a seulement pour lui nécessité de statuer (Arrêt précité du 11 janv. 1851). D'autre part, lorsque le président de la cour d'assises juge la production d'une pièce utile à la manifestation de la vérité, il est libre de la soumettre au jury, pourvu que l'accusé ait été admis à la discuter. Ainsi le président de la cour d'assises ne porte pas atteinte aux droits de la défense en ordonnant, après avoir consulté l'accusé, qu'un plan dressé par un témoin et produit par lui au cours de sa déposition sera joint aux pièces de la procédure (Crim. rej. 5 janv. 1855, aff. Campargue, D. P. 55. 5. 137).

45. Le respect dû à la liberté de la défense exige que tous les points de l'accusation puissent être réfutés , et si la défense n'avait pu les aborder tous par suite d'une décision de la cour ou du tribunal, il y aurait lieu de prononcer la nullité de la condamnation. C'est par application de cette règle qu'il a été jugé que la décision d'appel, constatant qu'après le rapport de l'affaire et l'interrogatoire du prévenu, le défenseur a conclu à une audition de témoins et que le ministère public a déclaré s'en remettre à la prudence de la cour, « sur quoi, ajoute l'arrêt, la cour, après avoir délibéré, a déclaré le prévenu mal fondé en ses conclusions et ordonné que le jugement sortirait effet », est entachée de nullité, en ce qu'elle n'établit pas que le prévenu et le ministère public aient été entendus sur le fond comme ils l'ont été sur l'incident (Crim. cass. 3 déc. 1863, aff. Veuille, D. P. 64. 1. 245).

46. Mais la liberté de la défense ne serait pas entravée par suite du fait que, au cours du débat, des réserves auraient été formulées par le ministère public à l'occasion d'un fait

étranger à ce débat. Le prévenu, par exemple, ne serait pas fondé à se plaindre, comme d'une atteinte à la liberté de sa défense, de réserves dont le ministère public s'est fait donner acte, au cours des débats, relativement à une usurpation de nom qui lui serait imputée (Crim. rej. 15 mars 1866, aff. Blondeau de Combas, D. P. 69. 5. 114).

47. Devant les *tribunaux correctionnels*, d'après la loi du 20 mai 1863 sur l'instruction des flagrants délits, le tribunal doit, si l'inculpé le demande, lui accorder un délai de trois jours au moins pour préparer sa défense (art. 4, D. P. 63. 4. 109). Mais en matière correctionnelle la loi n'exige pas que le prévenu soit mis en demeure par le juge d'avoir à se défendre. Il suffit pour la régularité de la procédure que rien ne soit venu gêner ou restreindre l'exercice du droit de défense par le prévenu. Il en résulte que si la défense ne porte pas sur un point de la prévention et que cette abstention soit toute volontaire, la condamnation n'en est pas moins régulière et ne saurait encourir la cassation (Crim. rej. 16 juill. 1874, aff. Renauld, D. P. 75. 5. 136).

48. — 7° *Droit de porter la parole le dernier*. — Le droit de prendre la parole le dernier, consacré en faveur de l'accusé par l'art. 335 c. instr. cr., doit, ainsi qu'il a été dit au *Rép.* n° 143 et suiv., être rigoureusement respecté. La jurisprudence continue à admettre que toute atteinte portée à l'exercice de ce droit entacherait de nullité la condamnation. Il n'existe plus, d'autre part, aucune divergence à ce point de vue entre les auteurs. « Ce principe, dit Nouguier, t. 3, n° 2250, s'étend à tous les incidents pouvant se produire au cours des débats, qu'il s'agisse des cours d'assises ou des tribunaux correctionnels. » — « Il y aurait restriction du droit de la défense, dit à son tour Faustin Hélie, t. 7, nᵒˢ 3348 et 3607, si la réplique avait été refusée à l'accusé (ou au prévenu) ou à son défenseur sur incident quelconque des débats. »

Mais s'il est nécessaire que l'accusé ait la parole le dernier, il suffit, comme on l'a exposé au *Rép.* nᵒˢ 145 et 146, qu'il ait été mis à même d'user du droit que l'art. 335 c. instr. cr. lui confère. Dès lors, l'intervention de l'ordre dans lequel les témoins, la partie civile, le procureur général et le défenseur doivent être entendus devant la cour d'assises, ne serait pas nécessairement une cause de nullité : si néanmoins, en fait, l'accusé a pu prendre la parole le dernier et débattre contradictoirement, tant en plaidoirie qu'en réplique, tout ce qui a été dit à sa charge, si, par exemple, le défenseur de l'accusé a pris la parole avant que le ministère public ait développé les charges de l'accusation, alors que ces charges avaient été exposées dès le début de la discussion dans la plaidoirie de la partie civile, et que le ministère public, ne jugeant pas à propos de les reproduire, s'est implicitement référé aux arguments de cette plaidoirie, aucune nullité n'est encourue; il suffit, en cas pareil, si le ministère public réplique, que le défenseur de l'accusé ait la parole le dernier (Crim. rej. 18 mars 1852, aff. Lupossi-Ventusino, D. P. 52. 5. 151; 13 mai 1852, aff. Bonnefond, D. P. 52. 5. 186; 5 mai 1854, aff. Viernay, D. P. 54. 5. 229). Ainsi encore, le fait par le président d'avoir accordé la parole au défenseur du prévenu après l'exposé de la prévention, au lieu d'attendre que les témoins, la partie civile et le procureur général aient été entendus, n'emporte pas nullité des débats, alors qu'il en résulte pas de restriction aux droits de la défense (Crim. rej. 8 juin 1850, aff. Maynard, D. P. 50. 1. 173).

49. Le droit d'avoir la parole le dernier ne pourrait cependant être invoqué par l'accusé, lorsqu'il s'agit d'un incident soulevé par lui-même, s'il ne tenait qu'à lui ou à son défenseur de répliquer au ministère public (Crim. rej. 15 oct. 1847, aff. d'Ecquevilley, D. P. 47. 1. 338). Spécialement, l'accusé serait mal venu à se plaindre de ce que la cour d'assises a délibéré immédiatement sur des conclusions posées et développées par son défenseur et auxquelles le ministère public a répondu, sans que la parole lui ait été

donnée de nouveau, alors qu'il ne l'a pas réclamée une seconde fois. Dans ce cas, c'est le ministère public qui doit avoir la parole après que les conclusions ont été développées, pour y répondre alors qu'il ne pouvait les connaître d'avance, sauf à l'accusé à redemander la parole s'il le juge convenable; son silence implique qu'il n'avait rien à ajouter à sa défense sur l'incident (Crim. rej. 26 déc. 1873, *Bull. crim.*, n° 315). « Attendu, dit cet arrêt, que les formalités de l'art. 335, qui d'ailleurs ne sont pas prescrites à peine de nullité, s'appliquent seulement au moment solennel qui précède la clôture des débats et nullement aux incidents soulevés par la défense. » — Cette décision n'est nullement contraire à la doctrine qui avait déjà été consacrée par la cour de cassation le 3 déc. 1836 (*Rép.* n° 146), et au principe que l'accusé doit être mis à même de discuter toutes les charges élevées contre lui, sans qu'il y soit apporté d'obstacle. Le devoir du juge ne va pas, en effet, jusqu'à l'obliger à provoquer la réplique de la part de la défense; celle-ci est maîtresse d'exercer ou non le droit qui lui appartient, et le président n'est pas tenu de demander à l'accusé, après les plaidoiries, s'il a ou non quelque chose à ajouter à sa défense. L'art. 335 c. instr. cr. n'exige pas, en effet, une telle interpellation de la part du président; elle n'est prescrite que par l'art. 363 du même code après que le ministère public a requis l'application de la peine (Crim. rej. 23 juill. 1852, aff. Bernet, D. P. 52. 5. 184. V. *infrà*, n° 54).

50. La preuve que l'accusé a été admis à prendre la parole le dernier peut résulter des circonstances, sans qu'il soit nécessaire que ce fait ait été formellement constaté au procès-verbal des débats. Elle peut résulter, notamment, de la mention au procès-verbal que « avant de déclarer les débats terminés, le président a demandé à l'accusé s'il avait quelque chose à ajouter à sa défense » (Crim. rej. 1ᵉʳ sept. 1854, aff. Capdeville, D. P. 54. 5. 217). — Jugé, dans le même sens, que le défaut de mention au procès-verbal des débats que l'accusé ait été mis en demeure de s'expliquer sur les déclarations d'experts ou de témoins entendus de nouveau après le réquisitoire du ministère public et la plaidoirie du défenseur, est dépourvu d'intérêt et ne peut engendrer de nullité, s'il est attesté par le même procès-verbal qu'après cette audition le ministère public et le défenseur ont été entendus dans leurs répliques, et l'accusé interpellé de déclarer s'il avait à ajouter quelque chose à sa défense (Crim. rej. 4 juin 1864, aff. Couty de la Pommeraye, D. P. 64. 1. 497).

51. On a vu au *Rép.* n° 150 que d'après quelques criminalistes, la disposition de l'art. 335, bien qu'elle ne soit pas reproduite parmi les articles relatifs aux débats devant la juridiction correctionnelle, n'en devrait pas moins être observée devant cette juridiction. Ils invoquent, en ce sens, les art. 153 et 190, qui accordent expressément au prévenu la faculté de répliquer après le ministère public. Cette doctrine, que nous avons cru devoir adopter, n'a pas été consacrée par la jurisprudence postérieure à la publication du *Répertoire*. Suivant la cour de cassation, reproduisant en cela la doctrine de son arrêt du 7 nov. 1840 (*Rép.* n° 150), « la nécessité de donner au prévenu la parole en dernier n'existe qu'au grand criminel; aucune disposition ne proscrivant cette obligation n'existant au correctionnel, sauf, devant cette dernière juridiction, que l'inculpé et son défenseur aient été entendus, en quelque ordre qu'ils l'aient été, et que les notes d'audience constatent que la défense a été entendue; l'art. 190 c. instr. cr., en disposant qu'au correctionnel le prévenu pourra répliquer après les conclusions du ministère public, ouvre une simple faculté, mais n'impose pas une obligation (Crim. rej. 11 mai 1876, aff. El-Hadj-el-Miloud-ben-Abderasag, D. P. 77. 1. 462; 16 juill. 1874, aff. Renauld, D. P. 75. 5. 136; 18 août 1878) (1). Il en résulte que le prévenu qui n'a pas usé de la faculté de répliquer aux réquisitions prises contre lui par le procureur de la République ne peut se faire un moyen de

---

(1) (Jacob.) — La cour ; — Sur le premier moyen, pris d'une violation prétendue des art. 190 et 335 c. instr. cr., en ce qu'il résulte de l'arrêt attaqué que, devant les juges d'appel, saisis d'une prévention de banqueroute simple dirigée contre lui, le prévenu n'a pas eu la parole le dernier : — Attendu que par

ordonnance du juge d'instruction de l'arrondissement de Charleville, Jacob avait été renvoyé devant le tribunal de ce siège jugeant correctionnellement, sous la triple prévention : 1° d'avoir, étant commerçant, négligé de déposer son bilan dans les trois jours de la cessation de ses payements ; 2° d'avoir omis de faire

nullité de son abstention, alors même qu'il ne lui aurait été adressé aucune mise en demeure de prendre la parole après le ministère public (Crim. rej. 10 juill. 1868, aff. Carrère, D. P. 69. 1. 118).

52. Mais la faculté de répliquer au ministère public doit, à peine de nullité, être accordée au prévenu qui la réclame, et ne peut lui être refusée sous prétexte, notamment, que la cause est suffisamment entendue (Crim. cass. 21 juin 1851, aff. Gerberon, D. P. 51. 1. 175). C'est ce qui résulte de la doctrine professée par la cour de cassation dans l'arrêt du 11 mai 1876, cité *supra*, n° 51. Conf. Faustin Hélie, *Instruction criminelle*, 2e éd., t. 6, n° 2935 ; Berriat Saint-Prix, *Procédure des tribunaux criminels*, t. 2, n° 838 ; Massabiau, *Manuel du ministère public*, 4 éd., t. 2, n° 2992 ; Nouguier, t. 3, n° 2250).

53. Le débat auquel peuvent donner lieu, devant la cour d'assises, les réclamations de dommages-intérêts par les parties civiles n'est pas soumis aux règles particulières du débat criminel. A l'égard des intérêts civils, l'art. 358 c. instr. cr. se réfère au droit commun (*Rép.* n° 155). Ainsi aucune atteinte n'est portée aux droits de la défense lorsque, après la déclaration de la partie civile qu'elle renonce à sa demande en dommages-intérêts, le président de la cour d'assises n'a pas invité l'accusé ou son défenseur à s'expliquer sur cette déclaration, quand d'ailleurs il ressort des constatations du procès-verbal que l'accusé et son défenseur ont eu la parole les derniers sur l'application de la peine, la parole ne leur a pas été refusée après les conclusions de la partie civile et que, s'ils n'ont pas répliqué, c'est qu'ils n'ont pas jugé utile de le faire (Crim. rej. 20 janv. 1883, aff. Alype, D. P. 84. 1. 137).

54. — 8° *Déclaration du jury, avertissement de l'accusé, application de la peine ; Constatation.* — On a vu au *Rép.* n° 158 que l'art. 363 prescrit au président, à peine de nullité, de demander à l'accusé, après les réquisitions du ministère public pour l'application de la peine, s'il n'a rien à dire pour sa défense. Cette interpellation n'a pas besoin d'être expressément constatée au procès-verbal. Ainsi la mention au procès-verbal que le défenseur, voulant prendre la parole pour demander acte d'un fait antérieur, a été averti qu'il pourrait le faire après l'audition du ministère public, dans ses réquisitions sur l'application de la peine, et que, ce moment venu, il n'a pas pris la parole bien que d'un geste on l'eût averti qu'il pouvait le faire, établit que l'interpellation à l'accusé et à son défenseur de s'expliquer sur l'application de la peine a été faite d'une manière suffisante (Crim. rej. 13 mars 1862, aff. Belhote, D. P. 62. 5. 91). Au surplus, l'omission de l'interpellation n'a pas d'intérêt, lorsque le prévenu n'était, par sa nature, susceptible d'aucune modification (Même arrêt). Il faut ajouter que l'absence du défenseur de l'accusé lors des réquisitions prises par le ministère public pour l'application de la peine et des conclusions de la partie civile, ne pourrait être considérée comme une atteinte au droit de la défense, qu'autant qu'elle aurait eu lieu par un fait personnel au président des assises ou au magistrat remplissant les fonctions du ministère public (Crim. rej. 20 déc. 1849, aff. Paret, D. P. 49. 5. 101 ; 10 juin 1852, aff. Sicard, D. P. 52. 5. 183).

inventaire et de tenir les livres exigés par sa profession ; 3° de s'être, en vue de retarder sa faillite, livré à des circulations d'effets et autres moyens ruineux de se procurer de l'argent ;

Attendu que, par jugement du 25 mars 1873, le tribunal correctionnel de Charleville sans s'expliquer sur le premier chef de prévention, mais tenant pour constants le second et le troisième, a déclaré ledit Jacob, commerçant failli, coupable de banqueroute simple, et l'a condamné à quinze jours de prison ;

Attendu que, devant la cour de Nancy, chambre correctionnelle, saisie tout à la fois par l'appel du prévenu et par l'appel *à minima* du ministère public, le prévenu, par l'organe de son avocat, a fait valoir d'abord ses moyens de défense ; après quoi l'avocat général de service à l'audience a donné ses conclusions et requis, entre autres, que la cour statuât sur le chef de prévention omis dans la sentence des premiers juges, conclusions auxquelles l'arrêt attaqué a fait droit ;

Attendu que le prévenu libre de répliquer au ministère public, dont l'appel avait remis toute la cause en question, n'a pas jugé utile à sa défense de répondre à l'argumentation de ce dernier ; — Qu'à la différence de l'art. 335 c. instr. cr. relatif à la pro-

CHAP. 2. — De la défense en matière civile et disciplinaire (*Rép.* n°s 164 à 282).

Art. 1er. — *Historique et législation (Rép.* n°s 164 à 180).

55. Les dispositions du code de procédure civile qui concernent plus particulièrement la défense en matière civile n'ont subi aucune modification essentielle depuis la publication du *Répertoire*. La défense des parties reste confiée aux avocats et aux avoués, ceux-ci plus spécialement préposés à l'instruction des procès, tandis que les premiers ont seuls en principe le droit de plaider pour les parties.

56. Comme on l'a exposé au *Rép.* n° 177, l'exercice de la plaidoirie par les avoués a été réglementé par le décret du 2 juill. 1812 et par l'ordonnance du 27 févr. 1822. — D'après les dispositions dudit décret, non modifiées sur ce point par l'ordonnance de 1822, les avoués exerçant près les tribunaux chefs-lieux de cours d'appel, de cours d'assises ou de départements, ne pouvaient avoir devant ces juridictions le droit de plaider que les demandes incidentes de nature à être jugées sommairement et les incidents relatifs à la procédure, sauf aux tribunaux, lorsque le nombre des avocats était insuffisant, ou que, pour une cause quelconque, il n'y avait pas d'avocats, à accorder spécialement pour chaque affaire le droit de plaider aux avoués, conformément à l'art. 5 dudit décret. Cependant, contrairement à ces dispositions, plusieurs cours d'appel avaient cru pouvoir accorder d'une manière générale l'autorisation de plaider à des avoués de tribunaux chefs-lieux, en se fondant sur l'insuffisance du nombre des avocats inscrits près ces tribunaux. Le ministre de la justice, tout en rappelant ces cours à l'observation des dispositions qui régissent la matière, en vint à reconnaître que la restriction consacrée par le décret de 1812 présentait de sérieux inconvénients. Il existait, en effet, des tribunaux chefs-lieux de cours d'assises ou de départements, où le nombre des avocats était absolument insuffisant pour assurer la prompte expédition des affaires (V. le rapport de M. Dufaure, garde des sceaux, sur lequel a été rendu le décret du 25 juin 1878, rapporté ci-après). Or il est à peine besoin de dire que l'obligation d'une autorisation spéciale pour chaque affaire constituait, dans les tribunaux qui n'avaient pas un collège d'avocats assez nombreux, une gêne pour la bonne administration de la justice et pouvait préjudicier aux intérêts des plaideurs. Le ministre de la justice résolut de remédier à cet état de choses en faisant disparaître la restriction établie par le décret de 1812 et en permettant aux avoués exerçant près les tribunaux établis aux chefs-lieux de cours d'assises ou de départements de concourir avec les avocats à l'exercice de la plaidoirie, dans les cas prévus et suivant les formes établies par l'ordonnance de 1822 pour les avoués des tribunaux ordinaires. Comme dans les villes où se trouvent des cours d'appel, il existe toujours un barreau suffisant pour assurer le service de la justice, il ne parut pas nécessaire d'étendre la mesure proposée aux tribunaux qui y sont institués. Elle a été réalisée par le décret du 25 juin 1878 (1). — Cette disposition fort importante est la seule qui soit venue apporter, depuis la publication du *Répertoire*, un changement sérieux aux règles qui y sont exposées. — Nous

cédure devant la cour d'assises, où il est dit, sous forme impérative, que « l'accusé aura toujours la parole le dernier », l'art. 190 du même code porte seulement que, devant les tribunaux correctionnels, et après que le ministère public aura donné ses conclusions, « le prévenu et les personnes civilement responsables pourront répliquer » ; que cet article n'ouvre aux prévenus qu'une simple faculté et ne leur impose point une obligation ; qu'aucune atteinte n'est donc portée à leur droit de défense lorsqu'ils n'en réclament pas l'exercice, et que, libres d'user ou non du droit de réplique, ils ne peuvent par leur abstention à cet égard se créer un moyen de nullité ;... — Rejette.

Du 18 août 1878.-Ch. crim.-MM. Robert de Chennevières, rap.-Benoist, av. gén.-Housset, av.

(1) 25 juin-31 juill. 1878. — *Décret relatif à la plaidoirie* (D. P. 78. 4. 88).

LE PRÉSIDENT DE LA RÉPUBLIQUE FRANÇAISE ; — Sur le rapport du garde des sceaux, ministre de la justice ; — Le conseil d'État entendu, — Décrète :

Art. 1er. Les avoués institués près les tribunaux chefs-lieux de

n'avons à signaler, en outre, qu'un décret du 15 juill. 1885 (D. P. 86. 4. 7) pris en raison de celui du 4 juillet précédent modifiant l'époque des vacances des cours et des tribunaux (V. *infrà*, v° *Organisation judiciaire*), qui met d'accord avec les dispositions de ce dernier décret celles de l'art. 3 de l'ordonnance du 27 févr. 1822, en disposant que « chaque année, dans la seconde quinzaine d'octobre, les cours d'appel arrêteront l'état des tribunaux de première instance de leur ressort où les avoués pourront jouir de la faculté de plaider les causes dans lesquelles ils occupent ».

Art. 2. — *Principes généraux sur le droit de défense.* — *Matière disciplinaire (Rép. n°s 181 à 191).*

57. Le droit de défense est aussi respectable en matière civile qu'en matière criminelle et, comme on l'a dit au *Rép.* n° 181, nul ne peut être légalement atteint dans sa fortune de même que dans sa personne, sans s'être défendu ou, tout au moins, sans avoir été mis en mesure de se défendre. — De là la nécessité de l'ajournement qui a pour objet de mettre le défendeur en demeure de se défendre. Cette mise en demeure comporte, non seulement la convocation du défendeur devant le tribunal appelé à statuer sur le litige, mais encore la possibilité pour lui de produire ses moyens de défense et par conséquent, l'obligation de lui laisser, dans le but de les réunir, le temps nécessaire; ce temps est fixé par la loi au moyen de certains délais déterminés par le code de procédure civile. — Les délais dont nous n'avons pas à nous occuper ici (V. *infrà*, v° *Instruction civile*) sont plus ou moins longs et peuvent, notamment, comme quelques dispositions légales en offrent l'exemple, être abrégés pour cause d'urgence; mais, comme il n'y a pas de décision judiciaire possible sans la faculté pour les plaideurs de présenter leurs moyens de défense, les délais ne peuvent en aucun cas, disparaître complètement. A défaut même d'une disposition légale qui fixe un délai, une décision judiciaire ne saurait être rendue sans que le délai moral nécessaire à la défense ait été laissé aux parties. C'est ainsi qu'on a déclaré nulle la sentence rendue par des arbitres le jour même de leur constitution, sous prétexte d'urgence, alors que le défendeur fait défaut, un délai devant toujours être accordé au défendeur pour présenter ses moyens de défense (Paris, 15 févr. 1851, aff. Plançon, D. P. 51. 2. 78). Il a de plus été décidé qu'une telle nullité est d'ordre public (Même arrêt).

58. On a cité au *Rép.* n° 185, comme des exceptions à la règle qu'une partie doit être entendue ou appelée, le cas prévu par le décret du 29 août 1813, qui inflige une amende à l'huissier qui a signifié une copie illisible et celui mentionné par l'art. 1031 c. proc. civ. relatif aux procédures et actes frustratoires. Cette seconde exception paraît admise par la cour de cassation (V. Civ. cass. 7 avr. 1880, aff. Nicollet, D. P. 80. 1. 218), mais elle est contestée par certains auteurs, notamment, par Chauveau sur Carré, *Lois de la procédure civile*, quest. 3396, et la cour de Riom a jugé qu'un avoué ne peut être condamné personnellement aux frais d'une expertise, sans avoir été ni appelé, ni entendu (Riom, 13 juin 1866, aff. Lapeyre, D. P. 80. 1. 219, note). Dans tous les cas, les dispositions qui viennent d'être signalées ont un caractère exceptionnel, et en dehors des hypothèses quelles prévoient, on doit appliquer rigoureusement les principes du droit commun. Il en est ainsi notamment dans le cas prévu par l'art. 132 c. proc. civ., d'après lequel les officiers ministériels qui ont excédé leurs pouvoirs peuvent être condamnés en leur nom; rien n'autorise à croire que, dans ce cas, la loi ait entendu enlever aux officiers ministériels le bénéfice du droit commun.

59. En matière de discipline, on reconnaît toujours que le droit de défense doit être respecté non seulement devant les tribunaux statuant en matière disciplinaire (*Rép.* n°s 117 et suiv.), mais encore devant les conseils disciplinaires, bien que ceux-ci ne soient astreints à aucune forme spéciale de procédure pour l'instruction des affaires qui ressortissent à

leur juridiction. Les règles spéciales à cet objet ont été déjà exposées *suprà*, v^ia *Avocat*, n° 203; *Avoué*, n° 105, et le seront *infrà*, v^is *Huissier; Notaire*. Nous nous bornons ici à rappeler les règles générales applicables à toutes les chambres de discipline.

En principe, comme on l'a vu au *Rép.* n° 188, une condamnation disciplinaire ne peut intervenir qu'autant qu'elle a été précédée d'une citation, d'une mise en demeure de se défendre. Une chambre de discipline ne peut, notamment, prononcer une peine disciplinaire à raison d'infractions qui n'ont pu être comprises dans la citation et alors que l'inculpé n'a pas été averti que ces infractions seraient l'objet d'une action disciplinaire (Civ. cass. 29 mai 1883, aff. Saffrey, D. P. 84. 1. 79). A plus forte raison la décision serait-elle nulle si l'inculpé n'avait pas été cité (Civ. cass. 17 juin 1867, aff. Coste, D. P. 67. 1. 196) et s'il n'avait pas été entendu dans sa défense (Civ. cass. 1er mars 1853, aff. Bournizien, D. P. 53. 1. 54).

60. Toutefois, bien que l'indication des faits servant de base à la poursuite dans la lettre ou la citation qui appelle l'inculpé devant la chambre de discipline soit une formalité essentielle, dont la violation donne ouverture à cassation (Civ. cass. 24 janv. 1881, aff. Baron, 2e arrêt, D. P. 81. 1. 218-220), la nullité qui résulte d'une telle omission peut être couverte par la comparution volontaire de l'inculpé devant la chambre et l'acceptation, de sa part, du débat au fond sur la plainte portée contre lui (Même arrêt du 24 janv. 1881; Civ. cass. 18 mai 1870, aff. B..., D. P. 70. 1. 429; Req. 11 avr. 1881, aff. Aubry, D. P. 82. 1. 24; Civ. rej. 10 janv. 1884, aff. Quineau, D. P. 84. 1. 252; Req. 14 janv. 1885, aff. Legrand, D. P. 85. 1. 166). En outre, si la citation doit contenir l'indication des faits qui sont l'objet de la poursuite, il n'est pas nécessaire qu'elle en contienne l'exposé détaillé (Req. 17 août 1880, aff. Courtial, D. P. 81. 1. 342).

Art. 3. — *De l'exercice de la défense devant les tribunaux ordinaires (Rép. n°s 192 à 251).*

§ 1er. — Droits des parties de présenter leur défense et obligation de choisir un défenseur — Privilège des avocats et avoués (*Rép.* n°s 192 à 219).

61. Il n'a été apporté, depuis la publication du *Répertoire*, aucun changement aux principes qui règlent l'exercice du droit de défense devant les tribunaux civils, notamment en ce qui concerne l'obligation pour les parties, à défaut d'une exception consacrée par la loi, de se faire représenter par un avoué pour tous les actes de la procédure, soit en demande, soit en défense (*Rép.* n° 192). — Quant au droit des parties de se défendre elles-mêmes, il s'exerce toujours dans les conditions réglées par l'art. 85 c. proc. civ. que nous avons exposées au *Rép.* n°s 193 et suiv. Il en est de même en ce qui concerne le privilège des avocats de plaider pour les parties, à défaut de celles-ci (*Rép.* n°s 199 et 200), et l'exception consacrée par l'art. 86 (*Rép.* n° 203 et suiv.), en faveur de certains magistrats dans les affaires qui les intéressent personnellement ou leurs proches parents ou alliés en ligne directe (V. *suprà*, v° *Avocat*, n° 93 et suiv.). Quant à la seconde exception, relative aux avoués, elle a continué (*Rép.* n°s 206 et suiv.) à soulever de sérieuses difficultés qui ont donné lieu à un certain nombre de décisions judiciaires et même à de nouvelles dispositions légales (V. *suprà*, n° 56, et v° *Avoué*, n°s 12 et suiv.). — On a vu au *Rép.* n° 206 et suiv. qu'en vertu du décret du 2 juill. 1812 et de l'ordonnance du 27 févr. 1822, les avoués ne peuvent plaider, dans les affaires où ils occupent, que les demandes incidentes qui sont de nature à être jugées sommairement, qu'ils ne sont admis à plaider les autres causes dans lesquelles ils occupent que dans le cas où le nombre des avocats inscrits sur le tableau ou stagiaires exerçant et résidant dans le chef-lieu est insuffisant pour la plaidoirie et l'expédition des affaires. Cette faculté, sous le régime de l'ordonnance de 1822 et

cours d'assises ou de départements pourront être autorisés à plaider les causes dans lesquelles ils occuperont, lorsque le nombre des avocats inscrits sur le tableau ou stagiaires exerçant et résidant dans le chef-lieu sera jugé insuffisant pour la plaidoirie et l'expédition des affaires. Cette autorisation sera donnée par la

cour d'appel, dans la forme prévue par les art. 3 et 4 de l'ordonnance du 27 févr. 1822.

Art. 2. Les dispositions de l'art. 3 du décret du 2 juill. 1812 sont abrogées en ce qu'elles ont de contraire au présent décret.

du décret de 1812, n'était d'ailleurs accordée qu'aux avoués près les tribunaux autres que ceux des chefs-lieux de cours d'appel, de cours d'assises ou de départements ; ces derniers pouvaient seulement y être autorisés par une décision du tribunal, spéciale à chaque affaire. On a vu *suprà*, n° 56, qu'un décret du 25 juin 1878 a supprimé cette anomalie. Actuellement donc, les avoués n'ont, en principe, le droit de plaider ni devant le tribunal civil, ni devant la cour d'appel. Mais les avoués près les tribunaux, les seuls tribunaux du chef-lieu des cours d'appel exceptés, peuvent être autorisés, par décision de la cour d'appel, à plaider les causes dans lesquelles ils occupent, lorsque le nombre des avocats inscrits au tableau et des avocats stagiaires exerçant et résidant dans le chef-lieu sera jugé insuffisant pour la plaidoirie et l'expédition des affaires.

Comme on vient de le rappeler, les avoués ont, d'autre part, devant tous les tribunaux, aux termes des art. 2 du décret du 2 juill. 1812 et 5 de l'ordonnance du 27 févr. 1822, le droit de plaider : 1° les demandes incidentes qui sont de nature à être jugées sommairement; 2° tous les incidents relatifs à la procédure.

62. Quelles sont les affaires comprises dans la première de ces deux catégories? La question présente toujours quelques difficultés. Il faut, avant tout, bien fixer le sens des mots *jugées sommairement*, qu'emploient le décret de 1812 et l'ordonnance de 1822. Ces expressions sont-elles synonymes des mots *jugées comme affaires sommaires* dont se sert, notamment, l'art. 718 c. proc. civ.? Les opinions sont très partagées à cet égard (V. *Rép.* v° *Matières sommaires*, n°s 8 et suiv.); mais, quelle que soit la solution qui doive être adoptée, en général, dans les différents cas où la loi prescrit que les contestations soient jugées sommairement, on est porté à croire que, dans les dispositions précitées du décret du 2 juill. 1812 et de l'ordonnance du 27 févr. 1822, ces expressions désignent les causes qui doivent être soumises à une instruction rapide et recevoir une prompte solution, sans viser précisément leur caractère ordinaire ou sommaire. Cette doctrine paraît confirmée par l'explication suivante que donnait, en 1838, M. Pascalis, rapporteur de la commission du Gouvernement au sujet de la disposition qui est devenue l'art. 718 c. proc. civ., modifié par la loi du 2 juin 1841 : « Nous croyons nécessaire de dire que ces affaires sont *instruites et jugées comme affaires sommaires*. Si cette explication n'était donnée, les avoués, dans les tribunaux mêmes où il y a un collège d'avocats, pourraient en réclamer la plaidoirie, parce que les règlements leur attribuent le droit de plaider, dans les affaires où ils occupent, les demandes incidentes de nature à être jugées sommairement et les incidents de procédure ».

63. La question s'est posée spécialement à propos de demandes en distraction ou en revendication d'immeubles saisis, et de demandes en nullité du titre de créance d'un surenchérisseur sur aliénation volontaire. D'après ce qui vient d'être dit sur les demandes de cette catégorie, il est évident que les demandes en revendication d'immeubles saisis et en nullité du titre de créance d'un surenchérisseur ne sauraient être classées parmi les demandes incidentes de nature à être jugées sommairement, car on ne peut prétendre qu'elles ne doivent pas être instruites à fond et jugées avec la maturité qu'exige la solution des questions difficiles qu'elles font souvent naître. Vainement dirait-on que la demande en distraction d'immeubles saisis, étant rangée par la loi elle-même au nombre des incidents de saisie immobilière (les art. 725 à 727 concernant cette demande appartiennent, en effet, au titre consacré à ces incidents), doit être considérée comme un incident de procédure, dans le sens des art. 2 du décret de 1812 et 5 de l'ordonnance de 1822. L'explication de M. Pascalis qui vient d'être reproduite répond à cette objection. L'honorable membre de la commission la complétait, d'ailleurs, en ces termes : « La variété des incidents sur la saisie immobilière et l'importance de leurs résultats sont telles qu'il peut être utile d'en entourer l'instruction des garanties réclamées au moins pour les affaires sommaires. Or, d'après l'état actuel de la jurisprudence, les avoués ne peuvent plaider ces sortes d'affaires... ». Telle est l'opinion professée par la plupart des auteurs (Chauveau, *Saisie immobilière*, quest. 2412 *octies;* Rodière, *Compétence et procédure civiles*, 4ᵉ éd., t. 2, p. 314. — Contrà :

Rousseau et Laisney, *Dictionnaire de procédure civile*, v° *Vente judiciaire d'immeubles*, n° 1058) et elle a été consacrée par la cour de cassation (Civ. cass. 30 déc. 1878, aff. Procureur général de la Martinique, D. P. 81. 1. 57). « Attendu, dit cet arrêt, qu'il ressort des art. 2 et 5 de l'ordonnance du 27 févr. 1822 que la plaidoirie des procès pendants, soit devant les cours d'appel, soit devant les tribunaux de première instance, est attribuée en principe aux avocats à l'exclusion des avoués, sans distinction entre les affaires ordinaires et les affaires sommaires, et qu'il n'est apporté d'exception à cette règle générale que pour les demandes incidentes qui sont de nature à être jugées sommairement et pour tous les incidents relatifs à la procédure; — Qu'on ne saurait ranger dans cette catégorie des demandes qui, affectant le fond du droit, sont de nature à soulever de graves difficultés et nécessitent une discussion approfondie; — Que les demandes en revendication d'immeubles ou en nullité de créances hypothécaires ont évidemment ce caractère, et qu'il importe peu, dès lors, qu'elles soient introduites à la suite d'une saisie immobilière ou d'une surenchère; — Qu'elles constituent, en effet, à proprement parler, un procès distinct de la procédure à laquelle elles se rattachent; — Attendu, d'ailleurs, qu'aux termes de l'art. 718 c. proc. civ., toute demande incidente à une poursuite en saisie immobilière doit être instruite et jugée comme affaire sommaire; — Que, d'après l'art. 832 du même code, il doit être procédé comme en matière sommaire à la réception de la caution offerte dans le cas de surenchère sur la vente volontaire, et qu'il résulte nécessairement de l'assimilation des incidents dont il s'agit aux affaires sommaires que les avoués n'ont pas qualité pour les plaider ».

64. Aux termes d'un décret du 15 juill. 1885 (*suprà*, n° 56, et D. P. 86. 4. 7), c'est dans la seconde quinzaine d'octobre, c'est-à-dire dans la première quinzaine qui suit la rentrée, que les cours d'appel doivent arrêter l'état des tribunaux de première instance de leur ressort où les avoués peuvent plaider les causes dans lesquelles ils occupent en raison de l'insuffisance du nombre des avocats nécessaires pour l'expédition des affaires. Avant le décret du 15 juill. 1885 qui a modifié l'époque des vacances des cours et tribunaux, cette détermination se faisait dans la première semaine de novembre, ainsi qu'il a été dit au *Rép.* n° 211.

65. L'autorisation donnée par la cour aux avoués d'exercer la plaidoirie, bien que constituant une mesure transitoire, est cependant valable pour toute la durée de l'année judiciaire, et elle ne saurait, au cours de cette période être rapportée par une délibération contraire. En décidant que la délibération relative à la plaidoirie des avoués serait prise dans la première quinzaine de l'année judiciaire, l'ordonnance de 1822 a voulu que le régime fait aux avoués près chaque tribunal fût réglé pour l'année entière, que ce régime fût fixé dès le commencement de l'exercice judiciaire et pour toute sa durée, de telle manière que la régularité du service fût assurée, que les avoués, qui savent qu'ils auront à plaider les affaires, fussent prêts à fournir leurs plaidoiries lorsque les affaires seraient utilement appelées; que le tribunal en cours de judicature ne vît pas ses audiences suspendues, parce que l'inscription d'avocats en cours d'année dépouillerait les avoués des dossiers qu'ils auraient préparés. Et alors même que, dans le cours de l'année commencée, le nombre des avocats viendrait à augmenter, on a voulu qu'une expérience sérieuse donnât la certitude que les avocats, récemment arrivés, auraient dans l'arrondissement une résidence sérieuse et durable, qu'ils se présenteraient d'une manière suivie à l'audience pour y assurer le service; et il est impossible que, dans le cours de la même année, des mesures diverses de cette nature puissent se succéder plus ou moins rapidement, sans apporter à l'administration de la justice le trouble qu'on a précisément voulu éviter. — La même solution ressort des dispositions de l'ordonnance prescrivant que la délibération soit prise à la diligence du procureur général, après avis des tribunaux, qu'elle soit soumise à l'approbation du garde des sceaux. Ces prescriptions prouvent suffisamment qu'il ne s'agit point d'une mesure accidentelle que l'on peut prendre et révoquer à chaque instant. — Enfin l'approbation de la délibération doit recevoir indique, de plus, que le pouvoir des cours n'est point souverain et absolu en ces matières et qu'il est subordonné à un

contrôle supérieur. Or, si la délibération prise par une cour, et qui aura autorisé les avoués d'un tribunal à plaider pendant la durée de la judicature qui commence, a été approuvée par le garde des sceaux, cette approbation doit tenir dans les conditions où elle a été donnée, et elle doit avoir effet pendant la durée de cette judicature. Autoriser la cour à revenir sur cette approbation, à en annuler les effets pendant une partie du temps pour lequel elle avait été donnée, c'est intervertir complètement les rôles tels qu'ils ont été créés par l'ordonnance; c'est donner le pouvoir de contrôle et de revision à celui qui y était soumis (V. Rapport de M. le conseiller Féraud-Giraud, dans l'affaire jugée par la cour de cassation le 9 juin 1884, D. P. 84. 1. 410). — Cette règle a cependant été contestée; on a prétendu que la cour d'appel pouvait, au cours de l'année judiciaire, rapporter la délibération qu'elle avait prise dans les conditions prévues par l'art. 3 de l'ordonnance de 1822; et la cour d'Angers avait cru pouvoir prendre une semblable délibération. « Considérant, disait cette cour pour justifier la mesure par elle prise, que si l'art. 3 de l'ordonnance de 1822 prescrit d'arrêter chaque année, dans la première quinzaine de novembre (actuellement la dernière quinzaine d'octobre), l'état des tribunaux où les avoués pourront jouir de la faculté de plaider les causes dans lesquelles ils occuperont, c'est uniquement parce que cette époque est celle de la reprise des travaux judiciaires et qu'il est plus spécialement opportun d'y pourvoir à ce moment; mais qu'il ne résulte nullement des termes de cet article, ni qu'il ne puisse être pourvu à la même situation au cours de l'année judiciaire, si le besoin ne s'en présente qu'alors, ou s'il a été omis d'y pourvoir à la rentrée, ni que l'exercice de cette faculté qui constitue une exception au privilège des avocats et qui n'a sa raison d'être que dans la nécessité de l'administration de la justice doive survivre à cette nécessité elle-même; — Considérant, en effet, que ladite ordonnance ne s'explique en aucune façon sur la durée de l'autorisation qui peut être accordée aux avoués; elle ne prescrit pas notamment que, lorsque cette autorisation leur est octroyée, elle le soit au moins pour la durée d'une année entière, et ne puisse, par conséquent, leur être retirée au cours de l'année judiciaire, si, l'intervalle écoulé, viennent à disparaître les causes qui en avaient motivé la concession ;... — Considérant que c'est précisément parce que la concession aux avoués de la faculté de plaider constitue une exception au privilège des avocats que, pour la plus complète garantie des droits de ceux-ci, l'ordonnance de 1822, qui retire en principe la plaidoirie aux avoués, a établi que les décisions des cours d'appel, créant cette exception, seraient soumises à l'approbation ministérielle; mais il n'en est de même que les décisions défendant la plaidoirie aux avoués ni des délibérations rétractant celles qui, à raison de la nécessité, leur avaient accordé exceptionnellement la faculté de plaider; les délibérations portant cette défense et celles opérant ce retrait ont en effet pour objet soit d'exiger et maintenir, soit de rétablir l'observation de la règle, et c'est aux cours d'appel qu'appartient alors l'appréciation souveraine des circonstances; c'est pour cela que l'ordonnance de 1822 n'a établi le contrôle de la chancellerie que relativement aux délibérations qui créent l'exception au privilège des avocats. » — La cour de cassation a condamné ce dernier système; elle a déclaré qu'une cour d'appel commet un excès de pouvoir lorsqu'elle s'attribue, au cours d'une année judiciaire, la faculté de modifier à son gré, et suivant les circonstances, sa précédente délibération qui, avec l'approbation du garde des sceaux, a autorisé les avoués d'un tribunal de son ressort à plaider pendant toute la durée de cette année judiciaire (Req. 9 juin 1884, aff. Procureur général près la cour de cassation, D. P. 84. 1. 409).

66. La cour de cassation a également résolu négativement la controverse, que nous avons signalée au *Rép.* n° 217, sur le point de savoir si la compagnie des avoués peut intervenir dans la cause où les droits de l'un de ses membres seraient contestés. Elle a jugé, en effet, que le jugement qui dénie à un avoué le droit de plaider les affaires d'une certaine nature ne peut être frappé de tierce opposition par les autres avoués exerçant près le même tribunal, et, dès lors, que ceux-ci ne sont pas recevables à intervenir sur l'appel de ce jugement (Civ. cass. 30 déc. 1878, aff. Procureur général de la Martinique, D. P. 81. 1. 57).

67. Si, comme on l'a dit au *Rép.* n° 218, une partie peut, en matière civile comme en matière commerciale, se faire défendre par deux avocats, la circonstance qu'une partie a, dans le litige, des qualités et des intérêts distincts, ne l'autorise pas à constituer plusieurs avoués. Ainsi, le défendeur assigné tant en son nom personnel que comme héritier bénéficiaire de son père, à l'effet d'entendre déclarer la faillite d'une société dont son père et lui faisaient partie, ne peut constituer un avoué pour le représenter de son chef personnel, et un autre avoué pour le représenter en sa qualité d'héritier bénéficiaire (Montpellier, 12 déc. 1857, aff. Fabrègue, D. P. 58. 2. 32). Si les intérêts d'une partie sont distincts, sans pour cela être opposés, elle doit en charger un seul avoué, car leur diversité ne fait point obstacle à ce qu'un seul avoué la défende, et il y aurait, au contraire, sous le rapport de l'économie et de la simplicité de la procédure, de graves inconvénients à ce que la défense en fût divisée entre plusieurs avoués. Que s'il existe entre ces intérêts divers une opposition réelle, comme cela peut arriver lorsqu'une partie procède tout à la fois en son nom personnel et au nom de tiers qu'elle représente (par exemple, de mineurs placés sous sa tutelle), cette partie doit, pour cette circonstance, ne s'occuper que de ses propres intérêts, et laisser à d'autres (au subrogé tuteur, par exemple), le soin de soutenir les intérêts étrangers qui sont contraires aux siens. Alors, s'il y a plusieurs avoués, chacun d'eux représentera du moins une partie différente.

§ 2. — De la défense avant l'audience et à l'audience, et des défenseurs. — Défense écrite. — Défense orale (*Rép.* n°s 220 à 251).

68. Nous n'avons rien à ajouter aux explications qui ont été présentées au *Rép.* n°s 220 à 234 sur le droit des parties de diriger librement leur défense, d'obtenir communication des pièces dont l'adversaire entend faire usage, le choix des moyens, etc.; les principes que nous avons exposés sont toujours applicables et les observations complémentaires auxquelles ces questions peuvent donner lieu trouvent leur place sous d'autres mots, soit au *Répertoire*, soit au *Supplément* (V. *suprà*, v° *Conclusions*, n° 12; *infrà*, v°s *Exceptions*; *Instruction par écrit*; *Instruction civile*, etc.).

69. On a vu au *Rép.* n° 235 que, suivant M. Chauveau, un jugement rendu sur les simples conclusions d'une partie, lorsque son avocat est légitimement empêché de se trouver à l'audience et qu'elle a réclamé un délai, est entaché de nullité. Cette opinion, qui ne nous avait pas paru fondée, a été repoussée avec raison par la cour de cassation; aux termes de l'art. 28 du décret du 30 mars 1808, lorsque les conclusions ont été prises, les juges ont un pouvoir souverain pour décider si l'absence de l'avocat peut ou ne peut pas motiver la remise de l'affaire. Dès lors, l'absence de l'avocat de l'une des parties, même en temps de vacances, ne vicie pas la décision, le juge ayant le droit absolu de remettre ou non, dans ce cas, une affaire dans laquelle les conclusions ont été prises (Civ. cass. 25 mai 1868, aff. Drevet, D. P. 69. 1. 277).

70. On a vu au *Rép.* n°s 236 et suiv. que personne n'a le droit d'être entendu après le ministère public, agissant comme partie jointe; une partie ne pourrait, par exemple, après l'audition du ministère public, prendre la parole pour proposer une exception, celle de chose jugée notamment (Req. 6 nov. 1865, aff. Chemin de fer de l'Est, D. P. 66. 1. 252). Il n'en serait autrement que si les juges avaient consenti à rouvrir les débats et pourvu que, dans les débats ainsi repris, les parties soient contradictoirement entendues et que le ministère public ait posé de nouveau ses conclusions sur l'affaire qui a fait l'objet de la communication (Civ. cass. 31 janv. 1865, aff. Dardenne, D. P. 65. 1. 390. V. aussi Civ. cass. 10 avr. 1865, aff. Messageries impériales, D. P. 65. 1. 229). En dehors de ce cas, les parties peuvent seulement, après l'audition du ministère public et pendant le délibéré, présenter au juge des observations, éclaircissements et mémoires tendant à justifier leurs prétentions (Req. 29 mai 1850, aff. Cotterau, D. P. 50. 1. 315-316). C'est la confirmation de la doctrine que nous avons exposée au

Rép. n°s 240 et suiv. (V. aussi *supra*, v° *Conclusions*, n°s 14 et suiv.).

71. L'art. 87 du décret du 30 mars 1808 dispose qu'en matière civile, après l'audition du ministère public, les parties devront remettre *sur-le-champ* au président les notes qu'elles croiront devoir soumettre au tribunal. Mais il n'en résulte pas que les parties puissent être déclarées déchues... en ce que, dans une affaire renvoyée à huitaine pour la prononciation du jugement, les notes n'auraient été remises que trois jours après la clôture des débats; ou en ce que ces notes auraient été non manuscrites, mais imprimées; ou encore en ce que ces notes auraient été non pas remises au président seul, mais distribuées aux membres du tribunal, si d'ailleurs la distribution n'a pas été étendue à d'autres personnes (Besançon, 20 août 1852, aff. de Viray, D. P. 53. 2. 79).

72. Il suffit que les conclusions du ministère public aient soulevé un moyen nouveau pour que les notes que les parties peuvent remettre au tribunal avant le jugement, puissent contenir une discussion de ce moyen; on prétendrait à tort que ces notes ne peuvent avoir pour objet que de simples rectifications de fait·(Besançon, 20 août 1852, cité *supra*, n° 71). — Toutefois la faculté reconnue aux parties lorsqu'une cause a été mise en délibéré après l'audition du ministère public, de produire de simples notes et observations, ne va pas jusqu'à leur permettre de remettre aux juges, pendant le délibéré, des pièces nouvelles qui n'auraient pas été communiquées à toutes les autres parties en cause. Les juges ne sauraient jamais état, dans leur sentence, de pièces ainsi produites sans s'assurer et constater que les documents non réellement introduits ont bien été communiqués à toutes les parties en cause et sans rouvrir au besoin les débats pour les soumettre à une discussion contradictoire. Ce sont là des conditions essentielles du droit de défense, qu'on ne saurait enfreindre sans enlever aux justiciables les garanties d'un débat complet en audience publique et sans exposer la religion des magistrats à de regrettables surprises. Il est donc interdit au juge, à peine de nullité, de puiser des motifs de décision dans des pièces qui, produites pour la première fois dans la cause après l'audition du ministère public, lui sont remises pendant le délibéré dans la chambre du conseil, et dont il n'a pas ordonné ou constaté la communication préalable aux parties (Civ. cass. 22 mai 1878, aff. Dangla, D. P. 78. 1. 266). Mais la communication à la partie adverse ne serait pas nécessaire si la production faite après la clôture des débats n'avait pour objet que de simples notes ou observations (V. Req. 14 janv. 1867, aff. de Guizelin, D. P. 67. 1. 430).

73. On a vu au *Rép.* n° 239 qu'en rejetant de la cause un mémoire tardivement produit, les juges peuvent en ordonner la suppression, lorsque les termes en sont irrévérencieux et injurieux pour le ministère public. Mais si, après la discussion d'un moyen nouveau par le ministère public, il est distribué aux juges une note imprimée sous le titre de « Réponse aux conclusions du ministère public », il ne suit pas que cette note doive être supprimée comme irrévérencieuse envers le magistrat qui siégeait au parquet, alors qu'on s'y borne à une discussion modérée du moyen soulevé d'office par ce dernier (Besançon, 20 août 1852, cité *supra*, n° 71). — La même règle est applicable aux actes signifiés par l'une des parties et qui seraient injurieux et diffamatoires pour les membres du tribunal, ou même pour un avocat. La suppression peut en être ordonnée, sans qu'il y ait violation du droit de défense (Req. 9 déc, 1874, aff. Princesse de Craon, D. P. 75. 1. 225).

Art. 4. — *De l'exercice du droit de défense devant les juridictions spéciales. — Justices de paix; Tribunaux de commerce; Prud'hommes-arbitres; Cour de cassation; Tribunaux administratifs; Cour des comptes (Rép. n°s 252 à 282).*

74. — I. Justice de paix. — L'exercice du droit de défense devant la justice de paix n'a soulevé, depuis la publication du *Répertoire*, aucune difficulté nouvelle; il nous suffira donc de nous référer aux observations que nous y avons présentées aux n°s 252 et suiv. — La seule question délicate est celle de savoir si le pouvoir dont doit être muni le mandataire par lequel les parties peuvent se faire représenter, doit être nécessairement rédigé par écrit. La cour de cassation jusqu'à ces derniers temps, n'avait pas été appelée à se prononcer sur cette question, mais la doctrine et la pratique étaient déjà d'accord pour exiger un mandat écrit. On a de tout temps été frappé des graves inconvénients qu'il y aurait à admettre, en cette matière, le mandat verbal ou tacite induit des circonstances de la cause, celles-ci pouvant toujours avoir des apparences trompeuses. La loi n'ayant pas autorisé ce mode, on a reconnu préférable de s'en tenir au mandat écrit, dont l'existence et l'étendue pourront ainsi être appréciées par la partie adverse et par le juge, ce qui est indispensable pour la validité de la procédure (Conf. Chauveau sur Carré, *Lois de la procédure*, t. 1, p. 44; Rousseau et Laisney, *Dictionnaire de procédure*, t. 5, v° *Juge de paix*, n°s 60, 61; Allain et Carré, *Manuel des juges de paix*, 4° éd., t. 2, n° 2468). Cette doctrine a été ratifiée par la cour suprême; elle a reconnu que les parties peuvent se faire représenter devant le juge de paix par un fondé de pouvoir, mais qu'il est indispensable que ce mandat spécial soit donné par écrit, sans que son existence puisse s'induire, par voie de présomptions, des faits et circonstances de la cause (Civ. cass. 21 juill. 1886, aff. Azimont, D. P. 87. 1. 220).

75. Comme on l'a vu au *Rép.* n° 267, le seul point discuté entre les auteurs est celui de savoir si l'on peut exiger que le mandat soit donné en la forme authentique. L'opinion générale et la pratique se contentent d'une procuration sous seing privé et enregistrée, dont la signature est ordinairement légalisée (Rousseau et Laisney, *op. cit.*, v° *Juge de paix*, n° 60).

76. — II. Tribunaux de commerce. — On a dit au *Rép.* n°s 272 et suiv. que devant les tribunaux de commerce, aux termes des art. 414 c. proc. civ. et 267 c. com., les parties sont dispensées du ministère d'avoué, bien qu'elles soient libres de confier le soin de leurs intérêts à un avoué ou à un avocat, qui agissent alors comme simple particulier. Les parties sont libres, d'ailleurs, dans le choix de leur mandataire; elles ne peuvent toutefois choisir un huissier (*Rép.* n° 276). — En ce qui concerne des agréés (*Rép.* n° 273), V. *supra*, v° *Agréé*, n°s 13 et suiv.

77. — III. Conseils de prud'hommes. — La loi du 1er juin 1853 (D. P. 53. 4. 94) n'a apporté aucune modification aux règles de la défense devant les conseils de prud'hommes exposées au *Rép.* n° 278 (V. *infra*, v° *Prud'hommes*).

78. — IV. Arbitres. — V. les règles exposées au *Répertoire* quant à la défense devant les arbitres. — V. *Rép.* n° 279, et *supra*, v° *Arbitrage*, n° 89.

79. — V. Cour de cassation. — V. *Rép.* n° 280, et *supra*, v° *Cassation*, n°s 86 et suiv.

80. — VI. Tribunaux administratifs. — V. *Rép.* n° 281, et *supra*, v° *Conseil d'Etat*, n°s 334 et suiv.; et *infra*, v° *Organisation administrative*.

81. — VII. Cour des comptes. — V. *Rép.* n° 282, et *supra*, v° *Cour des comptes*, n°s 22 et suiv.

Table sommaire

des matières contenues dans le Supplément et le Répertoire.

Table chronologique des Lois, Arrêts, etc.

DÉFRICHEMENT. — V. *infrà*, vˢ *Forêts; Usage-usage forestier.*

DÉGRADATION. — V. *Dommage-destruction-dégradation;* — *Rép.* eod. vᵒ, nᵒˢ 160 et suiv. — V. aussi *infrà*, vˢ *Louage; Voirie par terre.*
En ce qui concerne :... la dégradation prononcée contre le membre de la Légion d'honneur qui a encouru une peine, V. *Ordres civils et militaires; — Rép.* eod. vᵒ, nᵒˢ 237 à 253;
... La dégradation militaire, V. *Organisation militaire;* — *Rép.* eod. vᵒ, nᵒˢ 734 et suiv.;
... La dégradation civique, — V. *Peine; Rép.* eod. vᵒ, nᵒˢ 63 et suiv.

DEGRÉS DE JURIDICTION.

Division.

CHAP. 1. — Historique et législation. — Droit comparé. — Règles générales (nᵒ 1).

CHAP. 2. — Des degrés de juridiction en matière civile (nᵒ 11).

SECT. 1. — Justices de paix (nᵒ 11).
SECT. 2. — Tribunaux de première instance ou d'arrondissement (nᵒ 16).

ART. 1. — Degrés de juridiction, soit dans quelques matières spéciales, enregistrement, communes, etc., soit à l'égard de certains jugements, soit en cas d'opposition, d'intervention, etc. (nᵒ 16).
ART. 2. — Degrés de juridiction dans les affaires d'une valeur déterminée. — Principes généraux (nᵒ 21).
§ 1. — Mode de détermination du ressort. — Demande et conclusions (nᵒ 22).
§ 2. — Effets du changement ou de la réduction de la demande. — Acquiescement. — Offres réelles (nᵒ 28).
§ 3. — Cas où la demande inférieure au taux de l'appel se rattache à un intérêt supérieur à ce taux (nᵒ 32).
§ 4. — Effets de la réunion, sous le rapport des degrés de juridiction, de plusieurs demandes en une seule. — Intérêt collectif. — Solidarité (nᵒ 35).
§ 5. — Demandes en garantie, en intervention, en jonction d'instances (nᵒ 58).
§ 6. — Demandes accessoires. — Intérêts. — Fruits. — Droits d'enregistrement. — Frais et dépens. — Dommages-intérêts. — Contrainte par corps (nᵒ 69).
§ 7. — Demandes d'une valeur déterminée, contenant ou soulevant des chefs indéterminés (nᵒ 80).

CHAP. 1er. — Historique et législation. — Droit comparé. — Règles générales (*Rép.* n°s 1 à 20).

1. L'organisation judiciaire n'a pas subi, en France, depuis que le *Répertoire* a été publié, de modifications qui aient touché aux rapports des diverses juridictions entre elles et à leur hiérarchie, aux matières qui ressortissent spécialement à chacune d'elles ni au taux de leur compétence en premier et dernier ressort (V. *supra*, v^is *Appel civil; Cassation; Compétence civile des tribunaux de paix; Compétence commerciale*). Il n'y a donc rien de changé aux principes généraux qui ont été exposés au *Rép.* n°s 9 et suiv.

2. Nous avons constaté au *Rép.* n° 19 que l'appel formait le droit commun de l'Europe. Bien que la législation de la plupart des Etats ait été, au point de vue de l'organisation judiciaire, profondément remaniée depuis cette époque, cette proposition est toujours vraie. Le droit des parties de soumettre à un nouveau débat judiciaire les sentences qui interviennent dans leurs contestations, est reconnu par toutes les législations lorsque l'intérêt litigieux, soit en raison de sa nature, soit en raison du taux de la contestation, offre une importance suffisante. Mais si la règle est générale, l'appli-

cation en est faite de manières différentes, suivant les principes dont s'inspire chaque législation.

3. La plupart des Etats européens ont placé au sommet de la hiérarchie judiciaire, comme en France la cour de cassation, un tribunal suprême (V. *supra*, v° *Cassation*, n° 3), qui tantôt n'a pour mission que de redresser les erreurs de droit et de réprimer les violations de la loi, tantôt est, comme les tribunaux qui lui sont inférieurs, compétent pour reviser les erreurs dans l'appréciation des faits. Les Etats européens admettent donc soit deux degrés de juridiction seulement, soit quelquefois trois et même quatre.

4. Parmi les Etats qui n'admettent que deux degrés de juridiction, il faut citer en première ligne ceux dont la législation a puisé sa source dans les lois françaises, c'est-à-dire, la Belgique et l'Italie. En *Belgique*, la cour de cassation n'est compétente que pour statuer sur les contraventions à la loi ou la violation des formes soit substantielles, soit prescrites à peine de nullité (art. 20 du code de procédure revisé par la loi du 25 mars 1876, *Annuaire de législation étrangère*, t. 6, p. 471-472, V. *supra*, v° *Cassation*, n° 7). En *Italie*, les cinq cours de cassation actuellement existantes de Rome, Turin, Florence, Naples et Palerme ne sont juges que de la question de droit, bien que la création d'une cour suprême compétente pour trancher sans renvoi le fond du débat ait été projetée (*Bulletin de législation étrangère*, 1875, p. 358-359 ; *supra*, v° *Cassation*, n° 10). En *Espagne* également, le recours en cassation n'est admis que pour violation de la loi ou omission des formes essentielles (V. *supra*, v° *Cassation*, n° 8); la solution du fond appartient exclusivement, en dehors des juridictions spéciales, aux tribunaux d'arrondissement (*de partido*) et, lorsque l'appel est possible, aux cours d'appel (*audiencias*) (V. *Bulletin de législation étrangère*, 1872, p. 222; l'étude de M. Debacq *sur l'organisation judiciaire espagnole*). Au *Portugal*, la justice est administrée par les juges de première instance (*comarcas*) et en appel par les cours d'appel; le tribunal suprême de justice n'est juge que des faits mais du droit seulement (V. *supra*, v° *Appel*, n° 4 ; *Annuaire de législation étrangère*, 1877, p. 434).

5. L'organisation judiciaire de l'*Empire d'Allemagne* ne comporte, comme celle des Etats que nous venons d'énumérer, que deux degrés de juridiction. Les tribunaux régionaux, sont, comme nos tribunaux d'arrondissement à l'égard des juges de paix, juges d'appel des décisions rendues par les tribunaux de bailliage, et les jugements qu'ils rendent eux-mêmes sont, sous certaines conditions relatives au taux ou à la nature du litige (V. *supra*, v° *Appel civil*, n° 5), susceptibles d'être déférés aux tribunaux régionaux supérieurs (Code d'organisation judiciaire du 27 janv. 1877, *Collection des principaux codes étrangers*, traduction précédée d'une introduction par M. Dubarle). Contre les décisions rendues sur appel il n'existe que le recours en revision devant le tribunal suprême de l'Empire ou devant le tribunal suprême de l'Etat, dans les pays où cette juridiction existe, comme en *Bavière* (V. *supra*, v° *Cassation*, n° 4). Le recours en revision n'est recevable que pour violation d'une des lois qui ont été spécifiées par une loi du 28 sept. 1879 (V. *ibid.*), sans que le tribunal suprême puisse examiner la question de fait.

6. En *Angleterre*, le recours est possible à trois et même à quatre degrés de juridiction. Depuis l'*act* du 5 août 1873 (*Annuaire de législation étrangère*, 1874, p. 9), modifié par l'*act* du 11 août 1876 (*Annuaire de législation étrangère*, 1877, p. 16), la cour d'appel, qui a été créée à Londres pour remplacer les anciennes cours du banc de la reine, des plaids communs et de l'Echiquier, juge par l'une de ses sections, *la haute cour*, les appels des juridictions inférieures en même temps qu'elle est, pour certaines affaires, juge de première instance. Ses décisions peuvent être ensuite portées en appel devant la seconde section de cette cour, dite *cour d'appel*. Enfin la chambre des lords connaît des appels dirigés contre les jugements de cette dernière cour et des cours d'appel d'Irlande et d'Ecosse (V. *supra*, v° *Appel civil*, n° 3).

7. Dans les Etats scandinaves, *Danemark*, *Norvège*, *Suède*, dont la législation est, sauf quelques différences de détail, identique au fond, il existe également trois degrés de juridiction. — Au *Danemark*, les tribunaux de première instance se divisent, outre le tribunal spécial à Copenhague

(hof-og-stadsret), en tribunaux de ville (bything) et tribunaux de campagne (herresthing) : ils sont juges de droit commun.

— L'appel des décisions des tribunaux de ville et de campagne est porté, quand le litige s'élève à la somme de vingt couronnes ou s'il a trait au statut personnel, devant les tribunaux supérieurs qui sont également juges de l'appel des jugements rendus par les juridictions exceptionnelles telles que l'auktionsret (tribunal organisé pour procéder aux ventes, aux enchères), le fogedret (tribunal du bailli, exécutions et saisies), le skifteret (tribunal des partages, etc.). Les décisions des tribunaux supérieurs sont enfin susceptibles d'appel devant la cour suprême (hoiesteret), qui constitue le troisième degré de juridiction lorsque l'intérêt engagé est supérieur à deux cents couronnes, ou lorsque le litige a trait au statut personnel, l'appel étant, en ce dernier cas, recevable sans aucune limite tant au deuxième degré que devant la cour suprême. Cependant toutes les contestations ne sont pas susceptibles d'être portées devant les trois degrés de juridiction qu'on vient d'indiquer. Les appels de certains jugements de première instance sont portés directement devant la cour suprême, notamment, ceux des jugements rendus sur quelques revenus publics, sur les affaires de douane et de timbre, sur les prises à partie, etc. De plus, les décisions rendues par le tribunal spécial de Copenhague (hof-og-stadsret) et les autres tribunaux de la capitale, à l'exception du tribunal du fogedret dont les jugements sont portés en appel devant le hof-og-stadsret, sont soumis directement à la cour suprême (Etude de M. L. Beauchet sur l'organisation judiciaire dano-norvégienne, Bulletin de législation étrangère, 1884, p. 128 et suiv.).

8. L'organisation judiciaire en Norvège comporte également tantôt deux, tantôt trois degrés de juridiction. Les tribunaux supérieurs, au nombre de quatre (Kristiania, Bergen, Throndhjem et Kiristiansand), reçoivent l'appel des jugements des tribunaux de première instance qui, en dehors de Kristiania, se divisent comme en Danemark, en tribunaux de ville et tribunaux de campagne. Certaines affaires peu importantes, dont la décision appartient en premier ressort à des tribunaux autres que les tribunaux de première instance, sont portées en appel devant cette dernière juridiction.

Par exception, l'appel des décisions du tribunal de droit commun de Kristiania (Byret) est porté devant la cour suprême. Enfin les tribunaux supérieurs statuent comme juges du premier degré dans certaines matières de police, avec appel devant la cour suprême; cette cour statue donc tantôt comme deuxième, tantôt comme troisième degré de juridiction (L. Beauchet, ibid.).

9. La Suède possède une organisation analogue : comme premier degré de juridiction du droit commun, les tribunaux de ville (kaemnersraett) et les tribunaux de campagne (haeradsraett) ; au second degré, les tribunaux de Gouvernement (lagmansraett) et pour les villes (raodhusraett) ; enfin, au troisième degré, la cour suprême (hofraett) (V. une étude de M. Jeanvrot, Bulletin de législation étrangère, 1872, p. 222. V. aussi supra, v° Cassation, n° 16). Nous signalerons encore, au nombre des Etats dont la législation comporte trois degrés de juridiction, le royaume de Hongrie. D'après la loi de procédure du 1er juin 1881 (Annuaire de législation étrangère, 1882, p. 365), l'appel peut encore s'exercer à deux degrés successifs : au premier degré, devant l'une des deux cours supérieures du royaume, et au troisième degré, devant la curie royale ou cour suprême qui prononce à la fois sur le fond et sur la forme (V. supra, v° Appel civil, n° 6, Cassation, n° 9).

10. En ce qui concerne la Russie, la Suisse, la Turquie, V. supra, v° Cassation, n°s 15, 17, 18.

CHAP. 2. — **Des degrés de juridiction en matière civile** (Rép. n°s 21 à 645).

SECT. 1re. — **JUSTICES DE PAIX** (Rép. n°s 21 à 45).

11. L'ensemble des règles relatives aux causes qui peuvent être jugées par les juges de paix, soit en dernier ressort, soit à charge d'appel, se trouve exposé, au Répertoire et au Supplément, au mot Compétence civile des tribunaux de paix. Quelques indications complémentaires ont été également don-

nées au Rép. v° Degrés de juridiction, n°s 21 à 45. On ne peut, pour les développements, que s'en référer à ces sources; et il n'y a lieu d'analyser ici que quelques arrêts, qui se réfèrent plus particulièrement à la question des deux degrés dans les affaires attribuées par la loi aux justices de paix.

12. Conformément à la jurisprudence antérieure (Rép. n° 29), il a été décidé que le juge de paix, saisi d'une demande personnelle et mobilière de sa compétence, a qualité pour examiner les clauses d'un contrat produit par le défendeur comme moyen de défense, alors que cette appréciation n'engage pas de question de propriété; spécialement, que le juge de paix devant lequel était portée une demande en dommages-intérêts de 50 fr., par un propriétaire qui se plaint qu'un tiers ait élagué ses arbres, peut apprécier les clauses d'un marché invoqué par le tiers comme lui donnant le droit de faire ce qu'il a fait (Civ. cass. 9 févr. 1847, aff. de Montesquiou, D. P. 47. 1. 62). Ce n'est là que l'application du principe qu'en règle générale, le juge de l'action est juge de l'exception.

13. C'est également par application d'un principe général qui veut que tous les chefs d'une demande soient additionnés pour en connaître le montant, qu'un arrêt a décidé, en matière d'octroi, que la valeur du litige porté devant le juge de paix devait résulter de l'addition de la somme réclamée par un contribuable, comme perçue en trop, avec le chiffre des dommages-intérêts auxquels prétendait droit le même demandeur. (Civ. rej. 24 mai 1869, aff. Ville de Rouen, D. P. 69. 1. 275).

14. Le principe que les matières possessoires, déférées par la loi aux tribunaux de paix, sont toujours susceptibles d'appel, est également constant comme résultant du texte même de la loi (Rép. n° 30). La chambre des requêtes en fait une application spéciale, dans une affaire où la sentence du juge de paix affirmait que le demandeur avait abandonné sa complainte, pour s'en tenir à une demande en dommages-intérêts inférieure au taux du dernier ressort, et cette affirmation avait été combattue et détruite à la suite d'une inscription de faux (Req. 2 mars 1869, aff. Autrique, D. P. 69. 1. 447).

15. Enfin, en vertu d'une règle sur laquelle on reviendra plus au long en parlant des jugements des tribunaux d'arrondissement, il a été jugé que la décision rendue par un juge de paix, sur une demande principale inférieure au dernier ressort et sur une demande reconventionnelle supérieure à ce taux, est susceptible d'appel, alors même que le juge aurait déclaré qu'il n'y avait pas de sérieux dans la demande reconventionnelle, et qu'elle avait été formée par le défendeur dans le but unique de se procurer ce moyen d'appeler (Civ. cass. 11 janv. 1865, aff. Etienne, D. P. 65. 1. 29). Il faut tenir pour constant, ainsi qu'on le verra bientôt, que c'est la demande même qui est l'élément déterminant du ressort, sans qu'il y ait à faire acception, à cet égard, soit de son bien fondé, soit du chiffre de la condamnation.

SECT. 2. — **TRIBUNAUX DE PREMIÈRE INSTANCE OU D'ARRONDISSEMENT** (Rép. n°s 46 à 470).

ART. 1er. — **Degrés de juridiction, soit dans quelques matières spéciales, enregistrement, communes, etc., soit à l'égard de certains jugements, soit en cas d'opposition, d'intervention, etc.** (Rép. n°s 46 à 63).

16. Il y a lieu, quant à la matière de cet article, à se référer aux développements contenus au Répertoire, en se bornant aux additions suivantes.

17. Dans les instances relatives aux droits d'enregistrement, il est de principe, d'après le texte de l'art. 65 de la loi du 22 frim. an 7, que les jugements sont sans appel, et ne peuvent être attaqués « que par voie de cassation » (Rép. n°s 46 et suiv.). On s'est demandé si l'appel est interdit lorsqu'il s'agit d'une action intentée contre le redevable, non par l'administration, mais par le notaire qui ayant reçu l'acte, a fait l'avance des droits, et en demande le remboursement. La cour de cassation s'est prononcée pour l'affirmative. Elle a très justement fait remarquer que l'art. 30 de la loi du 22 frimaire, qui prévoit les contestations de cette nature entre les officiers publics et les parties, renvoie à l'art. 65, non seulement quant à la forme de procéder, mais à une

manière absolue; d'où il suit que la décision du tribunal de première instance n'est pas susceptible d'un second degré de juridiction, et ne peut être déférée qu'à la cour de cassation (Civ. cass. 27 mai 1850, aff. Sotum, D. P. 50. 1. 157).

18. Si le redevable poursuivi par la Régie a cité un tiers en garantie, cette demande particulière sera-t-elle susceptible d'appel? Par un arrêt en date en 20 déc. 1848 (aff. Gros-Renaud, D. P. 49. 2. 248), la cour de Besançon a jugé la question affirmativement, en raison, porte l'arrêt, de ce qu'une action en garantie est principale et indépendante de l'action qui y donne lieu. La cour d'Orléans s'était prononcée dans le même sens le 1er juin 1821 (Rép. n° 48). La cour de cassation avait, au contraire, jugé, à la date du 24 mars 1835 (Rép. n° 47), que l'action en garantie devait avoir le sort de la poursuite originaire, et par conséquent ne pouvait donner lieu à appel. La thèse de l'arrêt de Besançon paraît préférable (Conf. suprà, v° Appel civil, n° 33). Que dans l'intérêt du trésor on ait abrégé et simplifié la procédure, rien de plus naturel, en raison des nécessités fiscales. Qu'on en ait fait autant, comme on l'a indiqué suprà, n° 17, dans l'intérêt des notaires rédacteurs d'actes, qui en définitive, vis-à-vis des parties, sont substitués aux droits desdu fisc, on le comprend encore. Mais quand il ne s'agit plus de l'intérêt fiscal, et que tout se borne à une querelle secondaire entre deux simples particuliers, dont l'un, qui est définitivement condamné vis-à-vis du trésor, veut se récupérer sur l'autre, on ne voit pas pourquoi le droit commun ne reprendrait pas son empire. Or nous verrons infrà, n°s 58 et 59, que dans les instances ordinaires, l'action en garantie peut rester susceptible d'appel, alors même que l'action principale ne le serait pas.

19. La question de savoir quels sont les jugements susceptibles d'appel, suivant leur nature, a été examinée au Rép. n° 55, et v° Appel civil, n°s 2 et suiv., ainsi que suprà, v° Appel civil, n°s 24 et suiv. Il suffit, à cet égard, de rappeler ici: 1° que les jugements préparatoires et interlocutoires sont, en ce qui concerne la détermination du premier et du dernier ressort, soumis aux mêmes règles que les jugements définitifs (Orléans, 23 mars 1851, aff. Chéramy, D. P. 52. 2. 82); — 2° Que le jugement rendu sur une question d'exécution d'une sentence du juge de paix, par le tribunal de première instance qui a confirmé cette sentence en appel, et en dernier ressort, ne peut lui-même être déféré à la cour d'appel (Poitiers, 18 nov. 1856, aff. Moreau, D. P. 57. 2. 163); — 3° Que le jugement qui rétracte une décision sur requête civile n'est pas susceptible d'appel lorsque la demande originaire est inférieure au taux du dernier ressort (Paris, 3 févr. 1847, aff. Roger, D. P. 47. 4. 151); — 4° Qu'un tribunal civil, devant lequel la cour de cassation, en annulant un arrêt de cour d'assises quant aux intérêts civils, a renvoyé la cause sur ce point, ne peut la juger qu'en premier ressort, si l'intérêt excède 1500 fr. (Paris, 6 août 1850, aff. Vandermarcq, D. P. 50. 2. 183). — Il convient de noter de plus, ainsi que nous l'avions dit au Rép. n° 55, que les ordonnances de référé, en ce qui concerne la détermination du ressort, sont soumises aux mêmes règles que les jugements ordinaires; et, en conséquence, que les ordonnances de cette nature, rendues sur des réclamations inférieures à 1500 fr., ne sont pas susceptibles d'appel (V. Paris, 2 déc. 1848, aff. Contrib. indir. D. P. 49. 5. 106; Orléans, 26 mars 1851, aff. Noiret, D. P. 52. 2. 82).

20. Enfin il semble à peine nécessaire d'énoncer que les motifs d'un jugement ne peuvent servir de base pour la détermination du premier ou du dernier ressort; que, par exemple, le jugement qui statue sur la demande en payement d'un prix de bail inférieur à 1500 fr., est en dernier ressort, quoiqu'il examine, dans un de ses motifs, le sens du bail (Req. 5 déc. 1871, aff. Carreau, D. P. 72. 1. 357). Et il va également de soi que de simples réserves énoncées dans des conclusions ou dans le jugement qui les suit ne jouent aucun rôle pour la détermination du ressort, cette détermination dépendant exclusivement de ce qui fait l'objet même de la contestation et de la solution décisoire (Rouen, 11 juill. 1867, aff. Coninck, D. P. 68. 5. 128; Besançon, 19 févr. 1873, aff. David, D. P. 73. 2. 96; Civ. cass. 17 févr. 1874, aff. Comp. de Paris à Lyon, D. P. 74. 1. 411; 28 août 1882, aff. Charvaz, D. P. 83. 1. 239). On va revenir particulièrement sur ce point à l'article suivant.

Art. 2. — Degrés de juridiction dans les affaires d'une valeur déterminée. — Principes généraux (Rép. n°s 64 à 349).

21. Les actions portées devant la justice étant déterminées ou indéterminées dans leur valeur, ces deux catégories de demandes doivent être examinées séparément. On s'occupera d'abord des demandes d'une valeur déterminée, et l'on étudiera les applications auxquelles elles ont donné lieu depuis la publication du Répertoire, en s'en référant à cet ouvrage (n°s 64 et suiv.), quant à l'exposé des principes généraux.

§ 1er. — Mode de détermination du ressort. — Demande et conclusions (Rép. n°s 80 à 93).

22. Le ressort dépendant, en thèse générale, du chiffre de la demande (Rép. n°s 80 et 83), ce chiffre doit nécessairement être recherché dans les conclusions du demandeur. Mais comme il est de principe que les prétentions des parties peuvent être réduites ou amplifiées jusqu'à la fin des plaidoiries (V. notamment: Req. 2 juill. 1873, aff. Rodocanachi, D. P. 74. 1. 49, avec les observations de M. l'avocat général Reverchon et la note), c'est aux dernières conclusions prises par le demandeur que l'on doit se reporter, pour connaître exactement la valeur définitive par lui donnée au litige. Une jurisprudence constante a consacré cette règle (Civ. cass. 18 mai 1868, aff. Villet-Colignon, D. P. 68. 1. 251; 14 déc. 1869, aff. Wiszner, D. P. 70. 1. 32; 15 juin 1870, aff. Belly, D. P. 71. 1. 162; 29 mai 1876, aff. Secourgeon, D. P. 76. 1. 377; Civ. rej. 5 janv. 1881, aff. Comp. française du Gaz, D. P. 81. 1. 129; Rouen, 2 févr. 1849, aff. Chevalier, D. P. 51. 2. 202; Rennes, 26 mai 1849, aff. Heurtault, D. P. 51. 2. 154; Besançon, 20 mars 1850, aff. Guillourne, D. P. 52. 5. 187; Orléans, 31 mai 1864, aff. Cornette, D. P. 66. 5. 122; Nîmes, 18 juin 1867, aff. Bedouin, D. P. 68. 5. 128; Toulouse, 27 juin 1868, aff. Bonafous, D. P. 68. 2. 210; Nancy, 9 janv. 1875, aff. Rogié-Labbé, D. P. 77. 5. 144; Lyon, 24 janv. 1875, aff. Jullien, D. P. 77. 2. 49; Toulouse, 27 janv. 1877, aff. Saux, D. P. 77. 5. 145; Caen, 10 mars 1877, aff. Pinot, D. P. 79. 2. 215; Lyon, 24 juill. 1883, aff. Simon Richard, D. P. 85. 2. 134).

Il s'agit, bien entendu, des conclusions posées devant le tribunal de première instance, car c'est à la barre des premiers juges que la demande se fixe et se détermine, sans que les conclusions ultérieurement prises en appel puissent jouer un rôle quelconque quant au ressort (Rép. n° 113. Conf. Poitiers, 7 juin 1855, aff. Tirault, D. P. 55. 5. 134). Il a été notamment jugé, dans cet ordre d'idées, que le caractère du degré de juridiction ne peut être modifié par les actes postérieurs au jugement, et que l'appel d'un jugement statuant sur une demande principale inférieure à 1500 fr., et sur une demande reconventionnelle supérieure qui avait rendu la cause susceptible d'appel, est recevable alors même qu'il ne porte que sur le chef du jugement relatif à la demande principale (Orléans, 31 août 1852, aff. Comp. orléanaise du Gaz, D. P. 55. 2. 316). De même et à l'inverse, il a été jugé que « l'appel indéfini » d'un jugement ne peut changer la nature du débat tel qu'il a été circonscrit par des conclusions modificatives, qui avaient restreint ce débat à une question de dépens inférieurs à 1500 fr. (Caen, 22 juin 1859, aff. Letellier, D. P. 60. 5. 107). Le taux du ressort est si bien fixé définitivement par les dernières conclusions prises dans le cours des débats (c'est-à-dire avant l'audition du ministère public), devant le juge de première instance, que l'action intentée pour une demande supérieure à 1500 fr. demeure susceptible d'appel, alors même qu'entre la clôture des plaidoiries et le prononcé du jugement du tribunal, la mort du créancier vient produire de plein droit la division de la créance entre ses héritiers, de façon à ce que la part de chacun d'eux soit inférieure à ladite somme de 1500 fr. (Besançon, 27 avr. 1877, aff. Mailley, D. P. 78. 2. 216). Par la même raison, et a fortiori, la cause demeurerait-elle susceptible d'appel si le décès du créancier et la division de créance qui en est la conséquence n'étaient survenus que postérieurement au jugement de première instance (Rennes, 7 avr. 1883, aff. Peuchant, D. P. 84. 2. 28).

23. S'il s'agit d'une instance suivie par défaut, jusqu'à quel moment de la procédure les conclusions des deman-

deurs pourront-elles être réduites de manière à rendre la cause non appelable? Cette question a déjà été abordée au *Rép.* n° 96. Il a été jugé, depuis, que lorsque sur une demande de plus de 1500 fr., un jugement par défaut a condamné le défendeur au payement d'une somme de 1000 fr. seulement, le jugement définitif rendu sur opposition est en dernier ressort, si le demandeur s'est borné, en réponse à l'opposition, à conclure au maintien du premier jugement (Montpellier, 7 mai 1867) (1). Il a été également décidé qu'alors que l'assignation primitive a porté le litige à plus de 1500 fr., et qu'il en a été fait de même par la réassignation donnée après le jugement de défaut, le demandeur peut néanmoins ramener l'importance de l'affaire dans les limites du dernier ressort, en restreignant, dans de nouvelles conclusions, ses prétentions au-dessous du taux de ce ressort; et que ces nouvelles conclusions rendent la cause non appelable bien qu'elles aient été prises en dehors de la présence du défendeur, qui fait itérativement défaut (Bordeaux, 27 mai 1872, aff. Theillout, D. P. 73. 5. 154). Ces décisions s'inspirent de ce principe qu'après l'opposition, et par son effet, le débat se rouvert, de façon à donner un champ nouveau aux prétentions des parties, et par conséquent aux modifications dont ces prétentions sont juridiquement susceptibles. Le dernier des deux arrêts cités consacre un résultat qui doit être noté, c'est qu'après le nouveau jugement de défaut intervenu sur les conclusions restreintes du demandeur, aucun recours normal ne sera plus ouvert au défendeur. Il ne pourra attaquer cette décision par la voie de l'opposition, cette voie n'étant pas ouverte à celui qui une première fois en a usé après un premier défaut. Il ne pourra pas non plus l'attaquer par l'appel, puisque les dernières conclusions du demandeur ont eu pour effet de rendre la cause non appelable. Ce résultat, rigoureux en apparence, n'est pas de nature à infirmer le principe. Le débat étant rouvert, le demandeur a usé de son droit personnel en restreignant ses prétentions, et l'absence fautive de son adversaire ne devait pas l'en priver. C'était au défendeur à mesurer. toutes les conséquences au point de vue de l'appel comme de l'opposition, auxquelles pouvait l'exposer un second défaut, et à y pourvoir en comparaissant et en faisant valoir ses moyens sur le fond du litige. Il ne peut donc s'en prendre qu'à lui-même s'il est désormais hors d'état d'attaquer, sauf par le pourvoi en cassation, le second arrêt qui le condamne, sans qu'il ait été entendu.

Un arrêt tout récent de la cour de cassation vient de confirmer implicitement cette doctrine. Dans une instance d'abord suivie par défaut, et où, sur l'opposition du défendeur, le demandeur avait ajouté à sa réclamation primitive une demande en dommages-intérêts qui rendait la cause susceptible d'appel, la chambre civile, en s'expliquant sur le droit des parties de modifier leurs conclusions, s'est exprimée en ces termes : « Attendu en droit que l'*opposition* à un jugement de défaut, lorsqu'elle est régulière en la forme, *a pour effet* de remettre les parties *au même état où elles se trouvaient avant ledit jugement;* qu'on ne saurait à cet égard faire aucune distinction entre le demandeur et le défendeur, et que du moment où ce dernier est admis à prendre des conclusions, *le premier* doit nécessairement être admis à modifier les siennes, soit pour augmenter, soit pour restreindre sa demande » (Civ. cass. 6 mars 1889, aff. Lacroix, D. P. 89, 1re part.). Ainsi qu'on le voit, c'est le fait même *de l'opposition* qui rend *toute liberté* au demandeur; d'où il suit que le fait ultérieur du nouveau défaut du défendeur est impuissant à paralyser cette liberté.

24. Comment doivent être constatées les modifications apportées par le demandeur dans le taux de ses prétentions? Il a été décidé, tout d'abord, à fort juste titre « que ce n'est pas par des déclarations ou reconnaissances verbales émanées des parties, en chambre du conseil, que le taux de la demande peut être fixé, mais uniquement par les *conclusions officielles* prises à la barre du tribunal (Douai, 21 févr. 1845, aff. Théry, D. P. 45. 4. 134). Cette nécessité de conclusions prises à la barre une fois admise, trouve-t-on la preuve suffisante de leur existence dans une simple indication énonciative résultant d'un des motifs du jugement, sans que le dispositif y fasse aucune allusion? Une cour d'appel (Nancy, 9 janv. 1875, aff. Rogié-Labbé, D. P. 77. 5. 144), a estimé que non, dans une affaire où on alléguait, pour faire décider que l'appel était irrecevable, que le demandeur avait renoncé à une partie de ses prétentions primitives : « Attendu, porte cet arrêt, que pour qu'on opposât cette renonciation à l'appelant, il faudrait. ou bien qu'il en eût été demandé ou donné acte, ou bien encore qu'elle eût été mentionnée, sans opposition, dans le point de fait des qualités ». Cette solution peut être approuvée, bien qu'elle soit délicate, parce qu'un motif isolé, sans référence dans le dispositif, n'est pas une partie essentielle du jugement. Mais on ne saurait aller jusqu'à dire, avec la cour de Besançon dans son arrêt du 14 déc. 1864 (aff. Tournier, D. P. 64. 2. 239), que la réduction de la demande doit être exclusivement constatée par des conclusions écrites, et qu'il ne suffit pas que le juge *donne acte dans le dispositif de la sentence* d'une réduction non formulée de cette manière. Ce serait là, semble-t-il, pousser les choses à l'extrême, et ne pas accorder à l'affirmation formelle du juge, dans la partie fondamentale de son œuvre, le dispositif, la foi qui lui est due.

On doit d'ailleurs admettre, d'une part, que des conclusions orales modificatives prises à la barre par l'avoué de la cause, dont le greffier a tenu note sur la feuille d'audience, sont régulièrement soumises aux juges, si la partie adverse a été mise en mesure de les discuter (Douai, 27 févr. 1847, aff. Fiament, D. P. 52. 2. 247) ; et d'autre part, qu'il est manifestement démontré que des conclusions orales restrictives de la demande primitive ont été prises par l'avoué du demandeur, quand cela résulte des qualités du jugement, contre lesquelles aucune opposition n'a été formée (Orléans, 29 déc. 1868, aff. Leclerc, D. P. 69. 2. 175). « Attendu, porte ce dernier arrêt, qu'aucune opposition n'a été formée contre les qualités susdites, dont les énonciations doivent être tenues pour vraies, encore bien qu'il ne soit pas justifié que la déclaration de l'avoué ait été faite par écrit et déposée sur le bureau ; — Attendu qu'il en résulte que le demandeur ayant en temps utile restreint ses conclusions originaires,... les premiers juges n'avaient donc plus à statuer que sur un titre d'une importance inférieure au taux du dernier ressort. » — Sur ces difficultés de preuve, M. Crépon, *Traité de l'appel,* t. 1, n° 208, conclut en ces termes : « En résumé, pour qu'il soit tenu compte d'une réduction de la demande intervenue en cours d'instance, et susceptible de faire passer du premier au dernier ressort le jugement rendu, il faut, mais il suffit, que cette réduction soit authentiquement établie. Le mieux et le plus sûr est de la consigner dans les conclusions écrites ; mais l'existence de ces conclusions peut être suppléée par une déclaration formelle du jugement ». Cette déclaration ne pourrait évidemment être renversée par la partie intéressée qu'au moyen de l'inscription de faux (V. Req. 2 mars 1869, aff. Autrique, D. P. 69. 1. 447).

---

(1) (Rouquette C. Audouard et Nouvel.) — La cour ; — Attendu qu'il est de principe que le taux du dernier ressort est déterminé, non par la demande originaire, mais par les dernières conclusions prises devant le juge saisi du litige ; — Qu'en fait, si Audouard et Nouvel avaient formé originairement une demande en payement de 4000 fr., à titre de dommages, le jugement de défaut par eux obtenu contre Rouquette réduisit leurs prétentions à la somme de 1000 fr. ; — Attendu que, sur l'opposition formée par Rouquette envers ce jugement de défaut, Audouard et Nouvel ont demandé au premier juge la confirmation dudit jugement, réduisant ainsi leur demande à la somme de 1000 fr. qui leur était allouée ; — Qu'ainsi, du chef des intimés, la demande formulée dans les conclusions prises sur le jugement définitif n'a pas excédé le taux du dernier ressort; — Attendu que la recevabilité de l'appel relevé contre le ministère public, en ce qui concerne la peine disciplinaire appliquée à Rouquette à l'occasion du litige dont le tribunal était saisi, ne peut influer sur l'appel relevé contre Nouvel et Audouard; qu'il y a là deux décisions distinctes, indépendantes l'une de l'autre, se rattachant à des intérêts d'un ordre différent ; que leur confusion est d'autant moins possible que Nouvel et Audouard n'ont pris aucune part à la répression disciplinaire dont leur demande principale a été, non la cause, mais l'occasion ; — En ce qui concerne l'appel relevé contre cette décision : — Attendu que la recevabilité de cet appel n'est pas contestée; que la répression disciplinaire dont Rouquette a été l'objet a pour cause des infractions découvertes en audience, relevées d'office, et que l'art. 103 du décret du 30 mars 1808 admet le recours en appel contre de telles décisions; — Au fond, etc.;

Par ces motifs, etc.

Du 7 mai 1867.-C. de Montpellier, 1re ch.-MM. de la Baume, 1er pr.-Choppin d'Arnouville, 1er av. gén.-Dessauret et Lisbonne, av.

25. On s'est demandé si l'évaluation donnée à la demande, soit dans les conclusions primitives, soit dans les conclusions ultérieurement modifiées à la barre du tribunal de première instance, s'imposait nécessairement pour la fixation du ressort, ou si au contraire il ne rentrait pas dans les pouvoirs du juge de déclarer que cette évaluation n'était pas sérieuse, et de modifier par là les conditions du degré de juridiction. Nous avons soutenu au *Rép.* nᵒˢ 89, 422, 425, que l'estimation formulée par le demandeur, apparût-elle manifestement comme exagérée, n'en avait pas moins le pouvoir de déterminer le ressort, la loi ayant voulu que cette détermination résultât du chiffre énoncé en la demande (en dehors des cas où la valeur du litige résulte des données mêmes de cette demande ou de données légales), et n'ayant autorisé le juge à exercer, par appréciation, aucun contrôle à ce point de vue.

Depuis lors, quelques arrêts de cours d'appel se sont efforcés d'attribuer aux tribunaux le droit de contrôle que nous leur avions refusé. Il a été notamment jugé dans ce sens : 1° qu'il suffit que les juges aient déclaré que les choses mobilières, objet d'une demande en revendication d'une valeur indéterminée, rentrent évidemment par leur valeur dans les limites du dernier ressort, pour que leur jugement ne soit pas susceptible d'appel (Alger, 6 avr. 1852, aff. Campillo, D. P. 55. 2. 272).; — 2° Qu'un jugement n'est pas susceptible d'appel, bien que l'objet de la demande sur laquelle il a été rendu ait été évalué par le demandeur à une somme supérieure au taux du dernier ressort, s'il est évident que le demandeur a exagéré cette évaluation dans le but de faire subir à la cause les deux degrés de juridiction ; et spécialement, qu'un jugement est en dernier ressort quand il est rendu sur une demande ayant pour objet la revendication d'une parcelle de terre estimée 1000 fr. par le demandeur, et le payement d'une somme de 2000 fr. à titre de dommages-intérêts pour trouble souffert dans la jouissance du terrain litigieux, lorsqu'il résulte des documents de la cause que la valeur de ce terrain ne s'élève pas même à 20 fr. et que le dommage souffert est très minime (Gand, 24 mai 1855, aff. de Smedt, D. P. 55. 2. 243); — 3° Que le jugement rendu sur une demande dont le chiffre excède le taux du dernier ressort n'en est pas néanmoins susceptible d'appel, s'il apparaît que l'excessive exagération de la demande n'a eu pour but que de ménager au demandeur le recours de l'appel, le juge pouvant dans ce cas déclarer, même d'office, que l'appel est irrecevable (Bourges, 7 mars 1860, aff. Garde, D. P. 60. 5. 105. V. encore dans le même sens : Orléans, 31 août 1852, aff. Comp. Orléanaise du gaz, D. P. 55. 2. 316).

Cette opinion, à l'avance combattue par nous, a été expressément condamnée par la jurisprudence de la cour de cassation. Cette cour a, en effet, jugé : 1° que le jugement rendu sur une demande principale inférieure au taux de l'appel et sur une demande reconventionnelle supérieure à ce taux, ne peut être déclaré non susceptible d'appel, sous le prétexte que les conclusions reconventionnelles ne seraient pas sérieuses, et n'auraient eu pour but que de ménager à la cause un second degré de juridiction, une telle appréciation constituant un examen du fond, auquel les juges d'appel ne peuvent pas se livrer pour la solution de la question de compétence (Civ. cass. 25 juill. 1864, aff. Cottenest, D. P. 64. 1. 353); — 2° Qu'en principe l'évaluation arbitraire faite par le juge, d'une demande indéterminée dont il est saisi et sur laquelle il ne pourrait prononcer qu'en premier ressort, ne peut modifier ni la nature, ni l'étendue de sa compétence (Req. 23 janv. 1865, aff. Trésor public, D. P. 65. 1. 235); — 3° Que la décision rendue sur une demande principale ne dépassant pas le taux du premier ressort et sur une demande reconventionnelle supérieure à ce taux, est susceptible d'appel, alors même qu'il serait déclaré par le juge que la demande reconventionnelle n'était pas sérieuse et n'a été formée que pour échapper à la juridiction en dernier ressort, à laquelle eût été soumise, sans elle, la demande principale (Civ. cass. 11 janv. 1865, aff. Étienne, D. P. 65. 1. 29 ; 6 mai 1872, aff. Maisonnave, D. P. 72. 1. 170); — 4° Que le taux du litige est déterminé par la demande, et qu'il n'y a pas à rechercher, à cet égard, si cette demande présente de l'exagération (Civ. cass. 29 mai 1876, aff. Secourgeon, D. P. 76. 1. 377). Ce dernier arrêt résume la doctrine en cette formule brève et expressive : « Attendu que c'est le dernier état des conclusions qui fixe le taux du litige et détermine la limite du premier et du dernier ressort, sans qu'il y ait lieu de distinguer si le chiffre de la réclamation est on non exagéré ».

La plupart des cours d'appel se sont rangées à l'opinion de la cour de cassation (V. notamment : Lyon, 24 août 1854, aff. Mabilon, D. P. 56. 2. 157 ; Douai, 8 mai 1855, aff. Falvy, D. P. 55. 5. 138 ; Bordeaux, 1ᵉʳ mars 1861, aff. Normandin, D. P. 61. 5. 139). Dans tous les cas, en présence de la jurisprudence formelle et constante de la cour suprême, le point de droit dont il s'agit doit être considéré comme étant désormais à l'abri, dans la pratique, de toute contestation sérieuse.

26. Si le juge ne peut, en constatant par voie d'appréciation que l'évaluation du demandeur n'est pas sérieuse, influer sur le degré de juridiction, il ne peut pas davantage en prononçant une condamnation au fond, différente par sa valeur du chiffre porté en la demande. En d'autres termes, la fixation du ressort dépend du montant de la demande, et non de celui de la condamnation. Ce principe, enseigné au *Rép.* nᵒˢ 83 et suiv., en conformité de la doctrine et de la jurisprudence antérieures, a été depuis appliqué dans différentes espèces, où il a été, notamment, décidé : 1° que le litige doit être considéré comme susceptible d'appel, alors que la demande avait pour objet la condamnation *solidaire* des défendeurs au payement d'une somme supérieure à 1500 fr., quand bien même le jugement rendu en première instance aurait, en écartant la solidarité, prononcé contre chacun des défendeurs une condamnation inférieure à cette somme (Civ. cass. 14 juill. 1856, aff. Dubois, D. P. 56. 1. 265); — 2° A l'inverse, que le taux du dernier ressort doit être fixé d'après la valeur de la demande déterminée dans les dernières conclusions, et ne peut être modifié par l'erreur du juge qui a statué *ultrà petita*, cette erreur ne pouvant ouvrir aux parties la voie de l'appel, sauf à elles à se pourvoir par une autre voie (Lyon, 23 févr. 1882, aff. Grange, D. P. 82. 2. 240); — 3° Dans le même ordre d'idées, qu'il ne peut être relevé appel d'un jugement condamnant le défendeur au payement d'une somme inférieure à 1500 fr. et au montant d'une dépense accessoire dont la valeur est indéterminée, s'il ne résulte pas des qualités que le demandeur ait conclu à l'allocation de cette dépense (Civ. cass. 26 juill. 1882, aff. Delcourt, D. P. 83. 1. 342. V. encore dans le même sens : Limoges, 5 juin 1886, aff. Toueix, D. P. 87. 2. 113).

27. A plus forte raison la détermination du ressort ne saurait-elle dépendre du résultat éventuel de l'action. Ainsi est en premier ressort le jugement qui statue sur la demande formée par un créancier opposant d'une succession bénéficiaire, à fin de faire condamner un tiers à payer à cette succession une somme supérieure à 1500 fr., quels que puissent être les droits ultérieurs de ce créancier dans cette somme (Civ. rej. 27 nov. 1878, aff. Blanchard, D. P. 79. 5. 124). Il a été jugé, dans le même sens, que la demande faite dans un ordre, par un créancier exerçant les droits de son débiteur, en collocation au profit de ce dernier pour une somme supérieure à 1500 fr., est en premier ressort, encore bien que la créance du demandeur serait elle-même inférieure à ce chiffre (Toulouse, 20 août 1855, aff. Pebernard, D. P. 56. 2. 76). On a également décidé que dans un cas de demande en payement formée contre un failli concordataire, c'est d'après le chiffre originaire de la créance, et non d'après le chiffre auquel la réduit le concordat, que doit être fixé le taux du litige (Poitiers, 18 janv. 1864, aff. Renaud, D. P. 64. 2. 95).

§ 2. — Effets du changement ou de la réduction de la demande. — Acquiescement. — Offres réelles (*Rép.* nᵒˢ 94 à 120).

28. On vient de voir quels sont les effets des changements de la demande, quand ces changements sont l'œuvre propre et personnelle du demandeur. Parfois le défendeur y participe, en donnant une satisfaction partielle aux réclamations de son adversaire, par un payement, un acquiescement ou des offres.

29. — I. Payement partiel. — Le payement d'une partie de la dette, opéré avant le jugement de première instance, du moment où il ne donne lieu à aucune contestation de la part du demandeur qui le reçoit, diminue nécessairement le chiffre de la demande et du débat, puisque le débat ne porte plus que sur le reliquat non soldé de la demande. D'où il suit

que si ce reliquat est inférieur à 1500 fr., la cause cesse d'être appelable (Conf. *Rép.* n° 106, et les arrêts cités *ibid.*). Par application de ce principe il a été jugé : 1° que si postérieurement à l'exploit introductif, dans lequel on demandait le payement d'une somme dont le chiffre était supérieur au taux du dernier ressort, et avant le jugement de première instance, a eu lieu un payement partiel non contesté qui fait rentrer la demande dans les limites de ce ressort, il suffit de produire en appel la preuve de ce payement pour rendre l'appel non recevable (Toulouse, 20 févr. 1864, aff. Lalonguière, D. P. 64. 2. 103) ; — 2° Que le taux du premier ou du dernier ressort étant fixé par le dernier état de la demande, on ne peut appeler du jugement rendu sur une demande qui originairement s'élevait à plus de 1500 fr., si dans le cours de l'instance cette demande a été restreinte à une somme inférieure, par suite d'un payement partiel (Nancy, 20 janv. 1870, aff. Thirion, D. P. 72. 2. 89). Mais on ne doit pas oublier que le payement partiel, pour opérer ce résultat, doit avoir eu lieu avant le jugement de première instance, car on a vu *suprà*, n° 22, que les faits postérieurs au jugement sont sans aucune influence quant à la détermination du ressort. Le payement partiel qui aurait lieu entre le jugement et l'arrêt ne rendrait donc pas l'appel irrecevable, alors même que la somme demeurée non payée serait bien inférieure à 1500 fr.

30. — II. Acquiescement partiel. — L'acquiescement donné par le défendeur à une partie ou à certains chefs de la demande réduit de même le champ de la contestation, et est, par conséquent, susceptible de rendre l'appel irrecevable (*Rép.* n°s 108 et suiv.; Rouen, 2 févr. 1849, aff. Chevalier, D. P. 51. 2. 202 ; Angers, 1er mars 1850, aff. Saint-Ouen, D. P. 50. 2. 110 ; Lyon, 23 déc. 1863, aff. Bernard, D. P. 66. 2. 99). Malgré certaines hésitations, il a été fait application de cette règle au cas où, par suite de l'acquiescement du défendeur à la demande principale dans son intégralité, le litige a été réduit à une question de dépens d'une valeur inférieure à 1500 fr. (*Rép.* n° 110 ; Agen, 4 janv. 1844, aff. Couaillac, D. P. 48. 4. 134 ; Bourges, 12 févr. 1851, aff. Breugnot, D. P. 55. 2. 36, et la note ; Bourges, 22 févr. 1854, même affaire, D. P. 54. 5. 230).

En général un acquiescement n'a pas besoin d'être accepté, car il constitue en quelque sorte lui-même une acceptation, une réponse à une interpellation. Mais il en doit être autrement quand il s'agit de fixer le degré de juridiction. En principe cette fixation dépend du chiffre de la demande, du montant « de l'action », c'est-à-dire *de la valeur de la réclamation formulée par le demandeur*. Ce serait porter atteinte à ce principe qui résulte du texte et de l'esprit de l'art. 1er de la loi du 11 avr. 1838, que de faire dépendre le ressort *de la valeur de la chose contestée par le défendeur*. C'est là cependant ce qui arriverait, si l'acquiescement partiel du défendeur s'imposait de lui-même, et ce sans qu'il réduisît obligatoirement la cause de façon à ce qu'elle cessât d'être susceptible d'appel. Pour que ce résultat soit obtenu il est indispensable que l'acquiescement partiel du défendeur ait été accepté par le demandeur, de même qu'il accepte le payement partiel quand il lui en est fait un. C'est cette acceptation seule qui emporte réduction *de la demande*, et par conséquent du ressort. On verra tout à l'heure qu'il en est ainsi quand le défendeur répond à la demande par des offres réelles destinées à lui donner partiellement satisfaction. La chambre civile, au rapport de M. Aucher, a consacré l'assimilation des deux cas par un arrêt dont il importe de citer les termes expressifs : « Vu l'art. 1er de la loi du 11 avr. 1838 ; — Attendu qu'il résulte du texte et de l'esprit de cette disposition que le taux du dernier ressort en matière personnelle et mobilière dépend du chiffre de la demande ; qu'il doit être fixé d'après la valeur de la chose réclamée par le demandeur, et non de celle contestée par le défendeur ; que dès lors une *reconnaissance*, de même que *des offres réelles* de ce dernier, tant qu'elles n'ont pas été acceptées par le demandeur, ne sauraient modifier, ni restreindre *l'objet et l'étendue de la demande*, ni influer sur la limite du dernier ressort ». (Civ. cass. 1er juill. 1873, aff. Vogien, D. P. 73. 1. 408. Conf. Civ. cass. 14 juill. 1879, aff. Dupuis, D. P. 79. 1. 408). Cette nécessité de l'acceptation du demandeur est également affirmée par M. Crépon, *Traité de l'appel*, t. 1, n° 303 : « Le défendeur, dit-il, peut influer sur la détermination du res-

sort ... par un acquiescement à une partie de la demande. Si l'acquiescement partiel a été accepté par le demandeur, la fraction de la demande sur laquelle il n'y a plus contestation doit être retranchée pour la détermination du ressort ». On ne saurait passer sous silence un arrêt d'un sens très énigmatique, aux termes duquel la cour de cassation a jugé qu'un litige demeurait susceptible d'appel, alors que la demande qui se chiffrait tout d'abord par plus de 1500 fr., n'avait été réduite au-dessous de ce taux qu'au moyen de *déductions* du demandeur *non acceptées par le défendeur*, et non consacrées d'ailleurs par la décision de première instance (Civ. rej. 18 mai 1857, aff. Roguet, D. P. 57. 1. 249). Cet arrêt ne peut être pris dans un sens absolu, car la réduction du montant des prétentions du demandeur ne peut, en principe, être subordonnée à l'acquiescement du défendeur, pas plus qu'à l'adhésion du juge (V. *suprà*, n°s 20, 23, 24). On doit donc supposer, en l'absence d'ailleurs de tout éclaircissement de fait, que dans cette espèce particulière il s'agissait de déductions conditionnelles, dont l'acceptation par le défendeur eût impliqué de sa part la reconnaissance d'un principe de dette, qu'il prétendait continuer à dénier d'une façon absolue. C'était là sans doute ce qui avait déterminé le premier juge à ne pas faire acception de cette déduction *sui generis*. Dans ces conditions le litige était resté tel en soi qu'il se comportait à l'origine, la proposition d'accord sur certains articles de la demande étant demeurée sans suite. Cette décision qui n'est que purement d'espèce laisse intacts les principes que l'on peut résumer dans la proposition suivante : il est loisible au demandeur, en réduisant lui-même l'étendue de sa demande, de rendre la cause non appelable ; il est possible au défendeur de tendre au même résultat, en acquiesçant à une partie de la réclamation, pourvu que le demandeur n'élève aucune contestation sur cet acquiescement.

31. — III. Offres réelles. — Si le défendeur, entre l'assignation introductive d'instance et le jugement du tribunal, propose par des offres réelles de donner une satisfaction partielle à la demande, il peut y trouver également le moyen « d'influer sur le ressort », car ces offres sont propres à restreindre l'étendue de la réclamation, et par conséquent la valeur du litige (*Rép.* n° 114). — Le point de savoir s'il est indispensable que les offres aient été acceptées par le demandeur, pour qu'il en soit tenu compte dans la détermination du ressort, a été longtemps controversé. Nous avons exposé cette controverse au *Rép.* n°s 115 et suiv., en nous prononçant pour l'affirmative, avec la cour de cassation. Si la négative a été encore exceptionnellement soutenue depuis lors (V. notamment : Nancy, 7 janv. 1851, aff. Albert, D. P. 51. 5. 164), une jurisprudence nombreuse et désormais à l'abri de toute contestation, a sanctionné, au contraire, l'opinion qui enseigne la nécessité de l'acceptation du demandeur (Orléans, 26 déc. 1849, aff. Lysniewski, D. P. 50. 5. 129 ; Bourges, 30 juill. 1851, aff. Hospice de Sancerre, D. P. 54. 2. 233 ; Pau, 22 janv. 1855, aff. Lafaille, D. P. 55. 2. 195 ; Nancy, 9 janv. 1875, aff. Rogié-Labbé, D. P. 77. 5. 145 ; Grenoble, 27 janv. 1882, aff. Comp. l'Union, D. P. 82. 2. 196 ; Civ. cass. 22 avr. 1856, aff. Delpu, D. P. 56. 1. 210 ; 1er juill. 1873, aff. Vogien, D. P. 73. 1. 408 ; 14 juill. 1879, aff. Dupuis, D. P. 79. 1. 408). Mais si une offre partielle faite par le défendeur, et acceptée par le demandeur qui réduit d'autant les conclusions de sa demande, en fin de compte n'est pas réalisée, il va de soi que la cause demeure susceptible d'appel. La réduction de la demande n'était que conditionnelle : elle était subordonnée au fait de la remise effective au demandeur de la chose promise et offerte par le défendeur. Si la condition ne se réalise pas, l'acceptation, qui n'était qu'éventuelle, tombe et disparaît, et les parties adverses se retrouvent dans le même état qu'au début du procès. C'est ainsi qu'il a été jugé que, dans une instance qui comprend deux chefs de demande, dont les chiffres réunis dépassent le taux du premier ressort, si en réponse à l'offre faite par le défendeur de satisfaire à l'un des chefs, le demandeur conclut à ce qu'il lui soit donné acte de l'offre et la fait faite, et à ce que, sous le bénéfice de la réalisation, son adversaire soit condamné seulement pour l'autre chef dont le taux est inférieur à 1500 fr., la cause demeure susceptible d'appel, alors qu'au moment où le jugement de première instance est rendu dans ce sens, ladite offre n'a pas été réalisée (Req. 28 févr. 1887, aff. Souligoux, D. P. 87.

1. 229, et la note. Conf. Riom, 22 févr. 1886, aff. Dupont, D. P. 87. 2. 11).

§ 3. — Cas où la demande inférieure au taux de l'appel se rattache à un intérêt supérieur à ce taux (*Rép.* nos 121 à 136).

32. Une demande inférieure à 1500 fr. peut se rattacher à un intérêt supérieur à ce taux, de deux manières différentes : soit en raison du système soutenu par le demandeur lui-même, soit en raison de celui qui est adopté par le défendeur. On ne s'occupe actuellement que du premier cas. A cet égard le principe posé au *Rép.* nos 121 et suiv., et consacré par la jurisprudence qui s'y trouve analysée, peut se résumer en ces termes : alors même que le demandeur, pour soutenir sa prétention, invoque un titre dont la valeur est supérieure au taux du dernier ressort, si néanmoins le tribunal n'est appelé par cette prétention à statuer, par voie décisoire, que sur un objet qui n'atteint pas 1500 fr., la cause n'est pas susceptible du second degré de juridiction. Cette doctrine a été mise très nettement en relief dans un arrêt de cassation de la chambre civile du 30 déc. 1885 (aff. Salmon, D. P. 86. 1. 296), par lequel il a été jugé : que l'action tendant au payement de deux billets de 600 fr. chacun est en premier et dernier ressort, quoique la prétention du demandeur, dirigée contre une caution prétendue, s'appuie sur un acte de cautionnement d'un chiffre bien supérieur à 1500 fr., si ce titre n'est invoqué que comme un moyen à l'appui de la demande, l'objet de cette demande demeurant limité, par les conclusions, au payement de la somme de 1200 fr. susindiquée. Il ressort des termes très précis de cet arrêt qu'il s'agit uniquement de bien faire la distinction entre ce qui forme *l'objet* même de la demande et ce qui ne constitue, au contraire, que *le moyen* invoqué à l'appui. Il suit de là, qu'alors même qu'il est nécessaire d'examiner un compte d'un chiffre élevé, pour apprécier le mérite d'une demande en payement, la cause n'est pas susceptible d'appel si la somme *réclamée* est inférieure à 1500 fr. (Conf. Toulouse, 2 déc. 1858, aff. N..., D. P. 60. 5. 104 ; Besançon, 19 févr. 1873, aff. David, D. P. 73. 2. 96). Il a donc pu être jugé par une cour d'appel que la demande *en reddition de comptes* de l'administration d'une succession bénéficiaire est en dernier ressort, bien que les débats du compte aient porté sur des valeurs de beaucoup supérieures à 1500 fr., si en définitive le demandeur n'avait pour but que d'obtenir le payement d'une somme inférieure à ce taux (Montpellier, 15 avr. 1850, aff. Raudon, D. P. 50. 5. 126). — De même est en dernier ressort le jugement qui statue sur une demande ayant pour objet l'exécution d'un bail dont le prix est inférieur à 1500 fr., bien que cette demande formée contre deux défendeurs exige la recherche et l'examen d'un mandat donné par l'un des défendeurs à l'autre (Civ. cass. 25 mars 1879, aff. Legarrec, D. P. 79. 1. 270). On doit également considérer comme non susceptibles d'appel : — 1° Le jugement rendu sur un chiffre de moins de 1500 fr., alors même que le titre de créance est supérieur comme montant, du moment où il est reconnu en lui-même, et ne donne lieu à contestation que pour la somme susindiquée (Angers, 1er mars 1850, aff. de Saint-Ouen, D. P. 50. 2. 110) ; — 2° Le jugement qui admet par privilège, dans une faillite, une créance inférieure à 1500 fr., bien que ce jugement soit de nature à préjuger d'autres réclamations de semblables privilèges contre la faillite, si le tribunal n'a rien eu à décider quant à ces dernières réclamations (Paris, 13 nov. 1845, aff. Lamidiaux, D. P. 46. 4. 146).

33. Toute autre serait la situation si la prétention du demandeur, bien qu'en elle-même inférieure à 1500 fr., obligeait le juge à trancher, par voie décisoire, une question d'un intérêt supérieur ou indéterminé. Par exemple une demande en dommages-intérêts d'une somme inférieure au taux du dernier ressort sera susceptible d'appel si elle soulève nécessairement, entre les parties, une question de propriété ou de servitude, telle que serait celle de la mitoyenneté d'un mur (V. Req. 14 juill. 1857, aff. Régnier, D. P. 57. 1. 308). C'est ainsi encore qu'en matière d'offres réelles inférieures à 1500 fr., dont la validité est demandée, la cause sera susceptible d'appel, si la contestation, au lieu de porter sur une question de régularité de procédure, est subordonnée à la solution d'une question de propriété d'immeuble d'une

valeur indéterminée (Civ. cass. 24 juill. 1872, aff. Barthas, D. P. 73. 1. 23). Il en sera de même dans tous les cas où le point de savoir si des offres sont valables dépendra de celui de savoir si le droit, dont elles sont la mise à exécution, existe ou non au profit du demandeur (V. *infrà*, no 83). Aussi est-il de principe qu'en matière de validité d'offres réelles, le taux du premier et du dernier ressort est déterminé par le chiffre et la nature de la créance dont le payement peut être réclamé (V. Civ. cass. 19 août 1884, aff. Buffard, D. P. 85. 1. 205).

34. Ainsi que l'on le voit, à côté des demandes inférieures à 1500 fr., qui *se rattachent* seulement à un intérêt plus élevé, se présente naturellement l'idée de demandes du même taux, qui *soulèvent de toute nécessité* des questions d'une valeur supérieure. Il y a lieu, sur ce point, de se reporter aux développements qui seront donnés *infrà*, nos 80 et suiv.

§ 4. — Effets de la réunion, sous le rapport des degrés de juridiction, de plusieurs demandes en une seule . — Intérêt collectif. — Solidarité (*Rép.* nos 137 à 164).

35. Il convient, pour la clarté de la matière, de distinguer avec soin les différents cas *de réunion de demandes* qui peuvent se présenter, suivant qu'un demandeur unique plaide soit contre un défendeur unique, soit contre plusieurs, ou bien qu'il y a plusieurs demandeurs agissant soit contre un seul, soit contre une pluralité.

36. — I. Cas où un demandeur unique plaide contre un défendeur unique. — La cause est susceptible d'appel lorsque le demandeur, agissant contre un seul défendeur, réunit dans une même action plusieurs demandes, dont chacune est inférieure à 1500 fr., mais dont l'ensemble est supérieur à cette somme. C'est en ce cas l'ensemble qu'il faut prendre en considération pour la fixation du ressort. Si ce point a été contesté, si on a autrefois proposé de distinguer suivant que les demandes réunies dans la même instance ont une cause commune ou des titres différents (V. *Rép.* nos 138 et suiv.), cette controverse ne paraît pas avoir été renouvelée dans la pratique. Au cas de demande unique, le demandeur n'est-il pas, en thèse générale, l'arbitre du ressort, puisqu'il fixe le chiffre de son action par une appréciation discrétionnaire? (V. *suprà*, no 25). Il doit donc pouvoir, par une réunion également discrétionnaire de diverses demandes, dirigées toutes contre le même défendeur, déterminer le ressort de l'instance qui les embrasse, sans contestation possible sur ce point de la part de son adversaire. Cette règle a été expressément consacrée, en ce qui concerne les actions portées en justice de paix, par l'art. 9 de la loi du 25 mai 1838. Il énonce que « lorsque plusieurs demandes formées par la même partie seront réunies dans une même instance, le juge de paix ne prononcera qu'en premier ressort, si leur valeur totale s'élève au-dessus de 100 fr., lors même que quelqu'une de ces demandes serait inférieure à cette somme » ; et cet article a toujours été entendu en ce sens qu'il importe peu que les demandes ainsi réunies dérivent ou non de causes différentes (V. *Rép.* vo *Compétence civile des juges de paix*, no 306). Le principe que c'est *la valeur de la demande* qui en détermine le ressort commande une solution analogue, en ce qui concerne les instances relevant des tribunaux d'arrondissement. Cette solution trouve, en jurisprudence, au développement des décisions citées au *Rép.* nos 139 et suiv., un appui implicite dans un arrêt de rejet de la chambre civile du 7 avr. 1858 (aff. Modo, D. P. 58. 1. 155), par lequel il a été décidé, que dans un débat en matière d'ordre, la contestation élevée sur la subrogation d'une partie à trois créances provenant de *trois titulaires primitifs distincts*, n'est jugée qu'en premier ressort, si les trois créances réunies forment un total supérieur à 1500 fr.

37. — II. Cas où un demandeur unique plaide contre plusieurs défendeurs. — Si un demandeur unique voulait réunir dans une même instance des demandes qui, *visant plusieurs défendeurs*, seraient fondées *sur des titres personnels à chacun d'eux*, il ne pourrait évidemment empêcher par là qu'il n'y eût autant d'actions différentes que de parties actionnées, les demandes intentées conservant nécessairement leur individualité propre, du moment où, dirigées contre divers, elles reposent en même temps chacune sur une

cause distincte (V. *Rép.* n° 145). Dans ce cas il ne peut y avoir aucune difficulté sur le ressort, chaque demande, considérée divisément, suivant à cet égard sa loi propre. — Mais s'il s'agit d'une action que le demandeur intente, *en vertu d'un titre commun,* contre plusieurs défendeurs pris collectivement, quel est le chiffre dont il faudra faire acception pour le ressort? Est-ce celui de la demande totale dirigée contre l'ensemble des défendeurs, ou celui de la part de demande qui peut être considérée comme afférente à chacune des parties actionnées? On a exposé au *Rép.* n°° 146 et suiv. les hésitations qui se sont produites sur ce point. La doctrine pour laquelle nous avions manifesté nos préférences a, depuis lors, été confirmée par la jurisprudence. Il est aujourd'hui constant, pour la cour de cassation et les cours d'appel, que la question primordiale est de savoir si l'objet de l'action intentée est ou non immédiatement divisible entre les défendeurs. Lorsque la divisibilité immédiate existe, c'est-à-dire lorsque la condamnation, au cas de réussite du demandeur, doit aussitôt se diviser de façon que chacun des défendeurs n'en soit comptable, *vis-à-vis de ce demandeur,* que pour une portion déterminée, il y a pour ainsi dire, en une seule instance, sinon autant d'actions, tout au moins autant de fractions divises de demande que de parties défenderesses. Les fractions de demande ayant chacune leur valeur propre, distincte de la valeur de la réclamation intégrale, il s'ensuit que l'appel est recevable pour celles qui sont supérieures au taux du dernier ressort, mais pour celles-là seulement, sans qu'il y ait à tenir compte *du montant total* de la demande et de la condamnation. Si, au contraire, le caractère de divisibilité fait défaut à la demande, s'il s'agit, par exemple, d'une action tendant à une condamnation solidaire, ou à l'accomplissement d'une obligation non susceptible, soit en elle-même, soit par l'intention des parties, d'être fractionnée, en ce cas le *tout* se trouvant réclamé à chacun, c'est la valeur même de ce tout qui est appelée à déterminer le ressort. Et il n'y a pas à faire acception de ce que, *après règlement ultérieur entre elles,* les parties défenderesses n'auront à supporter chacune, en fin de compte, qu'une portion de la condamnation. Il suit de là que, dans cette hypothèse, la cause sera ou non susceptible d'appel suivant que *le montant total de la demande* sera ou non supérieur au dernier ressort. Cette doctrine va être plus complètement éclaircie par l'exposé des applications qui en ont été faites par la jurisprudence.

38. Aux termes des art. 870 et 1220 c. civ., les dettes du *de cujus* se divisent de plein droit entre ses héritiers, qui n'en sont tenus chacun que pour sa part et portion virile. Il résulte de là que lorsqu'un créancier du *de cujus* poursuit le recouvrement de sa créance, collectivement contre les héritiers de son débiteur, en fait son action se fractionne d'elle-même, sous le rapport de sa tendance et de son résultat, puisqu'elle ne peut prétendre à autre chose qu'à contraindre chacun des représentants de l'auteur commun à payer sa portion dans la dette commune. En cet état, et conformément au principe posé au numéro précédent, une jurisprudence constante a décidé que la détermination du ressort dépendrait, non du montant total de la créance, mais du chiffre de dette afférent à chacun des héritiers. L'appel est donc recevable si la part de dette laissée, par le fractionnement naturel de l'obligation, à la charge de chaque héritier, est supérieure à 1500 fr. Il ne le sera pas, au contraire, si cette part est inférieure à ce chiffre. Et comme il arrive que des successibles, par suite de la diversité de leurs rangs, ont des droits inégaux dans la succession, il peut se faire que leurs parts respectives dans la dette à acquitter étant inégales, les unes soient au-dessus, les autres au-dessous du chiffre qui vient d'être indiqué. La conséquence nécessaire qui en résulte, c'est que tous ces héritiers ne sont pas dans une situation identique au regard de l'appel, et que le litige n'en sera susceptible qu'en ce qui concerne seulement les parts de dette qui se trouveront être d'une valeur plus élevée que le taux du dernier ressort (V. sur ces points: Douai, 27 mai 1846, aff. Fleury, D. P. 68. 5. 123; 28 nov. 1846, aff. Puchois, D. P. 52. 2. 217; Poitiers, 6 déc. 1855, aff. Prouvreau, D. P. 57. 5. 103; Bourges, 1er févr. 1856, aff. Magot, D. P. 56. 2. 42; Civ. cass. 7 mars 1860, aff. Lefaure, D. P. 66. 1. 119;

Nancy, 3 janv. 1867, aff. Trouslard, D. P. 67. 2. 23; Besançon, 14 déc. 1869, aff. Besson, D. P. 70. 2. 88; Req. 18 janv. 1876, aff. Jangot, D. P. 76. 1. 165; Rennes, 5 déc. 1879, aff. Le Délion, D. P. 81. 2. 218; Req. 21 mars 1881, aff. Gravier, D. P. 81. 1. 305; 12 déc. 1882, aff. Poirier, D. P. 83. 1. 188; Riom, 2 janv. 1888, aff. Faure, D. P. 89. 2. 23). Il y a lieu de remarquer que les arrêts des 27 mai 1846 et 14 déc. 1869 s'appliquent à des héritiers bénéficiaires, et que celui du 18 janv. 1876 est relatif à des héritiers renonçants, qui s'étaient engagés sans solidarité à payer au créancier la dette paternelle). Le dernier arrêt cité de la chambre des requêtes, celui du 12 déc. 1882, appelé à faire une application particulière des règles de la matière, les résume ainsi : « Attendu qu'aux termes de l'art. 1er de la loi du 11 avr. 1838, les tribunaux civils de première instance connaissent en dernier ressort des actions personnelles et mobilières jusqu'à la valeur de 1500 fr.; qu'aux termes de l'art. 3 du décret du 16 août 1854, le dernier ressort pour toutes les actions civiles et commerciales devant les tribunaux de première instance de la Réunion a été porté à 2000 fr.; — Attendu que la demande de la dame Poirier, introduite devant le tribunal de première instance de Saint-Denis (Ile de la Réunion), et tendant au payement et à la restitution de la somme principale de 17376 fr. 63 cent. concernait divisément cinq débiteurs, l'une la dame veuve Morange, pour une somme s'élevant à 10860 fr. 38 cent., les quatre autres, héritiers Morange, pour une somme s'élevant, pour chacun, à 1892 fr. 54 cent.; que si la dame veuve Poirier, au lieu d'appeler les intéressés devant le tribunal par des actes séparés, leur a donné une assignation collective, cette seule circonstance ne saurait modifier *la division qui existe pour les dettes* et faire obstacle *à la distinction des droits;* — Attendu, en conséquence, que la décision du tribunal de Saint-Denis était définitive et en dernier ressort à l'égard des quatre héritiers Morange, et en premier ressort seulement à l'égard de la dame veuve Morange; d'où il suit que la cour d'appel de la Réunion, en déclarant que l'appel du jugement était recevable au regard de la veuve Morange et irrecevable au regard des quatre héritiers Morange, loin de faussement appliquer et de violer les articles visés au pourvoi, a fait, au contraire, une juste application des principes de la matière ».

39. La jurisprudence a eu maintes fois l'occasion d'appliquer le principe de la divisibilité de l'obligation, et de son influence sur le ressort, en matière d'assurances maritimes. Il a été notamment jugé à cet égard par la cour de cassation : 1° que le jugement rendu sur la demande en payement d'une somme assurée par plusieurs assureurs maritimes, dans la même police, mais avec exclusion de solidarité et pour des parts déterminées, est en dernier ressort, relativement à ceux des assureurs dont la part dans l'assurance est inférieure à 1500 fr. (Civ. cass. 29 mai 1850, aff. Vidal, D. P. 50. 1. 237); — 2° Que la condamnation prononcée contre les assureurs réunis, sous le titre d'*Union commerciale* d'une localité (Saint-Malo), est en dernier ressort à l'égard de celles des parties condamnées dont la part dans l'assurance est inférieure à 1500 fr., alors même que ces assureurs auraient été assignés, non individuellement, mais en la personne du mandataire général désigné, dans l'acte constitutif de l'*Union,* pour les représenter en justice (Civ. rej. 3 mars 1832, aff. Maillard, D. P. 52. 1. 91; Civ. cass. 3 mars 1852, aff. Borelly, *ibid.*); il résulte des mêmes arrêts que la cause, au cas indiqué d'assurances divises inférieures à 1500 fr., est en dernier ressort, alors même que le jugement prononce en même temps la validité du délaissement du navire objet de l'assurance, si aucune difficulté particulière ne s'est élevée sur ce délaissement, que le juge a déclaré valable uniquement par voie de conséquence de la condamnation principale en réparation du sinistre; — 3° Qu'en matière de condamnation prononcée collectivement contre plusieurs assureurs, la question de savoir si le jugement est en premier ou en dernier ressort doit être résolue en considération, non pas du chiffre total de la demande, mais de la somme afférente à chaque assureur dont la part fait l'objet de cette demande; et qu'il en est ainsi quoique la demande ait été accompagnée d'une action en délaissement, le délaissement, s'il est indivisible en lui-même, se répar-

tissant entre les assureurs quant à ses effets, dans la proportion de leurs engagements (Req. 20 mars 1860, aff. Bouquet, D. P. 60. 1. 273); — 4° Qu'en cas d'assurance par plusieurs assureurs, sans solidarité, de marchandises chargées sur un navire, le jugement qui condamne chacun d'eux à payer la somme qu'il a assurée est en dernier ressort, à l'égard de ceux des assureurs pour lesquels cette somme est inférieure à 1500 fr., encore que les juges aient en même temps déclaré la validité du délaissement opéré par l'assuré, si ce délaissement n'était contesté que par voie de conséquence de la dénégation du droit à l'assurance elle-même, la somme énoncée dans chaque police restant alors l'objet exclusif de la demande (Req. 18 févr. 1863, aff. Comp. l'Aquitaine, D. P. 63. 1. 372); — 5° Qu'une association d'assurances formée entre diverses personnes (des capitaines de navire), pour se garantir *mutuellement* contre les éventualités maritimes, mais sans solidarité, et chacun n'étant tenu qu'au prorata de son intérêt, ne constitue pas une société, et que, par suite, le jugement qui statue sur la demande formée contre les membres de cette association, par l'un d'eux, en payement du sinistre qu'il a éprouvé, est en dernier ressort, quoique la somme réclamée soit de plus de 1500 fr., si la part de chacun d'eux est inférieure à ce taux; sans que, d'ailleurs, le délaissement opéré par l'assuré, pour être en droit d'exiger l'indemnité totale, modifie le ressort si ce délaissement n'a donné lieu à aucune difficulté particulière (Req. 16 août 1870 (1). Conf. Rennes, 26 mars 1849, aff. Heurtault, D. P. 51. 2. 154; Grenoble, 17 févr. 1853, aff. Borelly, D. P. 54. 2. 253; Aix, 1er déc. 1857, aff. Maurin, D. P. 58. 2. 127; 26 févr. 1867, aff. Comp. de navigation mixte, D. P. 67. 5. 124; Rouen, 22 mars 1881, aff. Compagnie La Confiance, D. P. 82. 2. 209).

40. Une restriction a, toutefois, été admise par la cour de cassation. Si la demande, au lieu d'être dirigée contre la société d'assurances maritimes composée de différents membres non solidaires, alors que cette collectivité d'assureurs est encore en exercice, est intentée, en cas de liquidation, contre les liquidateurs de l'entreprise, alors c'est le chiffre total de la réclamation qui doit être pris en considération : « Attendu, a dit à cet égard la chambre civile, que dans cette position il ne pouvait pas appartenir à ces liquidateurs d'opposer l'exception du dernier ressort résultant de ce que, d'après les statuts, il n'y avait pas de solidarité entre les actionnaires, et que ceux-ci n'auraient pu être tenus de payer que leur part individuelle...; que l'état de liquidation avait rendu toutes les dettes exigibles, et exigibles en leur entier, contre la société dont l'arrêt constate le caractère commercial » (Civ. rej. 20 juill. 1871, aff. Cercle de Saint-Servan, D. P. 72. 1. 69).

41. C'est en vertu d'un principe général, ainsi qu'on l'a vu plus haut, que la question du ressort, dans l'action intentée collectivement, mais non solidairement, contre plusieurs défendeurs, dépend de la divisibilité de la dette entre ces défendeurs. Ce n'est donc pas seulement dans la matière de la représentation héréditaire et dans celle de l'assurance

maritime, qui viennent d'être citées, mais en toute matière quelconque où l'obligation dont on poursuit l'exécution est immédiatement divisible entre les parties actionnées, que le ressort devra être déterminé, non par le chiffre total de la demande, mais par celui des fractions de cette même demande afférentes divisément à chacun des défendeurs. Aussi la jurisprudence a-t-elle été appelée à faire l'application de la règle, sans distinction, à toutes les espèces où il apparaissait que les défendeurs poursuivis dans l'instance collective, ne seraient comptables du résultat éventuel de l'action, vis-à-vis du demandeur, ou n'en seraient bénéficiaires, que pour leur part et portion seulement, sans solidarité ni indivisibilité. C'est ainsi, spécialement, qu'il a été décidé par la cour de cassation : 1° qu'en cas de contestation entre le cessionnaire d'une somme due à un entrepreneur de travaux de construction, et les ouvriers de cet entrepreneur concluant à la nullité de la cession et à la répartition entre eux de la créance cédée, le jugement intervenu sur cette contestation, qui annule la cession et ordonne la répartition aux ouvriers, est en dernier ressort, si la portion d'intérêt de chacun de ces ouvriers défendeurs, dans ladite répartition, se trouve inférieure à 1500 fr. (Req. 25 mars 1863, aff. Guilbert, D. P. 64. 1. 218); — 2° Que la demande formée par une partie contre ses cohéritiers, en payement d'une somme à lui due par ces derniers, comme garants d'une créance placée dans son lot et devenue irrécouvrable par suite de l'insolvabilité du débiteur, est en dernier ressort, quoique la somme réclamée excède 1500 fr., si la part afférente à chacun des défendeurs est inférieure à ce chiffre; et il en est ainsi même dans le cas où les défendeurs opposent à la demande une exception tirée de ce que la créance se serait éteinte par suite d'une cession de droits d'une valeur indéterminée qui aurait été faite au débiteur par le débiteur de la créance à lui attribuée, et qui aurait amené la confusion en la personne du demandeur de la double qualité de créancier et de débiteur, la question relative à cette cession laissant subsister le chiffre des sommes réclamées contre chacun des défendeurs (Req. 17 avr. 1865, aff. Briquet, D. P. 66. 1. 22); — 3° Que la décision rendue sur la demande en nullité d'une obligation que le demandeur avait contractée envers plusieurs personnes n'est pas susceptible d'appel à l'égard de ceux des défendeurs dont la part dans la créance commune est inférieure à 1500 fr., encore bien que le demandeur ait conclu à ce qu'un compte fût ordonné entre les parties, ce compte ne pouvant avoir pour effet que de réduire la créance, et non de réunir des intérêts séparés (Civ. cass. 25 févr. 1879, aff. Pinard, D. P. 79. 1. 158. V. Conf. quant au principe : Orléans, 5 janv. 1844, aff. Marchenoir, D. P. 53. 5. 145; Montpellier, 12 juill. 1853, aff. Vernhes, D. P. 53. 2. 243; Agen, 8 janv. 1855, aff. Bergon, D. P. 55. 5. 140. — *Contrà* : Paris, 5 août 1853, aff. Miguet, D. P. 55. 2. 317).

42. On s'est demandé si la divisibilité de la demande reste le principe de la détermination du ressort quand cette demande met en jeu l'existence d'un titre hypothécaire (V. Crépon, *Traité de l'appel*, t. 1, n° 533). Par exemple, un

---

(1) (Assurances maritimes l'*Aude C.* Bouis.) — La cour de Montpellier a rendu, le 25 févr. 1870, un arrêt conçu en ces termes : — « Considérant que l'objet du litige est relatif au règlement de l'assurance de Bouis pour la perte du navire « *Notre-Dame-du-Scapulaire* », dont le délaissement à l'assureur a été régulièrement fait dans les délais de la loi ; — Considérant que le contrat formé entre Bouis et plusieurs capitaines marins par lequel ils s'obligent à une garantie mutuelle contre les éventualités maritimes, les engage sans solidarité, et l'assureur, chacun pour leur part, à réparer les pertes qu'ils sont appelés à subir ; — Qu'il suit de là que la demande de Bouis se divise entre tous les assureurs, et que pour déterminer le taux du ressort, il suffit de rechercher la part contributive imposée à chaque navire dans le règlement de l'avarie ; — Considérant qu'il est reconnu que la part proportionnelle de chaque assureur ne s'élève pas à 900 fr. ; d'où suit qu'aux termes de l'art. 639 c. com., le jugement entrepris n'est pas susceptible d'appel ; — Considérant que les appelants soutiennent en vain que la question du procès est toute dans la validité du délaissement dont ils contestent la validité ; qu'il est manifeste que si le délaissement est critiqué, ce ne peut être que pour échapper au payement de l'assurance et, dès lors, comme moyen d'arriver à la solution de la difficulté principale ; qu'il n'y a donc pas lieu de s'arrêter à cette objection ; — Déclare l'appel irrecevable ». — Pourvoi en cassation par la *Société d'assurances mutuelles maritimes* pour fausse application et violation des

art. 639 et 646 c. com., violation de l'art. 453 c. proc. civ., de la loi du 11 avr. 1838 et des règles sur la compétence. — Arrêt.

LA COUR ; — Attendu que l'acte constitutif de l'association formée sous le titre de *Société d'assurances mutuelles maritimes* exclut formellement toute solidarité entre les assureurs, chacun d'eux n'étant obligé qu'au prorata de son intérêt ; qu'il n'y a ni capital social, ni apport fait par les associés ; que tous les caractères de la société manquent dans l'espèce ; — Attendu que les assureurs, assignés dans la personne de leurs représentants pour acquitter le montant d'un sinistre s'élevant à 30000 fr., n'ont pu être condamnés que comme assureurs particuliers selon leur intérêt dans l'assurance commune ; qu'il résulte des constatations de l'arrêt attaqué que la part de chacun d'eux ne dépassait pas le chiffre de 1500 fr., taux du dernier ressort ; que l'arrêt, en décidant, dans ces circonstances, que le jugement attaqué était en dernier ressort, n'a pu violer l'art. 639 c. com. ; — Attendu, d'ailleurs, que le délaissement du navire perdu n'a donné lieu, devant les juges du fait, à aucune difficulté en dehors de l'action principale tendant à la réparation du sinistre et au règlement de la valeur assurée ; qu'ainsi la contestation n'a pas cessé d'être en dernier ressort ;

Par ces motifs, rejette, etc.

Du 16 août 1870.-Ch. req.-MM. Bonjean, pr.-Dumon, rap.-Charrins, av. gén., c. conf.-Costa, av.

demandeur veut faire tomber une inscription hypothécaire d'une valeur supérieure au taux du dernier ressort, sur laquelle sont basés les droits de défendeurs multiples, dont l'intérêt individuel et fractionné est inférieur à 1500 fr. Dans ce cas quelle sera la situation quant à la recevabilité de l'appel? La réponse se trouve dans deux arrêts de cassation très précis de la chambre civile. A la date du 30 juin 1863 (aff. Gervais, D. P. 63. 1. 277), elle a jugé que le contredit d'un créancier tendant à faire rejeter d'un ordre, pour nullité de l'inscription hypothécaire, des créances appartenant à plusieurs produisants, défendeurs au contredit, dont les intérêts individuels sont inférieurs à 1500 fr., la créance de chacun d'eux étant au-dessous de ce chiffre, est jugé en dernier ressort par le tribunal de première instance, alors même que les créances contestées résulteraient du même acte et auraient été conservées collectivement par la même inscription. « Attendu, porte cet arrêt, que chacune de ces créances (les créances contredites au nombre de deux), était renfermée dans les limites du dernier ressort; qu'elles résultaient, il est vrai, du même acte notarié, et qu'elles avaient être conservées par la même inscription, mais que l'unité de l'acte n'empêchait pas les deux créances d'être distinctes ». Par un second arrêt, en date du 24 mars 1866 (aff. Paulet, D. P. 66. 1. 164), la même chambre a décidé que le jugement rendu dans un ordre sur la demande en nullité d'une inscription hypothécaire prise pour sûreté d'une obligation contractée dans le même acte, envers plusieurs parties, est en dernier ressort, si la somme due à chacune d'elles est inférieure au taux de l'appel, encore que le chiffre total de l'obligation soit supérieur à ce taux. Le motif de cette décision se déduit dans des termes qui font nettement ressortir la doctrine de la cour suprême : « Attendu que, suivant l'acte notarié du 22 avr. 1859, les demoiselles Paulet étaient conjointement créancières d'une somme de 2000 fr. ; que l'obligation contractée envers elles était de sa nature essentiellement divisible; que chacune d'elles était, en conséquence, créancière seulement pour la moitié de la somme prêtée; qu'il importe peu que l'obligation ait été contractée envers elles par un même acte, et qu'elles aient conjointement pris une inscription hypothécaire, produit à l'ordre et requis leur collocation; qu'en effet, chacune d'elles n'avait toujours, soit dans l'acte, soit dans la procédure suivie pour obtenir payement, qu'un intérêt proportionné à sa portion virile; d'où il suit que le jugement qui avait maintenu leur collocation dans l'ordre, pour raison de la susdite somme de 2000 fr., n'ayant statué que pour raison d'une somme de 1000 fr. vis-à-vis de chacune, a été rendu en dernier ressort... » Ainsi qu'on le voit, ce qui domine à juste titre aux yeux de la cour de cassation, c'est le chiffre distinct des diverses créances, et ce caractère fondamental ne peut souffrir de la circonstance qu'une même inscription a été requise par les créanciers. L'inscription sera donc discutée dans les mêmes conditions, quant au ressort, que les créances dont elle est l'accessoire.

43. Après avoir exposé les effets de la divisibilité de l'obligation, il faut examiner, comme contre-partie, les effets de l'indivisibilité. Ils se résument d'un mot, ainsi qu'on l'a déjà vu *supra*, n° 37 : quand l'obligation n'est pas immédiatement divisible entre les défendeurs dans leurs relations avec le demandeur, dût-elle ne peser que pour partie sur chacun d'eux à la suite d'un règlement ultérieur entre eux, c'est la demande considérée dans sa valeur actuelle et totale qui détermine le ressort.

L'objet de la demande peut tout d'abord être indivisible en raison de sa nature : il en est ainsi, par exemple, quand la demande porte sur un objet corporel déterminé, comme un meuble ou un animal, qui ne peut être remis pour partie au créancier. Si cette chose indivisible est supérieure comme valeur au taux du dernier ressort, le jugement auquel elle donnera lieu sera susceptible d'appel, bien que celui des débiteurs communs qui en aura fait délivrance au créancier demandeur ait droit, après recours contre ses co-

débiteurs, de ne garder à sa charge, comme les autres cohligés, qu'une partie du coût de l'objet, inférieure à 1500 fr. Par exemple, le jugement qui condamne des héritiers à la restitution d'un titre de créance dont leur auteur était dépositaire ou, à défaut, au payement de cette créance, est susceptible d'appel quoique la portion de chaque héritier dans la somme à payer soit inférieure à 1500 fr., si le titre dont la restitution forme le principal objet de la condamnation est supérieur à cette somme (Civ. rej. 9 juill. 1862, aff. Masson, D. P. 62. 1. 325).

Bien que divisible de sa nature, l'objet peut être indivisible par l'intention des parties, lorsqu'elles ont entendu qu'il ne pût être délivré qu'intégralement et sans division. « Attendu, porte à cet égard un arrêt de la chambre des requêtes, que l'appréciation de l'intention des contractants rentre dans le domaine exclusif du juge du fond; que l'arrêt attaqué a tiré des termes de l'acte obligatoire... la preuve de l'intention qu'ont eue les parties de rendre indivisible la dette de 8000 fr. contractée par la dame Beauvais envers le sieur Renard, et pour le payement de laquelle celui-ci a pratiqué une saisie-arrêt entre les mains de certains débiteurs de la succession de la dame Beauvais; que l'arrêta conclu avec raison de cette indivisibilité de la dette de 8000 fr. cause de la saisie-arrêt, que la demande en validité formée par Renard contre ses cohéritiers dans la succession de la dame Beauvais était en premier ressort, même vis-à-vis des demandeurs en cassation qui se fondaient pour le contester sur ce que leur part dans la dette serait inférieure à 1500 fr. » (Req. 15 mars 1886, aff. Collet, D. P. 87. 1. 424). C'est à ce même ordre d'idées que paraissent se rapporter deux arrêts de cours d'appel qui ont décidé, en s'inspirant sans doute des intentions du testateur, que la demande en délivrance d'un legs excédant 1500 fr. est en premier ressort comme non susceptible de division, alors même qu'elle est formée contre plusieurs héritiers dont chacun ne devra supporter qu'une somme inférieure à ce taux (Caen, 18 mars 1846, aff. Commune de Sourdeval, D. P. 49. 2. 116; Toulouse, 16 mars 1847, aff. Baron, D. P. 68. 5. 124). — C'est également la pensée d'une indivisibilité intellectuelle plutôt que d'une indivisibilité matérielle qui a fait juger que la décision statuant sur les reprises à exercer dans la communauté, par un époux survivant, est en premier ressort, si la valeur de la demande dépasse 1500 fr., bien que l'intérêt de chacun des héritiers de l'époux prédécédé dans la succession soit inférieur à 1500 fr. (Orléans, 27 janv. 1882, aff. Dechezleprêtre, D. P. 83. 2. 36).

44. Il peut y avoir indivision de la demande à un autre point de vue, quand les défendeurs, au lieu d'être tenus à un payement comme débiteurs, n'y sont tenus que parce qu'ils détiennent les biens qui répondent de ce payement. Par exemple, les légataires particuliers, à la différence des légataires à titre universel, ne sont pas tenus des dettes et charges de la succession, « sauf toutefois, ajoute l'art. 871 c. civ. l'action hypothécaire sur l'immeuble légué ». Il suit évidemment de là que si « l'immeuble légué » l'a été conjointement à plusieurs légataires particuliers, et si ces légataires, à défaut d'héritiers, sont actionnés par un créancier de la succession pour en obtenir payement d'une somme à lui due de *cujus*, il ne peut être question de la division *de la dette* entre gens qui ne sont pas débiteurs, et il ne peut s'agir pour eux que de subir, sur les biens dont ils sont détenteurs, l'action du créancier en payement de la totalité de sa créance. Dans ces conditions, si le chiffre de la demande est supérieur au taux du dernier ressort, la cause sera susceptible d'appel, nonobstant la pluralité des défendeurs et la circonstance qu'en fin de compte, la charge que le payement de la somme due fera peser sur les légataires particuliers ne diminuera l'émolument de chacun que d'une somme inférieure à 1500 fr. La question a été soumise *in terminis* à la cour de cassation, et elle l'a tranchée dans le sens qui précède par un arrêt formellement motivé (Civ. rej. 26 juill. 1875) (1).

---

(1) (De la Valette C. Charpiot et autres.) — La cour de Besançon a rendu, le 19 févr. 1874, l'arrêt suivant : — « Sur la fin de non-recevoir tirée du dernier ressort : — Considérant que la demande formée par les époux de la Valette contre le curateur à la succession vacante de la comtesse de Selves avait pour objet le payement

d'une somme de 8000 fr. avec intérêts, en vertu d'une reconnaissance portant date du 24 nov. 1848 ; — Considérant qu'à cette réclamation se rattache d'une manière indissoluble le sort des garanties hypothécaires invoquées par les réclamants ; — Considérant que ces garanties hypothécaires sont par leur nature indivisibles, soit qu'il

45. La demande doit-elle également être considérée comme indivisible quand, tout en revêtant la forme d'une action hypothécaire, elle est dirigée par le créancier, non plus contre des légataires particuliers, mais contre des héritiers du *de cujus*, tenus personnellement comme tels de la dette de ce dernier, chacun pour une somme inférieure à 1500 fr.? La question a été résolue affirmativement par deux arrêts (V. Pau, 4 janv. 1862 (1); Nancy,

s'agisse de procurer contre chaque légataire la séparation des patrimoines, soit qu'il s'agisse d'assurer l'exécution du jugement au principal, et que cette indivisibilité est telle qu'il ne serait pas loisible, ni de la part d'un ou de plusieurs légataires d'obtenir mainlevée partielle de l'hypothèque en acquittant leur part et portion virile de la dette, ni de la part d'un ou de plusieurs créanciers d'accorder cette mainlevée partielle au préjudice des autres créanciers leurs consorts; que, dans l'espèce, ce principe de droit rigoureux a d'ailleurs sa raison d'être dans l'intérêt qu'a chacun des créanciers de demeurer garanti contre les éventualités de renonciation, d'insolvabilité ou d'autres incidents relatifs à la succession; qu'ainsi, et en dehors du chiffre de la somme réclamée, la demande dont s'agit ayant pour objet une valeur indéterminée, le jugement attaqué n'a pu être rendu qu'en premier ressort; — Sur l'admissibilité de la tierce opposition: — Considérant que les appelants ont, en leur qualité de légataires particuliers, un droit certain et incontesté de propriété sur le domaine à eux légué, et qu'à ce droit vient se joindre celui de la possession résultant du jugement de délivrance obtenu par eux le 24 nov. 1869; que ce jugement rendu contre le curateur à la succession vacante, leur contradicteur légal, est passé en force de chose jugée par suite des significations opérées; que, dès lors, lesdits appelants, complètement et régulièrement investis du legs spécial à eux attribué, qu'il n'est même à observer que, dans l'espèce, plus de deux années s'étaient écoulées sans réclamation depuis l'envoi en possession des légataires appelants, jusqu'au jour du jugement obtenu par les créanciers intimés; qu'enfin, aucun motif de connexité d'intérêts ou de gestion n'existe au procès entre la portion d'hoirie demeurée vacante et les appelants, le domaine attribué à ceux-ci étant complètement indépendant des autres immeubles et en valeurs successorales; — Considérant, au surplus, que ces deux moyens préjudiciels invoqués par les appelants sont, en quelque sorte, exclusifs l'un de l'autre, la divisibilité par eux prétendue de leurs droits à l'encontre de la demande ne pouvant concourir avec l'indivisibilité de ces mêmes droits au point de vue de leur représentation pour la défense; — Considérant qu'en cet état des choses, les appelants n'ayant point été, ni pu être représentés au jugement du 25 févr. 1872, et, d'autre part, ce jugement leur faisant précisément grief, puisque la condamnation prononcée porte précisément sur le prix à partager entre eux des immeubles licités, il y a lieu d'admettre la tierce opposition; — Au fond: — Sur la validité du titre invoqué par les intimés: — Considérant que ce titre, ainsi qu'il est produit, ne présente, ni dans son contexte, ni dans le rapprochement des faits et documents actuellement acquis au procès, des éléments suffisants de décision; — Considérant, d'ailleurs, que ce titre est argué de fausse cause ou de cause illicite et même de surprise par des moyens dolosifs; que les faits articulés à ce sujet sont pertinents et admissibles, ainsi qu'ils sont formulés; qu'il y a lieu lors d'accueillir l'offre de preuve qui en est faite, etc. » — Pourvoi en cassation par les consorts de la Valette: 1° Violation de l'art. 1er de la loi du 11 avr. 1838, en ce que l'arrêt attaqué a reçu l'appel, alors que l'intérêt de chacune des parties était inférieur au taux du dernier ressort; 2° Violation des art. 813, 1351 c. civ., 474 c. proc. civ., en ce que l'arrêt attaqué a admis la tierce opposition des légataires, encore qu'ils eussent été valablement représentés au jugement. — Arrêt.

La cour; — Sur le premier moyen du pourvoi: — Attendu que les légataires à titre particulier ne représentent pas le testateur; qu'ils ne sont personnellement tenus d'aucune portion de ses dettes; qu'obligés seulement à titre de détenteurs de biens de la succession envers les créanciers qui ont obtenu la séparation des patrimoines, ils sont contraints de subir sur lesdits biens l'action de ces créanciers en payement de la totalité de leurs créances et que la disposition de l'art. 1220 c. civ. d'après laquelle les héritiers ne sont tenus des dettes de leur auteur que pour leur part virile, ne leur est pas applicable; — D'où il suit qu'en décidant que les créances respectives des consorts de la Valette ne se divisaient pas dans la proportion des parts des divers défendeurs dans la propriété du domaine de Scey-sur-Saône, et en déclarant, en conséquence, recevable l'appel interjeté par ces derniers du

jugement du tribunal de Vesoul du 31 juill. 1873, l'arrêt dénoncé n'a violé aucun des articles de loi visés au pourvoi ; — Sur le deuxième moyen : — Attendu que les biens dont la délivrance a été consentie à un légataire particulier n'appartiennent plus à la succession du testateur, et que par suite le curateur à cette succession n'a pas qualité pour représenter le légataire relativement auxdits biens dans les instances introduites ultérieurement par des tiers qui se prétendent créanciers du défunt ; — Attendu que, par jugement du 24 nov. 1869, les défendeurs avaient obtenu la délivrance du domaine à eux légué par la dame de Selves ; que le jugement rendu le 28 févr. 1872 au profit des époux de la Valette contre le curateur à la succession de ladite dame n'avait pas, par conséquent, l'autorité de la chose jugée à leur égard ; qu'ils pouvaient en poursuivre la réformation afin d'obtenir la mainlevée des inscriptions prises sur leur domaine pour assurer le payement des condamnations prononcées par le jugement ci-dessus visé, et que c'est dès lors avec raison que l'arrêt dénoncé a déclaré recevable la tierce opposition par eux formée audit jugement ; — Rejette, etc.
Du 26 juill. 1875.-Ch. civ.-MM. Devienne, 1er pr.-Goujet, rap.-Charrins, av. gén., c. conf.-Mimerel et Brugnon, av.

(1) (Ducning C. Carrère.) — La cour; — Attendu que la qualification donnée à un jugement par un tribunal de première instance ne lie pas les juges d'appel, dont le devoir est d'apprécier si cette qualification est juste et conforme aux prescriptions de la loi; — Attendu que les héritiers de Firmin Carrère, parties de Pujo, opposent à l'appel des héritiers de Jean Ducning, parties de Fassan, une fin de non-recevoir prise de ce que le jugement du 16 juill. 1860 a été rendu en dernier ressort et n'était pas susceptible d'appel; qu'il y a lieu, dès lors, d'examiner si le jugement a été rendu en premier ou en dernier ressort; — Attendu, en fait, que, par le commandement du 2 juin 1860, les héritiers Ducning ont demandé aux héritiers Ducning: 1° la somme de 978 fr. 10 cent. pour la trente-deuxième partie des sommes portées dans la quittance du 1er juin 1830; 2° celle de 13 fr. 29 cent. pour la trente-deuxième partie des frais de cette quittance, d'un commandement et des renouvellements d'inscriptions hypothécaires; 3° les intérêts légitimes de ces sommes depuis le temps de droit; 4° enfin les frais de ce commandement; — Attendu que ces diverses sommes réunies sont supérieures ou inférieures au taux du dernier ressort, selon que les intérêts réclamés seront dus depuis la date de la quittance, ou qu'ils seront réduits aux cinq dernières années, selon les prescriptions de l'art. 2277 c. nap.; — Attendu, à cet égard, que, quoique les intérêts des capitaux dus se prescrivent par cinq ans, la prescription n'est pas néanmoins d'ordre public; qu'elle ne peut pas être prononcée d'office par le juge, et que le débiteur seul a le droit de l'invoquer; qu'il suit de là qu'en réclamant aux héritiers de Jean Ducning tous les intérêts échus depuis le temps de droit, les héritiers Carrère étaient censés réclamer les intérêts échus depuis la date de la quittance, sauf aux héritiers Ducning à obtempérer à cette demande, ou à se retrancher derrière les dispositions de l'art. 2277 précité; que, par conséquent, envisagé à ce point de vue, le premier moyen invoqué par les parties de Pujo ne saurait être accueilli;
Attendu qu'il doit en être de même du second moyen, qui consiste à dire que, la dette étant divisible entre les héritiers de Jean Ducning, qui sont au nombre de trois, le tiers de la somme réclamée ne s'élèverait qu'à un chiffre de beaucoup inférieur à 1500 fr.; — Qu'en effet, les héritiers Carrère, créanciers hypothécaires des héritiers Ducning, avaient deux voies à prendre pour obtenir le payement de leur créance, l'une en dirigeant une action personnelle contre leurs débiteurs, et l'autre en exerçant contre eux l'action hypothécaire; que si dans le premier cas, ils ne pouvaient exiger de chacun des débiteurs que sa part dans la dette, dans le second, c'est-à-dire en exerçant l'action hypothécaire, la dette commune n'était pas divisible, puisque tous les biens des débiteurs grevés de l'inscription étaient affectés au payement de la créance; qu'en fait, les héritiers Carrère ont donné la préférence à cette dernière action, puisque leur commandement a été fait aux fins de la saisie réelle des biens des héritiers Ducning; qu'il suit de là que ce moyen doit encore être rejeté;
Mais attendu que, si les dettes d'une succession se divisent aussi entre les héritiers des débiteurs, les actions se divisent aussi entre les héritiers du créancier, de telle sorte que chacun d'eux ne peut réclamer que la part qui lui incombe dans la créance commune; que, les héritiers de Firmin Carrère étant au nombre de trois, la créance doit se diviser en trois parts égales, et que chacune de ces parts est évidemment inférieure au taux de dernier ressort; — Que, sans qu'il soit utile d'examiner les autres fins de non-procéder opposées par les parties de Pujo à l'appel de ceux de Fassan, il faut reconnaître que les juges de première instance ont déclaré avec raison que leur jugement a

26 févr. 1864) (1). Il faut à cet égard bien distinguer. Si le débat ne portait que sur l'existence ou la légitimité de la créance elle-même, qui est divisible par sa nature, l'affaire ne serait pas susceptible d'appel, chaque part de dette due par chacun des héritiers étant au-dessous du taux du dernier ressort. Mais quand c'est la dépossession de l'immeuble qui est poursuivie contre le détenteur, le ressort ne peut se déterminer seulement par le chiffre de la créance, car c'est l'expropriation réelle et effective de la chose hypothéquée qui est l'objet de la demande. On aura l'occasion de revenir sur cet ordre d'idées en traitant plus loin des instances relatives aux saisies immobilières (V. *infrà*, n° 108).

46. Il est à peine besoin de dire qu'il ne peut plus s'agir, ni de la divisibilité de la dette entre les défendeurs, ni de l'effet éventuel de cette divisibilité sur le ressort, quand on se trouve au cas de solidarité. Lorsqu'il y a solidarité dans la dette, elle est exigible pour le tout, vis-à-vis de chacun de ceux qui y sont tenus, sauf le recours ultérieur de celui qui a satisfait le créancier, contre ses codébiteurs. C'est donc le montant total de la demande qui, en pareille hypothèse, règle le ressort. Mais ici un point doit être précisé. Il peut se faire que le demandeur ait conclu à la solidarité et que le juge ait refusé de la prononcer. Peut-on, en ce cas, faire acception du principe de la divisibilité de la dette et de ses conséquences quant au ressort? La cour d'appel de Chambéry dans un arrêt du 18 déc. 1865 (aff. Laurent, D. P. 66. 2. 56), a affirmé, et la cour de Rennes, dans un des considérants d'un arrêt en date du 5 déc. 1879 (aff. Le Délion, D. P. 81. 2. 218), a paru penser qu'il est indifférent que la solidarité ait été demandée, si elle n'était pas fondée. Mais une telle opinion ne saurait être admise. Ainsi qu'on l'a dit *suprà*, n° 22, c'est la demande telle qu'elle est formulée, et ce n'est ni son bien fondé, ni la condamnation qui règle le ressort. Aussi a-t-il été expressément jugé par la cour de cassation « qu'il importe peu que le jugement définitif ait déclaré que la solidarité n'existait pas; qu'il suffit qu'elle ait été demandée pour exclure le dernier ressort; que c'est la chose demandée, et non la chose accordée, qui sert de base à la fixation du dernier ressort » (Civ. cass. 14 juill. 1856, aff. Dubois, D. P. 56. 1. 265. Conf. Civ. rej. 4 mars 1873, aff. Sauvalle, D. P. 81. 1. 131, et la note).

47. En résumé, de tout ce qui précède sur le ressort, d'au cas de demande collective formée contre plusieurs défendeurs par un demandeur unique, le jugement intervenu est en dernier ressort quel que soit le chiffre total de la demande, si d'une part l'intérêt de chacun des défendeurs pris séparément n'excède pas 1500 fr., et si d'autre part il n'y a ni indivisibilité, ni solidarité, réelle ou alléguée, entre ces défendeurs. Mais si la divisibilité de l'obligation domine la matière, il convient toujours de ne pas perdre de vue que, pour être prise en considération, quant au ressort, elle doit révéler son existence avant le jugement de première instance (V. *suprà*, n° 22); et que, par conséquent, si la demande, d'abord intentée contre un défendeur unique, ne devenait divisible qu'en cause d'appel, par la mort de ce défendeur et la division de sa succession entre plusieurs

héritiers, l'affaire n'en continuerait pas moins à demeurer susceptible des deux degrés de juridiction (Conf. *suprà*, *loc. cit.*; Crépon, *op. cit.*, t. 1, n° 536).

48. — III. Cas où plusieurs demandeurs agissent contre un seul défendeur. — Cette hypothèse se présentant fréquemment dans la pratique, un grand nombre d'arrêts relatifs à ce point ont été analysés au *Rép.* n°s 147 à 162. Mais il existait alors, dans la jurisprudence, une grande confusion sur la matière, et des contradictions sans nombre, que la doctrine, faute de distinguer assez clairement les principes et assez profondément les espèces, ne parvenait pas à conjurer. Depuis cette époque le terrain s'est affermi, et, en procédant avec méthode, on doit arriver à la détermination de règles fixes, propres à empêcher bien des erreurs.

49. Il est un premier point qui, éclairé avec soin par la cour de cassation, n'a jamais fait difficulté pour elle : c'est que la réunion par plusieurs demandeurs, dans un exploit unique, de diverses demandes dirigées contre la même partie, *mais reposant sur des titres distincts*, n'empêche pas que la cause ne soit en dernier ressort, si chacune des demandes prise isolément n'excède pas 1500 fr., alors même que toutes procèdent par un *moyen commun* et sont combattues par une *même exception*. Du moment, en effet, où chaque demandeur invoque un titre personnel, il y a, en définitive, entre lui et le défendeur, un litige exactement individuel, individualité qui ne peut être altérée par cette circonstance, en quelque sorte tout extérieure, que le différend se trouve réuni à d'autres dans une seule et même instance. Cette individualité du litige n'est pas altérée non plus par la circonstance que le même moyen d'attaque et la même exception de défense se rencontrent dans chacune des demandes réunies, ce moyen et cette exception n'étant en somme que des arguments invoqués pour et contre au cours du différend, ce qui laisse intacte, dans sa nature propre, l'*essence* de ce différend. En un mot, c'est ici *le titre* sur lequel repose la demande qui en détermine *le caractère essentiel*; d'où il suit qu'il suffit que les titres qui servent de base à des demandes formées chacune par des demandeurs différents soient distincts, pour que ces demandes, nonobstant leur réunion dans une procédure unique, restent néanmoins au fond distinctes elles-mêmes. S'il en est ainsi, il n'y a pas à faire acception, pour le ressort, du montant total des demandes réunies par les différents demandeurs, il n'y a à tenir compte que du montant partiel de chacune des demandes considérées séparément.

50. L'exposé de deux espèces jugées par la cour de cassation va mieux encore préciser ces notions.

Un notaire chargé par un jugement de procéder à l'adjudication, en un seul lot, d'un bien d'interdit, avait pris sur lui, après une tentative demeurée vaine, de passer outre à la vente autorisée, en divisant l'immeuble en plusieurs lots. Des personnes diverses devinrent ainsi adjudicataires, chacune divisément, de lots distincts. Une surenchère ayant été formée par un créancier inscrit, l'adjudication fut rouverte, et chacun des adjudicataires ne put garder son lot, dans les nouvelles enchères, qu'en le payant un prix plus élevé.

---

(1) (Bosson *C.* Daubeuil.) — La cour; — Sur la fin de non-recevoir opposée à l'appel : — Considérant que Bernier, créancier hypothécaire, inscrit sur Michel pour la somme principale de 2600 fr., en vertu d'une cession consentie à son profit par Huart, a, les 16 et 19 juin 1862, fait commandement à la veuve Daubeuil et à Daubeuil fils, détenteur d'une pièce de pré acquise par Simon Daubeuil de Michel, de lui payer le montant intégral de sa créance ou de délaisser cet immeuble; que la veuve Daubeuil et son fils, ayant formé opposition à ce commandement et appelé en garantie l'ex-notaire Bosson, le tribunal les a rejetés de leur opposition et a ordonné la continuation des poursuites; — Considérant que l'action mise en mouvement par le commandement de Bernier, fait dans les termes mêmes de l'art. 2169 c. nap., est une action en délaissement contre des tiers détenteurs; que cette action essentiellement réelle, et s'appliquant à un immeuble d'une valeur indéterminée, ne pouvait être jugée par le tribunal qu'en premier ressort; — Considérant qu'il en est de même de l'action en garantie dirigée par la veuve Daubeuil

et son fils contre Bosson; qu'en prenant contre celui-ci des conclusions tendant à les garantir et indemniser de toutes les conséquences des condamnations qui pourraient être prononcées contre eux, en principal, intérêts et accessoires, la veuve Daubeuil et Daubeuil fils ont imprimé à leur demande en recours le même caractère et lui ont donné la même étendue qu'avait la demande principale; que le tribunal n'a donc pu statuer aussi qu'en premier ressort sur cette demande en garantie;

Considérant que le principe de la divisibilité des dettes entre cohéritiers ne peut créer, dans l'espèce, de fin de non-recevoir contre l'appel; que la veuve Daubeuil, commune en biens, ne peut être assimilée à un héritier; parce que, par le commandement des 16 et 19 juin 1863, Bernier n'a pas seulement réclamé 1300 fr., à la veuve Daubeuil et pareille somme à Daubeuil fils, mais bien l'intégralité de sa créance ou 2600 fr. à chacun d'eux comme *biens tenant*; et parce qu'enfin les condamnations prononcées contre ces tiers détenteurs peuvent, au lieu de se réduire au payement d'une certaine somme, aboutir à la dépossession complète d'un immeuble d'une valeur indéterminée;

Par ces motifs, rejette la fin de non-recevoir opposée à l'appel, etc.

Du 26 févr. 1864.-C. de Nancy, 1re ch.-MM. Lezaud, 1er pr.-Liffort de Buflévent, av. gén.-Lallemant et Volland, av.

été rendu en dernier ressort; que l'appel interjeté contre ce jugement est donc irrecevable; — Déclare l'appel irrecevable, etc. Du 4 janv. 1862.-C. de Pau, ch. corr.-MM.Bouvet, pr.-Lespinasse, 1er av. gén., c. conf

A la suite de ces faits, ces divers adjudicataires se réunirent, dans une même assignation, pour élever contre l'interdit, représenté par son tuteur, la prétention d'être indemnisés, chacun de la différence existant entre le prix originaire et le prix nouveau de son lot. Chaque demandeur trouvait naturellement son titre *personnel* de demande dans l'achat particulier qu'il avait fait, aux deux adjudications, du lot acquis par lui. Tous en revanche invoquaient, comme moyen commun, à l'appui de leur prétention, une garantie qui leur aurait été due contre l'éviction provenue de la surenchère ; et leur adversaire opposait à tous, comme exception commune, l'irrégularité et par conséquent l'inefficacité de la première opération du notaire. C'est dans ces conditions de fait, qu'appelée à statuer sur le point de savoir si la demande des adjudicataires avait pu valablement être déclarée susceptible des deux degrés de juridiction, alors que la valeur de l'indemnité prétendue par chacun des demandeurs était inférieure à 1500 fr., la cour de cassation s'est prononcée pour la négative, en des termes qui doivent être cités : « Attendu que les immeubles de Jamet, interdit, ont été mis en vente par lots distincts et adjugés séparément à divers adjudicataires, sans solidarité entre eux ; — Attendu que les demandes en garantie de ceux-ci, par suite de la surenchère que chacun d'eux avait subie, avaient pour objet la restitution, à titre de dommages-intérêts, de la différence entre le prix de la première adjudication et le prix de la seconde adjudication *de chaque lot pris isolément ;* que la réunion de ces diverses demandes dans un même exploit ne pouvait, pas plus que la réunion des diverses adjudications dans un même instrument ou procès-verbal, créer entre les demandeurs *un lien de droit qui n'existait pas,* et donner à des actions multiples, et indépendantes les unes des autres, le caractère d'*une action unique et collective ;* que dans l'hypothèse même où Jamet, vendeur, aurait contesté la validité du titre du 6 mai 1856 (la première adjudication), cette contestation, présentée sous forme d'exception aux demandes des adjudicataires, en vue non de rentrer dans la propriété des biens vendus, mais seulement de faire rejeter ces demandes, ne pouvait en modifier *la nature,* ni *l'importance ;* qu'il est constant en fait que la valeur desdites demandes, en ce qui concerne chacun des demandeurs en cassation, n'atteignait pas 1500 fr. ; que le jugement qui les avait accueillies était donc en dernier ressort ; d'où il suit qu'en recevant l'appel de ce jugement, la cour impériale de Paris a formellement violé l'article de loi ci-dessus visé » (Civ. cass. 18 janv. 1860, aff. Flotton, D. P. 60. 1. 77).

C'est à un arrêt de la chambre des requêtes qu'a donné lieu la seconde espèce. Des créanciers *à titres divers* d'un comptoir d'escompte, qui n'avaient pu être complètement payés dans la faillite de ce comptoir, ayant actionné le conseil de surveillance en garantie de ce qui leur restait dû, en alléguant à la charge de ce conseil une série d'actes de négligence et d'incurie, il a été décidé par la chambre des requêtes : que la cause n'était pas susceptible d'appel, chacun des demandeurs ne prétendant qu'à une somme inférieure au taux du dernier ressort, par la raison qu'il importait peu que ces créanciers eussent réuni leurs demandes dans un

même exploit ; qu'*il y avait autant de contestations que de demandes ;* que *la réunion des demandes* ne pouvait modifier la compétence, et que le taux du litige pour chacun des demandeurs demeurait inférieur à 1500 fr. » (Req. 18 août 1868) (1).

La doctrine de ces arrêts s'impose : quand les titres de demande sont personnels à chacun des demandeurs, il n'y a pas entre ceux-ci de lien de droit ; il y a autant de différends que de réclamants ; et on ne peut qualifier d'action unique et collective la réunion, dans la même procédure, de ces diverses actions indépendantes. La conséquence va de soi, quant au degré du ressort (Conf. Paris, 16 mars 1866, aff. Peyrardelle, D. P. 66. 2. 97 ; 22 févr. 1884, aff. Rabineau, D. P. 85. 2. 173).

La cour de cassation a eu à s'occuper d'une espèce dans laquelle chacun des demandeurs nantis d'un titre distinct ayant fait valoir divisément sa demande inférieure à 1500 fr. contre le défendeur, et obtenu par défaut un jugement séparé, c'était le défendeur qui avait imprimé un caractère d'unité à la procédure, en formant opposition, par un seul acte, à ces différentes décisions. La question soulevée par le pourvoi était de savoir si le jugement qui avait débouté le défendeur de cette opposition collective était rendu en dernier ressort. Elle a été résolue affirmativement, et ce n'était là que l'application à une situation particulière des principes qui viennent d'être exposés. Là aussi il était vrai de dire que la réunion, dans un même acte, de ces divers litiges, « ne pouvait pas créer entre les demandeurs *un lien de droit qui n'existait pas,* et donner à des actions indépendantes le caractère d'*une action unique* ». Comme le dit d'une manière très expressive l'arrêt de la cour de cassation, le dispositif du jugement de débouté, « sous une forme unique », comprenait « autant de décisions distinctes qu'il y avait de demandes et de jugements par défaut » ; d'où il suivait qu'il était en dernier ressort (Civ. cass. 31 déc. 1873, aff. Billion, D. P. 74. 1. 85).

51. Mais qu'adviendra-t-il, quant au ressort, si les demandeurs agissent ensemble en vertu d'un même titre ; *d'un titre collectif ?* Un arrêt de la chambre civile a admis sans difficulté qu'une demande supérieure à 1500 fr., en payement d'honoraires, formée par trois arbitres qui ont collaboré dans la même affaire, n'est pas susceptible d'appel, alors que, devant le tribunal de première instance, chacun des demandeurs *a précisé la part qui lui revient* et que chacune de ces parts est inférieure au taux du dernier ressort (Civ. cass. 30 nov. 1852, aff. Bailly, D. P. 52. 1. 330). — De graves difficultés se sont, au contraire, manifestées dans la jurisprudence, et continuées jusqu'à un arrêt des chambres réunies de la cour de cassation de 1860 qui sera bientôt cité, quand les demandeurs ont introduit et poursuivi en première instance leur demande collective, fondée sur un même titre, *sans préciser divisément la part réclamée par chacun d'eux* dans la condamnation sollicitée. Quelques arrêts de cour d'appel ont admis qu'en ce cas, la demande qui excède 1500 fr. est susceptible d'appel, alors même que, par l'effet *naturel* de la division, la cause étant exempte d'indivisibilité et de solidarité entre les demandeurs,

---

(1) (Louveau de la Règle et consorts *C.* Morin et consorts.) — A la suite de la déclaration en faillite de la société en commandite par actions le *Comptoir d'escompte des Deux-Sèvres,* un certain nombre de créanciers de cette société ont assigné les sieurs Louveau de la Règle et autres, membres du conseil de surveillance, comme garants de ce qui leur était dû. Parmi les demandeurs, vingt-trois n'avaient que des créances inférieures à 1500 fr. Le 18 janv. 1867, jugement du tribunal de commerce de Niort, qui condamne chacun des défendeurs à 1000 fr. de dommages-intérêts. — Appel par les sieurs Louveau de la Règle et autres. Les intimés dont l'intérêt dans la cause était inférieur à 1500 fr., ont prétendu que l'appel n'était pas recevable à leur égard. Cette fin de non-recevoir a été accueillie par un arrêt de la cour de Poitiers du 12 août 1867. — Pourvoi en cassation par les sieurs Louveau de la Règle et autres : 1°... ; 2° Fausse application et violation des art. 639 c. com. et 1er de la loi du 11 avr. 1838, en ce que l'arrêt attaqué a considéré comme jugée en dernier ressort par le tribunal de commerce, à l'égard de certains créanciers, l'action tendant à faire admettre contre les membres d'un conseil de surveillance le principe de la responsabilité, et à obtenir contre eux une condamnation dépassant le taux du dernier ressort. — Arrêt.

La cour ; — Sur le premier moyen :... — Sur le deuxième

moyen : — Attendu que les tribunaux de commerce jugent en dernier ressort toutes les demandes dont le principal n'excède pas la valeur de 1500 fr. ; que tel est le prescrit des art. 639 c. com. et 1er de la loi du 11 avr. 1838 ; — Attendu que, dans l'espèce, chacun des vingt-trois défendeurs éventuels a formulé une demande tendant à obtenir une somme inférieure à 1500 fr. ; que la décision intervenue sur chacune de ces demandes a été rendue en dernier ressort ; — Qu'il importe peu que ces vingt-trois créanciers aient réuni leurs demandes dans un même exploit ; qu'il y a autant de contestations que de demandes ; que la réunion des demandes ne peut modifier la compétence et que le taux du litige pour chacun des demandeurs demeure inférieur à 1500 fr. ; — Que la présence du syndic de la faillite du Comptoir d'escompte qui, d'ailleurs, n'a pris aucunes conclusions contre les demandeurs en cassation n'a pu exercer aucune influence sur le taux du litige ; — D'où il suit qu'en déclarant l'appel des demandeurs en cassation non recevable au regard des vingt-trois défendeurs éventuels dont il s'agit, l'arrêt attaqué a fait une juste application des art. 639 c. com. et 1er de la loi du 11 avr. 1838 ; — Rejette, etc.

Du 18 août 1868.-Ch. req.-MM. Bonjean, pr.-Dumon, rap.-P. Fabre, av. gén., c. conf.-Fosse, av.

la part de chacun d'eux est inférieure à ce chiffre (Nîmes, 24 mai 1854, aff. Roulet, D. P. 54. 2. 240; 16 août 1854, aff. Saint-Pierre, ibid.; Grenoble, 24 août 1855, aff. Faure, D. P. 56. 2. 258; Angers, 26 mai 1859, aff. Barbier, D. P. 60. 2. 32). A l'inverse, des cours beaucoup plus nombreuses ont jugé que la demande collective formée par plusieurs demandeurs conjoints, cohéritiers ou autres, est en dernier ressort, quel que soit son montant total, du moment où la quotité qui revient à chacun des demandeurs, bien que non fixée dans la demande, est inférieure à 1500 fr. (Douai, 11 févr. 1847, aff. Flament, D. P. 47. 4. 150; Nancy, 15 janv. 1850, aff. Toussaint, D. P. 50. 5. 127; 21 janv. 1851, aff. Pisson, D. P. 51. 5. 163; Montpellier, 13 juill. 1853, aff. Vitrac, D. P. 53. 2. 193; Poitiers, 14 déc. 1854, aff. Barbier, D. P. 56. 2. 10; Agen, 3 janv. 1855, aff. Viroles, D. P. 55. 5. 141; 20 févr. 1856, aff. Pinède, D. P. 56. 5. 132; Bourges, 6 juill. 1857, aff. Grimault, D. P. 57. 2. 140; Pau, 18 juill. 1860, aff. Croharé, D. P. 60. 2. 205). Mais tandis que cette seconde opinion, qui reposait sur le principe de la divisibilité du montant de la demande entre demandeurs non solidaires, prévalait dans le sein des cours d'appel, la cour de cassation se refusait à sanctionner cet ordre d'idées. Elle décidait en effet à cette même époque : 1° qu'on peut appeler d'un jugement qui statue sur une demande supérieure à 1500 fr., formée collectivement par des cohéritiers en vertu d'un titre commun, quoique la part de chacun d'eux, dans la somme demandée soit inférieure au taux du dernier ressort (Civ. rej. 10 janv. 1854, aff. Huet, et aff. Binois, D. P. 54. 1. 35); — 2° Qu'un jugement est en premier ressort quand il statue sur une demande formée collectivement, et en vertu d'un titre unique, par des cohéritiers, en payement d'une somme supérieure à 1500 fr., encore que la part de chacun des demandeurs fût inférieure à ce taux (Civ. cass. 5 nov. 1856, aff. Grimault, D. P. 56. 1. 389); — 3° Que l'appel est recevable contre un jugement qui statue sur une demande qui excède le taux du dernier ressort, demande formée par des héritiers collectivement, en raison d'un titre commun, alors même que la somme afférente à chacun des réclamants, dans le total demandé, est inférieure à 1500 fr. (Civ. cass. 19 avr. 1858, aff. Barbier, D. P. 58. 1. 193).

Dans des dissertations développées insérées sous ces arrêts, et qui font connaître l'état de la doctrine en même temps qu'elles résument les raisons de décider, nous avions énergiquement combattu les solutions de la chambre civile de la cour de cassation, et exprimé l'espoir que les chambres réunies, si elles étaient saisies, se prononceraient dans le sens de l'immense majorité des auteurs et des cours d'appel. Il en a été ainsi bientôt après. A la date du 25 janv. 1860, la cour de cassation, chambres réunies, sous la présidence de M. Troplong, et malgré les conclusions de M. le procureur général Dupin, s'est prononcée pour la division de la demande et, par voie de conséquence, pour l'irrecevabilité de l'appel, dans une affaire où la demande émanait de cohéritiers agissant collectivement, mais dont l'intérêt individuel n'atteignait pas 1500 fr. « Attendu, porte cet arrêt, que si la demande a été formée par un même exploit, en vertu d'un même titre, et collectivement, elle n'en avait pas moins pour objet, à l'égard de chacun des demandeurs, une valeur légalement distincte de moins de 1500 fr.; qu'en effet, aux termes de l'art. 1220 c. nap., les créances se divisent de plein droit entre les héritiers, qui ne peuvent demander le payement de la dette que pour la part dont ils sont saisis comme représentant le créancier; que si, pour des raisons particulières, les ayants droit, au lieu d'agir par actions séparées, se réunissent pour former collectivement leur demande, cette seule circonstance, en l'absence d'une convention d'indivision et de communauté qui n'est pas justifiée pour la créance dont il s'agit, ne saurait altérer les effets du principe de divisibilité inscrit dans la loi, et faire obstacle à la distinction des droits qui en résulte ; que si c'est de ce qui précède, que pour apprécier l'intérêt du litige engagé par la demande collective des consorts Foureau, c'est avec raison que l'arrêt attaqué a considéré la part afférente à chacun d'eux dans la créance réclamée, et qu'en décidant que cette part étant inférieure à 1500 fr. le jugement frappé d'appel avait statué en dernier ressort, ledit arrêt a fait une saine application de la loi » (Ch. réun. rej. 25 janv. 1860, aff. Grimault, D. P. 60. 1. 76).

Depuis cet arrêt, les deux chambres de la cour de cassation, se conformant invariablement à sa doctrine, ont décidé : 1° que le jugement rendu sur la demande en payement d'une somme d'argent, formée collectivement par les héritiers du créancier, est en dernier ressort, si la part de chaque héritier est inférieure à 1500 fr., et qu'il importe peu que le défendeur ait conclu reconventionnellement au payement d'une autre somme qui lui aurait été due par le de cujus, si la part des héritiers dans cette somme est également inférieure au taux du dernier ressort (Civ. cass. 7 mars 1866, aff. Lefaure, D. P. 66. 1. 119); — 2° Que l'appel n'est pas recevable contre un jugement rendu sur une demande en nullité de consignation de prix, formée contre un acquéreur par des cohéritiers vendeurs agissant collectivement, lorsque la part afférente à chacun des cohéritiers dans la somme consignée a été fixée à un chiffre inférieur à 1500 fr. par un jugement antérieur homologuant la liquidation de la succession (Req. 21 mars 1881, aff. Gravier, D. P. 81. 1. 306); — 3° Que la créance pour fermages due à des cohéritiers n'est pas solidaire, qu'elle se divise de plein droit entre eux, de telle sorte que l'intérêt du litige peut être pour chacun inférieur à 1500 fr., alors que la créance est supérieure à ce chiffre (Civ. rej. 19 août 1884, aff. Buffard, D. P. 85. 1. 205). — V. encore sur le principe de la divisibilité : Req. 18 juill. 1883 (aff. Mathieu, D. P. 84. 5. 143); 13 janv. 1885 (aff. Garnier, D. P. 85. 1. 367), et 22 juin 1885 (aff. Hospice de Roubaix, D. P. 86. 1. 268). Quant aux cours d'appel, qui en général par leur résistance avaient préparé l'arrêt des chambres réunies du 25 janv. 1860, elles sont demeurées fidèles à la doctrine consacrée par cet arrêt (Lyon, 26 juin 1860, aff. Paquelet, D. P. 60. 5. 108; Pau, 18 juill. 1860, aff. Croharé, D. P. 60. 2. 205; Poitiers, 7 janv. 1862, aff. Vigna, D. P. 62. 2. 75; Besançon, 22 janv. 1862, aff. Sabatier, D. P. 62. 2. 22; Angers, 7 mars 1866, aff. Barbet, D. P. 66. 2. 93; Caen, 24 avr. 1871, aff. Fatout, D. P. 73. 2. 208; Dijon, 9 janv. 1872, aff. Picard, relative à des héritiers bénéficiaires, D. P. 73. 2. 75; Chambéry, 27 avr. 1875, aff. Roux, D. P. 78. 2. 11; Orléans, 25 mars 1885, aff. Fesson, D. P. 87. 2. 18). La question peut donc être considérée comme se trouvant désormais en dehors de toute controverse, et il serait superflu d'y insister.

52. Bien que la plupart des arrêts rendus en cette matière soient intervenus dans des espèces où les demandeurs agissant conjointement étaient des cohéritiers, régis quant à la divisibilité des créances par la disposition précise de l'art. 1220 c. civ., il n'en est pas moins certain que la règle consacrée par ces décisions est applicable à tous les demandeurs quelconques, même non cohéritiers qui forment une demande collective, en vertu d'un titre commun (V. notamment : Chambéry, 18 déc. 1865, aff. Laurent, D. P. 66. 2. 56 ; Agen, 13 mars 1866, aff. Laroche, D. P. 66. 2. 92 ; Chambéry, 27 avr. 1875, aff. Roux, D. P. 78. 2. 11). Du moment où, entr'eux, il n'existe aucun lien de solidarité ni d'indivisibilité, et où il apparaît de la situation réciproque des parties, que la division de l'émolument de condamnation doit s'opérer, soit d'après une proportion expressément déterminée, soit à défaut d'indication contraire, explicite ou implicite, d'après les règles de l'égalité, il en résort nécessairement que ce sont les intérêts distincts et divisés qui doivent être pris en considération pour décider de la question du ressort.

Mais ce qui est essentiel, c'est que les bases de la division soient assez à présent non douteuses, et qu'il ne soit pas nécessaire, pour les connaître, d'attendre un règlement ultérieur, d'un résultat actuellement incertain. Dans l'arrêt du 18 déc. 1865 qui vient d'être cité, la cour de Chambéry, après avoir constaté que les demandeurs conjoints n'avaient pas pris une part égale à l'opération commune, des conséquences de laquelle était née leur action collective, avait néanmoins décidé qu'à défaut par les demandeurs « d'avoir précisé dans quelle proportion chacun d'eux devait prendre part à la somme de 20000 fr. qu'ils demandaient cumulativement à titre de dommages-intérêts, elle devait être divisée par portions égales entre eux ». Cette conclusion n'a pas été sanctionnée par la cour de cassation saisie de l'affaire, et dans l'arrêt qu'elle a rendu sur le pourvoi on lit notamment : « Que d'après les constatations mêmes de l'arrêt (attaqué) l'intérêt des défendeurs (éventuels) était inégal

dans l'action ; que la fixation de la part afférente à chacun dans la somme réclamée dépendait nécessairement *d'un règlement à faire*, et qu'à défaut de ce règlement il n'était pas possible d'affirmer que la part d'intérêt dans le litige n'excédait pour aucun des défendeurs le taux du dernier ressort; attendu qu'en de telles circonstances appel pouvait être interjeté du jugement » (Civ. cass. 11 déc. 1867, aff. Laurent, D. P. 67. 1. 456). Rien de mieux fondé que ces considérations. L'appel ne doit être déclaré irrecevable que lorsqu'il apparaît clairement, au juge appelé à statuer sur sa recevabilité, que l'intérêt distinct de chacun des demandeurs est inférieur au taux du dernier ressort. Il faut donc pour cela que ce juge soit en possession des bases exactes de la division. Or il n'en est pas ainsi lorsque, les parts étant destinées à être inégales, leur fixation dépend d'un règlement à faire. L'indécision qui règne sur les conditions du partage rend la cause indéterminée et, par conséquent, susceptible des deux degrés de juridiction (Comp. dans le même sens : Nancy, 26 févr. 1870, aff. Bérenger, D. P. 72. 2. 46; Limoges, 27 nov. 1868, aff. Voisin, D. P. 69. 2. 217). C'est par la même raison qu'il a été décidé que les créances et les dettes d'une communauté ayant existé entre époux ne se divisant pas de plein droit, mais exigeant une liquidation dont les conditions sont variables, la demande en validité d'une saisie-arrêt formée contre un débiteur, pour plus de 1500 fr., par les divers propriétaires des biens de la communauté, est susceptible des deux degrés de juridiction (Bourges, 22 févr. 1876, aff. Lainé, D. P. 78. 2. 77).

53. On vient d'avoir plusieurs fois l'occasion de répéter que l'indivisibilité ou la solidarité, entre les divers demandeurs, met naturellement obstacle à l'application de la règle que le ressort dépend du montant des intérêts distincts de chacun d'eux. Mais ici, comme lorsqu'il s'agit de la pluralité des défendeurs (V. *suprà*, n° 44), il a été prétendu que l'allégation de solidarité, quand elle était mal fondée, ne pouvait exercer aucune influence sur le ressort. Cette opinion a été repoussée par un arrêt fortement motivé de la cour de Riom du 2 mars 1868 (aff. Cail, D. P. 68. 2. 65), qui a affirmé : que la valeur d'une demande formée collectivement par plusieurs parties doit être appréciée, pour la détermination du taux du ressort, non d'après les qualités et les droits pouvant juridiquement appartenir à chacune d'elles, mais d'après les qualités et les droits qu'elles s'attribuent, et spécialement, que le jugement rendu sur la demande collective de plusieurs parties, en payement d'une somme supérieure à 1500 fr., avec indication de la part ultérieure de chacune d'elles, est en premier ressort même à l'égard de ceux des demandeurs dont la part doit être inférieure à ce chiffre, si tous les réclamants ont été déclaré agir en payement d'une créance commune, née d'une opération qui a créé entre eux une solidarité d'intérêts absorbant leurs droits individuels dans le droit général, sans qu'il y ait lieu d'apprécier, en présence de ces termes de la demande, la véritable position juridique des demandeurs. C'est là une application exacte du principe que le ressort est déterminé par la demande, et non par le résultat de cette demande, et qu'il n'appartient pas au juge de déclarer, sur la question de recevabilité de l'appel, que la prétention formulée par le demandeur est entachée d'un excès volontaire et calculé (V. *suprà*, n° 22).

54. Une difficulté s'est élevée, sur le point de savoir si le principe de divisibilité, qui fait l'objet des développements précédents, peut recevoir son application dans le cas où,

en réponse à la demande, le défendeur conteste l'existence même de la créance réclamée. A la différence, a-t-on dit, des questions qui ne touchent qu'aux effets de l'obligation reconnue, la question de l'existence de la créance est indivisible en elle-même, et ne peut, dès lors, être tranchée qu'en premier ressort, nonobstant la pluralité des demandeurs (V. Agen, 19 juill. 1861, aff. Meilhan, D. P. 61. 2. 184). Cette opinion n'a pas été sanctionnée par la cour de cassation, et ne pouvait l'être. On verra bientôt qu'en thèse générale, le système de défense, lorsqu'il n'a pas le caractère de demande reconventionnelle, ne peut influer sur le ressort, qui doit être déterminé par le montant de l'action, et non par l'intérêt de l'exception. Pourquoi, d'ailleurs, considérer comme indivisible la question de l'existence de la créance, puisque le résultat matériel de la solution de cette question doit immédiatement, et en fait, se diviser *de plano* entre les différents demandeurs ? Aussi la chambre des requêtes a-t-elle jugé que le moyen de défense pris de la nullité du titre invoqué par les demandeurs « était sans influence sur la distinction et l'importance respective de chacune des demandes auxquelles il était opposé » (Req. 25 mai 1880, aff. Comp. *La Gironde*, D. P. 81. 1. 9).

55. Une dernière remarque doit être faite. On a vu *suprà*, n° 22, qu'en vertu du principe que le ressort est déterminé par la situation de la demande *dans le dernier état de la procédure de première instance*, la cause demeure susceptible d'appel, alors même que par suite du décès du mandeur primitif l'intérêt se divise, entre ses héritiers, en parts inférieures à 1500 fr., si ce décès ne s'est produit *qu'après* la clôture des plaidoiries devant les premiers juges, et à plus forte raison *après* le jugement de première instance. En vertu du même principe, et à l'inverse, il est constant que la cause cesse d'être susceptible d'appel, à l'égard des héritiers du demandeur originaire, qui n'ont, par suite de la division, qu'un intérêt inférieur au taux du dernier ressort, quand c'est au cours de la procédure de première instance que ce demandeur originaire est venu à décéder. La chambre des requêtes a eu l'occasion de le décider par un arrêt en date du 21 févr. 1876 (1). Mais cette chambre a été appelée à juger de même, dans une espèce qui se compliquait d'un élément particulier, à savoir que, si le décès du demandeur primitif s'était produit avant le jugement de son affaire au fond, il avait eu lieu après un jugement préparatoire ordonnant une mesure d'instruction dans cette affaire. On objectait que le *de cujus* avait été investi, avant de mourir, d'un droit acquis de relever appel, tout au moins de la décision préparatoire, et qui devait exercer une influence sur la possibilité d'appeler du jugement définitif. La cour de cassation a répondu à juste titre que c'était l'opposé qui devait être admis. Puisqu'en effet il est de principe qu'on ne peut relever appel d'un jugement préparatoire qu'après le jugement définitif et en relevant appel de celui-ci, il en résulte que le droit d'appeler n'existe pour le premier de ces jugements que lorsqu'il existe pour le second. Lors donc que la division des intérêts s'est opérée, par le décès de l'auteur commun, avant que le second jugement n'ait été rendu, ce second jugement, et avec lui le premier, ne peuvent plus ni l'un ni l'autre être attaqués par la voie de l'appel (Req. 30 nov. 1875, aff. Loriot, D. P. 76. 1. 454).

56. On peut essayer de résumer dans une seule formule tout ce qui vient d'être dit sur l'appel, au cas où plusieurs parties agissent en justice contre un défendeur unique, en raison d'une somme supérieure au taux du dernier ressort.

---

(1) (Chemin de fer du Midi C. Fouque.) — La cour; — Sur le moyen tiré de la violation de l'art. 1er de la loi du 11 mai 1838, de l'art. 639 c. com., et de la fausse application de l'art. 1220 c. civ.: — Attendu qu'aux termes de l'art. 639 c. com., les tribunaux consulaires jugent en dernier ressort toutes les demandes dont le principal n'excède pas 1500 fr.; — Attendu que, par exploit du 9 déc. 1871, Fouque père a introduit devant le tribunal de commerce de Toulouse contre la compagnie du chemin de fer du Midi une demande en payement d'une somme de 3000 fr. représentant la valeur d'une statue avariée dans le transport qui en avait été fait par ladite compagnie; qu'il est décédé avant qu'il ait été statué sur cette demande, laissant pour héritiers ses quatre enfants par lesquels l'instance a été reprise; — Attendu qu'aux termes de l'art. 1220 c. civ., les créances se divisant de plein droit entre les héritiers, ceux-ci ne peuvent, en l'absence de toute stipulation

d'indivision ou de communauté, poursuivre le payement que pour la part dont ils sont saisis à la représentation de leur auteur dans la somme réclamée; — Attendu que, dans l'espèce, la part revenant à chacun des héritiers Fouque dans la somme de 3000 fr., montant de la demande originaire, n'étant que le quart de ladite somme, c'est-à-dire de 750 fr., la demande à leur regard et au dernier état de la procédure de première instance était inférieure au taux de l'appel, et que, par suite, le jugement qui a statué sur cette demande a été, vis-à-vis d'eux, rendu en dernier ressort; — Attendu, en conséquence, que c'est à bon droit que l'arrêt attaqué a déclaré non recevable l'appel de la compagnie du Midi contre les héritiers Fouque; — Rejette, etc.

Du 21 févr. 1876.-Ch. req.-MM. de Raynal, pr.-Lepelletier, rap.-Reverchon, av. gén.-Clément, av.

Cette formule serait la suivante : si dans l'assignation, ou ultérieurement dans la procédure de première instance, il apparaît, pour chacun des demandeurs, d'un intérêt inférieur à 1500 fr., individuel et distinct, soit parce qu'il existe en la cause des titres personnels à chacun d'eux, soit parce qu'il y a entre eux division d'un droit collectif, l'appel n'est pas recevable. — Il l'est au contraire, s'il y a indivisibilité entre les demandeurs, ou solidarité alléguée, ou encore incertitude actuelle sur le montant de la quotité attribuée à chaque demandeur, par le fractionnement de la créance.

57. — IV. Cas où plusieurs demandeurs agissent contre plusieurs défendeurs. — Les principes qui viennent d'être exposés séparément, sur la pluralité des défendeurs d'une part, et d'autre part sur celle des demandeurs, régissent le cas où il y a, simultanément et dans la même instance, plusieurs demandeurs et plusieurs défendeurs. Du moment où il y a plusieurs demandeurs, sans lien de solidarité, la demande se divise entre eux, faisant apparaître la quotité distincte pour laquelle chacun d'eux est intéressé dans la réclamation collective. D'un autre côté, du moment où il y a plusieurs défendeurs non solidaires, on doit également faire acception de la division *de dette* qui s'opère entre eux, et qui a pour résultat de fractionner la part individuelle *de créance* de chacun des demandeurs, en autant de portions qu'il y a de défendeurs. Que l'on suppose, par exemple, une somme de 25000 fr. due à *Primus* par *Secundus*. L'un et l'autre viennent à décéder en laissant chacun cinq enfants, et les cinq héritiers du premier réclament, par une demande collective, aux cinq héritiers du second, le payement des 25000 fr. La situation est celle-ci : d'une part la créance s'étant divisée entre les cinq enfants de *Primus*, l'intérêt de chacun d'eux, dans l'instance, se restreint à une valeur de 5000 fr. D'autre part, chacune de ces sommes divises de 5000 fr. se trouvant réclamée aux cinq héritiers de *Secundus*, chacun d'eux, sur chacune de ces fractions, n'est tenu que pour 1000 fr. De cette double division il résulte donc, que 1000 fr. est la somme à laquelle se réduit, en fin de compte, la valeur du droit distinct de chacun des demandeurs contre chacun des défendeurs. On arrive au même résultat en intervertissant les calculs : les débiteurs, à eux cinq sans solidarité, devant 25000 fr., ne sont chacun comptables que de 5000 fr.; et ces 5000 fr. étant dus, par celui qui en est individuellement tenu, à cinq créanciers conjoints non solidaires, chacun de ceux-ci ne peut exiger, de chacun des débiteurs individuels, qu'une somme de 1000 fr. La conséquence va de soi, quant au ressort ; chaque fraction du litige total, légalement distincte, n'étant entre chacun des demandeurs et chacun des défendeurs que de 1000 fr., l'instance ne sera susceptible d'appel relativement à aucune des parties en cause. Si un arrêt déjà ancien de la cour suprême de Belgique s'est refusé à admettre ces déductions, ou tout au moins leur conséquence (C. cass. Belgique, 20 mars 1847, aff. Dubois, D. P. 68. 5. 122), il n'en a point été de même de la cour de cassation de France. La chambre civile a, en effet, jugé, le 15 juin 1874 (aff. Habert, D. P. 74. 1. 428), au rapport de M. Pont, qu'alors même que la demande formée collectivement par les héritiers du créancier contre les héritiers du débiteur excède 1500 fr., le jugement est en dernier ressort, si *la part contributoire* de chacun des défendeurs, vis-à-vis de chacun des demandeurs, est inférieure à ce chiffre. « Attendu, porte cet arrêt, que si les chefs réunis de cette demande en portaient le chiffre à 9459 fr. 16 cent., la demande ne présentait cependant, pour chacune des demanderesses vis-à-vis de chacun des défendeurs, qu'un intérêt inférieur à 1500 fr. ; qu'en effet elle était dirigée contre les consorts Habert, comme héritiers chacun pour un quart de Marie Habert..., par les dames Née et Leguay, en leur qualité d'héritières, chacune pour moitié de leur père ; que dès lors, et en vertu de la règle de la division des créances et des dettes entre les héritiers du créancier et ceux du débiteur, la demande se divisait d'abord pour moitié entre les deux demanderesses, et ensuite par quart entre les quatre défendeurs, en sorte que la part contributoire de chacun de ces derniers, vis-à-vis de chacune des demanderesses, se trouvait réduite à une somme de 1182 fr. 39 cent. seulement; qu'il importe peu qu'au lieu d'agir par acte séparé les dames Née et Leguay aient cru devoir se réunir pour former collectivement leur demande ; que

cette circonstance ne saurait altérer le principe de la divisibilité établie par la loi et faire obstacle à la distinction des droits qui en résulte » (Conf. Bourges, 15 mai 1854, aff. Leyrault, D. P. 56. 5. 132; Agen, 18 mai 1855, aff. Testut, D. P. 55. 5. 140; Sol impl., Req. 7 juin 1882, aff. Roure, D. P. 82. 1. 441). — Cette jurisprudence commandée par les principes a été maintenue par la cour de cassation, dans une espèce plus récente où plusieurs demandeurs, sans être cohéritiers, avaient néanmoins agi collectivement, avec des intérêts de valeur divise et distincte, contre des défendeurs qui n'étaient pas non plus cohéritiers entre eux (V. Civ. cass. 5 janv. 1881, aff. Bonneau, D. P. 81. 1. 129). La solution devait être la même du moment où la règle de la division des créances et des dettes trouvait son champ d'application, et où *la part contributoire* de chacun des défendeurs vis-à-vis chacun des demandeurs était inférieure au taux du dernier ressort. Cet arrêt contient de plus une considération qui doit être notée, c'est que le jugement demeurait non susceptible d'appel bien que les demandeurs eussent conclu à la condamnation *solidaire* des défendeurs. Il en était ainsi sans difficulté dans l'espèce, parce que les demandeurs n'ayant réclamé qu'une allocation de 1000 fr. en faveur de chacun d'entre eux pris individuellement, la solidarité entre les défendeurs ne pouvait jamais mettre qu'une somme de 1000 fr. inférieure au taux du dernier ressort, à la charge de chacun des défendeurs vis-à-vis de chacun des demandeurs.

§ 5. — Demandes en garantie, en intervention, en jonction d'instances (*Rép.* nos 165 à 168).

58. — I. Demandes en garantie. — En général, c'est par le défendeur que l'action en garantie est intentée. Par exemple, l'acquéreur d'un immeuble, poursuivi par un tiers revendiquant qui se prétend propriétaire de cet immeuble, appelle en garantie son vendeur, à raison du lien de droit résultant du contrat de vente. Dans ces conditions, il est manifeste que la demande en garantie est entièrement distincte de la demande principale. Elles diffèrent par le demandeur et par le défendeur, qui ne sont pas les mêmes, et aussi par la base sur laquelle elles reposent, chacune séparément. Elles sont également indépendantes l'une de l'autre, malgré leur réunion dans la même procédure, en ce sens qu'à la rigueur elles pourraient être jugées divisément. Puisqu'il y a deux actions bien distinctes, il est rationnel d'admettre que chacune d'elles doit suivre sa loi propre, quant à la question du ressort; que, par conséquent, la demande en garantie pourra être susceptible d'appel si son intérêt est supérieur à 1500 fr., tandis que la demande principale n'en sera pas susceptible si sa valeur est inférieure à ce chiffre; et qu'en cas de valeurs inverses, ce sera au contraire l'action principale qui relèvera des deux degrés de juridiction, tandis que l'action en garantie sera définitivement jugée par le tribunal de première instance. Si cette doctrine que nous avions soutenue a pu être autrefois contestée (V. *Rép.* n° 166), elle a été mise à l'abri de toute controverse sérieuse pour l'avenir, par la jurisprudence de la cour de cassation.

59. Cette jurisprudence a en effet décidé, notamment : 1° que la demande principale n'excède pas le taux du dernier ressort et ne soit pas sujette à appel, la demande en garantie, distincte et indéterminée dans sa valeur, formée par le défendeur, est au contraire susceptible des deux degrés de juridiction (Civ. cass. 24 août 1870, aff. Bedhet, D. P. 70. 1. 430); — 2° Qu'on peut appeler du jugement d'un tribunal de commerce, qui statue sur une demande en garantie d'une valeur supérieure à 1500 fr., intentée par le défendeur, alors que l'appel contre le même jugement n'est pas recevable quant à la demande principale, en raison de la subdivision qui subit par suite de la pluralité des demandeurs (Req. 28 avr. 1873, aff. Gilton, D. P. 73. 1. 470); — 3° Que la demande principale formée collectivement par les héritiers d'un créancier est en dernier ressort si la part de chacun n'atteint pas 1500 fr.; mais que la demande en garantie contre un tiers, qui s'applique à la totalité de la somme, n'est jugée qu'en premier ressort par le tribunal, du moment où la somme totale est supérieure à ce chiffre (Civ. cass. 15 juin 1874, aff. Habert, D. P. 74. 1.

428); — 4° Que si la demande principale en payement de termes de pension inférieurs à 1500 fr., formée par l'économe d'un petit séminaire contre un père de famille, est jugée en dernier ressort, appel peut au contraire être relevé de la demande en garantie que le défendeur a dirigée contre l'évêque du diocèse, en raison de l'existence de bourses fondées par testament pour la famille dudit défendeur, du moment où les conclusions de l'action en garantie tendaient à faire juger non seulement que les revenus échus des fondations seraient employés au payement de la somme réclamée actuellement, mais encore et de plus que les revenus desdites fondations, *dans l'avenir*, seraient affectés aux frais d'éducation des membres de la famille en cause, ce qui donnait à la prétention une valeur indéterminée (Civ. rej. 10 août 1881, aff. Gaillac, D. P. 81. 1. 476).

60. A l'inverse, il résulte d'un arrêt de la chambre des requêtes du 20 janv. 1869 (aff. Pinasseau, D. P. 69. 1. 423), que si c'est la demande principale qui est supérieure à 1500 fr., tandis que la demande en garantie n'atteint pas ce chiffre, ce sera la première seule qui se trouvera susceptible d'appel, tandis que la seconde ne pourra être portée devant le second degré de juridiction. C'est toujours l'application de ce même principe que la demande en garantie « a une existence particulière et indépendante » de la demande principale, ainsi que le dit en termes expressifs un arrêt de la chambre civile du 19 nov. 1844 (aff. Vergers, D. P. 45. 1. 34).

Ici, toutefois, se présente une objection faite par Benech, *Traité des justices de paix et des tribunaux de première instance*, t. 2, p. 502. Si en première instance il y a eu condamnation tout à la fois du défendeur vis-à-vis du demandeur principal, et du garant vis-à-vis du défendeur devenu demandeur en garantie, et si cependant la demande principale est déclarée seule susceptible d'appel, il peut arriver que, par voie de réformation, la demande principale soit rejetée, tandis que la condamnation en garantie demeurerait acquise, comme résultant de la chose définitivement jugée par le premier juge. Ce résultat est-il acceptable, et peut-on admettre qu'un défendeur, que n'atteint plus aucune condamnation, puisse faire émolument sur un garant, sous prétexte d'être couvert d'une perte qu'en réalité, étant donnée la décision d'appel, il n'a pas à subir? N'est-il pas, par suite, indispensable, dans cette hypothèse, de décider que le jugement de première instance doit être susceptible d'appel pour le tout, aussi bien quant à l'action en garantie qu'à l'égard de l'action principale? — La réponse à cette objection est fournie par Rodière, *Cours de compétence et de procédure*, 4° éd., t. 2, p. 66. Pour parer à l'inconvénient signalé, il n'est pas nécessaire de faire brèche au principe de la distinction des deux demandes. Il suffit de considérer que si, en appel, le défendeur principal est renvoyé déchargé de la demande suivie contre lui, par cela seul tombe la condamnation qu'il a lui-même obtenue du tribunal de première instance à titre de garantie et d'indemnité, car cette condamnation, par la nature même des choses, est virtuellement et nécessairement subordonnée *au maintien* de celle qui la motivait, c'est-à-dire du défendeur principal vis-à-vis du demandeur originaire (Conf. Bioche, *Dictionnaire de procédure*, 3° éd., v° *Appel*, n° 135).

61. Des monuments de jurisprudence qui précèdent, il ressort donc que la cour de cassation, sans faire de différence entre le cas où c'est la demande principale qui excède seule 1500 fr., et celui où c'est la demande en garantie qui se trouve dans cette situation, pose en règle générale que chacune des deux demandes, en raison de son individualité distincte, doit suivre, quant au ressort, la loi particulière déterminée par sa valeur propre (Comp. dans le même sens : Civ. rej. 15 avr. 1881, aff. Leroux, D. P. 81. 1. 241). Si quelques arrêts isolés de cours d'appel n'ont pas adopté cette théorie de la distinction des deux demandes, et ont décidé qu'en thèse l'action en garantie devait suivre, en ce qui concerne la détermination du degré de juridiction, le sort de l'action principale (V. Grenoble, 13 juin 1855, aff. Richard,

D. P. 56. 2. 277 ; Agen, 20 févr. 1856, aff. Pinède, D. P. 56. 5. 136; Orléans, 9 janv. 1869, aff. Bedhet, D. P. 69. 2. 132), la plupart des cours se sont au contraire conformées à la doctrine de la cour de cassation. Elles ont jugé, en conséquence, que, pour la recevabilité de l'appel de chacune des deux demandes indépendantes contenues dans l'unité de l'instance, il fallait consulter divisément la valeur particulière que chacune d'elles pouvait avoir (Comp. Riom, 3 déc. 1844, aff. Chabrier, D. P. 51. 5. 165; Orléans, 4 déc. 1850, aff. Durand, D. P. 52. 2. 241; Riom, 8 janv. 1855, aff. Cavy, D. P. 55. 5. 145; Besançon, 18 nov. 1863, aff. Commune de Fouvent, D. P. 63. 2. 197; Chambéry, 27 avr. 1875, aff. Roux, D. P. 78. 2. 11 ; Lyon, 24 juin 1875, aff. Jullien, D. P. 77. 2. 49; Paris, 22 févr. 1884, aff. Rabineau, D. P. 85. 2. 173, et la note ; Poitiers, 24 mars 1885, aff. Rempault, D. P. 87. 2. 18). Il serait donc inutile d'insister davantage sur une règle qui, dans la pratique judiciaire, ne peut plus être discutée.

62. Mais si telle est la règle fondamentale de la matière, il serait, semble-t-il, excessif de la considérer comme absolue. « La règle que nous avons énoncée, dit M. Crépon, *op. cit.*, t. 1, n° 705, n'est applicable qu'autant que la demande en garantie est intimement distincte et indépendante de la demande principale. La première demande suit au contraire le sort de celle-ci, quant à la détermination du ressort, lorsqu'elle lui est intimement liée, qu'elle forme l'un de ses éléments...». Dans le sens de cette observation on doit noter que les arrêts de la cour de cassation, quand ils déclarent qu'une demande en garantie se trouve seule susceptible d'appel, à l'exclusion de la demande principale, mettent toujours soigneusement en relief l'individualité distincte de l'une vis-à-vis de l'autre. « Attendu, porte notamment à cet égard l'arrêt du 15 juin 1874 (*supra*, n° 59-3°), qui a été rendu au rapport de M. Pont, que l'action en garantie formée par les consorts Habert contre la veuve Jean-Baptiste Almain était, par son objet et par sa cause, absolument indépendante de la demande principale dirigée par les dames Née et Leguay contre les consorts Habert, que bien que rattachée à cette demande par un lien de procédure, elle en demeurait distincte, en ce qui concerne la compétence et le fond, en sorte qu'en droit elle pouvait motiver un appel, si en fait elle avait pour objet une valeur supérieure au taux du dernier ressort. Il semble, en effet, très rationnel, ainsi que nous le disions *suprà*, n° 58, d'admettre la dualité et la diversité du sort des deux actions, quant à la recevabilité de l'appel, lorsque ces deux actions sont entièrement distinctes l'une de l'autre. — Mais, de même et à l'inverse, s'il se trouve, étant donnés les faits particuliers de la cause, que la demande en garantie est *au fond* étroitement liée à la demande principale, il est non moins logique, qu'en raison de ce lien étroit de dépendance, la première suive la fortune de la seconde dans la question du ressort. Il a été fait application de cette pensée par une cour d'appel, dans les circonstances suivantes. Le locataire d'un immeuble industriel, à la suite d'un incendie ayant détruit ses marchandises, avait demandé à la compagnie à laquelle il était assuré le payement de 9000 fr. montant de l'assurance, plus celui de 793 fr. représentant, selon le demandeur, le salaire des ouvriers qui avaient été employés à déblayer l'immeuble incendié. La compagnie mit en cause le propriétaire de l'immeuble, pour la garantir jusqu'à concurrence des 793 fr. qu'elle prétendait avoir été compris dans l'indemnité touchée par ce propriétaire. Un jugement ayant ordonné une expertise, la compagnie en appela contre le locataire et dénonça l'appel au propriétaire. Ce dernier conclut à l'irrecevabilité de l'appel vis-à-vis de lui, mais il fut débouté de cette exception en raison du lien particulier et étroit qui unissait la demande en garantie à la demande principale: « Attendu que cette action (celle intentée contre le propriétaire) se lie entièrement à la demande originaire; qu'elle en forme un des éléments ; qu'elle est de nature à exercer de l'influence sur le montant de la condamnation au principal;... — Rejette la fin de non-recevoir (Rouen, 17 avr. 1861) (1). Il est certain, en effet, que si, au moyen de l'instruction de la demande en garantie, il

---

(1) (Comp. *l'Ancienne mutuelle C.* Caron et Marion.) — Le sieur Caron, entrepreneur, a actionné la compagnie d'assurances *l'Ancienne mutuelle* en payement de la somme de 9000 fr. représentant la valeur d'un mobilier industriel et de marchandises, assurés par ladite compagnie, et détruits par un incendie en même temps que le bâtiment qui les renfermait ; en outre, d'une somme de 793 fr. pour le salaire dû aux ouvriers qui avaient travaillé au déblaiement de l'immeuble incendié. La compagnie a

était démontré que le propriétaire avait touché la somme applicable aux dépenses de déblayage, le juge devait être amené par là à refuser de l'allouer au locataire à l'encontre de la compagnie d'assurances. Le résultat du débat sur la garantie intéressait donc au fond la demande principale, en formait en quelque sorte un des éléments. Il était dès lors nécessaire, pour la demande principale, que la demande en garantie pût être débattue avec elle devant les deux degrés de juridiction. L'appel devait, par suite, s'étendre à l'action en garantie, comme à un accessoire de l'action originaire.

63. Dans un ordre d'idées qui se rapproche du précédent, la cour de cassation a été amenée à déclarer recevable l'appel relevé par le garant, contre le demandeur principal d'une somme de moins de 1500 fr., parce que le juge de première instance, mêlant les deux actions, avait condamné directement envers ce demandeur originaire, le garant en question, qui avait été cité dans la cause par le défendeur pour une somme supérieure au taux du dernier ressort. Il s'agissait du transport par le chemin de fer, d'un pressoir qui, à l'arrivée, fut refusé par l'acheteur pour cause d'avaries. Le vendeur actionna l'acheteur en payement du prix de vente qui était de 800 fr., avec 50 fr. de dommages-intérêts. L'acheteur appela la compagnie du chemin de fer en garantie, et lui demanda de plus 700 fr. de dommages-intérêts comme ayant été privé de l'objet par lui acheté, en sorte que sa demande (1500 fr.) dépassa le taux du dernier ressort. Dans ces conditions, et d'après la règle de la distinction des actions, le débat entre le défendeur et le garant devait seul être susceptible d'appel. Mais le tribunal de commerce saisi, en accordant au vendeur la condamnation à 850 fr., que celui-ci avait sollicitée à l'encontre de l'acheteur, crut devoir la prononcer directement et exclusivement contre la compagnie appelée en garantie par l'acheteur. Ce mélange des deux actions faisait que, bien que le demandeur originaire n'eût réclamé qu'une condamnation de dernier ressort, il l'avait, par le fait du tribunal, obtenu contre une partie qui avait été mise en cause par une demande d'une valeur de 1550 fr. Cette partie, investie normalement, par la valeur même de la citation qui l'avait attirée dans le procès, du droit d'appeler, n'avait pu en être privée par la circonstance que le juge l'avait directement condamnée envers le demandeur principal. Par suite, la cour de cassation a décidé qu'appel de la condamnation prononcée pouvait être relevé contre ce demandeur, bien que celui-ci, n'eût intenté suivi et fait triompher qu'une action inférieure à 1500 fr. (Req. 6 nov. 1866, aff. Osmond, D. P. 67. 1. 155). On peut citer dans un sens analogue un arrêt de la cour d'Angers du 23 juill. 1868 (aff. Comp. de l'Ouest, D. P. 68. 2. 245), et un arrêt de la cour de Dijon du 16 juill. 1877 (aff. Lauféron, D. P. 79. 2. 19).

64. Il est des demandes en garantie qui consistent, non dans le recours d'un *défendeur* principal contre un tiers, mais dans l'action récursoire qu'un *demandeur*, tout en agissant au principal contre un premier défendeur, dirige contre une seconde partie, afin d'être subsidiairement indemnisé de l'échec qu'il peut subir dans sa première prétention. Il en est, par exemple, ainsi quand l'acquéreur d'un immeuble, troublé par la réclamation d'une servitude de la part d'un voisin, actionne celui-ci en dénégation de la servitude, et en même temps se tourne contre son vendeur, pour lui demander une garantie ou une diminution de prix, au cas où il serait reconnu que l'allégation de servitude est fondée. Si dans une instance de cette nature la demande en garantie

pécuniaire a été évaluée par le demandeur à moins de 1500 fr., cette demande ne sera pas susceptible d'appel, en vertu du principe général de la distinction des actions exposé plus haut, nonobstant la valeur indéterminée de la demande principale tendant à la dénégation de la servitude (Conf. Req. 20 janv. 1869, aff. Pinasseau, D. P. 69. 1. 423).

— Il a été jugé de même que celui qui, actionné à la fois en garantie par le défendeur, et récursoirement par le demandeur, n'a été condamné que sur cette action récursoire, dont la valeur était inférieure à 1500 fr., ne peut interjeter appel de cette condamnation, bien que la demande en garantie qui s'était agitée entre le défendeur et lui, fût de nature à parcourir les deux degrés de juridiction (Civ. cass. 7 janv. 1874, aff. Fourgeat, D. P. 74. 1. 13).

65. — II. DEMANDES EN INTERVENTION. — Comme la partie qui actionne en garantie, l'intervenant est un demandeur (*Rép.* n° 167). Ce sont donc ses conclusions qui fourniront les données au moyen desquelles on déterminera si le jugement qui statue sur son intervention est ou non susceptible d'appel. Si l'intervenant se borne à venir prendre part au débat originaire, tel qu'il se meut entre le demandeur primitif et le défendeur, son action n'aura rien, comme valeur, qui la distingue du litige principal, et suivra dès lors le sort de ce litige, quant au degré de juridiction. Si, au contraire, l'intervenant prend des conclusions plus restreintes ou plus amples, sa demande personnelle pourra être ou non susceptible d'appel, par elle-même, en indépendamment du caractère du procès originaire (V. *Rép.* n° 167). Il a été jugé dans ce sens : 1° qu'on ne peut interjeter appel du jugement qui statue sur une intervention, quand une instance relative à une demande inférieure à 1500 fr., que lorsque les conclusions de l'intervenant portent l'intérêt du litige à une valeur qui dépasse ce chiffre, ou lorsqu'elles modifient le caractère de la demande originaire; et que si l'intervenant, en prenant part à la discussion d'une demande en payement n'excédant pas le taux du dernier ressort, se borne à contester la qualité en laquelle agit le demandeur, l'intérêt ni le caractère du litige ne sont changés, d'où il suit que le jugement n'est pas susceptible d'appel (Orléans, 25 mars 1851, aff. Chéramy, D. P. 52. 2. 82); — 2° que si un créancier est intervenu dans une instance par laquelle son débiteur demande à un tiers le payement d'une somme supérieure au taux du dernier ressort, et où ce tiers, à l'appui de sa prétention de ne rien devoir, oppose une obligation également supérieure à ce taux consentie à son profit par le demandeur, le jugement rendu sur ces prétentions respectives est seulement en premier ressort au regard de l'intervenant, alors même que la créance pour sûreté de laquelle il a pris part au procès est inférieure à 1500 fr., si ledit intervenant s'est joint au demandeur pour soutenir les droits de celui-ci et notamment pour demander la nullité de l'obligation opposée par le défendeur (Bourges, 24 févr. 1854, aff. Benin, D. P. 55. 2. 37); — 3° Qu'en cas d'intervention, la valeur du litige se détermine d'après l'importance de la demande principale à laquelle l'intervenant vient défendre purement et simplement, et non pas d'après le montant de la somme due par le défendeur à l'intervenant (Poitiers, 10 nov. 1873, aff. Rateau, D. P. 76. 2. 179). « Attendu, porte notamment cet arrêt, que la demande formée par les époux Clerc contre leur fils, tendant à la révocation d'une donation immobilière pour cause d'inexécution des conditions, était incontestablement susceptible des deux degrés de juridiction; que Rateau n'est intervenu au débat qu'en vertu de l'art. 1166, pour la conservation des droits de Clerc fils, son débiteur, et qu'il y a lieu

---

mis en cause le sieur Marion, propriétaire de cet immeuble, et conclu à ce qu'il fût condamné envers elle comme garant, jusqu'à concurrence des 793 fr., prétendant que cette somme avait été comprise dans l'indemnité qu'elle avait dû lui payer. Le tribunal saisi de l'action principale et du recours en garantie, a rendu un jugement ordonnant une expertise à l'effet d'évaluer les marchandises incendiées et de vérifier la somme réclamée pour salaire dû aux ouvriers. — La compagnie a appelé de ce jugement et dénoncé son appel au sieur Marion, en l'assignant devant la cour. Celui-ci a opposé une fin de non-recevoir tirée de ce que le recours exercé contre lui portait sur une valeur inférieure au taux du dernier ressort. — Arrêt.

LA COUR ; — Attendu que, si l'action intentée contre Marion pouvait être considérée comme *entièrement distincte et indé-*

pendante de celle qui a pour but de réclamer contre la compagnie d'assurance une somme de 9000 fr., elle ne pourrait être soumise à un second degré de juridiction ; — Mais attendu que cette action se lie intimement à la demande originaire ; qu'elle en forme l'un des éléments ; qu'elle est de nature à exercer de l'influence sur le montant de la condamnation au principal ; — Attendu, d'ailleurs, que les moyens de preuve admis dans le procès sont les mêmes pour la défense principale et pour la demande incidente, et qu'il importe dans l'intérêt de toutes les parties que leurs contestations respectives soient décidées en la présence de tous ; — Rejette la fin de non-recevoir opposée à l'appel de la Compagnie par Marion, etc.

Du 17 avr. 1861.-C. de Rouen, 1re ch.-MM. Gesbert, pr.-Lehucher, av. gén.-Taillet et Revelle, av.

de considérer, pour la détermination de la valeur du litige, non le montant de sa créance contre Clerc, mais l'importance de la demande *à laquelle il est venu défendre dans les termes mêmes où pouvait le faire celui dont il exerçait les droits ; que dès lors l'appel de Rateau est recevable, comme le serait celui des autres parties en cause ».* — Bien antérieurement, à l'inverse, et en vertu du même principe que ce sont les conclusions de l'intervenant qui fixent le ressort en ce qui le concerne, il avait été jugé que l'appel de l'intervenant est irrecevable quand il a conclu au payement d'une somme inférieure à 1500 fr., alors même que la demande principale a pour objet une somme supérieure, et que celle de l'intervenant est subordonnée à la validité du titre sur lequel repose la demande principale elle-même (Nancy, 10 déc. 1845, aff. Moreau, Garnier, *Jurisprudence de Nancy*, v° *Degré de juridiction*, n° 42).

66. — III. Demandes en jonction d'instances. — Les jonctions d'instances dont il s'agit ici sont celles qui résultent *des jugements* les prononçant, et non celles qui ont pour cause la réunion, dans un même exploit d'assignation, de diverses demandes. Nous avons dit au *Rép.* n° 168 que la jonction des demandes, prononcée par le tribunal, est une simple mesure d'administration et de procédure, qui n'empêche pas des demandes jointes de rester distinctes au fond. Il en résulte que chacune des actions comprises dans la sentence de jonction est ou non susceptible d'appel divisément, suivant que sa valeur individuelle est ou non supérieure à 1500 fr. La jurisprudence n'a pas cessé depuis lors de se prononcer dans ce sens. Un arrêt de la chambre des requêtes du 5 déc. 1871 (aff. Carreau, D. P. 72. 1. 357) a résumé la règle en ces termes : « Attendu que la jonction de deux instances qui n'ont pas été confondues laisse à chacune d'elles le caractère et les règles de compétence qui lui sont propres, et que le demandeur (c'était l'espèce), ayant triomphé en première instance dans la demande d'une valeur indéterminée de son adversaire, ne peut se fonder sur le caractère de cette demande, désormais vidée à son profit, pour soumettre à la cour d'appel le chef du jugement qui lui est contraire, et qui a reçu une solution souveraine » (V. dans un sens analogue : Civ. cass. 26 févr. 1868, aff. Eymard, D. P. 68. 1. 223). Les cours d'appel ont décidé de même que chacune des demandes jointes devait être appréciée séparément, et selon sa valeur propre, quant à la question du ressort (V. notamment : Angers, 12 juin 1850, aff. Boret, D. P. 54. 5. 230 ; 31 mars 1852, aff. Caisse de la Sarthe, D. P. 53. 5. 146 ; Dijon, 6 juill. 1859, aff. Comp. de l'Est, D. P. 59. 2. 202 ; Grenoble, 27 janv. 1882, aff. Comp. *l'Union*, D. P. 82. 2. 196). — La chambre criminelle de la cour de cassation a également décidé que les condamnations prononcées par le tribunal de police contre plusieurs prévenus ne sont pas susceptibles d'appel, si chacune d'elles est inférieure au taux du dernier ressort, bien que les instances aient été jointes (Crim. cass. 29 nov. 1830, aff. Aubineau, D. P. 50. 5. 126).

67. Mais il peut arriver, et il arrive en effet dans la pratique, quand les faits s'y prêtent, qu'une fois la jonction des demandes prononcée par le tribunal, les parties acceptent pleinement cette situation, et concluent l'une contre l'autre, sans faire aucune distinction ni division, sur le montant total desdites demandes prises en bloc. Ne doit-on pas admettre dans ce cas que les actions jointes perdent, quant à leur valeur distincte et par conséquent quant au ressort, leur individualité ? Puisque c'est par le fait des parties que cette individualité disparaît, et puisqu'il est de principe que la

question du ressort se détermine par l'état des dernières conclusions, on est conduit à décider que les demandes diverses réunies ne doivent plus être envisagées que comme formant un tout, et que c'est dès lors la valeur totale *de ce tout* qui doit déterminer le degré de juridiction ? La cour d'appel de Besançon s'est prononcée dans ce sens, et a décidé, spécialement que si deux actions distinctes, introduites par exploits séparés, l'une inférieure, l'autre supérieure au taux du dernier ressort, ont été, après un jugement de jonction, l'objet de conclusions prises par toutes parties, de manière à ne former qu'un seul tout, le jugement doit être considéré comme n'ayant statué qu'en premier ressort sur l'ensemble du litige (Besançon, 6 déc. 1869, aff. Comp. de Lyon, D. P. 70. 2. 119). — On peut invoquer comme consacrant la même opinion un arrêt rendu par la cour de Grenoble, à la date du 8 mars 1872 (1). Il est permis de penser que cette jurisprudence fort rationnelle recevrait une sanction définitive, si la question était soumise à la cour de cassation.

68. En définitive et en résumé, qu'il s'agisse de garantie, d'intervention ou de jonction de demandes, la règle dominante, c'est encore et toujours la distinction des actions, le lien de dépendance ne se produisant que dans des circonstances exceptionnelles, et l'on a vu les conséquences qui en résultent, quant à la question du ressort.

§ 6. — Demandes accessoires. — Intérêts. — Fruits. — Droits d'enregistrement. — Frais et dépens. — Dommages-intérêts. — Contrainte par corps (*Rép.* n°s 169 à 227).

69. C'est dans *la demande principale* qu'il faut chercher la détermination du taux du ressort, et *les accessoires* de cette demande n'entrent pas en ligne de compte pour fixer ce taux. Ce principe ayant été établi au *Rép.* n° 169, il suffit actuellement de citer, en ordre méthodique, les espèces dans lesquelles il a été appliqué par la jurisprudence.

70. — I. Intérêts (*Rép.* n°s 170 à 179). — Les intérêts courus avant l'action, et réclamés avec l'objet capital de cette action, font partie du principal de la demande ; ils concourent à sa fixation du taux du ressort. Au contraire, les intérêts courus depuis la demande forment un simple accessoire de cette demande, et ne s'additionnent pas avec celle-ci pour influer sur le degré de juridiction. Par exemple, la réclamation d'un capital de 1400 fr. et de deux années d'intérêts *précédemment échus* (à 5 pour cent, 140 fr.) sera susceptible d'appel ; mais la réclamation d'un capital de même valeur (1400 fr.), n'en sera pas susceptible, alors même que, *depuis la demande*, il se sera écoulé deux années, ayant fait échoir 140 fr. d'intérêts pour le jour du jugement. La règle énoncée ne souffre aucune difficulté dans la pratique (Conf. Riom, 3 déc. 1844, aff. Chabrier, D. P. 51. 5. 166 ; Paris, 3 févr. 1847, aff. Rogier, D. P. 47. 4. 151 ; Req. 20 mars 1850, aff. Roger, D. P. 50. 1. 319 ; Orléans, 4 déc. 1850, aff. Durand, D. P. 51. 2. 241 ; Req. 18 juill. 1883, aff. Mathieu, D. P. 84. 5. 144). Il en a été fait application au cas de reprise d'instance après le décès du demandeur, les intérêts courus avant l'assignation en reprise d'instance, mais postérieurement à l'assignation originaire n'étant considérés que comme des accessoires de la demande (Req. 8 août 1864, aff. Flogny, D. P. 64. 1. 431). Il a été également jugé qu'en cas d'action en payement d'un capital et des intérêts échus avant la demande, les intérêts de ces intérêts, réclamés par des conclusions spéciales, doivent, comme simples accessoires,

---

(1) (Bec *C.* Jouvin et comp.) — Les sieurs Jouvin et comp. ont assigné le sieur Bec en remboursement de diverses traites qui leur avaient été cédées par ce dernier et qui n'avaient pas été payées aux échéances. Le montant de ces traites s'élevait à 1684 fr. 25 cent. Un jugement du tribunal de commerce de Grenoble a fait droit à cette demande. — Appel par le sieur Bec. — Arrêt.
La cour ; — Sur la fin de non-recevoir : — Attendu que les remises faites par Bec à la maison Jouvin et comp. se rattachaient toutes au compte courant existant alors entre les parties ; qu'elles procédaient donc toutes d'une même nature, d'un même ordre d'opérations ; qu'elles avaient une même et unique cause ; que, dès lors, les recours auxquels ont pu donner lieu quelques-unes de ces remises, ne sauraient constituer au profit de la maison Jouvin, dans ses rapports avec Bec, autant

de créances distinctes, particulières ; que ces recours, comme les remises elles-mêmes, procèdent d'une même nature, d'un même compte ; que ce sont des parties, des éléments d'un même compte ; que la distinction des instances dans l'origine est née de la diversité des souscripteurs, tirés et autres obligés ; mais que vis-à-vis de Bec, la maison Jouvin s'est bornée à faire soutenir qu'elle était créancière de la somme de 1684 fr. 25 cent., montant des huit effets revenus impayés ; qu'elle a purement et simplement conclu contre lui à la condamnation au payement de cette somme ; que le débat s'est établi sur cette somme totale, unique ; que le tribunal enfin a condamné Bec au payement de cette même somme ; que l'appel en doit donc recevable ; — Au fond :...
Du 8 mars 1872.-C. de Grenoble, 4e ch.-MM. de Glos, pr.-Bionval, av. gén.-Arnaud et Giraud, av.

rester étrangers à la détermination du taux du ressort (Req. 23 janv. 1865, aff. Trésor public, D. P. 65. 1. 236).

En ce qui concerne les intérêts échus d'une somme allouée à une partie par un jugement dont elle poursuit ultérieurement l'exécution, on doit admettre, ces intérêts ayant couru *antérieurement à la demande en exécution*, qu'ils constituent, quant à cette dernière demande, un élément principal, et que, par conséquent, ils concourent à la détermination du ressort. On verra tout à l'heure la même question se présenter, quant aux dépens. La cour de cassation a jugé, pour les intérêts comme pour les dépens, au cas indiqué : 1° que les intérêts et les dépens adjugés par un jugement dont on poursuit l'exécution constituent, non point un accessoire, mais un chef principal de la demande ayant pour objet le payement des condamnations prononcées par ce jugement ; et, en conséquence, que la décision qui statue sur une demande en validité de saisie-arrêt est en premier ressort, bien que le capital de la créance du saisissant, résultant d'un jugement de condamnation obtenu par lui, soit inférieur à 1500 fr., si la saisie a été pratiquée, non seulement pour ce capital, mais pour les intérêts et pour les dépens adjugés par ledit jugement, et d'une valeur supérieure au taux du dernier ressort (Civ. cass. 1er juin 1880, aff. Boidin, D. P. 80. 1. 261) ; — 2° Que les intérêts échus d'une somme allouée par un jugement, ainsi que les dépens adjugés par ce même jugement, constituent, alors que la partie gagnante poursuit l'exécution de la décision rendue en sa faveur, non point un accessoire, mais un chef principal de la demande de cette partie, et que dès lors ces éléments contribuent à la fixation du degré de juridiction (Req. 7 mars 1882, aff. Frérot, D. P. 82. 1. 154).

71. — II. Frais et dépens. — Ainsi qu'on vient de le dire, les dépens d'un procès jugé, alloués à une partie qui intente plus tard une action tendant à l'exécution des condamnations par elle obtenues, sont un principal quant à cette action, et entrent en ligne de compte pour le ressort (V. les arrêts des 1er juin 1880 et 7 mars 1882, cités *suprà*, n° 70). Mais s'il s'agit des frais et dépens exposés dans une instance, *après son introduction*, au cours de la procédure dont elle est l'objet, ils ne sont évidemment qu'un accessoire de la demande, sans influence sur le degré de compétence (*Rép.* n°s 186 et suiv. ; Req. 20 mars 1850, aff. Roger, D. P. 50. 1. 319 ; Orléans, 4 déc. 1850, aff. Durand, D. P. 51. 2. 241 ; Lyon, 24 juin 1875, aff. Gallien, D. P. 77. 2. 49 ; Req. 18 juill. 1883, aff. Mathieu, D. P. 84. 5. 144). En thèse il ne peut s'élever, à cet égard aucune contestation.

Des difficultés sont cependant susceptibles de se produire ; mais c'est sur le point de savoir, pour certaines instances, à quel moment on peut les considérer *comme introduites*. — Ainsi le protêt du titre, qui est le préliminaire obligé de certains procès, ne peut-il pas, au point de vue de la matière des degrés de juridiction, être réputé engager la poursuite et ouvrir la contestation qui le suivent, dès avant la signification de l'exploit de demande ? Si ce point a été résolu négativement par quelques arrêts (V. Bourges, 3 juill. 1844, aff. Parnajon, D. P. 45. 4. 137 ; Dijon, 15 mai 1843, aff. Despierres, *ibid.*), il a été formellement consacré au contraire par la cour de cassation et plusieurs cours d'appel, qui ont jugé, en conséquence, que les frais de protêt et de compte en retour, ceux de l'enregistrement des billets protestés, et les intérêts courus depuis les protêts, ne sont que des accessoires de la demande, impuissants à affecter le ressort (Comp. Bordeaux, 3 févr. 1848, aff. Martin, D. P. 49. 5. 105 ; Civ. cass. 2 juin 1843, aff. Renoux, et aff. Basouguet (deux arrêts), D. P. 43. 1. 344 ; Orléans, 17. nov. 1850, aff. Christophe, D. P. 51. 5. 165 ; Req. 7 nov. 1876) (1). — C'est dans le même ordre d'idées que la cour de Grenoble a jugé, le 12 nov. 1870 (aff. Sanner, D. P. 71. 5. 109), que les frais de référé et de saisie-arrêt, antérieurs à la demande principale dont ces mesures ont été le préliminaire, ne doivent pas, étant

des accessoires de la demande, être ajoutés au chiffre de celle-ci, pour le calcul du taux du dernier ressort. — Des frais d'une nature particulière, les frais de fourrière, ont fait également l'objet de décisions judiciaires sur les deux degrés de juridiction. Si un arrêt de la cour d'Orléans du 25 mars 1848 (aff. Fouillanbois, D. P. 52. 5. 187) s'est borné à décider que dans une instance relative à la restitution d'un cheval, il n'y avait pas lieu, pour le ressort, de tenir compte des conclusions du demandeur tendant à l'obtention des frais de nourriture et de fourrière *faits depuis la demande*, la cour de cassation a jugé que même les frais de fourrière *faits pendant la période de temps qui a précédé immédiatement l'introduction de l'action rédhibitoire* peuvent être considérés comme des accessoires de la demande, dépourvus à ce titre de toute influence sur la question de la recevabilité de l'appel (Req. 1er juill. 1872, aff. Parent, D. P. 73. 1. 239). Cette solution se justifie par la considération que la mise en fourrière, même antérieure à la demande, est une mesure sans laquelle, dans bien des cas, l'expertise prescrite par la loi en matière d'action rédhibitoire ne pourrait avoir lieu. Il est donc permis de considérer, tant l'expertise dont il s'agit que la fourrière qui l'assure, comme un préliminaire étroitement uni à l'action elle-même, et en quelque sorte comme l'ouverture des hostilités contre le marchand de l'animal soupçonné d'un vice caché.

72. Du principe que les frais de l'instance ne sont que l'accessoire de la demande, il doit nécessairement ressortir que l'appel relevé quant aux dépens est irrecevable, si le principal n'atteint pas 1500 fr., alors même que les dépens seraient supérieurs à ce chiffre. Nous avions au *Rép.* n° 182 et 183 donné notre assentiment à deux arrêts de cours d'appel déjà anciens qui s'étaient prononcés dans ce sens. Depuis lors la chambre des requêtes, par un arrêt en date du 18 janv. 1876 (aff. Jangot, D. P. 76.1. 165), a sanctionné cette opinion : « Attendu, porte cette décision, que la non-recevabilité de l'appel relativement à l'objet principal du litige entraînait la non-recevabilité du même appel à l'égard de la condamnation aux dépens, accessoire de la demande ».

73. Si la question des dépens intéresse la partie, elle intéresse également l'avoué qui en a requis distraction. Mais le point de savoir si le sort de l'avoué et celui de son client sont indissolublement unis relativement au droit d'appeler du jugement. Un arrêt de la cour de cassation du 12 avr. 1820 s'était prononcé dans le sens de l'indivisibilité des deux situations, et nous avions examiné au *Rép.* n° 187 les objections auxquelles il pouvait donner lieu. Dans un nouvel arrêt en date du 15 déc. 1864 (aff. Chédot, D. P. 65. 1. 113), la chambre des requêtes, faisant droit à ces objections, a jugé que la distraction des dépens rend l'avoué qui l'a obtenue seul créancier de ces dépens, et que, par suite, le jugement rendu sur la demande formée tant par l'avoué que par sa partie en payement de dépens n'excédant pas le taux du dernier ressort, n'est pas, quant à l'avoué, susceptible d'appel, encore bien qu'il ne soit qu'un premier ressort vis-à-vis de la partie, en raison d'autres chefs personnels à celle-ci. La cour de cassation reconnaît donc désormais la divisibilité des deux causes, par application des effets de la distraction.

74. — III. Demandes en dommages-intérêts. — Il s'agit uniquement ici des dommages-intérêts requis par le demandeur. Ils ont donné lieu à une vive controverse. Dans une première opinion, on a soutenu que l'art. 2 de la loi du 11 avr. 1838 décidant, par son dernier alinéa, qu'il serait statué en dernier ressort « sur les demandes en dommages-intérêts, lorsqu'elles seront fondées exclusivement sur la demande principale elle-même », il en résulterait que, quant aux dommages-intérêts sollicités par le demandeur, la distinction suivante. Ces dommages-intérêts, quand ils ont une cause antérieure à l'introduction ds l'instance, telle qu'un retard

---

(1) (Milliaud C. Charbonnel.) — La cour ; ... — Sur le second moyen tiré de la violation des art. 453 c. proc. civ. et 185 c. com., de la violation et fausse application de l'art. 2 du décret du 19 août 1854 et des règles de la compétence ; d'un défaut de motifs, d'excès de pouvoir et de la fausse application de l'art. 1351 c. civ. : — Attendu que les frais de protêt et de compte de retour d'un effet à ordre n'étant que des frais nécessaires de poursuite, ne doivent pas être ajoutés au capital pour déterminer le degré de juridiction ; que le capital réclamé par Milliaud, dans

les deux actions qu'il a successivement introduites devant le juge de paix de Milianah, ne s'élevait, déduction faite des frais de protêt et de compte de retour, qu'à la somme de 497 fr. 65 cent. ; d'où il suit que le juge de paix avait prononcé sans appel sur les deux demandes, et que le tribunal de Blidah, en le décidant ainsi avec raison, n'a pas fait à s'expliquer au fond sur le mérite des jugements déférés à son examen ; — Rejette, etc.

Du 7 nov. 1876.-Ch. req.-MM. de Raynal, pr.-Guillemard, rap.-Godelle, av. gén.-Panhard, av.

dans l'exécution du contrat, n'ont pas leur fondement dans la demande et, dès lors, doivent être additionnés avec la valeur de ce qui fait le fond du litige, pour contribuer à la fixation du ressort. Mais à l'opposé, s'ils ont une cause postérieure à l'introduction de l'instance, telle que le préjudice inféré au demandeur par le mode de défense, en ce cas ils doivent être tenus pour « exclusivement fondés sur la demande », n'en forment qu'un simple accessoire, et ne sauraient entrer en ligne de compte pour la détermination du degré de juridiction (V. *Rép.* n° 200). — Dans une seconde opinion il a été enseigné au contraire que toutes les demandes en dommages-intérêts formulées par le demandeur, qu'elles aient une cause postérieure ou une cause antérieure à l'introduction de l'instance, doivent indistinctement être prises en considération, avec les autres chefs de demande, pour former le chiffre déterminatif de l'appel. Le texte précité de la loi de 1838, a-t-on dit dans ce sens, ne peut être utilement invoqué. Il a eu exclusivement pour objet de régler les demandes en dommages-intérêts émanant *du défendeur*. Il parle, en effet, des dommages-intérêts *fondés sur la demande principale*, et termine un article qui traite des demandes *reconventionnelles* et *en compensation*, c'est-à-dire des prétentions soulevées par le défendeur, en réponse et en défense à l'action du demandeur. C'est là, d'ailleurs, un point clairement démontré par la discussion de la loi (*Rép. ibid.*). Ce texte étant sans application, il faut revenir au principe général qui veut que tous les chefs de demande soient additionnés pour déterminer le ressort. En ce qui concerne les dommages-intérêts pour cause antérieure, il ne peut y avoir aucune difficulté ; relativement à ceux qui procèdent d'un évènement postérieur à l'introduction de l'instance, pourquoi seraient-ils traités différemment ? Il est vrai, on l'a vu tout à l'heure, que les intérêts postérieurs à l'exploit introductif, les frais et dépens de l'instance, n'entrent pas en ligne de compte. Mais c'est parce que ce sont là, au sens propre, *des accessoires* de la demande telle qu'elle a été formulée par l'assignation, tandis que les dommages-intérêts requis par le demandeur pour une cause postérieure à l'introduction de l'instance, ne naissent pas de la demande. Par cela seul, en effet, qu'ils procèdent d'un évènement qui n'existait pas lorsqu'elle a été introduite, ils ont toujours pour origine un préjudice résultant *des agissements de la défense*, préjudice qui ne se serait pas produit si la défense avait agi autrement. On ne peut donc pas dire qu'il y a là une conséquence naturelle et nécessaire *de la demande*, car tout à cet égard a tenu à l'attitude adoptée et choisie *par le défendeur, depuis qu'il a été assigné*. Dès lors, on ne voit pas pourquoi il ne serait pas fait acception du montant de ces dernières demandes en réparation, pour connaître l'intérêt véritable et complet du demandeur dans l'action qu'il poursuit en première instance.

75. Sur cette controverse les cours d'appel se sont divisées. Si toutes ont considéré que les dommages-intérêts requis par le demandeur, pour cause antérieure à l'ouverture de l'instance, doivent contribuer à la fixation du ressort (V. les arrêts cités au *Rép.* n° 200 et de plus : Douai, 2 déc. 1846, aff. Béens, D. P. 47. 4. 151 ; Montpellier, 22 nov. 1847, aff. Maninat, D. P. 48. 5. 27 ; Limoges, 26 janv. 1848, aff. Pétance, D. P. 49. 2. 72 ; Caen, 14 nov. 1848, aff. Tribouillard, D. P. 49. 2. 236 ; Rouen, 13 août 1852, aff. Quentin, D. P. 52. 2. 256 ; Besançon, 1er août 1856, aff. Racine, D. P. 56. 5. 135 ; Alger, 24 mars 1867, aff. Martin, D. P. 67. 2. 229 ; Chambéry, 27 févr. 1866, aff. Cullaz, D. P. 71. 2. 123 ; Besançon, 30 juin 1873, aff. Chemin de fer de Paris-Lyon, D. P. 73. 2. 234), un certain nombre d'entre elles ont admis implicitement, dans plusieurs des arrêts qui précèdent, que le contraire devait être décidé en ce qui concerne les dommages-intérêts nés d'un évènement postérieur à la demande. Cette dernière opinion a été aussi très explicitement adoptée par d'autres arrêts (V. notamment : Orléans, 10 juin 1851, aff. Jeannin, D. P. 52. 2. 256 ; Bourges, 22 déc. 1855, aff. N..., D. P. 56. 5. 134 ; Rouen, 8 févr. 1866, aff. Boërne, D. P. 67. 2. 63 ; Nîmes, 18 juin 1867, aff. Bédouin, 27 févr. 1866, D. P. 68. 5. 127 ; Caen, 5 févr., 26 mars 1867, 25 janv. et 10 août 1868, aff. Lecrosnier, Comp. de l'Ouest, Bazin, Stainville, D. P. 69. 2. 25 et suiv., et la note). A l'inverse, quelques cours d'appel, se refusant à faire aucune distinction, ont estimé que toutes les demandes en dom-

mages-intérêts du demandeur, indistinctement, pour causes antérieures ou pour causes postérieures à l'introduction de l'instance, doivent être additionnées avec les autres chefs de demande, pour la détermination du degré de juridiction (Comp. Bordeaux, 16 janv. 1871, aff. Saint-Martin, D. P. 72. 2. 8 ; Rouen, 22 juill. 1871, aff. Bosselin, D. P. 73. 2. 180 ; Besançon, 24 mars 1874, aff. Floquet, D. P. 75. 4. 137 ; Caen, 10 mars 1877, aff. Pinot, D. P. 79. 2. 215).

76. En l'état de ces dissentiments, la solution doit être demandée à la jurisprudence de la cour de cassation. Parmi ses arrêts, un seul a manifesté une hésitation en énonçant : « que la demande en suppression d'un écrit injurieux produit au cours du litige (par le défendeur), ne constitue qu'un incident qui, *comme toute demande en dommages-intérêts n'ayant pas une cause antérieure à l'instance*, n'est qu'une accessoire de la demande principale, et reste dès lors sans influence sur le degré de juridiction » (Req. 13 déc. 1864, aff. Chédot, D. P. 65. 1. 113). Mais la cour de cassation, dans ses autres arrêts, a, au contraire, formellement proscrit la distinction faite par un grand nombre de cours d'appel, entre les demandes en dommages-intérêts ayant une cause postérieure et celles ayant une cause antérieure à l'introduction de l'instance. Dans un cas comme dans l'autre, il y a lieu, suivant la jurisprudence de la cour suprême, d'additionner le montant des dommages-intérêts réclamés par le demandeur, avec la valeur de ses autres chefs de demande, et de faire acception du chiffre total ainsi obtenu pour déterminer le ressort. Il a été jugé, conformément à ce principe : 1° qu'un jugement est susceptible d'appel alors qu'à la demande principale a été jointe, de manière à former un montant total de plus de 1500 fr., une demande en dommages-intérêts basée sur les vexations imputées par le demandeur au défendeur (Req. 12 nov. 1853, aff. Desservy, D. P. 56. 1. 162) ; — 2° Que la disposition de l'art. 2 de la loi du 11 avr. 1838 suivant laquelle les tribunaux de première instance connaissent en dernier ressort des demandes en dommages-intérêts, à quelque somme qu'elles puissent s'élever, lorsqu'elles sont fondées sur la demande principale elle-même, n'est applicable qu'au cas où les dommages-intérêts sont reconventionnellement demandés par le défendeur ; et, en conséquence, que les dommages-intérêts réclamés incidemment par le demandeur, contre un tiers appelé en cause par le défendeur, à raison du préjudice que lui aurait causé le mode de défense de ce tiers, doivent être ajoutés au chiffre de la demande originaire pour la détermination du taux du ressort (Civ. rej. 22 juill. 1867, aff. Boyer, D. P. 67. 1. 339) ; — 3° Que les tribunaux de première instance ne connaissent en dernier ressort des actions personnelles et mobilières que jusqu'à la valeur de 1500 fr., et que ce jugement est susceptible d'appel, du moment où il a été rendu sur une demande principale du chiffre de 1000 fr., à laquelle le demandeur avait joint une demande en dommages-intérêts du chiffre de 600 fr. (Civ. cass. 18 mai 1868, aff. Villet, D. P. 68. 1. 251) ; — 4° Que lorsqu'un règlement d'octroi dispose que le juge de paix statuera en dernier ressort sur les réclamations des contribuables, on s'en tiendra, dans la somme demandée ne s'élève pas au-dessus de 100 fr., on doit tenir compte, pour le calcul de ce taux, non seulement de la somme perçue et dont la restitution est poursuivie, mais en outre des dommages-intérêts accessoirement réclamés par le demandeur (Civ. rej. 24 mai 1869, aff. Ville de Rouen, D. P. 69. 1. 275) ; — 5° Que la règle suivant laquelle les demandes en dommages-intérêts exclusivement fondées sur la demande principale sont toujours jugées en dernier ressort par les tribunaux de commerce, n'est applicable qu'aux demandes formées reconventionnellement par le défendeur, mais non aux demandes en dommages-intérêts formées par le demandeur, notamment pour réparation du préjudice résultant des moyens de défense opposés à son action, et par exemple pour réparation du tort que les défendeurs lui auraient causé en provoquant, au cours de l'instance, le séquestre de ses marchandises (Civ. cass. 19 janv. 1876, aff. Lacroix, D. P. 76. 1. 11) ; — 6° Que la disposition tout exceptionnelle de l'art. 2 de la loi du 11 avr. 1838, relative au jugement en dernier ressort des demandes en dommages-intérêts, a en vue les demandes reconventionnellement formées par le défendeur, mais non celles émanant du demandeur, et tendant à la réparation du préjudice causé à ce demandeur par les moyens de la défense (Civ.

cass. 7 juill. 1880, aff. Roland, D. P. 80. 1. 374. Comp. Civ. cass. 29 mai 1876, aff. Secourgeon, D. P. 76. 1. 377).

77. Ainsi que nous l'avons dit, il ne s'agit ici que des dommages-intérêts demandés à la justice par le demandeur au procès. Il sera parlé ultérieurement et sous un autre paragraphe (V. *infra*, nos 122 et suiv.), des demandes en dommages-intérêts formées par le défendeur. Mais il convient de noter, dès à présent, que certaines difficultés se sont élevées sur le point de savoir si celui qui s'est adressé à la justice, pour résister à une mesure d'exécution, telle qu'un commandement ou une saisie-arrêt, doit être considéré comme jouant le rôle de demandeur, ou seulement au contraire celui de défendeur (V. *Rép.*, n° 209). Ce point sera examiné *infra*, nos 102 et 128.

78. — IV. Demandes accessoires diverses. — Il peut arriver, dans une grande variété d'espèces, qu'une prétention se produise, de la part du demandeur, d'une façon purement subordonnée, et accessoirement à la demande principale. Dans ces conditions, et en vertu du principe que c'est le principal qui fixe le ressort, la demande accessoire ne joue aucun rôle quant au degré de juridiction. C'est ainsi que la chambre des requêtes a jugé que des conclusions accessoires à la demande *en revendication* d'un immeuble de moins de 1500 fr., tendant, au cas où cette demande serait accueillie, au *déguerpissement* du détenteur de l'immeuble, ne doivent pas être considérées comme un chef distinct de demande entrant dans la computation du ressort, et dont l'indétermination rendrait l'appel recevable (Req. 29 avr. 1878, aff. Puget, D. P. 79. 1. 72). La demande en déguerpissement ne devait pas, en effet, être distinguée de la demande en revendication, car elle n'en était que la conséquence. — Une cour d'appel a décidé, de même, que le jugement qui prononce sur une demande en séparation de patrimoine est en dernier ressort, alors qu'elle est intentée accessoirement à la demande principale d'une somme inférieure à 1500 fr. (Caen, 28 mars 1871, aff. Colette, D. P. 72. 2. 63). Il n'y avait pas à faire acception de ce que la demande en séparation de patrimoine, prise en elle-même, peut avoir un caractère indéterminé, puisqu'elle n'avait pour objet, en l'espèce, que de garantir le payement d'une dette dont le montant n'excédait pas le taux du dernier ressort. Quoi qu'il en soit, les affaires de cette nature peuvent présenter des aspects très délicats, et il n'est pas toujours aisé de distinguer si une question soulevée reste à l'état d'accessoire, ou si elle prend le caractère de principale. Il convient à cet égard de se reporter *infra*, n° 81 et suiv.

79. A plus forte raison la demande dont l'objet immédiat est inférieur à 1500 fr. reste-t-elle non susceptible d'appel, alors qu'elle n'est accompagnée que d'une réserve *purement éventuelle* relativement à une somme supérieure : « Attendu, porte à cet égard un arrêt de la cour de cassation, que par son exploit... et par ses conclusions,.. Charvaz réclamait seulement une indemnité de 1000 fr. pour réparation du dommage résultant de sa blessure, plus une indemnité pour chômage de son moulin, calculée à raison de 1 fr. par jour pour une durée déterminée de vingt-neuf jours; que ces deux causes réunies de la demande n'atteignaient pas la limite du dernier ressort; que si, dans l'exploit introductif, le chiffre réclamé était suivi des mots : « ou telle autre somme qui serait déterminée par experts convenus ou nommés d'office », cette énonciation ne contenait pas une addition à la demande, et ne constituait dans tous les cas qu'une réserve purement éventuelle, sans influence pour la fixation du premier ou du dernier ressort » (Civ. cass. 28 août 1882, aff. Charvaz, D. P. 83. 1. 239).

§ 7. — Demandes d'une valeur déterminée, contenant ou soulevant des chefs indéterminés (*Rép.* nos 228 à 239).

80. La demande étant le principe du ressort, et toute demande devant être évaluée d'après l'ensemble des parties qui la composent, il en résulte nécessairement, comme on l'a dit, au *Rép.*, nos 228 et suiv., au cas où des chefs déterminés et des chefs indéterminés se trouvent réunis dans la même action, que les chefs indéterminés rendent le litige tout entier susceptible du double degré de juridiction. La jurisprudence a fait une application constante de cette règle aux différentes espèces sur lesquelles

elle a eu à se prononcer. Il a, notamment, été jugé que la cause était susceptible d'appel lorsque le demandeur, à une demande inférieure à 1500 fr., avait ajouté une demande indéterminée en dommages-intérêts (Besançon, 3 août 1844, aff. l'*Unité*, D. P. 45. 4. 133; Orléans, 1er févr. 1845, aff. Chaudesois, D. P. 45. 4. 132); lorsqu'en particulier il avait conclu, en outre, à l'insertion dans les journaux du jugement à intervenir (Montpellier, 12 mars 1847, aff. Timon, D. P. 47. 2. 92); ou à l'affiche de ce jugement en trois lieux désignés; sans qu'il soit loisible au juge de se livrer à une appréciation du chef indéterminé de la demande, pour en induire que cette demande, dans son ensemble, n'excède pas le taux du dernier ressort (Civ. cass. 14 janv. 1845, aff. Bourgeois, D. P. 45. 1. 115). Il résulte également d'un arrêt de la cour de Rouen que la demande qui tend, tout à la fois, au payement d'une rente et d'arrérages échus, à la passation d'un titre nouveau, et à la délivrance, aux frais du débiteur, d'une grosse exécutoire de ce titre, est en totalité susceptible d'appel, en raison de la présence de ces derniers chefs dans le litige (Rouen, 7 mai 1859, aff. Dupont, D. P. 61. 5. 141). D'autres applications du même principe pourraient encore être citées dans la jurisprudence des cours d'appel (Comp. Grenoble, 8 janv. 1851, aff. Borel, D. P. 51. 2. 188; 23 juin 1855, aff. N..., D. P. 56. 5. 133; Angers, 12 janv. 1863, aff. Poitel, D. P. 63. 2. 41).

Il résulte, spécialement, d'un arrêt de la cour d'appel de Paris que l'action par laquelle un commissaire-priseur réclame 500 fr. à titre de dommages-intérêts pour le passé, et demande, en outre, qu'il soit fait défense à son adversaire de procéder à des ventes qui porteraient atteinte à son privilège, est de nature indéterminée et, par suite, soumise aux deux degrés de juridiction (Paris, 13 juill. 1875, aff. Commissaires-priseurs de Reims, D. P. 76. 2. 189) ; et la cour de cassation a décidé, dans le même sens, que la demande tendant, d'une part, à faire condamner le défendeur, pour certains actes illicites, à des dommages-intérêts inférieurs à 1500 fr., et d'autre part à lui faire interdire de se permettre les mêmes actes à l'avenir, sous peine de nouvelles condamnations, est indéterminée quant à ce dernier chef, ce qui rend la cause susceptible d'appel (Civ. cass. 26 mars 1867, aff. Chemin de fer d'Orléans, D. P. 67. 1. 112).

Enfin la cour de cassation a également jugé: 1° que l'action par laquelle une compagnie de chemin de fer réclame, entre le prix de transport et les droits du magasinage des marchandises appartenant au défendeur, l'*autorisation de vendre* ces marchandises pour en appliquer le prix au remboursement des sommes qui lui sont dues, constitue une demande indéterminée, dont un tribunal de commerce ne peut des lors connaître qu'à charge d'appel (Civ. rej. 26 nov. 1873, aff. Pitrot, D. P. 75. 1. 15) ; — 2° Que la demande formée contre le débiteur d'un absent, à fin de déclaration de l'absence, et de condamnation au payement de la dette, ne peut, à raison du caractère indéterminé du premier chef, et quel que soit le chiffre de la somme réclamée dans le second, être jugée qu'à charge d'appel, même au cas où le défendeur s'en serait rapporté à justice sur le premier chef, tandis qu'il se contesterait que le second (Req. 19 juill. 1869, aff. Forn, D. P. 70. 1. 75); — 3° Qu'un jugement est susceptible d'appel lorsqu'il a été rendu sur une demande d'une valeur indéterminée, en ce qu'elle tendait à la fois au payement d'une somme inférieure à 1500 fr., et à l'établissement d'un passage à niveau sur la propriété du demandeur (Req. 13 mars 1883, aff. Chemin de fer de Bône, D. P. 84. 1. 208).

81. La jurisprudence qui vient d'être analysée suppose qu'il existe effectivement dans la même action *deux chefs de contestation distincts*, dont l'un est indéterminé. Mais il ne faut pas confondre avec ce cas celui où un chef de demande indéterminé se rencontre dans la cause, au lieu d'être contesté en lui-même entre les parties, n'est débattu par celles-ci qu'en raison et comme conséquence du débat existant sur l'autre chef qui est inférieur au taux du dernier ressort. Dans cette hypothèse, le chef indéterminé, qui n'a qu'un rôle d'accessoire, ne rend pas le procès susceptible d'appel; car il n'y a pas deux objets distinctement contestés, la contestation réelle ne portant, à proprement parler, que sur celui des deux qui est de nature à être jugé en dernier ressort (V. *supra*, n° 78). La cour de cassation a eu à faire application de cet ordre d'idées dans la matière

des assurances maritimes. Il est fréquemment arrivé que l'assuré, qui réclamait à des assureurs non solidaires, les sommes divises inférieures à 1500 fr. promises par chacun d'eux (V. *suprà*, n° 37), joignait à sa réclamation une demande en validité de délaissement, et que le délaissement se trouvait uniquement contesté parce que le droit à l'assurance était nié par les assureurs. L'action réellement contestée n'a évidemment en ce cas qu'un seul objet effectif : l'obtention de la somme assurée ; et le délaissement ne se présente que comme un moyen à l'appui de cette action. Cet accessoire, non contesté en lui-même, mais simplement par voie de suite, doit donc suivre le sort du principal. Et comme la réclamation en payement des sommes assurées n'est susceptible que du premier degré de juridiction, au cas indiqué de pluralité de défendeurs tenus chacun de moins de 1500 fr., il en résulte que, nonobstant la présence du chef de demande relatif au délaissement dans la cause, celle-ci n'en continue pas moins à relever en dernier ressort du tribunal de première instance (Comp. dans ce sens : Civ. rej. 3 mars 1852, aff. Maillard, D. P. 52. 1. 91 ; Req. 20 mars 1860, aff. Bouquet, D. P. 60. 1. 273 ; 18 févr. 1863, aff. Comp. l'*Aquitaine*, D. P. 63. 1. 372 ; *Adde* : Rennes, 26 mars 1849, aff. Heurtault, D. P. 51. 2. 154).

Un arrêt de la cour de cassation, tout dernièrement rendu, présente une application intéressante de ce principe. Des héritiers, pour avoir payement d'une somme due à l'hérédité, avaient formé une saisie-arrêt entre les mains d'un débiteur de leur débiteur, et avaient demandé au tribunal la validité de cette saisie-arrêt. L'intérêt de chacun d'eux était inférieur à 1500 fr., et par conséquent la cause, en elle-même, n'était pas susceptible d'appel. Mais le saisi ayant objecté qu'il avait cédé à un tiers la somme saisie-arrêtée, les saisissants répliquèrent en joignant à leur action primitive une demande en nullité de la cession invoquée. Le tribunal annula la cession comme fictive et frauduleuse, et valida la saisie-arrêt qui ne rencontrait plus aucun obstacle dans cette prétendue cession. Bien que le chef du litige relatif à l'annulation de la cession fût en lui-même indéterminé, il a été décidé par la chambre civile que le juge du second degré avait pu valablement déclarer irrecevable l'appel dirigé contre le jugement de première instance. La demande en nullité de cession n'était pas, en effet, principale. Elle avait eu pour but unique de fortifier la demande en validité de saisie-arrêt, en protégeant celle-ci contre l'exception tirée de la cession invoquée par le défendeur. Elle n'avait donc constitué qu'un simple moyen employé à l'appui de la poursuite en validité, partant, qu'un simple accessoire relativement à cette poursuite, qui était restée l'objet propre et prépondérant de l'action (Civ. rej. 9 janv. 1889, aff. Pimor, D. P. 89.¹1. 15, et la note). Lors donc que le procès contient plusieurs chefs, il faut distinguer avec soin s'ils jouent tous un rôle principal, ou s'il en est, au contraire, qui n'ont été introduits dans la cause que pour venir au soutien d'un premier chef, dont le succès est le but réel et véritable de l'instance. Au premier cas c'est le total de tous les chefs qui détermine le ressort. Au second cas, les chefs secondaires ne jouent que le rôle de moyens ; il n'y a pas lieu d'en faire acception pour la détermination du degré de juridiction.

82. Ce qui vient d'être dit conduit naturellement à l'hypothèse où une action d'une valeur déterminée, inférieure à 1500 fr., soulève une question d'une valeur indéterminée, sans que cette question fasse cependant l'objet d'un chef précis de la demande. Cette situation est délicate, car il faut distinguer si la question indéterminée n'est soulevée qu'incidemment, comme moyen, auquel cas la cause doit demeurer non susceptible d'appel (V. *suprà*, n° 80), ou si au contraire cette même question est devenue, par le fait, le véritable et en quelque sorte l'unique terrain de la contestation, car alors il semble impossible de refuser à la cause le second degré de juridiction. Une espèce nettement précisée peut servir mieux peut-être qu'un raisonnement théorique à éclairer la matière.

Une partie qui prétendait, contre une compagnie minière, avoir droit au huitième des bénéfices de l'exploitation, après avoir vainement tenté d'obtenir satisfaction, avait cédé son droit prétendu à un tiers, qui adressa à la compagnie de nouvelles sommations. La compagnie, pour mettre fin à cette

difficulté, résolut d'exercer le retrait litigieux des art. 1699 et 1700 c. civ., en proposant de rembourser au cessionnaire le prix de la cession, et en conséquence, elle lui fit des offres réelles du montant de ce prix, *qui était inférieur à 1500 fr.* Le juge de première instance refusa de valider les offres, en se fondant sur ce que la compagnie n'était pas au cas d'exercer le retrait litigieux, la condition exigée par l'art. 1700, qu'il y ait entre celui qui exerce le retrait et le cédant « procès et contestation sur le fond du droit » n'existant pas dans l'espèce. La cour de Lyon, saisie de l'appel de la compagnie, et amenée à en examiner d'abord la recevabilité, a statué dans les termes suivants : « Considérant que si la compagnie a concluait l'instance par une simple demande en validité de l'offre de 1000 fr. qu'elle avait fait signifier à Girard, ce n'est ni sur la forme, ni sur la suffisance de l'offre que le débat s'est engagé entre les parties ; que Girard (le cessionnaire) ayant refusé à la compagnie le retrait qu'elle prétendait exercer, *c'était l'existence ou la non-existence de ce droit qui était l'objet véritable du procès ;* que l'importance de ce droit n'était point limitée par le montant d'une offre *qui n'en était été que l'accessoire ou le moyen d'exécution,* et que les premiers juges saisis de la question du fond n'ont pu statuer qu'en premier ressort et à la charge de l'appel ». C'est en l'état de cette constatation de fait et de cette appréciation de droit que la cour de cassation, appelée à dire s'il y avait eu violation de l'art. 1er de la loi du 11 avr. 1838, a confirmé la doctrine de la cour de Lyon : « Attendu, porte son arrêt, que la demande en validité de l'offre de 1000 fr. faite par la compagnie de Montnebout à Girard impliquait la question relative au retrait litigieux que la compagnie prétendait avoir le droit d'exercer ; que la validité de l'offre était subordonnée à l'existence du droit prétendu par la compagnie ; *qu'ainsi le retrait litigieux était l'objet véritable du procès,* et que cet objet étant d'une valeur essentiellement indéterminée, la décision des premiers juges avait été à tort qualifiée en dernier ressort ; d'où il suit qu'en déclarant l'appel recevable, l'arrêt attaqué n'a aucunement violé la disposition de loi invoquée par le pourvoi » (Civ. cass. 1er mai 1866, aff. Girard, D. P. 66. 1. 318).

Ainsi on le voit par cette espèce, pour que la cause devienne susceptible d'appel, il faut que la question de valeur indéterminée que soulève la demande inférieure en soi à 1500 fr. se substitue pour ainsi dire à cette demande, par la force logique des choses, et forme le champ même de la contestation. L'arrêt de la cour de Lyon fait ressortir de la manière la plus expressive que les offres faites, et dont la validité était en jeu, n'avaient été que *le mode d'exécution* du retrait litigieux ; en sorte que *le mode d'exécution,* non contesté dans sa régularité propre, valait ou non, suivant que le retrait litigieux qu'il mettait en exercice était ou non légalement autorisé dans l'espèce. Le débat tout entier devait donc porter et avait, en effet, exclusivement porté, devant les juges du fond, ainsi qu'on peut le voir en se reportant aux développements non cités du jugement et de l'arrêt, sur le point de savoir si on se trouvait au cas où l'art. 1700 c. civ. permet le retrait litigieux. Un procès posé sur ce terrain, à l'exclusion de tout autre, avait droit aux deux degrés de juridiction, en raison du caractère indéterminé de la contestation qui en était devenu l'objet unique.

83. On conçoit sans peine combien chaque espèce doit être examinée avec attention pour savoir si elle est susceptible de suivre la même loi. L'occasion se présentera bientôt d'étudier un ordre d'idées analogue, en examinant l'effet, sur le degré de juridiction, de certains moyens soulevés par la défense en réponse à l'action, de façon à en élargir le terrain. Il convient de noter ici que les demandes en validité d'offres réelles sont particulièrement propres à se prêter à des solutions semblables à celle qui précède, car fréquemment leur validité peut dépendre, non d'une question de régularité ou de suffisance, mais du point de savoir si ces offres, considérées comme mode d'exécution d'un droit prétendu par celui qui les fait, répondent à un droit réellement et légalement existant en sa faveur. Aussi une cour d'appel a-t-elle affirmé à juste titre que la demande en validité d'offres réelles inférieures à 1500 fr. n'est jugée qu'en premier ressort, alors que ces offres sont faites par un héritier à un tiers cessionnaire des droits successifs de son

cohéritier, et que le point à débattre entre eux est uniquement celui de savoir si le demandeur est en droit d'exercer le retrait successoral prétendu (Montpellier, 18 nov. 1853, aff. Doumère, D. P. 55. 2. 90). — La cour de cassation a encore jugé de même que le jugement qui rejette la demande en validité d'offres réelles d'une somme inférieure à 1500 fr., est susceptible d'appel, alors que cette validité est subordonnée à la question de propriété d'un immeuble d'une valeur indéterminée : « Attendu, porte cette décision, que la validité des offres faites par Barthas à la commune de Conques était subordonnée à la question de propriété du terrain au sujet duquel une redevance annuelle était payée par ledit Barthas; qu'ainsi le procès, engagé à l'occasion de l'offre d'une somme inférieure à 1500 fr. *avait réellement et principalement pour objet la revendication par Barthas d'un droit de propriété immobilière d'une valeur indéterminée, et l'appréciation du titre même de la redevance* » (Civ. cass. 24 juill. 1872, aff. Barthas, D. P. 73. 1. 23. *Adde* dans un sens analogue : Req. 2 juin 1856, aff. Saint-Clivier, D. P. 57. 1. 41).

§ 8. — Effet des exceptions et incidents, quant aux degrés de juridiction. — Qualités des parties. — Compétence, etc. (*Rép.* n°s 240 à 266).

84. — I. Exceptions et défenses. — Un premier point, établi au *Rép.* n° 256, paraît en dehors de toute contestation : c'est que, abstraction faite des déclinatoires d'incompétence, les exceptions propres à faire renvoyer le défendeur des fins de la demande, sans que le juge en examine au fond le mérite, ne sont pas prises en considération pour la fixation du ressort. Il en sera ainsi, par exemple, des exceptions de prescription ou de chose jugée proposées par le défendeur. Lorsqu'elles ne modifient en rien le chiffre du litige, qui reste le même nonobstant l'introduction dans la cause de ces nouveaux moyens de discussion. La demande, si elle est inférieure à 1500 fr., continuera donc à ne relever, pour les exceptions elles-mêmes comme pour le fond, au cas où il serait abordé, que du tribunal de première instance.

85. Mais s'il ne s'agit plus de fins de non-recevoir, et si le défendeur, en combattant au fond la demande inférieure à 1500 fr., agite par son système de défense des intérêts supérieurs à ce taux, la question du ressort s'en trouvera-t-elle influencée? Ici il faut distinguer, peut-être avec plus de netteté et de précision qu'on ne l'a fait quelquefois. Quand le défendeur se renferme dans un rôle de résistance, se bornant *à conclure au rejet des prétentions du demandeur*, les moyens produits par lui, alors même qu'ils élargiraient le terrain *de la discussion*, ne changeraient pas celui *de la décision* à rendre, le juge n'ayant toujours à statuer que par voie décisoire, affirmativement ou négativement, que sur le litige même délimité *par la demande*. La valeur primitive de ce litige subsistera donc entre les parties et, par suite, l'affaire ne sera pas susceptible d'appel. Si, au contraire, le défendeur, après avoir élargi le champ de la discussion, ne se contente pas de solliciter le rejet de la prétention du demandeur, mais *conclut reconventionnellement*, pour lui-même, à une condamnation plus ample, il modifie la valeur du litige par sa demande reconventionnelle. Dès lors, si l'intérêt *de cette dernière demande* est supérieur à 1500 fr., l'affaire deviendra susceptible des deux degrés de juridiction.

Cette distinction a été mise très nettement en lumière par un arrêt de cassation de la chambre civile du 5 juill. 1882 (aff. Rajaud, D. P. 83. 1. 354), qu'il convient de citer particulièrement. Le locataire d'un immeuble incendié, poursuivi en remboursement de 1299 fr. par la compagnie d'assurances qui avait indemnisé le propriétaire, ayant appelé en garantie la compagnie à laquelle il était lui-même assuré, celle-ci lui opposa la déchéance de tous droits vis-à-vis d'elle, pour manquement aux conditions de son contrat d'assurance; d'où la question de savoir si, en raison de l'intérêt soulevé par cette défense, la cause était devenue appelable : « Attendu, porte l'arrêt de cassation, que Rajaud a appelé en garantie la comp. le Nord, laquelle, pour repousser sa demande, a conclu à ce qu'il plût au tribunal : déclarer Rajaud *déchu de tous droits* vis-à-vis la comp. le Nord en raison des contraventions par lui commises aux dispositions

législatives et au texte formel du contrat ; *en conséquence*, le débouter de toutes ses fins et conclusions ;—Attendu que ces conclusions qui avaient pour unique objet *de faire rejeter* la demande en garantie dirigée contre elle ne constituaient, de la part de la comp. le Nord qu'une simple exception, *un moyen de défense à l'action principale*, et non une demande reconventionnelle ou incidente *en résolution* du contrat d'assurance intervenu entre les parties ; — Qu'en effet, *la déchéance de tous droits* opposée par la comp. le Nord à la demande en garantie de Rajaud n'impliquait pas *nécessairement*, en l'absence de toute conclusion à cet égard, *l'annulation* du contrat, que la *chose jugée* sur la question en litige respectait pour l'avenir ; — Que dès lors, et encore bien que l'exception proposée soulevât une question d'une valeur indéterminée, le jugement sur cette exception était, comme le jugement sur la demande elle-même, rendu en dernier ressort, par application du principe que le juge de l'action est juge de l'exception... » Toutes les expressions portent dans cet arrêt. Bien que la compagnie défenderesse eût demandé que Rajaud *fût déclaré déchu de tous droits* vis-à-vis d'elle, en raison de ses contraventions au contrat, elle n'avait pas tiré de la situation la conséquence que le contrat *dût être résolu*; elle en avait simplement conclu que le demandeur *devait être débouté* de sa demande en garantie, dont le montant n'était que de 1299 fr. En cet état, un seul point pouvait donc résulter, *comme chose jugée*, de la décision sollicitée, à savoir que le Nord n'aurait pas à payer à son assuré la somme demandée par celui-ci, le contrat d'assurance lui-même subsistant, avec sa valeur telle quelle, tant que son annulation ne serait pas expressément poursuivie.

Le point capital auquel il faut donc s'attacher, et qu'il est parfois très délicat de dégager, c'est la détermination connexe de la portée des conclusions et de celle de la chose qui en ressortira comme ayant été vraiment jugée.

86. C'est en prenant cette règle pour base qu'il faut envisager les monuments de la jurisprudence.

Il a été jugé par la cour de cassation : 1° que lorsqu'à une demande en payement d'une somme inférieure à 1500 fr., le défendeur réplique en concluant à ce que le demandeur soit condamné à lui payer, à lui-même, une somme supérieure à ce même chiffre, il y a là, non une simple défense, mais une demande reconventionnelle qui rend le litige susceptible d'appel, sans que d'ailleurs le juge du fond ait le droit de refuser le second degré de juridiction, sous le prétexte que la demande reconventionnelle n'est pas suffisamment sérieuse (Civ. cass. 25 juill. 1864, aff. Cottenest, D. P. 63. 1. 353) ; —2° Que si un demandeur en justice de paix réclame au défendeur 100 fr. de dommages-intérêts, pour réparation de dégâts causés par des pigeons, et si le défendeur répond en réclamant une somme de 150 fr., en raison de voies de fait qu'il impute à son adversaire, le procès contient une véritable demande reconventionnelle, et devient susceptible d'appel (Civ. cass. 11 janv. 1865, aff. Etienne, D. P. 65. 1. 29) ; — 3° Que la décision rendue sur une demande principale inférieure au taux du dernier ressort, et sur une demande supérieure à ce taux, formée reconventionnellement par le défendeur, relève du second degré de juridiction, alors même que la prétention du défendeur paraîtrait excessive aux juges d'appel (Civ. cass. 6 mai 1872, aff. Maisonnave, D. P. 72. 1. 170) ; — 4° Que la demande ayant pour objet le payement par une caution de deux billets de 800 fr. chacun est en dernier ressort, bien qu'elle repose sur un acte de cautionnement dont la valeur totale s'élève au-dessus de 1500 fr., cet acte, invoqué par le demandeur, n'est contesté par le défendeur que comme un des moyens du débat, et ne devient pas l'objet même du procès (Civ. cass. 30 déc. 1885, aff. Salmon, D. P. 85. 1. 296) ; — 5° Que le tribunal de première instance est compétent pour connaître en dernier ressort de la demande en remboursement d'une somme inférieure à 1500 fr., alors même que le défendeur, pour se refuser à ce payement, soulève une question de servitude légale d'une valeur indéterminée, sa prétention ne constitue qu'un simple moyen de défense à l'action principale, et non une demande reconventionnelle (Req. 20 avr. 1886, aff. Imbert, D. P. 87. 1. 253).

Ces arrêts rentrent très exactement dans l'application de la règle qui veut qu'on s'attache au point de savoir si le défendeur s'est borné à faire valoir un moyen de défense,

ou si au contraire, dans le dispositif de ses conclusions, il a demandé reconventionnellement au juge de lui allouer, par le dispositif de la sentence, une condamnation propre débordant le champ de la demande, et formant chose jugée sur un point qui excède la valeur de 1500 fr.

On peut invoquer dans le même sens la doctrine générale des cours d'appel. (V. notamment : Angers, 13 déc. 1854, aff. Leproust, D. P. 55. 2. 34; Caen, 17 juin 1857, aff. Pannier, D. P. 58. 2. 70; Orléans, 5 avr. 1859, aff. Chambert, D. P. 59. 2. 60; Alger, 20 juin 1859, aff. Pionnier, D. P. 60. 2. 111; Toulouse, 20 févr. 1864, aff. Lalouguière, D. P. 64. 2. 103; Besançon, 28 déc. 1868, aff. Prost, D. P. 69. 2. 45; Orléans, 9 janv. 1869, aff. Bédhet, D. P. 69. 2. 132; Metz, 10 mars 1870, aff. Commune de Malandry, D. P. 70. 2. 130; Lyon, 4 mars 1871, aff. Bertholon, D. P. 74. 2. 113; Besançon, 19 févr. 1873, aff. David-Lévy, D. P. 73. 2. 96).

87. Il faut cependant reconnaître que, dans quelques espèces, la cour de cassation a semblé admettre qu'alors même que les conclusions prises par le défendeur ne formulaient pas rigoureusement une demande reconventionnelle, néanmoins la question d'une valeur supérieure à 1500 fr. soulevée par lui en défense, étant devenue l'objet dominant du litige, pouvait donner matière à solution décisoire et, par conséquent, était de nature à rendre la cause susceptible d'appel. Ainsi, notamment, la chambre des requêtes a jugé, dans des affaires où le caractère reconventionnel des conclusions du défendeur paraissait quelque peu manquer de précision : 1° que la cause avait droit aux deux degrés de juridiction, alors qu'à une demande en dommages-intérêts inférieure à 1500 fr. formée par un locataire contre son bailleur à raison d'un trouble de jouissance, le bailleur avait opposé que le bail avait pris fin par suite d'une résiliation, avant les faits allégués (Req. 13 avr. 1869, aff. Mouchel, D. P. 69. 1. 422); — 2° Que le jugement rendu sur la demande d'un bailleur, en payement de termes de loyer inférieurs à 1500 fr., était susceptible d'appel, quand le locataire avait soulevé en défense un moyen modifiant le litige, pris de l'existence d'un bail écrit non produit par le bailleur, et suivant lequel il n'y aurait eu aucun terme de loyer échu au moment de la demande (Req. 11 juin 1884, aff. Gauffre, D. P. 84. 1. 359). Il ne faut pas hésiter à dire que ces arrêts, si tant est qu'ils puissent être compris comme n'ayant pas exigé que les conclusions du défendeur eussent un caractère rigoureusement reconventionnel, doivent être restreints, au point de vue de leur autorité, aux circonstances exceptionnelles de fait qui les ont peut-être motivés ; en tout cas, leur décision ne saurait prévaloir contre la doctrine si formellement exprimée par la chambre civile dans les arrêts précédemment cités, spécialement dans celui du 5 juill. 1882 dont on a reproduit le texte *supra*, n° 85. On ne saurait donc trop préciser que le simple moyen de défense, eût-il pour résultat d'agiter des intérêts indéterminés, ne peut exercer d'influence sur la question du degré de juridiction, et qu'il est indispensable, pour que les exceptions du défendeur produisent cet effet, que le défendeur ait conclu, non seulement au rejet de la demande principale, mais à l'adjudication d'une demande plus étendue que lui-même a reconventionnellement formée, et sur laquelle le juge est appelé à statuer dans le dispositif de sa décision.

88. Il va de soi, puisqu'en principe c'est la demande et non son bien-fondé qui détermine le ressort, que la demande reconventionnelle rendra la cause susceptible d'appel, alors même que la prétention du demandeur en reconvention ne serait pas sérieuse. Deux des arrêts précités de la cour de cassation (Civ. cass. 25 juill. 1864, aff. Cottenest, D. P. 64. 1. 353 ; 6 mai 1872, aff. Maisonnave, D. P. 72. 1. 170), l'ont expressément décidé ; c'est donc par suite d'une erreur qui ne doit pas être suivie, que quelques arrêts de cours d'appel ont pu implicitement ou explicitement admettre le contraire (V. Orléans, 31 août 1852, aff. Comp. Orléanaise, D. P. 55. 2. 317; Bordeaux, 23 mai 1872, aff. Pénicaud, D. P. 72. 2. 154).

89. — II. INCIDENTS. — Ainsi qu'on l'a exposé au *Rép.* n° 247 et suiv., les jugements d'incident, par exemple, ceux qui statuent sur les demandes d'enquête ou d'expertise, d'inscription de faux, de vérification d'écriture, ne sont en quelque sorte que des accessoires du jugement à rendre sur

le fond. Il suit de là que, si le fond est d'une valeur inférieure à 1500 fr., la décision sur l'incident ne sera pas susceptible d'être déférée à la cour d'appel. Supposons spécialement que, dans une instance pendante devant le tribunal civil, se produise une inscription de faux contre le titre invoqué : si l'objet de la demande ne dépasse pas le tribunal du dernier ressort, et si le titre critiqué ne se réfère qu'à cet objet, les juges de l'instance statueront définitivement sur l'inscription de faux incident, comme sur le fond du procès. De même si le procès principal, inférieur à 1500 fr., était pendant devant le tribunal de commerce, ce serait en dernier ressort que le tribunal civil, devant lequel l'inscription de faux serait renvoyée, statuerait sur cette inscription. Admettons enfin qu'une inscription de faux se produisant dans un litige, tel qu'une action possessoire, qui, commencée devant la justice de paix, ne peut aller au delà du tribunal civil de première instance : il faut encore décider que ce tribunal aura le dernier mot sur l'incident de faux, aussi bien qu'il l'a sur le principal. Si on voulait en fût autrement ici, sous le prétexte que le fond parcourt deux degrés de juridiction, et que l'incident doit avoir la même fortune, on en arriverait à faire juger par la cour d'appel un simple accessoire d'une action principale dont elle ne peut connaître, ce qui est inadmissible et contradictoire. Il n'en pourrait être ainsi qu'en vertu d'une disposition de loi spéciale, analogue à celle qui, pour des raisons supérieures, permet toujours d'interjeter appel sur la compétence.

Dans le sens des observations qui précèdent, il a été décidé : 1° qu'on ne peut appeler du jugement rendu sur une demande en vérification d'écritures formée incidemment à un litige dont l'intérêt est inférieur à 1500 fr. (Req. 30 mai 1865, aff. Beuret, D. P. 65. 1. 362; Riom, 7 déc. 1881, aff. Jaladon, D. P. 82. 2. 162); — 2° Qu'il en est de même en ce qui concerne le jugement du tribunal de commerce qui repousse, sans ordonner de sursis, une dénégation d'écriture, en se fondant sur ce que la dette, objet du procès, a été formellement reconnue (Limoges, 19 déc. 1879, aff. Parot, D. P. 82. 2. 163); — 3° Que si, sur l'appel d'une sentence de juge de paix, rendue au possessoire ou en une autre matière, une inscription de faux a été introduite incidemment, le jugement du tribunal civil qui intervient ne peut pas être déféré à la cour d'appel sur l'incident que sur le fond (Req. 13 janv. 1879, aff. Martin Bertrand, D. P. 79. 1. 307; Civ. cass. 22 déc. 1880, aff. Menot, D. P. 82. 1. 174; Riom, 23 avr. 1884, aff. Goutay, D. P. 85. 2. 51).

Une cour d'appel a admis qu'il n'y avait qu'une simple instance incidente, non susceptible des deux degrés de juridiction, dans les circonstances suivantes. Un créancier, subrogé pour 500 fr. aux droits de l'hypothèque légale d'une femme veuve sur les biens de la succession de son mari, avait produit à l'ordre dont ces biens étaient l'objet. Les autres créanciers contestèrent que la femme eût des reprises à exercer, et en conséquence, avant de pousser plus loin l'ordre, le tribunal renvoya le cessionnaire de l'hypothèque légale à faire liquider judiciairement la communauté. La cour d'Orléans a considéré que cette instance en liquidation n'était susceptible que du premier degré de juridiction, parce qu'il en était ainsi, dans l'espèce, de la contestation sur ordre (Orléans, 5 avr. 1859, aff. Chambert, D. P. 59. 2. 60). — On ne saurait adhérer à cette doctrine. Assurément l'instance en liquidation n'était née qu'incidemment ; mais il n'en est pas moins vrai qu'une fois entamée, elle se poursuivait contre des parties (les représentants du mari), entièrement différentes des contestants intéressés dans l'ordre, et qu'elle soulevait, au regard de ces parties, des questions d'une valeur indéterminée. Peu importait que le créancier, demandeur en liquidation, n'eût en vue, quant à lui, que son intérêt de 500 fr., et l'obtention d'un titre qui lui permit de revenir se faire colloquer utilement dans l'ordre pour cette somme. Il n'en est pas moins vrai que, pour les défendeurs à la liquidation, la demande ouverte contre eux n'avait pas ce caractère limité, et tendait à faire fixer un ensemble de droits respectifs, non déterminés quant à présent dans leur valeur. Une demande ayant un tel objet était susceptible des deux degrés de juridiction.

90. — III. QUALITÉ DES PARTIES. — On a vivement discuté le point de savoir si, dans un litige inférieur comme intérêt au taux du dernier ressort, la dénégation, par le défendeur

de la qualité en laquelle il est actionné et poursuivi, peut rendre susceptible d'appel le jugement qui statue sur la cause. Après avoir exposé au *Rép.* n° 251 les éléments de cette controverse, nous nous sommes rangés à l'opinion d'après laquelle la dénégation dont il s'agit, produite sous forme de simple moyen, n'est considérée que comme une exception ou un incident de défense, qui ne peut emporter chose jugée sur la qualité discutée, que dans les limites de la demande, et qui, par conséquent, demeure sans influence sur la question du ressort. La jurisprudence s'est depuis lors très énergiquement accentuée dans ce sens. La cour de cassation a décidé, notamment, que le jugement rendu sur la demande en payement d'une somme n'excédant pas 1500 fr. est en dernier ressort, même dans le cas où le défendeur, actionné comme héritier, contesterait cette qualité, une telle exception ne donnant pas au litige une valeur indéterminée, et la déclaration du jugement, relative à l'existence de ladite qualité, ne pouvant avoir d'effet que dans la mesure de la demande (Req. 8 août 1864, aff. Flogny, D. P. 64. 1. 431). Les cours d'appel ont suivi la même doctrine, alors que la qualité contestée incidemment, et en défense à une demande inférieure au taux du dernier ressort, était celle soit d'héritier, soit d'associé, soit de femme commune en biens, etc. (V. Douai, 27 févr. 1847, aff. Flament, D. P. 52. 2. 217; Grenoble, 17 nov. 1851, aff. Arnoux, D. P. 52. 2. 215; Toulouse, 11 mars 1852, aff. Bruel, D. P. 52. 2. 244; Lyon, 1er déc. 1852, aff. Lablatinière, D. P. 53. 2. 99; Montpellier, 13 juill. 1853, aff. Vitrac, D. P. 53. 2. 193; 8 janv. 1855, aff. Carel, D. P. 55. 5. 145; Besançon, 11 janv. 1879, aff. Bailly, D. P. 79. 2. 439). Le point dont il s'agit peut donc être désormais tenu pour constant.

91. — IV. Incompétence. — Aux termes des art. 453 et 454 c. proc. civ., la question de compétence peut toujours donner lieu à appel, alors même qu'il en est différemment de la question du fond. On ne saurait à cet égard que s'en rapporter à ce qui a été dit au Rép. n° 262 et suiv. et à l'analyse qui a été donnée *suprà*, v° *Appel civil*, n° 17 et suiv., des arrêts intervenus depuis.

§ 9. — Des demandes relatives aux rentes et aux baux, arrérages ou loyers et fermages (*Rép.* n° 267 à 289).

92. — I. Rentes et arrérages. — La base de la matière est dans la distinction faite au *Rép.* n° 267 et 271. Si la cause ne se réfère qu'à un payement d'arrérages, le chiffre de la somme réclamée entrera seul en ligne de compte pour la détermination du ressort. Si le procès soit en raison des conclusions du demandeur, soit en raison de celles du défendeur (V. *suprà*, n° 85), concerne le fond du droit, en ce cas le montant de ce droit, c'est-à-dire le capital de la rente, devra être pris en considération. Il y aura lieu également de tenir compte, pour le ressort, du caractère indéterminé que pourront avoir certaines questions soulevées dans le procès, alors même que ce payement ne s'accuserait, en chiffres, qu'une valeur inférieure à 1500 fr. Il a été jugé dans cet ordre d'idées : 1° que le jugement rendu sur une demande en payement d'arrérages de rente inférieurs à 1500 fr. est susceptible d'appel, si ce jugement a eu à statuer sur l'existence du titre même de la rente, alors que le capital réuni aux arrérages réclamés dépasse le taux du dernier ressort (Toulouse, 19 janv. 1847, aff. Astoul, D. P. 48. 2. 40); — 2° Qu'on peut appeler d'un jugement qui statue sur une demande en validité d'offres réelles d'une somme inférieure à 1500 fr., représentant les arrérages d'une rente viagère, alors que cette demande a soulevé la question de savoir si le crédi-rentier serait obligé de subir le fractionnement de sa rente entre plusieurs débiteurs (Bordeaux, 24 juill. 1850, aff. Dumora, D. P. 55. 2. 214); — 3° Que la demande qui tend tout à la fois au payement d'arrérages échus, à la passation d'un titre nouvel de la rente, et à la délivrance d'une grosse exécutoire, est susceptible d'appel, bien que le capital de la rente joint aux arrérages ne dépasse pas 1500 fr. (Rouen, 7 mai 1859, aff. Dupont, D. P. 61. 5. 141).

93. — II. Contestations relatives aux baux, loyers et fermages. — Si la demande ne tend qu'au payement de loyers arriérés, et si la défense ne soulève pas reconventionnellement de question sur l'existence même du bail, il n'y a aucune difficulté : c'est le chiffre de la somme réclamée qui

détermine le ressort (*Rép.* n° 281). Si, au contraire, la contestation, par suite des conclusions de la demande ou de la défense, porte sur l'existence du bail, sa nullité ou sa résiliation, le maintien du locataire ou son expulsion des lieux, on peut se demander si la base de l'évaluation du litige est donnée par le total des années de location qui restent à courir, ou s'il ne faut pas plutôt considérer la cause comme ayant une valeur indéterminée. Sur cette controverse nous nous en référons à ce qui a été dit au *Rép.* n° 283 et suiv., où bien que la question soit délicate, une préférence a été manifestée pour le second système. M. Crépon l'a soutenu récemment dans son *Traité de l'appel*, t. 1, p. 166. Il s'exprime en ces termes : « M. Bénech, qui soutient la même opinion, fait observer que, pour le preneur qui conteste l'existence du bail, la somme à payer pour les années à courir ne saurait être considérée comme représentant exactement l'intérêt du litige, puisqu'au cas où l'existence du bail serait déclarée, ce preneur resterait, en outre du prix, soumis à toutes les obligations qu'impose la qualité même de preneur, telles que de garnir les lieux loués, d'être responsable en cas d'incendie, responsable des dégradations, des réparations locatives, etc. Ces obligations ne sont-elles donc pas indéterminées de leur nature ? — Cette observation est parfaitement exacte, et suffirait pour faire comprendre le caractère indéterminé de l'action en nullité ou en résiliation du bail. Mais il existe une raison plus générale, c'est que, par la nature même des choses, le prix du bail ne saurait représenter exactement l'*intérêt* engagé dans la question du *maintien ou de la résiliation* de ce bail ».

Quoi qu'il en soit, la jurisprudence des cours d'appel est restée divisée. Les unes estiment que du moment où les termes ou années de loyer restant à courir sont inférieurs à 1500 fr., le jugement qui se prononce sur le sort du bail est rendu en dernier ressort (V. Orléans, 20 mars 1850, aff. Lemaignon, D. P. 50. 5. 128; Bordeaux, 12 déc. 1851, aff. Tual, D. P. 52. 5. 192; Dijon, 28 juill. 1854, aff. Guillemin, D. P. 56. 2. 12; Besançon, 16 mars 1856, aff. Clésinger, D. P. 56. 2. 195; 8 déc. 1862, aff. Beauclerc, D. P. 64. 2. 215). Les autres pensent, au contraire, qu'il y a un intérêt indéterminé dans une instance en nullité ou résiliation de bail, et que dès lors cette instance est susceptible des deux degrés de juridiction, encore bien que les annuités de loyer restant à courir n'atteindraient pas 1500 fr. (V. Bastia, 3 févr. 1848, aff. Bernachi, D. P. 45. 2. 41; Colmar, 17 mars 1848, aff. Burgard, D. P. 50. 5. 125; Douai, 6 juin 1854, aff. Guy, D. P. 55. 2. 253; Lyon, 20 juill. 1854, aff. Boucher, *ibid.*).

Quant à la cour de cassation, deux de ces arrêts seulement, malgré les citations plus nombreuses indiquées dans l'ouvrage précité de M. Crépon, nous paraissent avoir touché à la question. — A la date du 11 juin 1884 (aff. Gauffré, D. P. 84. 1. 359), la chambre des requêtes, dans une affaire où le défendeur avait excipé de l'existence, non reconnue par le demandeur, d'un bail écrit de cinq années à raison de 500 fr. l'an, a décidé en ces termes, que la cause était susceptible d'appel : « Attendu que le juge du premier degré saisi du procès devait nécessairement examiner et apprécier la valeur de cet acte, dont Philippe, par ses conclusions, niait la sincérité, et décider s'il serait écarté, ou s'il constituerait pour le présent comme pour l'avenir la loi des parties; que c'est ce qu'il a fait; et que, dans ces circonstances, l'objet réel du litige ayant porté *sur une valeur supérieure au taux du dernier ressort*, c'est à bon droit que l'appel a été déclaré recevable ». Dans cet arrêt, ainsi qu'on le voit, la chambre des requêtes s'appuie en fait sur ce que le montant total des annuités était supérieur à 1500 fr. ; mais si cette circonstance, qui empêchait toute difficulté de naître, n'eût pas existé, il n'est pas dit pour cela que le litige n'eût point été susceptible des deux degrés de juridiction. Cette décision ne tranche donc pas la question. — Un arrêt antérieur de la même chambre, du 13 avr. 1869 (aff. Mouchel, D. P. 69. 1. 422), semble, au contraire, pouvoir être invoqué comme appuyant l'opinion qui considère toujours comme ayant une valeur indéterminée la question de résiliation d'un bail, sans faire acception du montant des annuités à courir. Dans cette espèce, en effet, le demandeur avait réclamé 300 fr. de dommages-intérêts, pour avoir été troublé comme preneur en sa jouissance de certaines pièces de terre; et le bailleur, ou du moins son acquéreur, avait

répondu en soutenant qu'une résiliation de bail était intervenue quant aux pièces de terre en question, d'où il suivait qu'on avait pu les reprendre au demandeur. Sans s'expliquer sur le chiffre du bail prétendu et dénié, la cour de cassation a considéré « que les questions soulevées par les prétentions contraires, et sur lesquelles avait statué le jugement de première instance, étaient devenues l'objet principal du litige; que le jugement avait donc prononcé *sur des demandes d'une valeur indéterminée* pouvant excéder le taux auxquels les tribunaux de première instance jugent en premier et en dernier ressort ». Il serait à souhaiter, pour que la clarté fût plus complète encore, que la question dont il s'agit se présentât devant la cour de cassation, avec un point de fait très nettement accusé.

94. — III. Contestations relatives aux primes annuelles des assurances. — Dans un contrat d'assurance, par exemple, d'assurance contre l'incendie, il y a deux éléments déterminés, la prime annuelle, d'une part, de l'autre le chiffre pour lequel l'assurance a été faite. On s'est demandé quel est celui de ces deux éléments qui doit être envisagé pour la détermination du ressort. Si la contestation a exclusivement pour objet la réclamation par la compagnie, à l'assuré, de primes échues, il n'y a aucune difficulté, et c'est comme d'ordinaire le montant de la somme réclamée qui fixe le degré de juridiction. Quand, au contraire, l'assuré défendeur, en réponse à la demande, excipe de la nullité ou de la résiliation du contrat d'assurance, il faut distinguer. S'il n'en excipe qu'à titre d'argument pour faire simplement rejeter la demande, la cause n'est pas changée, car le juge n'est appelé à examiner cette question que dans les motifs, et non dans le dispositif de sa décision; d'où il suit que le montant des primes réclamées reste toujours le seul objet du litige, partant le seul élément déterminatif du ressort (Comp. Req. 27 juin 1860, aff. Comp. *la Bretagne*, D. P. 61. 1. 107; Civ. cass. 22 juill. 1861, aff. Comp. *la Lyonnaise*, D. P. 61. 1. 306). Mais si l'assuré, ne se bornant pas à exciper de la nullité ou de la résiliation comme simple moyen de défense, en fait l'objet d'une demande reconventionnelle (V. *suprà*, n° 85), il va de soi, puisque le juge est mis en demeure de statuer sur le sort du contrat dans le dispositif de son jugement, que le champ de l'instance se modifie et s'élargit (V. notamment les notes sous les arrêts précités).

Certains arrêts de cours d'appel ont admis, en ce cas, que la base d'évaluation pour la question du ressort devait être prise dans le chiffre du capital assuré, c'est-à-dire de l'indemnité prévue par la police, et que, par conséquent, alors même que les primes réclamées et les primes à courir jusqu'à la date fixée pour l'expiration du contrat seraient d'un total inférieur à 1500 fr., la cause n'en devrait pas moins être susceptible d'appel, si l'indemnité stipulée pour le cas de sinistre était supérieure à cette somme (V. Angers, 22 déc. 1864, aff. Chanteau, D. P. 65. 2. 44; Paris, 16 mars 1882, aff. Comp. *la Préservatrice*, D. P. 84. 2. 163; 12 janv. 1887, aff. Villeneuve, D. P. 89. 2. 44). Il a été jugé au contraire, par d'autres arrêts qu'il n'y a pas lieu de prendre en considération le capital assuré, que les primes restant à courir doivent seules, dans leur montant total, servir à déterminer le ressort, et que, par suite, si ce montant total est inférieur à 1500 fr., le tribunal de première instance statue sans appel sur l'existence du contrat (V. Aix, 1er juin 1870, aff. Laugier, D. P. 71. 2. 214; Paris, 8 janv. 1878, aff. Comp. *la Seine*, D. P. 79. 5. 122).

C'est à cette dernière doctrine que la cour de cassation a donné sa sanction (V. Civ. cass. 18 nov. 1863, aff. Comp. *la Rouennoise*, D. P. 64. 1. 237). Cet arrêt a, il est vrai, pour objet principal une question d'évocation, mais il n'en exprime pas moins très nettement que, si à une demande en payement des primes, le défendeur oppose la résiliation de la police, la contestation est jugée en dernier ressort du moment où les annuités à courir pour les années pendant lesquelles devrait encore durer l'assurance n'excèdent pas 1500 fr., quel que soit le montant de la somme assurée. — Cette solution doit être préférée. Quand l'assuré est assigné en payement de primes échues suivant la compagnie, ce sont ces primes qui forment seules l'objet du litige. S'il réplique à la compagnie en invoquant la résiliation du contrat, que demande-t-il par là, sinon d'être délié de l'engagement de payer, non seulement les primes qu'on lui réclamait, mais encore celles à échoir ultérieurement jusqu'au terme fixé pour l'assurance ? L'objet de la contestation est donc encore, en définitive, l'acquittement de primes annuelles, actuelles ou futures, dont le nombre seul est changé, en raison du champ plus large donné à la cause par les conclusions reconventionnelles de la défense. Quant au point de savoir si, en cas de sinistre, une indemnité serait due à l'assuré, en l'état du débat, il n'est nullement agité entre les parties. D'une part, en effet, la compagnie, qui demande le maintien du contrat, ne conteste pas son obligation éventuelle ; et, d'autre part, l'assuré non seulement ne s'en prévaut pas, mais renonce à s'en prévaloir dans le système qu'il soutient, puisqu'il conclut à la résiliation de l'assurance. On ne peut donc dire que, pour le moment, le litige porte sur le montant de l'assurance, et c'est le montant des primes qui est le seul et véritable objectif des parties.

§ 10. — Des saisies. — Saisie-arrêt ; Saisie-exécution ; Saisie foraine ; Saisie-brandon ; Saisie-gagerie ; Saisie immobilière (*Rép.* n°s 290 à 336).

95. On a exposé méthodiquement au *Répertoire*, pour les instances qui peuvent naître de tous les genres de saisies, les principes généraux relatifs au degré de juridiction. Il suffit actuellement, en se référant à l'ensemble de ces développements, d'indiquer séparément, parmi les saisies, celles qui ont donné lieu à de nouvelles applications dans la jurisprudence.

96. — I. Saisie-arrêt. — En matière de saisie-arrêt, quel que soit le montant de la somme saisie-arrêtée, le taux du ressort est déterminé, pour la demande en validité, par *le chiffre de la créance* qui a donné lieu à la voie d'exécution (V. Douai, 23 juin 1851, aff. Fosse, D. P. 54. 5. 234). Ainsi est en premier ressort seulement le jugement qui valide une saisie-arrêt faite pour une créance fixée à plus de 1500 fr. (Civ. cass. 4 mai 1874, aff. Lejemble, D. P. 75. 1. 19). Mais les frais de la saisie-arrêt et de l'instance en validité ne peuvent être additionnés avec ce chiffre, pour contribuer à la détermination du ressort, alors même qu'ils auraient été évalués dans l'ordonnance qui porte permission de saisir-arrêter, car ils ne constituent que de simples accessoires, variables d'ailleurs suivant les développements du procès (Req. 29 janv. 1877, aff. Loiseau, D. P. 78. 1. 126). Il va de soi qu'il en est différemment des frais faits dans le procès antérieur, qui a fixé les droits du créancier et prononcé condamnation en payement contre le débiteur. Ces frais, alloués au créancier qui a eu gain de cause, font désormais partie de la créance qu'il cherche à ramener à exécution ; ils se sont additionnés au principal primitif de cette créance, et contribuent par là à former le chiffre duquel dépend la question de l'appel (Civ. cass. 1er juin 1880, aff. Boidin, D. P. 80. 1. 201).

97. On s'est demandé si l'instance en validité d'une saisie-arrêt formée pour une somme inférieure à 1500 fr. ne devient pas susceptible d'appel quand le défendeur excipe de la dotalité des sommes saisies. La question a été résolue négativement par la cour de Limoges, le 17 avr. 1869 (aff. Samie, D. P. 71. 2. 167). Cette décision doit être approuvée, car le caractère dotal qui peut appartenir aux sommes arrêtées, ne change pas la valeur du litige, cette valeur étant fixée, on l'a dit, par le chiffre de la somme pour laquelle la saisie a été pratiquée. L'allégation de dotalité n'est d'ailleurs qu'un moyen de défense, et en principe c'est sur la demande, non sur l'exception que se fixe le ressort. La même question s'est présentée en matière de saisie immobilière, et a reçu une solution différente; mais cela tient à ce que, en général, les contestations en cette matière constituent des actions réelles dont la valeur dépend de celle de l'immeuble (V. *infrà*, n° 108). Les saisies-brandon et les saisies-exécution ont fait naître une difficulté analogue (V. *infrà*, n°s 103 et 105).

98. Quand l'intérêt du saisissant est inférieur à 1500 fr. en raison de ce que sa créance n'excède pas ce chiffre, la demande en nullité de saisie-arrêt dirigée contre lui demeure en dernier ressort, bien qu'elle soit intentée par un cessionnaire des valeurs arrêtées, qui agit en même temps

contre le saisi et le tiers saisi pour se faire allouer toutes les sommes dont ce dernier peut avoir entre les mains. Il y a là, dans la même instance, deux actions distinctes, et comme le degré de juridiction doit être réglé à l'égard de chacune des parties suivant son intérêt individuel en la cause, il n'y aura à envisager, en ce qui concerne le saisissant, que le montant des droits pour lesquels il a pratiqué la saisie-arrêt (Comp. Lyon, 17 juill. 1867, et sur pourvoi, Civ. rej. 23 févr. 1869, aff. Delacour, D. P. 69. 1. 197). En conséquence, au regard du saisissant dont la créance est dans les limites du dernier ressort, la cause ne sera pas susceptible d'appel nonobstant la revendication contre le saisi des sommes supérieures à 1500 fr. considérées comme dues par le tiers saisi (Angers, 19 mai 1870, aff. Dolheau, D. P. 71. 5. 110).

L'affaire sera, au contraire, susceptible d'appel, en ce qui concerne les relations du réclamant avec le saisi et le tiers-saisi, car c'est alors le chiffre de la somme cédée et revendiquée qui doit être pris en considération pour la fixation du ressort (Comp. Angers, 19 août 1848, aff. Cherbonnier, D. P. 49. 2. 26 ; Bourges, 27 août 1851, aff. Richard, D. P. 52. 5. 193.).

99. La cour de cassation, en vertu du même principe que c'est à la somme revendiquée par le demandeur qu'il faut s'attacher, a jugé à l'inverse qu'une demande en mainlevée de saisie-arrêt, formée contre le saisissant, par un tiers qui prétend avoir droit à la somme saisie-arrêtée, est en dernier ressort, bien que la créance du saisissant fût supérieure à 1500 fr., du moment où tout le débat s'est trouvé ramené par les conclusions des parties à la question de propriété de la somme due par le tiers saisi, laquelle n'était, de l'aveu de tous, que de 332 fr. (Civ. rej. 2 mars 1880, aff. Dupis, D. P. 80. 1. 229). Cette solution, qui s'explique peut-être par l'état particulier des conclusions des parties, ne saurait nuire à la règle qu'en thèse générale lorsque la saisie-arrêt a été faite pour une créance supérieure à 1500 fr., l'action en mainlevée doit être considérée comme étant susceptible des deux degrés de juridiction (V. Rép. nos 296 et 297).

100. Nous avons expliqué au Rép. nº 300 qu'à la différence de l'action en validité de la saisie, la demande en déclaration affirmative était toujours d'une valeur indéterminée, et nous avons à cet égard cité quelques arrêts anciens des cours d'appel. Depuis lors, la même doctrine a été adoptée par un arrêt de la cour de Paris du 1er déc. 1866 (aff. des Docks, D. P. 66. 2. 248). — Contra : Sol. impl. Orléans, 19 nov. 1863 (aff. Gérard, D. P. 64. 2. 4).

101. Le débiteur qui conteste le bien-fondé de la saisie-arrêt, ne borne pas toujours à en poursuivre l'annulation, et parfois, se fondant sur le préjudice que lui a causé cette mesure d'exécution, il conclut en outre à une allocation de dommages-intérêts contre le saisissant. Le point demandé si le montant des dommages-intérêts ainsi réclamés devait entrer en ligne de compte pour la détermination du ressort. La solution dépend évidemment du point de savoir si le débiteur, en procédant comme il vient d'être dit, joue le rôle de demandeur ou celui de défendeur. On a vu, en effet, que si un demandeur ajoute à sa prétention principale une réclamation en dommages-intérêts, le ressort de son action est fixé par le total de ces chefs de demande. On verra bientôt au contraire (V. infrà, nº 121), qu'on ne doit pas plain acception, pour le ressort, de la demande reconventionnelle que le défendeur ajoute à sa défense, afin d'obtenir réparation du préjudice que lui cause l'action dont il est l'objet. Le débiteur qui lutte contre la saisie-arrêt, et en général contre toute mesure d'exécution mise en exercice à son égard par le créancier, est-il un demandeur ou un défendeur? Si la jurisprudence a été divisée, elle est aujourd'hui fixée. Le débiteur, dans sa résistance aux voies d'exécution pratiquées contre lui, est toujours un défendeur, alors même que c'est lui qui prend l'initiative de l'assignation devant le tribunal. On va avoir l'occasion de revenir sur cette idée, et on en tirera ultérieurement (V. infrà, nos 126 et suiv.), la conséquence quant à la non-computation des dommages-intérêts prétendus par le débiteur, pour la question du ressort.

102. — II. SAISIE-EXÉCUTION. — Le créancier fondé en titre, qui procède par voie de saisie-exécution pour obtenir payement, prend l'initiative des hostilités contre son débiteur.

Il doit donc être considéré comme jouant le rôle de demandeur, le débiteur ne remplissant que celui de défendeur, alors même que ce débiteur est le premier à saisir les juges pour combattre les poursuites dont il est l'objet. Ce point a été développé et établi au Rép. nº 305, avec l'indication de l'état conforme du plus grand nombre des arrêts. Il n'y a lieu d'y revenir ici (V. infrà, nº 128), que pour constater qu'il a été depuis lors mis hors de débat par la jurisprudence de la cour de cassation (V. notamment : Civ. rej. 16 août 1864, aff. Jacquier, D. P. 64. 1. 332 ; Civ. cass. 23 août 1864, aff. Hullin, ibid. Comp. Civ. cass. 16 avr. 1877, aff. Nizet, D. P. 77. 1. 208 ; Req. 9 janv. 1882, aff. Duquesnay, D. P. 82. 1. 59, et la note). Il suit de là, en vertu de la règle que le degré de juridiction est déterminé par la valeur de la demande, qu'il dépendra, entre le créancier poursuivant et le débiteur contestant, du montant de la créance dont le recouvrement a donné lieu à la saisie-exécution (V. à cet égard les arrêts cités au Rép. nº 306 et suiv.; adde : Paris, 13 juin 1845, aff. Simon, D. P. 46. 4. 147; 16 févr. 1846, aff. Lemoine, D. P. 46. 4. 148; Toulouse, 4 mars 1858, aff. Lacassagne, D. P. 58. 2. 90).

103. On a voulu faire fléchir ce principe pour le cas où le débiteur fonde sa demande en nullité de saisie sur ce que les objets saisis seraient dotaux. La cour de Grenoble s'est prononcée dans ce sens, et a considéré comme susceptible d'appel un jugement qui avait statué sur une difficulté de ce genre, dans une affaire où la créance du saisissant était inférieure à 1500 fr. (Grenoble, 26 déc. 1868, aff. v° Contrat de mariage, nº 1268). Nous avons déjà dit supra, nº 97, à propos de la même question en matière de saisie-arrêt, que cette opinion ne nous paraissait pas fondée. Aussi est-ce à bon droit qu'elle a été repoussée par la cour de Toulouse, qui fait justement remarquer que l'exception tirée par une débitrice de la dotalité des objets saisis ne peut être assimilée à une demande en distraction formée par un tiers : que c'est une véritable demande en nullité de saisie, « et que dès lors ce n'est pas la valeur indéterminée des objets revendiqués qu'il faut considérer pour déterminer la limite du ressort, mais bien la valeur de la créance qui a occasionné la saisie-exécution ». (Toulouse, 4 mars 1858, aff. Lacassagne, D. P. 58. 2. 90).

104. On a expliqué au Rép. nº 311 que la demande en distraction par un tiers des objets placés sous la saisie est complètement distincte des contestations soulevées par le débiteur, et que puisque ce tiers exerce comme demandeur une action principale, en réclamation de sa chose devenue l'objet d'une méprise, c'est la valeur même de cette chose qui doit déterminer le ressort. En ce cas donc, si les objets saisis ont une valeur supérieure à 1500 fr., ou indéterminée, l'appel est recevable (Aux arrêts dans ce sens, cités au Répertoire, on peut ajouter les suivants : Douai, 6 juin 1856, aff. Provino, D. P. 57. 5. 104; Colmar, 29 juin 1863, aff. Schneider, D. P. 63. 2. 137; Bordeaux, 13 août 1867, aff. Chaumassiras, D. P. 67. 5. 127; Toulouse, 3 juin 1868, aff. Laurine, D. P. 68. 2. 108).

Il est à remarquer que les juges ne peuvent suppléer à la détermination de la valeur des meubles revendiqués, quand cette valeur ne se trouve énoncée ni dans l'exploit introductif d'instance, ni dans les conclusions prises devant le tribunal. Ils ne peuvent non plus réduire, comme étant excessive, la valeur qui aurait été indiquée par le demandeur. Ce n'est là que l'application d'une règle générale déjà plusieurs fois rappelée. Il a donc pu être jugé à bon droit que la demande en distraction d'objets mobiliers compris dans une saisie n'est pas en dernier ressort, par cela que ces objets auraient été acquis par le demandeur pour un prix inférieur à 1500 fr. (Bourges, 14 mars 1853, aff. Guillien, D.P. 55. 2. 7. Comp. dans un sens analogue : Agen, 7 janv. 1848, aff. Molinié, D. P. 49. 2. 84).

105. — III. SAISIES-FORAINES ET SAISIES-BRANDONS. — Il n'y a rien à ajouter à ce qui a été dit sur cette matière au Rép. nos 318 et suiv., si ce n'est qu'il a été jugé depuis lors, relativement à une saisie-brandon, que le jugement rendu sur la validité en est en dernier ressort quand la créance est inférieure à 1500 fr. alors même qu'il a été excipé en défense à la voie d'exécution, de la dotalité des objets saisis (Montpellier, 20 avr. 1872, aff. Gély, D. P. 74. 5. 156). C'est le complément des décisions précédemment citées (V. supra,

n°s 98 et 103), et le motif donné doit être retenu, car il est pris de ce que « le moyen de nullité invoqué... ne saurait avoir pour effet de changer le taux du dernier ressort, les défendeurs ayant pu se libérer de l'action du saisissant en payant à ce dernier les frais de la demande, telle qu'elle est limitée dans le commandement ».

Il a été également décidé par une cour d'appel que le jugement intervenu sur la revendication de fruits saisis-brandonnés, formée par un tiers, est susceptible d'appel, bien que la créance, cause de la saisie, ne dépasse pas le taux du dernier ressort (Bordeaux, 14 juill. 1870, aff. Merlet, D. P. 71. 2. 229). Ce n'est que la confirmation de la jurisprudence antérieure, que nous avons rapportée au *Rép.* n° 321. Comme on vient de le faire remarquer (V. *supra*, n° 104), il ne s'agit pas là d'une contestation soulevée par le débiteur saisi, par conséquent, d'un incident du débat entre lui et son créancier, mais bien d'une demande principale, d'une revendication à titre de propriété, formée par une personne étrangère, qui prétend qu'on a fait indûment mainmise *sur sa chose* et non sur une chose appartenant au débiteur. C'est donc la valeur de la chose revendiquée qui doit fixer le ressort, et comme cette valeur n'a pas été déterminée par le demandeur revendiquant, le litige est susceptible des deux degrés de juridiction.

106. — IV. SAISIE-GAGERIE. — On s'en réfère aux indications données dans le *Rép.* n° 324.

107. — V. SAISIE-REVENDICATION (V. *Rép.* n° 325). Il a été jugé par un arrêt de la cour de Caen du 10 déc. 1885 (1), qu'on doit considérer comme susceptible d'appel le jugement relatif à la saisie-revendication formée par le bailleur contre le détenteur d'animaux déplacés de la ferme, la demande du bailleur, qui tend à faire réintégrer les animaux en question comme gage, ayant un objet d'une valeur indéterminée, et le taux du litige ne devant être fixé, ni par le chiffre de la créance du bailleur... dont certains éléments sont d'ailleurs indéterminés, ni par l'estimation donnée par le détenteur aux animaux.

108. — VI. SAISIE IMMOBILIÈRE. — En ce qui concerne les jugements rendus sur des demandes en nullité ou sur des incidents de saisie immobilière, le point de savoir s'ils sont susceptibles d'appel doit-il dépendre du montant de la créance, cause de la saisie, ou de la valeur de l'immeuble qui en est l'objet? Cette question a donné lieu, en doctrine et en jurisprudence, à des controverses que nous avons exposées au *Rép.* n°s 326 et suiv., en exprimant nos préférences pour le second système. La cour de cassation a, depuis lors, fait prévaloir une distinction, qui était en germe dans ses arrêts antérieurs, et qui se trouve aujourd'hui nettement précisée. Si la contestation ne porte que sur la réalité ou la légitimité de la créance, c'est le chiffre de cette créance qui détermine le ressort, d'où il suit que le jugement sera ou non susceptible d'appel suivant que ce chiffre sera supérieur ou inférieur à 1500 fr. Si, au contraire, la contestation vient à porter sur la régularité de la procédure en saisie immobilière, ou sur la saisissabilité de l'immeuble, en ce cas l'action prend le caractère réel, ayant pour objet direct la question de propriété; et, dès lors, la cause ne sera jugée en dernier ressort qu'autant que la valeur du fonds dont on

poursuit l'expropriation se trouvera déterminée, par rente ou par prix de bail, au-dessus de 60 fr. de revenu.

Cette distinction a été critiquée à un double point de vue. D'une part, dit-on, alors même que la difficulté ne se rapporte qu'à l'existence de la créance, il n'en est pas moins vrai qu'en fin de compte, il s'agit pour le débiteur dont l'immeuble a été saisi, d'être ou de n'être pas exproprié, ce qui a pour lui un intérêt qui doit s'apprécier, non par la valeur de sa dette, mais par la perte à laquelle l'expose la mesure contre lui poursuivie. D'autre part, ainsi qu'on l'a dit plus haut, en matière de saisie, le saisissant jouant le rôle de demandeur, voici que, contrairement au principe général, le ressort va dépendre de la thèse *du défendeur*, c'est-à-dire du saisi; car, suivant que ce dernier fera porter son attaque sur la validité de la procédure ou sur celle de la créance, la cause sera ou non susceptible d'appel.

On peut répondre à la première objection que ce qui doit être envisagé pour le ressort, ce n'est pas tant le résultat dernier du litige que ce qui forme son objet propre et direct. Or quand le saisi conteste simplement la créance, il ne discute que son obligation vis-à-vis du saisissant, et ne dénie pas, au cas où elle existerait, qu'elle puisse être exécutée sur son immeuble. Ce n'est donc pas, en droit du moins, son immeuble lui-même qu'il dispute à son adversaire, et l'objet propre du débat c'est sa qualité de débiteur. En ce qui concerne la seconde objection, il est à remarquer que si le saisissant est, en effet, assimilé à un demandeur, puisque c'est lui qui ouvre les hostilités, quoi qu'il en soit, il ne peut, au moins tout d'abord, déterminer le champ de la contestation, car il ignore quelle est la nature des objections qui seront élevées par le saisi contre la voie d'exécution. Une fois que le saisi a pris position et fait connaître sa thèse de résistance, le saisissant est appelé à insister, soit sur l'existence de son droit de créance, soit sur la validité de sa procédure de saisie. A ce moment se précisent les moyens qu'il invoque à l'appui de sa saisie, c'est-à-dire de l'acte qui l'a constitué demandeur. On peut donc dire que c'est *comme demandeur* qu'il affirme soit la validité de sa créance, soit celle de sa procédure; et que, dès lors, on ne s'éloigne pas sensiblement de la règle qui veut que l'on puise *dans la demande* la détermination du ressort.

109. Quoi qu'il en soit d'ailleurs de ces raisons théoriques, les arrêts rendus par la cour de cassation paraissent indiquer la ferme intention de faire définitivement passer dans la pratique la distinction ci-dessus exposée. Il a été jugé, en effet, dans ces cas : 1° que les poursuites de saisie immobilière doivent être considérées comme constituant la demande principale, et que l'instance en nullité introduite par le saisi est en dernier ressort quelle que soit la valeur de l'immeuble, du moment où les causes de la saisie contestée sont inférieures à 1500 fr. (Civ. rej. 16 août 1864, aff. Jacquier, D. P. 64. 1. 352; Civ. cass. 23 août 1864, aff. Hullin, *ibid.*); — 2° Que le jugement rendu sur la demande en nullité d'une saisie immobilière, dont les causes sont inférieures au taux du dernier ressort, n'est pas sujet à appel quand la contestation est relative à la dette, l'appel n'étant recevable en raison de la valeur indéterminée de l'immeuble « que lorsque le litige ne porte pas sur la réalité ou la légi-

---

(1) (Avignon *C.* Sérieux.) — LA COUR ; — Sur la fin de non-recevoir opposée par Sérieux : — Attendu que le degré de juridiction se détermine, non d'après la mesure de l'intérêt du demandeur dans le litige, mais uniquement d'après la valeur de la demande, telle qu'elle est exprimée dans les conclusions ; que, s'il s'agit d'un objet non évalué par le demandeur, les juges ne peuvent accepter comme constante l'estimation intéressée qu'on pourrait donner le défendeur ; que plus que suppléer eux-mêmes à la détermination de cette valeur ; que, dès lors, une telle demande revêt un caractère indéterminé, et partant est susceptible d'appel ; — Attendu, en fait, que les consorts Avignon, créanciers pour fermages échus d'une somme de 980 fr., et accessoires sur les époux Thibault, ont saisi-revendiqué aux mains de Sérieux une vache et un cheval faisant partie du mobilier de la ferme, et déplacés sans leur consentement ; qu'aucune évaluation n'a été donnée par les saisissants aux objets en question, dont, au reste, la revendication a été effectuée en temps utile ; qu'ils ont simplement demandé qu'ils fussent ramenés à la ferme aux fins d'assurer, le cas échéant, l'effet de leur privilège ; — Attendu que Sérieux objecte que le chiffre de la créance étant inférieur à 1500 fr., le litige accessoire qui s'agite entre lui et le créancier gagiste doit être

apprécié dans la même mesure, au point de vue de la détermination du ressort ; — Attendu qu'il est inexact d'arrêter à 980 fr. le chiffre de la créance des consorts Avignon ; que dans leur requête tendant à revendication, ceux-ci ont énoncé que des sommes accessoires leur étaient dues, ce qui s'applique aux loyers de l'année courante, à l'indemnité éventuelle de résiliation, aux dégradations de l'immeuble et autres causes de dommages-intérêts, de nature à accroître notablement le chiffre indiqué de leur créance ; qu'ainsi la créance des consorts Avignon sur leurs fermiers serait elle-même d'une valeur indéterminée ; — Attendu, d'autre part, que l'action dirigée contre Sérieux, principale de sa nature, ne porte pas sur la valeur des animaux qui en font l'objet, mais tend à faire décider que, déplacés de la ferme sans le consentement du bailleur, ils doivent y être réintégrés sans condition ; que l'objet du litige est donc bien d'une valeur indéterminée, et que l'évaluation du gage déplacé, inférieure à 1500 fr., faite par le seul défendeur, n'en saurait modifier le caractère ; que l'exception soulevée par l'intimé doit donc être rejetée ; — Au fond, etc.

Du 10 déc. 1885.-C. de Caen, 2° ch.-MM. Hue, pr.-Lerebours-Pigeonnière, av. gén.-Caréi et Tillaye, av.

timité de la créance de moins de 1500 fr. » (Civ. cass. 13 févr. 1865, aff. Baynard, D. P. 65. 1. 78); — 3° Qu'il peut être relevé appel d'un jugement rendu sur la demande en nullité de la saisie d'un immeuble dont la valeur est indéterminée, bien que la créance soit inférieure au taux du dernier ressort, alors que le demandeur en nullité conteste, non pas les causes de la saisie, mais la saisissabilité de l'immeuble lui-même, à raison, par exemple, de sa dotalité (Civ. cass. 19 déc. 1866, aff. Bastide, D. P. 67. 1. 23); — 4° Que la demande en nullité d'une saisie, pour inobservation de l'art. 2206 qui veut que les immeubles d'un mineur ne puissent être mis en vente avant la discussion de son mobilier, est susceptible d'appel lorsque le fonds saisi est d'une valeur indéterminée, bien que le chiffre de la créance du saisissant soit inférieur à 1500 fr., la propriété de l'immeuble étant, en pareil cas, le véritable objet du litige (Civ. cass. 13 juill. 1886, aff. Vairière, D. P. 87. 1. 106). « Attendu, porte ce dernier arrêt, qui accentue d'une façon très nette la pensée de la cour, qu'en admettant que, contrairement aux indications fournies par les qualités de l'arrêt attaqué, le tuteur des mineurs Minet eût, à l'appui de sa demande en nullité de la saisie, contesté la créance servant de base aux poursuites de la demoiselle Romand, il est du moins certain qu'il fondait également cette demande sur l'irrégularité desdites poursuites, irrégularité provenant, suivant lui de ce que la poursuivante ne se serait pas conformée aux prescriptions de l'art. 2206 c. civ.; — Qu'ainsi la propriété des immeubles saisis devenait le véritable objet de la demande en nullité, puisqu'elle tendait à faire maintenir cette propriété aux mineurs, lors même qu'ils seraient reconnus débiteurs des causes de la saisie ».

110. En ce qui concerne les cours d'appel, il n'y a pas unité dans leur jurisprudence. Un certain nombre d'arrêts, soit qu'ils aient jugé que l'appel était recevable, soit qu'ils aient jugé qu'il ne l'était pas, n'ont pas nettement distingué si la solution doit varier, quand le débat porte sur la créance, ou quand il porte sur la procédure en saisie immobilière (Comp. à cet égard : Bordeaux, 6 févr. 1846, aff. Doublen, D. P. 46. 4. 147; Grenoble, 1er juill. 1846, aff. Guillermont, D. P. 47. 4. 152; Montpellier, 29 août 1853, aff. Gelly, D. P. 54. 5. 234; 13 janv. 1854, aff. Escarpy, D. P. 55. 2. 111). La cour de Besançon a même expressément décidé : qu'en cas de demande en nullité d'une saisie immobilière, pour vice de forme du commandement, l'importance du litige qui sert à déterminer le degré de juridiction s'apprécie, non d'après la valeur de l'immeuble saisi, mais d'après le chiffre de la créance, d'où il suit que, si ce chiffre est inférieur au taux du dernier ressort, le jugement qui annule la saisie n'est pas susceptible d'appel, quelle que soit la valeur de l'immeuble saisi (Besançon, 25 juill. 1870, aff. Hugon, D. P. 71. 2. 64).

D'autres arrêts rentrent, au contraire, dans la doctrine de la cour de cassation. Ainsi, notamment, il a été décidé : 1° que la saisie immobilière tendant à dépouiller le saisi de biens immobiliers d'une valeur indéterminée, les jugements rendus sur les incidents soulevés dans le cours de la procédure sont en premier ressort, quelle que soit la quotité de la créance du poursuivant (Agen, 14 janv. 1868, aff. Radel, D. P. 68. 2. 81); — 2° Qu'on peut relever appel du jugement rendu en matière de saisie immobilière, lorsqu'il porte, non pas sur le titre de la créance en vertu duquel la saisie a été opérée, mais sur les formalités suivies dans la procédure, et que l'immeuble est d'une valeur indéterminée (Caen, 9 avr. 1875, aff. Duclos, D. P. 77. 2. 436); — 3° Que le jugement qui statue sur une demande en nullité de saisie immobilière est en premier ressort, lorsque les causes de la saisie sont inférieures à 1500 fr., si la demande porte, non sur la réalité ou la légitimité de la créance, mais uniquement sur la régularité de la procédure tendant à saisir un immeuble d'une valeur indéterminée (Nancy, 26 juill. 1884, aff. Ems, D. P. 86. 2. 13).

§ 11. — Ordre et distribution par contribution
(*Rép.* n°s 336 à 349).

111. Les questions relatives à un ressort en matière d'ordre avaient été traitées dans le *Répertoire*, v° *Degrés de juridiction*, avant la loi sur les ordres du 21 mai 1838.

Postérieurement à cette loi, ces mêmes questions ont été reprises, avec des développements nouveaux et complets, ibid., v° *Ordre entre créanciers*, n°s 824 à 853, et les décisions de la jurisprudence, rendues jusqu'en 1864, s'y trouvent analysées. Il convient donc de s'en référer plus particulièrement à ce dernier traité, dans lequel les difficultés de la matière ont été étudiées, en tenant compte du texte nouveau de l'art. 762 qui porte : « L'appel n'est recevable que si la somme contestée excède celle de 1500 fr., quel que soit, d'ailleurs, le montant des créances des contestants et des sommes à distribuer ».

112. Il a été jugé depuis lors : 1° qu'en matière d'ordre un jugement est susceptible d'appel, alors qu'il prononce sur le rang de collocation d'une créance supérieure à 1500 fr. (Bordeaux, 12 déc. 1874, aff. Bourgeade, D. P. 73. 5. 457); — 2° A l'inverse, que le contredit qui a pour objet une collocation par privilège n'excédant pas 1500 fr., doit être jugé en dernier ressort, quand bien même les créances des autres intéressés seraient supérieures à ce chiffre (Chambéry, 6 déc. 1865, aff. Detraz, D. P. 67. 2. 149); — 3° Que la femme dotale ne peut se pourvoir par la voie de l'appel contre les sous-collocations obtenues à tort par ses créanciers, lorsqu'aucune de ces sous-collocations ne s'élève à un chiffre supérieur au taux du dernier ressort (Pau, 25 nov. 1879, aff. Mouillet, D. P. 84. 2. 112); — 4° Qu'en matière d'ordre, le taux du litige se détermine par le montant des sommes contestées, et que cette règle s'applique à l'ordre amiable (Bordeaux, 22 juill. 1886, aff. Mesnard, D. P. 88. 2. 237); — 5° Qu'en matière de distribution par contribution, comme en matière d'ordre, l'appel n'est recevable que si la somme contestée excède 1500 fr., quelque soit, d'ailleurs, le montant des créances des contestants et des sommes à distribuer (Trib. Blois, 28 juill. 1886, et Orléans, 5 mars 1887, aff. Métais, D. P. 87. 2. 193).

Ces solutions sont d'accord avec les principes développés au *Rép.* v° *Ordre entre créanciers*, n°s 825, 826, 850, 851. D'après le texte et l'esprit du nouvel art. 762 c. proc. civ., ce n'est pas le montant des titres des contestants ni des sommes à distribuer, que la valeur de chacune des créances contestées, appréciées séparément. La jurisprudence nouvelle fondée sur la loi de 1838, et que nous avons analysée loc. cit., s'est prononcée nettement dans le sens de la distinction absolue, au point de vue de l'appel, de toutes les contestations soulevées dans un ordre; chacune doit être considérée isolément d'après le quantum de la somme litigieuse. C'est donc ce quantum qui est la mesure de l'intérêt du litige, et qui par conséquent doit rendre la cause susceptible ou non d'appel, suivant qu'il est supérieur ou inférieur à 1500 fr.

Il faut rattacher au même ordre d'idées un arrêt par lequel la cour de cassation a décidé : que le jugement rendu sur le contredit formé au sujet de plusieurs créances dont le montant total dépasse 1500 fr., mais qui ont été l'objet de productions et de collocations séparées, et dont aucune n'atteint ce chiffre, est en dernier ressort, même à l'égard du créancier partie à l'ordre, qui se trouvait légalement subrogé aux droits des titulaires des créances dont il s'agit, si ce créancier ne s'est pas prévalu de la subrogation pour demander lui-même à être colloqué en son propre nom, pour l'ensemble de ces mêmes créances (Civ. cass. 7 avr. 1880, aff. Audonnet, D. P. 80. 1. 209). Chaque créance ayant ici gardé son individualité propre, on n'avait, pour la question du ressort, qu'à tenir compte du chiffre accusé par chacune d'elles; du moment où il se trouvait être inférieur à 1500 fr., la cause n'était pas susceptible d'appel.

La solution aurait dû être différente si le créancier avait excipé de la subrogation et sollicité une collocation personnelle pour l'ensemble des créances. Nous avons, en effet, admis au *Rép.* loc. cit., n° 838, contrairement, il est vrai, à l'opinion de M. Chauveau, que lorsque plusieurs créances produites par le même créancier, et supérieures dans leur total à 1500 fr., sont contestées, le jugement est susceptible d'appel, bien que chacune des créances prises isolément, soit inférieure au taux du dernier ressort.

113. A l'inverse, au cas où une créance contestée, supérieure à 1500 fr., appartient à plusieurs cohéritiers, le jugement rendu sur la contestation n'est pas susceptible d'appel,

si la part d'aucun d'eux n'excède le taux du dernier ressort. Ce point enseigné au *Rép.* n° 842 a été de nouveau et depuis lors sanctionné par la jurisprudence (V. Caen, 20 déc. 1867, aff. Martin, D. P. 68. 2. 175; Pau, 25 nov. 1872, aff. Capdeville, D. P. 73. 2. 168; Poitiers, 13 avr. 1885, aff. Flornoy, D. P. 87. 2. 217). Ce n'est là que l'application du principe, aujourd'hui constant, d'après lequel le jugement rendu sur la demande formée collectivement, soit par les héritiers du créancier, soit contre les héritiers du débiteur, est en dernier ressort, quel que soit le montant de la dette ou de la créance originaire, du moment où la part de chaque héritier, dans cette créance ou cette dette, est inférieure au taux de l'appel (V. *supra*, n°ˢ 35 et suiv., 49 et suiv.).

114. Dans le cas où la créance n'est pas contestée en elle-même, et où le litige porte seulement sur son rang de collocation, il a été soutenu par plusieurs auteurs, que si la somme à distribuer était inférieure à 1500 fr., la cause ne serait pas susceptible d'appel, alors même que la créance en question excéderait par son chiffre le taux du dernier ressort. Nous avons exposé cette controverse, avec tous ses éléments, *Rép.* v° *Ordre entre créanciers*, n°ˢ 844 et suiv. Depuis lors deux arrêts de cours d'appel ont été rendus en sens inverse l'un de l'autre. — La cour de Paris a jugé que l'appel est recevable contre l'ordonnance du juge commissaire dans une distribution par contribution, rendue entre deux créanciers dont les créances excèdent l'une et l'autre la limite du dernier ressort, alors même que la somme à distribuer est inférieure à 1500 fr. (Paris, 12 janv. 1874, aff. Ambrois, D. P. 74. 2. 100). « Considérant, en ce qui touche la recevabilité de l'appel, porte cet arrêt, que la limite du premier et du dernier ressort se détermine par l'importance des sommes qui ont fait *l'objet des contestations* soumises aux premiers juges, et non sur le chiffre de la somme à distribuer. » — La cour de Lyon a, au contraire, décidé qu'en matière d'ordre ou de contribution, lorsque la contestation porte, non sur la créance elle-même, mais sur son rang de collocation, la limite du premier ressort est fixée par la somme à distribuer, d'où il suit que le jugement est en dernier ressort si cette somme est inférieure à 1500 fr. (Lyon, 11 août 1881, aff. Gallois, D. P. 82. 2. 246): « Attendu, porte cette décision, qu'en l'espèce, aucune des parties n'a contesté la créance de son adversaire, mais seulement leur rang de collocation; qu'en conséquence, la fixation de la limite du premier ressort ne peut avoir base que la somme même à distribuer, *en laquelle se concentre tout l'intérêt du litige.* » Sans contester la force de l'argument donné par la cour de Lyon, on doit cependant observer, comme on l'a déjà fait au *Répertoire*, que la solution adoptée par cette cour paraît se heurter au rapport présenté par M. Riché sur la loi de 1838, et aux expressions mêmes qu'emploie l'art. 762 nouveau c. proc. civ.: « On dispute à une créance de 500 fr., a dit M. Riché, son rang représente: la somme contestée sera de 500 fr., parce que l'un ne perdra et l'autre ne gagnera le rang que pour 500 fr. » (*Rép.* v° *Ordre entre créanciers*, n° 825). Quant à l'art. 762, en son dernier paragraphe, il limite la recevabilité de l'appel au cas où « *la somme contestée* excède 1500 fr., « quel que soit d'ailleurs le montant des créances des contestants *et des sommes à distribuer* ». Faut-il en arriver à dire qu'il n'y a pas *somme contestée*, parce que la contestation ne porte que sur le rang, et faire, par suite, abstraction de la disposition qui interdit de tenir compte du montant *des sommes à distribuer?* C'est là une solution bien hardie, qui ne s'impose point en l'état, et que la cour de cassation seule pourrait faire prévaloir dans la pratique.

115. Nous avons soutenu au *Rép.* v° *Ordre entre créanciers*, n°ˢ 850 et 851, en nous appuyant, notamment, sur un arrêt de cassation du 30 juin 1863 (aff. Gervais, D. P. 63. 1. 277), que si le créancier dont la créance inférieure à 1500 fr. est contestée, conteste lui-même, en sa défendant, la créance du contestant supérieure à ce taux, il n'y a pas lieu de considérer la première contestation comme susceptible, par voie de suite, du second degré de juridiction. Cela revient à dire que chaque contestation reste distincte et se suffit à elle-même; et que l'art. 2 de la loi du 11 avr. 1838 avec les règles relatives aux demandes reconventionnelles qu'il consacre, ne sauraient trouver

leur application en matière d'ordre, la loi ayant voulu qu'en cette matière *chaque somme contestée* fût seule et divisément prise en considération. Depuis lors, un arrêt de la cour de Chambéry a énoncé la même opinion, en des termes très expressifs qu'il convient de citer : « Attendu, porte cet arrêt, qu'il y a autant de contestations distinctes qu'il y a de contredits formés à l'état de collocation provisoire; que, par là même, l'art. 2 de la loi du 11 avr. 1838 ne peut trouver son application dans les causes d'ordre; — Attendu, en effet, que tous les créanciers produisant dans l'ordre étant demandeurs, il ne peut y avoir lieu à reconvention entre eux; que le contredit formé par le créancier dont la collocation est contestée à la collocation de celui qui a élevé la première contestation n'est point une demande reconventionnelle, puisque chacun des contestants ne demande rien directement à l'autre; que ce sont deux demandes principales dont la valeur doit être appréciée séparément; que, eu égard à la somme contestée » (Chambéry, 6 déc. 1865, aff. Detraz, D. P. 67. 2. 119). Il serait inutile de rien ajouter à cet exposé de principes.

Art. 3. — *Demandes reconventionnelles* (*Rép.* n°ˢ 350 à 398).

116. L'étude complète, faite au *Répertoire*, des principes généraux de la matière dispense d'y revenir ici. Comme point de départ des quelques explications supplémentaires à donner, il suffit de rappeler : d'une part, que la demande principale et la demande reconventionnelle se cumulent pas, et que, dès lors, si la première est inférieure à 1500 fr., il faut, pour que la cause en son ensemble devienne susceptible d'appel, que la seconde, à elle seule, dépasse le taux du dernier ressort; d'autre part, que la demande reconventionnelle qui tend à des dommages-intérêts, lorsqu'elle se fonde exclusivement sur la demande principale, n'en est qu'un accessoire, et demeure, par conséquent, sans influence sur le degré de juridiction.

§ 1er. — Demandes reconventionnelles distinctes et indépendantes de la demande originaire (*Rép.* n°ˢ 362 à 378).

117. En étudiant *supra*, n°ˢ 85 et suiv., les exceptions et défenses qui élargissent le champ de la discussion, nous avons déjà dit, et nous croyons indispensable de le répéter ici, en traitant des demandes reconventionnelles, que ce qui est capital pour ces deux matières, c'est de rechercher avec soin quelle est la portée exacte des conclusions prises par le défendeur en réponse à l'action. Si le défendeur, en soulevant des questions ou en invoquant des titres, dont la valeur dépasse la demande et le taux du dernier ressort, n'y cherche que *des moyens* pour faire écarter l'action, et n'appelle le juge à y puiser que *des motifs* pour la décision, il n'y a, dans tout ce système de défense, qu'un simple accessoire de l'instance telle qu'elle a été introduite par le demandeur. Par suite, la cause en son ensemble reste ce qu'elle était, c'est-à-dire un litige susceptible d'un seul degré de juridiction. Si, au contraire, le juge se trouve convié par le défendeur, non seulement à puiser des raisons de décider dans les éléments qui sont venus élargir le débat, *mais à statuer par voie décisoire* sur les questions plus amples qui en ont fait l'objet, il y a, au sens de la loi, demande reconventionnelle et, par conséquent, transformation du procès primitif en un litige dont l'intérêt plus élevé et l'objectif plus étendu entraînent le droit d'appel. Cette distinction qui, en principe, ne soulève aucune contestation, est parfois extrêmement délicate dans l'application, le discernement à faire de la portée véritable des conclusions et du jugement étant fécond en difficultés. On ne peut, à cet égard, que renvoyer à l'examen attentif des espèces sur lesquelles a eu à statuer la cour de cassation, et qui ont été déjà précédemment indiquées (Comp. notamment : Civ. cass. 25 juill. 1864, aff. Cottenest, D. P. 64. 1. 353; Req. 13 avr. 1869, aff. Mouchet, D. P. 69. 1. 422; Civ. cass. 24 juill. 1879, aff. Jouchoux, D. P. 79. 1. 102; 5 juill. 1882, aff. Rajaud, D. P. 83. 1. 351; Req. 11 juin 1884, aff. Gauffré, D. P. 84. 1. 359; *adde* : Req. 17 mai 1859, aff. Courtois, D. P. 59. 1. 396).

118. Il peut arriver que les conclusions de la défense soient posées reconventionnellement en ce sens qu'elles convient le juge à statuer sur un point non soulevé par l'action,

sans que cependant il y ait, en droit, *une demande reconventionnelle*, émanant du défendeur (*Rép.* n° 367). Le caractère propre de la demande reconventionnelle est, en effet, de
tendre à une décision qui procure au défendeur, non seulement son exemption des fins de l'action, mais encore une
condamnation de son adversaire, *à son avantage*. Or il n'en
est point ainsi quand le chef de condamnation sollicité par
le défendeur ne peut avoir pour résultat que de *neutraliser*
la demande principale (Comp. Civ. cass. 15 juin 1870, aff.
Belly, D. P. 71. 1. 162). Par exemple, si, à la suite d'un
contrat de vente de marchandises, le vendeur demande,
par action principale, à l'acheteur, le payement du prix, les
conclusions que cet acheteur pourra prendre reconventionnellement, afin d'obtenir la résolution de la vente, ne consti-
tueront pas *une demande reconventionnelle* susceptible
d'exercer une influence sur le ressort, parce qu'elles ont
pour unique objet en fin de compte de dispenser le défendeur de payer la somme à lui réclamée. C'est donc là, sous
une forme particulière, une simple exception ou défense,
qui ne peut avoir pour résultat que d'empêcher la demande
originaire d'aboutir à l'encontre du défendeur, et qui, en
dehors de cela, n'est destinée à lui assurer aucun avantage
plus ample.(V. Civ. rej. 15 avr. 1850, aff. Minier, D. P. 50.
1. 120. Comp. Req. 14 févr. 1881, aff. Cotelle, D. P. 81. 1.
440). Tout autre évidemment serait la situation, s'il s'agissait de marchandises devant être livrées et payées par portions fractionnées, et si, après une première livraison, en
réponse à la réclamation de la partie du prix y correspondant, l'acheteur concluait, de son côté, à la résolution du
contrat de vente dans son intégralité. Il y aurait là certainement une demande reconventionnelle, tendant à beaucoup
plus qu'à neutraliser la prétention actuelle du demandeur,
et qui pourrait dès lors, le cas échéant, influencer la question du ressort.

C'est en tenant compte de cette distinction qu'il a été
justement décidé par un arrêt, que si, à l'action principale
formée par une compagnie mutuelle contre un assuré, en
payement d'une somme de moins de 1500 fr. représentant
la totalité de ses cotisations pendant *tout le temps* de l'assurance, cet assuré oppose une demande en résolution du
contrat pour inexécution des conditions, le jugement qui
prononce cette résolution et repousse l'action de la compagnie, est en dernier ressort, la prétention du défendeur constituant, non une demande reconventionnelle, mais une
simple défense à l'action principale (Metz, 8 mars 1854, aff.
Comp. *La Légérienne*, D. P. 55. 2. 142). De même, le défendeur a recours à un simple moyen de défense, et non à une
demande reconventionnelle, lorsqu'il oppose au demandeur
la nullité du titre sur lequel s'appuie la prétention de celui-ci
(Orléans, 11 mai 1860, aff. Rojard, D. P. 62. 2. 76); ou lorsqu'il
invoque la nullité du commandement que le demandeur lui a
fait signifier pour avoir payement d'une créance prétendue
(Orléans, 9 janv. 1869, aff. Bédhet, D. P. 69. 2. 132).

On ne peut donc approuver un arrêt de la cour d'Alger
qui a décidé qu'un jugement rendu sur une demande inférieure à 1500 fr. était sujet à appel, parce que le défendeur
avait conclu à la nullité du traité sur lequel cette demande
était fondée (Alger, 25 juin 1859, aff. Pionnier, D. P. 60. 2.
111). Il n'y avait là bien certainement qu'une simple défense,
puisque le résultat poursuivi était uniquement le rejet de la
demande. De même, il y a lieu de critiquer un arrêt de la
cour d'Angers par lequel il a été jugé : que la résolution
d'un contrat de remplacement militaire, demandée par le
défendeur, en réponse à la prétention du demandeur de se
faire attribuer une somme formant nantissement entre ses
mains pour le cas d'inexécution du contrat, constitue une
demande reconventionnelle (Angers, 13 déc. 1854, aff. Leproust, D. P. 55. 2. 34). La résolution n'était évidemment
sollicitée par le défendeur, dans cette espèce, que pour se
soustraire à la perte de la somme déposée en nantissement
entre les mains du demandeur. C'était donc une simple
défense à l'action principale ; et comme la somme que le
demandeur voulait se faire attribuer était inférieure à
1500 fr., le jugement aurait dû être déclaré irrecevable.

119. Le caractère reconventionnel de la prétention élevée
par le défendeur apparaît, au contraire, d'une façon manifeste, quand à une demande en payement de sommes, formulée par le demandeur, le défendeur répond en réclamant

de son côté des sommes différentes et plus élevées. Il est
dans ce cas sans difficulté, la demande originaire fût-elle
inférieure à 1500 fr., que la cause devient en son entier
susceptible d'appel, du moment où les sommes réclamées
par le défendeur sont supérieures à ce chiffre (Conf. Civ.
cass. 25 juill. 1864, aff. Cottenest, D. P. 64. 1. 383).

Il a été également jugé que le défendeur émettait une
prétention reconventionnelle, quand cité en justice pour
voir dire qu'il reprendrait un cheval par lui donné en
location, et recevrait seulement telle somme comme prix du
contrat, il a répondu en réclamant des dommages-intérêts
pour dépréciation de l'animal, et une somme supérieure
pour des journées de location plus nombreuses auxquelles
il prétendait avoir droit (Civ. rej. 24 févr. 1879, aff. Jouchoux, D. P. 79. 1. 102). De même encore lorsque des assureurs maritimes, actionnés en payement du montant de
l'assurance, inférieure pour chacun d'eux à 1500 fr., opposent à cette action une demande indéterminée en remboursement des frais de sauvetage, magasinage, etc., cette
demande, qui n'a pas seulement pour objet de centraliser la
réclamation principale, mais qui éventuellement tend à
obtenir une condamnation, a le caractère reconventionnel,
et rend la cause dans son ensemble susceptible d'appel
(Rouen, 22 mars 1881, aff. Comp. *la Confiance*, D. P. 82.
2. 209). On pourrait à cet égard multiplier les exemples.

D'ailleurs, et suivant un principe plusieurs fois rappelé,
il ne peut dépendre du juge du fond de refuser à la cause le
second degré de juridiction, par le motif que la réclamation
formée reconventionnellement ne serait pas sérieuse, ou
serait exagérée (Arrêt précité du 25 juill. 1864; Civ. cass.
11 janv. 1865, aff. Etienne, D. P. 65. 1. 29 ; 6 mai 1872, aff.
Maisonnave, D. P. 72. 1. 170). Les solutions contraires données par quelques cours d'appel, et que nous avons déjà eu
l'occasion de citer, sont absolument condamnées par la cour
de cassation (V. encore *Rép.* n° 370). Ce qui est seulement susceptible de se produire, c'est que les sommes réclamées par
le défendeur, et restées indéterminées dans ses conclusions,
puissent être précisées à l'aide de tarifs connus, tels par
exemple que ceux des chemins de fer. En ce cas il est loisible aux juges de faire le calcul dont la base se trouve
dans la demande reconventionnelle elle-même, et par suite
de reconnaître que cette demande reconventionnelle ne dépasse pas 1500 fr. (V. Civ. rej. 24 avr. 1865, aff. Chemin de
fer de Paris à Lyon, D. P. 65. 1. 215). Mais en dehors de
cette hypothèse, les juges ne peuvent discrétionnairement
réduire l'appréciation du demandeur, ou fixer ce que ce
demandeur a laissé indéterminé en ne fournissant pas lui-
même les éléments d'une détermination possible. Il faut
admettre, cependant, que si le demandeur en reconvention
avait commis une simple erreur matérielle de calcul, par
suite de laquelle la cause semblerait à tort susceptible
d'appel, cette erreur pourrait être corrigée par les magistrats
(Lyon, 4 mars 1871, aff. Bertholon, D. P. 71. 2. 113). On
suppose toujours, bien entendu, que la rectification est
praticable d'après les éléments mêmes d'information fournis
par la demande reconventionnelle.

120. Quand la réclamation en payement formée par le
demandeur est inférieure à 1500 fr., et que le défendeur
réplique en concluant à un compte dont les éléments sont
supérieurs à ce chiffre, il faut bien distinguer si ces conclusions renferment réellement une demande reconventionnelle
tendant à faire statuer sur ce compte en son entier ; ou si
au contraire, il ne s'est agi, pour le défendeur, que d'arriver
à établir sa libération dans les limites de la demande originaire. Dans le second cas, il est certain que la cause n'est
pas susceptible d'appel (V. Besançon, 23 déc. 1868, aff.
Prost, D. P. 69. 2. 45). Alors même d'ailleurs qu'il y
aurait une demande reconventionnelle en payement de somme *se rattachant* à un compte d'un chiffre supérieur
à 1500 fr., si cette demande reconventionnelle était en
elle-même inférieure à ce taux, la cause ne serait pas appelable (Besançon, 19 févr. 1873, aff. David-Lévy, D. P. 73.
2. 96). Le compte n'est, dans cette hypothèse, qu'un élément
d'information, et ce qui demeure *l'objet propre* sur lequel
le juge a à statuer par voie décisoire, c'est d'une part la réclamation originaire, et d'autre part la réclamation reconventionnelle. Si donc l'une et l'autre sont au-dessous du taux du
dernier ressort, il ne peut y avoir ouverture à appel. C'est

dans cet ordre d'idées qu'il a été jugé par la cour de cassation : que le jugement qui ordonne un compte à établir dans les limites d'une demande principale et d'une demande reconventionnelle n'excédant, ni l'une ni l'autre, la somme de 1500 fr., est rendu en dernier ressort (Req. 21 mai 1860, aff. Chauveau, D. P. 60. 1. 348).

121. Mais il est, dans cette matière, un point qui ne doit jamais être perdu de vue : c'est que, pour qu'une demande formée par le défendeur soit recevable comme constituant réellement une reconvention, il est indispensable que, se rattachant à l'action principale, par un lien précis, elle ait une influence sur le sort de cette action et puisse avoir pour résultat de la restreindre ou de l'anéantir, sans préjudice de la condamnation plus ample qui doit en ressortir contre le demandeur. Quand la demande, prétendue reconventionnelle par le défendeur, ne peut avoir aucune influence sur le sort de la demande principale, parce qu'il n'existe pas entre elles de lien de dépendance, et que les faits sur lesquels elles reposent réciproquement sont entièrement distincts, il y a lieu de renvoyer le défendeur à se pourvoir par une action séparée. D'où il suit que la cause demeure ce qu'elle était, dans la forme et les limites que lui avait assignées le demandeur, c'est-à-dire non susceptible d'appel, quand son objet avait une valeur inférieure à 1500 fr. Il a été jugé dans cet ordre d'idées : 1° qu'une demande incidente formée par le défendeur ne présente pas le caractère d'une demande reconventionnelle, et n'est point par suite recevable, lorsque, d'une part, elle se fonde sur des faits qui se seraient produits à une époque éloignée de ceux qui motivaient l'action principale, et d'autre part, qu'il n'existe aucune connexité entre les deux demandes, la seconde ne constituant pas une défense à la première (Req. 3 mars 1879, aff. Arnould-Drappier, D. P. 81. 1. 212); — 2° Qu'à l'inverse, une demande peut être formée par de simples conclusions, comme étant incidente et reconventionnelle, quand elle tend à la nullité d'une liquidation de reprises et d'une cession qui en a été la suite, et sert par conséquent de défense à l'action principale en nullité de la saisie pratiquée sur les immeubles cédés (Civ. cass. 9 févr. 1882, aff. Vincent, D. P. 83. 1. 286); — 3° Qu'une demande reconventionnelle n'est recevable que si elle est une réponse à la demande principale (Rennes, 21 juill. 1880, aff. Zelling, D. P. 83. 1. 330). « Attendu, porte ce dernier arrêt, qu'une demande reconventionnelle n'est admissible qu'en tant qu'elle est une réponse à la demande principale; qu'on ne saurait considérer comme une réponse à une question de validité d'un marché, la résiliation d'autres marchés qui ne découlent pas du même principe, ne sont pas faits aux mêmes conditions, n'ont donné lieu à aucune mise en demeure préalable, et qui doivent faire eux-mêmes l'objet d'une demande principale » (Dans un sens analogue, Comp. Lyon, 20 juin 1855, aff. Mac-Carthy, D. P. 55. 2. 354 ; Metz, 27 avr. 1869, aff. Goutant, D. P. 71. 2. 186; Nancy, 18 mai 1872, aff. Husson, D. P. 73. 2. 103; Bordeaux, 23 mai 1872, aff. Pénicaud, D. P. 72. 2. 153; Dijon, 4 juin 1872, aff. Giboulot, D. P. 73. 2. 97; Nancy, 1er avr. 1876, aff. Burq, D. P. 78. 2. 171).

§ 2. — Demandes reconventionnelles en dommages-intérêts
(*Rép.* nos 379 à 392).

122. Les bases de la matière ont été posées au *Rép.* nos 379 et suiv., et tout dépend d'une distinction. Si la demande en dommages-intérêts formée par le défendeur est fondée sur la demande principale elle-même, c'est-à-dire a uniquement pour but de poursuivre la réparation du préjudice matériel ou moral inféré par l'action du demandeur, il n'en est tenu aucun compte pour la détermination du ressort. Si, au contraire, la réclamation en dommages-intérêts se fonde sur une cause autre que le tort fait au défendeur par l'introduction de la demande principale, cette réclamation est susceptible, comme toute prétention reconventionnelle, d'exercer de l'influence sur le degré de juridiction.

123. On admet généralement que si la cause de la réclamation en dommages-intérêts qui est formée par le défendeur n'est pas précisée, il y a lieu de présumer que cette réclamation est exclusivement fondée sur la demande principale elle-même (Req. 21 mai 1860, aff. Chauveau, D. P. 60. 1. 348 ; Limoges, 7 juill. 1860, aff. Chemin de fer d'Orléans, D. P. 61. 2. 85; Civ. rej. 24 avr. 1865, aff. Chemin de fer de Lyon, D. P. 65. 1. 215; Caen, 1er juin 1871, aff. Daufresne, D. P. 72. 2. 60; Civ. rej. 6 déc. 1881, aff. Lessuire, D. P. 82. 5. 152). Cette opinion doit être approuvée; car à défaut d'indications contraires, il est naturel de penser que, si le défendeur joint à ses moyens de défense une demande en réparation, il le fait à titre de récrimination directe contre l'agression qui est venue l'atteindre. La présomption dont il s'agit n'aura d'ailleurs à s'exercer que dans des cas assez rares, car, en thèse générale, les développements donnés par le défendeur à ses conclusions feront ressortir les raisons sur lesquelles s'appuie sa demande en dommages-intérêts. Du moment où il apparaîtra qu'il se considère comme lésé par l'attaque judiciaire dont il est l'objet, par l'introduction même de l'instance devant la justice, il en ressortira sans difficulté que sa demande en réparation n'est qu'un accessoire de la demande principale dirigée contre lui, et dès lors, que, quel que soit le chiffre des dommages-intérêts réclamés, la cause n'en reste pas moins susceptible d'un seul degré de juridiction, si l'action originaire n'excède pas 1500 fr. (V. Req. 21 mai 1860, aff. Chauveau, D. P. 60. 1. 348; Angers, 28 avr. 1869, aff. Chemin de fer d'Orléans, D. P. 70. 2. 16; Caen, 24 avr. 1871, aff. Fatout, D. P. 73. 2. 208 ; 15 janv. 1877, aff. X..., D. P. 82. 5. 151).

124. Il est évident que la réclamation des dommages-intérêts ne se fonde pas sur la demande principale quand cette réclamation vise, comme source du préjudice allégué, des faits qui sont antérieurs à l'introduction en justice de l'action du demandeur (V. Angers, 13 déc. 1854, aff. Leproust, D. P. 55. 3. 34), à la condition, toutefois, qu'il ne s'agisse pas de faits simplement préparatoires de l'exercice même de cette action (Toulouse, 19 janv. 1878, aff. Faget, D. P. 78. 2. 48). La cour de cassation a spécialement jugé que le tribunal saisi à la fois d'une demande principale inférieure au taux de l'appel, et d'une demande reconventionnelle en dommages-intérêts excédant le même taux, ne statue qu'en premier ressort, alors que cette dernière réclamation, au lieu d'être fondée exclusivement sur l'action principale, a pour cause un ensemble de faits vexatoires, antérieurs pour la plupart à l'instance actuelle (Civ. rej. 6 juin 1882, aff. Camps, D. P. 83. 1. 333). De même encore, la réclamation en dommages-intérêts, fondée par le défendeur sur la mauvaise exécution du marché dont la réalisation est poursuivie par le demandeur, repose sur des faits qui sont antérieurs à la demande principale, et non sur cette demande elle-même; d'où il suit, alors que les dommages-intérêts réclamés sont supérieurs à 1500 fr., qu'on peut relever appel du jugement qui a statué sur l'ensemble de la cause (Civ. cass. 10 févr. 1886, aff. Giroux, D. P. 86. 1. 366). On peut encore citer dans le même ordre d'idées un arrêt de cassation du 4 janv. 1887 (aff. Monié, D. P. 87. 1. 227).

125. Mais alors même qu'il s'agit de faits postérieurs, si ces faits se détachent nettement de l'action principale, s'ils sont indépendants de la demande en ce sens qu'ils auraient pu ne pas se produire, cette demande existant néanmoins, on doit considérer également que la poursuite en réparation pécuniaire à laquelle ils donnent lieu constitue de la part du défendeur une reconvention distincte, propre à influencer le ressort. Il a été jugé dans cet ordre d'idées : 1° qu'appel peut être relevé d'un jugement qui statue sur une action principale inférieure à 1500 fr., et sur une demande reconventionnelle en dommages-intérêts d'un taux supérieur, alors que cette dernière demande est motivée sur le dommage causé au défendeur par les propos malveillants que le demandeur a tenus en dehors de l'instruction de l'affaire (Caen, 17 déc. 1875, aff. Ville de Trouville, D. P. 76. 2. 190); — 2° Que dans le cas d'une demande principale inférieure à 1500 fr. pour réparation du dommage résultant de la mort d'une jument, imputée au propriétaire qui aurait mal dirigé son étalon reproducteur, la demande reconventionnelle du défendeur, en dommages-intérêts supérieurs à 1500 fr., basée sur le préjudice à lui causé par le fait du propriétaire de la jument d'avoir propagé, relativement à l'étalon, des allégations erronées, n'est pas fondée exclusivement sur l'action principale, et rend, dès lors, la cause susceptible des

deux degrés de juridiction (Civ. cass. 25 avr. 1876, aff. Gobé, D. P. 76. 1. 327); — 3° Qu'un jugement est susceptible d'appel, alors qu'il statue en même temps sur une action principale en payement d'effets inférieurs à 1500 fr., et sur une demande reconventionnelle en dommages-intérêts, supérieure à ce taux, du moment où ladite demande a pour cause le tort que le demandeur aurait fait au défendeur, par des opérations de change accomplies dans l'exercice de son commerce (Civ. rej. 20 nov. 1884, aff. Fille, D. P. 85. 1. 88). — On peut encore citer dans un sens analogue deux arrêts de rejet de la chambre civile du 20 janv. 1875 (aff. Marigo, et aff. Blœme, D. P. 75. 1. 367), rendus dans des instances qui étaient pendantes devant la juridiction commerciale, et un arrêt de la cour d'appel d'Orléans en date du 20 nov. 1886 (aff. Caisse générale d'épargne et de crédit, D. P. 88. 5. 153).

126. Il est nécessaire de faire remarquer que la règle suivant laquelle la demande en dommages-intérêts suit le sort de l'action principale, alors qu'elle est exclusivement basée sur celle-ci, ne s'applique qu'aux demandes formées reconventionnellement par le défendeur, à l'encontre *du demandeur*. Au cas donc où une partie actionnée en payement d'une somme inférieure à 1500 fr., appelle un tiers en garantie, et dirige contre celui-ci une demande en dommages-intérêts, en réparation du préjudice qu'elle cause par suite du procès, cette dernière demande a une existence distincte, et ne peut être jugée qu'à charge d'appel, si elle a une valeur supérieure au dernier ressort (V. Civ. rej. 19 nov. 1844, aff. Verger, D. P. 45. 1. 34 ; Civ. cass. 21 août 1863, aff. Lepage, D. P. 60. 1. 430 ; Besançon, 18 nov. 1863, aff. Commune de Fouvent-le-Haut, D. P. 63. 2. 197 ; Angers, 23 juill. 1868, aff. Chemin de fer de l'Ouest, D. P. 68. 2. 245 ; Dijon, 16 juill. 1877, aff. Lauféron, D. P. 79. 2. 19).

127. Lorsqu'à l'action du demandeur, le défendeur a répondu par une demande reconventionnelle, il peut se faire que le demandeur prenne prétexte du tort que lui fait cette réclamation, pour solliciter lui-même du juge une allocation de dommages-intérêts, à l'encontre du défendeur. Nous avons énoncé au *Rép.* n° 384 l'avis que « les dommages-intérêts que le demandeur réclame de son côté, à raison de la demande reconventionnelle du défendeur, n'ont, pas plus que ceux de ce dernier, d'efficacité d'influer sur le degré de juridiction ». Depuis lors, cette opinion a été suivie par un arrêt de cour d'appel (Metz, 18 mai 1855, aff. Remy, D. P. 55. 2. 307). Il est manifeste que l'action en dommages-intérêts du demandeur est exclusivement fondée sur la demande reconventionnelle, laquelle prend, vis-à-vis de cette action en dommages-intérêts, le caractère de demande principale. C'est donc le cas de faire application du principe général que le ressort n'en doit pas être affecté.

128. Il arrive fréquemment, dans la pratique, ainsi qu'on l'a déjà dit *supra*, n°° 77, 122 et suiv., que les parties qui sont l'objet d'actes de poursuite et d'exécution, tels que commandements, saisies de diverse nature, oppositions et saisies-arrêts, en même temps qu'elles résistent, poursuivent en dommages-intérêts ceux qui ont fait procéder à ces actes. La jurisprudence a eu maintes fois à se préoccuper de ces demandes en dommages-intérêts, au point de vue de la détermination du ressort.

129. Supposons tout d'abord que l'auteur de l'acte d'exécution, par exemple, le saisissant, prenne lui-même l'initiative en justice, et y poursuive, avec son payement, la validité de la saisie à laquelle il a procédé. Il joue évidemment le rôle de demandeur, et le saisi qui résiste à sa demande joue celui de défendeur. Si le saisi réclame des dommages-intérêts, en raison du tort que lui cause l'action dont il est l'objet, cette réclamation est fondée sur la demande principale, et demeure dès lors sans influence sur le ressort. On doit admettre qu'il en sera de même s'il invoque comme cause de préjudice la saisie dont il a l'a atteint ; car cette saisie n'a été vraiment que l'acte préparatoire de l'action en justice du saisissant, et l'action en justice n'est elle-même que le complément naturel de la voie d'exécution qui l'avait précédée. La cour de cassation s'est très nettement prononcée dans ce sens et décidant que la demande en payement d'une somme déterminée, et la demande en validité d'une saisie-arrêt faite pour assurer ce payement, ne forment, en réalité,

qu'une seule et même demande, et que la réclamation reconventionnelle en dommages-intérêts, motivée sur le prétendu préjudice causé par la saisie-arrêt, doit être considérée comme exclusivement fondée sur la demande principale ; d'où il suit que le jugement qui statue sur ces diverses demandes est en dernier ressort, lorsque la somme dont le payement est réclamé est inférieure à 1500 fr., alors même que la demande reconventionnelle est d'un chiffre indéterminé (Civ. cass. 6 juin 1883, aff. Lelaurain, D. P. 83. 1. 454, et la note).

Par un arrêt antérieur, intervenu en matière de saisie foraine, la cour de cassation avait déjà émis la même doctrine, en des termes qu'il est intéressant de rappeler : « Attendu qu'il résulte des faits constatés que les demandeurs, en vertu d'une ordonnance du président du tribunal, et pour avoir payement d'une somme de 500 fr. qu'ils prétendaient leur être due par le défendeur, firent procéder à la saisie foraine de ses marchandises, et le firent assigner devant le tribunal pour voir déclarer bonne et valable la saisie dont il s'agit ; que devant le tribunal les demandeurs conclurent à ce que le défendeur fût condamné à leur payer la somme de 500 fr., et à la validité de la saisie à laquelle ils avaient fait procéder ; à quoi le défendeur répondit qu'il ne devait rien... ; concluant à la mainlevée de la saisie, et à ce que les demandeurs fussent condamnés en 2000 fr. de dommages-intérêts, à titre de réparation du préjudice par lui souffert... par suite de la saisie... ; — Attendu que, dans la cause, la demande en dommages-intérêts formée par le demandeur avait uniquement pour cause et pour fondement la poursuite introduite par la demande principale, puisqu'elle avait pour but d'obtenir réparation du préjudice que le défendeur prétendait en avoir éprouvé ; que la saisie foraine, mesure conservatoire et la demande en validité, formées par le même acte, *étaient inséparables*, constituaient en réalité *la demande principale*, introductive d'une instance dans les limites du dernier ressort, ne s'agissant que d'une valeur de 500 fr. en matière personnelle et mobilière ; et que la demande en dommages-intérêts, suite et conséquence *de cette poursuite*, se rattachant étroitement à la demande principale, devait en suivre le sort et l'importance quant à la détermination du dernier ressort » (Civ. cass. 8 août 1860, aff. Casile, D. P. 60. 1. 327).

Il n'y a rien à ajouter à l'exposé doctrinal de cet arrêt, si ce n'est que les mêmes principes ont été consacrés par plusieurs décisions de cours d'appel en matière de validité de saisie mobilière (Comp. Orléans, 25 août 1847, aff. Lanson, D. P. 48. 2. 85 ; Paris, 26 avr. 1851, aff. Boiste, D. P. 52. 2. 257 ; Douai, 6 mai 1851, aff. Dieudonné, D. P. 54. 5. 231 ; 25 juin 1851, aff. Fosse, *ibid.* ; Orléans, 27 avr. 1861, aff. Sitorlet, D. P. 61. 5. 138 ; Chambéry, 8 déc. 1868, aff. Villeneuve, D. P. 69. 2. 94).

130. Admettons maintenant l'hypothèse inverse : le saisissant a procédé à la voie d'exécution au moyen de laquelle il espère aboutir à un payement, et c'est le saisi qui cite en justice, pour faire annuler l'acte ainsi accompli. A qui, dans ce cas, appartient la qualité de demandeur ? Ne serait-ce pas au saisi, puisque c'est lui qui appelle devant le juge sa partie adverse ? A cette question plusieurs cours ont répondu affirmativement, en tenant compte exclusivement de l'initiative de l'assignation en justice, prise par le saisi (Comp. Orléans, 1er févr. 1845, aff. Chaudesais, D. P. 45. 4. 132 ; Bordeaux, 20 mars 1847, aff. Buissert, D. P. 49. 2. 128 ; Limoges, 26 janv. 1848, aff. Pitance, D. P. 49. 2. 72 ; Nîmes, 23 mai 1848, aff. Pécoul, D. P. 48. 2. 173 ; Rouen, 24 avr. 1849, aff. Julienne, D. P. 49. 2. 198 ; Paris, 26 août 1851, aff. Boiste, D. P. 52. 2. 257 ; Grenoble, 7 juill. 1855, aff. Vacher, D. P. 56. 2. 276 ; Angers, 18 juill. 1855, aff. Garnier, D. P. 55. 5. 141). D'autres cours d'appel ont, au contraire, estimé que celui qui procédait au commandement ou à la voie d'exécution jouait en réalité le rôle de demandeur, puisque c'était lui, en fait, qui ouvrait les hostilités ; et que la partie qui, pour se dérober aux conséquences de la saisie par laquelle elle était atteinte, en sollicitait la nullité ou la mainlevée en justice, n'était en somme, en allant au fond des choses, qu'un simple défendeur, puisqu'elle cherchait par là à se dérober à l'agression émanée de son adversaire (V. Montpellier, 15 févr. 1851, aff. Castagné, D. P. 51. 5. 164 ; Bordeaux, 9 déc. 1852, aff. Loreilhe,

D. P. 55. 5. 142; Orléans, 14 juin 1862, aff. Saget, D. P. 62. 2. 139; Caen, 5 juin 1867, aff. Lecrosnier, D. P. 69. 2. 25; Rouen, 21 août 1867, aff. Saugrain, D. P. 67. 5. 125; Pau, 25 oct. 1886, aff. Boulogne, D. P. 87. 2. 104).

C'est à cette dernière opinion que s'est ralliée la cour de cassation, par une jurisprudence très ferme qui doit faire considérer la question comme fixée désormais en pratique. Elle a décidé en ce sens : 1° que dans l'instance en validité d'opposition à une saisie, introduite par le débiteur, avec conclusions en dommages-intérêts à raison du préjudice résultant de la saisie, les poursuites de saisie doivent être considérées comme constituant la demande principale, et que, dès lors, le jugement intervenu est en dernier ressort, si les causes de la saisie sont inférieures au taux de l'appel, alors même que les dommages-intérêts réclamés contre le poursuivant seraient supérieurs à ce taux, la demande en dommages-intérêts ayant alors le caractère d'une demande formée reconventionnellement par le défendeur, et fondée sur la demande principale (Civ. rej. 16 avr. 1864, aff. Jacquier, D.P. 64. 1. 352 ; Civ. cass. 23 août 1864, aff. Hullin, ibid.) ; — 2° Que la demande en dommages-intérêts intentée par le débiteur, qui a formé opposition aux poursuites dirigées contre lui en vertu d'un titre exécutoire, doit être considérée comme une demande reconventionnelle fondée exclusivement sur la demande principale, et ne peut lors être prise en considération pour le calcul du premier ou du dernier ressort (Civ. cass. 16 avr. 1877, aff. Nizet, D. P. 77. 1. 208); — 3° Que la demande en dommages-intérêts intentée par le débiteur qui, avant d'avoir reçu dénonciation d'une saisie-arrêt formée à son préjudice par son créancier, entre les mains d'un tiers, poursuit la nullité de cette saisie, doit être considérée comme une demande reconventionnelle fondée exclusivement sur l'action principale, et ne peut dès lors exercer d'influence sur le degré de juridiction (Req. 9 janv. 1882, aff. Duquesnoy, D. P. 82. 1. 59).

En résumé c'est l'acte d'exécution qui contient en germe toute l'instance. Une fois cet acte intervenu, le respectif des deux parties en présence se trouve déterminé : l'une attaque, l'autre se défend. Et cette dernière, alors même que c'est elle qui saisit le tribunal, ne cesse pas d'être défenderesse, puisque son opposition n'est jamais qu'une réponse à l'agression antérieure de son adversaire.

§ 3. — De la compensation opposée reconventionnellement (*Rép.* n°ˢ 393 à 398).

131. On ne peut que s'en référer à ce qui a été dit au *Rép.* n°ˢ 393 et suiv. sur ce point particulier. Lorsqu'à une demande en payement, inférieure à 1500 fr., qui lui est adressée, le défendeur se borne à objecter qu'il est lui-même créancier de son adversaire d'une somme égale, et à demander qu'elle se compense avec la créance de celui-ci, il ne fait par là que produire sous une apparence reconventionnelle une exception qui ne saurait rien changer à la question du ressort. Il pourrait en être autrement, s'il se prétendait créancier d'une somme supérieure, et concluait à la condamnation de son adversaire au payement de l'excédent. Il faudrait seulement qu'il eût pris des conclusions formelles quant à ce dernier point; car si, tout en exceptant de l'existence en sa faveur d'une créance plus forte que celle du demandeur, il se bornait à conclure à la non-recevabilité de la réclamation de celui-ci, la cause resterait, quant au ressort, ce qu'elle était auparavant (V. Orléans, 11 mai 1860, aff. Rojard, D. P. 62. 2. 76).

Art. 4. — *Des degrés de juridiction dans les demandes indéterminées* (*Rép.* n°ˢ 399 à 470).

132. Un jugement n'étant rendu en dernier ressort que si la demande qui en fait l'objet est fixée dans son montant et n'excède pas 1500 fr., il en résulte que la cause dont la valeur n'est pas déterminée demeure susceptible des deux degrés de juridiction (*Rép.* n° 399).

Le défaut de détermination d'une demande peut provenir, soit de ce que sa nature s'y refuse, soit de ce que le demandeur n'en a pas indiqué le chiffre, en matière mobilière, par voie d'appréciation personnelle, en matière immobilière, par

la voie spéciale que la loi prescrit. Il convient d'examiner successivement ces divers points en se référant d'ailleurs aux développements contenus dans le *Rép.* aux n°ˢ 399 à 470.

§ 1ᵉʳ. — Demandes indéterminées par leur nature (*Rép.* n°ˢ 400 à 415).

133. En thèse générale, la nature d'une demande met obstacle à ce qu'elle soit déterminée, lorsqu'elle a pour objet une contestation d'un intérêt purement moral qui ne peut se chiffrer en argent, telle que celle portant sur l'état des personnes; ou encore lorsque son objet, bien que présentant un intérêt matériel, ne peut recevoir une évaluation précise et fixe, parce qu'il comporte une généralité de droits et d'obligations, telle par exemple que la reconnaissance de la qualité d'héritier; ou aussi, en matière immobilière, lorsque cet objet, tel notamment qu'un droit de servitude ou une concession dans un cimetière, ne peut être évalué d'après le seul mode reçu en cette matière, c'est-à-dire en rente ou par prix de bail (*Rép.* n°ˢ 400 à 403).

Du moment où, en raison de la nature des choses, comme il vient d'être dit, la demande ne peut être déterminée dans sa valeur, elle reste soumise au principe général qui veut que, sauf les exceptions légalement précisées, le droit d'appel soit ouvert aux parties. On va parcourir les espèces dans lesquelles, depuis la publication du *Répertoire*, la jurisprudence a eu l'occasion de rechercher si cette règle était applicable.

134. On doit considérer comme indéterminée dans sa nature une demande en rectification d'acte de l'état civil (Rennes, 21 mai 1845, aff. Fichoux, D. P. 45. 4. 21). En pareil cas, c'est un nom ou une qualité qui est en jeu, et il serait absolument impossible d'en évaluer l'intérêt en chiffres.

135. On ne peut non plus évaluer en chiffres la demande formée par une femme qui, à l'effet d'obtenir de la justice, sur le refus de son mari, l'autorisation de plaider, alors même que l'intérêt pécuniaire du procès qu'elle veut soutenir serait susceptible d'être nettement déterminé. Ce que sa demande en autorisation met en jeu, ce sont les droits de l'autorité maritale, c'est-à-dire un intérêt de l'ordre purement moral. Son action sera donc susceptible des deux degrés de juridiction (Lyon, 7 janv. 1848, aff. Montet, D. P. 52. 2. 43; Bordeaux, 4 avr. 1849, aff. de Gerbœuf, *ibid.*; 3 mars 1851, aff. de Brézets, *ibid.*; Dijon, 20 mars 1868, aff. Montmorillon, D. P. 68. 3. 125).

136. Est également susceptible d'appel, comme indéterminée par nature, la demande formée par des créanciers et tendant à faire déclarer commune en biens une femme veuve, pour recel des effets de la communauté. Il n'y a point à faire acception de ce que les demandeurs ne seraient créanciers que de sommes inférieures à 1500 fr. C'est la qualité à imprimer à la femme qui seule doit être prise en considération; or cette qualité n'est pas susceptible d'une évaluation fixe et précise (Rennes, 22 déc. 1847, aff. Lemoine, D. P. 49. 2. 110). Ici, toutefois, une remarque est nécessaire. Quand la qualité d'un débiteur prétendu, par exemple, d'un héritier poursuivi en payement, n'est agitée qu'accessoirement, comme simple moyen jeté dans le débat, on a vu *supra*, n° 90, qu'il n'en est pas tenu compte pour la détermination du ressort. Ce que l'on suppose actuellement c'est la situation, toute différente, où l'objectif même de la demande est de faire reconnaître que telle personne a telle qualité qui l'engage, sauf à en faire déduire ultérieurement les conséquences, pour des condamnations particulières à obtenir contre elle (*Rép.* n° 402).

137. C'est dans le même ordre d'idées qu'il a été décidé : 1° que le jugement rendu sur une demande de report d'ouverture de faillite est susceptible d'appel (V. *Rép.* n° 406), encore bien d'ailleurs qu'il ait été qualifié de jugement en dernier ressort (Orléans, 11 mars 1846, aff. Hardy, D. P. 46. 2. 77); — 2° Qu'une demande formée par l'administration de la marine contre un armateur doit parcourir les deux degrés de juridiction, alors qu'elle tend à déclarer ce dernier tenu, vis-à-vis de l'équipage, de l'acquit des parts de pêche, des salaires au mois, et des frais de rapatriement auxquels ledit équipage prétend avoir droit (Rennes, 9 juill. 1860, aff. Administration de la marine, D. P. 61. 2. 111);

— 3° Qu'il en est de même de la demande tendant à faire déclarer les actionnaires d'une société responsables de l'insolvabilité des souscripteurs d'actions, bien que les insolvabilités connues lors de la demande représentent une somme inférieure au taux de l'appel, si la condamnation sollicitée doit comprendre dès à présent les insolvabilités qui viendraient à se révéler ultérieurement (Civ. rej. 22 nov. 1855, aff. Arnol, D. P. 56. 1. 60) ; — 4° Que le jugement qui statue sur une demande inférieure à 1500 fr., mais qui est en outre applicable à un intérêt éventuel indéterminé, est susceptible d'appel (Caen, 27 déc. 1849, aff. Lefèvre, D. P. 50. 5. 128 ; Grenoble, 23 juin 1855, aff. Comp. du Teil, D. P. 56. 5. 133) ; — 5° Qu'il y a un intérêt indéterminé dans l'action en réduction de legs pour atteinte à la quotité disponible, formée par un créancier du réservataire, alors même que la créance du demandeur serait inférieure à 1500 fr., dès lors que cette somme n'est pas elle-même l'objet de la demande (Dijon, 10 déc. 1873, aff. D. P. 74. 2. 224) ; — 6° Que la demande tendant à la liquidation d'une communauté a une valeur indéterminée, et ne peut être jugée qu'en premier ressort par le tribunal civil (Req. 10 août 1870, aff. Doucet, D. P. 72. 1. 81) ; — 7° Qu'il en est de même de la demande en nullité d'une société commerciale, formée par un créancier personnel de l'un des associés, tant à son profit qu'au profit de tous autres intéressés, avec conclusion à fin de partage de l'actif dépendant de la communauté et ayant existé nonobstant le vice dont l'association était atteinte (Rennes, 6 mars 1869, aff. Thébaud, D. P. 70. 2. 224).

138. L'exercice du retrait successoral ou du retrait litigieux soulève une question d'intérêt moral impossible à évaluer en chiffres, et une question d'intérêt matériel qui n'est pas susceptible non plus d'être déterminée avec fixité, la valeur de la succession, ou les difficultés litigieuses possibles échappant à une appréciation précise, au moment où l'on plaide seulement sur le droit au retrait. Ce sont ces considérations qui ont entraîné sans doute la jurisprudence à admettre que les contestations relatives à l'exercice de ce double retrait seraient toujours susceptibles d'appel (Comp. Montpellier, 18 nov. 1853, aff. Doumère, D. P. 55. 2. 90 ; Civ. cass. 1er mai 1866, aff. Girard, D. P. 66. 1. 318). Dans les espèces citées, c'était sous la forme d'offres réelles, faites par la partie qui prétendait exercer le retrait, que l'instance avait été engagée, et ces offres étaient inférieures à 1500 fr. Mais nous avons eu l'occasion de faire remarquer *supra*, n° 83, que lorsque des offres, au lieu d'être faites pour acquitter une obligation constante, se produisent comme constituant le mode d'exercice d'*un droit prétendu et contesté*, c'est en réalité ce droit qui forme l'objet du procès. D'où il suit qu'il n'y a pas en ce cas, pour le ressort, à faire acception du montant des offres, lesquelles ne sont contestées ni quant à leur chiffre, ni quant à leur régularité, et soulèvent uniquement la question de savoir si la partie qui les fait est ou non investie du droit qu'elle prétend mettre en mouvement, au moyen de ce procédé.

139. La valeur que peut avoir, pour les parties, une sentence arbitrale, qui règle les contestations diverses précédemment agitées entre elles, n'est pas non plus susceptible d'une évaluation précise. Aussi la cour de cassation a-t-elle jugé que lorsqu'une partie, dans une instance introduite contre elle relativement au chef d'une sentence arbitrale contenant condamnation à des dommages-intérêts, demande la nullité, non seulement de ce chef, mais de la sentence tout entière, sa prétention, qui ne se borne pas à une simple résistance, constitue une demande principale dont la valeur est indéterminée, et sur laquelle, par conséquent, le tribunal ne statue qu'à charge d'appel (Civ. rej. 15 déc. 1885, aff. Bossus, D. P. 86. 1. 468).

140. La matière des droits d'affouage peut donner lieu à des contestations diverses, dont les unes ne mettent en jeu que des intérêts limités, et les autres, au contraire, des intérêts d'une valeur indéterminée. Par exemple, un habitant intente une demande en dommages-intérêts, pour refus de délivrance d'un lot d'affouage, et sa réclamation n'est contestée qu'en ce sens qu'on excipe contre lui d'une cessation momentanée d'habitation qui l'aurait privé, non pas de son droit d'inscription *in genere*, mais de son droit au lot particulier de l'année dont il s'agit. En ce cas, le litige porte exclusivement sur le lot contesté, et c'est le montant de ce

lot qui déterminera la valeur de l'instance (V. Metz, 10 mars 1870, aff. Commune de Malandry, D. P. 70. 2. 130). Mais si, au contraire, à l'occasion de la réclamation d'un habitant, la contestation vient à porter sur le mode même de répartition qui doit être suivi dans la commune pour les affouages, il est impossible de déterminer par un chiffre la valeur de l'objet du débat et, en conséquence, le procès sera susceptible de parcourir les deux degrés de juridiction (Civ. cass. 4 mars 1845, aff. Commune de Vauxbon, D. P. 45. 1. 142).

141. Le service des rentes viagères a toujours par lui-même un caractère indéterminé, car il est impossible de dire avec certitude quelle sera sa durée, partant quelle est sa valeur (Dijon, 22 janv. 1845, aff. Mercey, D. P. 45. 4. 133). A plus forte raison y a-t-il indétermination, quand la cause met en débat le point de savoir si le créancier sera ou non tenu de subir le fractionnement de sa rente, alors qu'il prétend pouvoir en exiger le service de la part d'une seule personne (Bordeaux, 24 juill. 1850, aff. Dumora, D. P. 55. 2. 214). Il y a là une question de principe, qui ne peut s'évaluer en chiffres, et il en est de même des inconvénients que le fractionnement peut entraîner pour le créancier.

142. Il a été jugé, dans des conditions qui, semble-t-il, n'échappent pas à la critique, qu'il peut être relevé appel d'un jugement rendu sur la demande formée contre un tiers-saisi, à l'effet de l'obliger à payer une seconde fois une somme dont il s'est dessaisi au mépris de l'opposition formée entre ses mains, alors même que cette somme est inférieure au taux du dernier ressort (Paris, 1er déc. 1886, aff. Comp. des Docks Napoléon, D. P. 66. 2. 247). Que la demande en déclaration affirmative soit par elle-même indéterminée, on le conçoit, car on ne sait pas quel sera le montant de cette déclaration. Mais quand il s'agit, comme dans l'espèce sur laquelle a statué cet arrêt, de rapporter une somme qu'on a distraite indûment, au mépris d'une opposition, l'intérêt du litige est déterminé par le montant même de cette somme, puisque c'est de définitive ce montant qu'il s'agit de récupérer. — Il paraît également difficile d'approuver un arrêt qui a reconnu une valeur nécessairement indéterminée à une contestation ayant pour objet de faire déclarer nulle une vente de récolte pendante par racines sur des biens saisis immobilièrement (Riom, 6 janv. 1862, aff. de Séreys, D. P. 62. 2. 105). L'intérêt de la cause ne devait-il pas se chiffrer, en effet, d'après la valeur des choses vendues, d'après le préjudice causé au saisissant par cette distraction de fait, prétendue opérée sans droit ?

143. Quand une partie réclame la délivrance d'un titre ou l'accomplissement d'une formalité, il paraît impossible d'apprécier en argent la valeur de sa prétention, tout l'intérêt étant dans le point de savoir si la partie adverse est *dans la nécessité légale* d'obtempérer à l'injonction qui lui est adressée. La cour de cassation a, notamment, reconnu une valeur indéterminée à l'action formée par un particulier contre un conservateur des hypothèques, à fin de remise d'un certificat d'inscription, à peine de condamnation à 100 fr. de dommages-intérêts (Civ. cass. 31 juill. 1850, aff. Boyer, D. P. 50. 1. 244) : « Attendu, porte cet arrêt, que cette demande, qui présentait à juger la question de savoir quelle était l'*étendue des devoirs imposés* à un fonctionnaire public, était de sa nature indéterminée. » Une cour d'appel a jugé, dans le même ordre d'idées, que la demande en dommages-intérêts formée contre une compagnie de chemin de fer, à raison du refus, par cette compagnie, d'énoncer dans un récépissé de marchandises des insertions qu'elle soutient *ne pas rentrer dans ses obligations légales*, constitue une demande indéterminée qui doit être jugée à charge d'appel, quoique les dommages-intérêts réclamés n'atteignent pas le taux du dernier ressort (Dijon, 9 juin 1869, aff. Chemins de fer de l'Est, D. P. 69. 2. 244). Comme dans l'espèce précédente, l'intérêt essentiel du procès était, non dans le *quantum* de la réparation pécuniaire réclamée subsidiairement (V. *infra*, n°s 150 et suiv.), mais dans la question de l'*étendue des devoirs imposés* par la loi et les règlements à la compagnie. Il ne saurait être douteux, en vertu des mêmes principes, que la demande adressée à un débiteur de délivrer un titre nouveau (V. *Rép.* n° 406-9°), ou de remettre un duplicata de pièces, nécessaire pour assurer les droits du créancier, est susceptible des deux degrés de juridiction, comme mettant en jeu une obligation

d'accomplir un fait *sui generis*, indépendante de la valeur des droits à sauvegarder. Aussi a-t-il été décidé : 1° qu'on peut relever appel du jugement qui, en même temps que sur le payement d'une rente, a eu à statuer sur la demande en passation d'un titre nouvel et en délivrance, aux frais du débiteur, d'une grosse exécutoire de ce titre (Rouen, 7 mai 1859, aff. Dupont, D. P. 61. 5. 141); — 2° Que la demande tendant à obtenir un duplicata d'un titre au porteur égaré, ou la consignation des dividendes afférents à ce titre, est indéterminée et susceptible d'appel, encore que l'importance de cette valeur soit inférieure au taux du dernier ressort (Paris, 13 mai 1865, aff. Boullanger, D. P. 66. 2. 146).

144. La cour de cassation a encore jugé, dans un ordre d'idées analogue, que la cause prend une valeur indéterminée : 1° quand le demandeur, accessoirement à sa réclamation, conclut à l'affiche du jugement à intervenir, en certains lieux désignés, sans qu'il soit loisible aux juges de se livrer à une appréciation de la valeur de ce chef spécial de demande (Civ. cass. 14 janv. 1845, aff. Bourgeois, D. P. 45. 1. 115); — 2° Quand une compagnie de chemin de fer, outre le prix de transport et de magasinage, réclame l'autorisation de faire vendre les marchandises d'un expéditeur, pour en appliquer le prix au remboursement des sommes qui seront mises à la charge de ce dernier (Civ. rej. 26 nov. 1873, aff. Pitrat, D. P. 75. 1. 15); — 3° Quand un commissaire-priseur, tout en réclamant 500 fr. de dommages-intérêts pour certaines ventes d'objets mobiliers, accomplies, suivant lui, au détriment de son privilège, demande en outre qu'il soit fait défense à son adversaire de procéder désormais et pour l'avenir à des ventes analogues (Paris, 21 janv. 1875, aff. Goffinet, D. P. 76. 2. 189).

Il est à remarquer que quelques-unes de ces décisions ont été déjà citées *supra* aux n°s 80 et suiv. qui sont relatifs aux demandes d'une valeur déterminée contenant des chefs indéterminés, matière à laquelle il est utile de se reporter.

145. Les questions de compétence présentent pour les parties un intérêt qu'il est absolument impossible d'évaluer en une somme fixe; elles seront donc toujours susceptibles des deux degrés de juridiction, quelle que soit la valeur du litige au fond. C'est là un point qu'on a déjà eu l'occasion de constater, comme résultant du texte de la loi et d'une jurisprudence constante (Comp. Orléans, 1er avr. 1851, aff. Bernard, D. P. 52. 2. 85; Grenoble, 13 août 1852, aff. Privat, D. P. 54. 5. 328; Req. 26 juin 1867, aff. Chassenoix, D. P. 67. 1. 424; Nancy, 7 mars 1868, aff. Bastien, D. P. 68. 2. 243; Req. 26 juill. 1870, aff. Luc, D. P. 71. 1. 338; Nancy, 22 mars 1876, aff. Lhotte, D. P. 77. 2. 172; Req. 19 févr. 1878, aff. Bajard, D. P. 78. 1. 304).

Mais ce n'est pas seulement quand le jugement statue explicitement sur la compétence qu'il est susceptible d'appel, c'est encore quand il y statue implicitement. Ainsi il a été décidé : 1° que le jugement qui rejette l'opposition formée à une ordonnance prononçant la clôture d'un ordre, sous le prétexte que la partie devait se pourvoir par la voie de l'appel, est un jugement de compétence, susceptible, par conséquent, des deux degrés de juridiction (Colmar, 23 déc. 1850, aff. Beaujeu, D. P. 55. 2. 160); — 2° Que le jugement qui statue sur une exception de litispendance est également susceptible d'appel, quoique l'objet de la contestation au fond soit inférieur à 1500 fr. (Bordeaux, 19 août 1858, aff. Pradines, D. P. 59. 1. 395); — 3° Que le jugement par lequel le tribunal de commerce, statuant sur les conclusions d'une partie qui se prétend mal assignée, décide qu'en effet la demande est non recevable, comme ayant été formée contre un individu dont la qualité de commerçant n'est pas établie, est un jugement sur la compétence, qui a droit au deuxième degré de juridiction (Req. 21 févr. 1870, aff. Chemin de fer de Lyon, D. P. 70. 1. 365).

146. On a agité le point de savoir si la demande d'exécution en France d'une sentence étrangère ne constitue pas par sa nature une demande indéterminée. Un semblable débat, disait-on, soulève les questions qui ne peuvent être évaluées en chiffres, celles relatives aux limites de la souveraineté, aux intérêts de l'ordre public qui peuvent mettre obstacle à ce que telle disposition de loi admise à l'étranger puisse recevoir son application et son exécution sur le territoire français. Ces considérations n'ont pas prévalu auprès de la cour de cassation. Elle s'est attachée à ce motif uni-

que que, lorsque le jugement étranger prononce une condamnation à une somme qu'il fixe et précise, la demande d'exéquatur a, d'une manière effective, l'intérêt matériel que l'on donne le montant de cette somme, puisqu'il s'agit en définitive, pour le demandeur, d'en obtenir le payement en France (V. Req. 21 avr. 1882, aff. Louis, D. P. 83. 1. 159). Ce qu'il convient de remarquer, c'est qu'on n'aura pas à faire acception de la valeur qui a pu être celle de la demande, quand elle a été introduite devant le tribunal étranger; et qu'on n'a à tenir compte que d'un seul chiffre, celui de la condamnation prononcée, puisque c'est uniquement ce chiffre qui fait l'intérêt de l'exécution requise en France. Si donc la *condamnation* contenue dans le jugement étranger est inférieure à 1500 fr., il sera souverainement statué sur la demande d'*exequatur* par le tribunal de première instance français qui en aura été régulièrement saisi (Même arrêt).

147. Le droit qui résulte pour une famille d'une concession de terrain dans un cimetière, est un droit immobilier d'un caractère *sui generis*. Mais la contestation élevée relativement à une telle concession ne peut, à raison de l'impossibilité d'une détermination de valeur en rente par prix du bail, être jugée qu'à charge d'appel. C'est là une solution qui s'impose, et qui a été consacrée sans difficulté par la jurisprudence (V. Angers, 5 mai 1869, aff. Galpin, D. P. 69. 2. 198; Lyon, 17 août 1880, aff. Frère, D. P. 81. 2. 16).

La même observation s'applique aux contestations élevées sur l'existence d'un droit de servitude. Un pareil droit ne peut évidemment s'évaluer par un revenu en rente ou un prix de bail; il est donc, par la nature des choses, d'une valeur indéterminée. Aussi la jurisprudence a-t-elle depuis longtemps reconnu que la demande qui a une servitude pour objet est nécessairement susceptible d'appel (V. *Rép.* n° 463). Un arrêt de la cour de cassation en date du 10 mars 1884 (aff. Magon, D. P. 84. 1. 173), a de nouveau consacré cette opinion.

§ 2. — Demandes personnelles ou mobilières non déterminées par les parties (*Rép.* n°s 416 à 436).

148. Lorsque les demandes personnelles ou mobilières, les seules dont il s'agisse actuellement, sont susceptibles par leur nature de recevoir une évaluation précise, c'est au demandeur qu'il appartient de la leur donner. Son appréciation à cet égard, fût-elle entachée d'erreur ou d'exagération volontaire, n'en détermine pas moins le ressort, sans que le juge puisse y remédier, sauf, bien entendu, à n'accorder au fond la condamnation requise, que jusqu'au chiffre qui lui paraît seul exact et justifié. Si le demandeur est libre dans son évaluation, il est libre également de n'en formuler aucune. La demande en ce cas demeure indéterminée, et par conséquent susceptible des deux degrés de juridiction; le défendeur ni le juge n'étant autorisés à suppléer, par leurs appréciations, au silence de celui qui a intenté l'action (Civ. cass. 14 janv. 1845, aff. Bourgeois, D. P. 45. 1. 115). Il n'y a plus à insister sur ce principe, après les explications données au *Rép.* n° 425, et les arrêts cités *supra*, n° 23 (*Adde* : Civ. rej. 13 déc. 1875, aff. Vallet, D. P. 76. 1. 150). On peut citer, comme exemple de demandes demeurées indéterminées, le cas où le demandeur conclut à des dommages-intérêts par chaque jour de retard, sans indiquer le terme de l'inexécution reprochée au défendeur (Orléans, 19 mars 1851, aff. Riveran, D. P. 52. 2. 81); et celui où il réclame une indemnité ou des honoraires, sans en fixer le chiffre (Nancy, 2 mai 1867, aff. Beaumont, D. P. 67. 2. 83).

149. Mais il peut se faire que le demandeur n'ait pas expressément formulé le chiffre auquel il évalue son action mobilière, et ait cependant fourni, dans sa demande elle-même ou dans les pièces et documents qui l'appuient, les éléments de calcul propres à déterminer cette évaluation. Le juge est autorisé, dans cette situation, à faire état des renseignements qu'il a sous les yeux, pour en établir que le litige est ou non d'un intérêt supérieur à 1500 fr. (V. Montpellier, 13 juill. 1853, aff. Vitrac, D. P. 53. 2. 193; Toulouse, 2 août 1864, aff. Malleville, D. P. 64. 2. 192). Et en procédant ainsi il ne porte pas atteinte à la règle que la détermination du ressort dépend du demandeur, puisque c'est exclusivement dans les données fournies par ce der-

nier qu'est puisé le fondement de l'évaluation effectuée. La cour de cassation a jugé, dans cet ordre d'idées, que lorsqu'un locataire, privé de la jouissance d'une partie des lieux loués, demande une somme déterminée de dommages-intérêts pour le passé, et l'exécution de son bail pour l'avenir, la cause est en dernier ressort malgré le caractère indéterminé du second chef, si la quotité de dommages-intérêts réclamée par le preneur, à raison de la période de bail déjà écoulée, permet d'évaluer l'importance du préjudice dont peut se plaindre le demandeur pour le surplus de la durée du bail, et de fixer de la sorte l'intérêt total du litige à moins de 1500 fr. (Req. 4 janv. 1854, aff. Chantreuil, D. P. 54. 1. 30). De même, en cas de réclamation d'une somme dont le montant n'est pas précisé en chiffres, mais se réfère à des tarifs connus, tels que ceux des chemins de fer, dont l'application est demandée, le taux du litige se trouve implicitement indiqué, puisqu'il ne dépend que d'une simple opération de calcul à affectuer en suivant les propres indications de la demande (Req. 23 janv. 1865, aff. Chemin de fer de Paris à Lyon, D. P. 65. 1. 215. V. supra, n° 119).

La chambre des requêtes a également jugé que le jugement rendu sur une demande en payement des frais d'une procédure antérieure, « d'après la taxe qui en sera faite », n'est pas susceptible d'appel, si le chiffre de cette taxe réalisée ne dépasse pas 1500 fr. (Req. 23 janv. 1865, aff. Trésor public, D. P. 65. 1. 235). Cet arrêt résume les motifs sur lesquels il s'appuie dans les termes les plus précis : « Attendu que si, en principe, l'évaluation arbitraire, faite par le juge, d'une demande indéterminée dont il est saisi et sur laquelle il ne pourrait prononcer qu'en premier ressort, ne peut modifier ni la nature, ni l'étendue de sa compétence, l'importance de la demande et non celle de la condamnation devant seule être prise en considération pour la fixation du ressort, il en est autrement lorsque la base de l'évaluation est proposée par le demandeur lui-même, et qu'un simple calcul suffit au juge pour traduire en un chiffre inférieur au taux du dernier ressort une demande indéterminée seulement dans la forme sous laquelle elle se produit ; que dans ce cas sa décision ne saurait être susceptible d'appel ». — Il va de soi, à l'inverse de la décision qui précède, qu'une demande en payement de frais dont le montant n'est pas liquidé, et qui n'ont pas été taxés, est indéterminée. Aussi la chambre des requêtes a-t-elle décidé que lorsque le demandeur n'a fait aucune détermination des frais dont il poursuit le payement, qu'il ne produit aux juges aucun document pour cette fixation, et que le tribunal ne peut y procéder d'office, l'ordonnance destinée à rendre la taxe et les dépens exécutoires n'ayant pas encore été prise, en ce cas le jugement qui intervient n'est rendu qu'en premier ressort (Req. 2 févr. 1881, aff. Thorel, D. P. 82. 1. 84. Conf. Grenoble, 7 mars 1868, aff. Laplace, D. P. 68. 5. 126).

150. Dans une espèce sur laquelle la cour de cassation a eu à statuer, il a été fait état par le juge, pour la détermination du ressort, des éléments d'information fournis, non plus par le demandeur, mais par le défendeur à l'action. Étant donnés les faits de la cause, il n'avait pas été par là porté atteinte à la règle que c'est la demande qui fixe le ressort. Des marchandises transportées ayant été avariées à la suite d'un événement de mer, le transporteur avait assigné les destinataires, pour s'entendre condamner à prendre ces marchandises en l'état où elles étaient, et avait demandé en même temps à être déchargé de toute responsabilité quant aux avaries, le tout sans aucune détermination de valeur. Les défendeurs avaient reconventionnellement conclu à ce que le prix des marchandises leur fût payé par le transporteur, et produit les factures de ces marchandises, qui se chiffraient par moins de 1500 fr., pour plusieurs d'entre eux. En cet état, et relativement à ces derniers destinataires, il fut décidé par la cour de Pau que la cause n'était pas susceptible d'appel. La chambre des requêtes a rejeté le pourvoi dirigé contre cet arrêt, en s'appuyant sur cette considération: qu'en l'espèce, les conclusions des défendeurs « n'étaient que le complément nécessaire de la demande introductive d'instance, dont elles faisaient connaître l'objet et la valeur, en les déterminant par des actes non contestés » (Req. 13 janv. 1852, aff. Sabathé, D. P. 52. 1. 108). Il est certain, en effet, que le transporteur en concluant, dans sa demande, à être déchargé, quant aux avaries des

marchandises, de toute responsabilité, s'en référait implicitement, pour l'indication du montant de la réclamation qu'il déclinait par avance, au chiffre que ses adversaires assigneraient à cette réclamation. D'où il suit qu'on trouvait en définitive, dans la demande elle-même le principe et la première base de l'évaluation qui, ultérieurement, était résultée des indications complémentaires, et non contestées d'ailleurs, fournies par les défendeurs. En un mot, quand il s'agit d'une sorte d'action de la prétention éventuelle d'autrui, on est nécessairement amené, pour connaître en chiffres la valeur de la négation, à consulter celle de l'affirmation attendue, puisque cette affirmation est contestée par anticipation, telle qu'elle viendra à se produire.

151. Dans le cas où la demande ne fournit au juge aucun élément d'évaluation, mais où l'objet de la contestation consiste en titres cotés à la bourse, ou en denrées dont les prix figurent sur les mercuriales des marchés, peut-on prendre pour base de détermination de la valeur du litige les cours des marchés ou les cours de bourse? Il y a lieu, selon nous, de répondre négativement à cette question, d'accord avec M. Crépon, op. cit., t. 1, p. 62, et contrairement à l'opinion de M. Rodière, Cours de compétence et de procédure en matière civile, t. 2, p. 31. Ce que la loi veut, comme base déterminative du ressort, ce n'est pas, en effet, une valeur d'approximation, c'est une indication fixe. Quand le demandeur dit nettement : je fais telle réclamation au défendeur, et je l'évalue à tant, tout est dit relativement au degré de juridiction, et la précision du chiffre énoncée fait la précision du ressort encouru. Il est impossible de trouver rien de semblable dans des cours de bourse ou de marché qui sont changeants et indécis, et qui, bien probablement, au moment où l'assignation a été introduite, n'ont pas frappé la pensée du demandeur, dont il est cependant nécessaire de rechercher l'intention en matière où son appréciation personnelle est tout. Notre opinion trouve un certain appui dans un arrêt de rejet de la chambre civile du 13 déc. 1875 (aff. Vallet, D. P. 76. 1. 150), où on lit : « Attendu que la demande tend à la revendication de deux obligations, l'une du département de la Seine, l'autre du Crédit foncier, auxquelles ni la demanderesse, ni aucune des pièces de la procédure n'ont assigné une valeur déterminée, et que l'un de ces deux titres est susceptible d'une augmentation aléatoire ;... Que la valeur du litige étant indéterminée, le jugement attaqué... n'a été rendu qu'en première instance ». La circonstance que l'un de deux titres, plus que l'autre, était susceptible d'un aléa favorable, paraît être une considération d'espèce plus que de principe. Cette circonstance pourrait se rencontrer pour un objet d'une toute autre nature, par exemple, pour un objet d'art, certains d'entre eux, suivant les caprices de la mode, étant soumis à de véritables fluctuations de valeur ; ce qui n'empêche pas que, quant à eux, l'évaluation énoncée par le demandeur ne s'impose pas définitivement. La vraie raison de décider est selon nous fort simple. Pour la détermination du ressort, dans une demande mobilière, tout gît dans la volonté du demandeur ; non pas dans une volonté présumée et par conséquent incertaine, mais dans une volonté nettement exprimée et précisée en chiffres. Lors donc que le demandeur ne dit pas in terminis, que pour la valeur du titre ou de la denrée qu'il réclame, il s'en réfère au cours du marché au jour de l'assignation, il ne détermine pas sa demande par ce cours. Et, d'autre part, ce cours ne s'imposant pas de lui-même, et légalement, comme contenant la fixation vraie et définitive du prix de l'objet en litige, la demande doit être classée parmi celles qui restent indéterminées. Il va de soi, d'ailleurs, que le juge lui-même, pour fixer le quantum de la condamnation à prononcer pourra, le cas échéant, tenir compte des données fournies par les cours et mercuriales.

152. Certaines demandes sont d'un caractère complexe en ce sens qu'elles comprennent une alternative. Par exemple, il arrive qu'un demandeur, tout en concluant expressément à ce que son adversaire soit tenu d'accomplir son obligation, admette également dans ses conclusions que le défendeur puisse se libérer de cette exécution, moyennant le payement de telle somme. Si on suppose que l'obligation est d'une valeur indéterminée, et qu'au contraire la somme d'argent est inférieure à 1500 fr., quelle sera, quant au ressort, la situation de la cause? Cette question a été examinée au

Répertoire, soit au point de vue d'une demande mobilière, soit à celui d'une demande immobilière (V. *Rép.* n°ˢ 433 et 458). On y a exposé les raisons qui, suivant plusieurs auteurs autorisés, tendaient vers une distinction. En matière mobilière, a-t-on dit, où l'évaluation est libre et dépend de l'appréciation du demandeur, il semble que celui-ci ait déterminé la valeur de sa demande en exécution d'obligation, au-dessous du taux du dernier ressort, quand il a admis que le défendeur pouvait s'en exempter en payant une somme de moins de 1500 fr. En matière immobilière, au contraire, peu importe que la somme fixée par le demandeur n'atteigne pas 1500 fr.; la demande afférente à un immeuble demeure susceptible d'appel, quand sa valeur n'est pas déterminée selon le mode exclusivement indiqué par la loi, c'est-à-dire en rente ou par prix de bail. C'est le premier point seulement, celui relatif à la demande mobilière, qui actuellement est remis en question.

153. La controverse s'est prolongée, à cet égard, dans la jurisprudence des cours d'appel. Les unes ont pensé que de l'indication faite par le demandeur d'une somme inférieure à 1500 fr. comme pouvant libérer le débiteur, résultait, en effet, une détermination de l'intérêt de la cause au-dessous du taux du dernier ressort, ce qui rendait l'appel irrecevable (V. Orléans, 25 mars 1848, aff. Feuillaubois, D. P. 52. 5. 182 ; Douai, 2 déc. 1854, aff. Deshonnets, D. P. 55. 5. 139; Montpellier, 8 janv. 1855, aff. Carel, D. P. 55. 5. 140 ; Orléans, 9 mars 1863, aff. Magot, D. P. 63. 2. 109 ; Bourges, 25 nov. 1873, aff. Girardin, D. P. 74. 2. 109). Les autres ont estimé, à l'opposé, qu'il suffit que l'un des deux termes d'une demande alternative soit indéterminé en lui-même, pour que cette demande demeure susceptible du deux degrés de juridiction (Angers, 9 mars 1854, aff. Camus, D. P. 55. 2. 297 ; Nancy, 7 mars 1868, aff. Bastien, D. P. 68, 2, 213).

Quant à la jurisprudence de la cour de cassation, présente-t-elle des données suffisantes pour que l'on considère la question comme définitivement tranchée ?

Il faut d'abord mettre à part un arrêt de cassation de la chambre civile du 4 nov. 1863 (aff. Yence, D. P. 63. 1. 470), par lequel il a été décidé : que le jugement intervenu sur une demande tendant alternativement, soit à l'exécution de la vente d'un immeuble dont le prix n'est déterminé ni en rente ni par prix de bail, soit au payement de dommages-intérêts inférieurs à 1500 fr., est susceptible d'appel, s'il se borne à ordonner l'exécution de la vente. Cet arrêt se référant à une action immobilière ne peut avoir autorité en matière mobilière.

En matière mobilière on peut citer, comme confinant à la difficulté abordée par les cours d'appel, plusieurs arrêts qui ont été rendus, soit dans des affaires relevant des tribunaux de paix, soit dans des affaires relevant des tribunaux civils de première instance. Il a été, notamment, jugé : 1° que l'action formée contre un conservateur des hypothèques, à fin de remise d'un certificat d'inscription, constitue une demande indéterminée qui excède la compétence du juge de paix, alors même que le demandeur a ajouté ces mots, dans ses conclusions : « à peine de 100 fr. de dommages-intérêts », *la demande principale* n'en continuant pas moins pour cela à subsister (Civ. cass. 31 juill. 1850, aff. Boyer, D. P. 50. 1. 244) : — 2° Que le jugement qui condamne des héritiers à la restitution d'un titre de créance dont leur auteur était dépositaire, ou au payement du principal et des intérêts échus de cette créance, est susceptible d'appel, bien que la portion de chaque héritier dans la somme à payer soit inférieure à 1500 fr., si le titre dont la restitution forme *le principal objet* de la condamnation, et à l'égard duquel le jugement est réputé indivisible dans son exécution, est supérieur à ce taux (Civ. rej. 9 juill. 1862, aff. Masson, D. P. 62. 1. 325); — 3° Que le juge de paix est incompétent pour connaître de la demande formée par un propriétaire, en suppression d'une boîte aux lettres placée par le locataire sur la porte de la maison, et en rétablissement de cette porte dans son premier état, cette demande étant indéterminée; et que, bien que le propriétaire eût en outre conclu à 100 fr. de dommages-intérêts pour le cas où la locataire s'exécuterait, et à 200 fr. de dommages-intérêts pour le cas où il serait obligé lui-même (le propriétaire), de faire opérer l'enlèvement, « cette *demande accessoire* n'emportait point estimation de l'intérêt que le demandeur pouvait avoir à la

suppression demandée, et ne déterminait pas, dès lors, la valeur *du chef principal* de ses conclusions » (Civ. cass. 30 avr. 1879, aff. Guérin, D. P. 79. 1. 268); — 4° Que la demande en remise d'objets mobiliers, dont la valeur n'est déterminée ni par la citation, ni par les conclusions, ne peut être jugée qu'à charge d'appel, alors même qu'elle serait faite « sous une contrainte de 1000 fr., qui seraient acquis au demandeur faute de le défendeur d'effectuer cette remise dans les vingt-quatre heures du jugement à intervenir » (Req. 11 janv. 1881, aff. Lazouet, D. P. 81. 1. 247); — 5° Qu'il peut être relevé appel d'un jugement statuant sur les conclusions tendant à ce que le défendeur soit condamné à exécuter certains travaux, d'une valeur non déterminée, si mieux il n'aime payer une somme déterminée inférieure à 1500 fr., l'option laissée au défendeur ne faisant pas disparaître *la demande principale*, qui a pour objet l'exécution même des travaux (Civ. cass. 10 mars 1884, aff. Magon de la Vieuville, D. P. 84. 1. 173); — 6° Que la demande en restitution d'une lettre missive est d'une valeur indéterminée, et ne peut dès lors être portée devant le juge de paix, même lorsque le défendeur conclut à ce que le défendeur, à défaut de cette restitution, soit condamné à 200 fr. de dommages-intérêts (Civ. cass. 23 mai 1887, aff. Horoy, D. P. 88. 1. 31); — 7° Qu'on doit considérer comme indéterminée, et par suite comme susceptible d'appel, la demande en justice dirigée par un voyageur contre une compagnie de chemin de fer, tendant à faire décider que la compagnie est tenue d'accepter une charrue, à titre de *bagage* accompagnant le voyageur, bien que cette demande ait été faite sous une contrainte de 10 fr. par jour de retard pendant un mois (soit 300 fr.), avec allocation d'une somme de 200 fr. de dommages-intérêts, pour le préjudice causé par le refus de transporter ledit colis comme bagage (Civ. rej. 24 oct. 1888, aff. Chemin de fer de l'Est, D. P. 89. 1. 117).

Un autre arrêt de la chambre civile, en date du 27 mai 1878 (aff. Fleury, D. P. 79. 1. 122), pourrait encore être cité; mais, pour plus de clarté, on l'analysera spécialement *infrà*, n° 157.

Assurément, il y a des nuances dans les monuments de jurisprudence qui viennent d'être cités. On peut, notamment, remarquer qu'il s'agit, dans plusieurs espèces, d'une menace de contrainte ou de dommages-intérêts, plutôt que d'une alternative proprement dite laissée librement au défendeur. Mais, bien qu'on puisse attacher une certaine importance à cette distinction (V. *supra*, v° Compétence civile des tribunaux de paix, n° 20), c'est là cependant un point relativement secondaire dans la question du degré de juridiction. Alors même, en effet, qu'il s'agit de dommages-intérêts ou de contrainte, du moment où on les envisage, non comme devant servir de peine pour le simple retard, mais comme devant tenir le lieu et place de l'exécution elle-même qui cessera d'être obligatoire, le résultat est identique en ce que le défendeur est investi d'une faculté dont il peut user librement, et qu'il a l'option pleine et entière entre l'accomplissement effectif de l'obligation ou le payement libérateur d'une somme d'argent. Ceci dit, et la jurisprudence qui précède étant désormais considérée dans son ensemble, les tendances qu'elle accuse sont assurément d'admettre, qu'alors qu'une option pour s'acquitter est laissée par la demande au défendeur, il suffit que l'une des branches de l'option soit indéterminée, pour qu'il y ait ouverture à appel, bien que la seconde branche se chiffre en argent, et à une valeur inférieure au taux du dernier ressort. Et la raison décisive qui inspire cette jurisprudence, c'est que, nonobstant l'option possible du défendeur, *in facultate solutionis*, la demande principale, celle qui tend à l'accomplissement de l'obligation, n'est pas abandonnée par le demandeur, puisqu'il conclut expressément à l'exécution elle-même, et que cette branche principale de l'action reste sans détermination quant à sa valeur, malgré la fixation au-dessous de 1500 fr. de la somme au moyen du payement de laquelle le défendeur peut s'exonérer de l'exécution.

154. Après nouvel examen de la question, nous estimons que cette opinion est préférable à celle vers laquelle nous avions incliné au *Répertoire*. Si le demandeur renonçait formellement, dans ses conclusions, à l'exécution de l'obligation dont il allègue être créancier, et déclarait limiter

son action à l'allocation d'une somme d'argent, à titre d'indemnité pour l'inexécution, il est bien certain que le montant de cette somme d'argent devrait seul être pris en considération, pour la détermination du ressort. Sans nul doute, il resterait toujours à examiner s'il y avait entre les parties le lien de droit allégué, car de ce point dépend celui de savoir si le défendeur est comptable d'une indemnité. Mais l'importance de cette question resterait sans effet quant au ressort, le principe étant que le ressort se fixe, non pas d'après l'intérêt ou la difficulté des questions agitées, mais d'après *l'objet propre* de la réclamation. Or la demande tendant exclusivement, dans l'hypothèse admise, à l'obtention d'une somme d'argent, si cette somme était inférieure à 1500 fr., la cause ne serait pas susceptible d'appel, nonobstant la valeur très supérieure ou indéterminée de ce qui faisait l'objet de l'obligation. Tout autre est la situation, quand celui qui agit en justice demande ce qui est *in obligatione*, c'est-à-dire requiert la tradition de la chose promise ou l'accomplissement du fait convenu, et se borne à accorder au débiteur prétendu la faculté subsidiaire de s'en acquitter par un versement en argent d'un certain chiffre, in *facultate solutionis*.

On est, il est vrai, tenté de dire au premier abord qu'en concluant ainsi le demandeur donne lui-même une évaluation de ce qui faisait *l'objet de l'obligation*, et par là *détermine la valeur de la première branche de sa demande*, puisqu'elle tendait à cet objet. M. Benech, dans une première étude de la question (*Traité des justices de paix et des tribunaux civils*, t. 1, p. 46), s'était arrêté à cette considération, qui lui paraissait décisive. « Si la demande, disait-il, a pour objet la tradition d'objets mobiliers évalués par le demandeur, cette évaluation doit servir de base, sans qu'il soit permis au défendeur de la contester... En serait-il de même si le demandeur, plaçant son adversaire dans le cas d'une obligation alternative, concluait à la restitution de l'objet ou au payement d'une somme d'argent, au choix du défendeur? Cette somme dont le payement libérerait le débiteur fixerait-elle la compétence? M. Henrion de Pansey se décide pour l'affirmative... Cette opinion nous paraît devoir être adoptée par cette raison décisive que celui qui donne l'option au défendeur de livrer la chose demandée, ou de se libérer en payant une somme d'argent, *doit être assimilé*, quant à la compétence, à celui qui, sans conférer option, *a évalué dans ses conclusions l'objet qu'il réclame* ».

Cet auteur s'est rétracté dans son second volume (*op. cit.*, t. 2, p. 130 et suiv.). Si l'on ne peut, à notre sens, souscrire aux motifs qu'il donne de ce revirement, il n'en est pas moins vrai que le premier système qu'il a soutenu pêche par la base, attendu qu'il est absolument inexact, ainsi qu'on va le voir, de dire que le demandeur détermine implicitement et nécessairement, par le chiffre de sa seconde branche de la demande, la valeur de l'objet de la première.

155. Lorsqu'on actionne un défendeur en justice, en lui réclamant, par exemple, un certain tableau (objet mobilier d'une valeur toujours fort indécise), la demande en cet état, et faute d'évaluation, est indéterminée. Si l'assignation porte, en outre, que le défendeur aura la faculté de se libérer de son obligation de livrer le tableau, en payant une somme de 1000 fr., il n'est nullement démontré par là que le demandeur évalue à 1000 fr. le prix du tableau. On doit présumer, au contraire, que ce qui est évalué à 1000 fr., c'est *le préjudice* qu'éprouve le demandeur en n'ayant pas ce tableau à sa disposition. Il aurait pu le faire figurer dans sa collection, le donner, ou le revendre avec bénéfice, en tirer, en un mot, utilité à un point de vue ou à un autre ; il est privé de cet avantage, et c'est ce *dommage* qu'il évalue et qu'il détermine en fixant à 1000 fr. la somme à laquelle il prétend pour l'inexécution facultative de l'obligation, de la part du défendeur. Assurément si les conclusions du demandeur précisaient que la somme est demandée comme étant *l'équivalent en argent* de l'objet même réclamé, on se trouverait en présence d'une évaluation très claire de la chose comprise dans la première branche de la demande alternative, et il s'ensuivrait que le litige ne serait pas susceptible d'appel, si le chiffre indiqué était inférieur à 1500 fr. Mais en dehors de ce cas particulier, il rentre dans les habitudes judiciaires généralement suivies, que la somme à laquelle conclut un demandeur, à défaut par le défendeur

d'exécuter effectivement une obligation de donner, représente *l'intérêt* qu'avait le demandeur à cette exécution, et constitue une évaluation *du tort* que l'inexécution lui cause. A cet égard, on ne craint pas de le dire, le sentiment des praticiens sera unanime.

Les procès relatifs aux obligations de faire rendent la même proposition manifeste. Quand on actionne un entrepreneur, qui s'est engagé à exécuter certains travaux, et que l'on conclut principalement à l'exécution, subsidiairement, et s'il le préfère, à l'allocation d'une certaine somme, il n'est douteux pour personne que par là le demandeur n'évalue pas *nécessairement* la valeur des travaux. Si, par impossible cette valeur était restée indécise dans le traité, il pourrait assurément se livrer à une évaluation, dans la demande, et, s'il le faisait nettement, toute difficulté quant au ressort disparaîtrait. Mais ce n'est point ainsi que les choses se passent dans la pratique. Par le devis et le marché la valeur des travaux, leur prix en un mot, a été précisé, ou au moins des bases pour calculer ce prix ont été posées. Lorsque le demandeur fixe, dans ses conclusions devant le juge, à 1000 fr. la somme que lui devra l'entrepreneur si, condamné à faire les travaux convenus, il préfère ne pas les exécuter, c'est qu'il estime que ce chiffre représente *l'avantage* que lui procurerait l'exécution du marché, avantage provenant soit des bonnes conditions du traité, soit de toute autre cause. Ainsi, le demandeur avait traité à 15000 fr. d'une construction qui, suivant lui, une fois faite, aurait valu 16000 fr. : ce n'est en cas il conclut à une allocation de 1000 fr., si l'entrepreneur préfère s'affranchir du travail, parce qu'il apprécie que tel est le montant du préjudice qu'il éprouve. On pourrait à cet égard multiplier les exemples.

156. Donc, en thèse générale, et sauf les exceptions dans lesquelles l'intention d'évaluer *la chose même* doit être clairement révélée par les termes de la demande, il faut admettre que le chiffre indiqué dans la seconde branche de l'alternative n'est nullement l'estimation de l'objet visé dans la première branche. Il suit de là que cet objet demeure ce qu'il était lui-même, c'est-à-dire non déterminé au-dessous de 1500 fr. Les choses étant ainsi, la demande en une partie de sa formule, et il faut ajouter en la partie principale (car la faculté d'acquittement en argent n'est qu'un subsidiaire), porte sur un objet que rien ne détermine, ou qui, s'il est déterminé dans l'obligation, a une valeur supérieure au taux du dernier ressort. Il faut nécessairement en conclure que la cause demeure susceptible d'appel.

C'est, en conséquence, au demandeur à bien peser ce qu'il veut faire, puisque c'est toujours de son attitude que doit dépendre le ressort. S'il renonce *de plano* d'une façon absolue, à requérir l'exécution de l'obligation, et limite exclusivement sa demande à une somme d'argent pour l'inexécution, c'est le montant de cette somme d'argent qui tranche la question du degré de juridiction. Si, au contraire, il conclut à ce que le défendeur soit condamné à exécuter ce qui est *in obligatione*, et accorde seulement à ce défendeur, *in facultate solutionis*, la possibilité de s'affranchir subsidiairement de la condamnation en payant une somme, cette seconde branche de l'alternative n'a pour effet, ni d'effacer la première branche qui subsiste nécessairement dans le litige, ni en général d'en donner l'évaluation, à moins d'une intention exceptionnelle clairement manifestée sur ce point. D'où il suit que la cause sera ce que la rend *l'objet propre de l'obligation poursuivie au principal*, c'est-à-dire susceptible d'appel (Conf. Crépon, *op. cit.*, t. 1, n° 402).

157. Mais nous avons dit *supra*, n° 153, qu'un arrêt de la chambre civile du 27 mai 1878 (aff. Fleury, D. P. 79. 1. 122), exigerait une analyse spéciale. Cet arrêt décide que la demande tendant à obtenir du défendeur l'exécution de certains travaux ou, à défaut, le payement d'une somme d'argent, bien qu'elle soit indéterminée quant à l'importance des travaux à accomplir, rentre cependant dans les limites de la compétence du juge de paix, si la somme d'argent stipulée ne dépasse pas le taux de cette compétence (V. *supra*, v° *Compétence civile des tribunaux de paix*, n° 20). Cette décision peut-elle être invoquée comme contredisant l'argumentation qui précède? Nous ne saurions l'admettre. Il n'en serait ainsi que si l'arrêt en question décidait, *d'une façon abstraite*, que le chiffre de la somme admise comme

dédit détermine *nécessairement* la valeur des travaux qui forment l'objet de l'obligation. L'espèce jugée en 1878 nous apparaît avec une toute autre portée, et nous n'y voyons qu'une application de la proposition indiquée dans la discussion précédente, à savoir que si le demandeur, en posant une alternative au défendeur, a clairement manifesté qu'au moyen du chiffre énoncé dans la seconde branche, il fixait la valeur *de la chose même* faisant l'objet de la première branche, alors tout dans la demande se trouverait déterminé, d'où la conséquence que la question du ressort ne pourrait plus faire difficulté. Si, en effet, on se reporte aux circonstances particulières de l'espèce, on constate que l'exécution de travaux promis (à la suite d'une transaction) avait été demandée sous une contrainte de 150 fr.; et qu'en condamnant le défendeur à l'exécution demandée, le juge avait réduit à 80 fr. la somme moyennant le payement de laquelle ce défendeur pourrait se décharger personnellement de l'exécution de ces travaux, *qui pourtant étaient absolument indispensables au demandeur pour exercer une servitude de passage sur le fonds du défendeur, reconnue existante en sa faveur par la transaction susmentionnée.* Cette situation n'indique-t-elle pas que c'était le coût lui-même, en argent, des travaux nécessaires, qui avait été évalué par le demandeur et réduit par le juge, en sorte qu'il était vrai de dire, dans l'espèce et eu égard à la spécialité du fait, que la seconde branche de l'alternative avait servi de mode de détermination précise à ce qui faisait l'objet de la première branche? Avec la somme qui lui était allouée le demandeur pouvait faire exécuter lui-même la réfection du passage, et tout était dit, l'intérêt du procès n'ayant jamais été que dans le montant de la dépense à faire. Le texte même de l'arrêt de la chambre civile paraît militer dans ce sens, car il porte : « Attendu que si les travaux dont l'exécution formait l'un des termes de la demande alternative dirigée contre Fleury (le défendeur), étaient, par eux-mêmes, d'une valeur indéterminée, *cette valeur* était cependant susceptible *d'une exacte détermination* et se trouvait, de fait, *déterminée*, par l'option laissée, au défendeur de se décharger de l'exécution des travaux moyennant une somme de 150 fr., réduite par les juges du fond à 80 fr. »,

La seule conséquence générale à tirer de cet arrêt, c'est que, lorsque la somme d'argent est demandée, non sous forme de dommages-intérêts, mais sous forme d'acquittement alternatif et facultatif de l'obligation, on peut être plus enclin à penser que l'intention du demandeur a été d'évaluer en argent *la chose elle-même*, et non pas seulement le tort qui pourrait résulter pour lui de la privation de cette chose, conséquence de la non-exécution de l'obligation. C'est en ce sens que doit être entendue l'opinion émise sur la différence des deux cas, *suprà*, v° *Compétence civile des tribunaux de paix*, n° 20.

158. Les considérations qui précèdent nous semblent devoir donner la solution des questions soulevées par les auteurs, pour le cas où l'alternative résulte, non plus de la formule des conclusions du demandeur, mais de l'obligation même, du contrat dont l'exécution est poursuivie en justice (V. notamment : *Rép.*, n° 433, et Rodière, *op. cit.*, t. 1, p. 56). L'obligation ayant deux objets alternatifs, l'un indéterminé, l'autre inférieur à 1500 fr., aucune difficulté ne peut tout d'abord s'élever, quand le choix est laissé au créancier : la valeur de la demande devra s'apprécier d'après l'objet qu'il aura choisi. Si le choix est laissé au débiteur, quelle sera la situation ? Le créancier demandant naturellement l'exécution de l'obligation telle qu'elle est formulée, c'est-à-dire avec l'alternative qu'elle renferme, il serait inexact de dire, quoiqu'on l'ait fait quelquefois, que le ressort dépendra du choix du débiteur. Comment, en effet, ce choix, qui peut se manifester jusqu'au moment même d'acquitter la condamnation, pourrait-il influer sur la question du ressort, alors que c'est, en principe du moins, de la demande et non de la défense que dépend cette question ! La vérité est que c'est dans l'obligation elle-même qu'il faut chercher la solution. S'il résulte de ses termes que la somme inférieure à 1500 fr., indiquée dans l'une des branches de l'alternative, a été considérée par les contractants comme étant, en argent, *l'équivalent de la valeur même de l'objet visé dans l'autre branche*, il faut en conclure que tout, dans l'obligation, se trouve déterminé en chiffres. Si, au contraire, il ressort du

contrat que la somme indiquée dans la seconde branche de l'alternative, n'est stipulée que comme réparation du préjudice qui résulterait de l'inexécution de ce qui fait l'objet de la première branche, il faudra en conclure que la première branche demeure indéterminée dans sa valeur. Au premier cas la cause échappera à l'appel; au second cas elle en sera susceptible. Les développements donnés plus haut nous paraissent applicables à cette hypothèse.

159. Il est une action spéciale qui contient nécessairement une alternative laissée au choix du défendeur, c'est l'action hypothécaire. Intentée par le créancier nanti d'une hypothèque, contre le tiers détenteur de l'immeuble hypothéqué, tenu seulement à ce titre, elle a pour objet le délaissement effectif de cet immeuble, si mieux n'aime le tiers détenteur payer la dette, à la décharge du débiteur (c. civ. art. 2168). On s'est demandé, quand cette action est exercée, s'il fallait faire acception, pour la question du ressort, du chiffre de la créance, ou de la valeur généralement indéterminée de l'immeuble. Nous avons déjà eu l'occasion de faire remarquer plus haut, soit en matière de divisibilité de demande (V. *suprà*, n° 42), soit en matière de saisie immobilière (V. *suprà*, n° 108 et 109), qu'en thèse générale une poursuite qui peut avoir pour résultat de déposséder un défendeur d'un immeuble, revêt un caractère réel, et a pour mesure la valeur de l'immeuble lui-même. Il en doit être ainsi en cas d'action hypothécaire. Assurément, si la créance garantie par l'hypothèque est inférieure à 1500 fr., le défendeur aura la possibilité de limiter sa perte aléatoire à cette somme, qui est contenue dans les bornes du dernier ressort. Mais ce n'est là pour lui qu'une faculté subsidiaire, et il n'en est pas moins vrai *qu'au principal* c'est le délaissement de l'immeuble qui est poursuivi contre lui, et non directement l'acquittement de la dette, puisqu'il se trouve pas débiteur personnel de cette dette. Dans cette situation, du moment où la valeur de l'immeuble est *indéterminée*, la cause sera susceptible d'appel.

Cette doctrine professée par M. Rodière, *op. cit.*, t. 1, p. 53, a reçu la sanction de la cour de cassation, dans les termes les plus formels : « Attendu, en droit, porte un de ses arrêts, que le tiers détenteur n'est pas obligé personnellement; que l'action en délaissement, dérivant du droit de suite attaché à l'hypothèque, a les caractères d'une action réelle immobilière d'une valeur indéterminée; que la faculté, pour le tiers détenteur, de se soustraire à l'obligation de délaisser, en payant une somme inférieure au taux du dernier ressort, ne change pas la nature de l'action hypothécaire en délaissement, et ne saurait la faire rentrer dans les limites de la juridiction du dernier ressort ; qu'ainsi le jugement dénoncé a été justement qualifié en premier ressort » (Civ. rej. 21 déc. 1859, aff. Orillat, D. P. 60. 1. 29).

Nonobstant cet arrêt la discussion s'est renouvelée, à une époque ultérieure, devant la chambre des requêtes ; et on y prétendait, de plus, que l'opposition formée par le tiers détenteur à la sommation de payer ou de délaisser constituait un des incidents de saisie immobilière qui ne peuvent, aux termes de l'art. 730 c. proc. civ., donner lieu à un appel. La chambre des requêtes, par un arrêt non moins fermement motivé, a affirmé que l'opposition en question *ne fait pas partie* de la saisie immobilière, et que l'action en délaissement, alors même que la sommation a pour objet le payement d'une somme inférieure à 1500 fr., « réunit tous les caractères d'une action immobilière d'une valeur indéterminée » (Req. 3 juin 1863, aff. Besacier, D. P. 64. 1. 217). L'accord des deux chambres de la cour de cassation, joint aux raisons sur lesquelles il repose, met désormais ce point en dehors de toute discussion (Conf. Lyon, 7 mars 1873, aff. Saillet, D. P. 74. 5. 153).

En traitant la question qui précède, M. Rodière, *loc. cit.*, énonce incidemment ce qui suit : « Toutefois, quand l'action hypothécaire concourt avec l'action personnelle sans dépasser la portée de celle-ci, la nature de l'action pour le dernier ressort doit s'apprécier plutôt d'après l'action personnelle qui est la principale, que d'après l'action hypothécaire, qui n'est que l'accessoire ». Cette proposition ne nous paraît pas compatible avec la théorie qui se dégage des arrêts de la cour de cassation cités *suprà*, n° 108 et suiv. La distinction qui en ressort est celle-ci : si le débiteur personnel d'une somme, poursuivi immobilièrement par son créancier,

conteste simplement la créance, c'est le chiffre même de cette créance qui détermine le ressort ; si sa résistance a pour but de faire échapper l'immeuble à la poursuite, en ce que, par exemple, il conteste la régularité de la saisie ou la saisissabilité même de son fonds, en ce cas le ressort dépend de la valeur propre de l'immeuble. Nous nous en référons, à cet égard, aux développements donnés *loc. cit.*, à l'appui de la jurisprudence précitée.

160. Quant aux actions en radiation ou réduction d'inscriptions hypothécaires, certaines cours d'appel, considérant que ce sont des immeubles qui en sont affectés, ont décidé que les jugements qui statuent sur ces actions sont rendus seulement en premier ressort, bien que la créance soit inférieure à 1500 fr., si les fonds soumis à l'hypothèque ont une valeur indéterminée (V. Toulouse, 8 mars 1847, aff. Clary, D. P. 47. 2. 83 ; Besançon, 12 mai 1853, aff. Girard, D. P. 54. 5. 232). Il ne nous paraît pas possible d'adhérer à cette opinion, qui a été déjà critiquée au *Rép.* nos 129 et 453, et que M. Rodière a abandonnée dans sa 4e édition. M. Pont, *Traité des privilèges et hypothèques*, t. 2, no 1088, enseigne que dans les contestations de cette nature l'action est personnelle. Entre le débiteur et le créancier, de quoi s'agit-il en définitive ? Du point de savoir si une garantie d'obligation, c'est-à-dire si un accessoire de créance subsistera ou non. Sans aucun doute, la radiation ou le maintien de l'inscription influera sur la situation juridique de l'immeuble. Mais, en l'état, aucune poursuite immobilière n'est en jeu, aucune question de dépossession n'est agitée. Ce seront là peut-être les contestations de l'avenir si l'immeuble reste grevé ; ce ne sont pas celles du présent. Actuellement c'est la créance elle-même, ou sa garantie, et non pas l'expropriation du fonds immobilier, qui fait l'objet du litige. « Considérant, a dit la cour de Riom, que la créance et ses accessoires étaient d'une valeur inférieure à 1500 fr. ; que si Limozin eût contesté l'existence même de la créance, cette demande eût incontestablement été jugée en dernier ressort ; que l'hypothèque n'est qu'un accessoire, dont la seule utilité est d'assurer le payement de la créance, et que ce droit accessoire ne saurait en aucun cas avoir une valeur supérieure à celle de la créance elle-même » (Riom, 10 août 1863, aff. Bartet, D. P. 65. 2. 6). Cette opinion, déjà adoptée par les arrêts cités au *Rép.* nos 129 et 453, et par un arrêt de la cour d'Orléans du 5 janv. 1844 (aff. Marcel, D. P. 53. 5. 148), a été depuis suivie par une décision de la cour d'Angers en date du 15 mai 1879 (1).

161. Mais que décider si la demande en radiation d'inscription n'est fondée, ni sur l'inexistence de la créance, ni sur celle de la constitution d'hypothèque, ni sur aucune irrégularité de forme, mais uniquement sur ce que l'immeuble frappé par l'inscription était dotal et, en conséquence, n'avait pu être valablement hypothéqué par les époux qui le possédaient ? La cour d'Aix a jugé qu'en ce cas, la créance inscrite fût-elle inférieure à 1500 fr., on devrait décider que la cause était susceptible d'appel (Aix, 17 mars 1857, aff. Victor, D. P. 58. 2. 14). On peut, semble-t-il, considérer cette solution délicate comme étant bien fondée. Le débat, en effet, portait exclusivement, dans l'affaire, *sur le caractère de dotalité* prétendu pour l'immeuble ; aussi la cour d'Aix avait-elle pu dire que c'était là « le véritable objet du litige, la seule question du procès ». S'il en était ainsi, la demande ne devait-elle pas être classée parmi les actions réelles et indéterminées ? Nous avons eu l'occasion de citer *suprà*, nos 81, 82 et 83, différentes espèces dans lesquelles la cour de cassation a admis que des questions de valeur non déterminée s'étaient substituées, par la force des choses, aux questions plus restreintes formulées dans le libellé propre de la demande. Bien qu'il y ait là une appréciation toujours un peu subtile à faire, il paraît possible d'appliquer cette règle au cas où le sort d'une mainlevée d'inscription est subordonné au point unique de savoir si un immeuble est frappé de dotalité ; car c'est, en définitive, la solution relative au régime même de l'immeuble qui domine tout,

et dont le reste doit découler comme une simple conséquence.

162. Un droit d'usufruit constitué à titre viager sur un capital présente toujours, en raison de l'incertitude de sa durée, une valeur très aléatoire. Sans aller jusqu'à dire qu'il soit, par nature, absolument insusceptible de détermination, on doit néanmoins constater qu'en fait, et généralement, sa valeur n'est pas indiquée par le demandeur, dans les instances qui y sont relatives. Si l'on s'en réfère au principe général, la conséquence naturelle de cet état de choses est que les instances en question restent susceptibles des deux degrés de juridiction. On s'est demandé cependant si le juge ne trouvait pas dans la loi elle-même une base d'évaluation de l'usufruit, qui fût de nature à lui permettre de fixer d'office le chiffre de la contestation. L'art. 14 de la loi du 22 frim. an 7 sur l'enregistrement, disposant que « l'usufruit transmis à titre gratuit s'évalue à la moitié de la valeur entière de l'objet », une cour d'appel en a conclu que les juges pouvaient faire état de cet article pour estimer le litige, et pour en déduire, le cas échéant, qu'il n'était pas susceptible d'appel (V. Grenoble, 28 avr. 1853, aff. Baronnat, D. P. 55. 2. 174). Il nous est impossible d'adhérer à cette doctrine. Le droit fiscal a des exigences particulières qui ne sauraient rejaillir sur le droit commun. Dans l'absolue nécessité où s'est trouvé le législateur de fixer une base pour la perception de l'impôt, il a adopté une évaluation discrétionnaire pour l'usufruit, et l'a inscrite dans la loi spéciale du 22 frim. an 7. Cette évaluation ne peut nécessairement en elle-même, constituer qu'une moyenne ; et si la loi fiscale s'en contente, ne pouvant faire autrement, on n'est pas une raison pour que la loi relative au ressort en fasse autant, puisqu'il est de règle *qu'au cas d'indécision* sur la valeur, il n'y a qu'à laisser la cause suivre le cours normal de l'appel. Il ne saurait donc y avoir lieu, selon nous, d'établir aucune assimilation entre les deux matières. « Cette assimilation, dit M. Crépon, *op. cit.*, t. 1, p. 51, serait particulièrement périlleuse lorsqu'il s'agit de refuser la faculté du recours, qui est essentiellement de droit commun. Aussi ne concevons-nous pas comment on pourrait se laisser guider par des dispositions qui n'ont été nullement écrites en vue de cette faculté ». Un arrêt de la même cour d'appel de Grenoble, en date du 5 août 1853 (aff. Trinché, D. P. 55. 2. 173), s'est prononcé dans ce dernier sens.

§ 3. — Demandes immobilières et mixtes non déterminées par les parties (*Rép.* nos 437 à 470).

163. La disposition de l'art. 1er de la loi du 11 avr. 1838, qui attribue aux tribunaux civils d'arrondissement la connaissance en dernier ressort des actions immobilières jusqu'à 60 fr. de revenu, déterminé soit en rente soit par le prix du bail, a été suffisamment expliquée au *Rép.* nos 437 et suiv. Nous n'avons donc pas à revenir sur cette règle, non plus que sur les explications que nous avons fournies relativement au mode de calcul du revenu d'après le prix du bail.

164. L'interprétation de l'art. 1er de la loi du 11 avr. 1838 qui considère les termes de cet article comme limitatifs, semble avoir définitivement prévalu en jurisprudence. Les décisions qui ont été recueillies depuis la publication du *Répertoire* confirment, pour la plupart, celles qui ont été rapportées au *Rép.* no 440 ; les tribunaux ne sauraient substituer aux bases qui ont été fixées par la loi pour l'évaluation de l'objet du litige, d'autres éléments laissés à leur appréciation, sans devenir en réalité les arbitres de l'étendue de leur propre compétence, alors qu'il est de principe que tout ce qui a trait à la compétence repose sur des règles intéressant l'ordre public et que les tribunaux ne sauraient, par conséquent, arbitrairement modifier. Il suffit donc que le revenu d'un immeuble faisant l'objet d'une demande ne puisse être déterminé par l'un des moyens qu'indique l'art. 1er de la loi du 11 avr. 1838, c'est-à-dire en rente ou par prix

---

(1) (Viloteau C. Lemercier.) — LA COUR ; — Considérant que l'action en mainlevée d'une inscription hypothécaire, fondée sur la nullité de la créance que l'hypothèque a pour objet de garantir, et dont elle n'est que l'accessoire, est personnelle mobilière comme la créance mobilière elle-même ; que la valeur en est

---

déterminée, au point de vue du premier et du dernier ressort, par le montant en principal de cette créance ;... — Par ces motifs, etc. —

Du 15 mai 1879. -C. d'Angers, ch. civ.-MM. Jac, 1er pr.-Batbedat, av. gén.-Fairé et Guitton aîné, av.

de bail, pour que la demande soit en premier ressort, encore bien qu'il serait démontré par d'autres moyens (par un prix de vente notamment) que ce revenu est inférieur au taux de l'appel (Rennes, 25 mars 1847, aff. Bizeul, D. P. 49. 5. 105; Paris, 14 août 1851, aff. Gallin, D. P. 52. 5. 191; Paris, 1er déc. 1853, aff. Grolleron, D. P. 55. 5. 144; Req. 2 févr. 1857, aff. Davoust, D. P. 57. 1. 253; Rouen, 17 juill. 1869, *suprà*, v° *Commune*, n° 843).

Quelques décisions, cependant, n'ont voulu voir dans l'énumération de l'art. 1er de la loi du 14 avr. 1838 qu'une simple énonciation. C'est ainsi que deux arrêts de la cour de Paris ont décidé, l'un, que, si dans un litige relatif à une parcelle de terrain dépendant d'un immeuble qui n'est pas affermé, il est démontré que l'immeuble total est d'une valeur qui n'excède pas 100 fr., le jugement est en dernier ressort (Paris, 26 avr. 1851, aff. Gaurat, D. P. 52. 2. 158), l'autre que le jugement est également en dernier ressort si, dans l'action en revendication d'une parcelle de terre non louée, il n'est demandé que 25 fr. par an de dommages-intérêts pour le préjudice résultant de l'indue possession du défendeur (Paris, 24 juin 1852, aff. Del, D. P. 52. 3. 191).

165. Une action immobilière ne peut donc être jugée en dernier ressort par un tribunal civil si on ne peut en déterminer la valeur au moyen d'une vente ou d'un prix de bail. Il en résulte que l'action formée par un créancier en nullité d'une vente d'immeuble faite par le débiteur en fraude de ses droits est en premier ressort, si la valeur de l'immeuble est indéterminée, encore que la créance pour sûreté de laquelle cette action est exercée serait inférieure à 1500 fr. (Req. 20 juin 1853, aff. Gallier, D. P. 53. 1. 273). Il importe également peu, ainsi qu'on l'a vu au *Rép.* n° 453, que la créance soit inférieure à 1500 fr. en matière hypothécaire, lorsque la valeur de l'immeuble ne peut pas être déterminée, et on a considéré, dans ce cas, comme donnant lieu au double degré de juridiction, en tant que demandes indéterminées, la demande en déclaration d'hypothèque dirigée contre le prétendu acquéreur de l'immeuble hypothéqué, ayant une valeur indéterminée, et la demande en supplément d'hypothèque. — Il semble qu'on doive décider de même à l'égard de l'action hypothécaire en délaissement. Un certain nombre d'arrêts reconnaissent à cette action le caractère d'action immobilière ayant une valeur indéterminée, alors même que la créance hypothécaire en vertu de laquelle le délaissement a été poursuivi ne dépasserait pas le taux du dernier ressort (Civ. rej. 21 déc. 1859, aff. Oullat, D. P. 60. 1. 29; Req. 3 juin 1863, aff. Besacier, D. P. 64. 1. 217; Chambéry, 7 mars 1873, aff. Saillet, D. P. 74. 5. 153). C'est avec raison, croyons-nous. En effet, l'action en délaissement n'est pas l'exercice du droit de suite attaché à l'hypothèque; elle dérive de ce droit et réunit, dès lors, tous les caractères d'une action immobilière, qui est indéterminée lorsque la valeur de l'immeuble n'est pas elle-même susceptible de détermination. Peu importe que l'action hypothécaire porte ou ne porte pas sur une somme supérieure au taux du dernier ressort, c'est-à-dire, que la sommation faite au tiers détenteur ait ou non pour objet le payement d'une somme inférieure au taux du dernier ressort : cette circonstance ne peut en aucune façon modifier la nature de l'action. — Décidé également que la somme due à un créancier inscrit qui a été mis en cause sur l'action en révocation d'un partage de l'immeuble hypothéqué fût-elle inférieure à 1500 fr., le jugement n'est qu'en premier ressort si ce créancier ne s'est pas borné à conclure au payement de sa créance, mais s'il a en outre combattu l'action en révocation et a conclu à être mis au lieu et place du demandeur en révocation (Grenoble, 8 janv. 1851, aff. Borel, D. P. 51. 2. 128).

166. On a vu *suprà*, n° 80, que lorsqu'une demande renferme des chefs déterminés et des chefs indéterminés, les chefs indéterminés rendent le litige tout entier susceptible du double degré de juridiction. La jurisprudence a fait une curieuse application de ce principe en décidant qu'une demande en dommages-intérêts, bien que fixée à un chiffre inférieur au taux de l'appel, ne peut être jugée qu'en premier ressort, si elle soulève une question de propriété ou de servitude, telle que celle de mitoyenneté d'un mur (Req. 14 juill. 1857, aff. Regnier, D. P. 57. 1. 398). — On a même jugé que la demande en payement de la moitié des frais de réparation d'un mur mitoyen, même dans le cas où la somme réclamée n'excède pas 1500 fr., ne peut être jugée qu'à charge d'appel, si le défendeur, pour s'exonérer de payer ces frais, offre d'abandonner la mitoyenneté (Orléans, 24 mai 1873, aff. Tuffeau, D. P. 73. 2. 185). Mais cette décision ne nous paraît pas à l'abri de toute critique; il semble, en effet, que, dans l'hypothèse où elle a été rendue, la question litigieuse fût uniquement le payement de la moitié des frais de réparation d'un mur mitoyen; ce payement était, il est vrai, réclamé à l'occasion d'une servitude, mais cela ne suffisait pas pour changer le caractère de l'action, et l'offre d'abandonner la mitoyenneté n'était soulevée qu'incidemment et comme moyen, sans devenir le véritable objet de la contestation. Or, en pareil cas, la cause n'est pas susceptible du double degré de juridiction (V. *suprà*, n° 82). — C'est ainsi qu'il a été jugé que la demande qui a pour objet le payement d'une somme inférieure au taux du dernier ressort, pour prix de la mitoyenneté du mur séparatif de deux propriétés, n'est pas susceptible d'appel, bien que le défendeur ait, dans les motifs de ses conclusions, émis des prétentions à la mitoyenneté dudit mur : ce n'était là, en effet, qu'un simple moyen de défense qui, n'ayant fait l'objet d'aucune demande reconventionnelle, ne pouvait changer le caractère du débat (Civ. rej. 12 janv. 1886 (1). — Comp. *suprà*, n° 85 et 86).

167. Doit-on appliquer aux demandes immobilières alternatives la règle qui a été rappelée *suprà*, n° 80, d'après laquelle on doit prendre seulement en considération pour décider si la demande peut ou non être soumise successivement à deux degrés de juridiction, les conclusions indéterminées lorsque la demande présente à la fois des chefs déterminés et des chefs indéterminés? (*Rép.* n°s 458 et suiv.). La question reste controversée : dans un système, on

---

(1) (Veuve Murgue C. Grangé.) — Le 7 févr. 1881, arrêt de la cour de Bordeaux, ainsi conçu : — « Attendu que la compétence, en premier et en dernier ressort, se détermine exclusivement par la demande ou les conclusions; qu'il n'y a lieu de prendre en considération ni les motifs, ni la demande, ni les moyens et exceptions qui peuvent lui être opposés par le défendeur, s'ils ne font pas l'objet d'une demande reconventionnelle; qu'en effet, aux termes de l'art. 1er de la loi du 11 avr. 1838, les tribunaux de première instance connaissent en dernier ressort de toutes les actions personelles jusqu'à la valeur de 1500 fr. en principal; que c'est donc le taux de la demande qui fixe le ressort; que, suivant l'art. 2 de la même loi, la défense peut avoir une influence sur la détermination du degré de juridiction, mais seulement quand elle se produit sous la forme d'une demande reconventionnelle ou en compensation; — Attendu, dans l'espèce, que, par son exploit introductif d'instance, la veuve Murgue a demandé que Grangé fût condamné à lui payer la somme de 776 fr. 87 cent., pour le prix de la mitoyenneté des murs séparatifs de leurs propriétés; que, dans ces dernières conclusions, relatées dans les qualités du jugement dont est appel, elle a réduit à 689 fr. 68 la somme par elle précédemment réclamée; que Grangé s'est borné à conclure à ce que la demande de la veuve Murgue fût déclarée non recevable et mal fondée; que, par suite des conclusions qui ont ainsi lié le débat, les premiers juges se sont trouvés en présence d'une demande personnelle nettement déterminée, et qui ne dépassait pas la valeur du dernier ressort; que, vainement, Grangé cherche à se prévaloir des prétentions à la mitoyenneté des murs qu'il a émises dans les motifs de ses conclusions; que ce n'est là qu'un simple moyen de défense qui n'a fait l'objet d'aucune demande reconventionnelle de sa part, et ne saurait par suite, changer le caractère du débat; — Confirme, etc. — Pourvoi en cassation par Grangé pour violation des règles générales sur la compétence en premier et en dernier ressort des tribunaux civils de première instance, et fausse application de l'art. 1er de la loi du 11 avr. 1838, en ce que l'arrêt attaqué a déclaré non recevable l'appel d'un jugement statuant implicitement, mais nécessairement, sur une valeur indéterminée. — Arrêt.

La cour; — Sur le moyen unique du pourvoi : — Attendu que le débat soulevé entre les parties, quoique ayant pour cause une question de mitoyenneté, était déterminé, quant à son intérêt, par la somme de 689 fr. 68 cent., demandée par la veuve Murgue pour prix de cette mitoyenneté; qu'ainsi l'arrêt attaqué a reconnu à bon droit que le jugement était en dernier ressort;

Par ces motifs, rejette, etc.

Du 12 janv. 1886.-Ch. civ.-MM. Barbier, 1er pr.-Manau, rap. Charrins, 1er av. gén., c. contr.-Lecointe et Bazille, av.

admet que si le demandeur qui revendique un immeuble d'une valeur indéterminée laisse au défendeur la faculté de s'affranchir de l'action en payant une somme moindre de 1500 fr., le jugement est en dernier ressort. Le système contraire considère le jugement comme étant en premier ressort. C'est à ce dernier système que nous serions disposés à nous rallier comme au plus conforme à la doctrine adoptée par la jurisprudence lorsque la demande contient à la fois des chefs déterminés et des chefs indéterminés. — Dans tous les cas, cette controverse est sans objet lorsque le jugement n'accueille la demande que dans l'une de ses termes sans laisser subsister l'option qui y est renfermée. En pareil cas, en effet, on se trouve en présence, non plus d'une solution qui présente une alternative, mais d'une décision ferme qui est évidemment en premier ressort si elle porte sur la partie indéterminée de la demande, et en dernier ressort si elle porte sur la partie déterminée, et que celle-ci soit inférieure à 1500 fr. C'est ainsi que le jugement intervenu sur une demande tendant alternativement, soit à l'exécution de la vente d'un immeuble dont le prix n'est déterminé ni en rente, ni par prix de bail, soit au payement de dommages-intérêts inférieurs au taux du premier ressort, est susceptible d'appel, s'il se borne à ordonner l'exécution de la vente, et prive le dernier système que nous serions disposés dommages-intérêts, du bénéfice de l'alternative qui réduisait le litige à une valeur n'excédant pas le taux du dernier ressort (Civ. cass. 4 nov. 1863, aff. Yence, D. P. 63. 1. 470).

168. Au point de vue des degrés de juridiction, la jurisprudence semble considérer comme une action mixte l'action en nullité ou en rescision d'une vente d'immeuble ; il faut donc appliquer aux actions de cette catégorie la règle de l'art. 1er de la loi du 11 avr. 1838 et apprécier la valeur de l'immeuble uniquement d'après le prix du bail, ou au moyen d'une rente ; sinon l'action resterait indéterminée. Il en résulte que les tribunaux ne statuent qu'à charge d'appel sur la demande en nullité de la vente d'un immeuble quelque minime qu'en soit la valeur et bien qu'il résulte des conclusions des parties qu'elle est inférieure à 1500 fr., si le revenu n'est déterminé ni en rente, ni par le prix du bail (Rennes, 25 mars 1847, aff. Bizeul, D. P. 49. 5. 105). — Il en est de même du jugement rendu sur l'action formée par un créancier en nullité d'une vente d'immeuble faite par le débiteur, si la valeur de l'immeuble est indéterminée, bien que la créance soit inférieure à 1500 fr. (Req. 20 juin 1853, aff. Gallien, D. P. 53. 1. 273).

Sect. 3. — **Des degrés de juridiction en cause d'appel** (*Rép.* nos 471 à 645).

Art. 1er. — *Jugements qualifiés en premier ou en dernier ressort* (*Rép.* nos 472 à 481).

169. Comme on l'a vu au *Rép.* nos 472 et suiv., l'art. 453 c. proc. civ. a fait cesser toute hésitation sur les effets de la qualification erronée de *jugement en premier ou en dernier ressort* donnée par les juges du premier degré à leur décision. Un jugement improprement qualifié en dernier ressort n'en est pas moins susceptible d'appel et d'appel seulement, car il ne saurait être déféré pour ce seul motif à la cour de cassation, qui devrait rejeter d'office le pourvoi fondé sur un tel moyen (*Rép.* no 478).

170. Lorsque le jugement est en dernier ressort, mais a été improprement qualifié *en premier ressort*, la règle est la même, c'est-à-dire que l'appel n'en est pas recevable (Nancy, 20 janv. 1870, aff. Thirion, D. P. 72. 2. 89). C'est ainsi que le jugement d'un tribunal de commerce qui annule la sentence d'un conseil de prud'hommes pour cause d'incompétence et statue en même temps sur le fond par voie d'évocation est en dernier ressort, alors même que les juges l'auraient qualifié de jugement en premier ressort. Il ne peut, par suite, être attaqué par la voie de l'appel (Dijon, 27 janv. 1882, aff. Lagny, D. P. 83. 2. 187).

171. Sur la question de savoir quels jugements sont en premier et en dernier ressort, V. *supra*, nos 19 et suiv., et vo *Appel civil*, nos 24 et suiv.

Art. 2. — *Effets des conventions des parties quant au premier et au dernier ressort.* — *Prorogation de juridiction.* — *Ordre public.* — *Chose jugée* (*Rép.* nos 482 à 519).

§ 1er. — Cas où les parties confèrent à un tribunal de premier degré le droit de statuer en dernier ressort (*Rép.* nos 483 à 493).

172. On a exposé *supra*, vo *Appel civil*, no 23, les nouvelles décisions ayant, depuis la publication du *Répertoire*, appliqué l'art. 6, tit. 4, de la loi des 16-24 août 1790 qui donne aux parties la faculté de consentir, même d'avance, à être jugées sans appel (*Rép.* vo *Appel civil*, nos 221 et suiv.).

173. La renonciation au droit d'appel, lorsqu'elle a lieu au cours de l'instance, doit être l'œuvre de toutes les parties. Celles-ci doivent toutes consentir à ce que ce tribunal prononce sans appel ; le défaut de consentement de l'une d'elles suffirait à rendre l'appel recevable. — La renonciation doit, en outre, être expresse et formellement constatée. A la vérité, lorsqu'il s'agit pour une partie, devant le juge d'appel, de renoncer à se prévaloir de ce qu'une contestation n'aurait pas été soumise au juge du premier degré, cette renonciation peut résulter des circonstances, ainsi qu'on le verra *infra*, no 180 ; mais il s'agit ici d'une situation de fait et de droit toute différente. Devant le juge d'appel, la partie qui conclut au fond et qui ne se prévaut pas de ce que la demande est nouvelle, peut être réputée renoncer au bénéfice du double degré de juridiction, car ses conclusions indiquent, par le fait même qu'elles ont été formulées sans réserves, la renonciation à se prévaloir de ce que le juge du premier degré n'a pas été saisi (V. *infra*, vo *Demande nouvelle*, no 8 ; Req. 13 mars 1876, aff. Siméon Lévy, D. P. 76. 1. 342). La comparution volontaire devant le juge du premier degré ne saurait, au contraire, laisser présumer la renonciation au droit d'appel, c'est-à-dire à un droit qui n'est pas encore né. Il faut donc, si la partie consent à faire juger la contestation en dernier ressort par le juge du premier degré, si elle renonce à l'appel, qu'elle fasse connaître sa volonté d'une manière claire et formelle. — Enfin il faut que cette volonté soit constatée par écrit. Il s'agit, en effet, à la différence de ce qui se passe lorsque la renonciation au bénéfice du double degré de juridiction a été inscrite dans une convention en vue des difficultés qu'elle peut éventuellement faire naître (V. *supra*, vo *Appel civil*, no 23), d'un véritable compromis, c'est-à-dire d'un acte qui ne peut être constaté qu'au moyen d'un acte authentique ou sous seing privé (V. *supra*, vo *Arbitrage*, nos 42 et suiv.). C'est ce qui a été formellement décidé, au point de vue de la compétence des juges de paix, par deux arrêts de la cour de cassation (Civ. cass. 9 mars 1857, aff. Bourdier, D. P. 57. 1. 125 ; Req. 15 juin 1869, aff. Guillin et Segogne, D. P. 71. 1. 331. V. *supra*, vo *Compétence civile des tribunaux de paix*, no 137). Le consentement des parties pourrait encore être constaté par le jugement lui-même s'il en donnait acte, mais non par une simple mention dans les qualités dudit jugement (Douai, 12 déc. 1854, aff. Platel-Malfet, D. P. 55. 2. 85).

174. D'autre part, on a examiné *supra*, vo *Compétence civile des tribunaux d'arrondissement*, nos 136 et suiv., les nouveaux développements qu'a reçus la matière de la prorogation volontaire ou légale de la juridiction des tribunaux civils ; on a enfin exposé *supra*, vo *Compétence civile des tribunaux de paix*, nos 135 et suiv., la jurisprudence qui, depuis la publication du *Répertoire*, a tranché dans le sens de l'affirmative la question de savoir si les parties peuvent conférer au juge de paix le pouvoir de statuer sur une contestation d'une valeur supérieure au taux de sa compétence ordinaire ou de prononcer en dernier ressort sur une contestation dont il ne peut connaître qu'à charge d'appel.

§ 2. — Cas où les parties portent directement une contestation non encore jugée devant un tribunal du second degré ou d'appel (*Rép.* nos 494 à 514).

175. On trouve toujours en présence, au moins dans la doctrine, les deux opinions qui ont été exposées au *Rép.* no 494, sur l'importante question de savoir si les tribunaux d'appel ne peuvent connaître que des affaires qui ont déjà

subi un premier degré de juridiction ou si, au contraire, les parties sont, d'un commun accord, maîtresses de faire franchir à l'instance le premier degré de juridiction et de porter *de plano* leur contestation devant le juge d'appel.

Le système qui considère l'incompétence des juges d'appel pour statuer sur des contestations qui n'ont point été l'objet d'un premier jugement comme absolue et comme ne pouvant être convertie par le consentement ou le silence des parties, est encore énergiquement soutenu par M. Glasson, *De l'incompétence absolue, Revue critique,* année 1881, p. 472 et suiv. Suivant la doctrine du savant professeur, conforme à celle que nous avions nous-même considérée au *Rép.* n° 494 comme la plus juridique, le principe des deux degrés de juridiction est d'ordre public et rentre dans les lois de la compétence absolue, qui ont pour objet de déterminer les ordres de juridiction et leurs degrés, et de faire connaître quels sont les tribunaux de droit commun et quels sont les tribunaux d'exception. Or, il n'est aucune de ces lois qui fasse, même de la manière la plus indirecte, allusion au prétendu droit qu'auraient les plaideurs de s'accorder pour supprimer le premier degré de juridiction et s'entendre au second. Ce silence est significatif et prouve bien que, dans l'intention du législateur, le principe des deux degrés de juridiction et la nécessité de s'adresser d'abord au premier sont d'ordre public. Sans doute il est bien permis de renoncer au droit d'appeler, non seulement après que le jugement a été rendu, mais même par avance et avant que ce droit soit ouvert. Sans doute, en pareil cas, le procès ne subit qu'un degré de juridiction, mais il n'en résulte pas que les règles relatives aux degrés de juridiction ne soient pas d'ordre public, et que, s'il est permis de supprimer le second degré en conservant le premier, il soit aussi permis de supprimer le premier pour conserver le second. Il n'y a aucune analogie entre les deux cas. Lorsqu'une partie renonce au droit d'appeler, elle se borne, pour l'avenir, à ne pas user d'un droit qui lui appartient, et pour le passé, elle s'est conformée aux règles de la compétence absolue en plaidant devant les juges du premier degré. Ceux qui s'adressent directement au second degré de juridiction font tout autre chose : ils intervertissent les deux degrés de juridiction en mettant le second à la place du premier; aussi y a-t-il en pareil cas incompétence absolue.

176. Le système contraire paraît définitivement adopté par la jurisprudence (V. *suprà*, v° *Compétence civile des tribunaux d'arrondissement,* n° 157). Il reconnaît aux parties le droit de franchir d'un commun accord, exprès ou tacite, le premier degré de juridiction, et de porter *de plano* leur différend devant le tribunal d'appel. Dans ce système, ainsi qu'il résulte de la jurisprudence constatée déjà au *Rép.* n°ˢ 496 et suiv., la règle des deux degrés de juridiction n'étant établie que dans l'intérêt des parties, celles-ci peuvent renoncer à s'en prévaloir (Req. 13 juill. 1875, aff. Héricé, D. P. 76. 1. 118-119; Civ. rej. 29 avr. 1885, aff. Albert Lacam, D.P.85.1.375.—V. toutefois : Civ. cass. 12 mars 1889, aff. Munier, D.P.89.1.177, et la note). Ce second système est peut-être moins rigoureusement conforme aux principes que le premier, mais il est plus en harmonie avec l'ensemble de la jurisprudence dans des cas analogues. Ainsi on verra *infrà*, v° *Demande nouvelle,* n° 8, qu'une demande peut être portée pour la première fois devant la cour d'appel, à l'occasion d'une demande antérieure, si les parties n'y opposent

pas une fin de non-recevoir tirée de la nouveauté de ladite demande. Or, si l'art. 464 c. proc. civ. déclare irrecevables en appel les demandes qui n'ont pas été soumises au juge de première instance, c'est par respect pour le principe du double degré de juridiction et de la règle que nul ne peut malgré lui être privé du bénéfice de ce double degré lorsque la loi le lui accorde. Si donc le consentement des parties suffit à rendre recevable en appel la demande nouvelle formée à l'occasion d'une autre demande ayant subi le premier degré de juridiction, pourquoi ne suffirait-il pas à rendre recevable la demande qui serait portée directement devant la cour par voie principale? La situation en droit est identique, et il ne semble pas que la circonstance que dans le cas de l'art. 464, la demande est accessoire à une instance déjà engagée soit un motif de décider qui resterait sans valeur dans le cas de demande portée directement devant un juge d'appel.

Il a été jugé, dans ce sens, que la partie qui a pris, en appel, des conclusions tendant à faire admettre une demande sur laquelle le premier juge a omis de statuer, est censée avoir renoncé au premier degré de juridiction (Req. 12 août 1874, aff. Laperrine, D. P. 76. 1. 501); — Que lorsque les premiers juges, saisis d'une demande en dation d'un conseil judiciaire, ont refusé d'ordonner l'interrogatoire prescrit par la loi, et que la cour d'appel, par un arrêt infirmatif, a décidé qu'il y serait procédé devant elle, le défendeur qui a été interrogé a pris ensuite des conclusions sur le fond, sans faire aucunes protestations ni réserves, ne peut se faire un grief de ce qu'il a été privé du premier degré de juridiction, soit de ce que la formalité de l'interrogatoire, omise par le tribunal, n'a été remplie qu'en degré d'appel (Civ. rej. 29 avr. 1885, aff. Albert Lacam, D.P.85.1.375).

177. Le tribunal qui, au lieu de statuer sur les reproches dirigés contre un témoin, en matière sommaire, avant de recevoir la déposition de celui-ci, déclare les réserver pour y être statué en même temps que sur le fond, établit ainsi suffisamment, qu'il a été saisi, et la cour, en appel, peut admettre les reproches sans violer le principe du double degré de juridiction (Req. 5 nov. 1878) [1].

178. Lorsqu'un tribunal civil est saisi de l'appel d'une sentence de juge de paix incompétemment rendue, et qu'il annule cette sentence, il doit néanmoins statuer sur le litige comme juge du premier degré si les parties, reconnaissant qu'il s'agissait entre elles d'un débat qui n'était pas de la compétence du juge de paix, mais de la compétence du tribunal civil, s'accordent pour considérer comme non avenu tout ce qui avait été fait devant le juge de paix, et décident, pour éviter les frais, de saisir immédiatement le tribunal par voie de conclusions, des contestations existant entre elles (Req. 25 avr. 1881, aff. Delcan, D. P. 82. 1. 155). Aucun doute ne saurait s'élever sur la validité de la convention qui intervient ainsi entre les parties, et qui tend à faire rentrer la cause dans l'ordre légal des compétences, et à atténuer les frais du procès. D'autre part, le tribunal civil qui a accepté cette convention et consenti à être aussitôt saisi du litige par l'échange de conclusions immédiates, sans autres formalités préalables, connaît évidemment en premier ressort seulement de la cause ainsi reprise et renouvelée devant lui, et son jugement est susceptible d'appel, sans qu'aucune atteinte soit portée à la règle qui limite à deux les degrés de juridictions. C'est, en effet, devant lui que l'instance commence,

---

[1] (Syndic Revel *C.* Jourdan et consorts.) — La cour; — Vu les deux pourvois formés par le syndic de la faillite Revel contre deux arrêts rendus par la cour d'appel de Riom, les 14 et 15 mai 1877; — Attendu que ces pourvois sont connexes, la cour en prononce la jonction, et statuant par un seul et même arrêt : — Sur le premier moyen dirigé contre l'arrêt du 14 mai, et tiré de la violation des art. 464, 413, 432, 270, 283 c. proc. civ., en ce que l'arrêt a admis contre certains témoins de la contre-enquête, des reproches à l'admission desquels il avait été conclu pour la première fois en appel, et qui n'étaient, par conséquent, pas recevables : — Attendu que si, dans les enquêtes faites en matière ordinaire, les témoins sont entendus par un juge commissaire, sans qualité pour apprécier le mérite des reproches qui peuvent être proposés contre certains témoins, et si, par suite, pour saisir régulièrement le tribunal de ces reproches, il est nécessaire devant lui de les renouveler par des conclusions expresses, dans les affaires sommaires, au contraire, les témoins sont entendus à l'audience par le tribunal entier, appelé à statuer sur les reproches

au moment même où ils se produisent, que les reproches doivent être, sauf les cas où ils sont justifiés par écrit, proposés et jugés avant que la déposition ne soit reçue, et que le tribunal est saisi par l'articulation même des reproches; — Attendu que, lors de l'enquête faite devant le tribunal de commerce de Mauriac, Jourdan et consorts ont successivement formulé des reproches contre dix témoins produits par le syndic de la faillite Revel; que le tribunal, qui aurait pu juger ces reproches avant de recevoir la déposition de chacun des témoins contestés, a déclaré réserver ces reproches pour y être statué en même temps que sur le fond; qu'il a ainsi suffisamment établi qu'il se considérait comme régulièrement saisi; — Attendu, par suite, que le syndic soutient à tort que l'arrêt attaqué a admis des reproches sur lesquels il avait été conclu pour la première fois en appel, et que le moyen invoqué manque en fait ;…

Par ces motifs, rejette, etc.

Du 5 nov. 1878.-Ch. req.-MM. Bédarrides, pr.-Talandier, rap.-Lacointa, av. gén., c. conf.-Lesage, av.

puisque tout ce qui a été fait antérieurement est, d'un commun accord des parties, considéré comme nul, et lorsqu'elle est ensuite portée devant la cour d'appel, elle ne fait que suivre son cours régulier. Cette solution s'applique spécialement au cas où le litige primitivement soumis au juge de paix soulève une question de propriété dont il n'appartient pas à ce magistrat de connaître. Ainsi lorsque dans une contestation relative à un élagage d'arbres, le défendeur, quoique ayant excipé d'un droit de propriété sur le terrain recouvert par les branches, a vainement requis le juge de paix de se déclarer incompétent, ce défendeur manifeste clairement son intention de saisir, directement et sans assignation, le tribunal civil de la question de propriété, alors qu'en appel tout en concluant à l'annulation de la sentence qui a ordonné l'élagage, comme incompétemment rendue, il prend soin de déclarer qu'il porte devant le tribunal sa demande en délimitation de son fonds et de celui du demandeur, selon leurs titres respectifs à appliquer sur les lieux ; le demandeur, d'autre part, manifeste sa propre intention d'être jugé par le tribunal, abstraction faite des formalités introductives d'instance, sur la question ainsi posée par son adversaire, alors que, nonobstant ses premières conclusions par lesquelles il a demandé la confirmation de la sentence du juge de paix, il consent ensuite, sur un jugement du tribunal ordonnant une expertise pour la délimitation et l'application des titres, à prendre part au choix de l'expert, et continue à participer à la procédure, en concourant à une enquête relative à la prescription prétendue du terrain, et en prenant des conclusions sur la question même de propriété. Dans ces conditions le tribunal de première instance, qui constate qu'on l'a saisi tout à la fois, comme juge d'appel, de la contestation relative à l'élagage, et comme juge du premier degré de la question de propriété soulevée aux débats, peut valablement, en même temps qu'il annule la sentence du juge de paix sur l'élagage, comme incompétemment rendue, statuer sur la question de propriété qui lui est directement soumise par l'accord des parties ; et, de ce dernier chef, sa décision est susceptible d'appel devant la cour, dans les termes du droit commun (Civ. cass. 20 juill. 1886, aff. Vellat, D. P. 87. 1. 381).

179. La partie sur les conclusions de laquelle une affaire a été portée devant la cour d'appel n'est évidemment pas fondée à se plaindre de l'inobservation des degrés de juridiction. Lors donc qu'une partie a interjeté appel d'un jugement par défaut encore susceptible d'opposition, au lieu d'employer cette dernière voie, elle ne peut se plaindre de ce que la recevabilité de son appel n'a pas été prononcée par le juge (*Rép.* n° 500), ni se faire un grief de ce que le jugement contre lequel elle a préféré l'appel à l'opposition n'a pas été qualifié de jugement par défaut (Paris, 3 août 1872, aff. Cabrol, D. P. 73. 2. 119).

§ 3. — Cas où les parties défèrent à un tribunal de premier ou de second degré une contestation qui a déjà été l'objet d'un jugement en dernier ressort (*Rép.* n°* 512 à 519).

180. Conformément aux décisions rapportées ou citées au *Rép.* n°* 514 et suiv., la jurisprudence est restée fixée en ce sens que la fin de non-recevoir tirée contre un appel de ce que le jugement est en dernier ressort est d'ordre public, peut être proposée en tout état de cause et ne serait couverte ni par le silence des parties, ni par les défenses au fond (V. *suprà*, v^is *Appel civil*, n° 22 ; *Compétence civile des tribunaux d'arrondissement*, n° 155, où on a exposé le dernier état de la jurisprudence sur cette question). Elle peut même être suppléée d'office par le juge d'appel et invoquée pour la première fois devant la cour de cassation (V. *ibid.*).

Art. 3. — Causes dont les cours d'appel connaissent en premier et en dernier ressort (*Rép.* n°* 520 à 524).

181. Au nombre des causes qui doivent être portées directement devant les cours d'appel sans passer par l'intermédiaire des tribunaux de première instance, nous avons cité (*Rép.* n° 520) les règlements de juges, et les demandes fournies pour les frais faits par les officiers ministériels devant les cours d'appel. On exposera les nouveaux développements que comporte la matière des règlements de juges

infrà, v° *Règlement de juges*. Quant à ceux qui ont trait à la compétence spéciale fixée par l'art. 60 c. proc. civ., on se réfère aux explications données *suprà*, v° *Compétence civile des tribunaux d'arrondissement*, n°* 100 et suiv. — Nous rappellerons enfin que les cours d'appel n'ont plus sous le régime des lois électorales actuelles aucune juridiction en matière d'élections (V. *infrà*, v° *Droits politiques*).

182. Les cours d'appel connaissent de l'exécution de leurs arrêts infirmatifs lorsqu'elles n'ont pas renvoyé cette exécution à un autre tribunal, ou lorsque la loi n'a pas fait à cet égard attribution de juridiction. Les décisions qu'elles rendent alors sur les contestations relatives à l'exécution sont en premier et dernier ressort (V. *Rép.* n° 523, et *infrà*, v° *Jugement*).

Art. 4. — De l'évocation. — Conditions sous lesquelles elle est permise (*Rép.* n°* 525 à 648).

183. L'évocation, ainsi qu'il résulte des explications qui ont été fournies au *Rép.* n°* 525 à 535, consiste dans la faculté attribuée au tribunal du second degré, saisi par l'appel d'un jugement incident, de statuer à la fois, par un seul et même jugement, sur cet appel et sur le fond. C'est donc une dérogation au droit commun, suivant lequel le tribunal d'appel devrait, après avoir infirmé le jugement d'incident, se dessaisir et laisser les premiers juges statuer sur le fond, sauf le droit qui resterait aux parties, d'interjeter appel du jugement qui termine la contestation. Mais le législateur a pensé qu'il y avait à abréger les procédures et à éviter aux parties des frais et des lenteurs préjudiciables, un intérêt assez important pour justifier, quant au fond de la contestation, la suppression du premier degré de juridiction.

184. Suivant quelques auteurs, ce n'est pas l'intérêt des parties que le législateur aurait eu principalement en vue dans cette matière. Le motif de célérité et d'économie qu'on regarde généralement comme le fondement du droit d'évocation, est, dit-on dans ce système, insuffisant pour expliquer complètement l'art. Il ne justifie pas une des conditions essentielles du pouvoir d'évoquer, à savoir, que le jugement du tribunal inférieur ait été infirmé. S'il s'agissait uniquement d'économiser du temps et des frais aux plaideurs, le tribunal du second degré devrait avoir le droit d'évoquer aussi bien dans le cas où il confirme que dans celui où il infirme la décision des premiers juges. Mais le droit d'évocation a encore et surtout un autre objet, garantir la bonne administration de la justice, assurer aux tribunaux du second degré leur suprématie sur les tribunaux inférieurs. Le rapprochement des art. 472 et 473 fait bien ressortir cette préoccupation du législateur. Dans l'art. 472, il enlève au juge du premier degré l'exécution de l'arrêt qui infirme sa décision, pour la confier à la cour d'appel ou à un autre tribunal désigné par elle, tandis qu'en cas de confirmation il confie l'exécution du jugement confirmé au tribunal qui l'a rendu. Cette distinction n'est-elle pas évidemment fondée sur la crainte que les juges du premier degré, dont la décision a été infirmée, ne soient cependant portés à revenir à leur propre jugement s'ils devaient connaître des difficultés d'exécution ? L'art. 473 établit pour le droit d'évocation la même distinction : la cour peut évoquer, si elle a infirmé ; elle ne le peut pas, si elle a confirmé. Il n'est pas téméraire de penser que ces deux articles, placés l'un à côté de l'autre, reposent sur la même idée : le législateur a voulu, dans un intérêt supérieur, assurer la suprématie du tribunal d'appel. L'art. 473 est donc, autant que l'art. 472, une loi d'ordre public, et la jurisprudence ne l'interprète pas exactement lorsqu'elle le fait reposer sur des raisons d'intérêt privé et admet, par exemple, que le tribunal d'appel peut évoquer lorsque les conditions de l'art. 473 ne sont pas réunies si les parties y consentent (V. *Rép.* n° 499, et *suprà*, n° 175) ou encore lorsqu'elle admet que l'évocation est possible bien que le tribunal du premier degré ait été juge du litige en dernier ressort. (V. Glasson, *Dissertation* en note, D. P. 84. 2. 201, et *De l'incompétence absolue*, Revue critique, année 1881, p. 472 et suiv.).

185. Nous croyons pour notre part que le système dont on vient d'exposer les éléments est trop absolu, bien qu'il renferme une part considérable de vérité. Sans aucun doute

l'évocation est une mesure qui intéresse l'ordre public et la bonne administration de la justice. Mais nous pensons aussi que le législateur, en l'autorisant, a tenu largement compte de l'intérêt des parties et qu'il s'est efforcé de satisfaire cet intérêt en même temps que celui de l'ordre public, en recherchant à la fois le moyen de restreindre les frais et d'assurer la bonne administration de la justice. Sans doute il s'agit d'une dérogation au principe du double degré de juridiction, d'une mesure exceptionnelle et, pour ce motif, on ne doit l'autoriser que sous les conditions déterminées par la loi; comme le dit M. Henri Bonfils, *Traité élémentaire de procédure*, n° 1437, « pareille dérogation à une règle fondamentale ne saurait être admise en toute hypothèse et abandonnée au caprice des plaideurs et des juges ». Mais si on ne peut priver les parties du double degré de juridiction en dehors des conditions prévues par l'art. 473, malgré elles ou tout au moins sans leur acquiescement tacite, rien ne s'oppose lorsqu'elles sont maîtresses de leurs droits, à ce qu'elles renoncent à cette garantie et consentent à l'évocation. N'est-ce pas rester dans l'esprit de la mesure autorisée par l'art. 473 et concilier à la fois l'intérêt des parties et les règles de la hiérarchie judiciaire? Une atteinte quelconque est-elle portée à la bonne administration de la justice? Nous ne le pensons pas.

186. Quoi qu'il en soit, et sauf le cas où les parties y consentent (V. *infrà*, n°s 192 et suiv.) l'évocation, en raison de son caractère de mesure exceptionnelle, ne doit être autorisée que sous les conditions prévues par l'art. 473 et lorsque ces conditions sont réunies : la pratique est bien établie en ce sens (Civ. cass. 22 janv. 1877, aff. Michelet, D. P. 77. 1. 310; C. cass. Belgique, 14 juin 1883, aff. Caulier, D. P. 84. 2. 201). Ces conditions sont : 1° que la décision des premiers juges soit infirmée (V. *infrà*, n°s 187 et suiv.); 2° que la décision infirmée n'ait pas jugé le fond (V. *infrà*, n°s 192 et suiv.); 3° que le juge d'appel qui infirme statue par un seul et même jugement (V. *infrà*, n°s 195 et suiv.); 4° enfin que la cause soit en état de recevoir une solution définitive (V. *infrà*, n°s 197 et suiv.).

A ces conditions viennent s'en ajouter deux autres d'après M. Glasson (Boitard, Colmet d'Aage et Glasson, *Leçons de procédure civile*, t. 2, p. 87) : l'une résulte de la force des choses, l'autre des règles de la compétence et de la notion même de l'évocation. — Il faut, en premier lieu, pour que l'évocation soit possible, qu'il reste quelque chose à juger; par exemple, si le jugement infirmé avait décidé que l'instance n'était pas périmée, la cour en infirmant ce jugement ne pourrait évoquer (V. *infrà*, n° 210), car il ne resterait plus rien à juger. — Il faut, en second lieu, que le tribunal qui exerce le droit d'évocation soit compétent pour statuer sur l'affaire comme tribunal du second degré. Mais la jurisprudence admet cependant, contrairement à l'opinion de M. Glasson, *ibid.*, que l'évocation est possible, alors même que le tribunal dont le jugement est infirmé pour incompétence serait juge du fond en dernier ressort (V. *infrà*, n° 211).

§ 1er. — Infirmation de la décision des premiers juges
(*Rép.* n°s 543 à 552).

187. L'infirmation de la décision interlocutoire ou définitive sur incident est la condition essentielle de l'évocation du fond (*Rép.* n° 543). Ainsi lorsque le juge du premier degré a omis de prononcer sur un des chefs de la demande, il appartient au juge d'appel, en vertu de l'effet dévolutif de l'appel, de statuer sur ce chef, sans qu'il y ait lieu de procéder par voie d'annulation et d'évocation (Req. 12 août 1874, aff. Laperrine, D. P. 76. 1. 501). — Jugé de même, qu'un tribunal d'appel ne peut évoquer qu'autant qu'il infirme un jugement pour vice de forme ou pour toute autre cause légale; qu'il ne peut connaître d'une contestation qui n'a pas été portée devant les juges du premier degré, à moins qu'il n'en soit saisi par un accord formel et exprès des parties (Civ. cass. 29 juill. 1884, aff. Le Marouille, D. P. 85. 1. 52); — Qu'en conséquence, le tribunal d'appel qui confirme une sentence par laquelle le juge de paix, saisi d'une question de bornage, s'était déclaré incompétent, bien que le titre ne fût pas contesté, et qui, statuant au fond, tranche, par interprétation du titre, une question de propriété qui ne lui était pas soumise, commet un excès de pouvoir (Même arrêt).

188. Une fois cette condition remplie, on n'a pas à rechercher quelle est la cause de l'infirmation, pourvu que l'affaire soit en état de recevoir jugement. Le texte de l'art. 473 ne fait aucune distinction entre les diverses causes d'infirmation ; par la généralité de ses termes, il les comprend toutes sans distinction. La jurisprudence est définitivement fixée en ce sens (Aix, 29 janv. 1848, aff. Département de la Corse, D. P. 51. 1. 196 ; Paris, 9 févr. 1867, aff. Ducamp, D. P. 67. 2. 195; Caen, 11 avr. 1884, aff. Colein, D. P. 85. 2. 196, et *infrà*, n°s 197 et suiv.). Mais on exige et avec raison que l'infirmation soit elle-même régulière. Ainsi un tribunal civil qui aurait annulé, comme incompétemment rendue, la sentence d'un juge de paix en matière de bornage, alors que ce magistrat n'est pas sorti des limites de sa compétence, ne saurait évoquer le fond (Civ. cass. 27 févr. 1860, aff. Isambert, D. P. 60. 1. 137).

189. Il n'est pas nécessaire que l'infirmation soit prononcée expressément; il suffit qu'elle résulte de la décision du juge d'appel, ce qui a lieu notamment lorsque cette décision implique nécessairement l'annulation du jugement de première instance. Ainsi lorsqu'un jugement a admis une partie à invoquer, à titre de présomption, les pièces d'une procédure correctionnelle, l'arrêt qui décide que, dans l'espèce, les présomptions n'étaient pas admissibles, infirme par là même le jugement d'avant dire droit et peut, dès lors, évoquer le fond (Req. 5 août 1880, aff. Turbot, D. P. 81. 1. 241). Mais l'arrêt qui, sur l'appel du jugement rendu dans une instance en rescision pour lésion, s'est borné à homologuer l'expertise, à ordonner que la valeur de l'immeuble dont la vente était attaquée figurerait dans la fixation de la masse, et à renvoyer devant le notaire déjà commis, n'a point dessaisi le tribunal de l'action en partage proprement dite et n'a pu, par conséquent, évoquer le fond sur l'instance en partage. En effet, tout en statuant sur l'action en rescision et en infirmant sur ce point la décision des premiers juges, l'arrêt n'en a pas moins laissé subsister le jugement qui renvoyait les opérations du partage devant le notaire. Cependant, en pareil cas, les juges d'appel, bien qu'ils aient déclaré à tort évoquer le fond sur l'instance en partage, ne commettent aucun excès de pouvoir s'ils ne statuent en réalité que dans les limites de l'appel formé sur l'action en rescision (Civ. rej. 1er août 1881, aff. Brun, D. P. 82. 1. 169). L'emploi de l'expression *évocation* importe peu, en effet, si en fait le tribunal d'appel n'évoque pas.

190. On peut se demander si un jugement est réellement infirmé et si l'évocation est possible lorsque la cour modifie simplement le jugement, notamment, en qualifiant de moyen ce que le tribunal avait appelé exception préjudicielle et, en ce qui concerne le dispositif, en déclarant mal fondée une action que le tribunal avait d'abord jugée non recevable. — La cour d'Alger s'est prononcée pour l'affirmative, mais cette solution nous paraît douteuse (Alger, 23 janv. 1875, aff. Demarqué, D. P. 76. 2. 59). Il semble en effet, qu'il n'y a pas, en pareil cas, infirmation du jugement frappé d'appel, puisque l'effet du dispositif n'a pas été changé. En définitive, le juge d'appel dans l'espèce jugée par la cour d'Alger, s'était borné à redresser la qualification donnée par le premier juge à l'exception soulevée devant lui et avait, comme le tribunal de première instance, repoussé l'action du demandeur; n'avait-il pas, dès lors, confirmé en quelque sorte quoique par des motifs différents et en qualifiant autrement les moyens invoqués, la décision des premiers juges?

191. Les n°s 546 à 552 du *Répertoire* se réfèrent aux dispositions de l'art. 472 c. proc. civ. relatives à l'exécution des jugements. Cette matière a été traitée plus spécialement au *Rép.* v° *Jugement*, n°s 562 et suiv. On y reviendra *infrà*, eod. v°.

§ 2. — Nécessité que la décision infirmée n'ait pas jugé le fond
(*Rép.* n°s 553 à 559).

192. Il n'y a pas lieu d'évoquer lorsque le tribunal supérieur est saisi, par la voie d'appel, d'un jugement qui a statué en première instance sur tous les points du litige (*Rép.* n° 553) : l'art. 473 ne concerne que les appels dirigés contre des jugements interlocutoires ou contre des jugements qui, statuant sur des nullités de forme, ont laissé en dehors le fond même du procès. — Au contraire, lors-

que le premier juge a statué au fond, le juge du second degré qui annule cette décision, à raison, par exemple, de l'irrégularité d'une mesure d'instruction, ne doit ni évoquer, ni renvoyer devant d'autres juges (Toulouse, 3 juin 1868, aff. Laurence, D. P. 68. 2. 108; 16 déc. 1869, aff. Commune de Bonnac, D. P. 70. 2. 84). — Il n'a pas non plus à évoquer lorsque l'acte d'appel vise à la fois une nullité de forme, et la décision définitive au fond (Toulouse, 17 janv. 1882, aff. Vidal, D. P. 84. 2. 160); car il se trouve saisi de l'ensemble du litige qui lui est soumis par les conclusions des parties. Peu importe que l'intimé ne prenne pas de conclusions au fond et se borne à discuter la recevabilité de l'appel; il n'en peut résulter pour l'intimé que le seul droit de considérer l'arrêt comme rendu par défaut; mais il ne saurait prétendre qu'il y a violation de l'art. 473 (Civ. rej. 27 juill. 1873, aff. Chemin de fer de Lyon, D. P. 73. 1. 328). En pareil cas, en effet, le premier degré de juridiction se trouve épuisé; la cause est dévolue en entier et de plein droit au juge d'appel en vertu de la loi de sa compétence, et c'est à lui seul, par conséquent, qu'il appartient de vider le litige, sauf à ordonner préalablement tel moyen d'instruction qu'il juge nécessaire (V. Chauveau et Carré, *Lois de la procédure*, t. 4, quest. 1702, § 1er). Spécialement, le tribunal civil, saisi de l'appel d'un jugement rendu par un juge de paix, ne peut, en annulant ce jugement sous prétexte de cumul du pétitoire et du possessoire, renvoyer les parties devant un autre juge de paix, ni évoquer (Civ. cass. 18 nov. 1872, aff. Bagaule, D. P. 72. 1. 454), mais il peut prescrire telle mesure d'instruction qu'il juge nécessaire (Req. 19 déc. 1871, aff. Prat, D. P. 71. 1. 299; Civ. cass. 15 févr. 1882, aff. Donat, D. P. 83. 1. 18-19. V. encore : Amiens, 26 févr. 1881, *supra*, v° *Appel civil*, n° 206). Enfin, il a été jugé que lorsque, sur l'appel d'un jugement qui a repoussé une demande comme non recevable pour défaut de qualité du demandeur, les parties ont repris leurs conclusions au fond comme elles l'avaient fait en première instance, la cour est saisie, par l'effet dévolutif de l'appel, de l'examen entier du litige; qu'elle peut, dès lors, en infirmant le jugement sur la recevabilité de la demande et en statuant au fond sans recourir à une évocation, ordonner une mesure d'instruction (Civ. rej. 8 nov. 1887, aff. Cruchet, D. P. 88. 1. 479). — Ici le premier juge n'avait pas, il est vrai, abordé l'examen du fond du litige; mais il n'en avait pas moins prononcé le rejet de la demande, et sa décision avait la même portée, le même effet que s'il avait écarté les prétentions du demandeur comme non justifiées au fond.

193. La règle d'après laquelle l'évocation n'est pas possible quand les premiers juges ont statué sur le fond du litige a été jugée avec raison applicable au cas où un tribunal annule la sentence d'un juge de paix qui avait donné acte d'un accord intervenu entre les parties, comme ayant mal interprété leur commune intention (Civ. rej. 14 févr. 1872, aff. Hédouin-Lobez, D. P. 72. 1. 140). En pareil cas, en effet, la décision du premier juge constitue un véritable jugement sur le fond du procès. Le tribunal est donc saisi de la contestation en vertu de l'effet dévolutif de l'appel; et, par suite, il peut retenir la connaissance du fond quoiqu'il ne soit pas en état (Même arrêt). — Décidé également que lorsqu'une cour annule, à raison de la composition irrégulière du tribunal, un jugement statuant sur le fond du litige, elle est saisie de la connaissance du fond par l'effet dévolutif de l'appel, sans avoir besoin de recourir à l'évocation (Civ. rej. 17 juin 1873, aff. Gaspari et Campana, D. P. 73. 1. 475). Il en est de même dans le cas où elle annule un jugement irrégulier comme fondé sur une visite des lieux à laquelle le tribunal a procédé d'une manière purement officieuse et sans remplir aucune des formalités tracées par les art. 295 et suiv. c. proc. civ. (Riom, 14 juin 1858, aff. Meillet, D. P. 58. 2. 192). Au reste, sa décision serait régulière du point même elle aurait à tort énoncé qu'elle statuerait par voie d'évocation (Mêmes arrêts).

194. D'après un arrêt de la cour de Rouen, du 13 mars 1880 (aff. Bansard, D. P. 80. 2. 245), en cas d'infirmation d'un jugement de première instance qui a rejeté implicitement les exceptions proposées par les défendeurs, sans donner aucun motif de ce rejet, la cour d'appel ne pourrait statuer par voie d'évocation parce que l'affaire n'est pas en état, et elle devrait renvoyer les parties devant le tribunal

même qui a rendu ce jugement, mais composé d'autres juges par application de l'art. 472. Cette décision paraît avoir méconnu la règle qui fait l'objet du présent paragraphe. Il s'agissait d'un jugement ayant statué sur le fond, auquel, par conséquent, l'art. 473 n'était pas applicable puisqu'il ne peut y avoir évocation lorsque les premiers juges ont statué au fond. L'art. 472 ne pouvait davantage s'y appliquer. Ce dernier article ne parle, en effet, que de l'exécution de l'arrêt infirmatif, et il est assurément difficile de considérer l'instance relative au fond du procès comme une exécution de l'arrêt qui prononce l'infirmation pour vice de forme d'un jugement qui a statué au fond.

§ 3. — Le tribunal d'appel qui infirme doit statuer par un seul et même jugement (*Rép.* n°s 560 à 562).

195. La règle dont il s'agit ici ne donne lieu à aucune observation nouvelle. On remarquera seulement qu'il résulte des décisions citées au paragraphe qui précède que le juge d'appel n'est pas tenu de statuer par un seul et même arrêt lorsqu'il se trouve saisi du fond, déjà jugé en première instance, soit en raison de l'effet dévolutif de l'appel, soit par les conclusions expresses des parties. La même observation avait été déjà faite au *Rép.* n° 560 en ce qui concerne la jurisprudence rapportée aux n°s 553 et suiv.

196. On a vu au *Rép.* n° 578-5° que la règle suivant laquelle les juges d'appel qui évoquent en cas d'infirmation d'une décision interlocutoire sont tenus de statuer par le même jugement qui infirme l'interlocutoire, ne doit s'entendre que de la décision même du fond au principal, qu'elle ne s'étend pas à l'exécution du jugement ou arrêt infirmatif pour laquelle les juges d'appel restent maîtres d'ordonner telle mesure qui leur paraît nécessaire en se réservant de prononcer ensuite ce qu'il appartiendra. Ainsi la cour d'appel peut reconnaître par voie d'évocation le principe d'une créance avec renvoi devant un expert pour l'établissement du compte de cette créance, sans contrevenir à l'art. 473 (Civ. cass. 9 mars 1863, aff. Formann, D. P. 63. 1. 176).

§ 4. — La cause doit être en état de recevoir une décision définitive au moment où l'évocation a lieu (*Rép.* n°s 563 à 570).

197. L'interprétation de la règle qui fait l'objet de ce paragraphe a été, depuis la publication du *Répertoire*, confirmée ou précisée sur plusieurs points. — En principe, comme on l'a vu au *Rép.* n° 563, une cause ne saurait être réputée en état lorsqu'on est obligé de lui faire subir une instruction, si légère qu'elle soit, après le jugement d'évocation. Au reste, l'évocation n'est possible que lorsqu'il est statué sur l'infirmation du jugement et sur le fond du litige par un seul et même arrêt (V. *supra*, n° 195), et cette condition ne peut évidemment être remplie si le juge après avoir infirmé et retenu la connaissance de l'affaire, ordonne une mesure d'instruction, puisqu'en ce cas, il faudra un nouvel arrêt pour statuer sur le fond d'après les résultats de ladite mesure. Par application de cette règle, il a été jugé: 1° que le droit d'évocation, en cas d'infirmation sur appel d'un jugement interlocutoire, n'est pas valablement exercé si, avant de statuer sur le fond, les juges d'appel croient devoir prescrire une expertise (Civ. cass. 22 janv. 1877, aff. Michelet, D. P. 77. 1. 310) ; — 2° Que la cour saisie de l'appel d'un jugement qui a rejeté une demande en séparation de corps en accueillant une fin de non-recevoir qui ne touchait pas au fond de l'instance, ne peut retenir la connaissance du fond lorsqu'elle infirme ce jugement si la demande donne lieu à enquête (Nancy, 22 janv. 1870, aff. Thiébaut, D. P. 70. 2. 76).

Une conséquence nécessaire de la règle dont on s'occupe, c'est que l'évocation n'est possible qu'autant que les deux parties ont pris des conclusions sur le fond du litige; car si l'une ou l'autre n'a pas conclu au fond, la cause n'est pas en état d'être jugée définitivement. Ainsi le juge d'appel ne peut évoquer, lorsque le défendeur, ensuite intimé, s'est borné à opposer des fins de non-recevoir tirées de son défaut de qualité pour défendre à l'action du demandeur et à conclure à ce que cette action fût déclarée recevable, sans formuler aucunes conclusions sur le fond du débat (Civ. cass. 25 avr. 1883, aff. Ben Saad, D. P. 84. 1. 20). Il en est encore ainsi au cas où l'exéquatur d'un

jugement rendu à l'étranger est demandé à un tribunal français : la cour ne peut, en infirmant la décision du premier juge, évoquer la cause lorsqu'il n'a été pris ni devant elle, ni en première instance, aucunes conclusions par la partie contre laquelle l'exéquatur est demandé (Nancy, 13 août 1881) (1). Même décision dans le cas où l'appelant a fait défaut en première instance et n'a pas conclu au fond en appel (Caen, 31 janv. 1887, aff. Lefaix, D. P. 88. 2. 60).

199. Mais il n'est pas nécessaire que les parties aient conclu au fond devant le juge d'appel ; la cause peut être considérée comme étant en état bien que les conclusions au fond n'aient été prises que devant les premiers juges, soit par les deux parties, soit par l'une d'entre elles. On ne peut, évidemment, exiger que les parties reprennent leurs conclusions sur le fond en appel : d'une part, en effet, les conclusions prises en première instance ont suffisamment précisé le débat, et, d'autre part, il ne saurait dépendre d'une des parties d'enlever à la cour l'exercice de la faculté d'évocation soit en s'abstenant de conclure au fond, soit en faisant défaut. C'est là un point constant en jurisprudence (V. *Rép.* n° 565 ; Req. 12 mars 1866, aff. Commune de Luenza, D. P. 66. 1. 472 ; 7 déc. 1868, aff. de Courtivron, D. P. 69. 1. 188 ; Alger, 25 janv. 1875, aff. Demarqué, D. P. 76. 2. 59 ; Nancy, 13 août 1881, *suprà*, n° 198 ; Req. 10 août 1886, aff. Maingot, D. P. 88. 1. 464).

200. Il importe de préciser ce qu'on doit entendre ici par conclusions *au fond*. Pour qu'une partie soit réputée avoir conclu au fond, il n'est pas indispensable que ses conclusions renferment la discussion plus ou moins détaillée des prétentions de son adversaire ; il suffit qu'elles impliquent, à les supposer admises, le rejet de ses prétentions. Ainsi il a été jugé : 1° que ses d'appel d'un jugement interlocutoire, la cause est en état et que, dès lors, l'évocation est possible quand l'appelant a conclu au fond en première instance et en appel, et que l'intimé a conclu, devant les deux degrés de juridiction, au débouté de la demande (Civ. cass. 13 mai 1874, aff. Refano, D. P. 75. 1. 83) ; — 2° Que la partie qui, après avoir opposé à l'action intentée contre elle une fin de non-recevoir, conclut à être renvoyée de la demande avec dépens, peut être considérée comme ayant conclu au fond, et que, par suite, les juges d'appel ont le droit, en cas d'infirmation de la décision qui a accueilli la fin de non-recevoir, d'user de la faculté d'évocation établie par l'art. 473 c. proc. civ. (Req. 7 déc. 1868, aff. de Courtivron, D. P. 69. 1. 488) ; — 3° Que la cour d'appel qui infirme la décision par laquelle les premiers juges s'étaient déclarés compétents pour connaître du litige, peut évoquer le fond, alors que l'appelant, défendeur originaire, ayant conclu, d'une part, à l'infirmation du jugement, d'autre part, à l'évocation de la cause, l'intimé a demandé que l'appelant fût débouté de toutes ses demandes, fins et conclusions (Civ. rej. 6 janv. 1886, aff. Dariel, D. P. 87. 5. 146). En pareil cas, comme le dit cet arrêt, il y a eu en appel de la part des deux adversaires des conclusions « au fond ».

201. Un arrêt a admis la possibilité d'évoquer pour le juge d'appel sans exiger que des conclusions sur le fond de l'affaire aient été formellement prises, soit en première instance, soit en appel, à la seule condition qu'il y ait connexité entre la question préjudicielle, notamment, la question de compétence et la question du fond, et, par conséquent, que le débat entre les parties ait porté néces-

sairement sur les deux points à la fois (Civ. rej. 13 mai 1852, aff. Aulhac, D. P. 72. 1. 317. V. *infrà*, n° 212). Cette décision n'est pas contraire à la règle qui subordonne la faculté d'évocation à la condition que des conclusions au fond aient été prises ; cette condition, en effet, se trouvait remplie, puisqu'en réalité, comme le constate l'arrêt « les parties avaient respectivement discuté la question du fond ». Il paraît, au contraire, difficile de concilier avec la même règle un autre arrêt aux termes duquel la présence d'une partie à une expertise contradictoire suffit pour que l'instance soit liée au fond, quand bien même cette partie n'aurait conclu au fond ni en première instance, ni en appel (Alger, 25 janv. 1875, aff. Demarqué, D. P. 76. 2. 59). Cette solution, adoptée quelquefois en matière administrative, ne nous paraît pas devoir être suivie en matière civile.

202. Si le tribunal doit, pour évoquer, constater que la cause est en état, il n'est pas tenu de formuler cette constatation par une déclaration expresse. Il n'est pas obligé non plus de déclarer formellement qu'il use du droit d'évocation. Pareille exigence n'est écrite nulle part dans la loi ; aussi les prescriptions légales doivent-elles être tenues pour respectées du moment où, en fait, même sans parler *in terminis* d'évocation, le juge du second degré déclare que la cause présente d'ores et déjà des éléments suffisants d'information, infirme, en conséquence, le jugement qui a ordonné une mesure interlocutoire, et tranche le débat au fond, alors que le fond était effectivement en état d'être jugé d'une manière définitive. Toutes les conditions exigées pour l'évocation sont, en ce cas, dans ce cas, pleinement remplies. Ainsi une cour d'appel fait légitimement usage du droit d'évocation, bien qu'elle n'énonce pas expressément son intention d'user de cette faculté, lorsque, par le motif que la cause fournit des éléments d'appréciation suffisants, elle infirme un jugement qui a ordonné une expertise et statue en même temps sur le fond du procès qui était en état (Req. 6 juin 1887, aff. Avy, D. P. 87. 1. 327).

203. Quels sont en cette matière les pouvoirs des juges d'appel ? La loi n'ayant pas déterminé les conditions qu'une affaire doit remplir pour être réputée en état, il semble en résulter qu'ils jouissent d'un pouvoir souverain pour apprécier si la cause est ou non susceptible d'être jugée définitivement et, par suite, d'être évoquée (*Rép.* n° 565 ; Req. 5 juill. 1882, aff. de Broglie C. Pasquier et autres.-MM. Bédarrides, pr.-Petit, rap.-Chévrier, av. gén., c. conf.-Panhard, av.). — « Attendu, dit l'arrêt que l'on vient de citer, que le tribunal n'a fait qu'user du pouvoir souverain d'appréciation qui lui appartenait en jugeant que la cause se trouvait en état de recevoir une décision définitive... ». Mais il faut bien s'entendre sur la portée de cette règle. Elle signifie qu'il appartient au juge d'appel d'apprécier librement dans son for intérieur si les questions litigieuses ont été suffisamment élucidées et s'il n'y a pas lieu de recourir à de nouvelles mesures d'instruction : son appréciation, sur ce point, quelle qu'elle soit, échappe à tout contrôle. Ainsi lorsque les parties ont conclu au fond, et que le tribunal du second degré trouve dans ces conclusions et dans les documents de la cause des éléments qu'il juge suffisants pour lui permettre de statuer en connaissance de cause, la décision par laquelle il évoque le fond est souveraine (Req. 19 janv. 1875, aff. Masson-Sabatier, D. P. 75. 1. 256. V. aussi Req. 19 févr. 1884, aff. Larseneur, D. P. 84. 1. 388). Mais il appartient toujours à la

---

(1) (Lumsden C. Spick.) — LA COUR ; — En ce qui concerne l'évocation : — Attendu, en droit, que si l'art. 473 c. proc. civ., par dérogation au principe général des deux degrés de juridiction, autorise une cour d'appel, lorsqu'elle infirme sur une question de compétence le jugement d'un tribunal, à évoquer le fond en statuant sur le tout par un seul et même arrêt, c'est à la condition limitativement déterminée que « la matière soit disposée à recevoir une décision définitive » ; — Attendu que pour l'accomplissement de cette condition, il est indispensable qu'au moins en première instance, le défendeur originaire ait, sur le fond du procès posé des conclusions et fait connaître ainsi ses moyens de défense ; — Attendu que l'objet du litige étant ainsi précisé de part et d'autre, il n'appartient pas à l'appelant ou à l'intimé d'enlever à la cour l'exercice de la faculté d'évocation, soit en s'abstenant de reprendre ses conclusions au fond, soit même en faisant complètement défaut ; — Mais que la disposition exceptionnelle de l'art. 473 demeure inapplicable toutes les fois que, ni en première instance, ni en appel, l'une des

deux parties n'a pas conclu au fond ; — Attendu que cette théorie est formellement consacrée par la jurisprudence de la cour suprême (Arrêts des 9 mars 1853, 14 nov. 1865 et 12 mars 1866, V. *suprà*, n° 196, 199 ; *infrà*, n° 222) ; — Que, notamment, l'arrêt du 14 nov. 1865 casse et annule pour violation de l'art. 473 la décision d'une cour d'appel qui avait prononcé, par voie d'évocation dans une affaire « où il n'y avait eu de défense au fond, ni devant les premiers juges, ni devant les juges d'appel » ; — Attendu, en fait, que devant le tribunal de Rocroi, l'intimé Spick s'est borné à demander la caution *judicatum solvi* ; que loin de se défendre au fond, il n'a même pas conclu sur la question de compétence soulevée d'office par le jugement ; — Attendu que devant la cour, il fait actuellement défaut ; — Attendu que la matière en l'état n'est donc pas disposée à recevoir une décision définitive dans le sens de l'art. 473 ; que dès lors, il convient de renvoyer la cause et les parties devant un autre tribunal en vertu de l'art. 472.

Du 13 août 1881.-C. de Nancy, 1re ch.-MM. Ballot-Beaupré, 1er pr.-Sadoul, av. gén., c. contr., sur l'évocation.-Lacaille, av.

cour de cassation de vérifier si les conditions légales nécessaires pour que la cause puisse être réputée en état se trouvaient accomplies dans l'espèce. Ainsi il est évident qu'un
arrêt qui avait prononcé l'évocation tout en ordonnant une
nouvelle mesure d'instruction, ou sans que les parties aient
conclu sur le fond du litige, ne saurait échapper à la censure
de la cour de cassation sous le prétexte qu'il appartenait
aux juges d'appel de décider souverainement si la cause
était ou non susceptible de recevoir une décision définitive
(Comp. Civ. cass. 13 mai 1874, 22 janv. 1877, 25 avr. 1883,
cités *suprà*, n°s 186, 197, 198 et 200).

204. Le consentement des parties en cause autoriserait-
il le juge d'appel à déroger à la règle qui prohibe l'évocation quand l'affaire n'est pas en état de recevoir une solution définitive ? Cette question se rattache à celle de savoir
si la règle des deux degrés de juridiction est ou non d'ordre
public (V. *suprà*, n° 180). Suivant la solution qu'on adoptera sur ce point controversé, on reconnaîtra ou non au
juge d'appel le droit d'évoquer, avec l'assentiment exprès ou
tacite des parties, en dehors des conditions prescrites par
l'art. 473 c. civ. et notamment dans le cas où l'affaire n'est
pas en état. C'est, comme on l'a vu *suprà*, n° 112, malgré
un certain nombre de décisions contraires, dans le sens favorable au libre exercice de la volonté des parties que la jurisprudence paraît fixée aujourd'hui. Il a été jugé, en ce sens,
que le fond peut être évoqué bien que la cause ne soit pas
en état de recevoir une décision définitive lorsque les parties,
dans les conclusions par elles prises en appel, ont renoncé
au bénéfice des deux degrés de juridiction (Civ. rej. 7 avr.
1880, aff. Daguerre, D. P. 80. 1. 245). Il en est ainsi, spécialement dans le cas d'appel d'une sentence par laquelle le
juge de paix s'est déclaré incompétent pour statuer sur une
action en complainte, lorsque l'appelant et l'intimé ont
l'un et l'autre conclu à ce que le tribunal, en infirmant cette
sentence, évoquât le fond et les déclarât chacun en possession du terrain litigieux, et subsidiairement offert de
prouver par témoins leur possession respective (Même arrêt).
De même, il a été décidé que lorsqu'une cour d'appel
retient l'exécution d'un arrêt interlocutoire et statue en
usant du droit d'évocation par un second arrêt sur le fond,
celui-ci ne peut être attaqué sous prétexte qu'il avait violé
le principe du double degré de juridiction, si les parties ont
volontairement exécuté l'arrêt interlocutoire et conclu sur le
fond devant la cour (Req. 14 nov. 1888, aff. Cannes, D. P.
88. 1. 225. — V. toutefois *ibid.* en note les observations
critiques de M. Glasson. — V. encore Req. 12 août 1884,
aff. de Clermont-Tonnerre, D. P. 85. 1. 71).

§ 5. — Causes générales d'évocation. — Jugements à l'égard desquels elle a lieu ; interlocutoires ou définitifs. — Exécution
(*Rép.* n°s 571 à 581).

205. L'évocation constituant une faculté dérogatoire au
droit commun ne doit être exercée que dans les cas et sous
les conditions spécifiées par l'art. 473 c. proc. civ. (*Rép.*
n° 571, et *suprà*, n°s 183 et suiv.). Cette règle fréquemment
énoncée en termes exprès par la cour de cassation (V.
notamment : Civ. cass. 22 janv. 1877, aff. Michelet, D. P.
77. 1. 310), est toujours appliquée par elle d'une manière
rigoureuse, toutes les fois que le consentement exprès des
parties n'a pas permis d'y déroger. — Mais si les conditions
auxquelles est subordonnée la faculté d'évocation sont
rigoureusement obligatoires, on ne saurait exiger que le
juge en observe d'autres qui ne sont pas écrites dans la loi ;
il faut donc rejeter, comme nous l'avons fait au *Rép.*
n° 572, la doctrine enseignée par Chauveau et Boncenne,
suivant laquelle la faculté d'évocation ne saurait être
exercée lorsque la demande n'a pas été régulièrement
introduite devant le juge de première instance. La condamnation de cette doctrine résulte, depuis la publication du
Répertoire, de divers arrêts qui ont reconnu la régularité de
l'évocation, alors que la demande avait été irrégulièrement
formée devant le premier juge. Il a été reconnu, notamment,
qu'en annulant le jugement de première instance par le motif
que les parties n'ont pas été régulièrement représentées, la
cour peut, si la cause est en état, évoquer et statuer au fond,
bien qu'alors ce ne soit pas seulement le jugement qui est
nul, mais toute la procédure et même l'exploit d'ajourne-

ment, de telle sorte qu'il ne reste rien de la première instance (Aix, 28 janv. 1848, aff. Département de la Corse,
D. P. 51. 1. 196). — Jugé, de même, que la faculté d'évocation peut être exercée, lors même qu'une partie n'aurait
pas été régulièrement habilitée pour ester en première instance, si, alors que l'affaire vient devant la cour, cette
situation a été régularisée. Ainsi, les juges saisis de l'appel
d'un jugement qui a déclaré nulle une demande, à défaut,
par exemple, d'autorisation de plaider, peuvent, en infirmant
ce jugement par le motif que l'autorisation est intervenue
depuis, juger le fond par voie d'évocation (Req. 5 nov.
1860, aff. Legras, D. P. 61. 1. 300. V. également : Paris,
9 févr. 1867, aff. Ducamp, D. P. 67. 2. 195. V. *suprà*, n° 188).

206. Comme on l'a vu au *Rép.* n°s 574 et suiv., l'un des
cas où l'évocation peut avoir lieu est celui où le tribunal
supérieur infirme un jugement interlocutoire. — On ne saurait ranger dans cette catégorie de jugements celui qui
accorde à une partie des dommages-intérêts à établir par
état ; un tel jugement n'est ni une décision interlocutoire,
ni une décision définitive sur un incident, mais un jugement rendu au fond et contenant une condamnation définitive qu'il ne reste plus qu'à liquider. Il ne peut être question
d'évocation en pareil cas ; mais la cour se trouvant saisie,
sur l'appel des parties, du différend tout entier, peut, sans
contrevenir au principe du double degré de juridiction,
régler sur-le-champ, d'après les éléments du débat, les
dommages-intérêts qui pourraient être dus (Req. 20 août
1877, aff. Chaix, D. P. 78. 1. 299). — Il en est de même
dans le cas d'un jugement qui ordonne la rectification, sur
des bases déterminées, d'un compte, rendu et débattu devant
le tribunal ; ce jugement n'ayant point le caractère d'un
interlocutoire, la cour saisie de l'appel de ce jugement
statue au fond, non en vertu d'une évocation, mais par
suite de l'effet dévolutif de l'appel, et peut retenir l'exécution
de l'arrêt, notamment, renvoyer les parties devant un des
conseillers pour le détail des rectifications ordonnées
en appel (Civ. cass. 15 janv. 1873, aff. Baisier, D. P. 73. 1.
249).

207. Les jugements définitifs dont l'infirmation peut,
suivant l'art. 473, § 2, être suivie d'évocation sont exclusivement ceux qui statuent définitivement sur des nullités ou
sur des incidents (*Rép.* n° 553 ; Crim. cass. 26 août 1853,
aff. Besle, D. P. 53. 1. 77 ; 9 juill. 1856, aff. Dumont-Ber-
taux, D. P. 56. 1. 266). Comme le dit cet arrêt, « les
dispositions de l'art. 473 sont étrangères à l'appel qui porte
non seulement sur des nullités ou des incidents, mais sur la
décision définitive au fond rendue par le juge de première
instance ». Mais si par suite, il n'y a pas lieu à évocation,
le juge d'appel n'en a pas moins, comme dans le cas auquel
se réfèrent des arrêts cités au numéro précédent, le droit de
statuer sur le fond de la contestation : « Toute la cause lui
est alors dévolue en vertu de la loi de sa compétence ; et
lui seul, par conséquent, appartient désormais d'y statuer, et
il ne peut s'en dessaisir, sauf à ordonner préalablement tels
moyens nouveaux d'instruction qu'il juge nécessaires »
(Arrêt précité du 9 juill. 1856). En conséquence, il est tenu,
s'il infirme, de conserver la connaissance de l'affaire, et ne
peut renvoyer les parties devant les juges de première
instance sous prétexte que l'affaire ne serait pas en état,
en ce que, par exemple, l'infirmation a été prononcée par
suite de l'annulation du moyen d'instruction sur les résultats
duquel s'appuyait le jugement frappé d'appel (Même arrêt).
Comme on l'a vu au *Rép.* n° 577, le droit d'évocation subsiste en cas de renvoi après cassation. La seconde
cour peut évoquer, s'il y a lieu, quoique la première cour
n'ait pas usé du droit que la loi lui attribuait (Aix, 28 janv.
1848, aff. Département de la Corse, D. P. 51. 1. 196). C'est
la conséquence logique du principe suivant lequel la cassation d'un jugement ou arrêt a pour effet de remettre les
parties en même et semblable état qu'elles étaient au moment
où la décision cassée était prête à intervenir.

§ 6. — Infirmation pour cause de nullité (*Rép.* n°s 582 à 601).

208. L'évocation est permise lorsque le jugement est
infirmé pour cause de nullité (*Rép.* n° 582). Il résulte des
nombreuses décisions qui ont été recueillies au *Répertoire*
qu'il n'y a pas à distinguer entre les causes de nullité qui

vicient le jugement infirmé ; quelle que soit cette cause, l'évocation peut avoir lieu si, d'ailleurs, la cause est en état et si le tribunal d'appel peut statuer sur le fond par le même arrêt. Il en est spécialement ainsi lorsque la cour annule un jugement en raison de la composition irrégulière du tribunal qui l'a rendu (*Rép.* n° 582). Mais si le jugement annulé a statué sur le fond, c'est ici encore par l'effet dévolutif de l'appel que la cour se trouve saisie : elle statue comme juge du second degré (V. *suprà*, n° 193; Civ. rej. 17 juin 1873, aff. Gaspari, D. P. 73. 1. 475; Poitiers, 18 juin 1881, aff. Bricault, D. P. 82. 2. 103). Il importe peu, d'ailleurs, qu'elle déclare statuer par voie d'évocation : c'est là une déclaration surabondante qui n'implique aucune violation de l'art. 473 et ne saurait vicier sa décision (Arrêt précité du 17 juin 1873).

209. L'évocation pourrait également avoir lieu si la cour d'appel infirmait le jugement déféré pour vice dans le règlement des qualités du jugement (Poitiers, 18 juin 1881, aff. Bricault, D. P. 82. 2. 103). De même, au cas d'annulation pour excès de pouvoir, la cour saisie de l'appel d'une ordonnance rendue sur requête ordonnant l'expulsion *manu militari* des anciens gérants d'une société et l'installation à leur place de deux administrateurs séquestres dans les termes de l'art. 1961 c. civ. peut, après avoir annulé l'ordonnance pour excès de pouvoir, évoquer le fond, lorsque d'ailleurs la cause se trouvait en état au moyen de conclusions prises devant elle par toutes les parties (Civ. rej. 26 nov. 1867, aff. Gibiat, D. P. 67. 1. 473). — Jugé encore que le jugement du tribunal de commerce qui décide le fond, sans avoir préalablement statué sur une demande incidente à fin de renvoi pour une vérification d'écritures, est irrégulier, et que la cour d'appel peut, après avoir annulé ce jugement, statuer sur le fond par voie d'évocation (Paris, 4 juin 1869, aff. Cotté, D. P. 70. 2. 62).

210. L'évocation, en cas d'annulation de la décision des premiers juges pour vice de forme comme pour toute autre cause, ne peut avoir lieu qu'autant que la nullité est encourue et justement prononcée; s'il n'y avait pas lieu à annulation, les juges d'appel ne pourraient qu'infirmer ou confirmer la décision frappée d'appel, et le jugement nouveau qu'ils rendraient par voie d'évocation au fond, c'est-à-dire en ne prenant en aucune considération la décision du premier juge, supposée à tort illégale et nulle, serait frappé de nullité (Civ. cass. 27 févr. 1860, aff. Isambert, D. P. 60. 1. 137. V. *suprà*, n° 188). — Il faut enfin, comme on l'a exposé *suprà*, n° 186, que l'annulation du jugement prononcée, il reste quelque chose à juger; notamment, le juge ne peut évoquer lorsqu'il déclare périmée la procédure de première instance et infirme par voie de conséquence la décision du juge du premier degré. En effet, l'évocation ne peut avoir lieu que lorsque la cause est en état, par suite d'actes de procédure qui subsistent malgré l'infirmation du jugement; or la péremption a précisément pour effet, lorsqu'elle est demandée et prononcée, d'anéantir tous les actes de la procédure, et, par conséquent, les mesures d'instruction et les conclusions au fond qui avaient mis la cause en état devant les juges saisis de l'instance périmée (*Rép.* v° *Péremption*, n° 303 et suiv.). Jugé en ce sens qu'au cas d'annulation d'une sentence de juge de paix, comme prononcée après la

péremption de l'instance, le juge d'appel ne peut évoquer le fond, sous prétexte que la cause serait en état d'être jugée, la péremption d'une instance emportant extinction de la procédure, et ne permettant pas, dès lors, d'en faire la base d'une évocation (Civ. cass. 17 déc. 1860, aff. Lanfranchi, D. P. 61. 1. 18).

§ 7. — Infirmation pour incompétence (*Rép.* n°ˢ 602 à 624).

211. Il n'est plus douteux aujourd'hui que le tribunal d'appel qui infirme un jugement pour cause d'incompétence ne puisse évoquer le fond du débat; les controverses qui s'étaient élevées autrefois sur ce point (*Rép.* n°ˢ 602 et suiv.) ont cessé depuis longtemps (Boitard, Colmet d'Aâge et Glasson, t. 2, p. 87; Rodière, 4ᵉ éd., t. 2, p. 111; Bonfils, n° 1442). En effet, la disposition de l'art. 473 est générale et ne distingue pas entre l'infirmation pour cause d'incompétence et l'infirmation pour une autre cause (V. *suprà*, n°ˢ 183 et suiv.). Le tribunal d'appel qui infirme pour cause d'incompétence peut donc évoquer le fond (V. outre les décisions citées au *Rép.* n°ˢ 606 et suiv. : Req. 28 févr. 1849, aff. Guibert, D. P. 49. 1. 158; Civ. rej. 3 juill. 1849, aff. Caussonel, D. P. 49. 1. 323; 9 mars 1863, aff. Formann, D. P. 63. 1. 176; 22 mars 1864, aff. Charpentier, D. P. 64. 1. 334; 13 mai 1872, aff. Aulhac, D. P. 72.1. 317; Bourges, 26 déc. 1871, aff. Devilliers, D. P. 72. 5. 134; Dijon, 28 févr. 1873, aff. Commune de Chaignay, D. P. 75. 5. 137; Lyon, 18 juill. 1883, aff. Tregnet, D. P. 84. 2. 180). — Il n'y a pas à distinguer non plus suivant que la décision du premier juge est annulée pour incompétence relative ou pour incompétence absolue (Req. 26 nov. 1873) (1).

212. L'évocation à la suite d'une infirmation pour cause d'incompétence est, cependant, subordonnée à certaines conditions : la première, d'une portée générale, et applicable quelle que soit la cause de l'infirmation, est que la cause soit en état (Dijon, 28 févr. 1873, aff. Commune de Chaignay, D. P. 75. 5. 137). — Jugé, conformément à cette règle : 1° que la cour peut, même en infirmant un jugement qui a accueilli une exception d'incompétence, évoquer le fond et y statuer, si l'appelant a conclu au fond, bien que l'intimé se soit borné à demander la confirmation du jugement (Bourges, 26 déc. 1871, aff. Devilliers, D. P. 72. 5. 134); — 2° Qu'une affaire est susceptible d'évocation par les juges d'appel qui infirment un jugement d'incompétence, lorsque des conclusions ont été prises subsidiairement au fond devant le tribunal, alors même qu'elles ne seraient pas reproduites devant la cour, les conclusions au fond posées devant le premier degré de juridiction suffisant pour tenir la cause en état devant le second degré et autoriser l'évocation (Civ. rej. 9 mars 1863, aff. Formann, D. P. 63. 1. 176); — 3° Qu'une affaire est susceptible d'évocation par les juges d'appel qui infirment un jugement d'incompétence, lorsque les parties ont respectivement discuté la question du fond, qui se confondait avec la question d'incompétence (Civ. rej. 13 mai 1872, aff. Aulhac, D. P. 72. 1. 317. V. aussi Civ. rej. 6 janv. 1886, cité *suprà*, n° 200). — Au contraire, le juge d'appel qui infirme pour incompétence la décision des premiers juges ne peut évoquer la cause, bien que les parties aient conclu au fond en première instance, s'il croit devoir

---

(1) (Fevez *C.* Bardot). — LA COUR ; — Sur le moyen unique, pris de la violation et fausse application de l'art. 473 c. proc. civ., de l'art. 12, tit. 3, de la loi du 24 août 1790, et des art. 1ᵉʳ et 2 de la loi du 11 avr. 1838 : — Attendu que l'art. 473 c. proc. civ., qui autorise les tribunaux d'appel, lorsqu'ils infirment le jugement de première instance et que la matière se trouve disposée à recevoir une solution définitive, à statuer en même temps sur le fond par un seul et même jugement, ne distingue pas entre l'annulation d'un jugement pour incompétence relative ou absolue, et l'annulation ou l'infirmation pour toute autre cause ; — Qu'il en résulte qu'un tribunal de première instance, saisi de l'appel d'une sentence de juge de paix, peut, en l'annulant comme incompétemment rendue, évoquer le fond, alors du moins que la contestation ne dépasse pas sa compétence en dernier ressort ; — Que le tribunal qui, dans cette supposition, statue définitivement sur la cause, n'élève pas sa propre compétence et ne prive pas les parties d'un degré de juridiction ; que rien ne s'oppose, dans les termes à l'exercice du droit d'évocation ; — Et attendu, en fait, que l'action introduite par le défendeur éventuel avait uniquement pour objet le payement d'une somme de 50 fr. à titre de dom-

mages-intérêts pour le trouble apporté par les demanderesses à sa jouissance comme locataire ; — Que cette demande d'indemnité, dont le principe a été contesté par les demanderesses et qui, par suite de cette contestation, a cessé d'être de la compétence du juge de paix, eût été de la compétence du dernier ressort du tribunal de Bar-le-Duc ; qu'elle lui avait été soumise directement ; que la prétention des demanderesses d'avoir conservé le droit de passer, comme bon leur semblait, par la grange louée au défendeur éventuel, ne constituait pas un débat sur une question de servitude ou de charge réelle ; que la contestation ne portait que sur les clauses et conditions d'un bail verbal, et que cette contestation, soulevée seulement d'une manière incidente, et comme défense à la demande originaire, n'en a pu changer la nature et l'importance ; — Qu'il suit de là que le jugement attaqué, loin d'avoir violé ou faussement appliqué les articles de loi visés par le pourvoi, a fait, au contraire, une saine application des principes de la matière ;

Par ces motifs, rejette, etc.

Du 26 nov. 1873.-Ch. req.-MM. de Raynal, pr.-Rau, rap.-Babinet, av. gén., c. conf.-Valabrègue, av.

ordonner une enquête avant de statuer définitivement sur la contestation; et il importe peu que les deux parties aient conclu à l'évocation; celle-ci n'en est pas moins irrégulière, du moment où l'une des parties a motivé ses conclusions sur ce que la cause était en état, et n'a ainsi renoncé au double degré de juridiction qu'autant que le juge estimerait que l'affaire était de nature à être jugée sans avant faire droit (Civ. cass. 9 déc. 1884, aff. Commune de Croix-Fonsonnes, D. P. 85. 1. 113).

213. Une seconde condition est que le juge d'appel soit lui-même compétent pour statuer au fond (Rép. n° 617). On la retrouve affirmée dans plusieurs arrêts (Req. 28 févr. 1849, aff. Guibert, D. P. 49. 1. 158; Civ. rej. 22 mars 1864, aff. Charpentier, D. P. 64. 1. 334; Req. 27 févr. 1878, aff. Sablon de la Salle, D. P. 79. 1. 367).

214. Enfin il faut que le tribunal devant lequel la cause est portée soit celui que la loi désigne comme juge du second degré : c'est là une condition qui tient à la nature même de l'évocation. Celle-ci, en effet, faisant franchir à la cause le premier degré de juridiction, ne se concevrait pas si le juge qui évoque n'avait pas lui-même qualité pour la trancher souverainement. La jurisprudence a fréquemment appliqué ce principe au cas d'appel devant le tribunal civil des sentences des juges de paix. Ainsi elle décide que le tribunal de première instance qui réforme, comme incompétemment rendu, un jugement de justice de paix, ne peut évoquer le fond alors que la demande ayant un objet indéterminé, il ne pouvait connaître du litige qu'à charge d'appel (Civ. cass. 29 mars 1853, aff. Noirot Poun, D. P. 52. 1. 104; Civ. cass. 14 mai 1878, aff. Leclère, D. P. 79. 1. 124; 23 déc. 1884, aff. Morin, D. P. 85. 1. 104). Spécialement, le juge de paix n'étant pas compétent en matière de louage, lorsque la contestation ne porte pas seulement sur le payement des loyers, mais aussi sur l'existence ou la validité du bail, le tribunal d'arrondissement, saisi par voie d'appel de la sentence du juge de paix pour cause d'incompétence, ne peut pas évoquer (Civ. cass. 6 janv. 1886, aff. Chapellet, D. P. 86. 1. 339). — Décidé de même, que le jugement du tribunal civil qui, après avoir infirmé pour incompétence la sentence d'un juge de paix sur une action réelle relative à un immeuble d'une valeur indéterminée, évoque l'affaire et déclare y statuer en dernier ressort est nul et doit être cassé (Civ. cass. 18 janv. 1875, aff. Commune de Villiers en Trye, D. P. 75. 1. 274). — La même solution doit être appliquée lorsque le tribunal civil infirme en appel, pour incompétence, une sentence d'un juge de paix rendue dans une contestation qui aurait dû être portée devant lui, et qu'il ne peut juger qu'en premier ressort en raison du chiffre du litige (Req. 6 juill. 1859, aff. Faure, D. P. 59. 1. 387).

215. Au contraire, le tribunal saisi de l'appel de la sentence d'un juge de paix par laquelle celui-ci s'est déclaré à tort compétent peut évoquer le fond et y statuer lorsque l'affaire est de la compétence en dernier ressort du tribunal civil (Trib. Marseille, 25 janv. 1871, aff. Pesci, D. P. 73. 1. 214). — L'évocation serait impossible, comme s'appliquant à un litige qui aurait été de la compétence en dernier ressort du tribunal civil, si, devant ce tribunal, le chiffre de la demande primitive a été réduit à 1500 fr. (Arrêt du 6 juill. 1859, cité suprà, n° 214). — De même, encore, la faculté d'évoquer appartient au tribunal civil, qui infirme comme incompétemment rendue la sentence d'un juge de paix, lorsqu'il s'agit de la demande en remboursement d'une somme inférieure à 1500 fr., alors même que le défendeur, pour se refuser à ce payement, soulèverait une question de servitude légale d'une valeur indéterminée, si sa prétention ne constitue qu'un simple moyen de défense à l'action principale, et non une demande reconventionnelle (Req. 20 avr. 1886, aff. Imbert, D. P. 87. 1. 253).

216. Il est à remarquer, d'ailleurs, que la décision du

tribunal qui évoque le fond, contrairement à la règle qui vient d'être rappelée, n'est pas susceptible d'appel. On a contesté ce point, en alléguant que dès l'instant où un tribunal reconnaît que le litige dont il est saisi par voie d'appel est placé dans ses attributions de juge de première instance, il ne peut trancher ce litige que comme juge de premier degré. Ainsi, dans ce système, on devrait faire abstraction de l'instance engagée devant le juge de paix et, par une sorte de fiction de procédure, considérer le procès comme ayant été soumis directement au tribunal. — Cela ne pouvait être admis; les parties ayant saisi le tribunal civil comme juge d'appel, il n'est pas permis à ce tribunal d'intervertir sa qualité et de se transformer en juge du premier degré. Si après avoir déclaré l'incompétence matérielle du juge de paix il évoque le fond, il use d'un droit qui ne peut être exercé qu'en instance d'appel, et il y aurait contradiction à regarder comme rendue en premier ressort une décision qui n'est intervenue et n'a pu intervenir qu'en vertu de ce droit d'évocation, essentiellement réservé au juge d'appel. C'est ce qu'a reconnu la jurisprudence (Civ. rej. 3 juill. 1849, aff. Caussonel, D. P. 49. 1. 323. V. dans le même sens : Poitiers, 8 févr. 1849, aff. Coudin, D. P. 49. 2. 255; Dijon, 4 févr. 1874, aff. Guilleminot, D. P. 75. 4. 138). La décision du tribunal ne peut donc être attaquée, en pareil cas, que par la voie du recours en cassation, dont le résultat sera de substituer une instance nouvelle à celle qui avait été irrégulièrement engagée.

217. Par application de la règle d'après laquelle le juge qui évoque doit être compétent pour statuer sur la cause comme tribunal d'appel, il a encore été décidé que la cour d'appel qui infirme un jugement du tribunal de commerce pour avoir statué sur une affaire qui est de la compétence du juge de paix, ne peut régulièrement évoquer le fond du litige et y statuer, n'étant pas juge d'appel des contestations dont la connaissance appartient au juge de paix (Paris, 20 juin 1863, aff. Compagnie impériale des voitures de Paris, D. P. 63. 2. 177; Nancy, 27 juill. 1873, aff. Thiriet, D. P. 74. 2. 77). — Il a été décidé, cependant, que la cour qui annule un jugement pour incompétence ratione materiæ a le droit d'évoquer le fond, alors même qu'il s'agit d'une affaire dont la connaissance appartient en première instance au juge de paix et en appel au tribunal civil d'arrondissement (Chambéry, 14 juill. 1866, aff. Galetto, D. P. 66. 2. 207). Mais cette décision est restée isolée. — Pour les mêmes motifs un tribunal de commerce ne peut pas, après avoir infirmé la sentence d'un conseil de prud'hommes pour cause d'incompétence, statuer sur la contestation par voie d'évocation s'il s'agit d'un litige dont il n'est juge d'après la loi qu'en premier ressort (Dijon, 27 janv. 1882, aff. Lagny, D. P. 83. 2. 187; Glasson, De la compétence absolue, Revue critique, année 1881, p. 407 et suiv.; Bonfils, n° 1442).

218. Une question qui reste toujours controversée est celle de savoir si l'évocation est possible lorsqu'il s'agit d'une affaire qui est de la compétence en premier et en dernier ressort du tribunal dont le jugement a été annulé en appel (V. Rép. n° 615). Les partisans de la négative font remarquer que le droit d'évocation est établi uniquement en faveur du tribunal du second degré, et qu'il ne peut, dès lors, en être question lorsque la loi établit un seul degré de juridiction. L'évocation, disent-ils, n'a pour but que d'abréger la procédure en portant immédiatement devant la cour la connaissance du litige, mais ne saurait avoir pour effet de proroger sa juridiction; ainsi, lorsqu'il s'agit d'une somme inférieure à celle qui détermine le dernier ressort, la cour ne peut être saisie que de la question de compétence, sans qu'il lui soit permis de connaître du fond (Glasson, Dissertation insérée D. P. 84. 2. 201; Douai, 18 nov. 1854, aff. Nicaise, D. P. 55. 2. 50; Nancy, 22 mars 1876, aff. Lhotte, D. P. 77. 2. 172; 25 juill. 1876, aff. Pierrot, D. P. 77. 2. 157; Aix, 10 août 1883) (1). — Le système contraire, qui reconnaît au juge d'appel le droit d'évoquer

---

(1) (Jourdan C. Beylon et Castagnetti.) — Le 16 mai 1883, le tribunal de commerce de Marseille a rendu un jugement ainsi conçu : — « Attendu que l'opposition du 4 avril dernier est régulière en la forme et faite en temps utile; — Attendu que les opposants déclinent la compétence du tribunal de commerce; — Attendu que la femme Castagnetti tient à Marseille une maison

meublée; qu'il est constant que Beylon participe à l'exploitation; que, par suite, les opposants sont commerçants; — Par ces motifs; — Reçoit en la forme Beylon et la demoiselle Castagnetti en leur opposition au jugement de défaut; — Renvoie pour les plaidoiries au fond, etc. ». — Appel par Beylon et la demoiselle Castagnetti. — Arrêt.

le fond lorsqu'il annule pour incompétence ou toute autre cause, alors même que le premier juge aurait statué en dernier ressort, a été consacré par la cour de cassation. La disposition de l'art. 473 c. proc. civ., dit-on à l'appui de ce système, qui autorise les tribunaux d'appel lorsqu'ils infirment pour vice de forme ou toute autre cause, un jugement de première instance, à statuer sur le fond par la même décision, est générale dans ses termes. Le droit d'évocation est donc général et absolu et s'applique, par conséquent, à toutes les affaires qui sont en état d'être jugées définitivement. Comme la disposition de l'art. 473 est motivée par un double intérêt d'économie et de célérité, toute distinction tirée du plus ou moins de valeur du litige serait contraire à son esprit. Le juge d'appel est donc maître d'évoquer le fond sans se préoccuper de savoir si le litige était ou n'était pas de la compétence en dernier ressort des juges de première instance. — Cette doctrine nous paraît parfaitement fondée. En évoquant, le juge d'appel ne porte aucune atteinte au droit de défense des parties ni aux règles d'ordre public, et se conforme au principe même de l'évocation. « Les parties, dit M. Bonfils, n° 1442, n'ont droit qu'à un seul degré de juridiction. Elles l'ont dans la cour. En ne les renvoyant pas devant le tribunal de première instance, on atteint le but de l'évocation ; frais économisés et lenteurs évitées » (Bourges, 5 janv. 1850, aff. Ligneau, D. P. 54. 5. 232 ; Colmar, 23 déc. 1850, aff. Beaujeu, D. P. 53. 2. 160; Bordeaux, 10 juin 1851, aff. Beaujeu, D. P. 53. 2. 160 ; Toulouse, 24 mars 1854, aff. Delmas, D. P. 54. 2. 219; Grenoble, 6 avr. 1854, aff. Thorel, D. P. 55. 5. 143 ; Nîmes, 12 juill. 1854, aff. Picard, D. P. 55. 2. 208 ; Rouen, 22 mars 1859, aff. Delahaye, D. P. 60. 5. 108 ; Civ. cass. 7 déc. 1859, aff. Deschamps, D. P. 60. 1. 30 ; Aix, 27 déc. 1860 (1) ; Bordeaux, 21 juin 1861, aff. Chegnaud, D. P. 62. 5. 101 ; Rouen, 20 avr. 1880 (2); Caen, 12 janv. 1881, aff. Gouville, D. P. 82. 2. 57, et sur pourvoi, Civ. rej. 21 mars 1883, D. P. 84. 1. 397 ; Nancy, 12 juill. 1887, aff. Mézières, D. P. 88. 2. 289).

219. La généralité des termes de l'art. 473 permet d'appliquer cet article au cas où la cour est saisie de l'appel d'une ordonnance de référé, même du chef d'incompétence. Lorsqu'elle annule cette ordonnance et que la cause au fond se trouve en état, au moyen des conclusions qui sont prises devant elle par toutes les parties, la cour peut évoquer et statuer au fond (*Rép.* n° 621 ; Caen, 12 juin 1854, aff. de Bourgey, D. P. 55. 5. 199 ; Paris, 6 janv. 1866, aff. Gibiat, D. P. 66. 2. 27 ; 23 janv. 1866, aff. Moullet et Cailliol, D. P. 66. 2. 28. V. aussi Civ. rej. 26 nov. 1867, aff. Gibiat, D. P. 67. 1. 473, cité *suprà*, n° 209). — Jugé également que la cour d'appel qui réforme une ordonnance de référé est compétente pour prononcer sur la demande de dommages-intérêts occasionnés à l'appelant par l'exécution donnée à cette ordonnance (Paris, 1er févr. 1873, aff. Souliac, D. P. 73. 2. 166). Le contraire a, toutefois, été jugé par la cour de Grenoble le 18 nov. 1856 (aff. Borel, D. P. 57. 2. 142). Mais si cet arrêt se justifie par le motif que, dans l'espèce, le fond n'avait pas été instruit devant la cour, il émet une doctrine inexacte et condamnée par la jurisprudence lorsqu'il pose en principe que les cours d'appel ne peuvent évoquer que lorsqu'elles ont à statuer sur l'appel d'un jugement rendu par le tribunal qui était chargé de prononcer sur la contestation ; c'est méconnaître la généralité des dispositions de l'art. 473.

220. Il est un cas cependant où, en raison des dispositions spéciales de la loi, la cour qui infirme une ordonnance de référé incompétemment rendue ne pourrait évoquer. D'après la loi du 18 avr. 1886 (D. P. 86. 4. 27), le président du tribunal peut, en matière de divorce et de séparation de corps, par ordonnances qui sont exécutoires par provision, statuer sur certaines mesures provisoires relatives soit à la résidence de l'époux demandeur, soit à la garde des enfants. Quoique la question de savoir si l'appel de ces ordonnances est possible soit diversement résolue en jurisprudence, il semble que cet appel soit recevable en principe et doive être porté, conformément au droit com-

---

La cour ; — Attendu qu'il est établi par les documents versés au procès que Beylon et la femme Castagnetti exploitent à Marseille une maison de tolérance ; qu'en exerçant une pareille industrie, ils ne peuvent être considérés comme commerçants ; que, de plus, en recevant les fournitures de viandes qui leur étaient faites par Jourdan, ils n'ont pas fait acte de commerce ; que, dès lors, le tribunal de commerce n'avait pas compétence pour connaître de l'action dirigée contre eux ; — Attendu que la demande, à raison de son chiffre et de la juridiction devant laquelle elle devait être portée en premier ressort, ne pouvant en aucun cas être soumise à la cour, l'évocation ne doit pas en être ordonnée ; — Par ces motifs ; — Annule le jugement comme rendu par un juge incompétent ; — Renvoie l'intimé à se pourvoir devant qui de droit, etc.

Du 10 août 1883.-C. d'Aix, 2e ch.-MM. Madon, pr.-Bujard, subst.-Heirieis et Morel (du barreau de Marseille), av.

(1) (Roume C. Guillabert.) — La cour ;... — Attendu, en droit, que, d'après l'art. 473 c. proc. civ., les cours d'appel peuvent, en infirmant un jugement, soit pour vice de forme, soit pour toute autre cause, statuer sur le fond par un seul et même arrêt, si la matière y est disposée ; — Attendu qu'aucune restriction n'étant faite à cette faculté, donnée aux tribunaux supérieurs dans l'intérêt des parties elles-mêmes et en vue d'une prompte justice, on ne saurait en exclure que les cas où l'évocation serait contraire à quelque principe d'ordre public ; — Attendu que le seul principe d'ordre public ici opposable, c'est que le juge d'appel ne peut faire que ce que le juge de première instance aurait pu et dû faire lui-même ; d'où il suit qu'une cour souveraine a le droit d'évoquer le principal, lorsqu'elle réforme le jugement par lequel un tribunal de son ressort s'est à faux déclaré incompétent, bien que la cause soit ainsi privée du double degré de juridiction dont elle était susceptible; car ce n'est que pour épargner aux parties arrivées devant le juge supérieur les longueurs et les frais d'un renvoi devant le juge du premier degré qu'a été établie la disposition exceptionnelle de l'art. 473; d'où il suit encore que la faculté d'évoquer doit exister même dans le cas où le premier juge, qui a méconnu par erreur sa compétence, aurait eu à statuer en dernier ressort ; — Attendu, en effet, qu'on ne voit pas pourquoi la cour, nantie de la plénitude de l'autorité judiciaire et qui peut le plus, ne pourrait pas le moins dans cette seconde hypothèse, et pourquoi ce serait précisément dans le peu d'importance du litige qu'il faudrait puiser la nécessité de renvoyer la décision à un autre tribunal, au lieu d'y puiser une nécessité plus grande d'éviter aux parties un circuit inutile de procédure ; — Attendu que si, en matière criminelle, lorsqu'aux débats le fait poursuivi dégénère en

une simple contravention justiciable seulement des tribunaux inférieurs, la loi veut que la cour d'appel investie statue au fond et, dans ce cas, on admet que cette exception à l'ordre des juridictions édictées en vue d'abréger les procès n'enlève aux parties aucune des garanties que leur devait le législateur, combien à plus forte raison ne doit-on pas l'admettre ainsi pour les évocations en matière civile, où l'ordre des juridictions n'a point la même importance ; — Attendu, dès lors, que le but que s'est proposé le législateur et la généralité des termes dont il s'est servi permettent d'appliquer l'art. 473 à la cause actuelle, qui se trouve en état puisque les parties ont conclu et plaidé à toutes fins, et que le principal est parfaitement disposé à recevoir une décision définitive ; ... — Infirme le jugement entrepris, en ce que les premiers juges ont décidé que la demande reconventionnelle de Roume était en dehors de leur compétence ; — Dit, au contraire, qu'ils en étaient compétemment investis, et, de même suite, statuant au fond évoqué en vertu de l'art. 473 c. proc. civ., déboute Roume de sa demande reconventionnelle, etc.

Du 27 déc. 1860.-C. d'Aix, ch. civ.-MM. Castellan, pr.-Saudbreuil, 1er av. gén.

(2) (Exel C. Bidault.) — La cour ;... — Sur l'évocation : — Attendu qu'en cas d'infirmation d'une décision définitive soit pour vice de forme, soit pour toute autre cause, les termes généraux et absolus de l'art. 473 c. proc. civ. autorisent les cours à statuer sur le fond, quand la matière est disposée à recevoir une solution ; qu'on oppose, il est vrai, que, par suite de l'accord des parties devant le juge-commissaire, il ne s'agit plus dans l'espèce que d'une contestation dont la valeur est inférieure au taux du dernier ressort; mais que, quand l'intérêt des justiciables a imposé une limite au droit d'appel, c'est uniquement pour leur épargner les frais et les lenteurs d'une procédure plus dispendieuse; que l'interprétation contraire donnée à l'art. 473 irait précisément contre le but du législateur, si la cour investie de la plénitude de juridiction était obligée de s'abstenir et de renvoyer au juge du premier degré la connaissance du litige en raison inverse de son importance; qu'un tel résultat ne serait ni rationnel, ni juridique; qu'au surplus, la demande des consorts Exel portant sur la somme de 2000 fr. représente la valeur des loyers à raison de l'exécution du même bail et en vertu du même privilège, que leur appel est général; qu'il convient donc d'évoquer le fond et de statuer par le même arrêt ; — Au fond :...

Du 20 avr. 1880.-C. de Rouen, 1re ch.-MM. Neveu-Lemaire, 1er pr.-Gauthier de la Ferrière, av. gén., c. conf.-Ricard et Hardouin, av.

mun, devant la cour, à moins que le tribunal ne soit déjà saisi de l'instance en divorce, cas auquel la cour devrait se dessaisir. Le paragraphe 5 du nouvel art. 238 c. civ. porte en effet : « Lorsque le tribunal est saisi, les mesures provisoires prescrites par le juge peuvent être modifiées ou complétées au cours de l'instance, par jugement du tribunal, sans préjudice du droit qu'a toujours le juge de statuer, en tout état de cause, en référé sur la résidence de la femme ». Il paraît résulter de là qu'une fois l'instance engagée, toutes les mesures provisoires doivent être soumises au tribunal, le président n'ayant plus le droit de statuer en référé que sur un point, la résidence de la femme. Dès lors, si le président, une fois l'instance engagée devant le tribunal, statue par ordonnance sur tout autre point, sa décision est entachée d'incompétence, et la cour, qui devrait se dessaisir d'un appel porté devant elle, n'étant pas le juge du second degré, en raison des dispositions spéciales de la loi du 18 avr. 1886, ne saurait évoquer même en supposant que l'affaire eût été en état de recevoir jugement ou que les parties eussent consenti à l'évocation. Il en est spécialement ainsi au cas d'une ordonnance du président qui aurait statué, alors que le tribunal était saisi de l'instance en divorce, sur la garde des enfants ; la cour devrait annuler l'ordonnance comme incompétemment rendue et ne saurait évoquer (Pau, 10 août 1887, aff. Menetore, D. P. 88. 2. 242).

§ 8. — Evocation en cas d'intervention, de garantie, de juridictions supprimées (*Rép.* n°s 625 à 645).

221. — I. Intervention. — V. *Rép.* n°s 625 et suiv.

222. — II. Garantie. — On a vu au *Rép.* n° 629 que la demande en garantie considérée dans les rapports entre le garant et le garanti est une action principale qui doit subir les deux degrés de juridiction lorsqu'elle excède le taux du dernier ressort et ne peut être formée pour la première fois en cause d'appel (*Rép.* n°s 631 et suiv.). Mais l'art. 473 est applicable à la demande en garantie, lorsque la demande a été portée devant le juge du premier degré (V. *suprà*, n°s 58 et suiv.). En ce cas, l'évocation n'est possible qu'autant que les conditions auxquelles l'art. 473 a subordonné le pouvoir d'évocation sont réunies. Dès lors est nul l'arrêt qui, après infirmation d'une décision d'incompétence, évoque le fond relativement à une action en garantie à laquelle avait donné lieu la demande principale, quoique la partie assignée en garantie se soit bornée, devant les deux degrés de juridiction, à décliner, quant à elle, la compétence du juge de cette demande principale, sans conclure au fond (Civ. cass. 14 nov. 1865, aff. Union du commerce, D. P. 66. 1. 106).

Il a été jugé, d'ailleurs, que la partie contre laquelle une demande en garantie a été formée pour la première fois en appel lorsqu'elle a, pour l'un de ses cointimés, ne peut se faire un moyen de cassation de cette violation de la règle des deux degrés de juridiction, si elle a implicitement renoncé à s'en prévaloir en défendant au fond (Req. 21 mars 1855, aff. Barat, D. P. 55. 1. 133).

223. — III. Juridictions supprimées. — Il s'est élevé à ce point de vue quelques difficultés depuis la publication du *Répertoire* à la suite de l'annexion à la France, en 1860, de la Savoie et du comté de Nice. Cette annexion a eu pour effet d'investir les tribunaux français des pouvoirs qui appartenaient aux tribunaux des pays annexes. On a pu juger, en conséquence, que les cours d'appel françaises, ayant été substituées aux cours d'appel de ces pays, étaient compétentes pour connaître des affaires qui auraient pu être compétemment jugées par ces dernières cours (Req. 13 févr. 1865, aff. Commune de Trinité-Victor, D. P. 65. 1. 189).

CHAP. 3. — Degrés de juridiction en matière administrative (*Rép.* n°s 646 à 652).

224. On a vu au *Rép.* n° 646 que les matières contentieuses administratives ne sont pas rigoureusement soumises à la règle qui, en matière civile, ne permet pas qu'une demande subisse plus de deux degrés de juridiction, indépendamment du recours en cassation. Ces matières sont, en effet, suivant leur nature et abstraction faite de l'intérêt pécuniaire du litige qui n'entre nullement en ligne de compte, susceptibles tantôt d'un seul, tantôt de deux ou

trois degrés de juridiction. Mais le principe du double degré de juridiction n'en est pas moins la règle fondamentale du contentieux administratif : d'une manière générale, pour toute matière et quel que soit le juge qui ait statué au premier degré, le recours est ouvert devant le conseil d'Etat toutes les fois qu'il n'est pas interdit par une disposition formelle (V. *suprà*, v°. *Conseil d'Etat*, n° 70), ce qui a lieu lorsque certaines matières ont été déférées à des autorités administratives qui doivent résoudre en premier et dernier ressort les questions contentieuses auxquelles elles donnent lieu (V. *ibid.*, n° 71).

225. Dans le cas qui vient d'être indiqué, il n'existe qu'un seul degré de juridiction en ce sens que les décisions contentieuses rendues par les conseils de revision, les conseils académiques ou le conseil supérieur de l'instruction publique, etc., ne peuvent être déférées au conseil d'Etat par la voie de l'appel. Il n'existe également qu'un seul degré de juridiction pour certaines matières que des lois spéciales défèrent au conseil d'Etat en premier et dernier ressort, notamment, les infractions aux lois et règlements qui régissent la Banque de France et les contestations relatives soit à la police intérieure de cet établissement, soit aux difficultés entre la Banque et ses agents ou employés (L. 2 mai 1806) (Cons. d'Et. 9 févr. 1883, aff. Doisy, D. P. 84. 3. 100. V. *suprà*, v° *Conseil d'Etat*, n° 64). — On a énuméré *ibid.*, n°s 65, 66 et 67, un certain nombre de questions litigieuses pour lesquelles le conseil d'Etat est encore juge en premier et dernier ressort, notamment, les recours formés contre les décisions des préfets qui refusent l'ouverture ou ordonnent la fermeture d'établissements insalubres de première ou de deuxième classe, et les recours dirigés contre certains actes du chef de l'Etat ou des ministres qui lèsent des droits appartenant à des particuliers. — Dans certains cas enfin les ministres sont juges en premier et dernier ressort (V. *suprà*, v° *Compétence administrative*, n°s 405 et suiv.).

226. Le contentieux administratif est susceptible de deux degrés de juridiction toutes les fois qu'il s'agit de matières qui ressortissent aux conseils de préfecture en premier ressort. Le conseil d'Etat statue comme juge d'appel sur les arrêtés rendus par ces conseils ; il en est de même à l'égard des décisions contentieuses des conseils privés des colonies, des décisions des ministres et des préfets lorsqu'elles ont un caractère contentieux, des décisions des commissions spéciales constituées en vertu de la loi du 16 sept. 1807 (V. *suprà*, v° *Conseil d'Etat*, n°s 68 et suiv.).

227. On a exposé *suprà*, v° *Compétence administrative*, n°s 415 et suiv., les divergences qui existent encore dans la doctrine et les hésitations de la jurisprudence sur la question de savoir si les ministres qui statuent sur les recours formés devant eux contre les actes émanés d'autorités qui leur sont subordonnées font acte de juridiction. On a vu que les ministres paraissent devoir être considérés comme juges lorsque la décision émanant d'un inférieur, dont leur est déférée à, elle-même la caractère contentieux et que, par conséquent, il y a en pareil cas trois degrés successifs de juridiction, la décision du ministre pouvant être déférée au conseil d'Etat qui est à cet égard juge d'appel (Aucoc, *Droit administratif*, t. 1, n° 366).

228. On applique toujours devant le conseil d'Etat la règle que les juges d'appel ne peuvent connaître d'aucune demande qui n'aurait pas subi le premier degré de juridiction, qu'elle soit introduite par voie principale et portée directement devant le conseil d'Etat, ou introduite devant lui à l'occasion de l'appel d'une décision du juge du premier degré (V. *suprà*, v° *Conseil d'Etat*, n° 87). — Quant au droit d'évocation, reconnu au conseil d'Etat, il n'est possible qu'autant que le conseil d'Etat statue comme juge d'appel : le conseil d'Etat n'évoque pas lorsqu'il annule un acte pour excès de pouvoir et remplit le rôle de tribunal de cassation (V. *suprà*, v° *Conseil d'Etat*, n° 90 et suiv., 172).

CHAP. 4. — Degrés de juridiction en matière criminelle (*Rép.* n°s 653 à 685).

229. On se référera, comme cela a été déjà fait au *Répertoire*, aux explications qui ont été fournies *suprà*, v° *Appel en matière criminelle*, n°s 16 et suiv., 31 et suiv., pour tout ce qui a trait à la question de savoir quels jugements sont

en premier et dernier ressort. D'ailleurs les art. 172 et 199 c. instr. cr., dont les dispositions ont été résumées au *Rép.* nº 653, n'ont pas été modifiés depuis la publication du *Répertoire*. Il en est de même en ce qui concerne les cours d'assises et les conseils de guerre : les règles exposées au *Rép.* nº 654 sont toujours en vigueur ; mais la loi du 13 juin 1856 sur les appels des jugements des tribunaux correctionnels (D. P. 56. 4. 63, et *suprà*, vº *Appel en matière criminelle*, nº 1) a fait cesser toute difficulté quant au sens exact de l'art. 539 c. inst. cr. (*Rép.* nº 655), les appels en matière criminelle des jugements rendus par les tribunaux de première instance étant depuis cette loi, comme en matière civile, portés sans exception devant les cours d'appel.

230. — I. Jugements de simple police. — L'art. 172 c. instr. cr. permet d'interjeter appel des jugements de simple police lorsqu'ils condamnent à l'emprisonnement, ou lorsque les amendes, restitutions ou autres réparations civiles qu'ils prononcent, excèdent la somme de cinq francs outre les dépens (V. *suprà*, vº *Appel en matière criminelle*, nº 16). La recevabilité de l'appel dépend donc, non de la valeur des intérêts engagés dans l'instance, mais du chiffre des condamnations prononcées (V. *suprà*, vº *Appel en matière criminelle*, nº 17) ; par suite, est en dernier ressort le jugement qui, avant de statuer sur l'action publique, renvoie le prévenu devant la juridiction civile pour y faire juger une exception préjudicielle de propriété puisqu'il ne prononce aucune condamnation (Crim. cass. 18 févr. 1858, aff. Berthois, D. P. 58. 5. 123). — Mais on doit tenir compte, pour déterminer le premier ou le dernier ressort, des dommages-intérêts auxquels le juge de police condamne soit la partie civile, soit le prévenu, car les dommages-intérêts que les tribunaux de police ont le droit d'accorder au prévenu, quand le fait qui lui est reproché ne constitue ni délit, ni contravention, et d'attribuer à la partie lésée quand la contravention est reconnue constante, sont évidemment au nombre des restitutions et autres réparations civiles que l'art. 172 fait entrer en ligne de compte pour le calcul du ressort (Crim. rej. 6 déc. 1849, aff. Chéron et Glaçon, D. P. 50. 5. 130). De même, le jugement du tribunal de police qui, outre une amende de cinq francs inférieure au taux du dernier ressort, ordonne, à titre de réparation civile, la démolition de certains travaux, est susceptible d'appel, comme prononçant, ce dernier chef, une condamnation d'une valeur indéterminée (Crim. cass. 26 janv. 1850, aff. Jobert, D. P. 56. 5. 136).

231. La nature des exceptions que le juge est appelé à apprécier ne peut modifier le caractère du jugement et le rendre susceptible d'appel, lorsque le chiffre de la condamnation ne dépasse pas la limite du dernier ressort. Ainsi un jugement du tribunal de police qui prononce, à titre d'amende, restitutions et autres réparations, une condam-

nation inférieure à 5 fr., n'est pas susceptible d'appel, quoique le juge ait été saisi par le prévenu d'une exception d'une valeur indéterminée (Crim. cass. 29 nov. 1850, aff. Aubineau, D. P. 50. 5. 130).

232. On ne doit pas non plus, pour décider si le jugement est susceptible d'appel, compter les frais de fourrière ; le caractère de dépens ou frais de justice est, en effet, expressément assigné à ces frais par le décret portant tarif général des frais en matière criminelle et de police du 18 juin 1811 (art. 37 à 40) ; or l'art. 172 ne fait pas entrer en ligne de compte les dépens pour la détermination du ressort. Il en est ainsi alors même que ces frais n'ont pas été liquidés dans le jugement et que la durée de la fourrière a excédé huit jours, surtout si le prévenu a à s'imputer de n'avoir pas fait pour arrêter ces frais les diligences auxquelles il était autorisé (Crim. rej. 19 nov. 1859, aff. Bouteille, D. P. 61. 5. 140).

233. Lorsque le jugement de police statue sur une poursuite comprenant plusieurs contraventions distinctes et qu'il prononce plusieurs amendes inférieures chacune à 5 fr., la question de savoir si ce jugement est en dernier ressort a été diversement résolue. Après avoir décidé, contrairement à l'interprétation adoptée au *Rép.* vº *Appel en matière criminelle*, nº 68, que le jugement de simple police qui, statuant sur plusieurs contraventions de même nature, mais indépendantes les unes des autres, condamne le prévenu à autant d'amendes inférieures au taux du dernier ressort, n'est pas susceptible d'appel, bien que ce taux soit dépassé par le montant cumulé des amendes (Crim. rej. 31 août 1854, aff. Delignon, D. P. 54. 1. 373 ; 19 nov. 1859, aff. Bouteille, D. P. 61. 5. 140), la jurisprudence a depuis consacré la solution contraire, ainsi que nous l'avons dit *suprà*, vº *Appel en matière criminelle*, nº 18 (Crim. rej. 24 mars 1873, aff. Gillot, D. P. 73. 1. 272). — Actuellement elle décide que lorsqu'un jugement de simple police ne prononce pas la peine de l'emprisonnement, on doit, pour déterminer s'il est en premier ou en dernier ressort, totaliser toutes les amendes et autres condamnations pécuniaires qu'il prononce, les dépens non compris. En conséquence, est susceptible d'appel le jugement qui, pour trois contraventions différentes, a prononcé trois amendes dont le montant cumulé est supérieur au taux du dernier ressort (Crim. rej. 2 août 1883, aff. Bourges, D. P. 84. 1. 144 : 20 mars 1884, aff. Cunéo d'Ornano, D. P. 86. 1. 179 ; 13 nov. 1884) (1). Cependant la solution contraire a été consacrée encore assez récemment par un jugement du tribunal de la Seine, du 17 janv. 1884 (2).

234. — II. Jugements correctionnels. — On a vu au *Rép.* nº 659 que la règle des deux degrés de juridiction est générale en matière correctionnelle, quelle que soit l'importance des intérêts civils que le litige soulève (*Rép.* nº 660). Nous

(1) (Letaillandier C. Glémet.) — La cour ; — Attendu que, d'après l'art. 172 c. instr. cr., les jugements en matière de police peuvent être attaqués par la voie de l'appel, lorsqu'ils prononcent un emprisonnement, ou lorsque les amendes, restitutions et autres réparations civiles excèdent la somme de 5 fr., outre les dépens ; qu'il est de principe que, lorsque le jugement attaqué prononce plusieurs amendes pour plusieurs contraventions, il y a lieu de les réunir et de considérer la condamnation totale pour savoir si le jugement est susceptible d'appel ; — Attendu, en fait, que la dame Letaillandier a été condamnée à quatre amendes de 5 fr. pour quatre contraventions semblables ; que cette condamnation n'étant pas définitive, puisqu'elle peut être attaquée devant le juge d'appel, le pourvoi en cassation n'est pas recevable ; — Déclare irrecevable le pourvoi de la dame Letaillandier contre le jugement du tribunal de simple police d'Angers, du 17 juill. 1884, etc.
Du 13 nov. 1884.-Ch. crim.-MM. Baudouin, pr.-Génie, rap.-Roussellier, av. gén.

(2) (Reid.) — Le tribunal ; — Sur la recevabilité de l'appel interjeté par Reid contre trois jugements du tribunal de simple police de Paris, en date du 17 oct. 1883, qui l'ont condamné ; le premier, à sept amendes de 5 fr. ; le second, à vingt et une amendes de 5 fr. ; le troisième, à quarante-six amendes de 5 fr., et à neuf amendes de 1 fr., soit ensemble, à 83 amendes pour le même nombre de contraventions à l'ordonnance de police du 26 août 1861, dont il a été reconnu coupable par les jugements susvisés ; — Attendu qu'aucune de ces amendes n'excède la somme de 5 fr. ; qu'ainsi, et aux termes de l'art. 172 c. instr. cr., chacun des jugements dont il

s'agit a statué en dernier ressort ; que la réunion dans une même poursuite de plusieurs contraventions, constatées successivement à la charge du prévenu, ne saurait, en effet, faire naître au profit de celui-ci un droit d'appel qui n'eût pas existé si chaque contravention avait été poursuivie isolément ; que, bien que jugées ensemble, chacune des contraventions poursuivies n'en constitue pas moins une contravention indépendante des autres, et que, par suite, il ressort de chacun des jugements attaqués autant de chefs distincts de condamnation qu'il y a eu de chefs distincts de poursuite ; que, loin d'aggraver la situation du prévenu, cette réunion, dans une même poursuite, de plusieurs contraventions successivement constatées à sa charge, aura pour effet, le plus souvent, de le mettre à l'abri des peines de la récidive, auxquelles l'exposeraient des poursuites isolées et successives, et, dans tous les cas, de diminuer le montant des frais et dépens qu'il aurait à supporter, si chaque contravention était poursuivie séparément ; qu'enfin, et si le droit d'appel, en matière de simple police, devait dépendre, non pas uniquement du taux de chacune des amendes prise isolément, mais du cumul de ces amendes, il s'ensuivrait qu'en cette matière, lorsque plusieurs contraventions ont été successivement constatées à la charge d'un même prévenu, le droit d'appel resterait abandonné à la discrétion du ministère public, qui pourrait à son gré en faire bénéficier le prévenu ou l'en priver, suivant qu'il réunirait ou diviserait les poursuites ;
Par ces motifs ; — Déclare le sieur Reid non recevable dans son appel.
Du 17 janv. 1884.-Trib. civ. de la Seine, 8e ch.-MM. Bagneris, pr.-Falcimaigne, subst.

avons toutefois signalé au *Rép.* n° 659 deux exceptions à cette règle. La première concerne les jugements préparatoires. Les auteurs et la jurisprudence persistent à appliquer en matière correctionnelle, malgré l'absence de toute distinction dans l'art. 199 c. instr. cr., les dispositions de l'art. 451 c. proc. civ. et à admettre que les jugements purement préparatoires et d'instruction ne peuvent être frappés d'appel qu'après le jugement définitif et conjointement avec lui (Faustin Hélie, *Traité de l'instruction criminelle*, t. 6, n° 2988; Morin, *Répertoire*, v^is *Appel*, n°s 10, 11 et 44; *Tribunal correctionnel*, n° 28; Le Sellyer, *Traité de la compétence*, t. 1, n° 55. — *Contrà :* Le Graverend, *Législation criminelle*, t. 2, p. 398. V. *suprà*, v° *Appel en matière criminelle*, n°s 31 à 34).

235. Sont encore en dernier ressort les jugements par lesquels les tribunaux correctionnels statuent sur de simples contraventions (V. *suprà*, v° *Appel en matière criminelle*, n° 21), à moins que la qualification du fait incriminé ne soit contestée, et qu'il ne soit prétendu qu'il constitue un délit (V. *ibid.*, n° 22). — Il faut remarquer, d'ailleurs, que lorsque le tribunal correctionnel prononce sur la contravention, c'est par une sorte d'évocation et en raison du consentement tacite des parties, qui sont libres de demander le renvoi devant le tribunal compétent. Sa décision serait donc susceptible d'appel s'il avait retenu le jugement de la contravention malgré les conclusions en renvoi du ministère public ou de la partie poursuivie (Rennes, 30 mai 1877, aff. D..., D. P. 78. 2. 232).

236. Le jugement du tribunal correctionnel est-il en dernier ressort lorsque, par suite de l'admission des circonstances atténuantes, il n'applique au délit qui lui a été déféré que des peines de simple police? La négative nous a paru devoir être adoptée (V. *suprà*, v° *Appel en matière criminelle*, n° 21).

La règle d'après laquelle le jugement correctionnel est en dernier ressort, lorsque le fait poursuivi est reconnu constituer une contravention, s'applique alors même que ce fait serait connexe à d'autres faits constituant des délits. En effet, si la connexité entre des délits et une contravention permet de soumettre directement l'ensemble de l'inculpation à la juridiction correctionnelle, s'il est admis que la connexité peut, en certains cas, motiver l'extension de la cassation prononcée et le renvoi de tous les délits connexes devant la nouvelle juridiction (V. *suprà*, v° *Cassation*, n°s 50 et suiv.), les effets de la connexité, établis uniquement dans le but d'assurer une plus prompte et plus complète expédition des affaires ne peuvent aller, cependant, jusqu'à proroger les juridictions et autoriser à porter par appel, devant la cour, la contravention sur laquelle le tribunal correctionnel a statué définitivement et en dernier ressort; dès lors, le jugement qui intervient sur la poursuite est en dernier ressort pour la contravention, et n'est susceptible d'appel que quant aux chefs concernant les délits (Crim. rej. 17 janv. 1868, aff. Vieillard, D. P. 68. 1. 355).

237. Le jugement rendu sur une contravention par un tribunal de police correctionnelle est en dernier ressort, (lorsque, toutefois, le renvoi au tribunal de simple police n'a pas été demandé), non seulement à l'égard de la peine et des réclamations de la partie civile, mais encore à l'égard des conclusions reconventionnelles en dommages-intérêts prises par le prévenu acquitté. Ces conclusions, en effet, sont nécessairement fondées sur les moyens à l'aide desquels la partie civile soutenait l'action principale; elles se lient étroitement à cette action et en forment une dépendance nécessaire; il est donc impossible que des deux demandes, l'une soit appréciée en dernier ressort, tandis que l'autre serait susceptible d'appel (Crim. rej. 14 mars 1874, aff. Larbaud, D. P. 76. 1. 416).

238. L'appel du jugement correctionnel qui statue sur une contravention n'est irrecevable qu'autant qu'il a été effectivement prononcé sur la contravention elle-même; ainsi le jugement correctionnel qui, sur une poursuite pour délit de diffamation, déclare que le fait diffamatoire poursuivi a le caractère d'une simple contravention, et renvoie le prévenu de la poursuite, au lieu de statuer sur cette contravention, quoiqu'il n'y eût pas demande en renvoi, est susceptible d'appel (Crim. rej. 1er juill. 1853, aff. Vasner, D. P. 53. 5. 149). Et quand le tribunal correctionnel a omis de statuer

sur le fait qui a dégénéré en simple contravention, la cour d'appel n'est pas obligée de délaisser les parties à se faire juger sur la contravention; elle peut statuer elle-même et sur cette contravention et sur la demande en dommages et intérêts (Caen, 8 janv. 1849, aff. Leroux, D. P. 51. 2. 117).

239. — III. ÉVOCATION EN MATIÈRE DE POLICE SIMPLE ET CORRECTIONNELLE. — Il y a lieu de distinguer, ici, comme on l'a fait au *Répertoire*, deux hypothèses : 1° celle où la poursuite dont le tribunal d'appel est saisi a déjà été jugée au fond par le premier juge; 2° celle où il n'est intervenu, en première instance, qu'une décision interlocutoire ou une décision définitive sur un incident.

240. — 1° *Cas où il a été statué au fond par les premiers juges.* — Il n'est pas douteux, bien que la loi ne s'explique pas à cet égard, qu'en pareil cas le juge d'appel, qui réforme la décision rendue en première instance ne doive statuer lui-même sur le fond, sans renvoyer l'affaire à un autre tribunal. — Cette règle, que la jurisprudence avait appliquée dans de nombreux arrêts rapportés ou cités au *Rép.* n°s 667 et 668, a été de nouveau consacrée par la cour de cassation (Crim. rej. 1er juin 1861, aff. Daniel, D. P. 61. 1. 347). « Attendu, dit cet arrêt après avoir rappelé les termes de l'art. 115 c. instr. cr., que les dispositions de cet article sont absolues; qu'en les combinant avec les art. 212, 213 et 214 qui le précèdent, et l'art. 1er de la loi du 29 avr. 1806, qui est conforme, il faut en conclure que hors des cas d'incompétence, le droit d'évocation appartient à la juridiction d'appel; qu'il en est ainsi, soit que le juge du premier degré ait statué sur de simples incidents ou par avant faire droit, soit qu'il ait prononcé au fond. » Spécialement, il y a lieu à évocation dans le cas d'annulation du jugement par lequel le tribunal correctionnel a déclaré non recevable l'opposition à un précédent jugement rendu au fond, formée par une partie à l'égard de laquelle ce jugement était à tort considéré comme contradictoire (Même arrêt. Conf. Lyon, 10 août 1881, aff. Dubief, D. P. 82. 2. 65). — Décidé aussi que le juge d'appel qui, en matière correctionnelle, infirme un jugement comme ayant à tort relaxé le prévenu de poursuites exercées contre lui pour délit de chasse, constaté par un procès-verbal régulier, est tenu d'évoquer le fond, et ne peut renvoyer l'affaire devant le tribunal qui a rendu le jugement attaqué (Crim. cass. 3 févr. 1852, aff. Ancé, D. P. 53. 5. 147). M. Faustin Hélie, *Traité de l'instruction criminelle*, t. 6, n° 3048, fait observer avec raison que la mesure de l'évocation se justifie particulièrement dans le cas où il y a eu décision au fond, puisqu'elle n'offre pas alors cet inconvénient de supprimer l'instruction du premier degré, laquelle offre des garanties d'autant plus grandes qu'elle est confiée à des magistrats plus rapprochés des faits de la cause.

241. — 2° *Cas où le fond n'étant pas jugé, le tribunal supérieur infirme la décision du premier juge.* — Aux termes de l'art. 215 c. instr. cr., « si le jugement est annulé pour violation ou omission non réparée de formes prescrites par la loi à peine de nullité, la cour statuera sur le fond ». L'obligation pour le juge d'appel d'évoquer dans le cas prévu par cette disposition, c'est-à-dire quand l'annulation est prononcée pour vice de forme, ne saurait être contestée (*Rép.* n° 671). Il a été jugé que l'évocation doit avoir lieu, en pareil cas, alors même que la question du fond pendante en appel se réduit à une question de compétence (Crim. rej. 22 déc. 1860, aff. Masse, D. P. 61. 1. 293).

242. Comme on l'a dit au *Rép.* n° 671, l'art. 215 n'est pas limitatif; il a une portée générale, et l'application n'en doit pas être restreinte au cas où le jugement est annulé à raison d'une des violations ou omissions qu'il prévoit. Ainsi une jurisprudence constante décide que l'évocation doit avoir lieu lorsque l'infirmation est prononcée sur une question incidente ou sur une exception qui avait été soulevée devant le premier juge. Décidé, notamment : 1° qu'en cas d'infirmation du jugement d'un tribunal correctionnel par le motif que l'amende aurait été mal à propos prononcée contre un demandeur en ce cas, dont l'inscription aurait été déclarée non recevable, la cour doit retenir l'affaire pour y statuer au fond et ordonner que celles des parties qui n'auraient pas été appelées devant elle soient régulièrement citées (Amiens, 30 juill. 1858, aff. Adm. contrib. ind., D. P. 58. 2. 191); — 2° Que le juge qui, sur l'appel d'un jugement cor-

rectionnel, infirme ce jugement parce qu'il aurait, en renvoyant devant le juge d'instruction un incident relatif à une inculpation de faux témoignage, compris à tort dans le renvoi la cause principale elle-même, doit retenir l'affaire pour la juger au fond et non pas en saisir de nouveau le tribunal dont le jugement a été infirmé (Crim. règl. jug. 19 mai 1853, aff. Gautheréau, D. P. 53. 5. 147); — 3° Que la cour d'appel qui annule un jugement correctionnel ayant mal à propos déclaré que le délit était effacé par la prescription, doit retenir le fond et y statuer, surtout si l'affaire avait déjà subi une instruction orale et si le moyen de prescription n'avait été proposé et accueilli que lorsque déjà cette instruction était achevée (Toulouse, 13 févr. 1862, aff. B..., D. P. 62. 2. 84); — 4° Que la cour d'appel qui réforme pour mal jugé la décision d'un tribunal correctionnel rendue sur une question incidente ou préjudicielle laquelle avait refusé d'admettre qu'en cas de flagrant délit, l'inculpé peut être, le jour où le délit a été commis, valablement traduit à l'audience par simple citation verbale, doit évoquer et statuer au fond (Bordeaux, 8 juill. 1868, aff. Lafargue, D. P. 69. 2. 37); — 5° Que lorsque la cour d'appel, en matière correctionnelle, réforme un jugement incident pour avoir à tort refusé d'admettre la preuve testimoniale offerte par la partie civile, elle doit, à peine de nullité, retenir la connaissance du fond (Crim. cass. 12 déc. 1863, aff. Patris, D. P. 64. 1. 152).

Au reste, comme on l'a vu suprà, v° Appel en matière criminelle, n° 96, il n'y a pas à distinguer suivant que l'irrégularité reconnue entache l'instruction ou le jugement, ou bien qu'elle se réfère à la citation par laquelle le tribunal avait été saisi (V. les arrêts cités ibid.).

243. Le droit d'évoquer et de statuer au fond étant confié au juge d'appel en vue de l'abréviation des procédures et pour assurer l'administration d'une bonne et prompte justice, il est tenu de l'en faire usage dès que les conditions légales où il doit s'exercer sont réunies. Aussi l'exercice de ce droit n'est-il subordonné ni aux réquisitions du ministère public, ni à la demande des parties; par conséquent, l'évocation d'une affaire correctionnelle par les juges d'appel dans les cas prévus par l'art. 215 c. instr. cr. peut être prononcée d'office et sans qu'il soit nécessaire qu'elle ait été requise par le ministère public ou demandée par les parties (Crim. rej. 1er juin 1861, aff. Daniel, D. P. 61. 1. 347).

244. La règle de l'art. 215 n'est applicable qu'aux cours d'appel statuant sur l'appel des jugements des tribunaux correctionnels, mais non à ces tribunaux lorsqu'ils statuent comme juges d'appel des sentences rendues par les tribunaux de simple police (V. suprà, v° Appel en matière criminelle, n° 98). En effet, en ordonnant que les appels des jugements de police seront suivis et jugés dans la même forme que les appels des sentences des juges de paix, l'art. 174 établit une règle toute différente de celle que crée l'art. 215 pour les appels en matière correctionnelle, et renvoie implicitement à l'art. 473 c. proc. civ., reconnu applicable, dans le silence du liv. 1er du même code, aux appels des sentences des justices de paix. Le juge d'appel en matière de simple police est donc, à la différence du juge d'appel en matière correctionnelle, soumis à la disposition de l'art. 473 c. proc. civ., qui, en cas d'infirmation d'un jugement interlocutoire, ne permet de statuer sur le fond disposé à recevoir une décision définitive, que par un seul et même jugement (Crim. cass. 26 août 1853, aff. Besle, D. P. 53. 1. 277; Crim. rej. 3 févr. 1888, aff. Brenot, D. P. 89. 1. 48). — Mais l'art. 473 ne concerne que le cas d'infirmation d'un jugement interlocutoire ou d'un jugement définitif sur incident; ce n'est donc qu'autant qu'il s'agit

d'un jugement rentrant dans une de ces catégories qu'il y a lieu d'appliquer cet article, et non pas quand c'est le fond même qui a été débattu et décidé par le premier juge; l'appel investissant alors nécessairement la juridiction supérieure de la connaissance de tout le procès, celle-ci n'a pas à évoquer le fond dont elle est régulièrement et complètement saisie, et rien ne s'oppose à ce que le tribunal, ayant sur l'affaire la plénitude de juridiction, use du droit d'instruire dans toute son étendue en recourant aux avant faire droit qu'il juge nécessaires, ni à ce qu'il prononce, s'il le trouve préférable, la nullité du jugement pour vice de forme ou autres causes, par une première décision, et ordonne certaines mesures d'information (Crim. cass. 26 août 1853, aff. Besle, D.P.53.1.277). Ainsi, lorsque le premier juge a statué à la fois sur le déclinatoire et sur le fond et lorsqu'un appel a été interjeté dans des termes généraux sans limitation à la question de compétence, le tribunal correctionnel, saisi de l'ensemble de l'affaire par l'effet dévolutif de l'appel, est par cela même investi du droit de statuer sur le fond (Crim. rej. 3 févr. 1888, aff. Brenot, D. P. 89. 1. 48). — Il faut, d'ailleurs, pour que l'évocation soit possible, que l'annulation prononcée laisse quelque chose à juger (V. suprà, nos 192 et suiv.). L'application de cette règle a été faite, en matière répressive, par un arrêt cité supra, v° Appel en matière criminelle, loc. cit.

245. On a vu au Rép. n° 674 que la cour saisie de l'appel d'un jugement correctionnel par lequel le tribunal s'est mal à propos déclaré incompétent, doit statuer au fond. En pareil cas, en effet, il y a mal jugé sur la compétence, et le premier degré de juridiction se trouve, par cela même, épuisé. — Il en est ainsi dans le cas même où l'appel émane de la partie civile. En effet, la juridiction correctionnelle est, aux termes de l'art. 182 c. instr. cr., saisie de la connaissance des délits par la citation de la partie civile, tout aussi bien que par la citation donnée à la requête du ministère public. Si, aux termes de l'art. 202 du même code, la faculté d'appel n'appartient à la partie civile que pour ses intérêts privés, cette restriction ne s'applique manifestement qu'aux décisions par lesquelles les premiers juges ont statué au fond sur l'affaire qui leur était soumise; au contraire, lorsqu'ils ont à tort déclaré la juridiction correctionnelle incompétente, la cour d'appel, en réformant leur décision, se trouve, en vertu de l'évocation qui lui est imposée par l'art. 215, tenue de remplir directement le rôle des juges du premier degré et, par conséquent comme eux, même en l'absence de tout appel du ministère public, de la mission de statuer tant sur l'action publique que sur l'action civile. Il n'en peut être, dans ce cas, autrement qu'il n'en serait dans l'hypothèse où l'évocation ne serait pas imposée au juge du second degré, et où, s'agissant par exemple d'une simple incompétence ratione loci, il eût renvoyé la cause devant un autre tribunal. Est-ce que, dans cette hypothèse, en reportant son action devant le tribunal désigné, la partie civile ne l'eût pas saisi d'une façon complète, dans les termes généraux de l'art. 182? Pourquoi le débat serait-il restreint exclusivement aux intérêts civils lorsque, par suite de l'évocation qui lui est imposée, le juge d'appel remplit cumulativement les fonctions de juge du premier et du second degré de juridiction; ou, pour mieux dire, lorsqu'en raison du caractère obligatoire de l'évocation, il est réellement substitué au juge du premier degré? C'est en ce sens d'ailleurs que la jurisprudence paraît fixée (V. supra, v° Appel en matière criminelle, n° 113; Crim. rej. 30 janv. 1885, aff. Fontanet, D. P. 85. 1. 335; Rennes, 28 juin et 12 juill. 1882, aff. Ermine, D. P. 84. 2. 16. — Contrà: Nancy, 21 juin 1875, aff. Raison, D. P. 76. 5. 31).

Table sommaire
des matières contenues dans le Supplément et le Répertoire.

(Les chiffres précédés de la lettre S renvoient au Supplément; les chiffres précédés de la lettre R renvoient au Répertoire.)

Table chronologique des Lois, Arrêts, etc.

1859
22 mars. Rouen. 218 c.
5 avr. Orléans. 86 c., 89 c.
7 mai. Rouen. 80 c., 92 c., 143 c.
17 mai. Req. 117
26 mai. Angers. 51 c.
20 juin. Alger. 86 c., 118 c.
22 juin. Caen. 22 c.
6 juill. Req. 214 c., 215 c.
6 juill. Dijon. 66 c.
19 nov. Crim. 232 c., 233 c.
7 déc. Civ. 218 c.
21 déc. Civ. 159 c., 165 c.

1860
18 janv. Civ. 50 c.
25 janv. Ch. réun. 51 c.
27 févr. Civ. 188 c., 240 c.
7 mars. Bourges. 25 c.
20 mars. Req. 39 c., 81 c.
11 mai. Orléans. 118 c., 131 c.
21 mai. Req. 120 c., 123 c.
28 juin. Lyon. 51 c.
27 juin. Req. 94 c.
7 juill. Limoges. 123 c.
9 juill. Rennes. 137 c.
18 juill. Pau. 51 c.
8 août. Civ. 129 c.
21 août. Civ. 126 c.
5 nov. Req. 205
17 déc. Civ. 210 c.
22 déc. Crim. 241 c.
27 déc. Aix. 218.

1861
1er mars. Bordeaux. 25 c.
17 avr. Rouen. 62.
27 avr. Orléans. 129 c.
1er juin. Crim. 240 c., 243 c.
21 juin. Bordeaux. 218 c.
19 juill. Agen. 54 c.
22 juill. Civ. 94 c.

1862
4 janv. Pau. 45.
6 janv. Riom. 142 c.
7 janv. Pau. 51 c.
22 janv. Besançon. 51 c.
13 févr. Toulouse. 242 c.
14 juin. Orléans. 180 c.
9 juill. Civ. 43 c., 153 c.
8 déc. Besançon. 93 c.

1863
18 févr. Req. 39 c., 81 c.
9 mars. Civ. 196 c., 211 c., 212 c.

9 mars. Orléans. 153 c.
25 mars. Req. 41 c.
3 juin. Req. 159 c., 165 c.
20 juin. Paris. 217 c.
29 juin. Colmar. 104 c.
30 juin. Civ. 42 c., 115 c.
10 août. Riom. 160 c.
4 nov. Civ. 153 c., 167 c.
18 nov. Civ. 94 c.
19 nov. Besançon. 61 c., 126 c.
12 déc. Crim. 242 c.

1864
18 janv. Poitiers. 27 c.
20 févr. Toulouse. 29 c., 86 c.
26 févr. Nancy. 45.
22 mars. Civ. 211 c., 213 c.
16 avr. Civ. 130 c.
31 mai. Orléans. 22 c.
25 juill. Civ. 25 c., 86 c., 88 c., 117 c., 119 c.
2 août. Toulouse. 149 c.
8 août. Req. 70 c., 90 c.
16 août. Civ. 102 c., 109 c.
23 août. Civ. 102 c., 109 c., 130 c.
26 nov. Req. 76 c.
14 déc. Besançon. 24 c.
15 déc. Req. 78 c.
22 déc. Angers. 94 c.

1865
11 janv. Civ. 15 c., 25 c., 86 c., 119
12 janv. Angers. 80 c.
23 janv. Req. 25 c., 70 c., 149 c.
18 févr. Req. 223 c.
13 févr. Civ. 109 c.
24 avr. Civ. 119 c.
18 mai. Paris. 143 c.
30 mai. Req. 89 c.
14 nov. Civ. 222 c.
6 déc. Chambéry. 112 c., 115 c.
18 déc. Chambéry. 46 c., 52 c.
23 déc. Lyon. 30 c.

1866
6 janv. Paris. 219 c.
23 janv. Paris. 219 c.
8 févr. Rouen. 75 c.
7 mars. Civ. 38 c., 51 c.
7 mars. Angers. 51 c.
12 mars. Req. 199 c.
13 mars. Agen. 52 c.
16 mars. Paris. 50 c.
21 mars. Civ. 42 c.
1er mai. Civ. 82 c., 138 c.
14 juill. Chambéry. c., 24 c.
6 nov. Req. 63 c.

1er déc. Paris. 100 c., 93 c., 117 c.
19 déc. Civ. 109 c.

1867
3 janv. Nancy. 36 c.
5 févr. Caen. 75 c.
9 févr. Paris. 188 c., 205 c.
24 mars. Alger. 75 c.
26 mars. Civ. 80 c.
26 mars. Caen. 75 c.
2 mai. Nancy. 148 c.
7 mai. Montpellier. 23 c.
5 juin. Caen. 130 c., 75 c.
18 juin. Nîmes. 22 c., 75 c.
25 juin. Req. 145 c.
11 juill. Rouen. 20 c.
17 juill. Civ. 98 c.
22 juill. Civ. 76 c.
13 août. Bordeaux. 104 c.
21 août. Rouen. 130 c.
26 nov. Civ. 209 c., 219 c.
20 déc. Caen. 113 c.

1868
14 janv. Agen. 110 c.
17 janv. Crim. 236 c.
25 janv. Caen. 75 c.
26 févr. Civ. 66 c.
2 mars. Riom. 53 c.
7 mars. Grenoble. 149 c.
7 mars. Nancy. 145 c., 153 c.
30 mars. Dijon.
18 mai. Civ. 22 c., 76 c.
3 juin. Toulouse. 104 c., 192 c.
27 juin. Toulouse. 22 c.
8 juill. Bordeaux. 242 c.
23 juill. Angers. 63 c., 126 c.
10 août. Caen. 75 c.
18 août. Req. 50 c.
27 nov. Limoges. 52 c.
7 déc. Req. 199 c.
7 déc. Orléans. 200 c.
8 déc. Chambéry. 129 c.
23 déc. Besançon. 120 c.
26 déc. Grenoble. 103 c.
28 déc. Besançon. 86 c.
29 déc. Orléans. 24 c.

1869
9 janv. Orléans. 64 c., 86 c.
14 janv. Req. 60 c.
20 janv. Req. 60 c.
23 févr. Civ. 98 c.
27 févr. Chambéry. 75 c.
2 mars. Req. 14 c., 24 c.
6 mars. Rennes. 137 c.

13 avr. Req. 87 c., 93 c., 117 c.
17 avr. Limoges. 97 c.
27 avr. Metz. 121 c.
28 avr. Angers. 123
24 mai. Civ. 13 c., 76 c.
4 juin. Paris. 209
9 juin. Dijon. 143
13 juin. Req. 178 c.
17 juill. Rouen. 164
19 juill. Req. 80 c.
6 déc. Besançon.
14 déc. Civ. 22 c.
14 déc. Besançon. 38 c.
16 déc. Toulouse. 192 c.

1870
20 janv. Nancy. 29 c., 170 c.
22 janv. Nancy. 197
21 févr. Req. 145 c.
28 févr. Nancy. 52 c.
10 mars. Metz. 30 c., 140 c.
19 mai. Angers. 98 c.
1er juin. Aix. 94 c.
15 juin. Civ. 22 c., 118 c.
14 juill. Bordeaux. 105 c.
20 juill. Req. 145 c.
20 juill. Req. 137 c.
16 août. Req. 39.
30 août. Civ. 59 c.
12 nov. Grenoble. 71 c.

1871
16 janv. Bordeaux. 75 c.
25 janv. Trib. Marseille. 215 c.
4 mars. Lyon. 86 c., 119 c.
28 mars. Caen. 78 c.
24 avr. Caen. 51 c., 118 c.
1er juin. Caen. 123
20 juill. Civ. 40 c.
22 juill. Rouen. 75 c.
3 déc. Req. 20 c., 66 c.
12 déc. Bordeaux. 112 c.
19 déc. Req. 192 c.
26 déc. Bourges. 211 c., 212 c.

1872
9 janv. Dijon. 51
14 févr. Civ. 193 c.
18 févr. Grenoble. 67.
20 avr. Montpellier. 103 c.
6 mai. Civ. 25 c., 86 c., 88 c., 119 c.
13 mai. Civ. 211 c.
18 mai. Nancy. 121 c.
23 mai. Bordeaux. 88 c., 121 c.
27 mai. Bordeaux. 23 c.

4 juin. Dijon. 121
1er juill. Req. 71 c.
24 juill. Civ. 33 c., 83 c.
3 août. Paris. 179
16 nov. Civ. 192 c.
25 nov. Pau. 113 c.

1873
13 janv. Civ. 206 c.
1er févr. Paris. 219
19 févr. Besançon. 86 c., 120 c.
28 févr. Civ. 211 c., 212 c.
4 mars. Civ. 46 c.
7 mars. Chambéry. 165 c.
7 mars. Lyon. 139 c.
24 mars. Crim. 223 c.
28 avr. Req. 59 c.
24 mai. Orléans. 166 c.
29 janv. Req. 96 c.
17 juin. Civ. 193 c.
20 juin. Besançon. 208 c.
1er juill. Civ. 30 c., 31 c.
2 juill. Req. 20 c.
27 juill. Civ. 192 c.
27 juill. Nancy. 217
25 nov. Bourges. 153 c.
26 nov. Req. 211 c.
26 nov. Civ. 80 c., 144 c.
10 déc. Dijon. 187 c.
31 déc. Civ. 50 c.

1874
7 janv. Civ. 64 c.
13 janv. Paris. 114 c.
4 févr. Dijon. 216 c.
17 févr. Civ. 20 c.
24 mars. Besançon. 75 c.
13 mai. Civ. 96 c., 203 c.
15 juin. Civ. 57 c., 59 c., 62 c.
12 août. Req. 176 c., 187 c.

1875
9 janv. Nancy. 22 c., 24 c., 81 c.
18 janv. Civ. 214 c.
19 janv. Req. 203
20 janv. Civ. 125 c.
21 janv. Paris. 144 c.
24 janv. Lyon. 22 c.
25 janv. Alger. 190 c., 199 c., 201 c.
9 avr. Caen. 110 c.
27 avr. Chambéry. 51 c., 52 c., 61 c.
21 juin. Nancy. 245 c.
24 juin. Lyon. 61 c., 71 c.
13 juill. Req. 176 c.
13 juill. Paris. 80 c.
26 juill. Civ. 44.
10 nov. Poitiers. c.
30 nov. Req. 55 c.
13 déc. Civ. 148 c., 151 c.
17 déc. Caen. 125 c.

1876
1er juill. Req. 71 c.
24 juill. Civ. 33 c., 72 c.
19 janv. Civ. 76 c.
21 févr. Req. 55.
22 févr. Bourges. 53 c.
18 nov. Civ. 192 c.
25 nov. Pau. 113 c.
18 mars. Req. 178 c.
22 mars. Nancy. 145 c., 218 c.
1er avr. Nancy. 121 c.
25 avr. Civ. 135 c.
29 mai. Civ. 22 c., 25 c., 76 c.
25 juill. Nancy. 218 c.
7 nov. Req. 71.

1877
15 janv. Caen. 123 c., 22 c.
21 janv. Civ. 186 c., 197 c., 203 c., 205 c.
27 janv. Toulouse. 22 c.
29 janv. Req. 96 c.
10 mars. Caen. 22 c.
16 avr. Civ. 102 c., 130 c.
27 avr. Besançon. 92 c.
30 mai. Rennes. 235 c.
16 juill. Dijon. 63 c., 126 c.
20 août. Req. 206 c.

1878
8 janv. Paris. 94 c.
19 janv. Toulouse. 124 c.
19 févr. Req. 145 c.
27 févr. Req. 213 c.
14 mars. Crim. 237 c.
27 avr. Req. 78 c.
14 mai. Civ. 214 c.
27 mai. Civ. 153 c., 157 c.
5 nov. Req. 177.
27 nov. Civ. 27 c.

1879
11 janv. Besançon. 90 c.
3 janv. Req. 89 c.
24 févr. Civ. 119 c.
23 févr. Civ. 41 c.
3 mars. Req. 121 c.
5 déc. Rennes. 36 c., 40 c.
19 déc. Limoges. 89 c.

1880
2 mars. Civ. 90 c.
13 mars. Rouen. 194 c.
27 avr. Civ. 112 c., 204 c.
20 avr. Rouen. 218.
25 mai. Req. 54 c.
1er juin. Civ. 70 c., 71 c., 96 c.
7 juill. Civ. 76 c.
21 juill. Rennes. 121 c.
5 août. Req. 189 c.
19 févr. Req. 203 c.

17 août. Lyon. 147 c.
22 déc. Civ. 89 c.

1881
5 janv. Civ. 22 c., 57 c.
11 janv. Req. 153 c.
13 janv. Caen. 218 c.
2 févr. Req. 149 c.
14 févr. Req. 116 c.
26 févr. Amiens. 193 c.
21 mars. Req. 38 c., 51 c.
22 mars. Rouen. 233 c.
15 avr. Civ. 61 c.
25 avr. Req. 173 c.
16 juill. Poitiers. 208 c., 209 c.
1er août. Civ. 189 c.
10 août. Civ. 59 c.
10 août. Lyon. 240 c.
11 août. Lyon. 114 c.
13 août. Nancy. 198 c., 199 c.
6 déc. Civ. 123 c.
7 déc. Riom. 89 c.

1882
9 janv. Req. 102 c., 130 c.
17 janv. Toulouse. 192 c.
27 janv. Dijon. 170 c., 217 c.
27 janv. Grenoble. 31 c., 66 c.
27 janv. Orléans. 43 c.
19 févr. Civ. 121 c.
15 févr. Civ. 123 c.
23 févr. Lyon. 26 c.
5 mars. Req. 70 c., 71 c.
16 mars. Paris. 94 c.
21 avr. Req. 146 c.
6 juin. Civ. 124 c.
7 juin. Req. 57 c.
28 juin. Rennes. 345 c.
5 juill. Req. 203 c.
5 juill. Civ. 85 c., 87 c., 117 c.
12 juill. Rennes. 345 c.
26 juill. Civ. 26 c.
28 août. Civ. 20 c., 79 c.
12 déc. Req. 38 c.

1883
9 févr. Cons. d'Ét. 225 c.
13 mars. Req. 80 c.
21 mars. Civ. 218 c.
7 avr. Rennes. 22 c.
25 avr. Civ. 198 c., 203 c.
6 juin. Civ. 129 c.
14 juin. Civ. cass. Belgique. 186 c.
13 juill. Req. 51 c.

1884
17 janv. Trib. Seine. 233.
19 févr. Req. 203 c.

22 févr. Paris. 50 c., 61 c.
10 mars. Civ. 147 c., 153 c.
20 mars. Crim. 238
11 avr. Caen. 185 c.
23 avr. Riom. 89 c.
11 juin. Req. 87 c., 98 c., 117 c.
23 juill. Nancy. 110 c.
26 juill. Nancy. 110 c.

1885
29 juill. Civ. 187 c.
12 août. Req. 204 c.
19 août. Civ. 33 c., 51 c.
20 nov. Crim. 238.
13 nov. Crim. 238.
20 nov. Civ. 125 c.
9 déc. Civ. 212 c.
2 déc. Civ. 214 c.

1886
6 janv. Civ. 200 c., 212 c., 214 c.
12 janv. Civ. 166 c.
22 janv. Req. 166 c.
12 mars. Req. 43 c.
15 mars. Req. 220 c.
20 avr. Req. 86 c., 215 c.
5 juin. Limoges. 26 c.
13 juill. Civ. 109 c.
20 juill. Civ. 178 c.
22 juill. Bordeaux.
28 juill. Trib. Blois. 112 c.
10 août. Req. 199 c.
25 oct. Pau. 130 c.
20 nov. Orléans. 125 c.
1er déc. Paris. 142 c.

1887
4 janv. Civ. 124 c.
12 janv. Paris. 94 c.
31 janv. Caen. 198 c.
28 févr. Req. 81 c.
5 mars. Orléans. 112 c.
8 avr. Civ. 153 c.
6 juin. Req. 202 c.
12 juill. Nancy. 216 c.
10 août. Pau. 220 c.
8 nov. Civ. 192 c.

1888
2 janv. Riom. 28 c.
8 févr. Crim. 244 c.
24 oct. Civ. 153 c.
14 nov. Req. 204 c.

1889
9 janv. Civ. 81 c.
28 janv. Civ. 28 c.
12 mars. Civ. 170 c.

DÉLAI.

Division.

§ 1. — **Division du temps en moments, heures, jours, semaines, mois et années** (n° 2).

§ 2. — **Computation des délais en général. — Jours termes ou jours à quo et ad quem. — Délai franc** (n° 7).

§ 3. — **Expiration du délai. Ses effets. — Déchéance** (n° 37).

§ 4 — **Augmentation du délai à raison des distances** (n° 42).

§ 5. — **De l'abréviation des délais** (n° 54).

§ 6. — **Suspension des délais pendant la guerre de 1870** (n° 56).

1. La matière des délais, l'une des plus importantes de la procédure au point de vue pratique, a subi des changements notables depuis la publication du *Répertoire*, par suite de la promulgation de la loi du 3 mai 1862 (D. P. 62. 4. 43). Cette loi, qui régit les délais en matière civile et commerciale, a eu pour objet de mettre notre législation en harmonie avec la révolution accomplie dans les moyens de transport. Au point de vue civil, elle modifie profondément l'art. 73 c. proc. civ., en réduisant de moitié, pour le plus grand nombre des cas, le délai des ajournements donnés à l'étranger et aux colonies (V. *infrà*, v° *Exploit*). Elle abrège d'un mois sur trois le délai ordinaire de l'appel et celui de la requête civile (V. *suprà*, v° *Appel civil*, n°s 160 et suiv.; *infrà*, v° *Requête civile*). Elle substitue, dans tous les cas, le nombre de cinq myriamètres à celui de trois pour le calcul de l'augmentation des délais à raison des distances, et généralise, à cet égard, l'application de l'art. 1033 c. proc. civ. En matière commerciale, elle diminue de moitié, et quelquefois de plus, les délais de présentation de certaines lettres de change et ceux des actions récursoires (c. com. art. 160 et 166) (V. *infrà*, v° *Effets de commerce*). Elle abrège, dans la même proportion, les délais prescrits par l'art. 375 c. com. pour autoriser la présomption de perte et le délaissement des objets assurés (V. *infrà*, v° *Droit maritime*). — Parmi les modifications apportées à l'art. 1033 c. proc. civ., nous examinerons ici, en suivant l'ordre adopté par le *Répertoire*, celles qui sont relatives à la théorie générale des délais. Les autres dispositions de la loi du 3 mai 1862 sont étudiées à l'occasion des matières qu'elles concernent.

§ 1er. — Division du temps en moments, heures, jours, semaines, mois et années (*Rép.* n°s 3 à 21).

2. On a fait connaître au *Rép.* n°s 9 et suiv. les différentes divisions du temps en moments, heures, jours, semaines, mois et années. Il n'y a rien à ajouter à ces définitions, qui prêtent peu à la controverse. Les principes qu'elles supposent ont seulement fait l'objet de quelques applications nouvelles.

3. En ce qui concerne le délai de la *journée* ou de *vingt-quatre heures*, il y a eu des hésitations en pratique. Le *Répertoire* enseigne (n° 12) que, lorsqu'un acte doit se faire dans un délai de vingt-quatre heures, ce délai se compte *de hora ad horam*. La cour de cassation avait appliqué cette règle aux affirmations de procès-verbaux (Crim. rej. 30 janv. 1823, *Rép.* n° 12). Il ne faut pourtant pas ériger en principe absolu ce qui n'est que l'interprétation de la volonté probable du législateur. Le délai ne se compte pas *de*

momento ad momentum que lorsque la loi exige que l'acte à partir duquel telle chose devra être faite, porte l'indication de l'heure. Dans tous les autres cas, le délai de vingt-quatre heures comprend tout le jour qui suit celui dont l'acte porte la date (Rolland de Villargues, *Répertoire du notariat*, v° *Délai*, n°s 14 et suiv.). C'est ainsi que la cour de cassation belge a pu juger que le délai de vingt-quatre heures accordé au ministère public pour se pourvoir en cassation en cas d'acquittement du prévenu court *de die ad diem*, c'est-à-dire comprend les vingt-quatre heures qui suivent la fin de la journée où le jugement est rendu (C. cass. Belgique, 27 mars 1882) (1). — Il n'est pas douteux que les mots *jour* et *journée* ne soient synonymes. Ainsi les termes « dans la journée » employés dans un règlement de police qui oblige le logeur à faire à l'autorité la déclaration des personnes qu'il reçoit, doivent s'entendre d'un délai de vingt-quatre heures compté comme il a été dit ci-dessus (C. cass. Belgique, 13 juill. 1846, *Pasicrisie belge*, 1846. 1. 464).

4. Comme on l'a vu au *Rép.* n° 14, lorsque la loi accorde un certain nombre de jours pour accomplir un acte, le bon sens indique qu'il ne s'agit pas de journées de vingt-quatre heures; l'accomplissement peut en être impossible, non seulement la nuit, mais pendant une partie de la journée. Ainsi les actes qui doivent être faits dans les bureaux d'une administration publique ne peuvent l'être qu'aux heures où ces bureaux sont ouverts; mais cette restriction au principe est de pur fait, et ne devrait pas entraîner de forclusion, si l'acte pouvait être effectué en dehors des heures habituelles (Comp. *Rép.* n° 66). La surenchère du sixième, par exemple, doit se faire au greffe dans le délai de huitaine (c. proc. civ. art. 710). Supposons qu'elle n'ait pas été faite le huitième jour avant l'heure de la fermeture du greffe; serait-elle encore recevable après cette heure? Certainement oui, si le greffier consentait à la recevoir; car, théoriquement, le délai dure jusqu'à minuit. L'adjudicataire ne serait donc pas admis à prétendre qu'une surenchère, faite dans ces conditions, est tardive et doit rester sans effet (V. Dutruc, *Supplément aux lois de la procédure civile* de Carré et Chauveau, v° *Délai*, t. 1, quest. 3415 *bis*).

5. Suivant une jurisprudence constante, les délais que la loi fixe par mois doivent être comptés de quantième à quantième suivant le calendrier grégorien (*Rép.* n° 17). La cour de cassation a fait une nouvelle application de ce principe au délai d'appel. Elle a décidé l'appel d'un jugement signifié le 4 octobre est non recevable, comme tardif, s'il a été formé le 6 décembre (Req. 1er mars 1876, aff. Legentilhomme, D. P. 78. 5. 185. V. *Rép.* n°s 17 et suiv., et v° *Appel civil*, n°s 869 et suiv.). Il convient toutefois de rappeler les deux exceptions, signalées au *Rép.* n°s 17, *in fine*, et 18, à la computation de quantième à quantième : 1° lorsque le jour, point de départ du délai, est le dernier jour du mois; 2° lorsqu'il s'agit d'emprisonnement (c. pén. art. 40). — Une autre application du même principe a été faite par la loi du 2 juin 1862, concernant les délais des pourvois devant la cour de cassation en matière civile (D. P. 62. 4. 47). Une loi du 10 frim. an 2 portait que les délais du pourvoi seraient francs et que les mois seraient uniformément de trente jours. Cette disposition était en harmonie avec le calendrier républicain. L'art. 9 de la loi du 2 juin 1862 a décidé que les mois seraient comptés suivant le calendrier grégorien.

6. Lorsqu'un délai court à partir de l'insertion d'un acte dans un journal, c'est la date que porte le journal qui forme le point de départ du délai. Ainsi il a été jugé que le délai

---

(1) (Procureur général de Liège *C.* Goffinet.) — LA COUR; — Sur la fin de non-recevoir opposée au pourvoi et prise de ce qu'il n'est pas prouvé que cet acte ait été fait avant l'expiration de la vingt-quatrième heure après celle du prononcé de l'arrêt dénoncé: — Attendu que le pourvoi en cassation du ministère public ou de la partie civile contre un arrêt d'acquittement en matière correctionnelle est réglé par l'art. 374 c. instr. cr., qui accorde à ces parties un délai de vingt-quatre heures; — Attendu que ce délai ne se compte pas d'heure à heure; que si telle avait été la volonté des auteurs de la loi, ils auraient exigé, pour les décisions susceptibles de recours, la mention de l'heure à laquelle elles sont rendues; — Qu'en l'absence de semblable mention, la fixation du délai par le calcul d'heure à heure est impossible, ce qui rendrait l'art. 374, ainsi interprété, sans application; — Attendu que cet article ne détermine pas, en réalité, le point de départ

du délai dont il traite; — Attendu que, pour établir ce point, il convient de combiner l'article avec celui qui le précède, et qui fait courir le délai qu'il prévoit à dater du jour de la décision; — Que, dès lors, le délai de l'art. 374 est limité aux vingt-quatre heures qui suivent le jour du prononcé de l'arrêt; — Attendu que le pourvoi du procureur général près la cour d'appel de Liège contre l'arrêt d'acquittement rendu par cette cour le 22 févr. 1882, en matière correctionnelle, ayant été formé le 23 du même mois, a été fait en temps utile; — Que, partant, la fin de non-recevoir du défendeur n'est pas fondée;...

Par ces motifs, casse...

Du 27 mars 1882.-C. cass. de Belgique, 2e ch.-MM. Vandenpeereboom, pr.-le chevalier Hynderick, rap.-Mélot, av. gén., c. conf.-Lefebvre, av.

d'opposition aux jugements déclaratifs de faillite, fixé à un mois à partir de leur insertion dans les journaux à ce désignés, court à compter de la date placée en tête du numéro du journal où a eu lieu l'insertion, alors même que ce journal serait publié la veille, et que la date qui y est donnée aux annonces serait cette date de la veille et non celle du journal (Bordeaux, 20 nov. 1866, aff. Clause, D. P. 68. 2. 21).

§ 2. — Computation des délais en général. — Jours termes ou jours à quo et ad quem. — Délai franc (Rép. nos 22 à 54).

7. — I. JOURS DE DÉPART DU DÉLAI OU *dies a quo.* — On a exposé au *Rép.* nos 25 et suiv. l'ancienne controverse sur la question de savoir si le jour qui sert de point de départ à un délai doit y être compris. La pratique ancienne et la plupart des auteurs excluaient du délai le *dies à quo.* Merlin a combattu cette doctrine, dans laquelle la jurisprudence a persévéré (V. *Rép.* nº 25). Depuis, la discussion paraît avoir cessé, et il est admis aujourd'hui, en règle générale, que le jour à partir duquel court un délai ne doit pas être compté dans le délai lui-même. Ainsi il a été décidé qu'en matière de brevet d'invention, le jour du dépôt de la demande, qui sert de point de départ au délai dans lequel le breveté doit payer les termes de la taxe, doit être exclu de la computation de ce délai; dès lors, le payement peut être valablement fait le jour correspondant à celui dans lequel la demande a été déposée (Rouen, 12 déc. 1862, aff. Ancelin, D. P. 63. 2. 183; Civ. cass. 20 janv. 1863, aff. Vimont, D. P. 63. 1. 12, et sur renvoi, Nancy, 20 mai 1863, D. P. 63. 2. 184: V. *suprà,* vº *Brevet d'invention,* nº 223).

8. La jurisprudence a continué à considérer les expressions « à compter du... » « à dater du... », etc., comme étant, du moins en général, exclusives du jour qui sert de point de départ au délai (*Rép.* nº 29). Ainsi il a été jugé : 1º que, si dans le cas des art. 26, 502 et 1153 c. civ., ces expressions ont une signification inclusive, il en est autrement pour le délai de huitaine « à dater du jugement », pendant lequel il ne peut y avoir ni exécution, ni appel. Le jour du jugement ne doit pas être compris dans le délai de huitaine, qui est franc (Toulouse, 28 janv. 1853, aff. Poux, D. P. 53. 2. 58). L'arrêt ajoute : « que cette expression « huitaine » doit s'entendre évidemment d'une période composée de vingt-quatre heures huit fois révolues et que, dans l'hypothèse que le jour *a quo* devrait y être compris, il faudrait, pour la compléter, supputer minutieusement l'heure, le moment où le jugement aurait été rendu et l'instant précis où l'exploit d'appel aurait été signifié; que, de la nécessité de ces précisions méticuleuses, naîtraient des difficultés et des embarras presque inextricables dans la pratique et l'exécution d'actes de procédure que la loi a voulu toujours simplifier autant que possible, et dégager de complications qui pourraient présenter à l'esprit de chicane l'occasion de nombreux et déplorables abus »; — 2º Que dans l'art. 5 de la loi belge du 26 févr. 1846, qui défend d'exposer en vente, de vendre, d'acheter, de transporter ou de colporter certaines pièces de gibier *à compter du* troisième jour après la clôture de la chasse, le législateur a voulu accorder trois jours après la clôture pour la vente et le transport du gibier (C. cass. Belgique, 10 mai 1852, aff. Palmers, D. P. 53. 5. 150).

9. Aux termes de l'art. 123 c. proc. civ. le délai accordé pour l'exécution d'un jugement court du jour de ce jugement, quand il est contradictoire, et du jour de la signification, lorsque la décision est par défaut. — S'il s'agit d'une mesure ne se rattachant point à l'exécution, on a dit au *Rép.* nº 36 *in fine* qu'il faut en général une signification ou une mise en demeure. Cette proposition n'est pas contredite par un arrêt aux termes duquel les juges qui accordent un délai à une partie pour faire une option ou accomplir un acte peuvent faire courir ce délai du jugement même ; en effet, aucune disposition de la loi n'interdit aux tribunaux de donner leur jugement pour point de départ aux délais qu'ils accordent aux parties pour faire une option ou accomplir un acte ; au besoin ils en trouveraient l'autorisation dans les art. 122 et 123 c. proc. civ. (Req. 5 janv. 1869, aff. Chaussenot, D. P. 71. 5. 110). Mais il est évident que, dans le silence du jugement, la règle posée au *Répertoire* devrait

être suivie. C'est l'application de l'art. 1139 c. civ. (*Rép.* nº 37).

10. — II. JOUR DE L'ÉCHÉANCE OU *dies ad quem* (Rép. nº 38). — C'est une règle ancienne que le jour de l'échéance appartient tout entier au délai, et que le délai expire avec la dernière heure de ce jour (*Rép.* nº 38). Le principe n'a pas varié, mais les controverses qu'il a fait naître ne semblent pas complètement éteintes.

11. La question des *jours francs,* examinée au *Rép.* nos 39 et suiv., est encore douteuse en doctrine et en jurisprudence. On a vu quelles incertitudes laisse subsister à cet égard la disposition de l'art. 1033 c. proc. civ. qui porte que « le jour de la signification ni celui de l'échéance ne sont jamais comptés pour le délai général fixé pour les ajournements, citations, sommations et autres actes faits à personne ou domicile ». On s'est demandé à quels actes cette disposition s'applique. Cherchant à deviner la pensée du législateur, le *Répertoire* enseigne que l'art. 1033 se réfère au délai général de comparution à l'audience ou celui accordé à une partie à compter d'un acte signifié à personne ou domicile, c'est-à-dire au délai qui a *pour point de départ* une signification.

La modification de l'art. 1033 c. proc. civ. offrit en 1862 une occasion favorable pour mettre un terme à la difficulté. Le législateur en eut l'idée, mais il n'osa la réaliser. M. Josseau, rapporteur de la loi du 3 mai 1862 au Corps législatif, s'exprimait ainsi à cet égard : « On a beaucoup agité la question de savoir si cet article, soit dans sa première disposition qui consacre la règle : *Dies termini non computatur in termino,* soit dans sa seconde disposition relative à l'augmentation du délai à raison des distances, est applicable à d'autres actes que ceux faits à personne ou domicile; si, pour ces actes, le délai fixé par la loi est toujours franc, s'il est ou non susceptible d'augmentation pour les distances et dans quelle mesure. Pour la franchise du délai, par exemple, la difficulté est souvent née de la manière dont s'est exprimé le législateur dans les divers cas. Tantôt, en effet, dans la fixation d'un délai pour faire un acte ou remplir une formalité, la loi porte que ce délai courra *à compter* ou *à partir de cette époque,* tantôt elle veut que l'on ne cette formalité ait lieu *dans le délai de...* ou bien elle dit que la formalité ne sera plus recevable *après le délai de...,* etc. Ces diverses locutions ont amené des solutions différentes. En présence de ces controverses, votre commission s'est demandé s'il n'y aurait pas lieu de compléter la disposition de l'art. 1033 par quelques règles générales. Mais elle n'a pas tardé à reconnaître la difficulté de trouver une rédaction qui pût donner, pour toutes les hypothèses, une solution satisfaisante. Chaque jour la jurisprudence se fixe davantage et formule des règles d'interprétation basées sur le sens que l'usage, cette suprême loi du langage, assigne aux expressions employées par le législateur. Une nouvelle rédaction pourrait faire naître de nouvelles incertitudes. Dans cet état de choses, la commission a jugé, comme le Gouvernement, que le plus sage était de reproduire textuellement une disposition sur la portée de laquelle on commence d'ailleurs, après cinquante ans de pratique, à être à peu près d'accord » (V. D. P. 62. 4. 46, note 7). — Il est permis de regretter que le législateur n'ait pas cru devoir consacrer sur ce point par une disposition claire et précise, qui l'eût rendu définitif. « Au lieu d'être à peu près d'accord, dit M. Chauveau, on n'eût plus conservé de doute, si la loi, après avoir défini ce qu'on devait entendre par la franchise d'un délai et avoir dit que le délai franc était celui qui était complet sans qu'on y comptât le jour *a quo* et le jour *ad quem* c'est-à-dire les jours du commencement et de la fin du délai, avait ajouté : le jour du commencement ne sera jamais compté dans le délai et la faveur du jour final ne pourra être obtenue qu'autant que la loi ne prescrira pas de faire, d'agir ou de comparaître dans un délai déterminé » (*Lois de la procédure, Supplément,* t. 7, nº DCXVII *bis*).

12. Quoi qu'il en soit, il reste bien acquis que l'art. 1033 c. proc. civ. s'occupe, non du délai général fixé pour faire une citation, un ajournement, une sommation, mais du délai fixé pour faire un acte quelconque *à partir d'une* citation, d'un ajournement, d'une sommation. « Il s'agit, en un mot, de savoir comment se calculera le délai dans lequel une partie doit faire un certain acte à partir de la signification qui lui a été faite » (Boitard, Colmet d'Aâge et Glasson,

Leçons de procédure civile, 14e éd., t. 2, no 1216, p. 712). Mais dans quel cas le délai est-il franc ? La disposition de l'art. 1033 doit-elle se restreindre aux seuls cas spécifiés par cet article ? Est-elle, au contraire, générale, et s'applique-t-elle à toute espèce de délais, à ceux qui ont pour point de départ une signification à avoué comme à ceux que fait courir une signification à personne ou domicile ? Le rapport précité de M. Josseau (V. *suprà*, no 11), peut s'interpréter en ce sens que le délai n'est pas franc, en dehors des cas spéciaux de l'art. 1033.

C'est en ce sens également que paraît se prononcer la doctrine. Telle est l'opinion de MM. Carré et Chauveau, *Lois de la procédure civile*, 3e éd., t. 6, quest. 3410, p. 850 et suiv. ; Berriat Saint-Prix, *Cours de procédure civile*, p. 149 ; Boitard, *loc. cit.*, 14e éd., t. 2, no 1216, p. 713 et suiv. D'après Boitard, dont le système est conforme à celui du *Répertoire*, les actes qui servent de point de départ à un délai franc sont ceux qui sont signifiés *à personne ou domicile*. Ceux qu'on ne signifie pas à personne ou domicile, comme un acte entre avoués, ou ceux qu'on ne signifie pas du tout, comme une inscription hypothécaire, sont suivis d'un délai dont le jour *ad quem* est exclu. Partant de cette distinction tirée de l'acte qui sert de point de départ, l'auteur range au nombre des délais francs : le délai de trois jours pour la citation en conciliation (c. proc. civ. art. 51) ; celui des ajournements en général, et en particulier des assignations en reconnaissance d'écritures (c. proc. civ. art. 193) ; celui des assignations à témoins, dans les enquêtes (c. proc. civ. art. 260) ; celui des ajournements devant les tribunaux de commerce (c. proc. civ. art. 416) ; celui de l'appel (c. proc. civ. art. 443). Mais Boitard refuse la faveur du *dies ad quem*: aux délais ayant pour point de départ une signification d'avoué à avoué (c. proc. civ. art. 76, 77 et 78) ; au délai de huitaine pour faire opposition à un jugement par défaut contre avoué (c. proc. civ. art. 157) ; au délai de trois jours accordé pour dénier ou reconnaître des faits articulés à fin d'enquête (c. proc. civ. art. 252) ; au délai de huitaine dans lequel une enquête doit être commencée (c. proc. civ. art. 257) ; au délai d'appel en matière d'ordre (c. proc. civ. art. 763). Dans tous ces cas, le délai n'est pas franc, d'après Boitard, parce que l'acte qui lui sert de point de départ n'est pas une signification *à personne ou domicile*. — Cette opinion est aussi professée par Bioche, *Dictionnaire de procédure civile et commerciale*, vo *Délai*, 3e éd., no 35 ; Rodière, *Cours de compétence et de procédure en matière civile*, 4e éd., t. 1, p. 152, et par M. Garsonnet, *Cours de procédure*, t. 2, § CCV, p. 47 et suiv. Elle paraît avoir prévalu en jurisprudence. C'est ce qui résulte d'un arrêt de la chambre des requêtes du 4 déc. 1865 (aff. Mercès, D. P. 66. 1. 106), qui pose le principe en ces termes : « Attendu que l'art. 1033 c. proc. civ., d'après lequel le jour de la signification (*dies a quo*) ni le jour de l'échéance (*dies ad quem*) ne sont point compris dans le délai, n'est applicable qu'au délai général fixé pour les ajournements, citations, sommations et autres actes faits à personne ou domicile... ». La décision, il est vrai, est rendue en matière de requête civile, et ce cas est spécialement réglé par les termes inclusifs de l'art. 483 c. proc. civ. ; mais le principe posé par l'arrêt précité paraît avoir une portée générale. L'arrêt de la cour de Bordeaux du 15 juill. 1864 (aff. Mercès, D. P. 65. 2. 118) sur le pourvoi duquel l'arrêt de la chambre des requêtes a été rendu, s'était borné à décider qu'à raison des termes employés par le législateur dans l'art. 483 c. proc. civ., le délai de deux mois dans lequel la requête civile doit être signifiée comprend le jour de l'échéance, et que la signification est tardive si elle n'est faite que le lendemain. — On peut rapprocher de l'arrêt précité de la chambre des requêtes un arrêt de la cour de

Lyon du 2 août 1866 (aff. Ludinat, D. P. 67. 5. 128), lequel décide que la disposition de l'art. 1033 n'est point une disposition générale s'appliquant à toute espèce de délai. La cour de Lyon ajoute « que le texte de cet article indique, dans son paragraphe premier, les délais auxquels il s'applique, et qu'il n'y a aucune raison de l'étendre à d'autres cas ».

13. Cependant, si la cour de cassation et la majorité des auteurs inclinent à restreindre la disposition de l'art. 1033 aux délais ayant pour point de départ une signification à personne ou domicile, on doit signaler une tendance contraire dans plusieurs décisions de date assez récente (Rouen, 19 mars 1870, aff. Piéton, D. P. 71. 2. 190 ; Trib. Havre, 16 mai 1872, aff. Delafosse, D. P. 72. 3. 80 ; Besançon, 30 janv. 1873, aff. Jeune, D. P. 74. 5. 470). Il convient de remarquer que ces arrêts et jugements ne sont pas rendus dans l'hypothèse même qui nous occupe. Ils se réfèrent à la question, qui sera examinée *infrà*, no 23, de savoir si la disposition finale de l'art. 1033 c. proc. civ., qui, lorsque le dernier jour d'un délai est un jour férié, proroge le délai jusqu'au lendemain, s'applique à tous les actes de procédure (V. Dutruc, *op. cit.*, t. 1, vo *Délai*, no 30, *novies*). Mais on peut citer dans le sens de l'extension de la franchise un arrêt de la cour de Paris du 16 juin 1866 (aff. Roux, D. P. 67. 2. 159) où on lit : « Considérant que l'art. 4, dernier paragraphe, de la loi du 3 mai 1862 a fait disparaître toute incertitude sur l'application de l'art. 1033 c. proc. civ. et généralisé pour tous les actes de procédure, sans aucune distinction, la disposition qui déclare que le jour de la signification et celui de l'échéance ne comptent pas dans le calcul du délai, comme aussi que, si ce dernier jour du délai est un jour férié, le délai est prorogé jusqu'au lendemain... ». M. Bazot, *Des ordonnances sur requête et des ordonnances de référé*, p. 393, critique cette décision en faisant remarquer que la cour confond deux questions bien distinctes : celle de la franchise du délai et celle de la prorogation du délai à raison de l'existence d'un jour férié. Si, dans ce dernier cas, comme on le verra *infrà*, no 23, il paraît constant que le législateur de 1862 a entendu poser une règle générale, rien n'est moins prouvé en ce qui concerne le paragraphe premier dont il s'agit ici.

14. Le *Répertoire*, nos 43 et 44, énumère les délais qui peuvent être considérés comme francs. Il cite, notamment, le délai de trois mois (aujourd'hui deux mois) pour interjeter appel des jugements rendus par les tribunaux civils et de commerce, et le délai de trente jours accordé pour l'appel des jugements des juges de paix. En ce qui concerne le premier, la solution du *Répertoire* a été confirmée par plusieurs arrêts (Douai, 27 avr. 1869, aff. Préfet du Nord, D. P. 69. 2. 156 ; Civ. cass. 14 août 1877, aff. Procureur général de Montpellier, D. P. 77. 1. 475 ; Paris, 14 août 1877, aff. Filhon, D. P. 78. 2. 184 ; Liège, 9 juin 1881) (1). Cette jurisprudence, fixée depuis longtemps, et adoptée par la majorité des auteurs (Bioche, *op. cit.*, vo *Délai*, no 34 ; Rodière, *op. cit.*, t. 1, p. 153 ; Boitard, Colmet d'Aâge et Glasson, 14e éd., t. 2, no 1216, p. 713) n'a pas échappé à la critique. Elle s'appuie sur deux arguments : 1o les deux mois du délai courent à compter d'une signification à personne ou à domicile ; 2o cette signification équivaut à l'injonction d'appeler dans les deux mois, à peine de déchéance ; on se trouve donc dans le texte et dans l'esprit de l'art. 1033 c. proc. civ. M. Garsonnet, *op. cit.*, t. 2, p. 51, estime cependant que « ces deux arguments ne portent pas ; le premier, dit-il, parce que le *dies ad quem* n'est pas exclu de tous les délais qui courent en vertu d'une signification à personne ou à domicile, mais seulement de ceux dans lesquels une personne est sommée d'agir ; le second parce qu'il n'y a pas un seul

---

(1) (Baudinne C. Saublens.) — LA COUR ; — Sur la recevabilité de l'appel : — Attendu que, suivant l'art. 1033 c. proc. civ., le jour de la signification ni celui de l'échéance ne sont jamais comptés pour le délai général fixé pour les ajournements, les citations, sommations et autres actes faits à personne ou domicile, au nombre desquels l'appel se trouve compris ; qu'il ressort des termes dudit article et de la place qui lui a été assignée sous la rubrique des dispositions générales qu'il doit servir de règle pour la computation des délais déterminés par le code, dans tous les cas où il n'en est pas disposé autrement par un texte formel ou dans des termes impliquant une interprétation différente ; que semblable dérogation ne résulte nullement de l'art. 443, ni d'aucune autre disposition légale relativement au délai de l'appel ; qu'il y a lieu, en conséquence, de le calculer sans faire état du jour de la signification du jugement ni de celui de la notification de l'appel ; — Attendu que le jugement *à quo* ayant été signifié à partie le 3 juill. 1880 a été ainsi utilement frappé d'appel le 4 octobre suivant ; — Au fond :...

Par ces motifs, etc.

Du 9 juin 1881.-C.de Liège, 1re ch.-MM. Parez, 1er pr.-Collinet, subst. proc. gén.-Neujean, Delgeur et Dohet (du barreau de Namur), av.

délai dont on ne puisse dire qu'il emporte l'obligation d'agir, à peine de déchéance, avant qu'il soit expiré ».

Quoi qu'il en soit de ces divergences théoriques, la franchise du délai d'appel fixé par l'art. 443 c. proc. civ. ne fait pas doute en jurisprudence.

15. En ce qui concerne l'appel des jugements de justice de paix, la jurisprudence paraît avoir varié. Le *Répertoire* enseignait (v° *Appel civil*, n° 876), que le délai doit être franc par cette considération principale que l'art. 13 de la loi de 1838 renvoie à l'art. 1033. Un jugement du tribunal civil de Pont-l'Évêque du 5 août 1879 (aff. Voisin, D. P. 81. 1. 126) a décidé, en ce sens, que le délai de trente jours accordé pour interjeter appel des décisions des juges de paix est franc et ne comprend pas le jour de l'échéance; qu'ainsi l'appel contre un jugement signifié le 17 août est valablement formé le 17 septembre suivant. Le tribunal pour motiver sa décision se fondait sur la combinaison de l'art. 13 de la loi du 25 mai 1838 avec l'art. 1033 c. civ. : « L'art. 1033, disait le jugement, est général, et s'applique aux jugements de paix aussi bien qu'aux décisions des autres tribunaux; au surplus et quels que soient les termes dont s'est servi le législateur lors de la rédaction de l'art. 13 précité, les travaux préparatoires de la loi de 1838 ne laissent subsister aucun doute sur la volonté de s'en référer pour la franchise du délai d'appel à l'art. 1033 ».

16. Cette interprétation n'a pas été sanctionnée par la cour de cassation qui, à propos de ce texte, s'est trouvée amenée à poser une règle d'interprétation d'une portée plus générale. En effet, l'art. 13 de la loi de 1838 est ainsi conçu : « L'appel des jugements des juges de paix ne sera recevable ni avant les trois jours qui suivront celui de la prononciation des jugements, à moins qu'il n'y ait lieu à exécution provisoire, *ni après* les trente jours qui suivront la signification... » A l'occasion de cette question spéciale la cour suprême avait donc à se prononcer sur la computation des délais déterminés par la formule : « *La formalité ne sera plus accomplie, l'acte ne pourra plus être fait après*... » L'art. 13 de la loi du 25 mai 1838 n'est pas le seul dans lequel se retrouve cette locution. L'art. 651 c. proc. civ., en matière de saisie de rentes constituées sur particuliers, porte que l'appel des jugements qui statueront sur les moyens de nullité, ou des incidents, et qui seront relatifs à la procédure antérieure à la publication du cahier des charges, sera considéré comme non avenu, s'il est interjeté *après* les huit jours à compter de la signification à avoué, ou s'il n'y a pas d'avoué, de la signification à personne ou à domicile, soit réel, soit élu. Aux termes de l'art. 731 c. proc. civ., relatif à l'appel des jugements d'incidents sur saisie immobilière, l'appel est non avenu s'il est interjeté *après les dix jours* à compter de la signification. Enfin l'art. 809 c. proc. civ. déclare non recevable l'appel interjeté *après la quinzaine*.

Aucun arrêt ne paraît être intervenu relativement à l'art. 651 c. proc. civ. (V. *Rép.* v° *Appel civil*, n° 877).

En ce qui concerne l'art. 731, on a cité au *Rép.* v° *Vente publique d'immeubles*, n° 1518, divers arrêts antérieurs à la loi de 1841 qui se sont prononcés contre la franchise du délai. C'était aussi la doctrine du *Répertoire* sur le nouvel art. 731.

Mais la question est encore controversée en jurisprudence pour le délai d'appel des ordonnances de référé c. proc. civ. art. 809). — un arrêt de la cour de Limoges du 25 mars 1825 (*Rép.* v° *Appel civil*, n° 878) a décidé que l'appel interjeté contre une ordonnance de référé, le seizième jour après la signification, est tardif, la cour de Bourges s'est prononcée en sens contraire, le 16 mars 1822 (*Rép.* v° *Appel civil*, n° 878). Depuis le *Répertoire* l'arrêt de la cour de Paris du 16 juin 1866 (cité *suprà*, n° 13) a statué dans le sens de l'arrêt de Bourges.

Tels étaient les précédents lorsque la question se trouva, pour la première fois, soumise à la cour de cassation, à l'occasion du délai pour appel des jugements de paix. La cour, se fondant sur le texte de l'art. 13 de la loi de 1838, décide que le délai n'est pas franc. « Devant la formule exclusive adoptée par l'art. 13 de la loi du 25 mai 1838, dit l'arrêt, on ne saurait invoquer la règle générale écrite dans l'art. 1033 c. civ. pour prétendre que l'appel pouvait encore être utilement interjeté le jour qui suivrait les trente jours après lesquels la loi déclare que l'appel ne sera pas recevable... » (Req. 5 févr. 1879, aff. Renard, D. P. 80.

1. 200). Depuis, la chambre civile a rendu une décision identique (Civ. cass. 2 août 1887, aff. Commune de Saint-Germain-du-Puch, D. P. 88. 1. 180-181) et la question peut être considérée comme définitivement tranchée. Cette solution est d'ailleurs conforme à celles admises en matière de saisie immobilière, et à la jurisprudence déjà ancienne de la cour de Limoges en matière de référé. En outre, elle applique strictement le texte de la loi. Elle a été approuvée par quelques auteurs (Brossard, *Traité de la jurisprudence des juges de paix*, p. 559; Carré, *Compétence judiciaire des juges de paix*, 2° éd., t. 1, n° 553; Garsonnet, *op. cit.*, t. 2, p. 50). — Mais la doctrine, en majorité, n'admet pas ce système (Rivoire, *De l'appel*, n° 226; Bioche, *Dictionnaire des juges de paix*, v° *Appel*, n° 20; Curasson, *Compétence des juges de paix*, 4° éd., t. 2, n° 863). Le *Répertoire*, comme on l'a vu, s'était aussi prononcé en ce sens. — Il faut d'ailleurs reconnaître que cette partie de notre législation est pleine d'incohérence. Tandis que le délai d'appel des jugements rendus par les tribunaux civils et de commerce sans être franc et ne s'augmente pas à raison des distances, le délai d'appel des jugements de paix serait non franc et cependant l'art. 13 de la loi de 1838 suppose formellement qu'il s'augmente à raison des distances. Comme l'a fait observer M. Garsonnet, *op. cit.*, t. 2, p. 51, il est impossible de découvrir une harmonie quelconque dans les lois qui régissent cette matière.

Il importe enfin de remarquer que la jurisprudence du conseil d'État considère comme franc le délai de trois mois fixé par l'art. 11 du décret du 22 juill. 1806 pour le recours contre les décisions des autorités qui ressortissent au conseil. Pourtant cet art. 11 est ainsi conçu : « Le recours ne sera pas recevable *après* trois mois du jour où la décision aura été notifiée (V. Aucoc, *Conférences sur le droit administratif*, 3° éd., t. 1, n° 374; Chauveau et Tambour, *Code d'instruction administrative*, 4° et 5° éd., t. 1, n° 617, p. 456, note).

17. Comme on l'a vu au *Rép.* n° 45, il a toujours été admis que le délai pour se pourvoir en matière civile devant la cour de cassation est un délai franc. Le décret du 1° frim. an 2, art. 1°, le disait en termes formels (V. *Rép.* v° *Cassation*, n° 499 et suiv.). La loi du 2 juin 1862, art. 1° et 9, en réduisant ce délai à deux mois, a consacré la même règle (V. *suprà*, v° *Cassation*, n° 113 et suiv.).

18. Le *Répertoire* admet (n° 46) que la faveur de la franchise doit être appliquée aux délais fixés par les lois spéciales; mais il n'en est ainsi qu'autant que le législateur n'a pas dérogé à cette règle. La cour de cassation a donc pu décider qu'en matière de contributions indirectes, où la loi limite à huit jours le délai pour l'échéance de l'assignation délivrée par le redevable qui forme opposition à une contrainte, l'opposition est nulle si la régie n'a été citée que pour le neuvième jour (Décr. 1° germ. an 13, art. 45; Civ. cass. 19 oct. 1885, aff. Durand, D. P. 86. 1. 72. V. Chauveau et Tambour, t. 6, quest. 3409, t. 1, *in fine*, p. 817).

19. Toutefois la jurisprudence décide que l'art. 1033 c. proc. civ. s'applique aux délais fixés par l'art. 3 de la loi du 25 mai 1838 pour l'exercice de l'action rédhibitoire (Civ. cass. 6 mars 1867, aff. Bergeron, D. P. 67. 1. 114, et *Rép.* v° *Vices rédhibitoires*, n° 291). Décidé, notamment, que le délai pour intenter l'action rédhibitoire dans les ventes d'animaux domestiques est un délai franc qui ne comprend ni le jour de la livraison, ni le jour de l'échéance (Trib. Monfort, 21 mars 1879, aff. Dugué, D. P. 79. 3. 63). — Il n'en est pas de même en Belgique. La loi du 28 mai 1850 (art. 2) dispose que le délai pour exercer l'action rédhibitoire ne pourra excéder trente jours « non compris le jour fixé pour la livraison ». En conséquence, la cour de cassation belge a déclaré tardive une assignation faite après le trentième jour de la livraison (Arrêt du 15 juill. 1875 cité par G. Van Alleynes, *Traité de la garantie des vices rédhibitoires*, 2° éd., n° 31).

20. Selon la doctrine enseignée au *Rép.* n°s 47 et 48, l'art. 1033 c. proc. civ. n'est pas applicable aux délais de faveur non plus qu'à ceux accordés par le juge. Il a été jugé, en ce sens, que le délai de huit jours accordé à une partie pour faire une consignation n'est pas franc (Lyon, 2 août 1866, aff. Ludinat, D. P. 67. 5. 127).

21. Quelle que soit l'opinion qu'on adopte sur l'extension plus ou moins grande à donner au paragraphe 1° de

l'art. 1033 c. proc. civ., on est d'accord, en général, pour reconnaître que les mots *dans, pendant*, employés par le législateur, ont un sens inclusif. On en a donné de nombreux exemples au *Rép.* n° 49. On peut en citer une application nouvelle en matière de requête civile (Bordeaux, 15 juill. 1864, aff. Mercès, D. P. 65. 2. 118; Req. 4 déc. 1865, aff. Mercès, D. P. 66. 1. 106). On sait aussi que la cour de cassation paraît appliquer une solution identique lorsque la loi porte qu'un acte ne pourra plus être accompli « après tant de jours » (V. *suprà*, n° 16).

22. — III. Jours fériés. — La question des *jours fériés* est aujourd'hui réglée par un texte qui concorde avec les principes exposés au *Rép.* n° 53 et suiv. Il était admis, avant la loi de 1862, que les jours fériés comptent dans le délai; et que, si le jour férié est le dernier du délai, l'échéance n'est prorogée au lendemain que pour certains délais très courts. L'ancien art. 1033 c. proc. civ. gardait le silence sur la question, mais deux textes semblaient conçus dans un esprit favorable à l'exclusion du jour férié lorsque ce jour est le dernier du délai; c'étaient l'art. 1037 c. proc. civ., qui interdit de faire une signification et une exécution les jours de fête légale, et l'art. 162 c. com., qui dispose que le protêt doit être fait le lendemain du jour de l'échéance si ce jour est férié. Les auteurs de la loi de 1862, voulant prévenir toute discussion dans l'avenir, ajoutèrent un paragraphe spécial à l'art. 1033. Les termes du rapport de M. Josseau indiquent, par leur généralité, que le législateur a entendu introduire dans le code de procédure une disposition s'étendant à tous « les délais dans lesquels doivent être faits des actes judiciaires et des significations » (Rapport de M. Josseau au Corps législatif, D. P. 62. 4. 43 et suiv.). Le texte de cette disposition finale est, d'ailleurs, aussi large que possible : « Si le dernier jour du délai est férié, le délai sera prorogé au lendemain ». Aussi M. Rodière pense que le dernier paragraphe de l'art. 1033 n'a été inséré à la place qu'il occupe que pour ne pas déranger le numérotage des articles et qu'il formule une règle générale applicable à tous les cas. (V. encore Boitard, Colmet d'Aâge et Glasson, *op. cit.*, 14e éd., t. 2, n° 1217, p. 717; Rodière, *op. cit.*, t. 1, p. 154). C'est également l'opinion de M. Garsonnet, *op. cit.*, t. 2, p. 62 et suiv., même lorsqu'il s'agit d'actes à faire au greffe. On verra *infrà*, n° 31, que cette opinion n'a pas tout à fait prévalu en jurisprudence. Bioche, *op. cit.*, n° 38, ne reconnaît pas au nouvel article une portée aussi étendue; suivant lui, il n'en résulte pas que les jours fériés seront considérés comme non avenus dans tous les cas. « Ainsi, dit cet auteur, le congé par huissier n'est ni un ajournement, ni une citation, ni une sommation. C'est un acte destiné à constater la déclaration de volonté, soit du bailleur, soit du preneur. Il ne rentre ni dans les termes ni dans l'esprit des dispositions du nouvel art. 1033 c. proc. civ. L'intervalle qui doit exister entre le jour du congé et le jour de la sortie du locataire est fixé par l'usage des lieux. Or la loi nouvelle n'a pas entendu modifier les usages existant antérieurement. »

23. Dans la pratique, la question de savoir quelle portée il convient de reconnaître à l'art. 1033, § 5, c. proc. civ., a été diversement résolue. Un arrêt de la cour de Lyon du 2 août 1866 (aff. Ludinat, D. P. 67. 5. 127) déjà cité *suprà*, n°s 12 et 20, porte, dans ses motifs, que le paragraphe 5 de l'art. 1033 n'est point une disposition générale s'appliquant à toute espèce de délai, et qu'il doit être restreint aux délais indiqués dans le paragraphe 1er. En conséquence, il ne peut, dit l'arrêt, être étendu à un délai prescrit par le juge pour faire un acte, tel qu'une consignation. La solution est justifiée, car il a toujours été admis que le délai de faveur accordé par un jugement a un caractère inclusif (V. *suprà*, n° 20). — Mais la doctrine de la cour de Lyon, qui restreint l'application du paragraphe 5 de l'art. 1033 c. proc. civ. aux cas visés au paragraphe 1er, semble en contradiction avec les travaux préparatoires. Aussi n'a-t-elle pas été admise par la cour de cassation. Un arrêt de la chambre civile du 13 juin 1877 (aff. Ducos, D. P. 77. 1. 440) a décidé, en effet, que le dernier paragraphe de l'art. 1033 c. proc. civ. est une disposition générale qui « s'applique à tous les actes de procédure *faits à personne ou domicile* ». Cet arrêt, comme on le voit, laisse de côté la question de savoir si l'art. 1033, § 5, s'applique également aux actes à faire au greffe. Mais pour les actes faits à personne ou domicile, fussent-ils hors des pré-

visions du paragraphe 1er de l'art. 1033, ils tombent sous l'application du dernier paragraphe de cet article. La question avait d'ailleurs été posée très nettement, et résolue dans le même sens par un arrêt de la cour de Rouen du 19 mars 1870 (aff. Piéton, D. P. 71. 2. 190) : « Attendu, dit l'arrêt, que la disposition du paragraphe final de l'art. 1033 c. proc. civ. modifié par la loi du 3 mai 1862 est absolue et tout à fait indépendante de celle du premier paragraphe du même article; — Qu'elle se rattache au contraire par un lien naturel et logique aux prescriptions relatives au délai de distance qui la précèdent immédiatement, et qu'à raison de la place qu'elle occupe dans l'article, qu'elle doit s'appliquer aussi à tous les délais édictés par les lois civiles et commerciales; — Attendu que cette interprétation, commandée par le texte et par la pensée d'uniformité en matière de délais qui a présidé à sa rédaction, se trouve formellement confirmée par les travaux préparatoires du nouvel art. 1033; — Qu'il ressort, en effet, et de l'exposé des motifs et du rapport de la commission du Corps législatif que, par le dernier paragraphe dudit article, les auteurs de la loi ont voulu généraliser la règle posée en matière de protêt par l'art. 162 c. com... ».

24. Conformément à cette jurisprudence, il a été jugé que le délai de l'opposition fixé par l'art. 157 c. proc. civ. est augmenté d'un jour, si le dernier jour du délai est un jour férié (Poitiers, 11 août 1863, aff. Mandin, D. P. 65. 2. 96; Chambéry, 6 déc. 1865, aff. Padey, D. P. 66. 5. 275). Il convient de rappeler que la jurisprudence antérieure à la loi de 1862 se prononçait généralement en sens contraire (V. *Rép.* n°s 53 et suiv.).

La même règle a été appliquée en matière de procédure : 1° au délai de dix jours accordé par l'art. 731 c. proc. civ. pour interjeter appel d'un jugement ayant statué sur un incident de saisie immobilière (Civ. cass. 13 juin 1877, aff. Ducos, D. P. 77. 1. 440; Pau, 19 mai 1884, aff. Vivès, D. P. 85. 2. 114); 2° au délai de quinzaine établi pour l'appel d'une ordonnance de référé (Paris, 16 juin 1866, aff. Roux, D. P. 67. 2. 159); 3° au délai de quarante jours dans lequel doit être signifiée à l'acquéreur la surenchère du dixième sur aliénation volontaire (Rouen, 19 mars 1870, aff. Piéton, D. P. 71. 2. 190; Trib. Havre, 16 mai 1872, aff. Delafosse, D. P. 72. 3. 80); 4° au délai de la comparution sur citation devant le juge de paix; 5° au délai de trois jours accordé pour réitérer l'opposition aux jugements par défaut rendus par les tribunaux de commerce; 6° au délai de deux mois pendant lequel l'appel des jugements des conseils des prud'hommes peut être interjeté (Mancelle, *Manuel des délais*, p. 74); 7° au délai de l'appel en matière ordinaire (Douai, 27 avr. 1869, aff. Préfet du Nord, D. P. 69. 2. 156); 8° au délai de quatre-vingt-dix jours après lequel le commandement est périmé en matière de saisie immobilière (Mancelle, *op. cit.*, p. 108); 9° au délai de cinq jours imparti pour la transcription du jugement de divorce sur les registres de l'état civil (c. civ. art. 252) (*Journal des avoués*, art. 6445, n° 116).

25. Conformément à la doctrine qui attribue au nouvel article 1033 la portée d'une règle générale s'étendant à toute matière, il est admis que le paragraphe dernier de cet article s'applique : 1° au délai du pourvoi en cassation en matière d'expropriation publique (V. *infrà*, v° *Expropriation publique*); 2° en matière d'élections consulaires, au délai de cinq jours pour attaquer les opérations électorales (Douai, 26 janv. 1874, aff. Trystram, D. P. 74. 1. 392); 3° au délai de trois jours dans lequel doit être fait la déclaration de cessation de payements (Mancelle, *op. cit.*, p. 164); 4° au délai de dix ans pendant lequel les inscriptions conservent les hypothèques et les privilèges (c. civ. art. 2154) (*Encyclopédie des huissiers*, v° *Hypothéque*, n° 112).

26. Contrairement à la jurisprudence française, le système qui fait compter les jours fériés dans les délais de procédure, sauf en cas d'exception formelle, a prévalu dans la jurisprudence belge. En ce sens, il a été jugé : 1° que si le dernier jour du délai d'opposition est un jour férié, l'opposition doit, à peine de nullité, avoir lieu la veille (Trib. Liège, 21 juill. 1881, Cloes et Bonjean, *Jurisprudence des tribunaux de première instance de Belgique*, 1884, p. 900); — 2° Qu'en matière électorale, les jours fériés comptent dans les délais

DÉLAI. — § 2.

(C. càss. Belgique, 4 déc. 1882) (1). — Il convient de remarquer que la législation belge ne contient pas de disposition analogue à celle du paragraphe final du nouvel art. 1033 c. proc. civ.

27. Même avant la loi de 1862, il était déjà de jurisprudence constante que les délais de courte durée et qui se comptent par heure ne courent pas pendant les jours fériés (*Rép.* v° *Jour férié*, n° 49). — La cour de cassation en avait fait une application au délai de vingt-quatre heures accordé par l'art. 436 c. com. au capitaine d'un navire abordé pour faire la protestation exigée par l'art. 435 du même code (Req. 17 nov. 1858, aff. Audouy, D. P. 59. 1. 32). Ce point a été de nouveau consacré par un arrêt de la cour de cassation (Req. 20 nov. 1871, aff. Messageries Impériales, D. P. 72. 1. 78).

28. Il est évident que si le jour férié final est lui-même suivi d'un autre jour férié, l'échéance est prorogée au surlendemain (Civ. cass. 15 janv. 1877, aff. Commune de Meurefle-Ferron, D. P. 78. 1. 74).

29. Nous avons dit *suprà*, n° 23, que plusieurs auteurs, interprétant l'art. 1033, § 5 nouveau, admettent que cet article régit tous les délais, même ceux impartis pour faire des actes au greffe. — Avant la loi de 1862, la cour de cassation s'était prononcée en sens contraire par deux arrêts du 1er déc. 1830 (*Rép.* v° *Enregistrement*, n° 2605) et du 10 mars 1846 (aff. Magon de la Ville Huchet, D. P. 46. 1.146). Depuis la loi de 1862 la question fut de nouveau soumise aux tribunaux et résolue diversement. Elle se posa à l'occasion: 1° de la surenchère du sixième en cas de vente judiciaire; 2° du délai de trois jours imparti à l'avoué pour déclarer command. En faveur du système qui proroge le délai au lendemain on a fait valoir les raisons suivantes: elles ont été données à l'occasion du cas particulier de la surenchère, mais leur portée est générale. Les travaux préparatoires, dit-on, sont formels. On lit dans l'exposé des motifs de la loi de 1862 : « Les délais dans lesquels doivent être faits des *actes judiciaires* et des significations, sont-ils, de droit, augmentés d'un jour, lorsque celui qui les termine se trouve être une fête légale?... Désormais la question ne pourra plus s'élever, le projet généralise la disposition de l'art. 462 c. com. en décidant que si le dernier jour du délai est un jour férié, le délai sera prorogé au lendemain » (D. P. 62. 4. 46, note 7). Ainsi l'intention du législateur de 1862 était de généraliser

autant que possible. Cette intention se manifeste encore, dit-on, dans la loi du 2 juin 1862 relative aux délais du pourvoi en cassation. La déclaration du pourvoi se fait au greffe, aussi bien que celle de la surenchère; cependant l'art. 9 de la loi du 2 juin 1862 dit que si le dernier jour du délai est férié, ce délai est prorogé au lendemain. Les deux lois du 3 mai et du 2 juin 1862 sont sorties de la même pensée, éminemment morale et pour ainsi dire d'ordre public : celle d'assurer le respect des jours de fête et d'affranchir les citoyens pendant ces mêmes jours de toute préoccupation qui pourrait naître de la crainte de compromettre un droit. Si l'on objecte que toutes les dispositions de l'art. 1033 nouveau sont connexes, on répond que le législateur ne pouvait faire du paragraphe final de l'art. 1033 un article spécial, sans troubler l'ordre des articles postérieurs du code. Pourquoi distinguer, au surplus, entre les délais des ajournements signifiés et les délais dans lesquels doivent s'accomplir certains actes non sujets à signification? Il n'existe entre eux aucune différence appréciable : si, dans le premier cas, il a paru juste de ne pas dépouiller les parties d'une portion du délai auquel elles ont droit, en leur permettant d'agir encore le lendemain, lorsque ce délai expire un jour de fête, il est certain que la même raison d'équité commande les mêmes concessions dans la deuxième hypothèse : *Ubi eadem ratio, ibi idem jus esse debet.* A quelles conséquences singulières conduirait le système adverse? Si on restreint la portée du paragraphe final de l'art. 1033 aux seuls délais visés au paragraphe premier, on verrait le délai de quarante jours de la surenchère du dixième, prévue par l'art. 2185 c. civ., porté à quarante et un, lorsque le dernier jour est férié, et ce, parce que cette surenchère doit être notifiée; tandis que le délai de la surenchère du sixième serait, dans le même cas, réduit de huit jours à sept. Qu'on ne dise pas que l'acte peut être reçu par le greffier même un dimanche, tandis que l'art. 1037 c. proc. civ. interdit à l'huissier d'instrumenter un pareil jour. C'est faire dépendre les droits des citoyens de la complaisance ou de l'arbitraire d'un fonctionnaire. Ces raisons, qu'il est impossible de méconnaître la gravité, ont été développées dans plusieurs arrêts et jugements (Trib. Mirecourt, 24 janv. 1867, aff. Fournier, D. P. 67. 3. 80; Trib. Havre, 16 mai 1872, aff. Delafosse, D. P. 72. 3. 80; Besançon, 30 janv. 1873, aff. Jeune, D. P. 74. 5. 470; Pau, 3 août 1881 (2).

---

(1) (Ducaju C. Druwé.) — LA COUR; ... — Sur le second moyen du pourvoi tiré de la violation de l'art. 3, n° 4, de la loi du 30 juill. 1881, art. 272 c. élect., en ce que la demande a été déclarée non recevable pour cause de tardiveté, alors qu'elle a été présentée le dimanche 24 septembre, d'abord au greffier provincial en personne et dans sa demeure, puis au greffe provincial par lettre recommandée à la poste: — Considérant qu'en général l'intervention des fonctionnaires ne peut être requise qu'aux lieux, jours et heures déterminés à cette fin par les lois ou les règlements; — Considérant qu'il n'a pas été dérogé à cette règle par l'article visé au pourvoi, même pour le cas où le dernier des dix jours qu'il accorde serait un jour férié et qu'alors c'est aux intéressés à prendre leurs mesures pour remplir les formalités légales avant l'expiration du délai; — Considérant, dès lors, que dans les conditions que l'arrêt attaqué constate, la réclamation présentée le 24 septembre était irrégulière, et qu'en refusant d'en tenir compte, la cour d'appel de Gand n'a pas contrevenu à la loi; — Par ces motifs, rejette...

Du 4 déc. 1882.-C. cass. Belgique, 2e ch.-MM. Vandenpeereboom, pr.-Cornil, rap.-Mesdach de ter Kiele, av. gén., c. conf.

(2) (Duclos C. Mailher.) — LA COUR ; — Attendu que, le 8 janv. 1881, dans une vente aux enchères par licitation, devant un juge du tribunal de Tarbes, la dame veuve Auguste Mailher est restée adjudicataire, moyennant le prix de 10000 fr., du premier lot des immeubles de la succession d'Auguste Mailher; — Attendu que, le lundi 17 janvier suivant, Martin Duclos, mandataire de sa femme, Marie Mailher, a fait au greffe une surenchère du sixième et élevé le prix de vente à 11678 fr. 35 cent.; — Attendu que les premiers juges ont annulé cette surenchère comme n'ayant pas été faite dans la huitaine, terme de rigueur prescrit par l'art. 708 c. proc. civ.; — Attendu que le dernier jour du délai légal expirait un dimanche; — Attendu que l'art. 1033 c. proc. civ., modifié par la loi du 3 mai 1862, est ainsi conçu : Si le dernier jour du délai est un jour férié, le délai sera prorogé au lendemain; — Attendu que les termes sont clairs, précis, formels et sans restriction; — Attendu qu'ils sont d'accord avec l'esprit de la loi sur la surenchère, puisque le délai de huit jours serait

réduit à sept, lorsque le huitième serait un jour férié; — Attendu que le législateur a consacré le repos des jours de fête; que le greffier est libre ce jour-là de tenir son greffe ouvert ou fermé; qu'on ne peut supposer que la loi ait voulu faire dépendre la validité d'une surenchère, faite le dimanche, de l'absence ou de la présence d'un greffier, maître de recevoir tel acte et de ne pas recevoir tel autre; — Attendu que l'on objecte que toutes les dispositions de l'art. 1033 forment un ensemble, et que, si la disposition finale, au lieu de s'appliquer spécialement aux cas prévus par cet article, eût été une règle générale, on n'aurait pas manqué de l'inscrire dans un article séparé; — Attendu que l'intention du législateur aurait été de restreindre la faveur de la prorogation d'un délai aux cas spécifiés par l'art. 1033 ne se rencontre nulle part; — Attendu que le rapporteur de la loi du 3 mai 1862 ne lui donne aucun caractère restrictif et l'étend aux divers actes judiciaires; — Attendu qu'il n'existerait aucun motif raisonnable d'établir une distinction entre les significations faites à personne ou au domicile, et les actes faits au greffe; que, dans la même année 1862 et le 2 juin, le législateur appelé à régler les délais du pourvoi en cassation qui se fait au greffe, dit, comme dans l'art. 1033, que si le dernier jour du délai est un jour férié, ce délai sera prorogé au lendemain; — Attendu qu'on ne saurait prétendre que le législateur n'aurait pas eu besoin d'une disposition nouvelle, si la règle posée par la disposition finale de l'art. 1033 eût été générale; que les formalités du pourvoi en cassation ne sont pas écrites dans le code, mais dans une loi spéciale; — Attendu que, si le législateur eût placé dans un article spécial la règle posée à la fin de l'art. 1033, il lui aurait donné sans doute un caractère évident de règle générale, mais qu'il faut remarquer que, dans les remaniements du code de procédure, on a toujours cherché à ne pas changer la série des numéros des articles, et qu'on s'est attaché à renfermer les dispositions nouvelles dans celles qui étaient supprimées; — Attendu que, dans l'interprétation du sens d'une loi, il faut s'inspirer de l'esprit qui l'a dictée, et que les dispositions favorables doivent être plutôt étendues que restreintes; — Attendu que la surenchère est, on peut le dire, d'ordre public, et que son utilité est évidente; elle empêche les ventes à vil prix; il n'existe

30. En matière de déclaration de command, il a été jugé, conformément aux mêmes principes, que lorsque le dernier jour du délai est férié, l'avoué peut faire sa déclaration au greffe le lendemain (Trib. Castres, 9 avr. 1876, aff. Lacointa, D. P. 77. 5. 197; Trib. Rocroi, 16 janv. 1879, aff. Enregistrement, D. P. 81. 1. 364).

31. Ce système, quoique fortement motivé, n'a pas prévalu devant la cour de cassation, qui a persévéré dans sa doctrine antérieure à 1862. La cour suprême, il est vrai, n'a pas encore été appelée à se prononcer sur la question de la surenchère du sixième, mais sa décision ne paraît pas douteuse. Déjà, par un arrêt du 20 mai 1873 (aff. Enregistrement, D. P. 73. 1. 357), elle avait déclaré la disposition finale de l'art. 1033 c. proc. civ. étrangère aux matières d'enregistrement, parce qu'elle n'était que « la conséquence naturelle de l'abréviation des délais » en matière civile et commerciale. Par un arrêt du 4 avr. 1881, qui a cassé le jugement du tribunal de Rocroi cité supra, n° 30, la chambre civile a étendu la même règle au délai de trois jours pour déclarer command. La cour, en dehors du motif qui vient d'être rappelé à propos de l'enregistrement, invoque deux raisons : 1° l'art. 1033 c. proc. civ. reste sans application lorsqu'il s'agit d'un

donc aucun motif de réduire encore le court délai de l'art. 708, au lieu de faire participer le surenchérisseur au bénéfice de l'art. 1033 applicable à des cas moins favorables; — Par ces motifs; — Réformant; — Déclare régulière et valable la surenchère faite par les parties le 17 janv. 1881, etc.
Du 3 août 1881.-C. de Pau.-MM. de Lagrèze, f. f. pr.-Héraud, av. gén.-Lamaignère, av.

(1) (S... C. Benoist et autres.) — Le tribunal; — Attendu que si la cour de cassation n'a pas eu à se prononcer directement sur la difficulté qui est soumise au tribunal, elle a récemment apprécié et résolu la question de procédure, qui en est la plus voisine, aussi bien par la place qu'occupe dans le code l'article sur lequel la controverse s'est élevée que par l'objet de la controverse elle-même; — Que, d'ailleurs, indépendamment de la solution qui a été donnée à la date du 4 avr. 1881, par la cour suprême à la question de savoir si les jours fériés devaient entrer dans la computation du délai fixé par l'art. 707 c. proc. civ., on doit remarquer et retenir dans les motifs de cet arrêt l'exposé de principes, d'où la cour fait dériver la solution qu'elle adopte; — Que les points de droit qu'elle fixe sont précisément ceux qui ont en jeu dans le litige dont le tribunal est saisi et que l'application des principes qu'elle pose est, dans l'espèce, immédiate et nécessaire;
Attendu que l'arrêt précité décide que l'art. 1033 c. proc. civ., d'après lequel, lorsque le dernier jour des délais est férié, ils sont prorogés au lendemain, n'a été introduit par la loi du 3 mai 1862 qu'en vue des ajournements, citations, sommations et autres actes faits à personne ou à domicile, comme conséquence de l'abréviation des délais édictés par cette loi; — Que ledit article reste sans application, lorsqu'il s'agit d'un acte judiciaire, fait au greffe, sans signification à personne ou à domicile, et lorsque, par l'emploi d'une formule comme celle dont il s'est servi dans l'art. 707 c. proc. civ., le législateur a clairement indiqué l'intention que l'acte ne peut être fait que dans les limites du délai fixé et non le lendemain de son échéance;
Attendu, en premier lieu, que dans ses motifs, la cour de cassation circonscrit nettement le champ d'application de l'art. 1033 c. proc. civ., d'où les partisans de l'extension du délai utile pour faire la surenchère puisent leur argument fondamental, et qu'elle exclut formellement, en thèse générale, des termes du dernier paragraphe de cet article, tout acte qui ne vise pas la personne ou le domicile de l'intéressé; qu'elle donne à son appréciation un motif très rationnel; — Qu'elle établit, en effet, une corrélation entre l'augmentation accidentelle des délais quand ce jour terminal est un jour férié et l'abréviation générale que la loi du 3 mai 1862 édicte quant aux actes faits à personne ou à domicile; — Attendu que l'acte qui réalise la surenchère n'est pas de ce nombre;
Attendu en second lieu, que la cour attache une force particulière à la formule que la loi emploie pour la détermination des délais, quand elle enferme dans un nombre de jours donnés la période durant laquelle les actes pourront être accomplis, établissant à cet égard une distinction entre les délais ainsi constitués et la période des délais francs; — Attendu que l'art. 708 précité emploie, comme l'art. 707, la même formule et dit : « Toute personne pourra dans les huit jours qui suivront l'adjudication, faire, par le ministère d'un avoué, une surenchère, etc. »;
Attendu, en fait, que le jugement portant adjudication de biens immeubles, vendus à la suite de saisie immobilière, sur les poursuites dirigées par Fleurian contre Benoist, a été rendu le samedi 22 mars dernier; — Que le huitième jour coïncidait, par consé-

acte judiciaire fait au greffe, sans signification à personne ou à domicile; 2° par l'emploi d'une formule inclusive, comme celle dont il s'est servi dans l'art. 707 c. proc. civ., le législateur a clairement manifesté l'intention que l'acte ne pût être fait que dans les limites du délai fixé, et non le lendemain de son échéance (V. dans le même sens : Trib. Espalion, 30 sept. 1876, aff. de Roquefeuil, D. P. 77. 5. 197). Plusieurs décisions ont consacré la même théorie en matière de surenchère du sixième (Lyon, 19 août 1865, aff. Dupin, D. P. 66. 2. 37; 2 août 1866, aff. Ludinat, D. P. 67. 5. 127; Trib. Seine, 4 mai 1877, aff. Lescot, D. P. 77. 5. 195; Trib. Saint-Nazaire, 28 avr. 1882, aff. Vezin, D. P. 83. 3. 16; Trib. Muret, 9 mai 1884 (1); Lyon, 30 mai 1885 (2). V. infrà, v° Surenchère).

32. Si, malgré la résistance, qui dure encore, de plusieurs cours et tribunaux, la cour de cassation exclut du bénéfice de la disposition finale de l'art. 1033 c. proc. civ. les actes faits au greffe, il est un cas qui échappe à toute controverse, puisqu'il a l'objet d'un texte spécial, c'est le pourvoi en cassation, qui peut être formé le lendemain du dernier jour du délai, si ce jour est férié (L. 2 juin 1862, art. 9) (V. supra, v° Cassation, n° 113).

33. Mais il en est autrement en ce qui concerne le

quent, avec le dimanche 30 mars; — Attendu que la surenchère formée par M° S... a eu lieu à la date du 31 mars, c'est-à-dire le neuvième jour après l'adjudication; — Attendu que les dispositions de l'art. 708 c. proc. civ., interprétées suivant les données fournies par l'arrêt de cassation prémentionné, s'opposent à ce que cette surenchère soit considérée comme accomplie dans les délais légaux; — Qu'il y a lieu d'en prononcer la nullité;
Par ces motifs, déclare nulle, etc.
Du 9 mai 1884.-Trib. civ. Muret.-M. Abadie, pr.

(2) (Collomb C. Garnier.) — La cour; — Considérant qu'aux termes de l'art. 708 c. proc. civ., la surenchère du sixième doit être faite « dans les huit jours qui suivent l'adjudication »; qu'il résulte de cette formule inclusive que le délai n'est pas franc; que la surenchère doit être faite dans l'un des huit jours qui suivent l'adjudication;
Considérant qu'on objecte vainement que le huitième jour, étant un jour férié, ne doit pas être compris dans le délai; que par suite, le délai a pu être prorogé d'un jour; qu'en effet, en règle générale, les délais ne sont point étendus à raison des jours fériés qui s'y rencontrent, soit au commencement, soit au milieu, soit à la fin du délai; qu'il n'est fait aucune distinction entre le cas où le jour férié est le point de départ du délai et celui où il est le jour de l'échéance; que tous les jours sont utiles pour faire courir les délais, sauf les cas formellement prévus par la loi, où cette règle reçoit exception;
Considérant que le délai de la surenchère du sixième n'est pas compris sous ces exceptions; qu'en effet, cette surenchère devant se faire au greffe, par le ministère d'un avoué, ne peut bénéficier du dernier paragraphe de l'art. 1033 c. proc. civ., qui ne s'applique qu'aux actes signifié par huissier à domicile; qu'on ne saurait se prévaloir des termes absolus de cette disposition pour y voir une règle générale applicable à tous les délais; que ce paragraphe ne peut être séparé des autres paragraphes du même article, qui désignent uniquement les actes signifiés à personne ou à domicile, et que, par suite, il ne peut s'appliquer aux délais prescrits pour l'exercice des droits et actions sous peine de déchéance;
Considérant que la règle posée dans le dernier paragraphe de l'art. 1033 par la loi du 3 mai 1862 est si peu une règle générale applicable à toute espèce de délai que le législateur, un mois après, dans la loi du 2 juin 1862, voulant appliquer la même prorogation aux délais des pourvois devant la cour de cassation en matière civile, a pris soin de déclarer expressément le texte de la nouvelle loi, loin de s'en référer à la loi du 3 mai; — Considérant que de ce qui précède il résulte que la surenchère, faite par la demoiselle Garnier sur le premier lot des immeubles dépendant de la succession de la veuve Duringe, n'est pas valable parce qu'elle n'a pas été faite dans les huit jours qui ont suivi l'adjudication; qu'en effet, l'adjudication ayant été tranchée au profit du sieur Collomb, le 15 nov. 1884, la surenchère n'a été faite que le 24, c'est-à-dire un peu trop tard;
Par ces motifs; — Statuant sur l'appel émis par les sieurs Collomb et Maillard contre le jugement du tribunal civil de Lyon du 21 janv. 1885 et y faisant droit: — Donne acte à Etienne, Stéphane Duringe, et à Louis Duringe de leur déclaration qu'ils s'en rapportent à la justice; — Dit et prononce que la surenchère faite par la demoiselle Garnier le 24 nov. 1884 sur l'adjudication tranchée le 15 novembre au profit des sieurs Collomb et Maillard est tardive, et que par suite elle est annulée.
Du 30 mai 1885.-C. de Lyon, 2° ch.-MM. de Montalan, pr.-Bloch, av. gén.-Rivière et Perrin, av.

délai de trois jours pour se pourvoir en matière criminelle ou correctionnelle (c. instr. cr. art. 216 et 373). Il est de règle que l'art. 1033 c. proc. civ. ne s'applique pas en matière répressive (V. *suprà*, v° *Cassation*, n° 120). — La même règle est applicable au délai d'appel (Angers, 26 févr. 1849, aff. Mathon, D. P. 49. 2. 189-190; Nîmes, 29 juill. 1875, aff. Voillier, D. P. 75. 2. 227).

34. Il nous reste à examiner si le premier paragraphe de l'art. 1033 c. proc. civ. relatif aux jours francs et la disposition finale concernant les jours fériés, sont applicables au cas où il appartient à une partie ou à son représentant de faire un acte dans un délai qui n'a pas été fixé par la loi. Le *Répertoire* enseigne que la franchise du délai s'accorde *à tous actes signifiés à personne ou domicile* qui font courir un délai (*Rép.* n° 42). Elle doit donc être refusée aux actes signifiés à avoué; tel est l'avis de M. Rodière. Cet auteur pense que, dans les actes de pure instruction qui doivent être exécutés par les avoués, dans les avenirs à l'audience, par exemple, on peut citer de la veille au lendemain parce que les avoués sont réputés pouvoir se présenter tous les jours au Palais ou pouvoir s'y faire remplacer. Mais dans les citations ou sommations relatives à des actes auxquels les parties peuvent avoir intérêt à assister en personne, par exemple, dans la sommation faite à une partie d'assister à l'ouverture des opérations des experts, ou à la prestation de serment par la partie adverse, le même auteur pense que le délai doit, par analogie de ce qui se pratique en matière d'enquête, être de trois jours francs pour les tribunaux civils ou les cours d'appel, et d'un jour franc pour les juridictions où le délai de la comparution n'est que d'un jour, sauf à demander dans les cas urgents une abréviation de délai (Rodière, *op. cit.*, t. 1, p. 159. Comp. Garsonnet, *op. cit.*, t. 2, p. 49, note 6).

35. Il a été décidé par la cour de cassation (Civ. cass. 22 juin 1859, aff. Cornibert, D. P. 59. 1. 256) que le délai qui doit s'écouler entre la sommation d'exécuter un acte ou un jugement, et le jour fixé pour l'exécution, est, dans le silence de la loi, d'au moins vingt-quatre heures, le jour de la sommation et celui de l'exécution devant être écartés en matière de computation de délai en vertu de l'art. 1033 c. proc. civ. Il s'agissait, dans l'espèce soumise à la cour, d'une sommation faite à un colicitant d'être présent à l'adjudication, et cette sommation ne lui avait été signifiée que la veille de l'adjudication. La cour a décidé que la sommation était nulle « attendu que des actes tendant à de telles fins rentrent, par leur nature et leurs effets, dans la classe de ceux que l'art. 1033 c. proc. civ. a eu en vue de régler ».

36. Faut-il considérer comme contraire à cette jurisprudence un arrêt de la cour de Caen, du 6 mars 1848 (aff. Chéron, D. P. 49. 2. 32)? D'après les termes de cet arrêt, l'art. 1033 c. proc. civ. ne s'applique pas aux actes à l'égard desquels aucun délai n'a été fixé par la loi; ainsi, il n'est pas besoin d'observer entre la sommation d'être présent à une consignation d'offres réelles et la consignation elle-même, le délai d'un jour franc. Il semble qu'il serait excessif d'attribuer une portée générale à cet arrêt, non plus qu'à l'arrêt de cassation cité *suprà*, n° 35. Ces deux décisions sont inspirées par des considérations d'espèce. Elles obéissent même l'une et l'autre à une commune pensée, celle de rechercher si l'acte qu'elles apprécient rentre ou non dans les prévisions de l'art. 1033 c. proc. civ.

§ 3. — Expiration du délai; Ses effets. — Déchéance (*Rép.* n° 55 à 70).

37. Les principes sur l'expiration des délais et les déchéances qui peuvent en résulter ont été exposés au *Rép.* n° 55 à 70. Ce sont des règles qui, pour la plupart, remontent au droit romain ou à l'ancien droit, et qui ne laissent que peu de place à la controverse. On peut cependant en citer quelques applications nouvelles.

38. Il a été jugé, depuis la publication du *Répertoire*, qu'une fois le délai ordinaire expiré, l'appel est dans tous les cas non recevable (Toulouse, 16 févr. 1850, aff. Fortassin, D. P. 51. 2. 39). La question ne pouvait faire aucun doute, et si elle a été agitée, c'est par suite d'une interprétation forcée de l'art. 7 de la loi du 13 déc. 1848 sur la contrainte par corps (D. P. 49. 4. 8).

39. Le *Répertoire* explique (n° 61) que l'expiration du délai a pour résultat de faire acquérir ou de faire perdre des droits. Il est loisible, lorsque l'ordre public n'est pas en jeu, de renoncer aux droits ainsi acquis (*Rép.* n° 62). Mais chacun ne peut renoncer qu'à son propre droit. La cour de cassation a fait application de ces principes élémentaires dans le cas de recours entre endosseurs d'un effet de commerce impayé. Il a été jugé que l'exception de déchéance accordée à l'endosseur d'un effet de commerce faute de poursuites dans les délais prescrits par la loi, est opposable à l'action en garantie exercée contre lui par l'endosseur intermédiaire, qui, sans se prévaloir de la déchéance également encourue à son égard, a remboursé le billet. Ainsi, la renonciation à l'exception de déchéance, de la part de l'un des endosseurs poursuivis en remboursement, n'est point opposable aux autres parties en cause (Civ. cass. 12 juill. 1852, aff. Allain, D. P. 52. 1. 202).

40. Le *Répertoire*, n° 67, indique les causes légitimes de relief; elles découlent toutes du cas de force majeure. On sait que ni l'erreur de droit ni l'erreur de fait ne sont des excuses valables pour relever d'une déchéance une fois acquise. Ainsi il a été jugé que la partie qui s'est pourvue, après expiration du délai, contre un arrêt par lequel un conseil de préfecture s'était déclaré saisi à tort, ne peut être relevée de la déchéance qu'elle a encourue par le motif que la tardiveté de son recours provient de ce qu'avant de le former, elle a porté sa réclamation devant une juridiction qui lui était indiquée par l'arrêté attaqué lui-même comme compétente pour en connaître (Cons. d'Et. 19 juill. 1854, aff. Causse, D. P. 55. 3. 10).

Il a été également décidé que la déchéance résultant de l'expiration du délai fixé pour l'exercice d'une action est encourue bien que la tardiveté de l'action soit imputable à la négligence d'un tiers qui, chargé en temps utile de la former, n'a point agi parce qu'il se trouvait en même temps chargé des intérêts du défendeur, s'il n'est point établi qu'il y ait de concert dolosif avec ce dernier (Civ. cass. 10 déc. 1855, aff. Cazal, D. P. 56. 1. 59).

41. On a dit au *Rép.* n° 68 que, suivant l'opinion générale, les délais fixés par le juge ne sont que comminatoires; mais il ne faut pas voir là une règle absolue. La question doit se résoudre surtout par l'interprétation du chef de la décision qui accorde le délai (V. *suprà*, v° *Chose jugée*, n° 229 et suiv.).

§ 4. — Augmentation du délai à raison des distances
(*Rép.* n° 71 à 101).

42. Depuis le *Rép.* n° 71 à 101, le nouvel article 1033 c. proc. civ. a réglé à nouveau l'augmentation des délais à raison des distances. Les auteurs de la loi de 1862 ont voulu ramener à une seule disposition les textes épars de la législation antérieure, et faire disparaître les « inégalités bizarres et regrettables » qu'elle consacrait (Exposé de motifs, D. P. 62. 4. 45, note 23). Indépendamment de l'art. 1033 c. proc. civ., les délais des art. 1er et 2185 c. civ., 165 et 582 c. com., l'art. 13 de la loi du 25 mai 1838 et l'art. 677 c. proc. civ. modifié par la loi du 2 juin 1841, sont régis par une règle unique. Dans tous les cas, l'augmentation de délai est réduite à un jour à raison de cinq myriamètres de distance, nombre maximum admis par les lois antérieures. La rapidité des communications explique et justifie cette modification. La commission du Corps législatif avait même demandé qu'elle fût plus considérable, en prévision du prochain achèvement du réseau des voies ferrées. Après avoir entendu les observations du président du tribunal de commerce de la Seine, elle avait proposé un amendement tendant à ce que l'augmentation n'eût lieu qu'à raison de huit myriamètres de distance. Mais le conseil d'État préféra le nombre de cinq myriamètres, et la commission n'insista pas.

43. C'est une question délicate que celle de savoir à quels délais s'applique le paragraphe 2 nouveau de l'art. 1033, s'il vise non seulement les actes auxquels une partie doit obtempérer, mais aussi ceux qu'elle est tenue de faire elle-même. M. Rodière, *op. cit.*, t. 1, p. 155, pense que la question doit être résolue par des distinctions. Il n'accorde pas l'augmentation pour les délais de l'appel, de la requête civile et du recours en cassation (il s'agit, bien entendu, de l'augmen-

tation de l'art. 1033, et non de celle de l'art. 73 c. proc. civ., dont bénéficient les parties qui résident hors de France). Le *Répertoire* enseignait déjà qu'il n'y avait pas augmentation pour les délais de trois mois (V. *Rép.* n° 86). Lorsque le délai est de huitaine, comme dans le cas des art. 162 et 362 c. proc. civ., M. Rodière estime que l'augmentation est indispensable. Pour l'art. 709 c. proc. civ., la solution lui paraît douteuse, mais dans le doute, dit-il, on doit se décider pour l'augmentation, surtout quand on considère qu'à l'époque où le code de procédure fut promulgué, les communications étaient plus difficiles et moins rapides qu'elles ne le sont aujourd'hui, et qu'il n'est guère vraisemblable que les auteurs de ce code aient estimé dans tous les cas le délai de quinzaine suffisant pour se pourvoir d'un bout de la France à l'autre. D'après le même auteur, on peut induire d'une façon générale de l'art. 13 de la loi du 25 mai 1838 que l'augmentation doit être accordée, en principe, quand le délai ne dépasse pas trente jours. — M. Garsonnet formule un système qui aboutit aux mêmes résultats d'une façon plus catégorique (*op. cit.*, t. 2, p. 59 et suiv.). Il propose une distinction entre l'augmentation ordinaire d'un jour par cinq myriamètres et l'augmentation exceptionnelle accordée aux personnes domiciliées à l'étranger ou au delà des mers. La première, et, à plus forte raison, la seconde s'appliqueront à tous les délais qui ne dépassent pas un mois, les délais d'un à deux mois ne seront susceptibles que de la seconde ; les délais de plus de deux mois n'en recevront aucune. M. Garsonnet reconnaît que cette solution peut sembler empirique, mais il la croit justifiée. « Elle est fondée, dit-il, en raison, car un délai peut être assez long pour les personnes domiciliées en France, même à l'extrémité du territoire, et trop court pour les personnes domiciliées en pays étranger ou aux colonies ; en droit, car c'est ainsi que la loi résout la question dans les cas où elle a cru devoir s'en expliquer. » L'auteur cite comme exemples les art. 731, 762 c. proc. civ. et l'art. 13 de la loi du 25 mai 1838, et les art. 691, 445 et 486 c. proc. civ. Dans ce système, trois délais seulement ne comportent aucune augmentation à raison des distances : 1° celui de la péremption d'instance qui est trop long pour avoir besoin d'augmentation ; 2° celui de six mois imparti pour l'exécution d'un jugement par défaut faute de comparaître (c. proc. civ. art. 156), et pour lequel l'augmentation n'est pas non plus nécessaire, l'avoué qui a obtenu pouvant toujours le faire exécuter ; 3° celui de quatre-vingt-dix jours par lequel le commandement à fin de saisie immobilière est périmé, s'il n'est suivi de saisie (c. proc. civ. art. 674) : on s'accorde en général à reconnaître que les dispositions régissant la saisie immobilière forment un système complet de procédure qui se suffit à lui-même et exclut l'application de l'art. 1033 (Garsonnet, *loc. cit.*, p. 62).

44. La cour de cassation a été appelée à se prononcer, depuis la loi de 1862, sur l'extension à donner au paragraphe 2 de l'art. 1033. Elle a décidé que cette disposition est générale, et que l'augmentation est accordée, non seulement aux personnes à qui l'acte, point de départ du délai, est adressé, mais aussi à celles qui sont tenues de faire et de délivrer ces actes dans un délai déterminé. Ainsi le délai d'un mois dans lequel l'expéditeur d'une marchandise refusée par le destinataire pour cause d'avaries, doit former sa demande en justice, à partir des protestations et réclamations faites au lieu de l'arrivée des marchandises (c. com. art. 435 et 436) doit être augmenté du délai des distances entre ce lieu d'arrivée et le domicile de l'expéditeur (Civ. rej. 22 août 1864, aff. Berniard, D. P. 64. 1. 356).

45. L'art. 1033 ancien se terminait par la disposition suivante : « Quand il y aura lieu à voyage ou envoi et retour, l'augmentation sera du double ». Lors de la rédaction du code, le Tribunat avait demandé la suppression de ce paragraphe comme étant sans application pratique. Le texte passa néanmoins dans la loi. Les commentateurs ont renouvelé les critiques du Tribunat. Le *Rép.* n° 75 et 76 y avait répondu en démontrant que le retranchement demandé n'était pas justifié. Le législateur de 1862 crut néanmoins devoir faire droit à ces critiques, et la disposition finale de l'ancien art. 1033 ne se retrouve pas dans le nouveau texte. M. Garsonnet approuve ce retranchement. La disposition dont il s'agit ne pourrait s'appliquer, suivant lui, qu'au cas où une personne est tenue de justifier, dans un certain délai, qu'elle a fait une

assignation ou une sommation dans un lieu éloigné de son domicile. Elle doit avoir, pour faire cette justification, le temps nécessaire au voyage et au retour de l'huissier chargé d'instrumenter, ou à l'envoi et au retour de l'exploit. Mais M. Garsonnet ne croit pas que les rédacteurs de l'art. 1033 aient eu en vue cette hypothèse. Il en conclut que le doublement du délai doit continuer à être admis dans ce cas, depuis la loi du 3 mai 1862 ; c'est en définitive, dit M. Garsonnet, un moyen d'accélérer la procédure, et la loi de 1862, étant donnés son but et son esprit, n'a pas dû vouloir l'interdire (Garsonnet, *op. cit.*, t. 2, p. 54, note 4).

La suppression dont il s'agit a, au contraire, été vivement critiquée par M. Rodière, *op. cit.*, t. 1, p. 158, qui s'étonne de la raison donnée à l'appui par l'exposé des motifs de la loi de 1862. Loin d'être sans application possible, la disposition ancienne convenait, dit M. Rodière, à tous les cas où, avant qu'un acte soit fait, la même distance doit être parcourue deux fois. Toutes les fois qu'une partie est citée au domicile de son avoué, par exemple, elle doit jouir d'une augmentation d'un jour par cinq myriamètres entre le domicile de son avoué et le sien, et d'une augmentation pareille entre son domicile et celui de son avoué. L'art. 563 c. proc. civ., relatif à la saisie-arrêt, offre l'exemple d'un voyage de pièces en deux lieux différents, et il tient compte du double parcours. Il n'y a pas de raison pour qu'il en soit autrement quand le double voyage doit se faire entre les mêmes points.

46. Quand il s'agit d'une signification faite à un domicile élu, M. Garsonnet, t. 2, p. 58, enseigne, conformément à la doctrine du *Rép.* n° 78 et suiv., que l'augmentation ne doit être calculée que sur ce domicile et non sur le domicile réel. Telle est aussi l'opinion de M. Rodière. Au moins, dit cet auteur, pour les « sommations de produire dans les ordres ou distributions signifiées aux domiciles élus par les créanciers inscrits ou opposants » (Rodière, *op. cit.*, p. 157). Mais la question est encore controversée. Ainsi il a été décidé, depuis la loi de 1862 : 1° que la partie assignée pour l'exécution d'un acte et notamment d'un marché commercial au domicile par elle élu dans le ressort du tribunal, n'a pas droit à une augmentation de délai à raison de la distance existant entre le lieu du siège du tribunal et celui de son domicile réel, ce domicile fût-il situé en dehors de la France continentale (Paris, 12 août 1861, aff. Seippel, D. P. 68. 5. 145-146 ; Req. 21 déc. 1875, aff. Faye, D. P. 76. 1. 271) ; — 2° Que la partie civile qui, sur son opposition à un arrêt de défaut rendu contre elle au profit du prévenu, a fait élection de domicile dans le lieu du siège de la cour, n'a droit qu'à un délai de trois jours entre son opposition valant citation, et l'arrêt à intervenir ; elle prétendrait vainement avoir augmentation de ce délai à raison de l'éloignement de son domicile réel. Si même la partie civile avait omis de faire élection de domicile, le prévenu pourrait lui faire, au lieu où siège la cour, une citation dans les délais ordinaires (Crim. rej. 13 juill. 1872, aff. Giral, D. P. 72. 1. 333 ; 16 févr. 1878, aff. Sauvage, D. P. 78. 1. 282). Mais, d'autre part, il a été jugé : 1° que la partie qui a consenti à faire élection de domicile dans un lieu désigné pour l'exécution d'une convention, n'est pas réputée, dans le silence de cette convention, avoir entendu renoncer au délai des distances (Trib. Seine, 8 déc. 1857, aff. Cardon, D. P. 68. 5. 146) ; — 2° Qu'il y a lieu surtout de le décider ainsi, lorsque cette interprétation se concilie le mieux avec les clauses du contrat (Trib. Seine, 25 janv. 1858, aff. Jacquier, D. P. 68. 5. 146).—Il est à noter que ces deux jugements sont fondés principalement sur l'interprétation de la volonté des parties.

47. En matière d'instruction criminelle, l'augmentation est restée, ancienne comme avant la loi de 1862, d'un jour par trois myriamètres (V. *Rép.* n° 83). Le nouvel art. 1033 ne s'applique qu'aux lois civiles et commerciales.

48. Le *Répertoire* a donné (n° 93 et 94) des exemples de délais en matière de saisie immobilière qui ne comportent pas d'augmentation à raison des distances. Depuis, la cour de cassation a décidé que le paragraphe 2 de l'art. 1033 n'est pas applicable en matière de saisie immobilière par la raison, déjà indiquée *supra*, n° 43, que les dispositions comprises dans les tit. 12 et 13 du liv. 5 c. proc. civ. sur la saisie immobilière et les incidents sur cette saisie, forment un système complet de procédure sur la matière, qui se suffit à lui-même, sans rien emprunter aux autres dispo-

sitions du même code (Req. 8 avr. 1862, aff. Lemaresquier, D. P. 62. 1. 292).

49. Il a été jugé, pareillement, que l'art. 1033, § 2, ne s'applique pas en cas d'opposition aux jugements par défaut faute de plaider, en matière commerciale (Civ. rej. 23 août 1865, aff. Chassenoix-Morange, D. P. 65. 1. 252). — Il en est de même en ce qui concerne l'augmentation fixée par l'art. 73 c. proc. civ. pour l'ajournement des personnes domiciliées hors de la France continentale ou en pays étranger (Toulouse, 29 nov. 1861, aff. Bordes, D. P. 62. 2. 15).

50. La cour de Paris a jugé qu'il n'y a pas lieu, non plus, à augmentation lorsque la citation est donnée à la personne du défendeur, hors de son domicile, et dans le lieu où il est appelé à comparaître (Paris, 7 mars 1846, aff. Godefroy, D. P. 46. 4. 277). — En serait-il ainsi, en matière correctionnelle, pour la citation faite à personne dans le lieu où siège le tribunal et au cours d'une instance? Faudrait-il étendre à cette situation hypothèse la doctrine de l'arrêt de la cour de Paris? Les mêmes raisons semblent se rencontrer dans les deux cas. Cependant, il conviendrait peut-être de faire une distinction, à raison des droits de la défense qui doivent, avant tout, être respectés.

51. D'après le *Rép.* n° 95, les distances se comptent de clocher à clocher. Dans le même ordre d'idées, la cour de Nîmes a décidé que la distance doit être calculée en prenant pour base la ligne la plus directe entre deux localités (Nîmes, 4 juin 1866, aff. Danos, D. P. 66. 5. 126).

52. C'était une question très controversée, avant la loi de 1862, que celle de savoir si des fractions au-dessous de trois myriamètres devaient augmenter le délai d'un jour. Des arrêts avaient refusé l'augmentation en ce qui concerne : 1° le délai des ajournements, spécialement en matière d'enquête (Bourges, 5 juill. 1854, aff. Loury, D. P. 55. 5. 147); — 2° Le délai fixé par l'art. 2185 pour la notification de la surenchère (Paris, 21 janv. 1850, aff. d'Argence, D. P. 51. 2. 31); — 3° Le délai de quarante jours pour former la surenchère du dixième (Dijon, 5 janv. 1855, aff. Mestre, D. P. 55. 2. 131. V. aussi Orléans, 14 juill. 1846, aff. Chenon, D. P. 46. 2. 162). — D'autre part, il avait été décidé que le délai de huit jours dans lequel il doit être fait au saisi sommation de prendre connaissance du cahier des charges doit être augmenté d'un jour pour toute fraction de distance dépassant cinq myriamètres (Nîmes, 7 févr. 1849, aff. Mercier, D. P. 49. 2. 156).

53. La loi de 1862 a mis fin à toute controverse en insérant dans l'art. 1033 c. proc. civ. un paragraphe 4 ainsi conçu : « Les fractions de moins de quatre myriamètres ne seront pas comptées, les fractions de quatre myriamètres et au-dessus augmenteront le délai d'un jour entier ». Cette disposition se rapproche de l'opinion, enseignée aussi au *Rép.* n° 101, qui refusait l'augmentation ; toutefois elle est moins absolue, puisqu'elle tient compte des fractions de quatre myriamètres.

Mais le paragraphe 4 de l'art. 1033 ne s'applique que lorsque la fraction de quatre myriamètres vient s'ajouter à

l'unité de cinq myriamètres. En conséquence, aucune augmentation ne doit être ajoutée au délai ordinaire de l'assignation lorsque la distance entre le lieu de l'ajournement et celui de la comparution, quoique étant supérieure à quatre myriamètres, est néanmoins inférieure à cinq myriamètres. Ainsi le veut le texte de l'art. 1033 aux termes duquel les fractions de quatre myriamètres et au-dessus *augmenteront* le délai d'un jour entier. D'ailleurs, après avoir édicté dans le deuxième paragraphe l'augmentation d'un jour à raison de cinq myriamètres de distance, le législateur n'aurait pu, sans se mettre en contradiction avec lui-même, attribuer à des fractions de cette unité la même force légale. C'est ce qui a été décidé par la cour de Metz à propos d'une assignation pour être présent à une enquête (Metz, 18 mai 1870, aff. Jolas, D. P. 70. 2. 194).

§ 5. — De l'abréviation des délais (*Rép.* n°s 102 à 120).

54. Il n'y a rien à modifier à ce qui a été dit au *Répertoire* sur l'abréviation des délais (*Rép.* n°s 102 à 120). La jurisprudence a persisté dans le système de la cour de cassation (Civ. cass. 17 juin 1845, V. *Rép.* n° 113), aux termes duquel la faculté donnée au président, dans les cas qui requièrent célérité, d'abréger les délais de l'assignation, s'applique au délai ordinaire de comparution, mais ne s'étend pas aux délais réglés à raison des distances. Ces délais sont, en effet, réputés indispensables à la comparution de la partie assignée, et c'est là une présomption légale que le juge ne peut faire fléchir en abrégeant ce délai, même en considération de l'accélération des moyens de transport survenus depuis le code. Anciennement la question a pu être controversée, aujourd'hui elle ne fait plus doute (V. en ce sens : Trib. Seine, 8 déc. 1857, aff. Cardon, D. P. 68. 5. 146; Civ. cass. 29 mai 1866, aff. Deprats, D. P. 66. 1. 212; Limoges, 14 déc. 1878) (1). Il a été cependant jugé en Belgique que le président qui permet d'assigner à bref délai n'est pas tenu d'observer l'augmentation des délais de l'art. 1033 (Trib. Bruxelles, 7 janv. 1862, Cloës et Bonjean, *Jurisprudence des tribunaux de première instance de Belgique*, XII, 385).

55. L'ordonnance qui abrège les délais est-elle susceptible d'opposition ou d'appel? (V. *Rép.* n° 118. V. aussi *suprà*, v° *Appel civil*, n°s 59 et suiv. *Adde*, dans le sens de l'opinion d'après laquelle cette ordonnance peut être attaquée devant le tribunal auquel la cause est déférée, Limoges, 14 déc. 1878, *suprà*, n° 54.)

§ 6. — Suspension des délais pendant la guerre de 1870.

56. La guerre de 1870-1871 et l'invasion qui en a été la conséquence ont obligé le législateur à suspendre le cours normal des délais. La loi du 13 août 1870 a disposé qu'aucune poursuite ne pourrait être exercée pendant la durée de la guerre contre les citoyens rappelés au service militaire et contre les gardes mobiles présents sous les drapeaux (L.

---

(1) (Peyrusson C. Peyrusson.) — La cour ; — En fait : — Considérant que Peyrusson fils, domicilié à Paris, y a été assigné le 27 mai à comparaître le 1er juin suivant devant le tribunal civil de Limoges ; qu'il en vertu d'une ordonnance rendue par le président de ce tribunal ; qu'il est certain qu'il n'a pas été tenu compte du délai des distances prescrit par l'art. 1033 c. proc. civ., que Peyrusson fils s'est laissé condamner par défaut ; qu'il a fait ensuite opposition et demandé que l'action intentée contre lui par l'exploit du 27 mai fût déclarée nulle en la forme et non recevable ; que le tribunal a rejeté ses conclusions parce que le défendeur n'avait pas attaqué l'ordonnance dont l'acte d'ajournement n'avait fait qu'exécuter les dispositions ; que l'appelant critique cette décision et qu'il s'agit de l'apprécier ; — En droit : — Considérant que, sans rechercher quel est le caractère légal des ordonnances rendues par le président dans les cas prévus par l'art. 72 c. proc. civ., il est incontestable que ces ordonnances ne sont pas souveraines ; qu'à la vérité aucune disposition précise n'indique la voie de recours, mais que la jurisprudence admet, et à bon droit, que les ordonnances doivent être attaquées devant le juge même du procès, désigné naturellement pour apprécier la validité des actes en vertu desquels il se trouve saisi ; que cette voie est la plus simple et la seule véritablement praticable ; que les parties elles-mêmes le reconnaissent et que le tribunal admet aussi cette manière de procéder ;

Sur la régularité de l'ordonnance : — Considérant qu'il résulte de la comparaison des art. 72 et 1033 c. proc. civ. que la faculté donnée au président dans les cas d'urgence, d'abréger les délais de l'assignation, ne s'étend pas au délai accordé à raison des distances ; qu'en effet, ce délai est fondé sur la nature des choses, sur des considérations de force majeure, sur la nécessité imposée au défendeur de faire un voyage ou de franchir un espace plus ou moins considérable pour présenter sa défense qui est un droit sacré ; que, dans l'espèce, le président, en permettant d'ajourner l'appelant sans tenir compte des prescriptions spéciales de l'art. 1033, a excédé ses pouvoirs ; que son ordonnance est nulle, aussi bien que l'exploit qui en a été l'exécution ; — Considérant qu'on objecte vainement que devant le tribunal, Peyrusson fils n'a pas demandé en termes formels la nullité de l'ordonnance ; qu'en effet, il conclut nettement à ce que l'action intentée contre lui par l'exploit du 27 mai 1878 fût déclarée nulle en la forme et non recevable ; que cette formule il attaquait nécessairement et l'ordonnance et l'exploit, ces deux actes n'en faisant qu'un seul et l'ajournement n'étant que la suite et l'effet de l'ordonnance ; qu'il est bien certain, d'ailleurs, que la validité de l'assignation fût en même temps discutée et tranchée par le tribunal, etc.

Du 14 déc. 1878.-C. de Limoges.-MM. Ardant, pr.-Belin, av. gén.-Cousseyroux et Nicard des Rieux, av.

13 août 1870, art. 2, D. P. 70. 4. 78). Le décret du 9 sept. 1870 a suspendu pendant la guerre les délais des prescriptions et péremptions en matière civile, ainsi que les délais pour attaquer ou signifier les jugements (D. P. 70. 4. 87). Il a été étendu et complété par un second décret du 3 octobre de la même année (D. P. 70. 4. 95). Enfin la loi du 26 mai 1871 a fait cesser les effets de cette suspension (D. P. 71. 4. 144). Ces différents textes qui ont donné lieu à d'assez nombreuses applications en jurisprudence seront examinés *infrà*, vº *Guerre*.

Table sommaire

des matières contenues dans le Supplément et le Répertoire.

(Les chiffres précédés de la lettre S renvoient au Supplément; les chiffres précédés de la lettre R renvoient au Répertoire.)

Table chronologique des Lois, Arrêts, etc.

An 2. 1er frim. Décr. 17 c. —10 frim. Loi.3 c. An 13. 1er germ. Décr. 18 c. 1806. 22 juill. Décr. 16 c. 1822. 16 mars. Bourges. 16 c. 1823. 30 janv. Crim. 3 c. 1825. 25 mars. Limoges. 16 c. 1830.1er déc.Civ. 29 c. 1838.20 mai.Loi. 19 c. —25 mai. Loi. 15 c., 16 c., 42 c., 43 c. 1841. 2 juin. Loi. 16 c., 42 c. 1845. 17 juin,Civ. 54 c. 1846.7 mars. Paris. 50 c.

—10 mars. Civ. 29. c. —13 juill. C. cass. Belgique. 3 c. —14 juill. Orléans. 52 c. 1848. 6 mars. Caen. 36 c. —13 déc. Loi. 38 c. 1849. 7 févr. Nimes. 52 c. 1850. 21 janv. Paris. 52 c. —16 févr. Toulouse. 38 c. 1852. 10 mai. C. cass. Belgique. 8 c. —12 juill. Civ.39 c. 1853. 26 janv. Toulouse. 8 c. 1854. 5 juill. Bourges. 52 c.

—19 juill. Cons. d'Et. 40 c. 1855. 5 janv. Dijon. 52 c. —10 déc. Civ. 40 c. 1857.8 déc.Trib. Seine. 46 c., 54 1858. 25 janv. Trib.com. Seine. 46 c. —17 nov. Req.27 c. 1859. 25 juin. Civ. 35 c. 1861. 12 août. Paris. 46. c. —29 nov. Toulouse. 49 c. 1862. 7 janv.Trib. Bruxelles. 54 c. —8 avr. Req. 48 c. —3 mai. Loi. 1 c., 11 c., 13 c., 22 c., 23 c., 24 c., 27 c., 29 c., 42

c., 44 c., 45 c., 46 c., 47 c., 52 c., 53 c. —2 juin. Loi. 5 c., 17 c., 29 c., 32 c. —12 déc. Rouen. 7 c. 1863. 20 janv. Civ. 7 c. —20 mai. Nancy. 7 c. —11 août.Poitiers. 24 c. 1864. 15 juill. Bordeaux. 12 c., 21 c. —22 août. Civ. 44 c. 1865. 19 août. Lyon. 21 c. —26 août.Civ.49 c. —4 déc. Req. 12 c., 21 c. —6 déc. Chambéry. 24 c.

1866. 29 mai. Civ. 54 c. —4 juin. Nimes. 51 c. —16 juin. Paris. 13 c., 16 c., 24 c. —2 août. Lyon. 12 c., 20. c., 23 c., 31 c. —20 nov. Bordeaux. 6 c. 1867. 6 mars. 19 c. —12 avr. Trib. Mirecourt. 29 c. 1869. 5 janv. Req. 9 c. —27 avr. Douai. 14 c., 24 c. 1870. 19 mars. Rouen. 13 c. —23 c., 24 c. —18 mai. Metz. 53 c. —13 août. Loi. 56 c.

—9 sept. Décr. 50 c. —3 oct.Décr.56 c. 1871. 26 mai.Loi. 56 c. —20 nov. Req. 1872. 16 mai. c., 24 c., 29 c. —13 juill. Crim. 46 c. 1873. 20 janv. Besançon. 13 c., 29 c. 1874. 26 janv. Crim. 26 c. —14 déc. Limoges. 54. 1875. 15 juill. C. cass. Belgique. 19 c. —29 juill. Nimes. 33 c. —21 déc.Req.46 c.

1876. 1er mars. Req. 5 c. —9 avr. Trib. Castres. 30 c. —30 sept. Trib. Espalion. 31 c. 1877.15 janv.Civ. 28 c. —4 mai. Trib. Seine. 31 c. —14 août.Civ.14c. —14 août. Paris. 14 c. 1878. 16 févr. Crim. 46 c. —14 déc. Limoges. 54. 1879. 16 janv. Trib. Rocroi. 30 c., 31 c. —5 févr. Req. 16 c. —21 mars. Trib. Montfort. 19 c.

—5 août. Trib. Pont - l'Évêque. 45 c. 1881. 4 avr. Civ. 31 c. —9 juin.Liège.14. —24 juill. Trib. Liège. 26 c. —3 août. Pau. 29. 1882. 27 mars. C. cass. Belgique. 3. —28 avr. Trib. Saint - Nazaire. 31 c. —4 déc. C. cass. Belgique. 26. 1884. 9 mai.Trib. Muret. 31. —19 mai, Pau. 24 c. 1885. 30 mai. Lyon. 31. —19 oct. Civ. 18 c. 1887. 2 août.Civ. 16 c.

DÉLAISSEMENT.—En ce qui concerne le délaissement hypothécaire, V. *Privilèges et hypothèques ;* — *Rép.* vis *Chose jugée*, n° 203; *Privilèges et hypothèques*, nos 1782 et suiv., 1828 et suiv.— V. aussi *Degrés de juridiction*, n° 165; *Vente publique d'immeubles ;* — *Rép.* v° *Degrés de juridiction*, nos 444 et suiv.

... Le délaissement maritime, V. *Droit maritime ;* — *Rép.* eod. v°, nos 1981 et suiv. — V. aussi *Degrés de juridiction*, n° 81; — *Rép.* v° *Demande nouvelle*, nos 41, 76, 119, 136, 141.

DÉLÉGATION. — V. *Obligations ;* — *Rép.* eod. v°, nos 2467 et suiv.

V. aussi *suprà*, v° *Contrat de mariage*, n° 1257; *infrà*, vis *Effets de commerce ; Enregistrement ; Faillite et banqueroute ; Office ; Prescription civile ; Privilèges et hypothèques ; Société ; Vente publique d'immeubles.*

DÉLÉGATION DE FONCTIONS. — V. *Fonctionnaire public ;* — *Rép.* eod. v° n° 39 et suiv., 88 et suiv.

V. aussi *suprà*, v° *Commune*, nos 242 et suiv. ; *infrà*, vis *Dispositions entre vifs et testamentaires ; Domaine de l'Etat; Expropriation pour cause d'utilité publique ; Instruction criminelle ; Notaire-notariat ; Organisation administrative ; Organisation judiciaire.*

DÉLÉGUÉS SÉNATORIAUX. — V. *infrà*, v° *Droit politique.*

DÉLIBÉRATION. — V. ce mot au *Répertoire.*

V. en outre en ce qui concerne :... 1° les délibérations des assemblées législatives, *infrà*, v° *Droit constitutionnel ;*

... 2° Les délibérations des assemblées départementales (conseil général, conseil d'arrondissement), v° *Organisation administrative ;* — *Rép.* eod. v°, n° 697 et suiv.; 724;

... 3° Les délibérations des conseils municipaux, v° *Commune*, n° 155 et suiv. ; — *Rép.* eod. v° n° 262 et suiv. ;

... 4° Les délibérations des conseils de fabrique et des conseils consistoriaux et presbytéraux, v° *Culte*, nos 471 et 739 ; — *Rép.* v° nos 525, 708 et suiv. ;

... 5° Les délibérations du conseil d'Etat, v° *Conseil d'Etat*, nos 44, 57; — *Rép.* eod. v°, n° 35 ;

... 6° Les délibérations des conseils de préfecture, v° *Organisation administrative ;* — *Rép.* eod. v°, nos 382 et suiv. ;

... 7° Les délibérations des juges sur le prononcé du jugement, v° *Jugement ;* — *Rép.* eod. v°, nos 73 et suiv., 95 et suiv., 146 et suiv., 264 et suiv., 912 et suiv. ;

... 8° Les délibérations du jury sur les questions posées par la cour d'assises, v° *Instruction criminelle ;* — *Rép.* eod. v°, nos 3004 et suiv.

DÉLIBÉRÉ. — V. *Jugement ;* — *Rép.* eod. v°, nos 147 et suiv., 151 et suiv.

DÉLIMITATION. — V. *suprà*, vis *Commune*, nos 49 et suiv., 1013 et suiv.; *Compétence administrative*, nos 218 et suiv.; *infrà*, vis *Domaine public ; Eaux; Organisation de l'Algérie.*

DÉLIT. — V. ce mot au *Répertoire.*

V. en outre en ce qui concerne :... 1° les différentes sortes de délits,... pour les délits commis au préjudice des personnes, v° *Crimes et délits contre les personnes*, nos 134 et suiv. 233 et suiv., 350 et suiv. ; — *Rép.* eod. v°, nos 134 et suiv., 198 et suiv., 240 et suiv. ;... pour les délits de chasse, v° *Chasse*, nos 183 et suiv., 895 et suiv. ; — *Rép.* eod. v°, nos 46 et suiv., 361 et suiv. ;... pour les délits ruraux, v° *Droit rural* ;— *Rép.* eod. v°, nos 1, 175 et suiv. ;... pour les délits forestiers, v° *Forêts ;* — *Rép.* eod. v°, nos 316 et suiv., 409 et suiv. ;... pour les délits de presse, v° *Presse-outrage ;* — *Rép.* eod. v°, nos 531 et suiv., 1015 et suiv. ;... pour les délits commis contre l'Etat, v° *Crimes et délits contre la sûreté de l'Etat*, nos 2, 25 et suiv., 33 et suiv. ;... pour les délits commis à l'audience, v° *Jugement ;* — *Rép.* eod. v°, nos 867 et 881. ... encore pour les délits électoraux, *infrà*, v° *Délit politique*, nos 9 et suiv. ;

... 2° La qualité de l'auteur du délit :... pour les délits commis par les fonctionnaires dans l'exercice de leurs fonctions, v° *Forfaiture ;* — *Rép.* eod. v°, nos 82 et suiv., 188 et suiv., 196 et suiv. ;... pour les délits commis par les ministres du culte, v° *Culte*, nos 185 et suiv. ; — *Rép.* eod. v°, nos 293 et suiv. ;... pour les délits commis par les militaires, v° *Organisation militaire ;* — *Rép.* eod. v°, nos 754 et suiv. ;... pour les délits commis par les marins, v° *Organisation maritime ;* — *Rép.* eod. v°, nos 890 et suiv. ;

... 3° La complicité en matière de délits, vis *Complicité*, nos 113 et suiv.; *Crimes et délits contre les personnes*, nos 134 et suiv., 233 et suiv., 350 et suiv. ; — *Rép.* vis *Complicité*, 7,17,90 et suiv. ; *Crimes et délits contre les personnes*, nos 134 et suiv., 199 et suiv., 240 et suiv. ;

... 4° Le concours d'un délit avec un crime, v° *Crimes et délits contre les personnes*, nos 14 et suiv. ; — *Rép.* eod. v°, n° 28 et suiv. ;

... 5° La compétence, vis *Compétence criminelle*, nos 23 et suiv., 261 et suiv.; *Crimes et délits contre les personnes*, nos 160 et suiv., 220 et suiv. ; — *Rép.* vis *Compétence criminelle*, nos 229, 445 et suiv. ; *Crimes et délits contre les personnes*, nos 167 et suiv. ... encore vis *Culte*, nos 185 et suiv. ; *Discipline; Organisation maritime ; Organisation militaire ; Place de guerre ;* — *Rép.* v° *Culte*, nos 293 et suiv. ;

... 6° L'application de la peine, les circonstances atténuantes ou aggravantes, les excuses, le non-cumul des peines, v° *Peine ;* — *Rép.* eod. v°, nos 79 et suiv., 122 et suiv., 130, 421 et suiv., 537 et suiv. ;

... 7° La prescription, v° *Prescription criminelle ;* — *Rép.* eod. v°, nos 34 et suiv., 44 et suiv., 93 et suiv.

V. encore *infrà*, v^{is} *Discipline ; Instruction criminelle*.

DÉLIT D'AUDIENCE. — V. *Organisation judiciaire ;* — *Rép.* eod. v°, n°s 307 et suiv., 442 et suiv., 471 et suiv.

V. aussi *suprà*, v^{it} *Appel en matière criminelle*, n° 25 ; *Avocat*, n°s 232 et suiv.

DÉLIT DE CHASSE. — V. *Chasse ;* — *Rép.* eod. v°, n°s 361 et suiv.

DÉLIT DE PÊCHE. — V. *Pêche fluviale ;* — *Rép.* eod. v°, n°s 168 et suiv.

DÉLIT DE PRESSE.— V. *Presse-outrage-publication ;* — *Rép.* eod. v°, n°s 1131 et suiv.

DÉLIT ÉLECTORAL. — V. *Droit politique ;* — *Rép.* eod. v°, n°s 37 et suiv.

V. aussi *infrà*, v° *Prescription criminelle*.

DÉLIT FORESTIER. — V. *Forêts ;* — *Rép.* eod. v°, n°s 409 et suiv.

V. aussi *Amnistie*, n° 21 ; *Peine ; Procès-verbal ; Question préjudicielle ; Référé ; Usage-usage forestier ;* — *Rép.* v^{is} *Amnistie*, n°s 65 et suiv., 80 et suiv., 146 et suiv. ; *Procès-verbal*, n°s 651 et suiv., 687 et suiv., 694 et suiv.

DÉLIT MARITIME. — V. *Organisation maritime ;* — *Rép.* eod. v°, n°s 890 et suiv.

DÉLIT MILITAIRE. — V. *Organisation militaire ;* — *Rép.* eod. v°, n°s 820 et suiv.

DÉLIT POLITIQUE.

Division.

§ 1. — **Législation** (n° 1).

§ 2. — **Nature et caractères des infractions politiques** (n° 3).

§ 3. — **Intérêt de la distinction des infractions politiques et des infractions de droit commun** (n° 6).

§ 4. — **Enumération des infractions politiques** (n° 13).

§ 5. — **Des délits mixtes ou complexes et des délits connexes à des délits politiques** (n° 30).

§ 6. — **Compétence et procédure** (n° 36).

§ 1er. — Législation (*Rép.* n°s 1 à 3).

1. Depuis la publication du *Répertoire*, la législation des délits politiques a reçu plusieurs modifications. — La peine de mort, abolie en matière politique par le décret du 26 fév. 1848 (D. P. 48. 4. 36), et par la Constitution du 4 nov. 1848 (art. 5, D. P. 48. 4. 215), a été remplacée par la peine de la déportation aux termes de l'art. 1er de la loi du 5 avr. 1850 (D. P. 50. 4. 129) dont le premier alinéa est ainsi conçu : « Dans tous les cas où la peine de mort est abolie par l'art. 5 de la Constitution, cette peine est remplacée par celle de la déportation dans une enceinte fortifiée, désignée par la loi, hors du territoire continental de la République ». — D'autre part, le décret du 25 févr. 1852 (1) a abrogé les lois spéciales qui attribuaient compétence aux cours d'assises pour le jugement des *délits* politiques. — Enfin, par suite de la disposition générale de l'art. 45 de la loi du 29 juill. 1881 sur la presse (D. P. 81. 4. 65), les crimes et *délits* prévus par ladite loi, c'est-à-dire les infractions com-

mises par la voie de la presse (lesquelles forment, en temps ordinaire, la catégorie la plus nombreuse des délits politiques), sont déférés à la cour d'assises.

2. En doctrine, les principaux ouvrages à consulter sur la matière sont : Chauveau et Hélie, *Théorie du code pénal*, 6° éd., annotée par M. Villey, t. 2, n°s 404 à 410 ; Garraud, *Traité théorique et pratique du droit pénal français*, t. 1, n°s 94 à 97 ; Ortolan, *Eléments de droit pénal*, t. 1, n°s 699 et suiv. ; Trébutien, *Cours de droit criminel*, t. 1, n°s 280 et suiv. ; Villey, *Précis d'un cours de droit criminel*, p. 130 ; Haus, *Principes du code pénal belge*, t. 1, n°s 343 et suiv. — Plus spécialement, en ce qui concerne les infractions politiques au point de vue de l'extradition, V. L. Renault, *Des crimes politiques en matière d'extradition, Journal de droit international privé*, 1880, t. 7, p. 55 ; Albin Curet, *Des délits politiques, La France judiciaire*, 1882, p. 453 ; Lammasch, *Le droit d'extradition appliqué aux délits politiques*, Paris, 1885, traduit par A. Weiss, et P. Louis-Lucas ; Teichmann, *Les délits politiques, le régicide et l'extradition, Revue de droit international*, 1879, p. 475 ; Paul Bernard, *Traité théorique et pratique de l'extradition*, 2° vol., chap. 4, p. 230 et suiv. ; A. Billot, *Traité de l'extradition*, p. 102 et suiv. ; André Weiss, *Etudes sur les conditions de l'extradition*, p. 143 et suiv. — Au surplus, pour l'extradition en matière politique, V. *Rép.* v° *Traité international*, n°s 299 et suiv.

§ 2. — Nature et caractères des infractions politiques (*Rép.* n°s 4 à 7)

3. Ainsi que nous l'avons déjà fait remarquer au *Rép.* n° 4, il ne faut pas confondre avec les délits politiques les délits contre la chose publique ; car s'il est vrai qu'il faut chercher les infractions politiques parmi les infractions contre la chose publique, dont elles forment une variété, il n'est pas exact de dire que toutes les infractions contre la chose publique soient des délits politiques. Ainsi les crimes des fonctionnaires dans l'exercice de leurs fonctions, les délits de rébellion envers l'autorité, les faux commis dans les passeports, sont classés avec raison parmi les infractions contre la chose publique ; mais aucun de ces faits ne porte essentiellement en lui-même le caractère politique. Les infractions politiques forment donc un groupe spécial parmi les infractions contre la chose publique (Chauveau et Hélie, t. 2, n° 404 ; Garraud, t. 1, n° 94).

4. Il n'est pas facile de définir les infractions politiques. Sur cette définition, V. surtout Ortolan, t. 1, n°s 712 et suiv. Teichmann, *op. cit.*, p. 15 et suiv., cite des définitions proposées par plusieurs criminalistes étrangers. Certains jurisconsultes, et des plus graves (L. Renault, p. 77) estiment même « qu'il est chimérique de chercher cette formule, parce qu'il s'agit de faits beaucoup trop variés pour être soumis à une règle unique ». Nous avons dit au *Rép.* n° 1 qu'on nomme délit politique tout délit dont la politique est le but et le mobile ; mais cette définition est aujourd'hui abandonnée. Elle pèche en ce qu'elle ne s'attache qu'aux motifs qui ont guidé l'auteur de l'action, et non aux caractères intrinsèques de celle-ci. Or ce n'est ni l'intention du délinquant, ni la qualité de la victime qui modifient la nature du fait, lequel doit être apprécié d'après les éléments qui le constituent. « A mon avis, dit Westlake dans un remarquable mémoire lu, en 1876, à Liverpool, devant l'Association britannique pour l'avancement des sciences, à

---

(1) 25-28 févr. 1852. — *Décret portant que les délits dont la connaissance est actuellement attribuée aux cours d'assises, et qui ne sont pas compris dans les décrets des 31 déc. 1851 et 17 fév. 1852, seront jugés par les tribunaux correctionnels* (D. P. 52. 4. 61).

LOUIS-NAPOLÉON, PRÉSIDENT, etc. ; — Sur le rapport du garde des sceaux, ministre secrétaire d'Etat au département de la justice ; — Considérant que la règle de compétence posée par l'art. 179 c. instr. cr. forme le droit commun ; que déjà la connaissance des délits commis au moyen de la parole ou de la presse a été restituée aux tribunaux de police correctionnelle par les décrets des 31 déc. 1851 et 17 févr. 1852 ; — Qu'on ne saurait sans une véritable anomalie, laisser encore aux cours d'assises la connaissance de quelques autres délits analogues par leur nature ou assimilés par le législateur à ceux qui sont déjà rentrés dans la règle commune ; — Considérant qu'il est de principe que les lois de procédure ou de compétence sont immédiatement applicables aux affaires à l'égard desquelles il n'y a pas jugement ou dessaisissement ; — Décrète :

Art. 1er. Tous les délits dont la connaissance est actuellement attribuée aux cours d'assises et qui ne sont pas compris dans les décrets des 31 déc. 1851 et 17 fév. 1852 seront jugés par les tribunaux correctionnels, sauf les cas pour lesquels il existe des dispositions spéciales à raison des fonctions ou de la qualité des inculpés.

2. Les juridictions connaîtront de ceux de ces délits qui ont été commis antérieurement au présent décret et sur lesquels il n'aurait pas été statué autrement.

3. Les poursuites seront dirigées selon les formes et les règles prescrites par le code d'instruction criminelle.

4. Sont et demeurent abrogées toutes dispositions relatives à la compétence, contraires au présent décret, et notamment celles qui résultent de la loi du 8 oct. 1830, en matière de délits politiques ou réputés tels ; de l'art. 6 de la loi du 10 déc. 1830 relative aux afficheurs et crieurs publics ; de l'art. 10 du décret du 7 juin 1848 sur les délits d'attroupements ; de l'art. 16, § 2, de la loi du 28 juill. 1848, sur les clubs et les sociétés secrètes ; de l'art. 117 de la loi électorale du 15 mars 1849.

mon avis, le caractère politique ou non politique d'un acte, qui est légalement criminel, n'est pas déterminé par l'existence de motifs politiques, mais il dépend de la nature de l'acte considéré en lui-même » (Conf. Renault, *op. cit.*, p.69; Hornung, *Revue de droit international*, t. 2, p. 518 ; Lenepveu de Lafont, *Bulletin de la Société de législation comparée*, 1883, p. 301). — Nous préférons la définition de M. Haus, t. 1, n° 346. « Par infractions politiques, dit cet auteur, on doit entendre les crimes et les délits qui portent *uniquement* atteinte à l'ordre politique ». C'est en ce sens que l'expression *délit politique* est interprétée dans un arrêt de la cour de cassation de Belgique du 2 nov. 1869 (aff. Van Eecke, *Pasicrisie belge*, 1870. 1. 102). Cet arrêt décide que le fait par un ministre du culte d'avoir, du haut de la chaire, attaqué un acte de l'autorité municipale, ne constitue pas un délit de cette catégorie, justiciable à ce titre de la cour d'assises, et appuie cette solution, notamment, sur ce que les faits reprochés au prévenu « n'avaient été commis que dans un esprit d'hostilité contre des actes de simple administration prétendument opposés ou préjudiciables à des intérêts religieux, et qui n'avaient pu en rien porter atteinte à l'ordre politique ». Ainsi, pour que la qualification de délit politique soit applicable au fait délictueux qu'il s'agit d'apprécier, il ne suffit pas que l'intérêt de la répression touche à l'ordre politique, que le fait trouble cet ordre ou le mette en péril ; il faut que sa criminalité dépende exclusivement de son caractère politique. L'ordre politique comprend : à l'extérieur, l'indépendance de la nation, l'intégrité de son territoire et les rapports de l'État avec les autres États; à l'intérieur la forme du Gouvernement, l'organisation des pouvoirs publics, leurs rapports mutuels, enfin les droits politiques des citoyens. — Nous citerons encore deux autres définitions : « Les délits politiques, dit M. Pasquale Fiore, *Traité de droit pénal international et de l'extradition*, n° 440, sont ceux qui troublent l'ordre déterminé par les lois fondamentales du pays, la distribution des pouvoirs, les limites de l'autorité de chacun de ces pouvoirs, les arrangements sociaux, et les droits et les devoirs qui en naissent ». Et M. Weiss, *op. cit.*, p. 159 : « D'une manière générale, il faut entendre par délit politique tout acte illicite dirigé contre l'organisation politique ou sociale d'un pays déterminé, et dont la répression intéresse cette même organisation politique ou sociale». Ajoutons, avec Carrara, *Programme du cours de droit criminel, partie générale*, traduit par P. Baret, § 155 et 156, que le délit politique consiste dans une attaque contre la société ou *l'autorité* qui la représente, que c'est, en somme, une lésion de la *cité*, car c'est la lésion d'un droit universel, un droit dont jouissent tous les citoyens.

5. Nous ne reviendrons pas ici sur la question, indiquée au *Rép.* n° 2, de savoir si les crimes et délits politiques sont, en thèse générale, plus graves ou moins graves, plus odieux ou moins odieux que les infractions de droit commun. On trouvera sur le caractère respectif des faits communs et des faits politiques d'intéressants développements dans Chauveau et Hélie, t. 2, n° 407; Trébutien, t. 1, n°s 277 à 279; Weiss, *op. cit.*, p. 143 et suiv., Ortolan, t. 1, n°s 700 et suiv.; L. Renault, p. 59 et suiv.

§ 3. — Intérêt de la distinction des infractions politiques et des infractions de droit commun.

6. Quoi qu'il en soit de la gravité respective des faits politiques et des faits communs, il est certain que la recherche du point de savoir si un crime ou un délit a un caractère politique présente, dans notre droit actuel, deux intérêts principaux : intérêt de pénalité, intérêt d'extradition. — Au point de vue de la *pénalité*, il faut constater, d'abord, que les peines destinées à réprimer les crimes politiques ne sont pas de même nature que les peines destinées à réprimer les crimes de droit commun. En premier lieu, ainsi qu'on l'a rappelé *supra*, n° 4, la peine de mort a été abolie

(1) 8-10 oct. 1830. — *Loi sur l'application du jury aux délits de la presse et aux délits politiques* (Extrait) (Rép. v° *Presse-outrage*, p. 412).

Art. 1er. La connaissance de tous les délits commis, soit par la voie de la presse, soit par tous les autres moyens de publication énoncés en l'art. 1er de la loi du 17 mai 1819, est attribuée aux cours d'assises.

en matière politique par le décret du 26 févr. 1848 et par la Constitution du 4 nov. 1848. En second lieu, on sait qu'il existe, surtout depuis la loi de revision du 28 avr. 1832, une échelle de peines criminelles, spéciale aux *crimes* politiques, qui se compose, par ordre de gravité descendante, de la *déportation dans une enceinte fortifiée* (créée par la loi du 5 avr. 1850, D. P. 50. 4. 129), de la *déportation simple*, de la *détention* et du *bannissement* (V. *infrà*, v° Peine). — Dès avant la promulgation de la loi précitée du 5 avr. 1850, la cour de cassation avait déjà déclaré, par la seule interprétation du code pénal, « que l'esprit général de ce code a été de distinguer entre les crimes politiques et les crimes communs, et d'appliquer une nature de peines particulière à chacune de ces deux catégories, quand la peine capitale n'était pas prononcée; que cette pensée a reçu une nouvelle consécration et un développement nouveau du travail de revision opéré en 1832; que d'abord la loi du 28 avr. 1832 a créé une nouvelle peine politique, la détention de cinq à vingt ans; que, par suite, l'échelle des peines criminelles en matière politique au-dessous de la mort se trouve ainsi formée : la déportation, la détention, le bannissement et la dégradation civique; que le nouvel art. 463 vient ensuite confirmer et compléter cette règle par le soin avec lequel il dispose que, s'il existe des circonstances atténuantes, la peine de mort encourue pour crime d'attentat à la sûreté intérieure ou extérieure de l'État sera remplacée par la déportation ou la détention; qu'il résulte clairement que le législateur a entendu fonder un système complet de pénalité politique différent du système de pénalité applicable aux crimes ordinaires; qu'il a soustrait le coupable d'un crime purement politique aux peines du droit commun, et qu'il a voulu que, quand la peine de mort serait écartée, on descendit aux peines politiques inférieures; que la suppression de la peine de mort en matière politique a fait virtuellement dégénérer la répression en déportation » (Crim. cass. 3 févr. 1849, aff. Durand, D.P.49.1.10).

7. Quant aux *délits* de police correctionnelle, il est inutile de se demander, au point de vue de la peine principale qui les frappe, s'ils ont ou non un caractère politique ; le code pénal n'organise que deux ordres de peines correctionnelles, et l'amende et l'emprisonnement sont applicables à tous les délits. Mais, à un double point de vue intéressant la pénalité, il importe de déterminer le caractère du délit. Aux termes de l'art. 49 c. pén., les délits qui intéressent la sûreté intérieure ou extérieure de l'État entraînent toujours, à titre de peine complémentaire, la surveillance de la haute police, et, par conséquent, aujourd'hui, l'interdiction administrative de séjour qui l'a remplacée depuis la loi du 27 mai 1885 sur les récidivistes (art. 19, D. P. 85. 4. 45). De plus, la même loi dispose (art. 3) qu'aucun crime ou délit politique ne devra en aucun cas être compté au point de vue de la rélégation.

8. En second lieu, les délits, comme les crimes politiques, ne peuvent donner lieu à l'extradition. Une circulaire du garde des sceaux, du 5 avr. 1841, constate que la France « a toujours refusé, depuis 1830, de pareilles extraditions et qu'elle n'en demandera jamais » (V. à cet égard : *Rép.* v° *Traité international*, n°s 299 et suiv. V. aussi *infrà*, n°s 32 et suiv.).

9. Il ne serait plus exact de dire aujourd'hui comme on l'a dit au *Rép.* n° 2, que « c'est particulièrement sous le rapport de la *compétence* que la détermination du caractère des délits politiques a de l'importance ». A l'époque de la publication du *Répertoire*, les délits de police correctionnelle politiques devaient être jugés par les cours d'assises (L. 8 oct. 1830, art. 6 (1); Const. 4 nov. 1848, art. 83, D. P. 48. 4. 246). Cette compétence exceptionnelle a été retirée aux cours d'assises par le décret du 25 févr. 1852 (*supra*, n° 1). Depuis, une loi du 15 sept. 1871 leur a restitué la connaissance des délits de *presse* qui sont, en temps ordinaire, les plus fréquents des délits politiques, et la loi du 29 juill. 1881 (art. 45, D. P. 81. 4. 65), a fait disparaître la plupart des exceptions à la compétence générale de la cour d'assises en matière de presse, que les lois antérieures avaient admises.

6. La connaissance des délits politiques est pareillement attribuée aux cours d'assises.

7. Sont réputés politiques les délits prévus : 1° par les chap. 1er et 2 du tit. 1er du liv. 3 c. pén. ;

2° par les paragraphes 2 et 4 de la sect. 8, et par la sect. 7 du chap. 3 des mêmes livre et titre ;

3° par l'art. 9 de la loi du 25 mars 1822.

En résumé donc, à l'heure actuelle, les délits de police correctionnelle politiques doivent, sauf les délits de presse qui sont de la compétence du jury, être jugés par les tribunaux correctionnels. Il s'ensuit qu'il n'y a pas d'intérêt, sous le rapport de la compétence, à savoir si un délit est politique ou non. Il est vrai qu'un décret de la délégation de Tours, du 27 oct. 1870 (D. P. 71. 4. 9), a attribué au jury la connaissance de tous les délits politiques; mais ce décret n'ayant pas été régulièrement promulgué est demeuré sans force. A cet égard il a été jugé, notamment, que la répression des délits électoraux est restée, malgré le décret précité qui est sans vigueur, dans les attributions des tribunaux correctionnels, conformément aux prescriptions de l'art. 48 du décret du 2 févr. 1852 (D. P. 52. 4. 49, V. *infrà*, v° *Droits politiques*) (Crim. rej. 30 déc. 1871, aff. Piéri, D. P. 71. 1. 367).

10. La distinction des délits correctionnels en politiques et non politiques présente encore un autre intérêt, qui est de *procédure*. L'art. 7 de la loi du 20 mai 1863 (D. P. 63. 4. 109) qui modifie la procédure correctionnelle en matière de flagrant délit (V. *infra*, v° *Instruction criminelle*), déclare que les dispositions de cette loi ne sont pas applicables aux délits politiques.

11. Ajoutons enfin que la distinction des délits en politiques et non politiques a été souvent utile pour déterminer à quelles personnes seraient appliquées les *amnisties* accordées aux délits politiques par divers décrets ou diverses lois. Ce point de vue a déjà été indiqué au *Rép.* n° 39. Depuis deux décrets impériaux et deux lois ont accordé des amnisties pour crimes et délits politiques. Ce sont : le décret du 16 août 1859 (D. P. 59. 4. 74); le décret du 4 sept. 1870 (D. P. 70. 4. 85) ; la loi du 3 mars 1879 (D. P. 79. 4. 25), et la loi du 11 juill. 1880 (D. P. 80. 4. 57). — Sur la question de savoir si l'amnistie accordée aux délits politiques s'applique aux délits de droit commun connexes à ces délits, V. *Amnistie*, n° 30 ; — *Rép.* eod. v°, n°s 57 et suiv.

12. L'art. 70 de la loi sur la presse du 29 juill. 1881 (D. P. 81. 4. 65), a accordé « amnistie pour tous les crimes et délits commis antérieurement au 16 févr. 1881, par la voie de la presse ou autres moyens de publication... ». Cette amnistie concerne-t-elle les délits ayant un caractère plus ou moins politique qui étaient, avant la loi précitée, prévus et punis par des lois plus spécialement applicables aux délits de la presse, comme, par exemple, le fait par un curé d'avoir détruit, abattu, mutilé ou dégradé un drapeau aux couleurs nationales, placé sur un édifice communal comme objet extérieur de décoration, le jour de la fête communale, par ordre du maire de la commune? La négative a été jugée par la cour de cassation, et avec raison, puisque le législateur de 1881 n'a pas amnistié tous les délits politiques commis d'une manière quelconque, ni tous les délits réprimés par les lois sur la presse, mais seulement ceux commis « par la voie de la presse ou autres moyens de publication » (Crim. cass. 9 juin 1882, aff. Maury, D. P. 82. 1. 390).

§ 4. — Enumération des infractions politiques (*Rép.* n°s 8 à 24).

13. Est-il possible de donner une énumération complète des infractions politiques? La question a été examinée au *Rép.* n° 5, où il a été soutenu que la disposition de l'art. 7 de la loi du 8 oct. 1830 citée *suprà*, n° 9, est limitative, et qu'on ne peut regarder comme politiques les délits dont elle ne parle pas (Conf. Chauveau et Hélie, t. 2, n° 403; de Grattier, *Commentaire des lois de la presse*, t. 2, p. 218, n° 1). M. Trébutien, n°s 283 et suiv. ; Garraud, t. 1, n° 96, note 1 et Blanche, *Etudes pratiques sur le code pénal*, t. 1, n° 89, estiment, au contraire, que la loi de 1830 ne peut fournir que des indications, et qu'il existe des infractions politiques en dehors de celles qui ont été spécifiées par son art. 7. En effet, la loi de 1830 était une loi de compétence ayant uniquement pour but d'indiquer, parmi les délits de police correctionnelle, ceux qui seraient jugés par le jury. De plus, elle englobe des délits qui, par eux-mêmes, n'ont aucun caractère politique, comme l'association de plus de vingt personnes sans l'autorisation du Gouvernement (c. pén. art. 291). D'ailleurs, ainsi qu'il a été dit *suprà*, n°s 3 et suiv., ce qui fait le délit politique, c'est sa nature même, son caractère intrinsèque. Etant donnée une infrac-

tion, par nature et d'elle-même politique, encore qu'elle ne fût pas comprise dans l'énumération de la loi de 1830, comment lui contester le caractère politique? — Il a été jugé cependant que les *crimes* politiques, auxquels s'applique l'art. 5 de la Constitution de 1848, portant abolition de la peine de mort en matière politique, sont ceux, et pas d'autres, qu'énumère l'art. 7 de la loi de 1830 (Cons. rév. Paris, 10 août 1871, aff. Vielle, D.P.71.5.111). — De même, quant aux simples *délits correctionnels*, V. *Rép.* n°s 6 et 7, les nombreux arrêts de cours d'appel, et l'arrêt de rejet du 4 sept. 1834, qui ont jugé (à une époque où les délits politiques étaient de la compétence des cours d'assises) qu'il n'existe de *délits* politiques de la compétence des cours d'assises que ceux qui sont limitativement désignés dans l'art. 7 de la loi précitée de 1830.

14. La déportation dans une enceinte fortifiée, la déportation simple, la détention et le bannissement étant des peines exclusivement politiques (V. *suprà*, n° 6), il s'ensuit que si le code pénal ne définit pas les *crimes politiques*, il les désigne, au moins dans une certaine mesure, par les peines qu'il y attache (Garraud, t. 1, n° 95, p. 150). Il est clair, en effet, que, toutes les fois que la peine prononcée par la loi est l'une des quatre peines criminelles ci-dessus indiquées, lesquelles sont politiques, le crime est lui-même politique. Mais cette indication ne dispense pas de toute recherche, car la peine de mort a été remplacée, aux termes de l'art. 1er de la loi du 8 juin 1850, pour les crimes politiques, par la peine de la déportation dans une enceinte fortifiée. Dans quels cas donc les juges, saisis de l'examen d'un crime puni, par la disposition spéciale qui le prévoit, de la peine de mort, devront-ils prononcer la peine de la déportation dans une enceinte fortifiée? C'est une question qu'on ne peut résoudre qu'en recherchant le caractère politique ou non politique de l'infraction. — A cet égard, nous n'hésitons pas à penser que si la loi du 8 oct. 1830, loi de compétence, comme on l'a vu *suprà*, n° 9, se préoccupe seulement des *délits* et non des *crimes* politiques, il faut, en l'absence de toute classification légale de ces crimes, s'en référer aussi pour les crimes à ladite loi de 1830, et donner la qualification de crimes politiques aux crimes prévus dans la partie du code pénal à laquelle la loi de 1830 ne renvoie qu'en ce qui touche les délits. En effet, le silence de l'art. 5 de la Constitution de 1848 et de la loi du 8 juin 1850 sur les crimes politiques qui devaient bénéficier de l'abolition de la peine de mort, dont le principe était proclamé, indique nécessairement que le législateur a entendu renvoyer, pour la détermination de ces crimes, aux dispositions du code pénal, que la loi de 1830 considérait comme prévoyant et punissant des infractions politiques. Il est manifeste que si celles de ces infractions qui sont passibles de peines correctionnelles ont été qualifiées de délits politiques, les infractions plus graves, mais de même nature, que la loi frappe de peines criminelles, doivent recevoir la même qualification. — Au surplus, en admettant l'opinion d'après laquelle la nomenclature de la loi du 8 oct. 1830 n'est pas limitative, nous n'hésiterions pas, pour notre part, à attribuer ce caractère aux crimes, même non compris dans l'art. 7 de la loi précitée, qui seraient d'eux-mêmes et par nature politiques, c'est-à-dire qui porteraient exclusivement atteinte à l'ordre politique ou social du pays.

15. Quels sont, en fait, les *délits correctionnels* qu'on doit qualifier de politiques? La question a été traitée au *Rép.* n°s 8 à 24. Nous ne pouvons nous contenter de renvoyer à cet ouvrage, car plusieurs des solutions qui y ont été données, doivent être modifiées à cause des changements intervenus dans la législation. Mais, de même qu'au *Répertoire*, nous prendrons pour base des explications dans lesquelles nous devons entrer, les dispositions mêmes de la loi du 8 oct. 1830.

16. En ce qui concerne les faits prévus par les deux premiers chapitres du tit. 1er, liv. 3, c. pén., chapitres qui répriment, le premier les crimes et délits contre la sûreté de l'État (art. 75 à 108), le second les crimes et délits contre la constitution (art. 109 à 131), on s'est demandé au *Rép.* n° 10 quels délits sont compris dans la série des articles précités, et l'on a signalé, en premier lieu, avec raison, le fait de l'art. 82, § 3, qui punit d'emprisonnement tout individu coupable d'avoir livré aux agents d'une puissance

étrangère, neutre ou alliée, des plans de fortifications, etc., qui se trouvaient entre ses mains, sans le préalable emploi de mauvaises voies. A cet égard, il convient de remarquer que l'article précité a été récemment complété par la loi du 18 avr. 1886 (D. P. 86. 4. 58), qui établit des pénalités contre l'espionnage (V. *suprà*, v° *Crimes contre la sûreté de l'État*, n°s 3, 25 et suiv.), et que tous les délits créés par cette loi importante sont incontestablement des délits politiques.

17. Le crime d'attentat prévu par les art. 86 et 87 c. pén. a été, ainsi qu'on l'a dit *suprà*, v° *Crimes et délits contre la sûreté de l'État*, n°s 1, 35 et suiv., profondément modifié dans son incrimination depuis l'établissement du régime républicain. Il n'y a plus aujourd'hui d'attentat contre la vie ou la personne du souverain, des membres de sa famille ; il n'y a plus d'attentat ayant pour but de changer l'ordre de successibilité au trône. Il suit de là qu'on ne peut plus poser comme on l'a fait au *Rép.* n°s 10 et suiv., la question de savoir si la personne qui a fait, dans les termes de l'art. 89, une proposition non agréée de former un complot pour arriver à un attentat de ce genre, a commis un délit politique. Mais l'attentat dont le but est (art. 87) soit de détruire ou changer le Gouvernement, soit d'exciter les citoyens ou habitants à s'armer contre l'autorité (*présidentielle* depuis l'avènement du régime républicain, et non plus *impériale* comme le dit le texte de l'art. 87 modifié par la loi du 10 juin 1853) subsiste toujours, ainsi que le délit de proposition non agréée de complot tendant à un attentat de ce genre, et il n'y a point de doute que ce dernier délit soit politique. Cette doctrine a déjà été formulée au *Rép.* n° 13. — Il en est de même de la proposition de complot ayant pour but l'attentat qui tend, soit à provoquer la guerre civile en armant, ou en portant les citoyens ou habitants à s'armer les uns contre les autres, soit à porter la dévastation, le massacre ou le pillage dans une ou plusieurs communes (art. 91 c. pén.). Ce délit est également politique (*Rép.* n° 10, *in fine*).

18. L'offense au président de la République est-elle un délit politique (V. *Rép.* n° 12)? L'affirmative ne paraît pas douteuse (Chauveau et Hélie, t. 2, n° 406, note 2 de M. Villey). On sait qu'aujourd'hui ce délit, prévu et puni par l'art. 26 de la loi sur la presse du 29 juill. 1881, est, aux termes de l'art. 45 de la même loi, justiciable de la cour d'assises. — Quant au décret du 11 août 1848, signalé au *Rép. ibid.*, et qui punissait, dans son art. 1er, les attaques contre la constitution, le principe de la souveraineté du peuple et du suffrage universel, dans son art. 3 les attaques contre la liberté des cultes, le principe de la propriété et les droits de la famille, dans son art. 4 l'excitation à la haine et au mépris du Gouvernement, dans son art. 5 l'excitation à la haine et au mépris des citoyens, il a été abrogé par la loi précitée du 29 juill. 1881.

19. Relativement aux actes attentatoires à la constitution, mentionnés au liv. 3, tit. 1er, chap. 2, on a signalé au *Rép.* n° 15, comme délits politiques, les faits relatifs à des violences ou fraudes dans les élections, punis par les art. 109, 112 et 113 c. pén., et l'on a cité divers arrêts auxquels on peut ajouter un arrêt de rejet du 9 janv. 1851 (aff. Ortoli, D. P. 51. 1. 32), qui juge que les entraves apportées par violences ou voies de fait aux opérations d'une assemblée d'électeurs communaux, constituent un délit politique. Tous ces faits sont aujourd'hui réprimés par les art. 41, 42, 43, 35 et 36 du décret du 2 févr. 1852 (D. P. 52. 4. 51), et leur caractère politique n'est pas douteux (Chauveau et Hélie, t. 2, n° 406). Il en est de même des délits prévus par les lois organiques du 2 août 1875 sur l'élection des sénateurs (D. P. 75. 4. 117) et du 30 nov. 1875 sur l'élection des députés (D. P. 76. 4. 4) (V. *infrà*, v° *Droits politiques*).

20. Nous n'avons rien à ajouter à ce qui a été dit au *Rép.* n°s 17 et 18 concernant les attentats à la liberté commis par les gardiens de prison, et les empiétements des juges ou administrateurs sur les fonctions administratives ou judiciaires. — Il en est de même des délits des ministres des cultes, prévus par les paragraphes 2 et 4 de la sect. 3, chap. 3, tit. 1er, liv. 3, c. pén., et dont il a été traité au *Rép.* n°s 19, 20, 21 et 22. Il n'est intervenu, depuis la publication du *Répertoire*, aucune décision nouvelle relative au caractère politique de ces infractions.

21. Ainsi qu'on l'a rappelé au *Rép.* n° 23, l'art. 7 de la loi du 8 oct. 1830 répute politiques les délits prévus par la sect. 7 du chap. 3, tit. 1er, liv. 3, c. pén., c'est-à-dire les délits d'associations et de réunions illicites prévus et réprimés par les art. 291, 292, 293 et 294 c. pén. — En ce qui concerne les délits d'associations illicites, nous ferons remarquer que leur caractère politique n'a aucunement changé par l'effet des modifications législatives successivement apportées aux articles précités par la loi du 10 avr. 1834 (art. 4, *Rép.* v° *Association illicite*, n°. 13), par le décret du 28 juill. 1848 sur les clubs (D. P. 48. 4. 130), par le décret du 25 mars 1852 (D. P. 52. 4. 94) et par la loi du 30 juill. 1881 sur la liberté de réunion (D. P. 81. 4. 101), et qu'ils sont, en principe, soumis à la compétence des tribunaux correctionnels, aux termes des art. 4 de la loi de 1834 précitée et 1er du décret du 25 févr. 1852 (*suprà*, n° 1). C'est ainsi que la cour d'Aix a reconnu, le 26 déc. 1874 (aff. Chapuis, D. P. 75. 2. 230), que le tribunal correctionnel est seul compétent pour connaître du délit de provocation à des crimes et délits, prévu par l'art. 293 c. pén. Il en serait autrement si ce délit avait été accompli par un des modes de publication prévus par l'art. 23 de la loi du 29 juill. 1881 sur la presse, par exemple, par des discours proférés dans des lieux ou réunions publics ; dans ce cas, la cour d'assises devrait être saisie aux termes de l'art. 45 de ladite loi.

22. Rentrent évidemment dans la catégorie des délits politiques les faits prévus par la loi du 14 mars 1872 (D. P. 72. 4. 42) qui établit des peines contre les affiliés de l'association internationale des travailleurs (Villey sur Chauveau et Hélie, t. 2, n° 406, note 5); et ces faits sont de la compétence du tribunal correctionnel, alors même qu'il s'agirait de la propagation des statuts et des doctrines de ladite association par la voie de la presse (Crim. cass. 23 août 1872, aff. Fabre, D. P. 73. 1. 165; 6 déc. 1872, aff. Vigé, *ibid.* V. aussi Fabreguettes, *Traité des infractions de la parole*, t. 1, n°s 866 à 869).

23. Quant aux délits de réunions illicites, qui sont des faits politiques aux termes de l'art. 7 de la loi du 8 oct. 1830, puisqu'ils sont compris dans la sect. 7 du chap. 3, tit. 1er, liv. 3, c. pén., c'est la loi du 30 juin 1881 sur la liberté de réunion (D. P. 81. 4. 101), qui les régit actuellement. Il est à remarquer que l'art. 12 de cette loi a formellement abrogé le décret du 28 juill. 1848 sur les clubs, cité *suprà*, n° 21 (sauf l'art. 13 qui interdit les sociétés secrètes), et le décret du 25 mars 1852 (V. *infrà*, v° *Réunions publiques*).

24. Le délit de société secrète (V. *suprà*, v° *Associations illicites*, n°s 1, 35 et suiv.) est un délit politique. Jugé, en conséquence, avant le décret du 25 févr. 1852 qui a déféré aux tribunaux correctionnels le jugement des délits politiques que la loi du 8 oct. 1830 déférait aux cours d'assises, que la connaissance de ce délit appartenait au jury (Crim. cass. 11 sept. 1851, aff. Robert, D. P. 51. 5. 472). Depuis le décret du 25 févr. 1852, c'est aux tribunaux correctionnels qu'il appartient exclusivement de statuer sur le délit de société secrète, comme sur tous les autres délits politiques, le principe de la compétence du jury n'ayant été rétabli par la loi du 29 juill. 1881 qu'en matière de délits commis par la voie de la presse.

25. Quant aux faits prévus par l'art. 9 de la loi du 25 mars 1822 (enlèvement ou dégradation des signes publics de l'autorité royale, port public de signes extérieurs de ralliement non autorisés, exposition, distribution ou mise en vente de signes ou symboles destinés à propager l'esprit de rébellion ou à troubler la paix publique), faits déclarés politiques par l'art. 7 de la loi du 8 oct. 1830, et dont il a été parlé au *Rép.* n° 24, ils ne constituent plus aucun délit depuis la loi du 29 juill. 1881, car cette loi ne les a pas réprimés, et son art. 68 a abrogé toutes les lois relatives aux crimes et délits prévus par les lois sur la presse et les autres moyens de publication. — On sait que le Gouvernement a, depuis, déposé un projet de loi relatif aux *manifestations sur la voie publique* et que l'art. 2 de ce projet, adopté en première lecture par la Chambre des députés le 16 févr. 1881, punit « d'un emprisonnement de six jours à six mois et d'une amende de 100 fr. à 4000 fr., ou d'une de ces peines seulement : 1° l'enlèvement ou la dégradation des signes publics de l'autorité du gouvernement républicain... ; 2° tous cris ou chants séditieux proférés sur la voie publique

ou dans des lieux publics, et toute manifestation séditieuse, faite publiquement par emblèmes ou par affiches » (V. sur ce projet : Fabreguettes, t. 1, n°s 850 et suiv.).

26. Sont incontestablement politiques les délits d'attroupements, réprimés par la loi du 7 juin 1848 (D. P. 48. 4. 105), loi toujours en vigueur, et notamment, le délit de provocation à un attroupement, prévu par l'art. 6 de ladite loi, lequel n'a pas été supprimé, mais au contraire visé par la loi du 29 juill. 1881 (V. art. 43, § 2) (V. *suprà*, v° *Attroupements*, n°s 21 et suiv.). On sait qu'en matière d'attroupements, les tribunaux correctionnels sont restés compétents conformément aux dispositions du décret du 25 févr. 1852 (Paris, 18 avr. 1883, aff. Feuillant, D. P. 83. 2. 118, et sur pourvoi, Crim. rej. 28 juill. 1883, D. P. 84. 1. 311).

27. Quant au fait d'afficher ou de placarder dans les rues, places ou autres lieux publics, un écrit contenant des nouvelles politiques ou traitant d'objets politiques autres que les actes de l'autorité publique, fait prévu par les art. 1er et 6 de la loi du 8-10 oct. 1830, lequel fait constituait un délit politique à l'époque de la publication du *Répertoire*, c'est une incrimination supprimée par la loi sur la presse du 29 juill. 1881, qui a posé en principe la liberté de l'affichage, et abrogé, par son art. 68, toutes les dispositions législatives généralement quelconques en matière d'affichage. La loi précitée n'a laissé subsister, en cette matière, que les infractions matérielles punies par les art. 16 et 17 de peines de simple police (sauf le cas où elles ont pour auteur un fonctionnaire ou agent de l'autorité publique) lesquelles n'ont évidemment aucun caractère politique (V. *suprà*, v° *Affiche*, n°s 27 et suiv.).

28. Les délits commis par la voie de la presse et par les autres moyens de publication sont-ils des délits politiques? Assurément non, s'ils ne sont pas dirigés contre la constitution ou la sûreté de l'Etat, en d'autres termes, s'ils n'ont pas par nature et en eux-mêmes le caractère politique. Ainsi les délits de diffamation et d'injure envers les particuliers, réprimés par les art. 32 et 33 de la loi du 29 juill. 1881, ne sont certainement pas des délits politiques. Il en est de même des outrages aux bonnes mœurs « par la vente, l'offre, l'exposition, l'affichage ou la distribution gratuite, sur la voie publique ou dans les lieux publics, d'écrits, d'imprimés autres que le livre, d'affiches, dessins, gravures, peintures, emblèmes ou images obscènes » (L. 2 août 1882, art. 2, D. P. 82. 4. 105).

29. Que décider à l'égard des offenses envers la personne des chefs d'Etat étrangers et des outrages envers les agents diplomatiques étrangers (L. 29 juill. 1881, art. 36 et 37)? Ces faits sont, à notre avis, des délits politiques, car ils compromettent les intérêts politiques extérieurs. En Belgique, il y a un texte formel : la loi du 20 déc. 1852 considère comme des délits politiques les offenses envers les chefs des gouvernements étrangers.

§ 5. — Des délits mixtes ou complexes et des délits connexes à des délits politiques (*Rép.* n° 26).

30. Il peut arriver qu'un délit pris en lui-même, au point de vue objectif, lèse un individu, mais que, dans l'intention de son auteur, au point de vue subjectif, il ait la politique pour mobile, pour but ou pour occasion. Les infractions de cette catégorie portent, dans le langage scientifique, soit le nom d'infractions *complexes*, soit celui d'infractions *connexes*. L'infraction est *complexe* ou *mixte*, lorsque le fait délictueux lèse à la fois l'ordre politique et l'ordre commun (assassinat d'un chef d'Etat dans un but politique); *connexe*, lorsque le délit politique est accompagné d'un délit de droit commun (insurrection, incendie ou pillage) (Garraud, *Traité de droit pénal français*, t. 1, n° 96). — Les délits complexes ou connexes doivent-ils être traités comme des délits politiques?

31. — I. DÉLITS COMPLEXES. — Il n'y a pas, suivant nous, d'assassinat politique. « Qu'en dehors de toute lutte ouverte, dirons-nous avec M. Renault, *op. cit.*, p. 75, un individu, persuadé que la vie de telle personne met obstacle à la réalisation de ses espérances politiques, tue cette personne ou tente de la tuer, il n'y a pas là un crime politique...; il y a un assassinat commis sous l'empire de la passion politique, ce qui est bien différent. Pourquoi la passion politique

aurait-elle plus d'effet que toute autre passion qui pourrait être au moins aussi excusable? Au point de vue juridique, il n'y a pas plus d'assassinat politique, qu'il n'y a à distinguer suivant que l'assassinat est commis par vengeance, par cupidité, etc.; le fait est toujours le même, quelque variées que puissent être les circonstances dans lesquelles il se produit. Qu'au point de vue international, la criminalité ne soit pas aggravée par le but politique poursuivi ou par le caractère public de la victime, c'est tout ce qu'on peut exiger. La conscience nous dit, à moins d'être singulièrement obscurcie par les préventions des partis, que ceux qui ont tué le président Lincoln, le duc de Berri, Rossi, que Fieschi, Orsini, Nobiling, Passanante ou Otero ont commis des assassinats ou des tentatives d'assassinat. Au point de vue moral, il a pu y avoir des différences entre ces individus, comme il peut y en avoir entre ceux qui agissent sous l'empire de passions non politiques; ils n'en sont pas moins tous des assassins ou des meurtriers dans toutes les langues et dans toutes les législations. » — Ce qui vient d'être dit de l'assassinat froidement combiné et exécuté doit s'appliquer aussi à un déraillement de chemin de fer, à l'explosion d'un édifice ou à tout autre de ces actes abominables trop fréquents de nos jours, et, de même, à tout autre crime inspiré par des mobiles politiques. « On peut, ajoute M. Renault, *op. cit.*, p. 76, vouloir par tous les moyens procurer des ressources à son parti. Y aura-t-il des escroqueries politiques comme on veut admettre des assassinats politiques? » A cet égard, M. Garraud, t. 1, n° 96, dit très bien : « Au point de vue juridique, il n'y a pas plus à distinguer l'assassinat, le vol, l'incendie politiques, qu'il n'y a à distinguer suivant que l'assassinat, le vol, l'incendie ont été commis par vengeance, par cupidité, par amour. Le juge dans l'examen de la culpabilité individuelle peut et doit tenir compte des mobiles, plus ou moins anti-sociaux, plus ou moins odieux de l'acte incriminé, mais cet acte reste, quel que soit le mobile qui l'a inspiré, ce qu'il est en lui-même, un assassinat, un incendie, ou un vol, c'est-à-dire un crime de droit commun ».

32. Le traité d'extradition conclu entre la France et la Belgique, le 22 sept. 1856 (D. P. 56. 4. 144) a décidé (art. 1er) que « l'attentat contre la personne d'un chef de gouvernement étranger ou contre celle des membres de sa famille ne sera pas réputé délit politique ni fait connexe à un semblable délit, lorsque cet attentat constituera le fait soit de meurtre, soit d'assassinat, soit d'empoisonnement ». Cette clause a été insérée dans presque tous les traités conclus par le gouvernement impérial (V. l'énumération faite par Billot, *Traité de l'extradition*, p. 118); on la retrouve dans des traités conclus par la République, notamment en 1874 avec la Belgique, en 1875 avec le Luxembourg, 1876 avec Monaco, en 1877 avec le Danemark, tous approuvés par le Parlement français. A la vérité, elle ne figure pas dans les traités intervenus avec la Suisse, l'Italie, la Grande-Bretagne et l'Espagne; mais il n'en faut pas conclure que ces puissances regardent comme politiques les crimes dont nous venons de parler; elles ont simplement entendu réserver leur liberté d'appréciation sur la question.

33. Parmi les Etats qui ont une loi sur l'extradition, il n'en est que deux dont la législation intérieure prévoie l'attentat contre le chef d'un gouvernement étranger : ce sont la Belgique et les Pays-Bas. L'art. 12 de la loi belge du 15 mars 1874 maintient expressément les dispositions de l'art. 6 de la loi du 1er oct. 1833, modifié par la loi du 23 mars 1856, qui s'énonce ainsi dans son paragraphe 2 : « Ne sera pas réputé délit politique, ni fait connexe à un semblable délit, l'attentat contre la personne du chef d'un gouvernement étranger ou contre celle des membres de sa famille, lorsque cet attentat constitue le fait soit de meurtre, soit d'assassinat, soit d'empoisonnement. » C'est ce texte même qui a passé dans le traité d'extradition avec la France, rappelé *suprà*, n° 31. La loi néerlandaise du 6 avr. 1875 porte dans son art. 2 : « Les étrangers ne sont extradés que du chef des infractions ci-après et qui ont été commises en dehors du royaume : 1° attentats contre la vie du souverain et celle des membres de sa famille ou contre la vie du chef d'une république... » — Quant au projet de loi français sur l'extradition des malfaiteurs, présenté au Sénat par le Gouvernement le 2 mai 1878 et voté par cette assemblée en 1879,

il garde le silence sur l'hypothèse dont nous venons de nous occuper.

34. — II. Délits connexes. — La connexité est, on le sait, le lien qui unit entre eux plusieurs délits sans les confondre. Il arrive fréquemment, dans l'ordre politique, que des délits de droit commun se relient à un délit politique plus général, celui d'insurrection, dont ils ne sont que des conséquences ou des moyens d'exécution. S'emparer des arsenaux, des caisses de l'État, de fonctions publiques, briser des ponts, détruire des monuments, envahir des maisons, piller des boutiques d'armurier, tuer dans un combat des individus du parti opposé, et cela pour arriver au renversement du gouvernement établi, voilà autant d'infractions du droit commun qui se rattachent à un fait politique, le crime d'insurrection, et lui sont connexes (Clunet, article *sur les délits politiques et l'extradition*, dans la *France judiciaire* de 1881-1882, p. 464). Faut-il qualifier toutes ces infractions de politiques parce qu'elles se rattachent à une insurrection?

Nous croyons avec Ortolan, t. 1, nᵒˢ 730-731 ; Lainé, *Traité élémentaire de droit criminel*, nᵒ 116, *in fine* ; Clarke, *The law of extradition*, p. 170 ; Renault, p. 66 et suiv. ; Clunet, p. 464 ; Haus, t. 1, nᵒˢ 355-356, que la question doit être résolue par une distinction, dont le *criterium* a été très bien formulé par M. Garraud, t. 1, nᵒ 96 : « 1ᵒ Tous les crimes de droit commun qui seraient légitimes s'ils se produisaient dans un *état de guerre régulier*, dit cet auteur, seront absorbés, en quelque sorte, par le crime politique d'insurrection dont ils sont des nécessités ou des accidents. Ce crime devra les couvrir, soit au point de vue de l'extradition, soit au point de vue de l'application de la peine de mort, soit au point de vue de la rélégation. 2ᵒ Mais si, au cours de l'insurrection, il se produit des attentats contre les personnes ou les propriétés, qui *seraient réprouvés par le droit des gens, même dans un état de guerre régulier*, ces faits sont des crimes de droit commun. S'il peut être juste, en effet, d'admettre que tout acte qui s'explique par l'insurrection, qui en est une conséquence directe, doive revêtir le caractère politique de cette insurrection, il serait immoral de considérer comme inculpés politiques des malfaiteurs qui profitent du désordre pour satisfaire leur vengeance ou leur cupidité ». Telle était aussi la pensée de M. Jules Favre lorsqu'il écrivait, après les terribles journées de 1871, aux agents diplomatiques qui représentaient la France à l'étranger : « L'assassinat, le vol, l'incendie systématiquement ordonnés, préparés avec une infernale habileté, ne doivent permettre à leurs auteurs ou à leurs complices d'autre refuge que celui de l'expiation légale. Aucune nation ne peut les couvrir d'impunité » (*Journ. off.* du 27 mai 1871).

35. La jurisprudence nouvelle offre trois arrêts sur cette question des délits connexes. Le premier (Crim. rej. 9 mars 1849, aff. Daix, D. P. 49. 1. 60) a jugé que les crimes de droit commun ne jouissent pas, par cela seul qu'ils sont connexes à un crime politique, de l'atténuation de peine admise en faveur des crimes politiques ; spécialement, que des individus en état de rébellion, qui se rendent coupables d'assassinat envers des parlementaires, sont passibles de la peine de mort, bien que cette peine ne puisse être infligée pour crimes politiques. Il s'agissait, dans cette affaire, du meurtre du général Bréa, mis à mort par les insurgés de juin 1848. Voici ce que disait le procureur général Dupin : « Quelle est la situation de l'information fait aux demandeurs en cassation? Ils étaient parmi les insurgés, ils portaient les armes de l'insurrection, ils avaient pris part au combat. Refoulés à la barrière de Fontainebleau, retranchés derrière la grille de cette barrière, flanqués de barricades, s'ils n'avaient que combattu masses contre masses, insurgés contre soldats, l'art. 5 de la Constitution du 4 nov. 1848 leur serait applicable. Mais le général Bréa, au lieu de commander le feu, entreprend la pacification ; il se présente en parlementaire. Les uns auraient voulu le respecter à ce titre ; mais à d'autres vient la pensée du crime et ils forment le dessein de l'assassiner. Un long débat s'établit entre ceux qui auraient voulu le sauver et ceux qui voulaient l'immoler ; on l'abreuve d'outrages, et, après l'avoir conduit successivement dans les diverses stations de ce calvaire, un groupe d'assassins le fusille avec son compagnon d'infortune ; on s'acharne sur son cadavre qu'on mutile, et le crime est consommé. Est-ce là un délit politique? Non. Est-ce là un

délit pour lequel le législateur de 1848 ait voulu abolir la peine de mort? Non... J'insiste près de vous pour que vous conserviez à l'art. 5 de la Constitution son caractère exceptionnel. Il le faut, si vous ne voulez pas que cet article devienne un grand péril pour la morale publique et pour l'ordre social. Gardons-nous d'admettre cette doctrine que le mélange du caractère politique soustrait à la peine de mort les crimes d'une tout autre nature. Proclamons, au contraire, que l'accession de ces faits odieux qui constituent les crimes de droit commun fait perdre au délit politique son caractère exceptionnel. Sans cela, voyez les conséquences : à la faveur d'une insurrection politique, tous les crimes deviendraient permis. Le drapeau de l'insurrection, semblable au pavillon qui couvre la marchandise, protégerait le mélange de tous les crimes accessoires, de toutes les atrocités, telles que les vengeances privées, les massacres de prisonniers, le meurtre, les tortures, les mutilations, etc. Si un parti avait déclaré la guerre à la société, si par ses tendances et la nature de son programme il ne pouvait se remuer ni descendre dans l'arène, sans avoir pour auxiliaires improvisés tous les malfaiteurs, tous les repris de justice, ceux-ci, mélangés aux hommes politiques, pourraient donc joindre au fusil de l'insurrection le poignard de l'assassin, sans avoir à redouter le frein de la peine de mort. Tout s'excuserait ainsi au nom de la politique.» La cour de cassation a, en conséquence, décidé que « si l'acte aggravant la rébellion constitue par lui-même un crime de droit commun, il ne peut échapper à la peine que la loi commune prononce ; en effet, la connexité avec l'insurrection, c'est-à-dire avec un autre crime, ne saurait être considérée comme une excuse et déterminer une atténuation de la peine ; l'art. 5 de la Constitution, qui a aboli la peine de mort en matière politique, ne peut, conformément à ces principes, profiter qu'aux crimes purement politiques » (Conf. Blanche, *Études pratiques sur le code pénal*, t. 1, nᵒ 91). — Un second arrêt (Crim. rej. 10 avr. 1852, aff. Millelot, D. P. 52. 1. 188) a jugé de même que l'abolition de la peine de mort en matière politique ne profite qu'aux crimes exclusivement politiques, et que « la connexité d'un crime commun avec l'insurrection, c'est-à-dire avec des faits constitutifs de crimes qualifiés, ne peut faire échapper le premier de ces crimes à la peine que la loi commune prononce ». — Enfin le troisième arrêt (Crim. rej. 27 août 1850, aff. Lepelletier, D. P. 50. 5. 353) a jugé que le pillage en réunion ou bande et à force ouverte commis au moment d'une révolution (le 24 févr. 1848), des marchandises, effets et propriétés mobilières d'un particulier (un arquebusier), ne constitue pas un délit politique auquel puisse s'appliquer le bénéfice des décrets d'amnistie relatifs à ces délits, mais est passible des peines portées par l'art. 440 c. pén.

§ 6. — Compétence et procédure (*Rép.* nᵒˢ 25 à 39).

36. Les délits politiques n'étant plus justiciables de la cour d'assises, mais du tribunal correctionnel, depuis le décret du 25 févr. 1852 (V. *suprà*, nᵒ 1), ce qui a été dit au *Rép.* nᵒˢ 26 et 27 sur les délits connexes et les délits d'audience n'a plus d'intérêt. Il en est de même des observations présentées aux nᵒˢ 28 et 29 à l'égard de la haute cour, puisque cette juridiction a été supprimée par un décret du gouvernement de la Défense nationale du 4 nov. 1870. Mais le Sénat pourrait être appelé à connaître de certains crimes politiques, puisqu'aux termes de l'art. 12, al. 3, de la loi constitutionnelle du 16 juill. 1875, il peut être constitué en cour de justice, par décret du président de la République, rendu en conseil des ministres, pour juger toute personne prévenue d'attentat commis contre la sûreté de l'État (V. *suprà*, vᵒ *Crimes contre la sûreté de l'État*, nᵒ 5). Ces attentats n'ayant été définis par aucune loi spéciale, on doit comprendre dans cette dénomination les crimes contre la sûreté de l'État prévus et punis par le tit. 3, chap. 1ᵉʳ, c. pén., lesquels sont des faits politiques.

37. Relativement à la procédure, il n'existe plus de règles spéciales concernant les délits politiques, depuis l'attribution générale de ceux-ci aux tribunaux correctionnels. Par conséquent, les observations faites au *Rép.* nᵒˢ 30 à 37 ne présentent plus d'intérêt aujourd'hui. Mais on sait que la loi sur la presse du 29 juill. 1881 (D. P. 81. 4. 65) a établi, en son chap. 5, art. 42 à 65, des règles particulières pour la

poursuite et la répression des infractions qu'elle prévoit; ces règles seraient évidemment applicables au cas où l'infraction de presse serait de nature politique. — Il y a lieu de noter aussi qu'une loi récente, en date du 10 avr. 1889 (D. P. 89.4. 36 et suiv.) a comblé la lacune signalée *suprà*, v° *Compétence criminelle*, n° 380, et réglé la procédure à

suivre devant le Sénat pour juger toute personne « inculpée d'attentat commis contre la sûreté de l'Etat ». — Rappelons enfin qu'en cas de flagrant délit politique correctionnel, la procédure spéciale aux flagrants délits correctionnels, instituée par la loi du 20 mai 1863, ne pourrait pas être suivie, aux termes de l'art. 7 de ladite loi (V. *suprà*, n° 10).

Table sommaire

des matières contenues dans le Supplément et le Répertoire.

(Les chiffres précédés de la lettre S renvoient au Supplément; les chiffres précédés de la lettre R renvoient au Répertoire.)

Table chronologique des Lois, Arrêts, etc.

DÉLIT RURAL. — V. *Contravention*, n°s 111 et suiv., 133 et suiv., 160 et suiv., 216, 287 et suiv.; *Droit rural*; *Voirie par terre*; — *Rép.* v^is *Contravention*, n°s 216 et suiv.; *Droit rural*, n°s 175 et suiv.; *Voirie par terre*, n°s 1398 et suiv.

V. aussi *infrà*, v^is *Dommage-destruction-dégradation*; *Eaux*; *Prescription criminelle*; *Procès-verbal*; *Vol et escroquerie*.

DÉLIT SUCCESSIF. — V. *Prescription criminelle*; — *Rép.* eod. v°, n°s 57 et suiv.

DÉLIVRANCE. — Sur l'obligation de délivrer la chose due, en général, V. *Obligations*; — *Rép.* cod. v°, n°s 675 et suiv.; 1799 et suiv. — Sur la délivrance en matière de vente, V. *Vente*; — *Rép.* eod. v°, n° 600.

En ce qui concerne:... la délivrance des extraits des registres publics, V. *Acte de l'état civil*, n°s 31 et suiv.; *Privilèges et hypothèques*; — *Rép.* v^is *Acte de l'état civil*, n°s 98 et suiv.; *Privilèges et hypothèques*, n°s 889 et suiv.; ... La délivrance d'un legs, V. *Dispositions entre vifs et estamentaires*; *Enregistrement*; — *Rép.* v^is *Dispositions entre*

vifs et testamentaires, n°s 3884 et suiv.; *Enregistrement*, n°s 881 et suiv.;

... La délivrance d'une coupe, d'une vente de bois, d'un droit d'usage, V. *Forêts*; *Usage-usage forestier*; — *Rép.* v^is *Forêts*, n°s 32 et suiv., 1406 et suiv., 1552 et suiv.; *Usage-usage forestier*, n°s 83 et suiv., 323 et suiv., 366 et suiv.

DEMANDE ACCESSOIRE. — V. *suprà*, v° *Degrés de juridiction*, n°s 69 et suiv., 163 et suiv.

DEMANDE EN GARANTIE. — V. *Vente*; — *Rép.* eod. v°, n°s 912 et suiv.

DEMANDE EN NULLITÉ OU EN RESCISION. — V. *Obligations*; *Vente*; — *Rép.* v^is *Obligations*, n°s 2848 et suiv.; *Vente*, n°s 1603 et suiv.

DEMANDE INCIDENTE. — V. *Incident*; — *Rép.* eod. v°, n°s 16 et suiv.

V. aussi *suprà*, v° *Degrés de juridiction*, n° 89; *infrà*, v° *Demande nouvelle*, n° 114.

DEMANDE INDÉTERMINÉE. — V. *suprà*, v° *Degrés de juridiction*, n°s 147 et suiv., 163 et suiv., 183 et suiv., 239 et suiv.

DEMANDE NOUVELLE.

Division.

CHAP. 1er. — Demandes nouvelles et moyens nouveaux en matière civile (Rép. n°s 2 à 265).

ART. 1er. — Historique et législation; Principes généraux (Rép. n°s 3 à 29).

1. L'importance pratique des questions que soulève l'application des art. 464 et 465 c. proc. civ. n'a pas diminué depuis la publication du *Répertoire;* elles sont journellement posées devant les tribunaux d'appel, et toujours réglées d'après les mêmes principes. En effet, les remaniements qu'ont subis un certain nombre d'articles du code de procédure n'ont atteint ni l'art. 464, ni l'art. 465. Les règles qui régissent la matière et qui ont été résumées au *Rép.* n° 8 n'ont donc pas cessé d'être en vigueur. Elles ont, depuis comme avant la publication du *Répertoire,* donné lieu à de nombreuses décisions qui suggèrent des observations analogues à celles qui ont été faites au *Rép.* n° 2. Elles reposent, pour la plupart, sur des motifs empruntés au domaine des faits et ne fournissent donc le plus souvent que des exemples qui peuvent être suivis en raison de l'analogie qu'ils offrent avec les espèces soumises aux tribunaux sans formuler des règles d'une application générale.

2. La production, pour la première fois en appel, de titres et de moyens nouveaux, dont la régularité avait été tout d'abord contestée, ainsi qu'il a été exposé au *Rép.* n° 9, est définitivement admise. On verra *infra,* n°s 72 et suiv., de nombreuses applications de la règle que les moyens nouveaux peuvent être proposés pour la première fois en cause d'appel. Ces moyens ne deviendraient irrecevables en appel que si, touchant au fond même du litige, ils devaient avoir pour effet de susciter une demande nouvelle venant se placer à côté de la demande primitive et appeler à son tour une décision particulière et distincte (Civ. cass. 29 juill. 1857, aff. Pagès, D. P. 57. 1. 404). Il n'y a donc pas demande nouvelle lorsque les conclusions présentées pour la première fois en appel reposent sur la même cause que la demande primitive, ont le même objet et n'impliquent pas un changement de personne (Civ. rej. 2 juin 1875, aff. Ville de Lons-le-Saulnier, D. P. 75. 1. 418). Peu importe que le demandeur ait ajouté à ses conclusions des arguments tirés de faits nouveaux accomplis depuis l'ouverture de l'instance (Civ. rej. 6 janv. 1885, aff. Chemin de fer Nantais, D. P. 85. 1. 55-56). Cette addition n'imprime nullement à sa demande, ainsi que nous l'avons constaté au *Rép.* n° 12, un caractère de nouveauté qui la rende irrecevable. — En définitive, l'appelant peut, en appel comme en première instance, faire subir à ses conclusions toutes les modifications qui n'auraient pas pour effet d'introduire dans la cause des éléments qui ne subiraient pas deux degrés de juridiction (Req. 24 janv. 1883, aff. Augeard, D. P. 84. 1. 17).

3. Mais si la demande portée devant le juge d'appel n'avait pas la même cause ou le même objet que la demande primitive, si une prétention nouvelle était substituée à celle qui a été portée devant les premiers juges, quelle que soit l'analogie qui puisse exister entre les demandes, elle devrait être rejetée comme nouvelle (Civ. cass. 16 févr. 1887, aff. la *Paternelle,* D. P. 88. 1. 28). Il en serait ainsi, notamment, d'une demande subsidiaire qui, bien que fondée sur la même cause, aurait un objet différent de la demande principale présentée en première instance et ne pourrait être identifiée avec celle-ci (Civ. rej. 10 janv. 1883, aff. Gallo, D. P. 83. 1. 460). Et non seulement les juges d'appel ne peuvent statuer sur une demande nouvelle, mais ils ne peuvent même apprécier par avance si, devant une autre juridiction, elle est ou non susceptible d'être accueillie (Req. 1er août 1883, aff. Julien, D. P. 84. 1. 406).

4. Une partie peut changer de rôle en appel, sans qu'il en résulte une atteinte au principe consacré par l'art. 464 c. proc. civ. — Ainsi il a été jugé qu'un des appelants peut, durant l'instance d'appel, adhérer à un appel incident formé par l'intimé contre un chef du jugement qui était favorable aux conclusions prises en première instance par cet appelant sans qu'il y ait là demande nouvelle dans le sens de l'art. 464 c. proc. civ. (Civ. rej. 1er juin 1859, aff. Granier, D. P. 59. 1. 244). Toutefois cette solution ne doit être admise que si, comme dans l'espèce sur laquelle a été rendu l'arrêt ci-dessus on se trouve en présence d'un débat entre des associés, copartageants, etc., dans lequel chacune des parties est à la fois demanderesse et défenderesse (V. *infra,* n°s 104 et suiv.); car en règle générale l'adhésion de l'appelant à l'appel formé par l'intimé serait irrecevable, puisque cette adhésion aurait précisément pour effet de frapper d'appel un chef de jugement qui avait accueilli les conclusions de l'appelant, alors qu'il n'est pas permis à une partie d'interjeter appel d'un jugement qui a admis intégralement ses conclusions. Mais dans un débat qui s'agite entre associés ou copartageants on comprend que celui qui a fait cause commune, en première instance, avec l'une des parties, et qui, lors de l'appel principal formé par cette même partie, s'est joint à elle, se réunisse ensuite à l'intimé, dont la prétention se trouve être plus conforme à ses intérêts. Il n'y a là que le simple changement de rôle que nous venons de signaler, et qui est permis en appel, aussi bien qu'en première instance ; car, bien qu'une partie change de rôle, le débat soulevé devant la cour peut néanmoins rester le même que celui qui s'agitait devant les juges du premier degré. Or, il n'y a demande nouvelle dans le sens de l'art. 464 c. proc. civ., qu'autant que la cour sont prises des conclusions qui n'avaient point été soumises aux juges de première instance.

5. Comme on l'a exposé au *Rép.* n° 16, le législateur a cru devoir consacrer, en matière de saisie immobilière, une exception à la règle en vertu de laquelle on peut proposer pour la première fois en appel des moyens nouveaux : l'art. 732 c. proc. civ. interdit au demandeur de proposer en appel des moyens de nullité qu'il n'aurait pas fait valoir en première instance (Paris, 5 juill. 1877, aff. Garnier, D. P. 78. 2. 89). Cet article doit recevoir son application alors même que la partie saisie n'a pas comparu devant les premiers juges, parce que la loi est conçue en termes généraux et ne distingue pas le cas de la comparution du cas du défaut, et parce que sa disposition est fondée

sur des considérations d'ordre public et ne doit, par conséquent, être éludée sous aucun prétexte (Req. 14 janv. 1878,.
aff. Castan, D. P. 78. 1. 180).

6. On a vu au *Rép.* n° 23 que l'art. 173 c. proc. civ. suivant lequel toute nullité d'exploit ou d'acte de procédure
est couverte si elle n'est proposée avant toute défense ou
exception autre que les exceptions d'incompétence, s'applique aussi bien en appel qu'en première instance. Il n'en
est pas de même des irrégularités qui tiennent au fond du
droit ; celles-ci peuvent, en général, être opposées dans tout
le cours du procès, et cette règle s'applique en appel
comme en première instance (V. *Rép.* v° *Exceptions*, n° 251).
La première de ces deux règles a été appliquée dans une
espèce où l'on pouvait se demander si l'exception de nullité proposée en appel ne touchait pas plutôt au fond du
droit. Il a été jugé que la partie demanderesse qui, sur
une action prétendue reconventionnelle introduite par le
défendeur, a conclu au fond en première instance, n'est
plus recevable, en appel, à prétendre que ladite action, ne
se rattachant pas à la demande principale, était entachée
de nullité comme ayant été introduite par acte d'avoué à
avoué, au lieu de l'être par voie d'assignation (Req. 2 févr.
1886, aff. Wilfrid Duclère, D. P. 87. 1. 132). En soutenant
que l'action formée par le défendeur n'avait pas le caractère
d'une demande reconventionnelle et ne se rattachait pas à
l'action principale, il semble, au premier abord, que le
demandeur avait soulevé une question qui touchait au fond
du droit. Mais ce n'était là, en réalité, qu'un argument qu'il
invoquait pour établir que cette action se trouvait entachée
de nullité, comme ayant été irrégulièrement introduite par
un simple acte d'avoué à avoué : il s'agissait donc, en définitive, d'une exception de nullité qui rentrait sous l'application de l'art. 173 c. proc. civ. et devait, à peine de forclusion, être proposée avant toute défense au fond.

7. Les moyens de fond pouvant être proposés en tout
état de cause ; les forclusions qui sont tirées du fond même
du litige peuvent être opposées pour la première fois même
en appel, à moins que les parties n'aient renoncé à s'en prévaloir, ou ne doivent, par suite des circonstances, être présumées y avoir renoncé. Il en est ainsi, spécialement, de la
forclusion prononcée, en matière de contribution, par
l'art. 664 c. proc. civ. (Rouen, 1er déc. 1854, aff. Violette,
D. P. 55. 2. 121).

8. Il est aujourd'hui de jurisprudence constante que la
fin de non-recevoir tirée de ce qu'une demande est nouvelle, et ne peut, dès lors, être proposée pour la première
fois en appel, ne tient pas à l'ordre public (Req. 19 nov.
1861, aff. Maillard, D. P. 62. 1. 139 ; 14 déc. 1868, aff. Challier, D. P. 69. 1. 186 ; Besançon, 28 avr. 1875, aff. Rosier,
D. P. 78. 2. 63 ; Req. 13 mars 1876, aff. Siméon Levy, D. P.
76. 1. 342). Cette règle a une double conséquence :

1° Le juge d'appel peut connaître d'une demande nouvelle, si les parties y consentent (*Rép.* n° 26). Et la cour
d'appel, saisie d'une demande nouvelle non soumise au
premier degré de juridiction, n'est pas tenue de relever
d'office cette irrégularité (Arrêt précité du 19 nov. 1861;
Paris, 5 févr. 1872, aff. Latruffe et Muriel, D. P. 74. 2.
235 ; Req. 13 juill. 1875, aff. Hericé, D. P. 76. 1. 118 ;
19 févr. 1879, aff. Sement, D. P. 80. 1. 373), ce qui est
contraire à la doctrine de l'arrêt rendu par la cour de Gand
le 3 avr. 1835 (*Rép.* n° 27). Ainsi la demande en nullité
d'une société peut être formée pour la première fois en
appel, lorsque la fin de non-recevoir n'est proposée par
aucune des parties. Il en est ainsi surtout si cette demande
peut être considérée comme un moyen de défense à l'action
principale (Paris, 5 févr. 1872, aff. Latruffe et Muriel, D. P.
74. 2. 235) ; et la demande formée par un associé commercial contre son coassocié en reddition du compte d'un mandat purement civil, a pu être déclarée de la compétence du
tribunal de commerce, sur la preuve offerte et fournie pour
la première fois en appel que la somme provenant de l'exécution de ce mandat avait été versée dans la caisse sociale,
et devait ainsi être portée au crédit du mandant, si l'exception prise de la nouveauté de l'articulation n'a pas été
proposée devant les juges d'appel (Req. 14 déc. 1868, aff.
Challier, D. P. 69. 1. 186) ;

2° La fin de non-recevoir tirée de ce que la règle du double degré de juridiction n'a pas été observée, ne peut être

proposée pour la première fois devant la cour de cassation
(Arrêts précités des 14 déc. 1868 et 13 juill. 1875).

Il faut observer, toutefois, que si l'art. 464 c. proc. civ.
n'impose pas aux cours d'appel le devoir de prononcer
contre une demande nouvelle une fin de non-recevoir que
l'intimé n'invoque pas, il ne s'ensuit pas que dans le
silence de ce dernier, elles soient tenues de statuer sur
toutes les demandes nouvelles qui leur sont soumises.
Pour qu'elles puissent statuer sur une demande de ce
genre, il faut au moins, suivant les termes de l'art. 473,
que la matière soit disposée à recevoir une solution définitive. Par conséquent, lorsque, à défaut de documents, et à
raison de la situation différente et indéterminée des intimés,
une cour d'appel n'est pas en état de statuer sur des conclusions subsidiaires prises pour la première fois devant elle
par l'appelant, elle peut renvoyer celui-ci à se pourvoir
ainsi qu'il avisera (Amiens, 16 janv. 1875, aff. Cungniez,
D. P. 77. 2. 57).

9. La prohibition de l'art. 464 n'est applicable qu'en
appel ; ayant pour but de garantir aux parties le double
degré de juridiction, elle n'a pas sa raison d'être quand la
demande est formée devant des juges qui ne statuent qu'à
charge d'appel. Ainsi le tribunal auquel la cour d'appel
saisie, sur renvoi après cassation, d'une simple question de
compétence, a renvoyé le fond de l'affaire, peut connaître
d'une demande nouvelle, quoique la cour qui lui a renvoyé
le litige n'eût pas été compétente pour statuer sur une semblable demande, si elle avait conservé le jugement de la
cause au lieu de le renvoyer à des juges de premier degré
(Req. 20 juin 1865, aff. Comptoir national du Mans, D. P.
65. 1. 435). — En effet, les juges de première instance
auxquels la cour saisie après cassation a renvoyé l'affaire
qu'elle ne pouvait pas évoquer, ont les attributions, non pas
de cette cour elle-même, mais des juges de première instance devant qui l'affaire a été originairement introduite.
La prohibition des demandes nouvelles ne peut donc recevoir d'application devant eux puisque les parties se trouvent, par l'effet de l'arrêt de cassation, replacées dans la
situation exacte où elles étaient avant l'arrêt cassé, c'est-à-
dire qu'elles sont replacées en première instance.

10. Les juges d'appel ont le droit de décider souverainement si une demande est ou non nouvelle, lorsqu'ils fondent leur décision sur des considérations tirées des circonstances de fait de la cause. Ainsi l'arrêt qui juge, d'après la
procédure et les débats, qu'une demande repoussée par l'intimé comme nouvelle, n'est que la reproduction de conclusions prises en première instance, juge en fait, et une telle
appréciation échappe au contrôle de la cour de cassation
(Civ. rej. 16 févr. 1853, aff. Dasnier, D. P. 53. 1. 62). — Il
faut en dire autant de la décision d'une cour d'appel jugeant
que la demande formée devant elle n'est que la conséquence
nécessaire de l'homologation donnée par le tribunal de
première instance à un compte de liquidation qui lui était
soumis : cette décision est souveraine et, par conséquent,
l'arrêt rendu sur cette demande ne peut être critiqué comme
ayant fait droit à une demande nouvelle (Req. 10 août 1874,
aff. Jacob-Pêtre, D. P. 75. 1. 261).

11. La solution des difficultés auxquelles donne lieu
l'application de l'art. 464 oblige, ainsi qu'il a été exposé
au *Rép.* n° 130, à distinguer la demande nouvelle qui
émane du demandeur, de celui ou elle émane du défendeur,
et nous avons dit combien cette distinction présente de
difficultés ; nous les examinerons ici dans l'ordre suivi au
Répertoire.

Art. 2. — *Cas où les demandes nouvelles sont formées par
le demandeur (Rép. nos 30 à 178).*

§ 1er. — *Cas où la demande nouvelle doit être considérée comme
réellement distincte de la demande originaire (Rép. .nos 32
à 65).*

12. D'une manière générale, il y a demande nouvelle ne
pouvant être proposée pour la première fois en appel lorsqu'une demande différente de celle qui a été jugée en
première instance est substituée à cette dernière, quelque
rapport d'analogie qu'il puisse y avoir entre elles. Le *Répertoire* contient, à cet égard, l'exposé d'un grand nombre d'es-

pèces où les demandes ont été considérées comme nouvelles, en raison des différences profondes qui les séparaient de la demande primitive. Nous compléterons cet exposé en analysant les décisions les plus intéressantes qui, depuis, ont appliqué les mêmes principes.

13. Il n'est pas permis de proposer pour la première fois en appel une demande différant, quant aux principes qui la régissent et aux règles de la compétence, de celle qui a été soumise aux juges du premier degré. On ne peut notamment former pour la première fois en appel une demande en bornage, alors que l'instance a eu primitivement pour objet devant le premier juge la revendication du terrain litigieux et le rétablissement des lieux en l'état où ils se trouvaient avant les entreprises reprochées au défendeur (Req. 23 mars 1868, aff. Riguet, D. P. 68. 1. 292).

14. On ne pourrait davantage, conformément à la jurisprudence exposée au *Rép.* n° 32, former en appel une demande ayant pour objet la propriété même d'un terrain litigieux, alors que devant le juge de première instance on s'est borné à réclamer un droit de servitude. Ainsi, la partie qui, en première instance, s'est bornée à réclamer la mitoyenneté d'un mur, ne peut demander pour la première fois en appel la propriété exclusive de ce mur ; ce n'est pas là un moyen nouveau, proposable en tout état de cause, mais une demande nouvelle, proscrite par l'art. 464 c. proc. civ. (Aix, 24 juill. 1855, aff. Commune de Saint-Paul-lès-Durance, D. P. 56. 2. 210, et sur pourvoi, Req. 16 juin 1856, D. P. 56. 1. 423). Jugé de même, que la partie qui, après avoir revendiqué en première instance une servitude de passage sur un chemin, conclut en appel être reconnue propriétaire dudit chemin, forme une demande nouvelle, que le juge du second degré doit déclarer irrecevable (Req. 18 janv. 1886, aff. Lecarpentier, D. P. 86. 1. 57). — Il y a encore demande nouvelle lorsque la partie qui, en première instance, a nié l'existence d'une servitude de vaine pâture sur son fonds, demande pour la première fois en appel que ce fonds, consistant dans une forêt, soit déclaré affranchi de la servitude, sauf indemnité (Req. 7 mars 1854, aff. Chiris, D. P. 54. 1. 195).

15. Lorsque la demande formée pour la première fois devant le juge du second degré diffère par sa cause ou son principe et par son but et son objet de la demande primitive, elle doit être encore rejetée comme nouvelle. Il en est ainsi, spécialement, des conclusions tendant alternativement soit au rachat du droit de pâturage, soit au payement d'une indemnité, soit à l'admission aurait pour conséquence l'extinction d'une servitude d'usage, tandis que, par ses conclusions devant les premiers juges, le demandeur entendait conserver sa qualité d'usager (Req. 20 févr. 1883, aff. Siron, D. P. 83. 1. 474).

La différence de cause a fait encore décider : 1° que la nullité d'un legs pour cause d'interposition de personne constitue une demande nouvelle, non proposable en appel, alors que la demande primitive était fondée uniquement sur la captation et l'incapacité du légataire (Paris, 3 mai 1872, aff. Thiercelin, D. P. 72. 2. 199) ; — 2° Que la partie qui, en première instance, a demandé la nullité de la délibération d'une assemblée générale d'actionnaires, en raison soit de sa composition, soit de l'autorisation par elle donnée au liquidateur d'accepter en payement, en les calculant au pair, des actions de la société qui étaient alors à un cours inférieur, ne peut, en appel, demander, par voie subsidiaire,

que ladite délibération soit annulée, en raison de ce qu'elle a accordé approbation et décharge aux comptes des administrateurs (Req. 11 nov. 1885, aff. Banque française et belge, D. P. 86. 1. 54).

16. Les demandes en nullité d'actes sont différentes lorsque l'une repose sur le fond même du droit, tandis que l'autre n'est fondée que sur un vice de forme (Comp. *Rép.* n°s 35 et suiv.). Ainsi le cessionnaire d'un prix de vente qui, en première instance, a demandé la nullité de la consignation de ce prix faite à la caisse des dépôts et consignation dans l'intérêt des créanciers du vendeur, en se fondant sur ce qu'une telle consignation était destructive des effets de sa cession, est non recevable à demander, en appel, la même nullité, pour irrégularité de la consignation quant à la forme, en ce que notamment cette consignation aurait dû être opérée, non au lieu du domicile du vendeur, mais au lieu de la situation de l'immeuble. Les deux demandes sont, en effet, entièrement différentes, la nullité ayant été en première instance tirée du fond du droit, et en appel d'un simple vice de forme (Req. 8 mars 1858, aff. Vicard, D. P. 58. 1. 302).

17. En matière de partage, l'action en nullité a toujours été considérée comme distincte de l'action en rescision pour cause de lésion : la jurisprudence a continué à tirer de cette distinction les conséquences qu'elle entraîne au point de vue de l'application de l'art. 464. — Ainsi il a été jugé que la partie qui, en première instance, a demandé la rescision d'un partage pour cause de lésion est non recevable à conclure pour la première fois en appel à la nullité de ce partage pour infraction aux règles concernant le mode de composition des lots ; encore que cette demande nouvelle serait formée pour justifier le refus de l'offre, faite seulement devant la cour par le défendeur à l'action en rescision, du supplément de la part héréditaire du demandeur (Req. 13 mai 1880, aff. Frebault, D. P. 80. 1. 160). En effet, les deux actions en rescision ou nullité pour cause de lésion et en nullité pour inobservation des règles relatives à la composition des lots diffèrent par leur cause, leur objet et leur nature. Il y a une différence profonde entre l'inégalité qui peut résulter dans un partage de ce que les lots n'auraient pas tous la même valeur et l'inégalité résultant de ce que les biens entrant dans la composition des lots ne seraient pas de la même nature. Tandis que la première donne ouverture à l'action en rescision du partage pour cause de lésion de plus du quart, la seconde donne seulement naissance à l'action en nullité du partage comme ayant été réglé contrairement au principe de la division en nature des biens à partager. Les deux actions sont donc absolument distinctes et on ne saurait substituer l'une à l'autre en appel (V. encore : Orléans, 27 déc. 1856, aff. Nesmes, D. P. 58. 2. 78). — C'est encore parce qu'il y a entre les deux actions différence de cause et d'objet que le copartageant qui s'est borné en première instance à demander la révocation d'un partage d'ascendant, doit être réputé former une demande nouvelle dans le sens de l'art. 464 c. proc. civ., si, en appel, il conclut à la nullité ou rescision du partage (Grenoble, 8 janv. 1851, aff. Borel, D. P. 51. 2. 188). De même encore, lorsqu'on a demandé, en première instance, la nullité d'un partage en se fondant sur ce qu'il n'était que provisionnel, on n'est pas recevable à demander, pour la première fois en appel la rescision de ce partage pour cause de lésion (Lyon, 12 mars 1868) (1).

---

(1) (Syndic Holtzer C. Chapuis.) — Le 2 juill. 1867, jugement du tribunal de Saint-Etienne, ainsi conçu : — « Attendu, en fait, que la dame Madeleine Schénébilé, épouse de Jean Holtzer, étant décédée en 1839, une instance en partage et liquidation de sa succession, ainsi que de la communauté ayant existé entre elle et son mari, a été formée devant ce tribunal, entre le sieur Holtzer père, le sieur James Holtzer fils et les mineurs Chapuis, représentant leur mère, Madeleine-Mathilde Holtzer, décédée ; — Que la vente par licitation des immeubles dépendant desdites succession et communauté a été tranchée à l'audience des criées du 6 juin 1861, en faveur de James Holtzer fils ; — Attendu que le même jour, les parties, pour mettre fin à une liquidation dont la confection aurait entraîné de longues et nombreuses difficultés, ont mutuellement traité sur les droits de Jean Holtzer père, du sieur Charles Chapuis et de ses enfants ; — Attendu que, depuis le 6 juin 1861, l'instance en partage et liquidation était

restée abandonnée lorsque le sieur Marganne (syndic de la faillite de James Holtzer) a fait procéder, par Me Desjoyaux, aux opérations de liquidation dont ce notaire avait été primitivement chargé, et a repris l'instance pour faire statuer sur les critiques qu'il élève lui-même contre le procès-verbal du notaire ; — Attendu qu'à la demande du sieur Marganne, les consorts Chapuis, qui n'ont pris aucune part aux opérations de cette liquidation, opposent une fin de non-recevoir tirée des conventions verbales du 6 juin 1861, qui, suivant eux, ont mis fin à toutes difficultés et à tous les règlements entre les parties ; — Que le sieur Marganne, de son côté, soutient que ces conventions ne peuvent constituer qu'un partage provisionnel dont il aurait le droit de demander la nullité ; — Attendu que l'existence de ces accords verbaux étant constante, il s'agit de rechercher la nature et les effets ; — Attendu que les conventions dont s'agit ayant eu pour effet de faire cesser l'indivision en réglant les droits de chacune des parties

18. On ne peut pas davantage substituer une action en réduction d'un legs ou d'une donation à une demande en nullité d'un partage d'ascendant, car ces deux actions diffèrent dans leur cause, leur nature et leurs effets ; chacune d'elle a ses moyens et sa qualification propres et on ne saurait la considérer comme conséquence de l'autre. Par suite, lorsqu'en première instance on a demandé seulement la nullité d'un partage d'ascendant fait par donation entre vifs pour cause d'incapacité de quelqu'un des copartagés, la demande en réduction pour excès sur la quotité disponible qui serait formée en appel serait non recevable comme nouvelle (Req. 13 juill. 1869, aff. Carduner, D. P. 71. 1. 171).

La même règle doit être appliquée lorsque devant les premiers juges les demandeurs s'étant bornés, dans une instance qui avait pour objet de faire annuler pour vice de forme un acte de partage, à demander à l'encontre des tiers acquéreurs d'un immeuble la rescision pour vileté du prix d'une vente consentie par un copartageant, réclament pour la première fois devant la cour le délaissement de la chose vendue comme conséquence de l'annulation du partage. C'est, en effet, soulever un débat spécial et nouveau qui n'est pas recevable aux termes de l'art. 464 c. proc. civ. (Toulouse, 1ᵉʳ avr. 1868, aff. Garros, D. P. 68. 2. 119). — Jugé encore que lorsqu'un jugement a statué sur une demande en rescision d'une vente d'immeubles pour cause de lésion de plus des sept douzièmes, il n'est pas permis de demander pour la première fois en cause d'appel la nullité du contrat, sous prétexte qu'il contiendrait un avantage indirect prohibé par la loi ; tout au moins, alors que rien n'indique que l'intimé ait accepté le débat sur ce point, la cour a-t-elle le droit de refuser de statuer (Req. 17 nov. 1886, aff. Sautet-Peschaud, D. P. 87. 1. 425).

19. En matière de société, il a été jugé, d'après les mêmes principes, que l'associé qui, devant le tribunal, a demandé la nullité de la société, n'est pas recevable à en demander, pour la première fois devant la cour, la dissolution (Lyon, 29 mai 1872, aff. Burdet, D. P. 73. 2. 19). En effet, la demande en nullité attaque l'acte de société dans son essence, la demande en dissolution implique la validité de cet acte ; tandis que la demande en nullité compromet et peut atteindre tous les actes consentis par les associés pendant l'existence de la société annulée, la demande en dissolution les laisse subsister. Différant ainsi de l'action en nullité dans son principe et dans ses conséquences, la demande en dissolution constitue donc une demande nouvelle qu'on ne saurait soumettre directement au juge d'appel sans violer la règle du double degré de juridiction. — De même, l'associé

qui, en première instance aurait demandé la nullité de la société pour inobservation des formalités légales, ne serait pas recevable à la demander en appel pour dol et fraude, car les deux demandes différeraient par leur cause, sinon par leur objet (Bordeaux, 29 juill. 1857, aff. de Bussy, D. P. 58. 2. 115. V. *infrà*, nᵒ 78). — Au contraire, celui qui, en première instance, a demandé la nullité de la société à raison de ce qu'un des prétendus associés n'était pas bailleur de fonds, peut la demander en appel en se fondant sur ce qu'il n'est qu'un prête-nom ; il n'y a là qu'un moyen nouveau (Paris, 15 févr. 1851, aff. Plançon, D. P. 51. 2. 78).

20. Il a été jugé que le créancier du donateur qui a formé contre le donataire universel des biens présents une demande en payement d'une dette antérieure à la donation, ne peut conclure pour la première fois en appel à la nullité de la donation, comme faite en fraude de ses droits (Chambéry, 25 janv. 1861, aff. Commandeur, D. P. 61. 2. 87). La demande est nouvelle, car on se trouve en présence d'une véritable transformation de l'action principale, puisqu'au lieu de réclamer le payement d'une dette, le créancier du donateur prétend exercer l'action paulienne et agir en vertu de l'art. 1167 c. civ.; il y a donc entre les deux actions diversité de cause et de but.

21. La diversité d'objet entre la demande présentée en première instance et celle qui est soumise au juge d'appel suffit pour donner à cette dernière le caractère de nouveauté qui la rend irrecevable en appel. Ainsi, lorsqu'un procès s'est engagé sur l'exécution de conventions relatives à l'exploitation d'un brevet d'invention, et que la nullité de ce brevet n'a point été demandée devant les premiers juges, elle ne saurait être invoquée pour la première fois devant la cour d'appel (Rennes, 24 août 1883, aff. Société anonyme de commissions, consignations et transports, D. P. 85. 1. 349). De même le demandeur qui s'est, en première instance, borné à réclamer la réparation d'un préjudice causé par la faute, l'imprudence ou le quasi-délit du défendeur, ne peut invoquer pour la première fois, en appel, la violation, par ce dernier, d'un contrat de transport (Bruxelles, 12 mai 1883, aff. Van Holen, D. P. 84. 2. 167). — Jugé encore qu'une demande en vérification de faits d'inexécution prétendue des conditions d'un bail verbal, qui a été présentée devant les premiers juges en vue de la résiliation du bail, devient une demande nouvelle en cause d'appel lorsqu'elle est reproduite à l'effet, non plus de faire prononcer une résiliation devenue inutile, mais d'obtenir des dommages-intérêts (Req. 6 janv. 1857, aff. Regnier, D. P. 57. 1. 148); — Qu'on doit regarder comme nouvelle la demande par laquelle le bénéficiaire d'une libéralité, qualifiée par les intéressés de pension alimen-

---

dans les successions et communautés prérappelées, présentent tous les caractères d'un partage ; que, dans la demande des contractants, ce partage était définitif et mettait fin à l'instance; — Que ce point est d'autant moins douteux que James Holtzer a payé, par actes (des 29 nov. 1861 et 11 févr. 1864) aux minutes de Mᵉ Desjoyaux, l'intégrité de la part revenant aux mineurs Chapuis dans lesdites succession et communauté; — Que, dans ces conditions, si, à l'encontre des mineurs, un pareil partage était nécessairement provisional, c'est à ces derniers seuls qu'il appartiendrait de l'attaquer; — Qu'en effet, aux termes de l'art. 1125 c. nap., les personnes capables de s'engager ne peuvent opposer l'incapacité du mineur avec lequel elles ont contracté; — Que les art. 466 et 840, même code, promulgués de reste antérieurement, ne contiennent aucune exception en matière de partage à ce principe général de droit; que l'art. 466 commençant par ces mots : « Pour obtenir à l'égard du mineur tout l'effet qu'il aurait entre majeurs, le partage devra être fait en justice, etc. », ces termes indiquent formellement que les règles prescrites par le législateur sont dictées en faveur du mineur seul et ne peuvent être invoquées que par les majeurs; — Attendu enfin qu'il est constant que James Holtzer a depuis longtemps déjà exécuté volontairement et librement, lorsqu'il était à la tête de ses affaires, les accords verbaux dont il a été parlé; qu'il serait irrecevable à demander l'annulation des engagements par lui contractés dans sa pleine et entière liberté d'action; — Que le syndic d'une faillite ne saurait avoir d'autres et plus amples droits que n'en avait le failli lui-même dont il est le représentant; — Par ces motifs, déclare le sieur Marganne en sa qualité non recevable et mal fondé dans ses demandes, fins et conclusions, etc. — Appel par le sieur Marganne. — Arrêt.

La cour; — Attendu que le partage verbal du 6 juin 1861 est constant; — Qu'il y a même preuve littérale de son existence

dans les actes authentiques des 29 nov. 1861 et 11 févr. 1864; — Que, tout au moins, il y a commencement de preuve par écrit à cet égard dans lesdits actes émanés de James Holtzer, et que les documents de la cause et les payements faits par ce dernier aux enfants Chapuis en exécution de ce partage verbal, complètent le commencement de preuve écrite par des présomptions graves, précises et concordantes, reconnues exactes par Marganne, syndic de la faillite James Holtzer;

Sur la demande dudit Marganne tendant à faire rejeter comme provisionnel le partage de 1861 : — Adoptant les motifs des premiers juges; — Attendu d'ailleurs, que, dans la convention verbale de partage, et dans les actes authentiques ultérieurs, il y a eu l'intention manifeste, de la part des parties majeures, de procéder d'une manière irrévocable et définitive avec le tuteur des mineurs Chapuis, agissant et se portant fort pour eux;

Sur la demande en rescision de ce partage, et sur les conclusions subsidiaires en renvoi devant un notaire pour vérifier la lésion : — Attendu que cette demande est formée, et que les conclusions sont prises pour la première fois en appel; — Qu'elles reposent sur une cause toute différente de la demande primitive, et qu'elles ne sont point de simples moyens à l'appui de cette demande; — Que le mérite de la demande en rescision et des conclusions subsidiaires en vérification de la lésion ne pourrait être apprécié sans une instruction préalable qui n'aurait pas subi le premier degré de juridiction; — Qu'en conséquence, la demande et les conclusions dont il s'agit pour la première fois constituent une demande nouvelle prohibée par l'art. 464 c. proc. civ.; — Attendu, toutefois, que tous les droits doivent être réservés sur la demande en rescision;

Par ces motifs, confirme, etc.

Du 12 mars 1868.-C. de Lyon, 2ᵉ ch.-MM. Barafort, pr.-Gay, av. gén.-Bambaud père et Boussand, av.

taire et déclarée nulle en première instance faute d'accomplissement des formalités relatives aux donations, réclame pour la première fois en appel une pension alimentaire (Req. 10 janv. 1877) (1); — Que la partie qui s'est bornée, en première instance, à demander la nomination d'un conseil judiciaire, pour cause de prodigalité, ne peut, en appel, conclure à la nomination d'un tuteur pour cause de démence (Alger, 22 juin 1869, aff. Pinhas-ben-Azra, D. P. 69. 2. 136-137).

22. En raison de la différence de nature qui existe entre les deux actions, le créancier hypothécaire dont la collocation est contestée, par exemple, pour irrégularité de son inscription, ne peut demander, pour la première fois en appel, que son rang hypothécaire lui soit maintenu relativement à l'auteur du contredit, par le motif que celui-ci serait responsable de cette irrégularité : de telles conclusions, « substituant à un débat entre créanciers hypothécaires une action en responsabilité, et à une simple question de priorité de rang une question de dommages-intérêts, présentent une action d'une tout autre nature que celle dont les premiers juges ont été saisis, et constituent ainsi une demande nouvelle, laquelle ne peut être soumise à l'appréciation des juges d'appel sans avoir subi l'épreuve du premier degré de juridiction » (Civ. cass. 29 juill. 1850, aff. Madon, D. P. 50. 1. 266).

De même lorsque, dans une instance en séparation de corps, la révocation des avantages faits par l'époux offensé à son conjoint n'a été demandée et prononcée par les premiers juges que comme conséquence immédiate et obligée de la séparation, s'il arrive que le jugement non passé en force de chose jugée, et par suite la révocation qu'il prononce, viennent à tomber par le décès du demandeur, ses héritiers ne peuvent, sur l'appel, tout en abandonnant le chef principal qui concerne la séparation, reprendre le chef de la demande en révocation, quoiqu'en le fondant, cette fois, sur l'ingratitude du donataire. Ce serait en effet, non pas la même demande appuyée sur un motif nouveau, mais une demande nouvelle et distincte par nature, soumise à d'autres règles et à d'autres conditions, alors même que le jugement aurait parlé d'ingratitude, s'il ne l'a fait uniquement, d'ailleurs, que par relation à la séparation de corps (Lyon, 4 avr. 1851, aff. Raffin, D. P. 52. 2. 241). — De même encore la demande de réduction d'une hypothèque judiciaire ne peut être présentée pour la première fois devant la cour d'appel, saisie d'un litige au sujet de la créance garantie par cette hypothèque, car il y a entre les deux demandes différence de nature, de cause et d'objet (Chambéry, 3 juill. 1878, aff. Gobert, D. P. 79. 2. 218).

23. Il a été jugé que la partie qui, en première instance, a conclu à la restitution de partie du prix de transport par elle payé à une compagnie de chemin de fer, comme excédant le prix fixé par des traités particuliers conclus avec d'autres expéditeurs, ne peut, devant la cour d'appel, demander pour la première fois cette restitution par application du tarif général (Civ. rej. 28 déc. 1857, aff. Depeaux, D. P. 58. 1. 18). Il est évident que la demande subsidiaire formée en appel avait une cause profondément distincte et même exclusive de celle de la demande originaire, puisqu'elle avait pour base, non le prix du transport réduit par des traités particuliers, mais, ce qui est tout le contraire, le tarif général. Elle ne pouvait donc être considérée comme

ayant été implicitement contenue dans la première, mais elle constituait une demande nouvelle qui n'avait point été soumise au premier degré de juridiction, qui exigeait une instruction spéciale, et qui, par conséquent, devait être déclarée non recevable.

24. Il a été jugé également qu'une demande subsidiaire de dommages-intérêts pour le cas où la demande en nullité d'une adjudication ne serait pas admise, constitue une demande nouvelle non susceptible d'être formée pour la première fois en appel (Rennes, 27 janv. 1851, aff. Commune de Plélau, D. P. 52. 2. 30. V. infrà, nᵒ 66). — Ainsi, encore le mineur, devenu majeur, qui s'est borné en première instance à demander la nullité de l'aliénation d'actions irrégulièrement faite par son tuteur, usufruitier légal, forme une demande nouvelle, non recevable en appel, lorsqu'il réclame subsidiairement devant la cour l'attribution d'une partie des dividendes à titre de réparation du préjudice résultant de l'inexécution des charges attachées à l'usufruit légal (Bordeaux, 1ᵉʳ août 1871, aff. Morange, D. P. 72. 2. 168). Cette demande, en effet, est fondée sur une cause différente et se rattache à un autre ordre d'idées et de faits, comme ayant en vue la réparation d'un préjudice résultant de l'inexécution des charges et conditions attachées à la jouissance légale des biens des mineurs, alors que la demande primitive tendait à faire prononcer l'annulation de la vente mobilière consentie par le tuteur.

25. On a enfin jugé que les demandeurs en dommages-intérêts qui, en première instance, se sont présentés comme agissant solidairement et indivisément, ne sont point recevables à demander, pour la première fois devant le juge d'appel, que l'indemnité qu'ils réclament soit divisée entre eux selon leurs droits respectifs; c'est là une demande nouvelle que les juges d'appel ne peuvent accueillir, car elle diffère par son objet de la demande primitive et exige une instruction séparée (Toulouse, 15 janv. 1869, aff. Pradiès, D. P. 69. 2. 128).

§ 2. — Cas où il est procédé en appel en une autre qualité qu'en première instance, et où on agit contre une partie à l'égard de laquelle on n'avait pas conclu (Rép. nᵒˢ 66 à 73).

26. Comme on l'a dit au Rép. nᵒ 66, changer de qualité en appel, c'est le plus souvent substituer une question à celle qui avait été agitée et déférer au juge supérieur des difficultés qui n'ont pas subi le premier degré de juridiction; c'est, dans tous les cas, changer la personnalité de la partie et en quelque sorte la personne même; c'est pourquoi on persiste à juger que le fait d'agir devant la cour d'appel en une qualité autre que celle qui a été invoquée devant le tribunal, constitue ipso facto une demande nouvelle qui ne peut être appréciée par la cour d'appel (Montpellier, 20 févr. 1871, aff. Fabre, D. P. 71. 2. 251; Orléans, 16 août 1882, aff. Syndic de la société de construction du Loiret, D. P. 84. 2. 36). Ainsi la partie qui, en première instance, a poursuivi son action comme légataire universel, n'est pas recevable à la continuer en appel comme héritier naturel (Arrêt précité du 20 févr. 1871). — De même, le syndic d'une société en faillite qui a assigné directement devant les premiers juges, en payement du solde du prix des actions, trois personnes associées en participation pour le placement desdites actions, sous prétexte qu'elles se sont toutes trois engagées

---

(1) (Brunet C. Eymard et Garambois.) — Dans son contrat avec le sieur Auguste Garambois, la dame Alexandrine-Émilie Brunet avait fait donation à Joseph-Alexis Brunet, son père, d'une pension annuelle et viagère de 1200 fr., à titre alimentaire. Cette donation, ayant été attaquée pour défaut d'acceptation expresse, a été déclarée nulle par le tribunal de première instance. Le sieur Brunet a appelé de ce jugement, et conclu subsidiairement devant la cour à ce que la pension dont il s'agit lui fût allouée à titre de pension alimentaire. Le 18 août 1870, arrêt de la cour de Grenoble, qui confirme la décision des premiers juges et statue en ces termes sur les conclusions subsidiaires de l'appelant : — « Attendu que c'est vainement que Brunet, par des conclusions subsidiaires, vient demander à la cour que la somme annuelle de 1200 fr. ou tout autre qu'elle arbitrera, lui soit accordée à titre de pension alimentaire; que ces conclusions ne sauraient être considérées comme un moyen de défense à l'action principale et constituent une demande nouvelle qu'on ne saurait soustraire au premier degré de juridiction, et qui, fût-elle recevable en l'état, n'est pas

justifiée; — Par ces motifs, etc. ». — Pourvoi en cassation par le sieur Brunet, pour violation de l'art. 464 c. proc. civ., en ce que l'arrêt attaqué a déclaré non recevables comme prises pour la première fois en appel des conclusions qui n'étaient en réalité qu'un moyen de défense à l'action principale. — Arrêt.

LA COUR; — Sur le moyen tiré de la violation de l'art. 464 c. proc. civ.; — Attendu que la contestation engagée entre les parties devant le tribunal de première instance de Briançon portait uniquement sur la demande formée par les mariés Garambois en nullité de la donation du 18 août 1870; — Que les conclusions subsidiaires prises pour la première fois par Brunet devant la cour de Grenoble avaient pour objet l'obtention d'une pension alimentaire; — Attendu que c'était là une demande nouvelle non recevable en juridiction d'appel, l'arrêt attaqué n'a pu violer l'art. 464 c. proc. civ.;

Par ces motifs, rejette, etc.

Du 10 janv. 1877.—Ch. req.-MM. de Raynal, pr.-Alméras-Latour, rap.-Godelle, av. gén., c. conf.-Carteron, av.

avec la société, ne peut, en cause d'appel, leur demander ce versement au nom, et comme exerçant les droits de celle d'entre elles qui aurait seule traité avec ladite société ; il peut seulement, en appel, leur demander le payement des actions souscrites personnellement par chacun des participants et en vertu desquelles ceux-ci ont pris part aux assemblées générales des actionnaires (Arrêt précité du 16 août 1882). De même encore, la partie qui, en première instance, a demandé, en qualité d'adjudicataire d'un immeuble, la nullité d'une charge réelle constituée sur cet immeuble, comme contraire, par exemple, à l'ordre public, ne peut conclure, pour la première fois en appel, en qualité de créancier, à la nullité de la même charge comme consentie en fraude des droits hypothécaires dont l'immeuble était grevé à son profit lors de l'adjudication : c'est là une demande nouvelle prohibée par l'art. 464 c. proc. civ. (Crim. rej. 8 avr. 1857, aff. Fontaine, D. P. 57. 1. 162).

27. La règle que le demandeur ne peut agir en appel en une qualité autre qu'en première instance reçoit cependant exception au cas d'intervention ; l'art. 466 c. proc. civ., en autorisant l'intervention en cause d'appel d'une partie qui n'a pas figuré en première instance, établit une exception à la règle des deux degrés de juridiction consacrée par l'art. 464. Sans doute, ainsi qu'il a été exposé au *Rép.* n° 67-3°, l'intervenant sur appel n'est pas recevable à former une demande distincte de celle qui a été jugée en première instance, et il ne peut soulever devant la cour des questions étrangères à l'objet du litige porté devant les premiers juges ; mais rien ne s'oppose à ce qu'il élève, dans son intérêt personnel, des prétentions qui, quoique non produites jusque-là, se rattachent nécessairement aux conclusions déjà prises par les parties et sur lesquelles a porté le débat de première instance. L'art. 466 n'impose qu'une condition à la recevabilité de l'intervention : c'est que l'intervenant ait le droit de former tierce opposition, et l'on sait qu'aux termes de l'art. 474 toute partie peut former opposition à un jugement qui préjudicie à ses droits, et alors que ni elle ni ceux qu'elle représente n'ont été appelés au procès. Spécialement, celui qui, à titre d'héritier institué, demande en première instance la nullité d'une autre institution, soumet par là même au tribunal la question de savoir si l'institution dont il se prévaut est régulière et valable, et dès lors, les héritiers du sang sont recevables à intervenir en appel pour demander la nullité de cette dernière institution, sans que leur demande puisse être rejetée comme nouvelle (Req. 6 août 1862, aff. de Montreuil et de Dreux-Brézé, D. P. 62. 1. 436).

28. Le principe suivant lequel une partie ne peut modifier en appel la qualité en laquelle elle a agi en première instance ne va pas jusqu'à l'empêcher de se prévaloir, pour la première fois en appel, à l'appui de ses conclusions primitives et sans les amplier, d'une qualité qu'elle avait omis d'invoquer en première instance. Elle peut, par exemple, invoquer les droits que lui donnait, pour écarter une exception de compensation qu'elle combattait déjà en une autre qualité, la cession à elle faite d'une créance en vertu de laquelle avait été pratiquée une saisie-arrêt qui, antérieure aux causes de la compensation, avait empêché celle-ci de s'opérer (Req. 21 mai 1835, aff. Thibault, D. P. 55. 1. 279). De même, le mari qui, devant le tribunal, a demandé seul le partage des biens dotaux échus à sa femme, est recevable à réclamer devant la cour le partage provisionnel des mêmes biens en exciper de sa qualité d'administrateur et d'usufruitier (Bordeaux, 30 mai 1871, aff. de Buisson de Sainte-Croix, D. P. 74. 2. 15).

29. Mais il a été jugé qu'il y a demande nouvelle : 1° lorsque le committant qui, en première instance, a demandé la nullité du gage constitué par le commissionnaire sur des objets qu'il avait remis à celui-ci, ce se fondant sur sa qualité de propriétaire desdites marchandises, et pour qu'elles lui fussent restituées, demande en appel la nullité du gage, en la qualité différente de créancier, afin de se faire attribuer un droit de créance sur lesdites marchandises considérées comme comprises dans l'actif de la faillite du commissionnaire, son débiteur (Civ. rej. 4 nov. 1874, aff. Thomas Lachambre, D. P. 78. 1. 73) ; — 2° Quand la partie qui a intenté son action en première instance comme légataire universel, la poursuit en appel comme héritier *ab intes-*

tat (Montpellier, 20 févr. 1871, aff. Fabre, D. P. 71. 2. 251) ; — 3° De la part du créancier qui, ayant demandé, en première instance, à être colloqué en vertu d'un acte contenant subrogation à l'hypothèque légale de la femme, conclut subsidiairement en appel à être colloqué, comme exerçant les droits de la femme, mais en vertu d'un autre titre de créance (Caen, 21 mars 1867, aff. Fouilleul, D. P. 69. 1. 203). — Mais il a été jugé que le créancier du mari qui a demandé, en première instance, à être colloqué comme subrogé à l'hypothèque légale de la femme peut, en appel, réclamer sa collocation en sous-ordre au rang de la même hypothèque légale, comme exerçant les droits de la femme (Orléans, 24 mai 1848, aff. Vidal, D. P. 48. 2. 185). Cette décision qui, au premier abord, paraît contraire à celle de l'arrêt précité du 21 mars 1867, se concilie très bien avec elle, ainsi qu'on l'a établi dans la note jointe à ce dernier arrêt.

30. Il y a contravention à l'art. 464 c. proc. civ. non seulement lorsque le demandeur agit en appel en une autre qualité qu'en première instance, mais encore lorsqu'il poursuit le défendeur en une nouvelle qualité. Ainsi c'est former une demande nouvelle que de conclure à ce que le défendeur soit condamné comme débiteur personnel, quand on ne l'a assigné que comme mandataire (Douai, 4 janv. 1854, aff. Dronsart, D. P. 54. 2. 136) ; ou comme débiteur direct, après l'avoir fait condamner comme garant (Civ. cass. 16 févr. 1887, aff. la *Paternelle*, D. P. 88. 1. 28). L'art. 464 s'oppose également à ce que des légataires particuliers, demandeurs en délivrance de leurs legs, prennent pour la première fois en appel des conclusions tendant à faire déclarer héritier pur et simple le légataire universel qui n'a accepté que sous bénéfice d'inventaire (Limoges, 14 août 1860, aff. Bétolaud, D. P. 61. 2. 165).

31. Il ne faudrait toutefois pas aller jusqu'à interdire à la partie condamnée et appelante d'exciper pour la première fois devant la cour, pour faire déclarer l'intimé non recevable à se prévaloir de la condamnation prononcée, de la cession que celui-ci a faite à un tiers de sa créance au cours de l'instance d'appel (Civ. rej. 1er déc. 1856, aff. Antonetti, D. P. 56. 1. 439). D'autre part, le fait de poursuivre en appel le défendeur en une autre qualité qu'en première instance ne constituerait pas une contravention à l'art. 464, si la qualité nouvelle attribuée au défendeur se trouvait virtuellement comprise dans celle en laquelle on l'avait primitivement assigné. Ainsi il a été jugé qu'après avoir demandé la délivrance d'une chose à un individu actionné comme mandataire, on peut la demander en appel contre ce même individu actionné comme commissionnaire (Colmar, 27 nov. 1848, aff. Dürr, D. P. 51. 5. 170-171). De même, la demande en nullité d'une société peut être fondée en appel sur ce que l'un des prétendus associés n'était qu'un prête-nom, alors qu'en première instance on avait prétendu qu'il n'était pas bailleur de fonds (Paris, 15 févr. 1851, cité *suprà*, n° 19).

32. On continue à appliquer en jurisprudence la règle qui a été exposée au *Rép.* n°s 69 et suiv., d'après laquelle on ne peut conclure pour la première fois en appel contre une partie à laquelle ou aux représentants de laquelle on n'a rien réclamé en première instance, eussent-ils été en cause. — C'est ainsi, notamment, que la partie qui, en première instance, s'est bornée à demander que quelques-uns des héritiers bénéficiaires fussent tenus de compenser, avec les fruits des biens adjugés à leur égard, leurs créances personnelles colloquées dans l'ordre ouvert pour la distribution du prix de ces biens, ne peut, pour la première fois en appel, prendre contre un autre héritier bénéficiaire, non colloqué dans l'ordre, des conclusions tendant à le faire condamner directement à la restitution de sa part des fruits perçus par ladite succession (Civ. cass. 23 janv. 1878, aff. Antonioz, D. P. 78. 1. 369).

33. De simples réserves faites en première instance à l'égard d'une des parties en cause ne suffiraient pas, d'ailleurs, pour rendre recevables les conclusions prises en appel contre cette partie ; il faut que l'on ait formellement conclu contre elle devant les premiers juges. Spécialement, le gérant d'une société commerciale qui, dans un procès sur la validité d'une souscription d'actions reçue par un précédent gérant, s'est borné, en première instance à réserver son recours contre cet ancien gérant, en cas d'annulation de la souscription, ne peut former pour la première fois son

action récursoire devant la cour saisie de l'appel du jugement qui a prononcé cette annulation, une telle action, complètement distincte de l'action principale, restant soumise à la règle des deux degrés de juridiction (Civ. cass. 31 juill. 1862, aff. Vuidry, D. P. 62. 1. 375). — De même, l'appelant qui n'a pas conclu en première instance contre une partie appelée en justice par son adversaire, ne peut, pour la première fois en appel, demander une condamnation solidaire contre cette partie. Peu importe que celle-ci ait fait offre, en première instance, de payer à qui serait ordonné par justice (Civ. cass. 2 juin 1886, aff. Duez et Tripier, D. P. 87. 1. 64).

34. Par application du même principe, les actions récursoires contre les tiers ne sont pas recevables en appel. Ainsi, on n'est pas admis à poser pour la première fois en appel des conclusions à fin de responsabilité contre un notaire (Limoges, 8 mars 1844, aff. Breuilh, D. P. 45. 4. 140).

Il en est de même en principe des actions en garantie, et on admet actuellement d'une manière générale, malgré la controverse que cette question soulevait (*Rép.* v° *Degré de juridiction*, nos 630 et suiv.), qu'une demande en garantie ne peut pas être formée pour la première fois en appel sans l'assentiment du garant, alors même que la cause de la garantie serait née depuis le jugement si elle ne forme pas une défense à l'action principale (Paris, 30 janv. 1872, aff. Deslandes, D. P. 72. 2. 104 ; Req. 21 juin 1876, aff. Verguet, D. P. 77. 1. 437 ; Alger, 19 mars 1884, aff. Debono, D.P.85.2.134 ; Paris,14 avr.1883,aff. de Mare,D.P.84.2.122).

35. Mais le consentement du garant rendrait la demande en garantie recevable. Ainsi lorsqu'une demande en garantie a été formée devant la cour saisie de l'appel, contre un huissier à raison de la nullité d'un acte d'appel provenant de son fait, si l'huissier intervient volontairement devant cette cour et déclare ne pas s'opposer à ce qu'elle statue sur la demande en garantie, cette cour peut, en prononçant la nullité de l'acte d'appel, et si elle reconnaît que la décision des premiers juges aurait dû être infirmée, déclarer l'huissier responsable de cette nullité, et le condamner, par suite, envers l'appelant à des dommages-intérêts et aux dépens tant de première instance que d'appel (Besançon, 23 févr. 1880, aff. Chapuis, D. P. 80. 2. 225).

36. On admet, d'ailleurs, que la demande en garantie peut être formée pour la première fois devant le juge d'appel, lorsqu'elle se trouve virtuellement comprise dans la demande de première instance dans laquelle le garant a été visé. Ainsi l'action en garantie, formée en appel par une commune contre une autre commune, doit être censée comprise dans l'action formée en première instance et tendant à ce que celle-ci soit tenue de concourir avec la première au payement du dommage qui est l'objet de l'instance principale (Orléans, 9 août 1850, aff. Quinard, D. P. 51. 2. 145). Il en est de même lorsque, en première instance, le tribunal a ordonné qu'une partie serait mise en cause pour garantir le défendeur de toute condamnation : le demandeur peut prendre pour la première fois, en appel, contre la même partie, des conclusions à fin de déclaration d'arrêt commun. Et il n'y a pas violation de l'art. 464, alors même que la cour, au lieu d'une simple déclaration d'arrêt commun, prononcerait contre cette partie une condamnation principale et directe (Civ. rej. 16 mars 1853, aff. Ville d'Antibes, D. P. 53. 1. 100).

37. Enfin la demande en garantie est, comme on l'a vu *supra*, n° 35, recevable si elle constitue une défense à l'action principale. — Ainsi les conclusions récursoires prises en appel par un créancier saisissant contre le cessionnaire de la créance saisie-arrêtée, à l'effet d'être indemnisé de ce qu'il ne recevra pas sur le montant de sa créance par suite des oppositions postérieures au transport, ne peuvent être déclarées non recevables comme constituant une demande nouvelle, alors qu'elles sont la conséquence d'une prétention des opposants postérieurs qui s'est formulée pour la première fois dans l'instance d'appel (Bourges, 24 nov. 1865, aff. Ledet, D. P. 66. 2. 117).

§ 3. — Demande sur laquelle les premiers juges ont omis ou refusé de statuer (*Rép.* nos 74 à 86).

38. Suivant ce qui a été exposé au *Rép.* n° 74, pour qu'une demande ne puisse pas être considérée comme nouvelle, il suffit qu'elle se trouve exprimée dans les conclusions prises devant les premiers juges, alors même que ceux-ci auraient omis d'en faire l'objet de leur sentence. La cour d'appel étant instituée pour réparer les erreurs ou les omissions des premiers juges, il rentre évidemment dans ses attributions de connaître des questions litigieuses qui, soumises au tribunal de première instance, ont échappé à son attention. Enfin si l'art. 464 c. proc. civ. a été édicté pour empêcher les plaideurs de se soustraire à la règle du double degré de juridiction, la partie qui demande à la cour d'appel de juger pour la première fois sa prétention ne se met nullement en opposition avec cet article, lorsque c'est le tribunal qui a eu le tort de ne pas statuer sur une demande portée devant lui, et on ne peut à cette partie faire supporter les conséquences d'une faute à laquelle elle est étrangère. Ainsi quand le tribunal a omis de se prononcer sur une demande formulée dans les conclusions de première instance, la cour a le droit et le devoir de statuer sur cette demande reproduite dans les conclusions d'appel. En conséquence, il y a lieu de casser l'arrêt qui refuse de statuer sur la question de propriété d'un passage, soulevée en première instance et en appel, à raison de ce que le jugement avait prononcé exclusivement sur les conclusions relatives à la servitude de passage, et de ce qu'il s'agirait d'une demande nouvelle (Civ. cass. 9 avr. 1872, aff. de Veerdesteyn, D. P. 72. 1. 182). A plus forte raison en est-il de même quand il s'agit d'une demande dont le jugement ne s'est pas occupé, non par omission, mais parce que la décision qu'il renfermait en rendait l'examen inutile (Civ. cass. 14 mai 1866, aff. Favre, D. P. 66. 1. 313). Spécialement, une exception d'incompétence *ratione loci*, proposée devant le tribunal en même temps qu'une exception d'incompétence *ratione materiæ*, ne peut être écartée en appel comme constituant une demande nouvelle, quoique les juges de première instance n'aient statué que sur la seconde exception en l'accueillant, et que les qualités du jugement se bornent à mentionner le déclinatoire sans spécifier le double moyen d'incompétence sur lequel il reposait, s'il est constant que les conclusions qui le renfermaient ont été soumises aux premiers juges, et que c'est en les ayant sous les yeux qu'ils se sont déclarés incompétents (Même arrêt).

39. Mais il ne faut pas oublier que le tribunal de première instance n'est saisi que des prétentions contenues dans les conclusions échangées à sa barre. Si l'exploit introductif d'instance renfermait une demande qui n'a pas été renouvelée dans les conclusions, le tribunal n'est pas tenu de statuer sur cette demande, il ne le doit même pas ; autrement il accorderait *ultra petita*. Il est évident, dès lors, que si cette prétention apparaît ensuite en cause d'appel, elle s'y présente avec les caractères d'une demande nouvelle et, dès lors, elle ne peut être admise qu'autant qu'on se trouve dans un des cas exceptionnels prévus par l'art. 464 c. proc. civ. Spécialement, la cour d'appel ne saurait accueillir comme constituant une demande nouvelle une demande en payement de loyers qui, après avoir été formulée dans l'exploit introductif d'instance, n'a pas été insérée dans les conclusions prises à la barre du tribunal et n'a été reproduite que dans les conclusions d'appel (Riom, 21 mai 1886, aff. Batisse, D. P. 87. 2. 67).

§ 4. — Augmentation de la demande originaire (*Rép.* nos 87 à 97).

40. On a dit au *Rép.* n° 87 qu'on ne peut rien ajouter à la demande originaire si ce n'est pour des accessoires échus et pour le préjudice souffert depuis le jugement. Toute augmentation de la demande, toutes conclusions additionnelles qui n'étaient point comprises, même implicitement, dans les conclusions de première instance, et qui dérivent d'un autre ordre d'idées, constituent par là même une demande nouvelle, qui ne saurait être accueillie en appel (Grenoble, 2 mars 1886, aff. la *Préservatrice*, D. P. 88. 2. 29). Ainsi l'exécuteur testamentaire intervenant dans l'instance introduite par un légataire particulier contre un légataire universel à l'effet d'obtenir la nullité de l'institution de ce dernier, n'est pas recevable à demander incidemment

que l'institué soit tenu de faire connaître et déposer les valeurs mobilières par lui réalisées : une telle demande dépasse l'étendue et les limites de la demande originaire et ne peut être formée que par action principale (Limoges, 13 mai 1867, aff. Planet, D. P. 67. 2. 81).

41. C'est en vertu du même principe que l'acheteur, autorisé à exiger la réparation du dommage occasionné par l'inexécution de la convention, et qui a, dans son exploit introductif d'instance, évalué ce dommage à la différence entre le prix facturé et le prix courant des marchandises similaires à l'époque indiquée pour la livraison, ne peut ensuite, devant la cour, modifier cette base d'évaluation et majorer sa demande (Bruxelles, 30 juill. 1883, aff. Gillain, D. P. 85. 2. 1).

42. Il a été décidé encore que le créancier contestant dans un ordre, qui a demandé en première instance le rejet d'une collocation qui le primait, en concluant à ce que le montant de cette collocation fût distribué entre tous les créanciers, ne peut conclure pour la première fois en appel à ce que le montant de cette même collocation lui soit exclusivement attribué; c'est là une demande nouvelle dans le sens de l'art. 464 c. proc. civ. (Grenoble, 26 avr. 1856, aff. Balaudrand, D. P. 57. 2. 159). Mais en pareil cas, la cour reste saisie de la demande en rejet de la collocation, et doit statuer sur cette demande, encore bien que le demandeur n'ait pas reproduit en appel les conclusions qu'il avait pris à cet égard devant les premiers juges (Même arrêt).

43. Mais la partie qui a conclu en première instance au payement de la valeur des objets dont elle réclame la restitution, au cas où ils ne seraient restitués dans un certain délai, peut conclure en appel, si la restitution n'a pas été opérée, au payement immédiat de ladite valeur, sans que ces conclusions puissent être écartées comme constituant une demande nouvelle (Req. 14 déc. 1875, aff. Noradounghian, D. P. 76. 1. 210). Jugé de même que le preneur qui, en cas de destruction partielle de la chose louée, a demandé devant les premiers juges le payement de dommages-intérêts et une diminution de loyer, peut en appel conclure à une diminution plus forte du prix du bail pour le cas où les dommages-intérêts ne lui seraient pas accordés (Paris, 27 juill. 1850, aff. Granger, D. P. 51. 2. 141).

44. En matière de compte, il appartient aux parties de rectifier les erreurs ou les omissions que le compte renferme jusqu'au règlement définitif, et leurs conclusions peuvent, dans ce but, être augmentées en appel sans qu'on puisse y voir une demande nouvelle prohibée par l'art. 464 c. proc. civ., parce qu'elles se rattachent intimement à l'action primitive, et que, d'ailleurs, les parties jouant, en ce cas, respectivement le rôle de demandeur et de défendeur, les prétentions nouvelles qu'elles émettent doivent être considérées comme des moyens de défense. Il n'y a donc pas, à ce point de vue, de distinction à faire entre le demandeur et le défendeur (V. *infrà*, nos 104 et suiv.).

§ 5. — Modification, rectification et restriction des conclusions en appel (*Rép.* nos 98 à 110).

45. — I. Modification et rectification de la demande. — Comme on l'a exposé au *Rép.* n° 98, le demandeur peut en appel rectifier, modifier, changer même, les conclusions qu'il a prises devant les premiers juges, pourvu que la condition du défendeur ne se trouve pas aggravée; c'est-à-dire pourvu que, sous couleur de rectification ou de mo-

dification, il n'y ait pas augmentation réelle de la demande, nécessité de procéder à une instruction distincte de celle que les premiers juges ont eu à faire, et introduction en cause d'appel d'éléments soumis par la loi à deux degrés de juridiction et que la premier juge n'ait pas eu à examiner (Req. 24 janv. 1883, aff. Augeard, D. P. 84. 1. 17). Le demandeur pourrait, par exemple, réclamer en appel, sur le taux de 6 pour 100, des dividendes illégalement répartis, alors qu'il ne les aurait réclamés en première instance qu'au taux de 5 pour 100 : ce serait une simple modification de la demande qui, n'étant pas susceptible d'entraîner une instruction séparée, ne constituerait pas une demande nouvelle (Bourges, 24 août 1871, aff. Métairie, D. P. 73. 2. 34-35). — De même, la femme qui, en première instance, demandait l'attribution de sommes qu'elle prétendait avoir reçues à titre de dot, pourrait en appel réclamer l'attribution de ces mêmes sommes à titre de don manuel, sans qu'il y eût là demande nouvelle (Angers, 26 mai 1869, aff. Lechalas, D. P. 69. 2. 238). — Jugé aussi que le demandeur en délaissement d'un navire pourrait conclure pour la première fois en appel à un simple règlement d'avaries (Civ. rej. 22 juin 1847, aff. Comp. d'assurances de Marseille, D. P. 47. 1. 218).

46. Par application des mêmes principes, il a été décidé que l'héritier réservataire gratifié d'un legs universel par préciput, qui a demandé, en première instance, la réduction du don en usufruit fait au conjoint du *de cujus*, à la moitié de la succession, peut en appel, demander que la première fois que ce don soit estimé à une part déterminée de l'hérédité. Une pareille demande ne saurait être considérée comme nouvelle, car elle n'est qu'une suite de la demande primitive, dans laquelle elle était implicitement comprise, les premiers juges ayant été appelés à statuer sur les effets de la réduction de la libéralité et sur la fixation, qui s'ensuivait, du droit des parties dans le partage de la succession (Paris, 7 janv. 1870) (1). — Enfin il a été décidé que les conclusions par lesquelles une partie ne fait que rendre ses écritures précédentes plus explicites, sans porter le débat sur un terrain nouveau, et par exemple, les conclusions par lesquelles, après avoir résisté, devant les premiers juges, à une revendication portant sur deux canaux, cette partie spécifie, en appel, les droits qu'elle entend avoir sur l'un de ces canaux, doivent être déclarées recevables (Req. 28 févr. 1889, aff. Ricci, D. P. 89. 1. 23).

47. — II. Restriction de la demande. — La restriction de la demande n'ayant pas pour effet d'aggraver la position du défendeur et n'introduisant dans la cause aucun élément nouveau qui soit soustrait au double degré de juridiction est évidemment permise en appel, comme on l'a dit au *Rép.* n° 101. On se trouve dans ce cas, notamment, lorsqu'un créancier qui a conclu en première instance à être colloqué au rang d'hypothèque légale, demande, pour la première fois en appel, sa collocation au rang postérieur attaché à une hypothèque spéciale (Civ. cass. 29 juill. 1868, aff. Madon, D.P. 50. 1. 266). — Ou lorsque le créancier qui, en première instance, a soutenu la validité d'une opposition par lui formée à ce qu'il fût procédé, hors la présence de tous les créanciers, à la reddition du compte dû par des syndics démissionnaires, peut, en appel, conclure à la validité de cette opposition, en ce qui concerne son intérêt unique et personnel (Orléans, 5 avr. 1859, aff. Ismann, D. P. 59. 2. 57). Ce n'est pas là former une demande nouvelle, mais restreindre les conclusions générales prises en première instance et mettre plus en relief ce qu'elles contenaient déjà virtuellement.

---

(1) (Willemin C. Willemin et autres.) — La cour ; — Sur la recevabilité de l'appel principal de la demoiselle Willemin : — Considérant qu'au cours d'une instance en partage de la succession de la dame Willemin mère, la demoiselle Willemin a exercé devant les premiers juges l'action en retranchement de la libéralité faite au profit de son père par la dame Willemin, dans leur contrat de mariage du 9 avr. 1824, et qu'elle a demandé, par des conclusions subsidiaires, que cette libéralité fût réduite à l'usufruit de la moitié des biens de la succession ; — Considérant que, devant la cour, la demoiselle Willemin reproduit ses conclusions et y ajoute la demande que l'usufruit dont il s'agit soit évalué à un seizième de la valeur de l'hérédité, de manière à laisser dans la quotité disponible trois seizièmes qui profiteraient au legs universel existant à son profit ; — Considérant que cette dernière demande ne peut être considérée comme une demande nouvelle,

exclue en cause d'appel par les dispositions de l'art. 464 c. proc. civ. ; — Qu'elle n'est qu'une suite de l'autre demande dans laquelle elle était implicitement comprise, les premiers juges ayant été appelés à statuer sur les effets de la réduction de la libéralité et sur la fixation qui s'ensuivrait du droit des parties dans le partage de la succession de la dame Willemin ; — Considérant que la faculté d'appeler appartient à la demoiselle Willemin, à raison du rejet de ses conclusions principales, et que l'effet dévolutif de son appel lui permet de reporter devant la cour ses conclusions subsidiaires, avec le développement qu'elle y donne aujourd'hui, ce développement n'offrant pas les caractères d'une demande nouvelle, au sens de l'art. 464 précité...

Par ces motifs, etc.

Du 7 janv. 1870.-C. de Paris, 1re ch.-MM. Gilardin, 1er pr.-Dupré-Lasalle, 1er av. gén.-Desmarets et Delsol, av.

48. La partie qui, en matière possessoire, a conclu devant le juge de paix à être maintenue dans la possession d'un terrain incorporé par le préfet à un chemin vicinal, est recevable à modifier en appel ses conclusions primitives, dont le juge du possessoire ne pouvait être compétemment saisi en présence de l'arrêté de dépossession, et à demander seulement la constatation de sa possession, dans l'unique but d'en déduire un droit à une indemnité : c'est là non pas une demande nouvelle, défendue par l'art. 464 c. proc. civ., mais une simple modification ou restriction de la demande primitive, autorisée par l'art. 465 du même code (Ch. réun. cass. 10 juill. 1854, aff. Laburthe, D. P. 54. 1. 229).

49. On doit en dire autant lorsque, sur l'appel d'un jugement qui a statué sur la demande en nullité d'un traité par lequel deux communes avaient stipulé l'usage réciproque du droit de parcours, la demanderesse conclut à ce qu'il lui soit donné acte de la renonciation qu'elle entend faire au parcours réciproque ouvert par l'art. 17, tit. 1er, sect. 4, de la loi du 28 sept. 1791 (Besançon, 28 janv. 1848, aff. Commune de Châtillon, D. P. 49. 2. 86). Mais il en serait autrement, si elle demandait pour la première fois en appel le cantonnement de ses communaux : ce serait là une demande prohibée par l'art. 464 c. proc. civ. (Même arrêt).

50. Il y a encore restriction de la demande lorsqu'une partie qui, devant le tribunal, a conclu au rejet de la collocation d'une hypothèque légale pour cause de nullité de l'inscription hypothécaire, et subsidiairement à sa réduction pour cause de payement partiel, demande pour la première fois en appel la réduction de cette collocation à la somme indiquée par l'inscription (Req. 20 mars 1872, aff. Lauret, D. P. 72. 1. 401) ; ou lorsque le mari qui, devant le tribunal, a demandé seul le partage des biens dotaux échus à sa femme, réclame devant la cour, en sa qualité d'administrateur et d'usufruitier, le partage provisionnel des mêmes biens (Bordeaux, 30 mai 1871, aff. de Buisson de Sainte-Croix, D. P. 74. 2. 15, cité *suprà*, n° 28).

51. Les parties ne peuvent, après la clôture des débats, soumettre aux juges de nouvelles prétentions, soit sous la forme de conclusions signifiées, soit sous celle de notes remises au président ; mais il leur est permis de présenter des notes ou mémoires ne contenant que des observations ou éclaircissements à l'appui des conclusions précédemment prises (V. *suprà*, v° *Conclusions*, n°s 14, 22, 59 et suiv. *Adde* : Req. 15 janv. 1878, aff. Casamayou, D. P. 78. 1. 152). Lorsque ces observations et éclaircissements se produisent devant les juges d'appel, ils ne sauraient évidemment constituer des demandes nouvelles tombant sous la prohibition de l'art. 464 c. proc. civ. Cette prohibition ne peut, particulièrement, les atteindre quand, loin d'avoir pour objet d'augmenter la demande originaire, ils ne font qu'y apporter une restriction. C'est ainsi qu'une partie au profit de laquelle un jugement constate, dans ses motifs, que la jouissance d'une prise d'eau s'exerce pendant un certain nombre de jours de chaque semaine, et en se bornant, dans son dispositif, à reconnaître le droit réclamé, sans reproduire cette indication de durée, peut, sur l'appel audit jugement, remettre à la cour, après la clôture des débats, une note par laquelle elle déclare que la jouissance à laquelle elle prétend se réduit, en effet, à la durée dont il s'agit ; ce n'est pas là une demande nouvelle, mais une simple indication, rentrant dans les termes mêmes des conclusions prises par cette partie (Civ. rej. 11 janv. 1881, aff. Raynaud, D. P. 81. 1. 134).

§ 6. — Demande virtuellement comprise dans la demande originaire ou qui ne fait que fixer celle-ci avec plus de précision (*Rép.* n°s 111 à 123).

52. Lorsque les conclusions prises pour la première fois en appel sont implicitement contenues dans la demande primitive et se rattachent à cette demande par un lien nécessaire, elles ne peuvent, ainsi qu'on l'a vu *Rép.* n° 111, constituer une demande nouvelle. La jurisprudence a fait depuis la publication du *Répertoire* de nombreuses applications de principe.

Il importe peu que la demande soit présentée en appel sous une forme qu'elle n'avait pas revêtue à l'origine ; il suffit, pour qu'elle ne soit pas réputée nouvelle, qu'elle se

trouve virtuellement comprise dans celle qui a été soumise aux premiers juges. Ainsi, on ne saurait considérer comme une demande nouvelle, non proposable en appel, celle qui, présentée en première instance, a été renouvelée par l'intimé dans ses conclusions d'appel, sinon en des termes identiques, du moins avec le même sens, la même portée et, en vertu de la même cause (Req. 23 mars 1887, aff. Zalozewski, D. P. 88. 1. 264). On ne saurait, notamment, appliquer la fin de non-recevoir de l'art. 464, lorsque, dans une action en réparation d'un dommage évalué provisoirement à 25000 fr., le demandeur, qui avait conclu en première instance au payement d'une somme ferme de 10556 fr., et à une garantie hypothécaire de 14444 fr., a pris en appel des conclusions tendant, comme condamnation unique, au payement d'une somme d'argent d'un chiffre total et définitif de 12033 fr. (Req. 13 déc. 1881, aff. Jacques, D. P. 82. 1. 222).

53. Au même point de vue, il n'y a pas demande nouvelle dans le fait de conclure devant la cour à une condamnation pour un chiffre définitif, alors que la demande devant les premiers juges ne tendait qu'à un chiffre provisionnel, l'action procédant de la même cause, ayant le même objet, et ne variant que quant au chiffre (Lyon, 8 mai 1884, aff. Dailly, D. P. 84. 2. 219). — Il faut admettre également que la partie qui a conclu en première instance, d'une manière générale, à la nullité de la liquidation, peut élever, pour la première fois en appel, contre cette liquidation, des contestations qu'elle n'avait pas proposées en première instance et qui ne sont que le développement de ses conclusions originaires (Besançon, 1er avr. 1863, aff. Lomont, D. P. 63. 2. 93) ; — Que le riverain qui, en première instance, a demandé à être déclaré en possession immémoriale des eaux d'un cours d'eau, servant, par exemple, à la mise en jeu d'un moulin, peut, pour la première fois en appel, conclure subsidiairement à un règlement d'eau, cette dernière demande, implicitement renfermée dans la demande originaire, ne constituant pas une demande nouvelle dans le sens de l'art. 464 c. proc. civ. (Req. 18 déc. 1865, aff. Baboin, D. P. 66. 1. 255).

54. Il a même été jugé que des conclusions à fin d'exécution provisoire du jugement à intervenir sur l'action en payement d'une somme d'argent renferment implicitement la demande d'une provision ; et, par suite, si le jugement s'est borné à ordonner un compte, le demandeur peut, en cas d'appel, conclure devant la cour à ce que cette provision soit fournie sans qu'on puisse voir là une demande nouvelle défendue par l'art. 464 c. proc. civ. (Req. 23 juin 1868, aff. Ferrand, D. P. 69. 1. 36).

55. La partie qui a demandé son admission à la faillite comme créancier hypothécaire, en produisant un acte authentique qui lui conférait une hypothèque conventionnelle et une subrogation aux hypothèques légales de la mère et de l'épouse du failli, est recevable à invoquer expressément, pour la première fois devant la cour, les droits résultant de cette subrogation ; cette prétention se trouve, en effet, implicitement contenue dans la première demande (Req. 6 févr. 1872, aff. Gaillard, D. P. 72. 1. 253).

56. Décidé encore : 1° que les conclusions par lesquelles un associé réclame en appel l'établissement de la situation de l'entreprise ne constituent pas une demande nouvelle, alors qu'elles ne sont que le développement de la demande originaire (Civ. cass. 19 nov. 1873, aff. Allard, D. P. 74. 1. 152) ; — 2° Qu'on ne peut considérer comme une demande nouvelle, en matière d'ordre, les conclusions de l'appelant tendant à ce que les intérêts de la créance contestée soient réduits, lorsqu'il a présenté en contredit demandant le rejet de tous les intérêts (Riom, 23 févr. 1882, aff. Vidal, D. P. 83. 2. 57).

57. Il a été jugé également, par application des mêmes principes, que les conclusions par lesquelles le demandeur, après avoir usé de la faculté qui lui était conférée par une clause particulière du contrat, de dénoncer la convention intervenue entre lui et la partie adverse pour l'exploitation d'un brevet d'invention, a demandé formellement qu'il fût fait défense à cette partie de continuer l'exploitation dudit brevet, doivent être considérées comme impliquant une demande à fin de résolution de la convention, et cette demande si elle est dans la suite formulée explicite-

ment en appel, ne saurait être repoussée comme nouvelle (Civ. cass. 16 mars 1887, aff. Bonnaz, D. P. 87. 1. 372).

58. Il est de règle également que les conclusions dans lesquelles on se borne à fixer avec plus de précision une demande déjà contenue dans les conclusions de première instance n'ont pas le caractère d'une demande nouvelle. Ainsi les conclusions nouvelles portant sur un point qui a fait l'objet de réserves générales, lorsqu'elles ne font que préciser et expliquer ce qui faisait l'objet de ces réserves, ne tombent pas sous l'application de l'art. 464. Spécialement, l'adjudicataire d'un immeuble grevé en partie de substitution à son profit, qui a demandé en première instance que cette substitution fût déclarée ouverte, et s'est réservé en tous cas de faire valoir ses droits éventuels sur le prix, a pu, en appel, précisant ces réserves, conclure pour la première fois à ce que la cour l'autorisât à retenir une certaine portion de ce prix pour sûreté de la substitution, si l'ouverture immédiate n'en était point prononcée... Alors, d'ailleurs, que déjà le cahier des charges lui permettait de garder sur son prix une somme que les conclusions prises en appel ont eu simplement pour objet d'élever, et que, dans ses réserves de première instance, cet adjudicataire formulait la prétention de faire augmenter cette somme (Civ. rej. 15 janv. 1856, aff. de Reculot, D. P. 56. 1. 90). Cette demande serait, d'ailleurs, utilement formée en appel, comme défense à l'action principale en payement du prix de l'adjudication (Même arrêt. V. *infrà*, n°s 89 et suiv.).

59. Il est, d'ailleurs évident, qu'une demande produite en appel ne peut être considérée comme nouvelle, lorsqu'elle avait été formulée expressément en première instance. — Il en est ainsi, notamment, dans le cas où les conclusions d'appel tendant à faire condamner un notaire à indemniser le légataire de la nullité d'un testament se trouvaient libellées dans la demande en garantie et transcrites dans les qualités du jugement de première instance (Civ. rej. 4 mai 1875, aff. Lenain, D. P. 75. 1. 382).

§ 7. — Cas où la demande nouvelle n'est que l'accessoire, la suite ou la conséquence de la demande principale (*Rép.* n°s 124 à 150.

60. — I. Accessoires de la demande originaire. — La jurisprudence applique toujours la règle exposée au *Rép.* n°s 124 et suiv., d'après laquelle les intérêts et arrérages échus depuis le jugement de première instance (ou même depuis la demande portée devant les premiers juges) peuvent être réclamés pour la première fois en appel. Mais il a été jugé que le bénéfice de l'art. 464, al. 2, c. proc. civ. ne saurait être étendu à une demande d'intérêts faite devant la juridiction d'appel et fondée sur un prétendu retard, apporté par le débiteur à l'exécution d'une obligation qui n'a pas été reconnue par le jugement, et à raison de laquelle aucune demande d'intérêts n'avait été formée en première instance : il s'agit là d'une demande nouvelle, qui n'est pas recevable (Civ. rej. 23 janv. 1882, aff. Halphen, D. P. 82. 1. 319). En effet, si l'art. 464 ne considère point comme nouvelle la demande des intérêts échus depuis le jugement, c'est que les intérêts sont la conséquence nécessaire de la décision rendue au profit du créancier ; c'est que ces intérêts sont, au moment de l'appel, dus d'une manière certaine, en raison de la condamnation prononcée pour le principal. Lors donc que la demande du principal n'est point admise, la demande des intérêts, des accessoires, formée en appel, n'a plus de base dans le jugement, et il serait contradictoire d'autoriser le créancier à faire remonter sa demande des accessoires à une décision qui l'a débouté de l'action relative au principal.

61. En matière de dommages-intérêts, on applique les mêmes règles (*Rép.* n° 130), et il est toujours admis que le demandeur peut, en appel, demander de nouveaux dommages-intérêts pour le préjudice soufflé depuis le jugement de première instance, tandis qu'il ne saurait conclure, devant la cour, à la réparation de certains faits antérieurs au jugement, qui n'ont pas été soumis au premier juge (Paris, 15 juill. 1872, aff. Chauchard Hériot, D. P. 77. 5. 149; Rouen, 5 juin 1883, aff. Lanman, D. P. 84. 2. 177; Req. 3 déc. 1884, aff. Catillon, D. P. 85. 1. 189). Les décisions nouvelles de la jurisprudence reproduisent pour la plupart, en les confirmant, les décisions rendues sur la même question et qui ont été analysées au *Répertoire*. — Jugé notamment : 1° qu'une demande en dommages-intérêts peut être formée pour la première fois en appel pour le préjudice causé par une opposition au mode de vente prescrit par le jugement attaqué conformément à un acte de société (Lyon, 14 août 1850, aff. Marchand, D. P. 51. 5. 170); — 2° Que la privation des ressources peut lui aurait procurées l'indemnité à laquelle il avait droit, depuis la date du jugement de première instance, est, pour le commerçant victime d'un incendie, une juste cause de dommages-intérêts, qu'il peut faire valoir pour la première fois en appel (Paris, 5 janv. 1875, aff. Petites voitures de Paris, D. P. 76. 2. 58); — 3° Que lorsqu'en première instance, le propriétaire d'objets volés en a réclamé la restitution ou une somme équivalente et, en outre, des dommages-intérêts à raison de la dépréciation de ces objets, la demande, formée en appel, de dommages-intérêts à raison de cette dépréciation à compter du jour où l'action a été intentée, n'est nouvelle que pour le préjudice soufflé depuis le jugement de première instance : elle peut donc être admise tout entière par la cour d'appel sans contravention à l'art. 464 (Req. 20 août 1872, aff. Mercier, D. P. 73. 1. 481); — 4° Que la résolution d'un marché non exécuté en temps utile peut être demandée pour la première fois en appel, par la partie qui, en première instance, avait poursuivi et fait ordonner l'exécution intégrale du même marché, lorsque cette résolution n'est, en réalité, qu'un mode de réparation du préjudice résultant d'une dépréciation survenue depuis le jugement, dans la valeur des marchandises à livrer. Et, en cas pareil, la résolution peut n'être ainsi demandée, en appel, que pour une partie du marché (Req. 12 févr. 1855, aff. Théric, D. P. 55. 1. 80).

62. Il peut encore être formé en appel une demande en garantie ou en dommages-intérêts entre les parties en cause lorsqu'elle prend son origine dans un incident de procédure soulevé en appel ; spécialement, celui qui a obtenu une condamnation prononcée sur une procédure plus tard frappée d'une instance en désaveu dans laquelle il a été appelé, peut actionner l'avoué en garantie pour la première fois devant la cour, lorsque c'est seulement en appel que cet avoué a reconnu le bien fondé du désaveu (Civ. rej. 7 nov. 1849, aff. Bonnetain, D. P. 49. 1. 284).

63. Des dommages-intérêts peuvent encore être demandés pour la première fois en appel lorsqu'il y a eu préjudice né ou aggravé depuis le jugement de première instance et que le préjudice ou son aggravation proviennent de l'arrêt rendu sur l'appel du jugement, arrêt qui a été lui-même cassé. La cour de renvoi peut, notamment, accueillir la demande en dommages-intérêts qui serait fondée sur le préjudice résultant de l'exécution d'un des chefs de l'arrêt cassé (Dijon, 18 janv. 1882, *suprà*, v° *Appel civil*, n° 117).

64. On a vu au *Rép.* n° 134 qu'il est des cas où l'appelant qui succombe peut, outre l'amende et les dépens, être condamné à des dommages-intérêts, à raison du caractère vexatoire de l'appel et des autres instances judiciaires dont il a pu le faire suivre dans un esprit de tracasserie. Cette règle est toujours admise comme une conséquence du principe posé dans l'art. 464 c. proc. civ., qu'il peut être formé pour la première fois en appel des demandes en dommages-intérêts pour le préjudice survenu depuis le jugement de première instance (Req. 6 août 1850, aff. Barrafort et Petitpied, D. P. 61. 1. 75; Nancy, 28 août 1869, aff. C..., D. P. 71. 2. 211; Req. 31 mai 1881, aff. Amondruz-Rosset, D. P. 82. 1. 18).

Mais il faut se garder de l'entendre d'une manière trop absolue. L'art. 464 n'a certainement pas entendu parler du préjudice pouvant résulter de l'appel lui-même ; car l'appel n'est que l'exercice d'un droit. Il vise le préjudice qui a pu se produire pour d'autres causes entre le jugement de première instance et l'arrêt d'appel et ne fait, d'ailleurs, qu'autoriser l'application des art. 1382 et 1383 c. civ. ; il ne dispense donc d'aucune des conditions auxquelles est ordinairement soumise l'application de ces articles, conditions qui consistent dans l'existence d'un préjudice et d'une faute imputable à l'auteur de ce préjudice. Or, si le préjudice nouveau résulte forcément de l'état de fait antérieur au jugement, état de fait que ce jugement avait pour but de corriger et que l'effet suspensif de l'appel a perpétué, il est

évident qu'il remonte à la même cause première et qu'il se rattache à une même faute de celui qui, en première instance, a été condamné à des dommages-intérêts. Ces dommages-intérêts peuvent donc alors être augmentés en appel, ainsi qu'on vient de l'exposer. Si, au contraire, le préjudice résulte uniquement de la prolongation de l'instance qui est un fait nouveau, il faut établir directement que ce fait nouveau constitue une faute de l'appelant. Cette faute peut consister dans l'esprit de tracasserie que révélerait sa conduite, ou dans le fait que l'appel serait formé méchamment ou de mauvaise foi.

65. Mais le seul de l'appel et de la durée de l'instance ne peuvent pas constituer une faute. Une cour d'appel ne peut donc aggraver la condamnation à des dommages-intérêts prononcée par les premiers juges, en se fondant uniquement sur le préjudice causé par l'appel, sans relever aucun fait constitutif d'une faute commise par l'appelant, et sans au moins lui reprocher d'avoir en exerçant son droit d'appel agi dans un esprit de pure chicane et de mauvaise foi (Civ. cass. 17 déc. 1878, aff. Compagnie des voitures de Paris, D. P. 79. 1. 125; 28 déc. 1881, aff. Tiphaigne, D. P. 83. 5. 154). — Mais l'augmentation du chiffre des dommages-intérêts est suffisamment motivée lorsque l'arrêt déclare l'appel téméraire, cette déclaration se rattachant au dispositif du jugement confirmé, qui a alloué les dommages-intérêts (Req. 31 mai 1881, cité supra, n° 64). Dans tous les cas, la décision de la cour d'appel qui alloue des dommages-intérêts pour le préjudice subi depuis le jugement ou qui en augmente le chiffre échappe à la censure de la cour de cassation, dès l'instant qu'elle constate l'existence du préjudice et de la faute qui l'a occasionné; sa décision, reposant alors sur l'appréciation des faits, est souveraine (Req. 6 août 1860, aff. Barrafort et Petitpied, D. P. 61. 1. 75).

66. Comme on l'a vu au Rép. n° 138 et rappelé supra, n° 61, l'art. 464 ne s'applique qu'aux dommages-intérêts qui découlent des faits sur lesquels la demande originaire est fondée, de telle sorte que: 1° les conclusions additionnelles prises devant la cour d'appel, et tendant à l'allocation de dommages-intérêts pour une cause de préjudice autre que celle qui a fait l'objet du litige porté devant les premiers juges (Paris, 5 avr. 1883, aff. Ragot, D. P. 85. 2. 126); 2° ou qu'une demande en réparation d'un dommage antérieur au jugement frappé d'appel et qui n'aurait pas été soumise aux premiers juges (Dijon, 18 janv. 1882, supra, v° Appel civil, n° 117; Paris, 21 juin 1883, aff. Société marbrière d'Avesnes, D. P. 83. 2. 46; Req. 3 déc. 1884, aff. Catillon, D. P. 85. 1. 189), constitueraient des demandes nouvelles non recevables en appel. Spécialement, on ne pourrait former pour la première fois en appel une demande subsidiaire en dommages-intérêts, pour le cas où le jugement qu'on attaque ne serait pas annulé (Rennes, 27 janv. 1851, aff. Commune de Pléllau, D. P. 52. 2. 30).

67. On a vu au Rép. n° 139 que les demandes en provision, étant considérées comme incidentes et accessoires à la demande principale, peuvent être formées pour la première fois en appel, et que, notamment, la femme demanderesse en séparation de corps peut réclamer pour la première fois devant la cour d'appel une provision ou une pension alimentaire. Cette solution est généralement admise aujourd'hui (V. Rép. v° Séparation de corps, n° 296; Carré et Chauveau, Lois de la procédure, quest. n° 1675; Demolombe, Du mariage et de la séparation de corps, t. 2, n° 489; Massol, De la séparation de corps, 2° éd., p. 242, n° 18. — Contrà: Le Senne, Traité de la séparation de corps, n°° 238 et suiv.). On décide également que la femme peut demander pour la première fois en appel que ses enfants soient remis entre ses mains (Req. 17 nov. 1847, aff. Cartain, D. P. 47. 4. 157). — Mais il est une autre question, en matière de divorce ou de séparation de corps, qui est extrêmement délicate : c'est celle de savoir si la femme peut demander pour la première fois en appel à être autorisée à changer de résidence. Il faut écarter, bien entendu, l'hypothèse où le mari acquiescerait à cette demande, ou bien ne se prévaudrait pas des dispositions de l'art. 464, puisque la fin de non-recevoir fondée sur la nouveauté d'une demande ne doit pas nécessairement être suppléée d'office par le juge d'appel. Mais, alors même que le mari invoquerait l'art. 464, nous pensons que la solution

devrait encore être affirmative. En effet, la demande de la femme est évidemment une demande incidente, réclamant une mesure provisoire et qui, à ce titre, peut être valablement portée devant la juridiction saisie de l'instance principale. D'ailleurs, l'affirmative est commandée par la législation spéciale à la matière. Ainsi lorsque le tribunal est saisi de l'instance principale en séparation de corps, la femme doit s'adresser directement à ce tribunal pour obtenir l'autorisation de changer son domicile provisoire ; elle ne peut plus s'adresser au magistrat conciliateur, dessaisi par son ordonnance (Dijon, 20 déc. 1871, aff. Mossel, D. P. 72. 5. 402). En matière de divorce, le nouvel art. 238 c. civ. (Loi du 18 avr. 1886, supra, v° Degrés de juridiction, n° 220) enlève toute juridiction au président dès que le tribunal est saisi. La femme doit donc pouvoir s'adresser au tribunal actuellement saisi de l'instance, c'est-à-dire, au cas présent, à la cour d'appel, car il n'existe pas d'autre juge qu'elle puisse saisir de sa demande. En effet, le président a cessé d'être compétent pour statuer par voie gracieuse ; le tribunal est dessaisi par l'acte d'appel, qui a déféré sa sentence à la cour ; celle-ci reste donc seule compétente, pour statuer sur un différend qui est né, d'ailleurs, de l'action principale et s'y rattache intimement. C'est en ce sens que s'est prononcée la cour de Paris dans un arrêt du 29 déc. 1882 (aff. Pinon, D. P. 83. 2. 218), en décidant que la demande formée par une femme demanderesse en séparation de corps, à l'effet d'être autorisée à changer sa résidence, pendant le cours de l'instance, a le caractère d'une demande incidente, et à ce titre est valablement portée devant la cour saisie, sur appel de l'instance principale. On doit admettre également, semble-t-il, que la femme qui, poursuivant sa séparation de corps, a obtenu une provision ad litem en première instance, peut demander en appel une provision nouvelle pour faire face, soit au reliquat des frais faits devant le tribunal, que la première provision n'a pu suffire à acquitter, soit aux frais à exposer devant la cour (Orléans, 16 mai 1856; aff. Guiot, D. P. 56. 2. 159). Mais elle ne peut demander que cette nouvelle provision comprenne les honoraires de son avocat de première instance (Même arrêt).

68. — II. Suite et conséquence de la demande originaire. — Il a été exposé au Rép. n° 41 qu'une réclamation formée pour la première fois en appel ne saurait être repoussée à titre de demande nouvelle lorsqu'elle n'est qu'une suite, une conséquence ou un accessoire de la demande soumise aux premiers juges. Par exemple, la partie qui, dans son exploit introductif d'instance, se plaignait de ce que les eaux détournées à son préjudice avaient été conduites, par une rigole principale, dans une prairie nouvellement créée, et concluait au rétablissement des lieux dans leur état primitif, est recevable à demander de plus, en cause d'appel, le comblement d'une nouvelle rigole ouverte dans le même but depuis le jugement de première instance (Civ. rej. 24 août 1870, aff. Baudrand, D. P. 70. 1. 354). — On ne peut de même déclarer non recevable, comme nouvelle, la demande qui n'est que le développement des conclusions prises devant les premiers juges et qui, d'ailleurs, n'est que subsidiaire et se borne à offrir à la partie adverse, en cas de condamnation de celle-ci, l'alternative entre ce qui a été primitivement demandé et ce qui fait l'objet des nouvelles conclusions (Angers, 26 avr. 1866, aff. Comptoir de l'industrie linière, D. P. 66. 2. 198).

69. Il a été jugé dans le même sens : 1° que la partie qui, revendiquant la propriété d'une dénomination industrielle, par exemple, du nom d'un hôtel garni, a conclu en première instance à ce qu'il fût interdit à l'autre partie de désigner son hôtel sous ce nom, soit par ses enseignes, soit dans les journaux, peut demander en appel que la même désignation disparaisse également des objets à l'usage de l'hôtel ; ces dernières conclusions sont une simple conséquence de la demande originaire, et ne présentent pas le caractère d'une demande nouvelle, prohibée par l'art. 464 c. proc. civ. (Civ. rej. 22 déc. 1863, aff. Compagnie immobilière, D. P. 64. 1. 121) ; — 2° Que la demande d'un droit de pêche, formée en appel par celui qui avait, en première instance, demandé la propriété du cours d'eau, n'est pas nouvelle (Bourges, 3 juin 1845, aff. Decray, D. P. 49. 2. 68). — De même, dans une instance en partage d'une succession,

l'une des parties peut conclure, pour la première fois en appel, à ce que le partage comprenne certains biens, sommes et valeurs non réclamés en première instance et de nature à modifier la composition de la masse à partager : il n'y a pas là une demande nouvelle dans le sens de l'art. 464 c. proc. civ. (Civ. cass. 12 juill. 1863, aff. de Guardia, D. P. 63. 1. 119). Ou conclure pour la première fois en appel au rétablissement, dans la succession, de biens qui auraient fait retour légal au défunt, et appartenaient, dès lors, à ses héritiers, car c'est là un simple complément de la demande originaire (Dijon, 23 déc. 1868, aff. Lebon, D. P. 70. 2. 219). V. aussi Civ. cass. 19 nov. 1873, cité *suprà*, n° 56). Enfin les conclusions prises en appel par le demandeur et tendant à obtenir le payement, sur les bases fixées par les premiers juges, de sommes échues depuis le jugement, ne constituent pas une demande nouvelle (Amiens, 29 janv. 1885, afl. Ville d'Amiens, D. P. 86. 2. 212). Et le fait que le défendeur oppose à ces conclusions un moyen de défense qui n'a pas été soumis aux premiers juges n'en modifierait pas le caractère, car les nouveaux moyens que le défendeur oppose en appel à l'action principale ou aux conclusions prises pour la première fois en appel par le demandeur, ne peuvent en aucun cas être considérés comme constituant une demande nouvelle (V. *infrà*, n°s 72 et suiv.) (Même arrêt).

70. Il n'y a pas non plus violation de l'art. 464 c. proc. civ. et du principe qu'aucune demande nouvelle ne peut être formée en appel lorsque les juges d'appel nomment, sur la demande d'une des parties, présentée pour la première fois en appel, un nouvel expert à la place de celui qui est empêché, car ils ne font que compléter leur décision en la mettant en état d'être exécutée (Civ. rej. 29 avr. 1873, aff. Cordier, D. P. 73. 1. 207). — Jugé encore que le demandeur en homologation d'une transaction sur faux incident civil peut réclamer, pour la première fois en appel, l'exécution de cette transaction (Req. 16 août 1876, aff. Lemaître, D. P. 77. 1. 316. V. aussi Civ. rej. 1er déc. 1856, cité *suprà*, n° 31). — La même décision serait, d'ailleurs, applicable à notre avis, alors même que la cession serait antérieure au jugement de première instance ; car le défaut de qualité dérivant de cette cession constitue un moyen de défense à l'action principale.

71. On a vu au *Rép.* n° 146 que la jurisprudence était divisée sur la question de savoir si la contrainte par corps pouvait être demandée pour la première fois en appel. Depuis la loi du 22 juill. 1867, qui a supprimé la contrainte par corps en matière civile (V. *suprà*, v° *Contrainte par corps*, n° 30), cette question ne présente plus d'intérêt pratique. Sur la question de savoir si l'exécution provisoire peut être demandée pour la première fois en appel, V. *Jugement ;* — *Rép.* eod. v°, n°s 670 et suiv.

§ 8. — **Moyens nouveaux à l'appui de la demande originaire** (*Rép.* n°s 151 à 170).

72. — I. MOYENS NOUVEAUX. — On a vu au *Rép.* n°s 151 et 152 qu'on peut invoquer en appel tous les moyens de droit ou de fait qui n'apportent aucun changement au dispositif des conclusions, et qu'il est permis aux parties de produire, ou aux juges de suppléer toutes contestations de fait ou nullités de forme, sans qu'on puisse les écarter sous prétexte qu'elles n'ont pas été invoquées en première instance. Les auteurs restent entièrement d'accord sur ce point (V. Rousseau et Laisney, *Dictionnaire de procédure*, v° *Demande nouvelle*, n°s 60 et suiv.; Boitard et Colmet d'Aâge, *Leçons de procédure civile*, 13e éd., t. 2, n° 706). Il importe donc peu que les conclusions prises à l'audience en appel et dans lesquelles sont invoqués des moyens nouveaux n'aient pas subi les deux degrés de juridiction, et que même elles n'aient pas été préalablement signifiées ; si leur dispositif est le même que celui de la demande primitive (Poitiers, 30 janv. 1867, aff. Huet et Pignon, D. P. 67. 2. 142; Nancy, 13 févr. 1867, aff. Paul Echalié, D. P. 67. 2. 36). Il ne faut pas l'oublier, c'est le dispositif seul des conclusions qui renferme la demande et la constitue, comme on l'a vu au Rép. n° 154; la loi qu'on invoque, les considérations de fait qu'on fait valoir, les nullités de forme sur lesquelles on se fonde ne constituent que des moyens à l'appui de l'action,

dont la nature n'est pas changée (Limoges, 16 juin 1886, aff. Thomas, D. P. 89. 2. 31).

73. La jurisprudence a eu depuis la publication du *Répertoire* à appliquer fréquemment ces principes. Ainsi il a été jugé qu'une partie, après avoir assigné en son nom privé une commune en revendication des eaux provenant d'une source et en destruction des travaux pratiqués pour la capter, et s'étant appuyée en première instance sur un acte d'accensement et sur la prescription, peut, en outre, en cause d'appel, conclure aux mêmes fins comme habitant de sa propre commune, considérée comme propriétaire de la source en vertu de l'art. 641 c. civ. (Civ. rej. 2 juin 1875, aff. Ville de Lons-le-Saulnier, D. P. 75. 1. 418).

74. De même, le demandeur qui a conclu en première instance à la suppression d'une fosse à fumier établie par son voisin contre sa maison, peut invoquer, en appel, un arrêté municipal interdisant tout dépôt de fumier dans l'intérieur de la ville où est situé son immeuble ; ce n'est pas là une demande nouvelle, mais un moyen nouveau, qui tend à l'objet de la demande primitive (Req. 28 nov. 1883, aff. Voilly, D. P. 85. 1. 29). De même encore, la partie qui, au possessoire, a excipé, soit en demandant, soit en défendant, de l'exercice plus qu'annal d'une servitude de passage, peut soutenir, en appel, pour la première fois, qu'elle a possédé le chemin litigieux, non à titre de servitude, mais comme copropriétaire de ce chemin (Civ. rej. 13 mars 1866, aff. Robert, D. P. 66. 1. 184). En soutenant, devant le juge du second degré, qu'elle possédait *animo domini*, après avoir, devant le juge de paix argumenté d'une possession à titre de servitude, la partie ne modifie nullement ses conclusions qui tendent toujours au maintien de la possession articulée, simplement soutenue en appel par un moyen nouveau, ce que ne défend pas l'art. 464 c. proc. civ. — Décidé aussi que le demandeur qui poursuit un des signataires d'un billet à ordre en payement du montant de ce billet peut, après avoir prétendu en première instance que la signature apposée au titre était celle d'un endosseur, soutenir devant le juge d'appel qu'elle constituait une garantie par aval (Req. 16 janv. 1888, aff. Brousse, D. P. 89. 1. 69).

75. Il a été jugé, par application de la même règle, que la partie qui, à l'appui d'une demande qu'elle a formée au possessoire à l'effet d'être maintenue en possession d'une servitude de passage, se prévaut, en appel, de l'existence d'un chemin dont elle serait copropriétaire, propose ainsi, non pas une demande nouvelle, mais simplement un moyen nouveau (Civ. cass. 7 juill. 1869, aff. Richard, D. P. 69. 1. 471). Il faut remarquer qu'il ne saurait en être ainsi au pétitoire et qu'on n'y pourrait, en appel, substituer à la revendication d'un droit de servitude la revendication d'un droit de propriété. Ce serait intenter une demande ayant un objet nouveau, et, par conséquent, former une demande nouvelle en cause d'appel, contrairement aux dispositions de l'art. 464 c. proc. civ. (V. en ce sens : Req. 16 juin 1856, aff. de Valori, D. P. 56. 1. 423). Mais, au possessoire, l'objet de la demande consiste uniquement dans la reconnaissance et le maintien de la possession ; l'allégation d'un droit de propriété ou d'un droit de servitude en vertu duquel on prétend posséder n'est qu'un moyen à l'appui de l'action possessoire. Il en résulte que, lorsqu'en appel le demandeur allègue qu'il possède en vertu d'un droit de propriété au lieu de continuer à soutenir, comme il l'avait fait en première instance, qu'il possède en vertu d'un droit de servitude, il ne change ni le caractère, ni l'objet de sa demande, qui tend toujours au maintien de la même possession. Il invoque seulement un moyen nouveau.

76. La faculté d'invoquer des moyens nouveaux pour la première fois en appel a été appliquée à la demande en nullité d'un transport consenti par un failli (Paris, 10 mars 1866, aff. Moreau, D. P. 68. 5. 132). — Jugé également que la partie qui s'est bornée à contester l'application à un immeuble de l'hypothèque légale d'une femme mariée peut, à l'appui du même contredit, soutenir pour la première fois en appel que cette hypothèque ne garantit pas la créance de la femme (Req. 16 mai 1855, aff. de Dauvet, D. P. 55. 1. 245).

77. Comme la défense de former une demande nouvelle

en cause d'appel ne concerne que les conclusions tendant à obtenir des condamnations sur des objets dont il n'avait point été question devant les premiers juges, la nullité de l'inscription d'une hypothèque légale peut être demandée en appel pour tardiveté de cette inscription, après avoir été demandée en première instance pour inapplicabilité de l'hypothèque à l'immeuble sur lequel elle a été inscrite (Orléans, 26 août 1869, aff. du Patural et Faran, D.P.69.2.185).

78. L'associé qui a demandé en première instance la dissolution de la société pour inexécution des engagements contractés par son coassocié, en ce que ce dernier n'aurait point apporté la clientèle promise, est recevable à se prévaloir en appel du dol qu'il impute à ce même coassocié, en ce que les marchandises par lui apportées n'auraient point la provenance et la qualité qu'il aurait annoncées : ce n'est pas là une demande nouvelle, c'est un moyen nouveau à l'appui de la demande originaire.—Mais, après avoir demandé en première instance la nullité de la société pour inobservation des formalités prescrites, on ne serait pas recevable à la demander, pour la première fois en appel, pour dol et fraude (Bordeaux, 29 juill.1857, aff. de Bussy, D. P. 58.2.115, cité *suprà*, n° 19). En effet, la demande en nullité pour inobservation des formalités légales est fondée sur une nullité de forme, c'est-à-dire sur une nullité extrinsèque à la convention, dont la validité en elle-même n'est pas contestée, et qui n'est viciée qu'en raison de l'inobservation de l'art. 42 c. com. pour défaut de publicité. Au contraire, la demande de nullité fondée sur le dol et la fraude s'attaque à la substance même du contrat, au consentement qui en est la base et qu'on prétend vicié. Cette demande est donc entièrement distincte de celle qui a été soutenue en première instance et soumise à des règles différentes exigeant une instruction nouvelle. Elle constitue, par conséquent, une demande nouvelle qui ne peut être portée directement devant le juge d'appel. Au contraire, en soutenant que le défendeur n'avait pas rempli ses engagements, comme dans l'espèce de l'arrêt précité, parce qu'il n'aurait pas apporté la clientèle promise, le demandeur pouvait sans difficulté se prévaloir en appel du dol commis par le défendeur dans l'exécution des engagements qu'il avait pris. L'objet de la demande n'était pas changé; elle reposait sur la même cause, c'est-à-dire l'inexécution des engagements du défendeur, et, en invoquant la fraude, le demandeur ne faisait qu'ajouter un moyen nouveau à ceux qu'il avait primitivement produits.

79. Le demandeur qui, devant les premiers juges, se serait borné à poursuivre la rescision d'un partage, ou la réduction des avantages excessifs qui en résulteraient, ne serait plus recevable à prendre, pour la première fois en appel, des conclusions à fin de nullité du même partage, pour infraction aux règles relatives à la composition des lots : ce serait là une demande nouvelle, complètement distincte de la première, puisqu'elle tendrait à l'anéantissement du partage, tandis qu'une action en rescision pour lésion peut être arrêtée par l'offre d'un supplément de part héréditaire, et qu'une action en réduction a pour objet un simple retranchement des libéralités précipuaires dépassant la quotité disponible. L'art. 464 c. proc. civ. devient alors applicable (V. Req. 15 mai 1850, aff. Frébauld, D. P. 50. 1. 160). Mais lorsqu'une partie, en attaquant un partage d'ascendant pour lésion de plus du quart et pour atteinte à la réserve, ne s'est pas bornée à conclure à la rescision ou à la réduction de ce partage, et en a demandé l'annulation intégrale, elle est recevable à invoquer pour la première fois en appel, à l'appui de son action en nullité, l'inégalité de composition des lots : c'est là non une demande nouvelle, mais un moyen nouveau (Civ. rej. 7 janv. 1863, aff. Céby, D. P. 63. 1. 226).

80. On peut évidemment, après avoir demandé en première instance la nullité d'un testament pour une cause déterminée, invoquer en appel d'autres causes de nullité (Pau, 9 janv. 1867) (1); ce ne sont là que des moyens nouveaux, et l'objet de la demande reste le même. Il a

---

(1) (Sarrabeyrouze C. Laurentie.) — Le 16 juill. 1866, jugement du tribunal civil de Tarbes, ainsi conçu : « Attendu que, voulût-on appliquer taxativement les termes de l'art. 972 c. nap., et en supposant même que la lecture du testament ne pût être donnée que par le notaire il serait vrai de dire que les prescriptions de la loi, ont été remplies, puisque le notaire mentionne la lecture faite par lui au testateur en présence de témoins ; que la partie de Jacomet prétend, et prétend à bon droit qu'à raison de sa surdité complète, le testateur n'a pu entendre cette lecture; qu'elle soutient que le vœu de l'art. 972 n'a pas été rempli ; mais qu'alors on a amené à se demander quel a été l'esprit de la loi, et à l'interpréter, non pas en se préoccupant des garanties autres que les garanties habituelles que le testament serait environné, non pas encore à l'effet de supprimer ou même de remplacer une formalité, mais dans le but de décider si elle a été remplie, par tous les moyens possibles, dans un cas évidemment non prévu par le législateur, la faction du testament par un sourd n'ayant pas été l'objet de dispositions spéciales ; — Attendu que l'art. 972 n'a pas exigé que le testament fût lu par le notaire seul; que, sans doute, il est présumable que le législateur a songé que le testament serait lu par le notaire, puisqu'en règle générale, les personnes qui concourent et assistent sont : le testateur, à qui le testament doit être lu, les témoins en présence de qui il doit être lu, et enfin, le notaire qui semble seul être chargé de cette lecture ; mais qu'il n'en reste pas moins que l'art. 972 ne dit pas en termes formels que ce sera le notaire qui lira le testament, et que ce n'est qu'en présence de la violation d'une formalité expresse que le tribunal pourrait, aux termes de l'art. 1001, prononcer une nullité; qu'il est à remarquer que l'art. 972 est très précis et très formel lorsqu'il s'agit de la dictée du testament, c'est-à-dire de sa réception par le notaire; que cela se conçoit aisément, car c'est là sa partie essentielle ; mais que le même article, lorsqu'il arrive à la lecture du testament, se borne à dire qu'elle doit être donnée sans dire par qui, et cela se conçoit aisément encore, car il est difficile d'admettre que le testament ne puisse pas être lu aussi bien par un autre que par le notaire lui-même ; — Attendu que cette solution étant admise on ne voit pas pourquoi le testateur ne lirait pas lui-même son testament ; que c'est là évidemment, la manière la plus certaine de fixer son attention et de voir si sa pensée a été clairement rendue, puisqu'il doit non seulement lire des yeux, mais encore traduire cette lecture à haute voix; qu'au point de vue de l'intelligence de ses dispositions, ce mode pour le testateur serait préférable à la simple condition de la lecture par le notaire; — Attendu que, dans l'espèce, toutes les précautions imaginables ont été prises pour remplir le vœu de la loi; — Que non seulement

le notaire déclare que le testateur, ne pouvant entendre la lecture à cause de sa surdité complète, l'a lu lui-même à haute voix devant les témoins et le notaire, mais qu'il ajoute, après avoir mentionné la lecture par lui faite aux témoins, que le testateur a écrit sa déclaration à la fin du testament, avant la signature; que cette déclaration du testateur est ainsi conçue: « Je déclare avoir lu le testament ci-dessus, et le trouvant conforme à ma dictée, etc. »; — Que, dans de pareilles circonstances, il est impossible d'admettre que le texte de l'art. 972 a été violé et que son esprit n'a pas été observé, etc. ». — Appel par le sieur Sarrabeyrouze. — Arrêt.

La cour, — En ce qui touche le moyen de nullité proposé par la partie de Broca contre le testament du 2 déc. 1865, reçu par Me Massot-Bordenave, notaire à Tarbes : — Considérant que l'art. 972 c. nap., qui précise les formes du testament authentique, n'exige que les suivantes : — Le testament doit être dicté par le testateur, et écrit par le notaire; — Lecture du testament doit être donnée au testateur en présence des témoins; — Il doit être fait du tout mention expresse; — Considérant que la partie de Broca soutient d'abord que le testament du 2 déc. 1865 doit être annulé, parce que cet acte constaterait que, le testateur étant sourd et ne pouvant, par conséquent, entendre la lecture de son testament qui lui aurait été faite par un tiers, se serait fait cette lecture à lui-même à haute voix, en présence du notaire et des témoins, et ce que ce mode de procéder serait contraire aux dispositions de la loi; — Considérant que l'art. 972 c. nap. ne dit pas par qui doit être donnée au testateur la lecture du testament; qu'il est évident que le but de la loi, en exigeant cette lecture, a été que, soit le testateur, soit les témoins, puissent s'assurer que l'acte était de tous points conforme à la dictée qui en avait été faite ; que, dans le silence de la loi, il est évident que son vœu sera exécuté, si l'acte constate que cette lecture a été donnée dans les conditions édictées par l'art. 972, par une des personnes quelconques qui sont les instruments de l'acte; qu'il suit de là que la loi n'interdit pas que, dans un cas de nécessité, comme celui de l'espèce, la lecture soit donnée par le testateur lui-même, qui peut, par sa lecture personnelle, aussi bien, sinon mieux, que par la lecture de la part d'un tiers, s'assurer que ses dispositions ont été bien comprises et exactement rendues; — Que cela doit être vrai surtout lorsque, indépendamment de la lecture personnelle du testateur à haute voix, en présence du notaire et des témoins, il est constaté de l'acte, comme dans l'espèce, que la lecture a, en outre, été donnée par le notaire en présence du testateur et des témoins; qu'il est évident en pareil cas que toutes les précautions possibles ont été prises dans les limites des prescriptions de la loi; qu'annuler un testament dans de semblables

encore été jugé par application de la même règle : 1° que
dans une instance en séparation de patrimoine, les créanciers de la succession qui ont négligé de prendre inscription dans le délai fixé par l'art. 2111 peuvent, même
pour la première fois en appel, demander contre ceux qui
ont rempli cette formalité, qu'il leur soit fait part du bénéfice de la séparation (Bordeaux, 26 avr. 1864, aff. Calvet,
D. P. 64. 2. 220); — 2° Que la partie qui, en première
instance, a demandé la nullité du partage d'une ancienne
concession seigneuriale, en se fondant sur ce qu'elle aurait
à tort été exclue de ce partage, peut conclure pour la première fois en appel à ce qu'il soit déclaré que le lot attribué
à l'un des copartageants primitifs doit lui revenir au lieu et
place de celui-ci, alors surtout que cette prétendue erreur
d'attribution de lot a été relevée par elle devant les premiers juges (Req. 18 févr. 1868, aff. Castagnet, D. P. 68. 1.
277); — 3° Que l'héritier qui en première instance a demandé
la restitution de valeurs qu'il prétendait avoir été détournées au préjudice de la succession, peut devant la cour
d'appel, demander la restitution des mêmes valeurs, en se
fondant sur ce qu'elles seraient détenues irrégulièrement
en vertu d'une donation à cause de mort (Nancy, 20 déc.
1873, aff. Pothier, D. P. 75. 2. 6).

81. Il est encore évident qu'on se trouve en présence d'un
moyen nouveau, et non d'une demande nouvelle, lorsque
la révocation d'une donation, arguée en première instance
de nullité pour cause de simulation et de fraude, est demandée en appel pour cause de survenance d'enfant (Aix,
11 mars 1874, aff. Ferrat, D. P. 75. 2. 28). — Et, d'autre part,
il a été admis qu'on pouvait discuter pour la première fois
en cause d'appel la validité d'une transaction qui avait été
invoquée en première instance, sans enfreindre la règle de
l'art. 464 c. proc. civ. (Amiens, 1er mars 1883, aff. Por-
quier, D. P. 84. 2. 150).

Il a été jugé également que l'on peut, devant le juge
d'appel, convertir une demande en dommages-intérêts pour
contrefaçon en une demande en dommages-intérêts pour
concurrence déloyale : la demande reste, en réalité, la même,
puisqu'elle tend toujours à la réparation pécuniaire
d'un fait dommageable (Lyon, 8 juill. 1887, aff. Roger,
D. P. 88. 2. 480).

82. La partie qui, en première instance, a contredit une collocation hypothécaire, en se fondant sur ce que l'hypothèque
colloquée n'a jamais existé sur l'immeuble dont le prix est
mis en distribution, peut soutenir, pour la première fois en
appel, à l'appui de son contredit, que la même hypothèque
s'est trouvée éteinte par la voie de la purge; ce n'est là qu'un
moyen nouveau, et non pas une demande nouvelle (Civ.
rej. 21 juill. 1863, aff. Poinsel, D. P. 63. 1. 339). De même,
lorsque la collocation obtenue par un créancier dans un
règlement provisoire d'ordre a été retranchée par le jugement intervenu sur contredit, les créanciers au profit desquels
il a été rendu peuvent, en appel, demander à tout événement à être colloqués à raison d'une créance préférable à
celle de l'appelant et pour laquelle ils n'avaient pas produit
dans l'ordre : on ne doit pas voir là une demande nouvelle,
non susceptible d'être formée en appel, mais seulement un
moyen nouveau à l'effet d'obtenir la confirmation pure et

simple du jugement (Amiens, 11 juin 1853, aff. Ferzy, D. P.
54. 5. 238).

83. Si, en première instance, une partie a combattu la
prescription décennale invoquée par son adversaire, en se
fondant sur ce que celui-ci aurait succédé, en qualité de
donataire à titre universel, à un possesseur de mauvaise foi
dont il continue la possession, on a décidé que cette partie
peut, en appel, conclure subsidiairement à ce que la prescription soit rejetée par le motif que celui qui l'invoque
serait, en tout cas, héritier pur et simple du même possesseur, et soumis à ce titre à toutes les obligations de son auteur; que de telles conclusions sont recevables en appel,
soit comme constituant un moyen nouveau, soit comme
étant implicitement renfermées dans les conclusions de première instance, soit enfin comme présentant les caractères
d'un simple moyen de défense contre l'exception de prescription (Civ. cass. 27 juill. 1859, aff. de Montferrand, D. P.
59. 1. 305).

84. Le moyen nouveau est toujours recevable en appel,
sans qu'il y ait à distinguer s'il a pu ou non être proposé en
première instance. Il importe peu qu'en le soumettant pour
la première fois un moyen au juge d'appel, le demandeur
ne fasse que réparer une omission, ou que ce moyen eût dû
être suppléé d'office par le premier juge, ou enfin qu'il ne
soit né et acquis au demandeur que depuis le jugement de
première instance. Il serait, en effet, éminemment contraire
à la bonne administration de la justice de déclarer non
recevable en appel un moyen qui permettrait au juge de
rendre une décision aussi parfaite que possible sous prétexte
que ce moyen n'avait pas pu être soumis aux premiers
juges; ce serait admettre que la justice peut être forcée, par
des motifs de pure forme, de rendre une décision injuste.
En outre, on ne saurait refuser d'admettre un moyen par
le motif qu'il ne serait né que postérieurement au jugement
de première instance sans se mettre en contradiction avec
les règles fondamentales de l'appel, qui a pour effet de
remettre en question, devant les juges supérieurs, toutes les
difficultés qui ont été débattues devant les premiers juges
et sur lesquelles porte leur décision (V. *Appel civil*, n° 405;
— *Rép.* eod. v°, n°⁵ 1166 et suiv.), et qui, par conséquent,
annule en quelque sorte, quoique implicitement et provisoirement, tous les débats antérieurs.

Une décision contraire avait cependant été rendue par
la cour de Metz, le 16 déc. 1868 (aff. Thomas, D. P.
69. 2. 206) : cette cour avait décidé que le créancier qui
a demandé en première instance le payement de la dette
avant son échéance, en se fondant sur ce que le débiteur était déchu du bénéfice du terme, ne peut former la
même demande en appel, en la fondant sur ce que la
dette se trouverait échue depuis le jugement. Mais cette doctrine a été généralement repoussée par la jurisprudence et
par la cour de Metz elle-même le 2 mars 1870 (aff. Requin,
D. P. 70. 2. 166). — En somme, il suffit, pour qu'un moyen
soit recevable en appel, qu'il laisse subsister la demande
telle qu'elle était formulée devant les premiers juges.
Comme l'a exprimé un arrêt de la cour suprême, on ne
saurait considérer comme une demande nouvelle en appel
celle qui tend aux fins soumises aux premiers juges et

---

circonstances serait rendre impossible pour les sourds l'usage du
testament authentique, ce que la loi n'a pas voulu ;

Sur les deux derniers moyens de nullité : — Considérant que,
mal à propos, la partie de Pujo soutient qu'ils constituent des
demandes nouvelles qui ne peuvent être, pour la première fois,
formulées devant la cour; — Qu'en effet, l'objet de la demande,
qui était la nullité du testament, est bien resté le même; que,
seulement, au lieu d'un moyen unique qui avait été proposé
devant le tribunal, trois moyens sont proposés devant la cour;
qu'en conséquence, la fin de non-recevoir invoquée n'est nullement fondée;

Au fond, en ce qui touche le premier de ces moyens tiré de
ce que le testament ne serait pas écrit en entier de la main du
notaire, et qu'une des déclarations faites par le testateur y serait
écrite de sa main : — Considérant que l'écrit auquel il est fait
ainsi allusion est la déclaration écrite et signée par le testateur
à la fin de l'acte, attestant qu'il a lu le testament et l'a trouvé
conforme à sa dictée; que cet écrit qui n'est que le résultat
d'une prudence extrême du notaire, inspirée par les circonstances toutes particulières où il se trouvait placé, n'était nullement nécessaire pour authentiquer un fait qui avait déjà été

suffisamment constaté dans le corps de l'acte ; d'où il suit qu'en
supposant cette déclaration écrite du testateur non existante, l'acte
n'en aurait pas moins toute sa valeur; que, en conséquence, cet
écrit surabondant ne saurait devenir le principe d'un moyen de
nullité, et que c'est le cas de l'application de l'aphorisme de droit :
utile per inutile non vitiatur;

En ce qui touche le troisième moyen, tiré de ce que l'acte ne
constaterait pas que la partie contenant la déclaration écrite par
le testateur aurait été lue aux témoins : — Considérant qu'il
résulte de la teneur de l'acte que lecture a été donnée du testament par le notaire, tant au testateur qu'aux témoins, et que
cette indication comprend la partie de l'acte qui mentionne qu'à
raison de sa surdité, le testateur a lu lui-même ce testament à
haute voix et a déclaré qu'il écrivait sa déclaration sur ce point
à la fin du testament, avant sa signature, aussi en présence des
témoins et du notaire; qu'ainsi les prescriptions de la loi relativement à la lecture ont été remplies; — Que, d'ailleurs, ainsi
qu'il a déjà été dit, cette déclaration écrite étant surabondante,
vainement résulterait-il de l'acte que lecture n'en aurait pas été
donnée en présence des témoins ; — Confirme, etc.

Du 9 janv. 1867.-C. de Pau.

reposé sur la même cause, que le demandeur ait ou non ajouté à ses conclusions des arguments tirés de faits nouveaux accomplis depuis l'ouverture de l'instance (Civ. rej. 6 janv. 1885, aff. Chemin de fer nantais, D. P. 85. 1. 55-56). Spécialement, une partie peut invoquer en appel la mise en liquidation de la société défenderesse survenue depuis le jugement (Même arrêt). De même un enfant dont la demande en déclaration de légitimité a été repoussée en première instance, faute de production de l'acte de mariage de ses père et mère, par le motif que l'un d'eux vivait encore lors de la demande et du jugement, peut invoquer en appel la disposition de l'art. 197 c. civ., si, depuis le jugement, le survivant de ses père et mère est décédé (Arrêt précité du 2 mars 1870). — Jugé encore qu'une partie dont l'action, telle qu'elle avait été soumise au premier juge, tendait à faire déclarer nul et sans effet le titre constitutif d'une servitude conventionnelle, est recevable à invoquer, devant la cour d'appel, un fait, postérieur au jugement, qui aurait pour conséquence l'extinction de cette servitude (Bourges, 29 août 1865, infrà, v° Servitude).

85. — II. Preuves nouvelles. — Comme on l'a exposé au Rép. n° 159, le demandeur peut, en appel, offrir une preuve qu'il n'avait pas proposée en première instance. La jurisprudence ne paraît pas avoir eu l'occasion d'appliquer de nouveau cette règle, d'ailleurs, incontestable.

86. — III. Pièces et titres nouveaux. — La jurisprudence reconnaît toujours que des pièces nouvelles peuvent être produites pour la première fois en appel (Rép. n° 161); spécialement, les titres invoqués à l'appui d'une action possessoire formée en matière de servitude discontinue peuvent être produits pour la première fois en appel (Civ. cass. 12 juin 1850, aff. Raymond, D. P. 50. 1. 194). En effet, la production de titres nouveaux en appel, lorsqu'elle a lieu à l'appui des conclusions prises telles qu'elles l'avaient été en première instance, ne saurait constituer une demande nouvelle dès l'instant que la demande primitive n'est pas changée; il est indifférent que la demande prenne un appui nouveau dans des productions omises en première instance, dès que cette demande reste toujours la même. Il en est des titres et pièces nouveaux comme des faits nouveaux, les raisons de décider sont identiques pour les uns et les autres. Spécialement, une partie peut, à l'appui de conclusions tendant à établir l'existence d'une société en participation, articuler en appel des faits non indiqués en première instance : ce n'est pas là une demande nouvelle dans le sens de l'art. 464 c. proc. civ. (Req. 11 mai 1859, aff. Goutant Chalot, D. P. 59. 1. 455).

87. — IV. Moyens de nullité. — Nous avons dit au Rép. n° 163 qu'un moyen de nullité qui touche au fond du droit et qui n'a pas été proposé en première instance peut être soulevé en appel. Il en est ainsi, du moins, lorsqu'il s'agit d'une nullité d'ordre public. Aussi l'exception de jeu, étant d'ordre public, peut être proposée pour la première fois en appel (Paris, 16 mars 1882, aff. Adam, D. P. 82. 2. 97). Il en est de même à l'égard d'un traité intervenu entre les fabricants d'un même produit ayant pour but de détruire la libre concurrence, soit pour l'achat de la matière première, soit pour la vente du produit fabriqué, et tendant ainsi à donner à une marchandise des prix supérieurs ou inférieurs aux cours résultant de la marche ordinaire des affaires commerciales. La nullité d'un pareil traité étant d'ordre public pourrait être proposée en tout état de cause, et notamment, pour la première fois, devant les juges d'appel, alors même que les conclusions tendant à faire prononcer cette nullité ne constitueraient pas une défense à l'action principale (Req. 11 févr. 1879, aff. Cournerie, D. P. 79. 1. 345). Pour les mêmes motifs, la nullité des actes respectueux peut être proposée pour la première fois en appel par les parents qui ont formé opposition au mariage (Besançon, 19 févr. 1861, aff. Lam-

blin, D. P. 61. 2. 90). — V. toutefois, en ce qui concerne les moyens de nullité, en matière de saisie immobilière, suprà, n° 5.

§ 9. — Cas où les conclusions du demandeur en appel ont pour objet de repousser les conclusions du défendeur (Rép. n°° 171 à 178).

88. Le demandeur auquel le défendeur oppose, comme défense à l'action principale une demande qui n'a pas été soumise aux premiers juges, a le droit d'y riposter par une demande nouvelle. Cette règle s'applique, par exemple, à l'héritier naturel, demandeur en partage de la succession, à qui le défendeur a opposé, en première instance, un testament olographe instituant des légataires universels ; enfin, invoquant pour la première fois en appel la nullité du testament, il ne forme pas une demande nouvelle, mais propose une défense à l'exception et un moyen à l'appui de la demande principale (Req. 9 juill. 1885, aff. Grenier, D. P. 86. 1. 368). Toutefois, comme il résulte des nombreux arrêts cités au Répertoire, il est indispensable que la demande nouvelle formée par le demandeur constitue réellement une défense aux conclusions du défendeur et que l'exception qu'il propose s'applique directement à ces conclusions,

Art. 3. — Cas où les demandes et moyens nouveaux sont proposés par le défendeur (Rép. n°° 179 à 265).

§ 1er. — Des nouveaux moyens et des demandes que le défendeur peut présenter en appel comme défense à l'action principale (Rép. n°° 179 à 241).

89. Ainsi qu'on l'a exposé au Rép. n° 179, le défendeur a le droit non seulement de proposer en appel les moyens nouveaux et les exceptions que le demandeur pourrait lui-même invoquer; mais il lui est permis de former une demande nouvelle, si cette demande sert de défense à l'action principale, c'est-à-dire si elle contribue à la faire rejeter, à l'anéantir ou tout au moins à en atténuer l'effet. Cette règle a été depuis la publication du Répertoire, l'objet de nombreuses applications dans la jurisprudence.

90. Ainsi il a été jugé notamment : 1° que les payements d'à compte, et les contre-prétentions ayant pour effet de faire réduire les condamnations sollicitées, sont, en tant que défense à l'action principale, opposables pour la première fois en appel (Colmar, 24 juill. 1851, aff. Schmitt, D. P. 52. 2. 294); — 2° Que l'imputation faite par le créancier, et consacrée, en l'absence de tout débat, par le jugement de première instance, peut être critiquée pour la première fois en appel (Sol. impl., Colmar, 9 juin 1870, aff. Kahn, D. P. 71. 2. 63); — 3° Que le tuteur contre lequel une procédure en reddition de compte est suivie, peut réclamer, pour la première fois en appel, les intérêts de ses avances ; ce n'est là qu'une défense à la demande principale (Civ. rej. 11 nov. 1851, aff. de Roquelaure, D. P. 51. 1. 317) ; — 4° Qu'un comptable peut demander pour la première fois en appel des redressements sur divers articles d'un compte, car on ne doit voir dans une telle demande qu'une simple défense à l'action principale que le moyen d'en atténuer les effets (Req. 16 juin 1868) (1); — 5° Que la partie contre laquelle a été prononcée, en première instance, la nullité d'un acte de donation-partage, peut, tout en acceptant au fond la décision du tribunal, conclure devant la cour à ce qu'il soit tenu compte des dépenses ou améliorations qu'elle a faites sur les immeubles compris dans son lot (Rennes, 6 juin 1879, aff. Salaün, D. P. 81. 2. 40).

91. De même il a été jugé : 1° que la demande formée par le preneur, en défense à l'action en résiliation du bail, à l'effet d'obtenir une indemnité à raison des améliorations par lui faites à l'immeuble loué, peut être proposée pour la pre-

(1) (Delafosse C. Noufflard.) — La cour; — Attendu que, dans une instance en reddition de compte, les redressements demandés sur certains articles par le comptable, ayant pour objet soit de l'exonérer, soit de réduire sa dette, ne sont que des défenses à l'action principale qui peuvent être proposées pour la première fois en appel; — Attendu que tel était évidemment le caractère du redressement qui soulevait la question de savoir si la part de bénéfice de Noufflard devait être calculée sur l'ensemble des opérations ou sur chaque chargement considéré séparément ; —

Qu'en se prononçant en ce dernier sens, par le motif qu'aux termes de la convention du 25 avr. 1852 Noufflard avait droit à un quart du bénéfice de chaque chargement, sans être tenu de participer aux pertes, l'arrêt (rendu par la cour de Rouen le 23 mai 1867) n'a point violé l'art. 464 c. proc. civ., et a suffisamment motivé sa décision;

Par ces motifs, rejette, etc.

Du 16 juin 1868.-Ch. req.-MM. Bonjean, pr.-Alméras-Latour, rap.-Savary, av. gén., c. conf.-Bosviel, av.

mière fois en appel (Douai, 12 janv. 1850, aff. Deswarte, D.P. 51. 2. 121) ; — 2° Que, sur la demande en nullité d'un legs universel fait à une communauté religieuse, le remboursement des sommes dues à la communauté par la testatrice, pour ses dépenses de nourriture et d'entretien durant son séjour dans l'établissement, peut être demandé devant la cour d'appel, à titre de défense à l'action principale (Agen, 1er avr. 1867, aff. Delbos, D. P. 68. 2. 10) ; — 3° Que la résiliation d'un marché peut être réclamée pour la première fois en appel par le défendeur originaire, comme défense à une action principale ayant pour objet la résiliation du même marché avec dommages-intérêts au profit du demandeur, encore bien que le défendeur eût offert, en première instance, d'exécuter le marché dans des conditions déterminées, si ces offres n'avaient pas été acceptées par le demandeur (Douai, 24 nov. 1877, aff. Delaunoy, D. P. 78. 2. 92) ; — 4° Que la demande tendant à faire résilier pour le seul une vente de marchandises livrables par partie, opposée reconventionnellement à l'action en payement du prix dû pour la première livraison de ces marchandises, ne peut être déclarée non recevable, sous le prétexte que, s'étendant à des objets non compris dans la demande principale, elle ne constitue pas une défense à cette demande (Colmar, 19 janv. 1869, aff. Chapard, D. P. 71. 2. 7).

92. Lorsque le propriétaire d'un terrain enclavé, défendeur à une action ayant pour objet de faire déclarer un héritage voisin franc et libre de toute servitude de passage au profit de son fonds, s'est borné en première instance, à soutenir qu'il a acquis par prescription un passage sur cet héritage, rien ne s'oppose à ce qu'il prenne en appel des conclusions tendant à faire désigner le fonds litigieux comme devant supporter, en conformité de l'art. 682 c. civ., le passage nécessaire à l'exploitation de sa propriété, ces conclusions, à supposer qu'elles constituent une demande nouvelle, n'étant qu'une défense à l'action principale (Req. 15 juin 1875, aff. Canal, D. P. 76. 1. 502). De même, la fin de non-recevoir tirée, contre une demande en cantonnement, de ce qu'elle n'a été formée que pour une partie du fonds, peut être proposée pour la première fois en appel par la commune usagère, alors même qu'en première instance elle aurait déclaré consentir au cantonnement sous certaines conditions qui n'ont pas été acceptées (Besançon, 11 juill. 1859, aff. Commune de Choisey, D. P. 60. 2. 107).

93. La partie qui, en première instance, a été actionnée pour se voir déclarer assujettie à une servitude d'aqueduc, peut saisir les juges d'appel d'une demande en règlement d'eau, si cette demande est une défense à l'action principale et a pour objet d'en atténuer l'effet (Req. 19 juill. 1865, aff. Syndic de l'étang de Raynous, D. P. 66. 1. 40). — De même, le propriétaire qui soutient qu'une parcelle de l'immeuble lui appartenant est exempte de toute servitude de passage peut conclure subsidiairement, pour la première fois devant la cour d'appel, à ce qu'il lui soit donné acte de son offre de laisser la servitude s'exercer sur une autre parcelle de sa propriété (Civ. cass. 17 févr. 1880, aff. Marboutin, D. P. 82. 1. 311).

94. Le créancier colloqué par jugement, après l'hypothèque légale d'une femme mariée, peut conclure, pour la première fois en appel, à ce que l'une des créances de cette femme soit déclarée éteinte au moyen d'un emploi qui aurait été fait de la somme à elle due : une telle demande, bien que nouvelle, est recevable, comme constituant une défense à l'action principale (Civ. cass. 8 nov. 1853, aff. Méric, D. P. 54. 5. 237).

95. Il y a défense à l'action principale et, par conséquent, demande recevable pour la première fois en appel lorsqu'un jugement a, par mesure conservatoire, autorisé un créancier à prendre une inscription hypothécaire sur les biens de son débiteur, et que celui-ci, par voie d'appel, demande que certains de ces biens soient affranchis de l'inscription comme frappés d'insaisissabilité (Req. 10 mars 1852, aff. Lefrançois, D. P. 52. 1. 111).

96. Le défendeur, condamné en première instance, est recevable à conclure, pour la première fois en appel, à ce que des quittances subrogatoires lui soient délivrées en échange des sommes dont le payement a été mis à sa charge, une pareille demande tendant à atténuer l'effet de la con-

damnation, et formant ainsi une défense à l'action principale (Civ. cass. 16 janv. 1882, aff. Motans, D. P. 82. 1. 197).

97. Ce n'est point, de la part du débiteur, former une demande nouvelle que de conclure, en appel, à ce que le créancier adjudicataire du gage, soit tenu de rendre compte d'une revente qui a suivi l'adjudication, si le débat entre les parties a porté, en première instance, sur un compte de mandat dans les éléments duquel il est jugé que cette revente était comprise. En tout cas, une pareille demande, fût-elle nouvelle, serait recevable comme défense à l'action principale du créancier en payement de ce qui lui reste dû en outre du prix pour lequel le gage lui a été adjugé (Civ. rej. 7 déc. 1852, aff. Ménager et Villiers, D. P. 53. 1. 35).

98. Lorsque le vendeur de marchandises dont une partie a été reconnue avariée a obtenu en justice de l'acheteur de lui rembourser le prix de cette portion de marchandises, l'acheteur, qui devant le tribunal a réclamé reconventionnellement des dommages-intérêts, peut demander pour la première fois en appel le remboursement d'une autre partie des mêmes marchandises dont l'état défectueux n'a été reconnu que depuis le jugement, cette demande nouvelle étant une défense à l'action principale du vendeur (Req. 9 févr. 1869, aff. Dieusy, D. P. 70. 1. 14).

99. On a encore jugé : 1° que les héritiers qui ont été condamnés à payer à une tierce personne une certaine somme qui lui serait due par la succession, sont recevables à prétendre, pour la première fois en appel, que cette personne s'est appropriée sans droit des valeurs appartenant à la succession de leur auteur, une telle demande n'étant qu'une défense à l'action principale (Bordeaux, 19 mars 1868, aff. Moncamp, D. P. 68. 2. 222) ; — 2° Que les conclusions par lesquelles le conseil judiciaire et le prodigue lui-même excipent, pour la première fois devant la cour, de l'existence d'un conseil judiciaire ne constituent pas une demande nouvelle, mais un moyen de défense qui peut être opposé en tout état de cause (Paris, 21 mai 1885, aff. Oppenheim, D. P. 86. 2. 14) ; — 3° Que le bailleur, actionné par l'adjudicataire du bail mis en vente par suite de la faillite du preneur, en délivrance des biens faisant partie de la location, peut après avoir, en première instance, combattu cette demande en se fondant, par exemple, sur ce qu'elle était tardive, conclure pour la première fois en appel, au payement immédiat de tous les loyers à échoir, à raison de l'état de faillite du preneur au nom duquel agit le demandeur (Civ. cass. 20 nov. 1865, aff. Deschamps, D. P. 66. 1. 113).

100. Parmi les demandes reconventionnelles qui peuvent être portées pour la première fois devant le juge d'appel, il faut ranger les demandes en dommages-intérêts qui sont formées par le défendeur ; de pareilles demandes ont, en effet, pour objet d'établir une compensation au profit du défendeur, et elles rentrent aussi dans les termes de l'art. 464 (V. Rép. n° 225). Ainsi l'emprunteur assigné en payement peut demander, pour la première fois devant la cour d'appel, que le prêteur soit condamné à des dommages-intérêts pour avoir vendu indûment les marchandises consignées, afin de compenser la somme qui lui serait allouée de ce chef avec celle qu'il doit au prêteur : une pareille demande ne constitue qu'une défense à l'action principale (Req. 21 avr. 1886, aff. Cocharaud, D. P. 87. 1. 85. V. aussi Civ. cass. 20 juin 1876, aff. Caisse paternelle, D. P. 77. 1. 378, cité infrà, n° 124).

101. Une demande reconventionnelle en dommages-intérêts, fondée sur le caractère vexatoire et calomnieux de l'action principale, peut-elle être considérée comme une défense à cette action, susceptible d'être invoquée pour la première fois en appel? On a déjà vu suprà, n° 61, que parmi les demandes susceptibles d'être formées pour la première fois en appel, l'art. 464 c. proc. civ. mentionne celles en dommages-intérêts « pour le préjudice souffert depuis le jugement ». Cette règle s'applique au défendeur comme au demandeur ; elle exclut, dès lors, toute réclamation fondée sur le préjudice qu'a pu causer au défendeur l'exercice même de l'action. La cour de cassation a, cependant, rejeté le pourvoi formé contre un arrêt qui accordait des dommages-intérêts à raison du caractère vexatoire et calomnieux de l'action. Mais elle l'a fait dans une espèce où la cour d'appel avait à connaître pour la troisième fois

des contestations soulevées par le demandeur, où elle les avait antérieurement déclarées mal fondées et avait, à leur occasion, déjà condamné le demandeur dans une précédente instance. « Attendu, dit l'arrêt, que dans ces circonstances, l'arrêt attaqué a pu, conformément à l'art. 464 susvisé, accueillir la demande reconventionnelle en dommages-intérêts, formée par Watelet, comme étant une défense à l'action principale de Fournier » (Req. 14 mars 1883, aff. Fournier, D. P. 84. 1. 24). On se trouve donc en présence d'un cas exceptionnel, où l'action intentée n'était plus en raison des agissements du demandeur, l'exercice légitime d'un droit, mais un abus véritable de ce droit et où l'action devenait par là préjudiciable. On ne peut donc déduire de cette décision une règle générale et absolue.

102. Ainsi qu'on l'a vu au *Rép.* n° 216, l'exception de compensation est proposable pour la première fois en appel. Par application de cette règle, il a été jugé que l'exception de non-recevabilité d'une action en garantie, tirée de l'existence d'une société en participation entre les parties, est proposable pour la première fois en cause d'appel, soit comme constituant une défense à l'action principale, soit comme tendant à compensation (Civ. cass. 1er mars 1887, aff. Charlier, D. P. 87. 1. 428). — Il n'y a pas à distinguer, d'ailleurs, si la compensation peut s'opérer en vertu d'un titre antérieur au jugement de première instance ou postérieur à cette décision. La compensation d'une créance acquise par un débiteur depuis l'appel qui l'a condamné, peut être opposée pour la première fois devant la cour saisie de cet appel (Civ. cass. 24 déc. 1850, aff. Verdier, D. P. 51. 1. 31).

Il convient de remarquer que l'art. 464 c. proc. civ., en permettant d'invoquer pour la première fois la compensation en cause d'appel, a en vue la compensation judiciaire, et non la compensation légale. Celle-ci, en effet, constitue une simple défense et peut toujours à ce titre être proposée pour la première fois en cause d'appel, sans qu'il y ait jamais dérogation à la règle qui interdit les demandes nouvelles.

103. La demande nouvelle que le défendeur est autorisé à former en appel pour repousser l'action principale peut non seulement avoir pour effet de faire disparaître celle-ci, mais encore devenir le principe d'une condamnation contre le demandeur originaire. C'est ainsi notamment, comme on l'a exposé au *Rép.* n° 224, lorsqu'il s'agit d'une créance invoquée par le défendeur à titre de compensation (V. conf. Req. 10 janv. 1853, aff. Suchet-Damas, D. P. 53. 1. 193). — À la vérité, l'exception de compensation n'est plus, en pareil cas, une simple défense à l'action principale, puisqu'elle tend tout à la fois à faire écarter cette action et à faire prononcer une condamnation; mais il est à remarquer que l'art. 464, loin d'exiger, pour la recevabilité de la compensation proposée en appel, que le défendeur y cherche uniquement un moyen de défense, parle au contraire distinctement de la défense et de la compensation.

104. On a exposé au *Rép.* n°s 219 et suiv. un grand nombre d'espèces dans lesquelles les demandes nouvelles ont été admises, parce qu'elles se présentaient dans des actions intentées en matière de compte, liquidation et partage. Dans ces sortes d'actions, en effet, les prétentions des parties s'enchaînent les unes aux autres, se provoquent en quelque sorte réciproquement, se succèdent et se complètent suivant les incidents de la liquidation, et au fur et à mesure que la consistance de la masse à partager se révèle aux copartageants : il n'y a plus, à vrai dire, de demandeurs et de défendeurs, toutes les parties jouant à la fois l'un et l'autre rôle. Aussi la jurisprudence reconnaît-elle qu'en pareille matière les demandes qui tendent à diminuer la part revenant à l'un des copartageants, ne constituent que des défenses à l'action principale, et non des demandes nouvelles qui ne pourraient se produire pour la première fois en appel. Les parties peuvent donc prendre, même en appel, des conclusions nouvelles, pourvu qu'elles soient de nature à diminuer la part de chaque partie un moyen de défense contre les prétentions de l'autre (Rouen, 15 mai 1874, aff. Gastine, D. P. 75. 2. 183). On peut, par exemple, demander pour la première fois en appel le partage des immeubles dépendant d'une société d'acquêts (Même arrêt). — Un cohéritier peut demander pour la première fois en appel l'exécution d'un don à lui fait par préciput (Req. 19 nov. 1861, aff. Maillard, D. P. 62. 1. 139). — La partie qui a soutenu, par des

conclusions formelles, que les seuls inventaires produits étaient incomplets et inexacts, et que l'actif à partager devait s'augmenter des sommes que la production d'autres inventaires établirait devoir en faire partie, peut, en cause d'appel et en présence du refus persistant, par le défendeur, de faire droit à sa demande de production, conclure à ce que ces sommes soient déclarées partie intégrante de l'actif de la communauté, et qu'à raison des dissimulations par lui commises, le défendeur soit privé de sa part dans cette partie de l'actif (Civ. cass. 28 avr. 1884, aff. Reine, D. P. 84. 1. 329). — Jugé, également, que lorsque par l'effet dévolutif de l'appel, les juges du second degré ont été saisis de l'ensemble d'un compte, chacune des parties a le droit de formuler pour la première fois en appel toutes les réclamations qui se rattachent à ce compte, et sont de nature à en modifier les résultats (Req. 29 mai 1883, aff. Goffart-Lefebvre, D. P. 84. 1. 351).

105. On a décidé, d'autre part, conformément aux décisions rapportées au *Rép.* n° 249 : 1° qu'une demande en rapport à succession ou en prélèvement peut être formée pour la première fois sur l'appel du jugement intervenu dans l'instance en partage (Civ. cass. 3 mai 1848, aff. Mennety, D. P. 49. 1. 24) ; — 2° Qu'un cohéritier peut demander pour la première fois en appel les intérêts des impenses par lui faites sur les biens héréditaires (Toulouse, 27 mai 1878, aff. Joseph Calmettes, D. P. 79. 2. 141) ; — 3° Qu'on peut accueillir au cours de l'instance en partage de la succession la réclamation élevée par l'un des héritiers relativement à l'étendue d'un legs qui doit être prélevé à son profit sur la masse à partager (Rennes, 6 mars 1878, aff. Jonglez, D. P. 80. 2. 87).

106. De ce qu'en matière de compte et de partage les parties sont respectivement demanderesse ou défenderesse dans l'instance, il résulte que des contredits nouveaux peuvent être produits pour la première fois en appel par l'une ou l'autre partie (Lyon, 24 janv. 1876, aff. Letièvent, D. P. 78. 2. 38). — De même, la liquidation d'une société de fait entraînant l'apurement des comptes des copartageants qui se trouvent ainsi respectivement demandeurs et défendeurs dans l'instance, rend chacun d'eux recevable à prendre pour la première fois en appel des conclusions tendant à modifier les comptes dressés par les experts, et notamment à former une demande en dommages-intérêts (Civ. cass. 1er févr. 1881, aff. Cussey, D. P. 82. 1. 21).

107. On a vu au *Rép.* n° 230 que le défendeur peut demander pour la première fois en appel la nullité de l'acte sur lequel le demandeur fonde ses prétentions. Il a été jugé par application de cette règle, que le tuteur d'un mineur ou interdit qui, en première instance, a demandé la nullité d'un partage testamentaire dont l'exécution était poursuivie contre celui-ci, peut invoquer, pour la première fois en appel, la nullité de la délibération du conseil de famille qui a autorisé l'acceptation de ce partage, faite par un précédent tuteur : c'est là, non une demande nouvelle, mais un nouveau moyen de défense (Caen, 29 déc. 1855, aff. Angée, D. P. 56. 2. 291).

108. On admet toujours, conformément à ce qui a été exposé au *Rép.* n°s 237 et suiv., que le défendeur peut se prévaloir, pour la première fois en appel, des moyens de dol et de fraude. Ainsi en cas de demande en distraction d'immeubles saisis, le créancier saisissant, qui s'est borné en première instance à conclure à ce que le titre sur lequel repose cette demande soit déclaré étranger aux immeubles saisis, peut, pour la première fois en appel, conclure à ce que le même titre soit déclaré frauduleux : c'est là une défense à l'action principale, et non pas une demande nouvelle (Civ. cass. 3 juill. 1865, aff. Lacroix, D. P. 65. 1. 476).

109. Le moyen tiré de la prescription peut être invoqué pour la première fois en appel : outre la disposition formelle de l'art. 2224 (V. *Rép.* n°s 29, 179, 187-4°, et *infra*, v° *Prescription*; — *Rép.* eod. v°, n°s 111 et suiv.). Il a été jugé que la prescription de cinq ans, applicable à tout ce qui se paye par année, peut être invoquée pour la première fois en appel, alors même que le débiteur s'est défendu en première instance par des moyens étrangers à la prescription et a seulement énoncé dans ses conclusions qu'il pourrait l'invoquer (Caen, 20 nov. 1859, aff. Potier, D. P. 60. 2. 100). Spécialement cette prescription peut être proposée

en appel par le débiteur d'une rente, encore bien qu'il ait, pour s'affranchir complètement du service de la rente, soutenu en première instance qu'elle n'était pas due (Bordeaux, 16 juill. 1851, aff. Rieunègre, D. P. 55. 2. 259).

110. Le défaut de qualité du demandeur constitue, comme on l'a exposé au *Rép.* n° 189, un moyen de défense à l'action principale dont le défendeur peut se prévaloir pour la première fois en appel. C'est, en effet, une défense péremptoire au fond que le défendeur oppose à l'action principale et un moyen de faire rejeter cette action (Orléans, 18 févr. 1858, aff. Flory, D. P. 58. 2. 114).— On peut, notamment, opposer à la femme mariée son défaut de qualité pour ester en justice (Grenoble, 23 avr. 1858, aff. Meysson, D. P. 59. 2. 117); — Ou refuser au curateur à une succession dans les colonies la qualité pour agir au nom des créanciers du *de cujus* (Bordeaux, 3 juin 1870) (1) ; — Ou encore contester à une partie dans une instance en partage d'une succession la qualité d'héritier en laquelle elle agit (Limoges, 30 juin 1886, aff. Bouvier, D. P. 87. 2. 28). — Il faut en dire autant du défaut d'intérêt du demandeur (Même arrêt).

La fin de non-recevoir tirée de ce qu'une action a été intentée contrairement à la maxime que « nul en France ne plaide par procureur », peut aussi être élevée pour la première fois en appel, comme constituant une exception péremptoire, proposable en tout état de cause, et une défense à l'action principale (Civ. cass. 17 avr. 1866, aff. Denin, D. P. 66. 1. 347).

111. Le droit qui appartient au demandeur d'invoquer en appel à l'appui de ses prétentions des moyens, titres ou documents nouveaux dont il n'aurait pas fait usage en première instance (V. *Rép.* n°s 161 et suiv., et *suprà*, n°s 72 et suiv.) appartient *a fortiori* au défendeur. Par application de cette règle, il a été jugé que, dans une instance en résolution de vente pour défaut de payement du prix, le défendeur qui s'est borné, en première instance, à opposer la nullité de l'assignation comme ayant été donnée à un autre domicile que le sien, peut, en appel, conclure au rejet de l'action en se fondant sur ce que le prix n'était pas encore payable, par le motif notamment que l'ouverture préalable d'un ordre était nécessaire : c'est là un simple moyen nouveau, et non une demande nouvelle dans le sens de l'art. 464 c. proc. civ. (Civ. cass. 29 juill. 1857, aff. Pagès, D. P. 57. 1. 404).

112. Ainsi qu'il a été exposé au *Rép.* n°s 204 et suiv., le défendeur peut offrir pour la première fois en appel, la preuve d'un fait ou d'un droit qui n'avait pas été offerte en première instance. Il en est de même, à l'inverse, du moyen tiré de l'inadmissibilité d'un fait dont la preuve a été ordonnée en première instance : ce moyen est recevable de la part du défendeur originaire, même à titre de demande nouvelle, comme constituant une défense à l'action principale (Bordeaux, 7 déc. 1866, aff. Bourrut-Lacouture, D. P. 68. 2. 137).

113. Le défendeur peut enfin, pour repousser l'action principale, se prévaloir d'une qualité qu'il n'avait pas invoquée en première instance (*Rép.* n° 195). Spécialement, aux colonies, le courtier de commerce qui, assigné pour avoir usurpé les fonctions de commissaire-priseur en vendant aux enchères publiques des marchandises avariées, a prétendu, en première instance, avoir ce droit en sa qualité de courtier, peut exciper en appel de la délégation spéciale du consul des Etats-Unis et des immunités concédées sur ce point à ce consul (Civ. rej. 30 juin 1884, aff. Durand, D. P. 85. 1. 302).

§ 2. — *Des moyens nouveaux et des demandes du défendeur que la jurisprudence a considérés comme ne pouvant être présentés en appel* (*Rép.* n°s 242 à 265).

114. On a exposé au *Rép.* n° 242 que, si le défendeur peut, non seulement opposer à la demande principale tous les moyens, fins de non-recevoir, exceptions, etc., de nature à la faire rejeter, mais encore former des demandes nouvelles, il est indispensable que celles-ci soient des défenses à l'action principale ; les demandes nouvelles qui ne se présenteraient pas dans ces conditions, qui notamment devraient donner lieu à une décision particulière et distincte de celle qui est provoquée par la demande primitive, devraient être repoussées (V. en ce sens : Civ. cass. 29 juill. 1857, cité *suprà*, n° 111). — Une demande incidente, notamment, n'est recevable en appel que si elle sert de défense à la demande qui n'a pas été soumise au premier juge n'est recevable pour la première fois devant la cour que si l'appel principal est lui-même recevable ; en d'autres termes, la recevabilité de la demande incidente est nécessairement subordonnée à celle de l'appel principal, dont elle est l'accessoire et à la faveur duquel elle a pu être portée devant la cour. Dès lors, l'intimé ne peut valablement former devant la cour une demande incidente qui n'a pas été soumise aux juges de première instance, lorsque l'appel principal est déclaré non recevable en la forme (Nancy, 25 févr. 1881, aff. Bourbon, D. P. 81. 2. 224).

115. Il a été décidé à plusieurs reprises par la cour de Paris que l'époux défendeur à une demande en séparation de corps ne peut, pour la première fois en appel, former reconventionnellement une demande de même nature, les conclusions nouvelles prises en ce sens constituant une demande principale distincte de la demande primitive, reposant sur une cause différente et donnant lieu à une décision distincte de celle qu'eût provoquée la demande primitive (Paris, 29 août 1851, aff. Auvert, D. P. 53. 5. 153 ; 10 janv. 1852, aff. S..., D. P. 52. 5. 198 ; 21 août 1868) (2). — On a jugé aussi que la femme actionnée par son mari en réintégration du domicile conjugal ne peut demander, pour la

(1) (Robert C. Piécentin.) — La cour ; — Sur l'exception tirée du défaut de qualité : — Quant à la recevabilité : — Attendu que le moyen tiré du défaut de qualité, opposé par la veuve et par les héritiers de Robert, est une défense péremptoire au fond à l'action intentée contre eux par le curateur de la succession vacante du sieur Robert, puisque, étant admis, il aurait pour résultat de faire tomber cette action ; que le moyen peut donc être présenté pour la première fois en cause d'appel, aux termes de l'art. 464 c. proc. civ. ;

Au fond, sur ledit moyen : — Attendu qu'en principe général de droit, le curateur à succession vacante représente l'hérédité, laquelle elle-même représente le défunt ; mais que, chargé spécialement des intérêts de la succession, et même indirectement de ceux qui viennent s'y joindre, il ne l'est aucunement de faire valoir les droits personnels que des créanciers peuvent avoir contre elle ; que, maîtres de leurs actions et libres de les exercer, ceux-ci ont seuls qualité pour attaquer les actes du défunt qu'ils prétendraient avoir été faits en fraude desdits droits ; que, si une telle attribution était faite au curateur, elle serait, ainsi que le démontre bien l'art. 812 c. nap., directement contradictoire avec la nature même de sa mission ; qu'elle ne résulte point des art. 1002 c. proc. civ., 813, 814 et 803 c. nap., et ne ressort pas davantage du décret du 27 janv. 1855 relatif à l'administration des successions dans les colonies d'Amérique, ledit décret rendu applicable à celle du Sénégal ; — Attendu que, si l'art. 2 de ce décret mentionne que les curateurs d'office dans les colonies « exercent et poursuivent les droits des parties intéressées qu'ils représentent », cette expression générale est bien loin d'avoir la

signification qui lui est donnée par l'intimé ; — Attendu, en effet, qu'elle se motive suffisamment par cette circonstance qu'aux colonies la fonction du curateur n'est pas limitée, comme dans le droit métropolitain, aux successions réputées vacantes dans les termes de l'art. 812 c. nap. ; qu'elle est permanente, érigée en titre d'office, et s'applique, dès le jour de son ouverture, à toute succession autre que celle d'un agent civil ou militaire, s'il ne se présente pas immédiatement d'héritier, de légataire universel, ou d'exécuteur testamentaire, et cela, lors même qu'il y aurait des héritiers connus et non renonçants, que l'un des premiers devoirs du curateur d'office est d'avertir ; — Que, dans ces conditions spéciales, le curateur d'office représentant ainsi les héritiers connus momentanément absents, l'art. 2 du décret du 27 janv. 1855 a pu s'exprimer comme il l'a fait, sans qu'il faille en conclure qu'en se servant du mot de parties intéressées, il a entendu permettre au curateur de faire valoir les droits personnels des créanciers, soit contre les actes mêmes du défunt, soit contre les intérêts de sa succession ; — Attendu que, dans l'espèce, il est reconnu par les conclusions mêmes du curateur, intimé, et déclaré par le jugement, qu'en demandant la nullité du contrat de mariage du défunt et des dons manuels par lui faits, ledit curateur n'agit que dans l'intérêt des créanciers, comme les représentant et en exerçant leurs droits ; — Infirme le jugement rendu par le tribunal civil de Gorée, le 9 avr. 1866, etc.

Du 3 juin 1870.-C. de Bordeaux, ch. réun.-MM. Raoul-Duval, 1er pr.-Bazot, subst.-Moulinier et Descoubès, av.

(2) (Chac C. Chac.) — La cour ; — Sur la recevabilité: — Con-

première fois en appel, à être autorisée à avoir provisoirement une habitation séparée de celle de son mari, et qu'il lui soit fixé un délai dans lequel elle devra se pourvoir en séparation de corps (Bastia, 21 mai 1856, aff. Arata, D. P. 57. 2. 14). Mais il a été décidé qu'une demande en séparation de corps peut être considérée comme une défense à la demande principale en réintégration du domicile conjugal et que, par suite, elle peut être formée pour la première fois par la femme devant la cour saisie de l'appel interjeté contre le jugement qui, sur la demande du mari, avait ordonné la réintégration (Nancy, 21 janv. 1858, aff. de G..., D. P. 58. 2. 103).

116. Si le défendeur à une demande en vérification d'écriture forme incidemment en appel une demande en restitution des sommes qu'il a payées, cette demande doit être considérée comme nouvelle et être déclarée non recevable (Paris, 3 août 1844, aff. Calménil, D. P. 52. 2. 9). De même la partie condamnée en première instance au payement d'une rente foncière est non recevable à offrir, pour la première fois en appel, le rachat de cette rente, en prévision du cas où le jugement de condamnation prononcé contre elle serait confirmé : ce n'est pas là une défense à l'action principale, dans le sens de l'art. 464 c. proc. civ., le rachat d'une rente foncière étant soumis à une instruction particulière, d'après la loi du 18 déc. 1790 (Civ. rej. 17 août 1859, aff. Légaré Morilhat, D. P. 59. 1. 344).

117. Lorsqu'un créancier, poursuivi en nullité des droits d'antichrèse et d'hypothèque constitués en sa faveur par un débiteur en état de cessation de payements et pour dettes antérieurement contractées, pour défaut d'intérêt, s'est borné à conclure en première instance à ce que cette poursuite fût rejetée, et qu'il a conclu en appel à ce que cette même poursuite fût déclarée irrecevable, à raison d'engagements particuliers par lesquels les poursuivants lui auraient accordé sur eux-mêmes un droit d'antériorité, en dehors de toute cause légale de préférence, sa demande est nouvelle, et par conséquent ne peut être admise : elle ne saurait, en effet, constituer une défense à l'action principale, qui était suivie au nom et dans l'intérêt de la masse (Civ. rej. 23 juill. 1872, aff. Burcking, D. P. 73. 1. 34).

118. Il a été jugé qu'une vérification de compte tendant à établir une réduction de dette ne peut être demandée pour la première fois en appel, par la partie qui s'était bornée à conclure, en première instance, à ce que cette dette ne fût mise à sa charge qu'en qualité de tiers détenteur (Civ. rej. 25 mai 1852, aff. Ferrand-Versault, D. P. 52. 1. 186). « S'il est permis, dit cet arrêt, de former en cause d'appel une demande nouvelle, c'est lorsqu'il s'agit d'opposer comme moyen de défense à l'action principale une compensation véritable, laquelle, étant un mode de payement, aura produit son effet de plein droit entre deux dettes également exigibles, jusqu'à concurrence de la moindre d'entre elles ; mais les demandeurs qualifiaient mal à propos de compensation une prétention qui consistait, de leur part, à vouloir seulement s'en préparer les éléments pour l'avenir, au moyen de comptes non réglés qui restaient en litige et dont ils reconnaissaient que l'établissement demeurait subordonné à des vérifications ultérieures. »

119. On a vu suprà, nos 104 et suiv. qu'en matière de compte, partage et liquidation, les parties sont considérées comme étant respectivement demanderesses et défenderesses,

et peuvent, en conséquence, former des demandes nouvelles. Mais ces demandes ne sont recevables qu'autant qu'elles constituent un moyen de défense à l'encontre des conclusions prises par la partie adverse. Cette restriction a été appliquée par de nombreux arrêts. Ainsi il a été décidé que l'héritier défendeur à une action en partage intentée contre lui par un établissement public légataire universel, n'est pas recevable à demander en appel, pour la première fois, que la part lui revenant dans la succession, à la suite du décret qui n'a autorisé qu'une acceptation partielle du legs universel, soit déclarée exempte de toute contribution aux charges et aux legs (Civ. rej. 7 juill. 1868, aff. Bourlier, D. P. 68. 1. 446). Dans cette espèce, en effet, comme le dit l'arrêt de la chambre civile, « les conclusions subsidiaires du demandeur, prises pour la première fois en appel, loin d'être une défense à l'action en partage et une exception pour la repousser, supposaient l'admission de l'hypothèse d'un partage, puisqu'elles tendaient à déterminer l'un des modes suivant lesquels la composition des lots s'opérerait ». Elles ne pouvaient donc être admises. — Il en serait de même de la demande que formerait pour la première fois en appel la veuve de l'une des parties à l'effet de faire attribuer à ses enfants mineurs la portion à revenir à leur père (Lyon, 13 déc. 1874, infrà, vo Succession). — On a encore décidé que l'action en nullité d'un partage d'ascendant pour inégale répartition des biens de même nature, ne pouvant être considérée comme une défense à l'action en rescision de ce partage pour cause de lésion, ou à l'action en réduction des avantages excédant la quotité disponible, ne peut être formée pour la première fois en appel, dans l'instance à laquelle ces deux alternatives actions ont donné lieu (Orléans, 27 déc. 1856, aff. Nesmes et Lecompte, D. P. 58. 2. 77). — Enfin il a été décidé que la partie qui, dans son compte présenté en première instance, a produit pour une certaine somme, ne peut augmenter cette somme en appel, alors, d'ailleurs, qu'elle ne puise dans sa demande nouvelle, ni une exception de compensation, ni un moyen de défense (Req. 26 déc. 1853, aff. Caurette, D. P. 54. 5. 236).

120. D'après un arrêt de la cour de cassation (Civ. rej. 4 juin 1878, aff. Poisson, D. P. 79. 1. 36), une autre restriction doit être admise, au cas où les conclusions prises pour la première fois en appel, et tendant à faire rectifier les erreurs ou omissions d'un acte de partage, se produisent accessoirement à une demande en nullité ou en rescision de ce partage. Ces conclusions ne sont recevables, en pareil cas, qu'autant que la demande en nullité ou en rescision est admise par la cour : alors, en effet, les parties sont remises au même état qu'avant le jugement de première instance, et peuvent prendre toutes conclusions, relatives à la confection d'un nouveau partage ; elles peuvent, par conséquent, former en appel pour la première fois toutes les demandes se rattachant au partage et pouvant en modifier les résultats. Au contraire, si les conclusions principales sont rejetées, la cour ne se trouve plus saisie de la demande subsidiaire en rectification d'erreurs ou omissions : les parties ne sont plus respectivement demanderesses et défenderesses et les rectifications qui font l'objet des conclusions subsidiaires ne peuvent être considérées comme des défenses à l'action principale. Dès lors, l'art. 464 redevient applicable.

---

sidérant que les premiers juges n'ont été saisis que de la demande formée par la femme Chac contre son mari ; que ce dernier a fait valoir les griefs par lui articulés, mais sans demander à en faire la preuve et seulement comme moyen de défense pour atténuer ou faire disparaître les faits qui lui étaient reprochés et faire repousser sa demande en séparation de corps ; — Que c'est seulement devant la cour qu'il se présente comme demandeur ; qu'il articule ses griefs, demande, à sa requête, la séparation de corps de plano, et subsidiairement à être admis à en faire la preuve ; — Considérant que, sans rechercher si une demande de cette nature n'aurait pas dû être soumise au premier degré de juridiction et précédée du préliminaire de conciliation imposé par les art. 875 et suiv. c. proc. civ., on doit reconnaître, en tout cas, qu'elle ne peut être recevable en cause d'appel que si, conformément aux dispositions de l'art. 464, elle est une défense à l'action principale ; — Considérant qu'en matière de séparation de corps, les tribunaux doivent apprécier les griefs respectivement articulés ; que les torts de l'un des époux, s'ils sont établis, ne peuvent être écartés parce que l'autre époux aurait des torts plus graves à se

reprocher ; qu'il ne peut s'établir de compensation entre les torts respectifs ; que, dans l'espèce, les premiers juges ont accueilli la demande de la femme, malgré les griefs articulés par le mari à titre seulement de moyen de défense ; — Qu'en admettant que ces griefs, articulés et présentés devant la cour à titre de demande reconventionnelle, fussent, dès à présent, établis par voie d'enquête, il n'en résulterait pas que la demande de la femme dût être repoussée, si, comme les premiers juges l'ont décidé, elle se trouvait établie ; — Considérant, en conséquence, que la demande formée par Chac ne peut être considérée comme une défense à l'action principale ; qu'elle est elle-même une demande nouvelle et principale ; et qu'il ne peut être recevable à la produire pour la première fois en appel ; — Considérant qu'en l'état des faits, la demande reconventionnelle ne pourrait, non plus, être considérée comme une demande incidente dans les termes de l'art. 337 c. proc. civ. ; — Au fond, etc. ; — Par ces motifs, etc.

Du 21 août 1868.-C. de Paris, 3e ch.-MM. Roussel, pr.-Laplagne-Barris, av. gén.-Rozy (du bareau de Toulouse) et Magnier, av.

Enfin il va de soi que la règle qui, en matière de règlement de comptes, permet de former des demandes nouvelles devant le juge du second degré, n'est pas applicable lorsque la réclamation formulée pour la première fois en appel par l'une des parties porte sur une question qui a été réservée entre elles par une convention spéciale (Civ. rej. 23 juill. 1873, aff. Legeay, D. P. 74. 1. 102).

121. Ainsi qu'on l'a vu au *Rép.* n° 69 (V. aussi *suprà*, n° 34), il est de jurisprudence constante qu'une demande en garantie ne peut être formée pour la première fois en cause d'appel; mais nous avons à examiner ici, comme on l'a fait au *Rép.* n° 260, le cas particulier où l'action récursoire émane du défendeur. — La règle qu'une demande récursoire ne peut être formée pour la première fois en appel reçoit exception lorsque cette demande constitue une défense à l'action principale (V. *suprà*, n° 98). C'est ainsi que le débiteur de la créance donnée en gage, contraint de payer le créancier gagiste sur les poursuites de celui-ci, nonobstant l'exception de compensation qui lui appartient contre son créancier direct, peut former en appel contre ce dernier, lequel est en cause, une demande en garantie, avec subrogation dans les droits du créancier gagiste, pour être indemnisé des condamnations qui seraient prononcées contre lui : ce n'est point là une demande nouvelle devant le second degré de juridiction, mais une défense à l'action principale (Bourges, 5 juin 1852, aff. Delaveau-Jolly, D. P. 54. 2. 125). De même, l'acheteur d'une inscription de rente, actionné en nullité de la vente par le véritable propriétaire de la rente et par le notaire responsable du dommage causé à ce dernier, peut demander pour la première fois en appel des dommages-intérêts contre ce notaire, pour le cas où la vente serait déclarée nulle (V. Civ. cass. 20 juin 1876, aff. Caisse paternelle, D.P.77.1.378.V. *suprà*, n° 100). — Il a été cependant jugé que le débiteur du fonds dotal, qui a opposé, en première instance, à l'action révocatoire de la femme dotale, une fin de non-recevoir tirée de sa qualité d'héritière de sa mère, laquelle l'avait garanti de toute poursuite à raison du défaut de remploi, est non recevable à demander pour la première fois, devant la cour d'appel, que cette garantie produise un effet immédiat et que la femme soit condamnée, du chef de sa mère, à l'indemniser de toutes les condamnations qui seraient prononcées contre lui (Rouen, 7 avr. 1886, aff. Letel, D.P. 88. 2. 45). — Jugé encore que dans le cas où une condamnation solidaire contre deux coobligés est frappée d'appel par l'un d'entre eux, l'appelant ne peut, pour la première fois devant la cour, exercer contre son coobligé une action récursoire, en l'intimant sur son appel; une telle action constitue, non pas une défense à la demande principale mais une demande nouvelle, interdite en appel par l'art. 464 c. proc. civ. (Req. 5 mai 1868, aff. Pagès, D.P. 69. 1. 285). C'est la confirmation de la jurisprudence exposée au *Rép.* n°s 260 et suiv.

CHAP. 2. — Des demandes et moyens nouveaux en matière administrative (*Rép.* n°s 266 à 278).

122. Le principe qu'aucune demande nouvelle ne peut être formée en cause d'appel est, comme on l'a vu au *Rép.* n° 266, applicable devant le conseil d'Etat, lorsque cette haute juridiction joue le rôle de juge d'appel. Nous ne parlerons pas ici des cas où le recours au conseil d'Etat est irrecevable par ce que le litige devait être porté d'abord devant une autre juridiction, devant un ministre ou un conseil de préfecture; la demande qui est alors formée directement devant le conseil d'Etat est non une demande nouvelle proprement dite, mais une demande qui doit subir un double degré de juridiction et qui, ne l'ayant pas subi, ne peut être. portée directement devant le juge d'appel. Les nouvelles décisions rendues sur ce point ont été exposées *suprà*, v° *Conseil d'Etat*, n°s 64 et suiv.

123. Lorsque le conseil d'Etat est appelé à statuer comme juge d'appel, on ne peut évidemment former devant lui une demande autre que celle qui a été formée en première instance ou augmenter cette dernière demande. La jurisprudence du conseil d'Etat sur ce point confirme entièrement celle qu'il avait adoptée antérieurement à la publication du *Répertoire*, et qui a été exposée *ibid.* n°s 267 et suiv.

Ainsi, une partie ne peut, pour la première fois, demander

au conseil d'Etat la réparation du dommage que lui aurait causé le détournement d'un chemin conduisant à son usine, si elle n'avait pas soumis ce chef de réclamation au conseil de préfecture (Cons. d'Et. 1er déc. 1860, aff. Merlé, D. P. 61. 3. 18). — Ainsi encore, le membre d'une association syndicale qui s'est borné à demander au conseil de préfecture décharge de la taxe à laquelle il a été imposé sur le rôle du syndicat, n'est pas recevable à demander au conseil d'Etat de prononcer la dissolution du syndicat (Cons. d'Et. 2 févr. 1883, aff. Latil, D. P. 84. 3. 94).

124. En matière de contributions directes, on ne peut substituer à une demande en réduction une demande en décharge. Spécialement, le contribuable qui s'est borné à demander devant le conseil de préfecture la réduction de son imposition à la contribution des patentes, n'est pas recevable, dans son recours au conseil d'Etat, à demander pour la première fois décharge de l'imposition entière (Cons. d'Et. 29 juill. 1859, aff. Clouet, D. P. 61. 5. 146; 12 juill. 1878, aff. Bossis et Pillet, D. P. 79. 3. 9-10). Il y a, en effet, dans ces différents cas, augmentation de la demande et, par conséquent, contravention au principe posé par l'art. 464 c. proc. civ. — Mais si, au lieu de se borner à demander la réduction de la cote, le contribuable avait formé devant le conseil de préfecture une demande en décharge, il serait évidemment recevable à demander la réduction devant le conseil d'Etat par conclusions subsidiaires (Cons. d'Et. 22 déc. 1863, aff. Debot, D. P. 64. 3. 19). En effet, il n'y aurait pas en ce cas de demande nouvelle au sens de l'art. 464 c. proc. civ., mais bien une restriction de la demande primitive. Et une telle demande serait recevable alors même que les conclusions subsidiaires qui la contiennent seraient prises plus de trois mois après la publication du rôle, si la demande en décharge avait été formée dans ce délai (Même arrêt).

125. La demande peut être considérée comme nouvelle et comme plus étendue sans que la valeur en soit augmentée ou les prétentions accrues. Si, par exemple, le demandeur n'a point usé devant le conseil de préfecture d'une faculté qui lui est reconnue par la loi, il ne peut pour la première fois demander devant le conseil d'Etat à user de cette faculté. Ainsi un contribuable, qui devant le conseil de préfecture, a demandé décharge d'une taxe qu'il prétendait lui être indûment imposée, et qui n'avait demandé ni l'expertise, ni la réduction de la taxe, n'est pas recevable à porter directement devant le conseil d'Etat, pour le cas où sa demande en décharge serait définitivement rejetée, une demande subsidiaire tendant à être renvoyé devant le conseil de préfecture pour qu'il y soit procédé à une expertise à fin de déterminer le montant de sa taxe (Cons. d'Et. 19 avr. 1854, aff. Grandjon, D. P. 55. 5. 106; 20 janv. 1882, aff. Manuel, D. P. 83. 5. 124).

126. Il y aurait encore augmentation de la demande, non recevable devant le conseil d'Etat, au cas où un ministre attaquerait un arrêté de conseil de préfecture qui a fait droit à une demande du préfet agissant au nom de l'administration, sous prétexte que le préfet aurait pu et dû demander davantage (Cons. d'Et. 23 mars 1854, aff. Cornudet, D. P.54. 3. 41).

127. Le conseil d'Etat applique également la disposition de l'art. 464 qui admet les demandes des intérêts, arrérages, loyers et autres accessoires échus depuis le jugement et de dommages-intérêts pour le préjudice souffert depuis le jugement (V. *suprà*, n°s 61 et suiv.), bien que certaines des décisions rapportées au *Rép.* n°s 266 et suiv. aient semblé s'écarter de ces règles notamment en matière d'intérêts. Ainsi il statue fréquemment sur des demandes d'intérêts et d'arrérages des intérêts échus depuis l'acte qui lui est déféré, et quelquefois il vise l'art. 464 c. proc. civ. (V. notamment : Cons. d'Et. 27 févr. 1862, aff. Commune de Sissonne, *Rec. Cons. d'Etat*, p. 164). Plus récemment il a décidé qu'une partie est recevable à demander directement au conseil d'Etat une indemnité à raison des dommages éprouvés par elle, à la suite de l'exécution d'un travail public, postérieurement à l'arrêté du conseil de préfecture qui a statué sur sa réclamation (Cons. d'Et. 4 janv. 1884, aff. Chemin de fer de Paris-Lyon-Méditerranée, D. P. 85. 3. 90). Un arrêt, il est vrai, a déclaré non recevable une demande d'indemnité à raison d'inondations postérieures à l'arrêté attaqué (Cons. d'Et. 20 janv. 1859, aff. Deleveau, *Rec. Cons. d'Etat*, p. 52).

Mais les inondations dont il s'agissait, bien que provenant de l'existence du même travail public qui avait causé les dommages soumis au conseil de préfecture, constituaient des faits nouveaux_et complètement distincts des inondations antérieures. Cette solution n'est donc pas inconciliable avec celle de l'arrêt qui vient d'être cité.

128. Enfin le conseil d'Etat s'est rallié à la jurisprudence des tribunaux civils, exposée *suprà*, nᵒˢ 34 et suiv., d'après laquelle une demande en garantie ne peut être formée pour la première fois devant le juge d'appel. Il a décidé récemment que, dans le cas où une commune a été condamnée à payer une indemnité à un particulier, elle ne peut appeler en garantie devant le conseil d'Etat l'Etat qui n'était pas en cause devant le conseil de préfecture (Cons. d'Et. 30 juill. 1886, aff. Ville d'Oran, D. P. 87. 3. 125).

CHAP. 3. — Des demandes nouvelles en matière correctionnelle et de simple police (*Rép.* nᵒˢ 279 à 288).

129. On a vu au *Rép.* nᵒ 279 que la règle du double degré de juridiction doit être observée en matière correctionnelle et de simple police comme en matière civile. Cette règle a reçu de nouvelles et fréquentes applications.

130. Le débat en appel ne peut porter que sur les chefs de prévention et sur les faits qui ont été soumis au premier juge, à moins que le prévenu n'y consente expressément. Ainsi le débat, limité devant les premiers juges à un seul chef de prévention, ne peut être, contre le gré du prévenu, étendu devant la cour à un autre chef, même mentionné dans la troisième, mais sur lequel il n'y avait eu ni réquisition du ministère public, ni défense du prévenu (Besançon, 27 juin 1863, aff. Aigrot, D. P. 63. 2. 181).

131. C'est par application de cette règle qu'on doit refuser au juge saisi de l'appel d'un jugement de condamnation, pour délit commis envers un fonctionnaire public dans l'exercice de ses fonctions, le pouvoir de faire sortir de l'appréciation du procès-verbal constatant ce délit, un délit nouveau consistant dans un outrage commis envers un magistrat de l'ordre administratif à l'occasion de l'exercice de ses fonctions, alors que ni la citation devant le premier juge, ni la décision de celui-ci ne portaient sur cette prévention (Civ. cass. 26 août 1853, aff. Deville, D. P. 53. 5. 97). — Il a été également jugé que le ministère public, par l'appel par lui formé à la barre de la cour, ne peut substituer au délit de blessure par imprudence, objet de la citation et de la condamnation de première instance, le délit de blessure volontaire (Poitiers, 17 déc. 1863, aff. Delahaye-Moulbrand, D. P. 64. 2. 148).

De même encore, lorsqu'il interjette appel uniquement sur un chef relatif, par exemple, à un délit de pêche en temps prohibé, et que son appel est repoussé, le ministère public ne peut être admis à requérir contre le prévenu une condamnation sur le chef de délit de pêche sans permission du propriétaire (Lyon, 14 juill. 1862, aff. Martin, D. P. 63. 2. 55).

132. Il n'y a pas exception à cette règle dans le cas de connexité. Ainsi lorsqu'un délit, tel que celui de contrefaçon, sur la poursuite duquel est intervenu un jugement frappé d'appel, a été continué pendant l'instance ouverte par ce recours, les faits nouveaux ne peuvent être pris en considération par la cour d'appel ni pour la prononciation de la peine, ni pour la fixation des dommages-intérêts. Ces faits constituent des délits distincts, dont la répression est soumise à la règle des deux degrés de juridiction ; et il y a violation de cette règle par cela seul que la cour les a compris dans l'expertise ordonnée sur les conclusions de la partie civile, encore bien qu'elle n'aurait pas encore statué sur le chiffre des dommages-intérêts (Crim. cass. 11 août 1858, aff. Gautrot, D. P. 58. 1, 427).

133. Mais si le juge correctionnel ne peut en appel, connaître de faits nouveaux, il lui appartient toujours de modifier *la qualification légale* qui a été appliquée aux faits objets de la poursuite par le juge de première instance (Crim. cass. 14 sept. 1849, aff. Boussonie, D. P. 49. 5. 58; Crim. rej. 6 août 1855, aff. Ansart, D. P. 55. 5. 25, et *suprà*, vᵒ *Appel en matière criminelle*, nᵒˢ 117 et suiv.), même en tenant compte de circonstances nouvelles se rattachant aux faits déjà appréciés par les premiers juges (V. *suprà*, vᵒ *Appel en matière criminelle*, nᵒ 118).

134. Suivant ce qui a été exposé au *Rép.* nᵒ 283, on admettait que les accessoires d'une demande ne devaient, pas plus qu'en matière civile, être considérés comme des demandes nouvelles, et que, notamment, des dommages-intérêts pouvaient être accordés en appel pour préjudice éprouvé depuis le jugement. Il faut à cet égard faire une distinction. Lorsque c'est par la partie civile qu'a été saisi, le juge d'appel correctionnel n'excède pas ses pouvoirs en élevant le chiffre des dommages-intérêts alloués par les premiers juges, alors surtout qu'il se fonde sur une continuation des faits en répression desquels agit cette partie (Crim. rej. 7 déc. 1866, aff. Dromocaiti, D. P. 66. 1. 511). Mais le juge d'appel ne peut augmenter les dommages-intérêts alloués à la partie civile, quand il n'est saisi que par l'appel du prévenu (V. Crim. cass. 21 août 1851, aff. Delalu, D. P. 51. 5. 26). C'est l'application du principe que l'appel du prévenu seul ne peut lui profiter et ne saurait avoir pour effet d'aggraver sa condition (Crim. cass. 29 août 1851, aff. Cailly, D. P. 51. 5. 26-27). — Dans tous les cas, le juge d'appel ne peut allouer de nouveaux dommages-intérêts s'il n'est justifié d'aucun préjudice nouveau souffert depuis le jugement (Paris, 27 avr. 1872, aff. Dupont-Poulet, D. P. 73. 2. 225).

135. L'augmentation de la demande est prohibée devant le juge d'appel aussi bien en matière correctionnelle qu'en matière civile (*Rép.* nᵒ 284); mais il est aussi loisible à la partie poursuivante de restreindre sa demande, soit en réduisant les chefs de réclamation, soit en en abandonnant quelques-uns. Ainsi, le breveté qui, à l'origine de sa poursuite en contrefaçon, a d'abord revendiqué comme nouveaux plusieurs organes ou combinaisons de l'appareil décrit dans son brevet, est recevable, même en appel, à restreindre sa prétention à une seule de ces combinaisons ; ce n'est pas là une demande nouvelle exigeant le retour devant le premier degré de juridiction (Crim. rej. 30 janv. 1863, aff. Jennesson, D. P. 72. 5. 138).

136. Bien qu'on reconnaisse généralement que des moyens nouveaux peuvent être produits pour la première fois en appel, il a été jugé que le moyen pris de la minorité de la partie civile ne peut être opposé par le prévenu pour la première fois en appel, alors que celui-ci a plaidé en première instance sans s'en prévaloir (Bordeaux, 15 févr. 1850, aff. Jagour, D. P. 51. 2. 193).

137. Enfin le défendeur jouit, en matière correctionnelle, comme en matière civile, d'une latitude plus grande que le demandeur (*Rép.* nᵒ 288) et peut former des demandes nouvelles si elles servent de défense à l'action principale. Spécialement, la partie poursuivie qui, en première instance, a conclu reconventionnellement à des dommages-intérêts contre la partie civile et à la prononciation de la contrainte par corps, est recevable, au cas où le jugement intervenu a fait droit à cette demande, mais en prononçant une durée plus forte que celle demandée, à conclure devant le juge d'appel au maintien de cette condamnation ; de telles conclusions doivent être considérées comme le développement de celles de première instance, et non comme une demande nouvelle ; dans tous les cas elles rentrent dans l'exercice du droit de défense contre l'action principale (Crim. rej. 11 févr. 1864, aff. Leblanc, D. P. 65. 5. 113).

Table sommaire

des matières contenues dans le Supplément et le Répertoire.

(Les chiffres précédés de la lettre S renvoient au Supplément; les chiffres précédés de la lettre R renvoient au Répertoire.)

Table chronologique des Lois, Arrêts, etc.

	1883							
18 janv. Dijon. 63 c., 66 c.		5 avr. Paris. 66 c.	1er août. Req. 3 c.	8 mai. Lyon. 53 c.	9 juill. Req. 88 c.	2 juin. Civ. 33 c.	16 mars. Civ. 57 c.	
20 janv. Cons. d'Et. 125 c.	10 janv. Civ. 3 c.	14 avr. Paris. 34 c.	24 août. Rennes. 21 c.	30 juin. Civ. 113 c.	11 nov. Req. 15 c.	16 juin. Limoges. 72 c.	16 c. 58 c.	
22 janv. Civ. 60 c.	24 janv. Req. 2 c., 45 c.	12 mai. Bruxelles. 21 c.	28 nov. Req. 74 c.	3 déc. Req. 61 c., 66 c.	**1886**	30 juin. Limoges. 110 c.	23 mars. Req. 52 c.	
23 févr. Riom. 56 c.	2 févr. Cons. d'Et. 123 c.	29 mai. Req. 104 c.	**1884**	**1885**	18 janv. Req. 14 c.	30 juill. Cons. d'Et. 123 c.	8 juill. Lyon. 81 c.	**1888**
16 mars Paris. 87	20 févr. Req. 15 c.	5 juin. Rouen. 61 c.	4 janv. Cons. d'Et. 127 c.	6 janv. Civ. 2 c., 84 c.	2 févr. Req. 6 c. 2 mars. Grenoble. 40 c.	17 nov. Req. 18 c.		16 janv. Req. 74 c.
16 août. Orléans. 26 c.	1er mars. Amiens. 81 c.	21 juin. Paris. 66 c.	19 mars. Alger. 34 c.	20 janv. Amiens. 69 c.	7 avr. Rouen. 121 c. 18 avr. Loi. 67 c.	**1887**		**1889**
29 déc. Paris. 67 c.	14 mars. Req. 101 c.	30 juill. Bruxelles. 41 c.	28 avr. Civ. 104 c.	21 mai. Paris. 99 c.	21 avr. Req. 100 c. 21 mai. Riom. 39 c.	16 févr. Civ. 3 c., 30 c. 1er mars. Civ. 102 c.		28 févr. Req. 46 c.

DEMANDE PRINCIPALE. — V. outre les renvois mentionnés au *Répertoire, suprà*, v° *Conciliation*, n° 13; *infrà*, v° *Exploit*.

DEMANDE RECONVENTIONNELLE. — V. outre les renvois mentionnés au *Répertoire, suprà*, v^{is} *Chose jugée*, n° 200; *Compétence civile des tribunaux d'arrondissement*, n°s 142 et suiv.; *Compétence civile des tribunaux de paix*, n°s 10, 14, 16, 53, 128 et suiv.; *Degrés de juridiction*, n°s 117 et suiv.; *Demande nouvelle*, n°s 91 et suiv., 137; *infrà*, v^{is} *Divorce et séparation de corps*; *Enregistrement, Instruction criminelle*; *Jugement*; *Vente publique d'immeubles*.

DEMANDEUR. — V. outre les renvois mentionnés au *Répertoire, infrà*, v° *Instruction civile*; — *Rép.* eod. v°, n° 24-9°.

DÉMENCE. — V. *Interdiction-conseil judiciaire*; *Obligations*; — *Rép.* v^{is} *Aliéné*, n°s 2, 4, 21; *Interdiction-conseil judiciaire*, n°s 18, 23, 24 et suiv.; *Obligations*, n°s 341 et suiv. V. aussi *suprà*, v° *Cassation*, n° 392; *infrà*, v^{is} *Dispositions entre vifs et testamentaires*; *Douanes*; *Forêts*; *Instruction criminelle*; *Mariage*; *Peine*; *Prescription civile*; *Prescription criminelle*; *Responsabilité*.

DÉMISSION. — V. *Fonctionnaire public*; *Office*; — *Rép.* v^{is} *Fonctionnaire public*, n° 112; *Office*, n°s 145 et suiv. V. aussi *suprà*, v° *Commune*, n°s 130, 137, 156, 179, 185 et suiv., 194; *infrà*, v^{is} *Notaire-notariat*; *Obligations*; *Organisation administrative*; *Organisation militaire*; *Pension*.

DÉMISSION DE BIENS. — V. *Dispositions entre vifs et testamentaires*; — *Rép.* eod. v°, n°s 4172 et suiv.

DÉMOLITION. — V. *Voirie par terre*; — *Rép.* eod. v°, n°s 1810 et suiv. V. aussi *infrà*, v^{is} *Privilèges et hypothèques*; *Travaux publics*.

DÉNÉGATION D'ÉCRITURES. — V. *Vérification d'écritures*; — *Rép.* eod. v°, n° 9.

DÉNI DE JUSTICE. — **1.** Cette matière, d'une application d'ailleurs fort rare dans la pratique, a été étudiée très complètement au *Répertoire*. Nous n'avons donc presque rien à ajouter à ce qui dit à cet égard, d'autant plus que les documents de jurisprudence sont ici très peu nombreux.

Division.

§ 1. — **Historique et législation** (n° 1).

§ 2. — **Cas dans lesquels il y a déni de justice. — Force majeure. — Prorogation de juridiction** (n° 3).

§ 3. — **Mode de poursuivre et de constater le déni de justice. — Réquisitions. — Peines** (n° 12).

§ 1er. — **Historique et législation** (*Rép.* n°s 1 à 4).

2. V. *Rép.* n°s 1 et suiv.

§ 2. — **Cas dans lesquels il y a déni de justice. — Force majeure. — Prorogation de juridiction** (*Rép.* n°s 5 à 20).

3. Ces cas, ainsi qu'on l'a dit au *Rép.* n°s 5 et 8, sont énumérés successivement dans les art. 4 c. civ., 505 et 506 c. proc. civ., et 185 c. pén. Il y a déni de justice proprement dit (*Rép.* n° 6), lorsqu'il n'intervient ni sentence, ni jugement sur la contestation. — Au sujet de l'application de l'art. 4 c. civ. en matière criminelle, V. *Rép.* n°s 10 et 11.

4. Autre chose est de refuser de rendre la justice, autre chose est de reculer l'époque à laquelle le jugement définitif d'une affaire sera prononcé. — Jugé à cet égard, depuis la publication du *Répertoire*, que la suspension d'une instance pendant un temps déterminé ne peut être considérée comme un déni de justice (Req. 28 nov. 1855, aff. Grimault, D. P. 56. 1. 56). — De même, l'allocation, à titre de dommages-intérêts prononcés notamment pour blessures, d'une somme à payer annuellement pendant un temps déterminé après lequel il sera fait droit, ne contient ni excès de pouvoir, ni déni de justice, mais une simple réserve des droits à exercer s'il y a lieu, dans un temps ultérieur, par la partie lésée (Même arrêt). Mais il y aurait incontestablement déni de justice de la part du juge qui remettrait systématiquement à plusieurs reprises et à des époques indéterminées la solution d'une affaire.

5. Comme on l'a vu au *Rép.* n° 12, il est interdit aux tribunaux de suspendre leur jugement pour demander au pouvoir législatif l'interprétation authentique de la loi (V. aussi sur ce point : *Rép.* v° *Lois*, n°s 462 et 480).

6. L'obligation pour le juge de statuer sur la cause dont il est saisi n'admet pas d'exception; elle lui est imposée dans le cas même où il s'agit, par exemple, de l'appréciation de certains droits mal définis. Ainsi, bien que la loi qui confère les droits de garde et d'éducation au père naturel n'ait pas déterminé les droits de la mère sur la personne de l'enfant pendant la vie du père, les tribunaux n'en sont pas moins obligés de statuer sur les contestations qui s'élèvent à cet égard (*Rép.* v° *Puissance paternelle*, n° 185). Leur refus de se prononcer, basé sur le silence de la loi, constituerait le déni de justice prévu par l'art. 4 c. civ.

7. On a examiné au *Rép.* n° 10 la question de savoir si l'art. 4 c. civ. est applicable en matière criminelle, et on l'a résolue, contrairement à l'opinion de quelques auteurs, mais conformément à la doctrine de Demolombe, dans le sens de l'affirmative. Parmi les auteurs postérieurs à la publication du *Répertoire*, aucun ne s'est expliqué formellement sur ce point. Cependant MM. Aubry et Rau, t. 1, § 39 *bis*, p. 125, semblent admettre que l'art. 4 concerne exclusivement les matières civiles : « Tout juge, disent-ils, qui, *en matière civile*, refuserait de dire droit, etc., pourrait être poursuivi comme coupable de déni de justice. En matière pénale, ajoutent-ils, *ibid.*, note 1, on suit la règle : *Nulla pœna sine lege* ». Mais comme l'a démontré Demolombe, dans le passage déjà cité au *Répertoire*, l'application de cette dernière règle se concilie parfaitement avec celle de l'art. 4.

8. Le juge de police (on peut en dire autant de tous autres juges) doit s'expliquer sur toutes les contraventions relevées au procès-verbal dont il est saisi, même sur celles omises dans l'avertissement tenant lieu de citation au prévenu; si d'ailleurs le procès-verbal a été lu à l'audience, le prévenu se trouvant par là mis en demeure de se défendre sur tous les chefs de la prévention (Crim. cass. 20 févr. 1862, aff. Mouchez-Nana, D. P. 63. 1. 271). Son silence sur l'une quelconque de ces contraventions équivaudrait à un déni de justice, au moins pour partie. — Il en serait de même du cas où, sous prétexte de l'obscurité de la loi, le juge croirait devoir y suppléer en appliquant une disposition autre que celle dont l'application lui est demandée. Décidé, à cet égard, que le juge de police a non seulement le droit, mais aussi le devoir d'interpréter, le cas échéant, les règlements de police des préfets et des maires, aussi bien que les lois pénales auxquelles ils s'incorporent, et que, par suite, il ne saurait, sous prétexte d'obscurité, déclarer qu'il y a lieu pour lui d'appliquer, en place du règlement général du pré-

fet invoqué par le ministère public, un règlement local antérieur qui n'a pu conserver de force obligatoire que s'il n'est pas inconciliable avec le règlement général (Crim. cass. 22 nov. 1872, aff. Giraud, D. P. 72. 1. 429).

9. Un tribunal correctionnel ne peut pas davantage, sans commettre un déni de justice, refuser de statuer sur des délits dont la connaissance lui appartient, sous prétexte d'indivisibilité avec un crime dont l'existence n'est pas démontrée (Aix, 25 juill. 1874, aff. Chapuis, D. P. 75. 2. 229-230). De même encore la circonstance que la procédure à la suite de laquelle un prévenu a été renvoyé devant le juge correctionnel (ou devant la première chambre de la cour, si le prévenu est un magistrat ou un officier de police judiciaire), renfermerait en outre à la charge de ce prévenu des indices du crime, n'autorise pas le juge, qu'il s'agit de faits entièrement distincts, à surseoir jusqu'à ce qu'il ait été statué sur lesdits faits par la juridiction compétente. Un sursis ainsi motivé est illégal, *soit comme constituant un déni de justice,* soit comme renfermant à l'adresse du ministère public une injonction de poursuivre que celui ci ne peut recevoir que des chambres assemblées de la cour d'appel, dans les cas et d'après les formes déterminés par l'art. 235 c. instr. cr. et par l'art. 11 de la loi du 20 avr. 1810 (Crim. cass. 23 août 1866, aff. Pieri, D. P. 67. 1. 47-48).

10. Mais une cour d'appel a pu, sans commettre un déni de justice, ni encourir la censure de la cour suprême, réserver comme indépendante du débat la question de savoir si le vendeur d'un immeuble s'était engagé à donner, dans tous les cas à l'acheteur façade sur une place (Req. 15 juill. 1873, aff. Kanoui, D. P. 74. 1. 262). De même la demande formée par un associé contre son coassocié, durant l'instance en liquidation de la société, en payement d'une créance qualifiée étrangère aux opérations sociales, a pu, quoique cette créance fût comprise seulement en partie dans le compte résultant de ces opérations, être rejetée tout entière avec simple réserve de l'action du demandeur quant au surplus, faute d'indication précise, par ce dernier, des causes de la portion de créance ainsi réservée : une telle réserve ne présente pas le caractère d'un déni de justice (Req. 9 déc. 1868, aff. Zimmermann, D. P. 69. 1. 187). Il n'y a pas non plus déni de justice dans le refus du juge de donner un effet immédiat à la transaction qui, au cours d'une instance en reddition du compte des opérations d'une société, intervient entre l'associé demandeur et l'un des coassociés défendeurs, alors que cette transaction ne peut entraîner la mise hors de cause du coassocié qui a ainsi transigé, parce que le compte demandé ne peut se faire qu'avec le concours de tous les intéressés, et alors que le juge a réservé l'exécution ultérieure de la transaction entre les parties (Même arrêt). — Jugé également qu'il n'y

a ni déni de justice, ni cumul du possessoire et du pétitoire,ni excès de pouvoir, de la part du juge du possessoire qui,après avoir déclaré qu'il reste sur les caractères de la possession des parties des doutes sérieux, et que l'interprétation des titres peut seule éclaircir ce doute, renvoie ces parties à se pourvoir au pétitoire et ordonne, néanmoins, le séquestre de la propriété litigieuse (Req. 11 févr. 1857, aff. Mainville, D. P. 57. 1. 252).

11. Sur les personnes qui peuvent se rendre coupables de déni de justice, V. *Rép.* nos 18 à 21.

§ 3. — Mode de poursuivre et de constater le déni de justice. — Réquisitions. — Peines (*Rép.* nos 22 à 33).

12. La procédure en matière de déni de justice est tracée, a-t-il été dit au *Rép.* n° 21, par les art. 507 et 508 c. proc. civ. et par l'art. 185 c. pén., qui indique la peine encourue. — Pour vaincre la résistance du magistrat qui refuse de statuer sur leur différend, les plaideurs ont la voie de l'action civile en prise à partie (V. Prise à partie; — *Rép.* eod. v°, n° 28), ainsi qu'on l'a vu au *Rép.* n° 22 et suiv. — Jugé,à cet égard,que le décret du 19 sept. 1870 (D.P.70.4.91-92)portant abrogation de l'art. 75 de la Constitution du 22 frim. an 8, et de toutes autres dispositions légales ayant pour objet d'entraver les poursuites contre les fonctionnaires, a laissé subsister les règles de la prise à partie, telles qu'elles sont établies par les art. 505 et suiv. c. proc. civ. (notamment, celle qui est relative au déni de justice) (Besançon, 23 juin 1873, aff. Perrin, D. P. 74. 2. 145; Civ. cass. 14 juin 1876, aff. Perrin, D. P. 76. 1. 301-302; 4 mai 1880, aff. Chichiliane, D. P. 80. 1. 460).

13. La formalité des réquisitions, comme on l'a vu au *Rép.* n° 23, est indispensable pour la mise en demeure du juge et la constatation du déni de justice qui lui est imputé. — Décidé à ce sujet que la prise à partie pour déni de justice n'étant recevable qu'à la condition d'être précédée de deux réquisitions, le demandeur en cassation ne peut se faire un grief du déni de justice commis à son égard par l'arrêt qu'il défère à la cour suprême, lorsqu'il a omis ces deux réquisitions (Req. 9 févr. 1886, aff. Société des pêcheries françaises, D. P. 86. 1. 400).

14. Pour le cas où il s'agit d'officiers ministériels qui refusent sans motifs d'accomplir des actes de leur ministère, V. *Rép.* n° 27, et v° *Discipline judiciaire.*

15. Lorsque le déni de justice se trouve constaté, la voie criminelle est alors ouverte au ministère public pour la poursuite et la répression (c. pén. art. 185); il n'y a rien à ajouter à ce qui a été dit à cet égard au *Rép.* nos 28 à 31. — Sur la peine encourue par le juge coupable, V. également *Rép.* nos 31 à 33.

Table sommaire

des matières contenues dans le Supplément et le Répertoire.

(Les chiffres précédés de la lettre S renvoient au Supplément; les chiffres précédés de la lettre R renvoient au Répertoire.)

Récusation *R.* 13.
Référé administratif *R.* 12.
Refus de statuer *S.* 6 s.; *R.* 5 s.
Règlement de police *S.* 8.

Renvoi *S.* 4; *R.* 7.
Réparations civiles *R.* 12.
— V. Peine, Procédure.
Répression. V. Procédure.

Requête *S.* 6 s.; *R.* 5 s.
Réquisitions. V. Procédure.
Réquisitoire *R.* 7, 12.
Réserves *R.* 15.
Réserve de statuer *R.* 13.

Retard.   V. Procédure.

Société *S.* 10.
Sommation. V. Procédure.

Sursis *S.* 5, 9; *R.* 11 s.
Suspension d'instance *S.* 4.

Témoins *R.* 7.

Transaction *S.* 10.
Vente *S.* 10.
Vindicte publique. V. Peine.
Voie criminelle, V. Procédure.

Table chronologique des Lois, Arrêts, etc.

An 8. 22 frim.	1855. 28 nov.	1862. 20 févr.	1868. 0 déc. Req.	1872. 22 nov.	—15 juill. Req. 10	1876. 14 juin. Civ.	1886. 9 févr. Req.
Const. 12 c.	Req. 4 c.	Crim. 8 c.	10 c.	Crim. 8 c.	c.	12 c.	12 c.
1810. 20 avr. Loi. 9 c.	1857. 11 févr. Req. 10 c.	1866. 23 août. Crim. 9 c.	1870. 19 sept. Décr. 12 c.	1873. 23 juin. Besançon. 12 c.	1874. 25 juill. Aix. 9 c.	1880. 4 mai. Civ. 12 c.	

DENIER A DIEU. — V. *Louage ;* — *Rép.* eod. v°, n° 86.

DENIZATION. — V. *Droit civil ;* — *Rép.* eod. v°, n°s 56, 534.

DÉNONCIATION. — V. *Instruction criminelle ; Presse-outrage-publication ;* — *Rép.* v^{te} *Instruction criminelle,* n° 2301 ; *Presse-outrage-publication,* n° 1346.

V. aussi *suprà,* v° *Adultère,* n°s 17 et suiv.; *infrà,* v^{is} *Impôts indirects ; Peine ; Vente de substances falsifiées et corrompues ; Vol et escroquerie.*

DÉNONCIATION CALOMNIEUSE.

Division.

CHAP. 1. — Historique et législation (n° 1).

CHAP. 2. — Caractères et éléments constitutifs du délit (n° 2).

CHAP. 3. — Forme de la dénonciation calomnieuse. — Officiers compétents pour la recevoir (n° 15).

CHAP. 4. — Nécessité de la constatation préalable de la vérité ou de la fausseté des faits dénoncés. Sursis. — Autorité compétente à cet égard. — Preuve (n° 23).

CHAP. 5. — Tribunal compétent pour juger le délit. — Qualité pour intenter l'action. — Peine. — Dommages-intérêts (n° 53).

CHAP. 1er. — **Historique et législation** (*Rép.* n°s 2 à 10).

1. La matière de la dénonciation calomnieuse est toujours régie par l'art. 373 c. pén. qui n'a pas été modifié. — Parmi les codes promulgués à l'étranger depuis la publication du *Répertoire,* plusieurs contiennent des dispositions relatives à ce délit. Nous citerons : 1° le code pénal belge de 1867, dont l'art. 445 porte : « Sera puni d'un emprisonnement de quinze jours à six mois et d'une amende de 50 fr. à 1000 fr.: celui qui aura fait par écrit à l'autorité une dénonciation calomnieuse ; — Celui qui aura adressé par écrit à une personne des imputations calomnieuses contre son subordonné » ; — 2° Le code pénal allemand, de 1871, art. 164 ainsi conçu : « Celui, qui sachant que son accusation est fausse, aura fait devant une autorité publique une dénonciation dans laquelle il impute à une personne un acte punissable ou une violation de devoirs de sa fonction, sera puni d'un emprisonnement d'un mois au moins, et pourra, en outre, être privé des droits civiques. Il ne pourra être statué sur la fausse dénonciation tant que l'information commencée au sujet du fait dénoncé ne sera pas terminée » ; — 3° Le code pénal néerlandais, de 1881, qui dispose en ces termes (art. 268) : « Celui qui, avec intention porte ou fait porter par écrit contre une personne déterminée une fausse plainte ou dénonciation, par laquelle il est porté atteinte à l'honneur ou à la réputation de cette personne, est puni, comme coupable de dénonciation calomnieuse, d'un emprisonnement de trois ans au plus ».

CHAP. 2. — **Caractères et éléments constitutifs du délit** (*Rép.* n°s 11 à 42).

2. On a examiné au *Rép.* n° 12 la question de savoir s'il y a lieu d'assimiler la *plainte* à la *dénonciation* au point de vue de l'application de l'art. 373, et l'on a vu que la jurisprudence l'avait résolue affirmativement. Il a même été décidé, depuis la publication du *Répertoire,* qu'une simple *dénonciation directe,* faite par la partie lésée en vertu des art. 3

et 182 c. instr. cr. et portée en justice, offre le caractère de la dénonciation prévue par l'art. 373 c. pén. et qu'elle est punissable, conformément à cet article, si elle est jugée calomnieuse (Crim. rej. 14 mai 1869, aff. Numa Guilhou, D. P. 70. 1. 437. V. Conf. Chauveau et Faustin Hélie, *Théorie du code pénal,* 6° éd., t. 4, n° 1843.

3. Comme on l'a vu au *Rép.* n°s 11 et suiv., trois conditions sont nécessaires à la constitution du délit de dénonciation calomnieuse : 1° la spontanéité de la dénonciation ; 2° la gravité des faits dénoncés ; 3° le caractère calomnieux de la dénonciation. Nous passerons successivement en revue ces trois éléments de l'infraction qui nous occupe.

4. — I. SPONTANÉITÉ DE LA DÉNONCIATION (*Rép.* n°s 16 à 20). — La dénonciation doit être *spontanée.* C'est là l'un des caractères essentiels du délit. Si en effet « une personne, en révélant un fait, transmet des renseignements qu'elle est requise de donner, ses déclarations ne constituent point une dénonciation ; car autre chose est de déclarer les faits dont on a connaissance à l'autorité qui demande cette déclaration, autre chose de provoquer par un avis secret l'administration ou la justice qui les ignore » (Chauveau et Hélie, t. 4, n° 1837. — V. toutefois : Blanche, *Etudes pratiques sur le code pénal,* t. 5, n° 420). C'est ce qui a toujours été reconnu, du reste, par la jurisprudence. Ainsi il a été jugé que le délit de dénonciation calomnieuse ne se rencontre pas dans une déclaration faite devant le juge par un individu appelé à déposer comme témoin, alors que ce cas la spontanéité de la plainte reconnue mensongère manque absolument (Req. 31 janv. 1859, aff. Delporte, D. P. 59. 1. 439. V. aussi Toulouse, 5 avr. 1887, aff. Belvèze, D. P. 88. 2. 8). Décidé, de même, « qu'il est impossible d'assimiler à la plainte exigée par l'art. 373 c. pén. les déclarations faites par une femme mandée par le commissaire de police chargé de recueillir des renseignements sur une plainte portée par son mari » (Crim. cass. 22 mai 1885, aff. Weigel, *Bull. crim.,* n° 153). — La question de savoir si la dénonciation a été spontanée est, d'ailleurs, constatée souverainement par les juges du fond (Crim. rej. 10 févr. 1888, aff. Ben-Aouda-bel-Arbi, D. P. 88. 1. 139).

5. Mais il suffit que ce caractère se rencontre au moment précis de la mise en mouvement de l'action publique. Les faits postérieurs ne peuvent le modifier, et les actes d'instruction qui surviennent après la dénonciation pour éclairer plus complètement la justice n'exercent aucune influence sur la qualification du fait commis. C'est ainsi qu'il a été décidé que la spontanéité de la dénonciation résulte suffisamment de ce que, commencée par une première lettre adressée à un fonctionnaire public, cette dénonciation a été consommée par une seconde lettre en réponse à une demande de renseignements que la première rendait inévitable ; ce n'est là un cas de dénonciation dans un rapport provoqué par l'Administration (Crim. rej. 30 mai 1862, aff. Larbaud, D. P. 64. 5. 93). De même, il a été jugé qu'une dénonciation calomnieuse, d'abord faite verbalement à la gendarmerie et transmise au parquet, ne perd pas son caractère dénonciation à raison de ce qu'elle n'a été dictée et signée par son auteur que plusieurs jours après, à la suite d'une démarche des gendarmes pour lui demander s'il persistait dans sa dénonciation et s'il voulait l'écrire ou la signer (Angers, 31 janv. 1876, aff. Bidault, D. P. 76. 2. 50). Il a été jugé, avec raison, que la circonstance que le procureur de la République, auquel on a dénoncé par écrit un fait délictueux, a fait procéder par la gendarmerie à l'interrogatoire du dénonciateur, suivant la demande expresse de

ce dernier, en vue d'obtenir des indications plus précises, ne retire pas à la dénonciation son caractère de spontanéité (Crim. rej. 4 févr. 1886, aff. Ogier, Bull. crim., n° 38).

6. — II. Gravité des faits dénoncés (*Rép.* n°s 21 à 32). — La seconde condition du délit de dénonciation calomnieuse réside dans la gravité des faits dénoncés. Il est évident que les faits portés à la connaissance de l'autorité doivent être assez sérieux pour porter atteinte, s'ils étaient prouvés, à l'honneur ou à l'intérêt du tiers mis en cause. Comme le dit M. Blanche, t. 5, n° 418, le fait dénoncé doit être tel qu'il exposerait « celui contre lequel il est articulé, soit à des poursuites criminelles, correctionnelles ou disciplinaires, soit à la réprimande de ses supérieurs hiérarchiques, soit même, au mépris des honnêtes gens ». La jurisprudence ne distingue pas entre les fonctionnaires publics et les simples particuliers. Du moment qu'une personne se trouve moralement ou matériellement lésée par une dénonciation jugée calomnieuse, le délit est commis, et toutes les conséquences de la répression ont lieu de se produire (*Rép.* n° 22; Chauveau et Hélie, t. 4, n° 1851).

7. On vient de dire et l'on a vu au *Rép.* n°s 22 et suiv. que la dénonciation calomnieuse peut s'exercer soit à l'égard des particuliers, soit à l'égard des fonctionnaires publics. A l'égard de ceux-ci, il ne peut y avoir dénonciation calomnieuse qu'autant que les faits calomnieux avancés portent sur *des actes accomplis par eux dans l'exercice de leurs fonctions* (*Rép.* n°s 25 et suiv.). Toute dénonciation qui ne viserait que la vie privée d'un fonctionnaire rentrerait dans la catégorie des dénonciations calomnieuses contre de simples citoyens. Il y a dénonciation calomnieuse au préjudice d'un fonctionnaire public, par exemple, dans le fait d'adresser une lettre au ministre de l'intérieur, par laquelle on impute au maire d'une commune diverses prévarications, et notamment la soustraction d'une somme d'argent portée au budget de la commune pour réparations à une église, lorsqu'il est établi que les faits allégués sont faux (Crim. cass. 11 déc. 1847, aff. Imbert, D. P. 48. 5. 97);... Dans le fait d'insinuer qu'un maire a amené, par ses intrigues, la dissolution de l'ancien conseil municipal (Crim. rej. 30 mai 1862, aff. Larbaud, D. P. 64. 5. 93);... Dans l'accusation de concussion ou de faux lancée contre un maire en tant qu'administrateur des finances municipales (Montpellier, 14 août 1865, aff. Arnaud, D. P. 65. 2. 130; Crim. cass. 8 nov. 1867, aff. Gaume, D. P. 68. 1. 190);... Dans le fait d'imputer faussement à un maire des opérations frauduleuses en matière électorale (Crim. cass. 2 juill. 1887, aff. Mauduit du Plessis, D. P. 88. 5. 157);... Dans le fait d'accuser un suppléant de juge de paix d'avoir, comme président d'un syndicat administratif, touché et détourné à son profit une somme d'argent au moyen de faux mandats délivrés à une personne qui n'aurait été qu'un créancier fictif (Crim. rej. 23 nov. 1877, aff. Vitalis, D. P. 78. 1. 282);... Dans l'accusation portée contre un receveur de l'enregistrement, d'avoir fait des perceptions illégales, pour s'en approprier le montant (Trib. Saint-Flour, 7 janv. 1860, aff. Monsang, D. P. 60. 3. 40);... Dans le fait d'imputer faussement à des gendarmes, auprès de leur commandant, des habitudes dégradantes d'ivrognerie, de grossièreté dans leur service, et les fautes

les plus graves contre la discipline et la délicatesse (Crim. rej. 13 avr. 1876, aff. Lebras, D. P. 78. 1. 44).

8. Les officiers publics ou ministériels sont mis par la jurisprudence au même rang que les fonctionnaires publics, en ce qui concerne les dénonciations calomnieuses portées contre eux dans l'exercice de leurs attributions. Il a été jugé, par exemple, qu'il y a dénonciation calomnieuse dans le fait d'accuser un notaire d'avoir, en temps d'épidémie, déserté sa résidence légale de manière à porter obstacle à la confection de testaments que la multiplicité des décès rendait très nombreux (Crim. cass. 25 févr. 1860, aff. Aycard, D. P. 60. 5. 113);... Ou d'avoir commis des faits d'indélicatesse et de négligence contraires aux devoirs de son état (Crim. cass. 13 sept. 1860, aff. Pirolle, D. P. 61. 5. 148);... Ou d'avoir dénaturé frauduleusement dans des actes de vente la substance d'une procuration (Crim. cass. 29 déc. 1870, aff. Gauthier, D. P. 70. 1. 377);... Ou d'avoir perçu des honoraires illicites (Crim. rej. 24 avr. 1874, aff. Pitou du Gault, D. P. 76. 5. 156);... Ou d'avoir inséré des chiffres faux dans un inventaire et d'avoir détenu d'une manière arbitraire autant qu'illégale des deniers touchés pour le compte de son client (Crim. rej. 17 févr. 1884, aff. Garnier, D. P. 82. 1. 47).

De même, il y a dénonciation calomnieuse dans le fait d'imputer à un avoué d'avoir frauduleusement élevé les frais d'un procès au moyen d'une procédure frustratoire (Crim. cass. 18 déc. 1846, aff. Coquard, D. P. 47. 4. 157);... Ou d'avoir refusé de restituer des pièces qui lui avaient été confiées pour soutenir une action judiciaire (Crim. rej. et cass. 6 janv. 1876, aff. Annocque, D. P. 77. 1. 458; Crim. rej. 28 avr. 1876, même affaire, *ibid.*);... Ou de s'être livré à tous autres faits d'indélicatesse professionnelle (Crim. cass. 10 août 1882, aff. Valtaud, D. P. 83. 1. 275). — Un huissier peut également intenter une action en dénonciation calomnieuse contre celui qui l'accuse d'avoir fait de fausses énonciations dans un procès-verbal de saisie-brandon et d'avoir antidaté certains actes d'exécution (Orléans, 28 juin 1853, aff. Bertin, D. P. 54. 2. 28). — Une décision semblable a été rendue en Belgique, dans une espèce où des imputations calomnieuses étaient dirigées, par lettre adressée à un représentant de l'autorité, contre les membres d'un bureau de bienfaisance (Gand, 10 nov. 1883) (1).

9. Dans tous les cas que l'on vient d'énumérer les faits avancés étaient si graves qu'ils pouvaient faire encourir à ceux auxquels on les imputait des mesures disciplinaires très sévères, sans préjudice des peines de droit commun qui, dans plusieurs espèces, leur étaient applicables. — Il semble, au surplus, que la question de savoir si les faits dénoncés sont suffisamment graves pour motiver l'application de l'art. 373 soit de celles qu'il appartient aux juges du fait de trancher souverainement. Décidé toutefois, que la déclaration des juges du fond que les articulations de la dénonciation reprochée au prévenu, loin de porter sur de simples imputations vagues, sont graves et précises, dépourvues d'équivoque, et devaient appeler sur les fonctionnaires qui en étaient l'objet la déconsidération et de justes sévérités, si la fausseté en avait été reconnue par les autorités compétentes, n'est pas souveraine et tombe

---

(1) (Moens et consorts C. Vandernoot.) — La cour; — Sur l'unique moyen, déduit de la prescription : — Attendu que les intimés, agissant respectivement en leur qualité de président, de membres et de receveur du bureau de bienfaisance de Moorsel, ont, par exploit du 13 juin 1881, intenté à l'appelant une action en dommages-intérêts, fondée sur ce que celui-ci aurait adressé, le 6 avril de la même année, au ministre de la justice une lettre dans laquelle il les aurait faussement et méchamment accusés de certains faits tendant à établir qu'ils auraient exploité les propriétés des administrations publiques dans un but politique et de propagande électorale; — Attendu que la lettre attribuée à l'appelant réunirait, si l'existence et le caractère délictueux en étaient démontrés, les éléments constitutifs du délit de dénonciation calomnieuse prévu par l'art. 445 c. pén.; qu'en effet, les imputations qu'elle contient prétendraient auraient été adressées par écrit à un représentant de l'autorité publique et qu'elles seraient de nature à exposer les intimés à être révoqués de leurs fonctions (loi communale, art. 84, n° 2); — Attendu que si la lettre dont il s'agit a été communiquée à plusieurs personnes et, notamment, au gouverneur de la Flandre orientale, au commissaire de l'arrondissement d'Alost et à l'administration communale

de Moorsel, l'on ne peut en inférer que le fait de l'avoir écrite et adressée au ministre de la justice constituerait, dans le chef de son auteur, le délit de calomnie spécialement prévu par le paragraphe final de l'art. 444 c. pén. ; — Attendu, en effet, que ni la communication de la lettre incriminée à ces diverses personnes, ni l'espèce de publicité qui a pu en résulter ne sont le fait personnel de l'auteur de l'écrit, lequel n'y a pris aucune part directe, et qu'elles n'ont pu, dès lors, modifier en rien la nature intrinsèque de la prétendue infraction, laquelle avait, au moment où elle a été commise, tous les caractères d'une véritable dénonciation; — Et attendu que la disposition de l'art. 12 du décret du 20 juill. 1831, qui soumet à la prescription de trois mois les poursuites du chef de calomnie et d'injures, déroge au droit commun, et qu'elle ne peut être étendue à la poursuite du chef du délit de dénonciation calomnieuse, lequel est essentiellement distinct de celui de calomnie;

Par ces motifs et ceux du premier juge, déclare l'appel non fondé; en conséquence, en déboute l'appelant et le condamne aux dépens.

Du 10 nov. 1883.-C. de Gand, 1re ch.-MM. Grandjean, 1er pr.- Dubois, Baertsoen et Ligy, av,

sous le contrôle de la cour de cassation (Crim. rej. 30 mai 1862, aff. Larbaud, D. P. 64. 5. 93).

10. En ce qui concerne les particuliers, la dénonciation calomnieuse n'a lieu qu'à la condition que les faits imputés attentent à l'honneur du citoyen visé ou mettent à sa charge un crime ou un délit. Ainsi, il y a dénonciation calomnieuse dans le fait d'insinuer que la mort d'une personne est due à un empoisonnement volontaire ou tout au moins à une imprudence coupable (Crim. rej. 23 mai 1867, aff. Crybowski, D. P. 68. 5. 133);... d'accuser un individu d'escroquerie, d'abus de confiance et d'abus de blanc-seing (Crim. rej. 25 avr. 1862, aff. Lecluse, D. P. 63. 5. 115; 8 juill. 1864, aff. Billion, D. P. 65. 5. 115);... de déclarer un particulier coupable de viols et d'attentats à la pudeur sur un enfant de moins de onze ans (Crim. cass. 10 nov. 1853, aff. Roux, D. P. 53. 5. 154).

11. — III. CARACTÈRE CALOMNIEUX DE LA DÉNONCIATION (*Rép.* n°s 33 à 42). — La fausseté des faits dénoncés est avant tout nécessaire pour qu'il y ait dénonciation calomnieuse (*Rép.* n° 33). Mais elle ne suffit pas. Il peut arriver, en effet, que, sans vouloir porter un préjudice à autrui, très sincèrement et très légitimement, une personne dénonce de bonne foi une autre personne. Ce fait ne constitue pas une dénonciation calomnieuse. Il faut que l'intention malveillante, la volonté de nuire, la mauvaise foi animent le prévenu (Chauveau et Hélie, t. 4, n°s 1860 et suiv.).

De nombreuses décisions ont consacré cette règle ; ainsi il a été décidé : 1° qu'une dénonciation ne peut être déclarée calomnieuse et punie comme telle qu'autant qu'il est constaté par le juge qu'elle a été faite *méchamment et à dessein de nuire* (Crim. cass. 10 nov. 1853, aff. Roux, D. P. 53. 5. 154); — 2° Que les faits mensongers, imputés *méchamment et à dessein de nuire* à un fonctionnaire de l'ordre administratif ou judiciaire constituent une dénonciation calomnieuse (Crim. rej. 3 juill. 1857, aff. Dusseuil, D. P. 57. 1. 377); — 3° Que l'individu qui, s'autorisant d'une surcharge faite dans un effet de commerce, a porté une plainte en faux contre le souscripteur, sans lui demander préalablement aucune explication, est, avec raison, dans le cas où il y a ordonnance de non-lieu au profit de celui-ci, déclaré coupable de dénonciation calomnieuse, s'il est constaté qu'il a agi *avec l'intention de nuire* (Crim. rej. 15 avr. 1859, aff. Veil, D. P. 59. 5. 120); — 4° Que le contribuable qui, dans une pétition adressée à l'autorité supérieure pour obtenir la restitution de droits d'enregistrement indûment perçus, impute *méchamment* au receveur d'avoir abusé de l'ignorance des contribuables pour leur réclamer des sommes qu'il n'avait pas le droit de percevoir, et laisse supposer que le receveur a pu vouloir s'approprier ces sommes, commet le délit de dénonciation calomnieuse (Trib. Saint-Flour, 7 janv. 1860, aff. Monsang, D. P. 60. 3. 40. V. encore : Crim. rej. 8 janv. 1875, aff. Paraud, *Bull. crim.*, n° 6). Mais la mauvaise foi qui forme l'un des éléments constitutifs du délit de dénonciation calomnieuse résulte suffisamment de la déclaration que le prévenu a agi *dans le dessein de nuire*; il n'est pas nécessaire qu'il soit ajouté expressément qu'il y a eu mauvaise foi de sa part (Crim. rej. 26 mars 1852, aff. Colson, D. P. 52. 5. 200). Jugé aussi que l'intention coupable du dénonciateur est clairement affirmée par l'arrêt qui énonce « qu'il a obéi à un sentiment d'orgueil blessé et à un esprit de vengeance extrêmement blâmable » (Crim. rej. 4 août 1888, aff. Joulaud, *Bull. crim.*, n° 266).

12. Il n'est, du reste, pas nécessaire que les faits avancés par le dénonciateur soient absolument faux. Le caractère calomnieux, la mauvaise foi peuvent se retrouver encore dans la dénonciation d'un fait vrai, lorsque les circonstances signalées comme ayant accompagné l'accomplissement de ce fait sont fausses et lui donnent un caractère délictueux qu'il n'a pas en lui-même. C'est ainsi qu'on a reconnu comme calomnieuse la dénonciation par laquelle un fait de lacération de titre est présenté comme accompli au mépris du droit des intéressés, tandis qu'au contraire il n'a eu lieu que du consentement de ceux-ci, et après résolution de la convention (Crim. rej. 17 nov. 1855, aff. Furet, D. P. 56. 1. 139). Cette solution est conforme à la doctrine citée au *Rép.* n° 34. — Il a été jugé, dans le même sens, que la dénonciation d'un fait vrai devient une dénonciation calomnieuse lorsque, par malveillance et pour fausser le caractère moral du fait, le

dénonciateur s'abstient de faire connaître les détails qui sont propres à lui restituer sa véritable physionomie, et à le dépouiller du caractère de délit ou de faute disciplinaire dont il a l'apparence ; et les explications données depuis le commencement des poursuites en dénonciation calomnieuse, pour atténuer la gravité des expressions employées dans la plainte, ne peuvent prévaloir contre les termes mêmes de celle-ci, ni par suite faire disparaître le délit, si la portée de l'imputation reconnue fausse n'était pas douteuse (Crim. rej. 3 janv. 1873, aff. Gautier, D. P. 73. 1. 169). — Il a été décidé également que la calomnie, qui est le trait distinctif du délit de dénonciation calomnieuse, peut consister aussi bien dans l'altération morale que dans l'altération matérielle des faits dénoncés, et qu'en conséquence, l'existence de ce délit résulte du fait d'avoir dénoncé comme coupable du crime de corruption un agent qui avait seulement reçu des cadeaux (Chambéry, 4 nov. 1875, aff. X..., D. P. 76. 5. 155). Décidé encore que, pour donner ouverture à une action en dénonciation calomnieuse, il suffit qu'un fait vrai ait été dénaturé, présenté sous des apparences mensongères, ou même exagéré dans sa portée ; il n'est pas nécessaire d'établir la fausseté matérielle du fait dénoncé pour constater l'existence de ce délit (Crim. rej. 4 août 1888, cité *suprà*, n° 11).

13. Dès que l'intention coupable résultant de la malveillance et de la mauvaise foi a été constatée, le prévenu ne peut invoquer aucune excuse. Il exciperait inutilement, par exemple, de ce que la dénonciation à lui reprochée aurait été produite dans un mémoire rendu public (Crim. rej. 9 nov. 1860, aff. Contour, D. P. 61. 1. 358). La clandestinité de la plainte ne constitue pas une condition essentielle du délit de dénonciation calomnieuse, alors surtout que cette plainte a été remise à l'autorité compétente pour provoquer des poursuites (Même arrêt. V. aussi la note et les arrêts cités *ibid.*). De même, c'est en vain que le prévenu prétendrait que la dénonciation lui a été dictée par son intérêt pour obtenir la réalisation de marchés passés par lui avec l'Administration : rien ne peut justifier la dénonciation, sitôt qu'elle est reconnue calomnieuse (Crim. cass. 21 mars 1861, aff. Legentil, D. P. 61. 5. 147). — Mais il a été jugé, en Belgique, qu'il n'y a pas dénonciation calomnieuse dans le fait, par un individu, de dénoncer à la justice des détournements commis à son préjudice, alors que les renseignements pris auparavant par lui rendaient ce délit vraisemblable (Bruxelles, 21 nov. 1883, aff. Lecloux C. Rigot, *Pasicrisie belge*, 1884.3.202).

14. Si l'appréciation de la réalité ou de la fausseté des faits rentre comme on le verra *infrà*, n°s 23 et suiv., sous une compétence spéciale, l'appréciation de l'intention malveillante appartient souverainement aux juges saisis de la poursuite en dénonciation calomnieuse (Chauveau et Hélie, t. 4, n° 1859; Poitiers, 14 sept. 1858, aff. Tardy, D. P. 58. 2. 195; Crim. rej. 8 janv. 1875, cité *suprà*, n° 11 ; Crim. cass. 6 janv. 1876, aff. Annoque, D. P. 77. 1. 459); et l'appréciation que le juge a faite des divers faits mentionnés dans sa décision, pour en conclure que le prévenu, en portant devant les tribunaux une dénonciation contre telle personne désignée, a agi de mauvaise foi et calomnieusement, échappe au contrôle de la cour de cassation (Crim. rej. 5 déc. 1861, aff. de Riesgo, D. P. 62. 5. 105). De même, l'individu condamné pour dénonciation calomnieuse ne peut soutenir utilement devant la cour de cassation que l'écrit remis au procureur de la République, dans lequel les juges du fait ont vu une dénonciation, n'en a pas le caractère, si ces juges se sont fondés non seulement sur l'écrit lui-même dont ils ont apprécié le sens et la portée, mais aussi sur les circonstances antérieures à l'écrit et sur les déclarations du prévenu à l'audience (Crim. rej. 23 mai 1867, aff. Crybowski, D. P. 68. 5. 133). — Au reste, pour apprécier l'intention malveillante, le juge du fait peut naturellement recourir à tous les modes de preuve légaux, notamment à une enquête (Crim. rej. 9 déc. 1864, *Bull. crim.*, n° 280).

D'ailleurs, le juge du fait n'est tenu de se prononcer explicitement sur le caractère calomnieux de la dénonciation qu'autant qu'il a été mis en demeure de le faire par des conclusions spéciales, et le prévenu ne saurait, dans le cas contraire, se faire un moyen de cassation du défaut d'indication précise de cette intention (Crim. rej. 15 avr. 1859, aff. Veil, D. P. 59. 5. 120). — De même le prévenu ne peut

se prévaloir, devant la cour de cassation, de l'absence d'intention coupable, admise dans le jugement de première instance, si la décision d'appel, seule soumise à son examen, n'a ni reproduit, ni adopté les motifs de ce jugement (Crim. cass. 21 mars 1861, aff. Legentil, D. P. 61. 5. 147). — Si le juge du fait avait écarté l'intention par une raison de droit, par exemple, si sa décision était fondée sur l'intérêt du dénonciateur à révéler le fait, ou sur le privilège résultant de l'art. 41 de la loi sur la presse du 29 juill. 1881, ou encore sur le caractère inoffensif du fait, cette appréciation tomberait au contraire sous la censure de la cour de cassation (Arrêt précité du 21 mars 1861; Crim. cass. 8 juin 1844, Rép. n° 31; Chauveau et Hélie, t. 4, n° 1859).

CHAP. 3. — Forme de la dénonciation calomnieuse. — Officiers compétents pour la recevoir (Rép. n°s 43 à 67).

15. — I. FORME DE LA DÉNONCIATION CALOMNIEUSE (Rép. n°s 43 à 59). — Si le code ne définit pas d'une façon complète la forme dans laquelle doit être faite la dénonciation calomnieuse, du moins il est un point sur lequel il est explicite : l'art. 373 dit expressément que la dénonciation doit avoir lieu par écrit. Cette condition est indispensable pour que l'art. 373 puisse recevoir son application (Rép. n° 43. Conf. Toulouse, 5 avr. 1887, aff. Belvèze, D. P. 88. 2. 8).

Mais aucune rédaction spéciale n'est prescrite, aucun terme sacramentel. On s'est demandé, par suite, s'il est nécessaire qu'on se soit conformé à l'art. 31 c. instr. cr. Nous avons dit au Rép. n°s 41 et suiv. que telle n'a pas été la pensée du législateur. Telle est également la doctrine de MM. Blanche, t. 5, n°s 421 et suiv., Chauveau et Faustin Hélie, t. 4, n° 1839. « Ce n'est pas sans intention, disent ces derniers auteurs, que le législateur s'est borné à exiger, dans l'art. 373, que la dénonciation ait été faite par écrit; en n'énonçant aucun renvoi à l'art. 31 c. instr. cr., il a voulu soustraire la dénonciation punissable aux formes prescrites par cet article. Cette interprétation acquiert une complète certitude, si l'on considère que les dénonciateurs se déroberaient aisément à la répression de leurs calomnies, en négligeant à dessein de remplir les formes légales, et que les plus dangereux de ces agents, les dénonciateurs anonymes, échapperaient dès lors à la loi. » La signature même de la dénonciation n'est pas une condition essentielle du délit (Rép. n°s 56 et suiv.), quand il ressort suffisamment de l'écrit que l'auteur a voulu réellement se porter dénonciateur.

La jurisprudence citée au Rép. loc. cit. est formelle sur tous ces points, et les décisions que nous rencontrons postérieurement sont conformes aux arrêts antérieurs. C'est ainsi qu'il a été décidé que, pour que le demandeur dont les imputations ont été reconnues calomnieuses puisse être condamné aux peines prononcées par l'art. 373 c. pén., il n'est pas rigoureusement nécessaire que la dénonciation, écrite sous sa dictée, l'ait été dans les formes prescrites par l'art. 31 c. instr. cr. : il suffit qu'il y ait certitude que la dénonciation, telle qu'elle a été rédigée, est bien l'œuvre du dénonciateur (Crim. rej. 24 déc. 1859, aff. Louazance, D. P. 60. 1. 295). Par suite, le dénonciateur convaincu de calomnie n'est pas recevable à objecter que le procès-verbal contenant sa dénonciation a été écrit hors de sa présence, si ce procès-verbal n'est que la reproduction d'une note qu'il a dictée, et si la reproduction de cette note a été exacte dans le cours des débats (Même arrêt). De même, il a été jugé que, pour qu'une dénonciation calomnieuse puisse donner lieu à des poursuites, il suffit qu'elle ait été faite par écrit; on supposerait à tort qu'il faut qu'elle se soit produite dans les formes indiquées par l'art. 31 c. instr. cr., et, notamment, qu'elle porte la signature du dénonciateur (Crim. rej. 1er mai 1868, aff. Seguin, D. P. 68. 1. 506). Par suite, l'officier ministériel qui, connaissant la fausseté d'une dénonciation, en a dicté le projet à son clerc, et l'a ensuite remis au dénonciateur pour être portée au procureur de la République, est avec raison déclaré complice du délit de dénonciation calomnieuse (Même arrêt; Crim. rej. 4 mai 1860, aff. Gavel, D. P. 60. 1. 416).

16. Une question semblable s'est présentée à propos de la dénonciation dictée par le calomniateur à un officier de

police judiciaire. D'après un arrêt de la cour de Colmar, si une dénonciation calomnieuse faite à une autorité, ou à un officier de police judiciaire qui en a dressé procès-verbal, doit être assimilée à la dénonciation par écrit dont parle l'art. 373 c. pén., ce n'est qu'autant que le procès-verbal constate qu'il a été lu à l'auteur de la dénonciation, et que celui-ci l'a signé ou qu'il ne pouvait ou ne savait signer (Colmar, 31 juill. 1856, aff. Jacques, D. P. 57. 2. 77). Cette décision était très explicite et fixait exactement les caractères que doit réunir une dénonciation; mais on vient de voir par les arrêts des 24 déc. 1859 et 1er mai 1868 cités suprà, n° 15, que la cour de cassation s'est arrêtée à une interprétation plus large de l'art. 373 c. pén., et elle a simplement exigé la forme écrite de la dénonciation qui peut seule servir de base à la poursuite et ne peut être suppléée par la preuve orale de l'existence de cette dénonciation.

17. Cependant, guidée par les considérations que nous avons exposées suprà, n° 15, et ne voulant pas favoriser la mauvaise foi par des prescriptions de forme trop absolues, la jurisprudence s'est montrée de plus en plus facile dans l'admission des plaintes portées contre les dénonciateurs. Il a été jugé, conformément à cette tendance : 1° qu'une condamnation pour dénonciation calomnieuse n'est pas dépourvue de base, bien qu'elle ne mentionne pas expressément que la dénonciation ait été faite par écrit, si des énonciations des motifs il résulte suffisamment que les juges ont statué en présence d'une plainte servant de base à une information sur la dénonce et la démontré la non-existence des faits dénoncés (Crim. rej. 5 déc. 1860, aff. de Riesgo, D. P. 62. 5. 104); — 2° que la circonstance que la dénonciation faite à un fonctionnaire public aurait été consignée dans un procès-verbal rédigé hors de la présence du déclarant, et qu'il n'a pas eu à signer, n'empêche pas qu'elle puisse donner lieu à une condamnation dans le cas où elle est reconnue calomnieuse, si l'auteur de ladite dénonciation ne conteste pas qu'elle ait été exactement reproduite (Crim. rej. 30 janv. 1868, aff. Jourdan, D. P. 72. 5. 440); — 3° qu'il importe peu qu'une dénonciation, d'abord verbale, n'ait été dictée et signée par son auteur qu'après plusieurs jours d'intervalle, à la suite d'une démarche de l'autorité pour lui demander s'il persévérait dans sa dénonciation et s'il voulait l'écrire ou la signer (Angers, 31 janv. 1876, aff. Bidault, D. P. 76. 2. 50); — 4° Que l'on doit considérer comme une dénonciation par écrit, dans le sens de l'art. 373 c. pén., le procès-verbal dressé par les gendarmes sur la déclaration et la demande expresse du dénonciateur et envoyé par eux au procureur de la République, alors même que ce procès-verbal, reconnu d'ailleurs exact, aurait été rédigé hors de la présence du dénonciateur et sans qu'il lui en ait été donné lecture (Bourges, 21 nov. 1878, aff. Save, D. P. 79. 2. 261). — Il a même été décidé, en Belgique, que la dénonciation ne doit pas être nécessairement écrite de la main du dénonciateur, qu'il suffit que celui-ci l'ait fait écrire par un tiers et l'ait adressée à l'autorité (Bruxelles, 23 mars 1876, Pasicrisie belge, 1876. 2. 343).

18. Quant à l'écrit qui renferme la dénonciation, nous avons vu au Rép. n° 49 et suiv. qu'il peut consister aussi bien dans le procès-verbal d'une plainte déposée entre les mains de l'autorité compétente que dans une lettre ou missive quelconque. Tout écrit, quel qu'il soit, contenant l'articulation formelle d'un fait passible par sa nature d'une répression judiciaire ou administrative, et l'imputation de ce fait à une personne déterminée, réunit les caractères d'une véritable dénonciation.

En étudiant les caractères constitutifs du délit de dénonciation calomnieuse, nous avons cité, d'ailleurs, un certain nombre d'arrêts d'espèces lesquels on a considéré comme constituant ce délit des lettres adressées aux autorités administratives, ou judiciaires et contenant des imputations calomnieuses à l'égard de certains fonctionnaires ou même de simples particuliers (V. suprà, n°s 11 et suiv. V. aussi : Crim. rej. 17 févr. 1866, aff. Garnier, D. P. 82. 1. 47). — Conformément à l'arrêt cité au Rép. n° 51, il a été jugé que la dénonciation peut être déclarée calomnieuse et frappée de la peine prononcée par l'art. 373, bien qu'elle ait été insérée dans un mémoire produit en justice par son auteur pour la défense de ses intérêts (Crim. 1er mars 1860, aff. Contour, D. P. 61. 5. 376). En effet, comme on l'a vu au Rép. n° 48, l'immunité établie par l'art. 23 de la loi du

17 mai 1819 (reproduit par l'art. 41 de la loi sur la presse du 29 juill. 1881), aux termes duquel les discours ou les écrits produits devant les tribunaux ne donnent lieu à aucune action en diffamation, à moins que les faits diffamatoires ne soient étrangers à la cause, est spéciale au délit de diffamation (V. *infrà*, v° *Presse-outrage*), et ne saurait être étendue au délit de dénonciation calomnieuse. Mais le moyen tiré de ce que les imputations contenues dans l'écrit constituent une véritable dénonciation calomnieuse échappant à cette immunité, ne peut être invoqué pour la première fois devant la cour de cassation (Civ. rej. 17 août 1881, aff. Pellevin, D. P. 82. 1. 297). Et à l'inverse, l'individu condamné pour dénonciation calomnieuse n'est pas recevable à soutenir, devant la cour de cassation, que l'écrit considéré par le juge du fait comme une dénonciation n'en a pas le caractère, alors qu'il n'a élevé à cet égard aucune réclamation devant le juge saisi de la poursuite en dénonciation calomnieuse (Crim. rej. 25 avr. 1862, aff. Lécluze, D. P. 63. 5. 115, V. aussi Crim. rej. 23 mai 1867, aff. Crybowski, D. P. 68. 5. 133).

19. La dénonciation calomnieuse peut se produire également par voie de pétition. En accordant aux citoyens le droit de pétition, la loi a voulu leur permettre de faire arriver jusqu'à l'autorité supérieure leurs plaintes et leurs légitimes revendications; elle n'a pas entendu leur fournir un instrument de vengeance et de calomnie contre les actes des fonctionnaires justement exécutés dans l'exercice de leurs fonctions. C'est pourquoi la jurisprudence a constamment appliqué l'art. 373 c. pén. aux dénonciations mensongères faites au ministre ou au chef de l'État sous forme de pétitions. Il a été décidé, notamment, que le signataire d'une pétition adressée au chef de l'État et signalant des faits mensongers, de nature à appeler sur un fonctionnaire de l'ordre administratif ou judiciaire des peines disciplinaires ou autres, et imputés méchamment et à dessein de nuire, peut être poursuivi en dénonciation calomnieuse lorsque la fausseté des faits a été déclarée par l'autorité compétente pour les apprécier : on objecterait à tort qu'une telle solution est incompatible avec la liberté du droit de pétition (Crim. rej. 3 juill. 1857, aff. Dussouil, D. P. 57. 1. 377).

20. En ce qui concerne les pouvoirs des juges du fond en cette matière, il a été jugé que les tribunaux sont souverains pour apprécier si un écrit, notamment une plainte adressée au ministère public, présente le caractère d'une dénonciation pouvant, en cas de fausseté, motiver des poursuites contre son auteur (Crim. rej. 25 avr. 1862, cité *suprà*, n° 18). — Jugé aussi qu'il appartient aux juges du fait de décider souverainement qu'il existe dans la cause, un écrit servant de base à la dénonciation, ainsi que l'exige l'art. 373 c. pén. (Crim. rej. 10 févr. 1888, aff. Ben-Aouda-bel-Arbi, D.P. 88. 1. 139).

21. Du reste, bien qu'il soit exigé par la loi que la dénonciation se soit produite *par écrit* pour être calomnieuse et constituer un délit, la poursuite de ce délit n'est pas subordonnée à la représentation de l'acte à l'aide duquel il a été commis. La preuve de l'existence de cet acte peut, par suite, être faite, soit à l'appui de l'action publique, soit à l'appui de l'action civile, d'après les règles du droit commun relatives à l'instruction et à la preuve en matière de délits (Crim. rej. 4 mai 1860, aff. Gavel, D. P. 60. 1. 416). Et le jugement ou arrêt qui dans une poursuite pour dénonciation calomnieuse, a admis le plaignant à faire la preuve de l'existence d'une dénonciation écrite, a pu, en l'absence de toute contestation sur la forme de la dénonciation imputée au prévenu, s'abstenir de spécifier préalablement les conditions auxquelles pourraient être reconnus les caractères de la dénonciation par écrit ; il suffit que la preuve ordonnée rentre dans les termes de l'art. 373 c. pén. (Même arrêt). Mais si la preuve par témoins de l'existence d'une dénonciation que l'on prétend calomnieuse et qui n'est pas représentée, ne doit pas, en principe et d'une manière absolue, être considérée comme inadmissible, elle ne saurait du moins être admise, lorsqu'il s'agit, non d'une pièce détruite ou perdue, mais d'une lettre écrite au ministère public, et que ce magistrat refuse de produire sur le motif qu'elle a un caractère confidentiel et ne constitue pas une dénonciation (Dijon, 8 nov. 1854, aff. P..., D. P. 56. 2. 164). — Un arrêt de la cour de Rennes du 24 nov. 1851 (aff. le Marchand, D. P. 54. 5. 239), avait même décidé en termes absolus que la production de la dénonciation prétendue calomnieuse ne peut être

suppléée par la preuve orale de l'existence de cette dénonciation, parce que ce sont les termes mêmes de l'écrit et non des dépositions exprimant des souvenirs fugitifs sur son contenu qui peuvent mettre le juge à même de se former une conviction éclairée sur la vérité ou la fausseté des faits, et surtout sur l'intention de celui qui les aurait signalés à l'autorité dans cet écrit. Quelque juridique que paraisse cette solution, la jurisprudence de l'arrêt du 4 mai 1860 nous paraît préférable : la raison et l'équité s'opposent en effet à ce qu'un motif de pure forme permette au coupable d'échapper à l'application de la loi.

22. — II. OFFICIERS COMPÉTENTS POUR RECEVOIR LA DÉNONCIATION (*Rép.* n°s 60 à 67). — La loi exige que la dénonciation soit faite à des *officiers de justice* ou de *police administrative* ou *judiciaire*. On a dit au *Rép.* n° 61 et suiv. ce qu'il faut entendre par ces officiers de police et quels sont exactement les fonctionnaires qui ont qualité pour recevoir la dénonciation (V. aussi Chauveau et Hélie, t. 4, n°s 1846 et suiv.). — La qualification d'officier de justice, dans le sens de l'art. 373, appartient au ministre de la justice, quoique ce haut fonctionnaire ne soit pas compris dans la classe des officiers de justice ordinaire. C'est ce qu'ont reconnu, outre la décision (Rennes, 16 avr. 1834) citée au *Rép.* n° 63, deux arrêts postérieurs de la cour de cassation (Crim. cass. 26 avr. 1856, aff. Millet, D. P. 56. 1. 382 ; Crim. rej. 23 janv. 1858, aff. Nigon, D. P. 58. 5. 129).

Quant aux préfets des départements et au préfet de police à Paris, la qualité d'officier de police administrative leur a toujours été reconnue sans difficulté (V. *Rép.* n° 65). Mais il a été jugé avec raison que cette qualité ne saurait être attribuée aux préfets installés par l'ennemi dans un département français envahi (Nancy, 21 déc. 1872, aff. Noiriel, D. P. 73. 2. 7). — D'après un arrêt, « la qualification d'officier de police administrative ou judiciaire s'étend à tous ceux qui, dans les administrations publiques, exercent une autorité disciplinaire sur leurs subordonnés, et peuvent être entraînés par une dénonciation calomnieuse, à frapper injustement de suspension, de destitution ou de toute autre mesure répressive, la personne dénoncée » (Crim. cass. 12 avr. 1851, aff. Poustonis, D. P. 52. 5. 199). Il en résulte qu'un évêque auprès duquel une dénonciation a été portée contre l'un des ecclésiastiques qui lui sont subordonnés peut être considéré comme un officier de police judiciaire ou administrative conformément à l'art. 373 (Même arrêt).

Un autre arrêt se plaçant à un point de vue différent place les sous-officiers de gendarmerie au nombre des officiers compétents pour recevoir la dénonciation. Les sous-officiers de gendarmerie, dit cet arrêt, s'ils ne sont pas des officiers de police judiciaire, dans le sens de l'art. 9 c. instr. cr., n'en sont pas moins, en ce qui concerne les dénonciations, des intermédiaires entre les dénonciateurs et le procureur de la République, en sorte que la dénonciation reçue par un sous-officier de gendarmerie, procédant dans la sphère de ses attributions, est réputée avoir été faite au procureur de la République lui-même et peut, en cas de fausseté, donner lieu à l'application de l'art. 373 c. pén. (Crim. rej. 24 déc. 1859, aff. Louazance, D. P. 60. 1. 295).

Quant aux gendarmes, il a été décidé également que bien que n'ayant pas la qualité d'officiers de police judiciaire, ils sont cependant, en ce qui concerne les dénonciations et les plaintes, des intermédiaires entre les dénonciateurs et le procureur de la République, de sorte que les dénonciations qu'ils reçoivent peuvent être considérées comme faites à ce magistrat lui-même (Toulouse, 5 avr. 1887, aff. Belvèze, D.P. 88. 2. 8).

CHAP. 4. — Nécessité de la constatation préalable de la vérité ou de la fausseté des faits dénoncés. — Sursis. — Autorité compétente à cet égard. — Preuve (*Rép.* n°s 68 à 112).

23. Comme on l'a vu *suprà*, n°s 11 et suiv. les faits avancés doivent être faux pour constituer le délit de dénonciation calomnieuse. Il en résulte que toute poursuite sur une plainte en dénonciation doit être précédée d'une décision sur la question préjudicielle de la vérité ou de la fausseté des faits dénoncés (*Rép.* n°s 68 et suiv.). Mais quelle est l'autorité compétente pour statuer sur cette question préjudicielle ?

Sera-ce le tribunal auquel est déférée la connaissance du délit? Il semble qu'il en devrait être ainsi, par application de la règle que le juge de l'action est aussi juge de l'exception. C'est en ce sens, en effet, que la doctrine paraît se prononcer ; elle admet la compétence du juge saisi de la poursuite, dans le cas tout au moins, où les faits dénoncés constituent des actes administratifs imputés à un fonctionnaire public. MM. Chauveau et Hélie, notamment, se demandent (t. 4, n° 1834), si l'art. 373 c. pén., en demeurant muet sur la question de compétence de l'appréciation des faits dénoncés, n'a pas voulu se référer par là même aux règles ordinairement suivies. « Si cet article eût voulu déroger aux règles communes, disent-ils, ne l'eût-il pas exprimé ? Or la règle commune est que le juge saisi de la prévention est compétent pour apprécier tous les faits, pour prononcer sur tous les éléments du délit ; s'il en était autrement, non seulement la marche de la justice serait entravée par de perpétuels conflits de juridiction, mais le jugement du délit, au lieu d'être le résultat des débats, serait déterminé par des décisions qui leur seraient étrangères... La loi devait-elle déroger à cette règle à l'égard de la dénonciation calomnieuse ? » MM. Chauveau et Hélie ne le pensent pas (V. encore : Merlin, *Répertoire*, v° *Bigamie*, n° 8 ; Mangin, *Traité de l'action publique*, n° 228).

24. Mais la jurisprudence n'a pas sanctionné cette opinion. Il a été décidé : 1° que les juges saisis d'une plainte en dénonciation calomnieuse sont incompétents pour apprécier la vérité ou la fausseté des faits dénoncés ; qu'ils doivent surseoir à la décision du fond jusqu'à ce que cette appréciation ait été faite par l'autorité administrative ou judiciaire investie du droit de prononcer, s'il y a lieu, une répression pénale ou disciplinaire contre la personne objet de la dénonciation (Crim. rej. 16 déc.1853, aff. Resterrucci, D. P. 53. 5.155) ; — 2° Que le tribunal correctionnel saisi, même par ordonnance de la chambre du conseil, d'une plainte en dénonciation calomnieuse, ne peut statuer sur cette plainte, qu'après que les faits dénoncés ont été appréciés par l'autorité compétente (Crim. cass. 28 nov. 1851, aff. Lange, 1er arrêt, D. P. 53. 5. 155) ; — 3° Que la vérité ou la fausseté des faits dénoncés constitue une exception préjudicielle au jugement sur l'action en dénonciation calomnieuse, et que ces faits doivent, par suite, être préalablement appréciés par l'autorité compétente (Orléans, 28 juin 1853, aff. Bertin, D. P. 54. 2. 28) ; — 4° Que le jugement qui apprécie la plainte en dénonciation calomnieuse, avant qu'il ait été statué par l'autorité compétente sur la réalité ou la fausseté des faits dénoncés, est entaché de nullité (Orléans, 8 août 1853, aff. Bertin, D. P. 54. 2. 29) ; — 5° Que les allégations diffamatoires, contenues dans une protestation contre une élection législative adressée au président de la Chambre des députés, ne peuvent non plus être qualifiées de dénonciations calomnieuses, tant que l'autorité compétente n'a pas prononcé la fausseté des faits dénoncés (Bourges, 14 janv. 1879, aff. Champagnac, D. P. 79. 2. 149). Et le tribunal saisi de la poursuite en dénonciation calomnieuse ne peut renvoyer le prévenu de cette poursuite en l'absence d'une décision de l'autorité compétente pour statuer sur la vérité des faits dénoncés même par le motif que ces faits seraient suffisamment établis par la notoriété publique (Crim. cass. 25 févr. 1860, aff. Aycard, D. P. 60. 5. 113. V. encore Crim. rej. 3 févr. 1888, aff. Pommier, *Bull. crim.* n° 51, et D. P. 89, 1re partie ; Liège, 6 août 1878, aff. Philippet, *Pasicrisie belge*, 1879. 2. 16 ; Gand, 14 mars 1885, aff. Vandernoot, *ibid.*, 1885. 2. 170. Conf. Blanche, t. 4, n° 425). Il a été décidé cependant que le juge correctionnel, saisi par un notaire d'une plainte en dénonciation calomnieuse, peut refuser de surseoir à statuer jusqu'à ce qu'il ait été justifié d'une déclaration définitive sur l'instance civile introduite par le prévenu contre le notaire en restitution d'honoraires indûment perçus, et qu'il n'y a pas lieu en pareil cas d'accorder au prévenu des réserves relatives à l'action civile (Crim. rej. 24 avr. 1874, aff. Pitou du Gault, D. P. 76. 5. 155).

25. Lorsque, depuis le jugement qui a statué prématurément sur la plainte, intervient en appel et après un arrêt de sursis, une ordonnance portant qu'il n'y a pas lieu à suivre sur les faits dénoncés, la procédure se trouvant régularisée, la cour d'appel peut, en annulant le jugement, retenir la cause, sans être obligée de la renvoyer devant le tribunal

du premier degré (Orléans, 8 août 1853, aff. Bertin, D. P. 54. 2. 28). Ce renvoi n'est obligatoire qu'au cas où l'incompétence du tribunal aurait été déclarée à raison du lieu du délit ou de la résidence du prévenu, ou encore dans le cas où le fait imputé constituerait un crime ou une simple contravention à l'égard de laquelle le renvoi serait demandé par la partie civile ou par le ministère public (Même arrêt). Et la cour d'appel a le même droit d'évocation au cas où les juges de première instance ont déclaré non recevable en l'état l'action en dénonciation calomnieuse, faute, par la partie civile, d'avoir justifié d'une décision préalable de l'autorité compétente, constatant la fausseté des faits dénoncés contre elle, si, en appel, cette omission a été réparée (Dijon, 17 mars 1869, aff. Sauvin, D. P. 70. 2. 201). Peu importe même que la cour ne soit saisie que de l'appel de la partie civile : cette circonstance ne fait pas obstacle à l'exercice du droit d'évocation au point de vue de l'application de la peine, et le prévenu ne peut opposer que, en présence de la fin de non-recevoir admise par le tribunal et qui n'a pas permis au ministère public de prendre des réquisitions sur le délit, il se trouve privé, quant à ce délit, du bénéfice des deux degrés de juridiction (Même arrêt). Mais lorsqu'un jugement correctionnel a accordé un sursis à raison de ce que la fausseté des faits dénoncés n'avait pas encore été légalement déclarée, l'arrêt confirmatif qui modifie seulement le dispositif du jugement en ce que, depuis sa date, la fausseté d'un des faits dénoncés a été reconnue par l'autorité compétente, n'est pas tenu d'évoquer le fond (Crim. rej. 24 avr. 1874, aff. Pitou du Gault, D. P. 76. 5. 155).

26. Le juge, d'ailleurs, n'est pas tenu d'une manière absolue de surseoir à statuer ; il peut se produire tels événements ou telles circonstances qui le dispensent de cette obligation. Nous avons vu au *Rép.* n° 73 que l'aveu du prévenu qu'il a allégué des faits mensongers suffit à saisir immédiatement le tribunal : dans ce cas, la question préjudicielle est écartée. La cour de cassation a, de nouveau, consacré cette solution ; elle a décidé que l'obligation, pour le juge saisi d'une plainte en dénonciation calomnieuse, de surseoir jusqu'à ce qu'il ait été statué par l'autorité compétente sur la vérité ou la fausseté des faits dénoncés, ne s'applique pas au cas où le dénonciateur, avouant la fausseté des imputations contenues dans sa dénonciation, reconnaît ses torts à l'audience (Crim. rej. 15 avr. 1865, aff. Antiq, D. P. 65. 1. 196). — Mais la rétractation de la dénonciation par son auteur n'équivaut pas, à l'égard du prévenu de complicité, alors surtout que celui-ci en conteste la sincérité, à la reconnaissance préalable de la fausseté des faits, qui doit être faite préalablement par l'autorité compétente (Crim. cass. 13 sept. 1860, aff. Pirolle, D. P. 61. 5. 149).

27. Le décès du demandeur est aussi une des circonstances exceptionnelles qui attribuent compétence pour apprécier l'exactitude des faits dénoncés au tribunal saisi de la plainte en dénonciation. Ainsi, il a été jugé que le tribunal appelé à statuer sur une poursuite en dénonciation calomnieuse est compétent pour apprécier la vérité des faits dénoncés, si, par suite du décès de la personne à laquelle ils sont imputés, l'autorité qui aurait dû les examiner ne peut plus en connaître (Bourges, 21 nov. 1878, aff. Save, D. P. 79. 2. 261). — Il en serait de même si une amnistie avait été accordée ou si la prescription était acquise.

28. L'obligation de surseoir jusqu'à ce qu'il ait été statué par l'autorité compétente sur la vérité ou la fausseté des faits dénoncés ne s'applique pas seulement à la décision sur la peine encourue par le dénonciateur, mais aussi à celle qui doit intervenir sur l'action civile en dommages-intérêts (V. *Rép.* n°s 69 et suiv.). — Il a été décidé, en conséquence, que le juge de paix ne peut prononcer une condamnation à des dommages-intérêts pour dénonciation calomnieuse sans que la vérité ou la fausseté des faits ait été déclarée par l'autorité compétente (Civ. cass. 19 nov. 1884, aff. Ponsignon, D. P. 85. 1. 308). — Mais il en est autrement lorsque celui qui est victime d'imputations diffamatoires, de dénonciations mensongères, sans invoquer les dispositions de l'art. 273 c. pén., se borne à demander réparation du préjudice qui lui est causé, en vertu du principe général consacré par l'art. 1382 c. civ. Une pareille action ne saurait comporter, en effet, l'application de textes spécialement édictés par la

législation pénale. C'est ce qu'a reconnu un arrêt de la cour de Riom du 11 févr. 1880 (aff. Faucher, D. P. 80. 2. 176): « Attendu, porte cet arrêt, que, si l'action répressive en matière de dénonciation calomnieuse est subordonnée à une déclaration préalable par la juridiction compétente de la fausseté des faits imputés, soit tout au moins à une ordonnance ou arrêt déclarant qu'il y a lieu à suivre sur ces faits, il en est autrement de l'action civile qui tend uniquement à la réparation du préjudice causé au demandeur par des dénonciations téméraires, considérées non comme délits, mais comme simple faute ou quasi-délit résultant du manque de toute apparence de preuve de ces imputations ». La distinction qui résulte des décisions précédentes est nettement établie dans un arrêt de la cour de Liège du 30 oct. 1878 (1).

29. Il est bien entendu, d'ailleurs, que la juridiction correctionnelle est légalement saisie de la poursuite en dénonciation calomnieuse, bien que la fausseté des imputations n'ait pas été préalablement déclarée : elle est seulement tenue de surseoir jusqu'à ce qu'il ait statué sur ce point par l'autorité compétente, et ne doit pas se dessaisir de la cause. C'est ce qu'a reconnu un arrêt de cassation de la chambre criminelle du 23 oct. 1885 (2).

30. De tout ce qui précède, en tenant compte des quelques exceptions que nous venons d'indiquer, il résulte que les faits calomnieux avancés par le dénonciateur doivent être soumis à une vérification préalable au jugement, et que cette vérification appartient à une autorité autre que le tribunal saisi de la plainte (*Rép.* nos 78 et suiv.). Cette question de compétence comporte des solutions différentes suivant que les faits dénoncés sont imputés, soit à de simples particuliers, soit à des fonctionnaires publics, à des magistrats, ou à des officiers publics ou ministériels. Il y a là deux hypothèses distinctes, qui doivent être envisagées séparément. On les examinera successivement, après avoir remarqué, d'une façon générale, que la juridiction se règle par la qualité des prévenus au jour de la perpétration des délits, et non au jour des poursuites (Crim. rej. 4 févr. 1882, aff. Yvert, D. P. 82. 1. 280).

31. — PREMIÈRE HYPOTHÈSE (*Rép.* nos 79 à 95). — La dénonciation calomnieuse envers les particuliers consistant, comme on l'a vu *suprà*, no 10, dans l'imputation de crimes ou de délits, l'autorité rationnellement compétente sera la juridiction d'instruction qui, suivant les règles de la procédure criminelle, doit, avant tout débat devant le juge, se prononcer sur le caractère délictueux ou non délictueux des faits qui lui seront soumis. C'est dans ce sens qu'il a été jugé

que la fausseté de la dénonciation est suffisamment établie, pour le tribunal saisi de poursuites en dénonciation calomnieuse, lorsqu'il est justifié d'une ordonnance du juge d'instruction déclarant n'y avoir lieu à suivre sur les délits dénoncés, et que le dénonciateur, partie civile, après s'être abstenu de former opposition à cette ordonnance, n'a donné, depuis, l'indication d'aucune charge nouvelle. Il n'est, d'ailleurs, pas nécessaire que l'ordonnance s'explique spécialement sur la matérialité des faits dénoncés (Crim. rej. 25 avr. 1862, aff. Lécluse, D. P. 63. 5. 116). — Peu importe aussi que le dénonciateur soit en procès devant le tribunal civil avec la partie dénoncée, le tribunal correctionnel n'étant pas obligé d'attendre, pour décider si la dénonciation a été faite légèrement et de mauvaise foi, la solution de ce procès pourrait fournir (Crim. rej. 8 juill. 1864, aff. Billion, D. P. 65. 5. 115). De même, le juge saisi d'une poursuite en dénonciation calomnieuse est fondé à considérer comme établissant la fausseté de la dénonciation une décision de la chambre d'accusation déclarant que la preuve légale manque sur chacun des griefs formulés dans la plainte du dénonciateur (Crim. rej. 24 nov. 1864, aff. Gloun, D. P. 65. 5. 115).

Enfin, si des poursuites ont été exercées devant le tribunal de répression contre la personne dénoncée, il n'est pas douteux, ainsi qu'on l'a vu au *Rép.* no 85, que l'acquittement ou l'absolution de cette personne puisse servir de base à la condamnation du dénonciateur pour délit de dénonciation calomnieuse. — Jugé à cet égard que, dans le cas où le tribunal correctionnel, saisi par une partie civile d'une double prévention, a acquitté le prévenu sur deux chefs et déclaré que le ministère public avait seul qualité pour poursuivre sur le troisième, le prévenu peut citer la partie civile en dénonciation calomnieuse sans attendre la décision du ministère public quant à l'exercice des poursuites relatives à ce troisième chef, si d'ailleurs il n'existe aucun lien de connexité ou d'indivisibilité entre l'imputation qui en fait l'objet et les deux autres, reconnues mal fondées (Crim. rej. 14 mai 1869, aff. Numa Guilhou, D. P. 70. 1. 437).

Mais il est nécessaire que la décision, de quelque autorité qu'elle émane, soit définitive et en dernier ressort ; le juge saisi d'une plainte en dénonciation calomnieuse ne peut considérer comme établissant la fausseté des faits dénoncés une décision qui n'est pas définitive, spécialement un arrêt d'acquittement obtenu par le plaignant, mais qui se trouve frappé d'un pourvoi en cassation (Crim. cass.

---

(1) (Humblet C. Désonay). — LA COUR ; — Attendu que l'intimé, se plaignant de certaines allégations diffamatoires contenues dans une dénonciation adressée au commissaire de police de Dison, et se fondant sur ce qu'après instruction, la fausseté des faits dénoncés avaient été établies, a intenté à l'appelant une demande en dommages-intérêts ; que cette demande ne peut être accueillie dans les termes où elle est formulée ; qu'en effet, l'action civile qui naît d'un délit, aussi bien que l'action répressive, est soumise aux conditions tracées par la loi pénale pour la poursuite de l'infraction ; qu'aux termes d'une jurisprudence constante, pour que le délit prévu par l'art. 373 c. pén. de 1810 pût exister, une décision émanée de l'autorité qui avait reçu la dénonciation devait avoir reconnu l'inexactitude des faits allégués ; que dans les discussions du code pénal de 1867 et notamment dans le rapport de M. Forgeur au Sénat (Nypels, *Législation criminelle*, t. 3, p. 393, no 31), il a été admis, sans contradiction aucune, que la même règle était applicable à la législation nouvelle ; — Attendu qu'aucune décision de ce genre n'est intervenue dans l'espèce ; que la plainte de l'appelant est simplement restée sans suite ; que, d'autre part, on ne demande pas qu'il soit sursis au jugement de l'affaire jusqu'à ce que l'autorité compétente ait prononcé sur les faits dénoncés ; qu'il y a donc lieu d'écarter toute responsabilité du chef de dénonciation calomnieuse ; — Attendu, toutefois, qu'il résulte également des débats parlementaires qui ont précédé l'adoption du nouveau code pénal, et notamment dudit rapport de M. Forgeur, qu'en pareil cas l'intéressé peut recourir à la juridiction civile pour réclamer des dommages-intérêts, en vertu de l'art. 1382 c. civ.; qu'une pareille demande est nécessairement comprise dans celle qui a été formée dans l'instance actuelle ; — Attendu que, d'après les enquêtes, Humblet a adressé au commissaire de police de Dison une plainte à charge des enfants Désonay, qu'il accusait de lui avoir volé des pavés, et à charge du père qu'il accusait d'avoir recelé les objets volés ; que des témoins ont bien déclaré avoir vu les enfants Désonay emportant sur la route des pavés qui se trouvaient dans

une prairie où tout le monde faisait des dépôts de ce genre, mais qu'ils n'ont pu affirmer ni qu'il s'agissait de pavés appartenant à Humolet, ni que les enfants les eussent transportés chez eux ; qu'au surplus, la plainte n'a vu le jour que deux ans après que les faits se sont passés et pour répondre à une autre plainte dirigée contre le fils de l'appelant ; que l'action civile que ce dernier a intentée devant le juge de paix du chef du prétendu vol commis à son préjudice a été reconnue comme ne reposant sur rien de sérieux ; qu'il y a donc eu de sa part grande légèreté et faute grave à propager des accusations vaines et à leur donner un certain retentissement ; que, dans ces circonstances, la somme allouée par le premier juge n'a rien d'exagéré ;

Par ces motifs, confirme, par application de l'art. 1382 c. civ. la décision dont est appel, et condamne l'appelant aux dépens. Du 30 oct. 1878.-C. de Liège, 2e ch.-MM. Picard, pr.-Grandjean, Neujean et Louis Dejaer, av.

(2) (Daille C. Monceaux). — LA COUR ; — Sur le moyen tiré de la violation de l'art. 373 c. pén., en ce que l'arrêt attaqué a déclaré l'action en dénonciation calomnieuse non recevable, au lieu de prononcer un simple sursis : — Attendu que la juridiction correctionnelle est légalement saisie d'une poursuite en dénonciation calomnieuse de faits susceptibles de donner lieu, soit à une répression judiciaire, soit à une mesure administrative contre le dénoncé, alors que la fausseté des imputations calomnieuses n'a pas été préalablement déclarée ; qu'il doit seulement être sursis au jugement de la poursuite, lorsque la fausseté des faits dénoncés est contestée par le prévenu, jusqu'à ce qu'il ait été statué sur ce point par l'autorité dans les attributions de laquelle rentre la connaissance de ces faits ; qu'il suit de là que le juge correctionnel, devant lequel une exception semblable est proposée, doit, tout en prononçant le sursis, reconnaître la recevabilité de l'action et en demeurer saisi ; — Et attendu, en fait, que la cour d'appel de Paris a déclaré Daille non recevable dans son action

13 févr. 1864, aff. Herby, D. P. 67. 5. 130). En Belgique, il a été jugé qu'une ordonnance de non-lieu, non frappée d'opposition, est une décision définitive qui suffit pour établir la fausseté des faits dénoncés; le prévenu alléguerait en vain qu'il y a des charges nouvelles, si son allégation n'a pas donné lieu à une reprise de la procédure par le ministère public; et, dans ce cas, c'est à bon droit que le tribunal correctionnel refuse d'accorder un sursis ou d'interroger des témoins sur des faits qui tendent à remettre en question la fausseté de ces faits (Bruxelles, 28 mars 1883) (1).

32. Il y a lieu de remarquer ici que l'individu relaxé, en vertu d'une ordonnance de non-lieu, d'une poursuite criminelle n'a pas le droit de se faire communiquer les pièces de la procédure, et notamment la dénonciation; que, par suite, s'il a été déclaré mal fondé dans des poursuites en dénonciation calomnieuse exercées contre l'auteur présumé de la plainte, il ne peut se faire un moyen de cassation de ce qu'il n'a pas eu une copie de cette pièce pour justifier sa demande, surtout si en fait il est établi par la décision attaquée que la production de la plainte était sans intérêt au procès, le défendeur n'en étant pas l'auteur, et qu'au surplus il aurait été possible au demandeur de faire cette production en se faisant délivrer une copie à ses frais (Crim. rej. 2 févr. 1854, aff. Marquis, D. P. 54. 2. 239).

33. On a examiné au *Rép.* nos 90 et suiv. la question de savoir si le dénoncé a le droit de poursuivre son dénoncia-

teur et de le traduire en police correctionnelle dans le cas où, pour un motif quelconque, il n'a pas été donné suite à la dénonciation. On s'est demandé, notamment, si les décisions du ministère public qui rejettent les plaintes à lui remises, sans en soumettre l'examen aux chambres d'instruction, peuvent être considérées comme constituant des décisions sur l'exactitude des faits dénoncés dans le sens de l'art. 373. Nous avons vu au *Rép.* n° 91 qu'il n'en doit pas être ainsi, que ce serait exposer le dénoncé à demeurer sous le coup d'accusations tellement dénuées de fondement que le ministère public ne s'y est même pas arrêté (V. *Rép.* n° 91). Il a été jugé dans ce sens que le refus du procureur de la République de poursuivre des faits à lui dénoncés comme constituant des fraudes commises par un maire en matière électorale, et l'opinion émise par le sous-préfet et le préfet qu'ils tiennent pour faux les faits dénoncés, ne peuvent être considérés comme ayant le caractère d'une décision de justice sur l'existence et la criminalité des faits et ne peuvent, par conséquent, servir de base à une poursuite en dénonciation calomnieuse (Crim. cass. 2 juill. 1887, aff. Maudit du Plessis, D. P. 88. 5. 157). De même il a été décidé que le ministère public n'étant pas compétent pour statuer sur la vérité ou la fausseté des plaintes dont il est saisi, on ne peut considérer comme une décision sur ces faits le classement sans suite de la plainte, fait au parquet (Alger, 28 déc. 1878) (2).

---

(1) (Doms C. Min. publ. et Vanhaelen.) — Le sieur Doms avait été condamné par divers tribunaux, à l'occasion d'un certain nombre de délits, et notamment par le tribunal de Bruxelles, le 24 sept. 1882 pour avoir commis une dénonciation calomnieuse à l'égard du sieur Vanhaelen, bourgmestre de Forest. — Appel du prévenu.
LA COUR; ... — En ce qui concerne la prévention de dénonciation calomnieuse : — Attendu que, par ordonnance de la chambre du conseil du tribunal de Bruxelles, rendue le 4 déc. 1882, non frappée d'opposition, il a été décidé qu'il n'y avait pas lieu de suivre du chef des faits dénoncés par Doms à charge de la partie civile; — Attendu que, bien que cette ordonnance ne soit pas définitive, en ce sens qu'elle peut être anéantie s'il survient des charges nouvelles, elle n'en a pas moins l'autorité de la chose jugée quant à la fausseté de la dénonciation, aussi longtemps que les poursuites n'ont pas été reprises par le ministère public; — Attendu qu'il est constant que les charges nouvelles alléguées par le prévenu et portées à la connaissance de M. le procureur général dès le 7 janvier dernier, n'ont donné lieu à aucune reprise de procédure; qu'en conséquence, l'ordonnance susvisée conserve toute sa force; — Attendu qu'il importe peu qu'au cours de l'information suivie par le juge d'instruction, les imputations contenues dans la dénonciation incriminée auraient été, ainsi qu'on le prétend, inexactement qualifiées, puisque la chambre du conseil, en écartant toute prévention, a, par cela même, décidé que les actes reprochés à Vanhaelen n'avaient aucun caractère délictueux; — Attendu que c'est à bon droit que le premier juge a refusé d'interroger certains témoins sur des faits tendant à remettre en question les accusations portées contre la partie civile, et dont l'appréciation appartient exclusivement à la juridiction d'instruction; — Que c'est aussi à bon droit qu'il a refusé de surseoir avant de statuer définitivement sur la prévention, rien ne démontrant l'utilité de ce sursis; — Attendu, au fond, qu'en décidant, par des considérations déduites dans le jugement définitif, que les fausses imputations adressées par le prévenu à l'autorité compétente ont été faites méchamment, le tribunal a sainement apprécié les divers éléments de la cause; — Par ces motifs, etc.
Du 28 mars 1883.-C. de Bruxelles, 6e ch.-MM. Terlinden, De Burlet et Jules Guillery, av.

(2) (Cheltiel C. El-Hadj-Ahmed-ben-Acherin.) — LA COUR; — Attendu que, pour arrêter les effets d'une saisie pratiquée à son préjudice sur le fondement d'une obligation notariée en date du 3 nov. 1876, qui le constitue débiteur d'une somme de 500 fr., El-Hadj-Ahmed-ben-Acherin a, le 22 sept. 1877, adressé au procureur de la République du tribunal de première instance d'Alger

une plainte écrite dans laquelle il impute à ses créanciers, les sieurs Cheltiel, d'avoir, de concert avec El-Hamani-ben-Mohammed, surpris la bonne foi de M. Delahaye, notaire à Aumale, et obtenu de cet officier ministériel ladite obligation du 3 nov. 1876 qui est un acte faux par supposition de personne, et d'avoir ensuite fait usage de cet acte faux; — Attendu que, saisi de cette plainte d'une gravité particulière, puisqu'elle contenait la dénonciation d'un crime commis par trois personnes, le parquet, après avoir provoqué et reçu les explications de l'un des témoins instrumentaires et celles du notaire rédacteur de l'acte, a invité le juge de paix d'Aumale à procéder à une information officieuse; — Attendu que ces nouvelles investigations ayant été faites, le procureur de la République s'est borné à classer au parquet ladite plainte; — Attendu que, à la suite de cette mesure, les sieurs Cheltiel ont assigné El-Hadj-Ahmed-Acherin devant le tribunal correctionnel d'Alger en réparation du préjudice à eux causé par la dénonciation calomnieuse dont ils avaient été l'objet; — Attendu que, par jugement du 9 mai 1878, le tribunal, considérant que les sieurs Tuffières et Zimmer, témoins à l'acte incriminé, ont reconnu qu'ils n'avaient pas assisté à la rédaction de l'obligation et qu'ils n'y avaient figuré que comme témoins instrumentaires (L. 21 juin 1843), a trouvé dans cette circonstance la preuve de la bonne foi du prévenu; et a relaxé des fins de la poursuite les sieurs Cheltiel; — Attendu que les motifs de cette décision, déféré par l'appel, reposent sur une appréciation erronée des faits de la cause; — Attendu, en effet, que dans la plainte du 22 sept. 1877, El-Hadj-Ahmed-ben-Acherin a soutenu, comme il le soutient encore aujourd'hui, que jamais il n'a emprunté 500 fr. aux sieurs Cheltiel, et que, par suite, il n'a pas comparu devant le notaire Delahaye et n'a, dès lors, pas souscrit l'obligation du 3 nov. 1876; que cette obligation constituait donc à son préjudice un faux par supposition de personne; qu'enfin les sieurs Cheltiel, qui en sont les auteurs de concert avec El-Hamani-ben-Mohammed, ont fait usage de cet acte faux; — Attendu que ces allégations, écrites dans la plainte du 22 sept. 1877, sont formelles, et qu'il n'y avait pas à chercher en dehors de termes aussi précis, une justification de la bonne foi du prévenu; — Attendu que le jugement déféré doit être réformé; — Attendu toutefois qu'avant de statuer sur le mérite de la prévention, il est nécessaire d'examiner la question préjudicielle qui se pose sous le même débat; — Attendu que le premier élément constitutif du délit de dénonciation calomnieuse est la fausseté des faits dénoncés; qu'il s'agit donc de rechercher si cet élément existe dans la cause, et spécialement, à défaut d'autres preuves, s'il peut légalement résulter du classement au parquet *sans suite* de la plainte du 22 sept 1877; — Attendu que le ministère public est sans caractère pour apprécier la vérité ou la fausseté des plaintes qui lui sont adressées, en ce sens que, son opinion n'a d'influence légale sur les décisions des tribunaux; qu'il n'a que l'exercice de l'action et ne saurait avoir un droit quelconque de juridiction; — Attendu, dès lors, que l'avis résultant implicitement du classement sans suite au parquet de la plainte du 22 sept. 1877, ne peut avoir à aucun point de vue le caractère d'autorité qui doit se rencontrer dans une déclaration de la fausseté des faits, et que cette déclaration ne peut comprendre émaner dans l'espèce que d'une ordonnance de non-lieu du juge d'instruction ou d'un arrêt de non-lieu de la chambre des mises en accusation; qu'il suit de là que l'affaire n'est pas en état de recevoir jugement, et

34. — Deuxième hypothèse. — Lorsqu'il s'agit de dénonciations dirigées contre des fonctionnaires, des magistrats ou des officiers publics ou ministériels, plusieurs distinctions doivent être faites. En premier lieu, il faut distinguer suivant que les faits dénoncés tombent sous le coup de la loi pénale, en d'autres termes, constituent des crimes, délits ou contraventions de droit commun ou qu'il s'agit seulement d'infractions d'un caractère administratif ou disciplinaire.

35. — 1° *Infractions à la loi pénale.* — En principe, c'est à l'autorité judiciaire qu'il appartient d'apprécier la vérité ou la fausseté des faits dénoncés et de rendre ainsi la décision qui, au cas où les faits y seront déclarés faux, deviendra l'un des éléments constitutifs du délit de dénonciation calomnieuse. La règle est donc la même que dans le cas où la dénonciation s'adresse à des particuliers, et il n'y a pas à distinguer suivant que l'infraction aurait été commise par le fonctionnaire dans l'exercice, ou hors de l'exercice de ses fonctions (*Rép.* n° 101). Cette règle, il est vrai, n'est pas absolue ; il peut arriver, dans le cas même où les faits dénoncés constituent des infractions à la loi pénale, que la solution de la question préjudicielle concernant l'exactitude ou la fausseté des faits dénoncés appartienne à l'autorité soit administrative, soit disciplinaire (V. *infrà*, n°° 44 et 48). Mais elle s'applique sans difficulté toutes les fois que l'autorité judiciaire a été saisie de la dénonciation, soit directement par la partie dont elle émane, soit par l'autorité administrative ou disciplinaire à laquelle le dénonciateur avait cru devoir s'adresser.

36. En général, ce qui a été dit relativement aux dénonciations contre les particuliers (V. *suprà*, n° 10) est également applicable à l'hypothèse que nous examinons. Il en est ainsi, notamment, de la solution d'après laquelle le refus du ministère public de donner suite à la dénonciation ne constitue pas une décision impliquant la fausseté des faits dénoncés. Ainsi, il a été jugé que, dans une poursuite tendant à faire réprimer comme calomnieuse la dénonciation pour crime de faux portée contre un notaire, le juge ne peut considérer comme une décision établissant la fausseté du fait dénoncé la déclaration écrite du ministère public qu'il n'entend pas suivre sur la plainte, cette déclaration ne pouvant émaner que d'une autorité ayant juridiction ; d'où la conséquence que le jugement qui se fonde sur une telle déclaration pour appliquer au dénonciateur les peines du délit de dénonciation calomnieuse, au lieu d'ordonner une instruction préalable sur le fait dénoncé, doit être annulé (Crim. cass. 29 déc. 1870, aff. Gauthier, D. P. 70. 1. 377).

37. Mais, comme on l'a vu au *Rép.* n° 94, la même solution n'a pas été étendue au cas de dénonciation contre les magistrats désignés dans l'art. 479 c. instr. cr., c'est-à-dire contre un juge de paix, ou un membre du tribunal de première instance, ou un magistrat chargé du ministère public près ce tribunal, à raison d'un délit commis hors de ses fonctions. D'après la jurisprudence de la cour de cassation, les attributions conférées au procureur général par les art. 479 et 483 c. instr. cr. font de ce magistrat un véritable juge d'instruction; il en résulte, pour lui, la compétence nécessaire à la vérification des faits dénoncés, et son refus de donner suite à la dénonciation constitue, dès lors, une décision judiciaire pouvant servir de base à une poursuite en dénonciation. Ainsi, il a été jugé que, si le procureur général refuse de donner suite à la dénonciation, ce refus constitue une décision sur le fait dénoncé, qu'en conséquence, le tribunal correctionnel devant lequel le dénonciateur a été poursuivi pour dénonciation calomnieuse, notamment sur la plainte du magistrat dénoncé, ne peut surseoir à statuer jusqu'à ce que les juges compétents aient prononcé sur le sort de la dénonciation (Crim. cass. 11 nov. 1842, et sur renvoi, Limoges, 25 mars 1843, *Rép.* n° 92;

qu'il y a lieu de surseoir à statuer jusqu'à ce que l'autorité compétente ait décidé de la véracité ou de la fausseté des faits dénoncés par El-Hadj-Ahmed-ben-Acherin; — Attendu, au surplus, que la nature des imputations, leur gravité qui intéresse non seulement les sieurs Cheltiel au double point de vue de leur fortune et de leur considération, mais encore la morale et l'ordre public, la déplorable habitude chaque jour plus répandue parmi les indigènes, guidés en cela par des courtiers européens et arabes, d'incriminer comme faux les actes les plus authentiques, pour éviter ou, en tout cas, éloigner la libération des obligations qu'ils

Crim. rej. 24 avr. 1874, aff. Pitou du Gault, D. P. 76. 5. 156). Mais la fausseté des faits dénoncés à la charge de l'un des magistrats désignés dans l'art. 479 (par exemple, d'un juge de paix) doit, pour autoriser le jugement immédiat de la dénonciation calomnieuse, être l'objet d'une décision directe, formulée par écrit, et émanée du procureur général (Crim. rej. 16 déc. 1853, aff. Resterucci, D. P. 53. 5. 154). Ainsi elle ne saurait résulter de ce que, sur l'action publique exercée pour dénonciation calomnieuse contre le dénonciateur, l'un des substituts du procureur général aurait conclu, en appel, à l'infirmation du jugement qui ordonnait le sursis jusqu'à ce que la vérité ou la fausseté des faits dénoncés eût été constatée par l'autorité compétente.

A l'hypothèse prévue par l'art. 479, il y a lieu d'assimiler, quant aux effets du refus de poursuivre, émané du procureur général, celle où il s'agit d'un crime commis par l'un des magistrats désignés dans le même article (c. instr. cr. art. 480); celle où le magistrat dénoncé est un membre d'une cour d'appel, ou exerce près d'une cour les fonctions du ministère public (c. instr. art. 481 et 482) ; celle où la dénonciation aurait été faite contre les magistrats désignés dans les art. 483 et 484. Ces différents cas rentrent, en effet, sous l'application de l'art. 479, en ce qui concerne la compétence du procureur général. — Il en serait de même du refus, par le procureur général, de poursuivre l'une des personnes énumérées dans l'art. 10 de la loi du 20 avr. 1810, puisque, à leur égard, le procureur général est également compétent (V. *infrà*, v° *Instruction criminelle*).

38. Quant aux ordonnances de non-lieu rendues par le juge d'instruction, elles ont le même effet relativement aux dénonciations contre les fonctionnaires, qu'en ce qui concerne les dénonciations contre les particuliers. — Décidé, notamment, que la fausseté des faits dénoncés et le droit, pour le juge correctionnel, de statuer sur la dénonciation calomnieuse résultent de l'ordonnance de non-lieu qui a déclaré faux les faits imputés à un fonctionnaire public et de nature à lui faire encourir une répression pénale (Crim. rej. 19 juin 1852, aff. Lange, D. P. 53. 5. 156).

39. Lorsqu'il s'agit d'une dénonciation contre un magistrat, l'ordonnance de non-lieu peut émaner, en vertu de l'art. 484 c. instr. cr., du président de la cour d'appel, à la suite d'une information qu'il a dirigée sur cette dénonciation. L'ordonnance ainsi rendue a la même autorité que celle qui émane du juge d'instruction dans les cas ordinaires. C'est ce qui a été décidé, spécialement dans une espèce où la dénonciation avait pour objet un crime que l'on prétendait avoir été commis par un juge suppléant dans l'exercice de ses fonctions (Crim. rej. 23 nov. 1877, aff. Vitalis, D. P. 78. 1. 282). — Il en est de même de l'arrêt rendu, en vertu de l'art. 485 c. instr. cr., par la chambre des requêtes de la cour de cassation, saisie de la dénonciation contre un magistrat de cour d'appel pour crime de faux dans l'exercice de ses fonctions, s'il porte qu'il n'y a lieu de suivre contre ce magistrat, qu'il est exempt de tout reproche, et que la dénonciation portée contre lui doit être rejetée comme reposant sur des allégations inexactes. En conséquence, le dénonciateur, même après avoir été poursuivi pour diffamation, parce qu'il avait publié par la voie de la presse les prétendus faits de faux avant d'adopter la voie de la dénonciation, ne peut plus remettre en question devant la juridiction correctionnelle la réalité ou la fausseté de ces faits; et c'est avec raison que le tribunal refuse d'entendre des témoins sur le point préjudiciellement jugé, et d'achever une enquête ordonnée par lui, aux termes de l'art. 20 de la loi du 26 mai 1819, antérieurement à la dénonciation (Crim. rej. 7 févr. 1879, aff. Bastien, D. P. 79. 1. 89).

40. On a dit *suprà*, n° 34, que l'autorité administrative pouvait être appelée, dans certains cas, à se prononcer sur

ont contractées, que toutes ces circonstances recommandent à l'égal d'une mesure de justice et de préservation le sursis à statuer auquel la cour croit devoir s'arrêter ; — Par ces motifs, dit qu'il a été mal jugé, bien appelé; — Réforme en conséquence le jugement entrepris, et avant de statuer au fond, sursoit jusqu'à ce que par l'autorité compétente la véracité ou la fausseté des faits dénoncés par El-Hadj-Ahmed-ben-Acherin dans sa plainte du 22 sept. 1877 ait été déclarée, etc.

Du 28 déc. 1878.-C. d'Alger.-MM. Carrère, pr.-Fau, av. gén.-Chéronnet et Jouyne, av.

la vérité des faits dénoncés, alors même que ces faits constituent des infractions de droit commun. Pour qu'il en soit ainsi, il faut supposer, tout d'abord, qu'il s'agit d'actes commis par un fonctionnaire dans l'exercice de ses fonctions, sinon l'Administration n'aurait évidemment pas qualité pour se prononcer (Comp. *Rép.* n° 102). Il faut, en outre, que la dénonciation ait été portée devant elle. Ces deux conditions se trouvant réunies, il semble que l'Administration soit compétente pour apprécier les faits et pour en déclarer la fausseté (*Rép.* n° 99). Toutefois il n'en faudrait pas conclure que cette déclaration puisse toujours servir de base à une poursuite en dénonciation calomnieuse. Il y a lieu de distinguer, à cet égard, suivant que le dénonciateur s'est adressé seulement à l'autorité administrative, ou qu'il a saisi également l'autorité judiciaire.

41. Au premier cas, c'est à l'autorité administrative qu'il appartient de trancher la question, et, en conséquence, si elle a déclaré que les faits dont il s'agit sont faux ou non prouvés, sa décision suffit pour que le juge correctionnel devant lequel a été exercée l'action en dénonciation calomnieuse ait le droit d'en faire la base du jugement à intervenir sur le délit de dénonciation, sans que le dénonciateur puisse exciper de l'absence d'une décision judiciaire (V. Blanche, t. 5, n° 427). C'est ce qui résulte des décisions citées au *Rép.* n°* 103-1°, 103-3°, 4° et 5°. — Jugé, dans le même sens, qu'au cas de dénonciation contre un cadi, en Algérie, la fausseté des faits dénoncés est régulièrement établie par la décision du gouverneur général de l'Algérie, qui, adoptant les conclusions du rapport du procureur général dans lequel la fausseté des faits est démontrée, déclare qu'il ne sera pas donné suite à cette dénonciation (Crim. rej. 3 juill. 1874, aff. El-Hadj-Mohamed ben Hadj-Larbi-Guerbi, D. P. 75. 1. 96). Même solution en ce qui concerne la décision émanée du gouverneur d'une colonie sur la fausseté des infractions pénales dénoncées à ce gouverneur à la charge de fonctionnaires ou préposés de cette colonie (Crim. rej. 27 mars 1852, D. P. 75. 1. 96, note 1; 22 mai 1852, *ibid.*). Toutefois, dans une espèce où une dénonciation contenant l'imputation de faits constituant des faux avait été faite à un colonel commandant une légion de gendarmerie contre un sous-officier de sa légion, il a été décidé que ce colonel n'avait pas qualité pour constater la vérité ou la fausseté de ces faits, une semblable incrimination n'ayant pas le caractère d'une infraction disciplinaire que le chef de la légion avait le droit d'examiner et de réprimer (Crim. cass. 29 oct. 1886, aff. Coutarel, D. P. 87. 1. 462).

42. Au contraire, si la dénonciation a été portée non seulement devant l'autorité administrative, pour qu'elle ait à y faire droit dans l'ordre administratif, mais encore devant l'autorité judiciaire, pour provoquer en même temps, de la part de celle-ci, une répression pénale, le refus de l'Administration d'y donner suite laisse subsister le pouvoir de vérification préalable des tribunaux appelés à l'apprécier. C'est ce qui a été exposé au *Rép.* n° 99, et ce qui résulte des décisions citées *ibid.* n°* 100, 102-1°, 102-3° (V. Blanche, t. 5, n° 427).

43. Sous l'empire de l'art. 75 de la Constitution du 22 frim. an 8, qui subordonnait la poursuite des agents du Gouvernement devant les tribunaux de répression, pour faits relatifs à leurs fonctions, à l'autorisation préalable du conseil d'État, on s'était demandé si le refus d'accorder cette autorisation équivalait à la déclaration de la fausseté des faits dénoncés qui doit précéder le jugement de l'action en dénonciation calomnieuse. — La négative avait été adoptée par le double motif que le refus dont il s'agit pouvait être motivé sur des considérations autres que la fausseté des faits dénoncés et que la déclaration du dénonciateur se trouvait dans l'impossibilité de faire apprécier préjudiciellement la vérité de ces faits par l'autorité judiciaire, puisque toute action sur sa dénonciation se trouvait interdite. On reconnaissait donc exceptionnellement au tribunal saisi de la poursuite contre le dénonciateur le droit d'apprécier tous les moyens de défense que celui-ci pouvait invoquer. C'est ce qu'avait décidé, notamment, un arrêt (Crim. cass. 10 mars 1842) rapporté au *Rép.* n° 103-7°, et la même solution avait été, depuis, consacrée par un autre arrêt (Crim. cass. 8 nov. 1867, aff. Gaume, D. P. 68. 1. 190). — Aujourd'hui la question ne peut plus se présenter, l'art. 75 ayant été abrogé par le décret du 19 sept. 1870 (D. P. 70. 4. 91).

44. — 2° *Infractions administratives.* — Lorsque la dénonciation prétendue calomnieuse porte sur des actes d'un caractère purement administratif, il n'est pas douteux que l'autorité administrative, qui a été saisie de cette dénonciation, soit seule compétente pour statuer sur la vérité ou la fausseté des faits dénoncés et pour rendre ainsi la décision préjudicielle à laquelle est subordonné le jugement du délit. Par suite, la déclaration, faite par cette autorité, de la fausseté des faits de cette nature qui lui ont été dénoncés, peut servir de base à la condamnation du dénonciateur pour dénonciation calomnieuse. Cette règle a été consacrée par de nombreux arrêts, rendus postérieurement à la publication du *Répertoire* (V. Crim. rej. 20 nov. 1851, aff. Berthollet, D. P. 51. 1. 332; 26 mars 1852, aff. Cohon, D. P. 52. 5. 198; Metz, 21 déc. 1853, aff. Saunier, D. P. 55. 2. 118; Crim. cass. 15 juill. 1864, aff. Retout, D. P. 65. 1. 151; Crim. rej. 21 nov. 1868, aff. Etienne, D. P. 69. 1. 534). — Ainsi en cas de poursuite pour dénonciation calomnieuse contre l'auteur d'une dénonciation au préfet, de faits imputés à un instituteur, c'est au préfet, si les faits dont il s'agit ne pouvaient caractériser qu'une faute disciplinaire, qu'il appartient d'en déclarer préalablement la fausseté ou l'exactitude. Dès lors, la décision par laquelle le préfet déclare la fausseté des faits dénoncés suffit pour que le tribunal saisi du délit puisse statuer au fond (Arrêts précités des 15 juill. 1864 et 21 nov. 1868). — Il en est de même de la décision du conservateur des forêts sur la dénonciation portée contre un garde forestier placé sous ses ordres, laquelle déclare fausses les imputations contenues dans cette dénonciation, alors que celle-ci n'a trait qu'à des mesures disciplinaires : il n'est pas nécessaire que la décision émane du ministre des finances ou du directeur général des eaux et forêts (Crim. rej. 27 juill. 1872, aff. Loljois, D. P. 72. 1. 284). — De même, en cas de dénonciation contre un agent de la police municipale, c'est par le maire, s'il a été faite, que la fausseté des faits dénoncés doit être déclarée pour qu'il soit donné suite à la plainte en dénonciation calomnieuse (Arrêt précité du 21 déc. 1853).

Pour les militaires, c'est au ministre de la guerre qu'il appartient de se prononcer préalablement à la poursuite sur la fausseté des faits signalés comme ayant été commis pendant leur service (Crim. rej. 4 févr. 1882, aff. Yvert, D. P. 82. 1. 280), encore qu'à l'époque de la dénonciation ils aient cessé d'appartenir à l'armée (Même arrêt). Il n'est pas nécessaire que la déclaration de fausseté ait été faite expressément, il suffit que les termes de la décision ne puissent laisser aucun doute sur son appréciation (Même arrêt). En cas de dénonciation contre des gendarmes, c'est au commandant de gendarmerie placé à leur tête qu'il appartient de déclarer la fausseté des faits dénoncés qui n'ont qu'un caractère disciplinaire (Crim. rej. 13 avr. 1876, aff. Lebras, D. P. 78. 1. 44). — Enfin, lorsqu'une dénonciation a été faite par écrit à un évêque contre des ecclésiastiques qui lui sont subordonnés, c'est à cet évêque qu'il appartient de rendre sur les faits dénoncés la décision préalable au jugement de la poursuite en dénonciation calomnieuse; l'évêque doit, en effet, dans ses rapports avec les ecclésiastiques placés sous ses ordres, être assimilé à un officier de police judiciaire ou administratif (Crim. cass. 12 avr. 1851, aff. Poustonis, D. P. 52. 5. 199. V. *suprà*, n° 22).

45. Il peut arriver que la dénonciation comprenne, à la fois, des faits administratifs et des faits constituant des infractions disciplinaires. En pareil cas l'autorité administrative n'a pas à s'occuper de ces derniers faits; c'est sur les premiers seulement que doit porter son examen. — A cet égard, il a été décidé que la déclaration de la fausseté des faits imputés à un juge de paix, dans une dénonciation au ministre de l'intérieur, est avec raison considérée lorsqu'elle émane de l'autorité administrative supérieure, comme ne s'appliquant qu'à ceux de ces faits qui concernent les fonctions administratives du juge de paix et comme ne pouvant, dès lors, servir de base à une poursuite en dénonciation calomnieuse pour ce qui concerne les faits imputés à ce même juge de paix en sa qualité de magistrat (Crim. cass. 6 juin 1867, aff. Carlier, D. P. 68. 1. 92).

46. Quant à la question de savoir dans quel cas une décision administrative doit être considérée comme établissant l'existence d'une infraction administrative dénoncée

à l'Administration, diverses décisions qui s'y réfèrent ont été rapportées au *Rép.* n°ˢ 103-5°, 106 et 107. — Depuis, il a été décidé qu'il n'est pas nécessaire que la déclaration, par l'autorité compétente, de la fausseté des faits dénoncés soit faite en termes exprès : il suffit que les termes de la décision émanée de cette autorité ne puissent laisser aucun doute sur son appréciation (Crim. rej. 4 févr. 1882, aff. Yvert, D. P. 82, 1. 280). Ainsi il y a constatation suffisante de la fausseté des faits dénoncés :... dans la décision du ministre de la guerre d'où il résulte, même implicitement, que des faits à lui dénoncés contre des militaires, les uns sont matériellement faux, et les autres exempts de tout caractère frauduleux (Même arrêt) ;... Dans la lettre d'un sous-préfet, visée par le préfet, et adressée à un maire contre lequel une dénonciation a été dirigée, lettre où cette dénonciation est déclarée sans fondement (Bordeaux, 2 mai 1867, aff. Rampillon, D. P. 67. 5. 131) ;... Dans l'avis motivé d'un sous-préfet, visé et approuvé par le préfet, qui constate que la dénonciation portée contre un maire manque de fondement, alors surtout qu'un jugement du tribunal correctionnel, auquel toutes les parties ont acquiescé, a reconnu que ces faits tombaient sous l'application de l'autorité administrative (Crim. cass. 16 août 1867, aff. Rampillon, D. P. 72. 5. 139). — Jugé également que la fausseté des faits imputés à un fonctionnaire et dénoncés au ministre de l'intérieur dont ce fonctionnaire relève, est suffisamment établie par la circonstance que le préfet, auquel le ministre avait renvoyé la vérification de ces faits, a cru devoir, après que, sur la vérification ordonnée, les imputations ont été reconnues fausses, en déférer l'auteur à l'autorité judiciaire (Crim. cass. 6 juin 1867, aff. Carlier, D. P. 68.1.92).

47. La décision de l'autorité administrative sur la fausseté des faits dénoncés n'a-t-elle effet devant le juge saisi de la poursuite en dénonciation calomnieuse qu'autant qu'elle a acquis l'autorité de la chose jugée ? En principe, cette question doit, semble-t-il, être résolue affirmativement, comme dans le cas où il s'agit de décisions émanées de l'autorité judiciaire (V. *suprà*, n° 31). — Toutefois, il a été décidé que le juge devant lequel le dénonciateur est poursuivi, et auquel il est justifié d'une décision de l'autorité administrative établissant la fausseté des faits dénoncés, n'est pas tenu de surseoir à statuer sur le fond, par cela seul que cette décision est encore susceptible de réformation (Rennes, 16 sept. 1864, aff. Retout, D. P. 65. 1. 131, note ; Crim. rej. 16 août 1867, aff. Rampillon, D. P. 72. 5. 376) ; alors, du moins, qu'il n'est pas prouvé que cette réformation ait été expressément demandée par les voies légales (Même arrêt du 16 sept. 1864). En tout cas, le juge correctionnel refuse à bon droit de surseoir au jugement d'une plainte en dénonciation calomnieuse, sur la simple déclaration du prévenu qu'il se proposait de déférer au ministre la décision du préfet proclamant la fausseté de sa dénonciation (Arrêt précité du 16 août 1867). Et la preuve, rapportée devant la cour de cassation, que le recours annoncé a été effectivement formé depuis, ne saurait non plus, être un motif, pour la cour, d'accorder le sursis demandé (Même arrêt). De même, lorsque des habitants d'une commune sont poursuivis par le maire en dénonciation calomnieuse, à raison d'une plainte contre l'administration de ce maire, la décision par laquelle le préfet a déclaré fausses les allégations de la plainte permet de passer outre au jugement de la poursuite en dénonciation calomnieuse, alors même que les prévenus objecteraient qu'ils ont déféré au ministre la décision du préfet, un tel pourvoi, à supposer qu'il soit recevable, n'ayant aucun effet suspensif (Montpellier, 14 août 1865, aff. Arnaud, D. P. 65. 2. 130).

48. — 3° *Infractions disciplinaires.* — Comme on l'a vu au *Rép.* n° 109, quand la dénonciation faite contre un individu appartenant à une corporation pour laquelle il existe une juridiction disciplinaire porte sur des faits passibles d'une peine purement disciplinaire, c'est à cette juridiction qu'il appartient, à l'exclusion de l'autorité judiciaire, de statuer sur la vérité ou la fausseté des faits dénoncés et de rendre la décision préjudicielle au jugement de la poursuite en dénonciation calomnieuse. — Décidé, depuis, et dans le sens de l'arrêt du 18 déc. 1846, cité *ibid.*, qu'une dénonciation portée contre un magistrat, et contenant des imputations de nature à faire encourir à ce magistrat la révocation ou des peines disciplinaires, est réputée

fausse et peut être jugée calomnieuse par les tribunaux, lorsque le ministre de la justice, en vertu du pouvoir disciplinaire dont il était investi sur les magistrats par l'art. 57 de la loi du 20 avr. 1810, a déclaré après examen des renseignements fournis par le procureur général, n'y avoir lieu à suivre sur cette dénonciation (Crim. rej. 20 nov. 1851, aff. Berthollet, D. P. 51. 1. 332. V. aussi Crim. rej. 10 févr. 1888, aff. Mamet, D. P. 88. 1. 192). — Jugé également que le ministre de la justice à qui une dénonciation est adressée contre un officier ministériel (un avoué), est compétent, en vertu des art. 102 et suiv. du décret du 30 mars 1808, pour apprécier, préjudiciellement au jugement du délit de dénonciation calomnieuse, la vérité ou la fausseté des faits dénoncés, alors que ces faits, s'ils étaient établis, ne pourraient donner lieu qu'à des peines disciplinaires (Crim. rej. 20 mars 1852, aff. Métayer, D. P. 52. 5. 199 ; Crim. cass. 6 janv. 1876, aff. Annocque, D. P. 77. 1. 458 ; Crim. rej. 28 avr. 1876, *ibid.*). — Et au cas de dénonciation contre un officier ministériel, à propos d'une infraction disciplinaire, la fausseté des faits dénoncés est suffisamment établie par le renvoi que, sur l'avis exprimé par la chambre syndicale et le ministère public du défaut de fondement des articulations qu'elle renferme, le ministre a fait de la dénonciation au procureur général pour donner suite aux poursuites en dénonciation calomnieuse intentées contre son auteur (Crim. rej. 23 janv. 1858, aff. Nigon, D. P. 58. 5. 128). Il en est ainsi, à plus forte raison lorsque le ministre de la justice a déclaré que la dénonciation était reconnue mal fondée (Arrêt précité du 20 mars 1852).

49. S'il s'agit d'une dénonciation contre un notaire, ayant pour objet des infractions d'un caractère disciplinaire, c'est à la chambre des notaires à qui cette dénonciation a été faite qu'il appartient d'apprécier la vérité ou la fausseté des faits dénoncés (Crim. rej. 17 févr. 1881, aff. Garnier, D. P. 82. 1. 47). — Du reste, le tribunal civil est également compétent pour déclarer préjudiciellement la vérité ou la fausseté à des faits imputés au notaire et constituant des infractions des devoirs professionnels (V. L. 25 vent. an 11, art. 50 et 53 ; Ord. 4 janv. 1843) (V. *infrà*, v° *Notaire*). Mais il en est autrement du ministre de la justice, qui n'est investi, à l'égard des notaires, que d'un pouvoir de haute surveillance, qui ne doit pas être confondu avec les attributions juridictionnelles auxquelles est attaché le droit d'apprécier la dénonciation. Dès lors, le refus, de la part du ministre de la justice, d'ordonner les poursuites, ne peut équivaloir à une décision établissant la fausseté des faits dénoncés (Crim. rej. 24 avr. 1874, aff. Pitou du Gault, D. P. 76. 5. 156)... Alors même que le notaire, contre lequel est dirigée la dénonciation, serait en même temps suppléant du juge de paix (Même arrêt). La déclaration préalable sur l'exactitude ou la fausseté des imputations dont le notaire est l'objet ne saurait émaner non plus du procureur général (Crim. cass. 13 sept. 1860, aff. Pirolle, D. P. 61. 5. 148).

50. Lorsque dénonciation comprend à la fois des faits disciplinaires et des faits de nature à provoquer une répression de droit commun, il ne suffit pas, en principe, que la chambre de discipline de la compagnie à laquelle appartient l'officier ministériel dénoncé ait déclaré la fausseté des faits disciplinaires ; il convient d'attendre que l'autorité judiciaire compétente ait statué sur les autres faits (Orléans, 28 juin 1853, aff. Bertin, D. P. 54. 2. 28 ; Crim. cass. 26 avr. 1856, aff. Millet, D. P. 56. 1. 382). — Et il n'y a pas lieu de diviser la poursuite à l'effet de l'admettre seulement pour les faits qui ont pu être, et qui ont été purgés par la décision de la chambre de discipline, en faisant abstraction des faits les plus graves, ces faits, s'ils étaient prouvés pouvant à eux seuls, justifier la dénonciation, ou, dans tous les cas, n'exposer le dénonciateur qu'à une peine moindre (Arrêt précité du 28 juin 1853). — Décidé, toutefois, que le jugement qui punit le dénonciateur, en se fondant exclusivement sur la déclaration de fausseté des faits disciplinaires émanée de la chambre de la corporation à laquelle appartient l'officier ministériel dénoncé, est régulier, bien que les faits criminels ou correctionnels n'aient pas été vérifiés par l'autorité judiciaire (Arrêt précité du 26 avr. 1856. Comp. Blanche, t. 5, n°ˢ 427 et 430).

51. Sur la question de savoir à quelles conditions une décision disciplinaire doit être considérée comme établissant

la fausseté des faits dénoncés; il a été jugé qu'en cas de poursuite tendant à faire réprimer comme calomnieuse la dénonciation portée contre un notaire pour manquement à ses devoirs professionnels, le juge ne peut voir une décision préalable constatant la fausseté des faits dénoncés dans la déclaration de la chambre des notaires que le dénoncé n'aurait manqué en rien à ses devoirs professionnels, une telle déclaration ne pouvant, en l'absence d'une instruction sur rapport et de l'audition des parties, avoir d'autre caractère que celui d'un simple avis (Crim. cass. 29 déc. 1870; aff. Gauthier, D. P. 70. 1. 377).

52. La fausseté des faits imputés à un officier ministériel (spécialement à un huissier), ne peut-elle, dans une poursuite en dénonciation calomnieuse, être tenue pour régulièrement établie par la décision de la chambre de discipline qui déclare l'imputation dénuée de fondement, qu'autant que cette chambre a préalablement entendu le dénonciateur, ou l'a, du moins appelé à s'expliquer devant elle? La question s'est posée dans une espèce soumise à la cour de cassation, mais n'a pas été résolue (Crim. rej. 15 nov. 1867, aff. Légout, D. P. 68. 1. 91). L'affirmative nous paraît devoir être admise: à moins d'une renonciation formelle dans la plainte, on doit supposer au plaignant, alors surtout qu'il est sous le coup d'une plainte en dénonciation calomnieuse, l'intention d'user du droit de présenter des explications à la chambre de discipline; il doit, dès lors, être mis en demeure de le faire; sinon, la décision rendue ne saurait être considérée comme régulière. — Quoi qu'il en soit, il a été jugé que la délibération par laquelle, en vue de la poursuite en dénonciation calomnieuse, la chambre de discipline a déclaré la fausseté des faits sans avoir appelé le dénonciateur, est néanmoins contradictoire, si elle n'est que le maintien d'une précédente décision sur la plainte déposée contre l'huissier, et à l'occasion de laquelle le dénonciateur avait été mis en demeure et n'a pas usé de la faculté de présenter ses observations (Arrêt précité du 15 nov. 1867). — Jugé, par le même arrêt, que la délibération de la chambre de discipline des huissiers qui statue sur la plainte portée contre un membre de la corporation et ne concernant que lui seul, ne doit pas être soumise à l'homologation du tribunal et peut, par suite, être produite, sans cette homologation, à l'appui d'une poursuite en dénonciation calomnieuse.

CHAP. 5. — Tribunal compétent pour juger le délit. — Qualité pour intenter l'action. — Peine. — Dommages-intérêts (*Rép.* nos 113 à 150).

53. — I. TRIBUNAL COMPÉTENT (*Rép.* nos 113 à 115). — Comme nous l'avons vu au *Rép.* n° 113, la dénonciation calomnieuse, étant un délit, tombe sous la compétence des tribunaux correctionnels. La jurisprudence a continué à écarter toute distinction à ce point de vue, et elle applique la règle dans le cas même où la dénonciation, objet de la poursuite, est dirigée contre des fonctionnaires publics pour faits relatifs à leurs fonctions (Crim. rej. 19 janv. 1848, aff. Warnery, D. P. 48. 1. 62). — D'autre part, cette compétence est applicable alors même qu'à raison de la publicité donnée aux imputations incriminées, celles-ci auraient pu motiver une poursuite en diffamation (Même arrêt).

54. Ce qui précède s'applique à la compétence *ratione materiæ*. Quant à la compétence *ratione loci*, il a été jugé que le délit de dénonciation calomnieuse n'étant consommé qu'au moment où l'écrit qui renferme la dénonciation est parvenu à l'officier de justice ou de police auquel il était adressé, le tribunal du lieu où réside cet officier de justice ou de police est, comme tribunal du lieu du délit, compétemment saisi de la poursuite, encore bien que l'écrit renfermant la dénonciation ait été adressé à ce magistrat, d'un lieu situé dans un autre arrondissement (Crim. cass. 27 mars 1856, aff. de l'Angle-Baumanoir, D. P. 56. 1. 229).

55. — II. QUALITÉ POUR INTENTER L'ACTION. — V. *Rép.* n° 116.

56. — III. PEINE (V. *Rép.* nos 117 à 118). — Il est arrivé que certains jugements ont prononcé comme peines accessoires la privation des droits civiques ou l'affiche du jugement. La première de ces peines ne peut plus être légalement appliquée depuis que la loi du 17 mai 1819 (art. 26) a abrogé l'art. 374 qui la prononçait (*Rép.* n° 117). Quant à la seconde, elle serait illégale ou arbitraire, à moins qu'elle ne fût prononcée à titre de dommages-intérêts (V. Chauveau et Hélie, t. 4, n° 1865).

57. — IV. DOMMAGES-INTÉRÊTS (*Rép.* nos 119 à 150). — Les développements donnés sur ce point au *Rép.* nos 119 et suiv. n'exigent aucun complément. La jurisprudence n'a fait que confirmer les règles établies *loc. cit.*, et n'a eu, du reste, que fort peu d'occasions de les appliquer. Nous n'avons à citer qu'un seul arrêt qui, conformément à la jurisprudence exposée au *Rép.* n° 133, a décidé qu'en reconnaissant au prévenu acquitté le droit de former une demande reconventionnelle en dommages-intérêts contre la partie civile sur la citation de laquelle il a été jugé, les art. 191 et 212 c. instr. crim. n'ont pas entendu limiter son droit en ce sens, et lui interdire la faculté de se pourvoir par action principale contre la même partie en dénonciation calomnieuse (Crim. rej. 14 mai 1869, aff. Numa Guilhou, D. P. 70. 1. 437).

Table sommaire

des matières contenues dans le Supplément et le Répertoire.

(Les chiffres précédés de la lettre *S* renvoient au Supplément; les chiffres précédés de la lettre *R* renvoient au Répertoire.)

ments constitutifs-caractère calomnieux.
Secret. V. Dénonciation.
Signature. V. Dénonciation-forme.
Simple police. V. Tribunal compétent.
Soupçon. V. Eléments constitutifs-gravi-

té, caractère calomnieux.
Sous-préfet. V. Compétence administrative - autorité compétente.
Spontanéité. V. Eléments constitutifs.
Succession. V. Constation préalable.
Surcharge. V. Eléments constitutifs-

caractère calomnieux.
Sursis S. 23 s.; R. 69 s.
— amnistie, décès, prescription S. 27.
— aveu du dénonciateur S. 26.
— maire, plainte, question préjudicielle S. 47 s.; R. 100.
— non-lieu, appel, évocation S. 25.

— notaire, refus de sursis S. 24.
— peine, dommages-intérêts, action publique, action civile S. 28 ; R. 70
— tribunal saisi, ministère public, partie civile R. 76.
— vérification d'écritures R. 72.

— vérité, fausseté S.25; R. 68 s.
Témoins
— subornation. V. Peine.
— spontanéité. V. Peine.
Tribunal compétent.
— garde nationale, conseil de discipline R. 114.

— jugement du délit, police correctionnelle S. 53; R. 113.
— lieu du délit S. 54.
— simple police, incompétence R. 115.
Vérification d'écritures. V. Sursis.
Vérification des faits. V. Autorité compétente.

Table chronologique des Lois, Arrêts, etc.

An 8. 22 frim. Const. 43 c. An 11. 25 vent. Loi. 49 c. 1810. 20 avr. Loi. 37 c., 48 c. 1819. 17 mai. Loi. 18 c., 56 c. —26 mai. Loi. 39 c. 1834. 16 avr. Rennes. 22 c. 1842. 10 mars. Crim. 43 c. —11 nov. Crim. 36 49 c. 1843. 4 janv. Ord. 49 c. —25 mars. Limoges. 37 c. 1844. 8 juin. Crim. 14 c. 1846. 18 déc. Crim. 8 c., 48 c. 1847. 11 déc. Crim. 7 c. 1848. 19 janv. Crim. 53 c.	1851. 12 avr. Crim. 22 c., 44 c. —20 nov. Crim. —24 nov. Rennes. —28 nov. Crim. 23 c. 1852. 20 mars. Crim. 48 c. —26 mars. Crim. 11 c., 44 c. —27 mars. Crim. —32 mai. Crim. 41 —19 juin. Crim. 38 c. 1853. 28 juin. Orléans. 8 c., 25 c., 50 c. —8 août. Orléans. 25 c. —10 nov. Crim. 10 c., 11 c. —16 déc. Crim. 25 c., 37 c.	—24 déc. Metz. 44 c. 1854. 2 févr. Crim. 32 c. —8 nov. Dijon. 21 c. 1855. 17 nov. Crim. 12 c. 1856. 27 mars. Crim. 54 c. —26 avr. Crim. 22 c., 50 c. —31 juill. Colmar. 16 c. 1857. 3 juill. Crim. 41 c. —22 mai. Crim. 41 14 c. —14 sept. Poitiers. 14 c. 1859. 31 janv. Req. 4 c. —15 avr. Crim. 11 c., 14 c. —24 déc. Crim. 15 c., 16 c., 22 c. 1860. 7 janv. Trib. Saint-Flour. 7 c., 11 c.	—25 févr. Crim. 8 c., 24 c. —1er mars. Crim. 18 c. —4 mai. Crim. 15 c., 21 c. —13 sept. Crim. 8 c., 26 c., 49 c. —9 nov. Crim. 13 c. —5 déc. Crim. 17 c. 1861. 21 mars. c. —5 déc. Crim. 14 c. 1862. 25 avr. Crim. 40 c., 16 c., 20 c. —30 mai. Crim. 5 c., 7 c., 9 c. 1864. 13 févr. Crim. 31 c. —8 juill. Crim. 10 c., 31 c. —15 juill. Crim. 44 c.	—16 sept. Rennes. 47 c. —24 nov. Crim. 31 c. —9 déc. Crim. 14 c. 1865. 15 avr. Crim. 26 c. —14 août. Montpellier. 7 c., 47 c. —2 mai. Bordeaux. 46 c. 1867. 23 mai. Crim. 40 c., 14 c. —6 juin. Crim. 45 c. —8 juill. Crim. 10 c. —16 août. Crim. 25 c., 37 c., 40 c. —8 nov. Crim. 7 c., 40 c., 47 c. —15 nov. Crim. 52 c. 1868. 30 janv. c. —1er mai. Crim. c., 16 c. —21 nov. Crim. 44	1869. 17 mars. Dijon. 23 c. —14 mai. Crim. 2 c., 31 c., 56 c. 1870. 19 sept. Décr. 43 c. —29 déc. Crim. 8 c., 36 c., 31 c. 1872. 27 juill. Crim. 44 c. 1873. 3 janv. 22 c. 1874. 24 avr. Crim. 8 c., 24 c., —18 juill. Crim. 41 c. 1875. 8 janv. Crim. 11 c. 14 c. 1876. 6 janv. ry. 12 c. —1er mai. Crim. c., 48 c. —31 janv. Angers.	—23 mars. Bruxelles. 17 c. —13 avr. Crim. 7 c., 44 c. —28 avr. Crim. 8 c., 48 c. 1877. 23 nov. Crim. 7 c., 39 c. 1878. 6 août. Liège. 24 c. —30 oct. Liège. 28. —21 nov. Bourges. —17 c., 27 c. —28 déc. Alger. 33. 1879. 14 janv. Bourges. 25 c. —7 févr. Crim. 39 c. 1880. 11 févr. Riom. 28 c. 1881. 17 févr. Crim. 8 c., 49 c. —4 nov. Chambéry. —17 août. Civ. 18 c. 1882. 4 févr. Crim. 30 c., 44	—10 août. Crim. 8 c. 1883. 28 mars. Bruxelles. 31. —10 nov. Gand. 8. —21 nov. Bruxelles. 13 c. 1884. 19 nov. Civ. 28 c. 1885. 14 mars. Gand. 24 c. —22 mai. Crim. 3 c. —23 oct. Crim. 29 c. 1886. 4 févr. Crim. 5 c. —29 oct. Crim. 41 c. 1887. 5 nov. Toulouse. 4 c., 15 c., 22 c. —2 juill. Crim. 7 c., 33 c. 1888. 3 févr. Crim. 24 c. —10 nov. Crim. 4 c., 30 c., 48 c., 12 c.

DÉNONCIATION DE NOUVEL ŒUVRE. — V. suprà, v° Action possessoire, nos 37 et suiv.

DENTISTE. — V. Médecine; — Rép. eod. v°, n° 44.

DÉPAISSANCE. — V. Forêts; Usage-usage forestier; — Rép. vis Forêts, n° 1400; Usage-usage forestier, n° 301.

DÉPARTEMENT. — V. Organisation administrative; Rép. eod. v°, nos 195 et suiv.
V. aussi suprà, v° Conseil d'État, n° 124; infrà, vis Domaine de l'État; Enregistrement; Organisation de l'instruction publique; Organisation judiciaire; Patente; Société de crédit foncier et de crédit mobilier; Travaux publics.

DÉPENS. — V. infrà, v° Frais et dépens.
V. aussi suprà, vis Chose jugée, n° 403; Conflit, nos 75, 115 et 123; Conseil d'État, nos 178, 350 et 442; infrà, vis Jugement; Notaire; Référé.

DÉPORTATION. — V. Peine; — Rép. eod. v°, nos 612 et suiv.

DÉPOSITION EN JUSTICE. — V. Témoin; — Rép. eod. v°, nos 242 et suiv.

DÉPOT. — V. infrà, v° Dépôt-séquestre.
En ce qui concerne :... le dépôt d'actes chez un notaire, V. Notaire-notariat ; — Rép. eod. v°, n° 247;
... Le dépôt au greffe, V. Greffe-greffier ; — Rép. eod. v°, nos 53 et suiv.;
... Le dépôt d'imprimés, V. Presse-outrage-publication; Propriété littéraire et artistique; — Rép. vis Presse-outrage-publication, n° 136 et suiv.; Propriété littéraire et artistique, nos 70 et 437 et suiv.;
... Le dépôt de matériaux sur la voie publique, V. Contravention-contravention de police; Voirie par terre; — Rép. vis Contravention-contravention de police, nos 133 et suiv.; Voirie par terre, nos 1888 et suiv.;
... Le dépôt public, V. Vol et escroquerie; — Rép. eod. v°, nos 346 et suiv.

DÉPOT. — SÉQUESTRE.

Division.

CHAP. 1. — Du dépôt (n° 1).

SECT. 1. — Historique et législation. — Droit comparé (n° 1).
SECT. 2. — Nature et caractère du dépôt en général (n° 7).

ART. 1. — Du dépôt volontaire et de sa formation (n° 15).
§ 1. — Des personnes entre lesquelles le contrat de dépôt peut intervenir (n° 15).
§ 2. — Des obligations du dépositaire. — Garde; Responsabilité; Secret; Usage personnel; Infidélité (n° 19).
§ 3. — Restitution du dépôt. — Choses dont la restitution est ordonnée. — Augmentation, détérioration, perte, indivisibilité, accessoires (n° 27).
§ 4. — Personnes auxquelles la restitution doit être faite (n° 33).
§ 5. — Du lieu et du délai de la restitution (n° 44).
§ 6. — Des obligations du déposant (n° 47).
§ 7. — De la cessation du dépôt et des obligations qui en résultent (n° 52).
§ 8. — De la preuve du dépôt (n° 53).
ART. 2. — Du dépôt nécessaire (n° 59).

CHAP. 2. — Du séquestre et du dépôt judiciaire (n° 80).

SECT. 1. — Du séquestre volontaire ou conventionnel (n° 80).
SECT. 2. — Du séquestre et du dépôt judiciaire (n° 81).
ART. 1. — Du séquestre judiciaire (n° 82).
ART. 2. — Du dépôt judiciaire (n° 95).
SECT. 3. — Du séquestre administratif (n° 100).

CHAP. 1er. — Du dépôt (Rép. nos 2 à 191).

SECT. 1re. — HISTORIQUE ET LÉGISLATION. — DROIT COMPARÉ (Rép. nos 2 à 7).

1. La législation sur le dépôt n'a été modifiée, en France, depuis la publication du Répertoire, que sur un point spécial, par une loi toute récente, qui atténue les dispositions diverses de l'art. 1953 c. civ., concernant la responsabilité des aubergistes (V. infrà, n° 72).
2. La théorie du dépôt a été principalement développée dans les traités généraux sur le droit civil français de MM. Paul Pont, Petits contrats, t. 1, nos 367 à 569; Aubry et Rau, Cours de droit civil français, t. 4, nos 400 à 409; Laurent, Principes de droit civil, t. 27, nos 68 à 191; Colmet de Santerre, Cours analytique de code civil, t. 8, nos 125 à 174).
Quant à la jurisprudence, elle offre, en cette matière, un

certain nombre de décisions intéressantes, surtout en ce qui concerne le dépôt nécessaire.

Parmi les nouveaux codes promulgués à l'étranger quelques-uns contiennent sur le dépôt des dispositions qu'il importe de connaître.

3. Le code civil italien de 1866 consacre, dans son art. 1860, ce principe d'équité, admis en droit français, mais non expressément formulé par la loi, que le dépositaire peut, si bon lui semble, se démettre du dépôt en restituant la chose déposée, à moins toutefois qu'il ne se soit expressément ou tacitement obligé à la garder pendant un certain temps. — Conformément aux principes qu'il a posés au titre des obligations, le législateur italien autorise la preuve par témoins de tout dépôt volontaire dont la valeur n'excède pas 500 fr. Il y a exception pour les dépôts nécessaires « faits par les voyageurs dans les hôtels où ils logent ou aux mains des voituriers ». Ces dépôts peuvent toujours être prouvés par témoins, quelle qu'en soit la valeur : « le tout, ajoute l'art. 1387, suivant la qualité des personnes et les circonstances de fait » (V. *Code civil italien* traduit par Th. Huc et Orsier, 1868, p. 380). Cette disposition a été empruntée à l'art. 1348-2° de notre code civil.

4. Le code civil du Bas-Canada, promulgué le 26 mai 1866, exécutoire à partir du 1er août de la même année, contient sur le dépôt les règles suivantes. Il résulte de l'art. 1815 de ce code : que les aubergistes et autres personnes y assimilées ne sont pas responsables des vols commis avec force armée ou préjudice des voyageurs, ou des dommages causés par force majeure. Leur responsabilité n'est pas non plus engagée, s'il est établi que le dommage souffert par le déposant a été occasionné soit par un étranger, soit par la négligence ou l'incurie du voyageur lui-même. Pas plus que les voituriers, les aubergistes ne répondent « des sommes considérables en deniers, billets ou autres valeurs, ni de l'or, ni de l'argent, ni des pierres précieuses ou autres articles d'une valeur extraordinaire contenus dans les paquets reçus pour être transportés, à moins qu'on ne leur ait déclaré que le paquet contenait tel argent ou tel autre objet » (art. 1677 et 1817). Cependant cette règle ne s'applique pas au bagage personnel du voyageur, lorsque les valeurs perdues sont modérées et en rapport avec sa condition. On se fie alors au serment du réclamant (Code civil du Bas-Canada, Ottawa-Printed by Malcolm-Cameron 1866. Titre VI, du dépôt et du séquestre, art. 1794 à 1829).

5. Le code suisse (*Code fédéral des obligations*) renferme, en ce qui concerne les hôteliers, quelques dispositions analogues à celles que consacre le code civil du Bas-Canada. Décrété par le conseil des États le 10 juin 1881, et par le conseil national le 14 juin de la même année, ce code a été rendu exécutoire pour toute la Suisse à partir du 1er janv. 1883. Après avoir établi la responsabilité des hôteliers et des aubergistes, le législateur suisse modère la rigueur du principe, en permettant de prouver la faute du voyageur. Il crée contre lui une présomption de faute lorsqu'il ne déclare pas les sommes considérables qu'il est détenteur. Quand, au contraire, il a fait cette déclaration, l'hôtelier est tenu non seulement de son fait, mais de celui des gens à son service, et cela alors même qu'il aurait, par des avis affichés dans son hôtel, prévenu les voyageurs qu'il entendait faire dépendre sa responsabilité de conditions spéciales (*Annuaire de législation étrangère*, année 1881, p. 556).

6. On remarque que c'est surtout en ce qui concerne le dépôt nécessaire que les législations étrangères ont édicté des règles nouvelles. Cela s'explique naturellement par le laconisme de notre code en cette matière. S'inspirant des enseignements de la doctrine et de la jurisprudence, les lois étrangères que nous venons d'analyser ont, comme la loi française, admis le principe de la responsabilité du dépositaire nécessaire, mais elles ont selon nous, sagement limité cette responsabilité aux cas où le déposant ne serait pas en faute. Il est équitable d'établir une présomption de faute contre les voyageurs qui, sans prévenir le gérant, auront apporté dans son hôtel des sommes ou des valeurs considérables. On comprend que, s'il n'est pas averti, le dépositaire est dans l'impossibilité de prendre les mesures utiles à la conservation du dépôt. Mais en affranchissant l'hôtelier d'une manière générale de la responsabilité de la perte ou du dommage survenu au dépôt dans son hôtel par la faute d'un étranger, le législateur canadien nous paraît avoir poussé beaucoup trop avant dans cette voie. Il est allé à l'encontre du but qu'on doit se proposer : la protection des intérêts de ceux qui font un dépôt nécessaire.

Sect. 2. — **Nature et caractère du dépôt en général** (*Rép.* n°s 8 à 191).

7. Comme on l'a fait remarquer au *Rép.* n° 8, c'est à dessein que le législateur a employé dans l'art. 1915 c. civ. le mot *acte* au lieu du mot *contrat*. Il a voulu que cette définition générale pût aussi bien s'appliquer aux séquestres et aux dépôts judiciaires qu'aux séquestres et aux dépôts conventionnels. Ceux-ci, en effet, sont des *contrats* tandis que ceux-là ne constituent que des *actes*, « à moins, dit M. Laurent, t. 27, n° 68, qu'on n'imagine, comme on l'a fait, qu'une convention intervient entre la justice et le dépositaire, ce qui est contraire à tout principe, car la justice ne contracte pas, elle décide et elle commande ». Comme le dit très bien Domat : « Le séquestre judiciaire est différent du dépôt qui se fait de gré à gré, en ce que celui-ci est une convention et que l'autre est un règlement ordonné par le juge ».

8. MM. Aubry et Rau, t. 4, § 401, ont donné du dépôt la définition suivante : « Le dépôt proprement dit est un contrat par lequel l'une des parties s'oblige à garder gratuitement une chose mobilière et corporelle, qui lui est confiée par l'autre partie, et à la lui restituer dans son individualité à première réquisition ». Cette définition résume les principes que nous avons exposés au *Rép.* n°s 8, 10, 13, 25 et 27.

9. Nous avons dit encore au *Rép.* n° 24 que la tradition feinte suffit pour que le dépôt soit parfait. La cour de cassation a appliqué ce principe dans un arrêt du 19 juill. 1836 (*Rép.* n° 12-4°). Elle a décidé également que « la convention portant que des actions, à l'acquisition desquelles sera spécialement destiné le montant d'un crédit ouvert par un banquier à un particulier, seront achetées par ce banquier et en son nom, par le crédité, et resteront entre ses mains jusqu'au remboursement de ses avances constitue un véritable dépôt » (Req. 10 déc. 1850, aff. Devillaine, D. P. 54. 1. 399). Cette décision, équitable en fait, est à certains égards sujette à critique. Dans l'espèce, en effet, les actions avaient été achetées, pour le crédité, par le banquier dans le but de se garantir du crédit qu'il ouvrait. Il semble donc que le contrat formé entre les parties était plutôt un nantissement qu'un dépôt. Le banquier ne s'obligeait à conserver et à rendre les obligations que dans l'hypothèse où il aurait été remboursé par l'emprunteur. Cela seul paraît exclusif de toute idée de dépôt. Néanmoins, la cour de cassation a considéré ce contrat comme un dépôt à tradition feinte.

10. Il nous paraît inutile de faire intervenir une fiction pour expliquer la formation du contrat de dépôt dans les cas prévus par l'art. 1919, § 2. La tradition n'est point fictive, elle est bien réelle, seulement elle précède le consentement. « L'idée de tradition feinte, dit M. Colmet de Santerre, t. 8, n° 130 bis II, est un vestige des anciennes explications que donnaient à quelques textes les interprètes des lois romaines. Mais la tradition n'est pas une solennité qu'il soit nécessaire d'accomplir ou de supposer accomplie pour créer l'obligation d'un dépositaire ».

11. Nous avons fait ressortir au *Rép.* n° 9 la différence existant entre le mandat et le dépôt, ainsi que l'intérêt qu'il y a à éviter cette confusion. Faisant application des principes généraux exposés *loc. cit.*, la jurisprudence a décidé : 1° qu'on doit voir non un contrat de dépôt, mais un mandat dans le versement fait par un individu entre les mains d'un clerc de notaire et dans l'étude de celui-ci, d'une somme devant être payée à sa décharge à un autre client de l'étude (Crim. rej. 15 juill. 1865, aff. Hardange, D. P. 65. 1. 452) ; — 2° Qu'on ne peut considérer comme un véritable dépositaire le notaire qui a reçu des fonds provenant de la vente d'immeubles à la charge de remettre ces fonds à diverses personnes, mais sans être obligé de les garder et de les restituer en nature, cette obligation étant une condition essentielle du contrat de dépôt (Req. 15 juill. 1878, aff.

Dominique, D. P. 79. 1. 179); — 3° Que la remise faite, par un éditeur à un imprimeur, de clichés pour exécuter des tirages ne constitue pas un dépôt permettant à l'imprimeur de réclamer les frais de conservation de la chose déposée, alors surtout que l'imprimeur a conservé ces clichés dans son intérêt exclusif et dans l'espoir de faire de nouveaux tirages (Trib. com. Seine, 11 juin 1881, aff. Noblet, D. P. 83. 3. 54).

12. On a dit au *Rép.* n° 10 que le contrat de dépôt ne perd pas son caractère par cela seul que le déposant aurait autorisé le dépositaire à user de la chose; mais on a ajouté (*Ibid.* n°s 16 et 26) qu'il en est autrement quand le dépôt porte sur des choses fongibles « *quæ primo usu consumuntur* ». A partir du moment où commence la consommation des choses, le contrat se transforme en prêt (Conf. outre les auteurs cités au *Rép. ibid.* : Laurent, t. 27, n° 72. V. aussi Bordeaux, 6 févr. 1840, *Rép.* n° 18-2°). Il serait peut-être plus juridique de considérer cette convention comme un contrat innommé tenant à la fois du prêt et du dépôt : du prêt, en ce que celui qui reçoit ne peut rendre les mêmes choses qu'il a reçues puisqu'elles sont consommées; du dépôt, parce qu'il est obligé de restituer à première réquisition en vertu de l'art. 1944 c. civ; il n'y a pas, comme l'emprunteur la faculté d'invoquer les art. 1187 et 1900 c. civ. et d'obtenir un délai du juge pour se libérer (V. en ce sens: Pothier, n°s 82 et 83, qui revient sur l'opinion qu'il exprimait au n° 11; Aubry et Rau, t. 4, § 401-3°, note 4; Paul Pont, t. 1, n° 443; Colmet de Santerre, t. 8, n° 129 *bis* III). — Quoi qu'il en soit, la cour de cassation a décidé que le versement dans la caisse d'un banquier de sommes produisant des intérêts, et passées en compte courant, même avec stipulation de retrait facultatif, ne constitue pas un dépôt, et que, dès lors, le remboursement de ces sommes n'est pas garanti par le privilège résultant du dépôt (Req. 13 août 1856, aff. de Briges, D. P. 57. 1. 22).

13. La stipulation d'un salaire, au profit du dépositaire, ne transforme pas nécessairement le contrat de dépôt en un contrat de louage de service (*Rép.* n° 13). Le législateur, dans l'art. 1928, § 2, a tranché la controverse, qui existait sur ce point en droit romain et qui s'était perpétuée dans notre ancien droit. C'est l'importance du salaire qui permet de déterminer la nature du contrat. «La majorité des auteurs, dit M. Paul Pont, t. 1, n° 377, imaginant que la consultation n'est pas possible (entre les art. 1917 et 1928-2°) s'attachent exclusivement à la lettre de l'art. 1917, et enseignent qu'en toute hypothèse, le salaire, quel qu'il soit, fait disparaître le contrat de dépôt et le transforme en un contrat de louage. Selon que l'art. 1928 a pour objet non point de définir le dépôt, sans quoi il serait en opposition avec l'art. 1917, mais uniquement de dire que la règle qui oblige le dépositaire à donner à la garde des choses déposées le même soin qu'à la garde des siennes propres, doit être appliquée avec plus de rigueur si le dépositaire a stipulé un salaire. Et ce serait par une inexactitude de langage que l'art. 1928 c. civ. aurait conservé et maintenu la dénomination de dépôt dans cette situation, à défaut de propriété, la convention, selon l'expression de Pothier à qui la disposition a été empruntée, tient plutôt du louage. Il n'est pas permis, ce nous semble, de faire aussi bon marché du texte de l'art. 1928 c. civ. et notamment des expressions *dépôt, dépositaire*, qui y sont employées. La conciliation, d'ailleurs, est loin d'être impossible entre ce texte et celui de l'art. 1917; une simple distinction y suffit. Si le prétendu dépositaire reçoit, en échange du service, qu'il rend, une somme ou toute autre rémunération qu'il a débattue avec le déposant, et qu'il considère comme le dédommagement exact de sa peine, ce sera alors non plus un contrat de dépôt, mais un contrat à titre onéreux et commutatif dans le sens de l'art. 1104 c. nap., qui nous dit précisément que le contrat est commutatif lorsque chacune des parties s'engage à donner ou à faire une chose qui est regardée comme l'équivalent de ce qu'on lui donne ou de ce qu'on fait pour elle. Mais si la rétribution, même offerte *ab initio* par le déposant, n'est pas en rapport avec les soins que devra prendre le dépositaire, qui se charge du dépôt plutôt par obligeance que pour en retirer un bénéfice, comment voir là un louage ou tout autre contrat commutatif quelconque? La condition de l'art. 1104 ne s'y rencontre pas; la convention se résume

donc encore en un contrat de bienfaisance dans les termes de l'art. 1105 malgré le faible salaire que reçoit le dépositaire. Ulpien dit en effet: « *Nam, quia nulla utilitas ejus versatur apud quem deponitur, merito dolus præstatur solus, nisi forte et merces accessit* (loi 5, § 2. *Commodati velcontrà,* Dig. t. XIII, 5), par où il montre que le dépôt ne cesse pas d'être le dépôt même quand il y a *merces* » (V. dans le même sens : Aubry et Rau, t. 4, § 401-2° et 341).

M. Colmet de Santerre, t. 8, § 128 *bis*, enseigne que la stipulation d'un salaire doit faire qualifier le contrat de louage, et non de dépôt; mais que ce changement de nom n'a pas de grandes conséquences, car il faudra, en se conformant à la volonté des parties, appliquer à cette convention une partie des règles du contrat de dépôt, notamment, en ce qui concerne la remise à première réquisition. Cette opinion ne nous paraît pas satisfaisante. Le *criterium* reste toujours, pour nous, la *quotité du salaire.* Il ne peut y avoir de dépôt sans gratuité, ni deux sortes de gratuité. Si la récompense promise est un payement des services rendus équivalant à la valeur de ce service, il y a louage, sinon il y a dépôt.

M. Laurent déclare, après Pothier, que, dès qu'il y a salaire, il n'y a plus dépôt, mais louage de services (t. 27, § 77). — Il a été jugé en ce sens qu'une convention, par laquelle a été stipulé le droit de placer, dans une partie déterminée d'une usine des avoines en sacs, moyennant le payement de 10 cent. par 100 kilog. et par mois, constitue un contrat de louage, et non un contrat de dépôt. On allèguerait vainement que le contrat de louage suppose la mise en possession d'un local déterminé, un prix basé sur l'importance de ce local, et non sur celle des marchandises destinées à y être placées, la remise des clefs du local loué, le droit de sous-louer et la nécessité de l'enregistrement : toutes ces circonstances ne sont pas constitutives du contrat de louage. Du reste le dépôt lorsqu'il est salarié, constitue un véritable louage, puisqu'alors le dépositaire loue ses services ; et la responsabilité en cas de perte de la chose par suite d'un incendie doit s'apprécier en conséquence (Riom, 30 mai 1881, aff. Comp. d'assur. *l'Abeille,* D. P. 82. 2. 38). « Attendu, dès cet arrêt, que, si l'art. 1928 suppose que le dépôt puisse être salarié, c'est uniquement pour graduer plus sévèrement la responsabilité du dépositaire, mais que le législateur n'a pas, par cet article, dérogé au principe posé par l'art. 1917 précité, à savoir que la gratuité est de l'essence du contrat; attendu qu'aux yeux des jurisultes anciens, le dépôt, lorsqu'il est salarié constitue un véritable louage, puisqu'alors le dépositaire loue ses soins. » Ces motifs semblent bien trancher la question dans un sens absolu. Cependant, dans l'espèce qui était soumise à la cour de Riom, il s'agissait de marchandises confiées à un commerçant pour les garder dans ses magasins moyennant un salaire équivalant exactement au service rendu; on pourrait donc soutenir qu'au fond cet arrêt n'est pas contraire à l'opinion que nous avons émise; qu'en effet, en déclarant que le dépôt salarié n'est pas un dépôt, il avait en vue un véritable salaire, et non une simple récompense, la *merces* d'Ulpien.

14. La gratuité n'est pas naturelle. Le législateur en disant, dans l'art. 1957 que le séquestre *peut* n'être pas gratuit, fait supposer que la gratuité est la règle, et le salaire l'exception. C'est le contraire, cependant, qui est vrai. Le séquestre, cela n'est pas douteux, est le plus souvent salarié. L'art. 1958, du reste, en fournit la preuve en disposant que lorsqu'il est gratuit il est soumis aux règles du dépôt. C'est au séquestre ordinaire, c'est-à-dire au séquestre salarié, que s'appliquent les règles tracées par le législateur dans le chap. 3, tit. 11, liv. 3, c. civ.

Art. 1er. — *Du dépôt volontaire et de sa formation* (*Rép.* n°s 29 à 147).

§ 1er. — Des personnes entre lesquelles le contrat de dépôt peut intervenir (*Rép.* n°s 38 à 44).

15. L'art. 1925 c. civ. ne donne lieu à aucune observation nouvelle; il ne renferme qu'une application des principes posés au titre des obligations par les art. 1123, 1124 et 1125 c. civ. (V. *Rép.* n° 38). — Quant à l'art. 1926, il donne à la personne capable qui a fait le dépôt entre les mains d'un

incapable l'action en revendication tant qu'elle existe entre les mains du dépositaire et l'action *de in rem verso* en restitution de ce qui a tourné au profit de ce dernier. Nous avons exposé cette règle au *Rép.* n°s 40 à 42. Aubry et Rau, t. 3, § 402, p. 620, supposant l'hypothèse inverse, où c'est une personne incapable qui a fait le dépôt, enseignent que celle-ci « peut, en faisant annuler ou rescinder le contrat, se soustraire aux obligations dont elle eût été tenue, si le dépôt avait été valable. Mais elle restera toujours soumise à l'action *negotiorum gestorum*, si par suite du dépôt, le dépositaire a utilement géré son affaire ».

16. M. Paul Pont, développant la même règle, estime (t. 1, n° 414), « qu'il n'y a point de difficulté quant aux mineurs, au moins quant aux mineurs non émancipés, et aux interdits. La loi leur enlève l'administration de leurs biens pour les confier à un tuteur. C'est donc à ce représentant légal que passe implicitement le droit de mettre en dépôt les choses du mineur ou de l'interdit, ce qui peut être un acte de bonne administration. D'ailleurs le tuteur ayant le droit d'intenter seul les actions mobilières et d'aliéner le mobilier, on en doit nécessairement conclure qu'il peut constituer un dépôt. Quant au mineur émancipé, bien qu'il ait seulement la pure administration de ses biens, il peut, à notre avis, faire très valablement un dépôt; c'est là un acte qui n'excède pas les limites de la capacité restreinte dont il est investi par la loi; il doit d'autant plus être admis à le faire, que d'après une opinion générale, dont nous reconnaissons d'ailleurs l'exactitude parfaite, il est capable d'aliéner son mobilier corporel et même de s'obliger seul pour ce qui concerne son administration. — Cette doctrine nous paraît contestable; en effet, la théorie sur laquelle elle repose, relativement à la capacité du mineur émancipé, est loin d'être à l'abri de la discussion. Comme on le verra *infrà*, v° *Minorité*, elle est combattue par des auteurs considérables, notamment par Demolombe, qui ne reconnaît au mineur émancipé le droit d'aliéner seul les meubles, même corporels, qu'autant que cette aliénation a les caractères d'un acte d'administration; et l'on peut citer dans le même sens un arrêt de la chambre des requêtes du 7 juill. 1879 (aff. Bonnaz, D. P. 80. 1. 61). Si l'on admet cette opinion, on décidera que le mineur émancipé peut faire, sans l'assistance de son curateur, le dépôt de son mobilier, mais à la condition que ce dépôt n'excède pas les limites d'une bonne administration. Dans tous les cas, il restera toujours incapable de recevoir un dépôt.

17. Quant à l'individu pourvu d'un conseil judiciaire, il est habile à s'engager, soit comme déposant, soit comme dépositaire, aucun article du code ne le lui interdisant. La capacité, en ce qui le concerne, est la règle, l'incapacité l'exception. L'énumération des actes qu'il lui est interdit de faire sans l'assistance de son conseil (c. civ. art. 499 et 513), est limitative (V. *infrà*, v° *Interdiction*).

18. « Quant à la femme mariée il y a une distinction capitale à faire. La femme est-elle soumise à un régime qui fait passer au mari l'administration de tous ses biens personnels (*communauté, régime sans communauté, régime dotal quant aux biens dotaux*), elle devient incapable comme le mineur non émancipé n'ayant plus en main la gestion de sa fortune, elle ne peut consentir un acte de dépôt et doit laisser à son mari le soin de la faire pour elle. A-t-elle conservé l'administration de ses biens (*régime de la séparation de biens*), elle peut très valablement faire un dépôt, car elle est plus capable que le mineur émancipé, puisqu'elle a le droit (c'est du moins l'opinion générale), d'aliéner son mobilier et de s'obliger » (Pont, *eod. loc.*, n° 416). Il y a lieu de remarquer d'ailleurs, que, sous quelque régime qu'elle soit mariée, l'autorisation de son mari lui est nécessaire pour recevoir un dépôt.

§ 2. — Des obligations du dépositaire. — Garde; Responsabilité; Secret; Usage personnel; Infidélité (*Rép.* n°s 45 à 70).

19. Une controverse, exposée au *Rép.* n° 46, s'est élevée sur l'art. 1927 c. civ. Pour apprécier le soin que le dépositaire doit avoir du dépôt, le juge doit-il prendre pour type le soin qu'un père de famille apporte en général à ses propres affaires, ou bien faut-il qu'il examine la capacité particulière de chaque dépositaire? Cette dernière solution avait prévalu dans

la doctrine, ainsi qu'on l'a vu au *Rép.* n° 46. C'est également en ce sens que se sont prononcés les auteurs les plus récents. En d'autres termes, l'opinion générale est que le dépositaire répond seulement de la « *culpa levis in concreto* ». « Le dépositaire, disent MM. Aubry et Rau, t. 4, p. 621, § 403, est tenu de donner à la garde de la chose déposée les soins qu'il a coutume d'apporter à la garde des choses qui lui appartiennent (V. dans le même sens : Pont, t. 1, n° 402; Laurent, t. 27, n° 95). M. Colmet de Santerre, t. 8, n° 139 *bis* II, enseigne la même doctrine, mais y ajoute le tempérament suivant, qui paraît devoir être admis sans difficulté : « On ne devrait pas se servir de l'art. 1927 pour obliger le dépositaire à des soins qui dépasseraient ceux d'un bon père de famille, s'il était pour ses propres affaires plus soigneux que le type du bon père de famille. Ce serait abuser de l'art. 1927, en l'interprétant dans un sens absolument contraire à la pensée qui l'a inspiré ».

Il a été jugé que le dépositaire, qui confie une chose déposée, à un tiers infidèle sans nécessité et sans le consentement du déposant, commet une faute lourde, qui le rend responsable de la perte de la chose déposée, survenue par l'abus de confiance de ce tiers. Ainsi le dépositaire qui a reçu des titres en garantie d'opérations de bourse, dont il est l'intermédiaire salarié, lorsqu'il les envoie sans nécessité ni consentement du propriétaire à un correspondant infidèle, qui les vend et en dissipe le prix, doit en rembourser la valeur au propriétaire (Req. 9 nov. 1874, aff. Lasnier, D. P. 75. 1. 154). La cour de cassation appréciant la faute commise par le dépositaire la qualifie de « faute lourde ». Ce serait une erreur de conclure des termes de cet arrêt que la cour suprême a entendu ériger en principe que le dépositaire n'est responsable que de sa faute lourde seulement. La confusion ne nous paraît pas possible, car il s'agissait au procès d'un dépositaire salarié, c'est-à-dire d'un dépositaire encourant une responsabilité plus grande que les dépositaires ordinaires.—Décidé aussi, avec raison, qu'à défaut de conventions spéciales, le dépositaire n'est pas tenu à des soins extraordinaires; spécialement, que le dépositaire de vins n'est pas obligé de les traiter préventivement par une méthode spéciale, dite la *pasteurisation*, qui n'est pas en usage dans la contrée (Bordeaux, 11 janv. 1888, aff. de Rotschild, D. P. 89. 2. 11).

20. Nous avons vu au *Rép.* n°s 52 à 57 les cas prévus par l'art. 1928 dans lesquels la responsabilité du dépositaire est aggravée. Il a été jugé qu'un concessionnaire d'entrepôt réel substitué aux droits d'une ville, et tenu de toutes les charges de l'entrepôt, doit être considéré comme un dépositaire public, rémunéré par la perception d'un droit de magasinage ; par suite, il est responsable, sauf le cas de force majeure, des objets entreposés. Il doit, en conséquence, prendre, au sujet des marchandises déposées, toutes les mesures de sûreté suggérées par la prudence. En tous cas, et alors même qu'il ne serait pas responsable comme dépositaire salarié, il est tenu, en vertu des art. 1382 et 1383 c. civ., de réparer le préjudice qu'il a causé par sa négligence ou par son imprudence aux propriétaires de marchandises entreposées (Alger, 24 juin 1878, aff. Duvallet, D. P. 80. 1. 381).

21. Comme tous les débiteurs, le dépositaire qui se prétend libéré doit administrer la preuve de l'extinction de son obligation, soit par la remise de la chose au déposant, soit par la perte de cette chose survenue entre ses mains, sans sa faute, par cas fortuit. Aussi, il a été jugé que l'entrepositaire répond des avaries et des détériorations survenues dans ses magasins aux marchandises qui y sont déposées, à moins qu'il ne prouve que ces avaries sont la conséquence d'un cas fortuit ou d'une force majeure, notamment en cas de dépréciation causée à des grains qui se sont imprégnés d'une odeur d'essence minérale (Bordeaux, 6 juin 1877, aff. Arias C. Videau, *Recueil des arrêts de la cour de Bordeaux,* 1878, p. 372). — « Pour que sa preuve soit complète, dit Troplong, *Dépôt-séquestre,* n° 95, il devra se souvenir que lorsqu'il attribuera la perte à certains faits qui ne sont pas compris dans la force majeure, que, lorsqu'il n'y a pas eu défaut de soin de sa part, comme en cas d'incendie, larcin, etc., c'est à lui à prouver que l'événement a eu lieu dans des circonstances plus fortes que sa prévoyance habituelle : sans quoi il devra indemniser le déposant. »

22. Le débiteur est donc obligé d'établir les circonstances qui excluent sa faute. Il en serait autrement si le cas fortuit allégué était par lui-même incompatible avec toute idée de faute, par exemple, si la chose avait été détruite par le feu du ciel ou dans une inondation. L'incendie n'a jamais été considéré comme un cas fortuit de cette dernière espèce. Aussi a-t-il été jugé : 1° que le dépositaire est responsable de la perte de la chose déposée, arrivée par cas fortuit, et notamment par suite de l'incendie de sa propre maison, à moins qu'il ne prouve que cet incendie est le résultat d'un cas fortuit (Lyon, 27 nov. 1863) (1) ; — 2° Que la perte de la chose déposée dans le cas où elle est survenue par suite de l'incendie de la maison du dépositaire, ne relève celui-ci de l'obligation de restituer qu'autant qu'il prouve que l'incendie a eu lieu sans sa faute et est un événement de force majeure (Caen, 8 août 1872, aff. Boyé, D. P. 74. 2. 196).

23. Mais il a été décidé en sens contraire que le dépositaire de marchandises détruites par un incendie échappe à toute responsabilité, lorsqu'il n'est pas établi qu'il ait apporté dans la garde de la chose déposée moins de soins que dans la garde de celles qui étaient sa propriété, et lorsque rien ne prouve que ce sinistre puisse être imputé à une faute quelconque de sa part (Dijon, 12 juin 1884, aff. Champenois, D. P. 85. 2. 146). Nous ne saurions admettre la doctrine consacrée par la cour de Dijon. Elle est contraire, à notre avis, aux principes du droit en matière de preuve.

24. Nous admettrions moins encore, ainsi que la fait la cour d'Aix, qu'un dépositaire salarié ne soit responsable en cas d'incendie que de la perte provenant de l'insuffisance des assurances qu'il aurait prises pour garantir ces mar-

chandises contre l'éventualité d'un sinistre, perte due à la faute qu'il a commise en n'assurant les marchandises que pour partie (Aix, 17 juin 1884) (2). Le dépositaire salarié est tenu d'une responsabilité plus grande que le dépositaire ordinaire. Or, comme on l'a vu *supra*, n° 22, même dans le cas de dépôt ordinaire, le dépositaire qui n'établit pas, que l'incendie a eu lieu par cas fortuit, est responsable de la perte qu'entraîne le sinistre. Donc, dans l'espèce jugée par la cour d'Aix, le dépositaire aurait dû être déclaré responsable de la perte totale des marchandises et non pas seulement de la perte provenant de l'insuffisance des assurances, sauf à lui à réclamer aux assureurs le montant de l'indemnité stipulée.

25. Le dépositaire qui s'offre à garder le dépôt est tenu, comme le dépositaire salarié, plus sévèrement que le dépositaire ordinaire (*Rép.* n° 52). Il a été décidé que le dépositaire qui s'est offert à recevoir le dépôt, doit, si les choses déposées lui ont été soustraites, établir pour sa libération que le vol est le résultat d'un cas fortuit ou de force majeure (Trib. Caen, 13 janv. 1886) (3). La même solution a été consacrée en d'autres matières (V. notamment : Civ. cass. 23 août 1858, aff. Coindre, D. P. 58. 1. 359; Req. 3 juin 1874, aff. Gaignère, D. P. 76. 1. 371. V. aussi *infra*, v¹ˢ *Force majeure; Obligations*).

26. Le législateur a assimilé l'abus de dépôt à l'abus de confiance; ce délit ne peut être prouvé par témoin, lorsque la somme détournée est supérieure à 150 fr., à moins qu'il n'y ait un commencement de preuve par écrit ou que le dépôt n'ait un caractère commercial (*Rép.* v° *Abus de confiance*, n°ˢ 61 et suiv.).

(1) (Larbitré et Mongin C. Giroud d'Argout.) — Le tribunal de Lyon a rendu, le 16 juill. 1863, un jugement ainsi conçu : — « Attendu qu'un jugement du tribunal de commerce de Lyon du 18 sept. 1861 a condamné Micol à payer à Giroud d'Argout une somme de 9100 fr., pour avances à lui faites par ce dernier, de plus, à laisser faire à Giroud d'Argout dix essais de moulins dont il est l'inventeur ; — Attendu que ce jugement a, en outre, autorisé Giroud d'Argout, à faire enlever de chez Micol cinq meules de différentes dimensions ; — Attendu que le 15 nov. 1862, suivant acte reçu par Mᵉ Vachy, notaire à Lyon, Larbitré et Mongin ont acquis de Micol, divers immeubles, et notamment ses moulins à blé, avec les machines, chaudières et autres accessoires qui en dépendent, sauf les objets attribués en pleine propriété à Giroud d'Argout qui en réclame aujourd'hui la valeur ; — Attendu que pour repousser cette demande, Larbitré et Mongin prétendent qu'ils étaient simples propriétaires de ces objets ; que nulle faute ne leur est imputable; qu'ils n'habitaient même pas sur les lieux où le sinistre a éclaté, et que Giroud d'Argout doit s'imputer de n'avoir pas fait enlever les objets mobiliers dont il était propriétaire ; — Attendu que tout débiteur d'un corps certain, aux termes de l'art. 1302 c. nap., ne peut être libéré par la perte de la chose qu'autant qu'il prouve que cette chose a péri sans sa faute; que ni l'art. 1137, ni les art. 1927 et suiv. c. nap. ne dérogent à cette règle, et qu'il ne suffit pas pour les sieurs Larbitré et Mongin de prouver le fait seul d'incendie, s'ils n'établissent pas la cause de cet incendie, ou tout au moins qu'il n'est pas le résultat d'un fait qu'on puisse leur imputer personnellement ou aux personnes subrogées à leurs droits; — Attendu que Larbitré et Mongin soutiennent que nulle faute ne leur est imputable; mais qu'ils ne fournissent sur la cause de l'incendie ni explication, ni justification de nature à donner à cet événement le caractère d'un cas véritablement fortuit établissant leur libération; — Attendu que cette libération ne saurait résulter davantage de ce fait que les lieux étaient occupés par un sous-locataire qui n'a même pas été connu de Giroud d'Argout, et qui, dès lors, n'a pu être accepté comme dépositaire en remplacement de Larbitré et de Mongin ; — Attendu que le retard apporté par Giroud d'Argout dans l'enlèvement des meules déposées chez Larbitré et Mongin ne saurait constituer une faute de sa part, puisqu'aucune mise en demeure ne lui avait été signifiée à cet égard; — Attendu que l'on ne peut induire de l'ensemble des faits de la cause que l'incendie soit le résultat d'un cas fortuit; qu'ainsi les sieurs Larbitré et Mongin ne sauraient exciper utilement des dispositions de l'art. 1929 c. nap. qui n'exonère le dépositaire que des accidents de force majeure; — Attendu, dès lors, que la demande de Giroud d'Argout est justifiée et doit être accueillie. — Appel des sieurs Larbitré et Mongin. — Arrêt.
La cour ; — Adoptant les motifs des premiers juges, confirme. Du 27 nov. 1863.—C. de Lyon.—MM. Valois, pr.-de Plasman, av. gén.-Pine-Desgranges et Humblot, av.

(2) (Gasc et comp. C. Pierre père et fils.) — La cour ; — Attendu que les conditions dans lesquelles s'exerce aujourd'hui dans les centres, particulièrement à Marseille, l'industrie minotière, ainsi

que cela résulte des documents les plus probants versés au procès, ne permettent pas d'enfermer dans les limites étroites de l'art. 1789 la responsabilité du minotier; que dans un but de sage économie, et pour ne point multiplier inutilement les frais de manutention et de transbordement, le minotier ne se borne pas à pourvoir à la fabrication, mais encore se charge le plus souvent de quérir au quai du débarquement, de conserver un certain temps en dépôt, et enfin de livrer au destinataire que lui indique le mandant des marchandises façonnées; — Que le prix relativement élevé de son salaire, qui dépasse de moitié le prix afférent à la fabrication seule sur d'autres places suffirait à indiquer de la manière la plus évidente que sa responsabilité doit se régler également sur les dispositions de l'art. 1928 et qu'il ne peut sans commettre une faute grave se dispenser d'assurer les marchandises qui lui sont confiées ; — Que les sieurs Pierre avaient si bien compris la portée de leurs engagements, en cas de sinistre, qu'ils avaient dès le début de leur entreprise commerciale porté à 80000 fr. le chiffre des assurances au *profit de qui de droit* pour marchandises déposées en leur usine; — Que c'est par suite d'une négligence manifeste ou d'une économie mal-entendue qu'ils ont laissé cette assurance s'abaisser au chiffre de 30000 fr., somme tout à fait insuffisante puisqu'elle ne représentait pas la valeur des marchandises par eux façonnées en une semaine, à couvrir les risques auxquels les exposaient l'importance de leur fabrication et les exigences de leur industrie; — Attendu enfin que l'avis de rendement destiné dans les usages de la localité, à permettre au mandant de disposer à sa convenance de sa marchandise, ne suffisait pas à constituer celui-ci en retard de prendre livraison; — Par ces motifs, confirme.
Du 17 juin 1884.-C. d'Aix.-MM. Lorin de Reure, pr.-Grassi, av. gén.-Platy-Stamaty (du barreau de Marseille) et Abram, av.

(3) (Molénat C. Ville de Caen.)— Le tribunal ; — Attendu que le dépositaire qui, dans les termes de l'art. 1928, s'est offert lui-même à recevoir le dépôt (alors surtout que le dépôt était, en partie du moins, dans son intérêt) doit être considéré au point de vue des responsabilités, comme un débiteur de corps certain, dans les termes généraux des art. 1302 et 1315 c. civ.; — Attendu que le débiteur d'un corps certain qui se prétend libéré de la restitution, par cas fortuit ou force majeure, spécialement par le vol de la chose déposée, doit établir le cas fortuit et établir également qu'il n'a commis aucune faute, c'est-à-dire qu'il a apporté à la garde de la chose tous les soins convenables ; — Qu'il n'y a force majeure et partant libération qu'à cette condition; — Qu'il en est surtout ainsi quand, comme dans l'espèce, le dépositaire a promis une active surveillance ; — Or attendu, en fait, que la ville de Caen ne peut que dire : « Je n'ai plus la miniature objet du dépôt », et ne prouve pas le vol, qu'elle se borne à supposer; qu'elle n'en indique ni la date, ni les circonstances, ni le moment précis, choses qui seraient importantes à connaître; — Qu'elle prouve encore moins qu'il n'y a pas eu de faute de sa part, puisqu'elle ne paraît avoir constaté la disparition de la miniature qu'après la clôture de l'exposition; — Qu'on ne voit

§ 3. — Restitution du dépôt. — Choses dont la restitution est ordonnée. — Augmentation, détérioration, perte, indivisibilité, accessoires (*Rép.* n°s 71 à 80).

27. L'art. 1932, § 1er, pose en principe que le dépositaire doit rendre au déposant la chose même, ayant fait l'objet du dépôt (*Rép.* n° 71). Mais il s'écarte dans le paragraphe 2 du même article de la règle qu'il vient d'édicter, en citant l'exemple suivant : « Ainsi le dépôt des sommes monnayées doit être rendu *dans les mêmes espèces* qu'il a été fait, soit dans le cas d'augmentation, soit dans le cas de diminution de valeur ». Le dépositaire paraît donc autorisé à ne rendre que des espèces identiques. Il vaut mieux s'en tenir strictement au principe, et dire que les devoirs de garde et de fidélité imposent au dépositaire l'obligation de remettre non des pièces *semblables*, mais les *mêmes* pièces, à moins qu'il n'ait été autorisé à agir autrement, sinon le dépôt dégénérerait trop facilement en prêt à usage (Comp. en ce sens : Bordeaux, 24 févr. 1886, aff. Société du gaz de Libourne, D. P. 87. 2. 94). D'après cet arrêt, il ne peut y avoir qu'un dépôt irrégulier dès lors que le dépositaire a la faculté de remplacer par d'autres espèces semblables celles qui lui ont été remises.

28. Il est acquis actuellement en doctrine et en jurisprudence que, pour que le numéraire, confié à un failli à titre de dépôt, puisse lui être réclamé, il faut qu'il ait été enfermé dans des coffres ou dans un sac cacheté, et qu'il soit ainsi transformé en un corps certain. Le législateur n'a fait, d'ailleurs, qu'une application de ce principe en écrivant dans l'art. 575 c. com. : « Pourront être également revendiquées, aussi longtemps qu'elles existeront *en nature*, en tout ou en partie, les marchandises consignées au failli *à titre de dépôt*, ou pour être vendues pour le compte du propriétaire, etc. ». La cour de cassation, s'appuyant sur cet article, a décidé que les titres au porteur qui se trouvent dans le portefeuille d'un agent de change failli, ne peuvent être revendiqués par ceux de ses clients qui l'avaient chargé d'acheter des titres de même nature, qu'autant qu'ils établissent l'*identité* de ces titres avec ceux achetés pour leur compte; et cette preuve de l'identité ne résulte pas suffisamment de cette circonstance que l'agent de change était lui-même créancier en compte courant d'un certain nombre de ces titres, vis-à-vis d'un de ses confrères de Paris qui faisait habituellement des opérations de bourse pour lui (Civ. rej. 11 juin 1872, aff. Pollet, D. P. 73. 1. 121, et la note. V. aussi Bordeaux, 24 févr. 1886, cité *suprà*, n° 27).

29. Nous avons exposé (*Rép.* n° 72), que dans le cas où par sa faute, le dépositaire s'est mis dans l'impossibilité de rendre la chose déposée *in individuo*, il en doit le prix et peut être passible de dommages-intérêts. Il a été décidé, par application de cette règle : 1° que lorsqu'un débiteur a déposé entre les mains d'un tiers des titres au porteur, destinés à garantir le payement de sa dette, et que le dépositaire, en avertissant le créancier de ce fait, n'a pas spécialisé la nature des titres, mais a indiqué seulement le chiffre de la valeur remise en garantie, ce dépositaire est tenu, s'il est mis plus tard, par son imprudence, dans l'impossibilité de restituer les titres, de rembourser au créancier l'intégralité de la somme qu'il avait lui-même déclaré détenir (Bordeaux, 24 mars 1886, aff. Gauthier, D. P. 87. 2. 66); — 2° Que le dépositaire de valeurs industrielles, qui ne les restitue pas en nature, doit être condamné au payement d'une somme d'argent calculée d'après le cours de ces valeurs au moment du dépôt, l'obligation de restituer dans le contrat de dépôt naissant au moment même de la remise, et s'appliquant à la valeur *que la chose avait à cette date* (Aix, 1er déc. 1870, aff. Guien, D. P. 72. 2. 41).

30. La solution donnée par la cour d'Aix dans ce dernier arrêt n'est pas contestable, mais le principe posé dans les motifs de sa décision nous semble en contradiction formelle avec l'art. 1936 : « Attendu, y est-il dit, que tout dépositaire est tenu de restituer la chose ou sa valeur; que ces deux obligations sont corrélatives; et du moment que la seconde est destinée à remplacer la première, elle doit avoir *la même date et la même étendue*; — Attendu qu'en imposant à un dépositaire l'obligation de rendre identiquement la chose qu'il a reçue, l'art. 1932 c. civ. indique énergiquement que l'obligation de restituer naît au moment de la remise et s'applique à la valeur de la chose à cette date ». La cour d'Aix donne à l'art. 1932 c. civ. un sens trop absolu. Si le dépositaire avait vendu les valeurs industrielles, à un moment où elles étaient en hausse, il est incontestable (cela résulte et de l'art. 1936 c. civ. et de ce principe d'équité que *nul ne peut s'enrichir aux dépens* d'autrui), qu'il serait dans l'obligation de remettre le prix reçu par lui, et non la valeur des titres au moment du dépôt. Il pourrait même, selon les cas, être condamné à de plus amples dommages-intérêts.

31. On a dit au *Rép.* n°s 76 à 79 que le dépositaire est obligé de restituer les fruits qu'il a perçus et qu'il doit les intérêts des sommes déposées à partir de *la mise en demeure*. Il est, en effet, débiteur d'un corps certain qu'il s'est engagé à conserver et à rendre, et non à faire fructifier. Il a été décidé : 1° que l'assistance publique qui a reçu, à titre de dépositaire, des valeurs dont un aliéné était porteur, au moment de son arrestation, et qui a refusé de les restituer à son propriétaire, doit les intérêts, à partir du jour où elle a été mise en demeure d'opérer la restitution (Paris, 25 avr. 1873, aff. Assistance publique, D. P. 73. 2. 109); — 2° Que le dépositaire, condamné à la restitution d'une somme d'argent déposée entre ses mains, n'en doit les intérêts qu'à compter du jour même de la mise en demeure (Paris, 14 mai 1882, aff. Oudenot, D. P. 54. 2. 256).

32. MM. Aubry et Rau, t. 4, § 403-2°, et note 8, p. 623 ; Laurent, t. 27, n° 111, estiment que cette règle doit s'appliquer même dans le cas où le dépositaire est autorisé à se servir des fonds déposés; le contrat, malgré cette clause, n'en conservant pas moins les caractères du dépôt. Nous pensons, en effet, bien qu'il s'agisse d'un dépôt irrégulier, ou mieux d'un contrat innommé, que le dépositaire reste néanmoins tenu de restituer à *première réquisition* en vertu de l'art. 1944, ainsi que nous l'avons vu *suprà*, n° 12.

33. Malgré la mise en demeure, le dépositaire ne doit cependant pas les intérêts quand il a des raisons plausibles pour retenir la chose déposée (Aubry et Rau, t. 4, § 403, p. 623 ; Pont, t. 1, n°s 493 et suiv.). Il a été jugé en ce sens : 1° que l'opposition formée entre les mains d'un dépositaire à la restitution au déposant de la chose déposée, peut être considérée, comme apportant à cette restitution un obstacle légal, quoiqu'il ne soit pas constaté qu'elle ait eu lieu dans la forme ordinaire des oppositions, si elle émane, par exemple, d'un tiers que le déposant lui-même avait fait connaître au dépositaire comme s'étant rendu acquéreur de la chose objet du dépôt (c. civ. 1937). En conséquence, le dépositaire, actionné en restitution par le déposant, ne peut être tenu des intérêts qu'à compter du jour où le tiers opposant a été mis en cause; et non à compter de la demande en justice, cette demande ne suffisant pas, en cas pareil, pour qu'il soit réputé en retard de restituer, alors, d'ailleurs, qu'on n'établit pas qu'il ait employé à son profit la chose déposée (Req. 31 juill. 1855, aff. Bories, D. P. 55. 1. 278); — 2° Que le dépositaire de valeurs dépendant d'une succession peut, sans se rendre passible de dommages-intérêts, refuser de restituer ces valeurs jusqu'à ce qu'il y ait été autorisé par justice, même à l'héritier auquel l'acte de partage les attribue, si sa bonne foi est constatée. Il en est ainsi, par exemple, lorsqu'il est

---

pas, dans une telle incertitude, comment la Ville pourrait établir une vigilance qui n'a même pas été éveillée par la perte de l'objet déposé; qu'en définitive, l'objet a disparu : ou pendant la durée et aux heures de l'ouverture de l'exposition, par une insuffisance de surveillance de ses agents ou préposés ; ou après la clôture de l'exposition, ou aux heures où elle était fermée au public, par le fait de ces mêmes agents ou préposés dont elle est responsable ; — Que la Ville, dont la commission a accepté le tableau ou cadre d'exposition de Molénat, est mal venue à exciper aujourd'hui

d'un défaut de solidité de l'attache de la miniature, alors surtout que la date, l'heure et les circonstances du vol restent dans un vague absolu ;...

Par ces motifs, condamne Mériel en sa qualité de maire de la ville de Caen, à payer à Molénat une somme de 1000 fr. pour réparation du préjudice causé par la perte de la miniature *Diane surprise au bain*, etc.

Du 13 janv. 1886.-Trib. civ. de Caen.-MM. Fauvel, pr.-Milliard et Tillaye, av.

déclaré que le droit exclusif de l'héritier est de nature à soulever des doutes légitimes, à raison de l'existence de mineurs appelés à recueillir une partie de la succession, et qui n'ont été écartés du partage que par suite d'une transaction intervenue sur procès (Civ. rej. 11 juin 1860, aff. Bouctôt, D. P. 60. 1. 305).

34. Une question plus délicate est celle de savoir ce qu'il faut décider relativement aux profits que le dépositaire a retirés des sommes ou des objets déposés, dont il s'est servi sans autorisation. Nous avons enseigné (*Rép.* n° 80), conformément à l'opinion de Balde et de Dèce, que tout ce qu'on acquiert avec l'argent d'autrui appartient, sauf convention contraire, à celui qui peut répéter le principal. Le plus sérieux argument à l'appui de cette opinion est tiré de l'équité. — Il paraît illogique et immoral, en effet, qu'un dépositaire coupable d'un « *furtum usus* », faute grave tombant autrefois sous le coup de la loi pénale, tire impunément profit de son infidélité à garder le dépôt. Nous avons conclu de là que le dépositaire doit non seulement les intérêts au taux légal, mais même les autres produits de la chose dont il s'est abusivement servi. Cependant on enseigne généralement qu'il ne doit que les intérêts, calculés au taux légal, et qu'il n'est pas tenu de remettre les autres profits (V. en ce sens outre les auteurs déjà cités au *Rép. ibid.* : Aubry et Rau, § 403, p. 623), et M. P. Pont, n°s 468 et 469, p. 208), soutient cependant l'opinion de Balde et de Dèce que nous avons adoptée. « En effet, il n'est pas permis, dit-il, *loc. cit.*, et cela est élémentaire en droit, de s'enrichir par un fait que la loi réprouve : « *nemo ex dilicto suo conse- qui debet emolumentum* », et d'ailleurs, ne peut-on pas dire que cette somme gagnée au jeu avec l'argent du déposant constitue un produit, un fruit civil de la chose déposée? L'art. 1936 veut que tout soit restitué au propriétaire. Le système contraire est non seulement en opposition avec la loi elle-même, il est en outre peu moral : il encourage la cupidité et excite le dépositaire à violer la foi du contrat. Le déposant n'a-t-il pas été en danger, si la fortune avait tourné contre le dépositaire, de perdre son argent et de n'avoir qu'une action inutile contre un débiteur insolvable ? Et n'est-ce pas juste qu'en retour de ce risque le déposant obtienne tout le profit que son argent a procuré ? » — Quant à M. Laurent, t. 27, n° 112, il enseigne une opinion diamétralement opposée. « Les intérêts ne courent de plein droit, dit-il, *loc. cit.*, qu'en vertu d'une disposition formelle de la loi, et toute exception est de stricte interprétation. Le silence de la loi décide donc la question. Or il n'y a pas de texte qui soumette le dépositaire au payement des intérêts, lorsqu'il se sert des deniers qu'il a en dépôt ; cela est décisif. » Cet argument ne nous paraît pas avoir la force que lui prête M. Laurent. Car, s'il est vrai qu'on ne trouve pas dans le code de texte prévoyant spécialement le cas qui nous occupe, il n'en reste pas moins certain que la loi a maintes fois consacré ce principe que « nul ne peut s'enrichir aux dépens d'autrui », et qu'aucune disposition légale n'interdit de l'appliquer au dépôt.

§ 4. — Personnes auxquelles la restitution doit être faite (*Rép.* n°s 81 à 141).

35. Le dépositaire, comme on l'a vu au *Rép.* n° 84, ne peut exiger de celui qui a fait le dépôt la preuve qu'il était propriétaire, et le dépôt peut être fait par un autre que le propriétaire. Si cependant il reconnaissait que la chose a été

volée, il serait dans l'obligation de dénoncer le dépôt au véritable propriétaire avec sommation de le réclamer dans un délai déterminé. Le dépositaire peut apprendre de diverses manières que la chose qu'il a entre les mains a été volée: un aveu, une procédure, la révélation même des parties intéressées, avons-nous dit *eod. loc.*, peuvent l'éclairer. La loi n'impose en ce cas aucune règle de procédure au propriétaire qui peut agir comme il l'entend sans être astreint de suivre aucune formalité particulière. — Aussi a-t-il été jugé : « que lorsque la personne qui se prétend propriétaire d'un objet déposé entre les mains d'un tiers a formé opposition à sa délivrance, en même temps qu'elle assignait ce déposant pour faire connaître son droit de propriété, ce dernier serait mal fondé à prétendre que les formalités de la saisie-arrêt n'auraient pas été observées, ces formalités n'étant pas applicables en pareil cas (Bordeaux, 28 févr. 1849, aff. Teyssandier, D. P. 49. 2. 154).

36. Nous avons enseigné au *Rép.* n° 85 qu'il fallait étendre les dispositions de l'art. 1936 c. civ. aux choses perdues. MM. Paul Pont, t. 1, n° 490; Aubry et Rau, t. 4, § 403, note 15; Laurent, t. 27, n° 120, *in fine*, sont cependant d'un avis contraire : «. Comme ces dispositions, disent MM. Aubry et Rau, dérogent au principe général posé par l'art. 1937, elles doivent être restreintes aux cas pour lesquels elles sont textuellement établies. D'ailleurs, les considérations d'ordre public sur lesquelles elles sont fondées ne se présentent pas pour le dépôt de choses perdues comme pour celui de choses volées ». Nous maintenons cependant l'opinion émise au *Rép. loc. cit.*; les deux motifs sur lesquels repose la théorie de ces auteurs ne nous paraissent pas déterminants. M. Colmet de Santerre, t. 8, n° 450 *bis* I, soutient « que les choses perdues doivent être revendiquées comme les choses volées (c. civ. art. 2279). Il est raisonnable, par conséquent, d'appliquer à celles-là ce que le code dit de celles-ci ». Le but de l'article est d'empêcher le détenteur d'une chose volée de mettre des entraves à la revendication de la chose en la cachant chez un dépositaire. La revendication de la chose perdue, rapprochée par l'art. 2279 de la revendication de la chose volée, mérite d'être facilitée comme elle par la disposition de l'art. 1938. On pourrait citer à l'appui de notre opinion de nombreuses décisions de tribunaux criminels qui assimilent au vol et punissent de peines édictées par l'art. 401 c. pén. le fait de s'approprier un objet trouvé et de le dissimuler (V. *infra*, v° *Vol*).

37. Le dépositaire ne doit remettre le dépôt qu'à la personne qui le lui a confié (*Rép.* n° 81). Ainsi lorsqu'un dépôt a été fait par deux personnes conjointement, le dépositaire ne doit remettre les choses déposées qu'à ces deux personnes, ou à l'une d'elles munie d'un pouvoir régulier donné par l'autre. C'est ce que paraît admettre un arrêt (Bordeaux, 27 juill. 1880) (1), qui n'écarte l'action en restitution intentée contre le dépositaire que parce que l'objet du dépôt consistait dans des papiers dépourvus de toute valeur.

38. On a vu également au *Rép.* n° 81 que la restitution est valablement faite à un tiers désigné par le déposant. M. Laurent, t. 27, n° 114, prévoit trois hypothèses. Si c'est dans l'intérêt du déposant que cette clause est ajoutée au contrat, celui-ci peut y renoncer. Il en est autrement si c'est dans l'intérêt du déposant ou dans celui du tiers désigné, en admettant que, partie au contrat, il ait lui-même accepté de recevoir la restitution ; en tout cas, il a été jugé que le dépositaire a pu remettre au déposant sans l'intervention du tiers désigné pour recevoir la restitution, quand, en fait, il

---

(1) (Guitteau et Lauzac C. Ville de Bordeaux.) — Le 13 sept. 1875, les sieurs Guitteau et Lauzac ont déposé au bureau de la mairie de Bordeaux, dit bureau des épaves, des lettres de change qu'ils avaient trouvées sur la voie publique. L'année suivante, le sieur Guitteau s'étant présenté pour retirer le dépôt, il lui fut répondu que le sieur Lauzac s'était fait remettre les valeurs déposées. Le tribunal de Bordeaux, a saisi de la difficulté, statué le 14 juill. 1879 en ces termes: — « Attendu que l'employé de la mairie de Bordeaux a, le 15 sept. 1876, remis à Lauzac, agissant tant pour lui que pour Guitteau, les papiers que l'année précédente Lauzac et Guitteau avaient trouvés sur la voie publique et avaient déposés ensemble à la mairie ; qu'en admettant que cet employé ait eu le tort de remettre ces papiers sans que Lauzac eût justifié d'un mandat régulier, donné par Guitteau, celui-ci ne pourrait avoir une action utile en dommages-intérêts, qu'en justifiant que cette

faute lui a causé préjudice ; — Attendu qu'il résulte des documents produits que les papiers trouvés par Lauzac et Guitteau étaient des deuxièmes de traites tirées par Brana frères de Buenos-Ayres sur leur maison à Bordeaux, à l'ordre de Pedro Gorinborda ; que les premières avaient été présentées par le bénéficiaire et avaient été payées par Brana quand les deuxièmes et troisièmes furent trouvées par Lauzac et Guitteau ; ce n'étaient donc des papiers sans aucune espèce de valeur ; — Par ces motifs, le tribunal déclare Guitteau mal fondé dans sa demande, l'en déboute et le condamne aux dépens ». — Appel par le sieur Guitteau. — Arrêt.

La cour; — Adoptant les motifs des premiers juges ; — Confirme, etc.

Du 27 juill. 1880. C. de Bordeaux. MM. Izoard, 1er pr. Bayle et Chenou, av.

est établi que c'est sur les indications mêmes de ce tiers que la restitution a eu lieu (Req. 15 févr. 1870,aff.Erlanger,D. P. 71. 1. 165).

39. Mais dans le cas où le déposant est mort avant que la restitution ait eu lieu, c'est une question délicate que celle de savoir si la restitution peut être faite au tiers désigné. Elle a été traitée au *Rép.* v° *Dispositions entre vifs et testamentaires*, n°s 1646 et suiv., et l'on y reviendra *infrà*, eod. v°.

40. Nous n'avons rien à ajouter à ce qui a été dit au *Rép.* n°s 90 à 101 sur les dispositions de l'art. 1939 c. civ. Nous dirons seulement que, dans cet article, le mot *indivisible* n'est pas pris dans le sens légal que lui donne l'art. 1217 c. civ. « L'art. 1939, al. 3, disent MM. Aubry et Rau, t. 4, § 403, p. 624, note 14, emploie le mot *indivisible* dans une acception différente de celle que lui attribue l'art. 1217 pour désigner une chose qui n'est pas susceptible d'être divisée matériellement, quoiqu'elle puisse l'être intellectuellement » (Pont, n° 484; Zachariæ, § 403, note 10).

41. Comme l'enseignent MM. Aubry et Rau, t. 4, § 403, note 14, les règles tracées dans les al. 2 et 3 de l'art. 1939 doivent être appliquées par analogie, au cas où le dépôt a été fait par plusieurs personnes, ou pour le compte de plusieurs personnes (V. en ce sens : Delvincourt, *Cours de code civil*, sur l'art. 1939; Duranton, *Cours de droit français*, t. 18, n° 64).

42. On a dit au *Rép.* n° 95 que lorsqu'il y a désaccord entre les héritiers du déposant sur la restitution d'un dépôt indivisible, le dépositaire est libéré par la remise du dépôt à celui des héritiers qui appréhende la plus grande part de la succession, à la charge par ce dernier de donner caution aux autres héritiers.Le dépositaire ne peut, selon nous, être tenu à cette restitution qu'en vertu d'un jugement ou d'une ordonnance de référé. Le 10 janv. 1872, le tribunal de la Seine a décidé que la Banque de France pouvait remettre à l'un des héritiers du comte de Lanjuinais des titres qu'elle avait reçus en dépôt de celui-ci, bien que le déposant eût stipulé qu'après sa mort le dépôt prendrait fin et que la Banque dépositaire aurait à provoquer le retrait du dépôt ou la consignation des titres : ces titres avaient été attribués par le notaire liquidateur dans l'acte de partage à cet héritier. La cour d'appel a décidé, avec raison, qu'en présence du désaccord des héritiers, la Banque de France était fondée à demander la nomination d'un séquestre auquel les titres seraient confiés, jusqu'à ce que le tribunal compétent se soit prononcé sur leur attribution (Paris, 8 mars 1872, aff. Banque de France, D. P. 74. 2. 16).

43. La loi n'a pas prévu le cas où le dépositaire meurt laissant plusieurs héritiers.. On a dit au *Rép.* n° 98, que le déposant a une action contre chacun des héritiers du dépositaire pour sa part et portion et une action pour le tout, contre celui qui est en possession du dépôt. « C'est, dit avec raison M. Laurent, t. 27, n° 119, un des cas d'indivisibilité de payement admis par l'art. 1224 c. civ. Si l'obligation de restitution s'est transformée en une dette d'argent, comme dans les cas des art. 1934 et 1935 c. civ., on appliquera le principe général de la division des dettes (c. civ. art. 1220) »(Pont, t. 1, n° 285; Pothier, n°s 64 et 65).

§ 5. — Du lieu et du délai de la restitution
(Rép. n°s 102 à 112).

44. Les termes employés par le législateur dans l'art. 1943 présentent une certaine ambiguïté, provenant de ce que le mot *dépôt* a deux acceptions : il signifie tantôt le contrat, tantôt la chose objet du contrat. Nous avons interprété cet article (*Rép.* n° 103), en ce sens que la restitution doit être faite dans le lieu où la chose se trouve déposée. M. Laurent a suivi cette opinion (t. 27, n° 124).

45. On a également enseigné au *Rép.* n° 110 que, lorsque la durée du dépôt n'a pas été déterminée, le dépositaire a la faculté de se démettre du dépôt à moins que les circonstances, dans lesquelles il est intervenu, n'impliquent par elles-mêmes un délai. Il y a là une question de fait laissée à l'appréciation des tribunaux. M. Laurent, t. 27, n° 121, soutient que le dépôt étant un service d'ami le dépositaire ne peut en aucun cas obliger le déposant à reprendre le dépôt. Nous ne pouvons admettre ce principe

trop rigoureux, qui aboutirait à imposer au dépositaire une obligation illimitée.

46. On a expliqué au *Rép.* n° 111 la disposition de l'art. 1944, relative au cas où il est fait entre les mains du dépositaire une saisie-arrêt ou opposition à la restitution ou au déplacement de la chose déposée. Nous ajouterons que les formes de la saisie-arrêt ne sont point exigées de la part de celui qui se prétend propriétaire : « Quand l'obstacle à la restitution vient d'un créancier du déposant, dit à ce sujet M. P. Pont, n° 496, la saisie-arrêt formée par le créancier doit remplir toutes les conditions exigées par l'art. 557 c. proc. civ.; ce créancier doit donc, dans le délai fixé par l'art. 564, dénoncer au tiers saisi la demande en validité de la saisie, à défaut de quoi la restitution serait valablement faite. Lorsque, au contraire, l'obstacle vient d'un tiers qui prétend avoir la propriété ou tout autre droit réel sur la chose, ce tiers n'est pas tenu de suivre toutes les formalités de la saisie-arrêt; l'opposition quelle qu'en soit la forme, pourvu qu'elle revête les caractère d'un acte extra-judiciaire, suffit pour que le dépositaire doive s'abstenir de faire la remise; l'art. 1944 n'a pas distingué sans motif la saisie-arrêt de l'opposition ».

§ 6. — Des obligations du déposant (*Rép.* n°s 113 à 118).

47. Le dépositaire peut réclamer au déposant le remboursement des dépenses nécessaires qu'il a faites pour la conservation de la chose; mais, comme on l'a enseigné au *Rép.* n° 113, il n'a pas d'action pour demander la restitution des sommes employées en dépenses utiles. M. Laurent, t. 27, n° 128, p. 146, a adopté cette doctrine. Non seulement le dépositaire ne pourra exercer pour le remboursement des dépenses utiles l'action *depositi contraria* (sur ce point tous les auteurs sont d'accord), mais encore il n'aura pas l'action *de in rem verso*, pour se faire rembourser la plus-value que ces dépenses auraient procurée à la chose. L'action *de in rem verso* n'est donnée qu'en l'absence de tout contrat; or il y a ici contrat de dépôt, et la loi, qui est limitative, n'autorise le dépositaire qu'à réclamer le remboursement des dépenses nécessaires à la conservation de la chose. Cependant en s'appuyant sur l'équité qui ne souffre pas que le déposant puisse s'enrichir aux dépens du dépositaire, MM. Aubry t. 4, § 404, note 1, p. 626; Paul Pont, t. 1, n° 508, p. 226, ont adopté l'opinion contraire, qui nous paraît moins juridique.

48. L'art. 1948 donne au dépositaire un droit de rétention jusqu'à l'entier payement de ce qui lui est dû à raison du dépôt (*Rép.* n° 117). Il a été jugé que ce droit de rétention peut être exercé pour le payement de l'indemnité d'occupation des lieux où elle a été conservée (c. civ. art. 1948); que ce droit de rétention est opposable au tiers acquéreur de la chose déposée sans toutefois qu'aucune condamnation personnelle puisse être prononcée contre lui, puisqu'il n'est pas l'auteur du dépôt (Civ. rej. 8 déc. 1868, aff. Salmon, D. P. 69. 1. 77).

49. Suivant MM. Aubry et Rau, t. 4, § 404, p. 626, « le dépositaire pourrait, si, sur l'offre de restituer le dépôt, le déposant refusait de lui rembourser ce qui lui est dû en sa qualité de dépositaire, se faire autoriser par justice à vendre aux enchères la chose déposée, et à retenir sur le prix le montant de sa créance. Comme le dépositaire ne peut être tenu de garder indéfiniment le dépôt, et que, d'un autre côté, il ne saurait être contraint de s'en dessaisir avant parfaite satisfaction, le seul moyen de sortir de la difficulté à laquelle donne lieu une pareille situation, est celui que nous indiquons ». — Un arrêt de la cour de Lyon du 27 août 1849 (aff. Bontoux, D. P. 50. 2. 14, et rapporté au *Rép.* n° 117) consacre cette opinion. Il décide, en effet, que le dépositaire peut, à défaut de payement de ses avances, même en cas de faillite du déposant, faire vendre la chose déposée pour être payé par préférence sur le prix provenant de la vente.

50. On a vu au *Rép.* n° 117, *in fine*, que la rétention ne saurait avoir admise si la cause des dépenses était étrangère au dépôt. Cette règle se justifie d'elle-même; elle a été appliquée par un arrêt aux termes duquel le dépositaire ne peut exercer son droit de rétention que pour les dépenses nécessaires par lui faites, à raison du dépôt, et dans le cas seu-

lement où il y aurait entre le dépôt et la créance, dont le recouvrement est poursuivi, une corrélation de cause à effet (Paris, 18 déc. 1884) (1).

51. Enfin la restitution opérée, le dépositaire jouit encore, à raison des frais faits pour la conservation de la chose, du privilège de l'art. 2102, § 3 (V. *Priviléges et hypothèques;* — *Rép.* eod. v°; n°s 306 et suiv.; Aubry et Rau, t. 4, § 404; Duvergier, n° 506; Troplong, *Des priviléges et des hypothèques,* n° 257; Rauter, *Revue étrangère,* 1841, p. 777; P. Pont, *Petits contrats,* t. 1, n° 512).

§ 7. — De la cessation du dépôt et des obligations qui en naissent (*Rép.* n°s 119 à 125).

52. Le déposant a, pour faire valoir ses droits, l'action « *depositi directa* », et le dépositaire peut dans certains cas exercer l'action « *depositi contraria* » (*Rép.* n° 120). La violation du dépôt donne aussi naissance à l'action pénale des art. 406 et 408 c. pén. (*Rép.* v° *Abus de confiance,* n°s 101 à 147).

§ 8. — De la preuve du dépôt (*Rép.* n°s 126 à 147).

53. On a exposé au *Rép.* n° 126, que le dépôt doit être prouvé par écrit, à moins que sa valeur n'excède pas 150 fr. Ce qui était l'exception en droit romain est devenu la règle en droit français. L'art. 1923 est la reproduction du principe posé au titre *des obligations,* art. 1341. Il comporte donc les mêmes exceptions, c'est-à-dire qu'il ne s'applique pas dans les cas prévus par les art. 1347 et 1348. La preuve testimoniale est, en effet, admise au cas de dépôt nécessaire, ou quand le titre qui sert de preuve par écrit, a disparu par suite d'un événement imprévu ou de force majeure, ou bien encore, ainsi qu'on l'a dit au *Rép.* n° 132, quand il existe un commencement de preuve par écrit. Ces règles ont été appliquées par la jurisprudence. Ainsi il a été jugé : 1° que le dépôt volontaire d'une valeur supérieure à 150 fr. ne peut être prouvé que par écrit, ou par la preuve testimoniale appuyée d'un commencement de preuve par écrit, et qu'un interrogatoire sur faits et articles ne peut fournir de commencement de preuve par écrit du dépôt s'il n'apporte qu'une dénégation expresse aux prétentions de la partie adverse (Dijon, 12 mai 1876, aff. Desmots, D. P. 77. 2. 129); — 2° Que si le fait de la remise volontaire d'un blanc-seing ne peut, en règle générale, lorsque la valeur de la convention est supérieure à 150 fr., être prouvé que conformément aux art. 1341 et suiv. c. civ., il en est autrement lorsque la remise du blanc-seing a été obtenue à l'aide de manœuvres frauduleuses ; et le juge n'est pas obligé alors de se renfermer dans les modes de preuve réglés par les art. 1341 et 1347. La production faite dans un ordre, non désavouée par la partie au nom de laquelle elle a lieu, est à bon droit considérée comme émanée du client lui-même et peut servir de commencement de preuve par écrit dans les termes de l'art. 1347 c. civ. (Crim. rej. 5 janv. 1883, aff. Arnould Drappier, D. P. 83. 1. 367).

54. Ces règles sont journellement appliquées devant les tribunaux correctionnels (V. les arrêts cités au *Rép.* n°s 129 et 132. V. aussi *Abus de confiance,* n°s 165 et suiv.; — *Rép.* v¹s *Abus de confiance,* n° 194; *Chose jugée,* n° 518). — Il a encore été jugé, dans le même sens : 1° que le juge cor-

rectionnel saisi de la connaissance d'un délit de violation de dépôt est compétent pour statuer sur la question d'existence du dépôt, et il n'est pas tenu de renvoyer à cet égard devant la juridiction civile. Mais il doit se conformer, pour la preuve du dépôt, aux règles du droit civil; et, par exemple, s'il s'agit de valeurs excédant 150 fr., il ne peut admettre la preuve par témoins, qu'autant qu'il y a commencement de preuve par écrit. Des réponses évasives et contradictoires, faites par le prévenu devant le juge d'instruction, et consignées dans le procès-verbal de l'interrogatoire, peuvent être considérées comme un commencement de preuve par écrit dans le sens de l'art. 1347 c. civ. (Angers, 1er juill. 1850, aff. Lelièvre, D. P. 51. 2. 134); — 2° Que l'aveu d'un dépôt contenu dans un procès-verbal de commissaire de police et qui n'est pas signé par l'auteur de l'aveu, n'est tout au plus qu'un aveu extra-judiciaire purement verbal rentrant dans les termes de l'art. 1355 c. civ., et ne pouvant servir de preuve du dépôt (Bordeaux, 22 mai 1867, aff. Chansard C. Perier, *Journal des arrêts de Bordeaux,* 1867. 1. 391).

55. Comme on l'a enseigné au *Rép.* n° 134, en matière commerciale, la preuve testimoniale du dépôt est toujours admise. Cela résulte des principes généraux du droit. On en tire cette conséquence que le fait d'avoir abusé d'un dépôt commercial peut être prouvé par témoins, même lorsqu'il s'agit d'un dépôt de valeurs excédant 150 fr. (V. *suprà,* v° *Abus de confiance,* n° 166).

56. Le dépôt est un contrat synallagmatique imparfait ; il en résulte qu'en principe l'écrit qui le constate n'a pas besoin d'être fait en double (*Rép.* n° 146). Mais lorsqu'il existe un seul écrit, cet écrit, aux termes de la jurisprudence, doit être sinon en entier de la main du déposant, du moins être revêtu par lui du « *Bon et approuvé pour* ». Nous avons cité en ce sens au *Rép. loc. cit.* un arrêt de la cour de cassation du 12 janv. 1814, rapporté *ibid.* n° 136-2°.

M. Laurent, t. 27, n° 90, combat vivement cette doctrine : « A notre avis, dit cet auteur, l'art. 1326 c. civ. n'est pas applicable au dépôt. Comme nous l'avons dit au titre *des obligations,* l'art. 1326 contient une disposition exceptionnelle applicable seulement à certains contrats unilatéraux. Quels sont ces contrats ? La loi suppose qu'une seule partie s'engage envers l'autre à lui payer une somme d'argent ou une quantité de choses fongibles ; le billet doit contenir en ce cas, quand il n'est pas écrit par le débiteur, outre la signature, *un bon et approuvé,* portant, en toutes lettres, la somme ou la quantité de choses, c'est-à-dire l'objet de la dette. Est-ce que le dépôt rentre dans cette définition ? La négative nous paraît certaine. En effet, le dépositaire ne s'oblige pas à payer une somme d'argent ou une quantité de choses fongibles, il s'oblige à garder des choses certaines et déterminées et à les restituer. Son obligation n'est donc pas une de ces dettes d'argent que le législateur, à raison de leur fréquence et de l'abus facile du blanc-seing, a soumises à des règles spéciales ». Puis, critiquant l'arrêt du 12 janv. 1814, il reproche à la cour d'avoir commis une erreur de droit en disant que l'obligation du dépositaire consistait dans le payement d'une somme d'argent, ce qui conduit à faire, en l'espèce, application de l'art. 1326 c. civ. Après avoir rappelé que le dépositaire a contracté l'obligation de conserver la chose et de la restituer, il ajoute : « Est-ce que cette obligation consiste

---

(1) Raimond C. Dejonge.) — LA COUR ; — Sur l'appel principal de Raimond : — Considérant que suivant acte sous seing privé, en date à Paris, du 2 mars 1880, qui sera enregistré avec le présent arrêt, Raimond et Dejonge ont posé les bases d'une société commerciale à constituer entre eux pour l'exploitation d'un brevet d'invention dont Dejonge est propriétaire ; que par le même acte Raimond et Bruelle, qui n'est plus en cause, se sont engagés, chacun pour moitié, à verser à Dejonge une somme mensuelle de 100 fr. jusqu'à la constitution de la société ; qu'il a été stipulé en outre, que Dejonge resterait débiteur de ces avances envers Raimond et Bruelle, si l'association n'avait pas lieu ; qu'à la suite de ces accords, et en vue de leur exécution, Dejonge a déposé entre les mains de Raimond le titre de son brevet ainsi que les notes et dessins y relatifs, mais que le projet de société n'ayant pas abouti, Raimond prétend exercer sur les documents dont il est dépositaire un droit de rétention pour sûreté des avances dont Dejonge est resté débiteur envers lui ; — Considérant que si, aux

termes de l'art. 1948 c. civ., le dépositaire peut retenir le dépôt jusqu'à l'entier payement de ce qui lui est dû, ce droit de rétention ne lui est conféré que pour les dépenses nécessaires par lui faites à raison du dépôt ; que, dans l'espèce, la créance de Raimond procède non du contrat de dépôt, mais d'un contrat distinct ; que Raimond n'est donc pas fondé à invoquer une corrélation de cause à effet qui n'existe pas entre le dépôt des objets qu'il détient et la créance dont il poursuit le recouvrement ; que, toutefois, il n'y a lieu de faire courir la contrainte prononcée par les premiers juges que de la signification du présent arrêt ;

Par ces motifs, infirme le jugement dont est appel, en ce qu'il a condamné Dejonge à payer à Raimond une somme de 700 fr. ; réformant de ce chef, réduit à 850 fr. le chiffre des condamnations en principal prononcées contre Dejonge, au profit de Raimond ; — Du 18 déc. 1884.-C. de Paris.-MM. Faure-Biguet, pr.-Calary, av. gén.-Lenté et Penaud, av.

à restituer une *somme* quand il a reçu de l'argent en dépôt ? L'art. 1932 répond que le dépositaire qui a reçu des espèces monnayées doit rendre les mêmes espèces ; il ne rend donc pas une *somme*, ou une chose fongible comme dans le cas de l'art. 1326, il rend identiquement la même chose qu'il a reçue, il est débiteur d'un corps certain. Est-ce que l'art. 1326 est applicable à la dette d'un corps certain ? » Et plus loin : « D'après la cour de cassation, *les formalités* de l'art. 1326 devraient être observées pour que le débiteur fût *obligé* ; de sorte que l'*obligation* serait subordonnée à des *formes* qui ne sont prescrites que pour la *preuve*. Voilà une erreur qu'on peut qualifier d'hérésie, car elle confond les notions les plus élémentaires du droit : la différence qui existe entre l'*obligation* et l'*écrit* ». — Si on lit attentivement l'arrêt si vivement attaqué par M. Laurent, on s'aperçoit aussitôt que la cour suprême ne s'est préoccupée, dans cette affaire, que des *formes de la preuve* et non des circonstances qui peuvent donner naissance à l'obligation : « Attendu, porte, en effet, l'arrêt : 1º que si l'art. 1923 c. civ. exige qu'un acte de dépôt ne puisse être constaté que par écrit, il ne s'ensuit pas que l'acte qui le constate soit dispensé des formes que la loi a exigées par l'art. 1326... ». Ce motif ne peut laisser subsister de doute sur le sens et la portée de la décision. La cour de cassation n'a évidemment entendu parler que des moyens de prouver le dépôt. Elle ajoute que, « si l'acte n'est pas écrit de la main du dépositaire, il ne peut être valable que s'il est revêtu du *bon et approuvé pour* » (Civ. cass. 12 janv. 1814, *Rép.* nº 136). La cour de cassation nous paraît, contrairement à l'opinion de M. Laurent, non seulement n'avoir commis aucune erreur juridique, mais encore avoir fort bien jugé en fait et en droit. Il est vrai, *in apicibus juris*, que le dépositaire est débiteur d'un corps certain, qu'il doit conserver et rendre ; mais lorsqu'une somme d'argent lui est donnée de la main à la main, non renfermée dans un sac, ou dans une boîte, il est nécessaire d'en fixer le chiffre. « *Le bon et approuvé pour* » sera aussi utile au dépositaire qu'au déposant. Pourquoi donc ferait-on une distinction, au point de vue de la preuve, entre les dépôts excédant 150 fr. et ceux inférieurs à cette somme, si la valeur du dépôt doit rester indéterminée ? Qu'importerait que l'on déposât une somme plus ou moins élevée, si le dépositaire est toujours censé avoir entre les mains un corps certain ?

L'art. 1923 c. civ. ne contient aucune dérogation au droit commun ; il est l'expression de ce principe, qu'en matière civile toute obligation excédant 150 fr. doit être prouvée par écrit. Or, peut-on raisonnablement prétendre que le législateur, parce qu'il a rappelé au titre du dépôt que cet unique principe, commun à toutes sortes de conventions, ait dispensé ce contrat des conditions et des formes prescrites au titre *des obligations* où sont posées les règles générales. L'opinion que nous soutenons est partagée par M. P. Pont, t. 1, nº 412 : « S'il s'agissait, dit cet auteur, d'un dépôt de somme ou autre chose appréciable, l'acte devrait contenir le *bon et approuvé*, conformément à l'art. 1326, s'il n'était pas écrit en entier de la main du dépositaire ». La jurisprudence paraît également fixée en ce sens. La cour de Bordeaux a décidé « qu'il n'est pas nécessaire que l'acte sous seing privé constatant un dépôt soit fait double, mais qu'il doit contenir le « *bon et approuvé pour* » prescrit par l'art. 1326 c. civ. à moins que le dépositaire n'appartienne à une des catégories de personnes exceptées par le deuxième alinéa du même article, par exemple, s'il s'agit de la fille de cultivateurs (Bordeaux, 8 févr. 1865, aff. Duffour *C.* Sanfourche, *Recueil des arrêts de la cour de Bordeaux*, 1865, p. 39).

57. Aux termes de l'art. 1924, lorsque le dépôt volontaire, étant au-dessus de 150 fr., n'est point prouvé par écrit, celui qui est attaqué comme dépositaire, en est cru sur sa déclaration, soit pour le fait du même dépôt, soit pour la chose qui en faisait l'objet, soit pour le fait de sa restitution (c. civ. art. 1924). — La disposition de l'art. 1924 n'est point exceptionnelle ; elle est fondée sur les principes généraux du droit, et notamment sur l'indivisibilité de l'aveu. Dans son rapport au Tribunat, Favart de Langlade (Locré, t. 8, nº 4, p. 332), s'exprimait ainsi : « Le déposant a suivi la foi du dépositaire, il s'est livré à sa moralité à laquelle il peut avoir eu trop de confiance, mais qu'il ne

peut récuser. Il est le seul coupable de son imprudence, s'il y en a eu. Je dis, s'il y en a eu, car les juges ne peuvent pas en voir, là où le déposant ne leur offre que son allégation, qui ne doit pas l'emporter sur l'allégation contraire du prétendu dépositaire ». Outre les arrêts cités au *Rép.* nº 138, il a été jugé par application de l'art. 1924 que lorsque celui auquel, en l'absence de tout écrit, on réclame une somme excédant 150 fr. avec allégation qu'elle lui a été confiée à titre de dépôt, convient l'avoir reçue, mais pour une cause différente, et, par exemple, à titre de don manuel, le tribunal ne peut, même s'il lui apparaît comme de la plus complète évidence que la cause de possession invoquée par le défendeur est mensongère, tenir le fait de la réception pour avoué, mais en même temps non expliqué, et, sous prétexte qu'une justification de la cause de possession alléguée est nécessaire, en ordonner la restitution... En cas pareil, les déclarations du défendeur forment un aveu indivisible qu'on ne peut, à moins de représentation d'un commencement de preuve par écrit, contredire dans aucune de ses parties, ni par des présomptions, ni par la preuve testimoniale (Paris, 20 févr. 1852, aff. Lethorel, D. P. 52. 2. 224). — Décidé toutefois, que la remise volontaire, faite à un tiers, par un père de famille, en prévision de son décès, d'une lettre particulièrement précieuse pour l'un de ses enfants, doit, malgré l'affirmation contraire du détenteur de cette lettre, être considérée comme faite à titre de dépôt et à charge de restitution à l'héritier (Paris, 1er déc. 1876, aff. Lecamus, D. P. 78. 2. 73). — Il a été jugé, d'ailleurs, que le prévenu qui oppose à la partie civile une fin de non-recevoir, tirée de l'absence de preuve écrite du dépôt, ne peut se dispenser de comparaître à l'audience du tribunal correctionnel, car il ne serait pas juste d'enlever à la partie civile la possibilité de trouver dans les réponses du prévenu, ou dans ses aveux, la preuve du dépôt (Rouen, 31 janv. 1851, aff. Ecureux, D. P. 52. 2. 84).

58. Il y a lieu de remarquer, en terminant, que les dispositions de l'art. 1924 s'appliquent qu'aux contestations qui surviennent entre le déposant et le dépositaire ; elles sont absolument étrangères à celles qui s'élèvent entre ceux-ci et un tiers ou entre plusieurs déposants, ou plusieurs dépositaires entre eux. C'est ce qu'enseignent MM. Aubry et Rau, t. 4, § 402, *in fine*, et M. P. Pont, t. 1, § 408, p. 185. Il a été décidé, en ce sens : 1º que l'art. 1924, relatif à la preuve des circonstances et conditions d'un dépôt, ne s'applique pas aux contestations entre le dépositaire et des tiers, mais uniquement à celles qui ont lieu entre le déposant et le dépositaire (Montpellier, 7 janv. 1841, aff. R..., D. P. 51. 2. 82) ; — 2º Que la déclaration par laquelle celui qui détient des fonds pour le compte d'autrui affirme que ces fonds constituent entre ses mains un dépôt est son effet à l'égard des tiers ; spécialement, elle n'est pas opposable aux créanciers du déclarant, qui prétendraient saisir lesdits fonds comme faisant partie du patrimoine de leur débiteur (Req. 15 juill. 1878, aff. Dominique, D. P. 79. 1. 179).

Art. 2. — *Du dépôt nécessaire* (*Rép.* nos 148 à 191).

59. On a dit au *Rép.* nº 148 que le dépôt nécessaire est un contrat. M. P. Pont, nº 515, réfute l'opinion de M. Réal qui dans son exposé des motifs avait dit : « qu'il ne s'agit pas ici d'un contrat, mais d'un quasi-contrat fondé sur la nécessité ». Cette question ne fait pas de doute aujourd'hui : le législateur, que M. P. Pont, *loc. cit.*, en plaçant l'art. 1920 dans la section qui traite de la nature et de l'essence du contrat de dépôt, a bien indiqué sa volonté. M. Laurent écrit également (t. 27, nº 132) : « La nécessité qui contraint le déposant à donner la chose en dépôt pour la sauver, et l'impossibilité où il est de choisir n'excluent pas le consentement de sa part ; et celui à qui il remet la chose, pouvant la refuser, consent également, s'il accepte le dépôt ; voilà un concours de consentement ; donc un contrat, c'est l'opinion de tous les auteurs ».

60. Le dépôt nécessaire diffère surtout du dépôt volontaire en ce qu'il peut être prouvé par témoins même lorsque la valeur de la chose déposée est supérieure à 150 fr. La règle de l'art. 1949 c. civ. n'est, en somme, que la confirmation de celle que le législateur édicte dans l'art. 1341, au titre *des obligations*. — Il résulte encore du rapprochement de

ces deux textes, ainsi qu'on l'a établi au *Rép.* n° 149, que l'art. 1949 n'est pas limitatif, et qu'il doit, en conséquence, être appliqué toutes les fois qu'un événement imprévu a mis le déposant dans l'obligation de faire un dépôt, aux mains d'un dépositaire qu'il n'a pu choisir. Mais il faut que sa volonté ait été impérieusement asservie aux circonstances.

61. On doit remarquer aussi que le juge a la faculté d'admettre ou de repousser la preuve par témoins suivant la qualité des personnes et les circonstances de fait. Ainsi il a été décidé qu'à supposer que la disposition de l'art. 1348 c. civ. qui autorise la preuve testimoniale du dépôt nécessaire, quelle que soit la valeur de la chose déposée, puisse être invoquée par la personne qui est allée habiter chez autrui, et par exemple au domicile d'une parente, pour les objets mobiliers qu'elle prétend y avoir apportés, les tribunaux conservent le droit de rejeter cette preuve, en tant que les objets énoncés dans l'articulation excèdent une certaine valeur, et de la limiter à des objets dont l'apport sans écrit est rendu vraisemblable par le fait de la cohabitation. Ils peuvent, notamment, donner acte au défendeur de son offre de restituer certains objets, et déclarer non admissible, comme portant sur un fait invraisemblable, la preuve testimoniale de l'apport d'autres objets fort nombreux et d'une valeur considérable (Civ. cass. 2 août 1864, aff. Richardot, D. P. 64. 1. 373). Il semble, d'ailleurs, que, dans l'espèce jugée par cet arrêt, le dépôt, s'il existait, ne pouvait être considéré comme nécessaire ; car la demanderesse n'avait été contrainte par aucun accident imprévu à apporter ses meubles chez la parente auprès de laquelle elle est venue s'établir ; cet apport avait été purement volontaire de sa part. C'est aussi ce que paraît admettre la cour de cassation.

62. Ainsi qu'on l'a dit au *Rép.* n° 149, la disposition de l'art. 1949 n'est pas limitative ; il peut y avoir dépôt nécessaire en dehors des cas indiqués par cet article. Outre les dépôts fait dans les auberges ou hôtelleries, dont il sera traité *infrà*, n°s 63 et suiv., on peut citer comme constituant un dépôt nécessaire, ou du moins comme offrant avec cette espèce de dépôt une certaine analogie, celui des objets qui sont confiés par un voyageur à un entrepreneur de transport notamment, à une compagnie de chemin de fer. Toutefois la question de savoir quelles sont précisément les règles applicables à la responsabilité résultant de la perte desdits objets, n'est pas sans difficulté ; elle a été étudiée *suprà*, v° *Commissionnaire*, n°s 245 et suiv., où sont exposées les différentes solutions qui lui ont été données par la jurisprudence et par les auteurs.

63. — **I. Du dépôt fait dans les auberges et dans les hôtelleries ; Caractère de ce dépôt.** — On a vu au *Rép.* n° 157 que les dépôts faits dans les auberges et dans les hôtelleries sont des dépôts nécessaires, bien que la néces-

sité, cause du dépôt, soit moins impérieuse que dans les cas prévus par l'art. 1949 c. civ. (Conf. Aubry et Rau, t. 4, p. 629, § 406). M. Pont, t. 1, n° 524, enseigne que : « le contrat qui se forme entre l'aubergiste et le voyageur est double ; il y a d'abord un louage pour les soins qui sont rendus à la personne et aux animaux que ce voyageur peut amener avec lui, et pour l'asile qui leur est fourni. Et puis, comme accessoire de ce contrat principal, il intervient un contrat de dépôt, qui en est la suite ou la conséquence ordinaire, mais qui diffère du dépôt volontaire en ce qu'il est non pas un simple office d'ami, mais un service rendu en considération du bénéfice que le séjour du voyageur dans l'hôtel procure à l'hôtelier. » (V. Conf. Laurent, t. 27, n° 136). M. P. Pont, ajoute (n° 522) : « Toutefois, il faut bien le remarquer, c'est par assimilation et seulement au point de vue de la preuve qu'il est 1952 traite l'aubergiste comme dépositaire nécessaire. Au point de vue de la responsabilité, l'aubergiste est traité beaucoup plus rigoureusement ».

64. — **II. Preuve.** — On a dit au *Rép.* n° 159 que le voyageur est admis à prouver par témoins le dépôt qu'il a fait dans une auberge ou dans un hôtel, mais que ce genre de preuve n'est pas obligatoire pour le juge. Celui-ci peut l'admettre ou le rejeter suivant la qualité des personnes ou les circonstances de fait ; il jouit à cet égard d'un pouvoir discrétionnaire ; telle est, d'ailleurs, la solution admise en ce qui concerne le dépôt nécessaire en général (V. *suprà*, n° 61). Cette opinion est adoptée par MM. P. Pont, *Petits contrats*, t. 1, n° 524 ; Colmet de Santerre, t. 8, n° 164 *bis* ; Laurent, t. 27, n° 139. Au surplus, le doute n'est pas possible en présence des explications fournies par M. Favard de Langlade dans son rapport au Tribunat et dans son discours au Corps législatif : « Il faut, a-t-il dit, que la plus grande sécurité accompagne le voyageur dans l'hôtellerie où il descend, et qu'il la conserve par la certitude que la loi lui donne, que ses effets ne seront pas impunément divertis soit par l'aubergiste, soit par les domestiques qu'il emploie, soit par les étrangers qui vont et viennent dans l'hôtellerie » (*Rép.* p. 447, note, n° 25 ; Locré, t. 15, p. 140, n° 16). Plus loin, M. Favard de Langlade ajoute que cette responsabilité rigoureuse est modérée par le pouvoir discrétionnaire qui appartient au juge. Il a été jugé, en ce sens, que le voyageur qui se prétend volé n'est tenu qu'à fournir la preuve qu'il était réellement en possession des objets dont il se prétend dépouillé, et que le tribunal apprécie d'après la condition du voyageur et les circonstances de la cause s'il est présumé les avoir eus en sa possession au moment du vol (Paris, 14 déc. 1881) (1).

65. — **III. Responsabilité.** — On a vu au *Rép.* n° 165 que la responsabilité de l'aubergiste est plus grande que celle du dépositaire volontaire. Elle surpasse même celle du

---

(1) (Hauser C. Silas.) — Le 31 déc. 1879, jugement du tribunal civil de la Seine, ainsi conçu : — « Attendu qu'aux termes des art. 1952 et 1953 c. civ., les aubergistes ou hôteliers sont responsables comme dépositaires des effets apportés par le voyageur qui loge chez eux, le dépôt de ces sortes d'objets devant être considéré comme un dépôt nécessaire; qu'ils sont responsables du vol des effets des voyageurs, qu'il ait été commis par les domestiques ou préposés de l'hôtellerie ou par des étrangers allant et venant dans l'hôtellerie ; — Attendu que cette responsabilité qui a lieu, encore bien que les effets volés n'aient pas été confiés à l'hôtelier, n'est pas subordonnée à la nature et à la valeur des objets volés; que la négligence ou l'imprudence du voyageur ne peut la faire disparaître, à moins que l'hôtelier ne prouve que le vol a été commis par des tiers étrangers à l'hôtel, et dans les circonstances de nature à déjouer la surveillance et les mesures de précaution auxquelles il est tenu ; — Attendu, en conséquence, que le voyageur qui se prétend volé n'a qu'une preuve à faire, c'est qu'il était réellement possesseur des objets dont il se prétend dépouillé, qu'il n'est pas même tenu de prouver exactement le montant des sommes volées ; qu'il suffit que, d'après sa condition et les circonstances de la cause, il soit présumé les avoir eues en sa possession au moment du vol, les tribunaux ayant à cet égard un pouvoir d'appréciation souverain ; — En fait : — Attendu que Silas, ancien archiviste de l'ambassade de France à Vienne, est descendu le 26 juin 1878, à l'hôtel de Bellevue, tenu par Hauser qui le connaissait depuis longtemps; qu'à son arrivée Silas remit à Hauser sa sacoche de voyage en le prévenant qu'elle contenait toute sa fortune ; que plus tard Hauser, en reconnaissant ce fait, a déclaré que d'après ses souvenirs, Silas lui avait dit qu'elle renfermait 4000 ou 5000 fr. ; —

Attendu que Silas, après avoir plusieurs fois retiré des fonds de cette sacoche pendant qu'elle était confiée à Hauser, en a repris possession pour pouvoir en disposer plus librement, étant sur le point de partir pour Londres ; — Attendu que pendant son séjour à l'hôtel de Bellevue, il occupait au cinquième étage la chambre n° 82, où étaient déposés ses bagages ; que le 26 juillet, vers sept heures du matin, ayant reconnu que l'une de ses malles avait été coupée et fracturée et que la sacoche qu'il y avait placée avait été volée, il a fait aussitôt aux gens de service de l'hôtel, Hauser étant absent, la déclaration du vol commis à son préjudice ; — Attendu qu'il a été procédé, le jour même, en présence d'Hauser et sur la plainte portée par Silas au commissaire de police du quartier Gaillon, à une enquête de laquelle il résulte que le vol dont s'agit avait été commis par un voyageur occupant la chambre voisine de celle du plaignant ; qu'il a été constaté, notamment, que la malle appartenant à Silas, munie d'une serrure de sûreté et couverte d'une enveloppe en toile, fermée elle-même par une serrure, avait été coupée au-dessus des serrures à l'aide d'un instrument tranchant, et fracturée au moyen d'une pesée ; — Qu'en outre, la chambre n° 82 occupée par Silas et la chambre voisine, n° 81, étaient séparées par une porte à deux battants, fermée simplement de chaque côté par une targette, de telle sorte que de la chambre n° 81 il suffisait d'ouvrir la targette et de tirer les deux battants pour pénétrer dans la chambre n° 82; — Qu'enfin la chambre n° 81 avait été occupée, dans la nuit du 24 au 25 par un voyageur ayant déclaré se nommer Lassalle, qui avait disparu dans la journée du 25 sans payer sa dépense, et alors que ledit sieur Silas, sorti de l'hôtel dès huit heures du matin, n'y était rentré que vers six heures du soir ; — Attendu que des faits indiqués ci-dessus résultent les

dépositaire salarié : il est responsable de sa faute quelque légère qu'elle soit. Pour échapper à la responsabilité qui pèse sur lui, il devra prouver la force majeure. C'est ce qui résulte très clairement de l'art. 1954, qui le déclare non responsable « des vols faits avec force armée ou autre force majeure », n° 72, cette responsabilité a été notablement atténuée par une loi récente. Mais il convient de l'étudier d'abord d'après la jurisprudence antérieure, et en faisant abstraction de l'innovation consacrée par cette loi.

66. Par application de l'art. 1954, il a été jugé : 1° que l'aubergiste qui, logeant habituellement des rouliers, n'a pas de cour ou de logement fermés pour y recevoir leurs marchandises, qu'il laisse placer sur la voie publique, en donnant l'assurance aux voituriers qui les transportent qu'elles ne courent aucun risque, est responsable du vol des marchandises, à moins qu'il ne prouve que ce vol a eu lieu par force majeure (Amiens, 1er déc. 1846, aff. Barloy, D. P. 47. 2. 76); — 2° Que l'aubergiste est responsable de la perte des effets des voyageurs causée même par incendie, à moins qu'il ne prouve que l'incendie ne lui est pas imputable et qu'il est le résultat de la force majeure (Paris, 17 janv. 1850, aff. Bonnet, D. P. 51. 2. 122); — 3° Qu'un hôtelier ne peut s'exonérer de la responsabilité qui lui incombe, à raison de l'accident survenu au cheval d'un voyageur dans l'écurie où il l'avait placé, qu'à la condition d'établir que cet accident est arrivé par cas fortuit, et qu'aucune précaution de sa part n'aurait pu l'empêcher (Bourges, 17 déc. 1877, aff. Bernard, D. P. 78. 2. 39). — Mais l'aubergiste chez lequel des soldats appartenant à un corps d'occupation ennemi sont venus, sous l'apparence de réquisition, prendre de vive force une voiture qu'il avait en dépôt, n'est pas responsable de la perte de cette voiture, alors qu'il n'a pu ni en empêcher l'enlèvement sans reçu régulier, ni la suivre ou la faire suivre; et cela, encore bien qu'il aurait négligé une précaution indiquée par le déposant pour mettre momentanément la voiture hors de service, si cette précaution, dont l'emploi n'était pas sans danger pour le dépositaire, ne devait pas nécessairement produire le résultat que le déposant en attendait (Trib. paix Amiens, 16 mars 1871, aff. Letocard, D. P. 71. 3. 101).

67. Comme on l'a dit au *Rép.* n° 166, on s'accorde à décider que la faute de l'hôtelier est susceptible d'être atténuée et même complètement annihilée par l'imprudence ou la faute du voyageur. Cette règle, admise également par MM. Aubry et Rau, t. 4, § 406, p. 630, a été consacrée par la jurisprudence. Aussi il a été jugé : 1° que les hôteliers sont affranchis des conséquences du vol commis au préjudice d'un voyageur qui laisse, sans les prévenir, des marchandises dans un corridor ouvert à tout venant et échappant à leur surveillance (Trib. Seine, 16 janv. 1884) (1); — 2° Que si l'aubergiste ne peut s'affranchir de la responsabilité des vols commis dans son auberge en alléguant les

présomptions les plus graves, que le vol a été commis par l'individu s'étant dit Lassalle, et qui a été inutilement recherché; qu'il a été vainement allégué par Hauser que Silas avait laissé la fenêtre de sa chambre ouverte, de sorte qu'on avait pu y pénétrer facilement par le balcon régnant au cinquième étage; — Attendu que ce fait n'a pas été établi; qu'il ne serait, d'ailleurs, de nature à diminuer la responsabilité d'Hauser, que s'il était établi par ce dernier que le vol avait été commis par des tiers venus du dehors et étrangers à l'hôtel; — Attendu que, sur la demande dont le tribunal est saisi, Silas conclut à ce que Hauser soit condamné à lui rembourser la somme de 19300 fr., montant des valeurs diverses qui lui ont été soustraites; — Attendu que, de sa plainte au commissaire de police et suivant le détail desdites valeurs qu'il se disait détenteur par lui, il résulte qu'il en avait fixé le montant à 18500 fr. environ; — Attendu qu'encore bien qu'il ne soit pas tenu d'indiquer exactement la somme dont il se dit dépouillé, Silas a établi par des justifications précises et concordantes qu'il était détenteur d'au moins 14500 fr.; que cette somme paraît en rapport avec les ressources dont il semble avoir pu disposer lors du vol, et qu'il y a lieu de la lui allouer en réparation du préjudice causé; — Par ces motifs; — Condamne Hauser à payer à Silas la somme de 14500 fr. pour les causes susénoncées, etc. ». — Appel par Hauser. — Arrêt.
La cour. — Adoptant les motifs des premiers juges, confirme. Du 14 déc. 1881.-C. de Paris, 4e ch.-MM. Senard, pr.-Pradines, av. gén.-Clausel de Coussergues et Carraby, av.

(1) (Ancion et Tixhon C. Veuve Philippe.) — Le 12 déc. 1882,

précautions qu'il a prises pour la sûreté des effets des voyageurs ou le défaut de déclaration de ces effets, le fait du voyageur ne doit point aggraver cette responsabilité; et, spécialement, que le voyageur qui néglige de tenir compte de l'avertissement qu'il a reçu de retirer, durant la nuit, la clef de la porte de sa chambre, et laisse sur la cheminée des valeurs importantes, doit, en cas de vol de ces objets, supporter une partie de la perte dont il a été ainsi indirectement la cause : l'aubergiste ne peut, dès lors, être condamné qu'à une indemnité à arbitrer par les tribunaux, et non au remboursement de la valeur intégrale des objets volés (Rouen, 4 févr. 1847, aff. Leroux, D. P. 47. 2. 74).

Le voyageur qui omet de déclarer les objets de valeur qu'il introduit dans l'hôtellerie, commet-il une faute de nature à atténuer ou même a faire disparaître la responsabilité de l'hôtelier en cas de perte de ces objets? Cette question a été examinée au *Rép.* n° 173 et suiv., et l'on a vu qu'elle a été diversement résolue par les auteurs et la jurisprudence. MM. Aubry et Rau, t. 4, § 406, p. 629, la résolvent dans le sens de la distinction que nous avions admise. « Lorsque le voyageur, disent-ils, a parmi ses effets, de l'argent, des billets de banque, des bijoux, ou d'autres objets précieux, la prudence veut qu'il en avertisse l'hôtelier. S'il avait négligé de le faire, les tribunaux pourraient, en cas de perte de ces effets, ne lui allouer qu'une indemnité proportionnée à la valeur que l'hôtelier a dû leur supposer, d'après le volume des malles où ils se trouvaient renfermés et la nature des objets que le voyageur, eu égard à sa condition, au but de son voyage et aux autres circonstances de la cause, devait être présumé avoir apportés avec lui. — Ce tempérament toutefois, ajoutent-ils avec raison, n'est plus admissible lorsqu'il est justifié que le dommage a été causé par les domestiques ou des préposés de l'hôtelier. » — Il a été jugé, à cet égard, que l'aubergiste, par l'imprudence duquel a été perdu un sac de voyage contenant une somme importante, ne peut être condamné qu'à une indemnité représentant la valeur d'un sac garni d'effets ordinaires, si le voyageur a à se reprocher de n'avoir pas provoqué sa vigilance par la déclaration de l'importance exceptionnelle des valeurs renfermées dans le sac déposé. En pareil cas, doit être considérée comme insuffisante la recommandation du voyageur qui, en remettant à l'aubergiste le sac avec deux couvertures, s'est borné à lui dire: « Ramassez-moi cela avec soin, je vous le recommande » (Trib. Nantes, 20 avr. 1864, aff. Thomas, D. P. 73. 5. 161).

68. On a dit au *Rép.* n° 167 que l'hôtelier peut n'être pas tenu des risques s'il a déclaré ne vouloir point s'en charger et si le voyageur y a consenti, en faisant remarquer que, malgré cette convention, l'aubergiste doit ses soins et sa surveillance aux objets apportés dans son hôtel et est tenu de prendre toutes les précautions que lui permettent les circonstances pour protéger lesdits objets. M. Laurent, enseigne, dans le même sens (t. 27, n° 145) que les aubergistes

le sieur Tixhon, commis voyageur du sieur Ancion, logé à l'hôtel de la veuve Philippe, a fait porter dans cet hôtel une caisse d'armes par un commissionnaire. Ce dernier a déposé la caisse dans un corridor de l'hôtel. Ces armes ont disparu le même jour par suite d'un vol dont l'auteur n'a pu être découvert. Les sieurs Ancion et Tixhon ont actionné la veuve Philippe comme responsable dudit vol, en vertu des art. 1952 et 1953 c. civ.
Le tribunal: — Attendu que s'il n'est pas nécessaire, pour que la responsabilité existe, que les objets volés aient été confiés à la garde de l'hôtelier; il faut néanmoins que celui-ci ait été mis à même d'exercer une surveillance effective sur les objets déposés par le voyageur; — Qu'Ancion ne prouve pas que la dame Philippe, ou son préposé spécial, aient autorisé Tixhon ou son commissionnaire à déposer habituellement des échantillons qu'il emportait journellement dans ses courses, dans un corridor ouvert à tout venant; — Qu'il ne prouve pas que, notamment le 12 décembre, le commissionnaire chargé des caisses ait appelé l'attention de la gérante de l'hôtel sur les objets par lui déposés dans un endroit accessible à la surveillance de celle-ci;
Attendu, dès lors, que, dans ces circonstances, on ne saurait rendre l'hôtelier responsable d'un défaut de surveillance qu'il n'a pas été à même d'exercer, et d'une imprudence commise par le voyageur qui n'a pas accompagné ses effets pour les faire déposer en lieu propre à ce déposer; — Par ces motifs, déclare Ancion et Tixhon mal fondés en leur demande et les en déboute.
Du 16 janv. 1884.-Trib. civ. de la Seine.-MM. Couteau et Deschaes, av.

peuvent bien faire avec les voyageurs des conventions sur l'étendue de la responsabilité qu'ils encourent, mais que ces conventions ne peuvent avoir pour effet de les affranchir de toute responsabilité.

69. On a exposé également au *Rép.* nº 168 que les affiches apposées par les hôteliers dans les endroits apparents de leur hôtel pour prévenir les voyageurs qu'ils n'entendent répondre que des effets déposés entre leurs mains sont une sage précaution pouvant servir au juge pour apprécier si le voyageur n'a pas quelque faute à s'imputer. M. Laurent, t. 7, nº 145, estime que ces affiches ne peuvent avoir d'effet que si les voyageurs acceptent les conditions posées, toujours avec la restriction que cette précaution ne dispense pas l'aubergiste de toute surveillance. Telle est également l'opinion de MM. Aubry et Rau, t. 4, §406, p. 630.

70. Il résulte depuis longtemps déjà de la jurisprudence que l'on vient d'exposer, que les cours et les tribunaux cherchaient par des moyens tirés du fait à éviter la rigueur excessive de la loi à l'égard des aubergistes. A notre époque cette rigueur ne s'explique plus. Les voyages sont devenus très faciles; ils se multiplient à l'infini; on n'a plus à craindre de les entraver en diminuant la responsabilité qui pèse sur les aubergistes. Aussi un projet de loi portant modification des art. 1952 et 1953 c. civ. a été déposé à la Chambre en 1881 par MM. Lisbonne et Gatineau. Les passages suivants, que nous empruntons au rapport présenté par M. Bizarelli au nom de la vingt-septième commission d'enquête, font ressortir l'utilité de la loi et en même temps en déterminent la portée : « Les art. 1952 et 1953 c. civ. rendent les aubergistes responsables des effets apportés par le voyageur qui loge chez eux, en assimilant le dépôt de ces effets à un dépôt nécessaire; mais cette responsabilité n'est pas autrement définie et, à part les cas de force majeure, elle est illimitée. Il en résulte des interprétations diverses de la part des juges et des jurisconsultes ; on voit souvent, à cet égard, pour des cas à peu près identiques, des jugements contradictoires des tribunaux et des avis différents dans les traités de droit. Il y a plus, les dispositions légales dont nous nous occupons ont cessé de s'adapter exactement à notre temps et exigent un remaniement rendu nécessaire par les changements qu'ont subis les habitudes sociales. Le mot *effets* doit être entendu dans son sens le plus large; il s'applique non seulement aux effets d'habillement, mais aussi aux effets de commerce, aux billets de banque, aux valeurs au porteur. Or, au moment de la promulgation du code civil, les billets de banque ne circulaient pas encore, les valeurs au porteur n'existaient pas. Il faut croire que par le mot *effets* le législateur a voulu entendre les objets nécessaires pour les besoins du voyage, vêtements ou argent; il ne pouvait prévoir le cas où le voyageur aurait avec lui une fortune, comme cela arrive souvent aujourd'hui. S'il est, jusqu'à un certain point, possible à des juges d'apprécier quels sont les effets, argent ou autres objets, que le voyageur a dû porter avec lui pour les besoins de son voyage, il est plus difficile d'arriver à reconnaître quelles sont les valeurs, quelle est la fortune que le même voyageur a pu laisser dans un portefeuille enfermé dans sa malle ou oublié sur un meuble de l'appartement qu'il occupe. Il peut se faire alors, ou que le voyageur soit de mauvaise foi, ce qui peut injustement léser et même ruiner l'hôtelier; ou que le voyageur ne puisse réussir à faire triompher la vérité, ce qui l'exposerait lui-même à ne pas obtenir la restitution des valeurs qui lui ont été volées. — Une modification à notre législation est donc nécessaire sur ce point; les voyageurs n'y sont pas moins intéressés que les hôteliers. Préoccupés de cette situation, huit cent vingt-trois maîtres d'hôtels et de maisons meublées de Paris et des départements viennent d'adresser à la Chambre une pétition dans laquelle, après avoir exposé l'état de la question et fait valoir qu'il est juste de les soustraire à l'arbitraire, et de les mettre à l'abri d'une déclaration faite de mauvaise foi, ils demandent que « tout en restant illimitée pour les objets directement déposés entre leurs mains, leur responsabilité, quand ce dépôt n'aura pas été effectué, ne puisse dépasser la somme de 500 fr. ». — Pour remédier à l'état de choses en question, nos honorables collègues, MM. Lisbonne et Gatineau ont présenté une proposition de loi aux termes de laquelle la responsabilité, prévue par les art. 1952 et 1953 c. civ., ne s'étendrait pas aux valeurs au porteur de

toute nature, apportées ou déclarées par le voyageur et non déposées entre les mains de l'hôtelier, lorsque ces valeurs dépasseraient 1000 fr. En d'autres termes, pour ce qui concerne les valeurs au porteur dépassant 1000 fr., le dépôt ne serait pas considéré comme nécessaire, et le voyageur ne pourrait les faire garantir qu'au moyen d'un dépôt volontaire ».

71. Ce projet de loi, par suite du changement de législature, ne devait pas aboutir. Une nouvelle proposition de loi a été présentée en 1889. Il a été bien expliqué dans le rapport fait par M. de la Batie, député, que le dépôt des objets apportés par le voyageur ne perdrait pas son caractère de dépôt nécessaire même lorsque ces objets auraient été effectivement remis à l'hôtelier, d'où la conséquence que la preuve testimoniale sera admissible en ce cas. « Elle (votre commission), lit-on dans le rapport de M. de la Batie, a reconnu qu'il y aurait de graves inconvénients à modifier la nature du contrat de dépôt créé par le code civil entre l'hôtelier et les voyageurs qu'il reçoit; et elle estime qu'il faut laisser à ce dépôt le caractère de dépôt nécessaire pour le tout, pour les objets conservés par le voyageur comme ceux remis entre les mains de l'hôtelier, afin de ne pas instituer entre les mêmes personnes, à l'occasion d'un même contrat, deux dépôts différents : l'un nécessaire et l'autre volontaire, l'un susceptible d'être établi par tous moyens de preuve, l'autre soumis à la nécessité d'un acte écrit. Imposer la nécessité d'un écrit pour la constitution du dépôt, relativement aux valeurs au porteur, ce serait déroger aux usages reçus entre hôteliers et voyageurs et ce serait créer des difficultés continuelles dans leurs relations quotidiennes. — Il faut remarquer, d'ailleurs, que si quelqu'un a intérêt, en pareil cas, à retirer un titre écrit, c'est uniquement le voyageur; puisque, pour recourir à la responsabilité de l'hôtelier, il sera désormais nécessaire de prouver d'une façon précise le dépôt, réellement effectué aux mains de l'hôtelier, de valeurs déterminées. D'après les règles ordinaires du droit, le voyageur ne pourrait invoquer ni le témoignage des membres de sa famille, ni celui des domestiques de l'hôtel, il lui sera donc bien difficile de se procurer des témoignages oraux, et il aura le plus grand intérêt à retirer un titre écrit, s'il ne veut pas s'en remettre complètement à la bonne foi de l'hôtelier. — Sans doute, dans la pratique, des récépissés seront habituellement remis par les hôteliers; mais il ne faut pas que la perte du titre, ou l'oubli de le retirer, laisse le voyageur sans recours possible, s'il a cependant d'autres preuves dignes de confiance, pour justifier sa réclamation ».

72. Enfin dans sa séance du 26 mars 1889, après un très rapide exposé du fait par M. Frédéric Passy, la Chambre a déclaré l'urgence et voté sans discussion un article unique ainsi rédigé : « Il sera ajouté à l'art. 1953 du code civil le paragraphe suivant : — Cette responsabilité est limitée à 1000 fr. pour les espèces monnayées et les valeurs ou titres au porteur de toute nature non déposés réellement entre les mains des aubergistes ou hôteliers. » Il importe encore de faire remarquer, pour l'intelligence complète de la loi, que le mot *titres* au lieu des mots *espèces monnayées et les valeurs ou titres au porteur de toute nature* » ceux-ci « *objets précieux de toute nature* ». Ces expressions ont paru à la commission avoir une trop grande élasticité. Ils auraient pu, en effet, être étendus aux dentelles, fourrures, bijoux usuels et tous les autres objets de prix dont les voyageurs ne peuvent être tenus de se dépossèder momentanément pour en opérer le dépôt réel entre les mains de l'hôtelier. C'est donc pour donner satisfaction à tous les intérêts qu'ils ont été remplacés par ceux du texte définitif. La loi, votée par la Chambre des députés, a été adoptée sans modification aucune par le Sénat après déclaration d'urgence dans sa séance du 13 avr. 1889 et promulguée le 18 avril (*Jour. off.* du 19. V. aussi D. P. 89. 4. 47).

73. — IV. A QUELLES PERSONNES S'APPLIQUENT LES ART. 1952, 1953 ET 1954 c. CIV. — Il semble au premier abord que la question ne puisse pas se poser. Les articles établissant à l'égard des aubergistes et des hôteliers la responsabilité la plus sévère du droit civil, doivent être interprétés restrictivement « *Odia sunt restringenda* ». C'est ce que nous avons admis au *Rép.* nº 162. MM. Aubry et Rau, t. 4, § 405 ; Boileux, *Commentaire du code civil*, t. 6, p. 493 ; Bost, *Encyclopédie des juges de paix*, vº *Bains publics*, nº 6 ; Allain et

Carré, *Manuel encyclopédique des juges de paix*, 4e éd., t. 2, n° 1651, enseignent la même doctrine. Cependant, V. toutefois en sens contraire, outre les auteurs cités *ibid.* : Sourdat, *Traité général de la responsabilité*, 3e éd., t. 2, n° 939. D'après M. Laurent, t. 27, n° 147, les expressions « *hôteliers et aubergistes* » ne doivent pas être étendues, mais sont susceptibles d'interprétation. D'après lui, « tous ceux qui reçoivent des personnes ayant avec elles des effets, qui doivent être gardés, sont dépositaires nécessaires dans le sens des art. 1952 et 1953 c. civ. ». Ce sont des dépositaires, mais rien dans la loi n'autorise à ajouter qu'ils sont des dépositaires nécessaires et surtout les dépositaires nécessaires spéciaux des art. 1952 et 1953 c. civ.

74. La jurisprudence a, du reste, beaucoup varié. On trouve dans le sens de l'opinion généralement admise en doctrine, et que nous avons enseignée, plusieurs décisions d'où il résulte : 1° que le propriétaire d'un restaurant n'est pas responsable du vol d'un paletot, commis dans son établissement (Trib. Seine, 30 juill. 1867, D. P. 75. 1. 220, note); — 2° Que les dispositions des art. 1952 et suiv. c. civ., qui imposent aux aubergistes ou hôteliers, comme dépositaires des objets apportés par le voyageur qui loge chez eux, une responsabilité presque sans limite, sont exceptionnelles et, par suite, essentiellement limitatives; qu'en conséquence, elles ne peuvent être étendues au propriétaire de l'établissement qui, bien qu'ouvert au public, ne rentre pas dans la catégorie des auberges ou hôtelleries (Civ. cass. 26 janv. 1875, aff. L'heullier, D. P. 75. 1. 219); — 3° Qu'un nageur ayant commis une imprudence, en ne suspendant pas à son caleçon le numéro qui lui avait été donné par le gérant d'un établissement de bains publics, comme reconnaissance du dépôt de bijoux et de porte-monnaie qu'il avait fait, le gérant des bains, auquel, du reste, on ne reprochait pas un manque de surveillance sur l'entrée des cabinets où l'on se déshabille, n'était pas responsable de la perte des objets laissés dans ledit cabinet par le nageur (Trib. Seine, 22 juin 1870) (1); — 4° Que le propriétaire d'un établissement de bains n'est pas responsable du vol de l'argent des baigneurs laissé par eux dans leur cabine;... alors surtout qu'une affiche avertit qu'il n'entend pas être responsable des valeurs ou objets de prix laissés dans les cabines et qu'il a établi un bureau spécial de dépôt. Ce propriétaire n'est pas non plus responsable du portefeuille remis au bureau de dépôt, alors que le baigneur, au lieu d'attacher le ticket à son caleçon, l'a laissé dans sa cabine, où un voleur l'a pris et s'en est servi pour se faire remettre le portefeuille par la personne préposée au bureau du dépôt (Caen, 17 déc. 1875, aff. Ville de Trouville, D. P. 76. 2. 190).

75. En sens contraire il a été décidé : 1° que l'exception faite par l'art. 1348, § 2, c. civ., à la règle qui prohibe la preuve testimoniale lorsque la somme réclamée est supérieure à 150 fr. doit être étendue au cas où le dépôt a été fait à des personnes exerçant des professions analogues à celles d'aubergiste et d'hôtelier, et donnant lieu comme elles à une confiance indispensable, par exemple, à des cafetiers et autres débitants de boissons à consommer sur place (Aix, 20 juin 1867, aff. Falrou, D. P. 67. 5. 332); — 2° Que le propriétaire d'un établissement de bains publics est responsable, comme dépositaire nécessaire, des vols commis au préjudice des baigneurs... Spécialement, du vol d'objets précieux (dans l'espèce, une montre et sa chaîne en or) remis à une personne particulièrement chargée d'en recevoir le dépôt, et de délivrer en échange un ticket numéroté;... alors surtout que, par suite d'une faute lourde de l'employé préposé à l'ouverture des cabines, le voleur est parvenu à se faire ouvrir celle dans laquelle le baigneur avait laissé son ticket, s'est emparé de ce ticket, et s'en est servi pour se faire remettre au bureau de dépôt les objets de prix déposés (Trib. Rouen, 21 mars 1883, aff. Martin, D. P. 84. 3. 8).

C'est à tort que l'on citerait dans le même sens un arrêt de

la chambre des requêtes jugeant que la femme d'un aubergiste qui, à raison des circonstances, peut être considérée comme l'associée de son mari, est responsable du vol des effets déposés par les voyageurs dans l'auberge (Req. 11 janv. 1869, aff. Galdemard, D. P. 69. 1. 208). Car si la femme de l'aubergiste est considérée comme l'associée de son mari, elle est aubergiste elle-même et partant responsable. L'art. 1952 ne reçoit en ce cas qu'une application directe, sans extension aucune.

76. Au reste, il n'est pas douteux que les personnes qui tiennent des hôtels garnis doivent être comprises dans la dénomination d'aubergistes ou d'hôteliers. C'est l'opinion que nous avons émise au *Rép.* n° 163, et l'on a vu *ibid.* que les auteurs se prononçaient dans le même sens. Depuis, la doctrine n'a pas varié sur ce point (V. Aubry et Rau, t. 4, § 406, note 1, p. 628; P. Pont, t. 1, n° 526; Laurent, t. 27, n° 148). « Les hôtels garnis, dit ce dernier auteur, sont assimilés aux auberges parce que ceux qui y occupent des appartements y doivent trouver la même sécurité qu'ils auraient dans un hôtel proprement dit, le dépôt qu'ils y font de leurs effets est aussi un dépôt nécessaire, en ce sens que les voyageurs doivent y déposer leurs effets là où ils logent ; la situation est donc identique. »

77. — V. Au profit de qui cette responsabilité est-elle encourue ? — Nous avons répondu à cette question au *Rép.* n° 178, en disant que cette responsabilité n'est encourue par les aubergistes qu'au profit des voyageurs qui logent chez eux, et nous en avons donné les motifs. Il a été jugé en ce sens que l'aubergiste, dans l'hôtel duquel des commerçants ont loué des magasins à l'année et une chambre qui leur sert de bureau d'affaires, n'est pas responsable du vol d'une somme d'argent commis dans cette chambre au préjudice de ces commerçants, ceux-ci ne pouvant être considérés comme de simples voyageurs dans le sens des art. 1952 et 1953 c. civ... surtout si ces commerçants, au lieu de déposer la somme dont il s'agit dans le casier destiné spécialement à cet usage par l'aubergiste, l'avaient laissée dans un placard, dont la clef avait été placée par eux dans un tiroir non fermé, et s'étaient ensuite contentés d'accrocher la clef de leur chambre au râtelier numéroté de l'auberge (Angers, 15 juill. 1857, aff. Hublot, D. P. 57. 2. 167).

78. De quels effets l'aubergiste est-il responsable ? On a vu au *Rép.* n°s 170 et 171 ce qu'il fallait entendre par les mots « des effets apportés par le voyageur qui loge chez eux ». Ces expressions ne sont pas limitatives, elles s'appliquent même aux animaux. Il a été décidé, en ce sens, que l'art. 1952 n'est pas limitatif, qu'il comprend même les animaux. — Un hôtelier ne peut s'exonérer de la responsabilité qui lui incombe, à raison de l'accident survenu au cheval d'un voyageur dans l'écurie où il l'avait placé, qu'à la condition d'établir que cet accident est arrivé par cas fortuit, qu'aucune précaution de sa part n'aurait pu l'empêcher. Ainsi l'aubergiste répond des blessures faites, soit au cheval, soit au mulet d'un voyageur, par d'autres animaux placés dans l'écurie de son établissement, alors qu'il n'a pris, pour prévenir ce dommage, aucune des précautions qui lui incombent en sa qualité de dépositaire (Trib. Lyon, 23 déc. 1865, aff. Martin, D. P. 66. 3. 40). Toutefois, si l'accident a eu en partie pour cause la nature particulièrement vicieuse de l'animal blessé, laquelle aurait dû être portée à la connaissance de l'aubergiste, il y a lieu de modérer les dommages-intérêts (Besançon, 21 mai 1859, aff. Vieille, D. P. 59. 2. 166. V. dans le même sens : Trib. paix Montbrison, 18 juill. 1885, *Journal des juges de paix*, 1885, p. 400). Décidé aussi que, si le voyageur a eu le tort de laisser écouler un assez long temps avant de former sa demande d'indemnité, et de compromettre ainsi le recours que l'aubergiste aurait pu exercer contre le propriétaire de l'animal, cause de l'accident, il y a lieu de modérer le chiffre des dommages-intérêts (Jugement précité du 23 déc. 1865).

79. MM. Aubry et Rau, repoussant l'opinion de Maleville,

---

(1) (Bilitzer C. Bailly.) — Le tribunal ; — Attendu que Bilitzer a commis une imprudence en ne suspendant pas à son caleçon le numéro qui lui avait été donné par Bailly, comme reconnaissance du dépôt de bijoux et d'un porte-monnaie que Bilitzer lui avait fait; — Attendu, d'un autre côté, que Bilitzer ne justifie pas

non plus que Bailly ait manqué de surveillance sur l'entrée dans les cabinets où l'on se déshabille; — Déclare Bilitzer mal fondé dans sa demande, etc.

Du 22 juin 1870.-Trib. civ. de la Seine, 9e ch.-MM. Guérin de Vaux, pr.-Nogaret et Maugras, av.

enseignent, t. 4, § 406, p. 629, note 7, qu'il faut entendre par étrangers allant et venant dans l'hôtellerie, non seulement les voyageurs qui y sont admis, mais même les personnes qui s'y sont furtivement introduites dans l'intention de voler. C'est l'opinion que nous avons émise au *Rép.* n° 183. MM. Laurent, t. 27, n° 141, p. 160 ; P. Pont, t. 1, n° 537, p. 242, soutiennent également cette doctrine.

CHAP. 2. — Du séquestre et du dépôt judiciaire
(Rép. n°s 192 à 268).

SECT. 1re. — DU SÉQUESTRE VOLONTAIRE OU CONVENTIONNEL
(Rép. n°s 195 à 208).

80. Nous avons dit au *Rép.* n° 205 qu'en cas de séquestre, le dépôt de la chose litigieuse est censé fait *in solidum* par toutes les parties litigantes. Pothier en tirait cette conséquence que le séquestre peut demander indifféremment à l'une quelconque des parties le montant intégral de ses impenses ou le salaire stipulé. L'art. 2002 c. civ. peut fournir en ce sens un puissant argument d'analogie : lorsqu'un mandataire est constitué par plusieurs personnes, chacun des mandants est tenu pour le tout vis-à-vis de lui de tous les effets du mandat. MM. Aubry et Rau, t. 4, § 408, note 3, semblent, sans toutefois prendre expressément parti, adopter l'opinion de Pothier. M. Laurent est d'un avis contraire (t. 27, n° 167), il se fonde sur ce qu'il n'y a que deux sortes de solidarité, la solidarité légale et la solidarité conventionnelle ; or la loi n'édictant pas ici la solidarité, elle ne pourrait exister sans stipulation.

SECT. 2. — DU SÉQUESTRE ET DU DÉPÔT JUDICIAIRE
(Rép. n°s 209 à 262).

81. Le législateur confond, dans l'art. 1961, deux choses cependant bien différentes : le séquestre et le dépôt judiciaire. Le premier, comme nous l'avons indiqué au *Rép.* n° 210, ne porte que sur des choses litigieuses, le second, au contraire, sur des choses non litigieuses. M. Laurent, t. 27, n° 180, fait remarquer que dans les hypothèses prévues par les art. 602 c. civ., 681 c. proc. civ., 465 c. instr. cr., le législateur charge des séquestres de l'administration de choses non litigieuses. Ce sont là des exceptions à la règle générale, l'on ne doit s'écarter que si un texte formel y autorise ; la jurisprudence, on le verra, a donné beaucoup d'extension à la loi sur ce point.

ART. 1er. — Du séquestre judiciaire *(Rép.* n°s 212 à 253).

82. Les dispositions contenues dans l'art. 1961-2° sont-elles limitatives ou simplement énonciatives? Nous avons répondu au *Rép.* n° 220 que le juge ne peut nommer un séquestre que si la propriété ou la possession de la chose est contestée. Cependant MM. Aubry et Rau, t. 4, p. 632, § 409, écrivent à ce sujet : « Les termes *propriété ou possession litigieuse* dont se sert le n° 2 de l'art. 1961, ne doivent pas être pris dans le sens strictement technique qu'on y attache d'ordinaire : la propriété ou la possession peut, en cette matière, être considérée comme contestée, bien que l'instance ne porte pas sur une action en revendication ou sur une action possessoire proprement dite. Soutenir le contraire, serait restreindre sans motif le pouvoir, inhérent à l'office du juge, de prendre, dans le cours de l'instance, toutes les mesures qui paraissent nécessaires pour la conservation des intérêts des parties (Maleville sur l'art. 1961. V. encore dans le même sens : Delvincourt, t. 3, p. 436; Larombière, *Des obligations*, t. 2, p. 189; Pont, t. 1, n° 560). — M. Colmet de Santerre, t. 8, n° 172 *bis* II, pense aussi que l'énumération de l'art. 1961 veut être complétée. Dans quelques autres cas le législateur a autorisé la mesure du séquestre, et il cite les art. 602 c. civ., 681 c. proc. civ. et 465 c. instr. cr. Il ajoute au paragraphe suivant, 172 *bis* III : « Indépendamment de ces hypothèses qui sont réglées par les textes, il est difficile d'accorder aux tribunaux le pouvoir d'ordonner un séquestre. Il est vrai que les hypothèses prévues donnent au pouvoir judiciaire une assez grande latitude ». Enfin M. Laurent, t. 27, n° 173,

§ 1er, *in fine*, reconnaît sur ce point un pouvoir discrétionnaire aux tribunaux.

83. La jurisprudence avait d'abord adopté le dernier système. La plupart des arrêts rendus en cette matière décident, expressément ou implicitement, que les dispositions de l'art. 1961, qui déterminent les cas dans lesquels le séquestre peut être ordonné, ne sont pas limitatives; que le juge a la faculté de nommer un séquestre toutes les fois que cela est nécessaire à la conservation des droits des parties, lors même qu'il n'existe aucun litige sur la propriété ou la possession ; il suffit que la chose contestée soit susceptible de dépérir dans les mains d'un des plaideurs. Ainsi il a été jugé : 1° que l'autorité judiciaire peut prescrire le séquestre des objets appartenant à une société toutes les fois que l'intérêt des parties l'exige impérieusement (Paris, 6 janv. 1866, aff. Gibiat, D. P. 66. 2. 25; 23 janv. 1866, aff. Moullet, *ibid.*) ; — 2° Que le juge, et particulièrement le juge des référés peut, en cas d'urgence, prescrire le séquestre des objets appartenant à une société (Paris, 4 mai 1867, aff. Argaud, D. P. 67. 2. 157 et 159) ; — 3° Que l'art. 1961 c. civ. peut être appliqué au profit du bailleur, contre le locataire, qui ne garnit pas la maison de meubles suffisants pour sauvegarder ses intérêts. Spécialement, le propriétaire d'un immeuble loué pour l'exercice d'un commerce, bien qu'il ne puisse s'opposer à l'enlèvement des marchandises au fur et à mesure de leur vente, peut demander en référé la nomination d'un séquestre chargé de contrôler les ventes et d'affecter les rentrées, jusqu'à due concurrence, à l'exécution du bail, lorsque le locataire a manifesté d'une façon non équivoque son intention de ne pas remplacer par d'autres les marchandises vendues (Paris, 18 avr. 1885, aff. Desportes, D. P. 86. 2. 127); — 4° Que lorsqu'un litige existe entre le bailleur et l'héritier bénéficiaire du preneur sur leurs droits respectifs à l'égard des marchandises, et l'urgence étant reconnue, il y a lieu, pour le juge du référé de nommer un séquestre judiciaire sauf à fixer l'étendue et les effets des mesures conservatoires, ordonnées par lui, d'après l'importance du loyer à échoir et les intérêts des parties (Paris, 21 avr. 1886, aff. Barbizet, D. P. 87. 2. 52).

84. Cependant il a été jugé : 1° qu'il n'y a pas lieu soit au séquestre autorisé par l'art. 1961 c. civ., soit aux consignations prévues par l'ordonnance du 3 juill. 1816, § 14, art. 2, relative aux attributions de la Caisse des dépôts et consignations, lorsqu'il n'existe plus de litige ni sur la chose due, ni sur le débiteur, ni sur la personne autorisée à recevoir, et, que, par exemple, le débiteur se borne à opposer, pour échapper à l'exécution d'une condamnation prononcée contre lui, le défaut de qualité de celui entre les mains duquel le jugement a ordonné que le payement serait effectué (Civ. rej. 23 juill. 1851, aff. Marquet de Montbreton, D. P. 51. 1. 269) ; — 2° Que dans le cas où le propriétaire d'un journal a cessé momentanément la publication, ses créanciers ne peuvent demander, à titre de mesure conservatoire, que l'administration de ce journal soit confiée à un séquestre qui serait chargé d'en continuer provisoirement la publication. « On ne pourrait, dit cet arrêt, dessaisir le propriétaire de sa chose, en nommant un administrateur provisoire, que si la propriété ou la possession du journal était litigieuse et que d'après l'art. 1961 c. civ. il y eût lieu à séquestre » (Paris, 5 mars 1870, aff. Chatellain, D. P. 71. 2. 89) ; — 3° Que le patrimoine entier d'un non-commerçant, tombé en déconfiture, ne peut être placé sous séquestre soit à titre provisoire, soit à titre définitif, sur la demande d'un créancier (Civ. cass. 10 juill. 1876, aff. Olivier de Tracy, D. P. 76. 1. 313) ; — 4° Qu'il n'y a pas lieu de nommer un séquestre pour la conservation de titres ou de valeurs appartenant à une personne sous le coup d'une demande en dation de conseil judiciaire, parce que la possession de ces titres ou valeurs n'est pas litigieuse (Trib. Seine, aud. des référés, 18 août 1883, M. Flogny, pr.) ; — 5° Que le propriétaire d'une maison n'est pas fondé à la nomination d'un séquestre chargé de toucher tout ou partie des recettes faites par son locataire qui liquide en fin de bail ses marchandises en magasin alors qu'il n'est pas dû de loyer, et que l'agencement, le matériel et le mobilier personnel du locataire garantissent suffisamment le payement des sommes dues éventuellement pour réparations locatives (Paris,

5 mars 1885) (1) ; — 6° Que le séquestre d'un immeuble ou d'une chose mobilière ne peut être ordonné que lorsque la propriété ou la possession est litigieuse entre plusieurs personnes (c. civ. art. 1961). Spécialement, lorsque les marchandises litigieuses se trouvent dans un chai dont la propriété ou la possession n'est pas contestée, le président du tribunal ne peut, en référé, ordonner le séquestre du chai, et, enlever ainsi au propriétaire ou au possesseur, contre son gré, le droit d'en disposer pour le besoin de son exploitation. Le juge doit se borner à ordonner le séquestre des marchandises litigieuses dans un local choisi par les parties ou désigné d'office par le juge, avec l'assentiment du propriétaire ou du possesseur de ce local (Bordeaux, 3 août 1885, aff. Astruc C. de Praguette-Buisson, *Journal des arrêts de Bordeaux*, année 1885, p. 327).

85. La question s'est posée spécialement en matière de séparation de corps, et elle a été généralement résolue en ce sens que la justice peut recourir à la nomination de séquestre pour sauvegarder les intérêts de la femme (V. les arrêts cités au *Rép.* n° 228-1°, et v° *Séparation de corps*, n°ˢ 176, 361. V. aussi *infrà*, v° *Divorce et séparation de corps*).

86. Cet arrêt ne saurait être cité dans le sens de la jurisprudence analysée *suprà*, n° 84. Un arrêt (Besançon, 15 mars 1882, aff. Dumont, D. P. 82. 2. 233), a décidé que le droit de chasse, étant un droit personnel et incorporel, ne peut donner lieu à la nomination d'un séquestre. — La cour de Besançon, n'a pas eu à rechercher si l'art. 1961 est ou n'est pas limitatif. Elle a confirmé par adoption de motifs un jugement du tribunal civil de Gray dans lequel on lit : « Attendu que le séquestre étant la remise entre les mains d'un tiers d'une chose mobilière ou immobilière, dans le but de sauvegarder les droits des parties intéressées à sa conservation, ne peut être ordonné lorsque la contestation ne porte, comme dans l'espèce, que sur la reconnaissance d'un droit *personnel et incorporel*, et n'a pour objet qu'une prestation de faire ou de laisser faire ». — Il ne faut pas oublier que le séquestre est un dépôt. On a vu au *Rép.* n° 25 pour quel motif les droits incorporels ne sont pas susceptibles d'être déposés. Les mêmes raisons s'appliquent au séquestre.

87. Les devoirs et les obligations du séquestre sont énumérés au *Rép.* n°ˢ 234 et 235. Il doit, avant tout, se conformer aux prescriptions contenues à cet égard dans le jugement qui l'a nommé. Si le jugement ne lui trace pas la conduite qu'il doit suivre, il puise dans la loi le droit d'administrer, sous la condition de conserver et de rendre tout ce qui fait l'objet de sa gestion. — Nous avons dit au *Rép.* n° 236, qu'il n'a pas le pouvoir de passer des baux. Un arrêt de la cour de Bruxelles, du 21 nov. 1867 (*Pasicrisie belge*, 1868.2. 384), a jugé en ce sens qu'un notaire, nommé à titre de séquestre pour administrer les biens d'une succession, a le droit de prendre toutes les mesures conservatoires jusqu'à ce que le partage soit effectué, mais qu'il ne pourrait pas louer les biens sans le consentement des parties litigantes, sauf recours au juge au cas où elles seraient en désaccord. M. Laurent, qui approuve cet arrêt (n° 183) : « Si le jugement ne détermine point les actes que le dépositaire a le droit de faire, il devrait se borner aux actes de conservation, sauf à en référer aux parties intéressées s'il était nécessaire de faire un acte d'administration définitive tel qu'un bail ». Il est certain, en effet, que si toutes les parties, majeures et capables, donnent au séquestre l'autorisation de

passer un bail, il pourra le conclure ; mais il agira alors comme mandataire de toutes les parties, et non en vertu pouvoirs que la loi confère aux séquestres.

Il a été jugé, d'autre part, que le séquestre nommé pour exercer les droits des héritiers du créancier d'une faillite n'a pas qualité pour recevoir les payements, si le jugement ou ordonnance qui le nomme ne lui donne pas mandat à cet effet (Lyon, 18 avr. 1874, aff. David, D. P. 76. 2. 195).

88. La jurisprudence a eu plusieurs fois à déterminer les pouvoirs du séquestre nommé pour la conservation du gage commun des créanciers en cas de déconfiture du débiteur. Peut-il exercer les actions des créanciers, et ceux-ci perdent-ils le droit de poursuivre individuellement leur débiteur ? La cour de cassation a très juridiquement résolu la question en décidant que le séquestre judiciaire, ayant pour but unique la conservation d'une chose litigieuse ou affectée à la garantie des obligations du débiteur, ne donne de pouvoir que pour les actes conservatoires et de simple administration ; il ne met pas obstacle au droit de poursuite des créanciers, même sur la chose objet du séquestre. Spécialement, est nul pour excès de pouvoir, l'arrêt confirmatif d'une ordonnance de référé, qui nomme un séquestre judiciaire, avec mission de recouvrer seul l'actif du débiteur et d'en faire seul la répartition entre les créanciers, en mettant à la charge de ceux-ci les frais des poursuites particulières qu'ils pourraient intenter ou qu'ils auraient déjà introduites ; car la déconfiture du débiteur n'a point, à la différence de la faillite, l'effet de le dessaisir de ses biens ou d'enlever à ses créanciers le droit de poursuivre individuellement (Civ. cass. 17 janv. 1855, aff. Chasseignieux, D. P. 55. 1. 11). Il en est ainsi surtout dans le cas où les créanciers n'ont pas concouru à la nomination du séquestre. Décidé que la nomination d'un séquestre aux biens d'un débiteur en déconfiture n'est pas opposable aux créanciers qui n'ont pas concouru à sa nomination, et ne leur enlève pas le droit d'exercer contre ce débiteur des poursuites directes (Amiens, 22 févr. 1884) (2).

89. Cependant la cour de Lyon a décidé, en adoptant les motifs d'un jugement du tribunal de Saint-Etienne du 22 janv. 1873, que le séquestre judiciaire d'une société en déconfiture peut être investi du pouvoir de gérer et d'administrer pour la conservation du gage commun des créanciers, et qu'il représente la masse des créanciers et le débiteur, et qu'en conséquence, ceux-ci sont provisoirement dessaisis du droit d'exercer des poursuites individuelles contre leur débiteur, par exemple de pratiquer des saisies-arrêts qui auraient pour résultat d'enlever au séquestre la disposition des fonds nécessaires à l'exploitation de l'actif social (Lyon, 27 mars 1873, aff. Comp. Paris-Lyon-Méditerranée, D. P. 75. 2. 149).

Cette décision nous paraît sujette à critique. Elle assimile à tort le séquestre à un syndic de faillite investi par la loi de toutes les actions des créanciers et de celles du débiteur, confondant ainsi la faillite et la déconfiture. Il est possible que, dans l'espèce laquelle elle a eu à statuer, il y ait eu lieu, dans l'intérêt commun, d'ordonner la continuation des affaires de la société et de conférer des pouvoirs très étendus à la personne chargée de gérer le fonds commun ; mais ces pouvoirs auraient dû être conférés à un liquidateur, à un mandataire spécial, non à un séquestre dont les attributions sont délimitées par la loi.

---

(1) (Collot C. Reveilhac et Grégoire.) — Le 30 déc. 1884, ordonnance de référé du président du tribunal de la Seine, ainsi conçue : « Attendu qu'il n'est pas dû de loyer ; qu'en liquidant, les locataires dont le bail expire prochainement usent du droit de tout négociant de vendre et d'écouler leurs marchandises ; que l'agencement et le matériel garnissant les lieux sont importants, et qu'il n'apparaît pas, en l'état, de péril pour les réparations locatives qui pourraient être ultérieurement à leur charge ; — Disons qu'il n'y a lieu à référé… ». — Appel par le sieur Collot, propriétaire de l'immeuble loué. — Arrêt.
La cour ; — Adoptant les motifs du premier juge ; — Et considérant, en outre, qu'à l'importance de l'agencement et du matériel il convient d'ajouter la valeur du mobilier garnissant l'appartement personnel des intimés ;
Par ces motifs, etc.
Du 5 mars 1885.-C. de Paris, 6ᵉ ch.-MM. Choppin, pr.-Martinet, subst. proc. gén.-Da fils et Las Cazes, av.

(2) (Albaret C. Choque.) — La cour ; — Attendu que la nomination de M. Choque aux fonctions de liquidateur séquestre de biens de Blanchart et Mont est pour l'appelant *res inter alios acta* ; — Que ces pouvoirs procèdent, en effet, du consentement des saisis et de quelques-uns de leurs créanciers parmi lesquels ne figurait pas l'appelant ; — Que la constatation de ce consentement par voie d'ordonnance de référé ne saurait lui donner la vertu de lier ceux qui n'y ont pas été parties ; — Qu'aucun texte de loi n'autorise à organiser pour le cas de déconfiture une administration analogue à celle que le législateur a constituée en cas de faillite ;
Attendu que l'appelant est porteur d'un jugement définitif, titre exécutoire duquel provision lui est due ;
Par ces motifs, dit qu'il n'y avait lieu à référé ; — Ordonne la continuation des poursuites d'Albaret.
Du 22 févr. 1884.-C. d'Amiens, 2ᵉ ch.-MM. Vaulx d'Achy, pr.-Charmeil, av. gén.-Hardouin et Faglin, av.

90. — I. RESPONSABILITÉ DU SÉQUESTRE. — On a vu au *Rép.* n° 242 que les séquestres ne sont pas astreints, comme les officiers ministériels qui ont vendu des immeubles, à faire, en vertu de l'art. 657 c. proc. civ., le dépôt des sommes qu'ils ont touchées à la Caisse des dépôts et consignations. Si cependant ces sommes produisaient des intérêts moindres que ceux qu'elles auraient rapportés à ladite Caisse, ils pourraient être tenus de rembourser la différence d'intérêts comme conséquence de leur faute. Le tribunal de Marseille a si bien considéré que c'est l'intérêt produit par les sommes d'argent déposées à la Caisse des dépôts et consignations qui doit être pris pour base d'appréciation, qu'il a décidé que le séquestre judiciaire qui a profité des sommes laissées dans ses mains, n'en doit l'intérêt qu'à concurrence du profit qu'il a retiré et dans les limites du taux légal ; spécialement, qu'un intérêt de 4 pour 100 peut, par appréciation des circonstances, être considéré comme suffisant, alors surtout que ce taux est supérieur à celui payé, durant l'époque où le séquestre est resté détenteur, par les banques de dépôt (Trib. com. Marseille, 17 mai 1867, aff. Poumay, D. P. 67. 3. 79).

91. — II. PROCÉDURE. — Il n'est plus contesté aujourd'hui que les présidents des tribunaux civils ont le droit, en référé, de nommer un séquestre. La jurisprudence, qui était déjà fixée en ce sens antérieurement à la publication du *Répertoire,* a depuis consacré de nouveau cette solution, ainsi qu'il résulte de plusieurs décisions citées *suprà,* n° 83. On peut y ajouter un arrêt de la cour de cassation aux termes duquel lorsqu'une ordonnance du président nommant un séquestre a été annulée pour vice de forme, le propriétaire des objets séquestrés n'en reste pas moins tenu vis-à-vis du séquestre de toutes les obligations qui peuvent naître de ce contrat (Req. 12 avr. 1869, aff. Bertot, D. P. 69. 1. 424).

Cet arrêt, sans se prononcer directement sur la question, la résout implicitement de la façon la plus catégorique. Si en effet, le séquestre judiciaire, établi, en référé, produit ses effets, alors même que l'ordonnance est nulle pour vice de forme, lorsque la mesure prise par lui s'imposait à cause de la résistance de l'une des parties, il les produira, à plus forte raison, lorsque l'ordonnance du président sera régulière en la forme et justifiée au fond. Il n'est donc pas douteux qu'un administrateur séquestre peut valablement nommé, en référé, en cas d'urgence conformément à l'art. 806 c. proc. civ., et dans les formes exigées par les art. 807 et 808 du même code, c'est-à-dire lorsque la partie s'oppose à la nomination a été assignée.

92. — Mais il est des cas où l'urgence est plus pressante encore que ceux prévus par l'art. 806 c. proc. civ. et où il serait dangereux de suivre la procédure des art. 807 et 808, parce que l'assignation prévient l'adversaire, et lui permet de prendre des dispositions de nature à compromettre gravement les intérêts du demandeur. Le président rend alors sur simple requête une ordonnance autorisant les mesures conservatoires. Faut-il ranger au nombre de ces mesures la nomination d'un séquestre ? — La cour de Paris ne l'admet pas. Suivant cette cour, le président du tribunal, compétent pour statuer par voie de référé dans toutes les contestations judiciaires, sous la seule condition de l'urgence et les parties entendues ou dûment appelées, ne peut prononcer par ordonnance sur requête, en vertu de son pouvoir d'administration, que dans les cas formellement prévus par la loi et dans les cas analogues où la mesure réclamée ne constitue pas une véritable demande et n'appelle pas de contradiction ; spécialement, la demande tendant à la nomination d'un séquestre, étant contentieuse de sa nature, peut bien être formée par voie de référé, mais non par simple requête (Paris, 6 janv. 1866, aff. Gibiat, D. P. 66. 2. 27 ; 23 janv. 1866, aff. Moullet, *ibid.*). La même cour a décidé également que la nomination d'un séquestre judiciaire, en remplacement du liquidateur d'une société commerciale, doit être poursuivie par voie d'action exercée contre ce liquidateur ; elle est irrégulière demandée par voie de simple requête devant le juge des référés (Paris, 4 mai 1867, aff. Argaud, D. P. 67. 2. 157).

En statuant ainsi la cour de Paris, tout en reconnaissant que les cas spécifiés par la loi ne sont pas les seuls où le président puisse rendre son ordonnance sur simple requête, sans débat contradictoire, ni assignation préalable des inté-

ressés, n'admet l'extension que pour les cas, analogues à ceux prévus, « où la mesure *réclamée ne constitue pas une véritable demande et ne provoque pas de contradiction* ». L'argumentation de la cour de Paris nous paraît vicieuse : l'art. 1008 c. civ. autorise un légataire universel, institué par testament mystique ou olographe, à réclamer l'envoi en possession par simple requête adressée au président. De même, un créancier qui n'a pas de titre peut, par simple requête, obtenir du président l'autorisation de saisir-arrêter, et certes dans les deux cas la demande est de nature à soulever des contradictions. Il est inutile, du reste, de recourir aux analogies : l'art. 54 du décret du 30 mars 1808 (V. *Rép.* v° *Organisation judiciaire,* p. 1494) porte « que toutes requêtes à fin d'arrêt ou de revendications de meubles ou de marchandises *ou autres mesures d'urgence,* seront présentées au président du tribunal qui leur répondra par son ordonnance, après communication, s'il y a lieu, au procureur général ». Le critérium est donc l'urgence, et il faut dire que toutes les fois que la voie du référé présentera des inconvénients à cet égard, la nomination d'un séquestre pourra être ordonnée sans assignation préalable, sur simple requête, par ordonnance du président du tribunal. — La question a, d'ailleurs, une portée générale : il s'agit de savoir dans quelles limites est circonscrit le pouvoir, attribué au président du tribunal, de statuer sur simple requête. Elle sera examinée *infrà*, v° *Jugement.*

93. Il n'est pas douteux que l'ordonnance du juge portant nomination d'un séquestre soit susceptible d'appel, si elle a été rendue sur référé (V. *suprà*, v° *Appel civil,* n° 36). — En est-il de même lorsque le juge a statué sur simple requête ? V. sur ce point, *ibid.*, n° 55.

94. On a vu *suprà*, n° 90, que le séquestre volontaire peut réclamer de chacune des parties litigantes le montant total de ce qui lui est dû. La même règle s'applique au séquestre judiciaire. Il a été décidé que les frais dus à celui qui, par mesure administrative, a été constitué gardien séquestre d'une chose mobilière abandonnée par deux parties qui se trouvent engagées dans un litige où elles soutiennent respectivement n'être point propriétaire de cette chose, peuvent être réclamés contre l'une ou contre l'autre de ces parties indistinctement. En tout cas, le gardien a le droit de s'adresser à celle des parties qu'un jugement, même frappé de pourvoi en cassation, a déclarée être propriétaire de la chose litigieuse (Civ. cass. 27 avr. 1859, aff. Benoît, D. P. 59. 1. 171).

ART. 2. — *Du dépôt judiciaire (Rép.* n°ˢ 254 à 262).

95. Nous avons dit au *Rép.* n° 258 que les conditions de capacité exigées du dépositaire judiciaire sont celles prescrites par l'art. 1925 c. civ. Nous avons ajouté qu'il était interdit aux huissiers de choisir pour remplir ces fonctions les personnes indiquées par l'art. 598 c. proc. civ. et les femmes mariées, même autorisées de leur mari. Les gardiens d'objets saisis étaient, en effet, aux termes de l'art. 602 c. proc. civ., contraignables par corps ; or, les filles et les femmes ne pouvaient l'être que pour cause de stellionat, et ces dernières dans certains cas seulement. Cette voie d'exécution ayant disparu en matière civile, depuis la loi du 27 juill. 1867, les huissiers ont la faculté de préposer à la garde d'objets saisis des filles ou des femmes mariées. Dans l'ancien droit, la femme n'encourait de ce chef aucune incapacité, le législateur de 1808 n'a pas innové sur ce point : les termes mêmes de l'art. 598 c. proc. civ. permettent de l'affirmer, car d'après cet article, la femme du saisi peut être valablement désignée par l'huissier comme gardienne des objets saisis.

96. Le gardien, a-t-on dit au *Rép.* n° 257, relève de la justice, et cependant il est censé avoir contracté soit avec le saisissant seulement, lorsqu'il a été nommé sans la participation du saisi, soit dans le cas contraire, tant envers le saisissant qu'envers le saisi. — En ce sens il a été décidé : 1° qu'il intervient un contrat entre le gardien et le saisissant, que ce contrat est un dépôt volontaire, le gardien un véritable dépositaire, et que, par suite, la preuve de ce contrat ne peut résulter que de la signature du gardien, apposée sur le procès-verbal de saisie (conformément aux prescriptions de l'art. 599 c. proc. civ.), ou de la mention faite par l'huissier que le gardien ne savait ou n'a pu signer

pour telle ou telle cause (Crim. cass. 15 nov. 1844, aff. Eleuthert, D. P. 45. 1. 66); — 2° Que l'acceptation des fonctions de gardien constitue, entre le saisissant et le gardien, un dépôt volontaire dont la preuve ne peut résulter que de la signature du gardien sur le procès-verbal de saisie ou de la déclaration qu'il ne sait signer (Lyon, 5 janv. 1881, aff. Teissier, D. P. 81. 2. 168).

97. Le gardien a droit à un salaire (V. *Frais et dépens;* — *Rép.* eod. v°, n°s 624 et suiv.), qui est fixé de la manière suivante par l'art. 34 du tarif en matière civile :

SOMMES ALLOUÉES.	PARIS.	VILLES ou siège un tribunal de 1re instance.	AUTRES VILLES.
Pour les 12 premiers jours.	2 f. 50.	2 f.	1 f. 50.
Pour les jours suivants. . .	1 f.	0 f. 80.	0 f. 60.

98. La loi de 1867, en abolissant la contrainte par corps, a fait disparaître la sanction de l'art. 603 c. proc. civ. (*Rép.* n° 260). Si le gardien se sert des choses saisies, les loue ou les prête, il pourra être privé de son salaire et condamné à des dommages-intérêts, mais la contrainte par corps ne lui sera plus applicable.

99. L'art. 1961, § 3, dit que la justice peut ordonner le séquestre des choses qu'un débiteur offre pour sa libération. Il eût été plus exact d'employer le mot « séquestre » au lieu du mot « dépôt judiciaire ». C'est à la Caisse des dépôts et consignations que sont confiées les choses offertes par un débiteur à un créancier qui les refuse (*Rép.* v° *Obligations*, n°s 2151 et suiv.).

Sect. 3. — Du séquestre administratif (*Rép.* n°s 263 à 268).

100. Le séquestre administratif, comme on l'a dit au *Rép.* n° 265, a été surtout appliqué aux biens des émigrés (V. *Rép.* v° *Emigré*, n° 4, p. 420 et suiv., 433, 473, n°s 110 et suiv., 179-16°, 204).

101. On a aussi considéré comme une sorte de séquestre administratif le séquestre de guerre, bien que l'administration n'intervienne en rien dans l'établissement de pareils séquestres. Les séquestres de cette nature, ainsi qu'il est dit au *Rép.* n° 264, n'affectent que la jouissance sans porter atteinte au droit de propriété.

Le conseil d'Etat s'est déclaré incompétent pour connaître des effets et de l'étendue du séquestre établi par l'autorité militaire sur les biens de certains habitants de pays conquis, notamment, pour résoudre la question de savoir si l'aliénation temporaire de ces biens avait pu ou non être prohibée à l'encontre des nationaux du pays conquérant (Ord. Cons. d'Et. 1er févr. 1844, aff. Chevreau, D. P. 45. 3. 36).

La cour de cassation a également décidé que le séquestre de guerre est une mesure de haute administration, dont la mainlevée doit être prononcée préalablement à toute instance en revendication des biens séquestrés et ne peut être ordonnée que par le ministre de la guerre. En conséquence, l'autorité judiciaire doit se déclarer incompétente pour statuer sur l'action en revendication d'un bien frappé de séquestre (en Algérie), tant que la mainlevée de ce séquestre n'a point été prononcée par le pouvoir compétent (Req. 13 févr. 1856, aff. Duplantier, D. P. 56. 1. 460).— Pour les biens séquestrés en Algérie, V. *Organisation de l'Algérie*; — *Rép.* eod. v°, n°s 973 et suiv.

102. Les art. 29 et 30 du décret du 28 févr. 1852 ont constitué en faveur du Crédit foncier un privilège particulier. Ils ont autorisé cette société à se mettre en possession des immeubles hypothéqués aux frais et risques du débiteur en retard. C'est un véritable séquestre; les règles relatives à cette matière sont exposées au *Rép.* v° *Sociétés de crédit foncier et de crédit mobilier*, n°s 173 à 189.

103. On peut mentionner encore, comme constituant une sorte de séquestre administratif, la mainmise exercée par l'Etat, en vertu du droit de régale, sur les biens dépendant de la mense épiscopale, en cas de vacance d'un évêché, et dont il a été question *suprà*, v° *Culte*, n°s 407 et 408.

Table sommaire
des matières contenues dans le Supplément et le Répertoire.
(Les chiffres précédés de la lettre S renvoient au Supplément; les chiffres précédés de la lettre R renvoient au Répertoire.)

- vente (rescision) R. 226; (résolution) R. 226, 241.
Séquestre volontaire ou conventionnel S. 80; R. 195 s.
- décharge, consentement R. 200 s.
- définition R. 195.
- fruits R. 207.
- immeubles R. 198.
- intérêts R. 206.
- parties contractantes R. 196.
- possession de la chose R. 205.

- preuve R. 203.
- rétention illégale R. 202.
- salaire, responsabilité R. 199.
- solidarité S. 80; R. 197, 205 s.
- usage de la chose R.
Serment R. 140, 158
Société. V. Séquestre judiciaire.
Solidarité
- déposants, dépositaires R. 121.

- V. Séquestre volontaire.
Sommation. V. Restitution-délai.
Sommes séquestrées. V. Séquestre judiciaire.
Succession. V. Séquestre administratif, Séquestre judiciaire.
Surenchère. V. Séquestre judiciaire.
Testament. V. Dépôt volontaire, Preuve,

Séquestre judiciaire.
Tiers détenteur. V. Action en justice.
Titres déposés. V. Restitution.
Titres au porteur. V. Restitution.
Tradition S. 9 s.; R. 24.
Urgence. V. Séquestre judiciaire - procédure.
Usage de la chose. V.

Séquestre volontaire.
Usage des choses saisies. V. Dépôt judiciaire.
Usage du dépôt S.12; R. 10, 16.
Usufruitier. V. Séquestre judiciaire.
Valeurs. V. Dépôt nécessaire-auberges, responsabilité.
Valeurs industrielles. V. Restitution.

Vente du dépôt. V. Dépositaire.
Violation de dépôt R. 11.
- V. Preuve.
Violence. V. Dépôt nécessaire - auberges, responsabilité.
Vol. V. Dépôt nécessaire-auberges, responsabilité.
Voyageur. V. Dépôt nécessaire - auberges, responsabilité.

Table chronologique des Lois, Arrêts, etc.

1808. 30 mars. Décr. 92 c.	—27 août. Lyon. 40 c.	1857. 15 juill. Angers. 77 c.	—22 janv. Paris. 83 c., 92 c.	—5 mars. Paris. 84 c.	1874. 18 avr. Lyon. 87 c.	1880. 27 juill. Bordeaux. 37.	—12 juin. Dijon. 23 c.
1814. 12 janv. Civ. 50 c.	1850. 17 janv. Paris. 66 c.	1858. 23 août. Civ. 25 c.	1867. 4 mai. Paris. 63 c., 92 c.	—22 juin. Trib. Seine. 74.	—3 juin. Req. 25 c.	1881. 5 janv. Lyon. 96 c.	—17 juin. Aix. 24.
1816. 3 juill. Ord. 84 c.	—1er juill. Angers. 54 c.	1859. 27 avr. Besançon. 78 c.	—17 mai. Trib. com. Marseille. 90 c.	—1er déc. Aix. 20 c., 80 c.	—9 nov. Req. 19 c.	—30 mai. Riom. 13 c.	—18 déc. Paris. 50.
1836. 19 juill. Civ. 9 c.	—16 déc. Req. 9 c.	1860. 11 juin. Civ. 33 c.	—22 mai. Bordeaux. 54 c.	1871. 16 mars. Trib. paix Amiens. 66 c.	1875. 26 janv. Civ. 74 c.	—11 juin. Trib. com. Seine. 11 c.	1885. 5 mars. Paris. 84.
1840. 6 févr. Bordeaux. 13 c.	1851. 31 janv. Rouen. 57 c.	1863. 27 nov. Lyon. 22.	—20 juin. Aix. 74 c., 93 c.	1872. 10 janv. Trib. Seine. 42 c.	—17 déc. Caen. 74 c.	—14 déc. Paris. 64 c.	—15 avr. Paris. 83 c.
1841. 7 janv. Montpellier. 58 c.	—23 juill. Civ. 84 c.	1864. 20 avr. Trib. Nantes. 67 c.	—27 juill. Loi. 93 c.	—8 mars. Paris. 42 c.	1876. 12 mai. Dijon. 53 c.	1882. 15 mars. Besançon. 86 c.	—3 août. Bordeaux. 84 c.
1844. 1er févr. Ord. Cons. d'Et. 101 c.	1852. 20 févr. Paris. 57 c.	—2 août. Civ. 61 c.	—30 juill. Trib. Seine. 74 c.	—11 juin. Civ. 28 c.	—10 juill. Civ. 84 c.	1883. 5 janv. Crim. 53 c.	1886. 13 janv. Trib. Montbrison. 78 c.
—15 nov. Crim. 96 c.	—28 févr. Décr. 102 c.	1865. 8 févr. Bordeaux. 50 c.	—21 nov. Bruxelles. 87 c.	—8 août. Caen. 22 c.	—1er déc. Paris. 57 c.	—24 mars. Trib. Rouen. 75 c.	1886. 13 janv. Trib. Caen. 25.
1846. 1er déc. Amiens. 66 c.	—14 mai. Paris. 31 c.	1866. 6 janv. Paris. 83 c., 92 c.	1868. 8 déc. Civ. 48 c.	1873. 22 janv. Saint-Etienne. 89 c.	1877. 6 juin. Bordeaux. 21 c.	—16 août. Ord. réf. pr. trib.	—24 févr. Bordeaux. 27 c., 28 c.
1847. 4 févr. Rouen. 67 c.	1855. 17 janv. Civ. 88 c.		1869. 11 janv. Req. 73 c.	—12 avr. Req. 91 c.	—17 déc. Bourges. 66 c.	1884. 16 janv. Trib. Seine. 67.	—24 mars. Bordeaux. 29 c.
1849. 28 févr. Bordeaux. 35 c.	—31 juill. Req. 33 c.		1870. 15 févr. Req. 38 c.	—25 avr. Paris. 31 c.	1878. 24 juin. Alger. 29 c.	—22 févr. Amiens. 88.	—21 avr. Paris. 83 c.
	1856. 13 févr. Req. 101 c.				—15 juill. Req. 11 c., 58 c.		1888. 11 janv. Bordeaux. 19 c.
	—12 août. Req. 12 c.				1879. 7 juill. Req. 16 c.		1889. 13 avr. Loi. 72 c.

DÉPUTÉ. — V. *Droit constitutionnel; Souveraineté;* — *Rép.* v° *Souveraineté,* n° 30.
V. aussi *infrà,* v^is *Organisation administrative; Presse-outrage-publication.*

DERNIER RESSORT. — V. *Degrés de juridiction,* n°s 23 et suiv.; — *Rép. eod.* v°, n°s 480 et suiv., 520 et suiv.
V. aussi *suprà,* v^is *Appel civil,* n° 23; *Cassation,* n°s 33 et suiv., 43, 50 et suiv.; *infrà,* v° *Jugement.*

FIN DU QUATRIÈME VOLUME